Münchener Kommentar
zum Versicherungsvertragsgesetz

Herausgegeben von

Dr. Theo Langheid
Rechtsanwalt und Fachanwalt für Versicherungsrecht
Honorarprofessor an der Universität Salzburg

Dr. Manfred Wandt
o. Professor an der Universität Frankfurt a.M.

Band 2
§§ 100–216

Die einzelnen Bände des Münchener Kommentars zum Versicherungsvertragsgesetz

Band 1: §§ 1–99 · VVG-InfoV

Band 2: §§ 100–216

Band 3: EGVVG · AGB-Recht · Allgemeine Versicherungsbedingungen · §§ 307–309 BGB
AGG · AEUV · GrCh · GenDG (Auszüge) · GewO (Auszug) · VersVermV
Gruppenversicherung · Mitversicherung · Assistance
Regress des Sozialversicherungsträgers · VO (EU) 1286/2014 (PRIIP-VO; Auszug)
Internationales Versicherungsvertragsrecht · Österreichisches Versicherungsrecht
Versicherungsprozess · Insolvenz und Versicherung
Schiedsgerichtsbarkeit und Versicherung · VVG-SchlichtungsstellenVO
Verfahrensordnungen des Versicherungsombudsmanns
Statut des Ombudsmanns Private Kranken- und Pflegeversicherung
Rahmenverfahrensordnung für die Gutachterkommissionen und
   Schlichtungsstellen der Ärztekammer
Versicherungsaufsichtsrecht · Unternehmensrecht der Versicherungsunternehmen
Versicherungsbetriebslehre
Rechnungslegung und steuerliche Gewinnermittlung von Versicherungsunternehmen
Versicherungskartellrecht · Vergabe von Versicherungsleistungen
Compliance in Versicherungsunternehmen · Datenschutz
Rückversicherungsvertragsrecht
Principles of Reinsurance Contract Law (PRICL)

Band 4: Allgemeine Haftpflichtversicherung · D&O-Versicherung
Warrenty & Indemnity-Versicherung · Cyberversicherung
Vertrauenschadensversicherung · Benachteiligungsversicherung
Veranstaltungsausfallversicherung · Produkthaftpflichtversicherung
Rückrufkostenversicherung · Umwelthaftpflicht- und Umweltschadensversicherung
Haftpflichtversicherung der Heilberufe · Kreditversicherung
Kautionsversicherung · Restschuldversicherung · Rechtsschutzversicherung
Sachversicherung · Elementarschadenversicherung · Technische Versicherungen
Betriebsunterbrechungsversicherung · Kunstversicherung und Staatsgarantien
Gütertransportversicherung · Luftfahrtversicherung · Verkehrshaftungsversicherung
Reiseversicherung · Versicherung politischer Risiken; Sanktionsklauseln
Terrorversicherung · Kraftfahrtversicherung
Hagel- und sonstige Pflanzenversicherung · Dread-Disease-Versicherung

Münchener Kommentar zum Versicherungsvertragsgesetz

Band 2
§§ 100–216

3. Auflage 2024

Zitiervorschlag: Langheid/Wandt/*Bearbeiter* VVG § … Rn. …
oder
Bearbeiter in Langheid/Wandt VVG § … Rn. …

www.beck.de

ISBN 978 3 406 73042 9

© 2024 Verlag C. H. Beck oHG
Wilhelmstraße 9, 80801 München

Druck: Druckerei C.H. Beck Nördlingen
(Adresse wie Verlag)

Satz: Meta Systems Publishing & Printservices GmbH, Wustermark
Umschlag: Druckerei C.H. Beck Nördlingen
nach einem Entwurf von Elmar Lixenfeld, duodez.de

chbeck.de/nachhaltig

Gedruckt auf säurefreiem, alterungsbeständigem Papier
(hergestellt aus chlorfrei gebleichtem Zellstoff)

Alle urheberrechtlichen Nutzungsrechte bleiben vorbehalten.
Der Verlag behält sich auch das Recht vor, Vervielfältigungen dieses Werkes
zum Zwecke des Text and Data Mining vorzunehmen.

Die Bearbeiter des zweiten Bandes

Dr. Jan Boetius Vorsitzender des Vorstands der DKV Deutsche Krankenversicherung AG i.R., München	Vor § 192 (A–P), §§ 203, 204
Dr. Oliver Brand, LL.M. o. Professor an der Universität Mannheim	Vor § 113, §§ 113, 114, §§ 118, 121–123
Miriam da Silva Conceição Syndikusrechtsanwältin, WWK Allgemeine Versicherung AG, München	§§ 193, 194 (gemeinsam mit *Hütt*)
Dr. Heinrich Dörner em. o. Professor an der Universität Münster	Vor § 172, §§ 172–177, Vor § 178, §§ 178–191
Dr. Ulrich Eberhardt Rechtsanwalt, Fachanwalt für Versicherungsrecht und Wirtschaftsmediator, ehem. Mitglied des Vorstands der HUK-Coburg-Rechtsschutzversicherung AG, Coburg, und der ROLAND-Rechtsschutzversicherungs-AG, Köln	§ 213
Dr. Helmut Heiss o. Professor an der Universität Zürich	Vor § 150 (gemeinsam mit *Mönnich*), §§ 150, 152–160
Stephan Hütt Rechtsanwalt und Fachanwalt für Versicherungsrecht, Kanzlei BLD Bach Langheid Dallmayr PartGmbB, Köln	§ 192, §§ 193, 194 (gemeinsam mit *da Silva Conceição*)
Peter Kollatz Rechtsanwalt, Mitglied der Geschäftsleitung, Oskar Schunck AG & Co. KG, München	Vor § 130, §§ 130–141
Dr. Theo Langheid Rechtsanwalt und Fachanwalt für Versicherungsrecht, Köln, Honorarprofessor an der Universität Salzburg	§§ 104, 210a
Dr. Sigurd Littbarski em. o. Professor an der Europa-Universität Viadrina, Frankfurt (Oder)	Vor § 100, §§ 100–103, §§ 105–107, 109–112
Dr. Dirk Looschelders o. Professor an der Universität Düsseldorf	§§ 209–212, §§ 214–216
Dr. Volker Marko Ass. iur., Leiter Gesundheitspolitik, Allianz Deutschland AG, München	Vor § 192 (Q.), §§ 205–208
Dr. Ulrike Mönnich, LL.M. Rechtsanwältin, Zürich	Vor § 150 (gemeinsam mit *Heiss*), §§ 151, 161, 162, 165–171
Rüdiger Obarowski Ass. iur., ehem. Beschwerdemanager, Prokurist, ARAG SE, Düsseldorf	§ 125
Bernd Richter Rechtsanwalt, Grefrath	§§ 126–129

Dr. *Winfried-Thomas Schneider* Richter am OLG, Saarbrücken, Lehrbeauftragter an der Universität des Saarlandes	§§ 115–117, §§ 119, 120, 124
Dr. *Torsten Schulte* Rechtsanwalt, (Syndikusrechtsanwalt), Barmenia Krankenversicherung AG, Wuppertal	§§ 195–202
Dr. *Ansgar Staudinger* o. Professor an der Universität Bielefeld	§§ 142–149
Dr. *Manfred Wandt* o. Professor an der Universität Frankfurt a.M.	§ 108, §§ 163, 164

In der 3. Auflage ausgeschiedene Bearbeiter

Bernhard Kalis ehem. Syndikusanwalt und Leiter Recht Gesundheit, ERGO Group AG, Köln	§ 192 (gemeinsam mit *Hütt*), §§ 193, 194

Vorwort

Nachdem im Jahre 2015 die zweite Auflage unseres Kommentars auf eine erfreulich positive Aufnahme gestoßen ist, haben wir im Jahre 2021 den ersten Band der dritten Auflage vorgelegt, den wir heute um Band 2 ergänzen. In dieser dritten Auflage haben wir weitere Nebengesetze in das Werk aufgenommen und das Themenspektrum der systematischen Darstellungen in den Bänden 3 und 4 deutlich erweitert. Wir schreiben dieses Vorwort in dem fortgesetzten Bemühen, diese beiden Bände schnellstmöglich folgen zulassen, nachdem zwischen dem ersten Band und dem jetzt vorliegenden eine (zu) große Zeitspanne verstrichen ist, deren Länge aber auf jedenfalls zum Teil nicht beherrschbare Umstände zurückzuführen war.

Mit Band 2 legen wir heute die Kommentierung der Vorschriften im zweiten Teil des VVG vor, also die Regelungen der einzelnen Versicherungszeige, beginnend mit der Haftpflichtversicherung in §§ 100 ff. über die Rechtsschutz-, die Transport-, die Gebäude-, die Lebens-, die Berufsunfähigkeits- und die Unfallversicherung und schließlich endend mit der Krankenversicherung in den Vorschriften der §§ 192 ff., gefolgt von den Schlussvorschriften u.a. über Großrisiken, die See- und die Rückversicherung und das Datenschutzrecht. Eingeschlossen sind hier kleine Besonderheiten wie der brandneue § 210a VVG, der die Digitalisierung der Versicherungsdokumentation für die Transportversicherung öffnet (was Hoffnung für alle anderen Versicherungszweige weckt).

Herausgeber und Verlag haben die neu hinzu gekommenen Autoren und Autorinnen bereits ausführlich im Vorwort zu Bd. 1 begrüßt. Dennoch wollen wir hier die Namen der Neuen noch einmal nennen: *Dr. Volker Marko* (Rechtsfragen der Digitalisierung in der PKV in Vor § 192, §§ 205–208), *Dr. Torsten Schulte* (§§ 195–202) und *Miriam da Silva Conceição* (§§ 193–194, gemeinsam mit *Hütt*). Und wir verbschieden uns noch einmal mit großem Dank von Herrn *Bernhard Kalis*, der die §§ 192–194 bearbeitet hatte.

Wir schließen dieses Vorwort mit dem Versprechen, uns mit aller Kraft um die Bände 3 und 4 zu kümmern und diese alsbald folgen zu lassen. Band 3 befindet sich bereits verlagsseitig in der Endbearbeitung und an deren Abschluss schließt sich unmittelbar die Arbeit an and 4 an.

Mit dieser optimistische Perspektive bedanken wir uns bei allen Autorinnen und Autoren, die an diesem Band mitgeschrieben haben, und bei dem Verlag für die gute Zusammenarbeit und bitten wie immer um kritische Lektüre und Anregungen, Verbesserungsvorschläge oder Korrekturen, die Sie jederzeit bei den Herausgebern oder dem Verlag platzieren können. Wir sind zuversichtlich, dass wir auch mit dem vorliegenden Band 2 den inzwischen eingeübten hohen Standard, der die ausführliche Aufarbeitung der neu ergangenen Rechtsprechung und der publizierten Kommentar- und Aufsatzstimmen garantiert, erfüllen werden und wünschen aus diesem Grunde unserer Leserschaft eine gute und weiterführende Befassung mit den jetzt vorliegenden Texten.

Köln und Frankfurt, im August 2023

Theo Langheid
Manfred Wandt

Inhaltsübersicht

Inhaltsverzeichnis	XI
Abkürzungsverzeichnis	XV
Literaturverzeichnis	XXIII

Gesetz über den Versicherungsvertrag (Versicherungsvertragsgesetz – VVG)

Teil 2. Einzelne Versicherungszweige

Kapitel 1. Haftpflichtversicherung	1
Abschnitt 1. Allgemeine Vorschriften (§§ 100–112)	1
Abschnitt 2. Pflichtversicherung (§§ 113–124)	347
Kapitel 2. Rechtsschutzversicherung (§§ 125–129)	508
Kapitel 3. Transportversicherung (§§ 130–141)	549
Kapitel 4. Gebäudefeuerversicherung (§§ 142–149)	592
Kapitel 5. Lebensversicherung (§§ 150–171)	630
Kapitel 6. Berufsunfähigkeitsversicherung (§§ 172–177)	984
Kapitel 7. Unfallversicherung (§§ 178–191)	1114
Kapitel 8. Krankenversicherung (§§ 192–208)	1244

Teil 3. Schlussvorschriften

§§ 209–216	1877
Anlage (zu § 8 Abs. 5 S. 1)	2001
Sachverzeichnis	2003

Inhaltsverzeichnis

Abkürzungsverzeichnis	XV
Literaturverzeichnis	XXIII

Gesetz über den Versicherungsvertrag (Versicherungsvertragsgesetz – VVG)

Teil 2. Einzelne Versicherungszweige
Kapitel 1. Haftpflichtversicherung
Abschnitt 1. Allgemeine Vorschriften

Vorbemerkungen zu §§ 100–112	1
§ 100 Leistung des Versicherers	50
§ 101 Kosten des Rechtsschutzes	100
§ 102 Betriebshaftpflichtversicherung	129
§ 103 Herbeiführung des Versicherungsfalles	165
§ 104 Anzeigepflicht des Versicherungsnehmers	189
§ 105 Anerkenntnis des Versicherungsnehmers	204
§ 106 Fälligkeit der Versicherungsleistung	219
§ 107 Rentenanspruch	237
§ 108 Verfügung über den Freistellungsanspruch	255
§ 109 Mehrere Geschädigte	299
§ 110 Insolvenz des Versicherungsnehmers	314
§ 111 Kündigung nach Versicherungsfall	326
§ 112 Abweichende Vereinbarungen	344

Abschnitt 2. Pflichtversicherung

Vorbemerkungen zu §§ 113–124	347
§ 113 Pflichtversicherung	362
§ 114 Umfang des Versicherungsschutzes	373
§ 115 Direktanspruch	383
§ 116 Gesamtschuldner	407
§ 117 Leistungspflicht gegenüber Dritten	415
§ 118 Rangfolge mehrerer Ansprüche	439
§ 119 Obliegenheiten des Dritten	457
§ 120 Obliegenheitsverletzung des Dritten	468
§ 121 Aufrechnung gegenüber Dritten	474
§ 122 Veräußerung der von der Versicherung erfassten Sache	476
§ 123 Rückgriff bei mehreren Versicherten	485
§ 124 Rechtskrafterstreckung	497

Kapitel 2. Rechtsschutzversicherung

§ 125 Leistung des Versicherers	508
§ 126 Schadensabwicklungsunternehmen	522
§ 127 Freie Anwaltswahl	526
§ 128 Gutachterverfahren	534
§ 129 Abweichende Vereinbarungen	548

Kapitel 3. Transportversicherung

Vorbemerkungen zu §§ 130–141	549
§ 130 Umfang der Gefahrtragung	553
§ 131 Verletzung der Anzeigepflicht	561
§ 132 Gefahränderung	564

Inhaltsverzeichnis

§ 133 Vertragswidrige Beförderung 568
§ 134 Ungeeignete Beförderungsmittel 571
§ 135 Aufwendungsersatz 574
§ 136 Versicherungswert 576
§ 137 Herbeiführung des Versicherungsfalles 579
§ 138 Haftungsausschluss bei Schiffen 583
§ 139 Veräußerung der versicherten Sache oder Güter 587
§ 140 Veräußerung des versicherten Schiffes 588
§ 141 Befreiung durch Zahlung der Versicherungssumme 589

Kapitel 4. Gebäudefeuerversicherung

§ 142 Anzeigen an den Hypothekengläubiger 592
§ 143 Fortdauer der Leistungspflicht gegenüber dem Hypothekengläubiger .. 600
§ 144 Kündigung des Versicherungsnehmers 609
§ 145 Übergang der Hypothek 614
§ 146 Bestätigungs- und Auskunftspflicht des Versicherers 619
§ 147 Änderung von Name und Anschrift des Hypothekengläubigers .. 621
§ 148 Andere Grundpfandrechte 625
§ 149 Eigentümergrundpfandrechte 627

Kapitel 5. Lebensversicherung

Vorbemerkungen zu §§ 150–171 630
§ 150 Versicherte Person 666
§ 151 Ärztliche Untersuchung 681
§ 152 Widerruf des Versicherungsnehmers 686
§ 153 Überschussbeteiligung 696
§ 154 Modellrechnung 720
§ 155 Standmitteilung 730
§ 156 Kenntnis und Verhalten der versicherten Person 736
§ 157 Unrichtige Altersangabe 739
§ 158 Gefahränderung 744
§ 159 Bezugsberechtigung 749
§ 160 Auslegung der Bezugsberechtigung 786
§ 161 Selbsttötung 793
§ 162 Tötung durch Leistungsberechtigten 806
§ 163 Prämien- und Leistungsänderung 810
§ 164 Bedingungsanpassung 846
§ 165 Prämienfreie Versicherung 877
§ 166 Kündigung des Versicherers 892
§ 167 Umwandlung zur Erlangung eines Pfändungsschutzes 899
§ 168 Kündigung des Versicherungsnehmers 914
§ 169 Rückkaufswert 931
§ 170 Eintrittsrecht 974
§ 171 Abweichende Vereinbarungen 982

Kapitel 6. Berufsunfähigkeitsversicherung

Vorbemerkungen zu §§ 172–177 984
§ 172 Leistung des Versicherers 988
§ 173 Anerkenntnis 1072
§ 174 Leistungsfreiheit 1081
§ 175 Abweichende Vereinbarungen 1090
§ 176 Anzuwendende Vorschriften 1092
§ 177 Ähnliche Versicherungsverträge 1107

Kapitel 7. Unfallversicherung

Vorbemerkungen zu §§ 178–191 1114
§ 178 Leistung des Versicherers 1117
§ 179 Versicherte Person 1203
§ 180 Invalidität 1208
§ 181 Gefahrerhöhung 1212

§ 182 Mitwirkende Ursachen 1215
§ 183 Herbeiführung des Versicherungsfalls 1217
§ 184 Abwendung und Minderung des Schadens 1219
§ 185 Bezugsberechtigung 1220
§ 186 Hinweispflicht des Versicherers 1222
§ 187 Anerkenntnis 1228
§ 188 Neubemessung der Invalidität 1233
§ 189 Sachverständigenverfahren, Schadensermittlungskosten 1238
§ 190 Pflichtversicherung 1240
§ 191 Abweichende Vereinbarungen 1241

Kapitel 8. Krankenversicherung

Vorbemerkungen zu §§ 192–208 1244
§ 192 Vertragstypische Leistung des Versicherers 1459
§ 193 Versicherte Person; Versicherungspflicht 1524
§ 194 Anzuwendende Vorschriften 1543
§ 195 Versicherungsdauer 1557
§ 196 Befristung der Krankentagegeldversicherung 1564
§ 197 Wartezeiten 1571
§ 198 Kindernachversicherung 1576
§ 199 Beihilfeempfänger 1581
§ 200 Bereicherungsverbot 1584
§ 201 Herbeiführung des Versicherungsfalles 1593
§ 202 Auskunftspflicht des Versicherers; Schadensermittlungskosten 1602
§ 203 Prämien- und Bedingungsanpassung 1607
§ 204 Tarifwechsel 1760
§ 205 Kündigung des Versicherungsnehmers 1835
§ 206 Kündigung des Versicherers 1853
§ 207 Fortsetzung des Versicherungsverhältnisses 1867
§ 208 Abweichende Vereinbarungen 1874

Teil 3. Schlussvorschriften

§ 209 Rückversicherung, Seeversicherung 1877
§ 210 Großrisiken, laufende Versicherung 1897
§ 210a Elektronische Transportversicherungspolice 1904
§ 211 Pensionskassen, kleinere Versicherungsvereine, Versicherungen mit kleineren Beträgen 1907
§ 212 Fortsetzung der Lebensversicherung nach der Elternzeit 1911
§ 213 Erhebung personenbezogener Gesundheitsdaten bei Dritten 1915
§ 214 Schlichtungsstelle 1958
§ 215 Gerichtsstand 1968
§ 216 Prozessstandschaft bei Versicherermehrheit 1995
Anlage (zu § 8 Abs. 5 S. 1) 2001

Sachverzeichnis 2003

Abkürzungsverzeichnis

aaO	am angegebenen Ort
Abg.	Abgeordnete(r)
abgedr.	abgedruckt
ABl.	Amtsblatt der Europäischen Gemeinschaft/Europäischen Union
Abs.	Absatz
Abschlussbericht	Abschlussbericht der Kommission zur Reform des Versicherungsvertragsrechts vom 19.4.2004
ADS	Allgemeine Deutsche Seeversicherungsbedingungen von 1919
ADSp	Allgemeine Deutsche Spediteurbedingungen
aE	am Ende
AERB	Allgemeine Bedingungen für die Einbruchdiebstahl- und Raubversicherung
AEUV	Vertrag über die Arbeitsweise der Europäischen Union
aF	alte(r) Fassung
AG	Amtsgericht; Aktiengesellschaft
AGB	Allgemeine Geschäftsbedingungen
AGBG	Gesetz zur Regelung des Rechts der Allgemeinen Geschäftsbedingungen (aufgehoben)
AGG	Allgemeines Gleichbehandlungsgesetz
AHB	Allgemeine Versicherungsbedingungen für die Haftpflichtversicherung
AktG	Aktiengesetz
AktuarV	Aktuarsverordnung
ALB	Allgemeine Versicherungsbedingungen für die kapitalbildende Lebensversicherung
allgM	allgemeine Meinung
AltZertG	Altersvorsorgeverträge-Zertifizierungsgesetz
AMG	Arzneimittelgesetz
amtl. Begr.	amtliche Begründung
AnwBl.	Anwaltsblatt
ArbG	Arbeitsgericht
Art.	Artikel
AtG	Atomgesetz
AUB	Allgemeine Unfallversicherungsbedingungen
AufenthG	Aufenthaltsgesetz
aufgeh.	aufgehoben
Aufl.	Auflage
AufsichtsrechtsUmsG/EG	Gesetz zur Umsetzung aufsichtsrechtlicher Bestimmungen zur Sanierung und Liquidation von Versicherungsunternehmen und Kreditinstituten
AUZ	Aktuarieller Unternehmenszins
AVB	Allgemeine Versicherungsbedingungen
AVB-AVG	Allgemeine Versicherungsbedigungen für die Vermögensschaden-Haftpflichtversicherung von Ausichtsräten, Vorständen und Geschäftsführern
AVB BHV	Allgemeine Versicherungsbedingungen für die Betriebs- und Berufshaftpflichtversicherung
AVB PHV	Allgemeine Versicherungsbedingungen für die Privathaftpflichtversicherung
AVB-Verm	Allgemeine Versicherungsbedingungen zur Haftpflichtversicherung für Vermögensschäden
AVB-WB	Allgemeine Versicherungsbedingungen (inkl. Besondere Bedingungen und Risikobeschreibungen) für die Vermögensschaden-Haftpflichtversicherung von Rechtsanwälten, Patentanwälten, Steuerberatern, Wirtschaftsprüfern und vereidigten Buchprüfern
BaFin	Bundesanstalt für Finanzdienstleistungsaufsicht
BAG	Bundesarbeitsgericht
BAGE	Entscheidungen des Bundesarbeitsgerichts
BAnz	Bundesanzeiger
BÄO	Bundesärzteordnung
BAV	Bundesaufsichtsamt für das Versicherungswesen
BAV R	Rundschreiben des Bundesaufsichtsamts für das Versicherungswesen
BayObLG	Bayerisches Oberstes Landesgericht

Abkürzungsverzeichnis

BBesG	Bundesbesoldungsgesetz
BBG	Bundesbeamtengesetz
BBR	Besondere Bedingungen und Risikobeschreibungen
BBR-PH	Besondere Bedingungen und Risikobeschreibungen für die Privathaftpflichtversicherung
Bd.	Band
BDSG	Bundesdatenschutzgesetz
BeamtVG	Beamtenversorgungsgesetz
BeckRS	Beck-Rechtsprechung (Beck-Online)
BEEG	Bundeselterngeld- und Elternzeitgesetz
Begr.	Begründung
BeitrEntlG	Beitragsentlastungsgesetz
BerVersV	Verordnung über die Berichterstattung von Versicherungsunternehmen gegenüber der Bundesanstalt für Finanzdienstleistungsaufsicht
BetrAV	Betriebliche Altersvorsorge (Zeitschrift)
BetrAVG	Betriebsrentengesetz
BFH	Bundesfinanzhof
BFHE	Entscheidungen des Bundesfinanzhofes
BGH	Bundesgerichtshof
BGHZ	Sammlung der Entscheidungen des Bundesgerichtshofes in Zivilsachen
BilMoG	Bilanzrechtsmodernisierungsgesetz
BinSchG	Binnenschifffahrtsgesetz
BJagdG	Bundesjagdgesetz
bKV	betriebliche Krankenversicherung
BMAS	Bundesministerium für Arbeit und Soziales
BMF	Bundesministerium der Finanzen
BMJ	Bundesministerium der Justiz
BNotO	Bundesnotarordnung
BRAK	Bundesrechtsanwaltskammer
BRAK-Mitt.	BRAK-Mitteilungen
BRAO	Bundesrechtsanwaltsverordnung
BR-Drucks	Drucksache des Bundesrates
BRE	Beitragsrückerstattung
BReg.	Bundesregierung
BSG	Bundessozialgericht
Bsp.	Beispiel
BSSichG	Beitragssatzsicherungsgesetz
BStBl.	Bundessteuerblatt
BT-Drucks	Drucksache des Deutschen Bundestages
BU	Allgemeine Bedingungen für die Berufsunfähigkeitsversicherung
BUZ	Allgemeine Bedingungen für die Berufsunfähigkeitszusatzversicherung
BUZaktuell	Newsletter der Gen Re Business School zur Berufsunfähigkeitszusatzversicherung
BVerfG	Bundesverfassungsgericht
BVerfGE	Sammlung der Entscheidungen des Bundesverfassungsgerichts
BVerfGK	Sammlung der Kammerentscheidungen des Bundesverfassungsgerichts
BVerwG	Bundesverwaltungsgericht
BVerwGE	Sammlung der Entscheidungen des Bundesverwaltungsgerichts
BVO NW	Beihilfenverordnung Nordrhein-Westfalen
CMR	Übereinkommen über den Beförderungsvertrag im internationalen Straßengüterverkehr
CoC	Verhaltensregeln des Gesamtverbandes der Deutschen Versicherungswirtschaft e.V. für den Umgang mit personenbezogenen Daten durch die deutsche Versicherungswirtschaft (Code of Conduct)
CR	Computer und Recht
D&O	Directors-and-Officers (-Versicherung)
DÄ	Deutsches Ärzteblatt
DAR	Deutsches Autorecht
DAV	Deutsche Aktuarvereinigung
DB	Der Betrieb
DeckRV	Verordnung über Rechnungsgrundlagen für die Deckungsrückstellungen
dh	das heißt
Dritte SchadenRL	Richtlinie 92/49/EWG des Rates v. 18.6.1992 zur Koordinierung der Rechts- und Verwaltungsvorschriften für die Direktversicherung (mit Ausnahme der Lebensversicherung) sowie zur Änderung der Richtlinien 73/239/EWG und 88/357/EWG

Abkürzungsverzeichnis

DS-GVO	Datenschutz-Grundverordnung
DStR	Deutsches Steuerrecht
DTV Kasko	DTV-Kaskoklauseln
DTV	Deutsche Transport-Versicherer
DTV-Güter BIV	DTV-Güterversicherungsbedingungen – Laufende Versicherung
DTV-Güter VD	DTV-Güterversicherungsbedingungen – Volle Deckung
DuD	Datenschutz und Datensicherheit
2. DurchfG/EWG zum VAG	Zweites Gesetz zur Durchführung versicherungsrechtlicher Richtlinien des Rates der Europäischen Gemeinschaften
3. DurchfG/EWG zum VAG	Drittes Gesetz zur Durchführung versicherungsrechtlicher Richtlinien des Rates der Europäischen Gemeinschaften
DVStB	Verordnung zur Durchführung der Vorschriften über Steuerberater, Steuerbevollmächtigte und Steuerberatungsgesellschaften
E	Entwurf
EFTA	Europäische Freihandelsassoziation
EG	Europäische Gemeinschaften
EGV	Vertrag zur Gründung der Europäischen Gemeinschaft
EGVVG	Einführungsgesetz zum VVG
EhfG	Entwicklungshelfer-Gesetz v. 18.6.1969
Erste SchadenRL	Erste Richtlinie 73/239/EWG des Rates v. 24.7.1973 zur Koordinierung der Rechts- und Verwaltungsvorschriften für die Direktversicherung (mit Ausnahme der Lebensversicherung)
Erwgr.	Erwägungsgrund
EuGH	Europäischer Gerichtshof
EuGVVO	Verordnung (EU) Nr. 1215/2012 des Europäischen Parlamentes und des Rates v. 22.12.2012 über die gerichtliche Zuständigkeit und die Anerkennung und Vollstreckung von Entscheidungen in Zivil- und Handelssachen v. 22.12.2000
ESchG	Gesetz zum Schutz von Embryonen (Embryonenschutzgesetz) v. 13.12.1990
EuZW	Europäische Zeitschrift für Wirtschaftsrecht
EWG	Europäische Wirtschaftsgemeinschaft
EWSA	Europäischer Wirtschafts- und Sozialausschuss
Expertenkommission	Unabhängige Expertenkommission zur Untersuchung der Problematik steigender Beiträge der privat Krankenversicherten im Alter
FamRZ	Zeitschrift für das gesamte Familienrecht
FD-RVG	Fachdienst Vergütungs- und Kostenrecht (Beck-Online)
FD-VersR	Fachdienst Versicherungsrecht (Beck-Online)
FG	Finanzgericht
FinMoG	Gesetz zur Modernisierung der Finanzaufsicht über Versicherungen
FinRVV	Finanzrückversicherungsverordnung
FlRV	Flaggenrechtsverordnung
Fn.	Fußnote
FPR	Familie Partnerschaft Recht
FS	Festschrift
FZV	Fahrzeug-Zulassungsverordnung
GA	Goltdammer's Archiv für Strafrecht
GB bzw. GB BAV	Geschäftsbericht des Bundesaufsichtsamtes für das Versicherungswesen
GDV	Gesamtverband der Deutschen Versicherungswirtschaft e. V.
GDV-Verhaltensregeln	Verhaltensregeln des Gesamtverbandes der Deutschen Versicherungswirtschaft e.V. für den Umgang mit personenbezogenen Daten durch die deutsche Versicherungswirtschaft (Code of Conduct)
gem.	gemäß
GenDG	Gendiagnostikgesetz
GenTG	Gentechnikgesetz
GewArch	Gewerbearchiv
GewO	Gewerbeordnung
GKV	Gesetzliche Krankenversicherung
GKV-FinG	Gesetz zur nachhaltigen und sozial ausgewogenen Finanzierung der Gesetzlichen Krankenversicherung (GKV-Finanzierungsgesetz)
GKV-GesundheitsreformG 2000	Gesetz zur Reform der gesetzlichen Krankenversicherung ab dem Jahr 2000
2. GKV-NOG	2. GKV-Neuordnungsgesetz

Abkürzungsverzeichnis

GKV-OrgWG	Gesetz zur Weiterentwicklung der Organisationsstrukturen in der gesetzlichen Krankenversicherung
GKV-SolG	GKV-Solidaritätsstärkungsgesetz
GKV-WSG	GKV-Wettbewerbsstärkungsgesetz
GleichbehandlungsRL	Richtlinie 2006/54/EG des Europäischen Parlaments und des Rates v. 5.7.2006 zur Verwirklichung des Grundsatzes der Chancengleichheit und Gleichbehandlung von Männern und Frauen in Arbeits- und Beschäftigungsfragen (Neufassung)
GmbHR	GmbH-Rundschau
GMG	GKV-Modernisierungsgesetz
GmS-OGB	Gemeinsamer Senat der obersten Gerichtshöfe des Bundes
GOÄ	Gebührenordnung für Ärzte
GOZ	Gebührenordnung für Zahnärzte
GRG	Gesundheits-Reformgesetz
Grundrechte-Charta	Charta der Grundrechte der Europäischen Union
GRUR	Gewerblicher Rechtsschutz und Urheberrecht
GRUR-RS	Gewerblicher Rechtsschutz und Urheberrecht-Rechtsprechung (Beck-Online)
GRV	Gesetzliche Rentenversicherung
GS	Gedächtnisschrift
GSG	Gesundheitsstrukturgesetz
GüKG	Güterkraftverkehrsgesetz
GüWerkVAVB	Allgemeine Versicherungsbedingungen für Gütertransporte im Werkverkehr
GWB	Gesetz über Wettbewerbsbeschränkungen
Gz.	Geschäftszeichen
Halbs.	Halbsatz
HansRGZ	Hanseatische Rechts- und Gerichtszeitschrift
HAVE	Haftung und Versicherung
HeimG	Heimgesetz
HGB	Handelsgesetzbuch
HIS	Hinweis- und Informationssystem der Versicherungswirtschaft
hL	herrschende Lehre
hM	herrschende Meinung
HRR	Höchstrichterliche Rechtsprechung
Hs., HS.	Halbsatz
idR	in der Regel
IFRS	International Financial Reporting Standards
IfSG	Gesetz zur Verhütung und Bekämpfung von Infektionskrankheiten beim Menschen (Infektionsschutzgesetz) v. 20.7.2000
InsO	Insolvenzordnung
IPRax	Praxis des Internationalen Privat- und Verfahrensrechts
iRd	im Rahmen der/des
iÜ	im Übrigen
IVF	In-vitro-Fertilisation
IVH	Info-Letter Versicherungs- und Haftungsrecht
iVm	in Verbindung mit
JA	Juristische Ausbildung
JR	Juristische Rundschau
JRPV	Juristische Rundschau für die Privatversicherung
jurisPR-VersR	juris-Praxisreport Versicherungsrecht
JuS	Juristische Schulung
JW	Juristische Wochenschrift
JZ	Juristenzeitung
KalV	Kalkulationsverordnung
1. KalVÄndV	Erste Verordnung zur Änderung der Kalkulationsverordnung
2. KalVÄndV	Zweite Verordnung zur Änderung der Kalkulationsverordnung
4. KalVÄndV	Vierte Verordnung zur Änderung der Kalkulationsverordnung
KfzPflVV	Kraftfahrzeug-Pflichtversicherungsverordnung
KHEntG	Krankenhausentgeltgesetz
KHG	Krankenhausfinanzierungsgesetz
KLV	Krankenpflege-Leistungsverordnung
KomE, KommE	Kommissionsentwurf
KommBer	Kommissionsbericht
KrPflG	Krankenpflegegesetz
KSVG	Künstlersozialversicherungsgesetz
KTS	Zeitschrift für Insolvenzrecht
KVAV	Krankenversicherungsaufsichtsverordnung

Abkürzungsverzeichnis

KVBeitragsschulden-ÜberforderungsG	Gesetz zur Beseitigung sozialer Überforderung bei Beitragsschulden in der Krankenversicherung
KVLG	Zweites Gesetz über die Krankenversicherung der Landwirte
KVO	Kraftverkehrsordnung (aufgehoben)
l.	linke/r/s
LAG	Landesarbeitsgericht
LG	Landgericht
LMK	Leitsätze mit Kommentierung Beck-Fachdienst Zivilrecht
LPartG	Lebenspartnerschaftsgesetz
Ls.	Leitsatz
LSG	Landessozialgericht
LuftVG	Luftverkehrsgesetz
LuftVZO	Luftverkehrs-Zulassungs-Ordnung
LVRG	Lebensversicherungsreformgesetz
MaBV	Makler- und Bauträgerverordnung
MB/BT	Musterbedingungen für den Basistarif
MB/GEPV	Musterbedingungen für die staatlich geförderte ergänzende Pflegeversicherung
MB/KK	Musterbedingungen für die Krankheitskosten- und Krankenhaustagegeldversicherung
MB/NLT	Musterbedingungen für den Notlagentarif
MB/ST	Musterbedingungen für den Standardtarif
MBO-Ä	(Muster-)Berufsordnung für die in Deutschland tätigen Ärztinnen und Ärzte
MDR	Monatsschrift für Deutsches Recht
mE	meines Erachtens
MediationsG	Mediationsgesetz
MedR	Medizinrecht
MindZV	Verordnung über die Mindestbeitragsrückerstattung in der Lebensversicherung
Motive	Motive zum VVG zum VVG, 1908 (Nachdruck 1963)
mwN	mit weiteren Nachweisen
MwStSystRL	Richtlinie 2006/112/EG des Rates vom 28.11.2006 über das gemeinsame Mehrwertsteuersystem
mWv	mit Wirkung vom
NJOZ	Neue Juristische Online-Zeitschrift (Beck-Online)
NJW	Neue Juristische Wochenschrift
NJW-RR	NJW-Rechtsprechungs-Report Zivilrecht
NJW-Spezial	NJW-Spezial: Die wichtigsten Informationen zu zentralen Rechtsgebieten
NLT	Notlagentarif
Nr.	Nummer
nrk	nicht rechtskräftig
NVersZ	Neue Zeitschrift für Versicherung und Recht
NVwZ	Neue Zeitschrift für Verwaltungsrecht
NZA	Neue Zeitschrift für Arbeitsrecht
NZBau	Neue Zeitschrift für Baurecht und Vergaberecht
NZS	Neue Zeitschrift für Sozialrecht
oä	oder Ähnliches
OECD	Organisation für wirtschaftliche Zusammenarbeit und Entwicklung
OEG	Opferentschädigungsgesetz
OGH	(österreichischer) Oberster Gerichtshof
OHG	Offene Handelsgesellschaft
OLG	Oberlandesgericht
OLGR	OLG-Report
öVVG	(österreichisches) Versicherungsvertragsgesetz
PatAnwO	Patentanwaltsordnung
PEICL	Principles of European Insurance Contract Law
PflegeVG	Pflege-Versicherungsgesetz
PflegeWEG	Pflege-Weiterentwicklungsgesetz
PflVG	Pflichtversicherungsgesetz
PHi	Haftpflicht international
PID	Präimplantationsdiagnostik
PKV	Private Krankenversicherung
PNG	Gesetz zur Neuausrichtung der Pflegeversicherung (Pflege-Neuausrichtungs-Gesetz)
PPV	Private Pflege-Pflichtversicherung
PräimpG	Gesetz zur Regelung der Präimplantationsdiagnostik (Präimplantationsdiagnosegesetz)

Abkürzungsverzeichnis

PRIIP	Packaged Retail and Insurance-based Investment Products
ProdSG	Produktsicherheitsgesetz
ProstG	Prostitutionsgesetz
PSG I	Erstes Gesetz zur Stärkung der pflegerischen Versorgung und zur Änderung weiterer Vorschriften (Erstes Pflegestärkungsgesetz)
PSG II	Zweites Gesetz zur Stärkung der pflegerischen Versorgung und zur Änderung weiterer Vorschriften (Zweites Pflegestärkungsgesetz)
PSG III	Drittes Gesetz zur Stärkung der pflegerischen Versorgung und zur Änderung weiterer Vorschriften (Drittes Pflegestärkungsgesetz)
pVV	positive Vertragsverletzung
RdTW	Recht der Transportwirtschaft
RdW	Recht der Wirtschaft
RechVersV	Verordnung über die Rechnungslegung von Versicherungsunternehmen
RefE	Referentenentwurf
RegE	Regierungsentwurf
RfB	Rückstellung für Beitragserstattung
RG	Reichsgericht
RGBl.	Reichsgesetzblatt
RGSt	Sammlung des Reichsgerichts in Strafsachen
RGZ	Sammlung des Reichsgerichts in Zivilsachen
RHG	Reichshaftpflichtgesetz
rkr.	rechtskräftig
RL	Richtlinie
RL Fernabsatz II	Richtlinie des Europäischen Parlaments und des Rates vom 16. Februar 1998 zur Änderung der Richtlinie 87/102/EWG zur Angleichung der Rechts- und Verwaltungsvorschriften der Mitgliedstaaten über den Verbraucherkredit
RL-Leben	Richtlinie 2002/83/EG des Europäischen Parlaments und des Rates vom 5.11.2002 über Lebensversicherungen
RL 2009/138/EG bzw. RL Solvabilität II	Richtlinie 2009/138/EG des Europäischen Parlaments und des Rates vom 25.11.2009 betreffend die Aufnahme und Ausübung der Versicherungs- und der Rückversicherungstätigkeit (Solvabilität II)
Rn.	Randnummer
RNotZ	Rheinische Notar-Zeitschrift
Rom I-VO	Verordnung (EG) Nr. 593/2008 des Europäischen Parlaments und des Rates vom 11.6.2008 über das auf außervertragliche Schuldverhältnisse anzuwendende Recht
Rs.	Rechtssache
r+s	Recht und Schaden
S.	Satz; Seite
SchauHV	Verordnung über die Haftpflichtversicherung für Schausteller
SchfG	Schornsteinfegergesetz
SchiedsVZ	Zeitschrift für Schiedsverfahren
SEPA-BegleitG	Gesetz zur Begleitung der Verordnung (EU) Nr. 260/2012 zur Festlegung der technischen Vorschriften und der Geschäftsanforderungen für Überweisungen und Lastschriften in Euro und zur Änderung der Verordnung (EG) Nr. 924/2009 (SEPA-Begleitgesetz)
SEV	Sammlung Europäischer Verträge
SGB	Sozialgesetzbuch
Slg.	Sammlung der Entscheidungen des Europäischen Gerichtshofes
Solvency II-RL	Richtlinie 2009/138/EG des Europäischen Parlaments und des Rates vom 25.11.2009 betreffend die Aufnahme und Ausübung der Versicherungs- und der Rückversicherungstätigkeit (Solvabilität II)
Sp.	Spalte
SP	Schadenpraxis
SPV	Soziale Pflegeversicherung
SR	Systematische Sammlung des Bundesrechts (Schweiz)
StBerG	Steuerberatungsgesetz
StGB	Strafgesetzbuch
str.	strittig
SVZ	Schweizerische Versicherungszeitschrift
TGV	Transportgenehmigungsverordnung
TranspR	Transportrecht
ua	und andere; unter anderem
UAbs.	Unterabsatz
UKlaG	Unterlassungsklagengesetz

Abkürzungsverzeichnis

UmweltHG	Umwelthaftungsgesetz
Unterabs.	Unterabsatz
USD	US-Dollar
USV	Umweltschadenversicherung
uU	unter Umständen
UWP	Unitised with Profits
VA	Verantwortlicher Aktuar
VAG	Versicherungsaufsichtsgesetz
VAGÄndG 2000	Gesetz zur Änderung des Versicherungsaufsichtsgesetzes, insbesondere zur Durchführung der EG-Richtlinie 98/78/EG vom 27. Oktober 1998 über die zusätzliche Beaufsichtigung der einer Versicherungsgruppe angehörenden Versicherungsunternehmen sowie zur Umstellung von Vorschriften auf Euro
VAGÄndG 2004	Gesetz zur Änderung des Versicherungsaufsichtsgesetzes und anderer Gesetze
10. VAGÄndG	Zehntes Gesetz zur Änderung des Versicherungsaufsichtsgesetzes (nicht verabschiedet)
Var.	Variante
VAStrRefG	Gesetz zur Strukturreform des Versorgungsausgleichs
VBL	Versorgungsanstalt des Bundes und der Länder
VerBAV	Veröffentlichungen des Bundesaufsichtsamtes für das Versicherungswesen
VerfAfP	Veröffentlichungen des Reichsaufsichtsamtes für die Privatversicherung
VermittlerRL	Richtlinie 2002/92/EG des Europäischen Parlaments und des Rates v. 9.12.2002 über Versicherungsvermittlung
VermVO	Verfahrensordnung für Beschwerden im Zusammenhang mit der Vermittlung von Versicherungsverträgen
VersAusglG	Versorgungsausgleichsgesetz
VersicherungsbilanzRL	Richtlinie 91/674/EWG des Rates v. 19.12.1991 über den Jahresabschluss und den konsolidierten Abschluss von Versicherungsunternehmen
VersM	Versicherungsmagazin
VersMed	Versicherungsmedizin
VersR	Versicherungsrecht
VersRAI	Versicherungsrecht (Beilage Ausland)
VersRdsch	Versicherungsrundschau
VersR-Schriften	Schriftenreihe der VersR
VersVermV	Versicherungsvermittlungsverordnung
VersVG	(österreichisches) Versicherungsvertragsgesetz
VersWissStud	Versicherungswissenschaftliche Studien
VerZA	Veröffentlichungen des Zonenamtes für das Versicherungswesen
VGB	Allgemeine Wohngebäude-Versicherungsbedingungen
VIA	Verbraucherinsolvenz aktuell
vgl.	vergleiche
VK	Versicherung und Recht kompakt
VN	Versicherungsnehmer
VomVO	Verfahrensordnung des Versicherungsombudsmanns
Voraufl.	Vorauflage
Vorb.	Vorbereitung
Vorbem.	Vorbemerkung
VP	Die Versicherungs-Praxis
VR	Versicherer
VRS	Verkehrsrechts-Sammlung
VSBG	Verbraucherstreitbeilegungsgesetz
VU	Versicherungsunternehmen
VuR	Verbraucher und Recht
VVaG	Versicherungsverein auf Gegenseitigkeit
VVG	Versicherungsvertragsgesetz
VVG-E	Entwurf für ein neues Versicherungsvertragsgesetz
VVG-InfoV	Versicherungsvertragsgesetz-Informationspflichtenverordnung
VVG-Kommission	Kommission zur Reform des Versicherungsvertragsrechts
VVG-Reformgesetz	Gesetz zur Reform des Versicherungsvertragsrechts
VVG-RegE	Entwurf eines Gesetzes zur Reform des Versicherungsvertragsrechts (BT-Drucks. 16/3945)
VW	Versicherungswirtschaft
WaffG	Waffengesetz
WHO	Weltgesundheitsorganisation
WM	Wertpapier-Mitteilungen
WPO	Wirtschaftsprüferordnung

Abkürzungsverzeichnis

WRP	Wettbewerb in Recht und Praxis
WuW	Wirtschaft und Wettbewerb
ZAG	Zahlungsdiensteaufsichtsgesetz
ZAP	Zeitschrift für Anwaltspraxis
ZErb	Zeitschrift für die Steuer- und Erbrechtspraxis
ZfIR	Zeitschrift für Immobilienrecht
ZEuP	Zeitschrift für Europäisches Privatrecht
ZEV	Zeitschrift für Erbrecht und Vermögensnachfolge
ZfS	Zeitschrift für Schadensrecht
ZfV	Zeitschrift für Versicherungswesen
ZfZ	Zeitschrift für Zölle und Verbrauchssteuern
ZHR	Zeitschrift für das gesamte Handels- und Wirtschaftsrecht
Ziff.	Ziffer
ZInsO	Zeitschrift für das gesamte Insolvenzrecht
ZIP	Zeitschrift für Wirtschaftsrecht und Insolvenzpraxis
ZKM	Zeitschrift für Konfliktmanagement
ZPO	Zivilprozessordnung
ZRP	Zeitschrift für Rechtspolitik
ZVersWiss	Zeitschrift für die gesamte Versicherungswissenschaft
ZVI	Zeitschrift für Verbraucher- und Privat-Insolvenzrecht
Zweite SchadenRL	Zweite Richtlinie 88/357/EWG des Rates v. 22.6.1988 zur Koordinierung der Rechts- und Verwaltungsvorschriften für die Direktversicherung (mit Ausnahme der Lebensversicherung) und zur Erleichterung der tatsächlichen Ausübung des freien Dienstleistungsverkehrs sowie zur Änderung der Richtlinie 73/239/EWG (ABl. L 172, 1)

Literaturverzeichnis

Albrecht/Bartels/Heiss	*Albrecht/Bartels/Heiss*, 30. Mannheimer Versicherungswissenschaftliche Jahrestagung: Das Urteil des Bundesverfassungsgerichts vom 26. Juli 2005 (1 BvR 80/95), 2006
Anders/Gehle	*Anders/Gehle*, Zivilprozessordnung, 81. Aufl. 2023
Armbrüster	*Armbrüster*, Privatversicherungsrecht, 2. Aufl. 2019
Bach/Moser	*Bach/Moser*, Private Krankenversicherung, 6. Aufl. 2023; 5. Aufl. 2015
Bamberger/Roth	*Bamberger/Roth*, Bürgerliches Gesetzbuch, 4. Aufl. 2019 f.
Baroch Castellví	*Baroch Castellví*, Altersvorsorgeverträge-Zertifizierungsgesetz, in: Das Deutsche Bundesrecht, Loseblatt (Stand: 2012)
Baumbach/Hopt	*Baumbach/Hopt*, Handelsgesetzbuch, 40. Aufl. 2021
Baumbach/Lauterbach/Albers/Hartmann	*Baumbach/Lauterbach/Albers/Hartmann*, Zivilprozessordnung, 77. Aufl. 2019
Bayerlein SV-HdB	*Bayerlein/Bleutge/Roeßner*, Praxishandbuch Sachverständigenrecht, 6. Aufl. 2021
Beckmann/Matusche-Beckmann VersR-HdB	*Beckmann/Matusche-Beckmann*, Versicherungsrechts-Handbuch, 3. Aufl. 2015
BeckOK ArbR	Beck'scher Online-Kommentar zum Arbeitsrecht
BeckOK DatenschutzR	Beck'scher Online-Kommentar zum Datenschutzrecht
BeckOK GG	Beck'scher Online-Kommentar zum Grundgesetz
BeckOK VVG	Beck'scher Online-Kommentar zum Versicherungsvertragsgesetz
Benkel/Hirschberg	*Benkel/Hirschberg*, Lebens- und Berufsunfähigkeitsversicherung, 2. Aufl. 2011
Berliner Kommentar bzw. BK	*Honsell*, Berliner Kommentar zum Versicherungsvertragsgesetz, 1999
Blomeyer/Rolfs/Otto	*Blomeyer/Rolfs/Otto*, Betriebsrentengesetz, 8. Aufl. 2022
Blümich	*Blümich*, Einkommensteuergesetz, Körperschaftsteuergesetz, Gewerbesteuergesetz, Loseblatt (Stand: 2021)
Boetius	*Boetius*, Private Krankenversicherung, 2018
Boetius/Boetius/Kölschbach	*Boetius/Boetius/Kölschbach*, Handbuch der versicherungstechnischen Rückstellungen, 2. Aufl. 2021
Boetius/Rogler/Schäfer/*Bearbeiter* PKV-HdB	*Boetius/Rogler/Schäfer*, Rechtshandbuch Private Krankenversicherung, 2020
Brandis/Heuermann	*Brandis/Heuermann*, Ertragsteuerrecht, Loseblatt (Stand: Februar 2023)
Braun	*Braun*, Insolvenzordnung, 9. Aufl. 2022
Bruck/Möller	*Bruck/Möller*, Versicherungsvertragsgesetz, 10. Aufl. 2021 ff., 9. Aufl. 2008 ff.
Bruck/Möller, 8. Aufl.	*Bruck/Möller*, Versicherungsvertragsgesetz, 8. Aufl. 1961 ff.
Bruns	*Bruns*, Privatversicherungsrecht, 2015
Buschbell/Hering	*Buschbell/Hering*, Handbuch Rechtsschutzversicherung, 5. Aufl. 2011
Dengler Haftpflichtversicherung	*Dengler*, Die Haftpflichtversicherung im privaten und gewerblichen Bereich, 3. Aufl. 2003
Diller Berufshaftpflichtversicherung	*Diller*, Berufshaftpflichtversicherung der Rechtsanwälte, 2. Aufl. 2017
Dreher	*Dreher*, Die Versicherung als Rechtsprodukt, 1991
Dürig/Herzog/Scholz	*Dürig/Herzog/Scholz*, Grundgesetz, Loseblatt (Stand: 2022)
Ehrenzweig PVR	*Ehrenzweig*, Deutsches (österreichisches) Privatversicherungsrecht, 1952
EnzEuR	Enzyklopädie Europarecht, 2014 ff.
ErfK/	Erfurter Kommentar zum Arbeitsrecht, 23. Aufl. 2023
Erman	*Erman*, Bürgerliches Gesetzbuch, 16. Aufl. 2020
Ernst/Rogler	*Ernst/Rogler*, Berufsunfähigkeitsversicherung, 2018
FAKomm-VersR	*Staudinger/Halm/Wendt*, Versicherungsrecht, 2. Aufl. 2017
FA-VersR	*Halm/Engelbrecht/Krahe*, Handbuch des Fachanwalts Versicherungsrecht, 6. Aufl. 2018
Feyock/Jacobsen/Lemor	*Feyock/Jacobsen/Lemor*, Kraftfahrtversicherung, 3. Aufl. 2009
Fischer	*Fischer*, Strafgesetzbuch und Nebengesetze, 69. Aufl. 2022
FKBP	*Fahr/Kaulbach/Bähr/Pohlmann*, Versicherungsaufsichtsgesetz, 5. Aufl. 2012
FK-InsO	Frankfurter Kommentar zur Insolvenzordnung, 9. Aufl. 2018
Förster/Cisch/Karst	*Förster/Cisch/Karst*, Betriebsrentengesetz, 14. Aufl. 2014
Führer/Grimmer	*Führer/Grimmer*, Einführung in die Lebensversicherungsmathematik, 2. Aufl. 2010

Literaturverzeichnis

v. Fürstenwerth/Weiß/ Consten/Präve	v. Fürstenwerth/Weiß/Consten/Präve, Versicherungs-Alphabet, 11. Aufl. 2019
Gamm/Sohn	Gamm/Sohn, Versicherungsvermittlerrecht, 2007
Geigel	Geigel, Der Haftpflichtprozess, 28. Aufl. 2020
Geimer Int. Zivilprozessrecht	Geimer Internationales Zivilprozessrecht, 8. Aufl. 2020
Geimer/Schütze	Geimer/Schütze, Internationaler Rechtsverkehr in Zivil- und Handelssachen, Loseblatt (Stand: 2022)
Gola/Heckmann	Gola/Heckmann, Datenschutz-Grundverordnung/Bundesdatenschutzgesetz, 2022
Goldberg/Müller	Goldberg/Müller, Versicherungsaufsichtsgesetz, 1980
Gräfe/Brügge	Gräfe/Brügge, Vermögensschaden-Haftpflichtversicherung, 2. Aufl. 2013
Gräfe/Brügge/Melchers	Gräfe/Brügge/Melchers, Berufshaftpflichtversicherung für rechts- und steuerberatende Berufe, 3. Aufl. 2021
Grimm/Kloth	Grimm/Kloth, Unfallversicherung, 6. Aufl. 2021
Grüneberg	Grüneberg, Bürgerliches Gesetzbuch, 82. Aufl. 2023
Halm/Engelbrecht/ Krahe	Halm/Engelbrecht/Krahe, Handbuch des Fachanwalts Versicherungsrecht, 6. Aufl. 2018
Halm/Kreuter/Schwab	Halm/Kreuter/Schwab, Allgemeine Bedingungen für die Kraftfahrtversicherung, 2. Aufl. 2015
Harbauer	Harbauer, Rechtsschutzversicherung, 9. Aufl. 2018
Häsemeyer Insolvenzrecht	Häsemeyer, Insolvenzrecht, 4. Aufl. 2007
HdV	Farny/Helten/Koch/R. Schmidt, Handwörterbuch der Versicherung, 1988
Hefermehl/Köhler/ Bornkamm	Hefermehl/Köhler/Bornkamm, Gesetz gegen den unlauteren Wettbewerb, 27. Aufl. 2009
Heiss/Trümper TransportVersR	Heiss/Trümper, Transportversicherungsrecht, 2009
HK-VVG	Rüffer/Halbach/Schimikowski, Versicherungsvertragsgesetz – Handkommentar, 4. Aufl. 2020
HK-ZPO	Saenger, Zivilprozessordnung – Handkommentar, 9. Aufl. 2021
Hopt	Hopt, Handelsgesetzbuch, 41. Aufl. 2022
Jacob	Jacob, Unfallversicherung AHB 2020 2. Aufl. 2022
Jarass/Pieroth	Jarass/Pieroth, Grundgesetz, 17. Aufl. 2022
Jauernig	Jauernig, Bürgerliches Gesetzbuch, 18. Aufl. 2021
jurisPK-StVR	juris-Praxiskommentar Straßenverkehrsrecht, 2. Aufl. 2022
Karst/Cisch	Karst/Cisch, Betriebsrentengesetz, 16. Aufl. 2021
KassKomm	Kasseler Kommentar Sozialversicherungsrecht, Loseblatt (Stand: 2023)
Kaulbach/Bähr/ Pohlmann	Kaulbach/Bähr/Pohlmann, Versicherungsaufsichtsgesetz, 6. Aufl. 2019
Kirchhof	Kirchhof u.a., Einkommensteuergesetz, Loseblatt (Stand: 2022)
Kisch PVR III	Kisch, Handbuch des Privatversicherungsrechts, Bd. 3, 1922
Kleine-Cosack	Kleine-Cosack, Bundesrechtsanwaltsordnung, 9. Aufl. 2022
Kloth	Kloth, Private Unfallversicherung, 2. Aufl. 2014
Koller	Koller, Transportrecht, 10. Aufl. 2020
Kropholler/v. Hein, Europäisches Zivilprozessrecht	Kropholler/v. Hein, Europäisches Zivilprozessrecht, 9. Aufl. 2011
Kurzendörfer	Kurzendörfer, Einführung in die Lebensversicherung, 3. Aufl. 2000
Kuwert Haftpflichtversicherung	Kuwert, Allgemeine Haftpflichtversicherung, 4. Aufl. 1992 (Nachdruck 2013)
Landmann/Rohmer	Landmann/Rohmer, Gewerbeordnung, Loseblatt (Stand: 2022)
Langheid/Rixecker	Langheid/Rixecker, Versicherungsvertragsgesetz, 7. Aufl. 2022
Littbarski AHB	Littbarski, Allgemeine Versicherungsbedingungen für die Haftpflichtversicherung, 2001
Littbarski Haftungs- und Versicherungsrecht	Littbarski, Haftungs- und Versicherungsrecht im Bauwesen, 1986
Littbarski Produkthaftpflichtversicherung	Littbarski, Produkthaftpflichtversicherung, 2. Aufl. 2014
Littbarski/Tenschert/ Klein	Littbarski/Tenschert/Klein, Betriebs- und Berufshaftpflichtversicherung, 2023
Looschelders/Paffenholz	Looschelders/Paffenholz, Allgemeine Bedingungen für die Rechtsschutzversicherung, 2. Aufl. 2019
Looschelders/Pohlmann	Looschelders/Pohlmann, Versicherungsvertragsgesetz, 3. Aufl. 2016

Literaturverzeichnis

MAH VersR	*Höra/Schubach,* Münchener Anwaltshandbuch Versicherungsrecht, 5. Aufl. 2022
Marlow/Spuhl	*Marlow/Spuhl,* Das Neue VVG kompakt, 4. Aufl. 2010
Marko	*Marko,* Private Krankenversicherung, 2. Aufl. 2010
Maunz/Dürig	*Maunz/Dürig,* Grundgesetz, Loseblatt (Stand: 2021)
Meixner/Steinbeck	*Meixner/Steinbeck,* Das neue Versicherungsvertragsrecht, 2008
Motive, Motive zum VVG	Motive zum Versicherungsvertragsgesetz, 1908 (Nachdruck 1963)
MüKoAktG	Münchener Kommentar zum Aktiengesetz, 5. Aufl. 2019 ff.
MüKoBGB	Münchener Kommentar zum Bürgerlichen Gesetzbuch, 8. Aufl. 2018 ff.
MüKoBilanzR	Münchener Kommentar zum Bilanzrecht, Loseblatt (Stand: 2014)
MüKoStGB	Münchener Kommentar zum Strafgesetzbuch, 4. Aufl. 2020 ff.; 3. Aufl. 2016 ff.
MüKoStPO	Münchener Kommentar zur Strafprozessordnung, 2014 ff.
MüKoZPO	Münchener Kommentar zur Zivilprozessordnung, 6. Aufl. 2020 ff.; 5. Aufl. 2016 f.
Musielak/Voit	*Musielak/Voit,* Zivilprozessordnung, 17. Aufl. 2022
Nagel/Gottwald	*Nagel/Gottwald,* Internationales Zivilprozessrecht, 8. Aufl. 2020
Naumann/Brinkmann	*Naumann/Brinkmann,* Die private Unfallversicherung in der Beraterpraxis, 2. Aufl. 2012
Neuhaus	*Neuhaus,* Berufsunfähigkeitsversicherung, 4. Aufl. 2020
Niederleithinger	*Niederleithinger,* Das neue VVG, 2007
NK-DatenschutzR	*Simitis/Hornung/Spiecker,* Datenschutzrecht, 2019
NK-Gesamtes Medizinrecht	*Bergmann/Pange/Steinmeyer,* Gesamtes Medizinrecht, 3. Aufl. 2018
Paal/Pauly	*Paal/Pauly,* Datenschutz-Grundverordnung/Bundesdatenschutzgesetz, 3. Aufl. 2021
Palandt	*Palandt,* Bürgerliches Gesetzbuch, 79. Aufl. 2020
Plote	*Plote,* Rechtsschutzversicherung, 2. Aufl. 2010
Praxishandbuch Sachverständigenrecht	*Bayerlein/Bleutge/Roeßner,* Praxishandbuch Sachverständigenrecht, 6. Aufl. 2021
Prölss/Dreher	*Prölss/Dreher,* Versicherungsaufsichtsgesetz 13. Aufl. 2018
Prölss/Martin	*Prölss/Martin,* Versicherungsvertragsgesetz, 31. Aufl. 2021
Rauscher	*Rauscher,* Europäisches Zivilprozess- und Kollisionsrecht, 5. Aufl. 2021 f.
Rauscher Internationales Privatrecht	*Rauscher,* Internationales Privatrecht, 5. Aufl. 2017
RGRK	Das Bürgerliche Gesetzbuch mit besonderer Berücksichtigung des Reichsgerichts und des Bundesgerichtshofes, Kommentar, 12. Aufl. 1974 ff.
Ritter/Abraham	*Ritter/Abraham,* Das Recht der Seeversicherung, 2. Aufl. 1967
Römer/Langheid	*Römer/Langheid,* Versicherungsvertragsgesetz, 4. Aufl. 2014
Rosenberg/Schwab/Gottwald	*Rosenberg/Schwab/Gottwald,* Zivilprozessrecht, 18. Aufl. 2018
Schmalzl/Krause-Allenstein Berufshaftpflichtversicherung	*Schmalzl/Krause-Allenstein,* Berufshaftpflichtversicherung des Architekten und Bauunternehmers, 2. Aufl. 2006
Schmidt	*L. Schmidt,* Einkommensteuergesetz, 41. Aufl. 2022
Schönke/Schröder	*Schönke/Schröder,* Strafgesetzbuch, 30. Aufl. 2019
Schubach/Jannsen	*Schubach/Jannsen,* Private Unfallversicherung, 2010
Schwintowski/Brömmelmeyer/Ebers	*Schwintowski/Brömmelmeyer/Ebers,* Praxiskommentar zum Versicherungsvertragsgesetz, 4. Aufl. 2021
Sieg	*Sieg,* Allgemeines Versicherungsvertragsrecht, 3. Aufl. 1994 (Nachdruck 2012)
K. Sieg Ausstrahlungen	*Sieg,* Ausstrahlungen der Haftpflichtversicherung, 1952
Simitis	*Simitis,* Bundesdatenschutzgesetz, 8. Aufl. 2014
Soergel	*Soergel,* Bürgerliches Gesetzbuch, 13. Aufl. 1999 ff.
Späte AHB	*Späte,* Haftpflichtversicherung, 1993
Späte/Schimikowski	*Späte/Schimikowski,* Haftpflichtversicherung, 2. Aufl. 2015
Staudinger	*Staudinger,* Bürgerliches Gesetzbuch
Staudinger/Halm/Wendt	*Staudinger/Halm/Wendt,* Versicherungsrecht 5. Aufl. 2023
Stein/Jonas	*Stein/Jonas,* Kommentar zur Zivilprozessordnung, 23. Aufl. 2014 ff.
Stockmeier Privathaftpflichtversicherung	*Stockmeier,* Privathaftpflichtversicherung, 2019
Terbille/Höra	*Terbille/Höra,* Münchener Anwaltshandbuch Versicherungsrecht, 3. Aufl. 2013
Thomas/Putzo	*Thomas/Putzo,* Zivilprozessordnung, 43. Aufl. 2022
Thume	*Thume,* CMR – Übereinkommen über den Beförderungsvertrag im internationalen Straßengüterverkehr, 3. Aufl. 2016

Literaturverzeichnis

Thume/de la Motte/Ehlers	*Thume/de la Motte/Ehlers,* Transportversicherungsrecht, 2. Aufl. 2011
Uhlenbruck	*Uhlenbruck,* Insolvenzordnung, 15. Aufl. 2019 f.
Ulmer/Brandner/Hensen	*Ulmer/Brandner/Hensen,* AGB-Recht, 12. Aufl. 2016
van Bühren/Plote	*van Bühren/Plote,* Rechtsschutzversicherung, 3. Aufl. 2013
van Bühren/VersR-HdB	*van Bühren,* Handbuch Versicherungsrecht, 7. Auf. 2017
Veith/Gräfe/*Gebert*	*Veith/Gräfe/Gebert,* Der Versicherungsprozess, 4. Aufl. 2020
VersR-HdB	*Beckmann/Matusche-Beckmann,* Versicherungsrechts-Handbuch, 3. Aufl. 2015
Wandt VersR	*Wandt,* Versicherungsrecht, 6. Aufl. 2017
Wandt Gesetzliche Schuldverhältnisse	*Wandt,* Gesetzliche Schuldverhältnisse, 10. Aufl. 2020
Winter Versicherungsaufsichtsrecht	*Winter,* Versicherungsaufsichtsrecht, 2007
Wolf/Lindacher/Pfeiffer	*Wolf/Lindacher/Pfeiffer,* AGB-Recht, 7. Aufl. 2020
Wussow AHB	*Wussow,* Allgemeine Versicherungsbedingungen für Haftpflichtversicherung, 8. Aufl. 1976
Zöller	*Zöller,* Zivilprozessordnung, 34. Aufl. 2022

Gesetz über den Versicherungsvertrag (Versicherungsvertragsgesetz – VVG)

Vom 23. November 2007

(BGBl. 2007 I 2631)

Zuletzt geändert durch Art. 4 Gesundheitsversorgungsweiterentwicklungsgesetz vom 11.7.2021 (BGBl. 2021 I 2754), Art. 17 Gesetz zur Umsetzung der Umwandlungsrichtlinie und zur Änderung weiterer Gesetze vom 22.2.2023 (BGBl. 2023 I Nr. 51)

Teil 2. Einzelne Versicherungszweige

Kapitel 1. Haftpflichtversicherung

Abschnitt 1. Allgemeine Vorschriften

Vorbemerkungen zu §§ 100–112

Übersicht

		Rn.			Rn.
A.	Allgemeines	1	IV.	Einzelheiten zu den Allgemeinen Bedingungen für die Kfz-Versicherung (AKB)	46
B.	Entwicklung der Haftpflichtversicherung	3	1.	Entwicklung der AKB von 1910–1994	46
I.	Historische Entwicklung	3	2.	Entwicklung der AKB von 1994–2007	50
1.	Altertum bis spätes Mittelalter	3	3.	Entwicklung der AKB seit dem Inkrafttreten des VVG 2008	52
2.	Zeitalter der Industrialisierung	4			
3.	Entwicklung in Deutschland	6	C.	Bedeutung der Haftpflichtversicherung in der Praxis	55
	a) Vorläufer der Haftpflichtversicherung	6			
	b) Entwicklung der gesetzlichen Unfallversicherung	9	D.	Zweck der Haftpflichtversicherung	62
			I.	Allgemeines	62
	c) Entwicklung der Privathaftpflichtversicherung	16	II.	Befriedigungs- und Abwehrfunktion	63
II.	Gemeinsamkeiten und Unterschiede der Allgemeinen Haftpflichtversicherung und der Kraftfahrzeug-Haftpflichtversicherung	22	III.	Befreiungs-, Freistellungs- und Zahlungsanspruch	65
			IV.	Befriedigung des Dritten durch den Versicherungsnehmer und Bindungswirkung zu Lasten des Versicherers?	75
1.	Allgemeines	22			
2.	Rechtslage vor der Deregulierung des europäischen Versicherungsmarktes von 1994	23	E.	Verhältnis von Haftung und Haftpflichtversicherung	82
			I.	Allgemeines	82
3.	Rechtslage nach der Deregulierung des europäischen Versicherungsmarktes von 1994	28	II.	Begriff der Haftung	85
			III.	Begriff der Versicherung	89
III.	Einzelheiten zu den Allgemeinen Versicherungsbedingungen für die Haftpflichtversicherung (AHB)	33	IV.	Interdependenz zwischen Haftung und Haftpflichtversicherung	101
			1.	Allgemeines	101
1.	Entwicklung der AHB von 1921–2004	33	2.	Trennungsprinzip	102
2.	Entwicklung der AHB von 2004–2007	36	3.	Trennungsprinzip und Bindungswirkung	103
3.	Entwicklung der AHB seit dem Inkrafttreten des VVG 2008	44	4.	Bindungswirkung und ihre Grenzen	107
				a) Voraussetzungsidentität	107

	Rn.		Rn.
b) Überschießende Feststellung	111	F. **Grundsätzliches zur Haftpflichtversicherung**	147
c) Offenbleiben maßgeblicher Tat – oder Rechtsfragen	112	I. Allgemeines	147
d) Versicherungsrechtliche Würdigung	113		
e) Kollusives Zusammenwirken	114	II. Die Einordnung der Haftpflichtversicherung in das System des Versicherungsvertragsrechts	148
f) Versicherungsrechtliche Einwendungen	115		
g) Versicherungsrechtliche Einwendungen und ihre Grenzen	118		
h) Prozessuale Folgen	120	III. Formen der Haftpflichtversicherung	156
V. **Auswirkungen des Bestehens einer Haftpflichtversicherung auf die Haftung?**	121	1. Überblick	156
		2. Eigener Ansatz	159
1. Allgemeines	121	3. Überblick über die wichtigsten gesetzlichen Grundlagen für die Verpflichtung zum Abschluss von Pflichthaftpflichtversicherungen	162
2. Gefälligkeitsverhältnis	124		
3. Schmerzensgeld	125		
4. Billigkeitshaftung nach § 829 BGB	127	IV. **Rechtsquellen und Rechtsgrundlagen der Haftpflichtversicherung**	165
5. Haftungsprivileg nach den §§ 104 ff. SGB VII	129	1. Überblick	165
6. Gebäudeversicherung eines Grundstückseigentümers	136	2. Allgemeine Versicherungsbedingungen	168
		3. Risikobeschreibungen	172
7. Eigene Stellungnahme	138	4. Musterbedingungen	176

Schrifttum: Abschlussbericht der Kommission zur Reform des Versicherungsvertragsrechts vom 19.4.2004 – VersR – Schriftenreihe, Band 25, 2004; *Armbrüster*, Privatversicherungsrecht, 2. Auflage 2019; *Armbrüster* Nanotechnologie – Rechtliche Aspekte zur Versicherbarkeit von Produkten am Anfang wissenschaftlicher Erkenntnisse, ZVersWiss 102 (2013), 183; *Armbrüster/Schreier,* Aktuelle Rechtsfragen der Umweltschadensversicherung, ZVersWiss 105 (2016), 3; v. *Bar,* Das „Trennungsprinzip" und die Geschichte des Wandels der Haftpflichtversicherung, AcP 181 (1981), 289; *v. Bar,* Deliktsrecht in Europa, 1993; *Bauer,* Die Kraftfahrtversicherung, 6. Auflage 2010; *Bauer,* Deckungsprozesse in der Rechtsschutzversicherung, NJW 2015, 1329; *H. Baumann,* „Wertungswidersprüche" bei Schadensersatzansprüchen wegen Sachmängel und die gesamtgesellschaftlichen Funktionen der Haftpflichtversicherung, FS Reimer Schmidt, 1976, 717; *H. Baumann,* Der Regress kollektiver Schadensträger im freiheitlichen Sozialstaat, 1977; *H. Baumann,* Zur unmittelbaren Schadensersatzpflicht des Haftpflichtversicherers gegenüber dem Dritten – Folgerungen aus dem Schuldrechtsmodernisierungsgesetz –, VersR 2004, 944; *H. Baumann,* Versicherungsfall und zeitliche Abgrenzung des Versicherungsschutzes in der D&O-Versicherung, NZG 2010, 1366; *H. Baumann,* AGB-rechtliche Inhaltskontrollfreiheit des Claims-made-Prinzips?, VersR 2012, 1461; *D. Becker,* Der Einfluss der Haftpflichtversicherung auf die Haftung, Diss. Frankfurt (Oder), 1996; *Beckmann,* Auswirkungen des EG-Rechts auf das Versicherungsvertragsrecht, ZEuP 1999, 809; *Beckmann,* D&O-Versicherung, in: Versicherungsrechts-Handbuch, 3. Auflage 2015, § 28; *Berger,* Die neue Aufsicht über Aufsichtsräte nach dem VAG, VersR 2010, 422; *Brüggemeier,* Haftungsrecht: Struktur, Prinzipien, Schutzbereich – Ein Beitrag zur Europäisierung des Privatrechts, 2006; *Büsken,* Allgemeine Haftpflichtversicherung – Ausgewählte Deckungsfragen der AHB/BBR, 5. Auflage 2003; *Bruns,* Unentgeltliche Verträge und Gefälligkeitsverhältnisse, VersR 2018, 789; *Buschbell/Hering,* Handbuch Rechtsschutzversicherung, 6. Auflage 2015; *Dallwig,* Deckungsbegrenzungen in der Pflichtversicherung, 2011; *Dallwig,* Versicherungsrechtliche Konsequenzen des Gesetzes zur Einführung einer Partnerschaftsgesellschaft mit beschränkter Berufshaftung für die Vermögensschadenshaftpflichtversicherung für Rechtsanwälte, VersR 2014, 19; *Dallwig,* Der Anwaltsregress des Rechtsschutzversicherers, r+s 2020, 181; *Dauner-Lieb/Tettinger,* Vorstandshaftung, D&O-Versicherung, Selbstbehalt, ZIP 2009, 1555; *Dengler,* Die Haftpflichtversicherung im privaten und gewerblichen Bereich, 3. Auflage 2009; *Deutsch,* Das neue Versicherungsvertragsrecht, 6. Aufl. 2008; *Dickmann,* Zum Innenausgleichsanspruch des Gebäudeversicherers gegen den Haftpflichtversicherer des Mieters nach § 78 Abs. 2 VVG analog, VersR 2013, 1227; *Dickmann,* Materiellrechtliche Probleme des Innenausgleichs zwischen dem Gebäudeversicherer und dem Haftpflichtversicherer des Mieters nach § 78 Abs. 2 VVG analog, VersR 2014, 1178; *A. Diederichsen,* Die Haftungsprivilegierungen des SGB VII mit Blick auf den Unternehmer, r+s 2011, Sonderheft zum 75. Geburtstag von Hermann Lemcke, S. 20; *Diller,* Die Berufshaftpflichtversicherung der Rechtsanwälte, Kommentar, 2. Auflage 2017; *Diringer,* Prinzipien der Auslegung der Versicherungsbedingungen, 2015; *Dötsch,* Aufrechnung mit Haftungsanspruch: Angriff ist die beste Verteidigung, AnwBl. 2013, 25; *Dreher,* Die Versicherung als Rechtsprodukt, 1991; *Dreher/Thomas,* Die D&O-Versicherung nach der VVG-Novelle 2008, ZGR 2009, 31; *Elsner,* Kraftfahrzeug-Haftpflichtversicherung, in: Münchner Anwaltshandbuch Versicherungsrecht, 4. Auflage 2017, § 13, S. 685; Erfurter Kommentar zum Arbeitsrecht 23. Auflage 2023; *Ewer,* Die PartGmbB – Die Anwaltschaft kann's, AnwBl 2013, 634; *Fausten,* Stand und Entwicklungsmöglichkeiten der privaten Haftpflichtversicherung, VersR 1996, 1057; *Felsch,* Die neuere Rechtsprechung des IV. Zivilsenats des Bundesgerichtshofs zur Haftpflichtversicherung, r+s 2008, 265; *Felsch,* Die Rechtsprechung des BGH zum Versicherungsrecht: Haftpflichtversicherung und Sachversicherung, r+s 2010, 265; *Feyock/Jacobsen/ Lemor,* Kraftfahrtversicherung, 3. Aufl. 2009; *Fleming/Hellner/v. Hippel,* Haftungsersetzung durch Versicherungsschutz, 1980; *Foerster,* Das Verhältnis von Strafurteilen zu nachfolgenden Zivilverfahren, JZ 2013, 1143; *Foerster,* Die versicherungsrechtliche Bindungswirkung, ZVersWiss 103 (2014), 351; *Fuchs,* Versicherungsschutz und Versicherbarkeit als Argumente bei der Schadensverteilung, AcP 191 (1991), 318; *Fuchs,* Gewillkürte Haftungsersetzung durch Versicherungsschutz, BB 1992, 1217; *Fuchs,* Die Legitimation der gesetzlichen Unfallversicherung, SGB 1995, 421; *Garbes,* Die Haftpflichtversicherung der Architekten/Ingenieure, 4. Auflage 2011; *Georgia,* Die Haftpflichtversicherung im „Entwurf eines Gesetzes über den Versicherungsvertrag", 1904; *J. Gierke,* Die Haftpflichtversicherung und ihre Zukunft, ZHR 60 (1907), 1; *Gnauck,* Das Absonderungsrecht nach § 110 VVG, 2016; *Gräfe/Brügge/Melchers,* Berufshaftpflichtversicherung für rechts- und steuerberatende Berufe, 3. Auflage 2021; *Graß/Tenschert,* Neue Musterbedingungen für die BHV und PHV, VW 2014, 30; *Greiner,* Die Arzthaftpflichtversicherung – Eine rechtsvergleichende Analyse der deutschen Arzthaftpflichtversicherung und der US-amerikanischen Medical Malpractice Insurance, 2008; *Grigoleit,* Unentgeltliche Verträge und Gefälligkeitsverhältnisse, VersR 2018, 769; *Häde,* Zentralbanken und Zentralbankgesetzgebung 1946–2006, FG Hugo J. Hahn, 2007, S. 51; *Hagemeister,* Die neue Bundesanstalt für Finanzdienstleistungsaufsicht, WM 2002, 1773; *Harsdorf-Gebhardt,* Die Rechtsprechung des Bundesgerichtshofes zur Haftpflichtversicherung, r+s 2012, 261; *Hartung,* Die allgemeine Haftpflichtversicherung, 1957; *Hauer,* Die Bedeutung der Haftpflichtversicherung für die Annahme konkludenter Haftungsausschlüsse, ZVersWiss (2013), 102, 353; *Hauer,* Die Haftungsrelevanz der Haftpflichtversicherung, 2015; *Hedderich,* Pflichtversicherung, 2011; *Hedermann,* Die Haftung des Arbeitgebers im Rahmen gestörter Gesamtschuld bei Alleinverschulden des sozialrechtlich privilegierten Arbeitnehmers, r+s 2017, 118; *Hellwig,* Haftpflichtversicherung statt Handelndenhaftung bei der Partnerschaftsgesellschaft, NJW 2011, 1557; *Heß/Höke,* Kraftfahrthaftpflichtversicherung, in: Versicherungsrechts-Handbuch, 3. Auflage 2015, § 29; *Hintz/Burkard,* Folgen unberechtigten Versagens der Deckung wegen vermeintlich vorsätzlichen Herbeiführens des Versicherungsfalls in der Haftpflichtversicherung, VersR 2011, 1373; *v. Hippel,* Schadensausgleich bei Verkehrsunfällen – Haftungsersetzung durch Versicherungsschutz, 1969; *Hömig/Wolff,* Grundgesetz, 13. Aufl. 2022; *Hösker,* Die Pflichten des Versicherers gegenüber dem VN nach Abtretung des Haftpflichtversicherungsanspruchs an den Geschädigten, VersR 2013, 952; *Hugel,* Haftpflichtversicherung, 3. Aufl. 2008; *Igl/Welti,* Sozialrecht, 8. Aufl. 2007; *Ihlas,* Organhaftung und Haftpflichtversicherung, 1997; *R. Johannsen,* Allgemeine Haftpflichtversicherung, in: Versicherungsrechts-Handbuch, 1. Aufl. 2004, § 24; *R. Johannsen,* Produkthaftpflichtversicherung, in: Versicherungsrechts-Handbuch, 1. Aufl. 2004, § 25; *Kassing,* Aufwendungsersatz bei Verhinderung des Haftpflichtversicherungsfalls unter Einschluss der VVG-Reform, 2009; *Katzenmeier,* Überlagerungen des Schadensrechts durch das Versicherungsrecht, VersR 2002, 1449; *Kaulbach/Bähr/Pohlmann,* Versicherungsaufsichtsgesetz, Kommentar, 6. Auflage 2019; *Kerst,* Haftungsmanagement durch die D&O-Versicherung nach Einführung des aktienrechtlichen Selbstbehaltes in § 93 Abs. 2 Satz 3 AktG, WM 2010, 594; *Kettler/Bäcker,* Die neue Struktur der betrieblichen Haftpflichtversicherung in Deutschland, PHi 2015, 130; *R. Koch,* Die Auslegung von AVB, VersR 2015, 133; *Küppersbusch,* Der Anspruch des Sozialversicherungsträgers auf den Kapitalwert einer Rente nach § 110 Abs. 1 Satz 2 SGB VII, r+s 2011, Sonderheft zum 75. Geburtstag von Hermann Lemcke, S. 60; *Kummer,* Allgemeine Haftpflichtversicherung, in: Münchener Anwaltshandbuch Versicherungsrecht, 4. Aufl. 2017, § 12, S. 595; *Kuwert,* Allgemeine Haftpflichtversicherung, 5. Aufl. 2002; *Lang,* Die Haftung Minderjähriger – alle Fragen geklärt?, r+s 2011, Sonderheft zum 75. Geburtstag von Hermann Lemcke, S. 63; *O. Lange,* Die Selbstbehaltsvereinbarungspflicht gemäß § 93 Abs. 2 S. 3 AktG nF, VersR 2009, 1011; *O. Lange,* D&O-Versicherung und Managerhaftung, Handbuch 2014; *O. Lange,* Die verbrauchte Versicherungssumme in der D&O-Versicherung, VersR 2014, 1413; *Langheid,* Nach der Reform: Neue Entwicklungen in der Haftpflichtversicherung, VersR 2009, 1043; *Langheid/Müller-Frank,* Rechtsprechungsübersicht zum Versicherungsvertragsrecht 2011, NJW 2012, 358; *M. Lehmann,* Ausgewählte Rechtsfragen der Berufshaftpflichtversicherung der freien Berufe unter besonderer Berücksichtigung aktueller Rechtsprechung, r+s 2016, 1; *M. Lehmann,* Aktuelle Rechtsprechung des Bundesgerichtshofs zur D&O-Versicherung mit Folgerungen für die Praxis, r+s 2018, 6; *Leube,* Gemeinsame Betriebswege von Arbeitnehmern verschiedener Unternehmen – Haftungsbegrenzung auf gemeinsamer Betriebsstätte (§ 106 Abs. 3 Alt. 3 SGB VII), VersR 2013, 1091; *Lieb/Jacobs,* Arbeitsrecht, 9. Aufl. 2006; *Littbarski,* Zur Versicherbarkeit des „Unternehmerrisikos", Untersuchung über die Deckung von Schadensersatzansprüchen in der Allgemeinen Haftpflichtversicherung, 1980; *Littbarski,* Haftungs- und Versicherungsrecht im Bauwesen, 1986; *Littbarski,* Zur Notwendigkeit der Umsetzung der Baustellensicherheitsrichtlinie, 1998; *Littbarski,* AHB, Kommentar, 2001; *Littbarski,* Entwicklungstendenzen im deutschen Haftpflichtrecht, PHi 2008, 124 und 202; *Littbarski,* Die Haftpflichtversicherung des Sachverständigen, in: Bayerlein (Hrsg.), Praxishandbuch Sachverständigenrecht, 4. Aufl. 2008, § 40, S. 572; *Littbarski,* Produkthaftpflichtversicherung, 2. Aufl. 2014; *Littbarski/Tenschert/Klein (Hrsg.),* Betriebs- und Berufshaftpflichtversicherung, Kommentar, AVB BHV, 2023; *Looschelders/Pohlmann (Hrsg.),* Versicherungsvertragsgesetz, Kommentar, 3. Auflage 2016; *E. Lorenz,* Einführung, in: Versicherungsrechts-Handbuch, 3. Auflage 2015, § 1; *Lüttringhaus,* Deutsches Delikts- und Schadensrecht unter unionsrechtlichem Einfluss – Zur Erosion der Trennlinie zwischen zivilrechtlicher Haftung und europäischem Haftpflichtversicherungsrecht-, VersR 2014, 653; *Mack/ Terrahe,* Der Abschlussbericht der VVG-Reformkommission: Auswirkungen auf die Haftpflichtversicherung, PHi 2005, 28 und 60; *Maier/Stadler,* AKB 2008 und VVG-Reform, 2008; *Makowsky,* Der Einfluss von Versicherungsschutz auf die außervertragliche Haftung, 2013; *Manes,* Die Haftpflichtversicherung, 1902; *Marlow/Spuhl,* Das Neue VVG kompakt, 4. Aufl. 2010; *Fr. Meier,* Bauversicherungsrecht: Haftung, Versicherungsarten, Prozess, 2008; *Meixner/Steinbeck,* Allgemeines Versicherungsvertragsrecht, 2. Aufl. 2011; *Melot de Beauregard/Gleich,* Aktuelle Problemfelder bei der D&O-Versicherung, NJW 2013, 824; *Mergner/Kraft,* Praxisrelevante Haftungsbeschränkungen, VersR 2016, 435; *Mitlehner,* Haftpflichtanspruch und Absonderungsrecht nach § 110 VVG, ZIP 2012, 2003;

Möhlenkamp, Zur Verjährung von Regressansprüchen nach § 110 SGB VII – Anwendung und zur Auslegung des § 113 Abs. 1 SGB VII, VersR 2013, 544; *Muckel/Ogorek/Rixen,* Sozialrecht, 5. Aufl. 2019; *Neuhaus,* Zwischen den Jahrhundertwerken – Die Übergangsregelungen des neuen VVG, r+s 2007, 441; *Nickel/Nickel-Fiedler,* Produkt-HaftpflichtversicherungsR, Kommentar, 2. Auflage 2015; *Nickel/Nickel-Fiedler,*, Rückrufkostenversicherung, Kommentar, 2018; *Niederleithinger,* Der Abschlussbericht der VVG-Kommission, Zusammenfassung von Vorschlägen, ZfV 2004, 241; *Niederleithinger,* Das neue VVG-Erläuterungen, Texte, Synopsen, 2007; *Pilz,* Missverständliche AGB, 2010; *Piontek,* Haftpflichtversicherung, 2016; *Präve,* Versicherungsbedingungen und AGB-Gesetz, 1998; *Präve,* Versicherungsbedingungen und Transparenzgebot, VersR 2000, 138; *Präve,* Die VVG-Informationspflichten-Verordnung, VersR 2008, 151; *Präve,* Individualrechte zu Lasten des Versichertenkollektivs, VersR 2012, 657; *Püster,* Entwicklungen der Arzthaftpflichtversicherung, 2013; *Rehm/Frömel,* Bauleistungsversicherung, ABN- und ABU-Kommentar, 4. Auflage 2019; *Richardi,* Leistungsstörungen und Haftung im Arbeitsverhältnis nach dem Schuldrechtsmodernisierungsgesetz, NZA 2002, 1004; *Riechert,* Die Berufshaftpflichtversicherung der PartGmbB – Grundlagen, AnwBl 2014, 266; *v. Rintelen,* Berufshaftpflicht-/Betriebshaftpflichtversicherungen, in: Versicherungsrechts-Handbuch, 3. Aufl. 2015, § 26; *v. Rintelen,* Die Fälligkeit und Durchsetzbarkeit des abgetretenen Freistellungsanspruchs in der Haftpflichtversicherung, r+s 2010, 133; *Rolfs,* Die Neuregelung der Arbeitgeber- und Arbeitnehmerhaftung bei Arbeitsunfällen durch das SGB VII, NJW 1996, 3177; *Rolfs,* SGB VII in: Erfurter Kommentar zum Arbeitsrecht, 23. Auflage 2023; *Rolfs,* Die Versicherbarkeit der arbeitsrechtlichen Risiken des AGG, VersR 2009, 1001; *Roos/Schmitz-Gagnon,* Kommentar zur Bauleistungsversicherung (ABN/ABU 2008), 2009; *Rudkowski,* Aktuelle Herausforderungen für die Rückrufkostenhaftpflichtversicherung, VersR 2018, 65; *Scherpe,* Pflichthaftpflichtversicherung für Hersteller von Medizinprodukten – überfällig oder überflüssig?, ZVersWiss 102 (2013), 35; *Schilling,* Managerhaftung und Versicherungsschutz für Unternehmensleiter und Aufsichtsräte, 2002; *Schimikowski,* Der Gegenstand der Haftpflichtversicherung – Anmerkungen zu den AHB 2004, in: FS Schirmer 2005, 545; *Schimikowski,* Der Erfüllungsschadenausschluss in der Haftpflichtversicherung, r+s 2005, 445; *Schimikowski,* Privathaftpflichtversicherung – aktuelle Themen und Rechtsprechung, r+s 2006, 7; *Schimikowski,*, Der Versicherungsfall in der Betriebs- und Produkthaftpflichtversicherung, r+s 2017, 393; *Schimikowski,* Nacherfüllung und Mangelfolgeschaden in der BHV – Schäden an fremdem Material durch Lohne- und -verarbeitung, r+s 2020, 191; *Schirmer,* Die Vertretungsmacht des Haftpflichtversicherers im Haftpflichtverhältnis, 1969; *Schirmer,* Allgemeine Versicherungsbedingungen im Spannungsfeld zwischen Aufsicht und AGB-Gesetz, ZVersWiss 75 (1986), 509; *Schirmer,* Die Haftpflichtversicherung nach der VVG-Reform, ZVersWiss Supplement 2006, 427; *Schlegelmilch,* Die Bindungswirkung in der Haftpflichtversicherung, VersR 2009, 1467; *Schlöpke,* Interdependenzen von Haftung und Versicherung, 2005; *W. Th. Schneider,* Allgemeine Haftpflichtversicherung, in: Versicherungsrechts-Handbuch, 3. Aufl. 2015, § 24; *W. Th. Schneider,* Produkthaftpflichtversicherung, in: Versicherungsrechts-Handbuch, 3. Aufl. 2015, § 25; *Schramm,* Das Anspruchserhebungsprinzip, 2009; *Schrank,* Prozessuales Trennungsprinzip in der Haftpflichtversicherung nach dem neuen VVG, VP 2009, 129; *Schreier,* Zögerliches Regulierungsverhalten von Versicherern – Eine Bestandsaufnahme der Schadensregulierung nach geltendem Recht, VersR 2013, 1232; *Schultheiß,* Das Verteilungsverfahren nach § 109 VVG in der Vermögensschadenhaftpflichtversicherung, VersR 2016, 497; *Schwintowski,* Plädoyer für mehr Pflicht-Haftpflichtversicherungen, VuR 2013, 52; *Seybold/Wendt,* Schafft Deckung doch Haftung? – Eine Erinnerung an das Trennungsprinzip, VersR 2009, 455; *Seybold/Wendt,* Der „Insolvenz"-Senat des BGH und das Trennungsprinzip in der Haftpflichtversicherung, VersR 2011, 458; *K. Sieg,* Haftungsersetzung durch Versicherungsschutz?, ZHR 113 (1950), 95; *K. Sieg,* Ausstrahlungen der Haftpflichtversicherung, 1952; *O. Sieg,* D&O-Versicherung, in: Münchener Anwaltshandbuch Versicherungsrecht, 4. Aufl. 2017, § 17, S. 936; *Späte,* Haftpflichtversicherung, Kommentar, 1993; *Späte/Schimikowski (Hrsg.),* Haftpflichtversicherung, Kommentar, 2. Aufl. 2015; *Spallino,* Haftungsmaßstab bei Gefälligkeit, 2016; *Spuhl,* Haftpflichtversicherung – Trennungsprinzip: Kann aus einer bestehenden Deckung eine Haftung folgen?, Versicherung und Recht kompakt 2009, 91; *Staudinger,* Claims-made-Prinzip, Rückwärtsversicherung und Grenzen der Vertragsgestaltung bei der D&O-Versicherung, VP 2009, 138; *Staudinger/Richters,* D&O-Versicherung. Anforderungen an den Eintritt des Versicherungsfalles nach Abtretung des Freistellungsanspruchs, DB 2013, 2725; *Stempfle,* Produkthaftpflichtversicherung, in: Münchener Anwaltshandbuch Versicherungsrecht, 5. Auflage 2022, § 15, S. 810; *Stockmeier,* Privathaftpflichtversicherung, Kommentar, AVB PHV, 2019; *Swik,* Wird die Deckungsvorsorgepflicht des § 94 AMG in Deutschland von neuen Entwicklungen auf dem internationalen Versicherungsmarkt im Ausland überholt?, VersR 2011, 446; *Tehrani,* Das Wesen der Haftpflichtversicherung im Haftpflichtversicherungsvertrag, VersR 2018, 1166; *Teichler,* Berufshaftpflichtversicherungen, 1985; *Terno,* Abgrenzungsprobleme zwischen KH-Versicherung und Allgemeiner Haftpflichtversicherung, r+s 2011, 361; *Terno,* Wirksamkeit von Kostenanrechnungsklauseln, r+s 2013, 577; *Teschabai-Oglu,* Die Versicherbarkeit von Emerging Risks in der Haftpflichtversicherung, 2012; *Thalmair,* Die Haftpflichtversicherung nach der VVG-Reform, ZVersWiss Supplement 2006, 459; *Thürmann/Kettler,* Produkthaftpflichtversicherung, 7. Auflage 2019; *Vatter,* Der Regress der Sozialversicherungsträger gemäß § 110 SGB VII in den Fällen der Entsperrung der Haftungsprivilegierung, r+s 2011, Sonderheft zum 75. Geburtstag von Hermann Lemcke, S. 122; *Wandt,* Zum Sachschadensbegriff in der Haftpflichtversicherung, in: FS Schirmer, 2005, 619; *Wandt,* Versicherungsrecht, 6. Aufl. 2016; *Wendt,* Die Rechtsprechung des Bundesgerichtshofes zur Rechtsschutzversicherung, r+s 2012, 209; *Werheit,* Die Bundesanstalt für Finanzdienstleistungsaufsicht (BaFin): eine kritische Bestandsaufnahme im Lichte der Art. 86 ff. Grundgesetz, 2009; *Wessel,* Stillschweigende Haftungsbeschränkungen im Straßenverkehr – insbesondere bei Gefälligkeits- und Probefahrten sowie Auslandsunfällen und im Sport, VersR 2011, 569; *W. Wussow,* Allgemeine Versicherungsbedingungen für Haftpflichtversicherung, 8. Aufl. 1976; *Zenzen,* Zur Bindungswirkung eines Versäumnisurteils im Deckungsprozess und zum Verjährungsbeginn von Schadensersatzansprüchen gegen Steuerberater in den Fällen des § 169 AO, VersR 2011, 718.

A. Allgemeines

Die auf umfangreichen Vorarbeiten der Kommission zur Reform des Versicherungsvertragsrechts[1] **1** und der am Gesetzgebungsverfahren Beteiligten beruhende **VVG-Reform vom 23.11.2007,** die nach über sieben Jahren am 1.1.2008 zum grundsätzlichen Inkrafttreten des VVG 2008 geführt hat,[2] ist auch auf die Haftpflichtversicherung nicht ohne erhebliche Auswirkungen geblieben.[3] Zwar hat die Haftpflichtversicherung im Gegensatz zur Lebens- und zur Krankenversicherung nicht im Mittelpunkt der VVG-Reform gestanden.[4] Dennoch sind nicht nur die sich im Gesetzentwurf der Bundesregierung zur Reform des Versicherungsvertragsrechts vom 11.10.2006,[5] in der Stellungnahme des Bundesrates zu diesem Entwurf vom 24.11.2006,[6] in der Gegenäußerung der Bundesregierung zur Stellungnahme des Bundesrates zum Entwurf mit Stand vom 11.10.2006[7] und schließlich die sich in der Beschlussfassung des Bundestages[8] findenden zahlreichen Änderungsvorschläge, sondern vor allem auch die tatsächlichen Gesetzesänderungen im Hinblick auf die Vorschriften über die Haftpflichtversicherung beachtlich. Dabei kommt der nunmehr erfolgten Verortung dieser Bestimmungen in den §§ 100–124 anstelle der früheren Ansiedlung in den §§ 149–158k VVG aF allein keine entscheidende Bedeutung zu. Maßgeblich ist vielmehr, dass neben der durchgehenden sprachlichen Anpassung der Vorschriften über die Haftpflichtversicherung an die heutige Zeit sowie einigen klarstellenden Ergänzungen und Änderungen im Wortlaut dieser Regelungen auch eine Reihe grundlegender, inhaltlicher Veränderungen gegenüber den bisherigen §§ 149–158k VVG aF Eingang in die neuen Vorschriften über die Haftpflichtversicherung gefunden haben. Durch die grundlegenden inhaltlichen Veränderungen sind scheinbar festgefügte Grundsätze des Haftpflichtversicherungsrechts nicht unwesentlich modifiziert oder sogar ins Gegenteil verkehrt worden.

Alles dies lässt sich nur verdeutlichen und damit einhergehend vom Rechtsanwender verstehen, **2** wenn noch vor der eigentlichen Kommentierung der einzelnen für die Haftpflichtversicherung grundsätzlich geltenden Vorschriften die dafür wesentlichen Gründe herausgearbeitet werden. Dazu ist es zunächst erforderlich, kurz darzulegen, wie sich die Haftpflichtversicherung historisch entwickelt hat und wo sie nach dem Inkrafttreten der §§ 100–124 angesiedelt ist (unter B.). Im Anschluss hieran ist zur Bedeutung der Haftpflichtversicherung (unter C.), zu dem mit ihr verfolgten Zweck (unter D.) und zu dem Verhältnis von Haftung und Haftpflichtversicherung Stellung zu nehmen (unter E.). Schließlich sind einige grundsätzliche Bemerkungen zur Haftpflichtversicherung zu machen, die von der Einordnung der Haftpflichtversicherung in das System des Versicherungsvertragsrechts über die Formen dieses Versicherungszweiges bis hin zu den für diesen geltenden Rechtsquellen und Rechtsgrundlagen reichen (unter F.).

B. Entwicklung der Haftpflichtversicherung

I. Historische Entwicklung

1. Altertum bis spätes Mittelalter. Ansätze zur Haftpflichtversicherung heutiger Art finden **3** sich in den griechischen und römischen Rechtskreisen, im germanischen Recht sowie in der Seeversicherung des späten Mittelalters, wobei es insoweit jeweils vor allem um den Ausgleich von Schiffsschäden, Havarie- und Rettungskosten einschließlich der damit zusammenhängenden Personenschäden ging.[9] Aber auch der Freikauf von Gefangenen bei Piraterie und die Haftung der

---

[1] Vgl. Abschlussbericht der Kommission zur Reform des Versicherungsvertragsrechts vom 19.4.2004, nachfolgend Abschlussbericht genannt.
[2] Vgl. Art. 1 EGVVG; nähere Einzelheiten hierzu → Rn. 44 f.
[3] Vgl. hierzu *Littbarski* PHi 2007, 126 ff. und 176 ff.
[4] Vgl. Gesetzentwurf der Bundesregierung zum „Entwurf eines Gesetzes zur Reform des Versicherungsvertragsrechts" vom 11.10.2006, S. 1, nachfolgend Entwurf genannt; vgl. auch den als BT-Drs. 16/3945 v. 20.12.2006 veröffentlichten Gesetzentwurf der Bundesregierung, der mit dem Entwurf identisch ist und auf den nachfolgend in der Kommentierung durchweg Bezug genommen wird.
[5] Vgl. Entwurf, S. 1 und S. 118 ff.
[6] Vgl. Stellungnahme des Bundesrates zum Entwurf eines Gesetzes zur Reform des Versicherungsvertragsrechts vom 24.11.2006, BR-Drs. 707/06 (Beschluss), 1 ff.
[7] Vgl. Gegenäußerung der Bundesregierung zur Stellungnahme des Bundesrates zum Entwurf eines Gesetzes zur Reform des Versicherungsvertragsrechts (BR-Drs. 707/06) mit Stand v. 20.12.2006, BT-Drs. 16/3945, 130 ff.
[8] Vgl. BT-Drs. 16/5862.
[9] Vgl. *K. Sieg* Ausstrahlungen S. 17 ff.; *Späte* AHB Vorb. Rn. 6 f.; *H. Baumann* in BK-VVG Vorb. §§ 149–158k Rn. 1; jeweils mit weiteren Einzelheiten und Nachweisen.

Sippengemeinschaft für die Unglücksfälle verursachenden Mitglieder ihrer Sippe spielten eine nicht unerhebliche Rolle.[10] Kennzeichnend für alle diese Fallgestaltungen war das Bedürfnis, präventiv Risikogemeinschaften zu schaffen, die die Abdeckung haftpflichtähnlicher Gefahrengemeinschaften bezweckten und zugleich den Schadensausgleich zugunsten der Geschädigten ermöglichen sollten.[11]

4 **2. Zeitalter der Industrialisierung.** Eine wirkliche Bedeutung konnte die Haftpflichtversicherung nach heutigem Verständnis aber erst mit Beginn des Zeitalters der Industrialisierung, also etwa ab 1830, erlangen. Wurde doch von diesem Zeitpunkt an durch den vermehrten Einsatz von Maschinen- anstelle von Menschenkraft sowie durch eine rasch fortschreitende Technisierung auf Straßen und Wegen, in Fabriken und Gebäuden sowie im Bergbau eine Vielzahl an Möglichkeiten von Haftungsfällen mit Personen- und Sachschäden sowie mit Vermögensschäden hervorgerufen.[12]

5 Historisch bedeutsam für diese Entwicklung und zugleich die sachliche Nähe der Haftpflichtversicherung zur Kasko- und zur Unfallversicherung aufzeigend sind zwei Versicherungen, die in Frankreich in der ersten Hälfte des 19. Jahrhunderts bzw. in Frankreich und in Belgien in der zweiten Hälfte dieses Jahrhunderts angeboten wurden. Dabei ging es bei der zuerst genannten Versicherung um eine Versicherung für Pferde- und Wagenbesitzer, die sich erstmals 1825 dagegen absichern konnten, dass Unfälle an Pferd oder Wagen oder durch diese verursacht wurden.[13] Bei der in Frankreich und in Belgien angebotenen Versicherung handelte es sich demgegenüber um eine industrielle Kollektiv-Unfallversicherung, die der Unternehmer zugunsten der bei ihm beschäftigten Arbeiter gegen Haftpflichttatbestände auslösende Unfälle abschloss.[14]

6 **3. Entwicklung in Deutschland. a) Vorläufer der Haftpflichtversicherung.** In Deutschland wird die Hamburgische Pflichtversicherung von 1837 für Auswanderungs-Expedienten als historischer Vorläufer der Haftpflichtversicherung betrachtet.[15] Diese hatte – was nach heutigem Verständnis nicht einmal ansatzweise im Fokus der Haftpflichtversicherung stehen kann – behördliche Regressansprüche für Zusatzkosten bei Beköstigung, Unterbringung und Weiterbeförderung von Auswanderern im Falle der Reiseunterbrechung zum Gegenstand.[16]

7 Sachlich näher zur Haftpflichtversicherung nach heutigem Verständnis steht demgegenüber ein Versicherungskonzept, das Versicherer nach dem Inkrafttreten des Reichshaftpflichtgesetzes (RHG) von 1871 angeboten haben.[17] Zwar regelte dieses Gesetz die Haftung nicht umfassend. Vielmehr unterzog es nur die Betreiber von Unternehmen, die als besonders gefährlich eingestuft wurden, einer verschärften, allerdings vom Verschulden abhängigen Haftung, insbesondere für Arbeitsunfälle.[18] Zu diesen Unternehmen zählten die sich damals rasch ausbreitenden Eisenbahnbetriebe, Fabriken und Bergwerke.[19] Dennoch wies das auf dem RHG aufbauende Versicherungskonzept trotz fehlender ausdrücklicher begrifflicher Trennung zwischen Haftpflicht- und Unfallversicherung nicht ausschließlich eine entsprechende Nähe zur kollektiven Unfallversicherung, sondern zugleich auch zur Haftpflichtversicherung auf. Sah es doch im Falle des Bestehens einer Unfallversicherung zugunsten der Arbeiter und der bereits durch den Unternehmer vorgenommenen Entrichtung des Versicherungsbeitrages von zumindest einem Drittel in § 4 RHG vor, dass die Leistungen der Unfallversicherung auf die Schadensersatzansprüche des Geschädigten angerechnet werden mussten.[20] Mithin stellte sich das RHG als eine Mischform zwischen einer Unfall- und einer Haftpflichtversicherung dar.

8 Allerdings konnten weder die Existenz des RHG selbst noch das darauf aufbauende Versicherungskonzept verhindern, dass es wie schon früher zu einer großen Anzahl von Haftpflichtprozessen zwischen den Unternehmern als Arbeitgeber und den Arbeitern kam. Abgesehen davon, dass die bestehenden Versicherungsbeiträge regelmäßig als viel zu niedrig angesehen wurden,[21] stellte das

---

[10] Vgl. *K. Sieg* Ausstrahlungen S. 20 ff.; *Späte* AHB Vorb. Rn. 6 f.
[11] Vgl. *K. Sieg* Ausstrahlungen S. 20 ff.; *Späte* AHB Vorb. Rn. 6 f.
[12] Vgl. auch *Späte* Vorb. Rn. 6 f.; eingehend zu allen diesen Schadensarten und der bisweilen erhebliche Schwierigkeiten bereitenden Abgrenzung der verschiedenen Schadensarten zueinander → § 100 Rn. 126 ff.
[13] Vgl. *K. Sieg* Ausstrahlungen S. 45; *Späte* AHB Vorb. Rn. 8; *Schulze Schwienhorst* in Looschelders/Pohlmann VVG Einführung vor § 100 Rn. 2.
[14] Vgl. *Späte* AHB Vorb. Rn. 6 f.
[15] Vgl. *K. Sieg* Ausstrahlungen S. 45; *Schulze Schwienhorst* in Looschelders/Pohlmann VVG Einführung vor § 100 Rn. 2.
[16] Vgl. *K. Sieg* Ausstrahlungen S. 45; eingehend zum Deckungsbereich der Haftpflichtversicherung und der für sie maßgeblichen Ansprüche → VVG § 100 Rn. 8 ff.
[17] Vgl. *Späte* AHB Vorb. Rn. 8; vgl. ferner *v. Rintelen* in Späte/Schimikowski Einl. Rn. 25 ff.
[18] Vgl. *Späte* AHB Vorb. Rn. 8; vgl. ferner *v. Rintelen* in Späte/Schimikowski Einl. Rn. 25 ff.
[19] Vgl. *Späte* AHB Vorb. Rn. 8; vgl. ferner *v. Rintelen* in Späte/Schimikowski Einl. Rn. 25 ff.
[20] Vgl. *Späte* AHB Vorb. Rn. 8; *Muckel/Ogorek/Rixen* Sozialrecht § 10 Rn. 2.
[21] Vgl. *Späte* AHB Vorb. Rn. 8.

im RHG als Haftungsvoraussetzung des Unternehmers vorgesehene Verschulden häufig für den beweispflichtigen, geschädigten Arbeiter ein kaum überwindbares Hindernis dar.[22] Zudem blieb der geschädigte Arbeiter bei einem Selbstverschulden ungesichert.[23] Schließlich musste der geschädigte Arbeiter auch befürchten, bei einer Inanspruchnahme des Unternehmers als seines Arbeitgebers seinen Arbeitsplatz zu verlieren.[24]

b) Entwicklung der gesetzlichen Unfallversicherung. Eine Verbesserung der sozialen Situation der Arbeiter und damit verbunden ein weitgehendes Ende von gerichtlichen Auseinandersetzungen zwischen den Arbeitern und den Unternehmern als Arbeitgeber ermöglichte erst das Inkrafttreten des Unfallversicherungsgesetzes (UVG) vom 6.7.1884.[25] Dieses im Gefolge der Kaiserlichen Botschaft vom 17.11.1881[26] erlassene und einen wesentlichen Bestandteil der Sozialgesetzgebung von v. Bismarck[27] bildende Gesetz löste die für Arbeiter nur unzureichende und zudem aus den genannten Gründen schwer zu erlangende zivilrechtliche Haftung der Unternehmer als Arbeitgeber durch eine sozialversicherungsrechtliche Gefährdungshaftung ab.[28] Dies geschah in der Weise, dass die Unternehmer als Arbeitgeber die ausschließlich von ihnen zu tragenden Versicherungsbeiträge an die schon damals existierenden, jeweils betriebsspezifisch organisierten Berufsgenossenschaften zu entrichten hatten.[29]

Korrespondierend hiermit wurde allerdings den aufgrund des UVG gegen Arbeitsunfälle versicherten Arbeitern die Möglichkeit versagt, aus Arbeitsunfällen resultierende Haftpflichtansprüche gegenüber dem Arbeitgeber geltend zu machen. Eine solche Regelung sollte – wie man nicht nur gegenwärtig, sondern schon bei der Schaffung des UVG meinte – der Wahrung des Betriebsfriedens dienen.[30]

Mit dieser Konzeption war ein **Wechsel von der zivilrechtlichen Haftung zur sozialversicherungsrechtlichen Lösung** vollzogen,[31] die – wie sogleich zu zeigen sein wird – auch in der Gegenwart aufgrund der §§ 104 ff. SGB VII Personenschäden auslösenden Versicherungsfällen das Gepräge gibt.[32] Zugleich spiegelte sich hierin ein Grundsatz wider, der ebenfalls bis in die heutige Zeit schlagwortartig, aber regelmäßig viel zu pauschal und undifferenziert mit „Haftungsersetzung durch Versicherungsschutz" umschrieben wird.[33]

Auch wenn zu diesem Grundsatz noch wiederholt unter verschiedenen Blickwinkeln Stellung zu nehmen sein wird,[34] sei doch schon an dieser Stelle stark vereinfacht hervorgehoben, dass es im Wesentlichen darum geht, den einzelnen Unternehmer in seiner Funktion als Arbeitgeber für die in seinem Betrieb eingetretenen, zu Personenschäden führenden Arbeitsunfälle grundsätzlich nicht selbst haften zu lassen, sondern vielmehr den Versicherungsschutz zugunsten des Geschädigten auf die Berufsgenossenschaft bzw. die Unfallkasse als Träger der Unfallversicherung abzuwälzen.[35]

Von diesem Ansatz geht auch das durch Gesetz vom 7.8.1996 geschaffene und am 1.1.1997 in Kraft getretene SGB VII[36] aus, das die gesetzliche Unfallversicherung zum Gegenstand hat und Unternehmern sowie weiteren Personen für Versicherungsfälle, zu denen nach §§ 7 Abs. 1, 8 und 9 SGB VII zu Personenschäden führende Arbeitsunfälle und Berufskrankheiten zählen, das Haftungsrisiko gemäß den §§ 104 ff. SGB VII grundsätzlich abnimmt. Zu diesem Zweck sieht das SGB VII in den §§ 104 ff. SGB VII, die die früher geltenden §§ 636 und 637 RVO ohne größere inhaltliche Veränderungen abgelöst haben,[37] eine weitgehende Beschränkung der Haftung der Unternehmer,

---

[22] Vgl. Muckel/Ogorek/Rixen Sozialrecht § 10 Rn. 2.
[23] Vgl. auch Muckel/Ogorek/Rixen Sozialrecht § 10 Rn. 2.
[24] Ebenso Muckel/Ogorek/Rixen Sozialrecht § 10 Rn. 2.
[25] RGBl. 1884, 69; näher hierzu Littbarski, Produkthaftpflichtversicherung, Ziff. 3 Rn. 50 ff.
[26] Vollständig abgedruckt in: ZSR 1981, 730 ff.; vgl. ferner Muckel/Ogorek/Rixen Sozialrecht § 10 Rn. 6.
[27] Vgl. auch Muckel/Ogorek/Rixen Sozialrecht § 10 Rn. 5.
[28] Vgl. auch Igl/Welti Sozialrecht Rn. 400.
[29] Vgl. auch Späte AHB Vorb. Rn. 8.
[30] Vgl. auch Späte AHB Vorb. Rn. 8; → Rn. 14 und 130 mwN in Fn. 337.
[31] Vgl. Muckel/Ogorek/Rixen Sozialrecht § 10 Rn. 2.
[32] Vgl. hierzu → Rn. 13 ff.
[33] Näher hierzu BGH VersR 2007, 803 (804); K. Sieg ZHR 113 (1950), 95; v. Hippel Schadensausgleich; Fleming/Hellner/v. Hippel Haftungsersetzung; Brüggemeier Haftungsrecht S. 634 ff.; Littbarski, Produkthaftpflichtversicherung, Ziff. 3 Rn. 50 ff. und 94 mwN in Fn. 152; Littbarski Baustellensicherheitsrichtlinie Rn. 186 ff.; vgl. ferner D. Becker Einfluss der Haftpflichtversicherung; Fuchs BB 1992, 1217 ff.; Fuchs SGb 1995, 421 ff.; Armbrüster NJW 2009, 187 ff.; Seybold/Wendt VersR 2009, 455 ff.; Leube VersR 2013, 1091.
[34] Vgl. hierzu → Rn. 121 ff.
[35] Vgl. auch Muckel/Ogorek/Rixen Sozialrecht § 10 Rn. 2.
[36] BGBl. 1996 I 1264; näher hierzu Littbarski, Produkthaftpflichtversicherung, Ziff. 3 Rn. 55 ff.
[37] Vgl. BT-Drs. 13/2204, 100; Rolfs NJW 1996, 3177; Littbarski, Produkthaftpflichtversicherung, Ziff. 3 Rn. 66 ff.; Littbarski Baustellensicherheitsrichtlinie Rn. 186.

anderer im Betrieb tätiger Personen sowie anderer Personen gegenüber Versicherten, ihren Angehörigen und Hinterbliebenen vor.[38] Dabei ist es grundsätzlich gleichgültig, ob dem verletzten Arbeitnehmer, seinen Angehörigen oder Hinterbliebenen etwa Schadensersatzansprüche aus § 618 BGB, aus §§ 280 Abs. 1 iVm 241 Abs. 2 BGB oder aus den §§ 823 ff. BGB bzw. aus Vorschriften der Gefährdungshaftung wie zB aus §§ 7, 17 StVG oder § 3 HPflG zustehen. Dies gilt nur dann nicht, wenn die für den Versicherungsfall Verantwortlichen diesen vorsätzlich oder auf einem nach § 8 Abs. 2 Nr. 1–4 SGB VII versicherten Weg herbeigeführt haben.

14 Hinter dieser eine Art staatlicher Pflichtversicherung darstellenden, aus der Sicht der Unternehmer zugleich die Funktion einer Haftpflichtversicherung übernehmenden gesetzlichen Unfallversicherung steht der Gedanke, dass zugunsten der Unternehmer, anderer im Betrieb tätiger Personen sowie weiterer Personen ein **Haftungsprivileg für Personenschäden** erforderlich ist. Maßgeblich für dieses sehr weitgehende Haftungsprivileg, von dem nach ständiger Rechtsprechung des BVerfG, aber teilweise umstrittener Auffassung in der Literatur auch Ansprüche auf Schmerzensgeld nach § 253 Abs. 2 BGB erfasst werden,[39] ist einmal die Überlegung, dass der geschädigte Versicherte sowie dessen Angehörige und Hinterbliebene dem Unternehmer keine schuldhafte Pflichtverletzung mehr nachweisen müssen, sondern sich vielmehr aufgrund der Ersetzung der Schadensersatzpflicht des Unternehmers sowie der weiteren genannten Personenkreise an die Berufsgenossenschaft bzw. die Unfallkasse als Träger der gesetzlichen Unfallversicherung an liquide Schuldner wenden können[40] und damit eine schnelle Regulierung gesichert ist. Zum anderen ist diese Haftungsersetzung aber auch das Korrelat für den Umstand, dass der Unternehmer sowie mit ihm vergleichbare Personen gemäß § 150 SGB VII in der gesetzlichen Unfallversicherung allein beitragspflichtig sind.[41] Nicht zuletzt dient § 104 SGB VII zudem dem Betriebsfrieden, indem Auseinandersetzungen zwischen dem Versicherten bzw. seinen Angehörigen und Hinterbliebenen einerseits und dem Unternehmer andererseits weitgehend vermieden werden.[42]

15 Dass die Wahrung des Betriebsfriedens von ganz wesentlicher Bedeutung für den Gesetzgeber war, zeigt insbesondere die § 104 SGB VII ergänzende Vorschrift des § 105 SGB VII, indem durch den weitreichenden Haftungsausschluss zugunsten anderer im Betrieb tätiger Personen Rechtsstreitigkeiten unter den Betriebsangehörigen möglichst unterbunden werden sollten.[43] Dadurch brachte der Gesetzgeber zum Ausdruck, dass er sich bei der Schaffung dieser Vorschrift von ganz ähnlichen Überlegungen leiten ließ, wie dies bereits bei der Schaffung des UVG im Jahre 1884 der Fall war, da wie gezeigt den aufgrund des UVG gegen Arbeitsunfälle versicherten Arbeitern die Möglichkeit versagt wurde, aus Arbeitsunfällen resultierende Haftpflichtansprüche gegenüber dem Unternehmer als Arbeitgeber geltend zu machen.[44]

16 **c) Entwicklung der Privathaftpflichtversicherung.** Trotz des Wechsels von der zivilrechtlichen Haftung für Arbeitsunfälle zur sozialversicherungsrechtlichen Lösung nach dem UVG und einer um 1885 weit verbreiteten Kritik an der Möglichkeit, sich für leichtfertiges Verhalten außerhalb des unfallträchtigen Arbeitslebens durch den Abschluss einer Haftpflichtversicherung in begrenztem Maße absichern zu können,[45] war der Siegeszug der Haftpflichtversicherung als einer **eigenständigen Versi-**

---

[38] *Littbarski*, Produkthaftpflichtversicherung, Ziff. 3 Rn. 66 ff.; *Littbarski* Baustellensicherheitsrichtlinie Rn. 186.
[39] Zur Verfassungsmäßigkeit der bis zum Inkrafttreten der §§ 104 ff. SGB VII geltenden, den Schmerzensgeldanspruch nach § 847 BGB aF ausschließenden §§ 636, 637 RVO vgl. BVerfGE 34, 118 (128 ff.) = NJW 1973, 502; BVerfGE 85, 176 (186 ff.) = NJW 1992, 1019; BVerfG NJW 1995, 1607; kritisch im Hinblick auf Schwerverletzte *Muckel/Ogorek/Rixen* Sozialrecht, § 10 Rn. 88; aA *Richardi* NZA 2002, 1004 wegen der Verlagerung des Schmerzensgeldanspruchs von § 847 BGB aF nach § 253 Abs. 2 BGB nF durch das am 1.8.2002 in Kraft getretene Zweite Gesetz zur Änderung schadensersatzrechtlicher Vorschriften vom 19.7.2002, BGBl. I S. 2664.
[40] Vgl. *Igl/Welti* Sozialrecht, Rn. 406; *Littbarski*, Produkthaftpflichtversicherung, Ziff. 3 Rn. 95; *Littbarski*, Baustellensicherheitsrichtlinie Rn. 190.
[41] Vgl. Kasseler Kommentar zum Sozialversicherungsrecht/*Ricke*, 2016, SGB VII § 104 Rn. 2; *Fuchs* SGB 1995, 421 (424); *Littbarski*, Produkthaftpflichtversicherung, Ziff. 3 Rn. 93 f.; *Littbarski*, Baustellensicherheitsrichtlinie Rn. 190; andeutungsweise auch *Igl/Welti* Sozialrecht Rn. 406; *Lieb/Jacobs* Rn. 231; differenzierend *Hedermann* r+s 2017, 118 (120).
[42] Vgl. Kasseler Kommentar zum Sozialversicherungsrecht/*Ricke*, 2016, SGB VII § 104 Rn. 2; *Littbarski*, Produkthaftpflichtversicherung, Ziff. 3 Rn. 97 f.; *Littbarski*, Baustellensicherheitsrichtlinie Rn. 190; *Igl/Welti* Sozialrecht Rn. 406; differenzierend *Hedermann* r+ s 2017, 118 (120); kritisch *Rolfs* in ErfK SGB VII § 104 Rn. 2 mwN.
[43] Vgl. BAG NZA 1989, 181; NZA-RR 2010, 123; BGH NJW 2013, 2031 Rn. 13; vgl. auch LG Coburg r+s 2017, 278; OLG Dresden r+s 2018, 106 (107); LG Münster r+ s 2018, 392 (393 f.) mit Anm. *Lemcke*; *Littbarski*, Produkthaftpflichtversicherung, Ziff. 3 Rn. 80 ff.; *Littbarski* Baustellensicherheitsrichtlinie Rn. 190.
[44] Vgl. hierzu → Rn. 10.
[45] Vgl. *Späte* AHB Vorb. Rn. 9; *Stockmeier* Privathaftpflichtversicherung Einl. Rn. 4 ff.

cherungssparte im Deutschen Reich seit 1886 nicht mehr aufzuhalten. So wurden in der Zeit zwischen 1886 bis 1895 Haftpflichtversicherungen für Hausbesitzer, Ärzte und Apotheker, Gastwirte, die Landwirtschaft und auch für Beamte eingeführt.[46] Dabei wurde der Anwendungsbereich dieser Versicherungen nach anfänglichem Zögern nicht nur auf Personenschäden erstreckt, sondern auch auf Sach- und auf Vermögensschäden ausgedehnt.[47] Zudem wurden seit 1890 Haftpflichtansprüche wegen Personenschäden anders als bei der Unfallversicherung nicht mehr von einem Unfall abhängig gemacht. Vielmehr waren Gegenstand der Deckung auch Gesundheitsschäden und – wie es in den Haftpflichtversicherungsverträgen sehr pauschal hieß – auch innere Erkrankungen.[48]

Waren ursprünglich allerdings nur gesetzliche Haftpflichtansprüche aus Delikt Gegenstand des Versicherungsschutzes, änderte sich die Rechtslage mit dem Inkrafttreten des BGB am 1.1.1900.[49] Beeinflussten doch dessen zahlreiche vertragliche Haftungsregelungen die Überlegungen der Versicherer, dass Haftpflichtversicherungen bestimmter Berufe wie die der Ärzte oder Bankiers vor allem auf Gesetz beruhende vertragliche Haftpflichtansprüche aus der Verletzung dieser Verträge zum Gegenstand haben müssten.[50] Unter diesen Umständen war es nur folgerichtig und konsequent, dass nunmehr der **Deckungsbereich** der Haftpflichtversicherung generell auch auf gesetzliche Haftpflichtbestimmungen aus Vertrag **ausgedehnt** wurde. Jedoch erkannte man zu dieser Zeit noch nicht mit genügender Deutlichkeit, welche Abgrenzungsschwierigkeiten im Einzelfall zum nicht gedeckten Erfüllungsbereich des Vertrages bestehen.[51] Deshalb war auch eine den Erfüllungsbereich des Vertrages ausdrücklich ausschließende Regelung in den damaligen Haftpflichtversicherungsverträgen noch nicht enthalten.

Immerhin gelang es nach dem Inkrafttreten des BGB, den Deckungsbereich der Haftpflichtversicherung nicht nur zu konkretisieren, sondern auch ganz erheblich auszuweiten.[52] Dies kam zum einen durch das nach längeren Vorarbeiten am 30.5.1908 verabschiedete und am 1.1.1910 in Kraft getretene VVG aF[53] zum Ausdruck, das in den §§ 149 ff. VVG aF auch ins Einzelne gehende Regelungen über die Haftpflichtversicherung enthielt. Zum anderen zeigte sich dies daran, dass einheitliche Allgemeine Versicherungsbedingungen für die Haftpflichtversicherung bereits im Jahre 1905 vom Verband der im Deutschen Reich arbeitenden Unfall- und Haftpflichtversicherungsgesellschaften (Unfall- und Haftpflichtversicherungsverband) erarbeitet worden waren und diese Bedingungen im Jahre 1910 nach Inkrafttreten des VVG aF am 1.1.1910 neu gefasst wurden.[54]

Die **Neufassung dieser Allgemeinen Versicherungsbedingungen** für die Haftpflichtversicherung im Jahre 1910 war erforderlich geworden, da der Gesetzgeber des am 30.5.1908 verabschiedeten VVG aF das Ziel verfolgte, dass alle bereits zu diesem Zeitpunkt existierenden Versicherungsbedingungen an das VVG aF angepasst werden sollten und der Gesetzgeber daher das Inkrafttreten dieses Gesetzes auf den 1.1.1910 bestimmt hatte.[55]

Inhaltlich sahen die auf den §§ 149 ff. VVG aF aufbauenden, in den Veröffentlichungen des Reichsaufsichtsamtes für Privatversicherung abgedruckten Bedingungen von 1910[56] unter anderem die **Versicherung von Haftpflichtansprüchen aus Personenschäden** vor.[57] Zudem konnte die Versicherung gegen Prämienzuschlag auch auf Haftpflichtansprüche aus der Beschädigung fremder Sachen erstreckt werden, wobei die Versicherungssumme allerdings auf 10.000,– Reichsmark beschränkt war. Im Übrigen sahen die Bedingungen von 1910 auch schon einen Deckungsausschluss für Schäden an gelieferten Sachen bzw. Deckungseinschlüsse wegen Abhandenkommens und Beschädigung eingebrachter Sachen oder für Sachen vor, die sich in Obhut oder Gewahrsam des Versiche-

---

[46] Vgl. *Späte* AHB Vorb. Rn. 10; vgl. ferner *v. Rintelen* in Späte/Schimikowski Einl. Rn. 30; jeweils mwN.
[47] Vgl. *Späte* AHB Vorb. Rn. 10; vgl. ferner *v. Rintelen* in Späte/Schimikowski Einl. Rn. 31; jeweils mwN; eingehend zu allen diesen Schadensarten und bisweilen erhebliche Schwierigkeiten bereitenden Abgrenzung der verschiedenen Schadensarten zueinander → § 100 Rn. 126 ff.
[48] Vgl. *K. Sieg* Ausstrahlungen S. 52; *Späte* AHB Vorb. Rn. 10; *v. Rintelen* in Späte/Schimikowski Einl. Rn. 31; jeweils mwN.
[49] RGBl. 1896, 196 mit Art. 1 Abs. 1 EGBGB, wonach das BGB am 1.1.1900 in Kraft tritt.
[50] Vgl. *K. Sieg* Ausstrahlungen S. 53; *Späte* AHB Vorb. Rn. 10; *v. Rintelen* in Späte/Schimikowski Einl. Rn. 31.
[51] Eingehend hierzu → § 100 Rn. 17 ff.
[52] Vgl. Amtliche Begründung zu §§ 149, 150 VVG aF, Motive, S. 200 f.; *J. Gierke* ZHR 60 (1907), 1; *H. Baumann* in BK-VVG Vorb. §§ 149–158k Rn. 2.
[53] RGBl. 1908 I 263.
[54] Vgl. *Späte* AHB Vorb. Rn. 11; *H. Baumann* in BK-VVG Vorb. §§ 149–158k Rn. 3.
[55] Eingehender zur Entstehungsgeschichte des Entwurfes eines Gesetzes über den Versicherungsvertrag nebst den Entwürfen eines zugehörigen Einführungsgesetzes und eines Gesetzes betreffend Abänderung der Vorschriften des Handelsgesetzbuches über die Seeversicherung von 1903 sowie zur Entstehung des VVG aF vom 30.5.1908 (RGBl. 1908 I 263): *Dörner* in BK-VVG Einleitung Rn. 3 f. mwN.
[56] VerAfP 1910, 201 ff.
[57] Vgl. VerAfP 1910, 201; vgl. ferner *Späte* AHB Vorb. Rn. 10; *v. Rintelen* in Späte/Schimikowski Einl. Rn. 36.

rungsnehmers befanden, und regelten damit einige Tatbestände, die sich auch in den späteren Fassungen der AHB fanden.[58]

21 Im Jahre 1921 wurden die Allgemeinen Versicherungsbedingungen von 1910 einer weitreichenden Revision unterzogen.[59] So wurden nicht nur die Sachschäden generell in den Versicherungsschutz miteinbezogen, sondern auch die Möglichkeit des Einschlusses reiner Vermögensschäden geschaffen.[60] Auch wurde eine Regelung über eine Vorsorgeversicherung getroffen. Vor allem aber stellten diese **Allgemeinen Versicherungsbedingungen von 1921** die Grundlage für die AHB von 1940[61] dar, die in ihrer Struktur von den Versicherern als deren Versicherungswerk über viele Jahrzehnte hinweg mit nur relativ wenigen Modifikationen bis zum Jahre 2004 grundsätzlich den Haftpflichtversicherungsverträgen zugrunde gelegt worden waren.[62]

II. Gemeinsamkeiten und Unterschiede der Allgemeinen Haftpflichtversicherung und der Kraftfahrzeug-Haftpflichtversicherung

22 **1. Allgemeines.** Hatten die soeben genannten Versicherungsbedingungen die verschiedenen Bereiche der Allgemeinen Haftpflichtversicherung, insbesondere die Betriebs-, die Berufs- und die Privathaftpflichtversicherung zum Gegenstand, wurden im Jahre 1912 die speziellen, aus dem Betrieb von Kraftfahrzeugen resultierenden Risiken Haftpflicht, Kasko und Insassen-Unfall in einer Police zusammengefasst.[63] Seit diesem Zeitpunkt nahmen die Allgemeine Haftpflichtversicherung einerseits und die Kraftfahrzeug-Haftpflichtversicherung andererseits eine voneinander nicht unwesentlich abweichende Entwicklung, wie bereits folgende Hinweise deutlich zum Ausdruck bringen.

23 **2. Rechtslage vor der Deregulierung des europäischen Versicherungsmarktes von 1994.** Zum einen stellte das am 7.11.1939 verkündete, am 1.7.1940 in Kraft getretene „Gesetz über den Verkehr mit Kraftfahrzeugen sowie das Gesetz über den Versicherungsvertrag"[64] die Grundregeln für die Kfz-Haftpflichtversicherung auf,[65] die ihrerseits durch das „Gesetz über die Pflichtversicherung für Kraftfahrzeughalter **(Pflichtversicherungsgesetz)**" vom 5.4.1965, in Kraft getreten am 1.10.1965,[66] wegen der Umsetzung des Europäischen Übereinkommens über die obligatorische Haftpflichtversicherung für Kraftfahrzeuge vom 20.4.1959[67] durch dessen Ratifizierung in Gestalt eines Gesetzes vom 1.4.1965[68] noch einmal grundlegend revidiert wurden. Dabei ging es vor allem um in der Allgemeinen Haftpflichtversicherung bis zu diesem Zeitpunkt unbekannte Regelungen über einen Direktanspruch des Geschädigten gegen den Haftpflichtversicherer des Schädigers nach § 3 PflVG aF sowie um die Schaffung eines gesetzlichen Anspruchs des Geschädigten gegen den Entschädigungsfonds aus Kraftfahrzeugunfällen gemäß den §§ 12–14 PflVG aF.

24 Zudem sah auch § 3 S. 1 PflVG aF vor, dass für die Haftpflichtversicherung nach § 1 PflVG aF, der die Verpflichtung des Halters eines Kraftfahrzeuges oder eines Anhängers zum Abschluss einer Haftpflichtversicherung nach den §§ 2 ff. PflVG aF im Einzelnen regelte, anstelle der §§ 158c–158 f. VVG aF grundsätzlich die Vorschriften des § 3 Nr. 1–11 PflVG aF als besondere Vorschriften gelten sollten. Nicht ganz konsequent und vor allem für den mit dem PflVG weniger vertrauten Rechtsanwender kaum nachvollziehbar war in § 3 Nr. 6 S. 1 und Nr. 7 S. 2 und 3 PflVG aF allerdings wiederum die sinngemäße Geltung bzw. entsprechende Anwendung einzelner Regelungen des § 158c, d und e VVG aF vorgesehen.

25 Demgegenüber galten für die Allgemeine Haftpflichtversicherung grundsätzlich die **§§ 149–158a VVG aF** und im Falle einer Haftpflichtversicherung, zu deren Abschluss eine gesetzliche Verpflichtung in Gestalt einer Pflichtversicherung bestand, gemäß § 158b Abs. 1 VVG aF die besonderen Vorschriften der §§ 158c–158k VVG aF sowie ergänzend § 158b Abs. 2 VVG aF. Mithin bedurfte es in anderen Bereichen der Pflichtversicherung mit Ausnahme der Kfz-Haftpflichtversicherung nicht der ergänzenden Heranziehung eines dem PflVG aF vergleichbaren Regelungskomplexes

---

[58] Vgl. auch *Späte* AHB Vorb. Rn. 10; eingehend hierzu → § 100 Rn. 138 ff.
[59] VerAfP 1921, 120.
[60] Vgl. auch *Späte* AHB Vorb. Rn. 11; eingehend zu reinen Vermögensschäden → § 100 Rn. 160 ff.
[61] Verordnung vom 29.11.1940, RGBl. 1940 I 942.
[62] Vgl. *Littbarski* AHB Vorb. Rn. 36; näher hierzu → Rn. 33 ff.
[63] Vgl. *Späte* AHB Vorb. Rn. 11.
[64] RGBl. 1939 I 2223.
[65] Vgl. *Heß/Höke* in Beckmann/Matusche-Beckmann VersR-HdB § 29 Rn. 22.
[66] BGBl. 1965 I 213.
[67] Vgl. BT-Drs. IV/2253, 1 ff.; näher zum Europäischen Übereinkommen – auch Straßburger Übereinkommen genannt – *Lemor* in Feyock/Jacobsen/Lemor Kfz-Versicherung 1. Teil Rn. 5 und 9 ff. mwN.
[68] BGBl. 1965 II 281.

außerhalb der §§ 149–158a VVG aF, wenn man von den speziellen Rechtsgrundlagen für die verschiedenen Formen der Haftpflichtversicherung einmal absieht.[69]

Zum anderen entwickelten sich aber auch die Allgemeinen Versicherungsbedingungen (AVB), **26** die als **AHB für die Allgemeine Haftpflichtversicherung** und als **AKB für die Kfz-Haftpflichtversicherung** von den Versicherern konzipiert worden waren, um den Versicherungsverträgen mit den Versicherungsnehmern jeweils zugrunde gelegt werden zu können, in der Vergangenheit teilweise etwas unterschiedlich voneinander. Dies geschah zwar nicht unter dem Blickwinkel des Aufsichtsrechts, aber doch hinsichtlich ihrer inhaltlichen Ausgestaltung, wie die nachfolgenden Bemerkungen zeigen werden.

Auszugehen ist bezüglich der aufsichtsrechtlichen Beurteilung der AHB und der AKB davon, **27** dass diese als AVB früher Teil des Geschäftsplanes des Versicherers waren und deshalb nach den §§ 5 Abs. 3 Nr. 2, 8 und 13 VAG aF grundsätzlich der **Genehmigung des damals zuständigen BAV** bedurften, ehe sie vom Versicherer im Rechtsverkehr verwendet werden konnten. Dies galt sowohl für neue als auch für bestehende AVB, die abgeändert werden sollten, da jede Änderung von AVB zugleich eine Änderung des Geschäftsplanes des Versicherers darstellte.[70] Diesem Genehmigungserfordernis lag ein System der materiellen Staatsaufsicht durch das BAV zugrunde, das mit dessen laufender Finanzaufsicht über Versicherungsunternehmen gekoppelt war und dazu führte, dass in einigen Sparten, zu denen auch die der Kfz-Haftpflichtversicherung gehörte, auch die Versicherungsprämien einer entsprechenden Genehmigung durch das BAV unterlagen.[71]

3. Rechtslage nach der Deregulierung des europäischen Versicherungsmarktes von **28** **1994.** Die Einführung des europäischen Binnenmarktes, die mit einer Deregulierung des europäischen Versicherungsmarktes verbunden war, hat auch unter aufsichtsrechtlichem Blickwinkel zu erheblichen Veränderungen geführt. Die Grundlage hierfür bildet in der Bundesrepublik Deutschland das „Dritte Gesetz zur Durchführung versicherungsrechtlicher Richtlinien des Rates der Europäischen Gemeinschaften **(Drittes Durchführungsgesetz/EWG zum VAG)**" vom 21.7.1994, das am 29.7.1994 in Kraft getreten ist.[72] Dieses aufgrund entsprechender Vorgaben von EG-Richtlinien erforderlich gewordene Gesetz ist als sog. Artikelgesetz ergangen, indem in seinen einzelnen Artikeln Änderungen von insgesamt 14 verschiedenen Gesetzen genannt sind. Dabei betreffen die wichtigsten Gesetzesänderungen solche Gesetze, die auch für die Allgemeine Haftpflichtversicherung und die Kfz-Haftpflichtversicherung von Bedeutung sind, nämlich das VVG und das VAG.[73] Inhaltlich verfolgten die Gesetzesänderungen das Ziel, in Umsetzung der damals bereits geltenden Dritten EG-Koordinierungsrichtlinien für die Lebens- und die Nicht-Lebensversicherungen aus dem Jahre 1992 die in der Bundesrepublik Deutschland bestehende Versicherungsaufsicht durch das BAV einzuschränken und damit die Deregulierung des Versicherungsmarktes zu verwirklichen.[74]

Erreicht wurde diese Zielsetzung dadurch, dass seit dem Inkrafttreten des Dritten Durchfüh- **29** rungsgesetzes/EWG zum VAG am 29.7.1994 das **Herkunfts- oder Sitzlandprinzip** gilt.[75] Dies bedeutet, dass die Zulassung zum Versicherungsbetrieb und die laufende Überwachung der Versicherungstätigkeit von Versicherungsunternehmen mit Sitz in der Europäischen Union (EU) für deren gesamten Geltungsbereich nur noch von der Aufsichtsbehörde des Landes vorgenommen wird, in dem das Unternehmen seinen Sitz hat. Somit obliegt der Aufsichtsbehörde des Herkunftslandes zugleich auch die alleinige Finanzaufsicht und die primäre Missstands- und Missbrauchsaufsicht über das jeweilige Versicherungsunternehmen, was sich im Hinblick auf die Bundesrepublik Deutschland vor allem aus den 1994 weitgehend neu gefassten §§ 81 ff. VAG ergibt.[76]

Die Einführung und Geltung des Herkunfts- oder Sitzlandprinzips bedeutet weiterhin, dass die **30** Versicherer ihre im Herkunftsland vertriebenen Produkte seit dem 29.7.1994 in allen Mitgliedstaaten der EU anbieten können, ohne gegebenenfalls zusätzlich dem Aufsichtsrecht des jeweiligen Tätigkeitslandes zu unterliegen.[77] Vor allem folgt aber für die Bundesrepublik Deutschland aus der Umsetzung der Dritten EG-Koordinierungsrichtlinien für die Lebens- und Nicht-Lebensversicherungen aus dem Jahre 1992 die grundsätzliche Abschaffung der früheren präventiven Bedingungs- und

---

[69] Vgl. hierzu näher → Rn. 155 ff.
[70] Vgl. *Littbarski* AHB Vorb. Rn. 21 mwN.
[71] Vgl. *Littbarski* in Bayerlein SV-HdB § 40 Rn. 115.
[72] BGBl. 1994 I 1630; näher hierzu *E. Lorenz* in Beckmann/Matusche-Beckmann VersR-HdB § 1 Rn. 15 und 37; *Littbarski* AHB Vorb. Rn. 21; *Littbarski* in Bayerlein SV-HdB § 40 Rn. 113 ff.; jeweils mwN.
[73] Vgl. *Littbarski* in Bayerlein SV-HdB § 40 Rn. 113.
[74] Vgl. auch *E. Lorenz* in Beckmann/Matusche-Beckmann VersR-HdB § 1 Rn. 15 und 37; *Littbarski* in Bayerlein SV-HdB § 40 Rn. 113.
[75] Vgl. BGBl. 1994 I 1630; *Littbarski* in Bayerlein SV-HdB § 40 Rn. 113.
[76] Vgl. BGBl. 1994 I 1630; *Littbarski* in Bayerlein SV-HdB § 40 Rn. 114.
[77] *Littbarski* in Bayerlein SV-HdB § 40 Rn. 116.

teilweise sogar Tarifkontrolle durch das ehemalige BAV,[78] dessen Aufgabe aufgrund des Gesetzes über die Bundesanstalt für Finanzdienstleistungsaufsicht vom 22.4.2002[79] die **Bundesanstalt für Finanzdienstleistungsaufsicht (BaFin)** mit Wirkung vom 1.5.2002 übernommen hat.[80] Daher entfällt die vorherige behördliche Genehmigung von Versicherungsbedingungen aller Art, also auch im Hinblick auf die Privat-, Betriebs- und Berufshaftpflichtversicherung sowie für die Kfz-Haftpflichtversicherung,[81] nachdem sie für das industrielle Geschäft in Gestalt der sog. Großrisiken[82] gemäß § 187 VVG aF iVm Art. 10 Abs. 1 EGVVG aF schon mit Wirkung vom 1.7.1990 abgeschafft worden war.[83] Geblieben ist der seit dem 1.5.2002 zuständigen BaFin die Aufgabe, ihrer sich aus den §§ 294, 298 Abs. 1 S. 2 VAG ergebenden Rechts- und Finanzaufsicht im Wege der Missstandskontrolle nachzukommen, um das Hauptziel der Beaufsichtigung zum Schutz der Versicherungsnehmer und der Begünstigten von Versicherungsleistungen zu erreichen.[84]

31 Im Allgemeinen wurden bereits kurz nach dem Inkrafttreten des Dritten Durchführungsgesetzes/EWG zum VAG am 29.7.1994 in dem deregulierten Versicherungsmarkt, also dem Versicherungsmarkt ohne Grenzen innerhalb der EU, weitgehend nur Vorteile gesehen, die auf den ersten Blick nicht von der Hand zu weisen sind. Kann doch aus der Sicht der potentiellen Versicherungsnehmer mit einer erhöhten Angebotsvielfalt der Versicherer gerechnet werden, da diese ihre Versicherungsleistungen als Produkte nicht nur innerhalb ihres Herkunftslandes, sondern auch im Ausland vertreiben können. Auch erscheint wegen des größeren Wettbewerbs zwischen den Versicherern die Herabsetzung der Beiträge in einem nicht ganz unerheblichen Umfang nicht ausgeschlossen oder positiv gewendet fast naheliegend.[85]

32 Umgekehrt haben auch einige Versicherer durch das Inkrafttreten des Dritten Durchführungsgesetzes/EWG zum VAG am 29.7.1994 und damit verbunden durch die Einführung des deregulierten Versicherungsmarktes die Chance gesehen, verstärkt Wettbewerb betreiben zu können.[86] Wurde ihnen doch die Möglichkeit eröffnet, aufgrund eigener, von ihnen entwickelter und damit auch nur für ihr Unternehmen geltender AVB Versicherungsschutz anzubieten.[87] Jedoch ist dieser durchaus naheliegende Gedanke jedenfalls für die Sparten der Allgemeinen Haftpflichtversicherung und der Kfz-Haftpflichtversicherung schon bald der Realität des in ihren Bereichen existierenden Versicherungsmarktes gewichen. Denn wie die Versicherungspraxis zeigt, zieht es die ganz überwiegende Mehrzahl aller Versicherer vor, Muster von Allgemeinen Versicherungsbedingungen, sog. **Muster-AVB**, als Musterbedingungen zu verwenden, die von dem Gesamtverband der Deutschen Versicherungswirtschaft eV (GDV) als dem Verband der Haftpflichtversicherer und der Kfz-Haftpflichtversicherer unter Berücksichtigung der in der Vergangenheit in diesen Bereichen gewonnenen Erfahrungen entwickelt worden sind.[88] Diese AVB bieten die Möglichkeit der Vereinheitlichung im Hinblick auf die Verbandsunternehmen. Zugleich erlauben sie es aber auch jedem Verbandsunternehmen, aufgrund der Unverbindlichkeit dieser Bedingungen als Muster-AVB im Einzelfall von ihnen abzuweichen.[89] In dieser Weise ist – wie nachstehend zu zeigen sein wird – der GDV auch im Hinblick auf die AHB und die AKB sowie auf die erstmals am 20.12.2013 veröffentlichten AVB BHV für die Betriebs- und Berufshaftpflichtversicherung und AVB PHV für die Privathaftpflichtversicherung vorgegangen.

III. Einzelheiten zu den Allgemeinen Versicherungsbedingungen für die Haftpflichtversicherung (AHB)

33 **1. Entwicklung der AHB von 1921–2004.** Was die Entstehung der AHB als AVB für die Allgemeine Haftpflichtversicherung angeht, kann diese auf das Jahr 1921 datiert werden.[90] Erhielten

---

[78] *Littbarski* in Bayerlein SV-HdB § 40 Rn. 116.
[79] BGBl. 2002 I 1310.
[80] Näher hierzu das Finanzdienstleistungsaufsichtsgesetz – FinDAG; vgl. ferner *Häde* FS Hugo J. Hahn, 2007, S. 51 ff.; *Hagemeister* WM 2002, 1773; eingehend aus verfassungsrechtlicher Sicht *Werheit* Bundesanstalt für Finanzdienstleistungsaufsicht; jeweils mwN.
[81] Vgl. *Littbarski* Bayerlein SV-HdB § 40 Rn. 116.
[82] Vgl. hierzu § 210; hierzu näher → § 105 Rn. 31 ff.; vgl. ferner → § 110 Rn. 7.
[83] Vgl. *Littbarski* in Bayerlein SV-HdB § 40 Rn. 116; *H. Baumann,* in Bruck/Möller Bd. 4, Einf. AVB-AVG 2011/2013 Rn. 2 mit Fn. 5.
[84] Vgl. hierzu *Armbrüster* in Prölss/Martin Einleitung Rn. 12; *Brömmelmeyer* in HK-VVG Einleitung Rn. 48 mwN.
[85] Vgl. *Littbarski* in Bayerlein SV-HdB § 40 Rn. 117 f.
[86] Vgl. *Littbarski* in Bayerlein SV-HdB § 40 Rn. 119.
[87] Vgl. *Littbarski* in Bayerlein SV-HdB § 40 Rn. 119.
[88] Vgl. *Littbarski* in Bayerlein SV-HdB § 40 Rn. 119; näher zu Musterbedingungen als Rechtsgrundlage → Rn. 175.
[89] Vgl. *Littbarski* in Bayerlein SV-HdB § 40 Rn. 119.
[90] VerAfP 1921, 120; vgl. auch → Rn. 21 f.

die damals dem Reichsaufsichtsamt für das Versicherungswesen (RAV) von den Versicherern zur Genehmigung vorgelegten und auch genehmigten Allgemeinen Haftpflichtversicherungsbedingungen doch eine Struktur und eine Fassung, wie sie über viele Jahrzehnte hinweg mit nur relativ wenigen Modifikationen bis zum Jahre 2004 grundsätzlich den Haftpflichtversicherungsverträgen zugrunde gelegt worden waren. Dies galt selbstverständlich allerdings dann nicht, wenn Versicherer und Versicherungsnehmer es vorzogen, als Ausfluss des Grundsatzes der Vertragsfreiheit, der sog. Privatautonomie, individuelle, den Besonderheiten des Einzelfalles besser Rechnung tragende Vereinbarungen zu treffen.

An dieser Struktur und Fassung der Allgemeinen Haftpflichtversicherungsbedingungen von 1921 hat sich im Grundsatz auch dann etwas dadurch geändert, dass die AHB durch Verordnung vom 29.11.1940[91] modifiziert wurden, noch dass sie nach Ausfertigung sowie Verkündung des Grundgesetzes am 23.5.1949[92] und der dadurch bedingten Schaffung des Gesetzes über die Errichtung eines Bundesaufsichtsamtes für das Versicherungs- und Bausparwesen vom 31.7.1951[93] in der Folgezeit von diesem wegen einer Reihe von Neufassungen, Änderungen und Ergänzungen einiger ihrer Vorschriften wiederholt einer präventiven Prüfung und Genehmigung unterzogen wurden. Denn die Neufassungen, Änderungen und Ergänzungen einzelner Vorschriften der AHB können insgesamt nur als marginal bezeichnet werden.[94] **34**

Hieran hat sich auch durch die Aufhebung der Genehmigungspflicht aufgrund des Inkrafttretens des Dritten Durchführungsgesetzes/EWG zum VAG vom 21.7.1994[95] am 29.7.1994[96] bis zum Jahre 2004 nichts geändert, da die seit der Aufhebung der Genehmigungspflicht geschaffenen, zur fakultativen Verwendung gedachten und damit Musterbedingungen darstellenden AHB aus den Jahren 1997,[97] 1999[98] und 2002[99] allein die Hinzufügung einzelner neuer Vorschriften in die AHB bzw. die Ergänzung und Änderung bereits bestehender Vorschriften zum Gegenstand hatten.[100] Dies gilt selbst unter Berücksichtigung des Umstandes, dass die AHB seit der Fassung von 1999 auf die Zahl von insgesamt 14 Paragraphen kam, nachdem die früheren Fassungen der AHB über viele Jahre hinweg nur 11 Paragraphen gehabt hatten,[101] da trotz der Vermehrung der Paragraphen inhaltlich keine größeren Veränderungen der AHB eingetreten waren. **35**

2. Entwicklung der AHB von 2004–2007. Erst die im Juni 2004 vom GDV als „Neufassung der **unverbindlichen GDV-Muster-AHB**" bekanntgegebenen **AHB 2004**[102] stellen die erste wirkliche Reform der AHB seit ihrer Einführung im Jahre 1921[103] dar.[104] So ist der Reformcharakter der AHB 2004 bereits aufgrund ihrer äußeren Gestaltung unübersehbar. Erstmals in der Geschichte der AHB werden diese mit einer in der Sache aus fünf Abschnitten bestehenden Inhaltsübersicht eingeleitet und diese fünf Abschnitte ihrerseits in den AHB 2004 und 2006 in insgesamt 33 Ziffern sowie in den AHB 2007 in insgesamt 32 Ziffern unterteilt,[105] wobei in der Inhaltsübersicht allerdings nicht ausdrücklich von Abschnitten gesprochen wird. Dabei ist schon auf den ersten Blick der Verzicht auf die Verwendung der bei den früheren Fassungen der AHB üblichen Paragraphen und deren Ersetzung durch die in den AHB 2004 und 2006 33 Ziffern sowie in den AHB 2007 32 Ziffern unübersehbar.[106] Auch die Tatsache, dass die Ziffern ihrerseits auf der ersten Gliederungsebene nach dem numerischen System aufgebaut sind, ist genauso unverkennbar wie auch die inkonsequente fehlende Beachtung dieses Systems bereits auf der zweiten Gliederungsebene, da sich dort jeweils im Einzelnen durchnummerierte, mit Klammerzusätzen versehene Ziffern finden.[107] **36**

---

[91] RGBl. 1940 I 1942.
[92] BGBl. 1949 I 1; hierzu näher *Wolff* in Hömig/Wolff Grundgesetz Einführung Rn. 1 mwN.
[93] BGBl. 1951 I 480.
[94] Vgl. *Littbarski* AHB Vorb. Rn. 36 mwN; *Littbarski* PHi 2005, 97; vgl. ferner *v. Rintelen* in Späte/Schimikowski Einl. Rn. 38 und 46.
[95] BGBl. 1994 I 1630.
[96] Näher hierzu → Rn. 28 mwN.
[97] Abgedruckt bei *Littbarski* AHB S. 22 ff.
[98] Abgedruckt bei *Littbarski* AHB S. 1 ff.
[99] Abgedruckt bei *Voit/Knappmann,* in Prölss/Martin 27. Aufl. 2004, S. 1268 ff.
[100] Vgl. *Littbarski* PHi 2005, 97.
[101] Vgl. *Littbarski* PHi 2005, 97.
[102] Anlage zum Rundschreiben 1006/2004 (H 25/04 M) des Gesamtverbandes der Deutschen Versicherungswirtschaft e.V. vom 17.6.2004 an die Vorstände der die Allgemeine Haftpflichtversicherung betreibenden Mitgliedsunternehmen.
[103] VerAfP 1921, 120; vgl. auch → Rn. 21 und 33.
[104] Vgl. *Littbarski* PHi 2005, 97; *Schimikowski* in FS Schirmer, 2005, 545.
[105] Vgl. *Littbarski* PHi 2005, 97.
[106] Vgl. *Littbarski* PHi 2005, 97.
[107] Vgl. *Littbarski* PHi 2005, 97.

37 Allein aus der Tatsache, dass die AHB 2004 und 2006 aus 33 Ziffern sowie die **AHB 2007** aus 32 Ziffern und nicht wie die früheren Fassungen der AHB aus 14 Paragraphen bestehen, darf allerdings nicht gefolgert werden, dass die AHB sich seit den Fassungen von 2004, 2006 und 2007 auch inhaltlich gegenüber den früheren Fassungen verdoppelt hätten.[108] Vielmehr ist die relativ geringe Zahl von 14 Paragraphen in den früheren Fassungen der AHB allein darauf zurückzuführen, dass diese insbesondere in den §§ 3–5 AHB sowie in den §§ 8–9 AHB so stark untergliedert waren, dass von diesen Bestimmungen jeweils eigentlich mehrere eigenständige Regelungen zusammen erfasst wurden.[109]

38 Inhaltlich kommt die mit der AHB-Reform von 2004 verbundene Zielsetzung im Rundschreiben 1006/2004 (H 25/04 M) des GDV vom 17.6.2004 an die Vorstände der die Allgemeine Haftpflichtversicherung betreibenden Mitgliedsunternehmen[110] zum Ausdruck. Nach Auffassung des GDV[111] haben die Urteile des BGH im sog. Tankleichter-Fall[112] und im Pflanzmittel-Fall[113] die gestiegenen Anforderungen der Rechtsprechung an die Transparenz von Versicherungsbedingungen verdeutlicht und auch jeweils Anpassungen der bisherigen AHB erforderlich gemacht, so dass vor diesem Hintergrund die umfassende Neugestaltung, Neuordnung und Modernisierung der GDV-Muster-AHB zu sehen sei.

39 Generell sei – so führt der GDV[114] in seinem Rundschreiben weiter aus – die Neuordnung der Bedingungen durch die Zusammenführung sich bislang vielfach an unterschiedlichen Positionen befindlicher Klauseln mit zusammengehörigem Regelungsinhalt geleistet worden, was sich auch in den Zwischenüberschriften der einzelnen Abschnitte widerspiegele. Ansonsten sei im Sinne einer erhöhten Rechtssicherheit versucht worden, bestimmte Streitpunkte zu lösen, neue Gesetzgebung und Rechtsprechung, soweit erforderlich, einzuarbeiten und systematische sowie strukturelle Ungereimtheiten zu beseitigen.[115]

40 Im Übrigen weist der GDV in seinem Rundschreiben darauf hin, dass der materielle Deckungsumfang der bisherigen AHB weitgehend aufrecht erhalten worden sei.[116] Dies heiße, dass inhaltliche Änderungen nur dort vorgenommen worden seien, wo dies zwingend erforderlich oder im Sinne einer Verschlankung der unverbindlichen Muster-AHB angezeigt gewesen sei. Die **Neuerungen** konzentrierten sich auf die **Ziff. 1–7 AHB,**[117] in denen unter der Überschrift „Umfang des Versicherungsschutzes" sich Vorschriften über den Gegenstand der Versicherung und den Versicherungsfall (Ziff. 1), Vermögensschäden und Abhandenkommen von Sachen (Ziff. 2), versichertes Risiko (Ziff. 3), Vorsorgeversicherung (Ziff. 4), Leistungen der Versicherung (Ziff. 5), Begrenzung der Leistungen (Ziff. 6) und Ausschlüsse (Ziff. 7) finden.

41 Ob der GDV mit der Schaffung der AHB 2004 dieser sich ihm selbst gestellten Zielsetzung gerecht geworden ist, wurde bereits an anderer Stelle im Einzelnen untersucht und soll daher nicht erneut diskutiert, sondern vielmehr insoweit hierauf verwiesen werden.[118] Der Grund hierfür ist aber nicht etwa in der bloßen Vermeidung von Wiederholungen zu erblicken. Entscheidend ist vielmehr, dass die AHB seit der grundlegenden Reform von 2004 vom GDV in den Jahren 2006 und 2007 erneut überarbeitet wurden und daher am Versicherungsmarkt auch Musterbedingungen der AHB 2006 und der AHB 2007 existieren. Die Ursachen für diese erneuten Überarbeitungen sind unterschiedlicher Natur.

42 Die Begründung für die Überarbeitung der AHB 2004[119] und deren Ersetzung durch die AHB 2006 kommt in dem Rundschreiben 0456/2006 des GDV vom 27.1.2006 an die Vorstände der die Allgemeine Haftpflichtversicherung betreibenden Mitgliedsunternehmen zum Ausdruck.[120] Danach haben einige im Zuge der unternehmensindividuellen Umsetzungen aufgetretene Fragen es nach umfassender Diskussion in den Haftpflicht-Gremien des GDV angezeigt erscheinen lassen, einige

---

[108] Vgl. *Littbarski* PHi 2005, 97.
[109] Vgl. *Littbarski* PHi 2005, 97.
[110] Vgl. Rundschreiben des GDV 1006/2004 (H 25/04 M) vom 17.6.2004, nachfolgend Rundschreiben des GDV Rn. 38–40.
[111] Vgl. Rundschreiben des GDV Rn. 38–40.
[112] Vgl. BGH VersR 1999, 748 f.
[113] Vgl. BGH VersR 2000, 963 f.
[114] Vgl. Rundschreiben des GDV Rn. 38–40.
[115] Vgl. Rundschreiben des GDV Rn. 38–40.
[116] Rundschreiben des GDV Rn. 38–40.
[117] Rundschreiben des GDV Rn. 38–40.
[118] Vgl. *Littbarski* PHi 2005, 97 (100 ff.).
[119] Anlage 1 zum Rundschreiben 0456/2006 des Gesamtverbandes der Deutschen Versicherungswirtschaft eV vom 27.1.2006 an die Vorstände der die Allgemeine Haftpflichtversicherung betreibenden Mitgliedsunternehmen.
[120] Vgl. Rundschreiben des GDV Rn. 38–40.

Klauseln der AHB 2004 zu modifizieren. Dabei ist nach Ansicht des GDV die Systematik der Bedingungen von den vorgenommenen Modifikationen nicht berührt. Vielmehr handele es sich zum Teil um redaktionelle Klarstellungen, zum Teil aber auch um materielle Anpassungen.[121]

Auch insoweit soll auf die AHB 2006 nicht näher eingegangen werden. Abgesehen davon, dass **43** dies bereits an anderer Stelle geschehen ist und daher hierauf verwiesen werden kann,[122] brächte ein solches Vorgehen auch wenig Sinn, da hierbei die erneuten Überarbeitungen der AHB in den Fassungen der AHB 2007 sowie der AHB 2008, der AHB 2010, der AHB 2012, der AHB 2014 und der AHB 2016 unberücksichtigt bleiben müssten, obwohl die neueste Fassung eines Bedingungswerkes in der Praxis für das gesamte Neugeschäft nach einer gewissen Anlaufzeit von erheblich größerer Bedeutung ist als ältere Fassungen, die mit ihren Bedingungen nur noch einigen Versicherungsverträgen zugrunde liegen. Hiervon ist in der näheren Zukunft auch im Hinblick auf die erstmals am 20.12.2013 veröffentlichten, unverbindlichen Allgemeinen Versicherungsbedingungen für die Betriebs- und Berufshaftpflichtversicherung (AVB BHV) und auf die Allgemeinen Versicherungsbedingungen für die Privathaftpflichtversicherung (AVB PHV) auszugehen, die – soweit ersichtlich – zwar bisher in der Rechtssprechung überhaupt keine Bedeutung erlangt haben und auch in der Literatur nur in einem sehr begrenztem Umfang Berücksichtigung finden, denen aber in den nächsten Jahren aufgrund entsprechender Vereinbarungen zwischen Versicherern und Versicherungsnehmern eine größere Bedeutung zukommen dürfte. Deshalb werden nachfolgend insbesondere die Bestimmungen der AVB BHV auch immer wieder in die Kommentierung gegebenenfalls miteinbezogen.

3. Entwicklung der AHB seit dem Inkrafttreten des VVG 2008. Die Gründe für die **44** erneuten Überarbeitungen der AHB in den Jahren 2008, 2010, 2012, 2014 und 2016 durch den GDV und die damit verbundene Schaffung der Fassung der AHB 2008[123] sowie die der Fassungen der AHB 2010, 2012, 2014 und 2016 dürften auf der Hand liegen. Sie sind dem Umstand geschuldet, dass die Reform des VVG im Hinblick auf die Haftpflichtversicherung auch einige Regelungen zwingender oder wie etwa § 112 VVG[124] halbzwingender bzw. wie § 103 VVG abdingbarer Natur gebracht hat und daher die Versicherer ihrerseits dem gesetzlichen Zwang unterliegen, ihre Haftpflichtversicherungsbedingungen an diesen Regelungen zu orientieren.[125] Zudem ist es auch bei Bestimmungen dispositiver Natur sinnvoll und angebracht, diese zumindest am gesetzlichen Leitbild anzulehnen, selbst wenn unter bestimmten Voraussetzungen eine Abweichung vom Gesetz für sachgerecht gehalten wird. Einzelheiten hierzu sind jeweils bei der Kommentierung der betreffenden Vorschriften zu erörtern.

Entsprechend dem zuvor Gesagten werden auch die erstmals am 20.12.2013 veröffentlichten **45** und am 25.8.2014 vom GDV als unverbindlich bekanntgemachten Musterbedingungen zu den Allgemeinen Versicherungsbedingungen für die Betriebs- und die Berufshaftpflichtversicherung (AVB BHV) sowie zu den Allgemeinen Versicherungsbedingungen für die Privathaftpflichtversicherung (AVB PHV) Berücksichtigung finden, die das Ziel verfolgen, die Regelungen der Allgemeinen und Besonderen Bedingungen für die jeweilige Haftpflichtsparte zusammenzufassen.[126] Allerdings sind diese Musterbedingungen viel zu komplex, als dass sie hier im Einzelnen vorgestellt, geschweige denn sogar kurz erläutert werden könnten. Gegen ihre umfassende Berücksichtigung spricht entscheidend, dass derzeit noch so gut wie allen Auseinandersetzungen zwischen Versicherern und Versicherungsnehmern weiterhin die verschiedenen Fassungen der AHB zugrundegelegt werden. Zudem hat sich auch die Literatur mit den neuen Musterbedingungen nur ganz vereinzelt näher beschäftigt, so dass der Diskussionsbedarf zu Einzelfragen dieser Musterbedingungen sich bisher nicht absehen lässt. Für die weitere Darstellung bedeutet dies, dass im Rahmen der Kommentierung zwar

---

[121] Vgl. Rundschreiben des GDV Rn. 38–40.
[122] Vgl. *Littbarski* PHi 2006, 82.
[123] Abrufbar als „Unverbindliche Bekanntgabe des Gesamtverbandes der Deutschen Versicherungswirtschaft e. V. (GDV)" unter www.gdv.de; vgl. ferner den Abdruck „Allgemeine Versicherungsbedingungen für die Haftpflichtversicherung AHB 2008", Stand Januar 2008 als Anhang zu den §§ 100–112 VVG bei *Schwintowski/Brömmelmeyer* 2. Aufl. 2011 S. 1058 ff. sowie die Kommentierungen der AHB 2008, 2010, 2012, 2014 und 2016 von *Schimikowski* in HK-VVG, *Lücke* in Prölss/Martin und *Späte/Schimikowski (Hrsg.)* Haftpflichtversicherung.
[124] Vgl. hierzu näher → § 112 Rn. 5 ff.
[125] Vgl. Rundschreiben der GDV an die Vorstände der die Allgemeine Haftpflichtversicherungsbetreibenden Mitgliedsunternehmen vom 26.8.2014 mit Anlagen 1–8 zu den einzelnen neu strukturierten Musterbedingungen.
[126] Vgl. hierzu *Graß/Tenschert* VW 2014, 30 ff. und *Kettler/Bäcker* PHi 2015, 130 ff. aus der Sicht der Bedingungsverfasser des GDV sowie die Erläuterungen von *Littbarski/Tenschert/Klein (Hrsg.)* zu AVB BHV und von *Stockmeier* zu den AVB PHV.

von den die Haftpflichtversicherung betreffenden Vorschriften des VVG auszugehen sein wird und diese auch im Mittelpunkt der Erörterungen stehen werden. Zugleich wird aber, soweit dies möglich ist, auch immer wieder ein Bezug zu den mit den Vorschriften des VVG vergleichbaren Bestimmungen der verschiedenen Fassungen der AHB sowie der AVB BHV und gelegentlich auch der AVB PHV hergestellt werden, um so die Wechselwirkungen zwischen den gesetzlichen Regelungen und den Haftpflichtversicherungsbedingungen aufzeigen zu können. Dass dabei die Vorschriften der AHB 2016 im Vordergrund stehen werden, ergibt sich nicht nur daraus, dass diese derzeit noch die größte, praktische Bedeutung aufweisen, sondern vor allem auch aus dem Umstand, dass diese im Gefolge des grundsätzlichen Inkrafttretens des VVG am 1.1.2008 an den Bestimmungen dieses Gesetzes orientiert wurden. Davon bleibt aber unberührt, dass gegebenenfalls auch noch ein Bezug zu Regelungen älterer Fassungen der AHB hergestellt werden wird, soweit dies für das Verständnis der Vorschriften des VVG 2008 unabweisbar und damit zugleich unverzichtbar ist. Dass dies recht häufig geschehen wird, versteht sich fast von selbst.

IV. Einzelheiten zu den Allgemeinen Bedingungen für die Kfz-Versicherung (AKB)

46   **1. Entwicklung der AKB von 1910–1994.** Was die Entwicklung der AKB angeht, ist sie im Verhältnis zu der der AHB ganz anders verlaufen und weist aufgrund einer recht komplizierten Rechtslage im Gegensatz zur Entwicklung der AHB keinen ohne weiteres überschaubaren Werdegang auf. Deshalb überrascht es wenig, dass der Entwicklung der AKB weder in Kommentierungen zu diesem Bedingungswerk[127] noch in systematischen Darstellungen zur Kraftfahrtversicherung[128] ein breiterer Raum gewidmet wird. Eine Ausnahme macht allein die Darstellung von *Bauer*,[129] auf dessen Ausführungen daher nachfolgend wiederholt Bezug genommen wird.

47   Auszugehen ist davon, dass die Kraftfahrtversicherung **im VVG aF** vom 30.5.1908 **nicht geregelt** war[130] und deshalb schon frühzeitig nach dem Inkrafttreten dieses Gesetzes am 1.1.1910[131] eine Reihe von Versicherern der Kraftverkehrsversicherung ihre AVB den Versicherungsverträgen mit den Haltern von Kraftfahrzeugen zugrunde gelegt hatten.[132] Nachdem der Verband der Kraftfahrzeugversicherung im Jahre **1928** AVB in Gestalt von **Verbandsbedingungen** geschaffen hatte, bildeten diese Verbandsbedingungen bei einer Vielzahl von Versicherungsverträgen die Rechtsgrundlage für den Versicherungsschutz von Haltern von Kraftfahrzeugen.[133]

48   Mit dem Inkrafttreten des Gesetzes über den Verkehr mit Kraftfahrzeugen sowie dem Gesetz über den Versicherungsvertrag am 1.7.1940[134] waren die Versicherer gezwungen, sich an die durch § 3 Abs. 2 PflVG aF gesetzten Vorgaben zu halten. Diese sahen vor, dass der Kraftfahrzeug-Haftpflichtversicherungsvertrag den von dem Reichsaufsichtsamt für Privatversicherung als Aufsichtsbehörde genehmigten Allgemeinen Versicherungsbedingungen entsprechen müsste.[135] Daraufhin entschlossen sich die Versicherer, die Kraftverkehrsversicherungsbedingungen grundlegend zu überarbeiten und dem Reichsaufsichtsamt für Privatversicherung zur Genehmigung vorzulegen.[136] Nachdem diese Genehmigung erteilt worden war und die Kraftverkehrsversicherungsbedingungen im Reichsanzeiger veröffentlicht worden waren,[137] wurde nur wenige Monate später vom Reichsaufsichtsamt für Privatversicherung aufgrund einer **Verordnung vom 29.11.1940** für die Kraftfahrtversicherung angeordnet, dass mit Wirkung vom 1.1.1941 für bestehende Versicherungsverhältnisse bei sämtlichen privaten und öffentlich-rechtlichen Versicherungsunternehmungen anstelle der bisher geltenden AVB die im Reichsanzeiger bekanntgegebenen AKB träten.[138]

49   Mit dieser vom Reichsaufsichtsamt für Privatversicherung getroffenen Anordnung waren die AKB als **verbindliche AVB für Kfz-Haftpflichtversicherer** mit Wirkung vom **1.1.1941** geschaffen worden. Fortan bildeten sie nicht nur bis zum Ende des II. Weltkrieges am 8.5.1945, sondern

---

[127] Vgl. *Klimke* in Prölss/Martin Vorb. zu A.1.1 AKB 2015; *Stiefel/Maier* Vorb. AKB Rn. 1 ff.; *Jacobsen* in Feyock/Jacobsen/Lemor Vorb. AKB Rn. 1 ff.; *Halbach* in HK-VVG Vorb. zu den AKB Rn. 1 f.
[128] Vgl. *Wandt* VersR Rn. 1106 ff. und 1134 ff.; *Heß/Höke* in Beckmann/Matusche-Beckmann VersR-HdB § 29 Rn. 25 ff.; *Elsner* in MAH VersR § 13 Rn. 1 ff.
[129] *Bauer* Kraftfahrtversicherung Rn. 86 ff.
[130] Vgl. *Bauer* Kraftfahrtversicherung Rn. 86.
[131] RGBl. 1908 I 263; hierzu näher → Rn. 18.
[132] Vgl. *Bauer* Kraftfahrtversicherung Rn. 88.
[133] Vgl. *Bauer* Kraftfahrtversicherung Rn. 88.
[134] Vom 7.11.1939, RGBl. 1939 I S. 2223; hierzu näher → Rn. 23.
[135] Vgl. *Bauer* Kraftfahrtversicherung Rn. 88.
[136] Vgl. *Bauer* Kraftfahrtversicherung Rn. 88.
[137] RAnz. 1940 Nr. 187/1940.
[138] RAnz. 1941 Nr. 1/1941; vgl. auch *Bauer* Kraftfahrtversicherung Rn. 88; vgl. ferner zur Modifikation der AHB durch Verordnung vom 29.11.1940, RGBl. I S. 1942; hierzu → Rn. 34.

Vorbemerkungen zu §§ 100–112   50–53 **Vor § 100**

auch in der nach Verkündung des Grundgesetzes am 23.5.1949 neu gegründeten Bundesrepublik Deutschland[139] die Grundlage für Versicherungsverträge der Kfz-Haftpflichtversicherer. Zwar sind die AKB in den folgenden Jahrzehnten wiederholt neu gefasst[140] und geändert worden,[141] bis auch für sie wie für die AHB das Inkrafttreten des Dritten Durchführungsgesetzes/EWG zum VAG vom 21.7.1994[142] am 29.7.1994[143] eine erhebliche Zäsur bedeutete.

2. Entwicklung der AKB von 1994–2007. Angesichts der grundsätzlichen Abschaffung der 50 früheren präventiven Bedingungs- und teilweise sogar Tarifkontrolle durch das ehemalige BAV[144] wurden die Versicherer in der Fahrzeug- und Kraftfahrt-Unfallversicherung in die Lage versetzt, entweder die Geltung der AKB 1988 mit den Versicherungsnehmern zu vereinbaren, was in der Praxis recht häufig geschah,[145] oder aber von ihnen selbst geschaffene, eigene AKB den Versicherungsverträgen mit den Versicherungsnehmern zugrundezulegen.[146]

In der **Kraftfahrzeug-Pflichtversicherungsverordnung**[147] vom 29.7.1994, die am 4.8.1994 51 in Kraft getreten ist[148] und grundsätzlich für alle seit dem 1.1.1995 abgeschlossenen Kfz-Haftpflichtversicherungsverträge gilt, ist bestimmt, dass diese Verträge **den Anforderungen der KfzPflVV entsprechen** müssen.[149] Dadurch ist sichergestellt, dass der in der KfzPflVV geregelte Umfang des Versicherungsschutzes nicht unterschritten werden darf, während umgekehrt eine Erweiterung des Versicherungsschutzes uneingeschränkt möglich ist.[150] Mithin weist die KfzPflVV unzweifelhaft einen halbzwingenden Charakter auf.[151]

3. Entwicklung der AKB seit dem Inkrafttreten des VVG 2008. Um eine möglichst große 52 Einheitlichkeit in der gesamten Kraftfahrtversicherung und bei allen für sie geltenden Versicherungsbedingungen zu erreichen, gaben bereits der früher hierfür zuständige HUK-Verband und danach der an seine Stelle getretene **Verband der Schadensversicherer** in unregelmäßigen zeitlichen Abständen unverbindliche Bedingungsempfehlungen an ihre Mitgliedsunternehmen ab.[152] Diesen Weg geht der **nunmehr zuständige GDV** auch im Hinblick auf die AKB. Diese sind nach dem grundsätzlichen Inkrafttreten des VVG am 1.1.2008 erneut überarbeitet sowie neu gestaltet, als **AKB 2008 am 9.7.2008 neu bekannt gemacht** und zuletzt als **AKB 2015 mit Stand 12.10.2017 nochmals überarbeitet** worden.[153] Dabei handelt es sich um unverbindliche Musterbedingungen des GDV, deren Verwendung fakultativ ist und die daher die Möglichkeit offen lassen, abweichende Klauseln zu vereinbaren.[154]

Ohne auf die AKB 2008 oder die AKB 2015 an dieser Stelle näher eingehen zu können, 53 ist doch darauf hinzuweisen, dass die Kfz-Versicherung nach Vorbemerkung zu den Allgemeinen Bedingungen für die Kfz-Versicherung (AKB 2015)[155] je nach dem Inhalt des Versicherungsvertrages folgende Versicherungsarten umfasst:

---

[139] Vgl. hierzu auch → Rn. 34 Fn. 93 mit weiteren Einzelheiten.
[140] Letztmalig mit Wirkung vom 10.7.1988, VerBAV 1988, 299.
[141] So nach der Neufassung vom 10.7.1988, VerBAV 1988, 299 erneut mit Wirkung vom 1.1.1992, VerBAV 1992, 9 sowie letztmalig mit Wirkung vom 1.7.1993, VerBAV 1993, 154.
[142] BGBl. 1994 I 1630.
[143] Vgl. auch → Rn. 28 und 35 mit weiteren Einzelheiten und Nachweisen.
[144] Vgl. hierzu näher → Rn. 30; *Littbarski* in Bayerlein SV-HdB § 40 Rn. 113; jeweils mwN.
[145] Vgl. *Bauer* Kraftfahrtversicherung Rn. 89.
[146] Vgl. *Bauer* Kraftfahrtversicherung Rn. 89; vgl. ferner *Jacobsen* in Feyock/Jacobsen/Lemor Einführung AKB/ TB Rn. 4 ff.; *Heß/Höke* in Beckmann/Matusche-Beckmann VersR-HdB § 29 Rn. 25 ff.; jeweils mit weiteren Einzelheiten und Nachweisen.
[147] Nachfolgend KfzPflVV genannt.
[148] BGBl. I 1837; näher hierzu *Jacobsen* in Feyock/Jacobsen/Lemor Kraftfahrzeug-Pflichtversicherungsverordnung S. 303 ff.
[149] Vgl. *Bauer* Kraftfahrtversicherung Rn. 90; *Heß/Höke* in Beckmann/Matusche-Beckmann VersR-HdB § 29 Rn. 25 ff.
[150] Vgl. *Jacobsen* in Feyock/Jacobsen/Lemor Einführung KfzPflVV Rn. 22; *Bauer* Kraftfahrtversicherung Rn. 89; *Heß/Höke* in Beckmann/Matusche-Beckmann VersR-HdB § 29 Rn. 25.
[151] Vgl. *Jacobsen* in Feyock/Jacobsen/Lemor Einführung KfzPflVV Rn. 22; *Heß/Höke* in Beckmann/Matusche-Beckmann VersR-HdB § 29 Rn. 25; *Bauer* Kraftfahrtversicherung Rn. 89; vgl. zu Vorschriften mit halbzwingendem Charakter näher → § 112 Rn. 5.
[152] Vgl. *Bauer* Kraftfahrtversicherung Rn. 91.
[153] Vgl. *Halbach* in HK-VVG AKB 2015 Vorb. AKB S. 1499 Rn. 1; eingehend zu den AKB 2015 *Stiefel/ Maier* AKB-Kommentar; *Prölss/Martin/Klimke* AKB 2015; näher zu Abgrenzungsproblemen zwischen KH-Versicherung und Allgemeiner Haftpflichtversicherung *Terno* r+s 2011, 361 ff.
[154] Vgl. hierzu den vor den AKB 2015 abgedruckten Hinweis des GDV.
[155] Abgedruckt mit Stand 12.10.2017 bei *Halbach* in HK-VVG AKB 2015, 1499 (1502); *Klimke* in Prölss/ Martin Vorbemerkungen zu A.1.1 AKB 2015, S. 2176 f.

- Kfz-Haftpflichtversicherung (A. 1)
- Kaskoversicherung (A. 2)
- Autoschutzbrief (A 3)
- Kfz-Unfallversicherung (A 4)
- Fahrerschutzversicherung (A.5)

54 Diese Versicherungen werden – so heißt es in der Vorbemerkung zu den AKB 2015 weiter[156] – als jeweils rechtlich selbständige Versicherungsverträge abgeschlossen. Hieran zeigt sich, dass der Versicherungsnehmer im Hinblick auf den von ihm gewünschten Versicherungsschutz für das Kfz-Risiko eine relativ große Variationsbreite hat.

C. Bedeutung der Haftpflichtversicherung in der Praxis

55 Verständnis für die bei der Haftpflichtversicherung immer wieder auftretenden Probleme lässt sich nur gewinnen, wenn man sich etwas eingehender mit ihrer praktischen Bedeutung beschäftigt.

56 Wie bereits der vorstehende Überblick über die Entwicklung der Haftpflichtversicherung gezeigt hat, ist die **praktische Bedeutung der Haftpflichtversicherung** spätestens seit der Verabschiedung des VVG aF am 30.5.1908[157] und dessen Inkrafttreten am 1.1.1910 **enorm gestiegen** und hat insbesondere in den letzten 30 Jahren beim Inkrafttreten des VVG aF wohl von niemandem ernsthaft für möglich gehaltene Dimensionen angenommen.

57 Maßgeblich hierfür ist – ohne den von vornherein zum Scheitern verurteilten Anspruch auf Vollständigkeit erheben zu wollen – sicherlich zum einen die permanente technische Weiterentwicklung in allen Lebensbereichen, die mit einer **Vielzahl unterschiedlichster Haftungsrisiken** einhergeht.[158] Zum anderen macht das ökonomische und rechtliche Haftungspotential möglicher Adressaten der Haftung schon lange nicht mehr vor den nationalen Grenzen halt, sondern hat vielmehr inzwischen jeden Winkel der Erde erreicht, ohne dass dieses Phänomen allerdings mit dem viel zu häufig benutzten, allzu pauschalen und undifferenzierten Schlagwort von der Globalisierung gleichgesetzt werden sollte. Nicht zuletzt ist auch das Anspruchsdenken potentiell Geschädigter oder sich als geschädigt Gerierender in einer von Medien vieler Art geprägten Gesellschaft fast ins Unermessliche gestiegen.

58 Deutlich wird die große praktische Bedeutung der Haftpflichtversicherung aber auch an den sie betreffenden statistischen Zahlen für die Allgemeine Haftpflichtversicherung und die Kfz-Haftpflichtversicherung.

59 So belief sich nach Angaben des GDV[159] im Bereich der Allgemeinen Haftpflichtversicherung die **Anzahl** der in der Bundesrepublik Deutschland bestehenden Haftpflichtversicherungsverträge auf rund 46.800.000 im Jahre 2019, während sie im Jahre 1980 nicht einmal die Hälfte hiervon, dh ca. 21.000.000 Verträge betrug. Aber auch das in der Allgemeinen Haftpflichtversicherung bestehende **Beitragsvolumen** von ca. 7.886.000.000 EUR ist beachtlich. Diesem Beitragsvolumen standen im Jahre 2018 ca. 2.428.000 von den Versicherern registrierte Schadensfälle gegenüber, die zu Leistungen der Versicherer in Höhe von rund 5.244.000.000 EUR führten, was einer Schadensquote von 66,6 % entsprach.[160]

60 In der **Kfz-Haftpflichtversicherung** betrug das **Beitragsvolumen** der Versicherer bei rund 65.200.000 Verträgen im Jahre 2018 ca. 16.484.000.000 EUR.[161] Diesem Beitragsaufkommen der Versicherer standen Leistungen der Versicherer in Höhe von ca. 14.885.000.000 EUR gegenüber,[162] was einer Schadensquote von 90,7 % entsprach.[163]

61 Schließlich zeigt sich die große praktische Bedeutung der Haftpflichtversicherung auch noch in ihrem Adressatenkreis und in dadurch bedingten verschiedenen Formen der Haftpflichtversicherung. Da es sich hierbei jedoch um einen etwas umfangreicheren Fragenkomplex handelt, wird dieser an anderer Stelle separat behandelt.[164]

---

[156] Abgedruckt mit Stand 12.10.2017 bei *Halbach* in HK-VVG AKB 2015 S. 1499; *Klimke* in Prölss/Martin Vorbemerkungen zu A.1.1 AKB 2015, S. 2177.
[157] RGBl. 1908 I 263.
[158] Vgl. *Littbarski* NJW 1995, 217; *Littbarski* PHi 2008, 202 (210).
[159] Vgl. Statistisches Taschenbuch der Versicherungswirtschaft 2019, S. 83.
[160] Vgl. Statistisches Taschenbuch der Versicherungswirtschaft 2019, S. 79, 80, 81 und 84.
[161] Vgl. Statistisches Taschenbuch der Versicherungswirtschaft 2019, S. 79, 80 und 83.
[162] Vgl. Statistisches Taschenbuch der Versicherungswirtschaft 2019, S. 80.
[163] Vgl. Statistisches Taschenbuch der Versicherungswirtschaft 2019, S. 81.
[164] Vgl. → Rn. 156 ff.

D. Zweck der Haftpflichtversicherung

I. Allgemeines

Der mit der Haftpflichtversicherung verfolgte Zweck lässt sich angesichts der großen praktischen **62** Bedeutung dieses Versicherungszweiges nicht mit wenigen Sätzen zusammenfassen, da es hierbei eine Reihe von Aspekten zu klären gilt. So ist nicht nur zu fragen, was es mit der Befriedigungs- und der Abwehrfunktion der Haftpflichtversicherung auf sich hat. Vielmehr ist auch zu bestimmen, was Befreiungs-, Freistellungs- und Zahlungsanspruch bedeuten und in welchem Verhältnis diese Ansprüche zueinander stehen. Weiterhin kommt auch der Frage der Bindungswirkung der Befriedigung ein nicht ganz unwesentliches Gewicht zu. Schließlich ist auch die Rechtslage vor und nach Inkrafttreten des VVG 2008 jeweils zu berücksichtigen.

II. Befriedigungs- und Abwehrfunktion

Ein ganz wesentlicher, der Haftpflichtversicherung immanenter Gedanke besteht darin, nicht **63** nur die Rechte des geschädigten Dritten zu wahren, sondern auch den zur Schadensersatzleistung verpflichteten Versicherungsnehmer zu schützen.[165] In diesem Gedanken spiegelt sich der mit der Haftpflichtversicherung verfolgte Zweck wider, der zum einen dahin geht, **berechtigte Ansprüche des Geschädigten zu befriedigen** und zum anderen **unberechtigte Ansprüche gegen den Versicherungsnehmer abzuwehren**.[166] Dieser Gedanke kommt sowohl in § 100 VVG als auch in Ziff. 5.1 Abs. 1 AHB 2016 sowie in A1-4.1 Abs. 1 AVB BHV zum Ausdruck. So ist nach § 100 VVG der Versicherer bei der Haftpflichtversicherung verpflichtet, den Versicherungsnehmer von Ansprüchen freizustellen, die von einem Dritten aufgrund der Verantwortlichkeit des Versicherungsnehmers für eine während der Versicherungszeit eintretende Tatsache geltend gemacht werden, und unbegründete Ansprüche abzuwehren. Damit knüpft § 100 VVG sprachlich klarstellend und auch verbessernd an den Wortlaut des § 149 VVG aF an, wonach bei der Haftpflichtversicherung der Versicherer verpflichtet ist, dem Versicherungsnehmer die Leistungen zu ersetzen, die dieser auf Grund seiner Verantwortlichkeit für eine während der Versicherungszeit eintretende Tatsache an einen Dritten zu bewirken hat. Nach Ziff. 5.1 Abs. 1 AHB 2016 und – insoweit weitgehend gleichlautend – gemäß A1-4.1 Abs. 1 AVB BHV umfasst der Versicherungsschutz die Prüfung der Haftpflichtfrage, die Abwehr unberechtigter Ansprüche und die Freistellung des Versicherungsnehmers von berechtigten Schadensersatzverpflichtungen.

Die ausdrückliche Hervorhebung der **Abwehrfunktion** der Haftpflichtversicherung in § 100 **64** VVG sowie in Ziff. 5.1 Abs. 1 AHB 2016 und in A1-4.1 Abs. 1 AVB BHV ist zu begrüßen, da die Abwehrfunktion unter den Versicherungsnehmern nicht immer genügend bekannt ist.[167] Selbst wenn aber diese Kenntnis bei Versicherungsnehmern vorhanden ist, besteht häufig Unklarheit darüber, was die Abwehrverpflichtung im Einzelnen bedeutet.[168] Gewährt daher der Versicherer grundsätzlich Versicherungsschutz, will er aber zugleich die Abwehr des Anspruchs ganz oder teilweise in die Hand des Versicherungsnehmers legen, hat der Versicherer den Versicherungsnehmer darüber aufzuklären, dass die Gewährung von Rechtsschutz im Regelfall nach dem Vertrag Sache des Versicherers ist, dieser den Prozess zu führen und den Anwalt auszuwählen, zu beauftragen sowie zu

---

[165] Vgl. *Littbarski* AHB Vorb. Rn. 48.
[166] Vgl. BGHZ 117, 345 (349) = VersR 1992, 568; 119, 276 (281) = NJW 1993, 68; 171, 56 Rn. 12 ff. = NJW 2007, 2258 (2259 ff.); BGH r+s 2019, 197 Rn. 16; BGH r+s 2023, 15 Rn. 29; vgl. auch BGH WM 2015, 2241 Rn. 19 und 29 ff. zur Freistellungsverpflichtung des Rechtsschutzversicherers; OLG Stuttgart r+s 2010, 284; OLG Hamm r+s 2012, 335 (336); OLG Naumburg r+s 2013, 431 (432); OLG Köln VersR 2017, 478 (480); OLG Frankfurt a.M. r+s 2021 Rn. 55 ff.; LG Berlin NJW-RR 2003, 460 f.; LG Dortmund r+s 2010, 237 (239 f.); LG Köln r+s 2012, 239 (240); OGH VersR 2016, 349 (350) im Hinblick auf § 149 VersVG; *Littbarski* AHB Vorb. Rn. 48; *Schimikowski* in HK-VVG § 100 Rn. 1; *Langheid* in Langheid/Rixecker § 100 Rn. 4 und 20; *R. Koch* in Bruck/Möller Vor §§ 100–112 Rn. 93 und § 100 Rn. 2; *Felsch* r+s 2008, 265 ff.; *Hintz/Burkard* VersR 2011, 1373 (1377); *Meckling-Geis/Wendt* VersR 2011, 577 (579); *Langheid/Müller-Frank* NJW 2012, 2324 (2325); *Schreier* VersR 2013, 1232 (1233 f.); *Kassing/Richters* VersR 2015, 293 ff.; *Armbrüster/Schreier* ZVersWiss 105 (2016), 312 mit Fn. 58; *Schultheiß* VersR 2016, 497 (499); *Gnauck* Absonderungsrecht S. 85; vgl. auch BAG VersR 2017, 875 (878 f.) zum Zweck der Betriebshaftpflichtversicherung im Hinblick auf das Arbeitsverhältnis.
[167] Vgl. BGHZ 171, 56 Rn. 18 = NJW 2007, 2258 (2260); *Littbarski* AHB Vorb. Rn. 48; *Schreier* VersR 2013, 1232 (1233 f.); *Terno* r+s 2013, 577 (579); ähnlich auch OGH VersR 2016, 349 (350) im Hinblick auf § 149 VersVG.
[168] Vgl. BGHZ 171, 56 Rn. 18; BGH r+s 2019, 197 Rn. 16.

bezahlen hat.[169] Nur so ist der Versicherungsnehmer in der Lage, verantwortlich darüber zu entscheiden, auf welche Beschränkungen seiner vertraglichen Rechte er sich einlässt, wenn er bereit ist, die Absicht des Versicherers zu akzeptieren, die Abwehr des Anspruchs ganz oder teilweise in die Hände des Versicherungsnehmers zu legen und damit von der die Kosten des Rechtsschutzes regelnden Vorschrift des § 101 VVG zu seinen Lasten abzuweichen.[170] Mithin lässt sich der die Haftpflichtversicherung beherrschende Grundgedanke schlagwortartig dahingehend zusammenfassen, dass sie eine Rechtsschutz- und zugleich eine Abwehrfunktion hat.[171]

III. Befreiungs-, Freistellungs- und Zahlungsanspruch

65 Aus dem zuvor Gesagten ist der für die Haftpflichtversicherung wesentliche Gedanke abzuleiten, dass zu der rechtlichen **Beziehung des Schädigers mit dem Geschädigten als Dritter** der Haftpflichtversicherer hinzukommt. Dieser prüft, inwieweit er aufgrund seines mit dem Schädiger bestehenden Haftpflichtversicherungsvertrages zur Deckung des dem Geschädigten entstandenen Schadens verpflichtet ist.[172] Darin kommt zugleich ein weiterer Zweck der Haftpflichtversicherung zum Ausdruck, der nach zutreffender Auffassung des BGH[173] darin zu erblicken ist, dass er in erster Linie auf die **Freistellung des Versicherungsnehmers** und damit auf den Schutz seines Vermögens vor Haftpflichtansprüchen gerichtet ist.[174] Diese Ansicht war bereits unter der Geltung des § 149 VVG aF allein zutreffend, obwohl der Wortlaut dieser Vorschrift nicht explizit auf einen Freistellungsanspruch abstellt. Heißt es doch dort, dass bei der Haftpflichtversicherung der Versicherer verpflichtet ist, „dem Versicherungsnehmer die Leistung zu ersetzen, die dieser aufgrund seiner Verantwortlichkeit für eine während der Versicherungszeit eintretende Tatsache an einen Dritten zu bewirken hat".

66 Spätestens seit dem grundsätzlichen Inkrafttreten des § 100 am 1.1.2008 ist nur noch die vorstehend genannte Meinung vertretbar, da es in dieser Bestimmung nunmehr ua ausdrücklich und unmissverständlich heißt, dass bei der Haftpflichtversicherung der Versicherer verpflichtet ist, „den Versicherungsnehmer von Ansprüchen freizustellen, die von einem Dritten aufgrund der Verantwortlichkeit des Versicherungsnehmers für eine während der Versicherungszeit eintretende Tatsache geltend gemacht werden". Dementsprechend wird auch in Äußerungen zu § 100 nunmehr zu Recht klarstellend hervorgehoben, dass der Versicherer seine vertragliche Leistungspflicht durch Freistellung des Versicherungsnehmers von den gegen ihn geltend gemachten Ansprüchen erfüllen kann und der Versicherungsnehmer demnach nur einen Anspruch auf Befreiung von der auf ihm lastenden Haftpflichtverbindlichkeit hat.[175] Demgegenüber kommt eine auf Befriedigung des Haftpflichtgläubigers gerichtete Klage nur in Betracht, wenn das Bestehen des Haftpflichtanspruchs rechtskräftig festgestellt ist.[176]

67 Die Konstruktion der Haftpflichtversicherungsforderung als eines **Befreiungsanspruchs des Versicherungsnehmers gegenüber dem Versicherer** anstelle eines Zahlungsanspruchs des Versicherungsnehmers gegen den Versicherer hat früher unter der Geltung des § 149 VVG aF und des § 3 III Ziff. 1 AHB 2002 sowie früherer, gleichlautender Fassungen dieser Vorschrift der AHB in der Praxis ganz entscheidend dazu beigetragen, einen wirklichen Ausgleich des dem Geschädigten entstandenen Schadens überhaupt erst zu ermöglichen. Denn dadurch wurde weitgehend verhindert, dass durch eine Überweisung der Haftpflichtversicherungsforderung an den Versicherungsnehmer als Schädiger dieser sich unter Umständen zu Lasten des Geschädigten zu Unrecht bereicherte.[177]

68 Dementsprechend bestand in der Praxis auch ganz überwiegend Einigkeit darüber, dass der Versicherungsnehmer gegen den Versicherer grundsätzlich nur **auf Feststellung klagen** könne,

---

[169] Vgl. BGHZ 171, 56 Rn. 18; BGH r+s 2019, 197 Rn. 16; OLG Hamm r+s 2016, 233 (234); *Meckling-Geis/Wendt* VersR 2011, 577 (579); vgl. auch BGH VersR 2004, 96 ff. zu Vereinbarungen über die Leistungspflicht in der Berufsunfähigkeitsversicherung.

[170] Vgl. BGHZ 171, 56 Rn. 18; näher hierzu → § 101 Rn. 1 ff.

[171] Vgl. *Littbarski* AHB Vorb. Rn. 48 und § 3 Rn. 72 ff.; *Littbarski* in Bayerlein SV-HdB § 40 Rn. 22; *H. Baumann* in BK-VVG § 149 Rn. 6 ff.; jeweils mwN; vgl. ferner OLG Naumburg r+s 2013, 431 (432) zur Gewährung von Rechtsschutz im Haftpflichtprozess.

[172] Vgl. *Littbarski* AHB Vorb. Rn. 48.

[173] Vgl. BGH NJW 1980, 1623 (1624); *Littbarski* AHB Vorb. Rn. 48; *Schreier* VersR 2013, 1232 (1233).

[174] Vgl. BGHZ 7, 244 (245) = NJW 1952, 1333 f.; 15, 154 (157 f.) = NJW 1955, 101; OLG Frankfurt a. M. VersR 2012, 432 (433); *Littbarski* AHB Vorb. Rn. 48.

[175] Vgl. OLG Hamm r+s 2016, 233 (234); *W. Th. Schneider* in Beckmann/Matusche-Beckmann VersR-HdB § 24 Rn. 13; vgl. ferner *R. Koch* in Bruck/Möller § 100 Rn. 109 ff.; *Retter* in Schwintowski/Brömmelmeyer/Ebers § 100 Rn. 40; *Schimikowski* in HK-VVG § 100 Rn. 2; *Lücke* in Prölss/Martin § 100 Rn. 2; *v. Rintelen* r+s 2010, 133 ff.

[176] Vgl. BGH r+s 1981, 91; vgl. auch BGH r+s 2016, 455 Rn. 14 ff.; OLG Hamm r+s 2016, 233 (234); hierzu ferner unter → Rn. 102 mit Fn. 239–241.

[177] Vgl. *Littbarski* AHB Vorb. Rn. 47.

dass der Versicherer wegen einer ihm im Einzelnen genau zu bezeichnenden Haftpflichtforderung Versicherungsschutz zu gewähren habe. Dies hat der BGH in einer viel beachteten Entscheidung vom 21.9.1983[178] ausdrücklich hervorgehoben und zugleich deutlich gemacht, dass die Berechtigung des Versicherungsnehmers, auf Leistung an sich selbst zu klagen, davon abhängig ist, dass der Versicherer die Gewährung von Versicherungsschutz verweigert und der Versicherungsnehmer deshalb den Geschädigten selbst befriedigt hat.[179]

An dieser Beurteilung hat sich nach Stellungnahmen in der Literatur durch das Inkrafttreten **69** der §§ 100 ff. am 1.1.2008 etwas verändert, wie die nachfolgend im Einzelnen wiederzugebenden Äußerungen zeigen.

So weist *Schimikowski*[180] darauf hin, dass der Versicherungsnehmer gegenüber dem Haftpflicht- **70** versicherer zwar grundsätzlich keinen Zahlungsanspruch habe. Dies sei aber dann anders, wenn dem Versicherungsnehmer ein Freistellungsanspruch zustehe, der Versicherer aber unberechtigt die Deckung verweigere und der Versicherungsnehmer den Schadensersatz an den Anspruchsteller zu leisten habe. Nach der bisherigen Rechtslage sei der Zahlungsanspruch des Versicherungsnehmers gegen den Haftpflichtversicherer die seltene Ausnahme. Nach der Abschaffung des Anerkenntnis- und Befriedigungsverbots durch § 105 sei aber – so führte *Schimikowski*[181] in der 2. Auflage des HK-VVG aus – zu erwarten, dass die Zahlungsansprüche häufiger vorkämen. Soweit der Versicherungsnehmer einen berechtigten Schadensersatzanspruch des Dritten befriedigt habe, stehe ihm nach neuem Recht ein Anspruch auf Ersatz der dem Geschädigten erbrachten Leistung zu. Auch die Abschaffung des Abtretungsverbots gemäß § 108 Abs. 2 werde zu vermehrten Zahlungsansprüchen gegen den Versicherer führen; diese würden freilich nicht vom Versicherungsnehmer, sondern vom geschädigten Dritten erhoben.[182]

W. Th. Schneider[183] hebt hervor, dass sich der Befreiungsanspruch in einen Zahlungsanspruch **71** verwandele, wenn der geschädigte Dritte von dem Versicherungsnehmer befriedigt worden sei. Erfolge die Befriedigung des Dritten mit für den Versicherer bindender Wirkung, so habe dieser gemäß § 106 S. 2 binnen zwei Wochen die Entschädigung an den Versicherungsnehmer zu zahlen. Habe der Versicherungsnehmer dagegen den Dritten ohne die Einwilligung des Versicherers befriedigt, so behalte dieser sein Recht zur Prüfung der Haftpflichtfrage; die Zahlungspflicht des Versicherers sei dann gegebenenfalls im Deckungsprozess zu entscheiden.

Auch wenn diese Stellungnahmen den Eindruck erwecken, als habe sich durch das Inkrafttreten **72** der §§ 100 ff. die Rechtslage verändert und zu einer häufigeren Ersetzung der Haftpflichtversicherungsforderung als eines Befreiungsanspruchs durch einen Zahlungsanspruch des Versicherungsnehmers gegen den Versicherer geführt, wäre doch eine solche Einschätzung nicht nur sachlich unzutreffend, sondern stünde vor allem auch grundsätzlich mit der gegenwärtigen Rechtslage nicht in Einklang.

Soweit *Schimikowski* in der 2. Auflage die Erwartung hegte, dass es nach der Abschaffung des **73** Anerkenntnis- und Befriedigungsverbots gemäß § 105 häufiger zu Zahlungsansprüchen des Versicherungsnehmers sowie nach der Abschaffung des Abtretungsverbots gemäß § 108 Abs. 2 vermehrt zu Zahlungsansprüchen des geschädigten Dritten kommen werde, so handelte es sich hierbei um bloße Vermutungen, die – wie auch die fehlende Berücksichtigung seit der 3. Auflage zeigt – durch nichts, insbesondere nicht durch entsprechende statistische Zahlen belegt sind und daher in der Sache nicht weiterführen.[184]

Selbst wenn es aber in der Zukunft einmal zu einer derartigen Entwicklung kommen sollte, wäre **74** sie nur dann mit der gegenwärtig geltenden Rechtslage[185] in Einklang zu bringen, sofern ihr im Einzelfall entweder eine entsprechende individualvertragliche Vereinbarung des Versicherers mit dem Versicherungsnehmer zugrunde läge oder sich der Versicherer gegenüber dem Versicherungsnehmer mit dem vom Versicherer vertraglich geschuldeten Ausgleich in Gestalt eines Zahlungsanspruchs einver-

---

[178] BGHZ 88, 228 f. = VersR 1984, 750; hierzu näher *Littbarski* Haftungs- und Versicherungsrecht Rn. 483; vgl. ferner BGH r+s 2014, 228 Rn. 20; OLG Düsseldorf NJW-RR 1996, 1245 (1246); OLG Koblenz VersR 1997, 1390; 2000, 755 (756); OLG Hamm VersR 2016, 588 (589); LG Berlin NJW-RR 2003, 460 (461); LG Köln r+s 2012, 239 (240); LG Dortmund r+s 2016, 80 mit Anm. *Schimikowski*; *Littbarski* AHB Vorb. Rn. 47; vgl. auch OGH VersR 2016, 418 (419) im Hinblick auf § 149 VersVG.
[179] Vgl. OLG Koblenz VersR 2000, 755 (756); ebenso OLG Karlsruhe VersR 2014, 994 (995); *Voit/Knappmann*, in Prölss/Martin 27. Aufl. 2004, VVG § 149 Rn. 3 und § 154 Rn. 19; *Littbarski* AHB Vorb. Rn. 47 und § 3 Rn. 79; *Lücke* in Prölss/Martin § 100 Rn. 7; jeweils mit weiteren Einzelheiten und Nachweisen.
[180] *Schimikowski* in HK-VVG § 100 Rn. 2.
[181] Diese Auffassung wird von *Schimikowski* seit der 3. Auflage nicht mehr vertreten.
[182] Diese Auffassung wird von *Schimikowski* seit der 3. Auflage nicht mehr vertreten.
[183] *W. Th. Schneider* in Beckmann/Matusche-Beckmann VersR-HdB § 24 Rn. 13.
[184] Im Ergebnis ebenso *Harsdorf-Gebhardt* r+s 2012, 261 (262); vgl. auch → § 106 Rn. 24 ff.
[185] Vgl. → Rn. 66; vgl. ferner *Gnauck* Absonderungsrecht S. 219.

standen erklärte. Denn wie bereits vorstehend erörtert,[186] bringt der Wortlaut des § 100 unmissverständlich zum Ausdruck, dass der Versicherer den Versicherungsnehmer von Ansprüchen freizustellen hat und er daher seiner vertraglichen Leistungspflicht grundsätzlich nur durch die Freistellung des Versicherungsnehmers von den gegen diesen geltend gemachten Ansprüchen erfüllen kann.

IV. Befriedigung des Dritten durch den Versicherungsnehmer und Bindungswirkung zu Lasten des Versicherers?

75 Zwar wandelt sich der Freistellungsanspruch des Versicherungsnehmers gegen den Versicherer im Einzelfall in einen Zahlungsanspruch um, wenn der Versicherungsnehmer den Dritten durch Zahlung der geschuldeten Haftpflichtforderung tatsächlich befriedigt.[187] Damit ist jedoch nicht gesagt, dass der Versicherer auch an die Befriedigung gebunden ist.[188] Grundsätzlich ist dies nicht der Fall. Verspricht oder leistet der Versicherungsnehmer dem Dritten mehr als diesem zusteht und führt damit dessen Befriedigung herbei, geht der Mehrbetrag zu Lasten des Versicherungsnehmers und nicht des Versicherers.[189] Überprüft und entschieden werden kann die Rechtmäßigkeit der Befriedigung des Dritten zu Lasten des Versicherers im Deckungsprozess.[190]

76 Dies lässt sich für den Fall, dass die §§ 100 ff. VVG uneingeschränkt auf den Haftpflichtversicherungsvertrag zur Anwendung kommen, dem § 106 S. 2 entnehmen. Ist nach dieser Bestimmung der Dritte von dem Versicherungsnehmer mit bindender Wirkung für den Versicherer befriedigt worden, hat der Versicherer die Entschädigung innerhalb von zwei Wochen nach der Befriedigung des Dritten an den Versicherungsnehmer zu zahlen. Mithin kommt es danach entscheidend darauf an, ob der Dritte von dem Versicherungsnehmer mit bindender Wirkung für den Versicherer befriedigt worden ist.

77 Ohne im vorliegenden Zusammenhang Einzelheiten dazu erläutern zu können, unter welchen Voraussetzungen der Dritte von dem Versicherungsnehmer mit bindender Wirkung für den Versicherer befriedigt worden ist,[191] bestehen doch keine Zweifel daran, dass eine bindende Wirkung der Befriedigung des Dritten durch den Versicherungsnehmer für den Versicherer nach Feststellung des Haftpflichtanspruchs durch ein rechtskräftiges Urteil sowie bei einem für vorläufig vollstreckbar erklärten Urteil, bei dem die Zwangsvollstreckung nicht durch Sicherheitsleistung abgewendet werden kann, gegeben ist.[192] Eine derartige bindende Wirkung für den Versicherer ist aber auch dann zu bejahen, wenn der Dritte mit der Haftpflichtforderung gegen eine Forderung des Versicherungsnehmers aufgerechnet hat und im Haftpflichtprozess rechtskräftig festgestellt wird, dass der Haftpflichtanspruch besteht.[193] In diesem Falle **wandelt sich** mit der Rechtskraft der Entscheidung **der Freistellungsanspruch in einen Zahlungsanspruch um.** Eine bindende Wirkung hat die Befriedigung des Dritten durch den Versicherungsnehmer nach *Retter*[194] schließlich auch dann zur Folge, sofern dem Versicherer ein Verstoß gegen Treu und Glauben nach § 242 BGB zur Last zu legen sei. Ein solcher Verstoß sei insbesondere dann anzunehmen, wenn der Versicherer unberechtigterweise die Deckung verweigere.[195]

78 Ob bei einem Verstoß gegen Treu und Glauben allein die Bindungswirkung der Befriedigung des Dritten durch den Versicherungsnehmer zu Lasten des Versicherers bejaht werden kann, erscheint mehr als zweifelhaft und ist insbesondere auch nicht ausschließlich unter Bezugnahme auf die frühere Rechtslage zu rechtfertigen,[196] da diese sich durch das VVG nF nicht unwesentlich verändert hat.

---

[186] Vgl. → Rn. 66.
[187] Vgl. BGHZ 7, 244 (245 f.) = NJW 1952, 1322; OLG Frankfurt a. M. 1968, 541; OLG Köln VersR 2006, 1207; OLG Köln VersR r+s 2006, 238; OLG Karlsruhe VersR 2010, 940 (941); OLG Stuttgart r+s 2010, 284; OLG Karlsruhe VersR 2014, 994 (995); LG Dortmund r+s 2010, 237 (238); vgl. auch *W. Th. Schneider* in Beckmann/Matusche-Beckmann VersR-HdB § 24 Rn. 13; *Langheid* VersR 2009, 1043 (1044); *Langheid/Goergen* VP 2007, 161 (166); *Dreher/Thomas* ZGR 2009, 31 (42); vgl. ferner zu § 154 Abs. 1 S. 1 VVG aF BGH VersR 1977, 174 (175); OLG Hamm VersR 1976, 749 (750); OLG Köln r+s 1996, 222; *H. Baumann* in BK-VVG § 154 Rn. 18.
[188] Vgl. *Schirmer* ZVersWiss Supplement 2006, 427 (434); *Retter* in Schwintowski/Brömmelmeyer/Ebers § 106 Rn. 36; vgl. ferner *H. Baumann* in BK-VVG § 154 Rn. 18 zu § 154 Abs. 1 S. 1.
[189] Vgl. auch *Schirmer* ZVersWiss Supplement 2006, 427 (434).
[190] Vgl. auch *Schirmer* ZVersWiss Supplement 2006, 427 (434); *Retter* in Schwintowski/Brömmelmeyer/Ebers § 106 Rn. 37.
[191] Vgl. hierzu näher → § 106 Rn. 59 ff.; vgl. ferner *Retter* in Schwintowski/Brömmelmeyer/Ebers § 106 Rn. 37 ff.
[192] Vgl. auch *Retter* in Schwintowski/Brömmelmeyer/Ebers § 106 Rn. 38.
[193] Vgl. *Retter* in Schwintowski/Brömmelmeyer/Ebers § 106 Rn. 38.
[194] *Retter* in Schwintowski/Brömmelmeyer/Ebers § 106 Rn. 40.
[195] *Retter* in Schwintowski/Brömmelmeyer/Ebers § 106 Rn. 40.
[196] *Retter* in Schwintowski/Brömmelmeyer/Ebers § 106 Rn. 40 unter Bezugnahme auf OLG Hamm VersR 1978, 858 f.; 1991, 652 (653); OLG Karlsruhe VersR 1997, 1477 (1480); *H. Baumann* in BK-VVG § 154 Rn. 34 und 55.

Daher bedarf es für das **Abstellen auf den Grundsatz von Treu und Glauben** nach § 242 BGB als einem möglichen Weg zur Bejahung der Bindungswirkung der Befriedigung des Dritten durch den Versicherungsnehmer gegenüber dem Versicherer schon einer ins Einzelne gehenden Berücksichtigung der besonderen Umstände des Einzelfalles, wie es in Bezug auf § 154 VVG aF auch *H. Baumann*[197] getan hat. Da die inhaltlich hierfür maßgeblichen Kriterien im Zusammenhang mit § 106 VVG zu klären sind, wird hierauf erst bei den Erläuterungen zu dieser Vorschrift näher eingegangen.[198]

Aber auch für den Fall, dass – was in der Praxis bisher noch die Regel ist – die AHB neben den nicht zwingenden und damit abdingbaren Vorschriften des VVG auf den Haftpflichtversicherungsvertrag zur Anwendung kommen,[199] kann von einer Bindungswirkung der Befriedigung des Dritten durch den Versicherungsnehmer gegenüber dem Versicherer nicht die Rede sein. Dies zeigen Ziff. 5.1 Abs. 2 und 3 AHB 2016 und wortgleich A1-4.2 Abs. 2 und 3 AVB BHV, in denen es heißt: **79**

Berechtigt sind Schadensersatzverpflichtungen dann, wenn der Versicherungsnehmer aufgrund Gesetzes, rechtskräftigen Urteils, Anerkenntnisses oder Vergleichs zur Entschädigung verpflichtet ist und der Versicherer hierdurch gebunden ist. Anerkenntnisse und Vergleiche, die vom Versicherungsnehmer ohne Zustimmung des Versicherers abgegeben oder geschlossen worden sind, binden den Versicherer nur, soweit der Anspruch auch ohne Anerkenntnis oder Vergleich bestanden hätte.

Ist die Schadensersatzverpflichtung des Versicherungsnehmers mit bildender Wirkung für den Versicherer festgestellt, hat der Versicherer den Versicherungsnehmer binnen zwei Wochen vom Anspruch des Dritten freizustellen.

Während Ziff. 5.1 Abs. 2 S. 1 und Abs. 3 AHB 2016 sowie A1-4.2 Abs. 2 S. 1 und Abs. 3 AVB BHV inhaltlich an § 106 S. 1 anknüpfen, wonach der Versicherer den Versicherungsnehmer innerhalb von zwei Wochen von dem Zeitpunkt an, in dem der Anspruch des Dritten mit bindender Wirkung für den Versicherer durch rechtskräftiges Urteil, Anerkenntnis oder Vergleich festgestellt worden ist, vom Anspruch des Dritten freizustellen hat, dienen Ziff. 5.1 Abs. 2 S. 2 AHB 2016 und A1-4.1 Abs. 2 S. 2 AVB BHV dazu, dem Versicherungsnehmer nach dem **Wegfall des Anerkenntnis- und Befriedigungsverbots** gemäß § 105[200] zu verdeutlichen, dass der Versicherer nur dann durch ein vom Versicherungsnehmer nach einem Schadensfall abgegebenes Anerkenntnis oder eine Befriedigung des Anspruchsstellers gebunden sein kann, wenn eine gesetzliche Haftpflicht des Versicherungsnehmers gegeben ist.[201] Hingegen soll dem Versicherungsnehmer durch die Regelung des § 105 nicht ermöglicht werden, Verfügungen zu Lasten des Versicherers zu treffen, ohne dass dieser zuvor die Möglichkeit hatte, die Berechtigung des vom Dritten geltend gemachten Anspruchs zu prüfen,[202] diesen gegebenenfalls als unberechtigt zurückzuweisen und damit verbunden eine Verpflichtung zur Freistellung des Versicherungsnehmers zu verneinen.[203] Dies ist – wie es in der Begründung der Bundesregierung zu § 106 zu Recht heißt – [204] vor allem auch wegen des Wegfalls des Anerkenntnis- und Befriedigungsverbots nach § 105 notwendig. **80**

Somit besteht die Möglichkeit, die Bindungswirkung der Befriedigung des Dritten durch den Versicherungsnehmer gegenüber dem Versicherer herbeizuführen, vor allem in den Fällen, in denen der Bindungswirkung entweder eine individualvertragliche Vereinbarung des Versicherers mit dem Versicherungsnehmer zugrundeliegt oder sich der Versicherer gegenüber dem Versicherungsnehmer mit dem vom Versicherer vertraglich geschuldeten Ausgleich in Gestalt eines Zahlungsanspruchs einverstanden erklärt[205] und damit die Umwandlung des Freistellungsanspruchs des Versicherungsnehmers gegen den Versicherer in einen Zahlungsanspruch ermöglicht. Zum Ausdruck kommt dies in Ziff. 5.1 Abs. 2 S. 2 AHB 2016 und in A1-4.1 Abs. 2 S. 2 AVB BHV, die durch die Verwendung **81**

---

[197] *H. Baumann* in BK-VVG § 154 Rn. 35 ff.
[198] Vgl. → § 106 Rn. 42 ff.
[199] Vgl. hierzu näher → Rn. 44.
[200] Vgl. hierzu näher → § 105 Rn. 2 f. und 18 ff.
[201] Vgl. *Schimikowski* in HK-VVG AHB Ziff. 5 Rn. 3.
[202] Vgl. BT-Drs. 16/3945, 86 zu § 106 VVG.
[203] Vgl. auch *Schimikowski* in HK-VVG AHB Ziff. 5 Rn. 3; *W. Th. Schneider* in Beckmann/Matusche-Beckmann VersR-HdB § 24 Rn. 13.
[204] BT-Drs. 16/3945, 86 zu § 106 VVG.
[205] Vgl. BGH r+s 2009, 504 zur rechtlichen Einordnung einer Regulierungszusage des Haftpflichtversicherers gegenüber dem Geschädigten; BGH VersR 2009, 1485 zum Feststellungsinteresse des Geschädigten auf Feststellung der Deckungsverpflichtung des Haftpflichtversicherers; hierzu *Felsch* r+s 2010, 265 (275 f.) aus der Sicht des an der Entscheidung beteiligten Richters; vgl. ferner OLG Naumburg r+s 2013, 431 (432 f.) mit zustimmender Anmerkung *Schimikowski* sowie *Lücke* in Prölss/Martin § 100 Rn. 9; vgl. auch → Rn. 74.

der Worte „Zustimmung des Versicherers" an den sich in den §§ 183 S. 1 und 184 Abs. 1 BGB findenden Begriff der Zustimmung anknüpfen, worunter nach § 183 S. 1 BGB bei vorheriger Zustimmung die Einwilligung und gemäß § 184 Abs. 1 BGB bei nachträglicher Zustimmung die Genehmigung zu verstehen ist.[206]

E. Verhältnis von Haftung und Haftpflichtversicherung

I. Allgemeines

82 Verständnis für die Bedeutung der Haftpflichtversicherung und dem mit ihr verfolgten Zweck lässt sich nur dadurch gewinnen, dass man sich nicht nur etwas genauer mit den Begriffen der Haftung und der Haftpflichtversicherung auseinandersetzt, sondern vor allem auch die zwischen der Haftung und der Haftpflichtversicherung bestehende Interdependenz aufzeigt. Gerade die nähere Bestimmung aller dieser Aspekte kommt in einer vom Anspruchsdenken geprägten Gesellschaft häufig viel zu kurz und wird auch in Theorie und Praxis nicht selten wenig ernst genommen oder unter Umständen sogar gar nicht gesehen. Geht doch bei fast jeder wie auch immer gearteten Nachteilszufügung das Bestreben der von dieser Nachteilszufügung Betroffenen vor allem dahin, nicht nur den Verantwortlichen für die Nachteilszufügung ausfindig zu machen, sondern zur Sicherstellung des Ausgleichs der erlittenen Nachteile auch noch zusätzlich einen hinter dem Verantwortlichen stehenden Dritten zu suchen. Dass dieser Dritte in der Regel der Versicherer des Schädigers sein wird, ergibt sich aus der für die meisten Betroffenen selbstverständlich erscheinenden Überlegung, dass der Versicherer häufig als zuständig für die Kompensation erlittener Nachteile angesehen und dessen Eintrittspflicht sowie Zahlungsfähigkeit daher für selbstverständlich gehalten wird.[207]

83 Wie vordergründig und unzulänglich aber eine solche Denkweise ist, wird schon beim genaueren Blick auf die Voraussetzungen von Haftung und Versicherung deutlich. So sind bereits – wie sogleich zu zeigen sein wird –[208] die Begriffe Haftung und Versicherung **gesetzlich nicht definiert**, so dass bei einer eingehenderen Beschäftigung mit ihnen jeweils im Einzelfall geprüft werden muss, was unter ihnen zu verstehen ist und welche Voraussetzungen für sie gelten. Aber auch die Bestimmung der im Hinblick auf die Haftung und die Versicherung Anspruchsberechtigten und -verpflichteten fällt unter Umständen schwer, wenn nicht zuvor der in Betracht kommende Adressatenkreis festgelegt worden ist.[209] Immerhin muss berücksichtigt werden, dass die Haftung und die Versicherung in der privaten und beruflichen Sphäre des Einzelnen genauso eine Rolle spielen wie im betrieblichen und im unternehmerischen Bereich.[210] Nicht zuletzt verunsichert fast zwangsläufig die Vielzahl der auf nationaler und internationaler Ebene existierenden Gesetze und allgemeinen Rechtsgrundsätze, Versicherungsbedingungen sowie die zu allen ergangene umfangreiche Rechtsprechung, sofern nicht wenigstens ansatzweise geklärt ist, in welchem Verhältnis diese alle zueinander stehen und welche Bedeutung ihnen im Allgemeinen bei der Lösung des Einzelfalles jeweils zukommt.[211]

84 Alles dies ist nachfolgend näher anzusprechen, wobei es zum einen in den sogleich sich anschließenden weiteren Vorbemerkungen, zum anderen aber auch erst im Rahmen der Kommentierung der einzelnen Vorschriften des VVG geschehen wird.

II. Begriff der Haftung

85 Soweit es um den Begriff der Haftung geht, ist zunächst darauf hinzuweisen, dass es zwar eine Vielzahl von Gesetzen und Vorschriften aller Art gibt, in denen der Begriff im unterschiedlichsten Sinne verwendet wird.[212] Jedoch existieren **keine allgemeinverbindlichen** oder zumindest weitgehend anerkannten **Begriffsbestimmungen.**[213] Will man dennoch an dieser Stelle den zwangsläufig unvollständigen Versuch unternehmen, den Begriff wenigstens etwas genauer zu umschreiben, so lässt sich so viel sagen, dass er in der Rechtssprache aufgrund seiner großen Bedeutung auf

---

[206] Vgl. hierzu näher → § 106 Rn. 39 ff.; vgl. ferner *Lücke* in Prölss/Martin § 100 Rn. 9; *Retter* in Schwintowski/Brömmelmeyer/Ebers § 106 Rn. 28 f.; *H. Baumann* in BK-VVG § 154 Rn. 33.
[207] Vgl. hierzu *Littbarski* AHB Vorb. Rn. 1.
[208] Vgl. hierzu nachfolgend → Rn. 85 ff.
[209] *Littbarski* AHB Vorb. Rn. 2.
[210] *Littbarski* AHB Vorb. Rn. 2.
[211] *Littbarski* AHB Vorb. Rn. 2.
[212] Vgl. *Littbarski* AHB Vorb. Rn. 4; *Littbarski* Haftpflicht S. 8.
[213] *Littbarski* AHB Vorb. Rn. 4; *Littbarski* Haftpflicht S. 8.

nationaler wie auch auf internationaler Ebene im Wesentlichen in dreifacher Weise Verwendung findet.[214]

So bedeutet Haftung einmal das Unterworfensein des Schuldnervermögens unter den Vollstreckungszugriff des Gläubigers im Zwangsvollstreckungsverfahren,[215] wobei es insoweit wiederum eine Reihe von an dieser Stelle nicht interessierenden Modifikationen gibt.[216] Zum anderen kommt der Frage der Haftung aber auch eine Bedeutung bei dinglichen Verwertungsrechten wie Pfandrechten und Hypotheken zu, und zwar in der Weise, dass diese Rechte eine reine Sachhaftung ohne persönliche Schuld begründen und in der Regel eine Forderung sichern.[217] Schließlich kann – und dies ist im vorliegenden Zusammenhang allein von Interesse – unter der Haftung auch das Verpflichtetsein des Schuldners verstanden werden, indem dieser etwas schuldet oder anders formuliert für etwas einstehen muss.[218] Inhaltlich kommt es für diese Art der Haftung entscheidend darauf an, dass der Schuldner Ersatzleistungen gegenüber dem Gläubiger zu erbringen hat. Dabei ist es unerheblich, ob dies in Form von Schadensersatz oder in Gestalt einer Entschädigung geschieht.[219] 86

Ohne Bedeutung für die nähere Bestimmung des Begriffes der Haftung ist auch, ob sich das Einstehenmüssen des Schuldners aus einer Gefährdungshaftung oder einer Verschuldenshaftung ergibt, ob es sich um ein eigenes Verschulden des Schuldners oder um die Zurechnung fremden Verschuldens einschließlich der Organhaftung der juristischen Person handelt oder ob für den Schuldner die Möglichkeit einer Haftungsbeschränkung besteht bzw. ob ein Mitverschulden des Gläubigers gegeben ist. Entscheidend ist unter dem Blickwinkel des Gläubigerschutzes allein, dass zumindest **dem Grunde nach ein Einstehenmüssen des Schuldners zu bejahen ist**.[220] 87

Im Hinblick auf die nachfolgenden Erläuterungen zu den §§ 100 ff. ist allerdings zu beachten, dass dort eigenständig zu Haftungsfragen nicht Stellung genommen werden kann, sondern auf diese jeweils nur im Zusammenhang mit haftpflichtversicherungsrechtlichen Problemen zurückzukommen sein wird, soweit diese zugleich Bezüge zum Haftungsrecht aufweisen und damit die Interdependenz zwischen Haftungsrecht und Haftpflichtversicherungsrecht verdeutlichen.[221] 88

III. Begriff der Versicherung

Ebenso wie der Begriff der Haftung ist auch der der Versicherung sowie der des Versicherungsvertrages nicht legal definiert worden, da sowohl der Gesetzgeber des VVG aF[222] als auch der des VVG 2008[223] bewusst davon abgesehen haben, eine nähere Umschreibung dieses Begriffes vorzunehmen. Dieses Vorgehen beider Gesetzgeber hat in der Literatur[224] trotz der Ambivalenz des Begriffes der Versicherung, der nach Auffassung des BGH[225] zB Versicherungsvertrag, Versicherungsverhältnis, Gefahrtragung oder Haftung aus der Sicht des Versicherers und Versicherungsschutz aus der Sicht des Versicherungsnehmers bzw. des Versicherten bedeuten kann, teilweise Beifall erhalten, indem darauf hingewiesen wurde, dass der Gesetzgeber klug beraten gewesen sei, als er bewusst auf eine Definition der Versicherung verzichtet hat. 89

Andere Stimmen in der Literatur sowie die Rechtsprechung haben sich demgegenüber durch die sich in den Motiven zum VVG aF findende Begründung, wonach der Gesetzgeber die Definition bewusst Theorie und Praxis überlassen habe, veranlasst gesehen, eine Vielzahl von Versuchen zur 90

---

[214] Vgl. *Grüneberg* in Grüneberg BGB Einleitung vor § 241 Rn. 10 f.; *Ernst* in MüKoBGB Einl. Schuldrecht vor §§ 241 ff. Rn. 33 ff.; *Littbarski* AHB Vorb. Rn. 5; *Littbarski* Haftpflicht S. 8; jeweils mit weiteren Einzelheiten und Nachweisen.
[215] Vgl. *Littbarski* AHB Vorb. Rn. 5; *Littbarski* Haftpflicht S. 8.
[216] Vgl. hierzu *Grüneberg* in Grüneberg BGB Einleitung vor § 241 Rn. 10 f.; *Ernst* in MüKoBGB Einl. Schuldrecht vor §§ 241 ff. Rn. 33 ff.
[217] Vgl. *Grüneberg* in Grüneberg BGB Einleitung vor § 241 Rn. 10 f.; *Littbarski* AHB Vorb. Rn. 5; *Littbarski* Haftpflicht S. 8.
[218] Vgl. *Grüneberg* in Grüneberg BGB Einleitung vor § 241 Rn. 10 f.; *Littbarski* AHB Vorb. Rn. 5; *Littbarski* Haftpflicht S. 8.
[219] Vgl. *Littbarski* AHB Vorb. Rn. 6; *Littbarski* Haftpflicht S. 8.
[220] *Littbarski* AHB Vorb. Rn. 6; *Littbarski* Haftpflicht S. 8.
[221] Vgl. hierzu näher → Rn. 101 ff.
[222] Vgl. Motive zum VVG (Neudruck 1963), S. 11.
[223] Vgl. BT-Drs. 16/3945, 56 zu § 1 VVG; vgl. auch BGH VersR 2017, 118 Rn. 12.
[224] Vgl. *Römer* in Römer/Langheid, 3. Auflage 2012, VVG § 1 Rn. 5; grundsätzlich zustimmend, wenn auch etwas differenzierend *E. Lorenz* in Beckmann/Matusche-Beckmann VersR-HdB § 1 Rn. 112 zum VVG; vgl. ferner *Brömmelmeyer* in HK-VVG § 1 Rn. 4.
[225] Vgl. BGHZ 13, 226 (235) = NJW 1954, 1115.

Begriffsbestimmung zu unternehmen.[226] Dabei ist nicht nur zwischen Stellungnahmen zum Begriff der Versicherung im Hinblick auf das VVG aF und bezüglich des VVG 2008 zu unterscheiden, sondern auch noch zwischen Äußerungen der Rechtsprechung und der Literatur sowie der Begründung der Bundesregierung zu § 1 VVG 2008 zu differenzieren. Stark vereinfacht stellt sich diese Diskussion unter dem Blickwinkel des im vorliegenden Zusammenhang allein interessierenden Versicherungszweiges der Haftpflichtversicherung als einer Form einer Versicherung im Wesentlichen wie folgt dar:

91 Nach der zum VAG aF ergangenen, aber auch das VVG aF erfassenden Rechtsprechung des Bundesverwaltungsgerichts[227] und der ihr folgenden Rechtsprechung des BGH[228] ist ein Versicherungsunternehmen iSd § 1 VAG und damit eine Versicherung – oder in der Sprache der meisten Gesetze sowie Versicherungsbedingungen Versicherer genannt – ein Unternehmen, das für den Fall eines unbestimmten Ereignisses gegen Entgelt bestimmte Leistungen in Form eines Garantieversprechens übernimmt, wobei das Risiko auf eine Vielzahl durch die gleiche Gefahr bedrohter Personen verteilt wird und der Risikoübernahme eine auf dem Gesetz der großen Zahl beruhende Kalkulation zugrundeliegt.[229]

92 Damit knüpften sowohl das Bundesverwaltungsgericht als auch der BGH schon frühzeitig zumindest in der Sache an die etwas abstraktere Definition von *Möller*[230] an, nach dem die Versicherung als eine **Gemeinschaft gleichartig Gefährdeter,** mithin als eine Gefahrengemeinschaft mit selbständigen Rechtsansprüchen auf wechselseitige Bedarfsdeckung, zu verstehen sei.

93 Diese Definition bildete trotz einiger kleinerer Modifikationen auch die Grundlage für weitere Begriffsbestimmungen, die in der Literatur[231] zum Begriff der Versicherung nach dem VVG aF versucht wurden. Allen diesen Begriffsbestimmungen war gemeinsam, dass sie durchweg den Anspruch erhoben, **grundsätzlich auf sämtliche Versicherungszweige** des VVG aF **angewendet zu werden.**[232] Da es nachfolgend aber um die Bestimmung des Begriffes der Versicherung unter Berücksichtigung der spezifischen Eigenheiten der Haftpflichtversicherung nach den §§ 100 ff. geht, wird auf die weiteren Versuche der Literatur zur Bestimmung des Begriffes der Versicherung nicht näher eingegangen. Stattdessen wird der Blick auf die durch das VVG 2008 geschaffene Rechtslage gerichtet, um feststellen zu können, ob Erkenntnisse auch für den Begriff der Versicherung im Hinblick auf den Versicherungszweig der Haftpflichtversicherung gewonnen werden können.

94 Auszugehen ist zu diesem Zweck von § 1 VVG 2008, der mit „Vertragstypische Pflichten" überschrieben ist und folgenden Wortlaut hat:

Der Versicherer verpflichtet sich mit dem Versicherungsvertrag, ein bestimmtes Risiko des Versicherungsnehmers oder eines Dritten durch eine Leistung abzusichern, die er bei Eintritt des Versicherungsfalles zu erbringen hat. Der Versicherungsnehmer ist verpflichtet, an den Versicherer die vereinbarte Zahlung (Prämie) zu leisten.

95 Wie bereits dieser Wortlaut zeigt, umschreibt § 1 zwar für alle Arten von Versicherungen die vertragstypischen Pflichten der Vertragsparteien,[233] stellt aber in Anbetracht der Verwendung unbestimmter Rechtsbegriffe wie „ein bestimmtes Risiko", „eine Leistung" oder „Eintritt des Versicherungsfalles" nur eine **Rahmenvorschrift** dar, die für die einzelnen Versicherungszweige jeweils der Konkretisierung bedarf.[234] Für die Haftpflichtversicherung ist dies in § 100 zumindest im Ansatz geschehen. Hingegen verzichtet der Gesetzgeber des VVG wie bereits hervorgehoben auf eine Definition des Begriffes der Versicherung.

---

[226] Motive zum VVG (Neudruck 1963), S. 70; vgl. ferner die Überblicke bei *Dreher* Rechtsprodukt S. 31 ff.; *Armbrüster* in Prölss/Martin § 1 Rn. 1 ff.; *Rixecker* in Langheid/Rixecker § 1 Rn. 1 ff.; *Römer* VersR 2006, 865 ff.; *Dörner* in BK-VVG Einleitung Rn. 39; *Schwintowski* in BK-VVG § 1 Rn. 19; *Littbarski* AHB Vorb. Rn. 9; *E. Lorenz* in Beckmann/Matusche-Beckmann VersR-HdB § 1 Rn. 112; *Brömmelmeyer* in HK-VVG § 1 Rn. 4 ff.; *Ebers* in Schwintowski/Brömmelmeyer/Ebers Einführung Rn. 26 ff. und § 1 Rn. 3; jeweils mit weiteren Einzelheiten und Nachweisen.
[227] Vgl. BVerwG VersR 1987, 273 (274); 1987, 297 (298); 1987, 453 (454); 1987, 701 (702); NJW 1992, 2978.
[228] Vgl. BGH VersR 1968, 138; 1988, 1281; NJW-RR 1991, 1013 (1014); NJW 1995, 324 f.
[229] Vgl. *Littbarski* AHB Vorb. Rn. 10; *Präve* VersR 2007, 1046 (1047); *Brömmelmeyer* in HK-VVG § 1 Rn. 7; jeweils mwN.
[230] Vgl. *Möller* in Bruck/Möller, 8. Aufl., Bd. I § 1 Anm. 4.
[231] Vgl. hierzu vorstehend → Rn. 89 f. mwN.
[232] Vgl. *Littbarski* AHB Vorb. Rn. 12.
[233] Vgl. BT-Drs. 16/3945, 56 zu § 1 VVG; *Ebers* in Schwintowski/Brömmelmeyer/Ebers § 1 Rn. 4 ff.; *Brömmelmeyer* in HK-VVG § 1 Rn. 1.
[234] So zutreffend *Brömmelmeyer* in HK-VVG § 1 Rn. 1.

96 Zur Begründung für diesen Verzicht weist die Bundesregierung[235] darauf hin, dass auf eine **Definition des Begriffes der Versicherung weiterhin verzichtet** werde, da sie auf der Grundlage der aktuellen Versicherungsformen bestimmt werden müsse und damit unbeabsichtigt zukünftige Entwicklungen der Versicherungsprodukte vom Anwendungsbereich des Versicherungsvertragsgesetzes ausgeschlossen werden könnten. Als entscheidendes Merkmal werde in Satz 1 die Absicherung eines bestimmten Risikos des Versicherungsnehmers durch den Versicherer festgelegt; sie bestehe in der Verpflichtung des Versicherers, für den Fall des Eintritts des vertraglich, insbesondere auch durch die Allgemeinen Versicherungsbedingungen (AVB) bestimmten Versicherungsfalles die versprochene Ausgleichsleistung zu erbringen. Diese Formulierung erscheine einerseits ausreichend, den Anwendungsbereich des Gesetzes zu bestimmen, andererseits offen, um auch heute noch nicht hinreichend bekannte Versicherungsprodukte einzubeziehen.

97 Ob die Gesetzgeber des VVG aF und auch des VVG 2008 tatsächlich klug beraten waren, bewusst auf Definitionen der Versicherung in § 1 Abs. 1 VVG aF bzw. in § 1 S. 1 VVG 2008 zu verzichten[236] und stattdessen jeweils vertragstypische Rechte und Pflichten der Versicherungsvertragsparteien zu nennen, muss bezweifelt werden. Zwar ist nicht in Abrede zu stellen, dass es auf den ersten Blick einige Schwierigkeiten bereiten könnte, eine für alle derzeit existierenden, im VVG geregelten Versicherungszweige verbindliche, gemeinsame Definition zu finden. Immerhin weisen die nunmehr in Teil 2 des VVG in insgesamt acht Kapiteln geregelten einzelnen Versicherungszweige nicht unwesentliche Unterschiede auf, wie die §§ 100–208 zeigen, so dass die jeweiligen Eigenheiten und Spezifika dieser acht verschiedenen einzelnen Versicherungszweige größer sein könnten als die sie alle prägenden Gemeinsamkeiten. Bei einer solchen Betrachtungsweise bliebe jedoch unberücksichtigt, dass der Begriff der Versicherung wie hervorgehoben seit vielen Jahren in der Rechtsprechung des Bundesverwaltungsgerichts und des BGH genauer umschrieben wird[237] und diese die ständige Rechtsprechung prägende Definition auch die Grundlage für einen von § 1 S. 1 erfassten Begriff der Versicherung bilden könnte. Bedenken, dass eine solche Definition zu allgemein gehalten sei und insbesondere nicht den Besonderheiten der einzelnen Versicherungszweige Rechnung trage, ließen sich dadurch ausräumen, dass in einem in § 1 neu einzufügenden Satz 2 auf die in Teil 2 des VVG geregelten einzelnen Versicherungszweige verwiesen würde.

98 Dieser Gesetzesvorschlag zugrunde gelegt, könnte § 1 VVG nF **de lege ferenda** wie folgt lauten:

Versicherung im Sinne dieses Gesetzes ist ein Unternehmen, das für den Fall eines unbestimmten Ereignisses gegen Entgelt bestimmte Leistungen in Form eines Garantieversprechens übernimmt, wobei das Risiko auf eine Vielzahl durch die gleiche Gefahr bedrohter Personen verteilt wird und der Risikoübernahme eine auf dem Gesetz der großen Zahl bestehende Kalkulation zugrundeliegt. Näheres ergibt sich aus den für die einzelnen Versicherungszweige geltenden §§ 100–208. Der Versicherungsnehmer ist verpflichtet, an den Versicherer die vereinbarte Zahlung (Prämie) zu leisten.

99 Ein solcher, von § 1 VVG aF und von § 1 VVG 2008 abweichender Wortlaut hat zugleich mehrere Vorteile. Zum einen ersetzt er die bisher geltenden, allein auf die vertragstypischen Pflichten der Vertragsparteien abstellenden Regelungen durch den Begriff der Versicherung, der insbesondere dem mit dem Versicherungsrecht nicht so Vertrauten oder gar nicht Vertrauten jedenfalls im Ansatz deutlich macht, was unter einer Versicherung zu verstehen ist. Dies dürfte vor allem im Massengeschäft aus Verbraucherschutzgesichtspunkten sinnvoll oder sogar zwingend sein, da vielen Verbrauchern häufig überhaupt nicht der Gegenstand und die Grenzen einer Versicherung bewusst sind. Zum anderen wird aber auch die Rechtsprechung der Aufgabe enthoben, in Entscheidungen immer wieder einmal auf die Bestimmung des Begriffes der Versicherung zurückzukommen, obwohl sich inhaltlich an der Definition dieses Begriffes seit vielen Jahren nichts geändert hat und auch in der Zukunft ernsthaft nichts ändern wird, da die Definition allein die an eine Versicherung zu stellenden Mindestanforderungen nennt. Schließlich wird dem Rechtsanwender durch den soeben vorgeschlagenen und in das Gesetz einzufügenden § 1 S. 2 VVG nF deutlich vor Augen geführt, dass es zur Bestimmung des Begriffes der Versicherung im Einzelfall allein mit der Heranziehung des § 1 VVG nicht getan ist, sondern sich die Eigenheiten und Spezifika der einzelnen Versicherungszweige erst aus dem im Teil 2 des VVG geregelten Kapiteln 1–8, also aus den §§ 100–208 ergeben.

100 Demgegenüber überzeugt das von der Bundesregierung in der Gesetzesbegründung genannte Argument für den Verzicht auf eine Definition des Begriffes der Versicherung nicht, wonach

---

[235] BT-Drs. 16/3945, 56 zu § 1 VVG.
[236] Vgl. hierzu die in → Rn. 89 Fn. 224 Genannten.
[237] Vgl. hierzu → Rn. 91 mwN.

sie auf der Grundlage der aktuellen Versicherungsformen bestimmt werden müsste und damit unbeabsichtigt zukünftige Entwicklungen der Versicherungsprodukte vom Anwendungsbereich des Versicherungsvertragsgesetzes ausgeschlossen werden könnten.[238] Abgesehen davon, dass eine neu zu schaffende gesetzliche Regelung immer nur den zum Zeitpunkt des Inkrafttretens des Gesetzes gegebenen Zustand im rechtlichen und auch im tatsächlichen Sinne widerspiegeln kann und eventuell in der Zukunft eintretenden Veränderungen durch eine entsprechende Gesetzesnovellierung Rechnung getragen werden muss, ist die Überlegung der Bundesregierung aber auch nicht konsequent zu Ende gedacht. Denn wenn sie verhindern will, dass unbeabsichtigt zukünftige Entwicklungen der Versicherungsprodukte vom Anwendungsbereich des Versicherungsvertragsgesetzes ausgeschlossen werden könnten, hätte sie auch bezüglich der in den Kapiteln 1–8 des Teiles 2 des VVG geregelten einzelnen Versicherungszweige jeweils wie auch immer geartete Öffnungsklauseln für zukünftige Änderungen einfügen müssen oder aber statt der enumerativ aufgeführten verschiedenen Versicherungszweige diese generalklauselartig ausgestalten müssen. In der de lege lata geregelten Form lassen die von den §§ 100–208 VVG erfassten acht verschiedenen Versicherungszweige keine Berücksichtigung zukünftiger, bisher noch unbekannter Entwicklungen in diesen Versicherungszweigen zu.

IV. Interdependenz zwischen Haftung und Haftpflichtversicherung

101 **1. Allgemeines.** Anknüpfend an die zuvor erfolgte etwas nähere Bestimmung der Begriffe Haftung und Versicherung stellt sich die weitere Frage, in welchem Verhältnis die Haftung und die Versicherung in Gestalt der Haftpflichtversicherung zueinander stehen und in welcher Form eine Interdependenz zwischen Haftung und Haftpflichtversicherung gegeben ist.

102 **2. Trennungsprinzip.** Auszugehen ist hierbei davon, dass das Haftpflichtversicherungsrecht seit Jahrzehnten vom sog. Trennungsprinzip beherrscht wird, das nicht auf einer bestimmten positiv-rechtlichen Bestimmung, sondern auf der **Struktur des Haftpflichtversicherungsvertrages** beruht[239] und gewährleistet, dass der vertraglich zu gewährende Versicherungsschutz unverkürzt erbracht wird.[240] Dieses Trennungsprinzip bringt im Grunde nichts anderes zum Ausdruck, als dass die Frage der Haftpflicht des Versicherungsnehmers gegenüber dem Geschädigten und die der versicherungsrechtlichen Deckungspflicht des Versicherers gegenüber dem Versicherungsnehmer grundsätzlich in getrennten Prozessen zu klären sind.[241] Mithin darf der Versicherer im Deckungspro-

---

[238] BT-Drs. 16/3945, 56 zu § 1 VVG; vgl. hierzu → Rn. 96.
[239] Vgl. BGH VersR 1960, 73 (74); 1967, 769 (770); BGHZ 76, 279 (283) = VersR 1980, 625 (627); BGH NJW 1980, 2021; BGHZ 117, 345 (349 f.) = VersR 1992, 568; BGHZ 119, 276 (278) = NJW 1993, 68; BGH NJW 2000, 1194 ff. mit Anm. *Littbarski* in EWiR § 1 AHB 1/2000, 257 f.; BGH NJW-RR 2001, 1311 = VersR 2001, 1103; BGH VersR 2004, 590; NJW 2006, 289 = VersR 2006, 106 (107); BGH VersR 2007, 641 (642); 2008, 1560; 2009, 1677 (1678); r+s 2010, 33 (34); 2015, 398 Rn. 28; VersR 2016, 783; OLG Düsseldorf NJW-RR 1996, 1245 (1246); OLG Stuttgart VersR 2000, 881; OLG Düsseldorf NJW-RR 2000, 248; KG VersR 2000, 576 f.; OLG Schleswig NJW-RR 2010, 957 (959); OLG Hamm r+s 2016, 32 (33); OLG Rostock VersR 2018, 608 (610); OLG Düsseldorf VersR 2019, 537 (538); OLG Rostock r+s 2020, 22 Rn. 17 ff.; LG Berlin NJW-RR 2003, 460 f.; LG Dortmund r+s 2010, 237 (238); *K. Sieg* Ausstrahlungen S. 103 ff.; *D. Becker* Einfluss der Haftpflichtversicherung passim; *H. Baumann* in BK-VVG § 149 Rn. 133 ff.; *H. Baumann* VersR 2004, 944; *Littbarski* Haftungs- und Versicherungsrecht Rn. 698 ff.; *Littbarski* AHB Vorb. Rn. 49 und § 3 Rn. 116 ff.; *Littbarski* VersR 2004, 950 (956); *Langheid* in Römer/Langheid § 149 Rn. 12 ff.; *Langheid* in Langheid/Rixecker § 100 Rn. 32 ff.; *Langheid* VersR 2009, 1043 ff.; *Voit/Knappmann* in Prölss/Martin, 27. Aufl. 2004, VVG § 149 Rn. 29; *Lücke* in Prölss/Martin § 100 Rn. 45 ff.; *Schimikowski* in HK-VVG Vor §§ 100–124 Rn. 11 ff.; *Retter* in Schwintowski/Brömmelmeyer/Ebers § 100 Rn. 59 ff.; *Schulze Schwienhorst* in Looschelders/Pohlmann Einführung vor § 100 Rn. 9; *v. Rintelen* in Beckmann/Matusche-Beckmann VersR-HdB § 23 Rn. 329 ff.; *W. Th. Schneider* in Beckmann/Matusche-Beckmann VersR-HdB § 24 Rn. 4 ff.; *Wandt* VersR Rn. 1088 ff.; *Piontek* Haftpflichtversicherung § 1 Rn. 27; *Schlegelmilch* VersR 2009, 1467; *Schreier* VersR 2013, 1232 (1234); *Hauer* ZVersWiss 102 (2013), 353, 363; *Hauer* Haftungsrelevanz S. 23, *Foerster* ZVersWiss 103 (2014), 351, 355 mit Fn. 24; *Gnauck* Absonderungsrecht S. 9 f.; *Tehrani* VersR 2018, 1166; vgl. aber auch *Makowsky* Der Einfluss von Versicherungsschutz auf die außervertragliche Haftung 2013; näher zum europäischen Trennungsprinzip und Auflockerungstendenzen im Unionsrecht *Lüttringhaus* VersR 2014, 653 ff.
[240] Vgl. BGHZ 117, 345 (349 f.) = VersR 1992, 568; *W. Th. Schneider* in Beckmann/Matusche-Beckmann VersR-HdB § 24 Rn. 4.
[241] Vgl. BGH VersR 1959, 256; 2004, 590 und 634; 2009, 1677; r+s 2011, 430 Rn. 16 (und hierzu *M. Lehmann* r+s 2018, 67); 2015, 398 Rn. 28; VersR 2016, 783; r+s 2016, 455 Rn. 14 ff. für den Fall der wirksamen Abtretung des Deckungsanspruchs an den Geschädigten und hierzu → Rn. 66 mit Fn. 175 f.; vgl. ferner BGH JZ 2013, 1166 Rn. 11 im Hinblick auf das sog. Adhäsionsverfahren nach den §§ 403 ff. StPO; hierzu näher *Foerster* JZ 2013, 1143 ff. sowie → VVG § 101 Rn. 61 und → § 103 Rn. 74 mit Fn. 180; OLG Köln r+s 1998, 324; OLG Hamm r+s 2012, 335 (336); 2016, 32 (33); OLG Rostock r+s 2020, 22 Rn. 17 ff.;

zess die Haftpflichtfrage im Allgemeinen nicht zur Erörterung stellen, während der Geschädigte als außerhalb des Versicherungsverhältnisses stehender Dritter grundsätzlich keinen unmittelbaren Anspruch gegen den Versicherer hat,[242] wenn man von dem nach § 115 VVG unter relativ engen Voraussetzungen möglichen Direktanspruch des Dritten einmal absieht.[243] Daraus ist zu folgern, dass das Trennungsprinzip im Kern prozessualer Natur ist.[244] Differenziert man allerdings in Übereinstimmung mit der Auffassung von *Wandt*[245] noch zwischen dem Haftpflicht- und dem Deckungsverhältnis einerseits sowie dem Haftpflicht- und dem Deckungsprozess andererseits, so ist es nur konsequent, auch zwischen dem materiellen und dem prozessualen Trennungsprinzip zu unterscheiden.

3. Trennungsprinzip und Bindungswirkung. Auch wenn das Trennungsprinzip als auf der Struktur des Haftpflichtversicherungsvertrages beruhend im Grundsatz im Haftpflichtversicherungsrecht allgemein anerkannt ist, erfährt es doch nach der in der Rechtsprechung[246] und in der Literatur[247] fast einhellig vertretenen Auffassung eine Ergänzung[248] oder – wohl richtiger – eine **Durchbrechung**[249] **durch die Bindungswirkung der rechtskräftigen Entscheidung des Haftpflichtprozesses für die Deckung.** Folge hiervon ist, dass die im Haftpflichturteil getroffenen Feststellungen im Deckungsprozess weder vom Versicherer noch vom Versicherungsnehmer mehr in Frage gestellt werden können.[250] Dadurch wird verhindert, dass die im Haftpflichtprozess getroffene Entscheidung und die ihr zugrundeliegenden Feststellungen im Deckungsprozess erneut überprüft werden können und müssen und abweichend vom Haftpflichturteil entschieden werden.[251]

103

---

vgl. auch OLG Karlsruhe VersR 2010, 940; OLG Frankfurt a. M. NJW-RR 2014, 1376 Rn. 14; *Littbarski* AHB § 3 Rn. 116; *Schimikowski* in HK-VVG Vor §§ 100–124 Rn. 9; *Retter* in Schwintowski/Brömmelmeyer/Ebers § 100 Rn. 59; *Lücke* in Prölss/Martin § 100 Rn. 46; *R. Koch* in Bruck/Möller vor §§ 100–112 Rn. 93 und § 100 Rn. 97; *Wandt* VersR Rn. 1088; *v. Rintelen* in Beckmann/Matusche-Beckmann VersR-HdB § 23 Rn. 334 ff.; *W. Th. Schneider* in Beckmann/Matusche-Beckmann VersR-HdB § 24 Rn. 4 ff.; *Seybold/Wendt* VersR 2011, 458 (459); *Harsdorf-Gebhardt* r+s 2012, 261 (262); *Schultheiß* VersR 2016, 497 (501); *Gnauck* Absonderungsrecht S. 9 f.; *Piontek* Haftpflichtversicherung § 1 Rn. 25 ff.

[242] Vgl. auch OLG Hamm r+s 2012, 335 (336); *Littbarski* Haftungs- und Versicherungsrecht Rn. 698 ff.; *Littbarski* AHB § 3 Rn. 116; *Seybold/Wendt* VersR 2011, 458 (459).

[243] Vgl. hierzu im Einzelnen → § 115 Rn. 1 ff. sowie → § 100 Rn. 91 ff.

[244] So zutreffend BGHZ 76, 279 (283) = VersR 1980, 625 (627); ebenso *Littbarski* AHB § 3 Rn. 116; vgl. auch → § 109 Rn. 50.

[245] *Wandt* VersR Rn. 1060; vgl. auch Armbrüster r+s 2010, 441 (442 f.).

[246] Vgl. hierzu nur BGH VersR 1969, 413; 1971, 144; 1977, 174; BGHZ 119, 276 (278) = NJW 1993, 68; BGH ZfS 1998, 386 (387); NJW 2000, 1194 ff. mit Anm. *Littbarski* EWiR § 1 AHB 1/2000, 257 f.; BGH NJW-RR 2001, 1311 = VersR 2001, 1103 (1104); BGH VersR 2004, 590; NJW 2006, 289 = VersR 2006, 106 (107); BGH VersR 2007, 641 (642); r+s 2011, 66 Rn. 10; 2011, 430 Rn. 16; 2016, 455 Rn. 15 ff.; BGH r+s 2022, 148 Rn. 13; OLG Saarbrücken VersR 1993, 1004; OLG Köln VersR 1999, 1270; OLG Düsseldorf NJW-RR 2000, 248; OLG Karlsruhe VersR 2010, 940; OLG Frankfurt a. M. NJW-RR 2014, 1376 Rn. 15 ff.; LG Saarbrücken VersR 2000, 882; LG Bonn r+s 2013, 493 (494).

[247] Vgl. *Langheid* in Langheid/Rixecker § 100 Rn. 32 ff.; *Langheid* VersR 2009, 1043 (1045); *Voit/Knappmann*, in Prölss/Martin 27. Aufl. 2004, VVG § 149 Rn. 29; *H. Baumann* in BK-VVG § 149 Rn. 184 ff.; *Littbarski* AHB Vorb. Rn. 49 und § 3 Rn. 118 ff.; *Schimikowski* in HK-VVG Vor §§ 100–124 Rn. 11 ff.; *Retter* in Schwintowski/Brömmelmeyer/Ebers § 100 Rn. 59 ff.; *Wandt* VersR Rn. 1088 ff.; Staudinger/Halm/*Wendt* Versicherungsrecht AVB-D&O Rn. 14; *W. Th. Schneider* in Beckmann/Matusche-Beckmann VersR-HdB § 24 Rn. 5 ff.; *Schlegelmilch* VersR 2009, 1467; *Zenzen* VersR 2011, 718 (719); *Harsdorf-Gebhardt* r+s 2012, 261 ff.; *Foerster* JZ 2013, 1143 (1145) mit Besprechung von BGH JZ 2013, 1166 ff. zum Adhäsionsverfahren nach den §§ 403 ff. StPO; differenzierend demgegenüber *Lücke* in Prölss/Martin § 100 Rn. 58 f.; *Langheid* in Langheid/Rixecker § 100 Rn. 33 f.; vgl. zum Adhäsionsverfahren bei der Schmerzensgeldbemessung nach § 253 Abs. 2 BGB sowie gemäß § 406 Abs. 1 S. 6 StPO BGH r+s 2015, 14 und hierzu → Rn. 125 ff.

[248] So etwa BGH NJW 2006, 289 = VersR 2006, 106 (107); BGH r+s 2011, 66 Rn. 10; ebenso *Retter* in Schwintowski/Brömmelmeyer/Ebers § 100 Rn. 61; *W. Th. Schneider* in Beckmann/Matusche-Beckmann VersR-HdB § 24 Rn. 5; vgl. auch *Wandt* VersR Rn. 1089.

[249] So *Langheid* in Langheid/Rixecker § 100 Rn. 33; *Littbarski* AHB § 3 Rn. 118; *Wendt* VersR Rn. 1089; vgl. auch *Schimikowski* in HK-VVG Vor §§ 100–124 Rn. 11; *Harsdorf-Gebhardt* r +s 2012, 261 (262).

[250] Vgl. nur BGH VersR 1969, 413 (414); BGHZ 117, 345 (350) = VersR 1992, 568; 119, 276 (278) = NJW 1993, 68; BGH NJW 2006, 289 = VersR 2006, 106 (107); BGH r+s 2007, 241 Rn. 8; 2011, 66 Rn. 10; OLG Karlsruhe VersR 2010, 940 f.; OLG Hamm VersR 2016, 524 (525); LG Dortmund r+s 2010, 237 (238); *H. Baumann* in BK-VVG § 149 Rn. 184; *Lücke* in Prölss/Martin § 100 Rn. 59; *Littbarski* AHB § 3 Rn. 118; *Zenzen* VersR 2011, 718 (719 ff.); *Harsdorf-Gebhardt* r+s 2012, 261 (262).

[251] Vgl. nur BGHZ 117, 345 (350) = VersR 1992, 568; 119, 276 (278 f.) = NJW 1993, 68; BGH NJW-RR 2001, 1311 = VersR 2001, 1103; BGH NJW 2006, 289 = VersR 2006, 106; OLG Celle VersR 2009, 1257 (1259); LG Berlin NJW-RR 2003, 460 (461); *Retter* in Schwintowski/Brömmelmeyer/Ebers § 100 Rn. 61;

104 Weitgehende Einigkeit besteht seit einigen Jahren in Rechtsprechung[252] und Literatur[253] darüber, dass die Bindungswirkung sich nicht aus der Rechtskraft des Haftpflichturteils ergibt und auch nicht aus prozessrechtlichen Interventionswirkungen herzuleiten ist, da der Versicherer am Haftpflichtprozess oftmals nicht beteiligt war. Die Bindungswirkung folgt vielmehr aus der Natur der Haftpflichtversicherung[254] und ist im Wege der Auslegung im Einzelnen dem Leistungsversprechen zu entnehmen, das der Versicherer dem Versicherungsnehmer im Versicherungsvertrag gegeben hat.[255]

105 Die grundsätzliche Bindungswirkung des Haftpflichturteils auch gegenüber dem Versicherer ist bereits dann eine Selbstverständlichkeit, wenn der Versicherer den Haftpflichtprozess geführt hat oder jedenfalls hätte führen können und daher der eigentliche „Herr des Prozesses" war.[256] Denn wie *H. Baumann*[257] zu Recht hervorhebt, wäre es geradezu ein Verstoß gegen den Grundsatz des venire contra factum proprium, wenn sich der Versicherer im Deckungsverhältnis in Widerspruch zu seinen eigenen Dispositionen im Haftpflichtverhältnis setzte. Dementsprechend hat er im Falle einer Interessenkollision sogar seine eigenen Interessen hinter die des Versicherungsnehmers zu stellen.[258]

106 Ist der Versicherer am Haftpflichtprozess beteiligt, hat er die Interessen des Versicherungsnehmers so zu wahren, wie das ein von diesem beauftragter Rechtsanwalt täte.[259] Hat der Versicherer vom Haftpflichtprozess Kenntnis gehabt, seinem Versicherungsnehmer aber keinen Rechtsschutz gewährt, sondern ihm freie Hand gelassen, tritt die Bindungswirkung zu Lasten des Versicherers auch ein, wenn der Haftpflichtprozess durch Versäumnisurteil nach den §§ 330 ff. ZPO entschieden worden oder ein Vollstreckungsbescheid gemäß § 699 ZPO ergangen ist.[260] Eine Bindungswirkung zu Lasten des Versicherers ist aber auch dann zu bejahen, wenn für den Versicherer die tatsächliche Möglichkeit bestand, auf den Prozess Einfluss zu nehmen[261] bzw. wenn der Versicherer die Prozessführung im Haftpflichtprozess deshalb nicht übernommen hat, weil er sich irrtümlich für leistungsfrei hielt.[262]

107 **4. Bindungswirkung und ihre Grenzen. a) Voraussetzungsidentität.** Ist die Bindungswirkung des Urteils im Haftpflichtprozess zu Lasten des Versicherers somit relativ weit, sind ihr doch unübersehbar auch Grenzen gesetzt. So umschreibt der BGH in neueren Entscheidungen[263] die

---

W. Th. Schneider in Beckmann/Matusche-Beckmann VersR-HdB § 24 Rn. 5; *Wandt* VersR Rn. 1089; *Kassing/Richters* VersR 2015, 293 (294).

[252] Vgl. BGH VersR 1969, 413; BGHZ 117, 345 (350) = VersR 1992, 568; 119, 276 (280 f.) = NJW 1993, 68; BGH NJW-RR 2001, 1311 = VersR 2001, 1103; BGH NJW 2006, 289 = VersR 2006, 106; OLG Hamm VersR 1998, 1274 und hierzu *Bayer* VersR 1999, 224; LG Saarbrücken VersR 2000, 882.

[253] Vgl. *Retter* in Schwintowski/Brömmelmeyer/Ebers § 100 Rn. 61; *Langheid* in Langheid/Rixecker § 100 Rn. 33; *W. Th. Schneider* in Beckmann/Matusche-Beckmann VersR-HdB § 24 Rn. 5; *Wandt* VersR Rn. 1089; *Harsdorf-Gebhardt* r+s 2012, 261 (262).

[254] Vgl. BGH VersR 1969, 413 (414); BGHZ 117, 345 (350) = VersR 1992, 568; 119, 276 (282) = NJW 1993, 68; *H. Baumann* in BK-VVG § 149 Rn. 185; *Retter* in Schwintowski/Brömmelmeyer/Ebers § 100 Rn. 61.

[255] Vgl. BGH VersR 1969, 413 (414); BGHZ 119, 276 (282 f.) = NJW 1993, 68; BGH NJW-RR 2001, 1311 = VersR 2001, 1103; BGH NJW 2006, 289 = VersR 2006, 106; OLG Celle VersR 2009, 1257 (1259); *H. Baumann* in BK-VVG § 149 Rn. 186; *Retter* in Schwintowski/Brömmelmeyer/Ebers § 100 Rn. 61; *Schimikowski* in HK-VVG Vor §§ 100–124 Rn. 9 f.; *W. Th. Schneider* in Beckmann/Matusche-Beckmann VersR-HdB § 24 Rn. 5; *Wandt* VersR Rn. 1089; *Harsdorf-Gebhardt* r+s 2012, 261 (262); *Foerster* JZ 2013, 1143 (1145); *Foerster* ZVersWiss 103 (2014), 351, 357.

[256] Vgl. BGHZ 38, 71 (82 f.) = NJW 1963, 441; *H. Baumann* in BK-VVG § 149 Rn. 189; *Littbarski* AHB § 3 Rn. 120; näher zu den Voraussetzungen einer sog. unbeschränkten Regulierungsvollmacht und damit auch einer Verhandlungsvollmacht des Versicherers nach § 5 Ziff. 7 AHB 2002 BGHZ 169, 232 Rn. 18 ff. = NJW 2007, 69 (71); *Littbarski* AHB § 5 Rn. 141, 144; jeweils mwN.

[257] *H. Baumann* in BK-VVG § 149 Rn. 186 mwN.

[258] *H. Baumann* in BK-VVG § 149 Rn. 190; *Littbarski* AHB § 3 Rn. 120.

[259] BGHZ 119, 276 (281) = NJW 1993, 68; *H. Baumann* in BK-VVG § 149 Rn. 191; *Littbarski* AHB § 3 Rn. 120.

[260] BGH VersR 1963, 421 (422); 1978, 1105; r+s 2003, 106; OLG Koblenz VersR 1995, 1298 f.; OLG Celle VersR 2009, 1257 (1259); OLG Rostock VersR 2018, 608; *H. Baumann* in BK-VVG § 149 Rn. 191; *Littbarski* AHB § 3 Rn. 120; *Schimikowski* in HK-VVG Vor §§ 100–124 Rn. 11; *Harsdorf-Gebhardt* in Späte/Schimikowski AHB Ziff. 5 Rn. 68; *Fortmann* Anm. zu BGH r+s 2023, 15 in r+s 2023, 20.

[261] OLG Hamm NJW-RR 1990, 163; zweifelnd *H. Baumann* in BK-VVG § 149 Rn. 191.

[262] So zu Recht *W. Th. Schneider* in Beckmann/Matusche-Beckmann VersR-HdB § 24 Rn. 5 unter Bezugnahme auf BGHZ 119, 276 ff. = NJW 1993, 68.

[263] BGH NJW-RR 2007, 827 = VersR 2007, 641; BGH r+s 2011, 66 Rn. 11; vgl. auch BGH NJW-RR 2004, 676 = VersR 2004, 590; OLG Düsseldorf r+s 2005, 155 (156); OLG Rostock VersR 2018, 608 (610); OLG Hamm r+s 2019, 698 (699); OLG Brandenburg r+s 2020, 154 Rn. 17 und 34; OLG Karlsruhe VersR 2020, 472 (474 f.) im Hinblick auf das Adhäsionsverfahren; vgl. hierzu auch *Harsdorf-Gebhardt* r+s 2012, 261 (262).

Bindungswirkung der Entscheidung im Haftpflichtprozess für den Deckungsprozess in der Weise, dass „eine für die Entscheidung im Deckungsprozess maßgebliche Frage sich auch im Haftpflichtprozess nach dem vom Haftpflichtgericht gewählten rechtlichen Begründungsansatz bei objektiv zutreffender rechtlicher Würdigung als entscheidungserheblich erweist". Etwas einfacher formuliert heißt dies, dass nur die Feststellungen im Haftpflichtprozess auch eine Bindungswirkung im Deckungsprozess entfalten, die für die Entscheidung des Haftpflichtanspruchs erheblich waren und auch für den Deckungsanspruch erheblich sind.[264] Schlagwortartig wird in derartigen Fällen seit Jahren von einer sog. Voraussetzungsidentität gesprochen.[265]

Da ein derartiges Schlagwort für sich allein aber kaum geeignet ist, eine sachgerechte Grenzziehung zwischen einer im Einzelfall gegebenen oder auch fehlenden Bindungswirkung zu ermöglichen, wird vom BGH[266] darauf hingewiesen, dass eine solche Begrenzung der Bindungswirkung insbesondere deshalb geboten sei, weil Versicherungsnehmer und Versicherer keinen Einfluss darauf hätten, dass der Haftpflichtrichter „überschießende", nicht entscheidungserhebliche Feststellungen treffe oder nicht entscheidungserhebliche Rechtsausführungen mache. **108**

Ob die Heranziehung eines solchen Schlagwortes im Einzelfall wirklich sinnvoll ist oder ob sie nicht vielmehr die mit der Frage der Bindungswirkung der Entscheidung im Haftpflichtprozess für den Deckungsprozess zusammenhängenden Fragen eher verdeckt und daher nicht zielführend ist, mag dahinstehen. Entscheidend ist allein, dass es letztlich auf die Besonderheiten des Einzelfalles ankommt, ob eine Bindungswirkung bejaht werden kann oder nicht. In dieser Weise musste bereits zur Zeit der Geltung des VVG aF vorgegangen werden. Hieran hat sich aber auch nach dem Inkrafttreten des VVG nF nichts geändert. **109**

So wurde unter der Geltung des § 152 VVG aF, der zwar nicht vom Wortlaut, aber vom Inhalt her weitgehend dem § 103 VVG entspricht,[267] der Eintritt der Bindungswirkung in der Rechtsprechung etwa dann bejaht, wenn zur Begründung des Haftpflichtanspruchs Tatsachen festgestellt worden sind, die für eine Obliegenheitsverletzung oder das Vorliegen der Voraussetzungen des § 152 VVG aF von Bedeutung sind.[268] Daher kann sich der Versicherer im Deckungsprozess nicht auf § 152 VVG aF berufen, wenn im Haftpflichtprozess Vorsatz des Versicherungsnehmers verneint worden war.[269] In diesem Sinne hat der BGH[270] in einem Falle entschieden, in dem im Haftpflichturteil eine Haftung wegen Vorsatzes ausdrücklich verneint worden war und diese Feststellung auch im Hinblick auf die Höhe des Schmerzensgeldes erheblich war, da der Verschuldensgrad bei der Bestimmung der Höhe des Schmerzensgeldes regelmäßig in der Praxis Berücksichtigung findet.[271] Unter dieser Voraussetzung ist die Feststellung für den nachfolgenden Deckungsprozess bindend, so dass ein Deckungsausschluss nach § 152 VVG aF bzw. nach § 103 ausscheidet.[272] Hat der Versicherungsnehmer seine Haftung gegenüber dem geschädigten Dritten auf Vorsatz beschränkt, entfaltet **110**

---

[264] Ähnlich bereits *Wandt* VersR Rn. 1089; vgl. ferner *H. Baumann* in Bruck/Möller AVB-AVG 2011/2013 Ziff. 4 Rn. 14; *Schimikowski* in HK-VVG Vor §§ 100–124 Rn. 12.
[265] Vgl. BGH r+s 2011, 66 Rn. 11; OLG Koblenz VersR 1995, 1298 (1299); OLG Hamm NVersZ 2002, 415; OLG Karlsruhe VersR 2010, 940 (941); vgl. auch BGHZ 119, 276 (282) = NJW 1993, 68; BGH r+s 2004, 232; OLG Naumburg r+s 2013, 431 (432) mit Anm. *Schimikowski*; OLG Köln r+s 2016, 558 (562f.); OLG Hamm r+s 2019, 698 Rn. 11; OLG Karlsruhe VersR 2020, 472 (474); OLG Nürnberg r+s 2022, 325 Rn. 17 mit Anm. *Fortmann*; LG Berlin NJW-RR 2003, 460 (461); *Voit/Knappmann* in Prölss/Martin, 27. Aufl. 2004, § 149 Rn. 30; *H. Baumann* in BK-VVG § 149 Rn. 197; *Retter* in Schwintowski/Brömmelmeyer/Ebers § 100 Rn. 62; *Schimikowski* in HK-VVG Vor §§ 100–124 Rn. 15; *Lücke* in Prölss/Martin § 100 Rn. 48; *Langheid* in Langheid/Rixecker § 100 Rn. 38f.; *W. Th. Schneider* in Beckmann/Matusche-Beckmann VersR-HdB § 24 Rn. 6; *Wandt* VersR Rn. 1089; *Harsdorf-Gebhardt* r+s 2012, 261 (262); *Foerster* ZVersWiss 103 (2014), 351 (360); *Kassing/Richters* VersR 2015, 293 (294); *Gnauck* Absonderungsrecht S. 195; *Tehrani* VersR 2018, 1166 (1168ff.); *Fiedler* VersR 2018, 1298 (1302f.).
[266] So BGH NJW-RR 2004, 676 = VersR 2004, 590; BGH NJW-RR 2007, 827; r+s 2011, 66 Rn. 11; ebenso *W. Th. Schneider* in Beckmann/Matusche-Beckmann VersR-HdB § 24 Rn. 6; *Wandt* VersR Rn. 1089.
[267] Vgl. hierzu näher → § 103 Rn. 2ff.
[268] Vgl. OLG Koblenz VersR 1995, 1298 (1299); OLG Hamm NVersZ 2002, 415 (417); *Littbarski* AHB § 3 Rn. 121.
[269] Vgl. BGHZ 117, 345 (350f.) = VersR 1992, 568; 119, 276 (282) = NJW 1993, 68; *H. Baumann* in BK-VVG § 149 Rn. 197; *Littbarski* AHB § 3 Rn. 121.
[270] Vgl. BGHZ 119, 276 (280) = NJW 1993, 68; vgl. ferner BGH NJW-RR 2004, 676 = VersR 2004, 590; OLG Karlsruhe NJW-RR 2020, 542; ebenso *W. Th. Schneider* in Beckmann/Matusche-Beckmann VersR-HdB § 24 Rn. 6; *Wandt* VersR Rn. 1089; vgl. ferner *Retter* in Schwintowski/Brömmelmeyer/Ebers § 100 Rn. 64.
[271] Vgl. *Grüneberg* in Grüneberg BGB § 253 Rn. 20 mwN.
[272] Vgl. *W. Th. Schneider* in Beckmann/Matusche-Beckmann VersR-HdB § 24 Rn. 6; *Wandt* VersR Rn. 1089; *Retter* in Schwintowski/Brömmelmeyer/Ebers § 100 Rn. 64.

der im Haftpflichtprozess festgestellte Grad des Verschuldens des Versicherungsnehmers auch eine Bindungswirkung für den Deckungsprozess.[273]

111 **b) Überschießende Feststellung.** Sofern hingegen der geschädigte Dritte im Haftpflichtprozess einen Schadensersatzanspruch geltend macht, für den Fahrlässigkeit genügt, kann das Gericht im Deckungsprozess zur Feststellung der Leistungsfreiheit des Versicherers nach § 103 des vorsätzliche Handeln des Versicherungsnehmers im Wege der Feststellungsklage nach § 256 Abs. 1 Var. 1 ZPO selbst dann prüfen, wenn im Haftpflichtprozess Vorsatz des Versicherungsnehmers als Schädiger bejaht worden war.[274] In diesem Falle ist nämlich der Vorsatz des Schädigers im Haftpflichtprozess für eine Haftung nicht entscheidungserheblich, so dass es sich in der Terminologie des BGH um eine „überschießende Feststellung" handelt, **die keine Bindungswirkung für den Deckungsprozess hat**.[275] Ebenfalls keine Bindungswirkung für den Deckungsprozess ist auch dann anzunehmen, wenn der Grad des Verschuldens im Haftpflichtprozess offengelassen wird. Daher kann die Frage des vorsätzlichen Handelns des Versicherungsnehmers im Deckungsprozess ebenfalls im Wege der Feststellungsklage gemäß § 256 Abs. 1 Var. 1 ZPO selbständig geprüft werden.[276]

112 **c) Offenbleiben maßgeblicher Tat - oder Rechtsfragen.** Die Bindungswirkung ist ferner dann zu verneinen, wenn im Haftpflichtprozess für den Deckungsprozess maßgebliche Tat- oder Rechtsfragen wie die zum Deckungsumfang, zur Risikobegrenzung oder zu Risikoausschlüssen offengeblieben sind. In derartigen Fällen sind diese **Fragen im Deckungsprozess zu entscheiden**.[277] Das Gleiche gilt, wenn im Haftpflichtprozess der Klage aufgrund einer Anspruchsgrundlage stattgegeben worden ist, die nicht Gegenstand des Versicherungsschutzes ist.[278] Daher muss etwa bei einem im Haftpflichtprozess auf die Gastwirtshaftung nach § 701 BGB gestützten Anspruch im Deckungsprozess geprüft werden, ob daneben ein vom Versicherungsschutz grundsätzlich erfasster Anspruch aus schuldhafter Pflichtverletzung nach § 280 Abs. 1 BGB in Betracht kommt, der aufgrund des Inkrafttretens des Gesetzes zur Modernisierung des Schuldrechts[279] mit Wirkung vom 1.1.2002[280] an die Stelle des früher gewohnheitsrechtlich anerkannten Anspruchs aus positiver Vertragsverletzung getreten ist.[281]

113 **d) Versicherungsrechtliche Würdigung.** Eine Bindung tritt nach umstrittener Auffassung auch dann nicht ein, wenn es um die versicherungsrechtliche Würdigung von im Haftpflichtprozess festgestellten Tatsachen und um die Feststellung von bestimmten Rechtsbegriffen geht.[282] So ist nach zutreffender Ansicht des OLG Karlsruhe[283] die versicherungsrechtliche Bedeutung eines Begriffes zweifelhaft, wenn im Haftpflichturteil die „Feststellung" getroffen worden war, dass eine „bösliche" Handlungsweise iSd § 4 Abs. 2 S. 2 Binnenschifffahrtsgesetz vorgelegen hätte.

---

[273] *Retter* in Schwintowski/Brömmelmeyer/Ebers § 100 Rn. 64.
[274] Vgl. BGH NJW-RR 2004, 676 = VersR 2004, 590; BGH VersR 2007, 641 (642); BGH NJW 2011, 610; OLG Düsseldorf r+s 2005, 155 (156); OLG Rostock VersR 2018, 608 (610 f.); *Retter* in Schwintowski/Brömmelmeyer/Ebers § 100 Rn. 64; *Wandt* VersR Rn. 1089.
[275] Vgl. BGH NJW-RR 2004, 676 = VersR 2004, 590; NJW-RR 2007, 827 (828) = VersR 2007, 641 (642); NJW 2011, 610; OLG München r+s 2000, 58 (60); OLG Düsseldorf r+s 2005, 155 (156); OLG Celle VersR 2009, 1257 (1259); *Retter* in Schwintowski/Brömmelmeyer/Ebers § 100 Rn. 64; *Wandt* VersR Rn. 1089; *Langheid/Müller-Frank* NJW 2012, 358 (361); *Langheid* in Langheid/Rixecker § 100 Rn. 38; vgl. ferner OLG Düsseldorf VersR 2020, 968; OLG Brandenburg r+s 2020, 154; vgl. auch → § 103 Rn. 66.
[276] Vgl. BGH VersR 2001, 1103 (1104); 2006, 106 (107); NJW-RR 2007, 827 (828) = VersR 2007, 641 (642); OLG Hamm r+s 2007, 152; OLG Karlsruhe VersR 2010, 940 (941); LG Dortmund r+s 2010, 237 (238); *Retter* in Schwintowski/Brömmelmeyer/Ebers § 100 Rn. 64; vgl. auch *Kassing/Richters* VersR 2015, 293 (294) für den Fall des „vorweggenommenen" Deckungsprozesses.
[277] Vgl. BGH VersR 1962, 557 (559); 1963, 421 (422); r+s 2001, 408; VersR 2006, 106; 2007, 641; r+s 2011, 66 Rn. 13; VersR 2015, 181 Rn. 17 ff. hinsichtlich der Wissentlichkeit der maßgeblichen Pflichtverletzung; jeweils mwN; vgl. ferner → § 103 Rn. 58 mwN in Fn. 139 und → § 110 Rn. 26 mit Fn. 53; OLG Celle VersR 2009, 1257 (1259); *Littbarski* AHB § 3 Rn. 122.
[278] Vgl. *H. Baumann* in BK-VVG § 149 Rn. 194; *Littbarski* AHB § 3 Rn. 122.
[279] BGBl. 2001 I S. 3138.
[280] Vgl. Art. 229 § 5 EGBGB.
[281] Vgl. BGH VersR 1962, 557 (559); *H. Baumann* in BK-VVG § 149 Rn. 194; *Voit/Knappmann*, in Prölss/Martin 27. Aufl. 2004, § 149 Rn. 31; *Littbarski* AHB § 3 Rn. 122.
[282] Vgl. BGH VersR 1969, 413 (414); OGH VersR 1974, 405; OLG Hamm VersR 1981, 178 (179); KG NVersZ 2002, 229 f.; *Voit/Knappmann*, in Prölss/Martin 27. Aufl. 2004, VVG § 149 Rn. 32; *H. Baumann* in BK-VVG § 149 Rn. 197; *Littbarski* AHB § 3 Rn. 123.
[283] OLG Karlsruhe VersR 1997, 737 (739 f.).

e) Kollusives Zusammenwirken. Erhebliche Probleme treten im Hinblick auf die Bindungswirkung des Haftpflichturteils für den Deckungsprozess in den Fällen auf, in denen die Gefahr oder sogar der Verdacht des kollusiven **Zusammenwirkens des Versicherungsnehmers als Schädiger mit dem angeblich Geschädigten** zu Lasten des Versicherers besteht.[284] Da diese Probleme jedoch nicht nur in tatsächlicher Hinsicht bestehen, sondern aus dem Blickwinkel des Haftpflichtversicherungsrechts im Deckungsprozess vor allem Fragen der Verschuldensgrade, des Haftungs- und damit einhergehend des Beweisrechts sowie des allgemeinen Prozessrechts aufwerfen, sind sie im Einzelfall und damit auch hier im Zusammenhang mit der Versagung des Versicherungsschutzes wegen der vorsätzlichen und widerrechtlichen Herbeiführung des Versicherungsfalles nach § 103 VVG zu diskutieren.[285]

f) Versicherungsrechtliche Einwendungen. Einigkeit besteht seit einer Entscheidung des Reichsgerichts[286] in Rechtsprechung[287] und Literatur[288] darüber, dass sog. versicherungsrechtliche Einwendungen des Versicherers **im Deckungsprozess selbständig zu prüfen** sind. Der Versicherer kann daher einwenden, dass es zu den Feststellungen des Haftpflichturteils durch eine Obliegenheitsverletzung des Versicherungsnehmers gekommen sei[289] bzw. dass der Versicherungsnehmer durch vorsätzliche oder fahrlässige Verletzung der Abwehrpflicht oder durch einen ebenso schuldhaften Verstoß gegen eine sonstige Obliegenheit den Versicherungsanspruch verwirkt habe.[290]

Ihren Ausdruck haben diese den Versicherungsnehmer vor oder nach dem Versicherungsfall treffenden **Obliegenheiten in Ziff. 24 AHB 2016 = B3-3.1.1 AVB BHV und B3-3.1.2 AVB BHV zu den Rechtsfolgen und in Ziff. 25 AHB 2016** sowie umfassender in B3-3.2 AVB BHV gefunden,[291] die im Regelfall neben einer Reihe anderer Rechtsgrundlagen[292] aufgrund einer entsprechenden Vereinbarung zwischen dem Versicherer und dem Versicherungsnehmer Gegenstand des Haftpflichtversicherungsvertrages sind.[293] Während Ziff. 24 AHB 2016 sowie B3-3.1.1 AVB BHV Obliegenheiten des Versicherungsnehmers vor Eintritt des Versicherungsfalles zum Gegenstand haben und den Versicherungsnehmer im Rahmen der Zumutbarkeit verpflichten, besonders gefahrdrohende Umstände auf Verlangen des Versicherers innerhalb angemessener Frist zu beseitigen, sind in Ziff. 25.1–25.5 AHB 2016 eine Reihe von Obliegenheiten des Versicherungsnehmers nach Eintritt des Versicherungsfalles statuiert. Diese reichen von der unverzüglichen Anzeige jedes Versicherungsfalles, über Maßnahmen zur Schadensabwendung und Schadensminderung, über Schadensberichte und Mitteilungen an den Versicherer, über Anzeigen verfahrensrechtlicher Maßnahmen, über die Einlegung von Widersprüchen und Rechtsbehelfen bis hin zur Überlassung der Führung des Verfahrens an den Versicherer bei gerichtlicher Geltendmachung eines Haftpflichtanspruchs gegen den Versicherungsnehmer. Noch differenzierter sind in B3-3.2 AVB BHV die vom Versicherungsnehmer bei und nach Eintritt des Versicherungsfalles zu erfüllenden Obliegenheiten ausgestaltet.

---

[284] Vgl. Ziff. 7.4 und 7.5 AHB 2016, A1-7.3 und 7.4 AVB BHV sowie § 4 II Ziff. 1 und 2 AHB 2002; hierzu näher *Littbarski* AHB § 4 Rn. 364 ff. und 393 f.; vgl. ferner BGH r+s 2016, 293 Rn. 18 und 32 zu kollusiven Absprachen in der D&O-Versicherung; BGH r+s 2022, 148 Rn. 14 ff.; vgl. auch OLG Celle VersR 2009, 1257 (1259); OLG Düsseldorf r+s 2013, 599 f.; 2014, 122 (123 f.) mit Anm. *Schimikowski*; *v. Rintelen* in Beckmann/Matusche-Beckmann VersR-HdB § 23 Rn. 336 ff.; *Retter* in Schwintowski/Brömmelmeyer/Ebers § 100 Rn. 65; *H. Baumann* in Bruck/Möller AVB-AVG 2011/2013 Ziff. 1 Rn. 66 mwN in Fn. 236; *Lücke* in Prölss/Martin § 100 Rn. 55, wonach im Anschluss an *Krämer* r+s 2001, 177 § 826 BGB helfe und es unter Umständen einer Durchbrechung der Rechtskraft bedürfe; eine solche, der ständigen Rechtsprechung entsprechende Durchbrechung der Rechtskraft (vgl. hierzu nur BGHZ 101, 380 (383 ff.) = NJW 1987, 2357; BGH NJW 2002, 2940 (2943)) ist abzulehnen; allgemein zu den Voraussetzungen einer sittenwidrigen und damit nach § 138 Abs. 1 BGB nichtigen Kollusion RGZ 130, 131 (142); BGH NJW 2000, 2896 (2897); 2002, 1497 (1498); NJW-RR 2004, 247 (248); NJW 2014, 1380 f. Rn. 10; OLG Köln VersR 2014, 996 (997 ff.); näher zu den haftungsrechtlichen Folgen aus einem kollusiven Zusammenwirken BGHZ 12, 308 (317 ff.) = NJW 1954, 1159; NJW 1979, 1704 (1705); 1994, 128; 2014, 1380 f. Rn. 10; *G. Wagner* in MüKoBGB § 826 Rn. 76 und 159 ff.

[285] Vgl. hierzu näher → § 103 Rn. 3 ff. und 64 ff.

[286] RGZ 167, 243 (246); vgl. hierzu auch *Harsdorf-Gebhardt* r+s 2012, 261 (263).

[287] BGH VersR 1978, 1105; OLG Köln VersR 1970, 998; OLG Hamm VersR 1980, 1061; 1987, 88; OLG Köln r+s 1990, 9 (10); OLG Hamm r+s 1990, 267; OLG Köln r+s 1998, 59; OLG Celle VersR 2009, 1257 (1259); OLG Frankfurt a. M. NJW-RR 2014, 1376 Rn. 17.

[288] Vgl. *H. Baumann* in BK-VVG § 149 Rn. 196; *Voit/Knappmann*, in Prölss/Martin 27. Aufl. 2004, § 149 Rn. 32; *Littbarski* AHB § 3 Rn. 124; *v. Rintelen* in Beckmann/Matusche-Beckmann VersR-HdB § 23 Rn. 339; *Schimikowski* in HK-VVG Vor §§ 100–124 Rn. 16; *Lücke* in Prölss/Martin § 100 Rn. 66.

[289] Vgl. BGH VersR 1978, 1105; *Littbarski* AHB § 3 Rn. 124.

[290] RGZ 167, 243 (246).

[291] Näher hierzu *Littbarski* in Littbarski/Tenschert/Klein AVB BHV, B3-3 AVB BHV Rn. 144 ff.

[292] Vgl. hierzu → Rn. 165 ff.

[293] Vgl. hierzu → Rn. 165.

117 Welche Bedeutung diese Obliegenheiten des Versicherungsnehmers als versicherungsrechtliche Einwendungen in der Praxis zukünftig erlangen werden, ist derzeit noch nicht verbindlich zu beantworten. Jedoch spricht manches dafür, dass die Bedeutung recht beachtlich sein könnte, da auch die die Rechtsfolgen bei Verletzung von Obliegenheiten regelnden Bestimmungen der Ziff. 26 AHB 2016 sowie der von B3-3.1.2 AVB BHV und von B3-3.3 AVB BHV eine Vielzahl von dem Versicherer möglichen Maßnahmen vorsehen.

118 **g) Versicherungsrechtliche Einwendungen und ihre Grenzen.** Die versicherungsrechtlichen Einwendungen des Versicherers haben im Deckungsprozess aber auch ihre Grenzen. So kann in diesem Prozess bezüglich der schadensverursachenden Pflichtverletzung kein anderer Haftungsgrund zugrundegelegt werden, als der, der im Haftpflichtprozess für maßgeblich angesehen wurde.[294] Zählt doch dem Versicherungsnehmer anzulastende Pflichtverstoß zum Haftungstatbestand, über den bereits im Haftpflichtprozess mit bindender Wirkung entschieden wurde.[295] Wird daher der Versicherungsnehmer einer Haftpflichtversicherung[296] im Haftpflichtprozess zum Schadensersatz wegen positiver Vertragsverletzung bzw. nach Inkrafttreten des Schuldrechtsmodernisierungsgesetzes am 1.1.2002[297] wegen schuldhafter Pflichtverletzung gemäß § 280 Abs. 1 BGB verurteilt, so ist das Gericht nach zutreffender Ansicht des BGH in einem Urteil vom 28.9.2005[298] im Deckungsprozess zwischen dem Versicherungsnehmer und dem Haftpflichtversicherer daran gebunden und kann seiner Entscheidung keinen anderen Haftungsgrund zugrunde legen. Auch aus der Rechtsprechung zur sog. Voraussetzungsidentität[299] ergibt sich nach jedenfalls im Ergebnis richtiger Auffassung des BGH[300] nichts anderes, da sich die Frage nach dem Haftungsgrund im Haftpflichtprozess immer als entscheidungserheblich in dem Sinne erweist, dass sie nach dem im Haftpflichtversicherungsvertrag gegebenen Leistungsversprechen für den nachfolgenden Deckungsprozess verbindlich geklärt werden soll.

119 Zugleich macht der BGH[301] im Ausgangsfall aber auch deutlich, dass die Bindungswirkung nur soweit reicht, wie eine für die Entscheidung im Deckungsprozess maßgebliche Frage zu einzelnen Anspruchsvoraussetzungen sich auch im Haftpflichtprozess als entscheidungserheblich erweist.[302] Die Frage nach einer wissentlichen Pflichtverletzung der Rechtsanwältin gemäß § 4 Ziff. 5 AVB-WB, um die es im vorliegenden Fall ging, wäre für den Haftpflichtprozess nicht entscheidungserheblich gewesen, weil dort Fahrlässigkeit zur Haftungsbegründung ausreichte.[303] Nach § 4 Ziff. 5.1 AVB – WB beziehe sich der Versicherungsschutz hingegen nicht auf Haftpflichtansprüche wegen Schadensverursachung durch wissentliches Abweichen von Gesetz, Vorschrift, Anweisung oder Bedingung des Auftraggebers oder durch sonstige wissentliche Pflichtverletzung.

120 **h) Prozessuale Folgen.** Weitere Fragen zur Bindungswirkung und ihren Grenzen ergeben sich aus prozessualen Erwägungen. Da diese Fragen jedoch im untrennbaren Zusammenhang mit dem Anerkenntnis des Versicherungsnehmers nach § 105, der Fälligkeit der Versicherungsleistung gemäß § 106 sowie der Verfügung über den Freistellungsanspruch nach § 108 stehen, werden sie jeweils auch erst dort näher erörtert werden.[304]

V. Auswirkungen des Bestehens einer Haftpflichtversicherung auf die Haftung?

121 **1. Allgemeines.** Auch wenn die Haftung des Versicherungsnehmers gegenüber dem Dritten unabhängig von dem Bestehen einer Haftpflichtversicherung ist, entspricht es doch seit langem einer in Rechtsprechung und Literatur weitverbreiteten Auffassung, dass das Bestehen einer Haftpflichtversicherung auch Auswirkungen auf die Haftung habe. So wird schlagwortartig von den

---

[294] Vgl. auch *Schimikowski* in HK-VVG Vor §§ 100–124 Rn. 16.
[295] Vgl. BGH r+s 2006, 149 f.; KG VersR 2008, 69; *Schimikowski* in HK-VVG Vor §§ 100–124 Rn. 16; *Felsch* r+s 2008, 265 (267 f.).
[296] Im Falle von BGH r+s 2006, 149 handelte es sich um eine Vermögensschadenhaftpflichtversicherung für Rechtsanwälte.
[297] Vgl. hierzu → Rn. 112 mwN in Fn. 279 ff.
[298] BGH r+s 2006, 149 f.
[299] BGH r+s 2006, 149. (150) unter Bezugnahme auf BGH r+s 2004, 232 = VersR 2004, 590; vgl. auch *Felsch* r+s 2008, 265 (267 f.) aus der Sicht des an der Entscheidung des BGH beteiligten Richters; näher zur Rechtsprechung über die sog. Voraussetzungsidentität → Rn. 107 ff.
[300] BGH r+s 2006, 149 (150).
[301] BGH r+s 2006, 149 (150).
[302] BGH r+s 2006, 149 (150) unter Bezugnahme auf BGH r+s 2004, 232 = VersR 2004, 590; OLG Hamm NJW-RR 2002, 1185 (1186).
[303] BGH r+s 2006, 149 (150); vgl. auch *Felsch* r+s 2008, 265 (268) aus der Sicht des an der Entscheidung des BGH beteiligten Richters.
[304] Vgl. hierzu → § 105 Rn. 55; → § 106 Rn. 13 ff., 31 ff. und 50 ff.; → § 108 Rn. 22 und 126 ff.

Reflex-[305] bzw. von den **Rückwirkungen**[306] **der Haftpflichtversicherung auf die Haftung** gesprochen und damit zum Ausdruck gebracht, dass allein das Bestehen einer Haftpflichtversicherung zugunsten des Schädigers auch eine Haftungsbegründung oder zumindest eine Haftungsverschärfung rechtfertige und daher die Existenz der Haftpflichtversicherung ein Korrektiv für die Haftung bzw. für den Haftungsumfang sein soll.[307] Damit wird zugleich die seit der Schaffung der Haftpflichtversicherung vehement vertretene These, wonach sich die Haftpflichtversicherung nach der Haftung richte und nicht die Haftung nach der Haftpflichtversicherung, mithin die Versicherung der Haftung folge, sie aber nicht begründe,[308] ins Gegenteil verkehrt.

Maßgeblich für diesen angeblichen Einfluss des Bestehens einer Haftpflichtversicherung auf die **122** Haftung sind nichts anderes als bloße Billigkeitserwägungen zugunsten des geschädigten Dritten. Dies zeigen bereits die wesentlichen Fallgruppen, die diese Auffassung prägen. So soll es Rückwirkungen der Haftpflichtversicherung auf die Haftung nicht nur im sog. Gefälligkeitsverhältnis und bei der Bestimmung des Schmerzensgeldes nach § 847 BGB aF bzw. gemäß § 253 Abs. 2 BGB nF geben, sondern auch bei der Ersatzpflicht aus Billigkeitsgründen nach § 829 BGB und bei dem Haftungsprivileg gemäß den §§ 104 ff. SGB VII. Schließlich wird für den Bereich der Gebäudeversicherung eines Grundstückseigentümers ein Regressverzicht des Versicherers für den Fall angenommen, dass der haftpflichtversicherte Mieter den Schaden an der Mietsache nur mit leichter Fahrlässigkeit verursacht hat und die Haftpflichtversicherung die durch den Mieter verursachten Schäden deckt.

Ohne auf Einzelheiten zu diesen in der Rechtsprechung entwickelten und von Stimmen in der **123** Literatur überwiegend positiv aufgenommenen Fallgruppen eingehen zu können,[309] seien doch die hierfür für entscheidend gehaltenen Gründe kurz genannt.

2. Gefälligkeitsverhältnis. So wird zwar im Falle des eine Gefälligkeit erbringenden Schädi- **124** gers unter bestimmten, hier nicht näher zu erläuternden Voraussetzungen eine grundsätzliche Haftung mit konkludenter Vereinbarung über eine Haftungsbeschränkung oder aber auch eine generelle Haftungsbeschränkung gegenüber dem Geschädigten als möglich angenommen.[310] Soweit aber der die Gefälligkeit erbringende Schädiger haftpflichtversichert ist, soll die Annahme einer konkludent vereinbarten Haftungsbeschränkung nach weitverbreiteter, aber unzutreffender Auffassung ausgeschlossen sein, weil diese Privilegierung allein seiner Haftpflichtversicherung zu Gute komme.[311]

---

[305] So die Formulierung von *K. Sieg* Ausstrahlungen S. 99 ff.; *K. Sieg* VersR 1980, 1085 (1089); ebenso *Retter* in Schwintowski/Brömmelmeyer/Ebers Vorb. §§ 100–112 Rn. 10.

[306] So die Formulierung von *Hanau* VersR 1969, 291 mwN; *H. Baumann* in BK-VVG Vorb. §§ 149–158k Rn. 40 ff.; vgl. auch *R. Koch* in Bruck/Möller Vor §§ 100–112 Rn. 60 f. und hierzu → Rn. 139.

[307] Vgl. hierzu grundlegend BGHZ (GS) 18, 149 (165 ff.) = NJW 1955, 1675; BGHZ 76, 279 (282) = NJW 1980, 1623; BGH VersR 1979, 645; NJW 1995, 452; 2008, 1591; OLG Stuttgart NZV 2009, 233; klarstellend aber BGH NJW 2010, 537, wonach eine private Haftpflichtversicherung nicht anspruchsbegründend wirke; *Wessel* VersR 2011, 569 (571); eingehend und kritisch *Littbarski* Haftungs- und Versicherungsrecht Rn. 698 ff.; *Littbarski* VersR 2004, 950 (956 f.); *D. Becker* Einfluss der Haftpflichtversicherung passim; *Seybold/Wendt* VersR 2009, 455; *Makowsky* Versicherungsschutz passim; *Spindler* in Bamberger/Roth BGB § 823 Rn. 394; vgl. auch *Wandt* VersR 2011, 1088; jeweils mwN.

[308] Vgl. BGH VersR 1980, 625 (626 f.); 1992, 437 (439); BGHZ 127, 186 (192) = VersR 1995, 96 (98); BGH VersR 2008, 1560; 2009, 1677 (1678); *E. Lorenz* VersR 1980, 697 ff.; *H. Baumann* in BK-VVG Vorb. §§ 149–158k Rn. 40.

[309] Vgl. hierzu näher *Littbarski* Haftungs- und Versicherungsrecht Rn. 698 ff.; *Littbarski* VersR 2004, 950 (956 f.); *D. Becker* Einfluss der Haftpflichtversicherung passim; *Retter* in Schwintowski/Brömmelmeyer/Ebers VVG Vorb. §§ 100–112 Rn. 10 ff.; jeweils mwN.

[310] Vgl. etwa BGH r+s 2016, 424 Rn. 10 mit Anm. *Günther*; OLG Koblenz r+s 2015, 464 Rn. 16 ff. im Hinblick auf die unentgeltliche Gefälligkeit unter Nachbarn beim Wässern des Gartens; hierzu *Piontek* Haftpflichtversicherung § 1 Rn. 32; *Schimikowski* in HK-VVG Vor §§ 100–124 Rn. 22; *Lücke* in Prölss/Martin § 100 Rn. 80; näher *Littbarski* VersR 2004, 950 (952) mwN; *Hauer* ZVersWiss 102 (2013), 353, 355 f.; *Harsdorf-Gebhardt* in Späte/Schimikowski AHB 2014 Ziff. 7 Rn. 150 ff.; eingehend zum Haftungsmaßstab bei Gefälligkeit: *Spallino* Haftungsmaßstab; *Grigoleit* VersR 2018, 769 ff.; *Brun* VersR 2018, 789 ff.; *Wessel* VersR 2011, 569 (572 f.) zu Gefälligkeits- und Probefahrten; näher zur Abgrenzung zwischen Geschäftsführung ohne Auftrag und Gefälligkeit ohne Auftrag BGH NJW 2015, 2880 Rn. 10 f. mit Anm. *Singbarth/Zintl*; vgl. ferner → § 102 Rn. 49, 58 mwN.

[311] Vgl. nur BGH VersR 1992, 1145 (1147); 1993, 1092 (1093 f.); r+s 2008, 109 mit Anm. *Schwintowski*; VersR 2009, 558; r+s 2016, 424 ff. mit Anm. *Günther*; OLG Frankfurt a. M. NJW-RR 1986, 1350 (1352); OLG Hamm NJW-RR 2001, 455; OLG Oldenburg VersR 2003, 1262 (1264); LG Dortmund r+s 2016, 80 mit Anm. *Schimikowski*; LG Koblenz r+s 2022, 470 Rn. 31 im Hinblick auf die Haftung der Pferdehalterin gegenüber ihrer „Schwangerschaftsvertretung"; *Piontek* Haftpflichtversicherung § 1 Rn. 32; demgegenüber zu Recht differenzierend OLG Koblenz r+s 2015, 464 Rn. 22 ff. und 26 ff.; ebenso schon früher *Gehrlein* VersR 2000, 415 (418) und *Littbarski* VersR 2004, 950 (952); vgl. ferner OLG Hamm r+s 2016, 81 f. mit Anm. *Dickmann*; *Mergner/Kraft* VersR 2016, 435 (440 f.); ablehnend dagegen *Heimbücher* VW 1998, 178

125 **3. Schmerzensgeld.** Im Hinblick auf die Bestimmung der Höhe des Schmerzensgeldes entspricht es seit langem einer ständigen, in Nuancen allerdings differenzierenden Rechtsprechung, dass auch die wirtschaftlichen Verhältnisse des Schädigers bei der Bemessung des Schmerzensgeldes eine Rolle spielen sollen. Dazu gehört insbesondere seit der grundlegenden Entscheidung des Großen Senates des BGH vom 6.7.1955[312] in der Rechtsprechung[313] die Berücksichtigung des Umstandes, dass der Schädiger haftpflichtversichert ist, wobei es nach dieser Ansicht gleichgültig ist, ob es sich um eine freiwillige Haftpflichtversicherung oder aber um eine Pflichthaftpflichtversicherung handelt. Darüber hinausgehend findet in der Rechtsprechung einiger Instanzgerichte auch der Umstand Berücksichtigung, dass die Verzögerung der Regulierung bzw. die zu missbilligende Art und Weise der Schadensregulierung durch den Versicherer sich für den Geschädigten als nachteilig erweise und deshalb bei der Bestimmung der Höhe des Schmerzensgeldes zu beachten sei, da sich der Versicherungsnehmer das Regulierungsverhalten seines Versicherers zurechnen lassen müsse.[314]

126 Demgegenüber beabsichtigte der 2. Strafsenat des BGH[315] in den von ihm zu beurteilenden Verfahren 2 StR 137/14 und 2 StR 357/14 zu entscheiden, dass bei der Bemessung der billigen Entschädigung in Geld nach § 253 Abs. 2 BGB und § 406 Abs. 1 S. 6 StPO weder die wirtschaftlichen Verhältnisse des Geschädigten noch die des Schädigers zu berücksichtigen seien. Zudem könnte es nach seiner Ansicht auch keine Rolle spielen, ob der Schädiger haftpflichtversichert sei, zumal dann die Höhe der Entschädigung von einem für die geschädigte Person zufälligen Umstand abhängig würde. Diese gegenüber der bisherigen Rechtsprechung und Literatur abweichende Auffassung im Einzelnen begründend, fragte der 2. Strafsenat des BGH in einem Vorlagebeschluss vom 8.10.2014 im Wege des Anfrage- und Vorlageverfahrens gemäß § 132 Abs. 2 und 3 GVG bei dem Großen Senat für Zivilsachen und den anderen Strafsenaten des BGH an, ob an entgegenstehender Rechtsprechung festgehalten werde. Ergänzend hob der 2. Strafsenat ausdrücklich hervor, dass er dies auch für eine Frage von grundsätzlicher Bedeutung iSd § 132 Abs. 4 GVG halte.

126a Die Vereinigten Großen Senate haben mit Beschluss vom 16.9.2016 (VGS 1/16)[316] hierzu wie folgt Stellung genommen:

126b Die vorgelegten Rechtsfragen waren gemäß § 132 Abs. 2 und 3 GVG den Vereinigten Großen Senaten vorzulegen, weil der 2. Strafsenat beabsichtigte, nicht nur von der Rechtsprechung anderer Strafsenate, sondern auch von der des Großen Senats für Zivilsachen sowie der des III. und des VI. Zivilsenats abzuweichen.[317]

126c Die erste Vorlagefrage ist nach Ansicht[318] der Vereinigten Großen Senate – der Entscheidung des Großen Senats für Zivilsachen vom 6.7.1955 (BGHZ 18, 149) folgend – dahin zu beantworten, dass bei der Bemessung einer billigen Entschädigung in Geld nach § 253 Abs. 2 BGB (§ 847 BGB aF) alle Umstände des Falles berücksichtigt werden könnten. Die wirtschaftlichen Verhältnisse des Schädigers und des Geschädigten könnten dabei nicht von vornherein ausgeschlossen werden.

126d Bei der zweiten Vorlagefrage des 2. Strafsenats ging es nach Ansicht[319] der Vereinigten Großen Senate um den Maßstab, nach dem alle wirtschaftlichen Verhältnisse des Schädigers und des Geschädigten zu berücksichtigen. Dabei ging es bei der Bemessung der billigen Entschädigung in Geld

---

(179); *Wessel* VersR 2011, 569 (571); *Hauer* ZVersWiss 102 (2013), 353, 355 f., 361 f.; *Hauer,* Die Haftungsrelevanz der Haftpflichtversicherung, 2015, S. 115 ff.; *Langheid* in Römer/Langheid VVG § 149 Rn. 8; *Voit/Knappmann* in Prölss/Martin, 27. Aufl. 2004, § 149 Rn. 42; *Lücke* in Prölss/Martin § 100 Rn. 80; *Retter* in Schwintowski/Brömmelmeyer/Ebers Vorb. §§ 100–112 Rn. 11; jeweils mwN.

[312] BGHZ (GS) 18, 149 (165 ff.) = NJW 1955, 1675.
[313] Vgl. BGH VersR 1966, 561; DB 1976, 1520 (1521); VersR 1995, 96 (97); OLG Frankfurt a. M. VersR 1990, 1287; OLG Köln VRS 98, 414 (416); vgl. ferner *Voit/Knappmann,* in Prölss/Martin 27. Aufl. 2004, § 149 Rn. 40 mwN; kritisch zu Recht *Wessel* VersR 2011, 569 (571); *Langheid* in Langheid/Rixecker § 100 Rn. 17; vgl. ferner *Lang* r+s 2011 Sonderheft S. 63 ff. zur (angeblich) nur sehr restriktiven Haftung Minderjähriger.
[314] Vgl. OLG Karlsruhe NJW 1973, 851 (852 f.); OLG Nürnberg VersR 1998, 731 (732); OLG Frankfurt a. M. NJW 1999, 2447 f.; OLG Naumburg VersR 2002, 1295 (1296); einschränkend zur Schmerzensgeldererhöhung bei Anhaltspunkten für eine Selbsttötungsabsicht des Versicherungsnehmers OLG Brandenburg VersR 2016, 671 (672); LG Berlin NJW 2006, 702 (703); vgl. ferner *Hauer,* Die Haftungsrelevanz der Haftpflichtversicherung, 2015, S. 100 ff.; *Retter* in Schwintowski/Brömmelmeyer/Ebers Vorb. §§ 100–112 Rn. 13 mit weiteren Einzelheiten; näher zur Verfassungsmäßigkeit des § 253 Abs. 2 BGB → Rn. 14 mwN in Fn. 239.
[315] Vgl. BGH r+s 2015, 94 ff.
[316] BGHZ 212, 48 ff. = r+s 2017, 101 ff. = VersR 2017, 296 ff.
[317] BGHZ 212, 48 Rn. 27.
[318] BGHZ 212, 48 Rn. 29 ff.
[319] BGHZ 212, 48 Rn. 70 ff.

nicht um eine isolierte Schau auf einzelne Umstände des Falles, wie etwa die Vermögensverhältnisse des Schädigers oder des Geschädigten, sondern um eine Gesamtbetrachtung aller Umstände des Einzelfalles. Diese habe der – rechtlicher Kontrolle unterliegende – Tatrichter zunächst sämtlich in den Blick zu nehmen, dann die fallprägenden Umstände zu bestimmen und diese im Verhältnis zueinander zu gewichten. Dabei sei in erster Linie die Höhe und das Maß der entstandenen Lebensbeeinträchtigung zu berücksichtigen; hier liege das Schwergewicht (BGHZ 18, 149).

Den vorliegenden Beschluss an dieser Stelle zu würdigen, ist hier nicht der Platz. Maßgeblich ist allein das von den Vereinigten Großen Senaten vorstehend genannte, für richtig erachtete Ergebnis. Danach ist im Rahmen der Gesamtumstände auch das Bestehen einer Haftpflichtversicherung zu berücksichtigen. **126e**

4. Billigkeitshaftung nach § 829 BGB. Bezüglich der Billigkeitshaftung nach § 829 BGB wird nach weitverbreiteter Auffassung[320] ebenfalls ein Einfluss der Haftpflichtversicherung auf die Haftung für beachtlich gehalten. Allerdings weicht die Rechtsprechung zu § 829 BGB gegenüber den Erwägungen zum Bestehens einer Haftpflichtversicherung auf die Bestimmung der Höhe des Schmerzensgeldes nach § 847 BGB aF bzw. gemäß § 253 BGB nF in mehreren Punkten ganz wesentlich ab. **127**

So hat der BGH in einer Entscheidung vom 18.12.1979[321] die ursprünglich im Urteil des BGH vom 15.1.1957[322] vertretene Ansicht, wonach eine Orientierung des Anspruchs aus § 829 BGB an der Bestimmung der Höhe des Schmerzensgeldanspruchs erfolgen müsse, als ein nicht brauchbares Abgrenzungskriterium angesehen, da sich dies schon aus der Wesensverschiedenheit der Anspruchsgrundlagen ergebe.[323] Auch wenn der Schmerzensgeldanspruch durch Billigkeit zu bemessen sei und dabei auch die wirtschaftlichen Verhältnisse des Schädigers in Betracht zu ziehen seien, so doch dieser Anspruch dem Grunde nach unabhängig von der Frage, ob der Schuldner zu seiner Befriedigung überhaupt imstande sei.[324] Dagegen hänge schon das „ob" des Billigkeitsanspruchs gemäß § 829 BGB entscheidend von den gesamten Umständen ab, unter denen ein wirtschaftliches Gefälle vom Schädiger zum Geschädigten an erster Stelle stehe.[325] Daraus ergibt sich für die Rechtsprechung weiterhin, dass insoweit nicht der Schaden, sondern das Vermögen des Schädigers den hauptsächlichen Anknüpfungspunkt für den Anspruch bilde.[326] Zu diesem Zweck differenziert die Rechtsprechung zu § 829 BGB[327] nach der Art der Versicherung. Während bei einer Pflichtversicherung der Haftpflichtversicherung ein Einfluss auf Grund und Höhe des Anspruchs eingeräumt wird, beurteilt sich dies nach der Rechtsprechung bei einer freiwilligen Haftpflichtversicherung danach, ob ein Einfluss auf die Höhe des Anspruchs zur Debatte steht. In diesem Falle soll ein solcher Einfluss gegeben sein.[328] Sofern es hingegen um einen Einfluss der freiwilligen Haftpflichtversicherung auf den Haftungsgrund geht, wird dieser abgelehnt.[329] Schließlich hebt der BGH[330] im Zusammenhang mit der Frage des Einflusses der Haftpflichtversicherung auf die Haftung immer wieder hervor, dass das Bestehen von Versicherungsschutz jedenfalls dann keine Haftung nach § 829 BGB begründen könne, wenn die Haftung sonst unter Berücksichtigung aller Umstände des Einzelfalles nicht bestünde. **128**

---

[320] Vgl. BGHZ 23, 90 (100) = NJW 1957, 674; BGHZ 76, 279 (283 ff.) = NJW 1980, 1623; BGH NJW 1979, 2096 (2097); BGHZ 127, 186 (192) = VersR 1995, 96 (97 f.); BGH VersR 2017, 296; eingehend *D. Becker* Einfluss der Haftpflichtversicherung; *Hauer*, Die Haftungsrelevanz der Haftpflichtversicherung, 2015, S. 83 ff. und S. 160 ff.; vgl. ferner *Langheid* in Langheid/Rixecker § 100 Rn. 18; *Voit/Knappmann* in Prölss/Martin, 27. Aufl. 2004, § 149 Rn. 141; kritisch zu Recht *Friedrich* VersR 2000, 697 ff.; *H. Baumann* in BK-VVG Vorb. §§ 149–158k Rn. 42; *Retter* in Schwintowski/Brömmelmeyer/Ebers Vorb. §§ 100–112 Rn. 14; *Lücke* in Prölss/Martin § 100 Rn. 79; jeweils mwN.
[321] BGHZ 76, 279 (283 ff.) = NJW 1980, 1623.
[322] BGHZ 23, 90 (100) = NJW 1957, 674.
[323] BGHZ 76, 279 (284).
[324] BGHZ 76, 279 (284) unter Bezugnahme auf BGHZ (GS) 18, 149 (160) = NJW 1955, 1675 und BGH VersR 1958, 485 (486).
[325] BGHZ 76, 279 (284).
[326] So zutreffend *D. Becker* Einfluss der Haftpflichtversicherung S. 76.
[327] Vgl. BGHZ 23, 90 (100) = NJW 1957, 674; BGHZ 76, 279 (283) = NJW 1980, 1623; BGH NJW 1979, 2096; 1995, 452 (453 f.); LG Mosbach NJW-RR 1986, 24.
[328] So zutreffend *D. Becker* Einfluss der Haftpflichtversicherung S. 77 ff. mit weiteren Einzelheiten; vgl. ferner *H. Baumann* in BK-VVG Vorb. §§ 149–158k Rn. 41.
[329] Vgl. BGHZ 23, 90 (99 f.) = NJW 1957, 674; BGH VersR 1979, 645; 2009, 1677 (1678); vgl. ferner OLG Schleswig NJW-RR 2010, 957 (959 f.); *D. Becker* Einfluss der Haftpflichtversicherung S. 77 ff.; *H. Baumann* in BK-VVG Vorb. §§ 149–158k Rn. 40; jeweils mit weiteren Einzelheiten.
[330] Vgl. BGHZ 23, 90 (100) = NJW 1957, 674; BGHZ 76, 279 (283 ff.) = NJW 1980, 1623; BGH NJW 1979, 2096 (2097); BGHZ 127, 186 (192) = VersR 1995, 96 (97 f.); BGH NJW 2010, 537; vgl. ferner *Retter* in Schwintowski/Brömmelmeyer/Ebers Vorb. §§ 100–112 Rn. 14.

129 **5. Haftungsprivileg nach den §§ 104 ff. SGB VII.** Auch im Hinblick auf die §§ 104 ff. SGB VII, die mit Wirkung vom 1.1.1997[331] die bis zu diesem Zeitpunkt geltenden §§ 636 ff. RVO ersetzt und als Bestimmungen der gesetzlichen Unfallversicherung ein Haftungsprivileg in Gestalt einer **Ablösung der Unternehmerhaftpflicht** gebracht haben, ist fraglich, ob und gegebenenfalls in welcher Form das Bestehen einer freiwillig abgeschlossenen Haftpflichtversicherung oder aber einer Pflichtversicherung die Haftung nach den §§ 104 ff. SGB VII einschließlich einer Regressmöglichkeit nach § 110 SGB VII beeinflussen kann.

130 Nach den §§ 104–107 SGB VII ist die **Haftung des Unternehmers**[332] **als Arbeitgeber gegenüber seinen Beschäftigten** sowie die **Haftung der Arbeitskollegen untereinander** für Personenschäden **weitgehend ausgeschlossen.** Maßgeblich für dieses, auch den Anspruch auf Schmerzensgeld nach § 253 Abs. 2 BGB nF bzw. nach § 847 BGB aF[333] erfassende Haftungsprivileg ist einmal, dass der geschädigte Versicherte sowie dessen Angehörigen und Hinterbliebenen dem Unternehmer keine schuldhafte Pflichtverletzung mehr nachweisen müssen, sondern sich vielmehr aufgrund der Ersetzung der Schadensersatzpflicht des Unternehmers durch den Träger der Unfallversicherung an einen liquiden Schuldner wenden können und damit eine schnelle Regulierung gesichert ist.[334] Zum anderen ist diese gesetzlich geregelte Haftungsersetzung durch Versicherungsschutz[335] aber auch das Korrelat für den Umstand, dass der Unternehmer gemäß § 150 Abs. 1 S. 1 SGB VII in der gesetzlichen Unfallversicherung allein beitragspflichtig ist.[336] Nicht zuletzt dienen die Vorschriften der §§ 104 ff. SGB VII aber auch dem Betriebsfrieden, indem Auseinandersetzungen zwischen dem Unternehmer und dem Versicherten bzw. seinen Angehörigen und Hinterbliebenen in der gesetzlichen Unfallversicherung weitgehend vermieden werden.[337]

131 Allein diese für das Haftungsprivileg nach den §§ 104 ff. SGB VII maßgeblichen Gründe müssten an sich ausreichend sein, um selbst beim Bestehen einer Haftpflichtversicherung jeglichen Einfluss dieser auf die Haftung nach den §§ 104 ff. SGB VII von vornherein auszuschließen. Eine solche Auffassung entspricht aber nicht der Rechtsprechung, wobei zu beachten ist, dass die Zivilgerichtsbarkeit bei Streitigkeiten über allgemeine haftungsrechtliche Fragen zuständig ist, während die Arbeitsgerichtsbarkeit über haftungsrechtliche Fragen aus dem Arbeitsverhältnis zu entscheiden hat.[338] Vielmehr vertritt die Rechtsprechung eine differenzierte Ansicht, wie der folgende Überblick zeigt:

132 So ist das Bestehen einer Haftpflichtversicherung nach inzwischen wohl einhelliger Auffassung dann unerheblich, wenn es sich um **Arbeitsunfälle infolge sog. gefahrgeneigter Arbeit**[339] handelt, da in diesen Fällen die Haftung des Arbeitgebers und der im Unternehmen beschäftigten Betriebsangehörigen durch die §§ 104 ff. SGB VII bzw. durch die bis zum 31.12.1996 geltenden §§ 636 ff. RVO ausgeschlossen ist.[340] Damit weicht der BGH von der von ihm ursprünglich zu den §§ 898 RVO aF sowie den §§ 636 ff. RVO vertretenen Meinung ab, die zwischen der Pflichthaftpflichtversicherung und der freiwilligen Haftpflichtversicherung differenzierte. Während danach im

---

[331] BGBl. 1996 I S. 1254; vgl. hierzu auch → Rn. 13 ff.
[332] Vgl. zum Unternehmerbegriff im Sinne des SGB VII § 136 Abs. 3 Nr. 1–6 SGB VII sowie zum Unternehmensbegriff im Unfallversicherungsrecht OLG Oldenburg VersR 2016, 461 (462); eingehend zu Haftungsprivilegierungen des SGB VII mit Blick auf den Unternehmer *A. Diederichsen* r+s 2011, Sonderheft, S. 20 ff.
[333] Bejahend zur Verfassungsmäßigkeit der bis zum Inkrafttreten der §§ 104 ff. SGB VII geltenden, den Schmerzensgeldanspruch nach § 847 BGB aF ausschließenden §§ 636, 637 RVO BVerfGE 34, 118 (128 ff.) = NJW 1973, 502; BVerfGE 85, 176 (186 ff.) = NJW 1992, 1019; BVerfG NJW 1995, 1607; verneinend zur Verfassungsmäßigkeit im Hinblick auf § 253 Abs. 2 BGB nF mit der Begründung, dass der Schmerzensgeldanspruch nicht mehr im Deliktsrecht verankert sei, *Richardi* NZA 2002, 1004 (1009).
[334] Vgl. → Rn. 14; *Rolfs* in ErfK SGB VII § 104 Rn. 1; *Littbarski* Baustellensicherheitsrichtlinie Rn. 190.
[335] Vgl. auch → Rn. 11 mwN in Fn. 33; grundlegend zu diesem Rechtsgedanken *Fleming/Hellner/v. Hippel* Haftungsersetzung; vgl. ferner *Fuchs* BB 1992, 1217 ff.; *Brüggemeier* Haftungsrecht § 13 S. 634 ff.; *Rolfs* in ErfK SGB VII § 104 Rn. 1.
[336] Vgl. *Littbarski*, Produkthaftpflichtversicherung, Ziff. 3 Rn. 95 und → Rn. 14 mwN in Fn. 41; *Littbarski* Baustellensicherheitsrichtlinie Rn. 190; *Lieb/Jacobs* Arbeitsrecht Rn. 231; *Rolfs* in ErfK SGB VII § 104 Rn. 1.
[337] Vgl. BGH NZA 2013, 1218; OLG Dresden NJW-RR 2014, 143 Rn. 22; OLG Celle r+s 2019, 544 (545); *Rolfs* in ErfK SGB VII § 104 Rn. 1; *Littbarski*, Produkthaftpflichtversicherung, Ziff. 3 Rn. 97 f. und → Rn. 14 mwN in Fn. 42; *Littbarski* Baustellensicherheitsrichtlinie Rn. 190 mwN.
[338] Vgl. § 2 Abs. 1 Nr. 3a und d ArbGG zur Zuständigkeit der Arbeitsgerichte.
[339] Vgl. näher zum Begriff der gefahrgeneigten Arbeit in der neueren Rechtsprechung BAG (GS) NZA 1993, 547 ff.; BAG NZA 1994, 1083 ff.; BGH GmS-OGB NZA 1994, 270 f.; umfassend *Preis* in ErfK BGB § 619a Rn. 9 ff.
[340] Vgl. BGH VersR 1963, 243 ff.; 1965, 291 (292); 1971, 564 (565); 1973, 736 (737); jeweils im Hinblick auf §§ 636 ff. RVO.

zuerst genannten Fall der BGH vom Bestehenbleiben der Haftung ausgegangen war,[341] vertrat er im zuletzt genannten Fall die Ansicht, dass die Haftung nicht weiter bestehen sollte.[342]

Sofern eine Pflichthaftpflichtversicherung zugunsten des Arbeitnehmers besteht, soll nach Ansicht des BGH[343] die Beschränkung der Haftung des Arbeitnehmers gegenüber dem Arbeitgeber bei gefahrgeneigter Arbeit entfallen. Hingegen gilt dies nach Ansicht des OVG Saarlouis[344] nicht bei einer freiwilligen Haftpflichtversicherung. **133**

Verursacht der Arbeitnehmer einen Schaden durch leichte oder durch mittlere, nicht aber durch grobe Fahrlässigkeit, soll er nach Auffassung des BGH[345] und des BVerwG[346] keinen Freistellungsanspruch gegen den Arbeitgeber haben, wenn die **freiwillig abgeschlossene Haftpflichtversicherung** oder auch die Pflichthaftpflichtversicherung den Schaden deckt. Diese Ansicht kann nach *Langheid*[347] nicht überzeugen, da dann die Haftung eben doch der Versicherung folge. Dabei ist nach seiner Ansicht[348] namentlich die in § 67 VVG aF[349] vom Gesetzgeber ausdrücklich eingerichtete Regressmöglichkeit zu berücksichtigen, die leerlaufe, wenn der dem Versicherungsnehmer entstehende Regressanspruch nur wegen der Existenz eines Haftpflichtversicherers, auf den der Regressanspruch des Versicherten gerade übergehen solle, entfalle. **134**

Im Übrigen ist darauf hinzuweisen, dass nach Ansicht des BGH[350] eine etwaige Pflicht des Sozialversicherungsträgers auf einen Regress nach § 640 RVO (= § 110 SGB VII) zu verzichten, entfallen kann, wenn der Schädiger haftpflichtversichert ist. **135**

6. Gebäudeversicherung eines Grundstückseigentümers. Im Allgemeinen nur wenig beachtet, gehört auch die Fallgruppe der Gebäudeversicherung eines Grundstückseigentümers zu denjenigen, die bei der Frage der Auswirkungen des Bestehens einer Haftpflichtversicherung auf die Haftung zu berücksichtigen ist.[351] Dabei geht es darum, dass nach Ansicht des BGH[352] der Gebäudeversicherung des Grundstückseigentümers im Wege der ergänzenden Vertragsauslegung ein **Regressverzicht des Versicherers** für den Fall zu entnehmen ist, in dem der Mieter den Schaden an der Mietsache nur mit leichter Fahrlässigkeit verursacht hat. Dies gilt nach Auffassung des BGH[353] auch dann, wenn der Mieter seinerseits haftpflichtversichert ist und dessen Haftpflichtversicherung **136**

---

[341] BGHZ 27, 62 (65 f.) = NJW 1958, 1086; BGH VersR 1959, 108; 1961, 846; 1963, 243 ff.
[342] Vgl. BGH VersR 1959, 754.
[343] Vgl. BGH VersR 1972, 166 (167); 1992, 437; 1992, 485; vgl. auch OLG Hamburg VersR 1970, 537 ff.; hierzu kritisch *K. Sieg* VersR 1973, 194; ebenso *Langheid* in Langheid/Rixecker § 100 Rn. 16; vgl. ferner *Hauer* Haftungsrelevanz S. 170 ff.
[344] OVG Saarlouis NJW 1968, 1796; zustimmend *Langheid* in Langheid/Rixecker § 100 Rn. 16; vgl. auch BAG VersR 1998, 895 (896); NJW 2011, 1096 Rn. 29; OLG Hamm VersR 2012, 1425 (1428); *Hauer* Haftungsrelevanz S. 171 ff.
[345] Vgl. BGH VersR 1972, 166 (167 f.); 1992, 437 (439).
[346] Vgl. BVerwGE 29, 127 = NJW 1968, 2308; ebenso OVG Münster VersR 1965, 965.
[347] *Langheid* in Langheid/Rixecker § 100 Rn. 16.
[348] *Langheid* in Langheid/Rixecker § 100 Rn. 16.
[349] Nunmehr in § 86 VVG geregelt.
[350] Vgl. BGHZ 57, 96 ff. = VersR 1971, 1167 ff.; vgl. auch BGH VersR 1978, 35 (36); 1981, 971 ff.; OLG Düsseldorf NJW-RR 1993, 292; jeweils zu § 640 RVO; näher zum Regress des Sozialversicherungsträgers nach § 110 SGB VII *Küppersbusch* r+s 2011, Sonderheft, S. 60 ff. und *Vetter* r+s 2011, Sonderheft, S. 122 ff.
[351] So richtig *Retter* in Schwintowski/Brömmelmeyer/Ebers Vorb. §§ 100–112 Rn. 16; vgl. ferner → § 86 Rn. 225 ff.; *Hauer* Haftungsrelevanz S. 196 ff.; *Dallwig* r+s 2020, 181 (184); *Schimikowski* in HK-VVG Vor §§ 100–124 Rn. 23 mit Hinweis auf A1-6.3 AVB PHV zur Deckung von Mietsachschäden sowie auf OLG Nürnberg r+s 2017, 551 ff. zur Haftung des Pferdehalters bei entgeltlicher Reitbeteiligung; eingehend zu A1-6.3 AVB PHV *Stockmeier* Privathaftpflichtversicherung.
[352] Vgl. BGHZ 169, 86 Rn. 12 und 23 ff. = NJW 2006, 3707 ff. = VersR 2006, 1536 ff. mit Anm. *Günther*; zustimmend *Langheid* in Langheid/Rixecker § 100 Rn. 15; BGH NJW-RR 2017, 22 Rn. 19; ebenso OLG Düsseldorf r+s 2018, 567 f.; OLG Bamberg r+s 2019, 641 f.; OLG Celle r+s 2019, 519 ff. zur Anwendung des Teilungsabkommens Mieterregress auf Altanteile; LG Darmstadt r+s 2019, 709 f. zum Teilungsabkommen Mieterregress; LG Aachen r+s 2018, 246 f. bei Verursachung eines Brandschadens durch die Lebensgefährtin des Mieters; ablehnend zum Regressverzicht des Versicherers im Hinblick auf unberechtigte Untermieter LG Düsseldorf r+s 2017, 247 mit Anm. *Zorn*; vgl. auch BGH VersR 2001, 94 (95 f.); 2006, 1533 (1534); hierzu näher *Dallwig* r+s 2020, 181 (184) mit Fn. 31 und 32; vgl. ferner zu Ausgleichsansprüchen des Gebäudeversicherers gegen den Haftpflichtversicherer des Mieters BGH VersR 2010, 477 f. = r+s 2010, 199 f.; OLG Naumburg r+s 2014, 285 (287); OLG Koblenz VersR 2014, 1500 ff.; OLG Hamm r+s 2016, 81 f. mit Anm. *Dickmann*; OLG Karlsruhe r+s 2019, 22 (23 ff.); LG Aachen r+s 2018, 246 f.; *Dickmann* VersR 2014, 1178 ff.; vgl. ferner jüngst BayObLG r+s 2023, 138 Rn. 35 zur gesetzlichen Spezialzuständigkeit „Streitigkeiten aus Versicherungsverhältnissen" des § 119a Abs. 1 Nr. 4 GVG im Hinblick auf den Regressverzicht.
[353] BGH VersR 2006, 1533 (1535 f.); r+s 2017, 73 Rn. 16 mit Anm. *Dickmann*.

die durch diesen verursachten Schaden deckt. Während *Schwintowski*[354] dieser Meinung zustimmt, steht ihr *Armbrüster*[355] im Ergebnis und in der Begründung ablehnend gegenüber.

137 Auch diese Fallgruppe bestätigt im Einklang mit den zuvor etwas ausführlicher behandelten deutlich, wie uneinheitlich und in sich wenig geschlossen die zu den Auswirkungen des Bestehens einer Haftpflichtversicherung auf die Haftung in Rechtsprechung und Literatur vertretenen Auffassungen sind und wie unversöhnlich sie sich teilweise gegenüberstehen. Deshalb erscheint es angebracht, nachfolgend wenigstens kurz und ohne Anspruch auf Vollständigkeit zu dieser Problematik zusammenfassend Stellung zu nehmen.[356]

138 **7. Eigene Stellungnahme.** Auszugehen ist davon, dass es einen unzulässigen Rückgriff auf einen in dieser Form gar nicht existierenden Grundsatz der „Rückwirkung der Haftpflichtversicherung auf die Haftung" bedeutet, wenn die Rechtsprechung und einige Stimmen in der Literatur häufig der Auffassung sind, dass allein das Bestehen einer Haftpflichtversicherung zugunsten des Schädigers auch eine Haftungsbegründung oder zumindest eine Haftungsverschärfung rechtfertige. Argumentiert man in dieser Weise, verkennt man, dass Haftung und Versicherung schon vom Grundsatz her zu trennen sind und nicht miteinander vermengt werden dürfen.[357] Die Frage der Haftung bzw. die des Haftungsumfangs lassen sich allein nach dem materiellen Haftungsrecht, nicht aber nach dem streng davon zu trennenden Haftpflichtversicherungsrecht entscheiden. Deshalb gilt auch – wie allgemein anerkannt ist – grundsätzlich im Bereich der Haftpflichtversicherung das sog. Trennungsprinzip, das nicht auf einer positiv-rechtlichen Vorschrift, sondern auf der Struktur der Haftpflichtversicherung beruht[358] und gewährleistet, dass der vertraglich zu gewährende Versicherungsschutz unverkürzt erbracht wird.[359] Dieses Trennungsprinzip bringt daher im Grunde nichts anderes zum Ausdruck, als dass die Frage der Haftpflicht des Versicherungsnehmers gegenüber dem Geschädigten und die der versicherungsrechtlichen Deckungspflicht des Versicherers gegenüber dem Versicherungsnehmer grundsätzlich in getrennten Prozessen zu klären sind.[360] Somit darf der Versicherer im Deckungsprozess die Haftpflichtfrage im Allgemeinen nicht zur Erörterung stellen. Das Gleiche gilt im Ergebnis aber auch für die Stimmen, die bei einer Reihe von Fallgestaltungen vor allem aus bloßen Billigkeitserwägungen diesen Überlegungen nicht Rechnung tragen und daher immer wieder zu einer unzulässigen Vermengung von Haftung und Versicherung gelangen.[361] Diese schon im Grundsatz abzulehnende Auffassung kommt in einer Äußerung von *Hauer*[362] besonders deutlich zum Ausdruck, nach der keine Verpflichtung des Versicherungsnehmers zur „Schonung" des Haftpflichtversicherers bestehe. Wer in dieser Art und Weise argumentiert, negiert die Notwendigkeit des Bestehens eines Vertrauensverhältnisses zwischen Versicherer und Versicherungsnehmer, ohne dass ein Dauerschuldverhältnis wie das Versicherungsvertragsverhältnis auf einen längeren Zeitraum keinen Bestand haben kann.[363]

139 Zudem ist es aber auch unzutreffend, wenn nach weit verbreiteter Auffassung von einem Einfluss der Haftpflichtversicherung auf die Haftung gesprochen wird und daher die Existenz der Haftpflichtversicherung ein Korrektiv für die Haftung bzw. für den Haftungsumfang sein soll. So spricht *R. Koch*[364] davon, dass es sich insoweit nicht um eine unzulässige Vermengung von Haftung und Versicherung handle, weil das dem allgemeinen Bürgerlichen Recht entspringende Haftungsrecht selbstverständlich nicht dem von der Rechtsprechung aus dem Haftpflichtversicherungsrecht entwickelten Trennungsprinzip folgen müsse. Soweit das Haftungsrecht die Berücksichtigung wirt-

---

[354] *Schwintowski* WuM 2007, 305 (307).
[355] *Armbrüster* NJW 2006, 3683 (3684); kritisch ferner *Günther*, Anm. zu BGH r+s 2016, 424 ff., in: r+s 2016, 426 ff.; *Günther* VersR 2017, 39; *Dallwig* r+s 2020, 181 (184 f.) zum Fehlen eines Regressverzichts bei Pflichtversicherungen.
[356] Umfassend *Seybold/Wendt* VersR 2009, 455 ff.
[357] Kritisch und im Ergebnis zu Recht sehr restriktiv auch OLG Schleswig NJW-RR 2010, 957 (959 f.) im Hinblick auf das Haftungsprivileg des haftpflichtversicherten Vereinsmitgliedes; vgl. ferner *Littbarski* VersR 2004, 950 (954); *Mergner/Kraft* VersR 2016, 435 (441).
[358] Vgl. nur BGHZ 117, 345 (349 f.) = VersR 1992, 568 f.; BGHZ 119, 276 (278) = NJW 1993, 68; BGH NJW 2000, 1194 ff. mit Anm. *Littbarski* EWiR § 1 AHB 1/2000, 257 f.; BGH VersR 2007, 641 f.; eingehend → Rn. 102 mwN in Fn. 239.
[359] Vgl. BGHZ 117, 345 (349) = VersR 1992, 568; *W. Th. Schneider* in Beckmann/Matusche-Beckmann VersR-HdB § 24 Rn. 4; vgl. auch *Hauer* ZVersWiss 102 (2013), 359, 363, wonach mit dem Trennungsprinzip die für die Haftpflichtversicherungstechnik relevanten Rechtsverhältnisse beschrieben werden könnten.
[360] Vgl. hierzu → Rn. 102 mwN in Fn. 241.
[361] Vgl. hierzu näher → Rn. 102.
[362] Vgl. *Hauer* ZVersWiss 102 (2013), 359, 365; *Hauer* Haftungsrelevanz, S. 86 und S. 103 ff.
[363] Vgl. auch *Seybold/Wendt* VersR 2009, 455 (461): „Diejenigen, die anderes behaupten, wandeln zugunsten von Billigkeitserwägungen auf brüchigem Eis".
[364] *R. Koch* in Bruck/Möller Vor §§ 100–112 Rn. 61 unter Bezugnahme auf BGHZ (GS) 18, 149 (165 f.) = NJW 1955, 1675; BGHZ 76, 279 (286 f.) = NJW 1980, 1623; *G. Wagner* in MüKoBGB § 829 Rn. 21.

schaftlicher Verhältnisse zulasse oder sogar fordere, sei deshalb auch der Bestand von Haftpflichtversicherungsschutz zu berücksichtigen, möge hierdurch auch die Abwicklung von Schadensersatzansprüchen zusätzlich belastet werden. Gehe es um die Frage der haftungsbegründenden und -ausfüllenden Wirkung von Haftpflichtversicherungsschutz, biete sich als Ausweg sowohl für den Versicherungsnehmer als auch für den Geschädigten die Abtretung des Freistellungsanspruchs an den Geschädigten an, weil Haftung und Deckung dann vor ein und demselben Gericht im Rahmen des Verfahrens gegen den Versicherer festgestellt werde.

Abgesehen davon, dass man bei einem solchen Ansatz streng zwischen der freiwilligen Haftpflichtversicherung einerseits und der Pflichtversicherung in Gestalt der allgemeinen Pflichthaftpflichtversicherung bzw. in Form der Kfz-Haftpflichtversicherung unterscheiden müsste,[365] was nicht immer mit genügender Deutlichkeit geschieht, zeigen doch diese beiden Grundformen der Haftpflichtversicherung, dass sie nicht dazu herhalten können, einen Einfluss auf den Haftungsgrund oder die Haftungshöhe auszuüben.

Die freiwillige Haftpflichtversicherung dient vor allem dazu, das Vermögen des Versicherungsnehmers und der mitversicherten Personen durch Rechtsschutz gegen und Befreiung von der eigenen Haftung zu bewahren.[366] Hingegen hat sie nicht die Aufgabe, eine Haftungsgrundlage überhaupt erst zu schaffen und damit anspruchsbegründend zu wirken.[367] Deshalb kommt wie gezeigt[368] auch und gerade auf die freiwillige Haftpflichtversicherung das Trennungsprinzip zur Anwendung, das existentieller Bestandteil eines funktionierenden Versicherungskonzepts zum Zwecke der Absicherung von Haftpflichtschäden auf privatrechtlicher Basis ist. Allein durch eine **strenge Trennung der Haftung und der Versicherung** können von vornherein Billigkeitsentscheidungen und erst recht einer Willkür nahekommende Entscheidungen vermieden werden.[369] Der freiwillig geschlossene Haftpflichtversicherungsvertrag schließt solche Ansprüche nicht ein, die ihren Grund oder ihre Höhe ihm selbst verdanken.[370] Deshalb ist der Hinweis zutreffend, dass es mit der Funktion der Haftpflichtversicherung unvereinbar wäre, annehmen zu wollen, dass der Haftpflichtversicherungsvertrag den Schaden, den er abwenden solle, nämlich die Haftpflichtansprüche gegen den Versicherer oder mitversicherte Personen, erst begründe.[371]

Bezüglich der **Pflichthaftpflichtversicherung** gilt im Ergebnis nichts anderes, und zwar weder im Hinblick auf die allgemeine Pflichthaftpflichtversicherung noch auf die Kfz-Haftpflichtversicherung:

Soweit es um die allgemeine Pflichthaftpflichtversicherung geht, kommen auf diese zwar die §§ 113 ff. zur Anwendung, die im § 115 Abs. 1 einen Direktanspruch des Geschädigten gegen den Haftpflichtversicherer des Versicherungsnehmers vorsehen. Dieser ist jedoch nur unter sehr engen Voraussetzungen möglich und entgegen der ursprünglichen Absicht des Gesetzgebers nicht wie der in der Kfz-Haftpflichtversicherung geltende ausgestaltet.[372] Hieraus ist zu folgern, dass der Gesetzgeber des § 115 Abs. 1 durch diese als Ausnahmeregelung ausgestaltete Bestimmung weiterhin der grundsätzlichen Geltung des Trennungsprinzips Raum geben wollte.[373] Daher besteht auch im Bereich der allgemeinen Pflichthaftpflichtversicherung nicht die Möglichkeit, das Bestehen der Haftpflichtversicherung zum Anlass zu nehmen, einen Einfluss dieser Versicherung auf den Haftungsgrund oder die Haftungshöhe zu bejahen.[374]

Soweit es um die Kfz-Haftpflichtversicherung als Pflichthaftpflichtversicherung geht, könnte auf den ersten Blick eine andere Beurteilung deshalb Platz greifen, weil die Einschränkungen des Direktanspruchs nach § 115 Abs. 1 nicht gelten, sondern vielmehr nach § 115 Abs. 1 Nr. 1 der Dritte seinen Anspruch auf Schadensersatz auch gegen den Versicherer geltend machen kann, wenn

---

[365] So zu Recht *Seybold/Wendt* VersR 2009, 455 (461); vgl. auch BAG NJW 2011, 1096 Rn. 28 f. bei betrieblich veranlasstem Handeln; vgl. ferner *Dallwig* r+s 2020, 181 (184) mwN in Fn. 34–37, wonach kein Regressverzicht bei Pflichtversicherungen wie der der Pflichthaftpflichtversicherung des Rechtsanwalts in Betracht komme.
[366] Ähnlich OLG Schleswig NJW-RR 2010, 957 (959); OLG Koblenz r+s 2015, 464 Rn. 26 ff. im Hinblick auf die Gefälligkeit unter Nachbarn; *Seybold/Wendt* VersR 2009, 455 (461); *Dickmann* Anm. zu OLG Hamm r+s 2016, 81 f.; vgl. auch *E. Lorenz* VersR 1980, 697 (700) zum VVG aF.
[367] Vgl. insoweit klarstellend BGH NJW 2010, 537, wonach eine private Haftpflichtversicherung nicht anspruchsbegründend wirke; hierzu auch → Rn. 121 mwN in Fn. 307; vgl. ferner *Seybold/Wendt* VersR 2009, 455 (461).
[368] Vgl. hierzu → Rn. 128.
[369] Ähnlich *Seybold/Wendt* VersR 2009, 455 (461).
[370] *Seybold/Wendt* VersR 2009, 455 (461) unter Bezugnahme auf *Hanau* VersR 1969, 291 (293).
[371] So *E. Lorenz* VersR 1980, 697 (700); ebenso *Seybold/Wendt* VersR 2009, 455 (461).
[372] Vgl. BT-Drs. 16/3945, 88 f. und BT-Drs. 16/5862, 38 und 99; *Seybold/Wendt* VersR 2009, 455 (462).
[373] Ähnlich *Seybold/Wendt* VersR 2009, 455 (462).
[374] Ähnlich *Seybold/Wendt* VersR 2009, 455 (462); *Dallwig* r+s 2020, 181 (184 f.) mwN.

es sich um eine Haftpflichtversicherung zur Erfüllung einer nach dem Pflichtversicherungsgesetz bestehenden Versicherungspflicht handelt. Denn daraus könnte man entnehmen, dass damit für diesen Bereich das Trennungsprinzip vom Gesetzgeber bewusst ausgehebelt werden sollte.[375] Zu Recht weisen aber *Seybold/Wendt*[376] darauf hin, dass die Berücksichtigung einer den Schaden deckenden Kfz-Haftpflicht-Pflichtversicherung dennoch nicht bedenkenlos erscheint, da auch hier wie bei der freiwilligen Haftpflichtversicherung und der Pflichtversicherung im Allgemeinen gelte, dass Haftpflichtschutz keinen Vermögenswert darstelle. Dieser Gedanke ist nachfolgend noch weiter zu verfolgen, um zu zeigen, dass auch im Bereich der Kfz-Haftpflichtversicherung wie in dem der freiwilligen Haftpflichtversicherung und der allgemeinen Pflichthaftpflichtversicherung das Trennungsprinzip weiterhin uneingeschränkt Geltung beansprucht.

145 So ist es unzutreffend, annehmen zu wollen, dass beim Einfluss der Haftpflichtversicherung auf die Haftung nur der Versicherer betroffen sei. Denn da die Inanspruchnahme des Versicherers durch den Geschädigten sich finanziell zu Lasten des Versicherers auswirkt, wird dieser diesem Umstand auch bei seiner Prämienkalkulation Rechnung tragen und seinerseits seine finanzielle Belastung anteilig auf den Versicherungsnehmer abwälzen.[377] Weiterhin stehen dem Versicherer gegebenenfalls die Möglichkeiten offen, den Versicherungsnehmer mit einem Selbstbehalt an jedem Schadensfall zu beteiligen[378] und die Versicherungsleistung nur im Rahmen der vereinbarten Versicherungssumme zu erbringen, während darüber hinausgehende Schäden der Versicherungsnehmer selbst zu tragen hat.[379] Auch die Vereinbarung einer entsprechenden Jahreshöchstleistung ist eine Möglichkeit, die Eintrittspflicht des Versicherers zu begrenzen und damit für diesen überschaubar zu machen.[380] Schließlich bleibt dem Versicherer der Weg, im Falle des Eintritts des Versicherungsfalles von seinem Kündigungsrecht gegenüber dem Versicherungsnehmer Gebrauch zu machen.[381]

146 Alles dieses belegt, dass die weitverbreitete Auffassung unzutreffend ist, wonach die Berücksichtigung des Bestehens von Haftpflichtversicherungsschutz in allen Bereichen der Haftpflichtversicherung nur den Versicherer treffe und auf den Versicherungsnehmer sowie dessen mitversicherte Personen keine Auswirkungen habe. Richtig ist vielmehr, dass auch auf den Versicherungsnehmer erhebliche Nachteile zukommen. Diese Nachteile können entgegen der Auffassung von *R. Koch* auch nicht dadurch kompensiert werden, dass als Ausweg sowohl für den Versicherungsnehmer als auch für den Geschädigten die Abtretung des Freistellungsanspruchs an den Geschädigten vorgeschlagen wird, weil Haftung und Deckung dann vor ein und demselben Gericht im Rahmen des Verfahrens gegen den Versicherer festgestellt würden. Denn ein solcher Vorschlag setzt nicht nur voraus, dass sich der Versicherungsnehmer und der Geschädigte der Möglichkeit der Abtretung des Freistellungsanspruchs mit allen sich daraus ergebenden rechtlichen Konsequenzen überhaupt bewusst sind. Vielmehr verlangt er auch eine entsprechende Vereinbarung zwischen dem Versicherungsnehmer und dem Geschädigten über die Abtretung des Freistellungsanspruchs, wovon nicht ohne weiteres ausgegangen werden kann. Zudem hätte die Zuständigkeit nur eines Gerichts zur Folge, dass dieses über unter Umständen diffizile haftungs- und haftpflichtversicherungsrechtliche Fragen allein entscheiden müsste, während die für die Haftungs- und die Deckungsfragen jeweils an sich zuständigen Gerichten im Regelfall eine größere Sachkompetenz im Hinblick auf die von ihnen originär zu beantwortenden Fragen haben dürften. Daher muss unter Berücksichtigung aller dieser Aspekte jenen Äußerungen, die sich für einen Einfluss der Haftpflichtversicherung auf die Haftung aussprechen und damit zugleich der Durchbrechung des Trennungsprinzips auch insoweit das Wort reden, mit Nachdruck widersprochen werden.

F. Grundsätzliches zur Haftpflichtversicherung

I. Allgemeines

147 Verständnis für die mit dem in den §§ 100–124 geregelten Versicherungszweig der Haftpflichtversicherung zusammenhängenden Fragen lässt sich nur dadurch gewinnen, dass einmal geklärt wird,

---

[375] Vgl. *Seybold/Wendt* VersR 2009, 455 (463 f.).
[376] *Seybold/Wendt* VersR 2009, 455 (462 f.) mit weiteren, hier nicht interessierenden Einzelheiten zum Einfluss der Haftpflichtversicherung auf konkludente Haftungsbeschränkungen.
[377] Vgl. hierzu *Littbarski* VersR 2004, 950 (956 f.); ebenso OLG Koblenz r+s 2015, 464 Rn. 29.
[378] Ebenso OLG Koblenz r+s 2015, 464 Rn. 29; hierzu näher *Littbarski* AHB § 3 Rn. 179 ff.; *Littbarski* Produkthaftpflichtversicherung, Ziff. 9 Rn. 49 ff.; vgl. auch → § 100 Rn. 182 in Fn. 333.
[379] Vgl. hierzu näher *Littbarski* AHB § 3 Rn. 131 ff.; *Littbarski* Produkthaftpflichtversicherung, Ziff. 9 Rn. 7 ff.
[380] Vgl. hierzu näher *Littbarski* AHB § 3 Rn. 195 ff.; *Littbarski* Produkthaftpflichtversicherung, Ziff. 8 Rn. 77 ff.
[381] Ebenso OLG Koblenz r+s 2015, 464 Rn. 29; hierzu näher → § 111 Rn. 33 ff.

wie die Haftpflichtversicherung in das System des Versicherungsvertragsrechts einzuordnen ist, zum anderen festgestellt wird, welche Formen dieser Versicherung es gibt und schließlich hervorgehoben wird, welche Rechtsquellen und Rechtsgrundlagen auf sie zur Anwendung kommen. Dabei sind allerdings diese verschiedenen Fragenkomplexe keiner zwingenden Reihenfolge in der genannten Art unterworfen, da sie aufgrund einer Reihe von Überschneidungen nicht streng voneinander getrennt werden können. Wenn dennoch zunächst zur Einordnung der Haftpflichtversicherung in das System des Versicherungsvertragsrechts Stellung genommen wird, ist dies ausschließlich darin begründet, dass einige Erkenntnisse aus der Verortung der Haftpflichtversicherung in den §§ 100–124 gewonnen werden können.

II. Die Einordnung der Haftpflichtversicherung in das System des Versicherungsvertragsrechts

Einer in der Rechtsprechung[382] und in der Literatur[383] allgemein vertretenen Auffassung entspricht es, dass die Haftpflichtversicherung zur Schadensversicherung und nicht etwa zur Summenversicherung gehört. Während bei der Summenversicherung die Verpflichtung des Versicherers darin besteht, den vereinbarten Betrag an Kapital oder Rente zu zahlen oder die sonst vereinbarte Leistung zu bewirken und diese Versicherung daher der abstrakten Bedarfsdeckung dient,[384] wird bei der Schadensversicherung dem Versicherer die Verpflichtung auferlegt, für eine Abwendung der dem Versicherungsnehmer entstandenen Nachteile durch eine Abwehr berechtigter Ansprüche zu sorgen oder nach Eintritt des Versicherungsfalles den dadurch entstandenen Schaden zu ersetzen.[385] Damit geht es bei der Schadensversicherung und mithin auch bei der Haftpflichtversicherung um die **konkrete Bedarfsdeckung**.[386]

Allerdings ist weder im VVG aF noch im VVG 2008 die Zuordnung der Haftpflichtversicherung zur Schadensversicherung ausdrücklich geregelt worden. So begnügte sich das VVG aF damit, in § 1 Abs. 1 VVG in legislatorisch wenig geglückter Weise zwischen der Schadens- und der Personenversicherung zu unterscheiden.[387] Im VVG 2008 finden sich im Teil 1, Kapitel 2 in den §§ 74–87 allgemeine Vorschriften über die Schadensversicherung, die grundsätzlich auch für die Haftpflichtversicherung gelten. Jedoch bezeichnet *Schimikowski*[388] die vom Gesetzgeber gewählte Systematik zu Recht als sachlich fragwürdig, da die §§ 74–87 Vorschriften enthalten, die in erster Linie auf die Sachversicherung zugeschnitten sind, für die Haftpflichtversicherung hingegen nur eine sehr begrenzte Bedeutung aufweisen. Allein in § 210 Abs. 2 Nr. 3 wird an recht versteckter Stelle die Formulierung „... Haftpflicht- und sonstige Schadensversicherungen bei Versicherungsnehmern ...", was andeutungsweise die Zugehörigkeit der Haftpflichtversicherung zu den Schadensversicherungen zum Ausdruck bringt.

So gelten nur die **Bestimmungen über die Mehrfachversicherung** nach den §§ 78 und 79 sowie die Vorschrift über die Schadensermittlungskosten nach § 85 uneingeschränkt in der Haftpflichtversicherung.[389] Auch den Regelungen über die Schadensabwendungs- und -versicherungspflicht sowie zum Aufwendungsersatz nach den §§ 82 und 83 und über den Übergang von Ersatzansprüchen nach § 86 kommt in der Haftpflichtversicherung eine gewisse Bedeutung zu, wenn sie auch nicht mit anderen Versicherungszweigen zu vergleichen ist.[390]

---

[382] Vgl. BGHZ 15, 154 (158) = NJW 1955, 101.
[383] Vgl. *v. Rintelen* in Späte/Schimikowski Einl. Rn. 14; *H. Baumann* in BK-VVG Vorb. §§ 149–158k Rn. 6 und § 149 Rn. 102; *Langheid* in Langheid/Rixecker § 100 Rn. 8; *Littbarski* AHB Vorb. Rn. 31 und § 3 Rn. 134 und 141; *Schimikowski* in HK-VVG Vor §§ 100–124 Rn. 1; *Retter* in Schwintowski/Brömmelmeyer/Ebers Vorb. §§ 100–112 Rn. 7; *Lücke* in Prölss/Martin Vorb. zu den §§ 100–112 Rn. 1 und § 100 Rn. 71; *R. Koch* in Bruck/Möller Vor §§ 100–112 Rn. 5; *Halm/Fitz* in Staudinger/Halm/Wendt Ziff. 17 AHB 2016 Rn. 4 mwN in Fn. 10; *Wandt* VersR Rn. 1050; *Gnauck* Absonderungsrecht S. 30; *Armbrüster/Schreier* ZVersWiss 105 (2016), 3, 15, mit Fn. 78 im Hinblick auf die Umweltschadensversicherung; vgl. auch → § 100 Rn. 19 und 126.
[384] Vgl. *H. Baumann* in BK-VVG Vorb. §§ 149–158k Rn. 6; *Littbarski* AHB Vorb. Rn. 31; *Wandt* VersR Rn. 1050.
[385] Vgl. *Littbarski* AHB Vorb. Rn. 31; *H. Baumann* in BK-VVG Vorb. §§ 149–158k Rn. 6; *Wandt* VersR Rn. 1050; bemerkenswert BGH r+s 2021, 27 Rn. 17 f. mwN, wonach es in der Rechtsprache keinen in seinen Konturen eindeutig festgelegten Schadensersatzbegriff gäbe.
[386] Vgl. *Littbarski* AHB Vorb. Rn. 31; *H. Baumann* in BK-VVG Vorb. §§ 149–158k Rn. 6; *Armbrüster/Schreier* ZVersWiss 105 (2016), 3 (15).
[387] Vgl. *Littbarski* AHB Vorb. Rn. 31.
[388] *Schimikowski* in HK-VVG Vor §§ 100–124 Rn. 1.
[389] *Schimikowski* in HK-VVG Vor §§ 100–124 Rn. 3.
[390] Vgl. *R. Koch* in Bruck/Möller Vor §§ 100–112 Rn. 6; *Schimikowski* in HK-VVG Vor §§ 100–124 Rn. 4 f. mit weiteren, an dieser Stelle nicht anzusprechenden Einzelheiten.

151 Hingegen haben die **Bestimmungen über die Über- und Unterversicherung** sowie über die Taxe nach den §§ 74–76 in der Haftpflichtversicherung keine Bedeutung, da diese keinen Versicherungswert kennt.[391] Unanwendbar ist in der Haftpflichtversicherung auch die Regelung über die Herbeiführung des Versicherungsfalles nach § 81 VVG, da mit der Bestimmung des § 103 insoweit eine Sonderregelung für die Haftpflichtversicherung existiert.

152 Zeigen diese kurzen Hinweise auf, wie unbefriedigend die gesetzgeberische Lösung des Verhältnisses der Haftpflichtversicherung zu den allgemeinen Vorschriften über die Schadensversicherung ist, kommt dennoch der Rechtsanwender im konkreten Einzelfall nicht daran vorbei, sich die Frage zu stellen, ob und gegebenenfalls in welchem Umfang die Vorschriften über die Schadensversicherung auch für die Haftpflichtversicherung von Bedeutung sind. Eine sachgerechte Antwort hierauf zu geben, wird sicherlich bisweilen nicht ganz leicht fallen.

153 Anknüpfend an das zuvor zur Schadensversicherung Gesagte hat der Versicherer dem Versicherungsnehmer den durch den Vermögensschaden entstandenen Schaden bis zur **Höchstgrenze der vertraglich vereinbarten Versicherungssumme** zu ersetzen, wobei dies unabhängig davon ist, ob der Versicherer zum Ersatz der Haftpflichtverbindlichkeit verpflichtet ist oder ob es sich eventuell um einen Eigenschaden des Versicherungsnehmers handelt.[392] Von Bedeutung ist allein, dass sich ein Vermögensschaden im Vermögen des Versicherungsnehmers niedergeschlagen hat.[393] Ein solcher Vermögensschaden darf aber begrifflich nicht mit dem Sach- und Vermögensschaden nach den AHB[394] sowie in den AVB BHV und in den AVB PHV verwechselt werden. Ein Vermögensschaden im Sinne der Schadensversicherung tritt dann ein, wenn etwa die Aktiva einer Person vermindert oder die Passiva erhöht sind.[395] Dementsprechend unterscheidet man innerhalb der Schadensversicherung auch zwischen einer Aktiven- und einer Passivenversicherung.[396]

154 Die Haftpflichtversicherung ist nur als **Passivenversicherung** denkbar.[397] Entscheidend hierfür ist, dass Gegenstand der Passivenversicherung Vermögensschäden des Versicherungsnehmers sind, die dadurch entstanden sind, dass er mit gesetzlichen oder vertraglichen Verpflichtungen oder unter Umständen auch mit notwendigen Aufwendungen belastet wird.[398] Hingegen kennt die Passivenversicherung im Gegensatz zur Aktivenversicherung keine Wertbeziehung des Versicherungsnehmers zu einer Sache und damit auch kein Interesse im eigentlichen Sinne. Dementsprechend kann in Bezug auf die Passivenversicherung und damit auch auf die Haftpflichtversicherung bei der Verwirklichung der Gefahr auch nicht die Wertbeziehung zu einem bestimmten Gut beeinträchtigt werden,[399] woraus wie gezeigt[400] die Unanwendbarkeit der Vorschriften über die Über- und Unterversicherung sowie über die Taxe nach den §§ 74–76 VVG folgt.

155 Im Übrigen ist klarstellend hervorzuheben, dass die Haftpflichtversicherung auch **keine Personenversicherung** ist.[401] Abgesehen davon, dass das VVG 2008 im Gegensatz zu § 1 Abs. 1 S. 2 VVG aF den Begriff der Personenversicherung nicht mehr verwendet, stellt die Haftpflichtversicherung deshalb keine Personenversicherung dar, weil der Versicherungsfall nicht an vitale Umstände der Person des Versicherungsnehmers oder der mitversicherten Person anknüpft, sondern an Hand von Belastungen der Vermögenssphäre des Versicherungsnehmers definiert wird.[402]

III. Formen der Haftpflichtversicherung

156 **1. Überblick.** Auch wenn es eine Reihe von Arten der Haftpflichtversicherung gibt, bereitet doch deren systematische Einordnung seit jeher einige Schwierigkeiten. So werden der privaten

---

[391] Vgl. *R. Koch* in Bruck/Möller Vor §§ 100–112 Rn. 6; *Schimikowski* in HK-VVG Vor §§ 100–124 Rn. 2.
[392] Vgl. *Littbarski* AHB Vorb. Rn. 32.
[393] Vgl. *Littbarski* AHB Vorb. Rn. 32 und § 1 Rn. 20 ff.
[394] Vgl. *Littbarski* AHB Vorb. Rn. 32.
[395] Vgl. *Littbarski* Haftungs- und Versicherungsrecht Rn. 315; *Littbarski* AHB Vorb. Rn. 32.
[396] Vgl. *v. Rintelen* in Späte/Schimikowski Einl. Rn. 15; *Littbarski* AHB Vorb. Rn. 32; *H. Baumann* in BK-VVG Vorb. §§ 149–158k Rn. 8.
[397] Vgl. *Littbarski* AHB Vorb. Rn. 33; *Langheid* in Langheid/Rixecker § 100 Rn. 8; *H. Baumann* in BK-VVG Vorb. §§ 149–158k Rn. 8 f.; *Wandt* VersR Rn. 1050; *Schulze Schwienhorst* in Looschelders/Pohlmann Einführung vor § 100 Rn. 7; *R. Koch* in Bruck/Möller Vor §§ 100–112 Rn. 6; vgl. auch BGH r+s 2021, 27 Rn. 28 zur D&O-Versicherung als Passivenversicherung; ebenso *Staudinger/Friesen* in Staudinger/Halm/Wendt Versicherungsrecht AVB D&O Rn. 13 mwN in Fn. 61.
[398] Vgl. *Littbarski* AHB Vorb. Rn. 33; *Langheid* in Langheid/Rixecker § 100 Rn. 8; *H. Baumann* in BK-VVG Vorb. §§ 149–158k Rn. 8 f.
[399] Vgl. *Littbarski* AHB Vorb. Rn. 33; *H. Baumann* in BK-VVG Vorb. §§ 149–158k Rn. 10; *v. Rintelen* in Späte/Schimikowski Einl. Rn. 16.
[400] Vgl. → Rn. 151 mit Fn. 391.
[401] Vgl. auch *Wandt* VersR Rn. 1050; *R. Koch* in Bruck/Möller Vor §§ 100–112 Rn. 6, der in der Sache hiermit übereinstimmend von Nichtpersonenversicherungen spricht.
[402] Vgl. *Wandt* VersR Rn. 38 und 1050.

Haftpflichtversicherung die Berufs- und Betriebshaftpflichtversicherung gegenübergestellt.[403] Eine andere Unterscheidung geht dahin, zwischen der freiwilligen Haftpflichtversicherung und der Pflichthaftpflichtversicherung zu differenzieren.[404] Weiterhin wird zwischen drei Typen der Haftpflichtversicherung unterschieden, die den Dritten in verschiedenartiger Intensität schützen, nämlich die freiwillige Haftpflichtversicherung, die obligatorische Haftpflichtversicherung im Allgemeinen und die obligatorische Kraftfahrzeug-Haftpflichtversicherung im Besonderen.[405] Schließlich wird zu Recht darauf hingewiesen, dass neben den Versicherungen für private Haftpflichtrisiken vielfältige Haftpflichtprodukte angeboten werden. Hauptgruppen sind die Betriebs-, Produkt-, Umwelt- und Vermögensschadenhaftpflichtversicherungen der deutschen Versicherungswirtschaft.[406]

Alle diese Differenzierungen zwischen den verschiedenen Erscheinungsformen der Haftpflichtversicherung sind ohne weiteres möglich und geben zudem einen ersten Überblick über die Breite dieses Versicherungszweiges. Jedoch können auch sie nicht verdecken, dass sie jeweils keinen Anspruch auf Vollständigkeit erheben können, sondern vielmehr weitere Unterscheidungen und Ergänzungen zulassen.

So ist hervorzuheben, dass beispielsweise zum Teil Obliegenheiten des Arbeitgebers zum Abschluss einer verkehrsüblichen Betriebshaftpflichtversicherung auch zugunsten der Arbeitnehmer befürwortet oder marktübliche Gepflogenheiten zum Anlass genommen werden, den Abschluss entsprechender Haftpflichtversicherungen zu fordern.[407] Auch haben etwa die verschiedenen Formen der Gewässerschadenhaftpflichtversicherungen oder der Tierhalterhaftpflichtversicherungen in den vorstehend genannten Erscheinungsformen der Haftpflichtversicherung keine Berücksichtigung gefunden, obwohl auch ihnen eine erhebliche praktische Bedeutung zukommt. Zudem kommt nicht hinreichend deutlich zum Ausdruck, dass manche Risiken wie zB die private Haftpflicht des Versicherungsnehmers sowie weiterer, im Versicherungsvertrag mitversicherter Personen regelmäßig in deren Betriebs- oder Berufshaftpflichtversicherung mit eingeschlossen sind oder aufgrund besonderer Vereinbarungen zwischen dem Versicherer und dem Versicherungsnehmer eingeschlossen werden.[408]

2. Eigener Ansatz. Aus allen diesen Gründen erscheint es sinnvoller, sich bezüglich der verschiedenen Formen der Haftpflichtversicherung allein an den Vorgaben des VVG zu orientieren und erst gar nicht eine auf Vollständigkeit angelegte Systematisierung der verschiedenen Formen der Haftpflichtversicherung zu versuchen, die ohnehin zum Scheitern verurteilt sein müsste.

Wählt man einen solchen Ansatz, so ist im Einklang mit der früheren Rechtslage zu den §§ 149–158k VVG aF zwischen den freiwilligen Haftpflichtversicherungen einerseits und den Pflichthaftpflichtversicherungen andererseits zu unterscheiden. Während für die freiwilligen Haftpflichtversicherungen ausschließlich die Bestimmungen der §§ 100–112 gelten, finden auf die Pflichthaftpflichtversicherungen neben diesen allgemeinen Vorschriften auch noch die besonderen Regelungen der §§ 113–124 grundsätzlich Anwendung. Zudem sind die Pflichthaftpflichtversicherungen ihrerseits in die Haftpflichtversicherungen zu unterteilen, die zum Zweig der Kfz-Haftpflichtversicherung gehören und die Haftpflichtversicherungen, für die aufgrund entsprechender gesetzlicher Vorgaben des Bundes- und des Landesrechts die Verpflichtung zu deren Abschluss besteht.

Gemeinsam ist allen Pflichthaftpflichtversicherungen, dass sie im Hinblick auf den obligatorischen Vertragsschluss eine Vielzahl von Einzelfragen aufwerfen. Während bezüglich der die Kfz-Haftpflichtversicherung als Pflichtversicherung betreffenden Grundprobleme bereits etwas ausführlicher Stellung genommen wurde[409] und im Übrigen auf die Erläuterungen zu den §§ 113–124 verwiesen werden muss,[410] lässt die Komplexität der verschiedenen Haftpflichtversicherungen, für die aufgrund entsprechender gesetzlicher Vorgaben des Bundes- und des Landesrechts besondere

---

[403] Näher hierzu *Stockmeier* Privathaftpflichtversicherung A1-1 AVB PHV, Rn. 16 ff.; vgl. ferner *Retter* in Schwintowski/Brömmelmeyer/Ebers VVG Vorb. §§ 100–112 Rn. 2; vgl. auch *Langheid* in Langheid/Rixecker § 100 Rn. 9 ff. zur Unterscheidung zwischen der allgemeinen Privathaftpflicht und der im beruflichen und betrieblichen Bereich; eingehend hierzu → § 102 Rn. 12 ff.

[404] Vgl. *H. Baumann* in BK-VVG Vorb. §§ 149–158k Rn. 14; *Retter* in Schwintowski/Brömmelmeyer/Ebers VVG Vorb. §§ 100–112 Rn. 4; eingehend hierzu → § 102 Rn. 17 ff.

[405] So *Wandt* VersR Rn. 1047 mit dem weiteren Hinweis in Fn. 5, dass man als gewissermaßen vierte Stufe des Verkehrsopferschutzes den „Entschädigungsfonds für Schäden aus Kraftfahrzeugunfällen" bezeichnen könne, da er eingreife, wenn jemand durch einen flüchtigen oder nicht versicherten Kraftfahrer verletzt wurde (§§ 12 ff. PflVG).

[406] Vgl. *Schulze Schwienhorst* in Looschelders/Pohlmann Einführung vor § 100 Rn. 6; vgl. auch *Langheid* in Langheid/Rixecker § 100 Rn. 9.

[407] Vgl. *H. Baumann* in BK-VVG Vorb. § 149–158k Rn. 16 mit weiteren Einzelheiten und Nachweisen.

[408] Vgl. hierzu näher → § 102 Rn. 69 ff.

[409] Vgl. hierzu näher → Rn. 46 ff.

[410] Vgl. hierzu §§ 113 ff.

Regelungen bestehen, ein näheres Eingehen im vorliegenden Zusammenhang nicht zu, so dass insoweit auch auf die Erläuterungen zu den §§ 113–124 zu verweisen ist. Möglich ist es nur, nachfolgend einen Überblick über die gesetzlichen Grundlagen zu geben, die den Abschluss einer entsprechenden Pflichthaftpflichtversicherung verlangen.[411] Dabei erhebt dieser Überblick keinen Anspruch auf Vollständigkeit. Vielmehr sollen nur die wichtigsten gesetzlichen Grundlagen genannt werden.[412]

162 **3. Überblick über die wichtigsten gesetzlichen Grundlagen für die Verpflichtung zum Abschluss von Pflichthaftpflichtversicherungen.** Zu den wichtigsten gesetzlichen Grundlagen für die Verpflichtung zum Abschluss von Pflichthaftpflichtversicherungen gehören **nach Tätigkeits- und Gefahrenbereichen geordnet** folgende:
- § 2 MaBV,
- §§ 19a, 67 Abs. 3 Nr. 3 BNotO,
- § 45 Patentanwaltsordnung für Patentanwälte,
- § 51 BRAO und § 7 Europäisches Rechtsanwaltsgesetz für Rechtsanwälte,
- § 67 StBerG für Steuerberater, Steuerbevollmächtigte und Steuerberatungsgesellschaften,
- § 25 Abs. 2 StBerG iVm § 2 Nr. 3 der Verordnung zur Durchführung der Vorschriften über Lohnsteuerhilfevereine für Lohnsteuerhilfevereine,
- § 34d Abs. 2 Nr. 3 GewO iVm § 34d Abs. 8 Nr. 3 GewO für Versicherungsvermittler,
- § 54 WPO für Wirtschaftsprüfer und Wirtschaftsprüfungsgesellschaften,
- § 1 Abs. 4 Zwangsverwalterverordnung für Zwangsverwalter,
- § 94 AMG für pharmazeutische Unternehmen,
- § 36 Abs. 1 und 2 Nr. 1 GenTG für Betreiber gentechnischer Anlagen und für die Freisetzung von gentechnisch veränderten Organismen,
- § 37 Abs. 5 Nr. 4 ProdSG für überwachungsbedürftige Anlagen,
- § 13 AtG iVm der Atomrechtlichen Deckungsvorsorgeverordnung sowie der Strahlenschutzverordnung für Kernkraftwerke und sonstige Besitzer von Kernbrennstoffen und sonstigen radioaktiven Stoffen und Anwender ionisierender Strahlung,
- § 7a GüKG für Betreiber des gewerblichen Güterkraftverkehrs,
- § 26 Abs. 1 Nr. 8 und Abs. 5 S. 1 Allgemeines Eisenbahngesetz iVm §§ 31 und 32 Nr. 3 Allgemeines Eisenbahngesetz iVm § 1 Verordnung über die Haftpflichtversicherung der Eisenbahnen für den Betrieb von privaten Eisenbahnen, Bergbahnen und Schleppliften,
- § 3 Abs. 1 S. 4 Gefahrgutbeförderungsgesetz für Beförderer von gefährlichen Gütern,
- §§ 2 Abs. 1 Nr. 3, 37 Abs. 1, 43, 50 LuftVG iVm §§ 102–104 Luftverkehrszulassungsverordnung für Luftfahrtunternehmen und sonstige Luftfahrzeughalter,
- §§ 55 Abs. 1 Nr. 2 iVm 55f GewO iVm SchaustellerhaftpflichtVO,
- § 2 Ölschadengesetz iVm Ölhaftungsgesetz für See-, Binnen- und Flussschifffahrt,
- § 24 Abs. 1 Nr. 10 Strahlenschutzverordnung bzw. § 28b Abs. 1 Nr. 10 Röntgenverordnung iVm §§ 13 und 26 Abs. 1 AtG für Strahlenstudien in der medizinischen Forschung,
- § 19 Abs. 1 und Abs. 2 Nr. 1 UmweltHG iVm Anhang 2 für Betreiber bestimmter umweltgefährdender Anlagen,
- § 4 Abs. 1 Nr. 5 WaffG für Inhaber von Waffenschein und Schießerlaubnis,
- § 27 Abs. 1 S. 2–4 WaffG für Betreiber von Schießstätten,
- § 17 Abs. 1 S. 1 Nr. 4 BJagdG für Inhaber des Jagdscheines.

163 Hinzuweisen ist ferner darauf, dass seit einigen Jahren alle 16 Bundesländer jeweils eine gesetzliche Versicherungspflicht zum Abschluss entsprechender Berufshaftpflichtversicherungen für freiberuflich am Bau beteiligte Personen wie Architekten, Prüfingenieure (Statiker), beratende Ingenieure, Vermessungsingenieure und Entwurfsverfasser vorsehen.[413] Jedoch sind sowohl die Berufsbezeichnungen als auch die Tätigkeitsbereiche dieser am Bau beteiligten Personen insoweit

---

[411] Vgl. hierzu näher sogleich → Rn. 162 ff.
[412] Umfassender eine Übersicht der BaFin, abgedruckt als Anlage zu BT-Drs. 16/5497, 6; vgl. ferner *Armbrüster* in Prölss/Martin Einl. Rn. 323 ff.; *Beckmann* in Bruck/Möller Anhang zu den Vorbemerkungen zu §§ 113–124 Rn. 1 ff.; *Retter* in Schwintowski/Brömmelmeyer/Ebers VVG Vorb. §§ 100–112 Rn. 18; *v. Rintelen* in Späte/Schimikowski Einl. Rn. 185 f.; → Vor § 113 Rn. 19 ff.; allgemein zu Pflichthaftpflichtversicherungen Pflichtversicherung – Segnung oder Sündenfall; *Dallwig*, Deckungsbegrenzungen in der Pflichtversicherung, S. 9 ff.; *Dallwig* r+s 2020, 181 (184 f.); *Hedderich* Pflichtversicherung; *Swik* VersR 2011, 446 ff.; *Schwintowski* VuR 2013, 52 ff., der sich de lege ferenda für eine Ausdehnung dieses Versicherungszweiges ausspricht; kritisch zur rechtspolitischen Diskussion um eine Pflichtversicherung für Hersteller von Medizinprodukten unter Einbeziehung der Eigenheiten der Arzneimittelhaftung nach § 84 AMG und der Deckungsvorsorge gemäß § 94 AMG zu Recht *Scherpe* ZVersWiss 102 (2013), 35 ff.; *Diller* in Späte/Schimikowski Vor 1 AVB für Vermögensschäden Rn. 1 f.; vgl. ferner → § 102 Rn. 31 mwN in Fn. 57.
[413] Vgl. *Schmalzl/Krause-Allenstein* Berufshaftpflichtversicherung Rn. 432; → Vor §§ 113–124 Rn. 20.

Vorbemerkungen zu §§ 100–112

uneinheitlich, da sich die verschiedenen politischen Interessen in den einzelnen Bundesländern unterschiedlich auswirken.[414]

Keine gesetzliche Verpflichtung zum Abschluss entsprechender Haftpflichtversicherungen ist dann gegeben, wenn der Abschluss aufgrund vertraglicher Verpflichtungen, Obhuts- oder Fürsorgepflichten, behördlicher Auflagen oder aufgrund von Standesrichtlinien gefordert wird.[415] Denn eine solche Verpflichtung muss aufgrund eines Gesetzes im formellen und materiellen Sinne, also eines Bundes- oder Landesgesetzes oder zumindest im materiellen Sinne, also aufgrund einer Rechtsverordnung des Bundes oder eines Landes der Bundesrepublik Deutschland, begründet sein.[416] Daher genügt es zB nicht, dass nach § 14 Abs. 2 S. 1 der Muster-Sachverständigenordnung des Deutschen Industrie- und Handelskammertages (DIHK) der Sachverständige eine Haftpflichtversicherung abschließen und gemäß § 14 Abs. 2 S. 2 dieser Muster-Sachverständigenordnung der Sachverständige die von ihm abgeschlossene Berufshaftpflichtversicherung in regelmäßigen Abständen auf Angemessenheit überprüfen soll.[417] 164

IV. Rechtsquellen und Rechtsgrundlagen der Haftpflichtversicherung

1. Überblick. Soweit die für den einzelnen Haftpflichtversicherungsvertrag geltenden Bestimmungen aufgrund des im Privatrecht herrschenden Grundsatzes der Vertragsfreiheit, der sog. Privatautonomie, nicht ganz individuell zwischen dem Versicherer und dem Versicherungsnehmer vereinbart werden, kommen wegen der in der Praxis weit verbreiteten Standardisierung von Haftpflichtversicherungsverträgen im Regelfall unter Berücksichtigung der Besonderheiten des Einzelfalles verschiedene Normenkomplexe ganz oder zumindest zum Teil auf den Haftpflichtversicherungsvertrag zur Anwendung. Dies sind – ohne Anspruch auf Vollständigkeit – etwa: 165
– Gesetz über den Versicherungsvertrag (Versicherungsvertragsgesetz – VVG 2008) vom 23.11.2007,
– Gesetz über den Versicherungsvertrag (VVG 1908) vom 30.5.1908,
– Einführungsgesetz zum Versicherungsvertragsgesetz (EG VVG) vom 30.5.1908,
– Gesetz über die Pflichtversicherung für Kraftfahrzeughalter (Pflichtversicherungsgesetz),
– Gesetz über die Beaufsichtigung der Versicherungsunternehmen (Versicherungsaufsichtsgesetz – VAG),
– Bürgerliches Gesetzbuch (BGB),
– VVG-Informationspflichtenverordnung (VVG-InfoV),
– Versicherungsvermittlungsverordnung (VersVermV),
– Allgemeine Versicherungsbedingungen für die Haftpflichtversicherung (AHB 2016) als Musterbedingungen des GDV,
– Allgemeine Versicherungsbedingungen für die Haftpflichtversicherung (AHB 2002) als Musterbedingungen des GDV,
– Allgemeine Versicherungsbedingungen zur Haftpflichtversicherung für Vermögensschäden (AVB Verm),
– Allgemeine Versicherungsbedingungen für die Vermögensschadenhaftpflichtversicherung von Rechtsanwälten und von Angehörigen der wirtschaftsprüfenden sowie wirtschafts- und steuerberatenden Berufe (AVB-RSW),
– Allgemeine Versicherungsbedingungen für die Privathaftpflichtversicherung (AVB PHV) als Musterbedingungen des GDV,
– Allgemeine Versicherungsbedingungen für die Betriebs- und Berufshaftpflichtversicherung (AVB BHV) als Musterbedingungen des GDV,
– Klinikhaftpflichtversicherung,
– Besondere Bedingungen und Risikobeschreibungen für die Produkthaftpflichtversicherung von Industrie- und Handelsbetrieben (Produkthaftpflicht-Modell) als Musterbedingungen des GDV,
– Rückrufkosten-Haftpflichtversicherung für Hersteller- und Handelsbetriebe (ProdRückRM) als Musterbedingungen des GDV,
– Besondere Bedingungen und Risikobeschreibungen für die Rückrufkosten-Haftpflichtversicherung für Kfz-Teile-Zulieferer als Musterbedingungen des GDV,
– Besondere Bedingungen und Risikobeschreibungen für die Versicherung der Haftpflicht wegen Schäden durch Umwelteinwirkung (Umwelthaftpflicht-Modell) als Musterbedingungen des GDV,

---

[414] *Schmalzl/Krause-Allenstein* Berufshaftpflichtversicherung Rn. 432; → Vor §§ 113–124 Rn. 20; jeweils mwN.
[415] Vgl. *Klimke* in Prölss/Martin § 113 Rn. 2; *H. Baumann* in BK-VVG Vorb. §§ 149–158k Rn. 15; *Schimikowski* in Späte/Schimikowski Einl. Rn. 182; *Schmalzl/Krause-Allenstein* Berufshaftpflichtversicherung Rn. 432.
[416] Vgl. *Klimke* in Prölss/Martin § 113 Rn. 1; eingehend → Vor § 113 Rn. 21.
[417] Vgl. *Littbarski* in Bayerlein SV-HdB § 40 Rn. 1 mit weiteren Einzelheiten.

- Besondere Bedingungen und Risikobeschreibungen für die Versicherung der Haftpflichtschäden durch Umwelteinwirkung im Rahmen der Betriebs- und Berufshaftpflichtversicherung (Umwelthaftpflicht-Basisversicherung) als Musterbedingungen des GDV,
- Allgemeine Versicherungsbedingungen für die Umweltschadenversicherung (USV) als Musterbedingungen des GDV,
- Allgemeine Versicherungsbedingungen für die Vermögensschaden-Haftpflichtversicherung von Aufsichtsräten, Vorständen und Geschäftsführern (AVB-D&O),
- Besondere Bedingungen und Risikobeschreibungen für die Berufshaftpflichtversicherung von Architekten, Bauingenieuren und Beratenden Ingenieuren (BBR Arch.).
- Allgemeine Versicherungsbedingungen für die Cyberrisiko-Versicherung (AVB Cyber) als Musterbedingungen des GDV.

166 Bereits die Nennung einer Reihe von für die Haftpflichtversicherung relevanten Versicherungsbedingungen lässt erahnen, dass diesen **kein einheitliches System** im Hinblick auf ihren Anwendungsbereich zugrundeliegt. Dies gilt einmal wegen der unterschiedlichen Bezeichnungen als Allgemeine Versicherungsbedingungen, Besondere Bedingungen und Risikobeschreibungen und ergibt sich zum anderen daraus, dass manche dieser Versicherungsbedingungen als Musterbedingungen des GDV bezeichnet werden. Deshalb muss nachfolgend auf alle diese Begriffe und die Abgrenzung voneinander kurz eingegangen werden.

167 Was die **unterschiedlichen Bezeichnungen** als Allgemeine Versicherungsbedingungen, Besondere Bedingungen und Risikobeschreibungen angeht, ist grundsätzlich wie folgt zu differenzieren: Während Allgemeine Versicherungsbedingungen (AVB) in der Regel Vorschriften enthalten, die in einer Vielzahl von Versicherungsverträgen ohne Rücksicht auf individuelle Verschiedenheiten der einzelnen Wagnisse gelten, sind Besondere Bedingungen von ihrer Struktur her solche, die für ein konkretes, einzelnes Risiko benutzt werden.[418] Allerdings wird diese Terminologie in der Praxis nicht einmal ansatzweise durchgehalten, so dass etwa Besondere Bedingungen den Charakter von AVB haben können.[419] Bisweilen werden Besondere Bedingungen auch als Zusatzbedingungen oder Sonderbedingungen[420] bezeichnet, obwohl sie nicht etwa aufgrund individuellen Aushandelns vereinbart werden, was nur in gewerblichen oder im industriellen Bereich geschehen wird, sondern vielmehr zur Deckung eines Stammvertrages wie zB des einer Betriebs- oder Berufshaftpflichtversicherung im Rahmen eines gesonderten Vertrages vereinbart werden und deshalb ebenfalls den Charakter von AVB haben.[421]

168 **2. Allgemeine Versicherungsbedingungen.** Die AVB gehören ihrem Wesen nach zu den Allgemeinen Geschäftsbedingungen, was bereits seit langem anerkannt ist.[422] Denn sie sind für eine Vielzahl von Verträgen vorformulierte Vertragsregelungen, die ein Versicherer den Versicherungsnehmern bei Abschluss von Verträgen stellt.[423] Damit unterliegen sie dem AGB-Recht nach den §§ 305–310 BGB sowie dem § 10 Abs. 1 VAG, der im Einzelnen regelt, welche vollständigen Angaben die AVB enthalten müssen.

169 Die **Auslegung der AVB** erfolgt nach ständiger Rechtsprechung und der ihr teilweise folgenden Literatur[424] objektiv, dh ohne Berücksichtigung der besonderen Umstände des einzelnen

---

[418] Vgl. RGZ 144, 301 (304); 158, 6 (8); BGH VersR 1975, 845 (846); *Armbrüster* in Prölss/Martin Einl. Rn. 223; *H. Baumann* in BK-VVG Vorb. §§ 149–158k Rn. 23; *Littbarski* AHB Vorb. Rn. 17.
[419] Vgl. *Littbarski* AHB Vorb. Rn. 17.
[420] Vgl. *Wandt* VersR Rn. 215; *Armbrüster* in Prölss/Martin Einl. Rn. 20.
[421] Vgl. BGH VersR 1996, 357 (358); *Prölss*, in Prölss/Martin 28. Aufl., Vorb. I Rn. 13; *Späte* AHB Vorb. Teil B Rn. 24 ff.; *Littbarski* AHB Vorb. Rn. 17 mwN.
[422] Vgl. soeben Rn. 163 in Fn. 414 mit umfassenden Nachweisen; vgl. ferner *Littbarski* AHB Vorb. Rn. 18 zur Rechtslage vor Inkrafttreten der §§ 305–310 BGB am 1.1.2002 als Regelungen über das AGB-Recht.
[423] Vgl. *Littbarski* AHB Vorb. Rn. 18; *Wandt* VersR Rn. 212; vgl. auch OLG Karlsruhe NJW-RR 2013, 1368 im Hinblick auf eine Unfall-Zusatzversicherung.
[424] Vgl. nur BGHZ 123, 83 (85) = NJW 1993, 2369; BGH NJW-RR 1996, 857 (858); 1999, 1038 (1039); NJW 2000, 1194 ff. mit Anm. *Littbarski* in EWiR § 1 AHB 1/2000, 257 f.; BGH VersR 2000, 1090 (1091 f.); NJW-RR 2003, 1247; BGHZ 162, 210 (214) = NJW-RR 2005, 902 (903); BGH NJW 2006, 2545; BGHZ 194, 208 Rn. 21 = VersR 2012, 1149; BGH NJW 2012, 3023 Rn. 21; ZIP 2013, 1335 Rn. 10 und 14; NJW 2014, 149 f. Rn. 12; 2014, 377 Rn. 13; ZIP 2014, 422 f. Rn. 23; NJW 2014, 2038 Rn. 37 mit zustimmender Anm. *Littbarski*; BGH NJW 2014, 3030 Rn. 16; VersR 2015, 318 Rn. 22; 2016, 41 Rn. 22; r+s 2016, 74 Rn. 27 ff. mit Anm. *Schimikowski*; BGH VersR 2016, 388 Rn. 19; NJW 2017, 1620; 2017, 2831; 2018, 1019; VersR 2020, 549 Rn. 9; OLG München NJW 2012, 1664 (1666); OLG Brandenburg r+s 2014, 599 (600) mit Anm. *Schimikowski*; OLG Brandenburg VersR 2016, 323 (325); OLG Karlsruhe r+s 2015, 229 (230); 2015, 291; OLG Hamm VersR 2016, 524 (525); OLG Karlsruhe VersR 2018, 1374; OLG Frankfurt a.M. r+s 2021, 502 Rn. 68; LG Karlsruhe VersR 2015, 100; ebenso *Armbrüster* in Prölss/Martin Einl. Rn. 262 f.; *Harsdorf-Gebhardt* r+s 2012, 261 (263); umfassend *Diringer* Prinzipien der Auslegung der Allgemeinen Versicherungsbedingungen; vgl. auch OGH VersR 2014, 267 f. und OGH VersR 2014, 357 (359) im Hinblick auf das österreichische Recht, wonach Allgemeine Vertrags-

Vertrages. Der BGH umschreibt dies dahingehend, dass die AVB so auszulegen seien, wie sie ein durchschnittlicher Versicherungsnehmer bei verständiger Würdigung, aufmerksamer Durchsicht und Berücksichtigung des erkennbaren Sinnzusammenhanges verstehen müsse, sodass die AVB daher einen „rechtsordnungsartigen Charakter" hätten. Dabei soll es auf die Verständnismöglichkeiten und Interessen eines Versicherungsnehmers ohne versicherungsrechtliche Spezialkenntnisse ankommen.[425] Hingegen soll nach dieser Auffassung die Entstehungsgeschichte einer Regelung bei der Auslegung außer Betracht bleiben, wenn der Versicherungsnehmer sie typischerweise nicht kennt.[426] Dies soll selbst dann gelten, wenn die Berücksichtigung der Entstehungsgeschichte zu einem dem Versicherungsnehmer günstigeren Auslegungsergebnis führte.[427] Versicherungsrechtliche Überlegungen können nach Ansicht des BGH[428] allenfalls insoweit Berücksichtigung finden, wie sie sich aus dem Wortlaut der Bedingungen für den verständigen Versicherungsnehmer unmittelbar erschließen.

Mit dieser Rechtsprechung lehnt der BGH die bereits vom Reichsgericht[429] und Stimmen in der Literatur[430] vertretene Auffassung ab, wonach AVB bei Auslegungsbedürftigkeit gesetzesähnlich auszulegen seien. Danach hat der Richter bei unklaren Versicherungsbedingungen unter Beachtung des wirtschaftlichen Zweckes der getroffenen Regelung und der gewählten Ausdrucksweise den Sinn der Norm, den sie für alle Beteiligten vernünftigerweise gleichmäßig haben muss, entsprechend der Auslegung, die auf die Gesetze in Zweifelsfällen zur Anwendung kommen muss, zur Erforschung und im Urteilsspruch festzulegen. **170**

Aus der Umschreibung des BGH,[431] wonach die AVB einen „rechtsordnungsartigen Charakter" hätten, darf allerdings nicht gefolgert werden, dass AVB damit selbst Rechtsnormqualität aufwiesen. Sie **müssen** vielmehr unter den Voraussetzungen des § 305 Abs. 2 BGB aufgrund entsprechender Vereinbarung **in jeden Vertrag einbezogen werden.**[432] **171**

3. Risikobeschreibungen. Nicht als Rechtsquellen zu qualifizieren sind auch die Risikobeschreibungen, die in den AVB zum Ausdruck bringen, **worin das versicherte Risiko besteht** und **was der Versicherungsschutz umfasst.** So heißt es in der das versicherte Risiko betreffenden Regelung der Ziff. 3.1 (1) AHB 2016, dass der Versicherungsschutz die gesetzliche Haftpflicht aus den im Versicherungsschein und seinen Nachträgen angegebenen Risiken des Versicherungsnehmers umfasst. In § 1 Ziff. 2a AHB 2002 ist demgegenüber davon die Rede, dass sich der Versicherungsschutz auf die gesetzliche Haftpflicht aus den im Versicherungsschein und seinen Nachträgen angegebenen Eigenschaften, Rechtsverhältnissen oder Tätigkeiten des Versicherungsnehmers (versichertes „Risiko") erstreckt. Hieran und nicht an die Formulierung von Ziff. 3.1 (1) AHB 2016 knüpft erneut der Wortlaut von A 1-1 Abs. 1 AVB BHV an. Danach ist im Umfang der nachfolgenden Bestimmungen die gesetzliche Haftpflicht des Versicherungsnehmers aus dem im Versicherungsschein und seinen Nachträgen angegebenen Betrieb mit seinen Eigenschaften, Rechtsverhältnissen und Tätigkeiten oder aus der Ausübung der im Versicherungsschein und seinen Nachträgen beschriebenen beruflichen Tätigkeit versichert. Die Verkürzung des Wortlautes der Ziff. 3.1 (1) AHB 2016 im Verhältnis zum Wortlaut des § 1 Ziff. 2a AHB 2002 sowie dem von A 1-1 Abs. 1 AVB BHV dürfte allein darauf zurückzuführen sein, dass die in den zuletzt genannten Bestimmungen erfolgte Aufzählung nach allgemein vertretener Auffassung nur einen exemplarischen und nicht etwa einen abschließenden Charakter hat. Dennoch ist es bereits aus Transpa- **172**

---

bedingungen nach Vertragsauslegungsgrundsätzen (§§ 914 f. ABGB) auszulegen seien; vgl. ferner *Littbarski* AHB Vorb. Rn. 18; *Littbarski* Produkthaftpflichtversicherung, ProdHM Ziff. 1 Rn. 174 mit Fn. 267 und ProdHM Ziff. 6 Rn. 81 mit Fn. 108; jeweils mwN.

[425] Vgl. BGH VersR 2001, 489 (490); NJW 2003, 1996; VersR 2004, 1132; NJW-RR 2005, 1189 (1190f.); NJW 2006, 2545; WM 2012, 122 (125); BGHZ 194, 39 Rn. 36 = NJW 2012, 3647 (3650); BGH ZIP 2013, 1335 Rn. 10 und 14; DB 2013, 1482 (1483); r+s 2013, 382 Rn. 40; r+s 2021, 27 Rn. 11; OLG München NJW 2012, 1664 (1666).

[426] Vgl. BGH NJW 1992, 349; NJW-RR 2003, 1247; VersR 2012, 1253 (1254); NJW 2015, 1306 (1307); *Littbarski*, Produkthaftpflichtversicherung, Einl. Rn. 22 mit Fn. 39–41; *R. Koch* VersR 2015, 133 f. und 139.

[427] Vgl. BGH VersR 2000, 1090; kritisch *Armbrüster* in Prölss/Martin Einl. Rn. 266.

[428] Vgl. BGH VersR 1986, 537 (538); 1995, 951 (952); NJW 2000, 2103; 2003, 2384 (2385); VersR 2007, 535; BGH r+s 2021, 27 Rn. 11 und 22 für den Fall einer D&O-Versicherung, bei der der typische Adressaten- und Versichertenkreis geschäftserfahren und mit AGB vertraut sei, aber die rechtsdogmatische Einordnung des inzwischen aufgehobenen § 64 S. 1 GmbHG nicht erwartet werden könne.

[429] Vgl. RGZ 171, 43 (48).

[430] Vgl. *E. Lorenz*, Anm. zu BGH VersR 2000, 1091 f., in: VersR 2000, 1092 f.; ebenso *Littbarski* AHB Vorb. Rn. 18; *Prölss* NVersZ 1998, 17 (18 f.); *H. Baumann* r+s 2005, 313; *Wandt* VersR Rn. 226; vgl. auch *Beckmann* in Beckmann/Matusche-Beckmann VersR-HdB § 10 Rn. 169; *Pilz* Missverständliche AGB S. 38 ff.

[431] Vgl. hierzu Rn. 169 mit den in Fn. 424 genannten Nachweisen.

[432] Vgl. *Wandt* VersR Rn. 222; vgl. ferner *Littbarski* AHB Vorb. Rn. 18.

renzgründen richtig, dass der GDV in A1-1 Abs. 1 AVB BHV wieder zu dem an § 1 Ziff. 2a AHB 2002 angelehnten Wortlaut zurückgekehrt ist.[433]

173   Sprachlich kommt die **Unterscheidung zwischen Versicherungsbedingungen und Risikobeschreibungen** zumeist in der Weise zum Ausdruck, dass die Versicherungsbedingungen mit den Worten „Eingeschlossen .../Ausgeschlossen ..." beginnen, während für die Risikobeschreibungen die Formulierungen „Versichert .../Mitversichert .../Nicht versichert ..." Verwendung finden.[434] Derartige Formulierungen wurden früher vom BAV als dem Vorgänger der BaFin für erforderlich gehalten.[435]

174   Im Übrigen verdient der Hervorhebung, dass in der Verordnung über Informationspflichten bei Versicherungsverträgen (VVG-Informationspflichtenverordnung – VVG-InfoV)[436] in § 4 VVG-InfoV eine Regelung über ein Produktinformationsblatt getroffen wird. Ist der Versicherungsnehmer ein Verbraucher im Sinne von § 13 BGB, so hat der Versicherer ihm ein Produktinformationsblatt nach § 4 Abs. 1 VVG-InfoV zur Verfügung zu stellen.

175   Dort sind das versicherte Risiko, die Versicherungssumme sowie die ausgeschlossenen Risiken anzuführen, wobei aber hinsichtlich der gedeckten Risiken keine erschöpfende Darstellung geboten ist.[437]

176   **4. Musterbedingungen.** Was die vom GDV als Musterbedingungen erarbeiteten AVB angeht, sind diese deshalb möglich, da sie nach einer wechselvollen Geschichte seit dem Jahre 2010 nunmehr nach der allgemeinen Regel des Art. 101 AEUV in den Mitgliedstaaten der Europäischen Union beurteilt werden.[438] Als Vorteile einer Erarbeitung derartiger Musterbedingungen werden neben Effizienzgewinn sowie einem vereinfachten Marktzutritt für kleine und unerfahrene Versicherer die erleichterte Einhaltung rechtlicher Pflichten durch die Versicherer sowie die Verwendungsmöglichkeit im Sinne einer Orientierungshilfe für den Vergleich unterschiedlicher Versicherungsangebote angesehen.[439] Jedoch soll eine über die dadurch zu erzielende Transparenz hinausgehende Vereinheitlichung von Versicherungsprodukten vermieden werden.[440] Die Zulässigkeit der Musterbedingungen wird weiterhin von dem ausdrücklichen Hinweis auf ihre Unverbindlichkeit sowie davon abhängig gemacht, dass die beteiligten Unternehmen ihren Kunden auch von der Vereinbarung abweichende Klauseln anbieten dürfen. Schließlich müssen die Musterbedingungen der AVB jeder interessierten Person zugänglich sein und auf einfache Anfrage hin übermittelt werden.[441]

§ 100 Leistung des Versicherers

Bei der Haftpflichtversicherung ist der Versicherer verpflichtet, den Versicherungsnehmer von Ansprüchen freizustellen, die von einem Dritten auf Grund der Verantwortlichkeit des Versicherungsnehmers für eine während der Versicherungszeit eintretende Tatsache geltend gemacht werden, und unbegründete Ansprüche abzuwehren.

Übersicht

	Rn.			Rn.
A. Einführung	1	I.	Allgemeines	4
I. Inhalt der Regelung	1	II.	Einzelheiten zur Leistung des Versicherers nach § 100	8
II. Zweck der Regelung	3			
B. Gegenstand des Versicherungsschutzes	4	1.	Überblick	8

---

[433] Vgl. *Littbarski* AHB Vorb. Rn. 26 und § 1 Rn. 54; näher zu A 1-1 Abs. 1 AVB BHV sowie zu den zum versicherten Risiko ebenfalls gehörenden Bestimmungen A 1-1 Abs. 2 und 3 AVB BHV: *Littbarski* in Littbarski/Tenschert/Klein AVB BHV A 1-1 Rn. 10 ff.
[434] Vgl. *Littbarski* AHB Vorb. Rn. 26.
[435] Vgl. VerBAV 1969, 13 in Bezug auf die Vertragsordnung in der Allgemeinen Haftpflichtversicherung; vgl. auch *Littbarski* AHB Vorb. Rn. 26 f.
[436] BGBl. 2007 I 3004, zuletzt geändert durch Art. 6 Gesetz vom 9.6.2021 (BGBl. 2021 I 1666); hierzu näher *Gal* in Langheid/Rixecker VVG-InfoV S. 1317 ff.; *Baroch Castellvi* in HK-VVG S. 1373 ff.
[437] Vgl. *Gal* in Langheid/Rixecker VVG-InfoV § 4 Rn. 8 mit weiteren Einzelheiten und Nachweisen.
[438] Vgl. hierzu näher *Beckmann* in Beckmann/Matusche-Beckmann VersR-HdB § 10 Rn. 21 ff.; *Brömmelmeyer* in HK-VVG Einleitung Rn. 63; *Wandt* VersR Rn. 150; jeweils mwN.
[439] Vgl. auch → Rn. 32; vgl. ferner *Beckmann* in Beckmann/Matusche-Beckmann VersR-HdB § 10 Rn. 24 mwN.
[440] Vgl. *Beckmann* in Beckmann/Matusche-Beckmann VersR-HdB § 10 Rn. 24 mwN.
[441] Vgl. *Beckmann* in Beckmann/Matusche-Beckmann VersR-HdB § 10 Rn. 25 mwN.

	Rn.		Rn.
2. Die Bedeutung des Tatbestandsmerkmals „aufgrund gesetzlicher Haftpflichtbestimmungen privatrechtlichen Inhalts"	17	tende Tatsache" und „während der Wirksamkeit der Versicherung eingetretenen Schadensereignisses (Versicherungsfall)" und ihre Abgrenzung voneinander	103
a) Allgemeines	17	a) Allgemeines	103
b) Einzelheiten zu gesetzlichen Haftpflichtbestimmungen privatrechtlichen Inhalts	20	b) Gesetzesbegründung	107
		c) Folgerungen für die AHB 2016 und die AVB BHV	109
c) Abgrenzung gesetzlicher Haftpflichtbestimmungen privatrechtlichen Inhalts von gesetzlichen Haftpflichtbestimmungen öffentlich-rechtlichen Inhalts	54	d) Historische Entwicklung	110
		e) Einzelfragen zum Begriff des Schadensereignisses	115
d) Konkurrenzfragen	66	f) Weitere Formen von Versicherungsfällen	121
3. Person und Rechtsstellung des Dritten	72		
a) Allgemeines	72	7. Die Bedeutung der Begriffe „Personen-, Sach- und Vermögensschaden", ihre Abgrenzung voneinander und die sich daraus ergebenden Folgen	126
b) Person des Dritten	73		
c) Rechtsstellung des Dritten	87		
4. Inanspruchnahme des Versicherungsnehmers auf Schadensersatz	98	a) Allgemeines	126
		b) Der Begriff des Personenschadens	130
5. Verantwortlichkeit des Versicherungsnehmers	101	c) Der Begriff des Sachschadens	138
		d) Der Begriff des Vermögensschadens	160
6. Die Bedeutung der Tatbestandsmerkmale „während der Versicherungszeit eintre-		e) Der Begriff des Abhandenkommens von Sachen	173

Stichwort- und Fundstellenverzeichnis

Stichwort	Rn.	Rechtsprechung	Literatur
Abhandenkommen von Sachen	→ 173 ff.	LG Heidelberg r+s 1975, 70; LG Berlin NJW-RR 2003, 460; OLG Jena VersR 2014, 949	*Geyer* VersR 1965, 646 (647); *Späte* AHB § 1 Rn. 119; *Littbarski* AHB § 1 Rn. 95; *Littbarski* in Littbarski/Tenschert/Klein AVB BHV A1–6.4 Rn. 52 ff.
Allgemeines Persönlichkeitsrecht	→ 133 f.	BVerfGE 34, 269 (281); BGHZ 13, 334 (337 f.); 50, 133 (143 ff.)	*Späte* AHB § 1 Rn. 49; *Lücke* in Prölss/Martin AHB 2016 Ziff. 1 Rn. 31; *Littbarski* AHB § 1 Rn. 18; *Retter* in Schwintowski/Brömmelmeyer/Ebers § 100 Rn. 6; *W. Th. Schneider* in Beckmann/Matusche-Beckmann VersR-HdB § 24 Rn. 29
Gesetzliche Haftpflichtbestimmungen öffentlich-rechtlichen Inhalts	→ 54	OLG Düsseldorf NJW 1966, 738; OLG Nürnberg NVersZ 2000, 537; OLG Oldenburg VersR 2001, 229; OGH VersR 1975, 552	*Baumann* in BK-VVG § 149 aF Rn. 92; *Voit* in Prölss/Martin/Knappmann AHB § 1 Rn. 8; *Lücke* in Prölss/Martin AHB 2016 Ziff. 1 Rn. 16; *Littbarski* AHB § 1 Rn. 43
Gesetzliche Haftpflichtbestimmungen privatrechtlichen Inhalts	→ 17	BGH VersR 1971, 144; NJW 2000, 1194 (1195); VersR 2003, 236	*Voit* in Prölss/Martin/Knappmann AHB § 1 Rn. 3 ff.; *Lücke* in Prölss/Martin AHB 2016 Ziff. 1 Rn. 6; *Littbarski* AHB § 1 Rn. 34; *Retter* in Schwintowski/Brömmelmeyer/Ebers § 100 Rn. 12
Herstellung einer von vornherein mangelhaften Sache	→ 143	BGH VersR 1976, 629 (630); 2005, 110 (111 f.); OLG Hamm VersR 1990, 376 (377)	*Baumann* in BK-VVG § 149 aF Rn. 37; *Retter* in Schwintowski/Brömmelmeyer/Ebers § 100 Rn. 10; *Lücke* in Prölss/Martin AHB 2016 Ziff. 1 Rn. 23; *Littbarski* AHB § 1 Rn. 24
Inanspruchnahme des Versicherungsnehmers auf Schadensersatz	→ 98	–	*Littbarski* AHB § 1 Rn. 40 ff.; *Baumann* in BK-VVG § 149 aF Rn. 102

§ 100

Teil 2. Einzelne Versicherungszweige. Kap. 1. Haftpflichtversicherung

Stichwort	Rn.	Rechtsprechung	Literatur
Konfusion	→ 76 ff.	BGH NJW 1975, 1276 f.; 1995, 2287 (2288); OLG Hamm VRS Bd. 89 (1995), Nr. 157	Späte AHB § 1 Rn. 192; *Baumann* in BK-VVG § 149 aF Rn. 116 f.; *Lücke* in Prölss/Martin § 100 Rn. 40; *Retter* in Schwintowski/Brömmelmeyer/Ebers § 100 Rn. 38
Mitversicherte/ Mitversicherte Personen	→ 79 ff.	OLG Köln NVersZ 2002, 417 (418)	Späte AHB § 7 Rn. 15; *Baumann* in BK-VVG § 149 aF Rn. 118; *Littbarski* AHB § 7 Rn. 5; *Retter* in Schwintowski/Brömmelmeyer/Ebers § 100 Rn. 35
Person des Dritten	→ 72 ff.	RG JW 1937, 1496; BGH VersR 1956, 186 (187); NJW-RR 1998, 32, KG NVersZ 2000, 98 (99); OLG München VersR 2009, 59	Späte AHB § 1 Rn. 191; *Baumann* in BK-VVG § 149 aF Rn. 115; *Lücke* in Prölss/Martin § 100 Rn. 15; *Retter* in Schwintowski/Brömmelmeyer/Ebers § 100 Rn. 35
Personenschaden	→ 130 ff.	BGHZ 93, 351 (356 f.) = NJW 1985, 1390 (1391); BGH NJW 1991, 2347 (2348); 1993, 1523; BGHZ 193, 34 Rn. 9 f. = VersR 2012, 634 (635)	Späte AHB § 1 Rn. 47; *Baumann* in BK-VVG § 149 aF Rn. 28; *Littbarski* AHB § 1 Rn. 16; *Lücke* in Prölss/Martin AHB 2016 Ziff. 1 Rn. 30
Rechtsstellung des Dritten	→ 87 ff.	BGHZ 7, 244 (245) = NJW 1952, 1333; BGH NJW-RR 2001, 1311 ff.	Späte AHB § 1 Rn. 195 ff.; *Baumann* in BK-VVG § 149 aF Rn. 116; *Littbarski* AHB Vorb. Rn. 46 und § 3 Rn. 46
Sachschaden	→ 138 f.	BGH VersR 1961, 265 (266); 1969, 723 (726); 1983, 1169; NJW 1994, 517 (518); OLG Jena VersR 2014, 949; OLG Hamm VersR 2017, 811 (813)	Späte AHB § 1 Rn. 61; *Baumann* in BK-VVG § 149 aF Rn. 32; *Littbarski* AHB § 1 Rn. 7; *Retter* in Schwintowski/Brömmelmeyer/Ebers § 100 Rn. 7; *Lücke* in Prölss/Martin AHB 2016 Ziff. 1 Rn. 22; *Wandt* FS Schirmer, 2005, S. 619 ff.
Schadensereignis	→ 103 ff.	BGHZ 25, 34 ff. = VersR 1957, 499 ff.; BGHZ 79, 76 ff. = NJW 1981, 870 ff.	*Jenssen* ZVersWiss 1987, 425 (426 ff.); *Littbarski* AHB § 1 Rn. 12; *Langheid* VersR 2000, 1057 (1060)
Vermögensfolgeschaden	→ 135 f.	BGHZ 23, 349 (354 f.) = NJW 1957, 907 (908 f.); BGHZ 43, 42 (43 ff.) = NJW 1965, 758 f.	Späte AHB § 1 Rn. 52; *Littbarski* AHB § 1 Rn. 52; *W. Th. Schneider* in Beckmann/Matusche-Beckmann VersR-HdB § 24 Rn. 29; *Lücke* in Prölss/Martin AHB 2016 Ziff. 1 Rn. 37
Vermögensschaden	→ 160 ff.	BGH VersR 1968, 437; LG Tübingen VersR 1983, 822 f.; OGH VersR 2010, 694 (695 f.)	*Littbarski* AHB Vorb. Rn. 40; *Littbarski* Praxishandbuch Sachverständigenrecht § 40 Rn. 52 f.; *Lücke* in Prölss/Martin AHB 2016 Ziff. 1 Rn. 37
Während der Versicherungszeit eintretende Tatsache	→ 103 ff.	BGHZ 25, 34 ff. = VersR 1957, 499 ff.; BGH 79, 76 ff. = NJW 1981, 870 ff.	*Baumann* in BK-VVG § 149 aF Rn. 176; *Littbarski* AHB § 1 Rn. 5; BT-Drs. 16/3945, 85 zu § 100 VVG; *Schimikowski* in HK-VVG § 100 Rn. 7; *Lücke* in Prölss/Martin § 100 Rn. 25 und AHB 2016 Ziff. 1 Rn. 4
Weiterfressende Mängel	→ 149 ff.	BGHZ 67, 359 (363 ff.); OLG Dresden NJW-RR 2013, 270	*Littbarski* FS Korbion, 1986, S. 269 (280); Späte AHB § 4 Rn. 264; *Schmalzl/Krause-Allenstein* Berufshaftpflichtversicherung Rn. 218 ff.

Schrifttum: *Abram,* Die Berufshaftpflichtversicherung für Versicherungsvermittler, 2000; *Abram,* Schützt das neue Recht den Versicherungsnehmer gegen Folgen einer Pflichtverletzung seines Versicherungsvermittlers?, VersR 2008, 724; *Abschlussbericht* der Kommission zur Reform des Versicherungsvertragsrechts vom 19.4.2004 – VersR – Schriftenreihe, Band 25, 2004; *Armbrüster,* Der Schutz von Haftpflichtinteressen in der Sachversicherung, 1994; *Armbrüster,* Informations- und Beratungspflichten des Versicherers bei bestehendem Versicherungsverhältnis, in: FS für *Helmut Schirmer,* 2005, 1; *Armbrüster,* Beratungspflichten des Versicherers nach § 6 VVG nF: Grundlagen, Reichweite,

Rechtsfolgen, ZVersWiss 97 (2008), 425; *Armbrüster,* Auswirkungen von Versicherungsschutz auf die Haftung, NJW 2009, 187; *Armbrüster,* Nanotechnologie – Rechtliche Aspekte zur Versicherbarkeit von Produkten am Anfang neuer wissenschaftlicher Erkenntnisse, ZVersWiss 102 (2013), 183; *Armbrüster,* Verteilung nicht ausreichender Versicherungssummen in D&O-Innenhaftungsfällen, VersR 2014, 1; *Armbrüster,* SpV 3/2014, 26; *Armbrüster,* Neues vom BGH zur D & O-Versicherung, NJW 2016, 2155; *H. Baumann,* Versicherungsrecht nach der Deregulierung, VersR 1996, 1; *H. Baumann,* Zur Überwindung des sog. „Trennungsprinzips" im System von Haftpflicht und Haftpflichtversicherung – Die Bedeutung des Abtretungsverbots gemäß § 7 Nr. 3 AHB –, in: Festgabe Zivilrechtslehrer 1934/ 1935, 1999, 13; *H. Baumann,* Zur unmittelbaren Schadensersatzpflicht des Haftpflichtversicherers gegenüber dem Dritten – Folgerungen aus dem Schuldrechtsmodernisierungsgesetz –, VersR 2004, 944; *H. Baumann,* Aktienrechtliche Managerhaftung, D&O-Versicherung und angemessener Selbstbehalt, VersR 2006, 455; *H. Baumann,* Defizite des neuen VVG bei Pflicht-Haftpflichtversicherungen, NJW-Editorial, Heft 46/2007, S. III; *H. Baumann,* Versicherungsfall und zeitliche Abgrenzung des Versicherungsschutzes in der D&O-Versicherung, NZG 2010, 1366; *Bayer,* Haftpflichtversicherungsschutz für Nutzungsausfall als Folge von Bearbeitungsschäden?, VersR 1999, 813; *D. Becker,* Der Einfluss der Haftpflichtversicherung auf die Haftung, Diss. Frankfurt (Oder), 1996; *Beckmann,* Auswirkungen des EG-Rechts auf das Versicherungsvertragsrecht, ZEuP 1999, 809; *Bollweg,* Die Arzneimittelhaftung nach dem AMG zehn Jahre nach der Reform des Schadensersatzrechts, MedR 2012, 782; *Büsken,* Allgemeine Haftpflichtversicherung – Ausgewählte Deckungsfragen der AHB/BBR, 5. Auflage 2003; *Burmann/Heß,* Brennpunkte des Personenschadensrechts in der neueren Rechtsprechung des BGH, NJW 2016, 200; *Buschbell/Hering,* Handbuch Rechtsschutzversicherung, 6. Auflage 2015; *Christiansen/Nell,* Probleme der Haftpflichtversicherung aus ökonomischer Sicht, in: FS für Helmut Schirmer, 2005, 51; *Dallwig,* Deckungsbegrenzungen in der Pflichtversicherung, 2011; *ders.,* Versicherungsrechtliche Konsequenzen des Gesetzes zur Einführung einer Partnerschaftsgesellschaft mit beschränkter Berufshaftung für die Vermögensschadenhaftpflichtversicherung für Rechtsanwälte, VersR 2014, 19; *Dancz,* Sowiesokosten – Haftung und Deckung im Rahmen der Bauversicherungen, VersR 2012, 688; *Dengler,* Die Haftpflichtversicherung im privaten und gewerblichen Bereich, 3. Auflage 2003; *Deutsch,* Die grobe Fahrlässigkeit im künftigen Versicherungsvertragsrecht, VersR 2004, 1485; *Deutsch,* Das neue Versicherungsvertragsrecht, 6. Auflage 2008; *Diller,* Die Berufshaftpflichtversicherung der Rechtsanwälte: Kommentar, 2. Auflage 2017; *Dörner/Staudinger,* Kritische Bemerkungen zum Referentenentwurf eines Gesetzes zur Reform des Versicherungsvertragsrechts, WM 2006, 1710; *Dreher,* Die Versicherung als Rechtsprodukt, 1991; *Dreher,* Der Abschluss von D&O-Versicherungen und die aktienrechtliche Zuständigkeitsordnung, ZHR 165 (2001), 293; *Dreher,* Die Rechtsnatur der D&O-Versicherung, DB 2005, 1669; *Dreher,* Die selbstbeteiligungslose D&O-Versicherung in der Aktiengesellschaft, AG 2008, 429; *Droll,* Bauversicherungen, in: Münchener Anwaltshandbuch Versicherungsrecht, 4. Auflage 2017, § 32, S. 1898; *Druckenbrodt,* Die Haftung des Rechtsanwalts für Nichtvermögensschäden – Eine Betrachtung aus versicherungsrechtlicher und vertragsgestalterischer Sicht, VersR 2010, 601; *Durstin/Peters,* Versicherungsberater und Versicherungsmakler in der rechtspolitischen Entwicklung, VersR 2007, 1456; *Ehlers,* Ausreichender Versicherungsschutz ein Risikofeld der Managerhaftung, VersR 2008, 1173; *Eiselt/Trapp,* Zur Abgrenzung der von der Betriebshaftpflichtversicherung nicht erfassten Erfüllungspflicht des Werkunternehmers, NJW 1984, 899; *Felsch,* Die neuere Rechtsprechung des IV. Zivilsenats des Bundesgerichtshofs zur Haftpflichtversicherung, r+s 2008, 265; *Felsch,* Die Rechtsprechung des BGH zum Versicherungsrecht: Haftpflichtversicherung und Sachversicherung, r+s 2010, 265; *Fenyves,* Die rechtliche Behandlung von Serienschäden in der Haftpflichtversicherung, 1988; *Ferck,* Der Selbstbehalt in der D&O-Versicherung für Organmitglieder von Aktiengesellschaften, 2007; *Feyock/Jacobsen/Lemor,* Kraftfahrtversicherung, Kommentar, 3. Auflage 2009; *Finn,* Keine Stufenklage im Fall der Arzneimittelhaftung nach §§ 84, 84a AMG?, VersR 2011, 1497; *A. Fischer,* Versicherungsvermittlung im Internet – der Vertriebskanal der Zukunft?, BB 2012, 2773; *Franz,* Das Versicherungsvertragsrecht im neuen Gewand, VersR 2008, 298; *Franz,* Die Reform des Versicherungsvertragsrechts – ein großer Wurf?, DStR 2008, 303; *Franz,* Aktuelle Compliance – Fragen zur D&O-Versicherung, Teile 1 und 2, DB 2011, 1961 und 2019; *Franzki/Vogel,* Kausalitätsnachweis und Auskunftsanspruch im Arzneimittelhaftungsrecht – Status Quo und Perspektiven, VersR 2014, 28; *Fricke,* Beweislast und Beweisführung bei Verletzung der vorvertraglichen Anzeigepflicht – eine kritische Würdigung der Rechtsprechung des BGH, VersR 2007, 1614; *Garbes,* Die Haftpflichtversicherung der Architekten/Ingenieure, 4. Auflage 2011; *R. Gaul,* Zum Abschluss des Versicherungsvertrags, VersR 2007, 21; *Gnauck,* Das Absonderungsrecht nach § 110 VVG, 2016; *Gräfe/Brügge/Melchers,* Berufshaftpflichtversicherung für rechts- und steuerberatende Berufe, 3. Aufl. 2021; *Greiner,* Die Arzthaftpflichtversicherung – Eine rechtsvergleichende Analyse der deutschen Arzthaftpflichtversicherung in der US-amerikanischen Medical Malpractice Insurance, 2008; *Grote/Chr. Schneider,* VVG 2008: Das neue Versicherungsvertragsrecht, BB 2007, 2689; *Gsell,* Substanzverletzung und Herstellung, 2003; *Gsell,* Deliktsrechtlicher Eigentumsschutz bei „weiterfressendem" Mangel, NJW 2004, 1913; *Hagen,* Grenzen der Bindungswirkung bei der Haftpflichtversicherung, NVersZ 2001, 341; *Haller,* Organhaftung und Versicherung: Die aktienrechtliche Verantwortlichkeit und ihre Versicherbarkeit unter besonderer Berücksichtigung der D&O-Versicherung, Zürich, 2008; *Harbauer,* Rechtsschutzversicherung, Kommentar, 9. Auflage 2018; *Harsdorf-Gebhardt,* Die Rechtsprechung des Bundesgerichtshofes zur Haftpflichtversicherung, r+s 2012, 261; *Harsdorf-Gebhardt,* Die Rechtsprechung der IV. Zivilsenats des Bundesgerichtshofs zur Haftpflichtversicherung, r+s 2014, 439; *Harsdorf-Gebhardt,,* Die Rechtsprechung des BGH zum Versicherungsrecht – Haftpflichtversicherung –, r+s 2016, 489; *Haslwanter,* Der Deckungsanspruch aus der Haftpflichtversicherung: die Rechtsdurchsetzung in der Praxis, Wien, 2019; *Heimbücher,* Zur Vorsorgeversicherung in der Allgemeinen Haftpflichtversicherung, VW 1992, 209; *Heimbücher,* Die versicherten Personen in der Betriebshaftpflichtversicherung, VW 1992, 1240; *Heimbücher,* „Reine" Vermögensschäden in privaten Haftpflichtversicherungen, VW 2006, 1688; *Hellberg,* Noch mehr Pflicht-Haftpflichtversicherungen?, VW 2006, 711; *H. G. Hersch/I. Hersch,* Die Haftpflichtversicherung der Heilberufe als Pflichthaftpflichtversicherung, r+s 2016, 541; *Heß/ Burmann,* Die VVG-Reform: Beratung, Information, Widerruf und Kündigung, NJW-Spezial 2007, 111; *Höfle,*

§ 100   Teil 2. Einzelne Versicherungszweige. Kap. 1. Haftpflichtversicherung

Besonderheiten im Haftpflichtprozess, r+s 2002, 397; *Hösker*, Die Pflichten des Versicherers gegenüber dem VN nach Abtretung des Haftpflichtanspruchs an den Geschädigten, VersR 2013, 952; *Hövelmann*, Anpassung der AVB von Altverträgen nach Art. 1 Abs. 3 EGVVG – Option oder Zwang?, VersR 2008, 612; *Hugel*, Haftpflichtversicherung, 3. Auflage 2008; *Ihlas*, Organhaftung und Haftpflichtversicherung, 1997; *Jenssen*, Der Ereignisbegriff in der Haftpflichtversicherung – eine kritische Würdigung der neueren Entwicklung, ZVersWiss 76 (1987), 425; *R. Johannsen*, Haftpflichtversicherungsschutz gegen Umweltschäden durch Verunreinigung des Erdbodens und der Gewässer, 1987; *R. Johannsen*, Zur Rechtsstellung des geschädigten Dritten in der Allgemeinen Haftpflichtversicherung, r+s 1997, 309; *R. Johannsen*, Vorsatz und grobe Fahrlässigkeit in der Haftpflichtversicherung, r+s 2000, 133; *R. Johannsen*, Anwaltliche Fehler in Deckungs- und Haftpflichtprozessen, r+s 2003, 45; *R. Johannsen*, Bemerkungen zu den Allgemeinen Versicherungsbedingungen für die Haftpflichtversicherung 2004, ZVersWiss 94 (2005), 179; *Kassing*, Aufwendungsersatz bei Verhinderung des Haftpflichtversicherungsfalls, 2009; *Kassing/Richters*, Der Deckungsanspruch in der Haftpflichtversicherung, VersR 2015, 293; *Katzenmeier*, Überlagerungen des Schadensrechts durch das Versicherungsrecht, VersR 2002, 1449; *Kaufmann*, Die Berufshaftpflichtversicherung des Steuerberaters, 1996; *Kerst*, Haftungsmanagement durch die D&O-Versicherung nach Einführung des aktienrechtlichen Selbstbehaltes in § 93 Abs. 2 Satz 3 AktG, WM 2010, 594; *Knütel*, Haftpflichtversicherung und selbständiges Beweisverfahren: Zur Fälligkeit und zum Inhalt des Rechtsschutzanspruchs, VersR 2003, 300; *H. Koch/Hirse*, Die Prozessführung durch den Versicherer, VersR 2001, 405; *R. Koch*, Die Rechtsstellung der Gesellschaft und des Organmitglieds in der D&O-Versicherung (I–III), GmbHR 2004, 18, 160 und 288; *R. Koch*, Versicherung von Haftungsrisiken nach dem Allgemeinen Gleichbehandlungsgesetz, VersR 2007, 288; *R. Koch*, Das Claims-made-Prinzip in der D&O-Versicherung auf dem Prüfstand der AGB-Inhaltskontrolle, VersR 2011, 295; *R. Koch*, Kontrollfähigkeit/-freiheit formularmäßiger Haftpflichtversicherungsfalldefinitionen?, VersR 2014, 1277; *R. Koch*, Die Auslegung von AVB, VersR 2015, 133; *Krämer*, Prozessuale Besonderheiten des Haftpflicht- und Versicherungsprozesses, r+s 2001, 177; *Kramer*, Das Beurteilungsermessen des Betriebshaftpflichtversicherers und die geschäftsschädigende Festlegung auf Abwehrschutz, r+s 2008, 1; *Kretschmer*, Die zeitliche Abgrenzung des Versicherungsschutzes in der Allgemeinen Haftpflichtversicherung unter besonderer Berücksichtigung des AGB-Gesetzes und internationaler Deckungskonzepte, 2002; *Kretschmer*, Der „Schadensereignisbegriff" in der Haftpflichtversicherung – Mehrdeutigkeit und Intransparenz des § 1 Nr. 1 AHB, VersR 2004, 1376; *Kretschmer*, Reichweite und Wirksamkeit von Führungsklauseln in der D&O-Versicherung, VersR 2008, 33; *Kubiak*, Zur AGB-Kontrolle der Versicherungsfalldefinition und zu den Auswirkungen auf das Claims-made-Prinzip in der D&O-Versicherung, VersR 2014, 932; *Kummer*, Allgemeine Haftpflichtversicherung, in: Münchener Anwalts-Handbuch Versicherungsrecht, 4. Auflage 2017, § 12, S. 595; *Kuwert/Erdbrügger*, Privathaftpflichtversicherung, 2. Auflage 1990; *Laimer*, Beschränkung rechtsgeschäftlicher Erfüllungsverpflichtungen 2020; *O. Lange*, D&O-Versicherung: Innenhaftung und Selbstbehalt, DB 2003, 1833; *O. Lange*, Die Serienschadenklausel in der D&O-Versicherung, VersR 2004, 563; *O. Lange*, Die D&O-Versicherungsverschaffungsklausel im Manageranstellungsvertrag, ZIP 2004, 2221; *O. Lange*, Auswirkungen eines Kontrollwechsels (change of control) auf die D&O-Versicherung, AG 2005, 459; *O. Lange*, Die vorvertragliche Anzeigepflicht in der D&O-Versicherung, VersR 2006, 605; *O. Lange*, Der Versicherungsfall der D&O-Versicherung, r+s 2006, 177; *O. Lange*, Das Anerkenntnisverbot vor und nach der VVG-Reform, VersR 2006, 1313; *O. Lange*, Das Zusammenspiel von Anerkenntnis und Abtretung in der Haftpflichtversicherung nach der VVG-Reform, r+s 2007, 401; *O. Lange*, Die Prozessführungsbefugnis der Versicherungsnehmerin einer D&O-Versicherung, VersR 2007, 893; *O. Lange*, Die Rechtsstellung des Haftpflichtversicherers nach der Abtretung des Freistellungsanspruchs vom Versicherungsnehmer an den geschädigten Dritten, VersR 2008, 713; *O. Lange*, Die Selbstbehaltsvereinbarungspflicht gemäß § 93 Abs. 2 S. 3 AktG nF, VersR 2009, 1011; *O. Lange*, Die verbrauchte Versicherungssumme in der D&O-Versicherung, VersR 2014, 1413; *O. Lange*, D&O-Versicherung und Mangelhaftung, Handbuch, 2. Auflage 2022; *Langheid*, Auf dem Weg zu einem neuen Versicherungsvertragsrecht, NJW 2006, 3317; *Langheid*, Die Reform des Versicherungsvertragsgesetzes, NJW 2007, 3665 und 3745; *Langheid*, Tücken in den §§ 100 ff. VVG-RegE, VersR 2007, 865; *Langheid/Grote*, Deckungsfragen der D&O-Versicherung, VersR 2005, 1165; *Langheid/Müller-Frank*, Rechtsprechungsübersicht zum Versicherungsvertragsrecht 2005, NJW 2006, 339; *Langheid/Müller-Frank*, Rechtsprechungsübersicht zum Versicherungsvertragsrecht 2006, NJW 2007, 338; *Langheid/Müller-Frank*, Rechtsprechungsübersicht zum Versicherungsvertragsrecht 2007, NJW 2008, 337; *Langheid/Müller-Frank*, Rechtsprechungsübersicht zum Versicherungsvertragsrecht, NJW 2009, 337; *Langheid/Müller-Frank*, Rechtsprechungsübersicht zum Versicherungsvertragsrecht im ersten Halbjahr 2012, NJW 2012, 2324; *M. Lehmann*, Zurechnung im Versicherungsrecht – Die Rechtsfigur des Repräsentanten, r+s 2019, 361; *Leschke*, Einige Überlegungen zur Berufshaftpflichtversicherung von Architekten und Ingenieuren, in: FS für Helmut Schirmer, 2005, 387; *Leverenz*, Anforderungen an eine „gesonderte Mitteilung" nach dem VVG 2008, VersR 2008, 709; *Leverenz*, Vertragsschluss nach der VVG-Reform, 2008; *Littbarski*, Zur Versicherbarkeit des „Unternehmerrisikos", Untersuchung über die Deckung von Schadensersatzansprüchen in der Allgemeinen Haftpflichtversicherung, 1980; *Littbarski*, Der Folgeschaden in der Betriebshaftpflichtversicherung, VersR 1982, 915; *Littbarski*, Haftungs- und Versicherungsrecht im Bauwesen, 1986; *Littbarski*, Aktuelle Probleme der Gewässerschaden-Haftpflichtversicherung, VersR 1987, 127; *Littbarski*, AHB, Kommentar, 2001; *Littbarski*, Interdependenz zwischen Gefälligkeit, Haftung und Haftpflichtversicherung?, VersR 2004, 950; *Littbarski*, Die AHB-Reform von 2004 (Teil 1), PHi 2005, 97; *Littbarski*, Die AHB-Reform von 2004 in Gestalt der Überarbeitung von 2006 (Teil 2), PHi 2006, 82; *Littbarski*, Grundlagen des Haftpflichtrechts, 2006; *Littbarski*, Auswirkungen der VVG-Reform auf die Haftpflichtsparte, PHi 2007, 126 und 176; *Littbarski*, Die Haftpflichtversicherung des Sachverständigen, in: Praxishandbuch Sachverständigenrecht, 4. Auflage 2008, § 40; *Littbarski*, Entwicklungstendenzen im deutschen Haftpflichtrecht, PHi 2008, 124 und 202; *Littbarski*, Beratungs-, Informations- und Mitteilungspflichten in der Sach- und Haftpflichtversicherung nach dem VVG 2008, AssCompact, Sonderedition II 2008, 40; *Littbarski*, Produkthaftpflichtversicherung 2. Auflage 2014; *Littbarski*, Die Haftung des gerichtlich ernannten Sachverständigen nach § 839a BGB und ihre versicherungsrechtlichen Konsequenzen, VersR 2016, 154; *Littbarski/Tenschert/Klein (Hrsg.)*, Betriebs- und Berufshaftpflichtversicherung, AVB BHV, Kommentar, 2023; *Looschelders*, Schuldhafte Herbeiführung des Versicherungsfalles nach der VVG-Reform, VersR 2008, 1; *Looschelders*, Aktuelle Probleme der Vertrauensschadenversicherung, VersR 2013, 1069; *Looschelders*, Der Versicherungsfall in der Haftpflicht- und Rechtschutzversicherung, in: FS Schwintowski, 2017, 150; *E. Lorenz*, Einfluss der Haftpflichtversicherungen auf die Billigkeitshaftung nach § 829 BGB, in: FS für Medicus, 1999, 353; *E. Lorenz*, Der subjektive Risikoausschluss durch § 61 VVG und die Sonderregelung in § 152 VVG, VersR 2000, 2; *Loritz/ Hecker*, Das Claims-made-Prinzip in der D&O-Versicherung und das deutsche AGB-Recht, VersR 2012, 385; *Maier*, Die Leistungsfreiheit bei Obliegenheitsverletzungen nach dem Regierungsentwurf zur VVG-Reform, r+s 2007, 89; *Makowsky*, Der Einfluss von Versicherungsschutz auf die außervertragliche Haftung, 2013; *Malek/Schütz*, Cyberversicherung: Rechtliche und praktische Herausforderungen, r+s 2019, 421; *Marlow*, Die Verletzung vertraglicher Obliegenheiten nach der VVG-Reform: Alles nichts, oder?, VersR 2007, 43; *Meckling-Geis*, Außergerichtliche Streitbeilegung in der Schadensregulierung des Haftpflichtversicherers, VersR 2016, 79; *Meckling-Geis/Wendt*, Adjudikationsverfahren und Berufshaftpflichtversicherung von Architekten und Ingenieuren, VersR 2011, 577, *Mehrbreg/ Schreibauer*, Haftungsverhältnisse bei Cyber-Angriffen – Ansprüche und Haftungsrisiken von Unternehmen und Organen, MMR 2016, 75; *Meier*, Bauversicherungsrecht: Haftung, Versicherungsarten, Prozess, 2008; *Melot de Beaugard/Gleich*, Aktuelle Problemfelder bei der D&O-Versicherung, NJW 2013, 814; *Meyer-Kahlen*, Der Serienschaden in der Produkthaftpflichtversicherung, VersR 1976, 8; *Mitlehner*, Haftpflichtanspruch und Absonderungsrecht nach § 110 VVG, ZIP 2012, 2003; *Mitterlechner/Wax/Witsch*, D&O-Versicherung, 2. Auflage 2019; *Möhlenkamp*, Zur Verjährung von Regressansprüchen nach § 110 SGB VII – Anwendung und zur Auslegung des § 113 Abs. 1 SGB VII, VersR 2013, 544; *Naumann*, Schutz des Mieters infolge der Gebäudeversicherung des Vermieters, 2004; *Nickel*, Der Tätigkeitsschaden in der Betriebshaftpflichtversicherung, VersR 1987, 965; *Nickel/Nickel-Fiedler*, Rückrufkostenversicherung, Kommentar, 2018; *Niederleithinger*, Der Abschlussbericht der VVG-Kommission – Zusammenfassung von Vorschlägen, ZfV 2004, 241; *Niederleithinger*, Auf dem Weg zu einer VVG-Reform, VersR 2006, 437; *Niederleithinger*, Das neue VVG-Erläuterungen, Texte, Synopsen, 2007; *Olbrich*, Die D&O-Versicherung, 2. Auflage 2007; *Pataki*, Der Versicherungsfall in der Haftpflichtversicherung, VersR 2004, 835; *Pflichtversicherung* – Segnung oder Sündenfall – Dokumentation über ein Symposium, Hamburger Gesellschaft zur Förderung des Versicherungswesens mbH (Hrsg.), Band 30, 2005; *Pohlmann*, Viel Lärm um nichts – Beratungspflichten nach § 6 VVG und das Verhältnis zwischen Beratungsaufwand und Prämie, VersR 2009, 327; *Präve*, Versicherungsbedingungen und AGB-Gesetz, 1998; *Präve*, Versicherungsbedingungen und Transparenzgebot, VersR 2000, 138; *Präve*, Das neue Versicherungsvertragsgesetz, VersR 2007, 1046; *Präve*, Die VVG – Informationspflichtenverordnung, VersR 2008, 151; *Püster*, Entwicklungen in der Arzthaftpflichtversicherung, 2013; *Rehm/Frömel*, Bauleistungsversicherung: ABN, ABU und ABBL, Kommentar, 4. Auflage 2020; *Reiff*, Versicherungsvermittlerrecht im Umbruch, Band 32 der Schriftenreihe „Veröffentlichungen der Hamburger Gesellschaft zur Förderung des Versicherungswesens", 2006; *Reiff*, Das Gesetz zur Neuregelung des Versicherungsvermittlerrechts, VersR 2007, 717; *Reiff*, Versicherungsvertrieb, in: Versicherungsrechts-Handbuch, 3. Auflage 2015, § 5 A; *St. Richter*, Die Mitversicherung von Großrisiken, in: Liber amicorum für Gerrit Winter, 2007, 129; *v. Rintelen*, Die Fälligkeit und die Durchsetzbarkeit des abgetretenen Freistellungsanspruchs in der Haftpflichtversicherung, r+s 2010, 133; *Römer*, Der Prüfungsmaßstab bei der Missstandsaufsicht nach § 81 VAG und der AVB-Kontrolle nach § 9 AGBG, 1996; *Römer*, Versicherungsvertragsrecht, Neuere höchstrichterliche Rechtsprechung, 7. Auflage 1997; *Römer*, Die Rechtsprechung des Bundesgerichtshofs zum Versicherungsrecht, ZfS 1998, 241; *Römer*, Berufshaftpflichtversicherung für Rechtsanwälte, in: Zugehör (Hrsg.), Handbuch der Anwaltshaftung, 1999, 919; *Römer*, Zu ausgewählten Problemen der VVG-Reform nach dem Referentenentwurf vom 13. März 2006, VersR 2006, 740 und 865; *Römer*, Zu den Informationspflichten nach dem neuen VVG, VersR 2007, 618; *Römer*, Neues Versicherungsvertragsgesetz in Kraft, BB 2008, 1; *Rolfes*, Der Versicherungsfall nach den AHB 02 und den AHB 04 am Beispiel der Arzthaftpflichtversicherung, VersR 2006, 1162; *Roos/Schmitz-Gagnon*, Kommentar zur Bauleistungsversicherung, (ABN/ABU 2008), 2009; *Rudkowski*, Aktuelle Herausforderungen für die Rückrufkostenversicherung, VersR 2018, 65; *Rust*, Die Rechtsprechung des BGH zum Versicherungsrecht – Haftpflichtversicherung und D&O-Versicherung, r+s 2022, 481; *Säcker*, Streitfragen zur D& O-Versicherung, VersR 2005, 10; *Scherpe*, Pflichthaftpflichtversicherung für Hersteller von Medizinprodukten – überfällig oder überflüssig?, Z.VersWiss 102 (2013), 35; *Schilling*, Managerhaftung und Versicherungsschutz für Unternehmensleiter und Aufsichtsräte, 2002; *Schillinger*, Die Entwicklung der D&O-Versicherung und der Managerhaftung in Deutschland – von der „Versicherungsutopie" zu den Auswirkungen des UMAG, VersR 2005, 1484; *Schimikowski*, Zins- und Kostenklauseln in der Haftpflichtversicherung – Zur (Un-)Abdingbarkeit des § 150 Abs. 2 VVG, VersR 2005, 861; *Schimikowski*, Der Gegenstand der Haftpflichtversicherung – Anmerkungen zu den AHB 2004, in: FS für Helmut Schirmer, 2005, 545; *Schimikowski*, Der Erfüllungsschadenausschluss in der Haftpflichtversicherung, r+s 2005, 445; *Schimikowski*, Abschluss des Versicherungsvertrags nach neuem Recht, r+s 2006, 441; *Schimikowski*, VVG-Reform: Die vorvertraglichen Informationspflichten des Versicherers und das Rechtzeitigkeitserfordernis, r+s 2007, 133; *Schimikowski*, Claims made – ein geeignetes Prinzip für Haftpflichtversicherungen im Heilwesenbereich?, VersR 2010, 153; *Schimikowski*, Versicherungsvertragsrecht, 6. Auflage 2017; *Schimikowski*,, Nacherfüllung und Mangelfolgeschaden in der BHV – Schäden an fremdem Material durch Lohnbe- und -verarbeitung, r+s 2020, 191; *Schimmer*, Gesellschaftsrecht: Managerhaftung und D&O-Versicherung, AnwBl 2006, 410; *Schimmer*, Die D&O-Versicherung und §§ 105 und 108 Abs. 2 VVG 2008 – kann die Versicherungsnehmerin „geschädigte" Dritte sein?, VersR 2008, 875; *Schirmer*, Die Vertretungsmacht des Haftpflichtversicherers im Haftpflichtverhältnis, 1969; *Schirmer*, Allgemeine Versicherungsbedingungen im Spannungsfeld zwischen Aufsicht und AGB-Gesetz, ZVersWiss 75 (1986), 509; *Schirmer*, Die Haftpflichtversicherung nach der VVG-Reform, ZVersWiss Supplement 2006, 427; *Schmalzl/ Krause-Allenstein*, Berufshaftpflichtversicherung des Architekten und Bauunternehmers, 2. Auflage 2006; *I. Schmidt*,

Der „weiterfressende Mangel" nach Zivil- und Haftpflichtversicherungsrecht, 1996; *R. Schmidt,* Gedanken zur Dauer des Haftpflichtversicherungsschutzes, VersR 1956, 266; *ders.,* „... Abweichung von BGHZ 25, 34 = VersR 1957, 499 – Eine Skizze zum Kontinuitätsproblem der Rechtsprechung", in: 25 Jahre Karlsruher Forum, Beiträge zum Haftungs- und Versicherungsrecht, 1983, 178; *Schmitt,* Organhaftung und D&O-Versicherung, 2006; *U. H. Schneider/S. H. Schneider,* Die zwölf goldenen Regeln des GmbH-Geschäftsführers zur Haftungsvermeidung und Vermögenssicherung, GmbHR 2005, 1229; *W. Th. Schneider,* Neues Recht für alte Verträge? – Zum vermeintlichen Grundsatz aus Artikel 1 Abs. 1 EGVVG, VersR 2008, 859; *Schramm,* Das Anspruchserhebungsprinzip, 2009; *Schrank,* Prozessuales Trennungsprinzip in der Haftpflichtversicherung nach dem neuen VVG, VP 2009, 129; *Schwintowski,* Lücken im Deckungsumfang der Allgemeinen Haftpflichtversicherung, VuR 1998, 35; *Schwintowski* Neuerungen im Versicherungsvertragsrecht, ZRP 2006, 139; *Schwintowski* Sachversicherung und Schadensersatzpflicht des Mieters, WuM 2007, 305; *Seibt/Saame,* Geschäftsleiterpflichten bei der Entscheidung über D&O-Versicherungsschutz, AG 2006, 901; *Seitz,* Vorsatzausschluss in der D&O-Versicherung – endlich Licht im Dunkeln!, VersR 2007, 1476; *K. Sieg,* Ausstrahlungen der Haftpflichtversicherung, 1952; *O. Sieg,* Tendenzen und Entwicklungen der Managerhaftung in Deutschland, PHi 2001, 90 = DB 2002, 1759; *Sommer/Treptow,* Die „Umwandlung" einer Partnerschaftsgesellschaft in eine PartG mbB und ihre Folgen, NJW 2013, 3269; *Sommer/Treptow/Dietlmeier,* Haftung für Berufsfehler nach Umwandlung einer Freiberufler-GbR in eine Partnerschaftsgesellschaft, NJW 2011, 1551; *Späte,* Haftpflichtversicherung, AHB, 1993; *Späte/Schimikowski (Hrsg.),* Haftpflichtversicherung, Kommentar, 2. Aufl. 2015; *Spindler,* Haftpflicht- und Elektronikversicherung für IT-Risiken, in: Versicherungsrechts-Handbuch, 3. Aufl. 2015, § 40; *Spuhl,* Haftpflichtversicherung – Trennungsprinzip: Kann aus einer bestehenden Deckung eine Haftung folgen?, Versicherung und Recht kompakt 2009, 91; *Staudinger,* Claims-made-Prinzip, Rückwärtsversicherung und Grenzen der Klauselgestaltung bei der D&O-Versicherung, VP 2009, 138; *Steinkühler/Kassing,* Das Claims-Made-Prinzip in der D&O-Versicherung und die Auslegung der Begriffe Anspruchs- sowie Klageerhebung, VersR 2009, 607; *Stockmeier,* Das Vertragsabschlussverfahren nach neuem VVG, VersR 2008, 717; *Stockmeier,* Privathaftpflichtversicherung, Kommentar, AVB PHV, 2019; *Swik,* Wird die Deckungsvorsorgepflicht des § 94 AMG in Deutschland von neuen Entwicklungen auf dem internationalen Versicherungsmarkt im Ausland überholt?, VersR 2011, 446; *Teichler,* Berufshaftpflichtversicherungen, 1985; *Teschabai-Oglu,* Die Versicherbarkeit von Emerging Risks in der Haftpflichtversicherung, 2012; *Thalmair,* Die Haftpflichtversicherung nach der VVG-Reform, ZVersWiss Supplement 2006, 459; *Thürmann,* Der Sachschadensbegriff in der Bauleistungsversicherung, 1988; *Thürmann/Kettler,* Produkthaftpflichtversicherung, 7. Auflage 2019; *Thume,* Entschädigungsansprüche bei Insolvenz des haftpflichtversicherten Schädigers, VersR 2006, 1318; *Vogel,* Deutschland: Haftpflichtversicherungen für Internet – Dienstleister, PHi 2001, 166; *O. Wagner,* Pflicht zur Anpassung der AVB von Altverträgen nach der VVG-Reform?, VersR 2008, 1190; *Wandt,* Zum Sachschadensbegriff in der Haftpflichtversicherung, in: FS für Helmut Schirmer, 2005, 619; *Wandt,* Nachbarrechtlicher Ausgleichsanspruch bei Einwirkung infolge Grundstücks- oder Gebäudearbeiten, VersR 2017, 1109; *Weidner,* Risiken bei unterlassener Anpassung der AVB von Altverträgen an das VVG 2008, r+s 2008, 368; *Weidner/Schuster,* Quotelung von Entschädigungsleistungen bei grober Fahrlässigkeit des VN in der Sachversicherung nach neuem VVG, r+s 2007, 363; *Wellkamp,* Die Haftpflichtversicherung in der Gentechnologie, VersR 2001, 298; *Werber,* Information und Beratung des Versicherungsnehmers vor und nach Abschluss des Versicherungsvertrags, VersR 2007, 1153; *Werber,* § 6 VVG 2008 und die Haftung des Versicherers für Fehlberatung durch Vermittler, VersR 2008, 285; *v. Westphalen,* Änderungsbedarf in der Haftpflichtversicherung (AHB) aufgrund des Gesetzes zur Modernisierung des Schuldrechts, NVersZ 2002, 241; *v. Westphalen,* Produkthaftpflicht-Bedingungen (2002) für gesetzliche und/oder vertragliche Schadensersatzansprüche, PHi 2004, 172; *v. Westphalen,* Ausgewählte neuere Entwicklungen in der D&O-Versicherung, VersR 2006, 17; *Zander,* Die Versicherung das Erfüllungsinteresses des privaten Bauherren: Eine Untersuchung zur Realisierbarkeit eines objektbezogenen Versicherungsschutzes, 2018; *Zölch,* Die Überarbeitung des Produkthaftpflicht-Modells im Jahre 2002, PHi 2002, 166 und 236; *Zölch,* Die Versicherung der Haftung für vereinbarte Eigenschaften nach dem Produkthaftpflicht-Modell 2002, PHi 2005, 16.

A. Einführung

I. Inhalt der Regelung

1   § 100 hat die dem Versicherer gegenüber dem Versicherungsnehmer obliegende **„Leistung des Versicherers"** zum Gegenstand. Danach ist der Versicherer bei der Haftpflichtversicherung verpflichtet, den Versicherungsnehmer von Ansprüchen freizustellen, die von einem Dritten aufgrund der Verantwortlichkeit des Versicherungsnehmers für eine während der Versicherungszeit entstehende Tatsache geltend gemacht werden, und unbegründete Ansprüche abzuwehren.

2   Damit stellt sich § 100 als Nachfolgevorschrift zu § 149 VVG aF dar. Zugleich ist aber § 100 sowohl vom Wortlaut als auch vom Inhalt her gegenüber § 149 VVG aF verändert worden. Dort heißt es:

Bei der Haftpflichtversicherung ist der Versicherer verpflichtet, dem Versicherungsnehmer die Leistungen zu ersetzen, die dieser auf Grund seiner Verantwortlichkeit für eine während der Versicherungszeit eintretende Tatsache an einen Dritten zu bewirken hat.

II. Zweck der Regelung

In der Wiedergabe des Inhalts des § 100 sowie des § 149 VVG aF kommt zugleich der Zweck **3** beider Regelungen zum Ausdruck, den Gegenstand der Haftpflichtversicherung und damit verbunden das mit diesem Versicherungszweig verfolgte Ziel näher zu umschreiben. Da aber der Zweck der Haftpflichtversicherung von elementarer und grundlegender Bedeutung für das Verständnis dieser Versicherungssparte in allen ihren Ausprägungen schlechthin ist, wurde er bereits näher in den Vorbemerkungen zu den §§ 100–124 erläutert. Deshalb wird insoweit hierauf verwiesen.[1]

B. Gegenstand des Versicherungsschutzes

I. Allgemeines

Zur genaueren Bestimmung der von § 100 erfassten „Leistung des Versicherers" oder etwas **4** allgemeiner formuliert des Gegenstandes des Versicherungsschutzes ist es erforderlich, die in dieser Vorschrift enthaltenen verschiedenen **Tatbestandsmerkmale** zu nennen und jeweils im Einzelnen zu erläutern. Dabei griffe eine solche Erläuterung erheblich zu kurz, wenn sie sich ausschließlich an diesen Tatbestandsmerkmalen selbst orientierte oder allenfalls noch die für die Haftpflichtversicherung allgemein geltenden Grundprinzipien berücksichtigte, die in den Vorbemerkungen zu den §§ 100–124 näher angesprochen wurden.[2] Vielmehr sind vor allem auch die sich aus den Allgemeinen Versicherungsbedingungen, insbesondere aus den AHB und den AVB BHV ergebenden Grundsätze und Regelungen in die Betrachtung miteinzubeziehen. Denn sieht man einmal von individuellen, an dieser Stelle außer Acht zu lassenden Vereinbarungen zwischen dem Versicherer und dem Versicherungsnehmer ab, kommen in der großen Mehrzahl aller Fälle auch die Allgemeinen Versicherungsbedingungen für Haftpflichtversicherung (AHB) und nur langsam zunehmend auch die AVB BHV auf die Haftpflichtversicherungsverträge zur Anwendung, da diese durch ins Einzelne gehende Umschreibungen des versicherten Risikos, der Leistung der Versicherung, der Begrenzung der Leistungen, der Ausschlüsse, der Obliegenheiten des Versicherungsnehmers und vieler weiterer, im Zusammenhang mit der Kommentierung noch zu nennender Regelungen den Haftpflichtversicherungsverträgen erst ihr Gepräge geben.

In der Gesetzesbegründung der Bundesregierung zu § 100[3] wird dieser Aspekt zwar angedeutet, **5** indem zum Verhältnis dieser Vorschriften zu den AHB darauf hingewiesen wird, dass der Wortlaut des § 149 VVG aF an die in der Praxis aufgrund der Allgemeinen Versicherungsbedingungen (AHB) übliche Leistungspflicht des Versicherers angepasst werden solle. Jedoch ist dem bei der Gesetz gewordenen Fassung des § 100 allenfalls ansatzweise Rechnung getragen worden, da sowohl § 1 Ziff. 1 AHB 2002 als auch Ziff. 1.1 Abs. 1 und 2 AHB 2016 und A 1-3.1 Abs. 1 und 2 sowie A 1-3.2 AVB BHV viel konkreter ausgestaltet sind als § 100, wie noch zu zeigen sein wird.[4]

Das Gleiche gilt – ohne dass dieses in der Gesetzesbegründung der Bundesregierung zum **6** Ausdruck kommt – auch für die weiteren, in den §§ 101–124 geregelten Vorschriften über die Haftpflichtversicherung, die trotz vergleichbarer Zweck- und Zielrichtung die entsprechende Bestimmungen in den AHB sowie in den AVB BHV bzw. in anderen, für den Haftpflichtversicherungsvertrag relevanten Versicherungsbedingungen ganz überwiegend im Wortlaut nur im Ansatz mit den einzelnen Versicherungsbedingungen übereinstimmen, erheblich kürzer gefasst sind und daher weniger Aussagekraft als diese haben.

Mithin kommt sowohl § 100 als auch den §§ 101–124 für die Haftpflichtversicherung nur ein **7** **Leitbildcharakter** zu, so dass alle diese Bestimmungen durch die daneben bestehenden Versicherungsbedingungen, insbesondere durch die entsprechenden Regelungen der AHB und der AVB BHV zu konkretisieren sind.[5] Für die nachfolgende Kommentierung heißt dies, dass zwar die Vorschriften der §§ 100 ff. im Mittelpunkt der Erläuterungen stehen werden, zugleich aber zu deren besserem Verständnis gegebenenfalls auch ein Blick auf daneben existierende Versicherungsbedingungen, insbesondere auf die der AHB 2016, im Einzelfall auch auf die AHB früherer Fassungen sowie auf die AVB BHV zu werfen sein wird und hieraus entsprechende Folgerungen für die nähere Bestimmung der §§ 100 ff. zu ziehen sein werden.

---

[1] → Vor § 100 Rn. 62 ff.
[2] → Vor § 100 Rn. 147 ff.
[3] Vgl. BT-Drs. 16/3945, 85.
[4] Vgl. nachfolgend → Rn. 10 ff.
[5] Vgl. auch *Schimikowski* in HK-VVG Vor §§ 100–124 Rn. 7 und 9.

II. Einzelheiten zur Leistung des Versicherers nach § 100

8 1. Überblick. Auszugehen ist vom Wortlaut des § 100, wonach bei der Haftpflichtversicherung der Versicherer verpflichtet ist, den Versicherungsnehmer von Ansprüchen freizustellen, die von einem Dritten aufgrund der Verantwortlichkeit des Versicherungsnehmers für die während der Versicherungszeit eintretende Tatsache geltend gemacht werden, und unbegründete Ansprüche abzuwehren. Aus dieser nicht ganz einfach formulierten und daher nicht jedem Rechtsanwender ohne weiteres sich erschließenden Vorschrift müssen mehrere Grundaussagen herausgefiltert werden, die nachfolgend genauer zu erläutern sind.

9 Danach ist bei einer Haftpflichtversicherung oder genauer gesagt beim Bestehen eines wirksamen Haftpflichtversicherungsvertrages der Versicherer gegenüber dem Versicherungsnehmer verpflichtet, diesen von Ansprüchen freizustellen und unbegründete Ansprüche abzuwehren. Diese Ansprüche müssen von einem Dritten aufgrund der Verantwortlichkeit des Versicherungsnehmers für eine während der Versicherungszeit eintretende Tatsache geltend gemacht werden. Auch wenn hierdurch der Wortlaut des § 100 etwas stärker aufgespalten wurde, stellen sich doch sogleich mehrere Fragen. So ist zunächst zu klären, um was für Ansprüche es sich handeln muss, für die eine Freistellungs- und Abwehrverpflichtung des Versicherers gegenüber dem Versicherungsnehmer besteht. Weiterhin ist zu prüfen, wer unter dem Dritten zu verstehen ist, der diese Ansprüche aufgrund der Verantwortlichkeit des Versicherungsnehmers geltend machen kann. Schließlich ist zu bestimmen, was unter einer während der Versicherungszeit eintretenden Tatsache zu verstehen ist.

10 Ansätze zur Beantwortung aller dieser Fragen lassen sich der Ziff. 1.1 Abs. 1 und 2 AHB 2016 sowie der nur auf die Worte „im Rahmen des versicherten Risikos" verzichtenden Vorschrift A 1-3.1 Abs. 1 und 2 AVB BHV entnehmen, die den Gegenstand der Versicherung und den Versicherungsfall regeln und jeweils folgenden Wortlaut haben:

11 1 Gegenstand der Versicherung, Versicherungsfall

1.1 Versicherungsschutz besteht im Rahmen des versicherten Risikos für den Fall, dass der Versicherungsnehmer wegen eines während der Wirksamkeit der Versicherung eingetretenen Schadensereignisses (Versicherungsfall), das einen Personen-, Sach- oder sich daraus ergebenden Vermögensschaden zur Folge hatte, aufgrund

gesetzlicher Haftpflichtbestimmungen

privatrechtlichen Inhalts

von einem Dritten auf Schadensersatz in Anspruch genommen wird.

Schadensereignis ist das Ereignis, als dessen Folge die Schädigung des Dritten unmittelbar entstanden ist. Auf den Zeitpunkt der Schadensverursachung, die zum Schadensereignis geführt hat, kommt es nicht an. (...)

12 Aus diesem **Wortlaut der Ziff. 1.1 Abs. 1 und 2 AHB 2016** sowie dem von A1-3.1 Abs. 1 und 2 AVB BHV lässt sich im Hinblick auf die Beantwortung der Frage, worin die Verpflichtung des Versicherers bei der Haftpflichtversicherung besteht, den Versicherungsnehmer von Ansprüchen freizustellen und unbegründete Ansprüche abzuwehren, zunächst entnehmen, dass der Versicherungsnehmer aufgrund gesetzlicher Haftpflichtbestimmungen privatrechtlichen Inhalts von einem Dritten auf Schadensersatz in Anspruch genommen werden muss. Somit ist zu klären,
– was gesetzliche Haftpflichtbestimmungen privatrechtlichen Inhalts sind,
– wer Dritter im Sinne von § 100 sowie von Ziff. 1.1 AHB 2016 und von A 1-3.1 Abs. 1 AVB BHV ist und
– was die Inanspruchnahme auf Schadensersatz bedeutet.

13 Weiterhin bringt § 100 zum Ausdruck, dass die Freistellungs- und Abwehrverpflichtung des Versicherers gegenüber dem Versicherungsnehmer
– aufgrund der Verantwortlichkeit des Versicherungsnehmers
erfolgen muss. Mithin ist zu bestimmen, welche Bedeutung diesem Tatbestandsmerkmal zukommt.

14 Sind diese Fragen geklärt, ist darauf einzugehen, warum in § 100 das Tatbestandsmerkmal „**während der Versicherungszeit eintretende Tatsache**" verwendet wird, in Ziff. 1.1 Abs. 1 AHB 2016 und in A 1-3.1 Abs. 1 AVB BHV sich hingegen die Formulierung „während der Wirksamkeit der Versicherung eingetretenen Schadensereignisses (Versicherungsfall)" findet und zudem in Ziff. 1.1 Abs. 2 AHB 2016 sowie in A 1-3.1 Abs. 2 AVB BHV noch das Schadensereignis definiert wird.

15 Schließlich stellt sich die Frage, welche Bedeutung dem nur in Ziff. 1.1 Abs. 1 AHB 2016 und in A 1-3.1 Abs. 1 AVB BHV verwendeten, auf das Tatbestandsmerkmal „während der Wirksamkeit der Versicherung eingetretenen Schadensereignisses (Versicherungsfall)" Bezug nehmenden Relativsatz „das einen Personen-, Sach- oder sich daraus ergebenden Vermögensschaden zur Folge hatte" zukommt.

Alle diese Fragen sind nachfolgend genauer zu untersuchen mit Ausnahme der Freistellungs- und **16**
Abwehrverpflichtung des Versicherers gegenüber dem Versicherungsnehmer, da zu deren Bedeutung
bereits in den Vorbemerkungen ausführlich Stellung genommen worden ist.[6]

2. Die Bedeutung des Tatbestandsmerkmals „aufgrund gesetzlicher Haftpflichtbe- **17**
stimmungen privatrechtlichen Inhalts". a) Allgemeines. Unter den Begriff der gesetzlichen
Haftpflichtbestimmungen, der nicht nur in Ziff. 1.1 Abs. 1 AHB 2016 und in A 1-3.1 Abs. 1 AVB
BHV, sondern auch in allen früheren Fassungen der AHB Verwendung findet, fallen nach allgemein
vertretener Auffassung solche Rechtsnormen, die **unabhängig vom Willen der Beteiligten** an
die Verwirklichung eines unter Ziff. 1 Abs. 1 und 2 AHB 2016 und in A 1-3.1 Abs. 1 und 2 AVB
BHV = § 1 Ziff. 1 AHB 2002 fallenden Ereignisses Rechtsfolgen knüpfen.[7] Hiervon werden nicht
nur deliktische und quasideliktische Ansprüche erfasst, sondern auch Ansprüche, die sich als vertragliche Ansprüche aus einem Vertragsverhältnis ergeben bzw. sich als Ansprüche aus Verschulden bei
Vertragsschluss (culpa in contrahendo) im Sinne des durch das Schuldrechtsmodernisierungsgesetz
eingeführten und am 1.1.2002 in Kraft getretenen § 311 Abs. 2 BGB[8] darstellen, soweit sie auf
Schadensersatz gerichtet sind.[9] Entscheidend für das Vorliegen einer gesetzlichen Haftpflichtbestimmung ist somit, dass das haftungsbegründende Tun oder Unterlassen des Versicherungsnehmers einen
Schadensersatzanspruch des Geschädigten zur Folge hat.[10]

Daher werden nach allgemein vertretener Auffassung die Schadensersatzansprüche aus der vor dem **18**
Inkrafttreten des Schuldrechtsmodernisierungsgesetzes am 1.1.2002 sog. positiven Vertragsverletzung,
die mit dem Inkrafttreten dieses Gesetzes in Schadensersatzansprüche wegen Pflichtverletzung nach
§§ 280 Abs. 1 iVm 241 Abs. 2 BGB aufgegangen sind, sowie die Schadensersatzansprüche aus unerlaubter Handlung nach den §§ 823 ff. BGB ebenfalls von Ziff. 1.1 AHB 2016 und in A 1-3.1 Abs. 1 AVB
BHV = § 1 Ziff. 1 AHB 2002 erfasst und sind damit bei Vorliegen aller weiteren Tatbestandsvoraussetzungen dieser Vorschriften grundsätzlich Gegenstand des Versicherungsschutzes.[11]

Hingegen haben nach dem insoweit eindeutigen Wortlaut der Ziff. 1.2 AHB 2016 und dem von A **19**
1-3.2 AVB BHV = § 1 Ziff. 1 AHB 2002 **vertragliche Erfüllungsansprüche** mit und neben Schadenersatzansprüchen nichts zu tun und fallen daher nicht unter den Deckungsbereich der Haftpflichtversicherung. Denn wie der BGH[12] bereits frühzeitig sehr treffend formuliert hat, stellt das Bewirken der vertraglich versprochenen Leistung keinen Schadensersatz dar, da der Schuldner für seine Erfüllungsleistung
mit der vertraglichen Gegenleistung auch einen entsprechenden Gegenwert erhält. Damit kommt der
Bestimmung der Ziff. 1.2 (1) AHB 2016 sowie der von A 1-3.2a) AVB BHV, nach denen kein Versicherungsschutz besteht für Ansprüche „... auf Erfüllung von Verträgen, Nacherfüllung, aus Selbstvor-
nahme, Rücktritt, Minderung sowie auf Schadensersatz statt der Leistung ...", genauso wie der Regelung des § 4 I Ziff. 6 Abs. 3 AHB 2002, wonach die Erfüllung von Verträgen und die an die Stelle der
Erfüllungsleistung tretende Ersatzleistung nicht Gegenstand der Haftpflichtversicherung sind, auch nur
eine der Klarstellung dienende und damit deklaratorische Bedeutung zu.[13] Daher ist es auch zu begrüßen, dass der BGH[14] einmal ausdrücklich hervorgehoben hat, dass der in § 4 I Ziff. 6 Abs. 3 AHB 2002

---

[6] Vgl. hierzu → Vor § 100 Rn. 62 ff.
[7] Vgl. etwa BGH VersR 1971, 144; NJW 2000, 1194 (1195) mit Anm. *Littbarski* in EWiR § 1 AHB 1/2000, 257 f.; BGH VersR 2003, 236; ebenso BGH r+s 2021, 27 Rn. 13 im Hinblick auf den in § 64 S. 1 GmbHG geregelten, inzwischen aufgehobenen Anspruch; OLG Düsseldorf VersR 2019, 475 (476); *Voit/Knappmann* in Prölss/Martin, 27. Aufl., AHB § 1 Rn. 3 ff.; *Lücke* in Prölss/Martin AHB 2016 Ziff. 1 Rn. 6; *v. Rintelen* in Späte/Schimikowski AHB 2014 Ziff. 1 Rn. 254; *Littbarski* AHB § 1 Rn. 34; *H. Baumann* in BK-VVG § 149 Rn. 49; *Retter* in Schwintowski/Brömmelmeyer/Ebers § 100 Rn. 12; jeweils mwN.
[8] Vgl. BGBl. 2001 I S. 3138.
[9] Vgl. BGH VersR 1966, 434 (435); *Voit/Knappmann* in Prölss/Martin, 27. Aufl., AHB § 1 Rn. 3 ff.; *Lücke* in Prölss/Martin AHB 2016 Ziff. 1 Rn. 6 ff.; *v. Rintelen* in Späte/Schimikowski AHB 2014 Ziff. 1 Rn. 256; *Littbarski* AHB § 1 Rn. 84; *Littbarski* in Praxishandbuch Sachverständigenrecht, § 40 Rn. 33; *Retter* in Schwintowski/Brömmelmeyer/Ebers § 100 Rn. 12; jeweils mwN; vgl. ferner nachfolgend → Rn. 22 mit weiteren Einzelheiten.
[10] Vgl. *Littbarski*, in Praxishandbuch Sachverständigenrecht, § 40 Rn. 33.
[11] Vgl. BGH VersR 2006, 106 (107); *Littbarski* in Praxishandbuch Sachverständigenrecht, § 40 Rn. 34; *Littbarski* AHB § 1 Rn. 35; *Retter* in Schwintowski/Brömmelmeyer/Ebers § 100 Rn. 12; *Schimikowski* in HK-VVG AHB 2016 Ziff. 1 Rn. 5 f.; jeweils mwN.
[12] Vgl. BGHZ 23, 349 (351) = NJW 1957, 907; BGH NJW 1963, 805 f.
[13] *Littbarski* in Praxishandbuch Sachverständigenrecht, § 40 Rn. 35; *H. Baumann* in Bruck/Möller AVB-AVG 2011/2013 Ziff. 1 Rn. 38 mwN.
[14] Vgl. BGH NJW 1964, 1025 (1026); vgl. auch BGH VersR 1978, 219 (220); vgl. ferner OLG Karlsruhe VersR 1984, 842; *Lücke* in Prölss/Martin AVB Verm § 1 Rn. 2 und in *H. Baumann* in Bruck/Möller AVB-AVG 2011/2013 Ziff. 1 Rn. 38 zur umstrittenen Frage, ob § 4 I Ziff. 6 Abs. 3 AHB aF bzw. Ziff. 1.2 (6) AHB 2016 als allgemeiner Grundsatz auch für die Vermögensschadenhaftpflichtversicherung anerkannt werden könne.

und auch schon in den früheren Fassungen der AHB angesprochene Rechtsgrundsatz, der sich nunmehr wie gezeigt in Ziff. 1.2 (1) AHB 2016 und in A 1-3.2a) AVB BHV findet, unabhängig von seiner Aufnahme in die AHB allgemein gelte. Dementsprechend spielt es keine Rolle, wenn den soeben genannten Regelungen der AHB und der AVB BHV vergleichbare Bestimmungen nicht ausdrücklich in einen von der Allgemeinen Haftpflichtversicherung erfassten Haftpflichtversicherungsvertrag Eingang gefunden haben. Soweit es an einem Schaden und deshalb an den Voraussetzungen für einen Schadensersatzanspruch fehlt, der der Allgemeinen Haftpflichtversicherung als einer Schadensversicherung[15] wesensimmanent ist, kann ihr Deckungsbereich nicht berührt sein.[16]

20   b) Einzelheiten zu gesetzlichen Haftpflichtbestimmungen privatrechtlichen Inhalts. Konsequenz hiervon ist, dass die Ansprüche, die sich als **echte oder modifizierte Erfüllungsansprüche** darstellen, dem Erfüllungsbereich eines Vertrages zuzurechnen sind und damit nicht von der Haftpflichtversicherung erfasst werden. Dazu ist etwa der einen modifizierten Erfüllungsanspruch bildende frühere und für sog. Altfälle weiterhin zur Anwendung kommende Mängelbeseitigungsanspruch des § 633 Abs. 2 S. 1 BGB aF zu rechnen, da er dem Anspruch des Bestellers auf „Herstellung des versprochenen Werkes" gemäß § 631 Abs. 1 BGB entspringt.[17] Das Gleiche gilt trotz mancher umstrittener Einzelfragen grundsätzlich auch für den nach der Abnahme eingreifende, ebenfalls für sog. Altfälle noch geltenden Nachbesserungsanspruch des § 633 Abs. 2 S. 1 BGB aF, da es sich auch hierbei um einen Erfüllungsanspruch handelt. Schließlich ist auch keine Änderung durch den aufgrund des Schuldrechtsmodernisierungsgesetzes mit Wirkung vom 1.1.2002 eingefügten Anspruch auf Nacherfüllung im Sinne der §§ 634 Ziff. 1, 635 BGB eingetreten.[18] Dies zeigen ausdrücklich auch Ziff. 1.2 (1) AHB 2016 und A 1-3.2a) AVB BHV, wonach kein Versicherungsschutz besteht für „Ansprüche auf … Nacherfüllung". Zudem gehen Ziff. 1.2 (2) AHB 2016 und A 1-3.2b) AVB BHV sogar noch einen Schritt weiter, indem sie bestimmen, dass kein Versicherungsschutz besteht für Ansprüche „… wegen Schäden, die verursacht werden, um die Nacherfüllung durchführen zu können".

21   Unbestritten ist ferner, dass weder der Anspruch auf Wandlung nach § 634 BGB aF, der nunmehr im Gestaltungsrecht des Rücktritts gemäß §§ 634 Ziff. 3 Alt. 1, 636 BGB aufgegangen ist, noch der Anspruch auf Minderung nach § 634 BGB aF, der nach Inkrafttreten des Schuldrechtsmodernisierungsgesetzes am 1.1.2002 im Gestaltungsrecht der Minderung gemäß §§ 634 Ziff. 3 Alt. 2, 638 BGB geregelt ist, **Gegenstand der Haftpflichtversicherung** sein können. Soweit es um die Wandlung bzw. um den Rücktritt geht, liegt inhaltlich eine Rückgängigmachung des Vertrages vor. Eine Erfüllung des Vertrages findet nicht statt. Es wird aber auch nicht anstelle der Erfüllung Schadensersatz geleistet, so dass die Wandlung bzw. der Rücktritt auch nicht als Surrogat für eine Vertragserfüllung oder als Schadensersatz anderer Art angesehen werden können. In Bezug auf die Minderung ist darauf hinzuweisen, dass ihr Inhalt darin besteht, den Vertrag nicht in der ursprünglich vorgesehenen Weise, sondern in einem geringeren Umfang zu erfüllen, aber keinen Schadensersatz zu leisten.[19] Die fehlende Zuordnung der Ansprüche aus Rücktritt und Minderung zum Gegenstand des Versicherungsschutzes kommt im Übrigen auch in Ziff. 1.2 (1) AHB 2016 und in A 1-3.2a) AVB BHV zum Ausdruck, wenn es dort heißt, dass kein Versicherungsschutz besteht für Ansprüche aus „… Rücktritt, Minderung …".

22   Hinsichtlich des Schadensersatzanspruches aus **Verschulden bei Vertragsschluss** besteht demgegenüber seit langem im Grundsatz Einigkeit darüber, dass er von der Haftpflichtversicherung gedeckt wird. Zur Begründung wird bisweilen darauf hingewiesen, dass es sich hierbei um einen gesetzlichen Schadensersatzanspruch privatrechtlichen Inhalts im Sinne von Ziff. 1.1 AHB 2016 und von A 1-3.1 AVB BHV = § 1 Ziff. 1 AHB 2002 handele, der grundsätzlich mit der Erfüllungsleistung nichts zu tun habe und in der Terminologie von § 1 Ziff. 1 AHB 2002 nicht auf eine „an die Stelle der Erfüllungsleistung tretende Ersatzleistung" gerichtet sei.[20] Genauer dürfte es aber sein, für die Versicherbarkeit dieses Schadensersatzanspruches darauf abzustellen, dass die Haftung aus Verschulden bei Vertragsschluss unabhängig vom Abschluss eines Rechtsgeschäfts allein wegen der schuldhaften

---

[15] Vgl. hierzu → Vor § 100 Rn. 148 ff. und → Rn. 126.
[16] Vgl. *Littbarski* Haftungs- und Versicherungsrecht Rn. 362; *Littbarski*, AHB § 1 Rn. 37; *Littbarski* in Praxishandbuch Sachverständigenrecht, § 40 Rn. 35.
[17] Vgl. BGHZ 26, 337 (340) = NJW 1958, 706; BGH NJW 1963, 805 (806); *Littbarski* in Praxishandbuch Sachverständigenrecht, § 40 Rn. 36.
[18] Vgl. *Littbarski* in Praxishandbuch Sachverständigenrecht, § 40 Rn. 36; näher zur Nacherfüllung und Mangelfolgeschäden in der Betriebshaftpflichtversicherung *Schimikowski* r+s 2020, 191 ff. mwN.
[19] Vgl. *Littbarski* in Praxishandbuch Sachverständigenrecht, § 40 Rn. 36.
[20] Vgl. hierzu näher *v. Rintelen* in Späte/Schimikowski AHB 2016 Ziff. 1 Rn. 268 ff.; *Littbarski* in Praxishandbuch Sachverständigenrecht, § 40 Rn. 38; vgl. auch → Rn. 19.

Verletzung von Schutzpflichten entsteht.[21] Diese Auffassung findet nach dem Inkrafttreten des Schuldrechtsmodernisierungsgesetzes am 1.1.2002 auch durch die Regelungen der §§ 311 Abs. 2 iVm 241 Abs. 2, 280 Abs. 1 BGB ihre entsprechende Bestätigung.

Bereitet die haftpflichtversicherungsrechtliche Einordnung aller dieser soeben genannten Ansprüche seit jeher keine allzu großen Schwierigkeiten, sind ähnlich wie im haftungsrechtlichen Bereich im Hinblick auf den § 635 BGB aF, der nach dem Inkrafttreten des Schuldrechtsmodernisierungsgesetzes am 1.1.2002 in dem Anspruch gemäß §§ 634 Ziff. 4 Alt. 1, 636, 280, 281, 283, 311a BGB seinen Niederschlag gefunden hat, einige Schwankungen in Rechtsprechung und Literatur unübersehbar. So gingen bis Anfang der siebziger Jahre des letzten Jahrhunderts die Gerichte und das Schrifttum übereinstimmend von der grundsätzlichen Unversicherbarkeit des Anspruchs aus § 635 BGB aF aus, um so einen Einklang mit der haftungsrechtlichen Abgrenzung zwischen unmittelbaren Schäden zu erzielen und damit zugleich dem angeblichen Grundsatz von der Unversicherbarkeit des Unternehmerrisikos Rechnung zu tragen.[22] 23

Diese Auffassung der **grundsätzlich fehlenden Deckung** ist durch zwei Entscheidungen des BGH[23] und zunächst vereinzelte Stellungnahmen des Schrifttums[24] ins Wanken geraten und kann spätestens seit dem sog. Statiker-Urteil des BGH vom 13.5.1981[25] und der ihm folgenden Rechtsprechung[26] nicht mehr aufrechterhalten werden.[27] Denn seit dieser Entscheidung ist auch der BGH der Ansicht, dass nicht die haftungsrechtliche Einordnung der geltend gemachten Ansprüche, sondern allein die Frage entscheidend ist, ob die Erfüllung des Vertrages oder eine für die Nichterfüllung geschuldete Ersatzleistung begehrt wird. Nur in den Fällen, in denen es um die Erfüllung des Vertrages oder um eine für die Nichterfüllung geschuldete Ersatzleistung geht bzw. in denen Schadensersatz statt der Leistung gefordert wird, besteht auch im Rahmen des Schadensersatzanspruchs aus § 635 BGB aF bzw. dem der §§ 634 Ziff. 4 Alt. 1, 636, 280, 281, 311a BGB kein Versicherungsschutz.[28] 24

Allgemeiner formuliert bedeutet dies, dass ein Schadensersatzanspruch nur dann eine **gesetzliche Haftpflichtbestimmung** im Sinne der Ziff. 1.1 AHB 2016 und von A 1-3.1 AVB BHV = § 1 Ziff. 1 AHB 2002 ist, wenn er sich nicht zugleich als Anspruch auf Schadensersatz statt der Leistung nach Ziff. 1.2 (1) AHB 2016 sowie gemäß A 1-3.2a) AVB BHV bzw. als eine an die Stelle der Erfüllungsleistung tretende Ersatzleistung, also als ein in der Terminologie der AHB aF sog. Erfüllungssurrogat gemäß § 4 I Ziff. 6 Abs. 3 AHB aF darstellt.[29] 25

Was hierunter konkret zu verstehen ist, ist zwar nicht völlig unumstritten. Im Allgemeinen wurden aber in der Vergangenheit unter der Geltung des § 1 Ziff. 1 AHB 2002 sowie der früheren 26

---

[21] Vgl. auch *v. Rintelen* in Späte/Schimikowski AHB 2014 Ziff. 1 Rn. 268; *Littbarski* in Haftungs- und Versicherungsrecht Rn. 439; *Littbarski,* Praxishandbuch Sachverständigenrecht, § 40 Rn. 38.
[22] Vgl. hierzu eingehend *Littbarski* in Praxishandbuch Sachverständigenrecht, § 40 Rn. 39; *Littbarski,* Produkthaftpflichtversicherung, ProdHM Ziff. 4 Rn. 17 f., 108 und 154 sowie ProdHM Ziff. 6 Rn. 151; *Armbrüster,* Privatversicherungsrecht, Rn. 399; *Dallwig* Deckungsbegrenzungen S. 356 ff.; jeweils mit weiteren Einzelheiten und Nachweisen; weiterhin zu Unrecht auf den Grundgedanken der Haftpflichtversicherung abstellend, das Unternehmerrisiko nicht auf den Versicherer zu übertragen, BGH VersR 2015, 1050 (1051) für die Berufshaftpflichtversicherung des Rechtsanwalts.
[23] Vgl. BGH NJW 1975, 1278 (1279); VersR 1980, 813.
[24] Vgl. *Ganten,* Anm. zu BGHZ 58, 85 ff. = NJW 1972, 625, in: VersR 1972, 540 ff.; *Littbarski,* Zur Versicherbarkeit des „Unternehmerrisikos", S. 88 ff., 114 ff. und 148 ff.
[25] BGHZ 80, 284 ff. = NJW 1981, 1780; hierzu eingehend *Littbarski* VersR 1982, 915; *Littbarski* Haftungs- und Versicherungsrecht Rn. 403 ff.; *Littbarski* in Praxishandbuch Sachverständigenrecht, § 40 Rn. 40; *Späte* AHB § 1 Rn. 38 ff.
[26] BGH VersR 1983, 1169 (1170); 2009, 107 ff. zu den Kosten für die Beseitigung von Planungsmängeln als Erfüllungsschaden; hierzu eingehend *Felsch* r+s 2010, 265 (274 f.) aus der Sicht des an der Entscheidung beteiligten Richters; LG Tübingen VersR 1983, 822 (823); LG Berlin r+s 2006, 280; auf dieser Linie auch *U. Hübner* VersR 1985, 810 (812).
[27] Vgl. *Littbarski* VersR 1982, 915 ff.; *Littbarski* Haftung und Versicherungsrecht Rn. 403 ff.; *Littbarski* in Praxishandbuch Sachverständigenrecht, § 40 Rn. 40; *v. Rintelen* in Späte/Schimikowski AHB 2014 Ziff. 1 Rn. 279; *Wandt* VersR Rn. 1064; jeweils mwN.
[28] Eingehend hierzu *Littbarski* AHB § 1 Rn. 37 und § 4 Rn. 301 ff. sowie Rn. 320 ff.
[29] Vgl. OLG Dresden VersR 2014, 867 ff. zur Abgrenzung des Erfüllungsinteresses und des Leistungsgegenstandes bei mehreren in einem Werkvertrag zusammengefassten Gewerken; OLG Karlsruhe NJW-RR 2014, 464 ff. zum Leistungsausschluss für das Erfüllungsinteresse betreffende Mangelfolgeschäden; OLG Saarbrücken r+s 2015, 290 f. zum Erfüllungsschadenausschluss in der Berufshaftpflichtversicherung von Zahnärzten; OLG Koblenz r+s 2016, 457 ff. mit Anm. *Schimikowski* zur fehlerhaften Planung einer Heizung als Erfüllungsschaden in der Betriebshaftpflichtversicherung nach § 4 I Ziff. 6 Abs. 3 AHB 1999 = Ziff. 1.2 AHB 2016 = A 1-3.2 AVB BHV; *Littbarski,* Produkthaftpflichtversicherung, Ziff. 6 Rn. 72 ff.; *Schimikowski* r+s 2012, 105 ff.; *H. Baumann* in Bruck/Möller AVB-AVG 2011/2013 Ziff. 1 Rn. 38.

Fassungen der AHB als **Erfüllungssurrogate** jene Schadensersatzansprüche bezeichnet, die auf das Erfüllungsinteresse gehen. Hierunter soll der Minderwert zu verstehen sein, den die erbrachte Leistung im Verhältnis zur versprochenen Leistung einschließlich des Nutzungsausfalles und damit verbunden eines entgangenen Gewinnes hat.[30] Dies soll unabhängig davon sein, ob der Geschädigte die Sache selbst verwendet oder sie gegen Entgelt einem Dritten überlassen hat.[31] Diese Grundsätze werden ferner dann für gegeben gehalten, wenn die Nutzung während der Zeit der erforderlichen Mängelbeseitigungsarbeiten nicht oder nur eingeschränkt möglich ist.[32]

27   Dagegen soll jeder weitere Schaden, der jenseits des **Verlustes des Erfüllungsinteresses** liegt, kein Erfüllungssurrogat darstellen, da es sich um das sog. Erhaltungs- oder Integritätsinteresse handele. Ein weiterer Schaden soll etwa der Mangelfolgeschaden sein, der an anderen Rechtsgütern des Gläubigers eingetreten ist. Dies soll zB beim Schadensersatzanspruch aus positiver Vertragsverletzung im Falle seiner Geltung bei sog. Altfällen gegeben sein, so dass dieser Schadensersatzanspruch von der Haftpflichtversicherung gedeckt sei.[33]

28   Auch wenn die Übertragung dieser wenig aussagekräftigen, in der Praxis nur relativ selten relevant gewordenen **Abgrenzungskriterien** auf den Einzelfall nicht unerhebliche Schwierigkeiten bereitet, bleibt doch festzuhalten, dass alle diejenigen Ansprüche, die einen Schadensersatzanspruch gegenüber dem Versicherungsnehmer begründen können, gesetzliche Haftpflichtbestimmungen im Sinne der Ziff. 1.1 Abs. 1 AHB 2016 und von A 1-3.1 Abs. 1 AVB BHV = § 1 Ziff. 1 AHB 2002 sind und daher auch grundsätzlich Gegenstand des Versicherungsschutzes sind. Dies ist nur dann zu verneinen, wenn sie sich entweder nicht zugleich als „Schadensersatz statt der Leistung" gemäß Ziff. 1.2 (1) AHB 2016 sowie nach A 1-3.2a) AVB BHV bzw. als eine „an die Stelle der Erfüllungsleistung tretende Ersatzleistung" nach § 4 I Ziff. 6 Abs. 3 AHB 2002 darstellen oder wenn sie aus anderen, noch näher zu erörtenden Gründen nicht der Deckung durch die Haftpflichtversicherung unterliegen.

29   Gesetzliche Haftpflichtbestimmungen privatrechtlichen Inhalts sind weiterhin vom Verschulden unabhängige **Gefährdungshaftungstatbestände** wie etwa
– § 833 S. 1 BGB
– § 7 Abs. 1 StVG
– §§ 1 Abs. 1 und 2 Abs. 1 HPflG
– §§ 33 ff. LuftVG
– § 1 Abs. 1 ProdHaftG
– §§ 1 und 2 Abs. 1 und 2 UmweltHG
– §§ 25 ff. AtG
– § 32 GenTG
– § 89 Abs. 1 und 2 WHG
– § 84 AMG.[34]

---

[30] Vgl. BGH VersR 1961, 265 (266); 1962, 534; 1962, 1049; 1985, 1153 f.; vgl. auch BGH VersR 2009, 107 ff. und hierzu *Felsch* r+s 2010, 265 (274 f.) aus der Sicht des an der Entscheidung des BGH beteiligten Richters; BGH NJW-RR 2012, 103 Rn. 9 f.; OLG Naumburg VersR 1997, 179; OLG Karlsruhe NJW-RR 2014, 464 (465); vgl. zum Erfüllungsschaden ferner OLG Karlsruhe VersR 2009, 1218 f., KG VersR 2009, 1219 und OLG Köln r+s 2019, 387 f. mit Anm. *Piontek*; OLG Düsseldorf VersR 2019, 475 (479); ebenso *Hönig* VersR 1970, 975 (979 ff.); *Späte* Teil B § 1 Rn. 132; *Voit/Knappmann* in Prölss/Martin, 27. Aufl., AHB § 4 Rn. 75; *Lücke* in Prölss/Martin AHB 2016 Ziff. 1 Rn. 48; *H. Baumann* in BK-VVG § 149 Rn. 59; *Retter* in Schwintowski/Brömmelmeyer/Ebers § 100 Rn. 23; kritisch demgegenüber *Littbarski* AHB § 4 Rn. 309 ff. mit weiteren Einzelheiten, wenn auch die ganz überwiegende Auffassung in Rechtsprechung und Literatur zur Kenntnis nehmend.

[31] Vgl. BGH NJW 1986, 1346; OLG Karlsruhe NJW-RR 2014, 464 (465); *Retter* in Schwintowski/Brömmelmeyer/Ebers § 100 Rn. 23.

[32] Vgl. OLG Frankfurt a. M. VersR 1982, 790 (791); OLG Stuttgart VersR 2001, 187; OLG Köln VersR 2003, 1166 (1167); *Retter* in Schwintowski/Brömmelmeyer/Ebers § 100 Rn. 23.

[33] Vgl. BGHZ 43, 88 (90) = NJW 1965, 755; BGH NJW 1975, 1278 (1279); OLG Saarbrücken NJW 1996, 1356 (1358); OLG Koblenz VersR 2000, 755 (756); *Littbarski* Haftungs- und Versicherungsrecht Rn. 360; *Littbarski* AHB § 4 Rn. 306 ff.; *Littbarski* in Praxishandbuch Sachverständigenrecht, § 40 Rn. 41; jeweils mwN.

[34] Näher zur Haftung nach § 84 Abs. 1 S. 2 AMG OLG Schleswig NJW-RR 2014, 805 ff. und LG Hof r+s 2023, 275 ff. sowie gemäß § 84 Abs. 2 AMG und § 84a AMG BGH NJW 2013, 2901 ff.; eingehend zur Haftung nach § 84 AMG *Bollweg* MedR 2014, 782 ff. sowie zur Deckungsvorsorgepflicht gemäß § 94 AMG *Swik* VersR 2011, 446 ff. und *Scherpe* ZVersWiss 102 (2013), 35 ff.; vgl. ferner zum Kausalitätsnachweis und zum Auskunftsanspruch im Arzneimittelhaftungsrecht *Franzki/Vogel* VersR 2014, 28 ff. sowie zur Stufenklage im *Fall* der Arzneimittelhaftung nach §§ 84, 84a AMG BGH VersR 2011, 1330 ff. und hierzu *Finn* VersR 2011, 1497; allgemein zur Deckung von Haftpflichtansprüchen aus Gefährdungshaftungstatbeständen *Littbarski* AHB § 1 Rn. 35; *H. Baumann* in BK-VVG § 149 Rn. 50; *Retter* in Schwintowski/Brömmelmeyer/Ebers § 100 Rn. 14.

Diese Gefährdungshaftungstatbestände werden daher bei Vorliegen aller Tatbestandsvoraussetzungen auch von Ziff. 1.1 Abs. 1 AHB 2016 und von A 1-3.1 Abs. 1 AVB BHV = § 1 Ziff. 1 AHB 2002 erfasst und sind damit **grundsätzlich Gegenstand des Versicherungsschutzes**.[35] Allerdings wird sich der Versicherungsschutz im Hinblick auf diese Gefährdungshaftungstatbestände regelmäßig nach besonderen haftpflichtversicherungsrechtlichen Deckungskonzepten richten,[36] deren Grundlagen sich aus den verschiedenen Allgemeinen und Besonderen Versicherungsbedingungen sowie aus den einzelnen Risikobeschreibungen ergeben.[37] 30

Zu den grundsätzlich vom Versicherungsschutz erfassten gesetzlichen Haftpflichtbestimmungen privatrechtlichen Inhalts zählen auch die **Beseitigungs- und Unterlassungsansprüche** nach den §§ 862, 1004 BGB, sofern diese die gleiche wiederherstellende Wirkung wie ein auf Naturalrestitution gerichteter Schadensersatzanspruch haben.[38] 31

Folgt man dieser Auffassung, so ist es nur konsequent, auch Ansprüche eines Wohnungseigentümers aus der Beeinträchtigung des Sondereigentums gegenüber einer Wohnungseigentümergemeinschaft nach § 14 Nr. 4 Hs. 2 WEG als grundsätzlich versichert anzusehen.[39] In diesen Fällen zählen zum Umfang des zu ersetzenden Schadens auch die Vermögenseinbußen durch zusätzliche Mietzinszahlungen und Möbeltransportkosten sowie der entgangene Mietzins gemäß §§ 249 Abs. 1, 252 BGB.[40] 32

Umstritten ist in Rechtsprechung[41] und Literatur,[42] ob sich auch der **verschuldensunabhängige nachbarrechtliche Ausgleichsanspruch** entsprechend § 906 Abs. 2 S. 2 BGB als gesetzliche Haftpflichtbestimmung privatrechtlichen Inhalts darstellt. Während der BGH[43] dies jedenfalls dann bejaht, wenn die Einwirkung zu einer Substanzschädigung geführt hat, steht die Literatur von diesem Ausnahmefall abgesehen der Deckung eines solchen Anspruchs ganz überwiegend zu Recht ablehnend gegenüber, wobei die Begründungen vom Fehlen einer gesetzlichen Haftpflichtbestimmung, über das Nichtvorhandensein eines ungewissen, zukünftigen Schadensereignisses bis zum Vorliegen eines Erfüllungsanspruchs besonderer Art reichen.[44] Entscheidend dürfte sein, dass bereits der Anspruch aus § 906 Abs. 2 S. 2 BGB einen Anspruch auf angemessenen Ausgleich in Geld und damit eine Entschädigung gibt, aber gerade nicht auf Schadensersatz gerichtet ist. Unter diesen Umständen kann aber auch für einen auf entsprechend § 906 Abs. 2 S. 2 BGB gestützten Anspruch nichts anderes gelten.[45] 33

Das Gleiche muss dann aber auch für die auf § 14 S. 2 BImschG und auf den bürgerlichrechtlichen Aufopferungsanspruch[46] gestützten Ansprüche gelten, da auch diese von ihrer Struktur her mit § 906 Abs. 2 S. 2 BGB vergleichbar sind.[47] 34

Allerdings wird die vorstehende Problematik einmal in den Fällen ganz entscheidend entschärft, in denen eine **schuldhafte Verletzung von Schutzgesetzen** nach § 823 Abs. 2 BGB gegeben ist. Zu diesen Schutzgesetzen gehört auch § 906 BGB.[48] Unter dieser Voraussetzung werden Schadensersatzansprüche des Geschädigten gegen den Versicherungsnehmer begründet, die ihrerseits sich als 35

---

[35] Vgl. die in → Rn. 29 Fn. 34 Genannten.
[36] Vgl. *H. Baumann* in BK-VVG § 149 Rn. 50.
[37] Vgl. hierzu → Vor § 100 Rn. 167 ff.
[38] Vgl. BGH NJW 2000, 1196 f. (1197) mit Anm. *Littbarski* EWiR § 1 AHB 1/2000, 257 f.; vgl. auch BGHZ 153, 182 (186) = NJW 2003, 826 (827); *Littbarski* AHB § 1 Rn. 35; *Lücke* in Prölss/Martin AHB 2016 Ziff. 1 Rn. 14.
[39] Vgl. BGHZ 153, 182 (186 f.) = NJW 2003, 826 (827 f.); *Retter* in Schwintowski/Brömmelmeyer/Ebers § 100 Rn. 20; *W. Th. Schneider* in Beckmann/Matusche-Beckmann VersR-HdB § 24 Rn. 26b.
[40] BGHZ 153, 182 (186 f.); *W. Th. Schneider* in Beckmann/Matusche-Beckmann VersR-HdB § 24 Rn. 26b.
[41] Vgl. BGHZ 142, 66 (70 ff.) = NJW 1999, 2896 ff.
[42] Vgl. *v. Rintelen* in Späte/Schimikowski AHB 2014 Ziff. 1 Rn. 295 f.; *Littbarski* Haftungs- und Versicherungsrecht Rn. 445 ff.; *H. Baumann* in BK-VVG § 149 Rn. 75; *Voit/Knappmann* in Prölss/Martin, 27. Aufl., AHB § 1 Rn. 7; *Lücke* in Prölss/Martin AHB 2016 Ziff. 1 Rn. 15; *W. Th. Schneider* in Beckmann/Matusche-Beckmann VersR-HdB § 24 Rn. 26b; *Wandt* VersR 2017, 1109 (1112) mwN in Fn. 33.
[43] Vgl. BGHZ 142, 66 (70 ff.) = NJW 1999, 2896 ff.; ebenso *W. Th. Schneider* in Beckmann/Matusche-Beckmann VersR-HdB § 24 Rn. 26b; *Lücke* in Prölss/Martin AHB 2016 Ziff. 1 Rn. 15; *Schimikowski* in HK-VVG AHB 2016 Ziff. 1 Rn. 7; *Kummer* in MAH VersR § 12 Rn. 39 mit Fn. 89; vgl. ferner *Wandt* VersR 2017, 1109 (1112) mwN in Fn. 33; kritisch *Binder* VersR 2003, 1226 ff.
[44] Vgl. näher *Littbarski* Haftungs- und Versicherungsrecht Rn. 445 ff.; *Lücke* in Prölss/Martin AHB 2016 Ziff. 1 Rn. 15; *Retter* in Schwintowski/Brömmelmeyer/Ebers § 100 Rn. 15; jeweils mwN.
[45] Vgl. *Littbarski* Haftungs- und Versicherungsrecht Rn. 446; vgl. ferner *Lücke* in Prölss/Martin AHB 2016 Ziff. 1 Rn. 15; näher zu den Voraussetzungen eines nachbarrechtlichen Ausgleichsanspruchs nach § 906 Abs. 2 S. 2 BGB BGHZ 198, 327 Rn. 7 ff. = NJW 2014, 459 ff.; vgl. auch → Rn. 60 mwN in Fn. 106.
[46] Vgl. hierzu näher BGH NJW 2003, 2377 f.; *Herrler* in Grüneberg BGB § 906 Rn. 32 f.; vgl. auch → Rn. 65.
[47] Vgl. auch *Voit/Knappmann* in Prölss/Martin, 27. Aufl., AHB § 1 Rn. 7.
[48] Vgl. RGZ 63, 374 (375); BGH NJW 1996, 3208 ff.; *Sprau* in Grüneberg BGB § 823 Rn. 65.

gesetzliche Haftpflichtbestimmungen privatrechtlichen Inhalts gemäß Ziff. 1.1 Abs. 1 AHB 2016 und nach A 1-3.1 Abs. 1 AVB BHV = § 1 Ziff. 1 AHB 2002 darstellen und daher grundsätzlich dem Versicherungsschutz unterliegen.[49] Zum anderen sollte nicht unberücksichtigt bleiben, dass über alle eventuellen dogmatischen Bedenken hinweg in der Praxis die dort verwendeten verschiedenen Umwelthaftpflichtmodelle und -policen regelmäßig den Einschluss von Ansprüchen aus § 906 BGB und aus § 14 BImSchG vorsehen.[50]

36   Keine gesetzlichen Haftpflichtbestimmungen privatrechtlichen Inhalts sind auch dann gegeben, wenn der Versicherungsnehmer nach §§ 912 Abs. 2, 917 Abs. 2 BGB verpflichtet ist, eine Überbau- oder Notwegrente zu zahlen, da keine Schadensersatzansprüche geltend gemacht werden.[51] Anders sieht es hingegen aus, wenn der zur Überbaurente Verpflichtete den für den Überbau verantwortlichen Architekten wegen des in der Zahlungspflicht bestehenden Schadens in Anspruch nimmt.[52] In diesem Falle liegt ein von Ziff. 1.1 Abs. 1 AHB 2016 sowie von A 1-3.1 Abs. 1 AVB BHV = § 1 Ziff. 1 AHB 2002 erfasster Schadensersatzanspruch vor, der grundsätzlich von der Architekten-Haftpflichtversicherung des Architekten zu decken wäre.

37   Als gesetzliche Haftpflichtbestimmungen privatrechtlichen Inhalts nach Ziff. 1.1 Abs. 1 AHB 2016 sowie gemäß A 1-3.1 Abs. 1 AVB BHV = § 1 Ziff. 1 AHB 2002 stellen sich weiterhin Ausgleichsansprüche unter Gesamtschuldnern nach § 426 Abs. 1 und 2 BGB dar, die gegenüber Dritten auf Schadensersatz haften.[53]

38   Das Gleiche gilt für Ansprüche aus §§ 228 S. 2 und 231 BGB, aus § 867 S. 2 BGB, aus § 904 S. 2 BGB[54] sowie aus § 909 BGB iVm § 823 Abs. 2 BGB,[55] da diese jeweils auf Schadensersatz gerichtet sind und deshalb grundsätzlich dem Versicherungsschutz unterliegen.

39   Umstritten ist demgegenüber, ob Personen- oder Sachschäden, die ein Beauftragter oder Geschäftsführer ohne Auftrag in entsprechender Anwendung der §§ 670, 677, 683 BGB und damit als Zufallshaftung[56] ersetzt verlangen kann, gesetzliche Haftpflichtbestimmungen privatrechtlichen Inhalts sind und daher grundsätzlich vom Versicherungsschutz erfasst werden. Während der BGH[57] diese Frage im Hinblick auf die Allgemeine Haftpflichtversicherung bisher ausdrücklich offengelassen hat, tendieren Stimmen in der Literatur[58] im Einklang mit einer Entscheidung des OLG Koblenz[59] ganz überwiegend dahin, sie zu bejahen.

40   Dem ist zuzustimmen, obwohl es sich bei den Ansprüchen um Aufwendungs-, nicht aber um Schadensersatzansprüche handelt. Abgesehen davon, dass diese Ansprüche trotz beachtlicher Billigkeitserwägungen durch den BGH den Schadensersatzansprüchen zumindest angenähert sind,[60] dürfte entscheidend für die grundsätzliche Deckung durch den Versicherer sein, dass der für einen Zufallsschaden haftbar gemachte Versicherungsnehmer nicht schlechter gestellt werden darf als der schuldhaft handelnde.[61]

---

[49] Vgl. *Littbarski* Haftungs- und Versicherungsrecht Rn. 443.
[50] Vgl. auch *Lücke* in Prölss/Martin AHB 2016 Ziff. 1 Rn. 15; *Littbarski* Haftungs- und Versicherungsrecht Rn. 447; *H. Baumann* in BK-VVG § 149 Rn. 75 und 88; jeweils mit weiteren Einzelheiten.
[51] Vgl. LG Heidelberg VersR 1983, 526; *Littbarski* Haftungs- und Versicherungsrecht Rn. 453 ff.; *Lücke* in Prölss/Martin AHB 2016 Ziff. 1 Rn. 15; *H. Baumann* in BK-VVG § 149 Rn. 73.
[52] Vgl. *W. Th. Schneider* in Beckmann/Matusche-Beckmann VersR-HdB § 24 Rn. 26b.
[53] Vgl. BGHZ 20, 371 (377) = NJW 1956, 1068; BGHZ 155, 69 (71) = NJW 2003, 2376 (2377); OLG Hamm VersR 1978, 809; LG Hamburg VersR 1994, 299 mit Anm. *Harms*; *v. Rintelen* in Späte/Schimikowski AHB 2014 Ziff. 1 Rn. 300; *Lücke* in Prölss/Martin AHB 2016 Ziff. 1 Rn. 12; *H. Baumann* in BK-VVG § 149 Rn. 69; *W. Th. Schneider* in Beckmann/Matusche-Beckmann VersR-HdB § 24 Rn. 26b; *Retter* in Schwintowski/Brömmelmeyer/Ebers § 100 Rn. 18.
[54] Vgl. BGH VersR 1985, 66; *Lücke* in Prölss/Martin AHB 2016 Ziff. 1 Rn. 15; *W. Th. Schneider* in Beckmann/ Matusche-Beckmann VersR-HdB § 24 Rn. 1.
[55] Vgl. BGHZ 85, 375 (383) = NJW 1983, 872; OLG Hamm NJW-RR 1993, 1503; *H. Baumann* in BK-VVG § 149 Rn. 53; *Lücke* in Prölss/Martin AHB 2016 Ziff. 1 Rn. 15.
[56] Vgl. hierzu BGHZ 38, 270 (273 ff.) = NJW 1963, 390; *H. Baumann* in BK-VVG § 149 Rn. 71; *Lücke* in Prölss/Martin AHB 2016 Ziff. 1 Rn. 15.
[57] Vgl. BGHZ 72, 151 (154) = NJW 1978, 2030; BGH NJW 1985, 492 (493); bejahend allerdings BGH VersR 2011, 1509 bezüglich der Aufwendungen eines Straßeneigentümers im Rahmen der ihn treffenden Verkehrssicherungspflicht.
[58] Vgl. *v. Rintelen* in Späte/Schimikowski AHB 2014 Ziff. 1 Rn. 288; *Lücke* in Prölss/Martin AHB 2016 Ziff. 1 Rn. 13; *H. Baumann* in BK-VVG § 149 Rn. 71; *Retter* in Schwintowski/Brömmelmeyer/Ebers § 100 Rn. 19; *Rudkowski* VersR 2018, 65 (74) im Hinblick auf die Rückrufkostenversicherung; jeweils mwN.
[59] OLG Koblenz VersR 1971, 359 f.; ebenso KG VersR 2016, 340 (341) im Hinblick auf Ziff. A. 1.1.1 AKB 2008.
[60] Vgl. *H. Baumann* in BK-VVG § 149 Rn. 71; *Lücke* in Prölss/Martin AHB 2016 Ziff. 1 Rn. 13.
[61] Vgl. *Lücke* in Prölss/Martin AHB 2016 Ziff. 1 Rn. 13 mit weiteren Einzelheiten.

Hieran anknüpfend stellt sich die weitere Frage, wie es mit der **deckungsrechtlichen Einord-** 41
nung des Anspruchs aus § 667 BGB aussieht. Unzweifelhaft ist dieser Herausgabeanspruch kein
Schadensersatzanspruch und damit nicht vom Versicherungsschutz erfasst.[62] Soweit aber wegen der
Unmöglichkeit der Herausgabe an die Stelle des Herausgabeanspruchs ein Schadensersatzanspruch
tritt, ist Versicherungsschutz jedenfalls dann gegeben, wenn das zur Unmöglichkeit führende Schadensereignis seinerseits gedeckt ist. Dies ist bei fahrlässiger Beschädigung oder Zerstörung der Sache
grundsätzlich der Fall.[63]

Grundsätzlich keine gesetzliche Haftpflichtbestimmung privatrechtlichen Inhalts stellt demge- 42
genüber der **Anspruch auf Wertersatz** nach § 818 Abs. 2 BGB dar, da dieser ausschließlich eine
noch vorhandene Bereicherung ausgleichen soll.[64] Eine andere Beurteilung greift nur dann Platz,
wenn es sich um einen Rückgriffsanspruch eines Vierten aus ungerechtfertigter Bereicherung handelt, der die dem Versicherungsnehmer obliegende Verpflichtung gegenüber dem geschädigten Dritten erfüllt hat.[65]

Stark umstritten ist seit langem die deckungsrechtliche Zuordnung des eine **Eigenhaftung** 43
des Vertreters ohne Vertretungsmacht begründenden § 179 Abs. 1 BGB. So hat der BGH[66]
einmal sogar den auf Erfüllung gerichteten Anspruch als von § 1 Ziff. 1 AHB aF erfasst angesehen,
da der vollmachtlose Vertreter damit auf Ersatz des Schadens in Anspruch genommen werde, den
er dem anderen Teil dadurch zugefügt habe, dass er ihm mangels Vertretungsmacht nicht die
gewollten und erstrebten Vertragsansprüche gegenüber dem Vertretenen verschafft habe. Zudem
griff im Ausgangsfall nach Ansicht des BGH[67] auch die Deckungsausschlussklausel des § 4 I
Ziff. 6 Abs. 3 AHB aF nicht ein. Demgegenüber nahm *J. Prölss*[68] in einer Anmerkung zu dieser
Entscheidung einen ungedeckten Erfüllungsanspruch an und sah den Schadensersatzanspruch aus
§ 179 Abs. 1 BGB als ausgeschlossenes Erfüllungssurrogat im Sinne von § 4 I Ziff. 6 Abs. 3 AHB
aF an. *H. Baumann*[69] machte viele Jahre nach Erlass dieser Entscheidung deutlich, dass der Fall
nicht verallgemeinerungsfähig erscheine, da materiell eher eine Haftung für Vertrauensschaden
nach § 179 Abs. 2 BGB in Betracht gekommen wäre, für den Deckungsprozess aber eine Bindung
an die Feststellungen des Haftpflichtprozesses bestanden habe.[70] Versicherungsrechtliche Einwendungen wegen bewusst pflichtwidrigen Verhaltens des Vertreters seien aber offenbar nicht geltend
gemacht worden.[71]

An diese Überlegungen ist anzuknüpfen und festzuhalten, dass jedenfalls beim Vorliegen der 44
vorsätzlichen Herbeiführung des Schadens die Vorsatzausschlussklausel des § 4 II Ziff. 1 AHB aF
bzw. die der Ziff. 7.1 AHB 2016 sowie der nach A 1-7.1 AVB BHV zur Versagung des Versicherungsschutzes in einem solchen Falle führen muss.[72]

Kontrovers wurde unter der Geltung der §§ 463 S. 1, 480 Abs. 2 BGB aF in der Literatur[73] 45
die Frage diskutiert, ob die darin geregelten **Schadensersatzansprüche wegen des Fehlens**
zugesicherter Eigenschaften sich als gesetzliche Haftpflichtbestimmungen privatrechtlichen
Inhalts nach § 1 Ziff. 1 AHB aF darstellen und für sie damit grundsätzlich Versicherungsschutz
besteht oder ob es sich bei ihnen um Haftpflichtansprüche handelt, die aufgrund besonderer
Zusagen über den Umfang der gesetzlichen Haftpflicht des Versicherungsnehmers hinausgehen
und deshalb im Hinblick auf sie die Deckungsausschlussklausel des § 4 I Ziff. 1 AHB aF eingreift.

---

[62] Vgl. auch *Voit/Knappmann* in Prölss/Martin, 27. Aufl., AHB § 1 Rn. 7; *Lücke* in Prölss/Martin AHB 2016 Ziff. 1 Rn. 13; jeweils unter fälschlicher Nennung des § 677 BGB anstelle des den Herausgabeanspruch regelnden § 667 BGB.

[63] Vgl. *Voit/Knappmann* in Prölss/Martin, 27. Aufl., AHB § 1 Rn. 7; *Lücke* in Prölss/Martin AHB 2016 Ziff. 1 Rn. 13.

[64] So zu Recht *v. Rintelen* in Späte/Schimikowski AHB 2014 Ziff. 1 Rn. 302; *Lücke* in Prölss/Martin AHB 2016 Ziff. 1 Rn. 15; vgl. auch *H. Baumann* in BK-VVG § 149 Rn. 70.

[65] Vgl. BGH VersR 1960, 73 (74); 1964, 474; *v. Rintelen* in Späte/Schimikowski AHB 2014 Ziff. 1 Rn. 303; *Lücke* in Prölss/Martin AHB 2016 Ziff. 1 Rn. 13; *H. Baumann* in BK-VVG § 149 Rn. 70.

[66] BGH VersR 1971, 144 f.

[67] BGH VersR 1971, 144 f.

[68] *J. Prölss* VersR 1971, 538.

[69] *H. Baumann* in BK-VVG § 149 Rn. 61.

[70] *H. Baumann* in BK-VVG § 149 Rn. 61 unter Bezugnahme auf BGH VersR 1971, 144 f.

[71] *H. Baumann* in BK-VVG § 149 Rn. 61 unter Bezugnahme auf *J. Prölss* VersR 1971, 538.

[72] Differenzierend auch *v. Rintelen* in Späte/Schimikowski AHB 2014 Ziff. 1 Rn. 290; *Retter* in Schwintowski/Brömmelmeyer/Ebers § 100 Rn. 17 zu Ziff. 7.1 AHB 2016.

[73] Vgl. nur *H. Baumann* in BK-VVG § 149 Rn. 67; *Voit/Knappmann* in Prölss/Martin, 27. Aufl., § 4 Rn. 3; *Littbarski* AHB § 4 Rn. 22 ff.; *Retter* in Schwintowski/Brömmelmeyer/Ebers § 100 Rn. 27; jeweils mit weiteren Einzelheiten und Nachweisen.

46 Die gleichen Überlegungen wurden vereinzelt[74] auch in Bezug auf den Schadensersatzanspruch aus § 538 Abs. 1 Var. 1 BGB aF angestellt, der eine **Garantiehaftung** des Vermieters gegenüber dem Mieter begründet, sofern der Mangel der in § 537 BGB aF bezeichneten Art bei dem Abschluss des Vertrages vorhanden ist.[75]

47 Diese Problematik soll an dieser Stelle nicht erneut aufgegriffen oder gar näher diskutiert werden, da sie zum einen mit Ausnahme einer Entscheidung des RG[76] in der Rechtsprechung soweit ersichtlich noch nicht relevant geworden ist und zum anderen in der Zukunft aufgrund des Inkrafttretens des Schuldrechtsmodernisierungsgesetzes am 1.1.2002 nur noch für sog. Altfälle Bedeutung erlangen kann. Insoweit bietet es sich bei entsprechendem Bedarf aber an, gegebenenfalls auf die früheren Stellungnahmen der Literatur zurückzugreifen.[77]

48 Etwas anders sieht die Lage aus, wenn man sich die Frage stellt, welche deckungsrechtlichen Konsequenzen sich aus dem Inkrafttreten des Schuldrechtsmodernisierungsgesetzes für Schadensersatzansprüche aus dem Fehlen zugesicherter Eigenschaften ergeben haben. Hierzu ist es erforderlich, einen kurzen Blick auf die neue haftungsrechtliche Situation im kaufvertraglichen Gewährleistungsrecht zu werfen, um daraus entsprechende Folgerungen für die Möglichkeit des Bestehens oder Nichtbestehens von Versicherungsschutz ziehen zu können.

49 Auszugehen ist davon, dass das durch das Schuldrechtsmodernisierungsgesetz erheblich veränderte Kaufvertragsrecht nach den §§ 433 ff. BGB keine eine Schadensersatzverpflichtung des Verkäufers ausdrücklich begründende Haftung wegen Fehlens einer zugesicherten Eigenschaft mehr kennt und diese daher entfallen ist. Dem kann nicht entgegengehalten werden, dass der in den §§ 276 Abs. 1 S. 1, 442 Abs. 1 S. 2, 444 und 445 BGB verwendete Begriff der Garantie der Zusicherung einer Eigenschaft früheren Rechts entspreche, wie es in der Begründung der Bundesregierung zum Gesetzentwurf des Schuldrechtsmodernisierungsgesetzes[78] heißt und wie es auch von der Rechtsprechung[79] sowie von einzelnen Stimmen in der Literatur[80] vertreten wird. Denn angesichts der Begriffsvielfalt, die im BGB seit dem Schuldrechtsmodernisierung bezüglich des Verständnisses der Garantie zu beobachten ist,[81] geht es jedenfalls aus deckungsrechtlicher Sicht nicht an, einen dem früheren Kaufrecht entstammenden Begriff in einen anderen zu implantieren, ohne dass der Rechtsanwender auch nur ahnt, geschweige denn versteht, dass es zu einer solchen nicht erkennbaren Einfügung eines Begriffes in einen anderen gekommen ist. Aus haftungsrechtlicher Sicht mag ein solches Vorgehen unter engen Voraussetzungen machbar sein, was im vorliegenden Zusammenhang nicht zu entscheiden ist. Aus dem Blickwinkel des Haftpflichtversicherungsrechts verstieße aber jedenfalls die Gleichsetzung des Begriffes des Fehlens einer zugesicherten Eigenschaft mit dem der Garantie gegen das uneingeschränkt zu beachtende Transparenzgebot nach § 307 Abs. 1 S. 2 BGB und hat daher zu unterbleiben.

50 Hieraus folgt, dass sich der **Schadensersatzanspruch des Käufers gegen den Verkäufer** nach § 437 Nr. 3 BGB richtet, in dem es ua heißt:

> Ist die Sache mangelhaft, kann der Käufer, wenn die Voraussetzungen der folgenden Vorschriften vorliegen und soweit nicht ein anderes bestimmt ist,
>
> 3. nach den §§ 440, 280, 281, 283 und 311a BGB Schadensersatz ... verlangen.

51 Sofern der Versicherungsnehmer auf der Grundlage dieser Vorschriften auf Schadensersatz in Anspruch genommen wird, handelt es sich hierbei um gesetzliche Haftpflichtbestimmungen privatrechtlichen Inhalts, für die mit Ausnahme der an die Stelle der Erfüllungsleistung tretenden Ersatzleistung, also des eigentlichen Erfüllungsinteresses, grundsätzlich Versicherungsschutz besteht.[82] Dies gilt auch dann, wenn der die Pflichtverletzung nach § 280 Abs. 1 BGB begründende Sachmangel darin besteht, dass die verkaufte Sache gemäß § 434 Abs. 1 S. 1 BGB nicht die vereinbarte Beschaffenheit hat.[83] Denn

---

[74] Vgl. *J. Prölss* VersR 1967, 432 (434 f.); *Späte* AHB § 4 Rn. 12; *Littbarski* AHB § 4 Rn. 31; jeweils mit weiteren Einzelheiten.
[75] Vgl. *Putzo* in Palandt, 60. Aufl. 2001, BGB § 538 aF Rn. 3; *Littbarski* AHB § 4 Rn. 31; jeweils mwN.
[76] Vgl. RGZ 160, 48 (51).
[77] Vgl. hierzu vorstehend → Rn. 45 f. mwN in Fn. 73–75.
[78] Vgl. BT-Drs. 14/6040, 132 und 236; BT-Drs. 14/6857, 61.
[79] Vgl. BGH NJW 2007, 1346 (1348).
[80] Vgl. *Haas*, Das neue Schuldrecht, Kap. 5 Rn. 280; *Büdenbender* in Dauner-Lieb/Heidel/Lepa/Ring, Schuldrecht, BGB § 442 Rn. 3; *Saenger* in HK-BGB § 442 Rn. 7.
[81] So zutreffend *H. P. Westermann* in MüKoBGB § 442 Rn. 13.
[82] Vgl. auch *W. Th. Schneider* in Beckmann/Matusche-Beckmann VersR-HdB § 24 Rn. 55; *Lücke* in Prölss/Martin AHB 2016 Ziff. 1 Rn. 49.
[83] Näher zur Beschaffenheitsvereinbarung nach §§ 433, 434 Abs. 1 S. 1, 437 BGB beim Gebrauchtwagenkauf OLG Karlsruhe NJW-RR 2014, 745 sowie gemäß §§ 433, 434 Abs. 1, 437 Nr. 2, 441 Abs. 4, 442 und 444 BGB beim Grundstücksverkauf OLG Bremen NJW-RR 2014, 791 f.; vgl. auch *W. Th. Schneider* in Beckmann/Matusche-Beckmann VersR-HdB § 24 Rn. 55.

ähnlich wie im Falle der Haftung nach §§ 463 S. 1 und 480 Abs. 2 BGB aF handelt es sich bei der Vereinbarung einer Beschaffenheit nach § 434 Abs. 1 S. 1 BGB um eine gesetzlich statuierte Haftung des Verkäufers, die im gesetzlich vorgegebenen Rahmen nur um die konkrete Ausgestaltung von dessen vertraglichen Pflichten erweitert ist.[84] Hingegen kann hierin allein keine Haftung des Verkäufers aufgrund Vertrages oder besonderer Zusage gesehen werden, die dazu führte, dass es sich um Haftpflichtansprüche nach Ziff. 7.3 AHB 2016 sowie gemäß A 1-3.3 AVB BHV handelte, die über den Umfang der gesetzlichen Haftpflicht des Versicherungsnehmers hinausgehen und deshalb, falls im Versicherungsschein oder seinen Nachträgen nicht ausdrücklich etwas anderes bestimmt ist, von der Versicherung ausgeschlossen wären. Deshalb ist es unzutreffend, wenn *Retter*[85] ohne nähere Begründung davon spricht, dass regelmäßig derartige Ansprüche gemäß Ziff. 7.3 AHB 2016 und nach A 1-3.3 AVB BHV ausgeschlossen seien.

Eine andere Beurteilung im Sinne des **Fehlens von Versicherungsschutz** greift einmal dann 52 Platz, wenn sich der Verkäufer dazu verpflichtet, ohne Rücksicht auf sein Verschulden für bestimmte Beschaffenheitsmerkmale der verkauften Sache einzustehen. In diesem Falle liegt eine Vereinbarung zwischen dem Verkäufer und dem Käufer vor, die durch die Übernahme einer Garantie vom gesetzlichen Regelfall des § 276 Abs. 1 S. 1 BGB abweicht und deshalb aufgrund der Ausschlussklausel der Ziff. 7.3 AHB 2016 sowie der gemäß A 1-3.3 AVB BHV bei Fehlen einer anderen Vereinbarung zwischen dem Versicherer und dem Versicherungsnehmer zur Versagung des Versicherungsschutzes führt.

Genauso sieht es im Ergebnis zum anderen aber auch dann aus, wenn es sich um Schadensersatz- 53 ansprüche aus der **Übernahme einer Beschaffenheits- oder einer Haltbarkeitsgarantie** durch den Verkäufer gegenüber dem Käufer nach § 443 BGB handelt. Mit der Übernahme solcher Garantien übernimmt der Verkäufer für den Fall der Nichterfüllung des Vertrages Rechtsfolgen, die über den gesetzlichen Rahmen seiner Haftung hinausgehen und deshalb in Ermangelung einer anderen Vereinbarung zwischen dem Versicherer und dem Verkäufer als Versicherungsnehmer der Ausschlussklausel der Ziff. 7.3 AHB 2016 sowie der gemäß A 1-3.3 AVB BHV unterfallen und deshalb zur Versagung des Versicherungsschutzes durch den Versicherer führen. Hingegen kann es dahingestellt bleiben, ob – wie von *W. Th. Schneider*[86] hervorgehoben – das Fehlen des Versicherungsschutzes damit begründet werden sollte, dass das Einstehenmüssen aus der Garantie eine Erfüllungsleistung darstelle, die bereits nach Ziff. 1.2 (1) AHB 2016 sowie gemäß A 1-3.2a) AVB BHV nicht vom Versicherungsschutz erfasst werde. Denn selbst wenn man diese Auffassung nicht teilen sollte, weil sie die Vorschrift der Ziff. 7.3 AHB 2016 und die von A 1-3.3 AVB BHV obsolet machte oder ihr neben Ziff. 1.2 (1) AHB 2016 und A 1-3.2a) AVB BHV nur noch eine zusätzliche deklaratorische Bedeutung zukäme, ändert sie doch am grundsätzlichen Fehlen des Versicherungsschutzes in Fällen der vorliegenden Art nichts.

c) Abgrenzung gesetzlicher Haftpflichtbestimmungen privatrechtlichen Inhalts von 54 **gesetzlichen Haftpflichtbestimmungen öffentlich-rechtlichen Inhalts.** Wie bereits die besonderen optischen Hervorhebungen im Wortlaut der Ziff. 1.1 Abs. 1 AHB 2016, von A 1-3.1 Abs. 1 AVB BHV bzw. in § 1 Ziff. 1 AHB 2002 verdeutlichen, müssen die gesetzlichen Haftpflichtbestimmungen privatrechtlichen Inhalts sein. Zugleich kommt in der Formulierung aber auch zum Ausdruck, dass **Schadensersatzansprüche öffentlich-rechtlichen Inhalts** von der Haftpflichtversicherung grundsätzlich **nicht gedeckt** sind.[87] Was allerdings unter derartigen Ansprüchen jeweils zu verstehen ist und wo die Grenze zwischen gedeckten privatrechtlichen und ungedeckten öffentlich-rechtlichen Schadensersatzansprüchen liegt, wird weder in Ziff. 1.1 Abs. 1 AHB 2016 und auch nicht in A 1-3.1 Abs. 1 AVB BHV noch in § 1 Ziff. 1 AHB 2002 gesagt, sondern vielmehr Rechtsprechung und Literatur überlassen.[88]

Ausgehend von der regelmäßig recht schwierigen Abgrenzung zwischen dem privaten und dem 55 öffentlichen Recht[89] hat sich im Hinblick auf das Haftpflichtversicherungsrecht die Grundregel

---

[84] Ebenso im Ergebnis *W. Th. Schneider* in Beckmann/Matusche-Beckmann VersR-HdB § 24 Rn. 55.
[85] *Retter* in Schwintowski/Brömmelmeyer/Ebers § 100 Rn. 27.
[86] Vgl. *W. Th. Schneider* in Beckmann/Matusche-Beckmann VersR-HdB § 24 Rn. 56; ebenso im Ergebnis *Retter* in Schwintowski/Brömmelmeyer/Ebers § 100 Rn. 27; eingehend zur haftungs- und deckungsrechtlichen Beurteilung von Beschaffenheits- und Haltbarkeitsgarantien im Bereich der Produkthaftpflichtversicherung *Littbarski*, Produkthaftpflichtversicherung, ProdHM Ziff. 6 Rn. 125 ff.
[87] Vgl. *H. Baumann* in BK-VVG § 149 Rn. 92; *Lücke* in Prölss/Martin AHB 2016 Ziff. 1 Rn. 16; *Littbarski* AHB § 1 Rn. 43.
[88] Vgl. *v. Rintelen* in Späte/Schimikowski AHB 2014 Ziff. 1 Rn. 306; *H. Baumann* in BK-VVG § 149 Rn. 92 ff.; *Littbarski* AHB § 1 Rn. 43 ff.
[89] Vgl. etwa Gemeinsamer Senat BGHZ 97, 312 (313 f.) = NJW 1986, 2359; BGHZ 102, 280 (283 ff.) = NJW 1988, 2295; *Säcker* in MüKoBGB, Allgemeiner Teil, Einleitung Rn. 2 ff.; *Grüneberg* in Grüneberg Einleitung Rn. 2 f.; jeweils mit weiteren Einzelheiten und Nachweisen.

durchgesetzt, von gesetzlichen Haftpflichtbestimmungen privatrechtlichen Inhalts dann zu sprechen, wenn die haftungsbegründende Rechtsnorm die in ihr bestimmte Schadensersatzverpflichtung im Sinne der Gleichordnung von Ersatzpflichtigen und Ersatzberechtigten regelt, und zwar unabhängig davon, ob die Vorschrift im Übrigen dem privaten Recht oder dem öffentlichen Recht zuzuordnen ist.[90] Gesetzliche Haftpflichtbestimmungen öffentlich-rechtlichen Inhalts sollen demgegenüber dann gegeben sein, wenn sich die Ersatzverpflichtung nach öffentlich-rechtlichen Grundsätzen, dh vor allem im Sinne einer Unterwerfung des Ersatzpflichtigen unter die hoheitliche Gewalt des Ersatzberechtigten richtet.[91]

56   Ob die Vermengung von zwei zur Abgrenzung des Privatrechts vom öffentlichen Recht immer wieder herangezogenen Theorien, nämlich der Subjekts- bzw. der Subjektionstheorie bezüglich der Frage der Möglichkeit des Deckungsschutzes in der Haftpflichtversicherung wirklich sinnvoll ist, muss bezweifelt werden.[92] Dies gilt schon deshalb, weil die Unterscheidung bei der Anwendung bestimmter Rechtsnormen im vorliegenden Zusammenhang ohnehin nicht immer durchgehalten[93] und zudem darauf hingewiesen wird, dass die Trennungslinie in der Haftpflichtversicherung nicht so scharf zu ziehen sei.[94] Maßgeblich dürfte vielmehr sein, im konkreten Einzelfall festzustellen, welche Bedeutung der in Rede stehenden Norm aus haftpflichtversicherungsrechtlicher Sicht zukommt[95] und ob sie im Einklang mit dem Sinn und Zweck der Haftpflichtversicherung steht.[96] Unter dieser Voraussetzung ist die Norm grundsätzlich als vom Deckungsbereich der Haftpflichtversicherung erfasst anzusehen.

57   Legt man diese Maßstäbe der Prüfung einer Reihe von Vorschriften zugrunde, so bestehen keine Zweifel daran, dass die **Ansprüche auf Erstattung der Kosten für die Ersatzvornahme** gesetzliche Haftpflichtbestimmungen öffentlich-rechtlichen Inhalts sind und sie daher nicht dem Versicherungsschutz nach Ziff. 1.1 AHB 2016 und nach A 1-3.1 AVB BHV bzw. dem gemäß § 1 Ziff. 1 AHB 2002 unterliegen.[97] Das Gleiche gilt nach wohl einhelliger, zutreffender Auffassung[98] auch für Ansprüche auf Kostenerstattung für Maßnahmen im öffentlichen Interesse, insbesondere im Hinblick auf einen polizeirechtlichen Beseitigungsanspruch, die der Versicherungsnehmer aufgrund öffentlich-rechtlicher Vorschriften zu ersetzen hat.

58   Nicht ganz leicht ist hingegen die Frage zu beantworten, ob Ansprüche aus Enteignung, enteignungsgleichem Eingriff oder aus Aufopferung[99] Gegenstand des Versicherungsschutzes in der Haftpflichtversicherung eines Hoheitsträgers sind. Ohne hierauf im Einzelnen eingehen zu können,[100] ist wegen der erheblichen Unterschiede zwischen diesen verschiedenen Tatbeständen sowie in ihrer Abgrenzung zu weiteren Tatbeständen zumindest zwischen der Enteignung und der Aufopferung einerseits und dem enteignungsgleichen Eingriff andererseits zu unterscheiden.

59   Soweit es um **Ansprüche aus Enteignung und aus Aufopferung** geht, wird in der Regel die Möglichkeit des Versicherungsschutzes schon deshalb nicht gegeben sein, da der Hoheitsträger bewusst und gewollt in die Rechte und Rechtsgüter des Geschädigten eingreift und es deshalb an ungewissen, zukünftigen Schadensereignissen fehlt.[101] Darüber hinausgehend spricht gegen die Möglichkeit des Versicherungsschutzes aber auch, dass diese Ansprüche Entschädigungen in Gestalt angemessenen Ausgleichs, nicht aber Schadensersatz zur Folge haben. Schließlich sind im Falle des Eintritts reiner Vermögensschäden des Geschädigten diese nicht ohne weiteres in den Versicherungsschutz nach Ziff. 1.1 Abs. 1 AHB 2016 sowie gemäß A 1-3.1 Abs. 1 ABV BHV bzw. nach § 1 Ziff. 1 AHB 2002 einbezogen, sondern bedürfen vielmehr nach Ziff. 2.1 AHB 2016 bzw. nach § 1 Ziff. 3 AHB 2002 einer besonderen Vereinbarung zwischen dem Versicherer und dem Versiche-

---

[90] Vgl. *Hönig* VersR 1966, 514 (516); *R. Johannsen* in Bruck/Möller *Johannsen*, 8. Aufl., Bd. IV Anm. G 65.
[91] Vgl. *Hönig* VersR 1966, 514 (516); *Littbarski* AHB § 1 Rn. 43 ff.; *v. Rintelen* in Späte/Schimikowski AHB 2014 Ziff. 1 Rn. 309 ff.
[92] Vgl. *Littbarski* AHB § 1 Rn. 45 mwN.
[93] Vgl. *R. Johannsen* in Bruck/Möller *Johannsen*, 8. Aufl., Bd. IV, Anm. G 66; *Lücke* in Prölss/Martin AHB 2016 Ziff. 1 Rn. 18; *v. Rintelen* in Späte/Schimikowski AHB 2014 Ziff. 1 Rn. 306.
[94] Vgl. *H. Baumann* in BK-VVG § 149 Rn. 92.
[95] Vgl. *Littbarski* AHB § 1 Rn. 43 ff.
[96] Ähnlich *R. Johannsen* in Bruck/Möller *Johannsen*, 8. Aufl., Bd. IV, Anm. G 65; *Späte* AHB § 1 Rn. 178; *H. Baumann* in BK-VVG § 149 Rn. 92.
[97] Vgl. OLG Düsseldorf NJW 1966, 738 f.; OLG Oldenburg NVersZ 2000, 536; OLG Nürnberg NVersZ 2000, 537; *R. Johannsen* in Bruck/Möller *Johannsen*, 8. Aufl., Bd. IV, Anm. G 66; *Lücke* in Prölss/Martin AHB 2016 Ziff. 1 Rn. 16.
[98] Vgl. OLG Nürnberg VersR 2000, 965 f.; OLG Köln NVersZ 2002, 475 in Bezug auf § 49 GKG; *Späte* Teil B § 1 Rn. 178; *Lücke* in Prölss/Martin AHB 2016 Ziff. 1 Rn. 16; *Littbarski* AHB § 1 Rn. 43 ff.
[99] Hierzu statt vieler *Antoni* in Hömig/Wolff Grundgesetz Art. 14 Rn. 13 ff. mwN.
[100] Vgl. hierzu näher *Späte* AHB § 1 Rn. 184 ff.
[101] Vgl. *v. Rintelen* in Späte/Schimikowski AHB 2014 Ziff. 1 Rn. 317; *Littbarski* AHB § 1 Rn. 49.

rungsnehmer. Hiervon etwas abweichend sieht A 1-6.12.1 AVB BHV zwar vor, dass die gesetzliche Haftpflicht des Versicherungsnehmers wegen Vermögensschäden versichert ist, die weder durch Personen- noch durch Sachschäden entstanden sind. Allerdings hat dies im Hinblick auf Ansprüche aus Enteignung und aus Aufopferung aus den vorstehend genannten Gründen keine praktische Bedeutung.

Bezüglich der **Ansprüche aus enteignungsgleichem Eingriff** wird es zwar regelmäßig nicht an dem ungewissen, zukünftigen Schadensereignis fehlen, wie die Beispiele der nicht zumutbaren Beeinträchtigung der Geschäftsinhaber an einer Straße durch Bauarbeiten für den Bau einer U-Bahn,[102] der übermäßigen Beeinträchtigung der Straßenanlieger durch Entschädigung nicht zumutbaren Straßenlärm,[103] der unzumutbaren Beeinträchtigung der Grundstückseigentümer durch Fluglärm[104] oder der Beschädigung von Holz im Wald durch Schießübungen[105] zeigen. Auch diese Ansprüche sind jedoch auf Entschädigung und nicht auf Schadensersatz gerichtet, was wie in den Fällen der auf entsprechend § 906 Abs. 2 S. 2 BGB, § 14 S. 2 BImschG und auf den bürgerlichrechtlichen Aufopferungsanspruch gestützten Ansprüche nicht genügt.[106] Nicht zuletzt werden bei Eintritt reiner Vermögensschäden auch diese regelmäßig nicht Gegenstand besonderer Vereinbarungen zwischen dem Versicherer und dem Versicherungsnehmer sein, so dass allein aus diesem Grunde kein Versicherungsschutz nach Ziff. 1.1. Abs. 1 AHB 2016 und nach A 1-3.1 Abs. 1 AVB BHV bzw. gemäß § 1 Ziff. 1 AHB 2002 besteht. 60

Unbestritten ist demgegenüber, dass sowohl der den **Regressanspruch des Sozialversicherungsträgers** regelnde § 110 SGB VII als auch dessen bis zum Inkrafttreten des SGB VII am 1.1.1997[107] geltende Vorgängervorschrift des § 640 RVO Gegenstand des Versicherungsschutzes sind. Der BGH[108] hat dies im Hinblick auf § 13 GVG unter Billigung des BAG[109] wiederholt dahingehend umschrieben, dass § 640 RVO als „bürgerlich-rechtlicher Anspruch eigener Art auf Ersatz mittelbaren Schadens" zu bezeichnen sei und diesen Anspruch deshalb auch als Haftpflichtbestimmung privatrechtlichen Inhalts angesehen.[110] Diese Auffassung wird auch in der Literatur uneingeschränkt geteilt.[111] In Anbetracht dieser gefestigten und im Ergebnis überzeugenden Ansicht ist diese uneingeschränkt auch auf die haftpflichtversicherungsrechtliche Einordnung des § 110 SGB VII zu übertragen. Dieser Auffassung entsprechen auch Ziff. 7.9 AHB 2016, A 1-6.14 Abs. 1 Spiegelstrich 2 AVB PHV und A 1-6.8.1d) AVB BHV bzw. § 4 I Ziff. 3 AHB 2002. Danach sind, falls im Versicherungsschein oder seinen Nachträgen nicht ausdrücklich etwas anderes bestimmt ist, von der Versicherung ausgeschlossen: Haftpflichtansprüche aus im Ausland vorkommenden Schadensereignissen; Ansprüche aus § 110 SGB VII sind jedoch mitversichert. 61

Einer allgemein vertretenen Ansicht[112] entspricht es, dass Gegenstand einer Vermögenschadenhaftpflichtversicherung auch **Ansprüche aus einer Amtspflichtverletzung** nach § 839 BGB iVm Art. 34 GG, einer **Notarhaftung** gemäß § 19 BNotO, einer **Haftung des Insolvenzverwalters** nach § 60 InsO sowie Regressansprüche des Dienstherrn gegen Angehörige des öffentlichen Dienstes sein können, obwohl sich dies nicht explizit aus § 1 Ziff. 1 AVB Verm ergibt. 62

Ungeklärt ist infolge des weitgehenden Fehlens entsprechender Stellungnahmen der Literatur oder gar von Entscheidungen bisher die Frage, welche deckungsrechtliche Bedeutung der durch das Zweite Gesetz zur Änderung schadensersatzrechtlicher Vorschriften vom 19.7.2002 mit Wirkung 63

---

[102] Vgl. BGH NJW 1965, 1907 (1908); BGHZ 57, 359 (363 ff.) = NJW 1972, 243; BGH NJW 1978, 373 (376); 1983, 1661; WM 1998, 822.
[103] Vgl. BVerwG NJW 1987, 2884.
[104] Vgl. BGH NJW 1993, 1700.
[105] Vgl. BGHZ 37, 44 (47 ff.) = NJW 1962, 1439; näher zum Anspruch aus § 906 Abs. 2 S. 2 BGB, nach dem nicht Schadensersatz, sondern lediglich ein nach den Grundsätzen der Enteignungsentschädigung zu bestimmender Ausgleich verlangt werden kann BGH NJW 2009, 992 Rn. 9 ff. und BGHZ 198, 327 Rn. 24 = NJW 2015, 458.
[106] Vgl. hierzu → Rn. 33 f.; differenzierend demgegenüber und den Versicherungsschutz nicht gänzlich ablehnend *v. Rintelen* in Späte/Schimikowski AHB 2014 Ziff. 1 Rn. 318 ff.
[107] BGBl. 1996 I S. 1254; hierzu näher *Littbarski* Baustellensicherheitsrichtlinie Rn. 174 ff.
[108] Vgl. BGH NJW 1968, 251; 1968, 1429; VersR 1969, 848.
[109] Vgl. BAG NJW 1968, 908.
[110] Vgl. BGH NJW 1969, 1065; VersR 1972, 271 (273).
[111] Vgl. *Hönig* VersR 1966, 514 (515); *R. Johannsen* in Bruck/Möller *Johannsen*, 8. Aufl., Bd. IV, Anm. G 67; *Späte* Teil B § 1 Rn. 179; *H. Baumann* in BK-VVG § 149 Rn. 95 und § 151 Rn. 19; *Lücke* in Prölss/Martin AHB 2016 Ziff. 1 Rn. 19; *Littbarski* AHB § 1 Rn. 47; *v. Rintelen* in Späte/Schimikowski AHB 2014 Ziff. 1 Rn. 309; *Wandt* VersR Rn. 1063.
[112] Vgl. *Hönig* VersR 1966, 514 (515); *R. Johannsen* in Bruck/Möller *Johannsen*, 8. Aufl., Bd. IV, Anm. G 66; *Lücke* in Prölss/Martin AHB 2016 Ziff. 1 Rn. 18; *H. Baumann* in BK-VVG § 149 Rn. 93; *Littbarski* in Bayerlein SV-HdB § 40 Rn. 44; jeweils mit weiteren Einzelheiten und Nachweisen.

vom 1.8.2002 in das BGB eingefügten Vorschrift des § 839a BGB über die **Haftung eines vom Gericht ernannten Sachverständigen** zukommt.[113] Erstattet – so heißt es in § 839a Abs. 1 BGB – ein vom Gericht ernannter Sachverständiger vorsätzlich oder grob fahrlässig ein unrichtiges Gutachten, so ist er zum Ersatz des Schadens verpflichtet, der einem Verfahrensbeteiligten durch eine gerichtliche Entscheidung entsteht, die auf diesem Gutachten beruht.

64   Aus dem Wortlaut dieser Vorschrift sowie aus dem mit ihr verfolgten Sinn und Zweck können eine Reihe für und gegen die Versicherbarkeit dieses Anspruchs sprechende Argumente gefunden werden, ohne dass dies allerdings an dieser Stelle näher erläutert werden könnte. Daher wird insoweit auf die diesbezüglichen Bemerkungen des Verfassers verwiesen,[114] der sich im Ergebnis **für eine Versicherbarkeit** ausspricht und eine ausdrückliche Einbeziehung des für gerichtlich ernannte Sachverständige nunmehr bestehenden erhöhten Haftungsrisikos in den Versicherungsvertrag empfiehlt.

65   Bezüglich der sich im vorliegenden Zusammenhang eigentlich aufdrängenden Frage, wie es mit der deckungsrechtlichen Beurteilung der Kosten eines Strafverfahrens aussieht, wird wegen des größeren Sachzusammenhangs auf die Erläuterungen zu § 101 VVG verwiesen, da diese Problematik ausdrücklich in § 101 Abs. 1 S. 2 und 3 VVG angesprochen ist.[115]

66   **d) Konkurrenzfragen.** Soweit ein nicht vom Versicherungsschutz erfasster vertraglicher Anspruch mit einem dem Deckungsschutz unterliegenden gesetzlichen Haftpflichtanspruch privatrechtlichen Inhalts konkurriert, besteht nach weitgehend geteilter Auffassung[116] Versicherungsschutz, da es im Rahmen der sachlichen Umgrenzung des versicherten Risikos im Sinne der Ziff. 1.1 Abs. 1 AHB 2016 und von A 1-3.1 Abs. 1 AVB BHV bzw. des § 1 Ziff. 1 AHB 2002 genügt, wenn nur einer von mehreren konkurrierenden Ansprüchen unter das versicherte Wagnis fällt.

67   Hingegen führen sog. rechtsfolgenbezogene Ausschlüsse bezüglich bestimmter Schadensposten in der Regel zu einem allgemeinen Deckungsausschluss,[117] so dass dieser Ausschluss hinsichtlich der an die Stelle der Erfüllungsleistung tretenden Ersatzleistung, dem sog. Erfüllungssurrogat, nicht nur für vertragliche und vertragsähnliche, sondern auch für deliktische Schadensersatzansprüche gilt.[118] Allerdings wird in der Literatur[119] zugleich zugestanden, dass in Zweifelsfällen durch Auslegung der Sinn und Zweck der einzelnen Deckungsausschlussklauseln zu ermitteln sei.

68   Bezüglich der Konkurrenz von gesetzlichen **Haftpflichtbestimmungen privatrechtlichen und öffentlich-rechtlichen Inhalts** wird demgegenüber etwas stärker differenziert. Sofern der Versicherungsnehmer aufgrund einer vom Versicherungsschutz erfassten gesetzlichen Haftpflichtbestimmung privatrechtlichen Inhalts von einem Dritten auf Schadensersatz in Anspruch genommen wird, soll nach inzwischen allgemein geteilter Auffassung[120] auch für den damit konkurrierenden ungedeckten Anspruch aufgrund gesetzlicher Haftpflichtbestimmungen öffentlich-rechtlichen Inhalts grundsätzlich Versicherungsschutz bestehen, um eine von Zufälligkeiten geprägte deckungsrechtliche Differenzierung zu vermeiden.

69   Darüber hinausgehend soll Versicherungsschutz für Schadensersatzansprüche aufgrund gesetzlicher Haftpflichtbestimmungen öffentlich-rechtlichen Inhalts auch dann zu bejahen sein, wenn ein im konkreten Einzelfall nicht geltend gemachter zivilrechtlicher Anspruch als gesetzliche Haftpflichtbestimmung privatrechtlichen Inhalts zumindest hypothetisch bestanden hätte.[121] Dazu sei „mit Rücksicht auf den traditionellen Umfang der Haftpflichtversicherung" stets zu prüfen, ob neben dem öffentlich-rechtlichen Anspruch auch ein zivilrechtlicher Anspruch begründet sei. In diesem Falle sei Versicherungsschutz gegeben.[122] Den Anlass für diese Überlegung von R. Johannsen[123]

---

[113] Vgl. BGBl. 2002 I S. 2674; hierzu näher *Littbarski* in Praxishandbuch Sachverständigenrecht § 40 Rn. 44 ff.; *Littbarski* VersR 2016, 154 ff.; jeweils mit weiteren Einzelheiten und Nachweisen.

[114] Vgl. *Littbarski* in Praxishandbuch Sachverständigenrecht § 40 Rn. 44 ff.; *Littbarski* VersR 2016, 154.

[115] Vgl. → § 101 Rn. 48 ff.; vgl. ferner *Littbarski* AHB § 1 Rn. 50 und § 3 Rn. 87 ff.; *Späte* AHB § 1 Rn. 181 und § 3 Rn. 32 ff.

[116] Vgl. BGH VersR 2007, 200; OLG Celle VersR 2009, 1257; OGH VersR 1977, 556; *J. Prölss* VersR 1967, 432 (436 f.); *R. Johannsen* in Bruck/Möller *Johannsen*, 8. Aufl., Bd. IV, Anm. G 70; *Späte* AHB § 1 Rn. 187; *H. Baumann* in BK-VVG § 149 Rn. 98; differenzierend, aber im Ergebnis bejahend *Lücke* in Prölss/Martin AHB 2016 Ziff. 1 Rn. 20 und AHB 2016 Ziff. 3 Rn. 6; jeweils mit weiteren Einzelheiten und Nachweisen.

[117] Vgl. *Späte* AHB § 1 Rn. 187; *H. Baumann* in BK-VVG § 149 Rn. 99; jeweils mwN.

[118] Vgl. auch *Späte* AHB § 1 Rn. 187; *H. Baumann* in BK-VVG § 149 Rn. 99.

[119] Vgl. *R. Johannsen* in Bruck/Möller *Johannsen*, 8. Aufl., Bd. IV, Anm. G 70; *Späte* AHB § 1 Rn. 187; *H. Baumann* in BK-VVG § 149 Rn. 99.

[120] Vgl. *R. Johannsen* in Bruck/Möller, 8. Aufl., Bd. IV, Anm. G 66; *Späte* AHB § 1 Rn. 187, 188; *H. Baumann* in BK-VVG § 149 Rn. 97, 99; *Voit/Knappmann* in Prölss/Martin, 27. Aufl. 2004, AHB § 1 Rn. 11; *v. Rintelen* in Späte/Schimikowski AHB 2014 Ziff. 1 Rn. 326.

[121] Vgl. *R. Johannsen* in Bruck/Möller, 8. Aufl., Bd. IV, Anm. G 66.

[122] So *R. Johannsen* in Bruck/Möller, 8. Aufl., Bd. IV, Anm. G 66; im Ergebnis zustimmend *Voit/Knappmann* in Prölss/Martin, 27. Aufl., AHB § 1 Rn. 11; vgl. auch *Lücke* in Prölss/Martin AHB 2016 Ziff. 3 Rn. 6.

[123] *R. Johannsen* in Bruck/Möller, 8. Aufl., Bd. IV, Anm. G 70.

bildete ein von ihm kritisiertes Urteil des LG Mönchengladbach,[124] das die Gewährung von Versicherungsschutz deshalb versagt hatte, weil der Versicherungsnehmer durch den Verwaltungsakt einer Behörde zur Zahlung von Reinigungskosten angehalten worden war. Nach Ansicht von *R. Johannsen*[125] hätte das LG Mönchengladbach den Versicherungsschutz aber nicht ablehnen dürfen, weil der Behörde auch ein zivilrechtlicher Anspruch zugestanden hätte.

Gegenüber dieser Argumentation hat *Späte*[126] zu Recht eingewendet, dass deckungsrechtlich diese Fallkonstellation nicht mit derjenigen gleichgesetzt werden kann, bei der von mehreren Ansprüchen zivilrechtlicher Natur nur einer unter den Versicherungsschutz fällt. Anders als der private Geschädigte, der einen Schadensersatzanspruch nur durch Erstreiten eines vollstreckbaren Titels vor Gericht durchsetzen kann, kann der Staat in gleicher Situation unter Umständen den Schädiger selbst durch Verwaltungsakt in Anspruch nehmen. Auch ist der Haftpflichtversicherer häufig außerstande, hypothetisch überprüfen zu können, ob daneben auch ein zivilrechtlicher Anspruch begründet gewesen wäre, den der Staat aber gar nicht erhoben hat. Demgegenüber überzeugt es nicht, wenn *R. Koch*[127] darauf hinweist, dass diese Gesichtspunkte nicht den von der Rechtsprechung entwickelten Auslegungsgrundsätzen Rechnung trügen, die auf das Verständnis des durchschnittlichen Haftpflichtversicherungsnehmers abstellen. Denn das – insoweit zu unterstellende – Verständnis des durchschnittlichen Versicherungsnehmers kann entgegen der Auffassung von *R. Koch*[128] das Faktum der unterschiedlichen verfahrensrechtlichen Durchsetzung von öffentlichrechtlichen und privatrechtlichen Ansprüchen nicht einfach negieren. 70

Unabhängig von dieser Kritik an den Ansätzen von *R. Johannsen* sowie von *R. Koch* ist überhaupt eine generelle Verpflichtung zur hypothetischen Prüfung zivilrechtlicher Ansprüche abzulehnen, da es hierfür keine entsprechende Rechtsgrundlage, insbesondere keine aus dem allzu vagen und unbestimmten, nirgendwo niedergeschriebenen Kriterium „mit Rücksicht auf den traditionellen Umfang der Haftpflichtversicherung" gibt. 71

3. Person und Rechtsstellung des Dritten. a) Allgemeines. Nach § 100 ist der Versicherer bei der Haftpflichtversicherung verpflichtet, den Versicherungsnehmer von Ansprüchen freizustellen, die von einem Dritten aufgrund der Verantwortlichkeit des Versicherungsnehmers … geltend gemacht werden, und unbegründete Ansprüche abzuwehren. Etwas abweichend hiervon heißt es in Ziff. 1.1 Abs. 1 AHB 2016 sowie in A 1-3.1 Abs. 1 AVB BHV ua, dass Versicherungsschutz für den Fall besteht, dass der Versicherungsnehmer … aufgrund gesetzlicher Haftpflichtbestimmungen privatrechtlichen Inhalts von einem Dritten auf Schadensersatz in Anspruch genommen wird. Vom Wortlaut wiederum etwas anders, aber inhaltlich mit § 100 übereinstimmend ist gemäß § 149 VVG aF der Versicherer bei der Haftpflichtversicherung verpflichtet, dem Versicherungsnehmer die Leistung zu ersetzen, die dieser … an einen Dritten zu bewirken hat. Schließlich gewährt nach § 1 Ziff. 1 AHB 2002 der Versicherer dem Versicherungsnehmer Versicherungsschutz für den Fall, dass er … für diese Folgen aufgrund gesetzlicher Haftpflichtbestimmungen privatrechtlichen Inhalts von einem Dritten auf Schadensersatz in Anspruch genommen wird. Mithin stellen sich aufgrund dieser verschiedenen, in § 100 und in § 149 VVG aF einerseits sowie in Ziff. 1.1 Abs. 1 AHB 2016, in A 1-3.1 Abs. 1 AVB BHV und in § 1 Ziff. 1 AHB 2002 andererseits findenden Formulierungen die Fragen, wer die Person des Dritten nach diesen Vorschriften ist und welche Rechtsstellung diese Person innehat. 72

b) Person des Dritten. aa) Allgemeines. Dritter im Sinne der genannten Vorschriften ist nach allgemein vertretener Auffassung[129] jede nicht mit dem Versicherungsnehmer identische Person, die gegen den Versicherungsnehmer in den Schutzbereich des Versicherungsvertrages fallende, auf Schadensersatz gerichtete Haftpflichtansprüche hat bzw. erhebt oder geltend macht. Hierbei wird der Begriff des Dritten weit verstanden, so dass trotz der allzu vagen und deshalb immer wieder große Schwierigkeiten bereitenden Abgrenzungskriterien der Unmittelbarkeit und Mittelbarkeit **nicht nur unmittelbar Geschädigte, sondern auch mittelbar Geschädigte** wie etwa die in 73

---

[124] LG Mönchengladbach VersR 1968, 389.
[125] *R. Johannsen* in Bruck/Möller, 8. Aufl., Bd. IV, Anm. G 70.
[126] *Späte* Teil B § 1 Rn. 188; zustimmend *H. Baumann* in BK-VVG § 149 Rn. 97; ablehnend demgegenüber zu Unrecht *v. Rintelen* in Späte/Schimikowski AHB 2014 Ziff. 1 Rn. 327.
[127] *R. Koch* in Bruck/Möller § 100 Rn. 82.
[128] *R. Koch* in Bruck/Möller § 100 Rn. 82.
[129] Vgl. – trotz jeweils etwas voneinander abweichender Umschreibungen – BGH VersR 1956, 187; NJW-RR 1998, 32; KG NVersZ 2000, 98; OLG München VersR 1980, 1138; 2009, 59; *R. Johannsen* in Bruck/Möller, 8. Aufl., Bd. IV, Anm. G 78. *Späte* AHB § 1 Rn. 191; *H. Baumann* in BK-VVG § 149 Rn. 115; *Lücke* in Prölss/Martin § 100 Rn. 16; *Langheid* in Langheid/Rixecker § 100 Rn. 23; *Retter* in Schwintowski/Brömmelmeyer/Ebers § 100 Rn. 35; *W. Th. Schneider* in Beckmann/Matusche-Beckmann VersR-HdB § 24 Rn. 31b.

den §§ 844 und 845 BGB genannten Personen als Dritte anzusehen sind.[130] Das Gleiche gilt auch für die Personen, die durch originären Forderungserwerb wie zB nach § 110 SGB VII bzw. nach §§ 426, 683 und 670 BGB oder durch derivativen Forderungserwerb wie durch Abtretung nach den §§ 398 ff. BGB bzw. durch Legalzession nach § 268 Abs. 3 BGB Rechtsnachfolger des ursprünglich Geschädigten geworden sind.[131]

74 **Dritter** kann unstrittig jede natürliche und juristische Person des Privatrechts oder des öffentlichen Rechts sein.[132] Das Gleiche muss aber wegen der Regelung des § 124 Abs. 1 HGB auch für die OHG und über §§ 161 Abs. 2 iVm 124 Abs. 1 HGB auch für die KG sowie trotz der fragwürdigen Rechtsfigur der „rechtsfähigen Personengesellschaft" nach § 14 Abs. 2 BGB[133] auch für die anderen von dieser Vorschrift erfassten Gesellschaftsformen der GbR nach den §§ 705 ff. BGB, der Partnerschaft nach dem PartGG und der EWIV nach dem EWIV-Ausführungsgesetz gelten.[134]

75 Hingegen kann, wie sich bereits aus dem zuvor Gesagten mit hinreichender Deutlichkeit ergibt, der Versicherungsnehmer grundsätzlich nicht gleichzeitig Dritter sein, selbst wenn er einen Schaden an seinen Rechtsgütern verursacht. Denn da es sich insoweit um „echte" oder „reine" Eigenschäden, nicht aber um Drittschäden handelt, stehen ihm mit Ausnahme einer reinen Fremdversicherung wie der einer D&O-Versicherung keine Haftpflichtansprüche gegen sich selbst zu.[135] Dies gilt selbst dann, wenn der Versicherungsnehmer wegen mehrerer Haftpflichtrisiken bei verschiedenen Versicherern versichert ist, indem er zB für mehrere unselbständige Betriebsteile verschiedene Betriebshaftpflichtversicherungen unterhält oder wenn mehrere, im Eigentum des Versicherungsnehmers stehende Fahrzeuge zusammenstoßen.[136] Demgegenüber besteht eine Eintrittspflicht des Kfz-Haftpflichtversicherers des Versicherungsnehmers dann, wenn dieser als privater Eigentümer des Kfz Alleingesellschafter und Geschäftsführer der geschädigten Einmann-GmbH ist.[137]

76 **bb) Konfusion.** Seit langem wird in Rechtsprechung[138] und Literatur[139] im Zusammenhang mit der Person des Dritten kontrovers über die Frage diskutiert, was in den in der Praxis sehr seltenen Fällen der Konfusion, dh der Vereinigung von Forderung und Schuld in einer Person,[140] bezüglich des Haftpflichtanspruchs zu geschehen hat. Dabei geht es zum einen darum, dass der Versicherungsnehmer den Dritten beerbt oder umgekehrt und zum anderen darum, dass zwei juristische Personen miteinander verschmolzen werden.

77 Auszugehen ist hierbei nach inzwischen allgemein vertretener Auffassung davon, dass zunächst zu prüfen ist, ob trotz der Konfusion und dem damit grundsätzlich verbundenen **Erlöschen des**

---

[130] So zu Recht BGH r+s 2016, 293 (294); vgl. auch BGH r+s 2017, 301 Rn. 24 zum Feststellungsinteresse nach § 256 Abs. 1 ZPO eines Versicherungsvertrag nicht beteiligten, geschädigten Dritten; vgl. ferner *H. Baumann* in BK-VVG § 149 Rn. 115; *Malek/Schütz* r+s 2019, 421 (427) im Hinblick auf die gemäß § 606 Abs. 1 S. 2 ZPO zur Erhebung der Musterfeststellungsklage befugten, qualifizierten Einrichtungen; *Stadler* in Musielak/Voit ZPO § 608 Rn. 2; noch weitergehend, aber wenig überzeugend wegen der Unbestimmtheit des Personenkreises RG JW 1937, 1496, wonach sogar derjenige, der nicht selbst geschädigt ist und auch nicht zu dem von den §§ 844 und 845 BGB erfassten Personenkreis gehört, Dritter sein soll; ebenso *Späte* AHB § 1 Rn. 194; vgl. auch → § 110 Rn. 36 mit Fn. 73 und 74.

[131] Vgl. *R. Johannsen* in Bruck/Möller, 8. Aufl., Bd. IV, Anm. B 78 und G 71; *Späte* AHB § 1 Rn. 194; *H. Baumann* in BK-VVG § 149 Rn. 15; *R. Koch* in Bruck/Möller § 100 Rn. 137.

[132] Vgl. *Retter* in Schwintowski/Brömmelmeyer/Ebers § 100 Rn. 35.

[133] Vgl. hierzu BGHZ 146, 341 ff. = VersR 2001, 510; kritisch zu Recht *Derleder* BB 2001, 2485 ff. und *Mansel* in Jauernig BGB § 14 Rn. 2.

[134] Vgl. *Mansel* in Jauernig BGB § 14 Rn. 2; *Schäfer* in MüKoBGB Vor § 705 Rn. 19 ff.

[135] Vgl. BGH VersR 1986, 1010; OLG München VersR 2005, 540 (541); *Späte* AHB § 1 Rn. 191 f.; *H. Baumann* in BK-VVG § 149 Rn. 115 und 119; *Lücke* in Prölss/Martin § 100 Rn. 36; *Langheid* in Langheid/Rixecker § 100 Rn. 23; *Retter* in Schwintowski/Brömmelmeyer/Ebers § 100 Rn. 35; *R. Koch* in Bruck/Möller § 100 Rn. 39; *v. Rintelen* in Späte/Schimikowski AHB 2014 Ziff. 1 Rn. 327.

[136] Vgl. LG Lübeck VersR 1971, 1030; LG Fulda VersR 1973, 510; LG Mainz NJW 1974, 243; LG Freiburg NJW 1977, 588; *Lücke* in Prölss/Martin § 100 Rn. 36; *Späte* AHB § 1 Rn. 191.

[137] Vgl. LG Coburg NZV 1995, 195; LG Oldenburg VersR 1997, 869 f.; *Jacobsen* in Feyock/Jacobsen/Lemor AKB § 11 Rn. 12; *H. Baumann* in BK-VVG § 149 Rn. 115; *Retter* in Schwintowski/Brömmelmeyer/Ebers § 100 Rn. 35.

[138] Vgl. BGH NJW 1975, 1276; 1995, 2287 (2288); NJW 2007, 2258 (2261); OLG Hamm VRS Bd. 89 (1995), Nr. 157.

[139] Vgl. *K. Sieg* Ausstrahlungen S. 194 f.; *R. Johannsen* in Bruck/Möller, 8. Aufl., Bd. IV, Anm. B 41; *Späte* AHB § 1 Rn. 192; *H. Baumann* in BK-VVG § 149 Rn. 116 f.; *Lücke* in Prölss/Martin § 100 Rn. 40; *Langheid* in Langheid/Rixecker § 100 Rn. 24; *Retter* in Schwintowski/Brömmelmeyer/Ebers § 100 Rn. 38; *R. Koch* in Bruck/Möller § 100 Rn. 144; *v. Rintelen* in Späte/Schimikowski AHB 2014 Ziff. 1 Rn. 334 f.

[140] Vgl. BGH NJW 1967, 2399; WM 1980, 199; NJW-RR 2016, 784; vgl. ferner BFH NJW-RR 2006, 1232 (1233); OLG Köln NJW-RR 1992, 1337; *Grüneberg* in Grüneberg BGB Vor §§ 362 ff. Rn. 4.

Schuldverhältnisses nicht der Haftpflichtanspruch aufgrund spezieller gesetzlicher Bestimmungen wie etwa §§ 1976, 1991 Abs. 2, 2143, 2175 und 2377 BGB[141] bzw. im Falle der Pfändung und Überweisung[142] oder im Falle der Abtretung[143] des Freistellungsanspruchs des Versicherungsnehmers gegenüber dem Versicherer als dem Dritten weiter als fortbestehend gilt.

Liegen derartig spezielle Regelungen oder Fallgestaltungen nicht vor, ist nach Ansicht des BGH[144] darauf zu achten, dass das **Erlöschen der Hauptforderung** im Falle der Konfusion **weder gesetzlich vorgeschrieben noch zwingend** sei. Vielmehr sei vom Fortbestehen der Forderung dann auszugehen, wenn dies nach der Interessenlage etwa mit Rücksicht auf Rechte Dritter an der Forderung geboten erscheine. Dieser Ansicht folgt zu Recht auch die ganz hM in der Literatur[145] mit teilweise allerdings etwas voneinander abweichenden Begründungen, nachdem sich früher Stimmen in der Literatur[146] genauso wie das OLG Stuttgart[147] für ein Erlöschen der Versicherungsforderung ausgesprochen hatten. Entscheidend für ein Fortbestehen der Leistungspflicht des Versicherers dürfte sein, dass der Versicherer zur Herstellung des wirtschaftlichen Zustandes verpflichtet ist, der ohne den Versicherungsfall bestehen würde.[148] Zudem ist es zutreffend, darauf hinzuweisen, dass der Versicherer aus der zufälligen Vereinigung von Haftpflichtforderung und Haftpflichtschuld in einer Person keinen Vermögensvorteil ziehen soll.[149] Daraus ergibt sich für den Versicherungsnehmer, der sich durch die Konfusion zugleich in der Rolle des Dritten gegenüber dem Versicherer befindet, einen Zahlungsanspruch gegen diesen hat.[150] Denn ein solcher Zahlungsanspruch wäre auch entstanden, wenn der Versicherungsnehmer den Dritten befriedigt hätte oder der Versicherungsnehmer seinen Deckungsanspruch gegen den Versicherer an den Dritten abgetreten hätte.[151] Zugleich ist bei diesen beiden Fallkonstellationen auch eine Durchbrechung des Trennungsprinzips gegeben.[152]

cc) Mitversicherte/Mitversicherte Personen. Soweit entsprechend der in der Haftpflichtversicherung üblichen Praxis nicht nur das Haftpflichtrisiko des Versicherungsnehmers Gegenstand des Versicherungsschutzes ist, sondern auch noch **andere Personen** in den Versicherungsschutz **einbezogen** sind, haben diese den Status von Mitversicherten/mitversicherten Personen, wie Ziff. 7.4 und 7.5 AHB 2016 sowie A 1-7.3 und 7.4 AVB BHV bzw. § 7 Ziff. 1 S. 1 AHB 2002 und im Falle des Bestehens einer Betriebshaftpflichtversicherung § 102 Abs. 1 bzw. § 151 Abs. 1 VVG aF zeigen. Insoweit gilt die Versicherung als für fremde Rechnung genommen, wie § 102 Abs. 1 S. 2 und § 151 Abs. 1 S. 2 VVG aF iVm § 7 Ziff. 1 S. 2 AHB 2002 hervorheben. Daher kommen auf diese Personen die Vorschriften über die Versicherung für fremde Rechnung nach den §§ 43–48 bzw. gemäß den §§ 74–81 VVG aF entsprechend zur Anwendung.

Diese rechtliche Zuordnung des genannten Personenkreises impliziert zwangsläufig die Frage, ob **Mitversicherte/mitversicherte Personen** grundsätzlich als Dritte angesehen werden können, wenn sie Haftpflichtansprüche gegen den Versicherungsnehmer geltend machen. Dies ist im Einklang mit der ganz einhelligen Auffassung in Rechtsprechung[153] und Literatur[154]

---

[141] Vgl. *Späte* AHB § 1 Rn. 192; *H. Baumann* in BK-VVG § 149 Rn. 116 f.; *Lücke* in Prölss/Martin § 100 Rn. 40; *v. Rintelen* in Späte/Schimikowski AHB 2014 Ziff. 1 Rn. 334.
[142] Vgl. BGH NJW 2007, 2258 (2261); *Grüneberg* in Grüneberg BGB Vor §§ 362 ff. Rn. 4; *Retter* in Schwintowski/Brömmelmeyer/Ebers § 100 Rn. 38.
[143] Vgl. BGH NJW 1975, 1276; *Retter* in Schwintowski/Brömmelmeyer/Ebers § 100 Rn. 38.
[144] Vgl. BGH NJW 1995, 2287 (2288); vgl. auch OLG Hamm VRS Bd. 89 (1995), Nr. 157; *H. Baumann* in BK-VVG § 149 Rn. 117.
[145] Vgl. *R. Johannsen* in Bruck/Möller, 8. Aufl., Bd. IV, Anm. B 41; *Späte* AHB § 1 Rn. 192; *H. Baumann* in BK-VVG § 149 Rn. 117; *Lücke* in Prölss/Martin § 100 Rn. 40; *Langheid* in Langheid/Rixecker § 100 Rn. 24; *R. Koch* in Bruck/Möller § 100 Rn. 144; *v. Rintelen* in Späte/Schimikowski AHB 2014 Ziff. 1 Rn. 335.
[146] Vgl. *Hofmann* VersR 1961, 1063; *Oberbach*, Haftpflichtversicherung, Band I, S. 91.
[147] Vgl. OLG Stuttgart VersR 1951, 33 (34); 1952, 318.
[148] So zu Recht *H. Baumann* in BK-VVG § 149 Rn. 117.
[149] *H. Baumann* in BK-VVG § 149 Rn. 117; ähnlich *Lücke* in Prölss/Martin § 100 Rn. 40; *Langheid* in Langheid/Rixecker § 100 Rn. 24; *Retter* in Schwintowski/Brömmelmeyer/Ebers § 100 Rn. 38.
[150] Vgl. *H. Baumann* in BK-VVG § 149 Rn. 117.
[151] Vgl. *H. Baumann* in BK-VVG § 149 Rn. 117.
[152] Vgl. *R. Johannsen* in Bruck/Möller, 8. Aufl., Bd. IV, Anm. B 41, 60 und 85; *H. Baumann* in BK-VVG § 149 Rn. 117; eingehend zum Trennungsprinzip und zu den Möglichkeiten seiner Durchbrechung → Vor § 100 Rn. 102 ff.
[153] Vgl. OLG Köln NVersZ 2002, 417 (418).
[154] Vgl. *R. Johannsen* in Bruck/Möller, 8. Aufl., Bd. IV, Anm. H 26; *Späte* AHB § 7 Rn. 16; *H. Baumann* in BK-VVG § 149 Rn. 118; vgl. ferner *Voit/Knappmann* in Prölss/Martin, 27. Aufl., AHB § 7 Rn. 5; *Littbarski* AHB § 7 Rn. 5; *Retter* in Schwintowski/Brömmelmeyer/Ebers § 100 Rn. 37; *v. Rintelen* in Späte/Schimikowski AHB 2014 Ziff. 1 Rn. 336; jeweils mit weiteren Einzelheiten und Nachweisen.

zu bejahen, da ihre Einbeziehung in den Haftpflichtversicherungsvertrag nicht die Rechtsstellung des Versicherungsnehmers verschlechtern soll, wie er ohne diese Einbeziehung bestünde.[155]

81 Diese Überlegungen greifen allerdings dann nicht Platz, sofern die Voraussetzungen der Ziff. 7.5 AHB 2016 sowie von A 1-7.4a)–f) Abs. 1 AVB BHV gegeben sind, wonach, falls im Versicherungsschein oder seinen Nachträgen nicht ausdrücklich etwas anderes bestimmt ist, von der Versicherung ausgeschlossen sind Haftpflichtansprüche einer Reihe von Personen gegen den Versicherungsnehmer, die mit diesem in engeren, in Ziff. 7.5 S. 1 (1)–(6) AHB 2016 sowie in A 1-7.4a) Abs. 1 AVB BHV bzw. in Ziff. 7.5 S. 2 iVm Ziff. 7.5 (2)–(6) AHB 2016 und in A 1-7.4b)–f) Abs. 1 und 2 AVB BHV im Einzelnen genannten Beziehungen stehen. Zweck dieses grundsätzlichen Ausschlusses vom Versicherungsschutz ist es, die Möglichkeit des Versicherungsmissbrauchs von vornherein auszuschließen.[156]

82 Das Gleiche gilt, falls im Versicherungsschein oder seinen Nachträgen nicht ausdrücklich etwas anderes bestimmt ist, nach Ziff. 7.4 AHB 2016 sowie gemäß A 1-7.3 Abs. 1 und 2 AVB BHV für Haftpflichtansprüche
(1) des Versicherungsnehmers oder der in Ziff. 7.5 AHB 2016 und in A 1-7.4 AVB BHV benannten Personen gegen die Mitversicherten,
(2) zwischen mehreren Versicherungsnehmern desselben Versicherungsvertrages,
(3) zwischen mehreren Mitversicherten desselben Versicherungsvertrages.

83 Auch diese Regelung verfolgt genauso wie die etwas anders formulierte, inhaltlich aber hiermit übereinstimmende Vorschrift des § 7 Ziff. 2 AHB 2002 vor allem den Zweck, durch die **Schaffung eines Ausschlusstatbestandes** der Möglichkeit der Gefahr einer Kollusion durch ein manipulatives Zusammenspiel des Versicherungsnehmers mit den in Ziff. 7.4 AHB 2016 und in A 1-7.3 Abs. 1 und 2 AVB BHV genannten Personen zu Lasten des Versicherers vorzubeugen.[157] Darüber hinaus dienen Ziff. 7.4 AHB 2016 und A 1-7.3 Abs. 1 und 2 AVB BHV bzw. § 7 Ziff. 2 AHB aF aber auch der Vermeidung der Deckung von Eigenschäden des Versicherungsnehmers, die durch die Bestimmung der in diesen Vorschriften genannten Personen als Dritten im Sinne von § 100 VVG 2008 bzw. nach § 149 VVG aF ermöglicht werden könnte.[158]

84 Von diesen für die Allgemeine Haftpflichtversicherung prinzipiell geltenden Grundsätzen ist jedoch in beschränktem Umfange dann eine Ausnahme zu machen, wenn es sich um einen der Kfz-Haftpflichtversicherung unterliegenden Tatbestand handelt. Nach A. 1.5.6 S. 1 AKB 2015 besteht kein Versicherungsschutz für Sach- oder Vermögensschäden, die eine mitversicherte Person dem Versicherungsnehmer, dem Halter oder dem Eigentümer durch den Gebrauch des Fahrzeugs zufügt. Ähnliches sieht auch § 11 Nr. 2 AKB aF vor, wonach ausgeschlossen von der Versicherung Haftpflichtansprüche des Versicherungsnehmers, Halters oder Eigentümers gegen mitversicherte Personen wegen Sach- oder Vermögensschäden sind.

85 Durch diese auf § 4 Ziff. 1 KfzPflVV zurückgehenden Bestimmungen werden zwar nach dem jeweils eindeutigen Wortlaut Ansprüche wegen Sach- oder Vermögensschäden in der Kfz-Haftpflichtversicherung ebenfalls ausgeschlossen.[159] Deshalb besteht auch – wie der BGH[160] in einer zu § 11 Nr. 2 AKB aF ergangenen Entscheidung hervorgehoben hat – kein Anspruch, wenn ein Mitversicherter an einem anderen Fahrzeug des Versicherungsnehmers einen Schaden verursacht hat. Dies gilt aber dann nicht, wenn es sich um einen Personenschaden handelt. Nach A. 1.5.6 S. 2 AKB 2015 besteht nämlich Versicherungsschutz für Personenschäden, wenn der Versicherungsnehmer zB als Beifahrer seines Fahrzeugs verletzt wird. In diesem Falle kann der Versicherungsnehmer den ihm entstandenen Schaden im Wege des Direktanspruchs nach § 115 Abs. 1 Nr. 1 VVG gegen den Versicherer geltend machen.[161]

---

[155] So zutreffend H. *Baumann* in BK-VVG § 149 Rn. 118.
[156] Vgl. auch *Schimikowski* in HK-VVG AHB 2016 Ziff. 7 Rn. 33; R. *Koch* in Bruck/Möller AHB Ziff. 7 Rn. 86; vgl. ferner *Littbarski* AHB § 4 Rn. 395 ff.
[157] Vgl. zu § 7 Ziff. 2 AHB aF R. *Johannsen* in Bruck/Möller, 8. Aufl., Bd. IV, Anm. H 23; *Voit/Knappmann* in Prölss/Martin, 27. Aufl., AHB § 7 Rn. 5; *Littbarski* AHB § 7 Rn. 32; jeweils mit weiteren Einzelheiten und Nachweisen.
[158] Vgl. auch R. *Johannsen* in Bruck/Möller, 8. Aufl., Bd. IV, Anm. H 23; *Littbarski* AHB § 7 Rn. 32; jeweils zu § 7 Ziff. 2 AHB aF; *Retter* in Schwintowski/Brömmelmeyer/Ebers § 100 Rn. 37 zu Ziff. 7.4 AHB 2008.
[159] Vgl. *Halbach* in HK-VVG AKB 2015 A.1.5.6 Rn. 16; *Retter* in Schwintowski/Brömmelmeyer/Ebers § 100 Rn. 37 zu Ziff. 7.4 AHB 2008.
[160] Vgl. BGH r+s 2008, 372; ebenso OLG Hamm VersR 1981, 825; vgl. ferner *Jacobsen* in Feyock/Jacobsen/Lemor § 11 Nr. 12 mit weiteren Einzelheiten und Nachweisen; *Halbach* in HK-VVG AKB 2015 A.1.5.6 Rn. 16.
[161] Vgl. *Retter* in Schwintowski/Brömmelmeyer/Ebers § 100 Rn. 37.

Vom Bestehen des Versicherungsschutzes für Personenschäden sind bereits unter der Geltung des § 11 Nr. 2 AKB aF Rechtsprechung[162] und Literatur[163] zu Recht ausgegangen, auch wenn diese Vorschrift keine Aussage über die deckungsrechtliche Einordnung derartiger Schäden enthält. Jedoch lässt sich deren Deckung als argumentum e contrario deren Wortlaut entnehmen. Deshalb ist es zutreffend, zum Ergebnis zu gelangen, dass dem Versicherungsnehmer wegen seines Anspruchs aufgrund Körperverletzung der Direktanspruch nach § 3 Nr. 1 PflVG aF gegen seinen Versicherer zusteht.[164]

c) Rechtsstellung des Dritten. aa) Rechtslage vor dem Inkrafttreten des VVG 2008. 87
Vor dem Inkrafttreten des VVG entsprach es einer in Rechtsprechung[165] und Literatur[166] allgemein vertretenen Auffassung, dass grundsätzlich **keine unmittelbaren Rechtsbeziehungen** zwischen dem Versicherer und dem Dritten bestanden, wenn man von den Fällen, in denen der Versicherungsnehmer auch als Dritter anzusehen ist, einmal absieht.[167] Abgeleitet wurde dieser Gedanke aus den Grundprinzipien der Haftpflichtversicherung als einer Schadensversicherung, zu der es gehöre, dass zu der rechtlichen Beziehung des Versicherungsnehmers mit dem Haftpflichtversicherer ein Dritter hinzutrete, für dessen vom Versicherungsnehmer verursachten Schaden der Haftpflichtversicherer aufgrund des Versicherungsvertrages eintreten solle. Somit war bestimmend für das Haftpflichtversicherungsrecht die Existenz von drei Beteiligten, nämlich des Versicherungsnehmers als Schädiger, des Geschädigten und des Haftpflichtversicherers, woraus allerdings rechtlich relevante Beziehungen nur zwischen dem Versicherungsnehmer und dem Geschädigten einerseits sowie dem Versicherungsnehmer und dem Haftpflichtversicherer andererseits abgeleitet wurden.[168]

Demgemäß gab die Haftpflichtversicherung nach bisher geltendem Recht nur dem Versicherungsnehmer als Schädiger einen **Befreiungsanspruch gegen seinen Haftpflichtversicherer,** nicht aber dem Geschädigten einen Direktanspruch gegen den Versicherer.[169] Daher standen und stehen sich nach altem Recht im sog. Deckungsprozess,[170] bei dem es um die Frage der Eintrittspflicht des Haftpflichtversicherers geht, auch nur der Versicherungsnehmer als Schädiger und sein Haftpflichtversicherer gegenüber, während der Geschädigte an diesem Prozess grundsätzlich nicht beteiligt ist.[171]

Eine Ausnahme hiervon kannte das vor dem Inkrafttreten des VVG geltende Recht nur im Hinblick auf die Möglichkeit eines **Direktanspruchs des geschädigten Dritten** gegen den Versicherer in der Kfz-Haftpflichtversicherung,[172] und zwar in § 3 PflVG aF. Dieser auch als sog. „action directe" bezeichnete, umfänglich ausgestaltete und daher an dieser Stelle nicht im Einzelnen wiederzugebende Direktanspruch war mit dem Gesetz über die Pflichtversicherung für Kraftfahrzeughalter (Pflichtversicherungsgesetz) vom 5.4.1965[173] eingeführt worden. Damit verbunden waren seit dem Inkrafttreten dieses Gesetzes die §§ 158c–f VVG aF auf die Kfz-Haftpflichtversicherung nur noch insoweit anwendbar, als auf sie in § 3 Nr. 1–11 PflVG aF verwiesen wurde.[174]

In Anbetracht dieser sehr schwachen Rechtsstellung des Dritten in der Haftpflichtversicherung außerhalb des Kfz-Bereiches hat es in der Literatur[175] nicht an zahlreichen Versuchen gefehlt, zu untersuchen, wie die rechtliche Position des Dritten gestärkt werden könnte. Letztlich sind jedoch alle diese Versuche in Ermangelung des Eingreifens des Gesetzgebers nicht von Erfolg gekrönt

---

[162] Vgl. BGH VersR 1986, 1010; NJW-RR 1996, 149.
[163] Vgl. *Jacobsen* in Feyock/Jacobsen/Lemor AHB § 11 Rn. 11; *H. Baumann* in BK-VVG § 149 Rn. 120.
[164] So die → Rn. 85 in Fn. 160 und 161 Genannten.
[165] Vgl. BGHZ 7, 244 (245) = NJW 1952, 1333.
[166] Vgl. *R. Johannsen* in Bruck/Möller, 8. Aufl., Bd. IV, Anm. B 79, 81; *R. Johannsen* r+s 1997, 309; *Späte* AHB Teil B § 1 Rn. 195 ff.; *Voit/Knappmann,* in Prölss/Martin 27. Aufl., § 156 Rn. 1; *H. Baumann* in BK-VVG § 149 Rn. 116; *Littbarski* AHB Vorb. Rn. 46 und § 3 Rn. 46; *Littbarski* in Praxishandbuch Sachverständigenrecht, § 40 Rn. 18 ff.
[167] Vgl. hierzu vorstehend → Rn. 85.
[168] Vgl. *Littbarski* in Praxishandbuch Sachverständigenrecht § 40 Rn. 18.
[169] Vgl. *Littbarski* AHB Vorb. Rn. 19 mwN.
[170] Vgl. hierzu BGH VersR 1984, 252 (253); NJW-RR 2001, 1311 ff.; OLG Düsseldorf NJW-RR 1996, 1245 (1246); *Littbarski* AHB Vorb. Rn. 46 und § 3 Rn. 46; *Littbarski* in Praxishandbuch Sachverständigenrecht, § 40 Rn. 18; *Späte* AHB § 3 Rn. 41.
[171] Vgl. *Littbarski* in Praxishandbuch Sachverständigenrecht § 40 Rn. 18, *Späte* AHB § 3 Rn. 43 ff.
[172] Vgl. BT-Drs. 16/3945, 88 zu § 115 Abs. 1 VVG 2008; *Schirmer* ZVersWiss Supplement 2006, 427 (443); *Schimikowski,* in HK-VVG 2. Aufl., Vor § 115 Rn. 1; *W. Th. Schneider* in Beckmann/Matusche-Beckmann VersR-HdB § 24 Rn. 176.
[173] BGBl. 1965 I 213.
[174] Vgl. *Jacobsen* in Feyock/Jacobsen/Lemor PflVG § 3 Rn. 1.
[175] Vgl. hierzu eingehend *Späte* AHB § 1 Rn. 195 ff.; *H. Baumann* in BK-VVG § 149 Rn. 125 ff.

gewesen, so dass hierauf an dieser Stelle nicht weiter eingegangen und stattdessen auf die Erläuterungen von *Späte*[176] und *H. Baumann*[177] verwiesen werden soll.

91 **bb) Rechtslage nach dem Inkrafttreten des VVG 2008.** Mit dem Inkrafttreten des VVG 2008 hat sich die Rechtslage im Hinblick auf die Rechtsstellung des Dritten nicht unwesentlich verändert, indem durch die Schaffung des § 115 der Direktanspruch des geschädigten Dritten gegen den Versicherer nunmehr generell für die Pflichtversicherung eingeführt wurde.[178] Dabei umschreibt § 115 Abs. 1 im Einzelnen die Voraussetzungen dieses Anspruchs, während § 115 Abs. 2 eine Regelung über die Anforderungen an die Verjährung dieses Anspruchs trifft.

92 Ohne den Erläuterungen zu dieser Vorschrift vorgreifen oder sie gar ersetzen zu wollen,[179] soll doch nachfolgend kurz ihr Gegenstand umschrieben sowie der mit ihr verfolgte Zweck genannt werden, da nur so verdeutlicht werden kann, welche Bedeutung dieser Bestimmung im Hinblick auf die Rechtsstellung des Dritten zukommt.

93 Nach § 115 Abs. 1 S. 1 kann der Dritte seinen Anspruch auf Schadensersatz auch gegen den Versicherer geltend machen,
1. wenn es sich um eine Haftpflichtversicherung zur Erfüllung einer nach dem Pflichtversicherungsgesetz bestehenden Versicherungspflicht handelt oder
2. wenn über das Vermögen des Versicherungsnehmers das Insolvenzverfahren eröffnet oder der Eröffnungsantrag mangels Masse abgewiesen worden ist oder ein vorläufiger Insolvenzverwalter bestellt worden ist oder
3. wenn der Aufenthalt des Versicherungsnehmers unbekannt ist.

94 Gemäß § 115 Abs. 1 S. 2 besteht der Anspruch im Rahmen der Leistungspflicht des Versicherers aus dem Versicherungsverhältnis auch, soweit eine Leistungspflicht nicht besteht, im Rahmen des § 117 Abs. 1–4. In dieser Vorschrift ist die Leistungspflicht des Versicherers gegenüber Dritten für den Fall im Einzelnen geregelt, dass der Versicherer von der Verpflichtung zur Leistung dem Versicherungsnehmer gegenüber ganz oder teilweise frei ist. Weiterhin bestimmt § 115 Abs. 1 S. 3, dass der Versicherer den Schadensersatz in Geld zu leisten hat. Schließlich haften der Versicherer und der ersatzpflichtige Versicherungsnehmer nach § 115 Abs. 1 S. 4 als Gesamtschuldner.

95 Der die Verjährung des Anspruchs aus § 115 Abs. 1 regelnde § 115 Abs. 2 bestimmt in § 115 Abs. 2 S. 1, dass der Anspruch nach § 115 Abs. 1 der gleichen Verjährung wie der Schadensersatzanspruch gegen den ersatzpflichtigen Versicherungsnehmer unterliegt. Im Übrigen finden sich in § 115 Abs. 2 S. 2–4 Regelungen über den Beginn und das Ende der Verjährung, über die Hemmung und über die Adressaten der Hemmung, der Ablaufhemmung und des Neubeginns der Verjährung des Anspruchs gegen den Versicherer.

96 Der **Zweck des § 115 Abs. 1** wird darin gesehen, dass hierdurch die Rechtsstellung des geschädigten Dritten deutlich verstärkt und verbessert werde, indem er einen zusätzlichen, stets solventen Schuldner erhalte.[180] Dies wiederum trage maßgeblich dazu bei, dass auch außerhalb der Kfz-Haftpflichtversicherung dadurch die Anspruchsdurchsetzung erleichtert und damit einhergehend die Realisierung von Ersatzansprüchen des geschädigten Dritten erleichtert werden könne.[181] Diese Überlegung gilt nach Ansicht der Bundesregierung auch für die Berufshaftpflichtversicherungen, die für die meisten freien Berufe vorgeschrieben sind. Das in diesen Bereichen häufig bestehende Vertrauensverhältnis zwischen Versicherungsnehmer und Geschädigten (zB zwischen Arzt und Patient, Rechtsanwalt und Mandant) werde dadurch, dass sich der Geschädigte direkt an den Versicherer wenden könne, nicht belastet. In die jeweilige Spezialregelung, die die Pflichtversicherung vorschreibe, werde im Übrigen nicht eingegriffen.[182]

97 Ob sich diese in § 115 gesetzten Erwartungen in der näheren Zukunft erfüllen und ganz entscheidend zu einer Verbesserung der Rechtsstellung des Dritten in der Pflichtversicherung beitragen werden, kann derzeit aufgrund des relativ kurzen Zeitraums seit dem Inkrafttreten des VVG 2008 und der damit einhergehenden fehlenden Erfahrungen mit der Vorschrift des § 115 noch nicht beurteilt werden. Festzuhalten bleibt allerdings, dass mit dieser Bestimmung eine Norm geschaffen wurde, die zumindest die Chance bietet, die Rechtsstellung des Dritten im Verhältnis zum Versicherer in der Pflichtversicherung zu verbessern.

---

[176] Vgl. *Späte* AHB § 1 Rn. 195 ff.
[177] Vgl. *H. Baumann* in BK-VVG § 149 Rn. 125 ff.
[178] Vgl. BT-Drs. 16/3945, 88.
[179] Vgl. hierzu → § 115 Rn. 1 ff.
[180] Vgl. BT-Drs. 16/3945, 88; *Schirmer* ZVersWiss Supplement 2006, 427 (443); *Piontek* Haftpflichtversicherung § 6 Rn. 17; *Schimikowski* in HK-VVG § 115 Rn. 1; *Klimke* in Prölss/Martin § 115 Rn. 1.
[181] Vgl. BT-Drs. 16/3945, 88; *Niederleithinger*, Das neue VVG, A Rn. 225; *Schimikowski* in HK-VVG § 115 Rn. 1; *Knöfel* in Schwintowski/Brömmelmeyer/Ebers § 115 Rn. 1.
[182] Vgl. BT-Drs. 16/3945, 88 f.

4. Inanspruchnahme des Versicherungsnehmers auf Schadensersatz. Wie bereits die sich 98 in Ziff. 1.1 Abs. 1 AHB 2016 sowie die sich in A 1-3.1 Abs. 1 AVB BHV findende Formulierung „... auf Schadensersatz in Anspruch genommen wird" verdeutlichen, sich aber auch aus den Erläuterungen in den Vorbemerkungen zu den §§ 100–124 sowie zu § 100 ergibt, setzt die Möglichkeit des Bestehens von Versicherungsschutz das Vorliegen eines Schadensersatzanspruches voraus.[183] Damit sind denknotwendig sowohl der Erfüllungsbereich des Vertrages als auch eventuelle Eigenschäden des Versicherungsnehmers vom Versicherungsschutz ausgeschlossen. Eine solche Begrenzung des Versicherungsschutzes erweist sich schon deshalb als erforderlich, da anderenfalls zu Lasten der Versichertengemeinschaft der Möglichkeit Vorschub geleistet würde, mangelhafte Leistungen des Versicherungsnehmers trotz Erhalts einer Gegenleistung auf den Haftpflichtversicherer abzuwälzen.[184]

Dementsprechend hatten sowohl das frühere BAV[185] als auch der *Verfasser*[186] in den achtziger 99 Jahren des letzten Jahrhunderts grundsätzliche Bedenken gegenüber dem damals von mehreren Versicherern für den Baubereich angebotenen **Deckungsschutz für sog. Mängelbeseitigungsnebenkosten** bzw. für sog. Nachbesserungsbegleitkosten erhoben, da diese als reine Eigenschäden des Versicherungsnehmers nicht Gegenstand einer Haftpflichtversicherung sein könnten. Dagegen hatte *H. Baumann*[187] eingewendet, dass die Konzeption der Haftpflichtversicherung als Schadensversicherung nicht zwangsläufig dazu führe, dass ihre Aufgabe nur in der Abdeckung von Schadensersatzansprüchen bestehen könne. Zudem hob er hervor, dass die Problematik sich damit auf die Frage zuspitze, ob eine Haftpflichtversicherung immer nur im Hinblick auf Schadensersatzansprüche oder auch im Hinblick auf sonstige Ansprüche eines Dritten – hier: Begleitaufwendungen – denkbar sei. Letzteres sei prinzipiell zu bejahen. Die Schwierigkeiten lägen im Detail der versicherungsrechtlichen und versicherungstechnischen Ausgestaltung.[188] Immerhin – so betonte *H. Baumann* zusammenfassend[189] – lasse sich sagen, dass die – teilweise enorme – Höhe der Mängelbeseitigungsbegleitkosten für den Versicherungsnehmer häufig durchaus sehr überraschend komme. Ein erhebliches wirtschaftliches Interesse der Abdeckung derartiger Schadensposten bestehe allemal.

Auch wenn der ökonomische Aspekt dieser Frage nicht ernsthaft in Abrede gestellt werden 100 kann und aus diesem Grunde die Deckung derartiger Ansprüche naheliegt, sind doch die rechtlichen Bedenken gegenüber einer Versicherbarkeit damit nicht widerlegt und daher auch gegenwärtig weiterhin vorhanden. Dennoch soll die Diskussion an dieser Stelle aus mehreren Gründen nicht erneut angefacht werden. So ist unstreitig, dass die Mängelbeseitigungsnebenkosten seit vielen Jahren aufgrund einer von den Versicherern den Versicherungsverträgen zugrundegelegten Mängelbeseitigungsnebenkostenklausel zur Grundausstattung der Betriebshaftpflichtversicherung des Bauhandwerkers gehört[190] und daher die Praxis über rechtliche Bedenken einfach hinweggegangen ist. Auch handelt es sich – soweit ersichtlich – wohl in erster Linie um ein im gesamten Baubereich, aber weniger in anderen Bereichen auftretendes Problem, so dass diesem keine elementare Bedeutung für die Allgemeine Haftpflichtversicherung zukommt. Nicht zuletzt sind der rechtlichen Überprüfbarkeit eines derart erweiterten Versicherungsschutzes sowohl im Falle entsprechender individualvertraglicher Vereinbarung zwischen dem Versicherer und dem Versicherungsnehmer als auch dann ganz erhebliche Grenzen gesetzt, wenn Versicherer und Versicherungsnehmer sich dafür entscheiden, zum Zwecke des beiderseits gewünschten erweiterten, auch ausländisches Recht berücksichtigenden Versicherungsschutzes eine derartige Deckung ermöglichendes Recht dem Versicherungsvertrag zugrundezulegen.

5. Verantwortlichkeit des Versicherungsnehmers. Nach § 100 ist der Versicherer verpflich- 101 tet, den Versicherungsnehmer von Ansprüchen freizustellen, die von einem Dritten aufgrund der Verantwortlichkeit des Versicherungsnehmers ... geltend gemacht werden ... Ähnlich formuliert auch § 149 VVG aF. Danach ist der Versicherer verpflichtet, dem Versicherungsnehmer die Leistung zu ersetzen, die dieser aufgrund seiner Verantwortlichkeit ... an einen Dritten zu bewirken hat. Gemäß Ziff. 1.1 Abs. 1 AHB 2016 sowie nach A 1-3.1 Abs. 1 AVB BHV besteht Versicherungs-

---

[183] Vgl. auch BGH r+s 2021, 27 Rn. 15; *v. Rintelen* in Späte/Schimikowski AHB 2014 Ziff. 1 Rn. 262; *Armbrüster/Schilbach* ZIP 2018, 1853 (1858).
[184] Vgl. hierzu näher *Littbarski* AHB § 1 Rn. 40 ff.; *v. Rintelen* in Späte/Schimikowski AHB 2014 Ziff. 1 Rn. 262; *Rust* r+s 2022, 481 (490 mit Fn. 77).
[185] Vgl. Geschäftsbericht des BAV 1980, 83.
[186] Vgl. *Littbarski* Haftungs- und Versicherungsrecht Rn. 375 ff.
[187] Vgl. *H. Baumann* in BK-VVG § 149 Rn. 102 mit weiteren Einzelheiten.
[188] Vgl. *H. Baumann* in BK-VVG § 149 Rn. 111 mit weiteren Einzelheiten.
[189] Vgl. *H. Baumann* in BK-VVG § 149 Rn. 112.
[190] Vgl. hierzu im Ergebnis die Deckung für Mangelbeseitigungsnebenkosten bejahend OLG Rostock r+s 2020, 22 ff. mit umfassenden Nachweisen; vgl. ferner *Schmalzl/Krause-Allenstein* Berufshaftpflichtversicherung Rn. 743 ff.; *v. Rintelen* in Späte/Schimikowski Haftpflichtversicherung AHB 2014 Ziff. 1 Rn. 521 ff.

schutz ... für den Fall, dass der Versicherungsnehmer wegen eines ... Schadensereignisses, das einen Personen-, Sach- oder sich daraus ergebenden Vermögensschaden zur Folge hatte, ... von einem Dritten auf Schadensersatz in Anspruch genommen wird. Mithin stellt sich die Frage, was unter diesen, den Versicherungsnehmer betreffenden Tatbestandsmerkmalen zu verstehen ist und wie diese deckungsrechtlich einzuordnen sind.

102 Auf den ersten Blick könnte man geneigt sein, in den Tatbestandsmerkmalen „aufgrund der Verantwortlichkeit des Versicherungsnehmers", „aufgrund seiner Verantwortlichkeit" und „auf Schadensersatz in Anspruch genommen wird" jeweils selbständige Tatbestandsmerkmale zu erblicken, die für sich allein einer entsprechenden Konkretisierung bedürfen. Bei genauerem Hinsehen wird jedoch deutlich, dass sie isoliert nicht aussagekräftig sind und daher nur im Kontext mit den soeben genannten Bestimmungen sowie deren anderen Tatbestandsmerkmalen, in die sie hineingestellt sind, verständlich werden. Daher verbietet sich eine isolierte Kommentierung an dieser Stelle von selbst. Vielmehr ist die Verantwortlichkeit des Versicherungsnehmers nach § 100 immer wieder auch bei den Erläuterungen der anderen Tatbestandsmerkmale dieser Vorschrift mitzuberücksichtigen.

103 **6. Die Bedeutung der Tatbestandsmerkmale „während der Versicherungszeit eintretende Tatsache" und „während der Wirksamkeit der Versicherung eingetretenen Schadensereignisses (Versicherungsfall)" und ihre Abgrenzung voneinander. a) Allgemeines.** Nach § 100 ist der Versicherer verpflichtet, den Versicherungsnehmer von Ansprüchen freizustellen, die ... für eine während der Versicherungszeit eintretende Tatsache geltend gemacht werden ... Ähnlich heißt es in § 149 VVG aF. Danach ist der Versicherer verpflichtet, dem Versicherungsnehmer die Leistung zu ersetzen, die dieser ... für eine während der Versicherungszeit eintretende Tatsache zu bewirken hat. Schließlich besteht gemäß Ziff. 1.1 Abs. 1 AHB 2016 sowie nach A 1-3.1 Abs. 1 AVB BHV Versicherungsschutz ... für den Fall, dass der Versicherungsnehmer wegen eines während der Wirksamkeit der Versicherung eingetretenen Schadensereignisses (Versicherungsfall) ... in Anspruch genommen wird.

104 Auch wenn die sich in § 100 sowie in § 149 VVG aF findenden Formulierungen „während der Versicherungszeit eintretende Tatsache" einerseits und die in Ziff. 1.1 Abs. 1 AHB 2016 sowie in A 1-3.1 Abs. 1 AVB BHV verwendete Umschreibung „während der Wirksamkeit der Versicherung eingetretenen Schadensereignisses (Versicherungsfall)" andererseits sich vom Wortlaut her nicht ganz unwesentlich voneinander unterscheiden, bestehen doch schon wegen des in allen Vorschriften anzutreffenden Klammerzusatzes keine Zweifel daran, dass es inhaltlich jeweils um den Versicherungsfall geht. Nicht geklärt sind damit aber die sich geradezu aufdrängenden Fragen, warum der GDV als Verfasser der AHB 2016 eine vom Gesetzestext des VVG 2008 teilweise abweichende Formulierung gewählt hat und welche Konsequenzen sich hieraus für die Allgemeine Haftpflichtversicherung unter dem Blickwinkel der Gewährung von Versicherungsschutz ergeben.

105 Unproblematisch ist zunächst, dass die in § 100 bzw. in Ziff. 1.1 Abs. 1 AHB 2016 und in A 1-3.1 Abs. 1 AVB BHV verwendeten Worte „während der Versicherungszeit" und „während der Wirksamkeit der Versicherung" inhaltlich das Gleiche meinen. Denn darin kommt zum Ausdruck, dass die eintretende Tatsache nach § 100 bzw. dass das eingetretene Schadensereignis (Versicherungsfall) gemäß Ziff. 1.1 Abs. 1 AHB 2016 und nach A 1-3.1 Abs. 1 AVB BHV in dem durch die Versicherung festgelegten Zeitraum eingetreten sein müssen, also nach dem sachlichen Beginn und vor dem sachlichen Ende der Versicherung.[191]

106 Lässt sich das Vorliegen dieser Voraussetzungen im Einzelfall noch relativ einfach feststellen, treten die eigentlichen Probleme bei der Bestimmung der Tatbestandsmerkmale „eintretende Tatsache" nach § 100 bzw. „eingetretenes Schadensereignis (Versicherungsfall)" gemäß Ziff. 1.1 Abs. 1 AHB 2016 und nach A 1-3.1 Abs. 1 AVB BHV auf. Um die damit zusammenhängenden Fragen sachgerecht beantworten zu können, ist es erforderlich, nicht nur einen Blick auf die Gesetzesbegründung zu § 100[192] zu werfen, sondern vor allem auch die historische Entwicklung des Versicherungsfalles in der Haftpflichtversicherung in gebotener Kürze in die Betrachtung miteinzubeziehen, da nur dadurch die Gesetzesbegründung und die durch sie aufgeworfenen Fragen wirklich verständlich werden.

107 **b) Gesetzesbegründung.** Die Bundesregierung weist in der Gesetzesbegründung zu § 100[193] darauf hin, dass die Vorschrift keine Definition des Versicherungsfalles enthalte, der gerade in der Haftpflichtversicherung sehr unterschiedliche Ausprägungen erfahre. Als Versicherungsfall

---

[191] Vgl. auch *Gnauck* Absonderungsrecht S. 32 sowie zu der unter der Geltung des § 149 VVG aF und des § 1 Ziff. 1 AHB aF in gleicher Weise zu beantwortenden Frage *H. Baumann* in BK-VVG § 149 Rn. 176; *Voit/Knappmann* in Prölss/Martin, 27. Aufl., AHB § 1 Rn. 2; *Littbarski* AHB § 1 Rn. 5.
[192] Vgl. hierzu BT-Drs. 16/3945, 85 zu § 100.
[193] Vgl. BT-Drs. 16/3945, 85 zu § 100.

würden ua vereinbart das Schadensereignis (zB Allgemeine Haftpflichtversicherung), der Rechtsverstoß (zB Anwalts- und Notarhaftpflichtversicherung), der Planungsfehler (zB Architektenhaftpflichtversicherung), das Inverkehrbringen eines Produkts (Produkthaftpflichtversicherung), die erstmalige Feststellung des Schadens (zB Umwelthaftpflichtversicherung) oder die Schadensmeldung – auch „claims made" genannt (zB Allgemeine Haftpflichtversicherung, D&O-Versicherung). Diese Gestaltungsmöglichkeiten würden auch künftig nicht eingeschränkt; in den folgenden Vorschriften werde der Begriff des Schadensereignisses im alle Versicherungsfälle umfassenden Sinn verwendet.

Auch wenn diese Begründung einige unzutreffende Aussagen enthält oder – mit *Schimikowski*[194] **108** gesprochen – in der Begründung Merkwürdigkeiten zu verzeichnen sind, braucht hierauf doch an dieser Stelle nicht weiter eingegangen zu werden. Denn entscheidend ist allein, dass durch den Verzicht auf eine Definition des Versicherungsfalles und durch die Verwendung des Tatbestandsmerkmals „während der Versicherungszeit eintretende Tatsache" der Gesetzgeber des § 100 genauso wie der des § 149 VVG aF es der Vertragspraxis überlassen hat, welcher Vorgang in der Haftpflichtversicherung den Versicherungsfall darstellen soll.[195] Damit geht der Gesetzgeber des § 100 zugleich davon aus, dass der Begriff der Tatsache alle in der Praxis gängigen Definitionen des Versicherungsfalles umfasst, die vom Verstoß über das Schadensereignis sowie die Feststellung eines Schadens bis hin zur Anspruchserhebung reichen.[196]

c) Folgerungen für die AHB 2016 und die AVB BHV. Der GDV hat sich bei der Überar- **109** beitung der AHB 2016 dafür entschieden, den bei der Neufassung der AHB 2004 erstmals beschrittenen Weg erneut weiterzugehen und im Anschluss an die sog. Mähbinder-Entscheidung des BGH vom 27.6.1957[197] das Folgeereignis als das den Deckungsschutz auslösende Kriterium für den Versicherungsfall anzusehen.[198] Dies kommt nicht nur in der in Ziff. 1.1 Abs. 1 AHB 2016 und in A 1-3.1 Abs. 1 AVB BHV übereinstimmend verwendeten Formulierung „während der Wirksamkeit der Versicherung eingetretenen Schadensereignisses (Versicherungsfall)" zum Ausdruck, sondern wird vor allem dadurch konkretisiert, dass in Ziff. 1.1 Abs. 2 AHB 2016 und in A 1-3.1 Abs. 2 AVB BHV der Begriff des Schadensereignisses ebenfalls übereinstimmend definiert wird. Dort heißt es:

„Schadenereignis ist das Ereignis, als dessen Folge die Schädigung des Dritten unmittelbar entstanden ist. Auf den Zeitpunkt der Schadenverursachung, die zum Schadenereignis geführt hat, kommt es nicht an."

d) Historische Entwicklung. Verständlich wird diese Umschreibung, die an den Wortlaut **110** von § 1 Ziff. 1 AHB aF sowie von § 5 Ziff. 1 AHB aF anknüpft, nur dadurch, dass dieser eine weitgehende Klarheit schaffende **Begriff des Schadensereignisses**[199] erst mit der „Verordnung über die Änderung der Allgemeinen Versicherungsbedingungen für die Haftpflichtversicherung" vom 15.2.1982[200] in die AHB übernommen wurde und damit den Begriff des „Ereignisses" abgelöst hat, dessen nähere Bestimmung vor 1982 Rechtsprechung und Literatur wiederholt Probleme bereitet hat.[201]

Dahinter stand die Diskussion um den **haftpflichtversicherungsrechtlichen Ereignisbe-** **111** **griff,** der weder in § 149 VVG aF eindeutig bestimmt ist noch in der ursprünglichen Fassung des § 1 Ziff. 1 AHB aF unmissverständlich festgelegt war. Während nach § 149 VVG aF der Versicherer bei der Haftpflichtversicherung verpflichtet ist, dem Versicherungsnehmer die Leistung zu ersetzen, die dieser „… für eine während der Versicherungszeit eintretende Tatsache an einen Dritten zu bewirken hat", gewährte nach der ursprünglichen Fassung des § 1 Ziff. 1 AHB aF der Versicherer dem Versicherungsnehmer Versicherungsschutz dafür, dass er „… wegen eines während der Wirksamkeit der Versicherung eingetretenen Ereignisses …" auf Schadensersatz in Anspruch genommen wurde.

---

[194] Vgl. *Schimikowski* in HK-VVG § 100 Rn. 8.
[195] Vgl. auch *Voit/Knappmann* in Prölss/Martin, 27. Aufl., § 149 Rn. 12; *Lücke* in Prölss/Martin § 100 Rn. 25 und AHB 2016 Ziff. 1 Rn. 4; *Schimikowski* in HK-VVG § 100 Rn. 7; *R. Koch* in Bruck/Möller § 100 Rn. 7; *Langheid* in Langheid/Rixecker § 100 Rn. 2; *W. Th. Schneider* in Beckmann/Matusche-Beckmann VersR-HdB § 24 Rn. 21.
[196] So zutreffend *Schimikowski* in HK-VVG § 100 Rn. 7; ablehnend gegenüber dem Tatsachenbegriff *R. Koch* in Bruck/Möller § 100 Rn. 16, da dieser Begriff für eine Bestimmung des Versicherungsfalles nichts hergebe; *R. Koch* VersR 2011, 295.
[197] Vgl. BGHZ 25, 34 ff. = VersR 1957, 499.
[198] Vgl. GDV-Rundschreiben H 25/04 M, Anlage 2 zum RS 1006/2004.
[199] Zu den AGB-rechtlichen Bedenken von Stimmen in der Literatur vgl. nachstehend → Rn. 117 ff.
[200] VerBAV 1982, 122 f.
[201] Vgl. *Littbarski* AHB § 1 Rn. 8.

112 Aus diesen im Hinblick auf den Ereignisbegriff recht unbestimmten Formulierungen waren im Laufe der Zeit im Wesentlichen zwei Theorien entwickelt worden. Die Kausalereignis- oder auch **Verstoßtheorie** sieht als Tatsache im Sinne von § 149 VVG aF das verursachende Geschehen an. Diese Theorie lag zuletzt der Rechtsprechung des RG[202] zugrunde und gilt bis heute im Bereich der Vermögensschaden-Haftpflichtversicherung sowie in den Berufshaftpflichtversicherungen.[203] Der Grund für die Festlegung auf den Verstoß dürfte neben der leichteren Feststellbarkeit des Verstoßes vor allem in dem zeitlichen Abstand zu sehen sein, der normalerweise zwischen dem schadenverursachenden Vorgang und dem tatsächlichen Eintritt des Schadensereignisses liegt.[204] Denn anders als in den sonstigen Zweigen der Haftpflichtversicherung bedarf es in der Vermögensschaden-Haftpflichtversicherung sowie in den verschiedenen Berufshaftpflichtversicherungen noch einer entsprechenden Umsetzung der vom Versicherungsnehmer erbrachten Leistung. Unter diesen Umständen träte aber beim Abstellen auf das Schadensereignis als dem Versicherungsfall dieser nicht selten zu einem Zeitpunkt ein, zu dem kein Versicherungsvertrag mehr besteht und damit verbunden auch der Versicherungsschutz entfallen ist.[205]

113 Die Schadensereignis- oder auch Folgetheorie wertete hingegen schon immer den Eintritt des „realen Verletzungszustandes" als Ereignis im Sinne von § 1 Ziff. 1 AHB aF.[206]

114 Der **Schadensereignistheorie** hatte sich der BGH in einer grundlegenden Entscheidung vom 27.6.1957[207] angeschlossen, sie jedoch mit Urteil vom 4.12.1980[208] zugunsten der **Kausalereignistheorie** wieder aufgegeben. Nachdem dieses Urteil aufgrund der sich aus ihm ausgebenden Konsequenzen auf weitgehende Ablehnung gestoßen war,[209] kam es zu der schon erwähnten Änderung des § 1 Ziff. 1 AHB aF. Damit stand aufgrund dieser Änderung des § 1 Ziff. 1 AHB aF im Jahre 1982 fest, dass in allen Fällen, in denen die AHB aF zur Anwendung kamen, Voraussetzung für die Gewährung von Versicherungsschutz war, dass das Schadensereignis während der Wirksamkeit der Versicherung eingetreten sein musste. Demgegenüber war es unerheblich, ob auch die Ursache des Schadensereignisses im versicherten Zeitraum gesetzt wurde.[210] Zudem hatten sich die Versicherer im Zusammenhang mit der Änderung des § 1 Ziff. 1 AHB aF durch die damals mögliche Abgabe einer entsprechenden Geschäftsplanmäßigen Erklärung[211] dazu verpflichtet, dessen geänderte Fassung auch auf Schadensereignisse anzuwenden, die vor dem Tag der Genehmigung eingetreten waren, sofern nicht einzelvertragliche Vereinbarungen dem entgegenstanden.[212]

115 **e) Einzelfragen zum Begriff des Schadensereignisses.** An diesem Begriff des Schadensereignisses als dem Versicherungsfall im Sinne der AHB hat der GDV wie gezeigt auch bei der Neufassung der AHB 2004 angeknüpft[213] und ist hierbei auch bei Überarbeitungen der AHB in den Jahren 2006, 2007, 2008, 2010, 2012, 2014 und 2016 sowie bei der Konzeption der AVB BHV zu Recht geblieben. Insbesondere ist auch zu begrüßen, dass der GDV durch den ergänzenden Satz in Ziff. 1.1 Abs. 2 S. 2 AHB 2016 und in A 1-3.1 Abs. 2 S. 2 AVB BHV wonach es auf den Zeitpunkt der Schadensverursachung, die zum Schadensereignis geführt hat, nicht ankommt, sich

---

[202] Vgl. RG JW 1936, 2978; RGZ 171, 43 (50).
[203] Vgl. *Littbarski* AHB § 1 Rn. 10 f.; *Littbarski* in Praxishandbuch Sachverständigenrecht, § 40 Rn. 27 ff.; *Schimikowski* in HK-VVG § 100 Rn. 11; *W. Th. Schneider* in Beckmann/Matusche-Beckmann VersR-HdB § 24 Rn. 23; eingehend Beckmann/Matusche-Beckmann VersR-HdB/*v. Rintelen* § 26 Rn. 297 ff.; jeweils mit weiteren Einzelheiten und Nachweisen; vgl. ferner *Looschelders* VersR 2013, 1069 (1070, 1076 f.) zur mit der Haftpflichtversicherung Überschneidungen aufweisenden Vertrauensschadenversicherung; *Looschelders* in FS Schwintowski, 2022, 150 ff.
[204] Vgl. *Littbarski* AHB § 1 Rn. 11; *Littbarski* in Praxishandbuch Sachverständigenrecht, § 40 Rn. 28.
[205] Vgl. hierzu näher *Späte* Teil B § 1 Rn. 29 ff.; *Littbarski* AHB § 1 Rn. 11; *Littbarski* in Praxishandbuch Sachverständigenrecht, § 40 Rn. 27 ff.
[206] Grundlegend *Boettinger* Versicherungsfall S. 101; vgl. ferner *R. Schmidt* VersR 1956, 266 ff.; *Jenssen* ZVersWiss 1987, 425 (426 ff.); *Schwintowski* VuR 1998, 35; *Langheid* VersR 2000, 1057 (1060); *Littbarski* AHB § 1 Rn. 12; kritisch unter Hinweis auf die Unklarheitenregelung des früheren § 5 AGBG = § 305c Abs. 2 BGB *Schimikowski* VersR 1998, 1452 (1456 f.); kritisch weiterhin unter der Geltung der Ziff. 1.1 Abs. 2 AHB 2016 *Schimikowski* in HK-VVG AHB 2016 Ziff. 1 Rn. 13 mit Fn. 21 unter Bezugnahme auf OLG Karlsruhe r+s 2004, 413 (414) und *Littbarski* AHB § 1 Rn. 11 ff.
[207] BGHZ 25, 34 ff. = VersR 1957, 499.
[208] BGHZ 79, 76 ff. = NJW 1981, 870.
[209] Vgl. *Klingmüller*, Urteilsanmerkung zu BGHZ 79, 76 ff. = NJW 1981, 870, in: VersR 1981, 421; *Schmidt-Salzer* BB 1981, 459; *R. Schmidt* Karlsruher Forum 1983, 178; *Jenssen* ZVersWiss 1987, 425; zustimmend demgegenüber *U. Diederichsen* VP 1987, 85 (89 f.); zusammenfassend *Späte* AHB § 1 Rn. 21 ff.
[210] Vgl. *Littbarski* AHB § 1 Rn. 13; vgl. auch → § 1 Rn. 34.
[211] Vgl. hierzu näher *Littbarski* AHB Vorbemerkungen Rn. 22 f. mwN.
[212] Vgl. VerBAV 1982, 65 f.
[213] Vgl. → Rn. 110.

ummissverständlich zum Folgeereignis als dem für das Schadensereignis maßgeblichen Kriterium bekannt hat. Zugleich hat er durch die damit einhergehende Ablehnung des Kausalereignisses als einem denkbaren Versicherungsfall eine der Klarstellung dienende Formulierung gewählt, die der ansonsten nicht gänzlich auszuschließenden Möglichkeit eines erneuten Streites über den für die AHB geltenden Versicherungsfall ein hoffentlich dauerhaftes Ende bereitet hat.[214]

Wenig überzeugend ist es demgegenüber, dass sich der GDV in Ziff. 1.1 Abs. 2 S. 1 AHB 2016 sowie erneut in A 1-3.1 Abs. 2 S. 1 AVB BHV des Kriteriums der Unmittelbarkeit bedient hat, indem darauf abgestellt wird, dass das Schadensereignis das Ereignis ist, als dessen Folge die Schädigung des Dritten unmittelbar entstanden ist. Denn das Zurückgreifen auf die Kriterien unmittelbar und mittelbar ist in der Rechtsordnung generell ungeeignet, auch nur einigermaßen sichere und vorhersehbare Abgrenzungen zu liefern, so beliebt ihre Heranziehung auch immer wieder in der Gesetzgebung, der Rechtsprechung und in der juristischen Praxis ist, um eine vermeintliche Eindeutigkeit vorzutäuschen oder auf eine andere Weise nicht lösbare Probleme einer angeblichen Lösung zuzuführen oder diese zumindest zu kaschieren.[215] **116**

Dennoch ist aus der bloßen **Verwendung des Wortes „unmittelbar"** in Ziff. 1.1 Abs. 2 S. 1 AHB 2016 und in A 1-3.1 Abs. 2 S. 1 AVB BHV allein nicht zu folgern, dass diese Vorschriften mehrdeutig und damit unklar im Sinne von § 305c Abs. 2 BGB oder intransparent im Sinne von § 307 Abs. 1 S. 2 BGB wären, auch wenn dieser Gedanke bei Kenntnis von Stimmen aus der Literatur zum Begriff des Schadensereignisses auf den ersten Blick nicht völlig von der Hand zu weisen ist. **117**

So ist nach Ansicht von *Voit/Knappmann*[216] und von *Schimikowski*[217] zu bezweifeln, ob aus dem Wort „Schadensereignis" für den durchschnittlichen Versicherungsnehmer erkennbar sei, dass damit der Vorgang gemeint sei, den den Schaden unmittelbar auslöst. Zudem weist *Schimikowski*[218] darauf hin, dass nach allgemeinem Sprachverständnis unter „Schadensereignis" auch der den Schaden verursachende Lebenssachverhalt verstanden werden könne. Auch ist nach seiner Auffassung[219] die Auslegung im Sinne von Schadenseintritt nicht ganz fernliegend. Ohne weitere Erläuterung sei der Terminus „Schadensereignis" mehrdeutig und damit unklar im Sinne von § 305c Abs. 2 BGB[220] oder intransparent iSd § 307 Abs. 1 S. 2 BGB.[221] **118**

Gegenüber diesen Bedenken ist einzuwenden, dass sie zwar jeweils für sich allein nachvollziehbar und sogar berechtigt erscheinen. Jedoch bleibt dabei unberücksichtigt, dass mit dem ausschließlichen Abstellen auf den Begriff des Schadensereignisses es nicht getan ist. Vielmehr weist *Schimikowski*[222] selbst den Weg für das Verständnis des Begriffes „Schadensereignis" im Sinne von Ziff. 1.1 Abs. 1 und 2 AHB 2016 und von A 1-3.1 Abs. 1 und 2 AVB BHV. Denn dieser Begriff wird gerade nicht nur in Ziff. 1.1 Abs. 1 AHB 2016 und in A 1-3.1 Abs. 1 AVB BHV verwendet, sondern vielmehr in Ziff. 1.1 Abs. 2 AHB 2016 und in A 1-3.1 Abs. 2 AVB BHV auch definiert und genauer umschrieben. Unter diesen Umständen können aber Ziff. 1.1 Abs. 2 AHB 2016 und A 1-3.1 Abs. 2 AVB BHV als zwar knappe, aber den Anforderungen an das AGB-Recht jedoch durchaus gerecht werdende Erläuterungen des Schadensereignisses verstanden werden. **119**

Was die Verwendung des Wortes „unmittelbar" in Ziff. 1.1 Abs. 2 S. 1 AHB 2016 und in A 1-3.1 Abs. 2 S. 1 AVB BHV angeht, ist zu beachten, dass dieses Wort nicht isoliert in der Vorschrift dasteht, sondern vielmehr in sie integriert ist und daher ebenfalls eine weitere Erläuterung erhält. Denn dadurch soll zumindest zum Ausdruck gebracht werden, dass die Schädigung des Dritten ohne irgendeine Unterbrechung des Kausalverlaufes entstanden ist. Unter diesen Umständen kann aber von einem Verstoß gegen das Unklarheitenregel des § 305c Abs. 2 BGB oder von einer Intransparenz gemäß § 307 Abs. 1 S. 2 BGB nicht die Rede sein.[223] Soweit aber generelle Bedenken gegenüber der Verwendung der Begriffe Unmittelbarkeit und Mittelbarkeit bestehen, wie sie zuvor angedeutet wurden, rechtfertigen sie für sich allein ebenfalls nicht das Verdikt eines Verstoßes gegen das AGB-Recht. Denn wollte man in dieser Weise argumentieren, müssten letztlich alle diese Begriffe verwendenden Gesetze, gerichtlichen Entscheidungen und in der Praxis darauf gestützten Maßnahmen **120**

---

[214] Vgl. *Littbarski* PHi 2005, 97 (102).
[215] Vgl. hierzu näher *Littbarski* AHB § 4 Rn. 306 ff. mit zahlreichen Nachweisen.
[216] Vgl. *Voit/Knappmann* in Prölss/Martin, 27. Aufl., § 149 Rn. 15; abschwächend im Hinblick auf Ziff. 1.1 AHB 2016 *Lücke* in Prölss/Martin AHB 2016 Ziff. 1 Rn. 1 f.
[217] *Schimikowski* in HK-VVG AHB 2016 Ziff. 1 Rn. 24.
[218] *Schimikowski* in HK-VVG AHB 2016 Ziff. 1 Rn. 24.
[219] *Schimikowski* in HK-VVG AHB 2016 Ziff. 1 Rn. 24.
[220] *Schimikowski* in HK-VVG AHB 2016 Ziff. 1 Rn. 24 unter Bezugnahme auf OLG Hamm VersR 1985, 463.
[221] *Schimikowski* in HK-VVG AHB 2016 Ziff. 1 Rn. 24.
[222] *Schimikowski* in HK-VVG AHB 2016 Ziff. 1 Rn. 11.
[223] Ebenso BGH NJW 2014, 2038 Rn. 32 ff. mit insoweit zustimmender Anm. *Littbarski*; OLG Karlsruhe VersR 2015, 971; ablehnend dagegen *R. Koch* VersR 2014, 1277 ff.; vgl. ferner *Lücke* in Prölss/Martin AHB 2016 Ziff. 1 Rn. 41 ff.; vgl. auch *Wandt* VersR Rn. 1057 mit Fn. 24.

einem solchen Verdikt unterfallen. Ein derartiges Ergebnis kann aber ernsthaft nicht als sachgerecht angesehen werden.

121 **f) Weitere Formen von Versicherungsfällen.** Standen bei der Diskussion um den Begriff des Versicherungsfalles über Jahrzehnte hinweg in Theorie und Praxis Verstoß und Schadensereignis eindeutig im Mittelpunkt, sind doch bei der **Entwicklung neuer Versicherungsmodelle** unter dem Einfluss ausländischer Versicherungskonzepte weitere Formen von Versicherungsfällen in der Praxis geschaffen worden. Dabei kam den Versicherern zugute, dass sowohl § 149 VVG aF als auch § 100 gerade keine Festlegung auf eine bestimmte Form des Versicherungsfalles verlangten und daher ihre Gestaltungsmöglichkeiten auch künftig nicht eingeschränkt sind.[224]

122 Die größte praktische Bedeutung haben in den letzten Jahren die Versicherungsfall-Begriffe erlangt, die in den Bereichen der Produkthaftpflichtversicherung, der Umwelthaftpflichtversicherung und der Vermögensschaden-Haftpflichtversicherung für Unternehmensleiter, der sog. D&O-Versicherung, regelmäßig Verwendung finden. Allerdings sind sie wegen des Charakters der Versicherungsbedingungen als bloßer Musterbedingungen des GDV jeweils nicht zwingend und lassen daher auch davon erheblich abweichende Regelungen zu.

123 Während in den Produkthaftpflicht-Modellen von 1973 und von 1987 der Versicherungsfall nicht geregelt war und damit die damaligen Bestimmungen des § 1 Ziff. 1 AHB aF und des § 5 Ziff. 1 AHB aF zur Anwendung kamen, ist der Versicherungsfall in den „Besonderen Bedingungen und Risikobeschreibungen für die Produkthaftpflichtversicherung von Industrie- und Handelsbetrieben (Produkthaftpflicht-Modell)" mit Stand August 2008[225] in Ziff. 8.1 S. 1 Produkthaftpflicht-Modell sowie in den für das Produkthaftpflichtrisiko geltenden Bestimmungen des Abschnitts A3 AVB BHV auch in A 3-3.1 Abs. 1 AVB BHV ausdrücklich geregelt. In dieser Vorschrift wird der Versicherungsfall in Übereinstimmung mit A 1-3.1 Abs. 1 AVB BHV umschrieben. Von der Regelung in Ziff. 8.1.5.1 Produkthaftpflicht-Modell ausgehend wird danach in Ziff. 8.1 S. 2 und in Ziff. 8.2 des Produkthaftpflicht-Modells der Bezug zu einzelnen Bestimmungen der Ziff. 4 des Produkthaftpflicht-Modells hergestellt, die Abgrenzungen und Erweiterungen des Versicherungsschutzes regeln. Damit werden zugleich Modifikationen sowie Konkretisierungen des Versicherungsfalles vorgenommen.[226] In den AVB BHV wird demgegenüber in A 3-7.6 Abs. 1–3 AVB BHV noch etwas genauer zum Versicherungsfall und dem Zeitpunkt seines Eintritts Stellung genommen.

124 Das grundsätzliche Inkrafttreten des VVG am 1.1.2008 hat auch zu einer mehrfachen Änderung der Umwelthaftpflichtbedingungen im Umwelthaftpflicht-Modell geführt, und zwar zuletzt im Umwelthaftpflicht-Modell 2009 (UmweltHM 2009).[227] Dabei wird in Ziff. 4 UmweltHM 2009 auch der für dieses Modell maßgebliche Begriff des Versicherungsfalles definiert. Danach ist gemäß Ziff. 4 S. 1 UmweltHM Versicherungsfall – abweichend von Ziff. 1.1 AHB – die nachprüfbare erste Feststellung des Personenschadens (Tod, Verletzung oder Gesundheitsschädigung von Menschen), Sachschadens (Beschädigung oder Vernichtung von Sachen) oder eines gemäß Ziff. 1.2 UmweltHM mitversicherten Vermögensschadens durch den Geschädigten, einen sonstigen Dritten oder den Versicherungsnehmer. Nach Ziff. 4 S. 2 UmweltHM muss der Versicherungsfall während der Wirksamkeit der Versicherung eingetreten sein. Hierbei kommt es gemäß Ziff. 4.1 S. 3 UmweltHM nicht darauf an, ob zu diesem Zeitpunkt bereits Ursache oder Umfang des Schadens oder die Möglichkeit zur Erhebung von Haftpflichtansprüchen erkennbar war. Damit hängt der Versicherungsfall nach diesen Bedingungen von der konkreten Schadensfeststellung bei demjenigen ab, der als Geschädigter auftritt und Haftpflichtansprüche geltend macht. Somit gilt für diese Bedingungen das sog. Feststellungsprinzip.

124a In den das Umweltrisiko regelnden Vorschriften des Abschnitts A 2 der AVB BHV wird in A 2-1.2 AVB BHV der für die Umwelthaftpflicht-Basisversicherung geltende Versicherungsfall definiert. Der für die Umweltschadens-Basisversicherung nach A 2-2 AVB BHV geltende Versicherungsfall wird demgegenüber in A 2-2.4 AVB BHV näher umschrieben.

125 Die Allgemeinen Versicherungsbedingungen für die Vermögensschaden-Haftpflichtversicherung von Aufsichtsräten, Vorständen und Geschäftsführern **(AVB-AVG)** 2011/2013 sowie die AVB-AVG 2016[228] definieren jeweils in Ziff. 2 S. 1 AVB-AVG den Versicherungsfall als die erstmalige

---

[224] Vgl. BT-Drs. 16/3945, 85 zu § 100 VVG nF; vgl. ferner → Rn. 107 f.
[225] Vgl. hierzu umfassend Littbarski Produkthaftpflichtversicherung; eingehend zum Versicherungsfall nach Ziff. 8.1 ProdHM, Littbarski in Produkthaftpflichtversicherung, ProdHM Ziff. 8 Rn. 6 ff.
[226] Vgl. hierzu eingehend Littbarski, Produkthaftpflichtversicherung, ProdHM Ziff. 8 Rn. 23 ff.
[227] Vgl. hierzu umfassend Voit, in Prölss/Martin GDV-Musterbedingungen, Stand: September 2009, S. 1714 ff.; W. Th. Schneider in Späte/Schimikowski AHB Teil K, S. 989 ff.; R. Koch, in Bruck/Möller Umwelthaftpflicht-Modell, 2009, S. 1073 ff.; vgl. ferner LG Dortmund r+s 2010, 237 (239) zum Versicherungsfall.
[228] Eingehend zu den AVB-AVG 2011/2013 H. Baumann/Gädtke/Henzler, in Bruck/Möller Band 4, S. 1209 ff. und Voit in Prölss/Martin S. 1756 ff. zu den AVB-AVG 2016.

Geltendmachung eines Haftpflichtanspruchs gegen eine versicherte Person während der Dauer des Versicherungsvertrages. Gemäß Ziff. 2 S. 2 AVB-AVG 2011/2013 sowie nach Ziff. 2 S. 2 AVB-AVG 2016 ist ein Haftpflichtanspruch im Sinne dieses Vertrages geltend gemacht, wenn gegen eine versicherte Person ein Anspruch schriftlich erhoben wird oder ein Dritter der Versicherungsnehmerin, einer Tochtergesellschaft oder der versicherten Person schriftlich mitteilt, einen Anspruch gegen eine versicherte Person zu haben. In der Definition dieses Versicherungsfalles kommt das sog. Anspruchserhebungsprinzip (claims-made-Prinzip) zum Ausdruck, das über die AVB-AVG hinaus zunehmend auch Bedeutung bei Versicherungsverträgen größerer Unternehmen, insbesondere im Pharmabereich, erlangt.[229]

7. Die Bedeutung der Begriffe „Personen-, Sach- und Vermögensschaden", ihre Abgrenzung voneinander und die sich daraus ergebenden Folgen. a) Allgemeines. 126
Obwohl die Begriffe Personen-, Sach- und Vermögensschaden als spezielle Ausformungen des allgemeinen Schadensbegriffs von grundlegender oder noch deutlicher von existenzieller Bedeutung für die Haftpflichtversicherung als einer Schadensversicherung[230] sind, hat doch der Gesetzgeber der §§ 100–124 genauso wie der der §§ 149–158k VVG aF davon abgesehen, diese Begriffe näher zu umschreiben oder gar zu definieren. Im Gegenteil hat die Bundesregierung in der Begründung zu § 100[231] mit dem wenig aussagekräftigen, auch noch andere Fragen der Leistung des Versicherers betreffenden Satz, wonach der Wortlaut des § 149 VVG (aF) an die in der Praxis aufgrund der Allgemeinen Haftpflichtbedingungen (AHB) übliche Leistungspflicht des Versicherers angepasst werden solle, diese Aufgabe an den Verfasser der AHB, den GDV, weitergegeben. Dieser ist aber seinerseits sowohl in der grundlegenden Überarbeitung der AHB von 2004 als auch in der Anpassung der AHB an die Vorschriften des VVG in den Jahren 2007, 2008, 2010, 2012, 2014 und 2016 der naheliegenden Aufgabe der näheren Umschreibung der Begriffe Personen-, Sach- und Vermögensschaden nur ansatzweise gerecht geworden und inhaltlich sogar hinter den Umschreibungen dieser Begriffe in den AHB 2004 sowie in allen seinen früheren Fassungen zurückgeblieben. Hierzu hat sich auch durch die Schaffung der AVB BHV nur wenig geändert.

So findet sich in Ziff. 1.1 Abs. 1 AHB 2016 und in A 1-3.1 Abs. 1 AVB BHV in Bezug auf 127
den Personen-, Sach- und Vermögensschaden der als lapidar zu bezeichnende Relativsatz:

„..., das einen Personen-, Sach- oder sich daraus ergebenden Vermögensschaden zur Folge hatte, ...".

In Ziff. 2 AHB 2016 heißt es im Hinblick auf Vermögensschäden und das Abhandenkommen von Sachen ergänzend wörtlich:

„2 Vermögensschäden, Abhandenkommen von Sachen

Dieser Versicherungsschutz kann durch besondere Vereinbarung erweitert werden auf die gesetzliche Haftpflicht privatrechtlichen Inhalts des Versicherungsnehmers wegen

2.1 Vermögensschäden, die weder durch Personen- noch durch Sachschäden entstanden sind;

2.2 Schäden durch Abhandenkommen von Sachen; hierauf finden dann die Bestimmungen über Sachschäden Anwendung".

In § 1 Ziff. 1 AHB 2002 bzw. in allen früheren Fassungen dieser Vorschrift wird demgegenüber 128
im Hinblick auf Personen- und Sachschaden der Relativsatz

„..., das den Tod, die Verletzung oder Gesundheitsschädigung von Menschen (Personenschaden) oder die Beschädigung oder Vernichtung von Sachen (Sachschaden) zur Folge hatte, ..."

verwendet.
Zudem trifft § 1 Ziff. 3 AHB 2002 bezüglich des Vermögensschadens folgende Aussage:

„... Der Versicherungsschutz kann durch besondere Vereinbarung ausgedehnt werden auf die gesetzliche Haftpflicht wegen Vermögensschädigung, die weder durch Personenschaden noch durch Sach-

---

[229] Vgl. *H. Baumann* in Bruck/Möller AVB-AVG 2011/2013 Ziff. 2 Rn. 1 ff.; vgl. ferner *Schimikowski* VersR 2010, 1533 ff.; *Schimikowski* in HK-VVG § 100 Rn. 14; *Retter* in Schwintowski/Brömmelmeyer/Ebers § 100 Rn. 34; eingehend zum Versicherungsfall in der D&O-Versicherung BGH WM 2016, 871 Rn. 28; BeckRS 2016, 07881 Rn. 32 ff.; OLG Düsseldorf r+s 2013, 599 sowie OLG Düsseldorf r+s 2014, 122 mit Anm. *Schimikowski*; vgl. ferner *Piontek* Haftpflichtversicherung § 2 Rn. 7 ff.; *O. Lange* r+s 2006, 177 ff.; *Franz* DB 2011, 1961 ff.; *Kubiak* VersR 2014, 932 (933 f.); *Armbrüster* NJW 2016, 2155 (2156 f.); vgl. auch → § 2 Rn. 26; sowie → § 110 Rn. 18.
[230] Vgl. hierzu → Vor § 100 Rn. 147 ff. und → Rn. 19 mit Fn. 15.
[231] BT-Drs. 16/3945, 85.

schaden entstanden ist, sowie wegen Abhandenkommens von Sachen. Auf die Versicherung wegen Abhandenkommens von Sachen finden die Bestimmungen über Sachschaden Anwendung".

128a In der mit „Vermögensschäden" überschriebenen Regelung A 1-6.12 AVB BHV heißt es in A 1-6.12.1 AVB BHV wörtlich:

Versichert ist die gesetzliche Haftpflicht des Versicherungsnehmers wegen Vermögensschäden, die weder durch Personen- noch durch Sachschäden entstanden sind.

128b Daran anschließend werden in A1-6.12.2 lit. a–m AVB BHV eine Reihe von Ansprüchen wegen Vermögensschäden genannt, die vom Versicherungsschutz ausgeschlossen sind. A1-6.13 AVB BHV regelt demgegenüber Schäden durch Verletzung von Datenschutzgesetzen sowie durch Übertragung elektronischer Daten und sieht im Einzelnen in A1-6.13.1 AVB BHV vor, dass die gesetzliche Haftpflicht des Versicherungsnehmers aus der Verletzung von Datenschutzgesetzen und aus der Übertragung elektronischer Daten unter den in diesen Regelungen genannten Voraussetzungen unter anderem wegen Vermögensschäden versichert ist.

129 Aus diesem direkten Vergleich des Wortlautes der vorstehend genannten Vorschriften bzw. ihres Inhalts ergibt sich, dass zwar die zuletzt genannten Bestimmungen im Hinblick auf Vermögensschäden noch etwas konkreter gefasst sind als die zuerst genannten der Personen- und Sachschäden dass aber dennoch allen diesen Bestimmungen gemeinsam ist, keine für die Lösung eines Einzelfalles wirklich verwertbaren Umschreibungen oder gar Definitionen zu enthalten, unter die jeweils subsumiert werden könnte. Deshalb bestand bzw. besteht bereits unter der Geltung der AHB 2002 sowie ihrer früheren Fassungen, erst recht aber seit der Schaffung der AHB 2004 sowie der der AHB 2006, 2007, 2008, 2010, 2012, 2014 und 2016 und nunmehr der AVB BHV die Aufgabe von Rechtsprechung und Literatur darin, die Begriffe Personen-, Sach- und Vermögensschaden unter Heranziehung von Fallgruppen bzw. von einzelnen Fallgestaltungen mit Leben zu erfüllen und damit verbunden zu konkretisieren. Dieser Aufgabe sind Rechtsprechung und Literatur in der Vergangenheit im größeren Umfange nachgekommen und haben dadurch allen diesen Begriffen Konturen gegeben, wie der nachfolgende Überblick[232] zeigen wird. Damit ging die Abgrenzung aller dieser Begriffe untereinander einher sowie die Klärung der Frage, welche Folgen sich hieraus für den Gegenstand und die Grenzen des Versicherungsschutzes ergeben. Allen diesen Aspekten wird nachstehend nachzugehen sein, wobei dies gegebenenfalls unter Einbeziehung und Berücksichtigung der durch die AHB 2016, die AHB 2002 und die AVB BHV jeweils geschaffenen Rechtslage zu geschehen hat.

130 **b) Der Begriff des Personenschadens. aa) Allgemeines.** Der Begriff des Personenschadens wird zwar wie oben dargestellt[233] in Ziff. 1.1 Abs. 1 AHB 2016 und in A 1-3.1 Abs. 1 AVB BHV nur noch mit den Worten „..., das einen Personen- ... oder sich daraus ergebenden Vermögensschaden zur Folge hatte, ..." umschrieben, während § 1 Ziff. 1 AHB 2002 sowie alle früheren Fassungen der AHB noch die Formulierung „..., das den Tod, die Verletzung oder Gesundheitsschädigung von Menschen (Personenschaden) ... zur Folge hatte, ..." verwendeten. In der Sache hat sich jedoch hierdurch zumindest im Grundsatz keine größere Veränderung ergeben. Denn im Hinblick auf den Begriff des Personenschadens entspricht es im Ausgangspunkt trotz mancher sprachlicher Abweichungen im Ergebnis einer allgemein vertretenen Auffassung, dass neben dem an dieser Stelle nicht zu erläuternden Begriff des Todes unter der Verletzung von Menschen jeder äußerliche Eingriff in die körperliche Unversehrtheit zu verstehen ist, während die Gesundheitsschädigung von Menschen die Störung der inneren Lebensvorgänge bedeutet.[234] Daher kann eine Gesundheitsschädigung auch in einer psychischen Beschädigung ohne organische Grundlage bestehen.[235] Unter den Begriff des Personenschadens fällt auch die Schädigung des ungeborenen oder sogar noch nicht erzeugten Kindes, wenn es deswegen später krank zur

---

[232] Hierzu sogleich → Rn. 130 ff.
[233] Vgl. hierzu → Rn. 127.
[234] Vgl. *Späte* AHB § 1 Rn. 47; *v. Rintelen* in Späte/Schimikowski AHB 2014 Ziff. 1 Rn. 133; *H. Baumann* in BK-VVG § 149 Rn. 28; *Voit/Knappmann* in Prölss/Martin, 27. Aufl., AHB § 1 Rn. 15; *Lücke* in Prölss/Martin AHB 2016 Ziff. 1 Rn. 30; *Littbarski* AHB § 1 Rn. 16; *Littbarski* Produkthaftpflichtversicherung, Ziff. 1 Rn. 34 ff.; *Schimikowski* in HK-VVG AHB 2014 Ziff. 1 Rn. 27; *Retter* in Schwintowski/Brömmelmeyer/Ebers § 100 Rn. 6; *R. Koch* in Bruck/Möller AHB 2012 Ziff. 1 Rn. 10 ff.; *W. Th. Schneider* in Beckmann/Matusche-Beckmann VersR-HdB § 24 Rn. 29; *Schulze Schwienhorst* in Looschelders/Pohlmann § 100 Rn. 34.
[235] Vgl. BGH NJW 1991, 2347 (2348); 1993, 1523; OLG Brandenburg r+s 2016, 317 ff. zu den sich aus einer Primärverletzung – Zerrung der HWS und Prellung des Rückens – entwickelnden psychischen Folgeschäden; *Retter* in Schwintowski/Brömmelmeyer/Ebers § 100 Rn. 6; *Schulze Schwienhorst* in Looschelders/Pohlmann § 100 Rn. 34.

Welt kommt.²³⁶ Ein Personenschaden ist grundsätzlich auch bei einer psychischen Schädigung der Mutter bzw. später des Kindes gegeben, wenn auch die Abgrenzung zwischen dem noch versicherten und dem bereits ungedeckten Bereich nicht immer leicht fallen dürfte.²³⁷

bb) Fallgruppen. Noch größere Abgrenzungsschwierigkeiten bereiten nicht nur aus haftungsrechtlicher, sondern auch aus deckungsrechtlicher Sicht die sog. **Unfallneurosen,** die die Folgen psychischer Beeinträchtigungen aufgrund des Miterlebens von besonders schweren Unfällen als Zuschauer sind.²³⁸ Im Regelfall sind derartige Unfallneurosen dem jeden Menschen unter Umständen treffenden und von ihm selbst zu tragenden allgemeinen Lebensrisiko zuzurechnen, so dass weder eine Haftung für die Unfallneurosen noch deren Deckung in Betracht kommt. Nur in ganz extremen Ausnahmefällen ist hiervon eine Abweichung mit der Folge gerechtfertigt, dass das Vorliegen eines von der Haftpflichtversicherung grundsätzlich zu deckenden Personenschadens zu bejahen ist.²³⁹   131

Auch bei dem Schaden, den der Arzt als Versicherungsnehmer durch seine **fehlerhafte ärztliche Beratung** und die darauf zurückzuführende Geburt eines mongoloiden Kindes verursacht hat, handelt es sich um keinen Personenschaden, sondern um einen reinen Vermögensschaden durch den dadurch notwendig gewordenen Unterhaltsmehraufwand.²⁴⁰ Insoweit ist die Gewährung entsprechenden Versicherungsschutzes nach der bisherigen Rechtslage von einer besonderen Vereinbarung zwischen dem Versicherer und dem Versicherungsnehmer abhängig, wie Ziff. 2.1 AHB 2016 bzw. § 1 Ziff. 3 AHB 2002 zeigen. Im Falle der Vereinbarung der AVB BHV ist nach A 1-6.12.1 AVB BHV die gesetzliche Haftpflicht des Arztes als Versicherungsnehmer wegen des Unterhaltsschadens aufgrund der fehlerhaften ärztlichen Beratung als Vermögensschäden anzusehen und daher versichert, sofern man nicht wohl richtigerweise – die ärztliche Beratung als vom Versicherungsschutz nach A 1-6.12.2 lit. g AVB BHV ausgeschlossene beratende Tätigkeit einordnet.   132

cc) Einordnung des allgemeinen Persönlichkeitsrechts. Ausgehend von der allgemein vertretenen Auffassung,²⁴¹ wonach § 1 Ziff. 1 AHB 2002 sich mit der dort verwendeten Formulierung des Personenschadens zwar an § 823 Abs. 1 BGB anlehnt, nicht aber mit dieser Vorschrift deckungsgleich ist, wurde bereits unter der Geltung des § 1 Ziff. 1 AHB 2002 bzw. der früheren, gleichlautenden Fassungen dieser Vorschrift zu Recht fast einhellig die Ansicht²⁴² vertreten, dass die Verletzung des als sonstiges Recht anerkannten allgemeinen Persönlichkeitsrechts nach § 823 Abs. 1 BGB iVm Art. 1 und 2 Abs. 1 GG²⁴³ nicht unter den Begriff des **Personenschadens** fällt. Gegen die Bejahung eines Personenschadens sprach bereits damals nicht nur die Beschränkung auf die Beeinträchtigung der körperlichen Integrität als Voraussetzung für einen Personenschaden nach § 1 Ziff. 1 AHB aF, sondern auch der Umstand, dass nach der Systematik der AHB alle Schadensersatzansprüche, die nicht durch einen Personen- oder Sachschaden entstanden sind, unter den Begriff des Vermögensschadens einzuordnen sind.²⁴⁴ Hinzu kam ferner aus haftungsrechtlicher Sicht die Überlegung, dass   133

---

²³⁶ Vgl. BGHZ 8, 243 (248 f.) = NJW 1953, 417; BGHZ 93, 351 (356 f.) = NJW 1985, 1390; *Späte* AHB § 1 Rn. 48; *Lücke* in Prölss/Martin AHB 2016 Ziff. 1 Rn. 30; *H. Baumann* in BK-VVG § 149 Rn. 28; *Littbarski* AHB § 1 Rn. 16; *Retter* in Schwintowski/Brömmelmeyer/Ebers § 100 Rn. 6; *W. Th. Schneider* in Beckmann/Matusche-Beckmann VersR-HdB § 24 Rn. 29; *v. Rintelen* in Späte/Schimikowski AHB 2014 Ziff. 1 Rn. 134.

²³⁷ Vgl. BGHZ 56, 163 (164 ff.) = NJW 1971, 1883; BGHZ 93, 351 (354 ff.) = NJW 1985, 1390; *Lücke* in Prölss/Martin AHB 2016 Ziff. 1 Rn. 30; *Späte* AHB § 1 Rn. 51; *Littbarski* AHB § 1 Rn. 17.

²³⁸ Vgl. BGH NJW 1986, 777 ff.; BGHZ 193, 34 Rn. 9 f. = VersR 2012, 634 (635); BGH VersR 2007, 1093 ff.; NJW 2015, 1451 f. mit Anm. *Thora* sowie *Burmann/Heß* NJW 2016, 200 f.; BGH NJW 2016, 2246 f. mit Anm. *Burmann/Heß* NJW 2016, 200 f.; OLG Nürnberg VersR 1999, 1501 (1502); OLG Frankfurt a. M. NJW-RR 2018, 599 (600); vgl. ferner OGH JBL 2001, 659 f.; *G. Wagner* in MüKoBGB § 823 Rn. 214 ff.; *Oetker* in MüKoBGB § 249 Rn. 149 ff. vgl. ferner aus deckungsrechtlicher Sicht *Späte* AHB § 1 Rn. 51; *W. Th. Schneider* in Beckmann/Matusche-Beckmann VersR-HdB § 24 Rn. 29; *Littbarski*, Produkthaftpflichtversicherung, ProdHM Ziff. 1 Rn. 36 mwN in Fn. 60.

²³⁹ Vgl. auch *W. Th. Schneider* in Beckmann/Matusche-Beckmann VersR-HdB § 24 Rn. 29.

²⁴⁰ Vgl. LG Bielefeld VersR 1987, 193 f.; *Lücke* in Prölss/Martin AHB 2016 Ziff. 1 Rn. 37; *Späte* AHB § 1 Rn. 26 und 54; *Littbarski* AHB § 1 Rn. 17; *Retter* in Schwintowski/Brömmelmeyer/Ebers § 100 Rn. 6; eingehend zum Begriff des reinen Vermögensschadens → Rn. 167 f.

²⁴¹ Vgl. *Späte* AHB § 1 Rn. 49; *H. Baumann* in BK-VVG § 149 Rn. 28; *Littbarski* AHB § 1 Rn. 16; *Retter* in Schwintowski/Brömmelmeyer/Ebers § 100 Rn. 6.

²⁴² Vgl. *Späte* AHB § 1 Rn. 49; *H. Baumann* in BK-VVG § 149 Rn. 29; *Littbarski* AHB § 1 Rn. 18; aA *R. Johannsen* in Bruck/Möller, 8. Aufl., Bd. IV, AHB § 1 Anm. G 71 mit der Bejahung eines Personenschadens im Falle des gleichzeitigen Vorliegens eines Schmerzensgeldes nach § 847 BGB aF.

²⁴³ Grundlegend hierzu BGHZ 13, 334 (337 f.) = NJW 1954, 1404; BGHZ 50, 133 (143 ff.) = NJW 1968, 1773 sowie aus verfassungsrechtlicher Sicht BVerfGE 34, 269 (281) = NJW 1973, 1221; umfassend hierzu *Rixecker* in MüKoBGB Anhang zu § 12 Rn. 1 ff.; jeweils mwN.

²⁴⁴ Vgl. *Späte* AHB § 1 Rn. 49; *H. Baumann* in BK-VVG § 149 Rn. 28; *Littbarski* AHB § 1 Rn. 18; jeweils mit weiteren Einzelheiten und Nachweisen.

die Entwicklung des allgemeinen Persönlichkeitsrechts als eines sonstigen Rechts im Sinne von § 823 Abs. 1 BGB gerade darauf zurückzuführen ist, dass das allgemeine Persönlichkeitsrecht nicht unter den Personenschaden gemäß § 823 Abs. 1 BGB zu subsumieren ist und es daher bezüglich dieses Rechts der Zuweisung zu einer vom Personenschaden zu unterscheidenden, ebenfalls einen Schadensersatzanspruch auslösenden Schadenskategorie bedarf. Unter diesen Umständen strahlt die haftungsrechtliche Betrachtung des allgemeinen Persönlichkeitsrechts auch auf seine haftpflichtversicherungsrechtliche Einordnung aus und bestätigt, dass es sich bei der Verletzung dieses Rechts nicht um einen Personen-, sondern allein um einen reinen Vermögensschaden gemäß Ziff. 2.1 AHB 2016 sowie nach A 1-6.12.1 AVB BHV bzw. nach § 1 Ziff. 3 AHB 2002 handeln kann.[245]

134 Diese Auffassung findet ausdrücklich in Ziff. 7.16 AHB 2016, in A1-6.12.2 lit. i AVB BHV und in A 1-7.9 AVB BHV ihre Bestätigung, wonach Haftpflichtansprüche wegen **Schäden aus Persönlichkeits- oder Namensrechtsverletzungen** von der Versicherung bzw. vom Versicherungsschutz **ausgeschlossen** sind, falls nach dem einleitenden Satz von A 1-7 AVB BHV im Versicherungsschein oder seinen Nachträgen nicht ausdrücklich etwas anderes bestimmt ist. Damit kommt den soeben genannten Ausschlussklauseln nur eine bloße deklaratorische Bedeutung für den grundsätzlichen Ausschluss von Haftpflichtansprüchen wegen Schäden aus Persönlichkeitsrechtsverletzungen zu.[246] Soll daher auch die Verletzung des allgemeinen Persönlichkeitsrechts zum Gegenstand des Versicherungsschutzes gemacht werden, bedarf es hierzu einer besonderen Vereinbarung zwischen dem Versicherer und dem Versicherungsnehmer.

135 **dd) Einordnung der Vermögensfolgeschäden.** Unbestritten war demgegenüber auch schon unter der Geltung des § 1 Ziff. 1 AHB 2002 sowie aller früheren Fassungen der AHB die Auffassung,[247] nach der zum Personenschaden auch die dadurch entstandenen **Vermögensfolgeschäden** gehören, da sich die gesetzliche Haftpflicht nicht nur auf den Personenschaden selbst erstreckt, sondern auch auf Folgeschäden, die sich aus dem Personenschaden des Geschädigten für dessen Vermögen ergeben.

136 Bestätigt wird diese Ansicht durch den Wortlaut der Ziff. 1.1 Abs. 1 AHB 2016 sowie vor A 1-3.1 Abs. 1 AVB BHV indem dort die Formulierung „…, das einen Personen-, Sach- oder sich daraus ergebenden Vermögensschaden zur Folge hatte …", verwendet wird. Hiermit wird klargestellt, dass sowohl für Personen- als auch für Sachschäden die sog. Vermögensfolgeschäden, die auch **unechte Vermögensschäden** genannt werden, grundsätzlich Gegenstand des Versicherungsschutzes sind.[248]

137 Zu diesen Vermögensfolgeschäden oder unechten Vermögensschäden sind etwa Heilungskosten, der Verdienstausfall, der Erwerbsausfallschaden, die Minderung der Erwerbsfähigkeit, erhöhte Bedürfnisse aufgrund des jeweils eingetretenen Schadens sowie als immaterieller Schaden das Schmerzensgeld nach § 253 Abs. 2 BGB des Verletzten zu rechnen.[249] Haftungsrechtlich lässt sich diese Auffassung mit § 842 BGB begründen, der den Schädiger zur Leistung entsprechenden Schadensersatzes verpflichtet, so dass für die Schadensersatzansprüche aus den Vermögensfolgeschäden ebenso Versicherungsschutz besteht wie für die Schadensersatzansprüche aus dem Personenschaden selbst.[250] Haftpflichtversicherungsrechtlich ist diese Ansicht als argumentum e contrario aus Ziff. 2.1 AHB 2016, aus A 1-6.12.1 AVB BHV bzw. aus § 1 Ziff. 3 AHB 2002 ableitbar. Denn wenn es in Ziff. 2.1 AHB 2016 – bzw. etwas anders formuliert in § 1 Ziff. 3 AHB 2002 – heißt, dass dieser Versicherungsschutz durch besondere Vereinbarung erweitert werden kann auf die gesetzliche Haftpflicht privatrechtlichen Inhalts des Versicherungsnehmers wegen Vermögensschäden, die weder durch Personen- noch durch Sachschäden entstanden sind, kommt hierin sowie auch durch A 1-6.12.1 AVB BHV zum Ausdruck, dass die sog. reinen Vermögensschäden nicht unter den Begriff des Personenschadens und auch nicht unter den des Sachschadens fallen.[251]

---

[245] Vgl. *Littbarski* AHB § 1 Rn. 18; vgl. hierzu näher → Rn. 167 mwN in Fn. 306.

[246] Ebenso *Retter* in Schwintowski/Brömmelmeyer/Ebers § 100 Rn. 6; im Ergebnis hiermit übereinstimmend *Schimikowski* in HK-VVG AHB 2016 Ziff. 1 Rn. 28; *R. Koch* in Bruck/Möller AHB 2012 Ziff. 1 Rn. 11; *W. Th. Schneider* in Beckmann/Matusche-Beckmann VersR-HdB § 24 Rn. 29; näher zu A1-6.12.2 lit. i AVB BHV *Tenschert* in Littbarski/Tenschert/Klein AVB BHV A.1-6.12.2 Rn. 7.

[247] Vgl. BGHZ 23, 349 (354 f.) = NJW 1957, 907; 43, 42 (43 ff.) = NJW 1965, 758; *Voit/Knappmann* in Prölss/Martin, 27. Aufl., § 1 Rn. 16; *Späte* AHB § 1 Rn. 52; *Littbarski* AHB § 1 Rn. 19.

[248] Vgl. *Littbarski* AHB § 1 Rn. 19; *R. Koch* in Bruck/Möller AHB 2012 Ziff. 1 Rn. 7 und 13; *W. Th. Schneider* in Beckmann/Matusche-Beckmann VersR-HdB § 24 Rn. 29; vgl. ferner → Rn. 127.

[249] Vgl. *Littbarski* AHB § 1 Rn. 19; *H. Baumann* in BK-VVG VVG § 149 Rn. 28; *W. Th. Schneider* in Beckmann/Matusche-Beckmann VersR-HdB § 24 Rn. 29; *Lücke* in Prölss/Martin AHB 2016 Ziff. 1 Rn. 36.

[250] Vgl. *Littbarski* AHB § 1 Rn. 19.

[251] Vgl. *Littbarski* AHB § 1 Rn. 19; vgl. auch *Lücke* in Prölss/Martin AHB 2016 Ziff. 1 Rn. 37.

c) Der Begriff des Sachschadens. aa) Allgemeines. Wie bereits erwähnt,[252] hat der GDV **138** bei der wiederholten Anpassung der AHB an das VVG 2008 und auch bei der Schaffung der AVB BHV davon abgesehen, im Anschluss an die sich in § 1 Ziff. 1 AHB 2002 findende Umschreibung des Sachschadens mit den Worten **„Beschädigung oder Vernichtung von Sachen (Sachschaden)"** eine solche oder aber eine ähnliche Umschreibung in die AHB 2016 bzw. in die AVB BHV aufzunehmen. Auch wenn dieses Vorgehen des GDV auf den ersten Blick etwas überraschen mag, da mit einer Umschreibung des Sachschadens dieser wenigstens im Ansatz gewisse Konturen erhielte, erscheint doch die Zurückhaltung des GDV in einem anderen Lichte, wenn man bedenkt, dass die sich in § 1 Ziff. 1 AHB 2002 bzw. in den früheren Fassungen der AHB findende Formulierung in der Vergangenheit wiederholt eine Diskussion in Rechtsprechung und Literatur über die Bedeutung dieser Begriffe ausgelöst hatte, ohne dass auch nur im Ansatz eine Übereinstimmung hätte erzielt werden können.[253]

Daher ist es sinnvoller, stattdessen an die in Rechtsprechung[254] und Literatur[255] gängige Definition des Sachschadenbegriffs anzuknüpfen. Danach besteht ein Sachschaden in der Vernichtung oder Wertminderung einer Sache als Folge einer Einwirkung auf diese, die ihre Brauchbarkeit zur Erfüllung des ihr eigentümlichen Zweckes beeinträchtigt. Etwas verkürzt formuliert soll ausreichend auch eine nicht unerhebliche Beeinträchtigung der bestimmungsgemäßen Verwendung der Sache sein.[256] Für die Bejahung eines Sachschadens ist nach der in Rechtsprechung[257] und Literatur[258] ganz überwiegend zu Recht vertretenen Auffassung ein Eingriff in die Sachsubstanz nicht erforderlich. Vielmehr reicht danach eine Einwirkung ohne einen entsprechenden Eingriff aus. **139**

bb) Fallgruppen. Genauso wie im Falle des Personenschadens[259] werden beim Sachschaden **140** sämtliche Folgen, die aus der Beschädigung oder Zerstörung der Sache stammen, ersetzt. Dies lässt sich ebenfalls aus der sich in Ziff. 1.1 Abs. 1 AHB 2016 und in A 1-3.1 Abs. 1 AVB BHV findenden Formulierung „..., das einen ... Sach- oder sich daraus ergebenden Vermögensschaden zur Folge hatte, ..." entnehmen. Damit wird auch bezüglich dieser sog. unechten Vermögensschäden durch den Versicherer grundsätzlich Versicherungsschutz gewährt.[260] Hierzu werden etwa der Nutzungsausfall, der Minderwert einer Sache oder die Kosten gezählt, die durch die notwendig werdende Einschaltung sachkundiger Personen eintreten.[261] Daher liegen insoweit keine reinen Vermögensschäden vor, wie Ziff. 2.1 AHB 2016 und A 1-6.12.1 AVB BHV mit der Formulierung „Vermögensschäden, die weder ... noch durch Sachschäden entstanden sind",[262] ausdrücklich bestätigen.

Einer allgemein geteilten Auffassung entspricht es, dass der **Dritte nicht Eigentümer der** **141** **Sache** zu sein braucht, wenn er wegen der Beschädigung der Sache Schadensersatzansprüche gegen den Versicherungsnehmer erhebt.[263] Dies soll selbst dann gelten, wenn der Versicherungsnehmer

---

[252] Vgl. hierzu → Rn. 127.
[253] Eingehend hierzu *Späte* AHB § 1 Rn. 55 ff.; vgl. auch *Littbarski* AHB § 1 Rn. 20.
[254] Vgl. BGH VersR 1961, 265 (266); VersR 1969, 723 (726); VersR 1976, 629 (630); VersR 1979, 853 (854); VersR 1983, 1169; NJW 1994, 517 (518); NJW 2015, 1174 Rn. 18; r+s 2017, 107 Rn. 17 und 19; r+s 2022, 713; OLG Hamm r+s 1989, 334 (335); VersR 1993, 823; OLG Saarbrücken VersR 1996, 1356 (1357); OLG Hamm VersR 2017, 811 (813); OLG Düsseldorf VersR 2019, 475 (477 f.); vgl. aber OLG Jena VersR 2014, 949 f., wonach die Rechtsprechung zum Sachschadenbegriff – gemeint ist die zur Haftpflichtversicherung – nicht uneingeschränkt auf das Recht der Sachversicherung übertragbar sei.
[255] Vgl. *Lücke* in Prölss/Martin AHB 2016 Ziff. 1 Rn. 22; *Späte* AHB § 1 Rn. 61; *H. Baumann* in BK-VVG § 149 Rn. 32; *Littbarski* AHB § 1 Rn. 20; *Retter* in Schwintowski/Brömmelmeyer/Ebers § 100 Rn. 7 ff.; *R. Koch* in Bruck/Möller AHB 2012 Ziff. 1 Rn. 18; *v. Rintelen* in Späte/Schimikowski AHB 2014 Ziff. 1 Rn. 141 und 160 ff.; eingehend zum Sachschadenbegriff in der Haftpflichtversicherung *Wandt* FS Schirmer, 2005, S. 619 ff.
[256] Vgl. BGH NJW 1994, 517 (518); r+s 2022, 713 Rn. 7; *Retter* in Schwintowski/Brömmelmeyer/Ebers § 100 Rn. 8.
[257] Vgl. BGH VersR 1979, 853 (854); OLG Hamm VersR 1978, 28 (29); 1993, 823; OLG Düsseldorf VersR 2019, 475 (477 f.).
[258] Vgl. *Späte* AHB § 1 Rn. 61; *H. Baumann* in BK-VVG § 149 Rn. 34; *Littbarski* AHB § 1 Rn. 20; *R. Koch* in Bruck/Möller AHB 2012 Ziff. 1 Rn. 18; *Lücke* in Prölss/Martin AHB 2016 Ziff. 1 Rn. 22; *v. Rintelen* in Späte/Schimikowski AHB 2014 Ziff. 1 Rn. 163.
[259] Vgl. hierzu → Rn. 130; vgl. auch auch *Späte* AHB § 1 Rn. 66 und 80; *Lücke* in Prölss/Martin AHB 2016 Ziff. 1 Rn. 30; *Littbarski* AHB § 1 Rn. 21.
[260] Vgl. BGHZ 88, 228 (230 f.) = NJW 1984, 370; *Späte* Teil B § 4 Rn. 161; *v. Rintelen* in Späte/Schimikowski AHB 2014 Ziff. 1 Rn. 186; *Littbarski* in Bayerlein SV-HdB § 40 Rn. 55; jeweils mwN.
[261] Vgl. *Späte* AHB § 4 Rn. 161; *v. Rintelen* in Späte/Schimikowski AHB 2014 Ziff. 1 Rn. 183; *Littbarski* in Bayerlein SV-HdB § 40 Rn. 55.
[262] Vgl. auch Rn. 166 ff. mit weiteren Einzelheiten zu den sog. reinen Vermögensschäden.
[263] Vgl. RGZ 160, 48 (50 f.); BGH VersR 1976, 477 (479); OLG Düsseldorf VersR 1997, 1262 (1263); *H. Baumann* in BK-VVG § 149 Rn. 36; *Späte* AHB § 1 Rn. 67; *Littbarski* AHB § 1 Rn. 22; *Retter* in Schwin-

seine eigene Sache beschädigt und er dafür von einem Dritten schadensersatzpflichtig gemacht wird.[264] Auch muss nach dieser Ansicht der Schadensersatzansprüche erhebende Dritte nicht der durch das schädigende Ereignis selbst unmittelbar Betroffene sein.[265] Zur Begründung für diesen sehr weit gefassten Kreis von Anspruchsberechtigten wurde zur Zeit der Geltung des § 149 VVG aF darauf hingewiesen,[266] dass dem Eigentum weder aus § 149 VVG aF noch aus § 1 Ziff. 1 AHB aF deckungsrechtlich eine entscheidende Bedeutung zukomme, vielmehr gemäß § 1 Ziff. 1 AHB aF die Erhebung eines Schadensersatzanspruches maßgeblich sei.

142   Auch wenn nach dieser Ansicht im Grundsatz zugestimmt werden kann, da bei der Geltendmachung von Schadensersatzansprüchen der nach Ziff. 1.1 Abs. 1 und 1.2 (1) AHB 2016 sowie gemäß A 1-3.1 Abs. 1 und 3.2a) AVB BHV bzw. der nach §§ 1 Ziff. 1 und 4 I Ziff. 6 Abs. 3 AHB 2002 ungedeckte Erfüllungsbereich des Vertrages nicht berührt wird, ist doch ganz deutlich die relativ geringe praktische Bedeutung dieser Frage hervorzuheben. Denn bei der Beschädigung eigener Sachen des Versicherungsnehmers wird es in der Regel um die vertraglichen Ansprüche des Dritten gehen, die wegen Ziff. 1.1 Abs. 1, 1.2 (1) und 7.8 AHB 2016 und A 1-3.1, 3.2(1) und 7.6 AVB BHV bzw. wegen §§ 1 Ziff. 1, 4 I Ziff. 6 Abs. 3 und 4 II Ziff. 5 AHB 2002 vom Versicherungsschutz ausgeschlossen sind.

143   **cc) Einordnung der Herstellung einer von vornherein fehlerhaften Sache.** Eine in der Rechtsprechung[267] und in der Literatur[268] seit langem weit verbreitete Ansicht geht dahin, in der Herstellung einer von vornherein fehlerhaften Sache grundsätzlich keinen Sachschaden im Sinne von § 1 Ziff. 1 AHB 2002 und auch nicht von Ziff. 1.1 Abs. 1 AHB 2016 zu sehen, da ein Sachschaden eine Einwirkung auf die Sache voraussetze, also ein einmal vorhandener Zustand beeinträchtigt worden sein müsse. Zwar beeinflusse die mangelhafte Herstellung den Gebrauchswert der Sache, der geringer als bei einer mangelfrei hergestellten Sache sei. Da aber die geminderte Tauglichkeit in der Art der Herstellung der Sache liege, also nicht die Folge einer Einwirkung auf diese sei, könne von einer Beschädigung der Sache keine Rede sein.[269]

144   Folge dieser Ansicht ist, dass das **Herstellen einer von vornherein fehlerhaften Sache** allein einen reinen Vermögensschaden nach Ziff. 2.1 AHB 2016 sowie von A 1-6.12.1 AVB BHV bzw. gemäß § 1 Ziff. 3 AHB 2002 darstellt.[270] Dementsprechend hat das OLG Hamm[271] in der Lieferung einer mangelhaften Sache als solcher keinen Sachschaden, sondern nur einen Vermögensschaden in Gestalt der Belastung mit Schadensersatzansprüchen gesehen. In gleicher Weise hat dies das OLG Saarbrücken[272] im Hinblick auf die fehlerhafte Herstellung von Betoneisenprodukten so betrachtet. Eine andere Beurteilung kommt nach dieser Auffassung nur dann in Frage, wenn Folgeschäden an weiteren Sachen auftreten, da in diesen Fällen Schadensersatzansprüche aus derartigen Folgeschäden grundsätzlich vom Versicherungsschutz erfasst würden.[273]

145   Dieser Standpunkt wird ersichtlich seit langem auch von der Versicherungswirtschaft geteilt, wie das Konzept des nach langwierigen Verhandlungen im Jahre 1973 erstmals von den Versicherern angebotenen und danach mehrfach überarbeiteten **Produkt-Haftpflicht-Modells** zeigt.[274] Denn dieses sieht ua vor, dass dem Versicherungsnehmer Deckungserweiterungen aus dem Herstellen von vornherein fehlerhaften Sachen ermöglicht werden, die reine Vermögensschäden zum Gegenstand haben.[275]

---

towski/Brömmelmeyer/Ebers § 100 Rn. 9; *Lücke* in Prölss/Martin AHB 2016 Ziff. 1 Rn. 26; *R. Koch* in Bruck/Möller AHB 2012 Ziff. 1 Rn. 21; *v. Rintelen* in Späte/Schimikowski AHB 2014 Ziff. 1 Rn. 179 ff.

264   OLG Düsseldorf VersR 1997, 1262 (1263); *Lücke* in Prölss/Martin AHB 2016 Ziff. 1 Rn. 26; *Späte* AHB § 1 Rn. 67; *Littbarski* AHB § 1 Rn. 22; *v. Rintelen* in Späte/Schimikowski AHB 2014 Ziff. 1 Rn. 180.

265   Vgl. BGHZ 43, 42 (43 f.) = NJW 1965, 758; *Lücke* in Prölss/Martin AHB 2016 Ziff. 1 Rn. 26; *Späte* AHB § 1 Rn. 67 mit weiteren Einzelheiten.

266   Vgl. *Späte* AHB § 1 Rn. 67.

267   Vgl. BGH VersR 1976, 629 (630); 1979, 853 (854); 2005, 110 (111 f.); r+s 2011, 284; OLG Köln VersR 1958, 747 (748); OLG München VersR 1980, 1138 (1139); OLG Hamm VersR 1990, 376 (377); OLG Düsseldorf r+s 1999, 98.

268   Vgl. *Späte* AHB § 1 Rn. 68; *H. Baumann* in BK-VVG § 149 Rn. 37; *Voit/Knappmann* in Prölss/Martin, 27. Aufl., AHB § 1 Rn. 12; *Lücke* in Prölss/Martin AHB 2016 Ziff. 1 Rn. 23; *Hinsch* in Schmidt-Salzer, Produkthaftpflichtversicherung, Rn. 7.547; *Retter* in Schwintowski/Brömmelmeyer/Ebers § 100 Rn. 9; *R. Koch* in Bruck/Möller AHB 2012 Ziff. 1 Rn. 22; *v. Rintelen* in Späte/Schimikowski AHB 2014 Ziff. 1 Rn. 200.

269   So *Späte* AHB § 1 Rn. 68; ebenso *v. Rintelen* in Späte/Schimikowski AHB 2014 Ziff. 1 Rn. 201.

270   Vgl. *Späte* AHB § 1 Rn. 68; *H. Baumann* in BK-VVG § 149 Rn. 37; *v. Rintelen* in Späte/Schimikowski AHB 2014 Ziff. 1 Rn. 201.

271   OLG Hamm NJW-RR 1994, 420 f.

272   OLG Saarbrücken VersR 1996, 1356 (1357 f.).

273   Vgl. *Späte* AHB § 1 Rn. 68; *R. Koch* in Bruck/Möller AHB 2012 Ziff. 1 Rn. 22; *W. Th. Schneider* in Beckmann/Matusche-Beckmann VersR-HdB § 24 Rn. 31.

274   Eingehend hierzu *Littbarski*, Produkthaftpflichtversicherung, Ziff. 4 Rn. 74 ff. mit umfassenden Nachweisen.

275   Vgl. hierzu Ziff. 4.2.1 Abs. 1 ProdHM 2015 und A.3-8.5 AVB BHV; eingehender *Littbarski*, Produkthaftpflichtversicherung, Ziff. 4 Rn. 74 ff.

Unzweifelhaft ist es richtig, in der Herstellung einer mangelhaften Sache keinen Sachschaden nach **146** Ziff. 1.1 Abs. 1 AHB 2016 sowie nach A 1-3.1 Abs. 1 AVB BHV bzw. gemäß § 1 Ziff. 1 AHB 2002 zu erblicken, da ein derartiges Ergebnis bereits nach dem allgemeinen Sprachgebrauch naheliegt.[276] Allerdings darf trotz dieser Einschätzung auch nicht unberücksichtigt bleiben, dass der BGH[277] für **Architekten-Haftpflichtversicherungen,** denen die BHB von 1955 und von 1964 zugrundelagen, wiederholt einen erweiterten Sachschadenbegriff für sachgerecht gehalten hat, indem er bei einer fehlerhaften Architektenleistung durch mangelhafte Planung bzw. durch eine nur unzureichende Bauüberwachung hinsichtlich der dadurch entstandenen fehlerhaften Bauwerke Sachschäden als gegeben angenommen hat. Zur Begründung hat der BGH[278] darauf hingewiesen, dass sonst das Haupthaftpflichtrisiko des Architekten, die Haftung für die durch die Planungsfehler oder durch eine unzureichende Bauüberwachung entstehenden Baumängel, aus dem Versicherungsschutz herausfiele.

Zwar sind die den BGH in den genannten Entscheidungen beschäftigenden Fragen in der Zwi- **147** schenzeit dadurch entschärft worden, dass seit dem Jahre 1964 in allen Bedingungswerken der Architekten-Haftpflichtversicherung ein die Sach- und die Vermögensschäden als sonstige Schäden zusammenfassender Schadensbegriff gilt.[279] Auch ist der BGH in zwei Entscheidungen für die Vermögensschaden-Haftpflichtversicherung für Sachverständige[280] und der früheren Bauwesenversicherung[281] der Überlegung entgegengetreten, wonach aus den Besonderheiten der Architekten-Haftpflichtversicherung allgemeingültige Prinzipien für andere Zweige der Haftpflichtversicherung ableitbar wären. Hierzu hat der BGH darauf verwiesen, dass die Begriffsbildung, die die Errichtung von vornherein mangelhaften Sachen aufgrund von Konstruktionsfehlern oder mangelhafter Bauaufsicht zugleich als eine Abweichung von der Sollbeschaffenheit als Sachschaden zu begreifen suchte, auf die Sonderfälle der damals geltenden Bestimmungen der Architekten-Haftpflichtversicherung beschränkt bleiben müsse.[282] Es gehe nicht an, dass ganz allgemein im Versicherungsrecht ein eigenständiger, dem juristischen Sprachgebrauch und dem Sprachgebrauch des täglichen Lebens widersprechender Begriff der Sachbeschädigung gelte, zumal es auch zu äußerst schwierigen Abgrenzungen führen müsse, wenn eine hergestellte Sache oder ein hergestelltes Werk dem Leistungsversprechen nicht voll gerecht würden.[283]

Auch wenn diese Feststellung des BGH in ihrer Eindeutigkeit nichts zu wünschen übrig lässt **148** und den Sonderfall der damals geltenden Versicherungsbedingungen der Architekten-Haftpflichtversicherung in den Vordergrund rückt, ändert dies doch nichts daran, zu erkennen, wie ambivalent der Sachschadenbegriff ist und wie schwierig seine nähere Bestimmung im Einzelfall sein kann. Insbesondere kann nicht ausgeschlossen werden, dass er in der Zukunft auch einmal in einem anderen Sinne als gegenwärtig üblich umschrieben wird, wenn sich hierfür aufgrund der Besonderheiten des Einzelfalles eine Notwendigkeit ergeben sollte. Deshalb sollte bereits aus diesem Grunde die gesamte Problematik im Auge behalten werden.

dd) Einordnung der sog. weiterfressenden Mängel. Ähnlich sieht es auch bezüglich der **149** deckungsrechtlichen Einordnung der sog. weiterfressenden Mängel aus. Bei diesen Mängeln geht es nach im Ergebnis ständiger, in der Begründung aber immer wieder wechselnder Rechtsprechung[284]

---

[276] Vgl. *Littbarski* AHB § 1 Rn. 26.
[277] Vgl. BGH VersR 1960, 1074 (1075); 1961, 265 (266); 1967, 769 (770); 1969, 723 (726); 1976, 629 (631); vgl. auch OLG Hamm VersR 1978, 28 (29); eingehend hierzu *Littbarski* Haftungs- und Versicherungsrecht Rn. 585 ff.; vgl. ferner *Späte* AHB § 1 Rn. 69 und *H. Baumann* in BK-VVG § 149 Rn. 38.
[278] Vgl. BGH VersR 1967, 769 (770); 1969, 723 (726); 1976, 477 (479); 1976, 629 (630 f.).
[279] Vgl. zuletzt Ziff. 1.5 der Besonderen Bedingungen und Risikobeschreibungen für die Berufshaftpflichtversicherung von Architekten, Bauingenieuren und Beratenden Ingenieuren – Musterbedingungen des GDV, Stand: Februar 2016, abgedruckt bei *Lücke* in Prölss/Martin BBR Arch. S. 1847 ff.; vgl. ferner BGH VersR 2005, 110 (111); *Littbarski* Haftungs- und Versicherungsrecht Rn. 554 und 586 ff.; *Littbarski* AHB § 1 Rn. 27; *Schmalzl/Krause-Allenstein* Berufshaftpflichtversicherung Rn. 22 ff. und 483 f.; *W. Th. Schneider* in Beckmann/Matusche-Beckmann VersR-HdB § 24 Rn. 31.
[280] BGH VersR 1976, 629 (631).
[281] BGHZ 75, 50 (56 f.) = NJW 1979, 2904.
[282] BGHZ 75, 50 (56 f.) = NJW 1979, 2904; BGH VersR 1976, 629 (631).
[283] BGHZ 75, 50 (56 f.) = NJW 1979, 2904; BGH VersR 1976, 629 (631).
[284] Vgl. grundlegend BGHZ 67, 359 (363 ff.) = NJW 1977, 379; BGHZ 86, 256 (257 ff.) = NJW 1983, 810; BGH NJW 1978, 2241 ff.; 1983, 812 ff.; 1985, 2420; VersR 1986, 1003; NJW 1988, 52 ff.; 1992, 1678; NJW-RR 1993, 1113; NJW 1996, 2224; 2001, 1346 ff.; 2004, 1032 (1033); vgl. aber auch BGHZ 162, 86 (94 ff.) = NJW 2006, 1423; OLG Dresden NJW-RR 2013, 270; OLG Brandenburg NJW-RR 2013, 858 (860 ff.); zusammenfassend *Kullmann* PHi 1999, 16 ff. aus der Sicht des an den ersten Entscheidungen des BGH maßgeblich beteiligten Richters; abweichend von der Rechtsprechung des BGH LG Karlsruhe JZ 1987, 828 f.; eingehend zur gesamten Problematik *Gsell*, Substanzverletzung und Herstellung, 2003; *Gsell* NJW 2004, 1913 ff.; *Foerste* in Produkthaftungshandbuch, § 21 Rn. 25 ff.; *G. Wagner* in MüKoBGB § 823 Rn. 281 ff.; *Littbarski,* Produkthaftpflichtversicherung, Ziff. 1 Rn. 48 ff.; jeweils mit weiteren Einzelheiten und Nachweisen.

bekanntlich darum, dass sich ein Schadensersatzanspruch für den Verlust einer Sache aus § 823 Abs. 1 BGB ergeben soll, sofern sich der Mangel zunächst auf einen abgegrenzten Teil der Sache beschränkt hatte und später zur Zerstörung der gesamten Sache geführt hat.

150 Auch wenn sich diese haftungsrechtliche Rechtsprechung trotz teilweise herber, im Wesentlichen berechtigter Kritik des Schrifttums[285] jedenfalls bei den Gerichten allgemein durchgesetzt und damit eine erhebliche **Haftungsverschärfung zu Lasten der Hersteller mangelhafter Einzelteile** gebracht hat,[286] ist doch die damit zusammenhängende und daher naheliegende Frage, welche haftpflichtversicherungsrechtlichen Konsequenzen sich aus dieser Rechtsprechung ergeben, soweit ersichtlich noch nicht Gegenstand einer veröffentlichten Entscheidung gewesen. Bereits aus diesem Grunde soll die Problematik an dieser Stelle nur angedeutet, nicht aber in ihrer Gesamtheit erläutert werden.[287] Zudem ist dieses Vorgehen aber auch deshalb sinnvoll, weil die hiermit zusammenhängenden Fragen ausdrücklich auch Eingang in Ziff. 7.8 AHB 2016 und nunmehr auch in A 1-7.6 AVB BHV gefunden haben, wie nach der knappen Darstellung der Problematik zu zeigen sein wird.[288]

151 Ausgangspunkt für die Überlegung, ob die haftungsrechtlichen Konsequenzen der Rechtsprechung zu den weiterfressenden Mängeln auch **Auswirkungen auf das Haftpflichtversicherungsrecht** haben könne, war der Gedanke, dass es sich bei dem auf einen weiterfressenden Mangel gestützten Schadensersatzanspruch um einen solchen aus § 823 Abs. 1 BGB handelt, der sich als ein aufgrund gesetzlicher Haftpflichtbestimmungen privatrechtlichen Inhalts bestehender Schadensersatzanspruch iSd § 1 Ziff. 1 AHB 2002 bzw. gemäß Ziff. 1.1 Abs. 1 AHB 2016 sowie nach A 1-3.1 AVB BHV darstellt und daher bei Fehlen eines sich aus den AHB bzw. aus den AVB BHV ergebenden Ausschlussgrundes grundsätzlich vom Versicherungsschutz erfasst wird.[289] Einen solchen Ausschlussgrund konnte unter der Geltung der AHB 2002 bzw. seiner früheren Fassungen die sog. Herstellungsklausel des § 4 II Ziff. 5 AHB aF bilden, da nach dieser Vorschrift Haftpflichtansprüche wegen Schäden von der Versicherung ausgeschlossen bleiben, die „an ... Sachen" entstehen.[290] Mithin stellte sich zunächst die Frage, was Sache iSd § 4 II Ziff. 5 AHB 2002 ist.

152 Handelte es sich – wie von damals in der Versicherungswirtschaft tätigen Autoren[291] angenommen wurde – bei der Sache um die **Gesamtsache,** also etwa bei den ersten beiden Entscheidungen des BGH zu den sog. weiterfressenden Mängeln um die Reinigungs- und Entfettungsanlage im Falle des defekten Schwimmerschalters[292] bzw. um den Pkw im Falle des defekten Hinterreifens,[293] hätte diese Auffassung insgesamt zur Versagung des Versicherungsschutzes führen müssen. Favorisierte man hingegen im Anschluss an die vom BGH im sog. Gabelstapler-Fall[294] für richtig erachtete enge Auslegung einer Deckungsausschlussklausel, lag es nahe, als Sache gemäß § 4 II Ziff. 5 AHB aF nur das schadhafte Einzelteil anzusehen. Unter diesen Umständen hätte bei Zugrundelegung dieser Rechtsprechung wegen der durch das „Weiterfressen" eingetretenen Schäden Versicherungsschutz bestanden, da sich danach der Deckungsausschluss nur auf Schäden „an ... der Sache" erstreckte, nicht hingegen auf Schäden zur Anwendung gekommen wäre, die „durch die hergestellte Sache" entstanden wären, also an der Gesamtsache eingetreten wären.[295]

153 Ließen sich diese beiden Ansichten jedenfalls jeweils vertretbar begründen, auch wenn dies *Thürmann*[296] in Bezug auf die enge Auslegung einer Deckungsausschlussklausel mit der Begründung verneinte, dass sie dem natürlichen Sprachgebrauch widerspreche und unter Berücksichtigung der

---

[285] Vgl. hierzu *Gsell* NJW 2004, 1913 ff.; *Foerste* in Produkthaftungshandbuch, § 21 Rn. 25 ff.; *G. Wagner* in MüKoBGB § 823 Rn. 281 ff.; jeweils mwN.
[286] Vgl. *Littbarski* FS Korbion, 1986, 269 (280); *Späte* AHB § 4 Rn. 264.
[287] Vgl. *Littbarski* AHB § 1 Rn. 29 f. und vor allem § 4 Rn. 506 ff.; *Littbarski* Produkthaftpflichtversicherung, Ziff. 1 Rn. 53 ff.; vgl. ferner *Thürmann/Kettler,* Produkthaftpflichtversicherung, S. 51 f., 222 ff. und 229 ff.
[288] Vgl. hierzu → Rn. 153 ff.
[289] Vgl. *Littbarski* AHB § 4 Rn. 511.
[290] Vgl. *Littbarski* AHB § 4 Rn. 512.
[291] Vgl. *Kuwert,* Haftpflichtversicherung, Rn. 4223; *Nickel* VersR 1989, 873 (876); *Thürmann* in Schmidt-Salzer, Produkthaftpflichtversicherung, Rn. 8.243.
[292] Vgl. BGHZ 67, 359 (363 ff.) = NJW 1977, 379.
[293] Vgl. BGH NJW 1978, 2241 ff.
[294] Vgl. BGH NJW 1984, 370 f.
[295] Vgl. *Littbarski* FS Korbion, 1986, 269 (289); *Littbarski* AHB § 4 Rn. 513; ähnlich *Späte* AHB § 4 Rn. 264; vgl. auch *H. Baumann* in BK-VVG § 149 Rn. 39; *Schmalzl/Krause-Allenstein* Berufshaftpflichtversicherung Rn. 218 ff.
[296] Vgl. *Thürmann* in Schmidt-Salzer, Produkthaftpflichtversicherung, Rn. 8.186; kritisch hierzu *Schmalzl/Krause-Allenstein* Berufshaftpflichtversicherung Rn. 220 im Hinblick auf die Bereiche der Architekten- und Bauunternehmerhaftpflicht.

Verkehrsanschauung gekünstelt erscheine, war es an der Zeit, dass sich der GDV nach vielen Jahren des Schweigens zu dieser Frage im Gefolge der durch die VVG-Reform erforderlich gewordenen grundlegenden Überarbeitung der AHB auch dieses Problems annahm. Dies ist in der Weise geschehen, dass Ziff. 7.8 AHB 2016 und A 1-7.6 AVB BHV im Verhältnis zur Herstellungsklausel des § 4 II Ziff. 5 AHB aF nicht nur erheblich ausführlicher und differenzierter ausgestaltet sind, sondern unter anderem auch für die Schadensursache in einem mangelhaften Einzelteil eine Lösung bereithalten, die Versicherungsnehmer allerdings kaum zufrieden stellen dürfte, wie der direkte Vergleich dieser Vorschriften zeigt:

So heißt es in § 4 II Ziff. 5 AHB aF: **154**

„Soweit nicht etwas anderes vereinbart wurde, gilt:

Ausgeschlossen von der Versicherung bleiben ....

...

5. Haftpflichtansprüche wegen Schäden, die an den vom Versicherungsnehmer (oder in seinem Auftrage oder für seine Rechnung von Dritten) hergestellten oder gelieferten Arbeiten oder Sachen infolge einer in der Herstellung oder Lieferung liegenden Ursache entstehen".

In Ziff. 7.8 AHB 2016 findet sich demgegenüber folgender Wortlaut: **155**

„Falls im Versicherungsschein oder seinen Nachträgen nicht ausdrücklich etwas anderes bestimmt ist, sind von der Versicherung ausgeschlossen:

...

7.8 Haftpflichtansprüche wegen Schäden an vom Versicherungsnehmer hergestellten oder gelieferten Sachen, Arbeiten oder sonstigen Leistungen infolge einer in der Herstellung, Lieferung oder Leistung liegenden Ursache und alle sich daraus ergebenden Vermögensschäden. Dies gilt auch dann, wenn die Schadensursache in einem mangelhaften Einzelteil der Sache oder in einer mangelhaften Teilleistung liegt und zur Beschädigung oder Vernichtung der Sache oder Leistung führt.

Dieser Ausschluss findet auch dann Anwendung, wenn Dritte im Auftrag oder für Rechnung des Versicherungsnehmers die Herstellung oder Lieferung der Sachen oder die Arbeiten oder sonstigen Leistungen übernommen haben".

A 1-7.6 AVB BHV stimmt mit dem Wortlaut von Ziff. 7.8 AHB 2016 weitgehend überein. **155a** Ausgehend von dem einleitenden Satz, der sich in A 1-7 AVB BHV findet und nur statt der Formulierung „von der Versicherung" „vom Versicherungsschutz" spricht, heißt es an Stelle des in Ziff. 7.8 Abs. 1 S. 1 AHB 2016 verwendeten Wortes „Haftpflichtansprüche" in A 1-7.6 Abs. 1 S. 1 AVB BHV „Ausgeschlossen sind Ansprüche wegen Schäden....." Hieran anschließend stimmen der Wortlaut von A1-7.6 Abs. 1 S. 1 und 2 und Abs. 2 AVB BHV wörtlich mit dem von Ziff. 7.8 Abs. 1 und 2 AHB 2016 überein, so dass soweit hierauf verwiesen werden kann.

Die Gegenüberstellung dieser drei Bestimmungen lässt insgesamt drei **Folgerungen im Hin-** **156** **blick auf die Möglichkeit des Versicherungsschutzes für sog. weiterfressende Mängel** zu:

So wird einmal durch die Regelungen der Ziff. 7.8 Abs. 1 S. 2 AHB 2016 und von A 1-7.6 **157** Abs. 1 S. 2 AVB BHV zwar nicht vom Wortlaut her, aber doch in der Sache zum Ausdruck gebracht, dass Versicherungsschutz für die sog. weiterfressenden Mängel grundsätzlich dann nicht gegeben ist, wenn die Schadensursache in einem mangelhaften Einzelteil der Sache liegt und zur Beschädigung oder Vernichtung der Sache führt.[297] Mithin hat der GDV durch die Einfügung dieser Regelungen in die AHB und in die AVB BHV einen weitreichenden Ausschluss des Versicherungsschutzes statuiert, was zwar im Interesse der Versicherer, nicht aber in dem der im Herstellungsprozess von Einzelteilen für Sachen tätigen Unternehmen liegt. Wollen diese Unternehmen dem ihnen im Hinblick auf mangelhafte Einzelteile drohenden grundsätzlichen Ausschluss des Versicherungsschutzes entgehen, bleibt ihnen nur die Möglichkeit, bei den Versicherern um einen erweiterten Versicherungsschutz für die Herstellung mangelhafter Einzelteile, die zur Beschädigung oder Vernichtung der Sachen führen, nachzusuchen, was nur gegen zusätzliche Prämienzahlung zu erlangen ist. Dies wird in der Regel durch die Vereinbarung von Ziff. 1.1 Abs. 1 des Produkthaftpflicht-Modells-Prod HM oder des von Abschnitt A 3 AVB BHV erfassten Produkthaftpflichtrisikos geschehen. Nach A 3-1.1 Abs. 1 AVB BHV ist im Umfang der nachfolgenden Bestimmungen die gesetzliche Haftpflicht des Versicherungsnehmers für Per-

---

[297] Vgl. *Littbarski*, Produkthaftpflichtversicherung, Ziff. 1 Rn. 53 ff.; vgl. auch *R. Koch* in Bruck/Möller AHB 2012 Rn. 23 f., *Retter* in Schwintowski/Brömmelmeyer/Ebers, § 100 Rn. 10 sowie *Schimikowski* in HK-VVG AHB 2016 Ziff. 7 Rn. 65 ff. und *Schmalzl/Krause-Allenstein* Berufshaftpflichtversicherung Rn. 222 f.; *Dallwig* in Littbarski/Tenschert/Klein AVB BHV A1-7.6 Rn. 5.

sonen-, Sach- und sich daraus ergebenden Vermögensschäden ... versichert, soweit diese durch vom Versicherungsnehmer
- hergestellte oder gelieferte Erzeugnisse,
- erbrachte Arbeiten oder sonstige Leistungen
verursacht werden.

158 Zum anderen schließen Ziff. 7.8 Abs. 1 S. 1 AHB 2016 und A 1-7.6 Abs. 1 S. 1 AVB BHV auch die sich aus der mangelhaften Herstellung ergebenden Vermögensschäden grundsätzlich vom Versicherungsschutz aus und führen damit, falls im Versicherungsschein oder seinen Nachträgen nicht ausdrücklich etwas anderes bestimmt ist, ebenfalls gegenüber der bisherigen Rechtslage nach den AHB 2002 zu einer Verschlechterung der Stellung der Versicherungsnehmer im Hinblick auf den Versicherungsschutz. Denn bezüglich der Herstellungsklausel des § 4 II Ziff. 5 AHB aF bestand seit den durch den BGH im sog. Hallenbau-Fall[298] entwickelten Grundsätzen in Rechtsprechung[299] und Literatur[300] zumindest im Ergebnis weitgehende Einigkeit darüber, dass die nicht am Leistungsgegenstand selbst entstandenen Schäden als sog. mittelbare Folgeschäden einer mangelhaften Leistung von der Deckungsausschlussklausel des § 4 II Ziff. 5 AHB aF nicht erfasst würden und daher Versicherungsschutz bestehe. Hiervon kann beim Eingreifen der Tatbestandsvoraussetzungen der Ziff. 7.8 Abs. 1 S. 1 AHB 2016 und von A 1-7.6 Abs. 1 S. 1 AVB BHV nicht mehr die Rede sein.

159 Schließlich ist durch die Einfügung der Ziff. 7.8 Abs. 2 AHB 2016 und von A 1-7.6 Abs. 2 AVB BHV im Verhältnis zum bloßen Klammerzusatz des § 4 II Ziff. 5 AHB aF eine etwas größere Klarheit bezüglich der Anwendbarkeit des Deckungsausschlusses für die Fälle erzielt worden, dass Dritte im Auftrag oder für Rechnung des Versicherungsnehmers die Herstellung oder Lieferung der Sachen oder die Arbeiten oder sonstigen Leistungen übernommen haben.

160 **d) Der Begriff des Vermögensschadens. aa) Allgemeines.** Genauso wenig wie die Begriffe des Personen- und Sachschadens ist auch der des Vermögensschadens in den AHB 2016 und in den AVB BHV im Einzelnen umschrieben worden, wie bereits die Wiedergabe des Wortlautes von Ziff. 2 AHB 2016[301] und von A 1-6.12.1 AVB BHV sowie die vorstehenden Bemerkungen zur Abgrenzung der verschiedenen Schadensarten voneinander gezeigt haben.[302]

161 Hiermit stellt sich die nachfolgend zu beantwortende Frage, in welchem Verhältnis die Vorschrift der Ziff. 2 AHB 2016 und die von A 1-6.12.1 AVB BHV zu der der Ziff. 1.1 Abs. 1 AHB 2016 und von A 1-3.1 Abs. 1 AVB BHV steht, in denen sich der Relativsatz „..., das einen Personen-, Sach- oder sich daraus ergebenden Vermögensschaden zur Folge hatte, ..." findet. Zudem ist aber auch zu prüfen, welche Bedeutung der in Ziff. 1.2 (5) AHB 2016 und in A 1-3.2e) AVB BHV anzutreffenden Aussage zukommt, wonach kein Versicherungsschutz für Ansprüche besteht, auch wenn es sich um gesetzliche Ansprüche handelt auf Ersatz von Vermögensschäden wegen Verzögerung der Leistung.

162 Im Übrigen gilt es zu beachten, dass die früheren Fassungen der AHB einschließlich der von 2002 sich folgender, in § 1 Ziff. 3 AHB aF anzutreffender Formulierung zur etwas näheren Bestimmung des Vermögensschadens bedient haben. Dort heißt es:

Der Versicherungsschutz kann durch besondere Vereinbarung ausgedehnt werden auf die gesetzliche Haftpflicht wegen Vermögensschäden, die weder durch Personenschaden noch durch Sachschaden entstanden ist, sowie wegen Abhandenkommens von Sachen. Auf die Versicherung wegen Abhandenkommens von Sachen finden die Bestimmungen für Sachschaden Anwendung.

163 In den den Gegenstand der Allgemeinen Vermögensschaden-Haftpflichtversicherung etwas genauer umschreibenden AVB Verm ist demgegenüber in § 1 I Abs. 1 AVB Verm als Voraussetzung für die Gewährung von Versicherungsschutz vorgesehen, dass der Versicherungsnehmer für einen Vermögensschaden verantwortlich gemacht wird. Was unter einem Vermögensschaden nach den AVB Verm zu verstehen ist, wird in § 1 I Abs. 2 AVB Verm umschrieben. Dort heißt es:

Vermögensschäden sind solche Schäden, die weder Personenschäden (Tötung, Verletzung des Körpers oder Schädigung der Gesundheit von Menschen) noch Sachschäden (Beschädigung, Verderben, Vernichtung oder Abhandenkommen von Sachen) sind, noch sich aus solchen – von dem Versicherungsnehmer

---

[298] BGHZ 23, 349 ff. = NJW 1957, 907.
[299] Vgl. nur BGH VersR 1961, 265 (266); NJW 1962, 2106 f.; VersR 1985, 1153; OLG Köln VersR 1985, 933 (934); OLG Frankfurt a. M. VersR 1989, 801; OLG Koblenz VersR 2000, 755 (756).
[300] Vgl. *R. Johannsen* in Bruck/Möller, 8. Aufl., Bd. IV, Anm. G 253 ff.; *Späte* AHB § 4 Rn. 257; *Voit/Knappmann* in Prölss/Martin, 27. Aufl., AHB § 4 Rn. 98; *Littbarski* Haftungs- und Versicherungsrecht Rn. 497 ff.; *Littbarski* AHB § 4 Rn. 495; jeweils mit weiteren Einzelheiten und Nachweisen.
[301] Vgl. hierzu → Rn. 127.
[302] Vgl. hierzu näher → Rn. 126 ff.

oder einer Person, für die er einzutreten hat, verursachten – Schäden herleiten. Als Sachen gelten insbesondere auch Geld und geldwerte Zeichen.

164 Aus diesem Überblick über die uneinheitliche Einordnung des Vermögensschadens in den verschiedenen Bestimmungen, die diese Schadensart ausdrücklich mit einbeziehen, stellt sich zunächst die Frage, welche Bedeutung dem Vermögensschaden allgemein zukommt und wie er unter Berücksichtigung von Personen- und Sachschaden in das Gesamtgefüge der Haftpflichtversicherung einzuordnen ist.

165 **bb) Einzelheiten zur Bestimmung des Begriffes des Vermögensschadens.** Anzuknüpfen ist bei der näheren Bestimmung dieses Vermögensschadensbegriffes daran, dass dieser versicherungsrechtliche Begriff sich unabhängig von seiner Verortung in den verschiedenen Fassungen der AHB, in den AVB BHV sowie in den AVB Vermögen erheblich von dem allgemeinen Vermögensschadensbegriff des BGB unterscheidet. Denn dieser allgemeine Vermögensschadensbegriff des BGB ist trotz einer Vielzahl umstrittener Einzelfragen[303] dadurch gekennzeichnet, dass ein Vermögensschaden im Sinne der §§ 249 ff. BGB grundsätzlich mit Hilfe der sog. Differenzhypothese festzustellen ist, indem der Saldo entscheidet, der sich aus einem Vergleich des vorhandenen Vermögens des Geschädigten mit demjenigen ergibt, das er beim Hinwegdenken des schädigenden Ereignisses hätte.[304] Konsequenz hiervon ist, dass ein ausgleichsfähiger Vermögensschaden nur dann vorliegt, wenn sich die Vermögenslage des Geschädigten durch das schädigende Ereignis verschlechtert hat, nicht aber, wenn sie gleichgeblieben ist oder sich gar verbessert hat.[305]

166 Demgegenüber setzt die **Problematik des haftpflichtversicherungsrechtlichen Vermögensschadens** an einem ganz anderen Punkte an. Denn wie der Wortlaut der Ziff. 2.1 AHB 2016, von A 1-6.12.1 AVB BHV, des § 1 Ziff. 3 AHB 2002 sowie der des § 1 I Abs. 2 S. 1 AVB Verm jeweils zeigt, sind demnach Vermögensschäden solche Schäden, die weder Personen- noch Sachschäden sind, noch aus solchen herleiten lassen.[306]

167 Aus dieser Abgrenzung lässt sich schließen, dass es sich bei den Vermögensschäden im Sinne der genannten Vorschriften um sog. **reine Vermögensschäden** handeln muss.[307] Zu diesen werden Nachteile gerechnet, die durch Verzögerungen oder durch den Verlust von Gewährleistungsansprüchen eintreten.[308] Dazu gehören ferner Verteuerungen und finanzielle Nachteile, die durch Fehler bei Rechnungsprüfungen[309] sowie durch die Überschreitung von Kostenanschlägen bzw. durch die Außerachtlassung steuerlicher Vorteile eintreten.[310] Auch die Nachteile, die durch die Verwechslung von Saatgut in Gestalt von Ernteausfällen eintreten, sollen zu den reinen Vermögensschäden gehören.[311] Schließlich können reine Vermögensschäden als Folge unrichtiger Auskünfte oder durch Softwarefehler eintreten.[312]

---

[303] Grundlegend hierzu BGHZ (GS) 98, 212 ff. = NJW 1987, 50; sowie der Vorlagebeschluss zu dieser Entscheidung BGH VersR 1986, 189 f.; vgl. ferner BGHZ 163, 223 (226 ff.) = NJW 2005, 3071; BGHZ 196, 101 Rn. 9 ff. = NJW 2013, 2077 ff.; BGH NJW 2014, 1374 Rn. 11 ff. mit Anm. *Hille*; BGHZ 217, 218 Rn. 6; BGH r+s 2023, 89 Rn. 10; OLG Stuttgart NJW-RR 2014, 590 ff.; AG Wiesbaden NJW 2014, 1543 f.; *Oetker* in MüKoBGB § 249 Rn. 16 ff. und Rn. 24 ff.; *Littbarski* Rechtstheorie 1984, 171 ff.; jeweils mit weiteren Einzelheiten und Nachweisen.

[304] Vgl. statt Aller BGHZ 27, 181 (183 f.) = NJW 1958, 1085; BGHZ 40, 345 (347) = NJW 1964, 542; BGHZ 86, 128 (130) = NJW 1983, 444; BGHZ (GS) 98, 212 (217) = NJW 1987, 50; BGH NJW 2021, 53 Rn. 25; ZIP 2022, 1647 Rn. 13; r+s 2023, 71 Rn. 13.

[305] Vgl. *Littbarski* AHB Vorb. Rn. 39; *Littbarski* in Praxishandbuch Sachverständigenrecht, § 40 Rn. 52.

[306] Vgl. *Littbarski* AHB Vorb. Rn. 40; *Littbarski* in Praxishandbuch Sachverständigenrecht, § 40 Rn. 53.

[307] Vgl. hierzu *Späte* AHB § 1 Rn. 81 ff.; *Schmalzl/Krause-Allenstein* Berufshaftpflichtversicherung Rn. 27 f. und 50; *Littbarski* AHB Vorb. Rn. 40 f. und § 1 Rn. 19 und 92; *Littbarski* Praxishandbuch Sachverständigenrecht, Rn. 54; *R. Koch* in Bruck/Möller AHB 2012 Ziff. 2 Rn. 3; *Diller* in Späte/Schimikowski Vor AVB-V Rn. 1 und AVB-V § 1 Nr. 1.1 Rn. 20 ff.; vgl. ferner → Rn. 133 f.; jeweils mit weiteren Einzelheiten und Nachweisen; vgl. auch OGH VersR 2010, 694 (695 f.) zum Begriff „reine Vermögensschäden" im österreichischen Recht. Danach werden vom Risikoausschluss „reine Vermögensschäden" immaterielle Schäden nicht umfasst, weil diese keine Nachteile in einem Vermögen ausgleichen; vgl. auch → Rn. 133.

[308] Vgl. *R. Johannsen* in Bruck/Möller, Bd. IV, 8. Aufl., Anm. F 85; *Lücke* in Prölss/Martin AHB 2016 Ziff. 1 Rn. 37; *Littbarski* AHB Vorbemerkungen Rn. 40.

[309] Vgl. LG Tübingen VersR 1983, 822 f.; *Littbarski* AHB Vorb. Rn. 40.

[310] Vgl. *Littbarski* AHB Vorb. Rn. 40.

[311] Vgl. BGH VersR 1968, 437; *Späte* AHB § 1 Rn. 89.

[312] Vgl. *Stürmer* CR 1998, 451 ff.; *Littbarski* AHB Vorb. Rn. 40; allgemein zur Software-Haftpflichtversicherung *Schulze Schwienhorst* CR 1995, 193 ff.; eingehend zur Haftpflichtversicherung für IT-Risiken *Spindler* in Beckmann/Matusche-Beckmann VersR-HdB § 40 Rn. 45 ff.; *Schimikowski* in HK-VVG AHB 2016 Ziff. 7 Rn. 101 ff.; *Lücke* in Prölss/Martin AHB 2016 Ziff. 7 Rn. 141 ff.; *Tenschert* in Littbarski/Tenschert/Klein AVB BHV A1-6.13 Rn. 1 ff.

168 Von diesen reinen Vermögensschäden sind die sog. unechten Vermögensschäden abzugrenzen, die als Folge eines Personen- oder Sachschadens entstehen. Hierauf wurde bereits bei diesen beiden Schadensarten näher eingegangen, sodass insoweit darauf verwiesen wird.[313]

169 Lassen sich diese allgemeinen Grundsätze zum haftpflichtversicherungsrechtlichen Begriff des Vermögensschadens auch für den Versicherungsnehmer noch nachvollziehen, gestaltet sich die Beantwortung der Frage, unter welchen Voraussetzungen er tatsächlich auf erweiterten Versicherungsschutz auch für reine Vermögensschäden angewiesen ist und er deshalb einer entsprechenden Vereinbarung mit dem Versicherer bedarf, erheblich komplizierter. Die sachgerechte Antwort hierauf kann nur unter besonderer Berücksichtigung der Eigenheiten des Einzelfalles geschehen. Dabei kommen dem Versicherer gemäß den §§ 6 und 7 VVG nicht nur gegenüber dem potentiellen Versicherungsnehmer, sondern auch gegenüber dem Versicherungsnehmer als seinem Vertragspartner ins Einzelne gehende Beratungs- und Informationspflichten zu. Verletzt der Versicherer schuldhaft diese Pflichten, ist er sowohl dem potentiellen Versicherungsnehmer als auch dem Versicherungsnehmer als seinem Vertragspartner nach § 6 Abs. 5 S. 1 VVG zum Ersatz des hierdurch entstehenden Schadens verpflichtet.

170 Die strikte **Einhaltung dieser Beratungs- und Informationspflichten durch den Versicherer** gegenüber dem potentiellen Versicherungsnehmer und dem Versicherungsnehmer als Vertragspartner des Versicherers hat aus deren Sicht deshalb eine so elementare Bedeutung, da sie im Regelfall daran interessiert sind und auch interessiert sein müssen, nur solchen zusätzlichen Versicherungsschutz für reine Vermögensschäden einzukaufen, der für sie notwendig ist. Umgekehrt haben sie aber auch kein Interesse an einem Versicherungsschutz, der sich für sie als überflüssig erweist, kostenmäßig aber dennoch negativ zu Buche schlägt, weil Deckung für die unechten Vermögensschäden oder Vermögensfolgeschäden bereits über die Personen- und Sachschäden besteht.[314]

171 Jedoch muss vor einem unbedachten und voreiligen Verzicht auf die Einbeziehung von reinen Vermögensschäden in den Versicherungsschutz dringend gewarnt werden. Zum einen kann nicht ausgeschlossen werden, dass im Einzelfall ein Vermögensschaden eintritt, für den beim Fehlen einer entsprechenden Vereinbarung zwischen dem Versicherer und dem Versicherungsnehmer bereits aus diesem Grunde kein Versicherungsschutz besteht. Zum anderen aber – und dies dürfte entscheidend für die grundsätzliche Einbeziehung von reinen Vermögensschäden in den Versicherungsschutz vor allem im Bereich der Betriebshaftpflichtversicherung sprechen – erweist sich die Feststellung, ob ein gedeckter Personen- oder aber ein ungedeckter Vermögensschaden gegeben ist bzw. ob ein vom Versicherungsschutz erfasster Sachschaden und nicht nur ein von der Deckung ausgeschlossener Vermögensschaden vorliegt, häufig als ausgesprochen problematisch.[315]

172 Welche **Abgrenzungsschwierigkeiten** hierbei im Einzelfall auftreten können, wurde bei der Bestimmung der vom Versicherungsschutz erfassten Schadensarten[316] sowie bei der näheren Umschreibung der Personen- und Sachschäden bereits gezeigt, so dass insoweit hierauf verwiesen wird.[317] Darüber hinausgehend kommt der Frage des Vorliegens oder Nichtvorliegens von Vermögensschäden im Sinne von Ziff. 1.2 AHB 2016 und von A 1-3.2 AVB BHV bzw. von § 1 Ziff. 3 AHB 2002 im gesamten Bereich der Betriebs- und Produkthaftpflichtversicherung bei einigen Deckungsausschlussklauseln der Ziff. 7 AHB 2016 und von A 1-7 AVB BHV sowie vor allem bei Ziff. 4 des Produkthaftpflicht-Modells eine entsprechende Bedeutung zu. Insoweit kann hierauf aber nicht näher eingegangen werden, so dass auf weiterführende Darstellungen hingewiesen werden muss.[318]

173 **e) Der Begriff des Abhandenkommens von Sachen. aa) Allgemeines.** Wie bereits erwähnt,[319] hat die deckungsrechtliche Einordnung des Abhandenkommens von Sachen seit jeher Eingang in die AHB gefunden, und zwar in § 1 Ziff. 3 S. 1 und 2 AHB aF sowie in Ziff. 2.2 AHB 2016. So kann nach § 1 Ziff. 3 S. 1 AHB aF der Versicherungsschutz durch besondere Vereinbarung ausgedehnt werden auf die gesetzliche Haftpflicht ... wegen Abhandenkommens von Sachen. Zudem bestimmt § 1 Ziff. 3 S. 2 AHB aF, dass auf die Versicherung wegen Abhandenkommens von Sachen die Bestimmungen über Sachschaden Anwendung finden. In Ziff. 2.2 Hs. 1 AHB 2016 heißt es vom Wortlaut etwas abweichend, in der Sache aber inhaltlich damit übereinstimmend, dass dieser Versicherungsschutz durch besondere Vereinbarung erweitert werden kann auf die gesetzliche Haft-

---

[313] Vgl. hierzu → Rn. 135 ff.
[314] Vgl. *Littbarski* AHB § 1 Rn. 90.
[315] *Littbarski* AHB § 1 Rn. 90.
[316] Vgl. hierzu → Rn. 126 ff.
[317] Vgl. hierzu → Rn. 130 ff.
[318] Vgl. *Littbarski*, Produkthaftpflichtversicherung, Ziff. 4 Rn. 35 ff.; *W. Th. Schneider* in Beckmann/Matusche-Beckmann VersR-HdB § 25 Rn. 20 ff.; jeweils mit umfassenden Erläuterungen und Nachweisen.
[319] Vgl. hierzu → Rn. 162.

pflicht privatrechtlichen Inhalts des Versicherungsnehmers wegen Schäden durch Abhandenkommen von Sachen; hierauf finden – wie Ziff. 2.2 Hs. 2 AHB 2016 hervorhebt – dann die Bestimmungen über Sachschäden Anwendung.

Auch nach A 1-6.4 AVB BHV besteht für das Abhandenkommen von Sachen Versicherungsschutz, und zwar unter eingeschränkten Voraussetzungen für Schlüssel gemäß A1-6.4.1 Abs. 1–3 AVB BHV sowie für Sachen der Betriebsangehörigen und Besucher gemäß A1-6.4.2 Abs. 1 und 2 AVB BHV. Zugleich sind in der für Vermögensschäden geltenden Regelung A1-6.12 AVB BHV gemäß A1-6.12.1 Abs. 2 m) AVB BHV Ansprüche wegen Vermögensschäden aus dem Abhandenkommen von Sachen, auch zB von Geld, Wertpapieren und Wertsachen ausgeschlossen. **174**

Da dieser Regelungskomplex erheblich von den für das Abhandenkommen von Sachen nach den verschiedenen Fassungen der AHB abweicht, kann hierauf nachfolgend nicht näher eingegangen werden. Daher beschränkt sich die nachfolgende Darstellung auf das Abhandenkommen von Sachen nach den AHB, während bezüglich des Abhandenkommens von Sachen nach den AVB BHV auf die Erläuterungen des Verfassers im Kommentar zu den AVB BHV verwiesen wird.[320] **174a**

Hieran anknüpfend ist zu fragen, was mit dem Begriff des Abhandenkommens von Sachen nach § 1 Ziff. 3 S. 1 und 2 AHB 2002 bzw. gemäß Ziff. 2.2 Hs. 1 und 2 AHB 2016 gemeint ist, warum es für die Ausdehnung des Versicherungsschutzes auf das Abhandenkommen von Sachen einer besonderen Vereinbarung bedarf und welche haftpflichtversicherungsrechtlichen Konsequenzen sich aus einer solchen besonderen Vereinbarung ergeben. **175**

bb) Einzelheiten zur Bestimmung des Begriffes des Abhandenkommens von Sachen. **176**
Bei der Bestimmung des Begriffes „Abhandenkommen von Sachen" besteht in Rechtsprechung[321] und Literatur[322] grundsätzliche Übereinstimmung darüber, dass sich das Abhandenkommen von Sachen nach § 935 Abs. 1 BGB richtet. Nach dieser Vorschrift, die den Erwerb des Eigentums ua beim Abhandenkommen der zur Übereignung vorgesehenen Sache ausschließt, ist die Sache abhandengekommen, wenn der Eigentümer bzw. dessen Besitzmittler den Besitz ohne, aber nicht notwendig gegen ihren Willen verloren haben.[323] Abhandengekommen bedeutet also den unfreiwilligen Verlust des unmittelbaren Besitzes.[324]

Die aus diesem unfreiwilligen Verlust des unmittelbaren Besitzes an der Sache sich ergebenden Folgen sind bereits aus haftungsrechtlicher Sicht nur schwer vorhersehbar und damit einhergehend kaum einschätzbar.[325] Daher hat dieser Umstand aus haftpflichtversicherungsrechtlicher Sicht zu der Erkenntnis geführt, dass die Folgen des Abhandenkommens von Sachen nicht ohne weiteres Gegenstand der Haftpflichtversicherung sein können, ihre Einbeziehung in den Deckungsbereich vielmehr von einer besonderen Vereinbarung zwischen dem Versicherer und dem Versicherungsnehmer abhängig gemacht werden muss.[326] **177**

cc) Schadensrechtliche Einordnung des Abhandenkommens von Sachen und die sich daraus ergebenden Folgen. Aus dem vorstehend Gesagten ergibt sich die Frage, wie das Abhandenkommen von Sachen schadensrechtlich einzuordnen ist und welche Folgen sich hieraus für den Versicherungsschutz ergeben. **178**

Unzutreffend wäre es, aus der Verortung des Abhandenkommens von Sachen in den vor allem die reinen Vermögensschäden betreffenden Vorschriften der Ziff. 2 AHB 2016 und von A 1-6.4 AVB BHV bzw. des § 1 Ziff. 3 AHB 2002 folgern zu wollen, dass das Abhandenkommen von Sachen als Unterfall des reinen Vermögensschadens zu werten sei.[327] Dagegen spricht, dass weder **179**

---

[320] Vgl. hierzu näher *Littbarski* in Littbarski/Tenschert/Klein AVB BHV A1-6 AVB BHV Rn. 49 ff.
[321] Vgl. LG Heidelberg r+s 1975, 70; LG Berlin NJW-RR 2003, 460; vgl. aber auch OLG Jena VersR 2014, 949 (951), das offen lässt, ob § 935 BGB zur Definition des Abhandenkommens im Sinne des Sachversicherungsrechts überhaupt heranziehbar sei.
[322] Vgl. *Geyer* VersR 1965, 646 (647); *Späte* AHB § 1 Rn. 119; *Littbarski* AHB § 1 Rn. 95; *Littbarski* Produkthaftpflichtversicherung, Ziff. 1 Rn. 82 mwN in Fn. 124 und Rn. 94; *Schimikowski* in Späte/Schimikowski AHB 2014 Ziff. 2 Rn. 39; *R. Koch* in Bruck/Möller AHB 2012 Ziff. 2 Rn. 20; vgl. aber auch *R. Johannsen* in Bruck/Möller, 8. Aufl., Bd. IV, Anm. G 79, der in Grenzfällen eine erweiterte Auslegung für angezeigt hält.
[323] Vgl. RGZ 101, 224 (225); BGH NJW 2014, 1524; OLG München NJW-RR 1993, 1466 (1467); LG Berlin NJW-RR 2003, 40; *Herrler* in Grüneberg BGB § 935 Rn. 3; *Oechsler* in MüKoBGB § 935 Rn. 2.
[324] Vgl. LG Berlin NJW-RR 2003, 460; *Oechsler* in MüKoBGB § 935 Rn. 10; *Schimikowski* in HK-VVG AHB 2016 Ziff. 2 Rn. 10; ablehnend OLG Jena VersR 2014, 949 (951) gegenüber dem Abhandenkommen iSd § 935 BGB, wenn dem Eigentümer eines Wohngebäudes nur die Nutzung des Objekts nach § 903 BGB nicht möglich ist, er aber in seiner Sachherrschaft über sein Wohngebäude nicht beeinträchtigt ist.
[325] Vgl. *Littbarski* AHB § 1 Rn. 96.
[326] Vgl. *Littbarski* AHB § 1 Rn. 96; vgl. auch *Späte* AHB § 1 Rn. 121; *v. Rintelen* in Späte/Schimikowski AHB 2014 Ziff. 2 Rn. 39.
[327] Vgl. *Wussow* AHB § 1 Anm. 60; *Kuwert/Erdbrügger*, Privathaftpflichtversicherung, Rn. 1059; *Späte* AHB § 1 Rn. 119; *v. Rintelen* in Späte/Schimikowski AHB 2014 Ziff. 1 Rn. 34.

Ziff. 2.2 AHB 2016 noch § 1 Ziff. 3 AHB 2002 das Abhandenkommen von Sachen den reinen Vermögensschäden unterordnen, sondern vielmehr durch die eigenständige Regelung der Ziff. 2.2 AHB 2016 gegenüber Ziff. 2.1 AHB 2016 bzw. durch die Verwendung des Wortes „sowie" in § 1 Ziff. 3 AHB 2002 nach den Worten „wegen Vermögensschädigung, die weder durch Personenschaden noch durch Sachschaden entstanden ist", die selbständige rechtliche Bedeutung des Begriffes „Abhandenkommen von Sachen" gegenüber den reinen Vermögensschäden zum Ausdruck bringen.[328] Folge hiervon ist, dass die Vereinbarung der Ausdehnung des Versicherungsschutzes auf die reinen Vermögensschäden nicht zugleich auch das Abhandenkommen von Sachen umfasst, sondern es hierzu vielmehr sowohl bei der Anwendbarkeit der Ziff. 2.2 AHB 2016 als auch der des § 1 Ziff. 3 AHB 2002 jeweils einer besonderen Vereinbarung zwischen dem Versicherer und dem Versicherungsnehmer bedarf.[329]

180 Aber auch eine **Qualifizierung** des Abhandenkommens von Sachen **als Sachschaden** im Sinne von Ziff. 1.1 AHB 2016 bzw. von § 1 Ziff. 1 AHB 2002 **kommt nicht in Betracht**. Diese Auffassung wurde bereits unter der ausschließlichen Geltung des § 1 Ziff. 3 AHB aF ganz überwiegend in Rechtsprechung[330] und Literatur[331] zu Recht vertreten und ist auch bei Anwendbarkeit der Ziff. 2.2 AHB 2016 allein vertretbar. Begründen lässt sich diese Auffassung damit, dass ansonsten die Vorschriften der Ziff. 2.2 Hs. 2 AHB 2016 bzw. des § 1 Ziff. 3 S. 2 AHB 2002 obsolet würden, wonach auf das Abhandenkommen von Sachen die Bestimmungen über Sachschäden Anwendung finden. Denn wenn die Bestimmungen über Sachschäden zur Anwendung kommen, heißt dies, dass das Abhandenkommen von Sachen selbst keinen Sachschaden begründet.[332]

181 Stellt mithin das Abhandenkommen von Sachen weder einen reinen Vermögensschaden noch einen Sachschaden nach den Vorschriften der AHB 2016 bzw. der AHB 2002 dar und kennen die AHB darüber hinausgehend – von dem in diesem Zusammenhang irrelevanten Personenschäden abgesehen – keine weitere Schadensart, muss hieraus gefolgert werden, dass es sich beim Abhandenkommen von Sachen jedenfalls aus haftpflichtversicherungsrechtlicher Sicht um eine Schadenskategorie eigener Art handelt.[333]

182 Daraus kann allerdings nicht gefolgert werden, dass damit verbunden das Abhandenkommen von Sachen ein von den anderen Schadensarten der AHB unabhängiges Eigenleben führte, insbesondere die für diese geltenden Bestimmungen unter Umständen keine Bedeutung für das Abhandenkommen von Sachen hätten. Im Gegenteil zeigen gerade Ziff. 2.2 Hs. 2 AHB 2016 und § 1 Ziff. 3 S. 2 AHB 2002, dass auf Schäden durch Abhandenkommen von Sachen bzw. auf die Versicherung wegen Abhandenkommens von Sachen die Bestimmungen über Sachschäden Anwendung finden. Dies heißt dann aber, dass bei der besonderen Vereinbarung über die Ausdehnung des Versicherungsschutzes auf die gesetzliche Haftpflicht wegen Abhandenkommens von Sachen grundsätzlich alle die Regelungen gelten, die im Versicherungsvertrag im Hinblick auf die Sachschäden vereinbart wurden. Eine davon abweichende Regelung kommt nur dann in Betracht, wenn bezüglich des Abhandenkommens von Sachen besondere, gegenüber dem für Sachschäden geltenden Versicherungsschutz abweichende Regelungen getroffen wurden.[334] Mithin gelten für das Abhandenkommen von Sachen grundsätzlich die Vereinbarungen über die Deckungssummen für Sachschäden sowie die für Selbstbehalte bei Sachschäden.[335] Das Gleiche gilt auch für Deckungsausschlussklauseln wie Ziff. 7 AHB 2016 und § 4 AHB 2002, soweit in ihnen Ausschlüsse geregelt sind, die auf Sachschäden zur Anwendung kommen.[336]

183 **dd) Fallgruppen.** Nicht eindeutig geklärt ist die Frage, ob deckungsrechtlich ein Sachschaden oder ein Abhandenkommen von Sachen gegeben ist, wenn die Sache objektiv zwar noch vorhanden, jedoch wirtschaftlich entwertet ist, weil sie in einem wirtschaftlich vertretbaren Rahmen nicht wiedererlangt werden kann.[337] Als Beispiele kommen hierfür etwa das Hineinfallen einer Uhr in

---

[328] Vgl. auch *Kuwert/Erdbrügger*, Privathaftpflichtversicherung, Rn. 1059; *Späte* AHB § 1 Rn. 119 und *Littbarski* AHB § 1 Rn. 99; jeweils im Hinblick auf das Abhandenkommen von Sachen nach § 1 Ziff. 3 AHB aF.
[329] Vgl. auch *Littbarski* AHB § 1 Rn. 99 im Hinblick auf § 1 Ziff. 3 S. 2 AHB aF.
[330] Vgl. BGH VersR 1959, 499; 1962, 557 (558); OLG Celle VersR 1961, 242; aA OLG Karlsruhe r+s 1976, 6 (7).
[331] Vgl. *Späte* AHB § 1 Rn. 119; *Voit/Knappmann* in Prölss/Martin, 27. Aufl. 2004, AHB § 1 Rn. 25; *Littbarski* AHB § 1 Rn. 100.
[332] Vgl. auch *Littbarski* AHB § 1 Rn. 100.
[333] Vgl. auch *Littbarski* AHB § 1 Rn. 101.
[334] Vgl. auch *Littbarski* AHB § 1 Rn. 102.
[335] Vgl. *Späte* AHB § 1 Rn. 122; *Littbarski* AHB § 1 Rn. 102.
[336] Vgl. *Späte* AHB § 1 Rn. 122; *Voit/Knappmann* in Prölss/Martin, 27. Aufl. 2004, AHB § 1 Rn. 25; *Littbarski* AHB § 1 Rn. 103; jeweils mit weiteren Einzelheiten und Nachweisen.
[337] Vgl. *Späte* AHB § 1 Rn. 126; *Littbarski* AHB § 1 Rn. 104; *v. Rintelen* in Späte/Schimikowski AHB 2014 Ziff. 2 Rn. 48.

das Hafenbecken von Martinique[338] bzw. eines Schmuckstücks in den Tiefschnee[339] oder das Wegspülen der Zahnprothese mit der Toilettenspülung[340] in Betracht.

Während die ganz überwiegende Auffassung in Rechtsprechung[341] und Literatur[342] unter der Geltung des § 1 Ziff. 3 AHB aF dahin ging, den Begriff des Abhandenkommens nicht streng juristisch, sondern **wirtschaftlich zu verstehen** und daher das Abhandenkommen einer Sache aus wirtschaftlicher Sicht der Substanzvernichtung, mithin einem Sachschaden, gleichsetzte, sprachen sich *Kuwert/Erdbrügger*[343] wegen des Sondertatbestandes „Abhandenkommen von Sachen" für ein Abhandenkommen der Sache aus, wenn diese wiedererlangt werden könne. Konsequenz dieser Ansicht ist, dass Versicherungsschutz nur dann besteht, wenn das Abhandenkommen der Sache aufgrund einer besonderen Vereinbarung zwischen dem Versicherer und dem Versicherungsnehmer nach § 1 Ziff. 3 AHB aF ebenfalls versichert war. Hält man hingegen mit der ganz überwiegenden Auffassung[344] eine wirtschaftliche Betrachtungsweise für sachgerecht und befürwortet deshalb eine Gleichsetzung des Abhandenkommens der Sache mit einer Substanzvernichtung, ist ein von § 1 Ziff. 1 AHB aF erfasster Sachschaden gegeben, der grundsätzlich dem Versicherungsschutz unterliegt.

Dieser das grundsätzliche Bestehen von Versicherungsschutz bejahenden Ansicht ist auch unter der Geltung der Ziff. 2.2 AHB 2016 **zuzustimmen,** so dass ein Sachschaden nach Ziff. 1.1 AHB 2016 gegeben ist und es deshalb keiner Erweiterung des Versicherungsschutzes durch besondere Vereinbarung nach Ziff. 2.2 AHB 2016 bedarf.[345] Maßgeblich hierfür ist einmal, dass die Möglichkeit der Wiedererlangung nur noch theoretisch besteht, realistisch betrachtet unter Berücksichtigung der besonderen Umstände, insbesondere des Aufwandes, der Kosten sowie der Unverhältnismäßigkeit der erforderlich werdenden Maßnahmen aber nicht mehr in Betracht kommt. In diesem Falle ist aber eine Konstellation gegeben, die der Substanzvernichtung gleichkommt und deshalb eine Gleichbehandlung nahelegt.[346] Von Bedeutung ist zum anderen, dass diese Fallkonstellation sehr vom Haftungsrecht bekannten sog. wirtschaftlichen Unmöglichkeit ähnelt, bei der es darum geht, dass die Leistung zwar möglich, für den Schuldner aber mit solchen überobligationsmäßigen Schwierigkeiten verbunden ist, dass sie ihm nicht zugemutet werden kann.[347] Zwar besteht über die Zuordnung derartiger Fallgestaltungen nur insoweit Einigkeit, dass sie nicht unter die Befreiungstatbestände des § 275 Abs. 2 und 3 BGB fallen, während ihre Zugehörigkeit zu den Fallgruppen des Wegfalls der Geschäftsgrundlage, der ergänzenden Vertragsauslegung oder des Rechtsmissbrauchs umstritten ist.[348] Jedoch ist entscheidend, dass die Besonderheiten dieser Fallgestaltungen aus haftungsrechtlicher Sicht erkannt werden und deshalb diesem Umstand auch aus deckungsrechtlicher Sicht Rechnung getragen werden muss.[349] Darum spricht aber auch dies dafür, in gleicher Weise auch im Hinblick auf das Abhandenkommen von Sachen vorzugehen und im Einklang mit der zu § 1 Ziff. 3 AHB aF vertretenen hM eine wirtschaftliche Betrachtungsweise im Sinne des Vorliegens eines Sachschadens nach Ziff. 1.1 AHB 2016 zu präferieren.[350] Dieser Ansicht kann nicht die niemals völlig auszuschließende Möglichkeit des kollusiven Zusammenwirkens zwischen dem Versicherer und dem geschädigten Dritten entgegengehalten werden.[351] Denn ein solches Vorgehen ist in Gestalt des Versicherungsmissbrauchs nach § 265 StGB bzw. auch des Betruges nach § 263 StGB jeder Versicherung und damit auch der der Haftpflichtversicherung immanent, führt aber dennoch nicht allein aus diesem Grunde zum Verzicht auf das Betreiben des Versicherungsgeschäfts.[352]

---

[338] Vgl. OLG Karlsruhe r+s 1996, 302.
[339] Vgl. OLG München VersR 1980, 1138 (1139); OLG Hamm r+s 1997, 55; VersR 1998, 1274.
[340] LG Paderborn ZfS 1991, 415.
[341] Vgl. OLG München VersR 1980, 1138 (1139); OLG Karlsruhe r+s 1996, 302; OLG Hamm r+s 1997, 55; VersR 1998, 1274; LG Paderborn ZfS 1991, 415; LG Berlin NJW-RR 2003, 460; AG Neuwied ZfS 1986, 311 (312).
[342] *Späte* AHB § 1 Rn. 126; *Voit/Knappmann* in Prölss/Martin, 27. Aufl. 2004, AHB § 1 Rn. 26; *Littbarski* AHB § 1 Rn. 107; *R. Koch* in Bruck/Möller AHB 2012 Ziff. 2 Rn. 21.
[343] *Kuwert/Erdbrügger,* Privathaftpflichtversicherung, Rn. 5051.
[344] Vgl. hierzu soeben in Fn. 341 und 342.
[345] Vgl. *Schimikowski* in HK-VVG AHB Ziff. 2 Rn. 17; *R. Koch* in Bruck/Möller AHB 2012 Ziff. 2 Rn. 22; *W. Th. Schneider* in Beckmann/Matusche-Beckmann VersR-HdB § 24 Rn. 31a.
[346] Vgl. *Littbarski* AHB § 1 Rn. 107.
[347] Vgl. RGZ 94, 45 (47 ff.); 100, 129 (130); 107, 156 (157 und 159); *Grüneberg* in Grüneberg BGB § 275 Rn. 21; *Stadler* in Jauernig BGB § 275 Rn. 11; *Littbarski* AHB § 1 Rn. 107.
[348] Vgl. *Grüneberg* in Grüneberg BGB § 275 Rn. 21; *Stadler* in Jauernig BGB § 275 Rn. 11; jeweils mwN.
[349] Vgl. auch *Littbarski* AHB § 1 Rn. 107.
[350] Vgl. *Littbarski* AHB § 1 Rn. 107.
[351] Vgl. *Littbarski* AHB § 1 Rn. 107; ebenso *Späte* AHB § 1 Rn. 124; *v. Rintelen* in Späte/Schimikowski AHB 2014 Ziff. 2 Rn. 56; vgl. auch → Vor § 100 Rn. 114 und → § 103 Rn. 3 ff.
[352] *Littbarski* AHB § 1 Rn. 107; ebenso im Ergebnis *Schimikowski* in HK-VVG AHB Ziff. 2 Rn. 17.

186 Weiterhin wurde bereits unter der Geltung des § 1 Ziff. 3 AHB aF wiederholt die Frage diskutiert, ob trotz fehlender Deckung des Abhandenkommens von Sachen im Haftpflichtversicherungsvertrag daraus resultierende **Folgeschäden Gegenstand des Versicherungsschutzes** sein können, wobei zwischen mehreren Fallgruppen unterschieden wurde.[353]

187 Soweit der Versicherungsnehmer dafür in Anspruch genommen wird, dass die abhanden gekommene Sache ihrerseits einen Schaden an einer anderen Sache oder einer Person ausrichtet, besteht für diesen Schaden sowohl bei Geltung des § 1 Ziff. 3 AHB aF als auch der der Ziff. 2.2 AHB 2016 für diesen Schaden beim Fehlen sonstiger Ausschlussgründe Versicherungsschutz,[354] da es entscheidend nicht auf das Abhandenkommen der Sache, sondern vielmehr auf das Entstehen eines Schadens durch die Sache ankommt. Als Beispiele kommen hierfür das verkleckerte Erdöl, das in das Erdreich eindringt bzw. das entlaufene Tier in Betracht, das einen Dritten beißt.[355]

188 Ist das Abhandenkommen von Sachen die ursächliche Folge eines Personen- oder Sachschadens an anderen Sachen nach § 1 Ziff. 1 AHB aF bzw. gemäß Ziff. 1.1 AHB 2016, besteht nach umstrittener Auffassung[356] weder gemäß § 1 Ziff. 3 AHB aF noch nach Ziff. 2.2 AHB 2016 Versicherungsschutz für Haftpflichtansprüche wegen des Abhandenkommens der Sachen. Denn es geht bei dieser Fallkonstellation ausschließlich um den deckungsfähigen Personen- oder Sachschaden, nicht aber um das zufällige Abhandenkommen einer Sache, das kein Folgeschaden des Personen- oder Sachschadens ist. Gängiges Beispiel hierfür ist der Kraftfahrer, der bei einem Verkehrsunfall aus dem Fahrzeug geschleudert wird und dabei seine Brieftasche oder Uhr verliert.[357]

189 Nicht Gegenstand des Versicherungsschutzes ist auch der **Folgeschaden,** der sich als unechter Vermögensschaden zu dem nicht gedeckten Abhandenkommen von Sachen darstellt. Entscheidend hierfür ist, dass der Folgeschaden den für das Abhandenkommen geltenden Bestimmungen folgt.[358] Als Beispiel ist etwa an den Fall zu denken, dass für den Versuch des Wiederauffindens des gestohlenen Geschäftsfahrzeuges Vermögensaufwendungen in Gestalt von Reisekosten, Zeitungsannoncen und Verdienstausfall entstehen.[359]

190 Demgegenüber ist nach einhelliger Auffassung[360] Versicherungsschutz zu gewähren, wenn das Abhandenkommen einer Sache **adäquat-kausal zu ihrer Beschädigung oder Zerstörung** führt, da insoweit der Versicherungsnehmer vom Dritten für den Sachschaden und nicht etwa für das Abhandenkommen in Anspruch genommen wird. Daher besteht etwa Versicherungsschutz im Falle des irrtümlichen Abholens falschen Viehs von der Weide und der sich daran anschließenden Schlachtung der Tiere,[361] bei dem Verlust eines Halsbandes bei einem Skiunfall,[362] bei dem irrtümlich in den Papiercontainer geworfenen Gemälde und der sich daran anschließenden Entsorgung durch das Stadtreinigungsunternehmen[363] oder bei dem Diebstahl und der anschließenden Zerstörung einer Sache durch das minderjährige Kind und der Inanspruchnahme seines Vaters auf Schadensersatz nach § 832 BGB wegen der Zerstörung des Bildes.[364]

---

[353] Vgl. *Späte* AHB § 1 Rn. 107, Rn. 120; *Littbarski* AHB § 1 Rn. 108.

[354] Vgl. *Späte* AHB § 1 Rn. 123; *R. Johannsen* in Bruck/Möller, 8. Aufl., Bd. IV, Anm. G 79; *Voit/Knappmann* in Prölss/Martin, 27. Aufl., AHB 2004, § 1 Rn. 27; *Lücke* in Prölss/Martin AHB 2016 Ziff. 1 Rn. 24; *Littbarski* AHB § 1 Rn. 109.

[355] *Späte* AHB § 1 Rn. 123; *R. Johannsen* in Bruck/Möller, 8. Aufl., Bd. IV, Anm. G 79; *Voit/Knappmann* in Prölss/Martin, 27. Aufl. 2004, AHB § 1 Rn. 27; *Lücke* in Prölss/Martin AHB 2016 Ziff. 2 Rn. 6; *Littbarski* AHB § 1 Rn. 109.

[356] So *R. Johannsen* in Bruck/Möller, 8. Aufl., Bd. IV, Anm. G 79; ebenso *Littbarski* AHB § 1 Rn. 110; demgegenüber sich für das Bestehen von Versicherungsschutz aussprechend *Wussow* AHB § 1 Anm. 60; unklar *Schimikowski* in HK-VVG AHB 2016 Ziff. 2 Rn. 13, der auf der einen Seite darauf hinweist, dass der Versicherungsnehmer gar nicht wegen Abhandenkommens, sondern wegen eines Personen- und/Sachschadens und den sich daraus ergebenden Folgeschäden in Anspruch genommen wird, auf der anderen Seite aber mit dem Beispiel des Diebstahls der Brieftasche des bewusstlosen Unfallopfers nach dem durch den Versicherungsnehmer verursachten Fahrradunfall ein Beispiel wählt, das gar nicht zu dieser Fallgruppe gehört; vgl. hierzu *Littbarski* AHB § 1 Rn. 113.

[357] Vgl. *R. Johannsen* in Bruck/Möller, 8. Aufl., Bd. IV Anm. G 79; *Littbarski* AHB § 1 Rn. 110.

[358] Vgl. *Späte* AHB § 1 Rn. 123; *Littbarski* AHB § 1 Rn. 111.

[359] Vgl. *Späte* AHB § 1 Rn. 123; *Littbarski* AHB § 1 Rn. 111.

[360] Vgl. BGH VersR 1959, 499; OLG München VersR 1980, 1138 (1139); LG Berlin NJW-RR 2003, 460; *R. Johannsen* in Bruck/Möller, 8. Aufl., Bd. IV, Anm. G 79; *Späte* AHB § 1 Rn. 123; *Lücke* in Prölss/Martin AHB 2016 Ziff. 1 Rn. 24 und Ziff. 2 Rn. 6; *Littbarski* AHB § 1 Rn. 112; *R. Koch* in Bruck/Möller AHB 2012 Ziff. 2 Rn. 23; *Schimikowski* in HK-VVG AHB Ziff. 2 Rn. 13; *W. Th. Schneider* in Beckmann/Matusche-Beckmann VersR-HdB § 24 Rn. 31.

[361] Vgl. BGH NJW 1959, 1442.

[362] Vgl. OLG München VersR 1980, 1138 (1139).

[363] Vgl. LG Berlin NJW-RR 2003, 460.

[364] Vgl. *Schimikowski* in HK-VVG AHB Ziff. 2 Rn. 14.

Versicherungsschutz ist auch dann zu bejahen, wenn der Schaden sich zunächst an der Person **191** oder der Sache ereignet und das Abhandenkommen die adäquat-kausale Folge dieses gedeckten Schadens ist.[365] Ein Beispiel hierfür ist der Fall, dass nach einem vom Versicherungsnehmer verursachten Fahrradunfall der bewusstlose Dritte von einem anderen bestohlen wird.[366] Weitere Beispiele hierfür sind das versehentliche Wegkippen einer Zahnprothese aus einem Glas in das Abwassersystem[367] sowie der irrtümliche Wurf eines Gemäldes in den Papiercontainer und die sich daran anschließende Entsorgung durch das Stadtreinigungsunternehmen.[368]

Dagegen besteht beim Diebstahl einer Sache im Falle des Fehlens einer besonderen Vereinbarung **192** über die Erweiterung des Versicherungsschutzes für das Abhandenkommen von Sachen nach Ziff. 2.2 AHB 2016 bzw. nach § 1 Ziff. 3 AHB aF kein Versicherungsschutz, sofern der Versicherungsnehmer den Diebstahl fahrlässig ermöglicht hat. Denn insoweit handelt es sich um einen bloßen Besitzverlust, der keinen Sachschaden nach Ziff. 1.1 AHB 2016 bzw. nach § 1 Ziff. 1 AHB aF darstellt,[369] da dieser eine Einwirkung auf die Sache voraussetzt, die einen vorher einmal vorhandenen Zustand der Sache beeinträchtigt hat.[370]

Umstritten ist schließlich seit langem die Frage, welche **deckungsrechtlichen Folgen** sich aus **193** dem Diebstahl eines Schlüssels ergeben, der dem Versicherungsnehmer als Mieter von seinem Vermieter überlassen wurde und für dessen Verlust der Versicherungsnehmer haftungsrechtlich verantwortlich gemacht wird.[371] Da es in der Praxis häufig um die ganz erheblichen Kosten für die Auswechslung der Schließzylinder oder sogar ganzer Hausschließanlagen geht, wird bisweilen das Vorliegen eines Sachschadens an der Schließanlage nicht nur aufgrund der Rückgabepflicht des Mieters nach § 546 Abs. 1 BGB,[372] sondern auch aus haftpflichtversicherungsrechtlicher Sicht nach § 1 Ziff. 1 AHB aF bzw. gemäß Ziff. 1.1 AHB 2016 für gegeben gehalten und damit verbunden die Eintrittspflicht des Versicherers bejaht.[373] Dem kann jedoch nicht zugestimmt werden. Auch wenn nämlich der Schlüsseldieb oder eine andere, über den Schlüssel verfügende Person nunmehr ungehindert Zugang zum Haus haben und dadurch die Gebrauchstauglichkeit der Schlösser oder sogar der gesamten Hausschließanlage aufgehoben oder zumindest gemindert ist, fehlt es doch an einer körperlichen Einwirkung auf die Hausschließanlage.[374] Daher kann kein Sachschaden nach Ziff. 1.1 AHB 2016 bzw. gemäß § 1 Ziff. 1 AHB aF angenommen werden.[375] Versicherungsschutz für die Kosten der Auswechslung von Schließzylindern oder sogar der gesamten Hausschließanlage und weiterer Folgeschäden besteht wegen des Abhandenkommens des Schlüssels nur, wenn hierüber nach Ziff. 2.2 AHB 2016 bzw. gemäß § 1 Ziff. 3 AHB aF eine besondere Vereinbarung zwischen dem Versicherer und dem Versicherungsnehmer geschlossen wurde.[376]

---

[365] Vgl. OLG München VersR 1980, 1138; LG Berlin NJW-RR 2003, 460; LG Paderborn NJW-RR 1991, 1182; *Späte* AHB § 1 Rn. 123.

[366] Vgl. *Littbarski* AHB § 1 Rn. 113; ebenso *Lücke* in Prölss/Martin AHB 2016 Ziff. 2 Rn. 8; *R. Koch* in Bruck/Möller AHB 2012 Ziff. 2 Rn. 24; *Schimikowski* r+s 2004, 397; aA *Voit/Knappmann* in Prölss/Martin, 27. Aufl. 2004, AHB § 1 Rn. 29 unter der Geltung des § 1 Ziff. 3 AHB aF wegen des insoweit eindeutigen Wortlautes.

[367] Vgl. LG Paderborn NJW-RR 1991, 1182.

[368] Vgl. LG Berlin NJW-RR 2003, 460.

[369] Vgl. *Schimikowski* in HK-VVG AHB Ziff. 2 Rn. 15; demgegenüber das Bestehen von Versicherungsschutz mit der Begründung bejahend, dass das Abhandenkommen seinerseits die Folge eines gedeckten Personen- oder Sachschadens sei, *R. Koch* in Bruck/Möller AHB 2012 Ziff. 2 Rn. 24.

[370] Vgl. → Rn. 139; *Schimikowski* in HK-VVG AHB Ziff. 2 Rn. 158; dagegen das Erfordernis einer Einwirkung auf die Sache verkennend und damit zu Unrecht das Bestehen von Versicherungsschutz bejahend *R. Koch* in Bruck/Möller AHB 2012 Ziff. 2 Rn. 24.

[371] Vgl. *Knaths* VersR 1983, 1015 ff.; *Späte* AHB § 1 Rn. 123; *Schimikowski* in HK-VVG AHB Ziff. 2 Rn. 16; jeweils mit weiteren Einzelheiten und Nachweisen.

[372] Vgl. KG NJW-RR 2008, 1245 (1246); LG Münster WuM 1989, 508; LG Heidelberg ZMR 2014, 41.

[373] Vgl. OLG Karlsruhe r+s 1976, 6; *Kuwert* Haftpflichtversicherung Rn. 1062 f.

[374] Vgl. auch BGH NJW 2014, 1653 Rn. 18 aus haftungsrechtlicher Sicht, wonach der Verlust eines Schlüssels bei der gebotenen wertenden Betrachtung nicht zu einer Beeinträchtigung der Sachsubstanz der Schließanlage führe; vgl. ferner aus haftpflichtversicherungsrechtlicher Sicht *Schimikowski* in HK-VVG AHB 2016 Ziff. 2 Rn. 16; *Lücke* in Prölss/Martin AHB 2016 Ziff. 2 Rn. 7.

[375] Vgl. AG Hamburg r+s 1994, 250; *Schimikowski* in HK-VVG AHB 2016 Ziff. 2 Rn. 15; *Lücke* in Prölss/Martin AHB 2016 Ziff. 2 Rn. 7; *Schimikowski* in Späte/Schimikowski BB PHV Ziff. 6 Rn. 182; aA mit wenig überzeugender Begründung *R. Koch* in Bruck/Möller AHB 2012 Ziff. 1 Rn. 31, der zwar einerseits der Überlegung der hM zustimmt, andererseits aber meint, dass der Verlust der Schlüssel einem Sachschaden gleichkomme, da oftmals eine wirtschaftliche Entwertung gegeben sei, weil eine Wiedererlangung mit an Sicherheit grenzender Wahrscheinlichkeit ausgeschlossen sei oder nur mit wirtschaftlich unvertretbarem Aufwand möglich wäre.

[376] Vgl. *Dengler* Haftpflichtversicherung S. 507 f.; *Schimikowski* in HK-VVG AHB 2016 Ziff. 2 Rn. 19; *Lücke* in Prölss/Martin AHB 2016 Ziff. 2 Rn. 7.

§ 101 Kosten des Rechtsschutzes

(1) ¹Die Versicherung umfasst auch die gerichtlichen und außergerichtlichen Kosten, die durch die Abwehr der von einem Dritten geltend gemachten Ansprüche entstehen, soweit die Aufwendung der Kosten den Umständen nach geboten ist. ²Die Versicherung umfasst ferner die auf Weisung des Versicherers aufgewendeten Kosten der Verteidigung in einem Strafverfahren, das wegen einer Tat eingeleitet wurde, welche die Verantwortlichkeit des Versicherungsnehmers gegenüber einem Dritten zur Folge haben könnte. ³Der Versicherer hat die Kosten auf Verlangen des Versicherungsnehmers vorzuschießen.

(2) ¹Ist eine Versicherungssumme bestimmt, hat der Versicherer die Kosten eines auf seine Veranlassung geführten Rechtsstreits und die Kosten der Verteidigung nach Absatz 1 Satz 2 auch insoweit zu ersetzen, als sie zusammen mit den Aufwendungen des Versicherers zur Freistellung des Versicherungsnehmers die Versicherungssumme übersteigen. ²Dies gilt auch für Zinsen, die der Versicherungsnehmer infolge einer vom Versicherer veranlassten Verzögerung der Befriedigung des Dritten diesem schuldet.

(3) ¹Ist dem Versicherungsnehmer nachgelassen, die Vollstreckung einer gerichtlichen Entscheidung durch Sicherheitsleistung oder Hinterlegung abzuwenden, hat der Versicherer die Sicherheitsleistung oder Hinterlegung zu bewirken. ²Diese Verpflichtung besteht nur bis zum Betrag der Versicherungssumme; ist der Versicherer nach Absatz 2 über diesen Betrag hinaus verpflichtet, tritt der Versicherungssumme der Mehrbetrag hinzu. ³Der Versicherer ist von der Verpflichtung nach Satz 1 frei, wenn er den Anspruch des Dritten dem Versicherungsnehmer gegenüber als begründet anerkennt.

Übersicht

	Rn.
A. Einführung	1
I. Inhalt der Regelung	1
II. Zweck der Regelung	3
B. Einzelheiten zu den Kosten des Rechtsschutzes nach § 101	6
I. Allgemeines	6
II. Kostentragungspflicht des Versicherers nach Abs. 1	11
1. Allgemeines	11
2. Einzelheiten zur Kostentragungspflicht des Versicherers nach Abs. 1	14
a) Überblick	14
b) Abwehrkosten nach § 101 Abs. 1 S. 1	18
c) Kosten der Verteidigung in einem Strafverfahren nach § 101 Abs. 1 S. 2	48
d) Vorschüsse nach § 101 Abs. 1 S. 3	64
III. Kostentragungspflicht des Versicherers nach Abs. 2	70
1. Allgemeines	70
2. Prozessführung und Kostentragung durch den Versicherer nach Abs. 2 S. 1	74
3. Verzögerung der Befriedigung des Dritten durch den Versicherer und die Folgen für die Zinszahlung nach Abs. 2 S. 2	88
IV. Abwendung der Vollstreckung durch Sicherheitsleistung oder Hinterlegung nach Abs. 3	90
1. Allgemeines	90
2. Verpflichtung des Versicherers zur Sicherheitsleistung oder Hinterlegung nach Abs. 3 S. 1	93
3. Umfang der Verpflichtung des Versicherers zur Sicherheitsleistung oder Hinterlegung nach Abs. 3 S. 2	108
4. Leistungsfreiheit des Versicherers bei Anerkennung des Anspruchs des Dritten gegenüber dem Versicherungsnehmer nach Abs. 3 S. 3	111
V. Abdingbarkeit des § 101	115

Stichwort- und Fundstellenverzeichnis

Stichwort	Rn.	Rechtsprechung	Literatur
Abwendung der Vollstreckung durch Hinterlegung oder Sicherheitsleistung	90 ff.	OLG Hamm NJW-RR 1987, 1109; OLG Celle r+s 2010, 209	BT-Drs. 16/3945, 85; *R. Koch* in Bruck/Möller § 101 Rn. 51; *Foerster* ZVersWiss 103 (2014), 351, 361 f.
Gegenstand der Abwehrkosten	20 f.	BGH VersR 1956, 186 (187); 1981, 180 (181); OLG Frankfurt a. M. VersR 2003, 588	*Littbarski* AHB § 3 Rn. 70; *Lücke* in Prölss/Martin § 101 Rn. 4; *Kramer* r+s 2008, 1 (4); *v. Rintelen* r+s 2010, 133 (136)
Grenzen der Regu-	39 ff.	BGH NJW 1981, 1952 f.; OLG	*Späte* AHB § 5 Rn. 62 ff.; *Littbarski*

Stichwort	Rn.	Rechtsprechung	Literatur
lierungsvollmacht des Versicherers		München MDR 1983, 941; LG Nürnberg-Fürth VersR 1973, 511 (512); AG Frankfurt a. M. VersR 1973, 516	AHB § 5 Rn. 79 f.; *Lücke* in Prölss/ Martin AHB 2016 Ziff. 5 Rn. 30
Kosten der Verteidigung in einem Strafverfahren	48 ff.	BGH VersR 1976, 477 (478); r+s 2015, 262 f.; OLG Zweibrücken NJW-RR 2011, 496 (497)	*Späte* AHB § 3 Rn. 32 ff.; *Littbarski* AHB § 3 Rn. 89; *Littbarski* in Littbarski/Tenscher/Klein AVB BHV A1-4.3 Rn. 58 ff.; *Baumann* in BK-VVG § 150 Rn. 15; *Lücke* in Prölss/Martin § 101 Rn. 11; *Schmalzl/Krause-Allenstein* Berufshaftpflichtversicherung Rn. 86
Kostentragungspflicht des Versicherers	70 ff.	BGHZ 7, 244 (245 f.) = NJW 1952, 1333; BGH NJW 1980, 1623 (1624); OLG Karlsruhe NJW-RR 2014, 1125; OGH VersR 2014, 901 (903)	*Littbarski* AHB Vorb. Rn. 48; BT-Drs. 16/3945, 85; *Schulze* in Looschelders/Pohlmann *Schwienhorst* § 101 Rn. 8; *Terno* r+s 2013, 577 ff.
Leistungsfreiheit des Versicherers	111	BGHZ 101, 276 (283 f.) = NJW 1987, 2586 (2587 f.); BGHZ 169, 232 (238 f.) = VersR 2006, 1676	*Littbarski* AHB § 5 Rn. 137, 141 und 144; *Schwintowski* in BK-VVG § 6 Rn. 60 ff.; *Retter* in Schwintowski/ Brömmelmeyer/Ebers § 101 Rn. 26; *Felsch* r+s 2008, 265 (278 f.)
Prozessführung durch den Versicherer	74	OLG Düsseldorf VersR 1991, 94; OLG Karlsruhe VersR 1993, 821 (822); OGH VersR 2014, 901 (903)	*Schulze Schwienhorst* in Looschelders/Pohlmann § 101 Rn. 9; *Lücke* in Prölss/Martin § 101 Rn. 26
Regulierungsvollmacht des Versicherers	32	BGHZ 169, 232 Rn. 20 ff. = r+s 2007, 16 (17); AG Bonn VersR 1988, 841 (842)	*Späte* AHB § 3 Rn. 28 und § 5 Rn. 62 ff.; *Littbarski* AHB § 3 Rn. 74; *Armbrüster* r+s 2010, 441 (444)
Umfang der Abwehrkosten	47, 70 ff.	BGHZ 7, 244 (245 f.) = NJW 1952, 1333; BGH NJW 1980, 1623 (1624)	*Littbarski* AHB Vorb. Rn. 48; BT-Drs. 16/3945, 85; *Schulze Schwienhorst* in Looschelders/Pohlmann § 101 Rn. 8
Verzögerung der Befriedigung des Dritten durch den Versicherer	88 f.	BGH VersR 1992, 1257 (1258)	*Baumann* in BK-VVG § 150 aF Rn. 34; *Littbarski* AHB § 3 Rn. 210; *Lücke* in Prölss/Martin § 101 Rn. 30

Schrifttum: Abschlussbericht der Kommission zur Reform des Versicherungsvertragsrechts vom 19.4.2004 – VersR-Schriftenreihe, Band 25, 2004; *Armbrüster*, Interessenkonflikte in der D & O-Versicherung, NJW 2016, 897; *Armbrüster/Schreier*, Aktuelle Rechtsfragen der Umweltschadensversicherung ZVersWiss (2016), 105, 3; *H. Baumann*, Zur unmittelbaren Schadensersatzpflicht des Haftpflichtversicherers gegenüber dem Dritten – Folgerungen aus dem Schuldrechtsmodernisierungsgesetz –, VersR 2004, 944; *Car*, Das Überschreiten der Deckungssumme in der Haftpflichtversicherung, 2016; *Christiansen/Nell*, Probleme der Haftpflichtversicherung aus ökonomischer Sicht, in: FS Schirmer, 2005, 51; *Druckenbrodt*, Die Haftung des Rechtsanwalts für Nichtvermögensschäden – Eine Betrachtung aus versicherungsrechtlicher und versicherungsgestalterischer Sicht, VersR 2010, 601; *Felsch*, Die neuere Rechtsprechung des IV. Zivilsenats des Bundesgerichtshofs zur Haftpflichtversicherung, r+s 2008, 265; *Felsch*, Die Rechtsprechung des BGH zum Versicherungsrecht: Haftpflichtversicherung und Sachversicherung, r+s 2010, 265; *Ferck*, Der Selbstbehalt in der D&O-Versicherung für Organmitglieder von Aktiengesellschaften, 2007; *Foerster*, Die versicherungsrechtliche Bindungswirkung, ZVersWiss (2014), 103, 351; *Franz*, Das Versicherungsvertragsrecht im neuen Gewand, VersR 2008, 298; *Franz*, Die Reform des Versicherungsvertragsrechts – ein großer Wurf?, DStR 2008, 303; *Gnauck*, Das Absonderungsrecht nach § 110 VVG, 2016; *Gräfe/Brügge/Melchers*, Berufshaftpflichtversicherung für rechts- und steuerberatende Berufe, 3. Aufl. 2021; *Grooterhorst/Looman*, Kostentragung des Versicherers bei (teilweiser) Erschöpfung der Versicherungssumme in der D&O-Versicherung, r+s 2014, 157; *Grote/Chr. Schneider*, VVG 2008: Das neue Versicherungsvertragsrecht, BB 2007, 2689; *Harsdorf-Gebhardt*, Die Rechtsprechung des Bundesgerichtshofes zur Haftpflichtversicherung, r+s 2012, 261; *Hintz/Burkard*, Folgen unberechtigten Versagens der Deckung wegen vermeintlich vorsätzlichen Herbeiführens des Versicherungsfalls in der Haftpflichtversicherung, VersR 2011, 1373; *Hugel*, Haftpflichtversicherung, 3. Auflage 2008; *R. Johannsen*, Die Haftpflichtversicherung des Architekten, ZVersWiss 83 (1994), 449; *Kassing/Richters*, Der Deckungsanspruch für den Haftpflichtversicherungsfall, VersR 2015, 293; *Knütel*, Haftpflichtversicherung und selbständiges Beweisverfahren: Zur Fälligkeit und zum Inhalt des Rechtsschutzanspruchs, VersR 2003, 300; *H. Koch/Hirse*, Die Prozessführung durch den Versicherer, VersR 2001, 405; *Kummer*, Allgemeine Haftpflichtversicherung, in: Münchener Anwaltshandbuch Versicherungsrecht,

4. Aufl. 2017, § 12, S. 595; *O. Lange,* Die Prozessführungsbefugnis der Versicherungsnehmerin einer D&O-Versicherung, VersR 2007, 893; *O. Lange,* Die Rechtsstellung des Haftpflichtversicherers nach der Abtretung des Freistellungsanspruchs vom Versicherungsnehmer an den geschädigten Dritten, VersR 2008, 713; *O. Lange,* Die verbrauchte Versicherungssumme in der D&O-Versicherung, VersR 2014, 1413; *O. Lange,* D&O-Versicherung und Managerhaftung, Handbuch, 2014; *Langheid,* Die Reform des Versicherungsvertragsgesetzes, NJW 2007, 3665 und 3745; *Langheid,* Tücken in den §§ 100 ff. VVG-RegE, VersR 2007, 865; *Langheid/Müller-Frank,* Rechtsprechungsübersicht zum Versicherungsvertragsrecht im ersten Halbjahr 2012, NJW 2012, 2324; *Langheid/Müller-Frank,* Rechtsprechungsübersicht zum Versicherungsvertragsrecht im zweiten Halbjahr 2012, NJW 2013, 435; *Leschke,* Einige Überlegungen zur Berufshaftpflichtversicherung von Architekten und Ingenieuren, in: FS Schirmer, 2005, 387; *Littbarski,* Einstweiliger Rechtsschutz im Gesellschaftsrecht, 1996; *Littbarski,* AHB, 2001; *Littbarski,* Die Haftpflichtversicherung des Sachverständigen, in: Praxishandbuch Sachverständigenrecht, 4. Aufl. 2008, § 40; *Littbarski/Tenscher/Klein* (Hrsg.), Betriebs- und Berufshaftpflichtversicherung, Kommentar, AVB BHV, 2023; *Meckling-Geis/Wendt,* Adjudikationsverfahren und Berufshaftpflichtversicherung von Architekten und Ingenieuren, VersR 2011, 577; *Präve,* Das neue Versicherungsvertragsgesetz, VersR 2007, 1046; *Repgen,* Die Wirksamkeit von Kostenanrechnungsklauseln in der D&O-Versicherung, 2017; *v. Rintelen,* Die Fälligkeit und Durchsetzbarkeit des abgetretenen Freistellungsanspruchs in der Haftpflichtversicherung, r+s 2010, 133; *Säcker,* Streitfragen zur D&O-Versicherung, VersR 2005, 10; *Schäfers,* Die vorvertragliche Anzeigepflicht des Versicherungsnehmers und das allgemeine Leistungsstörungsrecht, 2014; *Schimikowski,* Zins- und Kostenklauseln in der Haftpflichtversicherung – Zur (Un-)Abdingbarkeit des § 150 Abs. 2 VVG, VersR 2005, 861; *Schimikowski,* Der Gegenstand der Haftpflichtversicherung – Anmerkungen zu den AHB 2004 –, in: FS Schirmer, 2005, 545; *Schimikowski,* Abschluss des Versicherungsvertrags nach neuem Recht, r+s 2006, 441; *Schirmer,* Die Haftpflichtversicherung nach der VVG-Reform, ZVersWiss Supplement 2006, 427; *Schmuckermeier,* Strafrechtsschutz als Bestandteil oder Ergänzung einer D&O-Versicherung, r+s 2019, 131; *Schönleiter,* Die Versicherungsvermittlung, r+s 2014, 53 f.; *Staudinger/Richters,* D&O-Versicherung: Anforderungen an den Eintritt des Versicherungsfalles nach Abtretung des Freistellungsanspruchs, DB 2013, 2725; *Stockmeier,* Privathaftpflichtversicherung, Kommentar, AVB PHV, 2019; *Terno,* Wirksamkeit von Kostenanrechnungsklauseln, r+s 2013, 577; *Thalmair,* Die Haftpflichtversicherung nach der VVG-Reform, ZVersWiss Supplement 2006, 459; *van Bühren,* Interessenkollision im Haftpflichtprozess, r+s 2019, 6; *Voit,* Der Abandon, insbesondere der des Haftpflichtversicherers, NVersZ 2001, 481; *Wandt,* Zum Sachschadensbegriff in der Haftpflichtversicherung, in: FS Schirmer, 2005, 619; *Werber,* Kostenanrechnungsklauseln in der D&O-Versicherung, VersR 2014, 1159; *Wilhelm/Becker,* Unwirksamkeit der Anrechnung von Abwehrkosten auf die Versicherungssumme in D&O-Versicherungsverträgen?, VP 2013, 27.

A. Einführung

I. Inhalt der Regelung

1 § 101 hat die „Kosten des Rechtsschutzes" zum Gegenstand und unterscheidet sich dabei zumindest vom Wortlaut her nicht ganz unerheblich von § 150 VVG aF als der Vorgängervorschrift. Ob damit die Regelung des 101 dennoch sachlich unverändert geblieben ist oder ob sie zumindest zum Teil inhaltliche Veränderungen erfahren hat, wird noch zu erörtern sein. Die Bundesregierung nimmt jedenfalls in der Gesetzesbegründung Ersteres an[1] und findet damit in der Literatur[2] weitgehende Zustimmung. So weist die Bundesregierung zunächst darauf hin, dass § 150 Abs. 1 S. 2 VVG aF entbehrlich geworden sei und hebt danach hervor, dass die übrigen Abweichungen des Wortlautes teils durch die Änderung des bisherigen § 149 VVG aF, teils sprachlich bedingt seien.[3]

2 Zunächst knapp zusammengefasst regelt § 101 Abs. 1–3 sehr ins Einzelne gehende, inhaltlich zum Teil ganz unterschiedliche, aufeinander bezugnehmende Tatbestände. So wird in § 101 Abs. 1 genauer festgelegt, welche Kosten die Versicherung umfasst. Zudem wird dem Versicherer die Verpflichtung auferlegt, die Kosten auf Verlangen des Versicherungsnehmers vorzuschießen. In § 101 Abs. 2 ist für den Fall der Bestimmung einer Versicherungssumme die Ersetzung einzelner Kostenfaktoren durch den Versicherer auch unter der Voraussetzung vorgesehen, dass diese die Versicherungssumme übersteigen. Schließlich sieht § 101 Abs. 3 vor, dass der Versicherer die Sicherheitsleistung oder Hinterlegung zu bewirken hat, wenn dem Versicherungsnehmer nachgelassen wurde, die Vollstreckung einer gerichtlichen Entscheidung in dieser Weise abzuwenden. Hiervon ist der Versicherer frei, wenn er den Anspruch des Dritten dem Versicherungsnehmer gegenüber als begründet anerkennt.

II. Zweck der Regelung

3 Zweck dieser recht umfänglich ausgestalteten, selbst für den mit dem Haftpflichtversicherungsrecht einigermaßen Vertrauten nicht leicht zugänglichen Regelung des § 101 ist es, bezüglich der

---

[1] Vgl. BT-Drs. 16/3945, 85 zu § 101 VVG.
[2] Ebenso *Retter* in Schwintowski/Brömmelmeyer/Ebers § 101 Rn. 1; etwas einschränkend *Schimikowski,* in HK-VVG 2. Aufl., Vor § 101 Rn. 1: „§ 101 entspricht inhaltlich und textlich zum allergrößten Teil der Regelung des § 150 a.F."
[3] BT-Drs. 16/3945, 85 zu § 101.

Kosten des Rechtsschutzes die in § 100 getroffene Grundaussage, wonach bei der Haftpflichtversicherung der Versicherer verpflichtet ist, den Versicherungsnehmer von Ansprüchen freizustellen, die von einem Dritten aufgrund der Verantwortlichkeit des Versicherungsnehmers für eine während der Versicherungszeit eintretende Tatsache geltend gemacht werden, und unbegründete Ansprüche abzuwehren, im Einzelnen zu konkretisieren.[4]

Damit soll zum einen der Gegenstand der grundsätzlichen Verpflichtung des Versicherers zur Übernahme der Kosten des Rechtsschutzes als **Ausfluss der Rechtsschutzgewährungspflicht** des Versicherers gegenüber dem Versicherungsnehmer aufgezeigt werden.[5] Zum anderen sollen aber auch die Grenzen der Kostenübernahmeverpflichtung des Versicherers verdeutlicht werden. 4

Insbesondere bringt § 101 im Anschluss an § 100 noch einmal klarstellend zum Ausdruck, dass die grundsätzliche Kostenübernahmeverpflichtung des Versicherers bezüglich des Rechtsschutzes nicht nur die Geltendmachung berechtigter Ansprüche, sondern als Geschäftsbesorgungsverpflichtung des Versicherers, den Versicherungsnehmer vor Haftpflichtansprüchen zu bewahren, auch die Abwehr unberechtigter Ansprüche des Dritten betrifft.[6] Damit kommt insoweit § 101 im Verhältnis zu § 100 aus kostenrechtlicher Sicht zugleich eine deklaratorische Bedeutung zu. 5

B. Einzelheiten zu den Kosten des Rechtsschutzes nach § 101

I. Allgemeines

Die sich aus den §§ 100 und 101 ergebende Rechtsschutzgewährungspflicht des Versicherers ist aufgrund ihrer Zugehörigkeit zu den Grundprinzipien der Haftpflichtversicherung[7] Hauptleistungspflicht des Versicherers[8] und nicht etwa nur eine Nebenforderung des Versicherungsnehmers aus dem Versicherungsvertrag und steht daher gleichrangig neben derjenigen, die den Versicherer verpflichtet, den Versicherungsnehmer von begründeten Schadensersatzansprüchen des geschädigten Dritten zu befreien.[9] Daher hat der Versicherer im Haftpflichtprozess die Interessen des Versicherungsnehmers so zu wahren wie ein von diesem beauftragter Rechtsanwalt.[10] Notfalls hat diese Interessenwahrnehmung unter Zurückstellung eigener Interessen des Versicherers zu geschehen.[11] Daher darf der Versicherer wegen der ihm obliegenden Rechtsschutzgewährungspflicht dem Haftpflichtprozess auch im Wege der Nebenintervention nach § 66 ZPO auf Seiten des Versicherungsnehmers beitreten.[12] 6

Der Rechtsschutzanspruch des Versicherungsnehmers hat eine Abwehrverpflichtung des Versicherers zum Gegenstand, die nicht allein auf die Bereitstellung der hierfür erforderlichen Kosten beschränkt ist, sondern auch die mit der Prüfung der Anspruchsabwehr verbundene Arbeitsbelastung und Verantwortung umfasst.[13] Allerdings ist der Versicherer trotz der ihm obliegenden Rechtsschutzgewährungs- 7

---

[4] Ebenso *Schulze Schwienhorst* in Looschelders/Pohlmann § 101 Rn. 1; *R. Koch* in Bruck/Möller § 101 Rn. 5; *Terno* r+s 2013, 577 (579) im Hinblick auf die Leistungspflicht des D&O-Versicherers als eines Haftpflichtversicherers; vgl. hierzu → § 111 Rn. 78 mwN in Fn. 130 und 131.
[5] Vgl. auch *H. Baumann* in BK-VVG § 150 Rn. 3 zu § 150 VVG aF; *Gnauck* Absonderungsrecht S. 87.
[6] Vgl. hierzu jüngst BGH r+s 2023, 15 Rn. 29; näher → Vor § 100 Rn. 62 ff.; vgl. auch *Schimikowski* in HK-VVG § 101 Rn. 1; *Retter* in Schwintowski/Brömmelmeyer/Ebers § 101 Rn. 1; *Hintz/Burkard* VersR 2011, 1373 (1376 f.).
[7] Vgl. hierzu → Vor § 100 Rn. 62 ff.
[8] Vgl. BGHZ 119, 276 (281) = NJW 1993, 68; BGHZ 171, 56 Rn. 12 = NJW 2007, 2258 (2259 f.); OGH VersR 2014, 901 (902 f.); *H. Baumann* in BK-VVG § 150 Rn. 3; *Littbarski* AHB § 3 Rn. 73; *Schulze Schwienhorst* in Looschelders/Pohlmann § 100 Rn. 1; *v. Rintelen* r+s 2010, 133 (136); *Terno* r+s 2013, 577 (579); *Lücke* in Prölss/Martin AHB 2016 Ziff. 5 Rn. 4; vgl. → Vor § 100 Rn. 62 ff.
[9] Vgl. auch BGHZ 119, 276 (281) = NJW 1993, 68; BGH VersR 1976, 477 (478); OLG Karlsruhe VersR 1993, 1390; *H. Baumann* in BK-VVG § 150 Rn. 3; *Schulze Schwienhorst* in Looschelders/Pohlmann § 100 Rn. 1; → Vor § 100 Rn. 62 ff.
[10] So BGHZ 119, 276 (281) = NJW 1993, 68; ebenso *H. Baumann* in BK-VVG § 150 Rn. 3; *Littbarski* AHB § 3 Rn. 200.
[11] Vgl. BGHZ 119, 276 (281); BGH VersR 2001, 1150 (1151) im Falle des für den Versicherungsnehmer günstigen Widerrufs des Vergleichs; *H. Baumann* in BK-VVG § 150 Rn. 3; *Littbarski* AHB § 3 Rn. 200; *Lücke* in Prölss/Martin AHB 2016 Ziff. 5 Rn. 24.
[12] So zutreffend OLG Hamm r+s 1997, 55; *Lücke* in Prölss/Martin AHB 2016 Ziff. 5 Rn. 25; vgl. aber auch OLG München VersR 2009, 822 zur Unzulässigkeit des Beitritts des Versicherers auf Seiten des Geschädigten.
[13] Vgl. BGH NJW 1956, 826 (827); BGHZ 119, 276 (281) = NJW 1993, 68; vgl. auch BGH r+s 2019, 197 Rn. 16; OLG Karlsruhe NJW-RR 2014, 1125; OGH VersR 2014, 994 (995); *H. Baumann* in BK-VVG § 150 Rn. 3.

pflicht im Rahmen des ihm zustehenden Ermessens in der Entscheidung darüber frei, ob er die gegenüber dem Versicherungsnehmer geltend gemachten, von ihm als Versicherer für unbegründet gehaltenen Haftpflichtansprüche erfüllen oder ob er den Versuch einer Anspruchsabwehr wagen will.[14]

8 Sofern der Versicherer sich für den Versuch einer Anspruchsabwehr entscheidet, geht damit auch das **Risiko der Übernahme der mit der Abwehr verbundenen Kosten** einher.[15] Zudem hat die Entscheidung des Versicherers für den Versuch einer Anspruchsabwehr im Hinblick auf den Versicherungsnehmer zur Folge, dass dessen dennoch erhobene Klage auf Feststellung der Verpflichtung des Versicherers zur Befreiung vom Haftpflichtanspruch zwar zulässig, aber unbegründet ist.[16]

9 Handelt es sich entsprechend dem zuvor Gesagten bei der Rechtsschutzgewährungspflicht um eine Hauptleistungspflicht des Versicherers,[17] bedarf es keines näheren Eingehens auf die seit langem in Rechtsprechung[18] und Literatur[19] im Hinblick auf § 150 VVG aF umstrittene Frage, wie die Kostentragungspflicht des Versicherers nach § 101 rechtlich zu qualifizieren ist. Denn selbst wenn die §§ 62 und 63 VVG aF und nunmehr auch die §§ 82 und 83 deutliche Parallelen zur Kostentragungspflicht aufweisen, ist doch auf diese Vorschriften bereits deshalb nicht zurückzugreifen, da die Kostentragungspflicht des Versicherers nach § 101 in vollem Umfange Bestandteil seiner Hauptleistungspflicht, dh seiner Pflicht zur Naturalrestitution ist und die ergänzend zu den Vorschriften des VVG heranzuziehenden AVB insbesondere die der AHB und der AVB BHV sowie der AVB PHV, abschließende Spezialregelungen darstellen.[20]

10 Mit dem zuletzt genannten Hinweis auf die ergänzend zu den Vorschriften des VVG heranzuziehenden AVB, insbesondere die der AHB und der AVB BHV sowie der AVB PHV, ist zugleich zum Ausdruck gebracht, dass die Bestimmung des § 101 mit den von ihr erfassten Tatbeständen genauso wie die des § 150 VVG aF durch eine Reihe von Bestimmungen in AVB, insbesondere von denen der AHB und der AVB BHV sowie der AVB PHV, konkretisiert und modifiziert wird.[21] Hierauf wird jeweils im Hinblick auf die AHB und die AVB BHV zurückzukommen sein, während die Vorschriften der AVB PHV nachfolgend nur ganz vereinzelt berücksichtigt werden, da sie häufig mit denen der AVB BHV übereinstimmen. Das Gleiche gilt auch für die AVB Verm, und die AKB, ohne dass allerdings auf diese zuletzt genannten Versicherungsbedingungen an dieser Stelle näher eingegangen werden kann.

II. Kostentragungspflicht des Versicherers nach Abs. 1

11 **1. Allgemeines.** Nach § 101 Abs. 1 S. 1 umfasst die Versicherung die gerichtlichen und außergerichtlichen Kosten, die durch die Abwehr der von einem Dritten geltend gemachten Ansprüche entstehen, soweit die Aufwendung der Kosten den Umständen nach geboten ist. Zu diesen vom Versicherer zu tragenden Kosten zählen auch die von ihm zu übernehmenden Gerichtskostenvorschüsse, wenn eine Erstattung nicht alsbald vom Gegner zu erlangen ist.[22] Ferner umfasst die Versicherung gemäß § 101 Abs. 1 S. 2 die auf Weisung des Versicherers aufgewendeten Kosten der Verteidigung in einem Strafverfahren, das wegen einer Tat eingeleitet wurde, welche die Verantwortlichkeit des Versicherungsnehmers gegenüber einem Dritten zur Folge haben könnte. Schließlich hat der Versicherer nach § 101 Abs. 1 S. 3 die Kosten auf Verlangen des Versicherungsnehmers vorzuschießen.

12 Damit entspricht § 101 Abs. 1 weitgehend der Regelung des § 150 Abs. 1 VVG aF, wenn es auch dort sprachlich und inhaltlich etwas abweichend heißt:

Die Versicherung umfasst die gerichtlichen und außergerichtlichen Kosten, die durch die Verteidigung gegen den von einem Dritten geltend gemachten Anspruch entstehen, soweit die Aufwen-

---

[14] Vgl. *H. Baumann* in BK-VVG § 150 Rn. 3; ebenso *Kassing/Richters* VersR 2015, 293 (295).
[15] Vgl. BGHZ 171, 56 Rn. 12 f.; BGH NJW 2007, 2262 Rn. 11 und 13; r+s 2019, 197 Rn. 16; *Schulze Schwienhorst* in Looschelders/Pohlmann § 101 Rn. 1.
[16] Vgl. OLG Karlsruhe VersR 1993, 1390; *H. Baumann* in BK-VVG § 150 Rn. 3.
[17] Vgl. hierzu → Rn. 6 mwN in Fn. 8.
[18] Vgl. RGZ 124, 235 (237); BGHZ 26, 261 (264 f.) = NJW 1958, 420.
[19] Vgl. *R. Johannsen* in Bruck/Möller, 8. Aufl., Bd. IV, Anm. G 23, 25; *Voit/Knappmann* in Prölss/Martin, 27. Aufl., § 150 Rn. 1; *H. Baumann* in BK-VVG § 150 Rn. 4; jeweils mwN.
[20] Ebenso BGHZ 26, 261 (264 f.) = NJW 1958, 420 im Hinblick auf durch Kostentitel festgesetzte Prozesskosten; *R. Johannsen* in Bruck/Möller, 8. Aufl., Bd. IV, Anm. G 23, 25; *H. Baumann* in BK-VVG § 150 Rn. 4; *Lücke* in Prölss/Martin AHB 2016 Ziff. 5 Rn. 4; *R. Koch* in Bruck/Möller § 101 Rn. 2; aA *Schulze Schwienhorst* in Looschelders/Pohlmann § 101 Rn. 1, wonach § 101 mit § 83 in der Schadensversicherung korrespondiere.
[21] So zutreffend *H. Baumann* in BK-VVG § 150 Rn. 1 im Hinblick auf die Rechtslage unter der Geltung des VVG aF; vgl. auch *R. Koch* in Bruck/Möller § 101 Rn. 3.
[22] Vgl. OLG Karlsruhe NJW-RR 2014, 1125; OGH VersR 2014, 901 (903); *Baumann* in BK-VVG § 150 Rn. 9.

dung der Kosten den Umständen nach geboten ist. Dies gilt auch dann, wenn sich der Anspruch als unbegründet erweist. Die Versicherung umfasst auch die Kosten der Verteidigung in einem Strafverfahren, das wegen einer Tat eingeleitet wurde, welche die Verantwortlichkeit des Versicherungsnehmers einem Dritten gegenüber zur Folge haben könnte, sofern diese Kosten auf Weisung des Versicherers aufgewendet werden. Der Versicherer hat die Kosten auf Verlangen des Versicherungsnehmers vorzuschießen.

Die Gründe für diese relativ geringfügigen sprachlichen Veränderungen in § 101 Abs. 1 gegenüber der Vorschrift des § 150 Abs. 1 VVG aF liegen auf der Hand. So kommt der Einfügung des Wortes „auch" in § 101 Abs. 1 S. 1 allein eine klarstellende Funktion im Verhältnis zur Bestimmung des § 100 zu. Denn dadurch wird verdeutlicht, dass die in § 100 geregelte Leistung des Versicherers unter den in § 101 Abs. 1 S. 1 genannten Voraussetzungen auch die gerichtlichen und außergerichtlichen Kosten umfasst. Die Ersetzung der sich in § 150 Abs. 1 S. 1 VVG aF findenden Formulierung „..., die durch die Verteidigung gegen den von einem Dritten geltend gemachten Anspruch entstehen, ..." durch die in § 101 Abs. 1 S. 1 verwendeten Worte „... die durch die Abwehr der von einem Dritten geltend gemachten Ansprüche entstehen, ..." knüpft ebenfalls an die Vorschrift des § 100 an, die das Wort „abzuwehren" enthält und wegen der umfassenden Abwehrverpflichtung des Versicherers zu Recht im Plural von „Ansprüchen" und nicht nur im Singular von „Anspruch" spricht. Die gänzliche Streichung des in § 150 Abs. 1 S. 2 VVG aF anzutreffenden Satzes „Dies gilt auch dann, wenn sich der Anspruch als unbegründet erweist", ist durch die in § 100 erfolgte Hinzuziehung der Worte „..., und unbegründete Ansprüche abzuwehren" bedingt und macht wegen der Neufassung dieser Vorschrift den bisherigen § 150 Abs. 1 S. 2 VVG aF entbehrlich.[23] Schließlich dient der Verzicht auf den in § 150 Abs. 1 S. 3 VVG aF anzutreffenden einschränkenden Satz „..., sofern diese Kosten auf Weisung des Versicherers aufgewendet werden" und seine vom Wortlaut her verkürzte Einbeziehung in die in § 101 Abs. 1 S. 2 gewählte Formulierung „... umfasst ferner die auf Weisung des Versicherers aufgewendeten Kosten ..." der Vereinfachung und damit verbunden der größeren sprachlichen Klarheit, was zu begrüßen ist.

2. Einzelheiten zur Kostentragungspflicht des Versicherers nach Abs. 1. a) Überblick. Wie der Wortlaut der in § 101 Abs. 1 geregelten grundsätzlichen Kostentragungspflicht des Versicherers zeigt, lässt sich diese ihrerseits im Anschluss an die in § 150 Abs. 1 VVG aF getroffene Regelung in **drei große Gruppen** unterteilen. Dies sind zum einen die von § 101 Abs. 1 S. 1 umfassten gerichtlichen und außergerichtlichen Kosten, die durch die Abwehr der von einem Dritten geltend gemachten Ansprüche entstehen, soweit die Aufwendung der Kosten den Umständen nach geboten ist. Diese Kosten lassen sich stark vereinfacht als Abwehrkosten bezeichnen. Dies sind zum anderen die von § 101 Abs. 1 S. 2 umfassten Kosten, die auf Weisung des Versicherers aufgewendet, der Verteidigung in einem Strafverfahren dienen, das wegen einer Tat eingeleitet wurde, welche die Verantwortlichkeit des Versicherungsnehmers gegenüber einem Dritten zur Folge haben könnte. Diese Kosten können der Vereinfachung halber als Kosten der Verteidigung in einem Strafverfahren bezeichnet werden. Schließlich hat nach § 101 Abs. 1 S. 3 der Versicherer die Kosten auf Verlangen des Versicherungsnehmers vorzuschießen, so dass es naheliegt, diese Kosten mit Vorschüssen des Versicherers zu umschreiben.

Gemeinsam ist diesen in § 101 Abs. 1 VVG geregelten **Abwehrkosten,** den Kosten der Verteidigung in einem Strafverfahren sowie den Vorschüssen des Versicherers, dass sie zum einen Ausfluss der in § 100 geregelten Leistung des Versicherers sind, was durch die Worte „... umfasst auch ...", „... umfasst ferner ..." und „... hat vorzuschießen ..." zum Ausdruck kommt, und zum anderen in einer Reihe von Vorschriften der AHB 2016 sowie der AVB BHV ihren Niederschlag gefunden haben. Hierbei ist zu beachten, dass die nachfolgend zu nennenden Vorschriften der AHB 2016 und die der AVB BHV wörtlich übereinstimmen oder aber die Bestimmungen der AVB BHV gegenüber den der AHB 2016 nur marginal und damit inhaltlich unerheblich verändert wurden. Im Einzelnen handelt es sich um die Leistungen der Versicherung regelnden Ziff. 5.1 Abs. 1 AHB 2016 = A 1-4.1 Abs. 1 AVB BHV, Ziff. 5.2 Abs. 1und 2 AHB 2016 = A 1-4.2 Abs. 1 und 2 AVB BHV, Ziff. 5.3 AHB 2016 = A 1-4.3 AVB BHV und Ziff. 5.4 AHB 2016 = A 1-4.4 AVB BHV, um die der Begrenzung der Leistungen dienenden Ziff. 6.5 AHB 2016 = A 1-5.5 AVB BHV, Ziff. 6.6 AHB 2016 = A 1-5.6 AVB BHV und Ziff. 6.8 AHB 2016 = A 1-5.8 AVB BHV sowie um die die Obliegenheiten nach Eintritt des Versicherungsfalles betreffenden Ziff. 25.2 AHB 2016 = B 3-3.2.1 S. 1 und 2 und B 3-3.2.2b) AVB BHV, Ziff. 25.3 AHB 2016 = B 3-3.2.2c) AVB BHV und Ziff. 25.5 AHB 2016 = B 3-3.2.2e) AVB BHV.

---

[23] So zu Recht BT-Drs. 16/3945, 85 zu § 101 VVG; ebenso *Schimikowski*, in HK-VVG 2. Aufl., Vor § 101 Rn. 1; *Retter* in Schwintowski/Brömmelmeyer/Ebers § 101 Rn. 1.

16 Diese Vorschriften sind – vom Wortlaut der AHB 2016 ausgehend – wie folgt formuliert:

Ziff. 5.1 Abs. 1 AHB 2016 = A 1-4.1 Abs. 1 AVB BHV

Der Versicherungsschutz umfasst die Prüfung der Haftpflichtfrage, die Abwehr unberechtigter Schadensersatzansprüche und die Freistellung des Versicherungsnehmers von berechtigten Schuldenersatzverpflichtungen. ...

Ziff. 5.2 Abs. 1 und 2 AHB 2016 = A 1-4.2 Abs. 1 und 2 AVB BHV

Der Versicherer ist bevollmächtigt, alle ihm zur Abwicklung des Schadens oder Abwehr der Schadensersatzansprüche zweckmäßig erscheinenden Erklärungen im Namen des Versicherungsnehmers abzugeben.

Kommt es in einem Versicherungsfall zu einem Rechtsstreit über Schadensersatzansprüche gegen den Versicherungsnehmer, ist der Versicherer zur Prozessführung bevollmächtigt. Er führt den Rechtsstreit im Namen des Versicherungsnehmers auf seine Kosten.

Ziff. 5.3 AHB 2016 = A 1-4.3 AVB BHV

Wird in einem Strafverfahren wegen eines Schadensereignisses, das einen unter den Versicherungsschutz fallenden Haftpflichtanspruch zur Folge haben kann, die Bestellung eines Verteidigers für den Versicherungsnehmer von dem Versicherer gewünscht oder genehmigt, so trägt der Versicherer die gebührenordnungsmäßigen oder die mit ihm besonders vereinbarten höheren Kosten des Verteidigers.

Ziff. 5.4 AHB 2016 = A 1-4.4 AVB BHV

Erlangt der Versicherungsnehmer oder ein Mitversicherter das Recht, die Aufhebung oder Minderung einer zu zahlenden Rente zu fordern, so ist der Versicherer zur Ausübung dieses Rechts bevollmächtigt.

Ziff. 6.5 AHB 2016 = A 1-5.5 AVB BHV

Die Aufwendungen des Versicherers für Kosten werden nicht auf die Versicherungssumme angerechnet.

Ziff. 6.6 AHB 2016 = A 1-5.6 AVB BHV

Übersteigen die begründeten Haftpflichtansprüche aus einem Versicherungsfall die Versicherungssumme, trägt der Versicherer die Prozesskosten im Verhältnis der Versicherungssumme zur Gesamthöhe dieser Ansprüche.

Ziff. 6.8 AHB 2016 = A 1-5.8 AVB BHV

Falls die von dem Versicherer verlangte Erledigung eines Haftpflichtanspruchs durch Anerkenntnis, Befriedigung oder Vergleich am Verhalten des Versicherungsnehmers scheitert, hat der Versicherer für den von der Verweigerung an entstehenden Mehraufwand an Entschädigungsleistung, Zinsen und Kosten nicht aufzukommen.

Ziff. 25.2 AHB 2016 = B 3-3.2.1 S. 1 und 2 und B 3-3.2.2b) AVB BHV

Der Versicherungsnehmer muss nach Möglichkeit für die Abwendung und Minderung des Schadens sorgen. Weisungen des Versicherers sind dabei zu befolgen, soweit es für den Versicherungsnehmer zumutbar ist. Er hat dem Versicherer ausführliche und wahrheitsgemäße Schadensberichte zu erstatten und ihn bei der Schadensermittlung und -regulierung zu unterstützen. Alle Umstände, die nach Ansicht des Versicherers für die Bearbeitung des Schadens wichtig sind, müssen mitgeteilt sowie alle dafür angeforderten Schriftstücke übersandt werden.

Ziff. 25.3 AHB 2016 = B 3–3.2.2 c) AVB BHV

Wird gegen den Versicherungsnehmer ein staatsanwaltliches, behördliches oder gerichtliches Verfahren eingeleitet, ein Mahnbescheid erlassen oder ihm gerichtlich der Streit verkündet, hat er dies unverzüglich anzuzeigen.

Ziff. 25.5 AHB 2016 = B 3-3.2.2 e) AVB BHV

Wird gegen den Versicherungsnehmer ein Haftpflichtanspruch gerichtlich geltend gemacht, hat er die Führung des Verfahrens dem Versicherer zu überlassen. Der Versicherer beauftragt im Namen des Versicherungsnehmers einen Rechtsanwalt. Der Versicherungsnehmer muss dem Rechtsanwalt Vollmacht sowie alle erforderlichen Auskünfte erteilen und die angeforderten Unterlagen zur Verfügung stellen.

Diese umfassende **Regulierungsvollmacht** und damit einhergehende Kostentragungspflicht 17 des Versicherers ist für Abwehrkosten und Kosten der Verteidigung in einem Strafverfahren sowie für Vorschüsse des Versicherers nicht neu. Sie galt auch schon im Hinblick auf § 150 VVG aF und die diese Vorschrift konkretisierenden Bestimmungen der AHB aF. Verständlich werden die Wechselwirkungen zwischen § 101 und den Vorschriften der AHB 2016 sowie denen der AVB BHV einerseits sowie zwischen § 150 VVG aF und den Regelungen der AHB aF aber erst, wenn man sich nunmehr im Einzelnen den Abwehrkosten nach § 101 Abs. 1 S. 1, den Kosten der Verteidigung in einem Strafverfahren gemäß § 101 Abs. 1 S. 2 und den Vorschüssen des Versicherers nach § 101 Abs. 1 S. 3 zuwendet.

b) **Abwehrkosten nach § 101 Abs. 1 S. 1. aa) Überblick.** Regelt § 101 Abs. 1 S. 1 in recht 18 allgemein und unbestimmt gehaltener Form die Abwehrkosten des Versicherers, erhält diese Vorschrift ihre eigentliche Konkretisierung erst durch die Einbeziehung der in → Rn. 16 genannten Bestimmungen der AHB 2016 und der AVB BHV in den Versicherungsvertrag. Denn diese Bestimmungen umschreiben nicht nur näher den Gegenstand, den Umfang und die Grenzen der Regulierungsvollmacht des Versicherers. Vielmehr zeigen sie auch dessen sonstige ihm obliegenden Aufgaben und Pflichten auf. Zugleich verdeutlichen die Regelungen auch, welche Obliegenheiten den Versicherungsnehmer nach Eintritt des Versicherungsfalles treffen.

Ein solches breit gestreutes Bündel von die Abwehrkosten des Versicherers betreffenden Vor- 19 schriften war auch schon unter der Geltung des § 150 Abs. 1 S. 1 und 2 VVG aF in den AHB aF vorhanden, und zwar in § 3 III Ziff. 1 Abs. 1 S. 1, 3 III Ziff. 4, 3 IV Ziff. 1 S. 1 und 2, 3 IV Ziff. 2 S. 1, 3 IV Ziff. 3 AHB aF sowie in § 5 Ziff. 2 Abs. 1 und 4, 5 Ziff. 3, 5 Ziff. 4 und 5 Ziff. 7 AHB aF. Zwar werden diese Bestimmungen aufgrund einer seit jeher kaum durchschaubaren Strukturierung der AHB aF regelmäßig in Rechtsprechung und Literatur unterschiedlich zitiert, so dass das Auffinden der von der Rechtsprechung oder dem Schrifttum im Einzelfall herangezogenen Bestimmungen bisweilen einige Schwierigkeiten bereitet. In der Sache können allerdings keine Zweifel daran bestehen, dass die in den AHB 2016 und in den AVB BHV zu den Kosten des Rechtsschutzes getroffenen Regelungen sich inhaltlich weitgehend an den in den AHB aF findenden orientieren und daher die zu diesen ergangenen Stellungnahmen aus Rechtsprechung und Literatur auch bezüglich der Abwehrkosten nach den AHB 2016 und den AVB BHV grundsätzlich auch im Hinblick auf § 101 entsprechend herangezogen werden können.

bb) Gegenstand der Abwehrkosten. Dies zeigt sich schon bei der grundlegenden Frage zum 20 Gegenstand der Abwehrkosten. § 101 Abs. 1 S. 1 bestimmt nur sehr allgemein gehalten, dass die Versicherung auch die **gerichtlichen und außergerichtlichen Kosten** umfasst, die durch die **Abwehr der von einem Dritten geltend gemachten Ansprüche** entstehen. Hingegen wird in dieser Vorschrift nicht näher umschrieben, was insoweit Gegenstand der Versicherung ist. Diese Lücke füllen zumindest ansatzweise Ziff. 5.1 Abs. 1 AHB 2016 sowie A 1-4.1 Abs. 1 AVB BHV, wonach der Versicherungsschutz ua auch die Prüfung der Haftpflichtfrage und die Abwehr unberechtigter Schadensersatzansprüche umfasst. Damit entspricht diese Bestimmung ihrerseits der des § 3 III Ziff. 1 Abs. 1 S. 1 AHB aF, nach der die Leistungspflicht des Versicherers ebenfalls ua die Prüfung der Haftpflichtfrage und die Abwehr unberechtigter Ansprüche umfasst.

In diesen Umschreibungen des Versicherungsschutzes bzw. der Leistungspflicht des Versicherers 21 kommt unübersehbar zum Ausdruck, dass sich der Versicherer in einem ersten Schritt der Prüfung der Haftpflichtfrage zuwenden muss und dass ihn im Hinblick auf diese Frage eine sich aus dem Haftpflichtversicherungsvertrag ergebende Verpflichtung trifft.[24] Wie der Versicherer im Einzelfall seine Vertragspflichten erfüllt, steht zwar in seinem pflichtgemäßen Ermessen.[25] Jedoch trägt er wegen des pflichtgemäßen Ermessens die volle Verantwortung für seine Maßnahmen und die Gefahr, dass sie keinen Erfolg haben.[26]

---

[24] *Lücke* in Prölss/Martin AHB 2016 Ziff. 5 Rn. 4; vgl. ferner *Kramer* r+s 2008, 14 mit der Betonung der Interessen des Versicherungsnehmers durch den Versicherer als Ausfluss des Rücksichtnahmegebots; *Littbarski* AHB § 3 Rn. 70; näher zu A1-4.1 Abs. 1 AVB BHV *Littbarski* in Littbarski/Tenschert/Klein AVB BHV A1-4.1 Abs. 1 Rn. 2 ff.

[25] Vgl. BGH VersR 1956, 187; 1959, 499; 1981, 180 (181); BGHZ 171, 56 Rn. 18 = NJW 2007, 2258 (2259); BGH r+s 2019, 197 Rn. 16; OLG Frankfurt a. M. VersR 2003, 588; *Harsdorf-Gebhardt* in Späte/Schimikowski AHB 2014 Ziff. 5 Rn. 5; *Meckling-Geis/Wendt* VersR 2011, 577 (579); ablehnend gegenüber dem Ermessen des Versicherers *Lücke* in Prölss/Martin AHB 2016 Ziff. 5 Rn. 2 und 4; *v. Rintelen* r+s 2010, 133 (136).

[26] Vgl. BGH VersR 1956, 187; LG Köln r+s 1991, 410; *Lücke* in Prölss/Martin AHB 2016 Ziff. 5 Rn. 6; *v. Rintelen* r+s 2010, 133 (136).

22 **cc) Pflichten des Versicherers.** Ausdruck des pflichtgemäßen Ermessens des Versicherers ist es, ihm zu der aus seiner Sicht gebotenen Prüfung eine **angemessene Frist zuzugestehen,** wobei die konkrete Frist letztlich von den besonderen Umständen des Einzelfalles abhängig ist.[27] Bedarf es etwa der Beiziehung und Durchsicht umfangreicher Unterlagen, kommt eine erheblich längere Frist in Betracht, als wenn die den Haftpflichtfall betreffenden Unterlagen dem Versicherer bereits zur Verfügung stehen.[28] Erhebt der Versicherungsnehmer dennoch vorzeitig eine Deckungsklage gegen den Versicherer oder erkennt dieser gar den geltend gemachten Haftpflichtanspruch sofort an,[29] treffen den Versicherungsnehmer gemäß § 93 ZPO die Prozesskosten.[30] Kommt der Versicherer seiner Verpflichtung zur Prüfung der Haftpflichtfrage nach, indem er Einsicht in die den konkreten Fall betreffenden Unterlagen wie etwa die Ermittlungsakten nimmt, kann aus diesen Umständen allein keine Anerkennung seiner Deckungspflicht durch schlüssiges Verhalten hergeleitet werden.[31]

23 Trifft den Versicherer im Hinblick auf die Prüfung der Haftpflichtfrage eine entsprechende Verpflichtung, stellt sich die **schlichte Untätigkeit des Versicherers** als eine sich aus dem Versicherungsvertrag mit dem Versicherungsnehmer ergebende schuldhafte Pflichtverletzung nach § 280 Abs. 1 BGB dar. Zwar mag dahinstehen, ob man mit Voit/Knappmann[32] die schlichte Untätigkeit des Versicherers als eine seiner größten Pflichtverletzungen anzusehen hat. Richtig ist jedoch, dass die Untätigkeit oder das unzulängliche Eingreifen des Versicherers diesen unter Umständen zur Schadensersatzleistung gegenüber dem Versicherungsnehmer aus Verzug nach § 286 Abs. 1 BGB oder aus einer schuldhaften Pflichtverletzung des Versicherungsvertrages gemäß §§ 280 Abs. 1 iVm 241 Abs. 2 BGB verpflichtet.[33] Dies gilt auch dann, wenn sich die Schadensersatzansprüche des Dritten infolge der Untätigkeit des Versicherers erhöhen.[34] Sofern sich die Untätigkeit des Versicherers über einen längeren Zeitraum erstrecken sollte, ist an die Möglichkeit des Versicherungsnehmers bzw. der versicherten Person zu denken, die Leistungspflicht des Versicherers im Wege eines vorweggenommenen Deckungsprozesses feststellen zu lassen.[35]

24 Entscheidet sich der Versicherer nach der Prüfung der Haftpflichtfrage für die Abwehr der von einem Dritten gegenüber dem Versicherungsnehmer geltend gemachten Ansprüche, so umfasst nach § 101 Abs. 1 S. 1 die Versicherung auch die gerichtlichen und außergerichtlichen Kosten, die durch diese Abwehr entstehen, soweit die Aufwendung der Kosten den Umständen nach geboten ist. Diese Verpflichtung des Versicherers zur Übernahme der Abwehrkosten trägt dem der Haftpflichtversicherung immanenten Zweck Rechnung, eine Abwehr- und eine Rechtsschutzfunktion zugunsten des Versicherungsnehmers zu erfüllen, wenn auch diese im Allgemeinen unter den Versicherungsnehmern nicht immer genügend bekannt ist.[36]

25 Die Verpflichtung des Versicherers, die gegenüber dem Versicherungsnehmer erhobenen unberechtigten und damit unbegründeten Ansprüche abzuwehren, ist aufgrund der in Ziff. 5.1 Abs. 1 AHB 2016 sowie in A1-4.1 Abs. 1 AVB BHV bzw. in § 3 III Ziff. 1 Abs. 1 S. 1 AHB aF geregelten Gleichordnung der dem Versicherer gegenüber dem Versicherungsnehmer obliegenden Pflichten als eine Hauptleistungspflicht des Versicherers anzusehen.[37] Dies bedeutet, dass der Versicherer über die in § 101 Abs. 1 S. bzw. in § 150 Abs. 1 S. 1 und 2 VVG aF vorgesehene Kostentragungspflicht hinaus wegen der Abwehr- und Rechtsschutzfunktion der Haftpflichtversicherung verpflichtet ist, die Abwehr unberechtigter Ansprüche aktiv zu betreiben.[38]

---

[27] Vgl. *Littbarski* AHB § 3 Rn. 71.
[28] Vgl. *Littbarski* AHB § 3 Rn. 71.
[29] Vgl. *Littbarski* AHB § 3 Rn. 71.
[30] Vgl. OLG Nürnberg VersR 1976, 1052; OLG Bamberg r+s 1990, 86; *Littbarski* AHB § 3 Rn. 71.
[31] So zutreffend BGH VersR 1961, 399 ff.; OLG Saarbrücken ZfS 2007, 522; ebenso *Späte* AHB § 3 Rn. 25; *Lücke* in Prölss/Martin AHB 2016 Ziff. 5 Rn. 6; *Littbarski* AHB § 3 Rn. 71; ähnlich *Gräfe* in Gräfe/Brügge/Melchers, Berufshaftpflichtversicherung D Rn. 102.
[32] *Voit/Knappmann* in Prölss/Martin, 27. Aufl., AHB § 3 Rn. 3.
[33] Vgl. BGH r+s 2007, 191 und 239; *Voit/Knappmann* in Prölss/Martin, 27. Aufl. 2004, AHB § 3 Rn. 3; *Lücke* in Prölss/Martin AHB 2016 Ziff. 5 Rn. 4; *Littbarski* AHB § 3 Rn. 70; vgl. ferner *Späte* AHB § 3 Rn. 25.
[34] Vgl. *Späte* AHB § 3 Rn. 25; *Littbarski* AHB § 3 Rn. 70.
[35] Vgl. *Gädtke* in Bruck/Möller AVB-AVG 2011/2013 Ziff. 6 Rn. 11.
[36] Vgl. BGHZ 171, 56 Rn. 18 = NJW 2007, 2258 (2259) sowie → Vor § 100 Rn. 64; vgl. ferner *Littbarski* AHB Vorb. Rn. 48 sowie § 3 Rn. 72 und 208; *Littbarski* Praxishandbuch Sachverständigenrecht § 40 Rn. 22; *Meckling-Geis/Wendt* VersR 2011, 577 (580); jeweils mwN.
[37] Vgl. BGHZ 119, 276 (281) = NJW 1993, 68; BGHZ 171, 56 Rn. 12 ff. = NJW 2007, 2258 (2259); *Späte* Teil B § 3 Rn. 28; *Littbarski* AHB § 3 Rn. 73; *v. Rintelen* r+s 2010, 133 (136); vgl. ferner → Rn. 6 und 9; jeweils mwN.
[38] Vgl. BGHZ 119, 276 (281) = NJW 1993, 68; BGHZ 171, 56 Rn. 12 ff. = NJW 2007, 2258 (2259); *Späte* Teil B § 3 Rn. 28; *Harsdorf-Gebhardt* in Späte/Schimikowski AHB 2014 Ziff. 5 Rn. 14; *Littbarski* AHB § 3 Rn. 73; vgl. ferner *Lücke* in Prölss/Martin AHB 2016 Ziff. 5 Rn. 4.

So muss der Versicherer für den unberechtigt in Anspruch genommenen Versicherungsnehmer 26 etwa den zwangsläufig anfallenden Schriftwechsel führen, zur genaueren Prüfung der Haftpflichtfrage unter Umständen Gutachten von Sachverständigen einholen,[39] Beweissicherungstermine und Augenscheinseinnahmen hinsichtlich der beschädigten Gegenstände wahrnehmen[40] und bei bereits eingereichter Klage einen Anwalt beauftragen.[41] Derartige Aufgaben obliegen dem Versicherer nicht nur wegen der ihm gegenüber dem Versicherungsnehmer vertraglich geschuldeten Abwehrfunktion, sondern auch deshalb, weil die große Mehrzahl aller Versicherungsnehmer in Bezug auf solche Tätigkeiten hierzu selbst kaum oder nur unzulänglich in der Lage wäre und zudem den damit zusammenhängenden Arbeits- und Zeitaufwand häufig als lästig und nervenaufreibend empfinden dürfte.[42]

dd) Obliegenheiten des Versicherungsnehmers. Hat der Versicherer eine Vielzahl von Auf- 27 gaben unabhängig von einer Mitwirkung des Versicherungsnehmers zu erfüllen, setzen im Falle der Anwendbarkeit der AHB 2016 oder der AVB BHV deren Bestimmungen dem eigenständigen Handeln des Versicherungsnehmers noch weitere, erhebliche Grenzen. So treffen nach deren Regelungen den Versicherungsnehmer nach Eintritt des Versicherungsfalles eine Reihe von Obliegenheiten. Nach Ziff. 25.1 S. 1 AHB 2016 = B 3-3.2.2a) S. 1 AVB BHV ist jeder Versicherungsfall dem Versicherer innerhalb einer Woche anzuzeigen, auch wenn noch keine Schadensersatzansprüche erhoben sind. Das Gleiche gilt gemäß Ziff. 25.1 S. 2 AHB 2016 = B 3-3.2.2a) S. 2 AVB BHV, wenn gegen den Versicherungsnehmer Haftpflichtansprüche geltend gemacht werden. Wird gegen den Versicherungsnehmer ein Haftpflichtanspruch erhoben oder ein gerichtliches Verfahren eingeleitet, ein Mahnbescheid erlassen oder ihm gerichtlich der Streit verkündet, hat er dies nach Ziff. 25.3 AHB 2016 = B 3-3.2.2c) und e) AVB BHV dem Versicherer unverzüglich anzuzeigen. Gemäß Ziff. 25.2 AHB 2016 = B 3-3.2.1 S. 1 und B 3-3.2.2b) S. 1 und 2 AVB BHV muss der Versicherungsnehmer nach Möglichkeit für die Abwendung und Minderung des Schadens sorgen und Weisungen des Versicherers dabei befolgen, soweit dies für ihn zumutbar ist. Auch hat der Versicherungsnehmer nach dieser Vorschrift dem Versicherer ausführliche und wahrheitsgemäße Schadensberichte zu erstatten und ihn bei der Schadensermittlung und -regulierung zu unterstützen. Schließlich muss der Versicherungsnehmer nach dieser Bestimmung alle Umstände, die nach Ansicht des Versicherers für die Bearbeitung des Schadens wichtig sind, mitteilen sowie alle dafür angeforderten Schriftstücke übersenden.

Korrespondierend mit diesen Obliegenheiten des Versicherungsnehmers hat dieser weiterhin 28 gemäß Ziff. 25.5 AHB 2016 = B 3-3.2.2e) AVB BHV die **Führung des Verfahrens dem Versicherer zu überlassen,** wenn gegen den Versicherungsnehmer ein Haftpflichtanspruch gerichtlich geltend gemacht wird. Der Versicherer beauftragt in diesem Falle im Namen des Versicherungsnehmers einen Rechtsanwalt, dem der Versicherungsnehmer seinerseits Vollmacht sowie alle erforderlichen Auskünfte erteilen und die angeforderten Unterlagen zur Verfügung stellen muss.[43] Folgerichtig sehen aufgrund dieser umfangreichen Obliegenheiten Ziff. 5.2 Abs. 1 AHB 2016 = A 1-4.2 Abs. 1 AVB BHV als Leistungen der Versicherung vor, dass der Versicherer bevollmächtigt ist, alle ihm zur Abwehr der Schadensersatzansprüche zweckmäßig erscheinenden Erklärungen im Namen des Versicherungsnehmers abzugeben. Nur konsequent ist es auch, dass gemäß Ziff. 5.2 Abs. 2 AHB 2016 = A 1-4.2 Abs. 2 S. 1 und 2 AVB BHV der Versicherer zur Prozessführung bevollmächtigt ist, wenn es in einem Versicherungsfall zu einem Rechtsstreit über Schadensersatzansprüche gegen den Versicherungsnehmer kommt und dass zudem der Versicherer den Rechtsstreit im Namen des Versicherungsnehmers auf seine Kosten führt.

Diese umfassenden Obliegenheiten des Versicherungsnehmers einerseits und die Leistungen des 29 Versicherers andererseits haben bereits eine lange Tradition und sind daher mit einigen Abweichungen gegenüber den Bestimmungen der AHB 2016 auch schon Gegenstand der AHB aF gewesen, woraus sich eine umfängliche, sehr ins Einzelne gehende Rechtsprechung und Literatur entwickelt hat.[44]

---

[39] Vgl. AG Hannover VersR 1968, 566; *Späte* AHB § 3 Rn. 28; *Harsdorf-Gebhardt* in Späte/Schimikowski AHB 2014 Ziff. 5 Rn. 14; *Littbarski* AHB § 3 Rn. 74; *Schmalzl/Krause-Allenstein* Berufshaftpflichtversicherung Rn. 69a.

[40] Vgl. AG Hannover VersR 1968, 566; *Littbarski* AHB § 3 Rn. 74; *Schmalzl/Krause-Allenstein* Berufshaftpflichtversicherung Rn. 69a.

[41] Vgl. *Späte* AHB § 3 Rn. 28; *Harsdorf-Gebhardt* in Späte/Schimikowski AHB 2014 Ziff. 5 Rn. 14; *Littbarski* AHB § 3 Rn. 74; *Schmalzl/Krause-Allenstein* Berufshaftpflichtversicherung Rn. 69a.

[42] Vgl. *Schmalzl/Krause-Allenstein* Berufshaftpflichtversicherung Rn. 69; vgl. auch → Rn. 37.

[43] Vgl. BGHZ 171, 56 Rn. 12 = NJW 2007, 2258 (2259 f.); BGH NJW 2007, 2262 Rn. 11 und 13; r+s 2019, 197 Rn. 16; näher zu den zuvor genannten Obliegenheiten des Versicherungsnehmers *Littbarski* in Littbarski/Tenscher/Klein AVB BHV B3-3.2 Rn. 171 ff.

[44] Vgl. hierzu BGHZ 169, 232 Rn. 20 ff. = r+s 2007, 16 (17); *Littbarski* AHB § 3 Rn. 69 ff. und 198 ff. sowie § 5 Rn. 7 ff. und 140 ff.; vgl. ferner *Voit/Knappmann* in Prölss/Martin, 27. Aufl. 2004, AHB § 5 Rn. 1 ff.; jeweils mit weiteren Einzelheiten und umfassenden Nachweisen.

30 Ohne hierauf im vorliegenden Zusammenhang in allen Einzelheiten eingehen zu können, da es sich hierbei um die nähere Bestimmung von Regelungen der AHB 2016 sowie der AVB BHV im Verhältnis zu denen der AHB aF und nicht um die des zu erläuternden § 101 handelt, ist doch darauf hinzuweisen, dass nach Ziff. 25.1 und 25.3 AHB 2016 = B 3–3.2.2a) und B 3-3.2.2c) AVB BHV der Versicherungsnehmer dem Versicherer die in diesen Regelungen genannten Geschehnisse **„unverzüglich anzuzeigen"** hat. Gemäß § 5 Ziff. 2 Abs. 1 AHB aF ist hingegen „unverzüglich, spätestens innerhalb einer Woche, schriftlich anzuzeigen". Auf eine Wochenfrist bezüglich der Anzeigepflicht des Versicherungsnehmers stellt auch § 104 Abs. 1 S. 1 und 2 ab. Während nach § 104 Abs. 1 S. 1 der Versicherungsnehmer dem Versicherer innerhalb einer Woche die Tatsachen anzuzeigen hat, die seine Verantwortlichkeit gegenüber einem Dritten zur Folge haben können, ist der Versicherungsnehmer gemäß § 104 Abs. 1 S. 2 zur Anzeige innerhalb einer Woche nach der Geltendmachung verpflichtet. § 104 Abs. 2 S. 1 sieht hingegen für den Fall, dass gegen den Versicherungsnehmer ein Anspruch gerichtlich geltend gemacht, Prozesskostenhilfe beantragt oder ihm gerichtlich der Streit verkündet wird, vor, dass er dies dem Versicherer unverzüglich anzuzeigen hat. Dies gilt nach § 104 Abs. 2 S. 2 auch dann, wenn gegen den Versicherungsnehmer wegen des den Anspruch begründenden Schadensereignisses ein Ermittlungsverfahren eingeleitet wird.

31 Die **Uneinheitlichkeit** dieser die verschiedenen Anzeigepflichten des Versicherungsnehmers betreffenden Fristen in den Regelungen des VVG sowie in denen der AHB aF und der AHB 2016 bzw. der AVB BHV ist evident. Welche Folgerungen allerdings hieraus zu ziehen sind, ist im Rahmen der Erläuterungen zu § 104 zu klären.[45]

32 **ee) Regulierungsvollmacht des Versicherers und die sich daraus ergebenden Folgen.** Da die umfassende Regulierungsvollmacht des Versicherers die Folge der den Versicherungsnehmer nach Ziff. 25.1, 25.2, 25.3 und 25.5 AHB 2016 = B 3-3.2.2a), B 3-3.2.1 S. 1 und 2 und B 3-3.2.2b), B 3-3.2.2c) und B 3-3.2.2e) AVB BHV treffenden Obliegenheiten ist und sie sich zudem aus den die Leistungen der Versicherung betreffenden Ziff. 5.1 Abs. 1, 5.2 Abs. 1 und 2 sowie 5.4 AHB 2016 = A 1-4.1, A 1-4.2 Abs. 1 und 2 und A 1-4.4 AVB BHV ergibt, steht dem Versicherungsnehmer im Gegensatz zu der freien Anwaltswahl des Versicherungsnehmers in der Rechtsschutzversicherung nach §§ 127, 129 VVG, § 3 Abs. 3 BRAO[46] grundsätzlich nicht das Recht zu, zur Abwehr der gegen ihn erhobenen Ansprüche von sich aus einen Rechtsanwalt zu beauftragen. Auch kann der Versicherer gegenüber dem Versicherungsnehmer grundsätzlich nicht verpflichtet sein, von der im Außenverhältnis unbeschränkten Vollmacht nur im Umfang seiner Deckungspflicht Gebrauch zu machen.[47] Unabhängig von den Regelungen der Ziff. 25.5 S. 2 AHB 2016 = B 3-3.2.2e) S. 2 AVB BHV, wonach der Versicherer im Namen des Versicherungsnehmers einen Rechtsanwalt beauftragt, lässt sich dies sachlich auch damit rechtfertigen, dass der Versicherer dadurch nicht nur seinen vertraglichen Verpflichtungen gegenüber dem Versicherungsnehmer nachkommt, sondern vor allem auch viel besser als der Versicherungsnehmer zu beurteilen vermag, welcher Rechtsanwalt für die Bearbeitung des in Rede stehenden Rechtsstreites besonders geeignet ist und mit wem er als Versicherer am besten zugunsten des Versicherungsnehmers zusammenzuarbeiten vermag.

33 Deshalb ist es auch richtig, dass nach Ziff. 5.2 Abs. 1 AHB 2016 = A 1-4.2 Abs. 1 AVB BHV der Versicherer nunmehr ausdrücklich bevollmächtigt ist, alle ihm zur Abwehr des Schadensersatzanspruches zweckmäßig erscheinenden **Erklärungen im Namen des Versicherungsnehmers abzugeben** und er zudem gemäß Ziff. 5.2 Abs. 2 S. 1 AHB 2016 = A 1-4.2 Abs. 2 S. 1 AVB BHV zur Prozessführung bevollmächtigt ist, wenn es in einem Versicherungsfall zu einem Rechtsstreit über Schadensersatzansprüche gegen den Versicherungsnehmer kommt. Demgegenüber heißt es in § 5 Ziff. 7 AHB aF noch missverständlich, dass der Versicherer als bevollmächtigt „gilt", alle zur Abwehr des Anspruchs ihm zweckmäßig erscheinenden Erklärungen im Namen des Versicherungsnehmers abzugeben. Aus der Verwendung des Wortes „gilt" in § 5 Ziff. 7 AHB aF anstelle des Wortes „ist" musste daher unter der Geltung dieser Vorschrift mit eingehender Begründung abgeleitet werden, dass es sich hierbei keineswegs um eine bloße Fiktion zugunsten des Versicherers handelt, sondern dass „gilt" in diesem Zusammenhang nichts anderes heißt, als dass der Versicherer tatsächlich

---

[45] Vgl. hierzu → § 104 Rn. 28 ff.; vgl. ferner *Schimikowski* in HK-VVG § 104 Rn. 1 ff.; *Littbarski* AHB § 5 Rn. 8 ff.
[46] Vgl. hierzu näher BGH ZIP 2014, 422 ff.
[47] Näher zur Regulierungsvollmacht des Versicherers BGHZ 169, 232 Rn. 20 ff. = r+s 2007, 16 (17); OLG Frankfurt a. M. NJW-RR 2003, 394; AG Bonn VersR 1988, 841 (842); *Späte* AHB § 3 Rn. 28; *Harsdorf-Gebhardt* in Späte/Schimikowski AHB 2014 Ziff. 5 Rn. 5 und 24 ff.; *Littbarski* AHB § 3 Rn. 74 und § 5 Rn. 140 ff.; *Armbrüster* r+s 2010, 441 (444); einschränkend im Hinblick auf die Regulierungsvollmacht zur Vermeidung einer unbilligen Belastung des Versicherungsnehmers zu Unrecht *Lücke* in Prölss/Martin AHB 2016 Ziff. 5 Rn. 18.

bevollmächtigt ist.[48] Deshalb dürfte aufgrund des Wortlautes von Ziff. 5.2 Abs. 1 und 2 S. 1 AHB 2016 = A 1-4.2 Abs. 1 und Abs. 2 S. 1 AVB BHV die zu § 5 Ziff. 7 AHB aF in Rechtsprechung[49] und Literatur[50] umstrittene Frage, ob die Regulierungsvollmacht des Versicherers diesen auch ermächtigt, dem Rechtsanwalt im Namen des Versicherungsnehmers Prozessvollmacht zu erteilen, im Sinne einer bejahenden Antwort überholt sein.

Dies gilt umso mehr, als der Versicherer gemäß Ziff. 5.2 Abs. 2 S. 2 AHB 2016 = A 1-4.2 **34** Abs. 2 S. 2 AVB BHV den Rechtsstreit im Namen des Versicherungsnehmers **auf seine Kosten führt** und er deshalb auch im Rahmen der Versicherungssumme grundsätzlich die gesamten Kosten des Rechtsstreits beim Unterliegen des Versicherungsnehmers zu tragen hat.[51] Dabei ist nach der Regelung des § 101 Abs. 2 S. 1 für die Kostentragungspflicht des Versicherers auch unerheblich, ob die Kosten eines auf seine Veranlassung geführten Rechtsstreits die Versicherungssumme übersteigen.[52] Dies gilt nach § 101 Abs. 2 S. 2 auch für Zinsen, die der Versicherungsnehmer infolge einer vom Versicherer veranlassten Verzögerung der Befriedigung des Dritten diesem schuldet.

Da der Versicherer nach Ziff. 25.5 S. 2 AHB 2016 = B 3-3.2.2e) S. 2 AVB BHV im Namen **35** des Versicherungsnehmers einen Rechtsanwalt beauftragt und gemäß Ziff. 25.5 S. 3 AHB 2016 = B 3-3.2.2e) S. 3 AVB BHV der Versicherungsnehmer dem Rechtsanwalt Vollmacht sowie alle erforderlichen Auskünfte erteilen und die angeforderten Unterlagen zur Verfügung stellen muss, ist entgegen der unter der Geltung des § 5 Ziff. 4 S. 1 AHB aF auch vom Verfasser vertretenen Auffassung[53] davon auszugehen, dass trotz der Bestellung eines Rechtsanwaltes durch den Versicherer zur Durchführung des Prozesses über den Haftpflichtanspruch es regelmäßig zu einem **Anwaltsvertrag** nach §§ 675 iVm 611 ff. BGB **zwischen dem Versicherungsnehmer und dem Rechtsanwalt** und nicht etwa zwischen dem Versicherer und dem Rechtsanwalt[54] kommt. Zwar muss der Versicherungsnehmer dem Rechtsanwalt Prozessvollmacht erteilen. Diese Erteilung der Prozessvollmacht an den Rechtsanwalt und damit verbunden die Prozessführungsvollmacht des Versicherers genügen aber allein nicht, um allein deshalb den Versicherer als Vertragspartner des Rechtsanwaltes anzusehen.[55]

Der Besonderheit des Haftpflichtvertrages entspricht es, dass der Versicherer Gebührenschuldner **36** für das Anwaltshonorar ist,[56] wie sich den in Ziff. 5.2 Abs. 2 S. 2 AHB 2016 = A 1-4.2 Abs. 2 S. 2 AVB BHV bzw. in § 3 III Ziff. 3 AHB aF findenden Worten „auf seine Kosten" entnehmen lässt. Gebührenschuldner des Rechtsanwaltes ist der Versicherer in den Grenzen der Ziff. 6.6 AHB 2016 = A 1-5.6 AVB BHV bzw. des § 3 IV Ziff. 1 AHB aF auch dann, wenn der gegen den Versicherungsnehmer erhobene Haftpflichtanspruch die Versicherungssumme übersteigt.[57] In einem solchen Falle ist es dem Versicherer nicht gestattet, dem Rechtsanwalt gegenüber darauf zu verweisen, dass er als Versicherer wegen der Überschreitung der Versicherungssumme die Prozesskosten nur anteilig zu tragen habe. Gilt doch die in Ziff. 6.6 AHB 2016 = A 1-5.6 AVB BHV bzw. in § 3 IV Ziff. 1 AHB

---

[48] Vgl. *Späte* AHB § 5 Rn. 62; *Voit/Knappmann* in Prölss/Martin, 27. Aufl. 2004, AHB § 5 Rn. 20; *Littbarski* AHB § 5 Rn. 134; vgl. zur Hemmung der Verjährung aufgrund der Bevollmächtigung des Rechtsanwaltes jüngst zu Recht OLG Hamm r+s 2022, 715 Rn. 8 mwN.

[49] Bejahend OLG Hamm VersR 1982, 1068; AG München VersR 1968, 637; BGH r+s 1992, 110 (111) im Hinblick auf die AKB aF.

[50] Bejahend *Voit/Knappmann* in Prölss/Martin, 27. Aufl. 2004, AHB § 5 Rn. 28; *H. Baumann* in BK-VVG § 150 Rn. 7; verneinend *R. Johannsen* in Bruck/Möller, 8. Aufl., Bd. IV, Anm. G 10.

[51] Vgl. *Littbarski* AHB § 3 Rn. 201.

[52] Vgl. *Littbarski* AHB § 3 Rn. 201; *Lücke* in Prölss/Martin AHB 2016 Ziff. 25 Rn. 37.

[53] Vgl. *Voit/Knappmann* in Prölss/Martin, 27. Aufl. 2004, AHB § 5 Rn. 15; ebenso *Lücke* in Prölss/Martin AHB 2014 Ziff. 5 Rn. 32 sowie *H. Baumann* in Bruck/Möller AVB-AVG 2011/2013 Ziff. 4 Rn. 72 unter der Geltung des VVG 2008 und der AHB 2008/2014; *Späte* AHB § 5 Rn. 42; *Littbarski* AHB § 5 Rn. 81.

[54] So *Schmalzl/Krause-Allenstein* Berufshaftpflichtversicherung Rn. 387, wonach der durch den Versicherer beauftragte Rechtsanwalt Vertragspartner des Versicherungsnehmers werde, da er „im Namen des Versicherungsnehmers" beauftragt werde; ebenso *Harsdorf-Gebhardt* in Späte/Schimikowski AHB 2014 Ziff. 25 Rn. 73, da der Versicherungsnehmer nach Ziff. 25.5 S. 3 AHB 2014 die Prozessvollmacht zu erteilen habe.

[55] Vgl. *Späte* AHB § 5 Rn. 42; *Harsdorf-Gebhardt* in Späte/Schimikowski AHB 2014 Ziff. 25 Rn. 73; *Littbarski* AHB § 5 Rn. 81; *Voit/Knappmann* in Prölss/Martin, 27. Aufl. 2004, AHB § 5 Rn. 15; *Lücke* in Prölss/Martin AHB 2016 Ziff. 25 Rn. 32 und 37; *Littbarski* in Littbarski/Tenschert/Klein AVB BHV B 3-3 Rn. 239 mwN in Fn. 494.

[56] Vgl. LG Hamburg VersR 1955, 365; OGH VersRdsch 1958, 224; *R. Johannsen* in Bruck/Möller, 8. Aufl., Bd. IV, Anm. G 19; *Lücke* in Prölss/Martin AHB 2016 Ziff. 25 Rn. 32; *Späte* Teil B § 5 Rn. 42; *Harsdorf-Gebhardt* in Späte/Schimikowski AHB 2014 Ziff. 25 Rn. 73; *Littbarski* AHB § 5 Rn. 81; *H. Baumann* in BK-VVG § 150 Rn. 7; *H. Baumann* in Bruck/Möller AVB-AVG 2011/2013 Ziff. 4 Rn. 72.

[57] Vgl. *Späte* AHB § 5 Rn. 42; *Harsdorf-Gebhardt* in Späte/Schimikowski AHB 2014 Ziff. 25 Rn. 73; *Littbarski* AHB § 5 Rn. 81; *Lücke* in Prölss/Martin AHB 2016 Ziff. 25 Rn. 37; *Schmalzl/Krause-Allenstein* Berufshaftpflichtversicherung Rn. 387; *Littbarski* in Littbarski/Tenschert/Klein AVB BHV A1-5.6 Rn. 81 ff.

aF sich findende Anteilsregelung nur im Verhältnis zwischen den Parteien des Versicherungsvertrages, also dem Versicherer und dem Versicherungsnehmer, nicht aber in Bezug auf den vom Versicherer bestellten Rechtsanwalt.[58]

37 Koch/Hirse[59] haben zur Zeit der Geltung des § 9 AGBG mit eingehender Begründung die Auffassung vertreten, dass § 5 Ziff. 4 S. 1 AHB aF sowie § 5 Ziff. 7 AHB aF mit dieser AGB-rechtlichen Vorschrift unvereinbar seien. Wäre diese Ansicht zutreffend, müsste das Gleiche unter der Geltung des § 307 Abs. 1 und 2 BGB auch im Hinblick auf Ziff. 5.2 Abs. 1 AHB 2016 sowie in Bezug auf Ziff. 25.5 AHB 2016 = B 3-3.2.2e) AVB BHV anzunehmen sein. Dies ist jedoch nicht der Fall. Denn wie Voit/Knappmann[60] im Hinblick auf § 5 Ziff. 4 S. 1 AHB aF zu Recht ausführen, hat der Versicherungsnehmer in der Allgemeinen Haftpflichtversicherung ein besonders starkes Interesse daran, durch den meist sachkundigeren und erfahreneren Versicherer von der Mühe entlastet zu werden, den Anspruch abzuwehren oder zu regulieren und zu prozessieren, so dass eine gelegentliche, in einem Einzelfall einmal zu konstatierende Benachteiligung jedenfalls nicht generell unangemessen ist.[61]

38 Bestellt oder beauftragt der Versicherer einen Rechtsanwalt, muss der Versicherungsnehmer wie gezeigt[62] nach Ziff. 25.5 S. 3 AHB 2016 = B 3-3.2.2e) S. 3 AVB BHV dem Rechtsanwalt Vollmacht sowie alle erforderlichen Auskünfte erteilen und die angeforderten Unterlagen zur Verfügung stellen. Auch hat der Versicherungsnehmer von ihm einzuhaltende Fristen zu beachten.[63] Verweigert der Versicherungsnehmer die Vollmachtserteilung gegenüber dem vom Versicherer benannten Rechtsanwalt, weil er einen ihm aus der Vergangenheit bekannten Rechtsanwalt für geeigneter hält, ist hierin eine vorsätzliche Obliegenheitsverletzung des Versicherungsnehmers jedenfalls dann zu erblicken, wenn der Versicherer ihn auf seine Pflicht zur Vollmachtserteilung durch gesonderte Mitteilung in Textform auf diese Rechtsfolge ausdrücklich hingewiesen hat.[64] Folge dieser vorsätzlichen Obliegenheitsverletzung durch den Versicherungsnehmer ist gemäß Ziff. 26.2 Abs. 2 AHB 2016 = B 3-3.3.2 AVB BHV dessen grundsätzlicher Verlust des Versicherungsschutzes.[65]

39 **ff) Grenzen der Regulierungsvollmacht des Versicherers und die sich daraus ergebenden Folgen.** Eine Grenze, dem vom Versicherer benannten Rechtsanwalt eine entsprechende Vollmacht zu erteilen, stellt jedoch für den Versicherungsnehmer die Zumutbarkeit dar. Diese ist etwa dann zu verneinen, wenn der Rechtsanwalt in einem Prozess die andere Partei vertritt oder vertreten hat[66] oder wenn der Versicherer den Versicherungsnehmer dazu veranlassen will, an einer unrichtigen Entscheidung des Prozesses mitzuwirken.[67]

40 Nicht eindeutig geklärt ist sowohl unter der Geltung des § 5 Ziff. 4 S. 1 AHB aF als auch unter der Ziff. 25.5 AHB 2016 = B 3-3.2.2e) AVB BHV die Frage, ob der Versicherungsnehmer die Berechtigung hat, neben dem vom Versicherer zugeordneten Rechtsanwalt **selbst einen Rechtsanwalt zu bestellen.** Während der BGH[68] die Beantwortung dieser Frage ausdrücklich offengelassen hat und nach Ansicht des OLG München[69] die Bestellung eines eigenen Prozessbevollmächtigten durch den allein verklagten Versicherungsnehmer allenfalls im Innenverhältnis zwischen Versicherer und Versicherungsnehmer zu Konsequenzen führen kann, stellten Stimmen in der Literatur[70] im Anschluss an eine zu § 5 Ziff. 4 S. 1 AHB aF ergangene Entscheidung des LG Nürnberg-Fürth[71] darauf ab, ob mit der Bestellung des weiteren Rechtsanwaltes die Prozessführung des Versi-

---

[58] Vgl. OLG Frankfurt a. M. VersR 1982, 58; *Späte* AHB § 5 Rn. 42; *Harsdorf-Gebhardt* in Späte/Schimikowski AHB 2016 Ziff. 25 Rn. 73; *Littbarski* AHB § 5 Rn. 81; *Schmalzl/Krause-Allenstein* Berufshaftpflichtversicherung Rn. 387.
[59] *Koch/Hirse* VersR 2001, 405 ff.
[60] *Voit/Knappmann* in Prölss/Martin, 27. Aufl. 2004, AHB § 5 Rn. 16a; im Ergebnis ebenso *Schimikowski* in HK-VVG AHB 2016 Ziff. 25 Rn. 17.
[61] Vgl. auch → Rn. 26.
[62] Vgl. → Rn. 35.
[63] Vgl. *Voit/Knappmann* in Prölss/Martin, 27. Aufl. 2004, AHB § 5 Rn. 11; ferner *Lücke* in Prölss/Martin AHB 2016 Ziff. 25 Rn. 26; *Littbarski* AHB § 5 Rn. 77.
[64] Vgl. *Schimikowski* in HK-VVG AHB 2016 Ziff. 25 Rn. 12 und Ziff. 26 Rn. 4.
[65] So zutreffend *Schimikowski* in HK-VVG AHB 2016 Ziff. 26 Rn. 4 mit weiteren Einzelheiten.
[66] So BGH NJW 1981, 1952 f.; ebenso *Voit/Knappmann* in Prölss/Martin, 27. Aufl. 2004, AHB § 5 Rn. 14; *Littbarski* AHB § 5 Rn. 77; vgl. ferner § 356 StGB zu den Voraussetzungen des Straftatbestandes des Parteiverrats.
[67] Vgl. *Voit/Knappmann* in Prölss/Martin, 27. Aufl. 2004, AHB § 5 Rn. 14; *Littbarski* AHB § 5 Rn. 77.
[68] Vgl. BGH NJW 1981, 1952 f. = VersR 1981, 948 f.
[69] Vgl. OLG München MDR 1983, 941.
[70] Vgl. *Lücke* in Prölss/Martin AHB 2016 Ziff. 5 Rn. 30; *Späte* AHB § 5 Rn. 41; näher hierzu *Littbarski* in Littbarski/Tenschert/Klein AVB BHV B3-3.2 Rn. 241 ff.
[71] LG Nürnberg-Fürth VersR 1973, 511 ff.; vgl. auch AG Frankfurt a. M. VersR 1973, 516; noch anders in einem Ausnahmefall AG Stuttgart VersR 1970, 659 f.; vgl. ferner *Lücke* in Prölss/Martin AHB 2016 Ziff. 25 Rn. 35; *Harsdorf-Gebhardt* in Späte/Schimikowski AHB 2014 Ziff. 25 Rn. 66.

cherers unterstützt oder durch eine Obliegenheitsverletzung des Versicherungsnehmers durchkreuzt werden solle. Liege Letzteres vor, sei hierin ein Verstoß des Versicherungsnehmers gegen § 5 Ziff. 4 S. 1 AHB aF zu erblicken.[72]

Grundsätzlich wird man der einen Verstoß gegen § 5 Ziff. 4 S. 1 AHB aF und damit einhergehend auch gegen Ziff. 25.5 AHB 2016 = B 3-3.2.2e) AVB BHV bejahenden Auffassung zuzustimmen haben, da anderenfalls die mit diesen Bestimmungen verfolgte Intention, die Prozessführung dem Versicherer zu überlassen, ad absurdum geführt werden könnte, zumindest unter Umständen langwierige Auseinandersetzungen zwischen dem Versicherer und dem Versicherungsnehmer über die Berechtigung der Hinzuziehung eines weiteren Rechtsanwaltes hervorgerufen werden könnten und sogar Auseinandersetzungen zwischen den beteiligten Rechtsanwälten über das richtige prozessuale Vorgehen nicht von vornherein ausgeschlossen wären.[73] Daher wird man nur in den Fällen, in denen der Versicherer seine Zustimmung zur Heranziehung eines weiteren Rechtsanwaltes erklärt hat, einen Verstoß des Versicherungsnehmers gegen § 5 Ziff. 4 S. 1 AHB aF bzw. gegen Ziff. 25.5 AHB 2016 = B 3-3.2.2e) AVB BHV verneinen können. **41**

Bestellt der Versicherungsnehmer zusätzlich zu dem vom Versicherer bestellten Prozessbevollmächtigten einen weiteren Prozessbevollmächtigten, sind die dadurch entstandenen Kosten nach ganz überwiegender, zutreffender Auffassung vom Versicherer nicht zu ersetzen.[74] Das Gleiche gilt für den Fall, dass Anwaltskosten zu einem Zeitpunkt entstanden sind, als der Versicherer noch nicht in Verzug war.[75] **42**

gg) Prozessuale Aspekte. Auch wenn nach Ziff. 25.5 S. 1 AHB 2016 = B 3-3.2.2e) S. 1 AVB BHV der Versicherungsnehmer dem Versicherer die Führung des Verfahrens bzw. gemäß § 5 Ziff. 4 S. 1 AHB aF der Versicherungsnehmer dem Versicherer die Prozessführung zu überlassen hat, kann doch der Versicherer nicht auf ihre Erfüllung klagen, insbesondere auch nicht auf die Erteilung der Vollmacht durch den Versicherungsnehmer an den vom Versicherer bestellten Rechtsanwalt. Dies ergibt sich daraus, dass die Pflicht des Versicherungsnehmers zur Überlassung der Führung des Verfahrens bzw. der Prozessführung keine einklagbare Rechtspflicht, sondern allein eine **Obliegenheit begründet,** die keinen Anspruch des Versicherers auf Erfüllung zur Folge hat.[76] **43**

Kommt es gemäß Ziff. 25.5 S. 1 AHB 2016 = B 3-3.2.2e) S. 1 AVB BHV bzw. nach § 5 Ziff. 4 S. 1 AHB aF zum Prozess über den Haftpflichtanspruch, ist der maßgebliche Zeitpunkt für die Erfüllung der Obliegenheit, dem Versicherer die Prozessführung zu überlassen, nicht schon die Androhung eines Rechtsstreits und auch nicht etwa die Mitteilung über die Einreichung einer Klage, also deren Anhängigkeit, sondern vielmehr erst deren Zustellung und damit verbunden deren Rechtshängigkeit gemäß §§ 253 Abs. 1 iVm 261 Abs. 1 ZPO.[77] **44**

Neben dieser Klageform ist als Prozess über den Haftpflichtanspruch auch **jedes zivilgerichtliche Verfahren** anzusehen. Deshalb ist das sich noch in § 5 Ziff. 4 S. 1 AHB aF findende Wort „Prozessführung" in Ziff. 25.5 S. 1 AHB 2016 = B 3-3.2.2e) S. 1 AVB BHV vom GDV als dem Bedingungsverfasser der AHB 2016 sowie der AVB BHV zu Recht durch die Worte „Führung des Verfahrens" ersetzt worden, da diese Umschreibung deutlich zum Ausdruck bringt, dass es sich hierbei nicht nur um eine Prozessführung durch den Versicherer handelt. Zwar ist eine derartige Auffassung auch unter der Geltung des § 5 Ziff. 4 S. 1 AHB aF nicht vertreten worden. Vielmehr bestand schon immer Einigkeit darüber, dass zu den Prozessen jedes zivilgerichtliche Verfahren zu rechnen ist, also insbesondere auch das Verfahren vor den Amtsgerichten nach den §§ 495 ff. ZPO, der Antrag auf Prozesskostenhilfe gemäß den §§ 114 ff. ZPO[78] und auf Verfahrenskostenhilfe nach **45**

---

[72] So *Späte* AHB § 5 Rn. 41.
[73] Ähnlich *Lücke* in Prölss/Martin AHB 2016 Ziff. 25 Rn. 35; *Harsdorf-Gebhardt* in Späte/Schimikowski AHB 2014 Ziff. 25 Rn. 66.
[74] Vgl. OLG München MDR 1983, 941; LG Nürnberg-Fürth VersR 1973, 511 (512); AG Frankfurt a. M. VersR 1973, 516; *Späte* Teil B § 5 Rn. 77; *Harsdorf-Gebhardt* in Späte/Schimikowski AHB 2014 Ziff. 25 Rn. 72; *Lücke* in Prölss/Martin AHB 2016 Ziff. 25 Rn. 35; *Littbarski* AHB § 5 Rn. 80; aA im Hinblick auf einen Ausnahmefall AG Stuttgart VersR 1970, 659 f.
[75] Vgl. LG Köln r+s 1986, 250; AG Bonn VersR 1988, 841 (842); *Littbarski* AHB § 5 Rn. 80; *Lücke* in Prölss/Martin AHB 2016 Ziff. 25 Rn. 35.
[76] Vgl. BGH VersR 1968, 162 f.; OLG Köln VersR 1965, 950; *Späte* AHB § 5 Rn. 77; *Harsdorf-Gebhardt* in Späte/Schimikowski AHB 2014 Ziff. 25 Rn. 66.
[77] Vgl. *Späte* AHB § 5 Rn. 39; *Harsdorf-Gebhardt* in Späte/Schimikowski AHB 2014 Ziff. 25 Rn. 67; *Lücke* in Prölss/Martin AHB 2016 Ziff. 25 Rn. 26; *Littbarski* AHB § 5 Rn. 82; *Littbarski* in Littbarski/Tenschert/Klein AVB BHV B3-3.2 Rn. 230 ff. jeweils mwN.
[78] Vgl. hierzu OLG Brandenburg VersR 2010, 274 f.; vgl. ferner *Harsdorf-Gebhardt* in Späte/Schimikowski AHB 2014 Ziff. 25 Rn. 67.

§§ 76 ff. FamFG sowie das Verfahren auf Erlass eines Arrests nach den §§ 916 ff. ZPO und das auf Erlass einer einstweiligen Verfügung gemäß den §§ 935 ff. ZPO.[79] Hierzu gehören ferner das selbständige Beweisverfahren nach den §§ 485 ff. ZPO,[80] das Zwangsvollstreckungsverfahren gemäß den §§ 704 ff. ZPO[81] und auch die Streitverkündung nach den §§ 72 ff. ZPO an einen Gesamtschuldner oder einen sonst im Innenverhältnis Verantwortlichen.[82] Auch eine negative Feststellungsklage nach § 256 Abs. 1 ZPO, die gegenüber einer Teilklage erhoben wird, ist nach ganz einhelliger Ansicht[83] als Verteidigung anzusehen, wenn sie einer vernünftigen Prozessführung entspricht. Hingegen wird eine selbständige negative Feststellungsklage nur dann als geboten angesehen, wenn es ausnahmsweise dem Versicherungsnehmer unzumutbar ist, die Klage des Geschädigten abzuwarten. Konkrete Beispiele werden hierfür aber nicht genannt.[84]

46 Die Widerklage nach § 33 ZPO gehört demgegenüber nach allgemein vertretener Ansicht[85] nicht zu den zivilgerichtlichen Verfahren, da sie kein Verteidigungsmittel ist. Das Gleiche gilt für Vollstreckungskosten des Dritten, die dadurch entstehen, dass der Versicherer nicht rechtzeitig vollstreckungsabwehrende Maßnahmen nach § 101 Abs. 3 ergreift oder die Haftpflichtansprüche erfüllt.[86]

47 **hh) Umfang der Abwehrkosten.** In Anbetracht der Vielzahl der mit den Abwehrkosten zusammenhängenden Fragen, die vorstehend im Einzelnen erörtert wurden, überrascht es nicht, dass es dementsprechend auch eine recht große Anzahl von vor allem aus der Rechtsprechung stammenden Fallgestaltungen gibt, die zwar den Umfang der Abwehrkosten näher bestimmen, für die aber aufgrund des in § 101 Abs. 1 S. 1 getroffenen einschränkenden Nebensatzes „..., soweit die Aufwendung der Kosten den Umständen nach geboten ist" nur ein **umfangmäßig begrenzter Versicherungsschutz** besteht. Dieser umfangmäßig begrenzte Versicherungsschutz steht wiederum in einem sehr engen Zusammenhang mit der in § 101 Abs. 2 S. 1 getroffenen Regelung, bei der es um die kostenrechtlichen Auswirkungen der Bestimmung einer Versicherungssumme und damit ebenfalls um einen umfangmäßig begrenzten Versicherungsschutz geht. Unter diesen Umständen erscheint es aber sinnvoller, die zu diesen beiden Fallgruppen gehörenden Fallgestaltungen gemeinsam anzusprechen, zumal hierdurch auch anderenfalls fast unausweichliche Wiederholungen vermieden werden können. Deshalb wird zu den von § 101 Abs. 1 S. 1 und von § 101 Abs. 2 S. 1 erfassten verschiedenen Fallgestaltungen erst bei den Erläuterungen zu § 101 Abs. 2 S. 1 näher Stellung genommen.[87]

48 **c) Kosten der Verteidigung in einem Strafverfahren nach § 101 Abs. 1 S. 2.** Nach § 101 Abs. 1 S. 2 umfasst die Versicherung ferner die auf Weisung des Versicherers aufgewendeten Kosten der Verteidigung in einem Strafverfahren, das wegen einer Tat eingeleitet wurde, welche die Verantwortlichkeit des Versicherungsnehmers gegenüber einem Dritten zur Folge haben könnte. Damit entspricht diese Vorschrift trotz einiger sprachlicher Veränderungen inhaltlich der des § 150 Abs. 1 S. 3 VVG aF, in dem es heißt:

Die Versicherung umfasst auch die Kosten der Verteidigung in einem Strafverfahren, das wegen einer Tat eingeleitet wurde, welche die Verantwortlichkeit des Versicherungsnehmers einem Dritten gegenüber zur Folge haben könnte, sofern diese Kosten auf Weisung des Versicherers aufgewendet wurden.

49 An diese Regelungen knüpfen sowohl § 3 III Ziff. 1 Abs. 2 AHB aF als auch Ziff. 5.3 AHB 2016 = A 1-4.3 AVB BHV an, die ebenfalls sprachlich etwas voneinander abweichend, inhaltlich das Gleiche regeln.

---

[79] Vgl. *R. Johannsen* in Bruck/Möller, 8. Aufl., Bd. IV, Anm. F 80; *Wussow* AHB § 3 Anm. 18; *Späte* AHB § 5 Rn. 39; *Harsdorf-Gebhardt* in Späte/Schimikowski AHB 2014 Ziff. 25 Rn. 67; *Lücke* in Prölss/Martin AHB 2016 Ziff. 25 Rn. 26 und → Rn. 5; *H. Baumann* in BK-VVG § 150 Rn. 8; *Littbarski* AHB § 5 Rn. 82; jeweils mwN.

[80] Vgl. *Retter* in Schwintowski/Brömmelmeyer/Ebers § 101 Rn. 4.

[81] Vgl. *Späte* AHB § 3 Rn. 67 f.; *H. Baumann* in BK-VVG § 150 Rn. 8; *Retter* in Schwintowski/Brömmelmeyer/Ebers § 101 Rn. 4.

[82] Vgl. hierzu OLG Brandenburg VersR 2010, 274 (275); *H. Baumann* in BK-VVG § 150 Rn. 8; *Lücke* in Prölss/Martin AHB § 101 Rn. 5; *Retter* in Schwintowski/Brömmelmeyer/Ebers § 101 Rn. 4.

[83] Vgl. *Lücke* in Prölss/Martin AHB § 101 Rn. 5; *H. Baumann* in BK-VVG § 150 Rn. 8; *Retter* in Schwintowski/Brömmelmeyer/Ebers § 101 Rn. 4.

[84] Vgl. *R. Johannsen* in Bruck/Möller, 8. Aufl., Bd. IV, Anm. G 5; *Lücke* in Prölss/Martin § 101 Rn. 5; *H. Baumann* in BK-VVG § 150 Rn. 8; *Retter* in Schwintowski/Brömmelmeyer/Ebers § 101 Rn. 4.

[85] Vgl. LG Berlin VersR 1954, 9 f.; *H. Baumann* in BK-VVG § 150 Rn. 8; *Lücke* in Prölss/Martin AHB § 101 Rn. 5; *Retter* in Schwintowski/Brömmelmeyer/Ebers § 101 Rn. 4.

[86] Vgl. *Retter* in Schwintowski/Brömmelmeyer/Ebers § 101 Rn. 4.

[87] Vgl. → Rn. 70 ff.

So findet sich in Ziff. 5.3 AHB 2016 folgender Text: 50

Wird in einem Strafverfahren wegen eines Schadensereignisses, das einen unter den Versicherungsschutz fallenden Haftpflichtanspruch zur Folge haben kann, die Bestellung eines Verteidigers für den Versicherungsnehmer von dem Versicherer gewünscht oder genehmigt, so trägt der Versicherer die gebührenordnungsmäßigen oder die mit ihm besonders vereinbarten höheren Kosten des Verteidigers.

In A1-4.3 AVB BHV wird statt der Formulierung „die gebührenordnungsmäßigen... oder 51 Kosten des Verteidigers" die Formulierung „die gesetzliche Vergütung oder die... Kosten des Verteidigers" verwendet, was in Anlehnung an § 1 Abs. 1 S. 1 RVG erfolgt. In § 3 III RVG erfolgt. In § 3 III Ziff. 1 Abs. 2 AHB aF ist demgegenüber nur die **Rechtsfolge etwas abweichend formuliert**, indem statt des Wortes „oder" sich das Wort „gegebenenfalls" findet. Dass mit diesen Wortwechseln keine inhaltlichen Änderungen verbunden sind, bedarf keiner weiteren Begründung.

Anders sieht es dagegen mit der Beantwortung der Frage aus, was mit allen diesen zuvor 52 genannten Vorschriften über die Kosten des Strafverfahrens bezweckt ist. In allen diesen die Kostenzahlungspflicht des Versicherers regelnden Bestimmungen kommt nach zutreffender Auffassung[88] zum Ausdruck, dass diese Pflicht eine Folge der Rechtsschutzgewährungspflicht des Versicherers ist, sie sich als der hauptsächliche Bestandteil des Anspruchs auf Gewährung von Versicherungsschutz darstellt und der Versicherer daher nicht das Recht hat, die mit der Abwicklung der Haftpflichtverbindlichkeit verbundenen Kosten auf den Versicherungsnehmer abzuwälzen. Dabei ist allerdings streng darauf zu achten, nicht den Gegenstand und den Umfang einer solchen Kostenzahlungspflicht zu verkennen.

Ausgehend von dem Wortlaut aller zuvor genannten versicherungsrechtlichen Vorschriften muss 53 sich die aus dem Strafverfahren ergebende Kostenzahlungspflicht des Versicherers selbstverständlich auf ein Ereignis beziehen, das einen unter den Versicherungsschutz fallenden Haftpflichtanspruch betrifft und sich nicht allein als Versuch der zivilrechtlichen Kompensation einer strafrechtlichen Verurteilung darstellt.[89] Hieraus folgt, dass die Deckung der Kosten der Verteidigung in einem Strafverfahren einen Ausnahmecharakter hat[90] und daher weder die wegen des eingetretenen Schadensereignisses verhängte, sich nach den §§ 38 ff. StGB richtende Strafe noch die eigentlichen Kosten des Strafverfahrens nach den §§ 464 ff. StPO Gegenstand des Versicherungsschutzes sind.[91] Vielmehr hat der Versicherungsnehmer diese Kosten grundsätzlich allein zu tragen.[92]

Jedoch darf – wie ebenfalls alle genannten versicherungsrechtlichen Vorschriften zeigen – auch 54 nicht verkannt werden, dass der Versicherer unter Umständen daran interessiert ist, auf den Ausgang des gegen den Versicherungsnehmer gerichteten Verfahrens Einfluss zu nehmen. Immerhin können die im Strafverfahren gewonnenen Erkenntnisse über die strafrechtliche Verantwortlichkeit des Versicherungsnehmers trotz der grundsätzlich fehlenden **Tatbestandswirkung des Strafurteils** auf die im Zivilprozess zu treffende Entscheidung auch für die Beurteilung der zivilrechtlichen Haftungsfrage und den eventuell eingeleiteten Zivilprozess von Bedeutung sein.[93]

Dem trägt § 101 Abs. 1 S. 2 mit der Formulierung „Die Versicherung umfasst ferner die auf 55 Weisung des Versicherers aufgewendeten Kosten der Verteidigung in einem Strafverfahren..." genauso Rechnung wie auch der sich in § 150 Abs. 1 S. 3 VVG aF findende Nebensatz „..., sofern diese Kosten auf Weisung des Versicherers aufgewendet wurden". Denn hierin kommt zum Ausdruck, dass der Versicherer durch seine Weisung die Initiative und damit verbunden die Ursache für die aufgewendeten Kosten der Verteidigung in einem Strafverfahren gesetzt haben muss. Ebenso deutlich wird dies aber auch in dem Wortlaut der Ziff. 5.3 AHB 2016 = A 1-4.3 AVB BHV bzw. in dem des § 3 III Ziff. 1 Abs. 2 AHB aF, die jeweils darauf abstellen, dass „... die Bestellung eines Verteidigers für den Versicherungsnehmer von dem Versicherer gewünscht oder genehmigt..." wurde.

---

[88] Vgl. BGH VersR 1976, 477 (478); BGHZ 171, 56 Rn. 12; BGH Vers 2010, 1590 Rn. 10; *Späte* AHB § 3 Rn. 31; *Littbarski* AHB § 3 Rn. 89; *Terno* r+s 2013, 577 (579 f.); *Armbrüster/Schreier* ZVersWiss 105 (2016), 3, 25 mit Fn. 135; näher zur Abwehr- und Rechtsschutzfunktion der Haftpflichtversicherung → Vor § 100 Rn. 63 f.

[89] Vgl. *Späte* AHB § 3 Rn. 32; *Littbarski* AHB § 3 Rn. 89; vgl. auch *R. Koch* in Bruck/Möller AHB 2012 Ziff. 25 Rn. 62; *Harsdorf-Gebhardt* in Späte/Schimikowski AHB 2014 Ziff. 25 Rn. 67.

[90] Vgl. *H. Baumann* in BK-VVG § 150 Rn. 15; *Späte* AHB § 3 Rn. 32; vgl. auch *Harsdorf-Gebhardt* in Späte/Schimikowski AHB 2014 Ziff. 25 Rn. 67.

[91] Vgl. *H. Baumann* in BK-VVG § 150 Rn. 15; *Späte* AHB § 3 Rn. 32; *Littbarski* AHB § 3 Rn. 89.

[92] Vgl. *H. Baumann* in BK-VVG § 150 Rn. 15.

[93] Vgl. OLG Zweibrücken NJW-RR 2011, 496 (497); LG Köln r+s 2023, 248 (249) mAnm *Fortmann*; *Späte* AHB § 3 Rn. 32; *H. Baumann* in BK-VVG § 150 Rn. 15; *Littbarski* AHB § 3 Rn. 89; *Staudinger/Friesen* in Staudinger/Halm/Wendt AVB-D&O Rn. 131 mit Fn. 340; näher zur Tatbestands- und Bindungswirkung sowie zu deren Grenzen im Verhältnis zum Strafurteil und zum zivilrechtlichem Urteil *Gottwald* in MüKoZPO § 322 Rn. 68 ff. mwN; vgl. ferner OGH VersR 1997, 771 f. zum österreichischen Recht.

56 Während allerdings sowohl § 101 Abs. 1 S. 2 als auch § 150 Abs. 1 S. 3 VVG aF bezüglich der Rechtsfolge nur ganz allgemein davon sprechen, dass die Versicherung die aufgewendeten Kosten der Verteidigung in einem Strafverfahren umfasst, konkretisieren sowohl Ziff. 5.3 AHB 2016 = A 1-4.3 AVB BHV als auch § 3 III Ziff. 1 Abs. 2 AHB aF den Umfang des Versicherungsschutzes in diesem Punkte, indem nach diesen Vorschriften der Versicherer die gebührenordnungsmäßigen Kosten bzw. die gesetzliche Vergütung oder gegebenenfalls die mit ihm besonders vereinbarten höheren Kosten des Verteidigers trägt. Dabei ergeben sich die gebührenordnungsmäßigen Kosten des Verteidigers mit dem Inkrafttreten des RVG am 1.7.2004[94] aus RVG Anlage I Teil 4 4100 ff., die die früher geltenden §§ 83–86 BRAGO abgelöst haben. Soweit es hingegen um die mit dem Versicherer vereinbarten höheren Kosten des Verteidigers geht, verbieten sich genauere Angaben über die Kosten des Verteidigers aufgrund der individuellen Vereinbarung zwischen dem Versicherer und dem Versicherungsnehmer von selbst.

57 Nicht näher umschrieben oder gar definiert ist im Übrigen in Ziff. 5.3 AHB 2016 = A 1-4.3 AVB BHV bzw. in § 3 III Ziff. 1 Abs. 2 AHB aF, was unter der Formulierung „... **die Bestellung eines Verteidigers** für den Versicherungsnehmer von dem Versicherer **gewünscht oder genehmigt** ..." zu verstehen ist. Insoweit hat sich die Auffassung durchgesetzt, dass immer dann die Bestellung eines Verteidigers für den Versicherungsnehmer vom Versicherer gewünscht wird, wenn die Heranziehung eines Verteidigers vom Versicherer von Anfang an für erforderlich gehalten wird.[95] Soweit der Versicherer nachträglich von der Bestellung eines Verteidigers erfährt und danach gegenüber dem Versicherungsnehmer zum Ausdruck bringt, dass er diese Bestellung billige, genehmigt er diese.[96] Dabei darf die Genehmigung nicht etwa iSd § 184 BGB verstanden werden, da der Versicherungsnehmer im Strafverfahren keinen Weisungen des Versicherers unterliegt.[97] Zudem ist für eine derartige Genehmigung der Bestellung des Verteidigers entweder eine ausdrückliche oder doch zumindest eine unmissverständliche konkludente Handlung des Versicherers zu verlangen.[98]

58 Hingegen ist ein **Anspruch des Versicherungsnehmers** gegenüber dem Versicherer **auf Bestellung eines Verteidigers zu verneinen.** Dies lässt sich nicht nur aus der in Ziff. 5.3 AHB 2016 = A 1-4.3 AVB BHV bzw. in § 3 III Ziff. 1 Abs. 2 AHB aF verwendeten Formulierung „... von dem Versicherer gewünscht oder genehmigt" ableiten, sondern folgt auch aus der Überlegung, dass die Kosten eines Strafverfahrens einschließlich der Kosten eines Verteidigers in der Regel vom Versicherungsnehmer selbst zu tragen sind, da sie nichts mit dem Gegenstand einer Haftpflichtversicherung zu tun haben.[99] Dementsprechend ist deutlich darauf hinzuweisen, dass der Versicherer, der die Bestellung eines Verteidigers „wünscht" oder „genehmigt", nur für dessen Gebühren, nicht aber für dessen sonstige Verfahrenskosten aufzukommen hat.[100]

59 Besteht aber ein Anspruch des Versicherungsnehmers gegen den Versicherer auf Bestellung eines Verteidigers nicht, kann auch keine schuldhafte Pflichtverletzung des Versicherungsvertrages durch den Versicherer nach § 280 Abs. 1 iVm § 241 Abs. 2 BGB darin erblickt werden, dass dieser der Bestellung eines Verteidigers im Strafverfahren generell ablehnend gegenübersteht oder diese durch die Nicht-Übernahme weiterer Kosten der Verteidigung nach der Beendigung einer Instanz durch eine unmissverständliche Erklärung gegenüber dem Versicherungsnehmer zum Ausdruck bringt.[101]

60 Umgekehrt kann der **Versicherungsnehmer** vom Versicherer grundsätzlich **nicht zur Bestellung** eines Verteidigers im Strafverfahren **gezwungen werden.** Denn die Prozessführung im Strafverfahren ist in der Regel allein Sache des Versicherungsnehmers und nicht des Versicherers, und zwar auch dann nicht, wenn negative Auswirkungen auf die zivilrechtlich geltend zu machenden oder bereits geltend gemachten Haftpflichtansprüche drohen.[102] Daher darf der Versicherer dem Versicherungsnehmer insoweit keine Weisungen hinsichtlich des von ihm einzuschlagenden Weges erteilen.[103]

---

[94] BGBl. 2004 I S. 718.
[95] Vgl. *Littbarski* AHB § 3 Rn. 89; näher hierzu *Littbarski* in Littbarski/Tenschert/Klein AVB BHV A1-4.3 Rn. 58 ff.
[96] Vgl. *R. Johannsen* in Bruck/Möller, 8. Aufl., Bd. IV, Anm. G 24; *Späte* AHB § 3 Rn. 32; *Littbarski* AHB § 3 Rn. 89; *Schmalzl/Krause-Allenstein* Berufshaftpflichtversicherung Rn. 86.
[97] So zutreffend *H. Baumann* in BK-VVG § 150 Rn. 16; vgl. auch *Späte* AHB § 3 Rn. 33.
[98] Vgl. *R. Johannsen* in Bruck/Möller, 8. Aufl., Bd. IV, Anm. G 24; *H. Baumann* in BK-VVG § 150 Rn. 16; *Späte* AHB § 3 Rn. 33; *Littbarski* AHB § 3 Rn. 89.
[99] Vgl. → Rn. 53; *Littbarski* AHB § 3 Rn. 93; ähnlich *R. Johannsen* in Bruck/Möller, 8. Aufl., Bd. IV, Anm. G 24; *Schmalzl/Krause-Allenstein* Berufshaftpflichtversicherung Rn. 86; *Lücke* in Prölss/Martin § 101 Rn. 8.
[100] So zutreffend *Schmalzl/Krause-Allenstein* Berufshaftpflichtversicherung Rn. 86.
[101] Vgl. *Littbarski* AHB § 3 Rn. 94; ähnlich *R. Johannsen* in Bruck/Möller, 8. Aufl., Bd. IV, Anm. G 24; *Späte* Teil B § 3 Rn. 33.
[102] Vgl. *R. Johannsen* in Bruck/Möller, 8. Aufl., Bd. IV, Anm. F 81; *Späte* AHB § 3 Rn. 35; *Littbarski* AHB § 3 Rn. 95.
[103] Vgl. *R. Johannsen* in Bruck/Möller, 8. Aufl., Bd. IV, Anm. F 81; *Späte* AHB § 3 Rn. 35; *Littbarski* AHB § 3 Rn. 95.

Dies gilt aber nicht im Falle des in der Praxis nicht allzu häufig durchgeführten **Adhäsionsverfah-** 61
rens nach den §§ 403 ff. StPO, in dem der Dritte seine Haftpflichtansprüche im Strafverfahren verfolgt.[104] Denn insoweit handelt es sich um Kosten der Anspruchsabwehr, so dass die Ersatzpflicht des Versicherers im Hinblick auf die Verteidigungskosten des Versicherungsnehmers unabhängig davon eintritt, ob der Dritte seine Ersatzansprüche durchsetzen konnte.[105] Zu diesen Kosten sind nicht nur die des Dritten, sondern auch die Gerichtskosten nach § 472a Abs. 1 StPO zu rechnen, soweit dem Haftpflichtanspruch stattgegeben wurde.[106] Ersatzfähig sind ferner die Kosten, die aus der Verpflichtung zur Zeugenaussage im Strafverfahren als Ausprägung der zivilrechtlichen Schadensminderungspflicht nach § 254 BGB resultieren.[107]

Demgegenüber sind die **Kosten der Nebenklage** grundsätzlich nicht von § 101 Abs. 1 S. 2 62
erfasst.[108] Sie sind aber in seltenen Ausnahmefällen etwa dann zu ersetzen, wenn der Versicherer den Versicherungsnehmer veranlasst hat, das Strafverfahren weiterzuführen.[109] Das Gleiche soll nach Ansicht des OLG Hamm[110] etwa dann gelten, wenn es sich um schadensersatzpflichtige, notwendige Rechtsverfolgungskosten des Dritten handelt. Eine Erstattung der Kosten des Nebenklägers ist schließlich nach *Retter*[111] in analoger Anwendung des § 101 Abs. 1 S. 2 VVG auch dann möglich, wenn der Versicherungsnehmer auf ausdrückliche Weisung des Versicherers Einspruch gegen einen Strafbefehl oder ein Rechtsmittel gegen ein Strafurteil einlegt. Ob die Rechtsprechung sich dieser Auffassung anschließen wird, ist ungewiss, da der BGH in einer frühen Entscheidung vom 23.1.1958[112] diese Frage ausdrücklich offengelassen hat.

Nicht eindeutig geklärt ist auch die Frage, ob für eine dem Versicherungsnehmer im Strafverfah- 63
ren gemäß § 153a Abs. 1 S. 2 Nr. 1 StPO auferlegte **Schmerzensgeldzahlung** nach § 253 Abs. 2 BGB an den Geschädigten sowie für die für das „Aushandeln" dieses Betrages entstandenen Anwaltskosten Versicherungsschutz besteht. Nach Ansicht des LG Tübingen[113] ist dies jedenfalls dann zu verneinen, wenn der auferlegte Betrag nicht auf die zivilrechtlich geschuldete Leistung angerechnet wird. Dies dürfte im Einklang mit Stimmen in der Literatur[114] jedoch nicht gelten, soweit der Versicherungsnehmer auch zivilrechtlich Schmerzensgeld schuldet und das ihm auferlegte Schmerzensgeld darauf anzurechnen ist. Besteht hierfür grundsätzlich Versicherungsschutz, ist das Gleiche hinsichtlich der Anwaltskosten zu bejahen, wenn dadurch der Schmerzensgeldanspruch ganz erledigt wird.

d) Vorschüsse nach § 101 Abs. 1 S. 3. Nach § 101 Abs. 1 S. 3 hat der Versicherer die **Kosten** 64
auf Verlangen des Versicherungsnehmers **vorzuschießen.** Diese wörtlich mit § 150 Abs. 1 S. 3 VVG aF übereinstimmende Vorschrift ist erneut in das VVG 2008 aufgenommen worden, obwohl bereits unter der Geltung des § 150 Abs. 1 S. 3 VVG aF es einer allgemein vertretenen Auffassung entsprach, dass dieser Regelung kaum eine praktische Bedeutung zukommt, wenn der Versicherer ordnungsgemäß Versicherungsschutz gewährt.[115]

---

[104] Vgl. *Lücke* in Prölss/Martin § 101 Rn. 11; *Littbarski* AHB § 3 Rn. 95; *Retter* in Schwintowski/Brömmelmeyer/Ebers § 101 Rn. 12; vgl. zum Adhäsionsverfahren nach §§ 403 ff. StPO allerdings das am 18.12.2012 ergangene Urteil BGH JZ 2013, 1166 ff. mit Besprechung von *Foerster* JZ 2013, 1143 ff. Danach entfalten im Adhäsionsverfahren gegen Beschuldigte ergangene Entscheidungen keine Rechtskraft gegenüber deren Haftpflichtversicherer und haben auch keine Bindungswirkung für Folgeprozesse; vgl. ferner BGH r+s 2015, 262 f., wonach die in einem Strafverfahren rechtskräftig ergangene Entscheidung über einen unbezifferten Schmerzensgeldantrag gemäß § 406 Abs. 3 S. 1 StPO einem im bürgerlichen Rechtsstreit ergangenen rechtskräftigem Urteil gleichsteht; vgl. ferner OLG Karlsruhe VersR 2020, 472 (474); vgl. hierzu auch → Vor § 100 Rn. 102 mit Fn. 241 und § 103 Rn. 74 mit Fn. 180.
[105] Vgl. *Lücke* in Prölss/Martin § 101 Rn. 11; *Retter* in Schwintowski/Brömmelmeyer/Ebers § 101 Rn. 12.
[106] So zu Recht *Retter* in Schwintowski/Brömmelmeyer/Ebers § 101 Rn. 12; vgl. auch *R. Koch* in Bruck/Möller § 101 Rn. 34.
[107] Vgl. *Späte* AHB § 3 Rn. 35; *Littbarski* AHB § 3 Rn. 95.
[108] Vgl. *Späte* AHB § 3 Rn. 36; *Voit/Knappmann* in Prölss/Martin, 27. Aufl. 2004, § 150 Rn. 8 mwN; *Langheid* in Langheid/Rixecker § 101 Rn. 5; *Lücke* in Prölss/Martin § 101 Rn. 11.
[109] *Späte* AHB § 3 Rn. 36; *Lücke* in Prölss/Martin § 101 Rn. 11; *R. Koch* in Bruck/Möller § 101 Rn. 35.
[110] OLG Hamm BeckRS 2006, 14893.
[111] *Retter* in Schwintowski/Brömmelmeyer/Ebers § 101 Rn. 12.
[112] BGHZ 26, 261 (268) = NJW 1958, 420.
[113] LG Tübingen VersR 1988, 1172 (Ls.); ebenso *Retter* in Schwintowski/Brömmelmeyer/Ebers § 101 Rn. 13; *R. Koch* in Bruck/Möller § 101 Rn. 36.
[114] *Lücke* in Prölss/Martin § 101 Rn. 13; *R. Koch* in Bruck/Möller § 101 Rn. 36; *Langheid* in Langheid/Rixecker § 101 Rn. 6; ebenso im Hinblick auf § 150 VVG aF *H. Baumann* in BK-VVG § 150 Rn. 31.
[115] Vgl. *R. Johannsen* in Bruck/Möller, 8. Aufl., Bd. IV, Anm. G 27; *H. Baumann* in BK-VVG § 150 Rn. 32; *Langheid* in Römer/Langheid § 150 Rn. 16; jeweils zu § 150 Abs. 1 S. 3 VVG aF; *Retter* in Schwintowski/Brömmelmeyer/Ebers § 101 Rn. 14; *Langheid* in Langheid/Rixecker § 101 Rn. 20; jeweils im Hinblick auf § 101 Abs. 1 S. 3 VVG.

65 Rechtfertigen lässt sich die erneute Aufnahme dieser Bestimmung in das VVG 2008 damit, dass es im Einzelfall einmal eine unberechtigte Deckungsablehnung durch den Versicherer geben kann.[116] In diesem Falle ist der Versicherungsnehmer aufgrund der Regelung des § 101 Abs. 1 S. 3 berechtigt, selbst einen Rechtsanwalt zu beauftragen und hierfür einen mit Zustellung der Klage fälligen Kostenvorschuss zu verlangen bzw. bei Verweigerung des Vorschusses eine Kostenvorschussklage auf Feststellung der Verpflichtung des Versicherers zur Vorschussleistung zu erheben.[117] Zugleich ist es unter diesen Voraussetzungen dem Versicherer nicht nur verwehrt, das Regulierungsverhalten des Versicherungsnehmers in Frage zu stellen.[118] Vielmehr muss der Versicherer wegen seiner Weigerung, den Rechtsstreit auf eigene Kosten zu führen, auch die nach den Umständen gebotenen bzw. die nach der jeweiligen Prozesslage angemessenen Kosten vorschießen.[119] Zu diesen Kosten gehören auch diejenigen, die bei einer ordnungsgemäßen Deckungsgewährung durch den Versicherer nicht angefallen wären, sofern es sich nicht zugleich um objektiv leichtfertig verursachte, überflüssige Kosten handelt.[120]

66 Der Kostenvorschuss steht unter dem **Vorbehalt der endgültigen Abrechnung,** nicht hingegen etwa unter dem des Bestehens des Rechtsschutzanspruchs des Versicherungsnehmers.[121] Dieser Rechtsschutzanspruch entsteht grundsätzlich bereits dann, wenn der Dritte seinen Anspruch mit einem in den Schutzbereich des Versicherungsvertrages fallenden Rechtsverhältnis begründet.[122] Daher ist der Rechtsschutzanspruch des Versicherungsnehmers grundsätzlich allein von den Angaben des Dritten, nicht aber vom tatsächlichen Bestehen des Versicherungsschutzes abhängig und gibt deshalb dem Versicherer keinen Anspruch auf Rückforderung des Kostenvorschusses gegen den Versicherungsnehmer aus ungerechtfertigter Bereicherung nach § 812 BGB, wenn sich später herausstellt, dass kein Versicherungsschutz besteht.[123] Ausreichend für den Rechtsschutzanspruch des Versicherungsnehmers ist mithin allein, dass Ansprüche vom Dritten gegen den Versicherungsnehmer geltend gemacht werden, sofern diese bei ihrer unterstellten Berechtigung aus einer versicherten Gefahr herrühren.[124]

67 Eine **Rückforderung** des Kostenvorschusses durch den Versicherer kommt **aus ungerechtfertigter Bereicherung** nach § 812 BGB gegenüber dem Versicherungsnehmer allerdings dann in Betracht, wenn dieser den Rechtsschutzanspruch auf Angaben gestützt hat, die sich später als unzutreffend erweisen.[125] Einem solchen Rückforderungsanspruch des Versicherers kann aber die Rechtskraft eines Urteils im Deckungsprozess entgegenstehen.[126]

68 Eine Rückforderung des Kostenvorschusses durch den Versicherer gegenüber dem Versicherungsnehmer ist ferner unter der Voraussetzung möglich, dass der Versicherer den Deckungsschutz von vornherein nur unter Vorbehalt gewährt hat, um eventuelles vorsätzliches Verhalten des Versicherungsnehmers nach § 103 bzw. gemäß § 152 VVG aF auch bezüglich der Rückforderung des Kostenvorschusses deckungsrechtlich berücksichtigen zu können.[127]

69 Die Verpflichtung des Versicherers, die Kosten auf Verlangen des Versicherungsnehmers vorzuschießen, ist **zeitlich begrenzt.** Während unter der Geltung des VVG aF wegen der nach

---

[116] Vgl. *R. Johannsen* in Bruck/Möller, 8. Aufl., Bd. IV, Anm. G 27; *H. Baumann* in BK-VVG § 150 Rn. 32; *Retter* in Schwintowski/Brömmelmeyer/Ebers § 101 Rn. 14; *Langheid* in Langheid/Rixecker § 101 Rn. 20.
[117] Vgl. OGH VersRdsch 1987, 67; *Lücke* in Prölss/Martin § 101 Rn. 27; *Langheid* in Langheid/Rixecker § 101 Rn. 21; *Retter* in Schwintowski/Brömmelmeyer/Ebers § 101 Rn. 14.
[118] Vgl. BGH NJW 1993, 68 (69); *Retter* in Schwintowski/Brömmelmeyer/Ebers § 101 Rn. 14.
[119] Vgl. OGH VersRdsch 1987, 67; *H. Baumann* in BK-VVG § 150 Rn. 32.
[120] Vgl. *Retter* in Schwintowski/Brömmelmeyer/Ebers § 101 Rn. 14.
[121] Vgl. *Feist* VersR 1978, 27; *H. Baumann* in BK-VVG § 150 Rn. 33; *Lücke* in Prölss/Martin § 101 Rn. 29; *Retter* in Schwintowski/Brömmelmeyer/Ebers § 101 Rn. 15; *Langheid* in Langheid/Rixecker § 101 Rn. 21; vgl. ferner BGH VersR 1959, 499; 1967, 27; OLG Celle VersR 1978, 25; jeweils zum einseitigen Vorbehalt des Versicherers bezüglich des Bestehens eines Deckungsanspruchs.
[122] Vgl. RGZ 148, 282 (285); BGH VersR 1967, 769 (770 f.); OLG Karlsruhe VersR 1995, 1297 f.; *H. Baumann* in BK-VVG § 150 Rn. 33; *Gädtke* in Bruck/Möller AVB-AVG 2011/2013 Ziff. 5 Rn. 59.
[123] Vgl. *H. Baumann* in BK-VVG § 150 Rn. 33; *Lücke* in Prölss/Martin § 100 Rn. 16 und § 101 Rn. 28; *Retter* in Schwintowski/Brömmelmeyer/Ebers § 101 Rn. 15.
[124] Vgl. OLG Karlsruhe VersR 1995, 1297 f.; *H. Baumann* in BK-VVG § 150 Rn. 36.
[125] Vgl. *Lücke* in Prölss/Martin § 101 Rn. 28; *H. Baumann* in BK-VVG § 150 Rn. 33; *Retter* in Schwintowski/Brömmelmeyer/Ebers § 101 Rn. 15; *Langheid* in Langheid/Rixecker § 101 Rn. 21.
[126] Vgl. BGH VersR 1978, 1105; r+s 2007, 191 (193); 2007, 239 (240); OLG Celle VersR 1978, 25 (26 f.); *Retter* in Schwintowski/Brömmelmeyer/Ebers § 101 Rn. 15; *Gädtke* in Bruck/Möller AVB-AVG 2011/2013 Ziff. 5 Rn. 60.
[127] Vgl. auch *Langheid* in Langheid/Rixecker § 101 Rn. 21; *Retter* in Schwintowski/Brömmelmeyer/Ebers § 101 Rn. 15; *Foerster* ZVersWiss 103 (2014), 351, 366 mit Fn. 79.

überwiegender Auffassung[128] von Amts wegen zu berücksichtigenden materiellrechtlichen Ausschlussfristen des § 12 Abs. 3 VVG aF insoweit zu Recht von einem Wegfall des Versicherungsanspruchs gesprochen wurde,[129] ist mit dem Inkrafttreten des VVG 2008 eine solche das Erlöschen des Anspruchs zum Ausdruck bringende Bezeichnung nicht mehr möglich. Denn der Gesetzgeber des VVG 2008 hat auf die Einfügung einer dem § 12 Abs. 3 VVG aF vergleichbaren Vorschrift bewusst verzichtet[130] und sich stattdessen in § 15 mit einer Regelung über die Hemmung der Verjährung begnügt, die die allgemeinen Regelungen der §§ 203 ff. BGB nicht verdrängt, sondern nur ergänzt. Da das VVG 2008 mithin weitgehend auf eigene Verjährungsvorschriften verzichtet, gelten nunmehr auch für Ansprüche aus dem Versicherungsvertrag die allgemeinen Verjährungsvorschriften der §§ 194 ff. BGB.[131] Dies wiederum heißt bezüglich der zeitlichen Begrenzung des Versicherungsschutzes für Kostenvorschüsse des Versicherers nach § 101 Abs. 1 S. 3, dass der Versicherer insoweit gemäß § 214 Abs. 1 BGB nach Eintritt der Verjährung als Schuldner des Versicherungsnehmers berechtigt ist, die Leistung zu verweigern. Mithin steht dem Versicherer ein Leistungsverweigerungsrecht zu, das als Einrede die Durchsetzbarkeit des Anspruchs des Versicherungsnehmers auf Kostenvorschüsse hindert.

III. Kostentragungspflicht des Versicherers nach Abs. 2

1. Allgemeines. Ist eine Versicherungssumme bestimmt, hat der Versicherer nach § 101 Abs. 2 **70** S. 1 die Kosten eines auf seine Veranlassung geführten Rechtsstreits und die Kosten der Verteidigung nach Absatz 1 Satz 2 auch insoweit zu ersetzen, als sie zusammen mit den Aufwendungen des Versicherers zur Freistellung des Versicherungsnehmers die Versicherungssumme übersteigen. Dies gilt gemäß § 101 Abs. 2 S. 2 auch für Zinsen, die der Versicherungsnehmer infolge einer vom Versicherer veranlassten Verzögerung der Befriedigung des Dritten diesem schuldet.

Wie der Wortlaut dieser Vorschrift zeigt, hat sie für den Fall der Bestimmung einer Versiche- **71** rungssumme die sich daraus ergebenden **Auswirkungen auf Kosten und Zinsen** zum Gegenstand. Hierfür sieht sie grundsätzlich eine Erweiterung des Versicherungsschutzes in Gestalt einer Ausdehnung der Leistungsverpflichtung des Versicherers vor,[132] soweit die Kosten infolge eines auf Veranlassung des Versicherers geführten Rechtsstreites und die Zinsen infolge einer vom Versicherer veranlassten Verzögerung der Befriedigung des Dritten entstanden sind.

Damit entspricht § 101 Abs. 2 VVG weitgehend der Regelung des § 150 Abs. 2 VVG aF, wenn **72** es auch dort sprachlich und inhaltlich etwas abweichend heißt:

Ist eine Versicherungssumme bestimmt, so hat der Versicherer Kosten, die in einem auf seine Veranlassung geführten Rechtsstreit entstehen und Kosten der Verteidigung nach Absatz 1 Satz 3 auch insoweit zu ersetzen, als sie zusammen mit der übrigen Entschädigung die Versicherungssumme übersteigen. Das Gleiche gilt von Zinsen, die der Versicherungsnehmer infolge einer vom Versicherer veranlassten Verzögerung der Befriedigung des Dritten diesem zu entrichten hat.

Die Gründe für diese relativ geringfügigen sprachlichen und inhaltlichen Veränderungen in **73** § 101 Abs. 2 gegenüber § 150 Abs. 2 VVG aF sind ohne weiteres einsichtig, wenn auch nicht durchgehend zwingend geboten. So soll der Verzicht auf das Wort „so" sowie auf den Relativsatz in § 101 Abs. 2 S. 1 genauso wie die Ersetzung der Formulierung „Das Gleiche gilt ..." durch den Text „Dies gilt auch ..." und der Worte „... zu entrichten hat" durch das Wort „... schuldet" in § 101 Abs. 2 S. 2 der sprachlichen Vereinfachung dienen. Auch ist die Verweisung in § 101 Abs. 2 S. 1 auf § 101 Abs. 1 S. 2 durch das ersatzlose Entfallen einer dem § 150 Abs. 1 S. 2 VVG aF entsprechenden Bestimmung in § 101 Abs. 1 bedingt.[133] Schließlich ist die Ersetzung der Formulierung „... zusammen mit der übrigen Entschädigung ..." in § 150 Abs. 2 S. 1 VVG aF durch die

---

[128] Vgl. OLG München VersR 1956, 413; OLG Nürnberg NJW 1965, 588 (589); OLG Hamm ZfS 1996, 379; LG Bonn NJW 1977, 54; KG VersR 1984, 977 f.; *Armbrüster* in Prölss/Martin § 15 Rn. 1 und Anhang zu § 15 Rn. 1; anders mit jeweils unterschiedlichen Begründungen etwa OLG Hamm r+s 1991, 361; KG r+s 2003, 273; *Römer* in Römer/Langheid § 12 Rn. 32; *Gruber* in BK-VVG § 12 Rn. 43; offenlassend OLG Saarbrücken r+s 1994, 196.
[129] So OGH VersR 1976, 867; *Voit/Knappmann* in Prölss/Martin, 27. Aufl., § 150 Rn. 13.
[130] Vgl. Begründung der Bundesregierung, BT-Drs. 16/3945, 64 zu § 15 VVG mit wenig überzeugenden Ausführungen; vgl. auch *Rixecker* in Langheid/Rixecker § 15 Rn. 18 sowie → § 15 Rn. 3 ff. mit weiteren Einzelheiten.
[131] Vgl. Begründung der Bundesregierung, BT-Drs. 16/3945, 64 zu § 15 VVG; s. auch → § 15 Rn. 10 ff.; *Armbrüster* in Prölss/Martin § 15 Rn. 1 ff.; *Muschner* in HK-VVG § 15 Rn. 3; *Rixecker* in Langheid/Rixecker § 15 Rn. 1; eingehend zur Verjährung nach dem VVG 2008 *Muschner/Wendt* MDR 2008, 609 ff.
[132] Eingehend zur Wirksamkeit von Kostenanrechnungsklauseln aus AGB-rechtlicher Sicht *Terno* r+s 2013, 577 ff.; *Werber* VersR 2014, 1159 ff.; *R. Koch* in Bruck/Möller § 101 Rn. 64 ff.; jeweils mwN.
[133] Vgl. BT-Drs. 16/3945, 85 zu § 101 VVG; eingehender hierzu → Rn. 13 mwN in Fn. 23.

Worte „... zusammen mit den Aufwendungen des Versicherers zur Freistellung des Versicherungsnehmers ..." in § 101 Abs. 2 S. 1 die Folge des mit der Haftpflichtversicherung ua beabsichtigten Zweckes, dass dieser in erster Linie auf die Freistellung des Versicherungsnehmers und damit auf den Schutz des Vermögens vor Haftpflichtansprüchen gerichtet ist.[134]

74   **2. Prozessführung und Kostentragung durch den Versicherer nach Abs. 2 S. 1.** Wie der Wortlaut des § 101 Abs. 2 S. 1 zeigt, obliegt bei der Bestimmung einer Versicherungssumme dem Versicherer zwar eine die Versicherungssumme übersteigende Leistungsverpflichtung. Voraussetzung hierfür ist jedoch, dass es sich um einen auf seine Veranlassung geführten Rechtsstreit bzw. auf seine Weisung aufgewendete Kosten der Verteidigung in einem Strafverfahren nach § 101 Abs. 1 S. 2 handelt. Hierin kommt bezüglich der Kosten die sich bereits aus § 100 ergebende Verpflichtung des Versicherers, ua unbegründete Ansprüche abzuwehren und damit das Abwehrrisiko zu tragen,[135] zum Ausdruck. Damit wird durch diese gesetzlich getroffene erweiterte Leistungsverpflichtung des Versicherers verhindert, dass beim Übersteigen der Versicherungssumme das Kostenrisiko auf den Versicherungsnehmer verlagert wird.[136]

75   Fraglich ist allerdings, unter welchen Voraussetzungen von einem **auf Verlangen des Versicherers geführten Rechtsstreit** bzw. von auf Weisung des Versicherers aufgewendeten Kosten der Verteidigung in einem Strafverfahren ausgegangen werden kann.

76   Auszugehen ist nach dem Wortlaut des § 101 Abs. 2 S. 1 davon, dass der Versicherer noch vor der Führung des Rechtsstreites bzw. vor der Verteidigung in einem Strafverfahren sein Verlangen bzw. seine Weisung gegenüber dem Versicherungsnehmer zum Ausdruck gebracht, also vorab eine entsprechende Erklärung hinsichtlich der Leistungserweiterung abgegeben haben muss.[137] Dies wird im Regelfall ausdrücklich geschehen, indem der Versicherer entweder von sich aus eine entsprechende Erklärung abgibt oder aber auf Bitten des Versicherungsnehmers hin sich hiermit einverstanden erklärt.[138]

77   Soweit es um die Veranlassung zur Führung des Rechtsstreits durch den Versicherer geht, ist auch eine **konkludente Veranlassung** durchaus denkbar. Diese ist etwa dann zu bejahen, wenn der Versicherer im Namen des Versicherungsnehmers einen Rechtsanwalt beauftragt oder wenn nach der Anzeige des Versicherungsfalles durch den Versicherungsnehmer gegenüber dem Versicherer diesem eine Einigung mit dem Dritten nicht möglich ist und der Dritte daraufhin Klage gegen den Versicherungsnehmer erhebt.[139] Hingegen ist konkludentes Handeln des Versicherers bei einer Weisung zur Verteidigung in einem Strafverfahren nicht denkbar, da eine Weisung schon begrifflich eine entsprechend eindeutige Erklärung voraussetzt.

78   Diskutiert wird in der Literatur[140] seit langem auch, ob die weder in § 150 Abs. 2 VVG aF noch in § 101 Abs. 2 angesprochene Möglichkeit besteht, eine fehlende Veranlassung seitens des Versicherers durch eine nachträgliche Genehmigung zu heilen. Gedacht ist hierbei an die Fälle, dass der Versicherungsnehmer erst deutlich verspätet vom Bestehen eines Haftpflichtversicherungsvertrages Kenntnis erlangt.[141] Während *Voit/Knappmann*[142] ohne nähere Begründung eine nachträgliche Billigung genügt, differenziert *Schulze Schwienhorst*[143] unter Zugrundelegung der gesetzlichen Leitlinien des Obliegenheitsrechts zu Recht danach, ob die nicht eingeholte „Veranlassung" des Versicherers dem Versicherungsnehmer anzulasten ist und zu einer Verschlechterung der Verteidigungsposition des Versicherers geführt hat oder ob den Versicherungsnehmer kein maßgebliches Verschulden trifft und sich durch die verspätete Einbindung des Haftpflichtversicherers auch nicht dessen Verteidigungsposition verschlechtert. Nur bei der zuletzt genannten Fallgestaltung ist die fehlende Veranlassung als heilbar im Sinne von § 101 Abs. 2 anzunehmen, wie *Schulze Schwienhorst*[144] zutreffend hervorhebt.

---

[134] Vgl. BGHZ 7, 244 (245 f.) = NJW 1952, 1333; BGHZ 15, 154 (157 f.) = NJW 1955, 101; BGH NJW 1980, 1623 (1624); *Littbarski* AHB Vorb. Rn. 48; näher hierzu → Vor § 100 Rn. 65; vgl. ferner *Terno* r+s 2013, 577 (580); *Grooterhorst/Looman* DStR 2013, 157 (161) mwN in Fn. 31.
[135] Vgl. auch *Schulze Schwienhorst* in Looschelders/Pohlmann § 101 Rn. 9.
[136] Vgl. auch *Schulze Schwienhorst* in Looschelders/Pohlmann § 101 Rn. 9.
[137] Vgl. *Schulze Schwienhorst* in Looschelders/Pohlmann § 101 Rn. 10.
[138] Vgl. auch *Schulze Schwienhorst* in Looschelders/Pohlmann § 101 Rn. 10 f.
[139] Vgl. auch *Schulze Schwienhorst* in Looschelders/Pohlmann § 101 Rn. 11.
[140] Vgl. *Voit/Knappmann* in Prölss/Martin, 27. Aufl., § 150 Rn. 12; *Schulze Schwienhorst* in Looschelders/Pohlmann § 101 Rn. 10.
[141] Vgl. *Schulze Schwienhorst* in Looschelders/Pohlmann § 101 Rn. 10 mit weiteren Einzelheiten.
[142] *Voit/Knappmann* in Prölss/Martin, 27. Aufl., § 150 Rn. 12 im Hinblick auf § 150 Abs. 2 VVG aF; *R. Koch* in Bruck/Möller § 101 Rn. 44 in Bezug auf § 101 Abs. 2 VVG.
[143] Vgl. *Schulze Schwienhorst* in Looschelders/Pohlmann § 101 Rn. 10; vgl. auch *Lücke* in Prölss/Martin § 101 Rn. 26.
[144] *Schulze Schwienhorst* in Looschelders/Pohlmann § 101 Rn. 10.

Hält der Versicherer den gegen den Versicherungsnehmer **vom Dritten erhobenen Anspruch** 79
für unbegründet und wird dadurch gemäß § 101 Abs. 2 S. 1 die erweiterte Leistungsverpflichtung des Versicherers gegenüber dem Versicherungsnehmer ausgelöst,[145] so ist diese Verpflichtung auf die Anwendbarkeit der Vorschriften des VVG zur Haftpflichtversicherung beschränkt. Kommen hingegen wie in der Regel im Einzelfall auch die Bestimmungen der AHB oder der AVB BHV zur Anwendung, treffen diese seit jeher differenziertere, dem Versicherer grundsätzlich zu Gute kommende Regelungen, wie der Wortlaut sowohl der Ziff. 6.5 und 6.6 AHB 2016 = A 1-5.5 und 5.6 AVB BHV als auch der des § 3 III Ziff. 4 und 3 IV Ziff. 1 S. 1 AHB aF zeigt. Diese Vorschriften lauten wie folgt:

Ziff. 6.5 AHB 2016 = A 1-5.5 AVB BHV 80

Die Aufwendungen des Versicherers für Kosten werden nicht auf die Versicherungssummen angerechnet.

Ziff. 6.6 AHB 2016 = A 1-5.6 AVB BHV

Übersteigen die begründeten Haftpflichtansprüche aus einem Versicherungsfall die Versicherungssumme, trägt der Versicherer die Prozesskosten im Verhältnis der Versicherungssumme zur Gesamthöhe dieser Ansprüche.

§ 3 III Ziff. 4 AHB aF:

Die Aufwendungen des Versicherers für Kosten werden nicht als Leistungen auf die Versicherungssumme angesehen (vgl. aber Ziff. IV 1).

§ 3 IV Ziff. 1 S. 1 AHB aF:

Übersteigen die Haftpflichtansprüche die Versicherungssumme, so hat der Versicherer die Prozesskosten nur im Verhältnis der Versicherungssumme zur Gesamthöhe der Ansprüche zu tragen, und zwar auch dann, wenn es sich um mehrere aus einem Schadensereignis entstehende Prozesse handelt.

Ohne auf Einzelheiten zur näheren Bestimmung aller dieser Vorschriften an dieser Stelle 81 eingehen zu können,[146] lässt sich doch deren Bedeutung im Wesentlichen wie folgt zusammenfassen:

Was die Aufwendungen des Versicherers für Kosten nach Ziff. 6.5 AHB 2016 = A 1-5.5 AVB 82 BHV bzw. gemäß § 3 III Ziff. 4 AHB aF betrifft, hat sich bereits im Hinblick auf die zuletzt genannte Vorschrift allgemein die Auffassung durchgesetzt, dass diese aus § 150 VVG aF abzuleiten ist und deshalb Aufwendungen mit Kosten sowie – als Unterbegriff hiervon – mit Prozesskosten gleichzusetzen sind.[147] Daraus folgt, dass vom Versicherer nicht nur die Kosten des geschädigten Dritten zu erstatten sind, die Bestandteil eines Schadensersatzanspruches sind, sondern auch die, die dem Versicherungsnehmer bei der Verteidigung gegen den Anspruch des geschädigten Dritten entstehen.[148]

Hingegen sind keine Kosten die **allgemeinen Regieaufwendungen des Versicherers,** da 83 der Versicherer zur Prüfung der Einstandspflicht gegenüber dem Versicherungsnehmer verpflichtet ist und die dadurch verursachten Aufwendungen zu den durch dessen Beitragszahlung abgegoltenen Leistungen zählen.[149]

Übersteigen die begründeten, nicht nur die gegen den Versicherungsnehmer **erhobenen** 84 **Haftpflichtansprüche die Versicherungssumme,** sehen sowohl § 3 IV Ziff. 1 S. 1 AHB aF[150]

---

[145] Vgl. auch Abschlussbericht der Kommission zur Reform des Versicherungsvertragsrechts, S. 78 f.
[146] Vgl. zu Ziff. 6.5 und 6.6 AHB 2016 *Schimikowski* in HK-VVG AHB 2016 Ziff. 6 Rn. 8 f.; *Retter* in Schwintowski/Brömmelmeyer/Ebers § 101 Rn. 16 f.; *Schulze Schwienhorst* in Looschelders/Pohlmann § 101 Rn. 12 ff.; eingehend zu § 3 III Ziff. 4 und 3 IV Ziff. 1 S. 1 AHB aF *Littbarski* AHB § 3 Rn. 207 ff.
[147] Vgl. *Littbarski* AHB § 3 Rn. 208; *Littbarski* in Littbarski/Tenschert/Klein AVB BHV A1-5.5 Rn. 77 mwN in Fn. 139 und 140.
[148] Vgl. *R. Johannsen* in Bruck/Möller, 8. Aufl., Bd. IV, Anm. G 23; *Späte* AHB § 3 Rn. 69; *Littbarski* AHB § 3 Rn. 208; jeweils mwN.
[149] Vgl. OLG Düsseldorf VersR 1973, 863 f.; vgl. auch *Späte* AHB § 3 Rn. 69; *Littbarski* AHB § 3 Rn. 209; *R. Koch* in Bruck/Möller § 101 Rn. 18; *Littbarski* in Littbarski/Tenschert/Klein AVB BHV A1-5.5 Rn. 78 mit Fn. 141; jeweils mit weiteren Einzelheiten und Nachweisen.
[150] Näher hierzu wegen des von Ziff. 6.6 AHB 2016 abweichenden Wortlautes des § 3 IV Ziff. 1 S. 1 AHB aF *Littbarski* AHB § 3 Rn. 213.

als auch Ziff. 6.6 AHB 2016 = A 1-5.6 AVB BHV eine verhältnismäßige Aufteilung der Prozesskosten vor.[151] Maßgeblich für eine derartige Beschränkung auf begründete Ansprüche ist die Erwägung, dass der Versicherer die Rechtsschutzfunktion der Haftpflichtversicherung zu beachten und deshalb die Kosten der Abwehr eines gegen den Versicherungsnehmer erhobenen, unberechtigten Anspruchs stets und unabhängig von der Höhe des Streitwerts zu tragen hat.[152]

85 Aus dieser **Differenzierung zwischen begründeten und unbegründeten Ansprüchen** ergibt sich im Anschluss an Äußerungen von Rechtsprechung[153] und Literatur[154] folgendes Bild:

86 Sind die gegen den Versicherungsnehmer erhobenen Ansprüche unbegründet, hat der Versicherer die Kosten in vollem Umfange zu tragen, und zwar auch dann, wenn sie sich aus einem über die Versicherungssumme hinausgehenden Streitwert errechnen. Erweisen sich die geltend gemachten Haftpflichtansprüche als begründet und übersteigen sie die Versicherungssumme, so erfolgt gemäß § 3 IV Ziff. 1 S. 1 AHB aF bzw. nach Ziff. 6.6 AHB 2016 = A 1-5.6 AVB BHV eine verhältnismäßige Aufteilung der Prozesskosten. Bei nur teilweiser Begründetheit der Prozesskosten trifft den Versicherer dennoch die volle Kostenlast, sofern die begründeten Ansprüche die Versicherungssumme nicht übersteigen. Anderenfalls sind die Kosten nach dem Verhältnis der begründeten Ansprüche zur Versicherungssumme aufzuteilen.

87 Im Übrigen besteht eine **Verpflichtung** des Versicherers **zur anteiligen Kostentragung**, wenn der Dritte im Haftpflichtprozess Ansprüche geltend macht, die teilweise dem Versicherungsschutz unterliegen und teilweise sich als nicht gedeckte Ansprüche darstellen. Unterliegt der Versicherungsnehmer in dem sich anschließenden Deckungsprozess teilweise, hat der Versicherer diese Kosten des Haftpflichtprozesses auch nur anteilig entsprechend dem Ausgang des Deckungsprozesses zu tragen.[155]

88 **3. Verzögerung der Befriedigung des Dritten durch den Versicherer und die Folgen für die Zinszahlung nach Abs. 2 S. 2.** § 101 Abs. 2 S. 2 erweitert mit der dort getroffenen Aussage „Dies gilt auch für Zinsen, die der Versicherungsnehmer infolge einer vom Versicherer veranlassten Verzögerung der Befriedigung des Dritten diesem schuldet" die **Leistungsverpflichtung** des Versicherers **auch auf die Zinsen** und übernimmt trotz des sprachlich etwas abweichenden Wortlautes gegenüber § 150 Abs. 2 S. 2 VVG aF[156] inhaltlich die sich in dieser Bestimmung findende Regelung. Dort heißt es nämlich:

Das Gleiche gilt von Zinsen, die der Versicherungsnehmer infolge einer vom Versicherer veranlassten Verzögerung der Befriedigung des Dritten diesem zu entrichten hat.

89 Die **Erweiterung der Leistungsverpflichtung** des Versicherers infolge einer vom Versicherer veranlassten Verzögerung der Befriedigung des Dritten ist eine Selbstverständlichkeit und deshalb zu Recht weder in den AHB 2016[157] sowie in den AVB BHV noch in den AHB aF wegen des Fehlens einer entsprechenden Bestimmung über Zinsen abbedungen worden.[158] Denn der Zweck des § 101 Abs. 2 S. 2 bzw. des § 150 Abs. 2 S. 2 VVG aF besteht darin, Benachteiligungen des

---

[151] Vgl. RGZ 145, 21 (24 f.); OLG Düsseldorf VersR 1991, 94; OLG Karlsruhe VersR 1993, 821 (822); *Lücke* in Prölss/Martin § 101 Rn. 23; *H. Baumann* in BK-VVG § 150 Rn. 22 f.; *Späte* AHB § 3 Rn. 73; *Harsdorf-Gebhardt* in Späte/Schimikowski AHB 2014 Ziff. 6.6 Rn. 44 ff.; *Littbarski* AHB § 3 Rn. 213; jeweils zu § 3 IV Ziff. 1 S. 1 AHB aF; *Retter* in Schwintowski/Brömmelmeyer/Ebers § 101 Rn. 17; *Langheid* in Langheid/Rixecker § 101 Rn. 9; jeweils zu Ziff. 6.6 AHB 2016; *Littbarski* in Littbarski/Tenschert/Klein AVB BHV A1-5.6 Rn. 81 ff. im Hinblick auf A1-5.6 AVB BHV mit weiteren Einzelheiten, vgl. auch *Armbrüster/Schreier* ZVersWiss 105 (2016), 3 (22) mit Fn. 117.

[152] Vgl. OLG Düsseldorf VersR 1991, 94; OLG München VersR 2020, 543; OGH VersR 2014, 901 (903); *H. Baumann* in BK-VVG § 150 Rn. 22 f.; *Littbarski* AHB § 3 Rn. 213; *Grooterhorst/Looman* r+s 2014, 157 (158); aA *Langheid* in Langheid/Rixecker § 101 Rn. 13, der sich für eine Quotierung im Verhältnis Deckungssumme zur zugesprochenen Schadensersatzleistung ausspricht; ebenso *Lücke* in Prölss/Martin § 101 Rn. 23.

[153] OLG Düsseldorf VersR 1991, 94; OLG Karlsruhe VersR 1993, 821 (822); OGH VersR 2014, 901 (903).

[154] *Späte* AHB § 3 Rn. 73; *Harsdorf-Gebhardt* in Späte/Schimikowski AHB 2014 Ziff. 6.6 Rn. 44 ff.; *H. Baumann* in BK-VVG § 150 Rn. 23 f.; *Littbarski* AHB § 3 Rn. 214 f.; *Retter* in Schwintowski/Brömmelmeyer/Ebers § 101 Rn. 16 ff.

[155] Vgl. BGH VersR 1961, 975 (976); *Lücke* in Prölss/Martin § 101 Rn. 23; *H. Baumann* in BK-VVG § 150 Rn. 25; *Späte* AHB § 3 Rn. 73; *Harsdorf-Gebhardt* in Späte/Schimikowski AHB 2014 Ziff. 6.6 Rn. 48; *Littbarski* AHB § 3 Rn. 216; *Retter* in Schwintowski/Brömmelmeyer/Ebers § 101 Rn. 19; *Littbarski* in Littbarski/Tenschert/Klein AVB BHV A1-5.6 Rn. 85 f.

[156] Ebenso OLG Düsseldorf r+s 2020, 271 Rn. 53 mit zustimmender Anmerkung *Fortmann* VersR 2020, 683.

[157] Vgl. *Retter* in Schwintowski/Brömmelmeyer/Ebers § 101 Rn. 21.

[158] Vgl. BGH VersR 1992, 1257 (1258); OLG Düsseldorf r+s 2020, 271 Rn. 53. *H. Baumann* in BK-VVG § 150 Rn. 34; *Lücke* in Prölss/Martin § 101 Rn. 30; *Littbarski* AHB § 3 Rn. 210; jeweils mwN.

Versicherungsnehmers bezüglich Zinszahlungspflichten infolge eines Handelns des Versicherers zu vermeiden.[159] Daher begrenzt die Versicherungssumme nur die Haupt-, nicht aber auch die Zinsforderung, wie sich aus § 101 Abs. 2 S. 2 bzw. aus § 150 Abs. 2 S. 2 VVG aF entnehmen lässt.[160] Veranlasst ist die Verzögerung der Befriedigung des Dritten jedenfalls dann, wenn sich der Versicherer mit seiner Freistellungsverpflichtung gegenüber dem Versicherungsnehmer in Verzug befindet.[161] Hierfür ist ein Verschulden des Versicherers nicht erforderlich,[162] da die Risiken der Abwehr der gegen den Versicherungsnehmer gerichteten Ansprüche,[163] insbesondere auch der vom Versicherer veranlassten und deshalb aus seiner Sphäre stammenden Verzögerung der Befriedigung des Dritten, allein beim Versicherer liegen.

IV. Abwendung der Vollstreckung durch Sicherheitsleistung oder Hinterlegung nach Abs. 3

1. Allgemeines. Ist dem Versicherungsnehmer nachgelassen, die Vollstreckung einer gerichtlichen Entscheidung durch Sicherheitsleistung oder Hinterlegung abzuwenden, hat der Versicherer nach § 101 Abs. 3 S. 1 die Sicherheitsleistung oder Hinterlegung zu bewirken. Diese Verpflichtung besteht gemäß § 101 Abs. 3 S. 2 Hs. 1 nur bis zum Betrag der Versicherungssumme; ist der Versicherer nach Absatz 2 über diesen Betrag hinaus verpflichtet, tritt nach § 101 Abs. 3 S. 2 Hs. 2 der Versicherungssumme der Mehrbetrag hinzu. Schließlich ist gemäß § 101 Abs. 3 S. 3 der Versicherer von der Verpflichtung nach Satz 1 frei, wenn er den Anspruch des Dritten dem Versicherungsnehmer gegenüber als begründet anerkennt. **90**

Diese Vorschrift entspricht vom Wortlaut her zwar weitgehend der des § 150 Abs. 3 VVG aF, weist aber entgegen der vom der Bundesregierung gegebenen Gesetzesbegründung,[164] wonach die Regelung sachlich unverändert sei und die übrigen Abweichungen des Wortlautes teils durch die Änderung des bisherigen § 149, teils sprachlich bedingt seien, inhaltlich auch Unterschiede zu dieser Bestimmung auf. In § 150 Abs. 3 VVG aF heißt es: **91**

Ist dem Versicherungsnehmer nachgelassen, die Vollstreckung einer gerichtlichen Entscheidung durch Sicherheitsleistung oder Hinterlegung abzuwenden, so hat auf sein Verlangen der Versicherer die Sicherheitsleistung oder Hinterlegung zu bewirken. Diese Verpflichtung besteht nicht über den Betrag der Versicherungssumme hinaus; haftet der Versicherungsnehmer nach Absatz 2 für einen höheren Betrag, so tritt der Versicherungssumme der Mehrbetrag hinzu. Der Versicherer ist von der Verpflichtung frei, wenn er den Anspruch des Dritten dem Versicherungsnehmer gegenüber als begründet anerkennt.

Wie der direkte Vergleich beider Vorschriften zeigt, ist zwar unerheblich, dass die sich noch in § 150 Abs. 3 S. 1 und 2 Hs. 2 VVG aF findenden Wörter „so" in § 101 Abs. 3 S. 1 und 2 Hs. 2 ersatzlos gestrichen wurden, da ihnen keine eigenständige rechtliche Bedeutung zukommt, sondern sie nur in der Norm getroffenen Aussagen bekräftigen. Ebenso ohne rechtliche Bedeutung ist auch, dass in § 101 Abs. 3 S. 2 Hs. 1 die Formulierung „... besteht nur bis zum Betrag der Versicherungssumme" gewählt wird, während es in § 150 Abs. 3 S. 2 Hs. 1 VVG aF „... besteht nicht über den Betrag der Versicherungssumme hinaus" heißt. Denn hieraus ist allein eine andere sprachliche Umschreibung zu entnehmen, die aber inhaltlich keine andere Bedeutung hat. Schließlich trägt die in § 101 Abs. 3 S. 2 Hs. 2 sich findende Formulierung „... ist der Versicherer nach Absatz 2 über diesen Betrag hinaus verpflichtet" anstelle der in § 150 Abs. 3 S. 2 Hs. 2 VVG aF anzutreffenden Formulierung „... haftet der Versicherer nach Absatz 2 für einen höheren Betrag" inhaltlich von der zuletzt genannten Vorschrift abweichend zu Recht der Erkenntnis Rechnung, dass es nicht um eine Haftung des Versicherers im haftungsrechtlichen Sinne, sondern vielmehr um die **Frage der Eintrittspflicht des Versicherers** geht. **92**

2. Verpflichtung des Versicherers zur Sicherheitsleistung oder Hinterlegung nach Abs. 3 S. 1. Erheblich ist demgegenüber, dass in § 101 Abs. 3 S. 1 auf die Einfügung der Worte **93**

---

[159] So zu Recht *H. Baumann* in BK-VVG § 150 Rn. 34 in Bezug auf § 150 Abs. 2 S. 2 VVG aF; *R. Koch* in Bruck/Möller § 101 Rn. 11; vgl. zur entsprechenden Anwendbarkeit des § 150 Abs. 2 S. 2 VVG aF auf die Vertrauensschadenversicherung ferner BGH VersR 2011, 1261 Rn. 34 ff.

[160] Vgl. *R. Johannsen* in Bruck/Möller, 8. Aufl., Bd. IV, Anm. G 47; *H. Baumann* in BK-VVG § 150 Rn. 34; *Lücke* in Prölss/Martin § 101 Rn. 30; *Retter* in Schwintowski/Brömmelmeyer/Ebers § 101 Rn. 21.

[161] Vgl. BGH VersR 1992, 1257 (1258); *H. Baumann* in BK-VVG § 150 Rn. 34; *Lücke* in Prölss/Martin § 101 Rn. 30; *Retter* in Schwintowski/Brömmelmeyer/Ebers § 101 Rn. 21.

[162] Vgl. *R. Johannsen* ZVersWiss 83 (1994), 449 (461 f.); *R. Johannsen,* in Bruck/Möller 8. Aufl., Bd. IV, Anm. G 47; *H. Baumann* in BK-VVG § 150 Rn. 34; *Retter* in Schwintowski/Brömmelmeyer/Ebers § 101 Rn. 21; *R. Koch* in Bruck/Möller § 101 Rn. 54; missverständlich BGH VersR 1992, 1257 (1258).

[163] Vgl. *Schulze Schwienhorst* in Looschelders/Pohlmann § 101 Rn. 21.

[164] BT-Drs. 16/3945, 85 zu § 101 VVG.

„... auf sein Verlangen ..." verzichtet wurde, was noch in § 150 Abs. 3 S. 1 VVG aF als Voraussetzung für die dem Versicherer obliegende Verpflichtung zur Leistung genannt wird. Aus dem Verzicht auf dieses Tatbestandsmerkmal in § 101 Abs. 3 S. 1 kann nur gefolgert werden, dass es für die Verpflichtung des Versicherers, die Sicherheitsleistung oder Hinterlegung zu bewirken, auf das Verlangen des Versicherungsnehmers grundsätzlich nicht mehr ankommt und es demgemäß einer entsprechenden Aufforderung des Versicherungsnehmers gegenüber dem Versicherer auch nicht bedarf.[165] Der Versicherer hat vielmehr, wenn dem Versicherungsnehmer nachgelassen wird, die Vollstreckung einer gerichtlichen Entscheidung durch Sicherheitsleistung oder Hinterlegung abzuwenden, dies nach dem VVG 2008 von sich aus zu bewirken. Zwar hat sich *Langheid*[166] für diese Auffassung auch schon unter der Geltung des § 150 Abs. 3 S. 1 VVG aF ausgesprochen und dies damit begründet, dass es wegen der Prozessführungsbefugnis des Versicherers auf das Verlangen des Versicherungsnehmers nur in den seltensten Fällen ankomme. Ob diese Ansicht unter Berücksichtigung des insoweit eindeutigen Wortlautes des § 150 Abs. 3 S. 1 VVG aF wirklich zutreffend war, muss bezweifelt werden, kann aber jedenfalls nach dem Inkrafttreten des § 101 Abs. 3 S. 1 am 1.1.2008 letztlich dahinstehen. Denn nach dieser Vorschrift kommt es wie gezeigt auf das Verlangen des Versicherungsnehmers grundsätzlich nicht mehr an. Deshalb ist auch die von *Schimikowski*[167] vertretene Ansicht, der das Verlangen des Versicherungsnehmers weiterhin für erforderlich hält und dies mit den Worten „... wenn es der Versicherungsnehmer verlangt, Sicherheitsleistung oder Hinterlegung zu bewirken (Abs. 3 S. 1)" begründet, unzutreffend.

94 Anders sieht es nur dann aus, wenn der Versicherer **dem Versicherungsnehmer die Prozessführung überlassen** hat oder es sich sonst um einen ohne dessen Veranlassung geführten Rechtsstreit handelt. In diesem Falle bedarf es eines entsprechenden Verlangens des Versicherungsnehmers gegenüber dem Versicherer und zur Herbeiführung des Verzugs einer Mahnung durch den Versicherungsnehmer.[168]

95 Diese den Anwendungsbereich des § 150 Abs. 3 S. 1 VVG aF bzw. den § 101 Abs. 3 S. 1 prägenden Grundfragen bezüglich des Verlangens des Versicherungsnehmers haben weder Eingang in die AHB aF noch in die AHB 2016 und auch nicht in die AVB BHV gefunden, wobei dies aus unterschiedlichen Gründen geschehen ist.

96 § 3 III Ziff. 1 Abs. 3 AHB aF kommt der Bestimmung des § 150 Abs. 3 S. 1 VVG aF noch relativ nahe, wenn es dort heißt:

Hat der Versicherungsnehmer für eine aus einem Versicherungsfall geschuldete Rente kraft Gesetzes Sicherheit zu leisten oder ist ihm die Abwendung der Vollstreckung einer gerichtlichen Entscheidung durch Sicherheitsleistung oder Hinterlegung nachgelassen, so ist der Versicherer an seiner Stelle zur Sicherheitsleistung oder Hinterlegung verpflichtet.

97 In der Sache fasst § 3 III Ziff. 1 Abs. 3 AHB aF die Regelungen des bereits genannten § 150 Abs. 3 S. 1 VVG aF und die des § 155 Abs. 2 VVG aF zusammen,[169] indem es heißt:

Hat der Versicherungsnehmer für die von ihm geschuldete Rente dem Dritten kraft Gesetzes Sicherheit zu leisten, so erstreckt sich die Verpflichtung des Versicherers auf die Leistung der Sicherheit.

98 Hieraus wird zu Recht gefolgert, dass eine **spontane Leistungsverpflichtung des Versicherers** besteht, wenn dieser den Haftpflichtprozess selbst bzw. durch einen von ihm beauftragten Anwalt führt.[170] Der Anspruch wird dann – so führt *H. Baumann*[171] zutreffend weiter aus – entsprechend dem AVB-typischen Verlauf ohne das Erfordernis des Verlangens fällig, und der Versicherer kann auch ohne Mahnung in Verzug geraten.

---

[165] So zutreffend *Retter* in Schwintowski/Brömmelmeyer/Ebers § 101 Rn. 22; ebenso *Schulze Schwienhorst* in Looschelders/Pohlmann § 101 Rn. 23; *R. Koch* in Bruck/Möller § 101 Rn. 61; *Foerster* ZVersWiss 103 (2014), 351 (361 f.).

[166] *Langheid* in Römer/Langheid § 150 Rn. 18; ebenso auch unter der Geltung des § 101 Abs. 3 *Langheid* in Langheid/Rixecker § 101 Rn. 23.

[167] *Schimikowski* in HK-VVG § 101 Rn. 6.

[168] So zu Recht *R. Johannsen* in Bruck/Möller, 8. Aufl., Bd. IV, Anm. G 35; *H. Baumann* in BK-VVG § 150 Rn. 39; *Voit/Knappmann* in Prölss/Martin, 27. Aufl., § 150 Rn. 15; jeweils zu § 150 Abs. 3 S. 1 VVG aF; ebenso ausdrücklich *Retter* in Schwintowski/Brömmelmeyer/Ebers § 101 Rn. 22 sowie *R. Koch* in Bruck/Möller § 101 Rn. 61 im Hinblick auf § 101 Abs. 3 S. 1 VVG; *Foerster* ZVersWiss 103 (2014), 351 (361 f.); andeutungsweise auch *Schimikowski* in HK-VVG § 101 Rn. 6; vgl. zum Anwendungsbereich des § 101 Abs. 3 S. 1 ferner *H. Baumann* in Bruck/Möller AVB-AVG 2011/2013 Ziff. 4 Rn. 39, wonach die AVB-AVG keine besondere Regelung enthielten, so dass grundsätzlich die gesetzlichen Bestimmungen (§ 101 Abs. 3) gelten müssten.

[169] Vgl. *Littbarski* AHB § 3 Rn. 98.

[170] So *H. Baumann* in BK-VVG § 150 Rn. 39.

[171] *H. Baumann* in BK-VVG § 150 Rn. 39.

Der Hauptgrund dafür, dass der Versicherer anstelle des Versicherungsnehmers zur Sicherheits- **99** leistung oder Hinterlegung verpflichtet ist, wenn der Versicherungsnehmer für eine aus einem Versicherungsfall geschuldete Rente kraft Gesetzes Sicherheit zu leisten hat oder ihm die Abwendung der Vollstreckung einer gerichtlichen Entscheidung durch Sicherheitsleistung oder Hinterlegung nachgelassen ist, ist in der umfassenden **Freistellungsverpflichtung des Versicherers gegenüber dem Versicherungsnehmer** zu erblicken.[172] Daher hat der Versicherer den Versicherungsnehmer vor jeder Art der Zwangsvollstreckung zu schützen, so dass auch eine noch nicht rechtskräftig festgestellte Schuld zu begleichen ist, wenn anders eine Abwendung der Zwangsvollstreckung nicht möglich ist.[173] Dementsprechend ist der Schutz zur Abwendung der Zwangsvollstreckung bei allen vorläufig vollstreckbaren Urteilen gemäß den §§ 708 ff. ZPO sowie bei allen sonstigen vorläufig vollstreckbaren Titeln nach § 794 ZPO einschließlich der Maßnahmen vorläufigen Rechtsschutzes in Form des Arrestes nach den §§ 916 ff. ZPO oder der einstweiligen Verfügung gemäß den §§ 935 ff. ZPO zu gewähren.[174]

In den AHB 2016 sowie in den AVB BHV ist auf die Einfügung einer dem § 3 III Ziff. 1 Abs. 3 **100** AHB aF vergleichbaren Bestimmung ganz verzichtet worden. Damit kann wegen des gleichzeitigen Verzichts auf das Verhalten des Versicherungsnehmers bestimmende Tatbestandsmerkmal „... auf sein Verlangen" als Voraussetzung für das Bewirken der Sicherheitsleistung oder der Hinterlegung durch den Versicherer in § 101 Abs. 3 auch nicht mehr davon ausgegangen werden, dass die Verpflichtung des Versicherers zum Bewirken der Sicherheitsleistung oder Hinterlegung hiervon abhängig wäre. Vielmehr hat der Versicherer nach § 101 Abs. 3 S. 1 die Sicherheitsleistung oder Hinterlegung zu bewirken, wenn dem Versicherungsnehmer nachgelassen ist, die Vollstreckung einer gerichtlichen Entscheidung durch Sicherheitsleistung oder Hinterlegung abzuwenden.

Maßgeblich für diese sehr weitgehende Verpflichtung des Versicherers zum Bewirken der **101** Sicherheitsleistung oder der Hinterlegung ist die ebenfalls sehr weitreichende Prozessführungsbefugnis des Versicherers, die in den Ziff. 5.2 und 25.5 AHB 2016 = A 1-4.2 Abs. 1 und 2 und B 3-3.2.2 lit. e AVB BHV zum Ausdruck kommt.[175] So heißt es in:

Ziff. 5.2 Abs. 1 und 2 AHB 2016 = A 1-4.2 Abs. 1 und 2 AVB BHV:

Der Versicherer ist bevollmächtigt, alle ihm zur Abwicklung des Schadens oder Abwehr der Schadensersatzansprüche zweckmäßig erscheinenden Erklärungen im Namen des Versicherungsnehmers abzugeben.

Kommt es in einem Versicherungsfall zu einem Rechtsstreit über Schadensersatzansprüche gegen den Versicherungsnehmer, ist der Versicherer zur Prozessführung bevollmächtigt. Er führt den Rechtsstreit im Namen des Versicherungsnehmers auf seine Kosten.

Ziff. 25.5 AHB 2016 = B 3-3.2.2 lit. e AVB BHV lauten: **102**

Wird gegen den Versicherungsnehmer ein Haftpflichtanspruch gerichtlich geltend gemacht, hat er die Führung des Verfahrens dem Versicherer zu überlassen. Der Versicherer beauftragt im Namen des Versicherungsnehmers einen Rechtsanwalt. Der Versicherungsnehmer muss dem Rechtsanwalt Vollmacht sowie alle erforderlichen Auskünfte erteilen und die angeforderten Unterlagen zur Verfügung stellen.

Ist dem Versicherungsnehmer nachgelassen, die Vollstreckung einer gerichtlichen Entschei- **103** dung durch Sicherheitsleistung oder Hinterlegung abzuwenden und hat der Versicherer an seiner Stelle die Sicherheitsleistung oder Hinterlegung zu bewirken, bestand bereits unter der Geltung des § 150 Abs. 3 VVG aF sowie des § 3 III Ziff. 1 Abs. 3 AHB aF in Rechtsprechung[176] und

---

[172] Vgl. auch *R. Johannsen* in Bruck/Möller, 8. Aufl., Bd. IV, Anm. G 35; *Späte* AHB § 3 Rn. 39; *H. Baumann* in BK-VVG § 150 Rn. 35; *Littbarski* AHB § 3 Rn. 109; jeweils mit weiteren Einzelheiten.

[173] Vgl. *R. Johannsen* in Bruck/Möller, 8. Aufl., Bd. IV, Anm. G 35; *Späte* AHB § 3 Rn. 39; *H. Baumann* in BK-VVG § 150 Rn. 35; *Littbarski* AHB § 3 Rn. 109; *Voit/Knappmann* in Prölss/Martin, 27. Aufl., § 150 Rn. 15.

[174] Vgl. *Späte* AHB § 3 Rn. 39; *Harsdorf-Gebhardt* in Späte/Schimikowski AHB 2014 Ziff. 25 Rn. 66 ff.; *H. Baumann* in BK-VVG § 150 Rn. 35; *Voit/Knappmann* in Prölss/Martin, 27. Aufl., § 150 Rn. 15; *Littbarski* AHB § 3 Rn. 109; *Langheid* in Römer/Langheid § 150 Rn. 18; jeweils zu § 150 Abs. 3 VVG aF bzw. zu § 3 III Ziff. 1 Abs. 3 AHB aF; ebenso im Hinblick auf § 101 Abs. 3 nunmehr *Langheid* in Langheid/Rixecker § 101 Rn. 23; eingehend zu den Voraussetzungen und Rechtsfolgen des Arrests und der einstweiligen Verfügung *Drescher* in MüKoZPO Vor § 916 Rn. 1 ff.; vgl. auch *Littbarski* Einstweiliger Rechtsschutz S. 87 ff.; jeweils mit umfassenden Nachweisen.

[175] Ähnlich *Retter* in Schwintowski/Brömmelmeyer § 101 Rn. 23; eingehend zu A1-4.2 Abs. 1 und 2 sowie zu B3-3.2.2 lit. e AVB BHV *Littbarski* in Littbarski/Tenschert/Klein AVB BHV A1-4.2 Rn. 25 ff. sowie zu B3-3.2.2 lit. e AVB BHV B3-3.2 *Littbarski* in Littbarski/Tenschert/Klein AVB BHV B3-3.2 Rn. 230 ff.

[176] Vgl. OLG Hamm NJW-RR 1987, 1109; vgl. ferner OLG Celle r+s 2010, 109 zum vom Versicherer zu tragenden Risiko der Fehleinschätzung.

Literatur[177] Einigkeit darüber, dass der Versicherer **zwischen Sicherheitsleistung und Hinterlegung wählen** kann und es sich daher um eine Wahlschuld im Sinne von § 262 BGB handelt. In der Sache richtet sich die Art und Weise der Sicherheitsleistung nach den §§ 108 ff. ZPO iVm §§ 232 ff. BGB, wobei der Versicherer dafür Sorge zu tragen hat, dass das Gericht im eigenen Interesse des Versicherers die Sicherheitsleistung durch dessen Bürgschaft und nicht durch die viel aufwendigere Hinterlegung von Wertpapieren zulässt.[178] Spricht sich das Gericht gegen die Bürgschaft des Versicherers als Sicherheitsleistung aus, ist die Sicherheit in der vom Gericht bestimmten Art und Weise zu leisten.[179]

104 Einer seit langem einhelligen und in der Sache zutreffenden Auffassung[180] entspricht es, dass der Versicherer den Schutz so rechtzeitig zu leisten hat, dass eine **Zwangsvollstreckung in das Vermögen des Versicherungsnehmers vermieden** wird. Sollte der Versicherer dieser Verpflichtung nicht nachkommen, ist der Versicherungsnehmer berechtigt, selbst zu hinterlegen bzw. an den Gerichtsvollzieher zuzustellen und den Betrag vom Versicherer zurückzuverlangen.[181] In einem solchen Vorgehen des Versicherungsnehmers konnte schon nach früherem Recht kein Verstoß gegen das damals noch geltende Anerkenntnis- und Befriedigungsverbot nach § 154 Abs. 2 VVG aF und § 5 Ziff. 5 AHB aF und damit auch keine Obliegenheitsverletzung des Versicherungsnehmers erblickt werden,[182] da dem Versicherungsnehmer die Duldung der Zwangsvollstreckung nicht zuzumuten ist.[183] Mit dem Inkrafttreten des § 105 am 1.1.2008, der dem Versicherungsnehmer das Recht gibt, einen gegen ihn erhobenen Haftpflichtanspruch anzuerkennen und zu befriedigen, ohne dass dies ihm im Hinblick auf seinen Haftpflichtversicherungsanspruch in irgendeiner Weise schadet,[184] ist durch die Änderung der Rechtslage die früher bisweilen diskutierte Frage obsolet geworden. Daher kann nunmehr unter der Geltung des § 105 in dem Verhalten des Versicherungsnehmers keine Obliegenheitsverletzung erblickt werden.

105 Sollte bei einer späteren **Abänderung des erstinstanzlichen Urteils** ein Rückforderungsanspruch gegen den vermögenslosen Dritten nicht durchsetzbar sein, ging dies bereits nach der früheren Rechtslage unter der Geltung des § 150 Abs. 3 VVG aF sowie § 3 III Ziff. 1 Abs. 3 AHB aF nach allgemeiner, zutreffender Ansicht zu Lasten des Versicherers.[185] Auch insoweit hat sich unter der Geltung des § 101 Abs. 3 nichts geändert.

106 Hat der Versicherer für einen Versicherungsnehmer Sicherheit geleistet, um den Zugriff auf das Vermögen des Versicherungsnehmers abzuwehren und wird die Klage später abgewiesen, soll nach einer zu § 150 Abs. 3 S. 1 VVG aF ergangenen Entscheidung des BGH[186] dem Versicherer **kein Anspruch auf Ersatz des erlittenen Zinsschadens** gemäß § 717 Abs. 2 ZPO zustehen. Die hiergegen in der Literatur[187] erhobenen Bedenken gehen von der Überlegung aus, dass der Versicherer ohne die Leistung des Versicherers einen verzinslichen Kredit hätte aufnehmen müssen und führen zu dem Ergebnis, dass der Schadensersatzanspruch des Versicherungsnehmers vertraglich auf den Versicherer überzuleiten sei. Diese Begründung ist zutreffend und auch noch unter der Geltung des § 101 Abs. 3 S. 1 als maßgeblich anzusehen, da sich insoweit die Rechtslage nicht geändert hat.

107 Im Übrigen war schon im Hinblick auf § 150 Abs. 3 S. 1 VVG aF und auf § 3 III Ziff. 1 Abs. 3 AHB aF allgemein anerkannt, dass der Dritte den Anspruch des Versicherungsnehmers auf Sicherheitsleistung oder Hinterlegung nach den §§ 829 und 835 ZPO pfänden und sich überweisen lassen und danach gegen den Versicherer auf Sicherheitsleistung oder Hinterlegung klagen kann.[188]

---

[177] *Späte* AHB § 3 Rn. 39; *H. Baumann* in BK-VVG § 150 Rn. 38; *Voit/Knappmann* in Prölss/Martin, 27. Aufl. 2004, § 150 Rn. 15; *Littbarski* AHB § 3 Rn. 112; *Lücke* in Prölss/Martin § 101 Rn. 32; *R. Koch* in Bruck/Möller § 101 Rn. 57.

[178] Vgl. *Littbarski* AHB § 3 Rn. 112.

[179] Vgl. *Späte* AHB § 3 Rn. 40; *H. Baumann* in BK-VVG § 150 Rn. 38; *Littbarski* AHB § 3 Rn. 112; *R. Koch* in Bruck/Möller § 101 Rn. 57.

[180] Vgl. *Späte* AHB § 3 Rn. 39; *H. Baumann* in BK-VVG § 150 Rn. 38; *Littbarski* AHB § 3 Rn. 112.

[181] Vgl. *Späte* AHB § 3 Rn. 39 *H. Baumann* in BK-VVG § 150 Rn. 38; *Littbarski* AHB § 3 Rn. 110.

[182] Vgl. *Littbarski* AHB § 3 Rn. 112 und § 5 Rn. 97 ff.

[183] Vgl. *R. Johannsen* in Bruck/Möller, 8. Aufl., Bd. IV, Anm. G 35; *Späte* AHB § 3 Rn. 39; *H. Baumann* in BK-VVG § 150 Rn. 38; *Littbarski* AHB § 3 Rn. 110.

[184] Vgl. *Schimikowski* in HK-VVG § 105 Rn. 1; eingehend hierzu → § 105 Rn. 3.

[185] Vgl. *R. Johannsen* in Bruck/Möller, 8. Aufl., Bd. IV, Anm. G 35; *Späte* AHB § 3 Rn. 39; *H. Baumann* in BK-VVG § 150 Rn. 38; *Littbarski* AHB § 3 Rn. 110.

[186] BGH NJW 1985, 128 f.; ebenso schon früher OLG Frankfurt a. M. VersR 1959, 894; vgl. auch *Späte* AHB § 3 Rn. 39.

[187] *R. Johannsen* in Bruck/Möller, 8. Aufl., Bd. IV, Anm. G 35; *H. Baumann* in BK-VVG § 150 Rn. 37; *Littbarski* AHB § 3 Rn. 111.

[188] So OLG Hamm NJW-RR 1987, 1109; vgl. auch OLG Karlsruhe VersR 2010, 940 (942) zum Pfändungs- und Überweisungsbeschluss in der Vermögensschaden-Haftpflichtversicherung; *Lücke* in Prölss/Martin § 101 Rn. 32; *H. Baumann* in BK-VVG § 150 Rn. 38; *Littbarski* AHB § 3 Rn. 113.

3. Umfang der Verpflichtung des Versicherers zur Sicherheitsleistung oder Hinterlegung nach Abs. 3 S. 2. § 101 Abs. 3 S. 2 Hs. 1 knüpft mit der Formulierung „Diese Verpflichtung besteht nur bis zum Betrag der Versicherungssumme" an die sich aus § 101 Abs. 3 S. 1 ergebende, soeben eingehend erörterte Verpflichtung des Versicherers[189] an und **begrenzt** den Umfang der vom Versicherer zu erbringenden Sicherheitsleistung oder Hinterlegung auf die **Höhe der** zwischen dem Versicherer und dem Versicherungsnehmer **vereinbarten Versicherungssumme**. Damit entspricht die dem Versicherer obliegende Verpflichtung inhaltlich genau derjenigen, die sich aus § 150 Abs. 3 S. 2 Hs. 1 VVG aF ergibt, da diese Vorschrift trotz des gegenüber § 101 Abs. 3 S. 2 Hs. 1 etwas abweichenden Wortlautes „Diese Verpflichtung besteht nicht über den Betrag der Versicherungssumme hinaus" zwar eine andere sprachliche Umschreibung enthält, der aber inhaltlich keine andere Bedeutung zukommt.[190] 108

§ 101 Abs. 3 S. 2 Hs. 2 stellt demgegenüber mit der Formulierung „...; ist der Versicherer nach Absatz 2 über diesen Betrag hinaus verpflichtet, tritt der Versicherungssumme der Mehrbetrag hinzu" eine inhaltliche Verbindung zu § 101 Abs. 2 her und entspricht zugleich der Regelung des § 150 Abs. 3 S. 2 Hs. 2 VVG aF, die ebenfalls wie gezeigt[191] trotz des gegenüber § 101 Abs. 3 S. 2 Hs. 2 abweichenden Wortlautes „...; haftet der Versicherer nach Absatz 2 für einen höheren Betrag, so tritt der Versicherungssumme der Mehrbetrag hinzu" nicht etwa eine Haftung des Versicherers im haftungsrechtlichen Sinne statuiert, sondern vielmehr den Umfang der **Eintrittspflicht des Versicherers** zum Gegenstand hat. 109

Die sowohl in § 101 Abs. 3 S. 2 Hs. 2 als auch in § 150 Abs. 3 S. 2 Hs. 2 VVG aF erfolgte Verweisung auf § 101 Abs. 2 bzw. auf § 150 Abs. 2 VVG aF hat zur Folge, dass die Verpflichtung des Versicherers zur Sicherheitsleistung oder Hinterlegung nicht auf den Betrag der Versicherungssumme beschränkt ist, sondern der Mehrbetrag in den Grenzen des § 101 Abs. 2 bzw. des § 150 Abs. 2 VVG aF der Versicherungssumme hinzutritt.[192] Dies wiederum heißt, dass der Versicherer die Kosten eines auf seine Veranlassung geführten Rechtsstreits und die Kosten der Verteidigung nach § 101 Abs. 1 S. 2 bzw. gemäß § 150 Abs. 1 S. 3 VVG aF auch insoweit zu ersetzen hat, als sie zusammen mit den Aufwendungen des Versicherers zur Freistellung des Versicherungsnehmers die Versicherungssumme übersteigen.[193] Dies gilt nach § 101 Abs. 2 S. 2 bzw. gemäß § 150 Abs. 2 S. 2 VVG aF auch für Zinsen, die der Versicherungsnehmer infolge einer vom Versicherer veranlassten Verzögerung der Befriedigung des Dritten diesem schuldet.[194] 110

4. Leistungsfreiheit des Versicherers bei Anerkennung des Anspruchs des Dritten gegenüber dem Versicherungsnehmer nach Abs. 3 S. 3. Nach § 101 Abs. 3 S. 3 ist der Versicherer von der Verpflichtung nach Satz 1 frei, wenn er den Anspruch des Dritten dem Versicherungsnehmer gegenüber als begründet anerkennt. 111

Diese Vorschrift entspricht mit Ausnahme des Zusatzes „... nach Satz 1 ..." wörtlich dem § 150 Abs. 3 S. 3 VVG aF. Sie bringt durch die sich auf § 101 Abs. 3 S. 1 beziehende Hinzufügung des Einschubs „... nach Satz 1 ..." klarstellend zum Ausdruck, dass der Versicherer von der Verpflichtung, die Sicherheitsleistung oder Hinterlegung zu bewirken, unter der Voraussetzung frei ist, dass er den Anspruch des Dritten dem Versicherungsnehmer gegenüber als begründet anerkennt. Diese Leistungsfreiheit des Versicherers ist deshalb sachgerecht und auch sinnvoll, weil mit dem Anerkenntnis[195] des Anspruchs des Dritten gegenüber dem Versicherungsnehmer die Fälligkeit der Versicherungsleistung nach Maßgabe des § 106 bzw. die Fälligkeit der Entschädigung gemäß § 154 Abs. 1 VVG aF eintritt.[196] 112

Ist dies für sich gesehen relativ unproblematisch und verzichtet daher die ganz überwiegende Meinung in der Literatur[197] auf weitere Stellungnahmen in diesem Zusammenhang, beurteilt *Schulze* 113

---

[189] Vgl. → Rn. 93 ff.
[190] Vgl. → Rn. 92.
[191] Vgl. → Rn. 92.
[192] Andeutungsweise auch H. *Baumann* in BK-VVG § 150 Rn. 40 zu § 150 VVG aF; *Retter* in Schwintowski/Brömmelmeyer/Ebers § 101 Rn. 25 und *Schulze Schwienhorst* in Looschelders/Pohlmann § 101 Rn. 24; jeweils zu § 101 Abs. 3 S. 2.
[193] Vgl. hierzu näher → Rn. 48 ff.
[194] Vgl. hierzu näher → Rn. 88 ff.
[195] Eingehender zu diesem Begriff → § 105 Rn. 37 ff.
[196] *Voit/Knappmann* in Prölss/Martin, 27. Aufl., § 150 Rn. 15 und H. *Baumann* in BK-VVG § 150 Rn. 40; jeweils im Hinblick auf § 154 Abs. 1 VVG aF; → § 106 Rn. 39 im Hinblick auf § 106.
[197] Vgl. H. *Baumann* in BK-VVG § 150 Rn. 40; *Voit/Knappmann* in Prölss/Martin, 27. Aufl., § 150 Rn. 15; jeweils zu § 150 Abs. 3 S. 3 VVG aF; *Retter* in Schwintowski/Brömmelmeyer/Ebers § 101 Rn. 26 zu § 101 Abs. 3 S. 3.

§ 101   114, 115   Teil 2. Einzelne Versicherungszweige. Kap. 1. Haftpflichtversicherung

Schwienhorst[198] die Lage wesentlich differenzierter. Er stellt nämlich die Frage, ob die Mitteilung des Anerkenntnisses gegenüber dem anspruchstellenden Dritten (Geschädigten) oder gegenüber dem Versicherungsnehmer erfolgen könne oder müsse.[199] Hierzu weist er mit eingehender Begründung[200] auf das Spannungsverhältnis hin, dass ein Anerkenntnis des Versicherers gegenüber dem geschädigten Dritten das deliktische Rechtsverhältnis zwischen diesem und dem Versicherungsnehmer berühre, andererseits aber der Versicherer nach Ziff. 5.2 AHB[201] uneingeschränkt zur Führung des Prozesses und zur Abgabe aller ihm zweckmäßig erscheinenden Erklärungen im Namen des Versicherungsnehmers berechtigt sei. Zudem hebt *Schulze Schwienhorst*[202] hervor, dass in den aus seiner Sicht besonders problematischen Fallgestaltungen der Geltendmachung von über die Versicherungssumme hinausgehenden Ansprüchen die frühere, erstmals in einer Entscheidung des damaligen IVa-Senats des BGH vom 3.6.1987[203] entwickelte Rechtsprechung zur Beschränkung der Regulierungsvollmacht des Versicherers in einer Entscheidung des IV. Senats des BGH vom 11.10.2006[204] nunmehr ausdrücklich aufgegeben worden sei und der Versicherungsnehmer damit faktisch gezwungen werde, selbst an der Abwehr der Ansprüche mitzuwirken.[205] Aus dem Treueverhältnis zwischen Versicherer und Versicherungsnehmer ist nach *Schulze Schwienhorst*[206] aber zu fordern, dass der Versicherer den Versicherungsnehmer rechtzeitig vor Abgabe eines entsprechenden Anerkenntnisses informiere, damit dieser im Hinblick auf die die Versicherungssumme übersteigenden, geforderten Leistungen Vorsorge treffen könne.

114   Auch wenn man im Ergebnis diesen Überlegungen von *Schulze Schwienhorst* uneingeschränkt folgen kann, zumal sie zudem im Einklang mit der vom BGH zu Recht geänderten Rechtsprechung zu § 5 Ziff. 7 AHB aF stehen, ist doch deutlich darauf hinzuweisen, dass sie ausschließlich in Fallgestaltungen Geltung beanspruchen können, in denen aufgrund der Abdingbarkeit des § 101[207] Ziff. 5.2 AHB 2016 = A 1-4.2 AVB BHV bzw. § 5 Ziff. 7 AHB aF zur Anwendung kommen bzw. individuelle Vereinbarungen zwischen dem Versicherer und dem Versicherungsnehmer vorliegen. Hingegen können sie nicht im Falle der ausschließlichen Anwendbarkeit des § 101 Abs. 3 S. 3 herangezogen werden, da nach dem eindeutigen Wortlaut dieser Vorschrift der Versicherer von der Verpflichtung nach Satz 1 frei ist, wenn er den Anspruch des Dritten dem Versicherungsnehmer gegenüber als begründet anerkennt. Für ein Anerkenntnis des Anspruchs des Dritten durch den Versicherer jenem gegenüber ist nach dem Wortlaut dieser Vorschrift demgegenüber kein Platz.

V. Abdingbarkeit des § 101

115   § 101 ist in gleicher Weise wie die Vorgängervorschrift des § 150 VVG aF **dispositiver Natur, mithin abdingbar**[208] und lässt daher abweichende Vereinbarungen zwischen dem Versicherer und dem Versicherungsnehmer grundsätzlich zu. Diese Abdingbarkeit des § 101 lässt sich bereits im Umkehrschluss der Regelung des § 112 entnehmen. Danach kann von den §§ 104 und 106 nicht zum Nachteil des Versicherungsnehmers abgewichen werden, was nichts anderes heißt, als dass im Hinblick auf die anderen, die Haftpflichtversicherung betreffenden Vorschriften und damit ua auch

---

[198] *Schulze Schwienhorst* in Looschelders/Pohlmann § 101 Rn. 25.
[199] *Schulze Schwienhorst* in Looschelders/Pohlmann § 101 Rn. 25.
[200] *Schulze Schwienhorst* in Looschelders/Pohlmann § 101 Rn. 25.
[201] Gemeint ist Ziff. 5.2 AHB in der seit 2004 geltenden Fassung.
[202] *Schulze Schwienhorst* in Looschelders/Pohlmann § 101 Rn. 25.
[203] Vgl. BGHZ 101, 276 (283 f.) = NJW 1987, 2586; kritisch hierzu und sich für das Fortbestehen der Vollmacht aussprechend, solange der Versicherer nicht unter Berufung auf Leistungsfreiheit den Versicherungsschutz endgültig verweigere, *Voit/Knappmann* in Prölss/Martin, 27. Aufl., AHB § 5 Rn. 20 und *Littbarski* AHB § 5 Rn. 137, 141 und 144.
[204] Vgl. BGHZ 169, 232 Rn. 18 ff. = NJW 2007, 69 (70 ff.); hierzu eingehend *Felsch* r+s 2008, 265 (279 f.) aus der Sicht des an der Entscheidung maßgeblich beteiligten Richters; vgl. hierzu ferner *Harsdorf-Gebhardt* in Späte/Schimikowski AHB 2014 Ziff. 5 Rn. 27; vgl. auch BGH NJW-RR 2004, 109 (110 f.); r+s 2009, 504; OLG Karlsruhe BauR 2011, 285.
[205] *Schulze Schwienhorst* in Looschelders/Pohlmann § 101 Rn. 25.
[206] *Schulze Schwienhorst* in Looschelders/Pohlmann § 101 Rn. 25.
[207] Vgl. hierzu nachstehend → Rn. 115 ff.
[208] Ebenso *Schimikowski* in HK-VVG § 101 Rn. 4; *R. Koch* in Bruck/Möller § 101 Rn. 63; *Staudinger/Friesen* in Staudinger/Halm/Wendt AVB D&O Rn. 142 mit Fn. 364; *Wandt* VersR Rn. 1076; Langheid/*Müller-Frank* NJW 2012, 2324 (2325); *Langheid* in Langheid/Rixecker § 101 Rn. 24; *Armbrüster/Schreier* ZVersWiss 105 (2016), 3 (25); *Car* Überschreiten der Deckungssumme S. 34; einschränkend *Retter* in Schwintowski/Brömmelmeyer/Ebers § 101 Rn. 27, wonach die Norm grundsätzlich dispositiv sei, jedoch mit § 83 korrespondiere, so dass eine Abweichung nur bis zur Grenze dieser halbzwingenden Vorschrift möglich sei; ähnlich *Schulze Schwienhorst* in Looschelders/Pohlmann § 101 Rn. 2; offenlassend *Grootehorst/Looman* r+s 2014, 157 (158).

§ 101 abweichende Vereinbarungen zwischen dem Versicherer und dem Versicherungsnehmer grundsätzlich zulässig sind.[209]

Genauso stellt sich im Ergebnis die Rechtslage hinsichtlich des § 150 VVG aF dar, der nach allgemein vertretener Auffassung[210] ebenfalls abänderlich ist. Zur Begründung für die Abdingbarkeit dieser Vorschrift ist auf § 158a VVG aF zu verweisen, wonach auf Vereinbarungen, durch die von den Vorschriften des § 153 VVG aF, § 154 Abs. 1 VVG aF und § 156 Abs. 2 VVG aF zum Nachteil des Versicherungsnehmers abgewichen wird, der Versicherer sich nicht berufen kann. **116**

Auch wenn sowohl § 101 als auch § 150 VVG aF grundsätzlich abänderlich sind, können sich doch im Einzelfall Grenzen der Abdingbarkeit aus den §§ 305–310 BGB, also den Bestimmungen über die Gestaltung rechtsgeschäftlicher Schuldverhältnisse durch Allgemeine Geschäftsbedingungen ergeben.[211] **117**

§ 102 Betriebshaftpflichtversicherung

(1) ¹Besteht die Versicherung für ein Unternehmen, erstreckt sie sich auf die Haftpflicht der zur Vertretung des Unternehmens befugten Personen sowie der Personen, die in einem Dienstverhältnis zu dem Unternehmen stehen. ²Die Versicherung gilt insoweit als für fremde Rechnung genommen.

(2) ¹Wird das Unternehmen an einen Dritten veräußert oder auf Grund eines Nießbrauchs, eines Pachtvertrags oder eines ähnlichen Verhältnisses von einem Dritten übernommen, tritt der Dritte an Stelle des Versicherungsnehmers in die während der Dauer seiner Berechtigung sich ergebenden Rechte und Pflichten ein. ²§ 95 Abs. 2 und 3 sowie die §§ 96 und 97 sind entsprechend anzuwenden.

Übersicht

		Rn.
A.	Einführung	1
I.	Inhalt der Regelung	1
II.	Zweck der Regelung	6
III.	Abgrenzung der Betriebshaftpflichtversicherung von der Privathaftpflichtversicherung und den Berufshaftpflichtversicherungen	12
1.	Allgemeines	12
2.	Privathaftpflichtversicherung	13
3.	Berufshaftpflichtversicherungen	17
B.	Einzelheiten zur Betriebshaftpflichtversicherung nach § 102	27
I.	Allgemeines	27
II.	Begriff des Unternehmens nach § 102	35
III.	Umfang des Versicherungsschutzes nach Abs. 1	46
1.	Allgemeines	46
2.	Gegenstand des Versicherungsschutzes	47
3.	Unternehmen als Versicherungsnehmer	66

		Rn.
4.	Versicherte Personen	69
	a) Allgemeines	69
	b) Zweck und Bedeutung der Erweiterung des Versicherungsschutzes auf versicherte Personen	70
	c) Zur Vertretung des Unternehmens befugte Personen	79
	d) Personen, die in einem Dienstverhältnis zum Unternehmen stehen	86
IV.	**Veräußerung des Unternehmens an einen Dritten oder Übernahme des Unternehmens von einem Dritten nach Abs. 2**	
1.	Allgemeines	99
2.	Veräußerung des Unternehmens an einen Dritten	108
3.	Übernahme des Unternehmens von einem Dritten	112
4.	Anwendbarkeit des Abs. 2 auf weitere Fallgruppen?	115
5.	Rechtsfolgen	127
V.	**Abdingbarkeit des § 102**	133

---

[209] Vgl. hierzu näher → § 112 Rn. 5 ff.
[210] Vgl. OLG Karlsruhe VersR 1993, 821; *Voit/Knappmann* in Prölss/Martin, 27. Aufl. 2004, § 150 Rn. 16; *H. Baumann* in BK-VVG § 150 Rn. 41.
[211] Ebenso OLG Frankfurt a. M. r+s 2011, 509 (512); *H. Baumann* in BK-VVG § 150 Rn. 4; *Säcker* VersR 2005, 10 (14); jeweils im Hinblick auf § 150 VVG aF; *Lücke* in Prölss/Martin § 101 Rn. 33; *Schimikowski* in HK-VVG § 101 Rn. 4; jeweils hinsichtlich des § 101 und unter Hinweis auf die Inhaltskontrolle von AGB nach § 307 BGB; grundsätzlich die Möglichkeit der Abdingbarkeit von § 101 bejahend *Langheid/Müller-Frank* NJW 2012, 2324 (2325); *Langheid* in Langheid/Rixecker § 101 Rn. 24; *Grooterhorst/Looman* r+s 2014, 157 (159); jeweils mit weiteren Einzelheiten und Nachweisen; eingehend zur Wirksamkeit von Kostenanrechnungsklauseln unter AGB-rechtlichem Blickwinkel nach § 307 BGB *Terno* r+s 2013, 577 ff.

Stichwort- und Fundstellenverzeichnis

Stichwort	Rn.	Rechtsprechung	Literatur
Abgrenzung Betriebshaftpflichtversicherung/ Berufshaftpflichtversicherung	→ 12, 17 ff.	BGH NJW 2009, 3025 ff.; VersR 2012, 172	*Späte* AHB § 1 Rn. 29 ff.; *Littbarski* AHB § 1 Rn. 10 f. und 52 ff.; *Littbarski* in Praxishandbuch Sachverständigenrecht § 40 Rn. 28 ff.; *Druckenbrodt* VersR 2010, 601 (602); *Schimikowski* in HK-VVG AVB PHV A 1-1 Rn. 4 ff.; *Stockmeier* Privathaftpflichtversicherung AVB PHV A 1-1 Rn. 1 ff.; *Littbarski* in Littbarski/Tenschert/Klein AVB BHV A1-1 Rn. 12 ff.
Abgrenzung Betriebshaftpflichtversicherung/Privathaftpflichtversicherung	→ 12 ff.1, 47 ff.	BGH VersR 1981, 271; BGH VersR 1991, 293 (294); BGHZ 136, 142 (145) = VersR 1997, 1091 (1092); BGH VersR 2004, 591; 2016, 41 f. Rn. 27 f., 38; OLG Karlsruhe NVersZ 2002, 229 (230); OLG Hamm r+s 2005, 374 (375)	*Späte* Privathaftpflichtversicherung Rn. 3 ff.; *Baumann* in BK-VVG § 151 aF Rn. 1 ff.; *Littbarski* AHB § 1 Rn. 52 ff.; *Lücke* in Prölss/Martin BB PHV Ziff. 1 Rn. 3 ff.; *Schimikowski* in Späte/Schimikowski BB PHV Ziff. 1 Rn. 3 ff.; *Stockmeier* Privathaftpflichtversicherung AVB PHV A 1-1 Rn. 1 ff.
Begriff des Unternehmens	→ 35 ff.	BGHZ 31, 105 (108 f.) = NJW 1960, 145 (146 f.); BGH NJW 2006, 2250 (2251); BAG NJW 2005, 90 (91); 2008, 2665	BT-Drs. 16/3945, 85 zu § 102 VVG; *Baumbach/Hopt/Hopt* HGB Einleitung vor § 1 Rn. 31; *Schulze Schwienhorst* in Looschelders/Pohlmann § 102 Rn. 5; *Lücke* in Prölss/Martin § 102 Rn. 1; *Retter* in Schwintowski/Brömmelmeyer/Ebers § 102 Rn. 5
Gegenstand des Versicherungsschutzes	→ 47 ff.	BGHZ 41, 327 (334) = NJW 1964, 1899 (1900 f.); BGH VersR 1988, 1283 (1284); OLG Koblenz VersR 1994, 715 (716); LG Mönchengladbach r+s 1999, 19 (20)	*Baumann* in BK-VVG § 151 aF Rn. 14; *Langheid* in Langheid/Rixecker § 105 Rn. 2 ff.; *Retter* in Schwintowski/Brömmelmeyer/Ebers § 102 Rn. 8; *Lücke* in Prölss/Martin § 102 Rn. 5
Übernahme des Unternehmens von einem Dritten	→ 99, 112 ff.	LG Münster VersR 1952, 65; LG Essen VersR 1985, 929	*Späte* Betriebshaftpflichtversicherung Rn. 4; *Baumann* in BK-VVG § 151 aF Rn. 32; *Lücke* in Prölss/Martin § 102 Rn. 19 und 21; *Retter* in Schwintowski/Brömmelmeyer/Ebers § 102 Rn. 20
Unternehmen als Versicherungsnehmer	→ 66 ff.	BGH VersR 1963, 516; 1966, 353 (354)	*Baumann* in BK-VVG § 151 aF Rn. 7; *Lücke* in Prölss/Martin § 151 aF Rn. 4 und § 102 Rn. 4; *Langheid* in Langheid/Rixecker § 102 Rn. 5 ff.; *Retter* in Schwintowski/Brömmelmeyer/Ebers § 102 Rn. 12
Veräußerung des Unternehmens an einen Dritten	→ 99, 108 ff.	BGHZ 36, 24 (26 f.) = NJW 1961, 2304 f.; BGH VersR 1970, 609; OLG Bamberg VersR 1952, 316 f.; OLG Düsseldorf VersR 1959, 141	*Späte* Betriebshaftpflichtversicherung Rn. 2 ff.; *Baumann* in BK-VVG § 151 aF Rn. 27 und 30; *Retter* in Schwintowski/Brömmelmeyer/Ebers § 102 Rn. 18; *Lücke* in Prölss/Martin § 102 Rn. 21; *Schimikowski* in Späte/Schimikowski BBR BHV Rn. 144
Versicherung für fremde Rechnung	→ 77 f., 96 ff.	BGHZ 49, 130 (133 f.) = NJW 1968, 447 (448)	*Späte* AHB § 7 Rn. 1; *Littbarski* AHB § 7 Rn. 5; *Schimikowski* in HK-VVG AHB Ziff. 27 Rn. 1 und

Betriebshaftpflichtversicherung § 102

Stichwort	Rn.	Rechtsprechung	Literatur
			4; *Harsdorf-Gebhardt* in Späte/Schimikowski AHB 2014 Ziff. 27 Rn. 2
Zur Vertretung des Unternehmens befugte Personen	→ 79 ff.	–	*Späte* Betriebshaftpflichtversicherung Rn. 9; *Baumann* in BK-VVG § 151 aF Rn. 9; *Retter* in Schwintowski/Brömmelmeyer/Ebers § 102 Rn. 14; *Gädtke* in Bruck/Möller AVB-AVG 2011/2013 Ziff. 5 Rn. 70

Schrifttum: *Abram*, Schützt das neue Recht den Versicherungsnehmer gegen Folgen einer Pflichtverletzung seines Versicherungsvermittlers?, VersR 2008, 724; *Abschlussbericht* der Kommission zur Reform des Versicherungsvertragsrechts vom 19.4.2004 – VersR-Schriftenreihe, Band 25, 2004; *Armbrüster*, Beratungspflichten des Versicherers nach § 6 VVG: Grundlagen, Reichweite, Rechtsfolgen, ZVersWiss 97 (2008), 425; *Armbrüster*, Auswirkungen von Versicherungsschutz auf die Haftung, NJW 2009, 187; *Bachmann*, Reform der Organhaftung. Materielles Haftungsrecht und seine Durchsetzung in privaten und öffentlichen Unternehmen, Gutachten E zum 70. Deutschen Juristentag, 2014; *H. Baumann*, Zur unmittelbaren Schadensersatzpflicht des Haftpflichtversicherers gegenüber dem Dritten – Folgerungen aus dem Schuldrechtsmodernisierungsgesetz, VersR 2004, 944; *Burghardt/Bauer*, Vermögensschaden-Haftpflichtversicherung für Banken, in: Münchener Anwaltshandbuch Versicherungsrecht, 4. Auflage 2017, § 21; *Dauner-Lieb/Tettinger*, Vorstandshaftung, D&O-Versicherung, Selbstbehalt, ZIP 2009, 1555; *Dengler*, Die Haftpflichtversicherung im privaten und gewerblichen Bereich, 3. Aufl. 2003; *Diller*, Berufshaftpflichtversicherung der Rechtsanwälte, Kommentar, 2. Auflage 2017; *Durstin/Peters*, Versicherungsberater und Versicherungsmakler in der rechtspolitischen Entwicklung, VersR 2007, 1456; *Druckenbrodt*, Die Haftung des Rechtsanwalts für Nichtvermögensschäden – Eine Betrachtung aus versicherungsrechtlicher und vertragsgestalterischer Sicht, VersR 2010, 601; *Felsch*, Die neuere Rechtsprechung des IV. Zivilsenats des Bundesgerichtshofs zur Haftpflichtversicherung, r+s 2008, 265; *Felsch*, Die Rechtsprechung des BGH zum Versicherungsrecht: Haftpflichtversicherung und Sachversicherung, r+s 2010, 265; *A. Fischer*, Versicherungsvermittlung im Internet – der Vertriebskanal der Zukunft?, BB 2012, 2773; *Fleischer*, Ruinöse Managerhaftung: Reaktionsmöglichkeiten de lege lata und de lege ferenda, ZIP 2014, 1305; *Franz*, Das Versicherungsvertragsrecht im neuen Gewand, VersR 2008, 298; *Franz*, Die Reform des Versicherungsvertragsrechts – ein großer Wurf?, DStR 2008, 303; *Garbes*, Die Haftpflichtversicherung der Architekten/Ingenieure, 4. Aufl. 2011; *Gräfe/Brügge/Melchers*, Berufshaftpflichtversicherung für rechts- und steuerberatende Berufe, 3. Auflage 2021; *Greiner*, Die Arzthaftpflichtversicherung – Eine rechtsvergleichende Analyse der deutschen Arzthaftpflichtversicherung und der US-amerikanischen Medical Malpractice Insurance, 2008; *Grote/Chr. Schneider*, VVG 2008: Das neue Versicherungsvertragsrecht, BB 2007, 2689; *Günther/Piontek*, Die Auswirkungen der „Corona-Krise" auf das Versicherungsrecht – Eine erste Bestandsaufnahme, r+s 2020, 242; *Haller*, Organhaftung und Versicherung: Die aktienrechtliche Verantwortlichkeit und ihre Versicherbarkeit unter besonderer Berücksichtigung der D&O-Versicherung, Zürich, 2008; *Harsdorf-Gebhardt*, Die Rechtsprechung des Bundesgerichtshofes zur Haftpflichtversicherung, r+s 2012, 261; *Hartmann/Jöster*, Haftpflichtversicherung für Steuerberater, Wirtschaftsprüfer und Unternehmensberater, in: Münchener Anwaltshandbuch Versicherungsrecht, 4. Auflage 2017, § 22, S. 1122; *Hauer*, Die Bedeutung der Haftpflichtversicherung für die Annahme konkludenter Haftungsanschlüsse, ZVersWiss (2013) 102, 353; *Hauer*, Die Haftungsrelevanz der Haftpflichtversicherung, 2015; *Hedderich*, Pflichtversicherung, 2011; *Heimbücher*, Die versicherten Personen in der Betriebshaftpflichtversicherung, VW 1992, 1240; *Hugel*, Haftpflichtversicherung, 3. Auflage 2008; *Ihlas*, Organhaftung und Haftpflichtversicherung, 1997; *R. Johannsen*, Haftpflichtversicherungsschutz gegen Umweltschäden durch Verunreinigung des Erdbodens und der Gewässer, 1987; *R. Koch*, Die Rechtsstellung der Gesellschaft und des Organmitglieds in der D&O-Versicherung (I–III), GmbHR 2004, 18, 160 und 288; *R. Koch*, Nullstellung und Wiedereinschluss von IT-Risiken in der Betriebshaftpflichtversicherung (AHB 2004/BHV-IT), r+s 2005, 181; *Kramer*, Das Beurteilungsermessen des Betriebshaftpflichtversicherers und die geschäftsschädigende Festlegung auf Abwehrschutz, r+s 2008, 1; *Kummer*, Allgemeine Haftpflichtversicherung, in: Münchener Anwaltshandbuch Versicherungsrecht, 4. Aufl. 2017, § 12, S. 595; *O. Lange*, D&O-Versicherung und Managerhaftung, Handbuch, 2015; *Langheid*, Die Reform des Versicherungsvertragsgesetzes, NJW 2007, 3665 und 3745; *ders.*, Tücken in den § 100 ff. VVG-RegE, VersR 2007, 865; *Leube*, Gemeinsame Betriebswege von Arbeitnehmern verschiedener Unternehmen – Haftungsbegrenzung auf gemeinsamer Betriebsstätte (§ 106 Abs. 3 Alt. 3 SGB VII), VersR 2013, 1091; *Limberger/Koch*, Der Versicherungsfall in der Gewässerschadenhaftpflichtversicherung, VersR 1991, 134; *Littbarski*, AHB, 2001; *Littbarski*, Die Haftpflichtversicherung des Sachverständigen, in: Praxishandbuch Sachverständigenrecht, 4. Aufl. 2008, § 40; *ders.*, Produkthaftpflichtversicherung, 2. Aufl. 2014; *Littbarski/Tenschert/Klein (Hrsg.)*, Betriebs- und Berufshaftpflichtversicherung, Kommentar, AVB BHV, 2023; *Lüttringhaus/Eggen*, Versicherungsschutz und Corona-Pandemie: Deckungs- und Haftungsfragen im Kontext der Betriebsunterbrechungs- und Veranstaltungsausfallversicherung, r+s 2020, 250; *Lüttringhaus/Genz*, Gefahrerhöhung durch Pandemien – Das Beispiel des Corona-Virus, r+s 2020, 258; *Meschede*, Die industrielle Gewässerschadenhaftpflichtversicherung, 1989; *Morscheid*, Pflicht-Haftpflichtversicherungen im gewerblichen Land- und Luftverkehr, 2008; *Nickel/Nickel-Fiedler*, Produkt-Haftpflichtversicherung R, Kommentar, 2010; *dies.*, Rückrufkostenversicherung, Kommentar, 2018; *Pammler*, Die gesellschaftsfinanzierte D&O-Versicherung im Spannungsfeld des Aktienrechts, 2006; *Pohlmann*, Viel Lärm um nichts – Beratungspflichten nach § 6 VVG und das Verhältnis zwischen Beratungsaufwand und Prämie, VersR 2009, 327; *Präve*, Das neue Versicherungsvertragsgesetz, VersR 2007, 1046; *Püster*, Entwicklung der Arzthaftpflichtversicherung, 2013; *Reiff,* Versicherungsvermittlerrecht im Umbruch, Band 32 der Schriftenreihe „Veröffentlichungen der Hamburger Gesellschaft zur Förderung des Versicherungswesens", 2006; *Reiff,* Das Gesetz zur Neuregelung des Versicherungsvermittlerrechts, VersR 2007, 717; *St. Richter*, Die Mitversicherung von Großrisiken, in: Liber amicorum für Gerrit Winter, 2007, 129; *Riechert,* Die Berufshaftpflichtversicherung der PartGmbH – Grundlagen, AnwBl 2014, 266; *Schaloske,* Das Recht der so genannten offenen Mitversicherung – vertragsrechtliche Konstruktion und kartellrechtliche Beurteilung, 2007; *Schilling,* Managerhaftung und Versicherungsschutz für Unternehmensleiter und Aufsichtsräte, 2002; *Schimikowski,* Umwelthaftungsrecht und Umwelthaftpflichtversicherung, 6. Aufl. 2002; *Schimikowski,* Umwelthaftpflichtversicherung – Bestandsaufnahme, Auslegungsfragen und Transparenzgebot, PHi – Jubiläumsausgabe 2002, 37; *ders.,* Umwelthaftpflichtversicherung auf der Grundlage des Umwelthaftpflicht-Modells 2006; *Schimikowski,* Die „Benzinklausel" in der Privathaftpflichtversicherung, r+s 2016, 14; *Schimmer,* Gesellschaftsrecht: Managerhaftung und D&O-Versicherung, AnwBl 2006, 410; *Schimmer,* Die D&O-Versicherung und §§ 105 und 108 Abs. 2 VVG 2008 – Kann die Versicherungsnehmerin „geschädigte" Dritte sein?, VersR 2008, 875; *Schirmer,* Die Haftpflichtversicherung nach der VVG-Reform, ZVersWiss Supplement 2006, 427; *Schlie,* Die Berufshaftpflichtversicherung für Angehörige der wirtschaftsprüfenden und steuerberatenden Berufe, 1995; *Schmalzl/Krause-Allenstein,* Berufshaftpflichtversicherung des Architekten und Bauunternehmers, 2. Aufl. 2006; *Schmidt-Salzer,* Produkthaftpflichtversicherung, 1990; *Schmidt-Salzer/Schramm,* Umwelthaftpflichtversicherung, Kommentar, 1993; *Schmitt,* Organhaftung und D&O-Versicherung, 2006; *U. H. Schneider/S. H. Schneider,* Die zwölf goldenen Regeln des GmbH-Geschäftsführers zur Haftungsvermeidung und Vermögenssicherung, GmbHR 2005, 1229; *Schünemann,* Betriebshaftpflichtversicherung, in: Münchener Anwaltshandbuch Versicherungsrecht, 4. Aufl. 2017, § 14, S. 746; *Seibt/Saame,* Geschäftsleiterpflichten bei der Entscheidung über D&O-Versicherungsschutz, AG 2006, 901; *O. Sieg,* Tendenzen und Entwicklungen der Managerhaftung in Deutschland, PHi 2001, 90 = DB 2002, 1759; *O. Sieg,* D&O-Versicherung, in: Münchener Anwaltshandbuch Versicherungsrecht, 4. Aufl. 2017; § 17; *Sommer/Treptow,* Die „Umwandlung" einer Partnerschaftsgesellschaft in eine PartG mbB und ihre Folgen, NJW 2013, 3269; *Späte,* Haftpflichtversicherung 1993; *Späte/Schimikowski (Hrsg.),* Haftpflichtversicherung, 2. Aufl. 2015; *Steiner,* Bodenschutzrelevante Risiken im System der Umweltversicherungen, 2005; *Stockmeier,* Privathaftpflichtversicherung, Kommentar, AVB PHV, 2019; *Teichler,* Berufshaftpflichtversicherung 1985; *Thalmair,* Die Haftpflichtversicherung nach der VVG-Reform, ZVersWiss Supplement 2006, 459; *Thümmel,* Persönliche Haftung von Managern und Aufsichtsräten, 4. Aufl. 2008; *Thürmann/Kettler,* Produkthaftpflichtversicherung, 7. Auflage 2019; *P. Ulmer,* Haftungsfreistellung bis zur Grenze grober Fahrlässigkeit bei unternehmerischen Fehlentscheidungen von Vorstand und Aufsichtsrat?, DB 2004, 859; *P. Ulmer,* Strikte aktienrechtliche Organhaftung und D&O-Versicherung – zwei getrennte Welten?, in: FS Canaris, Bd. 1, 2007, 451; *Vogel/Stockmeier,* Umwelthaftpflichtversicherung, Umweltschadensversicherung, 2. Aufl. 2009; *Vothknecht,* Die „wissentliche Pflichtverletzung" in der Vermögensschaden-Haftpflicht-/D&O-Versicherung, PHi 2006, 52; *Wandt,* Zum Sachschadensbegriff in der Haftpflichtversicherung, in: FS Schirmer, 2005, 619.

A. Einführung

I. Inhalt der Regelung

1 § 102 betrifft nach der vom Gesetzgeber verwendeten amtlichen Überschrift die **„Betriebshaftpflichtversicherung"** und hat in seinen beiden Absätzen **zwei inhaltlich völlig unterschiedliche Regelungen zum Gegenstand.** Während es in § 102 Abs. 1 darum geht, festzulegen, auf welche Personen sich bei Bestehen einer Betriebshaftpflichtversicherung der Versicherungsschutz erstreckt und welche Rechtsfolgen sich hieraus ergeben, bestimmt § 102 Abs. 2, welche Rechtsfolgen aus der Veräußerung des Unternehmens an einen Dritten oder aus der Übernahme des Unternehmens von einem Dritten für das Versicherungsverhältnis zu ziehen sind.

2 § 102 Abs. 1 S. 1 regelt bei Bestehen der Versicherung für ein Unternehmen die Erstreckung der Versicherung auf die Haftpflicht solcher Personen, die zur Vertretung des Unternehmens befugt sind, für das die Versicherung besteht, sowie der Personen, die in einem Dienstverhältnis zu diesem Unternehmen stehen. **Die Versicherung gilt** gemäß § 102 Abs. 1 S. 2 insoweit **als für fremde Rechnung genommen.** Damit wird auf die in den §§ 43–48 geregelte Versicherung für fremde Rechnung verwiesen.

3 § 102 Abs. 2 S. 1 bestimmt demgegenüber, dass bei Veräußerung eines Unternehmens an einen Dritten oder der Übernahme des Unternehmens auf Grund eines Nießbrauchs, eines Pachtvertrages oder eines ähnlichen Verhältnisses von einem Dritten dieser Dritte anstelle des Versicherungsnehmers in die **während der Dauer seiner Berechtigung sich ergebenden Rechte und Pflichten eintritt.** Zudem sind nach § 102 Abs. 2 S. 2 § 95 Abs. 2 und 3 sowie die §§ 96 und 97 entsprechend anzuwenden, die folgende Regelungen zum Gegenstand haben:

4 Während § 95 Abs. 2 die **Haftung des Veräußerers und des Erwerbers** für die Prämie der versicherten Sache als Gesamtschuldner vorsieht, muss nach § 95 Abs. 3 der Versicherer den Eintritt des Erwerbers erst gegen sich gelten lassen, wenn er hiervon Kenntnis erlangt hat. Demgegenüber

regelt § 96 die **Berechtigung des Versicherers bzw. des Erwerbers einer versicherten Sache zur Kündigung des Versicherungsverhältnisses.** § 97 statuiert schließlich die Pflicht zur unverzüglichen Anzeige der Veräußerung der versicherten Sache durch den Veräußerer oder Erwerber gegenüber dem Versicherer und bestimmt im Einzelnen, unter welchen Voraussetzungen der Versicherer nicht oder aber doch zur Leistung verpflichtet ist.

Diese in § 102 getroffene Regelung weicht sowohl vom Wortlaut als auch vom Inhalt her **nicht ganz unerheblich von der Vorgängervorschrift des § 151 Abs. 1 und 2 VVG aF ab** und lässt daher einen Vergleich mit dieser Vorschrift erst bei der Erörterung von Einzelfragen zu § 102 Abs. 1 und 2 zu. § 151 VVG aF lautet: 5

(1) ¹Ist die Versicherung für die Haftpflicht aus einem geschäftlichen Betrieb des Versicherungsnehmers genommen, so erstreckt sich auch auf die Haftpflicht der Vertreter des Versicherungsnehmers sowie auf die Haftpflicht solcher Personen, welche er zur Leitung oder Beaufsichtigung des Betriebes oder des Teiles des Betriebes angestellt hat. ²Die Versicherung gilt insoweit als für fremde Rechnung genommen.

(2) ¹Wird im Falle des Absatzes 1 das Unternehmen an einen Dritten veräußert oder auf Grund eines Nießbrauchs, eines Pachtvertrages oder eines ähnlichen Verhältnisses von einem Dritten übernommen, so tritt an Stelle des Versicherungsnehmers der Dritte in die während der Dauer seiner Berechtigung sich aus dem Versicherungsverhältnis ergebenden Rechte und Pflichten ein. ²Die Vorschriften des § 69 Abs. 2, 3 und der §§ 70, 71 finden entsprechende Anwendung.

II. Zweck der Regelung

Umschrieben werden die von § 102 Abs. 1 und 2 erfassten, inhaltlich völlig unterschiedlichen Tatbestände mit der vom Gesetzgeber gewählten amtlichen Überschrift „Betriebshaftpflichtversicherung". **Was hiermit in Anbetracht der verschiedenen Formen der Haftpflichtversicherung[1] vom Gesetzgeber im Regelungskomplex der Vorschriften über die Haftpflichtversicherung bezweckt wurde,** ist **nicht ohne weiteres verständlich** oder – wie es *Schimikowski*[2] noch schärfer formuliert – **sogar irreführend.** Immerhin befindet sich § 102 in den Allgemeinen Vorschriften über die Haftpflichtversicherung, wobei diese Vorschriften Bestandteil des mit „Haftpflichtversicherung" überschriebenen Kapitels 1 des Teiles 2 des VVG sind. Mithin sollte man meinen, dass der Gesetzgeber eine Begründung in den Gesetzgebungsmaterialien dazu abgegeben hat, was es mit der Hauptüberschrift „Haftpflichtversicherung" zum Kapitel 1 des Teiles 2 des VVG einerseits und der Überschrift „Betriebshaftpflichtversicherung" inmitten der Allgemeinen Vorschriften über die Haftpflichtversicherung andererseits auf sich hat. Jedoch sucht man eine entsprechende Begründung in der Amtlichen Begründung des Gesetzesentwurfs der Bundesregierung zum Versicherungsvertragsreformgesetz vom 20.12.2006 vergeblich.[3] Vielmehr wird auch dort nur unter der Überschrift „Zu § 102" das in Klammern gesetzte Wort „Betriebshaftpflichtversicherung" verwendet, um daran anschließend zur Entstehungsgeschichte des § 102 mit einer kurzen Begründung überzugehen.[4] Somit ist zu fragen, welche Gründe für die Verwendung des Wortes „Betriebshaftpflichtversicherung" in der Überschrift zu § 102 maßgeblich sind und welcher Zweck mit dieser Vorschrift verfolgt wird. 6

Naheliegend ist es zunächst, in der Verwendung der Überschrift „Betriebshaftpflichtversicherung" zu § 102 ein unbedachtes und damit verbunden nachlässiges Vorgehen des Gesetzgebers zu erblicken, indem er ohne jedes Problembewusstsein sich an § 151 VVG aF als der Vorgängervorschrift zu § 102 orientiert hat. Immerhin findet sich in den allermeisten Textausgaben zum VVG aF ebenfalls die nicht vom Gesetzgeber stammende und damit nicht amtliche Überschrift „Betriebshaftpflichtversicherung" vor § 151 VVG aF, während nur ganz vereinzelt die Überschrift „Haftpflicht aus Geschäftsbetrieb" anzutreffen ist.[5] 7

Eine solche Denkweise wäre jedoch nicht sachgerecht, da sie dem eigentlichen, mit der Regelung des § 102 verfolgten Zweck nicht Rechnung trüge. Auch wenn **§ 102 keine Definition des Begriffes der Betriebshaftpflichtversicherung enthält,**[6] kommt doch durch die Verwendung dieses Begriffes in der Überschrift zusammen mit der wiederholten Verwendung des Wortes „Unternehmen" in dieser Vorschrift zum Ausdruck, dass sich der Anwendungsbereich dieser Norm nicht auf private Haftpflichtversicherungen, insbesondere also nicht auf diese betreffende Verbraucherverträge erstreckt, sondern sie vielmehr nur im geschäftlichen Bereich gelten soll.[7] Insoweit ist es richtig, 8

---

1   Vgl. hierzu näher → Vor § 100 Rn. 155 ff.
2   *Schimikowski* in HK-VVG § 102 Rn. 1.
3   Vgl. BT-Drs. 16/3945, 85 zu § 102 VVG.
4   Vgl. hierzu näher → Rn. 28.
5   Vgl. Anhang 2, Synopse 1 (VVG-Kommissionsentwurf E), in Abschlussbericht der Kommission, S. 430, 514, Verfasser: *Boetius*.
6   Vgl. auch *Retter* in Schwintowski/Brömmelmeyer/Ebers § 102 Rn. 2.
7   Vgl. auch HK-VVG/*Schimikowski* § 102 Rn. 1.

dass im Anhang 2, Synopse 1 (VVG-Kommissionsentwurf E) die Überschrift „Haftpflicht aus Geschäftsbetrieb" gewählt wird.[8]

9 Diese Beschränkung des Anwendungsbereiches des § 102 ist auch im Hinblick auf § 151 aF als der Vorgängervorschrift zu § 102 allgemein anerkannt. So spricht *H. Baumann*[9] zunächst auf die Betriebshaftpflichtversicherung bezogen, davon, dass es bei der Betriebshaftpflichtversicherung um die **Abwehr und Deckung von Haftpflichtansprüchen aus dem Gefahrenbereich eines geschäftlichen Betriebes** gehe.[10] An anderer Stelle konkretisiert er diese Aussage und weist darauf hin, dass es sich beim geschäftlichen Betrieb/Unternehmen im Sinne von § 151 VVG aF typischerweise (ohne dass stets sämtliche Merkmale erfüllt sein müssten) um eine organisatorische Einheit zum Zweck einer dauerhaften, marktorientierten Tätigkeit mit Hilfe dafür bereitgestellter persönlicher, immaterieller und sachlicher Mittel unter einheitlicher Leitung handele.[11] *Langheid*[12] argumentiert unter Bezugnahme auf eine Entscheidung des BGH[13] hinsichtlich des § 151 VVG aF und des § 102 ähnlich. Nach seiner Auffassung ist Haftpflicht aus einem geschäftlichen Betrieb die Haftpflicht, die aus einer organisatorischen Einheit resultiere, innerhalb der ein Unternehmer allein oder in Gemeinschaft mit seinen Mitarbeitern durch Einsatz sachlicher und/oder immaterieller Mittel bestimmte arbeitstechnische Zwecke fortgesetzt verfolge und der sich **nach außen selbständig und von der privaten Sphäre des Betreibenden getrennt** darstelle. *Voit/Knappmann*[14] sprechen ebenfalls unter Hinweis auf die soeben genannte Entscheidung des BGH[15] im Hinblick auf § 151 VVG aF davon, dass es sich um jede fortgesetzte Tätigkeit handele, die sich als Beteiligung am Wirtschaftsleben darstelle und sich in einem nach außen selbständigen, von der privaten Sphäre des Inhabers getrennten Lebensbereich vollziehe. Gewinnabsicht sei nicht erforderlich.[16] Ein landwirtschaftlicher Betrieb sei ein geschäftliches Unternehmen, nicht aber eine Schweinehaltung zur Verbilligung der Haushaltsführung.[17]

10 Weichen entsprechend dem soeben Gesagten die in Rechtsprechung und Literatur anzutreffenden allgemeinen Umschreibungen des Gegenstandes der Betriebshaftpflichtversicherung teilweise nicht ganz unerheblich voneinander ab, gilt das Gleiche auch für die in der Praxis der Betriebshaftpflichtversicherung regelmäßig zugrunde gelegten Versicherungsbedingungen. **Kennzeichnend für diese Versicherungsbedingungen ist,** dass ihnen aufgrund der grundsätzlich fehlenden Verpflichtung zum Abschluss einer Betriebshaftpflichtversicherung[18] und damit verbunden ihrer Unverbindlichkeit schon lange vor der Deregulierung des Versicherungsmarktes im Jahre 1994[19] **kein einheitliches Deckungskonzept für die Versicherung des betrieblichen Haftpflichtrisikos** von Industrie-, Handels-, Gewerbe- und Handwerksbetrieben zugrundelag und sich hieran bis zur Gegenwart nichts geändert hat.[20] Vielmehr existieren für die einzelnen Betriebsarten wie etwa produzierende Unternehmen und Betriebe, Handels- und Gewerbebetriebe, Handwerksbetriebe, Beherbergungs- und Gaststättenbetriebe, Krankenhausbetriebe und Pflegeeinrichtungen jeweils teil-

---

[8] Vgl. Anhang 2, Synopse 1 (VVG-Kommissionsentwurf E), in Abschlussbericht der Kommission, S. 430, 514, Verfasser: *Boetius*.
[9] *H. Baumann* in BK-VVG § 151 Rn. 1 und 6; vgl. auch *Langheid* in Langheid/Rixecker § 102 Rn. 4 im Hinblick auf § 102.
[10] *H. Baumann* in BK-VVG § 151 Rn. 1.
[11] *H. Baumann* in BK-VVG § 151 Rn. 6.
[12] *Langheid* in Römer/Langheid § 151 Rn. 1 im Hinblick auf § 151 VVG aF und *Langheid* in Langheid/Rixecker § 102 Rn. 4 in Bezug auf § 102 VVG; vgl. auch *Weidenkaff* in Grüneberg BGB, Einführung vor § 611 Rn. 15.
[13] Vgl. BGH VersR 1962, 33 (34), wonach der Haushalt und eine gegebenenfalls ihm dienende Erwerbstätigkeit nicht zum Betrieb zähle.
[14] *Voit/Knappmann* in Prölss/Martin, 27. Aufl. 2004, § 151 Rn. 1 unter Bezugnahme auf BGH VersR 1962, 33 (34); ebenso *Lücke* in Prölss/Martin § 102 Rn. 1 im Hinblick auf § 102.
[15] BGH VersR 1962, 33 (34).
[16] *Voit/Knappmann* in Prölss/Martin, 27. Aufl. 2004, § 151 Rn. 1 unter Bezugnahme auf OLG Celle VersR 1961, 169 (170); ebenso *Lücke* in Prölss/Martin § 102 Rn. 1 im Hinblick auf § 102.
[17] *Voit/Knappmann* in Prölss/Martin, 27. Aufl. 2004, § 151 Rn. 1 unter Bezugnahme auf BGH VersR 1962, 33 (34); ebenso *Lücke* in Prölss/Martin § 102 Rn. 1 im Hinblick auf § 102.
[18] Vgl. *Voit/Knappmann* in Prölss/Martin, 27. Aufl. 2004, Teil III, E. V., Betriebshaftpflichtversicherung, Vorb. Rn. 1; *Lücke* in Prölss/Martin BetrH AT Vorb. zu Ziff. 1 Rn. 1; allerdings ist der Hinweis, wonach eine solche Pflicht sich nur in speziellen Sparten (Produkt- und Umwelthaftung) finde, etwas missverständlich, da die Versicherungspflicht nur ganz bestimmte Bereiche der Produkt- und Umwelthaftung betrifft; vgl. hierzu näher → Rn. 30 ff.
[19] Vgl. hierzu näher → Vor § 100 Rn. 23 ff. mwN.
[20] Vgl. hierzu näher *Späte* Betriebshaftpflichtversicherung Rn. 1 und 5 ff.; *H. Baumann* in BK-VVG § 151 Rn. 1; vgl. auch *v. Rintelen* in Beckmann/Matusche-Beckmann VersR-HdB § 26 Rn. 7; *Büsken* in Handbuch Versicherungsrecht § 9 Rn. 144.

weise **erheblich voneinander abweichende Deckungskonzepte,**[21] durch die die betriebstypischen und betriebsspezifischen Risiken abgedeckt werden oder aufgrund besonderer Vereinbarungen zwischen dem Versicherer und dem Versicherungsnehmer abgedeckt werden können. Diese Risikoabdeckung geschah in der Vergangenheit regelmäßig auf der Grundlage der verschiedenen Fassungen der AHB, die zuletzt im Jahre 2016 als AHB 2016 geändert wurden. Da es sich bei allen diesen Fassungen der AHB um unverbindliche Musterbedingungen handelt, bieten diese den sie vereinbarenden Vertragsparteien die Möglichkeit, von ihren Bestimmungen bei Bedarf abzuweichen, indem dort enthaltene Ausschlusstatbestände in modifizierter oder sogar vollständig veränderter Form zum Gegenstand des Versicherungsschutzes gemacht werden.[22] Auch lassen die Regelungen der AHB es grundsätzlich zu, Deckungseinschlüsse zu vereinbaren, die im Einzelfall den besonderen betrieblichen Risiken Rechnung tragen.

Eine weitere Möglichkeit zur sachgerechten Risikoabdeckung in der Betriebshaftpflichtversicherung haben die erstmals am 20.12.2013 veröffentlichten und am 25.8.2014 vom GDV als unverbindlich bekanntgemachten Musterbedingungen zu den Allgemeinen Versicherungsbedingungen für die Betriebs- und Berufshaftpflichtversicherung (AVB BHV) gebracht, da diese das Ziel verfolgen, die Regelungen der Allgemeinen und Besonderen Bedingungen für die jeweilige Haftpflichtsparte zusammenzufassen. Allerdings sind die AVB BHV wegen der mit ihnen verfolgten Zielsetzung erheblich komplexer ausgestaltet, als es bei den verschiedenen Fassungen der AHB jemals der Fall war. **10a**

Aus diesen Gründen ist es ausgeschlossen, nachfolgend verbindlich die den Gegenstand und die Grenzen des Versicherungsschutzes betreffenden Bestimmungen der AHB aF sowie der AVB BHV im Einzelnen zu nennen. Vielmehr kann es nur darum gehen, die das versicherte Risiko umschreibenden Regelungen zu nennen. Hierbei handelt es sich zum einen um Ziff. 7.1.1 der Besondere Bedingungen und Risikobeschreibungen für die Musterbedingungsstruktur AT, die Bestandteil der unverbindlichen Muster-AVB des GDV mit Stand Januar 2015 ist, und zum anderen um die Regelung A 1-1 Abs. 1 AVB BHV, die zu den am 25.8.2014 vom GDV als unverbindlich bekanntgemachten Musterbedingungen der AVB BHV gehört. **11**

In Ziff. 7.1.1 BetrH AT[23] heißt es bezüglich des versicherten Risikos: **11a**

7.1.1 Versichertes Risiko

Versichert ist im Rahmen der Allgemeinen Versicherungsbedingungen für die Haftpflichtversicherung (AHB) und der nachfolgenden Bestimmungen die gesetzliche Haftpflicht des Versicherungsnehmers aus dem im Versicherungsschein und seinen Nachträgen angegebenen Betrieb mit seinen Eigenschaften, Rechtsverhältnissen oder Tätigkeiten bzw. aus der Ausübung der im Versicherungsschein und seinen Nachträgen beschriebenen beruflichen Tätigkeit.

In A 1-1 Abs. 1 AVB BHV findet sich im Hinblick auf das Betriebs- und Berufshaftpflichtsrisiko folgender Text:

A 1-1 Versicherte Eigenschaften, Rechtsverhältnisse, Tätigkeiten, Betriebsstätten (versichertes Risiko)

Versichert ist im Umfang der nachfolgenden Bestimmungen die gesetzliche Haftpflicht des Versicherungsnehmers aus dem im Versicherungsschein und seinen Nachträgen angegebenen Betrieb mit seinen Eigenschaften, Rechtsverhältnissen und Tätigkeiten oder aus der Ausübung der im Versicherungsschein und seinen Nachträgen beschriebenen beruflichen Tätigkeit.

III. Abgrenzung der Betriebshaftpflichtversicherung von der Privathaftpflichtversicherung und den Berufshaftpflichtversicherungen

1. Allgemeines. Bereits aus diesen Formulierungen oder ähnlichen Umschreibungen des versicherten Risikos[24] wird ersichtlich, dass die Betriebshaftpflichtversicherung dem in der Haft- **12**

---

[21] Vgl. auch die soeben in Fn. 20 Genannten mit weiteren Einzelheiten.
[22] Vgl. auch *Späte* Betriebshaftpflichtversicherung Rn. 1 und 5 ff.; *Voit/Knappmann* in Prölss/Martin, 27. Aufl. 2004, Teil III, E. V., Betriebshaftpflichtversicherung, Ziff. 7.1.1 Rn. 5 ff.; *Lücke* in Prölss/Martin BetrH AT Ziff. 7.1.1 Rn. 3 ff.
[23] Vgl. *Voit/Knappmann* in Prölss/Martin, 27. Aufl. 2004, Vorb. zu §§ 149–158ك Rn. 1; *Lücke* in Prölss/Martin Ziff. 7.1.1 BetrH AT S. 1810 ff.; vgl. auch *v. Rintelen* in Beckmann/Matusche-Beckmann VersR-HdB § 26 Rn. 9.
[24] Vgl. Ziff. 3.1 (1) AHB 2016 bzw. § 1 Ziff. 2a AHB aF; *Schimikowski* in HK-VVG AHB 2016 Ziff. 3 Rn. 1 f. zu Ziff. 3.1 (1) AHB 2016; *Littbarski* AHB § 1 Rn. 52 ff.; *Voit/Knappmann* in Prölss/Martin, 27. Aufl. 2004, AHB § 1 Rn. 19; *Lücke* in Prölss/Martin AHB 2016 Ziff. 3 Rn. 2 ff. sowie → Rn. 3 ff.

pflichtversicherung als Ausdruck des Grundsatzes der Privatautonomie geltenden **Grundsatz der Spezialität des versicherten Risikos**[25] Rechnung trägt und daher eine Abgrenzung des von der Betriebshaftpflichtversicherung erfassten Gefahrenbereichs von dem der Privathaftpflichtversicherung und dem der Berufshaftpflichtversicherungen erforderlich macht.[26] Ohne hierauf näher eingehen zu können, da es bei den Erläuterungen zu § 102 nur auf die Klärung weniger Abgrenzungsfragen zwischen diesen verschiedenen Zweigen der Haftpflichtversicherung ankommt,[27] sollen doch die in der Praxis üblichen, den Gegenstand der Privathaftpflichtversicherung und den der Berufshaftpflichtversicherungen umschreibenden Bestimmungen zum besseren Verständnis der Problematik wenigstens kurz angesprochen werden. Dabei ist klarstellend hervorzuheben, dass auch diese Bestimmungen nicht zwingend und daher unverbindlich sind und deshalb entsprechende Abweichungen grundsätzlich zulassen, was auch in der Praxis häufig geschieht.[28] Zudem ist bezüglich der den Gegenstand der Berufshaftpflichtversicherungen umschreibenden Vorschriften darauf hinzuweisen, dass in Anbetracht einer Vielzahl unterschiedlichster, berufstypische Risiken regelnder Berufshaftpflichtversicherungen exemplarisch nur die für Rechtsanwälte, Patentanwälte, Steuerberater, Wirtschaftsprüfer und vereidigte Buchprüfer sowie die für Architekten und Ingenieure geltenden Berufshaftpflichtversicherungen herausgegriffen werden können.

13   **2. Privathaftpflichtversicherung.** Im Hinblick auf die Privathaftpflichtversicherung bildet die Grundlage die „Tarifstruktur IX-Privathaftpflicht", die als unverbindliche Muster-AVB des GDV mit Stand April 2016[29] das versicherte Risiko wie folgt umschreiben:

Ziff. 1 Versichertes Risiko

Versichert ist im Rahmen der Allgemeinen Versicherungsbedingungen für die Haftpflichtversicherung (AHB) und der nachstehenden Besonderen Bedingungen und Risikobeschreibungen die gesetzliche Haftpflicht des Versicherungsnehmers aus den Gefahren des täglichen Lebens als Privatperson und nicht aus den Gefahren eines Betriebes, Berufes, Dienstes oder Amtes.

Nicht versichert ist die gesetzliche Haftpflicht des Versicherungsnehmers aus

(1) einer verantwortlichen Betätigung in Vereinigungen aller Art

(2) oder einer ungewöhnlichen oder gefährlichen Beschäftigung.

Insbesondere ist versichert die gesetzliche Haftpflicht des Versicherungsnehmers
1.1 als Familien- und Haushaltsvorstand (zB aus der Aufsichtspflicht über Minderjährige);
1.2 als Dienstherr der in seinem Haushalt tätigen Personen;
1.3 aus den Gefahren einer nichtverantwortlichen ehrenamtlichen Tätigkeit oder Freiwilligenarbeit aufgrund eines sozialen unentgeltlichen Engagements;
1.4 als Inhaber

(1) einer oder mehrerer im Inland gelegenen Wohnungen (bei Wohnungseigentum als Sondereigentümer) einschließlich Ferienwohnung.

Bei Sondereigentümern sind versichert Haftpflichtansprüche der Gemeinschaft der Wohnungseigentümer wegen Beschädigung des Gemeinschaftseigentums. Die Leistungspflicht erstreckt sich jedoch nicht auf den Miteigentumsanteil an dem gemeinschaftlichen Eigentum.

(2) eines im Inland gelegenen Einfamilienhauses,

(3) eines im Inland gelegenen Wochenend-/Ferienhauses,

sofern sie vom Versicherungsnehmer ausschließlich zu Wohnzwecken verwendet werden, einschließlich der zugehörigen Garagen und Gärten sowie eines Schrebergartens.

---

[25] Vgl. hierzu näher BGHZ 23, 355 (358) = NJW 1957, 907; BGH VersR 1987, 1181; OLG Hamburg VersR 1965, 276 (277); OLG Oldenburg VersR 2014, 1364 (1365); OLG Hamm VersR 2016, 524 (525); *Voit/Knappmann* in Prölss/Martin, 27. Aufl. 2004, Vorb. zu §§ 149–158k Rn. 1 und AHB § 1 aF Rn. 19; *Lücke* in Prölss/Martin § 100 Rn. 71; *Späte* AHB Vorb. Rn. 14 und § 1 Rn. 227; *H. Baumann* in BK-VVG Vorb. §§ 149–158k Rn. 10 und 18; *Littbarski* AHB § 1 Rn. 52 ff.

[26] Vgl. *H. Baumann* in BK-VVG § 151 Rn. 1 ff.; *Späte* Privathaftpflichtversicherung Rn. 3 ff.; *Stockmeier* Privathaftpflichtversicherung AVB PHV A 1-1 Rn. 16 ff.; *Littbarski* in Littbarski/Tenschert/Klein AVB BHV A 1-1 Rn. 1 ff.

[27] Vgl. hierzu → Rn. 13 ff.

[28] Vgl. im Hinblick auf die Privathaftpflichtversicherung nur *Hügel* Haftpflichtversicherung S. 185.

[29] Abgedruckt mit Erläuterungen bei *Lücke* in Prölss/Martin Ziff. 1 BB PHV S. 1771 ff.; näher hierzu → Rn. 47 ff.

Hierbei ist mitversichert die gesetzliche Haftpflicht

aus der Verletzung von Pflichten, die dem Versicherungsnehmer in den oben genannten Eigenschaften obliegen (zB bauliche Instandhaltung, Beleuchtung, Reinigung, Streuen und Schneeräumen auf Gehwegen). Das gilt auch für die durch Vertrag vom Versicherungsnehmer ausschließlich als Mieter, Pächter oder Entleiher übernommene gesetzliche Haftpflicht für Verkehrssicherungspflichten des Vertragspartners (Vermieter, Verteiler, Verpächter) in dieser Eigenschaft; aus der Vermietung von nicht mehr als bei einzeln vermieteten Wohnräumen; nicht jedoch von Wohnungen, Räumen zu gewerblichen Zwecken und Garagen.

Werden mehr als drei Räume einzeln vermietet, entfällt die Mitversicherung. Es gelten dann die Bestimmungen über die Vorsorgeversicherung (Ziff. 4 AHB); als Bauherr oder Unternehmer von Bauarbeiten (Neubauten, Umbauten, Reparaturen, Abbruch-, Grabarbeiten) bis zu einer Bausumme von 50.000 EUR je Bauvorhaben. Wenn dieser Betrag überschritten wird, entfällt die Mitversicherung. Es gelten dann die Bestimmungen über die Vorsorgeversicherung (Ziff. 4 AHB); als früherer Besitzer aus § 836 Abs. 2 BGB, wenn die Versicherung bis zum Besitzwechsel bestand; der Insolvenzverwalter und Zwangsverwalter in dieser Eigenschaft;

1.5 als Radfahrer;

1.6 aus der Ausübung von Sport; ausgenommen ist eine jagdliche Betätigung und die Teilnahme an Pferde-, Rad- oder Kraftfahrzeug-Rennen sowie ein zur Vorbereitung des Rennes von einem Veranstalter organisiertes oder vorgeschriebenes Training, bei dem die Erzielung von Höchstgeschwindigkeiten geübt wird.

1.7 aus dem erlaubten privaten Besitz und aus dem Gebrauch von Hieb-, Stoß- und Schusswaffen sowie Munition und Geschossen, nicht jedoch zu Jagdzwecken oder zu strafbaren Handlungen;

1.8 als Halter oder Hüter von zahmen Haustieren, gezähmten Kleintieren und Bienen, nicht jedoch von Hunden, Rindern, Pferden, sonstigen Reit- und Zugtieren, wilden Tieren sowie von Tieren, die zu gewerblichen oder landwirtschaftlichen Zwecken gehalten werden.

1.9 Eingeschlossen ist die gesetzliche Haftpflicht des Versicherungsnehmers als nicht gewerbsmäßiger Hüter fremder Hunde und Pferde, als Reiter bei der Benutzung fremder Pferde, als Fahrer bei der Benutzung von Fuhrwerken zu privaten Zwecken,

soweit Versicherungsschutz nicht über eine Tierhalter-Haftpflichtversicherung besteht.

Nicht versichert sind Haftpflichtansprüche der Tierhalter oder -eigentümer sowie Fuhrwerkseigentümer, es sei denn, es handelt sich um Personenschäden.

Bereits aus dieser Umschreibung der von der Privathaftpflichtversicherung grundsätzlich erfassten Risiken nach Ziff. 1 Abs. 1 BB PHV wird ersichtlich, dass diese die **gesetzliche Haftpflicht des Versicherungsnehmers als Privatperson aus den Gefahren des täglichen Lebens** zum Gegenstand haben, soweit sie nicht unter einen in der vorstehend genannten Bestimmung einzuordnenden Ausschlusstatbestand fallen oder es sich um andere, nicht in dieser Vorschrift genannte unversicherte Tatbestände handelt. Dass diese Vorschrift nur einen exemplarischen, nicht aber einen abschließenden Charakter hinsichtlich der Ausschlusstatbestände hat, ergibt sich schon aus der Verwendung des Wortes „insbesondere" in Ziff. 1 Abs. 3 BB PHV und lässt sich zudem aus der den Vertragsparteien Versicherer und Versicherungsnehmer zustehenden Vertragsfreiheit ableiten, die es ihnen erlaubt, individuelle Deckungsausschlüsse für nicht versicherte Risiken zu vereinbaren.[30] Dabei trägt der Versicherer nach allgemeinen Beweislastgrundsätzen nicht nur die Beweislast für das Vorliegen eines Ausschlusstatbestandes,[31] sondern vor allem auch für die Nachteile der Unaufklärbarkeit der Zuordnung eines Geschehens zum betrieblichen oder zum beruflichen Bereich des Versicherungsnehmers.[32] Denn Zweck der Privathaftpflichtversicherung ist es gerade, den Versicherungsnehmer als Privatperson vor den bisweilen recht weit reichenden Gefahren des täglichen Lebens zu schützen.

14

---

[30] Eingehend zu Ziff. 1 und 1.1.2 BBR PHV BGH r+s 2016, 74 ff. Rn. 19 ff.; vgl. ferner *Voit/Knappmann* in Prölss/Martin, 27. Aufl. 2004, Teil III E. V., Betriebshaftpflichtversicherung, Ziff. 7.1 Rn. 4; *Lücke* in Prölss/Martin BB PHV Ziff. 1 Rn. 3.

[31] So zu Recht BGH VersR 1981, 271 f.; 2004, 591; 2012, 172; OLG Hamm VersR 1980, 1037; *Späte* Rn. 3; *Voit/Knappmann* in Prölss/Martin, 27. Aufl. 2004, Teil III E. Haftpflichtversicherung (III a), Ziff. 1 Rn. 7; *Stockmeier* Privathaftpflichtversicherung AVB PHV A 1-1 Rn. 3; offenlassend OLG München NVersZ 2001, 288; aA OLG Frankfurt a. M. r+s 1993, 51; *R. Johannsen* in Bruck/Möller, 8. Aufl., Bd. IV, Anm. G 111; ebenso *Lücke* in Prölss/Martin BB PHV Ziff. 1 Rn. 4, wonach gemäß der jetzigen Fassung der Versicherungsnehmer als anspruchsbegründend beweisen müsse, dass ihn ein privates Risiko und nicht eines des Berufes oder Betriebs getroffen habe.

[32] So zu Recht BGH VersR 1981, 271 (272); OLG Hamm VersR 1980, 1037 (1038); KG NVersZ 2002, 229; *Späte* Rn. 3; *Retter* in Schwintowski/Brömmelmeyer/Ebers § 102 Rn. 11; aA *R. Johannsen* in Bruck/Möller, 8. Aufl., Bd. IV, Anm. G 111.

15 Aus diesem Grunde wird der **Begriff der Gefahren des täglichen Lebens als Privatperson und nicht aus den Gefahren eines Betriebes, Berufes, Dienstes oder Amtes** auch sonst allgemein sehr weit gefasst.[33] Er dient nach Auffassung von Rechtsprechung[34] und Literatur[35] in erster Linie der **Abgrenzung des Privathaftpflichtbereichs von dem Bereich der Betriebshaftpflichtversicherung.** Insbesondere ergibt sich nach Ansicht der Rechtsprechung[36] aus der sich bereits in früheren Bedingungstexten findenden Formulierung „aus den Gefahren des täglichen Lebens …" auch keine Beschränkung des Versicherungsschutzes, die über die im einleitenden Satz der wiedergegebenen Vorschrift genannten Ausnahmen hinausgeht. Deshalb sind nach dieser Auffassung[37] selbst nicht alltägliche, leichtsinnige und sogar grundsätzlich verbotene Tätigkeiten wie etwa das Abfeuern von Seenotraketen zu Neujahr,[38] das Anzünden von Feuerwerkskörpern in einem Teppichgeschäft[39] oder der Sturz auf ein Kraftfahrzeug bei einem Selbstmordversuch[40] und sogar die Flucht vor der Polizei[41] aus nicht nachvollziehbaren Gründen zu Lasten der Versichertengemeinschaft zu Unrecht gedeckt.

16 Die in Ziff. 1 Abs. 1 BB PHV verwendete Klausel **„… und nicht aus den Gefahren eines Betriebes, Berufes, Dienstes oder Amtes"**, die in früheren Bedingungstexten mit „… mit Ausnahme der Gefahren eines Betriebes …" kürzer umschrieben war, wird als eine negative Risikobeschreibung verstanden,[42] dient dementsprechend der **Abgrenzung zur Betriebs- und Berufshaftpflichtversicherung** und betrifft daher bezüglich der Betriebshaftpflichtversicherung ausschließlich den Unternehmer des Betriebes, da nur dieser eine Betriebshaftpflichtversicherung abschließen kann.[43] Hingegen kommt für die Betriebsangehörigen allein der Ausschluss der Gefahren eines Berufes in Gestalt einer Berufshaftpflichtversicherung in Betracht.[44]

17 **3. Berufshaftpflichtversicherungen.** Was die Abgrenzung der Betriebshaftpflichtversicherung von den Berufshaftpflichtversicherungen angeht, ist bezüglich der Berufshaftpflichtversicherung von Rechtsanwälten, Patentanwälten, Steuerberatern, Wirtschaftsprüfern und vereidigten Buchprüfern zu beachten, dass diese Versicherung zwar den **Charakter einer Vermögensschaden-Haftpflichtversicherung** hat und sich wegen der gesetzlich geregelten Versicherungspflicht nach § 51 BRAO, § 67 StBG und § 54 WPO als eine Pflichtversicherung nach den §§ 113 ff. darstellt. Dennoch existiert keine verbindliche Fassung und nicht einmal eine Konditionenempfehlung des GDV für diese Form der Berufshaftpflichtversicherung. Dies bereitet in der Praxis immer wieder große Probleme und hatte deshalb nach Diller[45] die Anwaltschaft im Jahr 2014 dazu bewogen, an den GDV heranzutreten und diesen zur Entwicklung moderner Musterbedin-

---

[33] Vgl. *Voit/Knappmann* in Prölss/Martin, 27. Aufl. 2004, Teil III E. Haftpflichtversicherung (III a), Ziff. 1 Rn. 2 ff.; *Lücke* in Prölss/Martin BB PHV Ziff. 1 Rn. 10 ff.; *Stockmeier* Privathaftpflichtversicherung AVB PHV A 1-1 Rn. 5; vgl. ferner → Rn. 47 f.

[34] Vgl. BGH VersR 1981, 271; 2016, 41 f. Rn. 19, 33 f., 38; OLG Karlsruhe VersR 1988, 1175 f.; OLG Frankfurt a. M. VersR 1985, 827; OLG Hamm VersR 1992, 86 (87); 2016, 524 (525); OLG Köln VersR 2017, 1004 f.

[35] Vgl. *Voit/Knappmann* in Prölss/Martin, 27. Aufl. 2004, Teil III E. Haftpflichtversicherung (III a), Ziff. 1 Rn. 2 ff.; *Lücke* in Prölss/Martin BB PHV Ziff. 1 Rn. 3 und 5; eingehend *Stockmeier* Privathaftpflichtversicherung AVB PHV A 1-1 Rn. 11 ff.; jeweils mwN.

[36] Vgl. BGHZ 136, 142 (145) = VersR 1997, 1091; BGH VersR 2016, 41 f. Rn. 27 f., 38; OLG Düsseldorf r+s 2001, 105; OLG Karlsruhe NVersZ 2002, 134; OLG Hamm VersR 2005, 680; OLG Hamm r+s 2005, 374; VersR 2016, 524 (525).

[37] Vgl. BGHZ 136, 142 (145); *Voit/Knappmann* in Prölss/Martin, 27. Aufl., Teil III E. Haftpflichtversicherung (III a), Ziff. 1 Rn. 2 ff.; *Lücke* in Prölss/Martin BB PHV Ziff. 1 Rn. 10; *Stockmeier* Privathaftpflichtversicherung AVB PHV A 1-1 Rn. 13; aA im Hinblick auf kriminelles Handeln des Versicherungsnehmers zu Recht OLG München r+s 1997, 409; ebenso OGH VersR 2014, 1355.

[38] Vgl. OLG Hamm VersR 1991, 217 f.

[39] Vgl. OLG Hamburg VersR 1991, 92 f.

[40] Vgl. OLG Karlsruhe r+s 1996, 433.

[41] Vgl. OLG Saarbrücken NVersZ 2000, 46.

[42] Vgl. BGH VersR 1981, 271; 2004, 591; 2012, 172; OLG Schleswig VersR 1984, 954 (956); OLG Hamm VersR 1985, 438; KG NVersZ 2002, 229 (230); *Voit/Knappmann* in Prölss/Martin, 27. Aufl., Teil III E. Haftpflichtversicherung (III a), Ziff. 1 Rn. 5; *Retter* in Schwintowski/Brömmelmeyer/Ebers § 102 Rn. 11; offenlassend *Lücke* in Prölss/Martin BB PHV Ziff. 1 Rn. 4.

[43] Vgl. BGH VersR 1991, 293 (294); OLG Bamberg VersR 1993, 734 (736); OLG Köln r+s 1996, 52; OLG Düsseldorf VersR 2004, 323; *Voit/Knappmann* in Prölss/Martin, 27. Aufl. 2004, Teil III E. Haftpflichtversicherung (III a), Ziff. 1 Rn. 5.

[44] Vgl. *Voit/Knappmann* in Prölss/Martin, 27. Aufl. 2004, Teil III E. Haftpflichtversicherung (III a), Ziff. 1 Rn. 5; *Lücke* in Prölss/Martin BB PHV Ziff. 1 Rn. 5.

[45] Vgl. *Diller* Berufshaftpflichtversicherung Einleitung Rn. 42; vgl. ferner *v. Rintelen* in Beckmann/Matusche-Beckmann VersR-HdB § 26 Rn. 262a.

gungen zu ermutigen. Jedoch hatte diese Initiative leider keinen Erfolg. Immerhin ist aber in der Praxis die Umschreibung des Gegenstandes des Versicherungsschutzes sowie die des Begriffes des Vermögensschadens in der Weise weit verbreitet, dass sich die Praxis vor allem am Text der AVB-RSW orientiert, die als Bedingungswerk von der Allianz SE konzipiert wurden und immer wieder weiterentwickelt werden. Wegen der Bedeutung der AVB-RSW für die Praxis wird der Wortlaut von § 1 AVB-RSW als der Allgemeinen und Besonderen Vertragsbedingungen sowie Risikobeschreibungen zur Vermögensschaden-Haftpflichtversicherung für Rechtsanwälte und Patentanwälte, Steuerberater, Wirtschaftsprüfer und vereidigte Buchprüfer wiedergegeben,[46] der wie folgt lautet:

§ 1 Gegenstand des Versicherungsschutzes, Vermögensschaden, Versicherungsnehmer 18

I. Versicherungsschutz für berufliche Tätigkeit, Vermögensschadenbegriff

1. Gegenstand des Versicherungsschutzes

Der Versicherer bietet dem Versicherungsnehmer Versicherungsschutz (Deckung) für den Fall, dass er wegen eines bei der Ausübung beruflicher Tätigkeit von ihm selbst oder einer Person, für die er nach § 278 BGB oder § 831 BGB einzutreten hat, begangenen Verstoßes von einem anderen aufgrund gesetzlicher Haftpflichtbestimmungen privatrechtlichen Inhalts für einen Vermögensschaden verantwortlich gemacht wird.

Ausgenommen sind Ansprüche auf Rückforderung von Gebühren oder Honoraren sowie Erfüllungsansprüche und Erfüllungssurrogate gemäß § 281 BGB in Verbindung mit § 280 BGB.

2. Definition des Vermögensschadens

Vermögensschäden sind solche Schäden, die weder Personenschäden (Tötung, Verletzung des Körpers oder Schädigung der Gesundheit von Menschen) noch Sachschäden (Beschädigung, Verderben, Vernichten oder Abhandenkommen von Sachen, insbesondere auch von Geld und geldwerten Zeichen) sind, noch sich aus solchen von dem Versicherungsnehmer oder einer Person, für die er einzutreten hat, verursachten Schäden herleiten.

...

Grundlage für die Berufshaftpflichtversicherung von Architekten und Ingenieuren sind die 19 „Besonderen Bedingungen und Risikobeschreibungen für die Berufshaftpflichtversicherung von Architekten, Bauingenieuren und Beratenden Ingenieuren" (BBR/Arch.). Diese nach der Deregulierung des Versicherungsmarktes im Jahre 1994[47] seit 1996 wiederholt veränderten und als „Unverbindliche Bekanntgabe des Gesamtverbandes der Deutschen Versicherungswirtschaft e. V. (GDV)" herausgegebenen und veröffentlichten Bedingungen[48] liegen in der Fassung von Februar 2016 als Musterbedingungen des GDV vor und regeln den Gegenstand dieser Berufshaftpflichtversicherung wie folgt:

Besondere Bedingungen und Risikobeschreibungen für die Berufshaftpflichtversicherung von Archi- 20
tekten, Bauingenieuren und Beratenden Ingenieuren

A. Berufshaftpflichtversicherung

Der Versicherungsschutz für die im Versicherungsschein und seinen Nachträgen beschriebene freiberufliche Tätigkeit wird auf der Grundlage der Allgemeinen Versicherungsbedingungen für die Haftpflichtversicherung (AHB) gewährt, soweit die nachfolgenden Besonderen Bedingungen für die Berufshaftpflichtversicherung nichts anderes bestimmen.
A. Ziff. 1 Gegenstand der Versicherung/Versichertes Risiko
1.1 Versichert ist die gesetzliche Haftpflicht des Versicherungsnehmers für die Folgen von Verstößen bei der Ausübung der im Versicherungsschein beschriebenen Tätigkeiten/Berufsbilder.

---

[46] Eingehend hierzu *Diller* Berufshaftpflichtversicherung AVB-RSW § 1 Rn. 1 ff.; vgl. ferner *Hartmann/Jöster* in MAH VersR § 22 (S. 1122 ff.).
[47] Vgl. → Vor § 100 Rn. 28 ff.
[48] Abgedruckt mit Erläuterungen bei *Lücke* in Prölss/Martin S. 1847 ff.; vgl. ferner *Littbarski*, Haftungs- und Versicherungsrecht im Bauwesen, Rn. 581 ff.; *Schmalzl/Krause-Allenstein* Berufshaftpflichtversicherung Rn. 441; *v. Rintelen* in Beckmann/Matusche-Beckmann VersR-HdB § 26 Rn. 200; *Oehl*, Architektenhaftpflichtversicherung, in MAH VersR § 20 S. 1042 ff.; *Garbes* Haftpflichtversicherung S. 158 ff.

1.2 Übernimmt der Versicherungsnehmer Verpflichtungen, die über die im Versicherungsschein und seinen Nachträgen beschriebenen Tätigkeiten/Berufsbilder hinausgehen, sind daraus resultierende Ansprüche insgesamt nicht Gegenstand der Versicherung. Insoweit ist die gesamte Berufshaftpflicht nicht versichert.

1.2.1 Dies ist insbesondere dann der Fall, wenn der Versicherungsnehmer
  a) Bauten ganz oder teilweise erstellt oder erstellen lässt (zB als Bauherr, Bauträger, Generalübernehmer);
  b) selbst Bauleistungen erbringt oder erbringen lässt (zB als Generalunternehmer, Unternehmer);
  c) Baustoffe liefert oder liefern lässt (zB als Hersteller, Händler).

1.2.2 Die Berufshaftpflicht ist auch dann nicht versichert, wenn die unter Ziff. 1.2.1 genannten Voraussetzungen gegeben sind
  a) in der Person eines Angehörigen des Versicherungsnehmers gemäß Ziff. 7.5 (1) Abs. 2 AHB oder
  b) in der Person eines Geschäftsführers, Gesellschafters oder Partners iSd PartGG des Versicherungsnehmers oder deren Angehörigen oder
  c) bei Unternehmen, die vom Versicherungsnehmer oder den in a) oder b) genannten Personen geleitet werden, die ihnen gehören oder an denen sie beteiligt sind. Das Gleiche gilt, wenn eine Beteiligung an diesen Unternehmen über Dritte besteht oder bestand (indirekte Beteiligung) oder
  d) bei juristischen oder natürlichen Personen, die am Versicherungsnehmer beteiligt sind.

Eine Beteiligung im Sinne der Ziff. 1.2.2c) und d) liegt insbesondere bei wirtschaftlicher, personeller, rechtlicher und/oder finanzieller Verflechtung vor.
...

1.5 Der Versicherungsschutz umfasst Personenschäden und sonstige Schäden (Sach- und Vermögensschäden) gemäß Ziff. 1 und 2.1 AHB einschließlich Umweltschäden gemäß Ziff. 1.4 zu den im Versicherungsschein und seinen Nachträgen festgelegten Versicherungssummen. Diese bilden die Höchstgrenze bei jedem Verstoß.
...

21 Auch wenn der Gegenstand des Versicherungsschutzes der Berufshaftpflichtversicherung von Rechtsanwälten, Patentanwälten, Steuerberatern, Wirtschaftsprüfern und vereidigten Buchprüfern einerseits und der Gegenstand der Versicherung der Berufshaftpflichtversicherung von Architekten, Bauingenieuren und Beratenden Ingenieuren andererseits aufgrund der zwangsläufig völlig verschiedenen Tätigkeitsbereiche aller dieser Berufsgruppen teilweise ganz erhebliche Unterschiede aufweisen und diese Feststellung auch im Hinblick auf die Vielzahl anderer Berufshaftpflichtversicherungen zutrifft, auf die an dieser Stelle nicht weiter eingegangen werden kann, ist doch bezüglich der **Abgrenzung der Berufshaftpflichtversicherungen von der Betriebshaftpflichtversicherung** vor allem folgendes festzuhalten:

22 Einmal handelt es sich bei den Berufshaftpflichtversicherungen im Gegensatz zur Betriebshaftpflichtversicherung um **Vermögensschaden-Haftpflichtversicherungen,** die in erster Linie der **Deckung von reinen Vermögensschäden**[49] dienen und nur in ganz begrenztem Maße auch die Deckung von Personen- und von Sachschäden zum Gegenstand haben. In der Betriebshaftpflichtversicherung sind hingegen die reinen Vermögensschäden grundsätzlich nicht vom Versicherungsschutz erfasst, wie die Regelungen der Ziff. 2.1 AHB 2016 und von A 1-6.12.1 AVB BHV bzw. die des § 1 Ziff. 3 AHB aF zeigen. Danach kann der Versicherungsschutz durch besondere Vereinbarung erweitert werden auf die gesetzliche Haftpflicht privatrechtlichen Inhalts des Versicherungsnehmers wegen Vermögensschäden, die weder durch Personen- noch durch Sachschäden entstanden sind.

23 Zum anderen geht es bei den Berufshaftpflichtversicherungen im Hinblick auf den Gegenstand des Versicherungsschutzes um die **gesetzliche Haftpflicht des Versicherungsnehmers für die Folgen von Verstößen bei der Ausübung beruflicher Tätigkeit.** Hingegen stellt die Betriebshaftpflichtversicherung für das Bestehen von Versicherungsschutz darauf ab, dass der Versicherungsnehmer wegen eines während der Wirksamkeit der Versicherung eingetretenen Schadensereignisses (Versicherungsfall), das einen Personen-, Sach- oder sich daraus ergebenden Vermögensschaden zur Folge hatte, aufgrund gesetzlicher Haftpflichtbestimmungen privatrechtlichen Inhalts von einem Dritten auf Schadensersatz in Anspruch genommen wird. Dabei ist

---

[49] Vgl. im Hinblick auf die Berufshaftpflichtversicherung von Rechtsanwälten nach § 51 BRAO BGH NJW 2009, 3025 ff. und hierzu näher *Druckenbrodt* VersR 2010, 601 (602) sowie vor allem *Diller* Berufshaftpflichtversicherung Einleitung Rn. 52 und § 1 Rn. 80 ff. AVB-RSW; vgl. ferner BGH WM 2001, 796 ff. zu § 51b aF BRAO; Einzelheiten zur Deckung von reinen Vermögensschäden bei *Sassenbach* in MAH VersR § 18 Rn. 12; vgl. ferner → § 100 Rn. 166 ff.

gemäß Ziff. 1.1 Abs. 2 S. 1 AHB 2016 = A 1–3.1 Abs. 2 S. 1 AVB BHV Schadensereignis das Ereignis, als dessen Folge die Schädigung des Dritten unmittelbar entstanden ist. Mithin kommt es – wie Ziff. 1.1 Abs. 2 S. 2 AHB 2016 = A 1-3.1 Abs. 2 S. 2 AVB BHV hervorheben – für die Betriebshaftpflichtversicherung auf den Zeitpunkt der Schadensverursachung, die zum Schadensereignis geführt hat, also auf den Verstoß im Sinne der Berufshaftpflichtversicherungen, gerade nicht an.

Der Grund für die in den Berufshaftpflichtversicherungen vorgesehene **Festlegung auf den Verstoß als dem Versicherungsfall**[50] dürfte neben der leichteren Feststellbarkeit des Verstoßes vor allem in dem **zeitlichen Abstand** zu sehen sein, der normalerweise zwischen dem schadensursachenden Vorgang und dem tatsächlichen Eintritt des Schadensereignisses liegt. Denn anders als in den sonstigen Zweigen der Haftpflichtversicherung, insbesondere auch in dem Zweig der Betriebshaftpflichtversicherung, bedarf es in der Vermögensschaden-Haftpflichtversicherung noch einer Umsetzung der vom Versicherungsnehmer erbrachten Leistung. Unter diesen Umständen träte aber beim Abstellen auf das Schadensereignis als dem Versicherungsfall dieser nicht selten zu einem Zeitpunkt ein, zu dem kein Versicherungsvertrag mehr besteht und damit verbunden auch der Versicherungsschutz entfallen ist. Dieser Besonderheit der Vermögensschaden-Haftpflichtversicherung wird auch in den Berufshaftpflichtversicherungen dadurch Rechnung getragen, dass Versicherungsschutz nach Ablauf des Versicherungsvertrages vom Versicherer noch zu gewähren ist, wenn nur der Verstoß während der Laufzeit des Vertrages begangen wurde.

Um jedoch die **Eintrittspflicht des Versicherers zeitlich nicht unbegrenzt auszudehnen**, umfasst zB Ziff. 2.1 S. 1 der BBR/Arch. grundsätzlich mit Ausnahme von Ziff. 2.1 S. 2 BBR Arch. nur Verstöße, die zwischen Beginn und Ablauf des Versicherungsvertrages begangen werden, sofern sie dem **Versicherer nicht später als fünf Jahre nach Ablauf des Vertrages gemeldet werden**.[51] Die Berufshaftpflichtversicherung für Sachverständige verkürzt die Nachhaftungszeit gar auf zwei Jahre nach Ablauf des Versicherungsvertrages, wobei die Zweijahresfrist nach Meldung durch den Versicherungsnehmer beim Versicherer allerdings erst mit Beginn des nächsten Jahres, also am 1.1. des nächsten Jahres, zu laufen beginnt.[52] Hingegen existiert in der Berufshaftpflichtversicherung für Rechtsanwälte, Patentanwälte, Steuerberater, Wirtschaftsprüfer und vereidigte Buchprüfer im Pflichtversicherungsbereich eine Begrenzung der Nachhaftung nach Beendigung des Versicherungsvertrages nicht, da ansonsten zugunsten der Geschädigten nicht sichergestellt wäre, dass die genannten Berufsangehörigen in zeitlicher Hinsicht gegen alle sich aus ihrer Berufstätigkeit ergebenden Haftpflichtgefahren versichert sind.[53] Da die Verjährung des Deckungsanspruchs erst mit der Geltendmachung des Haftpflichtanspruchs durch den Geschädigten zu laufen beginnt, werden in dieser Berufshaftpflichtversicherung auch Spätschäden durch die Haftpflichtversicherung erfasst, und zwar sogar dann, wenn sie erst gegen die Erben des Berufsangehörigen geltend gemacht werden.[54] Mithin ist der Versicherungsnehmer auch im Falle der Berufsaufgabe oder des Ausscheidens aus einer Sozietät versichert.[55]

Schon diese **drei Beispiele der unterschiedlichen Arten der Nachhaftung sowie der Bestimmung von Nachhaftungszeiten** in besonders wichtigen Zweigen der Berufshaftpflichtversicherungen verdeutlichen, wie uneinheitlich die Nachhaftung an sich geregelt ist, wie unterschiedlich die Nachhaftungszeiten in verschiedenen Versicherungsbedingungen gehandhabt werden und wie wenig durchschaubar, klar und verständlich daher diese Bedingungen für den durchschnittlichen Versicherungsnehmer sind. Deshalb spricht viel dafür, hierin eine unangemessene Benachteiligung des Versicherungsnehmers zu erblicken, da diese sich gemäß § 307 Abs. 1 S. 2 BGB auch daraus ergeben kann, dass die Bestimmung und damit im vorliegenden Zusammenhang die verschiedenen Bestimmungen der Berufshaftpflichtversicherungen nicht klar und verständlich sind.

---

[50] Vgl. hierzu näher *Späte* AHB § 1 Rn. 29 ff.; *Littbarski* Haftungs- und Versicherungsrecht Rn. 548 ff. und 585 ff.; *Littbarski* AHB § 1 Rn. 10 f.; *Littbarski* Praxishandbuch Sachverständigenrecht, § 40 Rn. 28 ff.; *Brügge* in Gräfe/Brügge/*Melchers* Berufshaftpflichtversicherung für rechts- und steuerberatende Berufe B. I. Rn. 1 ff.; *Sassenbach* in MAH VersR § 18 Rn. 34 ff.; *Diller* Berufshaftpflichtversicherung Einleitung Rn. 25 ff., 53 und 109 ff. sowie § 1 Rn. 41 ff. AVB-RSW *Sommer/Treptow* NJW 2013, 3269 (3273); jeweils mit weiteren Einzelheiten und Nachweisen.

[51] Näher zu den Bedenken gegenüber einer zu kurzen Nachhaftungsregelung *v. Rintelen* in Beckmann/Matusche-Beckmann VersR-HdB § 26 Rn. 214 ff.

[52] Vgl. hierzu näher *Littbarski* in Bayerlein SV-HdB § 40 Rn. 29 ff. mit weiteren Einzelheiten zur Möglichkeit der Verlängerung der Nachhaftungszeit.

[53] Vgl. *v. Rintelen* in Beckmann/Matusche-Beckmann VersR-HdB § 26 Rn. 298.

[54] Vgl. *Schlie* Berufshaftpflichtversicherung S. 69 f.; *v. Rintelen* Beckmann/Matusche-Beckmann VersR-HdB § 26 Rn. 298.

[55] Vgl. *v. Rintelen* in Beckmann/Matusche-Beckmann VersR-HdB § 26 Rn. 298 mit weiteren Einzelheiten und Nachweisen.

B. Einzelheiten zur Betriebshaftpflichtversicherung nach § 102

I. Allgemeines

27 Der mit den Worten „Besteht die Versicherung für ein Unternehmen, ..." umschriebene Tatbestand des § 102 Abs. 1 S. 1 bringt in weniger deutlicher Form als die im Tatbestand des § 151 Abs. 1 S. 1 VVG aF anzutreffende Formulierung „Ist die Versicherung für die Haftpflicht aus einem geschäftlichen Betrieb des Versicherungsnehmers genommen, ..." zum Ausdruck, dass Gegenstand des § 102 Abs. 1 ausschließlich die **Betriebshaftpflichtversicherung** sein soll und dass diese sich ihrer Rechtsnatur nach auch nicht als Pflichtversicherung nach den §§ 113 ff. darstellt.

28 So muss es bereits als inkonsequent bezeichnet werden, dass die Bundesregierung in der Gesetzesbegründung[56] die **Ersetzung des Begriffes „Betrieb" durch das Wort „Unternehmen"** in § 102 damit rechtfertigt, dass dadurch die Terminologie des § 1 HGB übernommen werde. Selbst wenn nämlich hierdurch ein Einklang zwischen § 102 und § 1 Abs. 2 HGB hergestellt wird, was aus Klarstellungsgründen grundsätzlich zu begrüßen ist, hätte dies in gleicher Weise auch in der amtlichen Überschrift zu § 102 durch die Verwendung des Wortes **„Unternehmenshaftpflichtversicherung" anstelle des Begriffes „Betriebshaftpflichtversicherung"** geschehen müssen. Da ein solcher Wortwechsel in der Überschrift zu § 102 aber nicht vorgenommen wurde, stellt sich zwangsläufig die Frage, ob ein sich jedenfalls nicht aus der Gesetzesbegründung ergebender und wohl auch nicht vom Gesetzgeber ernsthaft gewollter sachlicher Unterschied zwischen der „Betriebshaftpflichtversicherung" nach der Überschrift des § 102 einerseits und der „Versicherung für ein Unternehmen" gemäß § 102 Abs. 1 S. 1 andererseits gemeint ist.

29 Aber auch aus dem Bestehen der Versicherung für ein Unternehmen nach § 102 Abs. 1 S. 1 kann nicht zwingend entnommen werden, dass eine derartige Versicherung den Zweck verfolgt, die typisch betrieblichen oder geschäftlichen Risiken des Unternehmens allein aus haftpflichtversicherungsrechtlicher Sicht abzusichern. Verständlich wird der mit § 102 Abs. 1 S. 1 verfolgte Zweck vielmehr nur im Zusammenhang mit der diese Vorschrift einleitenden Überschrift „Betriebshaftpflichtversicherung" und dem Normenkomplex der §§ 100–124 über die „Haftpflichtversicherung", in den § 102 hineingestellt ist. Eine solche Kopplung zwischen dem Gesetzestext des § 102 Abs. 1 S. 1 und dessen Überschrift sowie die Einbettung dieser Vorschrift in den Normenkomplex der §§ 100–124 überzeugt aber schon deshalb nicht, da weder die Überschrift zu einer Norm noch deren Zugehörigkeit zu einem gesamten Normenkomplex in der Praxis von vielen Rechtsanwendern bei der Arbeit mit einem Gesetzestext wie dem des § 102 Abs. 1 S. 1 immer entsprechend wahrgenommen werden dürften.

30 Daher wäre es aus den vorstehend genannten Gründen **sinnvoller gewesen,** wenn der Gesetzgeber bei der Schaffung des § 102 Abs. 1 S. 1 **keinen neuen Gesetzeswortlaut** eingeführt, sondern vielmehr an dem verständlichen und in der Praxis bewährten Wortlaut des § 151 Abs. 1 S. 1 VVG aF festgehalten hätte.

31 Dieser Gedanke drängt sich umso mehr auf, weil die in § 151 Abs. 1 S. 1 VVG aF sich findende Formulierung „Ist die Versicherung für die Haftpflicht aus einem geschäftlichen Betrieb des Versicherungsnehmers genommen, ..." im Gegensatz zu der des § 102 Abs. 1 S. 1 („Besteht die Versicherung für ein Unternehmen, ...") recht klar und deutlich die Notwendigkeit des aktiven Tuns des Versicherungsnehmers **zum Abschluss einer Betriebshaftpflichtversicherung** hervorhebt. Zugleich lässt der Wortlaut des § 151 Abs. 1 S. 1 VVG aF damit keine ernsthaften Zweifel daran, dass grundsätzlich keine gesetzliche Verpflichtung zum Abschluss einer Betriebshaftpflichtversicherung besteht.[57] Daher handelt es sich bei dieser nicht etwa um eine Pflichtversicherung, wie sie nach dem Inkrafttreten des VVG 2008 im Einzelnen in den §§ 113–124 geregelt ist. Diese hat ihrerseits trotz der gegenüber § 5 Abs. 5 Nr. 1 VAG engeren und deshalb etwas missverständlichen Legaldefinition des Begriffes Pflichtversicherung in § 113 Abs. 1 ausschließlich Pflicht-Haftpflichtversicherungen und keine sonstigen Pflichtversicherungen zum Gegenstand.[58]

32 Zwar ist die **Ausgestaltung** der Betriebshaftpflichtversicherungen **als Pflicht-Haftpflichtversicherungen in den gesetzlich geregelten Fällen** der Betreiber von Kernenergieanlagen und von gentechnischen Anlagen genauso erforderlich, wie dies auch im Hinblick auf den Hersteller von

---

[56] BT-Drs. 16/3945, 85 zu § 102 VVG; vgl. hierzu auch *Schünemann* in MAH VersR § 14 Rn. 7 ff.
[57] Vgl. *Voit/Knappmann* in Prölss/Martin, 27. Aufl. 2004, Teil III E. V. Betriebshaftpflichtversicherung, Vorb. Rn. 1; *Lücke* in Prölss/Martin BetrH AT Vorb. zu Ziff. 1 Rn. 1; vgl. ferner *Schulze Schwienhorst* in Looschelders/Pohlmann § 102 Rn. 3; *Wandt* VersR Rn. 256; *E. Lorenz* in Beckmann/Matusche-Beckmann VersR-HdB § 1 Rn. 104; eingehend zu Pflicht-Haftpflichtversicherungen *Morscheid* Pflicht-Haftpflichtversicherungen; *Hedderich* Pflichtversicherung; vgl. auch → Vor § 100 Rn. 160 ff. mwN in Fn. 408.
[58] Kritisch zur Verwendung des Begriffes Pflichtversicherung in der nur für Pflicht-Haftpflichtversicherungen geltenden Legaldefinition des § 113 Abs. 1 zu Recht auch *Wandt* VersR Rn. 1099.

Arzneimitteln, den Schausteller sowie in Bezug auf die Beförderer von Eisenbahn- und Luftfahrzeugen und weitere, große Gefahren- und Haftungspotentiale erfassende Unternehmen notwendig ist.[59] Dennoch kann hieraus sowie aus dem Umstand, dass der Anteil der versicherten größeren Unternehmen in der Praxis recht hoch ist, entgegen der Auffassung von *Schulze Schwienhorst*[60] nicht gefolgt werden, dass der Verzicht eines Unternehmers auf eine betriebliche Haftpflichtversicherung als Verletzung der Sorgfaltspflichten einer ordentlichen und gewissenhaften Geschäftsführung im Sinne von § 93 AktG gewertet werden könne. Dagegen spricht bereits, dass der Gesetzgeber gerade davon abgesehen hat, für alle Betriebshaftpflichtversicherungen gesetzliche Regelungen über den Abschluss entsprechender Pflicht-Haftpflichtversicherungen vorzusehen, sondern die Entscheidung über die Notwendigkeit derartiger Vertragsabschlüsse vielmehr den Unternehmen unabhängig von ihrer Gesellschaftsform überlassen hat.

Die generelle Verpflichtung aller Unternehmen zum Abschluss entsprechender Pflicht-Haftpflichtversicherungen wäre auch gar nicht sachgerecht, da sie der **Eigenverantwortlichkeit** bei der Wahrnehmung unternehmerischer Aufgaben und Ziele **widerspräche**. Diese schließt notwendigerweise einen weiten Beurteilungsspielraum für das eigene unternehmerische Ermessen ein, ohne das eine unternehmerische Tätigkeit nicht möglich ist.[61] Den Unternehmen muss es daher selbst überlassen bleiben, zu entscheiden, ob sie den Abschluss von ihren betriebstypischen und speziellen Risiken Rechnung tragenden Betriebshaftpflichtversicherungen für notwendig und erforderlich halten. **33**

Selbst wenn man aber dieser Auffassung nicht folgen wollte, käme eine Verantwortlichkeit der Unternehmen wegen des Verzichts auf den Abschluss einer Betriebshaftpflichtversicherung als Verletzung der Sorgfaltspflichten einer ordentlichen und gewissenhaften Geschäftsführung schon deshalb nicht in Betracht, da die Verletzung derartiger Sorgfaltspflichten schuldhaft gemäß § 276 Abs. 1 S. 1 BGB erfolgt sein müsste. Hiervon kann aber deshalb nicht die Rede sein, weil der Gesetzgeber bewusst davon abgesehen hat, alle **Betriebshaftpflichtversicherungen als Pflicht-Haftpflichtversicherungen auszugestalten** und das Unterbleiben von Versicherungsschutz mit irgendwelchen Sanktionen zu belegen. Allein aus dem Umstand, dass der Abschluss entsprechender Betriebshaftpflichtversicherungen im Regelfall opportun ist oder sogar im Interesse der Unternehmen selbst sowie auch der geschädigten Dritten aus dem Gedanken des Opferschutzes für notwendig und erforderlich gehalten werden muss, kann eine schuldhafte Pflichtverletzung der Sorgfaltspflichten einer ordentlichen und gewissenhaften Geschäftsführung nicht erblickt werden. **34**

II. Begriff des Unternehmens nach § 102

Wie bereits der Wortlaut des § 102 zeigt, ist in dieser Vorschrift der sich noch in § 151 Abs. 1 VVG aF findende **Begriff des Betriebes durchgehend durch den des Unternehmens ersetzt worden,** der früher nur in § 151 Abs. 2 S. 1 VVG aF verwendet wurde und nunmehr sowohl in § 102 Abs. 1 als auch in § 102 Abs. 2 genannt wird. In der Gesetzesbegründung weist die Bundesregierung allerdings nicht darauf hin, dass hiermit ein Einklang zwischen § 102 Abs. 1 und 2 hergestellt werden sollte, was noch nachvollziehbar wäre. Vielmehr rechtfertigt sie die Ersetzung des Begriffes „Betrieb" durch das Wort „Unternehmen" in der Gesetzesbegründung zu § 102[62] wie gezeigt[63] damit, dass dadurch die Terminologie des § 1 HGB übernommen werde. Auch wenn diese Ersetzung aus den vorstehend genannten Gründen wenig überzeugend ist,[64] ändert dies doch nichts daran, dass nachfolgend der Begriff des Unternehmens nach § 102 genauer umschrieben und bestimmt werden muss. **35**

Geht man von der Gesetzesbegründung der Bundesregierung zu § 102[65] aus, wonach mit der **Ersetzung des Begriffes „Betrieb" durch „Unternehmen"** die Terminologie des § 1 HGB übernommen werde, ist mit dieser Aussage für die Bestimmung des Begriffes Unternehmen allein nichts gewonnen und damit nichts anzufangen. Denn in § 1 HGB heißt es, dass Handelsgewerbe jeder Gewerbebetrieb ist, es sei denn, dass das Unternehmen nach Art oder Umfang einen in kaufmännischer Weise eingerichteten Gewerbebetrieb nicht erfordert. Hieraus folgt dann aber, **36**

---

[59] Vgl. hierzu näher *Morscheid* Pflicht-Haftpflichtversicherungen; *Wandt* VersR Rn. 257; *Schulze Schwienhorst* in Looschelders/Pohlmann § 102 Rn. 3; → Vor § 100 Rn. 165 ff. zu den Rechtsquellen und Rechtsgrundlagen der Haftpflichtversicherung.
[60] *Schulze Schwienhorst* in Looschelders/Pohlmann § 102 Rn. 3; offenlassend *Schünemann* in MAH VersR § 14 Rn. 3 mit Fn. 5.
[61] Vgl. BGHZ 135, 244 (253) = VersR 1997, 886; BGHZ 136, 133 (140) = NJW 1997, 2815; BGH WM 1998, 1733 (1735); jeweils im Hinblick auf die Verantwortlichkeit der Vorstände nach dem AktG.
[62] BT-Drs. 16/3945, 85 zu § 102.
[63] Vgl. → Rn. 27 ff.
[64] Vgl. → Rn. 28 ff.
[65] BT-Drs. 16/3945, 85 zu § 102.

dass der Begriff des Unternehmens ausschließlich der Eingrenzung des Handelsgewerbes nach § 1 Abs. 2 HGB dient, ohne seinerseits selbst näher konkretisiert zu werden. Hat der Begriff des Unternehmens nach dieser Vorschrift aber nur die Eingrenzung des Handelsgewerbes zum Ziel, wäre es erst recht verfehlt, annehmen zu wollen, dass der Begriff des Unternehmens nach § 102 auf den des § 1 Abs. 2 HGB beschränkt werden könnte.[66] Denn damit würde verkannt, dass ein erheblicher Unterschied zwischen einer Betriebshaftpflichtversicherung nach § 102 und einem Handelsgewerbe gemäß § 1 Abs. 2 HGB besteht. Deshalb muss der Hinweis der Bundesregierung in der Gesetzesbegründung auf die Übernahme der Terminologie des § 1 HGB wohl eher als unbedacht bezeichnet werden.

37 Hierfür spricht umso mehr, als es auch in anderen Vorschriften trotz der großen Bedeutung des Begriffes Unternehmen in Theorie und Praxis **keinen einheitlichen Rechtsbegriff des Unternehmens gibt.**[67] Hieraus wird zu Recht gefolgert, dass dieser Begriff in den ihn verwendenden Gesetzen nicht etwa einheitlich, sondern vielmehr unterschiedlich zu bestimmen ist, was allerdings im Einzelfall zu erheblichen Abgrenzungsschwierigkeiten führen kann.[68] Diese Begriffsbestimmung hat – soweit irgendwie möglich – nach dem Willen des Gesetzgebers des in Rede stehenden Gesetzes sowie nach dessen Sinn und Zweck zu erfolgen, in das der Begriff des Unternehmens hineingestellt ist.[69]

38 Da ein entsprechender Wille des Gesetzgebers des § 102 wegen der bloßen Verweisung auf die Terminologie des § 1 HGB nicht ersichtlich ist, hat die nähere **Bestimmung des Begriffes Unternehmen** gemäß § 102 nach dem **Sinn und Zweck dieser Vorschrift zu erfolgen,** in der dieser Begriff Verwendung findet. Hierfür kann an die durch Rechtsprechung und Literatur vorgenommene Begriffsbestimmung des Unternehmens gemäß § 151 Abs. 2 VVG aF angeknüpft werden, da diese Regelung ebenfalls den Begriff des Unternehmens enthält und dieser Begriff wegen des gleichen Sinnes und Zweckes von § 151 Abs. 2 VVG aF einerseits und von § 102 Abs. 2 andererseits mit dem des § 102 identisch ist. Dabei ist allerdings zu beachten, dass die Bestimmung des Begriffes Unternehmen gemäß § 151 Abs. 2 VVG aF in Rechtsprechung und Literatur immer zusammen mit der Bestimmung des Begriffes des geschäftlichen Betriebes erfolgt, der ausschließlich in § 151 Abs. 1 VVG aF Verwendung findet.

39 Deshalb ist vor der näheren Bestimmung des Begriffes Unternehmen nach § 102 wenigstens kurz zu klären, was unter dem geschäftlichen Betrieb nach § 151 Abs. 1 VVG aF sowie was unter dem Unternehmen nach § 151 Abs. 2 VVG aF zu verstehen ist, in welchem Verhältnis beide Begriffe zueinander stehen und welche Konsequenzen sich hieraus für den Begriff des Unternehmens nach § 102 VVG ergeben.

40 Unter einem **Betrieb** ist eine **organisatorische Einheit** zu verstehen, innerhalb der ein Unternehmer iSd § 14 BGB allein oder in Gemeinschaft mit anderen Unternehmern oder mit seinen Mitarbeitern durch sachliche und immaterielle Mittel bestimmte arbeitstechnische Zwecke fortgesetzt verfolgt, die nicht nur in der Befriedigung von Eigenbedarf liegen.[70] Ein Betrieb kann daher zB nicht nur ein einzelnes Büro oder eine Kanzlei, sondern auch eine Werkstatt, eine Apotheke oder ein Bauernhof sein.[71] Hingegen gehört der bloße Haushalt und eine gegebenenfalls ihm dienende Erwerbstätigkeit nicht zum Betrieb,[72] woraus sich zugleich die Charakterisierung des Betriebes als geschäftlicher Betrieb iSd § 151 Abs. 1 VVG aF ergibt.

41 Als **Unternehmen** ist demgegenüber eine organisatorische Einheit anzusehen, die durch den wirtschaftlichen oder ideellen Zweck bestimmt wird, dem ein Betrieb oder mehrere organisatorisch verbundene Betriebe desselben Unternehmens dienen.[73]

42 Aus dieser Unterscheidung zwischen dem geschäftlichen Betrieb einerseits und dem Unternehmen andererseits folgt, dass diese beiden organisatorischen Einheiten nicht deckungsgleich sind,

---

[66] Vgl. auch *Schulze Schwienhorst* in Looschelders/Pohlmann § 102 Rn. 5.
[67] Vgl. *Weidenkaff* in Grüneberg BGB Einführung vor § 611a Rn. 15; *Spinner* in MüKoBGB § 611a Rn. 157; jeweils mwN.
[68] BGHZ 31, 105 (108 f.) = NJW 1960, 145 (146 f.); *Weidenkaff* in Grüneberg BGB Einführung vor § 611 Rn. 15; *Spinner* in MüKoBGB § 611a Rn. 157; jeweils mwN.
[69] Vgl. auch *Hopt* in Baumbach/HGB Einleitung vor § 1 Rn. 31 mit weiteren, hier nicht interessierenden Einzelheiten zum Unternehmensbegriff in verschiedenen wirtschaftsrechtlichen Gesetzen.
[70] Vgl. BAG NJW 2005, 90 (91); 2008, 2665; NZA 2014, 725; *Weidenkaff* in Grüneberg BGB Einführung vor § 611 Rn. 14 f.; *Spinner* in MüKoBGB § 611a Rn. 156; jeweils mwN; *Retter* in Schwintowski/Brömmelmeyer/Ebers § 102 Rn. 5.
[71] Vgl. *Weidenkaff* in Grüneberg BGB Einführung vor § 611 Rn. 14.
[72] Vgl. BGH VersR 1962, 33 (34); BAG NZA 2020, 1241; *Weidenkaff* in Grüneberg BGB Einführung vor § 611 Rn. 14; *Retter* in Schwintowski/Brömmelmeyer/Ebers § 102 Rn. 5.
[73] *Weidenkaff* in Grüneberg BGB Einführung vor § 611 Rn. 15; *Spinner* in MüKoBGB § 611a Rn. 157; *Retter* in Schwintowski/Brömmelmeyer/Ebers § 102 Rn. 5.

sondern der Begriff des Unternehmens **grundsätzlich weitergefasst** wird.[74] Allerdings kann im Einzelfall durchaus auch einmal eine entsprechende Deckungsgleichheit gegeben sein.[75]

Für die Bestimmung des Begriffes des Unternehmens nach § 151 Abs. 2 VVG aF und damit auch die gemäß § 102 hat dies zur Folge, dass unter einem Unternehmen **jede natürliche oder juristische Person bzw.** jede durch Teilnahme am Rechtsverkehr mit eigenen Rechten und Pflichten im Geschäftsverkehr ausgestattete Personengesellschaft zu verstehen ist, die als organisatorische Einheit am Markt planmäßig und dauerhaft Leistungen gegen Entgelt anbietet.[76] Damit handelt es sich zugleich um eine organisatorische Einheit, die durch den wirtschaftlichen oder ideellen Zweck, dem ein Betrieb oder mehrere organisatorisch verbundene Betriebe desselben Unternehmens dienen, bestimmt wird.[77]

Die Bestimmung der an das Unternehmen nach § 102 bzw. der an den geschäftlichen Betrieb sowie der an das Unternehmen gemäß § 151 VVG aF zu stellenden Anforderungen macht aber auch eine **Abgrenzung zu dem vom Privatbereich erfassten Tätigkeitsbereich**,[78] mithin zu dem zur privaten Sphäre gehörenden Lebensbereich des Unternehmers erforderlich.[79] Auch wenn es hierfür keine ganz verbindlichen Kriterien, sondern allenfalls Indizien für den einen oder den anderen Bereich gibt, wird doch allgemein für bedeutsam gehalten, was im Verkehr üblicherweise als geschäftlicher und was als privater Bereich angesehen wird.[80]

Während etwa das **Vorhandensein von Personal oder Buchführung** Indiz für den geschäftlichen Bereich ist[81] und auch das Halten eines 1,5 ha großen Waldgrundstücks[82] bzw. eines landwirtschaftlichen Betriebes[83] regelmäßig zu dem von der privaten Sphäre getrennten geschäftlichen Lebensbereich gehören dürften, ist der Haushalt selbst und eine ihm gegebenenfalls dienende Erwerbstätigkeit wie etwa die Schweinehaltung zur Verbilligung der Haushaltsführung zum privaten Tätigkeitsbereich zu rechnen.[84] Demgegenüber ist eine **Gewinnerzielungsabsicht** nach allgemein vertretener Ansicht[85] für einen geschäftlichen Betrieb oder ein Unternehmen nach § 151 VVG aF bzw. für ein Unternehmen gemäß § 102 nicht erforderlich. Deshalb können nach einer in der Literatur zu § 151 VVG aF vertretenen Auffassung[86] auch Versicherungen kostendeckend arbeitender Einrichtungen unter diese Vorschrift fallen.

III. Umfang des Versicherungsschutzes nach Abs. 1

1. Allgemeines. Ging es vorstehend im Anschluss an die sich in § 151 Abs. 1 und 2 VVG aF findenden Begriffe des geschäftlichen Betriebes und des Unternehmens darum, den Begriff des Unternehmens nach § 102 VVG etwas genauer zu bestimmen,[87] gilt es nunmehr, den **Umfang des**

---

[74] *Weidenkaff* in Grüneberg BGB Einführung vor § 611 Rn. 15; *Spinner* in MüKoBGB § 611a Rn. 157; *Retter* in Schwintowski/Brömmelmeyer/Ebers § 102 Rn. 5.
[75] *Weidenkaff* in Grüneberg BGB Einführung vor § 611 Rn. 15; *Spinner* in MüKoBGB § 611a Rn. 157; *Retter* in Schwintowski/Brömmelmeyer/Ebers § 102 Rn. 5.
[76] Vgl. BGH NJW 2006, 2250 (2251); *H. Baumann* in BK-VVG § 151 Rn. 6; *Voit/Knappmann* in Prölss/Martin, 27. Aufl. 2004, § 151 Rn. 1; *Lücke* in Prölss/Martin § 102 Rn. 1; *Retter* in Schwintowski/Brömmelmeyer/Ebers § 102 Rn. 5; *R. Koch* in Bruck/Möller § 102 Rn. 14; jeweils mit teilweise etwas voneinander abweichenden Definitionen; vgl. zur zweifelhaften (Teil-)Rechtsfähigkeit der (Außen-)Gesellschaft bürgerlichen Rechts, soweit sie durch Teilnahme am Rechtsverkehr eigene Rechte und Pflichten begründen könne, BGHZ 146, 341 (347 ff.) = NJW 2001, 1056 ff.; vgl. auch → Rn. 68 mit Fn. 157 und → Rn. 122 mit Fn. 252; jeweils mit weiteren Einzelheiten und Nachweisen.
[77] Vgl. auch *Retter* in Schwintowski/Brömmelmeyer/Ebers § 102 Rn. 5.
[78] Vgl. BGH VersR 1962, 33 (34); BAG NZA 2020, 1241; *H. Baumann* in BK-VVG § 151 Rn. 6; *Voit/Knappmann* in Prölss/Martin, 27. Aufl. 2004, § 151 Rn. 1; *Lücke* in Prölss/Martin § 102 Rn. 1; *Langheid* in Langheid/Rixecker § 102 Rn. 4.
[79] Vgl. OLG Hamm VersR 1997, 1093; *H. Baumann* in BK-VVG § 151 Rn. 6.
[80] Vgl. OLG Hamm VersR 2016, 524 (525); *H. Baumann* in BK-VVG § 151 Rn. 6; *Langheid* in Langheid/Rixecker § 102 Rn. 4.
[81] Vgl. *R. Johannsen* in Bruck/Möller, 8. Aufl., Bd. IV, Anm. D 35; *H. Baumann* in BK-VVG § 151 Rn. 6.
[82] Vgl. OLG Hamm VersR 1997, 1093; *H. Baumann* in BK-VVG § 151 Rn. 6.
[83] Vgl. BGH VersR 1962, 33 (34); BAG NZA 2020, 1241; *H. Baumann* in BK-VVG § 151 Rn. 6; *Voit/Knappmann* in Prölss/Martin, 27. Aufl. 2004, § 151 Rn. 1; *Lücke* in Prölss/Martin § 102 Rn. 1.
[84] Vgl. BGH VersR 1962, 33 (34); *Voit/Knappmann* in Prölss/Martin, 27. Aufl. 2004, § 151 Rn. 1; *Lücke* in Prölss/Martin § 102 Rn. 1; *Retter* in Schwintowski/Brömmelmeyer/Ebers § 102 Rn. 5; *Langheid* in Langheid/Rixecker § 102 Rn. 4.
[85] So OLG Celle VersR 1961, 169 (170); *Voit/Knappmann* in Prölss/Martin, 27. Aufl., § 151 Rn. 1; *Lücke* in Prölss/Martin § 102 Rn. 1; *H. Baumann* in BK-VVG § 151 Rn. 6; *Retter* in Schwintowski/Brömmelmeyer/Ebers § 102 Rn. 5; *Langheid* in Langheid/Rixecker § 102 Rn. 4.
[86] So *R. Johannsen* in Bruck/Möller, 8. Aufl., Bd. IV, Anm. D 36; *H. Baumann* in BK-VVG § 151 Rn. 6.
[87] Vgl. → Rn. 35 ff.

Versicherungsschutzes nach § 102 Abs. 1 im Hinblick auf die Betriebshaftpflichtversicherung zu konkretisieren. Dazu ist zunächst der Gegenstand des Versicherungsschutzes einer Betriebshaftpflichtversicherung zu umschreiben, um daran anschließend zum Unternehmen als Versicherungsnehmer Stellung zu nehmen. Weiterhin ist näher auf die versicherten Personen einzugehen, die zum einen die zur Vertretung des Versicherungsnehmers befugten Personen sind und zum anderen Personen erfassen, die in einem Dienstverhältnis zum Unternehmen stehen. Schließlich ist zu klären, welche Bedeutung der in § 102 Abs. 1 S. 2 getroffenen Regelung zukommt, wonach die Versicherung insoweit als für fremde Rechnung genommen gilt.

47 **2. Gegenstand des Versicherungsschutzes.** Ausgehend von den Möglichkeiten des Bestehens einer Betriebs-, Privat- und einer Berufshaftpflichtversicherung hat nach Ansicht des BGH[88] die **Abgrenzung zwischen der Betriebs- und der Privathaftpflichtversicherung** danach zu erfolgen, dass durch die Privathaftpflichtversicherung solche Haftpflichtschäden nicht abgedeckt würden, gegen die sich der Versicherungsnehmer durch den Abschluss einer Betriebshaftpflichtversicherung absichern kann. Da eine solche Abgrenzung voraussetzt, dass der Versicherungsnehmer Inhaber eines Betriebes oder in der Terminologie des § 102 Abs. 1 VVG Inhaber eines Unternehmens ist, diese Voraussetzungen aber nur relativ selten gegeben sein dürften, erfährt die Privathaftpflichtversicherung einen recht weiten Anwendungsbereich, wie *Retter*[89] zu Recht andeutet.

48 Bestätigt wird der weitreichende Versicherungsschutz durch die Privathaftpflichtversicherung im Verhältnis zur Betriebs- und Berufshaftpflichtversicherung in der Vorschrift über versichertes Risiko nach Ziff. 1 Abs. 1 BB PHV.[90] Danach ist versichert im Rahmen der Allgemeinen Versicherungsbedingungen für die Haftpflichtversicherung (AHB) und der nachstehenden Besonderen Bedingungen und Risikobeschreibungen die gesetzliche Haftpflicht des Versicherungsnehmers aus den Gefahren des täglichen Lebens als Privatperson und nicht aus den Gefahren eines Betriebes, Berufes, Dienstes oder Amtes. Aus diesem Wortlaut ist zu folgern, dass die Gefahren des täglichen Lebens und damit verbunden die Anwendbarkeit der Privathaftpflichtversicherung den Regelfall darstellen, während die Gefahren eines Betriebes und eines Berufes die Ausnahme bilden sollen. Hinzu kommt ferner, dass – wie bereits hervorgehoben[91] – der Versicherer die Nachteile der Unaufklärbarkeit der Zuordnung eines Geschehens zum betrieblichen und beruflichen Bereich des Versicherungsnehmers trägt.[92]

49 Bestätigung findet der **recht weite Anwendungsbereich der Privathaftpflichtversicherung** ferner in der Rechtsprechung zur Abgrenzung zwischen beruflicher und privater Tätigkeit. So stellt nach Ansicht des BGH[93] die Entgeltlichkeit einer Tätigkeit für sich genommen kein sachgerechtes Kriterium zur Abgrenzung zwischen einer beruflichen und einer privaten Tätigkeit dar. Dies hat nach Auffassung des OLG Köln[94] zur Folge, dass Versicherungsschutz durch eine Privathaftpflichtversicherung gegeben sein soll, wenn die Betreuung des geschädigten Kindes durch eine Tagesmutter am Tage des Schadensereignisses aus Gefälligkeit und damit unentgeltlich erfolgte. Das OLG Hamm[95] verlangt darüber hinaus für die Zuordnung der versicherten Tätigkeit zur Berufshaftpflichtversicherung, dass die Tätigkeit über einen längeren Zeitraum hinweg planmäßig und mit einer gewissen Regelmäßigkeit ausgeübt wird.

50 Soweit der Gegenstand des Versicherungsschutzes von der Betriebshaftpflichtversicherung erfasst wird, ist nach Ziff. 7.1.1 BetrH AT versichert im Rahmen der Allgemeinen Versicherungsbedingungen

---

[88] So BGH VersR 1991, 293 (294); ebenso *Retter* in Schwintowski/Brömmelmeyer/Ebers § 102 Rn. 7.
[89] *Retter* in Schwintowski/Brömmelmeyer/Ebers § 102 Rn. 7; vgl. ferner → Rn. 14 f. zur bedenklichen Ausweitung des Anwendungsbereiches der Privathaftpflichtversicherung mit weiteren Einzelheiten und Nachweisen.
[90] Unverbindliche Muster-AVB des GDV mit Stand April 2016; abgedruckt bei *Lücke* in Prölss/Martin Ziff. 1 BB PHV S. 1773 ff.; vgl. hierzu auch → Rn. 13 ff.
[91] Vgl. → Rn. 14 mwN.
[92] Vgl. OLG Hamm VersR 1980, 1037 (1038); OLG Oldenburg NJW-RR 2014, 1449, wonach zu den Risiken des täglichen Lebens etwa das Fällen fremder Bäume als Privatrechtsfall gehöre; vgl. ferner auch BGH NJW 2015, 2880 ff. mit Rn. 8 ff. zur Abgrenzung von Gefälligkeit, Auftrag und Geschäftsführung ohne Auftrag bei Fahrten mit minderjährigen Vereinsmitgliedern zu Sportveranstaltungen; vgl. zudem → Rn. 14 f. zur bedenklichen Ausweitung des Anwendungsbereiches der Privathaftpflichtversicherung mit weiteren Einzelheiten und Nachweisen.
[93] BGH VersR 1981, 271 (272); ebenso *Retter* in Schwintowski/Brömmelmeyer/Ebers § 102 Rn. 7.
[94] OLG Köln VersR 2001, 1418 (1419); vgl. auch OLG Hamm r+s 2020, 499 Rn. 32 zur im Ausgangsfall offen gelassenen Frage, ob ein Leihverhältnis nach Ziff. 7.6 AHB oder lediglich ein Gefälligkeitsverhältnis vorlag; eingehend zur Gefälligkeit und zu ihrer Abgrenzung zur entgeltlichen Tätigkeit *Littbarski* VersR 2004, 950 ff.; vgl. ferner → Vor § 100 Rn. 124 und → Rn. 58.
[95] OLG Hamm VersR 1993, 601; ebenso *Retter* in Schwintowski/Brömmelmeyer/Ebers § 102 Rn. 7.

für die Haftpflichtversicherung (AHB) und der nachfolgenden Bestimmungen[96] die gesetzliche Haftpflicht des Versicherungsnehmers aus dem im Versicherungsschein und seinen Nachträgen angegebenen Betrieb mit seinen Eigenschaften, Rechtsverhältnissen oder Tätigkeiten bzw. aus der Ausübung der im Versicherungsschein und seinen Nachträgen beschriebenen beruflichen Tätigkeit. Mithin muss die **gesetzliche Haftpflicht dem betrieblichen Bereich zuzuordnen** sein[97] und damit die **spezifischen Gefahren des Betriebes umfassen.**[98] Wird daher das Unternehmen selbst oder der Versicherungsnehmer als Betriebsinhaber wegen eines Schadens in Anspruch genommen, den ein Betriebsangehöriger verursacht hat, oder behauptet der Geschädigte, dass sich die Haftung aus dem Geschäftsbetrieb ergebe, fällt das Schadensereignis schon aus diesem Grunde in die Betriebshaftpflichtversicherung.[99] Dies gilt auch dann, wenn die Betriebsbezogenheit beim Handeln des Betriebsangehörigen fehlt, da Gegenstand des Versicherungsschutzes auch die Abwehr unberechtigter Ansprüche ist.[100]

Wird der Betriebsinhaber für eigenes Fehlverhalten in Anspruch genommen, ist Voraussetzung **51** für die Inanspruchnahme der Betriebshaftpflichtversicherung die **Bejahung eines entsprechenden betrieblichen Zusammenhangs.**[101] Dieses Erfordernis für die Anwendbarkeit der Betriebshaftpflichtversicherung ist schon dadurch gerechtfertigt, dass das zur Haftung verpflichtende Tun oder Unterlassen dem betrieblichen Bereich zuzuordnen sein muss und es hierfür nach allgemein zu Recht vertretener Auffassung eines inneren ursächlichen Zusammenhangs bedarf.[102] Dabei wird grundsätzlich vorausgesetzt, dass das schadenstiftende Handeln zumindest auch dazu bestimmt war, den Interessen des Betriebes zu dienen.[103] Allerdings wird es von der Rechtsprechung[104] und von Stimmen in der Literatur[105] für ausreichend gehalten, wenn das Verhalten zwar nicht objektiv im Interesse des Betriebes liegt, diesem aber nach subjektiver Einschätzung zu dienen bestimmt war. Vereinzelt wird sogar die Ansicht vertreten, dass auch aus subjektiver Sicht nicht ausschließlich Betriebsinteressen verfolgt werden müssen.[106] Diese auf die subjektiven Einschätzungen abstellenden Auffassungen überzeugen nicht, da damit der betriebliche Zusammenhang des Verhaltens und damit die objektive Betriebsbezogenheit alle Konturen für das Bestehen von Versicherungsschutz verliert.

Keine Rolle kann es nach weit verbreiteter Ansicht[107] für die Zuordnung spielen, ob für **52** den konkreten Schadensfall die **Deckung der Haftpflicht in dem zugehörigen privaten bzw.**

---

[96] Gemeint sind die in den Ziff. 7.1.2 ff. Musterbedingungsstruktur in der Haftpflichtversicherung – Allgemeiner Teil, Unverbindliche Muster-AVB des GDV – Stand: Januar 2015 zu findenden Vorschriften; weitgehend wortgleich auch A 1-1 Abs. 1 AVB BHV; vgl. hierzu → Rn. 11 f.
[97] Vgl. *H. Baumann* in BK-VVG § 151 Rn. 14.
[98] Vgl. *Retter* in Schwintowski/Brömmelmeyer/Ebers § 102 Rn. 6.
[99] So zu Recht BGH VersR 1983, 945; *R. Johannsen* in Bruck/Möller, 8. Aufl., Bd. IV, Anm. G 89; *Retter* in Schwintowski/Brömmelmeyer/Ebers § 102 Rn. 6.
[100] So zu Recht BGH VersR 1983, 945; *R. Johannsen* in Bruck/Möller, 8. Aufl., Bd. IV, Anm. G 89; *Voit/Knappmann* in Prölss/Martin, 27. Aufl. 2004, § 151 Rn. 3; *Lücke* in Prölss/Martin § 102 Rn. 4; *Retter* in Schwintowski/Brömmelmeyer/Ebers § 102 Rn. 6; *Langheid* in Langheid/Rixecker § 102 Rn. 6; vgl. auch → Rn. 65 mwN in Fn. 148; eingehend zur Abwehrfunktion der Haftpflichtversicherung → Vor § 100 Rn. 63 f.
[101] Vgl. BGH VersR 1983, 945; *H. Baumann* in BK-VVG § 151 Rn. 15; *Langheid* in Langheid/Rixecker § 102 Rn. 7; vgl. auch *R. Koch* in Bruck/Möller § 102 Rn. 12 mit der Formulierung „… im Zusammenhang mit der Tätigkeit des Unternehmens …".
[102] Vgl. BGHZ 41, 327 (334) = NJW 1964, 1899; BGH VersR 1987, 1181; 1988, 1283 (1284); 1991, 293; OLG Bamberg VersR 1992, 1346; OLG Koblenz VersR 1994, 716; LG Mönchengladbach r+s 1999, 19; *Langheid* in Langheid/Rixecker § 102 Rn. 7; *Retter* in Schwintowski/Brömmelmeyer/Ebers § 102 Rn. 8; zweifelnd *Lücke* in Prölss/Martin § 102 Rn. 5.
[103] Vgl. BGHZ 41, 327 (334) = NJW 1964, 1899; BGH VersR 1987, 1181; 1988, 1283 (1284); BAG VersR 2017, 875; OLG Stuttgart VersR 2016, 983; *Langheid* in Langheid/Rixecker § 102 Rn. 7; *Lücke* in Prölss/Martin § 102 Rn. 5; *Retter* in Schwintowski/Brömmelmeyer/Ebers § 102 Rn. 8.
[104] Vgl. BGH VersR 1959, 42 (43); 1973, 313 f.; 1976, 921 (922); OLG Hamburg VersR 1982, 458 (459); OLG Frankfurt a. M. VersR 1998, 575.
[105] Vgl. *Voit/Knappmann* in Prölss/Martin, 27. Aufl. 2004, § 151 Rn. 4; *Lücke* in Prölss/Martin § 102 Rn. 7; *H. Baumann* in BK-VVG § 151 Rn. 14; *Retter* in Schwintowski/Brömmelmeyer/Ebers § 102 Rn. 8; vgl. ferner → Rn. 59 mwN in Fn. 131.
[106] Vgl. OLG Hamburg VersR 1982, 458 (459); *H. Baumann* in BK-VVG § 151 Rn. 14.
[107] Vgl. BGH VersR 1961, 399; 1969, 219; eingehend zur Anwendbarkeit der „kleinen Benzinklausel" in der Privathaftpflichtversicherung BGH r+s 2007, 102; OLG Brandenburg r+s 2014, 599 (600 ff.) mit Anm. *Schimikowski*; LG Karlsruhe r+s 2014, 553 f. mit Anm. *Schimikowski*; LG Ellwangen VersR 2015, 1327 f.; vgl. ferner OLG Hamm r+s 2016, 32 ff. zur Auslegung der „Benzinklausel" im Zusammenhang mit einer Fahrzeugreparatur mit Schweißgerät; vgl. auch *H. Baumann* in BK-VVG § 151 Rn. 14; *Voit/Knappmann* in Prölss/Martin, 27. Aufl., § 151 Rn. 9; *Lücke* in Prölss/Martin § 102 Rn. 5; *Littbarski* in Littbarski/Tenschert/Klein AVB BHV A1-7.14 Rn. 4 ff.; *Schimikowski* r+s 2016, 14 ff. zur „Benzinklausel" in der Privathaftpflichtversicherung.

betrieblichen Bereich durch eine entsprechende Versicherung gewährleistet ist oder gegebenenfalls wegen einer Ausschlussklausel entfällt.

53 Unerheblich ist es nach Ansicht des BGH[108] auch, ob die mitversicherte Person bei der schadenstiftenden Tätigkeit den betrieblichen Vorschriften zuwidergehandelt hat. Der Gefahrenkreis der Betriebshaftpflichtversicherung umfasse gerade auch die Haftpflichtgefahren, die durch **vorschriftswidriges Handeln der Betriebsangehörigen** – etwa durch Rauchen am Arbeitsplatz und Verursachung des Schadens durch das Wegwerfen der brennenden Zigarette – entstehen. Dieser Auffassung kann nicht zugestimmt werden, da sie mit dem Gedanken, dass die Tätigkeiten objektiv und zumindest auch subjektiv betrieblichen Interessen dienen müssen, unvereinbar ist. Denn wer weiß oder zumindest wissen muss, dass er den betrieblichen Interessen zuwiderhandelt, dient weder objektiv noch subjektiv diesen Interessen. Deshalb kann auch der Ansicht des OLG Jena[109] im Hinblick auf einen Fall nicht gefolgt werden, bei dem es um einen Schusswaffengebrauch in einem Betrieb ging, der gegen straf- und ordnungsrechtliche Normen verstieß.

54 Schließlich wird hervorgehoben, dass für örtlich dem Betrieb zugehöriges Verhalten eine **tatsächliche Vermutung hinsichtlich des betrieblichen Zusammenhangs** bestehe.[110]

55 Bereitet die Zuordnung der zuletzt genannten Fallgestaltungen zur Betriebshaftpflichtversicherung zumindest Rechtsprechung und Literatur im Regelfall keine allzu großen Schwierigkeiten, erweist sie sich bei den nachstehend genannten Fallgestaltungen demgegenüber häufig als nicht ganz einfach und wird deshalb letztlich von den besonderen Umständen des Einzelfalles abhängig gemacht.

56 So schließen Rechtsprechung[111] und Literatur[112] eine **Zuordnung zur Betriebssphäre** nicht allein deshalb aus, weil die Verrichtung unentgeltlich und aus Gefälligkeit durchgeführt wird. Auch hier könne nämlich die Handlung dazu bestimmt sein, den Interessen des Unternehmens bzw. einem bestimmten beruflichen Zweck zu dienen. Deshalb wird etwa die mittelbare Förderung der betrieblichen Interessen, die betriebsbezogen dem guten sozialen Klima des Betriebes diene, für ausreichend gehalten.[113]

57 Hierzu werden etwa die unentgeltliche Kranhilfe beim Abladen ausgelieferter Maschinen,[114] die Reparatur des Kfz eines Betriebsangehörigen in einer Bootsreparaturwerkstatt,[115] die Demontage einer gebrauchten Spritzraumeinrichtung beim Verkäufer zur Verwendung im Malerbetrieb des Versicherungsnehmers durch dessen Leute,[116] die Erweiterung einer Deckenöffnung zum Einbau einer Rolltreppe,[117] die Schädlingsbekämpfung auf dem Gelände eines Lebensmittelbetriebes,[118] das Reinigen eines Öltanks, der auch zur Beheizung der Betriebsräume dient,[119] die Öffnung des Entleerungshahns durch einen Betriebsmitarbeiter im Keller des Hauses des Geschäftsführers, um unter anderem die dort eingelagerten Materialien zu schützen[120] oder das Vertreiben eines Jugendlichen von der Baustelle[121] gerechnet.

---

[108] BGH VersR 1961, 399 (400); OLG Bamberg VersR 1992, 1346 (1347) für den Fall des Ausleerens eines Aschenbechers durch einen Lehrling im Rahmen des Aufräumens nach einer Adventsfeier; zustimmend *Langheid* in Langheid/Rixecker § 102 Rn. 7, wonach das Ausleeren eines Aschenbechers betriebsbezogen sei; vgl. ferner *Schmalzl/Krause-Allenstein* Berufshaftpflichtversicherung Rn. 616 mit dem an dieser Stelle etwas abgewandelten Beispiel des am Arbeitsplatz rauchenden und durch das Wegwerfen der brennenden Zigarette einen Schaden verursachenden Arbeitnehmers; zustimmend *Lücke* in Prölss/Martin § 102 Rn. 5 mit dem Hinweis, dass auch das Rauchen in der Vergangenheit als zur Arbeit gehörend bezeichnet wurde; vgl. hierzu auch → Rn. 62 mit weiteren Einzelheiten.

[109] Vgl. OLG Jena VersR 2019, 1209; ebenso zu Unrecht *Retter* in Schwintowski/Brömmelmeyer/Ebers § 102 Rn. 8; ferner → Rn. 51 mwN in Fn. 104 und 105 sowie → Rn. 59; einschränkend demgegenüber *Schünemann* in MAH VersR § 14 Rn. 11.

[110] So *R. Johannsen* in Bruck/Möller, 8. Aufl., Bd. IV, Anm. H 7; *H. Baumann* in BK-VVG § 151 Rn. 14.

[111] Vgl. BGH VersR 1988, 125; KG VersR 1958, 537 (539); OLG Celle VersR 1961, 169 (170); OLG Hamburg VersR 1982, 458 (459); OLG Köln r+s 1992, 228; VersR 2000, 95 (96); KG NVersZ 2002, 229 (230).

[112] Vgl. *H. Baumann* in BK-VVG § 151 Rn. 23; *Voit/Knappmann* in Prölss/Martin, 27. Aufl. 2004, § 151 Rn. 5 und 7; *Lücke* in Prölss/Martin § 102 Rn. 8; *Retter* in Schwintowski/Brömmelmeyer/Ebers § 102 Rn. 9.

[113] Vgl. BGH VersR 1987, 1181 (1182); *H. Baumann* in BK-VVG § 151 Rn. 23; *Retter* in Schwintowski/Brömmelmeyer/Ebers § 102 Rn. 9.

[114] BGH VersR 1988, 125.

[115] BGH VersR 1987, 1181 f.

[116] OLG München VersR 1982, 665.

[117] OLG Hamburg VersR 1982, 458.

[118] OLG Hamm VersR 1976, 233.

[119] OGH VersR 1977, 780.

[120] OLG Hamm VersR 2019, 533; ebenso *Retter* in Schwintowski/Brömmelmeyer/Ebers § 102 Rn. 9.

[121] LG Aachen ZfS 1981, 184.

Sofern hingegen die **Gefälligkeiten gegenüber Dritten** ohne Beziehung zur betrieblichen **58** Tätigkeit aus eigenem Antrieb übernommen werden, wird das Verhalten **nicht von der Betriebshaftpflichtversicherung als gedeckt** angesehen.[122] So stellt sich nach zutreffender Ansicht des BGH[123] das Auswinken eines unbekannten Lkw-Fahrers aus dem Werkstattgelände als beziehungslos zur betrieblichen Tätigkeit dar und ist deshalb nicht von der Betriebshaftpflichtversicherung gedeckt. Das Gleiche gilt auch bei der Nutzung der betrieblichen Einrichtung zu ausschließlich privaten Zwecken, wenn dabei nicht die betriebliche Tätigkeit gefördert werden soll.[124] Insoweit besteht kein Versicherungsschutz durch die Betriebshaftpflichtversicherung, und zwar unabhängig davon, ob die Nutzung durch den Betriebsinhaber selbst oder aber durch die mitversicherten Personen erfolgt.[125] Denn wie *H. Baumann*[126] zu Recht hervorhebt, ist das Fehlen von Versicherungsschutz deshalb angemessen, weil der Betriebsinhaber mit dem Betrieb einem erweiterten Risiko ausgesetzt ist und die Verantwortung für das Verhalten im Betrieb tätiger Personen trägt. Bei einem ausschließlich privatnützigen Gebrauch der Betriebseinrichtung geht es nicht um eine Gefahr, die sich wegen des Betreibens eines Betriebes verwirklicht hat.[127]

Wenn demgegenüber das OLG Hamm[128] und das LG Amberg[129] die Ansicht vertreten, dass **59** es für das Bestehen von Versicherungsschutz genüge, wenn die Gefahr aus der betrieblichen Sphäre stamme, gelangte man zu dem **unzutreffenden Ergebnis,** dass grundsätzlich auch bei Tätigkeiten ohne entsprechende Anweisungen des Betriebsinhabers oder sogar bei verbotenen Tätigkeiten von Hilfskräften und Schwarzarbeitern Versicherungsschutz zu bejahen wäre.[130] Dies ist aber mit dem Gedanken, dass die Tätigkeiten zumindest subjektiv betrieblichen Interessen dienen müssen, unvereinbar.[131]

Weitgehende Einigkeit herrscht in Rechtsprechung[132] und Literatur[133] im Grundsatz darüber, **60** dass das Betriebshaftpflichtrisiko **nicht branchenüblich und** nicht auf typische Betriebsgefahren begrenzt sein muss, um vom Deckungsbereich der Betriebshaftpflichtversicherung erfasst zu werden. Vielmehr kann nach dieser Auffassung auch privates Verhalten und privaten Interessen dienendes Vorgehen in den betrieblich versicherten Bereich fallen. Entscheidend ist danach nur, dass das Gesamtverhalten dem Zweck nach einen Zusammenhang mit dem betrieblichen Risiko aufweist.[134] Da mit solchen abstrakten Äußerungen allein in der Sache wenig anzufangen ist, bedürfen sie einer Konkretisierung im Einzelfall.

So ist entgegen der Ansicht des OLG Frankfurt a. M.[135] die **Betriebsbezogenheit** und **61** damit der Deckungsschutz durch die Betriebshaftpflichtversicherung nicht zu bejahen, wenn der Versicherungsnehmer, der normalerweise ausschließlich Kacheln für Kachelöfen verkauft, ausnahmsweise auch den Kachelofen bei seiner Schwägerin aufbaut. Hingegen fällt die Nahrungsaufnahme während der Arbeitspause nach einhelliger und im Ergebnis zutreffender Auffassung[136] in die versicherte Betriebssphäre, wenn sie der Erhaltung oder Wiederherstellung der Arbeitskraft dient.

---

[122] Vgl. BGH VersR 1961, 121; *H. Baumann* in BK-VVG § 151 Rn. 23; *Voit/Knappmann* in Prölss/Martin, 27. Aufl. 2004, § 151 Rn. 5; *Lücke* in Prölss/Martin § 102 Rn. 8; näher zu Gefälligkeitsverhältnissen → Vor § 100 Rn. 124 mwN in Fn. 310 f.

[123] BGH VersR 1961, 121; ebenso *H. Baumann* in BK-VVG § 151 Rn. 23; kritisch demgegenüber *Voit/Knappmann* in Prölss/Martin, 27. Aufl. 2004, § 151 Rn. 5 und *Lücke* in Prölss/Martin § 102 Rn. 8, die dies als „wohl zu eng" bezeichnen.

[124] BGH VersR 1988, 1283; ebenso *H. Baumann* in BK-VVG § 151 Rn. 23.

[125] So zu Recht *H. Baumann* in BK-VVG § 151 Rn. 23.

[126] *H. Baumann* in BK-VVG § 151 Rn. 23.

[127] Vgl. BGH VersR 1991, 293 (294); *H. Baumann* in BK-VVG § 151 Rn. 23.

[128] OLG Hamm VersR 1985, 438 (439).

[129] LG Amberg VersR 1987, 402.

[130] Eingehend zu Verstößen gegen § 1 Abs. 2 Nr. 2 SchwarzArbG und zu den sich daraus ergebenden Folgen BGHZ 198, 141 Rn. 13 ff. = NJW 2013, 3167 ff. = JZ 2014, 463 ff. mit Anm. *Spickhoff/Franke;* BGH NJW 2014, 1805 Rn. 12 ff.; vgl. zu den haftpflichtversicherungsrechtlichen Folgen bei verbotenen Tätigkeiten auch *Retter* in Schwintowski/Brömmelmeyer/Ebers § 102 Rn. 9.

[131] Vgl. *Retter* in Schwintowski/Brömmelmeyer/Ebers § 102 Rn. 9; vgl. ferner → Rn. 51 mwN in Fn. 104 und 105.

[132] Vgl. BGHZ 41, 327 (334) = NJW 1964, 1899; BGH VersR 1987, 1181; OGH VersR 1992, 1378 (1379).

[133] Vgl. *Voit/Knappmann* in Prölss/Martin, 27. Aufl. 2004, § 151 Rn. 7; *Lücke* in Prölss/Martin § 102 Rn. 10; *Langheid* in Langheid/Rixecker § 102 Rn. 8; *Retter* in Schwintowski/Brömmelmeyer/Ebers § 102 Rn. 9.

[134] Vgl. OLG München VersR 1982, 665; *H. Baumann* in BK-VVG § 151 Rn. 24.

[135] OLG Frankfurt a. M. r+s 1993, 51; zustimmend *Langheid* in Langheid/Rixecker § 102 Rn. 7.

[136] Vgl. OLG Celle r+s 1976, 180 f.; *H. Baumann* in BK-VVG § 151 Rn. 24; *Retter* in Schwintowski/Brömmelmeyer/Ebers § 102 Rn. 9.

62 Nicht mehr haltbar ist demgegenüber nunmehr die noch vor wenigen Jahren weit verbreitete Auffassung,[137] wonach das **Rauchen in einer Arbeitspause** ohne entsprechende Schutzvorkehrungen der Betriebshaftpflicht unterliegen sollte wie auch das Ausleeren eines Aschenbechers durch einen Lehrling im Rahmen des Aufräumens nach einer Adventsfeier.[138] Denn da in § 5 Arbeitsstättenverordnung der besondere Nichtraucherschutz vor den Gesundheitsgefahren durch Tabakrauch statuiert ist und dem Arbeitgeber in dieser Vorschrift besondere Schutzpflichten auferlegt werden, wäre es ein Widerspruch in sich, wenn über das Betriebshaftpflichtrisiko das Rauchen im Betrieb und dessen Folgen auch noch Gegenstand des Versicherungsschutzes wären. Diese Auffassung findet in einer Entscheidung des BSG[139] ihre Bestätigung, nach der das Rauchen als solches mit seinen etwaigen schädigenden Folgen nicht zu den unfallversicherungsrechtlich geschützten Versicherungen der gesetzlichen Unfallversicherung zählt.

63 Demgegenüber ist es richtig, die **Teilnahme am allgemeinen Verkehr** als ein von der Betriebshaftpflichtversicherung gedecktes Risiko jedenfalls dann anzusehen, soweit ein **innerer kausaler Zusammenhang zum Unternehmen** nachgewiesen werden kann.[140] So sind zwar Schäden als betriebsbezogen und damit als versichert anzusehen, wenn sie im Zusammenhang mit dem betrieblich veranlassten Gang zur Post oder mit dem Einkauf für eine Betriebsfeier stehen, soweit sie vom Vorgesetzten des Betriebsangehörigen veranlasst wurden.[141] Dies gilt jedoch weder für das Verlassen des Betriebsgeländes in Pausen aus rein privaten Gründen noch für die Heimfahrt zum Mittagessen.[142]

64 Auch die **unentgeltliche Hilfe** eines Schweißers in der Freizeit beim Verlegen von Heizungsrohren im Hause eines Freundes[143] gehört genauso wenig zum Gegenstand der Betriebshaftpflichtversicherung wie etwa das Aufbewahren beruflich anvertrauter Schlüssel in der Privatwohnung,[144] da in beiden Fällen **kein Bezug zur betrieblichen Tätigkeit** besteht. Versicherungsschutz kann insoweit nur über die Privathaftpflichtversicherung bestehen. Ebenso sind gelegentliche Nebentätigkeiten des Versicherungsnehmers von der Betriebshaftpflichtversicherung selbst dann nicht erfasst, wenn der Versicherungsnehmer seine beruflichen Kenntnisse einsetzt und einen Nebenverdienst erzielt.[145]

65 **Mutwillig schädigende Handlungen,** die lediglich im räumlichen und zeitlichen Zusammenhang mit der Betriebssphäre stehen, sind ebenfalls **nicht Gegenstand der Betriebshaftpflichtversicherung,** da es nicht um die Ausübung einer betrieblichen Verrichtung geht.[146] Dies gilt sowohl für den Fall, dass der Versicherungsnehmer oder eine mitversicherte Person sich bewusst eines Betriebswerkzeuges bedienen[147] als auch dann, wenn die mutwillig schädigende Handlung durch die mitversicherten Personen gegenüber Arbeitskollegen vorgenommen wird.[148] Sofern hingegen

---

[137] Vgl. OLG Celle r+s 1976, 180 f.; AG Dortmund ZfS 1984, 186 (187); *H. Baumann* in BK-VVG § 151 Rn. 24; *Voit/Knappmann* in Prölss/Martin, 27. Aufl., § 151 Rn. 8; ebenso trotz einiger Zweifel *Lücke* in Prölss/Martin § 102 Rn. 5; *Retter* in Schwintowski/Brömmelmeyer/Ebers § 102 Rn. 9.

[138] Vgl. OLG Bamberg VersR 1992, 1346 (1347); *H. Baumann* in BK-VVG § 151 Rn. 24; *Retter* in Schwintowski/Brömmelmeyer/Ebers § 102 Rn. 9; *Langheid* in Langheid/Rixecker § 102 Rn. 7; *R. Koch* in Bruck/Möller § 102 Rn. 39; *Lücke* in Prölss/Martin § 102 Rn. 5.

[139] Vgl. BSG VersR 1987, 763; *Schmalzl/Krause-Allenstein* Berufshaftpflichtversicherung Rn. 616 mit Fn. 387; näher zum Nichtraucherschutz am Arbeitsplatz nach § 5 Arbeitsstättenverordnung BAG NZA 2016, 1134; *Wank* in ErfK BGB § 618 Rn. 16 ff.; jeweils mwN.

[140] Vgl. BGHZ 41, 327 (333) = NJW 1964, 1899; BGH VersR 1971, 657; *Voit/Knappmann* in Prölss/Martin, 27. Aufl., § 151 Rn. 8; *Lücke* in Prölss/Martin § 102 Rn. 11; *H. Baumann* in BK-VVG § 151 Rn. 21; *Retter* in Schwintowski/Brömmelmeyer/Ebers § 102 Rn. 9; vgl. ferner zu den sog. Betriebsschäden in der Kaskoversicherung, die vor allem durch normale Abnutzung, Material- oder Bedienungsfehlern an dem Fahrzeug oder auf einer zum normalen Betrieb des Kfz gehörenden Einwirkung mechanischer Gewalt beruhen, BGH NJW 1969, 96 und OLG Hamm NJW-RR 2014, 812 (813).

[141] Vgl. *Lücke* in Prölss/Martin § 102 Rn. 11; *H. Baumann* in BK-VVG § 151 Rn. 26.

[142] Vgl. BGH VersR 1971, 657; *H. Baumann* in BK-VVG § 151 Rn. 26; *Retter* in Schwintowski/Brömmelmeyer/Ebers § 102 Rn. 9; *Lücke* in Prölss/Martin § 102 Rn. 11.

[143] Vgl. OLG Bamberg VersR 1993, 734; *Langheid* in Langheid/Rixecker § 102 Rn. 7.

[144] Vgl. OLG Köln r+s 1992, 228; *Langheid* in Langheid/Rixecker § 102 Rn. 7; *Retter* in Schwintowski/Brömmelmeyer/Ebers § 102 Rn. 9.

[145] Vgl. OLG Hamm r+s 1993, 210; *Langheid* in Langheid/Rixecker § 102 Rn. 7.

[146] Vgl. BGH VersR 1973, 313 (314); 1976, 921 (922); OLG Hamm VersR 1979, 1046; OLG Hamburg VersR 1991, 92; OGH VersR 1978, 532; 1983, 302; *H. Baumann* in BK-VVG § 151 Rn. 21; *Retter* in Schwintowski/Brömmelmeyer/Ebers § 102 Rn. 10.

[147] Vgl. BGH VersR 1976, 921 (922); OLG Hamm VersR 1979, 1046; *H. Baumann* in BK-VVG § 151 Rn. 21; *Langheid* in Langheid/Rixecker § 102 Rn. 7; *Retter* in Schwintowski/Brömmelmeyer/Ebers § 102 Rn. 10.

[148] Vgl. BGH VersR 1973, 313 (314); 1976, 921 (922); *Langheid* in Langheid/Rixecker § 102 Rn. 7; *Retter* in Schwintowski/Brömmelmeyer/Ebers § 102 Rn. 10.

der nicht an den mutwillig schädigenden Handlungen beteiligte Betriebsinhaber als Versicherungsnehmer aufgrund der Zurechnungsnorm des § 278 BGB für seinen Erfüllungsgehilfen oder aufgrund der Haftungsnorm des § 831 BGB im Hinblick auf seinen Verrichtungsgehilfen in Anspruch genommen wird, besteht grundsätzlich Versicherungsschutz über die Betriebshaftpflichtversicherung, da diese ua auch die Abwehr unberechtigter Ansprüche deckt.[149]

3. Unternehmen als Versicherungsnehmer. Einer bereits unter der Geltung des § 151 VVG **66** aF im Ergebnis einhelligen Auffassung[150] entspricht es, dass als **Betriebsinhaber der Betreiber des Unternehmens gilt.** Dieser ist derjenige, in dessen Namen und auf dessen Rechnung gehandelt wird[151] und dessen Haftpflicht daher in seiner Eigenschaft als Versicherungsnehmer Gegenstand des Versicherungsschutzes ist.

Soweit eine **natürliche Person Betriebsinhaber eines Unternehmens** ist, ist diese **zugleich 67 Versicherungsnehmer.**[152] Unproblematisch ist die Eigenschaft als Betreiber eines Unternehmens und damit als Versicherungsnehmer auch im Hinblick auf die juristischen Personen, die vor allem in den Rechtsformen der AG nach dem AktG, der GmbH nach dem GmbHG, des rechtsfähigen Vereins nach den §§ 21 ff. BGB und der Genossenschaft nach dem GenG das sie treffende Haftpflichtrisiko durch eine Betriebshaftpflichtversicherung absichern.[153] Ebenfalls Versicherungsnehmer sind als Betriebsinhaber und damit als Betreiber des Unternehmens die Personenhandelsgesellschaften der OHG nach den §§ 105 ff. HGB und der KG nach den §§ 161 ff. HGB, da sie aufgrund der für die OHG geltenden Regelung des § 124 Abs. 1 HGB bzw. der auf die KG zur Anwendung kommenden Vorschriften der §§ 161 Abs. 2, 124 Abs. 1 HGB zumindest teilrechtsfähig sind.[154] Nicht zuletzt ist auch die Partnerschaft nach dem PartGG Versicherungsnehmer, wenn sie Betriebsinhaber und damit Betreiber des Unternehmens ist. Zwar stellt sich die Partnerschaft als Sonderform der GbR dar.[155] Jedoch ist auf sie gemäß § 7 Abs. 2 PartGG § 124 HGB entsprechend anzuwenden, so dass sie wie eine OHG im Rechtsverkehr zu behandeln ist und daher wie diese den Status eines Versicherungsnehmers hat.

Nicht ganz leicht ist die Frage zu beantworten, ob auch die GbR Betriebsinhaber 68 und damit Betreiber des Unternehmens sein kann, so dass ihr auch die Rolle des Versicherungsnehmers zukäme. Gesteht man im Einklang mit der früher weit verbreiteten Ansicht[156] aus guten Gründen der GbR keine Teilrechtsfähigkeit zu, sind Betreiber des Unternehmens und damit Versicherungsnehmer die Gesellschafter in ihrer gesamthänderischen Verbundenheit.[157] Folgt man hingegen seit der Entscheidung des BGH vom 29.1.2001[158] der umstrittenen Rechtsprechung, nach der die (Außen-)Gesellschaft bürgerlichen Rechts (Teil-)Rechtsfähigkeit besitzt und sie zugleich in diesem Rahmen im Zivilprozess aktiv und passiv parteifähig ist, soweit sie durch Teilnahme am Rechtsverkehr eigene Rechte und Pflichten begründet, ist Betreiber des Unternehmens und damit Versicherungsnehmer die GbR. Auch wenn dieser Rechtsprechung schon aus grundsätzlichen Erwägungen nicht gefolgt werden kann, können die sich aus ihr ergebenden zahlreichen Fragen nicht angesprochen oder gar vertieft werden. Für die Praxis ist im vorliegenden Zusammenhang allein von Bedeutung, dass aufgrund dieser Rechtsprechung von der Eigenschaft der GbR als Versicherungsnehmer auszugehen ist.

4. Versicherte Personen. a) Allgemeines. Besteht die Versicherung für ein Unternehmen, **69** erstreckt sie sich nach § 102 Abs. 1 S. 1 auf die **Haftpflicht der zur Vertretung des Unterneh-**

---

[149] Vgl. hierzu näher *H. Baumann* in BK-VVG § 151 Rn. 21; *Retter* in Schwintowski/Brömmelmeyer/Ebers § 102 Rn. 10; vgl. ferner → Rn. 50 mwN in Fn. 100; eingehend zur Abwehrfunktion der Haftpflichtversicherung → Vor § 100 Rn. 63 f.

[150] Vgl. BGH VersR 1963, 516; 1966, 353 (354); 1983, 945; *H. Baumann* in BK-VVG § 151 Rn. 7; *Voit/Knappmann* in Prölss/Martin, 27. Aufl. 2004, § 151 Rn. 2; *Lücke* in Prölss/Martin § 102 Rn. 4; *Retter* in Schwintowski/Brömmelmeyer/Ebers § 102 Rn. 12; *Langheid* in Langheid/Rixecker § 102 Rn. 6; jeweils mit etwas voneinander abweichenden Begründungen.

[151] Vgl. BGH VersR 1963, 516; 1966, 353 (354); 1983, 945; *H. Baumann* in BK-VVG § 151 Rn. 7.

[152] Vgl. auch *H. Baumann* in BK-VVG § 151 Rn. 7; *Retter* in Schwintowski/Brömmelmeyer/Ebers § 102 Rn. 12.

[153] Vgl. *H. Baumann* in BK-VVG § 151 Rn. 7; *Retter* in Schwintowski/Brömmelmeyer/Ebers § 102 Rn. 13; *R. Koch* in Bruck/Möller § 102 Rn. 15.

[154] Vgl. auch *H. Baumann* in BK-VVG § 151 Rn. 7; *R. Koch* in Bruck/Möller § 102 Rn. 15.

[155] Vgl. *Schäfer* in MüKoBGB PartGG § 1 Rn. 7; vgl. ferner *R. Koch* in Bruck/Möller § 102 Rn. 15.

[156] Vgl. BGH NJW 1998, 1220; 1999, 3483 (3484 f.); *Timm* NJW 1995, 3209 ff.; *Seibert* JZ 1996, 785 ff.

[157] Vgl. BGHZ 36, 24 (26) = NJW 1961, 2304; *H. Baumann* in BK-VVG § 151 Rn. 7.

[158] BGHZ 146, 341 ff. = NJW 2001, 1056 ff.; hierzu näher *Schäfer* in MüKoBGB Vor § 705 Rn. 11 f. und § 705 Rn. 311 ff.; *R. Stürner* in Jauernig BGB § 705 Rn. 1; jeweils mit umfassenden Nachweisen; vgl. ferner → Rn. 43 mit Fn. 76 sowie → Rn. 122 f. im Hinblick auf die sinngemäße Anwendung des § 102 Abs. 2.

mens befugten Personen sowie der Personen, die in einem Dienstverhältnis zu dem Unternehmen stehen. Daher ist zunächst zu erörtern, welcher Zweck mit dieser gesetzlich vorgesehenen Erweiterung des Versicherungsschutzes verfolgt wird. Danach ist näher auf die in dieser Vorschrift genannten Personen sowie auf weitere Personen einzugehen, bei denen sich ebenfalls die Frage stellt, ob auch auf sie gegebenenfalls die Erweiterung des Versicherungsschutzes in Betracht kommt. Schließlich ist zu diskutieren, welche Bedeutung der Vorschrift des § 102 Abs. 1 S. 2 zukommt, wonach die Versicherung insoweit als für fremde Rechnung genommen gilt.

70 **b) Zweck und Bedeutung der Erweiterung des Versicherungsschutzes auf versicherte Personen.** Der Zweck der Erweiterung des Versicherungsschutzes auf versicherte Personen ist darin zu erblicken, dass die Betriebshaftpflichtversicherung das mit ihrem Abschluss verfolgte Ziel, dem Versicherungsnehmer einen möglichst umfassenden Versicherungsschutz für alle bei ihm Beschäftigten oder für ihn tätigen Personen zu gewähren, nur dann erreichen kann, wenn sie deren Haftpflichtrisiken, aus der Übernahme und Durchführung betrieblich veranlasster Aufgaben und Tätigkeiten in Anspruch genommen zu werden, kanalisiert und weitgehend auf den Versicherer abwälzt.[159]

71 Dieser Gedanke liegt bereits ansatzweise der Regulierung des § 151 Abs. 1 S. 1 VVG aF mit der Formulierung „… erstreckt sie sich auf die Haftpflicht der Vertreter des Versicherungsnehmers sowie auf die Haftpflicht der Personen, welche er zur Leitung oder Beaufsichtigung des Betriebes oder eines Teils des Betriebes angestellt hat" zugrunde. Er kommt aber ebenso andeutungsweise in § 102 Abs. 1 S. 1 VVG mit dem etwas abweichend formulierten Gesetzestext „… erstreckt sie sich auf die Haftpflichtversicherung der zur Vertretung des Unternehmens befugten Personen sowie der Personen, die in einem Dienstverhältnis zu dem Unternehmen stehen" zum Ausdruck. Vor allem treffen aber auch nicht nur § 7 Ziff. 1 S. 1 AHB aF, sondern auch Ziff. 27.1 S. 1 AHB 2016 = A 1-2.2 S. 1 AVB BHV entsprechende **Aussagen zur Erweiterung des Versicherungsschutzes auf versicherte Personen.**

72 In § 7 Ziff. 1 S. 1 AHB aF heißt es wie folgt:

Soweit sich die Versicherung auf Haftpflichtansprüche gegen andere Personen als den Versicherungsnehmer selbst erstreckt, finden alle in dem Versicherungsvertrag bezüglich des Versicherungsnehmers getroffenen Bestimmungen auch auf diese Personen sinngemäße Anwendung.

73 Etwas abweichend von diesem Wortlaut findet sich in Ziff. 27.1 S. 1 AHB 2016 unter der Überschrift „**27 Mitversicherte Person**" folgender Text:

Erstreckt sich die Versicherung auf Haftpflichtansprüche gegen andere Personen als den Versicherungsnehmer selbst, sind alle für ihn geltenden Bestimmungen auf die Mitversicherten entsprechend anzuwenden.

73a In A 1-2.2 S. 1 AVB BHV heißt es im Rahmen der Regelungen zu mitversicherten Personen gemäß A 1-2 AVB BHV:

Alle für den Versicherungsnehmer geltenden Vertragsbestimmungen sind auf die mitversicherten Personen entsprechen anzuwenden.

74 Die **Bedeutung der Erweiterung des Versicherungsschutzes aus rechtlicher Sicht** lässt sich sowohl dem § 151 Abs. 1 S. 2 VVG aF und dem § 102 Abs. 1 S. 2 VVG als auch dem § 7 Ziff. 1 S. 2 AHB aF, der Ziff. 27.2 AHB 2016 sowie A 1-2.4 AVB BHV entnehmen. Während § 151 Abs. 1 S. 2 VVG aF und § 102 Abs. 1 S. 2 VVG mit der Formulierung „Die Versicherung gilt insoweit als für fremde Rechnung genommen" wörtlich übereinstimmen, weichen § 7 Ziff. 1 S. 2 AHB aF, Ziff. 27.2 AHB 2016 und A 1-2.4 AVB BHV zumindest vom Wortlaut her etwas voneinander ab.

75 So ist § 7 Ziff. 1 S. 2 AHB aF unter der Teilüberschrift „**§ 7 Versicherung für fremde Rechnung …**" wie folgt formuliert:

Die Ausübung der Rechte aus dem Versicherungsvertrag steht ausschließlich dem Versicherungsnehmer zu; dieser bleibt neben dem Versicherten für die Erfüllung der Obliegenheiten verantwortlich.

76 In Ziff. 27.2 AHB 2016 heißt es demgegenüber:

Die Ausübung der Rechte aus dem Versicherungsvertrag steht ausschließlich dem Versicherungsnehmer zu. Er ist neben dem Mitversicherten für die Erfüllung der Obliegenheiten verantwortlich.

---

[159] Vgl. BAG VersR 2017, 875 zur Bejahung von Versicherungsschutz für durch Dienst- oder Arbeitsvertrag an das Unternehmen gebundene Personen, die dadurch die Stellung eines Mitversicherten erhielten; vgl. auch *Schmalzl/Krause-Allenstein* Berufshaftpflichtversicherung Rn. 607; *H. Baumann* in BK-VVG § 151 Rn. 8; *Voit/Knappmann* in Prölss/Martin, 27. Aufl. 2004, § 151 Rn. 10; *Lücke* in Prölss/Martin § 102 Rn. 13.

76a In A1-2.4 AVB BHV findet sich folgende Formulierung:
Die Rechte aus diesem Versicherungsvertrag darf nur der Versicherungsnehmer ausüben. Für die Erfüllung der Obliegenheiten sind sowohl der Versicherungsnehmer als auch die mitversicherten Personen verantwortlich.

77 Mit allen diesen **zuvor genannten Vorschriften** soll erreicht werden, dass die sich aus einem Versicherungsvertrag ergebenden Begünstigungen und Vorteile sich grundsätzlich nicht nur auf den Versicherungsnehmer allein erstrecken, sondern in der Regel auch auf andere Personen, unabhängig davon, welchen Namen sie in den einzelnen Bestimmungen auch immer erhalten haben oder wie ihre Aufgaben und Tätigkeiten für den Versicherungsnehmer umschrieben werden.[160] Daraus kann allerdings nicht gefolgert werden, dass diese Personen, die der Vereinfachung halber nachfolgend versicherte Personen genannt werden, im Verhältnis zum Versicherer zu Vertragsparteien würden, da die Vertragspartei des Versicherers ausschließlich der Versicherungsnehmer bleibt. Vielmehr werden die versicherten Personen aus dem zwischen dem Versicherer und dem Versicherungsnehmer bestehenden Versicherungsvertrag ausschließlich begünstigt, ohne selbst als Vertragspartei am Vertrag beteiligt zu sein.[161] Anders formuliert heißt dies, dass es sich bezüglich der versicherten Personen um Verträge zugunsten Dritter nach den §§ 328 ff. BGB in Verbindung mit den einen besonderen Fall der Versicherung für fremde Rechnung regelnden Vorschriften der §§ 74 ff. VVG aF bzw. der §§ 43 ff. handelt.[162] Rechte aus dem Versicherungsvertrag, insbesondere einen eigenen Versicherungsanspruch, können die versicherten Personen zwar erwerben, jedoch nur so, wie die Vertragsparteien Versicherer und Versicherungsnehmer sie gestaltet haben.[163] Mithin stellt sich der zwischen dem Versicherer und dem Versicherungsnehmer zugunsten der versicherten Personen geschlossene Vertrag als ein besonderer Fall der Versicherung für fremde Rechnung dar,[164] auf den die §§ 74 ff. VVG aF bzw. die §§ 43 ff. nicht unmittelbar, sondern nur entsprechend Anwendung finden.

78 Dass der Gesetzgeber des VVG aF sowie der des VVG 2008 dies genauso sehen, lässt sich **dem identischen Wortlaut** von § 151 Abs. 1 S. 2 VVG aF und von § 102 Abs. 1 S. 2 **entnehmen.** Denn in diesen Vorschriften heißt es gerade nicht, dass die Versicherung eine Versicherung für fremde Rechnung ist bzw. es sich um eine Versicherung für fremde Rechnung handelt. Vielmehr bringen die Gesetzgeber beider Bestimmungen durch die Verwendung des Wortes „gilt" zum Ausdruck, dass das Bestehen einer Versicherung für fremde Rechnung nach den §§ 74 ff. VVG aF bzw. den §§ 43 ff. fingiert wird, um so die Vorschriften über die Versicherung für fremde Rechnung entsprechend anwenden zu können.

79 **c) Zur Vertretung des Unternehmens befugte Personen. Besteht die Versicherung für ein Unternehmen,** erstreckt sie sich nach § 102 Abs. 1 S. 1 Var. 1 „… auf die Haftpflicht der zur Vertretung des Unternehmens befugten Personen …". Damit weicht der Wortlaut dieser Vorschrift einmal von dem des § 151 Abs. 1 S. 1 Var. 1 VVG aF ab, wonach sich die Versicherung „… auf die Haftpflicht der Vertreter des Versicherungsnehmers …" erstreckt. Zum anderen unterscheidet sich der Wortlaut des § 102 Abs. 1 S. 1 Var. 1 von den sich in § 7 Ziff. 1 S. 1 AHB aF und in Ziff. 27.1 S. 1 AHB 2016 findenden Formulierungen, die „… gegen andere Personen als den Versicherungsnehmer selbst …" lauten. Abweichend von § 102 Abs. 1 S. 1 Var. 1 ist aber auch A 1-2.2 S. 1 AVB BHV formuliert, wonach alle für den Versicherungsnehmer geltenden Vertragsbestimmungen auf die mitversicherten Personen entsprechend anzuwenden sind. Somit stellt sich zunächst die Frage, wie die nach § 102 Abs. 1 S. 1 Var. 1 zur Vertretung des Unternehmens befugten Personen von den anderen in § 151 Abs. 1 S. 1 Var. 1 VVG aF sowie von den in § 7 Ziff. 1 S. 1 AHB aF, in Ziff. 27.1 S. 1 AHB 2016 und in A 1-2.2 S. 1 AVB BHV genannten Personen abgegrenzt werden können. Zu beantworten ist aber auch die Frage, welche Personen zu den nach § 102 Abs. 1 S. 1 Var. 1 zur Vertretung des Unternehmens befugten Personen zu zählen sind.

80 Keine Zweifel können daran bestehen, dass der von § 7 Ziff. 1 S. 1 AHB aF, von Ziff. 27.1 S. 1 AHB 2016 sowie von A 1-2.2 S. 1 AVB BHV erfasste **Kreis der versicherten Personen am weitesten gefasst** ist, da er sich auf alle dem Versicherungsnehmer gegenübergestellten Personen erstreckt, unabhängig davon, welche konkreten Aufgaben und Tätigkeiten sie für den Versicherungsnehmer zu erbringen haben. Deshalb spielt es keine Rolle, ob es sich nach § 151 Abs. 1 S. 1 VVG aF um die Haftpflicht der Vertreter des Versicherungsnehmers sowie um die Haftpflicht solcher

---

[160] Vgl. auch *Littbarski* AHB § 7 Rn. 5.
[161] Vgl. auch *Littbarski* AHB § 7 Rn. 6.
[162] Vgl. BGHZ 49, 130 (133 f.) = NJW 1968, 447; *Späte* AHB § 7 Rn. 1; *Harsdorf-Gebhardt* in Späte/Schimikowski AHB 2014 Ziff. 27 Rn. 2; *Littbarski* AHB § 7 Rn. 5; *Schimikowski* in HK-VVG AHB Ziff. 27 Rn. 1 und 4.
[163] Vgl. BGHZ 49, 130 (133 f.) = NJW 1968, 447 f.; *Späte* AHB § 7 Rn. 1; *Littbarski* AHB § 7 Rn. 5.
[164] Vgl. *Späte* AHB § 7 Rn. 1; *Harsdorf-Gebhardt* in Späte/Schimikowski AHB 2014 Ziff. 27 Rn. 2.

Personen handelt, welche er zur Leitung oder Beaufsichtigung des Betriebes oder eines Teiles des Betriebes angestellt hat oder ob es nach § 102 Abs. 1 S. 1 um die Haftpflicht der zur Vertretung des Unternehmens befugten Personen sowie der Personen geht, die in einem Dienstverhältnis zu dem Unternehmen stehen. Denn alle diese Personen stehen dem Versicherungsnehmer gegenüber und stellen sich daher als andere Personen als der Versicherungsnehmer selbst gemäß § 7 Ziff. 1 S. 1 AHB aF, nach Ziff. 27 S. 1 AHB 2016 und gemäß A 1-2.2 S. 1 AVB BHV dar.

81 **Nicht ernsthaft in Zweifel zu ziehen** ist aber auch, dass der von § 151 Abs. 1 S. 1 Var. 1 VVG aF erfasste Kreis der versicherten Personen weiter zu fassen ist als der, der dem § 102 Abs. 1 S. 1 Var. 1 unterfällt. Denn schon unter der Geltung des § 151 Abs. 1 S. 1 Var. 1 VVG aF war anerkannt,[165] dass der geschützte Kreis von Vertretern nach § 151 Abs. 1 VVG aF vertraglich zwar üblicherweise auf gesetzliche Vertreter im zivilrechtlichen Sinne beschränkt werde, was vor allem die Vorstände, Geschäftsführer und sonstigen einschlägigen Organe der Verbände seien. Zugleich war aber auch darauf hingewiesen worden, dass die Einschränkung tatsächlich kaum von Bedeutung sei, da die bevollmächtigten Vertreter wie Prokuristen und Handlungsbevollmächtigte regelmäßig leitend oder überwachend tätig seien und damit Versicherungsschutz über die im gesetzlichen Regelfall gegebene Erweiterung gemäß § 151 Abs. 1 VVG aF erhielten.[166]

82 Dieser Auffassung schließt sich im Hinblick auf § 102 Abs. 1 S. 1 Var. 1 auch *Retter*[167] mit der Begründung an, dass es sich bei den **zur Vertretung befugten Personen** zum einen um die gesetzlichen Vertreter eines Unternehmens (Vorstände, Geschäftsführer, sonstige Verbandsorgane) und zum anderen um privatrechtlich Bevollmächtigte (Prokuristen, Handlungsbevollmächtigte) handele. Einschränkend fügt er nur hinzu, dass es auf die bisherige, von *H. Baumann*[168] diskutierte Frage, ob ein privatrechtlich Bevollmächtigter mit Leitungs- oder Überwachungsaufgaben betraut sei, nunmehr für den Deckungsschutz nicht mehr ankomme.[169]

83 Dieser zu § 151 Abs. 1 S. 1 VVG aF vertretenen sowie weitgehend auch von *Retter*[170] geteilten Ansicht kann unter Zugrundelegung der in § 102 Abs. 1 S. 1 getroffenen Regelung, wonach sich die Versicherung auf die Haftpflicht der zur Vertretung des Unternehmens befugten Personen sowie der Personen, die in einem Dienstverhältnis zu dem Unternehmen stehen, erstreckt, nicht gefolgt werden. Wenn nämlich in dieser Vorschrift die **zur Vertretung des Unternehmens befugten Personen** den Personen gegenüber gestellt werden, die in einem Dienstverhältnis zu dem Unternehmen stehen, kann dies nur heißen, dass es sich bei den zur Vertretung des Unternehmens befugten Personen ausschließlich um solche handelt, die zur gesetzlichen Vertretung befugt sind, nicht aber auch diejenigen hiervon erfasst werden, die dazu entsprechend privatrechtlich bevollmächtigt regelmäßig leitend oder überwachend tätig sind.

84 Im Übrigen besteht aber auch für die Zuordnung der entsprechend privatrechtlich bevollmächtigten, regelmäßig leitend oder überwachend tätigen Personen wie Prokuristen und Handlungsbevollmächtigte zum Kreis der zur Vertretung des Unternehmens befugten Personen gar **keine sachliche Notwendigkeit,** da sie aufgrund der von ihnen privatrechtlich übernommenen Aufgaben und Tätigkeiten im Unternehmen ohne weiteres zum Kreis der Personen gerechnet werden können, die in einem Dienstverhältnis zum Unternehmen nach § 102 Abs. 1 S. 1 Var. 2 stehen.[171]

85 Damit ist zugleich der von § 102 Abs. 1 S. 1 Var. 1 erfasste **Personenkreis** der zur Vertretung des Unternehmens befugten Personen **bestimmbar.** Anknüpfend an die Ausführungen zum Unternehmen als Versicherungsnehmer[172] handelt es sich um die gesetzlichen Vertreter der juristischen Personen AG, GmbH, rechtsfähiger Verein und Genossenschaft, um die gesetzlichen Vertreter der Personenhandelsgesellschaften OHG und KG sowie um die gesetzlichen Vertreter der Partnerschaft. Im Einzelnen sind mithin die zur Vertretung des Unternehmens befugten Personen nach § 102 Abs. 1 S. 1 Var. 1 der Vorstand der AG nach § 78 Abs. 1 S. 1 AktG, der Geschäftsführer der GmbH nach § 35 Abs. 1 S. 1 GmbHG, der Vorstand des rechtsfähigen Vereins nach § 26 Abs. 1 S. 2 BGB, der Vorstand der Genossenschaft nach § 24 Abs. 1 S. 1 GenG, der persönlich haftende OHG-Gesellschafter nach § 125 Abs. 1

---

165 Vgl. *Späte* Betriebshaftpflichtversicherung Rn. 9; *H. Baumann* in BK-VVG § 151 Rn. 9.
166 Vgl. *Späte* Betriebshaftpflichtversicherung Rn. 9; *H. Baumann* in BK-VVG § 151 Rn. 9 mit weiteren Einzelheiten zu den Voraussetzungen für die in § 151 Abs. 1 S. 1 VVG aF genannten Fälle.
167 *Retter* in Schwintowski/Brömmelmeyer/Ebers § 102 Rn. 14; vgl. auch *Gädtke* in Bruck/Möller AVB-AVG 2011/2013 Ziff. 5 Rn. 70 zur Mitversicherung des Handelns der Organe als gesetzliche Vertreter des Unternehmens in der Betriebs- und Produkthaftpflichtversicherung.
168 Vgl. *H. Baumann* in BK-VVG § 151 Rn. 9.
169 *Retter* in Schwintowski/Brömmelmeyer/Ebers § 102 Rn. 14.
170 *Retter* in Schwintowski/Brömmelmeyer/Ebers § 102 Rn. 14.
171 Vgl. hierzu sogleich → Rn. 86 ff.
172 Vgl. hierzu näher → Rn. 67; vgl. zum von § 102 Abs. 1 S. 1 Var. 1 erfassten Personenkreis ferner *R. Koch* in Bruck/Möller § 102 Rn. 18.

HGB, der persönlich haftende Gesellschafter der KG (Komplementär) nach §§ 161 Abs. 2 iVm 125 Abs. 1 HGB sowie der Partner nach § 7 Abs. 3 PartGG iVm § 125 Abs. 1 HGB.

d) Personen, die in einem Dienstverhältnis zum Unternehmen stehen. Besteht die Versicherung für ein Unternehmen, erstreckt sie sich nach § 102 Abs. 1 S. 1 Var. 2 weiterhin ua auf die Haftpflicht der Personen, die in einem Dienstverhältnis zu dem Unternehmen stehen. Damit weicht der **Wortlaut dieser Vorschrift** nicht nur von dem des § 151 Abs. 1 S. 1 Var. 2 VVG aF, sondern auch von dem des § 7 Ziff. 1 S. 1 AHB aF, dem der Ziff. 27.1 S. 1 AHB 2016 sowie dem von A 1-2.2 S. 1 AVB BHV ab. Denn während sich nach § 151 Abs. 1 S. 1 Var. 2 VVG aF die Versicherung auf die Haftpflicht solcher Personen erstreckt, welche der Versicherungsnehmer „... zur Leitung oder Beaufsichtigung des Betriebes oder eines Teiles des Betriebes angestellt hat ...", erstreckt sich die Versicherung nach § 7 Ziff. 1 S. 1 AHB aF sowie gemäß Ziff. 27.1 S. 1 AHB 2016 „... auch auf Haftpflichtansprüche gegen andere Personen als den Versicherungsnehmer selbst ...". Vom Wortlaut hiervon abweichend, inhaltlich aber damit übereinstimmend sind gemäß A 1-2.2 S. 1 AVB BHV alle für den Versicherungsnehmer geltenden Vertragsbestimmungen auf die mitversicherten Personen entsprechend anzuwenden.

Damit sind wie bei der in § 102 Abs. 1 S. 1 Var. 1 sich findenden Formulierung „... der zur Vertretung des Unternehmens befugten Personen ..." auch bezüglich der in § 102 Abs. 1 S. 1 Var. 2 gewählten Formulierung „... der Personen, die in einem Dienstverhältnis zu dem Unternehmen stehen ...", die in § 7 Ziff. 1 S. 1 AHB aF, in Ziff. 27.1 S. 1 AHB 2016 und in A 1-2.2 S. 1 AVB BHV getroffenen Regelungen über die Erstreckung der Versicherung am weitesten gefasst.[173] Demgegenüber ist nunmehr jedenfalls nach dem Wortlaut des § 102 Abs. 1 S. 1 Var. 2 durch die Erstreckung der Haftpflicht auch auf die Personen, die in einem Dienstverhältnis zu dem Unternehmen stehen, im Gegensatz zur Regelung des § 151 Abs. 1 S. 1 Var. 2 VVG aF im Ergebnis unerheblich, ob es sich bei der Erweiterung des Versicherungsschutzes um die **Haftpflicht solcher Personen** handelt, welche der Versicherungsnehmer zur **Leitung oder Beaufsichtigung des Betriebes oder eines Teiles des Betriebes angestellt hat.** Mithin kommt es in § 102 Abs. 1 S. 1 Var. 2 VVG für die Erweiterung des Versicherungsschutzes auf leitende oder beaufsichtigende Personen des Betriebes oder eines Teiles des Betriebes nicht mehr entscheidend an.

Der Grund für die in § 102 Abs. 1 S. 1 Var. 2 erfolgte Erweiterung des Versicherungsschutzes auf alle Personen, die in einem Dienstverhältnis zu dem Unternehmen stehen, ist darin zu erblicken, dass das **Haftungsrisiko** aller dieser Personen aus deckungsrechtlicher Sicht **angemessen berücksichtigt** werden soll,[174] da alle diese Personen Aufgaben und Tätigkeiten in der Sphäre des Unternehmens als Versicherungsnehmer erledigen und deshalb das mit ihren Aufgaben und Tätigkeiten verbundene Haftpflichtrisiko grundsätzlich vom Versicherer des Unternehmens als Versicherungsnehmer getragen werden soll.

Offen ist somit nur noch die Beantwortung der Frage, was nach § 102 Abs. 1 S. 1 Var. 2 unter den Personen zu verstehen ist, die in einem **Dienstverhältnis zu dem Unternehmen** stehen.

Zu diesem Personenkreis zählen entsprechend dem zuvor Gesagten[175] einmal die **Prokuristen und Handlungsbevollmächtigten,** unabhängig davon, ob sie regelmäßig leitend oder überwachend im Unternehmen tätig sind. Entscheidend ist allein, ob sie in einem Dienstverhältnis zu dem Unternehmen stehen, was zu bejahen ist.

Zu diesem Personenkreis sind zum anderen alle diejenigen zu rechnen, die in einem **Arbeitsverhältnis zu dem Unternehmen** stehen, da sich diese Arbeitsverhältnisse als Dienstverhältnisse gemäß § 102 Abs. 1 S. 1 Var. 2 darstellen. Dementsprechend sind die zu diesem Personenkreis gehörenden Personen Arbeitnehmer im arbeitsrechtlichen Sinne und zugleich Betriebsangehörige des Unternehmens.[176] Werden diese Betriebsangehörigen des Unternehmens für Schäden in Anspruch genommen, die sie in Ausübung ihrer dienstlichen Verrichtungen verursachen, sind sie wegen ihrer persönlichen gesetzlichen Haftpflicht versicherte Personen des Unternehmens nach § 102 Abs. 1 S. 1 Var. 2.[177]

Handelt es sich hingegen um Schäden, die nur bei Gelegenheit dienstlicher Verrichtungen verursacht werden, sind diese mangels innerer Beziehung zum Betrieb nicht Gegenstand der Be-

---

[173] Vgl. hierzu → Rn. 80 mit weiteren Einzelheiten.
[174] Vgl. auch *Schulze Schwienhorst* in Looschelders/Pohlmann § 102 Rn. 12.
[175] Vgl. → Rn. 84.
[176] Vgl. auch *Voit/Knappmann* in Prölss/Martin, 27. Aufl. 2004, Teil III E. (Va) Betriebshaftpflichtversicherung, Ziff. 7.1.2 Rn. 6; *Lücke* in Prölss/Martin § 102 Rn. 13 und BetrH AT Ziff. 7.1.2 Rn. 9; *Retter* in Schwintowski/Brömmelmeyer/Ebers § 102 Rn. 14.
[177] Vgl. BGH VersR 1961, 121; 1973, 313; 1983, 945; BAG VersR 2017, 875 und hierzu → Rn. 70 mit Fn. 158; OLG Koblenz VersR 1994, 716; LG Mönchengladbach r+s 1999, 19; *Voit/Knappmann* in Prölss/Martin, 27. Aufl. 2004, Teil III E. (Va) Betriebshaftpflichtversicherung, Ziff. 7.1.2 Rn. 6; *Lücke* in Prölss/Martin BetrH AT Ziff. 7.1.2 Rn. 9.

triebshaftpflichtversicherung.[178] Hieran fehlt es nach inzwischen wohl einhelliger Auffassung[179] bei **mutwillig begangenen Handlungen**, wozu insbesondere **tätliche Auseinandersetzungen auf dem Betriebsgelände** zählen. Hingegen ist nach dieser Ansicht für das Bestehen von Versicherungsschutz nicht erforderlich, dass der Betriebsangehörige als versicherte Person objektiv im Interesse des Betriebes gehandelt hat. Deshalb besteht Versicherungsschutz grundsätzlich auch dann, wenn der Betriebsangehörige Weisungen nicht richtig befolgt hat.[180]

93 Zu den Personen, die nach § 102 Abs. 1 S. 1 Var. 2 in einem Dienstverhältnis zu dem Unternehmen stehen, sind ferner diejenigen zu rechnen, die zwar nicht arbeitsrechtlich Betriebsangehörige des Unternehmens sind, aber als fremde Arbeitnehmer, insbesondere als **Leiharbeitnehmer nach dem Arbeitnehmerüberlassungsgesetz** (AÜG), mit Wissen und Wollen des Betriebsinhabers des Unternehmens im Betrieb tätig sind und den Weisungen des Betriebsinhabers oder in dessen Auftrag den Weisungen der eigentlichen Betriebsangehörigen unterliegen.[181]

94 Nicht zuletzt zählen selbst diejenigen zu den von § 102 Abs. 1 S. 1 Var. 2 erfassten Personen, die – ohne zugleich aufgrund eines Arbeits- oder Dienstvertrages entgeltlich oder unentgeltlich im Betrieb tätig zu sein – dort bestimmte Tätigkeiten ausüben. Voraussetzung hierfür ist nur, dass sie mit **Wissen und Wollen des Betriebsinhabers** des Unternehmens weisungsabhängig oder weisungsunabhängig in Ausübung ihrer dienstlichen Verrichtungen betriebsbezogen **tätig werden und dabei einen Schaden verursachen**.[182] Hierzu gehören etwa mithelfende Familienangehörige, Lebensgefährten oder Bekannte des Betriebsinhabers des Unternehmens.[183]

95 Im Einzelfall kann die Einbeziehung dieser Personen in den Versicherungsschutz aber durchaus einige Probleme bereiten. So soll nach *Schmalzl/Krause-Allenstein*[184] die siebzigjährige Mutter des Betriebsinhabers des Unternehmens, die regelmäßig zweimal in der Woche zum Blumengießen in das Büro kommt, nach lebensnaher Betrachtung nicht Betriebsangehörige sein. Dagegen soll der gleichaltrige, längst im Ruhestand lebende Vater des Betriebsinhabers des Unternehmens, der – um etwas zu tun zu haben – im Büro täglich die Post durchsieht und zur Bearbeitung vorlegt, zum Kreis der Betriebsangehörigen gehören.[185] Entschärft werden diese unübersehbaren Abgrenzungsschwierigkeiten nach *Schmalzl/Krause-Allenstein*[186] in der Praxis nur dadurch, dass die Versicherer bei der Auslegung des Begriffes „Betriebsangehöriger" im Allgemeinen eher großzügig als kleinlich seien.

96 e) **Versicherung für fremde Rechnung nach § 102 Abs. 1 S. 2.** Nach § 102 Abs. 1 S. 2 gilt die Versicherung insoweit als für fremde Rechnung genommen. Damit entspricht diese Vorschrift wörtlich der des § 151 Abs. 1 S. 2 VVG aF, in der es ebenfalls heißt:

Die Versicherung gilt insoweit als für fremde Rechnung genommen.

97 Inhaltlich wird § 102 Abs. 1 S. 2 aufgrund der im Wort „gilt" zum Ausdruck kommenden **Fiktion** sowie durch die Verwendung des Wortes „insoweit", wodurch der Bezug zu § 102 Abs. 1 S. 1 hergestellt wird, nur im Zusammenhang mit dieser Vorschrift verständlich. Dementsprechend wurde zur Bedeutung der Problematik der Versicherung für fremde Rechnung nach § 102 Abs. 1 S. 2 auch bereits bei den Erläuterungen zu § 102 Abs. 1 S. 1 näher Stellung genommen, so dass insoweit hierauf verwiesen werden kann.[187]

---

[178] Vgl. BGH VersR 1987, 1181; 1988, 1283; OLG Bamberg VersR 1992, 1346; *Voit/Knappmann* in Prölss/Martin, 27. Aufl. 2004, § 151 Rn. 4; *Lücke* in Prölss/Martin § 102 Rn. 5.

[179] Vgl. BGH NJW 1973, 515 = VersR 1973, 313; BGH NJW 1976, 2134 = VersR 1976, 921; OLG Hamburg VersR 1991, 92; anders noch BGH VersR 1961, 398 (399); 1969, 219; OLG Köln VersR 1969, 603; vgl. ferner *Voit/Knappmann* in Prölss/Martin, 27. Aufl. 2004, § 151 Rn. 4 und *Lücke* in Prölss/Martin § 102 Rn. 6 sowie *Langheid* in Langheid/Rixecker § 102 Rn. 7, der die neueren Rechtsprechung seit BGH NJW 1973, 515 = VersR 1973, 313 folgen.

[180] Vgl. BGH VersR 1959, 42; NJW 1973, 515 = VersR 1973, 313; OLG Hamm VersR 1976, 233; OLG Hamburg VersR 1982, 458; OGH VersR 1984, 998; *Voit/Knappmann* in Prölss/Martin, 27. Aufl. 2004, § 151 Rn. 4; *Lücke* in Prölss/Martin § 102 Rn. 5; *Schünemann* in Beckmann/Matusche-Beckmann VersR-HdB § 14 Rn. 11; vgl. demgegenüber → Rn. 51 und 62 mit weiteren Einzelheiten und Nachweisen.

[181] *Voit/Knappmann* in Prölss/Martin, 27. Aufl. 2004, § 151 Rn. 4; *Lücke* in Prölss/Martin § 102 Rn. 14; *v. Rintelen* in Beckmann/Matusche-Beckmann VersR-HdB § 26 Rn. 26.

[182] Vgl. *Voit/Knappmann* in Prölss/Martin, 27. Aufl. 2004, § 151 Rn. 4; *Lücke* in Prölss/Martin § 102 Rn. 5; *Schmalzl/Krause-Allenstein* Berufshaftpflichtversicherung Rn. 611.

[183] Vgl. *Voit/Knappmann* in Prölss/Martin, 27. Aufl. 2004, § 151 Rn. 10; *R. Koch* in Bruck/Möller § 102 Rn. 20; einschränkend *Lücke* in Prölss/Martin § 102 Rn. 13 f., wonach der genannte Personenkreis nur bei der Geltung von Ziff. 7.1.2.4 BetrH AT versichert sei.

[184] *Schmalzl/Krause-Allenstein* Berufshaftpflichtversicherung Rn. 611.

[185] Vgl. *Schmalzl/Krause-Allenstein* Berufshaftpflichtversicherung Rn. 611.

[186] *Schmalzl/Krause-Allenstein* Berufshaftpflichtversicherung Rn. 611.

[187] Vgl. hierzu näher → Rn. 69 und 77 f.

Ebenfalls ist aber auch auf die Erläuterungen zur Herbeiführung des Versicherungsfalles nach 98
§ 103 zu verweisen, soweit dort zur **Beteiligung mehrerer Personen** auf Seiten des Versicherungsnehmers Stellung genommen und näher auf den Repräsentanten, mitversicherte Personen und die Versicherung für fremde Rechnung eingegangen wird.[188]

IV. Veräußerung des Unternehmens an einen Dritten oder Übernahme des Unternehmens von einem Dritten nach Abs. 2

1. Allgemeines. Wird das Unternehmen an einen Dritten veräußert oder auf Grund eines 99
Nießbrauchs, eines Pachtvertrages oder eines ähnlichen Verhältnisses von einem Dritten übernommen, tritt nach § 102 Abs. 2 S. 1 der Dritte an Stelle des Versicherungsnehmers in die während der Dauer seiner Berechtigung sich aus dem Versicherungsverhältnis ergebenden Rechte und Pflichten ein. Zudem sind gemäß § 102 Abs. 2 S. 2 § 95 Abs. 2 und 3 sowie die §§ 96 und 97 entsprechend anzuwenden.

Zweck der in § 102 Abs. 2 getroffenen Regelung ist es, die Betriebshaftpflichtversicherung bei 100
der Veräußerung des Unternehmens an einen Dritten oder bei der Übernahme des Unternehmens von einem Dritten auf diesen übergehen zu lassen.[189] Damit soll nicht nur der Eintritt des Dritten als Erwerber oder des Dritten als Übernehmer des Unternehmens in den laufenden Versicherungsvertrag anstelle des bisherigen Versicherungsnehmers ermöglicht werden.[190] Vielmehr soll auch eine **Unterbrechung des Versicherungsschutzes bei einem Wechsel des Unternehmensinhabers möglichst vermieden werden.**[191] Eine solche Zielsetzung dieser Regelung war auch schon im Hinblick auf § 151 Abs. 2 VVG aF als der Vorgängervorschrift zu § 102 Abs. 2 allgemein anerkannt[192] und durch die Entscheidung des Gesetzgebers des VVG aF in der Begründung zu diesem Gesetz veranlasst, die Versicherung im Interesse des „Ausscheidenden" und des „Eintretenden" nicht nach der den Wegfall des versicherten Interesses nach dem Beginn des Versicherungsschutzes regelnden Vorschrift des § 68 Abs. 2 VVG aF erlöschen zu lassen.[193] Hieran knüpft auch der Gesetzgeber des VVG 2008 an, indem er mit der Vorschrift des § 102 Abs. 2 Deckungslücken vermeiden will, die aufgrund der ebenfalls den Wegfall des versicherten Interesses nach dem Beginn der Versicherung regelnden und zum Erlöschen der Betriebshaftpflichtversicherung führenden Vorschrift des § 80 Abs. 2 entstünden.[194]

Damit dienen sowohl § 151 Abs. 2 VVG aF als auch § 102 Abs. 2 dem wohlverstandenen 101
Interesse des Erwerbers oder Übernehmers des Unternehmens, wie der BGH[195] in einer zur früheren Rechtslage ergangenen Entscheidung zu Recht hervorgehoben hat. Zugleich führen beide Bestimmungen aber auch zu einer gewissen „Entpersönlichung" in der Anknüpfung des Versicherungsvertrages, indem sich die Betriebshaftpflichtversicherung auf das Unternehmen an sich bezieht.[196] Da das Risiko des Unternehmens versichert ist, folgt der Versicherungsschutz nicht dem Schicksal der einzelnen zum Unternehmen gehörigen Sachen, sondern vielmehr dem Haftpflichtrisiko, das den Unternehmensinhaber trifft.[197] Hierdurch soll ein kontinuierlicher Versicherungsschutz gewährleistet sein.[198]

Für die Bestimmung des Unternehmensinhabers kommt es maßgeblich darauf an, wer tatsäch- 102
lich das Unternehmen betreibt[199] und als dessen Inhaber auftritt.[200] Sofern insoweit Schwierigkeiten bei der **Bestimmung des Betreibers des Unternehmens** bestehen, sind als wesentliche

---

[188] Vgl. hierzu näher → § 103 Rn. 64 ff.
[189] Vgl. *Schulze Schwienhorst* in Looschelders/Pohlmann § 102 Rn. 15.
[190] Vgl. auch *Retter* in Schwintowski/Brömmelmeyer/Ebers § 102 Rn. 16.
[191] Vgl. auch *Lücke* in Prölss/Martin § 102 Rn. 17.
[192] Vgl. *Voit/Knappmann* in Prölss/Martin, 27. Aufl. 2004, § 151 Rn. 12; *H. Baumann* in BK-VVG § 151 Rn. 27.
[193] Vgl. Motive zum VVG (Neudruck 1963), S. 256; vgl. auch *H. Baumann* in BK-VVG § 151 Rn. 27.
[194] Vgl. auch *Retter* in Schwintowski/Brömmelmeyer/Ebers § 102 Rn. 16.
[195] Vgl. BGH VersR 1961, 988; ebenso *Lücke* in Prölss/Martin § 102 Rn. 17.
[196] So die zutreffende Umschreibung von *H. Baumann* in BK-VVG § 151 Rn. 27.
[197] Vgl. BGH VersR 1963, 516; 1966, 353 (354); *H. Baumann* in BK-VVG § 151 Rn. 27; *Voit/Knappmann* in Prölss/Martin, 27. Aufl. 2004, § 151 Rn. 12; *Lücke* in Prölss/Martin § 102 Rn. 17.
[198] Vgl. BGH VersR 1963, 516; 1966, 353 (354); AG Köln VersR 1981, 227; *R. Johannsen* in Bruck/Möller, 8. Aufl., Bd. IV, Anm. D 36; Späte Betriebshaftpflichtversicherung Rn. 2; *H. Baumann* in BK-VVG § 151 Rn. 27; abweichend *Bauer* VersR 1968, 813 (814) und *Langheid* in Langheid/Rixecker § 102 Rn. 10.
[199] So die vorstehend Genannten mit Ausnahme von *Bauer* VersR 1968, 813 (814) und *Langheid* in Langheid/Rixecker § 102 Rn. 10.
[200] Vgl. BGH VersR 1963, 516; 1966, 353; *R. Johannsen* in Bruck/Möller, 8. Aufl., Bd. IV, Anm. D 36; Späte Betriebshaftpflichtversicherung Rn. 2; *H. Baumann* in BK-VVG § 151 Rn. 27; *Voit/Knappmann* in Prölss/Martin, 27. Aufl., § 151 Rn. 12; *Lücke* in Prölss/Martin § 102 Rn. 17; *Retter* in Schwintowski/Brömmelmeyer/Ebers § 102 Rn. 18; aA *Bauer* VersR 1968, 813 (814) und *Langheid* in Langheid/Rixecker § 102 Rn. 10.

Indizien die Namensführung auf dem Firmenschild und auf den Geschäftspapieren zu berücksichtigen.[201]

103 Aus dem soeben Gesagten ergeben sich mehrere Konsequenzen:
So ist als maßgeblicher Zeitpunkt für die Veräußerung oder die Übernahme nach § 151 Abs. 2 VVG aF und gemäß § 102 Abs. 2 nicht etwa der Abschluss des zugrundeliegenden Rechtsgeschäfts, sondern die **tatsächliche Übernahme des Unternehmens** anzusehen. Daher treten der Erwerber oder der Übernehmer zu dem Zeitpunkt in den Versicherungsvertrag ein, zu dem das Haftpflichtrisiko auf diese übergeht, also der Erwerber oder der Übernehmer durch den Erwerb oder die Übernahme die Führung des Unternehmens inne haben und nach außen hin als Unternehmensinhaber auftreten.[202] Dementsprechend bleibt es ohne Einfluss auf eine bereits bestehende Betriebshaftpflichtversicherung, wenn das verpachtete Unternehmen ohne gleichzeitigen Pächterwechsel veräußert wurde.[203] Mit Recht hat der BGH[204] für den Fall einer Eigentumsübertragung § 151 Abs. 2 VVG aF auch unter der Voraussetzung für unanwendbar gehalten, dass der Versicherungsnehmer als Eigentümer des versicherten Hofes diesen seinem Sohn überträgt, den Hof aber weiterhin selbst bewirtschaftete. Das Gleiche gilt auch im Falle einer Sicherungsübereignung, weil sich an der konkreten Unternehmensführung insoweit nichts ändert und es deshalb an einer tatsächlichen Übernahme fehlt.[205]

104 Kommt es für die grundsätzliche Anwendbarkeit des § 151 Abs. 2 VVG aF und des § 102 Abs. 2 entscheidend auf die tatsächliche Übernahme an, tritt nach ganz einhelliger Auffassung in Rechtsprechung[206] und Literatur[207] der Erwerber oder der Übernehmer des Unternehmens auch dann in den Versicherungsvertrag ein, wenn das dem Erwerb oder der Übernahme zugrundeliegende Rechtsgeschäft nichtig oder unwirksam ist. Übernimmt der ursprüngliche Versicherungsnehmer wegen der Fehlerhaftigkeit des Übernahmevertrags wieder die Führung des Unternehmens, ändert dieser Umstand nichts daran, dass der Erwerber oder Übernehmer bis zur erneuten Übernahme des Unternehmens durch den ursprünglichen Versicherungsnehmer **grundsätzlich für den Zeitpunkt der tatsächlichen Übernahme Versicherungsschutz hat.**[208]

105 Für die Anwendbarkeit des § 151 Abs. 2 VVG aF und des § 102 Abs. 2 ist es nach weit verbreiteter Auffassung in Rechtsprechung[209] und Literatur[210] nicht einmal erforderlich, dass der Übernehmer den Vertrag, auf dem die Übernahme beruht, mit dem Versicherungsnehmer abgeschlossen haben muss. Vielmehr soll es genügen, wenn ein Nachpächter ohne Vertrag mit dem Vorpächter als Versicherungsnehmer aufgrund seines Pachtvertrages mit dem Eigentümer das Unternehmen des Vorpächters tatsächlich fortführe, wie dies vor allem bei der Fortführung von

---

[201] Vgl. BGH VersR 1966, 353 (354); *R. Johannsen* in Bruck/Möller, 8. Aufl., Bd. IV, Anm. D 36; *Schimikowski* in Späte/Schimikowski BBR BHV Rn. 141; *H. Baumann* in BK-VVG § 151 Rn. 27.

[202] So die ganz hM: vgl. BGH VersR 1961, 988 (989); 1966, 353 (354); *R. Johannsen* in Bruck/Möller, 8. Aufl., Bd. IV, Anm. D 36; *Schimikowski* in Späte/Schimikowski BBR BHV Rn. 141; *H. Baumann* in BK-VVG § 151 Rn. 27; *Voit/Knappmann* in Prölss/Martin, 27. Aufl. 2004, § 151 Rn. 12; *Lücke* in Prölss/Martin § 102 Rn. 17; aA *Bauer* VersR 1968, 813 (814) und *Langheid* in Langheid/Rixecker § 102 Rn. 10.

[203] So zutreffend *Voit/Knappmann* in Prölss/Martin, 27. Aufl. 2004, § 151 Rn. 12; *Lücke* in Prölss/Martin § 102 Rn. 17; *H. Baumann* in BK-VVG § 151 Rn. 29.

[204] So BGH VersR 1963, 516; ebenso *R. Johannsen* in Bruck/Möller, 8. Aufl., Bd. IV, Anm. D 36; *Späte* Betriebshaftpflichtversicherung Rn. 2; *Schimikowski* in Späte/Schimikowski BBR BHV Rn. 141; *H. Baumann* in BK-VVG § 151 Rn. 29; *Lücke* in Prölss/Martin § 102 Rn. 17; aA *Voit/Knappmann* in Prölss/Martin, 27. Aufl. 2004, § 151 Rn. 12; mit der Begründung, dass der Zweck des § 151 Abs. 2 VVG aF unterlaufen werde, wenn der Sohn nach einigen Jahren die Bewirtschaftung übernehme, da dann die im Ausgangsfall noch erforderliche Antragspflicht nach § 71 VVG aF gegenüber dem Versicherer nicht mehr bestehe; ebenso im Ergebnis auch *Langheid* in Langheid/Rixecker § 102 Rn. 10.

[205] So zu Recht *R. Johannsen* in Bruck/Möller, 8. Aufl., Bd. IV, Anm. D 36; *H. Baumann* in BK-VVG § 151 Rn. 29; *Lücke* in Prölss/Martin § 102 Rn. 17.

[206] Vgl. BGH VersR 1953, 102; LG Hagen VersR 1951, 243.

[207] Vgl. *R. Johannsen* in Bruck/Möller, 8. Aufl., Bd. IV, Anm. D 36; *Späte* Betriebshaftpflichtversicherung Rn. 2; *Schimikowski* in Späte/Schimikowski BBR BHV Rn. 141; *H. Baumann* in BK-VVG § 151 Rn. 28; *Voit/Knappmann* in Prölss/Martin, 27. Aufl. 2004, § 151 Rn. 12; *Lücke* in Prölss/Martin § 102 Rn. 18; *Langheid* in Langheid/Rixecker § 102 Rn. 11; *Retter* in Schwintowski/Brömmelmeyer/Ebers § 102 Rn. 18; *Schulze Schwienhorst* in Looschelders/Pohlmann § 102 Rn. 15; *R. Koch* in Bruck/Möller § 102 Rn. 49.

[208] So zu Recht *R. Johannsen* in Bruck/Möller, 8. Aufl., Bd. IV, Anm. D 36; *Schimikowski* in Späte/Schimikowski BBR BHV Rn. 141; *R. Koch* in Bruck/Möller § 102 Rn. 49.

[209] Vgl. LG Hagen VersR 1951, 243; LG Münster VersR 1952, 65; LG Ansbach VersR 1961, 588; LG Darmstadt MDR 1965, 211; AG Neumarkt/Oberpfalz VersR 1967, 772.

[210] Vgl. *R. Johannsen* in Bruck/Möller, 8. Aufl., Bd. IV, Anm. D 36; *Schimikowski* in Späte/Schimikowski BBR BHV Rn. 141; *H. Baumann* in BK-VVG § 151 Rn. 32; *Voit/Knappmann* in Prölss/Martin, 27. Aufl. 2004, § 151 Rn. 12; *Lücke* in Prölss/Martin § 102 Rn. 18.

Gastwirtschaften vorkomme.[211] Voraussetzung hierfür ist nach dieser Ansicht[212] allerdings, dass der Zusammenhang mit dem früheren Unternehmen nicht durch wesentliche Veränderungen beseitigt wird und dass der **zeitliche Zwischenraum zwischen der vorübergehenden Schließung und der Neueröffnung nicht zu groß** sei. Maßgeblich für den Zeitraum soll die Verkehrsanschauung sein,[213] wobei die Obergrenze bei vier Monaten gezogen wird.[214]

Konsequenz dieser Auffassung ist einmal, dass bei Inanspruchnahme des bisherigen Unternehmensinhabers auf Prämienzahlung dieser die Übernahme beweisen muss.[215] Zum anderen stehen danach Ansprüche aus **Versicherungsfällen, die vor der Übernahme eingetreten** sind, dem früheren Unternehmensinhaber zu.[216] Schließlich führen zeitlich darüber hinausgehende Unterbrechungen zum Interessenfortfall nach § 68 Abs. 2 VVG aF und nach § 80 Abs. 2.[217]

Ob diese Ansicht richtig ist, muss bezweifelt werden. Abgesehen davon, dass sie weder im VVG aF noch im VVG 2008 einen entsprechenden Niederschlag gefunden hat, obwohl dies bei der Neufassung des VVG 2008 ohne weiteres möglich gewesen wäre, sprechen entscheidend gegen sie die Unwägbarkeiten, die mit ihrer Anwendbarkeit in der Praxis verbunden sind. Dies gilt nicht nur für das für maßgeblich gehaltene Abstellen auf die Verkehrsanschauung, sondern vor allem auch für die Fragen, unter welchen Voraussetzungen der Zusammenhang mit dem früheren Unternehmen nicht durch wesentliche Veränderungen beseitigt wird und welcher Zeitraum für die Stilllegung des Unternehmens noch akzeptabel ist. Im Übrigen sollte nicht unbeachtet bleiben, dass die zu dieser Problematik veröffentlichte Rechtsprechung bereits relativ alt ist, woraus gefolgert werden kann, dass in Ermangelung neuerer, inzwischen bekannt gewordener Entscheidungen die in der Praxis auftretenden Probleme doch nicht so groß sind, wie dies aufgrund der ausführlichen Stellungnahmen in der Literatur zu dieser Frage auf den ersten Blick erscheint. Alle diese Überlegungen sprechen dafür, in der Zukunft die gesamte Problematik nicht weiter zu verfolgen.

2. Veräußerung des Unternehmens an einen Dritten. Voraussetzung für die Anwendbarkeit des § 102 Abs. 2 ist, dass das **Unternehmen an einen Dritten veräußert wird.** Damit stellt sich die Frage, was unter der Veräußerung des Unternehmens an einen Dritten zu verstehen ist.

Ausgehend von dem mit § 102 Abs. 2 verfolgten Zweck, durch die Betriebshaftpflichtversicherung bei der Veräußerung des Unternehmens an einen Dritten entsprechend dem zuvor Gesagten[218] diesen zum tatsächlichen Unternehmensinhaber zu machen, besteht Einigkeit darüber, dass die **Veräußerung untechnisch zu verstehen** ist und es sich bei ihr um eine Unternehmensübertragung handelt,[219] die in der Regel aufgrund eines Kaufvertrages nach den §§ 433 ff. BGB, unter Umständen aber auch aufgrund eines Tausches nach § 480 BGB oder einer Schenkung nach §§ 516 ff. BGB erfolgen wird.[220] Dies bedeutet allgemein die rechtsgeschäftliche Einzelrechtsnachfolge[221] und

---

[211] Vgl. *Schimikowski* in Späte/Schimikowski BBR BHV Rn. 141.
[212] Vgl. LG Ansbach VersR 1961, 588; LG Darmstadt MDR 1965, 211; AG Neumarkt/Oberpfalz VersR 1967, 772; AG Berlin-Schöneberg VersR 1986, 330; *R. Johannsen* in Bruck/Möller, 8. Aufl., Bd. IV, Anm. D 36; *Späte* Betriebshaftpflichtversicherung Rn. 2; *Schimikowski* in Späte/Schimikowski BBR BHV Rn. 141; *H. Baumann* in BK-VVG § 151 Rn. 34; *Voit/Knappmann* in Prölss/Martin, 27. Aufl. 2004, § 151 Rn. 13; *Lücke* in Prölss/Martin § 102 Rn. 18; *Retter* in Schwintowski/Brömmelmeyer/Ebers § 102 Rn. 22; vgl. auch → Rn. 116.
[213] So *Späte* Betriebshaftpflichtversicherung Rn. 2; *Schimikowski* in Späte/Schimikowski BBR BHV Rn. 141; *H. Baumann* in BK-VVG § 151 Rn. 29; *Lücke* in Prölss/Martin § 102 Rn. 18.
[214] Vgl. LG Ansbach VersR 1961, 588; LG Darmstadt MDR 1965, 211; *R. Johannsen* in Bruck/Möller, 8. Aufl., Bd. IV, Anm. D 36; *Späte* Betriebshaftpflichtversicherung Rn. 2; *Schimikowski* in Späte/Schimikowski BBR BHV Rn. 141; *H. Baumann* in BK-VVG § 151 Rn. 29; *Voit/Knappmann* in Prölss/Martin, 27. Aufl. 2004, § 151 Rn. 12; *Lücke* in Prölss/Martin § 102 Rn. 18; *Retter* in Schwintowski/Brömmelmeyer/Ebers § 102 Rn. 22.
[215] Vgl. AG Köln VersR 1981, 227; *Späte* Betriebshaftpflichtversicherung Rn. 2; *Schimikowski* in Späte/Schimikowski BBR BHV Rn. 142; *Voit/Knappmann* in Prölss/Martin, 27. Aufl. 2004, § 151 Rn. 12; *Lücke* in Prölss/Martin § 102 Rn. 18.
[216] Vgl. OLG Düsseldorf VersR 1954, 507; *Späte* Betriebshaftpflichtversicherung Rn. 2; *Schimikowski* in Späte/Schimikowski BBR BHV Rn. 143; *Voit/Knappmann* in Prölss/Martin, 27. Aufl. 2004, § 151 Rn. 12; *Lücke* in Prölss/Martin § 102 Rn. 18.
[217] Vgl. *R. Johannsen* in Bruck/Möller, 8. Aufl., Bd. IV, Anm. D 36; *H. Baumann* in BK-VVG § 151 Rn. 29.
[218] Vgl. hierzu → Rn. 100 ff.
[219] Vgl. *H. Baumann* in BK-VVG § 151 Rn. 27; *R. Koch* in Bruck/Möller § 102 Rn. 45; *Beckmann* in Bruck/Möller § 122 Rn. 5.
[220] Vgl. *Schimikowski* in Späte/Schimikowski BBR BHV Rn. 147.
[221] Vgl. *H. Baumann* in BK-VVG § 151 Rn. 27.

umfasst die das Unternehmen als Ganzes betreffenden Verpflichtungen über die den Unternehmensgegenstand bildenden Sachen, Rechte und sonstigen wirtschaftlichen Werte.[222]

110 Sind mehrere Betriebe in einem einzigen Haftpflichtversicherungsvertrag versichert und wird davon nur einer dieser Betriebe auf einen Dritten übertragen, ist nach einer zu § 151 Abs. 2 VVG aF vertretenen Auffassung in der Literatur[223] diese Vorschrift sinngemäß anwendbar, wobei sich der bislang einheitliche Vertrag danach in zwei Verträge aufspalte. Demgegenüber hat das OLG Bamberg[224] in einer vor vielen Jahrzehnten ergangenen Entscheidung die Ansicht vertreten, dass weiterhin ein einheitlicher Versicherungsvertrag mit mehreren Versicherungsnehmern gegeben sei. Dieser zuletzt genannten Ansicht kann nicht gefolgt werden, da der Erwerber des Betriebsteiles im Außenverhältnis als tatsächlicher Betriebsinhaber anzusehen und deshalb zumindest eine sinngemäße Anwendbarkeit des § 151 Abs. 2 VVG aF zu bejahen ist. Gleiches muss in Ermangelung einer Änderung der Rechtslage auch im Hinblick auf § 102 Abs. 2 gelten, wenn auch aufgrund des Wortlautes dieser Vorschrift von der Veräußerung eines Unternehmensteiles gesprochen werden muss, was in der Literatur aber nur vereinzelt geschieht.[225]

111 Eine **Veräußerung** gemäß § 102 Abs. 2 bzw. nach § 151 Abs. 2 VVG aF ist schließlich auch **bei der Aufnahme eines Mitinhabers gegeben.**[226]

112 **3. Übernahme des Unternehmens von einem Dritten.** Neben der Möglichkeit der Veräußerung des Unternehmens an einen Dritten ist nach § 102 Abs. 2 S. 1 diese Vorschrift genauso wie § 151 Abs. 2 VVG aF auch dann anwendbar, wenn das Unternehmen aufgrund eines Nießbrauchs, eines Pachtvertrages oder eines ähnlichen Verhältnisses übernommen wird. **Unter welchen Voraussetzungen das Unternehmen** aufgrund eines Nießbrauchs oder Pachtvertrages **übernommen wird**, ergibt sich im Hinblick auf diese beiden Rechtsverhältnisse im Einzelnen aus den §§ 1030 ff. BGB sowie aus den §§ 581 ff. BGB und bedarf daher insoweit keiner näheren Umschreibung.

113 Um jedoch die ebenfalls von § 102 Abs. 2 S. 1 bzw. von § 151 Abs. 2 S. 1 VVG aF erfasste Übernahme des Unternehmens von einem Dritten aufgrund eines „ähnlichen Verhältnisses" etwas genauer zu bestimmen, wird in der Literatur[227] zu Recht hervorgehoben, dass ein „ähnliches Verhältnis" eine Vergleichbarkeit mit dem Nießbrauch oder der Pacht erfordert und deshalb die Nutzungen des Unternehmens dauernd oder zumindest vorübergehend einem anderen als dem bisherigen Unternehmensinhaber gebühren müssen.

114 Deshalb wurde vom LG Münster[228] etwa die **Übernahme des Betriebes** durch den Ehemann unter der Geltung des früheren gesetzlichen Güterstandes genauso als ein „ähnliches Verhältnis" iSd § 151 Abs. 2 VVG aF angesehen wie auch die Neuverpachtung des Betriebes durch den den Betrieb nicht selbst führenden Eigentümer[229] oder der Eintritt eines Mitpächters in den Betrieb.[230] Schließlich hat das LG Essen[231] eine Übernahme auch dann angenommen, wenn ein von einer GbR betriebenes Unternehmen aufgrund Pachtvertrages von einer zum Zwecke der Übertragung des operativen Geschäfts gegründeten Betriebs-GmbH fortgeführt wird.

---

[222] Vgl. *H. Baumann* in BK-VVG § 151 Rn. 27 unter Bezugnahme auf *Hopt* in Baumbach HGB Einl. Vor § 1 Rn. 42; ebenso *Retter* in Schwintowski/Brömmelmeyer/Ebers § 102 Rn. 18.

[223] Vgl. *R. Johannsen* in Bruck/Möller, 8. Aufl., Bd. IV, Anm. D 36; *Späte* Betriebshaftpflichtversicherung Rn. 2; *H. Baumann* in BK-VVG § 151 Rn. 30; ebenso im Hinblick auf § 102 Abs. 2: *R. Koch* in Bruck/Möller § 102 Rn. 45; *Schimikowski* in Späte/Schimikowski BBR BHV Rn. 142.

[224] OLG Bamberg VersR 1952, 316 f.

[225] Ebenso *R. Koch* in Bruck/Möller § 102 Rn. 45; demgegenüber zu Unrecht den Begriff des Betriebsteiles verwendend *Lücke* in Prölss/Martin § 102 Rn. 21; *Schimikowski* in Späte/Schimikowski BBR BHV Rn. 144.

[226] Vgl. BGHZ 36, 24 (27) = NJW 1961, 2304; BGH VersR 1970, 609; OLG Düsseldorf VersR 1959, 141; *Späte* Betriebshaftpflichtversicherung Rn. 2; *Schimikowski* in Späte/Schimikowski BBR BHV Rn. 144; *H. Baumann* in BK-VVG § 151 Rn. 37; *Voit/Knappmann* in Prölss/Martin, 27. Aufl. 2004, § 151 Rn. 15; *Lücke* in Prölss/Martin § 102 Rn. 21; *Langheid* in Langheid/Rixecker § 102 Rn. 11; *R. Koch* in Bruck/Möller § 102 Rn. 57.

[227] Vgl. *Späte* Betriebshaftpflichtversicherung Rn. 4; *Schimikowski* in Späte/Schimikowski BBR BHV Rn. 147; *H. Baumann* in BK-VVG § 151 Rn. 32; *Voit/Knappmann* in Prölss/Martin, 27. Aufl. 2004, § 151 Rn. 16; *Lücke* in Prölss/Martin § 102 Rn. 19; *Retter* in Schwintowski/Brömmelmeyer/Ebers § 102 Rn. 20.

[228] LG Münster VersR 1952, 65; ebenso *R. Johannsen* in Bruck/Möller, 8. Aufl., Bd. IV, Anm. D 36; *H. Baumann* in BK-VVG § 151 Rn. 32; *R. Koch* in Bruck/Möller § 102 Rn. 54.

[229] Vgl. *H. Baumann* in BK-VVG § 151 Rn. 32.

[230] Vgl. *R. Johannsen* in Bruck/Möller, 8. Aufl., Bd. IV, Anm. D 37; *H. Baumann* in BK-VVG § 151 Rn. 32; *Voit/Knappmann* in Prölss/Martin, 27. Aufl. 2004, § 151 Rn. 15.

[231] LG Essen VersR 1985, 929; ebenso *Voit/Knappmann* in Prölss/Martin, 27. Aufl. 2004, § 151 Rn. 16; *H. Baumann* in BK-VVG § 151 Rn. 36; *R. Koch* in Bruck/Möller § 102 Rn. 57.

4. Anwendbarkeit des Abs. 2 auf weitere Fallgruppen? Ergänzend zu den vorstehend 115
genannten, grundsätzlich zum Anwendungsbereich des § 102 Abs. 2 bzw. dem des § 151 Abs. 2
VVG aF gehörenden Fallgruppen wird in Rechtsprechung und Literatur immer wieder diskutiert,
ob **diese Bestimmungen auch noch auf weitere Fallgruppen anwendbar sind.**

Unstrittig ist in Rechtsprechung[232] und Literatur,[233] dass von einer Unternehmensübernahme 116
bzw. Betriebsübernahme nach den genannten Vorschriften nicht die Rede sein kann, wenn der
Nachfolger das Unternehmen bzw. den Betrieb unter derart veränderten Umständen eröffnet oder
fortführt, dass ein **Zusammenhang mit dem früheren Unternehmen** bzw. Betrieb **nicht mehr
gegeben** ist. So zutreffend diese Auffassung im Ergebnis auch ist, ist doch zu bemängeln, dass
keinerlei Kriterien genannt werden, die sich auch nur als Leitlinien für die fehlende Anwendbarkeit
von § 102 Abs. 2 bzw. von § 151 Abs. 2 VVG aF darstellen könnten. Der Hinweis darauf, dass
insoweit eine **wertende Betrachtung an Hand der jeweiligen Umstände des Einzelfalles**
vorzunehmen sei,[234] genügt hierfür jedenfalls nicht. Vielmehr bestätigt er noch einmal die zuvor
gegenüber einem solchen Ansatz geäußerten Bedenken.[235]

Keine Anwendung finden § 102 Abs. 2 bzw. § 151 Abs. 2 VVG aF nach allgemeiner, zu Recht 117
vertretener Auffassung[236] auch dann, wenn das **betriebshaftpflichtversicherte Unternehmen
zerstückelt wird**. Dies ist etwa dann der Fall, wenn das Betriebsgrundstück und das darauf befindliche Inventar an zwei verschiedene Personen, die nichts miteinander zu tun haben, veräußert werden.
In diesem Fall endet grundsätzlich der Versicherungsvertrag,[237] da damit dem Gegenstand des versicherten Risikos die Grundlage entzogen wird und wegen des Wegfalls des versicherten Risikos die
Versicherung erlischt, wie auch Ziff. 17 S. 1 AHB 2016, B 1-6.2.4 AVB BHV bzw. § 9 IV AHB
aF zeigen.

Eine Unternehmensübernahme bzw. Betriebsübernahme ist auch dann nicht gegeben, wenn 118
der Übernehmer den **Betrieb mit Personal und Sachwerten seinem eigenen Betrieb einverleibt**, ohne ihn weiterzuführen.[238] In einem solchen Fall handelt es sich hinsichtlich der Betriebshaftpflichtversicherung des Übernehmers um eine Erhöhung oder Erweiterung des versicherten Risikos
nach Ziff. 3.1 (2) AHB 2016, gemäß A 1-8.1 und 8.2 AVB BHV bzw. nach § 1 Ziff. 2b AHB aF
oder sogar um eine Vorsorgeversicherung gemäß Ziff. 3.1 (3) und 4 AHB 2016, nach A 1-9.1
Abs. 1–4 AVB BHV bzw. nach §§ 1 Ziff. 2c iVm 2 AHB aF.[239]

Weiterhin kommt die Anwendung des § 102 Abs. 2 bzw. die des § 151 Abs. 2 VVG aF dann 119
nicht in Betracht, wenn der **Verpächter** nach erfolgter Verpachtung und Betriebsübergabe **selbst
eine Betriebshaftpflichtversicherung abschließt**.[240]

Unanwendbar sind § 102 Abs. 2 bzw. § 151 Abs. 2 VVG aF auch bei der **Veräußerung von** 120
Anteilen an Kapitalgesellschaften, da diese rechtlich verselbständigten Gesellschaften als juristische Personen Unternehmensinhaber und damit Versicherungsnehmer sind.[241] Daher führt eine
Anteilsveräußerung allein weder zum Wechsel des Inhabers des Unternehmens noch zum Wechsel
in der Unternehmensführung.[242] Zwar mag bei wirtschaftlicher Betrachtungsweise manches für die
entsprechende Anwendbarkeit des § 102 Abs. 2 bzw. des § 151 Abs. 2 VVG aF sprechen, da sich die
Haftungsgefahren für Risiken aus der Unternehmenssphäre unter Umständen erheblich verändert
haben und den Anteilsinhabern sowie dem Versicherer die entsprechende Anwendbarkeit sinnvoll

---

[232] Vgl. AG Berlin-Schöneberg VersR 1986, 330.
[233] Vgl. *Langheid* in Langheid/Rixecker § 102 Rn. 11; *Lücke* in Prölss/Martin § 102 Rn. 21; *Retter* in Schwintowski/Brömmelmeyer/Ebers § 102 Rn. 22; *R. Koch* in Bruck/Möller § 102 Rn. 47.
[234] So *Retter* in Schwintowski/Brömmelmeyer/Ebers § 102 Rn. 22.
[235] Vgl. → Rn. 105 ff.
[236] Vgl. *Späte* Betriebshaftpflichtversicherung Rn. 3; *Schimikowski* in Späte/Schimikowski BBR BHV Rn. 145; *H. Baumann* in BK-VVG § 151 Rn. 30; *Retter* in Schwintowski/Brömmelmeyer/Ebers § 102 Rn. 23; *R. Koch* in Bruck/Möller § 102 Rn. 46.
[237] Vgl. auch *Späte* Betriebshaftpflichtversicherung Rn. 3; *Schimikowski* in Späte/Schimikowski BBR BHV Rn. 145; *R. Koch* in Bruck/Möller § 102 Rn. 46; näher zu den Rechtsfolgen des Wegfalls der versicherten Interessen nach B 1-6.2.4 AVB BHV *Littbarski* in Littbarski/Tenschert/Klein AVB BHV B 1-6 Rn. 132 ff.
[238] Vgl. *Späte* Betriebshaftpflichtversicherung Rn. 3; *H. Baumann* in BK-VVG § 151 Rn. 30; *Lücke* in Prölss/Martin § 102 Rn. 21.
[239] Vgl. *Späte* Betriebshaftpflichtversicherung Rn. 3; *Schimikowski* in Späte/Schimikowski BBR BHV Rn. 145; *Lücke* in Prölss/Martin § 102 Rn. 21; *Schmalzl/Krause-Allenstein* Berufshaftpflichtversicherung Rn. 59.
[240] Vgl. BGH VersR 1965, 274.
[241] Vgl. → Rn. 67; ebenso *R. Johannsen* in Bruck/Möller, 8. Aufl., Bd. IV, Anm. D 36; *Späte* Betriebshaftpflichtversicherung Rn. 3; *Schimikowski* in Späte/Schimikowski BBR BHV Rn. 145; *H. Baumann* in BK-VVG § 151 Rn. 39; *Retter* in Schwintowski/Brömmelmeyer/Ebers § 102 Rn. 19; *R. Koch* in Bruck/Möller § 102 Rn. 56; aA *Bauer* VersR 1968, 813 (817).
[242] So zu Recht *H. Baumann* in BK-VVG § 151 Rn. 39 mit weiteren Einzelheiten.

und sachgerecht erschiene.²⁴³ Sofern aber tatsächlich ein derartiges Bedürfnis gegeben ist, lässt sich dies nur dadurch befriedigen, dass zwischen dem Versicherer und dem Versicherungsnehmer vertragliche Vereinbarungen getroffen werden, die inhaltlich der Regelung des § 102 Abs. 2 bzw. der des § 151 Abs. 2 VVG aF entsprechen.²⁴⁴ Wollte man anders entscheiden und sich für die Anwendbarkeit der genannten Vorschriften aussprechen, führte dies zu einer unzulässigen Aufweichung der erforderlichen Trennung der Rechte der juristischen Person einerseits und der Rechte ihrer Gesellschafter andererseits.²⁴⁵

121 Hingegen ändert sich nach zutreffender, in Rechtsprechung²⁴⁶ und Literatur²⁴⁷ vertretener Auffassung der Rechtsträger und damit der Betreiber des Unternehmens bei der **Aufnahme eines Gesellschafters durch ein Einzelunternehmen** bzw. unter der Voraussetzung, dass ein Dritter zusätzlich in den Geschäftsbetrieb eintritt. In diesen Fällen geht das Vermögen auf die entstandene, das Unternehmen fortführende Gesellschaft über, wodurch zugleich § 102 Abs. 2 bzw. § 151 Abs. 2 VVG aF zugunsten der entstehenden Gesellschaft und deren Gesellschafter anzuwenden sind.²⁴⁸ Eines besonderen Ausscheidens des bisherigen Unternehmensinhabers bedarf es nach Ansicht des BGH²⁴⁹ nach Sinn und Zweck des § 151 Abs. 2 VVG aF und damit wohl auch des § 102 Abs. 2 nicht, da die Betriebshaftpflicht als „Anhängsel des Unternehmens" jeden Wechsel in der Person des Unternehmensinhabers überdauert.

122 Einer allgemein in Rechtsprechung²⁵⁰ und Literatur²⁵¹ vertretenen Auffassung entsprach es unter der Geltung des § 151 Abs. 2 VVG aF, die **Aufnahme von Mitgesellschaftern bei Personengesellschaften unter den Anwendungsbereich dieser Vorschrift fallen zu lassen.** Zur Begründung²⁵² wurde darauf hingewiesen, dass – ausgehend von der gesamthänderisch gebundenen Personengesellschaft und ihrer fehlenden Rechtsfähigkeit – sich das Vorliegen der Tatbestandsvoraussetzungen des § 151 Abs. 2 VVG aF schon aus der Tatsache ergebe, dass sich mit dem Neueintritt der Betreiber des Unternehmens ändere und der neue Gesellschafter Mit-Versicherungsnehmer werde. Unter Berücksichtigung der umstrittenen, an dieser Stelle bereits mehrfach kritisierten Rechtsprechung des BGH zur (Teil-)Rechtsfähigkeit der (Außen-)Gesellschaft der GbR²⁵³ lässt sich diese Ansicht eigentlich nicht mehr aufrechterhalten, da sich bei einem Mitgliederwechsel (formalrechtlich) nichts am Betreiber des Unternehmens ändert²⁵⁴ und deshalb eine mit den Kapitalgesellschaften als juristische Personen vergleichbare Rechtslage gegeben ist.²⁵⁵ Dennoch sprach sich *H. Baumann*²⁵⁶ schon lange vor der Entwicklung dieser Rechtsprechung mit eingehender Begründung für eine sinngemäße Heranziehung des § 151 Abs. 2 VVG aF aus, da anders als bei den Kapitalgesellschaften als juristische Personen hier alle Gesellschafter mit ihrem Privatvermögen der unmittelbaren, primären Haftung für Gesellschaftsverbindlichkeiten ausgesetzt seien. Die darin zum Ausdruck kommende weniger starke Verselbständigung der Gesellschaft gegenüber ihren Mitgliedern spreche daher für eine sinngemäße Anwendung des § 151 Abs. 2 VVG aF. Dieser Ansicht folgt auch *Retter*²⁵⁷ mit der Begründung, dass bei Gesellschafterwechseln von (teil-)rechtsfähigen Personengesellschaften die neuen Gesellschafter in entsprechender Anwendung von § 102 Abs. 2 aufgrund

---

²⁴³ Vgl. auch *H. Baumann* in BK-VVG § 151 Rn. 39.
²⁴⁴ Vgl. auch *H. Baumann* in BK-VVG § 151 Rn. 39.
²⁴⁵ Vgl. hierzu BGH NJW 1994, 585 (586) für den Fall einer Sachversicherung; vgl. ferner *H. Baumann* in BK-VVG § 151 Rn. 39.
²⁴⁶ Vgl. BGHZ 36, 24 (26) = NJW 1961, 2304; BGH VersR 1970, 609.
²⁴⁷ Vgl. *R. Johannsen* in Bruck/Möller, 8. Aufl., Bd. IV, Anm. D 37; *H. Baumann* in BK-VVG § 151 Rn. 37; wohl auch *Langheid* in Langheid/Rixecker § 102 Rn. 11; *Retter* in Schwintowski/Brömmelmeyer/Ebers § 102 Rn. 19.
²⁴⁸ Vgl. BGHZ 36, 24 (26) = NJW 1961, 2304; BGH VersR 1970, 609; *R. Johannsen* in Bruck/Möller, 8. Aufl., Bd. IV, Anm. D 37; *H. Baumann* in BK-VVG § 151 Rn. 37.
²⁴⁹ Vgl. BGHZ 36, 24 (27) = NJW 1961, 2304; ebenso *H. Baumann* in BK-VVG § 151 Rn. 37 mit weiteren, an dieser Stelle nicht zu erörternden Einzelheiten.
²⁵⁰ Vgl. BGHZ 36, 24 (27) = NJW 1961, 2304.
²⁵¹ *R. Johannsen* in Bruck/Möller, 8. Aufl., Bd. IV, Anm. D 37; *H. Baumann* in BK-VVG § 151 Rn. 38.
²⁵² Vgl. BGHZ 36, 24 (27) = NJW 1961, 2304; *H. Baumann* in BK-VVG § 151 Rn. 38.
²⁵³ Vgl. hierzu grundlegend BGHZ 146, 341 ff. = NJW 2001, 1056 ff.; ferner etwa BGH NJW 2008, 1737; ebenso BAG ZIP 2009, 1128; vgl. auch → Rn. 43 mit Fn. 76 und → Rn. 68 mwN in Fn. 157.
²⁵⁴ So zutreffend *H. Baumann* in BK-VVG § 151 Rn. 38.
²⁵⁵ Vgl. hierzu → Rn. 120; vgl. auch *H. Baumann* in BK-VVG § 151 Rn. 38.
²⁵⁶ *H. Baumann* in BK-VVG § 151 Rn. 38.
²⁵⁷ Vgl. *Retter* in Schwintowski/Brömmelmeyer/Ebers § 102 Rn. 19; zweifelnd, aber im Ergebnis die OHG-Gesellschafter und die Komplementäre einer KG unter Anwendung der Versicherung für Rechnung „wen es angeht" nach § 48 VVG als Mitinhaber und damit als Mitversicherte ansehend *Schünemann* in MAH VersR § 14 Rn. 77.

ihrer – unbeschränkten oder beschränkten – Haftung für die Gesellschaftsverbindlichkeiten jedenfalls Mitversicherte würden.

So nachvollziehbar diese Begründungen auch sind und so sehr man daher auf den ersten Blick geneigt ist, sich ihnen im Ergebnis anzuschließen, kann ihnen dennoch nicht gefolgt werden, da wie gezeigt[258] die umstrittene Rechtsprechung des BGH zur (Teil-)Rechtsfähigkeit der (Außen-)Gesellschaft einer GbR inzwischen gängige Praxis geworden ist und damit Betreiber des Unternehmens und zugleich Versicherungsnehmer die GbR selbst ist und bei einem Gesellschafterwechsel bleibt. Unter diesen Umständen ist aber für die sinngemäße Anwendung des § 102 Abs. 2 kein Platz, selbst wenn die Verselbständigung der Personengesellschaft im Verhältnis zu ihren Gesellschaftern weniger stark als bei der Kapitalgesellschaft gegenüber ihren Gesellschaftern ausgeprägt ist.

Unanwendbar sind nach allgemein vertretener, zutreffender Ansicht[259] § 102 Abs. 2 bzw. § 151 Abs. 2 VVG aF grundsätzlich im **Erbrecht,** da das Versicherungsverhältnis nach §§ 1922, 1967 BGB kraft Gesetzes auf den oder die Erben übergeht, falls es nicht wegen des Wegfalls des versicherten Interesses nach § 80 Abs. 2 oder des Mangels des versicherten Interesses nach § 68 Abs. 2 VVG aF bzw. wegen des Wegfalls des versicherten Risikos gemäß Ziff. 17 S. 1 AHB 2016, nach B 1-6.2.4 AVB BHV oder gemäß § 9 IV AHB aF erlischt. Allerdings kann nach dem Tode des Unternehmensinhabers für den oder die Erben weiterhin das Risiko bestehen, für Haftpflichtansprüche aus der Betriebssphäre in Anspruch genommen zu werden, so dass der Unanwendbarkeit des § 102 Abs. 2 bzw. der des § 151 Abs. 2 VVG aF insoweit keine große praktische Bedeutung zukommt.[260]

Demgegenüber sind § 102 Abs. 2 bzw. § 151 Abs. 2 VVG aF anwendbar, wenn ein Miterbe nach den §§ 2032 ff. BGB im Wege der **Erbauseinandersetzung** nach den §§ 2042 ff. BGB das Unternehmen übernimmt.[261] Die Anwendbarkeit dieser Bestimmungen ist aber auch dann gegeben, wenn der Erbe oder die Erben das Unternehmen auf einen Vermächtnisnehmer gemäß den §§ 1939 und 2147 ff. BGB übertragen und dieser es fortführt, da in diesem Falle eine Veräußerung nach § 102 Abs. 2 bzw. nach § 151 Abs. 2 VVG aF vorliegt.[262]

Weitgehende Einigkeit besteht seit langem darüber, dass die **Zwangsversteigerung des Unternehmensgrundstücks sich nicht als Veräußerung** nach § 102 Abs. 2 bzw. nach § 151 Abs. 2 VVG aF **darstellt** und daher diese Vorschriften insoweit unanwendbar sind.[263] Die Richtigkeit dieser Auffassung ist im Ergebnis nicht in Zweifel zu ziehen. Sie ergibt sich bereits daraus, dass der Ersteher durch den Zuschlag des Amtsgerichts als Vollstreckungsgericht[264] Eigentümer des Grundstücks nach § 90 Abs. 1 ZVG wird und dieser Zuschlag sich als staatlicher Hoheitsakt,[265] nicht aber als „Veräußerung" oder „Übernahme" gemäß § 102 Abs. 2 bzw. nach § 151 Abs. 2 VVG aF darstellt. Wird aber der Ersteher Eigentümer des Grundstücks durch staatlichen Hoheitsakt und nicht etwa mittels rechtsgeschäftlicher Einzelrechtsnachfolge,[266] kommt es auf den Hinweis von *H. Baumann*,[267] wonach es hier an der praktischen Relevanz fehle, da das Unternehmen regelmäßig vor der Versteigerung seit Monaten eingestellt worden sein werde, genauso wenig an wie auch auf dessen Bemerkung, nach der für den Fall, dass ausnahmsweise doch eine Betriebsfortführung vorliege, § 151 Abs. 2 VVG aF dem Sinn und Zweck nach anzuwenden sei.

---

[258] Vgl. → Rn. 68 mwN in Fn. 157.
[259] Vgl. *R. Johannsen* in Bruck/Möller, 8. Aufl., Bd. IV, Anm. D 28; *Späte* Betriebshaftpflichtversicherung Rn. 3; *Schimikowski* in Späte/Schimikowski BBR BHV Rn. 146; *H. Baumann* in BK-VVG § 151 Rn. 35; *Voit/Knappmann* in Prölss/Martin, 27. Aufl. 2004, § 151 Rn. 17; *Lücke* in Prölss/Martin § 102 Rn. 22, der allerdings zu Unrecht nicht auf § 80 Abs. 2 VVG, sondern nur auf § 68 VVG aF Bezug nimmt; *Retter* in Schwintowski/Brömmelmeyer/Ebers § 102 Rn. 21; *Langheid* in Langheid/Rixecker § 102 Rn. 11; *R. Koch* in Bruck/Möller § 102 Rn. 51.
[260] So zutreffend *H. Baumann* in BK-VVG § 151 Rn. 35.
[261] So zutreffend *Voit/Knappmann* in Prölss/Martin, 27. Aufl., § 151 Rn. 17; *Lücke* in Prölss/Martin § 102 Rn. 22; *Retter* in Schwintowski/Brömmelmeyer/Ebers § 102 Rn. 21; *R. Koch* in Bruck/Möller § 102 Rn. 51.
[262] Vgl. *Voit/Knappmann* in Prölss/Martin, 27. Aufl. 2004, § 151 Rn. 17; *Lücke* in Prölss/Martin § 102 Rn. 22; *R. Koch* in Bruck/Möller § 102 Rn. 51; *Schimikowski* in Späte/Schimikowski BBR BHV Rn. 146.
[263] Vgl. *Späte* Betriebshaftpflichtversicherung Rn. 3; *Schimikowski* in Späte/Schimikowski BBR BHV Rn. 146; *H. Baumann* in BK-VVG § 151 Rn. 31; *Langheid* in Langheid/Rixecker § 102 Rn. 11; *Voit/Knappmann* in Prölss/Martin, 27. Aufl. 2004, § 151 Rn. 15; *Lücke* in Prölss/Martin § 102 Rn. 21; *Retter* in Schwintowski/Brömmelmeyer/Ebers § 102 Rn. 21; *R. Koch* in Bruck/Möller § 102 Rn. 52; aA *Bauer* VersR 1968, 813 (816).
[264] Vgl. § 1 Abs. 1 ZVG.
[265] Vgl. BGH Rechtspfleger 1986, 396; JZ 1991, 310 mit zustimmender Anm. *Schwerdtner.*
[266] Vgl. → Rn. 109.
[267] *H. Baumann* in BK-VVG § 151 Rn. 31; ebenso *Retter* in Schwintowski/Brömmelmeyer/Ebers § 102 Rn. 21; *R. Koch* in Bruck/Möller § 102 Rn. 52 unter unzutreffender Bezugnahme auf die vorstehenden Erläuterungen.

§ 102 127–132   Teil 2. Einzelne Versicherungszweige. Kap. 1. Haftpflichtversicherung

127   **5. Rechtsfolgen.** Nach § 102 Abs. 2 S. 1 tritt der Dritte beim Vorliegen der in dieser Vorschrift genannten, zuvor eingehend erörterten Voraussetzungen **anstelle des Versicherungsnehmers in die** während der Dauer seiner Berechtigung sich aus dem Versicherungsverhältnis ergebenden **Rechte und Pflichten ein.** Zudem sind § 95 Abs. 2 und 3 sowie die §§ 96 und 97 gemäß § 102 Abs. 2 S. 2 entsprechend anzuwenden.

128   Aus diesen die Rechtsfolgen regelnden Vorschriften ergibt sich im Hinblick auf § 102 Abs. 2 S. 1 einmal, dass diese Bestimmung in Anlehnung an § 151 Abs. 2 S. 1 VVG aF als der Vorgängervorschrift kraft Gesetzes eine Vertragsübernahme regelt und den Dritten als Erwerber oder Übernehmer durch dessen Eintritt anstelle des Versicherungsnehmers in die während der Dauer seiner Berechtigung sich aus dem Versicherungsverhältnis ergebenden Rechte und Pflichten zum Versicherungsnehmer und damit **zum Vertragspartner des Versicherers** macht. Aufgrund dieser gesetzlichen Vertragsübernahme bedarf es hierzu einer Zustimmung des Versicherers nicht.[268] Davon unberührt bleibt selbstverständlich, dass vertragliche Vereinbarungen zwischen den Beteiligten möglich sind.[269]

129   Aus der weitere Rechtsfolgen regelnden, § 95 Abs. 2 und 3 sowie die §§ 96 und 97 für entsprechend anwendbar erklärenden Vorschrift des § 102 Abs. 2 S. 2 folgen zum anderen weitere Rechte und Pflichten des Veräußerers und des Erwerbers sowie des Versicherers als den Beteiligten an der gesetzlichen Vertragsübernahme. Während nach § 95 Abs. 2 der Veräußerer und der Erwerber für die Prämie als Gesamtschuldner haften, die auf die zur Zeit des Eintritts des Erwerbers laufende Versicherungsperiode entfällt, muss gemäß § 95 Abs. 3 der Versicherer den Eintritt des Erwerbers erst gegen sich gelten lassen, wenn er hiervon Kenntnis erlangt hat. § 96 Abs. 1 und 2 regelt demgegenüber im Einzelnen die Berechtigung des Versicherers bzw. des Erwerbers einer versicherten Sache zur Kündigung des Versicherungsverhältnisses. An diese Kündigungsmöglichkeiten des Versicherers und des Erwerbers anknüpfend statuiert § 96 Abs. 3 eine Verpflichtung des Veräußerers zur Zahlung der Prämie und bestimmt zugleich, dass eine Haftung des Erwerbers für die Prämie nicht besteht. Die nach § 102 Abs. 2 S. 2 ebenfalls entsprechend anzuwendende Vorschrift des § 97 hat schließlich nach § 97 Abs. 1 S. 1 die Verpflichtung von Veräußerer und Erwerber zum Gegenstand, die Veräußerung dem Versicherer unverzüglich anzuzeigen und regelt zudem in § 97 Abs. 1 S. 2 sowie in § 97 Abs. 2 im Einzelnen, unter welchen Voraussetzungen der Versicherer nicht oder ausnahmsweise doch zur Leistung verpflichtet ist.

130   Ohne auf diese eine Reihe von Rechtsfragen aufwerfenden Vorschriften im Rahmen der Erläuterungen zu § 102 Abs. 2 S. 2 näher eingehen zu können,[270] verdeutlicht doch bereits der ausschließlich am Wortlaut der §§ 95 Abs. 2 und 3, 96 und 97 orientierte Überblick die **Komplexität der von § 102 Abs. 2 S. 1 und 2 erfassten Rechtsfolgen.** Aus der konkreten Ausgestaltung dieser Bestimmungen und dem dort vorgesehenen Regel- und Ausnahmeverhältnis ist zu schließen, dass § 102 Abs. 2 genauso wie § 151 Abs. 2 VVG aF mit der in § 151 Abs. 2 S. 2 VVG aF bestimmten entsprechenden Anwendbarkeit der Vorschriften des § 69 Abs. 2 und 3 VVG aF und der §§ 70 und 71 VVG aF das Interesse an der Fortführung des Versicherungsvertrages grundsätzlich über das Interesse an der Person des Versicherungsnehmers setzt.[271]

131   Damit einhergehend räumt der Gesetzgeber des VVG 2008 den Interessen des Versicherers im Verhältnis zum Veräußerer und Erwerber ein geringeres Gewicht ein, wie dies auch in der Rechtsprechung im Hinblick auf § 151 Abs. 2 VVG aF iVm § 71 Abs. 1 S. 2 VVG aF geschehen ist. Nach Ansicht des BGH[272] führt nämlich ein **Verstoß gegen die Anzeigeobliegenheit** nur dann zu ganzer oder teilweiser Leistungsfreiheit des Versicherers, wenn diese Rechtsfolge nicht außer Verhältnis zur Schwere des Verstoßes steht. Leistungsfreiheit setzt danach eine schuldhafte Verletzung der Anzeigeobliegenheit voraus,[273] wobei allerdings für den Eintritt der Leistungsfreiheit genügen soll, dass entweder der Veräußerer oder der Erwerber schuldhaft gehandelt hätten, da beide zur Anzeige verpflichtet seien.[274]

132   **§ 102 Abs. 2 S. 2 verschärft** über die entsprechende Anwendbarkeit des § 97 Abs. 1 S. 1 **die Beweislage zu Lasten des Versicherers** nunmehr noch, da abweichend von § 151 Abs. 2 VVG

---

[268] So zutreffend BGH VersR 1983, 945; *H. Baumann* in BK-VVG § 151 Rn. 42; jeweils im Hinblick auf § 151 Abs. 2 S. 1 VVG aF.
[269] So zutreffend RG VA 1936, Nr. 3936; *H. Baumann* in BK-VVG § 151 Rn. 42.
[270] Vgl. hierzu *Reusch* in Bd. 1 → §§ 95–97 mit umfassenden Nachweisen.
[271] Vgl. zu § 151 Abs. 2 VVG aF BGH VersR 1983, 945 (946); *H. Baumann* in BK-VVG § 151 Rn. 44.
[272] Vgl. BGHZ 100, 60 (64) = VersR 1987, 477 (478); ebenso *Lücke* in Prölss/Martin § 102 Rn. 20 zu § 102 Abs. 2 VVG.
[273] Vgl. BGHZ 36, 24 (28) = NJW 1961, 2304; BGHZ 100, 60 (64) = VersR 1987, 477; BGH VersR 1965, 274; OLG Hamm VersR 1985, 826 (827); *Kollhosser* in Prölss/Martin, 27. Aufl. 2004, § 71 Rn. 5; *Dörner* in BK-VVG § 71 Rn. 17.
[274] Vgl. BGH VersR 1965, 274; *Kollhosser*, in Prölss/Martin 27. Aufl. 2004, § 71 Rn. 5; *Dörner* in BK-VVG § 71 Rn. 17.

aF iVm § 71 Abs. 2 VVG aF der Versicherer gemäß § 97 Abs. 1 S. 2 VVG nachweisen muss, dass er „... den mit dem Veräußerer bestehenden Vertrag mit dem Erwerber nicht geschlossen hätte". Eine solche erhebliche Beeinträchtigung der Interessen des Versicherers mag zwar rechtspolitisch aufgrund der weitverbreiteten, aber längst nicht immer sachgerechten Betonung der angeblich besonderen Schutzbedürftigkeit des Versicherungsnehmers gegenüber dem Versicherer „auf der Höhe der Zeit" liegen. Ob sie aber wirklich mit den Grundsätzen der Vertragsfreiheit noch vereinbar ist, muss mit Fug bezweifelt werden.[275]

V. Abdingbarkeit des § 102

§ 102 ist wie § 151 VVG aF grundsätzlich abdingbar,[276] wie sich auch im Umkehrschluss aus § 112 ergibt. Deshalb bestehen wegen der dispositiven Natur des § 102 keine Bedenken daran, dass die **Mitversicherung** der in § 102 Abs. 1 S. 1 genannten, zur Vertretung des Unternehmens befugten Personen sowie der Personen, die in einem Dienstverhältnis zu dem Unternehmen stehen, **ausgeschlossen werden kann**.[277] Ebenso kann genauso wie die Bestimmung des § 151 Abs. 2 aF auch die Vorschrift des § 102 Abs. 2 grundsätzlich ausgeschlossen werden.[278] Hingegen ist es nicht möglich, durch eine Vereinbarung zwischen dem Versicherer und dem Veräußerer als dem Versicherungsnehmer das Kündigungsrecht des Erwerbers auszuschließen, da es sich insoweit um einen unzulässigen Vertrag zu Lasten Dritter handelte.[279]

133

§ 103 Herbeiführung des Versicherungsfalles

Der Versicherer ist nicht zur Leistung verpflichtet, wenn der Versicherungsnehmer vorsätzlich und widerrechtlich den bei dem Dritten eingetretenen Schaden herbeigeführt hat.

Übersicht

	Rn.		Rn.
A. Einführung	1	b) Fallgruppen	28
I. Inhalt der Regelung	1	IV. Widerrechtlichkeit des Verhaltens des Versicherungsnehmers	52
II. Zweck der Regelung	3	V. Eingetretener Schaden	54
B. Einzelheiten zu den Voraussetzungen der Herbeiführung des Versicherungsfalles nach § 103	11	VI. Prozessuale Fragen	56
I. Allgemeines	11	1. Allgemeines	56
II. Abdingbarkeit des § 103	15	2. Beweisrecht	57
III. Begriff des Vorsatzes des Versicherungsnehmers und seine Abgrenzung von der bewussten Fahrlässigkeit des Versicherungsnehmers	22	3. Bindungswirkung	63
		VII. Beteiligung mehrerer Personen auf Seiten des Versicherungsnehmers	64
1. Allgemeines	22	1. Allgemeines	64
2. Abgrenzung des bedingten Vorsatzes von der bewussten Fahrlässigkeit	25	2. Repräsentant	68
		3. Mitversicherte Personen	70
		4. Versicherung für fremde Rechnung	74
a) Allgemeines	25	C. Rechtsfolge des § 103	76

---

[275] Vgl. auch → § 97 Rn. 42 ff.; *Schünemann* in Beckmann/Matusche-Beckmann VersR-HdB § 14 Rn. 82; jeweils mit weiteren Einzelheiten.
[276] Ebenso *Lücke* in Prölss/Martin § 102 Rn. 23; *Retter* in Schwintowski/Brömmelmeyer/Ebers § 102 Rn. 24; *Schulze Schwienhorst* in Looschelders/Pohlmann § 102 Rn. 16; *R. Koch* in Bruck/Möller § 102 Rn. 60; jeweils zu § 102 VVG; *H. Baumann* in BK-VVG § 151 Rn. 46; *Voit/Knappmann* in Prölss/Martin, 27. Aufl. 2004, § 151 Rn. 18; jeweils zu § 151 VVG aF.
[277] So *H. Baumann* in BK-VVG § 151 Rn. 46 im Hinblick auf § 151 Abs. 1 VVG aF.
[278] So *H. Baumann* in BK-VVG § 151 Rn. 46 im Hinblick auf § 151 Abs. 2 VVG aF.
[279] Vgl. *H. Baumann* in BK-VVG § 151 Rn. 46; *Lücke* in Prölss/Martin § 102 Rn. 23; *R. Koch* in Bruck/Möller § 102 Rn. 60; vgl. zur Unzulässigkeit von Verträgen zu Lasten Dritter BVerfGE 73, 261 (270 f.) = NJW 1987, 827 (828); BGHZ 78, 369 (374 f.) = NJW 1981, 275; BGH NJW 1995, 3183 (3184); *Gottwald* in MüKoBGB § 328 Rn. 263 ff.; vgl. ferner → § 110 Rn. 7 mwN in Fn. 13.

Stichwort- und Fundstellenverzeichnis

Stichwort	Rn.	Rechtsprechung	Literatur
Bedingter Vorsatz	→ 25 ff.	BGH VersR 1954, 591; OLG Köln VersR 1978, 265; 1994, 339 f.; OLG Karlsruhe r+s 1998, 189; OLG Frankfurt a. M. VersR 2011, 1314; OGH VersR 1987, 396	Späte AHB § 4 Rn. 199; *Baumann* in BK-VVG § 152 aF Rn. 21; *Littbarski* AHB § 4 Rn. 372; *Lücke* in Prölss/Martin § 103 Rn. 6 und AHB 2016 Ziff. 7 Rn. 8
Beweisrecht	→ 57 ff.	BGH VersR 1954, 591 (592); 1970, 1121; 2015, 181 Rn. 17 ff.; KG VersR 2008, 69 (70); OLG Karlsruhe NJW-RR 2010, 1043 (1044); 2014, 1125 (1126)	Späte AHB § 4 Rn. 209; *Littbarski* AHB § 4 Rn. 378; *Retter* in Schwintowski/Brömmelmeyer/Ebers § 103 Rn. 18; *Lücke* in Prölss/Martin § 103 Rn. 7 und AHB 2016 Ziff. 7 Rn. 8
Bewusste Fahrlässigkeit	→ 25 ff.	BGH VersR 1954, 591; OLG Köln VersR 1978, 265; 1994, 339 f.; OLG Karlsruhe r+s 1998, 189; OLG Frankfurt a. M. VersR 2011, 1314; OGH VersR 1987, 396	Späte AHB § 4 Rn. 199; *Baumann* in BK-VVG § 152 aF Rn. 21; *Littbarski* AHB § 4 Rn. 372; *Lücke* in Prölss/Martin § 103 Rn. 6 und AHB 2016 Ziff. 7 Rn. 8
Eingetretener Schaden	→ 54 f.	OLG Hamm NVersZ 1999, 289; 2001, 134; LG Bonn NJW-RR 2005, 822 (824)	*Lücke* in Prölss/Martin § 103 Rn. 12; *Retter* in Schwintowski/Brömmelmeyer/Ebers § 103 Rn. 15; *Langheid* NVersZ 1999, 253 f.; *E. Lorenz* VersR 2000, 2; *Knappmann* VersR 2000, 11 (12)
Indizienbeweis	→ 59 f.	BGH VersR 1971, 806 (807); 2015, 181 Rn. 17 ff.; OLG Hamm VersR 2007, 1550 (1551); OLG Koblenz VersR 2007, 1506 (1507); 2014, 1450	Späte AHB § 4 Rn. 209; *Littbarski* AHB § 4 Rn. 379; *Retter* in Schwintowski/Brömmelmeyer/Ebers § 103 Rn. 19
Mitversicherte Personen	→ 64 ff., 70 ff.	–	*Littbarski* AHB § 4 Rn. 382 und § 7 Rn. 4 ff.; *Schimikowski* in HK-VVG § 103 Rn. 10 f.
Repräsentant	→ 68 f.	BGHZ 24, 378 (385 f.) = NJW 1957, 1233; BGHZ 122, 250 (252 f.) = VersR 1993, 1098; BGH r+s 2012, 141; OLG Koblenz VersR 2007, 787 (788); r+s 2015, 231 (232); OLG Nürnberg r+s 2020, 520 Rn. 39.	*Baumann* in BK-VVG § 152 Rn. 5; *Littbarski* AHB § 4 Rn. 383 und 429 sowie § 7 Rn. 29; *Rixecker* in Langheid/Rixecker § 28 Rn. 39 ff.; *Wandt* in Langheid/Wandt § 28 Rn. 117 ff.; *M. Lehmann* r+s 2019, 361.
Vorsatz	→ 22 ff.	BGH VersR 1971, 806 (807); 1998, 1011; OLG Celle VersR 1970, 314 f.; OLG Hamm VersR 2006, 781 (782); OLG Koblenz VersR 2007, 1506; OLG Karlsruhe NJW-RR 2014, 1125	Späte AHB § 4 Rn. 199; *Baumann* in BK-VVG § 152 aF Rn. 15; *Littbarski* AHB § 4 Rn. 31; *Lücke* in Prölss/Martin § 103 Rn. 5 ff.; *Retter* in Schwintowski/Brömmelmeyer/Ebers § 103 Rn. 3
Widerrechtlichkeit des Verhaltens des Versicherungsnehmers	→ 52 f.	BGH VersR 1958, 361 (362); OLG Hamburg VersR 1962, 366; OLG Frankfurt a. M. VersR 1989, 732; OLG Hamm VersR 2006, 781 (782)	Späte AHB § 4 Rn. 199; *Baumann* in BK-VVG § 152 aF Rn. 15; *Littbarski* AHB § 4 Rn. 369; *Lücke* in Prölss/Martin § 103 Rn. 6 und AHB 2016 Ziff. 7 Rn. 4; *Retter* in Schwintowski/Brömmelmeyer/Ebers § 103 Rn. 10; *Schimikowski* in HK-VVG § 103 Rn. 8 f. und AHB 2016 Ziff. 7 Rn. 15

Schrifttum: Abschlussbericht der Kommission zur Reform des Versicherungsvertragsrechts vom 19.4.2004 – VersR-Schriftenreihe, Band 25, 2004; *Armbrüster*, Verteilung nicht ausreichender Versicherungssummen in D&O-

Innenhaftungsfällen, VersR 2014, 1; *H. Baumann,* Quotenregelung contra Alles- oder Nichts-Prinzip im Versicherungsfall – Überlegungen zur Reform des § 61 VVG, r+s 2005, 1; *Breideneichen,* Die Risikoausschlüsse in der Kraftfahrt-Haftpflichtversicherung, r+s 2013, 417; *Dahns,* Die neue Partnerschaftsgesellschaft mit beschränkter Berufshaftung, NJW-Spezial 2013, 446; *Dallwig,* Deckungsbegrenzungen in der Pflichtversicherung, 2011; *Dallwig,* Versicherungsrechtliche Konsequenzen des Gesetzes zur Einführung einer Partnerschaftsgesellschaft mit beschränkter Berufshaftung für die Vermögensschadenhaftpflichtversicherung für Rechtsanwälte, VersR 2014, 19; *Deutsch,* Die grobe Fahrlässigkeit im künftigen Versicherungsvertragsrecht, VersR 2004, 1485; *Diller,* Berufshaftpflichtversicherung der Rechtsanwälte, Kommentar, 2. Auflage 2017; *Diller,* Fallstricke in der Berufshaftpflichtversicherung der Anwälte, AnwBl 2014, 2; *Dilling,* Die Wirksamkeit der Risikoausschlüsse für wissentliche und vorsätzliche Pflichtverletzungen in der D&O-Versicherung, 2015; *Dilling,* Zur Unwirksamkeit des Risikoausschlusses für wissentliche Pflichtverletzungen in der D&O-Versicherung, VersR 2018, 332; *Diringer,* Prinzipien der Auslegung der Allgemeinen Versicherungsbedingungen, 2015; *Dreher,* Versicherungsschutz für die Verletzung von Kartellrecht oder von Unternehmensinnenrechten in der D & O-Versicherung und Ausschluss vorsätzlicher oder wissentlicher Pflichtverletzung, VersR 2015, 781; *Felsch,* Die neuere Rechtsprechung des IV. Zivilsenats des Bundesgerichtshofs zur Haftpflichtversicherung, r+s 2008, 265; *Felsch,* Die Rechtsprechung des BGH zum Versicherungsrecht: Haftpflichtversicherung und Sachversicherung, r+s 2010, 265; *Foerster,* Das Verhältnis von Strafurteilen zu nachfolgenden Zivilverfahren, JZ 2013, 1143; *Fortmann,* Cyberversicherung: ein gutes Produkt mit einigen, noch offenen Fragen, r+s 2019, 429; *Franck,* Richtlinienkonforme Auslegung der Vorschriften über die vorsätzliche Herbeiführung des Versicherungsfalls in der Kfz-Haftpflichtversicherung, VersR 2014, 13; *Franz,* Das Versicherungsvertragsrecht im neuen Gewand, VersR 2008, 298; *Felsch,* Die Reform des Versicherungsvertragsrechts – ein großer Wurf?, DStR 2008, 303; *Garbes,* Die Haftpflichtversicherung der Architekten/Ingenieure, 4. Auflage 2011; *Gladys,* Die Partnerschaftsgesellschaft mit beschränkter Berufshaftung – Offene Fragen und Widersprüche aus der Sicht der Berufshaftpflichtversicherung, DStR 2013, 416; *Gräfe/Brügge/Melchers,* Berufshaftpflichtversicherung für rechts- und steuerberatende Berufe, 3. Auflage 2021; *Greiner,* Die Arzthaftpflichtversicherung – Eine rechtsvergleichende Analyse der deutschen Arzthaftpflichtversicherung und der US-amerikanischen Medical Malpractice Insurance, 2008; *Grote/Chr. Schneider,* VVG 2008: Das neue Versicherungsvertragsrecht, BB 2007, 2689; *Grüneberg,* Die (Mit-)Haftung von Kindern und Jugendlichen bei Verkehrsunfällen, NJW 2013, 2705; *Günther/Piontek,* Die Auswirkungen der „Corona-Krise" auf das Versicherungsrecht – Eine erste Bestandsaufnahme, r+s 2020, 242; *Harsdorf-Gebhardt,* Die Rechtsprechung des Bundesgerichtshofes zur Haftpflichtversicherung, r+s 2012, 261; *Heitmann,* Risikoausschluss der Vorsatztat gemäß § 152 VVG in der Kfz-Haftpflichtversicherung, VersR 1997, 941; *Hintz/Burkard,* Folgen unberechtigten Versagens der Deckung wegen vermeintlich vorsätzlichen Herbeiführens des Versicherungsfalls in der Haftpflichtversicherung, VersR 2011, 1373; *Hugel,* Haftpflichtversicherung, 3. Aufl. 2008; *Jacobs/Franz,* Können W & I-Versicherungen das M&A-Geschäft beleben?, VersR 2014, 659 ?; *R. Johannsen,* Vorsatz und grobe Fahrlässigkeit in der Haftpflichtversicherung, r+s 2000, 133; *Kreuter-Lange,* Das Kind im Straßenverkehr, SVR 2013, 41; *Lahnsteiner,* Herbeiführung des Versicherungsfalles nach § 61 VersVG, Diss. Linz, Wien 2013; *H. Lang,* Die Haftung Minderjähriger – alle Fragen geklärt?, r+s 2011, Sonderheft zum 75. Geburtstag von Hermann Lemcke. S. 63; *H. Lang,* Beteiligung von Kindern an Verkehrsunfällen, r+s 2011, 409; *O. Lange,* Das Anerkenntnisverbot vor und nach der VVG-Reform, VersR 2006, 1313; *O. Lange,* Die Rechtsstellung des Haftpflichtversicherers nach der Abtretung des Freistellungsanspruchs vom Versicherungsnehmer an den geschädigten Dritten, VersR 2008, 713; *Langheid,* Uneingeschränkte Haftpflichtdeckung trotz Vorsatz?, NVersZ 1999, 253; *Langheid,* Die Reform des Versicherungsvertragsgesetzes, NJW 2007, 3665 und 3745; *Langheid,* Tücken in den §§ 100 ff. VVG-RegE, VersR 2007, 865; *ders.* Wissentliche und fahrlässige Pflichtverletzung in der D & O-Versicherung, VersR 2017, 1365; *M. Lehmann,* Ausgewählte Rechtsfragen der Berufshaftpflichtversicherung der freien Berufe unter besonderer Berücksichtigung aktueller Rechtsprechung, r+s 2016, 1; *M. Lehmann,,* Zurechnung im Versicherungsrecht – Die Rechtsfigur des Repräsentanten, r+s 2019, 361; *Leube,* Gemeinsame Betriebswege von Arbeitnehmern verschiedener Unternehmen – Haftungsbegrenzung auf gemeinsamer Betriebsstätte (§ 106 Abs. 3 Alt. 3 SGB VII), VersR 2013, 1091; *Littbarski,* Haftungs- und Versicherungsrecht im Bauwesen, 1986; *Littbarski,* Aktuelle Probleme der Gewässerschadenhaftpflichtversicherung, VersR 1987, 127; *Littbarski,* AHB, Kommentar, 2001; *Littbarski,* Die Haftpflichtversicherung des Sachverständigen, in: Praxishandbuch Sachverständigenrecht, 4. Auflage 2008, § 40; *Littbarski,* Produkthaftpflichtversicherung, 2. Aufl. 2014; *Littbarski,* Die Haftung des gerichtlich ernannten Sachverständigen nach § 839a BGB und ihre versicherungsrechtlichen Konsequenzen, VersR 2016, 154; *Littbarski/Tenschert/Klein* (Hrsg.), Betriebs- und Berufshaftpflichtversicherung, 2023; *Looschelders,* Schuldhafte Herbeiführung des Versicherungsfalls nach der VVG-Reform, VersR 2008, 1; *Looschelders,* Der Risikoausschluss bei vorsätzlicher oder wissentlicher Pflichtverletzung – Auswirkungen auf die Rechtsstellung der VN und anderer Versicherer, VersR 2018, 1413; *E. Lorenz,* Der subjektive Risikoausschluss durch § 61 VVG und die Sonderregelung in § 152 VVG, VersR 2000, 2; *Lüttringhaus/Eggen,* Versicherungsschutz und Corona-Pandemie: Deckungs- und Haftungsfragen im Kontext der Betriebsunterbrechungs- und Veranstaltungsausfallversicherung, r+s 2020, 250; *Lüttringhaus/Genz,* Gefahrerhöhung durch Pandemien – das Beispiel des Corona-Virus, r+s 2020, 258; *Makowsky,* Der Einfluss von Versicherungsschutz auf die außervertragliche Haftung, 2013; *Marlow,* Die Verletzung vertraglicher Obliegenheiten nach der VVG-Reform: Alles nichts, oder?, VersR 2007, 43; *Nugel,* Das neue Versicherungsvertragsgesetz – Quotenbildung bei der Leistungskürzung wegen grober Fahrlässigkeit, MDR 2007, Sonderbeilage zum Heft 22, S. 22; *Piontek,* Die Überlagerung der Arglistanfechtung durch § 19 VVG bei Verletzung vorvertraglicher Anzeigeobliegenheit – ein ungelöstes Problem, r+s 2019, 1; *Präve,* Das neue Versicherungsvertragsgesetz, VersR 2007, 1046; *Riechert,* Die Berufshaftpflichtversicherung der PartGmbB – Grundlagen, AnwBl 2014 266; *Ruppert,* Partnerschaft mit beschränkter Berufshaftung – Ende gut, alles gut?, DStR 2013, 1623; *Scherpe,* Pflichthaftpflichtversicherung für Hersteller von Medizinprodukten – überfällig oder überflüssig? ZVersWiss 102 (2013), 35; *Schirmer,* Die Haftpflichtversicherung nach der VVG-Reform, ZVersWiss Supplement 2006, 427; *Schirmer,* Offene Fragen nach dem Ende des Alles-oder-nichts-Prinzips – Ausstrahlungen der Quotierung, VersR 2011, 289; *Schirmer,* Arglistiges Verhalten des VN im neuen VVG, r+s 2014, 533; *Schmalzl/Krause-Allenstein,* Berufshaftpflichtversicherung des Architekten und Bauunternehmers, 2. Aufl. 2006; *Schweitzer,* Zulässigkeit der Ausschlussklauseln für Vorsatz und wissentliches Handeln in der D&O-Versicherung, 2013; *Segger,* Keine Haftung unbeteiligter Organmitglieder für wissentliche Pflichtverletzung ihrer Kollegen, VersR 2018, 329; *Seibert,* Die Partnerschaftsgesellschaft mit beschränkter Berufshaftung (PartGmbB), DB 2013, 1710; *Seitz,* Vorsatzausschluss in der D&O-Versicherung – endlich Licht im Dunkeln!, VersR 2007, 1476; *Späte,* Haftpflichtversicherung 1993; *Späte/Schimikowski* (Hrsg.), Haftpflichtversicherung, 2. Aufl. 2015; *Stoecker,* Der Vorsatz des Versicherungsnehmers bei der Herbeiführung des Versicherungsfalles im Sinne des § 103 VVG, 2011; *Teschabei-Oglu,* Die Versicherbarkeit von Emerging Risks in der Haftpflichtversicherung, 2012; *Thalmair,* Die Haftpflichtversicherung nach der VVG-Reform, ZVersWiss Supplement 2006, 459; *Therstappen,* Die wissentliche Pflichtverletzung im Versicherungsverhältnis, AnwBl 2014, 182; *Thürmann/Kettler,* Produkthaftpflichtversicherung, 7. Auflage 2019; *Tilsen,* Die beschränkte Haftung des Minderjährigen im Deliktsrecht – Zugleich ein Beitrag zur Beschränkung der Haftung des Minderjährigen aus verfassungs-, sozialversicherungs- und insolvenzrechtlicher Sicht, 2009; *Vothknecht,* Die „wissentliche Pflichtverletzung" in der Vermögensschaden-Haftpflicht-/D&O-Versicherung, PHi 2006, 52; *V. Wagner,* Die schuldhafte Herbeiführung des Versicherungsfalles in der Schadensversicherung nach der VVG-Reform 2008, 2010; *Werber,* § 6 VVG 2008 und die Haftung des Versicherers für Fehlberatung durch Vermittler, VersR 2008, 285; *G. Wolf,* Kriminelles Versehen? Verbrecherische Unaufmerksamkeit?, in: FS Puppe, 2011, S. 1067.

A. Einführung

I. Inhalt der Regelung

1 § 103 ist mit „Herbeiführung des Versicherungsfalles" überschrieben und bringt sehr lapidar formuliert zum Ausdruck, unter welchen Voraussetzungen keine Eintrittspflicht des Versicherers für den bei dem Dritten eingetretenen Schaden besteht. Nach § 103 ist der Versicherer nicht zur Leistung verpflichtet, wenn der Versicherungsnehmer vorsätzlich und widerrechtlich den bei dem Dritten eingetretenen Schaden herbeigeführt hat.

2 Damit weicht § 103 zumindest vom Wortlaut her nicht ganz unwesentlich von § 152 VVG aF als der Vorgängervorschrift ab, in der es heißt:

Der Versicherer haftet nicht, wenn der Versicherungsnehmer vorsätzlich den Eintritt der Tatsache, für die er dem Dritten verantwortlich ist, widerrechtlich herbeigeführt hat.

II. Zweck der Regelung

3 Zweck dieser das Nicht-Bestehen einer Leistungspflicht des Versicherers statuierenden Regelung des § 103 ist es vor allem, einen von der Bewertung des Verhaltens des Versicherungsnehmers abhängigen subjektiven Risikoausschluss[1] und nicht etwa nur einen eine Obliegenheitsverletzung[2] darstellenden Tatbestand für diejenigen Fallgestaltungen zu schaffen, in denen der Versicherungsnehmer vorsätzlich und widerrechtlich, mithin kumulativ[3] und nicht etwa alternativ, den bei dem Dritten eingetretenen Schaden herbeigeführt hat.

4 Ein weiterer Zweck der Regelung besteht aber auch darin, den **Besonderheiten der Haftpflichtversicherung bei der Herbeiführung des Versicherungsfalles** Rechnung zu tragen und damit eine Sonderregelung gegenüber der allgemeinen, sonst in der Schadensversicherung geltenden

---

[1] Vgl. hierzu BGH VersR 1971, 239 (240); 2001, 1103; OLG München VersR 1990, 484; OLG Frankfurt a. M. VersR 1990, 42; OLG Hamm VersR 1996, 1006; OLG Saarbrücken ZfS 2007, 522; KG VersR 2008, 69; OGH VersR 1980, 883; *Lücke* in Prölss/Martin § 103 Rn. 1; *Langheid* in *Römer/Langheid* § 152 Rn. 1; *H. Baumann* in BK-VVG § 152 Rn. 1; jeweils zu § 152 VVG aF mwN; *Retter* in Schwintowski/Brömmelmeyer/Ebers § 103 Rn. 1; *Lücke* in Prölss/Martin § 103 Rn. 1; *Langheid* in Langheid/Rixecker § 103 Rn. 2; *Piontek,* Haftpflichtversicherung, § 4 Rn. 30; *Hintz/Burkard* VersR 2011, 1373; *Scherpe* ZVersWiss 102 (2013) 35, 53; *Franck* VersR 2014, 13 (15); jeweils zu § 103 VVG; vgl. ferner *Lahnsteiner* Herbeiführung des Versicherungsfalles nach § 61 VersVG zum österreichischen Recht.

[2] Vgl. *H. Baumann* in BK-VVG § 152 Rn. 1; *Retter* in Schwintowski/Brömmelmeyer/Ebers § 103 Rn. 1.

[3] So auch OLG Karlsruhe r+s 2012, 592 zu einem groben Foul beim Fußball; OLG Köln r+s 2020, 20 beim Gebrauch eines Kfz zum Zwecke Selbsttötung; *Lücke* in Prölss/Martin § 103 Rn. 15; *Langheid* in Langheid/Rixecker § 103 Rn. 2; *Retter* in Schwintowski/Brömmelmeyer/Ebers § 103 Rn. 2; in der Sache ebenso *H. Baumann* in BK-VVG § 152 Rn. 3 zu § 152 VVG aF durch die Hervorhebung des Wortes „und" zwischen vorsätzlicher und widerrechtlicher Herbeiführung und dem berechtigten Hinweis darauf, „dass der Haftpflichtversicherer selbst dann haftet, wenn zwar Vorsatz, nicht aber Widerrechtlichkeit gegeben ist" sowie *H. Baumann* in Bruck/Möller AVB-AVG 2011/2013 Ziff. 2 Rn. 10.

Vorschrift des § 81 zur Herbeiführung des Versicherungsfalles zu ermöglichen. Somit stellt sich § 103 als **lex specialis** zu § 81 dar.[4]

Der Qualifizierung des § 103 als einer lex specialis gegenüber § 81 kommt bereits deshalb eine sehr große Bedeutung zu, weil § 81 genauso wie der in der Transportversicherung anwendbare § 137 zwar ebenfalls einen subjektiven Risikoausschluss, also einen von der Bewertung des Verhaltens des Versicherungsnehmers abhängigen Deckungsausschluss enthält.[5] Jedoch sehen sowohl § 81 als auch § 137 gegenüber § 103 weitergehende subjektive Risikoausschlüsse zu Lasten des Versicherungsnehmers vor.

So ist nach § 81 Abs. 1 der Versicherer nicht zur Leistung verpflichtet, wenn der Versicherungsnehmer vorsätzlich den Versicherungsfall herbeiführt. Führt der Versicherungsnehmer den Versicherungsfall aber grob fahrlässig herbei, ist der Versicherer gemäß § 81 Abs. 2 berechtigt, seine Leistung in einem der Schwere des Verschuldens des Versicherungsnehmers entsprechenden Verhältnis zu kürzen. Noch weitergehend heißt es in § 137 Abs. 1, dass der Versicherer nicht zur Leistung verpflichtet ist, wenn der Versicherungsnehmer vorsätzlich oder grob fahrlässig den Versicherungsfall herbeiführt. Begrenzt wird dieser sehr weitreichende, subjektive Risikoausschluss nur durch § 137 Abs. 2, wonach der Versicherungsnehmer das Verhalten der Schiffsbesatzung bei der Führung des Schiffes nicht zu vertreten hat.

Die maßgeblichen Gründe für diese von § 103 abweichenden und vor allem weiterreichenden subjektiven Risikoausschlüsse in § 81 sowie in § 137 können an dieser Stelle nicht im Einzelnen genannt oder gar erörtert werden.[6] Der Hervorhebung verdient unter dem Blickwinkel des hier zu erläuternden § 103 allein, dass diese Vorschrift trotz abweichenden Wortlautes gegenüber dem früher geltenden § 152 VVG aF ebenfalls nur die vorsätzliche, nicht aber bereits die grob fahrlässige Herbeiführung des Versicherungsfalles vom Versicherungsschutz ausschließt.

Dies kommt sowohl im Wortlaut des § 103 als auch in dem des § 152 VVG aF deutlich zum Ausdruck. Während nach § 103 der Versicherer nicht zur Leistung verpflichtet ist, wenn der Versicherungsnehmer vorsätzlich und widerrechtlich den bei dem Dritten eingetretenen Schaden herbeigeführt hat, haftet nach § 152 VVG aF der Versicherer nicht, wenn der Versicherungsnehmer vorsätzlich den Eintritt der Tatsache, für die er dem Dritten verantwortlich ist, widerrechtlich herbeigeführt hat. Gemeinsam ist mithin beiden Vorschriften, dass der Versicherer **für jede Form der Fahrlässigkeit** einschließlich der groben Fahrlässigkeit **grundsätzlich eintrittspflichtig** ist.[7]

---

[4] Vgl. BGHZ 11, 120 (123) = NJW 1954, 148; 42, 295 (300) = NJW 1965, 156; 43, 88 (93 f.) = NJW 1965, 755; OLG Saarbrücken NJW-RR 2015, 411 Rn. 108; *Beckmann* in BK-VVG § 61 Rn. 6; *Langheid* in Römer/Langheid § 61 Rn. 1; *Staudinger/Friesen* in Staudinger/Halm/*Wendt* AVB D&O Rn. 117 mit Fn. 257; eingehend *E. Lorenz* VersR 2000, 2; jeweils zum Verhältnis von § 152 VVG aF zu § 61 VVG aF mwN auch zu abweichenden Auffassungen; § 103 als Sonderregelung gegenüber § 81 ansehend OLG Saarbrücken NJW-RR 2015, 411 Rn. 108 und *Franck* VersR 2014, 13 (14); vgl. aber auch *Lücke* in Prölss/Martin § 103 Rn. 1, wonach § 103 den § 81 einschränke; differenzierend im Hinblick auf den Risikoausschluss gemäß der Ziff. 5.1 AVB-AVG 2011/2013 *H. Baumann* in Bruck/Möller AVB-AVG 2011/2013 Ziff. 2 Rn. 9 ff.

[5] Vgl. zu § 81 OLG Naumburg r+s 2013, 597 (598) zu den Anforderungen an die grobe Fahrlässigkeit nach § 81 Abs. 2; OLG Brandenburg r+s 2020, 266 f. zu den Voraussetzungen der relativen Fahruntüchtigkeit und den sich daraus ergebenden Rechtsfolgen nach § 81 Abs. 2; LG Göttingen r+s 2010, 194 f. mit Anm. *Schimikowski* zur grob fahrlässigen Herbeiführung eines Unfalls sowie zur Unwirksamkeit einer Regelung in AGB; LG Düsseldorf r+s 2020, 498 f. zum Fehlen grober Fahrlässigkeit nach § 81 Abs. 2 VVG beim Zusammenstoß eines Mietfahrzeugs mit einer Straßenbahn; AG Dippoldiswalde r+s 2014, 122 zur grobfahrlässigen Herbeiführung eines Unfalls aufgrund alkoholbedingter Fahruntüchtigkeit; *Karczewski* in HK-VVG § 81 Rn. 1; *Armbrüster* in Prölss/Martin § 81 Rn. 1, 3 f. sowie *Kloth/Krause* in Schwintowski/Brömmelmeyer/Ebers § 81 Rn. 7 und zu § 137 *Mechtel* in Schwintowski/Brömmelmeyer/Ebers § 137 Rn. 1; vgl. ferner zu § 61 VVG aF BGHZ 11, 120 (123) = NJW 1954, 148; BGHZ 42, 295 (300) = NJW 1965, 156; BGHZ 43, 88 (93 f.) = NJW 1965, 755; BGH VersR 2003, 364; OLG Schleswig VersR 1984, 954 (955); OLG Hamm VersR 1987, 88; OLG Saarbrücken VersR 1992, 994; LG Saarbrücken VersR 2000, 882; OLG Oldenburg r+s 2002, 74; KG VersR 2007, 1124; OLG Köln VersR 2010, 479 f.; *Beckmann* in BK-VVG § 61 Rn. 6; *Langheid* in Römer/Langheid § 61 Rn. 1; *E. Lorenz* VersR 2000, 2; *R. Johannsen* r+s 2000, 133.

[6] Vgl. hierzu OLG Saarbrücken NJW-RR 2015, 411 Rn. 49 ff. sowie die Erläuterungen zu → § 81 und zu → § 137 in diesem Kommentar.

[7] Vgl. BGHZ 7, 311 (324) = NJW 1952, 1291; *Voit/Knappmann*, in Prölss/Martin 27. Aufl. 2004, § 152 Rn. 1; *Lücke* in Prölss/Martin § 103 Rn. 1; *H. Baumann* in BK-VVG § 152 Rn. 3; eingehend zu den Voraussetzungen grober Fahrlässigkeit BGHZ 119, 147 (149) = NJW 1992, 2418 f.; BGH NJW 2003, 1118 (1119); NJW-RR 2009, 812 Rn. 10; BGHZ 198, 265 Rn. 26 ff. = NJW-RR 2014, 90 (92); BGH NJW 2014, 3234 (3236 f.); OLG Naumburg NJW-RR 2014, 925 (926); OLG Hamm r+s 2016, 186 Rn. 17; LG München II NJW-RR 2015, 29 (30 f.) im Hinblick auf eine Gebäudeversicherung; *Littbarski* VersR 2016, 154 (156 f.).

9 Die Beschränkung der fehlenden Eintrittspflicht des Versicherers auf die vorsätzliche Herbeiführung des Versicherungsfalles durch den Versicherungsnehmer kann nicht etwa bereits als sitten- oder treuwidrig angesehen werden, da in der Haftpflichtversicherung in der Regel kein Anreiz besteht, den Haftpflichtfall herbeizuführen.[8] Der Versicherungsnehmer kann nämlich dadurch keinen materiellen Gewinn erzielen.[9]

10 Von dieser Beschränkung der Eintrittspflicht des Versicherers auf die vorsätzliche Herbeiführung des Versicherungsfalles durch den Versicherungsnehmer abgesehen ist aber der Rechtsanwender nicht der Beantwortung der grundlegenden Frage enthoben, wie die vom Versicherungsschutz grundsätzlich erfasste grobe Fahrlässigkeit sachgerecht von der vom Versicherungsschutz ausgeschlossenen vorsätzlichen Herbeiführung des Versicherungsfalles durch den Versicherungsnehmer abgegrenzt werden kann. Hierauf wird nachfolgend neben der Erörterung weiterer, sich aus § 103 ergebender Fragen im Einzelnen zurückzukommen sein.[10]

B. Einzelheiten zu den Voraussetzungen der Herbeiführung des Versicherungsfalles nach § 103

I. Allgemeines

11 Die das Nicht-Bestehen einer Leistungspflicht des Versicherers statuierenden Regelungen des § 103 bzw. des § 152 VVG aF bilden die rechtlichen Grundlagen für die Deckungsausschlussklauseln der Ziff. 7.1 AHB 2016 bzw. des § 4 II Ziff. 1 S. 1 AHB aF und auch des allgemeinen, vorsätzlich herbeigeführte Schäden betreffenden Ausschlusses nach A 1-7.1 Abs. 1 AVB BHV. Dabei stimmen diese Deckungsausschlussklauseln bezüglich ihres eigentlichen Textes weitgehend überein, während die sie einleitenden und ihren Anwendungsbereich etwas näher umschreibenden Sätze stärker voneinander abweichen, wie sich aus der Wiedergabe dieser drei Deckungsausschlussklauseln ergibt.

12 So heißt es in Ziff. 7.1 AHB 2016 wie folgt:

Falls im Versicherungsschein oder seinen Nachträgen nicht ausdrücklich etwas anderes bestimmt ist, sind von der Versicherung ausgeschlossen:

7.1: Versicherungsansprüche aller Personen, die den Schaden vorsätzlich herbeigeführt haben.

...

In § 4 II Ziff. 1 S. 1 AHB aF findet sich demgegenüber folgender Text:

...

II. Soweit nicht etwas anderes vereinbart wurde, gilt:

Ausgeschlossen von der Versicherung bleiben:

1. Versicherungsansprüche aller Personen, die den Schaden vorsätzlich herbeigeführt haben.

...

In A 1-7.1 Abs. 1 AVB BHV wird unter der Überschrift „Vorsätzlich herbeigeführte Schäden" folgender Text verwendet:

Ausgeschlossen sind Versicherungsansprüche aller Personen, die den Schaden vorsätzlich herbeigeführt haben.

...

13 Aus diesem Gegenüber von § 103 und von Ziff. 7.1 AHB 2016 sowie von A 1-7.1 Abs. 1 AVB BHV einerseits sowie von § 152 VVG aF und von § 4 II Ziff. 1 S. 1 AHB aF andererseits ergeben sich eine Reihe von Fragen, die es zur genaueren Bestimmung des Anwendungsbereiches und des Inhalts des § 103 VVG nachfolgend zu beantworten gilt.

14 So ist zunächst zu erörtern, wie es mit der **Abdingbarkeit des § 103** aussieht, da jedenfalls die in die Betrachtung miteinzubeziehenden Deckungsausschlussklauseln der Ziff. 7.1 AHB 2016 und von A 1-7.1 Abs. 1 AVB BHV bzw. die des § 4 II Ziff. 1 S. 1 AHB aF nach ihrem Wortlaut eine solche zulassen. Zu prüfen ist auch der Begriff des Vorsatzes des Versicherungsnehmers und seine Abgrenzung

---

[8] So zutreffend BGHZ 7, 311 (324); *Voit/Knappmann* in Prölss/Martin, 27. Aufl. 2004, § 152 Rn. 1; *H. Baumann* in BK-VVG § 152 Rn. 3; jeweils zu § 152 VVG aF; vgl. auch AG Bremen r+s 2014, 165 (166) zur Anwendbarkeit des § 103 VVG auf Pflichtversicherungsverhältnisse.

[9] Vgl. BGHZ 7, 311 (324); *H. Baumann* in BK-VVG § 152 Rn. 3.

[10] Vgl. hierzu näher → Rn. 25 ff.

von der bewussten Fahrlässigkeit des Versicherungsnehmers. Weiterhin ist zu klären, welche Bedeutung der Widerrechtlichkeit des Verhaltens des Versicherungsnehmers zukommt. Zudem ist zu bestimmen, wie das vorsätzliche und widerrechtliche Verhalten des Versicherungsnehmers auf die Herbeiführung des bei dem Dritten eingetretenen Schadens einwirkt. Ferner sind beweisrechtliche und prozessuale Fragen genauso etwas näher anzusprechen wie auch die Frage, welche Konsequenzen sich daraus ergeben, dass auf Seiten des Versicherungsnehmers mehrere Personen beteiligt sind. Nicht zuletzt gilt es, die sich aus § 103 ergebenden Rechtsfolgen noch einmal kurz zusammenzufassen.

II. Abdingbarkeit des § 103

Bereits unter der Geltung des § 152 VVG aF entsprach es einer ganz einhelligen Auffassung in Rechtsprechung[11] und Literatur,[12] dass diese Vorschrift dispositiv und damit abdingbar ist, und zwar sowohl zu Gunsten als auch zu Lasten des Versicherungsnehmers.[13] Dabei wurde die Abdingbarkeit des § 152 VVG aF zu Recht auf einen Umkehrschluss aus § 158a VVG aF gestützt, der nur im Hinblick auf die dort genannten Vorschriften der §§ 153, 154 Abs. 1 und 156 Abs. 2 VVG aF eine Abdingbarkeit zum Nachteil des Versicherungsnehmers dem Versicherer versagt.[14]

Diese Auffassung wird nunmehr auch nach dem Inkrafttreten des § 103 allgemein geteilt. So heißt es in der Gesetzesbegründung der Bundesregierung zu § 103,[15] dass die Vorschrift wie bisher abdingbar sei (vgl. § 112 VVG–E), es könne somit ein Leistungsausschluss bei milderen Schuldformen vereinbart werden. In der Literatur wird in der Begründung von einzelnen Autoren[16] ebenfalls auf § 112 verwiesen bzw. darauf aufmerksam gemacht,[17] dass die Vorschrift – gemeint ist § 103 – in den Grenzen der allgemeinen Vorschriften (insbesondere der §§ 305 ff. BGB) sowohl zu Gunsten als auch zu Lasten des Versicherungsnehmers abdingbar sei. Diese Auffassung wird im Ergebnis zu Recht auch in einer Entscheidung des OLG Karlsruhe vom 24.9.2009[18] zu § 152 VVG aF vertreten, bei der es um die Eintrittspflicht der Vermögensschaden-Haftpflichtversicherung eines Rechtsanwalts ging. Werde – so führt das OLG Karlsruhe aus – § 152 VVG aF zum Nachteil des Versicherungsnehmers durch die Klausel dahin abgeändert, dass es nicht zum Tatbestand gehöre, dass der schädigende Erfolg des Pflichtverstoßes gewollt sei, sei die Auslegungsklausel wegen dieser Ausgestaltung rechtswirksam. Zu Unrecht verneint allerdings das OLG Karlsruhe einen Verstoß der Auslegungsklausel gegen das AGBG, da dieses mit dem Inkrafttreten des Schuldrechtsmodernisierungsgesetzes am 1.1.2002 durch die §§ 305–310 BGB ersetzt wurde. Prüfungsmaßstab für einen eventuellen Verstoß kann daher nur § 305c BGB sein.

Die Richtigkeit dieser Ansicht lässt sich im Einklang mit der ganz einhelligen Auffassung bereits durch einen Umkehrschluss zu § 112 rechtfertigen. Die Abdingbarkeit des § 103 ist darüber hinausgehend aber auch damit zu begründen, dass nicht nur Ziff. 7.1 AHB 2016 sowie A 1-7.1 AVB BHV und § 4 II Ziff. 1 S. 1 AHB aF, sondern auch noch eine Reihe weiterer Vorsatzaus-

---

[11] Vgl. etwa BGH VersR 1959, 691; 1987, 174 (175); 1991, 176 (177); OLG München VersR 1974, 1069 (1070); OLG Koblenz VersR 1990, 41; OLG Köln VersR 1990, 193 (194); OLG Saarbrücken VersR 1992, 994; OLG Hamm NJW-RR 1993, 1503 (1504); OLG München VersR 1994, 92; OLG Köln VersR 2005, 357 (358); OLG Saarbrücken VersR 2006, 503 f.; OLG Karlsruhe VersR 2010, 940 (941).

[12] *R. Johannsen* in Bruck/Möller, 8. Aufl., Bd. IV, Anm. G 227; *Späte* AHB § 4 Rn. 197; *Voit/Knappmann* in Prölss/Martin, 27. Aufl. 2004, § 152 Rn. 7; *H. Baumann* in BK-VVG § 152 Rn. 33; *Littbarski* AHB § 4 Rn. 368; jeweils mit weiteren Einzelheiten und Nachweisen.

[13] Vgl. OLG Düsseldorf VersR 1981, 769; OLG Köln r+s 1989, 213; OLG Koblenz VersR 1990, 41; OLG München VersR 1994, 92; OLG Köln VersR 2005, 357 (358); OLG Saarbrücken VersR 2006, 503; OLG Karlsruhe VersR 2010, 940 (941); *H. Baumann* in BK-VVG § 152 Rn. 33; ebenso im Hinblick auf § 103 VVG *R. Koch* in Bruck/Möller § 103 Rn. 99 ff.; *Retter* in Schwintowski/Brömmelmeyer/Ebers § 103 Rn. 21.

[14] Vgl. hierzu näher → § 101 Rn. 115 und → § 112 Rn. 5 ff.

[15] Vgl. BT-Drs. 16/3945, 85; vgl. auch OLG Frankfurt a.M. r+s 2020, 634 Rn. 38 im Hinblick auf § 103 in der Tierhalterhaftpflichtversicherung.

[16] Vgl. *Schimikowski* in HK-VVG § 103 Rn. 12; *Schulze Schwienhorst* in Looschelders/Pohlmann § 103 Rn. 6; *Lücke* in Prölss/Martin § 103 Rn. 16; *Piontek* Haftpflichtversicherung § 4 Rn. 28; ebenso im Ergebnis *Langheid* in Langheid/Rixecker § 103 Rn. 3.

[17] So *Retter* in Schwintowski/Brömmelmeyer/Ebers § 103 Rn. 21 unter Bezugnahme auf OLG Koblenz VersR 1990, 41; OLG München VersR 1994, 92; OLG Köln VersR 2005, 357 (358); OLG Saarbrücken VersR 2006, 503 f., wobei allerdings diese Entscheidungen noch vor Inkrafttreten des § 103 VVG ergangen sind und daher die Regelung des § 152 VVG aF betreffen; vgl. ferner *Teschabai-Oglu* Emerging risks S. 268 f.

[18] OLG Karlsruhe VersR 2010, 940 (941); vgl. ferner OLG Frankfurt a.M. r+s 2020, 634 Rn. 38 in Bezug auf § 103 in der Tierhalterhaftpflichtversicherung; OLG Frankfurt a.M. r+s 2021, 502 ff. im Hinblick auf vorläufigen Deckungsschutz bei wissentlicher oder vorsätzlicher Pflichtverletzung in der D&O-Versicherung; OLG Köln r+s 2022, 508 ff. zur D&O-Versicherung und zu Ansprüchen wegen Insolvenzverschleppung gemäß §§ 117a, 130a Abs. 2 HGB aF, § 64 GmbHG aF, § 15a InsO; OLG Düsseldorf r+s 2022, 505 ff. zum Pflichtwidrigkeitsausschluss in der Vermögenschadenhaftpflichtversicherung für Rechtsanwälte.

schlussklauseln verschiedener Zweige der Haftpflichtversicherung wie etwa der Allgemeinen Vermögensschaden-Haftpflichtversicherungen, der einzelnen Berufshaftpflichtversicherungen, der Gewässerschaden-Haftpflichtversicherungen, der Umwelthaftpflicht-Versicherungen nach dem Umwelthaftpflicht-Modell oder der D&O-Versicherungen[19] die Möglichkeit vertraglicher Vereinbarungen über Modifikationen der einzelnen Vorsatzausschlussklauseln vorsehen, ohne dass hiergegen grundsätzliche Bedenken in Rechtsprechung und Literatur erhoben werden und auch nicht erhoben werden können. Unter diesen Umständen kann aber auch im Hinblick auf § 103 nichts anderes gelten, da diese Vorschrift die rechtliche Grundlage für alle Vorsatzausschlussklauseln in den Versicherungsbedingungen der verschiedenen Zweige der Haftpflichtversicherung bildet und diese Vorsatzausschlussklauseln damit letztlich auf § 103 bzw. auf § 152 VVG aF fußen.

18 Eine ganz andere Frage ist es, in welcher Weise § 103 dispositiver Natur ist und damit aufgrund welcher vertraglichen Vereinbarungen zwischen dem Versicherer und dem Versicherungsnehmer im Einzelfall diese Vorschrift modifiziert werden kann.

19 So können bereits „mildere" Verschuldensformen zum Anspruchsverlust führen, wie etwa die – in der Praxis bisher allerdings selten relevant gewordenen – sog. Infektionsklauseln der Ziff. 7.18 AHB 2016, der von A 1-7.11 AVB BHV bzw. des § 4 II Ziff. 4 AHB aF[20] zeigen. Dies wird sich jedoch – ohne die Problematik an dieser Stelle vertiefen zu können – in Anbetracht der derzeit weltweit auftretenden Fälle von Covid-19 (Krankheit) und SARS-CoV-2 (Krankheitserreger) schon bald mit an Sicherheit eintretender Wahrscheinlichkeit ändern, wie erste der Thematik gewidmete Veröffentlichungen zeigen.[21] Auch können schon der in einigen Versicherungsbedingungen vorgesehene bewusste Verstoß gegen Gesetze, Vorschriften oder sonstige Pflichten sowie wissentliche Pflichtverletzungen des Versicherungsnehmers zum Deckungsausschluss führen, ohne dass sich der Vorsatz auf den schädigenden Erfolg eines Pflichtverstoßes zu beziehen braucht.[22] Umgekehrt kann der Risikoausschluss auf näher umschriebene, wissentlich begangene Verstöße des Versicherungsnehmers gegen seine Berufspflichten eingeschränkt werden, so dass der dolus eventualis nicht schon als Verschuldensform genügt, sondern vielmehr der dolus directus erforderlich ist.[23] Schließlich werden in der Praxis im Rahmen der D&O-Versicherungen häufig von § 103 bzw. von § 152 VVG aF abweichende vertragliche Vereinbarungen getroffen, die ebenfalls als mit diesen Vorschriften im Einklang stehend angesehen werden können. Diese Vereinbarungen sehen nicht nur häufig Konkretisierungen der Ausschlüsse auf Ansprüche wegen vorsätzlicher und wissentlicher Pflichtverletzungen vor, sondern enthalten auch nicht selten in Kombination beider Tatbestandsmerkmale Ausschlussklauseln, die sich aus dem wissentlichen Abweichen von Gesetzen,

---

[19] Vgl. hierzu *Späte* AHB § 4 Rn. 218; *Voit/Knappmann* in Prölss/Martin, 27. Aufl. 2004, § 152 Rn. 7; *H. Baumann* in BK-VVG § 152 Rn. 33; *Retter* in Schwintowski/Brömmelmeyer/Ebers § 103 Rn. 22; *Schulze Schwienhorst* in Looschelders/Pohlmann § 103 Rn. 13; *Langheid* in Langheid/Rixecker § 103 Rn. 3 f.; *Harsdorf-Gebhardt* in Späte/Schimikowski AHB 2014 Ziff. 7 Rn. 30 ff.; vgl. ferner *Ruppert* DStR 2013, 1623 (1627); *Gladys* DStR 2013, 2416 (2419) sowie *Gädtke* in Bruck/Möller AVB-AVG Ziff. 5 Rn. 109, wonach § 103 VVG zugunsten der versicherten Person in den Grenzen von § 138 BGB abdingbar sei.

[20] Vgl. hierzu näher *Littbarski* AHB § 4 Rn. 458 ff.; vgl. ferner *Retter* in Schwintowski/Brömmelmeyer/Ebers § 103 Rn. 22 zu Ziff. 7.18 AHB 2008; *Lücke* in Prölss/Martin AHB 2016 Ziff. 7 Rn. 150 ff.; *Schimikowski* in HK-VVG AHB 2016 Ziff. 7 Rn. 116; *Harsdorf-Gebhardt* in Späte/Schimikowski AHB 2014 Ziff. 7 Rn. 428 ff.; *Piontek* Haftpflichtversicherung § 4 Rn. 96 ff.; jeweils mwN.

[21] Vgl. *Stockmeier* Privathaftpflichtversicherung AVB PHV A 1-7.11 Rn. 3 ff.; *Günther/Piontek* r+s 2020, 242 ff.; *Lüttringhaus/Eggen* r+s 2020, 250 ff.; *Lüttringhaus/Genz* r+s 2020, 258; jeweils mwN.

[22] Vgl. BGH VersR 1986, 647 (648); 1987, 174 (175); 1991, 176 (177); 2001, 1103 (1104); NJW 2014, 496 Rn. 10 ff.; eingehend zum Ausschlussgrund der Wissentlichkeit der Pflichtverletzung BGH NJW 2015, 947 f. im Hinblick auf § 61 InsO; vgl. ferner OLG Hamm VersR 1988, 1122 mit Anm. *Späth*; OLG Köln VersR 1990, 193; OLG Koblenz VersR 1990, 41; OLG Saarbrücken VersR 1992, 994; OLG Köln VersR 1997, 1345 (1346); OLG München r+s 2010, 196 (198); OLG Karlsruhe VersR 2010, 940 (941); OLG Frankfurt a.M. r+s 2021, 502 ff. im Hinblick auf vorläufigen Deckungsschutz bei vorsätzlicher oder wissentlicher Pflichtverletzung in der D&O-Versicherung; näher zu den nicht zu überspannenden Anforderungen an den vom Versicherer zu erbringenden Nachweis einer wissentlichen Pflichtverletzung OLG Karlsruhe r+s 2018, 70 Rn. 44 ff. und r+s 2019, 701 Rn. 26 ff. zum bewussten Abweichen von Vorschriften oder Vorgaben, die dem Umweltschutz dienen; vgl. auch OLG Jena r+s 2019, 578 Rn. 29, wonach der Versicherer es selbst in der Hand hatte, das Risiko einer gegen einschlägige berufsrechtliche bzw. straf- und ordnungsrechtliche Normen verstoßenden Handlung in ihren Versicherungsbedingungen auszuschließen; vgl. ferner *H. Baumann* in BK-VVG § 152 Rn. 33; *Lücke* in Prölss/Martin § 103 Rn. 17; *Retter* in Schwintowski/Brömmelmeyer/Ebers § 103 Rn. 22; *Langheid* in Langheid/Rixecker § 103 Rn. 4; *M. Lehmann* r+s 2016, 1 (8 ff.); *Dreher* VersR 2015, 781 ff.; *Dilling* Wirksamkeit der Risikoausschlüsse; *Dilling* VersR 2018, 332 ff.; *Langheid* VersR 2017, 1365 ff.; *Segger* VersR 2018, 329 ff.; *Looschelders* VersR 2018, 1413 ff.

[23] Vgl. *H. Baumann* in BK-VVG § 152 Rn. 33; *Langheid* in Langheid/Rixecker § 103 Rn. 4; jeweils mwN.

Vorschriften, Beschlüssen, Vollmacht oder Weisungen sowie durch sonstige Pflichtverletzungen ergeben.[24]

Alle diese Modifizierungen des § 103 vornehmenden, vorstehend genannten vertraglichen Vereinbarungen zwischen dem Versicherer und dem Versicherungsnehmer sind **grundsätzlich zulässig**. Jedoch wurde bereits unter der Geltung des § 152 VVG aF zu Recht darauf hingewiesen, dass abändernde Regelungen in Allgemeinen Versicherungsbedingungen nicht in einem Maße von dem gesetzlichen Leitbild dieser Vorschrift abweichen dürfen, dass dadurch der betroffene Versicherungsnehmer unangemessen benachteiligt wird oder es zu einer Vertragszweckgefährdung kommt.[25] 20

Während diese Voraussetzungen bei den zuvor genannten Fallgestaltungen unter Zugrundelegung einer „saldierenden Gesamtbetrachtung"[26] von Rechtsprechung und Literatur jeweils verneint wurden,[27] hielten es Rechtsprechung[28] und Literatur[29] beim Ausschluss des Versicherungsschutzes wegen grober Fahrlässigkeit für erforderlich, aufgrund der Abweichung von § 152 VVG aF bzw. von § 4 II Ziff. 1 AHB aF auch einen Verstoß gegen die §§ 3 und 9 AGBG zu prüfen. An dieser Auffassung hat sich auch durch das Inkrafttreten des § 103 bzw. der Schaffung der Ziff. 7.1 AHB 2016 und von A 1-7.1 AVB BHV inhaltlich nichts geändert, wenn auch hierfür nunmehr die §§ 305c und 307 BGB den Prüfungsmaßstab bilden.[30] 21

III. Begriff des Vorsatzes des Versicherungsnehmers und seine Abgrenzung von der bewussten Fahrlässigkeit des Versicherungsnehmers

1. Allgemeines. Bezüglich des Vorsatzes des Versicherungsnehmers nach § 103 gilt im Einklang mit § 152 VVG aF sowie mit Ziff. 7.1 AHB 2016, A 1-7.1 AVB BHV und § 4 II Ziff. 1 AHB aF der allgemeine **zivilrechtliche Vorsatzbegriff**. Vorsatz ist daher trotz Fehlens einer entsprechenden Legaldefinition[31] nach allgemein vertretener Auffassung beim Wissen und Wollen des rechtswidrigen Erfolges gegeben.[32] Mithin muss der Handelnde das Bewusstsein haben, dass sein Verhalten den schädigenden Erfolg haben werde und den Willen, sich trotzdem so zu verhalten.[33] Dabei reicht bedingter Vorsatz aus,[34] also der Umstand, dass der Handelnde den als maßgeblich vorgestellten 22

---

[24] Vgl. hierzu näher *Seitz* VersR 2007, 1476 ff.; vgl. ferner *Vothknecht* PHi 2006, 52; *Schulze Schwienhorst* in Looschelders/Pohlmann § 103 Rn. 13; *Langheid* in Langheid/Rixecker § 103 Rn. 4.

[25] Vgl. *H. Baumann* in BK-VVG § 152 Rn. 34; *H. Baumann* VersR 2006, 455 (460); vgl. ferner *Lücke* in Prölss/Martin § 103 Rn. 17; *M. Lehmann* r+s 2016, 1 (8 ff.) im Hinblick auf die Berufshaftpflichtversicherung der freien Berufe.

[26] Vgl. hierzu *Schirmer* DAR 1993, 321 (329); vgl. ferner *Looschelders* VersR 2018, 1413, 1414.

[27] Vgl. *H. Baumann* in BK-VVG § 152 Rn. 34 mit weiteren Einzelheiten und Nachweisen.

[28] Vgl. OLG München VersR 1994, 92.

[29] Vgl. *H. Baumann* in BK-VVG § 152 Rn. 35; *Littbarski* AHB § 4 Rn. 368.

[30] Vgl. OLG Saarbrücken VersR 2014, 325 (326) zur Vereinbarkeit eines Rückausschlusses für Haftpflichtansprüche wegen „Abnutzung, Verschleiss und übermäßiger Beanspruchung" in einer Privathaftpflichtversicherung mit §§ 305c Abs. 2, 307 Abs. 2 Nr. 2 BGB bei einer übermäßigen Beanspruchung einer Mietwohnung durch das Halten von Haustieren; vgl. ferner *Lücke* in Prölss/Martin § 103 Rn. 16; vgl. auch *Fortmann* r+s 2019, 429 (438) mit Fn. 44; vgl. zu § 307 BGB als Prüfungsmaßstab für die Pflichtwidrigkeitsklausel der Vermögensschadenhaftpflichtversicherung für Rechtsanwälte nach dem am 19.7.2013 in Kraft getretenen „Gesetz zur Einführung einer Partnerschaftsgesellschaft mit beschränkter Berufshaftung ..." (BGBl. 2013 I S. 2386), BT-Drs. 17/10487, 19 ff.; *Dallwig* VersR 2014, 19 (21 ff.); vgl. auch *Dallwig* Deckungsbegrenzungen S. 336 ff.

[31] Vgl. demgegenüber die Legaldefinition der Fahrlässigkeit nach § 276 Abs. 2 BGB, wonach fahrlässig handelt, wer die im Verkehr erforderliche Sorgfalt außer Acht lässt; näher zur Fahrlässigkeit *Littbarski* in Littbarski/Tenschert/Klein AVB BHV B3-1 Rn. 39 ff. mwN und *Littbarski* in Littbarski/Tenschert/Klein AVB BHV B3-3 Rn. 255 ff. mwN.

[32] Vgl. BGH VersR 1971, 806 (807); VersR 1972, 1039 f.; NJW 1975, 1278 (1279); VersR 1980, 815 (817); VersR 1998, 1011; OLG Celle VersR 1970, 314 f.; OLG Hamm VersR 1981, 178 (179); OLG Saarbrücken VersR 1993, 1004 (1005); OLG Düsseldorf VersR 2000, 447 (448); OLG Hamm VersR 2006, 781 (782); OLG Koblenz VersR 2007, 1506; OLG Karlsruhe NJW-RR 2014, 1125; *H. Baumann* in BK-VVG § 152 Rn. 15; *Lücke* in Prölss/Martin § 103 Rn. 5; *Littbarski* AHB § 4 Rn. 371; *Littbarski* VersR 2016, 154 (156); *Retter* in Schwintowski/Brömmelmeyer/Ebers § 103 Rn. 3; *Schimikowski* in HK-VVG § 103 Rn. 3; *Langheid* in Langheid/Rixecker § 103 Rn. 5; *Harsdorf-Gebhardt* in Späte/Schimikowski AHB 2014 Ziff. 7 Rn. 3; vgl. ferner zum Begriff des Vorsatzes in § 26 Abs. 1 S. 1 in Abgrenzung zum Begriff der willentlichen (subjektiven) Gefahrerhöhung nach § 23 Abs. 1 BGH NJW 2015, 631 ff.

[33] Vgl. BGH VersR 1952, 223; OLG München VersR 1962, 54 (55); OLG Düsseldorf VersR 1966, 481 f.; *Späte* AHB § 4 Rn. 199; *Littbarski* AHB § 4 Rn. 371; *Harsdorf-Gebhardt* in Späte/Schimikowski AHB 2014 Ziff. 7 Rn. 3; *Gladys* DStR 2013, 2416 (2419); *Franck* VersR 2014, 13 (14).

[34] Vgl. BGHZ 7, 311 (313) = NJW 1952, 1291; OLG Hamm VersR 1985, 726; OLG Nürnberg NJW-RR 2005, 466 (468); OLG Frankfurt a. M. r+s 2011, 509 (511 f.); OLG Karlsruhe NJW-RR 2014, 1125 (1126); OLG Brandenburg r+s 2020, 154 Rn. 33 zur bedingt vorsätzlichen Verletzung eines Gegenspielers beim

Erfolg in seinen Willen aufgenommen und für den Fall seines Eintritts gebilligt hat.[35] Allerdings muss nach einer in der Rechtsprechung[36] und auch in der Literatur[37] weit verbreiteten Auffassung der Handelnde die Folgen der Tat nicht in allen Einzelheiten vorausgesehen haben, um die Versagung des Versicherungsschutzes zu bejahen. Vielmehr soll es hierfür genügen, dass der Geschehensablauf oder die Schadensfolge von dem Vorstellungsbild des Handelnden nur unwesentlich abweichen.

23 Ob eine solche Abgrenzung sinnvoll ist und die Beurteilung des Einzelfalles einer Lösung näherbringt, muss bezweifelt werden. Zum einen bietet schon das Abstellen auf die wesentliche oder unwesentliche Abweichung kein auch nur einigermaßen sicheres Abgrenzungskriterium, wie noch zu zeigen sein wird.[38] Zum anderen stellt sich die Frage, wie – ausgehend von der inneren Einstellung des Handelnden – der sich auf den Vorsatz des Versicherungsnehmers berufende Versicherer den Beweis dafür erbringen soll, dass der Geschehensablauf oder die Schadensfolge von dem Vorstellungsbild des Handelnden nur unwesentlich abweicht. Unter diesen Umständen wird aber die Frage des Bestehens von Versicherungsschutz mit einem großen, im Einzelfall kaum lösbaren Unsicherheitsfaktor belastet.[39]

24 Der Vorsatz des Versicherungsnehmers kann nicht nur dann zu bejahen sein, wenn die Verletzungshandlung durch ein **positives Tun** verwirklicht wird, sondern auch unter der Voraussetzung, dass ein **Unterlassen** vorliegt. Entsprechend allgemeinen Regeln ist dies allerdings nur der Fall, wenn eine Pflicht zu einem den Schadenseintritt verhindernden Tun bestanden hat.[40] Eine solche Pflicht kann sich aus Vertrag, aus der allgemeinen Sorgfaltspflicht nach § 823 Abs. 1 BGB und vor allem aus einer entsprechenden Verkehrssicherungspflicht gemäß § 823 Abs. 1 BGB ergeben, wobei beim Betroffenen aber das Bewusstsein erforderlich ist, dass durch die Unterlassung einem Dritten ein Schaden zugefügt wird. Deshalb kommt etwa die Haftung eines Architekten für den Einsturz eines ohne Einholung einer Baugenehmigung errichteten Gebäudes in Betracht.[41]

25 **2. Abgrenzung des bedingten Vorsatzes von der bewussten Fahrlässigkeit. a) Allgemeines.** Größere Schwierigkeiten bereitet seit jeher die Abgrenzung zwischen dem bedingten Vorsatz des Versicherungsnehmers, der zum Ausschluss des Versicherungsschutzes führt, von der **bewussten Fahrlässigkeit des Versicherungsnehmers,** die das Bestehen des Versicherungsschutzes unberührt lässt.[42] Entsprechend den allgemeinen Abgrenzungskriterien zwischen dem bedingten Vorsatz und der bewussten Fahrlässigkeit kommt es, da der Handelnde die Möglichkeit des schädigen-

---

Fußballspiel; OLG Schleswig VersR 2021, 790 mAnm *Dördelmann*; AG Bremen r+s 2014, 165 (166); *Späte* AHB § 4 Rn. 199; *Harsdorf-Gebhardt* in Späte/Schimikowski AHB 2014 Ziff. 7 Rn. 3; *Gladys* DStR 2013, 2416 (2419); *Littbarski* AHB § 4 Rn. 371; *Retter* in Schwintowski/Brömmelmeyer/Ebers § 103 Rn. 3; ablehnend demgegenüber zum die Leistungspflicht des Haftpflichtversicherers ausschließenden Verletzungsvorsatz gemäß § 103 VVG beim groben Foulspiel im Fußball OLG Karlsruhe r+s 2012, 592; vgl. aber ferner BGH r+s 2001, 408, wonach nur direkter, nicht aber bedingter Vorsatz betrüglich der Pflichtverletzung genügt; ebenso OLG Frankfurt a.M. r+s 2020, 634 Rn. 38 in Bezug auf den Pflichtwidrigkeitsausschluss in der Hundehalterhaftpflichtversicherung.

[35] Vgl. BGHZ 7, 311 (313) = NJW 1952, 1291; BGH VersR 1971, 806 (807); 1998, 1011; OLG Köln VersR 1999, 1270 (1271); OLG Nürnberg NJW-RR 2005, 466 (469); AG Bremen r+s 2014, 165 (166); *Späte* Teil B § 4 Rn. 199; *Harsdorf-Gebhardt* in Späte/Schimikowski AHB 2014 Ziff. 7 Rn. 3; *H. Baumann* in BK-VVG § 152 Rn. 16; *Lücke* in Prölss/Martin § 103 Rn. 5; *Littbarski* AHB § 4 Rn. 371; *Gladys* DStR 2013, 2416 (2419); *Fiedler* Anm. zu OLG Düsseldorf VersR 2020, 968 ff. in VersR 2020, 976 (978); vgl. auch *Jakobs/Franz* VersR 2014, 659 (663) im Hinblick auf die W&I-Versicherung; vgl. ferner zur „vorsätzlichen" Pflichtwidrigkeit *Looschelders* VersR 2018, 1413 (1415) und hierzu *Schimikowski* in HK-VVG § 103 Rn. 14.

[36] Vgl. BGH NJW-RR 1998, 1321; OLG Düsseldorf VersR 1977, 745 (746); OLG Hamm VersR 1981, 789; 1986, 1177; OLG Hamburg NJW-RR 1992, 1188; OLG Saarbrücken NJW-RR 1994, 353 (354); OLG Köln r+s 1995, 10; OLG Karlsruhe r+s 1996, 301 (302); OLG Düsseldorf NVersZ 2001, 572; OLG Karlsruhe NJW-RR 2014, 1125 (1126); LG Oldenburg VersR 1996, 1487 (1488).

[37] *Lücke* in Prölss/Martin § 103 Rn. 5; *H. Baumann* in BK-VVG § 152 Rn. 18; *Langheid* in Langheid/Rixecker § 103 Rn. 8 f.; *Gladys* DStR 2013, 2416 (2419); *Wandt* Versicherungsrecht, Rn. 1081.

[38] Vgl. → Rn. 32.

[39] *Littbarski* AHB § 4 Rn. 377; skeptisch gegenüber der Nachweismöglichkeit des Versicherers auch *Dallwig* VersR 2014, 19 (22), weil es dem Versicherer kaum gelingen werde, nachzuweisen, dass der Versicherungsnehmer vorsätzlich im Hinblick auf den Eintritt eines Schadens gehandelt habe.

[40] Vgl. *Littbarski* AHB § 4 Rn. 381; *Retter* in Schwintowski/Brömmelmeyer/Ebers § 103 Rn. 5; *Langheid* in Langheid/Rixecker § 103 Rn. 21.

[41] Vgl. OLG Köln r+s 2005, 461 (462); allgemein zur Verwirklichung des vorsätzlichen Handelns durch Unterlassung *Späte* AHB § 4 Rn. 210; *Harsdorf-Gebhardt* in Späte/Schimikowski AHB 2014 Ziff. 7 Rn. 26; *Littbarski* AHB § 4 Rn. 381; *Retter* in Schwintowski/Brömmelmeyer/Ebers § 103 Rn. 5; *Langheid* in Langheid/Rixecker § 103 Rn. 21.

[42] Vgl. *Littbarski* AHB § 4 Rn. 372; vgl. auch → § 81 Rn. 19.

den Erfolges voraussieht, maßgeblich darauf an, ob der Handelnde darauf vertraut, dass der schädigende Erfolg nicht eintreten werde und daher bewusste Fahrlässigkeit zu bejahen ist oder ob er den als möglich vorgestellten Schaden bewusst und billigend in Kauf genommen hat, so dass in diesem Falle bedingter Vorsatz gegeben ist.[43]

Ausgehend von der sich in § 103 findenden Formulierung „... vorsätzlich ... den bei dem Dritten eingetretenen Schaden herbeigeführt hat" bzw. dem in Ziff. 7.1 AHB 2016, in A1–7.1 Abs. 1 AVB BHV und in § 4 II Ziff. 1 AHB aF verwendeten Text „... den Schaden vorsätzlich herbeigeführt haben", wird hieraus zu Recht allgemein gefolgert, dass sich der Vorsatz nicht nur auf das Schadensereignis an sich beziehen, sondern auch die Schadensfolge mit umfassen muss.[44] Dies kommt auch in der Gesetzesbegründung der Bundesregierung zu § 103[45] zum Ausdruck, wenn es dort wörtlich heißt: „Klargestellt wird, dass sich der Vorsatz hier – anders als bei § 823 BGB – nicht nur auf die Handlung, sondern auch auf die Schadensfolgen beziehen muss, damit der Haftungsausschluss zu Gunsten des Versicherers greift". 26

Daher besteht Versicherungsschutz, wenn der Handelnde die Schadensfolgen weder als möglich erkannt noch für den Fall ihres Eintritts gewollt oder billigend in Kauf genommen hat.[46] Dementsprechend wurde in zu § 4 II Ziff. 1 AHB aF ergangenen Entscheidungen die Anwendbarkeit dieser Vorschrift häufig verneint. Dies soll nicht nur im Falle vorsätzlicher Körperverletzung mit fahrlässiger Todesfolge gelten,[47] sondern auch bei Brandstiftung mit fahrlässig verursachter Todesfolge[48] sowie im Falle unterbrochener Kausalität.[49] 27

b) Fallgruppen. aa) Selbstmord. Hat der Versicherungsnehmer Selbstmord mit Leuchtgas begangen und ist das Haus danach explodiert, ist nach Ansicht des OLG Hamm[50] § 4 II Ziff. 1 S. 1 AHB aF nur dann anwendbar, wenn sich der Versicherungsnehmer die Explosion als Folge seines Tuns vorgestellt und billigend in Kauf genommen hat.[51] Wie eine derartige Einstellung des Versicherungsnehmers in einem Fall wie dem vorliegenden beweisbar sein soll, ist nicht ohne weiteres ersichtlich und erscheint sehr realitätsfremd.[52] Denn abgesehen davon, dass sich kaum ein Versicherungsnehmer vor dem von ihm begangenen Selbstmord in diesem Sinne geäußert haben dürfte, müsste der Versicherer für das Eingreifen der Deckungsausschlussklausel des § 4 II Ziff. 1 S. 1 AHB aF auch noch den entsprechenden Beweis erbringen. Dies wird ihm aber kaum gelingen.[53] 28

bb) Körperverletzungen. Auch in den Fällen, in denen Körperverletzungen durch einen von den Vorstellungen des Täters wesentlich abweichenden Geschehensablauf entstanden sind oder nach 29

---

[43] Vgl. BGH VersR 1954, 591; OLG Köln VersR 1978, 265; OLG Hamm VersR 1987, 88; OLG Köln VersR 1994, 339 f.; OLG Karlsruhe r+s 1998, 189; OLG Frankfurt a. M. VersR 2011, 1314; AG Bremen r+s 2014, 165 (166); OGH VersR 1987, 396; *R. Johannsen* in Bruck/Möller, 8. Aufl., Bd. IV, Anm. G 223; *Späte* AHB § 4 Rn. 199; *Harsdorf-Gebhardt* in Späte/Schimikowski AHB 2014 Ziff. 7 Rn. 4; *Voit/Knappmann* in Prölss/Martin, 27. Aufl. 2004, § 152 Rn. 2 und AHB § 4 Rn. 83; *Lücke* in Prölss/Martin § 103 Rn. 6 und Ziff. 7 AHB 2016 Rn. 8; *Franck* VersR 2014, 13 (14); *H. Baumann* in BK-VVG § 152 Rn. 21; *Littbarski* AHB § 4 Rn. 372.
[44] Vgl. BGH VersR 1998, 1011; OLG Hamm r+s 2004, 145; *Littbarski* AHB § 4 Rn. 373; *Langheid* in Langheid/Rixecker § 103 Rn. 8; *Schimikowski* in HK-VVG § 103 Rn. 8; *Franck* VersR 2014, 13 (14); jeweils mwN; vgl. ferner → Rn. 22 mwN in Fn. 35.
[45] BT-Drs. 16/3945, 85.
[46] Vgl. BGH VersR 1971, 806 (807); 1972, 1039; NJW 1975, 1278 (1279); VersR 1983, 477 f.; 1991, 176 (177); 1998, 1011; OLG München VersR 1974, 1069; OLG Stuttgart VersR 1995, 1229 (1230); OLG Karlsruhe r+s 1996, 301; OLG Köln VersR 1999, 1270 (1271); OLG Hamm r+s 1999, 102; OLG Koblenz VersR 2000, 174 (175); OLG Düsseldorf VersR 2000, 447 (448); ZfS 2004, 471 f.; OLG Karlsruhe VersR 2003, 987 (988); 2005, 781 (782); *Voit/Knappmann* in Prölss/Martin, 27. Aufl. 2004, § 152 Rn. 2 und AHB § 4 Rn. 83; *Lücke* in Prölss/Martin § 103 Rn. 6 und AHB 2016 Ziff. 7 Rn. 8; *Späte* AHB § 4 Rn. 199; *H. Baumann* in BK-VVG § 152 Rn. 17; *Littbarski* AHB § 4 Rn. 373.
[47] Vgl. BGH VersR 1971, 806 (807); OLG Celle VersR 1970, 314 f.; OLG Hamm VersR 1973, 1133 (1134); r+s 1993, 209 (210); OLG Köln VersR 1994, 339; OLG München VersR 1974, 1069 (1070); *Voit/Knappmann* in Prölss/Martin, 27. Aufl. 2004, AHB § 4 Rn. 82; *Littbarski* AHB § 4 Rn. 374.
[48] Vgl. BGH VersR 1972, 1039 f.; *Späte* AHB § 4 Rn. 200; *Harsdorf-Gebhardt* in Späte/Schimikowski AHB 2014 Ziff. 7 Rn. 6; *Littbarski* AHB § 4 Rn. 374.
[49] Vgl. BGH VersR 1971, 1119 (1121); *Späte* AHB § 4 Rn. 200; *Harsdorf-Gebhardt* in Späte/Schimikowski AHB 2014 Ziff. 7 Rn. 6; *Littbarski* AHB § 4 Rn. 374; vgl. aber auch → Rn. 54 f.
[50] OLG Hamm ZfS 1985, 119 (120).
[51] OLG Hamm ZfS 1985, 119 (120); ebenso *Späte* AHB § 4 Rn. 200 und *Harsdorf-Gebhardt* in Späte/Schimikowski AHB 2014 Ziff. 7 Rn. 7.
[52] Vgl. *Littbarski* AHB § 4 Rn. 374.
[53] Vgl. *Littbarski* AHB § 4 Rn. 374; näher zur Beweislastverteilung nach § 103 VVG → Rn. 57 ff.

Art und Schwere von den vorgestellten Verletzungen **wesentlich abweichen,** kommt nach ganz hM[54] eine Versagung des Versicherungsschutzes unter Berufung auf eine Vorsatzausschlussklausel nicht in Betracht, da kein bedingt vorsätzliches Handeln gegeben sei.

30 **Beispielsfälle** für diese zu § 4 II Ziff. 1 S. 1 AHB aF ergangenen Entscheidungen sind etwa der Sturz mit dem Bruch des Mittelfußknochens nach einem Schlag ins Gesicht,[55] der Sturz mit Knöchelbruch aufgrund Schubsens,[56] die Erblindung eines Auges nach einem Schlag mit einem Bierglas,[57] der Kieferbruch und die Zahnabspaltung nach einem Faustschlag ins Gesicht,[58] die Augenverletzung durch einen Steinwurf,[59] die Erblindung eines Auges nach dem Wurf mit einem Tennisschläger,[60] der Hodenriss durch einen Tritt in den Genitalbereich,[61] die Trommelfell-Perforation durch eine Ohrfeige[62] und das waagerechte Abfeuern einer Silvesterrakete auf Personen, die dadurch Brandverletzungen erleiden.[63]

31 Hingegen lässt ein **bloßer Irrtum in der Person des Verletzten** im Falle einer Verwechslung (error in persona) den Vorsatz unberührt.[64] Auch der mit großer Intensität geführte Faustschlag gegen das Opfer, das hintenüber fällt und mit dem Hinterkopf auf einer Bordsteinkante aufschlägt, ist nach zutreffender Ansicht des OLG Hamm[65] ein Indiz für die vorsätzliche Schädigung, wobei das OLG Hamm[66] im Ausgangsfall allerdings als entscheidend für dieses Indiz ansah, dass der Täter trotz der Regungslosigkeit des Opfers nicht betroffen reagierte, sondern in die Gaststätte zurückkehrte, in der er sich vorher aufgehalten hatte.

32 Ob die **Unanwendbarkeit der Deckungsausschlussklausel** des § 4 II Ziff. 1 S. 1 AHB aF in den zuvor genannten und in einer Reihe weiterer Fallgestaltungen[67] tatsächlich richtig war und aus diesem Grunde die generelle Gewährung von Versicherungsschutz durch die Versicherer gegenüber den die Schädigung schuldhaft herbeiführenden Versicherungsnehmer zur Folge hatte, muss bezweifelt werden. Abgesehen davon, dass es einen Unterschied macht, ob ein Schubsen des später Geschädigten bzw. der Wurf mit einem Tennisschläger gegeben ist oder ob bewusst auf einen anderen eingeschlagen bzw. bewusst ein anderer getreten wird, sind vor allem die von der hM für sachgerecht gehaltenen Kriterien, wonach die Körperverletzungen nicht durch einen von den Vorstellungen des Täter wesentlich abweichenden Geschehensablauf entstanden sein dürften oder nach Art und Schwere von den vorgestellten Verletzungen wesentlich abweichen, mehr als fragwürdig. Bereits die Abgrenzung zwischen einem wesentlich abweichenden Geschehensablauf von einem nur unwesentlich abweichenden ist viel zu ungenau und von rein subjektiven Wertungen sowie von einem bestimmten Vorverständnis des Betrachters geprägt und – wie die genannten Fallgestaltungen zeigen – in ihrer Beliebigkeit kaum zu überbieten. Vor allem gewinnt man aber bei einer genaueren Analyse der verschiedenen Entscheidungen den Eindruck, dass sie in erster Linie ergebnisorientiert sind, indem bei schweren oder zum Zeitpunkt der Fällung der Entscheidung noch gar nicht absehbaren Schadensfolgen die Eintrittspflicht des Versicherers gegenüber dem Täter als Versicherungsnehmer wegen des unzweifelhaft zahlungskräftigeren Versicherers bejaht werden soll. Zwar mögen derartige Entscheidungen im Ergebnis dem Opferschutz zugutekommen, der bei der Gesamtbetrachtung der von § 103 VVG erfassten vorsätzlichen

---

[54] Vgl. BGHZ 75, 328 (332) = NJW 1980, 996; OLG Düsseldorf VersR 1977, 745 (746); OLG Celle ZfS 1981, 284; OLG Hamm VersR 1981, 789; 1982, 641; r+s 1991, 334; OLG Bremen r+s 1992, 10; LG Stuttgart VersR 1977, 901; LG Osnabrück ZfS 1989, 389; *Späte* AHB § 4 Rn. 201; *Harsdorf-Gebhardt* in Späte/Schimikowski AHB 2014 Ziff. 7 Rn. 8; *Voit/Knappmann* in Prölss/Martin, 27. Aufl. 2004, AHB § 4 Rn. 83; *Lücke* in Prölss/Martin AHB 2016 Ziff. 7 Rn. 6.
[55] OLG Düsseldorf VersR 1977, 745.
[56] OLG Hamm VersR 1981, 789.
[57] OLG Celle ZfS 1981, 284.
[58] OLG Hamm VersR 1982, 641.
[59] OGH VersR 1977, 753.
[60] LG Stuttgart VersR 1977, 901.
[61] LG Osnabrück ZfS 1989, 389; kritisch zur Begründung des LG Osnabrück, wonach allenfalls eine Hodenprellung bzw. ein Bluterguss in der Hodenhöhle gewollt gewesen sei, zu Recht *Späte* AHB § 4 Rn. 201; *Harsdorf-Gebhardt* in Späte/Schimikowski AHB 2014 Ziff. 7 Rn. 8 und *Langheid* in Langheid/Rixecker § 103 Rn. 20.
[62] AG Hamburg ZfS 1984, 247.
[63] OLG Karlsruhe r+s 1998, 189.
[64] Vgl. *Späte* AHB § 4 Rn. 201; *Harsdorf-Gebhardt* in Späte/Schimikowski AHB 2014 Ziff. 7 Rn. 8; *Lücke* in Prölss/Martin AHB 2016 Ziff. 7 Rn. 6.
[65] Vgl. OLG Hamm r+s 2004, 145 (146 f.); vgl. auch OLG Hamm VersR 2019, 871; *Schimikowski* in HK-VVG AHB 2016 Ziff. 7 Rn. 9.
[66] OLG Hamm r+s 2004, 145 (146 f.); ebenso im Ergebnis *Langheid* in Langheid/Rixecker § 103 Rn. 19.
[67] Vgl. *Späte* AHB § 4 Rn. 201; *Harsdorf-Gebhardt* in Späte/Schimikowski AHB 2014 Ziff. 7 Rn. 8 f.; *Schimikowski* in HK-VVG AHB 2016 Ziff. 7 Rn. 12 ff.

Herbeiführung des Versicherungsschutzes nicht völlig außer Acht gelassen werden kann.[68] Hiermit kann aber allein nicht argumentiert werden, wenn der Versicherungsnehmer als Täter das Opfer bewusst und gewollt schädigt und ihm bei Zugrundelegung eines normalen Menschenverstandes und damit verbunden der Einsichtsfähigkeit in das eigene Tun oder Unterlassen bewusst sein muss, welche Folgen seine Handlung oder seine Unterlassung möglicherweise beim Opfer haben kann. Insbesondere ist auch nicht einzusehen, warum die im Regelfall erheblichen Schadensfolgen kostenmäßig auf die Versichertengemeinschaft abgewälzt werden sollen.

cc) Deliktsunfähigkeit. Die Versagung des Versicherungsschutzes ist dem Versicherer unter Berufung auf § 103 VVG oder § 152 VVG aF bzw. auf Ziff. 7.1 AHB 2016, A 1-7.1 AVB BHV oder § 4 II Ziff. 1 AHB aF dann nicht möglich, wenn der Versicherungsnehmer **selbst oder die durch den Versicherungsvertrag mitversicherte Person deliktsunfähig** gemäß den §§ 827 S. 1, 828 Abs. 1 und 2 S. 1 BGB und damit verbunden nicht verantwortlich für den einem anderen zugefügten Schaden sind.[69] Die demgegenüber in der Rechtsprechung[70] und in der Literatur[71] zum Teil vertretene Auffassung, wonach insbesondere das deliktsunfähige Kind im Einzelfall vorsätzlich im natürlichen Sinne handeln könne und deshalb ein Deckungsausschluss zu bejahen sei, ist trotz der Möglichkeit der Billigkeitshaftung des Deliktsunfähigen nach § 829 BGB abzulehnen, da ihr eine Reihe beweisrechtlicher und zudem nur kostenträchtiger Unwägbarkeiten entgegen stehen. Diese Schwierigkeiten sehen auch die Befürworter der grundsätzlichen Versagung des Versicherungsschutzes. So weisen sie darauf hin, dass man allenfalls in Ausnahmefällen Vorsatz im natürlichen Sinne bei Kindern, die das siebente Lebensjahr noch nicht vollendet haben, annehmen könne.[72] Wollte man sich trotz des insoweit zugestandenen Ausnahmecharakters des Deckungsausschlusses dieser Ansicht anschließen, würden für die Frage des Bestehens oder Nicht-Bestehens von Versicherungsschutz erhebliche Abgrenzungsprobleme geschaffen, die der Rechtssicherheit nicht dienlich sind. Deshalb ist es konsequenter, ausschließlich die sich aus den §§ 827, 828 Abs. 1 und 2 S. 1 BGB ergebende Abgrenzung zwischen der Deliktsunfähigkeit und der Deliktsfähigkeit als Maßstab für die grundsätzliche Eintrittspflicht des Versicherers heranzuziehen.

dd) Rauschzustand und Trunkenheit. Schwierigkeiten bereitet immer wieder die deckungsrechtliche Beurteilung eines Rauschzustandes und der Trunkenheit. So ist nach Auffassung des OLG Köln[73] der Vorsatz ausgeschlossen, wenn der Versicherungsnehmer im Vollrausch und damit im Zustand der Bewusstlosigkeit oder in einem die freie Willensbestimmung ausschließenden Zustand krankhafter Störung der Geistestätigkeit nach § 827 S. 1 BGB handelt. Wird in dieser Weise argumentiert, bleibt die auch im beachtende Regelung des § 827 S. 2 Hs. 1 BGB zu Unrecht gänzlich unberücksichtigt zu Lasten der Versichertengemeinschaft. Auch bei Trunkenheit am Steuer liegt nach weit verbreiteter, aber wenig überzeugender Ansicht[74] in aller Regel – von besonders krassen Ausnahmefällen abgesehen[75] – bedingter Vorsatz nicht vor. Entzündet – um ein weiteres Beispiel außerhalb des Straßenverkehrs zu nennen – der betrunkene Versicherungsnehmer ein Feuerzeug in der Nähe der benzindurchtränkten Hose eines Zechkumpanen und veranlasst der Versicherungsneh-

---

[68] Vgl. auch *H. Baumann* in BK-VVG § 152 Rn. 30; *Schimikowski* in HK-VVG AHB 2016 Ziff. 7 Rn. 13; *Schulze Schwienhorst* in Looschelders/Pohlmann § 103 Rn. 1, die das Ziel des „Opferschutzes" als ganz maßgeblich für die Regelungen des § 152 VVG aF bzw. des § 103 VVG ansehen.

[69] Vgl. zu § 827 S. 1 BGB BGH VersR 2009, 517; hierzu näher *Felsch* r+s 2010, 265 (272 f.) aus der Sicht des an der Entscheidung des BGH beteiligten Richters; OLG Köln r+s 2020, 2021 Rn. 31 im Hinblick auf den Versicherungsnehmer, der sich zum Zeitpunkt des Unfalls in einem die freie Willensbestimmung ausschließenden Zustand krankhafter Störung der Geistestätigkeit befand, vgl. ferner BGHZ 119, 147 (151) = VersR 1992, 1085; BGH r+s 2003, 144; näher in Bezug auf § 103 *Retter* in Schwintowski/Brömmelmeyer/Ebers § 103 Rn. 7 f.

[70] Vgl. RGZ 146, 213 (215); BGH VersR 1953, 28 (29); BGHZ 39, 281 (284) = NJW 1963, 1609; OLG Karlsruhe VersR 1986, 985; OLG Koblenz MDR 1993, 219; LG Augsburg ZfS 1986, 378; LG Oldenburg NJW-RR 1997, 92 (93); OGH VersR 1989, 426; vgl. ferner → Rn. 50 zur Herbeiführung von Lackschäden an Personenwagen durch deliktsunfähige Kinder.

[71] Vgl. *Voit/Knappmann* in Prölss/Martin, 27. Aufl. 2004, § 152 Rn. 2; *H. Baumann* in BK-VVG § 152 Rn. 23 f.

[72] Vgl. RGZ 146, 213 (215); BGHZ 39, 281 (284) = NJW 1963, 1609; OGH VersR 1989, 426; *H. Baumann* in BK-VVG § 152 Rn. 23.

[73] OLG Köln VersR 1991, 1283 (1284); vgl. auch jüngst OLG Saarbrücken r+s 2023, 545 Rn. 32, wonach im Fall einer im Raum stehenden alkoholbedingten Bewusstseinsstörung der Grad der Blutalkoholkonzentration ein wichtiges Indiz für eine Deliktsunfähigkeit darstelle; LG Dortmund r+s 2016, 126 (128) und *Retter* in Schwintowski/Brömmelmeyer/Ebers § 103 Rn. 8.

[74] Vgl. BGHZ 7, 311 (313) = NJW 1952, 1291; BGH VersR 1962, 1051 (1052); *Lücke* in Prölss/Martin § 103 Rn. 6; *H. Baumann* in BK-VVG § 152 Rn. 26; *Retter* in Schwintowski/Brömmelmeyer/Ebers § 103 Rn. 8.

[75] Vgl. hierzu OLG Köln ZfS 1986, 218; NVersZ 1999, 288; LG Koblenz r+s 1989, 5; *H. Baumann* in BK-VVG § 152 Rn. 26; vgl. auch *Lücke* in Prölss/Martin § 103 Rn. 6; *Langheid* in Langheid/Rixecker § 103 Rn. 5.

mer sofortige Rettungsmaßnahmen, nachdem der Zechkumpane Brandverletzungen erlitten hatte, sprechen nach Ansicht des BGH[76] unter anderem die Alkoholisierung und die Einleitung von Rettungsmaßnahmen gegen die Annahme von Vorsatz.

35   Hingegen soll in anderen Fällen der Alkoholisierung ein **relativ hoher Alkoholisierungsgrad** den Vorsatz **nicht von vornherein ausschließen**. So ist dies nach Ansicht des OLG Hamburg[77] bei einer Blutalkoholkonzentration von 2,0 ‰ der Fall. Nach Auffassung des AG Aschaffenburg[78] besteht bei seiner Blutalkoholkonzentration von 2,45 ‰ kein Versicherungsschutz, wenn der Versicherungsnehmer bei einer Festnahme nach einer Verkehrsunfallflucht anlässlich der Blutentnahme eine Gipswand in der Polizeiwache zerstört. Selbst bei einer Blutalkoholkonzentration von 3,0 ‰ ist nach Ansicht des OLG Köln[79] nicht zwangsläufig von einer Schuldunfähigkeit auszugehen. Allerdings ist nach einer Entscheidung des BGH[80] eine nicht zur Schuldunfähigkeit führende starke Alkoholisierung von 2,56 ‰ bei der Feststellung des vom Versicherer zu beweisenden bedingten Vorsatzes zu berücksichtigen, da sie die Einsichts- und Steuerungsfähigkeit erheblich vermindern könne. Liegt im Einzelfall eine erhebliche Verminderung der Einsichts- und Steuerungsfähigkeit vor, kann dies zur Bejahung bloßer bewusster Fahrlässigkeit führen, was wiederum das Bestehen von Versicherungsschutz zur Folge hätte.[81]

36   **ee) Beschränkte Deliktsfähigkeit.** Umstritten ist seit langem in Rechtsprechung und Literatur die Beantwortung der Frage, welche Anforderungen im Hinblick auf § 103 und § 152 VVG aF bzw. auf § 4 II Ziff. 1 AHB aF, Ziff. 7.1 AHB 2016 und A 1-7.1 AVB BHV an die Versagung des Versicherungsschutzes zu stellen sind, wenn der den Schaden verursachende Handelnde aufgrund seiner **Minderjährigkeit** nur **beschränkt deliktsfähig** nach § 828 Abs. 3 BGB in der durch das Zweite Gesetz zur Änderung schadensersatzrechtlicher Vorschriften am 1.8.2002 in Kraft getretenen Fassung oder nach § 828 Abs. 2 BGB in der bis zum 31.7.2002 geltenden Fassung[82] ist. Die sich hierzu in Rechtsprechung und Literatur findenden Stellungnahmen sind völlig uneinheitlich und werden immer wieder von den besonderen Umständen des Einzelfalles abhängig gemacht, was H. Baumann[83] in den Erläuterungen zu § 152 VVG aF zu der Äußerung veranlasste, dass sich weitere pauschale Altersgrenzen verböten.

37   Ob ein solcher Ansatz sachgerecht ist, muss bezweifelt werden, da er nicht einmal Leitlinien für die Beurteilung derartiger Fälle zulässt und daher jedem Versuch, selbst in einem geringen Umfange der Rechtssicherheit zu dienen, zuwiderläuft. Allerdings ist nicht zu verhehlen, dass die Äußerung von H. Baumann[84] letztlich nur den Meinungsstand widerspiegelt, der Rechtsprechung und Literatur in diesem Punkte seit jeher beherrscht. Auch insoweit ist keinerlei Bemühen erkennbar, gewisse vereinheitlichende Grundsätze zu entwickeln.

38   Ein Grund hierfür ist darin zu erblicken, dass bereits die haftungsrechtlichen Grundlagen für die beschränkte Haftung Minderjähriger im Deliktsrecht von dem Fehlen jeglicher vereinheitlichender Grundsätze geprägt sind, wie Tilsen[85] im Einzelnen nachgewiesen hat. Zu überraschen vermag dieses Ergebnis bei genauerer Analyse von Rechtsprechung und Literatur zu dieser Frage kaum, da entgegen einer ersten Vermutung keineswegs nur die haftungsrechtlichen Grundlagen zu bestimmen sind, sondern auch noch verfassungsrechtliche, sozialversicherungsrechtliche und insolvenzrechtliche Aspekte bei der Gesamtbetrachtung der Problematik berücksichtigt werden müssen.[86]

---

[76] Vgl. BGH r+s 1998, 367 (368); ebenso Felsch r+s 2010, 265 (272); vgl. auch Schimikowski in HK-VVG AHB 2016 Ziff. 7 Rn. 9; differenzierend Langheid in Langheid/Rixecker § 103 Rn. 5; vgl. auch Langheid/ Müller-Frank NJW 2019, 342.

[77] OLG Hamburg VersR 1992, 1126 (1127); vgl. auch H. Baumann in BK-VVG § 152 Rn. 26; jeweils zu § 152 VVG aF; ebenso Lücke in Prölss/Martin § 103 Rn. 6.

[78] AG Aschaffenburg ZfS 1990, 207; ebenso Späte Teil B § 4 Rn. 205.

[79] OLG Köln VersR 1995, 205; vgl. auch OLG Köln VersR 1978, 265 (266) bei einem Alkoholisierungsgrad von 2,4 ‰; Retter in Schwintowski/Brömmelmeyer/Ebers § 103 Rn. 8; differenzierend, auf den konkreten Einzelfall abstellend, OLG Hamm VersR 2019, 871 (872).

[80] BGH NJW-RR 1998, 1321 = VersR 1998, 1011; vgl. auch BGH VersR 2009, 517 f. = r+s 2010, 16 ff. zum Anspruch auf rechtliches Gehör bei vom Versicherungsnehmer behaupteten Vollrausch; hierzu Felsch r+s 2010, 265 (272 ff.) aus der Sicht des an der Entscheidung beteiligten Richters; ebenso Lücke in Prölss/ Martin § 103 Rn. 6; H. Baumann in BK-VVG § 152 Rn. 26.

[81] Vgl. auch Retter in Schwintowski/Brömmelmeyer/Ebers § 103 Rn. 8.

[82] Vgl. Art. 229 § 8 Abs. 1 EGBGB, eingefügt durch Art. 12 des Zweiten Gesetzes zur Änderung schadensersatzrechtlicher Vorschriften vom 19.7.2002, BGBl. I S. 2674.

[83] H. Baumann in BK-VVG § 152 Rn. 25.

[84] H. Baumann in BK-VVG § 152 Rn. 25.

[85] Tilsen, Die beschränkte Haftung des Minderjährigen im Deliktsrecht, passim.

[86] Vgl. auch den Untertitel der Untersuchung von Tilsen: Die beschränkte Haftung des Minderjährigen im Deliktsrecht – Zugleich ein Beitrag zur Beschränkung der Haftung des Minderjährigen aus verfassungs-, sozialversicherungs- und insolvenzrechtlicher Sicht.

Ein weiterer Grund kann darin gesehen werden, dass dem **beschränkt Deliktsfähigen** nach 39
ständiger Rechtsprechung in der Gesellschaft regelmäßig eine Stellung zukommt, die von der des
uneingeschränkt Deliktsfähigen **nicht unwesentlich abweicht.** So handeln nach der Rechtsprechung[87] Kinder erfahrungsgemäß aus Unerfahrenheit, Übermut oder aus dem Bedürfnis heraus,
sich anderen gegenüber hervorzutun, häufig unüberlegter als Erwachsene. Deshalb könne bei ihnen
aus der Tatsache, dass sie einen objektiv gefährlichen Geschehensablauf in Gang gesetzt hätten, nicht
ohne weiteres daraus geschlossen werden, sie seien sich der objektiven Gefährlichkeit ihres Tuns
auch bewusst gewesen.[88] Hieraus wird weiterhin in der Rechtsprechung[89] gefolgert, dass Handlungsweisen, die bei Erwachsenen im Allgemeinen auf einen Schädigungswillen hinwiesen, bei Kindern
auf spielerischem Übermut beruhen könnten, der, sofern er überhaupt für eine Vorstellung möglicher
Schadensfolgen Raum lasse, diese infolge überstarken Spieltriebes regelmäßig verdränge und dadurch
den Schädigungsvorsatz ausschließe. Dementsprechend sei bei der Bejahung eines schadensstiftenden
Vorsatzes, sei es auch nur in Form eines Eventualvorsatzes, bei Kindern regelmäßig größte Zurückhaltung geboten.[90]

Aus diesen allgemeinen, vorsätzlichem Handeln des beschränkt Deliktsfähigen nur sehr restriktiv 40
gegenüberstehenden Erwägungen hat der BGH in mehreren Urteilen aus jüngerer Zeit[91] als maßgeblich für das Vorliegen vorsätzlichen Handelns des beschränkt Deliktsfähigen angesehen, ob der
Minderjährige die **erforderliche Einsichtsfähigkeit** habe, dh nach seiner individuellen Verstandesentwicklung fähig sei, das Gefährliche seines Tuns zu erkennen und sich der Verantwortung für die
Folgen seines Tuns bewusst zu sein.

In dem der Entscheidung des BGH vom 30.11.2004[92] zugrunde liegenden Tatbestand 41
gelangte der BGH zur Bejahung der Deliktsfähigkeit eines neunjährigen Jungen, der infolge eines
Sturzes von seinem Kickboard bei einem Wettrennen auf der Straße ein geparktes Auto beschädigte. Auch das Haftungsprivileg des § 828 Abs. 2 S. 1 BGB griff nach dieser Entscheidung nicht
ein, da keine Überforderungssituation im Zusammenhang mit dem Straßenverkehr gegeben gewesen sei.[93]

Anders sah es hingegen nach einer Entscheidung des BGH vom 17.4.2007[94] aus, bei der es 42
darum ging, dass ein achtjähriges Kind mit einem Fahrrad aufgrund überhöhter, nicht angepasster
Geschwindigkeit und Unaufmerksamkeit im fließenden Verkehr gegen ein verkehrsbedingt haltendes
Kfz gestoßen war. In diesem Falle hat es sich nach Ansicht des BGH[95] um eine typische Fallkonstellation der Überforderung des Kindes durch die Schnelligkeit, die Komplexität und die Unübersichtlichkeit der Abläufe im motorisierten Straßenverkehr gehandelt, so dass der BGH[96] zugleich die
Voraussetzungen des § 828 Abs. 2 S. 1 BGB für gegeben hielt.

Das Gleiche wurde im Ergebnis auch in einer Entscheidung des BGH vom 16.10.2007[97] 43
angenommen, in der es um die Haftung eines Achtjährigen ging, der entgegen der Fahrtrichtung
des herannahenden Kraftfahrzeugs auf dem Bürgersteig einer Gruppe von Kindern, die ihn anfeuerte,

---

[87] Vgl. BGH VersR 1983, 477 (478); OLG Düsseldorf VersR 1966, 481; OLG Frankfurt a. M. VersR 1998, 573 (575); OLG Karlsruhe NJW-RR 2014, 1125 f. mit der mehr als fragwürdigen Begründung, dass bei einem zwölfjährigen Jungen, der „mit dem Feuer spielt", nicht ohne weiteres von der objektiv erkennbaren Gefährlichkeit seines Tuns auf einen bedingten Schädigungsvorsatz im Hinblick auf das Abbrennen einer Gartenhütte geschlossen werden könne.
[88] Vgl. die soeben in Fn. 87 genannten Entscheidungen.
[89] Vgl. OLG Düsseldorf ZfS 2004, 471; vgl. hierzu näher → Rn. 47 mit Fn. 102 und 103.
[90] OLG Düsseldorf ZfS 2004, 471 unter Bezugnahme auf die in Rn. 39 Fn. 87 genannten, vor dem Jahre 2004 ergangenen Entscheidungen.
[91] Vgl. BGHZ 161, 180 (187) = NJW 2005, 354 (355 f.); BGH NJW 2005, 356 f.; NJW-RR 2005, 327 ff.; VersR 2007, 855 f.; 2007, 1669 (1670); 2008, 701; vgl. demgegenüber BGH NJW 2010, 1072 f. zur (im Ergebnis bejahten) Haftung von zwei elf Jahre alten Kindern wegen der Herbeiführung eines Brandschadens nach dem Hantieren mit einem Feuerzeug.
[92] BGHZ 161, 180 (187) = NJW 2005, 354 (355 f.); vgl. demgegenüber OLG Karlsruhe NJW-RR 2014, 1125 f. und hierzu oben → Rn. 39 Fn. 87; vgl. auch *Grüneberg* NJW 2013, 2705 (2706).
[93] BGHZ 161, 180 (187); zustimmend *Tilsen*, Die beschränkte Haftung des Minderjährigen im Deliktsrecht, S. 124 f.; vgl. ferner zur – vielfach zu Unrecht behaupteten – typischen Überforderungssituation für einen Minderjährigen im Straßenverkehr BGHZ 181, 368 Rn. 7 ff. = NJW 2009, 3231; OLG Naumburg NZV 2013, 244; LG Saarbrücken NJW 2010, 944 f.; *H. Lang* r+s 2011, Sonderheft S. 63 ff.; *H. Lang* r+s 2011, 409 ff.; *Grüneberg* NJW 2013, 2705 (2706 ff.); *Retter* in Schwintowski/Brömmelmeyer/Ebers § 103 Rn. 7.
[94] BGH VersR 2007, 855 f.
[95] BGH VersR 2007, 855 (856).
[96] BGH VersR 2007, 855 (856); zustimmend *Tilsen*, Die beschränkte Haftung des Minderjährigen im Deliktsrecht, S. 125; *H. Lang* r+s 2011, 409 (412).
[97] BGH VersR 2007, 1669 (1670); zustimmend *Tilsen*, Die beschränkte Haftung des Minderjährigen im Deliktsrecht, S. 125 f.

vorweg lief und dabei sein Fahrrad vor sich herschob, um es dann loszulassen, damit es von allein weiterrolle. Nach Ansicht des BGH[98] hat der achtjährige Beklagte nicht damit gerechnet, dass das führungslose Fahrrad gerade zu dem Zeitpunkt auf die Fahrbahn geraten könnte, zu dem das Fahrzeug des Klägers vorbeifuhr.

44 Kommt in den vorstehend genannten, exemplarisch etwas näher angesprochenen Entscheidungen zur Haftung des beschränkt Deliktsfähigen die Uneinheitlichkeit der Rechtsprechung im Hinblick auf **vorsätzliches, den Versicherungsschutz ausschließendes Verhalten** zum Ausdruck, so findet diese Feststellung auch in einer Reihe von Entscheidungen ihre Bestätigung, in denen es jeweils um die An- oder Unanwendbarkeit des § 4 II Ziff. 1 S. 1 AHB aF bzw. des § 152 VVG aF ging.

45 So hat der BGH in einer Entscheidung vom 23.2.1983[99] die Anwendbarkeit des § 4 II Ziff. 1 S. 1 AHB aF in einem Fall verneint, in dem der in der Privathaftpflichtversicherung seines Vaters **mitversicherte Kläger** im Alter von 15 Jahren auf einem Ausstellungsgelände einen unmittelbar neben einem Zelt sich befindenden Papierhaufen angezündet hatte, wodurch das Zelt nebst Inhalt in Brand geraten war. Dem Umstand, dass der Kläger noch am Abend des Brandtages seinem damals elfjährigen Bruder gegenüber die Äußerung „Sch …, dass die W-Ausstellung nicht gleich ganz abgebrannt ist" getan hat, hat der BGH unter Hinweis auf das damalige Alter des Klägers keine Bedeutung für ein vorsätzliches Verhalten von diesem beigemessen. Denn der Wortlaut bedeute nichts anderes als das in Wut und Aufregung gesprochene Bedauern, dass das Feuer nicht weiter um sich gegriffen habe; einen Rückschluss auf einen von vornherein bestehenden Willen des Klägers, ein solches Großfeuer zu legen, könne daraus nicht ohne weiteres gezogen werden.[100]

46 Ebenfalls für **unanwendbar** hielt das OLG Frankfurt a. M.[101] die **Deckungsausschlussklausel** des § 4 II Ziff. 1 S. 1 AHB aF auch in einem Fall, in dem der damals 10 Jahre alte Kläger in einem Sonnenstudio in der Vergangenheit insgesamt viermal an zu keinen größeren Schäden führenden Brandlegungen beteiligt war und danach mit Tattag Papier aus einem Papierspender gezogen, mit diesem Papier eine Spur in eine benachbarte Kabine gelegt und das mit Desinfektionsmitteln besprühte Papier angezündet und hierdurch einen Schaden von etwa 300.000,– DM (= etwa 150.000,- EUR) verursacht hatte. Nach Ansicht des OLG Frankfurt a. M. habe es sich zwar nicht um eine einmalige, ungeplante und schon deswegen von typischer Unüberlegtheit und Spontanität geprägte Tat gehandelt. Jedoch sei nicht auszuschließen, dass sich der Kläger gerade wegen der mit den „Zündeleien" gemachten Erfahrungen nicht vorgestellt habe, das entzündete Papier könne die Einrichtung und das Gebäude in Brand setzen.

47 Die Entzündung von Benzin in einem hölzernen Carport durch den zur Tatzeit 12½ Jahre alten Kläger, die zur Beschädigung des Carports, eines Pkw sowie der angrenzenden Garage führte, stellte sich nach Ansicht des OLG Düsseldorf[102] nicht als vorsätzliches Handeln des Klägers im Sinne von § 4 II Ziff. 1 S. 1 AHB aF sowie von § 152 VVG aF dar und habe daher die Eintrittspflicht des beklagten Versicherers nicht entfallen lassen. Zur Begründung wies das OLG Düsseldorf[103] darauf hin, dass im Gegensatz zu einem Erwachsenen bei dem zur Tatzeit 12½ Jahre alten Kläger nicht vorausgesetzt werden könne, dass ihm zwangsläufig hätte bewusst sein müssen, welche Folgen die Entzündung von Benzin in einem Carport zur Folge haben müsse. Zudem sei ungeklärt gewesen, wie der Kläger zum Eintritt des Schadens gestanden habe. Genausowenig überzeugend argumentiert auch das OLG Karlsruhe[104] in einem Fall, in dem beim Spielen eines Zwölfjährigen mit dem Feuer eine Gartenlaube abbrannte. Danach könne nicht ohne weiteres von der objektiven Gefährlichkeit des Tuns des Kindes auf dessen bedingten Vorsatz geschlossen werden.

---

[98] BGH VersR 2007, 1670; allerdings die Verletzung der Aufsichtspflicht der Eltern nach § 832 Abs. 1 S. 1 BGB zu Recht bejahend LG Köln NJW-RR 2014, 664 f. im Hinblick auf einen fast siebenjährigen Jungen, der mit dem Kickboard eine Straße überquerte und dabei mit einem Fahrzeug kollidierte; demgegenüber die Verletzung der Aufsichtspflicht der Eltern zu Unrecht verneinend LG Saarbrücken NJW-RR 2015, 720 f. in Bezug auf einen achtjährigen Jungen, der in unmittelbarer Nähe der elterlichen Wohnung Rad fuhr und dabei mit einem Fahrzeug zusammenstieß.
[99] BGH VersR 1983, 477 f.
[100] BGH VersR 1983, 477 (478).
[101] OLG Frankfurt a. M. VersR 1998, 573 ff.
[102] OLG Düsseldorf ZfS 2004, 471 f.; ähnlich in der Begründung auch OLG Karlsruhe NJW-RR 2014, 1125 (1126) bei der in Rn. 47 genannten Fallkonstellation; vgl. hierzu auch → Rn. 39 mit Fn. 87 und → Rn. 41 mit Fn. 92.
[103] OLG Düsseldorf ZfS 2004, 471 f.
[104] OLG Karlsruhe NJW-RR 2014, 1125 (1126); hierzu auch → Rn. 39 mit Fn. 87 und → Rn. 41 mit Fn. 92.

Das OLG Karlsruhe[105] hat schließlich in einem Fall, in dem ein Berufsschüler aus dem Rucksack **48** eines Mitschülers eine Flasche Reizgasspray gezogen und den Inhalt ziellos im Unterrichtsraum versprüht hatte, den Deckungsschutz für geltend gemachte bzw. noch zu erwartende Ansprüche bejaht, nachdem die Lehrerin, eine Asthmatikerin, das Gas eingeatmet und sich hierdurch eine Lungenentzündung zugezogen hatte, die zu einer mehrmonatigen Arbeitsunfähigkeit führte. Zur Begründung hat das OLG Karlsruhe[106] nicht überzeugend darauf hingewiesen, dass tatsächliche Anhaltspunkte dafür, dass der Berufsschüler mit der Asthmaerkrankung seiner Lehrerin gerechnet und den schwerwiegenden Krankheitsverlauf vorausgesehen habe, nicht bestünden.

Demgegenüber hat das OLG Düsseldorf[107] einen Versicherer nicht für verpflichtet gehalten, **49** Deckungsschutz für einen Schaden in Höhe von rund 124.000 DM (= etwa 62.000,- EUR) zu gewähren, den ein 12-jähriger Realschüler gemeinsam mit anderen Schülern nach Einbruch in die Schule durch Zerstörungen, durch Vandalismus und durch Fluten der Räume mittels Öffnen der Wasserhähne bei gleichzeitigem Verstopfen der Abflüsse mutwillig angerichtet hat. Zur Begründung wies das OLG Düsseldorf darauf hin, dass der Kläger den Schaden bewusst und gewollt herbeigeführt habe. Es wäre klar, dass es durch das Öffnen der Wasserhähne und das gleichzeitige Verstopfen der Abflüsse zu Überschwemmungen kommen musste. Der Vorsatz des Klägers hätte sich daher auch auf das Ausmaß des eingetretenen Schadens („Schadensfolge") gerichtet, wobei die Auswirkungen nicht im Einzelnen, sondern nur im Großen und Ganzen vorhergesehen und gewollt sein müssten.[108]

Mit **Lackschäden an Personenwagen,** die durch minderjährige, zur Tatzeit jeweils noch **50** deliktsunfähige Kinder verursacht worden waren, hatten sich das LG Augsburg,[109] das AG Wiesbaden[110] und das LG Oldenburg[111] zu beschäftigen. Übereinstimmend sind alle Gerichte zu dem Ergebnis gelangt, dass in den von ihnen jeweils zu entscheidenden Fällen ein vorsätzliches Handeln der Minderjährigen zu bejahen und deshalb auch die Vorsatzausschlussklausel des § 4 II Ziff. 1 S. 1 AHB aF anwendbar sei. Zur Begründung haben alle genannten Gerichte zu Recht darauf verwiesen, dass die Schäden verursachenden Minderjährigen zumindest bedingt vorsätzlich gehandelt hätten und ihnen auch bewusst gewesen sei, welche Schäden sie anrichteten.[112]

Schließlich hat auch das OLG Karlsruhe[113] die Klage des Vaters eines bei der Tatzeit 13-jährigen **51** gegen den Privathaftpflichtversicherer als unbegründet abgewiesen, in der es darum ging, dass der Sohn des Klägers zusammen mit zwei weiteren Minderjährigen in eine Scheune eingedrungen war und dort zusammen mit den beiden anderen Minderjährigen auf an diesem Orte sich befindende Fahrzeuge mit einem Hammer „eingedroschen" hatte. Zur Begründung hat das OLG Karlsruhe[114] zu Recht hervorgehoben, dass der Sohn des Klägers den Schaden, aus dem Ersatzansprüche gegen ihn hergeleitet wurden, vorsätzlich herbeigeführt habe.

IV. Widerrechtlichkeit des Verhaltens des Versicherungsnehmers

Nach § 103 ist wie im Falle des § 152 VVG aF der Versicherer zur Leistung nicht verpflichtet, **52** wenn der Versicherungsnehmer ... widerrechtlich den bei dem Dritten eingetretenen Schaden herbeigeführt hat. Dieses kumulativ und nicht etwa alternativ neben dem Tatbestandsmerkmal „vorsätzlich" stehende Tatbestandsmerkmal „widerrechtlich"[115] ist zwar nur in § 103 sowie in § 152 VVG aF explizit genannt, nicht aber in Ziff. 7.1 AHB 2016, in A 1-7.1 AVB BHV bzw. in § 4 II Ziff. 1 S. 1 AHB aF. Hieraus kann aber nicht gefolgert werden, dass die Widerrechtlich-

---

[105] OLG Karlsruhe VersR 2005, 781 f.; ähnlich argumentierte auch das OLG Karlsruhe NJW-RR 2008, 45 in Hinblick auf den Willen eines Kindes, das durch das Betätigen eines Feuerlöschers einen erheblichen Verschmutzungsschaden ausgelöst hatte; vgl. auch OLG Koblenz VersR 2007, 1506 zur Betätigung eines Feuerlöschers durch einen 13-jährigen Schüler; hierzu → Rn. 55 mit Fn. 134.
[106] OLG Karlsruhe VersR 2005, 781 f.
[107] OLG Düsseldorf VersR 2002, 89 f.
[108] OLG Düsseldorf VersR 2002, 89 (90).
[109] LG Augsburg ZfS 1986, 378.
[110] AG Wiesbaden VersR 1994, 341.
[111] LG Oldenburg VersR 1996, 1487 f.
[112] Vgl. LG Augsburg ZfS 1986, 378; LG Oldenburg VersR 1996, 1487 f.; AG Wiesbaden VersR 1984, 341; jeweils mit weiteren Einzelheiten zum vorsätzlichen Handeln sowie allgemein zur Versagung des Versicherungsschutzes in Fällen von Lackschäden an Personenwagen; vgl. zur in Fallgestaltungen dieser Art naheliegenden Frage der Verletzung der Aufsichtspflicht der Eltern nach § 832 Abs. 1 S. 1 BGB zu Recht bejahend OLG Düsseldorf r+s 2015, 209 f. für den Fall, dass sich der sechs Jahre alte Sohn zusammen mit anderen Kindern mehrere Stunden unbeaufsichtigt auf dem Schulhof befand und die Kinder dabei durch Werfen von Gegenständen auf das Nachbargrundstück Schäden anrichteten; vgl. auch → Rn. 33 mit Fn. 70.
[113] OLG Karlsruhe VersR 1986, 985 f.
[114] OLG Karlsruhe VersR 1986, 985 f. mit weiteren Einzelheiten.
[115] Vgl. → Rn. 3 mwN in Fn. 3.

keit des Verhaltens des Versicherungsnehmers für die Regelungen der AHB keine Bedeutung hätte. Vielmehr besteht seit langem in Rechtsprechung[116] und Literatur[117] weitgehende Einigkeit darüber, dass die Widerrechtlichkeit auch im Hinblick auf die Vorschriften der AHB Voraussetzung für den grundsätzlichen Ausschluss des Versicherungsschutzes ist. Denn der auch für Ziff. 7.1 AHB 2016, A 1-7.1 AVB BHV und § 4 II Ziff. 1 S. 1 AHB aF maßgebliche Vorsatzbegriff verlangt das Bewusstsein der Widerrechtlichkeit und lässt daher keine inhaltlichen Abweichungen von den Tatbestandsvoraussetzungen des § 103 VVG bzw. des § 152 VVG aF zu.[118] Wollte man seitens der Versicherer aus dem Fehlen des Wortes „widerrechtlich" in Ziff. 7.1 AHB 2016, in A 1-71. AVB BHV und in § 4 II Ziff. 1 S. 1 AHB aF folgern, dass bereits allein ein vorsätzliches Verhalten des Versicherungsnehmers zur Leistungsfreiheit des Versicherers führte, ginge diese Auffassung aufgrund der Regelung des § 305c Abs. 2 BGB wegen Zweifeln bei der Auslegung von Allgemeinen Versicherungsbedingungen zu Lasten der Versicherer als Verwender der AHB und der AV BHV.[119]

53   **„Widerrechtlich" ist synonym mit „rechtswidrig".**[120] Daher ist Versicherungsschutz nach § 103 VVG bzw. gemäß § 152 VVG aF und nach Ziff. 7.1 AHB 2016, gemäß A 1-7.1 AVB BHV bzw. nach § 4 II Ziff. 1 S. 1 AHB aF grundsätzlich in den Fällen erlaubten und damit rechtmäßigen Verhaltens gegeben, also wenn Rechtfertigungsgründe für das Verhalten des Versicherungsnehmers vorliegen. Zu denken ist hierbei insbesondere an die Fälle der Notwehr nach § 227 BGB und des defensiven sowie des aggressiven Notstandes gemäß den §§ 228 und 904 BGB sowie der Selbsthilfe nach § 229 BGB.[121] Das Gleiche gilt bei der irrtümlichen Annahme eines Rechtfertigungsgrundes, der sog. Putativnotwehr,[122] sowie nach ganz hM[123] bei Taten Unzurechnungsfähiger gemäß den §§ 827, 828 Abs. 1 BGB, soweit diese die Taten mit natürlichem Vorsatz begangen haben. Sofern schließlich die Unzurechnungsfähigen aufgrund fehlender Haftung nicht schadensersatzpflichtig sind, besteht Versicherungsschutz in Gestalt der Abwehr unberechtigter Ansprüche.[124]

V. Eingetretener Schaden

54   Ausgehend von dem Wortlaut des § 103 VVG, wonach der Versicherer nicht zur Leistung verpflichtet ist, wenn der Versicherungsnehmer vorsätzlich den bei dem Dritten eingetretenen Schaden herbeigeführt hat und der an dieser Stelle bereits grundsätzlich beantworteten Frage, worauf sich der Vorsatz des Versicherungsnehmers zu erstrecken hat,[125] wird seit längerem in

---

[116] Vgl. BGH VersR 1958, 361 (362); OLG Hamburg VersR 1962, 366; OLG Frankfurt a. M. NJW 1971, 1613 (1614); VersR 1989, 732; OLG Hamm VersR 2006, 781 (782); AG Hamburg ZfS 1989, 280 (281); aA OLG Frankfurt a. M. VersR 1965, 947 (948).

[117] Vgl. R. Johannsen in Bruck/Möller, 8. Aufl., Bd. IV, Anm. G 226; *Späte* AHB § 4 Rn. 205; *Harsdorf-Gebhardt* in Späte/Schimikowski AHB 2014 Ziff. 7 Rn. 13 ff.; *Littbarski* AHB § 4 Rn. 369; *Lücke* in Prölss/Martin § 103 Rn. 1 und AHB 2016 Ziff. 7 Rn. 4; *H. Baumann* in BK-VVG § 152 Rn. 27; *Retter* in Schwintowski/Brömmelmeyer/Ebers § 103 Rn. 10; *Schimikowski* in HK-VVG § 103 Rn. 6 und AHB 2016 Ziff. 7 Rn. 15; *Langheid* in Langheid/Rixecker § 103 Rn. 19; aA *Friedrich* VersR 1951, 108 (110); *Böhm* VersR 1953, 169.

[118] Vgl. die soeben in den Fn. 116 und 117 genannten hM in Rechtsprechung und Literatur; vgl. ferner → Rn. 22 mwN in Fn. 32.

[119] Vgl. OLG Hamm VersR 2006, 781 (782); *H. Baumann* in BK-VVG § 152 Rn. 27; *Retter* in Schwintowski/Brömmelmeyer/Ebers § 103 Rn. 10; vgl. auch *H. Baumann* in Bruck/Möller AVB-AVG 2011/2013 Ziff. 2 Rn. 10 mit Fn. 33.

[120] Vgl. auch *Retter* in Schwintowski/Brömmelmeyer/Ebers § 103 Rn. 9.

[121] Vgl. OLG Hamm VersR 2006, 781 (782); AG München r+s 1999, 453 (454); *Späte* AHB § 4 Rn. 205; *Harsdorf-Gebhardt* in Späte/Schimikowski AHB 2014 Ziff. 7 Rn. 15; *H. Baumann* in BK-VVG § 152 Rn. 27; *Littbarski* AHB § 4 Rn. 370; *Retter* in Schwintowski/Brömmelmeyer/Ebers § 103 Rn. 10; *Langheid* in Langheid/Rixecker AHB § 103 Rn. 22.

[122] Vgl. BGH VersR 1958, 361 (362); OLG Düsseldorf VersR 1994, 850 (851); OLG Karlsruhe r+s 1995, 9; OLG Frankfurt a. M. VersR 1998, 575; LG Köln BeckRS 2007, 15911, zit. nach *Retter* in Schwintowski/Brömmelmeyer/Ebers § 103 Rn. 11 zum Fall des Überschreitens einer vermeintlich erlaubten Abwehrhandlung; *Späte* AHB § 4 Rn. 205; *Harsdorf-Gebhardt* in Späte/Schimikowski AHB 2014 Ziff. 7 Rn. 15; *H. Baumann* in BK-VVG § 152 Rn. 27; *Littbarski* AHB § 4 Rn. 270; *Langheid* in Langheid/Rixecker AHB § 103 Rn. 19; *Schimikowski* in HK-VVG AHB 2016 Ziff. 7 Rn. 16.

[123] Vgl. *R. Johannsen* in Bruck/Möller, 8. Aufl., Bd. IV, Anm. G 226; *Späte* AHB § 4 Rn. 205; *Harsdorf-Gebhardt* in Späte/Schimikowski AHB 2014 Ziff. 7 Rn. 15; kritisch zu mit „natürlichem Vorsatz" begangenen Taten → Rn. 33.

[124] Vgl. *R. Koch* in Bruck/Möller § 103 Rn. 46; *Harsdorf-Gebhardt* in Späte/Schimikowski AHB 2014 Ziff. 7 Rn. 15; jeweils mwN; näher zur Abwehr unberechtigter Ansprüche → Vor § 100 Rn. 63 ff. und → § 100 Rn. 9; jeweils mwN.

[125] Vgl. hierzu im Einzelnen → Rn. 25 ff.

Rechtsprechung[126] und Literatur[127] darüber diskutiert, was zu geschehen hat, wenn der Versicherungsnehmer den eingetretenen **Gesamterfolg zum Teil vorsätzlich und im Übrigen unvorsätzlich herbeigeführt hat.** Während *Langheid*[128] sich dafür ausgesprochen hat, den Versicherungsnehmer nur für den von ihm unvorsätzlich verursachten Schaden Deckungsschutz zu gewähren und daher eine Quotelung vorzunehmen, ist nach der ganz überwiegenden Auffassung[129] danach zu unterscheiden, ob es sich um einen ein- oder aber um einen mehraktigen Geschehensablauf handelt. Sofern ein einaktiger Geschehensablauf gegeben ist, wird eine Aufspaltung des Gesamterfolges in einen gedeckten und in einen ungedeckten Teil, je nach der Willensrichtung des Handelnden für nicht überzeugend durchführbar gehalten und eine entsprechende Quotelung deshalb abgelehnt.[130] Daher sollte insoweit das „Alles-oder-nichts-Prinzip" zugunsten des Versicherungsnehmers und vor allem auch des Geschädigten beibehalten werden.[131] Sofern hingegen ein mehraktiger Geschehensablauf vorliegt und der Tathergang daher mehrere schuldhafte Einzelhandlungen mit umfasst,[132] von denen nicht alle Vorsatztaten sind, wird eine Aufspaltung und damit verbunden eine Beschränkung der Deckung auf die vorsatzlosen Schadensfolgen als unbedenklich angesehen.[133]

Auch wenn den Bedenken von *Langheid*[134] gegenüber einer uneingeschränkten Haftpflichtdeckung trotz Vorsatzes des Versicherungsnehmers in der Sache zuzustimmen ist, zeigen doch die von ihm entwickelten **Grundsätze einer Quotelung und deren Aufspaltung** in die Fallgruppen Schmerzensgeld für Verletzungshandlung, gebilligte Verletzungsfolgen und Exzessfolgen sowie hypothetische Verletzungsfolgen, welche Schwierigkeiten die sachgerechte Abgrenzung im Einzelfall bereiten dürfte. Insbesondere ist es mit dem Hinweis darauf, dass man mit sachverständiger Hilfe eine Abgrenzung vornehmen könne, kaum allein getan,[135] da dadurch der Richter einer eigenständig von ihm zu treffenden Entscheidung nach §§ 286 und 287 ZPO nicht enthoben ist. **Daher dürfte es sachgerechter sein, gemäß dem an dieser Stelle entwickelten Ansatz vorzugehen und generell erheblich restriktiver das Nicht-Vorliegen vorsätzlichen Handelns des Versicherungsnehmers zu bejahen.**[136] Damit wird zugleich dem berechtigten Hinweis von *Langheid*[137] Rechnung getragen, der hervorhebt, dass letztlich niemand ernsthaft wollen könne, dass ein Haftpflichtversicherer (und damit die Versichertengemeinschaft) für Vorsatz in Anspruch genommen werde. Im Übrigen kann der ganz hM[138] dahingehend gefolgt werden, dass bereits die Aufspaltung in einen ein- oder mehraktigen Geschehensablauf geeignet ist, zwischen vom Versicherungsschutz erfassten und nicht erfassten Geschehensabläufen zu unterscheiden.

VI. Prozessuale Fragen

1. Allgemeines. Im Zusammenhang mit der Möglichkeit der Anwendbarkeit des § 103 stellen sich im Einzelfall unter Umständen auch prozessuale Fragen, und zwar zum einen solche des Beweisrechts und zum anderen solche der Bindungswirkung.

---

[126] Vgl. OLG Hamm NVersZ 1999, 289; 2001, 134; LG Bonn NJW-RR 2005, 822 (824).
[127] Vgl. *Langheid* NVersZ 1999, 253 f.; *E. Lorenz* VersR 2000, 2 (6 f.); *Knappmann* VersR 2000, 11 (12); *Lücke* in Prölss/Martin § 103 Rn. 12; *Retter* in Schwintowski/Brömmelmeyer/Ebers § 103 Rn. 15.
[128] *Langheid* NVersZ 1999, 253 f.; *Langheid* in Langheid/Rixecker § 103 Rn. 10 f.
[129] OLG Hamm NVersZ 2001, 134; OLG Schleswig r+s 2008, 67; *Knappmann* VersR 2000, 11 (12); *Lücke* in Prölss/Martin § 103 Rn. 12; *Retter* in Schwintowski/Brömmelmeyer/Ebers § 103 Rn. 15; kritisch demgegenüber auf Recht auch *R. Koch* in Bruck/Möller § 103 Rn. 81.
[130] Vgl. auch *E. Lorenz* VersR 2000, 2 (6 f.); differenzierend demgegenüber *Lücke* in Prölss/Martin § 103 Rn. 12.
[131] Vgl. LG Bonn NJW-RR 2005, 822 (824); *Retter* in Schwintowski/Brömmelmeyer/Ebers § 103 Rn. 15.
[132] Vgl. OLG Hamm NVersZ 2001, 134; *Lücke* in Prölss/Martin § 103 Rn. 12; *Retter* in Schwintowski/Brömmelmeyer/Ebers § 103 Rn. 15.
[133] Vgl. *Retter* in Schwintowski/Brömmelmeyer/Ebers § 103 Rn. 15; demgegenüber keinen zwingenden Unterschied zwischen ein- und mehraktigen Handlungen erkennend *Langheid* in Langheid/Rixecker § 103 Rn. 11.
[134] *Langheid* NVersZ 1999, 253 f.; vgl. auch *Langheid* in Langheid/Rixecker § 103 Rn. 11 unter Bezugnahme auf OLG Koblenz VersR 2007, 1506; danach könne bei einer mutwilligen Sachbeschädigung durch einen 13-jährigen Schüler der voraussehbare Schaden nicht gedeckt sein, wenn der Schüler in einer Kirche einen Feuerlöscher betätigt und dadurch nicht nur Verschmutzungen entstehen, sondern unerwartet auch wertvolle Kunstgegenstände beschädigt werden; vgl. hierzu *Weitzel*, Anm. zu OLG Koblenz VersR 2007, 1506, in: VersR 2008, 954; vgl. ferner *Lücke* in Prölss/Martin § 103 Rn. 12; *Piontek* Haftpflichtversicherung § 4 Rn. 19.
[135] Vgl. *Langheid* NVersZ 1999, 253 f.
[136] Vgl. → Rn. 28 ff.
[137] *Langheid* NVersZ 1999, 253 (254).
[138] Vgl. hierzu → Rn. 54 mwN in Fn. 129.

57   **2. Beweisrecht.** Genauso wie in Bezug auf § 152 VVG aF sowie auf § 4 II Ziff. 1 S. 1 AHB aF bzw. auf Ziff. 7.1 AHB 2016 und auf A 1-7.1 AVB BHV sind auch im Hinblick auf § 103 eine Reihe beweisrechtlicher Fragen zu klären, wobei diese sich allerdings an den **allgemeinen Grundsätzen des Beweisrechts** orientieren.

58   So trägt entsprechend den allgemeinen zivilprozessualen Grundsätzen der **Beweislastverteilung** der Versicherer die Beweislast für die Umstände, die zu einem Verlust des Versicherungsschutzes für den Versicherungsnehmer führen. Anders formuliert muss der Versicherer das Vorliegen der den Ausschluss seiner Leistungspflicht begründenden Voraussetzungen beweisen,[139] insbesondere also das vorsätzliche Verhalten des Versicherungsnehmers. Dabei bezieht sich die Beweispflicht des Versicherers nicht nur auf die Kausalität zwischen dem Verhalten des Versicherungsnehmers und dem Eintritt des Versicherungsfalles,[140] sondern vor allem auch auf den Vorsatz des Versicherungsnehmers, den Schaden des geschädigten Dritten mindestens billigend in Kauf genommen zu haben und damit herbeiführen zu wollen.[141] Deshalb geht es zu Lasten des Versicherers, wenn die innere Einstellung des Versicherungsnehmers zur Zeit der Handlung nicht aufgeklärt werden kann.[142]

59   Die **Beweisführung des Versicherers** kann nach überwiegend geteilter Auffassung[143] auch mittels eines Indizienbeweises erfolgen, indem aus den sich aus der Gesamtheit des Geschehensablaufs ergebenden Indizien die Schlussfolgerung gezogen wird, dass der Versicherungsnehmer den bei dem geschädigten Dritten eingetretenen Schaden habe herbeiführen wollen.

60   In Anbetracht der bisweilen großen Schwierigkeiten des Versicherers, einen entsprechenden Vorsatz des Versicherungsnehmers beweisen zu können, stellt sich die Frage, ob zur Beweiserleichterung die Grundsätze des Beweises des ersten Anscheins, des sog. prima facie-Beweises, anwendbar sind. Dies ist jedoch nach weitgehend übereinstimmender, bereits unter der Geltung des § 152 VVG aF sowie des § 4 II Ziff. 1 S. 1 AHB aF vertretener Auffassung[144] nicht der Fall. Zur Begründung wird

---

[139] Vgl. BGH VersR 1954, 591 (592); 1970, 1121; 1986, 647; 2001, 1103; 2015, 181 Rn. 16 für den Ausschlussgrund der Wissentlichkeit der Pflichtverletzung; BGH NJW-RR 2015, 121 Rn. 17 und NJW-RR 2015, 123 Rn. 10 zur Vorleistungspflicht des Berufshaftpflichtversicherers nach § 19a Abs. 2 S. 2 BNotO; vgl. auch → § 110 Rn. 26 mit Fn. 53; vgl. ferner OLG Köln VersR 1997, 1345; KG VersR 2008, 69; OLG Karlsruhe VersR 2010, 940 (941); OLG Frankfurt a. M. VersR 2011, 1314; OLG Nürnberg r+s 2012, 65 (66); *H. Baumann* in BK-VVG § 152 Rn. 28; *Lücke* in Prölss/Martin § 103 Rn. 7; *Späte* AHB § 4 Rn. 209; *Harsdorf-Gebhardt* in Späte/Schimikowski AHB 2014 Ziff. 7 Rn. 23; *Littbarski* AHB § 4 Rn. 378; *Schimikowski* in HK-VVG § 103 Rn. 6; *Retter* in Schwintowski/Brömmelmeyer/Ebers § 103 Rn. 18; *Schulze Schwienhorst* in Looschelders/Pohlmann § 103 Rn. 8; *Langheid* in Langheid/Rixecker § 103 Rn. 20; *R. Koch* in Bruck/Möller § 103 Rn. 93; *Gädtke* in Bruck/Möller AVB-AVG 2011/2013 Ziff. 5 Rn. 47 ff.; *Gladys* DStR 2013, 2416 (2419); *Armbrüster/Schreier* ZVersWiss 105 (2016), 3 (15).

[140] Vgl. *Looschelders* VersR 2008, 1 (4); *Retter* in Schwintowski/Brömmelmeyer/Ebers § 103 Rn. 18.

[141] Vgl. BGH VersR 1971, 239; 1980, 164; 1998, 1011; OLG Hamm r+s 1997, 3 (4); KG VersR 2004, 325; OLG Karlsruhe VersR 2010, 940 (941); OLG Köln VersR 2010, 1362 f.; OLG Karlsruhe NJW-RR 2014, 1125 (1126); OLG Köln VersR 2016, 558 (563); r+s 2020, 21 Rn. 29; vgl. auch OLG Karlsruhe NJW-RR 2016, 149 Rn. 21 ff. im Hinblick auf § 81 VVG; *Lücke* in Prölss/Martin § 103 Rn. 7; *Retter* in Schwintowski/Brömmelmeyer/Ebers § 103 Rn. 18; *R. Koch* in Bruck/Möller § 103 Rn. 93; *Schulze Schwienhorst* in Looschelders/Pohlmann § 103 Rn. 8; *Hintz/Burkard* VersR 2011, 1373 (1374).

[142] Vgl. BGH VersR 1991, 176 (178); OLG Hamm r+s 1981, 203; OLG Stuttgart VersR 1995, 1229 (1230); OLG Köln r+s 2018, 594 f. zum Vorsatzausschluss beim erweiterten Suizid, da sich dabei der Versicherungsnehmer in einem emotionalen Ausnahmezustand befunden habe; kritisch hierzu m. Recht *Schimikowski*, Anm. zu OLG Köln r+s 2018, 594 f., in: r+s 2018, 595 ff. und *Schimikowski* in HK-VVG § 103 Rn. 7, da dessen Feststellung allein nicht genüge, um eine erhebliche Verminderung der Einsichts- und Hemmungsfähigkeit anzunehmen; *Späte* AHB § 4 Rn. 209; *Lücke* in Prölss/Martin AHB 2016 Ziff. 7 Rn. 8 f.; *H. Baumann* in BK-VVG § 152 Rn. 28 und 32; *Littbarski* AHB § 4 Rn. 378; *R. Koch* in Bruck/Möller § 103 Rn. 93.

[143] Vgl. BGH VersR 1971, 806 (807); 2015, 181 Rn. 17 ff., wonach der Versicherer entgegen anders lautenden Stimmen für den Ausschlussgrund der Wissentlichkeit der Pflichtverletzung Anknüpfungstatsachen vorzutragen habe, die als schlüssige Indizien für eine wissentliche Pflichtverletzung betrachtet werden könnten; vgl. ferner OLG Schleswig VersR 1984, 1163 (1164); OLG Saarbrücken VersR 1993, 1004 (1005 f.); OLG Karlsruhe r+s 1996, 301; OLG Hamm r+s 1997, 3 (4); KG VersR 2004, 325; OLG Hamm VersR 2006, 781 (782); 2007, 1550 (1551); OLG Koblenz VersR 2007, 1506; OLG Karlsruhe r+s 2012, 592; OLG Koblenz VersR 2014, 1450; OLG Köln VersR 2016, 322 (323); *R. Johannsen* in Bruck/Möller, 8. Aufl., Bd. IV, Anm. G 225; *Späte* AHB § 4 Rn. 209; *Harsdorf-Gebhardt* in Späte/Schimikowski AHB 2014 Ziff. 7 Rn. 23; *H. Baumann* in BK-VVG § 152 Rn. 19 und 31; *Littbarski* AHB § 4 Rn. 379; *Retter* in Schwintowski/Brömmelmeyer/Ebers § 103 Rn. 19; *Schulze Schwienhorst* in Looschelders/Pohlmann § 103 Rn. 8; *Langheid* in Langheid/Rixecker § 103 Rn. 20; *Hintz/Burkard* VersR 2011, 1373 (1375).

[144] Vgl. BGH NJW 1988, 2040 (2041); OLG Hamm VersR 1986, 567; OLG Köln VersR 1994, 339 f.; OLG Karlsruhe r+s 1995, 408; OLG Köln VersR 1999, 1270 (1271); OLG Nürnberg NJW-RR 2005, 466 (468); OLG Hamm VersR 2006, 781 (782); 2007, 1550 (1551); OLG Frankfurt a. M. r+s 2008, 66; ebenso im Hinblick auf § 103 OLG Köln r+s 2016, 558 (563); 2020, 20 Rn. 29; differenzierend KG VersR 2007,

darauf hingewiesen, dass es kein durch die allgemeine Lebenserfahrung gesichertes typisches menschliches Verhalten gebe, das auf Vorsatz hindeute. Vielmehr handele es sich um den Beweis für einen in der subjektiven Sphäre des Handelnden abspielenden und damit um einen individuellen inneren Vorgang, für den sich keine allgemeinen Erfahrungssätze aufstellen ließen.

Ob diese Ansicht auch in der Zukunft uneingeschränkt aufrechterhalten werden kann oder ob nicht unter Berücksichtigung der verschiedenen, für das vorsätzliche Verhalten des Versicherungsnehmers maßgeblichen Fallgruppen[145] eine differenziertere Betrachtung erforderlich ist, bleibt abzuwarten. Immerhin verdient der besonderen Beachtung, dass nach Auffassung des KG[146] eindeutige Verstöße gegen die dem Notar obliegenden Pflichten den Anscheinsbeweis für ein bewusst pflichtwidriges Verhalten begründen können. Insoweit könnte mit diesem Standpunkt des KG ein Anfang zu einer Neuorientierung bei der Anwendbarkeit der Grundsätze des Anscheinsbeweises gemacht worden sein. **61**

Korrespondierend zu der den Versicherer treffenden Beweislast bezüglich des Vorsatzes des Versicherungsnehmers muss dieser bei der Annahme seines vorsätzlichen Verhaltens beweisen, dass sein Verhalten nicht widerrechtlich oder positiv formuliert gerechtfertigt war und daher hierfür ein Rechtfertigungsgrund gegeben ist.[147] Der Versicherungsnehmer muss auch im **Bewusstsein der Widerrechtlichkeit seines Verhaltens** gewesen sein.[148] Irrt er über die Widerrechtlichkeit seines Verhaltens, so ist er hierfür beweisbelastet und nicht etwa der Versicherer. Daher ist es unzutreffend, wenn nach Stimmen in der Rechtsprechung und Literatur[149] darauf verwiesen wird, dass der Irrtum über eine objektiv nicht gegebene Notlage vom Versicherer nicht nur zu prüfen, sondern auch auszuschließen sei. Wirft daher zB der Versicherungsnehmer Bilder und Bücher in den Altpapiercontainer, da er irrig annimmt, er sei deren Eigentümer, so trifft ihn die Beweislast für seinen Irrtum über die Widerrechtlichkeit seines Tuns, wenn er der Versagung des Versicherungsschutzes durch den Versicherer wegen vorsätzlichen Handelns entgehen will.[150] Beweisbelastet ist der Versicherungsnehmer schließlich auch für seine fehlende Deliktsfähigkeit nach §§ 827 S. 1, 828 Abs. 2 und 3 BGB[151] oder noch allgemeiner für seine fehlende Zurechnungsfähigkeit.[152] **62**

3. Bindungswirkung. Sofern im Haftpflichtprozess eine vorsätzlich unerlaubte Handlung des Versicherungsnehmers nach § 823 Abs. 1 BGB festgestellt worden ist, tritt auch eine **Bindungswirkung** für die im Deckungsprozess zu entscheidende Frage ein, ob der Versicherungsnehmer den **Schaden vorsätzlich herbeigeführt** hat.[153] Demgegenüber kann sowohl im Haftpflichtprozess als **63**

[1076] bei eindeutigen Verstößen gegen die Notarpflichten, so dass der Vorsatzausschluss indiziell durch Rückschluss aus dem objektiven Tatbestand geführt werden müsse; *Späte* AHB § 4 Rn. 209; *Harsdorf-Gebhardt* in Späte/Schimikowski AHB 2014 Ziff. 7 Rn. 23; *H. Baumann* in BK-VVG § 152 Rn. 30; *Lücke* in Prölss/Martin AHB 2016 Ziff. 7 Rn. 10; *Littbarski* AHB § 4 Rn. 378; *Retter* in Schwintowski/Brömmelmeyer/Ebers § 103 Rn. 19; *Schulze Schwienhorst* in Looschelders/Pohlmann § 103 Rn. 8; *Schimikowski* in HK-VVG § 103 Rn. 5; *Hintz/Burkard* VersR 2011, 1373 (1375); *R. Koch* in Bruck/Möller § 103 Rn. 98 mwN in Fn. 252; *Gädtke* in Bruck/Möller AVB-AVG 2011/2013 Ziff. 5 Rn. 50; undifferenziert demgegenüber *Scherpe* ZVersWiss 102 (2013), 35 (41), die unter Bezugnahme auf BGH NJW 1969, 269 (274) davon spricht, dass die Rechtsprechung einen Anscheinsbeweis für die Fehlerhaftigkeit eines Produkts heranziehe, wenn der Schaden bei dessen Anwendung gehäuft auftrete; eingehend zu den Voraussetzungen des Beweises des ersten Anscheins BGH NJW 2010, 1072 f. bei der Feststellung von Brandursachen, ohne dass zugleich deckungsrechtliche Fragen in Rede standen.

[145] Vgl. hierzu näher → Rn. 28 ff.
[146] KG VersR 2007, 1076 (1078).
[147] Ebenso *Retter* in Schwintowski/Brömmelmeyer/Ebers § 103 Rn. 18; aA OLG Hamm VersR 2006, 781 (782) mit zu Recht kritischer Anmerkung von *Weitzel* VersR 2006, 783.
[148] So zu Recht *Schimikowski* in HK-VVG § 103 Rn. 9; *R. Koch* in Bruck/Möller § 103 Rn. 88.
[149] So etwa OLG Hamm VersR 2006, 781 mit Anm. *Weitzel*; LG Dortmund r+s 2012, 114; *Lücke* in Prölss/Martin § 103 Rn. 7 und 15; *Piontek* Haftpflichtversicherung § 4 Rn. 10; demgegenüber ebenso wie hier zu Recht *Retter* in Schwintowski/Brömmelmeyer/Ebers § 103 Rn. 18; *R. Koch* in Bruck/Möller § 103 Rn. 94; *Langheid* in Langheid/Rixecker § 103 Rn. 19; *Gädtke* in Bruck/Möller AVB-AVG 2011/2013 Ziff. 5 Rn. 48 f. mit eingehender Darstellung des Streitstandes.
[150] Vgl. *Schimikowski* in HK-VVG § 103 Rn. 9.
[151] Vgl. hierzu OLG Hamm VersR 1981, 178 (179); r+s 1997, 3 (4); OLG Köln r+s 2020, 20 Rn. 29; *Littbarski* AHB § 4 Rn. 379; *R. Koch* in Bruck/Möller § 103 Rn. 94.
[152] Vgl. BGH ZfS 1987, 6 (7); VersR 1990, 888 (889); OLG Hamm VersR 1981, 178 (180); 1987, 89 (90); OLG Frankfurt a. M. VersR 1990, 42 f.; OLG Köln r+s 2020, 2021 Rn. 31; LG Köln r+s 2004, 183 (184); *Retter* in Schwintowski/Brömmelmeyer/Ebers § 103 Rn. 18; *Lücke* in Prölss/Martin § 103 Rn. 7; *Schimikowski* in HK-VVG § 103 Rn. 7.
[153] Vgl. BGH VersR 2007, 641; 2011, 203; 2015, 181 Rn. 11; OLG Köln VersR 1999, 1270 (1271); *Littbarski* AHB § 4 Rn. 380; *Retter* in Schwintowski/Brömmelmeyer/Ebers § 103 Rn. 20; vgl. zum Eintritt der Bin-

auch im späteren Deckungsprozess festgestellt werden, ob auch die Schadensfolgen vom Vorsatz erfasst werden,[154] da der Vorsatz sich aus deckungsrechtlicher Sicht nicht wie gezeigt[155] nur auf das Schadensereignis an sich beziehen, sondern auch die Schadensfolgen umfassen muss, damit der Haftungsausschluss zugunsten des Versicherers greift. Ist hingegen im Haftpflichtprozess der Vorsatz verneint worden, besteht auch eine Bindungswirkung für den Deckungsprozess.[156] Keine Bindungswirkung entfaltet demgegenüber nach der in der Rechtsprechung[157] zu Recht vertretenen Auffassung eine Verurteilung in einem dem Deckungsprozess vorangegangenen Strafprozess.

VII. Beteiligung mehrerer Personen auf Seiten des Versicherungsnehmers

64 **1. Allgemeines.** Aus dem Wortlaut des § 103 und auch aus dem des § 152 VVG aF, die durch die sich jeweils dort findende Formulierung „...der Versicherungsnehmer ... herbeigeführt hat", auf das Verhalten des Versicherungsnehmers abstellen, könnte zunächst gefolgert werden, dass es für die Möglichkeit des Deckungsausschlusses durch den Versicherer allein auf das Verhalten des Versicherungsnehmers ankommt. Damit würde jedoch den Eigenheiten eines Versicherungsvertrages nicht hinreichend Rechnung getragen werden, der sowohl zugunsten als auch zu Lasten des Versicherungsnehmers davon ausgeht und ausgehen muss, dass auf dessen Seite regelmäßig mehrere Personen beteiligt sind und deren den Schaden des Dritten herbeiführendes Verhalten gegebenenfalls auch Auswirkungen auf das Bestehen oder Nicht-Bestehen von Versicherungsschutz haben muss.

65 Dieser Umstand kommt in den AHB 2016 bereits in Ziff. 7.1 AHB 2016, in den AVB BHV in A 1-7.1 Abs. 1 AVB BHV und in § 4 II Ziff. 1 S. 1 AHB aF zum Ausdruck, nach denen grundsätzlich „Versicherungsansprüche aller Personen, die den Schaden vorsätzlich herbeigeführt haben" von der Versicherung ausgeschlossen sind. Er lässt sich auch dem Wortlaut der Ziff. 27.1 S. 1 AHB 2016, dem von A 1-2.2 Abs. 1 S. 1 AVB BHV sowie dem des § 7 Ziff. 1 S. 1 AHB aF entnehmen, in denen es etwas unterschiedlich formuliert heißt:

66 **27 Mitversicherte Personen**

27.1. Erstreckt sich die Versicherung auch auf Haftpflichtansprüche gegen andere Personen als den Versicherungsnehmer selbst, sind alle für ihn geltenden Bestimmungen auf die Mitversicherten entsprechend anzuwenden ...

§ 7 Versicherung für fremde Rechnung

1. Soweit sich die Versicherung auf Haftpflichtansprüche gegen andere Personen als den Versicherungsnehmer selbst erstreckt, finden alle in dem Versicherungsvertrag bezüglich des Versicherungsnehmers getroffenen Bestimmungen auch auf diese Personen sinngemäße Anwendung ...

A 1-2 Regelungen zu mitversicherten Personen...

A 1-2.2 Alle für den Versicherungsnehmer geltenden Vertragsbestimmungen sind auf die mitversicherten Personen entsprechend anzuwenden...

67 Diese grundsätzliche Einbeziehung weiterer Personen in die sich für den Versicherungsnehmer aus dem Versicherungsvertrag ergebenden Rechte und Pflichten wirft die Frage auf, welche Auswirkungen sich aus der vorsätzlichen Herbeiführung des Versicherungsfalles durch diese Personen und nicht durch den Versicherungsnehmer selbst hieraus für das Bestehen oder Nicht-Bestehen von

---

dungswirkung nach § 103 VVG und nach § 152 VVG aF sowie zur überschießenden Feststellung auch → Vor § 100 Rn. 110 f. mit weiteren Einzelheiten und Nachweisen.
[154] Vgl. BGH VersR 2001, 1103; 2006, 106; 2007, 641; 2015, 181 Rn. 11; OLG Hamm VersR 1994, 41; OLG Köln VersR 1999, 1270 (1271); *Lücke* in Prölss/Martin AHB 2016 Ziff. 7 Rn. 11; *Littbarski* AHB § 4 Rn. 280.
[155] Vgl. → Rn. 26 mwN in Fn. 44 und 45.
[156] Vgl. BGH VersR 1992, 1504 (1505 f.); zfs 2010, 217; *Littbarski* AHB § 4 Rn. 380; demgegenüber eine Bindungswirkung verneinend BGH VersR 2007, 641 = r+s 2007, 241; *Lücke* in Prölss/Martin AHB 2016 Ziff. 7 Rn. 12; *Gädtke* in Bruck/Möller AVB-AVG 2011/2013 Ziff. 5 Rn. 47 mit Fn. 183.
[157] Vgl. OLG Hamm VersR 2006, 781 (782); vgl. ferner OLG Zweibrücken NJW-RR 2011, 496 (497) zur fehlenden Bindungswirkung der in einem Strafurteil getroffenen Feststellung von Tatsachen für das Zivilgericht; näher zu den Besonderheiten des sog. Adhäsionsverfahrens nach den §§ 403 ff. StPO BGH JZ 2013, 1166 (1167) und hierzu Foerster JZ 2013, 1143 f.; BGH r+s 2015, 262 f. und OLG Karlsruhe VersR 2020, 472 (474) sowie → Rn. 102 mit Fn. 241; → § 107 Rn. 61 mit Fn. 104 und → Rn. 74 mit Fn. 180; vgl. auch *Retter* in Schwintowski/Brömmelmeyer/Ebers § 103 Rn. 20; *Gädtke* in Bruck/Möller AVB-AVG 2011/2013 Ziff. 5 Rn. 47 mit weiteren Einzelheiten in Fn. 180.

Versicherungsschutz ergeben. Dabei ist nach ständiger, schon unter der Geltung des VVG aF und der AHB aF vertretener Auffassung in Rechtsprechung und Literatur zwischen drei Personenkreisen zu unterscheiden, nämlich zwischen den Repräsentanten des Versicherungsnehmers, den im Versicherungsvertrag mitversicherten Personen des Versicherungsnehmers und den Personen, für die eine Versicherung für fremde Rechnung besteht.

2. Repräsentant. Unter dem Repräsentanten wird trotz mancher Differenzierungen in Einzelfragen im Allgemeinen eine Person verstanden, die im privaten oder geschäftlichem Bereich, zu dem das versicherte Risiko gehört, aufgrund eines Vertretungs- oder ähnlichen Verhältnisses, also mit Wissen und Wollen des Versicherungsnehmers, an dessen Stelle getreten ist.[158] Mithin muss der Repräsentant in der Lage sein, in einem nicht ganz unbedeutenden Umfang **selbständig für den Versicherungsnehmer zu handeln** und dabei auch **dessen Rechte und Pflichten** im Sinne einer Risiko- und Vertragsverwaltung **inne zu haben und wahrzunehmen**,[159] was bei einem weisungsgebundenen Mitarbeiter nicht der Fall ist.[160] Im Hinblick auf § 103 und § 152 VVG aF sowie auf Ziff. 7.1 AHB 2016, A 1-7.1 Abs. 1 AVB BHV und auf § 4 II Ziff. 1 S. 1 AHB aF heißt dies, dass dem Versicherungsnehmer das Verhalten des an seine Stelle getretenen Repräsentanten als sein eigenes zugerechnet wird. Damit soll verhindert werden, dass der Versicherungsnehmer durch die Einschaltung eines Repräsentanten die genannten Regelungen letztlich unterläuft.[161]

Allerdings wird von *Schimikowski*[162] zu Recht darauf hingewiesen, dass in der Haftpflichtversicherung Konstellationen, in denen die Voraussetzungen einer Repräsentantenstellung als erfüllt angesehen werden können, eher selten vorkämen. In der privaten Haftpflichtversicherung sei ein Fall von Risikoverwaltung kaum denkbar.[163] Aber auch in der betrieblichen Haftpflichtversicherung könne einem Betriebsleiter diese Funktion nur zukommen, der mit autarken Entscheidungsbefugnissen ausgestaltet sei.[164] Dementsprechend hat das OLG Celle[165] auch weder den Baustellenleiter noch den Schachtmeister einer größeren Baugesellschaft als deren Repräsentanten angesehen, da sie trotz ihrer gegenüber anderen Bauarbeitern herausgehobenen Stellungen den Weisungen des allein verantwortlichen Bauleiters unterlagen. Auch der Fahrer eines Kfz ist in der Regel nicht der Repräsentant des Halters.[166] Erst recht kann es keine Zweifel daran geben, dass entsprechend der an den Repräsentanten des Versicherungsnehmers anzulegenden relativ strengen Maßstäben weder der mitversicherte 12-jährige Sohn des Versicherungsnehmers, der um 24 Uhr vorsätzlich mehrere Kfz beschädigt, noch der in der Betriebshaftpflichtversicherung des Versicherungsnehmers mitversicherte Geselle, der bei Abdichtungsarbeiten an einem Bauwerk die Regeln der Technik missachtet und Feuchtigkeitsschäden in Kauf nimmt, die Anforderungen an die Repräsentanteneigenschaft erfüllen. Deshalb verdeutlichen die von *Schimikowski*[167] gebildeten Beispielsfälle zwar sehr plastisch die Problematik, lassen jedoch zugleich Zweifel daran aufkommen, ob sie nicht unter Zugrundelegung des sehr strengen Repräsentantenbegriffs etwas weit hergeholt erscheinen.

---

[158] Vgl. BGHZ 24, 378 (385 f.) = NJW 1957, 1233; BGHZ 107, 229 (230 f.) = NJW 1989, 1861; BGHZ 122, 250 (252 f.) = VersR 1993, 1098; BGH VersR 1964, 475 f.; 1965, 149 (150 f.); 1969, 1086 (1087); 1981, 822 f.; NJW-RR 1988, 920 (921); r+s 1993, 321; NJW 2011, 3303; OLG Schleswig VersR 1995, 827; OLG Hamm ZfS 2000, 113 (114); OLG Koblenz VersR 2007, 787 (788); LG Karlsruhe VersR 2000, 967 f.; LG Wiesbaden r+s 2018, 136; *Looschelders* VersR 1999, 666 ff.; *Beckmann* in BK-VVG § 61 Rn. 46 ff.; *H. Baumann* in BK-VVG § 152 Rn. 5; *Rixecker* in Langheid/Rixecker § 28 Rn. 37 ff.; *Armbrüster* in Prölss/Martin § 28 Rn. 99; *Littbarski* AHB § 4 Rn. 383 und 429 sowie § 7 Rn. 29; *Retter* in Schwintowski/Brömmelmeyer/Ebers § 103 Rn. 16; *Schimikowski* in HK-VVG § 103 Rn. 10 und AHB 2016 Ziff. 27 Rn. 5; näher zur Rechtsfigur des Repräsentanten im Versicherungsrecht M. Lehmann r +s 2019, 361 ff.; eingehend zur Zurechnung bei Repräsentation (sog. Repräsentantenhaftung), Bd. 1, *Wandt* → § 28 Rn. 121 ff.; jeweils mwN.

[159] Vgl. BGHZ 122, 250 (252 f.) = VersR 1993, 1098; BGH VersR 1964, 475; 1965, 149 (150); OLG Koblenz VersR 2007, 787 (788); LG Wiesbaden r+s 2018, 136; *Littbarski* AHB § 4 Rn. 383; *Retter* in Schwintowski/Brömmelmeyer/Ebers § 103 Rn. 16; *Schimikowski* in HK-VVG § 103 Rn. 10; *Armbrüster* in Prölss/Martin § 28 Rn. 99 ff.

[160] Vgl. LG Wiesbaden r+s 2018, 136.

[161] Vgl. *Littbarski* AHB § 4 Rn. 383; ebenso *Späte* AHB AHB § 4 Rn. 208.

[162] *Schimikowski* in HK-VVG § 103 Rn. 10 und AHB 2016 Ziff. 7 Rn. 20; vgl. auch *Schimikowski* Anm. zu OLG Koblenz r+s 2015, 231 (232), wonach ein Kranführer Erfüllungsgehilfe eines Bauunternehmers nach § 278 BGB, nicht aber dessen Repräsentant sei.

[163] *Schimikowski* in HK-VVG § 103 Rn. 10.

[164] *Schimikowski* in HK-VVG § 103 Rn. 10.

[165] OLG Celle VersR 2001, 453; ebenso *Schimikowski* in HK-VVG § 103 Rn. 10; *Schimikowski* Anm. zu OLG Koblenz r+s 2015, 231 f. im Hinblick auf den Kranführer eines Bauunternehmers.

[166] So BGH VersR 1969, 695 f.; OLG Karlsruhe VersR 1990, 1222; ebenso *Retter* in Schwintowski/Brömmelmeyer/Ebers § 103 Rn. 16.

[167] *Schimikowski* in HK-VVG § 103 Rn. 10.

70   **3. Mitversicherte Personen.** Erfüllt die den Schaden vorsätzlich und widerrechtlich herbeiführende mitversicherte Person den Repräsentantenbegriff nicht, ist sie aber zugleich als mitversicherte Person in die Rechte und Pflichten des Versicherungsnehmers in den mit dem Versicherer bestehenden Vertrag mit einbezogen, stellt sich auch im Hinblick auf sie die Frage, welche Auswirkungen ihr vorsätzliches und widerrechtliches Verhalten hinsichtlich des Bestehens von Versicherungsschutz hat. Entsprechend der in § 102 Abs. 1 S. 2 getroffenen Regelung, wonach bei der Betriebshaftpflichtversicherung die Versicherung insoweit als für fremde Rechnung genommen gilt,[168] ist auch bezüglich des vorsätzlichen und widerrechtlichen Verhaltens der mitversicherten Person danach zu differenzieren, ob es sich um eine Betriebs-, eine Berufs- oder um eine Privathaftpflichtversicherung handelt. Nur für die beiden zuletzt genannten Versicherungszweige sind die nachfolgenden Ausführungen zu den mitversicherten Personen relevant, während zur Betriebshaftpflichtversicherung in dem Abschnitt über die Versicherung für fremde Rechnung Stellung zu nehmen ist.[169]

71   Beschränkt man sich dementsprechend nachfolgend auf die Berufs- und die Privathaftpflichtversicherung, so ergibt sich aus den in Ziff. 7.1, 7.4 und 7.5 AHB 2016, A 1-7.3 und 7.4 AVB BHV sowie aus § 4 II Ziff. 1 und 2 AHB aF, dass damit auch **alle mitversicherten Personen** gemeint sind. Allerdings hat eine solche Erstreckung auf alle mitversicherten Personen nur einen deklaratorischen Charakter, da nach Ziff. 27.1 S. 1 AHB 2016 und A 1-2.2 S. 1 AVB BHV unter den dort genannten Voraussetzungen alle für den Versicherungsnehmer geltenden Bestimmungen auch auf die Mitversicherten entsprechend anzuwenden sind bzw. gemäß § 7 Ziff. 1 S. 1 AHB aF unter den dort genannten Voraussetzungen alle in dem Versicherungsvertrag bezüglich des Versicherungsnehmers getroffenen Bestimmungen auch auf diese (mitversicherten) Personen sinngemäße Anwendung finden.[170] In Anbetracht des Umstandes, dass danach die Versicherungsansprüche derjenigen Personen vom Versicherungsschutz ausgeschlossen sind, die selbst vorsätzlich gehandelt haben, muss sich der Versicherungsnehmer grundsätzlich nicht den Vorsatz der mitversicherten Personen entgegenhalten lassen,[171] während umgekehrt die mitversicherte Person den Versicherungsschutz verliert und der Versicherer deshalb ihr gegenüber leistungsfrei wird.[172]

72   Für die von *Schimikowski*[173] gebildeten Beispielsfälle des in der Haftpflichtversicherung des Vaters mitversicherten 12-jährigen Sohnes des Versicherungsnehmers hat dies zur Folge, dass der Versicherer dem Sohn gegenüber leistungsfrei ist, während der Versicherer bei einer Inanspruchnahme des Vaters wegen dessen Verletzung der Aufsichtspflicht den Schaden zu regulieren[174] oder bei Unbegründetheit des geltend gemachten Schadens diesen abzuwehren hat.

73   Hieran anknüpfend diskutiert *Schimikowski*[175] zu Recht die Frage, ob gegenüber dem Versicherungsnehmer leistungspflichtige, den Schaden regulierende Versicherer bei der mitversicherten Person, die den Schaden vorsätzlich herbeigeführt hat, **Regress nehmen** könne. Im Ergebnis dieses verneinend, weist *Schimikowski*[176] zutreffend darauf hin, dass zwar ein nach § 86 Abs. 1 übergangsfähiger Anspruch gemäß §§ 840, 426 BGB aus dem Gesamtschuldverhältnis gegeben ist. Jedoch ist der Mitversicherte nicht Dritter iSd § 86 Abs. 1, da Dritter nur eine außerhalb des Vertragsverhältnisses stehende Person sein kann. Durch die vorsätzliche Handlungsweise geht im konkreten Fall deshalb nur der Versicherungsschutz, nicht aber der Status als mitversicherte Person verloren, so dass ein Regress ausscheidet.[177]

74   **4. Versicherung für fremde Rechnung.** Soweit eine Betriebshaftpflichtversicherung gegeben ist, gilt die Versicherung wie gezeigt[178] gemäß § 102 Abs. 1 S. 2 als für **fremde Rechnung nach den §§ 43–48 genommen.** Diese rechtliche Zuordnung der mitversicherten Person zur Versicherung für fremde Rechnung ändert jedoch nichts daran, dass der Versicherer der versicherten Person nicht zur Leistung verpflichtet ist, wenn diese vorsätzlich handelt, wie auch schon unter der Geltung des § 152 VVG aF zu Recht anerkannt war.[179] Umgekehrt steht der Vorsatz

---

[168] Vgl. hierzu näher → § 102 Rn. 96 ff.
[169] Vgl. hierzu → Rn. 74 f.
[170] Vgl. *Littbarski* AHB § 4 Rn. 382 und § 7 Rn. 4 ff.
[171] Vgl. *Littbarski* AHB § 4 Rn. 382; *Schimikowski* in HK-VVG § 103 Rn. 10.
[172] Vgl. *Schimikowski* in HK-VVG § 103 Rn. 9.
[173] Vgl. hierzu → Rn. 69.
[174] So zutreffend *Schimikowski* in HK-VVG § 103 Rn. 10.
[175] *Schimikowski* in HK-VVG § 103 Rn. 11.
[176] *Schimikowski* in HK-VVG § 103 Rn. 11.
[177] *Schimikowski* in HK-VVG § 103 Rn. 11.
[178] Vgl. → § 102 Rn. 96 ff. und → Rn. 70 f.
[179] Vgl. OLG Hamm VersR 1993, 1372 (1373); OLG Schleswig VersR 1995, 827; OLG Koblenz r+s 2015, 231 f. mit Anm. *Schimikowski* im Hinblick auf das bewusst pflichtwidrige Verhalten eines Kranführers.

der mitversicherten Person dem Begehren des Versicherungsnehmers gegenüber dem Versicherer auf Versicherungsschutz in Ermangelung der fehlenden Zurechenbarkeit des Verhaltens der mitversicherten Person nicht entgegen, sofern die mitversicherte Person nicht zugleich Repräsentant des Versicherungsnehmers ist.[180] Auch bleibt der Versicherer gegenüber dem Versicherungsnehmer als Halter eines Kfz in Ermangelung einer entsprechenden Zurechenbarkeit des vorsätzlichen Verhaltens nach ständiger Rechtsprechung[181] dann verpflichtet, wenn der mitversicherte Fahrer einen Unfall vorsätzlich verursacht hat.

Bezüglich des von *Schimikowski*[182] gebildeten Beispiels des in der Betriebshaftpflichtversicherung **75** mitversicherten Gesellen G, der bei Abdichtungsarbeiten an einem Bauwerk die Regeln der Technik missachtet und Feuchtigkeitsschäden in Kauf nimmt, hat G bei persönlicher Inanspruchnahme keinen Versicherungsschutz, während die Leistungspflicht des Versicherers gegenüber dem Versicherungsnehmer hiervon unberührt bleibt.[183]

C. Rechtsfolge des § 103

Die sich aus § 103 ergebende Rechtsfolge weicht nicht nur sprachlich, sondern auch inhalt- **76** lich auf den ersten Blick von der in § 152 VVG aF getroffenen Regelung ab. Denn während es noch in § 152 VVG aF „Der Versicherer haftet nicht …" heißt, findet sich nunmehr in § 103 die Formulierung „Der Versicherer ist nicht zur Leistung verpflichtet, …". Aus dieser zuletzt genannten Formulierung ist zu entnehmen, dass der Versicherer **keinen Deckungsschutz gewähren muss**[184], er aber hierauf auch – in erster Linie sicherlich aus beweisrechtlichen Gründen, uU aber auch zur Aufrechterhaltung einer seit langem bestehenden, bisher problemlos verlaufenen Vertragsbeziehung – **verzichten kann**. Im Falle der Bestimmung des § 152 VVG aF erscheint demgegenüber die dort verwendete Formulierung nach dem ersten Eindruck apodiktisch. Unter Berücksichtigung des Umstandes, dass die Vorschrift des § 152 VVG aF wie die des § 103 grundsätzlich abdingbar ist[185] und von dieser Abdingbarkeit sowohl in § 4 II Ziff. 1 S. 1 AHB aF als auch in Ziff. 7.1 AHB 2016 und in A 1-7.1 AVB BHV Gebrauch gemacht wird, gelangt man aber zu dem Ergebnis, dass auch § 152 VVG aF keine zwingende, unwiderlegliche Rechtsfolge enthält. Die Vorschrift des § 103 bringt nur klarer und verständlicher die fehlende Verpflichtung des Versicherers zur Leistung in Gestalt der Gewährung von Versicherungsschutz gegenüber dem Versicherungsnehmer zum Ausdruck.

§ 104 Anzeigepflicht des Versicherungsnehmers

(1) ¹Der Versicherungsnehmer hat dem Versicherer innerhalb einer Woche die Tatsachen anzuzeigen, die seine Verantwortlichkeit gegenüber einem Dritten zur Folge haben könnten. ²Macht der Dritte seinen Anspruch gegenüber dem Versicherungsnehmer geltend, ist der Versicherungsnehmer zur Anzeige innerhalb einer Woche nach der Geltendmachung verpflichtet.

(2) ¹Wird gegen den Versicherungsnehmer ein Anspruch gerichtlich geltend gemacht, Prozesskostenhilfe beantragt oder wird ihm gerichtlich der Streit verkündet, hat er dies dem Versicherer unverzüglich anzuzeigen. ²Dies gilt auch, wenn gegen den Versicherungsnehmer wegen des den Anspruch begründenden Schadensereignisses ein Ermittlungsverfahren eingeleitet wird.

(3) ¹Zur Wahrung der Fristen nach den Absätzen 1 und 2 genügt die rechtzeitige Absendung der Anzeige. ²§ 30 Abs. 2 ist entsprechend anzuwenden.

---

[180] Vgl. OLG Schleswig VersR 1995, 827; OLG Koblenz VersR 2007, 787 (788); *Retter* in Schwintowski/Brömmelmeyer/Ebers § 103 Rn. 16; weitere Einzelheiten zu der das Adhäsionsverfahren nach den §§ 403 ff. StPO betreffenden Entscheidung BGH JZ 2013, 1166 ff. bei *Foerster* JZ 2013, 1143 ff. sowie → Vor § 100 Rn. 102 mit Fn. 241, → § 101 Rn. 61 mit Fn. 104 und → Rn. 63 mit Fn. 157.

[181] Vgl. BGH JZ 2013, 1166 Rn. 20; OLG Hamm VersR 1993, 1372 (1373); OLG Nürnberg VersR 2001, 634; OLG Hamm r+s 2006, 33 (34); AG Mainz VersR 1997, 1217; *Retter* in Schwintowski/Brömmelmeyer/Ebers § 103 Rn. 16.

[182] *Schimikowski* in HK-VVG § 103 Rn. 10.

[183] *Schimikowski* in HK-VVG § 103 Rn. 10.

[184] Ebenso *Franck* VersR 2014, 13 (14).

[185] Vgl. hierzu näher → Rn. 15 mwN in Fn. 11–14.

§ 104

Übersicht

		Rn.			Rn.
A.	Einführung	1	C.	Rechtsfolgen	28
B.	Inhalt und Umfang der Anzeigepflicht	7	I.	Gesetzliche	28
			II.	Vertragliche	29
I.	Verantwortlichkeit gegenüber einem Dritten	7	1.	Ergänzung zur gesetzlichen Vorschrift	30
1.	Denkbare Haftungsfälle	7	2.	(Teilweise) Leistungsfreiheit und Kausalität nach § 28 Abs. 2, 3	31
2.	Abgrenzung von Ziff. 25.1 AHB (Februar 2016)	10	3.	Keine Belehrungspflicht nach § 28 Abs. 4	32
			4.	Unberechtigte Leistungsverweigerung	35
II.	Inanspruchnahme	18	III.	§ 30 Abs. 2	38
III.	Gerichtliche Inanspruchnahme	21	D.	Fristen und Fristwahrung	40
1.	An- oder Rechtshängigkeit?	22	E.	Form	42
2.	Prozesskostenhilfegesuch	23	F.	Adressat	43
3.	Streitverkündung	24	G.	Beweislast	44
4.	Ermittlungsverfahren	25	H.	Halbzwingend	46

Stichwort- und Fundstellenverzeichnis

Stichwort	Rn.	Rspr.	Lit.
Abgrenzung zu Ziff. 25.1 AHB 2008	→ Rn. 10	BGH VersR 1981, 173; OLG Hamm VersR 1993, 823	Lücke in Prölss/Martin AHB 2008 Ziff. 25 Rn. 3, VVG § 104 Rn. 3; Retter in Schwintowski/Brömmelmeyer/Ebers VVG § 104 Rn. 2
Adhäsionsverfahren	→ Rn. 22	BGH NJW 2013, 1163; OLG Karlsruhe VersR 2020, 472	
Anzeigepflicht ohne Rechtsfolgen	→ Rn. 2	BGH VersR 1967, 56	Brömmelmeyer in Bruck/Möller VVG § 30 Rn. 4
Aufrechnung	→ Rn. 20	–	Retter in Schwintowski/Brömmelmeyer/Ebers VVG § 104 Rn. 5; Lücke in Prölss/Martin VVG § 104 Rn. 10
Belehrungspflicht	→ Rn. 32	–	Lücke in Prölss/Martin VVG § 104 Rn. 20
Erkundigungspflicht des Versicherers	→ Rn. 6	BGH VersR 2007, 481	Anm. Langheid zu BGH VersR 2007, 481; Urt. vom 17.1.2007; IV ZR 106, 06
Ermittlungsverfahren	→ Rn. 25	–	–
Fristen/Fristwahrung	→ Rn. 40 f.	–	–
Inanspruchnahme	→ Rn. 18	BGH VersR 2003, 900 = NJW 2003, 2376; VersR 1979, 1117; OLG Köln r+s 1996, 432	Retter in Schwintowski/Brömmelmeyer/Ebers VVG § 104 Rn. 6; Lücke in Prölss/Martin VVG § 104 Rn. 10; Schulze Schwienhorst in Looschelders/Pohlmann VVG § 104 Rn. 4
Kennenmüssen	→ Rn. 9	OLG Düsseldorf VersR 1990, 411	–
Kenntnis von Verantwortlichkeitstatsachen	→ Rn. 8	BGH VersR 2003, 187	Retter in Schwintowski/Brömmelmeyer/Ebers VVG § 104 Rn. 3, 4; Lücke in Prölss/Martin VVG § 104 Rn. 2, 4; Schulze Schwienhorst in Looschelders/Pohlmann VVG § 104 Rn. 3

Stichwort	Rn.	Rspr.	Lit.
Mitversicherte Person	→ Rn. 5	–	Retter in Schwintowski/Brömmelmeyer/Ebers VVG § 104 Rn. 11, 14; Lücke in Prölss/Martin VVG § 104 Rn. 16
Obliegenheitsverletzung im Prozess	→ Rn. 37	–	Heiss in Bruck/Möller VVG § 28 Rn. 55 f.; Knappmann NVersZ 2000, 68; Langheid r+s 1992, 109; Bach VersR 1992, 302
Prozesskostenhilfegesuch	→ Rn. 23	–	–
Rechtsfolgen bei Obliegenheitsverletzung	→ Rn. 28 ff.	–	–
Streitverkündung	→ Rn. 24	–	–
Unberechtigte Leistungsverweigerung	→ Rn. 35 ff.	BGH VersR 1991, 1129 = r+s 1992, 1 mAnm Langheid	Armbrüster in Prölss/Martin VVG § 28 Rn. 77 ff.; dagegen Lücke in Prölss/Martin VVG § 104 Rn. 21
Verantwortlichkeitstatsachen	→ Rn. 4	–	Lücke in Prölss/Martin VVG § 104 Rn. 17; Retter in Schwintowski/Brömmelmeyer/Ebers VVG § 104 Rn. 8

Schrifttum: Abschlussbericht der Kommission zur Reform des Versicherungsvertragsrechts v. 19.4.2004, VersR-Schriftenreihe, Bd. 25, 2005; *Felsch,* Die neuere Rechtsprechung des IV. Zivilsenats des Bundesgerichtshofs zur Haftpflichtversicherung, r+s 2008, 265; *Felsch,* Neuregelung von Obliegenheiten und Gefahrerhöhung, r+s 2007, 485; *Franz,* Das Versicherungsvertragsrecht im neuen Gewand, VersR 2008, 298; *Franz,* Die Reform des Versicherungsvertragsrechts – ein großer Wurf?, DStR 2008, 303; *Grote/Schneider,* VVG 2008: Das neue Versicherungsvertragsrecht, BB 2007, 2689; *Hugel,* Haftpflichtversicherung, 3. Aufl. 2008; *Langheid,* Obliegenheiten nach Deckungsablehnung, FS E. Lorenz, 2014, 241; *Langheid,* Nach der Reform: Neue Entwicklungen in der Haftpflichtversicherung, VersR 2009, 1043; *Langheid,* Die Reform des Versicherungsvertragsgesetzes, NJW 2007, 3665; *Langheid* 2007, 3745; *Langheid,* Tücken in den §§ 100 ff. VVG-RegE, VersR 2007, 865; *Langheid,* Die Haftpflichtversicherung des Sachverständigen, in Praxishandbuch Sachverständigenrecht, 4. Aufl. 2008, § 40; *Langheid,* Auswirkungen der VVG-Reform auf die Haftpflichtsparte, PHi 2007, 126; 2007, 176; *Langheid,* Die AHB-Reform von 2004 in Gestalt der Überarbeitung von 2006, Teil 2, PHi 2006, 82; *Langheid,* Die AHB-Reform von 2004, Teil 1, PHi 2005, 97; *Littbarski,* AHB, 2001; *Maier,* Die Leistungsfreiheit bei Obliegenheitsverletzungen nach dem Regierungsentwurf zur VVG-Reform, r+s 2007, 89; *Marlow,* Die Verletzung vertraglicher Obliegenheiten nach der VVG-Reform: Alles nichts, oder?, VersR 2007, 43; *Schimikowski,* Die Rechtsfolgen der Verletzung vertraglicher Obliegenheiten in der Allgemeinen Haftpflichtversicherung nach dem neuen VVG, VersR 2009, 1304; *Schirmer,* Die Haftpflichtversicherung nach der VVG-Reform, ZVersWiss Supplement 2006, 427; *Thalmair,* Die Haftpflichtversicherung nach der VVG-Reform, ZVersWiss Supplement 2006, 459.

A. Einführung

Auch die geltende Version der Vorschrift enthält eine gesetzliche Anzeigepflicht, ohne dass das Gesetz anordnet, worin eigentlich die Folgen einer Anzeigepflichtverletzung bestehen sollen.[1] Also bleibt es nach wie vor der Versicherungswirtschaft vorbehalten, durch entsprechende Klauseln in den zugrunde liegenden AVB einen Verstoß gegen die gesetzlich normierten Meldepflichten zu sanktionieren. 1

Ähnlich verhält es sich mit § 30 Abs. 1, wonach der Versicherungsnehmer „den Eintritt des Versicherungsfalles ... dem Versicherer unverzüglich anzuzeigen" hat, nachdem er selbst von ihm Kenntnis erlangt hat. Auch bei dieser gesetzlichen Informationsobliegenheit[2] handelt es sich um sog. *lex imperfecta,* weil das Gesetz selber keine Sanktionsmöglichkeit vorsieht.[3] 2

---

[1] So der ausdrückliche Wille des Gesetzgebers, BT-Drs. 16/3945, 85 f.
[2] Motive zum VVG S. 104; sa *Brömmelmeyer* in Bruck/Möller VVG § 30 Rn. 4.
[3] BGH VersR 1967, 56 (58); *Marlow* in Beckmann/Matusche-Beckmann VersR-HdB § 13 Rn. 8; soweit *Brömmelmeyer* in Bruck/Möller VVG § 30 Rn. 5 auf eine Haftung nach § 280 Abs. 1 BGB verweist, geht dies allerdings einerseits ins Leere, weil man sich einen Schaden des Versicherers, der auf einer verspäteten

3   Aus diesen Gründen ist es verfehlt, bei den Anzeigepflichten des Versicherungsnehmers nach § 104 von Anzeige- oder Informationsobliegenheiten zu sprechen;[4] dazu werden sie erst durch eine vertragliche Transformation, wobei der Versicherer regelmäßig nicht auf die die Obliegenheit dem Grunde nach vorsehende gesetzliche Regelung verweist, sondern auch den Tatbestand der Obliegenheit selbst beschreibt, um an eine etwaige Verletzung dieser Obliegenheit eine eigene Sanktionsvereinbarung zu knüpfen. Die hiesige gesetzliche Regelung wiederholt und verfeinert die ohnehin in § 30 Abs. 1 normierte Anzeigepflicht in Bezug auf einen eingetretenen Versicherungsfall für den Bereich der Haftpflichtversicherung. Während § 30 Abs. 1 abstrakt auf „den Eintritt des Versicherungsfalles" abstellt, nennt § 104 Abs. 1 als Gegenstand der Anzeigepflicht des Versicherungsnehmers „die Tatsachen …, die seine Verantwortlichkeit gegenüber einem Dritten zur Folge haben könnten". Der Gesetzgeber nennt hier also ausdrücklich nicht „den Eintritt des Versicherungsfalles". Angesichts der vielzähligen Definitionen des Versicherungsfalls (Verstöße, Ereignisse, Pflichtverletzungen, Inanspruchnahmen) ist es durchaus sinnvoll, die Meldepflicht mit den „Verantwortlichkeits"-Tatsachen zu verknüpfen, welche immer das im Einzelfall auch sind. Ob sich daraus Unterschiede in Bezug auf die Ausgestaltung der Informationsobliegenheit ergeben, soll weiter unten untersucht werden.[5]

4   Verallgemeinernd wird man unter „Verantwortlichkeitstatsachen" iSv Abs. 1 jeden Lebenssachverhalt zu verstehen haben, aus dem sich eine Eintrittspflicht des Versicherungsnehmers einem Dritten gegenüber ergeben könnte. Folgerichtig wird in Abs. 1 S. 2 eine weitere Anzeigepflicht für den Fall normiert, dass der geschädigte Dritte tatsächlich seinen Anspruch gegenüber dem Versicherungsnehmer geltend macht. Eine weitere Anzeigepflicht entsteht, wenn der Schadenersatzanspruch dadurch forensisch wird, dass der fragliche Haftpflichtanspruch gerichtlich geltend gemacht wird, eine dahin zielende Prozesskostenhilfe beantragt wird oder dem Versicherungsnehmer in einem Streit zwischen Dritten der Streit verkündet wird. Gleichgestellt wird die Einleitung eines Ermittlungsverfahrens „wegen des den Anspruch begründenden Schadensereignisses". Dass hier von einem „Ereignis" die Rede ist, kann die erweiterte Bedeutung der „Verantwortlichkeitstatsachen" nicht einschränken. Sämtliche Anzeigepflichten bestehen unabhängig voneinander und entstehen ggf. nacheinander.[6] Der Versicherungsnehmer hat also jeden einzelnen anzeigepflichtigen Tatbestand nach den Abs. 1 und 2 dem Versicherer anzuzeigen.

5   Wird in der Vorschrift auch nur der Versicherungsnehmer genannt, ist doch auch eine **mitversicherte Person** anzeigepflichtig in Bezug auf alle die anzeigepflichtigen Umstände, soweit sie sich in seiner Person verwirklichen, §§ 43 Abs. 1, 47 Abs. 1 und Ziff. 27.1 AHB (Fassung: Februar 2016). Den Versicherten trifft allerdings eine eigene Anzeigepflicht, für die der Versicherungsnehmer seinerseits nicht verantwortlich gemacht werden kann. Mit anderen Worten: Die Anzeigepflichten nach § 104 treffen den Mitversicherten in gleicher Weise wie den Versicherungsnehmer, aber es besteht keine Anzeigepflicht für Umstände, die jeweils in der Person des anderen eingetreten sind.[7]

6   Der Versicherer kann sich auf eine Obliegenheitsverletzung des Versicherungsnehmers nicht berufen, wenn er **anderweitig** von den anzeigepflichtigen Umständen **Kenntnis erlangt** hat, § 104 Abs. 3 S. 2 iVm § 30 Abs. 2.[8] Daraus ergibt sich keine Erkundigungspflicht des Versicherers,[9] sondern eine unterlassene Anzeige des Versicherungsnehmers kann sich nicht nachteilig auswirken, wenn der Versicherer anderweitig bereits entsprechende Kenntnis erlangt hat.

B. Inhalt und Umfang der Anzeigepflicht

I. Verantwortlichkeit gegenüber einem Dritten

7   **1. Denkbare Haftungsfälle.** Nach Abs. 1 S. 1 hat der Versicherungsnehmer die Tatsachen anzuzeigen, die seine **Verantwortlichkeit gegenüber einem Dritten** begründen könnten. Das bedeutet, dass der Versicherungsnehmer (oder der Versicherte) alle möglichen Haftpflichtfälle dem

---

Versicherungsfallanzeige beruhen könnte, kaum vorstellen kann und der § 280 Abs. 1 BGB andererseits eben vom Prinzip des Obliegenheitsrechts abweicht, wonach es nicht auf einen Schaden des Versicherers ankommt, sondern der Versicherungsnehmer an der Erfüllung der Obliegenheit interessiert sein muss, um sich die Leistungspflicht des Versicherers zu erhalten.

[4] Insofern ungenau *Retter* in Schwintowski/Brömmelmeyer/Ebers VVG § 104 Rn. 1.
[5] → Rn. 10 ff.
[6] *Lücke* in Prölss/Martin VVG § 104 Rn. 17; *Retter* in Schwintowski/Brömmelmeyer/Ebers VVG § 104 Rn. 8.
[7] *Retter* in Schwintowski/Brömmelmeyer/Ebers VVG § 104 Rn. 11, 14; *Lücke* in Prölss/Martin VVG § 104 Rn. 16.
[8] BT-Drs. 16/3945, 86.
[9] BGH VersR 2007, 481 mAnm *Langheid* VersR 2007, 629.

Versicherer zu melden hat. Für das Entstehen der Anzeigepflicht genügt es, dass sich ein Sachverhalt ereignet hat, der aufgrund gesetzlicher Haftpflichtbestimmungen möglicher- oder denkbarerweise die Haftung des Versicherungsnehmers dem Dritten gegenüber zur Folge haben könnte.

Der Versicherungsnehmer muss **Kenntnis** sowohl im Hinblick auf den fraglichen Sachverhalt **8** als auch im Hinblick darauf haben, dass daraus seine Verantwortlichkeit gegenüber einem Dritten aufgrund gesetzlicher Haftpflichtbestimmungen folgen könnte. Die entsprechende Kenntnis von den Verantwortlichkeitstatsachen muss positiv vorliegen.[10]

Die Abgrenzung zum **Kennenmüssen** ist vor allem im Hinblick auf die rechtliche Beurteilung **9** des objektiven Sachverhalts schwierig. Der Versicherungsnehmer darf jedoch die Anzeige nicht bereits deswegen unterlassen, weil er selbst eine Forderung des Dritten für unwahrscheinlich oder unbegründet hält.[11] Da aber beim Versicherungsnehmer Vorsatz oder grobe Fahrlässigkeit gegeben sein müssen, dürfte die (teilweise) Leistungsfreiheit des Versicherers – so sie denn zusätzlich vertraglich für die Fälle einer Obliegenheitsverletzung nach Eintritt des Versicherungsfalls vereinbart ist – schwer zu erreichen sein.[12] Das gilt jedenfalls dann, wenn der Sachverhalt, für den der Versicherungsnehmer haften soll, schwierig zu beurteilen ist und seine Haftung nicht geradezu nahe liegt.[13]

2. Abgrenzung von Ziff. 25.1 AHB (Februar 2016). Nach Ziff. 25.1 AHB (Fassung: Februar 2016) ist „jeder Versicherungsfall" dem Versicherer innerhalb einer Woche anzuzeigen, „auch wenn noch keine Schadensersatzansprüche erhoben worden sind". Die Definition des derart anzuzeigenden Versicherungsfalls findet sich in Ziff. 1.1 AHB. Danach besteht Versicherungsschutz „für den Fall, dass der Versicherungsnehmer wegen eines während der Wirksamkeit der Versicherung eingetretenen Schadensereignisses (Versicherungsfall) ... auf Schadensersatz in Anspruch genommen wird". Anzuzeigen ist danach das Schadensereignis, nicht oder erst später die Inanspruchnahme. **10**

Problematisch ist, ob das Gesetz und die AHB das Gleiche meinen. Zunächst liegt auf der Hand, dass die sog. „Verantwortlichkeitstatsachen" im Sinne des Gesetzes etwas grds. anderes sein können als das „Schadensereignis" im Sinne der Versicherungsbedingungen, wegen dessen der Versicherungsnehmer von einem Dritten in Anspruch genommen wird. Dabei wird nur dieses **Schadensereignis** als Versicherungsfall definiert, nicht etwa die Inanspruchnahme des Versicherungsnehmers durch den Dritten (sonst: claims made). Dass die Inanspruchnahme des Versicherungsnehmers durch einen Dritten nicht Versicherungsfall ist, folgt seit der AHB-Fassung 2010 zusätzlich aus dem neu angefügten Ziff. 25.1 S. 2 AHB, wonach das Gleiche (S. 1: Verpflichtung zur Anzeige jedes Versicherungsfalls) gilt, wenn gegen den Versicherungsnehmer Haftpflichtansprüche geltend gemacht werden. Wäre die Inanspruchnahme der Versicherungsfall, wäre Ziff. 25.1 S. 2 AHB überflüssig. Mit den Verantwortlichkeitstatsachen können durchaus auch sog. **Kausalereignisse** gemeint sein, also bspw. Pflichtverletzungen des Versicherungsnehmers, die sich erst sehr viel später in einem **Folgeereignis** verwirklichen, das dann unmittelbar zum Schadenseintritt führt. Beispielhaft genannt werden soll der Fall, dass ein auf Gleiskörpern versprühtes Bodenherbizid durch die Schotterschicht sickerte, den darunter befindlichen Erdboden erreichte und von Bäumen des umliegenden Waldgeländes aufgenommen wurde, die daraufhin Schäden erlitten.[14] Ebenfalls beispielhaft sei der Fall erwähnt, dass auf einer Erdbeerplantage aus aufgebrachtem Stroh ein sog. Weizenaufschlag entstand, der rasch eine geschlossene Gründecke bildete und hierdurch die Erdbeerpflanzen stark in der Entwicklung behinderte. Ursache des Weizenaufwuchses war, dass bei der Weizenernte infolge falscher Einstellung des Mähdreschers erhebliche Mengen Weizen in den Ähren hängen blieben und anschließend in das Stroh mit eingelagert wurden.[15]

Der Begriff der **Verantwortlichkeitstatsachen** birgt grds. die gleichen Schwierigkeiten, die **11** bereits die gesetzliche Regelung der Deckungspflicht des Haftpflichtversicherers aufwirft. Nach § 100 setzt die Deckungsverpflichtung des Haftpflichtversicherers voraus, dass von einem Dritten „auf Grund der Verantwortlichkeit des Versicherungsnehmers für eine während der Versicherungszeit eintretende Tatsache" Ansprüche gegen den Versicherungsnehmer geltend gemacht werden. Diese auf den ersten Blick so einfach anmutende Deckungsvoraussetzung der „Verantwortlichkeit des Versicherungsnehmers für eine während der Versicherungszeit eintretende Tatsache" wirft eine Reihe von komplizierten Rechtsfragen auf.

Die Problematik der „Verantwortlichkeit des Versicherungsnehmers für eine während der Versicherungszeit eintretende Tatsache" liegt darin, dass der dem Dritten zugefügte Schaden irgendwann offen-

---

[10] BGH VersR 2003, 187 mwN; *Retter* in Schwintowski/Brömmelmeyer/Ebers VVG § 104 Rn. 3, 4; *Lücke* in Prölss/Martin VVG § 104 Rn. 2, 4; *Schulze Schwienhorst* in Looschelders/Pohlmann VVG § 104 Rn. 3.
[11] OLG Düsseldorf VersR 1990, 411.
[12] Nach *Lücke* in Prölss/Martin VVG § 104 Rn. 6 wird jedenfalls der „Vorsatzbeweis vom Versicherer kaum einmal zu erbringen sein"; vgl. zur groben Fahrlässigkeit *Lücke* in Prölss/Martin VVG § 104 Rn. 7.
[13] OLG Celle OLGR 2004, 378.
[14] BGH VersR 1981, 173.
[15] OLG Hamm VersR 1993, 823.

bar wird, dass dann aber häufig wegen der uU weit zurückreichenden Ursachen für den urplötzlich manifest gewordenen Schaden der Nachweis der Kausalzusammenhänge kaum oder gar nicht mehr zu führen sein wird. Das schlägt durch auf die Deckungsfrage, weil zu den anspruchsbegründenden Tatsachen auch gehört, dass der Versicherungsnehmer nachweist, dass **seine (versicherte) Haftung während des versicherten Zeitraums** eingetreten ist.[16] Die gesamte Problematik des Zeitrahmens des Deckungsanspruchs, namentlich bei Umwelt- und Altschäden, liegt in dieser zentralen Frage, denn bei fehlschlagendem Kausalitätsnachweis, der dem Versicherungsnehmer obliegt,[17] ist der Deckungsanspruch zu versagen. Das schlägt durch auf den Geschädigten, der möglicherweise einen Schädiger namhaft machen kann, aber mangels Haftpflichtdeckung keinen solventen Schuldner hat.

12 Ursprünglich galt – in Ansehung des in der Ursprungsfassung des § 1 Nr. 1 AHB erwähnten Ereignisses – die sog. **Schadensereignis- oder Folgeereignistheorie.**[18] Nach dieser auch von der Assekuranz im Wesentlichen ihrem Regulierungsverhalten zugrunde gelegten Theorie liegt der Versicherungsfall in dem schadensursächlichen äußeren Vorgang, der als Folgeereignis nach einem vom Versicherungsnehmer gesetzten Kausalumstand die **Schädigung des Dritten und damit die Haftpflicht unmittelbar** herbeiführt.

13 Sodann hat der BGH[19] die sog. **Verstoßtheorie** entwickelt (zugrunde lag ein Fall, in dem der Versicherungsnehmer für das Absterben von Waldbäumen verantwortlich gemacht worden war, nachdem er einen Gleiskörper mit einem Bodenherbizid behandelt hatte). Unter Anwendung der früheren Fassung von § 1 Nr. 1 AHB entschied der BGH, dass der **Versicherungsfall** nicht das Folgeereignis (der äußere Vorgang mit eintretender Rechtsgutverletzung) sei, **sondern die kausale Verletzungshandlung** des Versicherungsnehmers (Verstoß), die sich dann irgendwann später im Schadensereignis manifestiert hätte.

Obwohl die Verstoßtheorie des BGH in seltener Einmütigkeit abgelehnt wurde (Rspr., Lit. und das BAV waren sich einig, dass wegen der Handhabbarkeit und der Nachweisproblematik des Kausalzusammenhangs nur die Schadensereignistheorie praktikabel sei),[20] können bloße Praktikabilitätserwägungen nicht geeignet sein, die Richtigkeit der vom BGH entwickelten Verstoßtheorie zu negieren.[21] Auf die Praktikabilität kann es nur in zweiter Linie ankommen und es ist zunächst jedenfalls im Ansatz richtig, dass die eigentlich schädigende Handlung des Versicherungsnehmers (also sein Verstoß gegen Rechtspflichten) ursächlich für den späteren Schaden, mithin auch für den Schadenersatz- und schließlich auch für den Haftpflicht-Deckungsanspruch wird, wobei es nicht der schieren Zufälligkeit der Schadensmanifestation überlassen bleiben kann, wann ein Deckungsanspruch entsteht.

Es trifft allerdings zu, dass im Rahmen der Verstoßtheorie die oben beschriebenen Schwierigkeiten des Kausalitätsnachweises auftreten, was bei Anwendung der Schadens- bzw. Folgeereignistheorie regelmäßig geringere Schwierigkeiten bereiten wird. Aber auch hier sind erhebliche Beweisschwierigkeiten denkbar, weil die Feststellung eines Folgeereignisses in einem bestimmten Zeitraum die gleichen Schwierigkeiten machen kann wie die Feststellung eines Verstoßes.[22]

14 Wegen der erkannten Problematik ist § 1 Nr. 1 AHB dann so gefasst worden, dass in Übereinstimmung mit § 5 Nr. 1 AHB statt von einem bloßen Ereignis nun von einem „**Schadensereignis**" die Rede ist, wobei unklar geblieben ist, wieso die Verwendung des Wortes „Schadensereignis" zwingend wieder zur Anwendung der Schadensereignis- oder Folgeereignistheorie führen sollte.[23] Ein nicht näher definiertes „Schadensereignis" kann sowohl der Verstoß des Versicherungsnehmers gegen Rechtspflichten wie auch das anschließende Folgeereignis sein, denn durch den Verstoß wird die Anlage des Schadens geschaffen, wenn er sich auch erst später zeigt, was nichts daran ändert,

---

[16] Zu diesem Problem OLG Oldenburg VersR 2001, 229; 1997, 732 = r+s 1997, 57 mAnm *Schimikowski*; OLG Celle VersR 1997, 609; einen Indizienbeweis lässt OLG Koblenz VersR 1999, 573 zu.

[17] BGH VersR 1981, 173; OLG Koblenz VersR 1999, 573; OLG Oldenburg VersR 1997, 732; *Späte* AHB Vorb. Rn. 55; *Schauer* in Berliner Kommentar VVG Vor §§ 49 ff. Rn. 66.

[18] Zum Begriff und zur Entwicklung *Späte* AHB § 1 Rn. 17 ff.; angewandt wurde die Schadensereignistheorie auch von BGHZ 25, 34 = NJW 1957, 1477.

[19] BGHZ 79, 76 = VersR 1981, 173 = NJW 1981, 870.

[20] Vgl. die Nachw. bei *Späte* AHB § 1 Rn. 21, 22.

[21] OLG Nürnberg VersR 1994, 1462.

[22] OLG Oldenburg VersR 2001, 229, das für einen Verkleckerungsschaden, der zwölf Jahre vor Beginn des Versicherungsschutzes begonnen hatte, den Deckungsschutz versagt hat, obwohl die Verkleckerungen auch als Kausalverstoß und die anschließende Gewässerverunreinigung auch als Folgeereignis hätten angesehen werden können; die Verstoßtheorie wird hier nicht erläutert.

[23] Zum Problem einerseits OLG Oldenburg VersR 1997, 732 = r+s 1997, 57 mAnm *Schimikowski*, wo für die Produkthaftpflichtversicherung nicht auf das Kausal-, sondern auf das Folgeereignis abgestellt wird (ebenso OLG Karlsruhe VersR 2003, 1436); andererseits OLG Celle VersR 1997, 609, wo für die Gewässerschaden-Haftpflichtversicherung umgekehrt nicht auf das Folge-, sondern auf das Kausalereignis abgestellt wird; ebenso OLG Koblenz VersR 1999, 573; dagegen wiederum OLG Oldenburg VersR 2001, 229.

dass er zuvor schon vorhanden war. Skepsis deswegen auch bei *Lücke*,[24] der zunächst auf mögliche Unbilligkeiten bei Nachhaftungsfällen hinweist (der Schadenverursacher, der seinen Betrieb aufgibt, würde nach der Folgeereignistheorie keine Deckung mehr haben) und der zu Recht anmerkt, dass sich „dem durchschnittlichen Versicherungsnehmer aus dem Begriff Schadensereignis nicht erschließt", welcher Zeitpunkt letztlich maßgeblich sein soll.[25]

Die **AHB Fassung 2008** (Ziff. 1.1 S. 2, 3) definierten deswegen den **Ereignisbegriff** als „das 15 Ereignis, als dessen Folge die Schädigung des Dritten unmittelbar entstanden ist. Auf den Zeitpunkt der Schadenverursachung, die zum Schadensereignis geführt hat, kommt es nicht an". Damit wurde die Anwendung der Verstoßtheorie ausgeschlossen; Bedenken gegen die Wirksamkeit der Klausel waren und sind nicht ersichtlich. Die Klausel besteht auch in der Fassung Februar 2016 unverändert fort.

Bei der Frage, ob Ziff. 25.1 iVm Ziff. 1.1 AHB (Fassung 2016) und § 104 Abs. 1 S. 1 das Gleiche 16 meinen, ist allerdings auch die Nennung des **„Schadensereignisses" in Abs. 2 S. 2** zu berücksichtigen. Danach trifft den Versicherungsnehmer eine Anzeigepflicht, wenn gegen ihn „wegen des den Anspruch begründenden Schadensereignisses ein Ermittlungsverfahren eingeleitet wird". Es besteht kein Grund, zu vermuten, dass der Gesetzgeber mit den Verantwortlichkeitstatsachen in Abs. 1 etwas anderes gemeint haben könnte als mit dem Schadensereignis in Abs. 2. Insoweit wird man von einer Identität auszugehen haben mit der Folge, dass die Anzeigepflicht nach Abs. 1 den Versicherungsnehmer nach Eintritt eines sog. Schadensereignisses oder auch Folgeereignisses iSv Ziff. 25.1 AHB trifft.[26]

Allerdings kann man das mit *Lücke*[27] und *Retter*[28] auch anders sehen: Ersterer sieht in Ziff. 25.1 AHB eine – da dem Versicherungsnehmer günstige und deswegen trotz § 112 wirksame – Verlegung des Anzeigezeitpunkts auf das spätere Ereignis, als dessen Folge die Schädigung des Dritten unmittelbar entstanden ist, während § 104 auf die Tatsachen abstellt, die die Verantwortlichkeit gegenüber Dritten zur Folge haben könnten, dh hier der Schaden anders als bei Ziff. 25.1 AHB nicht unmittelbar bevorstehen müsse. Auch *Retter* meint, die Regelung des § 104 Abs. 1 S. 1 gehe über die in § 30 Abs. 1 enthaltene Bestimmung hinaus, der erst bei Eintritt des Versicherungsfalls eine Anzeigepflicht vorsieht, während der Versicherungsnehmer nach § 104 Abs. 1 S. 1 bereits die Tatsachen anzuzeigen hat, die seine Verantwortlichkeit gegenüber einem Dritten begründen könnten.

Unklar bliebe dann aber, warum der Gesetzgeber den Begriff der Verantwortlichkeitstatsachen in Abs. 1 S. 1 parallel zur Formulierung des „Schadensereignisses" in Abs. 2 S. 2 verwandt hat. So spricht die Gesetzesbegründung in Bezug auf Abs. 1 S. 1 von dem Zeitpunkt, zu dem der Versicherungsnehmer weiß oder damit rechnet, dass er von einem Dritten wegen der eingetretenen schadensverursachenden Tatsache in Anspruch genommen werden kann. Mit der „eingetretenen schadensverursachenden Tatsache" kann nur das Ereignis gemeint sein, als dessen Folge die Schädigung des Dritten unmittelbar eintritt.

Letztlich wird es auf alles das nicht ankommen: Weil das Gesetz keine eigene Sanktion einer 17 unterlassenen Meldung an den Versicherer vorsieht, wird ein Verstoß gegen das Gesetz selbst keine Auswirkungen haben, insoweit kommt es **allein auf die vertragliche Sanktion** an, wie sie in § 26 AHB formuliert wurde. Wenn diese als Rechtsgrund für die Anzeige aber nicht auf das Gesetz abstellt (Verantwortlichkeitstatsachen), sondern einen eigenen Rechtsgrund nennt (Meldung des Versicherungsfalls), dann wird man eben insgesamt (Rechtsgrund und -folge) auf die Bedingung abzustellen haben. Da dieses günstiger ist als das Gesetz (wenn man eine Divergenz sehen will, würde die Anzeigepflicht nach dem Gesetz wesentlich früher einsetzen als nach der Bedingung), ist die Modifikation auch wirksam, § 112.

II. Inanspruchnahme

Nach Abs. 1 S. 2 ist der Versicherungsnehmer ebenfalls zur Anzeige verpflichtet, wenn der 18 Dritte seinen **Anspruch gegenüber dem Versicherungsnehmer geltend** macht. Damit trifft den Versicherungsnehmer auch bei der (außergerichtlichen) Inanspruchnahme durch den Geschädigten eine Informationspflicht.

Eine solche Geltendmachung von Ansprüchen ist in jeder **ernsthaften Erklärung** des Dritten, namentlich gegenüber dem Versicherungsnehmer, aber auch gegenüber Dritten, zu sehen, aus der sich ergibt, dass der Dritte Schadenersatzansprüche, für die er den Versicherungsnehmer verantwortlich macht, geltend machen will.[29] § 104 beschränkt die Anzeigepflicht auf entsprechende Erklärungen des Dritten allein gegenüber dem Versicherungsnehmer. Dies ist verständlich, da der Versiche-

---

[24] *Lücke* in Prölss/Martin VVG § 100 Rn. 28 ff.
[25] Im Ergebnis ebenso *Schimikowski* NVersZ 1999, 545.
[26] Wohl wie hier *Schulze Schwienhorst* in Looschelders/Pohlmann VVG § 104 Rn. 15.
[27] *Lücke* in Prölss/Martin AHB 2008 Nr. 25 Rn. 3, VVG § 104 Rn. 3.
[28] *Retter* in Schwintowski/Brömmelmeyer/Ebers VVG § 104 Rn. 2.
[29] BGH VersR 1967, 56; 2003, 900.

rungsnehmer dem Versicherer keine Inanspruchnahme anzeigen kann, die ihm nicht verlässlich zur Kenntnis gelangt ist. Daher liegt in der Mitteilung eines Vierten, dass mit einer Anspruchserhebung zu rechnen sei, keine die Anzeigepflicht begründende Inanspruchnahme.[30]

Umgekehrt muss die Geltendmachung aber nicht zwingend durch den geschädigten Dritten persönlich erfolgen; in Betracht zu ziehen sind ebenfalls mit gesetzlicher oder rechtsgeschäftlicher Vertretungsmacht ausgestattete Personen (in der Praxis wohl am häufigsten ist hier der Fall der anwaltlichen Geltendmachung). Nach Auffassung von *Retter*[31] soll dies auch für Angehörige des Geschädigten gelten. Angesichts des klaren Gesetzeswortlauts ist dies jedoch zweifelhaft.

19 Die Erklärung der Anspruchserhebung bedarf **keiner Form;** sie kann also schriftlich oder mündlich, ausdrücklich oder auch konkludent abgegeben werden, solange es ihr nicht an der Ernsthaftigkeit mangelt.[32] Auch wenn die genaue Anspruchshöhe noch nicht beziffert ist, steht das der ernsthaften Geltendmachung nicht entgegen.[33] Eine ernsthafte Forderung in diesem Sinne liegt daher stets dann vor, wenn der Dritte Ansprüche anmeldet, die nicht erkennbar scherzhafter Natur sind.

Beim Tatbestandsmerkmal der Inanspruchnahme kommt es nicht darauf an, ob diese Ansprüche auch tatsächlich bestehen.[34] Auf die Durchsetzbarkeit oder die Begründetheit kommt ist ebenso wenig abzustellen wie auf den Willen des Dritten, die Forderung auch gerichtlich durchzusetzen.[35] Deswegen sind auch Forderungen, die etwa nur der Vorbereitung einer späteren gütlichen Einigung dienen sollen, ernsthaft geltend gemacht. Die materielle Richtigkeit des Anspruchs ist keine Voraussetzung des § 104 und insbes. auch nicht etwa vom Versicherungsnehmer zu prüfen, bevor er seiner Informationspflicht nachkommt. Er muss auch von einem Dritten geltend gemachte Ansprüche anzeigen, die er selbst für unbegründet hält.[36] Der Versicherer wird in seiner nach pflichtgemäßem Ermessen zu treffenden Entscheidung bzgl. des weiteren Vorgehens (Freistellung von begründeten oder Abwehr unbegründeter Ansprüche) nicht beschränkt.

20 **Bloße Drohungen** – etwa die heute übliche Ankündigung, man werde wegen einer Streitfrage „seinen Rechtsanwalt einschalten" – **genügen nicht.**[37] Ebenso wenig die Bitte um **Verzicht auf die Verjährungseinrede.**[38] Ein **Antrag auf Beweissicherung** im selbständigen Beweisverfahren ist als Geltendmachung zu qualifizieren, wenn nach Lage der Dinge kein Zweifel daran besteht, dass der Geschädigte allein den Versicherungsnehmer für einen eingetretenen Schaden verantwortlich machen will, und das selbständige Beweisverfahren lediglich dem Zweck dient, die Schadenshöhe festzustellen.[39] Ausreichend ist auch eine **Aufrechnungserklärung** gegenüber vom Versicherungsnehmer geltend gemachten Forderungen.[40]

Nur wenn der Dritte Ansprüche bloß ankündigt, die er später – nach weiteren Sachverhalts- oder Höheermittlungen – geltend zu machen gedenkt, besteht noch keine Anzeigepflicht.[41] Lediglich zu erwartende Ansprüche hat der Versicherungsnehmer nicht anzuzeigen.[42]

III. Gerichtliche Inanspruchnahme

21 § 104 Abs. 2 hat an der früheren VVG-Regelung nichts geändert.[43] Die Vorschrift begründet eine weitere zusätzliche Anzeigepflicht für den Fall, dass gegen den Versicherungsnehmer ein Anspruch gerichtlich geltend gemacht, Prozesskostenhilfe beantragt oder ihm gerichtlich der Streit verkündet wird

---

[30] *Retter* in Schwintowski/Brömmelmeyer/Ebers VVG § 104 Rn. 6.
[31] *Retter* in Schwintowski/Brömmelmeyer/Ebers VVG § 104 Rn. 6, mit Hinweis auch RGZ 156, 378 (383).
[32] *Lücke* in Prölss/Martin VVG § 104 Rn. 10; *Schulze Schwienhorst* in Looschelders/Pohlmann VVG § 104 Rn. 4; *Retter* in Schwintowski/Brömmelmeyer/Ebers VVG § 104 Rn. 5.
[33] OLG Köln r+s 1996, 432.
[34] BGH VersR 2003, 900 = NJW 2003, 2376; VersR 1979, 1117; OLG Düsseldorf VersR 1981, 1072; OLG Hamm VersR 1978, 809; OLG Köln r+s 1996, 432.
[35] Zust. *Retter* in Schwintowski/Brömmelmeyer/Ebers VVG § 104 Rn. 5.
[36] OLG Hamm r+s 1992, 118; *Lücke* in Prölss/Martin VVG § 104 Rn. 11; *Retter* in Schwintowski/Brömmelmeyer/Ebers VVG § 104 Rn. 5.
[37] *Retter* in Schwintowski/Brömmelmeyer/Ebers VVG § 104 Rn. 5; nach *Lücke* in Prölss/Martin VVG § 104 Rn. 10 Tatfrage.
[38] BGH VersR 1979, 1117.
[39] BGH VersR 2004, 1043 = NJW-RR 2004, 1261; *Lücke* in Prölss/Martin VVG § 104 Rn. 10, 12; ohne Differenzierung OLG Saarbrücken VersR 1991, 872; *Retter* in Schwintowski/Brömmelmeyer/Ebers VVG § 104 Rn. 10.
[40] So auch *Retter* in Schwintowski/Brömmelmeyer/Ebers VVG § 104 Rn. 5; *Lücke* in Prölss/Martin VVG § 104 Rn. 10, mit Hinweis auf OLG Köln r+s 1996, 432.
[41] So auch *Schulze Schwienhorst* in Looschelders/Pohlmann VVG § 104 Rn. 4.
[42] BGH VersR 1967, 56.
[43] So die Gesetzesbegründung, BT-Drs. 16/3945, 85.

1. An- oder Rechtshängigkeit? Sobald der Versicherungsnehmer iSv Abs. 2 S. 1 gerichtlich in Anspruch genommen wird, trifft ihn eine besondere Anzeigepflicht: Er muss dies dem Versicherer unverzüglich anzeigen und zwar zusätzlich zu den bisher erstatteten Anzeigen (Verantwortlichkeitstatsachen, Geltendmachung von Schadenersatzansprüchen).

Unter einer gerichtlichen Geltendmachung versteht man die Klageerhebung. Sie erfolgt durch Zustellung der Klageschrift an den Versicherungsnehmer, § 253 Abs. 1 ZPO. Maßgeblich ist damit der Zeitpunkt der Rechtshängigkeit iSv § 261 Abs. 1 ZPO. Der (Einzel-)Ansicht von *Späte*,[44] dass bereits die Kenntnis des Versicherungsnehmers von der Anhängigkeit die Anzeigpflicht auslöse, findet – zu Recht – keine Anhänger.[45] Aus den zivilprozessrechtlichen Regelungen folgt zweifellos, dass eine Klage erst mit ihrer Zustellung und nicht bereits mit ihrer Anhängigkeit erhoben ist.

Im Übrigen bedeutet gerichtliche Geltendmachung jede Form der Klageerhebung. Es kommt nicht darauf an, ob die Klage zulässig oder unzulässig, begründet oder unbegründet ist. Es kommt auch nicht auf die Form der Klage an, so dass neben einer Zahlungs- natürlich auch eine Feststellungsklage (§ 256 ZPO)[46] zu melden ist, ebenso Stufenklagen (§ 254 ZPO) oder sonstige gerichtliche Inanspruchnahmen. Hierzu zählen auch die Zustellung eines Mahnbescheides (§§ 692f. ZPO),[47] die Zustellung eines Arrestes (§ 922 ZPO)[48] oder einer einstweiligen Verfügung (§ 936 iVm § 922 ZPO),[49] die Erhebung einer Widerklage[50] und ggf. auch ein Antrag auf Beweissicherung.[51]

Auch eine im Prozess zur Aufrechnung gestellte Gegenforderung[52] und eine Anmeldung von Ansprüchen zur Insolvenztabelle (§§ 174f. InsO)[53] zählen zur gerichtlichen Geltendmachung. Ob eine zivilrechtliche Geltendmachung in einem Strafverfahren, also das sog. Adhäsionsverfahren (§§ 403ff. StPO), dazu zählt,[54] könnte zweifelhaft sein, weil ein im Adhäsionsverfahren ergangenes Urteil nach der Rechtsprechung des Haftpflichtsenats des BGH keine Bindungs- und keine Rechtskraftwirkung gegenüber dem Haftpflichtversicherer entfalten soll.[55] Allerdings ist diese Entscheidung in einem Direktprozess ergangen und dürfte in dieser Allgemeinheit auf die Haftpflichtversicherung außerhalb der Pflicht-Haftpflichtversicherung keine Anwendung finden. Eine Anzeigepflicht könnte aber obsolet sein, wenn man mit dem OLG Karlsruhe[56] davon ausgeht, dass der Versicherer an dem Adhäsionsverfahren nicht teilnehmen kann und durch diesen Ausschluss keine Nachteile erleidet, weil er auch in einem „echten" Zivilprozess nichts vortragen könnte, was seinem Versicherungsnehmer nachteilig wäre. Diese Auffassung begegnet aber gleich aus zwei Gründen Bedenken: Zunächst spricht nichts dagegen, dass der Haftpflichtversicherer an dem Adhäsionsverfahren teilnimmt. Wenn im Strafverfahren zivilrechtliche Ansprüche gem. § 404 StPO (inkl. Benennung der Beweismittel) geltend gemacht werden, muss dem Versicherer gemeldet werden. Dieser entscheidet dann, ob er – durch einen auf Haftpflichtfragen spezialisierten Anwalt, der Strafverteidiger könnte hier überfordert sein – an diesem in das Strafverfahren eingelagerten Haftpflichtprozess teilnimmt. Von diesem ist gem. § 406 Abs. 1 S. 4, 5 StPO abzusehen, wenn es um komplizierte Fragen geht, die die Erledigung des Strafverfahrens verzögern würden. Und schließlich ist es dem Versicherer im Zivilverfahren keineswegs verwehrt, neben dem Anwalt für den Versicherungsnehmer einen zweiten Anwalt zu beauftragen, der den Versicherer vertritt, dem Streit beitritt und die Auffassung des Versicherers vorträgt.

2. Prozesskostenhilfegesuch. Der gerichtlichen Geltendmachung steht ferner gem. Abs. 2 S. 1 der Antrag auf Bewilligung von Prozesskostenhilfe (§ 117 ZPO) gleich.

---

[44] → AHB § 5 Rn. 16.
[45] Konkret abl. *Retter* in Schwintowski/Brömmelmeyer/Ebers VVG § 104 Rn. 9.
[46] *Lücke* in Prölss/Martin VVG § 104 Rn. 12; *Retter* in Schwintowski/Brömmelmeyer/Ebers VVG § 104 Rn. 9.
[47] *Lücke* in Prölss/Martin VVG § 104 Rn. 12; *Schulze Schwienhorst* in Looschelders/Pohlmann VVG § 104 Rn. 6; *Retter* in Schwintowski/Brömmelmeyer/Ebers VVG § 104 Rn. 9.
[48] *Lücke* in Prölss/Martin VVG § 104 Rn. 12; *Schulze Schwienhorst* in Looschelders/Pohlmann VVG § 104 Rn. 6; *Retter* in Schwintowski/Brömmelmeyer/Ebers VVG § 104 Rn. 9.
[49] *Lücke* in Prölss/Martin VVG § 104 Rn. 12; *Schulze Schwienhorst* in Looschelders/Pohlmann VVG § 104 Rn. 6; *Retter* in Schwintowski/Brömmelmeyer/Ebers VVG § 104 Rn. 9.
[50] *Lücke* in Prölss/Martin VVG § 104 Rn. 12; *Retter* in Schwintowski/Brömmelmeyer/Ebers VVG § 104 Rn. 9.
[51] → Rn. 20.
[52] OGH VersR 1981, 1064; *Lücke* in Prölss/Martin VVG § 104 Rn. 12; *Retter* in Schwintowski/Brömmelmeyer/Ebers VVG § 104 Rn. 10.
[53] OLG Köln r+s 1996, 432; *Lücke* in Prölss/Martin VVG § 104 Rn. 12; *Retter* in Schwintowski/Brömmelmeyer/Ebers VVG § 104 Rn. 10.
[54] So *Lücke* in Prölss/Martin VVG § 104 Rn. 12; *Retter* in Schwintowski/Brömmelmeyer/Ebers VVG § 104 Rn. 10.
[55] BGH NJW 2013, 1163.
[56] OLG Karlsruhe VersR 2020, 472.

24 **3. Streitverkündung.** Ebenfalls der gerichtlichen Geltendmachung gleichgestellt ist gem. Abs. 2 S. 1 die gerichtliche Streitverkündung (§§ 72 ff. ZPO) gegenüber dem Versicherungsnehmer.

25 **4. Ermittlungsverfahren.** Nach Abs. 2 S. 2 hat der Versicherungsnehmer dem Versicherer auch unverzüglich anzuzeigen, wenn gegen den Versicherungsnehmer **wegen des den Anspruch begründenden Schadensereignisses ein Ermittlungsverfahren** eingeleitet wird.

Unter den Begriff des Ermittlungsverfahrens sind das staatsanwaltschaftliche Ermittlungsverfahren gem. § 160 StPO und auch das Bußgeldverfahren gem. §§ 35 ff. OWiG zu subsumieren, nicht aber verwaltungsbehördliche Verwarnungsverfahren gem. § 56 OWiG.[57] Das ist dem Umstand geschuldet, dass der rechtstechnische Begriff „Ermittlungsverfahren" in § 104 eng auszulegen ist.[58]

Der Anzeigepflicht nach Abs. 2 S. 2 unterfallen demnach weder ein Disziplinarverfahren noch ein standesgerichtliches Verfahren noch ein Verfahren vor einem Schiedsgericht.[59]

26 Die Einleitung des Ermittlungsverfahrens muss „wegen des den Anspruch begründenden Schadensereignisses" erfolgt sein. Das heißt, es ist nicht erforderlich, dass der Dritte seinen Anspruch bereits geltend gemacht hat.[60] Vielmehr verpflichtet den Versicherungsnehmer allein der Umstand des eingeleiteten (strafrechtlichen) Ermittlungsverfahrens wegen eines Schadensereignisses, aus dem möglicherweise ein Dritter (zivilrechtliche) Ansprüche gegen ihn geltend macht, zur Anzeige gegenüber dem Versicherer. Dabei ist der Begriff des Schadensereignisses, wie zB in § 116 Abs. 2 und § 117 Abs. 1, weit auszulegen.[61] Der Versicherungsnehmer muss lediglich Kenntnis vom Ermittlungsverfahren und davon haben, dass das Schadensereignis, wegen dessen gegen ihn ermittelt wird, einen Haftpflichtanspruch auslösen kann.[62]

Das Ermittlungsverfahren muss „gegen den Versicherungsnehmer" eingeleitet sein. Die klare Gesetzesformulierung und auch die Gesetzesbegründung[63] erteilen der früher teilweise vertretenen Ansicht, der Versicherungsnehmer müsse auch Ermittlungsverfahren gegen einen (Mit-)Versicherten anzeigen,[64] eine klare Absage.[65]

27 Von dieser Konstellation streng zu unterscheiden ist die Frage, ob den **(Mit-)Versicherten selbst** die Anzeigepflichten nach den Abs. 1 und 2 treffen: Zwar sprechen die Vorschriften nur von gegen den Versicherungsnehmer gerichteten Ansprüchen, jedoch folgt die Anzeigepflichtigkeit des (Mit-)Versicherten aus §§ 43 Abs. 1, 47 Abs. 1 und Ziff. 27.1 AHB 2008.[66]

C. Rechtsfolgen

I. Gesetzliche

28 Aus der Vorschrift des § 104 selbst folgen keine Rechtsfolgen für den Fall der Verletzung der Anzeigepflichten. Der Gesetzgeber hat von einer generellen Regelung abgesehen und damit den Raum für vertragliche Rechtsfolgenregelungen zwischen den Vertragspartnern eröffnet.

II. Vertragliche

29 Da die gesetzliche Vorschrift keine Sanktion eines Verstoßes gegen die Meldepflichten vorsieht, kommt es in Bezug auf eine mögliche – gänzlich oder teilweise – Leistungsfreiheit des Versicherers

---

[57] *Lücke* in Prölss/Martin VVG § 104 Rn. 14; *Späte* AHB § 5 Rn. 12; *Retter* in Schwintowski/Brömmelmeyer/Ebers VVG § 104 Rn. 12.

[58] *Lücke* in Prölss/Martin VVG § 104 Rn. 14; *Schulze Schwienhorst* in Looschelders/Pohlmann VVG § 104 Rn. 7; *Maier* in Stiefel/Maier AKB Kap. E 1 Rn. 19, anders noch die Vorauflage; dagegen für einen erweiterten Begriff des Ermittlungsverfahrens *Johannsen* in Bruck, Bd. IV, Kap. F Anm. 40.

[59] *Lücke* in Prölss/Martin VVG § 104 Rn. 14; *Retter* in Schwintowski/Brömmelmeyer/Ebers VVG § 104 Rn. 12; *Maier* in Stiefel/Maier AKB Kap. E 1 Rn. 19.

[60] *Lücke* in Prölss/Martin VVG § 104 Rn. 15; *Retter* in Schwintowski/Brömmelmeyer/Ebers VVG § 104 Rn. 13; aA *Johannsen* in Bruck, Bd. IV, Kap. F Anm. 39.

[61] So der ausdrückliche Wille des Gesetzgebers, BT-Drs. 16/3945, 85.

[62] *Lücke* in Prölss/Martin VVG § 104 Rn. 15; *Retter* in Schwintowski/Brömmelmeyer/Ebers VVG § 104 Rn. 13.

[63] BT-Drs. 16/3945, 85.

[64] OLG München VersR 1954, 529; OLG Nürnberg VersR 1967, 367; *Baumann* in Berliner Kommentar VVG § 153 Rn. 32; *Johannsen* in Bruck, Bd. IV, Kap. F Anm. 41.

[65] *Lücke* in Prölss/Martin VVG § 104 Rn. 16 (der allerdings *Retter* in Schwintowski/Brömmelmeyer/Ebers VVG § 104 Rn. 14 missversteht; s. vielmehr *Retter* in Schwintowski/Brömmelmeyer/Ebers VVG § 104 Rn. 11); *Schimikowski* in HK-VVG § 104 Rn. 5; *Schulze Schwienhorst* in Looschelders/Pohlmann VVG § 104 Rn. 7.

[66] → Rn. 5; *Retter* in Schwintowski/Brömmelmeyer/Ebers VVG § 104 Rn. 14.

ohnehin auf die vertraglichen Regelungen an. Insoweit ist die gesetzliche Vorschrift in § 104 wahrscheinlich gänzlich überflüssig, denn es bedarf ohnehin vertraglicher Abreden, so dass es nahe liegt, dass der jeweilige Bedingungsgeber nicht nur die Rechtsfolgen von Verstößen gegen die Obliegenheiten nach § 104 sanktioniert, sondern zugleich auch eigene Obliegenheiten formuliert. Dies ist in Ansehung des geltenden Rechts in den Ziff. 25, 26 AHB 2008 geschehen:

Ziff. 25 Obliegenheiten nach Eintritt des Versicherungsfalles (Fassung: Februar 2016)

25.1 Jeder Versicherungsfall ist, auch wenn noch keine Schadensersatzansprüche erhoben worden sind, dem Versicherer innerhalb einer Woche anzuzeigen. Das Gleiche gilt, wenn gegen den Versicherungsnehmer Haftpflichtansprüche geltend gemacht werden.

25.2 Der Versicherungsnehmer muss nach Möglichkeit für die Abwendung und Minderung des Schadens sorgen. Weisungen des Versicherers sind dabei zu befolgen, soweit es für den Versicherungsnehmer zumutbar ist. Er hat dem Versicherer ausführliche und wahrheitsgemäße Schadenberichte zu erstatten und ihn bei der Schadenermittlung und -regulierung zu unterstützen. Alle Umstände, die nach Ansicht des Versicherers für die Bearbeitung des Schadens wichtig sind, müssen mitgeteilt sowie alle dafür angeforderten Schriftstücke übersandt werden.

25.3 Wird gegen den Versicherungsnehmer ein staatsanwaltschaftliches, behördliches oder gerichtliches Verfahren eingeleitet, ein Mahnbescheid erlassen oder ihm gerichtlich der Streit verkündet, hat er dies unverzüglich anzuzeigen.

25.4 Gegen einen Mahnbescheid oder eine Verfügung von Verwaltungsbehörden auf Schadensersatz muss der Versicherungsnehmer fristgemäß Widerspruch oder die sonst erforderlichen Rechtsbehelfe einlegen. Einer Weisung des Versicherers bedarf es nicht.

25.5 Wird gegen den Versicherungsnehmer ein Haftpflichtanspruch gerichtlich geltend gemacht, hat er die Führung des Verfahrens dem Versicherer zu überlassen. Der Versicherer beauftragt im Namen des Versicherungsnehmers einen Rechtsanwalt. Der Versicherungsnehmer muss dem Rechtsanwalt Vollmacht sowie alle erforderlichen Auskünfte erteilen und die angeforderten Unterlagen zur Verfügung stellen.

Ziff. 26 Rechtsfolgen bei Verletzung von Obliegenheiten (Fassung: Februar 2016)

26.1 Verletzt der Versicherungsnehmer eine Obliegenheit aus diesem Vertrag, die er vor Eintritt des Versicherungsfalles zu erfüllen hat, kann der Versicherer den Vertrag innerhalb eines Monats ab Kenntnis von der Obliegenheitsverletzung fristlos kündigen. Der Versicherer hat kein Kündigungsrecht, wenn der Versicherungsnehmer nachweist, dass die Obliegenheitsverletzung weder auf Vorsatz noch auf grober Fahrlässigkeit beruhte.

26.2 Wird eine Obliegenheit aus diesem Vertrag vorsätzlich verletzt, verliert der Versicherungsnehmer seinen Versicherungsschutz. Bei grob fahrlässiger Verletzung einer Obliegenheit ist der Versicherer berechtigt, seine Leistung in einem der Schwere des Verschuldens des Versicherungsnehmers entsprechenden Verhältnis zu kürzen.

Der vollständige oder teilweise Wegfall des Versicherungsschutzes hat bei Verletzung einer nach Eintritt des Versicherungsfalls bestehenden Auskunfts- oder Aufklärungsobliegenheit zur Voraussetzung, dass der Versicherer den Versicherungsnehmer durch gesonderte Mitteilung in Textform auf diese Rechtsfolge hingewiesen hat.

Weist der Versicherungsnehmer nach, dass er die Obliegenheit nicht grob fahrlässig verletzt hat, bleibt der Versicherungsschutz bestehen.

Der Versicherungsschutz bleibt auch bestehen, wenn der Versicherungsnehmer nachweist, dass die Verletzung der Obliegenheit weder für den Eintritt oder die Feststellung des Versicherungsfalls noch für die Feststellung oder den Umfang der dem Versicherer obliegenden Leistung ursächlich war. Das gilt nicht, wenn der Versicherungsnehmer die Obliegenheit arglistig verletzt hat.

Die vorstehenden Bestimmungen gelten unabhängig davon, ob der Versicherer ein ihm nach Ziff. 26.1 zustehendes Kündigungsrecht ausübt.

1. Ergänzung zur gesetzlichen Vorschrift. Ziff. 25.1 AHB (2008; Fassung: Februar 2016) stellt auf den „Versicherungsfall" ab, der dem Versicherer innerhalb einer Woche anzuzeigen sei, „auch wenn noch keine Schadensersatzansprüche erhoben worden sind". Der Versicherungsfall ist in Ziff. 1.1 AHB definiert. Danach wird Versicherungsschutz gewährt für den Fall, „dass der Versicherungsnehmer wegen eines während der Wirksamkeit der Versicherung eingetretenen Schadensereignisses (Versicherungsfall) ... aufgrund gesetzlicher Haftpflichtbestimmungen privatrechtlichen Inhalts von einem Dritten auf Schadensersatz in Anspruch genommen wird". Es ist bereits oben[67] diskutiert worden, ob hier eine Abweichung von der gesetzlichen Vorschrift besteht, die ja nicht auf die Inanspruchnahme des Versicherungsnehmers wegen eines während der Dauer der Versicherung eingetretenen Schadensereignisses abstellt, sondern auf die Tatsachen, die die „Verantwortlichkeit" des Versicherungsnehmers „gegen einen Dritten zur Folge haben könnten".

31 **2. (Teilweise) Leistungsfreiheit und Kausalität nach § 28 Abs. 2, 3.** Sind vertraglich eine entsprechende Obliegenheit des Versicherungsnehmers und ihre Sanktionierung vorgesehen, kommt bei Verletzung der Anzeigepflicht § 28 zur Anwendung.[68] Nach § 28 Abs. 2 S. 1 ist der Versicherer bei Verletzung einer vom Versicherungsnehmer zu erfüllenden vertraglichen Obliegenheit vollständig leistungsfrei, wenn der Versicherungsnehmer die Obliegenheit vorsätzlich verletzt hat. Im Fall einer grob fahrlässigen Obliegenheitsverletzung ist der Versicherer nach § 28 Abs. 2 S. 2 berechtigt, seine Leistung in einem der Schwere des Verschuldens des Versicherungsnehmers entsprechenden Verhältnis zu kürzen.[69]

Aber: Soweit die vorsätzliche oder grob fahrlässige Verletzung weder für den Eintritt oder die Feststellung des Versicherungsfalls noch für die Feststellung oder den Umfang der Leistungspflicht des Versicherers ursächlich ist, bleibt der Versicherer nach § 28 Abs. 3 S. 1 leistungspflichtig. Davon wiederum ausgenommen ist arglistiges Handeln des Versicherungsnehmers, § 28 Abs. 3 S. 2. Dem Versicherungsnehmer steht demnach mit Ausnahme arglistiger Obliegenheitsverletzungen der Kausalitätsgegenbeweis offen.[70]

32 **3. Keine Belehrungspflicht nach § 28 Abs. 4.** Die Leistungsfreiheit des Versicherers wegen einer Verletzung von Auskunfts- oder Aufklärungsobliegenheiten setzt gem. § 28 Abs. 4 eine Belehrung des Versicherungsnehmers über die entsprechende Rechtsfolge voraus.[71] Diese Belehrungspflicht gilt **in der Haftpflichtversicherung nicht.** In der Begründung zu § 28 Abs. 4 hat der Gesetzgeber ausdrücklich darauf hingewiesen, dass die Belehrungspflicht nicht für die Regelungen in §§ 30, 104 gilt.[72] Das ist darauf zurückzuführen, dass eine Belehrung seitens des Versicherers erst dann möglich ist, wenn der Versicherer weiß, dass es über etwas zu belehren gilt. Ohne Kenntnis des (nicht) angezeigten Versicherungsfalls ist also eine Belehrung, wie sie § 28 Abs. 4 erfordert, gar nicht möglich. Dem hat der Gesetzgeber Rechnung getragen.

33 Die entfallene Pflicht zur Belehrung über die Rechtsfolgen einer Anzeigepflichtverletzung gilt für **sämtliche** Unterfälle des § 104, also nicht nur für die Bildung von Verantwortlichkeitstatsachen, sondern auch für die Geltendmachung von Schadenersatzansprüchen, für das forensische Vorgehen des geschädigten Dritten oder für das Ermittlungsverfahren.

34 Damit ist § 28 Abs. 4 grds. auf die Anzeigepflichten nach § 104 **überhaupt nicht** anzuwenden. Dies sieht *Lücke*[73] unter Hinweis auf das besondere Anliegen des Gesetzgebers, die „Schutzbedürfnisse des Versicherungsnehmers" zu befriedigen, anders. Es ist allerdings kein weiterer Anwendungsfall des § 28 Abs. 4 zu erkennen, in Bezug auf den die Meldepflichten nach § 104 nicht ausgeschlossen wären.[74]

35 **4. Unberechtigte Leistungsverweigerung.** Nach einer unberechtigten Leistungsverweigerung des Versicherers bestehen keine Obliegenheiten mehr; ein „prüfbereiter" Versicherer, demgegenüber Obliegenheiten zu erfüllen wäre, existiert nicht mehr.[75]

Von diesem Grundsatz gibt es allerdings **Ausnahmen:** Gibt der Versicherer zu erkennen, dass er trotz Ablehnung weiter Wert auf die Erfüllung der Obliegenheiten legt, etwa deswegen, weil er erneut in eine Sachprüfung eintreten will, sind die Obliegenheiten auch weiterhin zu erfüllen.[76] Dagegen *Lücke*[77], der „allen Versuchen, diesen Grundsatz aufzuweichen" widerspricht, weil ein Versicherer jedenfalls dann die Erfüllung von Obliegenheiten nicht mehr verlangen könne, wenn er „den Versicherungsnehmer zu Unrecht im Stich" gelassen habe. Hier wird aber, unabhängig von der bemerkenswerten Diktion, übersehen, dass der Versicherer ja gerade seine Leistungspflicht noch

---

[67] → Rn. 10 ff.
[68] So der Gesetzgeber, BT-Drs. 16/3945, 86.
[69] Zu Einzelheiten → § 28 Rn. 209 ff.
[70] Zu Einzelheiten → § 28 Rn. 266 ff.
[71] → § 28 Rn. 314 ff.
[72] BT-Drs. 16/3945, 69.
[73] *Lücke* in Prölss/Martin VVG § 104 Rn. 20.
[74] Im Ergebnis wie hier: *Retter* in Schwintowski/Brömmelmeyer/Ebers VVG § 104 Rn. 30.
[75] → Vor § 28 Rn. 36; *Armbrüster* in Prölss/Martin VVG § 28 Rn. 77.
[76] *Armbrüster* in Prölss/Martin VVG § 28 Rn. 78.
[77] *Lücke* in Prölss/Martin VVG § 104 Rn. 21.

einmal überprüfen will und es deswegen darum geht, den Versicherungsnehmer in Zukunft nicht mehr „im Stich (zu) lassen".

Unzweifelhaft und nach allseitiger Auffassung ist die Obliegenheit wieder zu erfüllen, wenn 36 der Versicherer unmissverständlich in eine **erneute Leistungsprüfung** eintritt[78] oder wenn die Deckungsablehnung des Versicherers im **Prozess für unberechtigt** erklärt wurde.[79] In diesen Fällen ist die Obliegenheit so wie sonst auch ordnungsgemäß zu erfüllen.

Besondere Bedeutung hat, dass eine Leistungsverweigerung des Versicherers dem Versicherungsnehmer nur erlaubt, die Obliegenheiten nicht mehr zu erfüllen, ihm also **seinerseits ein Leistungsverweigerungsrecht an die Hand** gibt. Er ist durch dieses Recht zur Leistungsverweigerung aber sicherlich nicht berechtigt, sie falsch oder unvollständig zu erfüllen, indem er unzutreffende Angaben macht oder gar den Versicherer täuscht.[80] Nach *Knappmann*[81] kann es dem Versicherungsnehmer auch in der Interimsphase zwischen Deckungsablehnung und Wiederaufnahme der Regulierung, also etwa in einer Beanstandung der Deckungsablehnung, nicht erlaubt sein, durch eine arglistige Täuschung doch noch eine positive Regulierungsentscheidung zu seinen Gunsten herbeizuführen. So aber der BGH, der mit Urteil v. 13.3.2013[82] feststellt, dass dem Versicherer nach Deckungsablehnung prinzipiell bis zu einer etwaigen Wiederaufnahme der Regulierung keine Schutzwürdigkeit zuzubilligen ist. Damit wird dem Versicherungsnehmer die Möglichkeit an die Hand gegeben, zunächst eine Deckungsablehnung zu provozieren, um danach ohne Sanktion arglistig zum Grund und zur Höhe täuschen zu dürfen. Das eigentliche Problem, dass die Deckungsablehnung nur zur Leistungsverweigerung, nicht aber zur arglistigen Täuschung berechtigt, wird gar nicht erst behandelt.[83]

Auch im **Prozess** ist der Versicherungsnehmer trotz Deckungsablehnung nicht berechtigt, 37 arglistig zu täuschen. Das findet seinen Grund darin, dass neben der Obliegenheit, die der Versicherungsnehmer wegen der Deckungsablehnung durch den Versicherer nicht mehr zu erfüllen hat, regelmäßig eine vertragliche Absprache existiert, wonach der Versicherer bei einer arglistigen Täuschung durch den Versicherungsnehmer zu Grund oder der Höhe des versicherten Anspruchs leistungsfrei sein soll. Bedenklich ist deswegen eine Entscheidung des OLG Hamm,[84] wo – wegen der vorangegangenen Deckungsablehnung – lediglich prozessuale und strafrechtliche Konsequenzen mit einer solchen arglistigen Täuschung im Prozess verbunden werden, nicht aber versicherungsvertragsrechtliche. Die Begründung, auch der Versicherer habe sich mit seiner Deckungsablehnung „in erheblichem Maße vertragsuntreu" verhalten, überzeugt nicht; deswegen dagegen *Baumgarten*[85] und *Langheid*[86] in ablehnenden Anmerkungen. Durch eine unberechtigte Deckungsablehnung mag der Versicherungsnehmer berechtigt sein, keinerlei Obliegenheiten zu erfüllen; eine solche Deckungsablehnung rechtfertigt es aber nicht, und zwar weder vor noch im Prozess, mit absichtlich täuschendem Vortrag eine Regulierungspflicht des Versicherers zu erreichen, sei es durch dessen freiwillige Entscheidung oder durch die Entscheidung des Gerichts.[87] Anderer Auffassung ist *Bach*,[88] der im Prozess alle versicherungsvertragsrechtlichen Regelungen für suspendiert hält. Ebenso *Lücke*[89] mit der allerdings wiederum unzutreffenden Befürchtung einer Ungleichbehandlung des zu sanktionierenden Versicherungsnehmers mit einem „im Prozess die Unwahrheit vortragenden Versicherer",[90] der keiner Sanktionsabrede unterliege. Hier wird

---

[78] Das räumt auch *Lücke* in Prölss/Martin VVG § 104 Rn. 21 ein.
[79] BGH VersR 1991, 1129 = r+s 1992, 1 mAnm *Langheid* r+s 1992, 3; so auch *Knappmann* NVersZ 2000, 69.
[80] Was häufig auf Verständnisschwierigkeiten stößt, etwa *Heiss* in Bruck/Möller VVG § 28 Rn. 55 f.; zutr. dagegen *Knappmann* NVersZ 2000, 68 (69), der darauf hinweist, dass eine Deckungsablehnung „nicht dahin missverstanden werden" darf, „dass der Versicherungsnehmer nun berechtigt ist, falsche Angaben zu machen oder arglistig zu täuschen"; ebenso *Langheid* r+s 1992, 109 gegen OLG Hamm VersR 1992, 301, das eine arglistige Täuschung wegen einer vorangegangenen Deckungsablehnung des Versicherers sanktionsfrei gestellt hat.
[81] *Knappmann* NVersZ 2000, 68.
[82] BGH VersR 2013, 609.
[83] Ausf. *Langheid* FS Lorenz, 2014, 241.
[84] OLG Hamm VersR 1992, 301.
[85] *Baumgarten* VersR 1992, 601.
[86] *Langheid* r+s 1992, 109.
[87] IdS *Langheid* r+s 1992, 109; dagegen *Heiss* in Bruck/Möller VVG § 28 Rn. 56, der vermutet, das Gericht solle an die Stelle des Versicherers gesetzt werden (was zu Recht als „nicht ernstlich vertretbar" bezeichnet wird, aber auch gar nicht gewollt ist).
[88] *Bach* VersR 1992, 302.
[89] *Lücke* in Prölss/Martin VVG § 104 Rn. 21.
[90] Der Praxis sei „ein solches Verhalten nicht fremd".

übersehen, dass der Versicherer ja „nur" seine Deckung (wenn auch im Ergebnis zu Unrecht) abgelehnt hat, was ja noch nicht dem prozessualen Vortrag einer „Unwahrheit" entspricht. Eine arglistige Täuschung durch eine vorangehende Deckungsablehnung sanktionsfrei stellen zu wollen, findet weder im Gesetz noch im Versicherungsvertrag eine Stütze.

III. § 30 Abs. 2

38 Gemäß dem Verweis in Abs. 3 S. 2 auf § 30 Abs. 2 kann sich der Versicherer auf eine Vereinbarung, nach welcher er im Fall der Verletzung der Anzeigeobliegenheit nicht zur Leistung verpflichtet ist, nicht berufen, wenn er auf **andere Weise vom Eintritt des Versicherungsfalls rechtzeitig Kenntnis** erlangt hat. Dies bedeutet iRd § 104 die anderweitige Kenntniserlangung von den anzeigepflichtigen Tatsachen (Verantwortlichkeitstatsachen, außergerichtliche und gerichtliche Geltendmachung, Ermittlungsverfahren). Eine unterlassene Anzeige des Versicherungsnehmers soll sich nicht nachteilig auswirken, wenn der Versicherer schon anderweitig – etwa über einen an sich nicht anzeigepflichtigen Dritten oder den Geschädigten – Kenntnis erlangt hat.

39 Kenntnis des Versicherers meint dabei grds. Kenntnis des zuständigen Sachbearbeiters. In Bezug auf konzernverbundene Unternehmen und auf Unternehmen, die in einem Datenverbund eine gemeinsame Datensammlung unterhalten, hat der BGH ausgesprochen, dass in diesen Fällen eine Wissenszurechnung der Unternehmen untereinander grds. nicht erfolgt, anderes aber dann gilt, wenn der Versicherer aufgrund von Angaben des Versicherungsnehmers einen konkreten Anlass hat, auf die ihm zugänglichen Daten des anderen Versicherers oder der gemeinsamen Datensammlung zuzugreifen.[91] Diese Grundsätze hat der BGH später auf die Konstellation der Kenntnis einer fachfremden Abteilung innerhalb desselben Versicherungsunternehmens übertragen.[92]

Demgegenüber entlastet es den Versicherungsnehmer (im Rahmen einer Aufklärungsobliegenheit in der Sachversicherung) regelmäßig nicht, wenn sich für den Versicherer lediglich anderweitige Erkenntnismöglichkeiten ergeben. Es besteht keine Erkundigungspflicht des Versicherers.[93]

D. Fristen und Fristwahrung

40 Verantwortlichkeitstatsachen iSd Abs. 1 S. 1 hat der Versicherungsnehmer innerhalb einer Woche anzuzeigen. Nach der Gesetzesbegründung[94] ist für den Beginn der Frist der Zeitpunkt maßgeblich, zu dem der Versicherungsnehmer weiß oder damit rechnet, dass er von einem Dritten wegen der eingetretenen schadensverursachenden Tatsache in Anspruch genommen werden kann. Die Formulierung „damit rechnet" ist dabei ungenau und bezieht sich lediglich auf die Inanspruchnahme durch den Dritten. Hinsichtlich der Verantwortlichkeitstatsachen, dh in Bezug auf den Lebenssachverhalt, der zu einem Schaden bei dem Dritten führen kann oder bereits geführt hat, ist positive Kenntnis des Versicherungsnehmers erforderlich.[95] Für die Fristberechnung gelten die §§ 187, 188, 193 BGB.

Macht der Dritte seinen Anspruch gegenüber dem Versicherungsnehmer geltend, hat letzterer auch dies gem. Abs. 1 S. 2 innerhalb einer Woche dem Versicherer anzuzeigen. Hier beginnt die Frist zu dem Zeitpunkt, in dem der Versicherungsnehmer Kenntnis von der ernsthaften Inanspruchnahme erlangt hat.[96] Die Fristberechnung folgt auch in diesem Fall den §§ 187, 188, 193 BGB.

41 Demgegenüber sind die gerichtliche Geltendmachung des Anspruchs, die Beantragung von Prozesskostenhilfe, die gerichtliche Streitverkündung gegenüber dem Versicherungsnehmer und die Einleitung eines Ermittlungsverfahrens gegen den Versicherungsnehmer nach Abs. 2 unverzüglich anzuzeigen. Der Begriff „unverzüglich" ist in § 121 Abs. 1 S. 1 BGB legaldefiniert und bedeutet „ohne schuldhaftes Zögern". Unverzüglich gem. § 121 BGB ist dabei kürzer als die in Abs. 1 zugrunde gelegte Wochenfrist.[97]

---

[91] BGH VersR 1990, 258; 1993, 1089 (1090).
[92] BGH VersR 2006, 106.
[93] BGH VersR 2007, 481 mAnm *Langheid* VersR 2007, 629.
[94] BT-Drs. 16/3945, 85.
[95] → Rn. 8.
[96] *Schulze Schwienhorst* in Looschelders/Pohlmann VVG § 104 Rn. 4.
[97] *Retter* in Schwintowski/Brömmelmeyer/Ebers VVG § 104 Rn. 20; aA *Baumann* in Berliner Kommentar VVG § 153 Rn. 48.

In Bezug auf alle in den Abs. 1 und 2 genannten Meldepflichten wird die Frist gem. Abs. 3 S. 1 durch die rechtzeitige Absendung gewahrt; dies entspricht dem früheren Recht.[98] Mit der Absendung der Anzeige wahrt der Versicherungsnehmer allerdings nur die Frist. Davon zu unterscheiden ist die Frage, ob der Versicherungsnehmer seine Pflichten nach Abs. 1 oder Abs. 2 erfüllt hat. Der Informationspflicht selbst genügt der Versicherungsnehmer erst durch den Eingang seiner Nachricht beim Versicherer.[99]

E. Form

Das Gesetz schreibt keine bestimmte Form der Anzeige vor. Gleiches gilt auch für die Ziff. 25.1, 25.3 AHB 2008. Vertraglich kann für die Anzeigeobliegenheit jedoch Schrift- oder Textform vorgesehen werden.[100] Die Auffassung *Retters*,[101] dass soweit Versicherungsbedingungen für die Anzeige Schriftform verlangen, dadurch angesichts der Regelung des § 112 in unzulässiger Weise zum Nachteil des Versicherungsnehmers abgewichen werde, übersieht, dass mangels Regelung der Form in § 104 gar keine gesetzliche (Mündlichkeits-)Regelung besteht, von der zum Nachteil des Versicherungsnehmers abgewichen werden könnte.[102] 42

F. Adressat

Die einzelnen Anzeigen nach Abs. 1 und 2 sind jeweils an den Versicherer zu richten. Bei Einschaltung eines Versicherungsvertreters gilt dieser nach § 69 Abs. 1 Nr. 2 als bevollmächtigt, die während der Dauer des Versicherungsverhältnisses zu erstattenden Anzeigen des Versicherungsnehmers entgegenzunehmen. Diese gesetzliche Empfangsvollmacht umfasst die Entgegennahme von Anzeigen nach § 104.[103] Eine Beschränkung der dem Versicherungsvertreter nach § 69 zustehenden Vertretungsmacht durch AVB ist gegenüber dem Versicherungsnehmer gem. § 72 unwirksam. Bei Abwicklung des Versicherungsverhältnisses über einen Versicherungsmakler kann eine entsprechende rechtsgeschäftliche Empfangsvollmacht des Versicherungsmaklers in einer sog. Maklerklausel vereinbart sein. 43

G. Beweislast

Sowohl hinsichtlich des die Anzeigepflicht auslösenden Tatbestandes (Verantwortlichkeitstatsachen, außergerichtliche oder gerichtliche Geltendmachung, Antrag auf Prozesskostenhilfe, Streitverkündung und Ermittlungsverfahren) als auch hinsichtlich der Verletzung der Meldepflicht trägt der Versicherer die Beweislast.[104] Dazu zählt auch der Nachweis der positiven Kenntnis des Versicherungsnehmers von den anzeigepflichtigen Tatsachen.[105] 44

Bei vereinbarter Leistungsfreiheit des Versicherers im Falle der Verletzung der Anzeigeobliegenheiten des Abs. 1 und 2 durch den Versicherungsnehmer ist der Versicherungsnehmer für das Nichtvorliegen eines grob fahrlässigen Verstoßes beweisbelastet, vgl. § 28 Abs. 2 Hs. 2. Eine vorsätzliche Verletzung der Anzeigeobliegenheit hat hingegen der Versicherer nachzuweisen.[106] 45

In Bezug auf den nach § 28 Abs. 3 – auch bei Vorsatz – möglichen Kausalitätsgegenbeweis ist der Versicherungsnehmer beweispflichtig.[107]

---

[98] So die Gesetzesbegründung, BT-Drs. 16/3945, 85.
[99] Jetzt auch zust. *Lücke* in Prölss/Martin VVG § 104 Rn. 25, in der Vorauflage offen gelassen.
[100] *Schulze Schwienhorst* in Looschelders/Pohlmann VVG § 104 Rn. 9.
[101] *Retter* in Schwintowski/Brömmelmeyer/Ebers VVG § 104 Rn. 18, 33.
[102] Im Ergebnis wie hier *Lücke* in Prölss/Martin VVG § 104 Rn. 26.
[103] *Schulze Schwienhorst* in Looschelders/Pohlmann VVG § 69 Rn. 13.
[104] *Retter* in Schwintowski/Brömmelmeyer/Ebers VVG § 104 Rn. 32.
[105] BGH VersR 1967, 56; *Retter* in Schwintowski/Brömmelmeyer/Ebers VVG § 104 Rn. 32; *Schulze Schwienhorst* in Looschelders/Pohlmann VVG § 104 Rn. 13.
[106] *Retter* in Schwintowski/Brömmelmeyer/Ebers VVG § 104 Rn. 32; *Schulze Schwienhorst* in Looschelders/Pohlmann VVG § 104 Rn. 13.
[107] *Retter* in Schwintowski/Brömmelmeyer/Ebers VVG § 104 Rn. 32.

H. Halbzwingend

46 Gem. § 112 kann von § 104 nicht zum Nachteil des Versicherungsnehmers abgewichen werden. Demzufolge können insbes. nicht die Fristen in Abs. 1 und 2 verkürzt werden.[108] Dagegen können Schrift- oder Textform für die Anzeige in zulässiger Weise wirksam vereinbart werden.[109] Die gesetzliche Vorschrift trifft keine Regelung über die Form der Anzeige und der Gesetzgeber selbst verwendet in Abs. 3 S. 1 den Begriff „Absendung der Anzeige". Dies kann nur dahin verstanden werden, dass er die Erfüllung der Meldepflicht durch Absendung eines Dokuments als selbstverständlich betrachtet.

Zur Ergänzung und Auslegung von Vertragsklauseln ist die Grundregel über die Anzeigepflicht in § 30 heranzuziehen.[110]

§ 105 Anerkenntnis des Versicherungsnehmers

Eine Vereinbarung, nach welcher der Versicherer nicht zur Leistung verpflichtet ist, wenn ohne seine Einwilligung der Versicherungsnehmer den Dritten befriedigt oder dessen Anspruch anerkennt, ist unwirksam.

Übersicht

	Rn.			Rn.
A. Einführung	1	1.	Allgemeines	25
I. Inhalt der Regelung des § 105	1	2.	Einschränkung der Vertragsfreiheit	28
II. Zweck der Regelung des § 105	2	3.	Vertragsfreiheit bei Großrisiken nach § 210	31
III. Ergänzung und nähere Ausgestaltung des § 105 bzw. des § 154 Abs. 2 VVG aF durch Vorschriften der AHB und der AVB BHV	4	C.	Weitere Einzelheiten zur Regelung des § 105	35
		I.	Allgemeines	35
B. Entstehungsgeschichte der Regelung des § 105	11	II.	Bedeutung des Anerkenntnisses durch den Versicherungsnehmer	37
I. Allgemeines	11			
II. Rechtslage unter der Geltung des § 154 Abs. 2 VVG aF	12	III.	Bedeutung der Befriedigung durch den Versicherungsnehmer	48
III. Reformvorschläge zur Abschaffung des § 154 Abs. 2 VVG aF und dessen Ersetzung durch eine das Anerkenntnis- und Befriedigungsverbot aufhebende Vorschrift	18	IV.	Einwilligung des Versicherers	54
		V.	Bindende und fehlende bindende Wirkung von Anerkenntnis und Befriedigung	58
IV. Rechtslage nach Inkrafttreten der Regelung des § 105	25	D.	Grundsätzliche Unabdingbarkeit des § 105	59

Stichwort- und Fundstellenverzeichnis

Stichwort	Rn.	Rechtsprechung	Literatur
Anerkenntnis	→ 37 ff.	BGH VersR 1977, 174 (176); BGHZ 171, 56 (64) = VersR 2007, 1116 (1119); BGH r+s 2015, 369 f.; OLG Köln VersR 2006, 1207	*Schirmer* ZVersWiss Supplement 2006, 427 (432 ff.); *Lücke* in Prölss/Martin § 105 Rn. 12; *Littbarski* AHB § 5 Rn. 105 ff.
Anerkenntnisverbot	→ 13	OLG Karlsruhe VersR 1983, 649 (650); OLG Hamm VersR 2006, 829; OGH VersR 1978, 165 (166)	*Späte* AHB § 5 Rn. 46; *Baumann* in BK-VVG § 154 aF Rn. 20; *Littbarski* AHB § 5 Rn. 98
Befreiungsanspruch	→ 27	BGH NJW 1980, 1623 (1624); OLG Hamm r+s 2016, 233 (234)	BT-Drs. 16/3945, 86; *O. Lange* VersR 2007, 401 f.

---

[108] *Lücke* in Prölss/Martin VVG § 104 Rn. 29.
[109] AA *Retter* in Schwintowski/Brömmelmeyer/Ebers VVG § 104 Rn. 33, 18; → Rn. 42.
[110] So auch *Lücke* in Prölss/Martin VVG § 104 Rn. 29.

Stichwort	Rn.	Rechtsprechung	Literatur
Befriedigung	→ 48 ff.	OLG Hamm VersR 1976, 749 (750); OLG Karlsruhe VersR 1997, 1477 (1479 f.); OLG Hamm r+s 2006, 376; OLG Stuttgart VersR 2011, 213 f.	*Baumann* in BK-VVG § 154 Rn. 13; *Späte* AHB § 5 Rn. 41; *Lücke* in Prölss/Martin § 105 Rn. 18; *Schulze Schwienhorst* in Looschelders/Pohlmann § 105 Rn. 3 ff.
Befriedigungsverbot	→ 13	OLG Karlsruhe VersR 1983, 649 (650); OLG Hamm VersR 2006, 829; OGH VersR 1978, 165 (166)	*Späte* AHB § 5 Rn. 46; *Baumann* in BK-VVG § 154 aF Rn. 20; *Littbarski* AHB § 5 Rn. 98
Einschränkung der Vertragsfreiheit	→ 28 ff.	–	*Lücke* in Prölss/Martin § 105 Rn. 3; *Retter* in Schwintowski/Brömmelmeyer/Ebers § 105 Rn. 4 f.
Einwilligung des Versicherers	→ 54 ff.	BGHZ 119, 276 (278, 282) = VersR 1992, 1504; BGH VersR 1956, 707	*Baumann* in BK-VVG § 154 aF Rn. 33 f.; *Schulze Schwienhorst* in Looschelders/Pohlmann § 105 Rn. 4 f.
Großrisiken	→ 31 ff.	OLG Köln VersR 2014, 1205 Rn. 35	BT-Drs. 16/3945, 86; *O. Lange* VersR 2007, 401 f.; *Lücke* in Prölss/Martin § 105 Rn. 3; *Pisani* in Schwintowski/Brömmelmeyer/Ebers Rom I-VO Art. 7 Rn. 10 ff.; *Martiny* in MüKoBGB Rom I-VO Art. 7 Rn. 20 ff.
Offenbare Unbilligkeit	→ 15 ff.	BGH VersR 1968, 289; 1985, 83; OLG Köln r+s 2003, 280; OLG Hamm VersR 2006, 829	*Baumann* in BK-VVG § 154 aF Rn. 35 ff.; *Voit/Knappmann* in Prölss/Martin, 27. Aufl., § 154 aF Rn. 15; *Retter* in Schwintowski/Brömmelmeyer/Ebers § 105 Rn. 1

Schrifttum: Abschlussbericht der Kommission zur Reform des Versicherungsvertragsrechts vom 19.4.2004 – VersR – Schriftenreihe, Band 25, 2004; *Armbrüster*, Auswirkungen von Versicherungsschutz auf die Haftung, NJW 2009, 187; *ders.*, Prozessuale Besonderheiten in der Haftpflichtversicherung, r+s 2010, 441; *H. Baumann*, Zur Überwindung des „Trennungsprinzips" im System von Haftpflicht und Haftpflichtversicherung – Die Bedeutung des Abtretungsverbots gemäß § 7 Nr. 3 AHB –, in: Festgabe Zivilrechtslehrer 1934/1935, 1999, S. 13; *ders.*, Die Überwindung des Trennungsprinzips durch das Verbot des Abtretungsverbots in der Haftpflichtversicherung, VersR 2010, 984; *Chab*, Der Schadenfall in der Anwaltshaftung nach der VVG-Reform, AnwBl 2008, 63; *Diller*, Fallstricke in der Berufshaftpflichtversicherung der Anwälte, AnwBl 2014, 2; *Dötsch*, Aufrechnung mit Haftungsanspruch: Angriff ist die beste Verteidigung, AnwBl 2013, 25; *Felsch*, Die neuere Rechtsprechung des IV. Zivilsenats des Bundesgerichtshofs zur Haftpflichtversicherung, r+s 2008, 265; *Fenyves*, Deutsches und österreichisches Versicherungsvertragsrecht – Gemeinsamkeiten und Unterschiede, ZVersWiss 1997, 295; *Foerster*, Die versicherungsrechtliche Bindungswirkung, ZVersWiss 103 (2014), 351; *Franz*, Das Versicherungsvertragsrecht im neuen Gewand, VersR 2008, 298; *Franz*, Die Reform des Versicherungsvertragsrechts – ein großer Wurf?, DStR 2008, 303; *Gnauck*, Das Absonderungsrecht nach § 110 VVG, 2016; *Gräfe/Brügge/Melchers*, Berufshaftpflichtversicherung für rechts- und steuerberatende Berufe 3. Auflage 2021; *Grote/Chr. Schneider*, VVG 2008: Das neue Versicherungsvertragsrecht, BB 2007, 2689; *Hagen*, Grenzen der Bindungswirkung bei der Haftpflichtversicherung, NVersZ 2001, 341; *Harsdorf-Gebhardt*, Die Rechtsprechung des Bundesgerichtshofes zur Haftpflichtversicherung, r+s 2012, 261; *Hösker*, Die Pflichten des Versicherers gegenüber dem VN nach Abtretung des Haftpflichtversicherungsanspruchs an den Geschädigten, VersR 2013, 952; *Hugel*, Haftpflichtversicherung, 3. Aufl. 2008; *Ingwersen*, Die Stellung des Versicherungsnehmers bei Innenhaftungsfällen in der D&O-Versicherung, 2011; *Klimke*, Auswirkungen des Wegfalls des Anerkenntnis- und Befriedigungsverbotes in der Haftpflichtversicherung, r+s 2014, 105; *R. Koch*, VVG-Reform: Zu den Folgen der Untersagung des Anerkenntnis- und Abtretungsverbots in der Haftpflichtversicherung, in: Liber amicorum für Gerrit Winter, 2007, 345; *Kummer*, Allgemeine Haftpflichtversicherung, in: Münchener Anwaltshandbuch Versicherungsrecht, 4. Auflage 2017, § 12, S. 595; *O. Lange*, Das Anerkenntnisverbot vor und nach der VVG-Reform, VersR 2006, 1313; *O. Lange*, Das Zusammenspiel von Anerkenntnis und Abtretung in der Haftpflichtversicherung nach der VVG-Reform, r+s 2007, 401; *O. Lange*, Die Rechtsstellung des Haftpflichtversicherers nach der Abtretung des Freistellungsanspruchs vom Versicherungsnehmer an den geschädigten Dritten, VersR 2008, 713; *O. Lange*, Die Company-Reimbursement-Klausel in der D&O-Versicherung, VersR 2011, 429; *O. Lange*, Der Direktanspruch gegen den D & O-VR in der Insolvenz der Versicherten, r + s 2019, 613; *Langheid*, Die Reform des Versicherungsvertragsgesetzes, NJW 2007, 3665 und 3745; *Langheid*, Tücken in den §§ 100 ff. VVG-RegE, VersR 2007, 865; *Langheid*, Ausweg aus der Anerkenntnis- und Abtretungsfalle, in: Liber amicorum für Gerrit Winter, 2007, 367; *Langheid*, Nach der Reform: Neue Entwicklungen in der Haftpflichtversicherung, VersR 2009, 1043; *Littbarski*, AHB, Kommentar, 2001; *Littbarski*, Die AHB-Reform von 2004 (Teil 1), PHi 2005, 97; *Littbarski*, Die AHB-Reform von 2004 in Gestalt der

Überarbeitung von 2006 (Teil 2), PHi 2006, 82; *Littbarski,* Auswirkungen der VVG-Reform auf die Haftpflichtsparte, PHi 2007, 126 und 176; *Littbarski,* Die Haftpflichtversicherung des Sachverständigen, in: Praxishandbuch Sachverständigenrecht, 4. Aufl. 2008, § 40; *Littbarski/Tenschert/Klein (Hrsg.),* Betriebs- und Berufshaftpflichtversicherung, Kommentar, AVB BHV, 2023; *Meckling-Geis/Wendt,* Adjudikationsverfahren und Berufshaftpflichtversicherung von Architekten und Ingenieuren, VersR 2011, 577; *Mokhtari,* Der Geschädigte in der Insolvenz des freiwillig Haftpflichtversicherten – Regelungslücken des § 110 VVG, VersR 2014, 665; *Präve,* Das neue Versicherungsvertragsgesetz, VersR 2007, 1046; *Römer,* Zu ausgewählten Problemen der VVG-Reform nach dem Referentenentwurf vom 13. März 2006, VersR 2006, 740 und 865; *Schimmer,* Die D&O-Versicherung und §§ 105 und 108 Abs. 2 VVG – Kann die Versicherungsnehmerin „geschädigte" Dritte sein?, VersR 2008, 875; *Schirmer,* Die Vertretungsmacht des Haftpflichtversicherers im Haftpflichtverhältnis, 1969; *Schirmer,* Die Haftpflichtversicherung nach der VVG-Reform, ZVersWiss Supplement 2006, 427; *Schmalzl/Krause-Allenstein,* Berufshaftpflichtversicherung des Architekten und Bauunternehmers, 2. Aufl. 2006; *Schwintowski,* Neuerungen im Versicherungsvertragsrecht, ZRP 2006, 139; *Späte,* Haftpflichtversicherung, Kommentar, 1. Aufl. 1993; *Späte/Schimikowski* (Hrsg.), Haftpflichtversicherung, Kommentar, 2. Aufl. 2015; *Spickhoff,* Behandlungsfehler und Offenbarungspflicht: Gründe und Grenzen, JZ 2015, 15; *Thalmair,* Die Haftpflichtversicherung nach der VVG-Reform, ZVersWiss Supplement 2006, 459; *Thürmann/Kettler,* Produkthaftpflichtversicherung, 7. Auflage 2019; *Voit,* Abschied vom Befriedigungsverbot in der Haftpflichtversicherung? – Ein Denkanstoß im österreichischen Recht –, VersR 1995, 993; *Vrzal,* Zur Beurteilung vorgerichtlicher Erklärungen des Haftpflichtversicherers im Rahmen der Schadensregulierung, VersR 2012, 694.

A. Einführung

I. Inhalt der Regelung des § 105

1   Nach dem mit „Anerkenntnis des Versicherungsnehmers" überschriebenen § 105 ist eine Vereinbarung unwirksam, nach welcher der Versicherer nicht zur Leistung verpflichtet ist, wenn ohne seine Einwilligung der Versicherungsnehmer den Dritten befriedigt oder dessen Anspruch anerkennt. Damit schafft **diese Regelung eine von § 154 Abs. 2 VVG aF erheblich abweichende Rechtslage.** In dieser Bestimmung heißt es:

> Eine Vereinbarung, nach welcher der Versicherer von der Verpflichtung zur Leistung frei sein soll, wenn ohne seine Einwilligung der Versicherungsnehmer den Dritten befriedigt oder dessen Anspruch anerkennt, ist unwirksam, falls nach den Umständen der Versicherungsnehmer die Befriedigung oder die Anerkennung nicht ohne offenbare Unbilligkeit verweigern konnte.

II. Zweck der Regelung des § 105

2   Zweck des seit dem Inkrafttreten des VVG 2008 neuen, den § 154 Abs. 2 VVG aF inhaltlich weitgehend ins Gegenteil verkehrenden und nunmehr die Vereinbarung eines Anerkenntnis- oder Befriedigungsverbotes ohne irgendwelche Ausnahmen für unzulässig erklärenden § 105 ist es, **die Rechtsstellung des Versicherungsnehmers gegenüber dem Versicherer zu verbessern.**[1] Denn aufgrund dieser mit Ausnahme der Großrisiken nach § 210 grundsätzlich zwingenden[2] und wegen des insoweit eindeutigen Wortlautes dieser Vorschrift daher nicht abdingbaren[3] Norm wird dem Versicherungsnehmer das Recht zugestanden, einen vom Dritten gegen ihn erhobenen und gegenüber ihm geltend gemachten Haftpflichtanspruch zu befriedigen oder dessen Anspruch anzuerkennen, ohne zugleich Gefahr laufen zu müssen, die Versagung des Versicherungsschutzes durch den Versicherer unter Berufung auf dessen Leistungsfreiheit zu riskieren.[4] Damit wird das in § 154 Abs. 2 VVG aF[5] geregelte grundsätzliche Anerkenntnis- und Befriedigungsverbot durch die Regelung des § 105 abgeschafft.

3   Verständlich wird diese Abschaffung eines seit langem anerkannten Rechtsinstituts der Haftpflichtversicherung durch den Gesetzgeber nur, wenn man nicht allein die die § 154 Abs. 2 VVG

---

[1]   Vgl. BT-Drs. 16/3945, 86 zu § 105 VVG; *Schimikowski* in HK-VVG § 105 Rn. 1; *R. Koch,* in Bruck/Möller Bd. IV, § 105 Rn. 6; weitgehend kritisch gegenüber der Konzeption des § 105 VVG durch den Gesetzgeber *Langheid* in Langheid/Rixecker § 105 Rn. 5 ff.
[2]   Näher zu den Großrisiken nach § 210 VVG → Rn. 31 ff. und → Rn. 59.
[3]   Vgl. BT-Drs. 16/3945, 86 zu § 105 VVG; *Retter* in Schwintowski/Brömmelmeyer/Ebers § 105 Rn. 8; *Langheid* in Langheid/Rixecker § 105 Rn. 13; vgl. ferner *Grunwald* VersR 2020, 1423 (1427), wonach es sich bei der Vorschrift des § 105 um ein gesetzliches Leitbild für Großrisiken handele; vgl. auch → Rn. 11, 31 und 59.
[4]   Vgl. auch *Schimikowski* in HK-VVG § 105 Rn. 1; *Meckling-Geis/Wendt* VersR 2011, 577 (581).
[5]   Vgl. hierzu näher *Baumann* in BK-VVG § 154 Rn. 2 und 19 ff.; *Voit/Knappmann* in Prölss/Martin, 27. Aufl., § 154 Rn. 7 ff.; jeweils mit weiteren Einzelheiten und Nachweisen; vgl. ferner → Rn. 12 ff.

aF und § 105 jeweils ergänzenden und näher ausgestaltenden Vorschriften der AHB sowie der AVB BHV in die Betrachtung mit einbezieht, sondern auch etwas genauer auf die **Entstehungsgeschichte der Regelung des § 105** eingeht. Daher werden nachfolgend zunächst die für § 154 Abs. 2 VVG aF sowie für § 105 relevanten Vorschriften der AHB und der AVB BHV wörtlich wiedergegeben. Daran anschließend wird kurz die Entstehungsgeschichte der Regelung des § 105 skizziert.

III. Ergänzung und nähere Ausgestaltung des § 105 bzw. des § 154 Abs. 2 VVG aF durch Vorschriften der AHB und der AVB BHV

Sowohl § 105 als auch § 154 Abs. 2 VVG aF werden in der Praxis wegen der regelmäßigen generellen Einbeziehung der AHB und der AVB BHV in den Versicherungsvertrag durch speziell auf sie Bezug nehmende Vorschriften der AHB sowie der AVB BHV ergänzt und näher ausgestaltet. Deshalb werden diese Bestimmungen der AHB und der AVB BHV nachstehend im Einzelnen genannt, wobei **aufgrund der historischen Entwicklung** mit den zu § 154 Abs. 2 VVG aF gehörenden Vorschriften der **damals geltenden AHB** zu beginnen ist. Hierbei handelt es sich um § 5 Ziff. 5 AHB 2002[6] sowie um Ziff. 25.3 AHB 2006.[7]

§ 5 Ziff. 5 AHB 2002 lautet wie folgt:

Der Versicherungsnehmer ist nicht berechtigt, ohne vorherige Zustimmung des Versicherers einen Haftpflichtanspruch ganz oder zum Teil oder vergleichsweise anzuerkennen oder zu befriedigen.
Soweit nicht etwas anderes vereinbart wurde, gilt:
Bei Zuwiderhandlungen ist der Versicherer von der Leistungspflicht frei, es sei denn, dass der Versicherungsnehmer nach den Umständen die Befriedigung oder Anerkennung nicht ohne offenbare Unbilligkeit verweigern konnte.

Die in der Regelung über „Obliegenheiten nach Eintritt des Versicherungsfalles" sich findende Ziff. 25.3 AHB 2006 hat folgenden Wortlaut:

Der Versicherungsnehmer darf einen Haftpflichtanspruch nicht ohne vorherige Zustimmung des Versicherers ganz oder zum Teil anerkennen, bezahlen oder anderweitig erfüllen, es sei denn, er konnte die Anerkennung, Zahlung oder Erfüllung nach den Umständen nicht ohne offenbare Unbilligkeit verweigern.

Nach dem grundsätzlichen Inkrafttreten des VVG am 1.1.2008 hat der GDV bei der Neufassung der AHB 2008 auch neue Bestimmungen **zur sprachlichen und inhaltlichen Anpassung an die Regelung des § 105** geschaffen. Diese Bestimmungen sind auch wörtlich in den AHB 2010, 2012, 2014 und 2016 sowie weitgehend wörtlich und inhaltlich übereinstimmend in den AVB BHV übernommen worden. Hierbei handelt es sich zum einen um die die „Leistungen der Versicherung" betreffende Ziff. 5.1 Abs. 2 Satz 2 AHB 2016 sowie um A 1-4.1 Abs. 2 Satz 2 AVB BHV und zum anderen um die „Obliegenheiten nach Eintritt des Versicherungsfalles" regelnden Ziff. 25.2 AHB 2016 und Ziff. 25.3 AHB 2016 sowie um B 3-3.2.1 S. 1 AVB BHV in Verbindung mit B3-3.2.2 lit. b AVB BHV und um B3-3.2.2 lit. c AVB BHV.

Ziff. 5.1 Abs. 2 Satz 2 AHB 2016 und A 1-4.1 Abs. 2 Satz 2 AVB BHV lauten wie folgt:

Anerkenntnisse und Vergleiche, die vom Versicherungsnehmer ohne Zustimmung des Versicherers abgegeben oder geschlossen worden sind, binden den Versicherer nur, soweit der Anspruch auch ohne Anerkenntnis oder Vergleich bestanden hätte.

In Ziff. 25.2 AHB 2016 und in B 3-3.2.1 S. 1 in Verbindung mit B3-3.2.2 lit. b AVB BHV heißt es nur vom Wortlaut und vom Aufbau her etwas abweichend:

Der Versicherungsnehmer muss nach Möglichkeit für die Abwendung und Minderung des Schadens sorgen. Weisungen des Versicherers sind dabei zu befolgen, soweit es für den Versicherungsnehmer zumutbar ist. Er hat dem Versicherer ausführliche und wahrheitsgemäße Schadenberichte zu erstatten und ihn bei der Schadenermittlung und -regulierung zu unterstützen. Alle Umstände, die nach Ansicht des Versicherers für die Bearbeitung des Schadens wichtig sind, müssen mitgeteilt sowie alle dafür angeforderten Schriftstücke übersandt werden.

Ziff. 25.3 AHB 2016 ist wie folgt formuliert:

Wird gegen den Versicherungsnehmer ein staatsanwaltliches, behördliches oder gerichtliches Verfahren eingeleitet, ein Mahnbescheid erlassen oder ihm gerichtlich der Streit verkündet, hat er dies ebenfalls unverzüglich anzuzeigen.

---

6 Vgl. hierzu näher *Littbarski* AHB § 5 Rn. 97 ff. mwN.
7 Vgl. hierzu näher *Littbarski* PHi 2007, 176 f.

10a B3-3.2.2 c) lautet wie folgt:

Wird gegen den Versicherungsnehmer ein Anspruch geltend gemacht, Prozesskostenhilfe beantragt oder wird ihm gerichtlich der Streit verkündet, hat er dies dem Versicherer unverzüglich anzuzeigen. Dies gilt auch, wenn gegen den Versicherungsnehmer wegen des den Anspruch begründenden Schadensereignisses ein Ermittlungsverfahren eingeleitet wird.

B. Entstehungsgeschichte der Regelung des § 105

I. Allgemeines

11 Die durch die Regelungen des § 105 und der Ziff. 5.1 Abs. 2 Satz 2, 25.2 und 25.3 AHB 2016 sowie von A 1-4.1 Abs. 2 Satz 2, B 3-3.2.1 S. 1, B 3-2.2b und B 3.3.2.2c AVB BHV gegenüber den Bestimmungen des § 154 Abs. 2 VVG aF, des § 5 Ziff. 5 AHB 2002 und der Ziff. 25.3 AHB 2006 eingetretenen Änderungen sind bereits beim ersten Blick auf alle diese Vorschriften unübersehbar und werfen daher die Frage auf, welche **Gründe für das frühere Anerkenntnis- und Befriedigungsverbot** maßgeblich waren und welche Motive hinter der Entscheidung des Gesetzgebers des VVG 2008 standen, die Rechtsstellung des Versicherungsnehmers gegenüber dem Versicherer dadurch zu verbessern, dass nunmehr die Vereinbarung eines Anerkenntnis- oder Befriedigungsverbots ohne irgendwelche Ausnahme in § 105 für unzulässig erklärt und damit diese Norm zu einer zwingenden, nicht abdingbaren Vorschrift gemacht wurde.[8]

II. Rechtslage unter der Geltung des § 154 Abs. 2 VVG aF

12 Auch wenn § 154 Abs. 2 VVG aF, § 5 Ziff. 5 AHB 2002 und Ziff. 25.3 AHB 2006 jeweils sowohl sprachlich als auch inhaltlich etwas unterschiedlich ausgestaltet sind, liegt doch allen diesen Vorschriften **ein gemeinsamer Gedanke** zugrunde:

13 Mit dem **grundsätzlichen Anerkenntnis- und Befriedigungsverbot** wollte sich der Versicherer unter der Geltung des § 154 Abs. 2 VVG aF einmal das Recht vorbehalten, die Frage zu entscheiden, ob nach der von ihm vorgenommenen Prüfung des vom Geschädigten geltend gemachten Haftpflichtanspruchs dieser Anspruch im Falle seiner Unbegründetheit abzuwehren oder ob er aufgrund seiner Begründetheit durch Zahlung einer Entschädigung zu befriedigen wäre.[9] Zum anderen sollte aber auch verhindert werden, dass sich der Versicherungsnehmer mit dem Geschädigten zu Lasten des Versicherers und damit verbunden zum Nachteil der Versichertengemeinschaft einigte,[10] ohne dass der Versicherer irgendeine Möglichkeit der Einflussnahme auf diese Übereinkunft gehabt hätte.[11] Hierdurch würde aber – so wurde argumentiert[12] – nicht nur die hohe Fachkompetenz des Versicherers negiert, sondern auch in dessen durch die AVB im Versicherungsvertrag vorgesehene und eingeräumte Regulierungsvollmacht eingegriffen. Damit stellten sich sowohl § 154 Abs. 2 VVG aF als auch § 5 Ziff. 5 AHB 2002 und Ziff. 25.3 AHB 2006 zugleich als Ausdruck der dem Versicherungsnehmer obliegenden Schadensminderungspflicht dar.[13]

14 Ausgehend von dem Wortlaut des § 5 Ziff. 5 Abs. 1 AHB 2002, wonach der Versicherungsnehmer nicht berechtigt ist, ohne vorherige Zustimmung des Versicherers einen Haftpflichtanspruch ganz oder zum Teil vergleichsweise anzuerkennen oder zu befriedigen, wurde damals ergänzend darauf hingewiesen, dass dem Versicherungsnehmer **ohne vorherige Zustimmung des Versicherers** weder ein Recht noch eine Pflicht zur Beurteilung der Wirkung eines beabsichtigten Anerkenntnisses zustehe.[14] Dies sollte selbst dann gelten, wenn das Anerkenntnis für den Versicherer im Ergebnis tatsächlich günstig war[15] und der Versicherungsnehmer etwa meinte, mit dem Abschluss

---

[8] Vgl. → Rn. 2 sowie → Rn. 31 und 59; jeweils mwN.
[9] Vgl. *R. Johannsen* in Bruck/Möller, 8. Aufl., Bd. IV Anm. F 91; *Späte* AHB § 5 Rn. 46; *Littbarski* AHB § 5 Rn. 98; vgl. ferner OGH VersR 1978, 165 (166) im Hinblick auf das österreichische Recht.
[10] Vgl. OLG Karlsruhe VersR 1983, 649 (650); OLG Hamm VersR 2006, 829; *R. Johannsen* in Bruck/Möller, 8. Aufl., Bd. IV Anm. F. 91; *Späte* AHB § 5 Rn. 47 f.; *Baumann* in BK-VVG § 154 Rn. 20; *Littbarski* AHB § 5 Rn. 98.
[11] Vgl. *Littbarski* AHB § 5 Rn. 98.
[12] Vgl. OLG Karlsruhe VersR 1983, 649 (650); OLG Hamm VersR 2006, 829; *R. Johannsen* in Bruck/Möller, 8. Aufl., Bd. IV Anm. F 91; *Baumann* in BK-VVG § 154 Rn. 20; *Retter* in Schwintowski/Brömmelmeyer/Ebers § 105 Rn. 1.
[13] Vgl. *Späte* AHB § 5 Rn. 48; *Littbarski* AHB § 5 Rn. 98; jeweils im Hinblick auf § 154 Abs. 2 VVG aF und auf § 5 Ziff. 5 AHB 2002.
[14] Vgl. *Späte* AHB § 5 Rn. 48; *Littbarski* AHB § 5 Rn. 99 f.; *Stiefel/Hofmann*, 17. Aufl., AKB § 7 Rn. 163.
[15] Vgl. OLG Stuttgart VersR 1973, 833; OGH VersR 1978, 165 (166); *Späte* AHB § 5 Rn. 48; *Littbarski* AHB § 5 Rn. 99 f.; *Stiefel/Hofmann*, Kraftfahrzeugversicherung, 17. Aufl. 2000, § 7 Rn. 163.

eines Vergleichs über den Haftpflichtanspruch eine gute Lösung für den Versicherer erzielt zu haben.[16]

Nur unter den engen, in § 154 Abs. 2 VVG aF und in § 5 Ziff. 5 Abs. 2 AHB 2002 genannten **15** Voraussetzungen, dass der Versicherungsnehmer die Befriedigung oder die Anerkennung nach den Umständen nicht ohne offenbare Unbilligkeit verweigern konnte, wurde **nach der damaligen Rechtslage** dem Versicherer die Möglichkeit genommen, sich wegen des Anerkenntnisses des Versicherungsnehmers gegenüber dem Dritten oder der Befriedigung des Dritten auf das Nicht-Bestehen von Versicherungsschutz und damit auf seine Leistungsfreiheit zu berufen.[17]

Offenbare Unbilligkeit setzte nach der zu § 154 Abs. 2 VVG aF ergangenen ständigen Recht- **16** sprechung[18] voraus, dass die Verweigerung schlechthin unzumutbar war, einen Verstoß gegen die guten Sitten darstellte und den Versicherungsnehmer in seinem Ansehen herabzusetzen in der Lage wäre. Ausnahmen vom Anerkenntnis- und Befriedigungsverbot wurden daher nur bei Personenschäden erheblichen Ausmaßes und eindeutig gegebenem Verschulden des Versicherungsnehmers bejaht,[19] während bei Sachschäden es dem Versicherungsnehmer stets zumutbar sein sollte, die Entscheidung des Versicherers abzuwarten.[20]

Keine offenbare Unbilligkeit lag nach Ansicht des OLG Köln[21] auch dann vor, wenn **17** der Anspruchsteller gegenüber dem Versicherungsnehmer mit der Beendigung geschäftlicher Kontakte drohte. Erst recht sollten persönliche Beziehungen oder freundschaftliche Beziehungen nicht ausreichen, um eine Abweichung vom Anerkenntnis- und Befriedigungsverbot zu rechtfertigen.[22]

III. Reformvorschläge zur Abschaffung des § 154 Abs. 2 VVG aF und dessen Ersetzung durch eine das Anerkenntnis- und Befriedigungsverbot aufhebende Vorschrift

Auch wenn wie bereits gezeigt[23] die Haftpflichtversicherung im Gegensatz zur Lebens- und **18** zur Krankenversicherung nicht im Mittelpunkt der VVG-Reform gestanden hat, bestehen doch keine Zweifel daran, dass **§ 105 zusammen mit § 108 Abs. 2 das Kernstück der VVG-Reform** gebildet hat, soweit es um die Haftpflichtversicherung geht.[24]

Den Ausgangspunkt für die Überlegung, das in § 154 Abs. 2 VVG aF geregelte Anerkenntnis- **19** und Befriedigungsverbot abzuschaffen, bildete das **Vorgehen des österreichischen Gesetzgebers,** der mit Wirkung vom 1.1.1995 den bis zu diesem Zeitpunkt mit § 154 Abs. 2 VVG aF übereinstimmenden § 154 Abs. 2 ÖVVG geändert hat.[25] Danach ist gemäß § 154 Abs. 2 S. 1 ÖVVG eine Vereinbarung eines Befriedigungsverbotes unwirksam, während nach § 154 Abs. 2 S. 2 ÖVVG das Anerkenntnisverbot unter den bereits vor der Gesetzesänderung geltenden, dem § 154 Abs. 2 VVG aF entsprechenden Voraussetzungen vereinbart werden kann.

Der **Grund für diese Neuerung** wurde darin gesehen, dass die Befriedigung des Dritten **20** durch den Versicherungsnehmer nach Ansicht des österreichischen Gesetzgebers für den Versicherer weniger gefährlich sei als die Abgabe des (konstitutiven) Anerkenntnisses, das für diesen eine schwierige Beweislage schaffe.[26] Zudem wurde darauf hingewiesen, dass Befriedigungsverbote problematisch seien, weil sie den Versicherungsnehmer daran hinderten, auch zu Recht bestehende Forderungen zu erfüllen, also vom Versicherungsnehmer unter Umständen ein rechtswidriges Verhalten verlangten.[27]

---

[16] OLG Stuttgart VersR 1973, 833; OLG Hamm r+s 1991, 408; OLG Bamberg r+s 1993, 173; OGH VersR 1978, 165 (166); *Stiefel/Hofmann,* Kraftfahrzeugversicherung, 17. Aufl. 2000, § 7 Rn. 163; *Schimikowski,* in HK-VVG 2. Aufl. 2011, § 105 Rn. 3.

[17] Vgl. OLG Hamm VersR 2006, 829; *Voit/Knappmann* in Prölss/Martin, 27. Aufl. 2004, § 154 Rn. 15; *Langheid* in Langheid/Rixecker § 105 Rn. 1; *Baumann* in BK-VVG § 154 Rn. 36 f.; *Schirmer* ZVersWiss Supplement 2006, 427 (433); *Retter* in Schwintowski/Brömmelmeyer/Ebers § 105 Rn. 1 f.; *Schimikowski,* in HK-VVG 2. Aufl. 2011, § 105 Rn. 3.

[18] Vgl. BGH VersR 1968, 289; 1985, 83; OLG Hamm VersR 1982, 642; OLG Karlsruhe VersR 1983, 649; OLG Köln r+s 2003, 280; OLG Hamm r+s 2005, 376; VersR 2006, 829.

[19] Vgl. *Schimikowski,* in HK-VVG 2. Aufl. 2011, § 105 Rn. 3.

[20] Vgl. LG Köln r+s 1995, 293; *Schimikowski,* in HK-VVG 2. Aufl. 2011, § 105 Rn. 3.

[21] Vgl. OLG Köln r+s 2003, 280; ebenso *Schimikowski,* in HK-VVG 2. Aufl. 2011, § 105 Rn. 3.

[22] Vgl. OLG Hamm r+s 2005, 376; ebenso *Schimikowski,* in HK-VVG 2. Aufl. 2011, § 105 Rn. 3.

[23] Vgl. → Vor §§ 100–124 Rn. 1 mit weiteren Einzelheiten und Nachweisen.

[24] Vgl. *Lücke* in Prölss/Martin § 105 Rn. 1; vgl. ferner → Vor §§ 100–124 Rn. 79 ff.

[25] ÖBGBl. 1994, 509; hierzu näher *Voit* VersR 1995, 993 ff.; *Fenyves* ZVersWiss 1997, 295 (321); *Baumann* in BK-VVG § 154 Rn. 61; *Schirmer* ZVersWiss Supplement 2006, 427 (431); *R. Koch* in Bruck/Möller § 105 Rn. 4 f.

[26] Vgl. *Fenyves* ZVersWiss 1997, 295 (321) mwN in Fn. 89.

[27] Vgl. *Voit* VersR 1995, 993; *Baumann* in BK-VVG § 154 Rn. 61.

21 Auch wenn die Neufassung des § 154 Abs. 2 ÖVVG in Österreich nicht ohne Kritik geblieben ist,[28] stellte doch schon bald *Voit*[29] Überlegungen dazu an, ob nicht im Anschluss an die österreichische Lösung auch im Hinblick auf das deutsche VVG **der zweifelhafte Sinn des Befriedigungsverbots zu überdenken sei** und ob nicht ein Abschied vom Befriedigungsverbot in der Haftpflichtversicherung erfolgen solle. Jedoch dauerte es bis zur Einsetzung der Kommission zur Reform des Versicherungsvertragsrechts durch das Bundesministerium der Justiz am 7.6.2000, ehe der – über die österreichische Lösung noch hinausgehende – Gedanke der Abschaffung des Anerkenntnis- und Befriedigungsverbots ernsthaft diskutiert wurde und schließlich nach Erstellung des Abschlussberichts dieser Kommission vom 19.4.2004[30] zu dem Vorschlag führte, auf das Anerkenntnis- und Befriedigungsverbot durch Schaffung einer inhaltlich von § 154 Abs. 2 VVG aF abweichenden Bestimmung ganz zu verzichten[31] und sich stattdessen durch die Regelung des § 106 VVG (E) für eine Bestimmung zu entscheiden, die wörtlich dem später Gesetz gewordenen § 105 entspricht.[32]

22 Die hierfür von der Kommission gegebene Begründung[33] ist mit marginalen sprachlichen, nicht aber mit inhaltlichen Veränderungen in der Begründung der Bundesregierung zum Entwurf eines Gesetzes zur Reform des Versicherungsvertragsrechts übernommen worden,[34] so dass nachfolgend auf diese **Begründung der Bundesregierung wegen ihrer großen Bedeutung** für das Verständnis der neuen Regelung des § 105 **wörtlich Bezug genommen werden soll**. Dort heißt es unter der Überschrift „Zu § 105 (Anerkenntnis des Versicherungsnehmers)":

23 „Das bisherige Anerkenntnis- und Befriedigungsverbot nach § 154 Abs. 2 VVG soll entfallen. Diese Vorschrift erlaubt dem Versicherer, im Versicherungsvertrag Leistungsfreiheit für den Fall vorzusehen, dass der Versicherungsnehmer den anspruchsberechtigten Dritten befriedigt oder dessen Anspruch anerkennt. Nur dann, wenn die Befriedigung oder Anerkennung nicht ohne offenbare Unbilligkeit verweigert werden kann, bleibt die Leistungspflicht bestehen. Diese Regelung erscheint auch unter Berücksichtigung der Interessen des Versicherers unangemessen.

Der Versicherungsnehmer kann durch Anerkennen oder Befriedigen einen nicht bestehenden Anspruch des Dritten nicht zu Lasten des Versicherers begründen und darüber hinaus auch nicht den Versicherungsfall herbeiführen; anderenfalls hätte der Versicherungsnehmer die Befugnis, zu Gunsten des Dritten den Versicherer zu belasten. Sowohl das Anerkenntnis als auch die Befriedigung müssen ohne Einfluss auf den Befreiungsanspruch des Versicherungsnehmers gegen den Versicherer bleiben; verspricht der Versicherungsnehmer dem Dritten mehr als diesem zusteht, geht der Mehrbetrag immer zu Lasten des Versicherungsnehmers. Der Versicherer hat ihn nur von dem Anspruch freizustellen, den der Geschädigte ohne das Anerkenntnis gehabt hätte.

Nicht gerechtfertigt ist es, dass der Versicherungsnehmer nach geltendem Recht durch Anerkenntnis oder Befriedigung seinen Befreiungsanspruch auch insoweit verliert, als er ohne sein vielleicht voreiliges Verhalten bestanden hätte. Allerdings liegt es nicht im Interesse des Versicherers, wenn ihm die Abwehr von Ansprüchen des Dritten durch Anerkenntnis oder Befriedigung unmöglich gemacht wird; möglicherweise könnte er diesen durch überlegene Rechtskenntnisse zu einem (teilweisen) Verzicht auch dann bewegen, wenn die Ansprüche nach den tatsächlichen Umständen bestehen. Insoweit ist der Versicherer aber nicht schutzwürdig, wenn er gegenüber seinem Vertragspartner alle Einwendungen behält; er versagt ihm dann die Befreiung in dem Umfang, in dem der Versicherungsnehmer mit seinem Anerkenntnis über die wirkliche Anspruchsgrundlage hinausgegangen ist.

Das Verbot von Anerkenntnis und Befriedigung ist auch aus der Sicht des Versicherers nicht sehr effektiv. Der Versicherungsnehmer ist nicht gehindert, bestimmte Tatsachen dem Geschädigten gegenüber persönlich oder in einer Gerichtsverhandlung einzuräumen; nur den Anspruch darf er nicht anerkennen. Selbst beim betrügerischen Zusammenwirken des Versicherungsnehmers mit dem Dritten ist es ein Leichtes, ein Anerkenntnis zu vermeiden und nur die (falschen) Tatsachen gemeinsam vorzutragen, aus denen sich der Anspruch des angeblich geschädigten Dritten gegen den Versicherungsnehmer und deshalb der entsprechende Freistellungsanspruch des Versicherungsnehmers gegen den Versicherer ergehen soll.

Deshalb erklärt § 105 VVG-E eine Klausel für unwirksam, nach welcher der Versicherer bei Anerkenntnis des Anspruchs des Geschädigten oder Befriedigung seitens des Versicherungsnehmers leistungsfrei ist."

---

[28] Vgl. *Fenyves* ZVersWiss 1997, 295 (321).
[29] Vgl. *Voit* VersR 1995, 993; vgl. auch *Baumann* in BK-VVG § 154 Rn. 61; *Schirmer* ZVersWiss Supplement 2006, 427 (431).
[30] Vgl. Abschlussbericht der Kommission S. 79 f.
[31] Vgl. Abschlussbericht der Kommission S. 79 f.
[32] Vgl. Abschlussbericht der Kommission S. 515.
[33] Vgl. Abschlussbericht der Kommission S. 79 f.
[34] Vgl. BT-Drs. 16/3945, 86.

Dass der Vorschlag zur Neufassung einer Vorschrift über das Anerkenntnis des Versicherungs- 24
nehmers sowie die hierzu von der Kommission zur Reform des Versicherungsvertragsrechts und
von der Bundesregierung herausgegebene Begründung schon bald eine **breite Diskussion** nicht
nur auf Versicherer- und Versicherungsnehmerseite in deren Gremien ausgelöst, sondern auch das
Schrifttum[35] sich hiermit eingehend beschäftigt hat, versteht sich fast von selbst. Zählte doch mit
den Worten von *Schirmer*[36] das vereinbarte Anerkenntnis- und Befriedigungsverbot (§ 5 Nr. 5 AHB)
„zu den Urgesteinen der Haftpflichtversicherung", so dass dessen Abschaffung durch den Gesetzgeber
daher von grundlegender Bedeutung für die Haftpflichtversicherung in der Zukunft schlechthin ist.
Wenn dennoch diese an sich lohnenswerte Diskussion an dieser Stelle nicht weitergeführt oder gar
vertieft werden kann, hängt dies einmal damit zusammen, dass durch das Inkrafttreten des § 105 in
der von der Bundesregierung vorgesehenen Form manche in der Auseinandersetzung mit dieser am
1.1.2008 Gesetz gewordenen Vorschrift hervorgehobenen grundsätzlichen Bedenken wegen der
tatsächlichen Existenz dieser Norm jedenfalls für die nähere Zukunft obsolet geworden sind. Zum
anderen wird auf einzelne Argumente der Befürworter und Gegner des Gesetz gewordenen § 105
noch im Zusammenhang mit den Erläuterungen zu dieser Vorschrift zurückzukommen sein.

IV. Rechtslage nach Inkrafttreten der Regelung des § 105

1. Allgemeines. Auch wenn sich die wesentlichen Konsequenzen aus der mit „Anerkenntnis 25
des Versicherungsnehmers" überschriebenen Regelung des § 105 bereits ansatzweise aus deren Wortlaut sowie aus der Gesetzesbegründung der Bundesregierung zu dieser Vorschrift ergeben und
deshalb diese Begründung vorstehend auch im vollen Umfange wiedergegeben wurde,[37] ist es doch
schon aus Klarstellungsgründen sinnvoll, noch einmal im Einzelnen hervorzuheben, wie sich die
Rechtslage nach Inkrafttreten der Regelung des § 105 darstellt.

Auszugehen ist davon, dass es dem Gesetzgeber aus den **Bedürfnissen des Vertrauensschut-** 26
zes[38] heraus darum ging, dem Versicherungsnehmer Rechte gegenüber dem Versicherer zuzugestehen, die der Versicherungsnehmer aufgrund der Regelung des § 154 Abs. 2 VVG aF mit den daran
anknüpfenden vertraglich vereinbarten Versicherungsbedingungen oder den individualvertraglich
getroffenen Vereinbarungen nach der früheren Rechtslage nicht hatte. Um diesen als unbefriedigend
empfundenen Zustand zu beenden, hielt der Gesetzgeber des § 105 es für erforderlich, das nach
§ 154 Abs. 2 VVG aF bestehende Anerkenntnis- und Befriedigungsverbot nicht etwa ersatzlos zu
streichen, sondern sogar durch eine Regelung zu ersetzen, wonach eine Vereinbarung, nach welcher
der Versicherer nicht zur Leistung verpflichtet ist, wenn ohne seine Einwilligung der Versicherungsnehmer den Dritten befriedigt oder dessen Anspruch anerkennt, unwirksam ist.

Damit sollte nach der Begründung der Bundesregierung[39] verhindert werden, dass der Versiche- 27
rungsnehmer im Einklang mit dem bisher geltenden Recht durch Anerkenntnis oder Befriedigung seinen Befreiungsanspruch auch insoweit verliert, als er ohne sein vielleicht voreiliges Verhalten bestanden
hätte. Anders formuliert heißt dies nach O. *Lange*,[40] dass der Versicherungsnehmer **die Haftpflichtfor-**
derung auch ohne Zustimmung des Versicherers oder sogar gegen dessen Willen anerkennen
kann, ohne alleine wegen seines eigenmächtigen Verhaltens irgendwelche deckungsrechtlichen Nachteile befürchten zu müssen. Hingegen müsste – so führt O. *Lange*[41] fort – der Versicherungsnehmer nach
dem bisher geltenden Recht fürchten, durch ein eigenmächtiges Anerkenntnis den Versicherungsschutz
selbst dann zu verlieren, wenn die anerkannte Forderung berechtigt sei.

2. Einschränkung der Vertragsfreiheit. Auch wenn diese Begründungen die durch § 105 28
geschaffene **Rechtslage sachlich zutreffend wiedergeben,** bringen sie doch nicht zugleich zum Ausdruck, dass die Bedeutung der durch diese Vorschrift entstandenen Rechtslage inhaltlich viel weiter
reicht.

---

[35] Vgl. nur *Schirmer* ZVersWiss Supplement 2006, 427 (431 ff.); *Thalmair* ZVersWiss Supplement 2006, 459 ff.; O. *Lange* VersR 2006, 1313 ff.; O. *Lange* r+s 2007, 401 ff.; *Langheid* NJW 2006, 3317 (3320); *Langheid* Liber amicorum, S. 367 ff.; *Langheid* in Langheid/Rixecker § 105 Rn. 5 ff.; *R. Koch* Liber amicorum, S. 345 ff.; *Littbarski* PHi 2007, 176 ff.; jeweils mit weiteren Einzelheiten und Nachweisen auch zu Stellungnahmen der Versicherer- und Versicherungsnehmerseite.

[36] *Schirmer* ZVersWiss Supplement 2006, 421 (431) unter Bezugnahme auf *R. Johannsen* in Bruck/Möller, 8. Aufl., Bd. IV, Anm. F 103.

[37] Vgl. hierzu → Rn. 23.

[38] Vgl. BT-Drs. 16/3945, 86; vgl. auch O. *Lange* r+s 2007, 401.

[39] Vgl. BT-Drs. 16/3945, 86 zu § 105 VVG; zustimmend *Hösker* VersR 2013, 952 (962) mwN in Fn. 128.

[40] O. *Lange* r+s 2007, 401 f.; vgl. auch O. *Lange* VersR 2006, 1313 (1315 ff.); *Lücke* in Prölss/Martin § 105 Rn. 3.

[41] O. *Lange* r+s 2007, 401 (402); O. *Lange* VersR 2006, 1313; vgl. auch *Schirmer* ZVersWiss Supplement 2006, 421 (432 ff.).

29 So setzt sie einmal dem Grundsatz der sonst zwischen dem Versicherer und dem Versicherungsnehmer bestehenden **Vertragsfreiheit,** der sog. Privatautonomie, erhebliche Grenzen,[42] indem diese eine die Leistungsfreiheit des Versicherers herbeiführende Vereinbarung über eine Befriedigung des Anspruchs des Dritten durch den Versicherungsnehmer oder ein Anerkenntnis dieses Anspruchs durch den Versicherungsnehmer ohne Einwilligung des Versicherers nur um den Preis der Unwirksamkeit dieser Vereinbarung treffen können. Unter diesen Umständen stellt sich § 105 VVG aber bei einer individuellen Vereinbarung zwischen dem Versicherer und dem Versicherungsnehmer als eine Regelung dar, die ein gesetzliches Verbot nach § 134 BGB enthält[43] und daher zur Nichtigkeit dieser Vereinbarung führt. Denn nach dieser Vorschrift ist ein Rechtsgeschäft, das gegen ein gesetzliches Verbot verstößt, nichtig, wenn sich nicht aus dem Gesetz ein anderes ergibt. Letzteres ist aber bei § 105 gerade nicht der Fall.

30 Sofern aber Gegenstand der zwischen dem Versicherer und dem Versicherungsnehmer getroffenen Vereinbarung ua eine AVB ist, nach der dem Versicherungsnehmer die Anerkennung oder Befriedigung eines Anspruchs des Dritten verboten ist, greift bezüglich dieser AVB die Vorschrift des § 307 Abs. 2 Nr. 1 BGB ein und führt zur Unwirksamkeit der AVB, da nach dieser Regelung eine unangemessene Benachteiligung im Zweifel anzunehmen ist, wenn eine Bestimmung mit wesentlichen Grundgedanken der gesetzlichen Regelung, also im Ausgangsfall der des § 105, von der abgewichen wird, nicht zu vereinbaren ist.[44]

31 **3. Vertragsfreiheit bei Großrisiken nach § 210.** Im Übrigen kann weder dem Wortlaut des § 105 selbst noch der Gesetzesbegründung der Bundesregierung zu dieser Vorschrift[45] entnommen werden, dass diese Norm zwar grundsätzlich einen zwingenden und damit nicht abdingbaren Charakter hat, dies aber **wegen der Regelung des § 210 nicht für sog. Großrisiken gilt.** Während diese Aussage im Gesetzgebungsverfahren in der Literatur[46] teilweise nur unter Hinweis auf § 210 VVG-RegE erfolgte und nach dem grundsätzlichen Inkrafttreten des VVG am 1.1.2008 manche Autoren[47] dieses ohne eingehendere Diskussion bestätigten, andere hingegen bis auf den heutigen Tag nur § 210 nennen[48] oder die Problematik gar nicht ansprechen,[49] war nach dem grundsätzlichen Inkrafttreten des § 105 am 1.1.2008 ursprünglich auf § 210 VVG aF iVm dem inzwischen aufgehobenen Art. 10 Abs. 1 S. 2 Nr. 3 EGVVG zu verweisen. Denn nach § 210 VVG aF sind die Beschränkungen der Vertragsfreiheit nach diesem Gesetz auf die in Artikel 10 Abs. 1 S. 2 des Einführungsgesetzes zum Versicherungsvertragsgesetz genannten Großrisiken und auf laufende Versicherungen nicht anzuwenden. Gemäß dem früheren Art. 10 Abs. 1 S. 2 EGVVG liegt ein Versicherungsvertrag über ein Großrisiko im Sinne dieser Bestimmung vor, wenn sich der Versicherungsvertrag bezieht

...

3. auf Risiken der unter den Nummern 3, 8, 9, 10, 13 und 16 der Anlage A zum Versicherungsaufsichtsgesetz erfassten Sach-, Haftpflicht- und Schadensversicherungen bei Versicherungsnehmern, die mindestens zwei der drei folgenden Merkmale überschreiten:
   a) sechs Millionen zweihunderttausend Euro Bilanzsumme,
   b) zwölf Millionen achthunderttausend Euro Nettoumsatzerlöse,
   c) im Durchschnitt des Wirtschaftsjahres 250 Arbeitnehmer ...

32 **Die Unanwendbarkeit des § 105 auf** Großrisiken gilt nach Aufhebung des Art. 10 Abs. 1 S. 2 EGVVG in der Haftpflichtversicherung aufgrund des für Versicherungsverträge geltenden Art. 7 Abs. 2 Rom I-VO[50] iVm § 210 Abs. 1 und Abs. 2 S. 1 Ziff. 3.[51] Diese Vorschriften haben folgenden Wortlaut:

---

[42] Vgl. auch *Lücke* in Prölss/Martin § 105 Rn. 3.
[43] Vgl. auch *Retter* in Schwintowski/Brömmelmeyer/Ebers § 105 Rn. 4 f.
[44] Ebenso *Retter* in Schwintowski/Brömmelmeyer/Ebers § 105 Rn. 4 f.
[45] Vgl. BT-Drs. 16/3945, 86 zu § 105 VVG.
[46] Vgl. *O. Lange* r+s 2007, 401 mit Fn. 9.
[47] Vgl. *R. Koch* in Bruck/Möller § 105 Rn. 22 und hierzu → Rn. 59 mit Fn. 124.
[48] Vgl. *Lücke* in Prölss/Martin § 105 Rn. 3; *Schimikowski* in HK-VVG § 105 Rn. 8; *Retter* in Schwintowski/Brömmelmeyer/Ebers § 105 Rn. 8.
[49] Vgl. *Schulze Schwienhorst* in Looschelders/Pohlmann § 105 Rn. 5 mit Fn. 20; *Langheid* in Langheid/Rixecker § 105 Rn. 13.
[50] Art. 7 Abs. 2 I der Verordnung (EG) Nr. 593/2008 des Europäischen Parlaments und des Rates vom 17.6.2008 über das auf vertragliche Schuldverhältnisse anzuwendende Recht (Rom I), ABl. 2008 L 177, S. 6; *Pisani* in Schwintowski/Brömmelmeyer/Ebers Rom I-VO Art. 7 Rn. 10 ff.; *Martiny* in MüKoBGB Rom I-VO Art. 7 Rn. 2 ff.; vgl. auch → Vor § 100 Rn. 30.
[51] § 210 Abs. 1 und Abs. 2 S. 1 Ziff. 3 VVG neu gefasst mit Wirkung vom 17.12.2009 durch Art. 2 Abs. 5 des Gesetzes zur Anpassung der Vorschriften des Internationalen Privatrechts an die Verordnung (EG) Nr. 593/2008, BGBl. I S. 1574.

Art. 7 Abs. 2 Rom I-VO 33

Versicherungsverträge, die Großrisiken im Sinne von Artikel 5 Buchstabe d der Ersten Richtlinie 73/239/EWG des Rates vom 24.7.1973 zur Koordinierung der Rechts- und Verwaltungsvorschriften betreffend die Aufnahme und Ausübung der Tätigkeit der Direktversicherung (mit Ausnahme der Lebensversicherung) decken, unterliegen dem von den Parteien nach Artikel 3 der vorliegenden Verordnung gewählten Recht.

§ 210 Großrisiken, laufende Versicherung 34

(1) Die Beschränkungen der Vertragsfreiheit nach diesem Gesetz sind auf Großrisiken und auf laufende Versicherungen nicht anzuwenden.
(2) Großrisiken im Sinne dieser Vorschrift sind:
(...)
3. Risiken der unter den Nummern 3, 8, 9, 10, 13 und 16 der Anlage Teil A zum Versicherungsaufsichtsgesetz erfassten Sach-, Haftpflicht- und sonstigen Schadensversicherungen bei Versicherungsnehmern, die mindestens zwei der folgenden drei Merkmale überschreiten:
   a) 6 200 000 Euro Bilanzsumme,
   b) 12 800 000 Euro Nettoumsatzerlöse,
   c) im Durchschnitt 250 Arbeitnehmer pro Wirtschaftsjahr.

C. Weitere Einzelheiten zur Regelung des § 105

I. Allgemeines

Neben den vorstehend genannten Aspekten, die aufgrund des Inkrafttretens des § 105 zur Änderung der Rechtslage geführt haben und die deshalb bei der genaueren Bestimmung dieser Vorschrift Beachtung finden müssen, sind noch weitere Einzelheiten anzusprechen, die im Hinblick auf diese Regelung zu berücksichtigen sind. Dazu zählt einmal die Beantwortung der Frage, welche Bedeutung dem Anerkenntnis des Anspruchs des Dritten durch den Versicherungsnehmer zukommt. Zum anderen ist aber auch zu klären, worin die Befriedigung des Dritten durch den Versicherungsnehmer besteht. Weiterhin ist zu bestimmen, was unter der Einwilligung des Versicherers zu verstehen ist. Schließlich bedarf die Frage der Klärung, was es mit der bindenden sowie mit der fehlenden bindenden Wirkung von Anerkenntnis und Befriedigung auf sich hat und welche Konsequenzen sich hieraus für den Versicherungsnehmer ergeben. 35

Alle diese Fragenkomplexe sind allerdings nicht isoliert und allein auf § 105 bezogen zu betrachten, sondern vielmehr **in ihrer gleichzeitigen Anbindung an andere, für die Haftpflichtversicherung geltende Vorschriften** zu sehen. Daher kann zur Vermeidung von Wiederholungen auch auf die Erläuterungen zu diesen anderen Vorschriften verwiesen werden. 36

II. Bedeutung des Anerkenntnisses durch den Versicherungsnehmer

Auch wenn das sich aus § 154 Abs. 2 VVG aF ergebende Anerkenntnis- und Befriedigungsverbot durch die Regelung des § 105 abgeschafft wurde,[52] kann doch entgegen einer Äußerung von *Retter*[53] bereits wegen des sich in dieser Vorschrift findenden Nebensatzes „... wenn ohne seine Einwilligung der Versicherungsnehmer den Dritten befriedigt oder dessen Anspruch anerkennt ..." weder auf **eine nähere Bestimmung der Bedeutung des Anerkenntnisses** durch den Versicherungsnehmer gegenüber dem Dritten noch auf eine solche der **Befriedigung des Dritten durch den Versicherungsnehmer**[54] weitgehend verzichtet werden. Zwar hat *Retter*[55] darauf hingewiesen, dass eine Definition des Befriedigungs- und Anerkenntnisbegriffes im Rahmen der Vorschrift des § 105 allenfalls erforderlich sei, wenn die Wirksamkeit eines Verbotes, welches einem Anerkenntnis- und Befriedigungsverbot gleichkomme, in Zweifel gezogen werde, was jedoch kaum vorstellbar sei. Dabei lässt *Retter*[56] aber nicht nur den Wortlaut des § 105 außer Betracht. Vielmehr berücksichtigt er auch nicht, dass Anerkenntnisse und Vergleiche in der auf § 105 aufbauenden Ziff. 5.1 Abs. 2 AHB 2016 = A 1-4.1 Abs. 2 AVB BHV ebenfalls in deren Wortlaut ausdrücklich Eingang gefunden 37

---
[52] Vgl. → Rn. 25 ff.
[53] Vgl. *Retter* in Schwintowski/Brömmelmeyer/Ebers § 105 Rn. 5.
[54] Vgl. hierzu näher → Rn. 48 ff.
[55] *Retter* in Schwintowski/Brömmelmeyer/Ebers § 105 Rn. 5.
[56] *Retter* in Schwintowski/Brömmelmeyer/Ebers § 105 Rn. 5.

haben⁵⁷ und deshalb auch aus diesem Grunde Anerkenntnis und Befriedigung nach § 105 näher bestimmt werden müssen.

38 Versucht man daher die Bedeutung des Anerkenntnisses durch den Versicherungsnehmer nach § 105 gegenüber dem Dritten zu klären, sind ebenso wie in § 154 Abs. 2 VVG aF und in § 106 nicht nur das konstitutive Anerkenntnis gemäß § 781 BGB[58] und das den Regelfall bildende, gesetzlich aber nicht geregelte deklaratorische,[59] sondern auch das den Neubeginn der Verjährung regelnde Anerkenntnis iSd § 212 Abs. 1 Nr. 1 BGB, das prozessuale Anerkenntnis nach § 307 ZPO sowie die Vereinbarung einer Zahlungspflicht zur Abwendung eines Schadensersatzanspruches im Strafprozess zu rechnen.[60] Dabei kommt es für das Vorliegen eines Anerkenntnisses auf den **Rechtsbindungswillen des Versicherungsnehmers** an.[61] Die Ermittlung eines solchen Rechtsbindungswillens sowie seiner Tragweite erfolgt durch Auslegung der im konkreten Fall gegebenen Umstände,[62] wobei es eine Vermutung für das Vorliegen eines schuldbestätigenden Anerkenntnisses des Versicherungsnehmers nach der Rechtsprechung des BGH nicht gibt.[63] Vielmehr ist danach ein deklaratorisches Schuldanerkenntnis nur anzunehmen, wenn die Parteien einen besonderen Anlass zu seinem Abschluss hatten.[64] Dies ist wiederum der Fall, wenn Streit oder zumindest eine subjektive Ungewissheit der Parteien über die Begründetheit der Forderung besteht.[65]

39 Auf den Einzelfall übertragen heißt dies nach zutreffender Ansicht von *Lücke*,[66] dass etwa Erklärungen wie „Ich erkenne meine Verantwortlichkeit für den Schaden an und verpflichte mich, diesen zu ersetzen" bzw. „Selbstverständlich werde, da das Verschulden eindeutig sei, der gesamte Schaden bezahlt" regelmäßig nicht nur als bloße Hinweise auf die Eintrittspflicht des Haftpflichtversicherers, sondern **als Anerkenntnisse zu werten sind.** Ein Anerkenntnis liegt im Allgemeinen auch darin, dass der Versicherungsnehmer gegenüber dem Haftpflichtanspruch des Dritten die Aufrechnung erklärt oder der Aufrechnung des Dritten gegen den eigenen Anspruch zustimmt.[67]

40 Hingegen kann nach einer in der Rechtsprechung[68] und Literatur[69] zu Recht vertretenen Auffassung bei bloßen Beruhigungserklärungen unmittelbar am Unfallort oder am Krankenbett **der Rechtsbindungswille fehlen.** Auch die vom Versicherungsnehmer an den Dritten gerichtete Aufforderung, eine Schadensanzeige einzureichen, kann genauso wenig bereits als Anerkenntnis angesehen werden[70] wie auch unter wesentlichen Einschränkungen abgegebene Erklärungen wie „Ich werde für den Schaden in Höhe meiner gesetzlichen Verpflichtungen aufkommen" oder „Ich erkenne vorbehaltlich gerichtlicher Klärung meine Schuld an" allein nicht als Anerkenntnis zu werten sind.[71]

41 Ob in dem Eingeständnis der bloßen Schadensverursachung, in der Bejahung eines Regelverstoßes oder in dem Zugestehen des Verschuldens bereits ein Anerkenntnis zu sehen ist, wird nach **allgemein vertretener Auffassung jeweils von den besonderen Umständen des Einzelfalles abhängig gemacht.** Gesteht daher der Versicherungsnehmer die Verursachung des Schadens ein, setzt aber die Haftung hierfür ein Verschulden voraus, kann in diesem Eingeständnis allein noch

---

[57] Vgl. hierzu → Rn. 8; näher zu A1-4.1 Abs. 2 AVB BHV *Littbarski* in Littbarski/Tenschert/Klein AVB BHV A1-4.1 Abs. 2 Rn. 14 ff.
[58] Vgl. zu § 154 Abs. 2 VVG aF und zu § 106 → § 106 Rn. 33 mwN in Fn. 60; vgl. ferner *Lücke* in Prölss/Martin § 105 Rn. 12; *Schulze Schwienhorst* in Looschelders/Pohlmann § 105 Rn. 2; *R. Koch* in Bruck/Möller § 105 Rn. 14 f.; jeweils zu § 105.
[59] Vgl. hierzu näher BGH VersR 2012, 60 ff.; OLG Koblenz VersR 2014, 460 (461); vgl. ferner → § 106 Rn. 33 mwN in Fn. 61.
[60] Vgl. zu den Voraussetzungen eines den Neubeginn der Verjährung regelnden Anerkenntnisses iSd § 212 Abs. 1 Nr. 1 BGB BGH r+s 2015, 369 f.; vgl. ferner zur Vereinbarung einer Zahlungspflicht zur Abwendung eines Schadensersatzanspruches im Strafprozess OLG Saarbrücken r+s 2012, 71; vgl. auch → § 106 Rn. 33 mwN in Fn. 62; näher zu den verschiedenen Formen des Anerkenntnisses aus haftpflichtversicherungsrechtlicher Sicht *Vrzal* VersR 2012, 694 ff. mwN.
[61] Vgl. → § 106 Rn. 33 mwN in Fn. 63; vgl. auch *Langheid* in Langheid/Rixecker § 105 Rn. 10; *R. Koch* in Bruck/Möller § 105 Rn. 15.
[62] Vgl. → § 106 Rn. 33 mwN in Fn. 64.
[63] Vgl. → § 106 Rn. 33 mwN in Fn. 65.
[64] Vgl. → § 106 Rn. 33 mwN in Fn. 66.
[65] Vgl. → § 106 Rn. 33 mwN in Fn. 67.
[66] Vgl. *Lücke* in Prölss/Martin § 105 Rn. 12; vgl. auch *Langheid* in Langheid/Rixecker § 105 Rn. 11.
[67] Vgl. *Lücke* in Prölss/Martin § 105 Rn. 12.
[68] Vgl. OLG Düsseldorf VersR 1965, 432.
[69] Vgl. *R. Johannsen* in Bruck/Möller, 8. Aufl., Anm. F 94; *Lücke* in Prölss/Martin § 105 Rn. 12; *Langheid* in Langheid/Rixecker § 105 Rn. 11; *R. Koch* in Bruck/Möller § 105 Rn. 15.
[70] Vgl. *Lücke* in Prölss/Martin § 105 Rn. 16.
[71] Vgl. *Lücke* in Prölss/Martin § 105 Rn. 16; *Langheid* in Langheid/Rixecker § 105 Rn. 11.

kein Anerkenntnis gesehen werden.[72] Hingegen ist ein Anerkenntnis des Versicherungsnehmers zu bejahen, wenn der Insolvenzverwalter als gesetzlicher Vertreter und zugleich als Erfüllungsgehilfe[73] des sich im Insolvenzverfahren befindenden Versicherungsnehmers die Forderung zur Insolvenztabelle nach § 175 InsO anerkennt,[74] der Versicherungsnehmer seinen Widerspruch zur Feststellung zurücknimmt[75] oder wenn er unter der Geltung der KO einer Feststellung zur Konkurstabelle nicht widersprach.[76]

Dagegen soll nach Ansicht des BGH[77] die Zustimmung zu einer vom Gegner erklärten Erledigung des Rechtsstreits einem Anerkenntnis nur dann gleichkommen, wenn sich daraus **ein Anerkennungswille ergibt.** Unter welchen Voraussetzungen dieser gegeben ist, lässt sich allerdings abstrakt nicht beurteilen, sondern hängt vielmehr von den besonderen Umständen des Einzelfalles ab. Um hierfür einigermaßen nachvollziehbare Kriterien für die Praxis bereitzuhalten, wird man entweder für jedermann vernehmbare entsprechende Erklärungen oder aber ohne weiteres manifestierbare Verhaltensweisen des Versicherungsnehmers zu fordern haben.

Einer bereits unter der Geltung des § 154 Abs. 2 VVG aF bzw. des § 5 Ziff. 5 Abs. 1 AHB 2002 in Rechtsprechung[78] und Literatur[79] weit vertretenen Auffassung entsprach es, dass sich als bloße Schuldbekenntnisse darstellende Verhaltensweisen und Erklärungen, die lediglich **aus Beweisgesichtspunkten** von Bedeutung sind, nicht dem Anerkenntnisbegriff unterfielen, da die schwerwiegenden Folgen des Verstoßes das Anerkenntnisverbot nur rechtfertigen, soweit und weil der Versicherer an ein vom Versicherungsnehmer erklärtes Anerkenntnis gebunden sei. Auch wurde teilweise darauf hingewiesen,[80] dass es nicht Schutzzweck des Vertrages sei, den Versicherer vor jeder Verschlechterung seiner Rechtsstellung auch unter bloßen Beweisgesichtspunkten zu bewahren.

Ob derartige Abgrenzungskriterien zwischen einem Anerkenntnis und einem bloßen Schuldbekenntnis sehr sinnvoll sind und eine größere praktische Relevanz aufweisen, wurde schon damals vom *Verf.*[81] bezweifelt und auch näher begründet. Nach Inkrafttreten des § 105 kommt aufgrund der Abschaffung des Anerkenntnisverbotes dieser Problematik keinerlei Bedeutung mehr zu und steht auch **mit der Rechtsordnung nicht mehr in Einklang.** Denn wenn schon die Vereinbarung des Verbots eines Anerkenntnisses gemäß § 105 VVG unwirksam ist, muss dies erst recht für bloße Schuldbekenntnisse gelten, die keine dem Anerkenntnis vergleichbare Bedeutung haben und nicht von § 105 VVG erfasst werden. Sollte daher das Verbot eines Schuldbekenntnisses durch den Versicherungsnehmer im Versicherungsvertrag vereinbart werden, verstieße eine solche Vereinbarung gegen §§ 307 Abs. 2 Nr. 1 iVm 307 Abs. 1 S. 1 BGB, da sie mit wesentlichen Grundgedanken der gesetzlichen Regelung, nämlich des § 105, von der abgewichen würde, nicht zu vereinbaren und daher unwirksam wäre.

Das Gleiche gilt für wahrheitsgemäße Erklärungen über Tatsachen, und zwar auch dann, wenn sie einen Tatsachenkomplex zusammenfassen und entsprechend würdigen. Auch für diese Erklärungen war bereits unter der Geltung des § 154 Abs. 2 VVG aF und des § 5 Ziff. 5 Abs. 1 AHB 2002 in Rechtsprechung[82] und Literatur[83] anerkannt, dass diese grundsätzlich kein Anerkenntnis nach den genannten Vorschriften darstellen. Zwar wurden insoweit wiederholt **gleitende Übergänge zwischen den verschiedenen Verhaltensweisen des Versicherungsnehmers** gesehen, so dass

---

[72] Vgl. OLG Stuttgart NVersZ 2002, 522; *Lücke* in Prölss/Martin § 105 Rn. 16.
[73] Vgl. § 80 Abs. 1 InsO und § 278 BGB.
[74] Vgl. KG r+s 2005, 502; OLG Köln VersR 2006, 1207.
[75] OLG Köln r+s 2006, 238.
[76] Vgl. OLG Celle VersR 2002, 602; LG Wuppertal VersR 1962, 629.
[77] Vgl. BGH VersR 2007, 1119; vgl. auch OLG Saarbrücken VersR 2004, 901; *Lücke* in Prölss/Martin § 105 Rn. 16; *Langheid* in Langheid/Rixecker § 105 Rn. 11 f.
[78] Vgl. BGH VersR 1977, 174 (176).
[79] Vgl. *Späte* AHB § 5 Rn. 48; *Baumann* in BK-VVG § 154 Rn. 24; *Littbarski* AHB § 5 Rn. 105.
[80] Vgl. OLG Düsseldorf NJW-RR 1989, 346 (347); andeutungsweise auch BGH NJW 1982, 996 (998); 1984, 799; vgl. ferner *Voit/Knappmann* in Prölss/Martin, 27. Aufl., § 154 Rn. 19; *Späte* AHB § 5 Rn. 48; *Littbarski* AHB § 5 Rn. 105.
[81] *Littbarski* AHB § 5 Rn. 106 mit weiteren Einzelheiten und Nachweisen.
[82] Vgl. BGH NJW 1982, 996 (998); VersR 1984, 383; OLG München VersR 1964, 501 (502); OLG Düsseldorf VersR 1965, 432 (433); OLG Hamm VersR 1976, 139 (141); OLG Düsseldorf NJW-RR 1989, 346; VersR 1992, 206; LG Trier r+s 1996, 215 ff.
[83] *R. Johannsen* in Bruck/Möller, 8. Aufl., Bd. IV, Anm. F 94; *Voit/Knappmann* in Prölss/Martin, 27. Aufl. 2004, § 154 Rn. 11; *Baumann* in BK-VVG § 154 Rn. 24; *Langheid* in Römer/Langheid § 154 Rn. 13; *Späte* AHB § 5 Rn. 50; *Littbarski* AHB § 5 Rn. 109; ebenso im Hinblick auf § 105 VVG *Spickhoff* JZ 2015, 15 (24), wonach die bloße Mitteilung von Umständen (also Tatsachen) des Arztes gegenüber dem Patienten, welche die Annahme eines Behandlungsfehlers begründeten, kein Schuldanerkenntnis im Rechtssinne begründe.

sich die Einordnung in derartigen Fällen in der Praxis als recht schwierig erwies.[84] Jedoch versuchte die Rechtsprechung[85] zum Schutze des Versicherungsnehmers sein Verhalten als Erklärungen über Tatsachen und nicht etwa als Anerkenntnis einzustufen.

46 Hieran knüpft die Bundesregierung in ihrer Gesetzesbegründung zu § 105[86] ausdrücklich an, wenn sie hervorhebt, dass das Verbot von Anerkenntnis und Befriedigung auch aus der Sicht des Versicherers nicht sehr effektiv sei, da der Versicherungsnehmer nicht gehindert sei, bestimmte Tatsachen dem Geschädigten gegenüber oder in einer Gerichtsverhandlung einzuräumen. Selbst beim betrügerischen Zusammenwirken des Versicherungsnehmers mit dem Dritten – so fährt die Bundesregierung[87] weiter fort – sei es **ein Leichtes, ein Anerkenntnis zu vermeiden** und nur die (falschen) Tatsachen gemeinsam vorzutragen, aus denen sich der Anspruch des angeblich geschädigten Dritten gegen den Versicherungsnehmer und deshalb der entsprechende Freistellungsanspruch des Versicherungsnehmers gegen den Versicherer ergeben solle.

47 Erklärt aber zunächst die Bundesregierung[88] durch die Einfügung des § 105 VVG-E in den Gesetzesentwurf und sich ihr anschließend auch der Gesetzgeber durch Schaffung des § 105 eine Klausel für unwirksam, nach welcher der Versicherer bei Anerkenntnis des Anspruchs des Geschädigten oder Befriedigung seitens des Versicherungsnehmers leistungsfrei sei, so folgt hieraus zwangsläufig, dass nicht nur die **Vereinbarung eines Anerkenntnisverbotes unwirksam** ist, sondern erst recht auch eine **Vereinbarung über das Verbot eines Zugeständnisses des Versicherungsnehmers über Tatsachen**. Sollte eine solche Vereinbarung individuell zwischen dem Versicherer und dem Versicherungsnehmer getroffen worden sein, ergibt sich deren Unwirksamkeit aufgrund des § 134 BGB, wonach ein Rechtsgeschäft, das gegen ein gesetzliches Verbot verstößt, nichtig ist. Sofern sich aber eine derartige Vereinbarung aus den dem Versicherungsvertrag zwischen dem Versicherer und dem Versicherungsnehmer zugrundeliegenden AVB ergeben sollte, wäre eine solche Vereinbarung nach §§ 307 Abs. 2 Nr. 1 iVm 307 Abs. 1 S. 1 BGB unwirksam, da sie eine unangemessene Benachteiligung des Versicherungsnehmers enthielte, die mit wesentlichen Grundgedanken des § 105 als der gesetzlichen Regelung, von der abgewichen würde, nicht zu vereinbaren wäre.[89]

III. Bedeutung der Befriedigung durch den Versicherungsnehmer

48 Neben der Möglichkeit des Anerkenntnisses des Anspruchs des Dritten durch den Versicherungsnehmer eröffnet § 105 nach Abschaffung des Anerkenntnis- und Befriedigungsverbotes dem Versicherungsnehmer grundsätzlich den Weg, den Dritten zu befriedigen. Daher ist entgegen der Auffassung von *Retter*[90] aus den zum Begriff des Anerkenntnisses erörterten Gründen[91] auch **bezüglich des Begriffes der Befriedigung des Anspruchs des Dritten durch den Versicherungsnehmer** zu klären, welche rechtliche Bedeutung diesem Begriff zukommt.

49 Einer bereits zu § 154 Abs. 2 VVG aF sowie zu § 5 Ziff. 5 Abs. 1 AHB 2002 allgemein vertretenen Auffassung[92] entspricht es, **unter einer Befriedigung jede Leistung des Versicherungsnehmers zu verstehen**, die den Anspruch des Dritten ganz oder teilweise erfüllt. Dabei wird es nach einer in der Literatur vertretenen Ansicht[93] für gleichgültig gehalten, ob in der Leistung selbst ein Anerkenntnis zu sehen ist oder ob sie in Erfüllung eines vorangegangenen Anerkenntnisses erfolgt.

50 Diese Ansicht zur Bedeutung der Befriedigung des Dritten durch den Versicherungsnehmer wird nunmehr auch von Stimmen in der Literatur[94] zu § 105 zu Recht geteilt, soweit sich diese überhaupt zur Befriedigung des Dritten nach dieser Vorschrift äußern. Dabei wird wie zu § 154 Abs. 2 VVG aF auch im Hinblick auf § 105 darauf hingewiesen, dass **der Haftpflichtanspruch des Dritten gegen den Versicherungsnehmer** insoweit regelmäßig **durch dessen Zahlung erfüllt**

---

[84] Vgl. *Baumann* in BK-VVG § 154 Rn. 24; *Schirmer* ZVersWiss Supplement 2006, 427 (432).
[85] Vgl. BGH VersR 1977, 174 (175); OLG Düsseldorf VersR 1989, 343 f. zur Nicht-Annahme der Revision des Versicherers durch den BGH; vgl. ferner *Baumann* in BK-VVG § 154 Rn. 24; *Schirmer* ZVersWiss Supplement 2006, 427 (432).
[86] BT-Drs. 16/3945, 86; vgl. auch *Schirmer* ZVersWiss Supplement 2006, 427 (432).
[87] BT-Drs. 16/3945, 86.
[88] Vgl. BT-Drs. 16/3945, 86.
[89] Vgl. auch *Retter* in Schwintowski/Brömmelmeyer/Ebers § 105 Rn. 6.
[90] Vgl. *Retter* in Schwintowski/Brömmelmeyer/Ebers § 105 Rn. 6.
[91] Vgl. → Rn. 37.
[92] Vgl. *R. Johannsen* in Bruck/Möller, 8. Aufl., Bd. IV, Anm. F 100; *Baumann* in BK-VVG § 154 Rn. 14; *Voit/Knappmann* in Prölss/Martin, 27. Aufl., § 154 Rn. 14; *Späte* AHB § 5 Rn. 51; *Langheid* in Römer/Langheid § 154 Rn. 10.
[93] Vgl. *Späte* AHB § 5 Rn. 51; *Langheid* in Römer/Langheid § 154 Rn. 10.
[94] Vgl. *Lücke* in Prölss/Martin § 105 Rn. 18; *Schulze Schwienhorst* in Looschelders/Pohlmann § 105 Rn. 3.

wird.[95] Die Erfüllung kann aber auch durch Erfüllungssurrogate wie Aufrechnung nach den §§ 387 ff. BGB und Hinterlegung gemäß den §§ 372 ff. BGB erfolgen,[96] wobei insbesondere der Aufrechnung in Rechtsprechung[97] und Literatur[98] eine große Bedeutung zukommt bzw. beigemessen wird.

Eine Befriedigung des Dritten kann sich insbesondere daraus ergeben, dass der Versicherungsnehmer einer Aufrechnung des Dritten mit einer Forderung des Versicherungsnehmers gegen den Dritten zustimmt oder diese Aufrechnung des Dritten sogar anregt, um dadurch seine eigene, durch die Aufrechnung erloschene Forderung vom Versicherer ersetzt verlangen zu können.[99] Nach einer in der Literatur vertretenen Auffassung[100] soll auch die **Zahlung zur Abwendung der Zwangsvollstreckung grundsätzlich eine Befriedigung** darstellen, da dem Versicherungsnehmer das Dulden der Zwangsvollstreckung nicht zuzumuten sei. Dies soll jedenfalls dann gelten, wenn in der Zahlung gleichzeitig ein Anerkenntnis zu sehen sei und nicht ausdrücklich unter Vorbehalt und nur zur Abwendung der Vollstreckung gezahlt werde.[101] Schließlich ist nach Ansicht des OLG Hamm[102] eine Befriedigung in der Inauftraggabe der Reparatur der beschädigten Sache des Dritten auf eigene Rechnung des Versicherungsnehmers zu sehen.

Soweit bei den vorstehend genannten Fallgestaltungen eine Befriedigung des Dritten durch den Versicherungsnehmer bejaht wird, wandelt sich der Freistellungs- und Rechtsschutzanspruch des Versicherungsnehmers gegen den Versicherer in einen Zahlungsanspruch um,[103] so dass der Versicherungsnehmer vom Versicherer **Zahlung und nicht etwa Befreiung verlangen kann.** Dies hat auch das OLG Stuttgart[104] in einer Entscheidung zu § 105 vom 21.4.2010 bestätigt. Danach ergebe sich aus § 105, dass es dem Versicherungsnehmer freistehe, (auf eigenes Risiko) den Dritten zu befriedigen, ohne hierdurch den Versicherungsschutz zu verlieren. Der Freistellungsanspruch des Versicherungsnehmers wandele sich durch die (berechtigte) Befriedigung des Dritten in einen Zahlungsanspruch um. Der Versicherungsnehmer könne Zahlung direkt an sich verlangen.

Einer zu Recht allgemein vertretenen Auffassung[105] entspricht es, dass keine Befriedigung vorliegt, wenn der Dritte vor Anerkennung seiner Forderung durch den Versicherungsnehmer einseitig eine Verrechnung mit Forderungen vornimmt, die dem Versicherungsnehmer gegen ihn zustehen. In diesem Falle kann es nicht zu einer Umwandlung des Freistellungs- und des Rechtsschutzanspruchs des Versicherungsnehmers gegen den Versicherer in einen Zahlungsanspruch kommen.[106] Vielmehr besteht der **Freistellungs- und Rechtsschutzanspruch des Versicherungsnehmers gegen den Versicherer uneingeschränkt weiter.**[107] Sofern der Versicherer die Haftpflichtforderung des Dritten gegen den Versicherungsnehmer für nicht gegeben hält, ist der Versicherer verpflichtet, dem Versicherungsnehmer dadurch Rechtsschutz gegen die Verrechnung zu gewähren, dass er für den Versicherungsnehmer einen Prozess gegen den Dritten auf Zahlung der Forderung

---

[95] Vgl. *Späte* AHB § 5 Rn. 51; *R. Johannsen* in Bruck/Möller, 8. Aufl., Bd. IV, Anm. F 100; *Langheid* in Römer/Langheid § 154 Rn. 10; jeweils zu § 154 Abs. 2 VVG aF; *Schulze Schwienhorst* in Looschelders/Pohlmann § 105 Rn. 3 zu § 105.

[96] Vgl. *Späte* AHB § 5 Rn. 51; *Baumann* in BK-VVG § 154 Rn. 13.

[97] Vgl. OLG Hamm VersR 1976, 749 (750); 1978, 80 (81); OLG Karlsruhe VersR 1997, 1477 (1479 f.); OGH VersR 1987, 1255 f.; ebenso im Hinblick auf § 105 VVG OLG Stuttgart r+s 2010, 284 = VersR 2011, 213 f.

[98] Vgl. *R. Johannsen* in Bruck/Möller, 8. Aufl., Bd. IV, Anm. F 100; *Späte* AHB § 5 Rn. 51; *Baumann* in BK-VVG § 154 Rn. 14; *Langheid* in Römer/Langheid § 154 Rn. 10; jeweils zu § 154 Abs. 2 VVG aF; *Schulze Schwienhorst* in Looschelders/Pohlmann § 105 Rn. 3; *Harsdorf-Gebhardt* in Späte/Schimikowski AHB 2014 Ziff. 5 Rn. 16 und 34; *Lücke* in Prölss/Martin § 105 Rn. 18 vor allem zu § 154 Abs. 2 VVG aF.

[99] Vgl. BGH VersR 1977, 174; *Baumann* in BK-VVG § 154 Rn. 14; *Langheid* in Langheid/Rixecker § 105 Rn. 10; *Schulze Schwienhorst* in Looschelders/Pohlmann § 105 Rn. 3.

[100] Vgl. *Späte* AHB § 5 Rn. 51; *Harsdorf-Gebhardt* in Späte/Schimikowski AHB 2014 Ziff. 5 Rn. 44; *Retter* in Schwintowski/Brömmelmeyer/Ebers § 106 Rn. 36; *Langheid* in Langheid/Rixecker § 105 Rn. 10.

[101] Ablehnend zur Abwendung der Vollstreckung als Befriedigung *Schulze Schwienhorst* in Looschelders/Pohlmann § 105 Rn. 3, wonach eine Befriedigung zu verneinen sei, falls der Versicherungsnehmer den Haftpflichtanspruch zur Abwendung der Vollstreckung begleicht; unklar *Lücke* in Prölss/Martin § 105 Rn. 18.

[102] Vgl. OLG Hamm r+s 2005, 376; ebenso *Lücke* in Prölss/Martin § 105 Rn. 18.

[103] Vgl. hierzu umfassend → Vor § 100 Rn. 75 mwN in Fn. 187.

[104] OLG Stuttgart r+s 2010, 284 = VersR 2011, 213 f.

[105] Vgl. OLG Hamm VersR 1976, 749 (750); 1978, 80 (81); OLG Stuttgart r+s 2010, 284 = VersR 2011, 213 f.; OGH VersR 1987, 1255 f.; *Baumann* in BK-VVG § 154 Rn. 13; *Langheid* in Römer/Langheid § 154 Rn. 10; jeweils zu § 154 Abs. 2 VVG aF; *Lücke* in Prölss/Martin § 105 Rn. 18; *Schulze Schwienhorst* in Looschelders/Pohlmann § 105 Rn. 3; *Langheid* in Langheid/Rixecker § 105 Rn. 9; *Retter* in Schwintowski/Brömmelmeyer/Ebers § 106 Rn. 39; *Kummer* in MAH VersR § 12 Rn. 275; jeweils zu §§ 105 f.

[106] So zu Recht *Baumann* in BK-VVG § 154 Rn. 13.

[107] *Baumann* in BK-VVG § 154 Rn. 13.

des Versicherungsnehmers führt.[108] In diesem Prozess ist zugleich über den eventuellen Haftpflichtanspruch des Dritten zu entscheiden.[109] Im Übrigen kann gegebenenfalls vom Versicherer für den Versicherungsnehmer auch eine negative Feststellungsklage nach § 256 Abs. 1 ZPO gegen den Dritten des Inhalts erhoben werden, dass diesem keine Schadensersatzforderung gegen den Versicherungsnehmer zustehe.[110]

IV. Einwilligung des Versicherers

54 Wie der Wortlaut des § 105 zeigt, kommt dem Tatbestandsmerkmal der Einwilligung Bedeutung in dem Sinne zu, dass der Versicherungsnehmer ohne Einwilligung des Versicherers den Dritten befriedigt oder dessen Anspruch anerkennt. Da jedoch eine Vereinbarung, nach welcher der Versicherer nicht zur Leistung verpflichtet ist, wenn ohne seine Einwilligung der Versicherungsnehmer den Dritten befriedigt oder dessen Anspruch anerkennt, unwirksam ist, muss hieraus gefolgert werden, dass dem Versicherungsnehmer die Befriedigung des Anspruchs des Dritten oder das Anerkenntnis von dessen Anspruch auch **ohne die Einwilligung des Versicherers für das Bestehen von Versicherungsschutz grundsätzlich nicht schadet** und keine deckungsrechtlichen Sanktionen zu Lasten des Versicherungsnehmers auslöst. Daher sind Befriedigung und Anerkenntnis durch den Versicherungsnehmer gegenüber dem Dritten auch ohne Einwilligung des Versicherers zulässig.[111]

55 Die **Einwilligung** ist hierbei iSd § 183 BGB zu verstehen und stellt sich daher als eine **vorherige Zustimmung nach dieser Vorschrift** dar.[112] Der Einwilligung steht es nach zu § 154 Abs. 2 VVG aF ergangenen Entscheidungen gleich, wenn der Versicherer dem Versicherungsnehmer freie Hand lässt[113] oder wenn er zum Vergleich rät.[114] Sofern sich hingegen der Versicherer durch Deckungsablehnung seiner Rechtsschutzverpflichtung gegenüber dem Versicherungsnehmer entzogen und damit auf diese Weise „freie Hand" zur Regulierung gegeben hat, muss sich der Versicherer nach zutreffender Ansicht des BGH[115] so behandeln lassen, als habe er eine Genehmigung, also eine nachträgliche Zustimmung nach § 184 BGB, gemäß § 3 II Ziff. 1 Abs. 1 AHB 2002 erteilt. In diesem Falle muss der Versicherer nach richtiger Auffassung des BGH[116] die im Haftpflichtprozess getroffenen Feststellungen im Deckungsprozess gegen sich gelten lassen, da er sich seiner Dispositionsbefugnis gegenüber dem Versicherungsnehmer begeben hat.

56 Auch wenn dem Versicherungsnehmer die Befriedigung des Anspruchs des Dritten oder das Anerkenntnis von dessen Anspruch ohne die Einwilligung des Versicherers aufgrund der Regelung des § 105 aus deckungsrechtlicher Sicht allein nicht schadet und deshalb insoweit ohne Sanktionen bleibt, ist doch dem Versicherungsnehmer dringend zu raten, sich um eine entsprechende Einwilligung des Versicherers zu bemühen. Denn dadurch wird das **Risiko des Versicherungsnehmers,** für den unbegründeten Teil des anerkannten Haftpflichtanspruchs bzw. für einen vollständig unbegründeten Haftpflichtanspruch selbst eintreten zu müssen, **nicht unwesentlich reduziert.**[117] Immerhin hat der Versicherer aufgrund seines Fachwissens im Regelfall die größere Sachkompetenz im Verhältnis zum Versicherungsnehmer und weiß daher im Allgemeinen viel besser, welche gegenüber dem Versicherungsnehmer geltend gemachten Ansprüche begründet und welche unbegründet sind.

57 Zudem muss sich der keine entsprechende Einwilligung des Versicherers einholende oder sogar bewusst auf diese verzichtende Versicherungsnehmer immer darüber im Klaren sein, dass er durch Anerkenntnis oder Befriedigung einen nicht bestehenden Anspruch des Dritten **nicht zu Lasten des Versicherers begründen** und darüber hinaus auch **nicht den Versicherungsfall herbeiführen kann,** wie die Bundesregierung in der Gesetzesbegründung zu Recht hervorhebt.[118] Deshalb ist es auch zutreffend, wenn *Lücke*[119] darauf hinweist, dass jedenfalls in haftungsrechtlich problemati-

---

[108] *Baumann* in BK-VVG § 154 Rn. 13; *Dötsch* AnwBl 2013, 25 (27) mwN in Fn. 19.
[109] Vgl. OLG Hamm VersR 1976, 749 (750); 1978, 80 (81); *Baumann* in BK-VVG § 154 Rn. 13; *Dötsch* AnwBl 2013, 25 (27) mwN in Fn. 20.
[110] Vgl. *Baumann* in BK-VVG § 154 Rn. 13; ablehnend gegenüber einer negativen Feststellungsklage *Dötsch* AnwBl 2013, 25 (27) in Fn. 20, da diese Klage keinen Minderwert habe.
[111] Vgl. auch *Schulze Schwienhorst* in Looschelders/Pohlmann § 105 Rn. 4 f.; *R. Koch* in Bruck/Möller § 105 Rn. 20.
[112] Vgl. auch *Baumann* in BK-VVG § 154 Rn. 33; *Langheid* in Römer/Langheid § 154 Rn. 16; jeweils zu § 154 Abs. 2 VVG aF; *Schulze Schwienhorst* in Looschelders/Pohlmann § 105 Rn. 4 f.; → Vor § 100 Rn. 81.
[113] Vgl. BGH VersR 1956, 707; OLG Celle VersR 1953, 81; *Lücke* in Prölss/Martin § 105 Rn. 23.
[114] Vgl. LG Duisburg VersR 1956, 691; *Lücke* in Prölss/Martin § 105 Rn. 23.
[115] Vgl. BGHZ 119, 276 (282) = VersR 1992, 1504; *Baumann* in BK-VVG § 154 Rn. 34.
[116] Vgl. BGHZ 119, 276 (278); *Baumann* in BK-VVG § 154 Rn. 34.
[117] Vgl. auch *Schulze Schwienhorst* in Looschelders/Pohlmann § 105 Rn. 4 und 7.
[118] Vgl. BT-Drs. 16/3945, 86 mit weiteren Einzelheiten zu den Konsequenzen aus Anerkenntnis und Befriedigung; vgl. hierzu → Rn. 23.
[119] Vgl. *Lücke* in Prölss/Martin § 105 Rn. 3 und 6.

V. Bindende und fehlende bindende Wirkung von Anerkenntnis und Befriedigung

Wie bereits der Wortlaut des § 105 zeigt, sich aber auch aus den vorstehenden Ausführungen 58 ergibt, sind die Fragen, ob das Anerkenntnis oder die Befriedigung des Anspruchs des Dritten durch den Versicherungsnehmer gegenüber dem Versicherer eine bindende Wirkung haben, **nicht Gegenstand dieser Regelung**. Daher wird nachfolgend davon abgesehen, zu diesen Fragen an dieser Stelle Stellung zu nehmen. Vielmehr wird insoweit auf die ins Einzelne gehenden Erläuterungen in den Vorbemerkungen zu den §§ 100–124[120] und vor allem auf die Erläuterungen zu § 106[121] verwiesen, da diese Bemerkungen auch uneingeschränkt für die Fragen der bindenden oder fehlenden bindenden Wirkung von Anerkenntnis und Befriedigung nach § 105 Geltung beanspruchen.

D. Grundsätzliche Unabdingbarkeit des § 105

Anknüpfend an den Wortlaut des § 105 sowie an den mit dieser Vorschrift verfolgten 59 Zweck[122] kann es keine Zweifel daran geben, dass **diese Vorschrift einen grundsätzlich zwingenden und damit nicht abdingbaren Charakter hat** und daher davon abweichende Vereinbarungen zwischen dem Versicherer und dem Versicherungsnehmer **schlechthin unzulässig sind.**[123] Eine Ausnahme ist nur im Hinblick auf die sog. Großrisiken zu machen, da sich die Unanwendbarkeit des § 105 auf derartige Risiken aus § 210 Abs. 1 und Abs. 2 S. 1 Ziff. 3 iVm Art. 7 Abs. 2 Rom I-VO ergibt.[124]

§ 106 Fälligkeit der Versicherungsleistung

¹Der Versicherer hat den Versicherungsnehmer innerhalb von zwei Wochen von dem Zeitpunkt an, zu dem der Anspruch des Dritten mit bindender Wirkung für den Versicherer durch rechtskräftiges Urteil, Anerkenntnis oder Vergleich festgestellt worden ist, vom Anspruch des Dritten freizustellen. ²Ist der Dritte von dem Versicherungsnehmer mit bindender Wirkung für den Versicherer befriedigt worden, hat der Versicherer die Entschädigung innerhalb von zwei Wochen nach der Befriedigung des Dritten an den Versicherungsnehmer zu zahlen. ³Kosten, die nach § 101 zu ersetzen sind, hat der Versicherer innerhalb von zwei Wochen nach der Mitteilung der Berechnung zu zahlen.

Übersicht

		Rn.			Rn.
A.	Einführung	1	3.	Bedeutung der bindenden Wirkung für das rechtskräftige Urteil	20
I.	Inhalt der Regelung	1	4.	Rechtsfolgen	28
II.	Zweck der Regelung	4	III.	Fälligkeit des Anspruchs des Dritten mit bindender Wirkung für den Versicherer durch Anerkenntnis oder Vergleich	31
B.	Einzelheiten zur Regelung des S. 1	10			
I.	Allgemeines	10			
II.	Fälligkeit des Anspruchs des Dritten mit bindender Wirkung für den Versicherer durch rechtskräftiges Urteil	12	1.	Allgemeines	31
			2.	Bedeutung des Anerkenntnisses	32
1.	Allgemeines	12	3.	Bedeutung des Vergleichs	35
2.	Bedeutung des rechtskräftigen Urteils	13	4.	Bedeutung der bindenden Wirkung für Anerkenntnis oder Vergleich	37

---

[120] Vgl. → Vor § 100 Rn. 75 ff.
[121] Vgl. → § 106 Rn. 12 ff.; vgl. ferner *Mokhtari* VersR 2014, 665 (667), wonach das Erfordernis der bindenden Wirkung zur Auslösung der Fälligkeit des Freistellungsanspruchs mit dem Wegfall des Anerkenntnisverbots (§ 105 VVG) korrespondiere.
[122] Vgl. hierzu → Rn. 2 mwN in Fn. 3 und → Rn. 31.
[123] Vgl. auch *Langheid* in Langheid/Rixecker § 105 Rn. 13; *R. Koch* in Bruck/Möller § 105 Rn. 22; *Wandt* VersR Rn. 1071 mit Fn. 60; vgl. ferner → § 112 Rn. 6 f.
[124] Vgl. hierzu näher → Rn. 2 und 31 ff. mwN in Fn. 50 und 51; einschränkend im Hinblick auf die formularmäßige Abbedingung nach § 307 Abs. 2 Nr. 1 BGB *R. Koch* in Bruck/Möller § 105 Rn. 22.

§ 106 Teil 2. Einzelne Versicherungszweige. Kap. 1. Haftpflichtversicherung

	Rn.		Rn.
a) Allgemeines	37	mers gegen den Versicherer aufgrund des § 106?	50
b) Bindende Wirkung gegenüber dem Versicherer	39	C. Einzelheiten zur Regelung des S. 2	59
c) Fehlen einer bindenden Wirkung gegenüber dem Versicherer	47	D. Einzelheiten zur Regelung des S. 3	68
5. Notwendigkeit eines besonderen „Bindungsprozesses" des Versicherungsneh-		E. Abdingbarkeit des § 106	74

Stichwort- und Fundstellenverzeichnis

Stichwort	Rn.	Rechtsprechung	Literatur
Anerkenntnis	→ 31 ff., 37 ff.	BGHZ 66, 250 (253 ff.) = VersR 1977, 471 (472); BGH VersR 1981, 1158 (1160); 1984, 383 f.; 2007, 1119 (1120); r+s 2015, 369 f.; OLG Saarbrücken VersR 2004, 901 (902 f.); r+s 2012, 71	BT-Drs. 16/3945, 86; *Langheid* in Römer/Langheid 2. Aufl., § 154 Rn. 11; *Lücke* in Prölss/Martin § 105 Rn. 12 und § 106 Rn. 2 und 8 ff.; *Retter* in Schwintowski/Brömmelmeyer/Ebers § 106 Rn. 5 ff. und 18 ff.; *Foerster* ZVersWiss 103 (2014), 351 (365)
Bindende Wirkung des Haftpflichturteils	→ 12, 20 ff., 50 ff.	–	BT-Drs. 16/3945, 86; *Lücke* in Prölss/Martin § 106 Rn. 5 f.; *Retter* in Schwintowski/Brömmelmeyer/Ebers § 106 Rn. 12 ff.
Fälligkeit des Anspruchs des Dritten	→ 12, 28 ff.	BGH NJW-RR 1990, 160 f.	BT-Drs. 16/3945, 86; *Retter* in Schwintowski/Brömmelmeyer/Ebers § 106 Rn. 3 f., 12 ff. und 40; *Lücke* in Prölss/Martin § 106 Rn. 3 ff. und 13
Grundurteil als Zwischenurteil	→ 14 f.	OLG Celle NJW 1964, 598 (599)	*Baumann* in BK-VVG § 154 aF Rn. 10; *Langheid* in Römer/Langheid 2. Aufl., § 154 Rn. 6; *Lücke* in Prölss/Martin § 106 Rn. 3; *Retter* in Schwintowski/Brömmelmeyer/Ebers § 106 Rn. 3
Rechtskräftiges Urteil	→ 13	–	*Baumann* in BK-VVG § 154 aF Rn. 10; *Langheid* in Römer/Langheid 2. Aufl., § 154 Rn. 6; *Lücke* in Prölss/Martin § 106 Rn. 3; *Retter* in Schwintowski/Brömmelmeyer/Ebers § 106 Rn. 3
Schiedsspruch	→ 19	–	*Lücke* in Prölss/Martin § 106 Rn. 7; *Schulze Schwienhorst* in Looschelders/Pohlmann § 106 Rn. 2; *Foerster* ZVersWiss 103 (2014) 351 (361)
Vergleich	→ 35 ff.	BGH ZIP 1999, 756 (757); NJW 2001, 2324; 2005, 3576; VersR 2009, 106	*O. Lange* VersR 2006, 1313 (1317); *Retter* in Schwintowski/Brömmelmeyer/Ebers § 106 Rn. 18; *Lücke* in Prölss/Martin § 106 Rn. 2 und 8 f.; *Wolfsteiner* in MüKoZPO § 794 Rn. 12
Versäumnisurteil	→ 18	–	*Lücke* in Prölss/Martin § 106 Rn. 7; *Schulze Schwienhorst* in Looschelders/Pohlmann § 106 Rn. 2
Vorläufig vollstreckbares Urteil	→ 16 f.	BGH NJW-RR 2015, 821 Rn. 8; OLG Stuttgart VersR 1970, 170 (171)	*Baumann* in BK-VVG § 154 aF Rn. 11; *Lücke* in Prölss/Martin § 106 Rn. 4; *Retter* in Schwintowski/Brömmelmeyer/Ebers § 106 Rn. 4; *Foerster* ZVersWiss 103 (2014), 351 (361)
Zwei-Wochenfrist	→ 28 ff.	LG Bonn r+s 2013, 493 (494)	*O. Lange* VersR 2008, 713 (715); *Baumann* in BK-VVG § 154 aF

Fälligkeit der Versicherungsleistung § 106

Stichwort	Rn.	Rechtsprechung	Literatur
			Rn. 4; *Lücke* in Prölss/Martin § 106 Rn. 13; *Retter* in Schwintowski/Brömmelmeyer/Ebers § 106 Rn. 40

Schrifttum: Abschlussbericht der Kommission zur Reform des Versicherungsvertragsrechts vom 19.4.2004 – VersR-Schriftenreihe, Band 25, 2004; *Ahrens/Latzel*, Arzthaftungsansprüche in der Insolvenz des medizinischen Leistungserbringers – ein kleiner Leitfaden für den Patientenvertreter, r+s 2022, 437; *Armbrüster*, Auswirkungen von Versicherungsschutz auf die Haftung, NJW 2009, 187; *Armbrüster*, Prozessuale Besonderheiten in der Haftpflichtversicherung, r+s 2010, 441; *Armbrüster*, Verteilung nicht ausreichender Versicherungssummen in D&O-Innenhaftungsfällen, VersR 2014, 1; *H. Baumann*, Zur unmittelbaren Schadensersatzpflicht des Haftpflichtversicherers gegenüber Dritten – Folgerungen aus dem Schuldrechtsmodernisierungsgesetz –, VersR 2004, 944; *Baumann*, Die Überwindung des Trennungsprinzips durch das Verbot des Abtretungsverbots in der Haftpflichtversicherung, VersR 2010, 984; *Chab*, Der Schadenfall in der Anwaltshaftung nach der VVG-Reform, AnwBl 2008, 63; *Dötsch*, Aufrechnung mit Haftungsanspruch: Angriff ist die beste Verteidigung, AnwBl 2013, 25; *Felsch*, Aktuelle Rück- und Ausblicke auf Entscheidungen der IV. Zivilsenates des BGH zum Versicherungsrecht, r+s 2021, 609; *Filthaut*, Zahlungen des Haftpflichtversicherers „ohne Anerkennung einer Rechtspflicht", VersR 1997, 525; *Foerster*, Das Verhältnis von Strafurteilen zu nachfolgenden Zivilverfahren, JZ 2013, 1143; *Foerster*, Die versicherungsrechtliche Bindungswirkung, ZVersWiss 103 (2014), 351; *Franz*, Das Versicherungsvertragsrecht im neuen Gewand, VersR 2008, 298; *Franz*, Die Reform des Versicherungsvertragsrechts – ein großer Wurf?, DStR 2008, 303; *Gnauck*, Das Absonderungsrecht nach § 110 VVG, 2016; *Gräfe/Brügge/Melchers*, Berufshaftpflichtversicherung für rechts- und steuerberatende Berufe, 3. Auflage 2021; *Grote/Chr. Schneider*, VVG 2008: Das neue Versicherungsvertragsrecht, BB 2007, 2689; *Harsdorf-Gebhardt*, Die Rechtsprechung des Bundesgerichtshofes zur Haftpflichtversicherung, r+s 2012, 261; *Hösker*, Die Pflichten des Versicherers gegenüber dem VN nach Abtretung des Haftpflichtversicherungsanspruchs an den Geschädigten, VersR 2013, 952; *Hugel*, Haftpflichtversicherung, 3. Auflage 2008; *Kassing/Richters*, Der Deckungsanspruch in der Haftpflichtversicherung, VersR 2015, 293; *Klimke*, Die halbzwingenden Vorschriften des VVG, 2004; *Klimke*, Auswirkungen des Wegfalls des Anerkenntnis- und Befriedigungsverbotes in der Haftpflichtversicherung, r+s 2014, 105; *Knütel*, Haftpflichtversicherung und selbständiges Beweisverfahren: Zur Fälligkeit und zum Inhalt des Rechtsschutzanspruchs, VersR 2003, 300; *R. Koch*, VVG-Reform: Zu den Folgen der Untersagung des Anerkenntnis- und Abtretungsverbots in der Haftpflichtversicherung, in: Liber amicorum für Gerrit Winter, 2007, 345; *R. Koch*, Der Direktanspruch in der Haftpflichtversicherung, r+s 2009, 133; *Kummer*, Allgemeine Haftpflichtversicherung in: Münchener Anwaltshandbuch Versicherungsrecht, 4. Auflage 2014, § 12, S. 595; *O. Lange*, Das Anerkenntnisverbot vor und nach der VVG-Reform, VersR 2006, 1313; *O. Lange*, Das Zusammenspiel von Anerkenntnis und Abtretung in der Haftpflichtversicherung nach der VVG-Reform, r+s 2007, 401; *O. Lange*, Die Rechtsstellung des Haftpflichtversicherers nach der Abtretung des Freistellungsanspruchs vom Versicherungsnehmer an den geschädigten Dritten, VersR 2008, 713; *O. Lange*, Der Direktanspruch gegen den Haftpflichtversicherer (am Beispiel der D&O-Versicherung), r+s 2011, 185; *O. Lange*, Der Direktanspruch gegen den D&O-VR in der Insolvenz des Versicherten, r+s 2019, 613; *Langheid*, Ausweg aus der Anerkenntnis- und Abtretungsfalle, in: Liber amicorum für Gerrit Winter, 2007, 367; *Langheid*, Die Reform des Versicherungsvertragsgesetzes, NJW 2007, 3665 und 3745; *Langheid*, Nach der Reform: Neue Entwicklungen in der Haftpflichtversicherung, VersR 2009, 1043; *Littbarski*, AHB, Kommentar, 2001; *Littbarski*, Auswirkungen der VVG-Reform auf die Haftpflichtsparte, PHi 2007, 126 und 176; *Littbarski*, Entwicklungstendenzen im deutschen Haftpflichtrecht, PHi 2008, 124 und 202; *Littbarski*, Produkthaftpflichtversicherung, Kommentar, 2. Auflage 2014; *Littbarski/Tenschert/Klein* (Hrsg.), Betriebs- und Berufshaftpflichtversicherung, Kommentar, AVB BHV, 2023; *Meckling-Geis/Wendt*, Adjudikationsverfahren und Berufshaftpflichtversicherung von Architekten und Ingenieuren, VersR 2011, 577; *Mitlehner*, Haftpflichtanspruch und Absonderungsrecht nach § 110 VVG, ZIP 2012, 2003; *Mokhtari*, Der Geschädigte in der Insolvenz des freiwillig Haftpflichtversicherten – Regelungslücken des § 110 VVG, VersR 2014, 665; *Präve*, Das neue Versicherungsvertragsgesetz, VersR 2007, 1046; *v. Rintelen*, Die Fälligkeit und Durchsetzbarkeit des abgetretenen Freistellungsanspruchs in der Haftpflichtversicherung, r+s 2010, 133; *Rust*, Die Rechtsprechung des BGH zum Versicherungsrecht – Haftpflichtversicherung und D&O-Versicherung, r+s 2022, 481; *Schirmer*, Die Haftpflichtversicherung nach der VVG-Reform, ZVersWiss Supplement 2006, 427; *Schlegelmilch*, Die Bindungswirkung in der Haftpflichtversicherung – Erwiderung auf den Beitrag von Langheid, VersR 2009, 1043 –, VersR 2009, 1467; *Schmalzl/Krause-Allenstein*, Berufshaftpflichtversicherung des Architekten und Bauunternehmers, 2. Auflage 2006; *Schramm/Wolf*, Abtretung eines Freistellungsanspruchs nach dem neuen Versicherungsvertragsgesetz (VVG), r+s 2009, 358; *Schreier*, Zögerliches Regulierungsverhalten von Versicherern – Eine Bestandsaufnahme der Schadensregulierung nach geltendem Recht, VersR 2013, 1232; *Späte*, Haftpflichtversicherung, Kommentar, 1. Aufl. 1993; *Späte/Schimikowski* (Hrsg.), Haftpflichtversicherung, 2. Aufl. 2015; *Tehrani*, Das Wesen der Bindungswirkung im Haftpflichtversicherungsvertrag, VersR 2018, 1166; *Thalmair*, Die Haftpflichtversicherung nach der VVG-Reform, ZVersWiss Supplement 2006, 459; *Thole*, Zivilprozessuale Probleme des Absonderungsrechts aus § 110 VVG n. F. in der Insolvenz des Versicherungsnehmers, NZI 2011, 41; *Veenker*, Die Fälligkeit von Geldleistungen des Versicherers nach § 11 Abs. 1 VVG (§ 14 Abs. 1 VVG – 2008) unter besonderer Berücksichtigung der Fälligkeitsregelungen in Allgemeinen Versicherungsbedingungen und des Versicherungsprozesses, 2008; *W. Voit*, Abschied vom Befriedigungsverbot in der Haftpflichtversicherung? – Ein Denkanstoß im neuen österreichischen Recht, VersR 1995, 993; *Vrzal*, Zur Beurteilung vorgerichtlicher Erklärungen des Haftpflichtversicherers im Rahmen der Schadensregulierung, VersR 2012, 694; *Wandt*, Versicherungsrecht, 6. Aufl. 2016; *Werber*, Halbzwingende Vorschriften des neuen VVG und Inhaltskontrolle, VersR 2010, 1253.

A. Einführung

I. Inhalt der Regelung

1 § 106 hat die „Fälligkeit der Versicherungsleistung" zum Gegenstand, die der Versicherer gegenüber dem Versicherungsnehmer unter den in § 106 S. 1–3 genannten Voraussetzungen zu erbringen hat. Dabei entspricht die Vorschrift zwar nicht vom Wortlaut, aber doch vom Inhalt her weitgehend dem § 154 Abs. 1 VVG aF.

2 Nach § 106 S. 1 hat der Versicherer den Versicherungsnehmer innerhalb von zwei Wochen von dem Zeitpunkt an, zu dem der Anspruch des Dritten mit bindender Wirkung für den Versicherer durch rechtskräftiges Urteil, Anerkenntnis oder Vergleich festgestellt worden ist, vom Anspruch des Dritten freizustellen. Ist hingegen der Dritte von dem Versicherungsnehmer mit bindender Wirkung für den Versicherer befriedigt worden, hat der Versicherer gemäß § 106 S. 2 die Entschädigung innerhalb von zwei Wochen nach der Befriedigung des Dritten an den Versicherungsnehmer zu zahlen. Schließlich hat der Versicherer nach § 106 S. 3 Kosten, die nach § 101 zu ersetzen sind, innerhalb von zwei Wochen nach der Mitteilung der Berechnung zu zahlen.

3 § 154 Abs. 1 VVG aF weist als Vorgängervorschrift zu § 106 folgenden Wortlaut auf:

Der Versicherer hat die Entschädigung binnen zwei Wochen von dem Zeitpunkt an zu leisten, in welchem der Dritte von dem Versicherungsnehmer befriedigt oder der Anspruch des Dritten durch rechtskräftiges Urteil, durch Anerkenntnis oder Vergleich festgestellt worden ist. Soweit gemäß § 150 Kosten zu ersetzen sind, ist die Entschädigung binnen zwei Wochen von der Mitteilung der Berechnung an zu leisten.

II. Zweck der Regelung

4 Zweck der Regelung des § 106 ist es, eine den Besonderheiten der Haftpflichtversicherung Rechnung tragende Regelung zu treffen, da die allgemeine Vorschrift des § 14 über die „Fälligkeit von Geldleistungen" nicht auf die Eigenheiten der Haftpflichtversicherung zugeschnitten ist.

5 Nach § 14 Abs. 1 sind Geldleistungen des Versicherers fällig mit der Beendigung der zur Feststellung des Versicherungsfalles und des Umfanges der Leistung des Versicherers notwendigen Erhebungen. Sind diese Erhebungen nicht bis zum Ablauf eines Monats seit der Anzeige des Versicherungsfalles beendet, kann gemäß § 14 Abs. 2 S. 1 der Versicherungsnehmer Abschlagszahlungen in Höhe des Betrags verlangen, den der Versicherer voraussichtlich zumindest zu zahlen hat.[1]

6 Derartige Regelungen stehen mit dem von der Haftpflichtversicherung verfolgten Zweck, der zum einen dahin geht, berechtigte Ansprüche des Geschädigten zu befriedigen und zum anderen unberechtigte Ansprüche gegen den Versicherungsnehmer abzuwehren,[2] nicht im Einklang und machen daher innerhalb der Vorschriften über die Haftpflichtversicherung eine besondere Bestimmung über die Fälligkeit der Versicherungsleistung erforderlich. Die Bestimmung des § 106 stellt sich somit als lex specialis zu der allgemeinen Vorschrift des § 14 dar.[3]

7 Dabei ist allerdings aufgrund des mit der Haftpflichtversicherung verfolgten Zweckes, berechtigte Ansprüche des Geschädigten zu befriedigen und unberechtigte Ansprüche gegen den Versicherungsnehmer abzuwehren, zu beachten, dass Gegenstand der Fälligkeit der Versicherungsleistung nach § 106 S. 1 und 2 ausschließlich die Fälligkeit des Freistellungs- und des Leistungsanspruchs des Versicherungsnehmers gegen den Versicherer,[4] nicht aber die Fälligkeit der sich aus der Rechtsschutz- und Abwehrfunktion der Haftpflichtversicherung[5] ergebenden Ansprüche ist.[6] Denn diese Ansprüche werden grundsätzlich bereits mit der Geltendmachung von Ansprüchen durch den geschädigten

---

[1] Zu den sich weiterhin in der Regelung des § 14 findenden Vorschriften über die Hemmung des Laufes der Frist nach § 14 Abs. 2 S. 1 sowie über die Unwirksamkeit einer Vereinbarung über die Befreiung des Versicherers von der Verpflichtung zur Zahlung von Verzugszinsen vgl. § 14 Abs. 2 und Abs. 3; vgl. auch *Gnauck* Absonderungsrecht S. 104; eingehend hierzu → § 14 Rn. 98 ff. und 126 ff.

[2] Vgl. BGHZ 117, 345 (349) = VersR 1992, 568 (569); BGHZ 119, 276 (281) = NJW 1993, 68 (69); BGHZ 171, 56 Rn. 12 ff. = VersR 2007, 1116; *Littbarski* AHB Vorb. Rn. 48; näher hierzu → Vor § 100 Rn. 62 ff. mwN.

[3] Vgl. *Retter* in Schwintowski/Brömmelmeyer/Ebers § 106 Rn. 1; *Schimikowski* in HK-VVG § 106 Rn. 1.

[4] Vgl. auch *Retter* in Schwintowski/Brömmelmeyer/Ebers § 106 Rn. 1; *Langheid* in Langheid/Rixecker § 106 Rn. 1.

[5] Vgl. *Littbarski* AHB Vorb. Rn. 48 und § 3 Rn. 72 ff.; *Littbarski* in Praxishandbuch Sachverständigenrecht § 40 Rn. 22; *Baumann* in BK-VVG § 149 Rn. 6 ff.; *Langheid* in Langheid/Rixecker § 100 Rn. 20 f.; *Voit/Knappmann* in Prölss/Martin, 27. Aufl., § 149 Rn. 4 ff.; *Lücke* in Prölss/Martin § 100 Rn. 2 f. und 14 f. sowie → Rn. 1; näher hierzu → Vor § 100 Rn. 64.

[6] Vgl. auch *Retter* in Schwintowski/Brömmelmeyer/Ebers § 106 Rn. 1; *Lücke* in Prölss/Martin § 106 Rn. 1; *Langheid* in Langheid/Rixecker § 106 Rn. 8.

Dritten gegenüber dem Versicherungsnehmer[7] oder im Falle des Vorliegens eines Direktanspruchs dieses Dritten nach § 115 gegen den Versicherer[8] fällig.[9]

Dass auch der Gesetzgeber dies so gesehen hat, ohne es allerdings explizit in der Gesetzesbegründung zu § 106 zum Ausdruck zu bringen,[10] zeigt die Vorschrift des § 106 S. 3, wonach Kosten, die nach § 101 zu ersetzen sind, der Versicherer innerhalb von zwei Wochen nach der Mitteilung der Berechnung zu zahlen hat. Denn wenn in der Vorschrift des § 106 S. 3 ausdrücklich auf Kosten, die nach § 101 zu ersetzen sind, verwiesen wird, wird der Bezug zu § 101 hergestellt, der die Kosten des Rechtsschutzes betrifft. Diese dort geregelte grundsätzliche Kostenübernahmeverpflichtung des Versicherers bezüglich des Rechtsschutzes betrifft aber nicht nur die Geltendmachung berechtigter Ansprüche, sondern als Geschäftsbesorgungsverpflichtung des Versicherers, den Versicherungsnehmer vor Haftpflichtansprüchen zu bewahren, auch die Abwehr unberechtigter Ansprüche des Dritten.[11]

Nicht zuletzt hat es sich durch die von § 105 erfasste **Abschaffung des Abtretungs- und Befriedigungsverbotes**[12] als erforderlich erwiesen, in § 106 dem Umstand Rechnung zu tragen, dass auch außerhalb von deckungsrechtlichen Einwendungen den Versicherer nicht mehr alle Entscheidungen über die Haftpflichtfrage binden können.[13] In derartigen Fällen hat die fehlende Bindung des Versicherers an die Haftpflichtfrage zur Folge, dass nicht nur der Freistellungsanspruch nicht fällig ist, sondern dass dieser überhaupt nicht entsteht.[14]

B. Einzelheiten zur Regelung des S. 1

I. Allgemeines

Durch die Regelung des § 106 S. 1, wonach der Versicherer den Versicherungsnehmer innerhalb von zwei Wochen von dem Zeitpunkt an vom Anspruch des Dritten freizustellen hat, zu dem der Anspruch des Dritten mit bindender Wirkung für den Versicherer durch rechtskräftiges Urteil, Anerkenntnis oder Vergleich festgestellt worden ist, sind **drei verschiedene, die Fälligkeit auslösende Tatbestände** entstanden. Dies sind neben dem rechtskräftigen Urteil auch das Anerkenntnis und der Vergleich,[15] wobei insbesondere an ein rechtskräftiges Urteil einerseits und an ein Anerkenntnis bzw. an einen Vergleich andererseits unterschiedliche Anforderungen zu stellen sind und diese deshalb gesondert behandelt werden müssen.[16] Hingegen ist es wegen dieser enumerativen und damit abschließenden Aufzählung der die Fälligkeit nach § 106 auslösenden Tatbestände nach inzwischen allgemeiner, zu Recht geteilter Auffassung[17] nicht möglich, auch noch die endgültige, unberechtigte Deckungsablehnung durch den Versicherer zur Fälligkeit des Deckungsanspruchs aus dem Haftpflichtversicherungsvertrag zu rechnen und damit unter § 106 fallen zu lassen.

Davon zu trennen ist die Frage, ob der Versicherer die Maßnahmen grundsätzlich gegen sich gelten lassen muss, die der Versicherungsnehmer aufgrund der endgültigen, unberechtigten Deckungsablehnung durch den Versicherer gegenüber dem Geschädigten selbst trifft, indem er etwa zahlt, anerkennt oder sich vergleicht.[18] Diese Frage ist zu bejahen, da der Versicherer keinen Vorteil

---

[7] Ebenso *Kassing/Richters* VersR 2015, 293 (295); vgl. auch → § 101 Rn. 6 ff.
[8] Vgl. hierzu näher → § 115 Rn. 1 ff.
[9] Vgl. auch *Retter* in Schwintowski/Brömmelmeyer/Ebers § 100 Rn. 1.
[10] Vgl. BT-Drs. 16/3945, 86 zu § 106 VVG, in der sich ausschließlich der Hinweis findet, dass Satz 3 – gemeint ist § 106 S. 3 – sachlich mit § 154 Abs. 1 S. 2 VVG (aF) übereinstimme.
[11] Vgl. auch *Schimikowski* in HK-VVG § 101 Rn. 1; *Retter* in Schwintowski/Brömmelmeyer/Ebers § 101 Rn. 1; näher hierzu → § 101 Rn. 4 ff; vgl. ferner → Rn. 70.
[12] Vgl. hierzu näher → § 105 Rn. 2 und 18 ff.
[13] So zutreffend *Lücke* in Prölss/Martin § 106 Rn. 2.
[14] Vgl. auch *Lücke* in Prölss/Martin § 106 Rn. 2 und § 105 Rn. 5; vgl. hierzu ferner → Rn. 47 f.
[15] Vgl. auch *Retter* in Schwintowski/Brömmelmeyer/Ebers § 106 Rn. 2; näher zu dem an dem Freistellungsanspruch aus §§ 100, 106 S. 1, 110 bestehenden Absonderungsrecht *Mitlehner* ZIP 2012, 2003 ff.
[16] Vgl. hierzu nachstehend → Rn. 12 ff. und 31 ff.
[17] Vgl. OLG Stuttgart VersR 1970, 170 (171); OLG Köln r+s 1996, 222; OGH VersR 1978, 454 (455); *Langheid* in Römer/Langheid § 154 Rn. 7; *Baumann* in BK-VVG § 154 Rn. 7; *Voit/Knappmann* in Prölss/Martin, 27. Aufl., § 154 Rn. 4; aA *Hofmann* in Stiefel AKB § 10 Rn. 120; jeweils zu § 154 Abs. 1 S. 1 VVG aF; *Retter* in Schwintowski/Brömmelmeyer/Ebers § 106 Rn. 5; *Lücke* in Prölss/Martin § 106 Rn. 12; *Langheid* in Langheid/Rixecker § 106 Rn. 5; jeweils zu § 106 VVG.
[18] Vgl. BGHZ 171, 56 Rn. 12 ff. = VersR 2007, 1116; *Langheid* in Römer/Langheid § 154 Rn. 7 zu § 154 Abs. 1 S. 1 VVG aF; *Lücke* in Prölss/Martin § 106 Rn. 12 und *Langheid* in Langheid/Rixecker § 106 Rn. 5; jeweils zu § 106 S. 1.

daraus ziehen soll, dass er seiner Rechtsschutzverpflichtung zu Unrecht nicht nachgekommen ist.[19] Folge hiervon ist, dass die vom Versicherungsnehmer getroffenen Maßnahmen ihrerseits die Fälligkeit auslösen.[20] Sofern der Versicherer dem Versicherungsnehmer gegenüber unter Hinweis auf die zweifelhafte Rechtslage zu Unrecht die Erstattung der von diesem erbrachten Zahlung an den Geschädigten verweigert, gerät der Versicherer in Verzug, wie der BGH[21] in einer zur Feuerversicherung ergangenen Entscheidung einmal zu Recht ausgeführt hat.

II. Fälligkeit des Anspruchs des Dritten mit bindender Wirkung für den Versicherer durch rechtskräftiges Urteil

12   **1. Allgemeines.** Nach § 106 S. 1 hat der Versicherer den Versicherungsnehmer innerhalb von zwei Wochen von dem Zeitpunkt an, zu dem der Anspruch des Dritten mit bindender Wirkung für den Versicherer durch rechtskräftiges Urteil festgestellt worden ist, vom Anspruch des Dritten freizustellen, wodurch die Fälligkeit des Anspruchs des Dritten ausgelöst wird. Jedoch wird vom Gesetz weder bestimmt, was unter einem rechtskräftigen Urteil im Sinne dieses Gesetzes zu verstehen ist,[22] noch wird verdeutlicht, ob in Anbetracht der mit der VVG-Reform geschaffenen Rechtslage die zum VVG aF entwickelten Grundsätze der Bindungswirkung des Haftpflichturteils für den Deckungsprozess aufrechterhalten werden können oder eventuell Einschränkungen erfahren müssen.[23] Daher sind diese beiden Tatbestandsmerkmale des § 106 S. 1 nachfolgend etwas genauer zu erörtern.

13   **2. Bedeutung des rechtskräftigen Urteils.** Bei der Bestimmung des rechtskräftigen Urteils nach § 106 S. 1 gibt es zunächst keinen Zweifel daran, dass ein rechtskräftiges Urteil in Gestalt eines Leistungsurteils dann gegeben ist, wenn die Voraussetzungen der formellen und materiellen Rechtskraft eines Urteils über den vom Geschädigten geltend gemachten Anspruch nach §§ 705 iVm 322, 325 ZPO vorliegen und auch an der bindenden Wirkung der Entscheidung keine Zweifel bestehen.[24]

14   Unstrittig ist seit langem auch, dass ein **Grundurteil** nach § 304 ZPO für sich allein **nicht als rechtskräftiges Urteil** iSv § 106 S. 1 bzw. gemäß § 154 Abs. 1 S. 1 VVG aF angesehen werden kann und damit keine Fälligkeit nach diesen Vorschriften auslöst, da ein Grundurteil als ein bloßes Zwischenurteil über den Grund weder einen Zahlungs- noch einen Befreiungsanspruch des Versicherungsnehmers bewirken kann.[25] Hiervon ist nach *Lücke*[26] aber dann eine Ausnahme zu machen, wenn die Höhe nicht oder nicht mehr streitig ist. Denn auf der Grundlage eines solchen Urteils habe der Versicherer wie in jeder Lage des Verfahrens seine Eintrittspflicht der Höhe nach zu prüfen (§ 100) und den Teil der Entscheidung zu zahlen, bei dem nach dem Grundurteil vernünftigerweise nicht mehr bestritten werden könne.[27] Dies folge zwar nicht aus § 106 S. 1, wohl aber aus der Pflicht des Versicherers, die Interessen des Versicherungsnehmers sachgerecht zu wahren und liege regelmäßig auch im Kosteninteresse des Versicherers selbst.[28]

15   Dagegen hat *Retter*[29] unter Bezugnahme auf die hiermit im Ergebnis übereinstimmenden Überlegungen von *Voit/Knappmann*[30] zu Recht eingewendet, dass die in Ziff. 5.1 AHB 2008 = Ziff. 5.1 AHB 2016 = A 1-4.1 AVB BHV bzw. in § 3 Abs. 2 S. 1 AHB 2002 normierte Pflicht des Versicherers zur Prüfung der Haftpflichtfrage nicht erst durch den Erlass eines Grundurteils ausgelöst werde, sondern bereits in dem Zeitpunkt bestehe, in dem der Dritte einen möglicherweise vom Versiche-

---

[19] Vgl. BGHZ 171, 56 Rn. 12 ff.; *Lücke* in Prölss/Martin § 106 Rn. 6, 12.
[20] So zutreffend *Lücke* in Prölss/Martin § 106 Rn. 12; vgl. auch → Rn. 45.
[21] Vgl. BGH NJW-RR 1990, 160 f.; ebenso *Lücke* in Prölss/Martin § 106 Rn. 12.
[22] Vgl. auch *Retter* in Schwintowski/Brömmelmeyer/Ebers § 106 Rn. 3 f.; *Voit/Knappmann* in Prölss/Martin, 27. Aufl., § 154 Rn. 2; *Lücke* in Prölss/Martin § 106 Rn. 3 f. und 7.
[23] Vgl. *Retter* in Schwintowski/Brömmelmeyer/Ebers § 106 Rn. 12 ff.; *Lücke* in Prölss/Martin § 106 Rn. 5 f.; vgl. zum Trennungsprinzip, zur Bindungswirkung und zu ihren Grenzen → Vor § 100 Rn. 102 ff.
[24] Vgl. *Baumann* in BK-VVG § 154 Rn. 10; *Langheid* in Langheid/Rixecker § 106 Rn. 3; *Lücke* in Prölss/Martin § 106 Rn. 3; ebenso im Ergebnis *Retter* in Schwintowski/Brömmelmeyer/Ebers § 106 Rn. 3; *Schulze Schwienhorst* in Looschelders/Pohlmann § 106 Rn. 2.
[25] So zutreffend *Baumann* in BK-VVG § 154 Rn. 10; *Langheid* in Römer/Langheid § 154 Rn. 6; ebenso *Lücke* in Prölss/Martin § 106 Rn. 3; aA OLG Celle NJW 1964, 598 (599) zu § 154 Abs. 1 S. 1 VVG aF.
[26] *Lücke* in Prölss/Martin § 106 Rn. 3.
[27] Vgl. *Lücke* in Prölss/Martin § 106 Rn. 3; ebenso im Ergebnis *Voit/Knappmann* in Prölss/Martin, 27. Aufl., § 154 Rn. 2 zu § 154 Abs. 1 S. 1 VVG aF.
[28] *Lücke* in Prölss/Martin § 106 Rn. 3.
[29] Vgl. *Retter* in Schwintowski/Brömmelmeyer/Ebers § 106 Rn. 3; grundsätzlich zustimmend, aber die praktische Bedeutung bezweifelnd *R. Koch* in Bruck/Möller § 106 Rn. 8.
[30] Vgl. *Voit/Knappmann* in Prölss/Martin, 27. Aufl., § 154 Rn. 2.

rungsschutz des Versicherungsnehmers erfassten Anspruch geltend mache. Die Fälligkeit gemäß § 106 VVG könne mithin nur ein Zahlungsurteil auslösen.[31]

Nicht ganz einfach zu beantworten ist auch die Frage, ob ein für **vorläufig vollstreckbar** 16 erklärtes Urteil die **Fälligkeit des Freistellungsanspruchs** nach § 106 S. 1 bzw. gemäß § 154 Abs. 1 S. 1 VVG aF auszulösen vermag. Während R. *Johannsen*[32] und *Baumann*[33] diese Auffassung bereits vor vielen Jahren im Hinblick auf § 154 Abs. 1 S. 1 VVG aF vertraten und im Wesentlichen darauf stützten,[34] dass der Dritte aus für vollstreckbar erklärten Urteilen vollstrecke und eine Abwendung der Zwangsvollstreckung durch Sicherheitsleistung nicht möglich sei, folgt *Retter*[35] dieser Ansicht im Ergebnis und begründet dies etwas näher. Hierzu weist er zunächst auf die sich bereits aus dem Wortlaut des § 106 S. 1 ergebende Selbstverständlichkeit hin, dass ein vorläufig vollstreckbares Urteil nicht rechtskräftig ist und damit dem Wortlaut nach nicht in den Anwendungsbereich dieser Vorschrift falle. Dadurch entstünde für den Versicherungsnehmer eine Deckungslücke. Ergehe nämlich ein vorläufig vollstreckbares Urteil im Haftpflichtprozess und sei der Versicherungsnehmer berechtigt, die Zwangsvollstreckung durch eine Sicherheitsleistung abzuwenden, habe der Versicherer die Sicherheitsleistung gemäß § 101 Abs. 3 zu bewirken. Im Falle der Vollstreckbarkeit ohne Sicherheitsleistung wie beispielsweise beim Versäumnisurteil nach § 708 Nr. 2 ZPO müsste der Versicherungsnehmer aber die Zwangsvollstreckung und die damit einhergehende Gefahr der Entstehung von Vermögensschäden dulden. Angesichts der Schutzbedürftigkeit des Versicherungsnehmers habe der Versicherer daher dessen Freistellungsanspruch binnen zwei Wochen nach Erlass des vorläufig vollstreckbaren Urteils ohne Sicherheitsleistung in analoger Anwendung des § 106 S. 1 zu erfüllen.[36]

So überzeugend diese Begründung unter dem Blickwinkel der Schutzbedürftigkeit des Versicherungsnehmers auch ist, steht ihr doch insbesondere bereits der insoweit **eindeutige Gesetzeswortlaut** 17 entgegen, der ein nur vorläufig vollstreckbares und damit nicht rechtskräftiges Urteil gar nicht berücksichtigt. Zudem kommt auch dem Umstand Bedeutung zu, dass dem Gesetzgeber des § 106 S. 1 bei der Schaffung dieser Vorschrift die zur Erstreckung des § 154 Abs. 1 S. 1 VVG aF auf vorläufig vollstreckbare Urteile geführte, hinlänglich bekannte Diskussion ebenfalls bekannt gewesen sein muss, ohne dass er hieraus entsprechende Konsequenzen im Hinblick auf den Wortlaut des § 106 S. 1 gezogen hätte. Hieraus ist dann aber zu folgern, dass diese Vorschrift keinesfalls in analoger Anwendung auf vorläufig vollstreckbare Urteile herangezogen werden kann, so sachgerecht das Ergebnis auch zugunsten des Versicherungsnehmers erscheinen mag. Daher ist die bisher ganz einhellige, zu § 154 Abs. 1 S. 1 VVG aF vertretene Meinung im Hinblick auf § 106 S. 1 in derartigen Fällen ausdrücklich abzulehnen.

Nicht von § 106 S. 1 werden auch **Versäumnisurteile** nach den §§ 330 ff. ZPO erfasst, da 18 auch diese Urteile solange keine Rechtskraftwirkung entfalten, wie noch Einspruchsmöglichkeiten des Säumigen nach den §§ 338 ff. ZPO bestehen. Deshalb kann dem Versicherer nicht der Einwand versagt bleiben, dass das Versäumnisurteil nicht der konkreten Rechtslage entspreche, wodurch zugleich die Anwendbarkeit des § 106 S. 1 ausgeschlossen ist.[37]

Eine andere Beurteilung greift demgegenüber in Bezug auf **Schiedssprüche** eines Schiedsgerichts 19 nach den §§ 1054 und 1055 ZPO Platz, da der Schiedsspruch gemäß § 1055 ZPO unter den Parteien die Wirkungen eines rechtskräftigen, gerichtlichen Urteils hat und zudem sich als weiterer Vollstreckungstitel nach § 794 Abs. 1 Nr. 4a ZPO darstellt. Denn diese Vorschrift bestimmt, dass die

---

[31] Vgl. *Retter* in Schwintowski/Brömmelmeyer/Ebers § 106 Rn. 3; ebenso *Langheid* in Römer/Langheid § 154 Rn. 6 im Hinblick auf § 154 Abs. 1 S. 1 VVG aF; vgl. auch *Langheid* in Langheid/Rixecker § 106 Rn. 4 f. in Bezug auf § 106; näher A1-4.1 AVB BHV *Littbarski* in Littbarski/Tenschert/Klein AVB BHV A-4.1 Rn. 1 ff.
[32] Vgl. *R. Johannsen* in Bruck/Möller, 8. Aufl., Bd. IV, Anm. B 38.
[33] *Baumann* in BK-VVG § 154 Rn. 11 unter Bezugnahme auf OLG Stuttgart VersR 1970, 170 (171); ebenso *Lücke* in Prölss/Martin § 106 Rn. 4.
[34] *Baumann* in BK-VVG § 154 Rn. 11; ebenso *Lücke* in Prölss/Martin § 106 Rn. 4; *Foerster* ZVersWiss 103 (2014), 351 (361).
[35] Vgl. *Retter* in Schwintowski/Brömmelmeyer/Ebers § 106 Rn. 4; ebenso *Foerster* ZVersWiss 103 (2014), 351 (361); demgegenüber die Beantwortung der Frage dahinstehend lassen BGH NJW-RR 2015, 821 Rn. 8; vgl. auch → § 110 Rn. 12 ff. zur Eröffnung des Insolvenzverfahrens.
[36] *Retter* in Schwintowski/Brömmelmeyer/Ebers § 106 Rn. 4; kritisch hierzu zu Recht *R. Koch* in Bruck/Möller § 106 Rn. 9.
[37] AA zu Unrecht *Schulze Schwienhorst* in Looschelders/Pohlmann § 106 Rn. 2, der § 106 S. 1 auf Versäumnisurteile anwenden will; vgl. *Foerster* ZVersWiss 103 (2014), 351 (361); unklar LG Bonn r+s 2013, 493 (494) und *Lücke* in Prölss/Martin § 106 Rn. 5, die sich zwar nicht explizit zur Unanwendbarkeit des § 106 VVG im Hinblick auf Versäumnisurteile äußern, dem Versicherer aber den Einwand erlauben wollen, dass das Versäumnisurteil nicht der wahren Rechtslage entspreche.

Zwangsvollstreckung ferner aus Entscheidungen stattfindet, die Schiedssprüche für vollstreckbar erklären, sofern die Entscheidungen rechtskräftig oder für vorläufig vollstreckbar erklärt sind.[38]

20   **3. Bedeutung der bindenden Wirkung für das rechtskräftige Urteil.** Wie bereits angedeutet,[39] hat der Gesetzgeber des § 106 S. 1 davon abgesehen, festzulegen, ob in Anbetracht der mit der VVG-Reform geschaffenen Rechtslage die zum VVG aF entwickelten Grundsätze der **Bindungswirkung des Haftpflichturteils** für den Deckungsprozess aufrechterhalten werden können oder ob sie unter Umständen eventuellen Einschränkungen unterliegen. Insbesondere erweisen sich auch die Äußerungen der Bundesregierung im Regierungsentwurf[40] als unklar oder noch deutlicher als missverständlich. Denn dort heißt es ua:

„… Zum anderen wird klargestellt, dass ein Urteil, Anerkenntnis oder Vergleich bezüglich des Anspruchs des Dritten die Fälligkeit des Freistellungsanspruchs des Versicherungsnehmers innerhalb von zwei Wochen nur herbeiführen kann, wenn die Feststellung des Anspruchs des Dritten mit verbindlicher Wirkung für den Versicherer erfolgt. Dieser muss die Möglichkeit haben, die Berechtigung der vom Dritten geltend gemachten Ansprüche zu prüfen; dies ist vor allem auch wegen des Wegfalles des Anerkenntnis- und Befriedigungsverbots nach § 105 VVG-E notwendig".

21   Diese Begründung der Bundesregierung erweckt insbesondere durch die auf den Versicherer bezogene Aussage „Dieser muss die Möglichkeit haben …" den Eindruck, als könnten keinerlei Zweifel an einem umfassenden Prüfungsrecht des Versicherers innerhalb von zwei Wochen im Hinblick auf ein rechtskräftiges Urteil bestehen. Sie lässt dabei jedoch die prozessuale Bedeutung, die einem solchen Urteil unter dem Blickwinkel seiner bindenden Wirkung zukommt, gänzlich außer Betracht.

22   Aber auch der Blick in die aufgrund der Neufassung des VVG vom GDV entwickelten und neuen Versicherungsverträgen ganz überwiegend zugrunde gelegten AHB 2016 führt nicht weiter,[41] da sich in Ziff. 5.1 Abs. 2 Satz 1 AHB 2016 = A 1-4.1 Abs. 2 Satz 1 AVB BHV nur folgende Aussage findet:

Berechtigt sind Schadensersatzverpflichtungen dann, wenn der Versicherungsnehmer aufgrund Gesetzes, rechtskräftigen Urteiles, Anerkenntnisses oder Vergleiches zur Entschädigung verpflichtet ist und der Versicherer hierdurch gebunden ist.

23   Hierin kommt zum Ausdruck, dass Ziff. 5.1 Abs. 2 Satz 1 AHB 2016 = A 1-4.1 Abs. 2 Satz 1 AVB BHV die Bindung des Versicherers voraussetzt, ohne sie aber selbst zu begründen.

24   Angesichts dieser Ausgangslage überrascht es kaum, dass in der Literatur eingehender diskutiert wird, ob eine Änderung der Rechtslage durch das auf Art. 1 Abs. 1 EGVVG beruhende grundsätzliche Inkrafttreten des VVG am 1.1.2008[42] im Hinblick auf die bindende Wirkung des Urteils erfolgt sei und ob auch Einschränkungen gegenüber der zum VVG aF in Rechtsprechung und Literatur vertretenen Auffassungen in Betracht kämen. So sehen sich sowohl *Retter*[43] als auch *Lücke*[44] in ihren Erläuterungen zu § 106 S. 1 VVG veranlasst, sich genauer mit diesen Fragen zu beschäftigen, ohne allerdings gegenüber der früheren Rechtslage zum VVG aF im Hinblick auf § 106 S. 1 zu neuen Erkenntnissen oder gar zu anderen Ergebnissen zu gelangen.

25   So kommt *Retter*[45] nach eingehender Auseinandersetzung mit Einzelfragen zu dem zutreffenden Ergebnis, dass die Bindung an das rechtskräftige Urteil aus dem Haftpflichtprozess nach den bisherigen Grundsätzen zu beurteilen sei und durch den nur für Anerkenntnis und Vergleich geltenden,

---

[38] Vgl. auch *Tehrani* VersR 2018, 1166 (1167); *Lücke* in Prölss/Martin § 106 Rn. 7; *R. Koch* in Bruck/Möller § 106 Rn. 7; *Foerster* ZVersWiss 103 (2014), 351 (361); ebenso ohne weitere Begründung *Schulze Schwienhorst* in Looschelders/Pohlmann § 106 Rn. 2.

[39] Vgl. → Rn. 12 sowie → § 105 Rn. 58 mit Fn. 121; eingehend zum Trennungsprinzip und dessen Grenzen im Falle der sog. Voraussetzungsidentität → Vor § 100 Rn. 102 ff., 107 ff.

[40] Vgl. BT-Drs. 16/3945, 86.

[41] Vgl. auch *Lücke* in Prölss/Martin § 106 Rn. 5 f., der aber zu ungenau darauf hinweist, dass auch die AHB nur für Anerkenntnisse und Vergleiche eine Regelung (Nr. 5) enthielten. Bei dieser Reglung handelt es sich um Ziff. 5.1 Abs. 2 AHB 2016.

[42] Vgl. BGBl. 2007 I S. 2631; hierzu näher → Vor § 100 Rn. 1.

[43] Vgl. *Retter* in Schwintowski/Brömmelmeyer/Ebers § 106 Rn. 12 ff. unter eingehender Berücksichtigung der Entstehungsgeschichte des § 106 S. 1; *H. Baumann* in Bruck/Möller AVB-AVG 2011/2013 Ziff. 4 Rn. 14; vgl. ferner zur Frage der Notwendigkeit eines besonderen „Bindungsprozesses" des Versicherungsnehmers gegen den Versicherer aufgrund des § 106 die von *Langheid* in VersR 2009, 1043 (1045 f.) und in *Langheid* in Langheid/Rixecker § 106 Rn. 2 initiierte Diskussion, die von grundsätzlicher Bedeutung ist und deshalb gesondert erörtert werden soll; hierzu eingehend → Rn. 50–58.

[44] *Lücke* in Prölss/Martin § 106 Rn. 5 f.

[45] Vgl. *Retter* in Schwintowski/Brömmelmeyer/Ebers § 106 Rn. 12 ff.; *Armbrüster* r + s 2010, 441 (446); *Harsdorf-Gebhardt* r+s 2012, 261 (262); *Klimke* r+s 2014, 105 (109).

in § 106 S. 1 eingefügten Zusatz „mit bindender Wirkung" grundsätzlich keine Einschränkungen erfahren habe. *Lücke*[46] spricht in etwas abgeschwächter Form davon, dass Einwendungen gegen rechtskräftige Urteile – vom Einwand der Kollusion abgesehen – nur schwer vorstellbar seien, wenn es sich um ein kontradiktorisches Urteil handele.

Nun könnten die von *Retter* und *Lücke* näher angesprochenen Aspekte auch an dieser Stelle **26** noch einmal zum Gegenstand der Diskussion gemacht werden. Da aber beide Autoren zumindest mit den von ihnen erzielten Ergebnissen den Kern der Sache treffen und ihnen daher hinsichtlich dieser Ergebnisse uneingeschränkt gefolgt werden kann, wird darauf verzichtet, erneut in eine letztlich nur die verschiedenen Argumente beider Autoren wiederholende Diskussion einzusteigen. Davon zu trennen ist die seit kurzem in der Literatur eingehend geführte Diskussion um die Notwendigkeit eines besonderen „Bindungsprozesses" des Versicherungsnehmers gegen den Versicherer aufgrund des § 106. Hierauf wird noch einmal in Rn. 50 ff. zurückzukommen sein.

Als Ergebnis ist somit festzuhalten, dass das sich in § 106 S. 1 findende Tatbestandsmerkmal **27** „mit bindender Wirkung" im Hinblick auf das rechtskräftige Urteil keine eigenständige Bedeutung aufweist und nur Relevanz für das Anerkenntnis oder den Vergleich haben kann. Unter diesen Umständen kann aber unter Berücksichtigung der Begründung im Regierungsentwurf[47] nicht davon die Rede sein, dass bezüglich der Frage der Bindung des Versicherers eine Änderung der Rechtslage durch das aufgrund des Art. 1 Abs. 1 EGVVG grundsätzlich am 1.1.2008 in Kraft getretene VVG erfolgt ist und deshalb Einschränkungen gegenüber den von Rechtsprechung und Literatur zum VVG aF entwickelten Grundsätzen über die Bindung des Versicherers vorzunehmen sind. Vielmehr ist auch für das VVG 2008 insoweit uneingeschränkt von der bisherigen Rechtslage zum VVG aF auszugehen.[48]

4. Rechtsfolgen. Die Rechtsfolgen ergeben sich im Hinblick auf ein rechtskräftiges Urteil **28** ohne irgendwelche Einschränkungen aus der eine haftpflichtversicherungsrechtliche lex specialis darstellenden Vorschrift des § 106 S. 1. Danach hat der Versicherer innerhalb von zwei Wochen von dem Zeitpunkt an, zu dem der Anspruch des Dritten durch rechtskräftige Urteil festgestellt worden ist, den Versicherungsnehmer vom Anspruch des Dritten freizustellen. Diese Zwei-Wochenfrist bietet aus den vorstehend genannten, für das rechtskräftige Urteil geltenden Grundsätzen dem Versicherer nicht etwa die Möglichkeit, die Voraussetzungen der bindenden Wirkung des rechtskräftigen Urteils noch einmal zu prüfen, die bindende Wirkung des rechtskräftigen Urteils in Frage zu stellen oder im Ergebnis sogar zu verneinen. Die Zwei-Wochenfrist hat als von Amts wegen zu berücksichtigende Ausschlussfrist vielmehr nur den Vorteil, dass durch die eindeutige Bestimmbarkeit des Zeitpunktes des rechtskräftigen Urteiles[49] sowohl der Versicherer als auch der Versicherungsnehmer genau wissen, wie lange der Versicherer Zeit hat, seiner Freistellungsverpflichtung gegenüber dem Versicherungsnehmer nachzukommen.

Unzutreffend ist es demgegenüber, wenn *Lücke*[50] annimmt, dass die Zwei-Wochenfrist allein **29** der Prüfung der Bindungsvoraussetzungen diene und deshalb nicht gelte, wenn der Versicherer selbst den Anspruch des Dritten oder den Befreiungsanspruch des Versicherungsnehmers anerkenne, einen Vergleich schließe oder zur Zahlung verurteilt werde. Dann ergebe sich – so führt *Lücke*[51] weiter aus – die Zahlungsverpflichtung schon daraus, dass § 271 BGB anwendbar sei und der Versicherer sofort zahlen müsse.

Gegen diese Auffassung von *Lücke* spricht entscheidend der insoweit eindeutige Wortlaut des **30** § 106 S. 1. Denn dieser macht deutlich, dass es sich um eine speziell für die Haftpflichtversicherung geltende Vorschrift handelt, auf die die hiervon abweichende allgemeine Regelung des § 271 Abs. 1 BGB, wonach der Gläubiger die Leistung sofort verlangen kann, sofern die Leistungszeit weder bestimmt noch aus den Umständen zu entnehmen ist, keine Anwendung finden soll.[52] Daher

---

[46] *Lücke* in Prölss/Martin § 106 Rn. 6.
[47] Vgl. Begr RegE BT-Drs. 16/3545, 86.
[48] Ebenso im Ergebnis LG Bonn r+s 2013, 493 (494); *R. Koch* in Bruck/Möller § 106 Rn. 1; *Beckmann* in Bruck/Möller § 117 Rn. 18; *Armbrüster* r+s 2010, 441 (445); *Harsdorf-Gebhardt* r+s 2012, 261 (262); *Harsdorf-Gebhardt* in Späte/Schimikowski AHB 2014 Ziff. 5 Rn. 69; *Kummer* in MAH VersR § 12 Rn. 346; *Foerster* JZ 2013, 1143 (1145) mit Fn. 29; *Foerster* ZVersWiss 103 (2014), 351 (352, 358 f.); *Klimke* r+s 2014, 105 (106); aA *Langheid* VersR 2009, 1043 (1045 f.); *Langheid* in Langheid/Rixecker § 100 Rn. 35, § 105 Rn. 5 ff., § 106 Rn. 2 und § 117 Rn. 13; hierzu näher → Rn. 50 ff.
[49] Vgl. auch *Retter* in Schwintowski/Brömmelmeyer/Ebers § 106 Rn. 42.
[50] Vgl. *Lücke* in Prölss/Martin § 106 Rn. 13; ebenso *R. Koch* in Bruck/Möller § 106 Rn. 4 und 34; *v. Rintelen* r+s 2010, 133 (137); *Voit/Knappmann* in Prölss/Martin, 27. Aufl., § 154 Rn. 3 ohne weitere Begründung.
[51] Vgl. *Lücke* in Prölss/Martin § 106 Rn. 13; aA *H. Baumann* in BK-VVG § 154 Rn. 4; vgl. auch *O. Lange* VersR 2008, 713 (715).
[52] Ebenso *Wandt* in → § 108 Rn. 124 im Hinblick auf § 108; vgl. auch *Schulze Schwienhorst* in Looschelders/Pohlmann § 106 Rn. 5; *O. Lange* VersR 2008, 713 (715).

erfolgt die Bestimmung der Leistungszeit wie auch schon unter der Geltung des § 154 Abs. 1 S. 1 VVG aF[53] im Falle der verbindlichen Feststellung des Leistungsanspruchs des Versicherungsnehmers für den Versicherer allein nach § 106 S. 1.[54] Darüber hinausgehend zeigt sich die Richtigkeit dieses Ergebnisses auch daran, dass bei Zugrundelegung der Auffassung von *Lücke*[55] diese Vorschrift für das rechtskräftige Urteil überhaupt keine Bedeutung hätte, da nach seiner Ansicht die Anwendbarkeit der Zwei-Wochenfrist der Prüfung der Bindungsvoraussetzungen dienen soll, diese aber aus den zuvor im Einzelnen genannten Gründen für das rechtskräftige Urteil gerade keine Bedeutung hat.[56] Wenn der Gesetzgeber eine solche Rechtsfolge gewollt hätte, müsste § 106 S. 1 einen anderen Wortlaut aufweisen. Deshalb geht in diesem Zusammenhang auch der vor allem versicherungsnehmerfreundliche Hinweis von *Lücke*,[57] dass für eine – auch im Übrigen nicht zu rechtfertigende – Bevorzugung der Versicherer gegenüber anderen Schuldnern weder der Wortlaut noch die Begründung des Gesetzes etwas hergäben, fehl.

III. Fälligkeit des Anspruchs des Dritten mit bindender Wirkung für den Versicherer durch Anerkenntnis oder Vergleich

31 **1. Allgemeines.** Wie bereits der Wortlaut des § 106 S. 1 verdeutlicht, gilt diese Vorschrift sowohl vom Tatbestand als auch von den Rechtsfolgen her für die Fälle, in denen ein Anerkenntnis oder ein Vergleich des Versicherungsnehmers vorliegt. Deshalb ist nachfolgend zu erörtern, ob und gegebenenfalls in welcher Weise Anerkenntnis oder Vergleich sich aus deckungsrechtlicher Sicht vom rechtskräftigen Urteil unterscheiden und deshalb insoweit eine andere Beurteilung rechtfertigen. Dabei ist von der Bedeutung des Anerkenntnisses sowie des Vergleiches auszugehen und auf ihr Verhältnis zueinander im Hinblick auf die Regelung des § 106 S. 1 einzugehen. In einem weiteren Schritt ist zu klären, welche Bedeutung der bindenden Wirkung für Anerkenntnis oder Vergleich zukommt. Schließlich sind die Rechtsfolgen zu nennen, die sich in Bezug auf Anerkenntnis oder Vergleich aus § 106 S. 1 ergeben.

32 **2. Bedeutung des Anerkenntnisses.** Soweit es um den **Begriff des Anerkenntnisses nach § 106 S. 1** geht, entspricht dieser dem, der sich in der grundlegenden Regelung des § 105 über das Anerkenntnis des Versicherungsnehmers findet.[58] Daher kann zur näheren Bestimmung dieses Begriffes sowie zu seiner Abgrenzung von anderen, ebenfalls Erklärungen des Versicherungsnehmers enthaltenden Begriffen auf die Erläuterungen zu dieser Vorschrift verwiesen werden.[59] Hervorzuheben ist im vorliegenden Zusammenhang nur Folgendes:

33 Zum Begriff des Anerkenntnisses sind ebenso wie auch in § 154 VVG aF nicht nur das konstitutive Anerkenntnis gemäß § 781 BGB[60] und das den Regelfall bildende, gesetzlich aber nicht geregelte deklaratorische,[61] sondern auch das den Neubeginn der Verjährung regelnde Anerkenntnis iSd § 212 Abs. 1 Nr. 1 BGB sowie das prozessuale Anerkenntnis nach § 307 ZPO und die Vereinbarung einer Zahlungspflicht zur Abwendung eines Schadensersatzanspruches im Strafprozess zu rechnen.[62] Dabei kommt es für das Vorliegen eines Anerkenntnisses auf den Rechtsbindungswillen des Versicherungs-

---

[53] So zutreffend *Baumann* in BK-VVG § 154 Rn. 4; ebenso im Hinblick auf § 106 S. 1 und 2 sowie hinsichtlich Ziff. 4.1 Abs. 3 AVB-AVG 2011/2013 *H. Baumann* in Bruck/Möller AVB-AVG 2011/2013 Ziff. 4 Rn. 17; *H. Baumann* VersR 2010, 984 (986).

[54] Ebenso *Wandt* in → § 108 Rn. 124 im Hinblick auf § 108 VVG; vgl. auch *Schulze Schwienhorst* in Looschelders/Pohlmann § 106 Rn. 5.

[55] Vgl. *Lücke* in Prölss/Martin § 106 Rn. 13 und hierzu soeben → Rn. 29.

[56] Vgl. hierzu → Rn. 20 ff.

[57] Vgl. *Lücke* in Prölss/Martin § 106 Rn. 13.

[58] Vgl. auch *Schulze Schwienhorst* in Looschelders/Pohlmann § 106 Rn. 2.

[59] Vgl. → § 105 Rn. 37 ff. sowie → § 110 Rn. 24.

[60] Vgl. *Voit/Knappmann* in Prölss/Martin, 27. Aufl., § 154 Rn. 10 und *Langheid* in Römer/Langheid § 154 Rn. 11; jeweils zu § 154 VVG aF; *Lücke* in Prölss/Martin § 105 Rn. 12; *Retter* in Schwintowski/Brömmelmeyer/Ebers § 106 Rn. 5 f.

[61] Vgl. BGHZ 66, 250 (253 f.) = VersR 1977, 471 (472); BGH NJW 2008, 1589; vgl. ferner OLG Hamm NJW-RR 2011, 532 ff.; OLG Stuttgart NJW-RR 2011, 239 (242); OLG Koblenz VersR 2014, 460 (461); OLG Nürnberg r+s 2021, 632 Rn. 24 ff. zur Zusage des Berufshaftpflichtversicherers gegenüber dem Architekten zur vorbehaltlosen Abwehrdeckung durch die Übernahme der Prozessführung; OGH VersR 1974, 405 (406); *Langheid* in Römer/Langheid § 154 Rn. 11; *Retter* in Schwintowski/Brömmelmeyer/Ebers § 106 Rn. 5 und 7; *Lücke* in Prölss/Martin § 106 Rn. 12.

[62] Vgl. BGH r+s 2015, 369 f.; OLG Saarbrücken r+s 2012, 71; *Langheid* in Römer/Langheid § 154 Rn. 11; *Lücke* in Prölss/Martin § 106 Rn. 12; *Foerster* ZVersWiss 103 (2014), 351 (365); *Gnauck* Absonderungsrecht S. 118; vgl. auch → § 105 Rn. 38 mwN in Fn. 60.

nehmers an.⁶³ Die Ermittlung eines solchen Rechtsbindungswillens sowie seiner Tragweite erfolgt durch Auslegung der im konkreten Fall abgegebenen Willenserklärungen und Umstände,⁶⁴ wobei es eine Vermutung für das Vorliegen eines schuldbestätigenden Anerkenntnisses nach der Rechtsprechung des BGH nicht gibt.⁶⁵ Vielmehr ist danach ein deklaratorisches Schuldanerkenntnis nur anzunehmen, wenn die Parteien einen besonderen Anlass zu seinem Abschluss hatten.⁶⁶ Dies ist wiederum dann der Fall, wenn Streit oder zumindest eine subjektive Ungewissheit der Parteien über die Begründetheit der Forderung besteht.⁶⁷

Reicht für die Annahme eines deklaratorischen Anerkenntnisses auch der Streit oder zumindest eine subjektive Ungewissheit der Parteien über die Begründetheit des Bestehens der Forderung aus materiell-rechtlicher Sicht aus, darf hiermit doch aus dem Blickwinkel der Regelung des § 106 nicht verwechselt werden, dass das Anerkenntnis bezüglich des Anspruchs des Dritten die Fälligkeit des Freistellungsanspruchs des Versicherungsnehmers innerhalb von zwei Wochen nur bewirken kann, wenn die Feststellung des Anspruchs des Dritten mit bindender Wirkung für den Versicherer erfolgt.⁶⁸ Hierauf wird noch näher einzugehen sein.⁶⁹ **34**

3. Bedeutung des Vergleichs. Soweit es um den **Begriff des Vergleichs nach § 106 S. 1** geht, entspricht dieser dem des materiell-rechtlichen Vergleichsvertrages nach § 779 BGB und dem des sog. Prozessvergleichs gemäß § 794 Abs. 1 Nr. 1 ZPO.⁷⁰ Unter dem materiell-rechtlichen Vergleichsvertrag nach § 779 BGB ist nach allgemein vertretener Auffassung ein schuldrechtlicher Vertrag zu verstehen, der hinsichtlich der zwischen den Vertragsparteien streitigen und ungewissen Punkte eine verbindliche Regelung trifft, gemäß § 779 Abs. 1 BGB durch ein gegenseitiges Nachgeben der Vertragsparteien geprägt wird und hinsichtlich seines Zustandekommens allgemeinen Regeln unterliegt, so dass daher sogar eine Annahme nach § 151 BGB in Betracht kommt.⁷¹ Der von § 794 Abs. 1 Nr. 1 ZPO erfasste sog. Prozessvergleich, der nur in § 278 Abs. 6 ZPO als gerichtlicher Vergleich bezeichnet wird, stellt demgegenüber nicht nur eine Prozesshandlung, sondern auch einen materiell-rechtlichen Vergleich, also einen schuldrechtlichen Vertrag dar und weist damit zugleich nach wohl hM eine Doppelnatur auf.⁷² **35**

Auch wenn somit das Anerkenntnis einerseits und der Vergleich andererseits nicht ganz unerhebliche Unterschiede aufweisen, wird doch nachfolgend wiederholt nur vom Anerkenntnis gesprochen und nicht mehr gesondert auf den ebenfalls in § 106 S. 1 genannten Vergleich näher eingegangen. Maßgeblich hierfür ist einmal, dass jeder Vergleich zumindest teilweise auch ein Anerkenntnis zum Gegenstand hat und sich deshalb bezüglich der Frage nach der Bindungswirkung des Anerkenntnisses oder des Vergleichs für den Versicherer keine Unterschiede ergeben.⁷³ Zum anderen steht aber auch in Rechtsprechung und Literatur das Anerkenntnis eindeutig im Mittelpunkt der Betrachtung, so dass es nicht sachgerecht wäre, dem Vergleich im Hinblick auf seine Beurteilung nach § 106 S. 1 noch einen eigenen weiteren Abschnitt zuzuweisen. Die nachfolgenden Ausführungen sind daher dahingehend zu verstehen, dass sie für Anerkenntnis und Vergleich in gleicher Weise Geltung beanspruchen. **36**

4. Bedeutung der bindenden Wirkung für Anerkenntnis oder Vergleich. a) Allgemeines. Der Frage der Bedeutung der bindenden Wirkung von Anerkenntnis und Vergleich für den Versicherer kommt nach der Neufassung des VVG deshalb ein erheblich größeres Gewicht als nach der Rechtslage zum VVG aF zu, weil durch die **in § 105 geregelte Abschaffung des Anerkennt- 37**

---

63 Vgl. *Langheid* in Römer/Langheid § 154 Rn. 11; *Lücke* in Prölss/Martin § 106 Rn. 12; vgl. auch OLG Celle r+s 2010, 417 (418) zur Deckungszusage des Rechtsschutzversicherers als deklaratorisches Schuldanerkenntnis.
64 Vgl. BGHZ 66, 250 (255) = VersR 1977, 471 (472); BGH NJW 1985, 2335; 1989, 2821; *Langheid* in Römer/Langheid § 154 Rn. 11; *Retter* in Schwintowski/Brömmelmeyer/Ebers § 106 Rn. 9.
65 Vgl. BGHZ 66, 250 (255) = VersR 1977, 471 (472); BGH VersR 1981, 1158 (1160); 1984, 383 (384); 2007, 1119 (1121); weitergehend OLG Saarbrücken VersR 2004, 901 (903); *Langheid* in Römer/Langheid § 154 Rn. 12; *Retter* in Schwintowski/Brömmelmeyer/Ebers § 106 Rn. 9.
66 Vgl. *Retter* in Schwintowski/Brömmelmeyer/Ebers § 106 Rn. 9.
67 Vgl. BGHZ 66, 250 (255) = VersR 1977, 471 (472); BGH VersR 1984, 383 (384); *Retter* in Schwintowski/Brömmelmeyer/Ebers § 106 Rn. 9.
68 Vgl. Begründung der Bundesregierung zu § 106, BT-Drs. 16/3945, 86.
69 Vgl. hierzu → Rn. 37 ff.
70 Ebenso *Schulze Schwienhorst* in Looschelders/Pohlmann § 106 Rn. 4.
71 Vgl. BGH ZIP 1999, 756 (757); NJW 2001, 2324; *Habersack* in MüKoBGB § 779 Rn. 27 und 29; *Sprau* in Grüneberg BGB § 779 Rn. 1, 2 f. und 9 f.
72 Vgl. BGH NJW 2005, 3576 (3577); *Wolfsteiner* in MüKoZPO § 794 Rn. 12; jeweils mit umfassenden Nachweisen.
73 Vgl. auch *Retter* in Schwintowski/Brömmelmeyer/Ebers § 106 Rn. 18.

nis- und Befriedigungsverbotes[74] auch unabhängig von eventuellen deckungsrechtlichen Einwendungen des Versicherers diesen nicht mehr alle Entscheidungen im Hinblick auf die Haftpflichtfrage binden können.[75] In der bereits im Zusammenhang mit den Erläuterungen zum rechtskräftigen Urteil zitierten Gesetzesbegründung der Bundesregierung[76] kommt die nach deren Ansicht grundsätzlich fehlende Bindung von Anerkenntnis oder Vergleich deutlich zum Ausdruck.

38 Auch wenn diese Begründung im Hinblick auf Anerkenntnis oder Vergleich im Gegensatz zu dem erheblich differenzierter zu betrachtenden rechtskräftigen Urteil in der Sache weitgehend den Kern der Sache trifft, darf aus ihr doch nicht gefolgert werden, dass damit jegliche bindende Wirkung für Anerkenntnis oder Vergleich entfallen sei. Vielmehr sind auch für Anerkenntnis oder Vergleich einige Fallgestaltungen denkbar, bei denen weiterhin eine bindende Wirkung für den Versicherer zu bejahen ist. Da bei diesen Fallgestaltungen die bindende Wirkung auf der Hand liegt oder sie sich jedenfalls nach genauerer Prüfung ergibt, seien diese zunächst angesprochen, bevor auf diejenigen eingegangen wird, bei denen eine bindende Wirkung aufgrund der Neufassung des VVG entfallen ist.

39 **b) Bindende Wirkung gegenüber dem Versicherer.** Sofern der Versicherer selbst ein Anerkenntnis abgegeben oder einen Vergleich geschlossen hat, ist er hieran in jedem Fall **gebunden.**[77] Dies hat der BGH[78] bereits in einer früheren Entscheidung zu Recht betont, indem er eine Regulierungszusage des Versicherers als deklaratorisches Anerkenntnis ansah und als bindend für Versicherer und Versicherungsnehmer betrachtete. Aber auch die Vergleiche, die der Versicherungsnehmer oder der vom Versicherungsnehmer bestellte Rechtsanwalt auf Weisung oder mit Billigung des Versicherers abgeschlossen haben, entfalten gegenüber dem Versicherer eine entsprechende Wirkung.[79] Folge hiervon ist, dass der Versicherer für die Zukunft mit solchen Einwendungen ausgeschlossen ist, die er im Zeitpunkt des Anerkenntnisses oder des Vergleichs bereits gekannt hat oder bei näherer Prüfung hätte kennen müssen.[80] Dabei kommt für die Möglichkeit der Bindung des Versicherers den Regelungen der Ziff. 5.1 Abs. 2 AHB 2016 und A 1-4.1 Abs. 2 AVB BHV eine ganz maßgebliche Bedeutung zu, und zwar unabhängig davon, ob die AHB 2016 oder die AVB BHV zwischen dem Versicherer und dem Versicherungsnehmer ausdrücklich vereinbart wurden oder ob sich aus diesen Vorschriften allgemeine Rechtsgedanken ableiten lassen, die Rechtsfolgen für den Versicherer schlechthin haben. In diesen Bestimmungen heißt es:

...

Berechtigt sind Schadensersatzverpflichtungen dann, wenn der Versicherungsnehmer aufgrund Gesetzes, rechtskräftigen Urteils, Anerkenntnisses oder Vergleiches zur Entschädigung verpflichtet ist und der Versicherer hierdurch gebunden ist. Anerkenntnisse und Vergleiche, die vom Versicherungsnehmer ohne Zustimmung des Versicherers abgegeben oder geschlossen worden sind, binden den Versicherer nur, soweit der Anspruch auch ohne Anerkenntnis oder Vergleich bestanden hätte.

...

40 Während Ziff. 5.1 Abs. 2 Satz 1 AHB 2016 = A 1-4.1 Abs. 2 Satz 1 AVB BHV hinsichtlich der bindenden Wirkung der in § 106 S. 1 getroffenen Regelung entspricht und daher auf diese Bestimmung noch bei der Erörterung der berechtigten Prüfung von Anerkenntnis oder Vergleich durch den Versicherer zurückzukommen sein wird,[81] enthält Ziff. 5.1 Abs. 2 Satz 2 AHB 2016 = A 1-4.1 Abs. 2 Satz 2 AVB BHV eine Bestimmung, die eine Bindung des Versicherers auch ohne dessen Zustimmung hinsichtlich der vom Versicherungsnehmer abgegebenen Anerkenntnisses oder von ihm geschlossenen Vergleiches zur Folge hat. Dabei muss der Begriff der Zustimmung im Sinne der allgemeinen Regelung des § 182 BGB verstanden werden, so dass die Zustimmung sowohl die vorherige Zustimmung (Einwilligung) des Versicherers nach § 183 BGB als auch die nachträgliche Zustimmung (Genehmigung) des Versicherers gemäß § 184 BGB umfasst.[82]

---

[74] Vgl. hierzu näher → § 105 Rn. 2 f. und 18 ff.
[75] Vgl. auch *Lücke* in Prölss/Martin § 106 Rn. 2 und 8; *Foerster* ZVersWiss 103 (2014), 351 (364 f. mit Fn. 71).
[76] Vgl. hierzu → Rn. 20.
[77] Vgl. BGH VersR 2009, 106; VersR 2021, 584 und hierzu *Felsch* r+s 2021, 609 (615 f.) als an der Entscheidung beteiligter Richter; OLG Nürnberg r+s 2021, 632 Rn. 27; *Lücke* in Prölss/Martin § 106 Rn. 2 und 8; *Retter* in Schwintowski/Brömmelmeyer/Ebers § 106 Rn. 20; *H. Baumann* in Bruck/Möller AVB-AVG 2011/2013 Ziff. 4 Rn. 15; vgl. auch → § 101 Rn. 112 mwN in Fn. 196 im Hinblick auf § 101 Abs. 3 S. 1 VVG.
[78] Vgl. BGH VersR 2009, 106; ebenso *Lücke* in Prölss/Martin § 106 Rn. 9.
[79] Vgl. BGH NJW 2021, 1823 Rn. 12; OLG Nürnberg r+s 2021, 632 Rn. 27; *Lücke* in Prölss/Martin § 106 Rn. 9; *Ahrens/Latzel* r+s 2022, 437 (440).
[80] Vgl. OLG Nürnberg r+s 2021, 632 Rn. 24.
[81] Vgl. OLG Nürnberg r+s 2021, 632 Rn. 28.
[82] Andeutungsweise auch *Retter* in Schwintowski/Brömmelmeyer/Ebers § 106 Rn. 20; vgl. ferner *Littbarski* in Littbarski/Tenschert/Klein AVB BHV A1-4.1 Rn. 22 f.

Als **Anwendungsfall** der Ziff. 5.1 Abs. 2 Satz 2 AHB 2016 = A 1-4.1 Abs. 2 Satz 2 AVB 41
BHV ist im Anschluss an *Lücke*[83] etwa an den Fall zu denken, dass der Versicherer seiner sich aus § 100 bzw. aus Ziff. 5.1 Abs. 1 AHB 2016 = A 1-4.1 Abs. 1 AVB BHV ergebenden Verpflichtungen gegenüber dem Versicherungsnehmer nicht nachkommt, indem er entweder seine Entscheidung über die Frage der Gewährung von Rechtsschutz verzögert oder seinen Aufgaben zur Auseinandersetzung mit dem Geschädigten und gegebenenfalls zur Führung des Haftpflichtprozesses auf seine Kosten sowie zur Beauftragung eines Rechtsanwaltes nicht oder nicht hinreichend gerecht wird. In solchen Fällen sind selbst der Sach- oder Rechtslage entsprechende Anerkenntnisse oder Vergleiche des Versicherungsnehmers für den Versicherer bis zur Grenze leichtfertigen Verhaltens oder sogar der Sittenwidrigkeit zu Lasten des Versicherers bindend,[84] da er die Nachteile der Verletzung der ihm gegenüber dem Versicherungsnehmer obliegenden Pflichten zu tragen hat.

Richtig ist es auch, eine **bindende Wirkung zu Lasten des Versicherers** dann zu bejahen, 42
wenn dieser zunächst dem Anerkenntnis oder dem Vergleich des Versicherungsnehmers zugestimmt hat, nachträglich sich aber darauf berufen will, dass er Freistellung nur im Rahmen der nach Anerkenntnis oder Vergleich bestehenden Haftpflichtforderung schulde.[85] Ein solches Vorgehen des Versicherers stellte sich als ein Fall des venire contra factum proprium, mithin als widersprüchlich dar und müsste daher als Verstoß gegen den Grundsatz von Treu und Glauben nach § 242 BGB angesehen werden.[86]

Diese Auffassung wurde auch schon unter der Geltung des VVG aF von Rechtsprechung[87] und 43
Literatur[88] vertreten. Sofern nämlich der Versicherer dem Versicherungsnehmer „freie Hand" lässt, ohne zugleich die Deckung als unberechtigt abzulehnen, ist er nach dieser Ansicht nach den Grundsätzen von Treu und Glauben so zu behandeln, als habe er seine Zustimmung zur Abgabe des Anerkenntnisses bzw. zum Abschluss des Vergleiches erteilt. Konsequenterweise wird nach dieser Ansicht[89] ein treuwidriges Verhalten des Versicherers mit den soeben genannten Rechtsfolgen erst recht dann bejaht, wenn er die Deckung unberechtigt verweigert.

Im Übrigen weist *Retter*[90] in diesem Zusammenhang auf die Rechtslage zum VVG aF noch 44
etwas genauer hin und verdeutlicht, dass diese zwar nicht von der Begründung, jedoch aber zumindest vom Ergebnis her auch für das VVG maßgeblich sei. Denn die zum VVG aF vertretene Ansicht,[91] wonach die Bindungswirkung ua damit begründet werde, dass der Versicherungsnehmer mit der unberechtigten Deckungsablehnung konkludent erkläre, dass er auf die Einhaltung von Obliegenheiten und damit auf die Einhaltung des Anerkenntnis- und Befriedigungsverbotes verzichte, lässt sich in der Tat nicht mehr halten, da es eine Obliegenheit, den Anspruch nicht anzuerkennen, nicht mehr gibt.[92]

Zutreffend ist es aber auch, hervorzuheben, dass der **Fall der unberechtigten Deckungsab-** 45
lehnung nicht anders behandelt werden könne als der Fall, in dem der Versicherer dem Versicherungsnehmer freie Hand lasse.[93] Denn im zuletzt genannten Falle kommt der Versicherer seiner vertraglichen Verpflichtung, den vom Dritten geltend gemachten Anspruch wegen der Annahme seiner Unbegründetheit abzuwehren, nicht nach.[94] Im Falle der unberechtigten Deckungsablehnung

---

[83] Vgl. *Lücke* in Prölss/Martin § 106 Rn. 10.
[84] So zutreffend *Lücke* in Prölss/Martin § 106 Rn. 10; *Littbarski* in Littbarski/Tenschert/Klein AVB BHV A1-4.1 Rn. 23.
[85] Vgl. *O. Lange* VersR 2006, 1313 (1317); *Retter* in Schwintowski/Brömmelmeyer/Ebers § 106 Rn. 19 und 28 f.
[86] Vgl. die soeben in Fn. 85 Genannten.
[87] Vgl. OLG Celle VersR 2002, 602; OLG Köln VersR 2006, 1207 (1208).
[88] Vgl. *O. Lange* VersR 2006, 1317; *O. Lange* r+s 2007, 401 (402); *Lücke* VK 2007, 163 (167); *Retter* in Schwintowski/Brömmelmeyer/Ebers § 106 Rn. 28 f.
[89] Vgl. *O. Lange* VersR 2006, 1313 (1317); abweichend *O. Lange* r+s 2007, 401 (402); *Retter* in Schwintowski/Brömmelmeyer/Ebers § 106 Rn. 28 f.
[90] Vgl. *Retter* in Schwintowski/Brömmelmeyer/Ebers § 106 Rn. 28.
[91] Vgl. OLG Düsseldorf VersR 2002, 748 (749); *Langheid* in Römer/Langheid § 154 Rn. 15; *Baumann* in BK-VVG § 154 Rn. 34 und 55; vgl. ferner *Retter* in Schwintowski/Brömmelmeyer/Ebers § 106 Rn. 28 mit weiteren Rechtsprechungsnachweisen zur Bindungswirkung eines Anerkenntnisses bzw. eines Vergleiches nach unberechtigter Deckungsablehnung.
[92] So zutreffend *Retter* in Schwintowski/Brömmelmeyer/Ebers § 106 Rn. 28.
[93] *Retter* in Schwintowski/Brömmelmeyer/Ebers § 106 Rn. 28; *Klimke* r + s 2014, 105 (107); hierzu näher → Rn. 43.
[94] Vgl. *Retter* in Schwintowski/Brömmelmeyer/Ebers § 106 Rn. 28 unter Bezugnahme auf OLG Düsseldorf VersR 2002, 748 (749), OLG Hamm VersR 1994, 925; OLG Hamburg VersR 1982, 458; LG Berlin VersR 1995, 330 (331); eingehend zur Abwehrfunktion der Haftpflichtversicherung → Vor § 100 Rn. 63 f.

wird der Versicherer hingegen seiner vertraglichen Verpflichtung gegenüber dem Versicherungsnehmer zur Rechtsschutzgewährung nicht gerecht.[95] In beiden Fällen lässt der Versicherer daher die Erfüllung seiner vertraglichen Hauptpflichten gegenüber dem Versicherungsnehmer vermissen und muss deshalb auch die sich aus dem Anerkenntnis oder dem Vergleich des Versicherungsnehmers ergebenden Folgen tragen, indem er so behandelt wird, als habe er seine Zustimmung zur Abgabe des Anerkenntnisses oder zur Vereinbarung des Vergleiches des Versicherungsnehmers erteilt.[96]

46 Sofern das vom Versicherungsnehmer abgegebene Anerkenntnis oder der von ihm abgeschlossene Vergleich grundsätzlich keine bindende Wirkung gegenüber dem Versicherer haben, stellen sich mehrere Fragen. So ist einmal zu klären, welche Gründe den Gesetzgeber im Rahmen der VVG-Reform veranlasst haben, von der früheren Gesetzeslage zum VVG aF abzuweichen und einen solchen Weg einzuschlagen. Zum anderen ist aber auch anzusprechen, unter welchen Voraussetzungen eine bindende Wirkung zu Lasten des Versicherers in Betracht kommt und welche Anforderungen hieran zu stellen sind. Schließlich ist kurz auf die sich aus der bindenden Wirkung ergebenden Rechtsfolgen für Versicherer und Versicherungsnehmer einzugehen.

47 **c) Fehlen einer bindenden Wirkung gegenüber dem Versicherer.** Wie bereits mehrfach angedeutet[97] und vor allem in der Wiedergabe der Begründung der Bundesregierung zu § 106 zum Ausdruck gekommen,[98] ging das Anliegen des Gesetzgebers dahin, dem Versicherer die Möglichkeit zu geben, die Berechtigung des vom Dritten geltend gemachten Anspruchs zu prüfen. Dies sei – so hat die Bundesregierung in der Gesetzesbegründung besonders deutlich hervorgehoben – vor allem auch wegen des Wegfalles des Anerkenntnis- und Befriedigungsverbotes nach § 105 VVG-E notwendig.

48 Dahinter steht vor allem der Gedanke, eine Waffengleichheit des Versicherers gegenüber dem Versicherungsnehmer wiederherzustellen, nachdem dem Versicherungsnehmer bereits über die Regelung des § 105 das Recht zuerkannt worden war, den vom Dritten geltend gemachten Haftpflichtanspruch anzuerkennen. Da sich das bloße Prüfungsrecht des Versicherers allein als stumpfes Schwert im Verhältnis zu dem den Anspruch des Dritten anerkennenden Versicherungsnehmer erweise, war es weiterhin erforderlich, einem durch den Versicherungsnehmer erklärten Anerkenntnis keinen Einfluss auf den Freistellungsanspruch des Versicherungsnehmers gegen den Versicherer zu ermöglichen.[99] Mithin bleibt dem Versicherungsnehmer der Weg verschlossen, allein durch die Anerkennung eines von einem Dritten geltend gemachten Haftpflichtanspruchs den Versicherungsfall herbeizuführen und hiermit einseitig den Versicherer zu belasten.[100]

49 Eine Ausnahme hiervon wird zu Recht nur insoweit gemacht, dass der Versicherer den Versicherungsnehmer in dem Umfange **freistellen** muss, in dem der **Ersatzanspruch des Dritten auch ohne Anerkenntnis** des Dritten **bestanden hätte**.[101] Dieses Ergebnis findet in Ziff. 5.1 Abs. 2 Satz 2 AHB 2016 = A 1-4.1 Abs. 2 Satz 2 AVB BHV seinen ausdrücklichen Niederschlag, in denen es heißt, dass Anerkenntnisse und Vergleiche, die vom Versicherungsnehmer ohne Zustimmung des Versicherers abgegeben oder geschlossen worden sind, den Versicherer nur binden, soweit der Anspruch auch ohne Anerkenntnis oder Vergleich bestanden hätte. Zugleich kommt in dem soeben Gesagten noch einmal die bereits zuvor getroffene Feststellung zum Ausdruck, wonach sich aus Ziff. 5.1. Abs. 2 AHB 2016 = A 1-4.1 Abs. 2 AVB BHV Rechtsgedanken ableiten lassen, die Rechtsfolgen für den Versicherer schlechthin haben.[102]

50 **5. Notwendigkeit eines besonderen „Bindungsprozesses" des Versicherungsnehmers gegen den Versicherer aufgrund des § 106?** Seit dem Inkrafttreten des VVG 2008 wird in der Literatur[103] kontrovers diskutiert, ob aufgrund der Bestimmung des § 106 die Notwendigkeit eines besonderen „Bindungsprozesses" des Versicherungsnehmers gegen den Versicherer besteht. Ausgelöst

---

[95] Vgl. auch *Retter* in Schwintowski/Brömmelmeyer/Ebers § 106 Rn. 28; *Lücke* in Prölss/Martin § 106 Rn. 10; *Klimke* r + s 2014, 105 (106).
[96] Vgl. *Retter* in Schwintowski/Brömmelmeyer/Ebers § 106 Rn. 28; vgl. auch → Rn. 11.
[97] Vgl. hierzu → Rn. 12, 20 und 37.
[98] Vgl. BT-Drs. 16/3945, 86; BGH VersR 2021, 584 f. und hierzu → Rn. 20; vgl. auch *Rust* r+s 2022, 481 (482) mwN in Fn. 8.
[99] Vgl. BT-Drs. 16/3945, 86; vgl. auch *Retter* in Schwintowski/Brömmelmeyer/Ebers § 106 Rn. 20.
[100] Ähnlich BT-Drs. 16/3945, 86; *Retter* in Schwintowski/Brömmelmeyer/Ebers § 106 Rn. 20.
[101] Vgl. *Retter* in Schwintowski/Brömmelmeyer/Ebers § 106 Rn. 20.
[102] Vgl. → Rn. 39 ff.
[103] Vgl. *Langheid* VersR 2009, 1043 (1045 f.); *Langheid* in Langheid/Rixecker § 100 Rn. 32 ff., § 105 Rn. 5 ff. und § 106 Rn. 2 ff.; *Schlegelmilch* VersR 2009, 1467; *Armbrüster* r+s 2010, 441 (446); *Thume* VersR 2010, 849 (851 f.); *Lücke* in Prölss/Martin § 100 Rn. 58 und § 106 Rn. 5; *Retter* in Schwintowski/Brömmelmeyer/Ebers §§ 106 Rn. 21 ff.; *H. Baumann* in Bruck/Möller AVB-AVG 2011/2013 Ziff. 4 Rn. 14; *Kummer* in MAH VersR § 12 Rn. 346; *Wandt* VersR Rn. 1089; *Foerster* ZVersWiss 103 (2014), 351 (358).

hat die Diskussion *Langheid*[104] mit seiner Äußerung, wonach die Regelung in § 106 eine fundamentale Änderung erfahren habe, weil der Freistellungsanspruch des Versicherungsnehmers erst dann innerhalb von zwei Wochen fällig werde, nachdem der Haftpflichtanspruch „mit bindender Wirkung für den Versicherer" nicht nur durch Anerkenntnis oder Vergleich festgestellt worden sei, sondern auch „durch rechtskräftiges Urteil". Demgegenüber habe § 154 Abs. 1 S. 1 VVG aF noch bestimmt, dass die Versicherungsleistung binnen zwei Wochen fällig würde, nachdem „der Anspruch des Dritten durch rechtskräftiges Urteil, durch Anerkenntnis oder Vergleich festgestellt worden" sei. Von Verbindlichkeit gegenüber dem Versicherer als Auslöser der Fälligkeit finde sich kein Wort.

Zur Begründung beruft sich *Langheid*[105] auf die amtliche Begründung zu § 106,[106] die vorstehend bereits im Zusammenhang mit der Stellungnahme zur Bedeutung der bindenden Wirkung für das rechtskräftige Urteil[107] auszugsweise wiedergegeben wurde und auf die deshalb verwiesen wird.[108] Hieraus ergibt sich nach *Langheid*,[109] dass nicht ernsthaft fraglich sein könne, dass damit die Bindungswirkung des Haftpflichturteils, die früher ganz wesentlich im Zusammenspiel mit dem Trennungsprinzip das Wesen der Haftpflichtversicherung geprägt habe, weggefallen sei. Aus dieser Konstellation sei zu folgern, dass – entgegen der früheren Rechtslage – ein Haftpflichturteil, das in einem Prozess zwischen dem geschädigten Dritten und dem Versicherungsnehmer ergehe, keine automatische Bindungswirkung zum Nachteil des Versicherers entfalte. Vielmehr müsse erst die verbindliche Wirkung auch des Haftpflichturteils hergestellt werden. Eine solche Bindung werde automatisch hergestellt, wenn der Haftpflichtversicherer etwa für den Haftpflichtprozess die Abwehrdeckung erteilt und von seinem Prozessführungsrecht Gebrauch gemacht habe. Gleiches gelte, wenn der Versicherer keine Abwehrdeckung gewährt habe, dazu aber verpflichtet gewesen wäre.[110] Ergehe aber ein Haftpflichturteil ohne seine (auch negative) Mitwirkung, müsse der Versicherer dessen Verbindlichkeit für sich schon seinerseits ausdrücklich anerkennen, anderenfalls wohl nur der Weg eines – völlig neuen und auf ungewollte Weise vom Gesetzgeber kreierten – „Bindungsprozesses" gegen den Versicherer bleibe, in dem die Verbindlichkeit des Haftpflichturteils festgestellt werden könne.[111] Diesen Bindungsprozess könne einerseits der Versicherungsnehmer im Wege der Deckungsklage anstrengen. Im Falle der Abtretung des Freistellungsanspruchs an den geschädigten Dritten werde aber auch dieser nicht nur auf die Feststellung klagen müssen, dass der Versicherer Zahlung zu leisten habe, sondern dass das Haftpflichturteil für den Versicherer verbindlich sei. Mache der Versicherer Einwendungen gegen den Haftpflichtanspruch geltend, werde er damit in diesem Rechtsstreit auch Gehör finden müssen, obwohl das Haftpflichturteil im Rechtsstreit zwischen Geschädigtem und Versicherungsnehmer rechtskräftig entschieden sei. Nur dann könne das Haftpflichturteil auch mit bindender Wirkung für den Versicherer ausgestaltet werden.[112]

Gegenüber dieser Auffassung haben *Schlegelmilch*[113] und diesem sich uneingeschränkt anschließend auch *Armbrüster*[114] grundsätzliche Einwände erhoben und sind zu Recht zu dem Ergebnis gelangt, dass der amtlichen Begründung bzw. der Gesetzgebungsgeschichte nicht zu entnehmen sei, dass der Gesetzgeber die Absicht gehabt habe, das der Haftpflichtversicherung immanente Trennungsprinzip und damit die Bindungswirkung rechtskräftiger Urteile im Haftungsprozess außer Kraft zu setzen. Wenn das gewollt gewesen wäre, hätte man es gesagt, vor allem aber sagen müssen, weil Trennungsprinzip und Bindungswirkung elementare Grundprinzipien der Haftpflichtversicherung seien.

Zur Begründung hat *Schlegelmilch*[115] zutreffend darauf hingewiesen, dass der Haftpflichtversicherer bei fehlender Leistungsfreiheit die rechtskräftige Entscheidung im Haftungsprozess im Deckungsrechtsstreit hinnehmen müsse. Der Richter könne im Deckungsprozess die Haftungsfrage nicht erneut prüfen und möglicherweise entgegengesetzt entscheiden. Auch er sei an das vorliegende Haftungsurteil gebunden. Er müsse nur entscheiden, ob der Haftpflichtversicherer deckungsmäßig verpflichtet sei, seinem Versicherungsnehmer Versicherungsschutz in Form der Freistellung von den Pflichten aus diesem Urteil zu gewähren.

---

[104] *Langheid* VersR 2009, 1043 (1045); *Langheid* in Langheid/Rixecker § 106 Rn. 4.
[105] *Langheid* VersR 2009, 1043 (1045); *Langheid* in Langheid/Rixecker § 106 Rn. 4.
[106] Vgl. BT-Drs. 16/3945, 86.
[107] Vgl. → Rn. 20 ff.
[108] Vgl. → Rn. 20.
[109] *Langheid* VersR 2009, 1043 (1046).
[110] *Langheid* VersR 2009, 1043 (1046) mwN in Fn. 36 und 37.
[111] *Langheid* VersR 2009, 1043 (1046) unter Bezugnahme auf *Retter* in Schwintowski/Brömmelmeyer 1. Auflage § 106 Rn. 18–20.
[112] *Langheid* VersR 2009, 1043 (1046).
[113] *Schlegelmilch* VersR 2009, 1467; ebenso im Ergebnis *Foerster* ZVersWiss 103 (2014), 351 (358).
[114] *Armbrüster* r+s 2010, 441 (446); vgl. auch *Wandt* VersR Rn. 1089a.
[115] *Schlegelmilch* VersR 2009, 1467.

54 Beim Anerkenntnis, beim Vergleich (teilweises Anerkenntnis) sowie bei der Befriedigung des Geschädigten fehle es an einem Urteil mit Bindungswirkung. Hätte der Versicherungsnehmer durch ein solches Verhalten gegen § 5 Ziff. 5 AHB aF verstoßen, hätte der Haftpflichtversicherer wegen vorsätzlicher Obliegenheitsverletzung leistungsfrei sein können.[116] Dieses Verbot sei jetzt weggefallen. Anerkenntnis, Vergleich und Befriedigung entfalteten also eine Bindungswirkung. Doch komme es auf die Reichweite an. Maßgeblich sei insoweit allein der tatsächlich bestehende Haftpflichtanspruch, der gerichtlich überprüft und festgestellt werden könne. Das ergebe sich auch aus Ziff. 5.1 Abs. 2 Satz 2 AHB 2008 = Ziff. 5.1 Abs. 2 Satz 2 AHB 2016 = A 1-4.1 Abs. 2 Satz 2 AVB BHV.[117]

55 Wenn es also – so hebt *Schlegelmilch*[118] zusammenfassend zutreffend hervor – in § 106 im Zusammenhang mit der Fälligkeit im Gesetzestext heiße, dass der Haftpflichtanspruch durch rechtskräftiges Urteil, Anerkenntnis oder Vergleich „mit bindender Wirkung für den Haftpflichtversicherer" festgestellt sein müsse, so werde damit nichts Neues gesagt. Es werde nur klargestellt, dass der Haftpflichtversicherer nicht über die tatsächlich gegebene Haftung hinaus gebunden werden könne. Liege ein rechtskräftiges Urteil vor, so bestimme dieses das Ausmaß der tatsächlich gegebenen Haftung. Beim Anerkenntnis, beim Vergleich oder bei der Befriedigung könne der Richter dagegen das Ausmaß der tatsächlich gegebenen Haftung bestimmen.

56 Ergänzend macht *Armbrüster*[119] zu Recht darauf aufmerksam, dass sich zudem die Bindungswirkung aus der Vertragsauslegung ergebe, während § 106 demgegenüber ohnehin nur eine untergeordnete Bedeutung zukomme.

57 Von diesen grundsätzlichen Bedenken gegenüber dem Ansatz von *Langheid* einmal abgesehen, die uneingeschränkt geteilt werden, sprechen auch **prozessökonomische Überlegungen** sowie der Gedanke der Rechtssicherheit gegen die Anerkennung eines gesonderten „Bindungsprozesses". Denn wenn tatsächlich durch die Regelung des § 106 S. 1 die Bindungswirkung des Haftpflichturteils weggefallen wäre, müssten die diesem Urteil zugrundeliegenden tatsächlichen Feststellungen sowie die rechtlichen Erwägungen und deren rechtliche Würdigung erneut zum Gegenstand einer gerichtlichen Überprüfung im späteren „Bindungsprozess" gemacht werden. Dies führte aber zu einer doppelten Prüfung in zwei Prozessen, die nicht nur zeitaufwendig wäre, sondern auch kostenmäßig erheblich zu Buche schlüge und damit wenig prozessökonomisch wäre. Darüberhinausgehend bestünde die Gefahr, dass das Haftpflichturteil einerseits und die Entscheidung im „Bindungsprozess" andererseits unter Umständen zu unterschiedlichen Ergebnissen kämen, was der Rechtssicherheit zuwiderliefe und alle Beteiligten in einen Zustand vermeidbarer Rechtsunsicherheit versetzte, die möglicherweise über einen größeren Zeitraum andauerte und zur von niemandem wohl ernsthaft gewollten Stagnation des gesamten Verfahrens führte.

58 Als Ergebnis ist damit festzuhalten, dass das sich in § 106 S. 1 findende Tatbestandsmerkmal „mit bindender Wirkung" im Hinblick auf das rechtskräftige Urteil **keine eigenständige Bedeutung** aufweist und nur Relevanz für das Anerkenntnis oder den Vergleich haben kann. Daher kann aus diesem Tatbestandsmerkmal nicht etwa die Notwendigkeit eines besonderen „Bindungsprozesses" des Versicherungsnehmers gegen den Versicherer aufgrund des § 106 abgeleitet werden. Unter diesen Umständen kann aber auch aus diesem Grunde nicht davon die Rede sein, dass bezüglich der Frage der Bindung des Versicherers eine Änderung der Rechtslage durch das aufgrund des Art. 1 Abs. 1 EGVVG grundsätzlich am 1.1.2008 in Kraft getretene VVG erfolgt ist und deshalb Einschränkungen oder gar Änderungen gegenüber den von Rechtsprechung und Literatur zum VVG aF entwickelten Grundsätzen über die Bindung des Versicherers vorzunehmen sind. Vielmehr ist auch für das VVG 2008 insoweit uneingeschränkt von der bisherigen Rechtslage zum VVG aF auszugehen.[120]

C. Einzelheiten zur Regelung des S. 2

59 Ist der Dritte von dem Versicherungsnehmer mit bindender Wirkung für den Versicherer befriedigt worden, hat der Versicherer nach § 106 S. 2 die Entschädigung innerhalb von zwei Wochen nach der Befriedigung des Dritten an den Versicherungsnehmer zu zahlen.

---

[116] *Schlegelmilch* VersR 2009, 1467.
[117] *Schlegelmilch* VersR 2009, 1467.
[118] *Schlegelmilch* VersR 2009, 1467; ebenso im Ergebnis *Foerster* ZVersWiss 103 (2014), 351 (358).
[119] *Armbrüster* r+s 2010, 441 (446); ebenso die untergeordnete Rolle des § 106 hervorhebend *Schlegelmilch* VersR 2009, 1467 sowie LG Bonn r+s 2013, 493 (494).
[120] Ebenso im Ergebnis LG Bonn r+s 2013, 493 (494), wonach dem Versicherer lediglich bei Anerkenntnis- und Versäumnisurteilen der Einwand erlaubt sein müsse, dass das Anerkenntnis zu Unrecht erfolgt sei bzw. dass das Versäumnisurteil nicht der wahren Rechtslage entspreche; *Klimke* r +s 2014, 105 (109); vgl. auch → Rn. 18 mit Fn. 37 sowie → Rn. 20 ff. zur Bedeutung der bindenden Wirkung für das rechtskräftige Urteil.

Inhaltlich stimmt die Regelung des § 106 S. 2 zwar teilweise mit der Vorgängervorschrift des § 154 **60** Abs. 1 S. 1 VVG aF überein. Sie weicht aber von der zuletzt genannten Bestimmung insoweit ab, als § 106 S. 2 an § 106 S. 1 anknüpft und damit eigenständig geregelt ist, während die Leistungspflicht des Versicherers für den Fall, „... in welchem der Dritte von dem Versicherungsnehmer befriedigt ... worden ist", in die Vorschrift des § 154 Abs. 1 S. 1 VVG aF integriert ist. Dort heißt es:

Der Versicherer hat die Entschädigung binnen zwei Wochen von dem Zeitpunkt an zu leisten, in welchem der Dritte von dem Versicherungsnehmer befriedigt oder der Anspruch des Dritten durch rechtskräftiges Urteil, durch Anerkenntnis oder Vergleich festgestellt worden ist.

Durch diese eigenständige, in § 106 S. 2 getroffene Regelung kommt zunächst deutlicher als in **61** § 154 Abs. 1 S. 1 VVG aF zum Ausdruck, dass in § 106 S. 2 der Sonderfall der vom Versicherungsnehmer selbst an den Dritten geleisteten Entschädigung geregelt ist,[121] wobei dazu zugleich die Voraussetzungen des § 106 S. 1 erfüllt sein müssen. In der Gesetzesbegründung der Bundesregierung[122] findet dies mit den Worten Bestätigung, wonach der Sonderfall, dass die Entschädigung vom Versicherungsnehmer selbst gezahlt wird, in Satz 2[123] mit der zu Satz 1 erläuterten Änderung[124] geregelt sei.

Hieraus folgt zugleich, dass in der Regel auf § 106 S. 2 weitgehend die Grundsätze zur Anwendung **62** kommen, die auch schon im Hinblick auf die insoweit vergleichbare Vorschrift des § 154 Abs. 1 S. 1 VVG aF allgemein anerkannt waren.

So besteht einmal kein Zweifel daran, dass – sofern der Versicherungsnehmer den Haftpflichtanspruch **63** des Geschädigten mit bindender Wirkung für den Versicherer befriedigt – sich der Freistellungsanspruch des Versicherungsnehmers gegen den Versicherer in einen Zahlungsanspruch umwandelt[125] und dieser Zahlungsanspruch binnen zwei Wochen nach Befriedigung fällig wird, so dass wegen der Befriedigung des Dritten der Versicherer das Recht zur Prüfung der Haftpflichtfrage behält und die tatsächliche Zahlungspflicht des Versicherers unter Umständen erst im Deckungsprozess zu klären ist.[126]

Unzweifelhaft ist zum anderen aber auch, dass § 106 S. 2 als Befriedigung des Dritten auch **64** Erfüllungssurrogate wie die Aufrechnung nach den §§ 387 ff. BGB durch den Versicherungsnehmer, die übereinstimmende Verrechnung durch den Versicherungsnehmer und den Dritten oder die Hinterlegung gemäß den §§ 372 ff. BGB erfasst.[127] Hingegen ist eine Befriedigung des Dritten durch den Versicherungsnehmer noch nicht darin zu sehen, dass der Dritte die angebliche Haftpflichtforderung gegen Forderungen aufrechnet, die dem Versicherungsnehmer gegen ihn zustehen,[128] da es noch nicht zu einer Umwandlung des Deckungsanspruchs kommt.[129] In diesem Falle besteht weiterhin nur ein Befreiungs- und Rechtsschutzanspruch des Versicherungsnehmers gegen den Versicherer.[130]

Sofern **der Versicherer die Haftpflichtforderung des Dritten für unberechtigt hält,** ist **65** er verpflichtet, dem Versicherungsnehmer Rechtsschutz gegen die Aufrechnung des Dritten in der Weise zu gewähren, dass er für den Versicherungsnehmer einen Aktivprozess gegen den Dritten auf Zahlung der Forderung des Versicherungsnehmers führt.[131] Zudem ist auch eine negative Feststellungsklage nach § 256 Abs. 1 ZPO in der Weise denkbar, dass in diesem Prozess über das Nichtbestehen einer Schadensersatzforderung des Dritten gegen den Versicherungsnehmer entschieden wird.[132]

---

[121] Vgl. auch BT-Drs. 16/3945, 86; *Schulze Schwienhorst* in Looschelders/Pohlmann § 106 Rn. 6; *Gnauck* Absonderungsrecht S. 83.
[122] BT-Drs. 16/3945, 86.
[123] Gemeint ist die Gesetzesbegründung zu § 106 S. 1, BT-Drs. 16/3945, 86; vgl. hierzu auch die auszugsweise Wiedergabe der Gesetzesbegründung zu § 106 S. 1 VVG → Rn. 20.
[124] Vgl. BT-Drs. 16/3945, 86.
[125] Vgl. BGH VersR 1977, 174 (175); OLG Hamm VersR 1976, 749 (750); 1978, 80 (81); OLG Köln r+s 1996, 222; *Retter* in Schwintowski/Brömmelmeyer/Ebers § 106 Rn. 43; vgl. auch *Baumann* in BK-VVG § 154 Rn. 13.
[126] Vgl. *Retter* in Schwintowski/Brömmelmeyer/Ebers § 106 Rn. 43; *Lücke* in Prölss/Martin § 106 Rn. 14; *Meckling-Geis/Wendt* VersR 2011, 577 (581).
[127] Vgl. *Späte* AHB § 5 Rn. 51; *Baumann* in BK-VVG § 154 Rn. 13; *Voit/Knappmann* in Prölss/Martin, 27. Aufl., § 154 Rn. 14; jeweils zu § 154 VVG aF; *Lücke* in Prölss/Martin § 106 Rn. 14 zu § 106 VVG; *Retter* in Schwintowski/Brömmelmeyer/Ebers § 106 Rn. 36.
[128] Vgl. OLG Hamm VersR 1976, 749 (750); 1978, 80 (81); OGH VersR 1987, 1255 f.; *Baumann* in BK-VVG § 154 Rn. 13; *Voit/Knappmann* in Prölss/Martin, 27. Aufl., § 154 Rn. 14; *Lücke* in Prölss/Martin § 106 Rn. 14.
[129] Vgl. *Baumann* in BK-VVG § 154 Rn. 13.
[130] So zu Recht *Baumann* in BK-VVG § 154 Rn. 13.
[131] Vgl. *Baumann* in BK-VVG § 154 Rn. 13; *Lücke* in Prölss/Martin § 106 Rn. 14.
[132] Vgl. OLG Hamm VersR 1976, 749 (750); 1978, 80 (81); LG Dortmund VK 2011, 102; *Baumann* in BK-VVG § 154 Rn. 13; *Lücke* in Prölss/Martin § 106 Rn. 14.

66 Hat schließlich der Versicherer im Falle einer Aufrechnung durch den Dritten seine Eintrittspflicht abgelehnt und auch nichts gegen die Abwendung der Aufrechnung unternommen, kann der Versicherungsnehmer vom Versicherer Zahlung und nicht nur Befreiung verlangen.[133]

67 Aus dem zuvor Gesagten folgt, dass die Frist des Versicherers zur Erbringung der Versicherungsleistung nur beginnt, wenn der **Versicherungsnehmer den Dritten mit Bindungswirkung für den Versicherer befriedigt hat.**[134] Dazu ist es erforderlich, dass der Versicherer entweder der Erfüllung des Haftpflichtanspruchs durch den Versicherungsnehmer nach den §§ 182 ff. BGB zugestimmt hat, also in den Formen der vorherigen Zustimmung (Einwilligung) nach § 183 S. 1 BGB bzw. der nachträglichen Zustimmung (Genehmigung) gemäß § 184 Abs. 1 BGB,[135] oder aber der vom Versicherungsnehmer erfüllte Haftpflichtanspruch als begründet in dem Deckungsprozess festgestellt worden ist und deshalb der Versicherungsnehmer zu Recht die Befriedigung des Dritten herbeigeführt hat.[136]

D. Einzelheiten zur Regelung des S. 3

68 Kosten, die nach § 101 VVG zu ersetzen sind, hat der Versicherer gemäß § 106 S. 3 innerhalb von zwei Wochen nach der Mitteilung der Berechnung zu zahlen.

69 Inhaltlich stimmt § 106 S. 3 mit § 154 Abs. 1 S. 2 VVG aF überein,[137] wenn auch diese Vorschrift einen hiervon etwas abweichenden Wortlaut hat. Dort heißt es:

„Soweit gemäß § 150 Kosten zu ersetzen sind, ist die Entschädigung binnen zwei Wochen von der Mitteilung der Berechnung an zu leisten."

70 Mit der Verweisung auf Kosten, die nach § 101 zu ersetzen sind, wird in § 106 S. 3 der Bezug zu § 101 hergestellt, der die Kosten des Rechtsschutzes betrifft.[138] Diese dort geregelte grundsätzliche Kostenübernahmeverpflichtung des Versicherers gehört als sich aus den §§ 100 und 101 ergebende Rechtsschutzgewährungspflicht des Versicherers zu den Grundprinzipien der Haftpflichtversicherung, stellt deshalb eine Hauptleistungspflicht des Versicherers und nicht etwa nur eine Nebenforderung des Versicherungsnehmers aus dem Versicherungsvertrag dar und steht daher gleichrangig neben derjenigen, die den Versicherer verpflichtet, den Versicherungsnehmer von begründeten Schadensersatzansprüchen des geschädigten Dritten zu befreien.[139]

71 Ist damit die Fälligkeitsregelung des § 106 S. 3 ebenfalls als **Anwendungsfall der Kostenübernahmeverpflichtung** des Versicherers gegenüber dem Versicherungsnehmer anzusehen, ist sie genauso wie die des § 154 Abs. 1 S. 2 VVG aF ausschließlich für den Ausnahmefall gedacht, dass der Versicherungsnehmer die Anspruchsabwehr, insbesondere in Gestalt des Haftpflichtprozesses, selbst führen muss.[140] In diesem Falle löst erst die Mitteilung der Berechnung durch den Versicherungsnehmer die Zwei-Wochenfrist des § 106 S. 3 bzw. die des § 154 Abs. 1 S. 2 VVG aF aus,[141] wobei für die Berechnung der Zwei-Wochenfrist die §§ 187 ff. BGB gelten.[142]

72 Vor der Mitteilung der Berechnung durch den Versicherungsnehmer gelten die Vorschriften des § 101 Abs. 1 S. 3 bzw. des § 150 Abs. 1 S. 4 VVG aF über die Verpflichtung des Versicherers, die Kosten auf Verlangen des Versicherungsnehmers vorzuschießen[143] sowie die Bestimmungen des § 101 Abs. 3 bzw. des § 150 Abs. 3 VVG aF über die Verpflichtung des Versicherers, die Sicherheitsleistung oder Hinterlegung nach den §§ 232 ff. oder 372 ff. BGB zu bewirken.[144]

---

[133] Vgl. OLG Karlsruhe VersR 1997, 1477 (1479); *Baumann* in BK-VVG § 154 Rn. 13; andeutungsweise auch *Lücke* in Prölss/Martin § 106 Rn. 14.

[134] Vgl. BT-Drs. 16/3945, 86; *Schulze Schwienhorst* in Looschelders/Pohlmann § 106 Rn. 6.

[135] Vgl. *Baumann* in BK-VVG § 154 Rn. 33; *Schulze Schwienhorst* in Looschelders/Pohlmann § 106 Rn. 6; demgegenüber zu Unrecht den Zeitpunkt der Abgabe des Anerkenntnisses bzw. des Abschlusses hinsichtlich des Fristbeginns für maßgeblich haltend *Retter* in Schwintowski/Brömmelmeyer § 106 Rn. 42.

[136] Vgl. *Schulze Schwienhorst* in Looschelders/Pohlmann § 106 Rn. 6.

[137] Vgl. auch BT-Drs. 16/3945, 86.

[138] Vgl. → Rn. 8.

[139] Vgl. hierzu näher → § 101 Rn. 6 mwN in Fn. 7–9 und → Rn. 9 mwN in Fn. 20; vgl. ferner → Rn. 8.

[140] So zu Recht *Baumann* in BK-VVG § 154 Rn. 9 im Hinblick auf § 154 Abs. 1 S. 2 VVG aF; ebenso *Schulze Schwienhorst* in Looschelders/Pohlmann § 106 Rn. 7 in Bezug auf § 106 S. 3 VVG.

[141] Vgl. *Baumann* in BK-VVG § 154 Rn. 9; *Wandt* VersR Rn. 180.

[142] Vgl. *Schulze Schwienhorst* in Looschelders/Pohlmann § 106 Rn. 8.

[143] Vgl. *Baumann* in BK-VVG § 154 Rn. 9; *Voit/Knappmann* in Prölss/Martin, 27. Aufl. 2004, § 154 Rn. 5; *Lücke* in Prölss/Martin § 106 Rn. 16.

[144] Vgl. *Baumann* in BK-VVG § 154 Rn. 9; *Voit/Knappmann* in Prölss/Martin, 27. Aufl. 2004, § 154 Rn. 5; *Lücke* in Prölss/Martin § 106 Rn. 16.

Wegen der Kostenübernahmeverpflichtung des Versicherers braucht der Versicherungsnehmer 73
nicht etwa den Versuch zu unternehmen, die ihm entstandenen Kosten von dem unterlegenen
Dritten beizutreiben.[145]

E. Abdingbarkeit des § 106

§ 106 ist wegen der Regelung des § 112, wonach von den §§ 104 und 106 nicht zum Nachteil 74
des Versicherungsnehmers abgewichen werden kann, eine **halbzwingende Norm**.[146] Damit stimmt
§ 106 sachlich mit § 154 Abs. 1 VVG aF überein, dessen halbzwingender Charakter wegen der Vorschrift des § 158a VVG aF ebenfalls allgemein anerkannt ist.[147] Danach kann sich der Versicherer auf
Vereinbarungen, durch die von den Vorschriften der §§ 153, 154 Abs. 1, 156 Abs. 2 VVG aF zum
Nachteil des Versicherungsnehmers abgewichen wird, nicht berufen.

Zweck des halbzwingenden Charakters der Vorschrift des § 106 bzw. des § 154 Abs. 1 VVG 75
aF ist es, den wirtschaftlich schwächeren Versicherungsnehmer gegenüber dem Versicherer durch
eine Einschränkung des Grundsatzes der Vertragsfreiheit zu schützen.[148] Damit soll erreicht werden,
dass durch Vereinbarungen, die inhaltlich von § 106 bzw. von § 154 Abs. 1 VVG aF abweichen,
keine Nachteile zu Lasten des Versicherungsnehmers entstehen.[149] Dies bedeutet, dass ausschließlich
abweichende Vereinbarungen zu Lasten des Versicherungsnehmers unzulässig sind, während Vereinbarungen, die zugunsten des Versicherungsnehmers wirken und ihm im Verhältnis zu den von § 106
bzw. von § 154 Abs. 1 VVG aF erfassten Tatbeständen Vorteile bringen, zulässig sind.[150]

So kann sich der Versicherer etwa auf AVB-Regelungen nicht berufen, in denen er sich vorbehält, 76
Zahlungen erst dann zu leisten, wenn der Haftpflichtanspruch gerichtlich festgestellt worden ist.[151]
Hingegen wäre eine individualvertragliche Vereinbarung zwischen dem Versicherer und dem Versicherungsnehmer sowie auch eine AVB-Regelung des Inhaltes zulässig, nach denen sich der Versicherer
bereiterklärte, seinen sich aus § 106 bzw. aus § 154 Abs. 1 VVG aF ergebenden Verpflichtungen
unverzüglich nachzukommen.

§ 107 Rentenanspruch

**(1) Ist der Versicherungsnehmer dem Dritten zur Zahlung einer Rente verpflichtet, ist
der Versicherer, wenn die Versicherungssumme den Kapitalwert der Rente nicht erreicht,
nur zur Zahlung eines verhältnismäßigen Teils der Rente verpflichtet.**

**(2) Hat der Versicherungsnehmer für die von ihm geschuldete Rente dem Dritten kraft
Gesetzes Sicherheit zu leisten, erstreckt sich die Verpflichtung des Versicherers auf die
Leistung der Sicherheit. Absatz 1 gilt entsprechend.**

Übersicht

		Rn.			Rn.
A.	Einführung	1	I.	Allgemeines	14
I.	Inhalt der Regelung	1	II.	Begriff der Rente	15
II.	Zweck der Regelung	6	III.	Versicherungssumme und Kapitalwert der Rente	20
B.	Einzelheiten zur Regelung des Abs. 1	14			

---

[145] Vgl. *Lücke* in Prölss/Martin § 106 Rn. 16.
[146] Vgl. *Retter* in Schwintowski/Brömmelmeyer/Ebers § 106 Rn. 46; *Schulze Schwienhorst* in Looschelders/Pohlmann § 106 Rn. 8; *Langheid* in Langheid/Rixecker § 106 Rn. 10; *Wandt* VersR Rn. 1079; *Lücke* in Prölss/Martin § 106 Rn. 17, wobei allerdings der weitere Satz, wonach die Bestimmung nicht für den Direktanspruch in der Pflichtversicherung (§ 3 Abs. 1, 2 PflVersG) gelte, unrichtig ist, da diese Vorschrift durch Art. 1 Zweites Gesetz zur Änderung des Pflichtversicherungsgesetzes und anderer versicherungsrechtlicher Vorschriften vom 10.12.2007 (BGBl. I S. 2833) in dieser Fassung inzwischen außer Kraft getreten ist; vgl. auch → § 112 Rn. 5 mwN in Fn. 4.
[147] Vgl. *Voit/Knappmann* in Prölss/Martin, 27. Aufl. 2004, § 154 Rn. 6; *Baumann* in BK-VVG § 154 Rn. 62.
[148] Vgl. → § 112 Rn. 4 mwN in Fn. 3.
[149] Vgl. → § 112 Rn. 4; eingehend zu halbzwingenden Vorschriften des neuen VVG und zu ihrer Inhaltskontrolle *Werber* VersR 2010, 1253 ff.; grundlegend zu halbzwingenden Normen des VVG aF *Klimke* Die halbzwingenden Vorschriften des VVG aF.
[150] Vgl. → § 112 Rn. 5 mwN in Fn. 5.
[151] Vgl. BGH VersR 1977, 174; *Baumann* in BK-VVG § 154 aF Rn. 62.

§ 107   Teil 2. Einzelne Versicherungszweige. Kap. 1. Haftpflichtversicherung

		Rn.
1.	Allgemeines	20
2.	Begriff der Versicherungssumme	21
3.	Begriff des Kapitalwertes der Rente	31
4.	Grundsätze der Berechnung des Kapitalwertes der Rente	36
5.	Verhältnis des Kapitalwertes der Rente zur Versicherungssumme	50
C.	Einzelheiten zur Regelung des Abs. 2	63

		Rn.
I.	Allgemeines	63
II.	Verpflichtung des Versicherungsnehmers zur Sicherheitsleistung gegenüber dem Dritten nach Abs. 2 S. 1 und die sich daraus ergebenden Folgen	66
III.	Entsprechende Geltung des Abs. 1 nach Abs. 2 S. 2	76
D.	Abdingbarkeit der Regelung des Abs. 1 und 2	77

Stichwort- und Fundstellenverzeichnis

Stichwort	Rn.	Rechtsprechung	Literatur
Abzinsung	→ 37	BGHZ 97, 52 (55) = VersR 1986, 392 (393) = NJW-RR 1986, 650 (651 f.)	*Lücke* in Prölss/Martin § 107 Rn. 14; *Retter* in Schwintowski/Brömmelmeyer/Ebers § 107 Rn. 14
Art der Rentenverpflichtung	→ 40 f.	BGH VersR 1980, 132 (133 f.)	*Baumann* in BK-VVG § 155 aF Rn. 18; *Retter* in Schwintowski/Brömmelmeyer/Ebers § 107 Rn. 13
Berechnung der Rente	→ 36 ff.	BGHZ 97, 52 (55) = VersR 1986, 392 (393) = NJW-RR 1986, 650 (651 f.); BGH VersR 1980, 132 (133); 1981, 283 ff. mit Anmerkung *Nehls* VersR 1981, 286	*R. Johannsen* ZVersWiss 80 (1991), 97 ff.; *Baumann* in BK-VVG § 155 aF Rn. 22; *Lücke* in Prölss/Martin § 107 Rn. 15; *Retter* in Schwintowski/Brömmelmeyer/Ebers § 107 Rn. 12
Endzeitpunkt der Rente	→ 40	BGH VersR 1980, 132 (133)	*Baumann* in BK-VVG § 155 aF Rn. 18; *Lücke* in Prölss/Martin § 107 Rn. 13; *Retter* in Schwintowski/Brömmelmeyer/Ebers § 107 Rn. 13
Etwaige sonstige Leistungen	→ 24 ff.	BGH VersR 2006, 1295	*Baumann* in BK-VVG § 155 aF Rn. 28; *Lücke* in Prölss/Martin § 107 Rn. 8; *Retter* in Schwintowski/Brömmelmeyer/Ebers § 107 Rn. 9
Kapitalwert der Rente	→ 31 ff.	BGH VersR 1980, 132 (134); 1981, 283 ff. mit Anmerkung *Nehls* VersR 1981, 286	*Baumann* in BK-VVG § 155 aF Rn. 15; *Retter* in Schwintowski/Brömmelmeyer/Ebers § 107 Rn. 11
Kürzungsverfahren	→ 9 f.	BGH VersR 1981, 283 ff. mit Anmerkung *Nehls* VersR 1981, 286; BGH VersR 2006, 1679	*Baumann* in BK-VVG § 155 aF Rn. 4 und 20 ff.; *Lücke* in Prölss/Martin § 107 Rn. 5; *Retter* in Schwintowski/Brömmelmeyer/Ebers § 107 Rn. 2
Rente	→ 15 ff.	BGHZ 28, 144 (149) = NJW 1959, 239; OGH VersR 1990, 683	*Baumann* in BK-VVG § 155 aF Rn. 7; *Späte* AHB § 3 Rn. 75; *Langheid* in Langheid/Rixecker § 107 Rn. 4; *Lücke* in Prölss/Martin § 107 Rn. 5; *Retter* in Schwintowski/Brömmelmeyer/Ebers § 107 Rn. 4
Sicherheitsleistung	→ 13, 66 ff.	BGH VersR 1975, 558 (560)	*Lücke* in Prölss/Martin § 107 Rn. 18; *Retter* in Schwintowski/Brömmelmeyer/Ebers § 107 Rn. 3 und 17
Sozialversicherungsträger als Rechtsnachfolger	→ 12	BGHZ 97, 52 (55) = VersR 1986, 392 (393) = NJW-RR 1986, 650 (651 f.); BGH VersR 1975, 558 (560); 1991, 172	*Baumann* in BK-VVG § 155 aF Rn. 5; *Langheid* in Langheid/Rixecker § 107 Rn. 6 und 20; *Lücke* in Prölss/Martin § 109 Rn. 3

Stichwort	Rn.	Rechtsprechung	Literatur
Versicherungs-summe	→ 21 ff.	BGH VersR 2006, 1285; 2006, 1679 (1680)	*Littbarski* AHB § 3 Rn. 136; *Baumann* in BK-VVG § 155 aF Rn. 28; *Lücke* in Prölss/Martin § 107 Rn. 8 f.; *Retter* in Schwintowski/Brömmelmeyer/Ebers § 107 Rn. 7 ff.
Verteilungsverfahren	→ 12	–	*Wenke* VersR 1983, 900; *Sprung* VersR 1992, 657; *Baumann* in BK-VVG § 155 aF Rn. 26 ff.
Zeitpunkt der Entstehung des Anspruchs	→ 39	BGHZ 97, 52 (55) = VersR 1986, 392 (393) = NJW-RR 1986, 650 (651); BGH VersR 1980, 132 (134)	*Baumann* in BK-VVG § 155 aF Rn. 16; *Lücke* in Prölss/Martin § 107 Rn. 12; *Retter* in Schwintowski/Brömmelmeyer/Ebers § 107 Rn. 12
Zeitpunkt des Rentenbeginns	→ 38 f.	BGHZ 97, 52 (55) = VersR 1986, 392 (393) = NJW-RR 1986, 650 (651); BGH VersR 1980, 132 (133); OGH VersR 1960, 1030	*Baumann* in BK-VVG § 155 aF Rn. 16; *Langheid* in Langheid/Rixecker § 107 Rn. 7; *Lücke* in Prölss/Martin § 107 Rn. 12; *Retter* in Schwintowski/Brömmelmeyer/Ebers § 107 Rn. 12

Schrifttum: Abschlussbericht der Kommission zur Reform des Versicherungsvertragsrechts vom 19.4.2004 – VersR-Schriftenreihe, Band 25, 2004; *H. Baumann*, Quotenregelung contra Alles- oder Nichts-Prinzip im Versicherungsfall – Überlegungen zur Reform des § 61 VVG –, r+s 2005, 1; *Car*, Das Überschreiten der Deckungssumme in der Haftpflichtversicherung, 2016; *Car*, Das Überschreiten der Deckungssumme in der Haftpflichtversicherung – Juristische, betriebswirtschaftliche und versicherungsmathematische Aspekte, ZVersWiss 105 (2016), 591; *Deichl/Küppersbusch/Schneider*, Kürzungs- und Verteilungsverfahren nach §§ 155 Abs. 1 und 156 Abs. 3 VVG in der Kfz-Haftpflichtversicherung, 1985; *Dickstein*, Das verschuldensabhängige Leistungskürzungsrecht des Versicherers nach dem künftigen VVG entsprechend dem Referentenentwurf, in: Liber amicorum für Gerrit Winter, 2007, 309; *Franz*, Das Versicherungsvertragsrecht im neuen Gewand, VersR 2008, 298; *Franz*, Die Reform des Versicherungsvertragsrechts – ein großer Wurf?, DStR 2008, 303; *Grote/Chr. Schneider*, VVG 2008: Das neue Versicherungsvertragsrecht, BB 2007, 2689; *Hofmann*, Zum Begriff der Rente im Sinne des § 155 VVG, FS *Stiefel*, 1987, 349; *Huber*, Das Lebensalter des Verletzten – eine Bemessungsdeterminante beim Schmerzensgeld?, VersR 2016, 73; *Hügel*, Haftpflichtversicherung, 3. Auflage 2008; *Jaeger*, Kapitalisierung von Renten im Abfindungsvergleich, VersR 2006, 597; *R. Johannsen*, Bemerkungen zur Leistungspflicht des Haftpflichtversicherers in Rentenzahlungsfällen, ZVersWiss 80 (1991), 97; *Kummer*, Allgemeine Haftpflichtversicherung, in: Münchener Anwaltshandbuch Versicherungsrecht, 4. Auflage 2017, § 12, S. 595; *Langheid*, Die Reform des Versicherungsvertragsgesetzes, NJW 2007, 3665 und 3745; *Langheid*, Tücken in den §§ 100 ff. VVG-RegE, VersR 2007, 865; *Littbarski*, AHB, Kommentar, 2001; *Littbarski*, Auswirkungen der VVG-Reform auf die Haftpflichtsparte, PHi 2007, 126 und 176; *Littbarski*, Entwicklungstendenzen im deutschen Haftpflichtrecht, PHi 2008, 124 und 202; *ders.*, Produkthaftpflichtversicherung, 2. Aufl. 2014; *Littbarski/Tenschert/Klein* (Hrsg.), Betriebs- und Berufshaftpflichtversicherung, Kommentar, AVB BHV, 2023; *Nugel*, Das neue Versicherungsvertragsgesetz – Quotenbildung bei der Leistungskürzung wegen grober Fahrlässigkeit, MDR 2007, Sonderbeilage zum Heft 22; *Präve*, Das neue Versicherungsvertragsgesetz, VersR 2007, 1046; *Schantl*, Probleme bei der Konkurrenz von Kapital- und Rentenzahlungsansprüchen in der Haftpflichtversicherung, MDR 1982, 450; *Schirmer*, Einige Bemerkungen zum Entwurf einer Kraftfahrzeug-Pflichtversicherungsverordnung, in: FS *E. Lorenz*, 1994, 529; *Schlund*, Juristische Grundlagen der Kapitalisierung von Schadensersatzrenten, VersR 1981, 401; *Schmalzl/Krause-Allenstein*, Berufshaftpflichtversicherung des Architekten und Bauunternehmers, 2. Auflage 2006; *Sprung*, Das Verteilungsverfahren bei Deckungssummenüberschreitung in der Kfz-Haftpflichtversicherung, VersR 1992, 657; *Meschkat/Nauert* (Hrsg.), VVG-Quoten-Leistungskürzung in der Sach- und Kaskoversicherung sowie KH-Regress, 2008; *Weidner/Schuster*, Quotelung von Entschädigungsleistungen bei grober Fahrlässigkeit des VN in der Sachversicherung nach neuem VVG, r+s 2007, 363; *Wenke*, Verteilungspläne bei nicht ausreichender Deckungssumme in der Kfz-Haftpflichtversicherung, VersR 1983, 900.

A. Einführung

I. Inhalt der Regelung

§ 107 hat den „**Rentenanspruch**" des Dritten gegenüber dem Versicherungsnehmer zum Gegenstand und differenziert hierbei zwischen zwei verschiedenen Tatbeständen. **1**

Ist der Versicherungsnehmer dem Dritten zur Zahlung einer Rente verpflichtet, ist der Versicherer nach § 107 Abs. 1 nur zur Zahlung eines verhältnismäßigen Teils der Rente verpflichtet, wenn **2** die Versicherungssumme den Kapitalwert der Rente nicht erreicht. Hat der Versicherungsnehmer für die von ihm geschuldete Rente dem Dritten kraft Gesetzes Sicherheit zu leisten, erstreckt sich gemäß § 107 Abs. 2 S. 1 die Verpflichtung des Versicherers auf die Leistung der Sicherheit. Zudem gilt § 107 Abs. 1 nach § 107 Abs. 2 S. 2 entsprechend.

3 § 107 ist gegenüber dem ebenfalls den Rentenanspruch des Dritten regelnden § 155 VVG aF sprachlich etwas modifiziert worden, stimmt aber sachlich mit § 155 Abs. 1 und 2 VVG aF überein.[1]

4 In § 155 Abs. 1 und 2 VVG aF heißt es:

(1) Ist der Versicherungsnehmer dem Dritten zur Gewährung einer Rente verpflichtet, so kann er, wenn die Versicherungssumme den Kapitalwert der Rente nicht erreicht, nur einen verhältnismäßigen Teil der Rente verlangen.

(2) Hat der Versicherungsnehmer für die von ihm geschuldete Rente dem Dritten kraft Gesetzes Sicherheit zu leisten, so erstreckt sich die Verpflichtung des Versicherers auf die Leistung der Sicherheit.

5 Hieraus ist zu entnehmen, dass sachlich kein Unterschied damit verbunden ist, wenn in § 107 Abs. 1 statt des eher großzügig anmutenden Wortes „Gewährung" das dem versicherten Risiko besser Rechnung tragende Wort der „Zahlung" verwendet wird. Unerheblich ist auch, dass nach § 155 Abs. 1 VVG aF der Versicherungsnehmer „nur einen verhältnismäßigen Teil der Rente verlangen" kann, während in § 107 Abs. 1 auf den Versicherer abgestellt und davon gesprochen wird, dass dieser „nur zur Zahlung eines verhältnismäßigen Teils der Rente verpflichtet" ist. Das Gleiche gilt bezüglich des sich in § 107 Abs. 1 findenden Verzichts auf das nur einen bekräftigenden Charakter aufweisende Wort „so" vor dem Wort „erstreckt". Aber auch der neu eingefügte § 107 Abs. 2 S. 2, nach dem Abs. 1, also § 107 Abs. 1, entsprechend gilt, hat nur einen klarstellenden Charakter, um zu verdeutlichen, dass die in § 107 Abs. 1 vorgenommene Beschränkung auf Zahlung eines verhältnismäßigen Teiles der Rente auch für die Sicherheitsleistung gelten soll.[2]

II. Zweck der Regelung

6 Der Zweck der Regelung des § 107 besteht zum einen darin, eine **Modifizierung des Freistellungsanspruchs des Versicherungsnehmers gegenüber dem Versicherer** zu erreichen, indem bezüglich des Rentenanspruchs des Dritten eine Kürzung dieses Freistellungsanspruchs im Verhältnis zum Dritten herbeigeführt wird.[3] Damit entspricht dieser Zweck dem, der auch mit § 155 VVG aF verfolgt wird. Denn hinsichtlich dieser Norm ist anerkannt, dass sie auf eine Modifizierung des Anspruchs auf Befreiung ausgerichtet ist[4] und ihre Anwendung eine letztendlich vergleichbare Kürzung des Befreiungsanspruchs bzw. der Entschädigungsleistung bewirkt.[5]

7 § 107 Abs. 1 bezweckt im Einklang mit § 155 Abs. 1 VVG aF zum anderen aber auch, dem Schutz des Geschädigten zu dienen, indem eine fortlaufend gleichmäßige Beteiligung des Versicherers an den Rentenleistungen gewährleistet wird.[6] Damit einhergehend erhalten der Geschädigte bzw. gegebenenfalls dessen Erben sowohl bei Überschreitung einer längeren Lebenserwartung als auch bei frühzeitigem Versterben zumindest den auf den Versicherer entfallenden Teil der Rente.[7] Überschreitet der Geschädigte die prognostizierte Lebenserwartung, ist der Versicherer zur anteiligen Weiterzahlung auch dann verpflichtet, wenn die Versicherungssumme längst ausgeschöpft ist.[8] Hiermit ist gewährleistet, dass der Geschädigte die ihm zuerkannte Rente in jedem Fall wenigstens teilweise erhält.[9]

---

[1] Vgl. BT-Drs. 16/3945, 86 zu § 107; *Schimikowski*, in HK-VVG 2. Aufl., § 107 Vor Rn. 1; *Langheid* in Langheid/Rixecker § 107 Rn. 1; *Lücke* in Prölss/Martin § 107 Rn. 1; *Car* Überschreiten der Deckungssumme S. 32 f.; *Car* ZVersWiss 105 (2016), 591 (594 f.).

[2] BT-Drs. 16/3945, 86; *Schimikowski*, in HK-VVG 2. Aufl., § 107 Vor Rn. 1 und § 107 Rn. 4; *Langheid* in Langheid/Rixecker § 107 Rn. 18; *Car* ZVersWiss 105 (2016), 591 (594 f.); vgl. auch → Rn. 13, 64 und 66 ff.

[3] Vgl. *Schimikowski* in HK-VVG § 107 Rn. 1; *Langheid* in Langheid/Rixecker § 107 Rn. 3; *Car* ZVersWiss 105 (2016), 591 (595).

[4] *Baumann* in BK-VVG § 155 Rn. 2 mwN.

[5] *Baumann* in BK-VVG § 155 Rn. 3 mwN.

[6] Vgl. BGH VersR 1980, 817 (818); 2006, 1679 (1680); *Retter* in Schwintowski/Brömmelmeyer/Ebers § 107 Rn. 2; *Baumann* in BK-VVG § 155 Rn. 1; *Langheid* in Römer/Langheid § 155 Rn. 2; *Langheid* in Langheid/Rixecker § 107 Rn. 3; *Voit/Knappmann* in Prölss/Martin, 27. Aufl. 2004, § 155 Rn. 2; *Lücke* in Prölss/Martin § 107 Rn. 5.

[7] Vgl. *Retter* in Schwintowski/Brömmelmeyer/Ebers § 107 Rn. 2.

[8] Vgl. BGHZ 97, 52 (55) = VersR 1986, 392 (393); BGH VersR 1991, 172 (173); *Späte* AHB § 3 Rn. 76; *Harsdorf-Gebhardt* in Späte/Schimikowski AHB 2014 Ziff. 6 Rn. 51; *Baumann* in BK-VVG § 155 Rn. 4; *Lücke* in Prölss/Martin § 107 Rn. 5; *Langheid* in Langheid/Rixecker § 107 Rn. 12; *R. Koch* in Bruck/Möller § 107 Rn. 4; *Car* Überschreiten der Deckungssumme S. 37.

[9] Vgl. *Baumann* in BK-VVG § 155 Rn. 4.

Nicht zuletzt besteht der mit § 107 Abs. 1 verfolgte Zweck aber auch darin, dass selbst der 8 sorglos handelnde Versicherungsnehmer, der keine Rücklagen gebildet hat, nicht gänzlich finanziell ruiniert wird.[10]

Aus diesen unterschiedlichen, mit der Regelung des § 107 verfolgten Zwecken ergibt sich, dass 9 das in dieser Vorschrift bezüglich des Rentenanspruchs des Geschädigten vorgesehene Kürzungsverfahren genauso wie das erheblich differenzierter ausgestaltete Kürzungsverfahren nach Ziff. 6.7 AHB 2016 = A 1-5.7 AVB BHV spekulative Elemente in Bezug auf die langfristig wirkende Berechnung der Rente[11] und die Verpflichtung des Versicherers zur anteiligen Zahlung der Rente[12] aufweist.

Ausgangspunkt für diese Überlegung ist das in § 107 Abs. 1 geregelte **Kürzungsverfahren,** 10 wonach der Versicherer nur zur Zahlung eines verhältnismäßigen Teils der Rente verpflichtet ist, wenn die **Versicherungssumme den Kapitalwert der Rente nicht erreicht.** Denn mit diesem Kürzungsverfahren wird von dem in der Haftpflichtversicherung geltenden Grundsatz der Begrenzung der Leistungen des Versicherers abgewichen, nach dem unabhängig von der konkreten Höhe des eingetretenen Schadens die Entschädigungsleistung des Versicherers bei jedem Versicherungsfall auf die vereinbarten Versicherungssummen begrenzt ist.[13] Mithin braucht der Versicherer in der Haftpflichtversicherung im Allgemeinen nur insoweit zu leisten, als die Höchstgrenze der im Versicherungsschein angegebenen Versicherungssumme nicht überschritten ist. Dementsprechend unterliegt die darüber hinausgehende Schadenssumme grundsätzlich nicht mehr der Eintrittspflicht des Versicherers.[14] Vielmehr ist hierfür der Versicherungsnehmer selbst eintrittspflichtig, so dass dieser insoweit die Ansprüche Dritter allein zu befriedigen hat.[15]

Wendete man derartige Grundsätze auch auf die Verpflichtung zur Rentenzahlung an, hätte 11 dies zur Folge, dass der Versicherer zwar bis zur Höhe der mit dem Versicherungsnehmer vereinbarten Versicherungssumme eintrittspflichtig wäre, im Übrigen aber für die darüber hinausgehenden Rentenansprüche des Geschädigten den Versicherungsnehmer im vollen Umfange die Eintrittspflicht träfe.[16] Ein solches Ergebnis stünde aber mit den von einer Regelung über den Rentenanspruch verfolgten Zwecken, unter anderem auch den Geschädigten und den Versicherungsnehmer als Schädiger zu schützen,[17] nicht im Einklang. Daher ist § 107 Abs. 1 genauso wie § 155 Abs. 1 VVG aF so zu verstehen und auch anzuwenden, dass die Rente bei einer unzureichenden Versicherungssumme vom Versicherer und vom Versicherungsnehmer anteilig bis zum Rentenende zu zahlen ist.[18] Handelt es sich gar um eine Rente auf Lebenszeit, muss diese bis zum Tode des geschädigten Dritten gezahlt werden.[19]

Allerdings stellt sich wie bei der Regelung des § 155 Abs. 1 VVG aF auch im Falle des § 107 12 Abs. 1 die Frage, ob einem ausschließlich auf diese Vorschrift gestützten Verfahren allein wirklich eine größere praktische Bedeutung zukommen kann.[20] Immerhin wird der geschädigte Dritte in der Regel **nicht der einzige Anspruchsberechtigte** sein, so dass es bei zwei oder gar mehreren Dritten als Anspruchsberechtigten zu einem Verteilungsverfahren nach § 109 käme,[21] der inhaltlich weitgehend dem § 156 Abs. 3 VVG aF entspricht.[22] Dabei kommen als weitere Anspruchsberechtigte

---

[10] Vgl. BGHZ 15, 154 (159f.) = NJW 1955, 101; OGH VersR 1960, 1030 (1031); *Baumann* in BK-VVG § 155 Rn. 4; *Retter* in Schwintowski/Brömmelmeyer/Ebers § 107 Rn. 2; *R. Koch* in Bruck/Möller § 107 Rn. 4.
[11] So *Nehls* VersR 1981, 286; *Voit/Knappmann* in Prölss/Martin, 27. Aufl. 2004, § 155 Rn. 2; *Baumann* in BK-VVG § 155 Rn. 4; jeweils im Hinblick auf § 155 Abs. 1 VVG aF; vgl. auch *Lücke* in Prölss/Martin § 107 Rn. 5 und *Langheid* in Langheid/Rixecker § 107 Rn. 12 im Hinblick auf § 107 Abs. 1 VVG.
[12] So *Retter* in Schwintowski/Brömmelmeyer/Ebers § 107 Rn. 2; *Lücke* in Prölss/Martin § 107 Rn. 5; jeweils im Hinblick auf § 107; vgl. auch *Langheid* in Römer/Langheid § 155 Rn. 11 und *Voit/Knappmann* in Prölss/Martin, 27. Aufl. 2004, § 155 Rn. 6; jeweils zu § 155 VVG aF; näher zu Ziff. 6.7 Abs. 1 und 3 AHB 2016 → Rn. 25 f. sowie zu Ziff. 6.7 Abs. 2 AHB 2016 → Rn. 34.
[13] Vgl. Ziff. 6.1 AHB 2016 = A1-5.1 AVB BHV; vgl. ferner § 101 Abs. 3 S. 2; § 150 Abs. 2 S. 1 VVG aF; § 3 III Ziff. 2 Abs. 1 S. 1 und 2 AHB 2002; eingehend *Littbarski* AHB § 3 Rn. 130 ff.; *Baumann* in BK-VVG § 155 Rn. 1; jeweils mwN.
[14] Vgl. *Littbarski* AHB § 3 Rn. 133 ff. und 148 ff. mit weiteren Einzelheiten und unter Hervorhebung begrenzter bzw. erweiterter Eintrittspflichten des Versicherers.
[15] Vgl. *Baumann* in BK-VVG § 155 Rn. 1.
[16] Vgl. *Baumann* in BK-VVG § 155 Rn. 1.
[17] Vgl. hierzu → Rn. 7 f.
[18] Vgl. *Baumann* in BK-VVG § 155 Rn. 1; *Lücke* in Prölss/Martin § 107 Rn. 5; *Harsdorf-Gebhardt* in Späte/Schimikowski AHB Ziff. 6 Rn. 52.
[19] Vgl. *Baumann* in BK-VVG § 155 Rn. 1.
[20] Vgl. *Sprung* VersR 1992, 657ff.; *Baumann* in BK-VVG § 155 Rn. 5.
[21] Vgl. auch *Baumann* in BK-VVG § 155 Rn. 5 und 29; *Schulze Schwienhorst* in Looschelders/Pohlmann § 107 Rn. 10; *Langheid* in Langheid/Rixecker § 107 Rn. 5 und 20.
[22] Näher hierzu → § 109 Rn. 33 ff.

vor allem Sozialversicherungsträger in Betracht, die wegen des gesetzlichen Forderungsüberganges nach § 116 SGB X Rechtsnachfolger des geschädigten Dritten würden.[23]

13   Im Übrigen bringt § 107 Abs. 2 zum Ausdruck, dass sich die Verpflichtung des Versicherers nach § 107 Abs. 2 S. 1 nicht nur auf die Leistung der Sicherheit erstreckt, wenn der Versicherungsnehmer für die von ihm geschuldete Rente dem Dritten kraft Gesetzes Sicherheit zu leisten hat. Vielmehr zeigt die in § 107 Abs. 2 S. 2 getroffene Aussage, wonach Absatz 1 entsprechend gilt, auch, dass das in § 107 Abs. 1 geregelte Kürzungsverfahren sich zudem auf die Leistungspflicht des Versicherers für Sicherheitsleistungen erstreckt, die der Versicherungsnehmer für eine gegenüber dem Dritten geschuldete Rente im Einzelfall zu erbringen hat.[24]

B. Einzelheiten zur Regelung des Abs. 1

I. Allgemeines

14   Hat die Regelung des § 107 Abs. 1 ebenso wie die des § 155 Abs. 1 VVG aF die Verpflichtung des Versicherungsnehmers gegenüber dem Dritten zur Zahlung bzw. zur Gewährung einer Rente zum Gegenstand und sieht sie zugleich vor, dass der Versicherer, wenn die Versicherungssumme den Kapitalwert der Rente nicht erreicht, nur zur Zahlung eines verhältnismäßigen Teils der Rente verpflichtet ist, bedarf es zur genauen Bestimmung der Tatbestandsvoraussetzungen und Rechtsfolgen des § 107 Abs. 1 bzw. des § 155 Abs. 1 VVG aF der Beantwortung mehrerer Fragen. So ist einmal zu klären, was unter den Begriffen der Rente, der Versicherungssumme und des Kapitalwertes der Rente einschließlich der für sie geltenden Grundsätze im Sinne der genannten Vorschriften zu verstehen ist. Zum anderen ist zu erörtern, unter welchen Voraussetzungen die Versicherungssumme den Kapitalwert der Rente nicht erreicht. Schließlich ist zu bestimmen, was es mit der Verpflichtung des Versicherers zur Zahlung eines verhältnismäßigen Teils der Rente auf sich hat.

II. Begriff der Rente

15   Renten sind nach allgemein geteilter Auffassung[25] Leistungen, die nach genau festgelegten Zeiträumen immer wieder fällig werden, aber weder Teilbeträge eines Kapitals noch Zinsen darstellen. Sofern hingegen eine Kapitalverbindlichkeit in Raten abgegolten wird, ist hierin keine Verpflichtung zur Zahlung einer Rente zu erblicken.[26] Die Schadensfolgen müssen sich daher bereits konsolidiert haben,[27] wobei der Rechtsgrund, nicht aber stets der Betrag gleich bleiben muss.[28] Dementsprechend liegt keine Rente vor, wenn der Anspruch stets neu geprüft und periodisch berechnet werden muss.[29]

16   Da der Versicherungsnehmer nach § 107 Abs. 1 S. 1 dem Dritten zur Zahlung einer Rente verpflichtet sein muss, hat sich diese **Verpflichtung als Schadensersatz in Gestalt der Entrichtung einer Geldrente** darzustellen.[30] Ob aber diese Verpflichtung zur Zahlung einer Rente tatsächlich besteht, wird durch ein rechtskräftiges Urteil, ein Anerkenntnis oder einen Vergleich festgestellt.[31]

17   Rechtsgrundlagen für diese Verpflichtung sind vor allem § 843 Abs. 1 BGB, § 13 Abs. 1 StVG, § 8 Abs. 1 HaftPflG, § 38 Abs. 1 LuftVG, § 9 Abs. 1 ProdHaftG, § 14 Abs. 1 UmweltHG, § 32 Abs. 6 GenTG, § 30 Abs. 1 AtG und § 89 AMG, die jeweils die Leistung von Schadensersatz wegen

---

[23] Vgl. BGH VersR 1975, 558 (560); *Voit/Knappmann* in Prölss/Martin, 27. Aufl. 2004, § 156 Rn. 17; *Lücke* in Prölss/Martin § 109 Rn. 3; *Baumann* in BK-VVG § 155 Rn. 5; *Langheid* in Langheid/Rixecker § 107 Rn. 20; vgl. auch → § 109 Rn. 17 ff.; jeweils mwN.
[24] Vgl. auch *Retter* in Schwintowski/Brömmelmeyer/Ebers § 107 Rn. 3; näher hierzu → Rn. 66 ff. und 76.
[25] Vgl. OGH VersR 1990, 683; *Baumann* in BK-VVG § 155 Rn. 7; *Späte* Teil B § 3 Rn. 75; *Harsdorf-Gebhardt* in Späte/Schimikowski AHB 2014 Ziff. 6 Rn. 50; *Voit/Knappmann* in Prölss/Martin, 27. Aufl. 2004, § 155 Rn. 2; *Lücke* in Prölss/Martin § 107 Rn. 5; *Retter* in Schwintowski/Brömmelmeyer/Ebers § 107 Rn. 4; *Langheid* in Langheid/Rixecker § 107 Rn. 4; *Schulze Schwienhorst* in Looschelders/Pohlmann § 107 Rn. 4.
[26] Vgl. BGHZ 28, 144 (149) = NJW 1959, 239; *Baumann* in BK-VVG § 155 Rn. 7; *Späte* AHB § 3 Rn. 75; *Harsdorf-Gebhardt* in Späte/Schimikowski AHB 2014 Ziff. 6 Rn. 50.
[27] Vgl. OGH VersR 1990, 683; *Baumann* in BK-VVG § 155 Rn. 7; *R. Koch,* in Bruck/Möller Band 4, § 107 Rn. 7.
[28] Vgl. *Baumann* in BK-VVG § 155 Rn. 7.
[29] Vgl. *Späte* AHB § 3 Rn. 75; *Harsdorf-Gebhardt* in Späte/Schimikowski AHB 2014 Ziff. 6 Rn. 50; *Baumann* in BK-VVG § 155 Rn. 7.
[30] Vgl. *Retter* in Schwintowski/Brömmelmeyer/Ebers § 107 Rn. 5.
[31] Vgl. *Baumann* in BK-VVG § 155 Rn. 8; *Retter* in Schwintowski/Brömmelmeyer/Ebers § 107 Rn. 5.

Aufhebung oder Minderung der Erwerbsfähigkeit oder wegen des Eintritts der Vermehrung der Bedürfnisse des Dritten zum Gegenstand haben.[32]

Weiterhin kann sich diese Verpflichtung aber auch im Hinblick auf die Geldrenten ergeben, **18** die daraus resultieren, dass dem Dritten nach § 844 Abs. 2 BGB infolge der Tötung des Unterhaltspflichtigen das Recht auf den Unterhalt entzogen ist oder dass dem Dritten die in § 845 BGB genannten Dienste des zur Dienstleistung Verpflichteten entzogen sind.[33]

Schließlich kommt diese Verpflichtung auch in Bezug auf **Schmerzensgeldrenten** nach § 253 **19** Abs. 2 BGB in Betracht, da das Schmerzensgeld des geschädigten Dritten als Vermögensfolgeschaden des von diesem erlittenen Personenschadens zur gesetzlichen Haftpflicht des Versicherungsnehmers gehört[34] und das Gericht die als angemessen erachtete Entschädigung für den vom Dritten erlittenen immateriellen Schaden als Kapitalbetrag oder bei einem entsprechenden Willen des Dritten als dem Geschädigten auch als Geldrente zubilligen kann.[35] Eine solche Verurteilung zu einer Geldrente stellt sich insbesondere dann als eine angemessene Form zum Ausgleich des erlittenen immateriellen Schadens dar, wenn der Verletzte irreversible Dauerschäden erlitten hat, so dass er eine erhebliche Lebensbeeinträchtigung etwa bei anhaltenden Schmerzen, dem Verlust von Gliedmaßen sowie andauernden Funktionsbeeinträchtigungen immer wieder neu spürbar empfinden wird.[36]

III. Versicherungssumme und Kapitalwert der Rente

1. Allgemeines. Wenn die Versicherungssumme den Kapitalwert der Rente nicht erreicht, ist **20** nach § 107 Abs. 1 der Versicherer zur Zahlung eines verhältnismäßigen Teils der Rente verpflichtet. Mithin gilt es zu klären, was unter den Begriffen der Versicherungssumme und des Kapitalwertes der Rente im Sinne dieser Vorschrift zu verstehen ist, welche Grundsätze der Berechnung des Kapitalwertes der Rente gelten, in welchem Verhältnis der Kapitalwert der Rente zur Versicherungssumme steht und welche Folgen das Übersteigen des Kapitalwertes der Rente im Verhältnis zur Versicherungssumme hat.

2. Begriff der Versicherungssumme. Auszugehen ist bezüglich des Begriffes der Versiche- **21** rungssumme iSd § 107 Abs. 1 davon, dass die nähere Bestimmung der bei jedem Schadensereignis vom Versicherer höchstens zu leistenden Versicherungssumme von den besonderen Umständen des Einzelfalles abhängig ist, daher der individuellen Vereinbarung zwischen dem Versicherer und dem Versicherungsnehmer unterliegt[37] und im Versicherungsschein sowie seinen Nachträgen genannt wird.[38] Dies gilt sowohl im Hinblick auf die in Betracht kommenden Schadensarten, nämlich Personen-, Sach- und Vermögensschaden[39] als auch bezüglich der Höchstgrenze der bei jedem Schadensereignis zu leistenden Versicherungssumme.[40]

Die Notwendigkeit der **individuellen, auf die Besonderheiten des Einzelfalles zuge-** **22** **schnittenen Vereinbarung** ergibt sich andeutungsweise auch aus den AHB und den AVB BHV Während sich in § 3 IV Ziff. 2 Abs. 1 Satz 1 AHB 2002 die Formulierung „Für den Umfang der Leistung des Versicherers bilden die im Versicherungsschein angegebenen Versicherungssummen die Höchstgrenze bei jedem Schadensereignis" findet, bedienen sich Ziff. 6.1 Satz 1 AHB 2016 = A 1-5.1 Satz 1 AVB BHV der Formulierung „Die Entschädigungsleistung des Versicherers ist bei jedem Versicherungsfall auf die vereinbarten Versicherungssummen begrenzt". Diese der näheren Bestimmung des Begriffes der Versicherungssumme dienenden Umschreibungen bedürfen allerdings bezüglich des § 107 Abs. 1 der Modifizierung.

---

[32] *Baumann* in BK-VVG § 155 Rn. 7; *Retter* in Schwintowski/Brömmelmeyer/Ebers § 107 Rn. 5; *Schulze Schwienhorst* in Looschelders/Pohlmann § 107 Rn. 4; vgl. ferner *R. Koch* in Bruck/Möller § 107 Rn. 8 unter Hinweis auf das Haftpflichtverhältnis.

[33] Vgl. *Retter* in Schwintowski/Brömmelmeyer/Ebers § 107 Rn. 5; *Schulze Schwienhorst* in Looschelders/Pohlmann § 107 Rn. 4.

[34] Vgl. *Baumann* in BK-VVG § 149 Rn. 28; *Littbarski* AHB § 1 Rn. 19; *Beckmann/Matusche-Beckmann* VersR-HdB/*W. Th. Schneider* § 24 Rn. 29; *Kummer* in MAH VersR § 12 Rn. 34 f.; vgl. auch → § 100 Rn. 137.

[35] Vgl. OLG Schleswig NJW-RR 1992, 95; *Oetker* in MüKoBGB § 253 Rn. 57 f. und 63; jeweils mit weiteren Einzelheiten und Nachweisen.

[36] Vgl. BGH VersR 1976, 967 (968); OLG Köln VersR 1998, 244; OLG Jena ZfS 1999, 419; OLG Köln NJW-RR 2002, 1039; *Oetker* in MüKoBGB § 253 Rn. 60; *R. Koch* in Bruck/Möller § 107 Rn. 10; *Huber* VersR 2016, 73 ff. in Bezug auf das Lebensalter des Verletzten.

[37] Vgl. *Littbarski* AHB § 3 Rn. 136; *Littbarski*, Produkthaftpflichtversicherung, Ziff. 3 Rn. 96 mwN in Fn. 158–160; vgl. ferner *Retter* in Schwintowski/Brömmelmeyer/Ebers § 107 Rn. 7.

[38] Vgl. *Lücke* in Prölss/Martin § 107 Rn. 8; *Car* Überschreiten der Deckungssumme S. 209.

[39] Vgl. hierzu näher → § 100 Rn. 126 ff.

[40] Vgl. *Littbarski* AHB § 3 Rn. 136.

23 So besteht in Rechtsprechung[41] und Literatur[42] Einigkeit darüber, dass bei der Vereinbarung unterschiedlicher Versicherungssummen für die Schadensarten Personen-, Sach- und Vermögensschaden hinsichtlich jeder Schadensart **getrennte Berechnungen zur Bestimmung des Verhältnisses der Versicherungssumme zum Kapitalwert der Rente** anzustellen sind.

24 Auch ist ebenfalls in Rechtsprechung[43] und Literatur[44] anerkannt, dass die im Versicherungsschein und seinen Nachträgen jeweils genannte Versicherungssumme vor der Berechnung zur Bestimmung des Verhältnisses der Versicherungssumme zum Kapitalwert der Rente um **„etwaige sonstige Leistungen" zu kürzen** ist. Das Erfordernis des Abzugs etwaiger sonstiger Leistungen ergibt sich zwar nicht bereits aus § 107 Abs. 1 und wird auch nicht von § 155 Abs. 1 VVG aF vorausgesetzt. Es folgt aber daraus, dass den Haftpflichtversicherungsverträgen aufgrund entsprechender vertraglicher Vereinbarungen zwischen dem Versicherer und dem Versicherungsnehmer regelmäßig auch die AHB und die AVB BHV zugrundeliegen, sowohl die AHB 2016 und die AVB BHV als auch die AHB 2002 entsprechende Regelungen vorsehen und daher die Berücksichtigung der etwaigen sonstigen Leistungen auf dem Vertragsrecht beruht.[45]

25 So heißt es in Ziff. 6.7 Abs. 1 und 3 AHB 2016 sowie in A 1-5.7 Abs. 1 und 3 AVB BHV:

Hat der Versicherungsnehmer an den Geschädigten Rentenzahlungen zu leisten und übersteigt der Kapitalwert der Rente die Versicherungssumme oder den nach Abzug etwaiger sonstiger Leistungen aus dem Versicherungsfall noch verbleibenden Restbetrag der Versicherungssumme, so wird die zu leistende Rente nur im Verhältnis der Versicherungssumme bzw. ihres Restbetrages zum Kapitalwert der Rente vom Versicherer erstattet.

...

Bei der Berechnung des Betrages, mit dem sich der Versicherungsnehmer an laufenden Rentenzahlungen beteiligen muss, wenn der Kapitalwert der Rente die Versicherungssumme oder die nach Abzug sonstiger Leistungen verbleibende Restversicherungssumme übersteigt, werden die sonstigen Leistungen mit ihrem vollen Betrag von der Versicherungssumme abgesetzt.

26 In § 3 IV Ziff. 2 Abs. 1 und Abs. 4 AHB 2002 finden sich folgende Regelungen:

Hat der Versicherungsnehmer an den Geschädigten Rentenzahlungen zu leisten und übersteigt der Kapitalwert der Rente die Versicherungssumme oder den nach Abzug etwaiger sonstiger Leistungen aus dem Versicherungsfall noch verbleibenden Restbetrag der Versicherungssumme, so wird die zu leistende Rente nur im Verhältnis der Versicherungssumme bzw. ihres Restbetrages zum Kapitalwert der Rente vom Versicherer erstattet. Der Rentenwert wird aufgrund der Allgemeinen Sterbetafeln für Deutschland mit Erlebensfallcharakter 1987 R Männer und Frauen und unter Zugrundelegung des Rechnungszinses, der die tatsächlichen Kapitalmarktzinsen in Deutschland berücksichtigt, berechnet. Hierbei wird der arithmetische Mittelwert über die jeweils letzten 10 Jahre der Umlaufrendite der öffentlichen Hand, wie sie von der Deutschen Bundesbank veröffentlicht werden, zugrunde gelegt. Nachträgliche Erhöhungen oder Ermäßigungen der Rente werden zum Zeitpunkt des ursprünglichen Rentenbeginns mit dem Barwert einer aufgeschobenen Rente nach der genannten Rechnungsgrundlage berechnet.

...

Bei der Berechnung des Betrages, mit dem sich der Versicherungsnehmer an laufenden Rentenzahlungen beteiligen muss, wenn der Kapitalwert der Rente die Versicherungssumme oder die nach Abzug eventueller sonstiger Leistungen verbleibende Restversicherungssumme übersteigt, werden die sonstigen Leistungen mit ihrem vollen Betrag von der Versicherungssumme abgesetzt.

27 Zu diesen von der Versicherungssumme abzusetzenden und diese damit zu kürzenden eventuellen sonstigen Leistungen sind etwa der **Ersatz von ärztlichen Heilbehandlungskosten** und Beerdigungskosten, einmalige **Schmerzensgeldzahlungen** und der **Ersatz von Sachschäden** zu rechnen.[46] Hingegen dürfen weder Beträge für Rentenleistungen, die für einen in der Vergangenheit

---

[41] Vgl. BGH VersR 2006, 1679 (1680).
[42] Vgl. *Retter* in Schwintowski/Brömmelmeyer/Ebers § 107 Rn. 8; *Lücke* in Prölss/Martin § 107 Rn. 2; *R. Koch* in Bruck/Möller § 107 Rn. 11.
[43] Vgl. BGH VersR 2006, 1295.
[44] Vgl. *Retter* in Schwintowski/Brömmelmeyer/Ebers § 107 Rn. 9; *Lücke* in Prölss/Martin § 107 Rn. 2; *R. Koch* in Bruck/Möller § 107 Rn. 13.
[45] Vgl. *Baumann* in BK-VVG § 155 Rn. 28; *Voit/Knappmann* in Prölss/Martin, 27. Aufl. 2004, § 155 Rn. 5; *Lücke* in Prölss/Martin § 107 Rn. 8 und AHB 2016 Ziff. 6 Rn. 22; *Retter* in Schwintowski/Brömmelmeyer/Ebers § 107 Rn. 9; *Littbarski* in Littbarski/Tenschert/Klein AVB BHV A1-5.7 Rn. 87 ff.
[46] Vgl. BGH VersR 2016, 1679; vgl. auch *Baumann* in BK-VVG § 155 Rn. 28; *Voit/Knappmann* in Prölss/Martin, 27. Aufl. 2004, § 155 Rn. 5., *Lücke* in Prölss/Martin § 107 Rn. 8; *Retter* in Schwintowski/Brömmelmeyer/Ebers § 107 Rn. 9; *Schulze Schwienhorst* in Looschelders/Pohlmann § 107 Rn. 6; *Langheid* in Langheid/Rixecker § 107 Rn. 5.

liegenden Zeitraum gewährt worden sind, noch Leistungen für ein Schmerzensgeld, das in Gestalt einer Rente festgesetzt worden ist, abgezogen werden. Derartige Leistungen sind vielmehr bei der Berechnung des Kapitalwertes der Rente zu berücksichtigen.[47]

Auch die Kosten des Rechtsschutzes werden wegen der Regelung des § 101 Abs. 2 S. 1 bzw. **28** der des § 150 Abs. 2 S. 1 VVG aF nicht berücksichtigt, wenn sie zusammen mit den Aufwendungen des Versicherers zur Freistellung des Versicherungsnehmers die Versicherungssumme übersteigen.[48] Dies gilt aufgrund der Bestimmung des § 101 Abs. 2 S. 2 bzw. der des § 150 Abs. 2 S. 2 VVG aF auch für Zinsen, die der Versicherungsnehmer infolge einer vom Versicherer veranlassten Verzögerung der Befriedigung des Dritten diesem schuldet.[49]

Aus der Zuordnung der vorstehend genannten verschiedenen Leistungen zu den etwaigen **29** sonstigen Leistungen folgt, dass diese die im Versicherungsschein und seinen Nachträgen genannte **Versicherungssumme verringern** und daher nicht für die Rente zur Verfügung stehen.[50] Aus der Sicht des Dritten betrachtet heißt dies, dass dieser die etwaigen sonstigen Leistungen schon vor einer Verrentung vorweg verlangen kann und er damit verbunden insoweit auch keine Verrentung hinnehmen muss.[51]

Zusammengefasst lässt sich daher die Versicherungssumme nach § 107 Abs. 1 als **vereinbarte 30 Versicherungssumme abzüglich der sonstigen Leistungen** umschreiben.[52] Somit ist nur die sich danach ergebende verbleibende, restliche Versicherungssumme für die Befriedigung von Rentenforderungen zu verwenden, so dass auch allein die Rente und nicht die Kapitalforderung gekürzt wird.[53] Anders formuliert heißt dies, dass die Kapitalforderung Vorrang vor der Rentenforderung hat und daher Priorität genießt.[54]

3. Begriff des Kapitalwertes der Rente. Wesentlich für die nähere Bestimmung des von **31** § 107 erfassten Rentenanspruchs ist weiterhin, dass sich der in § 107 Abs. 1 bzw. in § 155 Abs. 1 VVG aF im Nebensatz „…, wenn die Versicherungssumme den Kapitalwert der Rente nicht erreicht, …" verwendete **Begriff des Kapitalwertes der Rente** geklärt wird, da nur so dessen Verhältnis zur Versicherungssumme konkretisiert werden kann. Dabei ist zu beachten, dass der Begriff des Kapitalwertes ohne genauere Umschreibung oder gar Legaldefinition sich nur in den genannten Vorschriften und nicht etwa in anderen Bestimmungen des VVG zur Haftpflichtversicherung findet und deshalb aus sich heraus allein nicht verständlich ist. Hintergrund hierfür ist, dass der Kapitalwert der Rente wie die Versicherungssumme[55] von den besonderen Umständen des Einzelfalles abhängig ist und daher der individuellen Vereinbarung des Versicherers und des Versicherungsnehmers im Versicherungsvertrag unterliegt.[56] Mithin ergibt sich die Ermittlung des Kapitalwertes der Rente im Wesentlichen aus dem Versicherungsvertrag,[57] so dass dieser wie die Versicherungssumme letztlich vertragsrechtlicher Natur ist.[58] Dabei bieten die Vorschriften der AHB im Falle ihrer Einbeziehung in den Haftpflichtversicherungsvertrag zumindest gewisse Anhaltspunkte, ohne allerdings der Klärung wirklich dienende Einzelheiten zu nennen.

Während es sich bei den AHB 2002 um die bereits bei der Klärung des Begriffes der Versiche- **32** rungssumme genannte Bestimmung des § 3 IV Ziff. 2 Abs. 1 Satz 1 und Abs. 4 Satz 1 AHB 2002 handelt[59] und zudem auch § 3 IV Ziff. 2 Abs. 2 und 3 AHB 2002 zu berücksichtigen ist,[60] sind bezüglich der AHB 2016 und der AVB BHV die ebenfalls bei der Klärung des Begriffes der Versicherungssumme schon wiedergegebene Ziff. 6.7 Abs. 1 und 3 AHB 2016[61] = A 1-5.7 Abs. 1 und 3 AVB BHV sowie Ziff. 6.7 Abs. 2 AHB 2016 = A 1-5.7 Abs. 2 AVB BHV zu nennen.

---

[47] So zutreffend *Baumann* in BK-VVG § 155 Rn. 28 im Hinblick auf § 155 Abs. 1 VVG aF.
[48] Vgl. hierzu näher → § 101 Rn. 70 ff.
[49] Ebenso *R. Koch* in Bruck/Möller § 107 Rn. 14; vgl. hierzu näher → § 101 Rn. 70 ff.; vgl. ferner *Schimikowski* in HK-VVG AHB 2016 Ziff. 6 Rn. 8 mit dem zutreffenden Hinweis darauf, dass die Versicherungssumme nur die Hauptforderung aus dem Haftpflichtversicherungsvertrag begrenzen kann und aus der fehlenden Erwähnung der Zinsen im AHB keine Abbedigung des § 101 S. 2 ableitbar ist.
[50] Vgl. auch BGH VersR 2006, 1295; 2006, 1679; *Lücke* in Prölss/Martin § 107 Rn. 8.
[51] Vgl. *Lücke* in Prölss/Martin § 107 Rn. 8.
[52] Vgl. *Lücke* in Prölss/Martin § 107 Rn. 8.
[53] Vgl. OGH VersR 1984, 1200 ff.; *Baumann* in BK-VVG § 155 Rn. 28.
[54] Vgl. *Lücke* in Prölss/Martin § 107 Rn. 9; *Retter* in Schwintowski/Brömmelmeyer/Ebers § 107 Rn. 9; *Car* Überschreiten der Deckungssumme S. 84.
[55] Vgl. → Rn. 21 ff.
[56] Vgl. *Baumann* in BK-VVG § 155 Rn. 15; *Retter* in Schwintowski/Brömmelmeyer/Ebers § 107 Rn. 11.
[57] Vgl. *Retter* in Schwintowski/Brömmelmeyer/Ebers § 107 Rn. 11.
[58] Vgl. → Rn. 21.
[59] Vgl. → Rn. 26.
[60] Vgl. zur Rentenzahlung nach § 3 IV Ziff. 2 AHB 2002 näher *Littbarski* AHB § 3 Rn. 222 ff.
[61] Vgl. → Rn. 25.

33 In § 3 IV Ziff. 2 Abs. 2 und 3 AHB 2002 heißt es:

...

Für die Berechnung von Waisenrenten wird das ... Lebensjahr als frühestes Endalter vereinbart.

Für die Berechnung von Geschädigtenrenten wird bei unselbständig Tätigen das vollendete ... Lebensjahr als Endalter vereinbart, sofern nicht durch Urteil, Vergleich oder eine andere Festlegung etwas anderes bestimmt ist oder sich die der Festlegung zugrunde gelegten Umstände ändern.

...

34 Ziff. 6.7 Abs. 2 AHB 2016 und A 1-5.7 Abs. 2 AVB BHV lauten wie folgt:

...

Für die Berechnung des Rentenwertes gilt die entsprechende Vorschrift der Verordnung über den Versicherungsschutz in der Kraftfahrzeug-Haftpflichtversicherung in der jeweils gültigen Fassung zum Zeitpunkt des Versicherungsfalles.

...

35 Aus der Feststellung, dass die Ermittlung des Kapitalwertes der Rente im Wesentlichen aus dem Versicherungsvertrag folgt, mithin vertragsrechtlicher Natur ist[62] sowie ergänzend aus den regelmäßig auf einen Haftpflichtversicherungsvertrag zur Anwendung kommenden Bestimmungen der AHB und der AVB BHV folgt, dass der Kapitalwert der Rente nicht identisch ist mit der in § 843 Abs. 3 BGB getroffenen Regelung, wonach der Verletzte statt der Rente eine Abfindung in Kapital verlangen kann, wenn ein wichtiger Grund vorliegt.[63] Denn während der im Wege der Kapitalisierung ermittelte Abfindungsbetrag endgültig ist, ist der Kapitalbetrag der Rente gegebenenfalls bei jeder Rentenveränderung neu zu berechnen.[64] Dabei ist bezüglich der Neuberechnung zu beachten, dass sie nicht rückwirkend, sondern nur für die Zukunft gilt.[65]

36 **4. Grundsätze der Berechnung des Kapitalwertes der Rente.** Die Berechnung des Kapitalwertes der Rente ist aufgrund der Berücksichtigung einer Vielzahl von Faktoren sowie wegen der Beachtung der Besonderheiten des Einzelfalles komplexer Natur und erweist sich daher in der Praxis regelmäßig als recht schwierig. Dennoch sind in der Rechtsprechung und vor allem in der Literatur einige allgemeine Berechnungsgrundsätze entwickelt worden.

37 So hängt nach allgemein vertretener Auffassung[66] der Kapitalwert der Rente, der bisweilen auch Barwert[67] oder Rentenbarwert[68] genannt wird, nicht nur von der Höhe der einzelnen Rentenraten, sondern auch von der **Dauer der Rentenverpflichtung** sowie von dem **fiktiven Zinsertrag**, der sog. Abzinsung, der zukünftig fällig werdenden Renten ab. Dabei erfolgt die Berechnung nach Ansicht von Rechtsprechung[69] und Literatur[70] nach versicherungsmathematischen Grundsätzen, Wahrscheinlichkeitsgrundsätzen unter Berücksichtigung der Besonderheiten des Einzelfalles und unter Beachtung der sich aus allgemein anerkannten statistischen Unterlagen ergebenden Durchschnittswerte. Hierzu ist regelmäßig die Einholung eines Sachverständigengutachtens erforderlich, das aber die rechtlichen Bewertungsgrundlagen nennen und vorgeben muss.[71]

38 Nicht ganz eindeutig geklärt ist demgegenüber die Beantwortung der Frage, welcher **Zeitpunkt als Rentenbeginn für die Berechnung des Kapitalwertes der Rente maßgeblich**

---

[62] Vgl. → Rn. 31.
[63] Vgl. *Lücke* in Prölss/Martin § 107 Rn. 15.
[64] Vgl. BGH VersR 1981, 283 ff. mit Anm. *Nehls* mit Einzelheiten zu den Berechnungsgrundsätzen der Kapitalabfindung; *Baumann* in BK-VVG § 155 Rn. 22; *Lücke* in Prölss/Martin § 107 Rn. 15; *Retter* in Schwintowski/Brömmelmeyer/Ebers § 107 Rn. 11 und 21.
[65] Vgl. BGH VersR 1980, 132 (134); 1980, 817; *Baumann* in BK-VVG § 155 Rn. 22; *Lücke* in Prölss/Martin § 107 Rn. 15.
[66] *Baumann* in BK-VVG § 155 Rn. 15; *Lücke* in Prölss/Martin § 107 Rn. 11; *Retter* in Schwintowski/Brömmelmeyer/Ebers § 107 Rn. 11.
[67] Vgl. § 3 IV Ziff. 2 Abs. 1 S. 4 AHB 2002 und § 8 Abs. 1 S. 4 KfzPflVV; *Lücke* in Prölss/Martin § 107 Rn. 11.
[68] Vgl. *Baumann* in BK-VVG § 155 Rn. 15.
[69] Vgl. BGH VersR 1980, 132 (133); 1980, 817 (818); BGHZ 97, 52 (55) = VersR 1986, 392 (393); BGH VersR 1991, 172 (173).
[70] Vgl. *Baumann* in BK-VVG § 155 Rn. 15; *Lücke* in Prölss/Martin § 107 Rn. 11; *Langheid* in Langheid/Rixecker § 107 Rn. 6.
[71] Vgl. *R. Johannsen* ZVersWiss 80 (1991), 97 (100); *Lücke* in Prölss/Martin § 107 Rn. 11; *R. Koch* in Bruck/Möller § 107 Rn. 15.

ist. Während früher häufig die Ansicht[72] vertreten wurde, dass die endgültige Klärung, ob Kapitalabfindung nach § 843 Abs. 3 BGB verlangt wird oder nicht, den relevanten Zeitpunkt darstellen sollte, stellt die inzwischen wohl ganz hM[73] auf den Zeitpunkt der Entstehung des Anspruchs dem Grunde nach ab. Dieser Ansicht ist zu folgen, da der Versicherungsnehmer bereits zu diesem Zeitpunkt zur Rentenzahlung verpflichtet ist. Deshalb wäre es verfehlt, annehmen zu wollen, dass es auf den unter Umständen viel späteren Zeitpunkt ankommen könne, zu dem feststeht, dass eine Kapitalabfindung nach § 843 Abs. 3 BGB nicht verlangt wird oder nicht verlangt werden kann.[74]

39 Stellt man mithin entsprechend dem zuvor Gesagten auf den Zeitpunkt der Entstehung des Anspruchs ab, ist bei Unfällen grundsätzlich der Unfalltag als Stichtag anzusehen, wenn dieser Tag zugleich der des tatsächlichen Schadenseintritts ist,[75] da von diesem Tage an die Rente geschuldet wird.[76] Soweit allerdings Ansprüche etwa in Gestalt von vermehrten Bedürfnissen, von Unterhaltsschäden oder von Erwerbsschäden erst später entstehen, ist als entscheidender Zeitpunkt derjenige anzusehen, von dem an die Rente geschuldet wird.[77] Hingegen kommt es in diesen Fällen auf den Fälligkeitszeitpunkt oder den Zeitpunkt der tatsächlichen Rentenzahlung nicht an.[78]

40 Für die Dauer der Rente kommt es maßgeblich darauf an, was im Urteil, im Anerkenntnis oder im Vergleich als Endzeitpunkt der Rente festgelegt wird.[79] Dieser Endzeitpunkt der Rente hängt wiederum entscheidend davon ab, um was für eine Art von Rentenverpflichtung es sich handelt.[80] Diese kann einmal eine Rente auf Lebenszeit, zum anderen aber auch eine Rente sein, die bis zu einem bestimmten Lebensjahr zu zahlen ist.[81] Nicht zuletzt sind auch aufgeschobene Renten denkbar.[82]

41 Den **Ansatz für die Berechnung des Kapitalwertes** für die verschiedenen Arten der Rentenverpflichtungen bildet bei Haftpflichtversicherungsverträgen, auf die die AHB 2002 oder frühere Fassungen der AHB zur Anwendung kommen, **§ 3 IV Ziff. 2 Abs. 1–4 AHB 2002**, dessen Wortlaut bereits vorstehend wiedergegeben wurde und auf den daher verwiesen werden kann.[83] Soweit demgegenüber die AHB 2016 oder die AVB BHV auf Haftpflichtversicherungsverträge Anwendung finden, gelten Ziff. 6.7 Abs. 1–3 AHB 2016 oder A 1-5.7 Abs. 1–3 AVB BHV, deren jeweiliger Wortlaut ebenfalls bereits genannt wurde und auf den auch insoweit verwiesen werden kann.[84] Zudem gelten aufgrund der Ziff. 6.7 Abs. 2 AHB 2016 oder A 1-5.7 Abs. 2 AVB BHV bei der Berechnung des Rentenwertes die entsprechende Vorschrift der Verordnung über den Versicherungsschutz in der Kraftfahrzeug-Haftpflichtversicherung in der jeweils gültigen Fassung zum Zeitpunkt des Versicherungsfalles.

---

[72] Vgl. *Deichl/Küppersbusch/Schneider* Kürzungs- und Verteilungsverfahren Rn. 64; *Hofmann* FS Stiefel, 1987, 349 (353); Stiefel/*Hofmann*, AKB, 16. Aufl. 1995, § 10 Rn. 151, 159; vgl. ferner *Baumann* in BK-VVG § 155 Rn. 16 mit weiteren Einzelheiten und Nachweisen.

[73] Vgl. BGH VersR 1980, 132 (133); BGHZ 97, 52 (55) = VersR 1986, 392 (393); OGH VersR 1960, 1030; *Baumann* in BK-VVG § 155 Rn. 16; *Voit/Knappmann* in Prölss/Martin, 27. Aufl. 2004, § 155 Rn. 9; *Lücke* in Prölss/Martin § 107 Rn. 12; *Retter* in Schwintowski/Brömmelmeyer/Ebers § 107 Rn. 12; *Langheid* in Langheid/Rixecker § 107 Rn. 7.

[74] So aber *Deichl/Küppersbusch/Schneider* Kürzungs- und Verteilungsverfahren Rn. 64 zu § 10 Abs. 7 AKB aF; hiergegen zu Recht *Baumann* in BK-VVG § 155 Rn. 16; *Lücke* in Prölss/Martin § 107 Rn. 12; *Langheid* in Langheid/Rixecker § 107 Rn. 7; *Harsdorf-Gebhardt*, in Späte/Schimikowski Haftpflichtversicherung, AHB 2014 Ziff. 6 Rn. 57.

[75] Vgl. BGH VersR 1980, 132 (133); BGHZ 97, 52 (55) = VersR 1986, 392 (393); *Baumann* in BK-VVG § 155 Rn. 16; *Lücke* in Prölss/Martin § 107 Rn. 12; *Retter* in Schwintowski/Brömmelmeyer/Ebers § 107 Rn. 12; *Langheid* in Langheid/Rixecker § 107 Rn. 7.

[76] Vgl. *Voit/Knappmann* in Prölss/Martin, 27. Aufl. 2004, § 155 Rn. 9; *Lücke* in Prölss/Martin § 107 Rn. 12; *Baumann* in BK-VVG § 155 Rn. 16; *Retter* in Schwintowski/Brömmelmeyer/Ebers § 107 Rn. 12; *R. Koch* in Bruck/Möller § 107 Rn. 17.

[77] Vgl. *Baumann* in BK-VVG § 155 Rn. 17; *Langheid* in Römer/Langheid § 155 Rn. 6; *Voit/Knappmann* in Prölss/Martin, 27. Aufl. 2004, § 155 Rn. 9; *Lücke* in Prölss/Martin § 107 Rn. 12; *Retter* in Schwintowski/Brömmelmeyer/Ebers § 107 Rn. 11; *Langheid* in Langheid/Rixecker § 107 Rn. 7.

[78] Vgl. *Baumann* in BK-VVG § 155 Rn. 17; *Voit/Knappmann* in Prölss/Martin, 27. Aufl. 2004, § 155 Rn. 9; *Lücke* in Prölss/Martin § 107 Rn. 12; *Langheid* in Langheid/Rixecker § 107 Rn. 7.

[79] Vgl. BGH VersR 1980, 132 (133 f.); *Baumann* in BK-VVG § 155 Rn. 18; *Lücke* in Prölss/Martin § 107 Rn. 13; *Retter* in Schwintowski/Brömmelmeyer/Ebers § 107 Rn. 13; *R. Koch* in Bruck/Möller § 107 Rn. 17.

[80] Vgl. BGH VersR 1980, 132 (133 f.); *Baumann* in BK-VVG § 155 Rn. 18.

[81] Vgl. *Baumann* in BK-VVG § 155 Rn. 18; *Retter* in Schwintowski/Brömmelmeyer/Ebers § 107 Rn. 13.

[82] Vgl. *Baumann* in BK-VVG § 155 Rn. 18.

[83] Vgl. → Rn. 26 und 33.

[84] Vgl. → Rn. 25 und 34.

42   Diese Vorschrift ist § 8 **Kraftfahrzeug-Pflichtversicherungsverordnung** (KfzPflVV) und hat derzeit folgenden Wortlaut:[85]

...

§ 8 (Versicherungsschutz bei Rentenverpflichtungen)

(1) Hat der Versicherungsnehmer an den Geschädigten Rentenzahlungen zu leisten und übersteigt der Kapitalwert der Rente die Versicherungssumme oder den nach Abzug etwaiger sonstiger Leistungen aus dem Versicherungsfall noch verbleibenden Restbetrag der Versicherungssumme, so muss die zu leistende Rente nur im Verhältnis der Versicherungssumme oder ihres Restbetrages zum Kapitalwert der Rente erstattet werden. Der Rentenwert ist aufgrund einer von der Versicherungsaufsichtsbehörde entwickelten oder anerkannten Sterbetafel und/oder Zugrundelegung des Rechnungszinses, der die tatsächlichen Kapitalmarktzinsen in Deutschland berücksichtigt, zu berechnen. Hierbei ist der arithmetische Mittelwert über die jeweils letzten zehn Jahre der Umlaufrenditen der öffentlichen Hand, wie sie von der Deutschen Bundesbank veröffentlicht werden, zugrunde zu legen. Nachträgliche Erhöhungen oder Ermäßigungen der Rente sind zum Zeitpunkt des ursprünglichen Rentenbeginns mit dem Barwert einer aufgeschobenen Rente nach der genannten Rechtsgrundlage zu berechnen.

(2) Für die Berechnung von Waisenrenten kann das 18. Lebensjahr als frühestes Endalter vereinbart werden.

(3) Für die Berechnung von Geschädigtenrenten kann bei unselbständig Tätigen das vollendete 65. Lebensjahr als Endalter vereinbart werden, sofern nicht durch Urteil, Vergleich oder eine andere Festlegung etwas anderes bestimmt ist oder sich die der Festlegung zugrunde gelegten Umstände ändern.

(4) Bei der Berechnung des Betrages, mit dem sich der Versicherungsnehmer an laufenden Rentenzahlungen beteiligen muss, wenn der Kapitalwert der Rente die Versicherungssumme oder die nach Abzug sonstiger Leistungen verbleibende Restversicherungssumme übersteigt, können die sonstigen Leistungen mit ihrem vollen Betrag von der Versicherungssumme abgesetzt werden.

43   Auch wenn diese Vorschrift gewisse Leitlinien für die Berechnung des Kapitalwertes der verschiedenen Arten der Rentenverpflichtung aufstellt, ist doch ihre inhaltliche Beurteilung unter den Autoren, die sich überhaupt zu ihr äußern,[86] umstritten.

44   So nennt *Retter*[87] diese Vorschrift nur zusammen mit Ziff. 6.7 AHB 2008, die wörtlich mit Ziff. 6.7 AHB 2016 und mit A 1-5.7 AVB BHV übereinstimmt, und überträgt die zu § 3 Abs. 3 Nr. 2 AHB 2002[88] existierende Rechtsprechung und Literatur auf Ziff. 6.7 AHB 2008 (= Ziff. 6.7 AHB 2016 = A 1-5.7 AVB BHV) iVm § 8 Abs. 1 KfzPflVV ohne eine weitere, ins Einzelne gehende Diskussion.

45   *Schimikowski*[89] weist sogar optimistisch darauf hin, dass bei Berechnung des Kapitalwertes eine Orientierung an den Vorgaben der KfzPflVV erfolge, was eine verlässliche Berechnungsgrundlage schaffe.

46   Nach *Lücke*[90] kommt es zwar nach Ziff. 6.7 AHB 2016 für die Berechnung des Rentenwertes auf die Verordnung über den Versicherungsschutz in der jeweils gültigen Fassung zum Zeitpunkt des Versicherungsfalles an. Zugleich weist er jedoch auch darauf hin,[91] dass bei Verdienstausfallrenten – wie bei § 10 Nr. 7 AKB 2007 – im Allgemeinen noch von einem Endalter von 65 Jahren bei unselbständig Tätigen und von 68 Jahren bei Selbständigen ausgegangen werden könne. Allerdings sei aber – so hebt *Lücke*[92] zudem hervor – eine Heraufsetzung des Rentenalters zu berücksichtigen.

47   *Klimke*[93] äußert sich demgegenüber recht differenziert zu § 8 KfzPflVV. So übernimmt nach seiner Ansicht diese Vorschrift die Grundsatzentscheidung des § 107. Auch gingen die verlangten Mindestanforderungen teilweise zugunsten des Versicherungsnehmers über die bisherige Übung hinaus. Die Sterbetafel sei aktualisiert, der Zinsfuß höher. Bei selbständig Tätigen sei ein fiktives Rentenende nicht mehr vereinbar, was nur noch aufgrund des § 8 Abs. 3 KfzPflVV für Unselbstän-

---

[85] BGBl. 1994 I S. 1837 in der Fassung vom 24.4.2013 (BGBl. I S. 932).
[86] Vgl. *Lücke* in Prölss/Martin § 107 Rn. 13; *Klimke* in Prölss/Martin KfzPflVV § 8 Rn. 1 ff.; *Retter* in Schwintowski/Brömmelmeyer/Ebers § 107 Rn. 13 f.; *Schimikowski* in HK-VVG AHB 2016 Ziff. 6 Rn. 11; *Littbarski* PHi 2006, 82 (84).
[87] *Retter* in Schwintowski/Brömmelmeyer/Ebers § 107 Rn. 13 f.
[88] Gemeint dürfte wohl § 3 IV Ziff. 2 Abs. 1 AHB 2002 sein; vgl. hierzu → Rn. 26.
[89] *Schimikowski* in HK-VVG AHB 2016 Ziff. 6 Rn. 11.
[90] *Lücke* in Prölss/Martin § 107 Rn. 13.
[91] *Lücke* in Prölss/Martin § 107 Rn. 13 unter Bezugnahme auf BGH VersR 1980, 132.
[92] *Lücke* in Prölss/Martin § 107 Rn. 13.
[93] *Klimke* in Prölss/Martin KfzPflVV § 8 Rn. 2.

dige vorgesehen sei.[94] Im Hinblick auf § 8 Abs. 4 KfzPflVV sei die Wirksamkeit dieser Bestimmung fraglich.[95] Sie übernehme § 10 Abs. 7 AKB (in der zuletzt vom BAV genehmigten Fassung) und könne in Einzelfällen gegen § 109 verstoßen. Bei mehreren Geschädigten würde der Kapitalgläubiger gegenüber dem Rentengläubiger bevorzugt, da nur für den Letzteren die unzureichende Versicherungssumme nachteilig wäre. In diesen Fällen verdrängten §§ 109, 118 Abs. 1 Nr. 1 als übergeordnetes Recht § 8 Abs. 4 KfzPflVV. Eine Bevorzugung von Sachschäden sei aber schon nach § 118 Abs. 1 unwirksam.[96]

Der *Verfasser*[97] hat schließlich bereits vor dem weitgehenden Inkrafttreten des VVG am **48** 1.1.2008 und der Neufassung der Ziff. 6.7 Abs. 2 AHB 2008 iVm § 8 KfzPflVV **grundsätzliche Bedenken gegenüber solchen Regelungen aus Transparenzgründen** erhoben. Zur Begründung[98] hat er Zweifel daran geäußert, ob Versicherungsnehmer bereit oder in der Lage wären, die für sie jeweils geltende entsprechende Vorschrift zur Berechnung des Rentenwertes zu suchen oder gar zu finden. Dem stehe auch nicht der Hinweis des GDV[99] entgegen, wonach die AKB eine identische Regelung vorsähen. Denn hiermit allein sei dem Erfordernis einer entsprechenden Transparenz nicht Genüge getan, da sich auch im Bereich der Kraftfahrzeughaftpflichtversicherung die Suche nach der für den Versicherungsnehmer geltenden Vorschrift im Regelfall für diesen als schwierig und damit mit den gleichen Problemen wie in Ziff. 6.7 Abs. 2 AHB 2006 belastet darstellen dürfte.[100]

Diese grundsätzlichen Bedenken bestehen in Anbetracht einer seither nicht veränderten Rechts- **49** lage uneingeschränkt weiter und finden durch die zuvor geschilderten divergierenden, teilweise sogar völlig konträren Auffassungen in der Literatur zu Ziff. 6.7 Abs. 2 AHB 2016 = A 1-5.7 Abs. 2 AVB BHV iVm § 8 KfzPflVV ihre zusätzliche Bestätigung. Daher wäre es im Gefolge der Strukturreform der Allgemeinen Haftpflichtversicherung durch den GDV vom 25.4.2014 dessen ganz wesentliche Aufgabe gewesen, insoweit klarstellende und für jedermann verständliche Regelungen zur Berechnung des Kapitalwertes der Rente zu schaffen. Dies ist aber nicht einmal ansatzweise geschehen. Aufgrund dieser Unterlassung des GDV besteht die Gefahr, dass die Rechtsprechung im Falle der Befassung mit dieser Frage die einer Vielzahl von Verträgen zugrunde liegenden Regelungen der Ziff. 6.7 Abs. 2 AHB 2016 sowie von A 1-5.7 Abs. 2 AVB BHV aufgrund der Bezugnahme auf § 8 KfzPflVV dem Verdikt des § 305c Abs. 2 BGB bzw. dem des § 307 Abs. 1 BGB aussetzen wird.[101] Denn während nach § 305c Abs. 2 BGB Zweifel bei der Auslegung Allgemeiner Geschäftsbedingungen zu Lasten des Verwenders gehen, sind gemäß § 307 Abs. 1 S. 1 BGB Bestimmungen in Allgemeinen Geschäftsbedingungen unwirksam, wenn sie den Vertragspartner des Verwenders entgegen den Geboten von Treu und Glauben unangemessen beachteiligen. Eine unangemessene Benachteiligung kann sich aber nach § 307 Abs. 1 S. 2 BGB auch daraus ergeben, dass die Bestimmung nicht klar und unverständlich ist.

5. Verhältnis des Kapitalwertes der Rente zur Versicherungssumme. Auch wenn die **50** Berechnung des Kapitalwertes der Rente im Einzelfall in der Praxis erhebliche Schwierigkeiten bereitet und die teilweise für maßgeblich erachteten Berechnungsgrundsätze aus den vorstehend genannten Gründen wenig zu überzeugen vermögen und daher eine grundlegende Überarbeitung dieser Grundsätze dringend angezeigt erscheinen lassen,[102] kann es doch keinen Zweifel daran geben, dass die Eintrittspflicht des Versicherers bezüglich eventueller Rentenforderungen sich

---

[94] *Klimke* in Prölss/Martin KfzPflVV § 8 Rn. 2.
[95] *Klimke* in Prölss/Martin KfzPflVV § 8 Rn. 3.
[96] *Klimke* in Prölss/Martin KfzPflVV § 8 Rn. 3.
[97] *Littbarski* PHi 2006, 82 (84); vgl. auch *R. Koch* in Bruck/Möller § 107 Rn. 18 und *Lücke* in Prölss/Martin § 107 Rn. 13.
[98] *Littbarski* PHi 2006, 82 (84).
[99] Vgl. Anlage 2 zum Rundschreiben 0456/2006 des Gesamtverbandes der Deutschen Versicherungswirtschaft eV vom 27.1.2006 an die Vorstände der die Allgemeine Haftpflichtversicherung betreibenden Mitgliedsunternehmen, S. 7.
[100] *Littbarski* PHi 2006, 82 (84).
[101] Näher zur Strukturreform der Allgemeinen Haftpflichtversicherung durch den GDV vom 25.8.2014 *Littbarski* in Littbarski/Tenschert/Klein AVB BHV Einl. Rn. 1 ff. sowie → Vor § 100 Rn. 44 f.; Einzelheiten zu A 1-5.7 Abs. 2 AVB BHV bei *Littbarski* in Littbarski/Tenschert/Klein AVB BHV, A 1-5.7 Rn. 87 ff.; vgl. zur Problematik klarstellender und für jedermann verständlicher Regelungen auch *R. Johannsen* ZVersWiss 80 (1991), 97 (103) zum Verhältnis von § 155 VVG aF zu § 10 Abs. 7 AKB aF, wonach Bedenken gegenüber der für den AKB-Bereich gewählten Regelung letzten Endes darin lägen, dass der Versicherungsnehmer diese Zusammenhänge nicht erkenne und demgemäß nicht wisse, dass eine solche Vergleichsrechnung jeweils vorzunehmen sei.
[102] Vgl. → Rn. 49.

ausschließlich nach dem Kapitalwert der Rente bestimmt.[103] Sofern daher dieser Kapitalwert innerhalb der im Versicherungsvertrag vereinbarten Versicherungssumme bleibt, ist der Versicherer uneingeschränkt eintrittspflichtig.[104] Dabei kann und wird sich der Versicherer schon im eigenen Interesse nicht etwa mit der einmaligen Feststellung seiner Eintrittspflicht begnügen. Vielmehr hat er stets neu die Versicherungssumme daraufhin zu überprüfen, ob sie noch ausreicht, weil sich durch spätere, von der Rente unabhängige Zahlungen oder durch Erhöhung der Rente selbst die Verhältnisse geändert haben[105] oder ob der Kapitalwert der Rente die Versicherungssumme nunmehr übersteigt.

51 In diesem Falle des Übersteigens des Kapitalwertes der Rente im Verhältnis zu der zur Verfügung stehenden Versicherungssumme ist der Versicherer gemäß der Regelung des § 107 Abs. 1 nur zur Zahlung eines verhältnismäßigen Teils der Rente verpflichtet, wodurch zugleich die Grundlage für das vom Versicherer durchzuführende Kürzungsverfahren gegeben ist.

52 Diesem Kürzungsverfahren wird nach allgemein vertretener Auffassung[106] folgende Berechnungsformel zugrunde gelegt:

$$\text{Vom Versicherer zu leistender Rentenanteil} = \frac{\text{volle Rente} \times \text{Versicherungssumme}}{\text{Kapitalwert der Rente}}$$

Während unter der vollen Rente der Rentenbetrag zu verstehen ist, zu dessen Leistung der Versicherungsnehmer gegenüber dem Dritten aufgrund eines Urteils im Haftpflichtprozess, eines Anerkenntnisses oder eines Vergleichs verpflichtet ist, ist der vom Versicherer zu leistende Rentenanteil derjenige Teilbetrag der vollen Rente, der sich als Freistellungsanspruch des Versicherungsnehmers gegenüber dem Versicherer aufgrund des Versicherungsvertrages darstellt und der der Versicherer deshalb an den Dritten zu zahlen hat.[107]

53 Um dies an einem Beispiel zu verdeutlichen:[108]

> Hat der Versicherungsnehmer an den Dritten eine Monatsrente von 1.200 EUR zu leisten und beträgt der Kapitalwert der Rente 300.000 EUR, während die Versicherungssumme 240.000 EUR umfasst, beträgt der vom Versicherer an den Dritten monatlich zu leistende Rentenanteil 960 EUR.

54 Ergänzend zu dem zuvor Gesagten ist darauf hinzuweisen, dass nach einer vom OLG Düsseldorf[109] zu Recht zu § 155 Abs. 1 VVG aF vertretenen und in der Literatur[110] weitgehend geteilten Auffassung keine Verpflichtung für den Versicherer besteht, künftige Ansprüche des Dritten auf Kapital zu berücksichtigen bzw. die Rentenhöhe neu zu ermitteln, wenn die Versicherungssumme durch bisher geleistete Kapitalzahlungen und den Kapitalwert der Rente voll ausgeschöpft ist und der Versicherer eine verbindliche Zusage über die von ihm zu leistenden Rentenzahlungen abgegeben hat.

55 Jedoch darf der Versicherer die Rentenzahlungen nicht völlig einstellen, wenn er die rechtzeitige Kürzung der Rente versäumt und dadurch das Ausschöpfen der Versicherungssumme bewirkt hat.[111]

56 Dem mit § 107 Abs. 1 bzw. mit § 155 Abs. 1 VVG aF **spekulativen Charakter des Kürzungsverfahrens** im Hinblick auf eine langfristig wirkende Berechnung der Rente entsprechend[112] ist auch anerkannt, dass Versicherer und Versicherungsnehmer das **Risiko tragen** müssen, unter Umständen finanzielle Nachteile zu erleiden, ohne zugleich wechselseitige Ausgleichs- oder Erstattungsansprüche zu haben.[113] Dementsprechend sind auch bereits gezahlte Rentenanteile bei einer

---

[103] Vgl. *Baumann* in BK-VVG § 155 Rn. 12.
[104] Vgl. *Baumann* in BK-VVG § 155 Rn. 12.
[105] Vgl. BGH VersR 1980, 132 (134 f.); *Wenke* VersR 1983, 900 (901); *Baumann* in BK-VVG § 155 Rn. 13; *Retter* in Schwintowski/Brömmelmeyer/Ebers § 107 Rn. 21.
[106] Vgl. *Baumann* in BK-VVG § 155 Rn. 27 f.; *Voit/Knappmann* in Prölss/Martin, 27. Aufl. 2004, § 155 Rn. 4; *Lücke* in Prölss/Martin § 107 Rn. 7; *Retter* in Schwintowski/Brömmelmeyer/Ebers § 107 Rn. 19 f.; *R. Koch* in Bruck/Möller § 107 Rn. 21 f.
[107] Vgl. auch *Lücke* in Prölss/Martin § 107 Rn. 7.
[108] Vgl. auch *Retter* in Schwintowski/Brömmelmeyer/Ebers § 107 Rn. 19.
[109] OLG Düsseldorf VersR 1985, 485 (486).
[110] Vgl. *Baumann* in BK-VVG § 155 Rn. 30; *Voit/Knappmann* in Prölss/Martin, 27. Aufl. 2004, § 155 Rn. 14; *Lücke* in Prölss/Martin § 107 Rn. 17; *Retter* in Schwintowski/Brömmelmeyer/Ebers § 107 Rn. 21; *Langheid* in Langheid/Rixecker § 107 Rn. 9 f.; *R. Koch* in Bruck/Möller § 107 Rn. 14.
[111] Vgl. BGH VersR 1980, 817 (818); *Baumann* in BK-VVG § 155 Rn. 30; *R. Koch* in Bruck/Möller § 107 Rn. 14.
[112] Vgl. → Rn. 9.
[113] Vgl. BGH VersR 1980, 817 (818) = NJW 1980, 2524 (2525); OGH VersR 1960, 1030; *Baumann* in BK-VVG § 155 Rn. 31; *Voit/Knappmann* in Prölss/Martin, 27. Aufl. 2004, § 155 Rn. 3; *Lücke* in Prölss/Martin § 107 Rn. 6; *Retter* in Schwintowski/Brömmelmeyer/Ebers § 107 Rn. 21.

nachträglichen Rentenminderung nicht zu erstatten, wie einmal das frühere BAV im Hinblick auf § 155 Abs. 1 VVG aF hervorgehoben hat.[114]

Hingegen hat der Versicherer unter Umständen Bereicherungsansprüche nach den §§ 812 ff. BGB gegen den Rentenberechtigten, wenn an diesen zu viele Rentenbeträge gezahlt wurden.[115] Allerdings kann der Versicherer diese Beträge nicht mit noch fälligen Raten verrechnen.[116] **57**

Im Übrigen ist darauf aufmerksam zu machen, dass im Falle der Vereinbarung der AHB 2016 die Bestimmung der Ziff. 5.4 AHB 2016 und bei Vereinbarung der AVB BHV die Regelung A 1-4.4 AVB BHV zur Anwendung kommt. Zwar weichen beide Vorschriften im Wortlaut geringfügig voneinander ab. Inhaltlich stimmen sie aber überein. Die in der Praxis bisher noch häufiger verwendete Ziff. 5.4 AHB 2016 lautet: **58**

...

Erlangt der Versicherungsnehmer oder ein Mitversicherter das Recht, die Aufhebung oder Minderung einer zu zahlenden Rente zu fordern, so ist der Versicherer zur Ausübung dieses Rechts bevollmächtigt.

...

Damit weichen diese Vorschriften zumindest im Wortlaut nicht ganz unerheblich von § 5 Ziff. 6 AHB 2002[117] ab, der wie folgt formuliert ist: **59**

...

Wenn der Versicherungsnehmer infolge veränderter Verhältnisse das Recht erlangt, die Aufhebung oder Minderung einer zu zahlenden Rente zu fordern, so ist er verpflichtet, dieses Recht auf seinen Namen von dem Versicherer ausüben zu lassen. Die Bestimmungen unter Ziff. 3 bis 5 finden entsprechende Anwendung.[118]

Zwar kann es keine Zweifel daran geben, dass sowohl von Ziff. 5.4 AHB 2016 = A 1-4.4 AVB BHV als auch von § 5 Ziff. 6 AHB 2002 etwa die Fälle erfasst werden, in denen der Empfänger einer sich aus § 843 BGB ergebenden Erwerbsunfähigkeitsrente wegen der wiederhergestellten Gesundheit keinen Verdienstausfall hat bzw. eine Witwe, die aus Anlass der Tötung ihres Ehemannes eine Rente bezieht, sich jedoch wieder verheiratet.[119] **60**

Nicht beantwortet wird jedoch in Ziff. 5.4 AHB 2016 = A 1-4.4 AVB BHV die Frage, ob wie im Falle der Anwendbarkeit des § 5 Ziff. 6 AHB 2002 den Versicherungsnehmer eine entsprechende Schadensminderungspflicht trifft,[120] da in Ziff. 5.4 AHB 2016 = A 1-4.4 AVB BHV nicht mehr ausdrücklich auf eine Schadensminderungspflicht des Versicherungsnehmers verwiesen wird[121] oder eine solche zumindest in irgendeiner Weise im Ansatz zum Ausdruck kommt. Im Ergebnis wird man aber auch unter der Geltung der Ziff. 5.4 AHB 2016 = A 1-4.4 AVB BHV von einer diesbezüglichen **Schadensminderungspflicht des Versicherungsnehmers** auszugehen haben.[122] Dafür spricht bereits die allgemeine Regelung des § 82 Abs. 1 VVG, wonach der Versicherungsnehmer bei Eintritt des Versicherungsfalles nach Möglichkeit für die Abwendung und Minderung des Schadens zu sorgen hat.[123] Damit korrespondierend und noch etwas genauer konkretisierend kommt im Falle der Geltung der AHB 2016 auch Ziff. 25.2 AHB 2016 zur Anwendung, in dem es heißt: **61**

...

25.2 Der Versicherungsnehmer muss nach Möglichkeit für die Abwendung und Minderung des Schadens sorgen. Weisungen des Versicherers sind dabei zu befolgen, soweit es für den Versicherungsnehmer zumutbar ist. Er hat dem Versicherer ausführliche und wahrheitsgemäße Schadensberichte zu erstatten und ihn bei der Schadensermittlung und -regulierung zu unterstützen. Alle Umstände, die nach Ansicht des Versicherers für die Bearbeitung des Schadens wichtig sind, müssen mitgeteilt sowie alle dafür angeforderten Schriftstücke übersandt werden.

...

---

[114] Vgl. Geschäftsbericht des BAV 1970, 83 (84).
[115] Vgl. BGH VersR 1980, 817 (818); *Baumann* in BK-VVG § 155 Rn. 31; ablehnend gegenüber einer „Direktkondiktion" gegen den Rentenberechtigten *R. Koch* in Bruck/Möller § 107 Rn. 27.
[116] Vgl. BGH VersR 1980, 817 (818); *Baumann* in BK-VVG § 155 Rn. 31.
[117] Vgl. hierzu näher *Littbarski* AHB § 5 Rn. 126 ff.
[118] Gemeint ist hiermit § 5 Ziff. 3–5 AHB 2002, der verschiedene Obliegenheiten des Versicherungsnehmers statuiert; vgl. hierzu näher *Littbarski* AHB § 5 Rn. 47–125.
[119] Vgl. *Littbarski* AHB § 5 Rn. 127; *Littbarski* in Littbarski/Tenschert/Klein AVB BHV A1-4.4 Rn. 68 ff., jeweils mwN; vgl. auch *Schimikowski* in HK-VVG AHB 2016 Ziff. 5 Rn. 11.
[120] Vgl. zu § 5 Ziff. 6 AHB 2002 näher *Littbarski* AHB § 5 Rn. 127 mwN.
[121] So zutreffend *Lücke* in Prölss/Martin AHB 2016 Ziff. 5 Rn. 38.
[122] Ebenso *Lücke* in Prölss/Martin AHB 2016 Ziff. 5 Rn. 38.
[123] Ebenso *Lücke* in Prölss/Martin AHB 2016 Ziff. 5 Rn. 38; *R. Koch* in Bruck/Möller § 107 Rn. 28.

Vom Wortlaut etwas abweichend, im Inhalt aber hiermit übereinstimmend finden bei der Vereinbarung der AVB BHV B 3-3.2.1 S. 1 und 2 AVB BHV sowie B 3-3.2.2 b) AVB BHV Anwendung. B 3-3.2.1 S. 1 und 2 AVB BHV lautet:

Er hat nach Möglichkeit für die Abwendung und Minderung des Schadens zu sorgen. Dabei hat der Versicherungsnehmer Weisungen des Versicherers, soweit für ihn zumutbar, zu befolgen sowie Weisungen – gegebenenfalls auch mündlich oder telefonisch – einzuholen, wenn die Umstände dies gestatten.

...

In B 3-3.2.2 b) AVB BHV heißt es:

...

Er hat dem Versicherer ausführliche und wahrheitsgemäße Schadensberichte zu erstatten und ihn bei der Schadensermittlung und -regulierung zu unterstützen. Alle Umstände, die nach Ansicht des Versicherers für die Bearbeitung des Schadens wichtig sind, müssen mitgeteilt sowie alle dafür angeforderten Schriftstücke übersendet werden.

62 Nicht zuletzt weist *Lücke*[124] zutreffend darauf hin, dass eine Schadensminderungspflicht auch deshalb zu bejahen sein dürfte, weil das Versicherungsverhältnis in besonderem Maße von den Grundsätzen von Treu und Glauben geprägt ist, die es gebieten, den Vertragspartner auf ihm zustehende unbekannte Rechte hinzuweisen, von denen er ohne den Hinweis sonst keine Kenntnis erhielte.

C. Einzelheiten zur Regelung des Abs. 2

I. Allgemeines

63 Hat der Versicherungsnehmer für die von ihm geschuldete Rente dem Dritten kraft Gesetzes Sicherheit zu leisten, erstreckt sich nach § 107 Abs. 2 S. 1 die Verpflichtung des Versicherers auf die Leistung der Sicherheit. Zudem gilt Absatz 1 nach § 107 Abs. 2 S. 2 entsprechend, also die Regelung des § 107 Abs. 1.

64 Wie der Wortlaut des § 107 Abs. 2 S. 1 zeigt, sieht zwar diese Vorschrift eine Erstreckung der Verpflichtung des Versicherers auf die Sicherheitsleistung vor, sofern der Versicherungsnehmer eine solche für die von ihm geschuldete Rente dem Dritten kraft Gesetzes zu leisten hat. Nicht beantwortet werden aber durch § 107 Abs. 2 S. 1 die Fragen, um welche Art und um welchen Umfang der Sicherheitsleistung des Versicherungsnehmers es sich handeln muss und welche Besonderheiten im Hinblick auf die Haftpflichtversicherung gegebenenfalls zu berücksichtigen sind.

65 Hieran anknüpfend gilt es aber auch zu klären, welche Bedeutung der Bestimmung des § 107 Abs. 2 S. 2 zukommt, wonach durch die Verweisung auf Absatz 1 § 107 Abs. 1 entsprechend gilt.

II. Verpflichtung des Versicherungsnehmers zur Sicherheitsleistung gegenüber dem Dritten nach Abs. 2 S. 1 und die sich daraus ergebenden Folgen

66 Nach einer in der Literatur zu § 155 Abs. 2 VVG aF vertretenen Auffassung[125] bestimmt sich nach den jeweiligen Umständen, ob und wie vom ersatzpflichtigen Versicherungsnehmer eine Sicherheitsleistung erbracht werden muss. Hiermit wird von den genannten Autoren[126] und diesen im Ergebnis allgemein folgendem Schrifttum[127] zu Recht auf § 843 Abs. 2 S. 2 BGB verwiesen, wonach sich nach den Umständen bestimmt, ob, in welcher Art und für welchen Betrag der nach § 843 Abs. 1 BGB durch Entrichtung einer Geldrente zur Leistung von Schadensersatz Ersatzpflichtige Sicherheit zu leisten hat.

67 Nicht beachtet wird demgegenüber ganz überwiegend,[128] dass neben § 843 Abs. 2 S. 2 BGB auch noch andere Vorschriften die grundsätzliche **Möglichkeit der Leistung von Sicherheit**

---

[124] *Lücke* in Prölss/Martin AHB 2016 Ziff. 5 Rn. 38.
[125] Vgl. *Baumann* in BK-VVG § 155 Rn. 34; vgl. auch *Späte* AHB § 3 Rn. 38; *Langheid* in Römer/Langheid § 155 Rn. 17.
[126] Vgl. die soeben in Fn. 125 Genannten.
[127] Vgl. *Voit/Knappmann* in Prölss/Martin, 27. Aufl. 2004, § 155 Rn. 15; *Lücke* in Prölss/Martin § 107 Rn. 18; *Langheid* in Langheid/Rixecker § 107 Rn. 18; *Schulze Schwienhorst* in Looschelders/Pohlmann § 107 Rn. 7; *G. Wagner* in MüKoBGB §§ 842, 843 Rn. 79 f.
[128] Ausnahmen bilden nur *Baumann* in BK-VVG § 155 Rn. 34, der ganz allgemein auf die einschlägigen Bestimmungen der Nebengesetze verweist und *Schulze Schwienhorst* in Looschelders/Pohlmann § 107 Rn. 7, nach dessen Auffassung sich eine gesetzliche Verpflichtung des Versicherungsnehmers zur Sicherheitsleistung etwa aus § 843 Abs. 2 BGB sowie aus § 13 Abs. 2 StVG und aus § 8 Abs. 2 HaftPflG ergeben kann.

durch den Ersatzpflichtigen eröffnen, wenn dieser dem Verletzten durch Entrichtung einer Geldrente Schadensersatz zu leisten hat. Diese grundsätzliche Möglichkeit der Leistung von Sicherheit durch den Ersatzpflichtigen wird gesetzestechnisch in den jeweiligen Haftungsnormen dadurch realisiert, dass § 843 Abs. 2 S. 2 BGB mit Formulierungen wie „... die Vorschrift des § 843 Abs. 2 bis 4 findet entsprechende Anwendung", „Die Vorschriften des § 843 Abs. 2 bis 4 des Bürgerlichen Gesetzbuchs finden entsprechende Anwendung" oder „§ 843 Abs. 2 bis 4 des Bürgerlichen Gesetzbuchs ist entsprechend anwendbar" für entsprechend anwendbar erklärt wird. Zu nennen sind in diesem Zusammenhang etwa § 618 Abs. 3 BGB, § 844 Abs. 2 S. 1 Hs. 2 BGB, § 845 S. 2 BGB, § 62 Abs. 3 HGB, § 8 Abs. 2 HaftPflG, § 13 Abs. 2 StVG, § 38 Abs. 2 LuftVG, § 9 Abs. 2 ProdHaftG, § 14 Abs. 2 UmweltHG, § 32 Abs. 6 S. 2 GenTG und § 30 Abs. 2 AtG.

Unzweifelhaft ist dagegen aufgrund des insoweit eindeutigen Wortlautes des § 843 Abs. 2 S. 2 **68** BGB, dass der Geschädigte **keinen Anspruch auf Stellung einer Sicherheit durch den Ersatzpflichtigen** hat, weil dieser wegen des unter Umständen erheblichen Umfangs kumulierter Rentenansprüche mit einer solchen Verpflichtung zu stark belastet würde.[129] Aus diesem Grunde steht die Anordnung der sich im Einzelnen nach den §§ 232–240 BGB richtenden Sicherheitsleistung im Ermessen des Gerichts, und zwar im pflichtgemäßen Ermessen[130] und nicht nur in dem des freien Ermessens,[131] da die Entscheidung über die Sicherheitsleistung mit den Rechtsmitteln der Berufung und Revision anfechtbar und damit gerichtlich überprüfbar ist.[132]

Allgemein anerkannt ist seit einer Entscheidung des RG vom 7.5.1938,[133] dass bei der Ermes- **69** sensentscheidung, ob, in welcher Art und für welchen Betrag der Ersatzpflichtige Sicherheit zu leisten hat, dessen wirtschaftlichen Verhältnisse zu berücksichtigen sind.[134] Soweit danach Zweifel an der gegenwärtigen oder zukünftigen Zahlungsfähigkeit oder Zahlungswilligkeit des Ersatzpflichtigen verbleiben, ist der Ersatzpflichtige grundsätzlich zur Sicherheitsleistung zu verurteilen, wenn dadurch die Chancen auf die Durchsetzung des Rentenanspruchs verbessert werden können.[135]

Derartige Überlegungen greifen aber im Einklang mit der zuvor genannten Entscheidung des **70** RG[136] nach allgemein vertretener Auffassung[137] beim Bestehen einer Haftpflichtversicherung unter der Voraussetzung nicht durch, dass der durch diese gewährleistete Versicherungsschutz eine Sicherheitsleistung, die sonst dem Haftpflichtigen zuzumuten wäre, entbehrlich mache. Seit dieser Entscheidung des RG ist daher im Regelfall das Bedürfnis nach einer Sicherheitsleistung zu verneinen. Dies gilt insbesondere, wenn dem Geschädigten gegen den Versicherer ein Direktanspruch zusteht,[138] was durch die Neuregelung des § 115 in recht weitgehendem Umfang ermöglicht wird. Aber auch die Bestimmungen der §§ 108–110 stellen entsprechende Schutzbestimmungen zugunsten des Geschädigten dar, die das Bedürfnis für eine Sicherheitsleistung durch den Versicherungsnehmer weitgehend entfallen lassen.

Im Übrigen bieten gegebenenfalls das **selbständige Verfahren der Nachforderungsklage** **71** **zur Sicherheitsleistung** gemäß § 324 ZPO[139] sowie die Bestimmungen der § 13 Abs. 3 StVG, § 8 Abs. 3 HaftPflG, § 38 Abs. 3 S. 1 LuftVG und § 30 Abs. 3 AtG weitere Möglichkeiten für den Geschädigten, eine Sicherheitsleistung vom Versicherungsnehmer als dem Schädiger zu verlangen.

§ 324 ZPO lautet: **72**

> Ist bei einer nach den §§ 843–845 oder §§ 1569–1586b des Bürgerlichen Gesetzbuchs erfolgten Verurteilung zur Entrichtung einer Geldrente nicht auf Sicherheitsleistung erkannt, so kann der Berechtigte gleichwohl Sicherheitsleistung verlangen, wenn sich die Vermögensverhältnisse des Verpflichteten erheblich verschlechtert haben; unter der gleichen Voraussetzung kann er eine Erhöhung der in dem Urteil bestimmten Sicherheit verlangen.

Regelt § 324 ZPO das Recht auf Nachforderung einer Sicherheitsleistung nur für die deliktische **73** Schadensersatzrente und den Geschiedenenunterhalt, enthalten § 13 Abs. 3 StVG, § 8 Abs. 3

---

[129] Vgl. auch *G. Wagner* in MüKoBGB §§ 842, 843 Rn. 79.
[130] So zu Recht *G. Wagner* in MüKoBGB §§ 842, 843 Rn. 79; ebenso *R. Koch* in Bruck/Möller § 107 Rn. 29.
[131] So aber *Sprau* in Grüneberg BGB § 843 Rn. 16; *Vieweg* in Staudinger BGB § 843 Rn. 33; *Baumann* in BK-VVG § 155 Rn. 34; *Schulze Schwienhorst* in Looschelders/Pohlmann § 107 Rn. 7.
[132] Vgl. RGZ 69, 296 (297 f.); *G. Wagner* in MüKoBGB §§ 842, 843 Rn. 79; vgl. demgegenüber RGZ 157, 348 (358), wonach Aufklärung und Prüfung dem Tatrichter überlassen bleiben müsse.
[133] RGZ 157, 348 (350).
[134] Vgl. *Sprau* in Grüneberg BGB § 843 Rn. 16; *G. Wagner* in MüKoBGB §§ 842, 843 Rn. 80.
[135] Vgl. auch *G. Wagner* in MüKoBGB §§ 842, 843 Rn. 80; *Sprau* in Grüneberg BGB § 843 Rn. 16.
[136] Vgl. RGZ 157, 348 (350 ff.).
[137] Vgl. *Späte* AHB § 3 Rn. 38; *Baumann* in BK-VVG § 155 Rn. 34; *G. Wagner* in MüKoBGB §§ 842, 843 Rn. 80.
[138] Vgl. RGZ 157, 348 (350 f.).
[139] Vgl. auch *R. Koch* in Bruck/Möller § 107 Rn. 30; näher zu diesem Verfahren *Gottwald* in MüKoZPO § 324 Rn. 1 ff.; *Saenger* in HK-ZPO § 324 Rn. 1 ff.

HaftPflG, § 38 Abs. 3 S. 1 LuftVG und § 30 Abs. 3 AtG jeweils gleichlautende Bestimmungen für diese einzelnen Gefährdungshaftungstatbestände.[140]

74 In diesen Vorschriften heißt es jeweils:

> Ist bei der Verurteilung des Verpflichteten zur Entrichtung einer Geldrente nicht auf Sicherheitsleistung erkannt worden, so kann der Berechtigte gleichwohl Sicherheitsleistung verlangen, wenn die Vermögensverhältnisse des Verpflichteten sich erheblich verschlechtert haben; unter der gleichen Voraussetzung kann er eine Erhöhung der in dem Urteil bestimmten Sicherheit verlangen.

75 Weitere Einzelheiten zu den vorstehend genannten, die Sicherheitsleistung betreffenden Verfahren können an dieser Stelle allerdings nicht erörtert werden. Insoweit muss auf Erläuterungen zu diesen Vorschriften, insbesondere auf diese erfassende Kommentierungen, verwiesen werden.

III. Entsprechende Geltung des Abs. 1 nach Abs. 2 S. 2

76 § 107 Abs. 2 S. 2 ist mit dem lapidar formulierten Satz „Absatz 1 gilt entsprechend" neu in das VVG eingefügt worden[141] und hat insoweit nur einen klarstellenden Charakter. Damit soll verdeutlicht werden, dass die in § 107 Abs. 1 vorgenommene Beschränkung auf Zahlung eines verhältnismäßigen Teiles der Rente und damit verbunden auf das Kürzungsverfahren auch für die im Einzelfall einmal vom Versicherungsnehmer zu erbringende Sicherheitsleistung gelten soll.[142]

D. Abdingbarkeit der Regelung des Abs. 1 und 2

77 Sowohl bezüglich der Regelung des § 107 Abs. 1 und 2 als auch der des § 155 Abs. 1 und 2 VVG aF ist weitgehend zu Recht anerkannt, dass **beide Bestimmungen grundsätzlich abdingbar** sind.[143] Jedoch ist die Beantwortung von Einzelfragen seit jeher umstritten.

78 So hat R. Johannsen[144] im Hinblick auf § 155 VVG aF die Auffassung vertreten, dass die gesetzlich angeordnete, dauerhaft erfolgende, verhältnismäßige Herabsetzung der Versicherungsleistung vor Eintritt des Versicherungsfalles durch vertragliche Vereinbarung zwischen dem Versicherer und dem Versicherungsnehmer abgeändert werden könne. Deshalb könnten sich die Vertragsparteien generell auf eine andere Verteilung des Deckungskapitals einigen, indem etwa zunächst ausschließlich der Versicherer die Rentenzahlung zu erbringen habe, bis die Versicherungssumme erschöpft sei.

79 Demgegenüber haben nicht nur das damalige BAV,[145] sondern auch Baumann[146] eingewendet, dass im Hinblick auf den Schutz des Geschädigten sich aus § 155 Abs. 1 VVG aF ergebe, dass eine **Vereinbarung** zwischen dem Versicherer und dem Versicherungsnehmer, wonach der Versicherer die volle Rente bis zur Ausschöpfung der Deckungssumme **allein trage und danach nicht weiter leiste, unwirksam** sei.

80 Dieser Ansicht war schon unter der Geltung des § 155 Abs. 2 VVG aF uneingeschränkt zu folgen, da eine derartige Vereinbarung der Inhaltskontrolle nach dem damals geltenden § 9 AGBG nicht standgehalten hätte.[147] Aber auch unter der Geltung des § 107 Abs. 2 sowie des ebenfalls die Inhaltskontrolle regelnden § 307 Abs. 2 Nr. 1 BGB kann keine andere Beurteilung Platz greifen, da eine solche Vereinbarung dazu führen könnte, dass der Dritte als Geschädigter im Falle der Insolvenz

---

[140] Vgl. *Gottwald* in MüKoZPO § 324 Rn. 2.
[141] Vgl. BT-Drs. 16/3945, 86; vgl. auch → Rn. 5 und 13.
[142] Vgl. auch BT-Drs. 16/3945, 86; *Schimikowski* in HK-VVG § 107 Rn. 4; *Retter* in Schwintowski/Brömmelmeyer/Ebers § 107 Rn. 3 und 22; *Schulze Schwienhorst* in Looschelders/Pohlmann § 107 Rn. 8.
[143] Vgl. *R. Johannsen* in Bruck/Möller, 8. Aufl., Bd. IV, Anm. G 40; *Baumann* in BK-VVG § 155 Rn. 36 f.; *Langheid* in Römer/Langheid § 155 Rn. 18; *Voit/Knappmann* in Prölss/Martin, 27. Aufl. 2004, § 155 Rn. 16; jeweils zu § 155 VVG aF; *Lücke* in Prölss/Martin § 107 Rn. 19; *Retter* in Schwintowski/Brömmelmeyer/Ebers § 107 Rn. 24; *Langheid* in Langheid/Rixecker § 107 Rn. 19; *Schulze Schwienhorst* in Looschelders/Pohlmann § 107 Rn. 9 f.; *R. Koch* in Bruck/Möller § 107 Rn. 31; jeweils zu § 107.
[144] *R. Johannsen* in Bruck/Möller, 8. Aufl., Bd. IV, Anm. G 40; ebenso offenbar auch *Voit/Knappmann* in Prölss/Martin, 27. Aufl. 2004, § 155 Rn. 16; ausdrücklich in diesem Sinne auch *Schulze Schwienhorst* in Looschelders/Pohlmann § 107 Rn. 9 in Bezug auf § 107.
[145] Geschäftsbericht des BAV 1972, 69.
[146] *Baumann* in BK-VVG § 155 Rn. 36.
[147] Ebenso *Baumann* in BK-VVG § 155 Rn. 36; *Voit/Knappmann* in Prölss/Martin, 27. Aufl. 2004, § 155 Rn. 16; *Retter* in Schwintowski/Brömmelmeyer/Ebers § 107 Rn. 24.

des Versicherungsnehmers nach Ausschöpfung der Versicherungssumme unter Umständen keine weiteren Zahlungen erhielte.[148]

Im Übrigen verstieße eine derartige Vereinbarung auch gegen § 108 Abs. 1 S. 1, wonach Verfügungen des Versicherungsnehmers über den Freistellungsanspruch gegen den Versicherer dem Dritten gegenüber unwirksam sind, da damit der Versicherungsnehmer der Verpflichtung enthoben würde, gegebenenfalls über die Versicherungssumme hinaus zu leisten und so der Schutz des Dritten unterlaufen würde.[149] Ebenso wäre ein Verstoß gegen § 109 S. 1 zu bejahen, der den Schutz mehrerer Geschädigter bezweckt und aus diesem Grunde unabdingbar ist.[150] **81**

Eine andere Beurteilung im Sinne einer wirksamen Vereinbarung kann nur dann Platz greifen, wenn nach Eintritt des Versicherungsfalles sich der **geschädigte Dritte mit einer solchen Vereinbarung einverstanden** erklärt.[151] Eine solche Einverständniserklärung des Dritten kommt etwa dann in Betracht, wenn der Versicherungsnehmer aufgrund von Zahlungsschwierigkeiten nicht in der Lage ist, den auf ihn entfallenden Teil der Rente aufzubringen.[152] Allerdings wird in der Literatur[153] zu Recht darauf hingewiesen, dass der Versicherer keineswegs verpflichtet ist, eine solche Vereinbarung zu akzeptieren. Auch kann ihm hierzu ernsthaft nicht geraten werden. Anderenfalls würden sich mit Sicherheit die Versuche von Versicherungsnehmern häufen, das auf sie entfallende Risiko auf den Versicherer abzuwälzen, was letztlich zu Lasten der Versichertengemeinschaft ginge und entsprechende Prämienerhöhungen fast unausweichlich zur Folge hätte. Zudem wäre auch die Gefahr, dass es sogar zu Manipulationsversuchen durch einige Versicherungsnehmer käme, als relativ groß einzuschätzen.[154] **82**

§ 108 Verfügung über den Freistellungsanspruch

(1) ¹**Verfügungen des Versicherungsnehmers über den Freistellungsanspruch gegen den Versicherer sind dem Dritten gegenüber unwirksam.** ²**Der rechtsgeschäftlichen Verfügung steht eine Verfügung im Wege der Zwangsvollstreckung oder Arrestvollziehung gleich.**

(2) Die Abtretung des Freistellungsanspruchs an den Dritten kann nicht durch Allgemeine Versicherungsbedingungen ausgeschlossen werden.

Übersicht

		Rn.			Rn.
A.	Einführung	1	I.	Gesamtschau	21
I.	Inhalt und Zweck der Regelungen	1	II.	Stellung des Dritten ohne Verfügung über den Freistellungsanspruch	22
1.	Schutz des Dritten vor Verfügungen über den Freistellungsanspruch des Versicherungsnehmers (§ 108 Abs. 1)	1	1.	Kein Direktanspruch des Dritten gegen den Versicherer	22
2.	Schutz vor Abtretungsverbot in AVB (§ 108 Abs. 2)	2	2.	Keine gewillkürte Prozessstandschaft für den Versicherungsnehmer	25
3.	Die Bedeutung von § 108 im Gesamtgefüge des Geschädigtenschutzes	6	3.	Feststellungsklage des Dritten gegen den Versicherer	26
II.	Entstehungsgeschichte	13	4.	Auskunftsanspruch des Dritten gegen den Versicherer	29
III.	Anwendungsbereich	18			
B.	Relativ unwirksame Verfügungen über den Freistellungsanspruch (§ 108 Abs. 1)	21	5.	Nebenintervention des Dritten im Deckungsprozess zwischen Versicherungsnehmer und Versicherer	30

---

[148] So zu Recht *Retter* in Schwintowski/Brömmelmeyer/Ebers § 107 Rn. 24; ebenso im Ergebnis *Lücke* in Prölss/Martin § 107 Rn. 19; *Car* Überschreiten der Deckungssumme S. 336; vgl. auch HK-VVG/*Schimikowski* § 107 Rn. 8, wonach den in § 107 Abs. 1 und 2 getroffenen Bestimmungen Leitbildcharakter zuzumessen sei, so dass § 307 Abs. 2 Nr. 1 BGB einschlägig sei; dagegen eine solche Vereinbarung für unzulässig erachtend *Schulze Schwienhorst* in Looschelders/Pohlmann § 107 Rn. 9.

[149] Vgl. *Lücke* in Prölss/Martin § 107 Rn. 19; *Retter* in Schwintowski/Brömmelmeyer/Ebers § 107 Rn. 24; *Schulze Schwienhorst* in Looschelders/Pohlmann § 107 Rn. 10; *R. Koch* in Bruck/Möller § 107 Rn. 32.

[150] Vgl. → § 109 Rn. 10; vgl. auch *Schulze Schwienhorst* in Looschelders/Pohlmann § 107 Rn. 10; *R. Koch* in Bruck/Möller § 107 Rn. 32.

[151] Ebenso *Lücke* in Prölss/Martin § 107 Rn. 19; *Retter* in Schwintowski/Brömmelmeyer/Ebers § 107 Rn. 24; *Schulze Schwienhorst* in Looschelders/Pohlmann § 107 Rn. 10.

[152] Ebenso *Lücke* in Prölss/Martin § 107 Rn. 19; *Retter* in Schwintowski/Brömmelmeyer/Ebers § 107 Rn. 24.

[153] Vgl. *Lücke* in Prölss/Martin § 107 Rn. 19; *Retter* in Schwintowski/Brömmelmeyer/Ebers § 107 Rn. 24.

[154] Zustimmend *Retter* in Schwintowski/Brömmelmeyer/Ebers § 107 Rn. 24.

§ 108

		Rn.			Rn.
6.	Schadensersatzanspruch gegen den Versicherer wegen Verletzung von Rücksichtnahmepflichten	31	I.	Gesamtschau	84
			II.	Grundsatz: Abtretbarkeit des Freistellungsanspruchs nur an den Dritten	86
III.	**Erfüllung der Haftpflichtforderung des Dritten**	32	III.	Nichtabtretbarkeit des Abwehranspruchs	89
1.	Erfüllung durch den Versicherer	32	IV.	**Vertragliches Abtretungsverbot**	90
	a) Zahlung des Versicherers gem. § 267 BGB	32	1.	Grundlagen und Rechtsfolgen	90
	b) Aufrechnung durch den Versicherer gegenüber dem Dritten	34	2.	Abtretung an den Dritten (§ 108 Abs. 2)	99
2.	Erfüllung durch den Versicherungsnehmer	37		a) Hintergrund der Regelung des § 108 Abs. 2	99
3.	Erfüllung durch Aufrechnung seitens des Dritten	39		b) Regelungsinhalt des § 108 Abs. 2	103
				c) Großrisiken und laufende Versicherung (§ 210)	110
4.	Erfüllung durch Zahlung eines Vierten gem. § 267 BGB	42	3.	Verbot der Abtretung an andere Personen als den Dritten	112
IV.	**Bereicherungsrechtliche Rückabwicklung rechtsgrundloser Erfüllung durch den Versicherer**	44	V.	**Rechtslage nach Abtretung des Freistellungsanspruchs an den Dritten**	114
			1.	Rechtslage bei unwirksamer Abtretung des Freistellungsanspruchs	114
V.	**Relative Unwirksamkeit von Verfügungen über den Freistellungsanspruch**	47	2.	Rechtslage nach wirksamer Abtretung des Freistellungsanspruchs	116
1.	Rechtsfolgen von § 108 Abs. 1	47		a) Stellung des Versicherungsnehmers	116
2.	Anwendbarkeitsgrenzen von § 108 Abs. 1	51		b) Zahlungsanspruch des Dritten nach Abtretung des Freistellungsanspruchs	118
3.	Tatbestandsvoraussetzungen des § 108 Abs. 1 S. 1	54		c) Versicherungsvertragliche Einwendungen des Versicherers gegenüber dem Zahlungsanspruch	121
	a) Haftpflichtforderung des Dritten als Grundvoraussetzung des § 108 Abs. 1	54			
	b) Freistellungsanspruch	56		d) Einwand des vollständigen oder teilweisen Fehlens eines Haftpflichtanspruchs des Dritten	122
	c) Verfügungen über den Freistellungsanspruch	57		e) Fälligkeit des Zahlungsanspruchs des Dritten	123
	d) Versicherung für fremde Rechnung	74		f) Verjährung des Zahlungsanspruchs des Dritten	125
4.	Tatbestandsvoraussetzungen des § 108 Abs. 1 S. 2	78		g) Zahlungsklage des Dritten gegen den Versicherer	126
VI.	**Beweislast**	79		h) Rechtslage nach rechtskräftiger Entscheidung über die Zahlungsklage des Dritten	134
VII.	**Abänderbarkeit**	80			
C.	**Abtretung des Freistellungsanspruchs und Abtretungsverbote (§ 108 Abs. 2)**	84		i) Teilabtretung	140

Stichwort- und Fundstellenverzeichnis

Stichwort	Rn.	Rspr.	Lit.
Abtretbarkeit an Versicherungsnehmer als Dritten, D&O-Versicherung	→ Rn. 88, 108	BGHZ 209, 373 = VersR 2016, 786 = NJW 2016, 2184; BGH AG 2016, 395; BGHZ 214, 314 = VersR 2017, 881 = NJW 2017, 2466	Zu Folgefragen der BGH-Rspr: *Armbrüster* NJW 2016, 2155; *Koch* VersR 2016, 765; *Beckmann* jM 2016, 403; *Werner* ZWH 2017, 124; speziell zum Direktanspruch gegen den D&O-VR in der Insolvenz des Versicherten: *Lange* r+s 2019, 613
Abtretungsverbot	→ Rn. 90 ff.	Zur früheren Rechtslage: BGH VersR 1983, 945 (946) = r+s 1983, 245 ff.	Begr. zum RegE, BT-Drs. 16/3945, 86 f.; *Lücke* in Prölss/Martin VVG § 108 Rn. 23 f.; *Koch* in Bruck/Möller VVG § 108 Rn. 30 ff.; *Schulze Schwienhorst* in Looschelders/Pohlmann VVG § 108 Rn. 5 ff.

Stichwort	Rn.	Rspr.	Lit.
Abwehranspruch, Nichtabtretbarkeit	→ Rn. 89	–	*Lücke* in Prölss/Martin VVG § 108 Rn. 31; *Retter* in Schwintowski/Brömmelmeyer/Ebers VVG § 108 Rn. 22 ff.; *Armbrüster* r+s 2010, 441 (449); *Koch* FS Winter, 2007, 345 (351); *Lange* r+s 2007, 401 (403); *Thume* VersR 2010, 849 (851); *Winter* r+s 2001, 133 (135); vgl. auch *Ebel* JR 1981, 485 (487); krit. *Baumann* VersR 2010, 984 (986)
Aufrechnung des Dritten gegenüber Versicherungsnehmer, Abwehrdeckung	→ Rn. 39	OLG Stuttgart VersR 2011, 213	*Retter* in Schwintowski/Brömmelmeyer/Ebers VVG § 101 Rn. 9, § 106 Rn. 39; *Schneider* in Beckmann/Matusche-Beckmann VersR-HdB § 24 Rn. 16; *Johannsen* in Bruck/Möller, 8. Aufl. 1970, Bd. IV, Kap. B Anm. 40
Aufrechnung des Versicherers gegenüber dem Dritten	→ Rn. 34	OLG Köln VersR 2009, 391 (394)	*Lücke* in Prölss/Martin VVG § 108 Rn. 14; *Koch* in Bruck/Möller VVG § 108 Rn. 21 f.
Auskunftsanspruch des Dritten	→ Rn. 29	OLG Düsseldorf VersR 2002, 1020 f.	*Lücke* in Prölss/Martin VVG § 108 Rn. 3; *Retter* in Schwintowski/Brömmelmeyer/Ebers VVG § 110 Rn. 19
Drittleistung iSd § 267 BGB	→ Rn. 32	BGHZ 113, 62 (65 ff.) = VersR 1991, 356 (357 f.) = NJW 1991, 919 f.	*Retter* in Schwintowski/Brömmelmeyer/Ebers VVG § 100 Rn. 80, § 109 Rn. 11; s. auch *Wandt* Gesetzl. Schuldverhältnisse § 13 Rn. 66 ff.
Sozialbindung	→ Rn. 1, 6	BGHZ 214, 314 = VersR 2017, 881 = NJW 2017, 2466; BGHZ 209, 373 = VersR 2016, 786 = NJW 2016, 2184; BGH VersR 1993, 1222 (1223) = r+s 1993, 370 (371) = NJW-RR 1993, 1306; VersR 1987, 655 f. = r+s 1987, 219 (220) = NJW-RR 1987, 1106 (1107); BGHZ 56, 339 (346, 348) = VersR 1971, 1031 (1033)	*Johannsen* in Bruck/Möller, 8. Aufl. 1970, Bd. IV, Kap. B Anm. 87; *Retter* in Schwintowski/Brömmelmeyer/Ebers VVG § 108 Rn. 4, § 110 Rn. 1; *Baumann* in Berliner Kommentar VVG § 149 Rn. 132; *Sieg* Haftpflichtversicherung S. 61 ff.
Trennungsprinzip	→ Rn. 1, 3 ff.	BGH VersR 2016, 783 = NJW 2016, 3453; BGHZ 209, 373 Rn. 21 = VersR 2016, 786 = NJW 2016, 2184; VersR 1975, 655 = NJW 1975, 1276; BGHZ 7, 244 (245 f.) = VersR 1952, 366 (367) = NJW 1952, 1333	*Langheid* in Langheid/Rixecker VVG § 108 Rn. 5; *Lücke* in Prölss/Martin VVG § 108 Rn. 2 ff.; *Koch* in Bruck/Möller VVG Vor §§ 100–112 Rn. 106 ff.; *Schneider* in Beckmann/Matusche-Beckmann VersR-HdB § 24 Rn. 145; *Wandt* VersR Rn. 1087 f.
Umwandlung des Freistellungsanspruchs in Zahlungsanspruch	→ Rn. 118	BGHZ 209, 373 = VersR 2016, 786 = NJW 2016, 2184; BGHZ 7, 244 (246) = VersR 1952, 366 (367) = NJW 1952, 1333	*Retter* in Schwintowski/Brömmelmeyer/Ebers VVG § 108 Rn. 26; *Schimikowski* in HK-VVG § 108 Rn. 11; *Koch* in Bruck/Möller VVG § 108 Rn. 39; *Langheid* in Langheid/Rixecker VVG § 108 Rn. 22; *Armbrüster* r+s 2010, 441 (449); *Dreher/Thomas* ZGR 2009, 31 (42); *Koch* r+s 2009, 133 (134); *Lange* r+s 2007, 401 (403); *Langheid* VersR 2007, 865 (867); *Lenz* in van Bühren VersR-HdB § 25 Rn. 53, 202; *Schneider* in Beckmann/Matusche-Beckmann VersR-HdB § 24 Rn. 145; *Thume* VersR 2010, 849 (851); *v. Rintelen* r+s 2010, 133 (135)

Stichwort	Rn.	Rspr.	Lit.
Verfügung	→ Rn. 57	BGH VersR 1993, 1222 (1223) = r+s 1993, 370 (371) unter Verweis auf BGHZ 1, 294 (304); BGHZ 75, 221 (226) = NJW 1980, 175 (176)	*Lücke* in Prölss/Martin VVG § 108 Rn. 17 ff.; *Koch* in Bruck/Möller VVG § 108 Rn. 19 ff.; *Retter* in Schwintowski/Brömmelmeyer/ Ebers VVG § 108 Rn. 8 ff.; *Schimikowski* in HK-VVG § 108 Rn. 3; *Schneider* in Beckmann/Matusche-Beckmann VersR-HdB § 24 Rn. 149 ff.; *Baumann* in Berliner Kommentar VVG § 156 Rn. 9 ff.
Verfügung des Versicherten	→ Rn. 58	–	*Lücke* in Prölss/Martin VVG § 108 Rn. 15; *Johannsen* in Bruck/Möller, 8. Aufl. 1970, Bd. IV, Kap. B Anm. 88; *Sieg* Haftpflichtversicherung S. 149; *Baumann* in Berliner Kommentar VVG § 156 Rn. 8
Verjährung, Zahlungsanspruch des Dritten	→ Rn. 125	BGHZ 155, 69 (71) = VersR 2003, 900 (901) = NJW 2003, 2376; BGH VersR 1960, 554 (555) = NJW 1960, 1346 (1347); OLG Hamm VersR 1976, 1030 (1031); OLG Schleswig VersR 1968, 833; OLG Düsseldorf VersR 1964, 178 (179); vgl. auch OLG Hamm VersR 1972, 967 (968)	*Lücke* in Prölss/Martin VVG § 100 Rn. 12; *Koch* in Bruck/Möller VVG § 108 Rn. 47; *Retter* in Schwintowski/Brömmelmeyer/ Ebers VVG § 100 Rn. 58; *Schleglmilch* in Beckmann/Matusche-Beckmann VersR-HdB § 21 Rn. 84; *Schneider* in Beckmann/ Matusche-Beckmann VersR-HdB § 24 Rn. 19; *Langheid* in Langheid/ Rixecker VVG § 100 Rn. 31
Versicherung für fremde Rechnung	→ Rn. 74	–	*Lücke* in Prölss/Martin VVG § 108 Rn. 15; *Schimikowski* in HK-VVG § 108 Rn. 4; *Baumann* in Berliner Kommentar VVG § 156 Rn. 8; *Johannsen* in Bruck/Möller, 8. Aufl. 1970, Bd. IV, Kap. B Anm. 88; *Schneider* in Prölss/Martin VVG § 156 Rn. 1; *Langheid* in Langheid/ Rixecker VVG § 108 Rn. 12
Zahlungsklage des Dritten	→ Rn. 126	OLG Köln VersR 2008, 1103	*Lücke* in Prölss/Martin VVG § 108 Rn. 26; *Koch* in Bruck/Möller VVG § 108 Rn. 48; *Retter* in Schwintowski/Brömmelmeyer/ Ebers VVG § 108 Rn. 32 ff.; *Werner* ZWH 2017, 124; *Brinkmann* ZIP 2017, 301; *Lange* r+s 2019, 613; *Dreher/Thomas* ZGR 2009, 31 (42); *Grote/Schneider* BB 2007, 2689 (2698); *Koch* r+s 2009, 133 (134); *Koch* FS Winter, 2007, 345 (351); *Langheid* FS Winter, 2007, 367 (377 f.)

Schrifttum: *Armbrüster,* Auswirkungen von Versicherungsschutz auf die Haftung, NJW 2009, 187; *Armbrüster,* Prozessuale Besonderheiten in der Haftpflichtversicherung, r+s 2010, 441; *Armbrüster,* Neues vom BGH zur D&O-Versicherung, NJW 2016, 2155; *Bank,* D&O-Versicherer: Neue Situation durch Subprime Krise und VVG-Reform, VW 2008, 730; *Baumann,* Zur Überwindung des „Trennungsprinzips" im System von Haftpflicht und Haftpflichtversicherung – Die Bedeutung des Abtretungsverbots gem. § 7 Nr. 3 AHB, in Festgabe Zivilrechtslehrer 1934/1935, 1999, 13; *Baumann,* Die Überwindung des Trennungsprinzips durch das Verbot des Abtretungsverbots in der Haftpflichtversicherung, VersR 2010, 984; *Böttcher,* Direktanspruch gegen den D&O-Versicherer – Neue Spielregeln im Managerhaftungsprozess?, NZG 2008, 645; *Braun,* Insolvenzordnung, 9. Aufl. 2022;; *Brinkmann,* Die prozessualen Konsequenzen der Abtretung des Freistellungsanspruchs aus einer D&O-Versicherung, ZIP 2017, 301; *Dreher/Thomas,* Die D&O-Versicherung nach der VVG-Novelle 2008, ZGR 2009, 31; *Ebel,* Zur Abtretbarkeit von Befreiungsansprüchen, JR 1981, 485; *Ehrenzweig,* Deutsches (österreichisches) Versicherungsvertragsrecht, 1952; *Franz,* Das Versicherungsvertragsrecht im neuen Gewand, VersR 2008, 298; *Gierke,* Versicherungsrecht unter Ausschluss der Sozialversicherung, Bd. II, 1947; *Grote/Schneider,* VVG 2008: Das neue Versicherungsvertragsrecht, BB 2007, 2689; *Grooterhorst/Looman,* Rechtsfolgen der Abtretung des Freistellungsanspruchs gegen den Versicherer im Rahmen der D&O-Versicherung, NZG 2015, 215; *Ihlas,* D&O: Directors & Officers Liability, 2. Aufl. 2009; *Johannsen,* Zur Rechtsstellung des geschädigten Dritten in der Allgemeinen Haftpflichtversicherung, r+s 1997, 309; *Kassing/Richters,* Der Deckungsanspruch in der Haftpflichtversicherung, VersR 2015, 293; *Kindl/Meller-Hannich/Wolf,* Gesamtes Recht der Zwangsvollstreckung, 4. Aufl. 2021; *Koch,* VVG-Reform: Zu den Folgen der Untersagung des Anerkenntnis- und Abtretungsverbots in der Haftpflichtversicherung, FS Winter 2007, 345; *Koch,* Aktuelle und zukünftige Entwicklungen in der D&O-Versicherung, WM 2007, 2173; *Koch,* Der Direktanspruch in der Haftpflichtversicherung, r+s 2009, 133; *Kramer,* Das Beurteilungsermessen des Betriebshaftpflichtversicherers und die geschäftsschädigende Festlegung auf Abwehrschutz, r+s 2008, 1; *Krause-Allenstein,* Praxisrelevante Änderungen des neuen Versicherungsvertragsgesetzes für das Bauversicherungsrecht, NZBau 2008, 81; *Lange,* Das Anerkenntnisverbot vor und nach der VVG-Reform, VersR 2006, 1313; *Lange,* Das Zusammenspiel von Anerkenntnis und Abtretung in der Haftpflichtversicherung nach der VVG-Reform, r+s 2007, 401; *Lange,* Die Rechtsstellung des Haftpflichtversicherers nach der Abtretung des Freistellungsanspruchs vom Versicherungsnehmer an den geschädigten Dritten, VersR 2008, 713; *Lange,* Die Prozessführungsbefugnis der Versicherungsnehmerin einer D&O-Versicherung, VersR 2007, 893; *Lange,* Der Direktanspruch gegen den D&O-VR in der Insolvenz des Versicherten, r+s 2019, 613; *Langheid,* Die Reform des Versicherungsvertragsgesetzes, Teil 1: Allgemeine Vorschriften, NJW 2007, 3665; *Langheid,* Die Reform des Versicherungsvertragsgesetzes, Teil 2: Die einzelnen Versicherungssparten, NJW 2007, 3745; *Langheid,* Tücken in den §§ 100 ff. VVG-RegE, VersR 2007, 865; *Langheid,* Ausweg aus der Anerkenntnis- und Abtretungsfalle, FS Winter 2007, 367; *Langheid,* Nach der Reform: Neue Entwicklungen in der Haftpflichtversicherung, VersR 2009, 1043; *Langheid/Goergen,* Auswirkungen der VVG-Reform auf die D&O-Versicherung, VP 2007, 161; *Präve,* Das neue Versicherungsvertragsgesetz, VersR 2007, 865; *v. Rintelen,* Die Fälligkeit und Durchsetzbarkeit des abgetretenen Freistellungsanspruchs in der Haftpflichtversicherung, r+s 2010, 133; *Schimikowski/Höra,* Das neue Versicherungsvertragsgesetz, 2008; *Schimmer,* Die D&O-Versicherung und §§ 105, 108 Abs. 2 VVG – Kann die Versicherungsnehmerin „geschädigte" Dritte sein?, VersR 2008, 875; *Schirmer,* Die Haftpflichtversicherung nach der VVG-Reform, ZVersWiss Supplement 2006, 427; *Schramm,* Grenzen der Abtretung bei der D&O-Versicherung im Licht des neuen VVG, PHi 2008, 24; *Schramm/Wolf,* Das Abtretungsverbot nach der VVG-Reform, r+s 2009, 358; *Sieg,* Ausstrahlungen der Haftpflichtversicherung, 1952; *Sieg,* Abwicklung von Schäden im Konkurs des Haftpflichtversicherers, VersR 1964, 693; *Späte/Schimikowski,* Haftpflichtversicherung, 2. Aufl. 2015; *Thomas,* Die Haftungsfreistellung von Organmitgliedern, 2010; *Thume,* Probleme des Verkehrshaftungsversicherungsrechts nach der VVG-Reform, VersR 2010, 849; *van Bühren,* Handbuch Versicherungsrecht, 7. Aufl. 2017; *Wandt,* Gesetzliche Schuldverhältnisse, 11. Aufl. 2022; *Wandt,* Die Kontrolle handschriftlicher AGB im Verbandsklageverfahren gem. § 13 AGBG, VersR 1999, 917; *Werner,* D&O-Versicherung: Die Rechtsfolgen der Abtretung des Freistellungsanspruchs an die Versicherungsnehmerin, ZWH 2017, 124; *Winter,* Das Abtretungsverbot in der Berufshaftpflichtversicherung, r+s 2001, 133.

A. Einführung

I. Inhalt und Zweck der Regelungen

1. Schutz des Dritten vor Verfügungen über den Freistellungsanspruch des Versicherungsnehmers (§ 108 Abs. 1). Der Versicherungsnehmer kann von seinem Versicherer nach § 100 verlangen, dass dieser ihn von einer begründeten, unter den Deckungsbereich der Haftpflichtversicherung fallenden Haftpflichtforderung eines Dritten freistellt. Nach § 108 Abs. 1 sind Verfügungen des Versicherungsnehmers über den Freistellungsanspruch und Verfügungen im Wege der Zwangsvollstreckung oder Arrestvollziehung, die Gläubiger des Versicherungsnehmers erwirken, dem Dritten gegenüber unwirksam. Die als schwer verständlich geltende Regelung[1] dient dem **Schutz desjenigen Dritten,** der gegen den Versicherungsnehmer eine Haftpflichtforderung hat, die unter den Deckungsbereich der Haftpflichtversicherung des Versicherungsnehmers fällt und von der der Versicherer deshalb den Versicherungsnehmer gem. § 100 grds. freizustellen hat **(Dritter iSd §§ 100 ff.;** → Rn. 55). Grundlage der Regelung ist das die allgemeine Haftpflichtversicherung beherrschende **Trennungsprinzip.** Danach kann der Dritte aus seiner Haftpflichtforderung nur gegen seinen Schädiger, den Versicherungsnehmer, nicht aber unmittelbar gegen dessen Haftpflichtversicherer vorgehen. Der Dritte muss sich, um Erfüllung seiner Haftpflichtforderung zu erreichen, an den Versicherungsnehmer halten, diesen ggf. verklagen und aus einem so erlangten Titel in dessen Vermögen vollstrecken. Auch wenn der Versicherungsnehmer iÜ vermögenslos ist, kann der Dritte im Wege der Zwangsvollstreckung durch Pfändung und Überweisung gem. §§ 829, 835 ZPO auf den Freistellungsanspruch des Versicherungsnehmers aus der Haftpflichtversicherung zugreifen und daraus Befriedigung erlangen. Ohne die Regelung des § 108 Abs. 1 bestünde für den Dritten aber die Gefahr, dass sein **Zugriff auf den Freistellungsanspruch** vereitelt würde, sei es durch eine

---

[1] Kritik an der Verständlichkeit der Regelung äußert *Präve* VersR 2007, 1046 (1049), sie sei für einen nicht einschlägig Vorgebildeten schlicht unverständlich.

vorherige Verfügung des Versicherungsnehmers oder durch den schnelleren Zugriff anderer Gläubiger des Versicherungsnehmers. Dies widerspräche aber dem Schutzzweck der Haftpflichtversicherung, der nicht nur auf den Versicherungsnehmer bzw. Versicherten, sondern auch auf den **Schutz des Dritten** gerichtet ist **(Sozialbindung der Haftpflichtversicherung zu Gunsten des Dritten).**[2] Dieser Schutz zielt darauf ab, dass die Entschädigungsleistung des Versicherers „unter allen Umständen dem Dritten zugute" kommt.[3] Die Regelung des § 108 Abs. 1 garantiert dem Dritten durch Anordnung der **relativen Unwirksamkeit von Verfügungen über den Freistellungsanspruch**, dass sein Zugriff auf den Freistellungsanspruch als Vollstreckungsgegenstand nicht durch eine Verfügung des Versicherungsnehmers oder den Zugriff anderer Gläubiger vereitelt wird (zum Gesamtgefüge des Drittschutzes → Rn. 6 ff.).[4] § 108 Abs. 1 ist entsprechend seinem über die Vertragsparteien hinausreichenden Schutzzweck unabdingbar (→ Rn. 80 ff.).

2 **2. Schutz vor Abtretungsverbot in AVB (§ 108 Abs. 2).** § 108 Abs. 2 **verbietet,** die Abtretung des Freistellungsanspruchs an den Dritten durch Allgemeine Versicherungsbedingungen auszuschließen. Diese Regelung ist im Zuge der VVG-Reform 2008 erstmals in das VVG eingefügt worden. Sie richtet sich gegen die vorherige gegenteilige Bedingungspraxis der Versicherer, die regelmäßig ein generelles, auch die Abtretung an den Dritten erfassendes Abtretungsverbot vorsah (vgl. zB § 7 Nr. 3 AHB 1986/2002).[5] Unzulässig ist es nur, ein solches Abtretungsverbot durch AVB zu vereinbaren. Eine individualvertragliche Vereinbarung ist dagegen zulässig.

3 Die Regelung des § 108 Abs. 2 dient in erster Linie dem **Interesse des Versicherungsnehmers.** Dieser wird nämlich häufig daran interessiert sein, dass der Dritte sich nicht – entsprechend dem Trennungsprinzip – an ihn als Schädiger hält, sondern mit dem Versicherer direkt in Kontakt tritt und sich mit diesem auseinandersetzt.

4 Die Regelung dient mittelbar auch dem **Interesse des Dritten.** Sie führt nämlich dazu, dass Haftpflichtversicherungsverträge – anders als vor der VVG-Reform – regelmäßig kein Verbot der Abtretung an den Dritten enthalten. Denn zu einer weiterhin zulässigen entsprechenden Individualvereinbarung wird es im Massengeschäft, also insbes. außerhalb des Anwendungsbereichs von § 210, nicht kommen. Der Dritte wird häufig an einer Abtretung des Freistellungsanspruchs interessiert sein. Durch sie erlangt er – in Umgehung des Trennungsprinzips – die Befugnis, den Versicherer direkt in Anspruch zu nehmen.[6] Dadurch kann er die Auseinandersetzung über die Schadensregulierung selbst steuern, bis hin zu einer Zahlungsklage gegen den Versicherer. Dies kann für den Dritten vorteilhaft sein, insbes. wenn er sein Verhältnis zum Versicherungsnehmer nicht mit der Auseinandersetzung über die Haftung belasten möchte, oder wenn er befürchten muss, dass der Versicherungsnehmer seinen Freistellungsanspruch nicht sachgerecht verfolgt. Aus der Sicht des Dritten mag es auch vorteilhaft erscheinen, in einem Prozess gegen den Versicherer den Versicherungsnehmer als Zeugen benennen zu können.

5 Die Regelung des § 108 Abs. 2 ist im Zusammenhang mit dem (meist) **gegenläufigen Interesse des Versicherers** zu sehen, das darin besteht, die allgemeine Haftpflichtversicherung beherrschende **Trennungsprinzip möglichst zu bewahren,** sodass die Auseinandersetzung über Fragen der versicherungsvertraglichen Deckung zwischen Versicherer und Versicherungsnehmer und die Auseinandersetzung über Fragen der Haftung zwischen dem Dritten und dem Versicherungsnehmer ausgetragen wird. Dieses Interesse des Versicherers wird durch die Begrenztheit der Regelung des § 108 Abs. 2 mittelbar anerkannt. Im Umkehrschluss besagt die Regelung nämlich, dass sich der Versicherer durch ein Verbot der Abtretung des Freistellungsanspruchs an andere Personen als den Dritten zulässigerweise schützen darf, und zwar auch in Form einer AVB-Regelung. Insoweit wird der Versicherer jedoch grds. schon durch § 399 Alt. 1 BGB geschützt, wonach die Abtretung des Freistellungsanspruchs an eine andere Person als den Gläubiger der Forderung, von der freizustellen ist, unzulässig ist (→ Rn. 48).

---

[2] BGHZ 56, 339 (346, 348) = VersR 1971, 1031 (1033); BGH VersR 1993, 1222 (1223) = r+s 1993, 370 (371); VersR 1987, 655 f. = r+s 1987, 219 (220); *Koch* in Bruck/Möller VVG § 108 Rn. 2; *Retter* in Schwintowski/Brömmelmeyer/Ebers VVG § 108 Rn. 4, § 110 Rn. 1; *Sieg* Haftpflichtversicherung S. 61 ff.

[3] Vgl. die Amtl. Begr. zu dem „Gesetz über die Einführung der Pflichtversicherung für Kraftfahrzeughalter und zur Änderung des Gesetzes über den Verkehr mit Kraftfahrzeugen sowie des Gesetzes über den Versicherungsvertrag vom 7. November 1939" in DJ 1939, 1771 (1773); BGH VersR 2001, 90 (91) = NJW-RR 2001, 316; VersR 1993, 1222 (1223) = r+s 1993, 370 (371); VersR 1987, 655 = r+s 1987, 219; *Koch* in Bruck/Möller VVG § 108 Rn. 2.

[4] *Retter* in Schwintowski/Brömmelmeyer/Ebers VVG § 108 Rn. 13; *Schneider* in Beckmann/Matusche-Beckmann VersR-HdB § 24 Rn. 150.

[5] Schon vor der VVG-Reform 2008 plädierte *Baumann* für eine weitgehende Überwindung der vertraglichen Abtretungsverbote, *Baumann* FG Zivilrechtslehrer 1934/1939, 13 ff.

[6] Vgl. zu allem Begr. zum RegE, BT-Drs. 16/3945, 87.

3. Die Bedeutung von § 108 im Gesamtgefüge des Geschädigtenschutzes. Der Dritte 6
iSd §§ 100 ff. wird in der Haftpflichtversicherung nicht nur durch § 108, sondern auch durch andere
Regelungen, vor allem durch die §§ 109, 110 geschützt. Dieser Schutz, der in der Pflichthaftpflichtversicherung verstärkt ist und dem Dritten teilweise sogar einen selbständigen Direktanspruch gegen
den Haftpflichtversicherer des Schädigers gibt (→ Rn. 22), wird in seiner Gesamtheit als **Sozialbindung der Haftpflichtversicherung zu Gunsten des Dritten** bezeichnet.[7]

Die Regelung des **§ 108 Abs. 1** über die relative Unwirksamkeit einer für den Dritten nachteiligen 7
(→ Rn. 57) Verfügung über den Freistellungsanspruch wird seit jeher als **Kernvorschrift für die Rechtsstellung des Dritten** in der allgemeinen Haftpflichtversicherung angesehen.[8] Der mit
der VVG-Reform neu in das Gesetz gekommene **§ 108 Abs. 2**, nach dem die Abtretung des
Freistellungsanspruchs an den Dritten nicht durch AVB ausgeschlossen werden kann, nähert den
Drittschutz in der allgemeinen Haftpflichtversicherung dem besonders starken Drittschutz in der
Pflichtversicherung[9] an (zur Pflichtversicherung noch → Rn. 10). Damit wird ein wesentliches
Reformanliegen umgesetzt.[10]

Wenn der Versicherungsnehmer mehreren Dritten verantwortlich ist und die Gesamtzahl der 8
Haftpflichtforderungen die zur Verfügung stehende Versicherungssumme überschreiten, setzt **§ 109
S. 1** das Prioritätsprinzip der Einzelzwangsvollstreckung außer Kraft und ordnet stattdessen die
verhältnismäßige Befriedigung aller Dritten an. Um die verhältnismäßige Verteilung der Versicherungssumme auf alle am Verteilungsverfahren beteiligten Dritten vor nachträglichen Korrekturen
zu schützen, schließt **§ 109 S. 2** die Anwendbarkeit von § 108 Abs. 1 aus, wenn die Versicherungssumme erschöpft ist, weil der Versicherungsnehmer gegenüber mehreren Dritten verantwortlich ist,
deren Ansprüche die Versicherungssumme übersteigen, und der Versicherer nicht damit gerechnet
hat und auch nicht damit rechnen musste, dass ein bei der Verteilung nicht berücksichtigter Dritter
nachträglich noch Ansprüche geltend macht **(zu spät kommender Dritter)**.[11] Die Verteilung der
Versicherungssumme nach § 109 S. 1 ist also gegenüber dem nicht berücksichtigten, weil zu spät
gekommenen Dritten nicht nach § 108 Abs. 1 unwirksam, sondern wirksam.

§ 110 ergänzt den Drittschutz des § 108 in der Insolvenz des Versicherungsnehmers. Die Vor- 9
schrift wird treffend als **insolvenzrechtliches Pendant zu § 108** bezeichnet (→ § 110 Rn. 6).
Ungeachtet der dem Dritten gegenüber bestehenden (relativen) Unwirksamkeit von Verfügungen
über den Freistellungsanspruch gem. § 108 Abs. 1, würde der Dritte bei einer Insolvenz des Versicherungsnehmers nach allgemeinen Regeln nur die auf seine Haftpflichtforderung entfallende Insolvenzquote erhalten. Um den Dritten als Gläubiger einer durch eine Haftpflichtversicherung gedeckten
Haftpflichtforderung auch in der Insolvenz des Versicherungsnehmers besonders zu schützen,[12]
gewährt ihm § 110 ein **Recht auf abgesonderte Befriedigung** aus dem Freistellungsanspruch des
Versicherungsnehmers.[13] Dadurch ist der Dritte nicht – wie außerhalb der Insolvenz (→ Rn. 23) –
darauf angewiesen, den Freistellungsanspruch des Versicherungsnehmers zu pfänden und sich überweisen zu lassen.[14] Sein Recht auf abgesonderte Befriedigung kann der Dritte auf zwei Wegen
geltend machen, nämlich durch Beteiligung am insolvenzrechtlichen Prüfungsverfahren oder durch
eine unmittelbare Klage auf Zahlung gegen den Insolvenzverwalter, beschränkt auf die Leistung aus
der Versicherungsforderung.[15] Einen **unmittelbaren Zahlungsanspruch gegen den Versicherer**
erlangt der absonderungsberechtigte Dritte – entsprechend § 1282 BGB[16] – in jedem Fall nur und
erst, wenn die **Haftpflichtforderung mit bindender Wirkung für den Versicherer festgestellt**

---

[7] BGHZ 56, 339 (346, 348) = VersR 1971, 1031 (1033); BGH VersR 1993, 1222 (1223) = r+s 1993, 370 (371); VersR 1987, 655 f. = r+s 1987, 219 (220); *Koch* in Bruck/Möller VVG § 108 Rn. 2; *Retter* in Schwintowski/Brömmelmeyer/Ebers VVG § 108 Rn. 4, § 110 Rn. 1; *Sieg* Haftpflichtversicherung S. 61 ff.
[8] BGHZ 56, 339 (346) = VersR 1971, 1031 (1033); zu § 156 VVG aF *Sieg* Haftpflichtversicherung S. 260: „Kernvorschrift für die Rechtsstellung des Dritten"; *Sieg* Haftpflichtversicherung S. 262: „Schlüssel zur gesetzlich verankerten Stellung des Dritten".
[9] *Wandt* VersR Rn. 1097.
[10] *Lücke* in Prölss/Martin VVG § 108 Rn. 1: Kernstück der VVG-Reform; *Koch* in Bruck/Möller VVG § 108 Rn. 5: umfassende Neubewertung der Interessen.
[11] *Retter* in Schwintowski/Brömmelmeyer/Ebers VVG § 109 Rn. 2, der § 109 S. 2 zutr. als Ausnahmeregelung zu § 108 Abs. 1 bezeichnet.
[12] *Lücke* in Prölss/Martin VVG § 110 Rn. 5; *Retter* in Schwintowski/Brömmelmeyer/Ebers VVG § 110 Rn. 1; *Koch* in Bruck/Möller VVG § 110 Rn. 2 f.
[13] BGH VersR 2016, 913 = NZI 2016, 603 mAnm *Gnauck*.
[14] BGH VersR 2004, 634 (635) = r+s 2004, 281 (282).
[15] BGH VersR 2016, 913 = NZI 2016, 603 mAnm *Gnauck*; VersR 1989, 730 f. = NJW-RR 1989, 918 (919); *Armbrüster* r+s 2010, 441 (453).
[16] *Lücke* in Prölss/Martin VVG § 110 Rn. 5; *Lange* r+s 2019, 613 (614).

ist.[17] Im insolvenzrechtlichen Prüfungsverfahren bedarf es des Anerkenntnisses durch den Insolvenzverwalter, das insbes. in der widerspruchslosen Feststellung der Haftpflichtforderung zur Insolvenztabelle liegt.[18] Auch wenn der Insolvenzverwalter den Freistellungsanspruch aus der Masse freigibt,[19] muss die Haftpflichtforderung erst mit bindender Wirkung für den Versicherer festgestellt werden, damit der Dritte einen unmittelbaren Zahlungsanspruch gegen den Versicherer auf Leistung aus dem Freistellungsanspruch erwirbt.[20] Im Einzelnen die Kommentierung von *Littbarski* zu → § 110.

10 In der **Pflichtversicherung** (§§ 113–124) wird der Dritte weitergehend geschützt als in der allgemeinen Haftpflichtversicherung (Stichworte: Direktanspruch, Einwendungsausschluss).[21] Dieser weitergehende Schutz in der Pflichtversicherung steht grds. neben dem Schutz des Dritten in der allgemeinen Haftpflichtversicherung. Es wird deshalb in der Pflichtversicherung zutreffend von einer **Zweispurigkeit des Geschädigtenschutzes** gesprochen.[22]

11 Neben dem speziellen versicherungsrechtlichen Drittschutz durch die §§ 108–110 können sich unmittelbare Ansprüche des Dritten gegen den Haftpflichtversicherer seines Schuldners aus **Vorschriften oder Rechtsinstituten des allgemeinen Zivilrechts** ergeben. Es geht dabei jedoch nicht um die Begründung eines unmittelbaren Anspruchs des Dritten auf Erfüllung seiner gegen den Versicherungsnehmer bestehenden Haftpflichtforderung. Insoweit ist die spezielle (Struktur-)Entscheidung des Haftpflichtversicherungsrechts vorrangig und abschließend, dass der Dritte in der allgemeinen Haftpflichtversicherung – anders als teilweise in der Pflichtversicherung – **keinen unmittelbaren Anspruch auf Erfüllung seiner Haftpflichtforderung** gegen den Haftpflichtversicherer hat.[23] Auch wenn der Versicherungsnehmer nach einer den Versicherer bindenden Feststellung des Haftpflichtanspruchs vom Versicherer Freistellung verlangt (§§ 100, 106), begründet dies keinen eigenen Anspruch des Dritten nach § 328 Abs. 2 BGB.[24] Denn der Haftpflichtversicherungsvertrag ist **kein Vertrag zu Gunsten Dritter iSv § 328 BGB,** sondern schützt den (geschädigten) Dritten nur mittelbar iSd Sozialbindung des Vertrags.

12 In Betracht kommen **nach allgemeinem Zivilrecht** aber **Schadensersatzansprüche** wegen eines den Dritten schädigenden Fehlverhaltens des Versicherers, insbes. im Rahmen der vom Versicherer durchgeführten Schadensregulierung. Es erscheint allerdings sehr zweifelhaft, ob es notwendig und berechtigt ist, solche Ansprüche des Dritten auf der Grundlage der Grundsätze über den Vertrag mit Schutzwirkung für Dritte zu begründen, indem dem Haftpflichtversicherungsvertrag Schutzwirkung für den Dritten beigelegt wird.[25] Erwogen wurde auch eine Kombination der Grundsätze zum Vertrag mit Schutzwirkung für Dritte und der Grundsätze zur Vertreter-/Sachwalterhaftung.[26] Nach der Schuldrechtsreform von 2002 lässt sich ein Schadensersatzanspruch des Dritten gegen den Versicherer nur unter besonderen, eng zu fassenden Voraussetzungen auf **§ 280 Abs. 1 BGB iVm §§ 241 Abs. 2, 311 Abs. 2 Nr. 3 BGB** stützen (Verletzung einer Rücksichtnahmepflicht gegenüber einem vertragsfremden Dritten → Rn. 31). In Ausnahmefällen kommt auch eine Haftung des Versicherers für einen Vermögensschaden des Dritten aus **§ 823 Abs. 2 BGB** iVm einem Schutzgesetz und aus **§ 826 BGB** in Betracht. Zu einem Auskunftsanspruch aus § 242 BGB → Rn. 29.

II. Entstehungsgeschichte

13 **Vorgängerregelung des § 108 Abs. 1** ist **§ 156 Abs. 1 VVG aF.** Diese Vorgängerregelung wurde im Jahre **1939** erstmals in § 156 VVG aF eingefügt,[27] um die Stellung des Dritten zu verbes-

---

[17] BGH VersR 2004, 634 (635) = r+s 2004, 281 (282); VersR 1993, 1222 = r+s 1993, 370; VersR 1991, 414 (415); 1987, 655 = NJW-RR 1987, 1106 f.; VersR 1954, 578 (579); OLG Nürnberg VersR 2013, 711 (712). Der Rspr. folgend *Koch* in Bruck/Möller VVG § 110 Rn. 12 f.

[18] BGH VersR 2015, 497; 2004, 634 (635) = r+s 2004, 281 (282); OLG Köln VersR 2006, 1207 (1208); OLG Celle VersR 2002, 602; OLG Nürnberg VersR 2013, 711 (712); *Lücke* in Prölss/Martin VVG § 110 Rn. 5.

[19] BGH VersR 2016, 913 = NZI 2016, 603 mAnm *Gnauck*; VersR 2009, 821 (822) = NJW-RR 2009, 964; VersR 1997, 61 (62) = NJW 1996, 2035 (2036); *Armbrüster* r+s 2010, 441 (453).

[20] Ungeachtet des § 89 Abs. 2 InsO ist der Schuldner befugt, einen Gläubiger freiwillig aus beschlagfreiem Vermögen zu befriedigen; BGH ZIP 2010, 380.

[21] *Wandt* VersR Rn. 1106 ff.

[22] *Knappmann* in Prölss/Martin VVG, 29. Aufl. 2015, § 115 Rn. 26.

[23] *Lücke* in Prölss/Martin VVG § 108 Rn. 5 mit der von ihm wohl tendenziell bejahten Frage, ob die §§ 108 ff. die „angeschnittenen" Fragen nicht abschließend regeln sollen.

[24] *Lücke* in Prölss/Martin VVG § 108 Rn. 8.

[25] Hierzu die Überlegungen von *Baumann* in Berliner Kommentar VVG § 149 Rn. 135 ff.

[26] *Baumann* in Berliner Kommentar VVG § 149 Rn. 145 ff. unter Hinweis, dass wissenschaftliches Neuland betreten werde.

[27] Eingefügt durch „Gesetz über die Einführung der Pflichtversicherung für Kraftfahrzeughalter und zur Änderung des Gesetzes über den Verkehr mit Kraftfahrzeugen sowie des Gesetzes über den Versicherungsvertrag vom 7. November 1939", RGBl. 1939 I S. 2223 (2226).

sern.²⁸ Im Zuge des damaligen Gesetzgebungsverfahrens war auch die Einführung eines gesetzlichen Pfandrechts des Dritten am Deckungsanspruch des Versicherungsnehmers diskutiert, zu Gunsten des (relativen) Verfügungsverbots aber verworfen worden.²⁹ § 108 Abs. 1 S. 1 ist weitgehend inhaltsgleich mit § 156 Abs. 1 S. 1 VVG aF, der allerdings von Verfügungen über die *Entschädigungsforderung* sprach. Das Abstellen auf den *Freistellungsanspruch* in § 108 entspricht der Neuregelung des § 100. § 108 Abs. 1 S. 2 ist inhaltsgleich mit § 156 Abs. 1 S. 2 VVG aF; insoweit wurde lediglich durch eine veränderte Satzstellung versucht, die Lesbarkeit zu verbessern.

Die Regelung des **§ 108 Abs. 2**, nach der die Abtretung des Freistellungsanspruchs an den Dritten nicht durch AVB ausgeschlossen werden darf, ist **neu.** Das VVG aF schwieg hierzu, beschränkte also die durch § 399 BGB eröffnete Parteiautonomie nicht. Entsprechend hatten die Versicherer in ihren AVB regelmäßig ein umfassendes Abtretungsverbot statuiert. Die Rspr. erkannte die generelle Zulässigkeit an, versagte dem Versicherer allerdings in Einzelfällen, gestützt auf die Grundsätze von Treu und Glauben, die Berufung auf das wirksam vereinbarte Abtretungsverbot (→ Rn. 98). 14

Sowohl die Neufassung von § 108 Abs. 1 als auch die neue Regelung in § 108 Abs. 2 beruhen auf dem Vorschlag der Kommission zur Reform des Versicherungsvertragsrechts (vgl. § 109 VVG-Kommissionsentwurf).³⁰ Die Gesetzesbegründung hat auch die Begründung aus dem Abschlussbericht der Kommission im Wesentlichen übernommen.³¹ 15

Der bisherige **§ 156 Abs. 2 VVG aF ist entfallen,** da dessen Voraussetzungen für die Leistung des Versicherers an den geschädigten Dritten mit dem neuen § 100 nicht vereinbar sind.³² 16

Die frühere Regelung des **§ 156 Abs. 3 VVG aF** findet sich jetzt in § 109. 17

III. Anwendungsbereich

§ 108 gehört zu den allgemeinen Vorschriften der Haftpflichtversicherung und ist deshalb grds. auf **alle Arten von Haftpflichtversicherungen,** auch auf Pflichtversicherungen,³³ anwendbar. 18

Gem. § 209 ist § 108 – wie das gesamte VVG – **nicht auf die Rück- und Seeversicherung** anwendbar. Für die Seeversicherung wird auch eine analoge Anwendbarkeit von § 108 Abs. 1 verneint.³⁴ 19

Auf **Großrisiken und die laufende Versicherung** ist § 108 Abs. 1, nicht aber § 108 Abs. 2 anwendbar (→ Rn. 81, 110). 20

B. Relativ unwirksame Verfügungen über den Freistellungsanspruch (§ 108 Abs. 1)

I. Gesamtschau

Die Regelung des § 108 Abs. 1 wird als schwer verständlich angesehen.³⁵ Ihr Regelungsgehalt erschließt sich am besten, wenn man sich vergegenwärtigt, welche Stellung der Dritte im „Normalfall" hat, nämlich wenn der Versicherungsnehmer Inhaber des Freistellungsanspruchs ist und (noch) nicht über diesen Anspruch verfügt hat (dazu unten II.). Zu dem Gesamtbild gehört außerdem das Verständnis der Regelungen über die Erfüllung des Freistellungsanspruchs durch Erfüllung der Haftpflichtforderung des Dritten (dazu unten III. mit einer Ergänzung zum bereicherungsrechtlichen Ausgleich bei rechtsgrundlosen Leistungen unten IV.). Die **Kommentierung der Regelung des § 108 Abs. 1,** nach der Verfügungen über den Freistellungsanspruch dem Dritten gegenüber unwirksam sind, erfolgt erst im Anschluss (→ Rn. 47 ff.). 21

II. Stellung des Dritten ohne Verfügung über den Freistellungsanspruch

1. Kein Direktanspruch des Dritten gegen den Versicherer. Der **Dritte,** der eine Haftpflichtforderung gegen den Versicherungsnehmer hat, die in den Schutzbereich des Haftpflichtversi- 22

---

28 Zur Rechtslage vor 1939: *Sieg* Haftpflichtversicherung S. 74 ff.
29 Amtl. Begr. in DJ 1939, 1771 (1773); Nachw. zur Diskussion bei *Sieg* Haftpflichtversicherung S. 259.
30 Abschlussbericht der VVG-Kommission S. 517.
31 Abschlussbericht der VVG-Kommission S. 80 f., 367.
32 Begr. zum RegE, BT-Drs. 16/3945, 86.
33 BGHZ 84, 151 (153) = VersR 1982, 791 (792 f.).
34 BGHZ 56, 339 (346 f.) = VersR 1971, 1031 (1033); LG Düsseldorf VersR 1991, 298 (299), beide zu § 156 Abs. 1 VVG aF; zust. *Lücke* in Prölss/Martin VVG § 108 Rn. 34; *Koch* in Bruck/Möller VVG § 108 Rn. 10.
35 *Präve* VersR 2007, 1046 (1049): die Regelung sei für einen nicht einschlägig Vorgebildeten schlicht unverständlich.

cherungsvertrags fällt (Dritter iSd §§ 100 ff. → Rn. 55), hat in der Haftpflichtversicherung **grds. keinen direkten Anspruch gegen den Haftpflichtversicherer** des Schädigers (Trennungsprinzip).³⁶ Einen eigenständigen, nicht abgeleiteten Direktanspruch hat der (geschädigte) Dritte lediglich in der Pflichtversicherung iSv § 113 unter den besonderen Voraussetzungen des § 115.

23 Um außerhalb von § 115 zur Erfüllung seines Haftpflichtanspruchs zu gelangen, muss sich der Dritte **an den Versicherungsnehmer als seinen Schädiger und Schuldner halten**.³⁷ Der Versicherungsnehmer kann den Haftpflichtanspruch des Dritten (ganz oder teilweise) erfüllen, sich auf die Anerkennung des Anspruchs beschränken (§ 106), dem Dritten seinen Freistellungsanspruch gegen den Versicherer (an Erfüllungs statt oder erfüllungshalber) abtreten (→ Rn. 57), oder aber den Anspruch des Dritten als unbegründet ablehnen und jegliche Form der Erfüllung verweigern. Wenn der Haftpflichtanspruch des Dritten nicht freiwillig erfüllt wird, bleibt dem Dritten nichts anderes übrig, als einen **Haftpflichtprozess gegen den Schädiger/Versicherungsnehmer** zu führen und bei Obsiegen in das Vermögen des Versicherungsnehmers zu vollstrecken. Im Wege der Vollstreckung kann er den – durch § 108 Abs. 1 für ihn bestandsgeschützten – Freistellungsanspruch des Vollstreckungsschuldners/Versicherungsnehmers **pfänden** und sich zur Einziehung oder an Zahlungs statt **überweisen** lassen (§§ 829, 835 ZPO).³⁸ Mit der Überweisung an den Dritten wandelt sich der Freistellungsanspruch des Versicherungsnehmers in einen **Zahlungsanspruch des Dritten** (zur Rechtsnatur dieses Anspruchs → Rn. 119).³⁹

24 § 108 Abs. 1 stellt sicher, dass der Vollstreckungszugriff des Dritten auf den Freistellungsanspruch nicht durch zeitlich vorangehende oder gleichzeitige Verfügungen des Versicherungsnehmers oder durch Vollstreckungs- oder Arrestmaßnahmen anderer Gläubiger des Versicherungsnehmers vereitelt wird (→ Rn. 1). Die Vorschrift setzt das ansonsten geltende – für rechtsgeschäftliche Verfügungen wie für die Zwangsvollstreckung und das Arrestverfahren – **Prioritätsprinzip außer Kraft**.⁴⁰

25 **2. Keine gewillkürte Prozessstandschaft für den Versicherungsnehmer.** Das Fehlen eines Direktanspruchs in der allgemeinen Haftpflichtversicherung lässt sich grds. auch nicht dadurch umgehen, dass der Versicherungsnehmer den Dritten ermächtigt (entsprechend § 185 Abs. 1 BGB), den Freistellungsanspruch im Wege der gewillkürten Prozessstandschaft gegen den Versicherer geltend zu machen (vgl. § 51 ZPO). Dies würde nämlich voraussetzen, dass der Dritte als Prozessstandschafter ein **eigenes rechtsschutzwürdiges Interesse** daran hat, das fremde Recht geltend zu machen.⁴¹ Ein solches Interesse ist aber nur zu bejahen, wenn die Entscheidung über das fremde Recht die eigene Rechtslage des Prozessstandschafters beeinflusst. Bei der Geltendmachung des Deckungsanspruchs durch den Dritten fehlt es hieran aber grds., weil Deckung und Haftung zu trennen sind.⁴²

26 **3. Feststellungsklage des Dritten gegen den Versicherer.** Im Normalfall der allgemeinen Haftpflichtversicherung bestehen zwischen dem Dritten und dem Haftpflichtversicherer des Schädigers keine unmittelbaren Rechtsbeziehungen (→ Rn. 1, 22). Unmittelbare Rechtsbeziehungen bestehen nur ausnahmsweise aufgrund von Ausnahmetatbeständen (insbes. Pflichtversicherungs-Direktanspruch gem. § 115, Abtretung oder Pfändung und Überweisung des Freistellungsanspruchs, Zahlungsanspruch des Dritten gegen den Versicherer aufgrund eines Absonderungsrechts in der Insolvenz des Versicherungsnehmers). Auch wenn ein solcher Ausnahmetatbestand nicht gegeben ist, kann der **Dritte** unter den Voraussetzungen von **§ 256 Abs. 1 ZPO** eine **Feststellungsklage gegen den Versicherer** erheben, dass dieser seinem Versicherungsnehmer, dem Schädiger und Schuldner der Haftpflichtforderung des Dritten, Deckungsschutz zu gewähren hat.⁴³ Der Dritte

---

³⁶ BGHZ 7, 244 (245 f.) = VersR 1952, 366 (367); *Langheid* in Langheid/Rixecker VVG § 108 Rn. 5; *Lücke* in Prölss/Martin VVG § 108 Rn. 2 ff.; *Schneider* in Beckmann/Matusche-Beckmann VersR-HdB § 24 Rn. 145; *Wandt* VersR Rn. 1087 f.

³⁷ *Langheid* in Langheid/Rixecker VVG § 108 Rn. 5; *Schneider* in Beckmann/Matusche-Beckmann VersR-HdB § 24 Rn. 145.

³⁸ BGHZ 25, 322 = VersR 1957, 731; *Lücke* in Prölss/Martin VVG § 108 Rn. 3.

³⁹ BGHZ 171, 56 (68) = VersR 2007, 1116 (1119); BGH VersR 1965, 1167 (1168) = NJW 1965, 2343 (2345), insoweit in BGHZ 44, 166 nicht abgedr.; BGH VersR 1964, 156 (157); 1963, 421 (422); BGHZ 7, 244 (246) = VersR 1952, 366 (367); RGZ 158, 6 (12 f.); 81, 250 (253); OLG Stuttgart VersR 1970, 170; OLG Frankfurt a. M. VersR 1968, 541.

⁴⁰ BGH VersR 2006, 1679 = r+s 2007, 83 (84); BGHZ 84, 151 (153) = VersR 1982, 791 (793).

⁴¹ OLG Stuttgart VersR 1991, 766.

⁴² OLG Stuttgart VersR 1991, 766.

⁴³ BGH VersR 2009, 1485; 2001, 90 (91) = NVersZ 2001, 132 (133); VersR 1991, 414 (415); 1975, 655 (657) = NJW 1975, 1276 (1277); VersR 1964, 156 (157); OLG Frankfurt a. M. r+s 2008, 66; OLG Köln VersR 2008, 1103 (1104); OLG Düsseldorf VersR 2002, 1020 (1021); OLG Köln VersR 2002, 730; OLG Hamm VersR 1991, 579 (580); *Veith/Gräfe/Gebert* PHdB-VersProz § 15 Rn. 28; *Lücke* in Prölss/Martin VVG § 108 Rn. 3; *Johannsen* r+s 1997, 309 (313); *Schneider* in Beckmann/Matusche-Beckmann VersR-HdB § 24 Rn. 148.

kann also ausnahmsweise klageweise ein Rechtsverhältnis feststellen lassen, an dem er selbst nicht beteiligt ist.[44] Grundlage für diese Ausnahme ist die „Sozialbindung der Haftpflichtversicherung".[45] Die Erhebung der Feststellungsklage hemmt die Verjährung des Freistellungsanspruchs des Versicherungsnehmers gem. § 204 BGB.

Das gem. § 256 Abs. 1 ZPO erforderliche **Interesse des Dritten an alsbaldiger Feststellung** 27 ist gegeben, wenn die Gefahr besteht, dass dem Dritten (als Haftpflichtgläubiger) der Deckungsanspruch als Befriedigungsobjekt verloren geht. Dies ist insbes. zu befürchten, wenn der Versicherungsnehmer gegenüber dem Versicherer untätig bleibt und deshalb Verjährung droht.[46] Das Feststellungsinteresse ist bspw. auch gegeben, wenn der Versicherer seine Leistungspflicht eindeutig bestreitet[47] oder auf eine Anfrage des Geschädigten, ob Versicherungsschutz bestehe, keine oder keine eindeutige Antwort gibt oder die Auskunft verweigert.[48] Ein Feststellungsinteresse des Dritten wird nicht dadurch ausgeschlossen, dass der Versicherer dem Versicherungsnehmer Abwehrdeckung (Rechtsschutz) gewährt. Denn hieraus kann nicht auf den Willen des Versicherers geschlossen werden, auch die Freistellungsverpflichtung nach § 100 Abs. 1 zu erfüllen; insbes. nicht, wenn er gegenüber dem Versicherungsnehmer noch keine abschließende Entscheidung über seine Deckungspflicht getroffen und sich eine Ablehnung noch vorbehalten hat.[49]

Eine **Feststellungsklage** des Dritten kommt auch dann in Betracht, wenn er – bspw. durch 28 Abtretung – Inhaber des Freistellungsanspruchs gegen den Versicherer geworden ist, dieser Anspruch aber noch nicht fällig ist.[50] Gegebenenfalls kann der Dritte – wahlweise[51] – auch **Klage auf künftige Leistung gem. § 259 ZPO** erheben.

4. Auskunftsanspruch des Dritten gegen den Versicherer. Der Dritte kann in Ausnahme- 29 fällen aus **§ 242 BGB** einen Anspruch auf Auskunft gegen den Haftpflichtversicherer des Schädigers darüber haben, ob und in welchem Umfang der Versicherer gegenüber dem Versicherungsnehmer aus dem Versicherungsvertrag leistungspflichtig ist.[52] Nach OLG Düsseldorf[53] soll ein solcher Auskunftsanspruch jedenfalls in der Insolvenz des Versicherungsnehmers gegeben sein, wenn die Haftpflichtforderung des Dritten gegen den Gemeinschuldner zur Insolvenztabelle festgestellt ist, sein Recht auf abgesonderte Befriedigung aus dem Freistellungsanspruch des Gemeinschuldners gegen seinen Haftpflichtversicherer (§ 110) vom Insolvenzverwalter anerkannt worden ist und der Freistellungsanspruch zu verjähren droht. Die besonderen Voraussetzungen für eine Bejahung eines Auskunftsanspruchs aus § 242 BGB werden jedoch nur in seltenen Fällen gegeben sein.[54] Insoweit sind ua auch die datenschutzrechtlichen Vorgaben zu berücksichtigen, denen der Versicherer bei Auskünften über einen Versicherungsvertrag gegenüber Dritten unterliegt (→ § 110 Rn. 40). Außerdem ist zu berücksichtigen, dass der Dritte bei berechtigtem Interesse eine Feststellungsklage hinsichtlich des Bestehens des Freistellungsanspruchs gegen den Versicherer erheben kann (→ Rn. 26), dann also nicht auf einen Auskunftsanspruch aus § 242 BGB angewiesen ist. Unabhängig von dem Bestehen eines Auskunftsanspruchs des Dritten kann sich der Versicherer gem. §§ 280, 241 Abs. 2, 311 Abs. 2 Nr. 3 BGB **schadensersatzpflichtig** machen, wenn er dem Dritten falsche Auskünfte erteilt und dies einen Schaden des Dritten verursacht (→ Rn. 31).

---

[44] Aber auch KG VersR 2007, 349 (350), das bei Bestehen eines Absonderungsrechts nach § 110 von einem Rechtsverhältnis zwischen dem Dritten und dem Versicherer ausgeht; dagegen explizit OLG Köln VersR 2008, 1103 (1104); *Greger* in Zöller ZPO § 256 Rn. 3b.
[45] BGHZ 214, 314 Rn. 24 = VersR 2017, 683 = NJW 2017, 2466; BGH VersR 2001, 90 (91) = NVersZ 2001, 132 (133); *Lücke* in Prölss/Martin AHB Ziff. 28 Rn. 8; *Koch* in Bruck/Möller VVG § 100 Rn. 168 f.
[46] BGH VersR 2001, 90 (91) = NVersZ 2001, 132 (133); VersR 1991, 414 (415); 1964, 156 (157); so auch in der D&O-Versicherung, wenn die Geltendmachung des Deckungsanspruchs vertraglich nur dem Versicherten vorbehalten ist, BGHZ 214, 314 = VersR 2017, 683 = NJW 2017, 2466 mAnm *Thiel/Seitz*; zust. *Dreher* EWiR 2017, 369 (370).
[47] KG VersR 2007, 349 (350); OLG Köln VersR 2002, 730.
[48] BGH VersR 2009, 1485; *Koch* in Bruck/Möller VVG § 100 Rn. 170; *v. Rintelen* in Späte/Schimikowski AHB Ziff. 1 Rn. 352.
[49] BGH VersR 2009, 1485.
[50] KG VersR 2007, 349 (350).
[51] *Seiler* in Thomas/Putzo ZPO § 259 Rn. 6.
[52] *Lücke* in Prölss/Martin VVG § 108 Rn. 3; *Koch* in Bruck/Möller VVG § 100 Rn. 170; *Car* in BeckOK VVG § 108 Rn. 17.
[53] OLG Düsseldorf VersR 2002, 1020 f.; *Retter* in Schwintowski/Brömmelmeyer/Ebers VVG § 110 Rn. 19; grds. zust. *Schneider* in Beckmann/Matusche-Beckmann VersR-HdB § 24 Rn. 148a.
[54] *Veith/Gräfe/Gebert* PHdB-VersProz § 15 Rn. 28; *Schneider* in Beckmann/Matusche-Beckmann VersR-HdB § 24 Rn. 148a; dagegen für einen generellen Auskunftsanspruch *v. Rintelen* in Späte/Schimikowski AHB Ziff. 1 Rn. 353.

30 **5. Nebenintervention des Dritten im Deckungsprozess zwischen Versicherungsnehmer und Versicherer.** Der Dritte kann sich unter den Voraussetzungen von § 66 ZPO als Streithelfer am Deckungsprozess zwischen Versicherungsnehmer und Haftpflichtversicherer beteiligen.[55] Unter Berücksichtigung der durch die §§ 108–110 geschützten Rechtsposition des Dritten und seinem Interesse an einem Obsiegen des Versicherungsnehmers im Deckungsprozess gegen den Versicherer ist eine Nebenintervention grds. zulässig.[56]

31 **6. Schadensersatzanspruch gegen den Versicherer wegen Verletzung von Rücksichtnahmepflichten.** Auch wenn weder das allgemeine Haftpflichtversicherungsrecht noch das allgemeine Zivilrecht unmittelbare Rechtsbeziehungen zwischen dem Dritten und dem Haftpflichtversicherer des Schädigers begründen, die auf unmittelbare Erfüllung der Haftpflichtforderung des Dritten gerichtet sind (→ Rn. 22 f.), kann der Dritte unter besonderen Voraussetzungen wegen Verletzung einer Rücksichtnahmepflicht einen Schadensersatzanspruch gegen den Haftpflichtversicherer aus **§ 280 Abs. 1 BGB iVm §§ 241 Abs. 2, 311 Abs. 2 Nr. 3 BGB** haben. Der durch Verhandlungen über die Schadensregulierung gegebene geschäftliche Kontakt des Dritten mit dem Haftpflichtversicherer kann als „ähnlicher geschäftlicher Kontakt" iSd § 311 Abs. 2 Nr. 3 BGB zu qualifizieren sein. Aus ihm können sich – gem. § 311 Abs. 3 S. 1 BGB auch zu Personen, die nicht selbst Vertragspartei werden sollen – unter Berücksichtigung der Umstände des Einzelfalls **Rücksichtnahmepflichten aus § 241 Abs. 2 BGB** ergeben.[57] Bei der Bejahung solcher Rücksichtnahmepflichten des Versicherers zu Gunsten des Dritten ist aber höchste Zurückhaltung geboten. Raum für Rücksichtnahmepflichten gegenüber dem Dritten besteht nur, soweit diese Pflichten in keiner Weise mit den Pflichten des Versicherers gegenüber seinem Versicherungsnehmer in Konflikt geraten können.

III. Erfüllung der Haftpflichtforderung des Dritten

32 **1. Erfüllung durch den Versicherer. a) Zahlung des Versicherers gem. § 267 BGB.** Wenn der Versicherer auf die Haftpflichtforderung des Dritten gegen den Versicherungsnehmer zahlt, ohne dass der Dritte einen unmittelbaren Anspruch gegen ihn hat (→ Rn. 22), dann **zahlt der Versicherer als Dritter iSv § 267 BGB**.[58] In diesem Falle sind der (geschädigte) Dritte iSd Haftpflichtversicherungsrechts und der Versicherer als zahlender Dritter iSv § 267 BGB begrifflich und dogmatisch auseinanderzuhalten. Wenn die Haftpflichtforderung gegen den Versicherungsnehmer besteht, wird sie durch die Zahlung des Versicherers **erfüllt** und erlischt (§ 362 BGB).

33 Bevor der **Versicherer** gem. § 267 BGB an den Dritten zahlt, trifft ihn die **vertragliche Nebenpflicht**, seinen Versicherungsnehmer darüber **zu informieren**, dass er die Haftpflichtforderung des Dritten als begründet erachtet und erfüllen will (§ 241 Abs. 2 BGB).[59] Grundlage dieser Nebenpflicht ist, dass der Versicherungsnehmer ein Interesse daran haben kann, die Haftpflichtforderung auf anderem Wege, insbes. durch Aufrechnung, zu erfüllen oder die Erfüllung jedenfalls vorläufig zu verweigern (bspw. wegen eines Zurückbehaltungsrechts). § 393 BGB schließt die Aufrechnung nur gegen eine Forderung aus einer vorsätzlich begangenen unerlaubten Handlung aus; gegen sonstige Haftpflichtforderungen kann der Versicherungsnehmer also grds. aufrechnen. Möglich ist auch, dass der Versicherungsnehmer den Haftpflichtversicherer nicht in Anspruch nehmen und aus „eigener Tasche" zahlen will, um eine Kündigung wegen Eintritts des Versicherungsfalls zu vermeiden. Der Versicherer macht sich **schadensersatzpflichtig**, wenn er seine Informationspflicht schuldhaft verletzt und dem Versicherungsnehmer daraus ein Schaden entsteht.[60] Den Versicherungsnehmer kann jedoch im Einzelfall ein Mitverschulden treffen, wenn er seinerseits seinen Versicherer nicht oder nicht rechtzeitig über das Bestehen einer Aufrechnungslage oder eines Zurückbehaltungsrechts informiert hat. Nach Information des Versicherungsnehmers hat der Versicherer die **weitere ver-**

---

[55] OLG München VersR 1967, 76, bei Direktanspruch des Dritten; *Lücke* in Prölss/Martin VVG § 108 Rn. 3; *Koch* in Bruck/Möller VVG § 100 Rn. 171; *Langheid* in Langheid/Rixecker VVG § 108 Rn. 5.

[56] *Johannsen* in Bruck/Möller, 8. Aufl. 1970, Bd. IV, Kap. B Anm. 86: „triftigere Gründe als die des geschädigten Dritten für einen Beitritt lassen sich kaum denken"; *v. Rintelen* in Späte/Schimikowski AHB Ziff. 1 Rn. 353; aA OLG Oldenburg VersR 1966, 1173.

[57] So der Sache nach auch *Baumann* in Berliner Kommentar VVG § 149 Rn. 133 ff. (Sonderverbindungen iSv § 242 BGB); *Baumann* in Berliner Kommentar VVG § 149 Rn. 139 ff. (Vertreter-/Sachwalterhaftung des Versicherers); krit. *Lücke* in Prölss/Martin VVG § 108 Rn. 4 f.

[58] BGHZ 113, 62 (65 ff.) = VersR 1991, 356 (357 f.); *Retter* in Schwintowski/Brömmelmeyer/Ebers VVG § 100 Rn. 80, § 109 Rn. 11; *Ebel* JR 1981, 485 (487 f.); sa *Wandt* Gesetzl. Schuldverhältnisse § 13 Rn. 66 ff.

[59] *Koch* in Bruck/Möller VVG § 100 Rn. 101; *Lücke* in Prölss/Martin VVG § 108 Rn. 7; *v. Rintelen* in Späte/Schimikowski AHB Ziff. 1 Rn. 379; vgl. zu § 156 Abs. 2 OLG Celle VersR 1985, 1129 f.; zum österreichischen Recht OGH VersR 1965, 1160 f. mAnm *Wahle*.

[60] *Lücke* in Prölss/Martin VVG § 108 Rn. 7; *Johannsen* in Bruck/Möller, 8. Aufl. 1970, Bd. IV, Kap. G Anm. 280.

Verfügung über den Freistellungsanspruch 34–37 § 108

tragliche Nebenpflicht, mit der Regulierung des Schadens einen **angemessenen Zeitraum zuzuwarten,** damit der Versicherungsnehmer sein Vorgehen überlegen und ggf. die Aufrechnung erklären oder ein Zurückbehaltungsrecht erheben kann.[61] Die Nebenpflicht des Versicherers zum Zuwarten mit der Regulierung endet, wenn der Versicherungsnehmer vom Versicherer diesbzgl. angeforderte Unterlagen nicht innerhalb angemessener Frist beibringt.[62] Unter Umständen muss der Versicherer aber nachfragen, weshalb der Versicherungsnehmer angeforderte Unterlagen noch nicht vorgelegt hat.

b) Aufrechnung durch den Versicherer gegenüber dem Dritten. Wenn der Dritte durch 34 Abtretung des Freistellungsanspruchs einen Zahlungsanspruch gegen den **Versicherer** erlangt hat (→ Rn. 118), kann der Versicherer gegen diesen Anspruch **mit eigenen Forderungen gegen den Dritten aufrechnen** (etwa aus einem eigenen Versicherungsvertrag zwischen ihm und dem Dritten).[63] Dies ist dagegen nicht möglich, wenn der Versicherer – wie regelmäßig (→ Rn. 32) – gem. § 267 BGB auf die Haftpflichtschuld des Versicherungsnehmers zahlt, weil es dann an der erforderlichen Gegenseitigkeit der Forderungen nach § 387 BGB fehlt.[64]

Der **Versicherer** kann nach **§ 35** gegenüber dem Dritten auch mit einer fälligen Prämienforde- 35 rung oder einer anderen ihm **aus dem Versicherungsvertrag zustehenden fälligen Forderung gegen den Versicherungsnehmer aufrechnen** (weitergehend die Kommentierung von *Staudinger* zu → § 35). § 35 begründet eine Ausnahme zu dem generellen Erfordernis der Gegenseitigkeit nach § 387 BGB. Diese Ausnahme reicht weiter als § 406 BGB, der für den Fall der Abtretung das Gegenseitigkeitserfordernis im Verhältnis zum Zessionar bereits relativiert und grds. neben § 35 anwendbar ist. Die Anwendung von § 35 ist lediglich in der Pflichtversicherung (vgl. § 121), nicht jedoch in der allgemeinen Haftpflichtversicherung ausgeschlossen.[65] Die Aufrechnungsbefugnis des Versicherers gem. § 35 ist jedoch **mit Blick auf den Schutzzweck von § 108 Abs. 1 eingeschränkt:** Der Versicherer kann dem Dritten gegenüber nur mit Forderungen gegen den Versicherungsnehmer aufrechnen, die schon vor Eintritt des den Dritten schädigenden Versicherungsfalls fällig geworden sind.[66] Anderenfalls, so iErg überzeugend der BGH zur Vorgängerregelung des § 156 Abs. 1 VVG aF, hätte es der Versicherungsnehmer in der Hand, durch schlichte Einstellung der Prämienzahlung nach Eintritt des Schadensfalls den Versicherer zu einer Aufrechnung zu veranlassen und damit mittelbar doch eine Verfügung über den Versicherungsanspruch zu Lasten des Dritten zu treffen. Diese auf § 108 Abs. 1 gestützte Einschränkung muss auch für die Aufrechnungsbefugnis des Versicherers gem. § 406 BGB gelten. Der Schutz des Dritten durch § 108 Abs. 1 (Sozialbindung der Haftpflichtversicherung) setzt sich iErg gegenüber dem ebenfalls schutzwürdigen Interesse des Versicherers an einer Aufrechnung durch.

§ 35 erlaubt es dem Versicherer jedoch nicht, dem Dritten gegenüber mit Ansprüchen gegen den 36 Versicherungsnehmer aus anderen Versicherungsverhältnissen als dem durch die Haftpflichtforderung betroffenen aufzurechnen.[67] § 35, der nach seiner Schutzrichtung den Versicherer gegenüber dem leistungsberechtigten Dritten begünstigt, ist insoweit enger als § 406 BGB, weil er – anders als § 406 BGB – eine Aufrechnung nur mit Forderungen aus dem betroffenen Versicherungsvertrag, nicht aber aus parallel bestehenden anderen Versicherungsverträgen zulässt. Dies führt zu der Frage, ob diese Begrenzung des § 35 auf § 406 BGB „durchschlägt". Für die allgemeine Haftpflichtversicherung hatte die Frage, in welchem Verhältnis beide Vorschriften zueinanderstehen, vor der VVG-Reform 2008 nur sehr geringe Relevanz, da die Abtretung an den Dritten durch AVB-Regelungen regelmäßig verboten war. Nach Inkrafttreten des § 108 Abs. 2, der die Abtretbarkeit des Freistellungsanspruchs an den Dritten gegen Abtretungsverbote in AVB sichert, ist das Verhältnis von § 35 zu § 406 BGB zu überdenken. Die Sozialbindung der Haftpflichtversicherung spricht dafür, dass § 406 BGB entsprechend § 35 nur die Aufrechnung mit Ansprüchen aus dem Versicherungsverhältnis gestattet, das durch die Haftpflichtforderung des Dritten betroffen ist.

2. Erfüllung durch den Versicherungsnehmer. Wird die Haftpflichtforderung des Dritten 37 durch **Zahlung** oder durch **Aufrechnung seitens des Versicherungsnehmers** erfüllt, wandelt

---

[61] OLG Celle VersR 1985, 1129 f.; *Koch* in Bruck/Möller VVG § 100 Rn. 102.
[62] OLG Celle VersR 1985, 1129 (1130); *Lücke* in Prölss/Martin VVG § 108 Rn. 7; *Koch* in Bruck/Möller VVG § 100 Rn. 102; *v. Rintelen* in Späte/Schimikowski AHB Ziff. 1 Rn. 380.
[63] OLG Köln VersR 2009, 391 (394); *Lücke* in Prölss/Martin VVG § 108 Rn. 14.
[64] *Koch* in Bruck/Möller VVG § 108 Rn. 22; *v. Rintelen* in Späte/Schimikowski AHB Ziff. 1 Rn. 376; aA (also eine Aufrechnungsbefugnis auch insoweit bejahend) *Lücke* in Prölss/Martin VVG § 108 Rn. 14.
[65] OLG Hamm VersR 1985, 773.
[66] BGH VersR 1987, 655 = r+s 1987, 219; *Lücke* in Prölss/Martin VVG § 108 Rn. 14; *Koch* in Bruck/Möller VVG § 108 Rn. 21; *Ehrenzweig,* Deutsches (österreichisches) Versicherungsvertragsrecht, 1952, S. 134 f.; *Sieg* VersR 1964, 693 (695).
[67] RGZ 158, 6 (10 ff.); *Lücke* in Prölss/Martin VVG § 108 Rn. 14.

sich der Freistellungsanspruch in einen **Zahlungsanspruch** des Versicherungsnehmers gegen den Versicherer.[68] Der Versicherungsnehmer ist – im Gegensatz zur Rechtslage nach VVG aF – zur Befriedigung des Dritten berechtigt, ohne dass ihm daraus Rechtsnachteile gegenüber dem Versicherer entstehen (im Einzelnen → §§ 105, 106 und deren Kommentierung).

38   Die **Fälligkeit** des Zahlungsanspruchs beurteilt sich nach § 106 S. 2.[69] Sie setzt voraus, dass der Versicherungsnehmer den Dritten mit bindender Wirkung für den Versicherer befriedigt hat (ausführlich die Kommentierung von *Littbarski* zu → § 106).

39   **3. Erfüllung durch Aufrechnung seitens des Dritten.** Hat der Dritte mit seiner Haftpflichtforderung gegen Ansprüche des Versicherungsnehmers die Aufrechnung erklärt, so hängt **der Inhalt des Deckungsschutzanspruchs** des Versicherungsnehmers gegen den Versicherer davon ab, ob die Aufrechnung wirksam ist und deshalb zum Erlöschen der Haftpflichtforderung geführt hat, oder ob die Aufrechnung unwirksam ist, insbes. weil keine Haftpflichtforderung besteht. Wenn der Dritte mit seiner Haftpflichtforderung gegen Ansprüche des Versicherungsnehmers **wirksam aufrechnet**, wandelt sich der Freistellungsanspruch in einen **Zahlungsanspruch** des Versicherungsnehmers gegen den Versicherer. Die Fälligkeit dieses Zahlungsanspruchs beurteilt sich nach § 106 S. 2, wobei dahinstehen kann, ob die Vorschrift auf den Fall der **Aufrechnung durch den Dritten** im Wege weiter Auslegung unmittelbar oder aber analog anzuwenden ist.

40   Wenn die Aufrechnung durch den Dritten **mangels Haftpflichtforderung unwirksam** ist, hat der Versicherungsnehmer dagegen lediglich den **Abwehranspruch aus § 100**.[70] Der Versicherer muss dem Versicherungsnehmer Rechtsschutz für eine Leistungsklage gegen den Dritten geben, mit der er unter Bestreiten einer wirksamen Aufrechnung durch den Dritten auf Erfüllung des Anspruchs des Versicherungsnehmers klagt.[71] Die Abwehrdeckung ist ggf. auch für eine negative Feststellungsklage des Versicherungsnehmers gegen den Dritten zu gewähren, mit der festgestellt werden soll, dass die Aufrechnung durch den Dritten unwirksam ist.[72]

41   Entscheidend für das *Entstehen* des Zahlungsanspruchs des Versicherungsnehmers ist die **objektive Rechtslage hinsichtlich der Erfüllungswirkung der Aufrechnung** (ferner → Rn. 39).[73] Eine andere – vornehmlich zum VVG aF vertretene – Auffassung bestimmt den **konkreten Inhalt des Deckungsanspruchs des Versicherungsnehmers aus § 100** dagegen nicht nach der **objektiven Rechtslage** hinsichtlich des Bestehens oder Nichtbestehens einer Haftpflichtforderung des Dritten; abgestellt wird vielmehr auf die **subjektive Einschätzung der Rechtslage** seitens des Versicherers (sog. Erfüllungswahlrecht des Versicherers[74]) bzw. auf die subjektive Einschätzung der Rechtslage durch den Versicherungsnehmer. So soll eine *wirksame* Aufrechnung durch den Dritten erst dann zu einem Zahlungsanspruch des Versicherungsnehmers führen, wenn der Versicherungsnehmer mit der Aufrechnung einverstanden sei; vorher habe der Versicherungsnehmer (lediglich) den Rechtsschutzanspruch aus § 100.[75] Die Frage, ob der Versicherer gem. § 100 wegen des Bestehens eines *begründeten* Haftpflichtanspruchs Freistellung oder wegen der Geltendmachung eines *unbegründeten* Haftpflichtanspruchs Rechtsschutz zu gewähren hat, ist jedoch richtigerweise nicht davon abhängig zu machen, wie Versicherungsnehmer oder Versicherer subjektiv die Rechtslage einschätzen. Die Frage, ob sich durch Befriedigung des Dritten der Freistellungsanspruch des Versicherungsnehmers in einen Zahlungsanspruch wandelt (Entstehen des Zahlungsanspruchs), ist von der Frage der Fälligkeit dieses Anspruchs zu unterscheiden. In der praktischen Rechtsanwendung wirkt sich die Streitfrage, ob der Inhalt des Deckungsanspruchs nach der objektiven Rechtslage oder nach der subjektiven Rechtsbeurteilung durch den Versicherer zu beurteilen ist, allerdings regelmäßig nicht aus. Wenn nämlich der Versicherer die Wirksamkeit der Aufrechnung seitens des Dritten in Verkennung der objektiven Rechtslage bestreitet, bleibt dem Versicherungsnehmer nichts anderes übrig als den Versicherer auf Zahlung zu verklagen. In diesem Prozess wird über die Erfüllungswirkung der

---

68   *Retter* in Schwintowski/Brömmelmeyer/Ebers VVG § 106 Rn. 39; *Koch* in Bruck/Möller VVG § 100 Rn. 136.
69   *Lücke* in Prölss/Martin VVG § 106 Rn. 14; *Koch* in Bruck/Möller VVG § 106 Rn. 44 ff.
70   Vgl. *Lücke* in Prölss/Martin VVG § 106 Rn. 14.
71   OLG Stuttgart VersR 2011, 213; OLG Hamm VersR 1978, 80 (81); *Retter* in Schwintowski/Brömmelmeyer/Ebers VVG § 101 Rn. 9, § 106 Rn. 39; *Lücke* in Prölss/Martin VVG § 106 Rn. 14 (Rechtsschutz „unter Umständen" auch für eine Zahlungsklage); § 101 Rn. 7; *Koch* in Bruck/Möller VVG § 100 Rn. 115 f.
72   *Lücke* in Prölss/Martin VVG § 106 Rn. 14; *Kramer* r+s 2008, 1 (6).
73   Allg. *Lücke* in Prölss/Martin VVG § 100 Rn. 2.
74   *Lange* r+s 2007, 401 (405), beide Teilforderungen des ursprünglich einheitlichen Deckungsanspruchs stünden selbständig nebeneinander.
75   OLG Stuttgart VersR 2011, 213, jedoch ohne Berücksichtigung der neuen Rechtslage nach Wegfall des Anerkenntnis- und Befriedigungsverbots; *Retter* in Schwintowski/Brömmelmeyer/Ebers VVG § 106 Rn. 36, 39 unter Verweis auf Rspr. zum VVG aF.

Aufrechnung durch den Dritten als Vorfrage entschieden. Das Verhältnis von Freistellungsverpflichtung und Abwehrverpflichtung des Versicherers gem. § 100 wird in erster Linie über die Fälligkeitsregelung des § 106 bestimmt. Der Versicherer kann grds. durch Verweigerung der Freistellung und Gewährung von Rechtsschutz die Fälligkeit des Freistellungsanspruchs bestimmen. Dies geschieht aber auf eigenes Risiko des Versicherers; hervorzuheben ist aber, dass der Versicherer auch dann, wenn er in Verkennung der objektiven Rechtslage an Stelle von Freistellung Abwehrdeckung gewährt, eine Leistung in Erfüllung des Vertrags erbringt, sodass er diese Leistung nicht bereicherungsrechtlich kondizieren kann (weitergehend Kommentierungen von *Littbarski* zu → §§ 100, 106).

4. Erfüllung durch Zahlung eines Vierten gem. § 267 BGB. Die Haftpflichtforderung des 42 (geschädigten) Dritten kann auch dadurch erfüllt werden, dass eine **vierte Person, die weder mit dem Versicherer noch mit dem Versicherungsnehmer identisch ist,** auf diese Forderung als Dritter iSv § 267 BGB zahlt. Gem. § 267 Abs. 1 S. 2 BGB bedarf es hierzu keiner Einwilligung des Versicherungsnehmers als Schuldner der Haftpflichtforderung. Wenn der Versicherungsnehmer/Schuldner widerspricht, kann der (geschädigte) Dritte als Gläubiger der Haftpflichtforderung die Leistung durch den Vierten allerdings ablehnen. In der Praxis wird er dies aber regelmäßig nicht tun.

Im Übrigen hängt die Rechtslage vom **Inhalt des Fremdtilgungswillens des zahlenden** 43 **Vierten** ab. Welchen Inhalt der Fremdtilgungswille des zahlenden Vierten hat, ist nach dem objektiven Erklärungswert seines Verhaltens im Zusammenhang mit der Zahlung an den Haftpflichtgläubiger zu bestimmen. Ist der Fremdtilgungswille auf Zahlung anstelle des Versicherungsnehmers gerichtet, dann wandelt sich der Freistellungsanspruch des Versicherungsnehmers mit der Erfüllung der Haftpflichtforderung in einen Zahlungsanspruch des Versicherungsnehmers um, dessen Fälligkeit nach § 106 S. 2 zu beurteilen ist. Nach aA soll, wenn der Versicherungsnehmer einer bereicherungsrechtlichen Rückgriffskondiktion des Vierten ausgesetzt ist, der Freistellungsanspruch des Versicherungsnehmers gerichtet auf Freistellung von dem bereicherungsrechtlichen Anspruch des Vierten fortbestehen.[76] Theoretisch kann der Fremdtilgungswille des Vierten auch auf Erfüllung der Freistellungsverpflichtung des Versicherers gegenüber dem Versicherungsnehmer gerichtet sein. Dann richtet sich die bereicherungsrechtliche Rückgriffskondiktion des Vierten gegen den Versicherer.

IV. Bereicherungsrechtliche Rückabwicklung rechtsgrundloser Erfüllung durch den Versicherer

Wenn der Versicherer nach § 267 BGB den Dritten befriedigt hat, obwohl die zu tilgende 44 **Haftpflichtforderung und damit ein Rechtsgrund für die Leistung nicht bestand,** kann der Versicherer unmittelbar beim Dritten kondizieren.[77] Denn für die bereicherungsrechtliche Rückabwicklung in Fällen der Drittzahlung gilt nach heute ganz überwiegend vertretener Auffassung der Grundsatz, dass der Zahlende direkt vom Scheingläubiger kondizieren muss, wenn die zu tilgende Verbindlichkeit nicht bestand und der vermeintliche Schuldner (hier: Versicherungsnehmer), den Zahlenden (hier: Versicherer) nicht oder nicht zurechenbar zu der Leistung veranlasst hat.[78] An einer solchen zurechenbaren Leistung auf Anweisung fehlt es in der Haftpflichtversicherung, weil der Haftpflichtversicherer dem Versicherungsnehmer nicht weisungsgebunden ist, sondern weisungsunabhängig entscheidet (→ Rn. 41). Nach aA soll der Versicherer *wahlweise* beim Versicherungsnehmer kondizieren können.[79] Diese Ansicht ist abzulehnen. Sie beruft sich auf nicht passende Urteile[80] zu Sachverhalten außerhalb der Haftpflichtversicherung, bei denen eine dem Versicherungsnehmer zurechenbare Anweisung – anders als hier – in der Haftpflichtversicherung – gegeben ist.

Zahlt der Versicherer auf eine *begründete* Haftpflichtforderung des Dritten an diesen, obwohl er 45 **im versicherungsvertraglichen Innenverhältnis zum Versicherungsnehmer nicht leistungspflichtig** ist, vollzieht sich die bereicherungsrechtliche Rückabwicklung zwischen Versicherer und Versicherungsnehmer (im Wege der Rückgriffskondiktion).[81]

---

76 BGH VersR 1964, 474; 1960, 73 (74); *Lücke* in Prölss/Martin VVG § 100 Rn. 6.
77 BGH VersR 2000, 905 (906) = NJW 2000, 1718 (1719); BGHZ 113, 62 (69) = VersR 1991, 356 (358); *Koch* in Bruck/Möller VVG § 100 Rn. 183 f.
78 S. die Nachw. zur Rspr. von *Wandt* Gesetzl. Schuldverhältnisse § 13 Rn. 66 ff.
79 *Lücke* in Prölss/Martin VVG § 100 Rn. 88, § 108 Rn. 33.
80 BGHZ 123, 217 = VersR 1993, 1007; BGHZ 122, 46 = VersR 1994, 208, jeweils Kaskoversicherung; OLG Koblenz r+s 2000, 440, Verhältnis Versicherer/Versicherungsnehmer/Versicherter, bei dem die bereicherungsrechtliche Rückabwicklung zwischen Versicherer/Versicherungsnehmer einerseits sowie zwischen Versicherungsnehmer/Versicherten andererseits erfolgt; BGHZ 105, 365 = VersR 1989, 74, Feuerversicherung.
81 Allg. BGHZ 70, 389 (396 ff.) = NJW 1978, 1375 (1377); *Koch* in Bruck/Möller VVG § 100 Rn. 187.

46 Wenn der Versicherer auf eine nichtbestehende Haftpflichtforderung an den Dritten zahlt und selbst bei bestehender Haftpflichtforderung im Innenverhältnis zum Versicherer nicht leistungspflichtig wäre (sog. **Doppelmangel**), findet die Rückabwicklung ausschließlich im Verhältnis Versicherer und Dritter statt.[82]

V. Relative Unwirksamkeit von Verfügungen über den Freistellungsanspruch

47 **1. Rechtsfolgen von § 108 Abs. 1.** § 108 Abs. 1 statuiert ein **gesetzliches relatives Verfügungsverbot iSv § 135 Abs. 1 BGB**.[83] Die verbotswidrige Verfügung über den Freistellungsanspruch des Versicherungsnehmers ist nicht absolut, sondern nur **gegenüber dem Dritten,** also relativ unwirksam. Im Verhältnis zum Dritten wird die Rechtslage deshalb so betrachtet, als sei die verbotswidrige Verfügung nicht erfolgt. Der Dritte kann daher – ungeachtet der Verfügung – aus einem Titel die Zwangsvollstreckung gegenüber dem Versicherungsnehmer in den Freistellungsanspruch betreiben (→ Rn. 24). Ist der Freistellungsanspruch des Versicherungsnehmers von dem Dritten gepfändet und ihm zur Einziehung oder an Zahlungs statt überwiesen worden, ist der Dritte seinerseits jedoch nicht davor geschützt, dass bei ihm der ihm überwiesene Anspruch von eigenen Gläubigern gepfändet wird.[84] Ist der Freistellungsanspruch im Verhältnis der Parteien des Versicherungsvertrags durch eine Verfügung erloschen und musste der Versicherer wegen der relativen Unwirksamkeit der Verfügung gegenüber dem Dritten dessen Haftpflichtforderung gleichwohl erfüllen, hat der Versicherer gegen den Versicherungsnehmer einen Bereicherungsanspruch (→ Rn. 44).

48 Die **relative Unwirksamkeit** gilt nach § 108 Abs. 1 S. 2 auch für **Verfügungen zu Gunsten anderer Gläubiger im Wege der Zwangsvollstreckung oder Arrestvollziehung.** Die Bedeutung des § 108 Abs. 1 S. 2 ist jedoch gering. Denn der Freistellungsanspruch unterliegt nach § 851 Abs. 1 ZPO der Pfändung nur, soweit der Anspruch übertragbar ist. An andere Gläubiger des Versicherungsnehmers kann der Freistellungsanspruch jedoch (regelmäßig) nicht übertragen werden, da eine solche Übertragung den Inhalt des Anspruchs verändern würde, da der Gläubiger den Anspruch nicht als Freistellungsanspruch, sondern nur als Zahlungsanspruch geltend machen könnte. In Verbindung mit § 399 Alt. 1 BGB scheidet daher eine Pfändung durch andere Personen als den Inhaber der Haftpflichtforderung aus, solange sich der Freistellungsanspruch nicht ausnahmsweise noch im Vermögen des Versicherungsnehmers durch vertragliche Vereinbarung zwischen ihm und dem Versicherer zu einem Zahlungsanspruch gewandelt hat. Praktische Bedeutung hat § 108 Abs. 1 S. 2 daher vor allem iVm § 109, wenn ein anderer Dritter iSd §§ 100 ff. in den Freistellungsanspruch vollstreckt.[85] Im **Verhältnis mehrerer Dritter iSd Haftpflichtversicherungsrechts** hängt die **Reichweite der relativen Unwirksamkeit** davon ab, inwieweit von der Verteilungsregelung des § 109 abgewichen wird. Dies entscheidet auch, inwieweit Verfügungen im Wege der Zwangsvollstreckung durch einen Dritten gem. § 108 Abs. 1 S. 2 gegenüber anderen Dritten unwirksam sind.[86] Verfügungen in der Zwangsvollstreckung oder Arrestvollziehung sind nur im Verhältnis zu den von § 108 Abs. 1 geschützten Dritten unwirksam. Der geschützte Dritte kann also – soweit die Pfändung und Überweisung durch einen anderen Gläubiger ihm gegenüber unwirksam ist – seinerseits den Freistellungsanspruch des Versicherungsnehmers pfänden und sich überweisen lassen.[87] Aufgrund des (relativen) Verfügungsverbots des § 108 Abs. 1 kann der geschützte Dritte **Drittwiderspruchsklage nach den §§ 771, 772 ZPO** erheben. Nach § 772 ZPO soll die Forderung, auf die sich das gesetzliche Verfügungsverbot des § 108 Abs. 1 bezieht, wegen eines persönlichen Anspruchs eines anderen Gläubigers nicht im Wege der Zwangsvollstreckung an diesen überwiesen werden. Erfolgt entgegen § 772 ZPO eine Überweisung des Freistellungsanspruchs, so kann auch der Versicherer als Drittschuldner **Erinnerung nach § 766 ZPO** erheben. Erfolgt auf die Drittwiderspruchsklage des Dritten entgegen § 772 ZPO eine Aufhebung nicht nur der Überweisung, sondern auch der Pfändung, so kann der die Zwangsvollstreckung betreibende Gläubiger hiergegen Erinnerung nach § 766 ZPO erheben.[88]

49 Aus § 108 Abs. 1 folgt auch, dass der Versicherer im Zahlungsprozess des Dritten **kein Zurückbehaltungsrecht** geltend machen kann wegen Forderungen gegen den Versicherungsnehmer, für

---

[82] *Koch* in Bruck/Möller VVG § 100 Rn. 190.
[83] *Lücke* in Prölss/Martin VVG § 108 Rn. 15; *Koch* in Bruck/Möller VVG § 108 Rn. 2; *v. Rintelen* in Späte/Schimikowski AHB Ziff. 1 Rn. 370; *Thume* TranspR 2012, 125 (127).
[84] *Lücke* in Prölss/Martin VVG § 108 Rn. 21; *Johannsen* in Bruck/Möller, 8. Aufl. 1970, Bd. IV, Kap. B Anm. 91; OGH VersR 1965, 1160 f. mAnm *Wahle*.
[85] *Schimikowski* in HK-VVG § 108 Rn. 6.
[86] *Retter* in Schwintowski/Brömmelmeyer/Ebers VVG § 108 Rn. 13.
[87] *Retter* in Schwintowski/Brömmelmeyer/Ebers VVG § 108 Rn. 13.
[88] *Schmidt/Brinkmann* in MüKoZPO § 772 Rn. 2, 15, 19; *Langheid* in Langheid/Rixecker VVG § 108 Rn. 12; *Schneider* in Beckmann/Matusche-Beckmann VersR-HdB § 24 Rn. 152.

die § 35 oder § 406 BGB (→ Rn. 35 f.) nicht ausnahmsweise auch die Aufrechnung gegenüber dem Dritten erlaubt.[89] Soweit eine Verfügung über den Freistellungsanspruch nach § 108 gegenüber dem Dritten unwirksam ist, schließt dies auch aus, dass der Versicherer sich gegenüber dem Dritten auf ein Zurückbehaltungsrecht beruft.[90]

Ein **Sonderproblem** hinsichtlich des **Verjährungsbeginns des Freistellungsanspruchs** des Versicherungsnehmers stellt sich, wenn der Versicherungsnehmer gegenüber dem Haftpflichtversicherer nach Entstehen des Freistellungsanspruchs auf den Versicherungsschutz **verzichtet,** bevor der Dritte seinen Anspruch geltend gemacht hat (→ Rn. 70).[91] In diesem Fall beginnt der Lauf der Verjährungsfrist für den gem. § 108 Abs. 1 S. 1 zu Gunsten des Dritten fortbestehenden Freistellungsanspruch erst in dem Zeitpunkt, zu dem der Dritte ohne schuldhaftes Zögern alle Voraussetzungen zur eigenen Geltendmachung dieses Versicherungsanspruchs hat schaffen können. Maßgebend ist also, zu welchem Zeitpunkt der Dritte ohne schuldhaftes Zögern einen Titel gegen den Versicherungsnehmer erwirken und daraus die Zwangsvollstreckung betreiben konnte.[92] Da § 108 Abs. 1 nur die relative Unwirksamkeit zu Gunsten des Dritten begründet, ist ein Verzicht auf den Freistellungsanspruch im Verhältnis von Versicherer und Versicherungsnehmer wirksam. Im Verhältnis zum Versicherungsnehmer ist der Versicherer dann nicht leistungspflichtig. Er kann deshalb beim Versicherungsnehmer aus ungerechtfertigter Bereicherung Rückgriff nehmen, wenn der Dritte nach Überweisung des ihm gegenüber fortbestehenden Freistellungsanspruchs gem. § 835 ZPO vom Versicherer Befriedigung erlangt (→ Rn. 44 f.).[93]

2. Anwendbarkeitsgrenzen von § 108 Abs. 1. Die Wirkungen von § 108 Abs. 1 enden, sobald der **Dritte vollständig befriedigt** worden ist.[94] Mit der Befriedigung des Dritten ist der Schutzzweck des § 108 Abs. 1 erfüllt. Freistellungsanspruch im Sinne dieser Vorschrift ist nur der Anspruch des Versicherungsnehmers aus § 100, der im engeren Sinne auf Freistellung von der Haftpflichtforderung des Dritten gerichtet ist. Nicht erfasst wird der Zahlungsanspruch des Versicherungsnehmers, in den sich der Freistellungsanspruch wandelt, wenn der Versicherungsnehmer den Dritten befriedigt hat (vgl. § 106 S. 2).

Die Anwendbarkeit von § 108 Abs. 1 ist gem. **§ 109 S. 2** ausgeschlossen, wenn die Versicherungssumme erschöpft ist, weil der **Versicherungsnehmer gegenüber mehreren Dritten** verantwortlich ist, deren Ansprüche die Versicherungssumme übersteigen, und der Versicherer nicht damit gerechnet hat und auch nicht damit rechnen musste, dass ein bei der Verteilung nicht berücksichtigter Dritter nachträglich noch Ansprüche geltend macht **(zu spät kommender Dritter).**[95] Zur Anwendbarkeit von § 108 Abs. 1 bei einem Verstoß gegen die Verteilungsregelung des § 109 S. 1 bei mehreren zu berücksichtigenden Dritten → Rn. 48.

Im Insolvenzverfahren über das Vermögen des Versicherungsnehmers hat das (relative) Verfügungsverbot des **§ 108 Abs. 1 keine Wirkung.** Gem. § 81 Abs. 1 S. 1 InsO ist eine **Verfügung des Schuldners** über einen Gegenstand der Insolvenzmasse nach der Eröffnung des Insolvenzverfahrens nämlich **gegenüber jedermann unwirksam.** Der geschädigte Dritte wird zusätzlich durch sein **Absonderungsrecht aus § 110** geschützt (→ Rn. 9). Entsprechendes gilt für die Eröffnung des Insolvenzverfahrens über das Vermögen eines Versicherten für dessen Freistellungsanspruch (→ Rn. 74; → § 110 Rn. 15).[96] Nach Freigabe des Freistellungsanspruchs aus der Masse gelten die besonderen Beschränkungen der InsO für den Anspruch nicht mehr.[97] Der Geschädigte kann daher ungeachtet des § 89 Abs. 1 InsO die Zwangsvollstreckung betreiben, auch wenn das Insolvenzverfahren iÜ noch andauert.[98] Aufgrund seiner vorigen Absonderungsberechtigung besteht zu seinen Gunsten an dem Freistellungsanspruch ein Pfandrecht.[99]

---

[89] RGZ 158, 6 (14 f.); *Lücke* in Prölss/Martin VVG § 108 Rn. 14; OLG Köln VersR 2009, 391 (394), auch kein Zurückbehaltungsrecht gegenüber dem Freistellungsanspruch des Versicherungsnehmers jenseits von § 35.
[90] OLG Köln VersR 2009, 391 (394), Verneinung eines Zurückbehaltungsrechts gegenüber dem Dritten wegen Einwendungen aus dem Deckungsverhältnis zwischen Versicherer und Versicherungsnehmer.
[91] BGH VersR 1976, 477 (479 f.).
[92] *Baumann* in Berliner Kommentar VVG § 156 Rn. 14.
[93] *Baumann* in Berliner Kommentar VVG § 156 Rn. 14; *Johannsen* in Bruck/Möller, 8. Aufl. 1970, Bd. IV, Kap. B Anm. 87.
[94] *Sieg* Haftpflichtversicherung S. 149; *Koch* in Bruck/Möller VVG § 108 Rn. 28.
[95] *Retter* in Schwintowski/Brömmelmeyer/Ebers VVG § 109 Rn. 2, der § 109 S. 2 zutr. als Ausnahmeregelung zu § 108 Abs. 1 bezeichnet.
[96] Zur Insolvenz des Versicherten in der D&O-Versicherung *Lange* r+s 2019, 613.
[97] BGH VersR 2015, 497; *Bäuerle* in Braun InsO § 35 Rn. 14 ff.; *Peters* in MüKoInsO § 35 Rn. 117.
[98] BGH VersR 2015, 497; VersR 2009, 821 = NJW-RR 2009, 964; BGHZ 166, 74 = NJW 2006, 1286.
[99] BGH VersR 2016, 913 = NZI 2016, 603 mAnm *Gnauck*; BGH VersR 2015, 497; VersR 2009, 821 = NJW-RR 2009, 964.

54 **3. Tatbestandsvoraussetzungen des § 108 Abs. 1 S. 1. a) Haftpflichtforderung des Dritten als Grundvoraussetzung des § 108 Abs. 1.** § 108 Abs. 1 setzt eine Verfügung des Versicherungsnehmers über seinen Freistellungsanspruch gegen den Versicherer voraus. Ein **Freistellungsanspruch** besteht nur, wenn ein Dritter eine **Haftpflichtforderung** gegen den Versicherungsnehmer hat, die in den Schutzbereich des Haftpflichtversicherungsvertrags fällt. Wenn eine solche Haftpflichtforderung zu keinem Zeitpunkt entstanden ist, ist § 108 Abs. 1 von vornherein gegenstandslos, weil dann auch nie ein Freistellungsanspruch existiert hat, über den zu Lasten eines forderungsberechtigten Dritten verfügt werden konnte.[100] Wenn der Dritte entgegen seiner Behauptung **keine Haftpflichtforderung** oder keine in den Schutzbereich des Haftpflichtversicherungsvertrags fallende Haftpflichtforderung hat, besteht die Leistungspflicht des Versicherers aus der Haftpflichtversicherung in der **Abwehr des unbegründeten Anspruchs** (§ 100). Zu Ansprüchen aus ungerechtfertigter Bereicherung wegen Leistungen auf eine vermeintlich bestehende Haftpflichtforderung → Rn. 44.

55 **Dritter iSd § 108** ist – vorbehaltlich der besonderen Konstellation einer Versicherung für fremde Rechnung (→ Rn. 74, 75) – jede nicht mit dem Versicherungsnehmer identische Person, die gegen den Versicherungsnehmer einen in den Schutzbereich des Haftpflichtversicherungsvertrags fallenden Haftpflichtanspruch hat. Dies entspricht der für die allgemeine Haftpflichtversicherung generell geltenden Definition des Dritten, wobei für andere Vorschriften je nach ihrem Regelungszusammenhang – anders als für § 108 – nicht notwendig ist, dass der Dritte forderungsberechtigt ist, sondern es genügt, dass er einen Haftpflichtanspruch, der in den Schutzbereich des Haftpflichtversicherungsvertrags fällt, erhebt oder geltend macht.[101] Dritte in diesem Sinne sind auch mittelbar Geschädigte, wie die in den §§ 844 und 845 BGB genannten Personen, Rechtsnachfolger des Geschädigten infolge von Abtretung (§ 398 BGB) oder Legalzession,[102] sowie Personen, die durch originären Forderungserwerb an die Stelle des ursprünglich Geschädigten getreten sind (insbes. nach § 110 SGB VII[103] und §§ 426 Abs. 1, 683, 670 BGB), wenn und soweit auch der originäre Anspruch in den Schutzbereich des Haftpflichtversicherungsvertrags fällt.

56 **b) Freistellungsanspruch.** Das (relative) Verfügungsverbot des § 108 Abs. 1 erfasst den Freistellungsanspruch des Versicherungsnehmers (vor Befriedigung des Dritten → Rn. 51). Welchen Inhalt dieser Freistellungsanspruch hat, beurteilt sich in erster Linie nach den §§ 100, 101. Wenn der Dritte gegen den Versicherungsnehmer einen Anspruch auf Zahlung einer Rente hat und die Versicherungssumme den Kapitalwert der Rente nicht erreicht, erfasst das Verfügungsverbot des § 108 Abs. 1 den durch **§ 107 Abs. 1 modifizierten Freistellungsanspruch** des Versicherungsnehmers. Vornehmlich zum Schutz des Dritten soll der Versicherer in diesem Mangelfall fortlaufend an den **Rentenleistungen** beteiligt werden. Der Versicherungsnehmer hat deshalb nur einen Freistellungsanspruch in Höhe des Teils der Rente, die nach dem Verhältnis von Rentenkapitalwert und Versicherungssumme auf den Versicherer entfällt (weitergehend die Kommentierung von *Littbarski* zu → § 107).[104] Das Verfügungsverbot erfasst auch die Freistellung von **Ansprüchen des Dritten** gegen den Versicherungsnehmer **auf Zinsen** (vgl. insoweit auch § 101 Abs. 2 S. 2) **und (Prozess- und Anwalts-)Kosten.**[105] Nicht darunter fällt jedoch der Anspruch des Versicherungsnehmers auf Freistellung bzw. Erstattung von *eigenen* Prozesskosten, die der Versicherer nach § 101 Abs. 2 zu tragen hat.[106] Denn insoweit dient der Anspruch des Versicherungsnehmers nicht der Befriedigung des Dritten. Zu dem durch § 108 Abs. 1 geschützten Freistellungsanspruch gehört dagegen auch der Anspruch des Versicherungsnehmers gegen den Versicherer auf **Sicherheitsleistung oder Hinterlegung gem. § 101 Abs. 3**. Der Dritte kann nämlich, um nicht aus einem nur für vorläufig vollstreckbar erklärten Urteil die Zwangsvollstreckung betreiben zu müssen, diesen Anspruch des Versicherungsnehmers pfänden und sich überweisen lassen und dann gegen den Versicherer auf Sicherheitsleistung oder Hinterlegung klagen (→ § 101 Rn. 107).[107] Es besteht deshalb mit Blick auf die Interessenlage des Dritten kein Grund, den Anspruch des Versicherungsnehmers auf Sicherheitsleistung oder Hin-

---

[100] Vgl. bereits die Begr. zu § 154 VVG aF; Verhandlungen des Reichstags, abgedr. in Motive zum VVG S. 209.
[101] Vgl. – mit jeweils etwas voneinander abweichenden Umschreibungen – *Lücke* in Prölss/Martin VVG § 100 Rn. 36 ff.; *Retter* in Schwintowski/Brömmelmeyer/Ebers VVG § 100 Rn. 35; *Schneider* in Beckmann/Matusche-Beckmann VersR-HdB § 24 Rn. 31b; *Koch* in Bruck/Möller VVG § 100 Rn. 148; *Langheid* in Langheid/Rixecker VVG § 100 Rn. 23; *v. Rintelen* in Späte/Schimikowski AHB Ziff. 1 Rn. 330.
[102] ZB Transportversicherer des Geschädigten, OLG Bremen TranspR 2021, 281.
[103] OLG Frankfurt a. M. r+s 2008, 66.
[104] BGH VersR 1980, 817 (818) = NJW 1980, 2524 (2525).
[105] *Koch* in Bruck/Möller VVG § 108 Rn. 11.
[106] AllgM, *Koch* in Bruck/Möller VVG § 108 Rn. 11.
[107] AllgM, OLG Hamm NJW-RR 1987, 1109.

terlegung von dem (relativen) Verfügungsverbot auszunehmen.[108] Entsprechendes gilt für den Anspruch des Versicherungsnehmers gem. **§ 107 Abs. 2** auf **Sicherheitsleistung** durch den Versicherer, der besteht, wenn der Versicherungsnehmer dem Dritten zur Zahlung einer Rente verpflichtet ist und dem Dritten hierfür kraft Gesetzes Sicherheit zu leisten hat. Auch insoweit geht es um den Freistellungsanspruch des Versicherungsnehmers, der den Interessen des Dritten dient. Bei einer Versicherung für fremde Rechnung bezieht sich § 108 Abs. 1 auf den Freistellungsanspruch des Versicherten (→ Rn. 74).

c) Verfügungen über den Freistellungsanspruch. aa) Für den Dritten nachteilige Verfügung. § 108 Abs. 1 betrifft, ohne dass die Vorschrift dies ausdrücklich sagt, nur solche Verfügungen über den Freistellungsanspruch, die für den Dritten in dem Sinne nachteilig sind, dass sie seinen **Zugriff auf den Freistellungsanspruch** zum Zwecke seiner Befriedigung aus der Haftpflichtforderung gefährden oder ausschließen. Diese Begrenzung ergibt sich aus dem **Schutzzweck der Regelung** (→ Rn. 1). Danach ist – selbstverständlich – die Verfügung über den Freistellungsanspruch, durch die die Haftpflichtforderung des Dritten erfüllt wird (Zahlung auf die Haftpflichtforderung oder Abtretung des Freistellungsanspruchs an Erfüllungs statt) oder die dem Erfüllungsinteresse des Dritten dient (Abtretung erfüllungshalber), auch dem Dritten gegenüber wirksam; mit anderen Worten sind **Verfügungen, an denen der Dritte selbst rechtsgeschäftlich mitwirkt,** von § 108 Abs. 1 nicht erfasst. Bei anderen Verfügungen wird die Begrenzung des § 108 Abs. 1 auf für den Dritten nachteilige Verfügungen allerdings nur selten praxisrelevant. Wenn über den Freistellungsanspruch verfügt wird, ohne dass der Dritte dadurch zugleich Erfüllung erlangt, ist dies für ihn nämlich regelmäßig im beschriebenen Sinne nachteilig. Ein Beispiel für eine **vorteilhafte Verfügung über den Freistellungsanspruch** ist eine für den Dritten vorteilhafte Inhaltsänderung dieses Anspruchs, etwa wenn rückwirkend – mit Wirkung auch für einen bereits eingetretenen Versicherungsfall – die Versicherungssumme erhöht wird oder wenn für den Freistellungsanspruch eine im Vergleich zum Gesetz für den Dritten vorteilhafte Fälligkeitsregelung vereinbart wird. 57

bb) Verfügung durch den Versicherungsnehmer. § 108 Abs. 1 S. 1 schützt den Dritten vor Verfügungen des **Versicherungsnehmers**. Erfasst wird bei einer Versicherung für fremde Rechnung auch eine Verfügung durch den **Versicherten,** wenn dieser ausnahmsweise selbst verfügungsbefugt ist (→ Rn. 74). Zum Schutz gegen Verfügungen von Gläubigern des Versicherungsnehmers oder des Versicherten im Wege der Zwangsvollstreckung oder Arrestvollziehung → Rn. 24. 58

cc) Rechtsgeschäftliche Verfügungen. Verfügung ist – wie auch sonst im Zivilrecht – jedes Rechtsgeschäft, das unmittelbar auf Änderung, Übertragung, Belastung oder Aufhebung des Freistellungsanspruchs gerichtet ist.[109] Darunter fallen insbes. **alle Rechtsgeschäfte, die zum (vollständigen oder teilweisen) Erlöschen des Freistellungsanspruchs führen,** insbes. die Annahme einer Leistung an Erfüllungs statt (§ 364 BGB; bspw. durch **Entgegennahme der Entschädigungsleistung durch den Versicherungsnehmer,** ohne dass der Dritte zuvor befriedigt worden ist,[110] oder durch Empfangnahme eines Geldbetrages für Kosten unter Anrechnung auf die Deckungssumme),[111] ein **Vergleich,**[112] ein **Erlass(vertrag)** zwischen Versicherer und Versicherungsnehmer, ein **negatives Schuldanerkenntnis** seitens des Versicherungsnehmers (§ 397 BGB) oder ein **Aufhebungsvertrag** über den Versicherungsvertrag (auch in Form der rückwirkenden Herabsetzung der Versicherungssumme).[113] Verfügung ist auch die Belastung des Freistellungsanspruchs, insbes. mit einem Pfandrecht. 59

Unter den Verfügungsbegriff fällt auch die **Abtretung** eines Anspruchs.[114] Nach **§ 399 Alt. 1 BGB** ist allerdings ein **Freistellungsanspruch grds. nicht abtretbar,** weil die Leistung an einen 60

---

[108] *Koch* in Bruck/Möller VVG § 108 Rn. 11; *v. Rintelen* in Späte/Schimikowski AHB Ziff. 1 Rn. 377; abl. *Lücke* in Prölss/Martin VVG § 108 Rn. 16, ohne Begr.; bejahend für § 156 VVG aF: *Gierke*, Versicherungsrecht unter Ausschluss der Sozialversicherung, Bd. II, 1947, S. 315, der an Stelle von Freistellungsanspruch von Entschädigungsforderung sprach; diff. *Sieg* Haftpflichtversicherung S. 150.
[109] BGHZ 75, 221 (226) = NJW 1980, 175 (176); BGH VersR 1993, 1222 (1223) = r+s 1993, 370 (371) unter Verweis auf BGHZ 1, 294 (304) = NJW 1951, 645.
[110] BGH VersR 1993, 1222 (1223) = NJW-RR 1993, 1306 (1307); VersR 1987, 655 (656) = r+s 1987, 219 (220); BGHZ 15, 154 (160 f.) = NJW 1955, 101 (103).
[111] *Lücke* in Prölss/Martin VVG § 108 Rn. 17.
[112] *Johannsen* r+s 1997, 309 (311).
[113] *Koch* in Bruck/Möller VVG § 108 Rn. 16.
[114] *Schulze Schwienhorst* in Looschelders/Pohlmann VVG § 108 Rn. 2; *Koch* in Bruck/Möller VVG § 108 Rn. 16.

anderen als den ursprünglichen Gläubiger nicht ohne Veränderung ihres Inhalts erfolgen kann.[115] Dadurch wird dem Freistellungsanspruch die Verkehrsfähigkeit mit Wirkung gegenüber jedermann genommen (**absolute Unwirksamkeit**).[116] Der Freistellungsanspruch kann jedoch – im Wege teleologischer Reduktion des § 399 Alt. 1 BGB – **an den Dritten** als Gläubiger der Forderung, von der der Versicherer den Versicherungsnehmer freistellen muss, abgetreten werden, wodurch sich der Freistellungsanspruch in einen Zahlungsanspruch des Dritten umwandelt (zur Abtretung → Rn. 84 f.).[117] Auf der Abtretbarkeit nach § 399 Alt. 1 BGB fußt auch das Verbot des § 108 Abs. 2, die Abtretung an den Dritten durch AVB auszuschließen. Die **Freigabe** des Freistellungsanspruchs **durch den Insolvenzverwalter** ist keine Abtretung.[118] Sie führt durch Erlöschen des Insolvenzbeschlags zur Wiedererlangung der Verfügungsbefugnis durch den Insolvenzschuldner, allerdings belastet durch ein Pfandrecht des zuvor absonderungsberechtigten Dritten.[119]

61 Die **Aufrechnung des Versicherers gegenüber dem Versicherungsnehmer** ist ebenfalls eine Verfügung. Sie wird aber **nicht von § 108 Abs. 1 S. 1 erfasst**, da dieser eine Verfügung durch den *Versicherungsnehmer* verlangt. Bei einer Aufrechnung durch den Versicherer wäre iÜ zu beachten, dass eine Aufrechnung mit einem Zahlungsanspruch gegen den Freistellungsanspruch des Versicherungsnehmers grds. an § 387 BGB scheitert, da es an der erforderlichen Gleichartigkeit der sich gegenüberstehenden Forderungen fehlt.[120] Eine wirksame Aufrechnung würde deshalb voraussetzen, dass die Parteien des Versicherungsvertrags zunächst vereinbaren, dass der Freistellungsanspruch durch Zahlung an den Versicherungsnehmer (anstatt an den Dritten) erfüllt werden kann. Durch diese Inhaltsänderung des Freistellungsanspruchs würde die Gleichartigkeit der Forderungen begründet und dem Versicherer die Möglichkeit der Aufrechnung gegenüber dem Versicherungsnehmer eröffnet. Der Versicherungsnehmer wird jedoch regelmäßig keine Veranlassung haben, einer solchen Inhaltsänderung zuzustimmen. Jedenfalls wäre eine solche **Änderung des Inhalts des Freistellungsanspruchs** eine für den Dritten nachteilige Verfügung, die ihm gegenüber nach § 108 Abs. 1 unwirksam wäre. Im Verhältnis zum Dritten wäre die Rechtslage also so zu beurteilen, als habe eine Inhaltsänderung des Freistellungsanspruchs und eine darauf begründete Aufrechnung durch den Versicherer nicht stattgefunden.

62 Im Falle eines **Rentenanspruchs des Dritten** liegt eine gegenüber dem Dritten unwirksame **Verfügung** über den Freistellungsanspruch vor, wenn Versicherer und Versicherungsnehmer einen von **§ 107 Abs. 1** abweichenden Inhalt des Freistellungsanspruchs vereinbaren, etwa dahingehend, dass der Versicherer zunächst allein die volle Rente solange zahlt, bis die Versicherungssumme erschöpft ist.[121]

63 Wenn der Versicherungsnehmer gegenüber **mehreren Dritten** verantwortlich ist und deren Ansprüche die Versicherungssumme übersteigen, richtet sich die Freistellungsverpflichtung des Versicherers nach dem Verteilungsschlüssel des § 109. Nach S. 1 dieser Vorschrift hat der Versicherer die Ansprüche der mehreren Dritten nach dem Verhältnis ihrer Beträge zu erfüllen. Wenn die Versicherungssumme durch die Verteilung nach S. 1 erschöpft ist, kann sich ein bei der Verteilung nicht berücksichtigter Dritter nachträglich nicht auf § 108 Abs. 1 berufen, wenn der Versicherer mit der Geltendmachung seiner Ansprüche nicht gerechnet hat und auch nicht rechnen musste. Wenn der Versicherer bei der Verteilung **von dem Verteilungsschlüssel des § 109 abweicht**, liegt darin eine **Verfügung iSv § 108 Abs. 1**, die gegenüber den hiervon betroffenen Dritten unwirksam ist (vgl. auch § 109 S. 2).[122] Hat der Versicherer einem der mehreren Dritten zu viel gezahlt, so berührt dies deshalb seine Freistellungsverpflichtung hinsichtlich der Ansprüche der anderen Dritten nicht. Ebenso kann der Versicherer die Befriedigung eines zunächst nicht berücksichtigten Dritten nur dann mit dem Argument verweigern, dass die Versicherungssumme nach S. 1 verteilt sei, wenn die

---

[115] BGH VersR 2004, 740 (741) = NJW 2004, 1868; NJW 1993, 2232 (2233); *Retter* in Schwintowski/Brömmelmeyer/Ebers VVG § 108 Rn. 16; *Thume* VersR 2010, 849 (850); *Johannsen* in Bruck/Möller, 8. Aufl. 1970, Bd. IV, Kap. B Anm. 52, eine Abtretung des Freistellungsanspruchs ist auch nicht unter ausdrücklicher Aufrechterhaltung seines Inhalts als Befreiungsanspruch möglich.
[116] BGHZ 40, 156 (159) = NJW 1964, 243; *Grüneberg* in Grüneberg BGB § 399 Rn. 12.
[117] BGHZ 209, 373 = VersR 2016, 786 mwN.
[118] BGH VersR 2009, 821 (822) = NJW-RR 2009, 964.
[119] BGH VersR 2016, 913 = NZI 2016, 603 mAnm *Gnauck*; VersR 2015, 497.
[120] BGHZ 140, 270 (273) = VersR 2000, 769 (771), Befreiungsanspruch des Bürgen gegen den Hauptschuldner gem. § 775 Abs. 1 BGB; BGHZ 47, 157 (166) = NJW 1967, 1275 (1278); BGHZ 25, 1 (6) = NJW 1957, 1514; BGHZ 12, 136 (144) = NJW 1954, 795; BGH VersR 1987, 905; NJW 1992, 114 (115); 1983, 2438.
[121] *Lücke* in Prölss/Martin VVG § 107 Rn. 19.
[122] *Lücke* in Prölss/Martin VVG § 108 Rn. 20, § 109 Rn. 10; *Retter* in Schwintowski/Brömmelmeyer/Ebers VVG § 109 Rn. 11, 14; zur Frage, ob und mit welchen Folgen der Versicherer sich gegenüber Forderungen aus Teilungsabkommen auf die Erschöpfung der Versicherungssumme berufen kann, BGH VersR 1985, 1054 = r+s 1985, 272.

Voraussetzungen des § 109 S. 2 vorliegen. Ist das nicht der Fall, ist die Abweichung von dem gesetzlichen Verteilungsschlüssel gegenüber dem zu Unrecht nicht berücksichtigten Dritten unwirksam. Zu ggf. notwendigen Korrekturen durch das Bereicherungsrecht → § 109 Rn. 47. Die ordnungsgemäße Erfüllung der Ansprüche mehrerer Geschädigter im Verhältnis ihrer Beiträge gem. § 109 S. 1 ist nicht als Verfügung iSd § 108 Abs. 1 zu qualifizieren.[123]

dd) Abgrenzung zu Nichtverfügungen. Kein Rechtsgeschäft und **keine Verfügung** liegen vor, wenn eine **Obliegenheitsverletzung** die vollständige oder teilweise Leistungsfreiheit des Versicherers begründet (weitergehend zu vertraglichen Obliegenheiten → § 28; → Vor § 28 Rn. 8 ff.).[124] Obliegenheitsverletzungen sind ein tatsächliches Verhalten, wobei regelmäßig der rechtsgeschäftliche Wille fehlt, auf den Bestand des Rechts verfügend einzuwirken. Obliegenheitsverletzungen bewirken auch nicht unmittelbar das Erlöschen des Versicherungsanspruchs, sondern begründen nur ein **Leistungsverweigerungsrecht des Versicherers**, in dessen Belieben es steht, ob er sich darauf beruft.[125] Eine Leistungsfreiheit des Versicherers wegen Verletzung einer Obliegenheit wirkt also grds. auch gegenüber dem Dritten, da dieser grds. keine stärkere Rechtsstellung hat, als der Versicherungsnehmer selbst[126] (dagegen zum Schutz des Dritten in der Pflichtversicherung die Kommentierung von *Schneider* zu → § 117). Gleiches gilt für eine **Verwirkung des Leistungsanspruchs des Versicherungsnehmers** infolge arglistiger Täuschung (→ Vor § 28 Rn. 25 ff.). 64

Ausnahmsweise kann dem Versicherer jedoch in **analoger Anwendung von § 108 Abs. 1** untersagt sein, sich dem Geschädigten gegenüber auf Leistungsfreiheit wegen einer **Obliegenheitsverletzung** des Versicherungsnehmers zu berufen, wenn die Obliegenheitsverletzung gerade darin besteht, dass der Versicherungsnehmer die **Befriedigung des Geschädigten wahrheitswidrig gegenüber dem Versicherer behauptet.**[127] Diese Obliegenheit soll gerade dem Schutz des Dritten dienen. Könnte sich der Versicherer gegenüber dem Dritten auf Leistungsfreiheit wegen der Verletzung dieser Obliegenheit berufen, würde er die den Dritten schützende Regelung des § 108 Abs. 1 gerade dadurch unterlaufen, dass er dem Versicherungsnehmer vertraglich eine Obliegenheit auferlegt, die den Anschein erweckt, ebenfalls dem Schutz des Dritten zu dienen. In dieser besonderen Konstellation ist deshalb eine analoge Anwendung von § 108 Abs. 1 auf eine Nichtverfügung zu befürworten.[128] – In anderen Sonderkonstellationen kann dem Versicherer aus **Treu und Glauben** versagt sein, sich gegenüber dem Dritten auf eine gegenüber dem Versicherungsnehmer bestehende Leistungsfreiheit zu berufen, etwa auf eine Leistungsfreiheit wegen Nichtanzeige der Klageerhebung des geschädigten Dritten, wenn der Dritte den Versicherer vorab über die unmittelbar bevorstehende Klageerhebung informiert hat.[129] 65

Keine Verfügung liegt vor, wenn der Versicherungsnehmer die Verjährungsfrist für die Geltendmachung des Freistellungsanspruchs verstreichen lässt.[130] In diesem Falle kommt jedoch eine Anfechtung durch den Dritten nach § 3 Abs. 1 AnfG in Betracht.[131] Wenn der Versicherer den Dritten durch Fehlauskünfte von der Erhebung einer den Ablauf der Verjährungsfrist verhindernden Feststellungsklage abhält, ist dem Versicherer jedoch nach Treu und Glauben die Berufung auf die Einrede der Verjährung gegenüber dem Dritten versagt.[132] 66

---

[123] *Lücke* in Prölss/Martin VVG § 108 Rn. 20.
[124] AllgM, BGH VersR 1993, 1222 (1223) = r+s 1993, 370 (371); *Koch* in Bruck/Möller VVG § 108 Rn. 17; *Lücke* in Prölss/Martin VVG § 108 Rn. 19.
[125] BGH VersR 1993, 1222 (1223) = r+s 1993, 370 (371); VersR 1974, 689 (690) = NJW 1974, 1241.
[126] BGHZ 7, 244 (246) = VersR 1952, 366 (367); BGH VersR 1993, 1222 (1223) = r+s 1993, 370 (371).
[127] BGH VersR 1993, 1222 (1223) = LM VVG § 156 Nr. 10 mAnm *Hübner/Beckmann*; *Schulze Schwienhorst* in Looschelders/Pohlmann VVG § 108, 1. Aufl. 2010, Rn. 3; *Johannsen* r+s 1997, 309 (310).
[128] *Schimikowski* in HK-VVG § 108 Rn. 5; *Schneider* in Beckmann/Matusche-Beckmann VersR-HdB § 24 Rn. 150a „Erst-Recht-Schluss"; *Armbrüster* r+s 2010, 441 (452); allg. idS, soweit eine Leistungsfreiheit des Versicherers dem Schutzgedanken des § 108 Abs. 1 zuwiderlaufen BGH VersR 1993, 1222 (1223) = LM VVG § 156 Nr. 10 mAnm *Hübner/Beckmann*; zust. *Lücke* in Prölss/Martin VVG § 108 Rn. 19; wohl auch *Schulze Schwienhorst* in Looschelders/Pohlmann VVG § 108, 1. Aufl. 2010, Rn. 3; krit. *Baumann* in Berliner Kommentar VVG § 156 Rn. 16 f.
[129] OLG Frankfurt a. M. NVersZ 2000, 300 (301).
[130] *Lücke* in Prölss/Martin VVG § 108 Rn. 18; *Schimikowski* in HK-VVG § 108 Rn. 3; *v. Rintelen* in Späte/Schimikowski AHB Ziff. 1 Rn. 374; *Johannsen* r+s 1997, 309 (312); aA *Langheid* in Langheid/Rixecker VVG § 108 Rn. 7 („letztlich"); es handelt sich offensichtlich um eine verkürzte Darstellung, die den Sonderfall des Ausschlusses der Berufung auf die Einrede der Verjährung durch den Versicherer schon einschließt.
[131] *Lücke* in Prölss/Martin VVG § 108 Rn. 18; *v. Rintelen* in Späte/Schimikowski AHB Ziff. 1 Rn. 374.
[132] *Johannsen* in Bruck/Möller, 8. Aufl. 1970, Bd. IV, Kap. B Anm. 88; iErg ebenso, aber mit einer Schadensersatzpflicht des Versicherers argumentierend *Baumann* in Berliner Kommentar VVG § 156 Rn. 13.

67 **Keine Verfügung** iSv § 108 Abs. 1 (insbes. keine Abtretung[133]) ist die **Freigabe des Deckungsanspruchs durch den Insolvenzverwalter**.[134] Das gesetzliche Verfügungsverbot des § 108 Abs. 1 hat gem. § 80 Abs. 2 S. 1 InsO im Verfahren keine Wirkung; an seine Stelle tritt das Absonderungsrecht des Dritten aus § 110 (→ Rn. 9).

68 **ee) Abgrenzungsproblematik: Rechtshandlungen vor Eintritt des Versicherungsfalls.** Eine Verfügung über den Freistellungsanspruch des Versicherungsnehmers – wie auch die Verfügung über sonstige Ansprüche – wird frühestens in dem Zeitpunkt wirksam, in dem dieser Anspruch entsteht. Der Freistellungsanspruch entsteht mit **Eintritt des Versicherungsfalls** (vgl. § 100). Jedenfalls ab diesem Zeitpunkt ist dieser Anspruch zu Gunsten des Dritten „verfangen".[135] Deshalb sind sämtliche Verfügungen nach **Entstehen des Freistellungsanspruchs** dem Dritten gegenüber unwirksam. Dies gilt unproblematisch auch für Verfügungen über einen bereits entstandenen, aber noch nicht fälligen Freistellungsanspruch.[136]

69 Erfasst wird auch eine **Vorausabtretung** des Freistellungsanspruchs. Die Abtretung eines erst zukünftig entstehenden Anspruchs gem. § 398 BGB ist zulässig, wenn der künftige Anspruch bei der Abtretung so umschrieben wird, dass er spätestens bei seiner Entstehung nach Gegenstand und Umfang bestimmbar ist, mithin die aufgrund der Abtretung in Anspruch genommene Forderung genügend individualisierbar ist.[137] Bei einer Vorausabtretung künftiger Forderungen ist jedoch zwischen der Verbindlichkeit des Verfügungsgeschäfts und dem Wirksamwerden des mit ihm bezweckten späteren Rechtsübergangs zu unterscheiden. Die im Abtretungsvertrag enthaltene rechtsgeschäftliche Verfügung ist mit Vertragsabschluss beendet und für den Veräußerer insofern bindend, als er den späteren Erwerb der Forderung durch den Abtretungsempfänger nicht mehr durch eine erneute Abtretung vereiteln kann. Vollendet wird die Verfügung jedoch erst mit der Entstehung der abgetretenen Forderung.[138] Nach dem Schutzzweck von § 108 Abs. 1 kommt es im Falle der Vorausabtretung auf den Zeitpunkt des Entstehens des Freistellungsanspruchs an. Dies bedeutet, dass der vorausabgetretene Freistellungsanspruch mit seiner Entstehung dem Verfügungsverbot des § 108 Abs. 1 unterliegt („verfangen ist"),[139] sodass die Vorausabtretung dem Dritten gegenüber unwirksam ist. Es handelt sich dabei um eine unmittelbare, nicht um eine analoge Anwendung von § 108 Abs. 1[140] (zu einer analogen Anwendung → Rn. 72).

70 Gleiches gilt für einen **Vorausverzicht (Erlassvertrag)** auf einen künftig entstehenden Freistellungsanspruch.[141] Ebenso wie eine Abtretung einer künftigen Forderung ist der Erlass einer solchen im Voraus möglich, wenn die Forderung im Zeitpunkt ihres Entstehens nach Gegenstand und Umfang bestimmbar ist. Insoweit ist zwar eine Bemerkung von *Johannsen* über im Voraus getroffene Verfügungen zutreffend, dass sich kaum vorstellen lasse, wie eine derartige Abrede je einem vernünftigen Zweck der Parteien des Haftpflichtversicherungsverhältnisses dienen könnte.[142] Der Dritte ist aber gem. § 108 Abs. 1 auch vor „unvernünftigen" Verfügungen über den Freistellungsanspruch zu schützen. § 108 Abs. 1 nimmt einem solchen Vorausverzicht im Verhältnis zum Dritten die Wirkung, weil dem Versicherungsnehmer im Zeitpunkt der Vollendung des Verfügungsgeschäfts (Zeitpunkt des Entstehens des Freistellungsanspruchs) die hierfür erforderliche Verfügungsmacht[143] (im Verhältnis zum Dritten) fehlt. Zu einer Gestaltung des Versicherungsvertrags, die den Freistellungsanspruch für Ansprüche bestimmter Dritter erst gar nicht entstehen lässt → Rn. 72 f.

71 Eine gegenüber dem Dritten unwirksame **Vorausverfügung in Form einer Inhaltsänderung des Freistellungsanspruchs** liegt auch vor, wenn Versicherer und Versicherungsnehmer vor Eintritt eines Versicherungsfalls vereinbaren, dass bei Entstehen eines Rentenanspruchs eines Dritten der Freistellungsanspruch des Versicherungsnehmers nicht den gesetzlichen Inhalt gem. § 107 Abs. 1 haben soll (verhältnismäßige Kürzung), sondern der Versicherer den Versicherungsnehmer bis zur

---

[133] BGH VersR 2009, 821 (822) = NJW-RR 2009, 964.
[134] BGH VersR 2009, 821 (822) = NJW-RR 2009, 964; *Koch* in Bruck/Möller VVG § 108 Rn. 20.
[135] BGH VersR 1987, 655 f. = NJW-RR 1987, 1106 (1107) unter Berufung auf *Sieg* VersR 1964, 693 (695).
[136] BGH VersR 1976, 477 (479).
[137] AllgM, BGHZ 7, 365 (369) = NJW 1953, 21 (22); BGH NJW 1988, 3204 (3205); 1985, 800 (802); *Grüneberg* in Grüneberg BGB § 398 Rn. 11.
[138] BGHZ 88, 205 (206) = NJW 1984, 492; BGH NJW 2008, 1153 (1156).
[139] Zu einer vergleichbaren Situation bei Abtretung einer künftigen Mietzinsforderung: BGH NJW 2008, 1153 (dem Zessionar von künftigen Mietzinsforderungen kann auch die erst nach der Zession eingetretene eigenkapitalersetzende Funktion der Gebrauchsüberlassung entgegengehalten werden, soweit die geltend gemachten Mietzinsforderungen nach Eintritt der eigenkapitalersetzenden Funktion entstanden sind).
[140] Qualifikation als Analogie *Baumann* in Berliner Kommentar VVG § 156 Rn. 10.
[141] BGH VersR 1976, 477 (479), Verzicht zu einem Zeitpunkt, in dem die Schadensentwicklung noch nicht abgeschlossen war; *Johannsen* in Bruck/Möller, 8. Aufl. 1970, Bd. IV, Kap. B Anm. 93.
[142] *Johannsen* in Bruck/Möller, 8. Aufl. 1970, Bd. IV, Kap. B Anm. 88.
[143] BGH NJW 1964, 648; VersR 1993, 981 (983) = NJW-RR 1993, 1111 (1113).

Erschöpfung der Versicherungssumme in voller Höhe von den Rentenleistungen freizustellen habe (→ Rn. 56, 62).[144] Es entspräche nicht dem Schutzzweck der §§ 107, 108, würde man § 108 Abs. 1 auf eine solche Vereinbarung, die eindeutig mit dem Ziel getroffen wird, den Inhalt des Freistellungsanspruchs zu Lasten des geschädigten Dritten zu verändern, erst und nur dann anwenden, wenn die Vereinbarung nach Eintritt des Versicherungsfalls getroffen wird.[145] Entscheidend ist, dass die Vereinbarung über den Inhalt des Freistellungsanspruchs – auch für den Versicherer erkennbar – eindeutig und ausschließlich auf eine Veränderung des zukünftigen Rechts eines Dritten gerichtet ist. Die Anwendung von § 108 Abs. 1 ist deshalb dem – unklaren – Ansatz vorzuziehen, eine solche Vereinbarung vor dem Eintritt des Versicherungsfalls im Lichte der besonderen Umstände des Einzelfalls zu würdigen, um so einen Missbrauch zu Lasten geschädigter Dritter auszuschließen.[146]

Noch nicht abschließend geklärt ist, ob und unter welchen Voraussetzungen das Verfügungsverbot des § 108 Abs. 1 (analog) auch auf **andere Rechtsgeschäfte vor Entstehen des Freistellungsanspruchs** zu erstrecken ist, wenn durch ein solches Rechtsgeschäft das Entstehen des Freistellungsanspruchs (zu Lasten eines durch einen späteren Versicherungsfall geschädigten Dritten) ganz oder teilweise verhindert wird.[147] Eine **analoge Anwendung von § 108 Abs. 1**[148] ist abzulehnen, wenn das vor Entstehen des Freistellungsanspruchs vorgenommene Rechtsgeschäft – anders als eine Vorausabtretung, ein Vorausverzicht oder eine Vorausinhaltsänderung entgegen § 107 Abs. 1 – nicht unmittelbar forderungsbezogen ist und deshalb der Verfügungscharakter fehlt. Auch gegenüber einem später geschädigten Dritten sind deshalb Änderungen des Versicherungsvertrags jedenfalls dann wirksam, wenn sie vereinbart werden, bevor der Versicherungsnehmer „während der Versicherungszeit" die den Haftpflichtanspruch des Dritten begründende „Tatsache" setzt (vgl. § 100).[149] Vereinbaren die Parteien des Versicherungsvertrags bspw. eine Herabsetzung der Versicherungssumme zu einem künftigen Stichtag, so wirkt diese Vertragsänderung auch gegenüber einem Dritten, der vom Versicherungsnehmer erst nach Inkrafttreten der Vertragsänderung geschädigt wird. In einer solchen Vertragsänderung liegt keine (Voraus-)Verfügung über den Freistellungsanspruch des Versicherungsnehmers iSd § 108 Abs. 1, weil die Vertragsänderung im Zeitpunkt ihrer Vornahme nicht unmittelbar auf die Änderung eines zukünftig entstehenden Rechts abzielt. Gegen **Rechtshandlungen** des Versicherungsnehmers, die keinen unmittelbaren Verfügungscharakter haben, aber darauf abzielen, seine **Gläubiger zu benachteiligen,** werden die Gläubiger durch das **Anfechtungsgesetz** geschützt. Die zu Recht hohen Hürden von § 3 AnfG sollten nicht durch eine an diffuse Voraussetzungen geknüpfte analoge Anwendung von § 108 Abs. 1 herabgesetzt werden, indem diese Regelung entsprechend auf Rechtshandlungen ohne unmittelbaren Verfügungscharakter angewendet wird. Im Ergebnis muss dies auch für eine Vertragsgestaltung gelten, die bestimmte Risiken von vornherein ganz oder teilweise vom Versicherungsschutz ausnimmt, und zwar auch dann, wenn das ausgenommene Risiko personenbezogen beschrieben ist (bspw. durch eine Vertragsklausel folgenden Inhalts: „ausgenommen einer Haftpflicht gegenüber Unternehmen X" oder „nur hälftige Versicherungssumme für Haftpflichtansprüche gegenüber Unternehmen X und Y"). Würden auch derartige Vertragsklauseln von § 108 Abs. 1 erfasst, würden sich mangels echten Verfügungscharakters nicht zu bewältigende Abgrenzungsschwierigkeiten ergeben. Für derartige Vertragsgestaltungen kann es auch durchaus berechtigte Motive geben, etwa wenn der Versicherungsnehmer gegenüber bestimmten Dritten von einem herabgesetzten Haftungspotenzial ausgeht (bspw. wegen mit bestimmten Vertragspartnern regelmäßig abgeschlossener vertraglicher Haftungsbeschränkung) und deshalb insoweit eine geringere Versicherungssumme vereinbart, um seine Prämienlast tragbar zu machen.[150]

Einen **Grenzfall** stellen Rechtsgeschäfte dar, die während der Versicherungszeit nach dem Setzen der Tatsache, die die Haftung gegenüber dem Dritten begründet (haftungsbegründender Verstoß), und vor dem vertragsgemäß später liegenden Eintritt des Versicherungsfalls (Schadensereignis) vorgenommen werden **(Auseinanderfallen von haftungsbegründendem Verstoß und vertragsgemäßem Versicherungsfall).** Beispiel: Kündigung oder Aufhebung des Versicherungsvertrags nach der Auslieferung eines fehlerhaften Produktes, aber vor Eintritt des Versicherungsfalls (Schadensereignis, Geltendmachung des Haftpflichtanspruchs etc.). Die Einordnung derartiger Rechtsgeschäfte im Hinblick auf § 108 Abs. 1 muss einerseits die Interessen des Dritten berücksichtigen, denen die Vorschrift dient, und ande-

---

[144] IErg ebenso *Retter* in Schwintowski/Brömmelmeyer/Ebers VVG § 107 Rn. 24, allerdings im Wege der AVB-Inhaltskontrolle, die jedoch bei Individualvereinbarung nicht helfen würde.
[145] So aber wohl *Lücke* in Prölss/Martin VVG § 107 Rn. 19; *Koch* in Bruck/Möller VVG § 108 Rn. 16.
[146] In diesem Sinne aber *Schulze Schwienhorst* in Looschelders/Pohlmann VVG § 107 Rn. 10.
[147] *Baumann* in Berliner Kommentar VVG § 156 Rn. 10.
[148] Zur analogen Anwendung *Baumann* in Berliner Kommentar VVG § 156 Rn. 10; *Johannsen* in Bruck/Möller, 8. Aufl. 1970, Bd. IV, Kap. B Anm. 92.
[149] *Johannsen* r+s 1997, 309 (314).
[150] *Johannsen* r+s 1997, 309 (314).

rerseits die berechtigten Interessen des Versicherers wahren, der im Bereicherungsausgleich wegen einer nach § 108 Abs. 1 gegenüber dem Dritten unwirksamen Verfügung das Insolvenzrisiko des Versicherungsnehmers trägt. Zu einem sachgerechten Interessenausgleich führt ein Vorschlag von *Johannsen*.[151] Danach ist § 108 Abs. 1 (analog) nur auf solche Rechtsgeschäfte in dem Schwebezeitraum zwischen Verstoß und Schadensereignis anzuwenden, die **für den Versicherer erkennbar** darauf abzielen, den von § 108 Abs. 1 bezweckten **Schutz des Dritten zu unterlaufen** (ungewöhnliche Rechtsgeschäfte). Relativ unwirksam wäre ein sofortiger Aufhebungsvertrag zwischen Versicherer und Versicherungsnehmer (ungewöhnliches Rechtsgeschäft), nicht dagegen eine ordentliche Kündigung durch den Versicherungsnehmer (gewöhnliches Rechtsgeschäft).

74   d) **Versicherung für fremde Rechnung.** Das (relative) Verfügungsverbot des § 108 Abs. 1 gilt auch für den **Freistellungsanspruch eines Versicherten** aus einer **Versicherung für fremde Rechnung.**[152] Nach den (dispositiven) gesetzlichen Regelungen (§§ 44, 45) fallen bei der Versicherung für fremde Rechnung die Inhaberschaft und die **Verfügungsbefugnis** hinsichtlich des Freistellungsanspruchs auseinander. Inhaber des Freistellungsanspruchs ist der Versicherte. Die Verfügungsbefugnis steht jedoch dem Versicherungsnehmer zu, der über den Freistellungsanspruch im eigenen Namen verfügen kann. Allein der Versicherungsnehmer kann vom Versicherer auch die Übermittlung des Versicherungsscheines verlangen. Der Versicherte ist nur dann selbst verfügungsbefugt, wenn dies abweichend von den gesetzlichen Regelungen im Vertrag vereinbart ist, oder der Versicherungsnehmer dem Versicherten den Versicherungsschein überlassen hat, oder wenn der Versicherungsnehmer einer Verfügung durch den nichtverfügungsberechtigten Versicherten zustimmt (bzw. im Verhältnis zum Versicherer, wenn dessen Berufung auf eine fehlende Verfügungsbefugnis des Versicherten rechtsmissbräuchlich ist, → § 44 Rn. 7 ff.). Wenn nach den gesetzlichen oder vertraglichen Regelungen zur Versicherung für fremde Rechnung eine wirksame **Verfügung über den Freistellungsanspruch** des Versicherten gegeben ist, sei es durch den Versicherungsnehmer, sei es ausnahmsweise durch den Versicherten, ist diese Verfügung gem. § 108 Abs. 1 gleichwohl **gegenüber dem Dritten unwirksam.**

75   Eine Verfügung iSd § 108 Abs. 1 über den Freistellungsanspruch liegt jedoch nicht vor, wenn der Versicherungsnehmer seine gesetzliche Befugnis über den Freistellungsanspruch zu verfügen (§§ 44, 45) auf den Versicherten als Inhaber des Anspruchs überträgt. In diesem Fall wird nicht, wie es § 108 Abs. 1 erfordert, über den Freistellungsanspruch verfügt, sondern nur die Verfügungsbefugnis über diesen Anspruch geändert. Der Schutzzweck von § 108 Abs. 1 gebietet auch keine analoge Anwendung, weil der Bestand des Freistellungsanspruchs und der Vollstreckungszugriff des Dritten unverändert gesichert sind.

76   Eine im Schrifttum vertretene Ansicht plädiert für eine analoge Anwendung von § 108 Abs. 1, wenn der Versicherte über seinen **Anspruch aus dem Innenverhältnis zum Versicherungsnehmer** verfügt, der – abstrakt formuliert – auf die Verwirklichung des Versicherungsschutzes aus der Versicherung für seine Rechnung gerichtet ist.[153] Ein Bedürfnis für eine analoge Anwendung von § 108 Abs. 1 zum Schutze des Dritten wird jedoch regelmäßig nicht gegeben sein.[154] Wenn nämlich aus der Versicherung für fremde Rechnung ein Freistellungsanspruch bzgl. des Haftpflichtanspruchs des Dritten entstanden ist, wird der Dritte hinreichend dadurch geschützt, dass sämtliche für ihn nachteilige Verfügungen über diesen Freistellungsanspruch ihm gegenüber unwirksam sind.

77   **Dritter iSd § 108 Abs. 1** kann bei der **Versicherung für fremde Rechnung auch der Versicherungsnehmer selbst** sein.[155] Dies setzt allerdings voraus, dass der Versicherungsnehmer

---

[151] *Johannsen* in Bruck/Möller, 8. Aufl. 1970, Bd. IV, Kap. B Anm. 92; abl. *Koch* in Bruck/Möller VVG § 108 Rn. 25.
[152] AllgM, *Lücke* in Prölss/Martin VVG § 108 Rn. 15; *Baumann* in Berliner Kommentar VVG § 156 Rn. 8; *Johannsen* in Bruck/Möller, 8. Aufl. 1970, Bd. IV, Kap. B Anm. 88; *Langheid* in Langheid/Rixecker VVG § 108 Rn. 12; angesichts des Wortlauts von § 108 Abs. 1 zweifelnd *Schimikowski* in HK-VVG § 108 Rn. 4.
[153] *Lücke* in Prölss/Martin VVG § 108 Rn. 15; *Koch* in Bruck/Möller VVG § 108 Rn. 15.
[154] *Sieg* Haftpflichtversicherung S. 149; *Baumann* in Berliner Kommentar VVG § 156 Rn. 8, das Problem einer Verfügung über den Anspruch aus dem Innenverhältnis zwischen Versicherungsnehmer und Versichertem sei bisher ohne praktische Relevanz geblieben.
[155] So bezogen auf die D&O-Versicherung BGHZ 209, 373 Rn. 19 ff. = VersR 2016, 786 = NJW 2016, 2184; BGH AG 2016, 395 Rn. 26 ff.; *Voit* in Prölss/Martin AVB D&O A-9 Rn. 1; *Beckmann* in Beckmann/ Matusche-Beckmann VersR-HdB § 28 Rn. 7 f.; *Koch* in Bruck/Möller VVG § 108 Rn. 12; *Dreher/Thomas* ZGR 2009, 31 (41); *Koch* r+s 2009, 133 (135); *Koch* FS Winter, 2007, 345 (346 f.); *Koch* WM 2007, 2173 (2177); *Langheid* VersR 2009, 1043; *Langheid* NJW 2007, 3745 (3746); *Langheid/Goergen* VP 2007, 161 (166); *Lenz* in van Bühren VersR-HdB § 25 Rn. 201; *Thomas* Haftungsfreistellung S. 450 ff.; *Lange* r+s 2011, 185 (187), zu § 108 Abs. 2; *Baumann* r+s 2011, 229 (230 f.), zu § 108 Abs. 2; *Klimke* r+s 2014, 105 (114 f.), zu § 108 Abs. 2; offenslassend, aber zumindest andeutungsweise bejahend OLG Düsseldorf r+s 2013, 599 (599 f.), zu § 108 Abs. 2; OLG Düsseldorf r+s 2014, 122 (123) mAnm *Schimikowski* (zu § 108 Abs. 2); hierzu *Staudinger/Richters* DB 2013, 2725 (2726).

gegen den Versicherten einen Haftpflichtanspruch hat, der von dem für den Versicherten bestehenden Haftpflichtversicherungsschutz umfasst ist, und dass abweichend von dem (dispositiven) Grundsatz der §§ 44, 45 der Versicherte selbst über seinen Freistellungsanspruch verfügungsberechtigt ist. Diese Konstellation ergibt sich aufgrund entsprechender vertraglicher Gestaltung häufig bei der **Innenhaftung in der D&O-Versicherung**. Für diese spezielle Konstellation wird – jedenfalls vor der gegenteiligen Entscheidung durch BGHZ 209, 373[156] – bezogen auf die Abtretbarkeit des Freistellungsanspruchs gem. § 108 Abs. 2 (→ Rn. 88) von vielen die Auffassung vertreten, das durch eine Pflichtverletzung des versicherten Organs geschädigte Unternehmen könne als Versicherungsnehmer nicht Dritter sein.[157] Jedenfalls für das (relative) Verfügungsverbot des § 108 Abs. 1 ist dieser Ansicht aufgrund des Schutzzwecks der Regelung in Übereinstimmung mit dem BGH nicht zu folgen. Es gibt keinen Grund, den Versicherungsnehmer in der D&O-Versicherung als Geschädigten nicht wie sonstige Geschädigte davor zu schützen, dass ihm der Freistellungsanspruch des Versicherten durch eine Verfügung des Versicherten als Vollstreckungsgegenstand entzogen wird. Der Versicherungsvertrag kann allerdings vorsehen, dass dem Versicherungsnehmer für einen Haftpflichtanspruch aus der Innenhaftung der Schutz des § 108 Abs. 1 nicht zukommen soll (→ Rn. 83). Unberührt bleibt auch die Befugnis des Dritten/Versicherungsnehmers, nachträglich auf den Schutz durch § 108 Abs. 1 zu verzichten (→ Rn. 82). Ein solcher Verzicht ist bei der D&O-Versicherung aber nicht schon darin zu sehen, dass der Versicherungsnehmer bei Abschluss des Haftpflichtversicherungsvertrags abweichend von § 44 Abs. 2 dem Versicherten den Versicherungsschein überlässt (was in der Praxis regelmäßig nicht vorkommt), oder dass bei Vertragsschluss die gesetzlichen Regelungen in der Weise abbedungen wurden, dass der Versicherte allein verfügungsbefugt ist. Denn es ist nicht anzunehmen, dass der Versicherungsnehmer hierdurch auch für den Fall, dass er selbst durch den Versicherten geschädigt wird (Innenhaftung), auf den Schutz des § 108 Abs. 1 verzichten will.

4. Tatbestandsvoraussetzungen des § 108 Abs. 1 S. 2. Nach § 108 Abs. 1 S. 2 steht eine 78 durch Gläubiger des Versicherungsnehmers erwirkte Verfügung im Wege der Zwangsvollstreckung oder Arrestvollziehung der von S. 1 erfassten rechtsgeschäftlichen Verfügung des Versicherungsnehmers gleich. Eine Verfügung im Wege der Zwangsvollstreckung erfolgt durch **Pfändungs- und Überweisungsbeschluss nach §§ 829, 835 ZPO**. Die Verfügung im Wege der **Arrestvollziehung** erfolgt nach den **§§ 916 ff. ZPO**. Zur Bedeutung von § 108 Abs. 1 S. 2 → Rn. 48.

VI. Beweislast

Die Beweislast für sämtliche Voraussetzungen von § 108 Abs. 1 trägt nach den allgemeinen 79 Regeln über die Beweislastverteilung derjenige, der sich zu seinen Gunsten auf die Rechtsfolge der Vorschrift beruft, idR der **Dritte**.

VII. Abänderbarkeit

Von der Regelung des § 108 Abs. 1 können die Parteien des Versicherungsvertrags **nicht zum** 80 **Nachteil des Dritten** abweichen.[158] Dies ergibt sich aus dem allgemeinen **Verbot eines Vertrags zu Lasten Dritter**. Dies gilt deshalb unabhängig davon, dass § 112 die Regelung des § 108 nicht als halbzwingende Vorschrift benennt. § 112 benennt iÜ nur diejenigen Vorschriften aus dem Abschnitt über allgemeine Vorschriften der Haftpflichtversicherung, von denen nicht zum *Nachteil des Versicherungsnehmers* abgewichen werden kann.

§ 108 Abs. 1 beschränkt die Vertragsfreiheit der Parteien des Verfügungsgeschäfts, indem dem 81 Verfügungsgeschäft teilweise, nämlich gegenüber dem Dritten, die Wirkung genommen wird. Die Regelung ist gleichwohl ungeachtet des § 210 auch auf Großrisiken und auf laufende Versicherungen anzuwenden. Denn eine Befreiung von der die Vertragsfreiheit beschränkenden Regelung des § 108 Abs. 1 nach § 210 scheidet aus, weil es sich nicht um eine Beschränkung der Vertragsfreiheit *nach dem VVG*, sondern nach allgemeinen Grundsätzen handelt (Verbot eines Vertrags zu Lasten Dritter).[159]

---

[156] BGHZ 209, 373 Rn. 19 ff. = VersR 2016, 786 = NJW 2016, 2184; BGH AG 2016, 395 Rn. 26 ff.
[157] So bezogen auf die D&O-Versicherung *Schimikowski* in HK-VVG, noch ablehnend in 3. Aufl. 2015, § 108 Rn. 6; *Armbrüster* r+s 2010, 441 (448); NJW 2009, 187 (192); *Ihlas*, D&O: Directors & Officers Liability, 2. Aufl. 2009, S. 408 ff.; *Schimmer* VersR 2008, 875 ff.
[158] *Langheid* in Langheid/Rixecker VVG § 108 Rn. 14; *Koch* in Bruck/Möller VVG § 108 Rn. 87; *Schulze Schwienhorst* in Looschelders/Pohlmann VVG § 108 Rn. 10; vgl. Begr. zum RegE, BT-Drs. 16/3945, 87 zu § 112; *Retter* in Schwintowski/Brömmelmeyer/Ebers VVG § 108 Rn. 66; *Schimikowski* in HK-VVG § 108 Rn. 15; *Schirmer* ZVersWiss Supplement 2006, 427 (437); für Abdingbarkeit dagegen wohl *Lücke* in Prölss/Martin VVG § 108 Rn. 34, in ausdrücklichem Gegensatz zu § 108 Abs. 2, der nach seinem Inhalt zwingend sei.
[159] *Koch* in Bruck/Möller VVG § 108 Rn. 89.

82 Der **Dritte** kann auf den Schutz des § 108 Abs. 1 **verzichten** bzw. eine verbotswidrige Verfügung **genehmigen,** sodass sie auch ihm gegenüber Wirksamkeit erlangt.[160]

83 Sind **Versicherungsnehmer und Dritter identisch** – wie bei der Innenhaftung im Rahmen einer D&O-Versicherung (→ Rn. 77) – ist § 108 Abs. 1 uneingeschränkt abdingbar. Insoweit steht das Verbot eines Vertrags zu Lasten Dritter (→ Rn. 81) nicht entgegen.

C. Abtretung des Freistellungsanspruchs und Abtretungsverbote (§ 108 Abs. 2)

I. Gesamtschau

84 Eine Abtretung des Freistellungsanspruchs an den **Dritten iSd §§ 100 ff.** (→ Rn. 55) ist zulässig. Dies gilt trotz § 399 Alt. 1 BGB, der bzgl. der Abtretung an den Dritten nach allgemeiner und nunmehr durch § 108 Abs. 2 bestätigter Meinung teleologisch zu reduzieren ist. § 108 Abs. 2 verbietet es dem Versicherer allerdings, die Abtretbarkeit an den Dritten durch eine AVB-Regelung auszuschließen (AVB-Verwendungsverbot). Durch die Abtretung wandelt sich der Freistellungsanspruch des Versicherungsnehmers in einen Zahlungsanspruch des Dritten unmittelbar gegen den Versicherer. Im Prozess über die Zahlungsklage des Dritten wird sowohl über den Deckungsschutz aus der Haftpflichtversicherung als auch – als Vorfrage – über die Haftpflichtforderung des Dritten gegen den Versicherungsnehmer entschieden. Durch die Abtretung an den Dritten wird das gesetzlich nicht verankerte Trennungsprinzip überwunden,[161] wie wenn der Dritte den Freistellungsanspruch des Versicherungsnehmers pfändet und sich zur Einziehung oder an Zahlungs statt überweisen lässt (→ Rn. 23). Abgesehen von der Umwandlung des Freistellungsanspruchs in einen Zahlungsanspruch erlangt der Dritte durch die Abtretung grds. keine weitergehenden Rechte als der Versicherungsnehmer.

85 An **andere Personen als den Dritten** ist der Freistellungsanspruch nach § 399 Alt. 1 BGB grds. **nicht abtretbar,** da sich mit der Abtretung an eine andere Person als den freizustellenden Versicherungsnehmer notwendig der Anspruchsinhalt ändert (→ Rn. 48).[162] Dadurch wird dem Freistellungsanspruch die Verkehrsfähigkeit mit Wirkung gegenüber jedermann genommen **(absolute Unwirksamkeit).**[163] Ungeachtet dieser gesetzlichen Regelung sehen AVB üblicherweise ein Verbot der Abtretung an andere Personen als den Dritten vor. Ein solches Abtretungsverbot hat im Anwendungsbereich von § 399 Alt. 1 BGB allerdings weitgehend rein deklaratorische Wirkung und ist deshalb AGB-rechtlich grds. unproblematisch zulässig (→ Rn. 112).

II. Grundsatz: Abtretbarkeit des Freistellungsanspruchs nur an den Dritten

86 Nach § 108 Abs. 2 kann die Abtretung des Freistellungsanspruchs an den Dritten nicht durch Allgemeine Versicherungsbedingungen ausgeschlossen werden (zum Regelungszweck und zur Entwicklungsgeschichte → Rn. 2 ff.; → Rn. 14).[164] Diese Regelung basiert auf der zutreffenden Erkenntnis, dass der Freistellungsanspruch an den **Dritten** als Gläubiger der Forderung, von der der Versicherer den Versicherungsnehmer freizustellen hat, abgetreten werden kann (→ Rn. 60).[165] § 399 Alt. 1 BGB steht nach allgemeiner Meinung nicht entgegen, weil jene Regelung bezogen auf die Abtretung an den Gläubiger der Forderung, von der freizustellen ist, teleologisch zu reduzieren ist. Die Abtretbarkeit des Freistellungsanspruchs besteht unabhängig davon, dass der Anspruch aus

---

[160] *Lücke* in Prölss/Martin VVG § 107 Rn. 19; *Koch* in Bruck/Möller VVG § 108 Rn. 87.
[161] BGH VersR 2016, 783 = NJW 2016, 3453; BGHZ 209, 373 Rn. 21 = VersR 2016, 786 = NJW 2016, 2184; BGH VersR 1975, 655 = NJW 1975, 1276; *Johannsen* in Bruck/Möller, 8. Aufl. 1970, Bd. IV, Kap. B Anm. 53; *van Bühren* r+s 2019, 6 (11).
[162] BGH VersR 2004, 740 (741) = NJW 2004, 1868; 1993, 2232 (2233); *Retter* in Schwintowski/Brömmelmeyer/Ebers VVG § 108 Rn. 16; *Thume* VersR 2010, 849 (850); *Koch* in Bruck/Möller VVG § 108 Rn. 13; *Johannsen* in Bruck/Möller, 8. Aufl. 1970, Bd. IV, Kap. B Anm. 52, eine Abtretung des Freistellungsanspruchs ist auch nicht unter ausdrücklicher Aufrechterhaltung seines Inhalts als Befreiungsanspruch möglich.
[163] BGHZ 40, 156 (159) = NJW 1964, 243; *Grüneberg* in Grüneberg BGB § 399 Rn. 12.
[164] Zum österreichischen Recht *Fenyves* ZVersWiss 2016, 463 Fn. 78; zum englischen Recht *Bangert,* Der Direktanspruch im deutschen und englischen Haftpflichtversicherungsrecht, 2018, S. 68 ff.
[165] AllgM, BGH NJW 1993, 2232 (2233); VersR 1980, 522 = NJW 1980, 2021; VersR 1975, 655 (656 f.) = NJW 1975, 1276 (1277); BGHZ 41, 203 (205) = NJW 1964, 1272 (1273); BGHZ 12, 136 (141) = NJW 1954, 795; BGHZ 7, 244 (246) = VersR 1952, 366 (367); *Retter* in Schwintowski/Brömmelmeyer/Ebers VVG § 108 Rn. 26 mwN zur Lehre; *Schimikowski* in HK-VVG § 108 Rn. 11; *Armbrüster* r+s 2010, 441 (449); *Hartwig* in van Bühren VersR-HdB § 9 Rn. 122 ff.; *Koch* r+s 2009, 133 (134); *Langheid* VersR 2007, 865 (867); *Lenz* in van Bühren VersR-HdB § 25 Rn. 53; *Schneider* in Beckmann/Matusche-Beckmann VersR-HdB § 24 Rn. 145; *Thume* VersR 2010, 849 (851); *v. Rintelen* r+s 2010, 133 (135); *Flockenhaus* in Musielak ZPO, 17. Aufl. 2018, ZPO § 851 Rn. 5, auch an den Zessionar der Forderung, von der freizustellen ist.

§ 100, soweit er auf Abwehr eines unbegründeten Haftpflichtanspruchs geht, nicht abtretbar ist (→ Rn. 89). Im Schrifttum daraus abgeleitete Zweifel an der Abtretbarkeit des Freistellungsanspruchs[166] (und seiner Umwandlung in einen Zahlungsanspruch) sind, soweit es um die Abtretung an den geschädigten Dritten geht, mit Blick auf die Rspr. zum VVG aF und der eindeutigen gesetzgeberischen Intention bei der Neuregelung des § 108 nicht begründet.[167]

Dagegen ist der Freistellungsanspruch grds. **an eine andere Person als den Dritten nicht abtretbar.** Dies ergibt sich unmittelbar aus der gesetzlichen Regelung des **§ 399 Alt. 1 BGB.**[168] Danach scheidet die Abtretbarkeit an eine andere Person als den Dritten aus, weil die Freistellungsverpflichtung des Versicherers gegenüber einer anderen Person, die nicht Inhaber des Anspruchs ist, von dem freizustellen ist, nicht ohne Veränderung ihres Inhalts erfolgen kann (→ Rn. 48).[169] Von diesem Grundsatz sind jedoch unter engen Voraussetzungen **Ausnahmen für die Abtretbarkeit des Freistellungsanspruchs an bestimmte andere Personen** zu machen; dogmatisch heißt dies, dass § 399 Alt. 1 BGB nicht nur für die Abtretung an den geschädigten Dritten (→ Rn. 86), sondern auch für die Abtretung an bestimmte andere Personen teleologisch zu reduzieren ist. Diese Frage hat sich der Rspr. im Versicherungsrecht bislang meist nicht unmittelbar gestellt, da die **AVB regelmäßig ein Abtretungsverbot** für den Deckungsanspruch enthielten (und unter Beachtung der Maßgabe von § 108 Abs. 2 auch weiterhin enthalten). Es ging daher in den wenigen Ausnahmefällen stets um die Frage, wie ein solches Abtretungsverbot auszulegen ist bzw. ob die Berufung auf das Verbot ausnahmsweise treuwidrig ist. Mittelbar hat der BGH – in teleologischer Reduktion des § 399 Alt. 1 BGB – eine Abtretbarkeit des Freistellungsanspruchs bejaht, indem er ein Abtretungsverbot in einer **Betriebshaftpflichtversicherung** dahin ausgelegt hat, dass idR nur die Übertragung der Versicherungsansprüche an außenstehende Dritte, nicht aber an den **Übernehmer des Betriebs** gem. § 151 Abs. 2 VVG aF (§ 102 Abs. 2) ausgeschlossen sein solle.[170] Da in dieser Entscheidung eine Befriedigung des geschädigten Dritten noch nicht stattgefunden hatte, ging es nicht um eine Abtretung eines Zahlungsanspruchs, sondern um die hier interessierende Abtretung des Freistellungsanspruchs vor seiner Umwandlung.

Umstritten ist die Abtretbarkeit des Freistellungsanspruchs bei der **Versicherung für fremde Rechnung,** wenn der Versicherte abweichend von den §§ 44, 45 ausnahmsweise selbst befugt ist, über seinen Freistellungsanspruch zu verfügen (→ Rn. 77), und der besondere Fall vorliegt, dass der Versicherungsnehmer vom Versicherten geschädigt wird, sodass der Versicherungsnehmer Inhaber des Haftpflichtanspruchs ist, von dem der Versicherer den Versicherten freizustellen hat. Nach der anerkannten teleologischen Reduktion von § 399 Alt. 1 BGB (→ Rn. 84) ist auch in diesem Fall die Abtretbarkeit des Freistellungsanspruchs gegeben, eben weil der Versicherungsnehmer Inhaber des Anspruchs ist, von dem freizustellen ist, und deshalb mit der Abtretung keine iSd § 399 Alt. 1 BGB unzulässige Inhaltsänderung des Anspruchs gegeben ist. Für die **D&O-Versicherung** ist in der entsprechenden Konstellation, also bei einer **Innenhaftung mit Verfügungsbefugnis des Versicherten,** gleichwohl umstritten, ob der Versicherte (der haftpflichtige Manager) seinen Freistellungsanspruch an den Versicherungsnehmer (die versicherungsnehmende Gesellschaft) abtreten kann.[171] **Vor der Einführung des § 108 Abs. 2** haben sich die Versicherer regelmäßig durch

---

[166] Schramm/Wolf r+s 2009, 358 f.
[167] Wie hier Armbrüster r+s 2010, 441 (448 f.); v. Rintelen r+s 2010, 133 (134).
[168] BGH VersR 2004, 740 (741) = NJW 2004, 1868; NJW 1993, 2232 (2233); Retter in Schwintowski/Brömmelmeyer/Ebers VVG § 108 Rn. 16; Armbrüster r+s 2010, 441 (452); Thume VersR 2010, 849 (850); Koch in Bruck/Möller VVG § 108 Rn. 13; Johannsen in Bruck/Möller, 8. Aufl., Bd. IV, Kap. B Anm. 52, eine Abtretung des Freistellungsanspruchs ist auch nicht unter ausdrücklicher Aufrechterhaltung seines Inhalts als Befreiungsanspruch möglich.
[169] BGH NJW 2004, 1868; 1993, 2232 (2233); Retter in Schwintowski/Brömmelmeyer/Ebers VVG § 108 Rn. 16; Thume VersR 2010, 849 (850). Lücke in Prölss/Martin VVG § 108 Rn. 24 geht dagegen von der grundsätzlichen Abtretbarkeit an andere Dritte als den Geschädigten aus und hält deshalb das insoweit zulässige Abtretungsverbot für notwendig (konstitutiv).
[170] BGH VersR 1983, 945.
[171] Für eine Abtretbarkeit an den Versicherungsnehmer als Dritten iSv § 108 Abs. 2: BGHZ 209, 373 Rn. 19 ff. = VersR 2016, 786 = NJW 2016, 2184; BGH AG 2016, 395 Rn. 26 ff.; OLG Düsseldorf r+s 2014, 122 (123) (obiter dictum) mAnm Schimikowski; VersR 2013, 1522 f. (obiter dictum); Voit in Prölss/Martin AVB D&O A-9 Rn. 1; Beckmann in Beckmann/Matusche-Beckmann VersR-HdB § 28 Rn. 7 f.; Grooterhorst/Looman NZG 2015, 215; Baumann r+s 2011, 229 (230 ff.); Dreher/Thomas ZGR 2009, 31 (41); Koch in Bruck/Möller VVG § 108 Rn. 36; Koch r+s 2009, 133 (135); Koch FS Winter, 2007, 345 (346 f.); Koch WM 2007, 2173 (2177); Langheid VersR 2009, 1043; Langheid NJW 2007, 3745 (3746); Langheid/Goergen VP 2007, 161 (166); Lange r+s 2011, 185 (186); Thomas Haftungsfreistellung S. 450 ff.; aA Schimikowski in HK-VVG, noch ablehnend in 3. Aufl. 2015, § 108 Rn. 6; Armbrüster NJW 2016, 2155 (2156); Armbrüster r+s 2010, 441 (448); Armbrüster NJW 2009, 187 (192); Ihlas, D&O: Directors & Officers Liability, 2. Aufl. 2009, S. 408 ff.; Schimmer VersR 2008, 875 ff.

ein Abtretungsverbot davor geschützt, dass der Versicherte den Freistellungsanspruch an den Versicherungsnehmer (die geschädigte Gesellschaft) abtritt. Die Berufung des Versicherers auf ein solches Abtretungsverbot wurde von den Gerichten als zulässig (nicht rechtsmissbräuchlich) und im Einklang mit dem Trennungsprinzip erachtet.[172] **Unter der Geltung des § 108 Abs. 2** geht der Streit methodisch darum, ob diese Regelung dahin teleologisch zu reduzieren ist, dass ein Verbot der Abtretung des Freistellungsanspruchs vom Versicherten an den Versicherungsnehmer (die versicherungsnehmende Gesellschaft) auch in Form einer AVB-Regelung vereinbart werden darf. Eine derartige teleologische Reduktion des § 108 Abs. 2 ist mit der überwiegenden Ansicht jedoch abzulehnen (→ Rn. 108). Dies bedeutet, dass der Versicherer auch bei der D&O-Versicherung die Abtretung des Freistellungsanspruchs durch den Versicherten an die geschädigte Gesellschaft als Versicherungsnehmerin nicht durch AVB ausschließen kann. Dieses AVB-Verwendungsverbot gilt jedoch nicht im Anwendungsbereich von **Großrisiken und der laufenden Versicherung** gem. § 210 (→ Rn. 110).

III. Nichtabtretbarkeit des Abwehranspruchs

89 Der Abwehranspruch des Versicherungsnehmers aus § 100 ist wegen seines Inhalts nicht abtretbar, auch nicht an den Dritten.[173] Nicht zu folgen ist der Ansicht, dass mit der Abtretung des Freistellungsanspruchs auch der Abwehranspruch auf den Dritten übergehe, weil der Versicherungsnehmer nach § 100 einen untrennbaren Freistellungsanspruch im weiteren Sinne habe, bei dem die Befreiungs- und Abwehrkomponente eng ineinander verschlungene Varianten eines einheitlichen Anspruchs seien.[174] Die Konzeption eines untrennbaren Gesamtanspruchs des Versicherungsnehmers aus § 100 entspricht nicht dem gesetzgeberischen Willen.[175] Auch aus der Entscheidung des BGH zur Abtretung des Freistellungsanspruchs gem. § 38 Abs. 3 KVO aF[176] lässt sich nicht herleiten, dass auch die Abwehrkomponente des einheitlichen Anspruchs übergänge. Denn der BGH hat zu einem Übergang auch des Abwehranspruchs nicht Stellung genommen;[177] er hat sich vielmehr mit der Feststellung begnügt, dass über Haftung und Deckung in dem Prozess über die Zahlungsklage des Dritten zu entscheiden sei.

IV. Vertragliches Abtretungsverbot

90 **1. Grundlagen und Rechtsfolgen.** Nach **§ 399 Alt. 2 BGB** kann die Abtretung einer Forderung durch Vereinbarung zwischen Gläubiger und Schuldner ausgeschlossen werden. Dies gilt – vorbehaltlich der Spezialregelung in § 108 Abs. 2 – auch für den Freistellungsanspruch des Versicherungsnehmers aus § 100. Die im Zuge der VVG-Reform neu eingefügte Regelung des **§ 108 Abs. 2** untersagt lediglich, die Abtretung des Freistellungsanspruchs an den Dritten durch eine AVB-Regelung auszuschließen. Ein entsprechendes **AVB-Verwendungsverbot** gibt es für einen Ausschluss der Abtretung an andere Personen als den Dritten nicht. Wegen der bereits aus § 399 Alt. 1 BGB folgenden Nichtabtretbarkeit des Freistellungsanspruchs an andere Personen hat eine entsprechende AVB-Regelung jedoch grds. nur deklaratorische Wirkung.

91 Durch **Individualvereinbarung** kann sowohl die Abtretung an den Dritten als auch an andere Personen ausgeschlossen werden. Dies kann sowohl bei Abschluss des Haftpflichtversicherungsvertrags als auch nach Eintritt des Versicherungsfalls geschehen.[178] Die Individualvereinbarung unterliegt nicht der AGB-rechtlichen Inhaltskontrolle,[179] sondern den allgemeinen Grenzen der §§ 138, 242 BGB (→ Rn. 98). In der versicherungsvertraglichen Praxis sind Individualvereinbarungen über ein Abtretungsverbot allerdings – selbst in der Industrieversicherung bzw. im gewerblichen Versicherungsbereich – die seltene Ausnahme.[180]

---

[172] OLG Köln r+s 2008, 468 (471); OLG München VersR 2005, 540; LG Wiesbaden VersR 2005, 545.
[173] AllgM, *Lücke* in Prölss/Martin VVG § 108 Rn. 31; *Koch* in Bruck/Möller VVG § 108 Rn. 34; *Retter* in Schwintowski/Brömmelmeyer/Ebers VVG § 108 Rn. 22 ff.; *Hösker* VersR 2013, 952 (956); *Armbrüster* r+s 2010, 441 (449); *Koch* FS Winter, 2007, 345 (351); *Lange* r+s 2007, 401 (403); *Thume* VersR 2010, 849 (851); *Winter* r+s 2001, 133 (135); *Ebel* JR 1981, 485 (487); krit. *Baumann* VersR 2010, 984 (986).
[174] So aber *Baumann* VersR 2010, 984 (986).
[175] *Koch* in Bruck/Möller VVG § 108 Rn. 34; *Hösker* VersR 2013, 952 (956).
[176] BGH VersR 1975, 655.
[177] Wie hier *Armbrüster* r+s 2010, 441 (449).
[178] Begr. zum RegE, BT-Drs. 16/3945, 87; *Schulze Schwienhorst* in Looschelders/Pohlmann VVG § 108 Rn. 5; *Schirmer* ZVersWiss Supplement 2006, 427 (437); *Schneider* in Beckmann/Matusche-Beckmann VersR-HdB § 24 Rn. 47.
[179] *Koch* in Bruck/Möller VVG § 108 Rn. 32; insoweit missverständlich *Schulze Schwienhorst* in Looschelders/Pohlmann VVG § 108 Rn. 5, Rn. 1 aE.
[180] *Retter* in Schwintowski/Brömmelmeyer/Ebers VVG § 108 Rn. 15; *Dreher/Thomas* ZGR 2009, 31 (41).

Aus § 399 Alt. 2 BGB folgt im Wege des „Erst-Recht-Schlusses" auch, dass die Parteien des 92
Forderungsverhältnisses **Beschränkungen der Abtretungsbefugnis** des Gläubigers vereinbaren
können. Beispielsweise kann die Befugnis zur Abtretung an eine vorherige Feststellung des
Anspruchs, an dessen Fälligkeit, an eine Anzeige gegenüber dem Versicherer oder an die Zustimmung
durch den Versicherer geknüpft werden (→ § 17 Rn. 30 ff.).

Ein vertragliches Abtretungsverbot ist regelmäßig dahin auszulegen, dass dem Gläubiger der 93
nicht abtretbaren Forderung (hier dem Versicherungsnehmer) auch untersagt ist, einem Dritten eine
bloße **Einziehungsermächtigung** zu erteilen.[181] Dagegen erfasst ein Abtretungsverbot nicht die
Freigabe des Freistellungsanspruchs **durch den Insolvenzverwalter** des Versicherungsnehmers.[182]

Die Nichtabtretbarkeit einer Forderung aufgrund von § 399 BGB schließt nach § 412 BGB 94
auch einen **gesetzlichen Übergang** dieser Forderung aus.[183] Dies gilt grds. auch im Falle eines
vertraglichen Abtretungsverbots nach § 399 Alt. 2 BGB. Der Ausschluss auch eines gesetzlichen
Forderungsübergangs ist bei der AGB-rechtlichen Inhaltskontrolle eines Abtretungsverbots zu
berücksichtigen.

Eine Abtretung entgegen einer Vereinbarung nach § 399 Alt. 2 BGB ist **gegenüber jedermann** 95
unwirksam.[184] Dies gilt für eine Abtretung des Freistellungsanspruchs aus § 100 ausnahmslos. § 354a
HGB begründet insoweit keine Ausnahme. Danach ist die Abtretung einer Geldforderung ungeachtet
eines vertraglichen Abtretungsverbots wirksam, wenn das Rechtsgeschäft, das die abgetretene Forderung
begründet hat, für beide Teile ein Handelsgeschäft ist, oder der Schuldner eine juristische Person des
öffentlichen Rechts oder ein öffentlich-rechtliches Sondervermögen ist. Die Voraussetzungen dieser
Ausnahmeregelung sind jedoch nicht erfüllt, da der Freistellungsanspruch des Versicherungsnehmers
keine Geldforderung darstellt.[185] Klagt der vermeintliche Zessionar nach unwirksamer Abtretung gegen
den Versicherer, ist die Klage mangels Aktivlegitimation als unbegründet abzuweisen.[186]

Eine unwirksame Abtretung kann vom Versicherer als Schuldner des Freistellungsanspruchs 96
genehmigt werden.[187] Dem steht nicht entgegen, dass die Abtretung des Freistellungsanspruchs an
eine andere Person als den Dritten bereits wegen Inhaltsänderung nach § 399 Alt. 1 BGB ausgeschlossen ist. Denn die Genehmigung der verbotswidrigen Abtretung ist zugleich als Einverständnis mit
der Umwandlung des Freistellungsanspruchs in einen Zahlungsanspruch zu werten.[188] Schweigen
des Versicherers auf eine Abtretungsanzeige bedeutet grds. keine Genehmigung einer vertraglich
verbotenen Abtretung.[189] Eine konkludente Genehmigung einer verbotswidrigen Abtretung liegt
grds. auch nicht in dem Umstand, dass der Versicherer seine Eintrittpflicht (vorprozessual) bestreitet,
ohne sich gleichzeitig auf das Abtretungsverbot zu berufen.[190]

Die Vereinbarung über die Nichtabtretbarkeit nach § 399 Alt. 2 BGB hindert eine **Pfändung** 97
und Überweisung nicht, wenn der geschuldete Gegenstand der Pfändung unterworfen ist (§ 851
Abs. 2 ZPO).[191] Zu beachten ist aber, dass eine Überweisung zur Einziehung oder an Zahlungs statt
(§ 835 ZPO) an eine andere Person als den Dritten diesem gegenüber gem. § 108 Abs. 1 unwirksam
ist (→ Rn. 48). Zu beachten ist außerdem, dass die Pfändung und Überweisung des Freistellungsanspruchs aus § 100 bereits nach § 851 Abs. 1 ZPO ausgeschlossen sind, wenn der Freistellungsanspruch
gem. § 399 Alt. 1 BGB wegen Inhaltsänderung nicht an andere Personen als den Dritten abgetreten
werden kann (→ Rn. 85). Genehmigt der Versicherer die verbotswidrige Abtretung, so liegt darin

---

[181] BGH VersR 1960, 300 (301); OLG Köln VersR 2008, 1103; OLG Düsseldorf r+s 1997, 494 (495); *Johannsen* in Bruck/Möller, 8. Aufl. 1970, Bd. IV, Kap. B Anm. 53.
[182] BGH VersR 2009, 821 (822) = NJW-RR 2009, 964; *Lücke* in Prölss/Martin AHB Ziff. 28 Rn. 6.
[183] BGH VersR 2004, 994 (995) = r+s 2004, 422 (423); VersR 1997, 1088 (1090) = r+s 1997, 325 (326).
[184] HM, BGHZ 40, 156 (159) = NJW 1964, 243; BGH VersR 1997, 1088 (1090) = r+s 1997, 325 (326); OLGR Saarbrücken 2003, 272; sowie – jeweils mit Nachweisen zur Gegenansicht (relative Unwirksamkeit) – *Grüneberg* in Grüneberg BGB § 399 Rn. 12; *Kieninger* in MüKoBGB § 399 Rn. 51.
[185] BGHZ 171, 56 (69) = VersR 2007, 1116 (1119); OLG Köln VersR 2008, 1103 (1104).
[186] OLG Stuttgart VersR 2000, 881 (882).
[187] BGH VersR 1968, 35 (36); BGHZ 11, 120 f. = VersR 1953, 494; *Lücke* in Prölss/Martin AHB Ziff. 28 Rn. 6.
[188] Allg. *Kieninger* in MüKoBGB § 399 Rn. 52.
[189] *Littbarski* AHB § 7 Rn. 42; *Harsdorf-Gebhardt* in Späte/Schimikowski AHB Ziff. 28 Rn. 3; *Johannsen* in Bruck/Möller, 8. Aufl. 1970, Bd. IV, Kap. B Anm. 53.
[190] BGH VersR 1997, 1088 (1091) = r+s 1997, 325 (327); anders hingegen, wenn sich der Versicherer auch prozessual bis zum Schluss der mündlichen Verhandlung im ersten Rechtszug nicht auf das Abtretungsverbot beruft, BGHZ 11, 120 (122) = VersR 1953, 494; OLG Stuttgart VersR 2006, 1489 (1490); *Koch* in Bruck/Möller VVG § 108 Rn. 32.
[191] *Meller-Hannich* in Kindl/Meller-Hannich/Wolf, Gesamtes Recht der Zwangsvollstreckung, 4. Aufl. 2021, ZPO § 851 Rn. 24 ff.; *Flockenhaus* in Musielak/Voit, 19. Aufl. 2022, ZPO § 851 Rn. 8; OLG München r+s 2000, 58, Pfändung und Überweisung durch den geschädigten Dritten bei vertraglichem Abtretungsverbot.

jedoch regelmäßig das (zulässige) Einverständnis mit einer Inhaltsänderung des Anspruchs durch Umwandlung des Freistellungsanspruchs in einen Zahlungsanspruch (→ Rn. 96). Dies führt zur Anwendbarkeit des § 851 Abs. 2 ZPO.

98   **Im Einzelfall** kann die Berufung des Versicherers auf ein wirksam vereinbartes Abtretungsverbot nach **§ 242 BGB** wegen Verstoßes gegen Treu und Glauben ausgeschlossen sein. Unter der Geltung des VVG aF nutzte die Rspr. den Rekurs auf § 242 BGB, um die nach § 399 BGB uneingeschränkt gegebene Zulässigkeit eines Abtretungsverbots im Einzelfall zu korrigieren (Kontrolle der Ausübung einer wirksamen AGB).[192] Dabei ging es jedoch regelmäßig um eine Abtretung an den Dritten iSd §§ 100 ff.[193] bzw. bei der Versicherung für fremde Rechnung um eine Übertragung der Verfügungsbefugnis vom Versicherungsnehmer auf einen (Mit-)Versicherten.[194] Diese **Rspr.** hat mit der Neuregelung des § 108 Abs. 2, nach der die Abtretung an den Dritten nicht mehr durch eine AVB-Regelung, sondern nur noch im Wege der Individualvereinbarung ausgeschlossen werden darf, **weitgehend** ihre **praktische Relevanz verloren.** Im Einzelfall kann aber auch weiterhin die Berufung auf ein wirksam vereinbartes Abtretungsverbot nach § 242 BGB unzulässig sein. Die Standardformulierung der (bisherigen) Rspr. lautet, dass die Berufung auf ein wirksames Abtretungsverbot ausnahmsweise unzulässig ist, wenn das Abtretungsverbot nicht von einem beachtlichen, in seinem Zweckbereich liegenden Interesse gedeckt ist.[195] Einhellig akzeptierte und klar abgegrenzte Fallgruppen haben sich in Rspr. und Lit. nicht herausgebildet. Teilweise wurde und wird dies bereits dann bejaht, wenn dem Versicherer auch nach der Abtretung nur ein Anspruchsgegner gegenübersteht.[196] Mit der gesetzlichen Regelung des § 399 BGB ist ein so rigider Standpunkt kaum zu vereinbaren. Zu Recht wird dem auch entgegengehalten, dass bei so geringen Voraussetzungen an eine treuwidrige Berufung auf das Abtretungsverbot dieses weitgehend wertlos sei.[197] Bejaht wurde eine treuwidrige Berufung auf das Abtretungsverbot[198] in Fällen, in denen der Versicherer zunächst verhandelte und sich erstmals im Prozess auf das Abtretungsverbot berief.[199] Vorrangig ist in diesen Fällen aber zu prüfen, ob in dem Verhalten des Versicherers eine konkludente Genehmigung der verbotswidrigen Abtretung liegt.[200] Eine Berufung auf das Abtretungsverbot noch in der Berufungsinstanz wird von einigen Gerichten als zulässig angesehen.[201] Eine treuwidrige Berufung auf das Abtretungsverbot wurde außerdem bejaht, wenn der Zessionar bereits Inhaber eines vollstreckbaren Titels ist, mit dem er ohne weiteres den Freistellungsanspruch pfänden und sich zur Einziehung (oder an Zahlungs statt) überweisen lassen könnte;[202] bei der Versicherung für fremde Rechnung, wenn der Versicherungsnehmer die Verfügungsbefugnis auf den Versicherten überträgt;[203] wenn ein Mitversicherter den Anspruch an den Geschädigten abtritt, nachdem der Versicherer im Zuge der außergerichtlichen Anspruchsanmeldung, die auch seitens des Mitversicherten erfolgte, nicht auf dessen fehlende Aktivlegitimation hinwies, sondern sich ausschließlich auf andere Ablehnungsgründe berief;[204] wenn der Versicherer Deckungsschutz versagt hat und der Versicherungsnehmer (Mitversicherte) nicht bereit war, den

---

[192] Lücke in Prölss/Martin VVG § 108 Rn. 25.
[193] BGH VersR 1983, 945 (946) = r+s 1983, 245.
[194] BGH VersR 1983, 823 (824) = r+s 1983, 135 f.; OLG Stuttgart VersR 2006, 1489 (1490).
[195] BGH VersR 2004, 994 (996) = r+s 2004, 422 (423); VersR 1983, 823 (824) = r+s 1983, 135; VersR 1983, 945 = r+s 1983, 245; VersR 1996, 1393 = NJW-RR 1996, 1393; WM 2000, 182 = NJW-RR 2000, 1220 (1221); OLG Köln VersR 2008, 1103 (1104).
[196] Lücke in Prölss/Martin AHB Ziff. 28 Rn. 5; Späte, Haftpflichtversicherung, 1. Aufl. 1993, AHB § 7 Rn. 19.
[197] OLG Köln VersR 2008, 1103 (1104); OLG Hamm NJW-RR 1996, 672, Abtretung eines Anspruchs aus Vollkaskoversicherung; OLG Hamm VersR 1991, 579 (580).
[198] BGHZ 11, 120 (121 f.) = VersR 1953, 494; BGH VersR 1960, 300 (301 f.); OLG München r+s 1991, 260 (261); Lücke in Prölss/Martin VVG § 108 Rn. 25, AHB Ziff. 28 Rn. 4; Harsdorf-Gebhardt in Späte/Schimikowski AHB Ziff. 28 Rn. 5.
[199] BGHZ 11, 120 (121 f.) = VersR 1953, 494; OLG Stuttgart VersR 2006, 1489 (1490); dagegen aber OLG Hamm NJW-RR 1996, 672; OLG Karlsruhe VersR 1993, 1293; OLG Köln VersR 1975, 1113 (1114); OLG Hamm VersR 1977, 1096; Lücke in Prölss/Martin VVG § 108 Rn. 25; Harsdorf-Gebhardt in Späte/Schimikowski AHB Ziff. 28 Rn. 5; zweifelnd Littbarski AHB § 7 Rn. 43; offenlassend bei der Abtretung an den Mitversicherten in der Forderungsausfallversicherung BGH VersR 2017, 1330 (1332) = NJW 2017, 3711 (3713).
[200] BGHZ 11, 120 (122) = VersR 1953, 494; Lücke in Prölss/Martin VVG § 108 Rn. 25.
[201] OLG Hamm NJW-RR 1996, 672; OLG Karlsruhe VersR 1993, 1293.
[202] RG JW 1938, 1658 (1659); OLG Saarbrücken VersR 2005, 394 (395); OLG Düsseldorf VersR 1983, 625 (626); OLG Hamburg VersR 1972, 631; zust. Lücke in Prölss/Martin VVG § 108 Rn. 25, AHB Ziff. 28 Rn. 3; Koch in Bruck/Möller VVG § 108 Rn. 32.
[203] BGHZ 41, 327 (329 f.) = VersR 1964, 709 (710); BGH VersR 1983, 823 (824) = r+s 1983, 135 f.; OLG Hamm VersR 1991, 579 (580); aA OLG Düsseldorf r+s 1997, 494 (495) mit ablAnm Schimikowski; Littbarski AHB § 7 Rn. 43; Harsdorf-Gebhardt in Späte/Schimikowski AHB Ziff. 28 Rn. 5; Lücke in Prölss/Martin AHB Ziff. 28 Rn. 4.
[204] BGH VersR 2017, 1330 (1332); OLG Frankfurt a.M. VersR 2013, 617 mAnm Koch.

Freistellungsanspruch selbst weiterzuverfolgen;[205] wenn sich der Versicherungsnehmer ohne vernünftigen Grund weigert, selbst die Deckungsfrage zu klären und dadurch die wirtschaftliche Durchsetzbarkeit des Anspruchs des Geschädigten aus formalen Gründen gefährdet ist;[206] wenn der Versicherungsnehmer verstirbt und dadurch als Zeuge sowohl im Haftpflicht- als auch im Deckungsprozess ausscheidet.[207]

2. Abtretung an den Dritten (§ 108 Abs. 2). a) Hintergrund der Regelung des § 108 Abs. 2. Vor Inkrafttreten des § 108 Abs. 2 im Jahr 2008 sah die **Bedingungspraxis** der Versicherer ein **generelles Abtretungsverbot** für den Freistellungsanspruch[208] vor (vgl. § 7 Nr. 3 AHB 1986/2002;[209] Ziff. 28 AHB 2004). Eine dem § 108 Abs. 2 vergleichbare Unzulässigkeitsregelung gab es im VVG aF nicht. Es galt vielmehr uneingeschränkt der gesetzliche Grundsatz des § 399 Alt. 2 BGB, nach dem Gläubiger und Schuldner die Abtretung durch Vereinbarung ausschließen können. Abtretungsverbote in AVB hielten der **AGB-rechtlichen Inhaltskontrolle** daher grds. stand und waren wirksam.[210] In Einzelfällen hatte die Rspr. dem Versicherer allerdings gestützt auf **§ 242 BGB** die Berufung auf das Verbot der Abtretung des Freistellungsanspruchs – insbes. bei Abtretung an den Dritten – untersagt.[211]

Die Regelung des **§ 108 Abs. 2** richtet sich gezielt gegen diese frühere Bedingungspraxis, soweit es um die Abtretung an den (geschädigten) Dritten geht.[212] Die **Gesetzesbegründung** verweist zur Rechtfertigung der Neuregelung auf die bisherige Rspr., wonach dem Versicherer die Berufung auf das Abtretungsverbot unter bestimmten Voraussetzungen schon bisher als treuwidrig untersagt war. Der **Versicherungsnehmer** könne ein Interesse daran haben, den Geschädigten an den Versicherer zu verweisen, wenn dieser einen Haftpflichtanspruch in Frage stelle, den der Versicherungsnehmer – ggf. wegen seiner Beziehungen zu dem Geschädigten – nicht einfach zurückweisen möchte.[213] Die neue Regelung entspreche auch den **Interessen des Geschädigten.** Dieser habe häufig keine Kenntnis vom Innenverhältnis zwischen schädigendem Versicherungsnehmer und dem Haftpflichtversicherer. Nachteile für den Geschädigten könnten sich in den Fällen ergeben, in denen sich der Versicherungsnehmer nicht um die Angelegenheiten kümmere und bspw. den Versicherer pflichtwidrig nicht informiere; auch im Fall der Insolvenz des Versicherungsnehmers sei die Durchsetzung von Ansprüchen gegen den Haftpflichtversicherer erschwert.[214] § 108 Abs. 2 habe zum Ergebnis, dass der schädigende Versicherungsnehmer seinen Befreiungsanspruch gegen den Versicherer an den geschädigten Dritten – und nur an diesen – abtreten könne; dieser werde dadurch in die Lage versetzt, den Versicherer direkt in Anspruch zu nehmen.[215] § 108 Abs. 2 schützt den Dritten jedoch nur mittelbar, weil es dem Versicherungsnehmer überlassen bleibt, ob er seinen Freistellungsanspruch abtritt oder nicht.

Der Gesetzgeber bestätigt durch die Begrenztheit der Regelung des § 108 Abs. 2, die nur ein Verbot der Abtretung des Freistellungsanspruchs an den Dritten in AVB untersagt, dass iÜ ein Abtretungsverbot auf **berechtigten Schutzinteressen des Versicherers** beruhen kann.[216] Das Verbot soll sicherstellen, dass der Versicherer den Schadensfall nicht mit unbeteiligten, ihm unbekannten Personen abwickeln und Deckungsfragen nicht außerhalb des Versicherungsverhältnisses erörtern muss.[217] Außerdem soll möglichst ausgeschlossen werden, dass der Versicherungsnehmer

---

[205] Vgl. auch BGHZ 214, 314 = VersR 2017, 881 = NJW 2017, 2466 (keine Berufung des Versicherers in D&O-Innenhaftungsfall auf fehlende Aktivlegitimation des Versicherungsnehmers als Geschädigten, wenn die versicherten Personen keinen Versicherungsschutz geltend machen und schützenswerte Interessen des Versicherers einer Geltendmachung des Anspruchs durch den Versicherungsnehmer nicht entgegenstehen).
[206] BGHZ 41, 327 (330) = VersR 1964, 709 (710); BGH VersR 1983, 823 (824).
[207] OLG Düsseldorf VersR 1983, 625 (626).
[208] Es wurde entsprechend der Formulierung von § 149 VVG aF von Entschädigungsanspruch gesprochen.
[209] *Littbarski* AHB 1999 § 7 Rn. 40 ff.
[210] OLG Köln r+s 2008, 468 (471); OLG München VersR 2005, 540; LG Wiesbaden VersR 2005, 545.
[211] Vgl. die Nachw. zur Rspr. von *Lücke* in Prölss/Martin AHB Ziff. 28 Rn. 3 ff.
[212] Begr. zum RegE, BT-Drs. 16/3945, 86 f.
[213] Begr. zum RegE, BT-Drs. 16/3945, 87.
[214] Begr. zum RegE, BT-Drs. 16/3945, 87.
[215] Begr. zum RegE, BT-Drs. 16/3945, 87.
[216] Eing. zur Interessenlage *Winter* r+s 2001, 133 (137 ff.).
[217] BGHZ 41, 327 (329 f.) = VersR 1964, 709; BGH VersR 1997, 1088 (1090) = r+s 1997, 325 (326); VersR 1983, 945 = r+s 1983, 245; VersR 1983, 823 (824) = r+s 1983, 135, zu § 7 Nr. 1 S. 2 AHB aF; BGHZ 139, 52 (57) = VersR 1998, 1016 (1017), zur Vertrauensschadenversicherung einer Notarkammer; OLG Köln r+s 2008, 239 (240); OLG Stuttgart VersR 2000, 881 f.; OLG Hamm VersR 1991, 579 (580); OLG München VersR 1991, 456; LG München VersR 2005, 543 (544), zum Abtretungsverbot in der D&O-Versicherung; LG Wiesbaden VersR 2005, 545, zum Abtretungsverbot in der D&O-Versicherung; *Littbarski* AHB § 7 Rn. 41; krit. *Lücke* in Prölss/Martin AHB Ziff. 28 Rn. 2.

in dem von einem Dritten geführten Prozess als Zeuge auftritt,[218] um einer möglichen Schlechterstellung des Versicherers im Hinblick auf seine Beweisführung vorzubeugen.[219] Diese Schutzzwecke sind nicht schon deshalb obsolet, weil Gläubiger des Versicherungsnehmers den Freistellungsanspruch pfänden und sich überweisen lassen können (→ Rn. 1, 24).[220] Denn die Pfändung setzt einen vollstreckbaren Titel gegen den Versicherungsnehmer voraus. Außerdem werden andere Gläubiger als der Dritte von einer Pfändung regelmäßig absehen, da die Überweisung der Forderung zur Einziehung oder an Zahlungs statt dem Dritten gegenüber gem. § 108 Abs. 1 unwirksam ist (→ Rn. 48). Zutreffend ist allerdings der Hinweis, dass ein Richter die Würdigung der Aussage des Versicherungsnehmers nicht wesentlich davon abhängig machen wird, ob dieser als Partei oder als Zeuge aussagt.[221]

102   Die **(praktische) Bedeutung** eines vertraglichen Abtretungsverbots lag vor der VVG-Reform vor allem darin, eine **Abtretung des Freistellungsanspruchs an den (geschädigten) Dritten** auszuschließen. Diese Zielrichtung hat im geltenden Recht durch die Neuregelung des § 108 Abs. 2 kaum noch Bedeutung. Denn insoweit bedarf es nunmehr – außerhalb von § 210 – einer Individualvereinbarung, zu der es nur in Einzelfällen kommen wird. Vertragliche Verbote der **Abtretung an andere Personen als den Dritten** haben seit jeher geringe praktische Bedeutung. Denn die Nichtabtretbarkeit des Freistellungsanspruchs an eine andere Person als den geschädigten Dritten („sonstiger Vierter")[222] ergibt sich grds. bereits unmittelbar aus der gesetzlichen Regelung des § 399 Alt. 1 BGB (→ Rn. 87). Allerdings ist Versicherungsnehmern die Nichtabtretbarkeit des Freistellungsanspruchs nach § 399 BGB an andere Personen als den (geschädigten) Dritten regelmäßig nicht bekannt. Insoweit kommt einem vertraglichen Abtretungsverbot immerhin **deklaratorische Bedeutung** zu.[223] Konstitutive Wirkung hat ein Abtretungsverbot allerdings in dem – außerhalb von § 399 Alt. 1 BGB liegenden – Ausnahmefall, dass sich der Freistellungsanspruch bereits in der Person des Versicherungsnehmers in einen Zahlungsanspruch gewandelt hat. In dieser besonderen Konstellation wird die Berufung des Versicherers auf das Abtretungsverbot jedoch regelmäßig treuwidrig sein (→ Rn. 98).

103   **b) Regelungsinhalt des § 108 Abs. 2.** § 108 Abs. 2 verbietet, die **Abtretung des Freistellungsanspruchs an den Dritten** durch **AVB auszuschließen** (zum Begriff des Dritten → Rn. 55; speziell zur D&O-Versicherung → Rn. 77, 108). Eine entsprechende Individualvereinbarung ist dagegen erlaubt und kann jederzeit, auch noch nach Eintritt des Versicherungsfalls,[224] getroffen werden. **Allgemeine Versicherungsbedingungen** iSd Vorschrift sind jede Art von Allgemeinen Geschäftsbedingungen iSv § 305 BGB.[225] Darunter kann auch eine erstmalig verwendete Klausel fallen, wenn die Regelung im Kopf des Verwenders vorformuliert ist.[226] Auch handschriftliche Bedingungen, bspw. in einem „Sideletter" zu einem Versicherungsvertrag,[227] können als AGB-Regelung zu qualifizieren sein.[228] Die Frage, ob im Einzelfall eine (zulässige) Individualvereinbarung oder eine (unzulässige) AVB-Regelung vorliegt, ist unter Würdigung der Umstände des Einzelfalls zu beantworten.[229]

104   Wenn eine **AGB-Klausel entgegen § 108 Abs. 2** das Verbot einer Abtretung des Freistellungsanspruchs an den Dritten enthält, ist die Klausel wegen Verstoßes gegen die zwingende gesetzliche Regelung ohne Weiteres **unwirksam**. Auf eine AGB-rechtliche Inhaltskontrolle kommt es nicht an.[230]

---

[218] BGH 1997, 1088 (1090) = r+s 1997, 325 (326); VersR 1983, 945 = r+s 1983, 245 ff.; BGHZ 41, 327 (329 f.) = VersR 1964, 709 = NJW 1964, 1899; OLG Düsseldorf VersR 1983, 625 (626); *Schneider* in Beckmann/Matusche-Beckmann VersR-HdB § 24 Rn. 46.
[219] BGH VersR 2004, 994 (996) = r+s 2004, 422 (423); VersR 1983, 945; *Retter* in Schwintowski/Brömmelmeyer/Ebers VVG § 108 Rn. 7.
[220] Deshalb an der Sinnhaftigkeit eines Abtretungsverbots zweifelnd *Lücke* in Prölss/Martin AHB Ziff. 28 Rn. 3; OLG Hamm VersR 1991, 579 (580); OLG Düsseldorf VersR 1983, 625 (626).
[221] OLG Hamm VersR 1991, 579 (580); *Lücke* in Prölss/Martin AHB Ziff. 28 Rn. 3; *Lange* r+s 2007, 401 (403).
[222] Vgl. zur Terminologie zB *Koch* in Bruck/Möller VVG § 108 Rn. 37.
[223] *Johannsen* in Bruck/Möller, 8. Aufl. 1970, Bd. IV, Kap. B Anm. 53, anders aber zu Recht für eine Abtretung an den Dritten; *Harsdorf-Gebhardt* in Späte/Schimikowski AHB Ziff. 28 Rn. 1; *Armbrüster* r+s 2010, 441 (452).
[224] Begr. zum RegE, BT-Drs. 16/3945, 87.
[225] Begr. zum RegE, BT-Drs. 16/3945, 87.
[226] BGHZ 148, 74 = NJW 2001, 2636.
[227] *Schulze Schwienhorst* in Looschelders/Pohlmann VVG § 108 Rn. 5.
[228] *Wandt* VersR 1999, 917.
[229] *Wandt* VersR 1999, 917.
[230] *Schulze Schwienhorst* in Looschelders/Pohlmann VVG § 108 Rn. 10.

Problematisch erscheint die Wirksamkeit von **Ziff. 28 AHB** (Stand: Februar 2016). Die Regelung lautet: „Der Freistellungsanspruch darf vor seiner endgültigen Feststellung ohne Zustimmung des Versicherers weder abgetreten noch verpfändet werden. Eine Abtretung an den geschädigten Dritten ist zulässig." S. 2 schränkt das umfassende Abtretungsverbot des S. 1 ein, um der Regelung des § 108 Abs. 2 Rechnung zu tragen. Unter den Begriff „Dritter" iSv § 108 Abs. 2 fallen aber nicht nur der geschädigte Dritte, sondern jede Person, die im Zeitpunkt der Abtretung Inhaber der Haftpflichtforderung ist, von der der Versicherer freizustellen hat, insbes. auch der Rechtsnachfolger des geschädigten Dritten (→ Rn. 55). Insoweit ist unerheblich, dass die Gesetzesbegründung davon spricht, dass der Freistellungsanspruch gegen den Versicherer „an den geschädigten Dritten – und nur an diesen – [abgetreten]"[231] werden kann. Entscheidend ist, dass die maßgebliche Gesetzesvorschrift aus guten Gründen nicht die Formulierung der Gesetzesbegründung verwendet, sondern ohne einschränkenden Zusatz von dem „Dritten" spricht und hierunter nach dem Sinn und Zweck der Regelung derjenige zu verstehen ist, der Inhaber der Forderung ist, von der der Versicherer freizustellen hat. Die Formulierung der Gesetzesbegründung versucht lediglich – leider wenig präzise – die von § 108 Abs. 2 erfassten Dritten von anderen Dritten zu unterscheiden. Die für den Versicherungsnehmer nachteilige Diskrepanz zwischen dem objektiven Regelungsinhalt des § 108 Abs. 2 und dem Wortlaut von S. 2 von Ziff. 28 AHB (Stand: Februar 2016) ist aufgrund – atypischer – regelungsspezifischer Schutzzwecküberlegungen durch eine weite Auslegung der AVB-Regelung zu beseitigen, sodass der Freistellungsanspruch an jeden Dritten iSd gesetzlichen Regelung abtretbar ist.[232] Gegen diese „Auslegungs-Lösung" scheint zu sprechen, dass Ziff. 28 AHB (Stand: Februar 2016) vermeidbar intransparent ist. Denn es wäre möglich gewesen, S. 2 präziser zu formulieren (etwa: „eine Abtretung an den Inhaber der Haftpflichtforderung, von welcher der Versicherer den Versicherungsnehmer freizustellen hat, ist zulässig"). Rechtsfolge einer vermeidbaren Intransparenz einer AVB-Klausel ist grds. deren Unwirksamkeit. Nach § 307 Abs. 1 S. 2 BGB *kann* sich eine zur Unwirksamkeit der AVB-Regelung führende unangemessene Benachteiligung auch daraus ergeben, dass die AVB-Regelung intransparent ist. Eine (vermeidbare) Intransparenz führt also nicht zwingend zur Unwirksamkeit der AVB-Regelung. Von der Unwirksamkeitsfolge ist insbes. dann abzusehen, wenn sie den Gegner des Klauselverwenders benachteiligen würde. Eine derartige, atypische Situation würde sich ergeben, wenn man Ziff. 28 AHB (Stand: Februar 2016) wegen der intransparenten Fassung seines S. 2 für insgesamt unwirksam erachten würde. Denn dann wäre der Freistellungsanspruch an andere Personen als den Dritten (Inhaber der Haftpflichtforderung, von der freizustellen ist) gem. § 399 Alt. 1 BGB nicht abtretbar, wohingegen Ziff. 28 S. 1 AHB (Stand: Februar 2016) eine Abtretbarkeit zu Gunsten des Versicherungsnehmers schon dann statuiert, wenn der Freistellungsanspruch endgültig festgestellt ist. Um dem Versicherungsnehmer diesen Vorteil zu erhalten, ist Ziff. 28 AHB (Stand: Februar 2016) trotz des in der Formulierung „geschädigter Dritter" liegenden Transparenzmangels insgesamt als wirksam zu erachten[233] (auch → Rn. 106).

§ 108 Abs. 2 verbietet nicht, durch AVB eine **Verpfändung des Freistellungsanspruchs** an den Dritten auszuschließen. Angesichts der in der praktischen Rechtsanwendung schwer handhabbaren, komplizierten gesetzlichen Regelungen über die Verpfändung ist nicht davon auszugehen, dass der Gesetzgeber auch insoweit ein AVB-Verwendungsverbot statuieren wollte. Selbst wenn man das Abtretungsverbot aus **Ziff. 28 AHB** (Stand: Februar 2016) entgegen der hier vertretenen Ansicht – sei es bei wortlautgetreuer Anwendung wegen Verstoßes gegen § 108 Abs. 2, sei es bei gesetzeskonformer Auslegung wegen Intransparenz nach § 307 Abs. 1 S. 2 BGB – für unwirksam erachtet, bleibt das in der AVB-Regelung statuierte **Verbot der Verpfändung** des Freistellungsanspruchs wegen **Teilbarkeit** unterschiedlicher Regelungen wirksam.

Nach Sinn und Zweck des § 108 Abs. 2, der in erster Linie den Schutz des Versicherungsnehmers bezweckt, dürfen AVB auch keine Regelung vorsehen, die die Abtretung an den Dritten – abweichend von § 399 BGB – an **besondere (beschränkende) Wirksamkeitsvoraussetzungen** knüpft (zB Abtretbarkeit erst nach Feststellung des Anspruchs, erst nach Fälligkeit, nur durch schriftliche Vereinbarung, nur mit Zustimmung des Versicherers etc, → Rn. 92).[234] § 108 Abs. 2 hindert jedoch grds. nicht, dem Versicherungsnehmer hinsichtlich einer uneingeschränkt zulässigen Abtretung des Freistellungsanspruchs an den Dritten **Obliegenheiten** aufzuerlegen

---

[231] Begr. zum RegE, BT-Drs. 16/3945, 87.
[232] Dagegen für eine enge, dem Wortlaut entsprechende Auslegung *Armbrüster* r+s 2010, 441 (452), der eine konstitutive Wirkung des Verbots hinsichtlich der Abtretung an eine andere Person als den Dritten gerade für den Fall bejaht, dass der geschädigte Dritte den Haftpflichtanspruch abgetreten hat und dem Zessionar auch noch nach der Freistellungsanspruch abgetreten werden soll. Diese Auslegung von Ziff. 28 AHB (Stand: Februar 2016) würde jedoch die Unwirksamkeit wegen Verstoßes gegen § 108 Abs. 2 begründen.
[233] Für AGB-rechtliche Wirksamkeit *Wandt* VersR Rn. 1095; *Armbrüster* r+s 2010, 441 (452).
[234] *Koch* in Bruck/Möller VVG § 108 Rn. 33; aA *Heinrichs* in Staudinger/Halm/Wendt VVG § 108 Rn. 18.

(zB die Obliegenheit, eine Abtretung dem Versicherer innerhalb bestimmter Frist anzuzeigen). Solche vertraglichen Obliegenheiten unterliegen aber der AGB-rechtlichen Inhaltskontrolle. Insoweit ist stets sorgsam zu prüfen, ob eine Obliegenheit den Schutzzweck des § 108 Abs. 2 unterläuft.[235]

108 In der **D&O-Versicherung** ist in Fällen der **Innenhaftung** auch der **geschädigte Versicherungsnehmer** (die Gesellschaft, die die D&O-Versicherung für die Versicherten als Versicherung für fremde Rechnung abgeschlossen hat) **Dritter** iSv § 108 Abs. 2, wenn der Versicherte aufgrund vertraglicher Vereinbarung abweichend von den §§ 44, 45 selbst über den Freistellungsanspruch verfügen kann.[236] Die Abtretung des Freistellungsanspruchs kann also auch insoweit – vorbehaltlich § 210 – nicht durch AVB ausgeschlossen werden. Entsprechend bestimmt Ziff. A-9 S. 2 der AVB D&O (Stand: Mai 2020), dass eine Abtretung an den „geschädigten Dritten" zulässig ist (zur Transparenzproblematik → Rn. 105). Dagegen im Schrifttum vorgebrachte Bedenken überzeugen iErg nicht. Es gibt keine hinreichenden Gründe dafür, ausnahmsweise bei der D&O-Versicherung den Begriff des Dritten enger auszulegen als generell[237] oder die Anwendbarkeit des § 108 Abs. 2 wegen Besonderheiten dieser Versicherung teleologisch völlig auszuschließen (zur Anwendbarkeit des § 108 Abs. 1 auch in dieser Konstellation → Rn. 77). Es kann insbes. nicht angenommen werden, dass der Gesetzgeber bei der Einführung des § 108 Abs. 2 im Zuge der Totalrevision des VVG die Konstellation der Versicherung für fremde Rechnung unter Einschluss der D&O-Versicherung nicht bedacht hätte.[238] Dagegen spricht ua, dass die Personenidentität von Versicherungsnehmer und (geschädigtem) Dritten von der Rspr.[239] bereits im Zusammenhang mit einem Direktanspruch aus der Kraftfahrzeughaftpflichtversicherung problematisiert worden ist.[240] Nicht zwingend erscheint auch das Argument, dass gerade bei der Innenhaftung in der D&O-Versicherung die Gefahr eines kollusiven Zusammenwirkens von Versicherungsnehmer und Versichertem besonders hoch sei.[241] Die Gefahr eines kollusiven Zusammenwirkens besteht auch ohne Abtretung des Freistellungsanspruchs.[242] Zudem ist die Kollusionsgefahr nicht ausschließlich auf die D&O-Versicherung beschränkt, da sie aus dem Dreipersonenverhältnis resultiert, das der Haftpflichtversicherung allgemein zu Grunde liegt.[243] Der Gesetzgeber hat die Kollusionsgefahr bei der Regelung des § 108 Abs. 2 (iVm einem Anerkenntnis nach § 105) auch durchaus gesehen und sie ohne Differenzierung nach Typen der Haftpflichtversicherung hingenommen, weil ihr mit anderen (auch prozessualen) Mitteln generell begegnet werden kann. Auch der Einwand, dass der Versicherungsnehmer – wenn auch in gewissen Grenzen – den Versicherer bei der Abwehr des Anspruchs unterstützen soll,[244] trägt iErg nicht. Der Reformgesetzgeber hat diesem Gesichtspunkt erkennbar keine durchschlagende Bedeutung zugemessen, indem er dem Versicherungsnehmer bzw. Versicherten gestattet, die Haftpflichtschuld ohne Nachteile für den Deckungsanspruch gegen den Versicherer anzuerkennen (§ 105).

109 Wenn der Versicherungsnehmer einer Haftpflichtversicherung für fremde Rechnung gem. §§ 44, 45 die Verfügungsbefugnis über den Freistellungsanspruch des Versicherten hat und gem.

---

[235] *Koch* in Bruck/Möller VVG § 108 Rn. 33.
[236] BGHZ 209, 373 (379 ff.) = VersR 2016, 786 (788) = NJW 2016, 2184 (2185); BGH AG 2016, 395; OLG Düsseldorf r+s 2014, 122 (123) (obiter dictum) mAnm *Schimikowski*; VersR 2013, 1522 f. (obiter dictum); *Voit* in Prölss/Martin AVB D&O A-9 Rn. 1; *Beckmann* in Beckmann/Matusche-Beckmann VersR-HdB § 28 Rn. 7 f.; *Dreher/Thomas* ZGR 2009, 31 (41); *Koch* r+s 2009, 133 (135); *Koch* FS Winter, 2007, 345 (346 f.); *Koch* WM 2007, 2173 (2177); *Langheid* VersR 2009, 1043; *Langheid* NJW 2007, 3745 (3746); *Langheid/Goergen* VP 2007, 161 (166); *Lenz* in van Bühren VersR-HdB § 25 Rn. 201; *Thomas* Haftungsfreistellung S. 450 ff.; *Klimke* r+s 2014, 105 (114); *Lange* r+s 2011, 185 (186 f.); *Baumann* r+s 2011, 229 (230 ff.); *Terno* SpV 2014, 2 (4 f.).
[237] *Armbrüster* r+s 2010, 441 (448), restriktive Auslegung des Begriffs des Dritten; *Armbrüster* NJW 2016, 2155 (2156) mit weiteren Argumenten.
[238] So aber *Ihlas*, D&O: Directors & Officers Liability, 2. Aufl. 2009, S. 408 ff.; *Armbrüster* r+s 2010, 441 (448); *Schimmer* VersR 2008, 875 ff.
[239] BGH VersR 1986, 1010 = r+s 1986, 222 (223); bestätigt BGH VersR 2008, 1202 (1203); ebenso OLG Hamm VersR 1994, 301; LG Koblenz r+s 1995, 326; in diesem Sinne bereits vor der Entscheidung des BGH: *Johannsen* in Bruck/Möller, 8. Aufl. 1970, Bd. IV, Kap. B Anm. 78, Kap. H Anm. 22, Kap. B Anm. 12; *Langheid* VersR 1986, 15 (16).
[240] *Thomas* Haftungsfreistellung S. 452; *Terno* SpV 2014, 2 (6).
[241] *Armbrüster* r+s 2010, 441 (448); dagegen *Thomas* Haftungsfreistellung S. 452.
[242] BGHZ 209, 373 Rn. 20 = VersR 2016, 786 = NJW 2016, 2184; BGH AG 2016, 395 Rn. 27; *Kuballa* r+s 2016, 412 (413); *Terno* SpV 2014, 2 (5).
[243] BGHZ 209, 373 Rn. 20 = VersR 2016, 786 = NJW 2016, 2184; BGH AG 2016, 395 Rn. 27; *Thomas* Haftungsfreistellung S. 452; *Langheid* VersR 2009, 1043.
[244] *Armbrüster* r+s 2010, 441 (448).

§ 44 Abs. 2 seine Zustimmung gibt, dass der Versicherte über seinen Freistellungsanspruch verfügen darf, liegt in der Erteilung dieser Zustimmung **keine Abtretung** an den Dritten iSd § 108 Abs. 2. Diese Vorschrift ist auch nicht analog anzuwenden. Es fehlt an einer planwidrigen Regelungslücke. Denn es gibt keine Anhaltspunkte dafür, dass der Gesetzgeber das AVB-Verwendungsverbot auch für ein Verbot der Zustimmung nach § 44 Abs. 2 statuieren wollte. Davon unabhängig sind auch die Interessenlagen bei dem von § 108 Abs. 2 geregelten Abtretungsverbot und dem nicht geregelten Zustimmungsverbot nicht vergleichbar. Dem Versicherungsnehmer kann deshalb grds. durch eine AVB-Regelung verboten werden, einer Verfügung durch den nicht verfügungsbefugten Versicherten gem. § 44 Abs. 2 zuzustimmen (Ziff. 27.2 S. 1 AHB, Stand: Februar 2016). Im Einzelfall kann die Berufung des Versicherers auf ein solches Verbot ebenso wie die Berufung auf ein Abtretungsverbot gem. § 242 BGB treuwidrig sein (→ Rn. 98).

c) Großrisiken und laufende Versicherung (§ 210). Bei **Großrisiken** iSv § 210 Abs. 2 und **110** der **laufenden Versicherung** iSv § 53 findet die Beschränkung der Vertragsfreiheit durch § 108 Abs. 2 gem. § 210 keine Anwendung. Hier kann ein **Verbot der Abtretung an den Dritten** deshalb nicht nur durch Individualvereinbarung, sondern **auch durch eine AVB-Regelung** vereinbart werden.[245] Die Voraussetzungen für ein Großrisiko bzw. eine laufende Versicherung müssen im Zeitpunkt der Vereinbarung des Abtretungsverbots mittels AVB als auch im Zeitpunkt von Vertragsverlängerungen vorliegen.[246] Zu kombinierten Versicherungsverträgen, bei denen auch nicht unter § 210 fallende Gefahren gedeckt werden → § 210 Rn. 14.

§ 210 befreit allerdings nur von Beschränkungen der Vertragsfreiheit nach dem VVG. Eine **111** **AVB-Regelung in einem Vertrag über ein Großrisiko oder über eine laufende Versicherung** unterliegt daher der allgemeinen **AGB-rechtlichen Inhaltskontrolle** nach § 307 BGB. Maßgebendes gesetzliches Leitbild iSv § 307 Abs. 2 Nr. 1 BGB ist insoweit jedoch nur § 399 Alt. 2 BGB, wonach die Abtretbarkeit ausgeschlossen werden kann,[247] nicht aber § 108 Abs. 2, der das gesetzliche Leitbild nur für Versicherungen außerhalb des Anwendungsbereichs von § 210 bestimmt.[248] Eine **AVB-Regelung über ein Verbot der Abtretung an den Dritten** benachteiligt den Kunden des Versicherers im Anwendungsbereich von § 210 grds. nicht unangemessen und ist deshalb **grds. wirksam**.[249] Dafür spricht bereits allgemein, dass die gesetzlichen Regelungen des § 398 BGB (Abtretbarkeit) und des § 399 Alt. 2 BGB (Zulässigkeit eines vertraglichen Ausschlusses der Abtretbarkeit) grds. gleichwertig sind. Ein Abtretungsverbot weicht nicht von diesen Rechtsvorschriften ab, sondern ergänzt lediglich die gesetzliche Regelung des § 399 BGB. Die auf § 108 Abs. 2 als gesetzliches Leitbild gestützte **Gegenmeinung**[250] vermag nicht zu überzeugen. Richtig ist zwar, dass die Gründe, die den Gesetzgeber zur Regelung des § 108 Abs. 2 veranlasst haben, auch in der Person des Versicherungsnehmers einer Großrisiko-Versicherung oder einer laufenden Versicherung

---

[245] → § 17 Rn. 29; *Car* in BeckOK VVG § 108 Rn. 19; *Klimke* in Prölss/Martin VVG § 210 Rn. 18; *Schulze Schwienhorst* in Looschelders/Pohlmann VVG § 108 Rn. 7; *Thume* in Thume/de la Motte/Ehlers, Transportversicherungsrecht, 2. Aufl. 2011, § 108 VVG Rn. 376; *Schimikowski* in HK-VVG § 108 Rn. 15; *v. Rintelen* in Späte/Schimikowski AHB Ziff. 1 Rn. 361; *Bank* VW 2008, 730 (732); *Beckmann* jM 2015, 403 (406); *Böttcher* NZG 2008, 645 (646); *Dreher/Thomas* ZGR 2008, 31 (48); *Grote/Schneider* BB 2007, 2689 (2697); *Schramm* PHi 2008, 24 (25); *Thume* TranspR 2012, 125 (127 f.); *Thomas* Haftungsfreistellung S. 480; *Wandt* VersR Rn. 1097 Fn. 122; in der Praxis sind Abtretungsverbote auch bei Großrisiken selten, *Harzenetter* NZG 2016, 728 (729) S. aber auch *Koch* in Bruck/Möller VVG § 108 Rn. 90 ff., der die Abdingbarkeit gemäß § 210 VVG durchaus für fraglich hält, jedenfalls aber annimmt, dass eine abweichende AVB auch im Anwendungsbereich von § 210 VVG grundsätzlich nach § 307 BGB unwirksam ist.

[246] *Voit* in Prölss/Martin AVB D&O A-9 Rn. 1; *Dreher/Thomas* ZGR 2009, 31 (47 f.); *Thomas* Haftungsfreistellung S. 480; *Koch* in Bruck/Möller VVG § 108 Rn. 97 stellt zusätzlich auf den Zeitpunkt des Eintritts des Versicherungsfalls ab.

[247] *Klimke* in Prölss/Martin VVG § 210 Rn. 18; *Wandt* VersR Rn. 1097 Fn. 122; iErg → § 17 Rn. 29.

[248] AA *Voit* in Prölss/Martin AVB D&O A-9 Rn. 1; *Koch* in Bruck/Möller VVG § 108 Rn. 92 ff.; *Koch* VersR 2016, 765 (767); r+s 2009, 133 (136); WM 2007, 2173 (2177); *Heinrichs* in FAKomm VersR § 108 Rn. 8; *Werner* ZWH 2017, 124 (127 f.); wohl auch *Bank* VW 2008, 730 (733); *Grunwald* VersR 2020, 1423 (1426 f.).

[249] → § 17 Rn. 29; *Haehling v. Lanzenauer/Kreienkamp* in Looschelders/Pohlmann VVG Anh. C Rn. 54; *Klimke* in Prölss/Martin VVG § 210 Rn. 18; *Böttcher* NZG 2008, 645 (646); *Dreher/Thomas* ZGR 2009, 31 (48); *Grote/Schneider* BB 2007, 2689 (2697); *Thomas* Haftungsfreistellung S. 480 f.; wohl auch *Ihlas*, D&O: Directors & Officers Liability, 2. Aufl. 2009, S. 413 f.; *Thume* VersR 2010, 849 (853); keine Bedenken bei *Retter* in Schwintowski/Brömmelmeyer/Ebers VVG § 108 Rn. 66; *Schimikowski* in HK-VVG § 108 Rn. 15; *Schramm* PHi 2008, 24 (25); differenzierend *Grunwald* VersR 2020, 1423 (1426 f.).

[250] *Voit* in Prölss/Martin AVB D&O A-9 Rn. 1; *Koch* in Bruck/Möller VVG § 108 Rn. 92 ff.; *Koch* VersR 2016, 765 (767); *Koch* r+s 2009, 133 (136 f.); *Koch* WM 2007, 2173 (2177); *Werner* ZWH 2017, 124 (127 f.); idS wohl auch *Bank* VW 2008, 730 (733).

vorliegen können.²⁵¹ Insbesondere kann auch ein solcher Versicherungsnehmer ein Interesse daran haben, den Geschädigten unmittelbar an den Versicherer zu verweisen, um seine (Geschäfts-)Beziehung mit dem Geschädigten möglichst wenig zu belasten.²⁵² Zweifelhaft erscheint es dagegen, eine unangemessene Benachteiligung des Versicherungsnehmers einer Großrisiko-Versicherung oder einer laufenden Versicherung damit zu begründen, dass auch die Interessen des geschädigten Dritten zu berücksichtigen seien, weil die Interessen des Versicherungsnehmers mit denen des Geschädigten in einer derartigen Weise verflochten seien, dass es gerechtfertigt erscheine, diese bei Würdigung seiner Interessen mittelbar mit zu beachten.²⁵³ Worin die angenommene Verflechtung liegen soll, ist nicht ersichtlich. Auch ist entgegenzuhalten, dass gerade im Anwendungsbereich von § 210 die Interessen des Versicherers nicht als gering zu erachten sind. Angesichts der Marktverhältnisse im Industrieversicherungsbereich wird es nicht selten vorkommen, dass der geschädigte Dritte seinerseits ein Kunde des Versicherers ist. Der Versicherer hat dann ein berechtigtes Interesse, die Auseinandersetzung um die Haftung möglichst auf die Parteien des Haftungsverhältnisses zu konzentrieren und Deckungsfragen möglichst nur mit dem betroffenen Versicherungsnehmer zu verhandeln. Zu bedenken ist auch, dass Dritter iSd § 108 Abs. 2 auch ein Rechtsnachfolger des geschädigten Dritten ist. Eine Erstreckung dieser Regelung auf den Anwendungsbereich des § 210 hätte daher weitreichende Konsequenzen. Gegen die Annahme, auch im Anwendungsbereich von § 210 sei eine AVB-Regelung über ein Verbot der Abtretung an den Dritten wegen dieses Inhalts unwirksam, spricht aber vor allem, dass der VVG-Reformgesetzgeber bewusst davon abgesehen hat, das in § 108 Abs. 2 statuierte AVB-Verwendungsverbot auch auf den Anwendungsbereich des § 210 zu erstrecken. Der Gesetzgeber hat die Verknüpfung von § 210 und § 108 besonders bedacht, wie die Gesetzesbegründung zu § 210 belegt.²⁵⁴ Die AGB-rechtliche Inhaltskontrolle darf jedoch nicht dazu genutzt werden, bewusste gesetzgeberische Entscheidungen unter dem „Deckmantel" einer allgemeinen Angemessenheitskontrolle zu unterlaufen.²⁵⁵ Der VVG-Reformgesetzgeber hat sich im Bereich der allgemeinen Haftpflichtversicherung aber nicht für einen eigenständigen, nicht abgeleiteten Direktanspruch des geschädigten Dritten entschieden.

112 **3. Verbot der Abtretung an andere Personen als den Dritten.** Die Abtretung des Freistellungsanspruchs an andere Personen als den Dritten iSd §§ 100 ff. kann **durch Individualvereinbarung oder durch AVB** verboten werden.²⁵⁶ Denn ein AVB-Verwendungsverbot, wie es § 108 Abs. 2 für die Abtretung an den Dritten vorsieht, gibt es für die Abtretung an andere Personen nicht. Allerdings hat ein Verbot der Abtretung an andere Personen als den Dritten grds. nur deklaratorische Bedeutung, da die Abtretbarkeit des Freistellungsanspruchs insoweit bereits durch **§ 399 Alt. 1 BGB** ausgeschlossen ist (→ Rn. 85).²⁵⁷ Eine AVB-Regelung, die wie Ziff. 28 AHB (Stand: Februar 2016) die Abtretbarkeit des Freistellungsanspruchs an andere Personen als den Dritten unter gewissen Voraussetzungen erlaubt (bspw. nach Feststellung des Freistellungsanspruchs), weicht nicht zum Nachteil, sondern zum Vorteil des Versicherungsnehmers vom Gesetz ab und ist deshalb wirksam.²⁵⁸

113 Eine AVB-Regelung, die **entgegen § 108 Abs. 2 ein generelles Abtretungsverbot** statuiert, ist **grds. vollständig unwirksam.** Eine geltungserhaltende Reduktion findet zum Schutze des Rechtsverkehrs grds. nicht statt.²⁵⁹ Wenn die AVB-Klausel zwischen der Abtretung an den Dritten und der Abtretung an andere Personen differenziert, kommt eine **Teilunwirksamkeit** in Betracht. Die Klausel ist dann insoweit unwirksam, als die Abtretung an den Dritten betroffen ist; sie ist dagegen wirksam, soweit die Abtretung an andere Personen verboten wird. Insoweit kann bereits

---

[251] Vgl. die Argumentation von *Koch* r+s 2009, 133 (136 f.), der allerdings § 108 Abs. 2 auch insoweit als gesetzliches Leitbild erachtet.
[252] Begr. zum RegE, BT-Drs. 16/3945, 87.
[253] So aber *Koch* r+s 2009, 133 (136 f.).
[254] Begr. zum RegE, BT-Drs. 16/3945, 115.
[255] *Wandt* VersR Rn. 237.
[256] BGH VersR 2012, 230 (231); allgM.
[257] *Johannsen* in Bruck/Möller, 8. Aufl. 1970, Bd. IV, Kap. B Anm. 53, anders aber zu Recht für eine Abtretung an den Dritten; *Harsdorf-Gebhardt* in Späte/Schimikowski AHB Ziff. 28 Rn. 1; *Armbrüster* r+s 2010, 441 (452); dies übersieht *Lücke* in Prölss/Martin VVG § 108 Rn. 24, AHB Ziff. 28 Rn. 1, wenn er das Abtretungsverbot in Ziff. 28 AHB (Stand: Februar 2016) als geboten erachtet, weil das Verfügungsverbot des § 108 Abs. 1 nur den geschädigten Dritten, nicht aber den Versicherer schütze; *Lücke* erachtet die für ein Abtretungsverbot gängig angeführten Gründe iÜ als nicht überzeugend, *Lücke* in Prölss/Martin AHB Ziff. 28 Rn. 2.
[258] Zur AGB-rechtlichen Wirksamkeit von § 7 Nr. 3 AHB, der vor Inkrafttreten des § 108 Abs. 2 eine Abtretung an jeglichen Dritten verbot, BGH VersR 1997, 1088 (1090) = r+s 1997, 325 (326); OLG Stuttgart VersR 2000, 881; OLG Düsseldorf r+s 1997, 494 (495); *Armbrüster* r+s 2010, 441 (452); *Schneider* in Beckmann/Matusche-Beckmann VersR-HdB § 24 Rn. 47.
[259] *Grüneberg* in Grüneberg BGB § 306 Rn. 6.

eine sprachliche Differenzierung genügen, wenn sie für den Versicherungsnehmer erkennbar macht, dass die Klausel zwei zu unterscheidende Anwendungsbereiche hat. Die Frage einer Aufrechterhaltung des Klauselteils betreffend die Abtretung an andere Personen als den Dritten hat jedoch geringe praktische Relevanz. Denn ein vertragliches Verbot der Abtretung des Freistellungsanspruchs an andere Personen als den Dritten hat nur **deklaratorische Bedeutung,** wenn und soweit sich die Nichtabtretbarkeit des Freistellungsanspruchs an eine andere Person als den Dritten unmittelbar aus der gesetzlichen Regelung des **§ 399 Alt. 1 BGB** ergibt (→ Rn. 85, 112).

V. Rechtslage nach Abtretung des Freistellungsanspruchs an den Dritten

1. Rechtslage bei unwirksamer Abtretung des Freistellungsanspruchs. Die **Abtretung** 114 **des Freistellungsanspruchs** an den Dritten ist **gegenstandslos** und **unwirksam, wenn der Dritte keinen begründeten Haftpflichtanspruch** gegen den Versicherungsnehmer **hat.** Dann hat auch der Versicherungsnehmer keinen Freistellungsanspruch nach § 100, den er an den Dritten abtreten könnte.[260] Der Versicherungsnehmer hat dann vielmehr nur den Anspruch gegen seinen Versicherer, dass dieser den unbegründeten Anspruch des Dritten abwehrt. Den Anspruch auf Abwehrdeckung (→ Rn. 54) hat der Versicherungsnehmer auch dann, wenn er erst nach der (vermeintlichen) Abtretung des Freistellungsanspruchs an den Dritten entsprechend der objektiven Rechtslage erkennt, dass der Dritte keinen Haftpflichtanspruch hat und deshalb auch die Abtretung des Freistellungsanspruchs ins Leere ging. Die Geltendmachung des Abwehranspruchs durch den Versicherungsnehmer ist in dieser Konstellation nicht treuwidrig. Zu bereicherungsrechtlichen Fragen, wenn der Versicherer in Unkenntnis des Nichtbestehens des Haftpflichtanspruchs an den Dritten zahlt → Rn. 42 f.; zu prozessualen Fragen, wenn der Dritte trotz Nichtexistenz eines Haftpflichtanspruchs und deshalb Gegenstandslosigkeit der Abtretung des Freistellungsanspruchs klageweise den Versicherer auf Zahlung in Anspruch nimmt → Rn. 139.

Der **Abtretungsvertrag** über den Freistellungsanspruch (§ 398 BGB) kann abhängig von den 115 Umständen des Einzelfalls aus allgemeinen Gründen der **Rechtsgeschäftslehre** unwirksam sein. Im Einzelfall kann die Berufung auf eine wirksame Abtretung nach **§ 242 BGB** ausgeschlossen sein.[261]

2. Rechtslage nach wirksamer Abtretung des Freistellungsanspruchs. a) Stellung des 116 **Versicherungsnehmers.** Eine Abtretung des Freistellungsanspruchs an den geschädigten Dritten ändert nichts daran, dass der Versicherungsnehmer der **Vertragspartner des Versicherers** mit allen sonstigen Rechten, Pflichten und Obliegenheiten bleibt.[262] Wenn der Freistellungsanspruch wirksam abgetreten ist und der Zessionar (Dritter) den Versicherer auf Zahlung in Anspruch nimmt (→ Rn. 118), kann der Versicherungsnehmer nicht seinerseits vom Versicherer **Abwehrdeckung** verlangen.[263] Dies folgt bereits daraus, dass ein Freistellungsanspruch nur dann besteht, wenn der Dritte einen begründeten Haftpflichtanspruch hat. Dies schließt zwingend aus, dass der Versicherungsnehmer hinsichtlich dieses *begründeten* Haftpflichtanspruchs einen Anspruch gegen den Versicherer hat, den Anspruch als unbegründet abzuwehren. Selbst wenn man den Inhalt des Deckungsanspruchs aus § 100 im Hinblick auf subjektive Unsicherheiten der Beurteilung der Rechtslage bis zu einer bindenden Feststellung des Haftpflichtanspruchs „offen" halten wollte (einheitlicher Anspruch mit zwei Komponenten), könnte der Versicherungsnehmer *nicht gleichzeitig* Freistellung und Abwehrdeckung verlangen. Auch die Aufspaltung der Rechtsstellung des Versicherungsnehmers durch Abtretung nur des Anspruchs(-teils) auf Freistellung kann iErg nicht dazu führen, dass der Versicherer hinsichtlich ein und desselben Haftpflichtanspruchs gegenüber dem Versicherungsnehmer zur Abwehr und gegenüber dem Zessionar zur Erfüllung verpflichtet ist. Es ist allgemeine Meinung, dass der Zessionar (Dritter) durch die Abtretung keine weitergehenden Rechte erhält als der Zedent (Versicherungsnehmer).[264] Dies gilt auch, wenn man der – abzulehnenden – Konzeption folgen wollte, dass es sich bei der Abtretung des Freistellungsanspruchs um die Abtretung einer Teilkomponente eines einheitlichen Anspruchs auf Deckung aus § 100 handele.

Im Prozess zwischen dem Dritten als Zessionar des Freistellungsanspruchs und dem Versicherer 117 ist der Versicherungsnehmer nicht mehr Partei, sondern kann als **Zeuge** benannt werden.[265]

---

[260] *Lücke* in Prölss/Martin VVG § 106 Rn. 2.
[261] *Koch* FS Winter, 2007, 345 (353) mwN.
[262] *Lücke* in Prölss/Martin VVG § 108 Rn. 32; *Hösker* VersR 2013, 952 (957); für die D&O-Versicherung *Armbrüster* NJW 2016, 2155 (2157).
[263] *Langheid* in Langheid/Rixecker VVG § 108 Rn. 13; iErg auch *Lange* r+s 2007, 401 (405); zweifelnd *Baumann* VersR 2010, 984 (986).
[264] *Kieninger* in MüKoBGB § 404 Rn. 1; BGHZ 32, 35 (42) = NJW 1960, 864 (865); s. bereits den Wortlaut in § 398 S. 2 BGB: „[...] tritt der neue Gläubiger an die Stelle des bisherigen Gläubigers".
[265] *Langheid* FS Winter, 2007, 367 ff.; bzw. bei der D&O-Versicherung der Versicherte bei der Zahlungsklage des Versicherungsnehmers als geschädigter Dritter gegen den Versicherer: *Lange* r+s 2019, 613 (621).

118 b) Zahlungsanspruch des Dritten nach Abtretung des Freistellungsanspruchs. Wenn und soweit der Dritte einen **begründeten Haftpflichtanspruch** gegen den Versicherungsnehmer hat, von dem der Versicherer den Versicherungsnehmer gem. § 100 freizustellen hat, **wandelt sich der Freistellungsanspruch mit der Abtretung an den Dritten in einen Zahlungsanspruch des Dritten gegen den Versicherer.**[266] Die Gesetzesbegründung zu § 108 spricht deshalb zu Recht davon, dass der Dritte durch die Abtretung des Freistellungsanspruchs in die Lage versetzt werde, „den Versicherer direkt in Anspruch zu nehmen".[267] In dem Prozess über die Zahlungsklage des Dritten wird über den durch Abtretung des Freistellungsanspruchs entstandenen Zahlungsanspruch sowie als Vorfrage über die Haftpflicht des Versicherungsnehmers entschieden (→ Rn. 84). Die Wirksamkeit einer Abtretung mit der Folge eines Zahlungsanspruchs des Dritten wird – ebenso wie das Vorliegen eines Versicherungsfalls[268] – nicht dadurch berührt, dass die zuvor erfolgte Inanspruchnahme des Versicherungsnehmers (Versicherten) von vornherein überwiegend oder sogar ausschließlich mit dem Ziel erfolgt ist, den Freistellungsanspruch abgetreten zu bekommen.[269]

119 Die Umwandlung des Freistellungsanspruchs in einen Zahlungsanspruch in der Person des geschädigten Dritten ist **dogmatisch nicht als Verschmelzung von Deckungs- und Haftpflichtanspruch**[270] **zu deuten.**[271] Denn Versicherungsnehmer und geschädigter Dritter haben nicht die rechtliche Befugnis, den Versicherer ohne dessen Zustimmung zum neuen Schuldner des Haftpflichtanspruchs zu machen.[272] Die bloße Abtretung des Freistellungsanspruchs an den Dritten lässt dessen **Haftpflichtanspruch grds. unberührt.** Der Dritte kann dennoch nicht sowohl den Versicherer auf Zahlung aus dem abgetretenen Freistellungsanspruch als auch den Versicherungsnehmer auf Zahlung aus der Haftpflichtforderung in Anspruch nehmen. Wenn nämlich – wie regelmäßig – der **Freistellungsanspruch** an den Dritten **erfüllungshalber abgetreten** wird,[273] folgt aus der zugrunde liegenden Vereinbarung, dass der Dritte zunächst aus dem Erfüllungssurrogat – notfalls gerichtlich – gegen den Haftpflichtversicherer vorzugehen hat,[274] dass der Dritte bis zur rechtskräftigen Entscheidung über die Zahlungsklage gegen den Versicherer nicht (parallel) gegen den Versicherungsnehmer aus der Haftpflichtforderung vorgehen darf,[275] und dass ein solches Vorgehen aus der Haftpflichtforderung nach einer Abweisung der Zahlungsklage gegen den Versicherer nicht mehr zulässig ist, wenn das Nichtbestehen des Haftpflichtanspruchs gerichtlich festgestellt ist (→ Rn. 139).[276]

120 Der Zahlungsanspruch des Dritten tritt an die Stelle des abgetretenen Freistellungsanspruchs des Versicherungsnehmers und ist wie ursprünglich der Freistellungsanspruch von der Haftpflichtfor-

---

[266] AllgM, grdl. BGHZ 7, 244 (246) = VersR 1952, 366 (367); BGH VersR 1980, 522 = NJW 1980, 2021; VersR 1975, 655 (656 f.) = NJW 1975, 1276 (1277); OLG Saarbrücken OLGR 2003, 272; *Car* in BeckOK VVG § 108 Rn. 12; *Koch* in Bruck/Möller VVG § 108 Rn. 39; *Retter* in Schwintowski/Brömmelmeyer/Ebers VVG § 108 Rn. 26; *Schimikowski* in HK-VVG § 108 Rn. 11; *Langheid* in Langheid/Rixecker VVG § 108 Rn. 22; *Armbrüster* r+s 2010, 441 (449); *Dreher/Thomas* ZGR 2009, 31 (42); *Lange* r+s 2007, 401 (403); *Langheid* VersR 2007, 865 (867); *Lenz* in van Bühren VersR-HdB § 25 Rn. 53, 202; *Koch* r+s 2009, 133 (134); *Schneider* in Beckmann/Matusche-Beckmann VersR-HdB § 24 Rn. 145; *Thomas* Haftungsfreistellung S. 454 ff.; *Thume* VersR 2010, 849 (851); *v. Rintelen* r+s 2010, 133 (135); zur Unbegründetheit der Bedenken von *Schramm/Wolf* r+s 2009, 358 f.; → Rn. 86.
[267] Begr. zum RegE, BT-Drs. 16/3945, 87.
[268] *Koch* VersR 2016, 765 (767); *Langheid/Müller-Frank* NJW 2016, 2304 (2306).
[269] OLG Naumburg BeckRS 2017, 154403 Rn. 39; für die D&O-Versicherung und zum claims-made-Prinzip BGHZ 209, 373 Rn. 23 ff. = VersR 2016, 786 = NJW 2016, 2184; krit. *Armbrüster* NJW 2016, 2155 (2156 f.); vgl. *Retter* in Schwintowski/Brömmelmeyer/Ebers VVG § 108 Rn. 26.
[270] IdS aber *Langheid* in Langheid/Rixecker VVG § 108 Rn. 13; *Langheid* VersR 2007, 865 (866 f.); *Langheid* VersR 2009, 1043 (1044 f.): „Konfusion der Ansprüche".
[271] *Retter* in Schwintowski/Brömmelmeyer/Ebers VVG § 108 Rn. 28; *Armbrüster* r+s 2010, 441 (449).
[272] *Retter* in Schwintowski/Brömmelmeyer/Ebers VVG § 108 Rn. 28; *Armbrüster* r+s 2010, 441 (449); *Dreher/Thomas* ZGR 2009, 31 (42); *Lange* r+s 2007, 401 (403); *Thomas* Haftungsfreistellung S. 455; *Wandt* VersR Rn. 1097 Fn. 125.
[273] *Lücke* in Prölss/Martin VVG § 108 Rn. 27; *Koch* in Bruck/Möller VVG § 108 Rn. 74; *Retter* in Schwintowski/Brömmelmeyer/Ebers VVG § 108 Rn. 20; *Harzenetter* NZG 2016, 728 (730); *Hösker* VersR 2013, 952 (956); *Armbrüster* r+s 2010, 441 (449); *Baumann* VersR 2010, 984 (989); *Koch* FS Winter, 2007, 345 (359); *Lange* r+s 2007, 401 (403); *Langheid* VersR 2009, 1043 (1045); *Thume* VersR 2010, 849 (851).
[274] Zu einem mangels abweichender vertraglicher Vereinbarung bestehenden Anspruch des Dritten gegen den Versicherungsnehmer auf Prozesskostenvorschuss nach § 669 BGB vgl. *Koch* FS Winter, 2007, 345 (360); vgl. aber auch *Langheid* VersR 2007, 865 (867): Kostenlast des geschädigten Dritten.
[275] BGHZ 96, 182 (193) = NJW 1986, 424 (426); *Grüneberg* in Grüneberg BGB § 364 Rn. 7; *Lücke* in Prölss/Martin VVG § 108 Rn. 27; *Lange* r+s 2007, 401 (403).
[276] *Retter* in Schwintowski/Brömmelmeyer/Ebers VVG § 108 Rn. 56; aA *Koch* FS Winter, 2007, 345 (361); *Koch* in Bruck/Möller VVG § 108 Rn. 80 f.

derung des Dritten gegen den Versicherungsnehmer zu unterscheiden. Der Zahlungsanspruch des Dritten unterscheidet sich deshalb auch von einem **Direktanspruch des Geschädigten in der Pflichtversicherung** gem. § 115.[277] Jener Direktanspruch ist ein gesetzlicher Schadensersatzanspruch haftungsrechtlicher Natur,[278] der – anders als der Zahlungsanspruch des Dritten nach Abtretung des Freistellungsanspruchs – neben dem Freistellungsanspruch des Versicherungsnehmers besteht und von diesem zu unterscheiden ist.

c) Versicherungsvertragliche Einwendungen des Versicherers gegenüber dem Zahlungsanspruch. Der **Versicherer** kann dem Zahlungsanspruch des Dritten (Zessionar des Freistellungsanspruchs) alle **Einwendungen** entgegenhalten, die er zur Zeit der Abtretung dem Freistellungsanspruch des Versicherungsnehmers hätte entgegenhalten können (§ 404 BGB).[279] Der Begriff der Einwendungen iSd Vorschrift ist im weitesten Sinne zu verstehen.[280] Darunter fallen rechtshindernde und rechtsvernichtende Einwendungen (insbes. die Anfechtung des Versicherungsvertrags) sowie **Einreden** (insbes. die Einrede vollständiger oder teilweiser **Leistungsfreiheit des Versicherers** wegen einer Obliegenheitsverletzung). Der Versicherer kann gegenüber dem Zahlungsanspruch des Dritten auch die Einrede der Leistungsfreiheit aus einer Obliegenheitsverletzung erheben, die der Versicherungsnehmer *nach* der Abtretung des Freistellungsanspruchs begangen hat. Denn § 404 BGB verlangt nicht, dass alle Tatbestandsvoraussetzungen der Einwendung im Zeitpunkt der Abtretung bereits vorlagen; es genügt, dass ihr Rechtsgrund im Schuldverhältnis angelegt war.[281] 121

d) Einwand des vollständigen oder teilweisen Fehlens eines Haftpflichtanspruchs des Dritten. Der Versicherer kann dem Dritten als Zessionar des Freistellungsanspruchs auch entgegenhalten, dass der Dritte mit der Abtretung keinen Zahlungsanspruch erlangt habe, weil ein Haftpflichtanspruch gegen den Versicherungsnehmer nicht begründet sei, es deshalb keinen Freistellungsanspruch gebe und folglich auch die Abtretung ins Leere gegangen sei.[282] Einem Rekurs auf § 404 BGB bedarf es hierfür nicht,[283] wenn man für den Inhalt des Deckungsanspruchs nach § 100 auf die objektive Rechtslage abstellt und deshalb zugrunde legt, dass der Versicherungsnehmer entweder bei Begründetheit der Haftpflichtforderung Freistellung oder bei Unbegründetheit der Haftpflichtforderung Abwehrdeckung verlangen kann (→ Rn. 41). **Grund und Höhe des Haftpflichtanspruchs** sind im Bestreitensfalle **im Zahlungsprozess gerichtlich zu klären**. Dabei hat das Gericht zu beachten, ob insoweit bereits eine Feststellung mit bindender Wirkung für den Versicherer außerhalb des Prozesses eingetreten ist (ferner die Ausführungen zur Zahlungsklage → Rn. 132). 122

e) Fälligkeit des Zahlungsanspruchs des Dritten. Umstritten ist, nach welcher Vorschrift die Fälligkeit des Zahlungsanspruchs des Dritten zu beurteilen ist.[284] Diese Frage ist unproblematisch zu beantworten, wenn der **Freistellungsanspruch im Zeitpunkt der Abtretung bereits fällig** war. In diesem Falle wandelt sich der fällige Freistellungsanspruch mit der Abtretung in der Person des Dritten in einen **fälligen Zahlungsanspruch**.[285] 123

---

[277] Zutr. *Dreher/Thomas* ZGR 2009, 31 (43); *Thume* VersR 2010, 849 (851); *Thume* TranspR 2012, 125 (128); *Lange* r+s 2011, 185 (186).
[278] BGHZ 152, 298 (302) = VersR 2003, 99 (100); BGHZ 67, 372 (375) = VersR 1977, 282 (284); BGHZ 57, 265 (270) = VersR 1972, 255 (256); *Schwartze* in Looschelders/Pohlmann VVG § 115 Rn. 3 mwN.
[279] LG Dortmund r+s 2007, 415; *Lücke* in Prölss/Martin VVG § 108 Rn. 26; *Koch* in Bruck/Möller VVG § 108 Rn. 45; *Lange* r+s 2007, 401 (403); *Wandt* VersR Rn. 1098.
[280] *Kieninger* in MüKoBGB § 404 Rn. 5.
[281] BGH NJW 2006, 219 (220); BGHZ 93, 71 (79) = NJW 1985, 863 (864); *Grüneberg* in Grüneberg BGB § 404 Rn. 4; *Kieninger* in MüKoBGB § 404 Rn. 11; zustimmend: *Lange* r+s 2019, 613 (623); zweifelnd *Car* in BeckOK VVG § 108 Rn. 15.
[282] BGH VersR 1975, 655 = NJW 1975, 1276, die Haftpflicht des Versicherungsnehmers sei dann als Vorfrage zu prüfen. Das sonst für die Haftpflichtversicherung geltende sog. Trennungsprinzip sei in diesem Falle nicht anwendbar; bestätigt BGH VersR 2016, 783 = NJW 2016, 3453; BGHZ 209, 373 Rn. 21 = VersR 2016, 786 = NJW 2016, 2184; entgegen *Lange* r+s 2007, 401 (403) und *Kassing/Richters* VersR 2015, 293 (295) kann der Versicherer die Klärung der Haftpflichtfrage im Prozess über den Zahlungsanspruch des geschädigten Dritten nicht mit der Begründung verhindern, abgetreten sei nur der Freistellungsanspruch, der nach Wahl des Versicherungsnehmers bereits schutz zur Abwehr des Anspruchs erfüllt werde; wie hier mit ausführlicher Begr. *Retter* in Schwintowski/Brömmelmeyer/Ebers VVG § 108 Rn. 32 ff.
[283] So aber *Lange* r+s 2007, 401 (403), der mit einem Erfüllungswahlrecht des Versicherers argumentiert; *Thomas* Haftungsfreistellung S. 456 ff.
[284] Zur Rechtslage nach VVG aF KG VersR 2007, 349 (350); vgl. zum VVG nF im Zusammenhang mit der Frage, ob sich aus § 106 das Erfordernis einer Feststellung des Haftpflichtanspruchs außerhalb des Zahlungsprozesses des Dritten ableiten lässt, *Thomas* Haftungsfreistellung S. 458 ff. (Anwendbarkeit des § 106 nach Abtretung des Freistellungsanspruchs an den Dritten verneinend).
[285] *Koch* in Bruck/Möller VVG § 108 Rn. 39.

124 Problematisch und umstritten ist dagegen die Frage, nach welcher Vorschrift die Fälligkeit des Zahlungsanspruchs zu beurteilen ist, wenn der **Freistellungsanspruch im Zeitpunkt der Abtretung noch nicht fällig** war. Vertreten werden die unmittelbare[286] bzw. analoge[287] Anwendung der Fälligkeitsregelung des § 106 S. 1, die Anwendung des § 14 als die allgemeine Regelung für die Fälligkeit von Geldleistungen des Versicherers[288] bzw. die Anwendung von § 271 BGB, wenn der Versicherer selbst den Anspruch des Dritten oder den Befreiungsanspruch des Versicherungsnehmers anerkennt, einen Vergleich schließt oder zur Zahlung verurteilt wird.[289] **Stellungnahme:** Entscheidend für die Beantwortung der Streitfrage ist, welchen Standpunkt man zu den Anwendungsvoraussetzungen der besonderen Fälligkeitsregelung des **§ 106 S. 1** für den Freistellungsanspruch des Versicherungsnehmers in der Haftpflichtversicherung einnimmt. Streit herrscht insoweit, ob die Vorschrift stets ihrem Wortlaut gemäß anzuwenden ist (hM)[290] oder ob die Vorschrift im Wege teleologischer Reduktion nicht zur Anwendung kommt, sondern durch § 14 oder § 271 BGB verdrängt wird, wenn der Versicherer aktiv an dem Zustandekommen eines ihn bindenden rechtskräftigen Urteils, Anerkenntnisses oder Vergleichs, mit dem der Haftpflichtanspruch des Dritten festgestellt wird, beteiligt ist.[291] Im Ergebnis ist eine solche **teleologische Reduktion abzulehnen** (→ § 106 Rn. 29 f.).[292] Schon aus der Gesetzesbegründung zu § 154 Abs. 1 VVG aF, der Vorgängerregelung zu § 106, ließ sich nicht mit der notwendigen Klarheit schließen, dass der Gesetzgeber dem Versicherer nur dann einräumen wollte, wenn dieser zuvor keine Gelegenheit hatte, seine Leistungspflicht zu prüfen. In der Gesetzesbegründung heißt es nämlich, ein Zeitraum von zwei Wochen erscheine ausreichend, um dem Versicherer die erforderliche Prüfung und die Bereitstellung der Zahlungsmittel zu ermöglichen.[293] Der gewährte Zeitraum soll dem Versicherer also nicht nur die Prüfung seiner Leistungspflicht, sondern im Falle einer begründeten Leistungspflicht auch die Bereitstellung der zur Erfüllung notwendigen Mittel ermöglichen. Zwar ließe sich argumentieren, dass der Versicherer in der heutigen Zeit aufgrund moderner Managementsysteme nicht mehr auf die ihm von § 106 S. 1 gewährte besondere Frist angewiesen sei. Der VVG-Reformgesetzgeber hat an der bisherigen Regelung insoweit[294] jedoch ohne Einschränkung festgehalten, und zwar unter Feststellung, dass die bisherige Regelung teilweise missverständlich formuliert gewesen sei.[295] Ebenfalls **abzulehnen ist die Anwendung von § 14,** die damit begründet wird, § 106 S. 1 regele nur die Fälligkeit des Freistellungsanspruchs und sei deshalb auf den Zahlungsanspruch nicht anwendbar.[296] Dem ist entgegenzuhalten, dass der Zahlungsanspruch des Dritten aus dem Freistellungsanspruch des Versicherungsnehmers hervorgegangen ist, und dass § 106 S. 1 speziell die Fälligkeit der Leistung des Versicherers in Form der Zahlung an den Dritten regelt. Es gibt deshalb keinen substantiellen Grund, dem Versicherer die ihm von § 106 S. 1 gewährte Zweiwochenfrist nur wegen der Abtretung des Freistellungsanspruchs an den Dritten zu nehmen.

125 **f) Verjährung des Zahlungsanspruchs des Dritten.** Die Verjährung des Zahlungsanspruchs des Dritten beurteilt sich nach den §§ 195 ff. BGB. Die **Verjährungsfrist** beträgt nach **§ 195 BGB drei Jahre.** Sie **beginnt gem. § 199 Abs. 1 BGB** mit dem Schluss des Jahres, in dem der Anspruch entstanden ist und der Gläubiger von den anspruchsbegründenden Umständen und der Person des Schuldners Kenntnis erlangt oder ohne grobe Fahrlässigkeit erlangen müsste. Entstanden ist der

---

[286] *Schramm/Wolf* r+s 2009, 358 (360); *Lange* r+s 2011, 185 (195); iErg auch KG VersR 2007, 349 (350).
[287] *Baumann* VersR 2010, 984 (987).
[288] *Koch* in Bruck/Möller VVG § 108 Rn. 40 ff.; *v. Rintelen* in Späte/Schimikowski AHB Ziff. 1 Rn. 360; *Koch* r+s 2009, 133 (135); *Armbrüster* r+s 2010, 441 (450); *Hösker* VersR 2013, 952 (954 f.); *v. Rintelen* r+s 2010, 133 (137); *Klimke* r+s 2014, 105 (112); zum VVG aF vgl. OLG Karlsruhe VersR 1992, 735.
[289] *Lücke* in Prölss/Martin VVG § 106 Rn. 13.
[290] *Baumann* in Berliner Kommentar VVG § 154 Rn. 4; iErg auch KG VersR 2007, 349 (350); *Lange* r+s 2011, 185 (195); *Schramm/Wolf* r+s 2009, 358 (360).
[291] *Johannsen* in Bruck/Möller, 8. Aufl. 1970, Bd. IV, Kap. B Anm. 43 („mehr passiven Haltung" des Versicherers).
[292] AA *Lücke* in Prölss/Martin VVG § 106 Rn. 13.
[293] Motive zum Versicherungsvertragsgesetz (Nachdruck 1963), Begründungen zu den Gesetzentwürfen, Verhandlungen des Reichstags, XII. Legislaturperiode I. Session, Bd. 241. Anl. 1 zu Nr. 364, S. 209 ebenso wie die vorangehende Begründung zu § 151 der Reichstagsvorlage eines VVG-Gesetzentwurfs abgedr. in: Begründung zu den Entwürfen eines Gesetzes über den Versicherungsvertrag – Reichstagsvorlage – Abdruck der beiden veröffentlichten Gesetzentwürfe, 1906, S. 140 f.; *Baumann* in Berliner Kommentar VVG § 154 Rn. 4, Prüfung von nach § 34 VVG aF bzw. § 5 Ziff. 3 AHB beizubringender Belege.
[294] Zu den vorgenommenen Klarstellungen im Hinblick auf den Wegfall des Anerkenntnis- und Befriedigungsverbots in § 105 vgl. Begr. zum RegE, BT-Drs. 16/3945, 86.
[295] Begr. zum RegE, BT-Drs. 16/3945, 86, die Vorschrift entspreche sachlich der teilweise missverständlich formulierten § 154 Abs. 1 VVG aF.
[296] *Koch* r+s 2009, 133 (135); *v. Rintelen* r+s 2010, 133 (137).

Anspruch mit Fälligkeit.[297] Der Dritte muss sich als Zessionar gem. §§ 404, 412 BGB die vorher erlangte Kenntnis bzw. die grob fahrlässige Unkenntnis des Zedenten anrechnen lassen. Bei der **Haftpflichtversicherung** ist allerdings die Besonderheit zu beachten, dass der Leistungsanspruch des Versicherungsnehmers aus § 100 in Gestalt des Abwehranspruches bereits mit der Erhebung eines Haftpflichtanspruchs durch einen Dritten fällig wird und die dreijährige Verjährungsfrist für den Anspruch aus § 100 nach §§ 195, 199 BGB auslöst.[298] Wenn danach Verjährung des Anspruchs aus § 100 eingetreten ist, erstreckt sich diese eingetretene Verjährung auch auf den Freistellungs- oder Zahlungsanspruch, dessen Fälligkeit in § 106 gesondert geregelt wird.[299] Die besondere Fälligkeitsregelung des § 106 S. 1 kommt mit anderen Worten nur zum Zuge, wenn die den Zahlungsanspruch fälligkeitsbegründenden Tatsachen eintreten, bevor der „einheitliche Haftpflichtversicherungsanspruch"[300] verjährt ist. Dann gilt auch eine eigenständige Verjährungsfrist mit eigenständigem, auf § 106 bezogenem Verjährungsbeginn.[301] Die Verjährungseinrede muss vom Versicherer geltend gemacht werden.[302]

g) Zahlungsklage des Dritten gegen den Versicherer. aa) Leistungsklage. Der Dritte **126** kann den durch Abtretung des Freistellungsanspruchs in seiner Person entstandenen Zahlungsanspruch durch **Leistungsklage** gegen den Versicherer gerichtlich geltend machen.[303] Angesichts der Rechtsnatur des Zahlungsanspruchs als gewandelter Freistellungsanspruch des Versicherungsnehmers führt der Dritte, wenn er den Versicherer aus dem abgetretenen Anspruch auf Zahlung in Anspruch nimmt, funktionell gesehen den **Deckungsprozess** gegen den Versicherer, den ansonsten der Versicherungsnehmer zu führen hätte.[304]

Die **Fälligkeit des Leistungsanspruchs** wird nach den Ausführungen in → Rn. 123 f. häufig **127** bereits vor Klageerhebung vorliegen, jedenfalls aber bis zum Schluss der mündlichen Verhandlung, sodass keine Klage auf künftige Leistung (§ 259 ZPO) notwendig ist.[305] Nach abzulehnender Ansicht sei die Zahlungsklage des Dritten ohne Prüfung der Haftpflichtforderung als derzeit unbegründet abzuweisen, wenn der Haftpflichtanspruch nicht schon vorprozessual mit bindender Wirkung für den Versicherer festgestellt sei und der Versicherer sich im Zahlungsprozess des Dritten für die Gewährung von Abwehrdeckung entscheide.[306] Diese Ansicht widerspricht der gesetzgeberischen Konzeption,[307] wonach der Dritte durch die Abtretung in die Lage versetzt werden soll, den Versicherer direkt in Anspruch zu nehmen.[308]

Die **Darlegungs- und Beweislast** für die anspruchsbegründenden Tatsachen liegt beim kla- **128** genden Dritten. Der **Versicherungsnehmer** ist − so er nicht bei der Fremdversicherung (insbes.

---

[297] AllgM, RGZ 83, 354 (356); BGHZ 55, 340 (341) = NJW 1971, 979; *Ellenberger* in Grüneberg BGB § 199 Rn. 3.
[298] BGHZ 155, 69 (71) = VersR 2003, 900 (901); BGH VersR 1971, 333; *Lücke* in Prölss/Martin VVG § 100 Rn. 14.
[299] RGZ 150, 227 (231); BGH VersR 1960, 554; *Lücke* in Prölss/Martin VVG § 100 Rn. 12; *Schneider* in Beckmann/Matusche-Beckmann VersR-HdB § 24 Rn. 160a; *Kassing/Richters* VersR 2015, 293 (296).
[300] BGH VersR 1960, 554 (555); BGHZ 155, 69 (71) = VersR 2003, 900 (901) = NJW 2003, 2376 („einheitlicher Deckungsanspruch"); OLG Hamm VersR 2017, 610.
[301] BGHZ 155, 69 (71) = VersR 2003, 900 (901); BGH VersR 1960, 554 (555) = NJW 1960, 1346 (1347); OLG Hamm VersR 1976, 1030 (1031); OLG Schleswig VersR 1968, 833; OLG Düsseldorf VersR 1964, 178 (179); OLG Hamm VersR 1972, 967 (968); *Lücke* in Prölss/Martin VVG § 100 Rn. 12; *Koch* in Bruck/Möller VVG § 108 Rn. 47; *Retter* in Schwintowski/Brömmelmeyer/Ebers VVG § 100 Rn. 58; *Reichel* in Beckmann/Matusche-Beckmann VersR-HdB § 21 Rn. 99; *Schneider* in Beckmann/Matusche-Beckmann VersR-HdB § 24 Rn. 160a.
[302] Allg. *Grothe* in MüKoBGB § 214 Rn. 4; zur Frage der Treuwidrigkeit der Verjährungseinrede des Versicherers gegenüber dem Zessionar OLG Hamm VersR 2017, 610 (611).
[303] OLG Köln VersR 2008, 1103; *Lücke* in Prölss/Martin VVG § 108 Rn. 26; *Retter* in Schwintowski/Brömmelmeyer/Ebers VVG § 108 Rn. 32 ff.; *Dreher/Thomas* ZGR 2009, 31 (42); *Grote/Schneider* BB 2007, 2689 (2698); *Koch* r+s 2009, 133 (134); *Koch* FS Winter, 2007, 345 (351); *Krause-Allenstein* NZBau 2008, 81 (88); *Langheid* FS Winter, 2007, 367 (377 f.); *Langheid/Goergen* VP 2007, 161 (166); zu den Verteidigungsmöglichkeiten des Versicherers gegen den Zahlungsanspruch *Lange* r+s 2011, 185 (190 ff.).
[304] *Retter* in Schwintowski/Brömmelmeyer/Ebers VVG § 108 Rn. 29; zu den prozessualen Folgen der Abtretung des Freistellungsanspruchs in der D&O-Versicherung *Brinkmann* ZIP 2017, 301.
[305] *Armbrüster* r+s 2010, 441 (450); *v. Rintelen* r+s 2010, 133 (137 f.); *Voit* in Prölss/Martin AVB D&O A-9 Rn. 2.
[306] *Bank* VW 2008, 730 (733); *Lange* VersR 2008, 713 (714 ff.); *Lange* r+s 2007, 401 (404); *Schramm* PHi 2008, 24 (25); *Schramm/Wolf* r+s 2009, 358 (360 f.); *Haehling v. Lanzenauer/Kreienkamp* in Looschelders/Pohlmann VVG Anh. C Rn. 55.
[307] Begr. zum RegE, BT-Drs. 16/3945, 87.
[308] *Bangert*, Der Direktanspruch im deutschen und englischen Haftpflichtversicherungsrecht, 2018, S. 67; *Dreher/Thomas* ZGR 2009, 31 (42).

D&O) als geschädigter Dritter selbst klagt – nicht Partei des Prozesses und kann daher **Zeuge** sein.[309] Seine Aussagen unterliegen der freien Beweiswürdigung durch das Gericht.[310] Im Direktprozess des Versicherungsnehmers gegen den Versicherer stellt sich die umstrittene Frage, ob für das klagende Unternehmen (AG, GmbH) hinsichtlich der Haftpflichtfrage die Darlegungs- und Beweislastumkehr des § 93 Abs. 2 S. 2 AktG (analog) anzuwenden ist.[311]

128a Der **Gerichtsstand für die Zahlungsklage** des Dritten (Zessionar) gegen den Versicherer bestimmt sich nach § 215 Abs. 1 S. 1. Der Dritte kann den Versicherer also am Wohnsitz des Versicherungsnehmers verklagen.[312] Dass es beim Gerichtsstand am Wohnsitz des Versicherungsnehmers bleibt,[313] steht nicht entgegen, dass die Regelung des § 215 Abs. 1 (auch) vor dem Hintergrund der Sonderbeziehung zwischen Versicherer und Versicherungsnehmer zu sehen ist. Hieraus ergibt sich kein besonderes (höchstpersönliches)[314] Interesse des Versicherungsnehmers, das die Anwendung auf den Zessionar der Forderung ausschließen würde.[315]

129 Die Möglichkeit der Leistungsklage gegen den Versicherer schließt eine **Feststellungsklage** des Dritten gegen den Versicherer aus.[316]

130 **bb) Entscheidung über die Haftpflichtfrage als Vorfrage.** Im Prozess über die Zahlungsklage des Dritten (Deckungsprozess) ist über die **Haftpflichtfrage als Vorfrage** zu befinden.[317] Das Gericht ist jedoch nicht an eine Prüfungsreihenfolge gebunden.[318] Es kann die Zahlungsklage mit oder ohne Prüfung des Haftpflichtanspruchs aus deckungsrechtlichen Gründen oder wegen Verneinung eines Haftpflichtanspruchs abweisen. Wenn das Gericht der Zahlungsklage über das Bestehen des Haftpflichtanspruchs entscheidet, hat es aber zu beachten, ob dieser Anspruch bereits zuvor mit bindender Wirkung für den Versicherer durch ein rechtskräftiges Haftpflichturteil oder durch Anerkenntnis oder Vergleich festgestellt ist.

131 Im Zahlungsprozess des Dritten ist auch als Vorfrage darüber zu entscheiden, ob der Versicherer an ein **Anerkenntnis durch den Versicherungsnehmer** gebunden ist, weil das Anerkenntnis entsprechend einer Weisung des Versicherers oder durch den Versicherer als Stellvertreter des Versicherungsnehmers erfolgte (→ § 106 Rn. 39 ff.). Liegt eine solche Bindung nicht vor, ist im Zahlungsprozess des Dritten über die Vorfrage der Haftung ungeachtet des Anerkenntnisses durch den Versicherungsnehmer zu entscheiden.

132 Soweit bereits vor der Zahlungsklage des Dritten **rechtskräftig über die Haftpflicht des Versicherungsnehmers entschieden** worden ist, folgt die Bindungswirkung für den Deckungsprozess (hier: Zahlungsprozess des Dritten) nicht aus Grundsätzen der Rechtskraft, sondern aus dem

---

[309] BGH VersR 1975, 655 (657) = NJW 1975, 1276 (1277); *Wandt* VersR Rn. 1098; zum Ganzen *Armbrüster* r+s 2010, 441 (450); *Franz* VersR 2008, 298 (308); *Lange* r+s 2007, 401 (403); *Lange* VersR 2006, 1313 (1317 f.); *Langheid* VersR 2007, 865 (869); *Langheid* NJW 2006, 3317 (3320 f.); *Langheid* FS Winter, 2007, 367 (378); *Schimikowski/Höra* Neues VVG S. 162.

[310] Zum Ganzen *Armbrüster* r+s 2010, 441 (450); *Franz* VersR 2008, 298 (308); *Lange* r+s 2019, 613 (621 f.); *Lange* r+s 2007, 401 (403); *Lange* VersR 2006, 1313 (1317 f.); *Langheid* VersR 2007, 865 (869); *Langheid* NJW 2006, 3317 (3320 f.); *Langheid* FS Winter, 2007, 367 (378); *Schimikowski/Höra* Neues VVG S. 162.

[311] Verneinend die hM, vgl.: *Spindler* in MüKoAktG, 5. Aufl. 2019, § 93 Rn. 214; *Brinkmann* ZIP 2017, 301 (306 ff.); *Armbrüster* NJW 2016, 2155 (2157); *Armbrüster* NJW 2016, 897 (898); *Dreher/Thomas* ZGR 2009, 31 (43 ff.); bejahend: *Lange* r+s 2019, 613 (621 f.); *Baur/Holle* AG 2017, 141; *Harzenetter* NZG 2016, 728 (732); ausführlich → Rn. 77, 108. Zu gesellschaftsrechtlichen Zustimmungserfordernissen *Harzenetter* NZG 2016, 728; → D&O Rn. 77, 108.

[312] → § 215 Rn. 25; *Muschner* in HK-VVG § 215 Rn. 12; *Heyers* in Schwintowski/Brömmelmeyer/Ebers VVG § 215 Rn. 1; *Fricke* VersR 2009, 15 f.; *Schneider* in Beckmann/Matusche-Beckmann VersR-HdB § 24 Rn. 149; wohl auch *v. Rintelen* in Beckmann/Matusche-Beckmann VersR-HdB § 23 Rn. 8; aA LG Halle (Saale) NJW-RR 2011, 114; LG Aachen VersR 2016, 67; *Koch* in Bruck/Möller VVG § 108 Rn. 48 ff.; *Brand* in Bruck/Möller VVG § 215 Rn. 19; *Klimke* in Prölss/Martin VVG § 215 Rn. 21; *Rixecker* in Langheid/Rixecker VVG § 215 Rn. 4.

[313] → § 215 Rn. 24.

[314] So aber *Koch* in Bruck/Möller VVG § 108 Rn. 48; *Klimke* in Prölss/Martin VVG § 215 Rn. 21.

[315] Zur Nichtanwendbarkeit von § 29c ZPO auf einen Zessionar des Verbrauchers BGH VersR 2010, 645 (646); *Hüßtege* in Thomas/Putzo ZPO § 29a Rn. 4a.

[316] Zuletzt BGH MDR 2003, 1304; aA *v. Rintelen* in Beckmann/Matusche-Beckmann VersR-HdB § 23 Rn. 29.

[317] *Koch* in Bruck/Möller VVG § 108 Rn. 52; *Lenz* in van Bühren VersR-HdB § 25 Rn. 204; *Dreher/Thomas* ZGR 2009, 31 (42 f.): „inzidenter Prüfung des Haftpflichtanspruchs" (vgl. dort auch den Text der Fn. 68); zur Rechtslage nach Abtretung des Freistellungsanspruchs unter der Geltung des VVG aF: BGH VersR 1975, 655 (657) = NJW 1975, 1276 (1277).

[318] So auch *Lange* r+s 2019, 613 (620).

Leistungsversprechen des Versicherers.[319] Zu der umstrittenen Frage, ob eine solche Bindungswirkung für das VVG nF auch dann zu bejahen ist, wenn ein kontradiktorisches Haftpflichturteil ohne Kenntnis des Versicherers ergangen ist → § 106 Rn. 20 ff. Die **Bindungswirkung** geht aber nicht weiter, als eine für die Entscheidung im Deckungsprozess maßgebliche Frage sich auch im Haftpflichtprozess nach dem vom Haftpflichtgericht gewählten rechtlichen Begründungsansatz bei objektiv zutreffender rechtlicher Würdigung als entscheidungserheblich erweist, also **Voraussetzungsidentität** vorliegt. Diese Begrenzung ist insbes. deshalb geboten, weil der Versicherungsnehmer und der Versicherer keinen Einfluss darauf haben, dass der Haftpflichtrichter „überschießende", nicht entscheidungserhebliche Feststellungen trifft oder nicht entscheidungserhebliche Rechtsausführungen macht.[320] In den Grenzen der Voraussetzungsidentität sind lediglich die vom Tatrichter des Haftpflichtprozesses festgestellten und seiner Entscheidung zugrunde gelegten **tatsächlichen Elemente des Haftungstatbestandes bindend;** die *rechtliche* Einordnung durch den Tatrichter des Haftpflichtprozesses ist dagegen ohne Belang.[321] Der BGH begründet dies überzeugend damit, dass sich beide Parteien des Haftpflichtprozesses nicht mit einem Rechtsmittel allein gegen eine fehlerhafte rechtliche Begründung des ergangenen Urteils wehren können, weil ein Rechtsmittel, mit dem bei gleichem Ergebnis nur eine andere Entscheidungsbegründung erstrebt würde, mangels Beschwer unzulässig wäre.[322]

Da im Zahlungsprozess des Dritten sowohl als Vorfrage über die Haftpflicht als auch über die versicherungsvertragliche Deckung entschieden wird, kann der Dritte hinsichtlich des **prozessualen Vortrags** in eine Konfliktsituation kommen.[323] So kann der Vortrag bestimmter Tatsachen im Hinblick auf den Haftungsanspruch hilfreich, jedoch im Hinblick auf den Deckungsanspruch nachteilig sein. Der Dritte ist aufgrund seiner prozessualen **Wahrheitspflicht** jedenfalls gehalten, einen einheitlichen Lebenssachverhalt vorzutragen.[324]

h) Rechtslage nach rechtskräftiger Entscheidung über die Zahlungsklage des Dritten. aa) Obsiegen des Dritten. Wenn der Dritte mit der Zahlungsklage gegen den Versicherer obsiegt, wird der Versicherer dem Urteil durch Zahlung an den Dritten entsprechen, notfalls wird der Dritte aus dem Titel in das Vermögen des Versicherers vollstrecken. Mit der Leistung des Versicherers an den Dritten wird sowohl die Freistellungspflicht des Versicherers aus dem Versicherungsvertrag als auch die Haftpflichtschuld des Versicherungsnehmers erfüllt.[325]

bb) Abweisung der Zahlungsklage mangels Deckung. Wenn die Zahlungsklage des Dritten gegen den Versicherer rechtskräftig abgewiesen wird, weil das Gericht einen **Deckungsanspruch** aus dem Versicherungsvertrag **verneint,** ist der Versuch des Dritten, aus dem erfüllungshalber abgetretenen Freistellungsanspruch Befriedigung für seine Haftpflichtforderung zu erlangen, gescheitert. Die (ggf. ergänzende) Auslegung des Abtretungsvertrags zwischen Versicherungsnehmer und Drittem führt dann dazu, dass der **Dritte wieder berechtigt** ist, **aus der Haftpflichtforderung gegen den Versicherungsnehmer vorzugehen** (→ Rn. 119, 138).[326]

Soweit das Urteil, das die Zahlungsklage des Dritten mangels Deckung abweist, auch Feststellungen zu **tatsächlichen Elementen des Haftungstatbestands** trifft, entfaltet es **keine Bindungswirkung** für die sich anschließende Haftungsklage zwischen Drittem und Versicherungsnehmer.[327] Eine gesetzliche Rechtskrafterstreckung gibt es insoweit nicht. Eine Bindungswirkung folgt auch weder aus dem Abtretungsvertrag noch aus dem Haftpflichtversicherungsvertrag, anders als hinsichtlich einer Bindungswirkung der rechtskräftigen Entscheidung des Haftpflichtprozesses für den Deckungsprozess, die aus dem Leistungsversprechen des Versicherers abgeleitet wird.[328] Auch im Falle einer Streitverkündung durch den Dritten oder Nebenintervention seitens des Versicherungsnehmers (→ Rn. 138) besteht keine Bindungswirkung, soweit es sich um Feststel-

---

[319] BGHZ 119, 276 (280 f.) = r+s 1992, 406 (407); BGH VersR 2001, 1103 (1104) = r+s 2001, 408 (409); für eine vertragliche Verzichtsabrede *Brinkmann* ZIP 2017, 301 (302).
[320] BGH VersR 2011, 203 (204); 2007, 641 (642) = r+s 2007, 241 (242); VersR 2004, 590 = r+s 2004, 232 (233).
[321] BGH VersR 2011, 203 (204).
[322] BGH VersR 2011, 203 (204); NJW 1994, 2697 = FamRZ 1994, 694.
[323] Wie hier *Lange* r+s 2019, 613 (623 f.).
[324] Zu allem *Langheid* VersR 2007, 865 (867).
[325] *Koch* in Bruck/Möller VVG § 108 Rn. 44.
[326] *Armbrüster* r+s 2010, 441 (450 f.); *Dreher/Thomas* ZGR 2008, 31 (46), speziell zur D&O-Versicherung.
[327] *Armbrüster* r+s 2010, 441 (451); *Koch* in Bruck/Möller VVG § 108 Rn. 62; iErg auch *Lange* r+s 2007, 401 (405); tendenziell auch *Langheid* in Langheid/Rixecker VVG § 108 Rn. 13; *Langheid* VersR 2007, 865 (867); *Dreher/Thomas* ZGR 2008, 31 (46).
[328] BGHZ 119, 276 (280 f.) = VersR 1992, 1504 (1505); BGH VersR 2001, 1103 (1104) = r+s 2001, 408 (409).

lungen handelt, die für den Urteilsspruch nicht erheblich sind (sog. überschießende Feststellungen).[329]

137   Wenn es dem Zessionar nicht gelingt, sich aus der an ihn erfüllungshalber abgetretenen Forderung zu befriedigen, ist er aufgrund der Vereinbarung mit dem Zedenten grds. verpflichtet, das Erfüllungssurrogat an diesen zurückzuübertragen.[330] Es erscheint jedoch fraglich, ob eine Rückübertragungspflicht auch dann anzunehmen ist, wenn das **Nichtbestehen** des zurückzuübertragenden Anspruchs durch Urteil rechtskräftig festgestellt ist. Die **Rechtskraft** dieses Urteils wirkt nämlich nach **§ 325 ZPO** bei einer (Rück-)Abtretung des Anspruchs **auch gegenüber dem Rechtsnachfolger** (hier also gegen den Versicherungsnehmer).[331] Nach aA soll jedenfalls nach § 242 BGB ausgeschlossen sein, dass der Versicherer nach einer Rückübertragung des Freistellungsanspruchs vom Versicherungsnehmer erneut in Anspruch genommen wird.[332] Die Verneinung eines Deckungsanspruchs mit Rechtskraft auch für den Versicherungsnehmer bedeutet zugleich, dass der Versicherungsnehmer vom Versicherer auch keine Abwehrdeckung mehr verlangen kann, wenn er nunmehr vom Dritten aus der Haftpflichtforderung persönlich in Anspruch genommen wird.[333]

138   Es zeigt sich, dass die erfüllungshalber vorgenommene Abtretung des Freistellungsanspruchs an den Dritten für den Versicherungsnehmer mit erheblichen Risiken verbunden ist.[334] Denn er trägt das Risiko, dass sein Deckungsanspruch im Prozess zwischen Drittem und Versicherer auch ihm gegenüber rechtskräftig verneint wird und er danach – ohne Versicherungsschutz zu haben – vom Dritten aus der Haftpflichtforderung in Anspruch genommen wird. Dem Versicherungsnehmer ist wegen der Rechtsfolge aus § 325 ZPO zu raten, dem Dritten im Zahlungsprozess gegen den Versicherer als **Nebenintervenient** beizutreten.[335]

139   cc) **Abweisung der Zahlungsklage mangels Haftpflichtanspruchs.** Wenn die Zahlungsklage des Dritten gegen den Versicherer nicht erfolgreich ist, weil das Gericht einen Haftpflichtanspruch des Dritten gegen den Versicherungsnehmer verneint, dann entfaltet diese Entscheidung nach den allgemeinen gesetzlichen Regeln (§ 325 ZPO) keine Rechtskraft im Verhältnis des Dritten zum Versicherungsnehmer.[336] Eine derartige Rechtskrafterstreckung sieht § 124 Abs. 1 und 3 nur vor, wenn der Dritte einen Direktanspruch gegen den Versicherer nach § 115 hat. Der Dritte könnte demgemäß nach der Niederlage gegen den Versicherer erneut aus der Haftpflichtforderung gegen den Versicherungsnehmer vorgehen. Die **Vereinbarung zwischen Versicherungsnehmer und Drittem** über die erfüllungshalber erfolgte Abtretung des Freistellungsanspruchs ist jedoch im Zweifelsfall dahin auszulegen, dass die rechtskräftige Feststellung des Nichtbestehens der Haftpflichtforderung im Verhältnis zwischen Drittem und Versicherer **Rechtskraft auch im Verhältnis von Drittem und Versicherungsnehmer** hat.[337] Der Dritte kann deshalb die gegenüber dem Versicherer abgewiesene Haftpflichtforderung nicht erneut gegenüber dem Versicherungsnehmer geltend machen. Dies gilt unabhängig davon, ob die Haftpflichtforderung ganz oder nur teilweise verneint wurde.[338] Nach aA soll eine solche Auslegung der Abtretungsvereinbarung zu weit gehen; der Versicherer könne aber im Zahlungsprozess zwischen ihm und dem Dritten **Widerklage** mit dem Antrag erheben, festzustellen, dass (auch) die Haftpflichtforderung des Dritten gegen den Versicherungsnehmer nicht bestehe.[339] **Stellungnahme:** Der (Um-)Weg einer Widerklage erscheint unnötig kompliziert und stellt den Schutz des Versicherungsnehmers ohne Notwendigkeit in das Ermessen des Versicherers. Es sind dagegen keine Gründe ersichtlich, weshalb die Vereinbarung zwischen Versicherungsnehmer und Drittem über die erfüllungshalber erfolgte Abtretung des Freistellungsan-

---

[329] *Armbrüster* r+s 2010, 441 (451); *Koch* in Bruck/Möller VVG § 108 Rn. 62.
[330] BGH BeckRS 2000, 30150791; BGHZ 137, 212 (218 f.) = NJW 1998, 671 (672 ff.).
[331] *Armbrüster* r+s 2010, 441 (450 f.); iErg ebenso *Langheid* in Langheid/Rixecker VVG § 108 Rn. 13; *Langheid* VersR 2007, 865 (867); *Dreher/Thomas* ZGR 2008, 31 (46); aA *Lange* r+s 2007, 401 (404).
[332] *Retter* in Schwintowski/Brömmelmeyer/Ebers VVG § 108 Rn. 50; *Lange* r+s 2007, 401 (405); *Armbrüster* r+s 2010, 441 (451), der aber weitergehend die Anwendung von § 325 ZPO bejaht.
[333] *Harzenetter* NZG 2016, 728 (733); *Langheid* VersR 2007, 865 (867); *Koch* in Bruck/Möller VVG § 108 Rn. 69.
[334] *Dreher/Thomas* ZGR 2008, 31 (46 f.) empfehlen daher aus Sicht des Versicherungsnehmers bzw. Versicherten nur eine Abtretung an Erfüllungs statt.
[335] *Armbrüster* r+s 2010, 441 (451); *Langheid* VersR 2007, 865 (868); *Thomas* Haftungsfreistellung S. 466.
[336] *Thomas* Haftungsfreistellung S. 464 ff.
[337] *Lücke* in Prölss/Martin VVG § 108 Rn. 28, 30; *Retter* in Schwintowski/Brömmelmeyer/Ebers VVG § 108 Rn. 56, ggf. auch mittels ergänzender Vertragsauslegung; tendenziell auch *Langheid* VersR 2007, 865 (868); *Lange* r+s 2007, 401 (404), der eine ausdrückliche Vereinbarung empfiehlt.
[338] IErg ebenso *Armbrüster* r+s 2010, 441 (451).
[339] *Koch* in Bruck/Möller VVG § 108 Rn. 54 f.; *Koch* FS Winter, 2007, 345 (361); *Armbrüster* r+s 2010, 441 (451); inzident auch *Schneider* in Beckmann/Matusche-Beckmann VersR-HdB § 24 Rn. 149a; *Heinrichs* in FAKomm VersR § 108 Rn. 14; *Hösker* VersR 2013, 952 (960 f.).

spruchs nicht grds. – also vorbehaltlich abweichender Vereinbarungen und vorbehaltlich besonderer Konstellationen, wie der Anwendbarkeit von § 93 AktG bei Schädigung einer AG[340] – dahin ausgelegt werden sollte, dass eine Abweisung der Zahlungsklage wegen Nichtbestehens des Haftpflichtanspruchs auch Rechtskraft im Verhältnis zwischen Drittem und Versicherungsnehmer entfaltet. Im Ergebnis ist die Rechtslage nach Abtretung des Freistellungsanspruchs an den geschädigten Dritten mit der Rechtslage bei Bestehen eines Direktanspruchs des Dritten zumindest weitgehend vergleichbar. Kein Einwand ergibt sich daraus, dass § 124 eine derartige Rechtskrafterstreckung ausdrücklich nur für den Fall eines Direktanspruches statuiert. Dies geschieht nur zur Klarstellung, dass allein das Vorliegen einer Pflichtversicherung nicht kraft Gesetzes eine solche Rechtskrafterstreckung zur Folge hat.[341] Im Falle der Abtretung geht es jedoch um eine Rechtskrafterstreckung aufgrund vertraglicher Vereinbarung.

i) Teilabtretung. Regelmäßig wird der Versicherungsnehmer, wenn er sich zu einer Abtretung 140 des Freistellungsanspruchs entscheidet, den Anspruch zur Gänze an den Dritten abtreten, der sich zwecks Erfüllung seiner Haftpflichtforderung an den Versicherungsnehmer wendet. Dritter in diesem Sinne ist auch ein rechtsgeschäftlicher oder gesetzlicher Rechtsnachfolger des unmittelbar geschädigten Dritten (→ Rn. 55). Wenn der geschädigte Dritte seine Haftpflichtforderung nur teilweise auf eine andere Person überträgt, steht der Versicherungsnehmer **mehreren Dritten** gegenüber. Ebenso verhält es sich, wenn die Haftpflichtforderung des geschädigten Dritten im Wege des gesetzlichen Forderungsübergangs aus Gründen der Kongruenz nur teilweise auf einen Sozialversicherungsträger übergegangen ist, iU aber beim geschädigten Dritten verbliebene ist. Wenn die Haftpflichtforderung infolge einer Teilabtretung oder eines gesetzlichen Teilübergangs auf mehrere Dritte iSd Haftpflichtversicherungsrechts aufgespalten ist, kann der Versicherungsnehmer entsprechend auch den **Freistellungsanspruch teilweise abtreten.** Der Freistellungsanspruch geht stets nur insoweit auf einen Dritten über, als dieser einen begründeten Haftpflichtanspruch gegen den Versicherungsnehmer hat.[342] Nur soweit der Dritte eine Haftpflichtforderung hat, ist der Freistellungsanspruch überhaupt entgegen § 399 BGB abtretbar. Wenn der Versicherungsnehmer in Unkenntnis eines teilweisen gesetzlichen Übergangs der Haftpflichtforderung auf einen Sozialversicherungsträger seinen Freistellungsanspruch an den geschädigten Dritten abtritt, ist der Freistellungsanspruch also nur insoweit an diesen übertragen, als dieser aus der Haftpflichtforderung (noch) berechtigt ist. Aufgrund der vorgegebenen Grenzen der Abtretbarkeit ist eine Abtretungsvereinbarung grds. in diesem Sinne **auszulegen.** Dies bedeutet zugleich, dass es in dieser Situation prinzipiell nicht um eine Teilunwirksamkeit der Abtretungsvereinbarung geht.[343] Die Abtretungsvereinbarung ist vielmehr zur Gänze wirksam, erfasst den Freistellungsanspruch inhaltlich aber nur in der Höhe, in der dem Dritten eine Haftpflichtforderung zusteht.

§ 109 Mehrere Geschädigte

¹Ist der Versicherungsnehmer gegenüber mehreren Dritten verantwortlich und übersteigen deren Ansprüche die Versicherungssumme, hat der Versicherer diese Ansprüche nach dem Verhältnis ihrer Beträge zu erfüllen. ²Ist hierbei die Versicherungssumme erschöpft, kann sich ein bei der Verteilung nicht berücksichtigter Dritter nachträglich auf § 108 Abs. 1 nicht berufen, wenn der Versicherer mit der Geltendmachung dieser Ansprüche nicht gerechnet hat und auch nicht rechnen musste.

Übersicht

	Rn.		Rn.
A. Einführung	1	I. Allgemeines	11
I. Inhalt der Regelung	1	II. Mehrere Dritte	16
II. Zweck der Regelung des S. 1	3	III. Übersteigen der Versicherungssumme durch die Forderungen der Dritten und die sich daraus ergebenden Folgen	22
III. Zweck der Regelung des S. 2	5		
IV. Unabdingbarkeit der Regelung	10	IV. Maßgeblicher Zeitpunkt für die Feststellung des Übersteigens der Versicherungssumme	29
B. Einzelheiten zur Regelung des S. 1	11		

---

[340] Ausf. *Thomas* Haftungsfreistellung S. 466 ff.; zur umstrittenen Frage der Anwendbarkeit des § 93 Abs. 2 S. 2 AktG (analog) im Direktprozess s. Fn. 308.
[341] *Klimke* in Prölss/Martin VVG § 124 Rn. 1.
[342] *Retter* in Schwintowski/Brömmelmeyer/Ebers VVG § 108 Rn. 25.
[343] So aber *Retter* in Schwintowski/Brömmelmeyer/Ebers VVG § 108 Rn. 25.

§ 109

	Rn.		Rn.
V. Leistungen an mehrere Dritte und die sich daraus ergebenden Folgen	33	III. Fehlendes Verschulden des Versicherers nach S. 2	44
C. Einzelheiten zur Regelung des S. 2	37	IV. Ungerechtfertigte Bereicherung aufgrund der Nicht-Berücksichtigung des Dritten in dem Verteilungsverfahren?	47
I. Allgemeines	37		
II. Voraussetzungen des Ausschlusses des in dem Verteilungsverfahren nicht berücksichtigten Dritten	41	D. Prozessuale Aspekte	50

Stichwort- und Fundstellenverzeichnis

Stichwort	Rn.	Rechtsprechung	Literatur
Addition sämtlicher Ansprüche aller Beteiligten	→ 22	BGH VersR 1982, 791 (793); 1985, 1054 (1055)	*Lücke* in Prölss/Martin § 109 Rn. 5 ff.; *Retter* in Schwintowski/Brömmelmeyer/Ebers § 109 Rn. 4; *Grooterhorst/Looman* r+s 2014, 157 (162)
Ansprüche auf wiederkehrende Leistungen	→ 27	BGH VersR 1980, 132 ff. und 279; 1982, 791 (793); 2006, 1679	*Lücke* in Prölss/Martin § 109 Rn. 6 und 9
cessio legis	→ 17	BGH VersR 1975, 558 (559); 1985, 1054; 2006, 1679	*Segger* in Langheid/Wandt § 86 Rn. 1 ff.; *Lücke* in Prölss/Martin § 109 Rn. 3; *Grüneberg* in Grüneberg BGB Vorb. vor §§ 249 ff. Rn. 112 ff.; *O. Lange* VersR 2014, 1413 (1424)
Durchbrechung des Prioritätsprinzips	→ 3 f.	BGH VersR 1985, 1054 (1055)	*W. Th. Schneider* in Beckmann/Matusche-Beckmann VersR-HdB § 24 Rn. 153; *Lücke* in Prölss/Martin § 109 Rn. 2; *Sprung* VersR 1992, 657 ff.; *O. Lange* VersR 2014, 1413 (1426); *Grooterhorst/Looman* r+s 2014, 157 (159)
Gesetzlich geregeltes Verteilungsverfahren	→ 12	–	*Späte* AHB § 1 Rn. 213; *Langheid* in Langheid/Rixecker § 109 Rn. 7; *Baumann* in BK-VVG § 156 Rn. 47; *Wenke* VersR 1983, 900
Maßgeblicher Zeitpunkt	→ 29 f.		*Langheid* in Langheid/Rixecker § 109 Rn. 7; *Lücke* in Prölss/Martin § 109 Rn. 8
Mehrere Dritte	→ 16 f.		*Langheid* in Langheid/Rixecker § 109 Rn. 2; *Lücke* in Prölss/Martin § 109 Rn. 3; *O. Lange* VersR 2014, 1413 (1424)
Risiko der Erschöpfung der Versicherungssumme	→ 4	BGH VersR 1985, 1054 (1055)	*Lücke* in Prölss/Martin § 109 Rn. 2; *W. Th. Schneider* in Beckmann/Matusche-Beckmann VersR-HdB § 24 Rn. 153; *Retter* in Schwintowski/Brömmelmeyer/Ebers § 109 Rn. 1; *v. Rintelen* in Späte/Schimikowski AHB 2014 Ziff. 1 Rn. 386
Sorgfalt eines vernünftigen und praktischen Versicherers	→ 9, 45	RGZ 158, 284 ff.	*Baumann* in BK-VVG § 156 Rn. 49; *Lücke* in Prölss/Martin § 109 Rn. 12
Verhältnismäßigkeitsberechnung	→ 32	–	*Wenke* VersR 1983, 900 (901); *Sprung* VersR 1992, 657 (662); *Schulze Schwienhorst* in Looschelders/Pohlmann § 109 Rn. 9
Verteilungsverfahren	→ 4, 13 f.	BGH VersR 1985, 1054 (1055); 2006, 1679 f.	*Späte* AHB § 1 Rn. 213; *Langheid* in Langheid/Rixecker § 109 Rn. 1 und 8; *Lücke* in Prölss/Martin § 109

Stichwort	Rn.	Rechtsprechung	Literatur
			Rn. 2; *Sprung* VersR 1992, 657 ff.; *v. Rintelen* in Späte/Schimikowski AHB 2014 Ziff. 1 Rn. 386; *Schimikowski* in HK-VVG § 109 Rn. 2

Schrifttum: Abschlussbericht der Kommission zur Reform des Versicherungsvertragsrechts vom 19.4.2004 – VersR-Schriftenreihe, Band 25, 2004; *Armbrüster*, Prozessuale Besonderheiten in der Haftpflichtversicherung, r+s 2010, 441; *Armbrüster*, Verteilung nicht ausreichender Versicherungssummen in D&O-Innenhaftungsfällen, VersR 2014, 1; *H. Baumann*, Zur unmittelbaren Schadensersatzpflicht des Haftpflichtversicherers gegenüber Dritten – Folgerungen aus dem Schuldrechtsmodernisierungsgesetz, VersR 2004, 944; *Car*, Das Überschreiten der Deckungssumme in der Haftpflichtversicherung, 2016; *Car*, Das Überschreiten der Deckungssumme in der Haftpflichtversicherung – Juristische, betriebswirtschaftliche und versicherungsmathematische Aspekte, ZVersWiss 105 (2016), 591; *Dahns*, Die neue Partnerschaftsgesellschaft mit beschränkter Berufshaftung, NJW-Spezial 2013, 446; *Deichl/Küppersbusch/Schneider*, Kürzungs- und Verteilungsverfahren nach §§ 155 Abs. 1 und 156 Abs. 3 VVG in der Kfz-Haftpflichtversicherung, 1985; *Deinhardt*, Der Schutz des Verkehrsopfers bei Erschöpfung der Versicherungssumme, VersR 1980, 412; *Fenyves*, Die rechtliche Behandlung von Serienschäden in der Haftpflichtversicherung, 1988; *Franz*, Das Versicherungsvertragsrecht im neuen Gewand, VersR 2008, 298; *Franz*, Die Reform des Versicherungsvertragsrechts – ein großer Wurf?, DStR 2008, 303; *Gräfe/Brügge/Melchers*, Berufshaftpflichtversicherung für rechts- und steuerberatende Berufe, 3. Aufl. 2021; *Grooterhorst/Looman*, Kostentragung des Versicherers bei (teilweiser) Erschöpfung der Versicherungssumme in der D&O-Versicherung, r+s 2014, 157; *Grote/Chr. Schneider*, VVG 2008: Das neue Versicherungsvertragsrecht, BB 2007, 2689; *Heimbücher*, Die versicherten Personen in der Betriebshaftpflichtversicherung, VW 1992, 1240; *Chr. Huber*, Probleme der über die Versicherungssumme hinausgehenden Leistungspflicht des Haftpflichtversicherers gemäß § 156 Abs. 3 VVG, VersR 1986, 851; *Hugel*, Haftpflichtversicherung, 3. Aufl. 2008; *R. Johannsen*, Zur Rechtsstellung des geschädigten Dritten in der Haftpflichtversicherung, r+s 1997, 309; *R. Koch*, Das Dreiecksverhältnis zwischen Versicherer, Versicherungsnehmer und versicherten Personen in Innenhaftungsfällen der D&O-Versicherung, VersR 101 (2012), 151; *Konradi*, Das Kürzungs- und Verteilungsverfahren gemäß §§ 155, 156 Abs. 3 VVG a.F. bzw. § 109 VVG, VersR 2009, 321; *O. Lange*, Die Serienschadenklausel in der D&O-Versicherung, VersR 2004, 563; *O. Lange*, Die verbrauchte Versicherungssumme in der D&O-Versicherung, VersR 2014, 1413; *Langenick*, Probleme des Verteilungsverfahrens, insbesondere das in § 118 Abs. 1 VVG verborgene Super-Befriedigungsvorrecht, r+s 2011, Sonderheft zum 75. Geburtstag von Hermann Lemcke, S. 70; *Langheid*, Die Reform des Versicherungsvertragsgesetzes, NJW 2007, 3665 und 3745; *Langheid*, Tücken in den §§ 100 ff. VVG-RegE, VersR 2007, 865; *M. Lehmann*, Die Rechtsprechung des Bundesgerichtshofes zum Allgemeinen Versicherungsvertragsrecht nach neuem VVG, r+s 2012, 320; *Littbarski*, AHB, Kommentar, 2001; *Littbarski*, Die Haftpflichtversicherung des Sachverständigen, in: Praxishandbuch Sachverständigenrecht, 4. Auflage 2008, § 40; *Littbarski*, Produkthaftpflichtversicherung, Kommentar, 2. Auflage; *Littbarski/Tenschert/Klein* (Hrsg.), Betriebs- und Berufshaftpflichtversicherung, Kommentar, AVB BHV 2023; *Meyer-Kahlen*, Der Serienschaden in der Produkthaftpflichtversicherung, VersR 1976, 8; *Nugel*, Das neue Versicherungsvertragsgesetz – Quotenbildung bei der Leistungskürzung wegen grober Fahrlässigkeit, MDR 2007, Sonderbeilage zum Heft 22; *Peppersack*, Das Kürzungs- und Verteilungsverfahren in der D&O-Versicherung – Auswirkungen unzureichender Deckungssummen und deren Möglichkeiten, 2017; *Peppersack*, die Problematik unzureichender Versicherungssummen in der D & O-Versicherung – Modelle und Lösungsansätze, r+s 2018, 117; *H. Plagemann*, Zusammenarbeit der Leistungsträger und ihre Beziehungen zu Dritten, NJW 1983, 423; *Schirmer*, Die Haftpflichtversicherung nach der VVG-Reform, ZVersWiss Supplement 2006, 427; *Schmalzl/Krause-Allenstein*, Berufshaftpflichtversicherung des Architekten und Bauunternehmers, 2. Aufl. 2006; *Schultheiß*, Das Verteilungsverfahren nach § 109 VVG in der Vermögensschadenhaftpflichtversicherung, VersR 2016, 497; *Späte*, Haftpflichtversicherung, Kommentar, 1. Auflage 1993; *Späte/Schimikowski* (Hrsg.), Haftpflichtversicherung, Kommentar, 2. Auflage 2015; *Sprung*, Das Verteilungsverfahren bei Deckungssummenüberschreitung in der Kfz-Haftpflichtversicherung, VersR 1992, 657; *Thalmair*, Die Haftpflichtversicherung nach der VVG-Reform, ZVersWiss Supplement 2006, 459; *Thürmann/Kettler*, Produkthaftpflichtversicherung, 7. Auflage 2019; *Weidner/Schuster*, Quotelung von Entschädigungsleistungen bei grober Fahrlässigkeit des VN in der Sachversicherung nach neuem VVG, r+s 2007, 363; *Wenke*, Verteilungspläne bei nicht ausreichender Deckungssumme in der Kfz-Haftpflichtversicherung, VersR 1983, 900.

A. Einführung

I. Inhalt der Regelung

§ 109 ist mit „Mehrere Geschädigte" überschrieben und regelt im Einzelnen das Verteilungsverfahren des Versicherers gegenüber mehreren Dritten, denen gegenüber der Versicherungsnehmer verantwortlich ist. Ist nämlich – wie es in § 109 S. 1 heißt – der Versicherungsnehmer gegenüber mehreren Dritten verantwortlich und übersteigen deren Ansprüche die Versicherungssumme, hat der Versicherer diese Ansprüche nach dem Verhältnis ihrer Beträge zu erfüllen. Ist hierbei die Versicherungssumme erschöpft, kann sich gemäß § 109 S. 2 ein bei der Verteilung nicht berücksich-

1

tigter Dritter nachträglich auf § 108 Abs. 1 nicht berufen, wenn der Versicherer mit der Geltendmachung dieser Ansprüche nicht gerechnet hat und auch nicht rechnen musste.

2 Damit stellt sich § 109 trotz eines etwas abweichenden Wortlautes inhaltlich als Nachfolgevorschrift zu § 156 Abs. 3 VVG aF dar, der wie folgt formuliert ist:

> Sind mehrere Dritte vorhanden und übersteigen ihre Forderungen aus der die Verantwortlichkeit des Versicherungsnehmers begründenden Tatsache die Versicherungssumme, so hat der Versicherer nach Maßgabe des Absatzes 2 die Forderungen nach dem Verhältnis ihrer Beträge zu berücksichtigen. Ist hierbei die Versicherungssumme erschöpft, so kann sich ein Dritter, der bei der Verteilung nicht berücksichtigt worden ist, nachträglich auf die Vorschrift des Absatzes 1 nicht berufen, wenn der Versicherer mit der Geltendmachung dieser Ansprüche entschuldbarerweise nicht gerechnet hat.

II. Zweck der Regelung des S. 1

3 Zweck der Regelung des § 109 S. 1 ist es, das im Verfahren der Zwangsvollstreckung wegen Geldforderungen in das bewegliche Vermögen nach § 804 Abs. 3 ZPO geltende sog. **Prioritätsprinzip zu durchbrechen,**[1] weil dieses Prinzip dem sozialen Gedanken der Haftpflichtversicherung widerspricht.[2]

4 Nach § 804 Abs. 3 ZPO geht das durch eine frühere Pfändung begründete Pfandrecht demjenigen vor, das durch eine spätere Pfändung begründet wird. § 109 verhindert daher durch die Unanwendbarkeit des dem § 804 Abs. 3 ZPO zugrundeliegenden Prioritätsprinzips, dass im Falle der Verantwortlichkeit des Versicherungsnehmers gegenüber mehreren Dritten und beim gleichzeitigen Übersteigen der Versicherungssumme durch deren Ansprüche der Freistellungsanspruch des Versicherungsnehmers gegen den Versicherer infolge des in der Zwangsvollstreckung geltenden Prioritätsprinzips allein demjenigen Dritten zugutekommt, der diesen Freistellungsanspruch als Erster nach § 829 ZPO pfänden und sich gemäß § 835 ZPO überweisen lässt.[3] Vielmehr soll die Gefahr, dass die Versicherungssumme nicht zur Befriedigung aller Anspruchsteller ausreicht, **auf alle Anspruchsberechtigten gleichmäßig verteilt** werden.[4] Mithin soll eine gleichmäßige Befriedigung aller geschädigten Dritten nach dem Verhältnis ihrer Beträge erreicht werden.

4a Einen Grenzfall bildet allerdings die noch zu § 156 Abs. 3 VVG aF ergangene Entscheidung des OLG Köln vom 8.11.2016.[5] Danach lässt sich die Frage, wann einem Berufshaftpflichtversicherer die Berufung auf den Einwand der Erschöpfung der Versicherungssumme gemäß § 156 Abs. 3 VVG aF wegen des vorliegenden Befriedigungsvorrechts des Geschädigten nach § 116 Abs. 4 SGB X gegenüber einem Anspruch eines Sozialversicherungsträgers aus übergegangenen Recht des Geschädigten nach erbrachten Leistungen gemäß § 242 BGB verwehrt ist, nur unter Berücksichtigung der Umstände des Einzelfalles entscheiden. Ein treuwidriges Verhalten des Versicherers ist nach Ansicht des OLG Köln auch bei unterlassener Durchführung des Versicherungsverfahrens und unterbliebener Befriedigung der Geschädigten über einen sehr langen Zeitraum jedenfalls dann nicht anzunehmen, wenn dies darauf beruhe, dass weitere Entschädigungsansprüche der Geschädigten von deren Bevollmächtigten weder konkret beziffert noch eingefordert worden seien und die über mehrere Jahre mit dem Versicherer geführten Vergleichsverhandlungen über eine Abfindungssumme aufgrund von nicht im Verantwortungsbereich des Versicherers liegenden Umständen bisher nicht abgeschlossen werden konnten. Von einem solchen sicher nicht häufig auftretenden und deshalb im Ergebnis noch zu akzeptierenden Grenzfall abgesehen soll aber hiermit das Risiko der Erschöpfung der Versicherungssumme trotz aller Schwierigkeiten in der praktischen Handhabung auf alle geschädigten und anspruchsberechtigten Dritten in gleicher Weise verteilt werden. Diese Grundsätze gelten allerdings nicht für Pflichtver-

---

[1] Vgl. hierzu BGH VersR 1985, 1054 (1055); *Langheid* in Langheid/Rixecker § 109 Rn. 1 und 8; *Schimikowski* in HK-VVG § 109 Rn. 6; *v. Rintelen* in Späte/Schimikowski AHB Ziff. 1 Rn. 389; *Lücke* in Prölss/Martin § 109 Rn. 2; näher hierzu → Rn. 11 ff.

[2] So ausdrücklich Motive zum VVG, S. 639 (Nachdruck 1963) zum Gesetz vom 7.11.1939, RGBl. I S. 2223 mit Durchführungsverordnung vom 6.4.1940, RGBl. I S. 617 (639); vgl. ferner *Baumann* in BK-VVG § 156 Rn. 45; *Armbrüster* VersR 2014, 1 (3); *O. Lange* VersR 2014, 1413 (1426) mwN in Fn. 157; *Grooterhorst/Looman* r+s 2014, 157 (159); *Car* Überschreiten der Deckungssumme S. 32.

[3] Vgl. auch BGH VersR 1982, 791 (793); *Retter* in Schwintowski/Brömmelmeyer/Ebers § 109 Rn. 1.

[4] Vgl. BGH VersR 1985, 1054 (1055); 2006, 1679 f.; *v. Rintelen* in Späte/Schimikowski AHB 2014 Ziff. 1 Rn. 386; *Schimikowski* in HK-VVG § 109 Rn. 1 zu § 109 VVG; vgl. ferner *Baumann* in BK-VVG § 156 Rn. 45 zu § 156 Abs. 3 VVG aF.

[5] Vgl. OLG Köln r+s 2017, 9 ff. = VersR 2017, 341 ff.; vgl. auch *Langheid* in Langheid/Rixecker § 109 Rn. 1; *Lücke* in Prölss/Martin § 109 Rn. 2.
Näher hierzu → § 118 Rn. 2 und 19 ff.; vgl. ferner *v. Rintelen* in Späte/Schimikowski AHB 2014 Ziff. 1 Rn. 386 und 392 f.

sicherungen nach den §§ 113–124, wie § 118 Abs. 1 Nr. 1–5 zeigt. Diese Vorschrift stellt sich als lex specialis zu § 109 dar und regelt die Rangfolge mehrerer Ansprüche in einem Rangfolgenprinzip, um dadurch der Privilegierung einiger Gruppen von Geschädigten, die als besonders schutzbedürftig gelten, zu dienen.[6]

III. Zweck der Regelung des S. 2

Diese den Zweck der Regelung des § 109 S. 1 prägenden Grundsätze über die Nicht- 5
Anwendbarkeit des Prioritätsprinzips gelten allerdings nicht, wenn die Voraussetzungen des § 109 S. 2 gegeben sind. Danach kann sich bei **Erschöpfung der Versicherungssumme** ein bei der Verteilung nicht berücksichtigter Dritter nachträglich auf § 108 Abs. 1 nicht berufen, wenn der Versicherer mit der Geltendmachung dieser Ansprüche nicht gerechnet hat und auch nicht rechnen musste.

Nach § 108 Abs. 1 S. 1 sind Verfügungen des Versicherungsnehmers über den Freistellungsan- 6
spruch gegen den Versicherer dem Dritten gegenüber unwirksam. Zudem bestimmt § 108 Abs. 1 S. 2, dass der rechtsgeschäftlichen Verfügung eine Verfügung im Wege der Zwangsvollstreckung oder Arrestvollziehung gleichsteht.

Was hiermit bezweckt ist und welche Folgen sich hieraus ergeben, wird in den Erläuterungen 7
zu § 108 Abs. 1 näher umschrieben.[7] An dieser Stelle gilt es zunächst nur festzustellen, welcher Zweck mit der Regelung des § 109 S. 2 verfolgt wird, während wegen der Einzelheiten zur Bedeutung der zahlreiche Probleme aufwerfenden Vorschrift auf die noch folgenden Erläuterungen zu verweisen ist.[8]

§ 109 S. 2 bezweckt im Einklang mit der sprachlich etwas anders formulierten, aber inhaltlich 8
insoweit hiermit übereinstimmenden Vorschrift des § 156 Abs. 3 S. 2 VVG aF den nach Erschöpfung der Versicherungssumme nachträglich Ansprüche geltend machenden, bei der Verteilung der Versicherungssumme nicht mit einbezogenen Dritten nicht mehr zu berücksichtigen, wenn der Versicherer mit der Geltendmachung dieser Ansprüche nicht gerechnet hat und auch nicht rechnen musste. Folge hiervon ist, dass der zu spät kommende Dritte sich nicht auf eine relative Unwirksamkeit der Verfügung im Sinne von § 108 Abs. 1 berufen kann,[9] er vielmehr die Zahlungen, die der Versicherer an andere Dritte geleistet hat, gegen sich gelten lassen muss.[10] Somit hat der zu spät kommende Dritte kein Zugriffsrecht auf die erschöpfte Versicherungssumme mehr, so dass auch der Versuch einer Pfändung ins Leere ginge.[11]

Da der Versicherer gemäß § 109 S. 2 mit der Geltendmachung dieser Ansprüche nicht gerechnet 9
hat und auch nicht rechnen musste, muss der **Versicherer beim Verteilungsverfahren über die Versicherungssumme unverschuldet gehandelt** haben. § 156 Abs. 3 S. 2 VVG aF bringt dies sprachlich deutlicher als § 109 S. 2 zum Ausdruck, indem sich in § 156 Abs. 3 S. 2 VVG aF die Formulierung „… mit der Geltendmachung dieser Ansprüche entschuldbarerweise nicht gerechnet hat" findet. Sowohl aus dieser Formulierung als auch aus der nunmehr in § 109 S. 2 verwendeten ist zugleich zu entnehmen, dass die Darlegungs- und Beweislast für das unverschuldete Handeln des Versicherers beim Verteilungs-

---

[6] Vgl. BGH VersR 1985, 1054 (1055); 2006, 1679 f.; vgl. auch *Retter* in Schwintowski/Brömmelmeyer/Ebers § 109 Rn. 1; *W. Th. Schneider* in Beckmann/Matusche-Beckmann VersR-HdB § 24 Rn. 153; *Lücke* in Prölss/Martin § 109 Rn. 2; *Schulze Schwienhorst* in Looschelders/Pohlmann § 109 Rn. 1 f.; *Langheid* in Langheid/Rixecker § 109 Rn. 1; jeweils zu § 109 VVG; *Langheid* in Römer/Langheid § 156 Rn. 22 f. zu § 156 Abs. 3 VVG aF; *Voit/Knappmann* in Prölss/Martin, 27. Aufl. 2004, § 156 Rn. 16; jeweils zu § 156 VVG aF; vgl. auch *Sprung* VersR 1992, 657 ff. zum Verteilungsverfahren bei Deckungssummenüberschreitungen in der Kfz-Haftpflichtversicherung; *Armbrüster* VersR 2014, 1 (5 f.) zum Prioritätsprinzip bei der Verteilung nicht ausreichender Versicherungssummen in D&O-Innenhaftungsfällen.

[7] Vgl. hierzu *Wandt* → § 108 Rn. 1.

[8] Vgl. hierzu → § 109 Rn. 37 ff.

[9] Vgl. *Baumann* in BK-VVG § 156 Rn. 57; *Langheid* in Langheid/Rixecker § 109 Rn. 10; *Schulze Schwienhorst* in Looschelders/Pohlmann § 109 Rn. 9; vgl. zu den Forderungen, mit deren Geltendmachung noch zu rechnen ist, BGHZ 84, 151 ff. = VersR 1982, 791 ff.; *Lücke* in Prölss/Martin § 109 Rn. 6; *W. Th. Schneider* in Beckmann/Matusche-Beckmann VersR-HdB § 24 Rn. 156.

[10] Vgl. *Baumann* in BK-VVG § 156 Rn. 57; *W. Th. Schneider* in Beckmann/Matusche-Beckmann VersR-HdB § 24 Rn. 156; *Langheid* in Langheid/Rixecker § 109 Rn. 10; *O. Lange* VersR 2014, 1413 (1416); *Schultheiß* VersR 2016, 497 (500); vgl. aber auch *R. Koch* ZVersWiss 101 (2012), 151 (166 f.), der zu Unrecht eine analoge Anwendung des § 109 S. 1 VVG zugunsten des zu spät kommenden Dritten in Betracht zieht oder verneinendenfalls die Regelungslücke im Wege der ergänzenden Vertragsauslegung schließen will; ebenso *R. Koch* in Bruck/Möller § 109 Rn. 35; *Seyfarth* Vorstandsrecht § 25 Rn. 68 f.; ablehnend auch *Armbrüster* ZVersWiss 105 (2016), 149 (150 f.); *Armbrüster* ZVersWiss 105 (2016), 307 (308); vgl. ferner *Grooterhorst/Looman* r+s 2014, 157 (159).

[11] Vgl. *Langheid* in Römer/Langheid § 156 Rn. 25; *Car* Überschreiten der Deckungssumme S. 59.

verfahren dieser trägt.[12] Unter Berücksichtigung des Umstandes, dass die Erbringung des Entlastungsbeweises für den Versicherer eine erhebliche Belastung darstellt und ihn deshalb keine Erkundigungspflichten treffen[13] sowie im Interesse einer beschleunigten Schadensabwicklung[14] ist allerdings seit Einführung des § 156 Abs. 3 VVG aF am 7.11.1939[15] allgemein anerkannt, dass die Anforderungen an den Versicherer nicht überspannt werden dürften[16] und er nicht jede Fahrlässigkeit zu vertreten habe.[17] Er habe vielmehr – so heißt es bereits in den Motiven zum Gesetz vom 7.11.1939 –[18] nur die Sorgfalt zu beobachten, die unter den Umständen des besonderen Falles von einem vernünftigen und praktischen Versicherer verlangt und angewendet werde.

IV. Unabdingbarkeit der Regelung

10   Auch wenn weder dem Wortlaut des § 109 noch dem des § 156 Abs. 3 VVG aF eine Aussage über die Unabdingbarkeit dieser Vorschriften entnommen werden kann und sich erst recht auch kein entsprechender Hinweis in § 112 bzw. in § 158a VVG aF findet, besteht doch in der Literatur hinsichtlich des § 109 sowie des § 156 Abs. 3 VVG aF im Ergebnis zu Recht weitgehend Einigkeit darüber, dass es ihrem Wesen und Sinn sowie den mit ihnen verfolgten Zwecken widerspreche, sie mit Hilfe des Versicherungsvertragsrechts im Versicherungsvertrag zu ändern.[19]

B. Einzelheiten zur Regelung des S. 1

I. Allgemeines

11   Ist der Versicherungsnehmer gegenüber mehreren Dritten verantwortlich und übersteigen deren Ansprüche die Versicherungssumme, hat der Versicherer nach § 109 S. 1 diese Ansprüche nach dem Verhältnis ihrer Beträge zu erfüllen. Diese auf den ersten Blick relativ einfach formulierte Regelung bereitet bei genauerem Hinsehen wie die Vorgängervorschrift des § 156 Abs. 3 S. 1 VVG aF nicht nur hinsichtlich der näheren Bestimmung ihrer Tatbestandsvoraussetzungen und Rechtsfolgen, sondern vor allem auch im Hinblick auf ihre praktische Handhabung erhebliche Schwierigkeiten.

12   Deshalb war bereits unter der Geltung des § 156 Abs. 3 VVG aF das in dieser Vorschrift geregelte gesetzliche Verteilungsverfahren wiederholt kritisiert und zugleich eine gesetzliche Neuregelung angemahnt worden.[20] Dieser Forderung ist jedoch der Gesetzgeber des § 109 nicht nachgekommen und hat ohne ein Eingehen auf die in der Literatur erhobenen Forderungen nach einer gesetzlichen Neuregelung mit dem lapidaren Satz, dass die Vorschrift[21] sachlich mit § 156 Abs. 3 VVG aF übereinstimme, zwar

---

[12] Vgl. *Baumann* in BK-VVG § 156 Rn. 59; *Langheid* in Römer/Langheid § 156 Rn. 26; *Voit/Knappmann* in Prölss/Martin, 27. Aufl. 2004, § 156 Rn. 24; *Lücke* in Prölss/Martin § 109 Rn. 16; *Langheid* in Langheid/Rixecker § 109 Rn. 11; *Schulze Schwienhorst* in Looschelders/Pohlmann § 109 Rn. 11; *Schultheiß* VersR 2016, 497 (500); vgl. auch → Rn. 46 und 53.
[13] Vgl. *Langheid* in Römer/Langheid § 156 Rn. 26; *Schulze Schwienhorst* in Looschelders/Pohlmann § 109 Rn. 11; *Schultheiß* VersR 2016, 497 (500, 504).
[14] Vgl. *Baumann* in BK-VVG § 156 Rn. 59.
[15] Gesetz vom 7.11.1939, RGBl. I S. 2223.
[16] So *Voit/Knappmann* in Prölss/Martin, 27. Aufl. 2004, § 156 Rn. 24; *Lücke* in Prölss/Martin § 109 Rn. 12; *Langheid* in Langheid/Rixecker § 109 Rn. 11; *Schultheiß* VersR 2016, 497 (500).
[17] So *Baumann* in BK-VVG § 156 Rn. 59.
[18] Vgl. Amtliche Begründung zu § 156 Abs. 3 VVG aF, Motive zum VVG, S. 639 (Nachdruck 1963); *H. Baumann* in BK-VVG § 156 Rn. 59; vgl. auch → Rn. 45 mit weiteren Einzelheiten und Nachweisen.
[19] Vgl. zu § 156 Abs. 3 VVG aF *Baumann* in BK-VVG § 156 Rn. 66; *Voit/Knappmann* in Prölss/Martin, 27. Aufl. 2004, § 156 Rn. 33; *Langheid* in Römer/Langheid § 156 Rn. 32; vgl. zu § 109: *Lücke* in Prölss/Martin § 109 Rn. 22; *Retter* in Schwintowski/Brömmelmeyer/Ebers § 109 Rn. 25; *Schimikowski* in HK-VVG § 109 Rn. 8; *Langheid* in Langheid/Rixecker § 109 Rn. 17; *H. Baumann* in Bruck/Möller AVB-AVG 2011/2013 Ziff. 10 Rn. 26; *R. Koch* in Bruck/Möller § 109 Rn. 37; *Schulze Schwienhorst* in Looschelders/Pohlmann § 109 Rn. 14; *O. Lange* VersR 2014, 1413 (1424); vgl. ferner zur Unabdingbarkeit des § 109 S. 1 VVG im Hinblick auf die in § 107 VVG getroffene Regelung über den Rentenanspruch → § 107 Rn. 81 mwN in Fn. 150; vgl. im Übrigen auch → § 112 Rn. 10 mwN in Fn. 10.
[20] Vgl. *Späte* AHB § 1 Rn. 213; *Langheid* in Römer/Langheid § 156 Rn. 23; *Voit/Knappmann* in Prölss/Martin, 27. Aufl. 2004, § 156 Rn. 16; *Baumann* in BK-VVG § 156 Rn. 47; *Wenke* VersR 1983, 900; *Sprung* VersR 1992, 657 ff. zur Kfz-Haftpflichtversicherung; jeweils zu § 156 Abs. 3 VVG aF; *W. Th. Schneider* in Beckmann/Matusche-Beckmann VersR-HdB § 24 Rn. 153 ebenfalls zu § 156 Abs. 3 VVG aF sowie zu § 109 S. 1 und 2.
[21] Gemeint ist die des § 109.

nicht sprachlich, aber doch weitgehend inhaltlich an der früheren Regelung festgehalten.[22] Hierüber könnte man hinwegsehen, wenn die gegen die Vorschrift des § 156 Abs. 3 VVG aF geltend gemachten Bedenken auf andere Weise durch das VVG beseitigt worden wären. Da dies jedoch nicht der Fall ist, sondern diese vielmehr weiter bestehen und sie daher auch die genauere Bestimmung des Inhalts des § 109 nicht ganz unwesentlich beeinflussen, seien sie zunächst nachfolgend kurz skizziert.

So wird zu Recht darauf hingewiesen, dass das Verteilungsverfahren sowohl nach § 156 Abs. 3 VVG aF als auch nach § 109 S. 1 schwer zu handhaben ist, weil sich einerseits die Höhe der geltend gemachten Ansprüche stets ändern kann, der Versicherer andererseits im Interesse der Belange der Versichertengemeinschaft die **Schadensregulierung zügig und möglichst kostenarm zu betreiben hat.**[23] Dies erfordert des Öfteren Neuberechnungen[24] und belastet daher den Versicherer mit dem Risiko, überzahlte Beträge nicht beitreiben zu können.[25] Eine Hinterlegung nach § 372 BGB kommt nach weitgehend geteilter Auffassung[26] nicht in Betracht, weil der Versicherer die Möglichkeit hat, die Ungewissheit über die Person des Gläubigers zu klären.[27] Aber auch die Hinterlegung nach § 853 ZPO[28] mit dem Ziele eines gerichtlichen Verteilungsverfahrens nach den §§ 872 ff. ZPO scheidet aus, selbst wenn alle Geschädigten den Anspruch des Versicherungsnehmers gegen den Versicherer nach § 829 ZPO pfänden und sich gemäß § 835 ZPO überweisen lassen.[29] Denn eine solche Hinterlegung scheitert daran, dass dieser Anspruch des Versicherungsnehmers keine Geldforderung, sondern ein Befreiungsanspruch ist.[30] Zwar wandelt sich dieser Anspruch beim Pfändungs- und Überweisungsgläubiger in einen Zahlungsanspruch um.[31] Dies führt aber nicht zu der in § 853 ZPO vorausgesetzten Konkurrenz der Ansprüche, da § 156 Abs. 3 S. 1 VVG aF und auch § 109 S. 1 die zumindest teilweise Berücksichtigung aller Ansprüche vorschreiben.[32]

Im Übrigen wurde von *Späte*[33] zur Regelung des § 156 Abs. 3 VVG aF zu Recht darauf hingewiesen, dass das in dieser Vorschrift statuierte Gleichrangigkeitsprinzip bei Groß- und Katastrophenschäden mit unzähligen Opfern letztlich versagen muss, da der Versicherer in einem Verteilungsverfahren auch die noch erst zu erwartenden Ansprüche aus dem Versicherungsfall zu berücksichtigen hat. In diesen Fällen kann es vorkommen, dass die unter Umständen bisweilen nicht ausreichende Versicherungssumme zum größten Teil für noch nicht bekannte Ansprüche zurückgestellt werden muss. Diese Überlegungen greifen im Hinblick auf § 109 S. 1 in gleicher Weise Platz, da diese Vorschrift sich insoweit nicht geändert hat.[34]

---

[22] Vgl. BT-Drs. 16/3945, 87; kritisch hierzu zu Recht *R. Koch* in Bruck/Möller § 109 Rn. 3; *Lücke* in Prölss/Martin § 109 Rn. 2; *Schimikowski* in HK-VVG § 109 Rn. 6; *Langheid* in Langheid/Rixecker § 109 Rn. 1 und 8.

[23] Vgl. *Späte* AHB § 1 Rn. 213; *v. Rintelen* in Späte/Schimikowski AHB 2014 Ziff. 1 Rn. 389; *Baumann* in BK-VVG § 156 Rn. 47; *Voit/Knappmann* in Prölss/Martin, 27. Aufl. 2004, § 156 Rn. 16; *Lücke* in Prölss/Martin § 109 Rn. 2; *Langheid* in Römer/Langheid § 156 Rn. 22; *Langheid* in Langheid/Rixecker § 109 Rn. 7 f.; *Schimikowski* in HK-VVG § 109 Rn. 6; *Sprung* VersR 1992, 657 zur Kfz-Haftpflichtversicherung; vgl. auch → Rn. 53 zum Problem der Bildung von allzu einfachen, der Thematik nicht gerecht werdenden Beispielen.

[24] Vgl. *Späte* AHB § 1 Rn. 213; *v. Rintelen* in Späte/Schimikowski AHB 2014 Ziff. 1 Rn. 389; *Baumann* in BK-VVG § 156 Rn. 47; *Langheid* in Römer/Langheid § 156 Rn. 22; *Voit/Knappmann* in Prölss/Martin, 27. Aufl. 2004, § 156 Rn. 16; *Lücke* in Prölss/Martin § 109 Rn. 2; *Langheid* in Langheid/Rixecker § 109 Rn. 7 f.; *Schimikowski* in HK-VVG § 109 Rn. 6; näher *Wenke* VersR 1983, 900; *Deichl/Küppersbusch/Schneider* Kürzungs- und Verteilungsverfahren Rn. 45 ff.; vgl. auch BGH VersR 2006, 1679 (1680) und → Rn. 32.

[25] Vgl. *Späte* AHB § 1 Rn. 213; *v. Rintelen* in Späte/Schimikowski AHB 2014 Ziff. 1 Rn. 389; *Baumann* in BK-VVG § 156 Rn. 47; *Voit/Knappmann* in Prölss/Martin, 27. Aufl. 2004, § 156 Rn. 16; *Lücke* in Prölss/Martin § 109 Rn. 2; *Retter* in Schwintowski/Brömmelmeyer/Ebers § 109 Rn. 13.

[26] Vgl. *Späte* AHB § 1 Rn. 213; *v. Rintelen* in Späte/Schimikowski AHB 2014 Ziff. 1 Rn. 389; *Baumann* in BK-VVG § 156 Rn. 48; *Langheid* in Römer/Langheid § 156 Rn. 23; *Voit/Knappmann* in Prölss/Martin, 27. Aufl. 2004, § 156 Rn. 16; *Lücke* in Prölss/Martin § 109 Rn. 2; *Schultheiß* VersR 2016, 497 (503).

[27] Vgl. *Voit/Knappmann* in Prölss/Martin, 27. Aufl. 2004, § 156 Rn. 16; *Lücke* in Prölss/Martin § 109 Rn. 2; *Langheid* in Langheid/Rixecker § 109 Rn. 8.

[28] Vgl. *Späte* AHB § 1 Rn. 213; *Baumann* in BK-VVG § 156 Rn. 48; *Langheid* in Römer/Langheid § 156 Rn. 23; *Voit/Knappmann* in Prölss/Martin, 27. Aufl. 2004, § 156 Rn. 16; *Lücke* in Prölss/Martin § 109 Rn. 2; *Langheid* in Langheid/Rixecker § 109 Rn. 8.

[29] Vgl. *Voit/Knappmann* in Prölss/Martin 27. Aufl. 2004, § 156 Rn. 16; *Lücke* in Prölss/Martin § 109 Rn. 2.

[30] Vgl. *Voit/Knappmann* in Prölss/Martin, 27. Aufl. 2004, § 156 Rn. 16; *Lücke* in Prölss/Martin § 109 Rn. 2; *Schultheiß* VersR 2016, 497 (503).

[31] Vgl. *Voit/Knappmann* in Prölss/Martin, 27. Aufl. 2004, § 156 Rn. 16; *Lücke* in Prölss/Martin § 109 Rn. 2.

[32] Vgl. *Voit/Knappmann* in Prölss/Martin, 27. Aufl. 2004, § 156 Rn. 16; *Lücke* in Prölss/Martin § 109 Rn. 2; *Langheid* in Langheid/Rixecker § 109 Rn. 8.

[33] *Späte* AHB § 1 Rn. 213; ebenso *Langheid* in Langheid/Rixecker § 156 Rn. 23.

[34] Ebenso *v. Rintelen* in Späte/Schimikowski AHB 2014 Ziff. 1 Rn. 389; vgl. auch *Langheid* in Langheid/Rixecker § 109 Rn. 8.

15 Anknüpfend an diese allgemeinen, bei der Anwendung des § 109 bzw. der des § 156 Abs. 3 VVG aF in der Praxis immer wieder auftretenden Probleme ist zu klären, welche Bedeutung den in § 109 S. 1 bzw. in § 156 Abs. 1 S. 1 VVG aF genannten einzelnen Tatbestandsmerkmalen zukommt und welche Rechtsfolgen sich hieraus ergeben.

II. Mehrere Dritte

16 Nach § 109 S. 1 muss im Einklang mit § 156 Abs. 3 S. 1 VVG aF der Versicherungsnehmer gegenüber mehreren Dritten verantwortlich sein, so dass sich die Frage stellt, welche Personen als Dritte im Sinne dieser Vorschriften anzusehen sind.

17 Dritter nach diesen Vorschriften ist jeder, der gegen den Versicherungsnehmer einen in den Bereich des Versicherungsvertrages fallenden Anspruch hat oder erhebt.[35] Dabei ist **Dritter** nicht nur jeder tatsächlich Geschädigte,[36] sondern **jeder, auf den Ersatzansprüche des Geschädigten ganz oder zumindest teilweise übergegangen sind**.[37] Daher sind zu den Dritten auch der oder die Erben des Geschädigten nach § 1922 Abs. 1 BGB, andere Versicherer als der Versicherer des Versicherungsnehmers aufgrund der cessio legis des § 86 bzw. der des § 67 VVG aF[38] sowie der Sozialversicherungsträger aufgrund der cessio legis des bis 1983 geltenden § 1542 RVO bzw. der des § 116 SGB X[39] zu rechnen, auf die der Anspruch des Geschädigten ganz oder teilweise übergeht.

18 Soweit allerdings andere Versicherer als der Versicherer des Versicherungsnehmers oder Sozialversicherungsträger zu den Dritten nach § 109 S. 1 bzw. gemäß § 156 Abs. 3 S. 1 VVG aF gehören, treten aufgrund der in diesen Vorschriften im Einzelnen geregelten Fragen seit langem in der Praxis eine Reihe von Schwierigkeiten auf.[40] Diese Fragen sind jedoch vor allem sozialversicherungsrechtlicher Natur und lassen daher an dieser Stelle eine eingehendere Auseinandersetzung mit ihnen nicht zu.[41]

19 Unstrittig ist demgegenüber, dass nicht gleichrangig am Verfahren des § 109 bzw. dem des § 156 Abs. 3 VVG aF derjenige teilnimmt, der als Versicherer seinen Versicherungsnehmer teilweise befriedigt hat und auf den deshalb dessen Anspruch ebenfalls teilweise übergegangen ist.[42] Daher gilt das **Quotenvorrecht des Versicherungsnehmers** nach § 86 Abs. 1 S. 1 bzw. gemäß § 67 Abs. 1 S. 1 VVG aF auch hier mit der Folge, dass der Versicherer nur im Rang nach seinem Versicherungsnehmer berücksichtigt werden kann.[43] Dieses Ergebnis folgt bereits aus § 86 Abs. 1 S. 2 bzw. aus § 67 Abs. 1 S. 2 VVG aF, wonach der Übergang (von Ersatzansprüchen) nicht zum Nachteil des Versicherungsnehmers geltend gemacht werden kann.[44]

20 Dies gilt allerdings nach einer in Rechtsprechung[45] und Literatur[46] seit langem zu Recht vertretenen Auffassung nicht für den Sozialversicherungsträger, wie die Vorschrift des § 116 Abs. 4 SGB X zeigt, die den bis 1983 geltenden § 1542 RVO abgelöst hat. Stehen nach dieser Vorschrift der Durchsetzung der Ansprüche auf Ersatz eines Schadens tatsächliche Hindernisse entgegen, hat die Durchsetzung der Ansprüche des Geschädigten und seiner Hinterbliebenen Vorrang vor den übergegangenen Ansprüchen nach Absatz 1.[47]

---

[35] Vgl. *Lücke* in Prölss/Martin § 109 Rn. 3 unter Bezugnahme auf *Lücke* in Prölss/Martin § 100 Rn. 36; *Schultheiß* VersR 2016, 497 (498).
[36] Vgl. *Langheid* in Römer/Langheid § 156 Rn. 17; *Retter* in Schwintowski/Brömmelmeyer/Ebers § 109 Rn. 3.
[37] Vgl. *Lücke* in Prölss/Martin § 109 Rn. 3; *Langheid* in Langheid/Rixecker § 109 Rn. 2; *R. Koch* in Bruck/Möller, Bd. 4, § 109 Rn. 6; *v. Rintelen* in Späte/Schimikowski AHB 2014 Ziff. 1 Rn. 388; *O. Lange* VersR 2014, 1413 (1424); *Schultheiß* VersR 2016, 497 (498).
[38] Vgl. hierzu näher → § 86 Rn. 1 ff. mit umfassenden Nachweisen.
[39] Vgl. hierzu näher BGH VersR 1975, 558 (559); 1985, 1054; 2006, 1679; *Voit/Knappmann* in Prölss/Martin, 27. Aufl. 2004, § 156 Rn. 17; *Lücke* in Prölss/Martin § 109 Rn. 3; *Retter* in Schwintowski/Brömmelmeyer/Ebers § 109 Rn. 3; *Langheid* in Langheid/Rixecker § 109 Rn. 2; *Schulze Schwienhorst* in Looschelders/Pohlmann § 109 Rn. 3; *v. Rintelen* in Späte/Schimikowski AHB 2014 Ziff. 1 Rn. 388; umfassend *Grüneberg* in Grüneberg BGB Vorb. vor §§ 249 ff. Rn. 112 f.
[40] Vgl. auch *Lücke* in Prölss/Martin § 109 Rn. 3; *Retter* in Schwintowski/Brömmelmeyer/Ebers § 109 Rn. 3; *Langheid* in Langheid/Rixecker § 109 Rn. 2; *v. Rintelen* in Späte/Schimikowski AHB 2014 Ziff. 1 Rn. 388.
[41] Vgl. auch die soeben in Fn. 40 Genannten.
[42] Vgl. *Lücke* in Prölss/Martin § 109 Rn. 4; *Langheid* in Langheid/Rixecker § 109 Rn. 3.
[43] Vgl. *Baumann* in BK-VVG § 156 Rn. 54; *Lücke* in Prölss/Martin § 109 Rn. 4; *Langheid* in Langheid/Rixecker § 109 Rn. 2; *R. Koch* in Bruck/Möller, Bd. 4, § 109 Rn. 17; *v. Rintelen* in Späte/Schimikowski AHB 2014 Ziff. 1 Rn. 388.
[44] So auch *Langheid* in Langheid/Rixecker § 109 Rn. 3.
[45] Vgl. BGH VersR 1979, 30 (31); TransportR 1990, 206 (209); VersR 2006, 167 f. mit weiteren Einzelheiten, insbesondere auch zur Berechnung.
[46] Vgl. *Baumann* in BK-VVG § 156 Rn. 54 f.; *Langheid* in Langheid/Rixecker § 109 Rn. 3; *Lücke* in Prölss/Martin § 109 Rn. 4; *v. Rintelen* in Späte/Schimikowski AHB 2014 Ziff. 1 Rn. 388.
[47] Gemeint ist § 116 Abs. 1 SGB X.

Im Übrigen ist darauf hinzuweisen, dass nach Auffassung des BGH[48] ein Befriedigungsvorrecht 21
des Dritten nach § 116 Abs. 4 SGB X ein Verteilungsverfahren nach § 109 S. 1 bzw. gemäß § 156
Abs. 3 S. 1 VVG aF nicht ausschließt. Jedoch kommt es nach dieser Ansicht erst nach dessen Durchführung zum Zuge.

III. Übersteigen der Versicherungssumme durch die Forderungen der Dritten und die sich daraus ergebenden Folgen

Zur Prüfung der Frage, ob die von den Dritten geltend gemachten Forderungen die Versiche- 22
rungssumme übersteigen, sind sämtliche Ansprüche aller Berechtigten zu addieren.[49] Dabei sind
sowohl diejenigen Forderungen zu berücksichtigen, die bereits nach § 106 S. 1 bzw. gemäß § 154
Abs. 1 VVG aF mit bindender Wirkung für den Versicherer festgestellt sind, als auch diejenigen, die
schon geltend gemacht, aber noch nicht festgestellt sind.[50] Noch nicht geltend gemachte Forderungen, mit deren Geltendmachung aber zu rechnen ist und die deshalb nicht unter § 109 S. 2 fallen,
sind mit einem angemessenen Schätzbetrag zu berücksichtigen.[51]

Steht die Eintrittspflicht des Versicherungsnehmers zwar dem Grunde, nicht aber der Höhe 23
nach fest, muss die Versicherungssumme eingesetzt werden, die unter Berücksichtigung der Besonderheiten des Einzelfalles am ehesten als Ersatzanspruch zu leisten sein würde.[52]

Personen-, Sach- und Vermögensschäden sind jeweils **getrennt zu berechnen**, soweit 24
für alle diese Schadensarten unterschiedliche Versicherungssummen vereinbart wurden.[53] Sofern
hingegen eine pauschale Versicherungssumme vereinbart worden ist, muss die Mindestversicherungssumme in der Pflichtversicherung für jede Schadensart zur Schadensregulierung zur Verfügung
stehen.[54] Wird die pauschale Versicherungssumme hierfür nicht benötigt, ist sie für die anderen
Schadensarten einzusetzen.[55]

Regressforderungen oder sonstige andere Ausgleichsansprüche gegen weitere Schädiger oder 25
andere Versicherer sind nach allgemein vertretener Auffassung[56] mit ihrem feststehenden oder zu
schätzenden Betrag von dem Gesamtbetrag der Forderungen abzuziehen und haben daher im Ergebnis die Wirkung einer Erhöhung der Versicherungssumme.[57]

Ist dasselbe Risiko **mehrfach versichert**, sind die **Versicherungssummen zu addieren**.[58] 26
Das Gleiche gilt nach Ansicht des BGH[59] auch dann, wenn das Risiko bei demselben oder auch
bei einem anderen Versicherer durch unterschiedliche Verträge wie Privathaftpflicht- und Jagdhaftpflichtversicherung oder Privathaftpflicht- und Kraftfahrthaftpflichtversicherung gedeckt ist. Hingegen ist eine Addition der Versicherungssummen nicht möglich, wenn zwei Versicherungsnehmer
oder etwa sowohl der Versicherungsnehmer als auch eine mitversicherte Person aus einem Vertrag
in Anspruch genommen werden, wie Ziff. 6.1 AHB 2016 = A 1-5.1 AVB BHV verdeutlichen.[60]

---

[48] Vgl. BGH VersR 2003, 1295 (1296); OLG Köln r+s 2017, 9 ff. = Vers 2017, 341 ff. und hierzu → Rn. 4a; ebenso *Lücke* in Prölss/Martin § 109 Rn. 4; *v. Rintelen* in Späte/Schimikowski AHB 2014 Ziff. 1 Rn. 388.

[49] Vgl. BGH VersR 1985, 1054 (1055); 2006, 1679 ff.; *Langheid* in Langheid/Rixecker § 109 Rn. 4; *Lücke* in Prölss/Martin § 109 Rn. 5; *Retter* in Schwintowski/Brömmelmeyer/Ebers § 109 Rn. 4; *v. Rintelen* in Späte/Schimikowski AHB 2014 Ziff. 1 Rn. 387.

[50] Vgl. BGH VersR 1982, 791 (793); *Baumann* in BK-VVG § 156 Rn. 51; *Voit/Knappmann* in Prölss/Martin, 27. Aufl. 2004, § 156 Rn. 19; *Lücke* in Prölss/Martin § 109 Rn. 6; *Langheid* in Langheid/Rixecker § 109 Rn. 4; *Retter* in Schwintowski/Brömmelmeyer/Ebers § 109 Rn. 4; *Car* Überschreiten der Versicherungssumme S. 69.

[51] Vgl. *Voit/Knappmann* in Prölss/Martin, 27. Aufl. 2004, § 156 Rn. 19; *Baumann* in BK-VVG § 156 Rn. 52; *Langheid* in Langheid/Rixecker § 109 Rn. 4; *Lücke* in Prölss/Martin § 109 Rn. 6; *Retter* in Schwintowski/Brömmelmeyer/Ebers § 109 Rn. 5; *R. Koch* in Bruck/Möller § 109 Rn. 12; *Grooterhorst/Looman* r+s 2014, 157 (162).

[52] Vgl. *Langheid* in Langheid/Rixecker § 109 Rn. 4; *Retter* in Schwintowski/Brömmelmeyer/Ebers § 109 Rn. 5.

[53] Vgl. *Langheid* in Langheid/Rixecker § 109 Rn. 4; *Baumann* in BK-VVG § 156 Rn. 53; *Lücke* in Prölss/Martin § 109 Rn. 6; *Retter* in Schwintowski/Brömmelmeyer/Ebers § 109 Rn. 10.

[54] Vgl. *Lücke* in Prölss/Martin § 109 Rn. 6.

[55] Vgl. *Lücke* in Prölss/Martin § 109 Rn. 6 mwN.

[56] Vgl. *Baumann* in BK-VVG § 156 Rn. 52; *Voit/Knappmann* in Prölss/Martin 27. Aufl. 2004, § 156 Rn. 19; *Lücke* in Prölss/Martin § 109 Rn. 6; *Retter* in Schwintowski/Brömmelmeyer/Ebers § 109 Rn. 8; *Langheid* in Langheid/Rixecker § 109 Rn. 4; *R. Koch* in Bruck/Möller § 109 Rn. 10.

[57] Vgl. *Voit/Knappmann* in Prölss/Martin, 27. Aufl. 2004, § 156 Rn. 19; *Lücke* in Prölss/Martin § 109 Rn. 7; ähnlich *Langheid/Rixecker/Langheid* § 109 Rn. 4.

[58] Vgl. *Lücke* in Prölss/Martin § 109 Rn. 7.

[59] Vgl. BGH VersR 1991, 172; 2007, 388; ebenso *Lücke* in Prölss/Martin § 109 Rn. 7.

[60] Vgl. *Langheid* in Langheid/Rixecker § 109 Rn. 5; *Lücke* in Prölss/Martin § 109 Rn. 7; *Littbarski* in Littbarski/Tenschert/Klein AVB BHV A1-5.1 Rn. 2 ff.

Nach Ziff. 6.1 S. 1 AHB 2016 = A 1-5.1 S. 1 AVB BHV ist die Entschädigungsleistung des Versicherers bei jedem Versicherungsfall auf die vereinbarten Versicherungssummen begrenzt, wobei dies gemäß Ziff. 6.1 S. 2 AHB 2016 = A 1-5.1 S. 2 AVB BHV auch dann gilt, wenn sich der Versicherungsschutz auf mehrere entschädigungspflichtige Personen erstreckt.

27 Ansprüche auf wiederkehrende Leistungen wie zB Renten oder Unterhaltsleistungen sind nach allgemein vertretener Ansicht zu kapitalisieren.[61]

28 Während fällige Forderungen mit dem Nominalbetrag anzusetzen sind,[62] bleiben Zinsen außer Betracht, sofern sie nicht unter § 101 Abs. 2 S. 2 bzw. unter § 150 Abs. 2 S. 2 VVG aF fallen.[63] Auch Kosten bleiben unberücksichtigt, sofern sie nicht gemäß § 101 Abs. 2 S. 1 bzw. nach § 150 Abs. 2 S. 1 VVG aF auf die Versicherungssumme anzurechnen sind.[64] Aus der Notwendigkeit zur Anrechnung der Kosten gemäß § 101 Abs. 2 S. 1 bzw. nach § 150 Abs. 2 S. 1 VVG aF kann entgegen der Vermutung von *O. Lange*[65] allerdings nicht gefolgert werden, dass der Verfasser eine analoge Anwendung des § 109 S. 1 für möglich hält. Dies ist oben in → Rn. 8 mit Fn. 10 ausdrücklich abgelehnt worden.

IV. Maßgeblicher Zeitpunkt für die Feststellung des Übersteigens der Versicherungssumme

29 Der maßgebliche Zeitpunkt für die Feststellung der eventuellen Überschreitung der Versicherungssumme ist derjenige, zu dem der Versicherer die Zahlungen an die berechtigten Dritten vorzunehmen und damit deren Forderungen zu erbringen hat. Denn zu diesem Zeitpunkt muss der Versicherer nach Ermittlung des alle Ersatzansprüche erfassenden Gesamtbetrages und seines Vergleiches mit der zur Verfügung stehenden Versicherungssumme[66] wissen, ob sich der **Gesamtbetrag für alle Ersatzansprüche** noch im Rahmen der Versicherungssumme hält oder darüber hinausgeht. Ergibt die Prüfung des Versicherers zu diesem Zeitpunkt, dass die ihm bekannten Ansprüche sowie diejenigen Ansprüche, mit deren Geltendmachung er rechnen muss, zusammen die Versicherungssumme nicht übersteigen, liegt keine von § 109 S. 1 erfasste Fallkonstellation vor, so dass die Vorschrift unanwendbar ist.[67] Deshalb ist es unrichtig, annehmen zu wollen, dass es für die Feststellung der eventuellen Überschreitung der Versicherungssumme und der damit verbundenen Verhältnismäßigkeitsberechnung durch den Versicherer auf die tatsächliche Erfüllung der Ersatzansprüche in Gestalt der Zahlung durch den Versicherer ankomme, wie Stimmen in der Literatur[68] zu meinen scheinen.

30 So ist es zumindest etwas missverständlich, wenn nach *Lücke*[69] als maßgeblicher Zeitpunkt für die Feststellung der Überschreitung der Versicherungssumme derjenige anzusehen ist, „zu dem der Versicherer Forderungen der Dritten ‚berichtigt' (= bezahlt)". Ungenau ist es aber auch, wenn *Langheid*[70] im einleitenden Satz zum maßgeblichen Zeitpunkt davon spricht, dass die Verhältnismäßigkeitsprüfung in dem Zeitpunkt vorzunehmen sei, „in dem der Versicherer die Zahlungen an die Dritten vornimmt". Entscheidend kommt es vielmehr auf den der Leistung vorgelagerten Zeitraum der Prüfung der Ersatzansprüche durch den Versicherer an.[71]

---

[61] Vgl. BGH VersR 1980, 132 ff. mit einer Berichtigung in VersR 1980, 279; BGH VersR 1980, 817 (818); 1982, 791 (793); 2006, 1679; OGH ZVR 1976, 953 (954); *Baumann* in BK-VVG § 156 Rn. 52; *Voit/Knappmann* in Prölss/Martin, 27. Aufl. 2004, § 156 Rn. 19; *Lücke* in Prölss/Martin § 109 Rn. 6 und 9; *Langheid* in Langheid/Rixecker § 109 Rn. 4.

[62] Vgl. *Voit/Knappmann* in Prölss/Martin, 27. Aufl. 2004, § 156 Rn. 19; *Lücke* in Prölss/Martin § 109 Rn. 6; *Retter* in Schwintowski/Brömmelmeyer/Ebers § 109 Rn. 5.

[63] Ebenso *Lücke* in Prölss/Martin § 109 Rn. 6; *v. Rintelen* in Späte/Schimikowski AHB 2014 Ziff. 1 Rn. 387; vgl. zu § 101 Abs. 2 S. 2 näher → § 101 Rn. 88 f.

[64] Vgl. *Voit/Knappmann* in Prölss/Martin, 27. Aufl. 2004, § 156 Rn. 19; *Lücke* in Prölss/Martin § 109 Rn. 6; vgl. zu § 101 Abs. 2 S. 1 → § 101 Rn. 74 ff.

[65] *O. Lange* VersR 2014, 1413 (1423) in Fn. 124; *Schultheiß* VersR 2016, 497 (499).

[66] Vgl. *O. Lange* VersR 2014, 1413 (1423) in Fn. 124.

[67] Vgl. auch *Voit/Knappmann* in Prölss/Martin, 27. Aufl. 2004, § 156 Rn. 20; *Lücke* in Prölss/Martin § 109 Rn. 6; *Schulze Schwienhorst* in Looschelders/Pohlmann § 109 Rn. 5.

[68] Vgl. *Voit/Knappmann* in Prölss/Martin, 27. Aufl. 2004, § 156 Rn. 19; *Lücke* in Prölss/Martin § 109 Rn. 8; *Langheid* in Langheid/Rixecker § 109 Rn. 7.

[69] *Lücke* in Prölss/Martin § 109 Rn. 8.

[70] *Langheid* in Langheid/Rixecker § 109 Rn. 7.

[71] So zu Recht *Schulze Schwienhorst* in Looschelders/Pohlmann § 109 Rn. 5; ebenso wie hier *Car* Überschreiten der Versicherungssumme S. 71 und *Schultheiß* VersR 2016, 497 (499); demgegenüber auf den Zeitpunkt des Abschlusses der Ermittlungen abstellend, zugleich aber keine Auswirkungen auf die Praxis erkennend, *R. Koch* in Bruck/Möller § 109 Rn. 12; vgl. auch *Harsdorf-Gebhardt* in Späte/Schimikowski AHB 2014 Ziff. 6 Rn. 57, wonach maßgeblich die Entstehung des Haftpflichtanspruchs dem Grunde nach sei.

Unanwendbar ist § 109 S. 1 wegen des Fehlens des Übersteigens der Versicherungssumme aber **31** auch dann, wenn im Laufe der Schadensabwicklung und Schadensregulierung einzelne Forderungen mit einem zu niedrigen Betrag festgestellt werden, verjährt sind oder sich gar als unbegründet herausstellen und deshalb die Versicherungssumme im ausreichenden Maße zur Verfügung steht.[72]

Aus dem soeben Gesagten folgt, dass sich im Laufe der Schadensabwicklung und Schadensregulie- **32** rung der ursprünglich festgestellte oder geschätzte Wert der einzelnen Ersatzansprüche vermindern kann und der Versicherer wegen der Veränderung der Einzelbeträge und damit einhergehend des Gesamtbetrages **Neuberechnungen** vornehmen muss, die zu einer Neubestimmung des Verhältnisses des Gesamtbetrages zur Versicherungssumme führen.[73] Übersteigt hierbei der Gesamtbetrag für alle Ansprüche die Versicherungssumme, ist beim erstmaligen Übersteigen eine Verhältnismäßigkeitsberechnung durch den Versicherer erforderlich, während beim erneuten Übersteigen der Versicherungssumme die Korrektur der früheren Verhältnismäßigkeitsberechnung unausweichlich ist.[74] Hieran zeigt sich, dass die Notwendigkeit, gegebenenfalls Neuberechnungen des Gesamtbetrages für alle Ansprüche sowie erneute Verhältnismäßigkeitsberechnungen vornehmen zu müssen, für den Versicherer erhebliche Belastungen und Komplikationen zur Folge haben kann.[75] Dies gilt insbesondere dann, wenn nach der Neuberechnung ein Geschädigter zu wenig, ein anderer hingegen zu viel erhalten hat.[76]

V. Leistungen an mehrere Dritte und die sich daraus ergebenden Folgen

Leistungen an mehrere Dritte hat der Versicherer nach § 109 S. 1 bzw. gemäß § 156 Abs. 3 S. 1 **33** VVG aF zu erbringen, sobald diese Leistungen nach § 106 bzw. gemäß § 154 Abs. 1 S. 1 VVG aF fällig sind.[77] Sofern die Ansprüche der mehreren Dritten die Versicherungssumme nicht übersteigen, sind diese Ansprüche durch den Versicherer jeweils in voller Höhe zu erfüllen und damit gegenüber dem Dritten zu befriedigen. Sofern hingegen die Ansprüche der mehreren Dritten die Versicherungssumme übersteigen, hat der Versicherer diese Ansprüche nach § 109 S. 1 bzw. gemäß § 156 Abs. 1 S. 1 VVG aF nach dem Verhältnis ihrer Beträge zu erfüllen. Dabei hat der Versicherer vor der Leistung an den einzelnen geschädigten Dritten gegebenenfalls auch die im Verteilungsverfahren zu beachtenden, verschiedenen **Schadensfaktoren** zu berücksichtigen oder außer Betracht zu lassen, wie vorstehend im Einzelnen erläutert wurde.[78]

Erweist sich die Neuberechnung oder die erneute Verhältnismäßigkeitsberechnung durch den **34** Versicherer aus den zuvor genannten Gründen als erforderlich[79] und ergibt sich hierbei, dass sich die Gesamtsumme der Ansprüche durch niedrigere oder höhere Forderungen, durch das Hinzukommen oder durch den Wegfall von Forderungen verändert hat, ist die Quote vom Versicherer entsprechend zu ändern.[80]

Stellt sich aufgrund der Neuberechnung oder der erneuten Verhältnismäßigkeitsberechnung **35** heraus, dass ein Geschädigter[81] **zu wenig erhalten** hat, ist dieser bei noch nicht ausgeschöpfter Versicherungssumme **vom Versicherer nachträglich zu befriedigen.**[82] Hat hingegen ein Geschädigter zu viel erhalten, während ein anderer zu wenig erhalten hat, diesem aber wegen des Übersteigens der Versicherungssumme die nur unvollständige Befriedigung droht, kann sich der dadurch benachteiligte Geschädigte zum Zwecke der vollständigen Erfüllung seines Anspruchs an den Versicherer wenden.[83] Erfüllt der Versicherer daraufhin den Anspruch des benachteiligten Geschädigten,

---

[72] Vgl. auch *Lücke* in Prölss/Martin § 109 Rn. 8.
[73] Vgl. auch *Schulze Schwienhorst* in Looschelders/Pohlmann § 109 Rn. 5; *Lücke* in Prölss/Martin § 109 Rn. 8; → Rn. 13 mwN in Fn. 24.
[74] Vgl. auch *Wenke* VersR 1983, 900 (901); *Sprung* VersR 1992, 657 (662); *Voit/Knappmann* in Prölss/Martin, 27. Aufl. 2004, § 156 Rn. 16 und 22; *Lücke* in Prölss/Martin § 109 Rn. 8 und 10; *Schulze Schwienhorst* in Looschelders/Pohlmann § 109 Rn. 5.
[75] Vgl. auch *Schulze Schwienhorst* in Looschelders/Pohlmann § 109 Rn. 5; missverständlich *Car* Überschreiten der Versicherungssumme S. 58, 92.
[76] Vgl. *Langheid* in Langheid/Rixecker § 109 Rn. 7; vgl. hierzu näher → Rn. 35.
[77] Vgl. auch *Langheid* in Langheid/Rixecker § 109 Rn. 6; *Lücke* in Prölss/Martin § 109 Rn. 9.
[78] Vgl. hierzu näher → Rn. 22.
[79] Vgl. hierzu näher → Rn. 32.
[80] Vgl. *Voit/Knappmann* in Prölss/Martin, 27. Aufl. 2004, § 156 Rn. 22; *Lücke* in Prölss/Martin § 109 Rn. 10; *Langheid* in Langheid/Rixecker § 109 Rn. 7; *Retter* in Schwintowski/Brömmelmeyer/Ebers § 109 Rn. 12.
[81] Wird nachfolgend vom benachteiligten Geschädigten bzw. vom begünstigten Geschädigten gesprochen, dient dies allein der Vereinfachung. Selbstverständlich gelten die Ausführungen in gleicher Weise, wenn es sich um mehrere benachteiligte oder begünstigte Geschädigte handelt.
[82] Vgl. auch *Voit/Knappmann* in Prölss/Martin, 27. Aufl. 2004, § 156 Rn. 22; *Lücke* in Prölss/Martin § 109 Rn. 10; *Retter* in Schwintowski/Brömmelmeyer/Ebers § 109 Rn. 11 f.; *Langheid* in Langheid/Rixecker § 109 Rn. 7.
[83] Vgl. auch *Voit/Knappmann* in Prölss/Martin, 27. Aufl. 2004, § 156 Rn. 22; *Lücke* in Prölss/Martin § 109 Rn. 10; *Retter* in Schwintowski/Brömmelmeyer/Ebers § 109 Rn. 11 f.

steht dem Versicherer gegen den begünstigten Geschädigten ein Rückforderungsanspruch aus ungerechtfertigter Bereicherung nach § 812 Abs. 1 S. 1 Var. 1 BGB zu, da es sich bei der Begleichung der noch ausstehenden Forderung durch den Versicherer um eine Leistung durch einen Dritten nach § 267 Abs. 1 BGB und nicht etwa um einen Anweisungsfall handelt.[84]

36 Um allerdings Schwierigkeiten bei der Durchsetzung eines solchen Rückforderungsanspruchs gegen den begünstigten Geschädigten in der Praxis von vornherein auszuschließen oder zumindest erheblich zu minimieren, ist dem Versicherer im Einklang mit *Voit/Knappmann*[85] und *Lücke*[86] dringend zu empfehlen, bereits bei der Zahlung einen **Vorbehalt** zu machen und gegebenenfalls sogar seine der Zahlung zugrunde liegende **Berechnung** dem Geschädigten **offen zu legen**.

C. Einzelheiten zur Regelung des S. 2

I. Allgemeines

37 Liegen die Voraussetzungen des § 109 S. 1 vor und ist die Versicherungssumme erschöpft, kann sich nach § 109 S. 2 ein bei der Verteilung nicht berücksichtigter Dritter nachträglich auf § 108 Abs. 1 VVG nicht berufen, wenn der Versicherer mit der Geltendmachung dieser Ansprüche nicht gerechnet hat und auch nicht rechnen musste.

38 Vom Wortlaut her etwas abweichend, in der Sache aber vergleichbar trifft auch § 156 Abs. 3 S. 3 VVG aF unter Bezugnahme auf § 156 Abs. 1 VVG aF eine entsprechende Regelung, wie bereits bei den Erläuterungen zum Inhalt des § 108 hervorgehoben wurde und worauf daher verwiesen werden kann.[87]

39 Ebenfalls verwiesen werden kann darauf, welche Zwecke mit den in § 109 S. 2 bzw. in § 156 Abs. 3 S. 2 VVG aF getroffenen Regelungen verfolgt werden und welche rechtlichen Folgen diese im Hinblick auf den bei der Verteilung nicht berücksichtigten Dritten haben.[88]

40 Offen sind allein die Fragen, unter welchen Voraussetzungen der Ausschluss des in dem Verteilungsverfahren nicht berücksichtigten Dritten eintritt, welche Anforderungen an das Tatbestandsmerkmal „… der Versicherer mit der Geltendmachung dieser Ansprüche nicht gerechnet hat und auch nicht rechnen musste" zu stellen sind und ob sich bereicherungsrechtliche Konsequenzen aus der Nicht-Berücksichtigung des Dritten in dem Verteilungsverfahren ergeben.

II. Voraussetzungen des Ausschlusses des in dem Verteilungsverfahren nicht berücksichtigten Dritten

41 Soweit es um die Beantwortung der Frage geht, unter welchen Voraussetzungen der Ausschluss des in dem Verteilungsverfahren nicht berücksichtigten Dritten eintritt, geht die wohl überwiegende Meinung[89] davon aus, dass der Ausschluss nicht schon dann eintritt, wenn der Versicherer seine Prüfung abgeschlossen oder Teilleistungen erbracht hat, sondern erst dann, wenn er tatsächlich bis zur Erschöpfung der Versicherungssumme gezahlt hat. Sofern hingegen die Versicherungssumme durch die Zahlungen noch nicht erschöpft ist, ist nach dieser Ansicht der Dritte ohne Rücksicht auf ein Verschulden des Versicherers so zu behandeln, als ob er sich rechtzeitig gemeldet hätte. Mithin kommt es nach dieser Auffassung für „die Nachträglichkeit des Dritten" entscheidend auf den **Zeitpunkt des tatsächlichen Verbrauchs der Versicherungssumme**, im Regelfall also auf die vollständige anteilsmäßige Erfüllung der Ansprüche durch den Versicherer an.[90] Folge hiervon ist, dass die Quoten nach § 109 S. 1 bzw. gemäß § 156 Abs. 3 S. 1 VVG aF neu zu berechnen sind,[91]

---

[84] Vgl. BGH NJW 1991, 919; *Retter* in Schwintowski/Brömmelmeyer/Ebers § 109 Rn. 11; ebenso im Ergebnis auch *Voit/Knappmann* in Prölss/Martin, 27. Aufl. 2004, § 156 Rn. 22; *Lücke* in Prölss/Martin § 109 Rn. 10; *Langheid* in Langheid/Rixecker § 109 Rn. 12; Bedenken äußernd *Car* Überschreiten der Versicherungssumme S. 92 f.; *Car* ZVersWiss 105 (2016), 591 (595 f.).
[85] Vgl. *Voit/Knappmann* in Prölss/Martin, 27. Aufl. 2004, § 156 Rn. 22 und 25.
[86] Vgl. *Lücke* in Prölss/Martin § 109 Rn. 10.
[87] Vgl. hierzu → Rn. 1 f.
[88] Vgl. hierzu näher → Rn. 5 ff.
[89] Vgl. *Voit/Knappmann* in Prölss/Martin, 27. Aufl. 2004, § 156 Rn. 24; *Lücke* in Prölss/Martin § 109 Rn. 12; *Langheid* in Langheid/Rixecker § 109 Rn. 10; *Schulze Schwienhorst* in Looschelders/Pohlmann § 109 Rn. 9.
[90] Vgl. *Schulze Schwienhorst* in Looschelders/Pohlmann § 109 Rn. 9.
[91] Vgl. *Voit/Knappmann* in Prölss/Martin, 27. Aufl. 2004, § 156 Rn. 24; *Lücke* in Prölss/Martin § 109 Rn. 12; *Langheid* in Langheid/Rixecker § 109 Rn. 10; *Schulze Schwienhorst* in Looschelders/Pohlmann § 109 Rn. 9; *Car* Überschreiten der Versicherungssumme S. 59.

was zu einer Erhöhung der Gesamtsumme der Ansprüche und damit verbunden zu einer neuen anteilsmäßigen Aufteilung der Versicherungssumme führt.[92]

Demgegenüber wird nach *Baumann*[93] dem Wortlaut des § 156 Abs. 3 S. 2 VVG aF „Versicherungssumme erschöpft" und damit auch dem sich nunmehr in § 109 S. 2 findenden gleichlautenden Text eine zu große Bedeutung beigemessen, was – im Vergleich zu Fallgestaltungen bei vollständiger Erschöpfung der Versicherungssumme – zu absurden Ergebnissen führen könne. Rasche Schadensregulierung einerseits und sozialer Gedanke der Haftpflichtversicherung andererseits seien dagegen auch in diesem Fall dadurch zur Ausgleichung zu bringen, dass auf das Verschulden des Versicherers abgestellt werde. Konnte er mit der Geltendmachung weiterer Ansprüche nicht rechnen, müsse sich der verspätet kommende Dritte nach Sinn und Zweck des § 156 Abs. 3 VVG aF mit dem noch offenen Betrag der Deckungssumme zufriedengeben. **42**

Dieser Ansicht kann nicht gefolgt werden, da sie dem insoweit eindeutigen Wortlaut des § 156 Abs. 3 S. 2 VVG aF bzw. nunmehr auch dem des § 109 S. 2 keine entsprechende Beachtung schenkt. Denn die sich dort jeweils findende Formulierung „Ist hierbei die Versicherungssumme erschöpft ..." kann nicht unter Hinweis auf den mit diesen Vorschriften verfolgten Sinn und Zweck einfach negiert werden. Dies gilt umso mehr bezüglich der Regelung des § 109 S. 2, da dem Gesetzgeber die vor vielen Jahren veröffentlichte Stellungnahme von *Baumann* bekannt war oder hätte bekannt sein müssen, ohne dass der Gesetzgeber auch nur mit einem Satz in der Gesetzesbegründung hierauf eingegangen wäre, was *R. Koch*[94] bei seiner Stellungnahme im Gefolge der Auffassung von *Baumann* mit keinem Wort problematisiert. Daraus ist dann aber zu folgern, dass der Gesetzgeber es bei der früheren Rechtslage zum VVG aF belassen wollte. **43**

III. Fehlendes Verschulden des Versicherers nach S. 2

Voraussetzung für die Anwendbarkeit des Tatbestandes des § 109 S. 2 bzw. des § 156 Abs. 3 S. 2 VVG aF ist, dass „... der Versicherer mit der Geltendmachung dieser Ansprüche nicht gerechnet hat und auch nicht rechnen musste". Damit wird entscheidend auf ein fehlendes Verschulden des Versicherers abgestellt, so dass **Verschuldensformen** nach der allgemeinen Regelung des § 276 Abs. 1 und 2 BGB **Vorsatz und Fahrlässigkeit** sind. Während sich als Vorsatz nach § 276 Abs. 1 S. 1 BGB das Wissen und Wollen des rechtswidrigen Erfolges oder etwas allgemeiner formuliert die positive Kenntnis des Versicherers von der Geltendmachung des Anspruches durch den Dritten darstellt,[95] ist die Fahrlässigkeit des Versicherers durch das Kennenmüssen der Geltendmachung dieser Ansprüche aus § 276 Abs. 1 S. 1 und Abs. 2 BGB iVm § 122 Abs. 2 BGB ableitbar, da die sich in § 122 Abs. 2 BGB findende Legaldefinition „... infolge von Fahrlässigkeit nicht kannte (kennen musste)" nicht etwa nur für die Anfechtung einer Willenserklärung, sondern vielmehr auch im gesamten Privatrecht gilt.[96] **44**

Allerdings ist anerkannt,[97] dass im Interesse einer beschleunigten Schadensabwicklung der Versicherer nicht jede Fahrlässigkeit zu vertreten hat, ihn insbesondere grundsätzlich keine Nachforschungspflicht trifft. Vielmehr hat er nur die **Sorgfalt** zu beobachten, die unter den besonderen Umständen des Einzelfalles von einem **vernünftigen und praktischen Versicherer** verlangt und angewendet wird.[98] Zudem ist nach dieser Auffassung auch die die Verantwortlichkeit des Schuldners für Dritte, die sog. Erfüllungsgehilfen, regelnde Vorschrift des § 278 BGB entsprechend anwendbar.[99] **45**

Gemäß den allgemeinen Beweislastgrundsätzen trägt der Versicherer die **Darlegungs- und Beweislast** nicht nur für die Voraussetzungen des Verteilungsverfahrens nach § 109 S. 1, sondern auch für das Nicht-Vorliegen der positiven Kenntnis oder der fahrlässigen Unkenntnis von der nachträglichen Geltendmachung des Anspruchs durch den Dritten.[100] **46**

---

[92] Vgl. *Schulze Schwienhorst* in Looschelders/Pohlmann § 109 Rn. 9.
[93] Vgl. *Baumann* in BK-VVG § 156 Rn. 60; vgl. auch *Chr. Huber* VersR 1986, 851 ff.; ebenso unter der Geltung des § 109 S. 2 R. *Koch* in Bruck/Möller § 109 Rn. 25.
[94] Vgl. *R. Koch* in Bruck/Möller, Bd. 4, § 109 Rn. 25.
[95] Vgl. auch *Schulze Schwienhorst* in Looschelders/Pohlmann § 109 Rn. 10.
[96] Vgl. *Ellenberger* in Grüneberg BGB § 122 Rn. 5; *Schulze Schwienhorst* in Looschelders/Pohlmann § 109 Rn. 10.
[97] Vgl. *Baumann* in BK-VVG § 156 Rn. 59; *Retter* in Schwintowski/Brömmelmeyer/Ebers § 109 Rn. 17.
[98] Vgl. RGZ 158, 284 ff.; Motive zum VVG, S. 639 (Nachdruck 1963); *Baumann* in BK-VVG § 156 Rn. 59; *Langheid* in Langheid/Rixecker § 109 Rn. 11; *Retter* in Schwintowski/Brömmelmeyer/Ebers § 109 Rn. 17; wenig erhellend auf „hohe Anforderungen" abstellend *Car* Überschreiten der Versicherungssumme S. 75, 89; vgl. auch → Rn. 9 mit weiteren Einzelheiten und Nachweisen.
[99] Vgl. *R. Johannsen* in Bruck/Möller, 8. Aufl., Bd. 4, Anm. B 98; *Baumann* in BK-VVG § 156 Rn. 59.
[100] Vgl. *Baumann* in BK-VVG § 109 Rn. 12; *Voit/Knappmann* in Prölss/Martin, 27. Aufl. 2004, § 156 Rn. 24; *Lücke* in Prölss/Martin § 109 Rn. 16; *Langheid* in Langheid/Rixecker § 109 Rn. 16; *Schulze Schwienhorst* in Looschelders/Pohlmann § 109 Rn. 11; *R. Koch* in Bruck/Möller § 109 Rn. 36; vgl. auch → Rn. 9 und → Rn. 53.

IV. Ungerechtfertigte Bereicherung aufgrund der Nicht-Berücksichtigung des Dritten in dem Verteilungsverfahren?

47 Die in § 109 S. 2 bzw. in § 156 Abs. 3 S. 2 VVG aF getroffenen Regelungen werfen die Frage auf, ob eine ungerechtfertigte Bereicherung nach § 812 Abs. 1 S. 1 BGB gegenüber den Beteiligten für den Fall gegeben ist, dass der Dritte in dem Verteilungsverfahren nicht berücksichtigt wurde. Hierbei ist wie folgt zu differenzieren:

48 Sofern der zu spät gekommene Dritte wegen § 109 S. 2 bzw. wegen § 156 Abs. 3 S. 2 VVG aF keinen Anspruch aus der Versicherungssumme geltend machen kann, behält er seinen noch nicht erfüllten Anspruch gegen den Versicherungsnehmer.[101] Gegen die anderen Dritten, die infolge der Nicht-Berücksichtigung des Dritten mehr erhalten haben, als ihnen bei Berücksichtigung des zu spät Gekommenen zugestanden hätte, ist ein Bereicherungsanspruch des Dritten nach § 812 Abs. 1 S. 1 Var. 2 BGB abzulehnen. Begründen lässt sich dies damit, dass die Ansprüche der anderen Dritten gegen den Versicherer auch den Rechtsgrund für dessen Mehrzahlung gebildet haben und durch die Zahlung des Versicherers diese Ansprüche erloschen sind.[102]

49 Schließlich ist auch ein Anspruch des Dritten gegen die anderen Dritten in entsprechender Anwendung des § 816 Abs. 2 BGB abzulehnen, da die Interessenlage zwischen den Beteiligten insofern in § 109 S. 2 bzw. in § 156 Abs. 3 S. 2 VVG aF unmissverständlich und eindeutig geregelt ist.[103] Deshalb ist für die entsprechende Anwendung des § 816 Abs. 2 BGB wegen der in § 109 S. 2 bzw. in § 156 Abs. 3 VVG aF zum Ausdruck kommenden, allein auf den Grundsatz von Treu und Glauben gestützten Gerechtigkeitsidee kein Platz.[104]

D. Prozessuale Aspekte

50 Durch die in § 109 bzw. in § 156 Abs. 3 VVG aF getroffenen Regelungen kommt das das Haftpflichtversicherungsrecht seit Jahrzehnten grundsätzlich beherrschende Trennungsprinzip[105] und dessen im Kern prozessuale Natur deutlich zum Ausdruck.[106] Denn wie *Voit/Knappmann*[107] und *Lücke*[108] zutreffend hervorheben, spielt im Haftpflichtversicherungsprozess, den der Dritte als Geschädigter gegen den Versicherungsnehmer anstrengt, die Frage einer ausreichenden Versicherungssumme keine Rolle, weil wegen der grundsätzlichen Selbständigkeit von Haftungs- und Haftpflichtversicherungsrecht der Anspruch des Dritten gegen den Versicherungsnehmer keine Einschränkung erfährt. Daher kann der Dritte aufgrund eines im Haftpflichtprozess erstrittenen Titels den vollen **Deckungsanspruch des Versicherungsnehmers** gegen den Versicherer nach § 829 ZPO **pfänden** und sich gemäß § 835 ZPO **überweisen lassen,** ohne dass der Versicherer hiergegen etwas unternehmen oder sich gar wehren kann.[109] Sofern aber der Dritte aufgrund des Pfändungs- und Überweisungsbeschlusses gegen den Versicherer klagt, sind § 109 bzw. § 156 Abs. 3 VVG aF nach wohl einhelliger Auffassung[110] bereits im Erkenntnis- und nicht erst im Vollstreckungsverfahren

---

[101] Vgl. auch *Voit/Knappmann* in Prölss/Martin, 27. Aufl. 2004, § 156 Rn. 26; *Lücke* in Prölss/Martin § 109 Rn. 14; *Retter* in Schwintowski/Brömmelmeyer/Ebers § 109 Rn. 22.

[102] Vgl. *Voit/Knappmann* in Prölss/Martin, 27. Aufl. 2004, § 156 Rn. 26; *Lücke* in Prölss/Martin § 109 Rn. 14; *Retter* in Schwintowski/Brömmelmeyer/Ebers § 109 Rn. 22; vgl. auch *v. Rintelen* in Späte/Schimikowski AHB 2014 Ziff. 1 Rn. 390, der die Frage im Ergebnis aber offen lässt.

[103] Vgl. auch *Voit/Knappmann* in Prölss/Martin, 27. Aufl. 2004, § 156 Rn. 26; *Lücke* in Prölss/Martin § 109 Rn. 14; *Retter* in Schwintowski/Brömmelmeyer/Ebers § 109 Rn. 22; dagegen aber *R. Koch* in Bruck/Möller § 109 Rn. 55; *v. Rintelen* in Späte/Schimikowski AHB 2014 Ziff. 1 Rn. 390.

[104] So aber *R. Johannsen* in Bruck/Möller, 8. Aufl., Bd. 4, Anm. B 101; zweifelnd, aber im Ergebnis offenlassend *Langheid* in Langheid/Rixecker § 109 Rn. 12; vgl. zur Berücksichtigung des Grundsatzes von Treu und Glauben nach § 242 BGB im Zusammenhang mit der Regelung des § 156 Abs. 3 VVG aF OLG Köln r+s 2017, 9 ff. = VersR, 2017, 341; hierzu näher → Rn. 4a mit Fn. 5.

[105] Vgl. hierzu näher → Vor §§ 100–124 Rn. 102 ff.

[106] Vgl. BGHZ 76, 279 (283) = VersR 1980, 625 (627); *Littbarski* AHB § 3 Rn. 116; vgl. ferner → Vor §§ 100–124 Rn. 102 mwN in Fn. 244 f.

[107] Vgl. *Voit/Knappmann* in Prölss/Martin, 27. Aufl., § 156 Rn. 27; vgl. auch *Klimke* in Prölss/Martin § 118 Rn. 13; *Beckmann* in Bruck/Möller § 118 Rn. 6 mwN in Fn. 14.

[108] Vgl. *Lücke* in Prölss/Martin § 109 Rn. 15.

[109] Vgl. *Voit/Knappmann* in Prölss/Martin, 27. Aufl. 2004, § 156 Rn. 27; *Lücke* in Prölss/Martin § 109 Rn. 15.

[110] Vgl. BGH VersR 1982, 791 (793); 1983, 26 (27) zum Direktanspruch aF; BGH VersR 2006, 1679 (1680); *Baumann* in BK-VVG § 156 Rn. 63; *Lücke* in Römer/Langheid § 156 Rn. 31; *Voit/Knappmann* in Prölss/Martin, 27. Aufl. 2004, § 156 Rn. 27; *Lücke* in Prölss/Martin § 109 Rn. 15; *Retter* in Schwintowski/Brömmelmeyer/Ebers § 109 Rn. 24; *Langheid* in Langheid/Rixecker § 109 Rn. 16.

zu berücksichtigen, wenn der Dritte den Versicherer in Anspruch nimmt und der Versicherer sich im Erkenntnisverfahren auf seine nur anteilige Leistungspflicht beruft. Prozessual hat dies zur Folge, dass eine vom Dritten gegen den Versicherer erhobene Leistungsklage als zurzeit teilweise unbegründet kostenpflichtig abgewiesen wird.[111]

Um zu vermeiden, dass der Dritte mit den durch die teilweise Klageabweisung entstandenen Kosten belastet wird, soll nach einer in der Literatur[112] recht weit verbreiteten Auffassung dem Dritten die Erhebung einer Feststellungsklage auf Gewährung von Deckungsschutz gestattet werden. Weil aber dazu noch keine Entscheidungen vorlägen, sollte nach *Voit/Knappmann*[113] und *Lücke*[114] mit der Feststellungsklage vorsichtshalber ein Hilfsantrag auf Zahlung verbunden werden. 51

Dieser Ansicht kann nicht gefolgt werden. So bestehen bereits Bedenken wegen des Vorranges der Leistungsklage gegenüber der Feststellungsklage, für die bei der vorliegenden Fallkonstellation das Feststellungsinteresse fehlen dürfte.[115] Aber auch der Gedanke, dass trotz der Möglichkeit zur Erhebung einer Leistungsklage die Feststellungsklage dann zulässig sei, wenn die Durchführung des Feststellungsverfahrens unter dem Gesichtspunkt der Prozesswirtschaftlichkeit zu einer sinnvollen und sachgemäßen Erledigung der strittigen Punkte führe,[116] hilft selbst bei einer unterstellten grundsätzlich größeren Leistungsbereitschaft von Versicherern aufgrund von Feststellungsklagen[117] im Ausgangsfall kaum weiter. Denn wie *Langheid*[118] im Hinblick auf § 109 zu Recht ausführt, besteht keine Gewähr dafür, dass die Parteien die ausschließliche Berechnung einvernehmlich bewerkstelligen werden, so dass dann ohnehin eine weitere gerichtliche Auseinandersetzung droht. Unter diesen Umständen spricht aber nichts dafür, dem Dritten wegen der eventuellen Möglichkeit einer teilweisen Klageabweisung dadurch entgegen zu kommen, dass ihm die Erhebung einer Feststellungsklage gegen den Versicherer auf Feststellung des Bestehens von Versicherungsschutz zugestanden wird. Der einzige gangbare **Weg zur Vermeidung einer zusätzlichen Kostenbelastung** besteht für den Dritten allein darin, sich bei Erhebung einer Leistungsklage gegen den Versicherer von vornherein auf den Betrag zu beschränken, der der **aktuellen anteiligen Berechnung durch den Versicherer** entspricht. Meint der Dritte einen Anspruch auf einen höheren Betrag zu haben, während der Versicherer zur Befriedigung eines solchen Anspruchs wegen des Eintritts der Verjährung bzw. wegen der Bejahung des Vorliegens eines Deckungsausschlusses oder aus anderen Gründen freiwillig nicht bereit ist, bleibt bei einer dennoch vom Dritten erhobenen Leistungsklage auf diesen höheren Betrag das Kostenrisiko beim Dritten. 52

Im Übrigen ist – wie bereits zuvor zweimal unter verschiedenen Blickwinkeln hervorgehoben wurde[119] – der Versicherer nach allgemeinen Beweislastgrundsätzen verpflichtet, die **Voraussetzungen** des § 109 bzw. die des § 156 Abs. 3 VVG aF **darzulegen und zu beweisen**. Da das in diesen Vorschriften nur angedeutete, nicht aber näher geregelte Rechenverfahren regelmäßig recht schwierig und vor allem auch langwierig sein dürfte, insbesondere dann, wenn etwa schwer zu bewertende, mit dem Kapitalwert anzusetzende Renten zu berücksichtigen sind, ist es richtig, dass *Lücke*[120] den Beteiligten empfiehlt, zunächst eine Einigung zu versuchen. Erweist sich doch eine individuelle, den Besonderheiten des Einzelfalles Rechnung tragende Lösung regelmäßig als erheblich vorteilhafter gegenüber einer schematischen, den Einzelfall kaum jemals in den Blick nehmenden 53

---

[111] Vgl. *Baumann* in BK-VVG § 156 Rn. 63; *Langheid* in Römer/Langheid § 156 Rn. 31; *Voit/Knappmann* in Prölss/Martin, 27. Aufl. 2004, § 156 Rn. 27; *Lücke* in Prölss/Martin § 109 Rn. 15; *Langheid* in Langheid/Rixecker § 109 Rn. 16.

[112] Vgl. *Voit/Knappmann* in Prölss/Martin, 27. Aufl. 2004, § 156 Rn. 28; *Lücke* in Prölss/Martin § 109 Rn. 16; *Baumann* in BK-VVG § 156 Rn. 63; *Retter* in Schwintowski/Brömmelmeyer/Ebers § 109 Rn. 24.

[113] Vgl. *Voit/Knappmann* in Prölss/Martin, 27. Aufl. 2004, § 156 Rn. 28.

[114] Vgl. *Lücke* in Prölss/Martin § 109 Rn. 16.

[115] Ebenso *Car* Überschreiten der Versicherungssumme S. 328; allgemein zum Verhältnis von Leistungs- und Feststellungsklage BGH BB 1974, 1184; NJW 1984, 1118 (1119); 1996, 452 (453); 2000, 1256 (1257); 2001, 445 (447 f.); 2006, 1271 (1275 f.); NJW-RR 2012, 1223 Rn. 14; NJW 2014, 930 Rn. 32; NJW-RR 2017, 815 Rn. 11 ff.; NJW 2017, 1823 Rn. 23 ff.; 2018, 227 Rn. 12; *Becker-Eberhard* in MüKoZPO § 256 Rn. 54; jeweils mwN.

[116] Vgl. BGH NJW 1978, 1520 (1521); 1984, 1118 (1119); 1996, 2725 (2726); 1999, 3774 (3775); 2006, 2548 (2549); OLG Düsseldorf NJW-RR 2005, 1; OLG München NJW-RR 2009, 670; *Becker-Eberhard* in MüKoZPO § 256 Rn. 55; jeweils mwN.

[117] Vgl. BGH NJW 1999, 3774 (3775); OLG Hamm VersR 1980, 1061; OLG Braunschweig NJW-RR 1994, 1447; aA OLG München NJW-RR 2009, 670; *Becker-Eberhard* in MüKoZPO § 256 Rn. 55.

[118] *Langheid* in Langheid/Rixecker § 109 Rn. 16; vgl. auch *R. Koch* in Bruck/Möller § 109 Rn. 60.

[119] Vgl. hierzu → Rn. 9 und 46; ebenso im Ergebnis *Car* Überschreiten der Versicherungssumme S. 73 und 327.

[120] Vgl. *Lücke* in Prölss/Martin § 109 Rn. 16; kritisch hierzu *Car* Überschreiten der Versicherungssumme S. 1; näher zum Kapitalwert der Rente → VVG § 107 Rn. 31 ff.

§ 110   Teil 2. Einzelne Versicherungszweige. Kap. 1. Haftpflichtversicherung

Lösung. Deshalb wird an dieser Stelle im Gegensatz zu anderen Erläuterungen[121] schon wegen des nur schwer zu handhabenden Verteilungsverfahrens nach § 109 bzw. gemäß § 156 Abs. 3 VVG aF[122] bewusst darauf verzichtet, an Hand von allzu einfachen, der Problematik nicht einmal im Ansatz gerecht werdenden Beispielen in die in Wirklichkeit höchst komplexen und komplizierten Verteilungsberechnungen einzuführen. Wer sich dennoch hierfür interessiert, sei auf diese Beispiele in den genannten anderen Erläuterungen verwiesen.[123]

§ 110 Insolvenz des Versicherungsnehmers

Ist über das Vermögen des Versicherungsnehmers das Insolvenzverfahren eröffnet, kann der Dritte wegen des ihm gegen den Versicherungsnehmer zustehenden Anspruchs abgesonderte Befriedigung aus dem Freistellungsanspruch des Versicherungsnehmers verlangen.

Übersicht

	Rn.		Rn.
A. Einführung	1	II. Bedeutung des dem Dritten gegenüber dem Versicherungsnehmer zustehenden Anspruchs	17
I. Inhalt der Regelung	1		
II. Zweck der Regelung	5	III. Verlangen des Dritten nach abgesonderter Befriedigung aus dem Freistellungsanspruch des Versicherungsnehmers	20
III. Unabdingbarkeit der Regelung	7		
IV. Unanwendbarkeit der Regelung im Bereich der Seeversicherung und die sich daraus ergebenden Folgen	8	1. Allgemeines	20
V. Gegenstandslosigkeit der Regelung bei Vorliegen der Voraussetzungen eines Direktanspruchs nach § 115	11	2. Abgesonderte Befriedigung des Dritten und die sich daraus ergebenden Folgen	21
B. Eröffnung des Insolvenzverfahrens über das Vermögen des Versicherungsnehmers	12	3. Bedeutung des Freistellungsanspruchs des Versicherungsnehmers aus insolvenzrechtlicher Sicht	23
C. Rechtsfolgen	16	4. Sonstige insolvenzrechtliche Besonderheiten	31
I. Allgemeines	16	D. Prozessuale Aspekte	35

Stichwort- und Fundstellenverzeichnis

Stichwort	Rn.	Rechtsprechung	Literatur
Abgesonderte Befriedigung	→ 21 f.	BGH VersR 2014, 947 f. und 951, 952 f.	*Ganter* in MüKoInsO § 51 Rn. 237; *Häsemeyer*, Insolvenzrecht, Rn. 11.02; *Schulze Schwienhorst* in Looschelders/Pohlmann § 110 Rn. 8; *Franck* ZVersWiss 103 (2014), 329 (334 f.)
Eröffnung des Insolvenzverfahrens	→ 12, 15	BGH NJW-RR 2015, 821 Rn. 7	*Schmahl/Busch* in MüKoInsO §§ 27–29 Rn. 7; *Lücke* in Prölss/Martin § 110 Rn. 3; *Retter* in Schwintowski/Brömmelmeyer/Ebers § 110 Rn. 2; *Klimke* in Prölss/Martin § 44 Rn. 6
Freistellungsanspruch aus insolvenzrechtlicher Sicht	→ 23 f.	BGH VersR 1991, 414 (415); NJW-RR 1993, 1306; WM 2013, 1654 Rn. 10; OLG Köln VersR 2006, 1207 (1208); KG VersR 2007, 349 (350); OLG Nürnberg VersR 2008, 813	*H. Baumann* in BK-VVG § 157 Rn. 5; *Lücke* in Prölss/Martin § 110 Rn. 5 ff.; *Ganter* in MüKoInsO § 51 Rn. 238; *Thume* VersR 2006, 1318 (1321)

---

[121] Vgl. *Langheid* in Langheid/Rixecker § 109 Rn. 13 f.; *Lücke* in Prölss/Martin § 109 Rn. 17 ff.; *Deichl/Küppersbusch/Schneider* Kürzungs- und Verteilungsverfahren Rn. 45 ff.; *Wenke* VersR 1983, 900; *Sprung* VersR 1992, 657.
[122] Vgl. hierzu → Rn. 13.
[123] Vgl. die soeben in Fn. 121 Genannten; eingehend hierzu *Car* Überschreiten der Versicherungssumme.

Stichwort	Rn.	Rechtsprechung	Literatur
Gegenstandslosigkeit beim Direktanspruch	→ 11	–	*H. Baumann* in BK-VVG § 157 aF Rn. 26; *Lücke* in Prölss/Martin § 110 Rn. 11
Unanwendbarkeit in der Seeversicherung	→ 8 ff.	BGH VersR 1993, 312 (314); OLG Hamburg VersR 1996, 1102; LG Düsseldorf VersR 1991, 298 f.	Begr. RegE BT-Drs. 16/3945, 115; *H. Baumann* in BK-VVG § 157 aF Rn. 6; *Pisani* in Schwintowski/Brömmeyer/Ebers § 209 Rn. 2; *Büchner/Jürss* VersR 2004, 1090
Unabdingbarkeit der Regelung	→ 7	LG Kiel HRR 34, Nr. 189	*H. Baumann* in BK-VVG § 157 aF Rn. 24; *Langheid* in Langheid/Rixecker § 110 Rn. 6; *Lücke* in Prölss/Martin § 110 Rn. 11; *W. Th. Schneider* in Beckmann/Matusche-Beckmann VersR-HdB § 24 Rn. 157

Schrifttum: Abschlussbericht der Kommission zur Reform des Versicherungsvertragsrechts vom 19.4.2004 – VersR-Schriftenreihe, Band 25, 2004; *Ahrens/Latzel*, Arzthaftungsansprüche in der Insolvenz des medizinischen Leistungserbringers – ein kleiner Leitfaden für den Patientenvertreter, r+s 2022, 437; *Armbrüster*, Prozessuale Besonderheiten in der Haftpflichtversicherung, r+s 2010, 441; *Chab*, Der Schadenfall in der Anwaltshaftung nach der VVG-Reform, AnwBl 2008, 63; *Felsch*, Die Rechtsprechung des BGH zum Versicherungsrecht: Haftpflichtversicherung und Sachversicherung, r+s 2010, 265; *Franck*, Direktansprüche gegen den Haftpflichtversicherer im deutschen und skandinavischen Recht, ZVersWiss 103 (2014), 329; *Ganter*, in: Münchener Kommentar zur Insolvenzordnung, Band 1, 3. Auflage 2019, § 51; *Gnauck*, Das Absonderungsrecht nach § 110 VVG, 2016; *Gottwald*, Insolvenzrechts-Handbuch, 6. Auflage 2020; *Gräfe/Brügge/Melchers*, Berufshaftpflichtversicherung für rechts- und steuerberatende Berufe, 3. Auflage 2021; *Häsemeyer*, Insolvenzrecht, 4. Auflage 2007; *Hofmann*, Der Schutz von Dritten in der Insolvenz des Versicherungsnehmers: Versuch einer Systembildung, 2018; *O. Lange*, Die D&O-Versicherung in der Insolvenz der Versicherungsnehmerin, r+s 2014, 209 und 261; *Langheid*, Die Reform des Versicherungsvertragsgesetzes, NJW 2007, 3665 und 3745; *Langheid*, Tücken in den §§ 100 ff. VVG-RegE, VersR 2007, 865; *M. Lehmann*, Aktuelle Rechtsprechung des Bundesgerichtshofes zur D & O Versicherung und Folgen für die Praxis, r+s 2018, 6; *Littbarski/Tenschert/Klein (Hrsg.)*, Betriebs- und Berufshaftpflichtversicherung, Kommentar, AVB BHV, 2023; *Mitlehner*, Haftpflichtanspruch und Absonderungsrecht nach § 110 VVG, ZIP 2012, 2003; *Mokhtari*, Der Geschädigte in der Insolvenz des freiwillig Haftpflichtversicherten – Regelungslücken des § 110 VVG, VersR 2014, 665; *v. Rintelen*, Berufshaftpflicht- und Betriebshaftpflichtversicherungen, in: Versicherungsrechts-Handbuch, 3. Auflage 2015, § 26; *Rust*, Die Rechtsprechung des BGH zum Versicherungsrecht – Haftpflichtversicherung und D&O-Versicherung, r+s 2022, 481; *Schultheiß*, Das Verteilungsverfahren nach § 109 VVG in der Vermögensschadenhaftpflichtversicherung, Vers 2016, 497; *Seybold/Wendt*, Der „Insolvenz"-Senat des BGH und das Trennungsprinzip in der Haftpflichtversicherung, VersR 2011, 458; *Späte*, Haftpflichtversicherung, 1993; *Späte/Schimikowski (Hrsg.)*, Haftpflichtversicherung, Kommentar, 2. Auflage 2015; *Thole*, Zivilprozessuale Probleme des Absonderungsrechts aus § 110 VVG n. F. in der Insolvenz des Versicherungsnehmers, NZI 2011, 41; *Thole*, Das Absonderungsrecht nach § 110 VVG – sprachliche Verwirrungen und offene Fragen, NZI 2013, 665; *Thume*, Entschädigungsansprüche bei Insolvenz des haftpflichtversicherten Schädigers, VersR 2006, 1318; *Tilsen*, Die beschränkte Haftung des Minderjährigen im Deliktsrecht – Zugleich ein Beitrag zur Beschränkung der Haftung des Minderjährigen aus verfassungs-, sozialversicherungs- und insolvenzrechtlicher Sicht, 2009.

A. Einführung

I. Inhalt der Regelung

§ 110 hat als Nachfolgevorschrift zu § 157 VVG aF die „Insolvenz des Versicherungsnehmers" zum Gegenstand und regelt, welche Folgen sich hieraus für den Dritten wegen des ihm gegen den Versicherungsnehmer zustehenden Anspruchs ergeben. **1**

Ist über das Vermögen des Versicherungsnehmers das Insolvenzverfahren eröffnet, kann nach § 110 der Dritte wegen des ihm gegen den Versicherungsnehmer zustehenden Anspruchs abgesonderte Befriedigung aus dem Freistellungsanspruch des Versicherungsnehmers verlangen. **2**

§ 157 VVG aF weicht im Hinblick auf seinen Wortlaut nur unwesentlich von § 110 ab, da § 157 VVG aF wie folgt formuliert ist: **3**

Ist über das Vermögen des Versicherungsnehmers das Insolvenzverfahren eröffnet, so kann der Dritte wegen des ihm zustehenden Anspruchs abgesonderte Befriedigung aus der Entschädigungsforderung des Versicherungsnehmers verlangen.

An diesem Wortlaut des § 157 VVG aF zeigt sich, dass § 110 somit abgesehen von der Streichung des nur bekräftigenden Wortes „so", des klarstellenden Einschubs der Worte „... gegen den Versiche- **4** rungsnehmer ..." in die Formulierung „... wegen des ihm ... zustehenden Anspruchs ..." sowie der Ersetzung des Begriffes „Entschädigungsforderung" durch den an die sich in § 100 findende Formulierung „... den Versicherungsnehmer von Ansprüchen freizustellen ..." anknüpfenden Begriff „Freistellungsanspruch" auf der Rechtsfolgenseite sprachlich und inhaltlich weitgehend mit § 157 VVG aF übereinstimmt und daher im Wesentlichen die bisherige insolvenzrechtliche Sonderregelung beibehält.[1]

II. Zweck der Regelung

5   Zweck der Regelung des § 110 ist es, den Dritten nach der Eröffnung des Insolvenzverfahrens über das Vermögen des Versicherungsnehmers dadurch zu schützen, dass er wegen des ihm gegen den Versicherungsnehmer zustehenden Anspruchs **abgesonderte Befriedigung aus dem Freistellungsanspruch des Versicherungsnehmers** verlangen kann.[2] Hierin kommt nicht nur ganz allgemein der „soziale Gedanke der Haftpflichtversicherung",[3] sondern auch der die Vorschriften des VVG über die Haftpflichtversicherung prägende Opferschutzgedanke zugunsten des geschädigten Dritten zum Tragen.[4]

6   Durch die Regelung des § 110 soll zum einen sichergestellt werden, dass der Dritte wegen des ihm gegen den Versicherungsnehmer zustehenden Anspruchs aufgrund der Möglichkeit der abgesonderten Befriedigung unter allen Umständen einen vollen Ausgleich erhält und er nicht etwa nach Eröffnung des Insolvenzverfahrens leer ausgeht oder ausschließlich auf die Insolvenzmasse verwiesen wird.[5] Zum anderen soll durch die Möglichkeit der abgesonderten Befriedigung zugunsten des Dritten verhindert werden, dass auf dessen Kosten den übrigen Gläubigern des Versicherungsnehmers ein nicht für sachgerecht gehaltener Vorteil aus der Insolvenzmasse verschafft wird und damit diesen zugute kommt.[6] Schließlich stellt § 110 das insolvenzrechtliche Pendant zu dem in § 108 geregelten relativen Veräußerungsverbot nach § 135 BGB zugunsten des geschädigten Dritten dar,[7] durch das gewährleistet sein soll, dass die Entschädigung außerhalb der Insolvenz des Versicherungsnehmers „unter allen Umständen dem Dritten zugute kommt" und ihm unabhängig von einer eventuellen Verfügung des Versicherungsnehmers die Haftpflichtforderung als Vollstreckungsgegenstand auch erhalten bleibt.[8]

III. Unabdingbarkeit der Regelung

7   Bezweckt § 110, den Dritten nach Eröffnung des Insolvenzverfahrens über das Vermögen des Versicherungsnehmers durch die Möglichkeit der abgesonderten Befriedigung aus dem Freistellungs-

---

[1] Vgl. BT-Drs. 16/3945, 87 zu § 110 VVG; *Gnauck* Absonderungsrecht S. 18; vgl. auch *Schimikowski* in HK-VVG § 110 Rn. 4; *Seybold/Wendt* VersR 2011, 458 (460); hierzu näher → Rn. 16 ff.

[2] Vgl. BGH NJW-RR 2015, 821 Rn. 6 ff.; BGH VersR 2021, 584 ff. und hierzu *Felsch* r+s 2021, 609 (615 f.) als an der Entscheidung beteiligter Richter; vgl. ferner *H. Baumann* in BK-VVG § 157 Rn. 1 zu § 157 VVG aF; *Lücke* in Prölss/Martin § 110 Rn. 1; *Schimikowski* in HK-VVG § 110 Rn. 1; *Langheid* in Langheid/Rixecker § 110 Rn. 2; *Retter* in Schwintowski/Brömmelmeyer/Ebers § 110 Rn. 1; *v. Rintelen* in Späte/Schimikowski AHB 2014 Ziff. 1 Rn. 381; jeweils zu § 110.

[3] Amtliche Begründung zum durch Gesetz vom 7.11.1939, RGBl. 1939 I S. 2223 in Kraft getretenen § 157 VVG aF, Motive zum VVG, S. 639 (Nachdruck 1963); ähnlich BGH NJW-RR 2015, 821 Rn. 7, der im Hinblick auf § 110 VVG von der „Sozialbindung der Haftpflichtversicherung zugunsten des Dritten" spricht; vgl. auch BGHZ 209, 373 Rn. 25 iVm Rn. 27; BGH AG 2016, 395 Rn. 33 iVm Rn. 35; r+s 2017, 301 Rn. 26, wonach die Sozialbindung der Haftpflichtversicherung – unter anderem in Fällen nicht ausreichender privater Mittel des Schädigers – Geschädigte und deren Schadensersatz schützen soll; *H. Baumann* in BK-VVG § 157 Rn. 1; vgl. ferner *Retter* in Schwintowski/Brömmelmeyer/Ebers § 110 Rn. 1, der im Anschluss an BGH VersR 1987, 655 zu § 156 Abs. 1 VVG aF hervorhebt, dass insoweit die Haftpflichtversicherung eine Sozialbindung besitze; *R. Koch* in Bruck/Möller § 110 Rn. 3; ebenso *Lücke* in Prölss/Martin § 108 Rn. 14, der im Hinblick auf den Zweck des § 108 VVG dessen Sozialbindung betont.

[4] Vgl. hierzu näher → § 103 Rn. 32 mwN in Fn. 68; vgl. ferner *Schimikowski* in HK-VVG § 110 Rn. 1.

[5] Amtliche Begründung zum § 157 VVG aF, Motive S. 639; hierzu → Rn. 5 mwN in Fn. 3; *H. Baumann* in BK-VVG § 157 Rn. 1; *Langheid* in Römer/Langheid § 157 Rn. 1; jeweils zu § 157 VVG aF; BGH NJW-RR 2015, 821 Rn. 7; OLG Celle r+s 2013, 127; OLG Dresden r+s 2021, 595 Rn. 25 ff.; *Schimikowski* in HK-VVG § 110 Rn. 1; *Retter* in Schwintowski/Brömmelmeyer/Ebers § 110 Rn. 1; *Lücke* in Prölss/Martin § 110 Rn. 1; *Langheid* in Langheid/Rixecker § 110 Rn. 1; *R. Koch* in Bruck/Möller § 110 Rn. 3; *W. Th. Schneider* in Beckmann/Matusche-Beckmann VersR-HdB § 24 Rn. 157; jeweils zu § 110.

[6] Vgl. auch BGH NJW-RR 2015, 821 Rn. 7; 2016, 1065; *R. Koch* in Bruck/Möller § 110 Rn. 3; *Retter* in Schwintowski/Brömmelmeyer/Ebers § 110 Rn. 1; näher zum rechtspolitischen Hintergrund des Absonderungsrechts des Dritten nach § 157 VVG aF *H. Baumann* in BK-VVG § 157 Rn. 2 mwN sowie nach § 110 VVG sogleich → Rn. 7.

[7] Vgl. → § 108 Rn. 9; vgl. ferner *Retter* in Schwintowski/Brömmelmeyer/Ebers § 110 Rn. 1.

[8] Vgl. hierzu näher → § 108 Rn. 7 mit weiteren Einzelheiten und Nachweisen; vgl. ferner *Retter* in Schwintowski/Brömmelmeyer/Ebers § 110 Rn. 1.

anspruch des Versicherungsnehmers besonders zu schützen, folgt hieraus, dass diese Vorschrift **zwingend und daher nicht abdingbar** ist.[9] Dies gilt auch im Falle des Bestehens von Großrisiken nach § 210, da es sich bei der Bestimmung des § 110 um eine insolvenzrechtliche Sonderregelung handelt und daher keine Möglichkeit der Ausnahme von der Beschränkung der Vertragsfreiheit nach § 210 besteht.[10] Daher gilt § 110 auch im deutschen Insolvenzverfahren des deutschen Versicherungsnehmers eines ausländischen Versicherers, wie bereits unter der Geltung des § 157 VVG aF anerkannt war.[11] Insbesondere sind generell auch Vereinbarungen zwischen dem Versicherungsnehmer und dem Versicherer zum Nachteil des Dritten nicht möglich.[12] Zum einen steht derartigen Vereinbarungen der zwingende Charakter des § 110 entgegen. Zum anderen kennt die deutsche Rechtsordnung Verträge zu Lasten Dritter nicht.[13]

IV. Unanwendbarkeit der Regelung im Bereich der Seeversicherung und die sich daraus ergebenden Folgen

§ 110 kommt allerdings wie auch § 157 VVG aF bezüglich seines zwingenden und damit nicht **8** abdingbaren Charakters im Bereich der Seeversicherung nicht zur Anwendung, und zwar weder unmittelbar noch analog.[14] Während sich dies im Hinblick auf § 157 VVG aF aus § 186 VVG aF ergibt, wonach die Vorschriften dieses Gesetzes auf die Seeversicherung und die Rückversicherung keine Anwendung finden, folgt dies hinsichtlich des § 110 aus § 209, der erstmals den Begriff der **Seeversicherung** legal definiert[15] und – ohne eine auch vom Gesetzgeber nicht gewollte inhaltliche Änderung gegenüber dem bisherigen Recht –[16] davon spricht, dass die Vorschriften dieses Gesetzes auf die Rückversicherung und die Versicherung gegen die Gefahren der Seeschifffahrt (Seeversicherung) **nicht anzuwenden** sind.

Zwar hatte sich die Kommission zur Reform des Versicherungsvertragsrechts vor allem aus **9** AGB-rechtlichen Überlegungen für die grundsätzliche Einbeziehung der Seeversicherung in das neue VVG ausgesprochen und hierfür auch eine differenzierte Lösung mit ernsthaft in Betracht zu ziehenden Argumenten geliefert.[17] Jedoch ist der Gesetzgeber dieser Auffassung nicht gefolgt. Zur Begründung[18] hat er ua darauf hingewiesen, dass gegen die von der VVG-Kommission vorgeschlagene Einbeziehung der Seeversicherung in den Anwendungsbereich des neuen VVG nicht nur von den Seeversicherern, sondern auch von den Reedern als den Versicherungsnehmern beachtliche Bedenken erhoben würden. Auch wenn die **Seeversicherung ausnahmslos Großrisiko** iSd § 210 VVG-E und damit von den Beschränkungen der Vertragsfreiheit befreit sei, könne sich aus einer Anwendbarkeit des Teiles I (Allgemeiner Teil) des VVG-E wegen der dort verbraucherrechtlich begründeten Leitbilder eine erhebliche Rechtsunsicherheit im Hinblick auf die Inhaltskontrolle nach den §§ 307, 308 BGB ergeben; dies würde sich angesichts der Internationali-

---

[9] So bereits im Hinblick auf § 157 VVG aF LG Kiel HRR 34, Nr. 189; *H. Baumann* in BK-VVG § 157 Rn. 24; *Voit/Knappmann* in Prölss/Martin, 27. Aufl. 2004, § 157 Rn. 9; *Langheid* in Römer/Langheid § 157 Rn. 3; ebenso in Bezug auf § 110 *Lücke* in Prölss/Martin § 110 Rn. 11; *Schimikowski* in HK-VVG § 110 Rn. 9; *Retter* in Schwintowski/Brömmelmeyer/Ebers § 110 Rn. 25; *Langheid* in Langheid/Rixecker § 110 Rn. 5; *R. Koch* in Bruck/Möller, Bd. 4, § 110 Rn. 42; *W.-Th. Schneider* in Beckmann/Matusche-Beckmann VersR-HdB § 24 Rn. 157.

[10] Ebenso *H. Baumann* in BK-VVG § 157 Rn. 25 im Hinblick auf §§ 157 und 187 VVG aF und *Schimikowski* in HK-VVG § 110 Rn. 9 in Bezug auf § 110 VVG; vgl. zur insolvenzrechtlichen Sonderregelung des § 110 VVG auch → Rn. 6; eingehend zur Unanwendbarkeit des § 105 auf Großrisiken → § 105 Rn. 31 ff.

[11] Vgl. LG Kiel HRR 34 Nr. 189; *Lücke* in Prölss/Martin § 110 Rn. 11.

[12] So zutreffend Amtliche Begründung zum durch Gesetz vom 7.11.1939, RGBl. 1939 I S. 2223 in Kraft getretenen § 157 VVG aF; Motive S. 639 (Nachdruck 1963); ebenso *H. Baumann* in BK-VVG § 157 Rn. 24.

[13] Vgl. BVerfGE 73, 261 (270 f.) = NJW 1987, 827 (828); BGHZ 78, 369 (374 f.) = NJW 1981, 275 (276); BGH NJW 1995, 3183 (3184); vgl. zur Unzulässigkeit von Verträgen zu Lasten Dritter auch → § 102 Rn. 133 mit Fn. 278.

[14] Vgl. *H. Baumann* in BK-VVG § 157 Rn. 25 und *Voit/Knappmann* in Prölss/Martin, 27. Aufl. 2004, § 157 Rn. 9 im Hinblick auf die unmittelbare Anwendung des § 157 VVG aF sowie LG Düsseldorf VersR 1991, 298 f. und *H. Baumann* in BK-VVG § 157 Rn. 25 bezüglich der Möglichkeit einer analogen Anwendung des § 157 VVG aF; *Lücke* in Prölss/Martin § 110 Rn. 11; *Schimikowski* in HK-VVG § 110 Rn. 9 im Hinblick auf die unmittelbare Anwendung des § 110 und *R. Koch* in Bruck/Möller, Bd. 4, § 110 Rn. 4 in Bezug auf eine analoge Anwendung des § 110.

[15] Vgl. BT-Drs. 16/3945, 115 zu § 209; *Muschner* in HK-VVG § 209 Rn. 6.

[16] Vgl. BT-Drs. 16/3945, 115 zu § 209; *Pisani* in Schwintowski/Brömmelmeyer/Ebers § 209 Rn. 2; *Klimke* in Prölss/Martin § 209 Rn. 18; → § 209 Rn. 2.

[17] Vgl. Abschlussbericht unter 1.2.2.1.2.3, S. 10 zur Einbeziehung der Seeversicherung sowie zum Entwurf des § 202, S. 416.

[18] BT-Drs. 16/3945, 115 zu § 209.

tät dieses Versicherungszweiges negativ auf die internationale Wettbewerbsfähigkeit der in diesem Zweig tätigen deutschen Versicherer auswirken. Da sich aus der bestehenden Rechtslage in der Praxis keine Unzuträglichkeiten ergeben hätten, werde von der rechtssystematisch zwar wünschenswerten, aber für die Praxis nicht unproblematischen Einbeziehung der Seeversicherung in den VVG-E abgesehen.[19]

10   Ob diese Begründung trotz der Existenz des § 209 in der Zukunft der Rechtsprechung uneingeschränkt standhalten kann, muss bezweifelt werden. Vielmehr spricht manches dafür, dass die Rechtsprechung jedenfalls allgemeine, vom VVG 2008 erfasste Grundprinzipien auch im Bereich der Seeversicherung zum Gegenstand einer Inhaltskontrolle machen und bei ihren Entscheidungen berücksichtigen wird.[20] So könnten etwa Bestimmungen in AVB als gegen § 307 BGB verstoßend und damit als unwirksam angesehen werden, die die Leistungsfreiheit des Versicherers unabhängig vom Verschulden des Versicherungsnehmers vorsehen oder keinen Kausalitätsgegenbeweis zulassen.[21] Aber auch bei in der Seeversicherung auftretenden Großrisiken dürfte es umgekehrt erforderlich sein, die Schwere und Vorwerfbarkeit von Obliegenheitsverletzungen des Versicherungsnehmers zu berücksichtigen, soweit diese geeignet sind, die Interessen des Versicherers zu gefährden.[22]

V. Gegenstandslosigkeit der Regelung bei Vorliegen der Voraussetzungen eines Direktanspruchs nach § 115

11   Soweit schließlich die Voraussetzungen eines Direktanspruchs nach § 115 gegeben sind,[23] ist § 110 gegenstandslos. Diese Auffassung wird in der Literatur zu § 157 VVG aF bei Vorliegen der Voraussetzungen eines Direktanspruchs nach § 3 Nr. 1 PflVG aF zu Recht vertreten[24] und muss in gleicher Weise für § 110 gelten, sofern zugleich ein Direktanspruch nach § 115 zu bejahen ist, in dem § 3 Nr. 1 PflVG aF aufgegangen ist.[25]

B. Eröffnung des Insolvenzverfahrens über das Vermögen des Versicherungsnehmers

12   Voraussetzung für das sich aus § 110 ergebende Recht des Dritten, wegen des ihm gegen den Versicherungsnehmer zustehenden Anspruchs **abgesonderte Befriedigung aus dem Freistellungsanspruch des Versicherungsnehmers** verlangen zu können, ist, dass über das Vermögen des Versicherungsnehmers das Insolvenzverfahren eröffnet wird.[26] Die Eröffnung des Insolvenzverfahrens erfolgt im Einklang mit § 157 VVG aF als der Vorgängervorschrift zu § 110 im Wege des Eröffnungsbeschlusses nach den §§ 27 ff. InsO durch das dafür gemäß § 2 Abs. 1 InsO zuständige Amtsgericht als Insolvenzgericht, wobei hierfür eine Reihe von Anforderungen zum Zeitpunkt der Entscheidung des Insolvenzgerichts erfüllt sein müssen. Diese reichen von den allgemeinen Zulässigkeitsvoraussetzungen für den Eröffnungsantrag über das Vorliegen eines Eröffnungsgrundes nach den §§ 16–19 InsO sowie über die Deckung der Kosten des Verfahrens nach § 26 Abs. 1 InsO bis hin zur Überzeugung des Insolvenzgerichts von den Eröffnungsvoraussetzungen.

13   Ohne auf alle diese Anforderungen an die Eröffnung des Insolvenzverfahrens an dieser Stelle näher eingehen zu können, ist doch von besonderer Bedeutung das **Vorliegen eines Eröffnungsgrundes,** da dieser gemäß § 16 InsO generell und damit auch im Hinblick auf das Vermögen des Versicherungsnehmers Voraussetzung für die Eröffnung des Insolvenzverfahrens ist.

---

[19] BT-Drs. 16/3945, 115 zu § 209; vgl. auch *Büchner/Jürss* VersR 2004, 1090.
[20] Vgl. auch BGH VersR 1993, 312 (314); *Pisani* in Schwintowski/Brömmelmeyer/Ebers § 209 Rn. 16; *Klimke* in Prölss/Martin § 209 Rn. 19.
[21] So zutreffend *Pisani* in Schwintowski/Brömmelmeyer/Ebers § 209 Rn. 16; *Klimke* in Prölss/Martin § 209 Rn. 19; vgl. auch OLG Hamburg VersR 2016, 245 f., zur Unwirksamkeit des Ausschlusses einer Nachmeldefrist in der D&O-Versicherung für den Fall der Insolvenzantragstellung.
[22] Vgl. OLG Hamburg VersR 1996, 1102; *Ehlers* TranspR 2007, 10; *Pisani* in Schwintowski/Brömmelmeyer/Ebers § 209 Rn. 16.
[23] Vgl. hierzu näher → § 115 Rn. 1 ff.
[24] Vgl. *H. Baumann* in BK-VVG § 157 Rn. 26; *Voit/Knappmann* in Prölss/Martin, 27. Aufl. 2004, § 157 Rn. 9.
[25] Ebenso *R. Koch* in Bruck/Möller § 110 Rn. 4; vgl. auch *Lücke* in Prölss/Martin § 110 Rn. 11, der zwar insoweit § 110 ebenfalls als gegenstandslos bezeichnet, zu Unrecht aber auf den durch Art. 1 des Zweiten Gesetzes zur Änderung des Pflichtversicherungsgesetzes und anderer versicherungsrechtlicher Vorschriften vom 10.12.2007 (BGBl. I S. 2833) außer Kraft getretenen § 3 Abs. 1 PflVG aF Bezug nimmt.
[26] Vgl. auch BGH NJW-RR 2015, 821 Rn. 8 sowie → § 106 Rn. 16 f. zur Frage der bindenden Wirkung des Haftpflichtanspruchs für den Versicherer.

Allgemeiner Eröffnungsgrund ist nach § 17 Abs. 1 InsO die **Zahlungsunfähigkeit des** **14** **Schuldners,** die in § 17 Abs. 2 InsO legaldefiniert wird. Eröffnungsgrund ist gemäß § 18 Abs. 1 InsO auch die drohende Zahlungsunfähigkeit, die von einem Antrag des Schuldners auf Eröffnung des Insolvenzverfahrens abhängig ist, in § 18 Abs. 2 InsO ebenfalls legal definiert wird und unter den in § 18 Abs. 3 InsO genannten Voraussetzungen nur sehr eingeschränkt zur Anwendbarkeit des § 18 Abs. 1 InsO und damit verbunden zur Bejahung des Vorliegens eines Eröffnungsgrundes führt. Nach § 19 Abs. 1 InsO ist bei einer juristischen Person auch die Überschuldung Eröffnungsgrund. Ergänzend bestimmt § 19 Abs. 2 InsO die Überschuldung im Wege der Legaldefinition. Schließlich sieht § 19 Abs. 3 S. 1 InsO vor, dass § 19 Abs. 1 und 2 InsO entsprechend gelten, wenn bei einer Gesellschaft ohne Rechtspersönlichkeit kein persönlich haftender Gesellschafter eine natürliche Person ist. Dies gilt gemäß § 19 Abs. 3 S. 2 InsO nicht, wenn zu den persönlich haftenden Gesellschaftern eine andere Gesellschaft gehört, bei der ein persönlich haftender Gesellschafter eine natürliche Person ist.

Geht man vom Wortlaut des § 110 VG bzw. dem des § 157 VVG aF aus, ist Voraussetzung **15** für den Eintritt der in diesen Vorschriften geregelten Rechtsfolgen, dass über das Vermögen des Versicherungsnehmers das **Insolvenzverfahren eröffnet** ist. Die Eröffnung des Insolvenzverfahrens hat zur Folge, dass das Recht des Versicherungsnehmers als Schuldner das zur Insolvenzmasse gehörende Vermögen zu verwalten und über es zu verfügen, gemäß § 80 Abs. 1 InsO auf den Insolvenzverwalter übergegangen und dieser daher prozessführungsbefugt ist.[27] Hingegen findet sich kein Hinweis dazu, was geschieht, wenn es sich um eine **Versicherung für fremde Rechnung** nach den §§ 43 ff. bzw. gemäß den §§ 74 ff. VVG aF handelt und über das Vermögen der versicherten Personen nach diesen Vorschriften das Insolvenzverfahren eröffnet ist. Da jedoch nach § 44 Abs. 1 S. 1 bzw. nach § 75 Abs. 1 S. 1 VVG aF bei der Versicherung für fremde Rechnung die Rechte aus dem Versicherungsvertrag dem Versicherten zustehen, ist es nur konsequent, dass auch der Freistellungsanspruch dem Versicherten verbleibt und Bestandteil von dessen Vermögen wird.[28] Daher besteht seit langem Einigkeit darüber, dass bei der Versicherung für fremde Rechnung nicht die Insolvenz des Versicherungsnehmers, sondern die Eröffnung des Insolvenzverfahrens über das Vermögen des Versicherten entscheidend für die Anwendbarkeit des § 110[29] bzw. die des § 157 VVG aF[30] ist. Dabei besteht bei einer Fremdversicherung das Absonderungsrecht im Insolvenzverfahren nach § 44 Abs. 1 S. 1 dem Versicherten und nicht etwa dem Versicherungsnehmer zu, zu dessen Vermögen der sich materiellrechtlich als gesetzliches Pfandrecht darstellende Anspruch als solcher nicht gehört.[31] Nachfolgend wird allerdings der Vereinfachung halber jeweils nur vom Versicherungsnehmer als dem Adressaten des Insolvenzverfahrens gesprochen, obwohl die Rechtsfolgen den Versicherten einer Versicherung für fremde Rechnung in gleicher Weise treffen.

C. Rechtsfolgen

I. Allgemeines

Ist unter den soeben genannten Voraussetzungen nach § 110 bzw. gemäß § 157 VVG aF über **16** das Vermögen des Versicherungsnehmers das Insolvenzverfahren eröffnet, ein Insolvenzverwalter als Partei kraft Amtes vom Insolvenzgericht nach § 27 Abs. 1 S. 1 InsO durch Eröffnungsbeschluss ernannt und liegen diesem Eröffnungsbeschluss auch die weiteren, in § 27 Abs. 1 S. 1 und Abs. 2 InsO sowie in den §§ 28 ff. InsO genannten Voraussetzungen zugrunde, kann nach § 110 bzw. gemäß § 157 VVG aF der Dritte wegen des ihm gegen den Versicherungsnehmer zustehenden Anspruchs abgesonderte Befriedigung aus dem Freistellungsanspruch des Versicherungsnehmers verlangen. Somit ist zu prüfen, welche Bedeutung dem dem Dritten gegenüber dem Versicherungsneh-

---

[27] Vgl. BGHZ 214, 314 Rn. 12 f.; vgl. ferner BGHZ 202, 122 Rn. 30; BGH r+s 2020, 268 Rn. 11; *Brand* in Bruck/Möller § 45 Rn. 27.

[28] Vgl. BGH WM 2014, 1636 f.; BGHZ 209, 373 Rn. 20; BGH AG 2016, 395 Rn. 27; r+s 2017, 301 Rn. 13; *Brand* in Bruck/Möller § 44 Rn. 11; *Schaaf* in Schwintowski/Brömmelmeyer/Ebers § 44 Rn. 12; *Schulze Schwienhorst* in Looschelders/Pohlmann § 110 Rn. 5.

[29] Vgl. BGH NJW 2020, 1886; offenlassend OLG Düsseldorf NJW-RR 2020, 1429; *Schulze Schwienhorst* in Looschelders/Pohlmann § 110 Rn. 5; *Lücke* in Prölss/Martin § 110 Rn. 3; *Klimke* in Prölss/Martin § 44 Rn. 6; *Retter* in Schwintowski/Brömmelmeyer/Ebers § 110 Rn. 2; *Schimikowski* in HK-VVG § 110 Rn. 2; *Langheid* in Langheid/Rixecker § 110 Rn. 1; *R. Koch* in Bruck/Möller § 110 Rn. 8.

[30] Vgl. *H. Baumann* in BK-VVG § 157 Rn. 14; *Voit/Knappmann* in Prölss/Martin, 27. Aufl. 2004, § 157 Rn. 1; *Langheid* in Römer/Langheid § 157 Rn. 1.

[31] Vgl. BGH VersR 2016, 913; *Lücke* in Prölss/Martin § 110 Rn. 3; *Langheid* in Langheid/Rixecker § 110 Rn. 2; *Schimikowski* in HK-VVG § 110 Rn. 2; vgl. auch → Rn. 28 mit Fn. 60.

mer zustehenden Anspruch zukommt, was mit dem Verlangen des Dritten nach abgesonderter Befriedigung aus dem Freistellungsanspruch des Versicherungsnehmers gemeint ist und welche prozessualen Konsequenzen sich aus der in § 110 bzw. der in § 157 VVG aF getroffenen Regelung ergeben.

II. Bedeutung des dem Dritten gegenüber dem Versicherungsnehmer zustehenden Anspruchs

17 Ausgehend von dem Wortlaut des § 110 bzw. dem des § 157 VVG aF, wonach nach Eröffnung des Insolvenzverfahrens über das Vermögen des Versicherungsnehmers der Dritte wegen des ihm gegen den Versicherungsnehmer zustehenden Anspruchs abgesonderte Befriedigung aus dem Freistellungsanspruch des Versicherungsnehmers verlangen kann, wird in der Regel das schädigende und die **Haftung des Versicherungsnehmers begründende Ereignis vor der Eröffnung** des Insolvenzverfahrens nach § 27 Abs. 1 S. 1 InsO liegen, so dass dieser daraus resultierende Anspruch des Dritten gegen den Versicherungsnehmer auch zum Zeitpunkt der Eröffnung des Insolvenzverfahrens entstanden sein wird.

18 Jedoch sind auch Fallgestaltungen denkbar, in denen das die Haftung des Versicherungsnehmers begründende Ereignis erst **nach Eröffnung des Insolvenzverfahrens** liegt. Dies ist etwa dann der Fall, wenn vor der Eröffnung des Insolvenzverfahrens ausgelieferte Produkte nach Eröffnung dieses Verfahrens Schäden herbeiführen.[32] Das Gleiche gilt zB in den Fällen, in denen es wie etwa in der D&O-Versicherung für die Frage des Bestehens von Versicherungsschutz auf die Geltendmachung des Haftpflichtanspruchs ankommt und diese Geltendmachung erst nach Eintritt des Insolvenzverfahrens erfolgt.[33] Bei solchen Fallgestaltungen, bei denen das sog. Anspruchserhebungs- oder claims-made-Prinzip gilt und dieses damit von der Allgemeinen Haftpflichtversicherung sowie von anderen Vermögensschaden-Haftpflichtversicherungen abweicht,[34] kann aber aus der Sicht des geschädigten Dritten auch das Bedürfnis bestehen, die Regelung des § 110 bzw. die des § 157 VVG aF entsprechend anwenden zu können. Deshalb stellt sich die Frage, wie derartige Fallgestaltungen rechtlich zu würdigen sind.

19 Zwar geben weder der Wortlaut des § 110 noch der des § 157 VVG aF hierauf eine Antwort.[35] Legt man jedoch den mit diesen Vorschriften verfolgten Schutzzweck zugunsten des geschädigten Dritten zugrunde,[36] können keine Zweifel daran bestehen, dass das Absonderungsrecht des geschädigten Dritten nicht von zeitlichen Zufällen oder von individuellen vertraglichen Regelungen bezüglich des Eintritts des Versicherungsfalles abhängig gemacht werden kann.[37] Deshalb entspricht es einer seit langem zu Recht vertretenen Auffassung in der haftpflichtversicherungsrechtlichen und insolvenzrechtlichen Literatur,[38] aus Billigkeitsgründen den Freistellungsanspruch bei Eröffnung des Insolvenzverfahrens bereits mit dem Absonderungsrecht des Dritten als bedingt belastet aufzufassen. Tritt daher nach der Eröffnung des Insolvenzverfahrens der Versicherungsfall ein, steht dem Dritten das Absonderungsrecht nach § 110 bzw. gemäß § 157 VVG aF zu.[39] Zu beachten ist allerdings, dass es sich hierbei ausschließlich um eine haftpflichtversicherungsrechtliche und nicht etwa um eine insolvenzrechtliche Lösung zugunsten des Dritten handelt, da nach § 91 Abs. 1 InsO Rechte aus den Gegenständen der Insolvenzmasse nach der Eröffnung des Insolvenzverfahrens nicht wirksam erworben werden können und daher die InsO für sich allein gesehen kein entsprechendes Absonderungsrecht des Dritten zulässt.[40]

III. Verlangen des Dritten nach abgesonderter Befriedigung aus dem Freistellungsanspruch des Versicherungsnehmers

20 **1. Allgemeines.** Liegen die vorstehend erörterten Voraussetzungen im Falle der Insolvenz des Versicherungsnehmers vor, kann der Dritte nach § 110 abgesonderte Befriedigung aus dem

---

[32] So zutreffend *Schulze Schwienhorst* in Looschelders/Pohlmann § 110 Rn. 7.
[33] So zutreffend *Schulze Schwienhorst* in Looschelders/Pohlmann § 110 Rn. 7.
[34] Vgl. hierzu näher → § 100 Rn. 125 mwN in Fn. 227 f. und → § 111 Rn. 78 mwN in Fn. 130 und 131; vgl. auch *Beckmann* in Beckmann/Matusche-Beckmann VersR-HdB § 28 Rn. 99.
[35] Vgl. auch *Schulze Schwienhorst* in Looschelders/Pohlmann § 110 Rn. 7.
[36] Vgl. hierzu → Rn. 5 f. mwN; vgl. auch *Schulze Schwienhorst* in Looschelders/Pohlmann § 110 Rn. 7.
[37] So ähnlich *Schulze Schwienhorst* in Looschelders/Pohlmann § 110 Rn. 7; vgl. auch *Gnauck* Absonderungsrecht S. 34.
[38] Vgl. *R. Johannsen* in Bruck/Möller, 8. Aufl., Bd. 4, Anm. B 105; *Schulze Schwienhorst* in Looschelders/Pohlmann § 110 Rn. 7; *R. Koch* in Bruck/Möller § 110 Rn. 5; *Gnauck* Absonderungsrecht S. 34; jeweils mwN.
[39] Vgl. hierzu die soeben in Fn. 38 Genannten.
[40] Vgl. auch *Ganter* in MüKoInsO § 51 Rn. 237; *Schulze Schwienhorst* in Looschelders/Pohlmann § 110 Rn. 7.

Freistellungsanspruch des Versicherungsnehmers bzw. gemäß § 157 VVG aF abgesonderte Befriedigung aus der Entschädigungsforderung des Versicherungsnehmers verlangen. Somit stellt sich zunächst die Frage, was unter dem Tatbestandsmerkmal des Verlangens des Dritten nach abgesonderter Befriedigung zu verstehen ist. Danach ist zu klären, welche Bedeutung dem Tatbestandsmerkmal des Freistellungsanspruchs des Versicherungsnehmers nach § 110 bzw. dem der Entschädigungsforderung gemäß § 157 VVG aF aus dem Blickwinkel des Insolvenzrechts zukommt. Schließlich sind auch noch sonstige, sich aus dem Insolvenzverfahren ergebende Besonderheiten herauszuarbeiten.

2. Abgesonderte Befriedigung des Dritten und die sich daraus ergebenden Folgen. 21
§ 110 bzw. § 157 VVG aF setzen das Verlangen des Dritten nach abgesonderter Befriedigung und damit ein entsprechendes Absonderungsrecht des Dritten gegenüber der Insolvenzmasse voraus. Zwar wird der Begriff der Absonderung und damit verbunden der des Absonderungsrechts in der InsO im Gegensatz zu der in § 47 InsO genannten Aussonderung nicht ausdrücklich angesprochen. Allgemein anerkannt ist jedoch, dass die in der Sache nicht miteinander vergleichbaren Rechtsinstitute der Aussonderung und Absonderung[41] eine relativ klare Abgrenzung voneinander zulassen. Während die **Aussonderung** die haftungsrechtliche Trennung von der Insolvenzmasse bedeutet, versteht man unter der **Absonderung** die Zuerkennung eines Vorzugsrechts trotz haftungsrechtlicher Zuordnung zur Masse.[42] Erbringt daher die Verwertung eines Gegenstandes, an dem einem Gläubiger nur ein Recht auf abgesonderte Befriedigung zusteht, einen Mehrerlös, steht dieser der Masse zu. Hat der Gläubiger hingegen denselben Gegenstand berechtigterweise ausgesondert, steht ihm dieser unabhängig von seinem tatsächlichen Wert voll und ganz zu. Veräußert der Gläubiger diesen Gegenstand anschließend, kann der Insolvenzverwalter von dem Erlös nichts zur Masse ziehen.[43]

Im Falle des § 110 bzw. dem des § 157 VVG aF geht es ausschließlich um die Absonderung, 22
so dass nur die für diese geltenden Grundsätze zur Anwendung kommen.

3. Bedeutung des Freistellungsanspruchs des Versicherungsnehmers aus insolvenz- 23
rechtlicher Sicht. Auszugehen ist davon, dass es im Hinblick auf den Freistellungsanspruch des Versicherungsnehmers an einer gesetzlichen Grundlage für die Geltendmachung des Absonderungsrechts des geschädigten Dritten fehlt.[44] Daher sind bereits unter der Geltung des § 157 VVG aF zwei voneinander zu unterscheidende Wege zur Geltendmachung des Rechts des Dritten auf abgesonderte Befriedigung entwickelt worden,[45] an die nunmehr aufgrund unveränderter Rechtslage auch in Bezug auf § 110 allgemein[46] angeknüpft wird. Während dem einen Weg ein insolvenzrechtliches Prüfungsverfahren zugrundeliegt, hat der andere Weg das Ziel, dem Dritten das Recht auf abgesonderte Befriedigung durch eine unmittelbare Zahlungsklage gegenüber dem Insolvenzverwalter zu eröffnen. Im Einzelnen stellt sich die Lage hierbei wie folgt dar:

Im Falle des Beschreitens des zuerst genannten Weges wird das **Recht auf abgesonderte** 24
Befriedigung aus dem Freistellungsanspruch bzw. aus der Entschädigungsforderung des Versicherungsnehmers analog aus dem auf einem Pfandrecht an Rechten nach den §§ 1273 ff. BGB beruhenden Absonderungsrecht abgeleitet und gewährt demgemäß dem Dritten „entsprechend § 1282 BGB" ein unmittelbares Einziehungsrecht gegenüber dem Versicherer, sobald der dem Dritten gegen den Versicherungsnehmer zustehende Anspruch fällig und gemäß § 106 S. 1 bzw. nach § 154 Abs. 1 S. 1 VVG aF festgestellt ist.[47] Eine solche Feststellung kann etwa auf einem Anerkenntnis

---

[41] Vgl. *Ganter* in MüKoInsO § 47 Rn. 12; *Häsemeyer* Insolvenzrecht Rn. 11.02.
[42] Vgl. *Ganter* in MüKoInsO § 47 Rn. 12; *Schulze Schwienhorst* in Looschelders/Pohlmann § 110 Rn. 8; eingehender zum Absonderungsrecht nach § 110 VVG in der Insolvenz des Versicherungsnehmers *Thole* NZI 2011, 41 ff.; näher zu den Anforderungen an den Vorleistungsanspruch des Geschädigten gemäß § 19a Abs. 2 S. 2 BNotO gegen den Berufshaftpflichtversicherer eines Notars sowie zum Absonderungsrecht nach § 157 VVG aF aufgrund wissentlicher Pflichtverletzungen von Notaren BGH VersR 2014, 947 f. und VersR 2014, 951 (952 f.).
[43] Vgl. *Franck* ZVersWiss 103 (2014), 329 (334 f.) mit weiteren Einzelheiten und Nachweisen.
[44] Vgl. *H. Baumann* in BK-VVG § 157 Rn. 5; *Schulze Schwienhorst* in Looschelders/Pohlmann § 110 Rn. 9.
[45] Vgl. *H. Baumann* in BK-VVG § 157 Rn. 5 ff.; *Langheid* in Römer/Langheid § 157 Rn. 2; *Voit/Knappmann* in Prölss/Martin, 27. Aufl. 2004, § 157 Rn. 3 ff.; *Thole* NZI 2011, 41; *Thole* NZI 2013, 665; *Gnauck* Absonderungsrecht S. 54; jeweils mit weiteren Einzelheiten und Nachweisen.
[46] BGH WM 2013, 1654 Rn. 10; vgl. auch *Schulze Schwienhorst* in Looschelders/Pohlmann § 110 Rn. 9; *Lücke* in Prölss/Martin § 110 Rn. 5 ff.; *Langheid* in Langheid/Rixecker § 110 Rn. 3 f.; *Mokhtari* VersR 2014, 665 (666) mit Fn. 12.
[47] Vgl. BGH VersR 1954, 578; 1956, 625 (626); 1987, 655; ZIP 1989 f. mit Anm. *Littbarski* EWiR § 426 BGB 1/89, 659 f.; BGH VersR 1991, 414 (415); NJW-RR 1993, 1306; WM 2013, 1654 Rn. 10;

der Schadensersatzforderung durch den Insolvenzverwalter beruhen.[48] Ein derartiges Anerkenntnis kann insbesondere in der widerspruchslosen Feststellung der Haftpflichtforderung zur Insolvenztabelle gesehen werden.[49]

25   Folge dieses dem Dritten zugestandenen Einziehungsrechts ist einmal, dass eine **vorherige Abtretung** nach den §§ 398 ff. BGB oder eine Pfändung und Überweisung entsprechend den §§ 829 und 835 ZPO des dem Versicherungsnehmer gegen den Versicherer zustehenden Deckungsanspruchs ausnahmsweise **entbehrlich** sind.[50] Folge ist zum anderen, dass sich der Freistellungsanspruch bzw. die Entschädigungsforderung des Versicherungsnehmers im Insolvenzverfahren zu dem Zeitpunkt in einen Zahlungsanspruch des Dritten gegen den Versicherer umwandeln, zu dem der Haftpflichtanspruch nach § 106 S. 1 bzw. gemäß § 154 Abs. 1 S. 1 VVG aF festgestellt wurde.[51] Dabei gehört zu diesem gegenüber dem Versicherer geltend zu machenden Zahlungsanspruch auch der Kostenanspruch nach § 101 bzw. gemäß § 150 VVG aF, da Gegenstand des Deckungsanspruchs nicht nur der Freistellungsanspruch bzw. die Entschädigungsforderung und der umgewandelte Zahlungsanspruch, sondern hierzu auch der Rechtsschutz- und Abwehranspruch zu zählen sind.[52]

26   Die vorstehend genannten Grundsätze gelten allerdings dann nicht, wenn es sich um **Einwendungen des Versicherers** handelt, die dieser dem Versicherungsnehmer bereits vor der Eröffnung des Insolvenzverfahrens entgegensetzen konnte und die zur Leistungsfreiheit des Versicherers führen.[53] Derartige Einwendungen kann der Versicherer auch gegenüber dem Insolvenzverwalter erheben. Gleiches gilt nach der zum VVG aF und zu den AHB aF ergangenen Rechtsprechung, bei der es um die Feststellung[54] oder um die Rücknahme eines Widerspruchs gegen die Feststellung zur Insolvenztabelle ging[55] und die Versicherungsnehmer jeweils trotz Aner-

---

OLG Köln VersR 2006, 1207 (1208); OLG Dresden Baurecht 2006, 1328 (1332); KG VersR 2007, 349 (350); OLG Nürnberg VersR 2008, 813; 2013, 711 (712); *H. Baumann* in BK-VVG § 157 Rn. 5 ff.; *Langheid* in Langheid/Rixecker § 110 Rn. 2; *Voit/Knappmann*, in Prölss/Martin 27. Aufl. 2004, § 157 Rn. 3 ff.; *Lücke* in Prölss/Martin § 110 Rn. 5 ff.; *Retter* in Schwintowski/Brömmelmeyer/Ebers § 110 Rn. 5 und 8; *R. Koch* in Bruck/Möller § 110 Rn. 12; *v. Rintelen* in Späte/Schimikowski AHB 2014 Ziff. 1 Rn. 381; *Ganter* in MüKoInsO § 51 Rn. 238; *Thume* VersR 2006, 1318 (1321); *Thole* NZI 2011, 41 f.; *Mokhtari* VersR 2014, 665 (666); → § 108 Rn. 9; *Gnauck* Absonderungsrecht S. 94 f.; *Schultheiß* VersR 2016, 497 (501); *Rust* r+s 2022, 481 (482) mwN in Fn. 3–6; Einzelheiten zur Fälligkeit der Versicherungsleistung → § 106 S. 1 → § 106 Rn. 10 ff.

[48] Vgl. BGH VersR 2004, 634 f.; VersR 2016, 783 Rn. 16; VersR 2021, 584 und hierzu näher *Rust* r+s 2022, 481 ff.; *Lücke* in Prölss/Martin § 110 Rn. 5 ff.; *Langheid* in Langheid/Rixecker § 110 Rn. 3; vgl. ferner KG VersR 2007, 349 (350); OLG Nürnberg VersR 2008, 813; LG Arnsberg r+s 2011, 156 f.; *Thole* NZI 2011, 41 (43); *Mokhtari* VersR 2014, 665 (666); näher zum Anerkenntnis des Versicherungsnehmers → VVG § 105 Rn. 37 ff.

[49] Vgl. OLG Celle VersR 2002, 602; OLG Köln VersR 2006, 1207 (1208); OLG Dresden Baurecht 2006, 1328 (1332); *Lücke* in Prölss/Martin § 110 Rn. 5; *Retter* in Schwintowski/Brömmelmeyer/Ebers § 110 Rn. 13.

[50] Vgl. RGZ 93, 209 (212); BGH VersR 1987, 655; 1991, 414 (415); 1993, 1222 (1223); OLG Dresden VersR 2006, 1328 (1332); KG VersR 2007, 349 (350); *H. Baumann* in BK-VVG § 157 Rn. 5; *Voit/Knappmann* in Prölss/Martin § 157 Rn. 3; *Lücke* in Prölss/Martin § 110 Rn. 5; *Retter* in Schwintowski/Brömmelmeyer/Ebers § 110 Rn. 8; *v. Rintelen* in Späte/Schimikowski AHB 2014 Ziff. 1 Rn. 381; *Ahrens/Latzel* r+s 2022, 437, 438; aA zu Unrecht OLG Bremen r+s 2012, 484.

[51] Vgl. *Voit/Knappmann* in Prölss/Martin, 27. Aufl. 2004, § 157 Rn. 3; *Lücke* in Prölss/Martin § 110 Rn. 5; *H. Baumann* in BK-VVG § 157 Rn. 2; *Langheid* in Römer/Langheid § 110 Rn. 2; *Retter* in Schwintowski/Brömmelmeyer/Ebers § 110 Rn. 5; *v. Rintelen* in Späte/Schimikowski AHB 2014 Ziff. 1 Rn. 381; *Thume* VersR 2006, 1318 (1321); eingehend und kritisch *Gnauck* Absonderungsrecht S. 76 ff.; aA OLG Dresden Baurecht 2006, 1328 (1332); näher zur Feststellung des Haftpflichtanspruchs nach § 106 S. 1 → § 106 Rn. 28 ff.

[52] Vgl. *Voit/Knappmann* in Prölss/Martin, 27. Aufl. 2004, § 157 Rn. 3; *Lücke* in Prölss/Martin § 110 Rn. 5; *Retter* in Schwintowski/Brömmelmeyer/Ebers § 110 Rn. 5; kritisch *Gnauck* Absonderungsrecht S. 87 f.; eingehend hierzu → Vor §§ 100 ff. Rn. 65.

[53] Vgl. BGHZ 44, 1 (13) = NJW 1965, 1585; *Voit/Knappmann* in Prölss/Martin, 27. Aufl. 2004, § 157 Rn. 3; *Lücke* in Prölss/Martin § 110 Rn. 5; *Langheid* in Langheid/Rixecker § 110 Rn. 2; *Retter* in Schwintowski/Brömmelmeyer/Ebers § 110 Rn. 5; *R. Koch* in Bruck/Möller, Bd. 4, § 110 Rn. 12; vgl. aber auch BGH NJW-RR 2015, 121 Rn. 17 und NJW-RR 2015, 123 Rn. 10 zur Vorleistungspflicht des Berufshaftpflichtversicherers nach § 19a Abs. 2 S. 2 BNotO bei der Pflichtverletzung beim Fehlen weiterer Einwendungen des Versicherers gegen die Wissentlichkeit der Pflichtverletzung; hierzu auch → Vor § 100 Rn. 112 mit Fn. 277; → § 103 Rn. 58 mit Fn. 139.

[54] Vgl. OLG Köln VersR 2006, 1207.

[55] Vgl. OLG Köln r+s 2006, 238.

kenntnisverbots entsprechende Anerkenntnisse gegenüber den Geschädigten abgegeben hatten. Derartige Anerkenntnisse führten nach der Rechtsprechung[56] zu zumindest grob fahrlässigen Obliegenheitsverletzungen der Versicherungsnehmer gegenüber den Versicherern und hatten zur Folge, dass diese sich auf Leistungsfreiheit wegen Obliegenheitsverletzungen berufen konnten.

Dagegen kann sich der Versicherer nach inzwischen ganz einhelliger, zutreffender Auffassung[57] dem Dritten gegenüber nicht darauf berufen, dass die **Erben des Versicherungsnehmers** nur beschränkt auf den Wert des Nachlasses nach Eröffnung des Nachlassinsolvenzverfahrens gemäß den §§ 1975 ff. BGB haftetenen oder auch in anderen Fällen nur einer **beschränkten Erbenhaftung** unterlägen. Entscheidend für die uneingeschränkte Eintrittspflicht des Versicherers dürfte sein, dass sich diese Eintrittspflicht bereits aus der Natur des Befreiungsanspruchs des Versicherungsnehmers ergibt.[58] 27

Anstelle dieses insolvenzrechtlichen Prüfungsverfahrens kann der Geschädigte nach seit langem ganz überwiegend vertretener Auffassung[59] das Recht auf abgesonderte Befriedigung aus der Versicherungsforderung auch ohne den Umweg über das zeitlich sich erheblich hinziehende insolvenzrechtliche Anmeldungs- und Prüfungsverfahren durch unmittelbare **Klage auf Zahlung gegen den Insolvenzverwalter** geltend machen, wobei die Klage allerdings beschränkt werden muss auf die Leistung aus der Entschädigungsforderung gegen den Versicherer. Diese zu § 157 VVG aF vertretene und deshalb auf die Leistung aus der Entschädigungsforderung abstellende Ansicht ist ohne weiteres auch im Hinblick auf den von § 110 erfassten Freistellungsanspruch des Versicherungsnehmers übertragbar, da sich insoweit nichts an der früheren Rechtslage geändert hat.[60] Dies gilt auch für die Möglichkeit des Insolvenzverwalters, die Deckungsansprüche aus dem Haftpflichtversicherungsvertrag an den Schuldner freizugeben. In diesem Falle ist der Insolvenzverwalter bezüglich des Absonderungsanspruchs nicht mehr passiv legitimiert, so dass der Geschädigte wegen des Parteiwechsels die Klage umstellen muss.[61] 28

Erlangt der Dritte als Geschädigter einen rechtskräftigen Titel gegen den Insolvenzverwalter im Haftpflichtprozess, wirkt dieser Titel auch gegen den Versicherer und löst zugleich die Fälligkeit des Deckungsanspruchs nach § 106 Abs. 1 S. 1 bzw. gemäß § 154 Abs. 1 S. 1 VVG aF aus.[62] 29

Demgegenüber hat der BGH[63] es unter der Geltung der KO trotz Bejahung des Rechtsschutzbedürfnisses für eine Klage des geschädigten Dritten gegen den insolventen Versicherungsnehmer als zweifelhaft bezeichnet, ob ein solcher persönlich geführter Haftpflichtprozess zum Zwecke der Titulierung des Ersatzanspruchs ebenfalls die Fälligkeit des Deckungsanspruchs bewirkt. Diese Problematik hat sich mit dem Inkrafttreten des § 87 InsO am 1.1.1999[64] erledigt, da nach dieser Vorschrift die Insolvenzgläubiger ihre Forderungen nur nach den Vorschriften über das Insolvenzverfahren verfolgen können. Die Insolvenzgläubiger und damit auch der geschädigte Dritte iSd § 110 haben daher nur die Möglichkeit, zunächst ihre Forderungen beim Insolvenzverwalter zur Insolvenztabelle nach den §§ 174 ff. InsO anzumelden. Hingegen besteht die Möglichkeit, auf die Teilnahme am 30

---

[56] Vgl. BGH VersR 2004, 634; OLG Köln VersR 2006, 1207; r+s 2006, 238 f.; ebenso *Lücke* in Prölss/Martin § 110 Rn. 10.
[57] Vgl. OGH ÖJZ 1979, 491; *R. Johannsen* in Bruck/Möller, 8. Aufl., Bd. 4, Anm. B 108; *H. Baumann* in BK-VVG VVG § 157 Rn. 15; *Voit/Knappmann* in Prölss/Martin, 27. Aufl. 2004, § 157 Rn. 8; *Lücke* in Prölss/Martin § 110 Rn. 10; *Retter* in Schwintowski/Brömmelmeyer/Ebers § 110 Rn. 11; *R. Koch* in Bruck/Möller § 110 Rn. 14; *v. Rintelen* in Späte/Schimikowski AHB 2014 Ziff. 1 Rn. 385; jeweils mwN.
[58] So zutreffend *H. Baumann* in BK-VVG § 157 Rn. 15.
[59] Vgl. BGH VersR 1956, 625 (626); 1964, 966; 1981, 328; 1989, 730 f. = ZIP 1989, 857 f. mit Anm. *Littbarski* EWiR § 426 BGB 1/89, 659 f.; BGH ZIP 2013, 1742 Rn. 10 = NZI 2013, 886 (887) mit Anm. *Schnepp*; OGH VersR 2014, 772 (773); LG Köln VersR 2004, 1128 (1129); *R. Johannsen* in Bruck/Möller, 8. Aufl., Bd. 4, Anm. B 103; *H. Baumann* in BK-VVG § 157 Rn. 11; *Voit/Knappmann* in Prölss/Martin, 27. Aufl. 2004, § 157 Rn. 4; *Lücke* in Prölss/Martin § 110 Rn. 6; *Langheid* in Römer/Langheid § 157 Rn. 3; *Langheid* in Langheid/Rixecker § 110 Rn. 4; *Retter* in Schwintowski/Brömmelmeyer/Ebers § 110 Rn. 7; *Schulze Schwienhorst* in Looschelders/Pohlmann § 110 Rn. 9; *v. Rintelen* in Späte/Schimikowski AHB 2014 Ziff. 1 Rn. 383; *Thole* NZI 2011, 41 (42 f.); *Thole* NZI 2013, 665 (668 f.); *Gnauck* Absonderungsrecht S. 203 ff.; ablehnend *Mitlehner* ZIP 2012, 2003 (2005) mit der Begründung, dass es wegen der eigenen Verwertungsbefugnis des Dritten nach § 173 InsO gar keiner klageweisen Durchsetzung bedürfe.
[60] Ebenso BGH WM 2013, 1654 Rn. 10; VersR 2016, 913 Rn. 12; *Ahrens/Latzel* r+s 2022, 437 (440); *Schimikowski* in HK-VVG § 110 Rn. 4.
[61] Vgl. BGH VersR 2009, 821; *Thume* VersR 2010, 849 (855); *Armbrüster* r+s 2010, 441 (453); *Thole* NZI 2011, 41 (43); *R. Koch* in Bruck/Möller § 110 Rn. 22; *Schimikowski* in HK-VVG § 110 Rn. 4.
[62] Vgl. *Ganter* in MüKoInsO § 51 Rn. 238; *Ahrens/Latzel* r+s 2022, 437 (440).
[63] BGH NJW 1996, 2035 (2036); hierzu näher *H. Baumann* in BK-VVG § 157 Rn. 12; *Ganter* in MüKoInsO § 51 Rn. 238; *Retter* in Schwintowski/Brömmelmeyer/Ebers § 110 Rn. 17; *R. Koch* in Bruck/Möller, Bd. 4, § 110 Rn. 17; *Thume* VersR 2006, 1318 (1321).
[64] Vgl. Art. 110 EGInsO.

Insolvenzverfahren und damit auf die Haftung der Masse zu verzichten, um so den Schuldner persönlich in Anspruch nehmen zu können, nicht mehr.[65] Eine dennoch erhobene Klage wäre mangels Rechtsschutzbedürfnisses unzulässig.

4. Sonstige insolvenzrechtliche Besonderheiten. Neben den vorstehend genannten Eigenheiten des Freistellungsanspruchs des Versicherungsnehmers aus insolvenzrechtlicher Sicht gibt es noch weitere sonstige insolvenzrechtliche Besonderheiten.

Dazu zählt einmal, dass sich eine **Rentenforderung** als wiederkehrende Leistung im Sinne der §§ 41, 45 und 46 InsO im Insolvenzverfahren des Versicherungsnehmers in eine Kapitalforderung umwandelt,[66] und zwar auch mit Wirkung gegen den Versicherer, der deshalb dem nach § 110 bzw. gemäß § 157 VVG aF vorgehenden Dritten nicht mehr mit einer Rente, sondern nur noch mit einer Kapitalforderung haftet.[67] Diese Grundsätze gelten dann nicht, wenn der Versicherer selbst zur Rentenzahlung gegenüber dem Geschädigten verurteilt ist oder er sich durch Vergleich selbst zur Rentenzahlung gegenüber dem Geschädigten verpflichtet hat.[68]

Zu den insolvenzrechtlichen Besonderheiten zählt zum anderen, dass der die Rechte der absonderungsberechtigten Gläubiger grundsätzlich schützende **Insolvenzplan** nach § 223 InsO auch für den Dritten gilt und deshalb dessen Ansprüche unberührt lässt.[69] Der Dritte ist nur dann mit dem übersteigenden Teil seiner Schadensersatzforderung auf die Quote des Insolvenzplanes beschränkt, wenn es zum Ausfall bei der Befriedigung aus der Forderung gegen den Versicherer kommt.[70]

Sofern schließlich der vom Insolvenzgericht nach Eröffnung des Insolvenzverfahrens gemäß § 27 Abs. 1 S. 1 InsO ernannte **Insolvenzverwalter** die ihm obliegenden Pflichten eines ordentlichen und gewissenhaften Insolvenzverwalters nach § 60 Abs. 1 InsO schuldhaft verletzt, indem er etwa unabgestimmt und ankündigungslos die für den Geschäftsführer bestehende D&O-Versicherung beendet, den Versicherungsfall nicht anzeigt, die vom Versicherer in Gang gesetzte Verjährung verstreichen oder den Anspruch aus dem Versicherungsvertrag verjähren lässt und dadurch die Durchsetzbarkeit des Freistellungsanspruchs des Versicherungsnehmers zu Lasten des geschädigten Dritten vereitelt, kann diesem ein Schadensersatzanspruch gegen den Insolvenzverwalter nach § 60 InsO zustehen.[71]

D. Prozessuale Aspekte

Außer den bereits angesprochenen prozessualen Aspekten gibt es noch weitere, die im Hinblick auf die Insolvenz des Versicherungsnehmers der besonderen Hervorhebung verdienen.

So kann der zur abgesonderten Befriedigung berechtigte Dritte grundsätzlich solange **keinen Zahlungsanspruch gegen den Versicherer** geltend machen, bis das **Bestehen der Haftpflichtforderung festgestellt** und diese fällig ist. Begründet wird dies zu Recht damit, dass die Rechtsstellung

---

[65] Vgl. *Breuer/Flöther* in MüKoInsO § 87 Rn. 11; *Thume* VersR 2006, 1318 (1321); *Retter* in Schwintowski/Brömmelmeyer/Ebers § 110 Rn. 17; großzügiger im Hinblick auf die Klage des Drittgeschädigten gegen den Versicherungsnehmer *Langheid* in Langheid/Rixecker § 110 Rn. 4.

[66] Vgl. RGZ 93, 209 (210); *Voit/Knappmann* in Prölss/Martin, 27. Aufl. 2004, § 157 Rn. 6; *Lücke* in Prölss/Martin § 110 Rn. 8; *Langheid* in Langheid/Rixecker § 110 Rn. 4; *R. Koch* in Bruck/Möller, Bd. 4, § 110 Rn. 23.

[67] Vgl. BGH ZIP 2013, 1742 Rn. 13 = NZI 2013, 886 (887) mit Anm. *Schnepp*; *Voit/Knappmann* in Prölss/Martin, 27. Aufl. 2004, § 157 Rn. 6; *Lücke* in Prölss/Martin § 110 Rn. 8; *Langheid* in Langheid/Rixecker § 110 Rn. 4; *Retter* in Schwintowski/Brömmelmeyer/Ebers § 110 Rn. 3; einschränkend hingegen *H. Baumann* in BK-VVG § 157 Rn. 6, wobei seine Ausführungen allerdings im Wesentlichen der Auseinandersetzung mit den kostenrechtlichen Folgen aus der Entscheidung RGZ 93, 209 (210 f.) dienen; allgemein zur Priorität der Kapitalforderung vor der Rentenforderung → § 107 Rn. 29 f. mwN.

[68] So zutreffend *Voit/Knappmann* in Prölss/Martin, 27. Aufl. 2004, § 157 Rn. 6; *Lücke* in Prölss/Martin § 110 Rn. 8; *Retter* in Schwintowski/Brömmelmeyer/Ebers § 110 Rn. 3; eingehend *Gnauck* Absonderungsrecht S. 164 ff.

[69] Vgl. BGH VersR 1956, 625; *Voit/Knappmann* in Prölss/Martin, 27. Aufl. 2004, § 157 Rn. 7; *Lücke* in Prölss/Martin § 110 Rn. 9; *Langheid* in Langheid/Rixecker § 110 Rn. 4; *v. Rintelen* in Späte/Schimikowski AHB 2014 Ziff. 1 Rn. 385; *Gnauck* Absonderungsrecht S. 160 f.

[70] Vgl. hierzu die soeben in Fn. 69 Genannten.

[71] Vgl. OLG Köln r+s 1996, 432; OLG Hamburg ZIP 2015, 1840 f.; vgl. auch BGH WM 2016, 425 Rn. 13 zum Bestehen eines Schadensersatzanspruches der Masse gegen den Insolvenzverwalter nach § 60 Abs. 1 S. 1 InsO; *Retter* in Schwintowski/Brömmelmeyer/Ebers § 110 Rn. 6; vgl. ferner *Langheid* in Langheid/Rixecker § 110 Rn. 2.

des Dritten nicht weiter reichen kann als die des Versicherungsnehmers.[72] Eine Feststellungsklage des Dritten gegen den Versicherer kommt vor der Klärung der Haftpflichtfrage allerdings dann in Betracht, wenn die Gefahr besteht, dass dem Dritten als Haftpflichtgläubiger der Deckungsanspruch als Befriedigungsobjekt verloren geht.[73] Eine solche Gefährdung ist nach zutreffender Auffassung insbesondere dann zu besorgen, wenn weder der Versicherungsnehmer noch der Insolvenzverwalter gegen die unberechtigte Deckungsversagung durch den Versicherer vorgehen und deshalb auch ohne Verweigerung der Übernahme des Rechtsschutzes durch den Haftpflichtversicherer der Rechtsverlust durch Verjährung droht[74] und der Dritte keine Gewähr dafür hat, dass der Insolvenzverwalter gegebenenfalls erforderlich werdende Schritte zur Erhaltung des Versicherungsanspruchs ergreifen wird.

Das Gleiche gilt im Ergebnis in dem Falle, in dem dem Dritten wegen verschiedener Schadensposten zwar **mehrere Forderungen zustehen,** der Insolvenzverwalter aber nur einen Teilbetrag anerkennt, im Übrigen aber nicht erkennen lässt, welche Schadensposten von diesem Teilbetrag betroffen sind.[75] Da sich in einem solchen Falle nicht ausschließen lässt, dass bestimmte Schadensposten als nicht vom Versicherungsschutz erfasst angesehen werden, hat der Dritte als Geschädigter nur die Möglichkeit, eine entsprechende Feststellungsklage gegen den Versicherer zu erheben.[76]

Ausgehend von den verfahrensrechtlichen Eigenheiten des Insolvenzverfahrens, wonach vor dem Beschreiten des Rechtsweges gemäß § 174 Abs. 1 InsO regelmäßig die Anmeldung der Haftpflichtforderung und des Absonderungsrechts zur Insolvenztabelle erfolgt,[77] besteht aufgrund dieses Verfahrens für den Insolvenzverwalter und die Insolvenzgläubiger die Möglichkeit, nach § 178 Abs. 1 InsO **Widerspruch gegen die Feststellung der Forderung** zu erheben. Damit korrespondierend wird dem dadurch Benachteiligten und damit auch dem Dritten nach den §§ 179 ff. InsO die Möglichkeit zugestanden, sich mit der Erhebung einer Feststellungsklage gegen den Versicherungsnehmer bzw. einer Feststellungs- oder Zahlungsklage gegen den Insolvenzverwalter zum Erhalt seiner Forderungen zur Wehr zu setzen.[78]

Schließlich hat sich das OLG Düsseldorf[79] in einer Entscheidung dafür ausgesprochen, einem Geschädigten einen aus § 242 BGB abzuleitenden **Anspruch auf Auskunft über den Inhalt des zwischen dem Versicherer und dem Versicherungsnehmer bestehenden Haftpflichtversicherungsvertrages** gegen den Versicherer zuzugestehen. Ein solcher Anspruch soll nach Ansicht des OLG Düsseldorf[80] jedenfalls dann gegeben sein, wenn ein Absonderungsrecht bestehe und der Deckungsanspruch zu verjähren oder die Ausschlussfrist abzulaufen drohe.

Dieser Auffassung kann nicht gefolgt werden. So ist bereits zweifelhaft, ob eine solche Begründung in der Gegenwart überhaupt noch haltbar ist. Immerhin ist zu beachten, dass die Anforderungen an die Vereinbarkeit von den Datenschutz betreffenden Maßnahmen mit dem Datenschutzrecht seit dem Erlass der Entscheidung des OLG Düsseldorf vor über 18 Jahren in der Zwischenzeit erheblich gestiegen sind und so sensible Daten wie die Interna eines Haftpflichtversicherungsvertrages in Ermangelung einer entsprechenden Rechtsgrundlage für einen Auskunftsanspruch des Geschädigten nicht geeignet sind, die Datenschutzrechte der am Haftpflichtversicherungsvertrag beteiligten Parteien sowie der vom Haftpflichtversicherungsvertrag betroffenen weiteren Personen einfach zu negieren. Deshalb kommt ein Anspruch auf Auskunft über den Inhalt des Haftpflichtversicherungsvertrages nur mit Zustimmung aller am Vertrag irgendwie beteiligten Personen in Betracht. Unabhängig hiervon ist ein entsprechender Aus-

---

[72] Vgl. BGH VersR 1991, 414 (415); 1993, 1222; 2004, 634; OLG Nürnberg VersR 2013, 711 f.; *Retter* in Schwintowski/Brömmelmeyer/Ebers § 110 Rn. 14; vgl. auch → Rn. 24 mwN in Fn. 47.

[73] Vgl. BGH VersR 2001, 90; 2009, 1485 Rn. 2; r+s 2017, 301 Rn. 24; KG VersR 2007, 349; OLG Celle r+s 2013, 127; OLG Naumburg r+s 2013, 431 (433) mit Anm. *Schimikowski; Lücke* in Prölss/Martin § 100 Rn. 21 und § 110 Rn. 5; *Retter* in Schwintowski/Brömmelmeyer/Ebers § 110 Rn. 19; *Gnauck* Absonderungsrecht S. 225; *Felsch* r+s 2010, 265 (276); *Armbrüster* r+s 2010, 441 (447); *Piontek* Haftpflichtversicherung § 1 Rn. 15 und § 3 Rn. 47; vgl. ferner → § 100 Rn. 73 mwN in Fn. 130 f.

[74] Vgl. BGH VersR 2001, 90; r+s 2017, 301 Rn. 24; KG VersR 2007, 349 (350); OLG Celle r+s 2013, 127; OLG Naumburg r+s 2013, 431 (433) mit Anm. *Schimikowski;* ebenso *Lücke* in Prölss/Martin § 110 Rn. 5; *Schimikowski* in HK-VVG Vor §§ 100–124 Rn. 9; *Gnauck* Absonderungsrecht S. 225.

[75] Vgl. BGH VersR 1991, 414 (415); *Retter* in Schwintowski/Brömmelmeyer/Ebers § 110 Rn. 13; *R. Koch* in Bruck/Möller § 110 Rn. 16.

[76] Vgl. BGH VersR 1991, 414 (415); *Retter* in Schwintowski/Brömmelmeyer/Ebers § 110 Rn. 13.

[77] Vgl. BGH r+s 2016, 714 Rn. 36; *Retter* in Schwintowski/Brömmelmeyer/Ebers § 110 Rn. 15; *Thole* NZI 2011, 41 (43); vgl. auch → Rn. 30 mit weiteren Einzelheiten und Nachweisen.

[78] Vgl. *Retter* in Schwintowski/Brömmelmeyer/Ebers § 110 Rn. 15.

[79] Vgl. OLG Düsseldorf VersR 2002, 1020 (1021); ebenso ohne Nennung einer entsprechenden Anspruchsgrundlage OLG Celle r+s 2013, 127; *Retter* in Schwintowski/Brömmelmeyer/Ebers § 110 Rn. 15; *R. Koch* in Bruck/Möller § 110 Rn. 21.

[80] OLG Düsseldorf VersR 2002, 1020 (1021).

§ 111   Teil 2. Einzelne Versicherungszweige. Kap. 1. Haftpflichtversicherung

kunftsanspruch auch deshalb abzulehnen, weil die Bezugnahme auf den sich aus § 242 BGB ergebenden Grundsatz von Treu und Glauben wie in vielen anderen Bereichen auch insoweit viel zu pauschal und ungenau ist, um auch nur im Ansatz brauchbare Abgrenzungskriterien für das Bestehen oder Nicht-Bestehen von Auskunftsansprüchen über den Inhalt eines Haftpflichtversicherungsvertrages zu liefern.

41   Das Gleiche gilt auch für die Begründung des OLG Celle,[81] wonach die Vorschriften der §§ 156 und 157 VVG aF sowie die der §§ 108 Abs. 1 und 110 zeigten, dass der Wille des Gesetzgebers dahin ginge, den Dritten zu schützen. Die Versicherungsleistung solle dem geschädigten Dritten zugutekommen. Mit dieser materiellrechtlichen Entscheidung müsse korrespondieren, dass im Falle der Untätigkeit des Versicherungsnehmers der geschädigte Dritte selbst gegen den Versicherer, um durch die Untätigkeit des Versicherungsnehmers zu privilegieren kein Anlass bestehe, gerichtlich vorgehen könne. Argumentiert das OLG Celle in dieser Weise, lässt es die Berücksichtigung datenschutzrechtlicher Erwägungen völlig außer Acht und stützt sich auf bloße, im Ergebnis abzulehnende Billigkeitserwägungen.

42   Sofern man im Einklang mit dem OLG Düsseldorf und dem OLG Celle einen Anspruch auf Auskunft über den Inhalt des Haftpflichtversicherungsvertrages bejaht, kommt die Möglichkeit des Versicherungsschutzes unter den Voraussetzungen von A 1-6.13.1 AVB BHV bei einer entsprechenden Vereinbarung zwischen dem Versicherer und dem Versicherungsnehmer in Betracht.[82]

§ 111 Kündigung nach Versicherungsfall

(1) ¹Hat der Versicherer nach dem Eintritt des Versicherungsfalles den Anspruch des Versicherungsnehmers auf Freistellung anerkannt oder zu Unrecht abgelehnt, kann jede Vertragspartei das Versicherungsverhältnis kündigen. ²Dies gilt auch, wenn der Versicherer dem Versicherungsnehmer die Weisung erteilt, es zum Rechtsstreit über den Anspruch des Dritten kommen zu lassen.

(2) ¹Die Kündigung ist nur innerhalb eines Monats seit der Anerkennung oder Ablehnung des Freistellungsanspruchs oder seit der Rechtskraft des im Rechtsstreit mit dem Dritten ergangenen Urteils zulässig. ²§ 92 Abs. 2 Satz 2 und 3 ist anzuwenden.

Übersicht

	Rn.			Rn.
A. Einführung	1	IV.	Kündigung des Versicherungsverhältnisses durch jede Vertragspartei bei Weisung des Versicherers nach Abs. 1 S. 2	33
I. Inhalt der Regelung	1			
II. Zweck der Regelung	4			
III. Grundsätzliche Abdingbarkeit der Regelung	6	C.	Einzelheiten zur Kündigung nach Abs. 2 S. 1 und 2	44
B. Einzelheiten zum Kündigungsrecht nach Abs. 1 S. 1 und 2	7	I.	Allgemeines	44
I. Allgemeines	7	II.	Kündigungsfristen nach Abs. 2 S. 1	45
II. Voraussetzungen des Kündigungsrechts nach Abs. 1 S. 1	8	III.	Form der Kündigung	47
		IV.	Inhalt der Kündigung	49
1. Eintritt des Versicherungsfalles	8	V.	Zurückweisungspflicht des Versicherers bei unwirksamen Kündigungen des Versicherungsnehmers?	52
2. Anerkenntnis des Versicherers im Hinblick auf den Freistellungsanspruch des Versicherungsnehmers	12	VI.	Anerkennung oder Ablehnung des Freistellungsanspruchs oder Rechtskraft des Urteils als Voraussetzung des Fristbeginns für die Kündigung nach Abs. 2 S. 1	61
3. Unberechtigte Ablehnung des Versicherers im Hinblick auf den Freistellungsanspruch des Versicherungsnehmers	19			
III. Kündigung des Versicherungsverhältnisses durch jede Vertragspartei nach Abs. 1 S. 1 und ihre Abgrenzung zu anderen Kündigungsmöglichkeiten	26	VII.	Kündigungsrecht des Versicherers nach Ablauf der Kündigungsfrist?	71
		VIII.	Sonstige Kündigungsrechte	77

---

[81] OLG Celle r+s 2013, 127.
[82] Vgl. hierzu → § 100 Rn. 128b; vgl. ferner *Tenschert* in Littbarski/Tenschert/Klein AVB BHV A1-6.13.1 Rn. 1 ff.

Stichwort- und Fundstellenverzeichnis

Stichwort	Rn.	Rechtsprechung	Literatur
Anerkennung des Freistellungsanspruchs	→ 12, 14, 61 f.	OLG Schleswig VersR 1968, 487 (488); OLG Celle r+s 2004, 14 (17)	*H. Baumann* in BK-VVG § 158 aF Rn. 13; *Lücke* in Prölss/Martin § 111 Rn. 4; *Retter* in Schwintowski/Brömmelmeyer/Ebers § 111 Rn. 5
Eintritt des Versicherungsfalles	→ 8 f.	BGH VersR 1991, 580 (zu den ARB aF)	*H. Baumann* in BK-VVG § 158 aF Rn. 8; *Langheid* in Langheid/Rixecker § 111 Rn. 3; *Lücke* in Prölss/Martin § 111 Rn. 2; *Retter* in Schwintowski/Brömmelmeyer/Ebers § 111 Rn. 2
Form der Kündigung	→ 47 f.	–	*Armbrüster* in Prölss/Martin § 11 Rn. 21; *Fausten* in Langheid/Wandt § 11 Rn. 97; *Schulze Schwienhorst* in Looschelders/Pohlmann § 111 Rn. 9 und 15
Inhalt der Kündigung	→ 49 f.	OLG Hamm JRPV 1928, 260; OLG Hamm VersR 1999, 51; LG Berlin VersR 1959, 421	*Armbrüster* in Prölss/Martin § 11 Rn. 22; *Fausten* in Langheid/Wandt § 11 Rn. 90
Kündigungsrecht des Versicherers nach Ablauf der Kündigungsfrist	→ 71, 74 ff.	OLG Düsseldorf r+s 2013, 599 (600); OLG Düsseldorf r+s 2014, 122 (124)	*Armbrüster* in Prölss/Martin § 92 Rn. 11; *Langheid* in Langheid/Rixecker § 96 Rn. 29; *Schulze Schwienhorst* in Looschelders/Pohlmann § 111 Rn. 12 f.
Rechtskraft des Urteils	→ 61 f., 67	–	*Späte* AHB § 9 Rn. 23; *H. Baumann* in BK-VVG § 158 Rn. 27 f.; *Langheid* in Langheid/Rixecker § 111 Rn. 11; *Lücke* in Prölss/Martin § 111 Rn. 10
Sonstige Kündigungsrechte	→ 77 f.	KG JW 1937, 2622; OLG Braunschweig VersR 1954, 313	*Armbrüster* in Prölss/Martin § 92 Rn. 15; *Lücke* in Prölss/Martin § 111 Rn. 10; *Retter* in Schwintowski/Brömmelmeyer/Ebers § 111 Rn. 11
Unberechtigte Ablehnung des Freistellungsanspruchs	→ 19, 61	BGH VersR 2007, 1116; LG Kleve VersR 1967, 649 (650)	Begr. RegE. BT-Drs. 16/3945, 67; *H. Baumann* in BK-VVG § 158 aF Rn. 18; *Späte* AHB § 9 Rn. 22; *Langheid* in Langheid/Rixecker § 111 Rn. 11; *Lücke* in Prölss/Martin § 111 Rn. 6 f.
Weisung des Versicherers	→ 33, 40 f.	–	*H. Baumann* in BK-VVG § 158 aF Rn. 24; *Langheid* in Langheid/Rixecker § 111 Rn. 8; *Littbarski* AHB § 9 Rn. 21 f.; *Retter* in Schwintowski/Brömmelmeyer/Ebers § 111 Rn. 9
Zurückweisungspflicht des Versicherers	→ 52 ff.	BGH VersR 1987, 923 (924); BSG r+s 2007, 144; OLG Hamm VersR 1985, 175; LG Köln r+s 1991, 243; LG Marburg VersR 1963, 1191; LG Saarbrücken VersR 1965, 945	*H. Baumann* in BK-VVG § 158 aF Rn. 33; *Armbrüster* in Prölss/Martin Vor § 11 Rn. 29 ff.; *Leverenz* VersR 1999, 525 ff.; *Rogler* r+s 2007, 140 ff.

Schrifttum: Abschlussbericht der Kommission zur Reform des Versicherungsvertragsrechts vom 19.4.2004 – VersR-Schriftenreihe, Band 25, 2004; *Armbrüster,* Das allgemeine Widerrufsrecht im neuen VVG, r+s 2008, 493; *Beckmann,* D&O-Versicherung, in: Versicherungsrechts-Handbuch, 3. Aufl. 2015, § 28; *Franz,* Das Versicherungsvertragsrecht im neuen Gewand, VersR 2008, 298; *Franz,* Die Reform des Versicherungsvertragsrechts – ein großer Wurf?, DStR 2008, 303; *Gamster,* Die Prämienzahlung im Versicherungsrecht: Grundlagen und ausgewählte Problemfelder vor dem Hintergrund der VVG-Reform 2008, 2009; *Grooterhorst/Looman,* Kostentragung des Versicherers bei (teilweiser) Erschöpfung der Versicherungssumme in der D&O-Versicherung, r+s 2014, 157; *Grote/Chr. Schneider*, VVG 2008: Das neue Versicherungsvertragsrecht, BB 2007, 2689; *Hauer*, Die Bedeutung der Haftpflichtversicherung für die Annahme konkludenter Haftungsausschlüsse, ZVersWiss 102 (2013), 353; *Hauer*, Die Haftungsrelevanz der Haftpflichtversicherung, 2015; *Heß/Burmann*, Die VVG-Reform: Beratung, Information, Widerruf und Kündigung, NJW-Spezial 2007, 111; *Heimbücher*, Außerordentliches Kündigungsrecht nach Deckungsverweigerung in der Haftpflichtversicherung, VW 1990, 1140; *Jenssen*, Der Ereignisbegriff in der Haftpflichtversicherung – eine kritische Würdigung der neueren Entwicklung, ZVersWiss 76 (1987), 425; *R. Koch*, Das Dreiecksverhältnis zwischen Versicherer, Versicherungsnehmer und versicherten Personen in Innenhaftungsfällen der D&O-Versicherung, ZVersWiss 101 (2012), 151; *O. Lange*, Das Anerkenntnisverbot vor und nach der VVG-Reform, VersR 2006, 1313; *O. Lange*, Die Company-Reimbursement-Klausel in der D&O-Versicherung, VersR 2011, 429; *O. Lange*, Die D&O-Versicherung in der Insolvenz der Versicherungsnehmerin, r+s 2014, 209 und 261; *Langheid*, Die Reform des Versicherungsvertragsgesetzes, NJW 2007, 3665 und 3745; *Langheid*, Tücken in den §§ 100 ff. VVG-RegE, VersR 2007, 865; *Littbarski*, AHB, Kommentar, 2001; *Littbarski*, Auswirkungen der VVG-Reform auf die Haftpflichtversicherung, PHi 2007, 126 und 176; *Littbarski*, Beratungs-, Informations- und Mitteilungspflichten in der Sach- und Haftpflichtversicherung nach dem VVG 2008, AssCompact, Sonderedition II 2008, S. 40; *Littbarski/Tenschert/Klein (Hrsg.)*, Betriebs- und Berufshaftpflichtversicherung, Kommentar, AVB BHV, 2023; *Melot de Beauregard/Gleich*, Aktuelle Problemfelder bei der D&O-Versicherung, NJW 2013, 824; *Pohlmann*, Viel Lärm um nichts – Beratungspflichten nach § 6 VVG und das Verhältnis zwischen Beratungsaufwand und Prämie, VersR 2009, 327; *Präve*, Zum Für und Wider einer gesetzlichen Fixierung außerordentlicher Kündigungsrechte, VersR 1993, 265; *Präve*, Das neue Versicherungsvertragsgesetz, VersR 2007, 1046; *Präve*, Die VVG – Informationspflichtenverordnung, VersR 2008, 151; *Rogler*, Pflicht des Versicherers zur Zurückweisung unwirksamer Kündigungen?, r+s 2007, 140; *Schirmer*, Verlust des Haftpflichtversicherungsschutzes für Kfz-Führer nach Versicherungskündigung, DAR 2004, 375; *Schirmer*, Die Haftpflichtversicherung nach der VVG-Reform, ZVersWiss Supplement 2006, 427; *Schmalzl/Krause-Allenstein*, Berufshaftpflichtversicherung des Architekten und Bauunternehmers, 2. Auflage 2006; *Sommer*, Verzicht auf das Recht zur Arglistanfechtung in AGB/AVB – Zur Rechtsprechung des BGH und ihrer Auswirkungen auf die D&O-Versicherung, ZVersWiss 102 (2013), 491; *Terno*, Wirksamkeit von Kostenanrechnungsklauseln, r+s 2013, 577; *Teschabai-Oglu*, Die Versicherbarkeit von Emerging Risks in der Haftpflichtversicherung, 2012; *Thalmair*, Die Haftpflichtversicherung nach der VVG-Reform, ZVersWiss Supplement 2006, 459; *Thürmann/Kettler*, Produkthaftpflichtversicherung, 7. Auflage 2019; *Wandt*, Prämien- und Bedingungsänderungen in laufenden Versicherungsverträgen, in: Versicherungsrechts-Handbuch, 3. Aufl. 2015, § 11; *Werber*, § 6 VVG 2008 und die Haftung des Versicherers für Fehlberatung durch Vermittler, VersR 2008, 285.

A. Einführung

I. Inhalt der Regelung

1 § 111 hat die „Kündigung nach Versicherungsfall" zum Gegenstand und entspricht trotz einiger Änderungen im Wortlaut inhaltlich weitgehend § 158 Abs. 1 und 2 VVG aF, während der bisherige § 158 Abs. 3 VVG aF entfallen und in § 39 Abs. 1 aufgegangen ist. Sachlich regelt § 111 Abs. 1 das Kündigungsrecht jeder Vertragspartei in Bezug auf das Versicherungsverhältnis. Demgegenüber geht es in § 111 Abs. 2 um die Kündigungsfristen für Kündigungen durch den Versicherungsnehmer und durch den Versicherer.

2 Im Einzelnen ist in § 111 folgendes bestimmt:
Hat der Versicherer nach dem Eintritt des Versicherungsfalles den Anspruch des Versicherungsnehmers auf Freistellung anerkannt oder zu Unrecht abgelehnt, kann nach § 111 Abs. 1 S. 1 jede Vertragspartei das Versicherungsverhältnis kündigen. Dies gilt gemäß § 111 Abs. 1 S. 2 auch, wenn der Versicherer dem Versicherungsnehmer die Weisung erteilt, es zum Rechtsstreit über den Anspruch kommen zu lassen. Nach § 111 Abs. 2 S. 1 ist die Kündigung nur innerhalb eines Monats seit der Anerkennung oder Ablehnung des Freistellungsanspruchs oder seit der Rechtskraft des im Rechtsstreit mit dem Dritten ergangenen Urteils zulässig. Dabei sind § 92 Abs. 2 S. 2 und 3 nach § 111 Abs. 2 S. 2 anzuwenden. Während nach § 92 Abs. 2 S. 2 der Versicherer eine Kündigungsfrist von einem Monat einzuhalten hat, kann gemäß § 92 Abs. 2 S. 3 der Versicherungsnehmer nicht für einen späteren Zeitpunkt als den Schluss der laufenden Versicherungsperiode kündigen.

3 § 158 Abs. 1 und 2 VVG aF weicht hiervon im Wesentlichen nur im Wortlaut etwas ab, indem es dort heißt:

(1) ¹Hat nach dem Eintritt des Versicherungsfalles der Versicherer dem Versicherungsnehmer gegenüber seine Verpflichtung zur Leistung der Entschädigung anerkannt oder die Leistung der fälligen Entschädigung verweigert, so ist jeder Teil berechtigt, das Versicherungsverhältnis zu kündigen. ²Das Gleiche gilt, wenn der Versicherer dem Versicherungsnehmer die Weisung erteilt, es über den Anspruch des Dritten zum Rechtsstreit kommen zu lassen.

(2) ¹Die Kündigung ist nur innerhalb eines Monats seit der Anerkennung der Entschädigung oder seit der Rechtskraft des im Rechtsstreit mit dem Dritten ergangenen Urteils zulässig. ²Der Versicherer hat die Kündigungsfrist von einem Monat einzuhalten. ³Der Versicherungsnehmer kann nicht für einen späteren Zeitpunkt als den Schluss der laufenden Versicherungsperiode kündigen.

II. Zweck der Regelung

Zweck der Regelung des § 111 ist es, jeder Vertragspartei, also sowohl dem Versicherer als auch dem Versicherungsnehmer, nach dem Eintritt des Versicherungsfalles ein **außerordentliches, befristetes Kündigungsrecht** zu geben, da mit dem Eintritt des Versicherungsfalles nicht selten eine Beeinträchtigung des Vertrauensverhältnisses oder gar dessen Zerstörung zwischen den Vertragsparteien einhergeht. Die Gründe hierfür sind vielfältig und reichen von der bloßen Verärgerung, über den Vorwurf von falschen Angaben oder sogar den der Arglist, über den einer verzögerten Bearbeitung oder Abwicklung bis hin zum Unbehagen über die fehlende Beweisbarkeit entscheidungsrelevanter Umstände.[1] Aber auch aufgrund des Umstandes, dass sich die Vertragsparteien erst nach dem Eintritt des Versicherungsfalles häufig nicht nur im positiven Sinne wirklich kennenlernen, während es zuvor – oftmals über Jahre hinweg – nur um die Prämienzahlung durch den Versicherungsnehmer einerseits und um die grundsätzliche Möglichkeit der Risikoübernahme durch den Versicherer andererseits ging, dürfte nicht selten der Wunsch der Vertragsparteien stärker sein, nach Eintritt des Versicherungsfalles nicht mehr an den Vertrag gebunden zu sein und sich möglichst bald durch ein außerordentliches, befristetes Kündigungsrecht von diesem zu lösen.[2] Dieser Wunsch dürfte besonders groß sein, wenn eine noch lange, ursprünglich vereinbarte Laufzeit des Vertrages aussteht, wenn der Versicherer zukünftig mit einem größeren Schadenspotential beim Versicherungsnehmer rechnet oder wenn dieser seinerseits sehr unzufrieden mit der Schadensbearbeitung oder -abwicklung durch den Versicherer ist.[3]

Diesen berechtigten Wünschen der Vertragsparteien hat sich weder der Gesetzgeber des § 158 VVG aF noch der des § 111 verschlossen und den Vertragsparteien die Möglichkeit gegeben, sich durch ein außerordentliches, befristetes Kündigungsrecht von einem nicht mehr gewünschten, jedoch aufgrund der Kündigungsfrist für die ordentliche Kündigung eine gewisse Zeit noch weiter bestehenden Vertrag zu lösen.[4]

III. Grundsätzliche Abdingbarkeit der Regelung

Verfügen beide Vertragsparteien über die Möglichkeit eines außerordentlichen, befristeten Kündigungsrechts, ist es zutreffend, wenn nach allgemein vertretener Auffassung § 111 in gleicher Weise wie § 158 VVG aF für **abdingbar** gehalten wird.[5] Allerdings muss sich die Abdingung im Rahmen der allgemeinen Vorschriften, insbesondere der §§ 307 ff. BGB, halten.[6] Dem tragen Ziff. 19 AHB 2016 sowie B2-2.1 AVB BHV bis B2-2.3 AVB BHV Rechnung, die in Ziff. 19.1 und 19.2 AHB 2016 bzw. in B2-2.1 AVB BHV bis B2-2.3 AVB BHV die „Kündigung nach Versicherungsfall" in einer von § 111 abweichenden Form regeln, dabei aber trotz der in Ziff. 19.1 AHB 2016 bzw. in B2-2.1 AVB BHV gegenüber § 111 vorgesehenen Begrenzung des Kündigungsrechts im Versicherungsfall nicht gegen das AGB-Recht verstoßen. Begründen lässt sich dies damit, dass aufgrund der Regelung der Ziff. 19.1 Abs. 1 Spiegelstrich 2 AHB 2016 bzw. der von B2-2.1 Abs. 1 b) AVB BHV das Versicherungsverhältnis gekündigt werden kann, wenn der Versicherer den Anspruch des Versicherungsnehmers auf Freistellung zu Unrecht abgelehnt hat und wegen dieser Möglichkeit

---

[1] Vgl. *Baumann* in BK-VVG § 158 Rn. 1; *Voit/Knappmann* in Prölss/Martin, 27. Aufl. 2004, § 158 Rn. 3; *Lücke* in Prölss/Martin § 111 Rn. 7; *Langheid* in Langheid/Rixecker § 111 Rn. 1.

[2] Vgl. *Baumann* in BK-VVG § 158 Rn. 1; *Späte* AHB § 9 Rn. 12; *Harsdorf-Gebhardt* in Späte/Schimikowski AHB 2014 Ziff. 19 Rn. 1; *Littbarski* AHB § 9 Rn. 10; *Langheid* in Langheid/Rixecker § 92 Rn. 1; vgl. auch *Präve* VersR 1993, 265 (270) und *Hauer* Haftungsrelevanz S. 63 mit Fn. 224.

[3] Vgl. *Baumann* in BK-VVG § 158 Rn. 1; *Langheid* in Langheid/Rixecker § 92 Rn. 1.

[4] Vgl. auch *Langheid* in Langheid/Rixecker § 92 Rn. 1; demgegenüber das Verhältnis des außerordentlichen, befristeten Kündigungsrechts nach § 111 VVG zu einer ordentlichen Kündigung des Haftpflichtversicherungsvertrages verkennend *Hauer* ZVersWiss 102 (2013), 353, 359 mwN in Fn. 32.

[5] Vgl. *Schimikowski* in HK-VVG § 111 Rn. 13; *Retter* in Schwintowski/Brömmelmeyer/Ebers § 111 Rn. 16; *Lücke* in Prölss/Martin § 111 Rn. 11; *Langheid* in Langheid/Rixecker § 111 Rn. 13; *R. Koch* in Bruck/Möller § 111 Rn. 51; jeweils zu § 111; *Baumann* in BK-VVG § 158 Rn. 57; *Langheid* in Römer/Langheid § 158 Rn. 16; *Voit/Knappmann* in Prölss/Martin, 27. Aufl. 2004, § 158 Rn. 6; jeweils zu § 158 VVG aF.

[6] Vgl. *Retter* in Schwintowski/Brömmelmeyer/Ebers § 111 Rn. 16; *R. Koch* in Bruck/Möller § 111 Rn. 51 mit weiteren Einzelheiten und Nachweisen; vgl. auch *Schimikowski* in HK-VVG § 111 Rn. 13.

des Kündigungsrechts des Versicherungsnehmers von einer unangemessener Benachteiligung des Versicherungsnehmers als Vertragspartner nach § 307 Abs. 1 S. 1 BGB nicht die Rede sein kann.[7]

B. Einzelheiten zum Kündigungsrecht nach Abs. 1 S. 1 und 2

I. Allgemeines

7   Nach § 111 Abs. 1 S. 1 kann jede Vertragspartei, also sowohl der Versicherer als auch der Versicherungsnehmer, das Vertragsverhältnis kündigen, wenn der Versicherer nach dem Eintritt des Versicherungsfalles den Anspruch des Versicherungsnehmers auf Freistellung anerkannt oder zu Unrecht abgelehnt hat. Diesen zwei ein außerordentliches Kündigungsrecht für beide Vertragsparteien begründenden Kündigungsgründen steht nach § 111 Abs. 1 S. 2 ein **dritter Kündigungsgrund** zur Seite, wonach dies auch dann gilt, wenn der Versicherer dem Versicherungsnehmer die Weisung erteilt, es zum Rechtsstreit über den Anspruch des Dritten kommen zu lassen. Mithin ist zu klären, was unter dem Tatbestandsmerkmal „nach dem Eintritt des Versicherungsfalles" zu verstehen ist, welche Voraussetzungen an die drei verschiedenen Kündigungsgründe beider Vertragsparteien zu stellen sind und welche Rechtsfolgen sich aus dem Kündigungsrecht beider Vertragsparteien nach § 111 Abs. 1 S. 1 und 2 ergeben.

II. Voraussetzungen des Kündigungsrechts nach Abs. 1 S. 1

8   **1. Eintritt des Versicherungsfalles.** Soweit § 111 Abs. 1 S. 1 als Voraussetzung für das Kündigungsrecht jeder Vertragspartei darauf abstellt, dass die in dieser Vorschrift genannten beiden Kündigungsgründe „nach dem Eintritt des Versicherungsfalles" bestehen, kann bezüglich der Bestimmung des **Tatbestandsmerkmals „Versicherungsfall"** zwar grundsätzlich auf die Erläuterungen dieses Begriffes in **§ 100** verwiesen werden.[8] Jedoch ist durch die Verwendung der Formulierung „nach dem Eintritt des Versicherungsfalles", die der sich in § 158 Abs. 1 S. 1 VVG aF als Vorgängervorschrift findenden Formulierung „nach dem Eintritt eines Versicherungsfalls" sprachlich und inhaltlich weitgehend entspricht, eine Modifizierung unmaßgeblich.

9   So ist im Einklang mit der zu § 158 Abs. 1 S. 1 VVG aF und zu § 111 Abs. 1 S. 1 in der Literatur vertretenen Auffassung[9] das Vorliegen des Versicherungsfalles an Hand **objektiver Kriterien** der Leistungspflicht des Versicherers zu beurteilen. Konsequenz hiervon ist, dass ein Versicherungsfall auch dann gegeben ist, wenn der Versicherer aufgrund einer Obliegenheitsverletzung, der vorsätzlichen Herbeiführung des Versicherungsfalles, der Gefahrerhöhung oder des Prämienzahlungsverzuges durch den Versicherungsnehmer im Einzelfall von der Deckungspflicht befreit ist.[10]

10 Hingegen sind das **Vorliegen eines Versicherungsfalles** und verbunden die Möglichkeit eines außerordentlichen Kündigungsrechts nach § 111 Abs. 1 S. 1 VVG bzw. gemäß § 158 Abs. 1 S. 1 VVG aF dann zu **verneinen**, wenn der Versicherungsnehmer von dem Dritten wegen eines **Schadensereignisses** in Anspruch genommen wird, das schon objektiv nicht unter den **Versicherungsschutz** fällt.[11] Dies ist etwa der Fall bei bloßen Beschwerden[12] oder grundsätzlich bei einem Schaden, der unterhalb des vertraglich vereinbarten Selbstbehaltes eintritt.[13] Zwar ist in diesem Falle objektiv ein Versicherungsfall gegeben. Zugleich ist aber wegen des zwischen dem Versicherer und dem Versicherungsnehmer vereinbarten Selbstbehaltes objektiv auch eine Eintrittspflicht des

---

[7] Vgl. Prölss/Martin/Lücke AHB 2016 Ziff. 19 Rn. 7; *Littbarski* in Littbarski/Tenschert/Klein AVB BHV B2-2.1 Rn. 51 ff.; aA demgegenüber *Schimikowski* in HK-VVG AHB 2016 Ziff. 19 Rn. 5; *Harsdorf-Gebhardt* in Späte/Schimikowski AHB 2014 Ziff. 19 Rn. 3.

[8] Vgl. hierzu näher → § 100 Rn. 103–125.

[9] Vgl. *Baumann* in BK-VVG § 158 Rn. 8, wonach schlagwortartig von „objektiven" und „außer-objektiven" Kriterien der Leistungspflicht des Versicherers im Versicherungsfall gesprochen werden könne; *Langheid* in Langheid/Rixecker § 111 Rn. 3 und *Retter* in Schwintowski/Brömmelmeyer/Ebers § 111 Rn. 2, nach denen ein Versicherungsfall objektiv bzw. anhand objektiver Kriterien vorliegen müsse.

[10] Vgl. *Langheid* in Langheid/Rixecker § 111 Rn. 3; *Retter* in Schwintowski/Brömmelmeyer/Ebers § 111 Rn. 2; *R. Koch* in Bruck/Möller § 111 Rn. 7; vgl. auch *Baumann* in BK-VVG § 158 Rn. 8.

[11] Vgl. *R. Johannsen* in Bruck/Möller, 8. Aufl., Bd. 4, Anm. D 16; *Voit/Knappmann* in Prölss/Martin, 27. Aufl. 2004, § 158 Rn. 1; *Lücke* in Prölss/Martin § 111 Rn. 3; *Retter* in Schwintowski/Brömmelmeyer/Ebers § 111 Rn. 2; *Langheid* in Langheid/Rixecker § 111 Rn. 3; *Schulze Schwienhorst* in Looschelders/Pohlmann § 111 Rn. 7; *R. Koch* in Bruck/Möller § 111 Rn. 7.

[12] So zutreffend *Schulze Schwienhorst* in Looschelders/Pohlmann § 111 Rn. 7.

[13] Vgl. *Späte* AHB § 9 Rn. 14; *Baumann* in BK-VVG § 158 Rn. 9; *Langheid* in Langheid/Rixecker § 111 Rn. 3; *Retter* in Schwintowski/Brömmelmeyer/Ebers § 111 Rn. 2; differenzierend *Harsdorf-Gebhardt* in Späte/Schimikowski AHB 2014 Ziff. 19 Rn. 5.

Versicherers zu verneinen, so dass aus diesem Grunde auch kein außerordentliches Kündigungsrecht in Betracht kommt.[14] Eine andere Beurteilung im Sinne der Möglichkeit eines außerordentlichen Kündigungsrechts greift nur Platz, sofern trotz Vereinbarung eines Selbstbehaltes nach Ziff. 6.4 S. 2 AHB 2016 = A 1-5.4 Abs. 1 S. 2 AVB BHV bzw. gemäß § 3 III Ziff. 2 Abs. 2 AHB 2002 der Versicherer auch in diesen Fällen zur Abwehr unberechtigter Schadensersatzansprüche verpflichtet ist, selbst wenn der erhobene Haftpflichtanspruch unterhalb des vereinbarten Selbstbehaltes bleibt.[15]

Sofern schließlich eine Versicherung für fremde Rechnung nach den §§ 43 ff. VVG bzw. gemäß **11** §§ 74 ff. VVG aF vorliegt, kann auch der objektive Eintritt des Versicherungsfalles bei der mitversicherten Person die Möglichkeit des außerordentlichen Kündigungsrechts nach § 111 Abs. 1 S. 1 bzw. gemäß § 158 Abs. 1 S. 1 VVG aF eröffnen.[16]

2. Anerkenntnis des Versicherers im Hinblick auf den Freistellungsanspruch des Ver- **12** **sicherungsnehmers.** Nach § 111 Abs. 1 S. 1 Alt. 1 besteht ein Grund zur außerordentlichen Kündigung durch beide Vertragsparteien darin, dass der Versicherer nach dem Eintritt eines Versicherungsfalles den Anspruch des Versicherungsnehmers auf Freistellung anerkannt hat. Damit knüpft § 111 Abs. 1 S. 1 Alt. 1 durch das Abstellen auf den Anspruch des Versicherungsnehmers auf Freistellung an die Regelung des § 100 an, die davon spricht, dass der Versicherer verpflichtet ist, den Versicherungsnehmer von Ansprüchen freizustellen und damit dem Versicherungsnehmer einen Freistellungsanspruch gegen den Versicherer zu geben.[17] Mithin kommen bezüglich des Anspruchs des Versicherungsnehmers auf Freistellung nach § 111 Abs. 1 S. 1 die für § 100 geltenden Grundsätze entsprechend zur Anwendung.[18] Zugleich bedarf es nicht des Rückgriffs auf die sich in § 149 VVG aF weniger klar umschriebene Verpflichtung des Versicherers, dem Versicherungsnehmer die Leistung zu ersetzen bzw. auf den Wortlaut des § 158 Abs. 1 S. 1 Alt. 1 VVG aF, wonach der Kündigungsgrund sich daraus ergibt, dass der Versicherer dem Versicherungsnehmer gegenüber seine Verpflichtung zur Leistung der Entschädigung anerkannt hat.

Übereinstimmend findet sich demgegenüber in § 111 Abs. 1 S. 1 Alt. 1 bzw. in § 158 Abs. 1 **13** S. 1 Alt. 1 VVG aF die Formulierung „Hat ... anerkannt", so dass sich die Frage stellt, was unter einem sich hieraus ergebenden **Anerkenntnis des Versicherers** zu verstehen ist.

Seit jeher entspricht es einer allgemein geteilten Auffassung, dass der **Begriff des Anerkennt-** **14** **nisses** nach § 111 Abs. 1 S. 1 Alt. 1 bzw. gemäß § 158 Abs. 1 S. 1 Alt. 1 VVG aF **weit zu fassen** ist. Hierunter wird nicht nur die förmliche Anerkenntniserklärung des Versicherers verstanden,[19] sondern auch ein tatsächliches Verhalten des Versicherers gegenüber dem Versicherungsnehmer, aus dem deutlich das Bewusstsein folgt, aufgrund des Versicherungsvertrages zur Versicherungsleistung verpflichtet zu sein und den Freistellungsanspruch des Versicherungsnehmers erfüllen zu wollen.[20] Insbesondere der gerichtliche und der außergerichtliche Vergleich werden hierzu gerechnet.[21] Dabei ist nach *Baumann*[22] regelmäßig der Zahlungsakt als nach außen tretendes Kennzeichen des Anerkenntnisses zu sehen. Hierin kommt zugleich zum Ausdruck, dass die Zahlung an den Geschädigten

---

[14] So zu Recht im Ergebnis die soeben in Fn. 13 Genannten sowie *R. Koch* in Bruck/Möller § 111 Rn. 9; jeweils allerdings mit etwas voneinander abweichender Begründung.
[15] Vgl. *Späte* AHB § 9 Rn. 14; *Harsdorf-Gebhardt* in Späte/Schimikowski AHB 2014 Ziff. 19 Rn. 5; *Baumann* in BK-VVG § 158 Rn. 9; *Langheid* in Langheid/Rixecker § 111 Rn. 3; *R. Koch* in Bruck/Möller § 111 Rn. 9; *Lücke* in Prölss/Martin § 111 Rn. 4; *Hauer* Haftungsrelevanz S. 65; vgl. ferner *Littbarski* AHB § 3 Rn. 190 f., wobei die differenzierenden Überlegungen allerdings nur unter dem Blickwinkel der Selbstbehaltsregelung, nicht aber unter dem der Möglichkeit eines Kündigungsrechts erfolgt sind. Soweit es um diese Möglichkeit geht, wird den zuvor genannten Stimmen in der Literatur nunmehr ausdrücklich gefolgt; näher zu A1-5.4 Abs. 1 AVB BHV *Littbarski* in Littbarski/Tenschert/Klein AVB BHV A1-5.4 Rn. 54 ff.
[16] So zu Recht *Retter* in Schwintowski/Brömmelmeyer/Ebers § 111 Rn. 3; vgl. auch *R. Koch* in Bruck/Möller § 111 Rn. 8.
[17] Näher hierzu → Vor § 100 Rn. 63 ff.
[18] Näher hierzu → Vor § 100 Rn. 63 ff.
[19] Vgl. OLG Celle r+s 2004, 14 (15); *Baumann* in BK-VVG § 158 Rn. 13; *Schulze Schwienhorst* in Looschelders/Pohlmann § 111 Rn. 4.
[20] Vgl. OLG Hamburg VersR 1950, 132 (133); OLG Schleswig VersR 1968, 487 (488); OLG Celle r+s 2004, 14 (15); *Voit/Knappmann* in Prölss/Martin, 27. Aufl. 2004, § 158 Rn. 2; *Lücke* in Prölss/Martin § 111 Rn. 4; *Baumann* in BK-VVG § 158 Rn. 13; *Schulze Schwienhorst* in Looschelders/Pohlmann § 111 Rn. 4; *Retter* in Schwintowski/Brömmelmeyer/Ebers § 111 Rn. 5; *Langheid* in Langheid/Rixecker § 111 Rn. 4; jeweils mit voneinander etwas abweichenden Formulierungen.
[21] Vgl. *R. Johannsen* in Bruck/Möller, 8. Aufl., Bd. 4, Anm. D 17; *Baumann* in BK-VVG § 158 Rn. 13; *Voit/Knappmann* in Prölss/Martin, 27. Aufl. 2004, § 158 Rn. 2; *Lücke* in Prölss/Martin § 111 Rn. 4; *Langheid* in Langheid/Rixecker § 111 Rn. 4; *Schulze Schwienhorst* in Looschelders/Pohlmann § 111 Rn. 4; *Retter* in Schwintowski/Brömmelmeyer/Ebers § 111 Rn. 5.
[22] *Baumann* in BK-VVG § 158 Rn. 13.

generell als Anerkenntnis gewertet wird,[23] was auch mit der sich in Ziff. 19.1 Abs. 1 Spiegelstrich 1 AHB 2016 bzw. in B2-2.1 Abs. 1 a) Alt. 1 AVB BHV findenden Formulierung, „... vom Versicherer eine Schadensersatzzahlung geleistet wurde ..."[24] bzw. mit dem Wortlaut des § 9 II Ziff. 1 AHB 2002 „... von dem Versicherer aufgrund eines Versicherungsfalls eine Schadensersatzzahlung geleistet ... ist", begründet wird.[25] Dabei wird eine Teilzahlung oder ein Anerkenntnis dem Grunde nach für ausreichend gehalten. Schließlich sollen nach einer in der Literatur weit verbreiteten Auffassung sogar die rechtskräftige Entscheidung im Deckungsprozess[26] sowie im Haftpflichtprozess[27] dem Anerkenntnis gleichgestellt sein. Diese Gleichstellung mag zwar aufgrund des mit § 111 Abs. 1 S. 1 Alt. 1 bzw. des mit § 158 Abs. 1 S. 1 Alt. 1 VVG aF verfolgten Zweckes, beiden Vertragsparteien ein außerordentliches Kündigungsrecht zu geben, gerechtfertigt sein. Vom Wortlaut dieser Vorschriften ist aber eine solche extensive Auslegung nicht gedeckt. Hält man sie dennoch im Ergebnis für zutreffend, müsste zumindest an die in § 111 Abs. 1 S. 1 verwendete Formulierung „oder zu Unrecht abgelehnt" angeknüpft werden, da die Frage, ob zu Unrecht abgelehnt wurde, verbindlich nur in einer rechtskräftig gewordenen Entscheidung beantwortet werden kann.

15 Ein Anerkenntnis ist hingegen im Falle einer bloßen **Kulanzzahlung des Versicherers an den Geschädigten** nicht gegeben,[28] da es insoweit an einer entsprechenden Schadensersatzzahlung des Versicherers fehlt.[29] Allerdings ist im Einklang mit Stimmen in der Literatur[30] im Einzelfall zu prüfen, ob nicht vielmehr tatsächlich ein Vergleich mit anzunehmender Deckung des Versicherers gegeben ist, der gleichzeitig diesem sowie dem Versicherungsnehmer ein entsprechendes Kündigungsrecht ermöglicht.

16 **Übernimmt der Versicherer** zur Wahrung seiner Interessen im Einverständnis mit dem Versicherungsnehmer **die Prozessführung,** ist hierin kein ein außerordentliches Kündigungsrecht auslösendes Anerkenntnis zu erblicken.[31] Das Gleiche gilt, wenn der Versicherer zum Zwecke der Prüfung seiner Eintrittspflicht ein Sachverständigengutachten in Auftrag gibt.[32] Unterlässt es schließlich der Versicherungsnehmer, dem Versicherer den Versicherungsfall anzuzeigen, hat der Versicherer weder die Möglichkeit, die Deckung zu versagen noch einen eventuellen Anspruch des Versicherungsnehmers anzuerkennen. Ein außerordentliches Kündigungsrecht nach § 111 Abs. 1 S. 1 Alt. 1 bzw. gemäß § 158 Abs. 1 S. 1 Alt. 1 VVG aF besteht daher nicht.[33]

17 Geht man vom Wortlaut des § 111 Abs. 1 S. 1 Alt. 1 aus, wird die **Möglichkeit des außerordentlichen Kündigungsrechts** allein unter der Voraussetzung ausgelöst, dass der Versicherer den Anspruch des Versicherungsnehmers auf Freistellung anerkannt hat. Hingegen enthält diese Vorschrift keine Aussage darüber, was geschieht, wenn der Versicherer seiner sich aus § 100 ergebenden weiteren Verpflichtung gegenüber dem Versicherungsnehmer nachkommt, unbegründete Ansprüche

---

[23] Vgl. die nachfolgend in Fn. 24 und 25 Genannten mit jeweils etwas voneinander abweichenden Formulierungen.

[24] Vgl. *Schulze Schwienhorst* in Looschelders/Pohlmann § 111 Rn. 4; *Retter* in Schwintowski/Brömmelmeyer/Ebers § 111 Rn. 5; *Langheid* in Langheid/Rixecker § 111 Rn. 4; näher zu B2-2.1 Abs. 1 lit. a Alt. 1 AVB BHV *Littbarski* in Littbarski/Tenschert/Klein AVB BHV B2-2.1 Rn. 44 ff.

[25] Vgl. *Baumann* in BK-VVG § 158 Rn. 14; *Langheid* in Römer/Langheid § 158 Rn. 7; *Voit/Knappmann* in Prölss/Martin, 27. Aufl. 2004, § 158 Rn. 2; eingehend zu § 9 II Ziff. 1 AHB 2002 *Littbarski* AHB § 9 Rn. 9 ff. und 23 f.

[26] Vgl. *R. Johannsen* in Bruck/Möller, 8. Aufl., Bd. 4, Anm. D 17; *Voit/Knappmann* in Prölss/Martin, 27. Aufl. 2004, § 158 Rn. 2; *Lücke* in Prölss/Martin § 111 Rn. 4; *Baumann* in BK-VVG § 158 Rn. 13; *Langheid* in Langheid/Rixecker § 111 Rn. 4; *Retter* in Schwintowski/Brömmelmeyer/Ebers § 111 Rn. 5; *Schulze Schwienhorst* in Looschelders/Pohlmann § 111 Rn. 4; zu Recht ablehnend und der nachstehend genannten Auffassung folgend *R. Koch* in Bruck/Möller § 111 Rn. 13.

[27] Vgl. *Retter* in Schwintowski/Brömmelmeyer/Ebers § 111 Rn. 5; einschränkend *Langheid* in Langheid/Rixecker § 111 Rn. 4, wonach ein rechtskräftiges Urteil im Haftpflichtprozess genüge, sofern es den Versicherer nach § 106 S. 1 VVG binde.

[28] Vgl. LG Hagen VersR 1983, 1147; *Littbarski* AHB § 9 Rn. 18; *Voit/Knappmann* in Prölss/Martin, 27. Aufl. 2004, § 158 Rn. 2; *Lücke* in Prölss/Martin § 111 Rn. 4; *Baumann* in BK-VVG § 158 Rn. 14; *Langheid* in Langheid/Rixecker § 111 Rn. 4, *Retter* in Schwintowski/Brömmelmeyer/Ebers § 111 Rn. 6.

[29] Vgl. *Späte* AHB § 9 Rn. 19; *Harsdorf-Gebhardt* in Späte/Schimikowski AHB 2014 Ziff. 19 Rn. 14; *Littbarski* AHB § 9 Rn. 13.

[30] Vgl. *Späte* AHB § 9 Rn. 19; *Harsdorf-Gebhardt* in Späte/Schimikowski AHB 2014 Ziff. 19 Rn. 14; *Baumann* in BK-VVG § 158 Rn. 14; *Voit/Knappmann* in Prölss/Martin, 27. Aufl. 2004, § 158 Rn. 2; *Lücke* in Prölss/Martin § 111 Rn. 4; *Langheid* in Langheid/Rixecker § 111 Rn. 4.

[31] Vgl. *Voit/Knappmann* in Prölss/Martin, 27. Aufl. 2004, § 158 Rn. 2; *Lücke* in Prölss/Martin § 111 Rn. 4; *Retter* in Schwintowski/Brömmelmeyer/Ebers § 111 Rn. 6; *R. Koch* in Bruck/Möller § 111 Rn. 12.

[32] Vgl. OLG Celle r+s 2004, 14 (15); *Retter* in Schwintowski/Brömmelmeyer/Ebers § 111 Rn. 6; *R. Koch* in Bruck/Möller § 111 Rn. 12.

[33] Vgl. *Voit/Knappmann* in Prölss/Martin, 27. Aufl. 2004, § 158 Rn. 2; *Lücke* in Prölss/Martin § 111 Rn. 4.

abzuwehren. Hieraus war nach der von *Schimikowski* ursprünglich vertretenen Auffassung,[34] zu folgern, dass zwar vom Wortlaut her § 111 in einem solchen Falle nicht anwendbar sei, dies jedoch nicht beabsichtigt sein dürfte und in diesem Punkt daher ein Redaktionsversehen seitens des Gesetzgebers anzunehmen sei.

Dieser ausdrücklich von *Schimikowski* nunmehr aufgegebenen Auffassung kann ohnehin nicht gefolgt werden. Abgesehen davon, dass die Annahme eines Redaktionsversehens des Gesetzgebers sehr vage ist, hätte die Erstreckung des § 111 Abs. 1 S. 1 Alt. 1 auf die Abwehr unberechtigter Ansprüche die Möglichkeit der Ausübung einer außerordentlichen Kündigung durch beide Vertragsparteien zur Folge. Eine solche Lösung überzeugt aber bereits deshalb nicht, weil sie bei Zugrundelegung des mit § 111 verfolgten Zweckes[35] gerade nichts mit der § 111 zugedachten Intention zu tun hätte. Denn wie bereits gezeigt,[36] soll das **außerordentliche, befristete Kündigungsrecht** den Vertragsparteien deshalb eingeräumt werden, weil mit dem Eintritt des Versicherungsfalles nicht selten eine Beeinträchtigung des Vertrauensverhältnisses oder gar dessen Zerstörung zwischen den Vertragsparteien einhergeht. Hiervon kann zwar bei einem vom Versicherungsnehmer herrührenden, aus seiner Sphäre stammenden und den Freistellungsanspruch auslösenden Schadensersatzanspruch des geschädigten Dritten die Rede sein, nicht aber, wenn der Versicherungsnehmer unberechtigt in Anspruch genommen wird. Denn in diesen Fällen hat der Versicherungsnehmer nichts veranlasst, was zu einer Beeinträchtigung des Vertrauensverhältnisses oder gar zu dessen Zerstörung zwischen den Vertragsparteien führen könnte. Daher löst die Abwehr unberechtigter Ansprüche durch den Versicherer nicht die entsprechende Anwendbarkeit des § 111 Abs. 1 S. 1 Alt. 1 aus und führt deshalb auch nicht die Möglichkeit eines außerordentlichen, befristeten Kündigungsrechts durch die Vertragsparteien herbei.

3. Unberechtigte Ablehnung des Versicherers im Hinblick auf den Freistellungsanspruch des Versicherungsnehmers. Hat der Versicherer nach dem Eintritt des Versicherungsfalles den Anspruch des Versicherungsnehmers zu Unrecht abgelehnt, kann nach § 111 Abs. 1 S. 1 **jede Vertragspartei das Versicherungsverhältnis kündigen.** Damit weicht diese Vorschrift insoweit von § 158 Abs. 1 S. 1 Alt. 2 VVG aF ab, als sich dort die Formulierung „... die Leistung der fälligen Entschädigung verweigert ..." findet und sich deshalb die Frage stellt, welche Änderungen sich insoweit im Hinblick auf den konkreten Anwendungsbereich dieser Alternative des § 111 Abs. 1 S. 1 ergeben.

Geht man von der Begründung der Bundesregierung zu § 111 Abs. 1[37] aus, sind die zu § 158 Abs. 1 S. 1 Alt. 2 VVG aF diskutierten Fragen durch die Regelung des § 111 Abs. 1 S. 1 Alt. 2 nunmehr offensichtlich gelöst, wenn es dort wörtlich heißt:

„... Er[38] stellt auch die im geltenden Recht strittige Frage klar, dass der Versicherungsnehmer bei Leistungsverweigerung des Versicherers zur Kündigung nur berechtigt ist, wenn ihm ein Freistellungsanspruch rechtlich zusteht; er könnte sich anderenfalls jederzeit ein Kündigungsrecht verschaffen".

Diese Einschätzung trifft jedoch nur teilweise zu. Unzweifelhaft ist zunächst, dass durch das Tatbestandsmerkmal „... zu Unrecht abgelehnt ..." zum Ausdruck kommt, dass der vom Versicherer abgelehnte Freistellungsanspruch begründet gewesen sein muss, um zu Unrecht abgelehnt werden zu können.[39] Insoweit wird die im Hinblick auf § 158 Abs. 1 S. 1 Alt. 2 VVG aF umstrittene Frage, ob jede **Leistungsverweigerung des Versicherers** unabhängig von ihrer Berechtigung oder fehlenden Berechtigung einen Kündigungsgrund und damit verbunden ein Recht des Versicherungsnehmers zur außerordentlichen Kündigung des Versicherungsverhältnisses geben könne, bereits durch den Wortlaut des § 111 Abs. 1 S. 1 Alt. 2 eindeutig entschieden.[40]

Schwieriger ist die Beantwortung der Frage, ob ein außerordentliches Kündigungsrecht des Versicherungsnehmers auch bei einer **Deckungsablehnung des Versicherers vor Fälligkeit des**

---

[34] *Schimikowski*, in HK-VVG 2. Aufl., § 111 Rn. 5; ablehnend nunmehr *Schimikowski* in HK-VVG § 111 Rn. 7 mit Fn. 8.
[35] Vgl. hierzu näher → Rn. 4.
[36] Vgl. hierzu näher → Rn. 4.
[37] Vgl. BT-Drs. 16/3945, 87.
[38] Gemeint ist § 111 Abs. 1 S. 1 Alt. 2.
[39] Vgl. *Lücke* in Prölss/Martin § 111 Rn. 6.
[40] Ablehnend zum außerordentlichen Kündigungsrecht bei berechtigter Deckungsablehnung durch den Versicherer: LG Kleve VersR 1967, 649 (650); *R. Johannsen* in Bruck/Möller, 8. Aufl., Bd. 4, Anm. D 18; *Baumann* in BK-VVG § 158 Rn. 18; *Späte* AHB § 9 Rn. 22; *Langheid* in Römer/Langheid § 158 Rn. 6; differenzierend, aber im Ergebnis grundsätzlich bejahend *Voit/Knappmann* in Prölss/Martin, 27. Aufl. 2004, § 158 Rn. 12; vgl. ferner *Littbarski* AHB § 9 Rn. 23 f.; vgl. nunmehr unter Einbeziehung der Regelung des § 111 Abs. 1 S. 1 Alt. 2 VVG auch *Retter* in Schwintowski/Brömmelmeyer/Ebers § 111 Rn. 8; *Schulze Schwienhorst* in Looschelders/Pohlmann § 111 Rn. 5; *Langheid* in Langheid/Rixecker § 111 Rn. 5.

Freistellungsanspruchs besteht. Hintergrund für diese zu § 111 Abs. 1 S. 1 Alt. 2 in der Literatur[41] diskutierte Frage ist, dass § 106 zwar die Fälligkeit der Versicherungsleistung regelt,[42] § 111 Abs. 1 S. 1 Alt. 2 aber kein dem Tatbestandsmerkmal des § 158 Abs. 1 S. 1 Alt. 2 VVG aF „... Leistung der fälligen Entschädigung verweigert ..." zumindest vergleichbares Tatbestandsmerkmal mehr enthält, sondern die Möglichkeit zur außerordentlichen Kündigung des Versicherungsverhältnisses nach dem Wortlaut nur noch von der unberechtigten Ablehnung des Freistellungsanspruchs durch den Versicherer abhängig macht.

23   *Lücke*[43] geht von der unstrittigen Auffassung aus, dass der abgelehnte Freistellungsanspruch begründet gewesen sein müsse, um „zu Unrecht" abgelehnt werden zu können. Werde aber – so führt *Lücke*[44] weiter aus – ein noch nicht fälliger Anspruch mit dieser Begründung abgelehnt, scheide ein Kündigungsrecht aus. Allerdings könne ein nicht fälliger Anspruch auch endgültig abgelehnt werden, was dann als zu Unrecht erfolgt die Kündigungsmöglichkeit eröffne. Im Prämienprozess sei die Begründetheit des geltend gemachten Befreiungsanspruches deshalb gegebenenfalls zu prüfen. Taktiere der Versicherer, lasse er also den Versicherungsnehmer mit den vom Dritten geltend gemachten Ansprüchen allein, ohne sich endgültig zu erklären[45] stehe dies einer Ablehnung des Freistellungsanspruchs nur gleich, wenn nach Maßgabe des Einzelfalles davon auszugehen sei, dass der Versicherer gar nicht leisten wolle. Der Versuch, sich der Rechtsschutzverpflichtung aus § 100 zu entziehen, genüge allein nicht.[46]

24   Demgegenüber setzen *Retter*[47] und *Schulze Schwienhorst*[48] zunächst bei der nach dem insoweit eindeutigen Wortlaut des § 111 Abs. 1 S. 1 Alt. 2 nicht in Zweifel zu ziehenden Feststellung an, dass ein außerordentliches Kündigungsrecht des Versicherungsnehmers nur bei unberechtigter Deckungsverweigerung durch den Versicherer in Betracht kommt.[49] Zugleich gelangen sie trotz etwas voneinander abweichender Begründungen zu Recht zu dem Ergebnis, dass es aufgrund des Fehlens einer Regelung über die Fälligkeit im Wortlaut des § 111 Abs. 1 S. 1 Alt. 2 für die **Entstehung des außerordentlichen Kündigungsrechts des Versicherungsnehmers** nicht mehr auf die Fälligkeit des Freistellungsanspruchs ankommt. Mithin steht dem Versicherungsnehmer dieses Kündigungsrecht im Falle der unberechtigten Deckungsverweigerung durch den Versicherer auch vor der Fälligkeit des Freistellungsanspruchs zu.[50] Maßgeblicher Zeitpunkt hierfür ist derjenige, zu dem der Versicherer den Freistellungsanspruch des Versicherungsnehmers diesem gegenüber unberechtigt ablehnt.[51]

25   Um ein bloßes Taktieren des Versicherers hinsichtlich der von ihm zu treffenden Entscheidung über die Deckung des Anspruchs des Versicherungsnehmers auf Freistellung von vornherein auszuschließen und damit verbunden den Versicherungsnehmer über die weitere Vorgehen des Versicherers nicht im Unklaren zu lassen, ist aus Gründen der Rechtssicherheit vom Versicherer zu verlangen, eine eindeutige Erklärung im Hinblick auf die von ihm getroffene Entscheidung über die Versagung des Versicherungsschutzes abzugeben. Ermangelt es der Erklärung des Versicherers über die Versagung des Versicherungsschutzes an hinreichender Klarheit, ist in dieser keine Ablehnung des Anspruchs des Versicherungsnehmers auf Freistellung im Sinne von § 111 Abs. 1 S. 1 Alt. 2 zu sehen. Demgemäß kommt es beim Fehlen einer hinreichend klaren Erklärung des Versicherers über die Versagung des Versicherungsschutzes auch nicht auf die Frage ihrer Berechtigung oder fehlenden Berechtigung an, so dass diese Erklärung auch kein außerordentliches Kündigungsrecht des Versicherungsnehmers nach dieser Vorschrift auslösen kann.

---

[41] Vgl. *Retter* in Schwintowski/Brömmelmeyer/Ebers § 111 Rn. 7; *Schulze Schwienhorst* in Looschelders/Pohlmann § 111 Rn. 5; *Lücke* in Prölss/Martin § 111 Rn. 6 f.; *Langheid* in Langheid/Rixecker § 111 Rn. 6.
[42] Eingehend hierzu → § 106 Rn. 1 ff.
[43] *Lücke* in Prölss/Martin § 111 Rn. 6.
[44] *Lücke* in Prölss/Martin § 111 Rn. 6.
[45] *Lücke* in Prölss/Martin § 111 Rn. 6 unter Bezugnahme auf BGH VersR 2007, 1116 und BGH VersR 2007, 1119.
[46] *Lücke* in Prölss/Martin § 111 Rn. 6 f. mit weiteren Einzelheiten zu § 158 Abs. 1 VVG aF, wobei *Lücke* versehentlich § 156 Abs. 1 VVG aF und nicht etwa die insoweit einschlägige Vorschrift des § 158 Abs. 1 S. 1 VVG aF zum Ausgangspunkt seiner Überlegungen zur Fälligkeit der Entschädigung nimmt.
[47] *Retter* in Schwintowski/Brömmelmeyer/Ebers § 111 Rn. 7.
[48] *Schulze Schwienhorst* in Looschelders/Pohlmann § 111 Rn. 5; differenzierend *R. Koch* in Bruck/Möller § 111 Rn. 17 ff.
[49] *Retter* in Schwintowski/Brömmelmeyer/Ebers § 111 Rn. 7; *Schulze Schwienhorst* in Looschelders/Pohlmann § 111 Rn. 5; ebenso im Ergebnis *Langheid* in Langheid/Rixecker § 111 Rn. 6; jeweils mit etwas voneinander abweichenden Begründungen.
[50] Vgl. *Retter* in Schwintowski/Brömmelmeyer/Ebers § 111 Rn. 7.
[51] Vgl. *Schulze Schwienhorst* in Looschelders/Pohlmann § 111 Rn. 5.

III. Kündigung des Versicherungsverhältnisses durch jede Vertragspartei nach Abs. 1 S. 1 und ihre Abgrenzung zu anderen Kündigungsmöglichkeiten

Sofern die zuvor erörterten Tatbestandsvoraussetzungen des § 111 Abs. 1 S. 1 bzw. die des § 158 **26** Abs. 1 S. 1 VVG aF gegeben sind,[52] kann **jede Vertragspartei** als Rechtsfolge das Versicherungsverhältnis **kündigen**. Dabei statuieren beide Vorschriften jeweils außerordentliche Kündigungsrechte,[53] die in den von § 111 Abs. 2[54] bzw. von § 158 Abs. 2 VVG aF gesetzten Grenzen befristet sind, mithin durch von Amts wegen zu berücksichtigende Ausschlussfristen begrenzt werden und daher als Gestaltungsrechte mit Fristablauf untergehen und damit erlöschen.[55]

Von diesen sich aus § 111 Abs. 1 S. 1 bzw. aus § 158 Abs. 1 S. 1 VVG aF ergebenden außer- **27** ordentlichen Kündigungsrechten beider Vertragsparteien ist abzugrenzen die ebenfalls für beide Vertragsparteien bestehende **ordentliche Kündigungsmöglichkeit** nach § 11 Abs. 2[56] bzw. gemäß § 8 Abs. 2 VVG aF[57] sowie die nur für den Versicherungsnehmer geltende ordentliche Kündigungsmöglichkeit für zeitlich befristete Versicherungsverträge mit einer Laufzeit von nicht mehr als drei Jahren nach § 11 Abs. 4[58] bzw. gemäß § 8 Abs. 3 VVG aF[59] für zeitlich befristete Versicherungsverträge mit einer Laufzeit von mehr als drei (fünf) Jahren. Hierauf kann nachstehend aber nicht näher eingegangen werden, da es sich hierbei um grundsätzlich bei jedem Versicherungsvertrag in Betracht kommende Kündigungsmöglichkeiten handelt und diese daher in Bezug auf den Haftpflichtversicherungsvertrag nach den §§ 100 ff. bzw. nach den §§ 149 ff. VVG aF keine Besonderheiten aufweisen.

Etwas anders sieht es demgegenüber damit aus, dass nach allgemein vertretener Auffassung zu **28** § 158 Abs. 1 VVG aF[60] und zu § 9 II Ziff. 1 S. 1 AHB aF[61] wie bei anderen Dauerschuldverhältnissen[62] auch für den Haftpflichtversicherungsvertrag in Analogie zu den §§ 626, 723 BGB bzw. seit dem Inkrafttreten des Schuldrechtsmodernisierungsgesetzes am 1.1.2002[63] gemäß § 314 Abs. 1 BGB beim Vorliegen eines wichtigen Grundes ein Recht zur fristlosen Kündigung zu bejahen ist. Dieses **Recht zur fristlosen Kündigung** wird unabhängig von der außerordentlichen Kündigung nach § 158 Abs. 1 VVG aF sowie nach § 9 II Ziff. 1 S. 1 AHB aF immer dann angenommen, wenn Tatsachen vorliegen, aufgrund derer dem Kündigenden unter Berücksichtigung aller Umstände des Einzelfalles und unter Abwägung der Interessen beider Vertragsteile die Fortsetzung des Vertrages bis zu dessen vereinbarter Beendigung nicht zugemutet werden kann.[64] Dieses Kündigungsrecht wird nicht zwingend von einer schuldhaften Vertragsverletzung gegenüber dem Vertragspartner abhängig gemacht,[65] im Regelfall aber doch erst beim Vorliegen von Verschulden bejaht.

So soll ein **wichtiger Grund** zur Kündigung für den Versicherer etwa bei betrügerischen **29** Machenschaften des Versicherungsnehmers gegeben sein.[66] Das Gleiche soll gelten, wenn der

---

[52] Vgl. → Rn. 8 ff.
[53] Vgl. → Rn. 4 ff.
[54] Vgl. hierzu → Rn. 4 und → Rn. 44 ff.
[55] Allgemein zur Geltung und Wirkung von Kündigungen als Gestaltungsrechte zur Anwendung kommende Ausschlussfristen *Grothe* in MüKoBGB § 194 Rn. 10; vgl. ferner RGZ 48, 157 (163); 128, 46 (47); BGHZ 122, 23 (24) = NJW 1993, 1585 zum Ablauf einer von Amts wegen zu berücksichtigen Ausschlussfrist; OLG Naumburg FamRZ 2015, 82 (Leitsatz); vgl. auch *Littbarski* AHB § 9 Rn. 10 zur Ausschlussfrist bei der außerordentlichen Kündigung nach § 9 II Ziff. 1 S. 1 AHB 2002.
[56] Vgl. hierzu näher → § 11 Rn. 168 ff.; *Armbrüster* in Prölss/Martin § 11 Rn. 3 ff.; jeweils mit weiteren Einzelheiten und Nachweisen.
[57] Vgl. hierzu näher *Prölss* in Prölss/Martin, 27. Aufl. 2004, § 8 Rn. 4a ff.; *Gruber* in BK-VVG § 8 Rn. 14 ff.; jeweils mit weiteren Einzelheiten und Nachweisen.
[58] Vgl. hierzu näher → § 11 Rn. 178 ff.; *Armbrüster* in Prölss/Martin § 11 Rn. 8 f.; jeweils mit weiteren Einzelheiten und Nachweisen.
[59] Vgl. hierzu näher *Prölss* in Prölss/Martin, 27. Aufl. 2004, § 8 Rn. 33 ff. mit weiteren Einzelheiten und Nachweisen.
[60] Vgl. *R. Johannsen* in Bruck/Möller, 8. Aufl., Bd. 4, Anm. D 27; *Baumann* in BK-VVG § 158 Rn. 25; *Schmalzl/Krause-Allenstein* Berufshaftpflichtversicherung Rn. 331.
[61] *Späte* AHB § 9 Rn. 25.
[62] Ebenso *R. Koch* in Bruck/Möller § 111 Rn. 47; hierzu näher *Armbrüster* in Prölss/Martin Vor § 11 Rn. 4 ff. zum VVG 2008 sowie *Prölss* in Prölss/Martin, 27. Aufl. 2004, § 8 Rn. 26 ff. zum VVG aF; jeweils mit umfassenden Nachweisen; dabei ist allerdings zu beachten, dass die Ausführungen sich auf eine Vielzahl von Versicherungsverträgen beziehen, nicht jedoch speziell den Haftpflichtversicherungsvertrag zum Gegenstand haben.
[63] BGBl. 2001 I S. 3138.
[64] Vgl. BGH VersR 1985, 54 zur privaten Krankenversicherung.
[65] Vgl. *Baumann* in BK-VVG § 158 Rn. 25.
[66] Vgl. *Baumann* in BK-VVG § 158 Rn. 26; *Schmalzl/Krause-Allenstein* Berufshaftpflichtversicherung Rn. 331; *R. Koch* in Bruck/Möller § 111 Rn. 47.

Versicherungsnehmer unwahre Behauptungen über das „Geschäftsgebaren" des Versicherers verbreitet.[67]

30 Zugunsten des Versicherungsnehmers soll eine fristlose Kündigung aus wichtigem Grunde in Betracht kommen, wenn der Versicherer einen Versicherungsfall grob fehlerhaft oder anhaltend verzögernd bearbeitet,[68] womit sich unter Umständen auch der Tatbestand einer Pflichtverletzung gemäß den §§ 280 ff. BGB verwirkliche.[69]

31 Schließlich wurde schon lange vor dem Inkrafttreten des § 111 Abs. 1 S. 1 Alt. 2 ein **wichtiger Grund zur Kündigung durch den Versicherungsnehmer** unter der Voraussetzung angenommen, dass der Versicherer schuldhaft unberechtigt den **Versicherungsschutz verweigere**.[70] Hieran wird deutlich, dass die Möglichkeit des Versicherungsnehmers, das Versicherungsverhältnis beim Vorliegen derartiger Voraussetzungen außerordentlich zu kündigen, seit langem existiert und es daher der Schaffung der Regelung des § 111 Abs. 1 S. 1 Alt. 2 auf den ersten Blick überhaupt nicht bedurft hätte. Wenn dies dennoch geschehen ist und § 111 Abs. 1 S. 1 Alt. 2 als einer von drei Kündigungsgründen in das VVG aufgenommen wurde, stellt sich zwangsläufig die Frage, in welchem Verhältnis der Kündigungsgrund aus § 111 Abs. 1 S. 1 Alt. 2 zu der Kündigung aus wichtigem Grund steht. Dies ist wie bereits angedeutet dahingehend zu beantworten, dass die Kündigung nach § 111 Abs. 1 S. 1 Alt. 2 dem Versicherungsnehmer nur unter den in dieser Vorschrift iVm § 111 Abs. 2 genannten Voraussetzungen möglich ist und zugleich auch dem Versicherer ein Kündigungsrecht gibt. Im Falle der Kündigung aus wichtigem Grund ist diese seit dem Inkrafttreten des § 314 Abs. 1 BGB durch das Schuldrechtsmodernisierungsgesetz am 1.1.2002[71] unter den in dieser Vorschrift genannten Voraussetzungen möglich, wobei zur Kündigung aus wichtigem Grund bei der vorstehend angesprochenen Fallkonstellation wegen der Regelung des § 314 Abs. 1 S. 2 BGB ausschließlich der Versicherungsnehmer berechtigt ist. Wollte man anders entscheiden und im Einklang mit der anders formulierten und gestalteten Vorschrift des § 111 Abs. 1 S. 1 Alt. 2 auch den Versicherer für berechtigt halten, aus wichtigem Grund zu kündigen, hätte dies zur Folge, dass dieser nur schuldhaft unberechtigt den Versicherungsschutz verweigern müsste, um auch für sich einen Kündigungsgrund zu schaffen und sich damit eines für ihn lästig gewordenen Versicherungsvertrages vorzeitig zu entledigen. Ein solches Vorgehen stellte sich aber als ein venire contra factum proprium dar und verstieße daher gegen den Grundsatz von Treu und Glauben nach § 242 BGB.

32 Statuieren die vorstehend genannten, sich aus dem VVG aF und dem VVG sowie aus den AHB 2002 und den AHB 2016 ergebenden Vorschriften eine Reihe von Kündigungsmöglichkeiten, bestehen im Einklang mit der zu § 158 Abs. 1 VVG aF in der Literatur vertretenen Auffassung[72] keine Zweifel daran, dass sämtliche **Kündigungsmöglichkeiten neben- und nacheinander** eintreten können und jede für sich eine eigenständige Kündigungsmöglichkeit auslöst, soweit es sich nicht um eine bloße Wiederholung des bereits früher eingetretenen Kündigungsrechts handelt. Dies ist sowohl im Hinblick auf § 158 Abs. 1 S. 1 VVG aF als auch bezüglich des § 111 Abs. 1 S. 1 für die dort geregelten Alternativen zur Kündigung aber nur dann zu bejahen, wenn diese teilweise erfüllt und teilweise verweigert werden.[73]

IV. Kündigung des Versicherungsverhältnisses durch jede Vertragspartei bei Weisung des Versicherers nach Abs. 1 S. 2

33 § 111 Abs. 1 S. 2 nimmt mit dem sich dort findenden Gesetzestext „Dies gilt auch dann, wenn der Versicherer dem Versicherungsnehmer die Weisung erteilt, es zum Rechtsstreit über den Anspruch des Dritten kommen zu lassen" auf § 111 Abs. 1 S. 1 Bezug und stellt damit den zwei dort geregelten, jeweils ein außerordentliches, befristetes Kündigungsrecht für beide Vertragsparteien begründenden Kündigungsgründen einen weiteren Kündigungsgrund zur Seite.[74]

---

[67] Vgl. *Schmalzl/Krause-Allenstein* Berufshaftpflichtversicherung Rn. 331; *R. Koch* in Bruck/Möller § 111 Rn. 47.

[68] Vgl. *Baumann* in BK-VVG § 158 Rn. 26; *Schmalzl/Krause-Allenstein* Berufshaftpflichtversicherung Rn. 331; *R. Koch* in Bruck/Möller § 111 Rn. 47.

[69] Vgl. *Schmalzl/Krause-Allenstein* Berufshaftpflichtversicherung Rn. 331; *R. Koch* in Bruck/Möller § 111 Rn. 48.

[70] Vgl. BGH VersR 1972, 970; OLG Celle VersR 1952, 283; *R. Johannsen* in Bruck/Möller, 8. Aufl., Bd. 4, Anm. D 27; *Baumann* in BK-VVG § 158 Rn. 26; *Prölss* in Prölss/Martin, 27. Aufl. 2004, § 8 Rn. 26a; *Schmalzl/Krause-Allenstein* Berufshaftpflichtversicherung Rn. 331.

[71] BGBl. 2001 I S. 3138.

[72] Vgl. *R. Johannsen* in Bruck/Möller, 8. Aufl., Bd. 4, Anm. D 28; *Baumann* in BK-VVG § 158 Rn. 24.

[73] So zu Recht *R. Johannsen* in Bruck/Möller, 8. Aufl., Bd. 4, Anm. D 29 und *Baumann* in BK-VVG § 158 Rn. 24 im Hinblick auf § 158 Abs. 1 VVG aF.

[74] Vgl. auch → Rn. 7.

Unproblematisch ist dabei zunächst, dass dieser dritte Kündigungsgrund durch die in § 111 **34** Abs. 1 S. 2 gewählte Formulierung „Dies gilt auch dann ..." die gleichen Rechtsfolgen wie die Kündigungsgründe auslösen, die in § 111 Abs. 1 S. 1 Alt. 1 und 2 geregelt sind, so dass insoweit hierauf verwiesen werden kann.[75]

Etwas schwieriger ist schon die Beantwortung der Frage, was mit der Vorschrift des § 111 **35** Abs. 1 S. 2 VVG bezweckt wird.

Auszugehen ist bei der Bestimmung des mit § 111 Abs. 1 S. 2 verfolgten Zweckes davon, dass **36** sich diese Vorschrift vom Wortlaut des § 158 Abs. 1 S. 2 VVG aF nur durch eine Wortumstellung und damit marginal unterscheidet. Dort heißt es:

„... Das Gleiche gilt, wenn der Versicherer dem Versicherungsnehmer die Weisung erteilt, es über den Anspruch des Dritten zum Rechtsstreit kommen zu lassen ..."

Hingegen weicht der Wortlaut der Ziff. 19.1 Abs. 1 Spiegelstrich 3 AHB 2016 sowie der nur **37** sprachlich etwas anders formulierten Vorschrift B2-2.1 Abs. 1c AVB BHV bzw. der des § 9 II Ziff. 2 Var. 2 AHB 2002 ganz erheblich von dem des § 111 Abs. 1 S. 2 VVG und damit auch von dem des § 158 Abs. 1 S. 2 VVG aF ab.

So heißt es in Ziff. 19.1 Abs. 1 Spiegelstrich 3 AHB 2016 unter der Überschrift „Kündigung **38** nach Versicherungsfall":

...

19.1 Das Versicherungsverhältnis kann gekündigt werden, wenn

...

dem Versicherungsnehmer eine Klage über einen unter den Versicherungsschutz fallenden Haftpflichtanspruch gerichtlich zugestellt wird.

...

B2-2.1 Abs. 1c AVB BHV lautet:

Der Versicherungsvertrag kann gekündigt werden, wenn

...

– dem Versicherungsnehmer eine Klage über einen versicherten Anspruch gerichtlich zugestellt wird.

....

In § 9 II Ziff. 2 Var. 2 AHB 2002 heißt es dagegen: **39**

...

Das Versicherungsverhältnis kann ferner gekündigt werden, wenn ... der Haftpflichtanspruch rechtshängig geworden ist ...

Ohne auf alle diese Vorschriften hier näher eingehen zu können, insbesondere ihre Gemeinsam- **40** keiten und ihre Unterschiede, somit ihr Verhältnis zueinander im Einzelnen herauszuarbeiten zu können,[76] bestehen doch keine Zweifel daran, dass der Versicherer im Falle des Vorliegens der Tatbestandsvoraussetzungen des § 111 Abs. 1 S. 2 seiner sich aus § 100 ergebenden Verpflichtungen gegenüber dem Versicherungsnehmer nachkommt, unbegründete Ansprüche abzuwehren. Mithin hält der Versicherer bei Vorliegen der Voraussetzungen des § 111 Abs. 1 S. 2 den vom Dritten geltend gemachten Anspruch nicht für gegeben und erteilt deshalb dem Versicherungsnehmer die Weisung, es zum Rechtsstreit über den Anspruch des Dritten kommen zu lassen.[77]

Was unter der sich in § 111 Abs. 1 S. 2 findenden Formulierung „... wenn der Versicherer dem **41** Versicherungsnehmer die Weisung erteilt, es zum Rechtsstreit kommen zu lassen" zu verstehen ist, wird weder in dieser Vorschrift näher umschrieben noch wird hierzu in Rechtsprechung und Literatur zu dem sehr ähnlich lautenden § 158 Abs. 1 S. 2 VVG aF bzw. im Schrifttum zu § 111 Abs. 1 S. 2 genauer Stellung genommen. Geht man jedoch vom allgemeinen Sprachgebrauch hinsichtlich

---

[75] Vgl. hierzu → Rn. 26–32.
[76] Näher hierzu *Baumann* in BK-VVG § 158 Rn. 23 und *Langheid* in Römer/Langheid § 158 Rn. 10 f. zu § 158 Abs. 1 S. 2 VVG aF; *Schimikowski* in HK-VVG AHB 2016 Ziff. 19 Rn. 1 ff.; *Lücke* in Prölss/Martin AHB 2016 Ziff. 19 Rn. 2 f.; *Littbarski* AHB § 9 Rn. 21 f. und *Schmalzl/Krause-Allenstein* Berufshaftpflichtversicherung Rn. 306 zu § 9 II Ziff. 2 Var. 2 AHB 2002; *Littbarski* in Littbarski/Tenschert/Klein AVB BHV B2-2.1 Rn. 55 ff.; vgl. ferner *Retter* in Schwintowski/Brömmelmeyer/Ebers § 111 Rn. 9; *Looschelders/Pohlmann Schulze Schwienhorst* § 111 Rn. 6; jeweils mwN.
[77] Vgl. *Retter* in Schwintowski/Brömmelmeyer/Ebers § 111 Rn. 9; *Schulze Schwienhorst* in Looschelders/Pohlmann § 111 Rn. 6; *Langheid* in Langheid/Rixecker § 111 Rn. 8; jeweils zu § 111; vgl. ferner die soeben in Fn. 76 Genannten zu § 158 Abs. 1 S. 2 VVG aF sowie zu Ziff. 19.1 Abs. 1 Spiegelstrich 2 AHB 2016 und zu § 9 II Ziff. 2 Var. 2 AHB 2002.

der Formulierung „... die Weisung erteilt, es zum Rechtsstreit über den Anspruch des Dritten kommen zu lassen" aus und berücksichtigt man zudem die verfahrensrechtlich zu verstehenden Umschreibungen in Ziff. 19.1 Abs. 1 Spiegelstrich 3 AHB 2016 bzw. in B2-2.1 Abs. 1c AVB BHV sowie in § 9 II Ziff. 2 Var. 2 AHB 2002, so kann es keine ernsthaften Zweifel daran geben, dass der Tatbestand des § 111 Abs. 1 S. 2 zeitlich vorverlagert gegenüber dem der Vorschriften der AHB 2002 und 2016 sowie der AVB BHV ist und das Tatbestandsmerkmal „... die Weisung erteilt, ..." gemäß § 111 Abs. 1 S. 2 bereits dann gegeben ist, wenn der Versicherer den Versicherungsnehmer unmissverständlich und ausdrücklich dazu auffordert, es zum Rechtsstreit über den Anspruch des Dritten kommen zu lassen. Zwar wird die Erteilung einer solchen Weisung im Regelfall schriftlich erfolgen, was schon aus Beweisgründen sinnvoll und opportun ist. Zwingend notwendig ist dies in Anbetracht des sehr unbestimmt formulierten § 111 Abs. 1 S. 2 jedoch nicht.

42 Dass die Erteilung einer derartigen **Weisung des Versicherers gegenüber dem Versicherungsnehmer** im Hinblick auf das zwischen beiden Vertragsparteien bestehende Vertragsverhältnis im Einzelfall nicht ganz unproblematisch ist, liegt auf der Hand. Wird doch mancher Versicherungsnehmer aus der Weisung des Versicherers die Folgerung ziehen, dass dieser sich nunmehr nicht mehr mit vollem Einsatz seiner Sache annimmt, sondern die endgültige Entscheidung hierüber einem Gericht in einem Rechtsstreit überlässt, dessen Ausgang unsicher ist und sogar zu Lasten des Versicherungsnehmers gehen kann. Auch die zeitliche Dimension eines solchen Rechtsstreits dürfte häufig nicht gerade vertrauensbildend wirken, da niemand die Länge eines Rechtsstreits auch nur mit hinreichender Sicherheit voraussagen kann, was selbst bei juristischen Laien im Allgemeinen bekannt ist. Umgekehrt sind diese den Versicherungsnehmer häufig besonders beschäftigenden Überlegungen auch dem Versicherer nur zu vertraut, so dass er bisweilen wenig Neigung verspüren dürfte, an dem mit dem Versicherungsnehmer bisher bestehenden Vertragsverhältnis über eine längere Zeit hinweg weiterhin festzuhalten.

43 Unter diesen Umständen ist es aber nicht ausgeschlossen, dass eine Situation entsteht, die durch den Eintritt des Versicherungsfalles hervorgerufen wurde und zu einer Beeinträchtigung des Vertrauensverhältnisses zwischen dem Versicherer und dem Versicherungsnehmer oder gar zur Zerstörung dieses Vertrauensverhältnisses führt. Aus diesem Grunde hat es der Gesetzgeber für erforderlich gehalten, durch die Regelung des § 111 Abs. 1 S. 2 beiden Vertragsparteien die **Möglichkeit eines außerordentlichen, befristeten Kündigungsrechts** zu geben, worin sich zugleich auch der mit § 111 und insbesondere auch der mit § 111 Abs. 1 S. 2 verfolgte Zweck widerspiegelt.[78]

C. Einzelheiten zur Kündigung nach Abs. 2 S. 1 und 2

I. Allgemeines

44 Nach § 111 Abs. 2 S. 1 ist die Kündigung nur innerhalb eines Monats seit der Anerkennung oder Ablehnung des Freistellungsanspruchs oder seit der Rechtskraft des im Rechtsstreit mit dem Dritten ergangenen Urteils zulässig. Dabei ist § 92 Abs. 2 S. 2 und 3 nach der hieran anknüpfenden Regelung des § 111 Abs. 2 S. 2 anzuwenden, der **weitere Kündigungsfristen** in Bezug auf die Kündigung durch den Versicherer und im Hinblick auf die Kündigung durch den Versicherungsnehmer enthält. Während nach § 92 Abs. 2 S. 2 der Versicherer eine Kündigungsfrist von einem Monat einzuhalten hat, kann gemäß § 92 Abs. 2 S. 3 der Versicherungsnehmer nicht für einen späteren Zeitpunkt als den Schluss der laufenden Versicherungsperiode kündigen.

II. Kündigungsfristen nach Abs. 2 S. 1

45 Auf den ersten Blick erscheinen die von § 111 Abs. 2 S. 1 und 2 erfassten Kündigungsfristen für die Kündigung einschließlich der dieser gesetzten Grenzen relativ klar. Bei genauerem Hinsehen treten jedoch eine Reihe von Fragen auf, die zur sachgerechten Bestimmung des Gegenstandes dieser Vorschrift der Beantwortung bedürfen.

46 So wird weder in § 111 Abs. 2 noch in der die Voraussetzungen der Kündigung nennenden Vorschrift des § 111 Abs. 1 bestimmt, welche **Anforderungen an die Form und an den Inhalt der Kündigung** zu stellen sind, um wirksam zu sein. Nicht beantwortet wird durch § 111 Abs. 1 und 2 auch die Frage, was zu geschehen hat, wenn der im Gegensatz zum Versicherer dem Gegenstand des Versicherungsvertrages nicht so nahestehende Versicherungsnehmer die Unwirksamkeit der Kündigung nicht erkennt. Ungeklärt ist weiterhin, welche Bedeutung den in § 111 Abs. 2 S. 1 genannten Tatbestandsmerkmalen „... seit der Anerkennung oder Ablehnung des Freistellungsanspruchs oder

---

[78] Ebenso im Ergebnis *Langheid* in Langheid/Rixecker § 111 Rn. 9; näher zum mit § 111 verfolgten Zweck → Rn. 4.

seit der Rechtskraft des im Rechtsstreit mit dem Dritten ergangenen Urteils ..." im Hinblick auf den Fristbeginn zukommt. Schließlich stellt sich die Frage, ob der Versicherer nach § 111 Abs. 2 S. 2 iVm § 92 Abs. 2 S. 2 auch nach Ablauf der Kündigungsfrist von einem Monat noch kündigen kann, wie dies in der Literatur[79] eingehender diskutiert wird.

III. Form der Kündigung

§ 111 Abs. 2 S. 1 und § 111 Abs. 2 S. 2 iVm § 92 Abs. 2 S. 2 sehen im Einklang mit § 158 **47** Abs. 2 S. 1 und 2 VVG aF jeweils eine Kündigungsfrist von einem Monat für die Kündigung vor, ohne zugleich zum Ausdruck zu bringen, welche Form die Kündigung haben muss. Hiervon weicht Ziff. 19.1 Abs. 2 AHB 2016 ab, in dem es heißt:

Die Kündigung muss dem Vertragspartner in Textform spätestens einen Monat nach der Schadensersatzzahlung oder der Zustellung der Klage zugegangen sein.

Hieraus wird im Anschluss an die allgemeinen Kündigungsvorschriften des § 8 VVG aF und **48** des § 11 auch im Hinblick auf § 111 zu Recht gefolgert, dass für die außerordentliche Kündigung des Versicherungsverhältnisses **keine bestimmte gesetzliche Form** erforderlich ist,[80] Mündlichkeit vielmehr ausreicht. Da jedoch schon aus Beweisgründen sowie zur Vermeidung übereilter mündlicher Äußerungen der Vertragsparteien Schrift- oder Textform sinnvoll sind, werden diese regelmäßig vertraglich vereinbart, wobei die zur Wahrung der Form zu stellenden Anforderungen auch im Detail frei bestimmt werden können.[81] Dies ist wegen der grundsätzlichen Abdingbarkeit des § 111 bzw. des § 158 VVG aF[82] zulässig, so dass auch die Textform voraussetzende Vorschrift der Ziff. 19.1 Abs. 2 AHB 2016 bzw. die ebenfalls Textform verlangende Bestimmung B2-2.1 Abs. 2 AVB BHV im Einklang mit § 111 stehen. Allerdings ist insbesondere bei von den Regelungen der AHB bzw. der AVB BHV abweichenden, die Kündigungsfristen zugunsten des Versicherers verlängernden Vereinbarungen jeweils genau zu prüfen, ob sie sich nicht als unangemessene Benachteiligung nach § 307 BGB zu Lasten des Versicherungsnehmers darstellen.[83]

IV. Inhalt der Kündigung

Auch bezüglich des Inhalts der Kündigung nach § 111 bzw. gemäß § 158 VVG aF ist dieser an **49** den Grundsätzen zu orientieren, die zu den allgemeinen Vorschriften über die Kündigung nach § 11 bzw. gemäß § 8 VVG aF entwickelt wurden.[84] Danach muss aus der Kündigung grundsätzlich klar und unzweideutig zu erkennen sein, dass der Erklärende eine Lösung des Vertragsverhältnisses für die Zukunft beabsichtigt.[85] Sofern dies nicht der Fall ist, kann der mutmaßliche Inhalt der abgegebenen Erklärung im Wege der Auslegung nach § 133 BGB ermittelt werden, wobei der Wortlaut der Erklärung, die Begleitumstände und die Interessenlage der Parteien zu berücksichtigen sind.[86] Verwendet etwa der unkundige Versicherungsnehmer Begriffe wie Anfechtung oder Rücktritt, können diese im Einzelfall in eine Kündigungserklärung umgedeutet werden.[87]

Hingegen genügen für eine Kündigung **nicht die bloße Leistungsverweigerung**[88] bzw. die **50** **Einstellung der Prämienzahlung durch den Versicherungsnehmer**,[89] sofern nicht zugleich geboten wird, das Schreiben im Falle mangelnden Einverständnisses als Kündigung aufzufassen.[90] Auch der Hinweis darauf, dass der Vertrag in der Vergangenheit erloschen sei, reicht für eine Kündigung nicht aus.[91]

---

[79] Vgl. *Schulze Schwienhorst* in Looschelders/Pohlmann § 111 Rn. 11 ff.; näher hierzu → Rn. 71 ff.
[80] Vgl. *Prölss* in Prölss/Martin, 27. Aufl. 2004, § 8 Rn. 13 zu § 8 VVG aF; *Armbrüster* in Prölss/Martin Vor § 11 Rn. 21 sowie → § 11 Rn. 97 ff.; jeweils zu § 11 VVG; *Schulze Schwienhorst* in Looschelders/Pohlmann § 111 Rn. 9 und 15; *Langheid* in Langheid/Rixecker § 111 Rn. 11.
[81] Vgl. → § 11 Rn. 99.
[82] Vgl. → Rn. 6.
[83] Vgl. auch → Rn. 6 mit Fn. 6 und 7 sowie *Schulze Schwienhorst* in Looschelders/Pohlmann § 111 Rn. 9 und 15.
[84] Vgl. auch *Schulze Schwienhorst* in Looschelders/Pohlmann § 111 Rn. 9 und 15.
[85] Vgl. BGH VersR 2012, 1375 Rn. 16; OLG Hamm JRPV 1928, 260; VersR 2013, 489 (490); LG Berlin VersR 1959, 421 (422); *Prölss* in Prölss/Martin, 27. Aufl. 2004, § 8 Rn. 14; *Armbrüster* in Prölss/Martin Vor § 11 Rn. 22; → § 11 Rn. 90.
[86] So zutreffend → § 11 Rn. 90.
[87] Vgl. *Armbrüster* in Prölss/Martin Vor § 11 Rn. 22 mwN.
[88] Vgl. OLG Hamm VersR 1999, 50 (51); *Prölss* in Prölss/Martin, 27. Aufl. 2004, § 8 Rn. 14; *Armbrüster* in Prölss/Martin Vor § 11 Rn. 22.
[89] Vgl. LG Düsseldorf VA 1951, 125; → § 11 Rn. 91.
[90] Vgl. RGZ 106, 330 (333); *Armbrüster* in Prölss/Martin Vor § 11 Rn. 22.
[91] Vgl. OLG Hamm VersR 1999, 50 (51); → § 11 Rn. 91; *Armbrüster* in Prölss/Martin Vor § 11 Rn. 22.

51 Bleiben Unklarheiten oder Zweifel im Hinblick auf den Inhalt der Erklärung, gehen diese zu Lasten des Erklärenden.[92]

V. Zurückweisungspflicht des Versicherers bei unwirksamen Kündigungen des Versicherungsnehmers?

52 Seit langem entspricht es einer zum allgemeinen Kündigungsrecht nach § 8 VVG aF bzw. zu § 11 entwickelten und auch auf § 158 Abs. 2 VVG aF bzw. auf § 111 Abs. 2 übertragenen, im Grundsatz anerkannten Auffassung, dass der Versicherer gehalten ist, den Versicherungsnehmer bei einer unvollständigen, formunwirksamen, verfrühten, verspäteten oder aus anderen Gründen ungültigen ordentlichen oder außerordentlichen Kündigung unverzüglich über den Mangel zu belehren, sobald der Versicherer diesen erkannt hat oder bei verkehrsüblicher Sorgfalt hätte erkennen können.[93] Dies gilt nach Ansicht des OGH[94] auch bei unklaren Kündigungen. Nach Ansicht der in der Rechtsprechung vertretenen Auffassung[95] ist der Versicherer sogar verpflichtet, dem formunwirksam kündigenden Versicherungsnehmer zu zeigen, wie er den Vertrag beenden kann. Demgegenüber weist *Armbrüster*[96] zu Recht darauf hin, dass der Versicherer zwar seine überlegene Sachkunde nicht treuwidrig ausnutzen dürfe. Umgekehrt sei er jedoch nicht Sachwalter der Interessen des beendigungswilligen Versicherungsnehmers.

53 Verletzt der Versicherer diese Pflichten, soll er nach früher weit verbreiteter Ansicht in der Rechtsprechung sich so behandeln lassen müssen, als sei wirksam gekündigt worden,[97] obwohl – wie von Kritikern dieser Rechtsprechung[98] zutreffend hervorgehoben wird – bei einem solchen Ansatz eine Schadensersatzpflicht des Versicherers die angemessene Rechtsfolge wäre.

54 Einschränkend wird von den grundsätzlichen Befürwortern solcher Zurückweisungs-, Belehrungs- und Beratungspflichten des Versicherers nur zugestanden, dass trotz dessen Substantiierungslast der Versicherungsnehmer die **Beweislast für das Unterbleiben entsprechender Belehrungen** durch den Versicherer trage.[99]

55 Weiterhin hat der BGH in einer Entscheidung vom 1.7.1987[100] angenommen, dass die Leistungspflicht des Versicherers weiter bestanden habe, wenn der Versicherungsnehmer unwirksam gekündigt und gleichzeitig um eine Offerte des Versicherers auf Abschluss eines neuen Versicherungsvertrages gebeten hatte, eine rechtzeitige Reaktion des Versicherers hierauf bei Eintritt des Versicherungsfalles aber nicht erfolgt war. In einem solchen Falle sei weder ein Aufhebungsvertrag ohne eine Annahmeerklärung des Versicherers nach § 151 S. 1 BGB zustande gekommen, noch sei die verspätete Kündigung durch den Versicherungsnehmer wirksam, weil der Versicherer sie nicht zurückgewiesen habe. Aus der unterbliebenen ausdrücklichen Zurückweisung könne der Versicherer keine Rechte für sich herleiten.[101]

56 Im Übrigen hat der BGH[102] in dieser Entscheidung erwogen, ob nach Auslegung der Kündigungserklärung bei Vorliegen einer unwirksamen Kündigung an eine Umdeutung der Kündigungserklärung in ein auf Abschluss eines Aufhebungsvertrages gerichtetes Angebot oder in eine ordentliche Kündigung nach § 140 BGB zu denken sei.

57 Einer solch **weitreichenden Zurückweisungspflicht des Versicherers** bei unwirksamen Kündigungen des Versicherungsnehmers kann jedenfalls im Hinblick auf § 111 Abs. 2 bzw. in Bezug auf

---

[92] Vgl. → § 11 Rn. 91.
[93] Vgl. BGH VersR 1987, 923 (924); 2013, 303 Rn. 27; BSG r+s 2007, 144 (145); OLG Hamm VersR 1977, 999; OLG Karlsruhe VersR 2012, 310 (312); OLG Hamm VersR 2013, 489f.; OGH VersR 1984, 1208; 1985, 175 (176); LG Köln r+s 1991, 243; AG Hamburg VersR 1994, 665; *Gruber* in BK-VVG § 8 Rn. 48; *Baumann* in BK-VVG § 158 Rn. 33; jeweils zu § 8 VVG aF und § 158 VVG aF; *Armbrüster* in Prölss/Martin Vor § 11 Rn. 29; → § 6 Rn. 230 und 278 ff.; *Retter* in Schwintowski/Brömmelmeyer/Ebers § 111 Rn. 14; *Lücke* in Prölss/Martin § 111 Rn. 10; jeweils zu § 11 VVG und § 111 VVG; eingehend zu allem *Leverenz* VersR 1999, 525; *Rogler* in r+s 2007, 140.
[94] Vgl. OGH VersR 1999, 1395 (1396); *Armbrüster* in Prölss/Martin Vor § 11 Rn. 29.
[95] LG Marburg VersR 1963, 1191; LG Saarbrücken VersR 1965, 945.
[96] *Armbrüster* in Prölss/Martin Vor § 11 Rn. 29.
[97] Vgl. BGH VersR 1987, 923 (924); OLG Hamm VersR 1977, 999.
[98] Vgl. BGH VersR 2013, 303 Rn. 29; r+s 2013, 424 Rn. 3; BSG r+s 2007, 144; AG Hamburg VersR 1994, 665; *Armbrüster* in Prölss/Martin Vor § 11 Rn. 33; → § 11 Rn. 130; jeweils mwN.
[99] Vgl. AG Delmenhorst r+s 2003, 331; *Leverenz* VersR 1999, 525 (534); *Armbrüster* in Prölss/Martin Vor § 11 Rn. 34.
[100] BGH VersR 1987, 923 (924); vgl. ferner BGH r+s 1989, 69f.; *R. Johannsen* in Bruck/Möller, 8. Aufl., Bd. 4, Anm. D 23; *Baumann* in BK-VVG § 158 Rn. 33; *Retter* in Schwintowski/Brömmelmeyer/Ebers § 111 Rn. 14.
[101] BGH VersR 1987, 923 (924).
[102] Vgl. BGH VersR 1987, 923 (924); vgl. auch OLG Düsseldorf VersR 2001, 1551; *Armbrüster* in Prölss/Martin § 11 Rn. 33 und 43; *Retter* in Schwintowski/Brömmelmeyer/Ebers § 111 Rn. 14.

§ 158 Abs. 2 VVG aF in dieser Allgemeinheit nicht zugestimmt werden. So sind bereits die dogmatischen Grundlagen einer derartigen Pflicht nicht nur umstritten, sondern vor allem auch in der Sache viel zu vage, ungenau und unbestimmt. Während sich dies für die früher und teilweise auch gegenwärtig noch vertretene Auffassung[103] bereits daraus ergibt, dass eine solche Pflicht aus dem Grundsatz von Treu und Glauben nach § 242 BGB abgeleitet wurde und auch derzeit noch abgeleitet wird, folgt dies bezüglich der bereits wohl überwiegenden Ansicht[104] daraus, dass die Grundlage für diese Pflicht sich aus § 6 Abs. 4 S. 1 ergeben soll. Gemäß dieser Vorschrift besteht die in § 6 Abs. 1 S. 1 geregelte Befragungs-, Beratungs- und Begründungspflicht auch nach Vertragsschluss während der Dauer des Versicherungsverhältnisses, soweit für den Versicherer ein Anlass für eine Nachfrage und Beratung des Versicherungsnehmers erkennbar ist.[105] Wie aus solch allgemein gehaltenen Vorschriften eine entsprechende Zurückweisungspflicht des Versicherers gegenüber dem Versicherungsnehmer bezüglich unwirksamer Kündigungen ohne weiteres hergeleitet werden kann, bleibt unerfindlich.

Selbst wenn man aber eine derartige Auffassung im Hinblick auf die allgemeinen Kündigungsrechte nach § 8 VVG aF bzw. gemäß § 11 teilen wollte, können diese Grundsätze nicht ohne weiteres auf § 111 Abs. 2 bzw. auf § 158 Abs. 2 VVG aF übertragen werden. Immerhin existiert für diese Kündigungsrechte **keine spezielle Hinweispflicht des Versicherers.** Daraus ist zu folgern, dass der Gesetzgeber trotz Kenntnis der seit langem hinlänglich bekannten Diskussion um die Zurückweisungspflicht weder eine allgemeine Hinweispflicht noch gar eine spezielle Zurückweisungspflicht des Versicherers bezüglich der unwirksamen Kündigung des Versicherungsnehmers grundsätzlich für erforderlich gehalten hat.[106] **58**

Nur ein solches Ergebnis ist im Bereich der Haftpflichtversicherung allein sachgerecht. Für die Zweige der Betriebs- und der Berufshaftpflichtversicherung ist dies evident, da der in diesen Zweigen der Haftpflichtversicherung die Kündigung Erklärende bereits aufgrund seines spezifischen Tätigkeitsbereiches nicht nur selbst verantwortlich ist für sein Tun oder Unterlassen gegenüber dem Versicherer ist,[107] sondern auch jederzeit in der Lage ist oder zumindest sein muss, sich einen entsprechenden Rat über das Weiterbestehen oder Nicht-Weiterbestehen des Versicherungsvertrages bei seinem Versicherer selbst oder einem Dritten sowie über sein weiteres Vorgehen in der Zukunft einzuholen. **59**

Aber auch für den Bereich der **Privathaftpflichtversicherung** kann grundsätzlich keine andere Beurteilung Platz greifen, da es jedem Versicherungsnehmer aufgrund des Bestehens des Versicherungsvertrages mit dem Versicherer zumutbar ist, vor einem so entscheidenden Schritt wie dem der Kündigung des Haftpflichtversicherungsvertrages seinen Versicherer darüber zu konsultieren, welche Auswirkungen und Konsequenzen die Kündigung des Versicherungsvertrages für ihn hat. Hiervon wird man allenfalls in den Fällen eine Ausnahme machen können, in denen der Versicherungsnehmer entweder wegen seines jugendlichen Alters noch unerfahren ist oder aufgrund seines höheren Alters nicht mehr die entsprechende Einsichtsfähigkeit und Verständnismöglichkeit hat oder aber seine intellektuellen Fähigkeiten erkennbar so gering sind, dass eine Beratungs- und Zurückweisungspflicht durch den Versicherer ihm gegenüber unausweichlich ist. Allerdings trägt der Versicherungsnehmer nach allgemeinen Grundsätzen die Beweislast für das Fehlen der vorstehend genannten Fähigkeiten.[108] **60**

VI. Anerkennung oder Ablehnung des Freistellungsanspruchs oder Rechtskraft des Urteils als Voraussetzung des Fristbeginns für die Kündigung nach Abs. 2 S. 1

Ausgehend von dem Wortlaut des § 111 Abs. 2 S. 1, wonach die Kündigung nur innerhalb eines Monats seit der Anerkennung oder Ablehnung des Freistellungsanspruchs oder seit der Rechtskraft des im Rechtsstreit mit dem Dritten ergangenen Urteils zulässig ist, stellt sich im Falle der etwas anders formulierten, aber in der Sache den gleichen Inhalt aufweisenden Vorschrift des § 158 Abs. 2 S. 1 VVG aF[109] die Frage, wie die für den Beginn der Ein-Monatsfrist maßgeblichen Tatbestandsmerkmale „… seit der Anerkennung oder Ablehnung des Freistellungsanspruchs oder seit der Rechtskraft des im Rechtsstreit mit dem Dritten ergangenen Urteils …" zu verstehen sind. **61**

---

[103] Vgl. *Prölss* in Prölss/Martin, 27. Aufl. 2004, § 8 Rn. 24 und *Muschner* in HK-VVG § 11 Rn. 26 ff. mwN in Fn. 56 ff.; jeweils zu § 8 VVG aF und § 11 VVG; → § 6 Rn. 279 sowie *Münkel* in HK-VVG § 6 Rn. 37 zu § 6 Abs. 4 VVG.
[104] Vgl. *Franz* VersR 2008, 298 (299); → § 11 Rn. 124 mwN; kritisch zu Recht auch R. *Koch* in Bruck/Möller § 111 Rn. 28.
[105] Näher zu Beratungs-, Informations- und Mitteilungspflichten in der Haftpflichtversicherung nach dem VVG 2008: *Littbarski* AssCompact Sonderedition II 2008, S. 40 ff.
[106] Vgl. → § 6 Rn. 278.
[107] Vgl. → § 6 Rn. 27 f.; allgemein zur Selbstverantwortung des Einzelnen *Littbarski* NJW 1995, 217.
[108] Vgl. auch → Rn. 51.
[109] Vgl. hierzu näher → Rn. 64.

62 Soweit es um die Bestimmung des Beginns der Ein-Monatsfrist im Hinblick auf die Anerkennung oder Ablehnung des Freistellungsanspruchs geht, bereitet diese keine größeren Schwierigkeiten, da diese mit dem Zugang der Mitteilung des Versicherers über die Anerkennung oder Ablehnung des Freistellungsanspruchs beim Versicherungsnehmer ausgelöst und damit wirksam wird.[110]

63 Umstritten ist hingegen, ob eine vor dem Eintritt der Kündigungsmöglichkeiten ausgesprochene Kündigung später Wirksamkeit entfalten kann. Während nach Ansicht von *Voit/Knappmann*[111] sowie von *Lücke*[112] eine verfrühte Kündigung des Versicherungsnehmers nach dem Schadensfall wirksam wird, wenn der Versicherungsfall gegeben ist und der Kündigungsgrund später hierzu eintritt, lehnt die ganz hM[113] diese Auffassung ab.

64 Der hM ist grundsätzlich zuzustimmen. Gegen die Möglichkeit einer verfrühten Kündigung spricht zunächst der insoweit eindeutige Wortlaut des § 111 Abs. 2 S. 1 bzw. der des § 158 Abs. 2 S. 1 VVG aF, wonach die Kündigung nur innerhalb eines Monats „seit ... zulässig" ist. Hierin kommt durch die Verwendung des Wortes „seit" zum Ausdruck, dass vorher eine zulässige Kündigung gar nicht möglich ist. Zudem weist die ganz hM zu Recht darauf hin, dass eine vor dem Eintritt der Kündigungsmöglichkeiten ausgesprochene Kündigung auch bei einer entsprechenden Begründung nicht durch den späteren Eintritt der Kündigungsvoraussetzungen wirksam wird, da eine Kündigung unter die Bedingung unwirksam ist.[114] Daher muss die außerordentliche Kündigung nach dem tatsächlichen Eintritt der Kündigungsvoraussetzungen wiederholt werden.[115] Dies ist schon aus Gründen der Rechtssicherheit geboten.[116]

65 Diese Grundsätze gelten erst recht für die in § 111 Abs. 2 bzw. in § 158 Abs. 2 VVG aF genannten Tatbestandsmerkmale „... seit der Rechtskraft des im Rechtsstreit mit dem Dritten ergangenen Urteils ...", da die sich nach § 704 ZPO richtende formelle Rechtskraft eines Urteils aus Gründen der Rechtsklarheit und Rechtssicherheit einen eindeutig bestimmbaren Zeitpunkt hinsichtlich des Laufes der Kündigungsfrist erforderlich macht.

66 Ist die Kündigung nach § 111 Abs. 2 S. 1 bzw. gemäß § 158 Abs. 2 S. 1 VVG aF nur **innerhalb eines Monats seit der Rechtskraft des** im Rechtsstreit mit dem Dritten ergangenen **Urteils** zulässig, stellt sich einmal die Frage, welches Urteil hiermit gemeint ist. Zum anderen ist aber auch zu bestimmen, welche Arten von Urteilen erfasst werden. Schließlich ist zu klären, ob der Begriff des Urteils im verfahrensrechtlichen Sinne eng zu fassen ist oder ob noch weitere streitbeendende Maßnahmen hierunter fallen.

67 Was die erste Frage angeht, kann bereits wegen der sich in § 111 Abs. 2 S. 1 bzw. in § 158 Abs. 2 S. 1 VVG aF findenden Formulierung „... des im Rechtsstreit mit dem Dritten ergangenen Urteils ..." kein Zweifel daran bestehen, dass hiermit nur das aufgrund des Haftpflichtprozesses ergangene Haftpflichturteil gemeint sein kann, dem einem im Haftpflichtprozess zwischen dem Versicherungsnehmer und dem Geschädigten geschlossenen Prozessvergleich sowie eine Klagerücknahme nach § 269 ZPO gleichgestellt sind.[117]

68 Nicht im Streit ist aber auch, dass ein Urteil im Sinne der genannten Vorschrift in erster Linie ein **Leistungsurteil** sein wird, aber auch ein Teilurteil nach § 301 ZPO hierunter fällt. Hingegen kann unter das Urteil nach § 111 Abs. 2 S. 1 bzw. gemäß § 158 Abs. 2 S. 1 VVG aF nicht das Grundurteil gemäß § 304 ZPO eingeordnet werden, da dieses ein materiell-rechtliches Zwischenurteil eigener Art ist, nicht über einen selbständigen Teil des Streitgegenstandes, sondern nur über den Grund des Anspruchs als einem Bestandteil der Endentscheidung entscheidet und daher noch nicht den Rechtsstreit beendet.[118]

---

[110] Vgl. auch *R. Johannsen* in Bruck/Möller, 8. Aufl., Bd. 4, Anm. D 21; *Späte* AHB § 9 Rn. 24; *Harsdorf-Gebhardt* in Späte/Schimikowski AHB 2014 Ziff. 19 Rn. 19; *Baumann* in BK-VVG § 158 Rn. 29; *Halm/Fitz* in Staudinger/Halm/Wendt Ziff. 19 AHB 2016 Rn. 9 mit Fn. 18.

[111] Vgl. *Voit/Knappmann* in Prölss/Martin, 27. Aufl. 2004, § 158 Rn. 5.

[112] Vgl. *Lücke* in Prölss/Martin § 111 Rn. 10.

[113] Vgl. *R. Johannsen* in Bruck/Möller, 8. Aufl., Bd. 4, Anm. D 21 und 23; *Späte* AHB § 9 Rn. 23; *Harsdorf-Gebhardt* in Späte/Schimikowski AHB 2014 Ziff. 19 Rn. 17; *Baumann* in BK-VVG § 158 Rn. 27; *Langheid* in Langheid/Rixecker § 111 Rn. 11; *Retter* in Schwintowski/Brömmelmeyer/Ebers § 111 Rn. 11.

[114] Vgl. OLG Stuttgart VerAfP 1929, 314 Nr. 2066; *Harsdorf-Gebhardt* in Späte/Schimikowski AHB 2014 Ziff. 19 Rn. 17.

[115] Vgl. *R. Johannsen* in Bruck/Möller, 8. Aufl., Bd. 4, Anm. D 23; *Späte* AHB § 9 Rn. 23; *Harsdorf-Gebhardt* in Späte/Schimikowski AHB 2014 Ziff. 19 Rn. 17; *Retter* in Schwintowski/Brömmelmeyer/Ebers § 111 Rn. 11; *Langheid* in Langheid/Rixecker § 111 Rn. 12.

[116] Vgl. *Retter* in Schwintowski/Brömmelmeyer/Ebers § 111 Rn. 11.

[117] Ebenso *Baumann* in BK-VVG § 158 Rn. 28; *Retter* in Schwintowski/Brömmelmeyer/Ebers § 111 Rn. 10; vgl. auch *Langheid* in Langheid/Rixecker § 111 Rn. 10 zum Haftpflichtanspruch.

[118] Vgl. zum Grundurteil BGH NJW 1998, 1709; *Musielak* in MüKoZPO § 304 Rn. 6 ff.; *Saenger* in HK-ZPO § 304 Rn. 1; vgl. ferner aus haftpflichtversicherungsrechtlicher Sicht *R. Johannsen* in Bruck/Möller, 8. Aufl., Bd. 4, Anm. D 21; *Voit/Knappmann* in Prölss/Martin 27. Aufl. 2004, § 158 Rn. 5; *Lücke* in Prölss/Martin

Schließlich ist der **Begriff des Urteils** nach § 111 Abs. 2 S. 1 bzw. gemäß § 158 Abs. 2 S. 1 69
VVG aF nach allgemein geteilter Ansicht in der Literatur[119] nicht etwa eng zu fassen. Vielmehr
werden einem Urteil im Haftpflichtprozess auch ein zwischen dem Versicherungsnehmer und dem
Geschädigten geschlossener Prozessvergleich nach § 794 Abs. 1 Nr. 1 ZPO genauso wie eine Klagerücknahme nach § 269 ZPO gleichgestellt.

Im Übrigen verdient bezüglich des Fristbeginns seit Rechtskraft des im Rechtsstreit mit dem 70
Dritten ergangenen Urteils nach § 111 Abs. 2 S. 1 bzw. gemäß § 158 Abs. 2 S. 1 VVG aF der Hervorhebung, dass es nicht auf den objektiven Zeitpunkt der Rechtskraft des Urteils ankommt, sondern
vielmehr im Einklang mit der Anerkennung oder Ablehnung des Freistellungsanspruchs nur auf den
Zugang der entsprechenden Mitteilung durch den Versicherer gegenüber dem Versicherungsnehmer.[120] Eine solche Verschiebung des Fristbeginns trägt dem Umstand Rechnung, dass in der großen
Mehrzahl aller Fälle der Versicherer den Haftpflichtprozess für den Versicherungsnehmer führt.

VII. Kündigungsrecht des Versicherers nach Ablauf der Kündigungsfrist?

Geht man vom Wortlaut des § 111 Abs. 2 S. 2 aus, wonach § 92 Abs. 2 S. 2 und 3 anzuwenden 71
ist, ergibt sich aufgrund der Regelung des § 92 Abs. 2 S. 2 für den Versicherer, dass dieser eine
Kündigungsfrist von einem Monat einzuhalten hat. Demgegenüber kann der Versicherungsnehmer
nach § 92 Abs. 2 S. 3 nicht für einen späteren Zeitpunkt als den Schluss der laufenden Versicherungsperiode kündigen. Hiermit übereinstimmend hat nach § 158 Abs. 2 S. 2 VVG aF der Versicherer
eine Kündigungsfrist von einem Monat einzuhalten, während der Versicherungsnehmer gemäß § 158
Abs. 2 S. 3 VVG aF nicht für einen späteren Zeitpunkt als den Schluss der laufenden Versicherungsperiode kündigen kann.

In Anbetracht dieser unterschiedlichen Behandlung des Versicherers einerseits und des Versiche- 72
rungsnehmers andererseits im Hinblick auf die Länge der dem Versicherer und dem Versicherungsnehmer zur Verfügung stehenden Kündigungsfristen stellt sich zunächst die Frage, was mit diesen
Fristen bezweckt wird. Weiterhin ist aber auch zu erörtern, ob der Versicherer die Möglichkeit hat,
von seinem Kündigungsrecht nach Ablauf der Kündigungsfrist Gebrauch zu machen.

Soweit es um die **Einhaltung der Ein-Monatsfrist durch den Versicherer** geht, entspricht 73
es einer seit langem in der Literatur vertretenen Auffassung,[121] dass diese Kündigungsfrist dem Schutz
des Versicherungsnehmers diene, der genügend Zeit haben solle, sich einen neuen Vertragspartner
zu suchen, der ihm zukünftig Versicherungsschutz gewähre. Dieser vom Gesetzgeber für erforderlich
gehaltene besondere Schutz des Versicherungsnehmers im Verhältnis zum Versicherer kommt auch
in der Regelung der §§ 111 Abs. 2 S. 2 iVm 92 Abs. 2 S. 3 bzw. in der des § 158 Abs. 2 S. 3 VVG
aF zum Ausdruck, wonach der Versicherungsnehmer nicht für einen späteren Zeitpunkt als den
Schluss der laufenden Versicherungsperiode kündigen kann oder – positiv formuliert – der Versicherungsnehmer bis zum Schluss der laufenden Versicherungsperiode Zeit hat, zu kündigen.

Angesichts dieser **unterschiedlichen Behandlung von Versicherer und Versicherungs-** 74
nehmer bezüglich der Kündigungsfristen überrascht es kaum, dass in der Literatur[122] immer
wieder darüber diskutiert wird, ob dem Versicherer auch ein Kündigungsrecht zu einem späteren
Zeitpunkt zusteht. Dabei wird danach differenziert, ob die Kündigung durch den Versicherer
während der Ein-Monatsfrist ausgesprochen und der Vertrag binnen Monatsfrist ab Zugang der
Kündigung beim Versicherungsnehmer beendet wird oder ob der Versicherer auch nach Ablauf
der Kündigungsfrist noch kündigen kann. Während die zuerst genannte Art und Weise der Kündigung nach zu § 96 Abs. 2 S. 2 VVG aF sowie zu § 92 Abs. 2 S. 2 vertretener Auffassung[123] zu
Recht für möglich gehalten wird, da ein solches Vorgehen nicht gegen den von den §§ 111 Abs. 2
S. 2 iVm 92 Abs. 2 S. 2 bzw. von § 158 Abs. 2 S. 2 VVG aF verfolgten Zweck verstößt und auch
wegen der Überschaubarkeit einer allenfalls zweimonatigen Erklärungs- und Kündigungsfrist

---

[118] § 111 Rn. 10; *Langheid* in Langheid/Rixecker § 111 Rn. 10; *Baumann* in BK-VVG § 158 Rn. 27; *Retter* in Schwintowski/Brömmelmeyer/Ebers § 111 Rn. 10.

[119] Vgl. *Voit/Knappmann* in Prölss/Martin 27. Aufl. 2004, § 158 Rn. 5; *Lücke* in Prölss/Martin § 111 Rn. 10; *Langheid* in Langheid/Rixecker § 111 Rn. 10.

[120] Vgl. *Baumann* in BK-VVG § 158 Rn. 28; *Langheid* in Langheid/Rixecker § 111 Rn. 10; *Retter* in Schwintowski/Brömmelmeyer/Ebers § 111 Rn. 10; vgl. auch → Rn. 62.

[121] Vgl. *R. Johannsen* in Bruck/Möller, 8. Aufl., Bd. 4, Anm. D 22; *Baumann* in BK-VVG § 158 Rn. 31; *Retter* in Schwintowski/Brömmelmeyer/Ebers § 111 Rn. 12; *Schulze Schwienhorst* in Looschelders/Pohlmann § 111 Rn. 11.

[122] Vgl. *Kollhosser* in Prölss/Martin, 27. Aufl. 2004, § 96 Rn. 9; *Armbrüster* in Prölss/Martin § 92 Rn. 11; *Langheid* in Langheid/Rixecker § 92 Rn. 22.

[123] Vgl. *Kollhosser* in Prölss/Martin, 27. Aufl. 2004, § 96 Rn. 9; *Armbrüster* in Prölss/Martin § 92 Rn. 11.

nicht den Interessen des Versicherungsnehmers zuwiderläuft, steht ein Teil der Literatur[124] der zuletzt genannten Art und Weise der Kündigung ablehnend gegenüber. Zur Begründung wird darauf hingewiesen, dass der Versicherer die Kündigungsfrist wegen des eindeutigen Wortlautes des § 92 Abs. 2 S. 2 bzw. des § 96 Abs. 2 S. 2 VVG aF nicht verlängern könne.[125] Eine solche Verlängerung der Kündigungsfrist durch eine spätere Wirksamkeit der Kündigung sei dem Versicherungsnehmer nicht zumutbar. Auch solle die außerordentliche Kündigungsmöglichkeit nur anlässlich des Versicherungsfalles benutzt werden, nicht aber zu einem Zeitpunkt, zu dem der Versicherungsfall lange zurückliege. Weiterhin zwängen ihn die verbindlichen Fristen den Versicherer, die Kündigungen bei zweifelsfreien Voraussetzungen auszusprechen. Demnach seien von der Ein-Monatsfrist abweichende Fristbestimmungen des Versicherers nichtig und daher nach § 139 BGB zu beurteilen.[126]

75   Demgegenüber vertritt *Schulze Schwienhorst*[127] mit eingehender Begründung die Ansicht, dass grundsätzlich eine **Beeinträchtigung des Versicherungsnehmers durch die Kündigung des Versicherers** nicht feststellbar sei. Im Gegenteil könne eine zu einem späteren Zeitpunkt ausgesprochene „rücksichtsvolle" Kündigung ausdrücklich im Interesse des Versicherungsnehmers liegen.

76   Dieser Auffassung kann nicht gefolgt werden, da ihr bereits der eindeutige Wortlaut des § 92 Abs. 2 S. 2 bzw. der des § 158 Abs. 2 S. 2 VVG aF zur Einhaltung der Ein-Monatsfrist durch den Versicherer entgegensteht. Zudem wiegt das Argument schwer, dass die außerordentliche Kündigungsmöglichkeit nur anlässlich des Versicherungsfalles benutzt werden kann und nicht etwa eine mehr oder weniger beliebige Lösung des Versicherers vom Versicherungsvertrag eröffnet. Schließlich ist auch der Versicherungsnehmer durch die ihm nach § 111 Abs. 2 S. 2 iVm § 92 Abs. 2 S. 3 bzw. nach § 158 Abs. 2 S. 3 VVG aF zugestandene Kündigungsmöglichkeit bis zum Schluss der laufenden Versicherungsperiode ausreichend geschützt.

VIII. Sonstige Kündigungsrechte

77   Kündigen sowohl der Versicherer als auch der Versicherungsnehmer den Versicherungsvertrag, liegt eine sog. Doppelkündigung vor. Diese ist nach allgemein vertretener Auffassung[128] zulässig und führt dazu, dass diejenige Kündigung vorgeht, die den Vertrag früher beendet. Wirksamkeitszeitpunkt der Kündigung ist somit derjenige, zu dem die erste Kündigung erklärt wird und dem Kündigungsempfänger zugeht.

78   Eine Kündigung des Versicherungsvertrages ist ferner sowohl für den Versicherer als auch für den Versicherungsnehmer möglich, wenn der Versicherungsfall für mitversicherte Personen eingetreten ist.[129] Dies gilt etwa für die D&O-Versicherung, die eine Vermögensschaden-Haftpflichtversicherung zugunsten von Organmitgliedern sowie in der Praxis häufig auch von leitenden Angestellten des Versicherungsnehmers oder seiner Tochtergesellschaften ist[130] und auf die ua neben den §§ 100–112 vor allem auch die Bestimmungen über die Versicherung für fremde Rechnung nach den §§ 43–48 zur Anwendung kommen.[131]

§ 112 Abweichende Vereinbarungen

Von den §§ 104 und 106 kann nicht zum Nachteil des Versicherungsnehmers abgewichen werden.

---

[124] Vgl. *Kollhosser* in Prölss/Martin, 27. Aufl. 2004, § 96 Rn. 9; *Armbrüster* in Prölss/Martin § 92 Rn. 11.
[125] Vgl. *Kollhosser* in Prölss/Martin, 27. Aufl. 2004, § 96 Rn. 9; *Langheid* in Langheid/Rixecker § 92 Rn. 22; *Armbrüster* in Prölss/Martin § 92 Rn. 11.
[126] Vgl. *Kollhosser* in Prölss/Martin, 27. Aufl. 2004, § 96 Rn. 9; *Armbrüster* in Prölss/Martin § 92 Rn. 11.
[127] *Schulze Schwienhorst* in Looschelders/Pohlmann § 111 Rn. 12 f.; zustimmend *R. Koch* in Bruck/Möller § 111 Rn. 42; ebenso offensichtlich *Langheid* in Langheid/Rixecker § 111 Rn. 12: „Der Versicherer hat eine Kündigungsfrist von (mindestens) einem Monat einzuhalten".
[128] Vgl. KG JRPV 1929, 426; OLG Braunschweig VersR 1954, 313; *Kollhosser* in Prölss/Martin, 27. Aufl. 2004, § 96 Rn. 11; *Armbrüster* in Prölss/Martin § 92 Rn. 15; *Lücke* in Prölss/Martin § 111 Rn. 10; *Retter* in Schwintowski/Brömmelmeyer/Ebers § 111 Rn. 12; *R. Koch* in Bruck/Möller § 111 Rn. 44.
[129] Vgl. KG JW 1937, 2622; *Lücke* in Prölss/Martin § 111 Rn. 10; *R. Koch* in Bruck/Möller § 111 Rn. 8.
[130] Vgl. OLG Düsseldorf r+s 2013, 599 (600); 2014, 122 (124) mit Anm. *Schimikowski* r+s 2014, 125 (126); *H.* in Bruck/Möller *Baumann*, Bd. 4, AVB-AVG 2011/2013, Einführung Rn. 5; *Beckmann* in Beckmann/Matusche-Beckmann VersR-HdB § 28 Rn. 1; *Schimmer* VersR 2008, 875 (876); *Grooterhorst/Looman* r+s 2014, 157 (161); vgl. auch *Terno* r+s 2013, 577 (579 f.).
[131] Vgl. OLG München VersR 2005, 540 (541 f.); *H. Baumann* in Bruck/Möller, Bd. 4, AVB-AVG 2011/2013, Einführung Rn. 5 und Ziff. 10 Rn. 4 ff.; Pröss/Martin/*Voit* AVB-AVG Nr. 1 Rn. 6; *Beckmann* in Beckmann/Matusche-Beckmann VersR-HdB § 28 Rn. 1; *Schimmer* VersR 2008, 875 (876); *Sommer* ZVersWiss 102 (2013), 491 (505 mit Fn. 76); *Grooterhorst/Looman* r+s 2014, 157 (161).

Übersicht

	Rn.			Rn.
A. Inhalt der Regelung	1	C.	Verhältnis der Regelung des § 112 zu anderen die Haftpflichtversicherung betreffenden Vorschriften	5
B. Zweck der Regelung	4			

Stichwort- und Fundstellenverzeichnis

Stichwort	Rn.	Rechtsprechung	Literatur
Einschränkung der Vertragsfreiheit	→ 4	–	*H. Baumann* in BK-VVG § 158 aF Rn. 1; *Retter* in Schwintowski/Brömmelmeyer/Ebers § 112 Rn. 1; *Schulze Schwienhorst* in Looschelders/Pohlmann § 112 Rn. 3
Halbzwingender Charakter von Vorschriften	→ 5	–	Begr. RegE. BT-Drs. 16/3945, 87; *Werber* VersR 2010, 1253; *O. Lange* VersR 2014, 1413 (1424); *Retter* in Schwintowski/Brömmelmeyer/Ebers § 112 Rn. 2; *Schimikowski* in HK-VVG § 112 Rn. 1
Schutz des wirtschaftlich schwächeren Versicherungsnehmers	→ 4	–	*H. Baumann* in BK-VVG § 158a Rn. 1; *Retter* in Schwintowski/Brömmelmeyer/Ebers § 112 Rn. 1; *Schulze Schwienhorst* in Looschelders/Pohlmann § 112 Rn. 3
Unabdingbarkeit von Vorschriften	→ 5 f., 10 f.	–	Begr. RegE BT-Drs. 16/3945, 87; *Schirmer* ZVersWiss 2006, Supplement, 427 (437); *Retter* in Schwintowski/Brömmelmeyer/Ebers § 112 Rn. 1

Schrifttum: Abschlussbericht der Kommission zur Reform des Versicherungsvertragsrechts vom 19.4.2004 – VersR-Schriftenreihe, Band 25, 2004; *Armbrüster/Schreier*, Aktuelle Rechtsfragen der Umweltschadensversicherung, ZVersWiss 105 (2016), 3; *H. Baumann*, Zur unmittelbaren Schadensersatzpflicht des Haftpflichtversicherers gegenüber dem Dritten – Folgerungen aus dem Schuldrechtsmodernisierungsgesetz, VersR 2004, 944; *ders.*, AGB-rechtliche Inhaltskontrollfreiheit des Claims-made-Prinzips?, VersR 2012, 1461; *Car*, Das Überschreiten der Deckungssumme in der Haftpflichtversicherung, 2016; *Franz*, Das Versicherungsvertragsrecht im neuen Gewand, VersR 2008, 298; *ders.*, Die Reform des Versicherungsvertragsrechts – ein großer Wurf?, DStR 2008, 303; *Grote/Chr. Schneider*, VVG 2008: Das neue Versicherungsvertragsrecht, BB 2007, 2689; *Höser*, Die Pflichten des Versicherers gegenüber dem VN nach Abtretung des Haftpflichtversicherungsanspruchs an den Geschädigten, VersR 2013, 952; *Hugel*, Haftungs- und Versicherungsrecht im Bauwesen, 1986; *Klimke*, Die halbzwingenden Vorschriften des VVG, 2004; *Kretschmar*, Die zeitliche Abgrenzung des Versicherungsschutzes in der Allgemeinen Haftpflichtversicherung unter besonderer Berücksichtigung des AGB-Gesetzes und internationaler Deckungskonzepte, 2002; *Kretschmar*, Reichweite und Wirksamkeit von Führungsklauseln in der D&O-Versicherung, VersR 2008, 33; *O. Lange*, Die verbrauchte Versicherungssumme in D&O-Versicherung, Vers 2014, 1413; *Langheid*, Die Reform des Versicherungsvertragsgesetzes, NJW 2007, 3665 und 3745; *Langheid*, Tücken in den §§ 100 ff. VVG-RegE, VersR 2007, 865; *Littbarski*, AHB, Kommentar, 2001; *Littbarski*, Die AHB-Reform von 2004 (Teil 1), PHi 2005, 97; *Littbarski*, Die AHB-Reform von 2004 in Gestalt der Überarbeitung von 2006 (Teil 2), PHi 2006, 82; *Littbarski*, Auswirkungen der VVG-Reform auf die Haftpflichtversicherung, PHi 2007, 126 und 176; *Littbarski*, Die Haftpflichtversicherung des Sachverständigen, in: Praxishandbuch Sachverständigenrecht, 4. Aufl. 2008, § 40; *Littbarski/Tenschert/Klein* (Hrsg.), Betriebs- und Berufshaftpflichtversicherung, Kommentar, AVB BHV, 2023; *Präve*, Versicherungsaufsicht und AGB-Gesetz, 1998; *Präve*, Das neue Versicherungsvertragsgesetz, VersR 2007, 1046; *Römer*, Der Prüfungsmaßstab bei der Versicherungsaufsicht nach § 81 VAG und der AVB-Kontrolle, 1996; *Römer*, Zu den Informationspflichten nach dem neuen VVG, VersR 2007, 618; *Schimikowski*, Zins- und Kostenklauseln in der Haftpflichtversicherung – Zur (Un-)Abdingbarkeit des § 150 Abs. 2 VVG –, VersR 2005, 861; *Schirmer*, Allgemeine Versicherungsbedingungen im Spannungsfeld zwischen Aufsicht und AGB-Gesetz, ZVersWiss 75 (1986), 509; *Schirmer*, Die Haftpflichtversicherung nach der VVG-Reform, ZVersWiss Supplement 2006, 427; *Schmalzl/Krause-Allenstein*, Berufshaftpflichtversicherung des Architekten und Bauunternehmers, 2. Auflage 2006; *Schwintowski*, Lücken im Deckungsumfang der Allgemeinen Haftpflichtversicherung, VuR 1998, 35; *Schwintowski*, Neuerungen im Versicherungsvertragsrecht, ZRP 2006, 139; *Staudinger/Richters*, D&O-Versicherung: Anforderungen an den Eintritt des Versicherungsfalls nach Abtretung des Freistellungsanspruchs, DB 2013, 2725; *Thalmair*, Die Haftpflichtversicherung nach der VVG-Reform, ZVersWiss Supplement 2006, 459; *Thürmann/Kettler*, Produkthaftpflichtversicherung, 7. Auflage 2019; *Werber*, Halbzwingende Vorschriften des neuen VVG und Inhaltskontrolle, VersR

2010, 1253; *v. Westphalen*, Änderungsbedarf in der Haftpflichtversicherung (AHB) aufgrund des Gesetzes zur Modernisierung des Schuldrechts, NVersZ 2002, 241.

A. Inhalt der Regelung

1 § 112 ist mit „Abweichende Vereinbarungen" überschrieben und entspricht trotz erheblicher Änderungen im Wortlaut inhaltlich weitgehend § 158a VVG aF.

2 Inhaltlich heißt es in § 112 lapidar, dass von den §§ 104 und 106 nicht zum Nachteil des Versicherungsnehmers abgewichen werden kann. Während § 104 im Einzelnen die verschiedenen, dem Versicherungsnehmer obliegenden Anzeigepflichten regelt und dabei auch die für diese Anzeigepflichten geltenden unterschiedlichen Fristen genauer bestimmt,[1] ist Gegenstand des § 106 die Fälligkeit der Versicherungsleistung.[2]

3 § 158a VVG aF hat als Vorgängervorschrift zu § 112 demgegenüber folgenden Wortlaut:

Auf Vereinbarungen, durch die von den Vorschriften des § 153, § 154, § 156 Abs. 2 zum Nachteil des Versicherungsnehmers abgewichen wird, kann sich der Versicherer nicht berufen.

B. Zweck der Regelung

4 Zweck der Regelung des § 112 ist es, den wirtschaftlich schwächeren Versicherungsnehmer gegenüber dem Versicherer durch eine Einschränkung des Grundsatzes der Vertragsfreiheit zu schützen.[3] Damit soll erreicht werden, dass durch Vereinbarungen, die inhaltlich von den §§ 104 und 106 abweichen, keine Nachteile zu Lasten des Versicherungsnehmers entstehen. Zudem lassen sich aus der in § 112 findenden Formulierung zugleich mehrere Folgerungen im Hinblick auf § 112 selbst sowie auf weitere zwischen dem Versicherer und dem Versicherungsnehmer zu treffende Vereinbarungen ziehen.

C. Verhältnis der Regelung des § 112 zu anderen die Haftpflichtversicherung betreffenden Vorschriften

5 So haben die von § 112 erfassten Vorschriften der §§ 104 und 106 genauso wie § 112 selbst einen halbzwingenden Charakter.[4] Dies bedeutet, dass ausschließlich **abweichende Vereinbarungen zu Lasten des Versicherungsnehmers unzulässig** sind, während Vereinbarungen, die zugunsten des Versicherungsnehmers wirken und ihm im Verhältnis zu den von den §§ 104 und 106 erfassten Tatbeständen Vorteile bringen, zulässig sind.[5]

6 Aus der ausschließlichen Bezugnahme auf die Regelungen der §§ 104 und 106 in § 112 folgt weiterhin, dass im Hinblick auf einige andere Vorschriften über die Haftpflichtversicherung abweichende Vereinbarungen zwischen dem Versicherer und dem Versicherungsnehmer schlechthin unzulässig sind.

7 Evident ist dies bezüglich des das Anerkenntnis des Versicherungsnehmers regelnden § 105. Denn wenn es dort heißt, dass eine Vereinbarung, nach welcher der Versicherer nicht zur Leistung verpflichtet ist, wenn ohne seine Einwilligung der Versicherungsnehmer den Dritten befriedigt oder

---

[1] Vgl. hierzu näher → § 104 Rn. 1 ff.
[2] Vgl. hierzu näher → § 106 Rn. 1 ff.
[3] Vgl. auch *Retter* in Schwintowski/Brömmelmeyer/Ebers § 112 Rn. 1; *Schimikowski* in HK-VVG § 112 Rn. 1; *Schulze Schwienhorst* in Looschelders/Pohlmann § 112 Rn. 3; *H. Baumann* in BK-VVG § 158a Rn. 1 zu § 158a VVG aF.
[4] Vgl. BT-Drs. 16/3945, 87 zu § 112; → § 104 Rn. 46 und → § 106 Rn. 74 ff.; *Retter* in Schwintowski/ Brömmelmeyer/Ebers § 112 Rn. 2; *Schimikowski* in HK-VVG § 112 Rn. 1; *Langheid* in Langheid/Rixecker § 112 Rn. 1; *R. Koch* in Bruck/Möller § 112 Rn. 13; *O. Lange* VersR 2014, 1413 (1424); eingehend zu halbzwingenden Vorschriften des VVG aF: *Klimke* Die halbzwingenden Vorschriften des VVG sowie zum VVG nF *Werber* VersR 2010, 1253 ff.
[5] Vgl. auch *Retter* in Schwintowski/Brömmelmeyer/Ebers § 112 Rn. 2; *Schimikowski* in HK-VVG § 112 Rn. 1.

dessen Anspruch anerkennt, unwirksam ist, ergibt sich aus diesem Wortlaut die Unabdingbarkeit der Vorschrift von selbst.[6]

Das Gleiche gilt bezüglich des § 108 Abs. 1, da nach § 108 Abs. 1 S. 1 Verfügungen des Versicherungsnehmers über den Freistellungsanspruch gegen den Versicherer dem Dritten gegenüber unwirksam sind und nach § 108 Abs. 1 S. 2 der rechtsgeschäftlichen Verfügung eine Verfügung im Wege der Zwangsvollstreckung oder Arrestvollziehung gleichsteht.[7] **8**

Aber auch im Hinblick auf § 108 Abs. 2, wonach die Abtretung des Freistellungsanspruchs an den Dritten nicht durch Allgemeine Versicherungsbedingungen ausgeschlossen werden kann, greift keine andere Beurteilung Platz. Aus diesem Wortlaut ist zu entnehmen, dass ein Abtretungsverbot des Versicherers in AVB bezüglich des Freistellungsanspruchs zu Lasten des Versicherungsnehmers gegenüber dem geschädigten Dritten generell unzulässig ist.[8] Hingegen bleibt aufgrund des Wortlautes des § 108 Abs. 2 ein Abtretungsverbot in AVB insoweit unberührt, als es sich um die Abtretung des Freistellungsanspruchs an andere Personen als an den geschädigten Dritten handelt.[9] **9**

In Bezug auf die Vorschriften der §§ 109 und 110 verbieten sich abweichende Vereinbarungen zwischen dem Versicherer und dem Versicherungsnehmer deshalb bereits von selbst, weil diese Vorschriften jeweils **zwingend und damit unabdingbar** sind.[10] **10**

Nicht zuletzt sind auch die besonderen Vorschriften über die Pflichtversicherung, also die §§ 113–124, durchweg zwingend und damit unabdingbar. Dies folgt bereits aus der Rechtsnatur dieser Vorschriften und bedarf daher keiner ausdrücklichen Klarstellung.[11] **11**

Abschnitt 2. Pflichtversicherung

Vorbemerkungen zu §§ 113–124

Übersicht

		Rn.			Rn.
A.	Begriff	1	I.	Entwicklungsgeschichte des Rechtsinstituts	10
B.	Sinn der Pflichthaftpflichtversicherung	3	II.	Reform der Pflichthaftpflichtversicherung von 2008	14
I.	Gründe für eine Anordnung	3	III.	Weitere Reformbestrebungen	16
II.	Schutzzweck	5	D.	Anwendungsfälle der Pflichthaftpflichtversicherung	17
C.	Entwicklung der Pflichthaftpflichtversicherung	10	E.	Abdingbarkeit	22

Schrifttum: *Arrow,* Essays in the Theory of Risk-Bearing, 1970; *v. Bar,* Das Trennungsprinzip und die Geschichte des Wandels der Haftpflichtversicherung, AcP 181 (1981), 289; *Barner,* Die Einführung der Pflichtversicherung für Kraftfahrzeughalter, 1991; *Bernau,* Versicherungspflicht für das Schadensrisiko Kind?, VersR 2005, 1346; *Brand,* Schadensersatzrecht, 3. Aufl. 2021; *Büchner,* Zur Theorie der obligatorischen Haftpflichtversicherung, 1970; *Dallwig,* Deckungsbegrenzungen in der Pflichtversicherung, 2011; *Deiters,* Die Erfüllung öffentlicher Aufga-

---

[6] Vgl. auch BT-Drs. 16/3945, 87 zu § 112 VVG; *Schirmer* ZVersWiss Supplement 2006, 427 (437); *Retter* in Schwintowski/Brömmelmeyer/Ebers § 112 Rn. 1; *R. Koch* in Bruck/Möller § 112 Rn. 2; *Schimikowski* in HK-VVG § 105 Rn. 8; *Langheid* in Langheid/Rixecker § 105 Rn. 13; vgl. ferner → § 105 Rn. 59.

[7] Vgl. auch BT-Drs. 16/3945, 37 zu § 112 VVG; *Schirmer* ZVersWiss Supplement 2006, 427 (437); *Retter* in Schwintowski/Brömmelmeyer/Ebers § 112 Rn. 1; *Schimikowski* in HK-VVG § 112 Rn. 4; näher zu § 108 Abs. 1 S. 1 und 2 → § 108 Rn. 54 ff.

[8] Vgl. auch *Langheid* in Langheid/Rixecker § 108 Rn. 26; näher hierzu → § 108 Rn. 104.

[9] Ebenso *Schimikowski* in HK-VVG § 112 Rn. 4; vgl. auch → § 108 Rn. 80 f.

[10] Vgl. auch *Schimikowski* in HK-VVG § 112 Rn. 5; *Schulze Schwienhorst* in Looschelders/Pohlmann § 112 Rn. 2; näher hierzu → § 109 Rn. 10 und → § 110 Rn. 7; *Lücke* in Prölss/Martin § 112 Rn. 1; *R. Koch* in Bruck/Möller § 112 Rn. 2; *Car* Überschreiten der Deckungssumme S. 336; missverständlich *Retter* in Schwintowski/Brömmelmeyer/Ebers § 112 Rn. 1, der davon spricht, dass von den übrigen Vorschriften des allgemeinen Haftpflichtversicherungsrechts die Parteien des Versicherungsvertrages im Rahmen der allgemeinen Vorschriften – insbesondere unter Berücksichtigung der §§ 305 ff. BGB – abweichende Vereinbarungen treffen könnten; differenzierend auch *Langheid* in Langheid/Rixecker § 112 Rn. 1, der nach Nennung unabdingbarer Bestimmungen alle anderen Vorschriften im Rahmen der Vorschriften der §§ 305 ff. BGB grundsätzlich für abänderbar hält.

[11] Vgl. auch BT-Drs. 16/3945, 87 zu § 112 VVG; *Schirmer* ZVersWiss Supplement 2006, 427 (437); *Retter* in Schwintowski/Brömmelmeyer/Ebers § 112 Rn. 1; *Schimikowski* in HK-VVG § 112 Rn. 6.

ben durch privatrechtliche Pflichtversicherungen, FS R. Schmidt, 1976, 379; *Koslowski*, Steuerberatungsgesetz, 7. Aufl. 2015; *Hersch/Hersch*, Die Haftpflichtversicherung der Heilberufe als Pflichthaftpflichtversicherung, r+s 2016, 541; *Hinteregger*, Die Pflichtpflichtversicherung aus zivilrechtlicher Sicht, VR 2005, 44; *Keppel*, Die Pflichthaftpflichtversicherung nach der VVG-Reform, 2010; *Knappmann*, Rechtsfragen in der neuen Kraftfahrtversicherung, VersR 1996, 401; *P. Koch*, Das Auto als Herausforderung für die Versicherungswirtschaft, VW 1987, 10; *E. Lorenz*, Einfluß der Haftpflichtversicherung auf die Billigkeitshaftung nach § 829 BGB, FS Medicus, 1999, 353; *Manes*, Die Haftpflichtversicherung, 1902; *Müller*, Brauchen wir eine Pflichtversicherung für Insolvenzverwalter?, AnwBl. 2008, 536; *Reiff*, Sinn und Bedeutung von Pflichthaftpflichtversicherungen, TranspR 2006, 15; *Rubin*, Der Begriff der Pflichtversicherung, VR 2007; *Schirmer*, Auswirkungen des Patientenrechtegesetzes auf die Haftpflichtversicherung von Ärzten, in E. Lorenz, Karlsruher Forum 2013, 2014, 83; *Sieg*, Ausstrahlungen der Pflichtversicherung, 1952; *v. d. Schulenburg*, Pflichtversicherung – ein historischer Rückblick, in Pflichtversicherung – Segnung oder Sündenfall, 2005, 13; *Schwintowski*, Pflichtversicherung aus der Sicht des Verbrauchers, in Pflichtversicherung – Segnung oder Sündenfall, 2005, 47; *Thees*, Zur Einführung der Pflichtversicherung für Kraftfahrzeughalter, ZVersWiss 1940, 11.

A. Begriff

1 In den §§ 113–124 ist nach dem Wortlaut des Gesetzes die Pflichtversicherung geregelt. Dieser Sprachgebrauch ist seit der Einführung dieses Versicherungszweiges üblich, heute aber nicht mehr passend. Die §§ 113–124 gelten nur für Haftpflichtversicherungen, für die eine Abschlusspflicht besteht, nicht für andere Pflichtversicherungen wie die private Krankenversicherung (§ 193), die private Pflegeversicherung (§ 23 SGB XI) oder die Pflichtversicherung für Schornsteinfeger (§§ 34 ff. SchfG). Gemeint ist also die **Pflichthaftpflichtversicherung**. Dieser Begriff sollte nicht nur in der wissenschaftlichen Auseinandersetzung, sondern auch in der Gesetzessprache künftig Verwendung finden.[1]

2 Bei der Pflichthaftpflichtversicherung handelt es sich um **eine besondere Ausprägung der Haftpflichtversicherung**. Die Besonderheit besteht darin, dass der Verpflichtete anders als bei der in den §§ 100 ff. geregelten Haftpflichtversicherung nicht frei darüber entscheiden kann, ob er sein Haftungsrisiko durch Versicherung absichern will. Zudem ist der sämtlichen Haftpflichtversicherungen eigene Zweck des Schutzes des geschädigten Dritten bei der Pflichthaftpflichtversicherung besonders stark ausgeprägt, insbes. durch Gewähr eines Direktanspruchs gegen den Versicherer – und zwar auch bei „krankem Versicherungsverhältnis" (§§ 115, 117) –, der nach allgemeiner Ansicht jenseits der Pflichthaftpflichtversicherung nicht besteht. Hinzu kommen bestimmte Anforderungen an Inhalt und Umfang der Haftpflichtversicherung (§ 114) und Besonderheiten bei der Quotelung, wenn die Deckungssumme nicht ausreicht, um sämtliche Geschädigten zu befriedigen (§ 118). Praktisch ist die Pflichthaftpflichtversicherung insbes. in Gestalt der Kfz-Haftpflichtversicherung besonders bedeutsam. Nicht zu Unrecht wird sie teilweise als „Kernstück des Haftpflichtversicherungsrechts" bezeichnet.[2]

B. Sinn der Pflichthaftpflichtversicherung

I. Gründe für eine Anordnung

3 Die Existenz von Pflichthaftpflichtversicherungen gilt heute als Normalität. Dabei ist sie **begründungsbedürftig**, da der durch Rechtsvorschrift angeordnete Zwang, eine Haftpflichtversicherung abzuschließen, in die verfassungsrechtlich garantierte Vertragsfreiheit eingreift, und zwar sowohl in die Inhalts- als auch in die Abschlussfreiheit der Parteien.[3] Eine Pflichthaftpflichtversicherung zwingt nicht nur den Versicherungsnehmer, Versicherungsschutz zu suchen, sie bestimmt, wie sich § 114 entnehmen lässt, auch einen Mindestinhalt des Versicherungsvertrags, insbes. eine Mindestversicherungssumme. Soweit der Abschluss einer Haftpflichtversicherung Voraussetzung ist, um einen Beruf aufzunehmen (zB bei Rechtsanwälten), kommt dem Versicherer überdies bei der Frage, ob er mit dem Versicherungssuchenden kontrahieren will, die Rolle zu, über dessen Berufszugang zu entscheiden. Auch insoweit ist die Anordnung einer Pflichthaftpflichtversicherung begründungsbedürftig.

---

[1] *Wandt* VersR Rn. 1071.
[2] *Schwab* in Halm/Kreuter/Schwab VVG Vor §§ 113–124 Rn. 1.
[3] *Lorenz* in Beckmann/Matusche-Beckmann VersR-HdB § 1 Rn. 104; *Reiff* TranspR 2006, 15 (16).

Auf Grundlage der Betrachtungen von *Karl Sieg* besteht Einigkeit darüber, dass die Frage, ob 4 eine Versicherungspflicht einzuführen ist, von den Normen des Haftungsrechts entschieden wird, welche das Haftpflichtversicherungsrecht flankiert.[4] Mit dieser Erkenntnis ist aber noch nicht viel gewonnen. Eine Durchsicht der Tatbestände der Pflichthaftpflichtversicherung (→ Rn. 19 ff.) zeigt, dass sich im Haftungsrecht **keine einzelne, zwingende Bedingung** aufzeigen lässt, welche die Anordnung einer Pflichthaftpflichtversicherung hinreichend legitimiert. Es gibt vielmehr eine Reihe von Umständen, die indiziengleich für die Anordnung einer Pflichthaftpflichtversicherung sprechen.[5] Je mehr dieser Umstände zusammentreffen, desto eher erscheint die Verpflichtung zum Abschluss einer Haftpflichtversicherung legitim. Im Einzelnen kommen in Betracht:

– **Anordnung einer Gefährdungshaftung** auf der Ebene des Haftungsrechts. Entgegen der Ansicht von *Sieg*[6] ist eine Pflichthaftpflichtversicherung allerdings nicht nur dort gerechtfertigt, wo sie einen Gefährdungshaftungstatbestand absichert. Vor der Rechtswirklichkeit hat diese bestechend klare, aber radikale Aussage keinen Bestand. So ist etwa für Anwälte, Notare, Wirtschaftsprüfer und Zertifizierungsstellen der Abschluss einer Berufshaftpflichtversicherung verpflichtend, obwohl sie keiner Gefährdungshaftung unterliegen. Diese Pflichthaftpflichtversicherungen haben ihre Berechtigung darin, dass sie das Ansehen des Berufsstandes sichern, dem Schaden drohen würde, wenn Schadensersatzansprüche gegen Berufsangehörige nicht realisiert werden können.[7] Das ist ein durchaus realistisches Szenario, da insbes. die freien Berufe ohne verpflichtende Kapitalausstattung ausgeübt werden können. Pflichtversicherungen kann es legitimerweise also auch jenseits des Bereichs der Gefährdungshaftung geben. Umgekehrt gibt es auch Gefährdungshaftungstatbestände, die zu Recht nicht mit einer Pflichthaftpflichtversicherung korrespondieren. So ist etwa der Tierhalter, der nach § 833 S. 1 BGB einer Gefährdungshaftung unterliegt, nicht pflichthaftpflichtversichert, ebenso der Produzent. Im ersteren Fall erscheint das Schadenspotential – wenngleich es im Einzelfall natürlich zu tödlichen Angriffen durch die Tiere kommen kann – im statistischen Mittel als zu gering, als dass eine Tierhalterhaftpflichtversicherung zur Pflichtversicherung gemacht werden müsste. Bei der Haftung nach dem ProdHaftG erscheint die durchschnittliche Haftungsmasse der Verpflichteten als groß genug, so dass die Privatautonomie nicht durchbrochen werden muss.

– **Bedrohung besonders wichtiger Rechtsgüter** durch eine ausgeübte Tätigkeit. Bei vielen Tatbeständen des Haftungsrechts, die keine Gefährdungshaftung anordnen, aber dennoch von einer Pflichthaftpflichtversicherung flankiert werden, liegt der Grund für die Anordnung einer Versicherungspflicht darin, dass bei einem Fehlverhalten der Verlust eines oder vieler Menschenleben droht. Das ist insbes. bei Pflichthaftpflichtversicherungen der Fall, die den Trägern von Schusswaffen auferlegt sind, zB § 17 Abs. 1 Nr. 4 BJagdG, § 27 Abs. 1 WaffG. Auch dort, wo die Versicherungspflichtige die Geschädigten regelmäßig in eine besondere Gefahrenlage für Leib und Leben bringt, drängt sich eine Pflichthaftpflichtversicherung auf, so etwa auf dem Gebiet der Entwicklungshilfe, § 6 EhfG. Zu den besonders wichtigen Rechtsgütern zählt auch die Unversehrtheit der Umwelt, wie zahlreiche Tatbestände der Pflichthaftpflichtversicherung aus dem Bereich des Abfall- und Gefahrguttransports belegen, zB § 7 Abs. 2 Nr. 1 TgV. In der Berufshaftpflichtversicherung gilt dem Gesetzgeber mitunter das Ansehen des Berufsstandes als unersetzlich, so dass es als Legitimationsgrund für die Anordnung einer Pflichthaftpflichtversicherung herangezogen wird (vgl. die Anmerkungen zur Gefährdungshaftung als Legitimationsgrund). Auch im Rahmen der Gefährdungshaftung erhöht eine Bedrohung unersetzlicher Rechtsgüter durch die fragliche Tätigkeit die Legitimität einer flankierenden Pflichthaftpflichtversicherung. Bei dem Vorreiter der Pflichthaftpflichtversicherung in Deutschland, derjenigen im Luftverkehr (eingeführt 1932), und bei den zahlreichen landesrechtlichen Regelungen über Pflichthaftpflichtversicherungen beim Betrieb von Gondeln haben dem Gesetzgeber augenscheinlich Unfälle mit vielen Todesopfern vor Augen gestanden. Gerade die Tötung vieler Menschen bedroht die Solvenz des Schädigers nicht nur durch die damit unmittelbar verbundenen Ansprüche der Hinterbliebenen, sondern auch durch Folgeeinbußen infolge von goodwill-Verlust.

– **Massenhafte Existenz insolvenzgefährdeter Haftpflichtiger.** Insbes. wenn Tatbestände der Gefährdungshaftung den Massenverkehr betreffen, an dem auch einkommens- und vermögensschwa-

---

[4] Grdl. *Sieg* Ausstrahlungen der Haftpflichtversicherung, 1952, S. 269; ferner *Dallwig* Deckungsbegrenzungen S. 9 ff.
[5] *Büchner* Zur Theorie der obligatorischen Haftpflichtversicherung, 1970, S. 37; *Deiters* FS Schmidt, 1976, 379 (393); *Reiff* TranspR 2006, 15 (20); *Hersch/Hersch* r+s 2016, 541 (542).
[6] *Sieg* Ausstrahlungen der Haftpflichtversicherung, 1952, S. 269 f.
[7] *Koslowski* Steuerberatungsgesetz § 67 Rn. 2; *Hinteregger* VR 2005, 44 (52); *Reiff* TranspR 2006, 15 (20); vgl. aber zum Drittschutz dieser Bestimmungen BT-Drs. 12/4993, 31 zu § 51 BRAO und BT-Drs. 12/6753, 19 zu § 67a StBerG.

che Bevölkerungskreise teilnehmen, kann dies ein Grund für den Gesetzgeber sein, eine Pflichthaftpflichtversicherung anzuordnen. Das liegt daran, dass Pflichthaftpflichtversicherungen im Vergleich zu allgemeinen Haftpflichtversicherungen in besonderer Art und Weise dem Schutz des geschädigten Dritten verpflichtet sind (→ Rn. 6 f.). Nach empirischen Untersuchungen neigen gerade Menschen, die nur über geringes Einkommen und geringes Vermögen verfügen, dazu, das Haftpflichtrisiko ihrer Insolvenz auf die geschädigten Dritten abzuwälzen.[8] Dafür, dass dies den Gesetzgeber mit der Anordnung einer Pflichthaftpflichtversicherung auf den Plan rufen kann, liefert die Kfz-Haftpflichtversicherung ein Beispiel. Sie wurde erst zur Pflichtversicherung, nachdem breite Bevölkerungskreise am motorisierten Straßenverkehr teilnahmen (→ Rn. 12). Das Gleiche gilt für Unternehmen, die mit ihrer Insolvenz derart kalkulieren können, dass sie für Schäden ab einer bestimmten Höhe nicht mehr vollständig zur Verantwortung gezogen werden. Ihren Entscheidungen müssen daher – ohne Bestehen einer Pflichthaftpflichtversicherung – auch nicht die gesamten Schadenskosten zugrunde liegen. Auch in der Berufshaftpflichtversicherung spielt der Gedanke einer rasch drohenden Insolvenz eine besondere Rolle, da bereits leichte Fahrlässigkeit der Berufsträger (zB Rechtsanwälte, Steuerberater) zu hohen Vermögensschäden führen kann.

– **Besondere Verpflichtung des Gesetzgebers zur Daseinsvorsorge.** Wo der Gesetzgeber sich dem geschädigten Dritten gegenüber in besonderem Maße zur Daseinsvorsorge verpflichtet sieht, wird er häufig eine Pflichthaftpflichtversicherung anordnen, um dem Geschädigten einen optimalen Schutz vor der Insolvenz des Schädigers zu gewähren. In einem solchen Fall nimmt die Haftpflichtversicherung Aufgaben der Gemeinschaft wahr. Ein Beispiel ist die Kfz-Haftpflichtversicherung. Ausdruck der besonderen Verpflichtung des Gesetzgebers zur Daseinsvorsorge ist der Entschädigungsfonds nach § 12 PflVG, der seinerseits die Pflichthaftpflichtversicherung flankiert und unter anderem eintritt, wenn das Fahrzeug, das den Schaden verursacht hat, nicht ermittelt werden kann.[9]

– **Funktionieren des Marktes freiwilliger Haftpflichtversicherungen.** Entscheidend für die Einführung oder das Aufrechterhalten einer Pflichthaftpflichtversicherung ist auch die Frage, ob die Haftpflichtigen freiwillig Versicherungsschutz suchen und suchen können.[10] Eine **hohe Marktdurchdringung** der freiwilligen Haftpflichtversicherung kann dabei zweierlei zur Folge haben. Einmal kann der Gesetzgeber sie zum Anlass nehmen, eine Pflichthaftpflichtversicherung anzuordnen, um verbleibende (unversicherte) Reste des Kreises der Haftpflichtigen einzubinden und das Haftpflichtereignis nicht für einzelne Geschädigte zum Unglücksfall werden zu lassen. Umgekehrt kann ein hohes Maß an freiwilliger Absicherung potentieller Schädiger auch dazu führen, dass der Gesetzgeber auf das Funktionieren des Versicherungsmarktes vertraut und von der Anordnung einer Versicherungspflicht Abstand nimmt – so geschehen in Deutschland auf dem Gebiet der Kfz-Haftpflichtversicherung in den 1920er und 1930er Jahren. Welchen Weg der Gesetzgeber wählen wird, hängt maßgeblich davon ab, welche anderen Umstände zu einem hohen Stand an freiwillig Versicherten hinzukommen. Suchen die Haftpflichtigen umgekehrt nicht freiwillig nach Versicherungsschutz oder ist es ihnen nicht möglich, Versicherung zu nehmen, erscheint es dem Gesetzgeber aber aus Gründen des Opfer- oder Haftpflichtigenschutzes sinnvoll, eine Versicherung herbeizuführen, kann ein **mangelndes Funktionieren des Versicherungsmarktes** ebenfalls dazu führen, dass eine Pflichthaftpflichtversicherung angeordnet wird.[11] Entscheidend ist, wie hoch der Gesetzgeber das drohende Insolvenzrisiko der Haftpflichtigen einschätzt.

– **Kostenvorteile einer Pflichtversicherung** gegenüber einer freiwilligen Versicherung bei der Informationsbeschaffung, Überwachung von Schadenverhütungs- und Schadenvermeidungsaktivitäten und der Internalisierung externer Kosten aufgrund asymmetrischer Informationsverteilungen.[12]

Nicht alle Tatbestände der Pflichthaftpflichtversicherung **des geltenden Rechts** halten einer Überprüfung auf Grundlage dieser Kriterien stand. So ist etwa zweifelhaft, ob es tatsächlich einen hinreichenden Grund dafür gibt, den Frachtführer nach § 7a GüKG einer Pflichthaftpflichtversicherung zu unterwerfen.[13]

II. Schutzzweck

5   Wie jede Haftpflichtversicherung will auch die Pflichthaftpflichtversicherung den **Versicherungsnehmer und die (mit-)versicherten Personen** schützen. Sie sollen von den häufig existenzbedrohenden Folgen fahrlässigen Fehlverhaltens durch einen Freistellungsanspruch – bzw. einen Rechtsschutz- und Abwehranspruch im Falle unbegründet erhobener Ansprüche – gegen ihren

---

[8] *Schwintowski*, Pflichtversicherung – Segnung oder Sündenfall, 2005, S. 47, 69.
[9] *Reiff* TranspR 2006, 15 (20).
[10] *Hinteregger* VR 2005, 44 (46).
[11] *v. d. Schulenburg*, Pflichtversicherung – Segnung oder Sündenfall, 2005, S. 13, 14 f., 26.
[12] *Arrow*, Essays in the Theory of Risk-Bearing, 1970, S. 214.
[13] Eingehend und ebenfalls krit. *Reiff* TranspR 2006, 15 (21).

Haftpflichtversicherer bewahrt werden.[14] In der Pflichthaftpflichtversicherung ist dieser Schutz besonders stark ausgestaltet. Das wird insbes. in Einschränkungen der Regressmöglichkeiten des Versicherers deutlich (§ 117 Abs. 5 S. 1). Der Zweck des Versicherungsnehmerschutzes ist der Grundzweck auch der Pflichthaftpflichtversicherung. Zwar wird dieser, wie sogleich zu zeigen sein wird, regelmäßig vom vorrangigen Gedanken des Schutzes des geschädigten Dritten überlagert. Es gibt aber einige atypische Fälle der Pflichthaftpflichtversicherung, in denen der Schutz eines geschädigten Dritten überhaupt keine Rolle spielt (→ Rn. 9). In diesen Fällen muss der Schutz des Versicherungsnehmers die Pflichthaftpflichtversicherung teleologisch tragen. Das ist nicht leicht. Grundsätzlich rechtfertigt allein die Gefahr, die eine Haftpflicht für den Schädiger und sein Vermögen darstellt, es noch nicht, eine Pflichthaftpflichtversicherung anzuordnen. Auch ein Sozialstaat darf seine Bürger nicht dazu zwingen, dem eigenen finanziellen Ruin vorzubeugen.[15]

Anders als eine Sach- oder Personenversicherung, die ausschließlich den Versicherungsnehmer 6 und ggf. die (mit-)versicherten Personen schützt, wohnt jeder Haftpflichtversicherung ein „altruistisches Moment"[16] inne. Dieses bezieht sich auf den geschädigten Dritten, der davor geschützt werden soll, dass sein Schadensersatzanspruch sich aufgrund mangelnder Solvenz des Schädigers nicht realisieren lässt.[17] Mit dem Versicherer erhält der geschädigte Dritte einen verhandlungs- und zahlungsbereiten, weitgehend insolvenzsicheren Schuldner zur Verfügung gestellt. Ganz überwiegend wird vertreten, eine Pflichthaftpflichtversicherung diene – anders als die allgemeine Haftpflichtversicherung – vorrangig dem **Interesse des geschädigten Dritten**.[18] Dafür sprechen gute Gründe, wie die Ausgestaltung der Pflichthaftpflichtversicherung zeigt. Diese zeichnet sich dadurch aus, dass die Stellung des geschädigten Dritten gegenüber der allgemeinen Haftpflichtversicherung gestärkt wird.[19] So bleibt der Versicherer dem geschädigten Dritten gegenüber nach Maßgabe des § 117 Abs. 1 auch dann leistungspflichtig, wenn er im Innenverhältnis zum Versicherungsnehmer ganz oder teilweise leistungsfrei ist. Diese Stellung wird durch den Direktanspruch gegen den Versicherer nach § 115 gestärkt, der einen besonders effektiven Schutz vor der Insolvenz des Schädigers bietet. Hinzu kommen Mindestversicherungssummen und Beschränkungen hinsichtlich der Vereinbarung von Risikoausschlüssen und Selbstbehalten nach Maßgabe des § 114. Die Besserstellung des geschädigten Dritten muss aber auch in der Pflichthaftpflichtversicherung **Grenzen** haben.[20] So ist eine vollständige Gleichschaltung von Haftung und Versicherung nicht wünschenswert, weil dann weder der Versicherungsnehmer als potentieller Schädiger noch Dritte als potentiell Geschädigte Anreize hätten, sich sorgfältig zu verhalten, bzw. schadensgeneigtes Verhalten seltener auszuführen. Die Vereinbarung von Deckungshöchstbeträgen, Risikoausschlüssen und Obliegenheiten muss auch in der Pflichthaftpflichtversicherung möglich sein.

Es zeigt sich: Die Pflichthaftpflichtversicherung schafft keinen qualitativ anderen Schutz für den 7 geschädigten Dritten, sondern nur einen quantitativ besseren Schutz.[21] Das rechtfertigt es auf Ebene des **Haftungsrechts** nicht, eine Pflichthaftpflichtversicherung grdl. anders zu berücksichtigen als eine freiwillige Haftpflichtversicherung – soweit der Trennungsgrundsatz eine Berücksichtigung überhaupt zulässt (→ Vor § 100 Rn. 138 ff.). Das wird von den Gerichten im Rahmen der Haftung nach § 829 BGB,[22] wo eine Pflichthaftpflichtversicherung anspruchsbegründend, eine freiwillige Haftpflichtversicherung aber nur anspruchserhöhend wirken soll, oder hinsichtlich Haftungsbeschränkungen bei der Teilnahme an gefährlichen Sportarten[23] sowie iRd § 254 BGB zuweilen missachtet. In allen Fällen sollte das Trennungsprinzip streng beachtet und das Bestehen eines – wie auch immer gearteten – Haftpflichtversicherungsschutzes überhaupt nicht berücksichtigt werden.

Von der **ökonomischen Theorie** wird der Schutz des Geschädigten als Zweck der Pflichthaft- 8 pflichtversicherung teilweise angegriffen.[24] Gäbe es keine Versicherungspflicht für die potenziellen

---

14 *Klimke* in Prölss/Martin VVG Vor §§ 113–124 Rn. 2; *Reiff* TranspR 2006, 15 (17); *Dallwig* Deckungsbegrenzungen S. 18 f.
15 *Büchner*, Zur Theorie der obligatorischen Haftpflichtversicherung, 1970, S. 25.
16 *Manes*, Die Haftpflichtversicherung, 1902, S. 62 f.; ähnlich *Reiff* TranspR 2006, 15 (16).
17 Abschlussbericht der Reformkommission S. 82; *Klimke* in Prölss/Martin VVG Vor §§ 113–124 Rn. 1.
18 *Hübsch* in Berliner Kommentar VVG § 158b Rn. 5; *Klimke* in Prölss/Martin VVG Vor §§ 113–124 Rn. 1; *Hinteregger* VR 2005, 44 (45); *v. Bar* AcP 181 (1981), 289 (315, 318, 322 f.); *Thees* ZVersWiss 1940, 11 (18); aus Gesetzesbegründungen beispielhaft BT-Drs. 12/4993, 31 zu § 51 BRAO; und BT-Drs. 12/6753, 19 zu § 67a StBerG; krit. noch *Knappmann* VersR 1996, 401 (402); aA für § 7a GüKG ohne überzeugende Begr. BGH VersR 2005, 238 (239); dazu (abl.) *Reiff* TranspR 2006, 15 (19).
19 Im Überblick *Keppel*, Die Pflichthaftpflichtversicherung nach der VVG-Reform, 2010, S. 16 ff.
20 *Hinteregger* VR 2005, 44 (46).
21 *Lorenz* FS Medicus, 1999, 353 (367).
22 BGHZ 127, 186 (192).
23 BGH NJW 2008, 1591 (1592); krit. ua *Brand* SchadensersatzR § 9 Rn. 22.
24 *v. d. Schulenburg* Pflichtversicherung – Segnung oder Sündenfall, 2005, S. 13, 28.

Verursacher von Haftpflichtschäden, so dieser Ansatz, wäre es für potentielle Opfer rational, Versicherungen gegen Schädigungen abzuschließen, bei denen der Verursacher – aus welchen Gründen auch immer – nicht für den Schaden aufkommt. Es sei wahrscheinlich, dass für dieses Risiko Versicherungsmärkte entstehen würden, die effizienter seien als die Durchsetzung einer allgemeinen Versicherungspflicht. Diese Argumentation missachtet indes das Verursacherprinzip, das dem gesamten Haftungsrecht zugrunde liegt und kann daher in der Rechtspraxis keine Geltung beanspruchen.

9 Einige Tatbestände der Pflichthaftpflichtversicherung sind **atypisch** gelagert.[25] Es handelt sich um Konstellationen, in denen keine Ansprüche auf Schadensersatz, sondern Regressansprüche abgesichert werden sollen. Von Interesse sind zwei verschiedene Konstellationen, die praktisch nicht sehr häufig auftreten und daher regelmäßig übersehen werden: Bei der ersten handelt es sich um Pflichthaftpflichtversicherungen, die ausschließlich **Versicherung für fremde Rechnung** iSd § 43 sind. Zu denken ist etwa an § 8 KrPflG, wonach Träger einer Krankenpflegeschule für Schüler dieser Einrichtungen eine Haftpflichtversicherung zu nehmen haben. Die zweite Konstellation betrifft die Versicherungspflicht, der **Beliehene** unterliegen, wenn sie hoheitliche Tätigkeiten ausüben. Beispielhaft dafür sind die Pflichthaftpflichtversicherungen für Prüfingenieure für Baustatik und für Vermessungsingenieure, die im Recht einiger Bundesländer angeordnet sind.

9a **Problematisch ist die erste der beiden Fallgruppen**, die Pflichthaftpflichtversicherung, die ausschließlich Versicherung für fremde Rechnung ist. Hier kann der Versicherte dem geschädigten Dritten gegenüber nicht haftpflichtig sein, da seine Haftung in jedem Fall auf den Staat übergeleitet wird. Dem Geschädigten steht also bereits eine liquide Haftungsmasse zur Verfügung. Der Abschluss einer Haftpflichtversicherung kann nur dem Interesse der versicherten Person dienen, vor Regressansprüchen des Versicherungsnehmers im Innenverhältnis geschützt zu sein.[26] Der Adressat der Versicherungspflicht und der potentielle Anspruchssteller sind damit atypischerweise identisch. Das hat zur Folge, dass es sich zwar um eine Pflichthaftpflichtversicherung handelt, dass die **§§ 113 ff.** auf einen solchen Versicherungsvertrag aber **keine Anwendung** finden können, da wesentliche Bestimmungen – wie etwa § 117 – voraussetzen, dass Anspruchssteller und Adressat der Versicherungspflicht personenverschieden sind.[27] Im Gegensatz dazu können die §§ 113 ff. für Pflichthaftpflichtversicherungen, denen Beliehene unterliegen, Geltung beanspruchen.[28] Zwar haften auch Beliehene nach den Grundsätzen des Staatshaftungsrechts den geschädigten Dritten im Außenverhältnis gegenüber nicht. Anspruchsteller (haftpflichtige öffentliche Hand) und Versicherungsnehmer (Beliehener) sind aber im Gegensatz zu den Tatbeständen der reinen Pflichthaftpflichtversicherung für fremde Rechnung personenverschieden, so dass sich insbes. mit § 117 arbeiten lässt.

C. Entwicklung der Pflichthaftpflichtversicherung

I. Entwicklungsgeschichte des Rechtsinstituts

10 Der Gedanke einer rechtlichen Verpflichtung zum Abschluss einer Versicherung kann ideengeschichtlich bis in die Frühmoderne zurückverfolgt werden. Im 17. und 18. Jahrhundert finden sich später Verpflichtungen, Gebäude gegen Feuer zu versichern. Dahinter stand der merkantilistische Gedanke, die Steuerkraft der Gebäudeeigentümer zu erhalten und Realkreditgebern eine Haftungsmasse zu erhalten. Wenngleich es sich um eine Regelung aus dem Bereich der Sachversicherung handelt, ist hier bereits eine ideengeschichtliche Wurzel für die Pflichthaftpflichtversicherung gelegt, da die Haftpflichtversicherung sich erst im frühen 19. Jahrhundert als eigenständige Versicherungssparte von der Sachversicherung emanzipieren konnte.[29] Eine gesetzliche Verpflichtung zum Abschluss einer Haftpflichtversicherung konnte sich entsprechend erst nach diesem Zeitpunkt herausbilden. In der ersten Hälfte des 19. Jahrhunderts handelt es sich bei den wenigen Tatbeständen der Pflichthaftpflichtversicherung, die überhaupt auftreten, zunächst um Randerscheinungen ohne besondere Bedeutung. Beispielhaft ist die „Haftpflichtversicherung für Auswanderungsexpedienten", die aus dem Hamburgischen Recht für das Jahr 1837 überliefert ist.[30] Dieser legislatorische Exot sollte die öffentliche Hand vor Kosten schützen, die durch zusätzliche Verköstigung und Unterbringung

---

[25] Ausf. *Dallwig* Deckungsbegrenzungen S. 19 ff.; *Rubin* VR 2007, 21 (24 f.).
[26] *Dallwig* Deckungsbegrenzungen S. 22 ff.
[27] *Dallwig* Deckungsbegrenzungen S. 26 ff.
[28] *Dallwig* Deckungsbegrenzungen S. 27 ff.
[29] *Keppel,* Die Pflichthaftpflichtversicherung nach der VVG-Reform, 2010, S. 26; *Sieg,* Ausstrahlungen der Haftpflichtversicherung, 1952, S. 17 ff.
[30] *Späte* AHB Vorb. Rn. 6.

Ausreisewilliger bei Verzögerungen der Ausreise anfielen. Mögliche Ungreifbarkeit des Kostenschuldners war die legislatorische Triebfeder.

Die eigentliche Stunde der Pflichthaftpflichtversicherung schlägt, als sich in Folge der Gefahren, welche die Technisierung der Gesellschaft in der zweiten Hälfte des 19. Jahrhunderts die **Tatbestände der deliktischen Haftung immer weiter ausweiten,** insbes. mit dem verstärkten Aufkommen von Gefährdungshaftungstatbeständen. Diese ziehen nicht automatisch eine Pflichthaftpflichtversicherung nach sich. Das zeigen exemplarisch Gefährdungshaftungstatbestände, die bis heute nicht von einer Pflichthaftpflichtversicherung flankiert werden – zB § 833 S. 1 BGB – sowie die Kfz-Haftpflichtversicherung, der Schrittmacherfunktion für die gesamte Pflichthaftpflichtversicherung zukommt. In Deutschland besteht eine deliktische Gefährdungshaftung für den Betrieb von Kraftfahrzeugen bereits seit dem Jahre 1909; eine Pflichthaftpflichtversicherung für Kfz-Halter wurde aber erst im Jahre 1939 eingeführt. Zum Gefährdungshaftungstatbestand müssen weitere Umstände hinzutreten (→ Rn. 4), damit es zur Anordnung einer Pflichthaftpflichtversicherung kommt. Die erste Pflichthaftpflichtversicherung im deutschen Recht stammt aus dem Jahre 1922 und findet sich im LuftVG. Dem folgten die Pflichthaftpflichtversicherung für Jäger (1934), die nicht an einen Gefährdungshaftungstatbestand anknüpfte, und 1939 die Pflichthaftpflichtversicherung für Kfz-Halter.[31] Letztere zeigt beispielhaft, wie ein Tatbestand der Pflichthaftpflichtversicherung Gesetz werden kann: 11

Solange der Betrieb eines Kfz aus Kostengründen faktisch den wohlhabenden Bevölkerungskreisen vorbehalten blieb, genügte dem deutschen Gesetzgeber die Möglichkeit des Abschlusses einer Haftpflichtversicherung, um den deliktischen Tatbestand der Gefährdungshaftung des Kfz-Halters zu legitimieren. Ab dem Moment, in dem der Betrieb von Kfz ein Massenphänomen wurde, griff der Gesetzgeber zum Mittel der Pflichthaftpflichtversicherung, da nun auch ärmere Bevölkerungsschichten am Straßenverkehr teilnahmen und bei einem Unfall mit Personenschaden schnell der Ausfall eines Haftungssubjekts drohte. Der Zeitpunkt des Übergangs von der freiwilligen zur Pflichthaftpflichtversicherung in der Kfz-Haftpflichtversicherung fällt international höchst unterschiedlich aus. Zuerst tritt die Kfz-Haftpflichtversicherung als Pflichtversicherung in den USA auf; in Europa nimmt die Schweiz eine Pionierrolle ein (kantonales Recht ab 1912).[32] In Deutschland kommt die Pflichthaftpflichtversicherung für Kfz-Halter erst relativ spät auf (1939). Das liegt weniger an einer später einsetzenden Motorisierung weiter Bevölkerungskreise („Volkswagen") als an der Tatsache, dass in Deutschland (ua aufgrund führerscheinrechtlicher Regelungen) ganz verbreitet freiwillig Haftpflichtversicherungsschutz gesucht wurde, so dass die Anordnung einer Versicherungspflicht überflüssig erschien. 12

International ist der Anwendungsbereich der Pflichthaftpflichtversicherung sehr unterschiedlich.[33] Sehr verbreitet und für die EU-Mitgliedstaaten vorgeschrieben[34] ist die Pflichthaftpflichtversicherung für Kfz-Halter. Im Übrigen ist die Regelungsdichte sehr unterschiedlich. Neben der Kfz-Haftpflichtversicherung sind insbes. obligatorische Haftpflichtversicherungen für das Halten von Tieren (in Deutschland nicht vorgesehen; → Rn. 4), das Unterhalten von Gebäuden, den Betrieb gefährlicher Anlagen (zB Kernkraftanlagen, Sondermülldeponien) und das Ausüben gefährlicher (zB Abfalltransport, Fleischverarbeitung etc) oder prestigeabhängiger (zB Rechtsanwalt, Notar) Berufe bzw. gefährlicher Sportarten (zB Jagd) verbreitet. In Irland sowie den skandinavischen Rechtsordnungen Schweden und Finnland gibt es neben der Kfz-Haftpflichtversicherung allerdings keine weitere Pflichthaftpflichtversicherung. Auch Griechenland ist sehr zurückhaltend bei der Anordnung einer Versicherungspflicht. Außerhalb Europas sind Brasilien und Kanada vorsichtig im Umgang mit Pflichthaftpflichtversicherungen. Häufiger zeigt sich der Gebrauch von Pflichthaftpflichtversicherungen in Italien, Luxemburg und den Niederlanden. Frankreich und Portugal ziehen den Kreis der Pflichthaftpflichtversicherungen hingegen sogar noch weiter als Deutschland.[35] Das Gleiche gilt für Österreich.[36] Hier sieht insbes. das Landesrecht Versicherungspflichten vor, die im deutschen Recht 13

---

[31] v. d. *Schulenburg,* Pflichtversicherung – Segnung oder Sündenfall, 2005, S. 13, 25.
[32] *Koch* VW 1987, 10 (19).
[33] Vgl. einen Überblick, der freilich über den Bereich der Pflichthaftpflichtversicherung hinausgeht: v. d. *Schulenburg,* Pflichtversicherung – Segnung oder Sündenfall, 2005, S. 13, 18; *Basedow/Fock,* Europäisches Versicherungsvertragsrecht, Bd. I, 2002, S. 7 f.
[34] RL 2000/26/EG des Europäischen Parlaments und des Rates v. 16.5.2000 zur Angleichung der Rechtsvorschriften der Mitgliedstaaten über die Kraftfahrzeug-Haftpflichtversicherung und zur Änderung der RL 73/239/EWG und RL 88/357/EWG, ABl. 2000 L 181, S. 65.
[35] *Basedow/Fock,* Europäisches Versicherungsvertragsrecht, Bd. I, 2002, S. 458 ff., Frankreich; eine aktuelle Übersicht der Pflichtversicherungen in Portugal findet sich unter https://www.asf.com.pt/NR/exeres/692AD7DF-8349-400D-999C-697D9F8C485C,frameless.htm?NRMODE=Published.
[36] Im Überblick *Hinteregger* VR 2005, 44 (47 ff.).

so nicht bekannt sind, zB für den Betrieb von Skischulen[37] oder die Wanderung mit Bienen.[38] Auch das belgische Recht kennt eine Fülle von Tatbeständen der Pflichthaftpflichtversicherung.[39]

II. Reform der Pflichthaftpflichtversicherung von 2008

14 Die besonderen Vorschriften für die Pflichtversicherung waren vor der Neukodifikation des VVG von 2008 in den §§ 158b–158k VVG aF und für die Kfz-Haftpflichtversicherung in § 3 PflVG aF geregelt. Bis zur Reform von 2008 wurden diese Vorschriften vor allem durch die Einführung eines Direktanspruchs des geschädigten Dritten gegen den Versicherer auf dem Gebiet der Kfz-Haftpflichtversicherung in § 3 PflVG im Jahre 1965 zugunsten des geschädigten Dritten aufgewertet. Die Neukodifikation des VVG von 2008 hat die bisherigen Bestimmungen in den §§ 113–124 in modifizierter Form, insbes. unter Einbeziehung eines **Direktanspruchs** gegen den Versicherer (§ 115), geregelt und vereinheitlicht. Neu sind weiterhin nähere Bestimmungen zu Inhalt und Umfang der Pflichtversicherung in § 114 sowie eine Regelung der Rangfolge der Ansprüche auf die Versicherungssumme für den Fall, dass die Versicherungssumme nicht ausreicht, um sämtliche Ansprüche zu befriedigen, § 118. Im Rahmen des Gesetzgebungsverfahrens hat es noch einige Änderungen gegeben. So wurde insbes. die zunächst geplante Verallgemeinerung des Direktanspruchs gegen den Versicherer aus § 115 aufgrund von Einwänden aus dem Kreis der Versicherungswirtschaft auf drei „unter Verbraucherschutzgesichtspunkten"[40] besonders wichtige Einzelfälle zurückgeführt (→ § 115 Rn. 5 f.).

15 Die §§ 113–124 finden grds. auf **alle Formen der Pflichthaftpflichtversicherung** Anwendung. Sofern jedoch das spezielle Gesetz, welches die Versicherungspflicht anordnet, abweichende Regelungen trifft, werden die §§ 113–124 verdrängt.[41] Die Regelungen zur allgemeinen Haftpflichtversicherung (§§ 100–112) gelten in der Pflichthaftpflichtversicherung nur, wenn die §§ 113–124 als *leges speciales* keine spezielleren Regelungen enthalten. So sind zB § 103 (Herbeiführung des Versicherungsfalles) und § 111 (Sonderkündigungsrecht nach Versicherungsfall) auch in der Pflichthaftpflichtversicherung anzuwenden.

III. Weitere Reformbestrebungen

16 Der stetig wachsende Bereich der Haftpflicht lässt auch immer wieder Forderungen nach einem proportionalen Mitwachsen der Haftpflichtversicherung, insbes. der Pflichthaftpflichtversicherung, laut werden. Diese Forderungen reichen unterschiedlich weit. Teilweise beschränken sie sich darauf, zu fragen, ob es angezeigt ist, den **Kreis der Pflichthaftpflichtversicherungen** auf Berufsfelder auszudehnen, die solchen nahekommen, für die bereits der Abschluss einer Haftpflichtversicherung vorgeschrieben ist. Hier wird mit Blick auf die obligatorischen Haftpflichtversicherungen für Rechtsanwälte und Steuerberater vor allem eine Pflichthaftpflichtversicherung für Insolvenzverwalter diskutiert.[42] Weiterhin wird die Einführung einer **obligatorische Haftpflichtversicherung für Kinder** gefordert, um diese vor den Folgen einer unbeschränkten Haftung im Falle ihrer Deliktsfähigkeit zu bewahren.[43] Dabei geht es darum, die Minderjährigen vor den Nachteilen zu bewahren, die ihnen drohen, wenn ihre Eltern es versäumen, eine Haftpflichtversicherung für sie abzuschließen. Eine Pflichthaftpflichtversicherung erscheint insoweit als probates Mittel, da Eigenvorsorge den Minderjährigen mangels Rechtsmacht (§§ 104 ff. BGB) und Einblick in die Gefahren der Haftpflicht vielfach nicht möglich ist. Der bisher von der Rspr. verfolgte Lösungsansatz, die Haftpflichtforderung des Geschädigten im Einzelfall nach § 242 BGB zu reduzieren, überzeugt nicht. Es leuchtet nicht ein, warum der schadensrechtliche Grundsatz der Totalreparation zu Lasten des Geschädigten durchbrochen werden soll, nur weil der Schädiger minderjährig ist. Nur vereinzelt ist erwogen worden, sämtliche Bürger zum Abschluss einer **umfassenden Haftpflichtversicherung** zu zwingen.[44]

---

[37] ZB § 4 Abs. 1 lit. d Skischulgesetz (Kärnten), LGBl. 53/1997; § 15 Abs. 2 Nr. 7 Sportgesetz (Niederösterreich), LGBl. 5710-0; § 5 lit. c Skischulgesetz (Steiermark), LGBl. 58/1997 idF 43/2000.
[38] ZB § 12 Bienenzuchtgesetz (Burgenland), LGBl. 14/1965; § 5 Abs. 2 lit. b Bienenzuchtgesetz (Niederösterreich), LGBl. 6320-0; § 15 Bienenzuchtgesetz (Steiermark), LGBl. 18/1998.
[39] *Basedow/Fock*, Europäisches Versicherungsvertragsrecht, Bd. I, 2002, S. 230.
[40] Beschlussempfehlung des Rechtsausschusses, BT-Drs. 16/5862, 99.
[41] Krit. zu dieser Gesetzessystematik *Langheid* in Römer/Langheid, 2. Aufl. 2003, VVG § 149 Rn. 5.
[42] ZB *Müller* AnwBl 2008, 536.
[43] *Looschelders* VersR 1999, 141 (151); *Lorenz* VersR 1989, 711 (713); krit. *Bernau* VersR 2005, 1346 ff.
[44] *v. Hippel* VersR 1988, 26 (27); *ders.* FamRZ 2001, 748; sympathisierend *Schwintowski*, Pflichtversicherung – Segnung oder Sündenfall, 2005, S. 47, 68 f.

D. Anwendungsfälle der Pflichthaftpflichtversicherung

Die Anzahl der Fälle, in denen der Abschluss einer Haftpflichtversicherung durch Rechtsvorschrift angeordnet wird, ist in Deutschland überaus groß. Im Schrifttum ist von einer „Unzahl"[45] die Rede; die Deutschen gelten schon seit längerem als ein **„Volk der Pflichtversicherten"**.[46] Die Rechtslage ist in der Tat unübersichtlich. Das liegt nicht nur an der Vielzahl von Tatbeständen der Pflichthaftpflichtversicherung, sondern auch daran, dass diese teils schwer aufzufinden sind. Ein **stimmiges System liegt** den Tatbeständen der obligatorischen Haftpflichtversicherung augenscheinlich **nicht zugrunde.** Man kann sich des Eindrucks nicht erwehren, dass der Gesetzgeber die im deutschen Haftungsrecht angelegte Diskriminierung der Rechtsgüter Leib und Leben im Recht der Pflichthaftpflichtversicherung fortschreibt. Wie anderenorts auch[47] ordnet er Pflichthaftpflichtversicherungen eher an, wenn es um den Schutz geschädigter Dritter vor Gefahren für ihr Vermögen geht, als wenn es um den Schutz ihrer Rechtsgüter Leib und Leben geht. Es gibt nämlich keinen überzeugenden sachlichen Grund, warum zwar der Rechtsanwalt, nicht aber der Arzt einer Versicherungspflicht unterliegt. Im Folgenden sollen die wichtigsten Tatbestände aus dem Bundes- und Landesrecht aufgeführt werden.[48]

17

Bei der Anordnung einer Verpflichtung zum Abschluss einer Haftpflichtversicherung hat der Gesetzgeber bestimmte Maßgaben zu beachten. Bei der Entscheidung, ob er einen bestimmten Tatbestand des Haftungsrechts mit einer Pflichthaftpflichtversicherung flankieren will, hat er den **Grundsatz der Verhältnismäßigkeit** zu beachten.[49] Das liegt daran, dass eine Pflichthaftpflichtversicherung – unabhängig vom Bestehen eines Kontrahierungszwangs (→ § 113 Rn. 16) – eine Beschränkung der Privatautonomie darstellt (→ Rn. 3). Bei Einführung eines neuen Tatbestands der Pflichthaftpflichtversicherung finden die §§ 113–124 auf **Altverträge** Anwendung, wenn der Versicherungsfall nach Inkrafttreten der Versicherungspflicht eintritt.[50]

18

Pflichthaftpflichtversicherungen des Bundes:

19

(1) **Abfalltransport:** § 7 Abs. 2 der Transportgenehmigungsverordnung (Kfz-Haftpflichtversicherung + spezifische Umwelthaftpflichtversicherung). Bis 31.5.2014: § 7 Abs. 2 der Beförderungserlaubnisverordnung (BefErlV).
(2) **Abfallverbringung:** § 7 Abs. 1 des Abfallverbringungsgesetzes (AbfVerbrG).
(3) **Anerkennung von Lehrgängen:** § 33 Abs. 2 Nr. 4 der Ersten Verordnung zum Sprengstoffgesetz (1. SprengV).
(4) **Ausländische Kraftfahrzeuge:** § 1 des Gesetzes über die Haftpflichtversicherungen für ausländische Kraftfahrzeuge und Kraftfahrzeuganhänger (AuslPflVG).
(5) **Beförderung gefährlicher Güter:** § 3 Abs. 1 S. 4 des Gefahrgutbeförderungsgesetzes (GGBefG) (Verordnungsermächtigung).
(6) **Betreiber von Schießstätten:** § 27 Abs. 1 S. 2 des Waffengesetzes (WaffG).
(7) **Betreuungsvereine:** § 1908f Abs. 1 S. 1 BGB.
(8) **Betrieb von privaten Eisenbahnen** (Eisenbahnverkehrsunternehmen, Eisenbahninfrastrukturunternehmen, Halter von Eisenbahnfahrzeugen, die mit diesen nicht selbstständig am Eisenbahnbetrieb teilnehmen): § 14 des Allgemeinen Eisenbahn-Gesetzes (AEG).
(9) **Betriebssicherheit/Überwachungsstellen:** § 21 Abs. 2 Nr. 1 der Betriebssicherheitsverordnung (BetrSichV).
(10) **Bewachungsgewerbe:** § 34a Abs. 2 Nr. 3c der Gewerbeordnung (GewO) iVm § 6 Abs. 2 S. 2 der Verordnung über das Bewachungsgewerbe (BewachV); **auf Seeschiffen:** § 31 Abs. 2 S. 3 Nr. 3 GewO.
(11) **Bodenabfertigungsdienste auf Flugplätzen:** § 3 der Verordnung über Bodenabfertigungsdienste auf Flugplätzen (BADV) iVm der Anlage 3 Ziff. 2 B (6).
(12) **Deponien:** § 18 Abs. 2 der Deponieverordnung (DepV) („Sicherheitsleistung" des Trägers der Deponie, die aber nicht zwingend in Form einer Haftpflichtversicherung nachgewiesen werden muss).

---

[45] *Lorenz* in Beckmann/Matusche-Beckmann VersR-HdB § 1 Rn. 104; unklar ist, wie es zu der bei *Basedow/Fock*, Europäisches Versicherungsvertragsrecht, Bd. I, 2002, S. 7 wiedergegebenen Zahl von 18 Pflichtversicherungen im deutschen Recht gekommen ist.
[46] *Deiters* FS Schmidt, 1976, 379 (394).
[47] Zur parallelen Problematik im österreichischen Recht *Hinteregger* VR 2005, 44 (55).
[48] Insoweit auch die kürzere Auflistung unter → Vor § 100 Rn. 161 ff. sowie in der Antwort der Bundesregierung auf eine Kleine Anfrage zu existenzgefährdenden Auswirkungen eines Direktanspruchs im Versicherungsvertragsrecht v. 25.5.2007 (BT-Drs. 16/5497).
[49] Begr. RegE BT-Drs. 13/9558, 14; *Hübsch* in Berliner Kommentar VVG § 158b Rn. 16.
[50] OLG Hamm VersR 1987, 802 (804 f.).

(13) **Eichwesen/Prüfstelle:** § 44 der Eichordnung (EO).
(14) **Entsorgungsfachbetriebe:** § 6 der Entsorgungsfachbetriebeverordnung (EfbV) (Nachweis eines „ausreichenden" Versicherungsschutzes).
(15) **Finanzanlagenvermittler:** § 34f Abs. 2 Nr. 3 der Gewerbeordnung (GewO).
(16) **Futtermittelhersteller:** § 17a des Lebensmittel- und Futtermittelgesetzbuches (LFGB).
(17) **Gassystemeinbauprüfungen und Gasanlagenprüfungen** durch anerkannte Kfz-Werkstätten: Anlage XVIIa Ziff. 2.8 und 2.9 zur Straßenverkehrs-Zulassungsordnung (StVZO).
(18) **Gewerblicher Güterkraftverkehr:** § 7a des Güterkraftverkehrsgesetzes (GüKG).
(19) **Immobiliardarlehensvermittler:** § 34i Abs. 2 Nr. 3 der Gewerbeordnung (GewO).
(20) **Jäger:** § 17 Abs. 1 Nr. 4 des Bundesjagdgesetzes (BJagdG).
(21) **Kraftfahrzeughalter:** §§ 1, 4 Abs. 2 Gesetz über die Pflichtversicherung für Kraftfahrzeughalter (PflVG).
(22) **Kraftfahrzeugprüfingenieure:** Anlage VIII b Ziff. 2.6 zur Straßenverkehrs-Zulassungsverordnung (StVZO).
(23) **Lohnsteuerhilfevereine:** § 25 Abs. 2 des Steuerberatungsgesetzes (StBerG) iVm § 2 Nr. 3 der Verordnung zur Durchführung der Vorschriften über Lohnsteuerhilfevereine (DVLStHV).
(24) **Luftverkehrsunternehmen und sonstige Luftfahrzeughalter:** § 2 Abs. 1 Nr. 3, § 37 Abs. 1, § 43 Abs. 1, § 50 des Luftverkehrsgesetzes (LuftVG) iVm §§ 102 bis 106 der Luftverkehrszulassungsverordnung (LuftVZO).
(25) **Makler und Bauträger:** § 2 der Makler- und Bauträgerverordnung (MaBV).
(26) **Notare:** § 19a, § 67 Abs. 3 Nr. 3 der Bundesnotarordnung (BNotO).
(27) **Öffentlich bestellte und vereidigte Sachverständige:** § 36 Abs. 3 Nr. 3 lit. b der Gewerbeordnung (GewO) (Verordnungsermächtigung für Landesregierungen).
(28) **Ölschadenhaftpflicht im Seeverkehr:** § 2 des Ölschadengesetzes (ÖlSG), Art. 3, 4 des Ölhaftungsgesetzes (ÖlHaftG).
(29) **Passagier-Unfallversicherung:** § 50 des Luftverkehrsgesetzes (LuftVG), § 106 LuftVZO.
(30) **Patentanwälte:** § 45 der Patentanwaltsordnung (PAO).
(31) **Pflegepflichtversicherung:** §§ 23, 110 SGB XI.
(32) **Pharmazeutische Unternehmer:** §§ 88 S. 1, 94 des Arzneimittelgesetzes.
(33) **Probanden-Versicherungen für klinische Forschung am Menschen mit Arzneimitteln oder Medizinprodukten:** § 40 Abs. 1 S. 3 Nr. 8, Abs. 3 des Arzneimittelgesetzes (AMG) bzw. mit Medizinprodukten gem. § 20 Abs. 1 S. 4 Nr. 9, Abs. 3 des Medizinproduktegesetzes (MPG).
(34) **Prüf-, Überwachungs- und Zertifizierungsstellen:** § 7 Abs. 1 der Verordnung über das Inverkehrbringen von Heizkesseln und Geräten nach dem Bauproduktegesetz (BauPGHeizkesselV).
(35) **Prüfingenieure für Baustatik** § 5 Abs. 1 S. 1 Bautechnische Prüfungsverordnung (BauPrüfV) bis 17.9.2010: § 15 Abs. 2 Nr. 7 der Anordnung über Bauvorlagen, bautechnische Prüfungen und Überwachung (BauPÜAnO). Es handelte sich dabei um nach Art. 9 des Einigungsvertrags fortgeltendes Recht der DDR, das aber mittlerweile im Wesentlichen durch entsprechende landesrechtliche Regelungen ersetzt wurde.
(36) **Rechtsanwälte:** § 51 Bundesrechtsanwaltsordnung (BRAO), § 7 des Europäischen Rechtsanwaltsgesetzes (EuRAG).
(37) **Reiseveranstalter zugunsten von Pauschalreisenden:** Für Insolvenzausfallversicherung gem. § 651r Abs. 2 Nr. 1 BGB.
(38) **Schaustellergeschäfte:** § 55f der Gewerbeordnung (GewO) iVm der Schaustellerhaftpflichtverordnung (SchauHV) (Personenbeförderung: Schaufahren mit Kraftfahrzeugen; Steilwandbahnen; Schießgeschäfte; Zirkusse; Schaustellungen von gefährlichen Tieren; Reitbetriebe).
(39) **Sicherheitsprüfungen und Abgassonderuntersuchungen durch anerkannte Kfz-Werkstätten:** Anlage VIII und Anlage VIII c Ziff. 2.9 zur StVZO.
(40) **Sportboote:** Anlage 6 Nr. 1 zu § 9 Abs. 2 Nr. 2 der Binnenschifffahrts-Sportbootvermietungsverordnung (BinSchSportbootVermV): Anforderungen an Fahrzeuge, die mit Charterbescheinigung geführt werden dürfen.
(41) **Zugelassene Stellen zur Prüfung überwachungsbedürftiger Anlagen iSd § 37 Produktsicherheitsgesetzes (ProdSG)** nach § 37 Abs. 5 Nr. 4 ProdSG **sowie Konformitätsbewertungsstellen** iSd § 8 Abs. 1 Nr. 1 ProdSG nach § 13 Abs. 8 ProdSG; bis 1.12.2011: Prüfstellen iSd § 14 Abs. 1 des Geräte- und Produktsicherheitsgesetzes gem. § 17 Abs. 5 Nr. 4 des Geräte- und Produktsicherheitsgesetzes (GPSG).
(42) **Steuerberater, Steuerbevollmächtigte und Steuerberatungsgesellschaften:** § 67 des Steuerberatungsgesetzes (StBerG).

(43) **Träger der Entwicklungshilfe zugunsten der Entwicklungshelfer, verbunden mit Krankenversicherungspflicht zu deren Gunsten:** § 6 des Entwicklungshelfergesetzes (EhfG).
(44) **Versicherungsvermittler und -berater:** §§ 8, 9 der Versicherungsvermittlerverordnung (VersVermV).
(45) **Waffenschein, Schießerlaubnis:** § 4 Abs. 1 Nr. 5 des Waffengesetzes (WaffG).
(46) **Wirtschaftsprüfer und Wirtschaftsprüfungsgesellschaften:** §§ 54 Abs. 1, 130 der Wirtschaftsprüferordnung (WPO).
(47) **Zwangsverwalter:** § 1 Abs. 4 der Zwangsverwalterverordnung (ZwVwV).

Einige Haftpflichtversicherungen, die Pflichthaftpflichtversicherungen des Bundes waren, erfüllen aus Sicht des Gesetzgebers die Voraussetzungen für die Anordnung einer **Versicherungspflicht** nicht mehr, so dass diese **aufgehoben** worden ist. Dazu zählen:

(1) **Krankenpflegeschüler/Lernschwestern:** keine Pflichtversicherung mehr seit dem 15.10.2010. § 8 Abs. 3 Krankenpflegeverordnung (KrPflV) wurde zu diesem Zeitpunkt durch Art. 13 des Gesetzes über die weitere Bereinigung von Bundesrecht (BRBerG) aufgehoben.

(2) **Zertifizierungsanbieter:** § 12 des Signaturgesetzes (SigG) iVm § 9 der Signaturverordnung (SigV). sowie die seit dem 18.7.2017 die Nachfolgeregelung in § 10 VDG

Pflichthaftpflichtversicherungen der Bundesländer:

(1) **Architekten, Statiker** und sonstige **Bauentwurfsverfasser**; Partnerschaftsgesellschaften iSd § 1 Abs. 1 des Gesetzes über Partnerschaftsgesellschaften Angehöriger Freier Berufe (PartGG) (Gesellschaften, in denen sich Angehörige Freier Berufe zur Ausübung ihrer Berufe zusammenschließen), § 8 Abs. 3 PartGG (überwiegend Prüfingenieure – Baustatik – und Entwurfsverfasser):

– **Baden-Württemberg:** Berufsgesellschaften gem. § 8 Abs. 3 PartGG iVm § 2a Abs. 3 Architektengesetz (ArchG BW), Prüfingenieure (Baustatik) gem. § 73 Abs. 7 Nr. 2 aE der Baden-Württembergischen Landesbauordnung (LBO BW).

– **Bayern:** Prüfingenieure (Baustatik) gem. Art. 80 Abs. 5 Ziff. 4 der Bayrischen Bauordnung (BayBO).

– **Berlin:** Prüfingenieure (Baustatik) gem. § 84 Abs. 4 Nr. 2 Berliner Bauordnung (BauO Bln) iVm § 5 Abs. 1 S. 5 BauPrüfV (BLN); öffentlich bestellte Vermessungsingenieure gem. § 17 Abs. 1 der Berufsordnung der öffentlich bestellten Vermessungsingenieure (ÖbVI-BO), § 3 Abs. 7 Satz 1 VermGBln iVm § 9 Abs. 2 der Ausführungsvorschriften über den Beruf des öffentlich bestellten Vermessungsingenieurs (AVÖbVIBO).

– **Brandenburg:** für Architekten gemäß §§ 1 Abs. 1, 3, 4 Abs. 1 Nr. 4, 10 des Brandenburgischen Architektengesetzes (BbgArchG), Berufsgesellschaften gem. § 8 Abs. 3 PartGG iV m §§ 9, 10 Abs. 1 BbgArchG Partnerschaftsgesellschaften mit beschränkter Berufshaftung iSd § 8 Abs. 4 PartGG nach § 10 Abs. 3 BbgArchG, Prüfingenieure (Baustatik) gem. § 86 Abs. 2 Satz 1 Nr. 1, Satz 2 Nr. 6 der Brandenburgischen Bauordnung BbgBO iV m § 5 Abs. 2 BbgBauPrüfV; öffentlich bestellte Vermessungsingenieure gem. § 8 Abs. 3 iVm § 21 Nr. 2 des Gesetzes über die Öffentlich bestellten Vermessungsingenieurinnen und Öffentlich bestellten Vermessungsingenieure im Land Brandenburg (Brandenburgisches ÖbVI-Gesetz – BbgÖbVIG).

– **Bremen:** Entwurfsverfasser (Ingenieure) gem. § 25 Abs. 2 Nr. 5 Bremisches Ingenieurgesetz (BremIngG), Berufsgesellschaften gem. § 13 Abs. 2 Nr. 5 Bremisches Architektengesetz (BremArchG).

– **Hamburg:** Prüfungsingenieure für Baustatik gem. § 5 Abs. 1 S. 5 der Bautechnischen Prüfverordnung (PVO HBG) und § 81 Abs. 8 Ziff. 5 der Hamburgischen Bauordnung (HBauO).

– **Hessen:** Architekten gem. § 4 Abs. 6 Nr. 5, § 15 Abs. 1 Nr. 6, § 17 Abs. 1 Nr. 8 des Hessischen Architekten- und Stadtplanergesetzes (HASG), bauvorlageberechtigte Ingenieure gem. § 80 Abs. 2 Ziff. 2 der Hessischen Bauordnung (HBO), Berufsgesellschaften gem. § 6 Abs. 2, Abs. 4, § 17 Abs. 1 S. 2 Nr. 8 HASG gem. § 78 Abs. 3 HBO, Prüfingenieure (Baustatik) gem. § 5 Abs. 2 der Prüfberechtigten- und Prüfsachverständigenverordnung (HPPVO), Nachweisberechtigte gem. § 68 Abs. 1, § 89 Abs. 8 Nr. 2 und HBO iVm § 6 Abs. 3 der Hessischen Nachweisberechtigtenverordnung (NBVO) (bis 31.12.2020), Stadtplaner gem. § 4 Abs. 6, § 15 Abs. 1 Nr. 6, § 17 Abs. 1 Nr. 8 HASG, Auswärtige Berufsangehörige und Berufsgesellschaften iSd HASG gem. § 7 Abs. 2 Nr. 4, § 17 Abs. 1 S. 2 Nr. 8 HASG, bauvorlageberechtigte Architekten gem. § 64 Abs. 2 HBO.

– **Mecklenburg-Vorpommern:** Architekten und Ingenieure gem. § 30 des Mecklenburg-Vorpommerschen Architekten- und Ingenieurgesetzes (ArchIngG M-V).

– **Niedersachsen:** Entwurfsverfasser von genehmigungsfreien Wohngebäuden gem. § 62 Abs. 4 S. 2 der Niedersächsischen Bauordnung (NBauO), Aufsteller (Architekten und Ingenieure)

von Sicherheitsnachweisen für genehmigungsfreie Wohngebäude und Berufsgesellschaften gem. § 62 Abs. 4 S. 5 NBauO, beratende Ingenieure gem. 40 Abs. 2 Nr. 4 des Niedersächsischen Ingenieurgesetzes (NIngG), für Berufsgesellschaften gem. § 16 Abs. 1 des Niedersächsischen Architektengesetzes (NArchtG).
- **Nordrhein-Westfalen:** Architekten gem. § 22 Abs. 2 Nr. 5 des Nordrhein-Westfälischen Baukammergesetzes (BauKaG NRW) iVm § 19 Abs. 1, 3, 5 der Durchführungsverordnung zum BauKaG NRW (DVO BauKaG), Entwurfsverfasser gem. §§ 15, 22 Abs. 2 Nr. 5 BauKaG iVm § 19 der DVO BauKaG, Ingenieure gem. § 46 Abs. 2 Nr. 5 BauKaG NRW iVm § 19 DVO BauKaG, Gesellschaften iSd §§ 8, 22 BauKaG NRW gem. § 19 Abs. 1, 3, 5 BauKaG NRW iVm § 20 DVO BauKaG, bestimmte staatlich anerkannte Sachverständige nach § 6 Abs. 1 Sachverständigenverordnung (SV-VO) iVm § 21 DVO BauKaG, Prüfingenieure (Baustatik) gem. § 87 Abs. 2, Abs. 6 S. 5 der Landesbauordnung (LBO NRW) iVm der BauPrüfV.
- **Rheinland-Pfalz:** Architekten gem. § 2 Abs. 1 Ziff. 7 des Rheinland-Pfälzischen Architektengesetzes (ArchG R-Pf), Prüfingenieure (Baustatik) gem. § 66 Abs. 6, § 87 Abs. 3 Nr. 3 und Abs. 4 Nr. 3 lit. b) der Rheinland-Pfälzischen Landesbauordnung (LBauO) iVm BauPrüfVO, Ingenieure in Partnerschaftsgesellschaft gem. § 36 Abs. 2 Nr. 5 des Rheinland-Pfälzischen Ingenieurkammergesetzes (IngKammG), Sachverständige für baulichen Brandschutz gem. § 87 Abs. 3 Nr. 3 LBauO iVm § 2 Abs. 1 Nr. 6 der Landesverordnung über Sachverständige für baulichen Brandschutz, beratende Ingenieure nach § 1 Abs. 4 Nr. 3 der Landesverordnung über die von der Kammer der beratenden Ingenieure nach der Landesbauordnung zu führenden Listen.
- **Saarland:** Prüfingenieure (Baustatik) gem. § 86 Abs. 3 S. 2 Nr. 6; Abs. 5 Nr. 2 der Saarländischen Landesbauordnung (LBO) iVm § 3 Abs. 6 der Saarländischen Bautechnischen Prüfungs- und Vergütungsverordnung (BauPrüfVergVO), Entwurfsverfasser gem. §§ 86 Abs. 3 S. 2 Nr. 6, Abs. 5 Nr. 2 LBO, Architekten und Ingenieure gem. §§ 23 Abs. 1 Nr. 4, 47 Abs. 1 S. 2 Nr. 5 Saarländisches Architekten- und Ingenieurkammergesetz (SAIG), Berufsgesellschaften gem. §§ 7 Abs. 2, 47 Abs. 1 Nr. 5 SAIG, auswärtige Gesellschaften gem. § 8 S. 3 Nr. 2 iVm § 7 Abs. 3 SAIG.
- **Sachsen:** Architekten und Stadtplaner gem. § 3 Abs. 2 Ziff. 2 des Sächsischen Architektengesetzes (SächsArchG), Fachplaner, bauvorlageberechtigte Ingenieure (BVB) und qualifizierte Tragwerksplaner (qTWP) gem. § 16a Nr. 2 SächsIngG; öffentlich bestellte Vermessungsingenieure und aus hoheitliche Messungsberechtigte gem. § 22 Abs. 3, 28 Abs. 1 Nr. 3 des Sächsischen Vermessungsgesetzes (SächsVermG) iVm § 9 der Sächsischen Verordnung über öffentlich bestellte Vermessungsingenieure (SächsÖbVVO), Prüfingenieure (Baustatik) gem. § 88 Abs. 4 Nr. 4 der Sächsischen Bauordnung (SächsBO) iVm § 18 Abs. 1 S. 5 der DVO SächsBO, Prüf-, Zertifizierungs- und Überwachungsstelle gem. § 88 Abs. 4 Nr. 4 iVm § 25 Abs. 1 SächsBO.
- **Sachsen-Anhalt:** Prüfingenieure (Baustatik) gem. § 5 Abs. 3 der Verordnung über Prüfingenieure und Prüfsachverständige (PPVO), Ingenieure nach § 33 Abs. 2 Nr. 4 Ingenieurgesetz LSA, Mitglieder der Architektenkammer und auswärtige Berufsangehörige nach § 16 Abs. 2 Nr. 3 Architektengesetz LSA (ArchtG-LSA), Gesellschaften und auswärtige Gesellschaften nach § 10 Abs. 2 ArchtG-LSA.
- **Schleswig-Holstein:** Entwurfsverfasser gem. § 83 Abs. 5 Nr. 5 der Schleswig-Holsteinischen Landesbauordnung (SH LBO), Prüfingenieure (Baustatik) gem. § 83 Abs. 5 SH LBO iVm § 5 Abs. 1 der Verordnung über Prüfingenieure für Standsicherheit und Prüfsachverständige (PPVO), öffentlich bestellte Vermessungsingenieure gem. § 10 des Gesetzes über die Berufsordnung der öffentlich bestellten Vermessungsingenieure (BerufsO-ÖbVI), Architekten und Ingenieure nach § 3 Abs. 1 Nr. 10 Architekten- und Ingenieurkammergesetz Schleswig-Holstein (ArchIngKG).
- **Thüringen:** Öffentlich bestellte Vermessungsingenieure gem. § 9 Abs. 1 des Thüringer Gesetzes über die öffentlich bestellten Vermessungsingenieure (ThürGÖbVI), Prüfingenieure (Baustatik) gem. § 87 Abs. 4 Nr. 4 der Thüringer Bauordnung (ThürBO) iVm § 5 Abs. 1 S. 4 der Thüringer Verordnung über die Prüfingenieure und Prüfsachverständigen (ThürPPVO).

(2) Hundehalter-Haftpflicht:
- **Berlin:** § 14 Abs. 1 des Gesetzes über das Halten und Führen von Hunden (HundeG).
- **Brandenburg:** § 17 Abs. 5 des Brandenburgischen Ordnungsbehördengesetzes (OBG).
- **Bremen:** § 1 Abs. 6 des Bremischen Gesetzes über das Halten von Hunden (dort); Ausnahmen in § 6.
- **Hamburg:** § 12 des Hamburgischen Hundegesetzes (HundeG), Ausnahmen in § 14 der Durchführungsverordnung zum Hundegesetz (HundeGDVO).

- **Hessen:** § 3 Abs. 1 Nr. 7 der Hessischen Hundeverordnung (HundVO), § 71a Abs. 2 des Hessischen Gesetzes über die öffentliche Sicherheit und Ordnung (HSOG).
- **Niedersachsen:** § 5 des Niedersächsischen Gesetzes über das Halten von Hunden (NHundG).
- **Nordrhein-Westfalen:** § 5 Abs. 5 des Landeshundegesetzes (LHundG NRW).
- **Rheinland-Pfalz:** § 3 Abs. 1 Nr. 4; § 4 Abs. 2 des Landeshundegesetzes (LHundG).
- **Saarland:** § 2 Abs. 3 Nr. 4 der Polizeiverordnung über den Schutz der Bevölkerung vor gefährlichen Hunden (bis 1.10.2024), § 2 Abs. 2, 3 Nr. 4 der Saarländischen Hundeverordnung (HundeVO).
- **Sachsen:** § 5 Abs. 1 UAbs. 3 des Sächsischen Gefahrhundegesetzes (GefHG).
- **Schleswig-Holstein:** § 6 des Gesetzes über das Halten von Hunden (HundeG).

(3) Sachverständige iSd Wasserhaushaltsgesetzes (WHG) iVm den Umsetzungsgesetzen der Länder:
- **Baden-Württemberg:** § 22 Abs. 3 Nr. 5 Anlagenverordnung (VAwS).
- **Bayern:** § 3 Abs. 2 Nr. 1 Verordnung über private Sachverständige in der Wasserwirtschaft (BayVPSW).
- **Brandenburg:** § 129 Abs. 1 Brandenburgisches Wegegesetz (BbgWG).
- **Niedersachsen:** § 11 Abs. 3 Nr. 5 der Anlagenverordnung (VAwS).
- **Nordrhein-Westfalen:** § 11 Abs. 3 Nr. 5 der Anlagenverordnung (VAwS).
- **Saarland:** § 52 Abs. 3 Nr. 6 der Verordnung über Anlagen zum Umgang mit wassergefährdenden Stoffen (AwSV).
- **Sachsen:** § 20 Abs. 2 Nr. 6 der VO des Sächsischen Staatsministeriums für Umwelt und Landwirtschaft über Anlagen zum Umgang mit wassergefährdenden Stoffen (SächsVAwS) vom 18.4.2000.
- **Schleswig-Holstein:** § 52 Abs. 3 Nr. 6 der Verordnung über Anlagen zum Umgang mit wassergefährdenden Stoffen (AwSV).

(4) Betrieb von privaten Eisenbahnen, Bergbahnen und Schleppliften:
- **Bayern:** Art. 21 Abs. 1 des Bayerischen Eisenbahn- und Seilbahngesetz (BayESG) iVm § 8 Bayerischen Seilbahnverordnung (BaySeilbV).
- **Baden-Württemberg:** § 11 Abs. 2 Nr. 3 des Landeseisenbahngesetzes (EisenbG).
- **Niedersachsen:** Seilbahnbetreiber nach § 19 S. 1 Niedersächsisches Gesetz über Eisenbahnen und Seilbahnen (NESG).
- **Rheinland-Pfalz:** § 33 Abs. 1 Landeseisenbahngesetz (EisenbG) iVm §§ 1, 2 LandesVO über die Mindestversicherungssummen.
- **Thüringen:** § 14 Abs. 1 Thüringer Bergbahn- und Parkeisenbahngesetz (ThürBPBahnG).

(5) Sonstiges:
- **Bayern:** Schulträger gem. Art. 89 Abs. 1 Nr. 8 Bay. Gesetz über das Erziehungs- und Unterrichtswesen (BayEUG) iVm § 23 Abs. 3 S. 1 der Schulordnung für die Grundschulen und Hauptschulen in Bayern (Schülerhaftpflichtversicherung bei Betriebspraktikum); Binnenschifffahrtsunternehmen gem. § 3 Abs. 2 Bayerische BinnenschifffahrtsO iVm Art. 27 Abs. 4 S. 3 Bayerisches WasserG, Sachverständige Boden und Altlasten gem. Art. 6 Abs. 1 Bayerisches Bodenschutzgesetz (BayBodSchG) iVm § 7 Abs. 2 Nr. 3 der Verordnung über Sachverständige und Untersuchungsstellen für den Bodenschutz und die Altlastenbehandlung in Bayern (VSU Boden und Altlasten)
- **Hamburg:** Sachverständige nach § 3 Abs. 3 der Hamburgischen Verordnung über Sachverständige und Untersuchungsstellen nach § 18 des Bundes-Bodenschutzgesetzes (HmbVSU).
- **Hessen:** Öffentlich bestellte und vereidigte Sachverständige auf dem Gebiet des Ingenieurwesens gem. § 14 Abs. 1 Nr. 7 des Gesetzes über die Errichtung einer Ingenieurkammer und über die Berufsordnung der beratenden Ingenieure in Hessen (IngKammG) iVm § 14 Abs. 2 der Sachverständigenordnung der Ingenieurkammer Hessen; Partnerschaftsgesellschaften gem. § 15 Abs. 4 IngKammG; eingetragene Stadtplaner gem. § 8 Abs. 1 Nr. 6 IngKammG; zur Bauvorlage berechtigte eingetragene Ingenieure gem. § 10 Abs. 1 Nr. 5 IngKammG, beratende Ingenieure nach § 5 Abs. 1 Nr. 6 des IngKammG; Sachverständige nach § 14 der Verordnung über die öffentliche Bestellung von Sachverständigen auf den Gebieten der Land- und Forstwirtschaft, des Garten- und Weinbaus sowie der Fischerei (LuFSvV); Rechtsanwälte und Rechtsbeistände nach den Vorschriften des Gesetztes über die Hessische Rechtsanwaltsversorgung (Hess. RAVG), Steuerberater nach den Vorschriften des Gesetzes über die Hessische Steuerberaterversorgung (StBVG).
- **Mecklenburg-Vorpommern:** § 12 der Verordnung über die Voraussetzungen sowie über die Befugnisse und Verpflichtungen der öffentlich bestellten und vereidigten Asbest-Sachverständigen (Verordnung zur Asbest-Sachverständigen-VO) (bis 1.1.2013); § 116 Abs. 1 Wasser-

gesetz des Landes Mecklenburg-Vorpommern (LWaG), § 6 Abs. 13 S. 3 und 4 der Verordnung über die technische Überwachung im Land Mecklenburg-Vorpommern; öffentlich bestellte Vermessungsingenieure nach § 9 des Gesetzes über die Berufsordnung der öffentlich bestellten Vermessungsingenieure im Land Mecklenburg-Vorpommern (BO-ÖbVI M-V), Hebammen und Entbindungspfleger nach § 8 Abs. 1 Nr. 1 der Berufsordnung für Hebammen und Entbindungspfleger (HebBO).
– **Rheinland-Pfalz:** Organisationen nach § 22 Abs. 3 Nr. 5 der Landesverordnung über Anlagen zum Umgang mit wassergefährdenden Stoffen und über Fachbetriebe, Elektrofischer nach § 13 Abs. 2 Nr. 3 der Landesverordnung zur Durchführung des Rheinland-Pfälzischen Landesfischereigesetzes, Bewerber zur Jägerprüfung nach § 23 Abs. 4 der Landesjagdverordnung zur Durchführung des Landesjagdgesetz (LJGDVO), ehrenamtliche Helferinnen und Helfer nach § 8 Abs. 1 Nr. 6 der Landesverordnung über die Anerkennung und Förderung von Angeboten zur Unterstützung im Alltag, über die Förderung von Modellvorhaben und Initiativen des Ehrenamts sowie über die Förderung der Selbsthilfe nach den §§ 45a, 45c und 45d SGB XI (UntAngV RP); Öffentlich bestellte Vermessungsingenieure gem. § 19 Abs. 1 der Landesverordnung über die öffentlich bestellten Vermessungsingenieurinnen und die öffentlich bestellten Vermessungsingenieure (ÖbVIVO); Sachverständige für Erd- und Grundbau nach § 2 Abs. 1 Nr. 7 der Landesverordnung über Sachverständige für Erd- und Grundbau (SEGBauVO); freiberuflich tätige Hebammen und Entbindungspfleger nach § 7 Nr. 1 der Landesverordnung über die Berufspflichten und die Berufsausübung der Hebammen und Entbindungspfleger (Hebammenberufsverordnung).
– **Sachsen:** Öffentlich bestellte und vereidigte Sachverständige auf dem Gebiet der Land- und Forstwirtschaft sowie des Garten- und Weinbaus gem. § 1 Abs. 3 Nr. 4 und § 4 Abs. 6 der VO der Sächsischen Staatsregierung über die öffentliche Bestellung und Vereidigung von Sachverständigen auf dem Gebiet der Land- und Forstwirtschaft sowie des Garten- und des Weinbaus (SächsLandwSachVO); Private Kontrollstellen gem. § 2 Abs. 1 Nr. 3 der Verordnung des Sächsischen Staatsministeriums für Umwelt und Landwirtschaft zur Beleihung privater Kontrollstellen nach dem Öko-Landbaugesetz (SächsGVBl. S. 66); Bauvorlageberechtigte Ingenieure und qualifizierte Tragwerksplaner gem. § 16a Abs. 1 S. 2 Nr. 2 des Gesetzes über die Errichtung einer Ingenieurkammer und zum Schutz der Berufsbezeichnung „Beratender Ingenieur" im Freistaat Sachsen (SächsIngKG); Hebammen nach § 9 Abs. 3 Nr. 1 des Gesetzes zur Ausübung des Berufes der Hebamme und des Entbindungspflegers (SächsHebG).
– **Thüringen:** Binnenschifffahrtsunternehmen nach § 4 Abs. 1 Nr. 8 Thüringer Verordnung zur Regelung der Schiff- und Floßfahrt (ThürSchiffFloßVO); Jäger gem. § 9 der Verordnung zur Ausführung des Thüringer Jagdgesetzes (ThJGAVO); (Elektro-)Fischer nach § 18 Abs. 2 Nr. 3 Thüringer Fischereiverordnung (ThürFischVO); Sachverständige gem. § 22 Abs. 3 Nr. 6 der Thüringer Anlagenverordnung vom 25.7.1995; Sachverständige gem. § 5 Abs. 3 Nr. 6 der Thüringer Indirekteinleiterverordnung (ThürIndEVO) vom 8.3.2000; Prüfsachverständige für die Prüfung technischer Anlagen und Einrichtungen sowie für den Erd- und Grundbau nach § 5 Abs. 1 Thüringer Verordnung über die Prüfingenieure und Prüfsachverständigen (ThürPPVO).

21 Pflichthaftpflichtversicherungen der Berufsordnungen:
Anordnungen einer Versicherungspflicht in Berufsordnungen, bei denen es sich rechtstechnisch um Satzungen von Berufsverbänden handelt, unterliegen nicht zwingend den §§ 113–124. Um Pflichthaftpflichtversicherungen handelt es sich vielmehr nur, wo eine landesrechtliche Ermächtigungsgrundlage die Kammern zur Anordnung einer Versicherungspflicht ermächtigt hat (→ § 113 Rn. 10). Nachfolgend sind die problematischen Regelungen gesondert hervorgehoben.
– **Baden-Württemberg:** Freie Architekten gem. §§ 15 Abs. 2 Nr. 7, 17 S. 2 ArchG iVm Abschnitt 1 Nr. 9 der Berufsordnung für Architekten und Stadtplaner der Architektenkammer.[51]
– **Bayern:** Freiberufliche Architekten und Kammermitglieder gem. Art. 1 Abs. 6 S. 2 und 3 Nr. 8 des Bayerischen Architektengesetzes (BayArchG), § 24 Abs. 1 S. 2 Nr. 3, S. 3 des Gesetzes über die Bayerische Architektenkammer und die Bayerische Ingenieurekammer-Bau (BauKaG) iVm Nr. 9 der Berufsordnung der Bay. Architektenkammer.[52]
– **Berlin:** Mitglieder der Baukammer Berlin (Ingenieure) gem. § 10[53] der Berufsordnung der Baukammer Berlin iVm § 53 Abs. 2 Nr. 7 Berliner Architekten- und Baukammergesetz (ABKG); um **keine Pflichthaftpflichtversicherungen** handelt es sich nach hier vertretener Auffassung bei

---

[51] https://www.akbw.de/fileadmin/download/dokumenten_datenbank/AKBW_Merkblaetter/Architektenrecht_Berufsrecht/Merkblatt33-Berufsordnung-2019.pdf.
[52] https://www.byak.de/data/Recht/Berufsordnung.pdf.
[53] https://www.baukammerberlin.de/wp-content/uploads/2012/07/BO-aktuell-21.05.121.pdf.

folgenden Berliner Satzungsregeln, die eine Versicherungspflicht vorsehen: Ärzte gem. § 21[54] der Berufsordnung der Ärztekammer Berlin; Zahnärzte gem. § 1 Abs. 11[55] der Berufsordnung der Zahnärztekammer Berlin; Psychologische Psychotherapeuten und Kinder- und Jugendlichenpsychotherapeuten gem. § 4 Abs. 2 der Berufsordnung der Kammer für Psychologische Psychotherapeuten und Kinder- und Jugendlichenpsychotherapeuten im Land Berlin.[56] Diese Tatbestände beruhen zwar jeweils auf §§ 4, 4a und 10 Abs. 1 des Berliner Kammergesetzes. Die betreffenden Vorschriften enthalten aber keine ausdrückliche oder implizite Ermächtigung zur Anordnung einer Pflichthaftpflichtversicherung (→ § 113 Rn. 10).
– **Bremen:** Freiberufliche Architekten gem. §§ 13 Abs. 2 Nr. 5 des Bremischen Architektengesetzes (BremArchG).[57]
– **Hessen:** *Keine* Pflichthaftpflichtversicherungen sind die Haftpflichtversicherungen von Angehörigen der Heilberufe nach §§ 23 f. des Gesetzes über die Berufsvertretungen, die Berufsausübung, die Weiterbildung und die Berufsgerichtsbarkeit der Ärzte, Zahnärzte, Tierärzte, Apotheker, Psychologischen Psychotherapeuten und Kinder- und Jugendlichenpsychotherapeuten (Heilberufsgesetz) und den darauf beruhenden Satzungen. Diesen Vorschriften fehlt – ähnlich den entsprechenden Vorschriften aus dem Berliner Recht – eine ausdrückliche oder implizite Ermächtigung zur Anordnung einer Pflichthaftpflichtversicherung (→ § 113 Rn. 10).
– **Rheinland-Pfalz:** Das Gleiche gilt für die Haftpflichtversicherungen der Ärzte und Zahnärzte nach den jeweiligen Berufsordnungen der Landesärztekammer Rheinland-Pfalz sowie der Tierärzte nach der Berufsordnung der Landestierärztekammer Rheinland-Pfalz. Auch dabei handelt es sich mangels gesetzlicher Ermächtigungsgrundlage zur Anordnung einer solchen **nicht um Pflichthaftpflichtversicherungen.**
– **Sachsen:** In Heilberufen Tätige nach § 17 Abs. 1 Nr. 9 des Gesetzes über Berufsausübung, Berufsvertretungen und Berufsgerichtsbarkeit der Ärzte, Zahnärzte, Tierärzte, Apotheker sowie der Psychologischen Psychotherapeuten und der Kinder- und Jugendlichenpsychotherapeuten im Freistaat Sachsen (SächsHKaG) iVm § 4 der Berufsordnung der Landeszahnärztekammer Sachsen,[58] § 21 der Berufsordnung der Sächsischen Landesärztekammer,[59] § 8 der Berufsordnung der Sächsischen Landesapothekerkammer,[60] § 3 Abs. 1 Nr. 6 der Sächsischen Landestierärztekammer,[61] § 16 Abs. 4 S. 2 SächsHKaG,[62] § 5a Abs. 4 SächsHKaG.[63]
– **Thüringen:** Freiberufliche Architekten, beratende Ingenieure bauvorlageberechtigte Ingenieure, Stadtplaner und Gesellschaften mit diesen Personen gem. § 33 des Thüringer Architekten- und Ingenieurkammergesetzes (ThürAIKG) Tierärzte gem. § 23 Nr. 16 des Thüringer Heilberufegesetzes iVm § 3 Abs. 1 Nr. 6 der Berufsordnung der Landestierärztekammer.

E. Abdingbarkeit

Die §§ 113–124 legen einen zwingenden Mindestinhalt für Pflichthaftpflichtversicherungen fest. Die Vertragsfreiheit ist insoweit eingeschränkt. Wenn das Gesetz, das die Versicherungspflicht anordnet, nicht als vorrangige *lex specialis* erlaubt, dass von den §§ 113–124 abgewichen wird, können die Parteien dies durch AVB oder Individualabrede nur tun, wenn dadurch die Rechte des Versicherungsnehmers, (mit-)versicherter Personen, des geschädigten Dritten und ggf. weiterer geschützter Personen (zB des Erwerbers im Falle des § 122) nicht gemindert werden.[64] Die **zwingende Rechtsnatur** der Vorschriften über die Pflichthaftpflichtversicherung ist nach Auffassung des Reformgesetzgebers von 2007 so eng mit der Natur des Rechtsinstituts der obligatorischen Versicherung verbun-

---

[54] https://www.aekb.de/fileadmin/migration/pdf/Berufsordnung.pdf.
[55] https://www.zaek-berlin.de/fileadmin/dokumente/Zentraler_Hauptordner/Kammerhandbuch/5_Berufsordnung.pdf.
[56] https://www.psychotherapeutenkammer-berlin.de/system/files/berufsodurchgeschrtextfassung_13_09_2016.pdf.
[57] https://www.akhb.de/architektenkammer/recht.
[58] https://www.zahnaerzte-in-sachsen.de/fileadmin/Praxis/LZKS/Rechtsgrundlagen/2018-05-16_Berufsordnung.pdf.
[59] https://www.slaek.de/de/05/aufgaben/Berufsordnung.php.
[60] https://www.slak.de/downloads/08-bo-lesefassung.pdf.
[61] https://www.tieraerztekammer-sachsen.de/seite/497223/rechtsgrundlagen.html.
[62] https://www.revosax.sachsen.de/vorschrift/3941#p16.
[63] https://www.revosax.sachsen.de/vorschrift/3941#p5a.
[64] *Hübsch* in Berliner Kommentar VVG § 158b Rn. 49; *Klimke* in Prölss/Martin VVG § 113 Rn. 5.

§ 113

den,[65] dass es keiner ausdrücklichen Klarstellung bedurfte, wie sie zB § 112 für den Bereich der allgemeinen Haftpflichtversicherung vorsieht.[66]

§ 113 Pflichtversicherung

(1) Eine Haftpflichtversicherung, zu deren Abschluss eine Verpflichtung durch Rechtsvorschrift besteht (Pflichtversicherung), ist mit einem im Inland zum Geschäftsbetrieb befugten Versicherungsunternehmen abzuschließen.

(2) Der Versicherer hat dem Versicherungsnehmer unter Angabe der Versicherungssumme zu bescheinigen, dass eine der zu bezeichnenden Rechtsvorschrift entsprechende Pflichtversicherung besteht.

(3) Die Vorschriften dieses Abschnittes sind auch insoweit anzuwenden, als der Versicherungsvertrag eine über die vorgeschriebenen Mindestanforderungen hinausgehende Deckung gewährt.

Übersicht

		Rn.			Rn.
A.	Normzweck	1	III.	Kreis der Pflichthaftpflichtversicherer	12
B.	Normgeschichte	2	IV.	Kontrahierungszwang	16
C.	Definition der Pflichthaftpflichtversicherung (Abs. 1)	3	D.	Bescheinigungspflicht des Versicherers (Abs. 2)	18
I.	Haftpflichtversicherung	3	E.	Folgen vertraglicher Deckungserweiterungen (Abs. 3)	26
II.	Verpflichtung durch Rechtsvorschrift	6	F.	Abdingbarkeit	31

Stichwort- und Fundstellenverzeichnis

Stichwort	Rn.	Rspr.	Lit.
Bescheinigungspflicht	→ Rn. 18 ff.	–	*Hübsch* in Berliner Kommentar VVG § 158b Rn. 47; *Schwab* in Halm/Kreuter/Schwab VVG § 113 Rn. 19; *Schimikowski* in HK-VVG § 113 Rn. 4; *Pohlmann/Schwartze* in Looschelders/Pohlmann VVG § 113 Rn. 4; *Klimke* in Prölss/Martin VVG § 113 Rn. 6
Deckungsvorsorge	→ Rn. 9	–	*Hübsch* in Berliner Kommentar VVG § 158b Rn. 2; *Schwab* in Halm/Kreuter/Schwab VVG § 113 Rn. 1; *Huber* in Schwintowski/Brömmelmeyer/Ebers VVG § 113 Rn. 5; *Boettinger* NeumannZ 1940, 276 (277); *Dallwig* in Staudinger/Halm/Wendt VVG § 113 Rn. 2; *Raschauer* VR 2005, 35
Direktanspruch	→ Rn. 27	–	*Klimke* in Prölss/Martin VVG § 113 Rn. 9; *Schwartze* in Looschelders/Pohlmann VVG § 113 Rn. 18
Kammer-Satzungen	→ Rn. 10	–	*Hübsch* in Berliner Kommentar VVG § 158b Rn. 4; *Schwartze* in Looschelders/Pohlmann VVG § 113 Rn. 7; *Klimke* in Prölss/Martin VVG § 113 Rn. 1

---

[65] So bereits Begr. DJ 1939, 1771 (1774); *Thees* ZVersWiss 1940, 11 (17).
[66] Begr. RegE, BT-Drs. 16/3945, 87.

Stichwort	Rn.	Rspr.	Lit.
Kontrahierungszwang	→ Rn. 16, 29	BGH VersR 1973, 409	*E. Lorenz* in Beckmann/Matusche-Beckmann VersR-HdB § 1 Rn. 103; *Kramer* VersR 1965, 821 (823)
Legaldefinition	→ Rn. 5	–	*Huber* in Schwintowski/Brömmelmeyer/Ebers VVG § 113 Rn. 7 f.; *Schirmer* ZVersWiss Supplement 2006, 427, 439 (444) f.
Rechtsvorschrift (Begriff)	→ Rn. 6 ff.	–	*Feyock* in Feyock/Jacobsen/Lemor VVG § 113 Rn. 1; *Schwartze* in Looschelders/Pohlmann VVG § 113 Rn. 6; *Klimke* in Prölss/Martin VVG § 113 Rn. 2; *Langheid* in Langheid/Rixecker VVG § 113 Rn. 6
Schutzgesetz	→ Rn. 11	OLG Düsseldorf VersR 1973, 374	*Sprau* in Grüneberg BGB § 823 Rn. 56; *Schwartze* in Looschelders/Pohlmann VVG § 113 Rn. 9; *Dallwig* in Staudinger/Halm/Wendt VVG § 113 Rn. 3; *Steinborn* in BeckOK VVG § 113 Rn. 8
Selbstbehalt	→ Rn. 27	–	*Huber* in Schwintowski/Brömmelmeyer/Ebers VVG § 113 Rn. 12; *Schirmer* ZVersWiss Supplement 2006, 427 (442)
Versicherungsschein	→ Rn. 22 ff.	–	*Beckmann* in Bruck/Möller VVG § 113 Rn. 24; *Feyock* in Feyock/Jacobsen/Lemor VVG § 113 Rn. 4; *Schimikowski* in HK-VVG § 113 Rn. 4; *Schwartze* in Looschelders/Pohlmann VVG § 113 Rn. 13; *Langheid* in Römer/Langheid, 2. Aufl. 2003, VVG § 158b Rn. 3
Widerrufsrecht	→ Rn. 23	–	*Schwartze* in Looschelders/Pohlmann VVG § 113 Rn. 13; *Beckmann* in Bruck/Möller VVG § 113 Rn. 24; *Schimikowski* in HK-VVG § 113 Rn. 6
Zulassung zum Geschäftsbetrieb	→ Rn. 14	–	*Schwab* in Halm/Kreuter/Schwab VVG § 113 Rn. 13 f.; *Schwartze* in Looschelders/Pohlmann VVG § 113 Rn. 10 f.

Schrifttum: *Boettinger,* Die Bedeutung der Änderungen des VVG für die allgemeine Haftpflichtversicherung, NeumannZ 1940, 276; *Hübsch,* Arbeitnehmerhaftung bei Versicherbarkeit des Schadensrisikos und bei grober Fahrlässigkeit, BB 1998, 690; *Kramer,* Der Annahmezwang in der Pflichtversicherung für Kfz-Halter ab 1.10.1965, VersR 1965, 821; *Neeb,* Katastrophenschäden in der Kraftfahrthaftpflichtversicherung und ihre Konsequenzen für die Erst- und Rückversicherung, MunichRe K-Forum 1/2001, 4 ff.; *Scheinert,* Umfang des Annahmezwangs in der Kraftfahrversicherung, VP 1969, 69; *Schimikowski,* Gefahren der Gentechnik – Haftung und Deckungsvorsorge, ZfV 1991, 414; *Schirmer,* Die Haftpflichtversicherung nach der VVG-Reform, ZVersWiss Supplement 2006, 427; *Schirmer,* Auswirkungen des Patientenrechtegesetzes auf die Haftpflichtversicherung von Ärzten, in E. Lorenz, Karlsruher Forum 2013, 2014, 83; *Thees,* Zur Einführung der Pflichtversicherung für Kraftfahrzeughalter, ZVersWiss 1940, 11; *Yeh,* Der Verkehrsopferschutz und dessen Entwicklung, 2007.

A. Normzweck

Abs. 1 enthält eine **Legaldefinition** der Pflichthaftpflichtversicherung, die das VVG in alter Tradition irreführend „Pflichtversicherung" nennt. Darüber hinaus wird festgelegt, mit welchen Versicherungsunternehmen eine Pflichthaftpflichtversicherung abgeschlossen werden kann. **Abs. 2** verpflichtet den Versicherer dazu, eine **Bescheinigung** über den Abschluss der Pflichthaftpflichtversicherung auszustellen. Diese Vorschrift dient dem Schutz des Versicherungsnehmers, der in die

Lage versetzt werden soll, nachzuweisen, dass er der Versicherungspflicht, der er unterliegt, unter Einhaltung der vorgeschriebenen Mindestversicherungssummen nachgekommen ist.[1] **Abs. 3** ordnet an, dass die Vorschriften des 2. Abschnitts auch insoweit anzuwenden sind, als der **Versicherungsvertrag** eine Deckung gewährt, die **über die Mindestanforderungen hinausgeht.** Diese Vorschrift soll verhindern, dass es zu einer Aufspaltung des Versicherungsvertrags in einen Pflichtteil und einen freien Teil kommt.[2] Das hätte zur Folge, dass auf den gleichen Versicherungsvertrag die Vorschriften über die Pflichthaftpflichtversicherung insoweit anzuwenden sind, als die gesetzlichen Mindestanforderungen erfüllt werden. Darüber hinaus wäre das Sonderrecht der Pflichthaftpflichtversicherung nicht anwendbar.

B. Normgeschichte

2 **Abs. 1** entspricht inhaltlich im Wesentlichen der Regelung des § 158b Abs. 1 VVG aF. Der Wortlaut weicht zwar geringfügig ab („Verpflichtung durch Rechtsvorschrift" statt „gesetzliche Verpflichtung"). Diese Änderung des Wortlauts ist allerdings klarstellender Natur, eine inhaltliche Änderung war nicht beabsichtigt.[3] Eine Abweichung gegenüber § 158b Abs. 1 VVG aF ergibt sich daraus, dass nach § 113 Abs. 1 der Abschluss einer Pflichthaftpflichtversicherung nur noch bei einem „im Inland zum Geschäftsbetrieb befugten Versicherungsunternehmen" möglich ist – das galt bis 2008 nur in der Kfz-Haftpflichtversicherung. **Abs. 2** entspricht § 158b Abs. 2 S. 1 VVG aF, der aus dem Jahre 1990 stammt. § 158b Abs. 2 S. 2 VVG aF hat der Reformgesetzgeber von 2007 ersatzlos gestrichen, weil er die dort geregelte Möglichkeit, die Bescheinigung des Versicherers über den Abschluss einer ausreichenden Pflichthaftpflichtversicherung mit der Aushändigung des Versicherungsscheins zu verbinden, für eine Selbstverständlichkeit hielt, die keiner ausdrücklichen Regelung bedarf. In der Sache geändert hat sich also nichts. **Abs. 3** entspricht ohne inhaltliche Änderung § 158k VVG aF. Dieser ist im Jahre 1965 in das VVG aufgenommen worden.[4]

C. Definition der Pflichthaftpflichtversicherung (Abs. 1)

I. Haftpflichtversicherung

3 In § 113 Abs. 1 Hs. 1 wird die Pflichthaftpflichtversicherung unter dem misslungenen Begriff der „Pflichtversicherung" (→ Vor § 113 Rn. 1 f.) **legaldefiniert.** Es handelt sich um eine privatrechtliche Haftpflichtversicherung, die der Versicherungsnehmer aufgrund der Anordnung durch eine Rechtsvorschrift abschließen und aufrechterhalten muss. Diese Definition ist von Bedeutung, da sie hilft, den Anwendungsbereich der §§ 113–124 trennscharf von drei anderen Arten von Versicherungen abzugrenzen: (1) Zwangsversicherungen, bei denen bestimmte Personen kraft Gesetzes durch einen diktierten Vertrag unmittelbar versichert sind, wie dies zuweilen in der Unfallversicherung der Fall ist, (2) dem immer größer werdenden Kreis von Pflichtversicherungen außerhalb des Feldes der Haftpflichtversicherung und (3) von den allgemeinen Haftpflichtversicherungen. Für letztere gelten ausschließlich die Sonderregeln der §§ 100–112, nicht auch die §§ 113–124.

4 Auf einen bestimmten **Zweck** legt § 113 Abs. 1 die Pflichthaftpflichtversicherung nicht fest. Allerdings ist seit langem anerkannt, dass eine Haftpflichtversicherung, für die eine Versicherungspflicht besteht, nicht nur dem Schutz des Versicherungsnehmers vor den möglicherweise ruinösen Belastungen durch eine Haftpflicht dient, sondern auch dem Schutz mitversicherter Personen, wenn die Pflichthaftpflichtversicherung als Versicherung für fremde Rechnung abzuschließen ist. Auch Regelungen zugunsten von Dritten, wie dem Erwerber einer Sache, die einer Pflichthaftpflichtversicherung unterliegt, finden sich in den §§ 113 ff. (§ 123). Noch vorrangig vor diesen drei Gruppen schützen die Regeln der §§ 113–124 den geschädigten Dritten (→ Vor § 113 Rn. 6). Angesprochen ist der Zweck der Pflichthaftpflichtversicherung immerhin in § 114 Abs. 2.

5 § 113 Abs. 1 legt die Pflichthaftpflichtversicherung auch nicht näher fest, was den **Vertragsinhalt** anbelangt. Darin spiegelt sich eine traditionelle Zurückhaltung, die noch aus der Zeit vor 1994

---

[1] BR-Drs. 615/89, 99; *Beckmann* in Bruck/Möller VVG § 113 Rn. 7; *Hübsch* in Berliner Kommentar VVG § 158b Rn. 47.
[2] BGH VersR 1974, 254; *Beckmann* in Bruck/Möller VVG § 113 Rn. 8; *Feyock* in Feyock/Jacobsen/Lemor VVG § 113 Rn. 4; *Klimke* in Prölss/Martin VVG § 113 Rn. 7.
[3] *Beckmann* in Bruck/Möller VVG § 113 Rn. 1.
[4] *Johannsen* in Bruck/Möller VVG, 8. Aufl., Bd. V/1, Kap. B Anm. 47; *Kramer* VersR 1965, 821.

herrührt, als die AVB der Haftpflichtversicherer einer *ex-ante*-Kontrolle durch die Versicherungsaufsicht unterworfen waren.[5] Ausführlich geregelt ist der Vertragsinhalt einer Pflichthaftpflichtversicherung nur in der Kfz-Haftpflichtversicherung (KfzPflVV). Für die übrigen Pflichthaftpflichtversicherungen hat sich der Gesetzgeber darauf beschränkt, in § 114 einen losen Rahmen hinsichtlich der Mindestversicherungssumme (§ 114 Abs. 1; → § 114 Rn. 5 ff.), dem Inhalt der Pflichthaftpflichtversicherung (§ 114 Abs. 2 S. 1; → § 114 Rn. 12 ff.) und etwaiger Selbstbehalte (§ 114 Abs. 2 S. 2; → § 114 Rn. 25 ff.) zu zimmern. Die **VVG-Reformkommission** hatte erwogen, die inhaltlichen Rahmenbedingungen für Pflichthaftpflichtversicherungen detaillierter zu fassen. Sie hat davon aber Abstand genommen, da die große Vielzahl sehr disparater Regelungen, die eine Pflicht zum Abschluss einer Haftpflichtversicherung vorsehen, dann einem einheitlichen Regime unterlegen hätte, das sich aus Sicht der Kommissionsmitglieder nicht mit hinreichender Klarheit passgenau für alle Fälle entwickeln lässt, ohne die Gestaltungsfreiheit über Gebühr zu beschneiden.[6]

II. Verpflichtung durch Rechtsvorschrift

Der Anwendungsbereich der §§ 113 ff. ist grds. dann eröffnet, wenn der Versicherungsnehmer **6** verpflichtet wird, Haftpflichtversicherungsschutz zu suchen. Ausnahmsweise kann die Geltung der §§ 113 ff. oder von Teilen des Rechts der Pflichthaftpflichtversicherung auch – unabhängig vom Bestehen einer Versicherungspflicht – direkt durch ein Gesetz angeordnet werden. Das ist etwa bei § 8 Abs. 4 S. 2 PartGG der Fall, welcher für die Berufshaftpflichtversicherung in einer Partnerschaftsgesellschaft, die dem Grunde nach freiwillig ist, die §§ 113 Abs. 3, 114–124 für entsprechend anwendbar erklärt.[7] Im Übrigen muss die Verpflichtung zum Abschluss einer Haftpflichtversicherung nach § 113 Abs. 1 Hs. 2 durch eine **Rechtsvorschrift** ausgesprochen sein. Das VVG selbst ordnet nirgendwo eine derartige Versicherungspflicht an (anders etwa § 193 Abs. 3 S. 1 für den Abschluss einer Krankenversicherung, die seit der Reform durch das GKV-WSG ebenfalls eine Pflichtversicherung ist; → § 193 Rn. 16 f.). Es setzt die Anordnung in einer anderen Rechtsvorschrift voraus. Formelle Gesetze sind in jedem Fall Rechtsvorschrift in dem genannten Sinne. Ob es sich um eine bundes- oder landesrechtliche Regelung handelt, ist dabei gleichgültig. Versicherungspflichten aus Landesrecht (→ Vor § 113 Rn. 20) können sich ergeben, wo die Zuständigkeit für regelungsbedürftige Materie auf Landesebene angesiedelt ist. Das Gesetz muss aber die Versicherungspflicht **anordnen** und nicht nur empfehlen, wie dies etwa in § 21 Abs. 5 Nr. 3 WEG der Fall ist. Auch Gesetze im materiellen Sinn fallen unter den Begriff der Rechtsvorschrift iSd § 113 Abs. 1. Das betrifft Rechtsverordnungen, die Gesetzen gleichstehen, Satzungen öffentlich-rechtlicher Körperschaften oder EU-Verordnungen.[8]

Eine **vertragliche Verpflichtung** zum Abschluss einer Haftpflichtversicherung (etwa in einem **7** Wohnraummietvertrag) – sei es durch AGB (zB § 39 ADSp) oder Individualvereinbarung – reicht ebenso wenig aus, um die Pflichtversicherung anzunehmen,[9] wie das ausdrückliche Verlangen des Vertragspartners nach Abschluss oder Nachweis einer Haftpflichtversicherung. Das Gleiche gilt für eine schuldrechtliche (Neben-)Pflicht, die auf Abschluss einer Haftpflichtversicherung gerichtet ist,[10] und für tarifvertragliche Regelungen, aus denen eine Versicherungspflicht folgt.[11] Haftpflichtversicherungen, deren Abschluss **Behörden** (zB vor Erteilung eines Auftrags) nach pflichtgemäßem Ermessen anordnen (zB aufgrund von §§ 52 Abs. 1, 57 Abs. 1 LuftVZO oder § 63 Abs. 2 EichO) **oder Gerichte** verlangen (zB Versicherungsobliegenheit des Arbeitgebers im Rahmen des innerbetrieblichen Schadensausgleichs[12]), ohne dass eine Rechtspflicht zum Abschluss einer solchen Versicherung besteht, sind ebenfalls keine Pflichthaftpflichtversicherungen.[13] Das gilt auch für den Fall, dass der Abschluss einer Haftpflichtversicherung zu einer Auflage gemacht wird (zB

---

[5] *Huber* in Schwintowski/Brömmelmeyer/Ebers VVG § 113 Rn. 7 f.; *Schirmer* ZVersWiss Supplement 2006, 427 (439, 444 f.).
[6] Abschlussbericht der Reformkommission S. 370 zu § 115 VVG-E.
[7] *Beckmann* in Bruck/Möller VVG § 113 Rn. 9; *Klimke* in Prölss/Martin VVG § 113 Rn. 1.
[8] Begr. RegE, BT-Drs. 16/3945, 87; *Feyock* in Feyock/Jacobsen/Lemor VVG § 113 Rn. 1; *Beckmann* in Bruck/Möller VVG § 113 Rn. 1; *Schwartze* in Looschelders/Pohlmann VVG § 113 Rn. 5.
[9] *Feyock* in Feyock/Jacobsen/Lemor VVG § 113 Rn. 1; *Schwartze* in Looschelders/Pohlmann VVG § 113 Rn. 6; *Klimke* in Prölss/Martin VVG § 113 Rn. 2; *Langheid* in Langheid/Rixecker VVG § 113 Rn. 6.
[10] *Schwartze* in Looschelders/Pohlmann VVG § 113 Rn. 6; *Langheid* in Langheid/Rixecker VVG § 113 Rn. 6.
[11] *Huber* in Schwintowski/Brömmelmeyer/Ebers VVG § 113 Rn. 5.
[12] *Hübsch* BB 1998, 690.
[13] *Hübsch* in Berliner Kommentar VVG § 158b Rn. 3; *Schimikowski* in HK-VVG § 113 Rn. 2; *Klimke* in Prölss/Martin VVG § 113 Rn. 2; *Huber* in Schwintowski/Brömmelmeyer/Ebers VVG § 113 Rn. 5; *Jahnke* in Stiefel/Maier VVG § 113 Rn. 3.

§ 42 Abs. 2 Nr. 9 LuftVZO).[14] Die Auflage zwingt zwar, sie ist aber deswegen keine Rechtsvorschrift iSd § 113 Abs. 1, weil ihre Anordnung nur im pflichtgemäßen Ermessen der Behörde liegt.

8   Nach § 2 Abs. 1 Nr. 1–5 PflVG sind einige **juristische Personen der öffentlichen Hand** von der grds. bestehenden Versicherungspflicht für Kfz-Halter **befreit**, weil der Gesetzgeber die betreffenden Personen für hinreichend solvent gehalten hat, um Verpflichtungen gegenüber Geschädigten auch ohne Abschluss einer Haftpflichtversicherung sicher nachzukommen. § 2 Abs. 2 S. 1 PflVG räumt den Befreiten indes die Möglichkeit ein, eine Haftpflichtversicherung auf freiwilliger Basis abzuschließen. Machen sie davon Gebrauch, handelt es sich zwar nicht um Pflichthaftpflichtversicherungen, da § 2 Abs. 1 Nr. 1–5 PflVG die Versicherungspflicht gerade aufhebt. Auf die abgeschlossenen Versicherungsverträge sind aber die Vorschriften der §§ 113 ff., insbes. § 115, **entsprechend anzuwenden**.[15] Das liegt daran, dass die Befreiten analog § 2 Abs. 2 S. 1 PflVG den §§ 113–124 als „Quasi-Versicherer" einstandspflichtig sind, wenn sie sich dagegen entscheiden, freiwillig Haftpflichtversicherung zu suchen. Es ist nicht einzusehen, warum die geschädigten Dritten schlechter stehen sollen, wenn die befreiten juristischen Personen eine Haftpflichtversicherung abschließen, die – auch wenn sie freiwillig ist – ebenfalls den Zweck hat, die Interessen der Geschädigten zu schützen.

9   Ist der Abschluss einer Haftpflichtversicherung nur **eine von mehreren Möglichkeiten** für den Verpflichteten, um **Deckungsvorsorge** zu betreiben, liegt ebenfalls keine Pflichthaftpflichtversicherung vor.[16] Hat der Versicherungsnehmer die Wahl, ein Risiko alternativ auch durch Freistellungs- oder Gewährleistungsverpflichtung eines Kreditinstituts, des Bundes oder eines Landes abzudecken, lässt sich schlichtweg nicht von einer Pflicht zum Abschluss einer Haftpflichtversicherung sprechen. Beispiele für Vorschriften, die den Verpflichteten alternative Gestaltungsformen der Deckungsvorsorge einräumen, sind: § 94 AMG, § 19 UmweltHG oder § 36 GenTG. Auch die Möglichkeit, statt durch Eigenkapital mittels des Abschlusses einer Haftpflichtversicherung die Anforderungen des § 32 KWG zu erfüllen, genügt nicht, um diese Versicherung als Pflichthaftpflichtversicherung zu qualifizieren.[17] Teilweise ist indes angeordnet, dass die §§ 113–124 entsprechend gelten, wenn der Verpflichtete sein Wahlrecht dahingehend ausübt, dass er Deckungsvorsorge durch den Abschluss einer Haftpflichtversicherung betreibt, zB in § 94 Abs. 2 AMG. Daraus folgt im Umkehrschluss, dass die §§ 113–124 nicht zur Anwendung kommen, wo nicht angeordnet wird, dass sie entsprechend gelten sollen. Es lässt sich dann allenfalls darüber nachdenken, ob einzelne Vorschriften aus dem Bereich der Pflichthaftpflichtversicherung entsprechend gelten, wie dies etwa bei § 20 Abs. 1 Nr. 5 UmweltHG der Fall ist, der voraussetzt, dass § 117 Abs. 2 gilt.

10 Eine Verpflichtung zum Abschluss einer Haftpflichtversicherung, die aus der **Satzung einer berufsständischen Kammer** folgt (zB für Ärzte nach der Ärztekammersatzung in Bundesländern, die den Abschluss einer Haftpflichtversicherung für Ärzte nicht formell-gesetzlich vorschreiben), führt nicht zwingend dazu, dass die §§ 113–124 anwendbar sind.[18] Die allgemeine gesetzliche Befugnis der Kammer, die jeweiligen Berufspflichten zu regeln, genügt nicht, um eine Versicherungspflicht iSd § 113 Abs. 1 durch Satzung einzuführen. Das liegt an der Grundrechtsrelevanz der Anordnung einer Versicherungspflicht. Eine solche Anordnung ist mit Blick auf Art. 12 Abs. 1 S. 2 GG nur dann grundgesetzkonform, wenn der Gesetzgeber selbst die wesentlichen Entscheidungen getroffen,[19] dh durch eine bundes- oder landesrechtliche Ermächtigungsgrundlage die Kammern zur Anordnung

---

[14] Späte AHB Vorb. Rn. 107; aA *Hübsch* in Berliner Kommentar VVG § 158b Rn. 3; *Beckmann* in Bruck/Möller VVG § 113 Rn. 12; *Schimikowski* in HK-VVG § 113 Rn. 2.

[15] BGH VersR 1987, 1034; *Beckmann* in Bruck/Möller VVG § 113 Rn. 16; *Schwab* in Halm/Kreuter/Schwab PflVG § 2 Rn. 6; *Klimke* in Prölss/Martin VVG § 113 Rn. 3; *Huber* in Schwintowski/Brömmelmeyer/Ebers VVG § 113 Rn. 4; aA *Hübsch* in Berliner Kommentar VVG § 158b Rn. 10; *Johannsen* in Bruck, Bd. V/1, Kap. B Anm. 96, nur vertraglicher Direktanspruch; einschränkend *Jahnke* in Stiefel/Maier VVG § 113 Rn. 5, nur Nachfolgeregelungen von § 3 PflVG aF.

[16] *Hübsch* in Berliner Kommentar VVG § 158b Rn. 2; *Dallwig* in Staudinger/Halm/Wendt VVG § 113 Rn. 2; *Schwab* in Halm/Kreuter/Schwab VVG § 113 Rn. 1; *Huber* in Schwintowski/Brömmelmeyer/Ebers VVG § 113 Rn. 5; *Raschauer* VR 2005, 35; *Boettinger* NeumannZ 1940, 276 (277); aA *Beckmann* in Berliner Kommentar VVG § 158c Rn. 6; *Beckmann* in Bruck/Möller VVG § 113 Rn. 15; *v. Bar* AcP 81 (1981), 289 (314); *Wagner* VersR 1991, 249 (255); zur Deckungsvorsorge allg. *Wandt* VersR Rn. 1277; *Schimikowski* ZfV 1991, 414.

[17] *Steinborn* in BeckOK VVG § 113 Rn. 9; offengelassen von LG Frankenthal BeckRS 2015, 10241.

[18] *Hübsch* in Berliner Kommentar VVG § 158b Rn. 4; *Schwartze* in Looschelders/Pohlmann VVG § 113 Rn. 7; enger *Klimke* in Prölss/Martin VVG § 113 Rn. 1; *Späte* AHB Vorb. Rn. 107; *Lipp* in Laufs/Katzenmeier Lipp, Arztrecht, 7. Aufl. 2015, Kapitel II, Rn. 8 (nie zulässig); aA *Uhlenbruck/Schlund* in Laufs/Uhlenbruck, Handbuch des Arztrechts, 3. Aufl. 2002, § 22 Rn. 2.

[19] Allg. BVerfGE 33, 125 (158 ff.); 45, 393 (399).

einer Versicherungspflicht ermächtigt hat.[20] Ein Beispiel dafür ist § 31 Abs. 2 Heilberufe-Kammergesetz Baden-Württemberg. Wo dies nicht der Fall ist, ist die Anordnung einer Versicherungspflicht in der Satzung einer berufsständischen Kammer unwirksam.[21] Diese Differenzierung ist nicht nur grundgesetzlich geboten, sondern auch praktisch sinnvoll. Eine Pflichthaftpflichtversicherung ist nur dann sinnvoll, wenn auch wirksam kontrolliert werden kann, ob die Praxis ihrer Verpflichtung nachkommt. Ist keine zuständige Stelle iSd § 117 vorhanden, welcher der Abschluss und die Kündigung des entsprechenden Versicherungsvertrags anzuzeigen ist, und die gegebenenfalls gegen Zuwiderhandlungen einschreitet, läuft die Anordnung einer Pflichthaftpflichtversicherung leer.[22] Eine zuständige Stelle kann aber nur durch den Bundes- oder Landesgesetzgeber benannt werden.

Im Schrifttum ist erwogen worden, in der 2013 eingeführten Sanktion der **Anordnung des** **10a** **Ruhens der Approbation** bei nicht ausreichender Haftpflichtversicherung eines Arztes in § 6 Abs. 1 Nr. 5 BÄO eine Rechtsvorschrift iSd § 113 zu sehen.[23] Das überzeugt nicht, da eine Rechtsvorschrift in diesem Sinne nur eine solche sein kann, welche den Versicherungsverpflichteten als Adressaten hat. § 6 Abs. 1 Nr. 5 BÄO richtet sich hingegen an die nach § 12 Abs. 4 BÄO zuständige Behörde. Überdies kann eine Pflicht zum Abschluss einer Haftpflichtversicherung **nur durch eine ausdrückliche Anordnung** in einer Rechtsvorschrift begründet werden, nicht durch einen bloß mittelbar wirkenden Zwang oder einen bloßen Reflex.

Unklar ist weiterhin, ob eine Pflicht zum Abschluss einer Haftpflichtversicherung anzunehmen **10b** ist, wenn eine Satzung anordnet, dass bestimmte Personen Haftpflichtversicherungsschutz nehmen „sollen", wie dies etwa bei den Satzungen der Industrie- und Handelskammern hinsichtlich öffentlich bestellter und vereidigter Sachverständiger der Fall ist (jeweils § 14 Abs. 2 der Satzung). Diese Satzungsbestimmungen gehen auf § 36 Abs. 4 GewO zurück, beruhen also auf einer bundesrechtlichen Ermächtigung. Das Sollensgebot verdichtet sich in den Satzungen zudem zu einer Pflicht zum Abschluss einer Haftpflichtversicherung, wie schon die systematische Einordnung in den Kanon der „Pflichten des öffentlich bestellten und vereidigten Sachverständigen" zeigt.[24] Es ist daher davon auszugehen, dass die §§ 113 ff. auf die von den Sachverständigen abgeschlossenen Versicherungsverträge anzuwenden sind.

Die gesetzliche Anordnung einer Versicherungspflicht kann **Schutzgesetz iSd § 823 Abs. 2** **11** **BGB oder § 839 Abs. 1 BGB** sein, da sie auch den Schutz des Geschädigten bezweckt.[25] Schließt der Verpflichtete entsprechend keine Haftpflichtversicherung ab, haftet er im Schadensfall aus § 823 Abs. 2 BGB auf Schadensersatz. Überwacht eine iSd § 117 Abs. 2 S. 1 zuständige Stelle (zB die Kfz-Zulassungsstelle) die Einhaltung der Versicherungspflicht nicht oder nicht ordnungsgemäß, kommen Amtshaftungsansprüche in Betracht.

III. Kreis der Pflichthaftpflichtversicherer

Eine Pflichthaftpflichtversicherung kann nach § 113 Abs. 1 Hs. 2 nur bei einem Versicherungs- **12** unternehmen genommen werden, das im Inland zum Geschäftsbetrieb zugelassen ist. **Hintergrund** dieser Bestimmung ist die mittlerweile aufgehobene, europarechtlich motivierte Sonderanknüpfungsregel des Art. 12 Abs. 2 S. 1 EGVVG aF, die heute – unverändert – in § 46c EGBGB aufgegangen ist.[26] Danach unterliegt ein Versicherungsvertrag in der Haftpflichtversicherung, der auf Grundlage einer Versicherungspflicht abgeschlossen wurde, stets dem deutschen Recht. Flankierend erschien es dem Gesetzgeber sinnvoll, dass der Vertrag auch nur mit einem Versicherungsunternehmen abgeschlossen werden kann, das in Deutschland zum Geschäftsbetrieb zugelassen ist.[27]

---

[20] AG Regensburg GesR 2014, 163 Rn. 19; *Hübsch* in Berliner Kommentar VVG § 158b Rn. 4; *Beckmann* in Bruck/Möller VVG § 113 Rn. 13; *Huber* in Schwintowski/Brömmelmeyer/Ebers VVG § 113 Rn. 3; *Steinborn* in BeckOK VVG § 113 Rn. 7; *Hersch/Hersch* r+s 2016 541 (543 f.); offen gelassen von OLG Nürnberg VersR 2013, 711 (712 f.).
[21] *Schwartze* in Looschelders/Pohlmann VVG § 113 Rn. 7; das übersieht die Antwort auf die kleine Anfrage BT-Drs. 16/5497, 18.
[22] *Hersch/Hersch* r+s 2016, 541 (544).
[23] Angedacht von *Schirmer* in Lorenz Karlsruher Forum 2013, 2014, S. 83 (92); verworfen dann aber auf S. 138; krit. zur Annahme einer Versicherungspflicht in diesem Fall *Brand* in Lorenz Karlsruher Forum 2013, 2014, S. 125, 127.
[24] *Beckmann* in Bruck/Möller VVG § 113 Rn. 14.
[25] OLG Düsseldorf VersR 1973, 374; *Dallwig* in Staudinger/Halm/Wendt VVG § 113 Rn. 3; *Schwartze* in Looschelders/Pohlmann VVG § 113 Rn. 9; *Steinborn* in BeckOK VVG § 113 Rn. 8.
[26] Internationales Versicherungsvertragsrecht, Looschelders in Langheid/Wandt Rn. 28, 102 ff.; und knapp *Jahnke* in Stiefel/Maier VVG § 113 Rn. 7.
[27] Begr. RegE BT-Drs. 16/3945, 87.

13 Die in § 113 Abs. 1 Hs. 2 ausgesprochene Begrenzung des Kreises der Pflichthaftpflichtversicherer stammt aus dem Recht der **Kfz-Haftpflichtversicherung** (§ 5 Abs. 1 PflVG) und wurde im Rahmen der Neukodifikation von 2008 für sämtliche Pflichthaftpflichtversicherungen verallgemeinert.[28] Damit ist der Reformgesetzgeber seinem grundlegenden Ansatz im Rahmen der Neukodifikation gefolgt (→ Vor § 113 Rn. 14).

14 Welche Versicherungsunternehmen im Inland zum Geschäftsbetrieb zugelassen sind, bestimmt das **Versicherungsaufsichtsrecht**. Dieses kennt drei Gruppen von Versicherungsunternehmen, auf welche die Voraussetzungen des § 113 Abs. 1 Hs. 2 zutreffen: **(1)** Pflichthaftpflichtversicherung kann bei Versicherungsunternehmen mit **Sitz im Inland** genommen werden, denen eine Erlaubnis nach § 9 ff. VAG erteilt worden ist. Ein Versicherungsunternehmen, das Pflichthaftpflichtversicherungen anbieten möchte, hat gem. § 9 Abs. 1, 2, 4 Nr. 4 und Nr. 6 VAG bei der Aufsichtsbehörde neben dem Geschäftsplan auch die AVB einschließlich etwaiger Sonder- oder Zusatzbedingungen vorzulegen.[29] Aufgrund der besonderen sozialen Bedeutung der Pflichthaftpflichtversicherung prüft die Aufsichtsbehörde die AVB auf Einhaltung der Vorschriften, welche die Versicherungspflicht, die abgedeckt werden soll, anordnen.[30] Das geht auf eine Erwägung der VVG-Reformkommission zurück.[31] Ferner ist zu beachten, dass es Versicherungsunternehmen, die Pflichthaftpflichtversicherungen betreiben, nach § 47 Nr. 13 VAG der Aufsichtsbehörde anzuzeigen haben, wenn sie beabsichtigen, neue AVB zu verwenden. Diese sind mit der Anzeige zu übersenden.[32] **(2)** Auch bei Versicherungsunternehmen mit Sitz in einem **EU- oder EWR-Mitgliedstaat** kann Pflichthaftpflichtversicherung genommen werden. Voraussetzung dafür ist, dass das Versicherungsunternehmen über eine Erlaubnis der zuständigen Behörde im Herkunftsland verfügt[33] und die Voraussetzungen des § 9 VAG erfüllt sind. Dazu gehört insbes. eine Unterrichtung der deutschen Aufsichtsbehörde, also der BaFin. **(3)** Schließlich können auch Unternehmen, die ihren Sitz **außerhalb des EWR** haben, Pflichthaftpflichtversicherungen anbieten. Das setzt voraus, dass sie im Besitz einer Erlaubnis durch die deutsche Aufsichtsbehörde nach § 67 Abs. 1 VAG sind.

Im Einzelfall kann dieser sehr weite Kreis der zugelassenen Anbieter es schwer machen, festzustellen, ob der fragliche Versicherer tatsächlich befugt ist, im Inland Pflichthaftpflichtversicherungen anzubieten, wenn geprüft wird, ob die Versicherungspflicht eingehalten ist.

15 Liegt ein **Verstoß gegen § 113 Abs. 1 Hs. 2** vor, bleibt der Versicherungsvertrag zivilrechtlich wirksam.[34] Der Versicherungsnehmer kann den Versicherer entsprechend auf Leistung in Anspruch nehmen. Ebenso gelten die §§ 113–124 für das Versicherungsverhältnis. § 113 Abs. 1 Hs. 2 will nämlich nicht den Schutz des geschädigten Dritten aushebeln, der anderenfalls um seinen Direktanspruch aus § 115 und weitere Schutzvorschriften gebracht wäre. Zu beachten ist aber, dass der Versicherungsnehmer bei einem Verstoß gegen § 113 Abs. 1 Hs. 2 mit dem Abschluss des Vertrages nicht der Versicherungspflicht genügt, der er unterliegt. In dem Gesetz, das die Versicherungspflicht anordnet, können für einen solchen Fall besondere Rechtsfolgen angeordnet sein.[35] Das Versicherungsunternehmen, das unter Verstoß gegen § 113 Abs. 1 Hs. 2 Haftpflichtversicherungsschutz anbietet, unterliegt uneingeschränkt der Versicherungsaufsicht, die entsprechend Maßnahmen der laufenden Aufsicht nach §§ 294 ff. VAG ergreifen kann.[36]

IV. Kontrahierungszwang

16 Die Anordnung einer Versicherungspflicht ist nur legitim, wo der Verpflichtete auch die Möglichkeit hat, den geforderten Versicherungsschutz auf dem Versicherungsmarkt zu bekommen.[37] Man könnte daher annehmen, Pflichthaftpflichtversicherungen seien von Kontrahierungszwängen flankiert,

---

[28] *Schirmer* ZVersWiss Supplement 2006, 427 (440).
[29] *Klimke* in Prölss/Martin VVG § 113 Rn. 5; *Schwab* in Halm/Kreuter/Schwab VVG § 113 Rn. 13; *Schwartze* in Looschelders/Pohlmann VVG § 113 Rn. 10; näher *Brand* in Brand/Baroch Castellvi VAG § 9 Rn. 61 f. und 66.
[30] *Langheid* in Langheid/Rixecker VVG § 113 Rn. 4; krit. *Kaulbach* in Kaulbach/Bähr/Pohlmann VAG § 5 Rn. 52.
[31] Abschlussbericht der VVG-Reformkommission S. 83 f.
[32] Näher *Baroch Castellvi* in Brand/Baroch Castellvi VAG § 47 Rn. 28; *Kölschbach et al.* in Prölss/Dreher VAG § 47 Rn. 37.
[33] *Schwab* in Halm/Kreuter/Schwab VVG § 113 Rn. 15; *Schwartze* in Looschelders/Pohlmann VVG § 113 Rn. 11; *Wandt* VersR Rn. 79.
[34] *Beckmann* in Bruck/Möller VVG § 113 Rn. 21; *Klimke* in Prölss/Martin VVG § 113 Rn. 6; *Schimikowski* in HK-VVG § 113 Rn. 5; *Schwartze* in Looschelders/Pohlmann VVG § 113 Rn. 12.
[35] *Feyock* in Feyock/Jacobsen/Lemor PflVG § 5 Rn. 3.
[36] BVerwG VersR 1987, 701; *Beckmann* in Bruck/Möller VVG § 113 Rn. 21.
[37] *Lorenz* in Beckmann/Matusche-Beckmann VersR-HdB § 1 Rn. 103; *Kramer* VersR 1965, 821 (823).

welche die Versicherer verpflichten würden, Versicherungsprodukte anzubieten, die Deckung für die fraglichen, mit einer Versicherungspflicht belegten Tätigkeiten gewähren. So wäre sichergestellt, dass abschlusswillige Versicherungsnehmer stets mit aufnahmewilligen Versicherern zusammenkommen. Der Preis dafür wäre allerdings ein scharfer Eingriff in die Vertragsabschlussfreiheit des Versicherers, der einer strengen Verhältnismäßigkeitsprüfung unterläge. Der **Gesetzgeber** hat jedoch – anders als etwa in der privaten Pflege- (§ 110 SGB XI) und der privaten Krankenversicherung (§ 193 Abs. 5 S. 1) – **davon abgesehen,** die Pflichthaftpflichtversicherer einem Kontrahierungszwang zu unterwerfen. Er hat sich darauf verlassen, dass der Markt ein hinreichendes Versicherungsangebot für diejenigen bereithält, die eine Tätigkeit ausüben wollen, für die Versicherungspflicht besteht. Bisher scheint diese Annahme des Gesetzgebers in der Rechtswirklichkeit zuzutreffen. Versorgungslücken sind nicht bekannt geworden.

Eine Ausnahme vom Grundsatz der Vertragsabschlussfreiheit in der Pflichthaftpflichtversicherung gilt für die **Kfz-Haftpflichtversicherung.** Hier ist in § 5 Abs. 2 PflVG ein Kontrahierungszwang zugunsten sämtlicher Versicherungsnehmer und Fahrzeugarten angeordnet. Er bezieht sich auf Versicherungsverträge, die dem gesetzlichen Mindeststandard entsprechen. Für bestimmte Fahrzeugarten wird dieser Kontrahierungszwang in § 5 Abs. 3 PflVG noch in gemeinschaftsrechtlich bedenklicher Art und Weise durch eine Annahmefiktion verschärft.[38] Eine Einschränkung erfährt der Kontrahierungszwang nach § 5 Abs. 2 PflVG durch § 5 Abs. 4 PflVG. Danach kann sich der Versicherer dem Kontrahierungszwang im Einzelfall entziehen, wenn bestimmte Beschränkungen im Geschäftsplan des Versicherers vorgesehen sind oder der Versicherungsnehmer bereits wegen bestimmter Pflicht- oder Obliegenheitsverletzungen auffällig geworden ist (zB arglistige Täuschung). Solche Ausnahmen sind durch den Verhältnismäßigkeitsgrundsatz geboten, da der Versicherer andernfalls gezwungen wäre, Verträge unter unzumutbaren Bedingungen abzuschließen.[39]

D. Bescheinigungspflicht des Versicherers (Abs. 2)

§ 113 Abs. 2 verpflichtet den Versicherer, dem Versicherungsnehmer eine Bescheinigung auszuhändigen, aus der sich ergibt, dass er seiner anderweitig angeordneten Pflicht, eine Pflichthaftpflichtversicherung abzuschließen, ordnungsgemäß nachgekommen ist. Das soll es dem Versicherungsnehmer ermöglichen, Nachweispflichten über den Abschluss einer Haftpflichtversicherung (zB § 34d Abs. 2 Nr. 3 GewO) zu erfüllen. Umgekehrt soll der Vertragspartner des Versicherungsnehmers Gewissheit darüber erlangen, dass Versicherungsschutz besteht und ihm entsprechend ein solventer Schuldner gegenübersteht. In § 5 Abs. 6 PflVG, § 106 Abs. 1 LuftVZO wird die betreffende Bescheinigung „Versicherungsbestätigung" genannt, in § 7a Abs. 1 S. 2 GüKG und § 23 FZV „Versicherungsnachweis". Gemeint ist jeweils das Gleiche.[40]

Aus der Bescheinigung muss hervorgehen, dass ein Vertrag abgeschlossen wurde, mit dem der Versicherungsnehmer seiner Versicherungspflicht genügt. Es ist daher nicht nur klarzustellen, dass es sich um eine Pflichthaftpflichtversicherung handelt, sondern auch die Vorschrift zu nennen, auf der die Versicherungspflicht beruht.[41] Nur so ist klar, welcher Maßstab einer Überprüfung des Vertrages zugrunde gelegt werden muss. Des Weiteren hat der Versicherer in der Bescheinigung die **wesentlichen Eckpunkte des Vertragsinhalts** zu skizzieren und zu bestätigen, dass die abgeschlossene Haftpflichtversicherung den Anforderungen der Vorschriften für eine Pflichthaftpflichtversicherung der fraglichen Art genügt. Dazu gehört nach dem Wortlaut des § 113 Abs. 2 in jedem Fall die Angabe der Versicherungssumme.[42] Das liegt daran, dass in der Vorschrift, die eine Versicherungspflicht anordnet, zumeist auch eine Mindestversicherungssumme vorgeschrieben sein wird, deren Einhaltung anhand der Bescheinigung überprüfbar sein muss. Hilfsweise geht es um die Einhaltung der subsidiären Mindestsummen des § 114 Abs. 1. Anzugeben ist aber die tatsächlich vereinbarte Versicherungssumme, nicht die Mindestversicherungssumme nach den gesetzlichen Vorschriften.[43] Wäre dem nicht so, fiele es dem geschädigten

---

[38] *Feyock* in Feyock/Jacobsen/Lemor PflVG § 5 Rn. 18.
[39] *Schwartze* in Looschelders/Pohlmann VVG § 113 Rn. 4.
[40] *Hübsch* in Berliner Kommentar VVG § 158b Rn. 47; *Huber* in Schwintowski/Brömmelmeyer/Ebers VVG § 113 Rn. 10.
[41] *Schwab* in Halm/Kreuter/Schwab VVG § 113 Rn. 19.
[42] *Langheid* in Langheid/Rixecker VVG § 113 Rn. 7; *Huber* in Schwintowski/Brömmelmeyer/Ebers VVG § 113 Rn. 10.
[43] *Schwab* in Halm/Kreuter/Schwab VVG § 113 Rn. 19; *Langheid* in Römer/Langheid, 2. Aufl. 2003, VVG § 158b Rn. 3; aA *Huber* in Schwintowski/Brömmelmeyer/Ebers VVG § 113 Rn. 10.

Dritten schwer, seine Rechte aus § 113 Abs. 3 zu verfolgen. Der Versicherer haftet dem Versicherungsnehmer für die Richtigkeit der Angaben.[44] Das Ausstellen der Bescheinigung allein führt nicht zu einer Haftung des Versicherers gegenüber dem geschädigten Dritten.[45] Wäre dem so, wäre § 117 weitgehend gegenstandslos.

20 Da der Versicherer gem. § 3 Abs. 1 dem Versicherungsnehmer gegenüber verpflichtet ist, diesem einen **Versicherungsschein** zu übermitteln, kann dieser mit der Bescheinigung nach Abs. 2 **verbunden werden**.[46] Das war bisher in § 158b Abs. 2 S. 2 VVG aF ausdrücklich bestimmt. Obwohl sie diese Regel nicht übernahm, wollte die Neukodifikation von 2008 daran nichts ändern (→ Rn. 2). Die Bestätigung des Versicherers nach § 113 Abs. 2 kann daher nach wie vor in den Text des Versicherungsscheins aufgenommen werden. Das wird in der Praxis auch regelmäßig der Fall sein. Eine Ausnahme gilt nur, wo das Gesetz, das den Versicherungsnehmer dazu verpflichtet, Haftpflichtversicherung zu nehmen, anordnet, dass die Bescheinigung in einer gesonderten Urkunde zu erteilen ist. Das trifft etwa auf § 7a Abs. 1 S. 2 GüKG zu. Es handelt sich zumeist um Fälle, in denen die Bescheinigung bei einer Behörde vorzulegen oder von demjenigen, welcher der Versicherungspflicht unterliegt, oder einer (mit-)versicherten Person mitzuführen ist.[47]

21 Die Bescheinigung nach § 113 Abs. 2 ist dem Versicherungsschein ihrer Natur nach durchaus verwandt. Deswegen lässt sich darüber nachdenken, Regelungslücken, die § 113 Abs. 2 enthält, dadurch zu schließen, dass **Vorschriften über den Versicherungsschein entsprechend** angewandt werden. In diesem Sinne sollte der Versicherungsnehmer analog § 3 Abs. 3 bei **Verlust der Versicherungsbestätigung** eine neue Bestätigung oder eine Abschrift verlangen können.[48] Ebenso ist analog § 3 Abs. 1 für die Bescheinigung **Textform** (§ 126b BGB) zu verlangen,[49] obwohl § 113 Abs. 2 keine solche Formvorschrift enthält. Analog § 3 Abs. 1 kann der Versicherungsnehmer schließlich eine Übermittlung der Bescheinigung als Urkunde anstelle einer Übermittlung in Textform verlangen.

22 Entgegen einer im Schrifttum vertretenen Auffassung[50] **modifiziert** § 113 Abs. 2 die **inhaltlichen Anforderungen an den Versicherungsschein nicht,** und zwar selbst dann nicht, wenn die Bescheinigung nach § 113 Abs. 2 und der Versicherungsschein in einem Dokument zusammengefasst sind. Das liegt daran, dass die beiden Erklärungen unterschiedliche Zwecke verfolgen.[51] Der Versicherungsschein soll den Versicherungsnehmer informieren, ihn – wenn der Versicherungsschein als Urkunde ausgestellt ist – legitimieren (§ 4 Abs. 1) und ihm ein Beweismittel an die Hand geben. Die Bestätigung nach § 113 Abs. 2 soll dem Versicherungsnehmer hingegen den Nachweis ermöglichen, dass er der Versicherungspflicht, der er unterliegt, genügt.

23 Es ist daher davon auszugehen, dass die Anforderungen an einen Versicherungsschein nach § 3 unabhängig davon erfüllt sind, ob auch die Voraussetzungen des § 113 Abs. 2 eingehalten sind.[52] Die **Widerrufsfrist** nach § 8 Abs. 1 beginnt entsprechend zu laufen, sobald der Versicherungsnehmer den Versicherungsschein und die weiteren Informationen erhalten hat. Dass der Versicherungsschein den Anforderungen an eine Versicherungsbestätigung nach § 113 Abs. 2 genügt, ist zur Auslösung des Fristbeginns nach § 8 Abs. 2 Nr. 1 nicht nötig.

24 Umgekehrt hat der Versicherungsnehmer bis zur Übermittlung von Versicherungsschein iSd § 3 Abs. 1 und Versicherungsbescheinigung iSd § 113 Abs. 2 hinsichtlich der **Prämie** nicht etwa ein Zurückbehaltungsrecht gem. § 273 Abs. 1 BGB (so noch nach Maßgabe des § 35 S. 2 VVG aF).[53] Die Prämie wird gem. § 33 Abs. 1 überhaupt erst fällig, wenn sowohl der Versicherungs-

---

[44] *Hübsch* in Berliner Kommentar VVG § 158b Rn. 47; *Schimikowski* in HK-VVG § 113 Rn. 4; *Klimke* in Prölss/Martin VVG § 113 Rn. 6.
[45] *Schwartze* in Looschelders/Pohlmann VVG § 113 Rn. 8; *Dallwig* in Staudinger/Halm/Wendt VVG § 113 Rn. 6; *Dallwig* Deckungsbegrenzungen S. 219 ff.; aA *Huber* in Schwintowski/Brömmelmeyer/Ebers VVG § 113 Rn. 8.
[46] *Beckmann* in Bruck/Möller VVG § 113 Rn. 24; *Klimke* in Prölss/Martin VVG § 113 Rn. 6.
[47] *Hübsch* in Berliner Kommentar VVG § 158b Rn. 48.
[48] *Schwartze* in Looschelders/Pohlmann VVG § 113 Rn. 13.
[49] Teilweise aA *Schwab* in Halm/Kreuter/Schwab VVG § 113 Rn. 18 f., zwingend Urkunde in der Pflichthaftpflichtversicherung.
[50] *Feyock* in Feyock/Jacobsen/Lemor VVG § 113 Rn. 4; *Schimikowski* in HK-VVG § 113 Rn. 4; *Langheid* in Römer/Langheid, 2. Aufl. 2003, VVG § 158b Rn. 3 meint wohl keine Modifikation des § 3, sondern benutzt den Begriff der „Modifikation", um die Wirkweise des § 113 Abs. 2 (bzw. § 158b Abs. 2 VVG aF) zu beschreiben; unklar *Jahnke* in Stiefel/Maier VVG § 113 Rn. 34.
[51] *Schwartze* in Looschelders/Pohlmann VVG § 113 Rn. 13.
[52] *Beckmann* in Bruck/Möller VVG § 113 Rn. 24; *Schimikowski* in HK-VVG § 113 Rn. 6; *Schwartze* in Looschelders/Pohlmann VVG § 113 Rn. 13.
[53] So aber *Schwartze* in Looschelders/Pohlmann VVG § 113 Rn. 13; *Klimke* in Prölss/Martin VVG § 113 Rn. 8.

schein als auch die Versicherungsbescheinigung inhaltlich vollständig und korrekt übermittelt wurden.⁵⁴

In der **Kfz-Haftpflichtversicherung** kann die Aushändigung der Bescheinigung von der 25 Zahlung der ersten Prämie abhängig gemacht werden, § 5 Abs. 6 PflVG. In der Praxis wird die Versicherungsbestätigung vom Versicherer ausschließlich gem. § 23 Abs. 3 FZV elektronisch an die Zulassungsbehörde übermittelt oder zum Abruf bereitgestellt, um sicher zu stellen, dass das Kfz reibungslos zugelassen wird.⁵⁵

E. Folgen vertraglicher Deckungserweiterungen (Abs. 3)

In der Praxis werden für Tätigkeiten, die einer Pflichthaftpflichtversicherung unterliegen, uU 26 Versicherungsverträge abgeschlossen, die in ihrem Umfang über dasjenige hinausgehen, was die Mindeststandards verlangen. Zu denken ist an Versicherungssummen, die über die vorgeschriebenen Mindestversicherungssummen hinausgehen, eine inhaltliche Erweiterung über die Muster-AVB hinaus (zB Einsatz eines Kfz als reine Arbeitsmaschine in der Kfz-Haftpflichtversicherung), **Erweiterungen** des Kreises der Mitversicherten über die gesetzlichen Standards hinaus oder eine Erstreckung des räumlichen (zB asiatischer Teil der Türkei oder Russlands) oder zeitlichen Geltungsbereichs.⁵⁶ Versicherer bieten insbes. „guten Risiken", die sie an sich ziehen wollen, um den Risikomix zu verbessern, einen solchen erweiterten Schutz an. Teilweise, insbes. in der Kfz-Haftpflichtversicherung, drohen auch Haftungsrisiken mit einer durchaus beachtlichen Eintrittswahrscheinlichkeit, die höhere vertragliche Versicherungssummen angezeigt erscheinen lassen (zB Tunnelunfälle, Kollisionen mit Zügen⁵⁷).

§ 113 Abs. 3 ordnet vor diesem Hintergrund an, dass die Vorschriften der §§ 113–124 auf den gesamten Vertrag anzuwenden sind, wenn dieser zumindest zum Teil als Pflichthaftpflichtversicherung zu qualifizieren ist. Diese Regelung bewahrt die **Vertragseinheit** (→ Rn. 1). Gerade bei Großschäden ist § 113 Abs. 3 auch für den geschädigten Dritten praktisch bedeutsam.⁵⁸

Die Regel des § 113 Abs. 3 hat zur Folge, dass bei einer **Veräußerung einer Sache,** die der 27 Haftpflichtversicherung unterliegt, der Gesamtvertrag gem. §§ 122, 95–98 auf den Erwerber übergeht, wenn die gesetzlichen Mindestanforderungen überschritten werden.⁵⁹ Der Erwerber kommt also zB in den Genuss einer vereinbarten erhöhten Versicherungssumme. Ebenso besteht in den Fällen des § 115 Abs. 1 ein **Direktanspruch** des geschädigten Dritten gegen den Versicherer im vollen Umfang des Versicherungsschutzes.⁶⁰ Im Gegenzug kann der Versicherer auch Verletzungen der **Obliegenheiten aus §§ 119, 120** rügen, ohne die der Direktanspruch kaum praktikabel ist.⁶¹ Macht der geschädigte Dritte den Direktanspruch nach §§ 115 Abs. 1, 117 Abs. 1 bei einem Vertrag, der nur zum Teil eine Pflichthaftpflichtversicherung regelt, in vollem Umfang geltend, kann der Versicherer dem nach § 114 Abs. 2 S. 2 einen **Selbstbehalt** im Verhältnis zum Versicherungsnehmer nicht entgegenhalten. Die Wirkung des § 113 Abs. 3 ist in diesem Fall, dass der Ausschluss der Einwendung eines Selbstbehalts sich auch auf den Teil des Vertrages erstreckt, der nicht Pflichthaftpflichtversicherung ist.⁶² Aus § 113 Abs. 3 folgt auch, dass **§ 117 Abs. 3** auf Versicherungsverträge insgesamt anzuwenden ist, die eine Pflichthaftpflichtkomponente aufweisen. Der Versicherer haftet dem geschädigten Dritten gegenüber – auch bei vereinbarten höheren Deckungssummen – nur im Rahmen der Mindestdeckungssummen, wenn er dem Versicherungsnehmer gegenüber leistungsfrei

---

⁵⁴ Zu den Rechtsfolgen fehlender oder fehlerhafter Übermittlung → § 33 Rn. 20.
⁵⁵ *Feyock* in Feyock/Jacobsen/Lemor VVG § 113 Rn. 3; *Jahnke* in Stiefel/Maier VVG § 113 Rn. 36 f.
⁵⁶ *Hübsch* in Berliner Kommentar VVG § 158k Rn. 2; *Schwab* in Halm/Kreuter/Schwab VVG § 113 Rn. 28 ff.; *Klimke* in Prölss/Martin VVG § 113 Rn. 9; *Huber* in Schwintowski/Brömmelmeyer/Ebers VVG § 113 Rn. 11.
⁵⁷ Weitere Beispiele und Nachweise bei *Schwab* in Halm/Kreuter/Schwab VVG § 113 Rn. 25 f.; *Neeb* MunichRe K-Forum 1/2001, 4 ff.
⁵⁸ *Schwab* in Halm/Kreuter/Schwab VVG § 113 Rn. 1.
⁵⁹ So auch *Langheid* in Langheid/Rixecker VVG § 113 Rn. 8; *Dallwig* in Staudinger/Halm/Wendt VVG § 113 Rn. 8.
⁶⁰ *Klimke* in Prölss/Martin VVG § 113 Rn. 9.
⁶¹ *Schwartze* in Looschelders/Pohlmann VVG § 113 Rn. 18; *Klimke* in Prölss/Martin VVG § 113 Rn. 9; aA *Hübsch* in Berliner Kommentar VVG § 158k Rn. 1.
⁶² *Huber* in Schwintowski/Brömmelmeyer/Ebers VVG § 113 Rn. 12; *Schirmer* ZVersWiss Supplement 2006, 427 (442).

ist.[63] **§ 117 Abs. 3** ist dabei nicht etwa *lex specialis* zu § 113 Abs. 3.[64] Seine Anwendbarkeit ergibt sich unmittelbar aufgrund des Verweises in § 113 Abs. 3.[65] In der Kfz-Haftpflichtversicherung gilt § 3b PflVG für den Gesamtvertrag.[66]

28 § 113 Abs. 3 schließt es nicht aus, dass die **Parteien vereinbaren,** dass **getrennte Verträge** über den zwingenden Mindestschutz einerseits und darüber hinausgehende Deckungserweiterungen andererseits geschlossen werden, wenn dies dem Parteiwillen entspricht.[67] Der über den zwingenden Mindestumfang hinausgehende, selbständige Vertrag ist dann eine allgemeine Haftpflichtversicherung, keine Pflichthaftpflichtversicherung, so dass nur die §§ 100–112 gelten und nicht auch die §§ 113–124. Eine solche Aufspaltung kann für den Versicherungsnehmer von Interesse sein, wenn es ihm darauf ankommt, eine geringere Prämie zu zahlen: Der Schutz einer allgemeinen Haftpflichtversicherung ist aufgrund der besseren Stellung des Versicherers idR günstiger zu haben als eine Pflichthaftpflichtversicherung.[68] Für den Versicherer ist eine Vertragsgestaltung, die einen Basisvertrag vorsieht und einen darauf aufbauenden zweiten Vertrag, der den ergänzenden Versicherungsschutz regelt, interessant, weil er auf diese Weise den Rechtsfolgen des § 113 Abs. 3 entgeht. In der Praxis wird sich daher eine solche Vorgehensweise wohl als Standard etablieren.[69]

29 § 113 Abs. 3 geht davon aus, dass der Versicherungsfall bereits eingetreten ist und ein Pflichthaftpflichtversicherungsvertrag zwischen den Parteien mit einem erweiterten Umfang bereits besteht.[70] Aus dem Normzweck der Vorschrift, zu verhindern, dass es zu einer Aufspaltung des Versicherungsvertrags kommt, lässt sich nicht folgern, dass es einen **Kontrahierungszwang** gäbe, der über die Mindestdeckung hinausginge.[71] Grundsätzlich ist die Pflichthaftpflichtversicherung überhaupt nicht durch einen Kontrahierungszwang flankiert (→ Rn. 16 f.). Wo spezialgesetzlich dennoch ein Kontrahierungszwang geregelt ist (zB § 5 Abs. 2 PflVG), kann dieser in seinem Umfang nur so weit gehen, wie die Versicherungspflicht reicht. Für die Kfz-Haftpflichtversicherung ist das in § 5 Abs. 2 PflVG ausdrücklich geregelt. Diese Regel lässt sich für sämtliche Pflichthaftpflichtversicherungen verallgemeinern.

30 § 113 Abs. 3 ist **analog** auf Verträge anzuwenden, die an sich als Pflichthaftpflichtversicherungen zu qualifizieren sind, aber von Parteien abgeschlossen werden, die nicht der Versicherungspflicht unterliegen. Zu denken ist insbes. an Verträge in der Kfz-Haftpflichtversicherung, die von Personen abgeschlossen werden, die Halter iSv § 2 Abs. 1 Nr. 1–5 PflVG sind. Dabei handelt es sich nicht um Pflichthaftpflichtversicherungsverträge (→ Rn. 8). Aus teleologischen Gründen spricht Vieles dafür, dass § 113 Abs. 3 dennoch gilt.[72] Vor allem der von den §§ 113–124 bezweckte Schutz des geschädigten Dritten streitet für eine solche Auslegung. Der Einwand, die Kfz-Haftpflichtversicherung habe über die gesetzliche Mindestversicherungssumme hinaus nicht die Funktion, die Eigenhaftung nach § 2 Abs. 2 PflVG zu ersetzen, vermag nicht zu überzeugen. Umgekehrt spricht allein die Tatsache, dass ein Direktanspruch besteht, noch nicht zwingend dafür, dass auch die übrigen Vorschriften der §§ 113–124 gelten sollen.[73] Allerdings ist ein Direktanspruch ohne Obliegenheiten des Geschädigten (§§ 119, 120) und ohne die Vorschriften, die das Verhältnis von Direktanspruch zum Schadenersatzanspruch gegen den Schädiger oder Regressansprüche regeln, kaum praktikabel. Daher erscheint es sinnvoll, die §§ 113–124 in ihrer Gesamtheit auf Haftpflichtversicherungsverträge anzuwenden, die juristische Personen der öffentlichen Hand iSd § 2 Abs. 1 Nr. 1–5 PflVG freiwillig abgeschlossen haben.

---

[63] BGHZ 87, 121 (124 f.) = VersR 1983, 688; BGH VersR 1984, 226 (227); OGH VersR 1966, 248 (251); *Hübsch* in Berliner Kommentar VVG § 158k Rn. 3; *Schwartze* in Looschelders/Pohlmann VVG § 113 Rn. 17.
[64] *Feyock* in Feyock/Jacobsen/Lemor VVG § 113 Rn. 4.
[65] Wie hier *Schwab* in Halm/Kreuter/Schwab VVG § 113 Rn. 38; *Langheid* in Langheid/Rixecker VVG § 113 Rn. 8.
[66] *Feyock* in Feyock/Jacobsen/Lemor VVG § 113 Rn. 4.
[67] Begr. RegE, BT-Drs. 16/3945, 221; *Feyock* in Feyock/Jacobsen/Lemor VVG § 113 Rn. 4; *Schwab* in Halm/Kreuter/Schwab VVG § 113 Rn. 36; *Schwartze* in Looschelders/Pohlmann VVG § 113 Rn. 16; *Klimke* in Prölss/Martin VVG § 113 Rn. 12; *Langheid* in Langheid/Rixecker VVG § 113 Rn. 10; *Jahnke* in Stiefel/Maier VVG § 113 Rn. 39; *Spuhl* in Marlow/Spuhl Neues VVG Rn. 629.
[68] *Klimke* in Prölss/Martin VVG § 113 Rn. 10.
[69] *Spuhl* in Marlow/Spuhl Neues VVG Rn. 629; *Schwab* in Halm/Kreuter/Schwab VVG § 113 Rn. 36; *Schimikowski* in HK-VVG § 113 Rn. 5.
[70] *Kramer* VersR 1965, 821 (823).
[71] BGH VersR 1973, 409; *Hübsch* in Berliner Kommentar VVG § 158k Rn. 1; *Feyock* in Feyock/Jacobsen/Lemor VVG § 113 Rn. 6; *Klimke* in Prölss/Martin VVG § 113 Rn. 10; *Langheid* in Langheid/Rixecker VVG § 113 Rn. 9.
[72] *Schwartze* in Looschelders/Pohlmann VVG § 113 Rn. 18; *Klimke* in Prölss/Martin VVG § 113 Rn. 7; *Huber* in Schwintowski/Brömmelmeyer/Ebers VVG § 113 Rn. 13; aA *Hübsch* in Berliner Kommentar VVG § 158k Rn. 1 unter Verweis auf *Johannsen* in Bruck/Möller, 8. Aufl., Bd. V/1, Kap. C Anm. 11.
[73] BGH VersR 1987, 1034.

F. Abdingbarkeit

§ 113 Abs. 1–3 sind, wie sämtliche Vorschriften der Pflichthaftpflichtversicherung, **nicht** zu **31** Lasten des Versicherungsnehmers, der (mit-)versicherten Personen oder des geschädigten Dritten **abdingbar** (→ Vor § 113 Rn. 22).

§ 114 Umfang des Versicherungsschutzes

(1) Die Mindestversicherungssumme beträgt bei einer Pflichtversicherung, soweit durch Rechtsvorschrift nichts anderes bestimmt ist, 250 000 Euro je Versicherungsfall und eine Million Euro für alle Versicherungsfälle eines Versicherungsjahres.

(2) ¹Der Versicherungsvertrag kann Inhalt und Umfang der Pflichtversicherung näher bestimmen, soweit dadurch die Erreichung des jeweiligen Zwecks der Pflichtversicherung nicht gefährdet wird und durch Rechtsvorschrift nicht ausdrücklich etwas anderes bestimmt ist. ²Ein Selbstbehalt des Versicherungsnehmers kann dem Dritten nicht entgegengehalten und gegenüber einer mitversicherten Person nicht geltend gemacht werden.

Übersicht

		Rn.			Rn.
A.	Normzweck	1	II.	Inhalt und Umfang des Versicherungsschutzes (Abs. 2 S. 1)	12
B.	Normgeschichte	4		1. Regelungsgehalt	12
C.	Tatbestand	5		2. Rechtsfolgen	18
I.	Mindestversicherungssummen (Abs. 1)	5	III.	Selbstbehalt (Abs. 2 S. 2)	24
			D.	Abdingbarkeit	30

Stichwort- und Fundstellenverzeichnis

Stichwort	Rn.	Rspr.	Lit.
Aufsichtsbehördliches Einschreiten	→ Rn. 23	–	*Pohlmann/Schwartze* in Looschelders/Pohlmann VVG § 114 Rn. 9
AVB-Kontrolle	→ Rn. 16 f., 20, 26	BGH VersR 1992, 477 (479); 2005, 1565 (1570)	*Basedow* in MüKoBGB § 306 Rn. 21; *Feyock* in Feyock/Jacobsen/Lemor VVG § 114 Rn. 2; *Schimikowski* in HK-VVG § 114 Rn. 4; *Klimke* in Prölss/Martin VVG § 114 Rn. 2; *Armbrüster/Dallwig* VersR 2009, 150 (151, 153); *Dallwig* ZVersWiss 2009, 47 (63 ff.)
Deckungsbeschränkung	→ Rn. 12	–	*Schwartze* in Looschelders/Pohlmann VVG § 114 Rn. 5; *Huber* in Schwintowski/Brömmelmeyer/Ebers VVG § 114 Rn. 1, 5; *Dallwig* ZVersWiss 2009, 47 (56); *Keppel* Die Pflichthaftpflichtversicherung nach der VVG-Reform, 2010, S. 22
Direktanspruch	→ Rn. 27	–	*Feyock* in Feyock/Jacobsen/Lemor VVG § 114 Rn. 3; *Klimke* in Prölss/Martin VVG § 114 Rn. 10; *Dallwig* ZVersWiss 2009, 47 (53)
Drittwirkung (Selbstbehalte)	→ Rn. 29	–	*Klimke* in Prölss/Martin VVG § 114 Rn. 9; *Dallwig* in Staudinger/Halm/Wendt VVG § 114 Rn. 16; *Dallwig* ZVersWiss 2009, 47 (54 f.)
Lohnsteuerhilfevereine	→ Rn. 9	–	*Schimikowski* in HK-VVG § 114 Rn. 3
Mindestversicherungssumme	→ Rn. 5 ff.	–	*Feyock* in Feyock/Jacobsen/Lemor VVG § 114 Rn. 1; *Schwartze* in Looschelders/Pohlmann VVG § 114

Stichwort	Rn.	Rspr.	Lit.
			Rn. 2 f.; *Klimke* in Prölss/Martin VVG § 114 Rn. 1; *Dallwig* ZVersWiss 2009, 47 (49 ff.); *Krause-Allenstein* NZBau 2008, 81 (83)
Nachhaftungsbegrenzung	→ Rn. 15	–	*Dallwig* Deckungsbegrenzungen S. 311 ff.
Pflichtwidrigkeitsklauseln	→ Rn. 15	BGH NJW 1965, 1585 (1587)	*Schimikowski* in HK-VVG § 114 Rn. 4; *Dallwig* Deckungsbegrenzungen S. 335, 342 ff.; *v. Rintelen* in Beckmann/Matusche-Beckmann VersR-HdB § 26 Rn. 313; *Späth* VersR 2000, 825 (826)
Prämie	→ Rn. 24	–	*Armbrüster/Dallwig* VersR 2009, 150 (153)
Selbstbehalt	→ Rn. 25 ff.	–	*Schwartze* in Looschelders/Pohlmann VVG § 114 Rn. 10; *Huber* in Schwintowski/Brömmelmeyer/Ebers VVG § 114 Rn. 5; *Klimke* in Prölss/Martin VVG § 114 Rn. 8, 11; *Heitmann/Mühlhausen* VersR 2009, 874; *Schirmer/Höhne* DAR 1999, 433
Serienschadensklausel	→ Rn. 15	–	*Dallwig* Deckungsbegrenzungen S. 256 ff.
Trennungsprinzip	→ Rn. 11	EuGH Slg. 2003, I-7871 = DAR 2004, 216; ABl. C 226, 2	
Verbotsgesetz	→ Rn. 19	BGH VersR 1991, 172; 2004, 1029 (1030)	*Feyock* in Feyock/Jacobsen/Lemor VVG § 114 Rn. 2; *Armbrüster/Dallwig* VersR 2009, 150 f.
Versicherungssteuer	→ Rn. 28	–	*Heitmann/Mühlhausen* VersR 2009, 874; *Franz/Spielmann* VersR 2012, 960 (962)
Zweckgefährdung	→ Rn. 14 f.	–	*Huber* in Schwintowski/Brömmelmeyer/Ebers VVG § 114 Rn. 5; *Langheid* in Langheid/Rixecker VVG § 114 Rn. 3

Schrifttum: *Armbrüster/Dallwig,* Die Rechtsfolgen übermäßiger Deckungsbegrenzungen in der Pflichtversicherung, VersR 2009, 150; *Dallwig,* Deckungsbegrenzungen in der Pflichthaftpflichtversicherung, 2011; *Dallwig,* Deckungsbegrenzungen in Pflichtversicherungen – Die Bedeutung des § 114 VVG 2008 für Verträge über Pflichthaftpflichtversicherungen, ZVersWiss 98 (2009), 47; *Fenyves,* Die Grenzen der Versicherbarkeit. 2. Teil, VR 2005, 70; *Franz/Spielmann,* Die Zukunft von Selbstbehalten bei Pflichtversicherungen aus versicherungssteuerlicher Sicht, VersR 2012, 960; *Grothaus,* Kfz-Versicherungsprogramme, ZfV 1996, 446; *Heitmann/Mühlhausen,* Versicherungssteuer auf Selbstbehalte, VersR 2009, 874; *Keppel,* Die Pflichthaftpflichtversicherung nach der VVG-Reform, 2010; *Krause-Allenstein,* Praxisrelevante Änderungen des neuen Versicherungsvertragsgesetzes für das Bauversicherungsrecht, NZBau 2008, 81; *Schirmer/Höhne,* Die Zulässigkeit von Selbstbehalten in der KH-Versicherung, DAR 1999, 433.

A. Normzweck

1 § 114 dient dem **Schutz des Versicherungsnehmers, des geschädigten Dritten** und ggf. der Mitversicherten. Allein die in Abs. 1 vorgesehene Höchstleistung pro Versicherungsjahr setzt zugunsten des Versicherers eine Opfergrenze. Eine Deckelung bei 1 Mio. EUR soll eine unbegrenzte Deckung vermeiden (→ Rn. 6 f.).

2 Ziel des Abs. 1 ist es, eine Mindestversicherungssumme je Versicherungsfall und Versicherungsjahr und damit einen **einheitlichen Mindeststandard** einzuführen. Häufig werden in den Rechtsvorschriften, die eine Versicherungspflicht begründen, auch die Mindestversicherungssummen je Versicherungsfall und die Mindestversicherungssumme für alle Versicherungsfälle eines Versiche-

rungsjahres speziell geregelt (zB in der Berufshaftpflichtversicherung für Versicherungsvermittler gem. § 9 Abs. 2 VersVermV: je Versicherungsfall 1 Mio. EUR und für alle Versicherungsfälle eines Jahres 1,5 Mio. EUR). Mitunter hat der **Gesetzgeber** es aber **versäumt**, bei Anordnung einer Versicherungspflicht eine **Mindestversicherungssumme anzuordnen.**[1] Der Reformgesetzgesetzgeber von 2007 hielt es für nicht hinnehmbar, die Bestimmung der Versicherungssummen in diesem Fall allein der einseitigen Gestaltungsmacht des Versicherers in seinem AVB zu überlassen.

Künftig kann der Gesetz- oder Verordnungsgeber auf den Erlass einer Rechtsvorschrift verzichten, wo er die **in § 114 geregelten Mindestversicherungssummen** für **ausreichend** hält.[2]

Abs. 2 enthält erstmals Rahmenbedingungen für die **inhaltliche Ausgestaltung** für Deckungsbeschränkungen, insbes. Deckungsbeschränkungen in Form von Risikoausschlüssen und Selbstbehalten. Diese Rahmenbedingungen wirken sich auch auf die AGB-Kontrolle von Verträgen in der Pflichthaftpflichtversicherung aus und sorgen dafür, dass die Interessen der Beteiligten zu einem angemessenen Ausgleich gebracht werden. Im Wesentlichen handelt es sich um Klarstellungen. Der Reformgesetzgeber hat mit Abs. 2 allerdings seinen Wunsch verdeutlicht, dass die gesetzlichen Anordnungen einer Versicherungspflicht mehr enthalten als Festsetzungen über Mindestversicherungssummen. 3

B. Normgeschichte

§ 114 wurde im Rahmen der Reform von 2008 neu in das VVG eingeführt. Ganz ohne Vorbild im bestehenden Versicherungsvertragsrecht ist die Vorschrift jedoch nicht. Mindestversicherungssummen, wie sie durch **§ 114 Abs. 1** festgelegt werden, sind gedanklich mit der Pflicht zum Abschluss einer Haftpflichtversicherung eng verwoben.[3] Eine solche Pflicht wäre zumindest teilweise ihres Sinns beraubt, würde nicht zeitgleich eine bestimmte Schutzhöhe verfügt. Bisher beschränkte sich das VVG jedoch darauf, in § 158c Abs. 3 VVG aF auf die Existenz von Mindestversicherungssummen hinzuweisen. Für die Kfz-Haftpflichtversicherung traf § 4 Abs. 2 PflVG iVm der Anlage zu § 4 Abs. 2 PflVG bereits vor der Neukodifikation von 2008 Bestimmungen über Mindestversicherungssummen. Daneben gab es weitere Spezialvorschriften (zB § 9 Abs. 2 VersVermV). 4

Die **Regelungen des Abs. 2** waren im Entwurf der Reformkommission noch nicht vorgesehen und erst mit dem Referentenentwurf des BMJ zum neuen VVG in den Normtext gelangt.[4] Zwischenzeitliche **Änderungen am Wortlaut** (Streichung von „nach § 115 Abs. 1" nach „Anspruch des Dritten"[5]) sind darauf zurückzuführen, dass der ursprünglich in S. 2 in Bezug genommene § 115 im Gesetzgebungsverfahren noch in seinem Anwendungsbereich beschnitten wurde.[6]

C. Tatbestand

I. Mindestversicherungssummen (Abs. 1)

§ 114 Abs. 1 legt eine **einheitliche Untergrenze** für Versicherungssummen in der Pflichthaftpflichtversicherung fest, die vom Versicherer grds. nicht unterschritten werden darf. Die Vorschrift gilt unabhängig davon, ob die Versicherungspflicht durch Bundes-, Landes- oder EU-Recht bzw. durch Satzung angeordnet wird. Insbes. fehlt es dem VVG-Gesetzgeber nicht an der Regelungskompetenz.[7] § 114 Abs. 1 enthält **zwei Regelungen:** Zum einen wird die Mindestversicherungssumme je Versicherungsfall auf 250.000 EUR festgesetzt. Darüber hinaus soll die Jahreshöchstersatzleistung des Versicherers bei mindestens 1 Mio. EUR liegen. § 114 Abs. 1 differenziert, einem Vorschlag der Reformkommission folgend,[8] dabei nicht zwischen Personen-, Sach- oder Vermögensschäden, wie dies einige spezialgesetzliche Vorgaben für Pflichtversicherungen tun.[9] Die Vorschrift gilt damit 5

---

[1] Begr. RegE BT-Drs. 16/3945, 88.
[2] *Schwartze* in Looschelders/Pohlmann VVG § 114 Rn. 1; *Spuhl* in Marlow/Spuhl Neues VVG Rn. 630.
[3] *Johannsen* in Bruck/Möller VVG, 8. Aufl. 1978 ff., Bd. V/1, Kap. G Anm. 28; *Langheid* in Langheid/Rixecker VVG § 114 Rn. 1; Begr. RegE BT-Drs. 16/3945, 131.
[4] https://www.bmj.de/SharedDocs/Gesetzgebungsverfahren/Dokumente/RefE_Versicherungsvertragsgesetz.pdf?__blob=publicationFile&v=4.
[5] Die Streichung erfolgte in BT-Drs. 16/6627.
[6] *Beckmann* in Bruck/Möller VVG § 114 Rn. 2; *Langheid* in Langheid/Rixecker VVG § 114 Rn. 6.
[7] Insoweit zweifelnd *Keppel* Die Pflichthaftpflichtversicherung nach der VVG-Reform, 2010, S. 149 Fn. 467.
[8] *Lorenz*, Abschlussbericht der VVG-Kommission, VersR-Schriftenreihe Bd. 25, 2004, S. 82.
[9] Vgl. § 6 Abs. 2 S. 1 BewachV; § 17 Abs. 1 Nr. 4 BJagdG; wie § 114 Abs. 1 aber zB § 27 Abs. 1 S. 2 WaffG.

uneingeschränkt für alle Haftpflichtversicherungen zu deren Abschluss eine Verpflichtung kraft Rechtsvorschrift besteht.[10] Sie findet nach Maßgabe des Art. 1 Abs. 1 EGVVG nach dem 31.12.2008 **auch auf Altverträge** Anwendung. Sehen diese keine hinreichenden Regelungen über Mindestversicherungssummen vor, gilt § 114 Abs. 1 dennoch, §§ 307 Abs. 2 Nr. 1, 306 Abs. 2 BGB.[11] Auf die Kritik der Versicherungswirtschaft, dass die in § 114 Abs. 1 niedergelegten Summen insbes. für Vermögensschäden unverhältnismäßig hoch seien,[12] hat der Gesetzgeber nicht reagiert und auf eine Sonderregelung für Vermögensschäden verzichtet.

6 Die beiden Mindestversicherungssummen des § 114 Abs. 1 sind **voneinander unabhängig**.[13] Das bedeutet dreierlei: Zunächst haben sämtliche Verträge in der Pflichthaftpflichtversicherung eine Mindestversicherungssumme je Versicherungsfall und eine Untergrenze für die Jahreshöchstersatzleistung vorzusehen. Ist nur eine dieser beiden Mindestversicherungssummen geregelt, gilt ergänzend § 114 Abs. 1. Daraus folgt zwingend, dass die Regelung von Jahreshöchstersatzleistungen in AVB für Verträge der Pflichthaftpflichtversicherung dem Grunde nach zulässig ist. Das ist auch der Standpunkt des Reformgesetzgebers von 2007. Er begründet dies damit, dass es – bliebe es bei der Festlegung allein eines Mindestbetrages je Versicherungsfall – bei bestimmten Risiken zumindest faktisch zu einem am Versicherungsmarkt möglicherweise gar nicht erhältlichen unbegrenzten Versicherungsschutz kommen könne.[14] Dadurch wäre der Versicherer über Gebühr belastet. Sieht eine Pflichthaftpflichtversicherung bereits für einen einzelnen Versicherungsfall eine Mindestversicherungssumme von 1 Mio. EUR oder mehr vor, gilt weiterhin, dass es keiner zusätzlichen, höhern Mindestsumme für die Jahreshöchstersatzleistung bedarf. Schließlich folgt daraus, dass die beiden Regelungen des § 114 Abs. 1 voneinander unabhängig sind, dass das in der Vorschrift angelegte Größenverhältnis der beiden Mindestversicherungssummen (1 : 4) nicht bindend ist. Es sind in spezialgesetzlichen Regelungen auch andere Faktoren im Verhältnis von Mindestversicherungssumme je Versicherungsfall und Mindest-Jahreshöchstersatzleistung üblich (zB 1 : 2).[15] Das ist ohne weiteres zulässig.

7 Die Mindestsumme von 1 Mio. EUR als **Jahreshöchstersatzleistung** bedeutet für einige Sparten, zB für die Pflichthaftpflichtversicherung für Architekten,[16] Änderungen in der Vertragspraxis, die häufig mit Prämienerhöhungen verbunden sein werden. Anknüpfungspunkt für die Jahreshöchstersatzleistung ist das Versicherungsjahr, das vom Kalenderjahr abweichen kann. Der Betrag von 1 Mio. EUR kann von den Vertragsparteien **beliebig** auf die in Betracht kommenden Schadenspositionen (zB 800.000 EUR für Personenschäden, 300.000 EUR für Sachschäden, und 250.000 EUR für Vermögensschäden) **verteilt** werden, solange insgesamt die gesetzlich geforderte Summe erreicht wird.[17] Das folgt schon daraus, dass § 114 Abs. 1 auch auf Pflichthaftpflichtversicherungen Anwendung finden muss, die nur eine bestimmte Schadensposition decken, etwa Vermögensschadenhaftpflichtversicherungen, die als Pflichtversicherungen ausgestaltet sind. Die Angemessenheit der Verteilung lässt sich aber über § 307 BGB prüfen.[18]

8 Wie sich bereits aus dem Wortlaut ergibt („soweit nichts anderes bestimmt ist"), ist § 114 Abs. 1 seiner Rechtsnatur nach **subsidiär**. Die Vorschrift kommt nur dann zur Anwendung, wenn die Rechtsvorschrift, welche eine Versicherungspflicht festlegt, selbst keine abweichende Summe bestimmt.[19] Solange die institutionelle Zuständigkeit gewahrt bleibt, können abweichende Mindestversicherungssummen auch in einem anderen Gesetz, einer anderen Verordnung oder Satzung geregelt werden, als die Versicherungspflicht selbst. Regelungen, wonach sich der Versicherungsnehmer „ausreichend" oder „angemessen" zu versichern hat (zB § 25 Abs. 2 S. 1 StBerG oder § 19 Abs. 2 Nr. 5 Hamburger ArchG), enthalten aber keine hinreichend bestimmten Angaben über die Mindestversicherungssumme, um eine Anwendung des § 114 Abs. 1 auszuschließen.[20]

---

[10] *Schwartze* in Looschelders/Pohlmann VVG § 114 Rn. 3.
[11] *Beckmann* in Bruck/Möller VVG § 114 Rn. 11.
[12] Stellungnahme GDV zu § 4 Abs. 2 PflVG, wonach die Mindestversicherungssumme für Vermögensschäden lediglich 50.000 EUR betragen sollte.
[13] *Beckmann* in Bruck/Möller VVG § 114 Rn. 7; *Dallwig* in Staudinger/Halm/Wendt VVG § 114 Rn. 2; *Dallwig* ZVersWiss 2009, 47 (50 f.).
[14] Begr. RegE BT-Drs. 16/3945, 88; ebenso *Langheid* in Langheid/Rixecker VVG § 114 Rn. 1.
[15] Vgl. etwa § 19a Abs. 3 S. 2 BNotO; § 7a Abs. 2 GüKG.
[16] *Krause-Allenstein* NZBau 2008, 81 (83).
[17] *Dallwig* ZVersWiss 2009, 47 (49 f.).
[18] *Beckmann* in Bruck/Möller VVG § 114 Rn. 13.
[19] *Feyock* in Feyock/Jacobsen/Lemor VVG § 114 Rn. 1; *Schwartze* in Looschelders/Pohlmann VVG § 114 Rn. 2; *Klimke* in Prölss/Martin VVG § 114 Rn. 1.
[20] *Beckmann* in Bruck/Möller VVG § 114 Rn. 9; *Schimikowski* in HK-VVG § 114 Rn. 3; *Krause-Allenstein* NZBau 2008, 81 (84); aA *Klimke* in Prölss/Martin VVG § 114 Rn. 1.

Dass § 114 Abs. 1 subsidiär ist, bedeutet insbes. auch, dass es sich bei den dort niedergelegten **9**
Summen **nicht** um eine **absolute Untergrenze** handelt.[21] Sofern der Gesetzgeber spezialgesetzlich
Mindestversicherungssummen anordnet, die niedriger sind als diejenigen des Abs.
1, können die Versicherer in ihren AVB auch niedrigere Versicherungssummen vorsehen.[22] Das ist insbes. sinnvoll
für Verträge, die lediglich Vermögensschäden kleineren Ausmaßes zum Gegenstand haben. Entsprechend
ordnet § 4 Abs. 2 PflVG eine zulässige Unterschreitung der Grenzen des § 114 Abs. 1 für
Vermögensschäden an. Ähnliches würde sich auch für Vermögensschadenhaftpflichtversicherungen
von **Lohnsteuerhilfevereinen** anbieten. Für diese schreibt § 25 Abs. 2 S. 1 StBerG allerdings nur
eine Versicherungspflicht vor, ohne Mindestversicherungssummen festgelegt zu haben. Das hat nach
§ 114 Abs. 1 zur Folge, dass die dort festgesetzten Mindestversicherungssummen gelten, obwohl
deutlich niedrigere Deckungssummen ausreichend wären. Auf Verträge, welche die Schwellenwerte
des § 114 Abs. 1 nicht erreichen, sind die §§ 307 Abs. 2 Nr. 1, 306 Abs. 2 BGB anzuwenden. Es
erscheint angezeigt, § 25 Abs. 2 S. 1 StBerG um (niedrige) Mindestversicherungssummen zu ergänzen,
um Vermögensschadenhaftpflichtversicherungen für Lohnsteuerhilfevereine nicht unnötig zu
verteuern.[23]

In der **Kfz-Haftpflichtversicherung** liegen die Summen deutlich höher, als dies in § 114 **10**
Abs. 1 vorgesehen ist (vgl. Anh. zu § 4 PflVG). § 4 Abs. 3 PflVG bestimmt überdies, dass die Summen
alle fünf Jahre anhand des Europäischen Verbraucherindexes überprüft und automatisch angepasst
werden.[24]

Nach dem **Trennungsprinzip** sind die in § 114 Abs. 1 festgeschriebenen Mindestversicherungssummen **11**
von etwaigen **Beschränkungen der Haftungshöhe,** wie sie insbes. bei Tatbeständen
der **Gefährdungshaftung** üblich sind (zB § 12 StVG, § 10 HaftpflG), unabhängig. Werden
Haftungshöchstsummen überschritten, nützt dem Geschädigten folglich eine höhere
Mindestversicherungssumme im Vertrag des Schädigers mit dessen Versicherer nicht; umgekehrt
hindern Mindestversicherungssummen den Geschädigten nicht, überschießende Beträge beim
Schädiger geltend zu machen. Der EuGH hat allerdings in der Rechtssache *Viegas/Companhia
de Seguros Zurich SA*[25] – wohl von falschen Voraussetzungen ausgehend – festgelegt, dass Betragsbeschränkungen
in der Gefährdungshaftung nicht unterhalb der Mindestdeckungssummen der
entsprechenden Haftpflichtversicherung liegen dürfen. Dies wird damit begründet, dass der verbleibende
Rest der Mindestversicherungssumme ansonsten leerlaufe. Das trifft jedoch dann nicht
zu, wenn neben der Gefährdungshaftung zugleich ein Tatbestand der Verschuldenshaftung einschlägig
ist, der keine der Höhe nach beschränkte Haftung vorsieht. Dessen ungeachtet haben
Mindestversicherungssummen nach der Rspr. des EuGH, welche der deutsche Gesetzgeber im
nationalen Recht mittlerweile umgesetzt hat,[26] faktisch einen Einfluss auf die Höchstsummen in
der Gefährdungshaftung.

II. Inhalt und Umfang des Versicherungsschutzes (Abs. 2 S. 1)

1. Regelungsgehalt. § 114 Abs. 2 S. 1 bewahrt die Privatautonomie der Parteien für Verträge **12**
in der Pflichthaftpflichtversicherung. Versicherer und Versicherungsnehmer bleiben grds. frei darin,
den Vertragsinhalt zu bestimmen. Das liegt daran, dass viele Rechtsvorschriften, die eine Versicherungspflicht
anordnen, sich darauf beschränken, eine Mindestversicherungssumme vorzuschreiben.
Regelungen zu Deckungseinschränkungen (**Risikoausschlüsse, Obliegenheiten** oder **Selbstbehalte**)
finden sich dabei selten. Das ist insofern bedauerlich, als Deckungseinschränkungen notwendig
sind, damit Erstversicherer Rückversicherungsschutz erhalten können und die Prämien so
kalkulieren können, dass die Versicherungsleistungen für die Versicherungsnehmer bezahlbar bleiben.[27]
Anders als noch der Entwurf der Kommission und der Referentenentwurf sieht § 114 Abs. 2
S. 1 eine für sämtliche Pflichthaftpflichtversicherungen geltende Regelung über Deckungseinschränkungen
vor. Konkret folgt aus § 114 Abs. 2 S. 1, dass der Pflichthaftpflichtversicherer in

---

[21] So aber *Feyock* in Feyock/Jacobsen/Lemor VVG § 114 Rn. 1.
[22] *Beckmann* in Bruck/Möller VVG § 114 Rn. 6; *Schimikowski* in HK-VVG § 114 Rn. 2 f.; *Schwartze* in Looschelders/Pohlmann VVG § 114 Rn. 2; *Klimke* in Prölss/Martin VVG § 114 Rn. 1.
[23] Insoweit wie hier *Schimikowski* in HK-VVG § 114 Rn. 3.
[24] *Feyock* in Feyock/Jacobsen/Lemor PflVG § 4 Rn. 57.
[25] Zuletzt EuGH Slg. 2003, I-7871 = DAR 2004, 216; ABl. C 226, 2.
[26] *Beckmann* in Bruck/Möller VVG § 114 Rn. 15; *Huber* in Schwintowski/Brömmelmeyer/Ebers VVG § 114 Rn. 4.
[27] Begr. RegE BT-Drs. 16/3945, 88; *Schwartze* in Looschelders/Pohlmann VVG § 114 Rn. 5; *Huber* in Schwintowski/Brömmelmeyer/Ebers VVG § 114 Rn. 1, 5; *Keppel* Die Pflichthaftpflichtversicherung nach der VVG-Reform, 2010, S. 22; *Dallwig* ZVersWiss 2009, 47 (56).

seinen AVB Risikoausschlüsse und Selbstbehalte vorsehen kann.[28] Die gesetzliche Neuregelung hat allerdings im Wesentlichen klarstellende Funktion: Bereits vor der Neukodifikation von 2008 hatte die Versicherungswirtschaft im Einvernehmen mit der Aufsichtsbehörde Risikoausschlüsse in der Pflichthaftpflichtversicherung vereinbart.[29] Diese Praxis wird jetzt gesetzlich ausdrücklich legitimiert.

Inwieweit sich eine zulässige Begrenzung des Versicherungsschutzes iSd § 114 Abs. 2 S. 1 auch auf das **Außenverhältnis** zwischen dem Versicherer und dem geschädigten Dritten auswirkt, hängt dabei grds. davon ab, ob die Deckungsbegrenzung aus einer Obliegenheitsverletzung resultiert oder ob ein Risikoausschluss vorliegt (→ § 117 Rn. 29, 32).

13 Die **Privatautonomie** ist in der Pflichthaftpflichtversicherung aber **Schranken** unterworfen. Zunächst darf durch **Rechtsvorschrift** nicht ausdrücklich etwas Abweichendes bestimmt sein. Der Begriff der Rechtsvorschrift deckt sich mit demjenigen des § 113.[30] Das bedeutet, dass zB Mindestversicherungssummen (Abs. 1) und die Wirkung eines Selbstbehalts gegenüber dem geschädigten Dritten und etwaigen Mitversicherten (Abs. 2 S. 2) nicht abweichend von den jeweiligen gesetzlichen Bestimmungen gestaltet werden dürfen. Des Weiteren ist eine versicherungsvertragliche Abrede, wonach der Versicherungsschutz für die Haftung des Rechtsanwalts für Vermögensschäden ausgeschlossen sein soll, sofern diese von seinem Erfüllungsgehilfen (§ 278 BGB) verursacht worden sind, unzulässig, da § 51 Abs. 1 S. 2 BRAO als spezielle Rechtsvorschrift iSd Abs. 2 S. 1 ausdrücklich etwas anderes bestimmt.[31] Für den Bereich der **Kfz-Haftpflichtversicherung** beinhaltet die KfzPflVV Regelungen in Form von Rechtsvorschriften, die der Privatautonomie der Parteien hinsichtlich einer Gefährdung des Zwecks der Pflichthaftpflichtversicherung Grenzen auferlegen.

Das verbindende „und" in § 114 Abs. 2 S. 1 macht deutlich, dass es nicht genügt, wenn Deckungsbeschränkungen spezialgesetzlichen Vorschriften genügen. Sie sind **zusätzlich** einer **Zweckgefährdungskontrolle** zu unterziehen (→ Rn. 14).

14 Nach § 114 Abs. 2 S. 1 dürfen die Abreden der Parteien (insbes. Risikoausschlüsse) **nicht** den jeweiligen **Zweck der Pflichthaftpflichtversicherung gefährden.** Aus der sozialen Ausrichtung der Pflichthaftpflichtversicherung folgt dabei, dass es nicht nur um eine Abwägung zwischen den Interessen des Versicherungsnehmers und des Versicherten geht. Insbes. die Interessen des Mitversicherten und des geschädigten Dritten sind in die Frage, ob vertragliche Abreden den Zweck der Pflichthaftpflichtversicherung gefährden, einzubeziehen.[32] Eine Ausnahme gilt allein für die Vereinbarung eines Selbstbehalts, da dieser weder dem geschädigten Dritten, noch dem Mitversicherten entgegen gehalten werden kann (→ Rn. 25 ff.). Praktisch wird es häufig darum gehen, zu überprüfen, ob ein Risikoausschluss so weit gefasst ist, dass er in nicht hinnehmbarer Form den Schaden und seine Bewältigung auf den Versicherungsnehmer und den geschädigten Dritten verlagert.

15 Besonderes Augenmerk verdienen die für die Produkthaftpflichtversicherung entwickelten, inzwischen weit verbreiteten **Serienschadensklauseln.** Diese fassen mehrere, eigentlich selbständige Versicherungsfälle im Wege einer Fiktion zu einem einzigen Versicherungsfall zusammen, so dass die Versicherungssumme nur ein einziges Mal zur Verfügung steht. Grundsätzlich ist eine solche Klausel mit dem Zweck einer Pflichthaftpflichtversicherung vereinbar.[33] Beruht sie allerdings auf dem Schadensereignisprinzip (mehrere Schadensereignisse werden zu einem Versicherungsfall zusammengefasst, zB § 1 Abs. 3 SchauHV), ist der Versicherer regelmäßig durch die Jahreshöchstsummen und sein Kündigungsrecht im Schadensfall aus § 111 Abs. 1 hinreichend geschützt,[34] da das Spätschadensrisiko in einem solchen Fall deutlich verringert wird.[35] Die Vereinbarung der Serienschadensklausel ist vor dem Hintergrund des § 114 Abs. 2 S. 1 daher kritisch zu prüfen – und zwar auch beim spät- und massenschadengeneigten Produkthaftpflichtrisiko (§§ 88, 94 AMG).[36] Beruht die Serienschadensklausel hingegen auf Verstoßprinzip (mehrfaches gleichartiges Verhalten wird bei rechtlichem

---

[28] *Schimikowski* in HK-VVG § 114 Rn. 4; *Klimke* in Prölss/Martin VVG § 114 Rn. 2; *Huber* in Schwintowski/Brömmelmeyer/Ebers VVG § 114 Rn. 5; *Jahnke* in Stiefel/Maier VVG § 114 Rn. 7 f.; *Meixner/Steinbeck* VersVertR § 3 Rn. 212.
[29] Stellungnahme des GDV zum RefE v. 13.3.2006, S. 50; *Schwartze* in Looschelders/Pohlmann VVG § 114 Rn. 5.
[30] *Beckmann* in Bruck/Möller VVG § 114 Rn. 20.
[31] *Schwartze* in Looschelders/Pohlmann VVG § 114 Rn. 6.
[32] *Huber* in Schwintowski/Brömmelmeyer/Ebers VVG § 114 Rn. 5; *Langheid* in Langheid/Rixecker VVG § 114 Rn. 3.
[33] *Dallwig* Deckungsbegrenzungen S. 294 ff.; zur Rechtfertigung solcher Klauseln BGH VersR 1991, 175 (176); NJW 2003, 1715 (1716).
[34] *Dallwig* in Staudinger/Halm/Wendt VVG § 114 Rn. 9; *Dallwig* Deckungsbegrenzungen S. 300 ff.
[35] GB BAV 1988, 86; *Johannsen* in Bruck/Möller VVG, 8. Aufl., Bd. V/1, Kap. D Anm. 4, 28; *Späte/Schimikowski* Haftpflichtversicherung § 1 AHB Rn. 34.
[36] *Dallwig* Deckungsbegrenzungen S. 299 f.; kritisch auch *Klimke* in Prölss/Martin VVG § 114 Rn. 3.

und wirtschaftlichem Zusammenhang zu einem Verstoß zusammengefasst, zB § 19 Abs. 3 S. 4 BNotO; § 51 Abs. 2 Hs. 2 BRAO; § 53 Abs. 3 DVStB), ist die Wahrscheinlichkeit des Eintritts von Spätschäden größer.[37] Das Interesse des Versicherers daran, seine Einstandspflicht zu begrenzen, erscheint daher erhöht schützenswert.[38] Die Serienschadensklausel wird entsprechend nur ausnahmsweise den Zweck der Pflichthaftpflichtversicherung gefährden. Das ist dann der Fall, wenn – etwa in der Berufshaftpflichtversicherung für Rechtsanwälte oder Wirtschaftsprüfer gleiche Pflichtverstöße gegenüber verschiedenen Mandanten durch eine Serienschadensklausel zusammengefasst werden.[39] Hier fehlt es an notwendigen rechtlichen und wirtschaftlichen Zusammenhang.

In Haftpflichtversicherungen, die auf dem Verstoßprinzip beruhen, finden sich Regeln über eine **Nachhaftungsbegrenzung.** Dabei handelt es sich um Risikoausschlüsse für Verstöße, die dem Versicherer nicht innerhalb eines bestimmten Zeitraums nach Ablauf des Versicherungsvertrags gemeldet worden sind. Hier ist die Beeinträchtigung der Interessen des geschädigten Dritten besonders stark, da ihm der Versicherer als Haftungssubjekt überhaupt nicht mehr zur Verfügung steht, wenn die Klausel einschlägig ist. Das ist regelmäßig eine klare Zweckgefährdung iSd § 114 Abs. 2 S. 1. Es ließe sich freilich darüber nachdenken, Nachhaftungsbegrenzungen ausnahmsweise zuzulassen, wo das Verstoßprinzip nicht ausdrücklich gesetzlich angeordnet ist, sondern Versicherer und Versicherungsnehmer dessen Geltung vertraglich ausgehandelt haben.[40] Hier hätten sie auch das Schadensereignisprinzip wählen können, das den geschädigten Dritten mangels Nachhaftung noch schlechter gestellt hätte.

Die in der Praxis der Versicherung beratender, planender und prüfender Berufszweige verbreiteten **Pflichtwidrigkeitsklauseln,** nach denen der Versicherungsschutz für wissentliche Pflichtverletzungen ausgeschlossen ist, gefährden den Vertragszweck nicht. Das zeigen schon die zahlreichen gesetzlichen Regelungen, die einen solchen Risikoausschluss für zulässig erklären.[41] Dies ist der Fall, weil ein besonders hohes moralisches Risiko, das der Versicherer zu übernehmen hat, sinnvoll zu begrenzen ist.[42] Der Versicherungsnehmer darf bei den genannten Tätigkeiten keinen Anreiz verspüren, besonders hohe Risiken auf Kosten des Versicherers und des Versichertenkollektivs einzugehen. Auch AGB-rechtlich sind Pflichtwidrigkeitsklauseln nach Maßgabe des § 307 Abs. 2 Nr. 2 BGB unbedenklich.[43]

Haftungsausschlüsse für Ansprüche des Versicherungsnehmers gegen mitversicherte Personen halten einer Überprüfung unter § 114 Abs. 2 S. 1 stand. Sie zielen darauf ab, Eigenschäden des Versicherungsnehmers vom Versicherungsschutz auszunehmen.[44] Für die Interessen des geschädigten Dritten sind derartige Klauseln daher ohne Belang.

Hat eine Pflichthaftpflichtversicherung ausnahmsweise **keine drittschützende Funktion,** weil sie nicht den geschädigten Dritten, sondern nur den Regress im Innenverhältnis absichert (→ Vor § 113 Rn. 8), können Versicherer und Versicherungsnehmer Inhalt und Umfang der Pflichthaftpflichtversicherung vollständig privatautonom ausgestalten. Eine Zweckgefährdung iSd § 114 Abs. 2 S. 1 liegt in keinem Fall vor, da der Begünstigte der Pflichthaftpflichtversicherung, die öffentliche Hand, im Vergleich zum geschädigten Dritten nur vermindert schutzwürdig ist.[45] Die öffentliche Hand kann den Deckungsumfang selbst durch Erlass einer Regelung bestimmen, wenn sie dies für erforderlich hält.

Abs. 2 S. 1 gestaltet auch die Regelung des § 307 Abs. 2 Nr. 2 BGB über die **Inhaltskontrolle von AGB** näher aus.[46] Grundsätzlich finden im Rahmen der Prüfung der sog. Gefährdung des

---

[37] *v. Rintelen* in Beckmann/Matusche-Beckmann VersR-HdB § 26 Rn. 214.
[38] *Dallwig* Deckungsbegrenzungen S. 259 f.; *Beckmann* in Bruck/Möller VVG § 114 Rn. 38; *Klimke* in Prölss/Martin VVG § 114 Rn. 3; *Bergmann* in van Bühren VersR-HdB § 10 Rn. 180; *Sassenbach* in MAH VersR § 18 Rn. 34; aA aber *Schimikowski* in HK-VVG § 114 Rn. 6 (generell unzulässig).
[39] LG Köln VersR 1989, 355 (356); *Beckmann* in Bruck/Möller VVG § 114 Rn. 39; *Ebel* VersR 1989, 356 (357); *Reiff* LMK 2004, 2 (3).
[40] *Dallwig* in Staudinger/Halm/Wendt VVG § 114 Rn. 10; *Dallwig* Deckungsbegrenzungen S. 322 ff.; ferner *Klimke* in Prölss/Martin VVG § 114 Rn. 3.
[41] ZB § 19a Abs. 2 Nr. 1 iVm § 67 Abs. 3 Nr. 3 S. 2 BNotO; § 51 Abs. 3 Nr. 1 BRAO; § 53a Abs. 1 Nr. 1 DVStB.
[42] BGH NJW 1965, 1585 (1587); *Schimikowski* in HK-VVG § 114 Rn. 4; *Beckmann* in Bruck/Möller VVG § 114 Rn. 41; *Dallwig* in Staudinger/Halm/Wendt VVG § 114 Rn. 11; *Dallwig* Deckungsbegrenzungen S. 335 ff.; *v. Rintelen* in Beckmann/Matusche-Beckmann VersR-HdB § 26 Rn. 313; *Späth* VersR 2000, 825 (826); kritisch aber *Klimke* in Prölss/Martin VVG § 114 Rn. 3.
[43] BGH VersR 1986, 647; 1991, 176 (179).
[44] OLG Hamburg VersR 1985, 229; *Johannsen* in Bruck/Möller VVG, 8. Aufl., Bd. V/1, Kap. H Anm. 23; *Dallwig* in Staudinger/Halm/Wendt VVG § 114 Rn. 12; *Dallwig* Deckungsbegrenzungen S. 347.
[45] *Dallwig* Deckungsbegrenzungen S. 195.
[46] *Feyock* in Feyock/Jacobsen/Lemor VVG § 114 Rn. 2; *Schimikowski* in HK-VVG § 114 Rn. 4; *Klimke* in Prölss/Martin VVG § 114 Rn. 2; *Dallwig* ZVersWiss 2009, 47 (63 ff.); aA *Beckmann* in Bruck/Möller VVG § 114 Rn. 25.

Vertragszwecks gem. § 307 Abs. 2 Nr. 2 BGB nur die Interessen des Verwendungsgegners (also des Versicherungsnehmers) Berücksichtigung. Abs. 2 S. 1 stellt aber ausdrücklich (auch) auf den jeweiligen Zweck der Pflichtversicherung ab. Zweck einer Pflichtversicherung ist immer auch, dem Geschädigten einen verhandlungs- und zahlungsbereiten, weitgehend insolvenzsicheren Schuldner zu geben und die mitversicherten Personen vor den Folgen einer Haftung zu bewahren. Demnach sind bei einer Inhaltskontrolle nach § 307 Abs. 2 Nr. 2 BGB immer auch die Interessen des geschädigten Dritten und des Mitversicherten zu berücksichtigen.[47] Die Berücksichtigung der Interessen des Mitversicherten ergibt sich dabei daraus, dass geschädigter Dritter und Mitversicherter in der Pflichthaftpflichtversicherung allgemein weitgehend gleichgestellt sind (→ § 123 Rn. 9 f.) und insbes. § 114 Abs. 2 S. 2 eine Gleichstellung anordnet. Darauf, ob die Mitversicherung verpflichtend ist (zB § 2 Abs. 2 KfzPflVV), kommt es nicht an.[48]

Auf die Angemessenheitskontrolle nach **§ 307 Abs. 1 S. 1 BGB** hat § 114 Abs. 2 S. 1 keine Auswirkung, da es an einer Verflechtung der Interessen der geschützten Dritten (zumindest hinsichtlich des geschädigten Dritten) und des Versicherungsnehmers fehlt.[49] Hier bleibt es dabei, dass lediglich die Interessen des Versicherungsnehmers als Verwendungsgegner in die Abwägung einfließen.

18   **2. Rechtsfolgen.** Entspricht der Inhalt des konkret abgeschlossenen Versicherungsvertrags nicht dem Zweck der Pflichthaftpflichtversicherung oder verstößt er gegen eine Rechtsvorschrift, stellt sich die Frage nach möglichen **Rechtsfolgen.** Der Reformgesetzgeber hat diese Frage in zwei Stellungnahmen gestreift, allerdings keine konkrete Antwort gegeben.[50] In der Praxis fällt der Blick vor allem auf die Folgen einer übermäßigen Deckungsbeschränkung, etwa durch zu weit gehende Serienschadensklauseln (→ Rn. 15) oder eine zu kurze Nachhaftungsfrist. Anders als § 114 Abs. 2 S. 2 für den Fall der Vereinbarung eines Selbstbehalts sieht § 114 Abs. 2 S. 1 selbst keine Bestimmungen über die Rechtsfolgen vor. Die Rechtsfolge des § 114 Abs. 2 S. 2, relative Unwirksamkeit der Vereinbarungen gegenüber dem geschädigten Dritten und den mitversicherten Personen, lässt sich nicht auf § 114 Abs. 2 S. 1 übertragen.[51] Dagegen spricht die Systematik der Norm. Würde es auch bei § 114 Abs. 2 S. 1 zu einer Trennung zwischen Innen- und Außenverhältnis kommen, würde es der Sonderregel des Abs. 2 S. 2 überhaupt nicht bedürfen. Es gelten daher für die Frage nach den Rechtsfolgen eines Verstoßes gegen § 114 Abs. 2 S. 1 die allgemeinen Regeln.

19   § 134 BGB findet keine Anwendung, da § 114 Abs. 2 S. 1 **kein Verbotsgesetz** im Sinne dieser Vorschrift ist.[52] Verbotsgesetze sind nur solche Vorschriften, die eine rechtsgeschäftliche Regelung als solche wegen ihres Inhalts derart untersagen, dass sie auch den wirtschaftlichen Erfolg, der mit dem Geschäft herbeigeführt werden soll, unterbinden wollen.[53] Genügt ein Vertrag in der Pflichthaftpflichtversicherung, was den Deckungsumfang anbelangt, nicht den Vorgaben des § 114 Abs. 2 S. 1, so führt das nicht zu einem gesetzlich missbilligten wirtschaftlichen Erfolg. Der mit der Anordnung einer Versicherungspflicht angestrebte Erfolg wird nur teilweise erreicht. Durch Abschluss eines weiteren Haftpflichtversicherungsvertrags kann die Deckungslücke noch wirksam geschlossen werden.[54] Es ist also nicht verboten, einen Haftpflichtversicherungsvertrag abzuschließen, der den gesetzlichen Anforderungen nicht genügt. Aus Sicht des Versicherungsnehmers ist es lediglich unzweckmäßig, dies zu tun. Im Einzelfall ist allerdings zu prüfen, ob der Versicherer nicht sittenwidrig iSd § 138 BGB handelt, wenn er dem Versicherungsnehmer einen solchen Versicherungsschutz anbietet.[55]

20   Generell kommt aber ein **Verstoß gegen das AGB-Recht** in Betracht – sei es, dass die betreffende Abrede einer Inhaltskontrolle nach § 307 BGB nicht standhält, oder sei es, dass sie gegen § 305c BGB verstößt. Insbes. ein Verstoß gegen § 307 Abs. 2 Nr. 2 BGB liegt nahe. Eine **Gefährdung des Vertragszwecks** im Sinne dieser Vorschrift liegt vor, wenn ein Vertrag der Pflichthaftpflichtversicherung wesentliche Deckungserwartungen des Versicherungsnehmers derart enttäuscht,

---

[47] *Huber* in Schwintowski/Brömmelmeyer/Ebers VVG § 114 Rn. 5 *Spuhl* in Marlow/Spuhl Neues VVG Rn. 632; aA *Dallwig* in Staudinger/Halm/Wendt VVG § 114 Rn. 15.
[48] AA *Klimke* in Prölss/Martin VVG § 114 Rn. 2.
[49] *Armbrüster/Dallwig* VersR 2009, 150 (151); zum Kriterium der Verflechtung *Coester* in Staudinger, 2006, BGB § 307 Rn. 145.
[50] Vgl. Begr. RegE BT-Drs. 16/3945, 132; BT-Drs. 16/5497, 2.
[51] *Armbrüster/Dallwig* VersR 2009, 150; *Dallwig* ZVersWiss 2009, 47 (60 f.).
[52] *Feyock* in Feyock/Jacobsen/Lemor VVG § 114 Rn. 2; *Dallwig* Deckungsbegrenzungen S. 197 ff.; *Armbrüster/Dallwig* VersR 2009, 150 f.; a.A. *Klimke* in Prölss/Martin VVG § 114 Rn. 5. unentschieden *Beckmann* in Bruck/Möller VVG § 114 Rn. 29 ff.
[53] BGH VersR 2004, 1029 (1030); *Grüneberg* in Grüneberg BGB § 134 Rn. 5.
[54] BGH VersR 1991, 172.
[55] Dafür *Langheid* in Langheid/Rixecker VVG § 114 Rn. 8.

dass der Abschluss eines Versicherungsvertrags im Wesentlichen seinen Sinn verliert. Bei einem Vertrag, dessen Bestimmungen die Vorgaben des § 114 Abs. 2 S. 1 missachten, ist dies der Fall, da der Versicherungsnehmer mit dem Abschluss seiner gesetzlichen Verpflichtung zum Abschluss einer Haftpflichtversicherung nicht oder nicht vollständig nachkommt und ihm deswegen empfindliche Nachteile (etwa die Untersagung der Ausübung eines Berufes) drohen können. So ist bei einer Vermögensschadenhaftpflichtversicherung für Versicherungsvermittler eine Gefährdung des Vertragszwecks anzunehmen, wenn keine Deckung für Verletzungen der Dokumentationspflicht nach § 61 gewährt wird.[56] Auch Vertrauensschadensversicherungen, die – zurückbleibend hinter § 67 Abs. 3 Nr. 1 S. 1 BNotO – lediglich Schäden abdecken, die innerhalb von vier Jahren nach Verursachung gemeldet werden, gefährden den Vertragszweck.[57]

Die Folge eines Verstoßes gegen § 307 Abs. 2 Nr. 2 BGB ist, dass die betreffende Abrede **21** unwirksam ist, bzw. nicht Vertragsbestandteil wird. Eine geltungserhaltende Reduktion scheidet nach den allgemeinen Regeln aus. Das bedeutet, dass der Versicherungsvertrag zu den Bedingungen geschlossen ist, die im Gesetz vorgesehen sind, § 306 Abs. 2 BGB.[58] Sollte eine gesetzliche Regelung fehlen, kommt eine **ergänzende Vertragsauslegung** in Betracht.[59] Diese wird regelmäßig erforderlich sein, da § 114 Abs. 2 S. 1 kein dispositives Recht enthält, welches die Lücke im Vertrag hinsichtlich einer Deckungsbeschränkung schließen könnte. Anstelle der unwirksamen Klausel tritt durch ergänzende Vertragsauslegung diejenige Gestaltung, welche die Parteien bei sachgerechter Abwägung der beteiligten Interessen (→ Rn. 16) redlicherweise vereinbart hätten, wenn ihnen die Unwirksamkeit der Abrede bekannt gewesen wäre. Das bedeutet für einen unzureichenden Deckungsumfang, dass er durch einen Deckungsumfang ersetzt wird, der den gesetzlichen Vorgaben entspricht. Maßgeblich ist dabei die gesetzlich vorgeschriebene Untergrenze, weil insbes. der geschädigte Dritte, dessen Interessen zu berücksichtigen sind, auf ein Mehr keinen Anspruch hat (→ § 123 Rn. 26). Bei einer zu kurzen Befristung der Nachhaftung tritt entsprechend eine gerade dem Zweck der Pflichthaftpflichtversicherung angemessene Frist an die Stelle der zu kurzen.

Die ergänzende Vertragsauslegung hat **keine Auswirkung auf die Prämie**, die der Versiche- **22** rungsnehmer schuldet. Die Auslegung dient nur dazu, die Lücke zu füllen, welche die Unwirksamkeit der Abrede der Parteien gerissen hat. Im Hinblick auf die Prämie fehlt es an einer ausfüllungsbedürftigen Lücke.[60]

Verwendet ein Versicherer systematisch Klauseln, welche den in § 114 Abs. 2 S. 1 gesetzten **23** Rahmen sprengen, kommt auch ein **Einschreiten der Aufsichtsbehörde** im Rahmen ihrer Legalitätsaufsicht nach § 298 Abs. 1 S. 1 VAG in Betracht. Sie kann untersagen, dass die betreffenden Klauseln weiterhin verwendet werden,. § 114 Abs. 2 S. 1 stellt insofern eine Rechtsvorschrift iSd § 298 Abs. 1 VAG dar, die das Versicherungsverhältnis betrifft.[61]

III. Selbstbehalt (Abs. 2 S. 2)

Vereinbart der Versicherungsnehmer mit dem Versicherer einen Selbstbehalt, hat dies zur Folge, **24** dass der Versicherungsnehmer einen Teil des von ihm zu vertretenden Schadens selbst zu tragen hat. Zumeist erhält der Versicherungsnehmer im Gegenzug einen Prämiennachlass, da der Versicherer Verwaltungskosten für Kleinschäden einspart und der Versicherungsnehmer einen Anreiz zu sorgfältigem Verhalten erhält, das die Wahrscheinlichkeit des Eintritts eines Versicherungsfalles senkt.[62] Nach Abs. 2 S. 2 kann ein solcher Selbstbehalt des Versicherungsnehmers weder dem geschädigten Dritten noch einem Mitversicherten entgegengehalten werden. Diese Regelung ist im Kern **klarstellender Natur**,[63] indem sie verdeutlicht, dass ein vereinbarter Selbstbehalt nur Bedeutung für das Innenverhältnis zwischen dem Versicherungsnehmer und dem Versicherer hat. Das Insolvenzrisiko des Versicherungsnehmers in Höhe des Selbstbehalts hat in der Pflichthaftpflichtversicherung – anders als in

---

[56] *Schimikowski* in HK-VVG § 114 Rn. 4.
[57] OLG Frankfurt r+s 2011, 17; *Steinborn* in BeckOK VVG § 114 Rn. 3.
[58] *Basedow* in MüKoBGB § 306 Rn. 21; *Schmidt* in Ulmer/Brandner/Hensen AGB-Recht BGB § 306 Rn. 24, 27.
[59] BGH VersR 1992, 477 (479); 2005, 1565 (1570); *Grüneberg* in Grüneberg BGB § 306 Rn. 7; *Basedow* in MüKoBGB § 306 Rn. 23; *Langheid* in Langheid/Rixecker VVG § 114 Rn. 8; *Dallwig* Deckungsbegrenzungen S. 211; *Armbrüster/Dallwig* VersR 2009, 150 (153); aA für § 114 Abs. 2 S. 1 *Klimke* in Prölss/Martin VVG § 114 Rn. 6; *Steinborn* in BeckOK VVG § 114 Rn. 2.
[60] *Armbrüster/Dallwig* VersR 2009, 150 (153).
[61] *Schwartze* in Looschelders/Pohlmann VVG § 114 Rn. 9.
[62] Im Überblick *Wandt* VersR Rn. 760; ferner *Grothaus* ZfV 1996, 446 (449).
[63] *Feyock* in Feyock/Jacobsen/Lemor VVG § 114 Rn. 3; *Schimikowski* in HK-VVG § 114 Rn. 5; *Schirmer* ZVersWiss Supplement 2006, 427 (441); *Franz/Spielmann* VersR 2012, 960 (961); siehe ferner *Hersch/Hersch* r+s 2016, 541 (543).

der allgemeinen Haftpflichtversicherung – der Versicherer und nicht der geschädigte Dritte zu tragen. Das ist Ausdruck der besonderen Privilegierung des Geschädigten in der Pflichthaftpflichtversicherung. Darüber hinaus folgt aus der Regelung des § 114 Abs. 2 S. 2, dass der Reformgesetzgeber von 2007 davon ausgegangen ist, dass ein Selbstbehalt grds. auch in der Pflichthaftpflichtversicherung vereinbart werden kann.[64] Damit wollte er die bisher vor allem in der Kfz-Haftpflichtversicherung diskutierte Frage nach der Zulässigkeit eines Selbstbehalts erledigen.[65]

25   Was die **Höhe** möglicher Selbstbehalte anbelangt, beschränkt sich § 114 Abs. 2 S. 2 darauf, festzulegen, dass ein solcher weder den Zweck der Pflichthaftpflichtversicherung gefährden noch gegen anderweitige Rechtsvorschriften verstoßen darf. Das bedeutet insbes., dass der Selbstbehalt der Höhe nach angemessen begrenzt sein muss.[66] Vorschriften wie § 7a Abs. 2 GüKG, der lediglich besagt, dass Selbstbehalte vereinbart werden können, ohne Maßgabe dafür, welche Höhe zulässig ist, erscheinen vor diesem Hintergrund bedenklich. Leitlinien dafür, was als angemessen gelten kann, gibt es nicht für sämtliche Bereiche der Pflichthaftpflichtversicherung. Für die Berufshaftpflichtversicherung für Rechtsanwälte und Notare legen § 51 Abs. 5 BRAO und § 19a Abs. 4 BNotO fest, dass ein Selbstbehalt nur iHv 1 % der Mindestversicherungssumme zulässig ist. Für andere wichtige Bereiche der Pflichthaftpflichtversicherung, etwa der Kfz-Haftpflichtversicherung, ist die Rechtslage weniger klar. Hier bleibt eine vernünftige Begrenzung der Selbstbehalte allein dem Verantwortungsbewusstsein der Marktteilnehmer überlassen. Die Rechtsklarheit verlangt indes nach einer gesetzlichen Konkretisierung der Angemessenheit,[67] die ohne weiteres durch eine Ergänzung der KfzPflVV zu erreichen wäre. Im Schrifttum wird auf dieser Gedankenlinie vorgeschlagen, für die Kfz-Haftpflichtverletzung die Obergrenze für einen Selbstbehalt entsprechend § 5 Abs. 3 KfzPflVV auf 5.000 EUR festzusetzen.[68] Die Frage der Angemessenheit eines Selbstbehalts unterliegt der **AGB-Kontrolle nach § 307 Abs. 2 Nr. 2 BGB.**[69]

26   Sofern der Versicherungsvertrag oder die AVB einen Selbstbehalt in zulässiger Weise vorsehen, kann er gem. Abs. 2 S. 2 **dem Dritten nicht entgegengehalten** werden. Steht dem geschädigten Dritten ein Direktanspruch nach §§ 115 Abs. 1, 117 Abs. 1 zu, kann er diesen in voller Höhe ohne Abzug eines Selbstbehalts gegenüber dem Versicherer geltend machen. Das gilt auch dann, wenn Versicherungssummen und Leistungsumfang über die gesetzlichen Mindestanforderungen hinausgehen, oder das Versicherungsverhältnis im Innenverhältnis zwischen Versicherungsnehmer und Versicherer gestört ist.[70] Das folgt aus dem Grundsatz der Einheitlichkeit des Versicherungsverhältnisses (§ 113 Abs. 3). Klagt der geschädigte Dritte zunächst gegen den Versicherungsnehmer und lässt er sich anschließend dessen Deckungsanspruch pfänden und überweisen, kann er ebenfalls auf den Schutz von § 114 Abs. 2 S. 2 vertrauen: Geht er auf Grundlage des Pfändungs- und Überweisungsbeschlusses gegen den Versicherer vor, kann er wie bei der Ausübung seines Direktanspruchs ohne Rücksicht auf den Selbstbehalt in voller Höhe von dem Pflichthaftpflichtversicherer Ersatz verlangen.[71] In beiden Fällen ist daher der Versicherer auf den Rückgriff in Höhe des wirksam vereinbarten Selbstbehalts bei dem Versicherungsnehmer angewiesen. Daraus ergibt sich eine **Risikoverlagerung auf den Versicherer,** da er das Risiko der Insolvenz des Versicherungsnehmers trägt.[72]

27   Gleich ob der Selbstbehalt durch Zahlung des Versicherungsnehmers an den Versicherer oder durch Direktzahlungen an den geschädigten Dritten ausgestaltet ist, fällt keine **Versicherungssteuer** auf die Zahlungen an.[73] Es handelt sich nicht um ein besteuerungsfähiges Versicherungsentgelt nach

---

[64] Begr. RegE BT-Drs. 16/3945, 88; *Klimke* in Prölss/Martin VVG § 114 Rn. 8; *Heitmann/Mühlhausen* VersR 2009, 874.
[65] Zum Streit *Schirmer/Höhne* DAR 1999, 433; *Klimke* in Prölss/Martin KfzPflVV § 4 Rn. 11; *Beckmann* in Bruck/Möller VVG § 114 Rn. 43.
[66] *Schimikowski* in HK-VVG § 114 Rn. 6; *Schwartze* in Looschelders/Pohlmann VVG § 114 Rn. 10; *Huber* in Schwintowski/Brömmelmeyer/Ebers VVG § 114 Rn. 5; *Spuhl* in Marlow/Spuhl Neues VVG Rn. 633.
[67] Dafür auch *Feyock* in Feyock/Jacobsen/Lemor VVG § 114 Rn. 4.
[68] *Klimke* in Prölss/Martin VVG § 114 Rn. 8; *Jahnke* in Stiefel/Maier VVG § 114 Rn. 10; *Heß/Höke* in Beckmann/Matusche-Beckmann VersR-HdB § 29 Rn. 51 *Franz/Spielmann* VersR 2012, 960 (962), offen gegenüber einer Grenze von bis zu 10.000 EUR; betraglich abw. *Feyock* in Feyock/Jacobsen/Lemor PflVG § 4 Rn. 21, 2.500 EUR.
[69] Jetzt auch *Franz/Spielmann* VersR 2012, 960 (962).
[70] *Beckmann* in Bruck/Möller VVG § 115, Rn. 13; *Feyock* in Feyock/Jacobsen/Lemor VVG § 114 Rn. 3; *Klimke* in Prölss/Martin VVG § 114 Rn. 10; *Hersch/Hersch* r+s 2016, 541 (543).
[71] Begr. RegE BT-Drs. 16/6627, 7; *Feyock* in Feyock/Jacobsen/Lemor VVG § 114 Rn. 3; *Dallwig* ZVersWiss 2009, 47 (53).
[72] *Beckmann* in Bruck/Möller VVG § 114 Rn. 46; *Schwartze* in Looschelders/Pohlmann VVG § 114 Rn. 11; *Klimke* in Prölss/Martin VVG § 114 Rn. 8; *Huber* in Schwintowski/Brömmelmeyer/Ebers VVG § 114 Rn. 9.
[73] BFH DStR 2010, 441; *Beckmann* in Bruck/Möller VVG § 114 Rn. 46; *Heitmann/Mühlhausen* VersR 2009, 874.

§ 3 Abs. 1 VersStG, da die Zahlungen in der Person des Versicherungsnehmers begründet liegen und nicht dazu dienen, Versicherungsschutz zu begründen oder aufrecht zu erhalten. Ein gegenteiliges Ergebnis, das der Bundesgesetzgeber zwischenzeitlich im RegE zum Versicherungssteueränderungsgesetz v. 5.12.2012[74] verfolgte, dann aber aufgrund von Bedenken im Schrifttum[75] und im Bundesrat fallen ließ, wäre wirtschaftlich nur schwer vertretbar. Würde man Zahlungen im Rahmen des Selbstbehalts als Versicherungsentgelt ansehen, dürfte bei einem ungünstigen Schadensverlauf iErg mehr Versicherungssteuer anfallen, als wäre von vornherein das gesamte Risiko auf den Versicherer übertragen worden.

Im Schrifttum wird vereinzelt darüber nachgedacht, ob Vorschriften wie § 51 Abs. 5 BRAO **28** und § 19a Abs. 4 BNotO § 114 Abs. 2 S. 2 als *leges speciales* verdrängen, mit der Folge, dass in diesen Fällen vereinbarte Selbstbehalte **Drittwirkung gegenüber dem geschädigten Dritten** und mitversicherten Personen entfalten würden.[76] Diese Ansicht stützt sich im Wesentlichen darauf, dass § 51 Abs. 5 BRAO und § 19a Abs. 4 BNotO vor der Neukodifikation des VVG von 2008 verbreitet auf Grundlage von § 158c Abs. 3 VVG aF Drittwirkung zugesprochen wurde – dies allerdings zumeist ohne nähere Auseinandersetzung mit der Problematik. Im Ergebnis wird man jedoch nicht annehmen können, dass Regeln wie §§ 51 Abs. 5 BRAO und 19a Abs. 4 BNotO § 114 Abs. 2 S. 2 tatsächlich verdrängen.[77] Einmal hat der Reformgesetzgeber von 2007 § 158c Abs. 3 VVG aF durch die neue Vorschrift des § 114 wesentlich ergänzt. Des Weiteren enthält § 114 Abs. 2 S. 2 – anders als Abs. 1 und Abs. 2 S. 1 – keine Subsidiaritätsklausel („soweit nichts anderes bestimmt ist"). Die Regelung über den Selbstbehalt soll daher wohl für sämtliche Pflichthaftpflichtversicherungen gelten. Dagegen spricht auch nicht der Wille des Reformgesetzgebers. Zwar war dessen Aufmerksamkeit auf Fälle konzentriert, in denen die Rechtsvorschrift, welche die Versicherungspflicht anordnet, keine ausdrückliche Regelung über den Selbstbehalt trifft. Daraus folgt aber nicht, dass der Gesetzgeber § 114 Abs. 2 S. 2 keine Bedeutung für andere Vorschriften zumessen wollte. Dann hätte er es bei der Grundregel des § 114 Abs. 2 S. 1 belassen können.

Auch gegenüber dem **(Mit-)Versicherten** kann ein Selbstbehalt in den vorgenannten Konstel- **29** lationen nicht geltend gemacht werden –[78] und zwar auch nicht vom Versicherungsnehmer (etwa durch AGB im Rahmen eines Arbeitsverhältnisses), da nach der Gesetzesbegründung die Vereinbarung eines Selbstbehalts Wirkung nur im Innenverhältnis zwischen dem Versicherer und dem Versicherungsnehmer entfalten soll.[79]

D. Abdingbarkeit

§ 122 ist zugunsten des geschädigten Dritten, des Versicherungsnehmers und des (Mit-)Versi- **30** cherten **zwingend**. Das folgt aus der Natur der Pflichthaftpflichtversicherung, sodass es einer ausdrücklichen Klarstellung nicht bedarf (→ Vor § 113 Rn. 21).[80]

§ 115 Direktanspruch

(1) ¹Der Dritte kann seinen Anspruch auf Schadensersatz auch gegen den Versicherer geltend machen,
1. wenn es sich um eine Haftpflichtversicherung zur Erfüllung einer nach dem Pflichtversicherungsgesetz bestehenden Versicherungspflicht handelt oder
2. wenn über das Vermögen des Versicherungsnehmers das Insolvenzverfahren eröffnet oder der Eröffnungsantrag mangels Masse abgewiesen worden ist oder ein vorläufiger Insolvenzverwalter bestellt worden ist oder
3. wenn der Aufenthalt des Versicherungsnehmers unbekannt ist.

²Der Anspruch besteht im Rahmen der Leistungspflicht des Versicherers aus dem Versicherungsverhältnis und, soweit eine Leistungspflicht nicht besteht, im Rahmen des § 117 Abs. 1 bis 4. ³Der Versicherer hat den Schadensersatz in Geld zu leisten. ⁴**Der Versicherer und der ersatzpflichtige Versicherungsnehmer haften als Gesamtschuldner.**

---

[74] BGBl. 2012 I S. 2431.
[75] *Franz/Spielmann* VersR 2012, 960 (962).
[76] *Klimke* in Prölss/Martin VVG § 114 Rn. 9; *Dallwig* in Staudinger/Halm/Wendt VVG § 114 Rn. 16; *Dallwig* ZVersWiss 2009, 47 (54 f.).
[77] Wie hier *Beckmann* in Bruck/Möller VVG § 114 Rn. 48.
[78] *Schwartze* in Looschelders/Pohlmann VVG § 114 Rn. 11.
[79] BAG NZA 2013, 622; *Beckmann* in Bruck/Möller VVG § 114 Rn. 47.
[80] *Huber* in Schwintowski/Brömmelmeyer/Ebers VVG § 114 Rn. 10.

§ 115   Teil 2. Einzelne Versicherungszweige. Kap. 1. Haftpflichtversicherung

(2) ¹Der Anspruch nach Absatz 1 unterliegt der gleichen Verjährung wie der Schadensersatzanspruch gegen den ersatzpflichtigen Versicherungsnehmer. ²Die Verjährung beginnt mit dem Zeitpunkt, zu dem die Verjährung des Schadensersatzanspruchs gegen den ersatzpflichtigen Versicherungsnehmer beginnt; sie endet jedoch spätestens nach zehn Jahren von dem Eintritt des Schadens an. ³Ist der Anspruch des Dritten bei dem Versicherer angemeldet worden, ist die Verjährung bis zu dem Zeitpunkt gehemmt, zu dem die Entscheidung des Versicherers dem Anspruchsteller in Textform zugeht. ⁴Die Hemmung, die Ablaufhemmung und der Neubeginn der Verjährung des Anspruchs gegen den Versicherer wirken auch gegenüber dem ersatzpflichtigen Versicherungsnehmer und umgekehrt.

Übersicht

		Rn.				Rn.
A.	Einführung	1	2.	Umfang der Leistungspflicht		21
I.	Inhalt und Zweck der Regelung	1	3.	Gesamtschuldner		24
II.	Entstehungsgeschichte	4	III.	Verjährung		27
1.	Schaffung des Direktanspruchs	4	1.	Verjährungsfrist		28
2.	VVG-Reform	5	2.	Hemmung		32
III.	Anwendungsbereich	7		a) Eintritt der Hemmung		33
1.	Sachlich	7		b) Umfang der Hemmung		34
2.	Zeitlich	8		c) Beendigung der Hemmung		35
3.	Persönlich	9		d) Falscher Versicherer		40
B.	Direktanspruch	12	3.	Drittwirkung bestimmter Umstände		41
I.	Voraussetzungen	12	C.	Prozessuales		43
1.	Anspruch auf Schadensersatz	12	I.	Gerichtsstand		43
2.	Eröffnungsgrund	14	1.	Allgemeiner Gerichtsstand		43
	a) Pflichtversicherung nach dem Pflichtversicherungsgesetz	15	2.	Gerichtsstand der Niederlassung		44
	b) Insolvenz des Versicherungsnehmers	16	3.	Gerichtsstand der unerlaubten Handlung		45
	c) Unbekannter Aufenthalt des Versicherungsnehmers	17	4.	Gerichtsstand des Erfüllungsortes		45a
	d) Maßgeblicher Zeitpunkt	18	5.	Gerichtsstand des § 215		46
3.	Fälligkeit und Verzug	18a	6.	Europäisches Zivilprozessrecht		47
II.	Inhalt	19	II.	Beklagte Partei		48
1.	Schadensersatz in Geld	19	III.	Beweislast		49

Stichwort- und Fundstellenverzeichnis

Stichwort	Rn.	Rspr.	Lit.
Akzessorietät	→ Rn. 12, 21	BGH VersR 1979, 256 = NJW 1979, 983; VersR 2019, 1359 = NJW 2019, 3788; OLG Bamberg VersR 1985, 750; OLG Hamm VersR 1995, 454; 1996, 585; OLG Koblenz VersR 2000, 1436	*Klimke* in Prölss/Martin VVG § 115 Rn. 7; *Schneider* in Geigel Haftpflichtprozess § 13 Rn. 64
Beweislast	→ Rn. 49	BGH VersR 2019, 1359 = NJW 2019, 3788	*Klimke* in Prölss/Martin VVG § 115 Rn. 42 f.
Direktanspruch, Rechtsnatur	→ Rn. 1	BGHZ 57, 269 = NJW 1972, 387 = VersR 1972, 255; BGHZ 69, 156 = NJW 1977, 2163 = VersR 1977, 960; BGH NJW 1979, 271 = VersR 1979, 30; VersR 1983, 586 = NJW 1983, 1799; BGHZ 152, 298 = VersR 2003, 99 = NJW 2003, 895;	*Beckmann* in Bruck/Möller VVG § 115 Rn. 8; *Schneider* in Beckmann/Matusche-Beckmann VersR-HdB § 24 Rn. 176

Direktanspruch § 115

Stichwort	Rn.	Rspr.	Lit.
		BGH VersR 2023, 582 = NJW 2023, 1510	
Dritter	→ Rn. 9	BGH VersR 1971, 1161; BGHZ 192, 261 = VersR 2012, 734 = NJW 2012, 195; OLG Hamm VersR 1994, 301; 1969, 533	*Klimke* in Prölss/Martin VVG § 115 Rn. 2; *Feyock* in Feyock/Jacobsen/Lemor VVG § 115 Rn. 11
Entstehungsgeschichte	→ Rn. 4	–	*Beckmann* in Bruck/Möller VVG § 115 Rn. 1 ff.; *Schneider* in Beckmann/Matusche-Beckmann VersR-HdB § 24 Rn. 176; *Koch* r+s 2009, 133; *Schwab* DAR 2015, 570
Fälligkeit	→ Rn. 18a	BGHZ 178, 338 = VersR 2009, 128 = NJW 2009, 910; OLG Saarbrücken NZV 1991, 312	*Armbrüster* in Prölss/Martin VVG § 14 Rn. 6; aA *Rixecker* in Langheid/Rixecker VVG § 14 Rn. 4
Geldersatz	→ Rn. 19	BGH VersR 1983, 758; VersR 2023, 582 = NJW 2023, 1510; OLG Hamburg NZV 2008, 555	*Klimke* in Prölss/Martin VVG § 115 Rn. 16; *Beckmann* in Bruck/Möller VVG § 115 Rn. 38
Gerichtsstand der Niederlassung	→ Rn. 44	LG Dortmund VersR 2007, 1674; LG Mannheim Schaden-Praxis 1996, 151; AG Köln NJW-RR 1993, 1504	*Beckmann* in Bruck/Möller VVG § 115 Rn. 84
Gerichtsstand der unerlaubten Handlung	→ Rn. 45	BGH VersR 1983, 586 = NJW 1983, 1799; BayObLG NJW 1988, 2184; BayObLGR 1996, 23	*Klimke* in Prölss/Martin VVG § 115 Rn. 40
Gerichtsstand des Erfüllungsortes	→ Rn. 45a	LG Saarbrücken 17.11.2014 – 14 O 313/13, n.v.	*Schneider* in Geigel Haftpflichtprozess § 13 Rn. 63
Gerichtsstand nach EuGVO	→ Rn. 47	EuGH Slg. 2007, I-11321 = VersR 2008, 111; BGHZ 176, 276 = VersR 2008, 955 = NJW 2008, 955	–
Gerichtsstand des § 215 VVG	→ Rn. 46	BGH VersR 2017, 118 = NJW 2017, 939; BGHZ 216, 358 = VersR 2018, 182 = NJW 2018, 232; LG Köln v. 16.1.2020 – 16 O 361/19, BeckRS 2020, 2600	*Klimke* in Prölss/Martin VVG § 115 Rn. 40; *Schneider* in Beckmann/Matusche-Beckmann VersR-HdB § 1a Rn. 34; *Schneider* VersR 2008, 859
Gesamtschuldverhältnis zwischen Versicherer und Schädiger	→ Rn. 24	Schädiger ist Versicherungsnehmer: BGHZ 63, 51 = NJW 1974, 2124; BGH VersR 1981, 134 = NJW 1981, 681; VersR 2008, 343 = NJW-RR 2008, 344; Schädiger ist Mitversicherter: BGHZ 105, 140 = VersR 1988, 1062 = NJW 1988, 2734; BGH VersR 2007, 196 = NJW 2007, 1208; OLG Saarbrücken VersR 2001, 1415	*Beckmann* in Bruck/Möller VVG § 115 Rn. 48 ff.
Insolvenz des Versicherungsnehmers	→ Rn. 16	VersR 2023, 582 = NJW 2023, 1510	*Schneider* in Beckmann/Matusche-Beckmann VersR-HdB § 24 Rn. 177; *Beckmann* in Bruck/Möller VVG § 115 Rn. 32 ff.; *Wandt* VersR Rn. 1087; *Armbrüster* r+s 2010, 441 (453)
Mitschädiger, keine Einbeziehung in das	→ Rn. 11	BGH VersR 2008, 1273; VersR 2010, 1360	*Klimke* in Prölss/Martin VVG § 115 Rn. 5; *Langheid* in Langheid/Rixe-

Stichwort	Rn.	Rspr.	Lit.
Gesamtschuldverhältnis			cker VVG § 115 Rn. 9; *Beckmann* in Bruck/Möller VVG § 115 Rn. 16
Übernommene Gefahr	→ Rn. 22	BGH VersR 1986, 1231 = NJW-RR 1987, 87; VersR 1989, 1187 = NJW 1990, 257; VersR 2006, 1352 = NJW-RR 2006, 1462	–
Unbekannter Aufenthalt des Versicherungsnehmers	→ Rn. 17	RG 59, 259 (263); BGHZ 149, 311 = NJW 2002, 827 = VersR 2002, 1304	*Beckmann* in Bruck/Möller VVG § 115 Rn. 35; *Klimke* in Prölss/Martin VVG § 115 Rn. 13; *Wandt* VersR Rn. 1087; *Spuhl* in Marlow/Spuhl Neues VVG Rn. 638
Verjährung, keine Berufung auf	→ Rn. 31	BGH VersR 2003, 452 = NJW 2003, 1524; VersR 2002, 474 = NJW 2002, 1878; OLG Karlsruhe VersR 2006, 251	–
Verjährungsbeginn	→ Rn. 28	BGHZ 25, 34 = VersR 1957, 499	BT-Drs. 16/5862, 99
Verjährungsfrist	→ Rn. 28	BGH VersR 1972, 273 = NJW 1972, 446; VersR 1975, 279 = NJW 1975, 261; OLG Düsseldorf NJW-RR 1990, 472	*Beckmann* in Bruck/Möller VVG § 115 Rn. 58; *Langheid* in Langheid/Rixecker VVG § 115 Rn. 23
Verjährungshemmung, Eintritt	→ Rn. 32	BGH VersR 1975, 279; BGHZ 74, 393 = VersR 1979, 915 = NJW 1979, 2155; BGHZ 83, 162 = VersR 1982, 546 = NJW 1982, 1761	*Klimke* in Prölss/Martin VVG § 115 Rn. 28
Verjährungshemmung, Beendigung	→ Rn. 35	BGHZ 114, 299 = VersR 1991, 878 = NJW 1991, 1954; BGH VersR 1992, 604 = NJW-RR 1992, 606; VersR 1999, 382 = NJW 1999, 1782; VersR 2017, 816 = NJW 2017, 2271	*Klimke* in Prölss/Martin VVG § 115 Rn. 31
Versicherte Person, Gleichstellung mit dem Versicherungsnehmer	→ Rn. 1, 12	BGH VersR 1972, 271 = NJW 1972, 445; VersR 1975, 279 = NJW 1975, 260; BGHZ 24, 378 = VersR 1957, 458 = NJW 1957, 1233	*Beckmann* in Bruck/Möller VVG § 115 Rn. 17; *Sieg* BB 1965, 1431
Vertrauenshaftung	→ Rn. 23	BGHZ 108, 200 = NJW 1989, 3095 = VersR 1989, 948	–
Verzicht, Drittwirkung	→ Rn. 26	OLG Köln VersR 1969, 1027; aA OLG Zweibrücken ZfS 1981, 49; OGH VersR 1976, 1197	*Klimke* in Prölss/Martin VVG § 115 Rn. 20; *Langheid* in Langheid/Rixecker VVG § 115 Rn. 20; *Jacobsen* in Feyock/Jacobsen/Lemor VVG § 116 Rn. 4
Verzug	→ Rn. 18a	OLG Saarbrücken MDR 2007, 1190; NJW-RR 2018, 86; NJW-RR 2019, 1235; OLG Nürnberg NJW 1974, 1950	*Armbrüster* in Prölss/Martin VVG § 14 Rn. 6
VVG-Reform	→ Rn. 5	–	*Koch* r+s 2009, 133; *Littbarski* PHi 2007, 176; *Schneider* in Beckmann/Matusche-Beckmann VersR-HdB § 1a Rn. 33; § 24 Rn. 162

Stichwort	Rn.	Rspr.	Lit.
Wahlfreiheit des Geschädigten bei Inanspruchnahme der Gesamtschuldner	→ Rn. 3, 30	BGH VersR 2007, 371 = NJW-RR 2007, 467; BGHZ 69, 153 = VersR 1977, 960 = NJW 1977, 2163	*Klimke* in Prölss/Martin VVG § 115 Rn. 41; *Beckmann* in Bruck/Möller VVG § 115 Rn. 89
Zeitlicher Anwendungsbereich der Vorschrift	→ Rn. 8	LG Saarbrücken NJW-RR 2011, 1600 (1601); 23.4.2009 – 14 O 476/08, juris	*Jacobsen* in Feyock/Jacobsen/Lemor VVG § 115 Rn. 2; *Schneider* in Beckmann/Matusche-Beckmann VersR-HdB § 24 Rn. 176; *Schneider* VersR 2008, 859
Zweck der Vorschrift	→ Rn. 3	BGHZ 57, 265 = NJW 1972, 387 = VersR 1972, 255; BGH VersR 1986, 1010 = NJW-RR 1986, 1402	BT-Drs. 16/3945, 88; *Beckmann* in Bruck/Möller VVG § 115 Rn. 6

Schrifttum: *Abram,* Der Direktanspruch des Geschädigten gegen den Pflicht-Haftpflichtversicherer seines Schädigers außerhalb des PflVG – „Steine statt Brot"?, VP 2008, 77; *Armbrüster,* Prozessuale Besonderheiten in der Haftpflichtversicherung, r+s 2010, 441; *Armbrüster/Dallwig,* Die Rechtsfolgen übermäßiger Deckungsbegrenzungen in der Pflichtversicherung, VersR 2009, 150; *Baumann,* Grundzüge zum Regress des Kraftverkehrs-Haftpflichtversicherers, ZVersWiss 1970, 193; *Baumann,* Zur unmittelbaren Schadensersatzpflicht des Haftpflichtversicherers gegenüber dem Dritten, Folgerungen aus dem Schuldrechtsmodernisierungsgesetz, VersR 2004, 944; *Baumann,* Die Überwindung des Trennungsprinzips durch das Verbot des Abtretungsverbots in der Haftpflichtversicherung, VersR 2010, 984; *Bihler,* Zur Frage der Verjährung des Regressanspruchs des Kraftfahrthaftpflichtversicherers, ZfS 2008, 94; *Chab,* Mandant, Anwalt und Versicherer – Was muss der Geschädigtenanwalt wissen?, AnwBl 2021, 168; *Franck,* Der Direktanspruch gegen den Haftpflichtversicherer – Eine rechtsvergleichende Untersuchung zum deutschen und skandinavischen Recht, 2014; *Franck,* Richtlinienkonforme Auslegung der Vorschriften über die vorsätzliche Herbeiführung des Versicherungsfalls in der Kfz-Pflichtversicherung, VersR 2014, 13; *Fuchs-Wissemann,* Verschuldensnachweis und Direktanspruch, VersR 1985, 219; *Gergen,* Der Direktanspruch des Geschädigten gegen den Kfz-Versicherer nach Art. L 124–3 und L 112–6 des französischen Versicherungsgesetzbuchs (Code des Assurances) über Art. 40 Abs. 4 EGBGB, VersR 2005, 620; *Gruber,* Der Direktanspruch gegen den Versicherer in neuen deutschen Kollisionsrecht, VersR 2001, 16; *Harsdorf-Gebhardt,* Aktuelle Rechtsprechung des Bundesgerichtshofs zur Haftpflichtversicherung, in: Arbeitsgemeinschaft Verkehrsrecht im DAV, Homburger Tage 2010, 127; *Heidl,* Der Direktanspruch in der Berufshaftpflichtversicherung für Rechtsanwälte und Steuerberater, ZfV 2011, 162; *Heintzmann,* Zur Verjährung des Rückgriffsanspruchs des Versicherers nach § 3 Nr. 9, 11 PflVG, VersR 1980, 593; *Herrmann,* Gerichtsstand am Wohnsitz des Klägers bei einer Direktklage des Geschädigten gegen den Versicherer gem. Art. 11 Abs. 2 iVm Art. 9 Abs. 1b EuGVO?, VersR 2007, 1470; *Hersch/Hersch,* Die Haftpflichtversicherung der Heilberufe als Pflichthaftpflichtversicherung, r+s 2016, 541; *Heß/Burmann,* Verjährungshemmung bei Schadensersatz gegen Versicherer, NJW-Spezial 2009, 233; *Johannsen,* Regressanspruch des Haftpflichtversicherers wegen eines durch einen führerscheinlosen Angehörigen des Versicherungsnehmers verursachten Unfallschadens, NZV 1989, 69; *Keppel,* Wird der vom RegE eines VVG geplante Direktanspruch des Geschädigten gegen den Pflichthaftpflichtversicherer ein stumpfes Schwer?, ZVersWiss Supplement 2007, 109; *Klein,* Der gestellte Unfall – Beweisverfahren beim Verdacht des manipulierten Unfallgeschehens im Zivilprozess, ZfS 2020, 188; *Koch,* Der Direktanspruch in der Haftpflichtversicherung, r+s 2009, 133; *Krause-Allenstein,* Praxisrelevante Änderungen des neuen Versicherungsvertragsgesetzes für das Bauversicherungsrecht, NZBau 2008, 81; *Kroll,* Direktansprüche gegen den Seeversicherer bei Pflichtversicherungen, RdTW 2015, 287; *Landwehr,* Die Stellung des Geschädigten nach dem neuen Kraftfahrzeughaftpflichtversicherungsgesetz v. 5.4.1965, VersR 1965, 1113; *Lange,* Die Rechtsstellung des Haftpflichtversicherers nach der Abtretung des Freistellungsanspruchs vom Versicherungsnehmer an den geschädigten Dritten, VersR 2008, 713; *Lange,* Der Direktanspruch gegen den Haftpflichtversicherer (am Beispiel der D&O-Versicherung), r+s 2011, 185; *Langheid,* Zum Direktanspruch des Versicherungsnehmers gegen den Kraftfahrzeughaftpflichtversicherer bei Schädigung durch einen mitversicherten Dritten, r+s 1985, 158; *Lemcke,* Der Direktanspruch gegen den KH-Versicherer: alte Probleme in neuem Gewand, FS Wälder, 2009, 179; *Lorenz,* Zur entsprechenden Anwendung der Regresssperre des § 67 Abs. 2 VVG auf die gesamtschuldnerischen Ausgleichsansprüche des Kfz-Haftpflichtversicherers gegen den nicht deckungsberechtigten Versicherer (Fahrer), VersR 1991, 505; *Mansel,* Direktansprüche gegen den Haftpflichtversicherer – Anwendbares Recht und internationale Zuständigkeit, Heidelberger Forum 43, 1986; *Müller-Stüler,* Der Direktanspruch gegen den Haftpflichtversicherer, 1966; *Peiffer/Kubitzki,* Der Umfang des Direktanspruchs nach § 115 VVG – Die Auswirkung des Einschlusses einer Pflichtversicherung auf die allgemeine Haftpflichtversicherung am Beispiel der Haftpflichtversicherung von Drohnen, PHi 2019, 194; *Prölss,* Zur analogen Anwendung des § 67 Abs. 2 VVG im Rahmen des Regresses, zur gesamtschuldnerischen Haftung von Halter und Fahrer gegenüber dem Kfz-Versicherer und zur zivilrechtlichen Relevanz geschäftsplanmäßiger Erklärungen, JZ 1989, 148; *Schirmer,* Das „kranke" Versicherungsverhältnis zwischen KH-Versicherer und Versicherungsnehmer, VersR 1987, 19; *Schirmer,* Die Haftpflichtversicherung nach der VVG-Reform, ZVersWiss Supplement 2006, 427; *Schirmer/Clauß,* Grenzen der Rechtskrafterstreckung nach § 3 Nr. 8 PflVG bei Verjährung des Anspruchs gegen den Versicherer, FS Lorenz 2004, 775; *Schneider,* Neues Recht für alte Verträge? Zum vermeintlichen Grundsatz aus Art. 1 Abs. 1 EGVVG, VersR 2008, 859; *Schneider,* Abkehr vom Verschuldensprinzip? Eine rechtsvergleichende Untersuchung zur Vertragshaftung (BGB, Code civil und Einheitsrecht), Tübingen, 2007; *Schwab,* 50 Jahre Direktanspruch in Deutschland – offene Rechtsfragen, DAR 2015, 570; *Schwab*, Regress beim leistungsfreien Kfz-Haftpflichtversicherer im Rahmen der Mehrfachversicherung?, VersR 2016, 221; *Sieg*, Der Anspruch des Drittgeschädigten gegen den Haftpflichtversicherer, ZVersWiss 1965, 357; *Sohn*, Anspruchsberechtigungen und Fälligkeit des Deckungsanspruchs in der Architektenhaftpflichtversicherung, BauR 2014, 465; *Stobbe*, Mandant und Haftpflichtversicherer – ein schwieriges Verhältnis, Lücken im Pflichtversicherungsrecht der VVG-Reform, AnwBl 2007, 853; *Thalmair*, Die Haftpflichtversicherung nach der VVG-Reform, ZVersWiss Supplement 2006, 459; *Theil*, Der Direktanspruch nach § 3 PflVG und der Gerichtsstand des § 48 VVG, VersR 1980, 810; *Thume*, Probleme des Verkehrshaftungsversicherungsrechts nach der VVG-Reform, VersR 2010, 849; *Visser*, Aufklärungspflicht des Verkäufers/Herstellers zum Abschluss einer Pflicht-Haftpflichtversicherung für die Kaufsache (am Beispiel von Drohnen)?, PHi 2019, 158; 2019, 222; *Weber*, Direktanspruch ohne Verschuldensnachweis?, VersR 1985, 1004; *Wertenbruch*, Die Innenhaftung bei der Partnerschaftsgesellschaft mbB, NZG 2013, 1006.

A. Einführung

I. Inhalt und Zweck der Regelung

1 § 115 regelt den sogenannten **Direktanspruch** (*action directe*): Unter bestimmten Voraussetzungen kann der Geschädigte oder ein dem Geschädigten gleichgestellter Dritter seinen gegen den Versicherungsnehmer oder den Versicherten[1] bestehenden Anspruch auf Schadensersatz auch gegen den Pflichtversicherer geltend machen. Dieser unmittelbare Anspruch des Geschädigten gegen den Versicherer ist kein Anspruch aus dem Versicherungsvertrag; vielmehr handelt es sich trotz seiner Anknüpfung an das Versicherungsverhältnis um einen **gesetzlichen Schadensersatzanspruch,** der neben den bestehenden Schadensersatzanspruch des Geschädigten gegen den Schädiger tritt und auf Schadensersatz in Geld gerichtet ist.[2] Durch den Direktanspruch erhält der Geschädigte aufgrund eines **gesetzlich angeordneten Schuldbeitritts** in der Person des Versicherers einen weiteren Schuldner für seinen – zumeist, aber nicht zwingend, deliktischen – Schadensersatzanspruch gegen den Schädiger.[3] Der Geschädigte ist hier nicht mehr darauf angewiesen, sich zunächst – nur – an den Schädiger zu halten, um nach Pfändung und Überweisung die angeblichen Deckungsanspruchs oder aus abgetretenem Recht (vgl. § 108 Abs. 2)[4] auch gegen den Versicherer vorzugehen, sondern kann sich wahlweise sofort an den Versicherer halten. Die Durchsetzung berechtigter Schadensersatzansprüche wird dadurch zugunsten des Geschädigten erheblich erleichtert.

2 Das **reformierte VVG** erlaubt die unmittelbare Inanspruchnahme des Pflichtversicherers, wenn es sich bei der in Rede stehenden Pflichtversicherung um eine Haftpflichtversicherung zur Erfüllung einer nach dem Pflichtversicherungsgesetz bestehenden Versicherungspflicht handelt, wenn über das Vermögen des Versicherungsnehmers das Insolvenzverfahren eröffnet, der Eröffnungsantrag mangels Masse abgewiesen oder ein vorläufiger Insolvenzverwalter bestellt worden ist oder wenn der Aufenthalt des Versicherungsnehmers unbekannt ist. Über den seit langem bekannten, durch das Gemeinschaftsrecht vorgegebenen Direktanspruch in der Kfz-Pflichtversicherung hinaus sollen damit vornehmlich diejenigen Fälle erfasst werden, in denen der Geschädigte seinen Anspruch gegen den Schädiger auf herkömmlichem Wege, dh unter vorrangiger Inanspruchnahme des Versicherungsnehmers, nur unter besonderen Schwierigkeiten realisieren kann. Der Direktanspruch besteht in diesen Fällen im Rahmen der Leistungspflicht des Versicherers aus dem Versicherungsvertrag und, sofern eine Leistungspflicht nicht besteht, im Rahmen der gesetzlichen Verpflichtung des Versicherers aus § 117 Abs. 1, 2.

3 § 115 dient dem **Zweck,** die Stellung des Dritten zu verbessern.[5] Der hergebrachte Grundsatz, wonach eine Haftpflichtversicherung zuvörderst im Interesse des Versicherungsnehmers abgeschlossen

---

[1] Soweit das Gesetz im Rahmen der Pflichtversicherung vom Versicherungsnehmer spricht, meint es damit grds. auch den Versicherten, BGH VersR 1972, 271 = NJW 1972, 445; BGHZ 24, 378 = VersR 1957, 458 = NJW 1957, 1233; *Beckmann* in Bruck/Möller VVG § 115 Rn. 17; *Sieg* BB 1965, 1431; auch → Rn. 12.

[2] BGHZ 57, 269 = NJW 1972, 387 = VersR 1972, 255; BGHZ 69, 156 = NJW 1977, 2163 = VersR 1977, 960; BGH NJW 1979, 271 = VersR 1979, 30; VersR 1983, 586 = NJW 1983, 1799; BGHZ 152, 298 = VersR 2003, 99 = NJW 2003, 895; *Klimke* in Prölss/Martin VVG § 115 Rn. 16; *Schneider* in Beckmann/Matusche-Beckmann VersR-HdB § 24 Rn. 176; s. ferner *Beckmann* in Bruck/Möller VVG § 115 Rn. 8 f., 33 ff.; *Müller-Stüler*, Der Direktanspruch gegen den Haftpflichtversicherer, 1966, S. 141 ff.; *Sieg* ZVersWiss 1965, 357.

[3] BGHZ 57, 269 = NJW 1972, 387 = VersR 1972, 255; BGHZ 69, 156 = NJW 1977, 2163 = VersR 1977, 960; BGHZ 72, 151 = NJW 1978, 2030 = VersR 1979, 870; s. auch BGH VersR 2023 = NJW 2023, 1510.

[4] BGH VersR 2016, 786 = NJW 2016, 2184; AG 2016, 395; OLG Naumburg, 27.11.2017 – 1 U 105/17 = BeckRS 2017, 154403.

[5] BGHZ 57, 265 = NJW 1972, 387 = VersR 1972, 255; BGH VersR 1986, 1010 = NJW-RR 1986, 1402; BT-Drs. 16/3945, 88; *Beckmann* in Bruck/Möller VVG § 115 Rn. 7.

wird,[6] ist an dieser Stelle durchbrochen. Der Dritte erhält das Recht, den Versicherer des haftpflichtversicherten Schädigers in den von § 115 Abs. 1 S. 1 genannten Fällen unmittelbar auf Schadensersatz in Anspruch zu nehmen, ggf. auch als Gesamtschuldner neben dem versicherten Schädiger. Die **Möglichkeit,** den Versicherer ohne den sonst erforderlichen Umweg über den Schädiger zu belangen, wird sich für den Geschädigten in den allermeisten Fällen als vorteilhaft erweisen. Sie ist auch logische Folge des Umstandes, dass den Versicherer aufgrund seiner Freistellungsverpflichtung aus dem Versicherungsvertrag die Last des Schadensersatzes letztlich alleine trifft. Doch ist der Geschädigte keineswegs verpflichtet, stets diesen Weg zu beschreiten. Vielmehr verbleibt ihm weiterhin die Möglichkeit, sich zunächst (nur) an den Schädiger zu halten, um nach dessen erfolgreicher Inanspruchnahme ggf. sodann aufgrund übergegangenen Rechts auch an den Versicherer heranzutreten.[7] Im Einzelfall kann eine solche gestufte Vorgehensweise sogar geboten sein, etwa weil der Direktanspruch bereits verjährt ist, während Haftpflicht- und Deckungsanspruch noch durchsetzbar sind.[8] Klagt der Geschädigte zunächst allein gegen den Schädiger, so kann er aber nicht mit einer anschließenden Direktklage Ersatz der Prozesskosten des ersten Rechtsstreites von dem Versicherer verlangen.[9]

II. Entstehungsgeschichte

1. Schaffung des Direktanspruchs. Die Schaffung einer *action directe* für das deutsche Recht 4
der Pflichtversicherung geht auf das **Europäische Übereinkommen** über die obligatorische Haftpflichtversicherung für Kraftfahrzeuge v. 20.4.1959[10] zurück. Während es bis dahin „fester Grundsatz des deutschen Haftpflichtversicherungsrechts" war, dass der geschädigte Dritte den Versicherer nicht ohne Umweg über die Rechtsposition des Versicherungsnehmers in Anspruch nehmen konnte,[11] also insbes. aufgrund von Pfändung und Überweisung dessen Ansprüche aus dem Versicherungsvertrag, verpflichtete sich die Bundesrepublik Deutschland als Vertragspartei dieses Übereinkommens neben fünf weiteren europäischen Staaten, die Rechte von Personen, die in ihrem Hoheitsgebiet einen durch ein Kraftfahrzeug verursachten Schaden erleiden, fortan durch die Einführung einer Pflichtversicherung zu schützen, die bestimmten, dem Übereinkommen als Anh. I. beigefügten Bestimmungen zu entsprechen hatte. Danach sollte die geschädigte Person ua einen **eigenen Anspruch gegen den Versicherer** haben (Art. 6 Nr. 1 Anh. I). In Umsetzung dieser Verpflichtung wurde nach Ratifizierung des Übereinkommens[12] mit Wirkung ab 1.10.1965 in **§ 3 Nr. 1 PflVG aF** erstmals ein Direktanspruch gegen den Kfz-Pflichtversicherer eingeführt und so die Rechtsstellung von Verkehrsunfallopfern erheblich gestärkt.[13]

2. VVG-Reform. Aus Anlass der **VVG-Reform** bestand das Bestreben, die durch den Direkt- 5
anspruch geschaffene, aus Sicht des Geschädigten vorteilhafte Rechtslage über den Bereich der Kfz-Haftpflichtversicherung hinaus auf alle Pflichtversicherungen auszuweiten. Dementsprechend beinhaltete schon der von der VVG-Kommission erarbeitete Gesetzesentwurf (vgl. § 116 KomE) den Vorschlag, einen **allgemeinen Direktanspruch für alle Pflichtversicherungen** einzuführen, um so dem Geschädigten auch über den Bereich der Unfälle im Straßenverkehr hinaus die Realisierung seiner Ersatzansprüche zu erleichtern.[14] Gerechtfertigt wurde dies mit dem Argument, dass eine Versicherungspflicht immer zumindest auch im Interesse des Geschädigten begründet werde, um diesem einen im Regelfall verhandlungs- und zahlungsbereiten, weitgehend insolvenzsicheren Schuldner gegenüberzustellen, der hierdurch schon aufgrund des bisherigen Rechts nicht nur wirtschaftlich, sondern auch rechtlich weitgehend an die Stelle des Versicherungsnehmers trete. Richtigerweise wurde auch hervorgehoben, dass die Versicherer durch die Möglichkeit der unmittelbaren Inanspruchnahme nicht übermäßig belastet würden. Im Übrigen trage die Einführung eines allge-

---

[6] RGZ 124, 235 (238).
[7] BGHZ 69, 153 = VersR 1977, 960 = NJW 1977, 2163; OLG Hamburg VersR 1972, 631; *Klimke* in Prölss/Martin VVG § 115 Rn. 41; *Beckmann* in Bruck/Möller VVG § 115 Rn. 89.
[8] BGH VersR 2007, 371 = NJW-RR 2007, 467.
[9] BGHZ 69, 153 = VersR 1977, 960 = NJW 1977, 2163; OLG Düsseldorf VersR 1976, 1162; krit. *Knöfel* in Schwintowski/Brömmelmeyer/Ebers VVG § 115 Rn. 7.
[10] BGBl. 1965 II S. 281; abgedr. in VA 1965, 108; Einzelheiten bei *Lemor* in Feyock/Jacobsen/Lemor VVG 1. Teil Rn. 9 ff.; *Beckmann* in Bruck/Möller VVG § 115 Rn. 1 ff.
[11] *Johannsen* in Bruck, Bd. V/1, Kap. B Anm. 4; *Beckmann* in Bruck/Möller VVG § 115 Rn. 1.
[12] Gesetz zu dem Europäischen Übereinkommen v. 20.4.1959 über die obligatorische Haftpflichtversicherung für Kraftfahrzeuge v. 1.4.1965, BGBl. 1965 II S. 281.
[13] Gesetz zur Änderung von Vorschriften über die Pflichtversicherung für Kraftfahrzeughalter v. 5.4.1965, BGBl. 1965 I S. 213, Art. 1, 7; dazu *Landwehr* VersR 1965, 1113; zur Entwicklung des Direktanspruchs aus Sicht der Kraftfahrt-Haftpflichtversicherung sa *Jahnke* in Stiefel/Maier VVG § 115 Rn. 63 ff.; *Schwab* DAR 2015, 570.
[14] Abschlussbericht der Reformkommission Ziff. 1.3.1.1.5, S. 83.

meinen Direktanspruchs auch zur Harmonisierung des Rechts in der Europäischen Union bei, nachdem zahlreiche andere Mitgliedstaaten bereits seit langem in ihren Rechtsordnungen eine *action directe* gegen den Pflichtversicherer vorsähen.[15] Diesen Erwägungen hatte sich zunächst auch die Bundesregierung in ihrem **RegE** angeschlossen.[16] Allerdings sah sich der allgemeine Direktanspruch von Anfang an erheblichem Widerstand, vor allem von Seiten der Versicherungswirtschaft, ausgesetzt, wobei vornehmlich eingewandt wurde, dessen Einführung werde zu erheblichen Prämiensteigerungen im Bereich der Pflichtversicherungen führen.[17] Die Fragwürdigkeit dieser Argumentation zeigt sich indes schon daran, dass allein die Existenz eines Direktanspruchs gewiss nicht geeignet ist, die Zahl begründeter Schadensersatzansprüche zu erhöhen und hierdurch zusätzliche Ausgaben der Versicherer zu generieren. Denn auch bei unmittelbarer Inanspruchnahme durch den Geschädigten haftet der Versicherer dem Dritten gegenüber nur im Rahmen der übernommenen Gefahr für berechtigte Schadensersatzansprüche.[18] Allenfalls dürfte die Möglichkeit, den Versicherer unmittelbar in Anspruch zu nehmen, die Regulierung berechtigter Ansprüche beschleunigen. Denn es ist anzunehmen, dass die hergebrachte Rechtslage mit all ihren Beschwerlichkeiten und Tücken für den Geschädigten in wohl nicht allzu wenigen Fällen dazu führt, dass bestehende Schadensersatzansprüche letztlich nicht oder nicht in vollem Umfange befriedigt werden.[19]

6   Allen berechtigten Anliegen zum Trotz vermochte sich der Vorschlag, einen allgemeinen Direktanspruch einzuführen, letztendlich nicht durchzusetzen.[20] In buchstäblich letzter Minute führten die erwähnten Widerstände gegen das Vorhaben zu einer unter erheblichem Zeitdruck und zunächst auch nicht ganz fehlerfrei nachvollzogenen **Änderung** des RegE durch den **Rechtsausschuss** des Deutschen Bundestages. Außerhalb des „bewährten"[21] Anwendungsfalles in der Kfz-Pflichtversicherung wurde der Direktanspruch für alle Pflichtversicherungen auf zwei Fälle „zurückgeführt", die der Gesetzgeber als „die unter Verbraucherschutzgesichtspunkten wesentlichen Problembereiche" erachtete:[22] wenn über das Vermögen des Versicherungsnehmers das Insolvenzverfahren eröffnet oder der Eröffnungsantrag mangels Masse abgewiesen worden ist oder ein vorläufiger Insolvenzverwalter bestellt worden ist (§ 115 Abs. 1 S. 1 Nr. 2) und wenn der Aufenthalt des Versicherungsnehmers unbekannt ist (§ 115 Abs. 1 S. 1 Nr. 3). Weitere, hierdurch notwendig gewordene Folgeänderungen in anderen Vorschriften (§§ 114, 117, 119, 124) erforderten später eine gesetzgeberische **Nachjustierung,** die allerdings noch rechtzeitig vor Inkrafttreten des neuen VVG am 1.1.2008 in das Gesetz eingearbeitet werden konnte.[23]

III. Anwendungsbereich

7   Der **eingeschränkte Anwendungsbereich** des Direktanspruchs äußert sich in sachlicher, in zeitlicher und in persönlicher Hinsicht:

1. Sachlich. In der Sache betrifft der Direktanspruch ausschließlich **Pflichtversicherungen iSd § 113 Abs. 1.** Auf andere Haftpflichtversicherungsverträge (§§ 100 ff.), zu deren Abschluss eine Verpflichtung durch Rechtsvorschrift nicht besteht, findet die Vorschrift keine Anwendung.[24] Gem. § 115 Abs. 1 S. 1 Nr. 1 besteht ein Direktanspruch stets dann, wenn es sich um eine Haftpflichtversicherung zur Erfüllung einer nach dem Pflichtversicherungsgesetz bestehenden Versicherungspflicht handelt. Das betrifft zunächst die Kfz-Haftpflichtversicherung (§ 1 PflVG), und zwar auch dann, wenn diese von einem nach § 2 Abs. 1 Nr. 1–5 PflVG von der Versicherungspflicht befreiten Fahrzeughalter unterhalten wird.[25] Auch der von der Versicherungspflicht befreite Fahrzeughalter unterliegt den §§ 115–117, soweit er mangels bestehender Haftpflichtversicherung in gleicher Weise und in gleichem Umfange für den Schaden einzutreten hat wie sonst ein Versicherer (§ 2 Abs. 2

---

[15] Abschlussbericht der Reformkommission Ziff. 1.3.1.1.5, S. 83; siehe auch *Koch* r+s 2009, 133; *Franck*, Der Direktanspruch gegen den Haftpflichtversicherer, 2014.
[16] § 115 RegE, BT-Drs. 16/3945, 50, 88.
[17] Gesamtverband der Deutschen Versicherungswirtschaft, Stellungnahme zum RegE eines Gesetzes zur Reform des Versicherungsvertragsrechts v. 11.10.2006, Berlin, Dezember 2006, S. 12.
[18] BGHZ 192, 261 = VersR 2012, 734 = NJW 2012, 1951; BGH VersR 2019, 1359 = NJW 2019, 3788.
[19] *Schneider* in Beckmann/Matusche-Beckmann VersR-HdB § 24 Rn. 162; *Beckmann* in Bruck/Möller VVG § 115 Rn. 2; ergänzend *Koch* r+s 2009, 133 (134 ff.).
[20] *Schneider* in Beckmann/Matusche-Beckmann VersR-HdB § 1a Rn. 33.
[21] Abschlussbericht der Reformkommission Ziff. 1.3.1.1.5, S. 83.
[22] BT-Drs. 16/5862, 99; dazu auch *Littbarski* PHi 2007, 176 (185); *Wandt* VersR Rn. 1086.
[23] Art. 3 des Zweiten Gesetzes zur Reform des Pflichtversicherungsgesetzes und anderer versicherungsrechtlicher Vorschriften v. 10.12.2007, BGBl. I S. 2833; dazu auch *Schneider* in Beckmann/Matusche-Beckmann VersR-HdB 2. Aufl. 2009 § 24 Rn. 162; *Zypries* NJW Editorial zu Heft 50/2007, I.
[24] BGH VersR 2017, 296; OLG Bremen VersR 2012, 171; OLG Düsseldorf TranspR 2014, 246.
[25] BGH VersR 1987, 1034 = NJW 1987, 2375.

PflVG).²⁶ Bei allen anderen Pflichtversicherungen außerhalb der Kfz-Haftpflichtversicherung besteht ein Direktanspruch dagegen nur unter den Voraussetzungen des § 115 Abs. 1 S. 1 Nr. 2 oder 3, nämlich im Falle der Insolvenz oder bei unbekanntem Aufenthalt des Versicherungsnehmers.

2. Zeitlich. In zeitlicher Hinsicht gilt § 115 für alle Schadensfälle, die **seit dem 1.1.2008** eingetreten sind. Das folgt aus der allgemeinen Inkrafttretensregel in Art. 12 Abs. 1 S. 3 des Gesetzes zur Reform des Versicherungsvertragsrechts v. 23.11.2007.²⁷ Die allein das auf Altverträge anwendbare Recht betreffenden Vorschriften der Art. 1 ff. EGVVG finden auf den gesetzlichen Direktanspruch keine Anwendung.²⁸ Die vornehmlich zu § 215 bekanntgewordene und insoweit überholte aA, die die umfassende Geltung der Art. 1 ff. EGVVG auch für solche Vorschriften des VVG befürwortete, die nicht das Vertragsverhältnis im eigentlichen Sinne betreffen,²⁹ übersieht ua, dass dann mangels angeordneter Fortgeltung des § 3 PflVG aF über den 31.12.2007 hinaus für im Jahre 2008 eingetretene Schadensfälle kein Direktanspruch des Geschädigten bestünde, was ganz gewiss nicht die Intention des Gesetzgebers war.³⁰ Soweit unter Hinweis auf Art. 1 Abs. 2 EGVVG vertreten worden ist, § 115 Abs. 1 sei auf Versicherungsfälle aus sog. „Altverträgen", die bis zum 31.12.2008 eingetreten sind, auch nach dem 1.1.2009 nicht anzuwenden,³¹ trägt dies jeweils nur iErg. Entscheidend ist nämlich richtigerweise, wann die **Schädigung des Dritten** eingetreten ist. Art. 1 Abs. 2 EGVVG ordnet dagegen die Fortgeltung des alten Rechts über den 31.12.2008 hinaus nur „insoweit" an, als die sich aus einem Versicherungsfall ergebenden Rechte und Pflichten der Vertragsparteien betroffen sind.³² Der Direktanspruch gegen den Pflichtversicherer fällt nicht darunter, da er als gesetzlich angeordneter Schuldbeitritt zur Schadensersatzverpflichtung des Schädigers allein vom Entstehen des Haftpflichtanspruchs abhängt.³³

3. Persönlich. Vom Direktanspruch persönlich begünstigter **Dritter** ist jeder, der aufgrund des Versicherungsfalles einen dem Versicherungsschutz der betroffenen Pflichtversicherung unterfallenden Anspruch gegen den Versicherungsnehmer oder den Versicherten erwirbt.³⁴ Eine irgendwie geartete Beschränkung der Anspruchsberechtigung auf bestimmte, besonders schützenswerte Personen ist angesichts des eindeutigen Wortlautes der Norm nicht zu rechtfertigen.³⁵ Dritter ist damit zunächst der Geschädigte selbst, ferner dessen **Rechtsnachfolger**.³⁶ Anspruchsberechtigt sind daher insbes. die Erben des Geschädigten, wenn dieser bei oder nach dem Versicherungsfall verstirbt (§ 1922 BGB).³⁷ Das gilt auch im Falle der **Konfusion**, etwa wenn der Geschädigte vom Schädiger beerbt wird.³⁸ Ebenso kommt der Direktanspruch einem **Sozialversicherungsträger** zugute, auf den die Ansprüche des Geschädigten nach § 116 SGB X (früher § 1542 RVO) übergegangen sind.³⁹ Entsprechendes gilt im Falle des Rückgriffsanspruchs des Sozialversicherers aus § 110 SGB VII (früher § 640 RVO), und dies, obschon es sich hierbei nicht um einen abgeleiteten, sondern um einen originären Rückgriffsanspruch handelt.⁴⁰ Ausgenommen hiervon sind freilich solche Fälle, in

---

26   *Jacobsen* in Feyock/Jacobsen/Lemor VVG § 117 Rn. 7; *Jahnke* in Stiefel/Maier VVG § 115 Rn. 98.
27   BGBl. 2007 I S. 2631 (2678); BGH VersR 1971, 180 zu § 3 Nr. 1 PflVG aF.
28   *Schneider* VersR 2008, 859; *Schneider* in Beckmann/Matusche-Beckmann VersR-HdB § 24 Rn. 176; *Armbrüster* in Prölss/Martin EGVVG Art. 1 Rn. 6; iErg auch *Jacobsen* in Feyock/Jacobsen/Lemor VVG § 115 Rn. 2; *Jahnke* in Stiefel/Maier VVG § 115 Rn. 1.
29   OLG Hamm VersR 2009, 1345; OLG Hamburg VersR 2009, 531; OLG Stuttgart VersR 2009, 246; dagegen aber BGHZ 214, 160 = VersR 2017, 779 = NJW 2017, 1967; OLG Saarbrücken VersR 2008, 1337; OLG Frankfurt a. M. VersR kompakt 2009, 145; OLG Koblenz VersR 2010, 1356; OLG Köln VersR 2009, 1347.
30   LG Saarbrücken NJW-RR 2011, 1600 (1601); 23.4.2009 – 14 O 476/08, juris; → EGVVG Art. 1 Rn. 7; anders LG Karlsruhe VersR 2009, 1397.
31   OLG Frankfurt a. M. VersR 2011, 390; LG Wiesbaden BeckRS 2014, 12249; siehe auch BGH VersR 2016, 783: keine Anwendung auf einen Schadensfall (notarielle Pflichtverletzung), der im Jahr 2001 erfolgte.
32   BT-Drs. 16/3945, 118.
33   IErg auch OLG Nürnberg VersR 2013, 711; anders OLG Koblenz VersR 2018, 91.
34   BGH VersR 1971, 1161; BGHZ 192, 261 = VersR 2012, 734 = NJW 2012, 195; OLG Hamm VersR 1994, 301; 1969, 533; zur Gleichstellung von Versicherungsnehmer und versicherter Person im Rahmen der Pflichtversicherung → Rn. 1, 12.
35   OLG Oldenburg BeckRS 2013, 05213.
36   BGHZ 7, 244 = NJW 1952, 1333; BGHZ 69, 153 = VersR 1977, 960; *Klimke* in Prölss/Martin VVG § 115 Rn. 2; *Jacobsen* in Feyock/Jacobsen/Lemor VVG § 115 Rn. 11; *Jahnke* in Stiefel/Maier VVG § 115 Rn. 18 ff.
37   BGH VersR 1993, 1092 = NJW 1993, 3067.
38   OLG Hamm VersR 1995, 454.
39   BGH VersR 1970, 755 = NJW 1970, 1640; VersR 2008, 1350 = NJW 2008, 2776; s. auch BGH VersR 2022, 332 = NJW-RR 2022, 539.
40   BGH VersR 1972, 271 = NJW 1972, 445; OLG Naumburg VRS 128, 60.

denen sich der Versicherer auf das Verweisungsprivileg des § 117 Abs. 3 S. 2 berufen kann.[41] Auch ein **anderer Versicherer** kann Inhaber des Direktanspruchs werden, wenn er diesen aufgrund gesetzlichen Forderungsüberganges nach § 86 erwirbt.[42]

10 Dritter iSd § 115 Abs. 1 ist auch der **Versicherungsnehmer,** wenn diesem ein vom Versicherungsvertrag gedeckter Schadensersatzanspruch gegen seinen Haftpflichtversicherer zusteht.[43] Das kann der Fall sein, wenn dem Versicherungsnehmer·Ersatzansprüche gegen den in der Kfz-Haftpflichtversicherung mitversicherten Fahrer zustehen, weil dieser schuldhaft einen Verkehrsunfall verursacht hat. Zu beachten ist allerdings, dass in diesen Fällen nach den einschlägigen Versicherungsbedingungen (zB Abschn. A Ziff. 1.5.6 AKB) regelmäßig nur eingeschränkter Versicherungsschutz besteht. Gleichermaßen kann eine über denselben Versicherungsvertrag **mitversicherte Person,** etwa der vom Versicherungsnehmer verschiedene Fahrer des unfallverursachenden Fahrzeugs, Inhaber eines Direktanspruches sein.[44] Der Versicherer kann dem Anspruch in diesen Fällen allerdings den **Einwand der unzulässigen Rechtsausübung** (§ 242 BGB) entgegenhalten, wenn ihm der Anspruchssteller im Innenverhältnis regresspflichtig ist, dieser mit anderen Worten die erhaltenen Versicherungsleistung wegen Leistungsfreiheit ganz oder zum Teil wieder zurückzugewähren hätte.[45] Wird nach einem von zwei Mittätern begangenen Fahrzeugdiebstahl der eine Täter als Beifahrer des entwendeten Fahrzeugs bei einem vom anderen Täter als Fahrer verursachten Verkehrsunfall verletzt, so ist der verletzte Täter gleichfalls nach § 242 BGB daran gehindert, den ihm gegen den fahrenden Mittäter zustehenden Schadensersatzanspruch direkt gegenüber dem Kfz-Haftpflichtversicherer des bestohlenen Halters geltend zu machen.[46]

11 Sind Schädiger und Geschädigter **ein und dieselbe Person,** fehlt es bereits am Schadensersatzanspruch eines Dritten mit der Folge, dass auch ein Direktanspruch gegen den Versicherer nicht besteht.[47] Kein Dritter iSd § 115 Abs. 1 ist der **ausgleichsberechtigte Mitschädiger:** Die Inanspruchnahme eines im Außenverhältnis als Gesamtschuldner haftenden Schädigers über seine interne Haftungsquote hinaus ist kein Schaden, der den Schutz des Pflichtversicherungsgesetzes genießt.[48] Der Pflichtversicherer haftet aufgrund des Direktanspruchs gegenüber dem Geschädigten nur im Verhältnis zu seinem Versicherungsnehmer als Gesamtschuldner (vgl. § 115 Abs. 1 S. 4); in ein daneben bestehendes Gesamtschuldverhältnis zwischen seinem Versicherungsnehmer und einem weiteren Mitschädiger wird er nicht einbezogen.[49] Aus denselben Erwägungen ist auch ein **Mitversicherter** im Hinblick auf eigene Ausgleichs- oder Freistellungsansprüche gegen den Versicherungsnehmer gegenüber dem Versicherer nicht als Dritter iSd § 115 Abs. 1 anzusehen.[50]

B. Direktanspruch

I. Voraussetzungen

12 **1. Anspruch auf Schadensersatz.** Durch § 115 Abs. 1 soll der Geschädigte auf Grund eines gesetzlich angeordneten Schuldbeitritts in der Person des Versicherers einen **weiteren Schuldner für seinen aus der Schädigung erwachsenen Ersatzanspruch** erhalten.[51] Die gesetzliche Bestimmung schafft somit keinen eigenen Haftungstatbestand, sondern setzt die Existenz eines solchen voraus. Eine unmittelbare Inanspruchnahme des Versicherers kommt deshalb nur insoweit in Betracht, als dem Geschädigten gegen den Schädiger ein Anspruch auf Schadensersatz überhaupt

---

[41] → § 117 Rn. 34 ff.
[42] OLG Nürnberg VersR 2009, 65; *Klimke* in Prölss/Martin VVG § 115 Rn. 3.
[43] BGH VersR 1986, 1010 = NJW-RR 1986, 1402; BGH VersR 2008, 1202 = NJW-RR 2008, 1350; OLG Hamm VersR 1994, 301; *Harsdorf-Gebhardt* Homburger Tage 2010, 127 (145).
[44] BGH VersR 1993, 1092; *Klimke* in Prölss/Martin VVG § 115 Rn. 3.
[45] BGH VersR 1986, 1010 = NJW-RR 1986, 1402.
[46] BGH VersR 2018, 624 = NJW 2018, 1756.
[47] OLG Nürnberg VersR 2004, 905; OLG Hamm VersR 1997, 303; *Jacobsen* in Feyock/Jacobsen/Lemor VVG § 115 Rn. 11; *Lücke* in Prölss/Martin VVG § 100 Rn. 36; *Jahnke* in Stiefel/Maier VVG § 115 Rn. 25.
[48] BGH VersR 2008, 1273; 2010, 1360; OLG München r+s 2018, 275; OLG Zweibrücken VersR 1987, 656; OLG Karlsruhe VersR 1986, 155 (156); OLG Hamm VersR 1969, 508; *Klimke* in Prölss/Martin VVG § 115 Rn. 5; *Langheid* in Langheid/Rixecker VVG § 115 Rn. 9; *Beckmann* in Bruck/Möller VVG § 115 Rn. 16; vgl. auch OGH VersR 2016, 881.
[49] OLG Karlsruhe VersR 1986, 155; *Knöfel* in Schwintowski/Brömmelmeyer/Ebers VVG § 115 Rn. 24.
[50] BGHZ 55, 281 = VersR 1971, 429 = NJW 1971, 937; OLG Hamm VersR 1987, 604; OLG Köln VersR 1975, 725; *Klimke* in Prölss/Martin VVG § 115 Rn. 3.
[51] BGHZ 57, 269 = NJW 1972, 387 = VersR 1972, 255; BGHZ 69, 156 = NJW 1977, 2163 = VersR 1977, 960; BGHZ 72, 151 = NJW 1978, 2030 = VersR 1979, 870; VersR 192, 261 = VersR 2012, 734.

zusteht (**Akzessorietät**).⁵² Der Versicherer kann dem Geschädigten hierbei alle Einwendungen entgegenhalten, die dem unmittelbar haftenden Schädiger zustehen.⁵³ Stellt sich später heraus, dass der Haftpflichtanspruch nicht oder nicht in voller Höhe bestand, kann er seine rechtsgrundlos erbrachten Leistungen von dem vermeintlich Geschädigten zurückfordern (§ 812 Abs. 1 S. 1 BGB).⁵⁴ Als Schädiger gelten neben dem Versicherungsnehmer auch die durch den Versicherungsvertrag mitversicherten Personen. Soweit das Gesetz nämlich in den §§ 115 ff. nur vom Versicherungsnehmer spricht, weil es von dem Normalfall der Eigenversicherung ausgeht, meint es für den Fall, dass – wie zB beim mitversicherten Fahrer in der Kfz-Haftpflichtversicherung – eine Fremdversicherung vorliegt, idR auch den Versicherten.⁵⁵ Geht der Haftpflichtanspruch auf einen neuen Gläubiger, bspw. einen Sozialversicherungsträger, über, so folgt dem auch der Direktanspruch.⁵⁶

Die Akzessorietät des Direktanspruches ist von der Rspr. in Einzelfällen **aus Billigkeitserwägungen begrenzt** worden. So ist entschieden worden, dass der Direktanspruch nicht durch Konfusion untergeht, wenn der verletzte Beifahrer Alleinerbe des Fahrers ist, der den Unfall verschuldet hat.⁵⁷ Wegen des Grundsatzes des Nachranges der Sozialhilfe soll der Direktanspruch auch dann – isoliert – auf einen Sozialhilfeträger übergehen können, wenn der Übergang des zugrunde liegenden Haftpflichtanspruchs nach § 116 Abs. 6 SGB X ausgeschlossen ist, weil diesem eine nicht vorsätzliche Schädigung eines Familienangehörigen zugrunde liegt, der im Zeitpunkt des Schadensereignisses mit dem Geschädigten oder seinen Hinterbliebenen in häuslicher Gemeinschaft lebte.⁵⁸ In Ansehung des Sozialversicherungsträgers verbleibt es allerdings beim Grundsatz der Akzessorietät des Direktanspruchs mit der Folge, dass ein Übergang hier an § 116 Abs. 6 SGB X scheitert.⁵⁹ Besonderheiten ergeben sich weiterhin in Bezug auf die Haftungsfreistellung des Arbeitnehmers gegenüber dem Arbeitgeber bei gefahrgeneigter Arbeit: diese soll insoweit entfallen, als der Arbeitnehmer in den Schutzbereich des Pflichtversicherungsgesetzes einbezogen ist mit der Folge, dass dem Versicherer dieser Einwand in Bezug auf den Direktanspruch versagt wird.⁶⁰ Auch bei der Frage, ob dem Geschädigten aus Billigkeitsgründen Schadensersatz nach § 829 BGB zuzusprechen ist, soll berücksichtigt werden können, dass für den schuldlos handelnden Schädiger Versicherungsschutz auf Grund einer Pflichtversicherung besteht.⁶¹ All dieser Kasuistik liegt letztendlich das – bei unseren europäischen Nachbarn noch weitaus stärker als hierzulande verbreitete – Ansinnen zugrunde, das dem Opfer gebührende Geld dort zu holen, wo es liegt.⁶²

2. Eröffnungsgrund. Doch nicht jeder Schadensersatzanspruch, für den der Versicherer nach dem Vertrag Versicherungsschutz zu gewähren hat, begründet zugunsten des Geschädigten einen Direktanspruch gegen den Versicherer. Ein solcher besteht vielmehr **nur in den unter § 115 Abs. 1 Satz 1 Nr. 1–3 genannten Fällen**.⁶³ Sind die Voraussetzungen eines der dort genannten Eröffnungsgründe nicht gegeben, so bleibt dem Geschädigten nichts anderes übrig, als sich wie in allen anderen Haftpflichtfällen auch zunächst allein an den Schädiger zu halten. Hat er gegen diesen im Haftpflichtprozess einen rechtskräftigen Titel erwirkt, kann er dessen möglicherweise bestehenden Deckungsanspruch gegen den Versicherer pfänden und sich überweisen lassen (§§ 829, 835 ZPO) und sodann auf dieser Grundlage auch gegen den Haftpflichtversicherer vorgehen.⁶⁴ Der Versicherungsnehmer wiederum hat grds. die Möglichkeit, dem Dritten im Wege der Abtretung seines Freistellungsanspruchs eine dem Direktanspruch vergleichbare Rechtsposition zu verschaffen, nachdem § 108 Abs. 2 jetzt die formularmäßige Vereinbarung von Abtretungsverboten in Allgemeinen Versicherungsbedingungen für unwirksam erklärt.⁶⁵

---

⁵² BGH VersR 1979, 256 = NJW 1979, 983; VersR 2019, 1359 = NJW 2019, 3788; OLG Bamberg VersR 1985, 750; OLG Hamm VersR 1995, 454; 1996, 585; OLG Koblenz VersR 2000, 1436; sa BGHZ 192, 261 = VersR 2012, 734 = NJW 2012, 1951.
⁵³ OLG Celle NJW-RR 2019, 412; *Klimke* in Prölss/Martin § 115 Rn. 6.
⁵⁴ OLG Saarbrücken NJW-RR 2017, 602; OLG Hamm r+s 2016, 532; vgl. auch OLG Hamm VersR 2016, 1308.
⁵⁵ BGH VersR 1972, 271 = NJW 1972, 445; *Beckmann* in Bruck/Möller VVG § 115 Rn. 26.
⁵⁶ BGH VersR 1979, 256 = NJW 1979, 983; OLG Koblenz VersR 2000, 1436.
⁵⁷ OLG Hamm VersR 1995, 454.
⁵⁸ BGHZ 133, 192 = VersR 1996, 1258 = NJW 1996, 2933; *Plagemann* NZV 1998, 94; *Rischar* VersR 1998, 27.
⁵⁹ BGHZ 146, 108 = VersR 2001, 215 = NJW 2001, 754; OLG Celle r+s 2018, 219.
⁶⁰ BGHZ 116, 200 = NJW 1992, 900 = VersR 1992, 437.
⁶¹ BGHZ 127, 186 = VersR 1995, 96 = NJW 1995, 452.
⁶² *Schneider*, Abkehr vom Verschuldensprinzip?, 2007, S. 183 ff., zur Haftung nach französischem Deliktsrecht.
⁶³ *Abram* VP 2008, 77; *Koch* r+s 2009, 133.
⁶⁴ Einzelheiten *Schneider* in Beckmann/Matusche-Beckmann VersR-HdB § 24 Rn. 145 ff.
⁶⁵ Vgl. *Schneider* in Geigel Haftpflichtprozess § 13 Rn. 39: „faktischer Direktanspruch"; *Jahnke* in Stiefel/Maier VVG § 115 Rn. 122; *Baumann* VersR 2010, 984 (988); sa *Thume* VersR 2010, 849 (850).

15 **a) Pflichtversicherung nach dem Pflichtversicherungsgesetz.** Ein Direktanspruch besteht zunächst immer dann, wenn es sich bei der in Rede stehenden Pflichtversicherung um eine solche handelt, die der **Erfüllung einer Versicherungspflicht nach dem Pflichtversicherungsgesetz (PflVG)** dient (§ 115 Abs. 1 S. 1 Nr. 1).[66] Damit werden alle Fälle erfasst, in denen schon bislang durch § 3 Nr. 1 PflVG aF für den Bereich der Kfz-Haftpflichtversicherung dem Geschädigten eine unmittelbare Inanspruchnahme des Versicherers möglich war. Die Zulässigkeit der Direktklage setzt hierbei voraus, dass ein Schadensersatzanspruch (idR aus §§ 7, 17, 18 StVG oder §§ 823 ff. BGB) geltend gemacht wird, der unter die Deckung der Kfz-Haftpflichtversicherung fällt, d.h. insbesondere unter Beteiligung eines nach § 1 PflVG versicherten Kraftfahrzeuges entstanden ist.[67] Bei allen anderen Pflichtversicherungen iSd §§ 113 ff. besteht ein Direktanspruch dagegen nur, wenn die Voraussetzungen eines anderen in § 115 Abs. 1 S. 1 Nr. 2 oder 3 genannten Eröffnungsgrundes vorliegen.[68]

16 **b) Insolvenz des Versicherungsnehmers.** Der aus Anlass der VVG-Reform neu eingeführte § 115 Abs. 1 S. 1 Nr. 2 begründet einen Direktanspruch des Geschädigten für **alle Pflichtversicherungen** iSd § 113 Abs. 1, wenn über das Vermögen des Versicherungsnehmers das **Insolvenzverfahren eröffnet** oder der **Eröffnungsantrag mangels Masse abgewiesen** worden ist oder ein **vorläufiger Insolvenzverwalter bestellt** worden ist. Bei der Prüfung, ob einer der vorgenannten Tatbestände gegeben ist, ist auf die entsprechenden Vorschriften in der Insolvenzordnung zurückzugreifen (§ 21 Abs. 1, Abs. 2 S. 1 Nr. 1, §§ 26, 27 InsO);[69] maßgeblich ist die jeweilige Entscheidung des Insolvenzgerichts. Unter den Anwendungsbereich der Vorschrift fällt auch das Nachlassinsolvenzverfahren.[70] Wie sonst stehen dem Versicherungsnehmer auch hier über den Wortlaut des Gesetzes hinaus die über den Versicherungsvertrag **mitversicherten Personen** gleich.[71] Das kann insbes. bei Berufshaftpflichtversicherungen von Bedeutung sein, wenn sich zwar nicht der Versicherungsnehmer, wohl aber der mitversicherte Schädiger zwischenzeitlich in Insolvenz befindet.

Offenkundiger **Zweck** der Regelung ist derselbe, der zunächst VVG-Kommission und Bundesregierung dazu bewogen hatte, einen allgemeinen Direktanspruch für alle Pflichtversicherungen einzuführen, nämlich in Fällen, in denen eine vorrangige gerichtliche Inanspruchnahme des Schädigers wegen dessen Vermögenslosigkeit aussichtslos erscheint, dem Geschädigten durch die Eröffnung eines unmittelbaren Anspruchs gegen den Pflichtversicherer „einen verhandlungs- und zahlungsbereiten, weitgehend insolvenzsicheren Schuldner zu sichern".[72] Dass dies bei rein wörtlicher Anwendung der Vorschrift erreicht wird, darf indes bezweifelt werden. Auch schon vor Verfahrenseröffnung, insbesondere wenn bereits Zahlungsunfähigkeit eingetreten ist oder gar ein Eröffnungsantrag gestellt wurde, kann aus Sicht des Geschädigten ein vergleichbares Interesse an der unmittelbaren Inanspruchnahme des Pflichtversicherers bestehen, der dadurch auch nicht übermäßig belastet würde. Deshalb ist vorgeschlagen worden, dieser Regelungslücke durch eine **erweiternde Auslegung** der Vorschrift auf diese anderen, vom Gesetzgeber offensichtlich nicht bedachten und gleichfalls „unter Verbraucherschutzgesichtspunkten wesentlichen Problembereiche"[73] zu begegnen.[74] Die Praxis tendiert freilich bislang zu einer restriktiven Anwendung dieses Eröffnungsgrundes; der vielfach zur Begründung angeführte Gesetzeswortlaut und Gründe der Rechtssicherheit[75] dürften es allerdings auch ausschließen, sie weitergehend auf solche Fälle zu reduzieren, in denen der Entscheidung des Insolvenzgerichts noch „eine – zumindest irgendwie geartete – rechtliche Wirkung zukommt".[76]

---

[66] BGH VersR 2021, 60 = NJW 2021, 1157; zukünftig § 1 PflVG, § 3 AuslPflVG, s. Entwurf eines Gesetzes zur Umsetzung der RL (EU) 2021/2118, BR-Drs. 229/23.

[67] BGHZ 192, 261 = VersR 2012, 734 = NJW 2012, 1951; BGH VersR 2019, 1359 = NJW 2019, 3788; zu den Beweisanforderungen, auch im Hinblick auf Fragen der Unfallmanipulation: BGH VersR 2020, 784 = NJW 2020, 1072.

[68] OLG Frankfurt VersR 2018, 810, zur Berufshaftpflichtversicherung eines Rechtsanwalts.

[69] *Knöfel* in Schwintowski/Brömmelmeyer/Ebers VVG § 115 Rn. 13; *Wandt* VersR Rn. 1087; Fälle: OLG Köln VersR 2016, 322; OLG Celle, GI aktuell 2019, 172.

[70] OLG Köln MDR 2020, 860.

[71] *Klimke* in Prölss/Martin VVG § 115 Rn. 12.

[72] BT-Drs. 16/3945, 50; Abschlussbericht S. 82 f.

[73] BT-Drs. 16/5862, 99.

[74] *Schneider* in Beckmann/Matusche-Beckmann VersR-HdB § 24 Rn. 177; krit. jedoch *Wandt* VersR Rn. 1087 mit Fn. 127; *Armbrüster* r+s 2010, 441 (454); *Knöfel* in Schwintowski/Brömmelmeyer/Ebers VVG § 115 Rn. 13; *Steinborn* in BeckOK VVG § 115 Rn. 18; umfassend zur Problematik *Beckmann* in Bruck/Möller VVG § 115 Rn. 34; zu den Voraussetzungen einer Gesetzesanalogie allgemein BGHZ 184, 101 = NJW 2010, 2585; BGHZ 219, 142 = VersR 2018, 985.

[75] *Klimke* in Prölss/Martin VVG § 115 Rn. 12; *Knöfel* in Schwintowski/Brömmelmeyer/Ebers VVG § 115 Rn. 13.

[76] So mit Recht BGH VersR 2023, 373 = NJW 2023, 1809; abw. zuvor OLG Köln r+s 2021, 511 m. krit. Anm. *Fortmann*; s. dazu auch Beckmann in Bruck/Möller § 115 Rn. 34.

Der unvollkommen gebliebenen Absicht des Gesetzgebers entsprechend, sollte vielmehr entscheidend sein, dass dem Geschädigten entstandene Ansprüche, die unter den Schutz einer Pflichtversicherung fallen, nicht durch die anschließende Vermögenslosigkeit des Schädigers finanziell unerfüllt bleiben.[77]

c) Unbekannter Aufenthalt des Versicherungsnehmers. Schließlich gewährt § 115 Abs. 1 S. 1 Nr. 3 dem Dritten einen unmittelbaren Anspruch gegen den Pflichtversicherer immer dann, wenn der **Aufenthalt des Versicherungsnehmers unbekannt** ist. Auf die Frage, wann diese Voraussetzung anzunehmen ist, findet sich weder im Gesetz, noch in der insoweit recht lakonischen Begründung des Rechtsausschusses[78] eine eindeutige Antwort. In der Lit. wird vorgeschlagen, auf den annähernd gleichlautenden § 185 Nr. 1 ZPO zurückzugreifen, der die Voraussetzungen der **öffentlichen Zustellung** normiert.[79] Dem ist jedenfalls im Ansatz zu folgen. Nach dem Grundsatz der Einheit der Rechtsordnung ist davon auszugehen, dass der Gesetzgeber den Begriff des unbekannten Aufenthaltes auch an dieser Stelle nicht anders verstanden wissen wollte. Deshalb ist der Aufenthalt des Versicherungsnehmers iSd § 115 Abs. 1 S. 1 Nr. 3 als unbekannt anzusehen, wenn er **allgemein und nicht nur dem Geschädigten nicht bekannt** ist.[80] Dass einzelne Personen den Aufenthaltsort kennen, steht der Annahme, er sei allgemein unbekannt, nicht entgegen.[81]

Zum **Nachweis,** dass der Aufenthalt des Versicherungsnehmers unbekannt iSd § 115 Abs. 1 S. 1 Nr. 3 ist, **genügt** die Vorlage **aktueller Auskünfte** des für den letzten bekannten Wohnort des Schuldners zuständigen **Einwohnermelde- und Postamtes.**[82] Darüber hinausgehende Bemühungen des Geschädigten um eine Aufenthaltsermittlung, wie sie von der Rspr. bei öffentlicher Zustellung im Erkenntnisverfahren verlangt werden, zB weitere Nachforschungen an der letzten bekannten Anschrift, etwa bei Vermieter, ehemaligen Mitbewohnern oder Nachbarn,[83] sind an dieser Stelle nicht zu fordern.[84] Denn im Gegensatz zu § 185 Nr. 1 ZPO, der wegen der erheblichen Folgen für den Betroffenen die öffentliche Zustellung nur unter sehr engen Voraussetzungen zulassen will, ist § 115 Abs. 1 S. 1 Nr. 3 eine reine **Schutzvorschrift zugunsten des Geschädigten,** die diesem durch die Gewährung eines zusätzlichen Schuldners die Durchsetzung seiner Rechte erleichtern soll.[85] Während die öffentliche Zustellung einer Klageschrift oder einer gerichtlichen Entscheidung unmittelbar das rechtliche Gehör und die Rechtsverfolgungs- und Rechtsverteidigungsmöglichkeiten der betroffenen Partei berühren und daher eine sorgfältige Abwägung der beiderseitigen Interessen erfordert,[86] entsteht dem nicht auffindbaren Versicherungsnehmer durch die Bejahung eines Direktanspruches gegen seinen Versicherer kein Nachteil. Auch die Interessen des Versicherers, der ohnehin nur begründete Ansprüche zu erfüllen hat, gebieten es nicht, den Geschädigten mit weiteren, ihn unnötig belastenden und die Regulierung verzögernden Nachforschungsarbeiten zu belegen.

d) Maßgeblicher Zeitpunkt. Da der Geschädigte den Direktanspruch nur geltend machen kann, wenn einer der drei vorgenannten Eröffnungsgründe gegeben ist, stellt sich – vornehmlich für die beiden zuletzt genannten Fälle – die Frage nach dem für die Beurteilung maßgeblichen Zeitpunkt. Während nämlich der Charakter eines Versicherungsvertrages als Pflichtversicherung im Sinne des Pflichtversicherungsgesetzes (§ 115 Abs. 1 S. 1 Nr. 1) zumeist unverrückbar feststeht, können sich die in § 115 Abs. 1 S. 1 Nr. 2, 3 genannten Umstände im Laufe der Zeit ändern. So kann ein gegen den Versicherungsnehmer eröffnetes Insolvenzverfahren beendet oder der zwischenzeitlich „verschwundene" Versicherungsnehmer wieder aufgetaucht sein. Ist in diesen Fällen die Klage zwar zulässigerweise gegen den Versicherer erhoben worden, könnte dies gleichwohl Auswirkungen auf das Schicksal des Direktanspruches haben. Bisweilen wird hierzu vertreten, derartige Veränderungen ließen die Passivlegitimation des Versicherers entfallen, so dass der Geschädigte nur noch die Klage auf den Versicherungsnehmer erweitern und den Rechtsstreit gegen den Versicherer für erledigt

---

[77] In diesem Sinne auch *Fortmann* r+s 2021, 511 (512).
[78] BT-Drs. 16/5862, 99.
[79] *Klimke* in Prölss/Martin VVG § 115 Rn. 13; *Schwartze* in Looschelders/Pohlmann VVG § 115 Rn. 11; *Schimikowski* in HK-VVG § 115 Rn. 4; *Knöfel* in Schwintowski/Brömmelmeyer/Ebers VVG § 115 Rn. 14; *Jahnke* in Stiefel/Maier VVG § 115 Rn. 118; *Wandt* VersR Rn. 1087; *Spuhl* in Marlow/Spuhl Neues VVG Rn. 638; *Chab* AnwBl 2021, 168.
[80] RGZ 59, 259 (263); BGHZ 149, 311 = NJW 2002, 827 = VersR 2002, 1304.
[81] RGZ 59, 259 (263); OLG Celle OLGE 7, 407; OLG Braunschweig NJW-RR 2008, 1523.
[82] BGH NJW 2003, 1530; *Krause-Allenstein* NZBau 2008, 81 (85).
[83] BGH NJW 2012, 3582; NJW 2017, 886; OLG Frankfurt a. M. MDR 1999, 1402.
[84] Wie hier *Beckmann* in Bruck/Möller VVG § 115 Rn. 35; für weitergehende Anforderungen *Schwartze* in Looschelders/Pohlmann VVG § 115 Rn. 11.
[85] BT-Drs. 16/5862, 99.
[86] BGH NJW 2003, 1530; NJW 2017, 886.

erklären könne.[87] Vor dem Hintergrund der vom Gesetzgeber mit der Neuregelung verfolgten Intention, den Verbraucherschutz zu verbessern, erscheint diese rein materiell-rechtliche Sichtweise freilich kaum tragbar. Sie wäre für den Geschädigten mit erheblichen praktischen Erschwernissen verbunden, da es der Versicherungsnehmer in der Hand hätte, etwa durch gezieltes Ab- und Wiederauftauchen in einen laufenden Prozess einzugreifen.[88] Für den eintrittspflichtigen Versicherer bestünde je nach Zeitpunkt des Parteiwechsels das kostenträchtige Risiko einer „doppelten" Prozessführung.[89] Richtigerweise ist deshalb darauf abzustellen, ob die Voraussetzungen des jeweiligen Eröffnungsgrundes bei Klageerhebung (§ 261 Abs. 1 ZPO) vorlagen; war dies der Fall, so ist die unmittelbare Inanspruchnahme des Versicherers „eröffnet" und haben spätere Veränderungen in der Person des Versicherungsnehmers auf den laufenden Prozess keinen Einfluss.[90] Entstehen sie während des Rechtsstreits, kann der – zunächst ohne Berechtigung – in Anspruch genommene Versicherer noch sofort anerkennen (§ 93 ZPO).[91]

18a **3. Fälligkeit und Verzug.** Höchstrichterlich nicht entschieden ist bislang, ob die **Fälligkeit des Direktanspruchs** sofort mit Eintritt des schädigenden Ereignisses oder in entsprechender Anwendung des § 14 Abs. 1 erst mit Beendigung der nötigen Erhebungen des Versicherers eintritt.[92] Im Schrifttum werden hierzu beide Auffassungen vertreten.[93] Gegen die Anwendung des § 14 Abs. 1 auf den Direktanspruch spricht freilich, dass diese Bestimmung nach ihrem ausdrücklichen Wortlaut nur „Geldleistungen des Versicherers" erfasst und damit auf Ansprüche aus dem Versicherungsvertrag zugeschnitten ist. Der Direktanspruch des § 115 Abs. 1 gewährt jedoch keine Geldleistung des Versicherers, sondern begründet einen gesetzlich angeordneten Schuldbeitritt zum Schadensersatzanspruch des geschädigten Dritten.[94] Insoweit gilt der Grundsatz, dass sich die Schuld des Beitretenden nach Inhalt und Beschaffenheit der Hauptschuld im Zeitpunkt des Beitritts bestimmt,[95] während die durch § 425 BGB angeordnete Einzelwirkung nur solche Umstände betrifft, die nach Mitübernahme der Schuld eintreten.[96] Deshalb muss der kraft Gesetzes neben den Schädiger tretende Versicherer die **mit Eintritt des schädigenden Ereignisses fällig gewordene Schuld** mit demselben Inhalt übernehmen, wie sie zuvor schon gegenüber dem ursprünglich alleinigen Schuldner bestand.

18b Von der Fälligkeit des Direktanspruchs ist der Zeitpunkt zu unterscheiden, zu dem der Versicherer mit der ihm obliegenden Leistung **in Verzug** gerät. Hierzu ist gem. § 286 Abs. 1 BGB zunächst grds. eine **Mahnung** des Schuldners erforderlich. Erfolgte diese allein gegenüber dem Versicherer, so hat dies nach dem Inhalt des Schuldverhältnisses abweichend von § 425 Abs. 2 BGB Gesamtwirkung gegenüber allen gesamtschuldnerisch Verpflichteten. Die Regulierungsvollmacht des Haftpflichtversicherers (zB Ziff. 5.2 AHB, A1–4.2 AVB HV, Abschn. A Ziff. 1.1.4 AKB) ist nämlich dahin auszulegen, dass dieser auch zur Entgegennahme rechtsverbindlicher und geschäftsähnlicher Erklärungen mit Wirkung für den Versicherten befugt ist.[97] Das für den Eintritt des Verzuges weiter erforderliche **Verschulden** (§§ 286 Abs. 4, 276 BGB) des Versicherers wird regelmäßig solange fehlen, wie die zur Feststellung des Anspruchs erforderlichen Ermittlungen nicht abgeschlossen sind und eine sich hieran anschließende angemessene Überlegungsfrist noch nicht abgelaufen ist.[98] Der Eintritt des Verzuges wird sich daher iErg regelmäßig mit dem Zeitpunkt decken, in dem „echte" Geldleistungen des Versicherers nach § 14 Abs. 1 fällig geworden wären.[99]

---

[87] So *Schwartze* in Looschelders/Pohlmann VVG § 115 Rn. 11; Lennartz in juris PK-StVR § 115 Rn. 30; *Thume* VersR 2010, 849 (855).

[88] *Klimke* in Prölss/Martin VVG § 115 Rn. 14; *Dallwig* in FAKomm VersR § 115 Rn. 9; *Armbrüster* r+s 2010, 441 (454); *Knöfel* in Schwintowski/Brömmelmeyer/Ebers VVG § 115 Rn. 15.

[89] Vgl. BGHZ 131, 66 = VersR 1996, 912 = NJW 1996, 196.

[90] OLG Köln r+s 2021, 511; LG Saarbrücken 17.11.2014 – 14 O 313/13, n.v.; *Armbrüster* r+s 2010, 441 (454); *Beckmann* in Bruck/Möller § 115 Rn. 36; Steinborn in BeckOKVVG § 115 Rn. 21; *Klimke* in Prölss/Martin VVG § 115 Rn. 14; *Schneider* in Geigel Haftpflichtprozess § 13 Rn. 63; *ders.* r+s 2015, 477 (482); weitergehend *Fortmann* r+s 2021, 514 und jetzt BGH VersR 2023, 373 = NJW 2023, 1809 = r+s 2023, 247 m. krit. Anm. Armbrüster, wonach es genügt, dass diese Voraussetzungen zu einem beliebigen Zeitpunkt vor Schluss der mündlichen Verhandlung vorgelegen haben.

[91] *Klimke* in Prölss/Martin VVG § 115 Rn. 14.

[92] BGHZ 178, 338 = VersR 2009, 128 = NJW 2009, 910.

[93] Nachw. bei → § 14 Rn. 12; wie hier *Armbrüster* in Prölss/Martin VVG § 14 Rn. 6; aA *Rixecker* in Langheid/Rixecker VVG § 14 Rn. 4.

[94] OLG Saarbrücken NZV 1991, 312.

[95] BGH NJW 1996, 249.

[96] BGHZ 58, 251 = NJW 1972, 939; BGH NJW 1993, 1914, jeweils zur Verjährung; sa zu § 115 Abs. 2 → Rn. 27 ff.

[97] OLG Nürnberg NJW 1974, 1950; OLG Saarbrücken NJW-RR 2018, 86; *Klimke* in Prölss/Martin AKB Abschn. A Ziff. 1.1 Rn. 46.

[98] OLG Saarbrücken MDR 2007, 1190; NJW-RR 2019, 1235; sa OLG München NJW-RR 2011, 386.

[99] *Armbrüster* in Prölss/Martin VVG § 14 Rn. 6.

II. Inhalt

1. Schadensersatz in Geld. Soweit der **Versicherer** dem Dritten unmittelbar zur Leistung verpflichtet ist, hat er stets nur Schadensersatz in Geld zu leisten (§ 115 Abs. 1 S. 3). Die allgemeinen Grundsätze des Schadensersatzrechts (§§ 249 ff. BGB) werden damit insoweit modifiziert, als Schadensersatz in Gestalt der Naturalrestitution (§ 249 Abs. 1 BGB) auf dieser Grundlage vom Versicherer nicht beansprucht werden kann.[100] Das Recht des Geschädigten, bei Beschädigung einer Sache statt der Herstellung den dazu erforderlichen Geldbetrag zu verlangen (§ 249 Abs. 2 S. 1 BGB), wird dadurch nicht eingeschränkt. Deshalb kann der Geschädigte in der Kfz-Pflichtversicherung vollen Ersatz seines Schadens gegen Herausgabe des beschädigten Fahrzeugs an den Schädiger oder den Versicherer beanspruchen.[101]

Gegenüber dem **Schädiger**, der weiter nach den allgemeinen Grundsätzen haftet, verbleibt es beim Wahlrecht des Geschädigten und damit bei der Möglichkeit, auch Naturalrestitution zu erlangen. Das gilt auch bei Inanspruchnahme eines von der Versicherungspflicht nach § 2 Abs. 1 Nr. 1–5 PflVG befreiten Fahrzeughalters, wenn dieser in seiner Eigenschaft als Schädiger und nicht aufgrund seiner Haftung als Quasi-Versicherer nach § 2 Abs. 2 PflVG in Anspruch genommen wird.[102] Will der Geschädigte auch den Versicherer zur Naturalrestitution zwingen, so muss er sich zunächst an den Schädiger halten, um sodann aus dessen Freistellungsanspruch gegen den Versicherer vorgehen zu können.[103] Die Kosten des zunächst gegen den Schädiger geführten Rechtsstreites kann er in diesem Fall nicht vom Versicherer im Wege des Direktanspruches ersetzt verlangen.[104]

2. Umfang der Leistungspflicht. Die unmittelbare Inanspruchnahme des Versicherers mittels Direktanspruches setzt das Bestehen eines Schadensersatzanspruches des Geschädigten gegen den Versicherungsnehmer voraus. Allerdings führt allein die Existenz eines Schadensersatzanspruches nicht auch stets zum Entstehen des Direktanspruches. Letzterer kann aufgrund seiner **strengen Akzessorietät** zwar nicht über ersteren hinausgehen, wohl aber hinter diesem zurückbleiben.[105] Das folgt aus § 115 Abs. 1 S. 2. Soweit hiernach der Versicherer als weiterer Schuldner neben den Schädiger tritt, besteht der Direktanspruch des Dritten nämlich nur **im Rahmen der Leistungspflicht aus dem Versicherungsvertrag und, soweit eine Leistungspflicht nicht besteht, iRd § 117 Abs. 1–4.** Im „gesunden" Versicherungsverhältnis, also bei Leistungspflicht des Versicherers gegenüber seinem Versicherungsnehmer, haftet der Versicherer dem Dritten unmittelbar bis zur Höhe der vereinbarten Versicherungssumme. Das gilt auch dann, wenn die vereinbarte die gesetzlich vorgeschriebene Mindestdeckung übersteigt, denn gem. § 113 Abs. 3 sind die für die Pflichtversicherung geltenden Vorschriften, zu denen der Direktanspruch zählt, nicht nur hinsichtlich der gesetzlichen Mindestanforderungen, sondern, um eine Aufspaltung des Versicherungsverhältnisses zu vermeiden, auf den Vertrag als Ganzes anzuwenden.[106] Ist der Versicherer gegenüber seinem Versicherungsnehmer nicht zur Leistung verpflichtet, insbes. weil er infolge einer Obliegenheitsverletzung ganz oder teilweise leistungsfrei geworden ist (**„krankes" Versicherungsverhältnis**), so besteht seine Haftung im Außenverhältnis gleichwohl fort, allerdings mit gewissen Einschränkungen (§ 117 Abs. 1). So haftet der Versicherer dem Dritten hier ohne Rücksicht auf die vertragliche Vereinbarung nur bis zur Höhe der vorgeschriebenen Mindestversicherungssumme. Weitere Einschränkungen seiner Haftung folgen daraus, dass sich der Dritte vorrangig auf bestimmte andere, ihm zugängliche Ersatzmöglichkeiten verweisen lassen muss (sog. „Verweisungsprivileg" des Pflichtversicherers).[107]

Stets jedoch gilt, dass der Versicherer auch aufgrund des Direktanspruches nur solche Ansprüche befriedigen muss, deren Deckung er im Versicherungsvertrag zugesagt hat (§ 115 Abs. 1 S. 2: „im Rahmen der Leistungspflicht").[108] Auch soweit der Versicherer gegenüber dem Versicherungsnehmer oder dem Versicherten ganz oder teilweise leistungsfrei ist und er dem Dritten nach § 117 Abs. 1

---

[100] BGH VersR 1983, 758 = NJW 1983, 2694; BGH VersR 2023, 582 = NJW 2023, 1510; *Jacobsen* in Feyock/Jacobsen/Lemor VVG § 115 Rn. 12; *Knöfel* in Schwintowski/Brömmelmeyer/Ebers VVG § 115 Rn. 26; *Beckmann* in Bruck/Möller VVG § 115 Rn. 38.
[101] BGH VersR 1983, 758; OLG Hamburg NZV 2008, 555; *Klimke* in Prölss/Martin VVG § 115 Rn. 16.
[102] OLG Koblenz BeckRS 1991, 08065; BGH VersR 1972, 1070.
[103] *Beckmann* in Bruck/Möller VVG § 115 Rn. 39; *Steinborn* in BeckOK VVG § 115 Rn. 23.
[104] BGHZ 69, 153 = NJW 1977, 2163 = VersR 1977, 960.
[105] *Schneider* in Geigel Haftpflichtprozess § 13 Rn. 64; *Klimke* in Prölss/Martin VVG § 115 Rn. 7; vgl. BGHZ 67, 372 = VersR 1977, 282 = NJW 1977, 532; BGHZ 69, 153 = VersR 1977, 960 = NJW 1977, 2163.
[106] BGH VersR 1974, 254 = NJW 1974, 495; → § 113 Rn. 26 ff.
[107] → § 117 Rn. 34 ff.
[108] BGH VersR 1986, 1231 = NJW-RR 1987, 87; VersR 1989, 1187 = NJW 1990, 257; VersR 2006, 1352 = NJW-RR 2006, 1462; BGHZ 192, 261 = VersR 2012, 734 = NJW 2012, 1951; krit. *Franck* VersR 2014, 13.

verpflichtet bleibt, besteht seine ohnehin reduzierte Haftung im Außenverhältnis nur **im Rahmen der von ihm übernommenen Gefahr** (§ 117 Abs. 3 S. 1). Ansprüche, die nicht unter das versicherte Risiko fallen und von denen der Versicherer den Versicherungsnehmer folglich selbst im „gesunden" Versicherungsverhältnis nicht freistellen müsste, vermögen deshalb niemals einen Direktanspruch zugunsten des Geschädigten zu begründen. So haftet der Versicherer, der aufgrund des Versicherungsvertrages nur Versicherungsschutz für die gesetzliche Haftpflicht des Versicherungsnehmers übernommen hat, auch im Außenverhältnis nicht für Schadensersatzansprüche, die sich aus der Schlechterfüllung eines Vertrages ergeben können.[109] Dagegen ergibt die Auslegung, dass Beseitigungsansprüche aus § 1004 BGB oder Aufwendungsersatzansprüche aus Geschäftsführung ohne Auftrag unter den Versicherungsschutz fallen können, wenn sie schadensersatzähnlichen Charakter haben.[110] Nicht zum versicherten Risiko zählen Ansprüche, für die der Versicherer wegen eines **Risikoausschlusses** nicht einstehen muss, zB bei vorsätzlicher Herbeiführung des Versicherungsfalles (§ 103),[111] bei wissentlicher Pflichtverletzung (sog. „Pflichtwidrigkeitsklausel")[112] oder für Sachschäden bei Schädigung durch einen Mitversicherten (Abschn. A Ziff. 1.5.6 AKB).[113] Erforderlich ist allerdings selbstredend, dass der jeweilige Risikoausschluss **wirksam vereinbart** wurde, was im Einzelfall unter Beachtung der in § 114 Abs. 2 S. 1 getroffenen Wertungen an §§ 307 ff. BGB zu messen ist.[114] Außerdem müssen seine Voraussetzungen vom Versicherer bewiesen werden, was im Einzelfall zu Schwierigkeiten führen kann.[115] Dagegen kann ein im Vertrag wirksam vereinbarter **Selbstbehalt** dem Anspruch des Dritten niemals entgegengehalten werden (§ 114 Abs. 2 S. 2).

23 Besteht nach dem Inhalt des Versicherungsvertrages für das Schadensereignis keine Deckung, so scheidet eine Haftung des Versicherers gegenüber seinem Versicherungsnehmer grds. aus. Auch ein Direktanspruch des Geschädigten besteht in diesem Falle nicht. Der Geschädigte kann sich dann nur an den Schädiger halten. Anders verhält es sich aber, wenn den Versicherer (oder seinen Vermittler, § 278 BGB) wegen fehlerhafter oder pflichtwidrig unterlassener Aufklärung über den Umfang des Versicherungsschutzes eine Einstandspflicht aus gewohnheitsrechtlicher Vertrauenshaftung, culpa in contrahendo oder positiver Vertragsverletzung bzw. – jetzt – § 6 VVG trifft.[116] Ist hiernach dem Versicherungsnehmer unter Schadensersatzgesichtspunkten Versicherungsschutz zu gewähren, etwa weil dieser aufgrund fehlerhafter Beratung einen für seine erkennbaren Bedürfnisse unzureichenden Vertrag abgeschlossen hat, so steht auch dem Geschädigten ein Direktanspruch gegen den Versicherer zu.

24 **3. Gesamtschuldner.** Soweit der Versicherer im Rahmen seiner Leistungspflicht aus dem Versicherungsverhältnis oder aufgrund des § 117 Abs. 1–4 für den Schaden eintrittspflichtig ist, haftet er gemeinsam mit dem ersatzpflichtigen Versicherungsnehmer dem Dritten als Gesamtschuldner.[117] Die Verpflichtung des Versicherers besteht im Rahmen seiner Leistungspflicht aus dem Versicherungsvertrag und, soweit eine solche nicht besteht, in dem durch § 117 Abs. 1–4 bestimmten Umfange. Jenseits dieser Grenzen besteht keine Gesamtschuld und haftet nur der versicherte Schädiger mit seinem eigenen Vermögen.[118] Über den Gesetzeswortlaut hinaus sind neben dem Versicherungsnehmer auch die **mitversicherten Personen** in das Gesamtschuldverhältnis einbezogen.[119] Dagegen nehmen andere Haftpflichtige außerhalb des Versicherungsverhältnisses an der durch § 115 Abs. 1 S. 4 angeordneten Gesamtschuld grds. nicht teil. Zwar mögen sie dem Geschädigten neben dem versicherten Schädiger aufgrund eines weiteren Gesamtschuldverhältnisses (vgl. § 840 BGB) ihrerseits zum Ersatz des gesamten Schadens verpflichtet sein. Der Versicherer eines einzelnen Schädigers wird jedoch mangels Gleichstufigkeit der Verpflichtungen in dieses weitere Gesamtschuldver-

---

[109] Zur Eintrittspflicht des Kfz-Pflichtversicherers bei Schäden, die aus Anlass einer Verfolgung am Polizeifahrzeug entstanden sind, BGHZ 192, 261= VersR 2012, 734 = NJW 2012, 1951.
[110] BGH VersR 2000, 311 = NJW 2000, 1194; VersR 2011, 1509 = NJW-RR 2012, 163.
[111] BGH VersR 1971, 459 = VersR 1971, 239; BGHZ 111, 372 = VersR 1990, 888 = NJW 1990, 2387; NJW 2013, 1163.
[112] BGH VersR 2007, 641 = NJW-RR 2007, 827; VersR 2011, 203; *v. Rintelen* in Beckmann/Matusche-Beckmann VersR-HdB § 26 Rn. 241 ff., 312 ff.
[113] OLG Hamm VersR 1989, 1081; OLG Jena VersR 2004, 1168.
[114] *Schneider* in Beckmann/Matusche-Beckmann VersR-HdB § 24 Rn. 166 f.; sa *Armbrüster/Dallwig* VersR 2009, 150; → § 114 Rn. 14 ff.
[115] Dazu BGH VersR 2015, 181 = NJW 2015, 947; VersR 2015, 1156.
[116] BGHZ 108, 200 = NJW 1989, 3095 = VersR 1989, 948.
[117] BGHZ 63, 51 = NJW 1974, 2124; BGH VersR 1981, 134 = NJW 1981, 681; VersR 2008, 343 = NJW-RR 2008, 344; *Beckmann* in Bruck/Möller VVG § 115 Rn. 48 ff.
[118] *Jahnke* in Stiefel/Maier VVG § 115 Rn. 203.
[119] BGHZ 105, 140 = VersR 1988, 1062 = NJW 1988, 2734; BGH VersR 2007, 196 = NJW 2007, 1208; OLG Saarbrücken VersR 2001, 1415.

hältnis mit einem nicht versicherten Mitschädiger regelmäßig nicht einbezogen.[120] Daher kommt auch der Direktanspruch gegen den Versicherer einem weiteren, nicht mitversicherten Schädiger nicht zugute.[121] Sind mehrere Schädiger jeweils bei unterschiedlichen Versicherern versichert, so besteht zwischen diesen Versicherern ein zum Innenausgleich führendes Gesamtschuldverhältnis.[122] Der Umfang der Verpflichtung der Versicherer bestimmt sich in diesem Fall entsprechend den Haftungsbeiträgen ihrer Versicherungsnehmer.[123] Unterhält der Versicherungsnehmer selbst mehrere Pflichtversicherungen, so haften diese dem Dritten nach den Grundsätzen der Doppelversicherung (§ 78 Abs. 1) zusammen mit dem Schädiger als Gesamtschuldner.[124]

25 Für das durch § 115 Abs. 1 S. 4 angeordnete Gesamtschuldverhältnis gelten grds. die **allgemeinen Bestimmungen** der §§ 421 ff. BGB. Der Dritte ist daher berechtigt, die Leistung nach seinem Belieben von jedem der Schuldner ganz oder teilweise zu fordern. In der Regel wird er sich zuvörderst an den Versicherer halten, er muss es aber nicht tun. Demgegenüber kann jeder Schuldner anspruchshindernde oder -beschränkende Einwendungen oder Einreden erheben; von Bedeutung ist hier vor allem der Einwand des Mitverschuldens.[125] Gewisse **Besonderheiten** ergeben sich aufgrund abweichender Regelungen in den §§ 115 ff. So hat der Versicherer, den der Geschädigte nach § 421 BGB auf Ersatz des vollen Schadens in Anspruch nehmen kann, wegen § 115 Abs. 1 S. 3 stets **Schadensersatz in Geld** zu leisten.[126] Für den **Innenausgleich** der Gesamtschuldner trifft § 116 Abs. 1 eine vom Halbteilungsgrundsatz des § 426 Abs. 1 S. 1 BGB abweichende Bestimmung (zu Einzelheiten s. die dortige Kommentierung). Auch die **Verjährung** der Ansprüche ist in § 115 Abs. 2 besonders geregelt.[127] Schließlich ordnet § 124 die **Drittwirkung** bestimmter rechtskräftiger Entscheidungen an, die im Verhältnis des Versicherers zu einem Gesamtschuldner getroffen wurden, was von der in § 425 Abs. 2 BGB grds. angeordneten Einzelwirkung abweicht.

26 Soweit iÜ die allgemeinen Bestimmungen der §§ 421 ff. BGB Anwendung finden, ist vor allem problematisch, ob ein gegenüber dem Versicherungsnehmer erklärter **Verzicht** des Dritten auch zugunsten des Versicherers wirkt. Bei Anwendung des § 423 BGB wäre dies nur dann der Fall, wenn die Beteiligten damit das ganze Schuldverhältnis aufheben wollten, was aber regelmäßig nicht der Fall sein dürfte. Richtigerweise ist jedoch zu berücksichtigen, dass die gesamtschuldnerische Mithaftung des Versicherers von der Verpflichtung des Versicherten abhängt, nämlich akzessorisch ist. Soweit diese Mithaftung aufgrund einer Vereinbarung mit dem Geschädigten entfällt, muss dies grds. auch für die Haftung des Versicherers gelten.[128] Freilich sind an die Annahme eines Verzichtswillens strenge Anforderungen zu stellen; er darf nicht vermutet werden.[129] Ein von dem Geschädigten mit dem Versicherer eines Schädigers abgeschlossener **Abfindungsvergleich,** in dem der Geschädigte gegen Zahlung einer Abfindungssumme auf alle weiteren Ansprüche verzichtet, kann dahin auszulegen sein, dass damit auch eventuelle Ansprüche gegen die mithaftende Haftpflichtversicherung eines weiteren Unfallbeteiligten ausgeschlossen sein sollen.[130]

III. Verjährung

27 § 115 Abs. 2 enthält Regelungen zur Verjährung, die unmittelbar **nur den Direktanspruch** des Geschädigten gegen den Versicherer betreffen. Auf den vertraglichen Deckungsanspruch des Versicherungsnehmers, der nach allgemeinen Grundsätzen verjährt, ist die Vorschrift nicht anzuwenden.[131] Auch für den Haftpflichtanspruch gegen den Versicherungsnehmer gilt sie weder unmittelbar

---

[120] BGH VersR 2007, 196 = NJW 2007, 1208; *Klimke* in Prölss/Martin VVG § 115 Rn. 18; s. auch schon BGHZ 117, 151 = VersR 1992, 485 = NJW 1992, 1507.
[121] BGHZ 177, 141 = VersR 2008, 1273 = NJW 2008, 2642; → Rn. 9 ff. mwN.
[122] BGH VersR 1978, 843.
[123] OLG Hamm VersR 2009, 652; OLG München VersR 2002, 1289; *Klimke* in Prölss/Martin VVG § 115 Rn. 21; zum Gesamtschuldnerausgleich ausf. *Jahnke* in Stiefel/Maier VVG § 115 Rn. 222 ff.
[124] Zur Doppelversicherung (jetzt: Mehrfachversicherung) eines Gespanns aus Kfz und versicherungspflichtigem Anhänger BGHZ 187, 211 = VersR 2011, 105 = NJW 2011, 447; BGH VersR 2018, 990 = NJW 2018, 2958.
[125] *Jacobsen* in Feyock/Jacobsen/Lemor VVG § 116 Rn. 1; vgl. BGH VersR 2014, 80 = NJW 2014, 217; VersR 2014, 974 = NJW 2014, 2493.
[126] → Rn. 19 ff.
[127] → Rn. 27 ff.
[128] OLG Köln VersR 1969, 1027; *Klimke* in Prölss/Martin VVG § 115 Rn. 20; *Langheid* in Langheid/Rixecker VVG § 115 Rn. 20; *Jacobsen* in Feyock/Jacobsen/Lemor VVG § 116 Rn. 4; vgl. aber OLG Zweibrücken ZfS 1981, 49; OGH VersR 1976, 1197.
[129] BGH VersR 1999, 1104 = NJW-RR 1999, 1699; VersR 2007, 71 = NJW 2007, 368.
[130] LG München I VersR 1983, 27.
[131] BGHZ 67, 372 = VersR 1977, 282; BGH VersR 1987, 561; OLG Hamm r+s 2000, 142.

noch entsprechend.[132] Allerdings kann die Hemmung, Ablaufhemmung oder ein Neubeginn der Verjährung des Direktanspruches über § 115 Abs. 2 S. 4 mittelbar auch auf den Haftpflichtanspruch durchschlagen.

28 **1. Verjährungsfrist.** Gem. § 115 Abs. 2 S. 1 unterliegt der Direktanspruch **der gleichen Verjährung wie der Schadensersatzanspruch** gegen den ersatzpflichtigen Versicherungsnehmer; diesem steht die versicherte Person auch insoweit gleich.[133] Das folgt an sich bereits aus der Rechtsnatur des Direktanspruchs als gesetzlichem Schuldbeitritt,[134] wird aber durch diese Regelung nochmals ausdrücklich klargestellt. Auch der **Verjährungsbeginn** erfolgt zeitgleich mit dem Beginn der Verjährung des Schadensersatzanspruches (§ 115 Abs. 2 S. 2). Gründet sich der Haftpflichtanspruch – wie regelmäßig – auf deliktische Schadensersatzansprüche, so unterliegt dieser und damit auch der Direktanspruch der regelmäßigen Verjährungsfrist von drei Jahren (§ 195 BGB; vgl. auch § 14 StVG), wobei die Verjährung für beide Ansprüche mit dem Schlusse des Jahres beginnt, in dem der Haftpflichtanspruch entstanden ist und der Geschädigte von den diesen Anspruch begründenden Umständen und der Person des Schuldners Kenntnis erlangt oder ohne grobe Fahrlässigkeit erlangen müsste (§ 199 Abs. 1 BGB). Kenntnis im vorgenannten Sinne ist vorhanden, wenn dem Geschädigten die Erhebung einer Schadensersatzklage, und sei es auch nur in der Form einer Feststellungsklage, erfolgversprechend, wenn auch nicht risikolos, möglich ist.[135] Grobfahrlässige Unkenntnis liegt vor, wenn dem Gläubiger die Kenntnis fehlt, weil er die im Verkehr erforderliche Sorgfalt in ungewöhnlich grobem Maße verletzt und auch ganz nahe liegende Umstände nicht angestellt oder das nicht beachtet hat, was jedem hätte einleuchten müssen, ihm mithin persönlich ein schwerer Obliegenheitsverstoß in seiner eigenen Angelegenheit der Anspruchsverfolgung vorgeworfen werden kann.[136] Bei Behörden und öffentlichen Körperschaften, insbes. Sozialversicherungsträgern, ist für die Frage, ob Kenntnis vorlag, auf die Person des zuständigen Bediensteten der verfügungsberechtigten Behörde abzustellen.[137]

29 Neben der kenntnisabhängigen Verjährungsfrist laufen die in § 199 Abs. 2, 3 BGB festgelegten „starren" Höchstfristen von zehn Jahren bei Sachschäden und 30 Jahren bei Personenschäden, wobei etwaige Zeiträume der Hemmung oder ein Neubeginn zu berücksichtigen sind. Abweichend von § 199 Abs. 2 BGB **endet** die Verjährung des Direktanspruchs jedoch **spätestens nach zehn Jahren** von dem Eintritt des Schadens an (§ 115 Abs. 2 S. 2, letzter Halbsatz). Während der Haftpflichtanspruch gegen den Schädiger uU erst 30 Jahre nach der schädigenden Handlung verjährt, bewirkt die Regelung in Bezug auf den Direktanspruch eine gewisse Verschlechterung der Rechtsposition des Geschädigten. Allerdings verlängert sich die Zehnjahresfrist um die Zeiten einer eventuellen Hemmung nach § 115 Abs. 2 S. 3; insoweit enthält § 115 Abs. 2 S. 2 keine absolute Verjährungsgrenze.[138] Mit **Eintritt des Schadens** meint das Gesetz den Zeitpunkt, in dem sich der Schaden **offenbart** hat.[139] Die diesbezügliche Formulierung wurde erst im Zuge der Beratungen im Rechtsausschuss eingeführt; bis dahin verwendete der RegE wie zuvor schon § 3 Nr. 3 PflVG den Begriff des Schadensereignisses, was allerdings in der Sache nichts anderes besagte.[140] Gleichwohl wollte der Gesetzgeber mit dieser sprachlichen Präzisierung klarstellen, dass es für den Beginn der zehnjährigen Verjährung nicht auf das uU lange Zeit unerkannte Ursachenereignis, sondern auf die Erkennbarkeit des Schadens ankommt. Auf diese Weise sollte sichergestellt werden, dass der Direktanspruch nicht verjähren kann, bevor sich ein Schaden überhaupt erst gezeigt hat.[141]

30 Da § 115 Abs. 2 nur den Direktanspruch betrifft und **nicht** auch den vertraglichen **Deckungsanspruch** des Schädigers gegen den Versicherer,[142] verbleibt dem Geschädigten auch nach Ablauf von zehn Jahren, ggf. verlängert um die Zeit einer evtl. Hemmung, die Möglichkeit, in den Schranken der Regelverjährung zunächst den Schädiger und sodann den Versicherer auf dem Umweg über

---

[132] BGH VersR 2007, 371 = NJW-RR 2007, 467.
[133] BGH VersR 1972, 273 = NJW 1792, 446; VersR 1975, 279 = NJW 1975, 261.
[134] BGHZ 58, 251 = NJW 1972, 939; BGH NJW 1993, 1914; *Beckmann* in Bruck/Möller VVG § 115 Rn. 58.
[135] BGH VersR 2010, 214 = NJW-RR 2010, 681; VersR 2009, 839 = NJW-RR 2009, 812.
[136] BGH VersR 2010, 214 = NJW-RR 2010, 681.
[137] BGH VersR 2009, 989 = NJW-RR 2009, 1471; ebenso schon BGHZ 133, 129 = VersR 1996, 1126 = NJW 1996, 2508, zu § 852 BGB aF.
[138] OLG Düsseldorf NJW-RR 1990, 472; *Langheid* in Langheid/Rixecker VVG § 115 Rn. 24; *Jacobsen* in Feyock/Jacobsen/Lemor VVG § 115 Rn. 18; zur Hemmung → Rn. 32 ff.
[139] BT-Drs. 16/5862, 99.
[140] BGHZ 25, 34 = VersR 1957, 499; insoweit durch BGHZ 79, 76 = VersR 1981, 173 nicht in Frage gestellt.
[141] BT-Drs. 16/5862, 99.
[142] BGH VersR 1987, 561; 2007, 317; aA *Langheid* in Langheid/Rixecker VVG § 115 Rn. 24 unter Hinweis auf BGH VersR 2003, 1121, diese Entscheidung betraf aber einen Fall der Rechtskraftserstreckung (jetzt § 124 Abs. 1).

die Pfändung und Überweisung des versicherungsvertraglichen Deckungsanspruches zu belangen.[143] Indes sollte der Geschädigte nicht den Fehler begehen, nach Verjährung des Direktanspruches Schädiger und Versicherer gleichzeitig zu verklagen. Ist nämlich die Direktklage gegen den Versicherer wegen Verjährung abzuweisen, so führt die Rechtskrafterstreckung des § 124 automatisch dazu, dass auch die Haftpflichtklage gegen den Schädiger der Abweisung unterliegt.[144] Das ist vornehmlich von Bedeutung für **Sozialversicherungsträger,** die oftmals erst lange Zeit nach dem Schadensereignis aufgrund übergegangenen Rechts gegen den Schädiger und dessen Versicherer vorgehen. Da der bloße Forderungsübergang auf den Lauf der Verjährung keinen Einfluss hat,[145] bedarf die Prüfung der Durchsetzbarkeit der einzelnen Ansprüche gerade an dieser Stelle besonderer Sorgfalt.

Allerdings kann es dem Versicherer im Einzelfall **versagt** sein, sich auf die Verjährung des Anspruches zu berufen. Insbesondere kann in der Erhebung der Verjährungseinrede ein Verstoß gegen **Treu und Glauben** zu sehen sein, wenn der Versicherer bei dem Geschädigten zunächst den Eindruck erweckt hatte, er werde dessen Ansprüche befriedigen oder doch nur mit sachlichen Einwendungen bekämpfen und er dadurch den Geschädigten von einer rechtzeitigen Klagerhebung abgehalten hat.[146] Will sich der Geschädigte hier seinen Anspruch erhalten, ist er jedoch gehalten, innerhalb einer kurzen Überlegungsfrist Klage zu erheben, nachdem der Versicherer zu erkennen gegeben hatte, dass er den geltend gemachten Ansprüchen nunmehr die Einrede der Verjährung entgegensetzen werde.[147] 31

2. Hemmung. § 115 Abs. 2 S. 3 enthält eine Sonderregelung über die **Hemmung der Verjährung des Direktanspruches.** Die Vorschrift übernimmt den Rechtsgedanken des § 15 auch für die außervertraglichen Direktanspruch; sie ist insoweit *lex specialis*.[148] Andere Hemmungstatbestände nach Bürgerlichem Recht (etwa die Hemmung wegen Verhandlungen, § 203 BGB oder wegen der in § 204 bezeichneten Maßnahmen) stehen selbständig daneben. Ist hiernach der Direktanspruch bei dem Versicherer angemeldet worden, so ist die Verjährung bis zu dem Zeitpunkt gehemmt, zu dem die Entscheidung des Versicherers dem Anspruchsteller in Textform zugeht. Die Hemmung bewirkt nach allgemeinen Grundsätzen, dass der Zeitraum, während dessen die Verjährung gehemmt ist, in die Verjährungsfrist nicht eingerechnet wird (§ 209 BGB). Die Dauer der Hemmung führt so iErg zu einer entsprechenden Verlängerung der Zehnjahresfrist des § 115 Abs. 2 S. 1.[149] 32

a) Eintritt der Hemmung. Voraussetzung für den Eintritt der Hemmung nach § 115 Abs. 2 S. 3 ist, dass der Geschädigte den Anspruch **bei dem Versicherer angemeldet** hat. Es genügt also nicht, dass sich der Dritte allein an den Schädiger hält; vielmehr muss die Anmeldung des Anspruchs durch den Dritten dem Versicherer zugehen; wozu es allerdings ausreicht, dass der Schädiger diese an den Versicherer weiterleitet und sie dort eingeht.[150] Die Versäumung der Frist zur Anzeige des Versicherungsfalles nach § 119 Abs. 1 hat auf die Hemmungswirkung keinen Einfluss.[151] Als **notwendiger Inhalt** einer solchen Anmeldung genügt es, wenn der Dritte unter Hinweis auf ein bestimmtes Schadensereignis außergerichtlich und formlos einen Schaden geltend macht.[152] Dabei brauchen die einzelnen Ersatzansprüche noch nicht bezeichnet zu werden; vielmehr genügt es, dass der Haftpflichtversicherer eine Vorstellung vom ungefähren Umfang der durch den Unfall bewirkten Schäden und damit seiner Leistungspflicht vermittelt bekommt.[153] Die bloße Anforderung eines Schadensanzeigeformulars beim Versicherer genügt jedoch nicht, denn damit werden keine Ansprüche aufgrund eines Schadensereignisses angezeigt.[154] Hinsichtlich der Form der Anmeldung enthält 33

---

[143] BGH VersR 2007, 371; *Klimke* in Prölss/Martin VVG § 115 Rn. 26; *Beckmann* in Bruck/Möller VVG § 115 Rn. 63.
[144] BGH VersR 2003, 1121 = NJW-RR 2003, 1327; VersR 2007, 371; *Schirmer/Clauß* FS Lorenz, 2004, 775 (794); → § 124 Rn. 5 ff.
[145] BGH VersR 1984, 136.
[146] BGH VersR 2003, 452 = NJW 2003, 1524; VersR 2002, 474 = NJW 2002, 1878; OLG Karlsruhe VersR 2006, 251.
[147] OLG Karlsruhe VersR 2006, 251: ein Monat.
[148] *Jacobsen* in Feyock/Jacobsen/Lemor VVG § 115 Rn. 23; *Jahnke* in Stiefel/Maier VVG § 115 Rn. 297.
[149] BGH VersR 2017, 903 = NJW 2017, 3144; OLG Düsseldorf NJW-RR 1990, 472; *Langheid* in Langheid/Rixecker VVG § 115 Rn. 24; *Jacobsen* in Feyock/Jacobsen/Lemor VVG § 115 Rn. 18.
[150] BGH VersR 1975, 279; OLG München VersR 1975, 510.
[151] BGH VersR 1982, 651; 1975, 279.
[152] BGHZ 74, 393 = VersR 1979, 915 = NJW 1979, 2155; OLG Frankfurt a. M. NJW-Spezial 2011, 202 = BeckRS 2011, 05224.
[153] BGHZ 83, 162 = VersR 1982, 546 = NJW 1982, 1761.
[154] *Klimke* in Prölss/Martin VVG § 115 Rn. 28; *Schwartze* in Looschelders/Pohlmann VVG § 115 Rn. 27; *Jahnke* in Stiefel/Maier VVG § 115 Rn. 304.

die Bestimmung keine Vorgaben; § 115 Abs. 2 S. 3 regelt nur die Form der Entscheidung des Versicherers. Allerdings wird für die **Anzeige des Schadensereignisses** durch den Dritten in § 119 Abs. 1 die Einhaltung der Textform gefordert.

34   **b) Umfang der Hemmung.** Einmal eingetreten, erfasst die Hemmung grds. den gesamten Anspruch des Geschädigten, auch wenn zunächst nur bestimmte Schäden angemeldet werden.[155] Sie gilt bzgl. aller in Betracht kommender Ersatzansprüche, gleich aus welchem Rechtsgrund, und auch soweit sie auf einen Sozialversicherungsträger übergegangen sind.[156] Denn es kann regelmäßig angenommen werden, dass der Geschädigte, der Ansprüche bei dem Versicherer anmeldet, seine Anmeldung nicht auf einzelne Ansprüche oder Anspruchsgrundlagen beschränken will.[157] Ausgeschlossen ist eine solche Beschränkung der Anmeldung auf einzelne Ansprüche allerdings nicht; sie mag ausnahmsweise dann angenommen werden, wenn sich der Wille zur Beschränkung eindeutig aus dem Inhalt der Anmeldung ergibt.[158] In diesem Falle gilt, dass die Hemmung der Verjährung nur diejenigen Ansprüche erfasst, auf die sich die Anmeldung bezieht.

35   **c) Beendigung der Hemmung.** Die Hemmung der Verjährung dauert bis zu dem Zeitpunkt, zu dem die Entscheidung des Versicherers über den angemeldeten Anspruch dem Anspruchsteller in Textform zugeht. Erforderlich ist eine **eindeutige und abschließende Entscheidung des Versicherers**, die sowohl eine anspruchsbejahende, für den Geschädigten positive Erklärung des Versicherers, als auch eine Ablehnung des Anspruches beinhalten kann.[159] Die Regelung bezweckt, den Geschädigten für den Fall einer sehr langen Dauer der Verhandlungen mit dem Versicherer vor den Nachteilen der Verjährung zu schützen und ihn während der Zeit, während der die Reaktion des Versicherers auf die Anspruchsanmeldung noch in der Schwebe ist, vor dem Weiterlaufen einer die Durchsetzung seiner Ansprüche gefährdenden Verjährung zu bewahren. Daher muss die Hemmung so lange aufrechterhalten werden, bis sich der Versicherer zur Anspruchsanmeldung eindeutig erklärt hat, sei es in positiver oder negativer Hinsicht.[160] Bloße Untätigkeit des Versicherers, auch über längere Zeit hinweg, führt nicht zu einer Beendigung der Hemmung; allenfalls kann eine förmliche Entscheidung im Einzelfall nach Treu und Glauben (§ 242 BGB) entbehrlich sein.[161]

36   Während es der Ablehnung eines geltend gemachten Anspruches idR nicht an hinreichender Eindeutigkeit mangeln wird, war die Auslegung (scheinbar) **positiver Erklärungen** der Versicherer in der Vergangenheit häufig Gegenstand auch höchstrichterlicher Entscheidungen. Vor dem Hintergrund der Schutzfunktion des Hemmungstatbestandes bedarf es gerade insoweit einer **klaren und umfassenden Erklärung** des Versicherers. Der Geschädigte – und ebenso ein Zessionar – muss aufgrund der Entscheidung sicher sein können, dass auch künftige Forderungen aus dem Schadensfall freiwillig bezahlt werden, sofern der Anspruchsteller die entsprechenden Schadensposten der Höhe nach ausreichend belegt.[162] Dazu ist zwar nicht erforderlich, dass sich der Versicherer für jeden in Betracht kommenden Schadensposten auch betragsmäßig festlegen müsste; vielmehr reicht es aus, dass er sich bereit erklärt, über die etwa schon bezifferten Schäden hinaus auch die weiteren nach Lage der Dinge in Betracht kommenden Schadensposten zu regulieren.[163] Ebenfalls hinreichend eindeutig ist eine Erklärung, die bestimmte Positionen anerkennt und die Ansprüche iÜ ausdrücklich zurückweist.[164] Verbleiben jedoch im Einzelfall über die Tragweite einer positiven Erklärung des Versicherers in wesentlichen Punkten Zweifel, dann liegt eine abschließende, die Hemmung beendende Entscheidung nicht vor.[165] Unzureichend sind daher Abrechnungsschreiben, die sich lediglich rechnerisch zu einzelnen Schadenspositionen äußern, iÜ aber nicht die Bereitschaft erkennen lassen, auch alle künftigen noch in Frage kommenden weiteren Schadensposten, die bisher nicht Gegenstand der Abrechnung waren, zu ersetzen.[166] Auch ein Anerkenntnis im Sinne des § 212 Abs. 1 Nr. 1 BGB genügt dazu nicht ohne weiteres, vielmehr muss dem Geschädigten zugleich umfassend und

---

[155] OLG München VersR 2001, 230.
[156] BGH VersR 1977, 282; 1982, 651; 2002, 474 = NJW 2002, 1878.
[157] BGH VersR 1982, 674 = NJW 1982, 2001.
[158] BGH VersR 1982, 674 = NJW 1982, 2001; VersR 1985, 1141; 1987, 937 = NJW-RR 1987, 916.
[159] BGHZ 114, 299 = VersR 1991, 878 = NJW 1991, 1954; VersR 2017, 816 = NJW 2017, 2271; OLG Köln r+s 2015, 371.
[160] BGHZ 114, 299 = VersR 1991, 878 = NJW 1991, 1954.
[161] BGHZ 114, 299 = VersR 1991, 878 = NJW 1991, 1954; → Rn. 38.
[162] BGH VersR 2017, 816 = NJW 2017, 2271.
[163] BGHZ 114, 299 = VersR 1991, 878 = NJW 1991, 1954.
[164] *Klimke* in Prölss/Martin VVG § 115 Rn. 31; *Schwartze* in Looschelders/Pohlmann VVG § 115 Rn. 29.
[165] BGHZ 114, 299 = VersR 1991, 878 = NJW 1991, 1954; BGH VersR 1992, 604 = NJW-RR 1992, 606; OLG München OLGR 1993, 69; OLG Rostock VersR 2003, 363.
[166] BGH VersR 1996, 369 = NJW-RR 1996, 474; OLG Frankfurt a. M. r+s 1999, 12; OLG Celle OLGR 2002, 68.

endgültig Klarheit über die Einstandsbereitschaft des Versicherers hinsichtlich aller in Betracht kommenden Schadenspositionen gegeben werden.[167] Erst recht wird es der bloßen Überweisung eines Geldbetrages an den Geschädigten, der als rein tatsächlicher Handlung für sich genommen kein Erklärungswert zukommt, im Hinblick auf die Bereitschaft, den Anspruch vorbehaltlos zu erfüllen, regelmäßig an hinreichender Eindeutigkeit fehlen.[168] Schließt der Geschädigte mit dem Versicherer einen **Abfindungsvergleich,** durch den die Ansprüche des Dritten endgültig erledigt werden sollen, so führt dies auch ohne gesonderten Bescheid des Versicherers zur Beendigung der Hemmung.[169] Das gilt auch in Bezug auf im Abfindungsvergleich vorbehaltene, von der ursprünglichen Anmeldung erfasste Ansprüche, wenn in der Vereinbarung eindeutig zum Ausdruck kommt, dass der Versicherer damit die Schadensregulierung als beendet ansieht.[170]

Für die **Erklärung des Versicherers** schreibt das Gesetz die **Textform** (§ 126b BGB) vor; dadurch sind jetzt auch Erklärungen ohne Unterschrift zulässig, etwa weil sie als E-Mail oder Computerfax versendet wurden.[171] Bleibt die vorgeschriebene Form unbeachtet, fehlt es schon aus diesem Grunde an einer wirksamen Entscheidung iSd § 115 Abs. 2 S. 3. Auch aus diesem weiteren Grund vermag die bloße Überweisung eines Zahlungsbetrages regelmäßig nicht die Beendigung der Hemmung herbeizuführen.[172] Die fehlende Beachtung der vom Gesetz geforderten Form wird nicht dadurch geheilt, dass der Geschädigte eine ihm zunächst nur mündlich bekanntgegebene Ablehnung seines Anspruchs später in einer der gesetzlichen Form entsprechenden Weise bestätigt.[173] 37

Solange eine den Anforderungen des § 115 Abs. 2 S. 3 entsprechende Entscheidung nicht vorliegt, bleibt die Verjährung des Direktanspruches **auf Dauer gehemmt.** Auch eine Verwirkung des Anspruchs kann dann nicht eintreten.[174] Der Versicherer wird dadurch nicht unbillig belastet, denn er hat es selbst in der Hand, durch eine formwahrende abschließende und eindeutige Entscheidung die Verjährung wieder in Lauf zu setzen.[175] Das bedeutet aber nicht, dass der Geschädigte sich stets noch nach Jahr und Tag auf das Fehlen einer Entscheidung des Versicherers berufen könnte, um so der seinen Ansprüchen gegenüber erhobenen Verjährungseinrede zu entgehen. In der Rspr. ist anerkannt, dass es einer schriftlichen Entscheidung des Versicherers **nach Treu und Glauben** (§ 242 BGB) jedenfalls dann nicht mehr bedarf, wenn sich die Erteilung eines solchen Bescheides im gegebenen Fall nur als eine Förmelei darstellen würde, insbes. weil der Geschädigte die von ihm zunächst angemeldeten Ansprüche inzwischen **offensichtlich** nicht mehr weiter verfolgt.[176] Ein solcher Fall liegt auch dann vor, wenn der Versicherer nach Klageerhebung zahlt und der Geschädigte sodann die Klage zurücknimmt, da er damit zu erkennen gibt, dass er weitere Forderungen nicht mehr erheben werde.[177] Dagegen berechtigt die schlichte Untätigkeit des Anspruchsstellers auch während eines längeren Zeitraumes den Versicherer nicht ohne weiteres zu der Annahme, der schriftliche Bescheid sei überflüssig und sinnlos.[178] 38

§ 115 Abs. 2 S. 3 betrifft nur die **erstmalige Geltendmachung** eines Anspruchs durch den Geschädigten. Hat der Versicherer eine abschließende Entscheidung getroffen mit der Folge, dass die Verjährung des angemeldeten Anspruches wieder zu laufen beginnt, so führt die nochmalige Anmeldung desselben Anspruchs durch den Geschädigten nicht zur erneuten Hemmung der Verjährung nach dieser Vorschrift.[179] Allerdings kann der Wiedereintritt des Versicherers in Regulierungsverhandlungen unter den Voraussetzungen des § 203 BGB eine – nochmalige – Hemmung der Verjährung bewirken.[180] 39

d) Falscher Versicherer. Grundsätzlich ist es Sache des Dritten, sicherzustellen, dass er seine Ansprüche bei dem richtigen Versicherer angemeldet hat. Die **irrtümliche Anmeldung** von 40

---

[167] BGH VersR 2017, 816 = NJW 2017, 2271.
[168] BGH VersR 1992, 604 = NJW-RR 1992, 606; anders noch OLG München VersR 1992, 606.
[169] BGH VersR 1999, 382 = NJW 1999, 1782; OLG Hamm NJW-RR 1999, 252.
[170] BGH VersR 2003, 452; VersR 2002, 473 = NJW 2002, 1878; OLG Karlsruhe VersR 2006, 251; OLG Rostock NJW-Spezial 2011, 169 = BeckRS 2011, 03824.
[171] Jahnke in Stiefel/Maier VVG § 115 Rn. 316; vgl. KG VersR 2014, 1357.
[172] BGH VersR 1992, 604 = NJW-RR 1992, 606; VersR 1978, 423; OLG Naumburg VersR 2008, 775; OLG München BeckRS 2015, 13735.
[173] BGH VersR 1997, 637 = NJW 1997, 2521.
[174] BGH VersR 2017, 816 = NJW 2017, 2271; VersR 1977, 335 = NJW 1977, 674.
[175] BGH VersR 1977, 335 = NJW 1977, 674; OLG München VersR 1976, 153.
[176] BGH VersR 1977, 335; 1978, 93; 1982, 1006; OLG Düsseldorf ZfS 1990, 120; OLG Schleswig VersR 2001, 1231; OLG Celle SP 2006, 278; OLG Naumburg VersR 2008, 775.
[177] OLG Frankfurt a. M. OLGR 2003, 377.
[178] BGH VersR 2017, 816 = NJW 2017, 2271.
[179] BGHZ 152, 298 = VersR 2003, 99 = NJW 2003, 895.
[180] BGHZ 152, 298 = VersR 2003, 99 = NJW 2003, 895; KG VersR 2007, 1507.

Ansprüchen bei einem falschen Versicherer kann naturgemäß keine Hemmung des Direktanspruches gegenüber dem richtigen Versicherer bewirken. Teilt der vermeintliche Haftpflichtversicherer dem Geschädigten auf dessen Schadensmeldung allerdings zunächst mit, er sei für die Bearbeitung des Schadensfalles zuständig, und unterlässt er die Mitteilung sich später ergebender ernsthafter Zweifel an seiner Zuständigkeit, obschon er nach Treu und Glauben hierzu verpflichtet gewesen wäre, so ist er dem Geschädigten aus schuldrechtlicher Sonderbeziehung (jetzt § 280 Abs. 1 BGB) zum Schadensersatz verpflichtet, wenn dieser infolgedessen seinen Anspruch gegen den richtigen Haftpflichtversicherer verjähren lässt.[181]

41 **3. Drittwirkung bestimmter Umstände.** Gem. § 115 Abs. 2 S. 4 wirkt die Hemmung, die Ablaufhemmung und der Neubeginn der Verjährung des Anspruchs gegen den Versicherer auch gegenüber dem ersatzpflichtigen Versicherungsnehmer (bzw. dem Versicherten[182]) und umgekehrt. Das ist die notwendige Konsequenz aus dem angeordneten Gleichlauf der Verjährung von Direkt- und Haftpflichtanspruch. Hat der Geschädigte also seinen Anspruch bei dem Versicherer angemeldet, gilt die in diesem Verhältnis gesetzlich angeordnete Hemmung auch in Bezug auf den Haftpflichtanspruch gegen den Schädiger. Die Hemmung der Verjährung gilt auch zugunsten des Sozialversicherungsträgers, der seinen Rückgriffsanspruch aus § 110 SGB VII (früher: § 640 RVO) bei dem Versicherer angemeldet hat.[183] Die angeordnete **Koppelung** des Laufes der Verjährung des Direktanspruchs und des gegen den Schädiger gerichteten Schadenersatzanspruchs erfasst beide Ansprüche in voller Höhe; sie beschränkt sich beim Anspruch gegen den Schädiger nicht auf denjenigen Teil, welcher der Deckungsverpflichtung des Versicherers entspricht.[184] Die Verjährung wird deshalb gegenüber dem Schädiger auch insoweit gehemmt, als der Versicherer aufgrund des Versicherungsvertrages ganz oder zum Teil leistungsfrei ist.[185] Hat der Versicherer auf die Forderung des Geschädigten gezahlt, so stellt dies mangels abweichender Klarstellung ein die Verjährung unterbrechendes Anerkenntnis dar, das auch den Teil des Haftpflichtanspruchs erfasst, für den der Versicherer nach dem Versicherungsvertrag nicht einstehen muss.[186]

42 Liegt einer der in § 115 Abs. 2 S. 4 genannten Tatbestände im Verhältnis zum Schädiger vor, so betrifft die vom Gesetz angeordnete Drittwirkung auch „umgekehrt" den Direktanspruch. Für die Hemmung nach § 115 Abs. 2 S. 3 gilt dies freilich nicht, denn diese tritt kraft gesetzlicher Anordnung erst mit der Anmeldung des Anspruchs beim Versicherer ein, wozu nicht genügt, dass sich der Geschädigte allein an den Schädiger hält.[187] Führen jedoch etwa Verhandlungen des Geschädigten mit dem Versicherungsnehmer zu einer Hemmung nach § 203 BGB, so wirkt dies in gleicher Weise auch für den Direktanspruch des Geschädigten gegen den Versicherer. Entsprechendes gilt für die anderen Hemmungstatbestände des Bürgerlichen Rechts.[188] Die Drittwirkung erfasst nicht den vertraglichen Deckungsanspruch des Versicherungsnehmers gegen den Versicherer; dieser verjährt ausschließlich nach den allgemeinen Grundsätzen.[189]

C. Prozessuales

I. Gerichtsstand

43 **1. Allgemeiner Gerichtsstand.** Zur gerichtlichen Geltendmachung des Direktanspruchs stehen dem Geschädigten zunächst die Gerichtsstände der Zivilprozessordnung zur Verfügung. Selbstverständlich kann der Versicherer deshalb stets an seinem **allgemeinen Gerichtsstand** (§§ 12, 17 ZPO) in Anspruch genommen werden.

44 **2. Gerichtsstand der Niederlassung.** Daneben besteht ggf. der besondere **Gerichtsstand einer Niederlassung** (§ 21 ZPO). Allerdings ist hierfür erforderlich, dass die Klage, für die der Gerichtsstand in Anspruch genommen wird, eine Beziehung zum Geschäftsbetrieb der Niederlassung hat.[190] Bei Vertragsklagen gegen den Versicherer bereitet die Bestimmung einer solchen Beziehung

---

[181] BGH VersR 1996, 1113 = NJW 1996, 2724.
[182] BGH VersR 1972, 271 = NJW 1972, 445; VersR 1975, 279.
[183] BGH VersR 1972, 271 = NJW 1972, 445.
[184] BGHZ 83, 162 = VersR 1982, 546 = NJW 1983, 1761; BGH VersR 1984, 136.
[185] BGH VersR 1984, 226.
[186] BGHZ 169, 232 = NJW 2007, 69 = VersR 2006, 1676; BGH VersR 2003, 1547 = NJW-RR 2004, 109.
[187] BGH VersR 1975, 279; *Langheid* in Langheid/Rixecker VVG § 115 Rn. 26.
[188] BGH VersR 1987, 561, zu § 204 S. 1 BGB aF = § 207 Abs. 1 BGB.
[189] *Klimke* in Prölss/Martin VVG § 115 Rn. 39.
[190] BGH NJW 1975, 2142.

regelmäßig keine besonderen Schwierigkeiten. Insoweit verlangt die Rspr., dass die Leitung der Niederlassung das Recht haben muss, aus eigener Entscheidung Geschäfte abzuschließen, deren Abschluss der Niederlassung auch übertragen worden ist.[191] Für Klagen des am Versicherungsvertrag unbeteiligten Dritten wird man annehmen können, dass eine Beziehung zur Niederlassung dann vorliegt, wenn die **Schadensbearbeitung gerade durch diese Niederlassung** erfolgt.[192] Allein der Umstand, dass eine Schadensbearbeitung (auch) in dieser Niederlassung hätte erfolgen können, genügt hierzu allerdings nicht.[193] Wird das „Schadensbüro" (Agent) eines Versicherers im Rahmen der Schadensbetreuung für den Geschädigten tätig, so wird hierdurch schon mangels „Niederlassung" kein besonderer Gerichtsstand nach § 21 ZPO begründet.[194] Zur Möglichkeit, einen ausländischen Versicherer am Gerichtsstand seiner inländischen Niederlassung in Anspruch zu nehmen, BGH VersR 1979, 561.

3. Gerichtsstand der unerlaubten Handlung. Aufgrund seiner zwar versicherungsrechtlich geprägten, in der Sache jedoch zumeist deliktsrechtlichen Natur begründet der Direktanspruch zudem regelmäßig auch einen **besonderen Gerichtsstand** gem. § 32 ZPO bei dem Gericht, in dessen Bezirk die **unerlaubte Handlung** begangen worden ist.[195] Die Begründung der Zuständigkeit des angerufenen Gerichts erfordert, dass der Kläger schlüssig Tatsachen behauptet, aus denen sich eine im Gerichtsbezirk begangene unerlaubte Handlung ergibt (sog. „doppelrelevante Tatsache").[196] Eine Zuständigkeit ist wahlweise dort gegeben, wo die Verletzungshandlung begangen wurde („Handlungsort"), oder dort, wo in ein geschütztes Rechtsgut eingegriffen wurde („Erfolgsort").[197] An diesem Gerichtsstand wird dann zumeist auch eine gemeinsame Inanspruchnahme des Schädigers und des mit ihm als Gesamtschuldner haftenden Versicherers in Betracht kommen.[198] Zur gemeinsamen Inanspruchnahme ist der Geschädigte zwar stets berechtigt, jedoch unter keinen Umständen auch verpflichtet. Besteht kein gemeinsamer Gerichtsstand, sollen die Gesamtschuldner indes gleichwohl gemeinsam verklagt werden, so kommt – auf Antrag – eine Zuständigkeitsbestimmung gem. § 36 Abs. 1 Nr. 3 ZPO in Betracht.[199]

4. Gerichtsstand des Erfüllungsortes. Der **besondere Gerichtsstand des Erfüllungsortes (§ 29 ZPO)** kann erheblich werden, wenn es um Schädigungen im Zusammenhang mit der Schlechterfüllung vertraglicher Pflichten durch den Versicherungsnehmer geht, für die der Pflichtversicherer einzustehen hat. Nach allgemeinen Grundsätzen ist die Schadensersatzpflicht des Schädigers wegen Nicht- oder Schlechterfüllung am selben Ort zu erfüllen wie die verletzte Primärpflicht.[200] Ausschlaggebend für die Bestimmung des Erfüllungsortes sind in erster Linie der Inhalt des Schuldverhältnisses und die Umstände, ansonsten der (Wohn-)sitz des Schädigers (§ 269 Abs. 1 BGB, § 29 Abs. 2 ZPO). So kann bei Pflichtverletzungen durch einen Anlage- oder Vermögensberater auch der Wohnsitz des Geschädigten maßgeblich sein, wenn die Beratung vereinbarungsgemäß dort geschuldet war.[201] Bei einem mit der Bauüberwachung betrauten Architekten kann der Ort des Bauwerkes maßgeblich sein.[202] Der so ermittelte Gerichtsstand des Erfüllungsortes gilt dann auch für den kraft Schuldbeitritts nach § 115 Abs. 1 mitverpflichteten Versicherer, dessen Schuld sich nach Inhalt und Beschaffenheit der Hauptschuld im Zeitpunkt des Beitritts bestimmt und für die nach den Umständen derselbe Leistungsort gilt wie für die Schuld des Versicherten.[203] Der Geschädigte, der über einen Direktanspruch verfügt, kann den Versicherer daher – allein oder gemeinsam

---

[191] BGH NJW 1987, 3081.
[192] LG Dortmund VersR 2007, 1674 = ZfS 2007, 560 mit zustAnm *Diehl; Landwehr* VersR 1965, 1113; *Beckmann* in Bruck/Möller VVG § 115 Rn. 84; enger *Schwartze* in Looschelders/Pohlmann VVG § 115 Rn. 8; abl. *Jahnke* in Stiefel/Maier VVG § 115 Rn. 135.
[193] LG Dortmund VersR 2007, 1674 = ZfS 2007, 560 mit zustAnm *Diehl*; LG Mannheim SP 1996, 151; großzügiger AG Köln NJW-RR 1993, 1504.
[194] LG Karlsruhe VersR 1997, 384; *Knöfel* in Schwintowski/Brömmelmeyer/Ebers VVG § 115 Rn. 50.
[195] BGH VersR 1983, 586 = NJW 1983, 1799; BayObLG VersR 1988, 642 = NJW 1988, 2184; BayObLGR 1996, 23; *Wern* in Geigel Haftpflichtprozess § 35 Rn. 1.
[196] BGHZ 124, 237 = VersR 1994, 374 = NJW 1994, 1413; vgl. auch BGHZ 191, 219 = VersR 2012, 114 = NJW 2012, 148.
[197] BGHZ 184, 313 = VersR 2010, 690 = NJW 2010, 1752.
[198] *Klimke* in Prölss/Martin VVG § 115 Rn. 40.
[199] BGH VersR 1983, 586 = NJW 1983, 1799; BayObLG VersR 1988, 642 = NJW 1988, 2184; *Klimke* in Prölss/Martin VVG § 115 Rn. 40; *Wandt* VersR Rn. 1090.
[200] BGHZ 134, 201 = NJW 1997, 870; BayObLG NJW 2002, 2888.
[201] BGH BeckRS 2004, 05640; BayObLG NJW 2002, 2888; OLG Zweibrücken NJW-RR 2012, 831; OLG Karlsruhe VersR 2014, 260.
[202] OLG Stuttgart BauR 1977, 72; OLG Frankfurt a. M. MDR 1993, 683.
[203] Allg. BGH NJW 1981, 2642; OLG Schleswig NJW 1952, 1018; BayObLG BeckRS 1999, 27782.

mit dem Schädiger – auch am Gerichtsstand des Erfüllungsortes der verletzten Vertragspflicht verklagen.[204]

46 **5. Gerichtsstand des § 215.** Auf den **besonderen Gerichtsstand des § 215** kann sich der Dritte, der den Pflichtversicherer unmittelbar in Anspruch nehmen will, **nicht** berufen. Diese Vorschrift betrifft schon nach ihrem Wortlaut ausschließlich Klagen aus dem Versicherungsvertrag oder der Versicherungsvermittlung, erfordert also eine (konkurrierende) schuldrechtliche Sonderverbindung zwischen den Parteien;[205] die Direktklage des Geschädigten fällt nicht darunter.[206] Erst recht kann sich der Dritte als am Versicherungsvertrag unbeteiligte Person nicht auf dem § 215 entsprechende vertragliche Vereinbarungen in Allgemeinen Versicherungsbedingungen (zB: Abschn. L Ziff. 2 AKB) berufen.[207]

47 **6. Europäisches Zivilprozessrecht.** Seit der Entscheidung des **Europäischen Gerichtshofes** v. 13.12.2007[208] ist der Geschädigte aufgrund von (jetzt) Art. 11 Abs. 2, Art. 9 Abs. 1 Buchst. b EuGVVO berechtigt, den in einem anderen Mitgliedstaat der EU ansässigen Versicherer an dem für seinen Wohnsitz zuständigen Gericht zu verklagen, sofern eine unmittelbare Klage gegen den Versicherer nach dem auf den Schadensfall anwendbaren Recht zulässig ist. Damit kann ein Versicherer, der seinen Sitz in einem anderen Mitgliedstaat hat, jetzt uU auch hierzulande verklagt werden.[209] Insbesondere bei Verkehrsunfällen im Ausland mag dies auf den ersten Blick als willkommene Verbesserung des Geschädigtenschutzes erscheinen. Doch dürfte sich die neu gewonnene Möglichkeit bei näherem Betrachten in der Praxis bisweilen als Bumerang erweisen. Denn die Durchführung eines Rechtsstreites mit Auslandsbezug ist für den Geschädigten und den ihn vertretenden Rechtsanwalt stets eine besondere Herausforderung. Soweit das Streitverhältnis ausländischem Recht unterliegt, das den Prozessbeteiligten regelmäßig nicht bekannt sein wird, muss dieses gem. § 293 ZPO ermittelt werden. Diese Ermittlung darf sich nicht auf die Heranziehung der Rechtsquellen beschränken, sondern muss auch die konkrete Ausgestaltung des Rechts in der ausländischen Rechtspraxis, insbes. die ausländische Rspr., berücksichtigen.[210] Solange es daran mangelt, ist nicht einmal der Erlass eines Versäumnisurteiles möglich, falls sich der ausländische Versicherer nicht verteidigt. Der am zügigen Fortgang des Verfahrens interessierte Geschädigte ist daher von Anfang an gehalten, über die Tatsachen hinaus auch das für die Entscheidung erforderliche Recht nachvollziehbar darzulegen.[211] Ist auch über entscheidungserhebliche Tatsachen Beweis im Ausland zu erheben, kann dies im Einzelfall nur im Wege der Rechtshilfe möglich sein. Angesichts all dieser Schwierigkeiten wird die Durchführung eines Rechtsstreites, der nach ausländischem Recht vor einem deutschen Gericht zu entscheiden ist, dem Geschädigten in den allermeisten Fällen weder Zeit- noch Kostenvorteile bringen.[212]

II. Beklagte Partei

48 Grundsätzlich steht es dem Geschädigten frei, ob er nur den oder die Schädiger, den Versicherer oder die Gesamtschuldner zugleich in Anspruch nehmen will. Besteht ein Direktanspruch, sollte er sich vernünftigerweise schon aus Kostengründen idR auf die Inanspruchnahme nur des Versicherers beschränken. Der früher oftmals erhoffte Gewinn, durch gleichzeitige Inanspruchnahme auch des Schädigers einen potentiellen Gegenzeugen auszuschalten, ist durch die heute allgemein anerkannte Befugnis des Tatrichters, den aus Anlass der persönlichen Anhörung nach § 141 ZPO gewonnenen Parteierklärungen im Rahmen der freien Beweiswürdigung (§ 286 ZPO) gleichen oder gar Vorrang vor den Bekundungen eines Zeugen zu geben,[213] weitgehend relativiert worden. Nimmt der Geschä-

---

[204] LG Saarbrücken 17.11.2014 – 14 O 313/13, n.v.; *Schneider* in Geigel Haftpflichtprozess § 13 Rn. 63.
[205] BGH VersR 2017, 118 = NJW 2017, 393; BGHZ 216, 358 = VersR 2018, 182 = NJW 2018, 232.
[206] *Klimke* in Prölss/Martin VVG § 115 Rn. 40; *Beckmann* in Bruck/Möller VVG § 115 Rn. 85; *Knöfel* in Schwintowski/Brömmelmeyer/Ebers VVG § 115 Rn. 50; *Jacobsen* in Feyock/Jacobsen/Lemor VVG § 116 Rn. 5; *Jahnke* in Stiefel/Maier VVG § 115 Rn. 134; *Armbrüster* r+s 2010, 441 (456); sa *Schneider* in Beckmann/Matusche-Beckmann VersR-HdB § 1a Rn. 34; *Piontek* r+s 2018, 113 (117); ebenso zu § 48 VVG aF: LG München VersR 1974, 788; *Johannsen* in Bruck, Bd. V/1, Kap. B Anm. 35; *Theil* VersR 1980, 810.
[207] *Klimke* in Prölss/Martin VVG § 115 Rn. 40.
[208] EuGH Slg. 2007, I-11321 = VersR 2008, 111; sa BGHZ 176, 276 = VersR 2008, 955 = NJW 2008, 955; BGHZ 195, 166 = VersR 2013, 73.
[209] Eine umfassende Darstellung der Problematik findet sich bei *Riedmeyer* in Stiefel/Maier Teil 4 Rn. 197 ff.
[210] BGHZ 165, 248 = VersR 2006, 1549 = NJW 2006, 762; BGH WM 2013, 1225; BGH VersR 2019, 1441 = NJW 2019, 3374; OLG Saarbrücken SVR 2014, 228 = BeckRS 2014, 01745.
[211] BGHZ 118, 151 = NJW 1992, 2026; BGH TranspR 2012, 110.
[212] Zu diesen Risiken sa *Brömmelmeyer* in Geigel Haftpflichtprozess § 43 Rn. 86.
[213] BGH NJW 1999, 363 = VersR 1999, 994; BGHZ 122, 115 = NJW 1993, 1638 = VersR 1993, 855.

digte die Gesamtschuldner gleichzeitig in Anspruch, so sind diese im Prozess keine notwendigen, sondern lediglich **einfache Streitgenossen** mit der Folge, dass das Verfahren eines jeden Streitgenossen getrennt zu beurteilen ist.[214] Die durch § 124 Abs. 1 zugunsten der Gesamtschuldner angeordnete Rechtskrafterstreckung ändert daran nichts, da sie nur für klageabweisende Urteile gilt.[215]

III. Beweislast

Den Dritten trifft nach allgemeinen Grundsätzen die Darlegungs- und Beweislast für die den Direktanspruch begründenden Umstände. Er hat deshalb insbes. darzutun, dass er berechtigt ist, den Versicherer wegen des gegen den Schädiger bestehenden Schadensersatzanspruches aus einem der in § 115 Abs. 1 S. 1 Nr. 1–3 genannten Gründen unmittelbar auf Zahlung in Anspruch zu nehmen. In Ansehung des Schadensersatzanspruches, für den der Versicherer neben dem Schädiger als Gesamtschuldner haftet, verbleibt es grds. bei der Darlegungs- und Beweislast des Haftpflichtverhältnisses. Der Geschädigte hat insoweit die anspruchsbegründenden Voraussetzungen darzulegen und zu beweisen, der Versicherer die anspruchsvernichtenden. Zum Schadenshergang kann sich der Versicherer uU mit Nichtwissen erklären (§ 138 Abs. 4 ZPO); allerdings trifft ihn zunächst die Pflicht, sich bei dem Versicherungsnehmer zu informieren. Will er sich mit Nichtwissen erklären, muss er hinreichende Gründe dafür darlegen, warum er sich auf der Grundlage der erteilten Auskünfte nicht dazu einlassen kann, ob das Vorbringen des Geschädigten zutrifft.[216] Im Übrigen gelten die für das Haftpflichtverhältnis im Einzelfall zu beachtenden Beweislastgrundsätze auch hier. Hat sich der Schädiger etwa nach § 280 Abs. 1 S. 2 BGB für sein vermutetes Verschulden zu entlasten, so gilt dies im Rahmen des Direktanspruchs nunmehr auch für den Versicherer. Zur Problematik der Behandlung eines fingierten Geständnisses des Versicherungsnehmers im Falle der Streitgenossenschaft → § 124 Rn. 13 ff. Erhebt der in Anspruch Genommene die Verjährungseinrede, so hat er den Lauf der Verjährungsfrist und damit auch die für den Beginn maßgeblichen Umstände des § 199 BGB darzulegen und zu beweisen, während etwaige Hemmungs- oder Unterbrechungstatbestände demgegenüber zur Beweislast des Anspruchsstellers stehen.[217]

49

§ 116 Gesamtschuldner

(1) ¹Im Verhältnis der Gesamtschuldner nach § 115 Abs. 1 Satz 4 zueinander ist der Versicherer allein verpflichtet, soweit er dem Versicherungsnehmer aus dem Versicherungsverhältnis zur Leistung verpflichtet ist. ²Soweit eine solche Verpflichtung nicht besteht, ist in ihrem Verhältnis zueinander der Versicherungsnehmer allein verpflichtet. ³Der Versicherer kann Ersatz der Aufwendungen verlangen, die er den Umständen nach für erforderlich halten durfte.

(2) Die Verjährung der sich aus Absatz 1 ergebenden Ansprüche beginnt mit dem Schluss des Jahres, in dem der Anspruch des Dritten erfüllt wird.

Übersicht

		Rn.			Rn.
A.	Inhalt und Zweck der Regelung	1	IV.	Aufwendungsersatzanspruch	13
B.	Verhältnis der Gesamtschuldner	2	1.	Regulierung durch den Versicherer	13
I.	Gesamtschuldner	4	2.	Regulierung durch den Versicherungsnehmer	15
II.	Alleinige Verpflichtung des Versicherers	6	C.	Verjährung der Ausgleichsansprüche	16
III.	Alleinige Verpflichtung des Versicherungsnehmers	7	I.	Zweck der Regelung	16
			II.	Beginn der Verjährung	17
1.	Leistungsfreiheit des Versicherers	7	III.	Betroffener Personenkreis	18
2.	Berechtigte Regulierung	9	IV.	Lauf der Verjährung	19
3.	Mehrere Beteiligte	11	D.	Prozessuales	20

---

[214] BGHZ 63, 51 = NJW 1974, 2124; BGH VersR 1981, 1158 = NJW 1982, 996; VersR 2003, 1121 = NJW-RR 2003, 1327; OLG Saarbrücken NJW-RR 2010, 326.
[215] → § 124 Rn. 6.
[216] BGH VersR 2019, 1359 = NJW 2019, 3788.
[217] BGHZ 176, 128 = NJW 2008, 2429 = VersR 2008, 2075; BGHZ 171, 1 = NJW 2007, 1584 = VersR 2007, 1090; allgemein zur Beweislast noch *Klimke* in Prölss/Martin VVG § 115 Rn. 42 f.

§ 116

Teil 2. Einzelne Versicherungszweige. Kap. 1. Haftpflichtversicherung

	Rn.		Rn.
I. Darlegungs- und Beweislast	20	2. Umfang	22
II. Bindungswirkung	21		
1. Inhalt	21	III. Gerichtliche Zuständigkeit	23

Stichwort- und Fundstellenverzeichnis

Stichwort	Rn.	Rspr.	Lit.
Abschließender Charakter der Regelung	→ Rn. 3	BGH VersR 2008, 343 = NJW-RR 2008, 344; VersR 1974, 125; OLG Saarbrücken NJW-RR 2015, 411; OLG Karlsruhe VersR 1979, 77	*Klimke* in Prölss/Martin VVG § 116 Rn. 3; *Knöfel* in Schwintowski/Brömmelmeyer/Ebers VVG § 116 Rn. 30
Ausgleichsanspruch	→ Rn. 2	BGH NJW 1986, 1097; BGHZ 153, 173 = NJW 2003, 828 = VersR 2003, 663	BT-Drs. 16/3945, 89
Aufwendungsersatzanspruch des Versicherers	→ Rn. 13	BGH VersR 1976, 481; OLG Köln VersR 1997, 225	*Klimke* in Prölss/Martin VVG § 116 Rn. 10; *Beckmann* in Bruck/Möller VVG § 116 Rn. 28; *Knöfel* in Schwintowski/Brömmelmeyer/Ebers VVG § 116 Rn. 35; *Jahnke* in Stiefel/Maier VVG § 116 Rn. 79.
Beweislast	→ Rn. 20	OLG Hamm NJW-RR 1995, 223; OLG Braunschweig VersR 2005, 1556; OLG Naumburg VersR 2012, 973; OLG Frankfurt 7.11.2017 – 3 U 66/17, BeckRS 2017, 148038	*Klimke* in Prölss/Martin VVG § 116 Rn. 16; *Beckmann* in Bruck/Möller VVG § 116 Rn. 36
Bindungswirkung	→ Rn. 21	BGH VersR 1981, 180	*Beckmann* in Bruck/Möller VVG § 124 Rn. 40 ff.
Familienprivileg, Unanwendbarkeit	→ Rn. 12	BGH VersR 1984, 327 = NJW 1984, 1346; BGHZ 105, 140 = VersR 1988, 1062 = NJW 1988, 2734; OLG Celle VersR 2005, 681	*Klimke* in Prölss/Martin VVG § 116 Rn. 4; aA *Schirmer* VersR 1987, 19; *Lorenz* VersR 1991, 505
Gesamtschuldverhältnis	→ Rn. 2	BGH NJW 1986, 1097; BGHZ 153, 173 = NJW 2003, 828 = VersR 2003, 663	*Beckmann* in Bruck/Möller VVG § 116 Rn. 2
Irrtümliche Regulierung	→ Rn. 3	BGH VersR 2008, 343 = NJW-RR 2008, 344; OLG Karlsruhe VersR 1979, 77	*Klimke* in Prölss/Martin VVG § 116 Rn. 3; aA *Baumann* ZVersWiss 1970, 201
Mehrere Schädiger	→ Rn. 11	BGH VersR 2007, 196 = NJW 2007, 1208; BGHZ 55, 281 = VersR 1971, 429 = NJW 1971, 937; BGHZ 105, 140 = VersR 1988, 1062 = NJW 1988, 2734	*Klimke* in Prölss/Martin VVG § 116 Rn. 5
Regulierung durch den Versicherer, Geschäftsbesorgung	→ Rn. 13	BGHZ 24, 308 = NJW 1957, 1230; BGH VersR 1981, 180	–
Regulierungsermessen des Versicherers	→ Rn. 9	BGH VersR 1968, 241; 1968, 589; OLG Koblenz VersR 1979, 342; OLG Hamm NJW 2005, 3077	*Jahnke* in Stiefel/Maier VVG § 116 Rn. 72
Verjährung, Anwendungsbereich	→ Rn. 16	BGH VersR 2008, 343 = NJW-RR 2008, 344; OLG Hamm NJW-RR 1995, 223	–
Verjährung, Hemmung	→ Rn. 19	BGH VersR 1972, 62; OLG Zweibrücken VersR 1976, 57	*Klimke* in Prölss/Martin VVG § 116 Rn. 12; *Knöfel* in Schwintowski/Brömmelmeyer/Ebers VVG § 116 Rn. 41

Stichwort	Rn.	Rspr.	Lit.
Verjährung, Teilzahlungen	→ Rn. 17	OLG Bamberg NJW-RR 2006, 1406; OLG Koblenz OLGR 2006, 429; OLG Hamm VersR 1980, 828	*Beckmann* in Bruck/Möller VVG § 116 Rn. 32; *Heintzmann* VersR 1980, 593

Schrifttum: S. die Angaben bei § 115.

A. Inhalt und Zweck der Regelung

§ 115 Abs. 1 S. 4 lässt den zur Leistung verpflichteten Versicherer mit dem Schadensersatz 1 schuldenden Versicherungsnehmer bzw. den aufgrund des Vertrages mitversicherten Personen[1] gegenüber dem Dritten als Gesamtschuldner haften. Dies hat zur Folge, dass der Dritte berechtigt ist, die ihm gebührende Leistung nach seinem Belieben von jedem der Schuldner ganz oder zum Teil einzufordern (§ 421 S. 1 BGB). An diesen Grundsatz anschließend, regelt § 116 das **Innenverhältnis der Gesamtschuldner:** Bei der Entscheidung, welchen der am Gesamtschuldverhältnis Beteiligten die Last der Haftung letztendlich treffen soll, orientiert sich § 116 Abs. 1 abweichend von den allgemeinen Vorschriften (vgl. § 426 Abs. 1 S. 1 BGB) am **Umfang der Leistungspflicht des Versicherers** aus dem Versicherungsvertrag. Hat ein Gesamtschuldner an den Geschädigten Leistungen erbracht, obschon er im Innenverhältnis hierzu nicht verpflichtet war, entstehen die allgemeinen Ausgleichsansprüche aus § 426 Abs. 1, 2 BGB.[2] Durch § 116 Abs. 2 wird außerdem sichergestellt, dass die Verjährung dieser Ausgleichsansprüche nicht vor der Befriedigung der Ansprüche des Dritten zu laufen beginnt.

B. Verhältnis der Gesamtschuldner

Durch die Befriedigung seines Gläubigers erwirbt der Gesamtschuldner einen **Ausgleichsan-** 2 **spruch** gegen die übrigen Mitschuldner, soweit die von ihm erbrachte Leistung den Anteil der gesamten Schuld übersteigt, den er selbst zu erbringen verpflichtet ist.[3] Das folgt aus **§ 426 Abs. 1 S. 1 BGB**, welcher überdies vorsieht, dass die Gesamtschuldner mangels anderweitiger Bestimmung im Verhältnis zueinander zu gleichen Anteilen verpflichtet sind. Für das aus § 115 Abs. 1 S. 4 resultierende Gesamtschuldverhältnis zwischen Versicherer und Versicherungsnehmer – entsprechendes gilt für das Verhältnis zwischen Versicherer und Versichertem[4] – enthält § 116 Abs. 1 eine solche anderweitige Bestimmung: In Aufhebung der bürgerlich-rechtlichen Zweifelsregelung richtet sich das Innenverhältnis zwischen Versicherer und Versicherungsnehmer (Versichertem) nach dem **Inhalt des Deckungsverhältnisses,** mithin danach, ob und inwieweit der Versicherer aus dem Versicherungsvertrag gegenüber dem Schädiger zur Leistung verpflichtet ist. Daneben ist auch **§ 426 Abs. 2 BGB** anzuwenden, wobei der gesetzliche Forderungsübergang in seinem Umfang der Ausgleichspflicht des Gesamtschuldner aus dem Innenverhältnis entspricht.[5] In Anbetracht dieser Parallelität ist die eigenständige Bedeutung dieses weiteren Anspruchs in der Praxis als eher gering anzusehen.

Innerhalb ihres Anwendungsbereichs enthält § 116 Abs. 1 eine **abschließende Regelung** für 3 den Rückgriff gegen den oder die anderen Gesamtschuldner.[6] Ansprüche aus Geschäftsführung ohne Auftrag und aus ungerechtfertigter Bereicherung kommen daneben grds. nicht in Betracht.[7] Das soll nach teilweise vertretener Ansicht auch dann gelten, wenn der Versicherer an den Dritten geleistet hat, weil er **irrtümlich** davon ausging, dem Schädiger aufgrund des Versicherungsvertrages zur Gewährung von Deckung verpflichtet zu sein.[8] Richtigerweise trifft das aber nur zu, wenn

---

[1] BGH VersR 1992, 485 = NJW 1992, 1507; OLG Saarbrücken VersR 2002, 1415.
[2] *Klimke* in Prölss/Martin VVG § 116 Rn. 3; *Langheid* in Langheid/Rixecker VVG § 116 Rn. 2; *Knöfel* in Schwintowski/Brömmelmeyer/Ebers VVG § 116 Rn. 1.
[3] BGH NJW 1986, 1097; BGHZ 153, 173 = NJW 2003, 828 = VersR 2003, 663.
[4] BGHZ 105, 140 = VersR 1988, 1062 = NJW 1988, 2734; OLG Celle r+s 2014, 59; OLG Hamm VersR 2018, 44.
[5] BT-Drs. 16/3945, 89; *Klimke* in Prölss/Martin VVG § 116 Rn. 3.
[6] BGH VersR 2008, 343 = NJW-RR 2008, 344; VersR 1974, 125; OLG Saarbrücken NJW-RR 2015, 411.
[7] BGH VersR 2008, 343 = NJW-RR 2008, 344; OLG Karlsruhe VersR 1979, 77; *Knöfel* in Schwintowski/Brömmelmeyer/Ebers VVG § 116 Rn. 30; *Langheid* in Langheid/Rixecker VVG § 116 Rn. 6.
[8] *Klimke* in Prölss/Martin VVG § 116 Rn. 3; *Langheid* in Langheid/Rixecker VVG § 116 Rn. 6; aA *Baumann* ZVersWiss 1970, 201.

§ 116   4–6   Teil 2. Einzelne Versicherungszweige. Kap. 1. Haftpflichtversicherung

ein Direktanspruch und damit eine gesamtschuldnerische Mitverpflichtung des Versicherers, die Ansprüche nach § 426 BGB erst begründet, tatsächlich bestand.[9] Fehlt es dagegen an einer Leistungspflicht des Versicherers im Außenverhältnis, so sind Fälle dieser Art unter Rückgriff auf die Bestimmungen über die gesetzlichen Schuldverhältnisse der Geschäftsführung ohne Auftrag und der ungerechtfertigten Bereicherung (§§ 677 ff., 812 ff. BGB) abzuwickeln.[10] Außerhalb des Regelungsbereichs des § 116 Abs. 1 bleiben die allgemeinen Vorschriften ohnehin weiter anwendbar.

I. Gesamtschuldner

4   Voraussetzung einer Ausgleichspflicht nach § 426 Abs. 1, 2 BGB ist zunächst, dass Versicherer und Versicherungsnehmer (Versicherter) im Außenverhältnis als Gesamtschuldner haften. Das ist nur der Fall, wenn dem Dritten Ansprüche sowohl gegen den Versicherer als auch gegen den versicherten Schädiger zustehen. Notwendig ist daher, dass ein **Haftpflichtfall** überhaupt nachweisbar eingetreten ist; lässt sich schon dies nicht feststellen, scheiden Schadensersatzansprüche gegen den Versicherungsnehmer oder den Versicherten aus.[11] Der Versicherer wiederum muss dem Dritten **unmittelbar zur Leistung verpflichtet** sein, entweder aufgrund des Versicherungsvertrages nach § 115 Abs. 1, im Falle seiner Leistungsfreiheit wegen fortbestehender Haftung nach § 117 Abs. 1, 2 oder unter Schadensersatzgesichtspunkten.[12] Hat sich überhaupt kein unter den Versicherungsschutz fallendes Risiko verwirklicht, so besteht auch keine Einstandspflicht des Versicherers.[13] Dann entsteht auch kein Gesamtschuldverhältnis mit dem Schädiger, welches Ausgleichsansprüche nach § 426 BGB und § 116 Abs. 1 begründen könnte.

5   In der **Praxis** betrifft die Geltendmachung von Regressansprüchen vornehmlich den **Versicherer**, der den Geschädigten oder dessen anspruchsberechtigten Rechtsnachfolger[14] befriedigt hat, hierzu aber aufgrund des Deckungsverhältnisses nicht verpflichtet war. Das hing früher mit dem Anerkenntnis- und Befriedigungsverbot (§ 154 Abs. 2 VVG aF) zusammen, folgt aber auch daraus, dass es für den Geschädigten idR ohnehin attraktiver ist, sich unmittelbar an den regelmäßig zahlungsfähigen – und hierzu üblicherweise auch bereiten – Versicherer zu halten. Indes steht die Möglichkeit des Rückgriffs auch dem **Versicherungsnehmer** offen, wenn dieser Schadensersatzforderungen des Dritten berechtigterweise selbst erfüllt hat, ob schon der Versicherer ihm gegenüber aufgrund des Deckungsverhältnisses zur Freistellung verpflichtet gewesen wäre.[15] Nachdem eine Befriedigung des Dritten durch den Versicherungsnehmer jetzt nicht mehr ohne weiteres zur Leistungsfreiheit des Versicherers führt (§ 105), sondern insoweit allein das vertragliche Innenverhältnis maßgeblich ist, erscheinen Fälle dieser Art nunmehr praktisch denkbar.

II. Alleinige Verpflichtung des Versicherers

6   § 116 Abs. 1 S. 1 betrifft die Ausgleichspflicht der Gesamtschuldner für den Fall, dass der Versicherer im Innenverhältnis dem versicherten Schädiger zur Leistung verpflichtet ist (**„gesundes" Versicherungsverhältnis**). Dann ist er auch im Verhältnis der Gesamtschuldner zueinander allein verpflichtet. Er hat den Versicherungsnehmer und die mitversicherten Personen von Ansprüchen Dritter vollumfänglich freizustellen und kann den Schädiger seinerseits nicht in Regress nehmen. Durch die Schadloßstellung des Dritten erfüllt der Versicherer dem Versicherungsnehmer gegenüber zugleich seine Verpflichtung aus dem Versicherungsvertrag.[16] Hat dagegen der Schädiger Ansprüche des Geschädigten berechtigterweise befriedigt, erlangt er gegen den Versicherer den Ausgleichsanspruch gem. § 426 Abs. 1 BGB, § 116 Abs. 1 S. 1; zugleich wird er aufgrund gesetzlichen Forderungsüberganges (§ 426 Abs. 2 BGB) Inhaber des Direktanspruches gegen den Versicherer.[17] Der Versicherer wird hierdurch nicht unbillig belastet, denn den Versicherungsnehmer trifft in jedem Falle der Nachweis, dass die Befriedigung zu Recht erfolgte, er mit anderen Worten auf bestehende Schadensersatzansprüche befugtermaßen gezahlt hat.[18]

---

[9] → § 115 Rn. 24; → Rn. 4.
[10] OLG Saarbrücken NJW-RR 2017, 602; OLG Hamm VersR 1994, 975; *Beckmann* in Bruck/Möller VVG § 116 Rn. 26; *Langheid* in Langheid/Rixecker VVG § 116 Rn. 6.
[11] OLG Schleswig NZV 1997, 442; *Schneider* in Geigel Haftpflichtprozess § 13 Rn. 64.
[12] Zur Erfüllungshaftung des Versicherers bei vorvertraglichen Falschauskünften BGHZ 108, 200 = NJW 1989, 3095 = VersR 1989, 948.
[13] BGH VersR 2008, 1202 = NJW-RR 2008, 1350; VersR 1981, 40 = NJW 1981, 113; VersR 1979, 30.
[14] → § 115 Rn. 9 ff.
[15] *Klimke* in Prölss/Martin VVG § 116 Rn. 2; *Knöfel* in Schwintowski/Brömmelmeyer/Ebers VVG § 116 Rn. 5; *Jahnke* in Stiefel/Maier VVG § 116 Rn. 22.
[16] *Klimke* in Prölss/Martin VVG § 116 Rn. 2; *Jacobsen* in Feyock/Jacobsen/Lemor VVG § 116 Rn. 8.
[17] *Klimke* in Prölss/Martin VVG § 116 Rn. 2; *Langheid* in Langheid/Rixecker VVG § 116 Rn. 2.
[18] *Knöfel* in Schwintowski/Brömmelmeyer/Ebers VVG § 116 Rn. 9.

III. Alleinige Verpflichtung des Versicherungsnehmers

1. Leistungsfreiheit des Versicherers. Ist der Versicherer nur im Außenverhältnis, nicht aber 7 gegenüber seinem Versicherungsnehmer zur Leistung verpflichtet (**„krankes" Versicherungsverhältnis**), verhält es sich umgekehrt: hier trifft letzteren die alleinige Haftung im Innenverhältnis (§ 116 Abs. 1 S. 2). Allerdings hat der Versicherer auch in diesen Fällen dem Geschädigten zunächst einmal Schadensersatz zu leisten (§ 117 Abs. 1, 2). Das hat zur Folge, dass er bei Inanspruchnahme durch den Dritten in Vorlage treten muss und mit dem Risiko der Uneinbringlichkeit der Rückgriffsforderung belastet wird. Zahlt der Versicherer an den Geschädigten, so erwirbt er den Ausgleichsanspruch gem. § 426 Abs. 1 BGB, § 116 Abs. 1 S. 2 und daneben im Wege der Legalzession gem. § 426 Abs. 2 BGB in gleichem Umfange auch den Haftpflichtanspruch des Geschädigten gegen den Schädiger. Dabei gilt auch hier, dass das Gesetz, soweit es dem Wortlaute nach allein auf den Versicherungsnehmer abstellt, damit sowohl den Vertragspartner des Versicherers als auch die weiteren über den Vertrag mitversicherten Personen meint.[19]

Besteht lediglich **teilweise Leistungsfreiheit,** so beschränkt sich die Ausgleichspflicht des 8 Versicherungsnehmers auf den von ihm aufgrund des Vertragsverhältnisses zu übernehmenden Anteil. Ist der Versicherer bspw. wegen grobfahrlässiger Obliegenheitsverletzung berechtigt, die Versicherungsleistung anteilig zu kürzen (§ 28 Abs. 2 S. 2), so kann er den Versicherungsnehmer nur im Umfange der Kürzung in Regress nehmen; iÜ hat er den Schaden wegen des insoweit fortbestehenden Versicherungsschutzes selbst zu tragen.[20] Ist der Versicherer gegenüber dem Versicherungsnehmer zur Leistung verpflichtet, während gegenüber dem Versicherten Leistungsfreiheit besteht, hat der Versicherer lediglich die Quote zu übernehmen, die auf den Versicherungsnehmer entfällt, wobei das Verhältnis der Verursachungsbeiträge von Versicherungsnehmer und Versichertem in Anwendung des § 254 BGB zu ermitteln ist.[21] Zur Lage bei mehreren Beteiligten → Rn. 11.

2. Berechtigte Regulierung. Auch der Versicherer, dem durch den Versicherungsvertrag übli- 9 cherweise eine umfassende Regulierungsbefugnis und -vollmacht eingeräumt ist (Ziff. 5.2 AHB; A1–4.2 AVB HV, Abschn. A Ziff. 1.1.4 AKB),[22] darf selbstredend **nur solche Ansprüche** des Dritten befriedigen, die diesem **dem Grunde und der Höhe nach zustehen.** Soweit die Regulierung zu Unrecht erfolgte, weil Ansprüche des Dritten nicht oder nicht im regulierten Umfange bestanden, entsteht keine Ausgleichspflicht des Schädigers. Für das Bestehen der von ihm erfüllten Ansprüche ist der Versicherer nach allgemeinen Grundsätzen darlegungs- und beweisbelastet. Allerdings hilft ihm dabei die **Bindungswirkung des § 124 Abs. 2:** Ist der Anspruch des Dritten gegenüber dem Versicherer durch rechtskräftiges Urteil, Anerkenntnis oder Vergleich festgestellt worden, so muss der Versicherungsnehmer, gegen den von dem Versicherer Ansprüche auf Grund des § 116 Abs. 1 S. 2 geltend gemacht werden, diese Feststellung gegen sich gelten lassen, es sei denn, der Versicherer hat die Pflicht zur Abwehr unbegründeter Entschädigungsansprüche sowie zur Minderung oder zur sachgemäßen Feststellung des Schadens schuldhaft verletzt.[23] Der dem Versicherungsnehmer obliegende Nachweis einer schuldhaft pflichtwidrigen Regulierungsentscheidung wird in der Praxis zumeist nur schwer zu führen sein.

Allgemein wird man dem Versicherer nämlich bei der Regulierung einen gewissen **Ermessens-** 10 **spielraum** zubilligen müssen, insbes. dann, wenn es um den Ersatz immaterieller Schäden oder die Gewährung einer Abfindung und damit um Zahlungen geht, deren Höhe maßgeblich von Wertungsgesichtspunkten abhängt.[24] Insoweit greift der Rechtsgedanke des § 116 Abs. 1 S. 3, wonach für den Ersatz anderer Aufwendungen maßgeblich darauf abzustellen ist, was der Versicherer im jeweiligen Fall für erforderlich halten durfte, auch an dieser Stelle. Denn ein Versicherer, der den Anspruch des Geschädigten reguliert, obschon er im Verhältnis zu seinem Versicherungsnehmer nicht hierzu verpflichtet ist, besorgt damit ein Geschäft seines Versicherungsnehmers.[25] Wenngleich sich die hieraus entstehenden Ausgleichsansprüche allein nach § 426 Abs. 1, 2 BGB richten,[26] erscheint es doch sachgerecht, sein Verhalten aus Anlass der Regulierung an denjenigen Anforderun-

---

[19] BGHZ 55, 281 = VersR 1971, 429 = NJW 1971, 937; BGH VersR 1986, 1010 = NJW-RR 1986, 1402.
[20] OLG Saarbrücken NJW-RR 2015, 411; *Jacobsen* in Feyock/Jacobsen/Lemor VVG § 116 Rn. 3; *Jahnke* in Stiefel/Maier VVG § 116 Rn. 45.
[21] BGHZ 105, 140 = VersR 1988, 1062 = NJW 1988, 2734; OLG Celle r+s 2014, 59.
[22] *Lücke* in Prölss/Martin AHB Nr. 5 Rn. 11 ff.; *Schneider* in Beckmann/Matusche-Beckmann VersR-HdB § 24 Rn. 131 ff.
[23] → Rn. 21; → § 124 Rn. 20 ff.
[24] BGH VersR 1968, 241; 1968, 589; OLG Koblenz VersR 1979, 342; OLG Hamm NJW 2005, 3077; *Jahnke* in Stiefel/Maier VVG § 116 Rn. 72.
[25] BGHZ 24, 308 = NJW 1957, 1230; BGH VersR 1981, 180.
[26] BGH VersR 2008, 343 = NJW-RR 2008, 344.

gen zu messen, die das Gesetz an eine solche Geschäftsführung üblicherweise stellt. Ob der Versicherer gehalten ist, dem Versicherungsnehmer vor der Regulierung die Möglichkeit einzuräumen, mit einer ihm zustehenden Gegenforderung **aufzurechnen,** ist hiernach eine Frage des Einzelfalles.[27]

11   **3. Mehrere Beteiligte.** Sind **mehrere Schädiger** vorhanden, so entsteht ein Gesamtschuldverhältnis mit dem Versicherer nur unter Einbeziehung des Versicherungsnehmers und der weiteren mitversicherten Personen, nicht hingegen auch zu anderen Haftpflichtigen außerhalb des jeweiligen Versicherungsverhältnisses.[28] Ist der Versicherer im Rahmen des Gesamtschuldverhältnisses sowohl gegenüber dem Versicherungsnehmer als auch dem Mitversicherten nicht zur Leistung verpflichtet, kann er beide im Wege des Gesamtschuldnerausgleichs in Regress nehmen.[29] Der Rückgriffsanspruch des Versicherers ist hier allerdings entgegen § 426 BGB auf die Höhe der unter Heranziehung des § 254 BGB zu bestimmenden Haftungsquote begrenzt.[30] Besteht Leistungsfreiheit nur gegenüber der versicherten Person, während der Versicherer im Verhältnis zu seinem Versicherungsnehmer zur Leistung verpflichtet bleibt, beschränkt sich sein Regress auf den Haftungsanteil dieses Versicherten, während er den Schaden iÜ vertragsgemäß selbst tragen muss.[31] Sind auf Seiten des Schädigers mehrere Versicherer eintrittspflichtig, so erfolgt der Innenausgleich zwischen ihnen nach den Grundsätzen der Mehrfachversicherung (früher: Doppelversicherung). Wurde der Haftpflichtschaden durch ein Gespann aus einem Kraftfahrzeug und einem versicherungspflichtigen Anhänger verursacht, für die jeweils eigene Haftpflichtversicherungen bestehen, so haben die beiden beteiligten Versicherer den Schaden im Innenverhältnis jeweils zur Hälfte zu tragen.[32]

12   Der vom Versicherer in Regress genommene Versicherte kann dem Versicherer **eigene Schadensersatzansprüche** gegen den Versicherungsnehmer nur insoweit entgegenhalten, als er diesbzgl. ausnahmsweise „Dritter" iSd § 115 Abs. 1 ist und ihm von daher ein eigener **Direktanspruch** gegen den Versicherer zusteht.[33] Das sog. Angehörigenprivileg (früher: Familienprivileg) des § 86 Abs. 3 kommt dem Versicherten im Rahmen des Rückgriffsanspruchs nicht zugute, da dieser dem Versicherer unmittelbar kraft Gesetzes zufällt und nicht, wie von dieser Vorschrift vorausgesetzt, auf dem Umweg über den Versicherungsnehmer.[34] Ist im Versicherungsvertrag ein **Selbstbehalt** vereinbart worden, darf dies wegen § 114 Abs. 2 S. 2 dem Versicherten nicht zum Nachteil gereichen. Eine Anrechnung oder gar ein Rückgriff bzgl. der vereinbarten Selbstbeteiligung darf daher nur im Verhältnis zum Versicherungsnehmer, nie aber zum Versicherten erfolgen.

IV. Aufwendungsersatzanspruch

13   **1. Regulierung durch den Versicherer.** Da der **Versicherer,** der den Anspruch des Geschädigten nach § 117 reguliert, obschon er im Innenverhältnis nicht zur Leistung verpflichtet ist, damit ein Geschäft seines Versicherungsnehmers besorgt,[35] soll er neben dem Ausgleich des Geleisteten, der sich nach § 426 Abs. 1, 2 BGB und § 116 Abs. 1 S. 2 richtet, weiterhin Ersatz auch derjenigen **Aufwendungen** verlangen können, die er **den Umständen nach für erforderlich** halten durfte. Das stellt § 116 Abs. 1 S. 3 ausdrücklich klar. Für das Geschäftsbesorgungsverhältnis gelten iÜ die allgemeinen Vorschriften (§§ 675 ff. BGB). Deshalb kann der Versicherungsnehmer, der vom Versicherer in Regress genommen wird, vor dem Ausgleich der Forderung gem. §§ 666, 675 BGB Auskunft und Rechenschaft über die vom Versicherer erbrachten Leistungen beanspruchen.[36]

14   Zu den § 116 Abs. 1 S. 3 erstattungsfähigen Aufwendungen zählen alle **Kosten,** die dem Versicherer bei der **Feststellung und Regulierung des Schadens** entstanden sind, so zB für die Anfertigung von Gutachten, Aktenauszügen, die Einholung von Auskünften oder die Beauftragung eines Rechtsanwaltes.[37] Dagegen ist Aufwand, der dem Versicherer für den **Einsatz eigenen Personals** entsteht, selbst dann **nicht** zu ersetzen, wenn dieses speziell für die Bearbeitung des jeweiligen

---

[27]   OLG Hamm r+s 1987, 123; dafür *Klimke* in Prölss/Martin VVG § 116 Rn. 6.
[28]   BGH VersR 2007, 198 = NJW 2007, 1208.
[29]   BGHZ 55, 281 = VersR 1971, 429 = NJW 1971, 937; OLG Koblenz VersR 1979, 342.
[30]   BGHZ 105, 140 = VersR 1988, 1062 = NJW 1988, 2734; aA *Prölss* JZ 1989, 149.
[31]   OLG Celle VersR 2005, 681; OLG Koblenz NJOZ 2006, 1140.
[32]   BGHZ 187, 211 = VersR 2011, 1005 = NJW 2011, 447; BGH VersR 2018, 990 = NJW 2018, 2958.
[33]   *Klimke* in Prölss/Martin VVG § 116 Rn. 5; *Langheid* in Langheid/Rixecker VVG § 116 Rn. 5; → § 115 Rn. 9 ff.
[34]   BGH VersR 1984, 327 = NJW 1984, 1346; BGHZ 105, 140 = VersR 1988, 1062 = NJW 1988, 2734; OLG Celle VersR 2005, 681; *Klimke* in Prölss/Martin VVG § 116 Rn. 4; *Knöfel* in Schwintowski/Brömmelmeyer/Ebers § 116 Rn. 25; aA *Schirmer* VersR 1987, 19; *Lorenz* VersR 1991, 505.
[35]   BGHZ 24, 308 = VersR 1957, 442 = NJW 1957, 1230; BGH VersR 1981, 180.
[36]   BGH VersR 1981, 180; OLG Hamm r+s 1987, 123.
[37]   BGH VersR 1976, 481; OLG Köln VersR 1997, 225; *Klimke* in Prölss/Martin VVG § 116 Rn. 10; *Beckmann* in Bruck/Möller VVG § 116 Rn. 28.

Versicherungsfalles eingesetzt worden ist.[38] Auf diese Weise wird verhindert, dass der Versicherer seine allgemeinen Regiekosten in letztlich kaum nachprüfbarer Weise auf den Versicherungsnehmer abwälzen kann.

2. Regulierung durch den Versicherungsnehmer. Erfüllt der **Versicherungsnehmer** 15 Schadensersatzansprüche des Dritten trotz bestehender Leistungspflicht des Versicherers (§ 116 Abs. 1 S. 1), greift die Bestimmung über den Aufwendungsersatz nach ihrem eindeutigen Wortlaut nicht Platz. Das entspricht in der Sache der früheren Rechtslage (§ 3 Nr. 10 S. 2 PflVG)[39] und ist Ausfluss der hergebrachten Rollenverteilung zwischen den am Versicherungsvertrag beteiligten Parteien, die eine Befriedigung des Geschädigten durch den Versicherungsnehmer nicht billigte. Nach dem Wegfall des Anerkenntnis- und Befriedigungsverbotes (§ 105) ist das jetzt aber nicht mehr konsequent. Auch dem Versicherungsnehmer, der den Dritten berechtigterweise entschädigt, obschon er aufgrund des Innenverhältnisses hierzu nicht verpflichtet ist, mag hierbei zusätzlicher Aufwand entstehen, etwa durch die notwendige Beauftragung eines Rechtsanwaltes oder die Vornahme von Maßnahmen zur Schadensfeststellung. War es nach dem Inhalt des Deckungsverhältnisses Sache des Versicherers, den Dritten zu entschädigen, so besorgt der Versicherungsnehmer in diesen Fällen ein Geschäft des Versicherers. Der Ausgleich von Aufwendungen, die im Rahmen dieser **Geschäftsbesorgung** entstehen, ist dann vertragsrechtlich (§§ 662 ff. BGB) bzw. unter Anwendung der Vorschriften über die **Geschäftsführung ohne Auftrag** (§§ 677 ff. BGB) vorzunehmen, die iÜ, nämlich jenseits des Regelungsbereiches des § 116 Abs. 1, weiter anwendbar sind.[40]

C. Verjährung der Ausgleichsansprüche

I. Zweck der Regelung

§ 116 Abs. 2 enthält eine die allgemeinen Vorschriften (§§ 199 ff. BGB) verdrängende **Sonder-** 16 **regelung** über den **Beginn der Verjährung der Ausgleichsansprüche** unter den Gesamtschuldnern. Sie gilt unabhängig davon, ob der originäre Regressanspruch aus § 426 Abs. 1 BGB oder der Anspruch aus übergegangenem Recht aus § 426 Abs. 2 BGB geltend gemacht wird.[41] Abweichend von den allgemeinen Vorschriften beginnt die Verjährung hier mit dem Schlusse des Jahres, in dem der Anspruch des Dritten erfüllt wird. Auf diese Weise wird dem Gesamtschuldner, der die Forderung des Dritten befriedigt hat, hinreichend Zeit belassen, die weiteren am Gesamtschuldverhältnis Beteiligten im Umfange ihrer Haftungsquote in Regress zu nehmen.

II. Beginn der Verjährung

§ 116 Abs. 2 gilt selbstredend bei vollumfänglicher Regulierung des Versicherungsfalles. Die 17 Regelung greift allerdings auch dann ein, wenn zunächst lediglich **Teilzahlungen** an den Geschädigten erbracht werden. Dann beginnt die Verjährung des Rückgriffsanspruchs mit jeder Teilleistung gesondert und nicht erst mit der späteren Schlusszahlung.[42] Erfolgte die Erfüllung durch **Aufrechnung** (§§ 387 ff. BGB), so ist der Zeitpunkt des Zuganges der Aufrechnungserklärung für den Verjährungsbeginn maßgeblich;[43] denn die insoweit maßgebliche Erfüllung des Anspruches tritt erst durch die Erklärung der Aufrechnung, nicht dagegen schon durch das bloße Bestehen einer Aufrechnungslage ein.[44] Eine besondere **Verjährungsfrist** sieht § 116 Abs. 2 – im Gegensatz zu § 3 Nr. 11 Abs. 2 S. 1 PflVG aF – nicht mehr vor. Damit gilt für den Rückgriffsanspruch nunmehr die allgemeine Verjährungsfrist des Bürgerlichen Rechts (§ 195 BGB).[45]

---

[38] *Klimke* in Prölss/Martin VVG § 116 Rn. 10; *Jahnke* in Stiefel/Maier VVG § 116 Rn. 79; *Knöfel* in Schwintowski/Brömmelmeyer/Ebers VVG § 116 Rn. 35.
[39] BT-Drs. 16/3945, 89.
[40] *Klimke* in Prölss/Martin VVG § 116 Rn. 11.
[41] BGH VersR 2008, 343 = NJW-RR 2008, 344; OLG Hamm NJW-RR 1995, 223.
[42] OLG Bamberg NJW-RR 2006, 1406; OLG Koblenz NJOZ 2006, 1140; OLG Hamm VersR 1980, 828 und VersR 1981, 645 (Ls.); *Klimke* in Prölss/Martin VVG § 116 Rn. 13; *Heintzmann* VersR 1980, 593; aA noch LG Verden VersR 1978, 657.
[43] *Klimke* in Prölss/Martin VVG § 116 Rn. 12; *Beckmann* in Bruck/Möller VVG § 116 Rn. 32.
[44] BGHZ 155, 392 = VersR 2004, 125 = NJW 2003, 3134.
[45] *Klimke* in Prölss/Martin VVG § 116 Rn. 12; *Jahnke* in Stiefel/Maier VVG § 116 Rn. 83; *Rixecker* ZfS 2008, 94.

III. Betroffener Personenkreis

18 Die Vorschrift gilt im Verhältnis zu **allen am Gesamtschuldverhältnis beteiligten Personen**, also nicht nur – wie regelmäßig – zugunsten des rückgriffnehmenden Versicherers, sondern auch umgekehrt zugunsten des Versicherungsnehmers, der den Geschädigten trotz Leistungspflicht des Versicherers berechtigterweise befriedigt hat. Dem Versicherungsnehmer gleich stehen hier wie sonst auch die weiteren über den Vertrag mitversicherten Personen.[46]

IV. Lauf der Verjährung

19 Für den Lauf der Verjährung gelten die allgemeinen Vorschriften. Die Verjährung kann daher nach allgemeinen Grundsätzen, insbes. durch die gerichtliche Geltendmachung des Rückgriffsanspruchs, **gehemmt** werden. Dagegen führt eine gerichtliche Auseinandersetzung allein über den Deckungsanspruch des Versicherungsnehmers nicht ohne weiteres auch zur Hemmung der Verjährung des Regressanspruches; § 115 Abs. 2 S. 3 ist auf das Verhältnis von Deckungs- und Rückgriffsanspruch nicht, auch nicht entsprechend, anzuwenden.[47] Es stellt auch keinen Verstoß gegen Treu und Glauben (§ 242 BGB) dar, wenn der Versicherungsnehmer, dessen Deckungsklage rechtskräftig abgewiesen wurde, dem Rückgriff des Versicherers, der den Geschädigten zunächst befriedigt hatte, nunmehr die Einrede der Verjährung entgegenhält, denn der Versicherer hat es in der Hand, etwa durch Erhebung einer Widerklage, rechtzeitig verjährungshemmende Maßnahmen gegenüber seinem Versicherungsnehmer zu ergreifen.[48] Wurde allerdings außergerichtlich über den Regress verhandelt, kann die Verjährung nunmehr uU für die Dauer dieser Verhandlungen nach § 203 BGB gehemmt sein.[49]

D. Prozessuales

I. Darlegungs- und Beweislast

20 Nach allgemeinen Grundsätzen ist es auch im Falle des Rückgriffs zunächst Sache des **Anspruchstellers**, die Voraussetzungen des von ihm geltend gemachten Ausgleichsanspruches dazutun und ggf. zu beweisen. Zu den insoweit erforderlichen Tatsachen zählen insbes. das Vorliegen eines Gesamtschuldverhältnisses mit dem Anspruchsgegner sowie all diejenigen Umstände, aus denen sich für das Innenverhältnis eine den eigenen Haftungsanteil übersteigende Zahlungspflicht des anderen Gesamtschuldners ergibt, zB die Voraussetzungen einer Leistungsfreiheit wegen Prämienverzuges.[50] Weiter muss der Anspruchsteller iE darlegen und beweisen, welche Leistungen er in Erfüllung seiner Verpflichtung im Außenverhältnis an den Dritten erbracht hat.[51] Demgegenüber obliegt dem **Anspruchsgegner** der Nachweis anspruchsvernichtender Tatsachen. Insbesondere trifft ihn die Beweislast für die Voraussetzungen der Verjährung des Anspruchs. Allerdings können hier im Einzelfall die Grundsätze der sekundären Darlegungslast[52] maßgeblich werden. Soweit nämlich der Anspruchsgegner die der Leistung zugrunde liegenden Vorgänge nicht kennen kann, ist es zunächst Sache des Anspruchstellers, substantiiert vorzutragen, wann Zahlungen erbracht worden sein sollen, die der Anspruchsgegner sodann widerlegen muss.[53] Selbstredend muss der Anspruchsgegner die Einrede der Verjährung bis zum Schluss der mündlichen Verhandlung auch erhoben haben, damit diese vom Gericht überhaupt berücksichtigt werden kann.

II. Bindungswirkung

21 **1. Inhalt. Erleichterungen** in der Prozessführung ergeben sich – allerdings nur zugunsten des Versicherers – aus der durch § 124 Abs. 2 angeordneten Bindungswirkung eines zwischen dem Dritten und dem Versicherer ergangenen rechtskräftigen Urteils, eines Anerkenntnisses oder eines

---

[46] OLG Karlsruhe VersR 1971, 509; OLG Oldenburg DAR 1973, 301; OLG Düsseldorf VersR 1997, 1140; OLG Koblenz NJOZ 2006, 1140.
[47] OLG Zweibrücken VersR 1976, 57.
[48] BGH VersR 1972, 62; zur Möglichkeit verjährungsverlängernder Vereinbarungen *Knöfel* in Schwintowski/Brömmelmeyer/Ebers VVG § 116 Rn. 41.
[49] Anders insoweit noch OLG Zweibrücken VersR 1976, 57.
[50] OLG Braunschweig VersR 2005, 1556; OLG Naumburg VersR 2012, 973; OLG Frankfurt 7.11.2017 – 3 U 66/17, BeckRS 2017, 148038.
[51] *Beckmann* in Bruck/Möller VVG § 116 Rn. 36.
[52] BGH NJW-RR 1993, 746; NJW 2005, 2766.
[53] OLG Hamm NJW-RR 1995, 223; *Klimke* in Prölss/Martin VVG § 116 Rn. 16.

Vergleichs. Ist der Anspruch des Dritten gegenüber dem Versicherer rechtskräftig festgestellt worden, so muss der Versicherungsnehmer, der vom Versicherer aufgrund des § 116 Abs. 1 S. 2 in Regress genommen wird, diese Feststellungen grds. gegen sich gelten lassen. Das bedeutet, dass dem Versicherungsnehmer der Einwand, solche Ansprüche hätten in Wahrheit nicht bestanden, im Grundsatz nunmehr versagt ist.[54] Auf **mitversicherte Personen** ist die Vorschrift entsprechend anzuwenden.[55] Die Bindungswirkung versagt nur, wenn der Versicherungsnehmer (Versicherte) darlegt und beweist, dass der Versicherer seine Pflicht zur Abwehr unbegründeter Entschädigungsansprüche sowie zur Minderung oder zur gesetzgemäßen Feststellung des Schadens schuldhaft verletzt hat, namentlich weil er ihm gegenüber geltend gemachte Ansprüche ohne nähere Sachprüfung gewissermaßen „auf gut Glück" erfüllt.[56] In der Praxis wird der Einwand der mangelhaften Verfahrensführung angesichts des dem Versicherer zuzubilligenden Regulierungsermessens nur selten zum Erfolg führen.

2. Umfang. Die in § 124 Abs. 2 angeordnete Bindungswirkung betrifft **alle Ansprüche**, die 22 der Versicherer im Falle der **Leistungsfreiheit** gegen den Versicherungsnehmer oder den Versicherten geltend machen kann. Darunter fällt neben Ausgleichsansprüchen aus dem Gesamtschuldverhältnis (§ 426 Abs. 1, 2 BGB) auch ein etwaiger Aufwendungsersatzanspruch gem. § 116 Abs. 1 S. 3.[57] In der Lit. geäußerte Zweifel, die im Wesentlichen mit den aus Anlass der VVG-Reform erfolgten systematischen Änderungen begründet werden,[58] lassen sich bereits unter Rückgriff auf den Gesetzeswortlaut ausräumen. Denn § 124 Abs. 2 unterscheidet nicht nach einzelnen Anspruchsgrundlagen, sondern verweist pauschal auf alle Ansprüche, die auf Grund des § 116 Abs. 1 S. 2, also im Falle der alleinigen Haftung des Versicherungsnehmers bzw. des Versicherten, vom Versicherer geltend gemacht werden können. Das aber betrifft sowohl den Ausgleich des Geleisteten, der sich nach § 426 Abs. 1, 2 BGB richtet, als auch den Ersatz sonstiger Aufwendungen nach § 116 Abs. 1 S. 3. § 116 Abs. 1 S. 2 selbst ist dagegen keine eigenständige Anspruchsgrundlage, sondern bestimmt lediglich das Innenverhältnis zwischen Versicherer und Schädiger. Für die Überlegung, einzelne Ansprüche von der Verweisung auszunehmen, besteht vor diesem Hintergrund kein Anhalt. Letztlich folgt auch aus der Gesetzesbegründung, dass die Reform diesbzgl. an der bisherigen Rechtslage keine Änderungen vornehmen wollte.[59]

III. Gerichtliche Zuständigkeit

Bei den im Rahmen des Gesamtschuldnerregresses geltend gemachten Ansprüchen handelt es 23 sich idR nicht um solche aus dem Versicherungsvertrag; darauf gestützte Klagen sind deshalb **keine Streitigkeit „aus Versicherungsvertragshältnissen"** im Sinne der §§ 72a Abs. 1 Nr. 4, 119a Abs. 1 Nr. 4 GVG.[60] Vorbehaltlich abweichender Regelungen im Geschäftsverteilungsplan des angerufenen Gerichts, die eine darüber hinausgehende Spezialisierung vorsehen können, wird der zuständige Spruchkörper in erster Linie anhand **der Rechtsnatur der nach § 426 Abs. 2 BGB übergegangenen Forderung** zu bestimmen sein, die neben dem originären Ausgleichsanspruch aus § 426 Abs. 1 BGB regelmäßig zum Streitgegenstand zählt.[61] Es ist nämlich anerkannten Rechts, dass der Forderungsübergang die Rechtsnatur der Forderung und damit auch die dafür begründete gerichtliche Zuständigkeit nicht verändert.[62]

§ 117 Leistungspflicht gegenüber Dritten

(1) Ist der Versicherer von der Verpflichtung zur Leistung dem Versicherungsnehmer gegenüber ganz oder teilweise frei, so bleibt gleichwohl seine Verpflichtung in Ansehung des Dritten bestehen.

(2) ¹Ein Umstand, der das Nichtbestehen oder die Beendigung des Versicherungsverhältnisses zur Folge hat, wirkt in Ansehung des Dritten erst mit dem Ablauf eines Monats, nachdem der Versicherer diesen Umstand der hierfür zuständigen Stelle angezeigt hat. ²Dies gilt auch, wenn das Versicherungsverhältnis durch Zeitablauf endet. ³Der Lauf der

---

54 → § 124 Rn. 17 ff., dort auch zur Frage der Verfassungsmäßigkeit der Vorschrift.
55 BGH VersR 2008, 343 = NJW-RR 2008, 344; OLG Düsseldorf VersR 1997, 1140.
56 BGH VersR 1981, 180; Beispiele pflichtwidriger Regulierung aus dem Bereich der Kfz-Haftpflichtversicherung bei *Jahnke* in Stiefel/Maier VVG § 116 Rn. 69 ff.
57 *Beckmann* in Bruck/Möller VVG § 124 Rn. 48.
58 *Schwartze* in Looschelders/Pohlmann VVG § 116 Rn. 8.
59 BT-Drs. 16/3945, 89, 91.
60 KG VersR 2019, 775.
61 BGHZ 153, 173 = VersR 2003, 663 = NJW 2003, 828; BGH VersR 2016, 1208 = NJW-RR 2015, 1058.
62 BGH VersR 1979, 375; NJW 1982, 515.

Frist beginnt nicht vor Beendigung des Versicherungsverhältnisses. ⁴Ein in den Sätzen 1 und 2 bezeichneter Umstand kann dem Dritten auch dann entgegengehalten werden, wenn vor dem Zeitpunkt des Schadensereignisses der hierfür zuständigen Stelle die Bestätigung einer entsprechend den Rechtsvorschriften abgeschlossenen neuen Versicherung zugegangen ist. ⁵Die vorstehenden Vorschriften dieses Absatzes gelten nicht, wenn eine zur Entgegennahme der Anzeige nach Satz 1 zuständige Stelle nicht bestimmt ist.

(3) ¹In den Fällen der Absätze 1 und 2 ist der Versicherer nur im Rahmen der vorgeschriebenen Mindestversicherungssumme und der von ihm übernommenen Gefahr zur Leistung verpflichtet. ²Er ist leistungsfrei, soweit der Dritte Ersatz seines Schadens von einem anderen Schadensversicherer oder von einem Sozialversicherungsträger erlangen kann.

(4) ¹Trifft die Leistungspflicht des Versicherers nach Absatz 1 oder Absatz 2 mit einer Ersatzpflicht auf Grund fahrlässiger Amtspflichtverletzung zusammen, wird die Ersatzpflicht nach § 839 Abs. 1 des Bürgerlichen Gesetzbuchs im Verhältnis zum Versicherer nicht dadurch ausgeschlossen, dass die Voraussetzungen für die Leistungspflicht des Versicherers vorliegen. ²Satz 1 gilt nicht, wenn der Beamte nach § 839 des Bürgerlichen Gesetzbuchs persönlich haftet.

(5) ¹Soweit der Versicherer den Dritten nach den Absätzen 1 bis 4 befriedigt und ein Fall des § 116 nicht vorliegt, geht die Forderung des Dritten gegen den Versicherungsnehmer auf ihn über. ²Der Übergang kann nicht zum Nachteil des Dritten geltend gemacht werden.

(6) ¹Wird über das Vermögen des Versicherers das Insolvenzverfahren eröffnet, endet das Versicherungsverhältnis abweichend von § 16 erst mit dem Ablauf eines Monats, nachdem der Insolvenzverwalter diesen Umstand der hierfür zuständigen Stelle angezeigt hat; bis zu diesem Zeitpunkt bleibt es der Insolvenzmasse gegenüber wirksam. ²Ist eine zur Entgegennahme der Anzeige nach Satz 1 zuständige Stelle nicht bestimmt, endet das Versicherungsverhältnis einen Monat nach der Benachrichtigung des Versicherungsnehmers von der Eröffnung des Insolvenzverfahrens; die Benachrichtigung bedarf der Textform.

Übersicht

		Rn.
A.	Inhalt und Zweck der Regelung	1
B.	Entstehungsgeschichte	4
C.	Fortbestehen der Leistungspflicht	5
I.	Problemstellung	5
II.	„Krankes" Versicherungsverhältnis	7
1.	Gegenstand der Regelung	7
2.	Sachlicher Anwendungsbereich	9
3.	Persönlicher Anwendungsbereich	11
	a) Dritter	11
	b) Schädiger	12
III.	Nachhaftung	13
1.	Gegenstand der Regelung	13
2.	Sachlicher Anwendungsbereich	14
	a) Umstände, die das Nichtbestehen des Versicherungsvertrages zur Folge haben	15
	b) Beendigung des Versicherungsverhältnisses	17
	c) Zeitablauf	18
3.	Zeitlicher Anwendungsbereich	19
	a) Begrenzung der Nachhaftung	19
	b) Monatsfrist	20
4.	Obliegenheit des Versicherers	21
5.	Zuständige Stelle	22
6.	Keine Nachhaftung bei fehlender Bestimmung einer zuständigen Stelle	24

		Rn.
IV.	Umfang der Leistungspflicht	25
1.	Beschränkter Haftungsumfang	26
	a) Beschränkung auf die Mindestversicherungssumme	27
	b) Beschränkung auf die übernommene Gefahr	30
2.	Verweisungsprivileg	34
	a) Inhalt und Zweck der Regelung	35
	b) Leistungsfreiheit des Versicherers	36
	c) Existenz eines weiteren Schuldners	38
	d) Umfang der Verweisung	41
	e) Mehrheit von Versicherern	43
	f) Ausschluss des Rückgriffs gegen den leistungsfreien Versicherer	44
3.	Verhältnis zur Amtshaftung	45
	a) Inhalt und Zweck	45
	b) Keine Außenwirkung	46
	c) Keine Verweisung bei Eigenhaftung des Beamten	47
V.	Beweislast	48
D.	Cessio legis	49
I.	Gegenstand	49
II.	Voraussetzungen	51
III.	Umfang	54
1.	Gegenstand des Forderungsüberganges	54
2.	Höhe der Schadensersatzforderung	55

Leistungspflicht gegenüber Dritten **§ 117**

		Rn.			Rn.
3.	Gegenansprüche des Schädigers	57	VII.	**Prozessuales**	63
IV.	**Rechtswirkungen**	58	1.	Beweislast	63
V.	**Mehrere Beteiligte**	60	2.	Gerichtsstand	64
1.	Mitversicherte	60	3.	Feststellungsklage	65
2.	Mitschädiger außerhalb des Vertrages	61			
VI.	**Befriedigungsvorrecht des Dritten**	62	**E.**	**Insolvenz des Versicherers**	66

Stichwort- und Fundstellenverzeichnis

Stichwort	Rn.	Rspr.	Lit.
Amtshaftung	→ Rn. 45	BGHZ 85, 225 = VersR 1983, 84 = NJW 1983, 1667; BGHZ 96, 50 = VersR 1986, 180 = NJW 1986, 848	*Klimke* in Prölss/Martin VVG § 117 Rn. 4; *Sieg* VersR 1966, 101
Cessio legis	→ Rn. 49	BGH NJW 1967, 2208 = VersR 1967, 942; NJW 1957, 1230 = VersR 1958, 173	*Klimke* in Prölss/Martin VVG § 117 Rn. 40; *Langheid* in Langheid/Rixecker VVG § 117 Rn. 41; *Hübsch* in Berliner Kommentar VVG § 158f Rn. 8
Eigenversicherer	→ Rn. 39	BGH VersR 1978, 609; 1971, 333 = NJW 1971, 657	*Klimke* in Prölss/Martin VVG § 117 Rn. 26; *Jacobsen* in Feyock/Jacobsen/Lemor PflVG § 3 Rn. 6; *Knöfel* in Schwintowski/Brömmelmeyer/Ebers VVG § 117 Rn. 47
Entstehungsgeschichte	→ Rn. 4	–	*Schneider* in Beckmann/Matusche-Beckmann VersR-HdB, 2. Aufl. 2009, § 24 Rn. 162; *Knöfel* in Schwintowski/Brömmelmeyer/Ebers VVG § 117 Rn. 6
Fortbestehen des Anspruchs des Geschädigten	→ Rn. 5	BGHZ 24, 308 = VersR 1957, 442 = NJW 1957, 1230; BGHZ 25, 330 = NJW 1957, 1874; BGHZ 28, 244 = VersR 1958, 830 = NJW 1959, 39; BGHZ 87, 121 = VersR 1983, 688 = NJW 1983, 2197	*Schneider* in Beckmann/Matusche-Beckmann VersR-HdB § 24 Rn. 169; *Beckmann* in Berliner Kommentar VVG § 158c Rn. 5; *Wandt* VersR Rn. 920
Geschäftsbesorgungsverhältnis	→ Rn. 7	BGHZ 7, 244 = NJW 1952, 1333; BGHZ 24, 308 = VersR 1957, 442 = NJW 1957, 1230; BGH VersR 1981, 180	–
„Krankes" Versicherungsverhältnis	→ Rn. 7	BGHZ 24, 308 = VersR 1957, 442 = NJW 1957, 1230; BGHZ 25, 330 = NJW 1957, 1874; BGHZ 28, 244 = VersR 1958, 830 = NJW 1959, 39; BGHZ 87, 121 = VersR 1983, 688 = NJW 1983, 2197	*Schneider* in Beckmann/Matusche-Beckmann VersR-HdB § 24 Rn. 169; *Klimke* in Prölss/Martin VVG § 117 Rn. 1; *Beckmann* in Berliner Kommentar VVG § 158c Rn. 5; *Wandt* VersR Rn. 920
Mehrere Obliegenheitsverletzungen	→ Rn. 29	BGH VersR 2005, 1720 = NJW 2006, 147; OLG Celle r+s 2014, 59; OLG Frankfurt a.M. VersR 2018, 477	*Klimke* in Prölss/Martin VVG D.2 AKB Rn. 31; *Jacobsen* in Feyock/Jacobsen/Lemor VVG § 117 Rn. 14; *Nugel* DAR 2010, 722
Mindestversicherungssumme	→ Rn. 27	BGH VersR 1975, 558 = NJW 1975, 1277	*Langheid* in Langheid/Rixecker VVG § 117 Rn. 26
Nachhaftung, Voraussetzungen	→ Rn. 13	BGH VersR 1973, 265; OLG Nürnberg VersR 1961, 603; OLG Karlsruhe VersR 1956, 776	*Klimke* in Prölss/Martin VVG § 117 Rn. 5; *Schneider* in Beckmann/Matusche-Beckmann VersR-HdB § 24 Rn. 171

Stichwort	Rn.	Rspr.	Lit.
Nachhaftung, Insolvenz des Versicherers	→ Rn. 66	–	BT-Drs. 16/3945, 89; *Klimke* in Prölss/Martin VVG § 117 Rn. 52 ff.; *Jacobsen* in Feyock/Jacobsen/Lemor VVG § 117 Rn. 31
Pflichtwidrigkeitsklausel	→ Rn. 32	BGH VersR 2001, 1103 = NJW-RR 2001, 1311; VersR 2015, 181 = NJW 2015, 947	*v. Rintelen* in Beckmann/Matusche-Beckmann VersR-HdB § 26 Rn. 241 ff., 312 ff.
Prämienzahlungspflicht während der Nachhaftung	→ Rn. 13a	LG Lüneburg VersR 1954, 10; LG Braunschweig VersR 1954, 362; AG Kiel VersR 1969, 216	*Stadler* in Stiefel/Maier AKB Kap. C 5 Rn. 1; *Klimke* in Prölss/Martin AKB Kap. C 5 Rn. 1
Regress gegen den leistungsfreien Versicherer, Ausschluss	→ Rn. 44	BGHZ 20, 371 = NJW 1956, 1068; BGHZ 25, 322 = NJW 1957, 1876; BGH VersR 1986, 1231 = NJW-RR 1987, 87	*Langheid* in Langheid/Rixecker VVG § 117 Rn. 28; *Schwartze* in Looschelders/Pohlmann VVG § 117 Rn. 18; *Hübner/Lew Schneider* r+s 2002, 89
Regulierungsvollmacht, Bindungswirkung	→ Rn. 55	BGHZ 24, 308 = NJW 1957, 1230; BGHZ 101, 276 = VersR 1987, 924 = NJW 1987, 2586	*Klimke* in Prölss/Martin VVG § 117 Rn. 42 ff.; *Hübsch* in Berliner Kommentar VVG § 158f Rn. 13
Risikoausschluss, Unwirksamkeit	→ Rn. 32	–	BT-Drs. 16/3945, 89; *Schneider* in Beckmann/Matusche-Beckmann VersR-HdB § 24 Rn. 166 ff.; *Klimke* in Prölss/Martin VVG § 114 Rn. 4 ff.
Sozialversicherungsträger (Beispiele)	→ Rn. 40	BGHZ 216, 174 = VersR 2018, 57 = NJW 2018, 618; BGHZ 44, 166 = NJW 1965, 2343; BGH VersR 1957, 729; 1979, 1120; OLG Frankfurt a. M. VersR 1991, 687; OLG München VersR 1988, 29; NJW-RR 1986, 1474; OLG Bamberg NDV 1989, 274; OLG Köln VersR 1985, 488; OLG Braunschweig VersR 1966, 969	*Klimke* in Prölss/Martin VVG § 117 Rn. 30; *Langheid* in Langheid/Rixecker VVG § 117 Rn. 32; *Beckmann* in Bruck/Möller VVG § 117 Rn. 72
Subsidiaritätsklausel	→ Rn. 41	BGH VersR 1976, 235 = NJW 1976, 372; OLG Schleswig r+s 1991, 160	*Klimke* in Prölss/Martin VVG § 117 Rn. 29; *Beckmann* in Bruck/Möller VVG § 117 Rn. 76; *Prölss* VersR 1977, 367
Teilweise Leistungsfreiheit	→ Rn. 29	BGHZ 87, 121 = VersR 1983, 688 = NJW 1983, 2197; BGH VersR 1984, 226; 2005, 1720 = NJW 2006, 147	*Klimke* in Prölss/Martin VVG § 117 Rn. 18 f.; *Jacobsen* in Feyock/Jacobsen/Lemor VVG § 117 Rn. 14
Übernommene Gefahr	→ Rn. 30	BGH VersR 1987, 37; 1986, 1231 = NJW-RR 1987, 87; OLG Düsseldorf VersR 2003, 1248; OLG Köln Schaden-Praxis 2002, 301	*Klimke* in Prölss/Martin VVG § 117 Rn. 20; *Langheid* in Langheid/Rixecker VVG § 117 Rn. 27; *Schneider* in Beckmann/Matusche-Beckmann VersR-HdB § 24 Rn. 170
Untätigkeit der zuständigen Stelle, Amtshaftung	→ Rn. 23	BGH VersR 1981, 1154 = NJW 1982, 988; BGHZ 111, 272 = NJW 1990, 2615 = VersR 1991, 73	*Klimke* in Prölss/Martin VVG § 117 Rn. 16
Verjährung, analoge Anwendung	→ Rn. 9	BGH NJW 1971, 657 = VersR 1971, 333; VersR 1976, 477; 2003, 635 = NJW-RR 2003, 1572	*Klimke* in Prölss/Martin VVG § 117 Rn. 4; *Schneider* in Beckmann/Matusche-Beckmann VersR-HdB § 24 Rn. 169; *Johannsen* VersArch 1956, 279; krit. *Langheid* in Langheid/Rixecker VVG § 117 Rn. 8; *Schirmer* VersR 1986, 828

Stichwort	Rn.	Rspr.	Lit.
Verweisungsprivileg	→ Rn. 34	BGH VersR 2002, 1501 = NJW 2003, 514; VersR 1979, 272 = NJW 1979, 1046; VersR 1978, 609; BGHZ 25, 322 = NJW 1957, 1876	Amtl. Begr. DJ 1939, 1774; *Beckmann* in Berliner Kommentar VVG § 158c Rn. 37; *Steffen* VersR 1987, 529
Vorsätzliche Herbeiführung des Versicherungsfalles	→ Rn. 10, 32	BGHZ 111, 372 = VersR 1990, 888 = NJW 1990, 888; BGH VersR 1971, 239 = NJW 1971, 459; OLG Köln NJW-RR 2019, 1239; OLG Nürnberg r+s 2015, 542; OLG Saarbrücken NJW-RR 2013, 934	*Schneider* in Geigel Haftpflichtprozess § 13 Rn. 69
Zweck der Regelung	→ Rn. 1	BGHZ 7, 244 = NJW 1952, 1333; BGHZ 33, 318 = NJW 1961, 309 = VersR 1961, 20	BT-Drs. 16/3945, 50; *Schneider* in Beckmann/Matusche-Beckmann VersR-HdB § 24 Rn. 169

Schrifttum: *Ahrens,* Die Beschränkung des Regresses der Sozialversicherungsträger gegen deliktische Schädiger, Zur Bewältigung der Folgen „kranker" Kfz-Haftpflichtversicherungsverhältnisse durch § 76 Abs. 2 SGB IV und zur Diskussion um die Reduktion von Schadensersatzansprüchen, AcP 189 (1989), 526; *Backhaus,* Die Konkurrenz zwischen den Verweisungsprivilegien des Staatshaftungsrechts und des Pflichtversicherungsrechts, VersR 1984, 16; *Bauer,* Direktanspruch des durch den Fahrer geschädigten Versicherungsnehmers und Regressanspruch des Kfz-Haftpflichtversicherers gegen den Versicherungsnehmer, VersR 1986, 1011; *Baumann,* Zur unmittelbaren Schadensersatzpflicht des Haftpflichtversicherers gegenüber dem Dritten, Folgerungen aus dem Schuldrechtsmodernisierungsgesetz, VersR 2004, 944; *Chab,* Der Schadenfall in der Anwaltshaftung nach der VVG-Reform, AnwBl 2008, 63; *Denck,* Lohnfortzahlungsregress und „kranke" Haftpflichtversicherung des Schädigers, VersR 1980, 9; *Denck,* Der Beitragsrückgriff nach § 119 VVG X und die subsidiäre Haftung des Haftpflichtversicherers nach § 158c Abs. 4 VVG, VersR 1984, 602; *Denck,* Das Befriedigungsvorrecht nach § 116 Abs. 4 SGB X bei unzureichender Versicherungssumme, VersR 1987, 629; *Emmerich,* Beitrag zum Verständnis des § 158f VVG, NJW 1957, 210; *Franck,* Richtlinienkonforme Auslegung der Vorschriften über die vorsätzliche Herbeiführung des Versicherungsfalles in der Kfz-Pflichtversicherung, VersR 2014, 13; *Gruber,* Der Direktanspruch gegen den Versicherer im neuen deutschen Kollisionsrecht, VersR 2001, 16; *Heß/Burmann,* Deckungsprobleme in der KH-Versicherung bei Unfall durch fahruntüchtige Fahrer, NJW-Spezial 2006, 15; *Hofmann,* Unfälle mit nicht versicherten Kraftfahrzeugen, NZV 1991, 409; *Huber,* Der Ersatzanspruch des Regressgläubigers für im Vorprozess getätigte Aufwendungen, unter besonderer Berücksichtigung des kranken Deckungsverhältnisses in der Kfz-Haftpflichtversicherung, ZVR 1986, 33; *Hübner/Lew Schneider,* Das „kranke" Versicherungsverhältnis im Haftpflichtprozess, r+s 2002, 89; *Hüffer,* Leistungsfreiheit des Kfz-Haftpflichtversicherers und Regress des Sozialversicherungsträgers bei Gefahrerhöhung und Obliegenheitsverletzung vor dem Versicherungsfall, VersR 1980, 785; *Johannsen,* Rechtsfragen zur Pflichtversicherung für Kraftfahrzeughalter, insbesondere zu §§ 158c f. VVG, VersArch 1956, 279; *Looschelders,* Grundfragen der Vermögensschaden-Haftpflichtversicherung und der Vertrauensschadenversicherung im Spiegel der neueren Rechtsprechung, VersR 2017, 337; *Marburger,* Schadensersatzansprüche der Sozialversicherungsträger trotz Leistungsverweigerung des Versicherers, ZfS 2000, 33; *Möller,* Die Begünstigung des geschädigten Dritten in der Haftpflichtversicherung im Falle des § 158c VVG, VersR 1950, 3; *Nugel,* Zur Leistungsfreiheit des Kraftfahrtversicherers nach der VVG-Reform – Teil I, DAR 2010, 722; *Plagemann/Schafhausen,* Teilungsabkommen mit Sozialversicherungsträgern und ihre Auswirkung auf Dritte, NZV 1991, 49; *Prölss,* Zur Wirksamkeit von Subsidiaritätsklauseln in Schadensversicherungsverträgen, VersR 1977, 367; *Ritze,* Leistungsfreiheit des Kfz-Haftpflichtversicherers und Regress des Sozialversicherungsträgers bei Gefahrerhöhung und Obliegenheitsverletzung vor dem Versicherungsfall, DRV 1981, 228; *Rolfs,* Das Verweisungsprivileg bei notleidendem Versicherungsverhältnis und der Regress der Sozialversicherung, NVersZ 1999, 204; *Schirmer,* Das „kranke" Versicherungsverhältnis zwischen KH-Versicherer und Versicherungsnehmer, VersR 1986, 825, VersR 1987, 19; *Schirmer,* Regress des KH-Versicherers gegen den führerscheinlosen Sohn des Versicherungsnehmers, DAR 1989, 14; *Schmalzl,* Der Rückgriff des Kfz-Haftpflichtversicherers gem. § 158f VVG und die Einwendungen des Versicherten, VersR 1965, 932; *Schneider,* Neues Recht für alte Verträge? Zum vermeintlichen Grundsatz aus Art. 1 Abs. 1 EGVVG, VersR 2008, 859; *Skauradszun,* Schadensfälle mit nicht pflichtversicherten Kfz – praktische Hinweise zur effektiven Schadensregulierung, VersR 2009, 330; *Steffen,* Probleme der Rechtsprechung mit dem Verweisungsprivileg des Kfz-Haftpflichtversicherers bei „krankem" Deckungsverhältnis aus § 158c Abs. 4 VVG, VersR 1986, 101; *Stobbe,* Mandant und Haftpflichtversicherer – ein schwieriges Verhältnis, Lücken im Pflichtversicherungsrecht der VVG-Reform, AnwBl 2007, 853; *Unberath,* Die Leistungsfreiheit des Versicherers – Auswirkungen der Neuregelung auf die Kraftfahrtversicherung, NZV 2008, 537; *Venzmer,* Haftpflichtverhältnis und Anspruch des Versicherers nach § 158f VVG, VersR 1955, 472; *Wahle,* Die Prozessunmutschaft des Haftpflichtversicherers, ZVersWiss 1960, 51; s. iÜ auch bei → § 115.

A. Inhalt und Zweck der Regelung

1 Die Anordnung einer Versicherungspflicht dient stets auch dem Interesse des Geschädigten, im Schadensfalle einen zur Leistung fähigen und bereiten Schuldner zu erhalten.[1] Diesem Anliegen eines **verbesserten Opferschutzes** sollen die in § 117 enthaltenen Regelungen Rechnung tragen.[2] Das wird im Wesentlichen dadurch erreicht, dass die Folgen bestimmter, die Leistungspflicht des Versicherers ausschließender Mängel des Deckungsverhältnisses zwischen Versicherer und Versicherungsnehmer im Außenverhältnis gegenüber dem Dritten auf den Versicherer verlagert werden (§ 117 Abs. 1, 2). Wenngleich sich die an den Geschädigten zu erbringenden Leistungen grds. nach der Leistungspflicht des Versicherers aus dem Versicherungsvertrag richten (Akzessorietät), bleibt der im Innenverhältnis leistungsfreie Versicherer dem Geschädigten in diesen Fällen kraft Gesetzes zur Leistung verpflichtet und muss sich darauf verweisen lassen, bei seinem Versicherungsnehmer Rückgriff zu nehmen (**„Einwendungsausschluss"**).[3] Indem der Versicherer insoweit wirtschaftlich und rechtlich weitgehend an die Stelle des Schädigers tritt, geht das Risiko einer Insolvenz des Schädigers oder einer sonstigen Uneinbringlichkeit der Schadensersatzforderung auf ihn über.[4] Zugleich wird verhindert, dass der Schutz des Geschädigten unangemessen verkürzt oder gar in das Belieben der Parteien des Versicherungsvertrages gestellt wird.[5]

2 Freilich erfolgt diese **Risikoverlagerung auf den Versicherer** nur in bestimmten, durch das Gesetz vorgegebenen Grenzen, denn die darin liegende Erweiterung seiner Leistungspflicht im Außenverhältnis soll nicht unkalkulierbar werden. Sie ist deshalb der Höhe nach auf die gesetzlich vorgeschriebenen Mindestversicherungssummen **beschränkt** und zudem **subsidiär**, nämlich solchen Fällen vorbehalten, in denen der Geschädigte Ersatz nicht auch anderweitig, insbes. von Seiten des Staates, eines anderen Schadensversicherers oder eines Sozialversicherungsträgers, erlangen kann (§ 117 Abs. 3, 4). Befriedigt der Versicherer die Ansprüche des Geschädigten, so erwirbt er diese, wenn er in seiner Eigenschaft als Gesamtschuldner Leistungen erbringt, nach § 426 BGB, andernfalls aufgrund eines besonderen gesetzlichen Forderungsüberganges gem. § 117 Abs. 5.

3 Einen **Sonderfall** regelt schließlich § 117 Abs. 6. Auch diese Bestimmung, die mit dem übrigen Inhalt der Vorschrift eigentlich nicht allzu viel gemein hat, dient dem besonderen Schutze des Geschädigten,[6] indem sie in Abweichung von den allgemeinen Vorschriften für den zweifellos seltenen, aber nicht auszuschließenden Fall einer **Insolvenz** des Pflichtversicherers eine erweiterte Nachhaftung vorsieht.

B. Entstehungsgeschichte

4 § 117 fasst die vormals in §§ 158c, 158f VVG aF enthaltenen, für die Kfz-Pflichtversicherung durch § 3 Nr. 4–6 PflVG aF ergänzten Regelungen in einer neuen **einheitlichen Gesetzesvorschrift** zusammen. Sie zählt zu jenen Bestimmungen, die bereits durch das Zweite Gesetz zur Änderung des Pflichtversicherungsgesetzes v. 10.12.2007[7] noch vor Inkrafttreten des neuen VVG modifiziert werden mussten. Nachdem nämlich der im Kommissions- und im RegE aus guten Gründen vorgesehene allgemeine Direktanspruch (§ 116 KomE, § 115 RegE) im Gesetzgebungsverfahren auf die „unter Verbraucherschutzgesichtspunkten wesentlichen Problembereiche"[8] zurückgeführt worden war, hatte diese erst in letzter Minute vorgenommene, aus Zeitgründen zunächst nicht vollständig nachvollzogene Änderung eine weitgehende Unanwendbarkeit des § 117 und damit erhebliche Defizite im Opferschutz zur Folge.[9] Der Gesetzgeber hat diesen Fehler jedoch in bemerkenswerter Schnelligkeit korrigiert und die von ihm nicht beabsichtigten Lücken anlässlich der durch die Umsetzung der 5. EU-Kfz-Haftpflichtversicherungsrichtlinie ohnehin bedingten Änderung des Pflichtversicherungsgesetzes geschlossen.[10] Damit ist trotz des letztlich nicht verwirk-

---

[1] BT-Drs. 16/3945, 50.
[2] BGHZ 7, 244 = VersR 1952, 366 = NJW 1952, 1333; *Schimikowski* in HK-VVG § 117 Rn. 1; *Knöfel* in Schwintowski/Brömmelmeyer/Ebers VVG § 117 Rn. 1; *Jahnke* in Stiefel/Maier VVG § 117 Rn. 9.
[3] *Wandt* VersR Rn. 1078; *Armbrüster* PrivVersR Rn. 1670.
[4] BT-Drs. 16/3945, 50.
[5] *Schneider* in Beckmann/Matusche-Beckmann VersR-HdB § 24 Rn. 169.
[6] *Klimke* in Prölss/Martin VVG § 117 Rn. 52.
[7] BGBl. 2007 I 2833.
[8] BT-Drs. 16/5862, 99.
[9] *Knöfel* in Schwintowski/Brömmelmeyer/Ebers VVG § 117 Rn. 6.
[10] *Schneider* in Beckmann/Matusche-Beckmann VersR-HdB, 2. Aufl. 2009, § 24 Rn. 162.

lichten allgemeinen Direktanspruchs pünktlich zum 1.1.2008 eine auch im Bereich der Pflichtversicherung insgesamt stimmige gesetzliche Regelung in Kraft getreten.

C. Fortbestehen der Leistungspflicht

I. Problemstellung

Im versicherungsrechtlichen „**Normalfall**" gewährt der Haftpflichtversicherer seinem Versicherungsnehmer und den mitversicherten Personen Deckung, weil er aufgrund des Versicherungsvertrages hierzu verpflichtet ist. Dann wird er üblicherweise auch die von ihm als berechtigt erachteten Ansprüche des Geschädigten von sich aus befriedigen; andernfalls mag dieser, sofern nicht ausnahmsweise und nur bei der Pflichtversicherung die Möglichkeit einer Direktklage nach § 115 Abs. 1 besteht, nach erfolgreicher Inanspruchnahme zunächst des versicherten Schädigers dessen Ansprüche aus dem Versicherungsvertrag pfänden und sich überweisen lassen, um sodann auf dieser Grundlage auch gegen den Versicherer vorzugehen.[11] Allerdings kann die grundsätzliche **Leistungspflicht** des Versicherers aus dem Deckungsverhältnis **ganz oder zum Teil** entfallen, etwa weil der Versicherungsnehmer (oder der Versicherte) eine zur vollständigen oder teilweisen Leistungsfreiheit des Versicherers führende Obliegenheitsverletzung verwirklicht hat oder weil das Versicherungsverhältnis überhaupt nicht wirksam entstanden oder zwischenzeitlich erloschen ist. Während in den beiden letztgenannten Fällen im Zeitpunkt des Schadensereignisses überhaupt kein Versicherungsvertrag bestand, spricht man im ersten Fall von einem „**kranken**" Versicherungsverhältnis: Der nach dem Vertrag an sich bestehende Versicherungsschutz leidet daran, dass die Leistungspflicht des Versicherers aufgrund von Verfehlungen des Versicherungsnehmers oder der versicherten Person ausnahmsweise entfallen ist.

5

Soweit in Fällen wie diesen Ansprüche aus dem Versicherungsvertrag nicht oder nur zum Teil bestehen, **reduziert** sich der **Anspruch des Versicherungsnehmers** auf Gewährung von Versicherungsschutz entsprechend. In diesem Umfange hätte dann auch der **Geschädigte** normalerweise **keine Möglichkeit,** Ersatz seines Schadens von dem Versicherer zu erlangen. Pfändbare Ansprüche des Versicherungsnehmers gegen den Versicherer, auf die der Dritte zurückgreifen könnte, bestehen dann nicht.[12] Freiwillig wird der Versicherer ohnehin keine Ansprüche befriedigen, die er selbst nicht als gegeben erachtet. In der allgemeinen Haftpflichtversicherung, die der Schädiger vornehmlich im eigenen Interesse abschließt, um sich vor den wirtschaftlichen Folgen seiner Haftpflicht gegenüber Dritten zu schützen,[13] mag dies sachgerecht sein. Für die **Pflichtversicherung,** die vornehmlich dazu da ist, die Befriedigung berechtigter Ansprüche des geschädigten Dritten zu sichern, kann dies jedoch nicht hingenommen werden. Denn das Anliegen der Versicherungspflicht, den Geschädigtenschutz zu verbessern, würde so ausgerechnet in den Fällen, in denen die Schutzbedürftigkeit des Dritten besonders hoch ist, konterkariert. Dabei darf nicht verkannt werden, dass notleidende Versicherungsverhältnisse zumeist ihren Ursprung in wirtschaftlichen Schwierigkeiten des Versicherungsnehmers finden, sei es, dass dieser außerstande ist, die fälligen Prämien zu entrichten, oder dass er, von seinen Problemen übermannt, die von ihm im Vertrag abverlangten Obliegenheiten missachtet.[14] Dieser aus Sicht des Geschädigten überaus misslichen Lage will § 117 für die Pflichtversicherung dadurch entgegenwirken, dass in bestimmten Fällen **die im Innenverhältnis nicht bestehende oder eingeschränkte Leistungspflicht** des Versicherers **gegenüber dem geschädigten Dritten,** wenn auch in reduziertem Umfange, kraft gesetzlicher Anordnung **fortbesteht.**

6

II. „Krankes" Versicherungsverhältnis

1. Gegenstand der Regelung. § 117 Abs. 1 ordnet für die Fälle eines „kranken" Versicherungsverhältnisses zugunsten des Geschädigten eine Fortgeltung der Haftung des Versicherers im Außenverhältnis trotz Leistungsfreiheit im Innenverhältnis an: Ist der Versicherer von der Verpflichtung zur Leistung dem Versicherungsnehmer gegenüber ganz oder zum Teil frei, so soll seine Verpflichtung in Ansehung des Dritten gleichwohl bestehen bleiben. Das bedeutet, dass

7

---

[11] *Beckmann* in Bruck/Möller VVG § 115 Rn. 3; → § 108 Rn. 22 ff.; *Schneider* in Beckmann/Matusche-Beckmann VersR-HdB § 24 Rn. 145 ff.; *Lücke* in Prölss/Martin VVG § 108 Rn. 2 ff.
[12] *Hübner/Lew Schneider* r+s 2002, 89.
[13] RGZ 124, 235 (238); BGHZ 7, 244 = NJW 1952, 1333; BGHZ 76, 279 = VersR 1980, 625 = NJW 1980, 1623; *Schneider* in Beckmann/Matusche-Beckmann VersR-HdB § 24 Rn. 1; *Schimikowski* in Späte/Schimikowski Einl. Rn. 1.
[14] Anschaulich OLG Saarbrücken ZfS 2008, 219.

der eigentlich nicht bestehende **Anspruch des Versicherungsnehmers bzw. des Versicherten**[15] aus dem Versicherungsvertrag nach Maßgabe der weiteren Absätze dieser Vorschrift kraft Gesetzes zu seinen Gunsten **als bestehend fingiert** wird.[16] Die Regelung bewirkt also, dass die Vertragsbedingungen insoweit als rechtsbeständig gelten, als sie für die Leistung des Versicherers im Verhältnis zum Dritten von Bedeutung sind und mit ihr in einem notwendigen Zusammenhang stehen.[17] Dementsprechend erfolgt die Schadensabwicklung wie bei einem „gesunden" Versicherungsverhältnis: Der Versicherer bleibt im Außenverhältnis neben dem Schädiger weiterer Schuldner des Dritten, Trennungsprinzip und Bindungswirkung gelten auch hier in gleicher Weise.[18] Allein der **Umfang der Eintrittspflicht** des Versicherers ist **beschränkt** (§ 117 Abs. 3, 4). Nicht zuletzt darin kommt zum Ausdruck, dass der Versicherer, der den Schaden reguliert, hier nicht in Erfüllung seiner vertraglichen Leistungspflicht handelt, sondern als Beauftragter seines Versicherungsnehmers aufgrund eines Rechtsverhältnisses tätig wird, das den Charakter einer **Geschäftsbesorgung** aufweist.[19]

8   Für die Anwendung des § 117 Abs. 1 ist es ohne Belang, ob dem Dritten gegen den Versicherer ein **Direktanspruch** zusteht oder nicht. Denn nach dem ausdrücklich geäußerten Willen des Gesetzgebers gilt die Vorschrift für alle Pflichtversicherungen und damit unabhängig davon, ob einer der in § 115 Abs. 1 genannten Eröffnungsgründe vorliegt oder nicht.[20] Unterschiede ergeben sich allein bei den Möglichkeiten des Dritten, den Versicherer auf Zahlung in Anspruch zu nehmen. Soweit ein Direktanspruch besteht, kann sich der Dritte trotz bestehender Leistungsfreiheit im Innenverhältnis unmittelbar an den Versicherer halten und diesen auf Zahlung in Anspruch nehmen (§ 115 Abs. 1 S. 2); der Versicherer kann dann seinen Versicherten uU in Regress nehmen. Daneben kann der in Ansehung des Dritten als fortbestehend fingierter Deckungsanspruch des Versicherten in gleicher Weise Gegenstand einer Pfändung und Überweisung an den Geschädigten sein, wie es beim „gesunden" Versicherungsverhältnis der Fall wäre. Auch eine Abtretung gem. § 108 Abs. 2 ist möglich.[21] Zwischen dem Direktanspruch nach § 115 Abs. 1 und dem „Umweg" über die Pfändung und Überweisung der Ansprüche aus dem Deckungsverhältnis hat der Dritte die Wahl.[22] Besteht dagegen kein Direktanspruch, bleibt der Geschädigte auf diese zweite Möglichkeit angewiesen, denn § 117 Abs. 1 hat nicht zur Folge, dass hierdurch zu seinen Gunsten ein – auch im gesunden Versicherungsverhältnis nicht existierender – Direktanspruch begründet würde.[23]

9   **2. Sachlicher Anwendungsbereich.** § 117 Abs. 1 findet Anwendung, wenn der Versicherer von seiner grundsätzlichen Verpflichtung zur Leistung aus dem Versicherungsvertrag ganz oder teilweise frei ist. Das betrifft nur solche Fälle, in denen aufgrund des Vertrages eigentlich Versicherungsschutz zu gewähren wäre, dieser aber aufgrund besonderer Umstände im Einzelfall gleichwohl ausgeschlossen ist. **Vollständige oder teilweise Leistungsfreiheit des Versicherers** im Innenverhältnis kann sich bspw. ergeben aufgrund Prämienverzuges (§§ 37, 38), wegen der Verletzung vorvertraglicher Anzeigepflichten (§§ 19 ff.), in Fällen der Gefahrerhöhung (§§ 23 ff.) oder bei Verletzung vertraglicher Obliegenheiten (§ 28).[24] Eine **analoge Anwendung** der Vorschrift wird für den Fall befürwortet, dass der Deckungsanspruch des Versicherungsnehmers aus dem Versicherungsvertrag

---

[15] OLG Frankfurt a. M. VersR 1968, 541.
[16] BGHZ 24, 308 = VersR 1957, 442 = NJW 1957, 1230; BGHZ 25, 330 = VersR 1957, 731 = NJW 1957, 1874; BGHZ 28, 244 = VersR 1958, 830 = NJW 1959, 39; BGHZ 87, 121 = VersR 1983, 688 = NJW 1983, 2197; *Schneider* in Beckmann/Matusche-Beckmann VersR-HdB § 24 Rn. 169; *Klimke* in Prölss/Martin VVG § 117 Rn. 1; *Beckmann* in Bruck/Möller VVG § 117 Rn. 5; ferner *Beckmann* in Berliner Kommentar VVG § 158c Rn. 5; *Wandt* VersR Rn. 1080, auch zur dogmatischen Bewertung dieser Konstruktion.
[17] BGHZ 24, 308 = VersR 1957, 442 = NJW 1957, 1230; *Schneider* in Beckmann/Matusche-Beckmann VersR-HdB § 24 Rn. 169.
[18] BGH VersR 1959, 256; VersR 1971, 238.
[19] BGHZ 7, 244 = VersR 1952, 366 = NJW 1952, 1333; BGHZ 24, 308 = VersR 1957, 442 = NJW 1957, 1230; BGH VersR 1981, 180; → § 116 Rn. 13.
[20] BT-Drs. 16/6627, 7; *Jacobsen* in Feyock/Jacobsen/Lemor VVG § 117 Rn. 1; *Schwartze* in Looschelders/Pohlmann VVG § 117 Rn. 2; zur früheren Rechtslage *Langheid* in Römer/Langheid, 2. Aufl. 2003, VVG § 158c Rn. 1.
[21] *Langheid* in Langheid/Rixecker VVG § 117 Rn. 53; *Schneider* in Geigel Haftpflichtprozess § 13 Rn. 67.
[22] BGH VersR 2007, 371 = NJW-RR 2007, 467.
[23] *Beckmann* in Bruck/Möller VVG § 115 Rn. 16; *Klimke* in Prölss/Martin VVG § 117 Rn. 1; *Schwartze* in Looschelders/Pohlmann VVG § 117 Rn. 4.
[24] Beispiele: OLG Saarbrücken NJW-RR 2013, 934; OLG Naumburg VersR 2012, 973; OLG Köln VersR 2016, 1435.

verjährt ist.[25] Nach altem Recht zählte es ferner hierzu, wenn der Versicherungsnehmer die Klagefrist (§ 12 Abs. 3 VVG aF) ungenutzt hatte verstreichen lassen;[26] das ist zwischenzeitlich überholt.

Dagegen wird auch nach § 117 Abs. 1 **keine Leistungspflicht** des Versicherers begründet, **10** wenn für das Schadensereignis **überhaupt kein Versicherungsschutz** besteht, dieses nämlich nicht unter das versicherte Risiko fällt oder diesbzgl. ein vertraglich vereinbarter wirksamer Risikoausschluss eingreift. Denn § 117 Abs. 1 will den Versicherungsschutz nicht erweitern, sondern lediglich zugunsten des Dritten erhalten. Der Versicherer haftet deshalb auch hier nur **im Rahmen der von ihm übernommenen Gefahr** (§ 117 Abs. 3 S. 1): Seine Einstandspflicht reicht nicht weiter, als sie auch bei einem „gesunden" Versicherungsverhältnis der Fall wäre.[27] Von besonderer Relevanz sind Risikoausschlüsse wegen vorsätzlicher Herbeiführung des Versicherungsfalles (vgl. § 103)[28] oder sonstiger wissentlicher Pflichtverletzung: wurde ihr Tatbestand im Einzelfall verwirklicht, besteht auch im Außenverhältnis keine Leistungspflicht des Versicherers.[29] Einschränkungen in der Leistungspflicht können sich allerdings nur aufgrund von Risikoausschlüssen ergeben, die im Versicherungsvertrag wirksam vereinbart wurden und die einer ggf. vorzunehmenden Inhaltskontrolle nach § 307 ff. BGB standhalten. Bei der Bewertung der Zulässigkeit eines Risikoausschlusses ist auch zu berücksichtigen, dass Vereinbarungen über Inhalt oder den Umfang der Pflichtversicherung, zu denen insbes. auch Risikoausschlüsse zählen,[30] die Erreichung des jeweiligen Zwecks der Pflichtversicherung nicht gefährden dürfen (§ 114 Abs. 2 S. 1). Ausschlussklauseln, die diesen Anforderungen nicht genügen, stellen eine unangemessene Benachteiligung des Versicherungsnehmers dar mit der Folge, dass sich der Versicherer auch gegenüber dem Dritten nicht auf die Folge der Leistungsfreiheit berufen kann und insoweit Versicherungsschutz zu gewähren hat.[31]

3. Persönlicher Anwendungsbereich. a) Dritter. Zum Kreise der durch § 117 geschützten **11** Dritten zählen – wie bei § 115 – neben der Person des Geschädigten auch diejenigen, auf die die Haftpflichtansprüche des Geschädigten im Wege der **Rechtsnachfolge** übergegangen sind.[32] Eine Ausnahme gilt freilich für andere Schadensversicherer oder Sozialversicherungsträger, wenn diese im Einzelfall wegen des Verweisungsprivilegs des Haftpflichtversicherers den Schaden selbst tragen müssen (§ 117 Abs. 3 S. 2).[33] Auch der **Versicherungsnehmer** selbst kann Dritter im Sinne dieser Vorschrift sein, wenn er durch eine über denselben Vertrag mitversicherte Person geschädigt worden ist, und in dieser Eigenschaft Ansprüche geltend machen.[34] Allerdings ist die Einstandspflicht des Versicherers in diesen Fällen bisweilen vertraglich beschränkt (in der Kfz-Haftpflichtversicherung: Abschn. A Ziff. 1.5.6 AKB). Auch scheidet ein Anspruch nach **Treu und Glauben** (§ 242 BGB) aus, wenn der Versicherungsnehmer dem Versicherer aufgrund von Leistungsstörungen im Innenverhältnis regresspflichtig und damit zur sofortigen Rückgewähr des Erlangten verpflichtet ist.[35] Nicht zum Kreise der ersatzberechtigten Dritten zählt der **ausgleichsberechtigte Mitschädiger,** der durch die Inanspruchnahme eines Geschädigten über seine interne Haftungsquote hinaus belastet wird, da hierin kein Schaden liegt, der den Schutz des Pflichtversicherungsgesetzes genießt.[36]

b) Schädiger. Auf Seiten des Schädigers können neben dem Versicherungsnehmer auch noch **12** weitere Personen in den Versicherungsschutz einbezogen sein. Die Erstreckung des Versicherungs-

---

[25] BGH NJW 1971, 657 = VersR 1971, 333; VersR 1976, 477; 2003, 635 = NJW-RR 2003, 1572; *Schneider* in Beckmann/Matusche-Beckmann VersR.-HdB § 24 Rn. 169; *Klimke* in Prölss/Martin VVG § 117 Rn. 4; *Beckmann* in Bruck/Möller VVG § 117 Rn. 11; aA OLG Celle VersR 1954, 427; *Johannsen* VersArch 1956, 279; krit. *Langheid* in Langheid/Rixecker VVG § 117 Rn. 8; *Schirmer* VersR 1986, 828.
[26] BGH VersR 1967, 149; 2011, 203 = NJW 2011, 610; *Langheid* in Römer/Langheid, 2. Aufl. 2003, VVG § 158c Rn. 2.
[27] BGH VersR 1986, 1231 = NJW-RR 1987, 87; BGH VersR 2011, 203; OLG Köln VersR 2016, 322; *Schneider* in Beckmann/Matusche-Beckmann VersR.-HdB § 24 Rn. 170; ergänzend → § 115 Rn. 22.
[28] BGHZ 111, 372 = VersR 1990, 888 = NJW 1990, 888; OLG Nürnberg r+s 2012, 65; OLG Saarbrücken NJW-RR 2013, 934; OLG Köln NJW-RR 2019, 1239.
[29] → § 115 Rn. 22; → Rn. 30.
[30] BT-Drs. 16/3945, 88.
[31] *Schneider* in Beckmann/Matusche-Beckmann VersR.-HdB § 24 Rn. 168; *Klimke* in Prölss/Martin VVG § 114 Rn. 6; Überblick über die zulässigen Risikoausschlüsse in der Kfz-Haftpflichtversicherung bei *Jahnke* in Stiefel/Maier VVG § 117 Rn. 23.
[32] BGHZ 7, 244 = VersR 1952, 366 = NJW 1952, 1333; BGHZ 44, 166 = VersR 1965, 1167 = NJW 1965, 2342.
[33] BGHZ 25, 322 = NJW 1957, 1876; BGHZ 44, 166 = VersR 1965, 1167 = NJW 1965, 2342; *Beckmann* in Berliner Kommentar VVG § 158c Rn. 25.
[34] BGH VersR 1986, 1010 = NJW-RR 1986, 1402.
[35] BGH VersR 1986, 1010 = NJW-RR 1986, 1402; OLG Köln VersR 1985, 488.
[36] BGH VersR 2008, 1273; OLG Zweibrücken VersR 1987, 656; OLG Karlsruhe VersR 1986, 155; OLG Hamm VersR 1969, 508; *Beckmann* in Berliner Kommentar VVG § 158c Rn. 25.

schutzes erfolgt aufgrund entsprechender Regelung in den AVB oder kraft besonderer vertraglicher Vereinbarung. So sind zB in der Kfz-Haftpflichtversicherung der vom Eigentümer verschiedene Halter und der Fahrer automatisch über denselben Vertrag mitversichert (vgl. Abschn. A Ziff. 1.2 AKB). Keineswegs ungewöhnlich ist auch die Einbeziehung bestimmter Hilfspersonen oder Mitarbeiter in den Versicherungsschutz einer obligatorischen Berufshaftpflichtversicherung.[37] Diese **mitversicherten Personen** sind dann den im Vertrag vorgesehenen Obliegenheiten und den aus der Nichtbeachtung resultierenden Folgen in gleicher Weise ausgesetzt wie der Versicherungsnehmer.[38] Sie erwerben ihre Rechte aus dem Versicherungsvertrag grds. nur so, wie die Vertragspartner sie gestaltet haben.[39] Deshalb muss die Leistungspflicht des Versicherers im Schadensfalle **für jeden Versicherten gesondert** beurteilt werden. Diese Betrachtung kann zu dem Ergebnis führen, dass der Versicherer bei mehreren versicherten Schädigern bzgl. des einen leistungsfrei ist und lediglich im Außenverhältnis nach § 117 Abs. 1 haftet, während er hinsichtlich des anderen zur Leistung aufgrund des Vertrages verpflichtet bleibt.[40] Die unterschiedliche Verpflichtung im Innenverhältnis gereicht dem Geschädigten nicht zum Nachteil: Dieser erlangt stets Ersatz seines Schadens nach Maßgabe der für das Außenverhältnis geltenden Leistungspflicht des Versicherers, während der Umfang der Verpflichtung aus dem Innenverhältnis vornehmlich Auswirkungen auf etwaige Rückgriffsansprüche zwischen den Gesamtschuldnern haben kann.[41]

III. Nachhaftung

13 **1. Gegenstand der Regelung.** Bisweilen führen die Umstände dazu, dass ein zunächst wirksam abgeschlossener Versicherungsvertrag ersatzlos beendet wird oder sich später als in Wahrheit nicht bestehend erweist. Das für den Versicherungsschutz erforderliche Deckungsverhältnis ist hier bei Eintritt des Schadensfalles nicht bloß notleidend, sondern schlichtweg nicht existent. Aus Sicht des Geschädigten ist das misslich, denn der Versicherer haftet dann mangels vertraglich übernommener Gefahr (§ 115 Abs. 1 S. 2; vgl. auch § 117 Abs. 3 S. 1) überhaupt nicht, obschon nach außen hin zumindest der **Anschein eines Versicherungsvertrages** bestand.[42] Indes soll sich der Rechtsverkehr auf die Beachtung der Versicherungspflicht jedenfalls dann verlassen dürfen, wenn deren Einhaltung kraft Gesetzes der Überwachung durch eine hierfür zuständige Stelle unterliegt. Deshalb belastet das Gesetz den Versicherer, dem die Umstände des Nichtbestehens oder des Erlöschens bekannt werden, in diesen Fällen mit einer **Nachhaftung:** Der in Wahrheit nicht oder nicht mehr bestehende Versicherungsschutz gilt in Ansehung des Dritten solange als fortbestehend, wie der Versicherer den zum Nichtbestehen oder zum Erlöschen des Versicherungsschutzes führenden Umstand nicht der für die Überwachung zuständigen Stelle angezeigt hat, und erlischt überdies auch erst einen Monat nach dieser Anzeige. Die zuständige Stelle erlangt hierdurch Zeit, um für die Einstellung der versicherungspflichtigen Tätigkeit zu sorgen und dadurch bedingte Fremdgefährdungen auszuschließen.[43]

13a **Rechtsfolge** der Nachhaftung ist, dass der Versicherer während der Nachhaftungszeit im Außenverhältnis dem Geschädigten gegenüber in den Grenzen des § 117 Abs. 3–4 leistungspflichtig bleibt, jedoch gegen seinen (vermeintlichen) Versicherungsnehmer Rückgriff nehmen kann.[44] Inwieweit der Versicherungsnehmer für die Dauer der Nachhaftung dem Versicherer Prämienzahlung schuldet, ergibt sich aus den für das Deckungsverhältnis maßgeblichen Regelungen (§ 39) und hängt davon ab, aus welchem Grund der Vertrag nicht oder nicht mehr besteht. Mit dieser Maßgabe kann vereinbart werden, dass für die Dauer der Nachhaftung in jedem Fall Beiträge geschuldet sein sollen; das ist für die Kfz-Pflichtversicherung in Abschn. C Ziff. 5 S. 1 AKB so geschehen.[45] In der Geltendmachung der Prämie liegt kein Einverständnis des Versicherers zur Begründung vertraglichen Versicherungsschutzes.[46] Allerdings darf der Versicherer den prämienbelasteten Nachhaftungszeit-

---

[37] Beispiele: *v. Rintelen* in Beckmann/Matusche-Beckmann VersR-HdB § 26 Rn. 290 ff.
[38] BGHZ 24, 378 = VersR 1957, 458 = NJW 1957, 1233; BGHZ 26, 133 = VersR 1957, 814 = NJW 1958, 140; *Beckmann* in Bruck/Möller VVG § 117 Rn. 14.
[39] BGHZ 49, 130 = VersR 1968, 185 = NJW 1968, 447.
[40] BGH VersR 2005, 1720 = NJW 2006, 147.
[41] Zu einem solchen Fall: OLG Hamm ZfS 1989, 169; → § 116 Rn. 11 f.
[42] *Klimke* in Prölss/Martin VVG § 117 Rn. 5; *Beckmann* in Bruck/Möller VVG § 117 Rn. 21; *Beckmann* in Berliner Kommentar VVG § 158c Rn. 18.
[43] BGHZ 33, 318 = NJW 1961, 309 = VersR 1961, 20; *Beckmann* in Berliner Kommentar VVG § 158c Rn. 4, 18; *Wandt* VersR Rn. 1082.
[44] LG Bonn r+s 2004, 365; *Schimikowski* in HK-VVG § 117 Rn. 10.
[45] LG Lüneburg VersR 1954, 10; *Stadler* in Stiefel/Maier AKB Kap. C 5 Rn. 1.
[46] BGH VersR 1956, 706; *Jacobsen* in Feyock/Jacobsen/Lemor AKB 1988 § 4a Rn. 13.

raum nicht dadurch verlängern, dass er die gebotene Anzeige an die zuständige Stelle pflichtwidrig verzögert. Geschieht dies, so führt das nicht zu einer entsprechenden Verlängerung der Beitragszeit.[47]

2. Sachlicher Anwendungsbereich. § 117 Abs. 2 S. 1 macht die Nachhaftung des Versicherers davon abhängig, dass ein Umstand vorliegt, welcher entweder das Nichtbestehen oder die Beendigung des Versicherungsverhältnisses zur Folge hat, der Vertrag also entweder von vornherein nicht entstanden oder später weggefallen ist. Anknüpfungspunkt für die Nachhaftung ist der **Rechtsschein eines wirksamen Versicherungsvertrages**.[48] Hierzu genügt auch ein Vertrag auf Gewährung vorläufiger Deckung[49] oder ein nur für die Dauer weniger Tage abgeschlossener Vertrag.[50]

a) Umstände, die das Nichtbestehen des Versicherungsvertrages zur Folge haben. Dazu zählen ausschließlich solche, die bewirken, dass der beabsichtigte Vertrag von vornherein **nicht wirksam zum Entstehen gelangt** oder rückwirkend *(ex tunc)* **wieder beseitigt** wird.[51] Der wirksamen Entstehung des Vertrages können im Wesentlichen die allgemeinen Nichtigkeitsgründe des Bürgerlichen Rechts entgegenstehen. Praktische Relevanz dürften hier allenfalls Fälle der mangelnden Geschäftsfähigkeit des Versicherungsnehmers (§ 104 ff. BGB) erlangen.[52] Eine rückwirkende Beseitigung des Vertrages liegt insbes. vor im Falle der Anfechtung (vgl. § 142 Abs. 1 BGB), namentlich wegen Irrtums einer Partei (§ 119 BGB), wobei der dem Versicherer die §§ 19 ff. vorgehen,[53] wegen widerrechtlicher Drohung oder arglistiger Täuschung (§ 123 BGB, § 22 VVG). Keine rückwirkende Beseitigung des Vertrages, sondern seine „Beendigung" liegt dagegen vor, wenn der Versicherer wegen Verletzung vorvertraglicher Anzeigepflichten vom Vertrag wirksam zurückgetreten ist, da der Rücktritt nur die (insoweit zurückwirkende) Umwandlung des Vertrages in ein Rückgewährschuldverhältnis zur Folge hat.

Nicht zu Umständen im vorgenannten Sinne zählt es dagegen, wenn der Vertrag wegen der Ablehnung des Antrages durch den Versicherer oder wegen eines offenen Einigungsmangels (vgl. § 154 BGB) **überhaupt nicht zustande kommt.** Denn § 117 Abs. 2 schützt das Vertrauen des Rechtsverkehrs in den scheinbar zustande gekommenen Versicherungsvertrag. Fehlt es aber schon am Rechtsschein eines Deckungsverhältnisses, so kommt eine Nachhaftung des Versicherers nicht in Betracht.[54] Die Vorschrift greift daher auch dann nicht ein, wenn der Versicherer das Zustandekommen des Vertrages von einer **Bedingung** abhängig gemacht hat und diese bis zum Schadensfall nicht eingetreten war.[55] Lässt der Versicherungsnehmer sein Fahrzeug unter Vorlage einer vom Versicherer ausgestellten Doppelkarte (jetzt: EVB-Nummer) zu, so wird zu seinen Gunsten vermutet, dass ein Versicherungsverhältnis besteht; das gilt jedoch nicht, wenn sich der Versicherungsnehmer in unrechtmäßiger Weise in den Besitz der Doppelkarte gebracht hat.[56]

b) Beendigung des Versicherungsverhältnisses. Zu dieser führen der bereits weiter oben erwähnte Rücktritt des Versicherers wegen vorvertraglicher Anzeigepflichtverletzung und der Widerruf des Versicherungsnehmers nach § 8, die beide mit Rückabwicklung der zunächst wirksam begründeten vertraglichen Beziehung bewirken. Weitere Fälle der Beendigung sind die ordentliche oder außerordentliche Kündigung des Vertrages durch die eine oder andere Partei, auch im Falle der Veräußerung der versicherten Sache (§§ 96, 122), die fiktive Kündigung nach § 3b PflVG bei Abschluss eines neuen Vertrages durch den Erwerber des pflichtversicherten Fahrzeuges, der Wegfall des versicherten Interesses, wenn dieser zu einer Beendigung des Vertrages führt (§ 80)[57] und die einvernehmliche Vertragsaufhebung.

c) Zeitablauf. Als besonderen Fall der Vertragsbeendigung nennt das Gesetz schließlich die Beendigung des Versicherungsverhältnisses durch bloßen Zeitablauf. Diese wird kraft gesetzlicher Anordnung in § 117 Abs. 2 S. 2 den vorgenannten Umständen ausdrücklich gleichgestellt.

---

[47] LG Lüneburg VersR 1954, 10; LG Braunschweig VersR 1954, 362; AG Kiel VersR 1969, 216; *Klimke* in Prölss/Martin AKB Kap. C 5 Rn. 1.
[48] *Schneider* in Beckmann/Matusche-Beckmann VersR-HdB § 24 Rn. 171; *Klimke* in Prölss/Martin VVG § 117 Rn. 8; *Lennartz* in juris PK-StVR VVG § 117 Rn. 16.
[49] BGH VersR 1973, 265; OLG Nürnberg VersR 1961, 603; OLG Karlsruhe VersR 1956, 776.
[50] OLG Frankfurt VersR 2018, 1440, wonach die Versicherung eines Fahrzeuges mit Kurzzeitkennzeichen.
[51] *Beckmann* in Berliner Kommentar VVG § 158c Rn. 17.
[52] Fälle: BGH VersR 2002, 1501; LG Saarbrücken VersR 1966, 33.
[53] BGH VersR 1995, 457 = NJW-RR 1995, 725; VersR 1986, 1089; RGZ 132, 386.
[54] *Schneider* in Beckmann/Matusche-Beckmann VersR-HdB § 24 Rn. 171; *Beckmann* in Berliner Kommentar VVG § 158c Rn. 18; *Beckmann* in Bruck/Möller VVG § 117 Rn. 21.
[55] KG VersR 1971, 613.
[56] *Jacobsen* in Feyock/Jacobsen/Lemor VVG § 117 Rn. 7; OLG Nürnberg VersR 1961, 603; OLG Karlsruhe VersR 1956, 776.
[57] OLG Hamm VersR 1999, 50.

19   3. Zeitlicher Anwendungsbereich. a) Begrenzung der Nachhaftung. Die Anordnung einer Nachhaftung des Versicherers dient dem Zweck, die Durchsetzung von Schadensersatzansprüchen des durch den Haftpflichtversicherten geschädigten Dritten sicherzustellen.[58] Die Verpflichtung des Versicherers, jenseits des Versicherungsvertrages Leistungen zu erbringen, darf deshalb nicht unbegrenzt sondern vielmehr nur so lange währen, als es zum Erreichen dieses Zwecks erforderlich ist. Das erfordert der Grundsatz der Verhältnismäßigkeit. § 117 Abs. 2 S. 1 befristet die Dauer der Nachhaftung deshalb auf **einen Monat seit der Anzeige** des zum Nichtbestehen oder zum Erlöschen des Versicherungsverhältnisses führenden Umstandes durch den Versicherer bei der für die Überwachung der Versicherungspflicht zuständigen Stelle. Der Gesetzgeber ging bei Schaffung der Nachhaftung davon aus, dass nach Ablauf dieses Zeitraumes in aller Regel entweder ein ordnungsmäßiger Haftpflichtversicherungsvertrag abgeschlossen oder aber dem Versicherten die Möglichkeit zur Verursachung von Haftpflichtschäden durch behördliche Maßnahmen genommen sein werde.[59] Auf diese Weise sollte ein sachgerechter Ausgleich zwischen dem Interesse des geschädigten Dritten, über die Beendigung des Verhältnisses hinaus weiter geschützt zu werden, und dem Interesse des Haftpflichtversicherers, sobald wie möglich von seiner Haftung wieder frei zu werden, geschaffen werden.[60]

20   b) Monatsfrist. § 117 Abs. 2 S. 1 knüpft den Lauf der Monatsfrist an die **Anzeige des Versicherers;** diese muss der hierfür zuständigen Stelle zugegangen sein, was vom Versicherer ggf. zu beweisen ist.[61] Eine besondere Form wird vom Gesetz nicht vorgeschrieben; Schriftlichkeit ist daher zu ihrer Wirksamkeit nicht erforderlich, aus Beweisgründen aber regelmäßig sinnvoll. Ausreichend und heute allgemein üblich ist freilich die Verwendung moderner Kommunikationsmittel. Die Anzeige kann daher auch per Fax, E-Mail oder mittels eines Datenträgers erfolgen,[62] solange zumindest sichergestellt ist, dass sie ihren Aussteller und das mit ihr verfolgte Anliegen hinreichend eindeutig erkennen lässt. Erforderlich, aber auch ausreichend ist, dass die Behörde **inhaltlich** in die Lage versetzt wird, den Fall eindeutig zuzuordnen.[63] Unrichtige Angaben des Versicherers in der Anzeige schaden nicht, wenn sie auf einer zuvor fehlerhaften Mitteilung durch die zuständige Behörde beruhen.[64] Untätigkeit der Behörde hemmt den Fristablauf jedoch nicht.[65] Im Übrigen beginnt der Lauf der Monatsfrist auch bei erfolgter Anzeige **nie vor der Beendigung des Versicherungsverhältnisses** (§ 117 Abs. 2 S. 3). Der Versicherer soll die Dauer der Nachhaftung nämlich nicht dadurch verkürzen können, dass er bei einer bereits absehbar bevorstehenden Beendigung des Vertragsverhältnisses die Anzeige vorzeitig bei der zuständigen Stelle einreicht. Die **Fristberechnung** erfolgt nach §§ 187 Abs. 1, 188 Abs. 2 BGB; § 193 BGB findet keine Anwendung.[66] Zur Prämienzahlungspflicht des Versicherungsnehmers während der Nachhaftungszeit → Rn. 13a.

21   4. Obliegenheit des Versicherers. Ob der Versicherer den zum Nichtbestehen oder zur Beendigung des Vertrages führenden Umstand der zuständigen Stelle anzeigt, bleibt grds. ihm überlassen. § 117 Abs. 2 S. 1 begründet **keine Anzeigepflicht,** sondern lediglich **eine Obliegenheit** des Versicherers, deren Beachtung ausschließlich in seinem eigenen Interesse liegt.[67] Ihre Missachtung hat zur Folge, dass die Monatsfrist nicht zu laufen beginnt und die Nachhaftung des Versicherers bis auf weiteres fortbesteht.[68] Wurden für die Nachhaftungszeit Prämienzahlungen vereinbart (zB Abschn. C Ziff. 5 S. 1 AKB), führt die verzögerte Meldung nicht zu einer entsprechenden Verlängerung der Beitragszeit.[69] Dagegen begründet selbst die schuldhaft unterlassene Anzeige keine weitergehende Schadensersatzpflicht des Versicherers, die im Umfange über die durch § 117 gewährten Ansprüche hinausreicht.[70] Eine gesonderte Anzeige ist **entbehrlich,** wenn der zuständigen Stelle die Anzeige über den **Abschluss eines neuen Haftpflichtversicherungsvertrages** zugeht (§ 117 Abs. 2 S. 4). In diesem Fall haftet ab dem Eingang der Anzeige nur noch der neue Versicherer. Bis

---

[58] BGHZ 7, 244 = VersR 1952, 366 = NJW 1952, 1333; BGHZ 20, 53 = VersR 1956, 298 = NJW 1956, 867.
[59] Amtl. Begr., DJ 1939, 1771 (1774).
[60] BGHZ 33, 318 = NJW 1961, 309 = VersR 1961, 20.
[61] *Beckmann* in Berliner Kommentar VVG § 158c Rn. 21; *Jahnke* in Stiefel/Maier VVG § 117 Rn. 48.
[62] OHG VersR 1990, 643; *Knöfel* in Schwintowski/Brömmelmeyer/Ebers VVG § 117 Rn. 35.
[63] OLG Köln VersR 1999, 1357; OLG Nürnberg VersR 1999, 1273.
[64] BGH VersR 1974, 458; *Klimke* in Prölss/Martin VVG § 117 Rn. 12.
[65] *Beckmann* in Berliner Kommentar VVG § 158c Rn. 23; zu möglichen Amtshaftungsansprüchen → Rn. 23.
[66] LG München r+s 1979, 228; *Klimke* in Prölss/Martin VVG § 117 Rn. 13.
[67] BGHZ 157, 269 = VersR 2004, 369 = NJW 2004, 1250; *Klimke* in Prölss/Martin VVG § 117 Rn. 15.
[68] BGH VersR 2002, 1501 = NJW 2003, 514.
[69] → Rn. 13a mwN.
[70] BGHZ 157, 269 = VersR 2004, 369 = NJW 2004, 1250; BGH VersR 1978, 609; OLG Köln VersR 1999, 1357; OLG Nürnberg VersR 1973, 1135; *Lorenz* VersR 2004, 372.

zu diesem Zeitpunkt bleibt der bisherige Versicherer eintrittspflichtig, kann aber bei dem neuen Versicherer nach allgemeinen Grundsätzen Rückgriff nehmen.[71]

5. Zuständige Stelle. Welche Stelle im Einzelfall für die Entgegennahme der Anzeige zuständig ist, ergibt sich regelmäßig aus denjenigen **Rechtsvorschriften**, die die **Versicherungspflicht** begründen. Für den praktisch bedeutendsten Fall der Kfz-Pflichtversicherung besteht eine Zuständigkeit der Zulassungsbehörden (§ 7 PflVG, §§ 23 ff. FZV). Bei Berufshaftpflichtversicherungen wird die Überwachung der Versicherungspflicht zumeist auf die jeweilige Kammer der betroffenen Berufsgruppe übertragen. Zuständig sind daher **bspw.** bei Rechtsanwälten gem. § 51 Abs. 7 BRAO die Rechtsanwaltskammern, bei Steuerberatern und Steuerbevollmächtigten gem. § 67 S. 2 StBerG die Steuerberaterkammern, bei Wirtschaftsprüfern gem. § 54 Abs. 1 S. 3 WPrO die Wirtschaftsprüferkammern, bei Versicherungsvermittlern und -beratern gem. § 13 Abs. 3 VersVermV die Industrie- und Handelskammern, bei Notaren gem. § 19a Abs. 5 BNotO die Landesjustizverwaltung, und für das Bewachungsgewerbe gem. § 6 Abs. 3 BewachV die nach § 34a GewO zuständige Behörde.

Erlangt die zuständige Stelle **Kenntnis** vom Mangel des Versicherungsvertrages, so ist sie **verpflichtet**, zeitnah dagegen einzuschreiten. Eine unrichtige Sachbehandlung der Anzeige kann ggf. Schadensersatzansprüche des Geschädigten, namentlich unter dem Gesichtspunkt der Amtspflichtverletzung, begründen, wenn dieser dadurch einen ansonsten bestehenden Ersatzanspruch gegen den Versicherer verliert.[72] Dem Schutzbereich der verletzten Amtspflicht entsprechend, ist die Haftung der Höhe nach auf die im Gesetz für die jeweilige Pflichtversicherung vorgeschriebenen Mindestversicherungssummen beschränkt.[73] Die Behörde kann auch dem Versicherer zum Schadensersatz verpflichtet sein, wenn dieser wegen unterbliebenen Tätigwerdens gegenüber dem Geschädigten die Nachhaftung aus § 117 Abs. 2 trifft.[74]

6. Keine Nachhaftung bei fehlender Bestimmung einer zuständigen Stelle. Ist eine zur Entgegennahme der Anzeige zuständige Stelle **nicht bestimmt,** so finden die Bestimmungen des § 117 Abs. 2 keine Anwendung, und es wird eine Nachhaftung des Versicherers nicht begründet (§ 117 Abs. 2 S. 5). Der Geschädigte bleibt in diesem Falle ungeschützt, wenn der (vermeintliche) Versicherungsvertrag bei Schadenseintritt nicht wirksam zum Entstehen gelangt oder weggefallen ist. Auf eine eventuelle Leistungspflicht des Versicherers nach § 117 Abs. 1 hat die fehlende Bestimmung der zuständigen Stelle keinen Einfluss: diese bleibt daher bestehen, wenn die diesbezüglichen gesetzlichen Voraussetzungen vorliegen.[75]

IV. Umfang der Leistungspflicht

Beim „gesunden" Versicherungsverhältnis wird der Umfang der Leistungspflicht in erster Linie durch den **Inhalt des Vertrages** bestimmt. Dieser hat zunächst gewiss den Anforderungen der die Versicherungspflicht begründenden Vorschriften zu genügen (vgl. auch § 114). Jenseits der gesetzlichen Mindestvoraussetzungen bleibt es den Vertragsparteien aber unbenommen, abweichende oder weitergehende Vereinbarungen zu treffen, insbes. einen höherwertigen oder umfassenderen Versicherungsschutz zu verabreden. Der so handelnde Versicherungsnehmer erfüllt damit zwar in erster Linie weiterhin seine gesetzliche Versicherungspflicht, zugleich sichert er sich aber auch im eigenen wohlverstandenen Interesse gegen mögliche schwerwiegende Folgen seiner gesetzlichen Haftpflicht ab.

Grundsätzlich ist nach dem Gesetz nicht danach zu unterscheiden, ob die im Vertrag getroffenen Vereinbarungen der Erfüllung der Versicherungspflicht dienen oder darüber hinausgehen. Die besonderen Vorschriften für die Pflichtversicherung gelten nämlich für das **gesamte Vertragsverhältnis** und auch insoweit, als dieses eine über die vorgeschriebenen Mindestanforderungen hinausgehende Deckung gewährt (§ 113 Abs. 3).[76] Ist der Versicherer allerdings aufgrund des Vertrages nicht zur Leistung verpflichtet, so kann es für den Umfang des dann lediglich kraft Gesetzes fingierten Versicherungsschutzes nicht mehr auf die vertraglichen Abreden der Parteien ankommen. Denn der auf Zahlung in Anspruch genommene Versicherer erfüllt dann gerade keine vertraglichen Verpflichtungen mehr, sondern erbringt kraft Gesetzes aus Gründen des Opferschutzes wie ein Beauftragter Leistungen für seinen Versicherungsnehmer. Deshalb ist der Umfang der von ihm zu erbringenden Leistungen nicht anhand einer auch im Interesse des Versicherungsnehmers getroffenen vertraglichen

---

71 *Klimke* in Prölss/Martin VVG § 117 Rn. 14.
72 BGH VersR 1981, 1154 = NJW 1982, 988; BGHZ 111, 272 = NJW 1990, 2615 = VersR 1991, 73.
73 BGHZ 111, 272 = NJW 1990, 2615 = VersR 1991, 73; anders noch BGH VersR 1965, 591.
74 *Klimke* in Prölss/Martin VVG § 117 Rn. 16.
75 Amtl. Begr., DJ 1939, 1771 (1774); *Jacobsen* in Feyock/Jacobsen/Lemor VVG § 117 Rn. 13; *Langheid* in Langheid/Rixecker VVG § 117 Rn. 21.
76 → § 113 Rn. 26 ff.

Vereinbarung, sondern nur noch am **Schutzbedürfnis des Geschädigten** zu bemessen. Dem tragen die § 117 Abs. 3, 4 Rechnung, indem sie speziell für die in § 117 Abs. 1, 2 geregelten Fälle die Ersatzpflicht des Versicherers zu einem **subsidiären** und **der Höhe nach beschränkten** gesetzlichen **Mindestschutz** ausgestalten.

26 **1. Beschränkter Haftungsumfang.** § 117 Abs. 3 S. 1 beschränkt die Haftung des Versicherers aus § 117 Abs. 1, 2 der Höhe nach auf die vom Gesetz vorgeschriebene Mindestversicherungssumme. Zugleich wird klargestellt, dass der Versicherer auch hier nur im Rahmen der von ihm übernommenen Gefahr zur Leistung verpflichtet ist, also nicht für Umstände haftet, die im Rahmen des „gesunden" Versicherungsvertrages ebenfalls nicht versichert wären.

27 **a) Beschränkung auf die Mindestversicherungssumme.** Eine Versicherungspflicht muss, will sie den Anforderungen an einen effizienten Opferschutz genügen, in ihren Mindestanforderungen gesetzlich umschrieben sein. Wesentliches Element hierfür ist die **Versicherungssumme,** denn diese bestimmt, bis zu welchem Betrag der Versicherer für die Haftpflicht seines Versicherungsnehmers vereinbarungsgemäß einzustehen hat. Deshalb legen Rechtsvorschriften, die eine Versicherungspflicht begründen, üblicherweise zugleich fest, welcher **Mindestbetrag** versichert werden muss (Bsp.: § 4 Abs. 2 PflVG für die Kfz-Haftpflichtversicherung). Dadurch wird sichergestellt, dass im Schadensfalle jedenfalls ein Betrag in dieser Größenordnung dem Geschädigten zur Verfügung steht. **Fehlt** es diesbzgl. an einer spezialgesetzlichen Bestimmung, so gilt **§ 114 Abs. 1:** Danach beträgt in Ermangelung abweichender Vorschriften die Mindestversicherungssumme 250.000 EUR je Versicherungsfall und 1 Mio. EUR für alle Versicherungsfälle eines Versicherungsjahres.[77]

28 Ob die Parteien des Versicherungsvertrages lediglich die Absicherung der gesetzlich vorgeschriebenen Mindestversicherungssumme oder einen darüber hinausgehenden Versicherungsschutz vereinbaren, obliegt ihrer freien Entscheidung und wird regelmäßig von der Bereitschaft des Versicherungsnehmers abhängen, für die Versicherung des zusätzlichen Risikos höhere Prämien aufzuwenden. Die gesetzlich vorgeschriebene Mindestdeckung nach § 117 Abs. 3 S. 1 jedenfalls dann maßgeblich, wenn der Versicherer aus dem Vertrag **nicht zur Leistung verpflichtet** ist, dem Dritten jedoch nach § 117 Abs. 1, 2 im Außenverhältnis Ersatz schuldet. Da die Haftung des Versicherers hier nicht aus der vertraglichen Deckungspflicht folgt, sondern aus dem Gesetz, kann es für den Umfang der Ersatzpflicht nicht auf die vertraglich vereinbarten, möglicherweise höheren Versicherungssummen ankommen. Vielmehr bilden die gesetzlichen Beträge in diesem Fall die **Obergrenze,** bis zu welcher der „kranke" Versicherer aufgrund seiner „übervertraglichen" Haftung gegenüber dem Geschädigten einzutreten hat.[78] Konsequenterweise gilt das sogar dann, wenn die Parteien – entgegen der gesetzlichen Vorgabe – eine zu niedrige Versicherungssumme vereinbart haben.[79] Dem steht nicht entgegen, dass die Haftung des Versicherers in diesen Fällen auf die „übernommene Gefahr" beschränkt ist, da dieses Merkmal nur qualitative Begrenzungen des Versicherungsschutzes erfasst.[80]

29 Ist der Versicherer **lediglich teilweise** von seiner Verpflichtung zur Leistung frei, so gilt die Begrenzung der Haftung nach § 117 Abs. 3 S. 1 nur, soweit der nach Kürzung im Innenverhältnis fortbestehende Deckungsanspruch des Versicherungsnehmers die amtlich festgesetzte Mindestversicherungssumme unterschreitet. Ist die Leistungspflicht des Versicherers dem Schädiger gegenüber nur in Höhe eines **bestimmten Betrages** entzogen (Bsp.: § 5 Abs. 3 S. 1 KfzPflVV) und übersteigt der verbleibende Deckungsanspruch die Mindestversicherungssumme, so bleibt auch für den Anspruch des Dritten im Außenverhältnis allein um diesen Betrag gekürzte Deckungsanspruch maßgeblich.[81] Stehen **mehrere Obliegenheitsverletzungen** im Raume, von denen jede einzelne zur Kürzung berechtigt, so sind die Beträge, bis zu denen der Versicherer jeweils Leistungsfreiheit für sich in Anspruch nehmen kann, zu **addieren.**[82] Soweit der Versicherer jetzt bei einer grobfahrlässigen Obliegenheitsverletzung seines Versicherungsnehmers (oder des Versicherten) berechtigt ist, die Leistung der Schwere des Verschuldens entsprechend **anteilig zu kürzen,** gelten die vorstehenden Ausführungen entsprechend.[83] Freilich wird die Kürzung in diesen Fällen häufiger dazu führen, dass

---

[77] → § 114 Rn. 5 ff.; *Steinborn* in BeckOK VVG § 117 Rn. 27.
[78] BGH VersR 1975, 558 = NJW 1975, 1277.
[79] *Langheid* in Langheid/Rixecker VVG § 117 Rn. 26; *Schwartze* in Looschelders/Pohlmann VVG § 117 Rn. 15.
[80] → Rn. 31.
[81] BGHZ 87, 121 = VersR 1983, 688 = NJW 1983, 2197; BGH VersR 1984, 226.
[82] BGH VersR 2005, 1720 = NJW 2006, 147; OLG Köln NJW-RR 2003, 249; OLG Saarbrücken ZfS 2003, 501; OLG Hamm VersR 2000, 843; OLG Celle r+s 2014, 59; OLG Frankfurt a.M. VersR 2018, 477.
[83] *Klimke* in Prölss/Martin VVG § 117 Rn. 18 f.; *Jacobsen* in Feyock/Jacobsen/Lemor VVG § 117 Rn. 14; sa *Nugel* DAR 2010, 722.

der verbleibende Deckungsanspruch des Schädigers unter den Sockel der gesetzlichen Mindestdeckung fällt. Bisweilen sehen die **Vertragsbedingungen** allerdings vor, dass bei Obliegenheitsverletzungen die Haftung des Versicherers trotz höherer vereinbarter Versicherungssumme **generell auf die Mindestdeckung begrenzt** ist (Bsp.: Abschn. D Ziff. 2.3, Abschn. E Ziff. 2.7 AKB). Die Wirksamkeit derartiger Vereinbarungen erscheint zweifelhaft, da die Rechtsfolgen von Obliegenheitsverletzungen durch § 28 abschließend geregelt werden und von dieser Norm nicht zum Nachteil des Versicherungsnehmers abgewichen werden darf (§ 32).[84]

b) Beschränkung auf die übernommene Gefahr. Durch die umfängliche Beschränkung 30 der Einstandspflicht des Versicherers auf die übernommene Gefahr wird sichergestellt, dass seine Haftung aufgrund von § 117 Abs. 1, 2 in der Sache **nicht weiter reicht, als es bei einem „gesunden" Versicherungsverhältnis** der Fall wäre. Der aus dem Vertrag nicht leistungspflichtige Versicherer soll nicht kraft Gesetzes mit einer Schadensersatzpflicht belastet werden, die den Rahmen des versicherungsvertraglich übernommenen Risikos überschreitet.[85] Deshalb muss sich der Geschädigte auch hier so behandeln lassen, wie es bei Bestehen eines wirksamen Versicherungsvertrages unter Berücksichtigung all seiner Einschränkungen und Ausschlüsse der Fall wäre.[86]

Der Begriff der übernommenen Gefahr beschreibt alle **qualitativen Merkmale** des Versiche- 31 rungsschutzes, dh dessen örtliche, zeitliche und sachliche Grenzen.[87] Diese richten sich nach dem **Inhalt des Vertrages**, und zwar auch insoweit, als dieser die gesetzlichen Mindestanforderungen übersteigt (§ 113 Abs. 3).[88] Eine vereinbarte Unterschreitung der vom Gesetz vorgeschriebenen Mindestversicherungssumme fällt als lediglich **quantitative** Beschränkung nicht darunter; vielmehr sind dann schlicht und ergreifend die für den jeweiligen Fall gesetzlich vorgeschriebenen Mindestbeträge einschlägig. Entsprechendes gilt bei vertraglichen **Selbstbehalten**, die zwar von den Parteien des Versicherungsvertrages wirksam vereinbart, dem Dritten (und dem Mitversicherten) jedoch kraft Gesetzes nicht entgegengehalten werden können (§ 114 Abs. 2 S. 2).

Begrenzt wird die vom Versicherer übernommene Gefahr damit in erster Linie durch das im 32 Vertrag und den Versicherungsbedingungen beschriebene **versicherte Risiko** und die auch in der Haftpflichtversicherung zahlreich vorhandenen **Risikoausschlüsse**. Zu letzteren zählen neben den von den Vertragsparteien bei Vertragsschluss vereinbarten auch sonstige Ausschlüsse, die ohne vertragliche Vereinbarung in § 19 Abs. 4 rückwirkend Vertragsbestandteil werden.[89] Ob im Einzelfall ein den Versicherungsschutz beschränkender Risikoausschluss vorliegt oder nur eine „verhüllte" Obliegenheit, die lediglich zur Leistungsfreiheit des Versicherers im Innenverhältnis führen kann, ist im Bedarfsfalle unter Rückgriff auf die allgemeinen Grundsätze der Auslegung von Versicherungsbedingungen zu ermitteln.[90] Umstände, die hiernach nicht unter den Versicherungsschutz fallen, begründen auch in den Fällen des § 117 Abs. 1, 2 keine Einstandspflicht des Versicherers. Aus forensischer Sicht besonders bedeutsam sind vor allem der Risikoausschluss wegen **vorsätzlicher Herbeiführung des Versicherungsfalles** (§ 103 VVG; Ziff. 7.1 AHB; Abschn. A Ziff. 1.5.1 AKB) und die in zahlreichen Bedingungen insbes. der Pflichtversicherungen für bestimmte Berufsgruppen enthaltenen Ausschlüsse wegen **„wissentlicher Pflichtverletzung"**:[91] Hat der Versicherungsnehmer den Schaden vorsätzlich bzw. in einer den Ausschlusstatbestand verwirklichenden Weise herbeigeführt, so besteht kein Versicherungsschutz und dementsprechend auch keine mittelbare Haftung des Versicherers aus § 117 Abs. 1, 2.[92] Dasselbe gilt, wenn anstelle des Versicherungsnehmers eine mitversicherte Person gehandelt hat.[93]

---

[84] *Klimke* in Prölss/Martin VVG D.2 AKB Rn. 31; *Knöfel* in Schwintowski/Brömmelmeyer/Ebers VVG § 117 Rn. 26; aA *Jacobsen* in Feyock/Jacobsen/Lemor VVG § 117 Rn. 14.
[85] BGH VersR 1987, 37; 1986, 1231 = NJW-RR 1987, 87; OLG Düsseldorf VersR 2003, 1248; OLG Köln SP 2002, 301.
[86] *Langheid* in Langheid/Rixecker VVG § 117 Rn. 27; *Beckmann* in Berliner Kommentar VVG § 158c Rn. 34; *Schneider* in Beckmann/Matusche-Beckmann VersR-HdB § 24 Rn. 170.
[87] OLG Saarbrücken NJW-RR 2013, 934; *Klimke* in Prölss/Martin VVG § 117 Rn. 20.
[88] *Jacobsen* in Feyock/Jacobsen/Lemor VVG § 117 Rn. 16.
[89] *Klimke* in Prölss/Martin VVG § 117 Rn. 20.
[90] *Langheid* in Langheid/Rixecker VVG § 117 Rn. 27; *Hübner/Lew Schneider* r+s 2002, 89 (92); zur Behandlung „verhüllter" Obliegenheiten nach neuem VVG s. *Wandt* VersR 2015, 265.
[91] Sog. „Pflichtwidrigkeitsklausel"; dazu BGH VersR 2015, 181 = NJW 2015, 947; VersR 2001, 1103 = NJW-RR 2001, 1311; v. *Rintelen* in Beckmann/Matusche-Beckmann VersR-HdB § 26 Rn. 241 ff., 312 ff.; *Looschelders* VersR 2021, 337 (338).
[92] BGHZ 111, 372 = VersR 1990, 888 = NJW 1990, 2387; BGH VersR 1971, 239 = NJW 1971, 459; OLG Nürnberg NJW-RR 2005, 466; r+s 2015, 542; OLG Saarbrücken NJW-RR 2013, 934; OLG Düsseldorf VersR 2003, 1248; OLG Köln NJW-RR 2019, 1239; SP 2002, 301; OLG Oldenburg VersR 1999, 482; OLG Hamm VersR 1988, 1122; *Schneider* in Geigel Haftpflichtprozess § 13 Rn. 69.
[93] BGH VersR 1971, 239 = NJW 1971, 459; OLG Nürnberg r+s 2012, 65.

33 Freilich müssen Risikoausschlüsse, um Wirkung auch gegenüber dem Dritten zu entfalten, überhaupt **rechtswirksam** vereinbart worden sein, insbes. einer Inhaltskontrolle nach §§ 307 ff. BGB standhalten. Bei dieser Beurteilung ist auch zu berücksichtigen, ob durch den Ausschluss der **Zweck der jeweiligen Pflichtversicherung** gefährdet wird (§ 114 Abs. 1 S. 2). Auf die Frage, ob ein Ausschluss „marktüblich" ist, also in einer Vielzahl von Verträgen Verwendung gefunden hat, kommt es dabei nicht entscheidend an.[94] Ist ein im Vertrag vorgesehener Ausschluss unwirksam, so wird der Versicherungsschutz und damit auch die Haftung nach § 117 Abs. 1, 2 dadurch nicht eingeschränkt.[95] Darüber hinaus kann den Versicherer uU eine Schadensersatzpflicht treffen, wenn er dem Versicherungsnehmer gem. § 113 Abs. 2 das Bestehen der vorgeschriebenen Versicherung bestätigt hat, obschon der Versicherungsvertrag nicht den Vorgaben der die Pflichtversicherung regelnden Rechtsvorschriften entspricht.[96]

34 **2. Verweisungsprivileg.** Der **subsidiäre Charakter** der gesetzlichen Einstandspflicht des Versicherers kommt in § 117 Abs. 3 S. 2 zum Ausdruck: Nach dieser Vorschrift ist der „kranke" Versicherer, der nach § 117 Abs. 1, 2 gegenüber dem Dritten haftet, gleichwohl leistungsfrei, soweit der Dritte Ersatz seines Schadens von einem anderen Schadensversicherer oder von einem Sozialversicherungsträger erlangen kann.

a) Inhalt und Zweck der Regelung. Das sog. Verweisungsprivileg des § 117 Abs. 3 S. 2 stellt den im Innenverhältnis leistungsfreien Versicherer auch gegenüber dem Geschädigten von seiner nach § 117 Abs. 1, 2 fortbestehenden Eintrittspflicht frei, soweit dieser in der Lage ist, Ersatz seines Schadens von den in der Vorschrift genannten Stellen zu erlangen. Hintergrund dieser Ausnahmevorschrift ist, dass der „kranke" Versicherer dann nicht weiter belastet werden soll, wenn von anderer Seite aufgrund eines **wirksamen Rechtsverhältnisses** eine Verpflichtung zur Deckung des Schadens besteht.[97] In diesen Fällen besteht nämlich kein Bedürfnis, den Geschädigten vor den Nachteilen des notleidenden Versicherungsverhältnisses zu bewahren.[98] Allein dies aber ist Hintergrund der im Außenverhältnis angeordneten Fortgeltung der Leistungspflicht, die den Geschädigten auf Kosten des Versicherers und damit letztlich zu Lasten der gesamten Versichertengemeinschaft privilegiert.[99]

35 § 117 Abs. 3 S. 2 ist **abschließend** im Hinblick auf die darin genannten anderweitigen Ersatzmöglichkeiten, enthält also insbes. **keinen allgemeinen Rechtssatz** des Inhaltes, dass eine Haftung des Versicherers immer dann entfiele, wenn sich der Geschädigte an einen anderen solventen Schuldner halten kann.[100] Für die Anwendung der Vorschrift genügt die **bloße Möglichkeit** der Inanspruchnahme des weiteren Schuldners („erlangen kann"), ohne dass es darauf ankäme, ob tatsächlich Ersatz geleistet worden ist. Unterlässt es der Geschädigte, die anderweitige Ersatzmöglichkeit in Anspruch zu nehmen oder verwirkt er den anderen Versicherungsschutz gar dadurch, dass er den Versicherungsfall nicht anzeigt, so wird hierdurch die subsidiäre Eintrittspflicht des „kranken" Versicherers nicht begründet.[101]

36 **b) Leistungsfreiheit des Versicherers.** Die Anwendung des Verweisungsprivilegs steht unter der Voraussetzung, dass ein **Fall des § 117 Abs. 1 oder Abs. 2** vorliegt, der Pflichtversicherer also aus einem der dort genannten Gründe im Innenverhältnis nicht zu leisten braucht, nach außen hin aber leistungspflichtig bleibt. Diese Voraussetzungen müssen vom Versicherer, der den Geschädigten anderweitig verweisen will, dargelegt und bewiesen werden.[102] Besteht die Leistungsfreiheit nur **teilweise,** zB infolge einer grobfahrlässigen Obliegenheitsverletzung oder weil die Leistungsfreiheit durch Höchstbeträge gedeckelt ist, kann der Versicherer das Verweisungsprivileg auch nur bis zur Höhe dieses Betrages ausüben, während er iÜ zur Leistung verpflichtet bleibt.[103]

---

[94] *Schneider* in Beckmann/Matusche-Beckmann VersR-HdB § 24 Rn. 166.
[95] *Schneider* in Beckmann/Matusche-Beckmann VersR-HdB § 24 Rn. 168; *Klimke* in Prölss/Martin VVG § 114 Rn. 4 ff.
[96] BT-Drs. 16/3945, 89; *Jacobsen* in Feyock/Jacobsen/Lemor VVG § 117 Rn. 16.
[97] Amtl. Begr. DJ 1939, 1774; BGH VersR 2002, 1501 = NJW 2003, 514.
[98] BGH VersR 2002, 1501 = NJW 2003, 514; VersR 1979, 272 = NJW 1979, 1046; VersR 1978, 609; BGHZ 25, 322 = NJW 1957, 1876; *Beckmann* in Berliner Kommentar VVG § 158c Rn. 37; *Steffen* VersR 1987, 529.
[99] *Wandt* VersR Rn. 1083.
[100] BGHZ 25, 330 = VersR 1957, 729 = NJW 1957, 1874; BGHZ 20, 371 = NJW 1956, 1068; *Beckmann* in Bruck/Möller VVG § 117 Rn. 75; *Schirmer* VersR 1986, 825.
[101] BGH VersR 1971, 238 = NJW 1971, 513; LG Freiburg VersR 1981, 1047.
[102] BGHZ 85, 225 = VersR 1983, 84 = NJW 1983, 1667; BGH VersR 1978, 609.
[103] OLG Saarbrücken NJW-RR 2013, 934; *Klimke* in Prölss/Martin VVG § 117 Rn. 24; *Jacobsen* in Feyock/Jacobsen/Lemor VVG § 117 Rn. 20; *Beckmann* in Berliner Kommentar VVG § 158c Rn. 36.

Ausgeschlossen ist das Verweisungsprivileg in der **Kfz-Haftpflichtversicherung,** wenn der 37
Pflichtversicherer gegenüber dem Versicherungsnehmer nicht zur Leistung verpflichtet ist, weil das
Fahrzeug den Bau- und Betriebsvorschriften der Straßenverkehrs-Zulassungs-Ordnung nicht entsprach oder von einem unberechtigten Fahrer oder von einem Fahrer ohne die vorgeschriebene
Fahrerlaubnis geführt wurde (§ 3 S. 1 PflVG). Als **Ausnahmeregelung** ist diese Einschränkung auf
die in der Vorschrift genannten Verstöße beschränkt: Begeht der Versicherungsnehmer oder der
Versicherte neben einem der genannten Verstöße noch weitere Obliegenheitsverletzungen, die ihrerseits zu einer (teilweisen) Leistungsfreiheit führen, bleibt dem Versicherer die Möglichkeit der Verweisung des Geschädigten insoweit erhalten.[104]

c) Existenz eines weiteren Schuldners. Das Gesetz nennt an dieser Stelle zum einen „andere 38
Schadensversicherer", zum anderen „Sozialversicherungsträger". Diese Aufzählung ist **eindeutig
und abschließend:**[105]

aa) Andere Schadensversicherer. Andere Schadensversicherer, auf die sich der Geschädigte
ggf. verweisen lassen muss, sind zunächst andere „gesunde" Versicherungen, die Versicherungsschutz
im Sinne einer Doppelversicherung gewähren.[106] Doch ist die Vorschrift nach ihrem Sinn und
Zweck nicht auf diese Fälle beschränkt. Sie gilt vielmehr auch dann, wenn zwar keine Doppel-
bzw. Mehrfachversicherung zugunsten eines Schädigers besteht, jedoch **mehrere Schädiger** für
denselben Schaden haften und auch nur einer von ihnen gültigen Deckungsschutz durch einen
weiteren Schadensversicherer genießt; dabei ist unmaßgeblich, ob es sich bei dem anderen Versicherer
um einen Pflichtversicherer handelt und ob dieser im Wege der Direktklage in Anspruch genommen
werden kann.[107] Denn der Grundgedanke der Vorschrift, dass sich bei Deckung des Schadens
durch einen nach dem Versicherungsverhältnis leistungspflichtigen Versicherer eine Haftung des im
Innenverhältnis leistungsfreien Versicherers erübrigen soll, greift auch hier, und weder dem ohnehin
leistungspflichtigen Versicherer noch dem Geschädigten entstehen dadurch merkliche Nachteile.[108]

Zu den anderen Schadensversicherern zählen hiernach neben anderen Haftpflichtversicherern 39
bspw. der Kasko- oder ein sonstiger Sachversicherer,[109] und dies grds. auch, wenn es sich dabei um
einen **ausländischen Versicherer** handelt,[110] ferner der private Kranken-[111] oder Unfallversicherer,
letztere beide jedoch nur, soweit es sich um eine Schadensversicherung und nicht um eine Summenversicherung handelt.[112] Auch der Rechtsschutzversicherer ist ein anderer Schadensversicherer; eine
Verweisung kommt allerdings auch hier nur in Betracht, soweit dieser nach dem Vertrag für die
Kosten des Rechtsstreites einzustehen hat.[113] **Kein anderer Schadensversicherer** im Sinne der
Vorschrift ist der in- oder ausländische **Eigenversicherer,** der an die Stelle des Pflichtversicherers
tritt.[114] Allein für die **Kfz-Haftpflichtversicherung** folgt die Möglichkeit der Verweisung auf den
Eigenversicherer aber aus § 3 S. 2 PflVG, soweit die Ersatzpflicht eines von der Versicherungspflicht
befreiten Fahrzeughalters in Rede steht.[115] In gleicher Weise ist zu verfahren, wenn der Ersatzberechtigte in der Lage ist, von der Bundesrepublik Deutschland als Repräsentantin der Fahrzeughaltern
gemäß **Nato-Truppenstatut** seinen Schaden ersetzt zu erhalten.[116]

---

[104] BGH VersR 2002, 1501 = NJW 2003, 514; OLG Hamm VersR 2000, 1139; OLG Stuttgart NJW-RR 2001, 965.
[105] BGHZ 25, 330 = VersR 1957, 729 = NJW 1957, 1874; BGHZ 20, 371 = NJW 1956, 1068.
[106] Amtl. Begr., DJ 1939, 1774.
[107] BGH VersR 1978, 609; *Klimke* in Prölss/Martin VVG § 117 Rn. 25; anders noch OLG Düsseldorf VersR 1972, 527.
[108] BGH VersR 1978, 609; BGHZ 25, 322 = VersR 1957, 731 = NJW 1957, 1876.
[109] OLG Saarbrücken NJW-RR 2013, 934; OLG Köln VersR 1997, 225; LG Aachen r+s 1990, 75; AG Eberswalde SP 2001, 139.
[110] BGH VersR 1978, 609: österreichischer CMR-Versicherer; OLG Koblenz VersR 2006, 110: spanischer Transportversicherer; OLG München NJW-RR 1996, 1179: polnische Verkehrsversicherung; allg. *Beckmann* in Berliner Kommentar VVG § 158c Rn. 44.
[111] BGH VersR 1976, 235 = NJW 1976, 371; OLG Hamm VersR 1969, 508.
[112] BGH VersR 1979, 1120; 1968, 361; *Beckmann* in Berliner Kommentar VVG § 158c Rn. 41; *Langheid* in Langheid/Rixecker VVG § 117 Rn. 30.
[113] LG Saarbrücken VersR 1976, 83; LG Essen VersR 1972, 431; LG Frankfurt a. M. VersR 1967, 965; zur Wirksamkeit vertraglicher Subsidiaritätsklauseln → Rn. 41.
[114] BGH VersR 1978, 609; 1971, 333 = NJW 1971, 657; *Klimke* in Prölss/Martin VVG § 117 Rn. 26; krit. *Steffen* VersR 1986, 101.
[115] *Beckmann* in Bruck/Möller § 117 Rn. 62; *Jacobsen* in Feyock/Jacobsen/Lemor PflVG § 3 Rn. 6; *Knöfel* in Schwintowski/Brömmelmeyer/Ebers VVG § 117 Rn. 47.
[116] OLG Zweibrücken u. BGH VersR 1987, 656.

40   **bb) Sozialversicherungsträger.** Sozialversicherungsträger sind die deutschen und ausländischen Träger der gesetzlichen Kranken-, Unfall- und Rentenversicherung, ferner die Bundesagentur für Arbeit, soweit es sich bei den in Rede stehenden Leistungen um **Sozialversicherungsleistungen,** insbes. Arbeitslosengeld oder Rehabilitationsleistungen, und nicht um staatliche Fürsorgeleistungen handelt.[117] **Nicht** hierher gehören daher das Arbeitslosengeld II, wie schon vormals Leistungen der Sozialhilfe[118] oder der Arbeitslosenhilfe.[119] Kein Sozialversicherungsträger ist der öffentliche Dienstherr;[120] ebenso wenig der private Arbeitgeber, der seinem Arbeitnehmer Lohnfortzahlung im Krankheitsfall leistet.[121] Doch kann eine Anwendung des § 117 Abs. 3 S. 2 in Betracht kommen, wenn die Leistungen dem Arbeitgeber durch einen Sozialversicherungsträger vollumfänglich erstattet wurden.[122] Auch die Zusatzversorgungskassen der öffentlichen Arbeitgeber sind keine Sozialversicherungsträger (und iÜ auch keine Schadensversicherer).[123] Nicht unter das Verweisungsprivileg fällt schließlich nach allgemeiner Ansicht auch der Beitragsregress des Sozialversicherungsträgers, auf den die Ansprüche des Geschädigten auf Beitragszahlung nach § 119 SGB X übergegangen sind, weil es sich insoweit nicht um den Regress wegen einer an den Geschädigten erbrachten Leistung handelt.[124]

41   **d) Umfang der Verweisung.** Die Haftung des „kranken" Versicherers entfällt nur, *soweit* der Dritte Ersatz seines Schadens von dem anderen Versicherer oder Sozialversicherungsträger erlangen kann. Ist die Leistungspflicht des anderen Versicherers ausgeschlossen, weil das Schadensereignis nicht unter den von ihm gewährten Versicherungsschutz fällt, so gelangt das Verweisungsprivileg nicht zur Anwendung.[125] Das gilt grds. auch dann, wenn zugunsten des anderen Versicherers ein im Einzelfall einschlägiger **vertraglicher Leistungsausschluss** vereinbart ist.[126] Denn das Verweisungsprivileg soll den „kranken" Versicherer aus Billigkeitsgründen von seiner Haftung im Außenverhältnis freistellen, weil der Dritte nach den Umständen in der Lage ist, Ersatz seines Schadens aufgrund eines anderen, voll wirksamen Versicherungsverhältnisses zu erlangen, nicht aber den Dritten deshalb sanktionieren, weil dieser anderweitigen Versicherungsschutz nicht oder nicht weitreichend genug vereinbart hat.[127] Diese Erwägungen gelten indes nicht unbegrenzt. Sie stehen unter dem allgemeinen Vorbehalt, dass die Parteien des anderen Versicherungsvertrages sich bei der Vereinbarung des Versicherungsschutzes nicht treuwidrig verhalten. Der in dem anderen Vertrag vereinbarte Leistungsausschluss darf nicht dazu führen, dass dadurch die gesetzliche Regelung des § 117 Abs. 3 S. 2 ausgehebelt wird. Eine sog. **Subsidiaritätsklausel,** die speziell und gerade darauf abzielt, das Verweisungsprivileg des Pflichtversicherers auszuschalten, wäre, sofern nicht die vorrangig gebotene Auslegung ein geltungserhaltendes Verständnis der Bestimmung ermöglicht, deshalb als unwirksam anzusehen (§§ 134, 242 BGB).[128]

42   Erlangt der Geschädigte **teilweise Ersatz von einem anderen Schadensversicherer oder einem Sozialversicherungsträger,** stellte sich bislang die Frage, ob wegen des hiernach verbleibenden Schadens (insbes. Schmerzensgeld) auf Seiten des Pflichtversicherers die Mindestversicherungssumme vollständig oder nur teilweise zur Verfügung steht. Die Rspr. ging bislang mit Blick auf §§ 155, 156 VVG aF (jetzt § 109) so vor, dass sie die Forderung des Geschädigten und den in Wirklichkeit ausgeschlossenen Rückgriffsanspruch des Schadensversicherers oder Sozialversicherungsträgers zusammenrechnete und erforderlichenfalls im Verhältnis des Gesamtbetrages zu der Mindestversicherungssumme kürzte; der sich hieraus ergebende Anspruch des Geschädigten war vom Pflichtversicherer zu berichtigen, während es iÜ bei seiner Leistungsfrei-

---

[117] BGHZ 216, 174 = VersR 2018, 57 = NJW 2018, 618; zu § 158c VVG a.F. auch OLG Frankfurt a. M. VersR 1991, 687; OLG München VersR 1988, 29.
[118] OLG Bamberg NDV 1989, 274; OLG Braunschweig VersR 1966, 969.
[119] BGHZ 44, 166 = NJW 1965, 2343; OLG München NJW-RR 1986, 1474.
[120] BGHZ 25, 330 = VersR 1957, 729 = NJW 1957, 1874.
[121] OLG Köln VersR 1985, 488; *Schirmer* VersR 1986, 825 (831).
[122] *Klimke* in Prölss/Martin VVG § 117 Rn. 31; *Langheid* in Langheid/Rixecker VVG § 117 Rn. 32; *Denck* VersR 1980, 9; BGH VersR 1986, 1231.
[123] BGH VersR 1979, 1120.
[124] *Klimke* in Prölss/Martin VVG § 117 Rn. 31; *Beckmann* in Berliner Kommentar VVG § 158c Rn. 51; *Küppersbusch* VersR 1983, 211; *Denck* VersR 1984, 602; *Stelzer* VersR 1986, 632.
[125] OLG Schleswig r+s 1991, 160.
[126] BGH VersR 1976, 235 = NJW 1976, 372.
[127] BGH VersR 1968, 361; 1976, 235 = NJW 1976, 372; BGHZ 25, 322 = VersR 1957, 731 = NJW 1957, 1876.
[128] *Klimke* in Prölss/Martin VVG § 117 Rn. 29; *Langheid* in Langheid/Rixecker VVG § 117 Rn. 36; *Beckmann* in Bruck/Möller VVG § 117 Rn. 76; *Beckmann* in Berliner Kommentar VVG § 158c Rn. 48; *Prölss* VersR 1977, 367.

heit verblieb.¹²⁹ Diese Rspr. ist jetzt dadurch überholt, dass § 118 Abs. 1 die Rangfolge mehrerer Ansprüche für den Fall des Übersteigens der Versicherungssumme abweichend von § 109 festlegt.¹³⁰

e) Mehrheit von Versicherern. Bisweilen stehen für die Regulierung ein und desselben Schadens mehrere Versicherer zur Verfügung. Dann stellt sich die Frage nach der wechselseitigen Verteilung ihrer Verantwortlichkeit untereinander. Das ist einfach, solange in diesen Fällen zumindest **ein „gesunder" Versicherer** vorhanden ist, denn dann können der oder die „kranken" Versicherer den Geschädigten auf diesen als anderen Schadensversicherer iSd § 117 Abs. 3 S. 2 verweisen.¹³¹ Der Geschädigte erhält in diesem Fall seinen Schaden von dem „gesunden" Versicherer ersetzt, während es für die anderen Versicherer bei der Leistungsfreiheit verbleibt. Haften **alle** vorhandenen Versicherer **nur nach § 117 Abs. 1, 2**, so haben sie dem Dritten gegenüber nach den für die Mehrfachversicherung (§§ 77, 78) geltenden Grundsätzen als Gesamtschuldner für den Schaden einzustehen.¹³² Ihre Haftung im Außenverhältnis ist auch hier auf die Mindestversicherungssummen begrenzt (§ 117 Abs. 3 S. 1).¹³³ Soweit ein Gesamtschuldner den Geschädigten befriedigt, richtet sich der Innenausgleich nach § 78 Abs. 2; dabei gilt, dass derjenige Versicherer, der die anderen Gesamtschuldner in Regress nimmt, im Gegenzug seine durch die Befriedigung des Geschädigten nach § 117 Abs. 5 oder § 426 Abs. 2 BGB erworbenen Ansprüche gegen den Versicherungsnehmer anteilig an die anderen Gesamtschuldner abtreten muss.¹³⁴ Kann der Geschädigte von dem anderen Versicherer lediglich **teilweise** Ersatz des Schadens verlangen, weil dieser dem Grunde nach nur anteilig haftet, besteht auch das Verweisungsprivileg leistungsfreier Versicherers lediglich insoweit und bleibt die Leistungspflicht des „kranken" Versicherers iÜ bestehen.¹³⁵

f) Ausschluss des Rückgriffs gegen den leistungsfreien Versicherer. Soweit der Pflichtversicherer berechtigt ist, den Geschädigten gem. § 117 Abs. 3 S. 2 an einen anderen Versicherer oder Sozialversicherungsträger zu verweisen, sind die zur Leistung verpflichteten Schuldner ihrerseits daran gehindert, nach Befriedigung des Geschädigten den leistungsfreien Pflichtversicherer aus übergegangenem Recht in Anspruch zu nehmen.¹³⁶ Bestünde die Möglichkeit, den Pflichtversicherer im Wege des Rückgriffs zu belangen, würde das Verweisungsprivileg gleichsam wieder unterlaufen.¹³⁷ Das widerspräche dem Sinn und Zweck der gesetzlichen Regelung.

3. Verhältnis zur Amtshaftung. a) Inhalt und Zweck. § 117 Abs. 4 behandelt den Fall, dass die Haftung des leistungsfreien Pflichtversicherers mit der Haftung der öffentlichen Hand zusammentrifft. Die Bestimmung regelt damit **das Verhältnis zwischen zwei grds. nur subsidiär haftenden Schuldnern.** Denn nach § 839 Abs. 1 S. 2 BGB kann im Falle einer lediglich fahrlässig begangenen Amtspflichtverletzung der Beamte – und damit der Staat oder die Körperschaft, auf die die Haftung nach Art. 34 S. 1 des Grundgesetzes übergeleitet ist – nur in Anspruch genommen werden, wenn der Verletzte nicht auf andere Weise Ersatz zu erlangen vermag. Eine solche anderweitige Ersatzmöglichkeit ist aber grds. auch der bestehende Anspruch gegen den ebenfalls nur subsidiär haftenden „kranken" Pflichtversicherer. Soweit die Verweisungsmöglichkeit des § 839 Abs. 1 S. 2 BGB reicht – Ausnahmen finden sich insbes. bei Pflichtverletzungen im Straßenverkehr¹³⁸ –, verbliebe es hiernach bei der Haftung aus § 117 Abs. 1, 2. § 117 Abs. 4 löst den daraus entstehenden Konflikt **zugunsten des Versicherers:** Hat dieser trotz Leistungsfreiheit im Innenverhältnis nach außen hin für den entstandenen Schaden aufzukommen, so schließt das die Ersatzpflicht nach § 839 Abs. 1 BGB im Verhältnis zum Versicherer nicht aus.

---

[129] BGH VersR 1975, 558 = NJW 1975, 1277; *Johannsen* in Bruck, Bd. V/1, Kap. B Anm. 48; *Langheid* in Römer/Langheid, 2. Aufl. 2003, VVG § 158c Rn. 14; aA *Beckmann* in Berliner Kommentar VVG § 158c Rn. 33; *Denck* VersR 1987, 929.
[130] *Klimke* in Prölss/Martin VVG § 117 Rn. 32; *Knöfel* in Schwintowski/Brömmelmeyer/Ebers VVG § 117 Rn. 56; s. auch *Langheid* in Langheid/Rixecker VVG § 117 Rn. 26.
[131] *Langheid* in Langheid/Rixecker VVG § 117 Rn. 35; *Beckmann* in Berliner Kommentar VVG § 158c Rn. 45.
[132] OLG München VersR 1959, 607; *Klimke* in Prölss/Martin VVG § 117 Rn. 28; *Beckmann* in Berliner Kommentar VVG § 158c Rn. 46; aA *Reichert-Facilides* VersR 1955, 65.
[133] *Beckmann* in Berliner Kommentar VVG § 158c Rn. 46; *Beckmann* in Bruck/Möller VVG § 117 Rn. 70.
[134] *Klimke* in Prölss/Martin VVG § 117 Rn. 28; *Langheid* in Langheid/Rixecker VVG § 117 Rn. 35.
[135] OLG München ZfS 1984, 147; *Klimke* in Prölss/Martin VVG § 117 Rn. 28.
[136] BGHZ 20, 371 = VersR 1956, 364 = NJW 1956, 1068; BGHZ 25, 322 = VersR 1957, 731 = NJW 1957, 1876; BGH VersR 1986, 1231 = NJW-RR 1987, 87.
[137] *Langheid* in Langheid/Rixecker VVG § 117 Rn. 28; *Schwartze* in Looschelders/Pohlmann VVG § 117 Rn. 18; *Hübner/Lew Schneider* r+s 2002, 89 (93).
[138] Zum sog. Grundsatz der haftungsrechtlichen Gleichbehandlung der Verkehrsteilnehmer s. BGHZ 68, 217 = VersR 1977, 541 = NJW 1977, 1238; *Knöfel* in Schwintowski/Brömmelmeyer/Ebers VVG § 117 Rn. 63; *Beckmann* in Berliner Kommentar VVG § 158c Rn. 55; *Beckmann* in Bruck/Möller VVG § 117 Rn. 81.

46 **b) Keine Außenwirkung.** § 117 Abs. 4 S. 1 begründet, wie schon die Vorgängernorm des § 158c Abs. 4 VVG aF, **kein Recht des Dritten,** den Beamten oder die hinter ihm stehende Körperschaft unmittelbar in Anspruch zu nehmen. § 839 Abs. 1 S. 2 BGB wird durch diese Bestimmung also nicht verdrängt. Vielmehr soll diese dem Haftpflichtversicherer lediglich die Möglichkeit eröffnen, **nachträglich** den aufgrund von § 839 Abs. 1 BGB und Art. 34 des Grundgesetzes Ersatzpflichtigen zum Ausgleich heranzuziehen.[139] Sie regelt also, mit anderen Worten, **allein das Innenverhältnis** zwischen dem „kranken" Versicherer und dem haftenden Beamten bzw. der hinter ihm stehenden Körperschaft. Diese Auslegung, die von Seiten der Lit. unter Geltung des früheren Rechts zum Teil kritisiert worden ist,[140] wurde aus Anlass der VVG-Reform, dem Willen des Gesetzgebers entsprechend, durch Aufnahme der Formulierung „im Verhältnis zum Versicherer" ausdrücklich klargestellt.[141] Daraus folgt, dass es in diesen Konstellationen zunächst bei der alleinigen Außenhaftung des „kranken" Versicherers verbleibt, der wegen der an den Geschädigten erbrachten Leistungen dann aber bei der im Innenverhältnis haftenden Körperschaft Regress nehmen kann.

47 **c) Keine Verweisung bei Eigenhaftung des Beamten.** Die aus § 117 Abs. 4 S. 1 folgende alleinige Innenhaftung soll den Beamten allerdings dann **nicht** treffen, wenn dieser selbst – und nicht der Staat – für den Schaden einstehen müsste, weil eine Überleitung der Haftung auf die hinter ihm stehende Körperschaft ausnahmsweise nicht erfolgt. Das stellt § 117 Abs. 4 S. 2 klar. Danach wird S. 1 in diesem Ausnahmefall für unanwendbar erklärt. Der „kranke" Versicherer bleibt dann auch im Innenverhältnis alleine verpflichtet, ein Rückgriff gegen den Beamten scheidet aus.

V. Beweislast

48 Der Dritte, der den Versicherer auf der Grundlage des § 117 Abs. 1, 2 in Anspruch nehmen will, hat darzulegen und zu beweisen, dass ein schädigendes Ereignis erfolgt ist, das zu dem Risikobereich zählt, für den der Versicherer – bei ungestörtem Deckungsverhältnis – einstehen müsste.[142] Dagegen stehen anspruchsvernichtende oder -mindernde Umstände zur Beweislast des Versicherers. Will der Versicherer den Geschädigten an einen anderen Schuldner verweisen, so muss er insbes. auch darlegen und beweisen, dass dieser in der Lage ist, anderweitigen Ersatz iSd § 117 Abs. 3, 4 zu verlangen.[143] Der Geschädigte kann allerdings gehalten sein, im Rahmen der sekundären Darlegungslast vorzutragen, welche weiteren Versicherungen bestehen und welche Sozialleistungen er ggf. in Anspruch nehmen kann.[144]

D. Cessio legis

I. Gegenstand

49 § 117 Abs. 5 sieht als Folge der Befriedigung von Schadensersatzansprüchen des Geschädigten nach § 117 Abs. 1–4 vor, dass dessen eigene Ansprüche gegen den Schädiger im Gegenzug auf den Versicherer übergehen. Es handelt sich um einen **gesetzlichen Forderungsübergang** (*cessio legis*), der als Ausgleich dafür erfolgt, dass der Versicherer die Schuld des Versicherungsnehmers (bzw. des Versicherten; → Rn. 60) begleicht, ohne hierzu vertraglich verpflichtet zu sein.[145] Dem Versicherer wird so der **Rückgriff** gegen den Schädiger ermöglicht. § 117 Abs. 5 findet allerdings nur Anwendung, soweit **kein Direktanspruch** des Geschädigten besteht. Ist letzteres nämlich der Fall, so haftet der Versicherer dem Dritten als Gesamtschuldner neben dem Schädiger und kann deshalb, sofern

---

[139] BGHZ 85, 225 = VersR 1983, 84 = NJW 1983, 1667; BGHZ 96, 50 = VersR 1986, 180 = NJW 1986, 848; *Sieg* VersR 1966, 101.

[140] *Beckmann* in Berliner Kommentar VVG § 158c Rn. 54; *Johannsen* in Bruck, Bd. V/1, Kap. B Anm. 61; *Backhaus* VersR 1984, 16; *Steffen* VersR 1986, 101.

[141] BT-Drs. 16/3945, 89; *Klimke* in Prölss/Martin VVG § 117 Rn. 34; *Schimikowski* in HK-VVG § 117 Rn. 7; *Jacobsen* in Feyock/Jacobsen/Lemor VVG § 117 Rn. 24; *Beckmann* in Bruck/Möller VVG § 117 Rn. 80; *Knöfel* in Schwintowski/Brömmelmeyer/Ebers VVG § 117 Rn. 62.

[142] BGH VersR 1987, 37; *Klimke* in Prölss/Martin VVG § 117 Rn. 55.

[143] BGHZ 85, 225 = VersR 1983, 84 = NJW 1983, 1667; BGH VersR 1978, 609; *Beckmann* in Berliner Kommentar VVG § 158c Rn. 38; *Schirmer* VersR 1986, 825.

[144] *Steinborn* in BeckOK VVG § 117 Rn. 47; *Jahnke* in Stiefel/Maier VVG § 117 Rn. 117, wo allerdings insoweit missverständlich von „Darlegungs- und Beweislast" die Rede ist.

[145] BGHZ 24, 308 = VersR 1957, 442 = NJW 1957, 1230; BGHZ 26, 133 = NJW 1958, 140 = VersR 1958, 370.

er mehr leistet als aufgrund des Innenverhältnisses geschuldet, nach § 426 Abs. 1, 2 BGB, jeweils iVm § 116 Abs. 1 S. 2, gegen ihn Rückgriff nehmen.[146]

Innerhalb seines Anwendungsbereichs, dh bei Bejahung der gesetzlichen Voraussetzungen, ist **50** § 117 Abs. 5 eine **abschließende Vorschrift.** Andere in Betracht kommende Regressnormen, namentlich aus Geschäftsführung ohne Auftrag oder aus ungerechtfertigter Bereicherung, gelangen daneben nicht zur Anwendung.[147] Ist dagegen der Anwendungsbereich des gesetzlichen Forderungsüberganges bereits nicht eröffnet, etwa weil der Versicherer irrtümlich Leistungen nach § 117 Abs. 1, 2 erbracht hat, steht ihm der Rückgriff nach § 812 BGB offen.[148]

II. Voraussetzungen

Der gesetzliche Forderungsübergang nach § 117 Abs. 5 S. 1 findet statt, soweit der Versicherer **51** den Dritten nach den Abs. 1–4 befriedigt. Das setzt voraus, dass der Versicherer **objektiv** nach § 117 Abs. 1–4 zur Leistung verpflichtet war.[149] Außerdem wird überwiegend gefordert, dass er die Leistung auch **subjektiv** aufgrund dieser Verpflichtung erbracht haben muss.[150] Bestand **keine Leistungspflicht** des Versicherers, erfolgt kein Forderungsübergang nach § 117 Abs. 5 S. 1. Dasselbe gilt selbstredend auch dann, wenn der Versicherer an den Geschädigten Leistungen erbracht hat, zu denen er aufgrund des Versicherungsvertrages verpflichtet war: In diesem Fall fehlt es bereits an einem „kranken" Versicherungsverhältnis mit der Folge, dass der Versicherer aufgrund des Vertrages und nicht nach § 117 Abs. 1–4 leistet.[151]

An der **Leistungspflicht** des Versicherers **fehlt** es bspw. dann, wenn schon der Haftpflichtan- **52** spruch des Dritten gegen den Versicherungsnehmer nicht bestand,[152] wenn sich das verwirklichte Risiko nicht im Rahmen der vom Versicherer übernommenen Gefahr bewegt,[153] insbes. weil ein gesetzlicher oder vertraglicher Risikoausschluss eingreift,[154] wenn die Mindestversicherungssumme erschöpft ist,[155] oder wenn der Versicherer berechtigt gewesen wäre, den Geschädigten nach § 117 Abs. 3 S. 2 an einen anderen Schadensversicherer oder einen Sozialversicherungsträger zu verweisen.[156] Die Leistungspflicht des Versicherers entfällt weiterhin, wenn der Dritte eine ihm durch § 119 auferlegte Obliegenheit verletzt hat und der Versicherer infolgedessen nach § 120 dem Dritten gegenüber leistungsfrei wird.[157] Zur Behandlung der früheren Klagefrist des § 12 Abs. 3 VVG aF s. *Hübsch* in Berliner Kommentar VVG § 158f Rn. 6 mwN.

Hat der Versicherer dem Dritten den Schaden ersetzt, obschon er in Wahrheit **nicht zur** **53** **Leistung verpflichtet** war, so findet ein Forderungsübergang nach § 117 Abs. 5 S. 1 nicht statt. Der Versicherer kann in diesem Fall die verausgabten Beträge von dem Versicherungsnehmer oder dem Versicherten nach § 812 Abs. 1 S. 1 BGB **zurückfordern.** Diese sind ungerechtfertigt bereichert, sofern der Versicherer durch die Befriedigung des Dritten einen bestehenden Haftpflichtanspruch erfüllt und damit den Versicherungsnehmer oder den Versicherten wirksam von seiner Verbindlichkeit befreit hat (§ 267 BGB).[158] Zahlt der Versicherer in Kenntnis der Leistungsfreiheit (vgl. § 814 BGB), kann darin auch ein Verzicht auf den Rückforderungsanspruch liegen.[159]

III. Umfang

1. Gegenstand des Forderungsüberganges. Der gesetzliche Forderungsübergang erfasst **nur** **54** die vom Versicherer befriedigte **Schadensersatzforderung.** Diese geht auf den Versicherer über,

---

[146] BT-Drs. 16/6627, 7; BGH VersR 1984, 455 = NJW 1984, 1967; OLG Hamm ZfS 1989, 169; Einzelheiten bei § 116.
[147] *Hübsch* in Berliner Kommentar VVG § 158f Rn. 2.
[148] BGH VersR 1964, 474; 1976, 480; OLG Köln VersR 1997, 225; OLG Düsseldorf NJW 1966, 738; → Rn. 53.
[149] BGH NJW 1967, 2208 = VersR 1967, 942; BGH VersR 1957, 1230 = VersR 1958, 173.
[150] *Klimke* in Prölss/Martin VVG § 117 Rn. 40; *Langheid* in Langheid/Rixecker VVG § 117 Rn. 43; aA *Hübsch* in Berliner Kommentar VVG § 158f Rn. 8.
[151] BGHZ 20, 234 = VersR 1956, 284 = NJW 1956, 825; OLG Frankfurt a. M. VersR 1970, 266.
[152] OLG Schleswig OLGR 1997, 136; OGH VersR 1986, 273.
[153] BGH VersR 1976, 480; 1964, 747; OLG Düsseldorf NJW 1966, 738.
[154] LG Mannheim VersR 1962, 317.
[155] *Knöfel* in Schwintowski/Brömmelmeyer/Ebers VVG § 117 Rn. 69.
[156] BGHZ 26, 133 = VersR 1957, 814 = NJW 1958, 140; OLG Köln VersR 1997, 225; OLG Frankfurt a. M. VersR 1970, 266.
[157] *Schmalzl* VersR 1965, 932.
[158] BGH VersR 1976, 481; 1964, 474; OLG Köln VersR 1997, 225; OLG Saarbrücken VersR 1976, 554; OLG Düsseldorf NJW 1966, 739; aA OLG Frankfurt a. M. VersR 1970, 267.
[159] *Langheid* in Langheid/Rixecker VVG § 117 Rn. 43; *Schwartze* in Looschelders/Pohlmann VVG § 117 Rn. 28.

soweit sie von ihm erfüllt worden ist und bildet den Gegenstand des Rückgriffs nach § 117 Abs. 5. Macht der Versicherer dagegen im Zusammenhang mit der Schadensregulierung noch **weitere Aufwendungen,** bspw. für die Beauftragung eines Rechtsanwaltes, so kann er Ersatz nicht über § 117 Abs. 5 beanspruchen, sondern nur in Anwendung der allgemeinen Vorschriften als Aufwendungen wegen einer Geschäftsbesorgung für seinen Versicherungsnehmer (§§ 670, 675 BGB).[160] Fehlte es im Innenverhältnis an einer Leistungspflicht des Versicherers, so kommen Ansprüche wegen Geschäftsführung ohne Auftrag in Betracht (§§ 670, 683 BGB).[161] Für den Umfang der auf diese Weise zu ersetzenden Aufwendungen ist maßgebend, was der Versicherer mit Rücksicht auf die Interessen des Versicherten für erforderlich halten durfte (BGB § 670); Anwaltskosten, die dadurch entstehen, dass der Haftpflichtversicherer im Haftpflichtprozess als Streithelfer des Versicherten auftritt, zählen jedenfalls nicht dazu.[162]

55   **2. Höhe der Schadensersatzforderung.** Für diese sind idR das Haftpflichturteil, ein vom Versicherer erklärtes Anerkenntnis oder der zwischen dem Versicherer und dem Geschädigten abgeschlossene Vergleich maßgeblich.[163] Die Bindungswirkung der Haftpflichtentscheidung und die dem Versicherer vertraglich eingeräumte Regulierungsvollmacht (zB Ziff. 5.2 AHB), die es ihm ermöglichen, den Geschädigten nach seinem Ermessen schadlos zu stellen, gelten auch in den Fällen des § 117 Abs. 1, 2 und über die Person des Versicherungsnehmers hinaus gegenüber den anderen mitversicherten Personen.[164] Das folgt für das Verhältnis zum Versicherungsnehmer aus der Überlegung, dass das Versicherungsverhältnis in den Fällen des § 117 Abs. 1, 2 als fortbestehend fingiert wird und bzgl. des Versicherten aus einer Vertretungsmacht kraft Gesetzes.[165] Anders verhält es sich aber, wenn zugunsten des Geschädigten ein **Direktanspruch** nach § 115 Abs. 1 besteht. Da der Versicherer dann auf eine eigene Schuld leistet, reicht seine Regulierungsvollmacht nach allgemeinen Grundsätzen nicht weiter als seine im Innenverhältnis bestehende Regulierungspflicht.[166] Ohnehin richtet sich der Regress des Versicherers in diesen Fällen auch nicht nach § 117 Abs. 5, sondern nach § 426 Abs. 1, 2 BGB, § 116 Abs. 1 VVG.

56   Aus der nach allgemeinen Grundsätzen anzuerkennenden **Bindungswirkung** folgt weiter, dass der Versicherungsnehmer (der Versicherte) dem Versicherer im Rahmen des Rückgriffs grds. **keine Einwendungen aus dem Haftpflichtverhältnis** mehr entgegenhalten kann. Seine Rechtsverteidigung gegenüber der Inanspruchnahme durch den Versicherer ist auf die Einwendungen aus dem versicherungsvertraglichen Deckungsverhältnis beschränkt.[167] Der Versicherungsnehmer kann hier also nicht einwenden, ein Haftpflichtanspruch des Geschädigten habe nicht oder nur in geringerem Umfange bestanden. Wohl aber kann er zB die Leistungsfreiheit des Versicherers in Abrede stellen oder sich darauf berufen, dass mangels Vorliegen einer Leistungspflicht nach § 117 Abs. 1, 2, namentlich wegen eines vertraglichen Risikoausschlusses, eine Regulierung nicht hätte erfolgen dürfen.[168] Der Rückgriffprozess ist deshalb mit Fug und Recht als „Deckungsprozess mit vertauschten Rollen" bezeichnet worden.[169]

57   **3. Gegenansprüche des Schädigers.** Die grundsätzliche Bindung an die Regulierungsentscheidung des Versicherers kann entfallen, wenn der Versicherungsnehmer dem Versicherer einen schuldhaften **Ermessensfehlgebrauch** und damit eine **Pflichtverletzung** im Rahmen des Versicherungsvertrages nachweist. Hieraus erwächst dem Versicherungsnehmer uU ein Schadensersatzanspruch (§ 280 Abs. 1 BGB), den er dem Rückgriff des Versicherers entgegenhalten und mit dem er ggf. die Aufrechnung erklären kann.[170] Für nicht schuldhaft begangene Pflichtverletzungen, etwa bei irrtümlicher Beurteilung der Rechtslage, hat der Versicherer aber nicht einzustehen.[171] Die Berufung auf eine schuldhafte Pflichtverletzung des Versicherers kann außerdem unbeachtlich sein,

---

[160] BGH VersR 1976, 480; 1968, 885; aA OLG Frankfurt a. M. VersR 1970, 266.
[161] BGHZ 24, 308 = VersR 1957, 442 = NJW 1957, 1230.
[162] BGH VersR 1976, 480.
[163] BGHZ 24, 308 = VersR 1957, 442 = NJW 1957, 1230; *Langheid* in Langheid/Rixecker VVG § 117 Rn. 43; *Klimke* in Prölss/Martin VVG § 117 Rn. 42.
[164] BGHZ 101, 276 = VersR 1987, 924 = NJW 1987, 2586; BGH VersR 1967, 149; BGHZ 24, 308 = VersR 1957, 442 = NJW 1957, 1230.
[165] *Hübsch* in Berliner Kommentar VVG § 158f Rn. 13.
[166] BGHZ 101, 276 = VersR 1987, 924 = NJW 1987, 2586; *Klimke* in Prölss/Martin VVG § 117 Rn. 42.
[167] BGHZ 24, 308 = VersR 1957, 442 = NJW 1957, 1230; BGH VersR 1957, 502; NJW 1959, 1220 = VersR 1959, 329; VersR 1963, 33; 1967, 149.
[168] BGH VersR 1974, 175; OLG Köln VersR 1970, 49.
[169] BGHZ 24, 308 = VersR 1957, 442 = NJW 1957, 1230.
[170] BGHZ 24, 308 = VersR 1957, 442 = NJW 1957, 1230; BGH VersR 1957, 502; BGHZ 28, 244 = NJW 1959, 39 = VersR 1959, 16; BGH VersR 1967, 149; OLG Frankfurt a. M. VersR 2007, 203.
[171] BGH VersR 1963, 33.

wenn der Versicherungsnehmer seinerseits seinen Mitwirkungspflichten nicht genügt, insbes. dem Versicherer unbekannte Einwendungen gegen den Anspruch des Geschädigten nicht zeitnah mitteilt oder gar auf Anfragen nicht reagiert hat (§ 254 BGB).[172] Hat der Versicherer den Geschädigten abgefunden, kann er nach **Treu und Glauben** im Einzelfall gehalten sein, dem Versicherungsnehmer die Rückzahlung der Abfindungssumme in Raten zu gestatten.[173]

IV. Rechtswirkungen

Auf den gesetzlichen Forderungsübergang des § 117 Abs. 5 finden gem. **§ 412 BGB** die Vorschriften der §§ 399–404, 406–410 BGB entsprechende Anwendung. Allerdings folgt aus dem Rechtsgedanken des § 117 Abs. 5 S. 2, dass etwaige Sicherheiten entgegen § 401 BGB solange weiter beim Geschädigten verbleiben, als dieser noch Inhaber weiterer zu sichernder Forderungen gegen den Versicherungsnehmer ist.[174] Das sog. Familienprivileg (Angehörigenprivileg) des § 86 Abs. 3 gilt hier nicht.[175] 58

Der nach § 117 Abs. 5 übergegangene Anspruch **verjährt** eigenständig nach den für ihn geltenden Verjährungsfristen. Das war früher von Bedeutung, weil § 12 Abs. 1 VVG aF für Ansprüche aus dem Versicherungsvertrag eine besondere Verjährungsfrist von 2 Jahren vorsah, zu denen aber der übergegangene Schadensersatzanspruch nicht zählte.[176] Seit der Reform gilt jetzt einheitlich die Regelverjährung des § 195 BGB; der Verjährungsbeginn richtet sich nach § 199 BGB, wobei es hinsichtlich der subjektiven Voraussetzungen auf die Person des Geschädigten und nicht auf den Versicherer ankommt.[177] Gegebenenfalls kann der Anspruch deshalb verjährt sein, bevor der Versicherer Gelegenheit erhält, ihn gegenüber seinem Versicherungsnehmer geltend zu machen. Das kommt vornehmlich dann in Betracht, wenn der Geschädigte seinen Haftpflichtanspruch zunächst in einem langjährigen Rechtsstreit erkämpfen muss. Die Berufung des Versicherungsnehmers auf den Eintritt der Verjährung verstößt in diesem Fall auch nicht gegen Treu und Glauben.[178] Der Versicherer hat es nämlich in der Hand, rechtzeitig gegenüber seinem Versicherungsnehmer verjährungshemmende Maßnahmen zu ergreifen, wenn dieser keine Bereitschaft zeigt, auf die Einrede der Verjährung zu verzichten. 59

V. Mehrere Beteiligte

1. Mitversicherte. § 117 Abs. 5 gilt grds. auch bei der Versicherung für fremde Rechnung; ergänzend ist hier § 123 zu beachten (Einzelheiten → dort). Ist der Versicherer gegenüber dem **mitversicherten Schädiger** leistungsfrei, so geht der von ihm nach § 117 Abs. 1, 2 befriedigte Schadensersatzanspruch des Dritten auf ihn über; der Versicherer kann dann den Mitversicherten insoweit in Regress nehmen.[179] Das gilt auch dann, wenn der Versicherer nur gegenüber dem Mitversicherten und **nicht auch gegenüber dem Versicherungsnehmer** leistungsfrei ist, weil dann mangels abweichender Bestimmung im Zweifel davon auszugehen ist, dass der Versicherer die Leistung auch für den Mitversicherten gem. § 117 Abs. 1, 2 erbringen will.[180] Steht allerdings fest, dass der Versicherer Leistungen nur für den Versicherungsnehmer erbringen wollte, dem er aufgrund des Vertrages zur Leistung verpflichtet ist, und nicht zugleich für den Mitversicherten, greift § 117 Abs. 5 nicht ein, und der Versicherer erwirbt allenfalls über § 86 einen evtl. vorhandenen Ausgleichsanspruch des Versicherungsnehmers gegen den Versicherten.[181] Besteht Leistungsfreiheit gegenüber **mehreren** über denselben Vertrag versicherten Personen, so haften diese dem Versicherer, der nach § 117 Abs. 1, 2 Leistungen erbringt, wegen der nach § 117 Abs. 5 übergegangenen Forderung als **Gesamtschuldner**.[182] Hat der gegenüber dem Versicherungsnehmer leistungsfreie Versicherer den Ersatzanspruch des Geschädigten irrtümlich zu Unrecht anerkannt, so kann er, auch wenn er sich 60

---

[172] OLG Frankfurt a. M. VersR 2007, 203; OLG Hamm VersR 1958, 670.
[173] BGHZ 24, 308 = VersR 1957, 442 = NJW 1957, 1230; OLG Hamm VersR 1978, 379 und VersR 1971, 914.
[174] *Klimke* in Prölss/Martin VVG § 117 Rn. 51.
[175] BGH VersR 1984, 327 = NJW 1984, 1463; *Klimke* in Prölss/Martin VVG § 116 Rn. 4.
[176] BGHZ 26, 133 = VersR 1957, 814 = NJW 1958, 140; BGHZ 44, 166 = VersR 1965, 1167; BGH VersR 1968, 361.
[177] OGH VersR 1989, 827; 1979, 70; *Hübsch* in Berliner Kommentar VVG § 158f Rn. 22.
[178] BGH VersR 1972, 62 = NJW 1972, 157.
[179] BGHZ 26, 133 = VersR 1957, 814 = NJW 1958, 140; BGH VersR 1959, 329 = NJW 1959, 1220; VersR 1963, 133 = NJW 1963, 487; VersR 1965, 130.
[180] BGH NJW 1963, 487; *Johannsen* VersWissArch 1956, 355; *Schmalzl* VersR 1965, 932; s. auch *Klimke* in Prölss/Martin VVG § 117 Rn. 48, Auslegungsfrage.
[181] BGH VersR 1965, 130; 1963, 133 = NJW 1963, 487; OLG Hamm VersR 1970, 708.
[182] BGH VersR 1965, 130.

schuldlos geirrt hat, beim Versicherungsnehmer nach Treu und Glauben (§ 242 BGB) keinen Rückgriff nehmen, wenn er wegen der Ersatzpflicht eines Mitversicherten den Schaden ohnehin hätte decken müssen.[183] Sind **mehrere Versicherungsnehmer** beteiligt und hat einer von ihnen seinen Versicherungsanspruch verwirkt, so geht entsprechend § 86 der Ausgleichsanspruch der vom Versicherer entschädigten anderen Versicherungsnehmer gegen ihn auf den Versicherer über.[184]

61   **2. Mitschädiger außerhalb des Vertrages.** Sind neben dem Versicherungsnehmer weitere Personen außerhalb des Versicherungsvertrages für den Schaden verantwortlich, bestehen uU Ausgleichsansprüche des Versicherungsnehmers (Versicherten) gegen diese Personen. Leistet der Versicherer in diesen Fällen aufgrund seiner bestehenden vertraglichen Verpflichtung, erwirbt er über § 86 die eventuellen Ausgleichsansprüche seines Versicherungsnehmers oder des Versicherten und kann dann auf dieser Grundlage gegenüber dem außerhalb des Vertrages stehenden Mitschädiger Rückgriff nehmen. Für den leistungsfreien, nach § 117 Abs. 1, 2 haftenden Versicherer gilt das nicht. Dieser erwirbt über § 117 Abs. 5 zwar den Anspruch des Geschädigten gegen seinen eigenen Versicherungsnehmer, nicht aber auch dessen mögliche Ausgleichsansprüche gegen die weiteren, außerhalb des Vertrages stehenden Mitschädiger, da § 117 Abs. 5 für diese nicht gilt und § 86 neben § 117 Abs. 5 weder unmittelbar noch analog zur Anwendung gelangt.[185] Auch §§ 412, 401 BGB hilft hier nicht weiter, da es sich bei den Rückgriffsansprüchen des Versicherungsnehmers nicht um akzessorische Nebenrechte zur Schadensersatzforderung des Geschädigten handelt. Dem Versicherer bleibt hier deshalb nur die Möglichkeit, die Vollstreckung in den Ausgleichsanspruch seines Versicherungsnehmers gegen den nicht versicherten Mitschädiger zu betreiben und sodann aus gepfändetem und überwiesenem Recht gegen den Mitschädiger vorzugehen.[186]

VI. Befriedigungsvorrecht des Dritten

62   Gem. § 117 Abs. 5 S. 2 kann der gesetzliche Forderungsübergang **nicht zum Nachteil des Dritten** geltend gemacht werden. Soweit der Dritte vom Versicherer nicht vollständig befriedigt worden und deshalb darauf angewiesen ist, wegen der restlichen Forderung gegen den Versicherungsnehmer vorzugehen, bleibt seine Forderung gegenüber dem Regress des Versicherers vorrangig. Die Vorschrift erfüllt damit dieselbe Funktion wie § 86 Abs. 1 S. 2 beim Forderungsübergang nach Befriedigung des Versicherungsnehmers (für Einzelheiten siehe → § 86 Rn. 170 ff.).

VII. Prozessuales

63   **1. Beweislast.** Der aus übergegangenem Recht klagende Versicherer hat den wirksamen Erwerb der übergegangenen Forderung darzulegen und zu beweisen. Dazu zählen ggf. auch die Voraussetzungen seiner Eintrittspflicht nach § 117 Abs. 1, 2, wenn der Versicherungsnehmer diese bestreitet. Bestreitet der Versicherungsnehmer seine Verantwortlichkeit gegenüber dem Geschädigten, muss er dies beweisen, ebenso die von ihm behaupteten Pflichtverletzungen des Versicherers im Rahmen der Schadensregulierung, aus denen er aufrechenbare Gegenansprüche für sich herleiten will.[187]

64   **2. Gerichtsstand.** Der Versicherer kann den übergegangenen Anspruch zunächst am allgemeinen Gerichtsstand des Versicherungsnehmers gerichtlich geltend machen. Daneben gilt für deliktische Forderungen der Gerichtsstand der unerlaubten Handlung des § 32 ZPO.[188] § 215 Abs. 1 S. 2 findet keine Anwendung, da die Regressklage keine Klage „aus dem Versicherungsvertrag" ist. Die gesetzlichen Sonderzuständigkeiten nach den §§ 72a Abs. 1 Nr. 4, 119a Abs. 1 Nr. 4 GVG sind dafür nicht eröffnet.[189]

65   **3. Feststellungsklage.** Für die Klage auf Feststellung der Deckungspflicht durch den Versicherungsnehmer besteht ein **rechtliches Interesse** iSd § 256 Abs. 1 ZPO, wenn sich der Versicherer gegenüber dem Versicherungsnehmer ernsthaft eines Rückgriffsanspruches aus § 117 Abs. 5 berühmt.[190]

---

[183] BGH VersR 1967, 942 = NJW 1967, 2208.
[184] BGHZ 24, 378 = NJW 1957, 1233 = VersR 1957, 458; OLG Hamm VersR 1962, 502.
[185] BGHZ 32, 331 = NJW 1960, 1572 = VersR 1960, 650; BGHZ 105, 140 = NJW 1988, 1062 = NJW 1988, 2734; OLG München VersR 1957, 89; *Klimke* in Prölss/Martin VVG § 117 Rn. 50; *Schirmer* DAR 1989, 14; aA *Wahle* VersRdsch 1960, 45.
[186] BGHZ 32, 331 = NJW 1960, 1572 = VersR 1960, 650; OLG München VersR 1957, 89.
[187] BGH VersR 1967, 942 = NJW 1967, 2208.
[188] OLG München VersR 1967, 144; *Wern* in Geigel Haftpflichtprozess § 35 Rn. 1.
[189] Vgl. KG VersR 2019, 775; auch → § 116 Rn. 23.
[190] OLG Nürnberg VersR 1961, 603.

E. Insolvenz des Versicherers

§ 117 Abs. 6 betrifft den gewiss seltenen, gleichwohl durchaus schon praktisch gewordenen 66
Fall der **Insolvenz** des Versicherers (vgl. §§ 311 ff. VAG). Nach den allgemeinen Vorschriften führt die Eröffnung des Insolvenzverfahrens über das Vermögen des Versicherers dazu, dass die bei ihm unterhaltenen Versicherungsverhältnisse mit Ablauf eines Monats seit der Verfahrenseröffnung enden und nur bis dahin der Insolvenzmasse gegenüber wirksam bleiben (§ 16 Abs. 1). Hiervon macht § 117 Abs. 6 für den Bereich der Pflichtversicherung eine Ausnahme. In Anlehnung an die dem Pflichtversicherer durch § 117 Abs. 2 auferlegte Nachhaftung soll die Beendigung des Vertrages hier erst mit Ablauf eines Monats, nachdem der Insolvenzverwalter diesen Umstand der hierfür zuständigen Stelle angezeigt hat, eintreten. Erst nach Ablauf dieser Frist besteht kein Versicherungsschutz mehr; zugleich erlischt die Prämienzahlungspflicht des Versicherungsnehmers.[191] Diese Anordnung erfolgt einerseits wiederum aus Gründen des Opferschutzes; andererseits soll es der für die Überwachung der Versicherungspflicht zuständigen Stelle ermöglicht werden, in angemessener Zeit die sich aus der Beendigung des Versicherungsverhältnisses ergebenden Konsequenzen zu ziehen.[192]

Der Begriff der **zuständigen Stelle** bezeichnet auch hier dieselbe zur Überwachung der 67
Versicherungspflicht gemeinte Einrichtung wie schon § 117 Abs. 2. Diese wird idR durch die gesetzliche Vorschrift bestimmt, die die Versicherungspflicht anordnet.[193] Ist eine solche Stelle nicht bestimmt, entfällt – anders als oben, § 117 Abs. 2 S. 5 – die Anzeigepflicht des Insolvenzverwalters nicht. Stattdessen ist in diesem Fall der **Versicherungsnehmer** von der Eröffnung des Insolvenzverfahrens zu benachrichtigen; das Versicherungsverhältnis endet dann einen Monat nach dieser Benachrichtigung (§ 117 Abs. 6 S. 2). Notwendig und gemeint ist auch hier eine Benachrichtigung **durch den Insolvenzverwalter**.[194] Das folgt bereits aus dem systematischen Zusammenhang von S. 1 und 2; ferner aber auch daraus, dass allein der Insolvenzverwalter die Möglichkeit haben darf, bestehende Verträge mit Wirkung für die Insolvenzmasse zu beenden. Die Benachrichtigung des Versicherungsnehmers hat wie auch sonst jetzt allgemein üblich in **Textform** zu erfolgen.[195]

§ 118 Rangfolge mehrerer Ansprüche

(1) Übersteigen die Ansprüche auf Entschädigung, die auf Grund desselben Schadensereignisses zu leisten ist, die Versicherungssumme, wird die Versicherungssumme nach folgender Rangfolge, bei gleichem Rang nach dem Verhältnis ihrer Beträge, an die Ersatzberechtigten ausgezahlt:
1. **für Ansprüche wegen Personenschäden, soweit die Geschädigten nicht vom Schädiger, von einem anderen Versicherer als dessen Haftpflichtversicherer, einem Sozialversicherungsträger oder einem sonstigen Dritten Ersatz ihrer Schäden erlangen können;**
2. **für Ansprüche wegen sonstiger Schäden natürlicher und juristischer Personen des Privatrechts, soweit die Geschädigten nicht vom Schädiger, einem anderen Versicherer als dessen Haftpflichtversicherer oder einem Dritten Ersatz ihrer Schäden erlangen können;**
3. **für Ansprüche, die nach Privatrecht auf Versicherer oder sonstige Dritte wegen Personen- und sonstiger Schäden übergegangen sind;**
4. **für Ansprüche, die auf Sozialversicherungsträger übergegangen sind;**
5. **für alle sonstigen Ansprüche.**

(2) Ist die Versicherungssumme unter Berücksichtigung nachrangiger Ansprüche erschöpft, kann sich ein vorrangig zu befriedigender Anspruchsberechtigter, der bei der Verteilung nicht berücksichtigt worden ist, nachträglich auf Absatz 1 nicht berufen, wenn der Versicherer mit der Geltendmachung dieses Anspruchs nicht gerechnet hat und auch nicht rechnen musste.

---

[191] *Klimke* in Prölss/Martin VVG § 117 Rn. 52 ff.
[192] BT-Drs. 16/3945, 89; *Schneider* in Beckmann/Matusche-Beckmann VersR-HdB § 24 Rn. 189; *Wandt* VersR Rn. 1082.
[193] → Rn. 22.
[194] *Jacobsen* in Feyock/Jacobsen/Lemor VVG § 117 Rn. 31.
[195] *Klimke* in Prölss/Martin VVG § 117 Rn. 52; *Schneider* in Beckmann/Matusche-Beckmann VersR-HdB § 24 Rn. 189; *Wandt* VersR Rn. 1082.

§ 118

Übersicht

		Rn.			Rn.
A.	Normzweck und -geschichte	1	2.	Personenschäden (Nr. 1)	25
B.	Grundlagen	5	3.	Sach- und Vermögensschäden (Nr. 2)	27
I.	Rahmenbedingungen	5	4.	Regressansprüche (Nr. 3 und 4)	30
II.	Haftpflichtversicherer als Verfahrensverwalter	7	5.	Sonstige Ansprüche (Nr. 5)	33
III.	Verwandte Vorschriften	8	6.	Unterschiede zur Rechtslage in der allgemeinen Haftpflichtversicherung	34
C.	Tatbestand	9	D.	Rechtsfolgen	37
I.	Anspruch auf Entschädigung	9	I.	Ausschluss nachträglich angemeldeter Ansprüche (Abs. 2)	37
II.	Übersteigen der Versicherungssumme	10	1.	Nachträgliche Anmeldung des Anspruchs	37
III.	Verfahren bei gleichrangigen Geschädigten	18	2.	Verschulden des Versicherers	40
IV.	Verteilungsverfahren bei Layerdeckung	18a	3.	Bereicherungsrechtlicher Ausgleich	43
V.	Rangfolge	19	II.	Verstoß gegen die Rangfolge (Abs. 1)	44
1.	Gemeinsames Merkmal der Nr. 1 und 2	21	E.	Übergangsrecht	47
			F.	Abdingbarkeit	48

Stichwort- und Fundstellenverzeichnis

Stichwort	Rn.	Rspr.	Lit.
Anpassung des Verteilungsplans	→ Rn. 13	BGH VersR 1973, 1067; NJW 2007, 2475	–
Bereicherungsausgleich	→ Rn. 43	–	*Baumann* in Berliner Kommentar VVG § 156 Rn. 58; *Johannsen* in Bruck/Möller, 8. Aufl., Bd. IV, Kap. B Anm. 101; *Schwartze* in Looschelders/Pohlmann VVG § 118 Rn. 12; *Huber* in Schwintowski/Brömmelmeyer/Ebers VVG § 118 Rn. 67 f.; *Sieg* Haftpflichtversicherung S. 181 f.; *Hessert* VersR 1997, 39 (42); *Küppersbusch* FS G. Müller, 2009, 65 (74)
Beweislast	→ Rn. 41	–	*Langheid* in Römer/Langheid, 2. Aufl. 2003, VVG § 156 Rn. 26; *Klimke* in Prölss/Martin VVG § 118 Rn. 10; *Huber* in Schwintowski/Brömmelmeyer/Ebers VVG § 118 Rn. 74; *Jacobsen* in Feyock/Jacobsen/Lemor VVG § 118 Rn. 8; *Pardey*, Berechnung von Personenschäden, 4. Aufl. 2010, Rn. 839
Gleichrangig Geschädigte	→ Rn. 18	–	*Jacobsen* in Feyock/Jacobsen/Lemor VVG § 118 Rn. 5; *Schwartze* in Looschelders/Pohlmann VVG § 118 Rn. 6; *Jahnke* in Stiefel/Maier VVG § 118 Rn. 32
Layerdeckung	→ Rn. 18a	–	*Schaloske* PHi 2012, 166 (168)
Mindestdeckungssummen	→ Rn. 1, 14	BGH VersR 2006, 1679	*Huber* in Schwintowski/Brömmelmeyer/Ebers VVG § 118 Rn. 40; *Langheid* in Römer/Langheid, 2. Aufl. 2003, VVG § 156 Rn. 19; *Voit/Knappmann* in Prölss/Martin, 27. Aufl. 2004, VVG § 156 Rn. 18; *Schwartze* in Looschelders/Pohlmann VVG § 118 Rn. 4

Rangfolge mehrerer Ansprüche § 118

Stichwort	Rn.	Rspr.	Lit.
Nachträgliche Anmeldung	→ Rn. 37 f.	–	*Baumann* in Berliner Kommentar VVG § 156 Rn. 58; *Huber* in Schwintowski/Brömmelmeyer/Ebers VVG § 118 Rn. 39 ff.; *Jacobsen* in Feyock/Jacobsen/Lemor VVG § 118 Rn. 7; *Schwartze* in Looschelders/Pohlmann VVG § 118 Rn. 10; *Klimke* in Prölss/Martin VVG § 118 Rn. 8; *Langheid* in Römer/Langheid, 2. Aufl. 2003, VVG § 156 Rn. 25
Personenschäden	→ Rn. 25 f.	OLG Hamm VersR 1994, 301	*Schwartze* in Looschelders/Pohlmann VVG § 118 Rn. 7; *Huber* in Schwintowski/Brömmelmeyer/Ebers VVG § 118 Rn. 10 f.; *Baumann* in Berliner Kommentar VVG § 149 Rn. 28; *Beckmann* in Bruck/Möller VVG § 118 Rn. 21
Rangfolgenprinzip	→ Rn. 2, 19 f.	–	*Beckmann* in Bruck/Möller VVG § 118 Rn. 37 ff.; *Jacobsen* in Feyock/Jacobsen/Lemor VVG § 118 Rn. 3; *Klimke* in Prölss/Martin VVG § 118 Rn. 1; *Schwartze* in Looschelders/Pohlmann VVG § 118 Rn. 1, 7; *Huber* in Schwintowski/Brömmelmeyer/Ebers VVG § 118 Rn. 4
Regressansprüche	→ Rn. 30 ff.	–	*Kreuter* in Halm/Kreuter/Schwab AKB § 118 VVG Rn. 17, 25; *Schimikowski* in HK-VVG § 118 Rn. 2; *Schwartze* in Looschelders/Pohlmann VVG § 118 Rn. 8; *Hessert* VersR 1997, 39 (40)
Renten	→ Rn. 13	BGH VersR 1980, 817; 1985, 1054; 1991, 172	*Baumann* in Berliner Kommentar VVG § 155 Rn. 4; *Huber* in Schwintowski/Brömmelmeyer/Ebers VVG § 118 Rn. 52; *Küppersbusch* FS G. Müller, 2009, 65 (67, 70)
Sach- und Vermögensschäden	→ Rn. 27 f.	–	*Schimikowski* in HK-VVG § 118 Rn. 2; *Schwartze* in Looschelders/Pohlmann VVG § 118 Rn. 7; *Klimke* in Prölss/Martin VVG § 118 Rn. 4; *Huber* in Schwintowski/Brömmelmeyer/Ebers VVG § 118 Rn. 12 f.
Teilungsabkommen	→ Rn. 17	BGH VersR 1985, 1054	*Langheid* in Römer/Langheid, 2. Aufl. 2003, VVG § 156 Rn. 17; *Huber* in Schwintowski/Brömmelmeyer/Ebers VVG § 118 Rn. 59 f.; *Küppersbusch* FS G. Müller, 2009, 65 (72); *Sprung* VersR 1992, 657 (660)
Übersteigen der Versicherungssumme	→ Rn. 10 ff.	BGHZ 84, 151 (153) = VersR 1982, 791; BGH VersR 2006, 1679 (1680)	*Beckmann* in Bruck/Möller VVG § 118 Rn. 20; *Schwartze* in Looschelders/Pohlmann VVG § 118 Rn. 4; *Car* in BeckOK VVG § 118 Rn. 2; *Langheid* in Römer/Langheid, 2. Aufl. 2003, VVG § 156 Rn. 19; *Huber* in Schwintowski/Brömmelmeyer/Ebers VVG § 118 Rn. 44; *Küppersbusch* FS G. Müller, 2009, 65 (74); *Wenke* VersR 1983, 900 (901)

Brand

§ 118   1   Teil 2. Einzelne Versicherungszweige. Kap. 1. Haftpflichtversicherung

Stichwort	Rn.	Rspr.	Lit.
Verschulden des Versicherers	→ Rn. 40 f.	OLG München r+s 2003, 388	*Beckmann* in Bruck/Möller VVG § 118 Rn. 44; *Jacobsen* in Feyock/Jacobsen/Lemor VVG § 118 Rn. 8; *Schwartze* in Looschelders/Pohlmann VVG § 118 Rn. 11; *Langheid* in Römer/Langheid, 2. Aufl. 2003, VVG § 156 Rn. 26; *Huber* in Schwintowski/Brömmelmeyer/Ebers VVG § 118 Rn. 57 f.; *Jahnke* in Stiefel/Maier VVG § 118 Rn. 35
Verstoß gegen Rangfolge	→ Rn. 44 f.	–	*Beckmann* in Bruck/Möller VVG § 118 Rn. 50; *Dallwig* in Staudinger/Halm/Wendt VVG § 118 Rn. 12; *Jacobsen* in Feyock/Jacobsen/Lemor VVG § 118 Rn. 9; *Johannsen* in Bruck, Bd. IV, Kap. B Anm. 100; *Sieg* Haftpflichtversicherung S. 217; *Huber* in Schwintowski/Brömmelmeyer/Ebers VVG § 118 Rn. 65
Verteilungsverfahren	→ Rn. 7, 16	BGHZ 84, 151 = VersR 1982, 791	*Johannsen* in Bruck/Möller, 8 Aufl., Bd. IV, Kap. B Anm. 98; *Langheid* in Römer/Langheid, 2. Aufl. 2003, VVG § 156 Rn. 22; *Huber* in Schwintowski/Brömmelmeyer/Ebers VVG § 118 Rn. 61, 66; *Huber* VersR 1986, 851 (852); *Küppersbusch* FS G. Müller, 2009, 65 (73); *Sprung* VersR 1992, 657 (658 f.)

Schrifttum: *Brand,* Schadensersatzrecht, 2. Aufl. 2015; *Deichl/Küppersbusch/Schneider,* Kürzungs- und Verteilungsverfahren nach § 155 Abs. 1 und § 156 Abs. 3 VVG in der Kfz-Haftpflichtversicherung, 1985; *Deinhardt,* Der Schutz des Verkehrsopfers bei Erschöpfung der Versicherungssumme, VersR 1980, 412; *Denck,* Das Befriedigungsvorrecht nach § 116 Abs. 4 SGB X bei unzureichender Versicherungssumme, VersR 1987, 629; *Filthaut,* Zahlungen des Haftpflichtversicherers „ohne Anerkennung einer Rechtspflicht", VersR 1997, 525; *Hessert,* Sozialversicherung und Schadensregulierung – Befriedigungsvorrechte nach § 116 SGB X und das Verteilungsverfahren nach § 156 Abs. 3 VVG, VersR 1997, 39; *Huber,* Probleme der über die Versicherungssumme hinausgehenden Leistungspflicht des Haftpflichtversicherers gem. § 156 Abs. 3 VVG, VersR 1986, 851; *Konradi,* Das Kürzungs- und Verteilungsverfahren gem. §§ 155, 156 Abs. 3 VVG aF bzw. § 109 VVG, VersR 2009, 321; *Küppersbusch/Höher,* Ersatzansprüche für Personenschäden, 13. Aufl. 2020; *Küppersbusch,* Das Kürzungs- und Verteilungsverfahren bei Überschreitung der Versicherungssumme in der Kfz-Haftpflichtversicherung, FS G. Müller, 2009, 65; *Langenick,* Probleme des Verteilungsverfahrens, insbesondere das in § 118 Abs. 3 verborgene Super-Befriedigungsvorrecht, r+s-Sonderheft 4/2011, 70; *Mack/Terrahe,* Der Abschlussbericht der VVG-Reformkommission: Auswirkungen auf die Haftpflichtversicherung, PHi 2005, 28; *Pardey,* Berechnung von Personenschäden, 4. Aufl. 2010; *Schantl,* Probleme bei der Konkurrenz von Kapital- und Rentenzahlungsansprüchen in der Haftpflichtversicherung, MDR 1982, 450; *Schmidt,* Verhältnismäßige Teilung der nicht ausreichenden Versicherungssumme unter mehreren Betroffenen, JuS 1983, 151; *Sieg,* Zur Auslegung des Teilungsabkommens und des § 156 Abs. 3 in der Kfz-Haftpflichtversicherung, VersR 1992, 657; *Wenke,* Verteilungspläne bei ausreichender Deckungssumme in der Kfz-Haftpflichtversicherung, VersR 1983, 900.

Rechenbeispiele: *Johannsen* in Bruck/Möller, 8. Aufl., Bd. IV, Kap. B Anm. 95 ff.; *Deichl/Küppersbusch/Schneider,* Kürzungs- und Verteilungsverfahren nach § 155 Abs. 1 und § 156 Abs. 3 in der Kfz-Haftpflichtversicherung, 1985, Vor § 155; *Kreuter* in Halm/Kreuter/Schwab VGG § 118 Rn. 23; *Langenick* r+s-Sonderheft 4/2011, 70 (75 f.); *Huber* in Schwintowski/Brömmelmeyer/Ebers VVG § 118 Rn. 25 ff.; *Wenke* VersR 1983, 900.

A. Normzweck und -geschichte

1   Die Vorschrift des § 118 wurde im Rahmen der Neukodifikation des VVG im Jahre 2008 neu eingeführt. Bereits die Reformkommission hat die Regelung in der Gesetz gewordenen Form vorgeschlagen.[1] Im ausländischen Recht hat die Vorschrift kein Vorbild. Hintergrund des § 118 ist,

---

[1] Vgl. Abschlussbericht der Reformkommission S. 242, 371 f.

dass die an der Reform des VVG beteiligten Kräfte verbreitet den Zweck der Pflichthaftpflichtversicherung, die Schadensersatzforderungen des geschädigten Dritten abzusichern, in einem besonderen Fall für eine bestimmte Personengruppe, nämlich Privatpersonen, als gefährdet ansahen:[2] Grundsätzlich sollen bei einer Pflichthaftpflichtversicherung die **Mindestversicherungssummen** (vgl. zB für die Kfz-Haftpflichtversicherung die Anlage zu § 4 Abs. 2 PflVG Nr. 1 lit. b) sicherstellen, dass auch Großschäden vom Pflichthaftpflichtversicherer ersetzt werden. In den vergangenen Jahren sind sie noch einmal angehoben worden, insbes. in der Kfz-Haftpflichtversicherung. Das ist wichtig, da es etliche Individualansprüche des geschädigten Dritten gibt (zB Ersatz immateriellen Schadens nach § 253 Abs. 2 BGB, den private Krankenversicherer und Sozialversicherungsträger nicht ersetzen), die anderweitig nicht abgesichert sind. Mindestversicherungssummen können aber nicht ausschließen, dass in besonderen Einzelfällen mit ungewöhnlich hohem Schadensaufkommen die Versicherungssumme überstiegen wird. Das kann verschiedene Ursachen haben. Teilweise sind „langlebige" Schäden zu regulieren, bei denen die anzuwendenden Mindestversicherungssummen vor so langer Zeit festgelegt worden sind, dass sie das regelmäßige Schadens- und Haftpflichtaufkommen nicht decken. Weiterhin wirken Faktoren auf die Haftpflicht ein, die mit zunehmendem Zeitverlauf dafür sorgen können, dass sich Versicherungssummen erschöpfen. Zu nennen sind zB eine längere Lebenserwartung der Geschädigten (Einfluss auf die Höhe der Renten bei schweren Verletzungen), steigende Summen, die von den Gerichten als Ersatz immaterieller Schäden nach § 253 Abs. 2 BGB zugesprochen werden, oder Auswirkungen von Inflation.[3]

Für diesen Fall bestimmt § 118 **Abs. 1** in der Pflichthaftpflichtversicherung – abweichend von dem Paritätsprinzip, dem § 109 in der allgemeinen Haftpflichtversicherung folgt – eine ungleiche Befriedigung aller Fordernden nach Prioritätsgruppen. Konkret bestimmt die Vorschrift, in welcher Reihenfolge der Versicherer die einzelnen Anspruchsberechtigten zu befriedigen hat, bis die Deckungssumme erschöpft ist **(Rangfolgenprinzip).** Anderweitig nicht abgesicherten Individualansprüchen der unmittelbar Geschädigten bei unzureichender Eintrittspflicht eines Haftpflichtversicherers ist dabei der Vorrang eingeräumt – insbes. vor öffentlichen Ersatzansprüchen.[4] Das aus dem Vollstreckungsrecht bekannte Prioritätsprinzip findet keine Anwendung.[5]

Die Vorschrift des § 118 Abs. 1 dient damit nicht, wie oft verkürzend gesagt wird, dem Schutz des Geschädigten,[6] sondern der **Privilegierung einiger Gruppen von Geschädigten,** die als besonders schutzbedürftig gelten. Geregelt wird dabei weniger das Verhältnis der Geschädigten zum Pflichthaftpflichtversicherer als das Verhältnis der privilegierten Geschädigten gegenüber den übrigen Anspruchsinhabern. Die vom Reformgesetzgeber gewählte Privilegierung überzeugt dabei dem Grunde nach. Das in § 118 Abs. 1 niedergelegte Rangfolgenprinzip ist nämlich **nicht vorbildlos.** Befriedigungsvorrechte sind im Versicherungsrecht bekannt, so etwa in der Sachversicherung im Rahmen des Regresses nach § 86 Abs. 1 S. 2, aber auch im Bürgerlichen Recht, § 268 Abs. 3 S. 2, § 426 Abs. 2 S. 2, § 774 Abs. 1 S. 4 BGB. Sie alle folgen einem **einheitlichen Prinzip:** dem Vorrang des unmittelbar Geschädigten vor dem Regressgläubiger. Warum freilich diese Privilegierungsregel im Recht der Haftpflichtversicherung auf den Bereich der Pflichthaftpflichtversicherung beschränkt bleibt, während es in der allgemeinen Haftpflichtversicherung bei der paritätischen Befriedigung bleibt, ist unerfindlich.[7] Es wäre sinnvoll gewesen, § 118 zur Grundregel des gesamten Haftpflichtversicherungsrechts zu machen. Dass dies im Rahmen der Neukodifikation von 2008 unterblieben ist, lässt sich nicht damit begründen, dass sich Versicherungsfälle, bei denen eine Erschöpfung droht, vor allem in der Pflichthaftpflichtversicherung vorkommen.[8] Sie lassen sich ebenso gut in der Umwelt- oder Produkthaftpflichtversicherung denken, für welche die §§ 113 ff. nicht gelten.

Vor der Reform von 2008 galt in der Pflichthaftpflichtversicherung § 156 Abs. 3 VVG aF, der Normvorgänger des heutigen § 109. Danach kam es im Fall einer unzureichenden Deckungssumme zu einer verhältnismäßigen Befriedigung der Anspruchsteller nach dem Paritätsprinzip. Diese Rechtslage wurde im Schrifttum bereits länger als reformbedürftig angesehen. Im Verteilungsverfah-

---

[2] Begr. RegE BT-Drs. 16/3945, 90.
[3] *Huber* in Schwintowski/Brömmelmeyer/Ebers VVG § 118 Rn. 5 f.; *Schirmer* in Marlow/Spuhl Neues VVG Rn. 733; *Küppersbusch* FS G. Müller, 2009, 65; *Sprung* VersR 1992, 657 (658); aA für Individualansprüche in der Kfz-Haftpflichtversicherung *Hessert* VersR 1997, 39 (41).
[4] Begr. RegE BT-Drs. 16/3945, 90; *Jacobsen* in Feyock/Jacobsen/Lemor § 118 Rn. 3; *Schwartze* in Looschelders/Pohlmann VVG § 118 Rn. 1.
[5] BGH VersR 1985, 1054; BGHZ 84, 151 = VersR 1982, 791; *Huber* in Schwintowski/Brömmelmeyer/Ebers VVG § 118 Rn. 2; *v. Rintelen* in Späte/Schimikowski Haftpflichtversicherung AHB § 1 Rn. 386.
[6] Begr. RegE BT-Drs. 16/3945, 90; *Jacobsen* in Feyock/Jacobsen/Lemor Kraftfahrtversicherung § 118 VVG Rn. 3; *Schwartze* in Looschelders/Pohlmann VVG § 118 Rn. 1; *Klimke* in Prölss/Martin VVG § 118 Rn. 1; *Schimikowski* in HK-VVG § 118 Rn. 1.
[7] *Huber* in Schwintowski/Brömmelmeyer/Ebers VVG § 118 Rn. 4.
[8] So aber *Beckmann* in Bruck/Möller VVG § 118 Rn. 2; *Langenick* r+s-Sonderheft 4/2011, 70 (77).

§ 118   4–6   Teil 2. Einzelne Versicherungszweige. Kap. 1. Haftpflichtversicherung

ren musste der Haftpflichtversicherer die Deckungssumme zum Teil für noch unbekannte Ansprüche, mit denen er zu rechnen hatte, zurückstellen. Bei Groß- und Katastrophenschäden mit einer Vielzahl von Anspruchsberechtigten führte dies leicht dazu, dass die Versicherungssumme erschöpft war, ohne dass für Schwerstgeschädigte eine Deckungsmasse zur Behebung der unmittelbaren Personenschäden zur Verfügung stand.[9] Das Rangfolgenprinzip des § 118 gilt ausschließlich in der Pflichthaftpflichtversicherung und stellt gegenüber der heutigen Grundregel für die allgemeine Haftpflichtversicherung in § 109 eine **spezialgesetzliche Regelung** dar.[10] Lediglich bei Ansprüchen gleicher Rangordnung gilt das in § 109 verankerte Paritätsprinzip auch jetzt noch in der Pflichthaftpflichtversicherung.[11] Insoweit die Voraussetzungen und Grundsätze der beiden Normen übereinstimmen, kann für eine Auslegung des § 118 aber auf Rspr. und Schrifttum zu § 109 zurückgegriffen werden.[12] Das gilt natürlich auch umgekehrt.

4   **Abs. 2** bestimmt, dass die Rangfolgenregelung des Abs. 1 nicht gelten soll, wenn sich ein Geschädigter nachträglich meldet. Das stellt sicher, dass ein bereits erfolgtes Verteilungsverfahren nicht nachträglich geändert werden muss.[13] Gegenüber diesem Interesse an Rechtssicherheit tritt das Interesse des geschädigten Dritten zurück. Die Regelung entspricht der Rechtslage in der allgemeinen Haftpflichtversicherung (→ Rn. 37) und steht in der Tradition des § 156 Abs. 3 S. 2 VVG aF, der unmittelbarer Normvorgänger ist. Im **Wortlaut** hat sich eine **Änderung** ergeben. Statt „entschuldbarerweise nicht gerechnet hat" (§ 156 Abs. 3 S. 2 VVG aF), wird das Verhalten des Versicherers jetzt bezeichnet mit: „nicht gerechnet hat und auch nicht rechnen musste" (§ 118 Abs. 2). Mit dieser Änderung wollte der Reformgesetzgeber weder einen milderen Maßstab als bisher einführen,[14] noch – in einem subjektiveren Ansatz als bisher – auf die Fähigkeiten des jeweiligen Versicherers abstellen.[15] Es handelt sich vielmehr um eine sprachliche Korrektur „kosmetischer" Natur. An der Rechtslage ändert sie nichts.[16]

B. Grundlagen
I. Rahmenbedingungen

5   § 118 ist unabhängig davon anwendbar, ob die Berechtigten gegen den Pflichthaftpflichtversicherer im Wege eines Direktanspruchs nach § 115 oder im Wege der Pfändung und Überweisung des Deckungsanspruchs des Versicherungsnehmers vorgehen.[17] Ein gegenteiliges Ergebnis würde das Wahlrecht des Geschädigten zwischen dem Direktanspruch und der vollstreckungsrechtlichen Verfolgung seiner Interessen missachten. Auch wenn der Versicherer nach § 117 haftet, gilt § 118. Das Rangfolgenprinzip des § 118 beseitigt weitgehend die Ungewissheit über die Person des Gläubigers und/oder eine Konkurrenz von Ansprüchen. Daher wird der Pflichthaftpflichtversicherer nur noch in Ausnahmefällen (insbes. bei schwierigen Konstellationen gleichrangiger Berechtigung mit ungewisser Anspruchshöhe – etwa konkurrierende Rentenansprüche) einer Prüfung und Befriedigung der Ansprüche durch eine **Hinterlegung** der Versicherungssumme nach § 372 S. 1 BGB oder § 853 ZPO entgegenwirken können.[18]

6   Es gilt, wie im gesamten Haftpflichtversicherungsrecht, das Trennungsprinzip (→ Vor § 100 Rn. 121). Da es danach im Haftpflichtprozess des Geschädigten gegen den Versicherungsnehmer

---
[9] *Späte* AHB Vorb. Rn. 13, § 1 Rn. 213.
[10] *Beckmann* in Bruck/Möller VVG § 118 Rn. 1, 4; *Jacobsen* in Feyock/Jacobsen/Lemor Kraftfahrtversicherung § 118 VVG Rn. 1; *Schimikowski* in HK-VVG § 118 Rn. 2; *Schwartze* in Looschelders/Pohlmann VVG § 118 Rn. 2; *Huber* in Schwintowski/Brömmelmeyer/Ebers VVG § 118 Rn. 2; *Langenick* r+s-Sonderheft 4/2011, 70.
[11] *Schwartze* in Looschelders/Pohlmann VVG § 118 Rn. 2.
[12] *Beckmann* in Bruck/Möller VVG § 118 Rn. 4.
[13] Begr. RegE BT-Drs. 16/3945, 90; *Schimikowski* in HK-VVG § 118 Rn. 1; *Klimke* in Prölss/Martin VVG § 118 Rn. 9; *Langheid* in Langheid/Rixecker VVG § 118 Rn. 4.
[14] *Schirmer* ZVersWiss Supplement 2006, 427 (447).
[15] *Thalmair* ZVersWiss Supplement 2006, 459 (469).
[16] *Huber* in Schwintowski/Brömmelmeyer/Ebers VVG § 118 Rn. 56 ff.
[17] BGHZ 84, 151 = VersR 1982, 791; BGH VersR 1979, 30 (31), für § 156 Abs. 3 VVG aF; *Beckmann* in Bruck/Möller VVG § 118 Rn. 7; *Dallwig* in Staudinger/Halm/Wendt VVG § 118 Rn. 3; *Langheid* in Langheid/Rixecker VVG § 118 Rn. 2; *Huber* in Schwintowski/Brömmelmeyer/Ebers VVG § 118 Rn. 2; *Lennartz* in jurisPK-Straßenverkehrsrecht § 118 VVG Rn. 13.
[18] Strenger *Beckmann* in Bruck/Möller VVG § 118 Rn. 8; *Schwartze* in Looschelders/Pohlmann VVG § 118 Rn. 3; *Langheid* in Römer/Langheid, 2. Aufl. 2003, VVG § 156 Rn. 23; *Mack/Terrahe* PHi 2005, 29 (33), keine Hinterlegung.

einzig um dessen Haftung geht, gilt § 118 in diesem Verfahren nicht.[19] § 118 findet jedoch bereits im **Erkenntnisverfahren** und nicht erst im Vollstreckungsverfahren Anwendung, wenn der Geschädigte den Deckungsanspruch gegen den Versicherer pfänden und an sich überweisen lässt und im Folgenden gegen den Versicherer klagt.[20]

Werden **prozessuale Vorfragen** in einem Zwischenurteil nach § 304 ZPO festgestellt, so findet § 118 erst im Betragsverfahren Anwendung und nicht im Verfahren über den Anspruchsgrund.[21] Gleiches gilt für eine Direktklage des Dritten gegen den Versicherer auf Grundlage von § 115.[22]

II. Haftpflichtversicherer als Verfahrensverwalter

Sobald der Versicherer aufgrund einer Prognose der künftigen Schadensentwicklung erkennen 7 kann, dass die Deckungssumme nicht ausreichen wird, hat er – wie bei § 109 – ein Verteilungsverfahren einzuleiten. Der Versicherer hat dabei insbes. auf kritische Schadensbilder (zB Tod des Ernährers mehrerer Unterhaltsberechtigter; schwere Hirnschäden bei einem Verletzten) zu achten.[23] Das Verteilungsverfahren nach Maßgabe des § 118 ist dem Pflichthaftpflichtversicherer übertragen, ohne dass dieser sich der Pflicht zur Durchführung entziehen könnte.[24] Der Gesetzgeber hielt den Versicherer für den geeigneten Verfahrensverwalter, da er ein Eigeninteresse an einer zügigen, unbürokratischen Regulierung der Schäden hat und wohl am besten überblicken kann, mit welchen Forderungen in einem konkreten Versicherungsfall zu rechnen ist. Eine Vergütung für die Durchführung des Verfahrens erhält der Versicherer – anders als etwa der Insolvenzverwalter (§§ 63 ff. InsO) – allerdings nicht.

Im Verfahren hat sich der Pflichthaftpflichtversicherer an **drei Interessenpolen** zu orientieren:[25] Auf der einen Seite steht sein Eigeninteresse, das darauf gerichtet ist, den Verfahrensaufwand gering zu halten und nach Möglichkeit zu verhindern, über die Deckungssumme hinaus leisten zu müssen. Dem stehen die – oft konfligierenden – Interessen der Anspruchsberechtigten gegenüber, möglichst vollständige Deckung ihrer Ansprüche zu erreichen und möglichst rasch ausgezahlt zu werden. Als Drittes sind die Interessen des Versicherungsnehmers zu beachten, dem insbes. an einer möglichst geringen Eigenbeteiligung gelegen ist. Diese Interessen sind nicht immer leicht auszubalancieren.

III. Verwandte Vorschriften

Mit dem Problem, dass die Versicherungssumme einer Haftpflichtversicherung nicht ausreicht, um 8 die Ansprüche des geschädigten Dritten vollständig zu erfüllen, befassen sich neben § 118 und dem von diesem im Weg der Spezialität verdrängten § 109 noch die Vorschriften des § 101 Abs. 2 (Nichtanrechnung von Kosten für Rechtsstreit auf Veranlassung des Versicherers und Strafverteidigung auf die Versicherungssumme), § 107 Abs. 1 (Teilzahlung einer Rente, wenn die Versicherungssumme nicht ausreicht, um den Kapitalwert der Rente zu decken) und § 8 KfzPflVV (Berechnung der Kapitalabfindung eines Rentenanspruchs). Diese Vorschriften gelten auch in der Pflichthaftpflichtversicherung.[26]

C. Tatbestand

I. Anspruch auf Entschädigung

Notwendige Vorfrage für ein Verteilungsverfahren nach § 118 ist, welche Personen als 9 Anspruchsberechtigte an dem Verfahren teilnehmen können, und in welcher Höhe sie ihre Ansprü-

---

[19] *Schwartze* in Looschelders/Pohlmann VVG § 118 Rn. 3; *Huber* in Schwintowski/Brömmelmeyer/Ebers VVG § 118 Rn. 72.
[20] So bereits für § 156 Abs. 3 VVG aF: BGHZ 84, 151 (154) = VersR 1982, 791; BGH VersR 2006, 1679; OLG München VersR 2005, 89 (90); *Beckmann* in Bruck/Möller VVG § 118 Rn. 7; *Schwartze* in Looschelders/Pohlmann VVG § 118 Rn. 3; *Pardey*, Berechnung von Personenschäden, 4. Aufl. 2010, Rn. 832 und 837; *Wenke* VersR 1983, 900 (901).
[21] OLG München VersR 2005, 89 (90); *Schwartze* in Looschelders/Pohlmann VVG § 118 Rn. 3; *Huber* in Schwintowski/Brömmelmeyer/Ebers VVG § 118 Rn. 72.
[22] *Schwartze* in Looschelders/Pohlmann VVG § 118 Rn. 3.
[23] *Sprung* VersR 1992, 657 (658).
[24] BGHZ 84, 151 = VersR 1982, 791; *Johannsen* in Bruck/Möller, 8 Aufl., Bd. IV, Kap. B Anm. 98; *Huber* VersR 1986, 851 (852); *Küppersbusch* FS G. Müller, 2009, 65 (73).
[25] *Huber* in Schwintowski/Brömmelmeyer/Ebers VVG § 118 Rn. 3; *Späte* AHB § 1 Rn. 212; *Deinhart* VersR 1980, 412 (414); *Sprung* VersR 1992, 657 (659).
[26] *Jacobsen* in Feyock/Jacobsen/Lemor Kraftfahrzeugversicherung § 118 VVG Rn. 1; *Lennartz* in jurisPK-Straßenverkehrsrecht § 118 VVG Rn. 7.

che geltend machen können (Aktivlegitimation). Es gelten dabei die gleichen Grundsätze wie für das Verteilungsverfahren nach § 109 (→ § 109 Rn. 22 ff.).[27]

Anspruchsberechtigt sind unmittelbar und ggf. auch mittelbar (→ Rn. 27) geschädigte Personen des Privatrechts und des öffentlichen Rechts hinsichtlich ihrer Sach-, Personen- und Vermögensschäden, sofern diese nicht auf Sozialversicherungsträger oder andere Dritte übergegangen sind. Insoweit der Übergang durch Abtretung oder auf Grundlage einer *cessio legis* erfolgt, sind nur noch die Sozialversicherungsträger bzw. die anderen Dritten anspruchsberechtigt. In der Praxis ist darauf zu achten, wann der Übergang erfolgt (Sozialversicherungsrecht: Zeitpunkt des schädigenden Ereignisses; Privatversicherungsrecht: Zeitpunkt der tatsächlichen Leistung des Versicherers an den Versicherungsnehmer[28]). Bei nicht-kongruenten Teilen des Schadens, also solchen, für welche die Zessionare keinen Ersatz leisten, kann es zu einer Anspruchskonkurrenz zwischen unmittelbar Geschädigten und Regressgläubigern kommen.

Bei der **Berechnung der Ansprüche,** die in das Verteilungsverfahren nach § 118 eingebracht werden sollen, sind etwaige Befriedigungs- und Quotenvorrechte vorab zu berücksichtigen, dh bevor das Rangfolgenprinzip Platz greift. Befriedigungs- und Quotenvorrechte sind vorrangige Fragen der Haftungsebene, sie können aber im Einzelfall Einfluss auf die Quote haben, die ein Anspruchsberechtigter auf Grundlage des § 118 erhält (→ Rn. 34 ff.).

II. Übersteigen der Versicherungssumme

10 Bei der Ermittlung, ob die geltend gemachten Entschädigungsansprüche, die auf einem Schadensereignis beruhen, in ihrer Gesamtheit die Versicherungssumme übersteigen, sind sämtliche Forderungen aller Geschädigten zu addieren und der vertraglich vereinbarten bzw. gesetzlich geschuldeten Versicherungssumme gegenüberzustellen. Was die **Forderungsseite** anbelangt, sind zunächst Ansprüche zu berücksichtigen, über die ein rechtskräftiges Leistungsurteil ergangen ist, oder die Gegenstand eines Anerkenntnisses oder Vergleichs sind (vgl. § 106).[29] Darüber hinaus muss der Versicherer aber auch Forderungen in seine Rechnung aufnehmen und entsprechende Rückstellungen für die Deckung bilden, die erst dem Grunde nach festgestellt sind, oder die noch nicht angemeldet sind, mit deren Anmeldung der Versicherer aber rechnen muss.[30] Eine Nachforschungspflicht hinsichtlich solcher Ansprüche trifft den Versicherer aber nicht. Das ist insbes. für Inhaber des Direktanspruchs nach § 115 von Bedeutung. Diese müssen mit der Geltendmachung nicht warten, bis eine abschließende Berechnung der Anspruchshöhe möglich ist. Was das Rechnenmüssen mit Ansprüchen anbelangt, gelten für den Versicherer dieselben Maßstäbe wie für das Kennenmüssen iRd § 118 Abs. 2 (→ Rn. 40 f.). Nachträglich angemeldete Forderungen sind insoweit zu berücksichtigen, als der Geldbetrag, welcher der Deckungssumme entspricht, noch nicht ausbezahlt wurde (→ Rn. 38).[31] **Nicht einzuberechnen** sind Forderungen gegen den Versicherungsnehmer, deren Berechtigung der Versicherer mit Recht bestreitet.[32] Sie zu berücksichtigen, widerspräche dem Sinn der Haftpflichtversicherung, die den Versicherungsnehmer auch davor schützen soll, dass zu Unrecht Forderungen gegen ihn geltend gemacht werden.

11 **Hauptanwendungsfall** für die Berücksichtigung von **Forderungen, mit denen der Versicherer rechnen muss,** sind Rentenansprüche bei Personenschäden, die sich größtenteils erst in der Zukunft realisieren, wie Renten wegen eines Erwerbsschadens oder vermehrter Bedürfnisse.[33] Rentenansprüche sind nicht mit der Summe der einzelnen Zahlungsansprüche, sondern mit ihrem (idR niedrigeren) Kapitalwert anzusetzen, der entscheidend vom Zinssatz und der Laufzeit abhängt.[34] Diese Berechnungsmethode verhindert zum Schutze des Versicherungsnehmers und der übrigen

---

[27] *Jahnke* in Stiefel/Maier VVG § 118 Rn. 6.
[28] *Brand,* Schadensersatzrecht, 3. Aufl. 2021, § 10 Rn. 8; *Wandt* VersR Rn. 967.
[29] BGHZ 84, 151 (153) = VersR 1982, 791; *Schwartze* in Looschelders/Pohlmann VVG § 118 Rn. 4; *Langheid* in Römer/Langheid, 2. Aufl. 2003, VVG § 156 Rn. 19; *Huber* in Schwintowski/Brömmelmeyer/Ebers VVG § 118 Rn. 44.
[30] *Beckmann* in Bruck/Möller VVG § 118 Rn. 20; *Langheid* in Römer/Langheid, 2. Aufl. 2003, VVG § 156 Rn. 19; *Huber* in Schwintowski/Brömmelmeyer/Ebers VVG § 118 Rn. 44; *Wenke* VersR 1983, 900 (901).
[31] *Huber* in Schwintowski/Brömmelmeyer/Ebers VVG § 118 Rn. 41; *Voit/Knappmann* in Prölss/Martin, 27. Aufl. 2004, VVG § 156 Rn. 20, 22, 24; *Langheid* in Römer/Langheid, 2. Aufl. 2003, VVG § 156 Rn. 25; aA *Baumann* in Berliner Kommentar VVG § 156 Rn. 60.
[32] *Küppersbusch* FS Müller, G. 2009, 65 (74).
[33] *Küppersbusch/Höher,* Ersatzansprüche bei Personenschäden, 13. Aufl. 2020, Rn. 262 ff.
[34] BGH VersR 2006, 1679 (1680); *Car* in BeckOK VVG § 118 Rn. 2; *Schwartze* in Looschelders/Pohlmann VVG § 118 Rn. 4; näher *Huber* in Schwintowski/Brömmelmeyer/Ebers VVG § 118 Rn. 45; *Küppersbusch* FS G. Müller, 2009, 65 (68 ff.); *Schantl* MDR 1982, 450 (451 f.); *Johannsen* ZVersWiss 1991, 97 (100); *Sprung* VersR 1992, 657 (660).

Geschädigten, dass der Haftpflichtversicherer die Rente so lange zahlen muss, bis die Versicherungssumme erschöpft ist. Vom Gesamtbetrag der Forderungen abzuziehen sind festgestellte oder geschätzte Ausgleichsansprüche, die der Versicherer gegen andere Schädiger oder Doppelversicherer hat.[35]

Soweit der Versicherer Ansprüche berücksichtigen muss, auf deren Höhe **zukünftige Entwick-** **12** **lungen** Einfluss haben, ist es ihm nachgelassen, den erwartungsgemäß auszuzahlenden Betrag zu schätzen. In der Kfz-Haftpflichtversicherung ist dabei § 8 KfzPflVV zu beachten.[36] Entgegen einer im Schrifttum vertretenen Ansicht[37] gilt allgemein, dass der Versicherer bei Ansprüchen, die dem Grunde nach festgestellt sind, deren exakte Höhe aber noch ungewiss ist, nicht den höchsten in Betracht kommenden Betrag anzusetzen hat, sondern die Entwicklung zugrunde legen muss, die nach dem gewöhnlichen Verlauf der Dinge am wahrscheinlichsten ist.[38] Das ist auch der Maßstab, den die Gerichte ihren Prognoseentscheidungen bei der Bemessung von Erwerbs- und Unterhaltsschäden zugrunde legen.[39] Bei der Bemessung von Rentenansprüchen schwer verletzter Berechtigter ist nach dieser Maßgabe zB abweichend von der allgemeinen Lebenserwartung gesunder Menschen, die sich aus den Sterbetafeln ergibt, eine verkürzte Lebenserwartung anzusetzen.[40]

Warum der Versicherer im Rahmen des Verteilungsverfahrens nach § 118 die Ansprüche mit größerer Vorsicht berechnen und ihnen dadurch einen größeren Umfang beimessen müsste, ist nicht erfindlich. Aus dem Trennungsprinzip ergibt sich, dass der Versicherer nur die bestehende Haftpflicht abzudecken hat (→ Vor § 100 Rn. 121). Einen Anspruch im Deckungsverhältnis weitergehend zu berücksichtigen als im Haftungsrecht, erscheint vor diesem Hintergrund nicht plausibel. Das widerspräche zusätzlich auch dem Interesse der Parteien an einer zügigen Regulierung. Der Versicherer erhielte überdies einen übermäßigen Vorteil, wenn man es ihm erlauben würde, Rentenansprüche großzügiger anzusetzen als im Haftpflichtrecht: Stellt sich im Nachhinein heraus, dass ein Rentenanspruch tatsächlich geringer ausfällt, als er im Verteilungsplan angesetzt ist, etwa weil der Berechtigte überraschend früh verstirbt, kommt es nicht etwa zu einer Aufstockung der Ansprüche der übrigen Berechtigten; der Versicherer muss insgesamt entsprechend weniger leisten (→ Rn. 13). Das könnte ihn verlocken, in der Hoffnung, nur teilweise leisten zu müssen, „Mondrenten" anzusetzen und somit andere gleich- und nachrangige Anspruchsinhaber um ihre Befriedigungschancen zu bringen.

Umgekehrt muss der Versicherer zumindest ein Grundmaß an Kalkulationssicherheit haben, **13** was Rentenansprüche anbelangt. Daraus folgt, dass der Versicherer die Bemessung eines Rentenanspruchs im Rahmen des Verteilungsplans nicht regelmäßig – erst recht nicht jährlich – daraufhin überprüfen muss, ob Inflation und Teilhabe am Wirtschaftswachstum angemessen berücksichtigt sind.[41] Wie auf der Haftungsebene ist vielmehr eine **Anpassung** nur angezeigt, wenn es zu einer wesentlichen Änderung der Verhältnisse iSd § 323 ZPO kommt.[42] Zu denken ist an Sachverhalte wie die Kosten für die Pflege eines Schwerverletzten, zB Querschnittsgelähmten.[43] Können zunächst dessen Eltern die Pflege gegen ein kleines Entgelt übernehmen, muss es zu einer Anpassung kommen, wenn die Eltern die Pflege nicht länger übernehmen können, sondern fremde Hilfskräfte beschäftigt werden müssen. Für einen solchen Fall kann und muss der Versicherer eine Deckungsreserve in den Betrag, den er für die Rente ansetzt, einkalkulieren. Anderes gilt für die Zahlung einer lebenslangen Rente, zB im Rahmen vermehrter Bedürfnisse. Was die **Laufzeit** einer solchen Rente anbelangt, findet eine Anpassung überhaupt nicht statt. Vielmehr trägt der Versicherer das Risiko, auch über den Zeitpunkt des angenommenen Auslaufs der Rente und über die Deckungssumme hinaus zu zahlen.[44] Spiegelbildlich kommt dem Versicherer ein kürzerer Lauf der Rentenverpflichtung, etwa

---

[35] *Schwartze* in Looschelders/Pohlmann VVG § 118 Rn. 4; *Langheid* in Römer/Langheid, 2. Aufl. 2003, VVG § 156 Rn. 19.
[36] *Kreuter* in Halm/Kreuter/Schwab VVG § 118 Rn. 9; *Lennartz* in jurisPK-Straßenverkehrsrecht VVG § 118 Rn. 15.
[37] *Beckmann* in Bruck/Möller VVG § 118 Rn. 18; *Koch* in Bruck/Möller VVG § 109 Rn. 10; *Wenke* VersR 1983, 900 (901); *Voit/Knappmann* in Prölss/Martin, 27. Aufl. 2004, VVG § 156 Rn. 19.
[38] *Huber* in Schwintowski/Brömmelmeyer/Ebers VVG § 118 Rn. 47; *Klimke* in Prölss/Martin VVG § 118 Rn. 11; *Lennartz* in jurisPK-Straßenverkehrsrecht § 118 VVG Rn. 15; *Freise* VersR 2019, 1259 (1270 f.); tendenziell auch *Lücke* in Prölss/Martin VVG § 109 Rn. 6: „angemessener Schätzbetrag".
[39] BGH VersR 1970, 860; 2000, 233; 2004, 75 = NZV 2004, 23; *Küppersbusch/Höher*, Ersatzansprüche bei Personenschäden, 13. Aufl. 2020, Rn. 47, 319.
[40] *Huber* in Schwintowski/Brömmelmeyer/Ebers VVG § 118 Rn. 53; *Hessert* VersR 1997, 39 (42 f.).
[41] So aber BGH VersR 1980, 132; 1982, 791; *Wenke* VersR 1983, 900 (901); *Sprung* VersR 1992, 657 (659); dem Grunde nach auch *Huber* in Schwintowski/Brömmelmeyer/Ebers VVG § 118 Rn. 49.
[42] Restriktiv zu Recht BGH NJW 2007, 2475.
[43] BGH VersR 1973, 1067.
[44] BGH VersR 1980, 817; 1991, 172; *Beckmann* in Bruck/Möller VVG § 118 Rn. 19; *Huber* in Schwintowski/Brömmelmeyer/Ebers VVG § 118 Rn. 52; *Küppersbusch* FS G. Müller, 2009, 65 (67): die Versicherungssumme kann im Einzelfall erheblich überschritten werden; BGH VersR 1985, 1054.

wegen vorzeitigen Todes des Anspruchsberechtigten, uneingeschränkt zugute.[45] In der Praxis haben sich die Versicherer durch AVB auf bestimmte Laufzeitberechnungen festgelegt, vgl. zB § 10 AKB.

14 In manchen Haftpflichtversicherungen, so etwa in der Kfz-Haftpflichtversicherung, sind **unterschiedliche Mindestdeckungssummen** für die verschiedenen Schadenskategorien (Personen-, Sach- und Vermögensschäden) vorgesehen, vgl. Anlage zu § 4 Abs. 2 PflVG. Ist dies der Fall, muss der Tatbestand des Übersteigens der Deckungssumme für jede Schadensart gesondert festgestellt werden.[46] Ist hingegen zulässigerweise eine pauschale Versicherungssumme vereinbart, kann die Berechnung für Personen-, Sach- und Vermögensschäden gemeinsam erfolgen.

15 **Maßgeblicher Zeitpunkt** für die Beurteilung, ob die Versicherungssumme überschritten wurde, ist der Zeitpunkt, in dem sich ein ordentlicher Versicherer einen Überblick darüber verschaffen kann, ob die Deckungssumme ausreicht, um die geltend gemachten Forderungen zu decken,[47] nicht erst der Zeitpunkt, in dem die Versicherungssumme an die Anspruchsinhaber ausgezahlt wird.[48] Den Versicherer trifft hinsichtlich der Feststellung die **Darlegungs- und Beweislast**,[49] den jeweiligen Anspruchssteller die Darlegungs- und Beweislast hinsichtlich der Erfüllung der Voraussetzungen des geltend gemachten Ranges.[50]

16 Es kann der Fall eintreten, dass – entgegen der ursprünglichen Berechnung – die Versicherungssumme nicht oder nicht in der Art überstiegen ist, wie im Verteilungsplan vorgesehen. So kann ein erwarteter Anspruch niedriger ausfallen, als er berechnet worden ist, es kann sich herausstellen, dass Ansprüche zu Unrecht geltend gemacht wurden oder es kann umgekehrt ein neuer Anspruchssteller hinzugetreten sein. Ergibt sich auf dieser neuen Berechnungsgrundlage, dass die **Versicherungssumme doch ausreicht,** so sind alle Anspruchssteller vollständig zu befriedigen.[51] Reicht die Versicherungssumme auch nach der Neuberechnung noch immer nicht aus, um wenigstens die gleichrangigen Anspruchsberechtigten zu befriedigen, so ist zumindest eine Quotenerhöhung vorzunehmen und der entsprechende Mehrbetrag auszuzahlen.[52] Tritt ein weiterer Geschädigter nach Verteilung der Summe hinzu und wusste der Versicherer von der Geltendmachung oder musste er zumindest mit dieser rechnen (§ 118 Abs. 2), so ist dem Dritten die entsprechende Quote auszuzahlen.[53] Von den bereits Befriedigten kann der Versicherer nach § 812 Abs. 1 S. 1 Alt. 1 BGB Überzahlungsbeträge nur zurückverlangen, wenn er unter Vorbehalt oder Offenlegung des Verteilungsverfahrens geleistet hat (→ Rn. 43).[54] Sollte er nicht zurückverlangen können, muss er dennoch an den Hinzugetretenen leisten, wodurch sich nachträglich die Deckungssumme erhöht.[55]

17 **Teilungsabkommen,** die einzelne Anspruchsberechtigte (insbes. Sozialversicherungsträger und Kaskoversicherer) mit dem Pflichthaftpflichtversicherer abgeschlossen haben, finden im Verteilungsverfahren bei unzureichender Deckungssumme Berücksichtigung – und zwar unabhängig davon, ob das Abkommen eine Klausel mit der Beschränkung auf den Versicherungsschutz enthält oder nicht.[56] Die Teilnahme desjenigen, der ein Teilungsabkommen mit dem Pflichthaftpflichtversicherer geschlossen hat, am Verteilungsverfahren erfolgt auf vertraglicher Basis. Hat der Pflichthaftpflichtversicherer dem Sozialversicherungsträger nach den Vereinbarungen des Teilungsabkommens nur eine bestimmte Haftungsquote (zB 60 %) zu ersetzen, nimmt er in seinem Rang (§ 118 Abs. 1 Nr. 4) nicht mit seinem vollen Regressanspruch, sondern nur mit dieser Quote teil.[57] Problematisch

---

[45] BGH VersR 2006, 1679; *Baumann* in Berliner Kommentar VVG § 155 Rn. 4; *Beckmann* in Bruck/Möller VVG § 118 Rn. 19; *Küppersbusch* FS G. Müller, 2009, 65 (70).

[46] BGH VersR 2006, 1679; *Huber* in Schwintowski/Brömmelmeyer/Ebers VVG § 118 Rn. 40; *Langheid* in Römer/Langheid, 2. Aufl. 2003, VVG § 156 Rn. 19; *Voit/Knappmann* in Prölss/Martin, 27. Aufl. 2004, VVG § 156 Rn. 18; *Schwartze* in Looschelders/Pohlmann VVG § 118 Rn. 4.

[47] *Beckmann* in Bruck/Möller VVG § 118 Rn. 16; *Jacobsen* in Feyock/Jacobsen/Lemor VVG § 118 Rn. 6; *Huber* VersR 1986, 851 (853).

[48] *Schwartze* in Looschelders/Pohlmann VVG § 118 Rn. 5; *Lücke* in Prölss/Martin VVG § 109 Rn. 8; *Langheid* in Langheid/Rixecker VVG § 118 Rn. 3.

[49] BGH VersR 2006, 1679 (1680); 1980, 817 (819); *Huber* in Schwintowski/Brömmelmeyer/Ebers VVG § 118 Rn. 74.

[50] *Jacobsen* in Feyock/Jacobsen/Lemor VVG § 118 Rn. 4.

[51] *Langheid* in Römer/Langheid, 2. Aufl. 2003, VVG § 156 Rn. 22; *Huber* in Schwintowski/Brömmelmeyer/Ebers VVG § 118 Rn. 61.

[52] *Huber* in Schwintowski/Brömmelmeyer/Ebers VVG § 118 Rn. 61; *Schwartze* in Looschelders/Pohlmann VVG § 118 Rn. 6; aA wohl *Car* in BeckOK VVG § 118 Rn. 4.

[53] *Schwartze* in Looschelders/Pohlmann VVG § 118 Rn. 6.

[54] *Baumann* in Berliner Kommentar VVG § 156 Rn. 61; *Huber* in Schwintowski/Brömmelmeyer/Ebers VVG § 118 Rn. 66; *Sprung* VersR 1992, 657 (659).

[55] *Schwartze* in Looschelders/Pohlmann VVG § 118 Rn. 6.

[56] *Huber* in Schwintowski/Brömmelmeyer/Ebers VVG § 118 Rn. 59 f.; *Küppersbusch* FS G. Müller, 2009, 65 (72).

[57] BGH VersR 1985, 1054; *Küppersbusch* FS G. Müller, 2009, 65 (72); *Sprung* VersR 1992, 657 (660).

ist, dass ein Teilungsabkommen zu einem Vertrag zu Lasten Dritter werden kann, wenn es eine höhere Haftungsquote vorsieht, als dem Sozialversicherungsträger nach der Sach- und Rechtslage eigentlich zusteht. Durch den niedrigen Rang, den Sozialversicherungsträger mit ihren Ansprüchen im Verteilungsverfahren nach § 118 bekleiden, hat sich dieses Problem im Vergleich zur Rechtslage bei § 109, der mit dem Paritätsprinzip arbeitet, deutlich entschärft. Liegt die Quote nach dem Teilungsabkommen dennoch über dem, was der Sozialversicherungsträger im vierten Rang im Verhältnis zu anderen Regressgläubigern erhalten kann, ist die Quote nach dem Teilungsabkommen auf diejenige nach der wahren Sach- und Rechtslage zu reduzieren.[58]

III. Verfahren bei gleichrangigen Geschädigten

§ 118 Abs. 1 enthält nicht nur eine Regelung für Fälle, in denen die Versicherungssumme nicht genügt, um sämtliche Anspruchsberechtigten zu befriedigen, sondern auch eine Regelung, die besagt, wie zu verfahren ist, wenn die Versicherungssumme schon nicht genügt, um gleichrangig Geschädigte zu befriedigen. So können bei mehreren Geschädigten die Schäden bereits im ersten Rang, den Ansprüchen natürlicher Personen wegen Personenschäden (Abs. 1 Nr. 1), so hoch sein, dass die Versicherungssumme überstiegen ist. In einem solchen Fall gilt weder das in Abs. 1 niedergelegte Rangfolgenprinzip, noch das aus dem Vollstreckungsrecht bekannte Prioritätsprinzip. § 118 Abs. 1 ordnet vielmehr das Fortgelten der alten Rechtslage an: Es bleibt, wie schon nach § 156 Abs. 3 S. 1 VVG aF, bei einer gleichmäßigen Befriedigung („bei gleichem Rang nach dem Verhältnis ihrer Beiträge"), wie sie heute § 109 als allgemeine Regel für die Haftpflichtversicherung festschreibt.[59] Die Berechtigung der Forderung richtet sich dabei nach den zivilrechtlichen Haftungs- und Schadenersatzbestimmungen. Soweit für Forderungen von Drittleistungsträgern Deckungsgleichheit (sachliche und zeitliche Kongruenz) Voraussetzung dafür ist, Ansprüche geltend zu machen, gilt dieses auch für die Verteilung.[60]

18

IV. Verteilungsverfahren bei Layerdeckung

Bei Layer-Deckung oder Anschlussversicherung sind im Rahmen des Verteilungsverfahrens nach § 118 VVG zwei verschiedene Situationen zu unterscheiden:

18a

Bei sog. **„einheitlicher Deckung"** kommt § 118 VVG nur zur Anwendung, wenn sämtliche Layer erschöpft sind, nicht bereits dann, wenn für einen einzelnen Layer ein Überschreiten der Deckungssumme anzunehmen ist. Von „einheitlicher Deckung" spricht man, wenn zwei Voraussetzungen vorliegen: Zunächst muss der Deckungsumfang der einzelnen Layer inhaltlich und zeitlich identisch sein (auch „Following Form" mit Bezug auf die Grundversicherung genannt[61]) und die unterschiedliche Haftung der einzelnen Layer sich alleine durch die gebildeten Abschnitte ergeben. Ganz geringfügige Unterschiede im Deckungsumfang schließen dabei die Annahme einer einheitlichen Deckung nicht aus. Zu denken ist etwa an unterschiedliche Selbstbehaltsregelungen in den einzelnen Layern, wenn die Selbstbehalte insgesamt im Verhältnis zu den jeweiligen Deckungssummen unerheblich sind. Weiterhin müssen sich die führenden Versicherer der einzelnen Layer in ihrer Entscheidung ob und inwieweit sie decken wollen, einig sein. Bei „einheitlicher Deckung" wirken die vorrangigen Layer gegenüber den Versicherern nachrangiger Layer wie Selbstbehalte. Es ist ein **gemeinsames, einheitliches Verteilungsverfahren für sämtliche Layer** durchzuführen. Die Pflicht zur Mitwirkung an diesem Verfahren ergibt sich aus dem Abschluss des Versicherungsvertrages mit dem Versicherungsnehmer und ist diesem gegenüber eine Nebenpflicht aus § 241 Abs. 2.

Bei **divergierender Deckung** kann kein einheitliches Verteilungsverfahren durchgeführt werden. Stattdessen sind mehrere Verteilungsverfahren anzustrengen. Dabei sind **„Verteilungsgruppen"** zu bilden. Zu beginnen ist mit denjenigen unmittelbar aufeinander folgenden Layern, die den gleichen Deckungsumfang abdecken. Für sie ist ein gemeinsames Verteilungsverfahren durchzuführen. Im Anschluss findet ein gesondertes Verteilungsverfahren für dasjenige nachfolgende Layer (bzw. diejenigen nachfolgenden Layer) statt, das einen abweichenden Deckungsumfang gewährt/gewähren, zB weil weitere Schadensarten versichert sind. Ausgangspunkt für die verschiedenen Verteilungsverfahren muss in jedem Fall die Grunddeckung sein. Von ihr geht das erste Verteilungsverfahren aus. Dieses umfasst zumindest die Grunddeckung selbst. Sodann ist zu prüfen, ob der erste Exzedent denselben Deckungsumfang aufweist wie die Grunddeckung. Ist dies der Fall, wird der erste Exze-

18b

---

[58] *Huber* in Schwintowski/Brömmelmeyer/Ebers VVG § 118 Rn. 59; *Küppersbusch* FS G. Müller, 2009, 65 (72); krit. *Langheid* in Römer/Langheid, 2. Aufl. 2003, VVG § 156 Rn. 17.
[59] *Jacobsen* in Feyock/Jacobsen/Lemor VVG § 118 Rn. 5; *Schwartze* in Looschelders/Pohlmann VVG § 118 Rn. 6; *Klimke* in Prölss/Martin VVG § 118 Rn. 1; *Freise* VersR 2019, 1259 (1270).
[60] *Jahnke* in Stiefel/Maier VVG § 118 Rn. 32.
[61] *Schaloske* PHi 2012, 166 (168).

dent in dasselbe Verteilungsverfahren einbezogen. Für die weiteren Exzedenten findet dieselbe Prüfung statt. Sobald sich in einem der Layer ein Unterschied im Deckungsumfang oder Deckungsverhalten der beteiligten Versicherer zeigt, ist die Grenze des ersten Verteilungsverfahrens erreicht und ein separates Verfahren anzustrengen. Da der Versicherer die Darlegungs- und Beweislast für ein ordnungsgemäßes Verteilungsverfahren trägt, empfiehlt es sich, zu dokumentieren, dass die Gleichheit des Deckungsumfangs der einzelnen Layer geprüft wurde und welche Kriterien der Prüfung zugrunde lagen.

V. Rangfolge

19 Reicht nach einem Schadensereignis in einer Pflichthaftpflichtversicherung die Versicherungssumme nicht aus, richtet sich die Entscheidung, ob ein Schadensersatzanspruch vom Versicherer in vollem Umfang, nur zum Teil oder gar nicht erfüllt wird, danach, unter welche Fallgruppe der Nr. 1– 5 in § 118 Abs. 1 der jeweilige Sachverhalt fällt. Die **Wahrscheinlichkeit, Ersatz zu erlangen** ist bei Nr. 1 am höchsten, bei Nr. 5 am niedrigsten: Ist nämlich die Versicherungssumme bereits durch Verteilung im ersten Rang erschöpft, gehen sämtliche nachfolgenden Ränge leer aus. Die in § 118 Abs. 1 niedergelegte Rangfolge kommt nur zum Zug, wenn die Versicherungssumme nicht schon durch gleichrangige Befriedigung verbraucht ist (→ Rn. 18).[62]

20 Die Rangfolge des § 118 Abs. 1 ist von **drei Prinzipien** geprägt.
1. Führend ist das **Grundprinzip** von Normen dieser Art: unmittelbar Geschädigten den Vorrang vor Regressgläubigern zu geben (→ Rn. 2). Hinzu kommen zwei besondere Prinzipien:
2. Personenschäden rangieren **vor Sach- und Vermögensschäden** – wohl weil sie regelmäßig einen tiefgreifenderen Einschnitt in die Lebenswelt des Anspruchsberechtigten bedeuten und weil sichergestellt werden soll, dass gerade diese Schäden nicht durch Deckungsrückstellungen des Versicherers für anderweitige im Rahmen des Verteilungsverfahrens zu berücksichtigende Ansprüche nicht, nicht vollständig oder nur mit Verzögerung befriedigt werden;
3. Personen des Privatrechts kommt der **Vorrang** gegenüber Ansprüchen der öffentlichen Hand zu. Aus diesen drei Prinzipien ergibt sich eine Matrix, mit der sich – mit Ausnahme der Reihenfolge der Nr. 3 und 4 – logisch die in § 118 Abs. 1 niedergelegte Rangfolge ergibt.
Mit der Rangfolge ist die **Hoffnung** verbunden, dass zumindest die Ansprüche der im ersten Rang genannten Inhaber **zügiger als bisher befriedigt** werden, weil keine Unklarheit herrscht, ob ihnen gegenüber die Deckungssumme ausreicht. Nach § 156 Abs. 3 VVG aF bzw. nach § 109 in der allgemeinen Haftpflichtversicherung ist die Rechtslage wegen der unterschiedlichen Reichweite der zu beachtenden Befriedigungsvorrechte (→ Rn. 28) weniger übersichtlich.

21 **1. Gemeinsames Merkmal der Nr. 1 und 2.** Die privilegierten Anspruchsinhaber der Nr. 1 und 2 können nach den Nr. 1 und 2 vom Pflichthaftpflichtversicherer nur Ersatz verlangen, soweit er nicht vom Schädiger, einem weiteren Versicherer (also nicht dem Pflichthaftpflichtversicherer des Schädigers, der Normadressat des § 118 ist), einem Sozialversicherungsträger oder einem sonstigen Dritten Ersatz verlangen kann. Dass in Nr. 2 nicht vom „sonstigen Dritten", sondern nur vom „Dritten" die Rede ist, ist offenbar ein Redaktionsversehen, dem keine rechtliche Bedeutung zukommt.[63]

22 Maßgeblich ist jeweils, ob der betreffende Ersatzanspruch **zum Zeitpunkt des Schadenseintritts** besteht, nicht ob der Geschädigte ihn auch tatsächlich geltend macht.[64] Fällt ein Ersatzanspruch der in den Nr. 1 und 2 bezeichneten Art nachträglich durch ein Verhalten des Geschädigten weg oder mindert sich ein solcher Ersatzanspruch (zB Mitverantwortlichkeit des Geschädigten nach § 254 Abs. 2 S. 1 Alt. 3, Obliegenheitsverletzungen, Fristversäumung), müssen sich dies die privilegierten Anspruchsinhaber der Nr. 1 und 2 nicht entgegenhalten lassen. Außerdem müssen die Ansprüche (gegen den Schädiger oder andere) **wirtschaftlich realisierbar** sein.[65] Das folgt aus der Formulierung „Ersatz ihrer Schäden erlangen können". Eine solche Einschränkung ist für die Praktikabilität des § 118 sehr wichtig. Würde sie nicht gemacht, müssten die nach den Nr. 1 und 2 Berechtigten zunächst die Mittel des Vollstreckungsrechts vollständig ausschöpfen, bevor sie auf den Haftpflichtversicherer zugreifen könnten. Das kann von § 118 Abs. 1 ersichtlich nicht gewollt sein, da er auf eine

---

[62] *Schwartze* in Looschelders/Pohlmann VVG § 118 Rn. 7.
[63] *Huber* in Schwintowski/Brömmelmeyer/Ebers VVG § 118 Rn. 14.
[64] *Klimke* in Prölss/Martin VVG § 118 Rn. 4; aA *Beckmann* in Bruck/Möller VVG § 118 Rn. 39: selber Zeitpunkt wie zur Feststellung der Erschöpfung.
[65] *Beckmann* in Bruck/Möller VVG § 118 Rn. 37; *Kreuter* in Halm/Kreuter/Schwab VVG § 118 Rn. 12; *Schwartze* in Looschelders/Pohlmann VVG § 118 Rn. 8; *Klimke* in Prölss/Martin VVG § 118 Rn. 5; *Huber* in Schwintowski/Brömmelmeyer/Ebers VVG § 118 Rn. 21; *Lennartz* in jurisPK-Straßenverkehrsrecht VVG § 118 Rn. 21; kritisch aber *Car* in BeckOK VVG § 118 Rn. 13.

Verbesserung der Rechtsstellung der in Nr. 1 und 2 genannten Anspruchsinhaber abzielt. Wirtschaftlich realisierbar ist eine Forderung vor diesem Hintergrund nur, wenn die Solvenz des anderweitigen Anspruchsgegners gesichert ist. Das kann insbes. bei Ansprüchen gegen den Schädiger und Ansprüchen gegen sonstige Dritte (die dem Wortlaut nach ihrerseits nicht versichert sein müssen) fraglich sein.

Dennoch ist der **Schädiger** dem Wortlaut des § 118 Abs. 1 Nr. 1 und 2 entsprechend grds. als anderweitige Möglichkeit, Ersatz zu erlangen, anzusehen.[66] Der Reformgesetzgeber hat im Gesetzgebungsverfahren eine Stellungnahme des Deutschen Richterbundes, die auf Streichung des Schädigers im Katalog der anderweitigen Ersatzmöglichkeiten abzielte,[67] bewusst unberücksichtigt gelassen. Nur muss im Einzelfall besonders sorgfältig geprüft werden, inwieweit Ersatz realistisch vom Schädiger zu erlangen ist. **23**

Der Fall des **weiteren Versicherers,** der ebenfalls vorrangig in Anspruch zu nehmen ist, betrifft verschiedene Konstellationen: zum einen sind Sachverhalte angesprochen, in denen neben dem Haftpflichtversicherungsschutz auch Kaskoversicherungsschutz besteht. Anders als nach § 109 muss ein unmittelbar Geschädigter seinen Kaskoversicherer vorrangig in Anspruch nehmen und kann nur für Schadensposten, die in der Kaskoversicherung nicht abgedeckt sind, nach § 118 Abs. 1 Nr. 1, 2 vorgehen. Zum anderen betrifft die Fallgruppe des weiteren Versicherers Sachverhalte, in denen es eine Mehrheit von Schädigern gibt, die gesamtschuldnerisch haften. Hier stehen dem Geschädigten regelmäßig mehrere Haftpflichtversicherer zur Verfügung. Reicht die Deckungssumme des Pflichthaftpflichtversicherers des konkret in Anspruch genommenen Schädigers nicht aus, um den entstandenen Schaden auszugleichen, ist es dem Geschädigten durchaus zuzumuten, den Haftpflichtversicherer eines anderen Schädigers in Anspruch zu nehmen, der mit einer höheren Deckungssumme einzutreten hat. Insoweit begründet § 118 Abs. 1 Nr. 1, 2 eine Art Verweisungsprivileg,[68] wie es auch in § 117 Abs. 3 S. 2 für das kranke Versicherungsverhältnis vorgesehen ist (→ § 117 Rn. 34 ff.). Entsprechend deckt sich der Kreis der Haftpflichtversicherer, auf die der Geschädigte nach § 118 Abs. 1 Nr. 1, 2 vorrangig zurückgreifen muss, mit demjenigen, auf den er auch nach § 117 Abs. 3 verwiesen bleibt (→ § 117 Rn. 38 ff.).[69]

Sonstige Dritte sind idR Arbeitgeber, die Entgeltfortzahlung gewährt haben, ein privater Krankenversicherer, oder auch die Bundesanstalt für Arbeit, insoweit sie Arbeitslosengeld gezahlt hat (§ 116 Abs. 10 SGB X).[70]

Die **Einschränkung** der Nr. 1 und 2 dahingehend, dass sie nur greifen, wenn der Anspruchsteller nicht anderweitig Ersatz verlangen kann, ist **misslungen.**[71] Sie bewirkt, dass die in Nr. 1 und 2 genannten Personen für den Fall, dass sie zumindest eine der genannten anderweitigen Ersatzmöglichkeiten haben, nicht vor den Regressgläubigern befriedigt werden, sondern letztrangig unter die Regelung des Nr. 5 fallen. Das bedeutet insbes., dass auch der unmittelbar Geschädigte erst nach allen anderen Anspruchsinhabern befriedigt wird. Dies wäre eine Schlechterstellung gegenüber der alten Rechtslage, nach der es auf die Möglichkeit des Geschädigten, Dritte in Anspruch nehmen zu können, nicht ankam und der Geschädigte immerhin im Verhältnis an der Versicherungssumme beteiligt wurde.[72] **24**

2. Personenschäden (Nr. 1). Vorrangig zu befriedigen sind nach § 118 Abs. 1 Nr. 1 anderweitig nicht abgesicherte Personenschäden. Personenschaden ist in Abgrenzung zu Sach- und reinen Vermögensschäden ein Schaden iSd § 1 Nr. 1 AHB 1999,[73] dh ein Schaden, der durch den Tod, die Verletzung oder Gesundheitsschädigung eines Menschen entstanden ist.[74] Umfasst sind Folgeschäden materieller und immaterieller Art.[75] Zu denken ist an Heilbehandlungskosten, den Ersatz immateriel- **25**

---

[66] *Beckmann* in Bruck/Möller VVG § 118 Rn. 31; *Kreuter* in Halm/Kreuter/Schwab VVG § 118 Rn. 12; *Klimke* in Prölss/Martin VVG § 118 Rn. 7; aA *Huber* in Schwintowski/Brömmelmeyer/Ebers VVG § 118 Rn. 19 ff.
[67] https://www.drb.de/positionen/stellungnahmen/stellungnahme/news/806.
[68] *Huber* in Schwintowski/Brömmelmeyer/Ebers VVG § 118 Rn. 15.
[69] *Kreuter* in Halm/Kreuter/Schwab VVG § 118 Rn. 13.
[70] *Kreuter* in Halm/Kreuter/Schwab VVG § 118 Rn. 15.
[71] *Schwartze* in Looschelders/Pohlmann VVG § 118 Rn. 8; *Huber* in Schwintowski/Brömmelmeyer/Ebers VVG § 118 Rn. 14 ff.
[72] *Schwartze* in Looschelders/Pohlmann VVG § 118 Rn. 8.
[73] *Schwartze* in Looschelders/Pohlmann VVG § 118 Rn. 7; aA *Huber* in Schwintowski/Brömmelmeyer/Ebers VVG § 118 Rn. 11; zum Begriff des Personenschadens auch *Küppersbusch/Höher*, Ersatzansprüche bei Personenschäden, 13. Aufl. 2020, Rn. 41 ff.; *Larenz*, Schuldrecht Allgemeiner Teil, 13. Aufl. 1986, § 29 II e; *v. Rintelen* in Späte/Schimikowski AHB § 1 Rn. 132 ff.
[74] *Beckmann* in Bruck/Möller VVG § 118 Rn. 21; *Schwartze* in Looschelders/Pohlmann VVG § 118 Rn. 7.
[75] *Baumann* in Berliner Kommentar VVG § 149 Rn. 28; *Schwartze* in Looschelders/Pohlmann VVG § 118 Rn. 7.

ler Schäden nach § 253 Abs. 2 BGB, Pflegekosten oder Kosten für den behindertengerechten Umbau von Wohnung oder Auto.[76] Unter Nr. 1 fallen auch Ansprüche auf Verdienstausfall, Beeinträchtigungen in der Haushaltsführung oder die Minderung der Erwerbsfähigkeit, falls diese Folge einer Verletzung sind.[77] **Nicht erfasst** von § 1 Nr. 1 AHB 1999 und damit auch von § 118 Abs. 1 Nr. 1 sind Verletzungen der Ehre und des Allgemeinen Persönlichkeitsrechts, sofern damit nicht Verletzungen, Gesundheitsschäden oder deren Folgeerscheinungen verbunden sind.[78] Anders als das Deliktsrecht in § 823 Abs. 1 BGB knüpft das Haftpflichtversicherungsrecht an bestimmte Schadensarten und nicht an bestimmte Rechtsgutsverletzungen an. Abgrenzungsschwierigkeiten kann die Rspr. klären.

26 Die bevorzugte Befriedigung von Personenschäden gilt auch, wenn diese anderweitig abgesichert sind, diese **Absicherung** aber betragsmäßig **nicht ausreicht**.[79] Hier ist insbes. an Deckungslücken in der Sozialversicherung zu denken, die einzelne Schadensspitzen beim Erwerbsschaden (zB Handverletzung eines Malers), Teile der Heilbehandlungskosten oder Beeinträchtigungen in der Funktion als Haushaltsführer nicht vollständig abdeckt. Anspruchsinhaber nach § 118 Abs. 1 Nr. 1 können **nur natürliche Personen** sein. Das liegt in der Definition des Personenschadens begründet.[80] Tod, Verletzung und Gesundheitsbeschädigung sind bei einer juristischen Person nicht vorstellbar. Grundsätzlich sind die unmittelbar Geschädigten anspruchsberechtigt, im Falle des Todes die Hinterbliebenen. Eine Ausnahme bilden Ansprüche, die **Rentenversicherungsträger** nach § 119 SGB X treuhänderisch für den Verletzten verfolgen. Diese können ebenfalls im ersten Rang geltend gemacht werden, da es sich nicht um Regressansprüche wie bei § 116 SGB X handelt, sondern dem Versicherten bei fremdverschuldeter Arbeitsunfähigkeit bloß aufgrund einer gesetzgeberischen Entscheidung die Aktivlegitimation für den Anspruch auf Ersatz seines Beitragsschadens entzogen und auf den Rentenversicherungsträger als Treuhänder übertragen worden ist.[81] Der Sache nach handelt es sich aber immer noch um die Ansprüche der unmittelbar Geschädigten.

27 **3. Sach- und Vermögensschäden (Nr. 2).** An zweiter Stelle in der Prioritätenliste rangieren Sach- und Vermögensschäden des Geschädigten. Geschädigte im Sinne dieser Vorschrift sind auch bloß **mittelbar Geschädigte**,[82] also dritte Personen, die aufgrund der Verletzung des unmittelbar Geschädigten einen Vermögensschaden erleiden. Die §§ 844 f. BGB führen beispielhaft Ansprüche mittelbar Geschädigter auf.[83]

28 Neben natürlichen Personen können im Rahmen der Nr. 2 nach dessen Wortlaut – anders als nach der Nr. 1 – auch **juristische Personen** des Privatrechts Anspruchsinhaber sein.[84] Sozialversicherungsträger sind sachlogisch nicht in den Kreis der Anspruchsinhaber nach Nr. 2 aufgenommen, da sie nur Ersatz für Personenschäden leisten. Umstritten ist, ob juristische Personen des öffentlichen Rechts zumindest im Wege der Analogie von Nr. 2 erfasst werden, oder ob diese nur unter die Nr. 5 fallen. Teilweise wird geltend gemacht, § 118 Abs. 1 Nr. 2 müsse zumindest im Wege der Analogie für juristische Personen des öffentlichen Rechts gelten, da es unbillig sei, wenn diese erst nach den Regressgläubigern befriedigt würden.[85] Gedacht wird dabei an den Fall, dass neben privaten Pkw solche der öffentlichen Hand in einen Verkehrsunfall verwickelt sind. Einer Analogie zugunsten juristischer Personen der öffentlichen Hand ist jedoch eine starke Strömung im Schrifttum mit Recht entgegengetreten.[86] Ein zwingender Grund, warum Ansprüche juristischer Personen des öffentlichen Rechts im Rang hinter den Ansprüchen privater Personen und den Ansprüchen der Regressgläubiger stehen sollen, drängt sich zwar nicht auf. Dennoch sprechen die besseren Gründe dafür, anzunehmen, dass Ansprüche öffentlicher Dienstherren unter Nr. 5 zu subsumieren sind. Schon der klare Wortlaut der Nr. 2 („juristische Personen des Privatrechts") steht einem Analogie-

---

[76] *Brand*, Schadensersatzrecht, 3. Aufl. 2021, § 12 Rn. 11 f.; *Küppersbusch/Höher*, Ersatzansprüche bei Personenschäden, 13. Aufl. 2020, Rn. 262 ff.; im Überblick *Baumann* in Berliner Kommentar VVG § 149 Rn. 28; *Huber* in Schwintowski/Brömmelmeyer/Ebers VVG § 118 Rn. 10.
[77] OLG Hamm VersR 1994, 301; *Klimke* in Prölss/Martin VVG § 118 Rn. 2; *Lennartz* in jurisPK-Straßenverkehrsrecht VVG § 118 Rn. 19; *Bauer* VersR 1986, 1011.
[78] Wie hier *Klimke* in Prölss/Martin VVG § 118 Rn. 3; *v. Rintelen* in Späte/Schimikowski AHB § 1 Rn. 131, 137; aA *Beckmann* in Bruck/Möller VVG § 118 Rn. 21; *Huber* in Schwintowski/Brömmelmeyer/Ebers VVG § 118 Rn. 11, Verletzungen des Persönlichkeitsrechts generell.
[79] *Huber* in Schwintowski/Brömmelmeyer/Ebers VVG § 118 Rn. 9 f.
[80] *Schwartze* in Looschelders/Pohlmann VVG § 118 Rn. 7.
[81] BGH VersR 2008, 513; *Jahnke* in Stiefel/Maier VVG § 118 Rn. 20.
[82] *Klimke* in Prölss/Martin VVG § 118 Rn. 3 *Lennartz* in jurisPK-Straßenverkehrsrecht VVG § 118 Rn. 25.
[83] *Brand*, Schadensersatzrecht, 3. Aufl. 2021, § 4 Rn. 3 ff.
[84] *Schwartze* in Looschelders/Pohlmann VVG § 118 Rn. 7.
[85] *Huber* in Schwintowski/Brömmelmeyer/Ebers VVG § 118 Rn. 12 f.
[86] Wie hier auch *Schimikowski* in HK-VVG § 118 Rn. 2; *Schwartze* in Looschelders/Pohlmann VVG § 118 Rn. 7; *Klimke* in Prölss/Martin VVG § 118 Rn. 4.

schluss entgegen. Auch von Sinn und Zweck her erscheint eine Gleichordnung der Ansprüche juristischer Personen des öffentlichen Rechts mit Ansprüchen natürlicher Personen fragwürdig. Sinn der Neukonzeption des § 118 war es gerade, den Ansprüchen von Privatpersonen den Vorrang vor öffentlichen Ersatzansprüchen einzuräumen, nicht diese nur gleichrangig nach dem Muster des § 156 Abs. 3 VVG aF zu befriedigen. Mag dabei auch an die Beteiligung von Pkw im Eigentum der öffentlichen Hand nicht gedacht worden sein, so ist diese doch in geringerem Maße schutzbedürftig als privatrechtliche Anspruchsinhaber. Wortlaut und Normzweck lassen es entsprechend an der Planwidrigkeit der Regelungslücke fehlen.

In der **Kfz-Haftpflichtversicherung** muss gem. Nr. 1 lit. b der Anlage zu § 4 Abs. 2 PflVG **29** auch bei pauschal vereinbarter Versicherungssumme ein Betrag von mindestens 1 Mio. EUR als Mindestversicherungssumme für die Abdeckung von Sachschäden zur Verfügung stehen. Diese Summe steht in jedem Fall den nach § 118 Abs. 1 im zweiten Rang Berechtigten zur Verfügung. Reicht diese Summe nicht aus, um den entstandenen Schaden abzudecken, ist ein Verteilungsverfahren durchzuführen.

4. Regressansprüche (Nr. 3 und 4). An dritter Stelle sind anspruchsberechtigt der **Arbeitge- 30 ber,** auf den der Anspruch durch Legalzession nach § 6 EFZG oder im Wege der Abtretung übergangen ist, und der **private Versicherer,** auf den der Ersatzanspruch des Geschädigten nach § 86 oder anderweitig durch Abtretung übergangen ist. Als Versicherer, die nach § 118 Abs. 1 Nr. 3 vorgehen können, kommen neben Sachversicherern vor allem private Krankenversicherer, Voll- und Teilkaskoversicherer, Schutzbriefversicherer und Rechtsschutzversicherer in Betracht, soweit sie Ersatz geleistet haben.[87] Anders als nach den Nr. 1 und 2 findet eine weitere Differenzierung danach, ob Ersatz für Personen- oder Sachschäden geleistet wurde, nicht mehr statt.

Erst an vierter Stelle können **Sozialversicherungsträger** Ansprüche geltend machen, die auf **31** sie gem. § 116 SGB X übergegangen sind.[88] Prekär ist insoweit, dass die Ansprüche des geschädigten Dritten auf sämtliche Sozialversicherungsträger (zB gesetzliche Kranken- und Unfallversicherer, Knappschaftsversicherer etc) zum Zeitpunkt des Ereignisses, das die Haftpflicht auslöst, zeitgleich übergehen, so dass die verschiedenen Träger als Anspruchsinhaber aus übergegangenem Recht gleichrangig nebeneinander stehen. Hier ist die Gefahr, nur noch anteilig befriedigt zu werden, groß. Die Regelung des § 118 Abs. 1 Nr. 4 ist iÜ **teleologisch zu reduzieren.** Der Reformgesetzgeber hat offenbar übersehen,[89] dass iRd § 116 SGB X nach dessen Abs. 3 die Ansprüche des Sozialversicherungsträgers denjenigen des unmittelbar Geschädigten gleichgestellt sind, wenn diesen eine Mitverantwortlichkeit iSd § 254 BGB trifft. Das Quotenvorrecht des SGB-Versicherten greift dann nicht. Diese Wertung ist auch iRd § 118 zu berücksichtigen. In Fällen der Mitverantwortlichkeit eines vorrangig Berechtigten ist dieser als gleichrangig mit dem Sozialversicherungsträger anzusehen und entsprechend ein Verteilungsverfahren unter Gleichrangigen durchzuführen (→ Rn. 18).[90]

Nach der Struktur des § 118 Abs. 1 hat der Regress privater Versicherer gegenüber dem der **32** Sozialversicherungsträger Vorrang. Ein überzeugender Grund dafür ist nicht ersichtlich, da der private Versicherer sein Risiko über eine im Wesentlichen frei kalkulierbare Prämie zu Marktbedingungen absichern kann, was dem Sozialversicherungsträger nicht möglich ist. Es hätte daher eine umgekehrte Reihung näher gelegen. Möglicherweise hat sich der Reformgesetzgeber davon leiten lassen, dass das Quotenvorrecht des Versicherungsnehmers im Privatversicherungsrecht nicht so weit reicht wie im Sozialversicherungsrecht.

5. Sonstige Ansprüche (Nr. 5). Unter „sonstigen Ansprüchen" iSd § 118 Abs. 1 Nr. 5 sind **33** insbes. auch Ansprüche öffentlicher Dienstherren zu verstehen.[91] Da Leistungsnachträger nach BVG und OEG keine Sozialversicherungsträger sind, gehören ihre Ansprüche ebenfalls in den fünften Rang.[92]

6. Unterschiede zur Rechtslage in der allgemeinen Haftpflichtversicherung. Keine 34 Unterschiede zur Rechtslage in der allgemeinen Haftpflichtversicherung ergeben sich nach dem in § 118 niedergelegten Rangfolgenprinzip, wenn lediglich eine unmittelbar geschädigte (natürliche oder juristische) **Person des Privatrechts und** ein Regressgläubiger, etwa ein **Sozialversiche-**

---

[87] *Kreuter* in Halm/Kreuter/Schwab VVG § 118 Rn. 17.
[88] *Schimikowski* in HK-VVG § 118 Rn. 2; *Schwartze* in Looschelders/Pohlmann VVG § 118 Rn. 8.
[89] So auch *Kreuter* in Halm/Kreuter/Schwab VVG § 118 Rn. 25; instruktiv zur Wirkweise des § 116 Abs. 3 SGB X: *Hessert* VersR 1997, 39 (40).
[90] Wie hier *Klimke* in Prölss/Martin VVG § 118 Rn. 8; *Kreuter* in Halm/Kreuter/Schwab VVG § 118 Rn. 25; aA *Car* in BeckOK VVG § 118 Rn. 21.
[91] *Schimikowski* in HK-VVG § 118 Rn. 2; *Schirmer* in Marlow/Spuhl Neues VVG Rn. 734; *Schirmer* ZVersWiss Supplement 2006, 427 (447).
[92] *Jahnke* in Stiefel/Maier VVG § 118 Rn. 30.

rungsträger, um die Verteilung einer unzureichenden Deckungssumme in der Pflichthaftpflichtversicherung ringen. Sowohl nach § 118 Abs. 1 wie auch nach § 109 wird vorrangig der unmittelbar Geschädigte befriedigt. Der Sozialversicherungsträger erhält nur Ersatz, insoweit nach Befriedigung des unmittelbar Geschädigten noch Deckungsmasse vorhanden ist.[93] Bei § 118 Abs. 1 liegt das daran, dass der unmittelbar Geschädigte mit seinen Ansprüchen, was Personen- und Sachschäden anbelangt (Nr. 1 und 2) dem Sozialversicherungsträger im Rang vorgeht, bei § 109 am Befriedigungsvorrecht des Geschädigten nach § 116 Abs. 4 SGB X, das auch hinsichtlich nicht-kongruenter Ansprüche im Rahmen des Verteilungsverfahrens zu berücksichtigen ist.[94]

35 Stehen einander eine unmittelbar geschädigte (natürliche oder juristische) **Person des Privatrechts und** ein **Privatversicherer** als Anspruchsinhaber gegenüber, ist zu beachten, dass das Befriedigungsvorrecht des Geschädigten nur hinsichtlich des sachlich kongruenten Teils des Schadens gilt, § 86 Abs. 1 S. 2. Das hat zur Folge, dass die Rechtslage nach § 118 von der in der allgemeinen Haftpflichtversicherung nach § 109 zugunsten des unmittelbar Geschädigten abweicht. In der Pflichthaftpflichtversicherung steht der Privatversicherer nach Einführung des § 118 grds. wie der Sozialversicherungsträger (dem gegenüber er freilich im Rang vorgeht, Nr. 3 und 4): Er erhält nur Ersatz, insoweit nach Befriedigung des unmittelbar Geschädigten noch Teile der Versicherungssumme zur Gläubigerbefriedigung zur Verfügung stehen. In der allgemeinen Haftpflichtversicherung wird der Privatversicherer auf Grundlage von § 109 mit seiner Regressforderung hinsichtlich des nicht-kongruenten Teils des Schadens dem unmittelbar Geschädigten gleichgestellt. Es kommt insoweit zu einer gleichrangigen Befriedigung, die bewirkt, dass der unmittelbar Geschädigte mit einem Teil seiner Forderung ausfällt. Die Einführung des § 118 in das Recht der Pflichthaftpflichtversicherung hat für diese Konstellation also zu einer Verbesserung der Rechtsstellung des unmittelbar Geschädigten geführt.

36 Die Einführung des § 118 hat die Rechtslage auch in Fällen geändert, in denen **mehrere Geschädigte und** ein **Regressgläubiger** um eine unzureichende Deckungssumme konkurrieren.[95] Bei paritätischer Verteilung nach § 109 werden unmittelbar geschädigte Personen des Privatrechts, hinter denen kein Regressgläubiger steht (nicht versicherte Geschädigte), im Verhältnis zu unmittelbar geschädigten Personen des Privatrechts, die Sozial- oder Privatversicherungsschutz genießen, zurückgesetzt. Ihnen gegenüber bleibt das Befriedigungsvorrecht des Geschädigten aus § 86 Abs. 1 S. 2 bzw. § 116 Abs. 4 SGB X unberücksichtigt. Das bedeutet, dass der versicherte Geschädigte vollen Ersatz erhält, während der nicht versicherte Geschädigte und der Regressgläubiger paritätisch anteilig Ersatz erhalten.[96] Nach § 118 bleibt der nachrangig zu befriedigende Regressgläubiger außer Betracht, solange die unmittelbar Geschädigten noch nicht vollständig befriedigt sind. Das führt zu einer Besserstellung des nicht versicherten privaten Anspruchsinhabers gegenüber der Rechtslage in der Pflichthaftpflichtversicherung vor dem 1.1.2008 und der jetzigen Rechtslage in der allgemeinen Haftpflichtversicherung.

D. Rechtsfolgen

I. Ausschluss nachträglich angemeldeter Ansprüche (Abs. 2)

37 **1. Nachträgliche Anmeldung des Anspruchs.** Die Regelung des § 118 Abs. 2 **entspricht** derjenigen des § 109 S. 2 in der allgemeinen Haftpflichtversicherung. Die Vorschrift erfasst zwei Fälle: denjenigen, dass sich nach Abschluss des Verteilungsverfahrens ein weiterer Anspruchsberechtigter (Geschädigter) meldet, um Ansprüche geltend zu machen, und denjenigen, dass ein bereits bekannter Anspruchsberechtigter neue Ansprüche geltend macht oder bereits geltend gemachte Ansprüche erhöht.[97] Das kann etwa der Fall sein, weil Spätfolgen eines Unfalls offenbar werden oder weil der Geschädigte erst nach Abschluss des Verteilungsverfahrens bemerkt, dass er selbst anspruchsberechtigt ist bzw. dass ihm weitere Ansprüche zustehen (zB bei falscher Einschätzung der sachlichen Kongruenz durch einen Sozialversicherungsträger). In beiden Fällen gehen die

---

[93] Für ein Rechenbeispiel s. *Huber* in Schwintowski/Brömmelmeyer/Ebers VVG § 118 Rn. 25.
[94] BGH VersR 1975, 558 (560); *Denck* VersR 1987, 629 (632); *Hessert* VersR 1997, 39 (42); aA *v. Rintelen* in Späte/Schimikowski AHB § 1 Rn. 388; *Deinhart* VersR 1984, 697 (700).
[95] Sehr einleuchtendes Rechenbeispiel wiederum bei *Huber* in Schwintowski/Brömmelmeyer/Ebers VVG § 118 Rn. 32 ff.; ein Fallbeispiel zur Rechtslage im Recht der allgemeinen Haftpflichtversicherung auch bei *Johannsen* in Bruck/Möller, 8. Aufl., Bd. IV, Kap. B Anm. 97.
[96] Dazu mit Fallbeispiel *Wenke* VersR 1983, 900; wie hier ferner *Car* in BeckOK VVG § 118 Rn. 7.
[97] Dazu schon Motive zum VVG S. 639; *Baumann* in Berliner Kommentar VVG § 156 Rn. 58; *Huber* in Schwintowski/Brömmelmeyer/Ebers VVG § 118 Rn. 39.

Anspruchsberechtigten dem Versicherer gegenüber leer aus, wenn der Versicherer mit dieser nachträglichen Meldung nicht rechnete und nicht rechnen musste.

Abgeschlossen ist das **Verteilungsverfahren,** nachdem die Versicherungssumme durch tatsächliche Auszahlung an die Berechtigten vollständig verbraucht ist, nicht etwa schon dann, wenn ein Verteilungsplan aufgestellt worden ist, oder der Versicherer seine Berechnungen abgeschlossen hat.[98] Ist die Versicherungssumme noch nicht ausgezahlt, gilt § 118 Abs. 2 nicht. Der Versicherer muss sich entsprechend unabhängig von seinem Verschulden so behandeln lassen, als ob der Geschädigte sich rechtzeitig gemeldet hätte.[99] Das bedeutet für eine Meldung während der Auszahlung, dass diese unverzüglich nach Eingang der Meldung anzuhalten ist. Für den nicht ausgezahlten Betrag ist ein neuer Verteilungsplan unter Berücksichtigung der Rangordnung nach Abs. 1 zu erstellen. Reichen die vorhandenen Mittel noch, muss die neue Forderung so berücksichtigt werden, als ob sie rechtzeitig angemeldet worden sei.[100] Der nachmeldende Anspruchsinhaber ist mit einer entsprechenden Quote zu befriedigen; die Ansprüche der bisherigen Gläubiger sind bei noch ausstehenden Auszahlungen im notwendigen Verhältnis zu kürzen. Bereits erfolgte Auszahlungen an die bisherigen Gläubiger – insbes. bei Rentenansprüchen – sind nicht betroffen.[101] **38**

Nach dem Wortlaut des Abs. 2 gilt der Ausschluss nur für den Fall, dass ein vorrangig Berechtigter sich erst nach der Befriedigung der nachrangig Berechtigten meldet. Entgegen dem unglücklich geratenen Wortlaut soll Abs. 2 aber auch den Fall erfassen, dass sich ein **gleichrangig Berechtigter** zu spät meldet, zB wenn eine natürliche Person einen Sachschaden (§ 118 Abs. 1 Nr. 2) erst meldet, nachdem die Versicherungssumme bereits an andere natürliche Personen und juristische Personen des Privatrechts, die einen Sachschaden erlitten haben (ebenfalls § 118 Abs. 1 Nr. 2), ausgezahlt worden ist.[102] Dass § 118 Abs. 2 auch für gleichrangig Berechtigte gilt – und nicht etwa eine Analogie zu § 109 S. 2[103] –, ergibt sich aus dem Sinn und Zweck der Regelung. Ein Ausschluss des Anspruchs für gleichrangig zu befriedigende Anspruchsinhaber war schon in § 156 Abs. 3 S. 2 VVG aF geregelt. Eine Befriedigungsrangfolge war damals noch unbekannt. § 118 erweitert die Regelung des § 156 Abs. 3 S. 2 VVG aF um einen Ausgleichsmechanismus für Ansprüche unterschiedlichen Ranges. Es ist jedoch nicht ersichtlich, dass der Reformgesetzgeber von 2007 mit § 118 die Regeln für den Ausgleich unter gleichrangig Berechtigten außer Kraft setzen wollte; er wollte sie lediglich ergänzen.[104] Das wird schon in § 118 Abs. 1 Hs. 1 deutlich, der sich ausdrücklich auf gleichrangig wie auf vorrangig Berechtigte bezieht und somit den Anwendungsbereich der gesamten Norm – auch des Abs. 2 – definiert. Daher bleibt die alte Rechtslage hinsichtlich gleichrangig Berechtigter bestehen. § 118 Abs. 2 gilt auch für sie. Der verunglückte Wortlaut ist bei Gelegenheit zu bereinigen. **39**

2. Verschulden des Versicherers. Der Anspruchsberechtigte, der sich nachträglich meldet, kann noch Berücksichtigung finden, sollte der Versicherer mit der Geltendmachung des Anspruchs gerechnet haben oder hätte er mit ihr rechnen müssen. **Nicht** mit der Anmeldung des Anspruchs **rechnen musste der Versicherer,** wenn aus seiner Sicht im Zuge der Schadensbearbeitung keine Anhaltspunkte dafür vorliegen, dass es noch weitere Geschädigte gibt.[105] Grundsätzlich trifft den Versicherer insoweit keine Erkundungspflicht,[106] da nach § 119 Abs. 1 der Geschädigte aktiv werden muss.[107] **40**

---

[98] *Jacobsen* in Feyock/Jacobsen/Lemor VVG § 118 Rn. 7; *Schwartze* in Looschelders/Pohlmann VVG § 118 Rn. 10; *Klimke* in Prölss/Martin VVG § 118 Rn. 8; *Langheid* in Römer/Langheid, 2. Aufl. 2003, VVG § 156 Rn. 25; *Huber* in Schwintowski/Brömmelmeyer/Ebers VVG § 118 Rn. 41; aA *Baumann* in Berliner Kommentar VVG § 156 Rn. 60.

[99] *Langheid* in Römer/Langheid, 2. Aufl. 2003, VVG § 156 Rn. 22.

[100] *Klimke* in Prölss/Martin VVG § 118 Rn. 9; *Huber* in Schwintowski/Brömmelmeyer/Ebers VVG § 118 Rn. 41; *Huber* VersR 1986, 851; krit. *Baumann* in Berliner Kommentar VVG § 156 Rn. 60.

[101] BGH VersR 1980, 132; 1980, 817; *Baumann* in Berliner Kommentar VVG § 155 Rn. 31; *Langheid* in Römer/Langheid, 2. Aufl. 2003, VVG § 155 Rn. 10; *Huber* in Schwintowski/Brömmelmeyer/Ebers VVG § 118 Rn. 41.

[102] Wie hier *Beckmann* in Bruck/Möller VVG § 118 Rn. 43; *Langheid* in Langheid/Rixecker VVG § 118 Rn. 4; *Dallwig* in Staudinger/Halm/Wendt VVG § 118 Rn. 9; *Lennartz* in jurisPK-Straßenverkehrsrecht VVG § 118 Rn. 29.

[103] So aber *Klimke* in Prölss/Martin VVG § 118 Rn. 9; erwägend auch *Car* in BeckOK VVG § 118 Rn. 17.

[104] *Schwartze* in Looschelders/Pohlmann VVG § 118 Rn. 10; *Langheid* in Langheid/Rixecker VVG § 118 Rn. 4.

[105] OLG München r+s 2003, 388; *Beckmann* in Bruck/Möller VVG § 118 Rn. 44; *Jacobsen* in Feyock/Jacobsen/Lemor VVG § 118 Rn. 8; *Langheid* in Römer/Langheid, 2. Aufl. 2003, VVG § 156 Rn. 26; *Huber* in Schwintowski/Brömmelmeyer/Ebers VVG § 118 Rn. 58.

[106] *Langheid* in Römer/Langheid, 2. Aufl. 2003, VVG § 156 Rn. 26; *Huber* in Schwintowski/Brömmelmeyer/Ebers VVG § 118 Rn. 44.

[107] *Schwartze* in Looschelders/Pohlmann VVG § 118 Rn. 11; *Lennartz* in jurisPK-Straßenverkehrsrecht VVG § 118 Rn. 30.

41 Die **Darlegungs- und Beweislast** trifft den Versicherer.[108] Die Anforderungen dürfen dabei nicht überspannt werden.[109] Für den Verschuldensmaßstab des Versicherers gilt zwar § 276 Abs. 2 BGB ggf. iVm § 278 BGB.[110] Im Wege einer Interessenabwägung wirkt sich auf den konkret zu beachtenden Sorgfaltsmaßstab indes aus, dass die übrigen Anspruchsberechtigten ein schützenswertes Interesse an einer schnellen Durchführung des Verteilungsverfahrens haben. Dieses Interesse muss der Versicherer in seinem Regulierungsverhalten berücksichtigen, so dass ihm entgegen einer im Schrifttum vertretenen Auffassung[111] nicht jede leichte Fahrlässigkeit schadet.[112] Das hat schon der historische Gesetzgeber zu § 156 Abs. 3 S. 2 VVG aF, dem Normvorgänger des § 118 Abs. 2, so gesehen, indem er dem Versicherer lediglich diejenige Sorgfalt abverlangte, die „unter den Umständen des besonderen Falles von einem vernünftigen und praktischen Versicherer verlangt und angewendet wird".[113]

42 Kann sich der **Versicherer nicht entlasten,** muss er den Geschädigten so stellen, als hätte dieser sich zu dem Zeitpunkt gemeldet, zu dem der Versicherer mit einer Anspruchsanmeldung hätte rechnen müssen. Die geltend gemachten Ansprüche sind ihrem Rang entsprechend in das Verteilungsverfahren einzubeziehen und zu befriedigen.[114]

43 **3. Bereicherungsrechtlicher Ausgleich.** Unabhängig davon, dass er seine Ansprüche beim Versicherer zu spät geltend gemacht hat und deswegen mit ihnen ausgefallen ist, kann sich der Berechtigte an den Versicherungsnehmer als Schädiger halten.[115] § 118 hat keinen Einfluss auf den Haftpflichtanspruch des Berechtigten. Fraglich ist jedoch, ob er sich auch an die anderen Geschädigten halten kann. Zu diesem Problem hat sich ein buntes Kaleidoskop an Meinungen herausgebildet. ZT wird ein Anspruch aus § 816 Abs. 2 BGB aufgrund fehlenden Rechtsgrundes für eine Vermögensverschiebung zugunsten des „überentschädigten" Dritten angenommen.[116] Die Gegenansicht bezweifelt, dass es tatsächlich an einem Rechtsgrund für die Vermögensverfügung mangelt.[117] Wieder andere wollen einen Anspruch aus § 816 Abs. 2 BGB mit Blick auf das Befriedigungsvorrecht unmittelbar Geschädigter nur dann bejahen, sofern er sich gegen einen Sozialversicherungsträger richtet[118] oder sofern es um einen Direktanspruch geht, der gegen den Versicherer geltend gemacht worden ist.[119]

Tatsächlich ist § 816 Abs. 2 BGB direkt nicht anwendbar.[120] Dessen tatbestandliche Voraussetzungen liegen nicht vor. Die Berechtigten, die der Versicherer entschädigt hat, sind keine Nichtberechtigten. Das folgt aus § 118 Abs. 2. Außerdem muss sich der Berechtigte, der unbefriedigt geblieben ist, die Verfügung an die übrigen Berechtigten entgegenhalten lassen, weil § 118 Abs. 2 dem Versicherer das Recht zu dieser Verfügung einräumt. Auch wertungsmäßig erscheint ein Bereicherungsanspruch verfehlt. Der Geschädigte hat es selbst in der Hand, seine Ansprüche rechtzeitig anzumelden. Versäumt er dies, ist nicht einsichtig, warum die übrigen Berechtigten ihn dafür schadlos halten sollen.

---

[108] *Langheid* in Römer/Langheid, 2. Aufl. 2003, VVG § 156 Rn. 26; *Klimke* in Prölss/Martin VVG § 118 Rn. 10; *Huber* in Schwintowski/Brömmelmeyer/Ebers VVG § 118 Rn. 74; *Jacobsen* in Feyock/Jacobsen/Lemor VVG § 118 Rn. 8; *Pardey*, Berechnung von Personenschäden, 4. Aufl. 2010, Rn. 839.
[109] *v. Rintelen* in Späte/Schimikowski AHB § 1 Rn. 391.
[110] *Beckmann* in Bruck/Möller VVG § 118 Rn. 44; *Baumann* in Berliner Kommentar VVG § 156 Rn. 59; *Huber* in Schwintowski/Brömmelmeyer/Ebers VVG § 118 Rn. 57; *Jahnke* in Stiefel/Maier VVG § 118 Rn. 35; *Schimikowski* in HK-VVG § 118 Rn. 3; *Schwartze* in Looschelders/Pohlmann VVG § 118 Rn. 11.
[111] *Jahnke* in Stiefel/Maier VVG § 118 Rn. 35; *Beckmann* in Bruck/Möller VVG § 118 Rn. 44; *Wenke* VersR 1983, 901.
[112] *Johannsen* in Bruck/Möller, 8. Aufl., Bd. IV, Kap. B Anm. 98; *Klimke* in Prölss/Martin VVG § 118 Rn. 10; *Dallwig* in FAKomm VersR § 118 Rn. 10; *Mack/Terrahe* PHi 2005, 29 (33).
[113] Motive zum VVG S. 639 zurückgehend auf RGZ 158, 284 ff.
[114] *Kreuter* in Halm/Kreuter/Schwab VVG § 118 Rn. 27.
[115] *Baumann* in Berliner Kommentar VVG § 156 Rn. 58; *Schwartze* in Looschelders/Pohlmann VVG § 118 Rn. 12.
[116] *Johannsen* in Bruck/Möller, 8. Aufl., Bd. IV, Kap. B Anm. 101; *Huber* in Schwintowski/Brömmelmeyer/Ebers VVG § 118 Rn. 67 f.
[117] *Baumann* in Berliner Kommentar VVG § 156 Rn. 58; *Klimke* in Prölss/Martin VVG § 118 Rn. 12; *Sieg* Haftpflichtversicherung S. 181 f.; *v. Rintelen* in Späte/Schimikowski AHB § 1 Rn. 390; *Schwartze* in Looschelders/Pohlmann VVG § 118 Rn. 12; *Kreuter* in Halm/Kreuter/Schwab VVG § 118 Rn. 24; *Küppersbusch* FS G. Müller, 2009, 65 (74); immerhin zweifelnd *Langheid* in Römer/Langheid, 2. Aufl. 2003, VVG § 156 Rn. 27.
[118] *Hessert* VersR 1997, 39 (42).
[119] *Stiefel/Hofmann,* Kraftfahrtversicherung, 17. Aufl. 2000, AKB § 10 Rn. 118.
[120] Wie hier *Beckmann* in Bruck/Möller VVG § 118 Rn. 46; *Dallwig* in Staudinger/Halm/Wendt VVG § 118 Rn. 11.

II. Verstoß gegen die Rangfolge (Abs. 1)

Hat der Versicherer bei seiner Auszahlung die Rangfolge des § 118 Abs. 1 missachtet, obwohl 44
kein Fall des Ausschlusses nach Abs. 2 vorliegt, kann sich der Versicherer **nicht auf die Erschöpfung
der Deckungssumme** durch vollständige Auszahlung **berufen.** Er bleibt dem übergangenen
Anspruchsberechtigten nach Maßgabe des Ranges, den dessen Forderung einnimmt, weiterhin zur
Auszahlung verpflichtet.[121]

Leistet der Versicherer auf diese Forderung, befreit er den Versicherungsnehmer ohne Rechts- 45
grund über die Deckungssumme hinaus von seiner Haftpflichtschuld dem geschädigten Dritten
gegenüber. Daher kann der **Versicherer gegen** den **Versicherungsnehmer** nach § 812 Abs. 1 S. 1
Alt. 1 BGB vorgehen.[122] Dabei trägt er dessen Insolvenzrisiko. **Gegen die anderen Anspruchsberechtigten,** die mehr erhalten haben, als ihnen bei Berücksichtigung des Dritten als Quote zugestanden hätte, kann der Versicherer dann bereicherungsrechtlich nach § 812 Abs. 1 S. 1 Alt. 1 BGB
vorgehen, wenn er bei Zahlung einen entsprechenden Vorbehalt gemacht oder das Verteilungsverfahren offengelegt hat.[123] Ein solcher Vorbehalt wird sich wohl als Standard der Abwicklungspraxis
durchsetzen – zumindest gegenüber Anspruchsinhabern der Ränge Nr. 3–5, bei denen eine übermäßige Befriedigung praktisch relevant werden kann.

Eine **Leistungspflicht, die über die Deckungssumme** hinausgeht, besteht jedoch nur 46
gegenüber dem geschädigten Dritten, nicht gegenüber dem Versicherungsnehmer.[124] Im Innenverhältnis ist der Versicherer dem Versicherungsnehmer gegenüber allerdings zu dieser Leistung berechtigt, da seine Regulierungsvollmacht (Ziff. 5.2 AHB 2008) auch eine über die Deckungssumme
hinausgehende Schadensregulierung umfasst.[125]

E. Übergangsrecht

Für Altverträge, also Verträge, die vor dem 1.1.2008 abgeschlossen worden sind, gilt § 118 nicht 47
bzgl. Schadensereignissen, die vor dem 1.1.2009 eingetreten sind. Stattdessen ist nach Maßgabe des
Art. 1 Abs. 2 EGVVG § 156 Abs. 3 VVG aF anzuwenden.[126]

F. Abdingbarkeit

§ 118 ist, wie sämtliche Vorschriften der Pflichthaftpflichtversicherung, **nicht** zu Lasten des 48
Versicherungsnehmers, der (mit-)versicherten Personen oder des geschädigten Dritten **abdingbar**
(→ Vor § 113 Rn. 22).

§ 119 Obliegenheiten des Dritten

**(1) Der Dritte hat ein Schadensereignis, aus dem er einen Anspruch gegen den Versiche-
rungsnehmer oder nach § 115 Abs. 1 gegen den Versicherer herleiten will, dem Versicherer
innerhalb von zwei Wochen, nachdem er von dem Schadensereignis Kenntnis erlangt hat,
in Textform anzuzeigen; zur Fristwahrung genügt die rechtzeitige Absendung.**

**(2) Macht der Dritte den Anspruch gegen den Versicherungsnehmer gerichtlich geltend,
hat er dies dem Versicherer unverzüglich in Textform anzuzeigen.**

**(3) ¹Der Versicherer kann von dem Dritten Auskunft verlangen, soweit sie zur Feststellung
des Schadensereignisses und der Höhe des Schadens erforderlich ist. ²Belege kann der**

---

[121] *Jacobsen* in Feyock/Jacobsen/Lemor VVG § 118 Rn. 9.
[122] *Beckmann* in Bruck/Möller VVG § 118 Rn. 50; *Dallwig* in Staudinger/Halm/Wendt VVG § 118 Rn. 12; *v. Rintelen* in Späte/Schimikowski AHB § 1 Rn. 390; *Sieg* Haftpflichtversicherung S. 217; *Huber* in Schwintowski/Brömmelmeyer/Ebers VVG § 118 Rn. 65; aA *Baumann* in Berliner Kommentar VVG § 156 Rn. 61.
[123] *Johannsen* in Bruck/Möller, 8. Aufl., Bd. V/1, Kap. B Anm. 100; *Klimke* in Prölss/Martin VVG § 118 Rn. 13; *v. Rintelen* in Späte/Schimikowski AHB § 1 Rn. 390; *Baumann* in Berliner Kommentar VVG § 156 Rn. 61; *Schwartze* in Looschelders/Pohlmann VVG § 118 Rn. 13.
[124] *Schwartze* in Looschelders/Pohlmann VVG § 118 Rn. 14.
[125] BGH NJW 1970, 1119; *Langheid* in Römer/Langheid, 2. Aufl. 2003, VVG § 156 Rn. 24; *Schwartze* in Looschelders/Pohlmann VVG § 118 Rn. 14.
[126] *Jacobsen* in Feyock/Jacobsen/Lemor VVG § 118 Rn. 2.

§ 119   Teil 2. Einzelne Versicherungszweige. Kap. 1. Haftpflichtversicherung

Versicherer insoweit verlangen, als deren Beschaffung dem Dritten billigerweise zugemutet werden kann.

Übersicht

	Rn.			Rn.
A. Einführung	1	2.	Fristgerechter Zugang	15
I. Inhalt und Zweck der Regelung	1	3.	Inhalt und Form der Anzeige	16
II. Entstehungsgeschichte	5	C.	Auskunfts- und Belegpflicht	17
III. Anwendungsbereich	7	I.	Auskunftspflicht	18
1. Früheres Recht	7	1.	Gegenstand	18
2. Geltendes Recht	8	2.	Grenzen der Auskunftspflicht	19
B. Anzeigepflicht	10	II.	Belegpflicht	20
I. Anzeige des Schadensereignisses	10	1.	Gegenstand	20
1. Entstehen der Anzeigepflicht	1	2.	Inhalt und Reichweite der Belegpflicht	21
2. Frist	11	3.	Verfahren bei Vorlage	22
3. Zugangserfordernis	12	D.	Sanktionen	23
4. Inhalt und Form der Anzeige	13	I.	Einschränkung der Leistungspflicht	23
II. Anzeige der gerichtlichen Geltendmachung	14	II.	Prozessuale Sanktionen	26
1. Entstehen der Anzeigepflicht	1	III.	Verzicht	27

Stichwort- und Fundstellenverzeichnis

Stichwort	Rn.	Rspr.	Lit.
Anwendungsbereich der Vorschrift	→ Rn. 7	–	BT-Drs. 16/6627, 7; *Klimke* in Prölss/Martin VVG § 119 Rn. 2 f.; *Knöfel* in Schwintowski/Brömmelmeyer/Ebers VVG §§ 119–120 Rn. 8
Anzeigepflicht, Schadensereignis	→ Rn. 10	BGHZ 48, 181 = VersR 1967, 974 = NJW 1967, 2199; OLG Saarbrücken OLGR 2000, 356; OLG Karlsruhe MDR 1970, 425	*Beckmann* in Bruck/Möller VVG § 119 Rn. 7; *Bringezu* VersR 1968, 533
Anzeigepflicht, gerichtliche Geltendmachung	→ Rn. 14	BGH VersR 1956, 707 = NJW 1796; OGH VersR 1972, 844; 1960, 935	*Klimke* in Prölss/Martin VVG § 119 Rn. 12
Auskunfts- und Belegpflicht, Umfang	→ Rn. 17	OLG Stuttgart NJW 1958, 2122; OLG Frankfurt a. M. VersR 1968, 541; OLG Düsseldorf NJW-RR 2013, 1440	*Klimke* in Prölss/Martin VVG § 119 Rn. 17; *Langheid* in Langheid/Rixecker VVG § 119 Rn. 7
Kostenvorschuss	→ Rn. 22	OLG Köln VersR 2012, 79	–
Rechtsnatur	→ Rn. 2	–	*Schneider* in Geigel Haftpflichtprozess § 13 Rn. 73; *Knöfel* in Schwintowski/Brömmelmeyer/Ebers VVG §§ 119–120 Rn. 10; *Wandt* VersR Rn. 1093; BT-Drs. 16/3945, 90
Sanktionen	→ Rn. 23	BGH VersR 1975, 279; OLG Köln VersR 1977, 343; OLG Saarbrücken VersR 1976, 553; OLG Karlsruhe MDR 1970, 425	BT-Drs. 16/3945, 90; *Klimke* in Prölss/Martin VVG § 119 Rn. 8 ff.; *Langheid* in Langheid/Rixecker VVG § 119 Rn. 8; *Wandt* VersR Rn. 1093
Sofortiges Anerkenntnis	→ Rn. 26	OLG Schleswig NJW-RR 2016, 1536; OLG Karlsruhe NJW-RR 2012, 808; VersR 1965, 722; OLG Köln VersR	*Klimke* in Prölss/Martin VVG § 119 Rn. 19; *Beckmann* in Bruck/Möller VVG § 119 Rn. 37

Stichwort	Rn.	Rspr.	Lit.
		2012, 79; 1974, 268; vgl. auch OLG Saarbrücken VersR 2018, 696; NJW-RR 2018, 1043	
Verzicht	→ Rn. 27	OLG München VersR 1963, 1193; LG Hamburg VersR 1953, 396	*Klimke* in Prölss/Martin VVG § 120 Rn. 11
Zweck der Vorschrift	→ Rn. 1	BGH VersR 1956, 707 = NJW 1956, 1796	*Klimke* in Prölss/Martin VVG § 119 Rn. 1; *Hübsch* in Berliner Kommentar VVG § 158d Rn. 3; *Beckmann* in Bruck/Möller VVG § 119 Rn. 2; *Taube* ZfV 1952, 219

Schrifttum: *Baumann,* Die „Pflicht" des Kraftfahrzeug-Haftpflichtversicherers gegenüber dem geschädigten Dritten zur unverzüglichen Schadenbearbeitung, r+s 2013, 469; *Bringezu,* Die Entstehung der Anzeigepflicht gem. § 3 Nr. 7 PflVG und die Rechtsfolgen ihrer Verletzung nach Einführung des Direktanspruchs, VersR 1968, 533; *Chab,* Mandant, Anwalt und Versicherer – Was muss der Geschädigtenanwalt wissen, AnwBl 2021, 168; *Denck,* Der nachteilige Zwang zur Direktklage, VersR 1979, 973; *Dötsch,* Kein Besichtigungsrecht des beschädigten Fahrzeugs durch den Versicherer, ZfS 2013, 63; *Emmerich,* Beiträge zum Verständnis des § 158d VVG, ZfV 1956, 517; *Fromm,* Anzeige- und Auskunftspflicht des geschädigten Dritten in der Haftpflichtversicherung, DÖVers 1940, 85; *Gutt,* Der Vorschadenseinwand – Eine Bestandsaufnahme, DAR 2017, 174; *Hagemann,* Die rechtliche Stellung des geschädigten Dritten in der künftigen Kraftfahrzeughaftpflichtversicherung, DR 1939, 2033; *Höher,* Der Betrug bei Ersatzansprüchen im Personenschaden – Rechtsfolgen bei falschem Vortrag des Geschädigten NZV 2012, 457; *Höld,* Der Regress des Kfz-Haftpflichtversicherers, VersR 2012, 284; *Jaeger,* Das Recht des Kfz-Haftpflichtversicherers zur Besichtigung des beschädigten Fahrzeugs, VersR 2011, 50; *Klix,* Anzeigepflicht nach § 158d Abs. 2 VVG, VersR 1956, 470; *Sieg,* Die Obliegenheiten des Versicherers, VersR 1991, 1; *Taube,* Anzeige-, Auskunfts- und Belehrungspflichten des Dritten, ZfV 1952, 219; *Zenzen,* Zur Bindungswirkung eines Versäumnisurteils im Deckungsprozess und zum Verjährungsbeginn von Schadensersatzansprüchen gegen Steuerberater in den Fällen des § 164 AO, VersR 2011, 718.

A. Einführung

I. Inhalt und Zweck der Regelung

Unter der amtlichen Überschrift „Obliegenheiten des Dritten" legt § 119 dem Geschädigten **1** in der Pflichtversicherung eine Reihe von Verhaltensregeln auf: Dieser hat ein Schadensereignis, aus welchem er einen Anspruch gegen den Versicherungsnehmer oder den Versicherer herleiten will, sowie die gerichtliche Geltendmachung des Anspruchs dem Versicherer anzuzeigen (§ 119 Abs. 1, 2); des Weiteren ist er gehalten, dem Versicherer unter den Voraussetzungen des § 119 Abs. 3 die erforderlichen Auskünfte und Belege zu erteilen. Ergänzend enthält § 120 Regelungen zu den Folgen einer „Obliegenheitsverletzung des Dritten".[1] **Sinn und Zweck** dieser Bestimmungen ist es, den Versicherer vor Überraschungen zu schützen: Er soll zeitnah Kenntnis vom Versicherungsfall erlangen und, gerade auch im Hinblick auf eine mögliche gerichtliche Inanspruchnahme, Gelegenheit erhalten, etwa noch notwendige Schadensfeststellungen zu treffen und unbegründete Ansprüche des Dritten abzuwehren; dadurch soll die Abwicklung von Versicherungsfällen beschleunigt und der Gefahr unnötiger Prämienerhöhungen entgegengewirkt werden.[2]

Entgegen der insoweit etwas missverständlichen Gesetzesüberschrift handelt es sich bei den in **2** § 119 niedergelegten Verhaltensregeln **nicht um vertragliche Obliegenheiten** iSd § 28, sondern um besondere Ausprägungen der gesetzlichen **Schadensminderungspflicht** (§ 254 Abs. 2 BGB).[3] Da der Dritte – der Geschädigte und die ihm gleichgestellten Personen (→ § 115 Rn. 9) – am Versicherungsvertrag nicht beteiligt ist, können ihm vertragliche Obliegenheiten ohnehin nicht auferlegt werden. Auch aus dem Haftpflichtverhältnis und dem im Einzelfall durch § 115 Abs. 1 gewährten Direktanspruch entstehen **keine vertraglichen Beziehungen** des Dritten zum Versiche-

---
[1] Für Einzelheiten s. → § 120.
[2] BGH VersR 1956, 707 = NJW 1956, 1796; OGH VersR 1971, 1136; 1981, 146; *Hübsch* in Berliner Kommentar VVG § 158d Rn. 3; *Taube* ZfV 1952, 219.
[3] *Johannsen* in Bruck, Bd. V/1, Kap. B Anm. 26; *Knöfel* in Schwintowski/Brömmelmeyer/Ebers VVG §§ 119–120 Rn. 10; *Schneider* in Geigel Haftpflichtprozess § 13 Rn. 73; *Lennartz* in juris PK-StVR § 119 Rn. 11; tendenziell wohl auch *Beckmann* in Bruck/Möller VVG § 119 Rn. 3; offen lassend jetzt *Klimke* in Prölss/Martin VVG § 119 Rn. 4.

rer.[4] Das unterscheidet § 119 von den allgemeinen Vorschriften, die vergleichbare Verpflichtungen für die am Vertragsverhältnis beteiligten Personen statuieren und hierbei auch dritte Personen mit einbeziehen, die – etwa aufgrund Bezugsberechtigung oder Zession[5] – Inhaber des Anspruchs auf die Versicherungsleistung geworden sind (§ 30 Abs. 1 S. 2, § 31 Abs. 1 S. 2).[6] Gleichwohl stehen die durch § 119 begründeten Verpflichtungen in ihrer Natur den Obliegenheiten durchaus nahe. Das dem Dritten kraft Gesetzes auferlegte Verhalten kann vom Versicherer nicht erzwungen, insbes. nicht eingeklagt werden.[7] Richtigerweise führt ihre Nichtbeachtung auch nicht zu eigenen Schadensersatzansprüchen des Versicherers.[8] Doch handelt der Dritte, der die ihm auferlegten Regeln unbeachtet lässt, zumindest auch seinen eigenen Interessen zuwider. Deshalb kann eine schuldhafte Missachtung jenseits der gesetzlich vorgesehenen Sanktionen (§ 120) für den Dritten mit Rechtsnachteilen verbunden sein, soweit dies nicht der gesetzlichen Wertung widerspricht, und insbes. zu einer Kürzung seines ansonsten berechtigten Schadensersatzanspruches führen.[9]

3   Die kraft Gesetzes angeordnete Belastung des Dritten mit eigenen Anzeige-, Auskunfts- und Belegpflichten stellt eine Besonderheit gegenüber der allgemeinen Haftpflichtversicherung dar. Sie rechtfertigt sich damit, dass der Dritte in der Pflichtversicherung **besonderen Schutz** erfährt. Bereits die Begründung einer Versicherungspflicht dient auch seinem Interesse, denn er erhält dadurch einen weiteren, regelmäßig verhandlungs- und zahlungsbereiten, weitgehend insolvenzsicheren Schuldner.[10] Ist der Versicherer im Verhältnis zu seinem Versicherungsnehmer leistungsfrei, bleibt die Leistungspflicht gegenüber dem Dritten nach Maßgabe des § 117 gleichwohl bestehen. Unter den Voraussetzungen des § 115 Abs. 1 ist der Dritte zudem berechtigt, seinen Anspruch gegen den Versicherungsnehmer auch gegen den Versicherer geltend zu machen. Will sich der Dritte diese Privilegierung seiner Rechtsstellung vollumfänglich erhalten, so erscheint es nur recht und billig, dass er im Gegenzug im Verhältnis zum Versicherer gewisse Spielregeln beachten muss. Die ihm abverlangte Mitwirkung bei der Schadensabwicklung erweist sich iÜ auch unter dem Gerichtspunkt von **Treu und Glauben** als selbstverständlich.[11]

4   Die dem Dritten durch § 119 auferlegten „Obliegenheiten" bestehen neben den in §§ 30, 31, 104 normierten Anzeige- und Auskunftspflichten oder entsprechenden vertraglichen Obliegenheiten des Versicherungsnehmers. Im gesunden Versicherungsverhältnis wird der Versicherer daher auf die Mitwirkung des Dritten bei der Schadensabwicklung regelmäßig nicht angewiesen sein. Ihre hauptsächliche Bedeutung erlangten die Mitwirkungspflichten des Dritten im **kranken Versicherungsverhältnis,** bei dem der Versicherer gegenüber seinem Versicherungsnehmer leistungsfrei ist und deshalb von ihm keine Mitwirkung bei der Sachverhaltsaufklärung mehr erwarten kann.[12] Soweit das Gesetz gleichwohl eine umfassende Geltung der in § 119 normierten Verhaltensregeln für alle Pflichtversicherungen iSd § 113 anordnet, nämlich diesbzgl. nicht zwischen gesundem und krankem Versicherungsverhältnis unterscheidet, werden Versäumnisse des Geschädigten bei ordnungsgemäß abgewickelten Vertragsbeziehungen zumeist ohne nachteilige Folgen sein. Wird der Zweck des § 119 nämlich dadurch erreicht, dass der Versicherer bereits **auf andere Weise** hinreichende Kenntnis von den anzuzeigenden Umständen erlangt oder die benötigten Auskünfte oder Belege erhält, so kann er aus der Tatsache, dass der geschädigte Dritte seine Mitwirkungspflichten nicht erfüllt hat, regelmäßig keine Einwendungen herleiten.[13]

II. Entstehungsgeschichte

5   § 119 entspricht weitgehend dem früheren § 158d VVG aF; darüber hinaus integriert die Vorschrift den Regelungsgehalt des seit Ausgliederung der Kfz-Pflichtversicherung in das PflVG bestehenden § 3 Nr. 7 PflVG aF.[14] In Anlehnung an die hergebrachte gesetzliche Systematik enthält § 119 einzelne **Tatbestände** von Obliegenheitsverletzungen", während die **Rechtsfolgen** von Verstößen in § 120 (vormals § 158e VVG aF) geregelt sind. Diese **Aufteilung** ist bisweilen – als

---

[4] → § 115 Rn. 1; *Schneider* in Beckmann/Matusche-Beckmann VersR-HdB § 24 Rn. 176.
[5] BT-Drs. 16/3945, 70; → § 30 Rn. 51 ff.
[6] *Jacobsen* in Feyock/Jacobsen/Lemor VVG § 119 Rn. 2; *Jahnke* in Stiefel/Maier VVG § 119 Rn. 3; anders die Gesetzesbegründung, BT-Drs. 16/3945, 90, die von einer „Sonderregelung zu § 30 Abs. 1 S. 2" spricht.
[7] *Beckmann* in Bruck/Möller § 119 Rn. 3.
[8] *Klimke* in Prölss/Martin VVG § 120 Rn. 8; *Schwartze* in Looschelders/Pohlmann VVG § 119 Rn. 14; aA offenbar BT-Drs. 16/3945, 90.
[9] → Rn. 23 ff.
[10] BT-Drs. 16/3945, 50; → Vor §§ 113–124 Rn. 5 ff.
[11] *Beckmann* in Bruck/Möller VVG § 119 Rn. 4.
[12] Zum „kranken" Versicherungsverhältnis: → § 117 Rn. 7 ff.
[13] BGH VersR 1956, 707 = NJW 1956, 1796; OHG VersR 1981, 146; → § 120 Rn. 10.
[14] BT-Drs. 16/3945, 90.

wenig sinnvoll – kritisiert worden;[15] dass sie für das Versicherungsvertragsrecht ungewöhnlich wäre, lässt sich jedoch nicht sagen.

§ 119 Abs. 1 hat bereits **vor Inkrafttreten der Reform** inhaltliche **Umgestaltung** erfahren. **6** Ursprünglich war die Vorschrift wie der gesamte Abschnitt über die Pflichtversicherung auf den im RegE vorgesehenen allgemeinen Direktanspruch (§ 115 Abs. 1 RegE) zugeschnitten. Nachdem sich der Deutsche Bundestag diesem Vorschlag aufgrund von Widerständen aus der Versicherungswirtschaft nicht anzuschließen vermochte und § 115 Abs. 1 deshalb in letzter Minute im Rechtsausschuss geändert wurde, mussten die hierdurch bedingten **Folgeänderungen** bei anderen Vorschriften im Nachgang durch Art. 3 des Zweiten Gesetzes zur Änderung des Pflichtversicherungsgesetzes und anderer versicherungsrechtlicher Vorschriften v. 10.12.2007,[16] rechtzeitig vor Inkrafttreten der VVG-Novelle, nachvollzogen werden.[17]

III. Anwendungsbereich

1. Früheres Recht. Unter dem früheren Recht war **streitig,** ob die in § 158d VVG aF **7** geregelten Obliegenheiten von dem Dritten nur bei „krankem" Versicherungsverhältnis zu erfüllen waren oder immer dann, wenn es sich bei der jeweiligen Haftpflichtversicherung um eine Pflichtversicherung handelte. Aus der Gesetzessystematik sowie aus Sinn und Zweck der Vorschrift wurde überwiegend gefolgt, dass § 158d VVG aF nur für den Fall gelten sollte, dass der Versicherer nach § 158c VVG aF (jetzt § 117 Abs. 1, 2) eintrittspflichtig war, weil er dann von seinem Versicherungsnehmer keine Mitwirkung mehr erwarten könne und deshalb auf die Informationen des Dritten angewiesen sei.[18] Eine andere Rechtslage bestand dagegen für den Bereich der **Kfz-Pflichtversicherung:** Dort hatte der Dritte gem. § 3 Nr. 7 PflVG jedes Schadensereignis, aus dem er einen Direktanspruch gegen den Versicherer herleiten wollte, innerhalb von zwei Wochen anzuzeigen und die Verpflichtungen nach § 158d Abs. 3 VVG aF zu erfüllen, ohne dass zwischen krankem oder gesundem Versicherungsverhältnis unterschieden wurde.[19] Das wurde mit der Existenz des Direktanspruches und der dadurch gewährten Besserstellung des Dritten gegenüber „gewöhnlichen" Haftpflichtversicherungen gerechtfertigt.

2. Geltendes Recht. Das geltende Recht differenziert nicht zwischen „krankem" und „gesun- **8** dem" Versicherungsverhältnis. Ebenso wenig wird danach unterschieden, ob zugunsten des Geschädigten ein Direktanspruch gegen den Versicherer besteht oder nicht. Vielmehr betrifft § 119 nach seinem eindeutigen Wortlaut **alle Schadensereignisse,** aus denen der Dritte „einen Anspruch gegen den Versicherungsnehmer oder nach § 115 Abs. 1 gegen den Versicherer" herleiten will.[20] Ausweislich der Gesetzesbegründung handelt es sich hierbei um eine bewusste Entscheidung des Gesetzgebers.[21] Auch die Gesetzessystematik lässt keinen abweichenden Schluss mehr zu: Der „geschlossene Kreis", den die §§ 158c–158f VVG aF vormals in Bezug auf das kranke Versicherungsverhältnis markierten, woraus ihr Charakter als Sonderregelung hergeleitet wurde,[22] ist anlässlich der Reform gesprengt worden: die Voraussetzungen und Rechtsfolgen der Leistungspflicht des Versicherers beim „kranken" Versicherungsverhältnis sind seitdem in § 117 und damit an vollkommen anderer Stelle geregelt.

Gewiss mochten **Sinn und Zweck** auch weiterhin eine derart umfassende Belastung des Dritten **9** mit Mitwirkungspflichten **nicht zwingend** gebieten, zumal der im RegE noch angelegte allgemeine Direktanspruch (§ 115 Abs. 1 RegE[23]) als wesentliche Rechtfertigung einer umfassenden Geltung des § 119 letzten Endes nicht Gesetz geworden ist. Die Entscheidung des Gesetzgebers zugunsten einer allgemeinen Mitwirkungsobliegenheit des Dritten erscheint jedoch **pragmatisch.** Der Dritte weiß ohnehin idR nicht, ob der Versicherer leistungsfrei ist und ob er deshalb die entsprechenden Obliegenheiten zu erfüllen hat.[24] War ihm deshalb auch schon bislang zu empfehlen, stets von

---

[15] *Huber* in Schwintowski/Brömmelmeyer VVG 3. Aufl. § 119–120 Rn. 1.
[16] BGBl. 2007 I 2833.
[17] → § 115 Rn. 5 f.
[18] *Knappmann* in Prölss/Martin, 27. Aufl. 2004, VVG § 158d Rn. 1; *Langheid* in Römer/Langheid, 2. Aufl. 2003, VVG § 158d Rn. 1; aA *Hübsch* in Berliner Kommentar VVG § 158d Rn. 9.
[19] *Johannsen* in Bruck, Bd. V/1, Kap. B Anm. 27.
[20] *Klimke* in Prölss/Martin VVG § 119 Rn. 2; *Knöfel* in Schwintowski/Brömmelmeyer/Ebers VVG §§ 119–120 Rn. 8; *Jahnke* in Stiefel/Maier VVG § 119 Rn. 4; aA *Langheid* in Langheid/Rixecker VVG § 120 Rn. 4.
[21] BT-Drs. 16/6627, 7.
[22] *Langheid* in Römer/Langheid, 2. Aufl. 2003, VVG § 158e Rn. 1.
[23] BT-Drs. 16/3945, 25.
[24] *Hübsch* in Berliner Kommentar VVG § 158d Rn. 4; *Knöfel* in Schwintowski/Brömmelmeyer/Ebers VVG §§ 119–120 Rn. 8; *Klimke* in Prölss/Martin VVG § 119 Rn. 3.

Anfang an mit dem Pflichtversicherer zusammenzuarbeiten,[25] hat er dies nun auch kraft Gesetzes zu tun. Dass diese uU „überobligatorische" Mitwirkung verhältnismäßig bleibt, wird über die Regelung zu den Rechtsfolgen bei Verstößen sichergestellt. Die in § 120 vorgesehenen Sanktionen betreffen nämlich nur den Fall, dass der Versicherer nach den §§ 115, 117 haftet; außerdem setzen sie eine Kausalität des Verstoßes voraus, woran es beim „gesunden" Versicherungsverhältnis idR fehlen wird. Ein solcher Tatbestand ohne Rechtsfolge mag als „Kuriosum" gewertet werden, doch handelt es sich angesichts der logischen Fortschreibung einer bereits seit langem existierenden Rechtslage gewiss nicht um ein „Redaktionsversehen des Gesetzgebers".[26]

B. Anzeigepflicht

I. Anzeige des Schadensereignisses

10 § 119 Abs. 1 bestimmt, dass der Dritte ein **Schadensereignis,** aus dem er einen **Anspruch** gegen den Versicherungsnehmer oder im Wege des Direktanspruches (§ 115 Abs. 1) gegen den Versicherer **herleiten will,** dem Versicherer innerhalb von zwei Wochen seit Kenntniserlangung in Textform anzuzeigen hat.

1. Entstehen der Anzeigepflicht. Im Gegensatz zu § 158d Abs. 1 VVG aF knüpft die Neufassung der Vorschrift für das Entstehen der Anzeigepflicht nicht an die außergerichtliche Inanspruchnahme des Versicherungsnehmers durch den Dritten und damit an ein nach außen hin erkennbares, für sich gesehen objektivierbares Kriterium an, sondern an den **Willen des Dritten,** aus einem Schadensereignis einen Anspruch gegen den Versicherungsnehmer oder den Versicherer herzuleiten. Die Existenz eines solchen voluntativen Elementes als Voraussetzung für das Entstehen der Obliegenheit dürfte indes praktisch kaum nachzuweisen sein.[27] Nicht zuletzt deshalb darf der Wortlaut des Gesetzes an dieser Stelle nicht überinterpretiert werden. Von der bloßen Existenz eines auf die Inanspruchnahme gerichteten Willens des Dritten kann die Entstehung der Anzeigepflicht nicht abhängen, denn andernfalls hätte es der Dritte in der Hand, den Beginn der zweiwöchigen Frist zur Anzeige unüberprüfbar hinauszuzögern. Das liefe Sinn und Zweck der Obliegenheit, dem Versicherer zeitnahe Kenntnis vom Versicherungsfall zu verschaffen, zuwider. Deshalb muss es zu deren Entstehung genügen, dass der Dritte von dem Schadensereignis und der Möglichkeit, den Versicherungsnehmer oder den Versicherer in Anspruch zu nehmen, Kenntnis hat, also **objektiv in der Lage ist, einen auf die Inanspruchnahme des Schädigers oder des Versicherers gerichteten Willen zu bilden;** ab diesem Zeitpunkt läuft auch die dem Dritten gesetzte Frist zur Anzeige.[28] Entschließt sich der Dritte trotz dieser Kenntnis nicht zur Inanspruchnahme, so kann die hieraus resultierende Verzögerung nicht zu Lasten des Versicherers gehen, zumal es dem Geschädigten unschwer möglich ist, das Schadensereignis vorsorglich dem Versicherer zu melden.

11 **2. Frist.** Zur Erfüllung der Anzeigepflicht belässt das Gesetz dem Dritten einen Zeitraum von **zwei Wochen,** nachdem er von dem Schadensereignis Kenntnis erlangt hat. Die Frist beginnt mit Kenntniserlangung und endigt mit Ablauf des Tages der zweiten Woche, der in seiner Benennung dem Tag der Kenntniserlangung entspricht (§§ 187 Abs. 1, 188 Abs. 2 BGB). Sie ist gewahrt, wenn der Dritte **die zur Absendung erforderlichen Handlungen** innerhalb der Frist vornimmt (§ 119 Abs. 1 aE); Verzögerungen auf dem Beförderungswege gehen daher nicht zu seinen Lasten. **Kenntnis von dem Schadensereignis** hat der Dritte, wenn er die Tatsachen kennt, die das Schadensereignis begründen. Hierzu genügt es, dass ihm der Hergang des Unfallereignisses in seinen Grundzügen bekannt ist; nicht erforderlich ist, dass auch der Umfang des Schadens bzw. die einzelnen Schadensfolgen bereits bekannt sind.[29] Da das Gesetz allein auf die Kenntnis vom Schadensereignis abstellt, beginnt die Frist auch dann zu laufen, wenn der um den Schaden wissende Geschädigte (noch) keine Kenntnis von der Identität des Versicherers hat. Dieser Umstand, der eine fristgemäße Anzeige

---

[25] *Langheid* in Römer/Langheid, 2. Aufl. 2003, VVG § 158d Rn. 2, 3.
[26] So aber noch *Huber* in Schwintowski/Brömmelmeyer VVG 3. Aufl. §§ 119–120 Rn. 12, 48.
[27] *Knöfel* in Schwintowski/Brömmelmeyer/Ebers VVG § 119 Rn. 18; *Johannsen* in Bruck, Bd. V/1, Kap. B Anm. 27 zu § 3 Nr. 7 PflVG aF; *Bringezu* VersR 1968, 533, 534 f.
[28] *Klimke* in Prölss/Martin VVG § 119 Rn. 3; *Knöfel* in Schwintowski/Brömmelmeyer VVG § 119 Rn. 18, der auf den Rechtsgedanken des § 199 Abs. 1 BGB zurückgreifen will.
[29] BGHZ 48, 181 = VersR 1967, 974 = NJW 1967, 2199; OLG Saarbrücken OLGR 2000, 356; *Beckmann* in Bruck/Möller VVG § 119 Rn. 8.

3. Zugangserfordernis. Der Dritte erfüllt seine Obliegenheit dadurch, dass die Anzeige **dem** 12
Versicherer zugeht. Soweit § 119 Abs. 1 es genügen lässt, dass die zur Absendung erforderlichen
Handlungen innerhalb der Zweiwochenfrist vorgenommen werden, liegt darin lediglich eine
Erleichterung in Bezug auf die Rechtzeitigkeit der Absendung, nicht aber auch eine Befreiung vom
Zugangserfordernis. Die **Beweislast** für die Obliegenheitsverletzung und damit insbes. auch für den
fehlenden Zugang der Anzeige verbleibt freilich beim Versicherer, der den substantiierten, ggf. durch
Einlieferungsbeleg/Rückschein oder Faxprotokoll untermauerten Vortrag des Dritten zu widerlegen
hat.[31] Ist die Anzeige auf dem Postweg verloren gegangen, wird es ohnehin regelmäßig am Verschulden des Dritten fehlen. Richtiger **Adressat** der Anzeige ist grds. der Versicherer, im Einzelfall uU
auch ein hierzu berufener Regulierungsbeauftragter.[32] Dagegen besteht auch nach der VVG-Reform
keine allgemeine Ermächtigung des Versicherungsvermittlers zur Entgegennahme von Anzeigen
durch Dritte; § 69 Abs. 1 Nr. 2 betrifft nur Anzeigen des Versicherungsnehmers und solcher Personen, die anstelle des Versicherungsnehmers oder für diesen tätig werden.[33] Der Agent kann aber
uU als Empfangsbote des Versicherers anzusehen sein mit der Folge, dass die Anzeige in dem
Zeitpunkt zugegangen ist, in dem ihre Weitergabe an den Versicherer erwartet werden konnte.[34]

4. Inhalt und Form der Anzeige. Inhaltlich muss die Anzeige darauf gerichtet sein, dem 13
Versicherer das Schadensereignis mitzuteilen. Die Anspruchsanmeldung nach § 115 Abs. 2 S. 3 steht
dem nicht gleich.[35] Hinsichtlich der Form der Anzeige lässt das Gesetz wie zuletzt auch schon § 3
Nr. 7 PflVG aF, die **Textform** (§ 126b BGB) genügen. Die damit verbundene Abkehr von der
Schriftlichkeit entspricht der allgemeinen Tendenz des Reformgesetzgebers, in weitgehendem
Umfange Formerleichterungen zuzulassen.[36]

II. Anzeige der gerichtlichen Geltendmachung

Während § 119 Abs. 1 die Anzeigepflicht des Dritten an die Kenntnis vom Schadensereignis 14
und damit zunächst an die bloße Möglichkeit einer Inanspruchnahme des Schädigers oder des
Versicherers knüpft, bestimmt § 119 Abs. 2 eine nach § 120 sanktionierte Verpflichtung des Dritten,
dem Versicherer die **gerichtliche Geltendmachung eines Anspruchs gegen den Versicherungsnehmer** anzuzeigen.

1. Entstehen der Anzeigepflicht. Die in § 119 Abs. 2 normierte Pflicht zur Anzeige der
gerichtlichen Geltendmachung will der Gefahr vorbeugen, dass der Versicherer insbes. in Fällen
fehlender Mitwirkung des Versicherungsnehmers vom Haftpflichtprozess erst dann erfährt, wenn
eigene Feststellungen über den Schadensfall nicht mehr möglich oder in diesem späten Zeitpunkt
nicht mehr verwertbar, rechtserhebliche Einwendung abgeschnitten oder vermeidbare Kosten bereits
entstanden sind.[37] Sie entsteht **mit Klageerhebung** (§ 261 Abs. 1 ZPO), also nicht schon mit
Einreichung der Haftpflichtklage bei Gericht, sondern erst mit ihrer Zustellung an den Versicherungsnehmer;[38] vor diesem Zeitpunkt besteht noch kein Prozessrechtsverhältnis, und es steht im
Belieben des Dritten, die Klage zurückzunehmen, ohne dass sein Gegner davon überhaupt Kenntnis
erlangen müsste. Erst recht begründet die bloße Ankündigung der Klageerhebung noch keine Pflicht
zur Anzeige nach § 119 Abs. 2,[39] ebenso wenig ein Antrag auf Gewährung von Prozesskostenhilfe
oder eine Streitverkündung an den Versicherungsnehmer, was sich im Umkehrschluss aus § 104

---

[30] BT-Drs. 16/3945, 90; *Niederleithinger* Neues VVG Rn. 232; aA *Knöfel* in Schwintowski/Brömmelmeyer/Ebers VVG §§ 119–120 Rn. 11; → § 120 Rn. 5.
[31] Zur Anzeigepflicht des Versicherungsnehmers → VVG § 30 Rn. 60; OLG Köln VersR 1995, 567; *Armbrüster* in Prölss/Martin VVG § 30 Rn. 22; OLG Celle VersR 2010, 1486; zur Darlegungs- und Beweislast bei Missachtung des § 119 allg. → § 120 Rn. 15.
[32] OLG Frankfurt a. M. VersR 1968, 541.
[33] *Klimke* in Prölss/Martin VVG § 119 Rn. 7; *Schwartze* in Looschelders/Pohlmann VVG § 119 Rn. 4.
[34] *Klimke* in Prölss/Martin VVG § 119 Rn. 7; OLG Hamm VersR 2008, 908; 2001, 1499, jeweils zum Bezugsrecht in der Lebensversicherung.
[35] *Klimke* in Prölss/Martin VVG § 119 Rn. 7; *Rixecker* ZfS 2004, 367; zu § 115 Abs. 2 S. 3 → § 115 Rn. 32 ff.
[36] Zu modernen Formen der Kommunikation im Versicherungsvertragsrecht *Dörner* in Beckmann/Matusche-Beckmann VersR-HdB § 9 Rn. 84 ff.
[37] BGH VersR 1956, 707 = NJW 1956, 1796.
[38] BGH VersR 1956, 707 = NJW 1956, 1796.
[39] BGH VersR 1956, 707 = NJW 1956, 1796; OGH VersR 1972, 844; 1960, 935.

Abs. 2 S. 1 ergibt.⁴⁰ Auch die Aufrechnung im Prozess mit Haftpflichtansprüchen stellt keine gerichtliche Geltendmachung dar, denn die Erklärung der Aufrechnung begründet keine Rechtshängigkeit der zugrunde liegenden Forderung.⁴¹ Der Klageerhebung gleich stehen dagegen die Zustellung des Mahnbescheides im Mahnverfahren, die Zustellung einer Widerklage oder eines Beweissicherungsantrages,⁴² von Arrest und einstweiliger Verfügung, die Anmeldung zur Insolvenztabelle⁴³ und die zivilrechtliche Geltendmachung des Anspruchs im strafrechtlichen Adhäsionsverfahren nach §§ 403 ff. StPO (s. § 404 Abs. 2 S. 1 StPO).⁴⁴

15 **2. Fristgerechter Zugang.** Auch die Verpflichtung zur Anzeige der gerichtlichen Geltendmachung ist erst dann erfüllt, wenn die Mitteilung dem Versicherer **zugeht**. Die zu § 119 Abs. 1 dargelegten Grundsätze (→ Rn. 12) gelten entsprechend, insbes. bleibt der Versicherer für die Pflichtverletzung des Dritten beweisbelastet. Wurde der Anspruch gerichtlich geltend gemacht, so hat die Anzeige hiernach **unverzüglich** zu erfolgen, dh so bald, wie es dem Dritten nach den Umständen möglich und zumutbar ist. Das bedeutet, dass die Anzeige zwar nicht sofort, wohl aber ohne schuldhaftes Zögern (vgl. § 121 Abs. 1 S. 1 BGB), also spätestens mit Ablauf einer nach den Umständen des Einzelfalls zu bemessenden Prüfungs- und Überlegungsfrist, zu erfolgen hat.⁴⁵

16 **3. Inhalt und Form der Anzeige.** Auch der notwendige **Inhalt der Anzeige** wird maßgeblich durch ihren Zweck bestimmt. Durch die Anzeige der gerichtlichen Geltendmachung soll der Versicherer in die Lage versetzt werden, sich selbständig über den Stand des Verfahrens zu informieren, um sodann die aus seiner Sicht notwendigen Schritte einzuleiten.⁴⁶ Diesem Anliegen genügt es, wenn der Drittgeschädigte dem Versicherer „lediglich die Tatsache der gerichtlichen Geltendmachung seines Anspruches gegen den Versicherungsnehmer" mitteilt.⁴⁷ Erforderlich und ausreichend sind danach Angaben zum Tag der Klageerhebung und zum Gericht, bei dem der Rechtsstreit ausgetragen wird, nicht hingegen etwa auch zum Aktenzeichen, zu bereits anberaumten Terminen oder zum Stand des Verfahrens.⁴⁸ Weitergehende Anzeigepflichten des Dritten können sich im Einzelfall aber aus **Treu und Glauben** ergeben. Sieht etwa der Versicherer zunächst davon ab, sich in den wegen außergerichtlicher Vergleichsverhandlungen zum Ruhen gebrachten Haftpflichtprozess einzuschalten, kann der Dritte gehalten sein, nach Scheitern der Vergleichsverhandlungen dem Versicherer die Wiederaufnahme des Verfahrens anzuzeigen.⁴⁹ Allgemein zeigt sich die Rspr. bei der Frage, ob der Dritte nach dem Inhalt seiner Erklärung der Anzeigeobliegenheit genügt, großzügig. Ist die Anzeige unzureichend oder nicht verständlich, so ist es im Zweifel Sache des Versicherers, durch Nachfrage bei dem Dritten für Klarheit zu sorgen.⁵⁰ Das Gesetz lässt auch hier für alle vom Dritten vorzunehmenden Anzeigen und Erklärungen die **Textform** (§ 126b BGB) genügen.

C. Auskunfts- und Belegpflicht

17 § 119 Abs. 3 verpflichtet den Dritten weiter zur Auskunfts- und Belegerteilung. Die Vorschrift ist § 31 nachgebildet, welcher dem Versicherungsnehmer und dem Inhaber des Anspruchs auf die Versicherungsleistung entsprechende Verpflichtungen auferlegt. Die Auskunfts- und Belegpflicht besteht neben den in § 119 Abs. 1, 2 geregelten Anzeigeobliegenheiten und unabhängig von deren Erfüllung oder Missachtung.⁵¹ Anders als dort, hat der Dritte hier nicht spontan, sondern **nur auf entsprechende Aufforderung des Versicherers** tätig zu werden.⁵² Gegenständlich beschränkt sich die Verpflichtung des Dritten aus § 119 Abs. 3 auf die dort abschließend genannten Mitwir-

---

⁴⁰ *Klimke* in Prölss/Martin VVG § 119 Rn. 12; *Schneider* in Geigel Haftpflichtprozess § 13 Rn. 75; *Schwartze* in Looschelders/Pohlmann VVG § 119 Rn. 7; sa → § 104.
⁴¹ BGHZ 57, 242 = NJW 1972, 450; BGH NJW-RR 2004, 1000; aA OHG VersR 1981, 1064; *Langheid* in Langheid/Rixecker VVG § 104 Rn. 8.
⁴² KG VersR 2003, 900; OLG Saarbrücken VersR 1991, 872.
⁴³ OLG Köln r+s 1996, 432.
⁴⁴ *Jacobsen* in Feyock/Jacobsen/Lemor VVG § 120 Rn. 5; *Jahnke* in Stiefel/Maier VVG § 119 Rn. 21.
⁴⁵ BGHZ 91, 324 = NJW 1984, 2279; BGH NJW 2008, 985.
⁴⁶ BGH VersR 2003, 1565 = NJW-RR 2004, 17; OLG Hamm VersR 1988, 1172; *Klimke* in Prölss/Martin VVG § 119 Rn. 14.
⁴⁷ BGH VersR 1956, 707 = NJW 1956, 1796.
⁴⁸ BGH VersR 1959, 256; OLG Hamm VersR 1988, 1172; OLG Frankfurt a. M. NJW-RR 2014, 1376.
⁴⁹ BGH VersR 1959, 256; vgl. auch OGH VersR 1981, 146.
⁵⁰ OLG Braunschweig VersR 1966, 969; OLG Frankfurt a. M. VersR 1968, 541; ZfS 2014, 331.
⁵¹ *Klimke* in Prölss/Martin VVG § 119 Rn. 17; *Schwartze* in Looschelders/Pohlmann VVG § 119 Rn. 7.
⁵² *Klimke* in Prölss/Martin VVG § 119 Rn. 17; *Langheid* in Langheid/Rixecker VVG § 119 Rn. 7.

kungspflichten. Sie begründet deshalb keine darüber hinausgehenden Verpflichtungen des Geschädigten zur Erteilung einer Schweigepflichtentbindung oder zur Mitwirkung an ärztlichen Untersuchungen.[53] Auch eine Überlassung des beschädigten Gegenstandes zum Zwecke der Untersuchung oder Besichtigung ist danach nicht ohne weiteres geschuldet.[54] Allerdings kann der Dritte, ebenso wie nach § 31 Abs. 1 der Versicherungsnehmer, im Einzelfall gehalten sein, sich iRd Zumutbaren eine zur Erfüllung der Obliegenheit notwendige, bis dato nicht vorhandene Kenntnis oder entsprechende Belege zu verschaffen.[55]

I. Auskunftspflicht

1. Gegenstand. Der Versicherer kann von dem Dritten zunächst jede Auskunft verlangen, die zur Feststellung des Schadensereignisses und der Höhe des Schadens erforderlich ist. Die von der Rspr. zu § 31 entwickelten Grundsätze gelten weitestgehend auch hier. So genügt zur Annahme eines Auskunftsverlangens jede Äußerung des Versicherers oder einer auf Seiten des Versicherers tätigen Person, die sich aus Sicht des Geschädigten als Aufforderung zur Auskunftserteilung darstellt, insbes. auch die Übersendung eines Schadensanzeigeformulars.[56] Der Dritte hat die ihm gestellten Fragen, soweit es sich hierbei um **sachdienliche** Auskünfte handelt, **vollständig und wahrheitsgemäß** zu beantworten.[57] Ergänzend kann er gehalten sein, weitere, über das ausdrücklich Erfragte hinausgehende Angaben zu tätigen, sofern es sich hierbei um Umstände handelt, die für das Aufklärungsbedürfnis des Versicherers offensichtlich und für jedermann erkennbar von Bedeutung sind. Insoweit gilt auch hier der Grundsatz, dass sich die Auskunftspflicht nicht allein in der formalistischen Beantwortung des Wortlauts der gestellten Fragen erschöpft.[58] Über Tatsachen, zu denen der Versicherer berechtigt Auskunft verlangt und über die der Dritte eigene Kenntnisse nicht besitzt, muss er sich ggf. erkundigen.[59] Umgekehrt folgt aus Treu und Glauben, dass auch den Versicherer eine **Nachfragepflicht** trifft, wenn von ihm gestellte Fragen ersichtlich unzureichend beantwortet oder erkennbar nicht verstanden wurden.[60]

2. Grenzen der Auskunftspflicht. In ihrer **Reichweite** wird die Auskunftspflicht begrenzt durch den **Zweck**, dem Versicherer die Feststellung des Schadensereignisses und der Höhe des Schadens zu ermöglichen; in diesem durch Treu und Glauben vorgezeichneten Rahmen ist der Dritte zur umfassenden und wahrheitsgemäßen Auskunftserteilung verpflichtet. Keinen Bedenken begegnet es deshalb, wenn der Versicherer dem Geschädigten einen „detaillierten Fragebogen" übersendet, den dieser zu beantworten hat.[61] Da die Auskünfte den Versicherer in die Lage versetzen sollen, eine Entscheidung über den Grund und die Höhe seiner Einstandspflicht zu treffen, sind in der Kfz-Haftpflichtversicherung bspw. auch Auskünfte zu Schäden aus zugestandenen Vorunfällen[62] oder zu einem anderweit bestehenden Versicherungsschutz geschuldet.[63] Zu den vom Geschädigten zu beantwortenden Fragen zählen ferner solche, die mögliche, im Wege der Vorteilsausgleichung zu berücksichtigende Ansprüche gegen dritte Personen betreffen.[64] Ist ein Rechtsstreit gegen den Versicherungsnehmer anhängig, hat der Geschädigte über die in § 119 Abs. 2 normierte Anzeige-

---

[53] OLG Stuttgart NJW 1958, 2122; OLG Frankfurt a. M. VersR 1968, 541; OLG Düsseldorf NJW-RR 2013, 1440.
[54] OLG Celle NJW-RR 2022, 464; AG Solingen SP 2008, 299; *Jaeger* VersR 2011, 50; s. aber auch BGH VersR 1984, 79; OLG Saarbrücken NJW-RR 2018, 1043; LG München I ZfS 1991, 411; → Rn. 21.
[55] *Langheid* in Langheid/Rixecker VVG § 119 Rn. 7; *Klimke* in Prölss/Martin VVG § 119 Rn. 18; → § 31 Rn. 65 ff.; → § 31 Rn. 109.
[56] → § 31 Rn. 17 ff.; *Armbrüster* in Prölss/Martin VVG § 31 Rn. 3.
[57] → § 31 Rn. 30 ff.
[58] BGHZ 122, 250 = VersR 1993, 828 = NJW 1993, 1862; BGH VersR 1969, 267; OLG Hamm VersR 2001, 709, jeweils zur Auskunftspflicht des Versicherungsnehmers.
[59] BGHZ 122, 250 = VersR 1993, 828 = NJW 1993, 1862; *Armbrüster* in Prölss/Martin VVG § 31 Rn. 29; *Jahnke* in Stiefel/Maier VVG § 119 Rn. 29.
[60] BGH NJW-RR 1997, 277 = VersR 1997, 442; OLG Celle SP 2009, 153; OLG Karlsruhe NJW-RR 2003, 607; OLG Hamm VersR 2001, 1419; jedoch keine Verpflichtung des Versicherers zu eigenen Nachforschungen in Datenbanken: BGH VersR 2007, 481 = NJW-RR 2007, 606; zur Rückfrageobliegenheit des Versicherers allg. → § 31 Rn. 78 ff.
[61] LG Nürnberg-Fürth SP 2004, 19.
[62] OLG Frankfurt a. M. SP 2000, 323.
[63] *Hübsch* in Berliner Kommentar VVG § 158d Rn. 27; *Schwartze* in Looschelders/Pohlmann VVG § 119 Rn. 8.
[64] LG Nürnberg-Fürth SP 2004, 19; AG Freiburg SP 2004, 195, Schadensersatzanspruch gegen Mietwagenunternehmer.

pflicht hinaus auf entsprechende Nachfrage weitergehende Angaben zu machen, insbes. das gerichtliche Aktenzeichen mitzuteilen.[65]

II. Belegpflicht

20 **1. Gegenstand.** § 119 Abs. 3 S. 2 erweitert die Auskunftspflicht des Dritten um eine Obliegenheit zur Vorlage von Belegen, die sich der Dritte im Rahmen des Zumutbaren ggf. auch beschaffen muss; das entspricht der für den Versicherungsnehmer (und den sonstigen Anspruchsinhaber) in § 31 Abs. 1 S. 2 enthaltenen Regelung.[66] Durch die Vorlage von Rechnungen, Quittungen, Sachverständigengutachten oder sonstigen Nachweisen soll der Versicherer in die Lage versetzt werden, den vom Geschädigten geltend gemachten Anspruch auf seine Berechtigung hin zu überprüfen.[67] Wie bei der Auskunftspflicht muss der Dritte auch hier erst dann tätig werden, wenn der Versicherer die Vorlage verlangt. Die Obliegenheit umfasst nur die Vorlage **vorhandener oder ohne weiteres zu beschaffender Belege,** nicht hingegen auch darüber hinausgehende Bemühungen oder Aufwendungen, wie sie etwa für die Beibringung eines Kostenvoranschlags erforderlich wären.[68] Die Verpflichtung trifft außer dem Geschädigten auch die ihm gleichgestellten Personen (→ § 115 Rn. 9) und damit insbes. den Sozialversicherungsträger, der aus übergegangenem Recht gegen den Versicherer vorgeht.[69]

21 **2. Inhalt und Reichweite der Belegpflicht.** Inhalt und Reichweite der Belegpflicht nach S. 2 bestimmen sich grds. wie bei der in S. 1 geregelten Auskunftsobliegenheit und damit maßgeblich anhand ihres Sinnes und Zwecks, dem Versicherer die von ihm zu treffenden Feststellungen zu ermöglichen. Dies erfordert es idR nicht, dass dem Versicherer die **Originalbelege** zur Verfügung gestellt werden. Der Geschädigte genügt der Belegpflicht deshalb grds. schon durch die Überlassung von Abschriften oder Fotokopien, es sei denn, dass ausnahmsweise begründete Bedenken gegen deren Richtigkeit bestehen.[70] Auch sonst kann das Begehren des Versicherers auf Überlassung von Originalen im Einzelfall berechtigt sein, wenn dies zur Überprüfung der Unterlagen (zB Farblichtbilder, Privatgutachten) erforderlich ist.[71] Will der Geschädigte einen Schaden auf Gutachtenbasis abrechnen, so ist streitig, ob der Versicherer aufgrund von Abs. 3 S. 2 gleichwohl die Vorlage der Rechnung einer bereits durchgeführten Reparatur verlangen kann.[72] Da der Geschädigte nach der Rspr. auch in diesem Falle berechtigt ist, auf Gutachtenbasis abzurechnen,[73] wird eine diesbezügliche Vorlagepflicht regelmäßig mangels Sachdienlichkeit zu verneinen sein.[74] Auch eine Pflicht des Geschädigten, die Besichtigung des beschädigten Gegenstandes durch den Versicherer oder einen von dort beauftragten Sachverständigen zuzulassen, wird durch § 119 Abs. 3 regelmäßig nicht begründet.[75] Der Geschädigte verstößt aber uU gegen die ihm obliegende allgemeine Rücksichtnahmepflicht, wenn er die geforderte Nachbesichtigung verweigert, obschon der Versicherer begründete Zweifel an der Richtigkeit des ihm vorgelegten Privatgutachtens haben kann.[76]

22 **3. Verfahren bei Vorlage.** Das **Verfahren** der Vorlegung richtet sich nach § 811 BGB.[77] Gem. § 811 Abs. 1 S. 2 BGB wird der Versicherer im Interesse sachgemäßer Bearbeitung, also aus wichtigem Grund, regelmäßig die Vorlegung in seinen Geschäftsräumen verlangen dürfen.[78]

---

[65] OLG Hamm VersR 1988, 1172; aA *Hübsch* in Berliner Kommentar VVG § 158d Rn. 27.
[66] In diesem Werk → § 31 Rn. 94 ff.
[67] OLG Bremen NJW-RR 1990, 1181.
[68] OLG Koblenz OLGR 2000, 547; sa LG Stuttgart NJW-RR 2015, 1436, keine Pflicht, Ausweiskopie des Unfallgegners zu beschaffen.
[69] OLG Köln VersR 2012, 79; *Beckmann* in Bruck/Möller VVG § 119 Rn. 26.
[70] OLG Karlsruhe NJW-RR 2012, 808; OLG Bremen NJW-RR 1990, 1181; OLG Celle VersR 1961, 1144; LG Berlin NJW 1963, 498; LG Köln VersR 1963, 763.
[71] OLG Schleswig NJW-RR 2016, 1536; OLG Stuttgart SP 1994, 227; LG Wuppertal SP 1995, 268.
[72] Dafür LG Bochum NJW-RR 1990, 859; LG Mönchengladbach ZfS 1991, 337; AG Gießen ZfS 1992, 118; *Hübsch* in Berliner Kommentar VVG § 158d Rn. 29; *Schwartze* in Looschelders/Pohlmann VVG § 119 Rn. 9.
[73] BGH NJW 1989, 3009; BGHZ 154, 395 = NJW 2003, 2085; BGH NJW 2008, 1941; zur Ersatzfähigkeit von Umsatzsteuer siehe freilich § 249 Abs. 2 S. 2 BGB.
[74] LG Aachen NZV 1993, 274; *Knöfel* in Schwintowski/Brömmelmeyer/Ebers VVG §§ 119–120 Rn. 30; LG München I NZV 1989, 30.
[75] OLG Celle NJW-RR 2022, 464; zu dieser Problematik *Gutt* DAR 2017, 174; *Dötsch* ZfS 2013, 63; *Jaeger* VersR 2011, 50.
[76] BGH VersR 1984, 79; OLG Saarbrücken NJW-RR 2018, 1043.
[77] OLG Celle VersR 1961, 1144; OLG Köln VersR 2012, 79.
[78] OLG Bremen NJW-RR 1990, 1181; *Klimke* in Prölss/Martin VVG § 119 Rn. 18.

Das Anerbieten des Dritten, die Belege im Büro des Prozessbevollmächtigten einzusehen, genügt dem Vorlegungserfordernis nicht.[79] Für anfallende Kopier- und Versandkosten, die durch eine von ihm verlangte Vorlegung entstehen, hat nach § 811 Abs. 2 S. 1 BGB der Versicherer aufzukommen.[80] Der Dritte kann zu diesem Zweck vom Versicherer vor der Übersendung die Zahlung eines Kostenvorschusses oder die Abgabe einer Kostenübernahmeerklärung verlangen.[81]

D. Sanktionen

I. Einschränkung der Leistungspflicht

Die fehlende Beachtung des § 119 kann dazu führen, dass die Leistungspflicht des Versicherers dem Dritten gegenüber eingeschränkt wird. Für die in **§ 119 Abs. 2, 3** normierten Anzeige-, Auskunfts- und Belegpflichten folgt das ohne weiteres aus § 120, der die Rechtsfolgen der „Obliegenheitsverletzung des Dritten" regelt. Danach wird bei schuldhafter Verletzung die Haftung des Versicherers nach den §§ 115, 117 auf denjenigen Betrag beschränkt, den der Versicherer auch bei gehöriger Erfüllung der Obliegenheit zu leisten gehabt hätte. Das kann im äußersten Falle dazu führen, dass der Dritte von dem Versicherer überhaupt keinen Schadensersatz erhält.[82]

Die **Anzeigepflicht des § 119 Abs. 1** wird in § 120 nicht erwähnt, und auch sonst schweigt das Gesetz zu den Folgen ihrer Missachtung. Diesbezügliche Verstöße des Dritten führen deshalb grds. nicht zum Ausschluss der Leistungspflicht des Versicherers.[83] Die Schaffung einer solchen *lex imperfecta* mag auf den ersten Blick verwundern,[84] außergewöhnlich ist dies jedoch keineswegs, bedenke man, wie zurückhaltend etwa die fehlende Beachtung der zum 1.1.2009 eingeführten Krankenversicherungspflicht geahndet wird (vgl. § 193 Abs. 4). Gleichwohl stellt sich die Frage, ob Verstöße gegen § 119 Abs. 1 nicht auf anderem Wege, namentlich durch Schadensersatzansprüche des Versicherers, sanktioniert werden können. Unter dem früheren Recht wurde dies unter Hinweis auf die Rechtsnatur der Anzeigeobliegenheit und den abschließenden Charakter des § 158e VVG aF überwiegend verneint.[85] Demgegenüber scheint die Gesetzesbegründung zur VVG-Reform davon auszugehen, dass sich aus der Verletzung der in § 119 Abs. 1 normierten Anzeigepflicht im Einzelfall Schadensersatzansprüche des Versicherers ergeben können.[86] Dem ist nicht zu folgen.[87] Es erscheint bereits zweifelhaft, eine Schadensersatzpflicht (aus der Verletzung eines gesetzlichen Schuldverhältnisses iVm § 280 Abs. 1 BGB) *praeter legem* begründen zu wollen, nachdem sich § 120 zu den Folgen der Nichtbeachtung des § 119 Abs. 1 ausschweigt, die Reform des Versicherungsvertragsrecht hier jedoch hinreichend Gelegenheit zur Klarstellung geboten hätte. Vor allem aber ergäben sich hieraus auch Wertungswidersprüche, da Schadensersatzansprüche wegen Verletzung des § 119 Abs. 1 nach § 280 Abs. 1 BGB trotz ihrer weitreichenden Rechtsfolgen geringeren Anforderungen unterlägen, als die nur unter den strengen Voraussetzungen des § 120 sanktionierte Missachtung des § 119 Abs. 2, 3.

Indes darf nicht verkannt werden, dass der Geschädigte, der die ihm durch § 119 Abs. 1 auferlegte Anzeigepflicht missachtet, damit zumindest auch **seinen eigenen Interessen zuwider handelt.** Als möglicher Inhaber von Schadensersatzansprüchen kommt eine rasche Aufklärung des Sachverhaltes, an der er kraft Gesetzes aktiv mitwirken soll, stets auch ihm zugute. Trägt er nicht dazu bei, den Versicherer zeitnah über das Schadensereignis in Kenntnis zu setzen, so kann durchaus von einem **Verschulden** des Dritten **gegen sich selbst** und damit von einem Verstoß gegen die allgemeine Obliegenheit zur Schadensminderung (vgl. § 254 Abs. 2 BGB)[88] gesprochen werden. Unter diesem Gesichtspunkt kann sich die Verletzung der Anzeigepflicht

---

[79] LG Berlin NJW 1963, 498; LG Köln VersR 1963, 763.
[80] OLG Köln VersR 2012, 79; *Klimke* in Prölss/Martin VVG § 119 Rn. 18; *Knöfel* in Schwintowski/Brömmelmeyer/Ebers VVG §§ 119–120 Rn. 28.
[81] OLG Köln VersR 2012, 79.
[82] Wegen der Einzelheiten s. die Kommentierung zu → § 120.
[83] BGH NJW 1975, 260 = VersR 1975, 279; OLG Saarbrücken ZfS 2008, 219; VersR 1976, 553; OLG München VersR 1975, 510; OLG Köln VersR 1977, 343; OLG Karlsruhe MDR 1970, 425.
[84] Krit. denn auch noch *Huber* in Schwintowski/Brömmelmeyer VVG 3. Aufl. §§ 119–120 Rn. 7, wie hier jetzt aber *Knöfel* in Schwintowski/Brömmelmeyer/Ebers VVG §§ 119–120 Rn. 9 f.
[85] Begr. DJ 1939, 1771 (1774) zu § 158e VVG aF; *Knappmann* in Prölss/Martin, 27. Aufl. 2004, VVG § 158d Rn. 11.
[86] BT-Drs. 16/3945, 90, ferner dort S. 70 zu § 30 Abs. 1 S. 2; *Wandt* VersR Rn. 1093; → § 30 Rn. 10.
[87] *Klimke* in Prölss/Martin VVG § 119 Rn. 8; *Beckmann* in Bruck/Möller § 119 Rn. 34 f.
[88] Grdl. BGHZ 3, 46 = VersR 1952, 23; vgl. auch OLG Saarbrücken NJW-RR 2018, 1043.

durchaus auf die Höhe der Schadensersatzforderung des Dritten auswirken.[89] So ist es dem nach § 115 Abs. 1 unmittelbar in Anspruch genommenen Versicherer zuzubilligen, dem Dritten die nachteiligen Folgen des Verstoßes gegen die Anzeigepflicht, insbes. die durch eine verspätete Anzeige zusätzlich entstandenen Kosten, über den **Einwand des Mitverschuldens** anspruchsmindernd entgegenzuhalten.[90] Eine solche Sanktion, die lediglich zu einer Kürzung des Anspruchs des Dritten führen kann, steht mit dem System der §§ 119, 120 im Einklang. Entsprechendes gilt für einen weiteren, ebenfalls mittelbaren Nachteil, der sich für den Dritten daraus ergeben kann, dass er bei nicht rechtzeitiger Anmeldung Gefahr läuft, im Falle der **Erschöpfung der Versicherungssumme** im Verteilungsverfahren nicht oder nicht hinreichend mit seinen Ansprüchen berücksichtigt zu werden.[91]

II. Prozessuale Sanktionen

26   Stellt der Dritte erbetene Auskünfte oder Belege zunächst nicht zur Verfügung und verweigert der Versicherer deshalb die Befriedigung des geltend gemachten Anspruchs, so kann der Dritte verpflichtet sein, die **Kosten einer gerichtlichen Inanspruchnahme** des Versicherers zu tragen, wenn dieser nach Erteilung der Auskunft oder Vorlage der Belege den Anspruch **sofort anerkennt** (§ 93 ZPO). In einem solchen Fall hat der Versicherer nämlich keine Veranlassung zur Klage gegeben.[92] Anders liegt es aber, wenn der Dritte die Anforderung des Versicherers zu Recht von der Zahlung eines angemessenen Kostenvorschusses oder – als *minus* hierzu – von der Abgabe einer entsprechenden Kostenübernahmeerklärung abhängig gemacht und der Versicherer dem nicht entsprochen hat.[93] Wurden die angeforderten Auskünfte oder Belege erteilt, hat der Versicherer nach angemessener Prüfungsfrist, die anhand der Umstände des Einzelfalles zu bemessen ist, über seine Eintrittspflicht zu entscheiden, andernfalls gerät er in Verzug und gibt Veranlassung zur Klage iSd § 93 ZPO.[94]

III. Verzicht

27   Selbstverständlich kann der Versicherer auf seine Rechte aus §§ 119, 120 auch verzichten; dann sind etwaige Verstöße des Dritten ohne Folge. An einen solchen Verzicht sind jedoch **strenge Anforderungen** zu stellen; dabei ist der Grundsatz zu beachten, dass ein Verzicht auf Ansprüche nicht zu vermuten ist.[95] Ein bloßer Hinweis des Versicherers auf die Rechtslage, insbes. die Erklärung, selbst keine Leistungen erbringen zu wollen, genügt hierzu sicherlich nicht.[96] Dagegen soll ein Verzicht dann anzunehmen sein, wenn der Versicherer die zunächst mit dem Dritten aufgenommenen Verhandlungen abbricht und diesen auf etwaige Ansprüche gegen den Versicherungsnehmer verweist.[97] Letztlich unterliegt die Frage, ob ein Verzicht vorliegt, stets einer anhand der jeweiligen Umstände vorzunehmenden Beurteilung des Einzelfalles.

§ 120 Obliegenheitsverletzung des Dritten

Verletzt der Dritte schuldhaft die Obliegenheit nach § 119 Abs. 2 oder 3, beschränkt sich die Haftung des Versicherers nach den §§ 115 und 117 auf den Betrag, den er auch bei gehöriger Erfüllung der Obliegenheit zu leisten gehabt hätte, sofern der Dritte vorher ausdrücklich und in Textform auf die Folgen der Verletzung hingewiesen worden ist.

---

[89] OLG Saarbrücken VersR 1976, 553; OLG München VersR 1975, 510; OLG Karlsruhe MDR 1970, 425.
[90] *Langheid* in Langheid/Rixecker VVG § 119 Rn. 8; *Beckmann* in Bruck/Möller VVG § 119 Rn. 35; *Schwartze* in Looschelders/Pohlmann VVG § 119 Rn. 14; *Knöfel* in Schwintowski/Brömmelmeyer/Ebers VVG §§ 119–120 Rn. 33; aA *Hübsch* in Berliner Kommentar VVG § 158e Rn. 3; *Klimke* in Prölss/Martin VVG § 119 Rn. 6.
[91] BGH NJW 1975, 260 = VersR 1975, 279.
[92] OLG Schleswig NJW-RR 2016, 1536; OLG Karlsruhe NJW-RR 2012, 808; VersR 1965, 722; OLG Köln VersR 1974, 268; LG Celle VersR 1961, 1144; LG Berlin NJW 1963, 498; *Klimke* in Prölss/Martin VVG § 119 Rn. 19; *Beckmann* in Bruck/Möller VVG § 119 Rn. 37; ebenso für den Fall eines ausnahmsweise berechtigten Nachbesichtigungsverlangens OLG Saarbrücken NJW-RR 2018, 1043.
[93] OLG Köln VersR 2012, 79.
[94] KG VersR 2009, 1262; OLG Saarbrücken MDR 2007, 1190; VersR 2018, 696; NJW-RR 2018, 1043; OLG Köln VersR 1974, 268; zu Fälligkeit und Verzug auch → § 115 Rn. 18a f.
[95] BGH VersR 1999, 1104 = NJW-RR 1999, 1699; allg. in diesem Werk → § 28 Rn. 260 f.
[96] LG Hamburg VersR 1953, 396; *Klimke* in Prölss/Martin VVG § 120 Rn. 11.
[97] OLG München VersR 1963, 1193; *Hübsch* in Berliner Kommentar VVG § 158d Rn. 33.

Obliegenheitsverletzung des Dritten § 120

Übersicht

	Rn.			Rn.
A. Einführung	1	1.	Notwendigkeit eines Hinweises	6
I. Inhalt und Zweck der Regelung	1	2.	Form und Zeitpunkt des Hinweises	8
II. Anwendungsbereich	2	III.	Kausalität	10
B. Voraussetzungen	3	C.	Rechtsfolgen	11
I. Schuldhafte Obliegenheitsverletzung des Dritten	3	I.	Wegfall der Bindungswirkung	12
II. Hinweispflicht des Versicherers	6	II.	Belastung mit Mehrkosten	14
		D.	Prozessuales	15

Stichwort- und Fundstellenverzeichnis

Stichwort	Rn.	Rspr.	Lit.
Anwendungsbereich	→ Rn. 2	OLG Saarbrücken ZfS 2008, 219	*Hübsch* in Berliner Kommentar VVG § 158e Rn. 2
Beweislast	→ Rn. 15	BGH VersR 1956, 707; OLG Saarbrücken ZfS 2008, 219; KG VersR 2008, 69	*Klimke* in Prölss/Martin VVG § 120 Rn. 12; *Knöfel* in Schwintowski/Brömmelmeyer/Ebers VVG §§ 119–120 Rn. 43
Hinweispflicht, Inhalt	→ Rn. 8	–	*Klimke* in Prölss/Martin VVG § 120 Rn. 4; *Hübsch* in Berliner Kommentar VVG § 158d Rn. 17
Hinweis, keine Pflicht zur Erteilung bei Verletzung der Anzeigepflicht	→ Rn. 6	OLG Saarbrücken VersR 2019, 1289; VersR 2013, 180; VersR 2002, 51; VersR 1991, 872; OLG Köln r+s 2019, 80; r+s 2005, 194; OLG Hamm VersR 2017, 1332; VersR 2005, 974; OLG Oldenburg OLGR 2000, 299; OLG Frankfurt a. M. MDR 1999, 995; OLG Düsseldorf VersR 1990, 411	*Schneider* in Beckmann/Matusche-Beckmann VersR-HdB § 24 Rn. 187; *Wandt* VersR Rn. 1092
Kausalitätserfordernis	→ Rn. 10	BGH NJW 1956, 1796 = VersR 1956, 707; VersR 1959, 256; 2003, 1565 = NJW-RR 2004, 176	*Knöfel* in Schwintowski/Brömmelmeyer/Ebers VVG §§ 119–120 Rn. 12
Kenntnis des Versicherers	→ Rn. 13	BGH VersR 1959, 256; 2003, 635; 2003, 1565	*Klimke* in Prölss/Martin VVG § 120 Rn. 10; *Knöfel* in Schwintowski/Brömmelmeyer/Ebers VVG §§ 119–120 Rn. 39
Mehrkosten	→ Rn. 14	–	*Langheid* in Langheid/Rixecker VVG § 120 Rn. 4; *Dallwig* in FAKomm VersR § 115 Rn. 9; aA *Klimke* in Prölss/Martin VVG § 120 Rn. 6; *Hübsch* in Berliner Kommentar VVG § 158e Rn. 13
Verschulden	→ Rn. 5	KG VersR 2008, 69	*Klimke* in Prölss/Martin VVG § 119 Rn. 3; *Schwartze* in Looschelders/Pohlmann VVG § 120 Rn. 5; *Jacobsen* in Feyock/Jacobsen/Lemor VVG § 120 Rn. 2
Wegfall der Bindungswirkung	→ Rn. 12	OLG Saarbrücken ZfS 2008, 219; KG VersR 2008, 69; OLG Düsseldorf NJW-RR 2000, 248; OLG Frankfurt a.M. NJW-RR 2014, 1376	*Klimke* in Prölss/Martin VVG § 120 Rn. 9; *Hübsch* in Berliner Kommentar VVG § 158e Rn. 21

Schrifttum: Siehe → § 119.

A. Einführung

I. Inhalt und Zweck der Regelung

1 § 120 regelt die Folgen von Obliegenheitsverletzungen des Dritten. Die Vorschrift will – in allerdings sehr moderater Weise – die **konstruktive Mitwirkung des Dritten** an der Aufklärung und Regulierung des Schadensereignisses sicherstellen. Dies geschieht, indem für bestimmte Fälle und unter bestimmten Voraussetzungen der Anspruch des Dritten gegen den Versicherer eingeschränkt wird. Missachtet der Dritte seine Mitwirkungspflichten nach § 119 Abs. 2 oder Abs. 3, **beschränkt** sich die Haftung des Versicherers nach §§ 115, 117, also aufgrund des Direktanspruches und in den Fällen der Leistungsfreiheit des Versicherers, auf denjenigen Betrag, den der Versicherer auch bei gehöriger Erfüllung der Obliegenheit zu leisten gehabt hätte. Es ist dann also gewissermaßen eine **hypothetische Betrachtung** anzustellen: Der Versicherer soll so gestellt werden, wie er stünde, wenn der Dritte seinen Anzeige- oder Auskunftspflichten ordnungsgemäß genügt hätte.

II. Anwendungsbereich

2 Als den Geschädigten belastende und deshalb mit dem Zweck der Pflichtversicherung nicht unbedingt einhergehende Vorschrift ist § 120 in Bezug auf die dort genannten Fälle **abschließend**.[1] Verstöße gegen die in § 119 Abs. 1 geregelte Anzeigepflicht werden von der Regelung nicht sanktioniert.[2] Auch sie können aber mit Rechtsnachteilen für den Geschädigten verbunden sein, nämlich dazu führen, dass der Versicherer dem Anspruch des Dritten die finanziellen Auswirkungen seines Verhaltens über den Mitverschuldenseinwand (§ 254 BGB) anspruchsmindernd entgegenhalten kann.[3] Die in § 120 vorgesehenen Sanktionen betreffen darüber hinaus weiterhin nur die Haftung des Versicherers nach den §§ 115, 117.[4] Die durch die VVG-Reform gegenüber dem früheren Recht erweiterte Belastung des Geschädigten mit Obliegenheiten jenseits der Fälle des Direktanspruches und des „kranken" Versicherungsverhältnisses ist damit jedenfalls auf der Rechtsfolgenseite ohne allzu große Einschnitte für das unachtsame Opfer des pflichtversicherten Schädigers geblieben.

B. Voraussetzungen

I. Schuldhafte Obliegenheitsverletzung des Dritten

3 § 120 setzt zunächst voraus, dass der Dritte schuldhaft eine **Obliegenheit nach § 119 Abs. 2 oder Abs. 3** verletzt hat; Verstöße gegen die Anzeigepflicht des § 119 Abs. 1 bleiben nach dieser Vorschrift ohne Sanktion. **Verletzt** ist die Obliegenheit schon im Falle ihrer objektiven Nichterfüllung, also wenn die nach § 119 Abs. 2 vorzunehmende Anzeige unterblieben, eine vom Versicherer geforderte sachdienliche Auskunft[5] entgegen § 119 Abs. 3 S. 1 nicht oder nicht ordnungsgemäß erteilt worden ist oder nach § 119 Abs. 3 S. 2 geschuldete Belege trotz Aufforderung nicht vorgelegt worden sind. Die Verletzung muss allerdings auch **schuldhaft** erfolgt sein. Das wurde schon nach bisherigem Recht für die Anzeigepflicht aus dem Tatbestandsmerkmal „unverzüglich" (vgl. § 121 Abs. 1 S. 1 BGB) hergeleitet und gilt nach dem ausdrücklichen Gesetzeswortlaut nunmehr für alle nach § 120 sanktionierten Obliegenheitsverletzungen.

4 Der **Verschuldensmaßstab** richtet sich in Ermangelung einer besonderen Regelung nach § 276 Abs. 1 BGB; danach genügt zur Annahme von Verschulden jede Fahrlässigkeit.[6] Damit scheint sich der Dritte jedenfalls auf den ersten Blick schlechter zu stellen als der Versicherungsnehmer, dessen Versicherungsschutz bei nur leicht fahrlässigen Obliegenheitsverletzungen grds. keine Einschränkungen erfährt (§ 28).[7] Doch dieser Schein trügt. Betrachtet man nämlich die Rechtsfolgen der Obliegenheitsverletzung, so sind diese hier anders ausgestaltet, als es in Bezug auf den Versicherungsnehmer der Fall ist. Während letzterer bei vorsätzlicher oder grob fahrlässiger Obliegenheitsverletzung Gefahr läuft, seinen

---

[1] Klimke in Prölss/Martin VVG § 120 Rn. 1; Hübsch in Berliner Kommentar VVG § 158e Rn. 2.
[2] OLG Saarbrücken ZfS 2008, 219.
[3] Langheid in Langheid/Rixecker VVG § 120 Rn. 2; Beckmann in Bruck/Möller VVG § 120 Rn. 6; → § 119 Rn. 23 ff.
[4] Beckmann in Bruck/Möller VVG § 120 Rn. 5; Halbach in MüKoStVR VVG § 120 Rn. 2; Knöfel in Schwintowski/Brömmelmeyer/Ebers VVG §§ 119–120 Rn. 32 f.
[5] In diesem Werk → § 119 Rn. 18.
[6] Klimke in Prölss/Martin VVG § 120 Rn. 3; Schwartze in Looschelders/Pohlmann VVG § 120 Rn. 5; Jacobsen in Feyock/Jacobsen/Lemor VVG § 120 Rn. 2; Jahnke in Stiefel/Maier VVG § 120 Rn. 6.
[7] Krit. Knöfel in Schwintowski/Brömmelmeyer/Ebers VVG §§ 119–120 Rn. 35; Wandt VersR Rn. 1093.

Versicherungsschutz ganz oder teilweise zu verlieren, muss sich der Dritte bei schuldhaftem Handeln hier nur diejenigen Nachteile anrechnen lassen, die aus der unterbliebenen Beachtung seiner Mitwirkungspflichten resultieren.[8] Auch in der Sache ist die unterschiedliche Behandlung durchaus gerechtfertigt. Denn der Geschädigte steht dem Versicherer gerade nicht als dessen Vertragspartner gegenüber, sondern als ein aufgrund gesetzlicher Regelung im Rahmen der Pflichtversicherung ohnehin besonders privilegierter Dritter, von dem deshalb auch erwartet werden kann, dass er im Rahmen der an ihn gestellten Erwartungen die im Verkehr erforderliche Sorgfalt (§ 276 Abs. 2 BGB) beachtet.[9]

Ein **Verschulden** des Dritten liegt nur vor, wenn dieser alle Umstände **kennt oder kennen muss**, 5 die ihm die Vornahme der nach § 119 Abs. 2, 3 gebotenen Mitwirkungshandlungen ermöglichen. Dazu gehört insbes. die Kenntnis von Namen und Anschrift des Versicherers.[10] Der Dritte kann aber nach Maßgabe der von ihm zu beachtenden Sorgfalt gehalten sein, sich im Rahmen des Zumutbaren zu erlangende Kenntnis selbst zu verschaffen. Insbesondere bei der Kfz-Haftpflichtversicherung kann von ihm erwartet werden, dass er Erkundigungen über den Unfallgegner bei der Kfz-Zulassungsstelle oder bei dem Zentralruf der Autoversicherer einholt.[11] Welcher Sorgfaltsmaßstab hier anzusetzen ist, wird freilich stets von den Besonderheiten der jeweiligen Haftpflichtversicherung abhängen. Weigert sich der Rechtsanwalt, seinem möglicherweise geschädigten Mandanten Auskunft über den Haftpflichtversicherer zu erteilen und kommt auch die hierzu angefragte Rechtsanwaltskammer einem entsprechenden Auskunftsersuchen nicht nach,[12] so kann grds. nicht von einer schuldhaften Obliegenheitsverletzung des Dritten ausgegangen werden.

II. Hinweispflicht des Versicherers

1. Notwendigkeit eines Hinweises. § 120 stellt die Sanktion der Obliegenheitsverletzung nach 6 § 119 Abs. 2 oder Abs. 3 unter die weitere Voraussetzung, dass der Dritte zuvor **ausdrücklich** und in **Textform** auf die Folgen der Verletzung hingewiesen worden ist. Hinsichtlich der in § 119 Abs. 3 geregelten **Auskunfts- und Belegpflicht** entspricht diese Regelung dem früheren Recht (vgl. § 158e Abs. 1 S. 2 BGB) mit dem bloßen Unterschied, dass das Gesetz jetzt nicht mehr die Schriftlichkeit des Hinweises verlangt, sondern die Textform (§ 126b BGB) genügen lässt. Neu und ungewöhnlich ist demgegenüber die Einbeziehung auch der in § 119 Abs. 2 geregelten **Anzeigepflicht** in das Belehrungserfordernis. Während nämlich anerkannt ist, dass der Geschädigte Auskünfte oder Belege nur auf entsprechende Aufforderung des Versicherers zu erteilen hat, wobei dann zugleich auch ein entsprechender Hinweis zu den Folgen einer Obliegenheitsverletzung ergehen kann, ist es dem Wesen der Anzeigepflicht immanent, dass diese **spontan** erfüllt werden muss und es einer vorangehenden Belehrung insoweit nicht bedarf.[13] Eine Belehrung wird regelmäßig auch gar nicht in Betracht kommen, da der Versicherer erst durch die Anzeige von dem Erfordernis einer Belehrung überhaupt erfährt.[14] Auch der Gesetzgeber geht im Einklang mit der bisherigen Rspr. davon aus, dass das Belehrungserfordernis nicht für Anzeigeobliegenheiten nach den §§ 30, 104 oder für Obliegenheiten gelten kann, die nach Eintritt des Versicherungsfalles aufgrund der konkreten Abläufe entstehen und auf die der Versicherer daher nicht im Voraus hinweisen kann.[15] Daher mutet es seltsam an, nunmehr vom Pflichtversicherer verlangen zu wollen, den Dritten unmittelbar nach Kenntnis von dessen Existenz gewissermaßen ins Blaue hinein über seine Anzeigepflichten im Falle der gerichtlichen Inanspruchnahme zu belehren und ihn so in einem noch sehr frühen Stadium der Regulierung, in welchem die außergerichtliche Lösung vorrangig sein sollte, gewissermaßen auf die Möglichkeit eines Rechtsstreites hinzuweisen.

Letztlich handelt es sich bei der Einbeziehung der Anzeigepflicht aus § 119 Abs. 2 in das 7 Belehrungserfordernis um ein **Redaktionsversehen**:[16] Nachdem Kommissions- und Referenten-

---

[8] So auch *Beckmann* in Bruck/Möller § 120 Rn. 9.
[9] Ähnlich *Schwartze* in Looschelders/Pohlmann VVG § 120 Rn. 5.
[10] BT-Drs. 16/3945, 90; *Niederleithinger* Neues VVG Rn. 232; KG VersR 2008, 69, wo allerdings bereits eine Pflichtverletzung verneint wird.
[11] *Klimke* in Prölss/Martin VVG § 120 Rn. 3; *Knöfel* in Schwintowski/Brömmelmeyer/Ebers VVG §§ 119–120 Rn. 11; *Hübsch* in Berliner Kommentar VVG § 158d Rn. 10.
[12] Zu einem solchen Fall VG Hamburg DStR 2011, 383; zum Auskunftsanspruch des Geschädigten BGH NJW 2013, 234, Rechtsanwaltskammer; BGHZ 200, 319 = VersR 2014, 966 = NJW 2014, 1671, Notarkammer; allgemein hierzu auch *Chab* AnwBl 2021, 68 (169).
[13] OLG Saarbrücken VersR 2019, 1289; 2013, 180; 2002, 51; 1991, 872; OLG Köln r+s 2019, 80; r+s 2005, 194; OLG Hamm VersR 2017, 1332; VersR 2005, 974; OLG Oldenburg OLGR 2000, 299; OLG Frankfurt a. M. MDR 1999, 995; OLG Düsseldorf VersR 1990, 411, jeweils zur Anzeigeobliegenheit des Versicherungsnehmers; allg. auch in diesem Werk → § 28 Rn. 323 ff.
[14] Ausf. OLG Saarbrücken VersR 1991, 872; 2019, 1289, jew. mwN.
[15] Begr. zu § 28 Abs. 4, BT-Drs. 16/3945, 69; → § 28 Rn. 323.
[16] *Schneider* in Beckmann/Matusche-Beckmann VersR-HdB § 24 Rn. 187; *Wandt* VersR Rn. 1092; vgl. auch *Beckmann* in Bruck/Möller VVG § 120 Rn. 11.

entwurf in Anlehnung an § 3 Nr. 7 PflVG zunächst überhaupt keine Verpflichtung des Dritten zur Anzeige der gerichtlichen Geltendmachung mehr vorsahen (§ 119 KomE, § 120 RefE), wurde die erstmals im RegE enthaltene nahezu wortgleiche Übernahme des bisherigen § 158d Abs. 2 VVG aF in den neuen § 119 Abs. 2 auf der Rechtsfolgenseite nicht mehr konsequent nachvollzogen. Dieses Versehen ist im Wege der **teleologischen Reduktion** dahin zu korrigieren, dass bei Verletzungen der Anzeigepflicht nach § 119 Abs. 2 eine Belehrung des Dritten wie schon nach bisherigem Recht (§ 158e Abs. 1 S. 2 VVG aF) grds. nicht erforderlich ist.[17] Allein diese einschränkende Auslegung entspricht auch dem Willen des Gesetzgebers, der den Pflichtversicherer gewiss nicht zu Unmöglichem (§ 275 Abs. 1 BGB!) verpflichten, sondern schlichtweg die frühere Rechtslage unverändert beibehalten wollte.[18]

8 **2. Form und Zeitpunkt des Hinweises.** Soweit hiernach in den Fällen des § 119 Abs. 3 eine Belehrungspflicht des Versicherers besteht, ist diese dadurch zu erfüllen, dass der Dritte **ausdrücklich** und **in Textform** (§ 126b BGB) auf die Folgen der Obliegenheitsverletzung hingewiesen wird. Ausdrücklich erteilt ist der Hinweis nur dann, wenn er in für jedermann unmissverständlicher und erkennbarer Weise erfolgt.[19] Erforderlich ist danach eine Mitteilung, die in der Sache keinen Zweifel über die mit der Nichtbefolgung der Obliegenheit verbundenen Folgen lässt; zugleich sollte sich der Hinweis auch von seinem äußeren Erscheinungsbild als Warnung darstellen, etwa in Gestalt einer sich vom übrigen Text abhebenden Mitteilung.[20]

9 In **zeitlicher Hinsicht** kann der Hinweis zusammen mit der Aufforderung des Versicherers zur Auskunfts- oder Belegerteilung ergehen, notwendig ist dies aber nicht. Da das Gesetz verlangt, dass der Dritte „vorher" auf die Folgen der Verletzung hingewiesen worden ist, genügt es, dass der Hinweis zu einem Zeitpunkt ergeht, zu dem der Dritte die erforderlichen Mitwirkungshandlungen noch ohne nachteiligen Folgen für den Versicherer hätte vornehmen können.[21] Versteht man § 120 wörtlich und verlangt man – entgegen dem oben gesagten – einen Hinweis auch in den Fällen des § 119 Abs. 2, so hätte dieser freilich zum frühestmöglichen Zeitpunkt zu ergehen, dh sobald der Versicherer Kenntnis von der Existenz des Dritten erlangt und eine gerichtliche Inanspruchnahme von dieser Seite befürchten muss.

III. Kausalität

10 Wie bei allen Obliegenheitsverletzungen steht auch die Sanktion der in § 119 Abs. 2, 3 geregelten Obliegenheiten des Dritten unter einem **strengen Kausalitätserfordernis.** Es geht nicht an, den Dritten für Unterlassungen zu strafen, die sich auf Seiten des Versicherers nicht nachteilig ausgewirkt haben. Vielmehr bleibt maßgeblich, ob sich durch den Verstoß des Dritten die Stellung des Versicherers in irgendeiner Richtung verschlechtert hat.[22] Deshalb kann sich der Versicherer gegenüber dem Dritten nicht auf die Unterlassung der rechtzeitigen Anzeige der gerichtlichen Geltendmachung (§ 119 Abs. 2) berufen, wenn er bereits von anderer Seite Kenntnis von dem Rechtsstreit erlangt hat und infolgedessen in der Lage ist, sich noch rechtzeitig in den Haftpflichtprozess einzuschalten und seine Interessen wahrzunehmen.[23] Denn mit der Kenntnis des Versicherers von dem Rechtsstreit, ganz gleich woher diese stammt, erfüllt sich der alleinige Zweck der Anzeigeobliegenheit, den Versicherer vor Überraschungen zu schützen. Das gilt selbst dann, wenn gegen den Versicherungsnehmer im Haftpflichtprozess bereits ein Versäumnisurteil ergangen ist und der Versicherer hiervon so rechtzeitig Kenntnis erlangt, dass er aufgrund seiner fortbestehenden Prozessvollmacht (Ziff. 5.2 AHB)[24] Einspruch einlegen und den Prozess fortführen kann.[25] Ist die Anzeige nicht in der gebotenen Form erfolgt, der Versicherer aber gleichwohl in Kenntnis gesetzt worden, ergeben sich hieraus keine Nachteile für den Dritten,

---

[17] *Schneider* in Beckmann/Matusche-Beckmann VersR-HdB § 24 Rn. 187; so auch *Beckmann* in Bruck/Möller VVG § 120 Rn. 11; *Wandt* VersR Rn. 1092; *Chab* AnwBl 2021, 168 (169); ferner *Klimke* in Prölss/Martin VVG § 120 Rn. 4 für den Fall, dass der Versicherer mangels Kenntnis keine Möglichkeit hatte, einen entsprechenden Hinweis zu erteilen.
[18] BT-Drs. 16/3945, 90.
[19] *Klimke* in Prölss/Martin VVG § 120 Rn. 4.
[20] *Klimke* in Prölss/Martin VVG § 120 Rn. 4; *Schwartze* in Looschelders/Pohlmann VVG § 119 Rn. 6; *Hübsch* in Berliner Kommentar VVG § 158d Rn. 17.
[21] *Klimke* in Prölss/Martin VVG § 120 Rn. 4; *Langheid* in Langheid/Rixecker VVG § 120 Rn. 7.
[22] BGH NJW 1956, 1796 = VersR 1956, 707.
[23] BGH NJW 1956, 1796 = VersR 1956, 707; VersR 1959, 256; VersR 2003, 1565 = NJW-RR 2004, 176; OLG Frankfurt a. M. NJW-RR 2014, 1376.
[24] BGHZ 101, 276 = VersR 1987, 624 = NJW 1987, 2586; zur Prozessvollmacht des Versicherers *Lücke* in Prölss/Martin AHB Nr. 5 Rn. 24 ff.; *Schneider* in Beckmann/Matusche-Beckmann VersR-HdB § 24 Rn. 131 ff.; *Schneider* in Geigel Haftpflichtprozess § 13 Rn. 10.
[25] BGH VersR 2003, 635 = NJW-RR 2003, 1572; VersR 2003, 1565 = NJW-RR 2004, 176.

sondern allenfalls Beweisschwierigkeiten.[26] Eine Verletzung von Auskunfts- und Belegpflichten nach § 119 Abs. 3 wird ebenfalls nur dann sanktioniert, wenn auf Seiten des Versicherers ein entsprechendes **Aufklärungsbedürfnis** überhaupt bestand, die Verletzung mithin geeignet war, schutzwürdige Interessen des Versicherers zu beeinträchtigen; daran fehlt es, wenn der Versicherer die benötigen Auskünfte oder Unterlagen von dritter Seite erhalten hat.[27]

C. Rechtsfolgen

Liegen die Voraussetzungen des § 120 vor, so beschränkt sich die Haftung des Versicherers nach den §§ 115, 117 auf den Betrag, den er auch bei gehöriger Erfüllung der Obliegenheit zu leisten gehabt hätte. Es ist also in diesem Fall ein Vergleich zweier Kausalverläufe anzustellen, nämlich der tatsächlichen Lage mit derjenigen, die bestünde, wenn der Dritte der von ihm nicht beachteten Obliegenheit zur Anzeige, Auskunft oder Belegerteilung fristgerecht nachgekommen wäre. Doch sei auch an dieser Stelle nochmals daran erinnert, dass dem Dritten die Obliegenheitsverletzung stets nur insoweit schadet, als sich diese zu Lasten des Versicherers ursächlich ausgewirkt, nämlich dessen Leistungspflicht tatsächlich erhöht hat.[28] **11**

I. Wegfall der Bindungswirkung

Besonders weitreichende Konsequenzen für die Haftung des Versicherers gegenüber dem Dritten können sich aus der unterlassenen Anzeige der gerichtlichen Geltendmachung des Haftpflichtanspruches ergeben. Verstößt der Dritte gegen das **Anzeigeerfordernis** des § 119 Abs. 2 und hat der Versicherer auch sonst keine Kenntnis von der Existenz des Rechtsstreites gegen den Versicherungsnehmer, so ist es ihm nicht möglich, steuernd in den Ablauf des Prozesses einzugreifen. Der Versicherer kann deshalb in einem solchen Fall aufgrund des § 120 geltend machen, **dass und in welcher Weise er den Rechtsstreit bei ordnungsgemäßer Information für den Versicherungsnehmer geführt hätte und wie das Gericht dann richtigerweise hätte entscheiden müssen.**[29] Anders als im Regelfall, in dem der Versicherer das Ergebnis des Haftpflichtprozesses im Deckungsprozess gegen sich gelten lassen muss,[30] führt die erfolgreiche Berufung auf § 120 dazu, dass die **Bindungswirkung** des gegen den Versicherungsnehmer ergangenen Haftpflichturteils für den Versicherer hier **nicht gilt** mit der Folge, dass diesem im Rahmen des Deckungsprozesses alle Einwendungen erhalten bleiben, die er bei entsprechender Kenntnis bereits im Haftpflichtprozess hätte vorbringen können und müssen.[31] Unter der Voraussetzung, dass ein solch abweichender Kausalverlauf vom Versicherer überhaupt substantiiert dargelegt worden ist,[32] muss der Haftpflichtprozess im Rahmen des Deckungsprozesses „neu aufgerollt" werden.[33] **12**

Hat der Versicherer dagegen aufgrund der Anzeige des Dritten oder in anderer Weise **Kenntnis** vom Haftpflichtprozess, **unterlässt er es aber dennoch,** zur Abwendung der Ansprüche tätig zu werden, so verbleibt es bei der Bindungswirkung des Haftpflichturteils. Der Versicherer kann dann, wie auch sonst, dem Anspruch des Dritten nur noch solche Einwendungen entgegenhalten, die sich aus dem Deckungsverhältnis ergeben.[34] Auf die Ursache der Untätigkeit des Versicherers kommt es nicht an. Selbst sein Einwand, er sei irrtümlich davon ausgegangen, das schädigende Ereignis unterfalle – etwa wegen Vorsatzes, § 103 – nicht dem versicherten Risiko, ändert daran nichts.[35] Denn §§ 119, 120 bezwecken allein die zeitnahe Information des Versicherers, der die Möglichkeit haben soll, sich rechtzeitig in den Haftpflichtprozess einzuschalten, etwa noch notwendige Schadensfeststellungen zu treffen und **13**

---

[26] *Klimke* in Prölss/Martin VVG § 120 Rn. 2; *Knöfel* in Schwintowski/Brömmelmeyer/Ebers VVG §§ 119–120 Rn. 12.

[27] *Hübsch* in Berliner Kommentar VVG § 158e Rn. 19; zu § 34 VVG aF BGH VersR 2005, 493 = NJW 2005, 1185.

[28] BGH NJW 1956, 1796 = VersR 1956, 707.

[29] KG VersR 2008, 69; OLG Saarbrücken ZfS 2008, 219.

[30] Zur Bindungswirkung allg. in diesem Werk → Vor § 100 Rn. 101 ff.; *Schneider* in Beckmann/Matusche-Beckmann VersR-HdB § 24 Rn. 4 ff.; *Wandt* VersR Rn. 1061.

[31] OLG Frankfurt a. M. NJW-RR 2014, 1376; OLG Düsseldorf NJW-RR 2000, 248; LG München I VersR 1988, 233 mAnm *Späth*; *Klimke* in Prölss/Martin VVG § 120 Rn. 9; *Langheid* in Langheid/Rixecker VVG § 120 Rn. 5; *Hübsch* in Berliner Kommentar VVG § 158e Rn. 21.

[32] Zu den Anforderungen an die Darlegung OLG Saarbrücken ZfS 2008, 219.

[33] *Klimke* in Prölss/Martin VVG § 120 Rn. 9.

[34] BGH VersR 2001, 1565; 2003, 635; 1959, 256; OLG Hamm VersR 1988, 1172; OLG Braunschweig VersR 1966, 969; *Klimke* in Prölss/Martin VVG § 120 Rn. 10; *Knöfel* in Schwintowski/Brömmelmeyer/Ebers VVG §§ 119–120 Rn. 39.

[35] OGH VersR 1980, 883.

II. Belastung mit Mehrkosten

14 Die unterbliebene oder verspätete Anzeige oder Auskunft kann weiter zur Folge haben, dass dem **Dritten** aufgrund des Versicherungsfalles **Mehrkosten** entstehen, die bei zeitnaher Einschaltung des Versicherers vermieden worden wären. Diese Mehrkosten sind unter den Voraussetzungen des § 120 von dem Dritten zu tragen mit der Folge, dass sich sein bestehender Ersatzanspruch gegen den Versicherer entsprechend mindert. Hiervon unberührt bleibt der Haftpflichtanspruch gegen den Versicherungsnehmer, der naturgemäß vor den Verpflichtungen des Dritten aus § 119 entsteht und auf dessen Höhe die späteren Obliegenheitsverletzungen schlichtweg keine Auswirkungen haben können.[38] Soweit dem **Versicherer** infolge der unterlassenen Mitwirkung **zusätzliche Kosten** (zB Schadensermittlungskosten) entstehen, ist er berechtigt, diese Kosten bis zur Höhe des Ersatzanspruches des Geschädigten zu verrechnen.[39] Denn bei gehöriger Erfüllung der Obliegenheit wären diese im Rahmen der Schadensregulierung zugunsten des Dritten aufgewandten Kosten nicht angefallen, so dass diese vom Versicherer nicht zu leisten gewesen wären.

D. Prozessuales

15 Die **Darlegungs- und Beweislast** bzgl. der Voraussetzungen des § 120 unterscheidet sich von den bei Verletzung vertraglicher Obliegenheiten (§ 28) zu beachtenden Grundsätzen. Im Prozess hat der Versicherer, der sich auf die Missachtung des § 119 durch den Geschädigten beruft, nicht nur deren objektive Voraussetzungen, dh die Nichterfüllung der Mitwirkungshandlung, sondern auch das Verschulden des Geschädigten (§ 276 BGB) darzulegen und zu beweisen.[40] Soweit das Gesetz weiterhin eine vorherige Belehrung des Geschädigten verlangt, was nach zutreffender Auslegung allerdings regelmäßig nur die Fälle des § 119 Abs. 3 betreffen wird, hat der Versicherer auch deren Erteilung und Zugang beim Geschädigten nachzuweisen. Der Geschädigte kann demgegenüber gehalten sein, im Rahmen der sekundären Darlegungslast zu den Umständen vorzutragen, die gegen sein Verschulden sprechen.[41] Außerdem steht ihm der Kausalitätsgegenbeweis offen: Er muss beweisen, dass die vom Versicherer vorab substantiiert aufzuzeigenden nachteiligen Folgen seiner unterlassenen Mitwirkung nicht durch die Obliegenheitsverletzung verursacht worden sind.[42]

§ 121 Aufrechnung gegenüber Dritten

§ 35 ist gegenüber Dritten nicht anzuwenden.

Übersicht

	Rn.			Rn.
A. Normzweck und -inhalt	1	C.	Reichweite des Aufrechnungsverbots	5
B. Normgeschichte	4	D.	Abdingbarkeit	9

Schrifttum: *Breitinger,* Aufrechnung und Pflichthaftpflichtversicherung, VersR 1959, 326; *Gülde/Schmidt-Rost,* Die Kraftfahrzeughaftpflichtversicherung, 1940; *Hagemann,* Aufrechnung und Abzugsrecht des Versicherers nach der Versicherungsvertragsnovelle v. 7.11.1939, JRPV 1939, 313; *Sieg,* Abwicklung von Schäden im Konkurs des Haftpflichtversicherers, VersR 1964, 693.

---

[36] BGH VersR 2003, 1565 = NJW-RR 2004, 176.
[37] OGH VersR 1980, 883.
[38] OLG Saarbrücken ZfS 2008, 219; *Klimke* in Prölss/Martin VVG § 120 Rn. 8.
[39] *Langheid* in Langheid/Rixecker VVG § 120 Rn. 4; *Dallwig* in FAKomm VersR § 120 Rn. 4; aA *Klimke* in Prölss/Martin VVG § 120 Rn. 6; *Hübsch* in Berliner Kommentar VVG § 158e Rn. 13.
[40] *Klimke* in Prölss/Martin VVG § 120 Rn. 12; *Schwartze* in Looschelders/Pohlmann VVG § 120 Rn. 11; aA *Knöfel* in Schwintowski/Brömmelmeyer/Ebers VVG §§ 119–120 Rn. 43.
[41] *Klimke* in Prölss/Martin VVG § 120 Rn. 12; vgl. etwa BGH NJW-RR 1990, 1422; NJW 2013, 1299.
[42] BGH VersR 1956, 707; OLG Saarbrücken ZfS 2008, 219; *Langheid* in Langheid/Rixecker VVG § 120 Rn. 6; aA *Klimke* in Prölss/Martin VVG § 120 Rn. 12; *Schimikowski* in HK-VVG § 120 Rn. 2.

A. Normzweck und -inhalt

§ 121 dient dem **Schutz des geschädigten Dritten**. Grundsätzlich kann ein Versicherer nach 1
§ 35 dem geschädigten Dritten gegenüber mit einer Prämienforderung gegen den Versicherungsnehmer oder einer anderen Forderung aus dem Versicherungsvertrag (zB Nebengebühren, Zinsen, Versicherungssteuer etc) aufrechnen. § 121 schließt eine solche Aufrechnung für den Bereich der Pflichthaftpflichtversicherung aus.[1] Darin ist eine Ergänzung zum Einwendungsausschluss nach § 117 Abs. 1 zu sehen. Danach hat es auf den Direktanspruch des Dritten keinen Einfluss, wenn der Versicherer dem Versicherungsnehmer gegenüber leistungsfrei ist. Dazu würde es schlecht passen, wenn der Versicherer den Direktanspruch durch Aufrechnung mit Forderungen aus dem Versicherungsvertrag schmälern könnte.

Die gleiche Wirkung hat § 121, wenn der Dritte **nicht über einen Direktanspruch** gegen 2
den Versicherer verfügt,[2] etwa weil dieser nach § 115 Abs. 2 S. 2 verjährt ist. Dann muss er sich darum bemühen, den Freistellungsanspruch des Schädigers gegen den Pflichthaftpflichtversicherer, der zumindest bei Personenschäden eine deutlich längere Verjährungsfrist aufweist (30 Jahre, § 199 Abs. 2 BGB), abgetreten zu bekommen oder den Schädiger verklagen, um den Deckungsanspruch im Wege der Pfändung und Überweisung (§§ 729, 735 ZPO) an sich zu bringen. § 117 Abs. 1 sichert dem geschädigten Dritten wiederum den ungeschmälerten Zugriff auf den Anspruch des Versicherungsnehmers gegen den Versicherer und wird durch § 121 sinnvoll ergänzt.

In der **allgemeinen Haftpflichtversicherung** ist die Rechtslage anders. Dort gilt § 35. Das 3
ergibt sich aus einem Umkehrschluss von der Sonderregel des § 121 in der Pflichthaftpflichtversicherung, die ansonsten überflüssig wäre.[3] Allerdings modifiziert das relative Veräußerungsverbot des § 108 das Aufrechnungsrecht des § 35 als Ausdruck der „Sozialbindung der Haftpflichtversicherung".[4] In diesem Versicherungszweig kann der Versicherer nur mit Prämien aufrechnen, die bei Eintritt des Versicherungsfalls bereits fällig waren (→ § 108 Rn. 36).[5] Die Regelung des § 35 kann hier dem Grunde nach aufrecht erhalten bleiben, da es keine dem Einwendungsausschluss nach § 117 vergleichbare Norm gibt: Der Dritte kann in der allgemeinen Haftpflichtversicherung aufgrund des materiellen Trennungsprinzips gegen den Versicherer direkt überhaupt nicht vorgehen[6] und hat auf den Deckungsanspruch des Versicherungsnehmers nur dann (ggf. im Wege der Zwangsvollstreckung) Zugriff, wenn der Anspruch tatsächlich besteht und dem Versicherer keine Einwendungen aus dem Versicherungsvertrag zustehen.

B. Normgeschichte

§ 121 ist an die Stelle des ehemaligen § 158g VVG aF getreten, der mit der Einführung der 4
Pflichtversicherung für Kfz-Halter im Jahre 1939 in das VVG eingefügt wurde.[7] Der Wortlaut hat sich im Rahmen der Neukodifikation von 2008 nicht geändert, der Normgehalt nur insoweit, als die Vorschrift nicht mehr nur für die Kfz-Haftpflichtversicherung, sondern für den gesamten Bereich der Pflichthaftpflichtversicherung gilt.

C. Reichweite des Aufrechnungsverbots

Das **Aufrechnungsverbot** zu Lasten des Pflichthaftpflichtversicherers aus § 121 gilt nicht 5
nur gegenüber dem geschädigten Dritten, sondern auch gegenüber seinen Rechtsnachfolgern, ua auch **Sozialversicherungsträgern,** wenn diese Regress beim Pflichthaftpflichtversicherer

---

[1] Wie hier *Langheid* in Langheid/Rixecker VVG § 121 Rn. 1.
[2] *Jacobsen* in Feyock/Jacobsen/Lemor VVG § 121 Rn. 1.
[3] Amtl. Begr. DJ 1939, 1771 (1775).
[4] BGH VersR 2001, 90 (91).
[5] BGH VersR 1987, 655 (656); *Johannsen* in Bruck/Möller, 8. Aufl., Bd. V/1, Kap. B Anm. 90; *Reiff* in Prölss/Martin VVG § 35 Rn. 4; *Langheid* in Langheid/Rixecker VVG § 108 Rn. 8; *Sieg* VersR 1964, 693 (695); aA *Breitinger* VersR 1959, 326, der § 108 für unanwendbar auf die Aufrechnung des Versicherers hält.
[6] Eine eng begrenzte Ausnahme gilt analog § 1282 BGB in der Insolvenz des Versicherungsnehmers; BGH VersR 1993, 1222 (1223); KG VersR 2007, 349 (350).
[7] RGBl. I S. 2223.

nehmen.⁸ Im kranken Versicherungsverhältnis stellt sich die Frage eines Aufrechnungsverbots aufgrund der Regelung des § 117 Abs. 3 S. 2 nicht, die bereits eine Aufrechnung des Versicherers ausschließt.

Das Aufrechnungsverbot zu Lasten des Pflichthaftpflichtversicherers hat auch Bedeutung in der **Insolvenz** des Haftpflichtversicherers. Hier beschränkt § 121 die Möglichkeit des Insolvenzverwalters, nach § 178 Abs. 1 S. 1 InsO Widerspruch gegen die Eintragung einer Forderung in die Tabelle einzulegen.⁹ Er kann den Widerspruch nicht darauf stützen, dass er im Deckungsverhältnis mit einer Prämien- oder sonstigen Forderung aufrechnen kann.

6   Die Regelung des § 121 erstreckt sich auf **mitversicherte Personen**.¹⁰ Insoweit der Versicherer nach § 35 Einwendungen diesen gegenüber geltend machen kann, ist dies für die Pflichthaftpflichtversicherung ausgeschlossen.

7   § 121 verhindert nicht, dass der Pflichthaftpflichtversicherer die **Aufrechnung mit einer eigenen Forderung** erklärt, die ihm **gegenüber dem geschädigten Dritten** zusteht.¹¹ Als mögliche Gegenforderung kommt etwa eine fällige Prämienforderung in Betracht, wenn der Geschädigte Versicherungsnehmer bei dem Pflichthaftpflichtversicherer in einem anderen Versicherungsverhältnis ist. Ebenso taugen Regressansprüche des Pflichthaftpflichtversicherers gegen den Dritten aus diesem Versicherungsverhältnis als mögliche Gegenforderungen. Da § 120 die Ansprüche des Versicherers wegen Verletzung einer Obliegenheit des Dritten aus § 119 abschließend regelt und Schadensersatzansprüche dort nicht aufgeführt werden, kann der Versicherer allerdings eigene Schäden (zB Ermittlungskosten), die er aufgrund einer Obliegenheitsverletzung des Dritten erlitten hat, diesem gegenüber nicht im Wege der Aufrechnung liquidieren.¹²

8   In der **Frachtführer-Haftpflichtversicherung** nach § 7a GüKG gilt das Aufrechnungsverbot unabhängig davon, ob ein Schaden auf dem Transportweg oder während einer Zwischenlagerung eingetreten ist.¹³ Das liegt daran, dass die transportbedingte Zwischenlagerung zum Obhuts- und damit Haftungsbereich nach den §§ 425 ff. HGB zählt.

D. Abdingbarkeit

9   Als Norm der Pflichthaftpflichtversicherung ist § 121 zugunsten des Versicherungsnehmers, des Versicherten und des geschädigten Dritten zwingend. Das bedurfte nach Ansicht des Reformgesetzgebers von 2007 keiner ausdrücklichen Klarstellung im Gesetz.¹⁴

§ 122 Veräußerung der von der Versicherung erfassten Sache

Die §§ 95–98 über die Veräußerung der versicherten Sache sind entsprechend anzuwenden.

Übersicht

		Rn.			Rn.
A.	Normzweck	1	II.	Veräußerer	13
B.	Normgeschichte	2	III.	Rechtsfolgen	15
C.	Anwendungsbereich	3	IV.	Kfz-Haftpflichtversicherung	19
D.	Tatbestand	9	V.	Abdingbarkeit	24
I.	Veräußerung	9			

---

8   *Breitinger* VersR 1959, 326 (328); wie hier *Beckmann* in Bruck/Möller VVG § 121 Rn. 5.
9   *Sieg* VersR 1964, 693 (695).
10 *Beckmann* in Bruck/Möller VVG § 121 Rn. 5; *Huber* in Schwintowski/Brömmelmeyer/Ebers VVG § 121 Rn. 2.
11 *Hübsch* in Berliner Kommentar VVG § 158g Rn. 2; *Beckmann* in Bruck/Möller VVG § 121 Rn. 9; *Langheid* in Langheid/Rixecker VVG § 121 Rn. 3; *Schwartze* in Looschelders/Pohlmann VVG § 121 Rn. 2; *Huber* in Schwintowski/Brömmelmeyer/Ebers VVG § 121 Rn. 3; *Lennartz* in jurisPK-Straßenverkehrsrecht VVG § 121 Rn. 7; aA noch *Gülde/Schmidt-Rost* Die Kraftfahrzeughaftpflichtversicherung, 1940, § 158g Anm. 3.
12 *Klimke* in Prölss/Martin VVG § 121 Rn. 1; aA *Langheid* in Langheid/Rixecker VVG § 121 Rn. 3.
13 LG Düsseldorf VersR 2002, 1553; *Steinborn* in BeckOK VVG § 121 Rn. 3.
14 BT-Drs. 16/3945, 87; *Beckmann* in Bruck/Möller VVG § 121 Rn. 11; *Huber* in Schwintowski/Brömmelmeyer/Ebers VVG § 121 Rn. 3.

Stichwort- und Fundstellenverzeichnis

Stichwort	Rn.	Rspr.	Lit.
Eigentumserwerb durch Zwangsversteigerung	→ Rn. 11	–	*Jacobsen* in Feyock/Jacobsen/Lemor VVG § 122 Rn. 2
Ersatzwagenklausel	→ Rn. 22	–	*Schäfer*, Die Übernahme der Haftpflichtversicherung nach § 158h, 1973, S. 136; *Jacobsen* in Feyock/Jacobsen/Lemor AKB 2008 G Rn. 100; *Johannsen* in Bruck/Möller, 8. Aufl., Bd. V/1, Kap. D Anm. 45
Fahrzeugversicherung	→ Rn. 23	–	*Jacobsen* in Feyock/Jacobsen/Lemor AKB 2008 G Rn. 100; *Johannsen* in Bruck/Möller, 8. Aufl., Bd. V/1, Kap. D Anm. 45
Gesamtrechtsnachfolge	→ Rn. 7	OLG Neustadt VersR 1956, 253	*Jacobsen* in Feyock/Jacobsen/Lemor AKB § 6 Rn. 3; *Schwartze* in Looschelders/Pohlmann VVG § 122 Rn. 2; *Dallwig* in Staudinger/Halm/Wendt VVG § 122 Rn. 5; *Schäfer*, Die Übernahme der Haftpflichtversicherung nach § 158h, 1973, S. 27
Gutgläubiger Erwerb	→ Rn. 9	–	*Wiegand* in Staudinger BGB Vorb. zu §§ 932 ff. Rn. 40; *Schäfer*, Die Übernahme der Haftpflichtversicherung nach § 158h, 1973, S. 36 f.
Halterwechsel	→ Rn. 21	BGHZ 28, 137 (142) = VersR 1967, 572 (573); BGH VersR 1974, 1191 (1193); 1984, 455 (456)	*Hübsch* in Berliner Kommentar VVG § 158h Rn. 6; *Münkel* in Geigel Haftpflichtprozess Kap. 13 Rn. 62; *Stelzer* ZfV 1959, 601 (602); *Grassl-Palten*, Sacherwerb und Versicherungsschutz, 1996, S. 115 f.; *Capeller* BB 1952, 809; *Evers* VW 1958, 199; *Horstmann* VersR 1952, 219; *Tron*, Der Kraftfahrzeug-Sicherungsschein, 1966, S. 30 f.
Interessenwegfall	→ Rn. 6	BGH VersR 1984, 455	*Klimke* in Prölss/Martin VVG § 122 Rn. 2; *Clauß* VersR 2002, 1074
Sammelversicherung	→ Rn. 20	BGHZ 35, 153 (155); BGH VersR 1997, 443; OLG Stuttgart NJW-RR 1986, 111	*Beckmann* in Bruck/Möller VVG § 122 Rn. 8; *Ossewski* VersR 1953, 312; *Hübsch* in Berliner Kommentar VVG § 158h Rn. 2; *Schwartze* in Looschelders/Pohlmann VVG § 122 Rn. 6; *Klimke* in Prölss/Martin VVG § 122 Rn. 6; *Taube* VersR 1957, 630
Sparten	→ Rn. 3	BGH VersR 1984, 455	*Beckmann* in Bruck/Möller VVG § 122 Rn. 4; *Schimikowski* in HK-VVG § 122 Rn. 2
Unterlassene Anzeige	→ Rn. 17	OLG Köln ZfS 1987, 370	*Beckmann* in Bruck/Möller VVG § 122 Rn. 24; *Heyers* in Looschelders/Pohlmann VVG § 97 Rn. 1
Veräußerer	→ Rn. 13 f.	BGH VersR 1974, 1191 (1194); 1984, 455 (456); OLG Hamm NZV 1996, 412	*Brand* in Bruck/Möller VVG § 44 Rn. 15; *Beckmann* in Bruck/Möller VVG § 122 Rn. 14; *Klimke* in Prölss/Martin VVG § 122 Rn. 3; *Klimke* in Prölss/Martin VVG § 122 Rn. 5; *Jacobsen* in Feyock/Jacobsen/Lemor AKB § 6 Rn. 3

§ 122   1   Teil 2. Einzelne Versicherungszweige. Kap. 1. Haftpflichtversicherung

Stichwort	Rn.	Rspr.	Lit.
Veräußerung	→ Rn. 9 ff.	BGH VersR 1965, 425; 1974, 1191 (1193); 1984, 455 (456); 1965, 425; OLG Schleswig VersR 1960, 591	*Wiegand* in Staudinger BGB Vorb. zu §§ 932 ff. Rn. 40; *Schäfer*, Die Übernahme der Haftpflichtversicherung nach § 158h, 1973, S. 23 f., 36 f.; *Kisch* PVR III S. 352
Vertragszustand	→ Rn. 16	BGH VersR 1984, 455; OLG Düsseldorf VersR 1996, 1268 = NJW-RR 1997, 88	*Beckmann* in Bruck/Möller VVG § 122 Rn. 17; *Dallwig* in Staudinger/Halm/Wendt VVG § 122 Rn. 6; *Klimke* in Prölss/Martin VVG § 122 Rn. 1, 3 und 5; *Schwartze* in Looschelders/Pohlmann VVG § 122 Rn. 4; *Huber* in Schwintowski/Brömmelmeyer/Ebers VVG § 122 Rn. 11

Schrifttum: *Capeller*, Sicherungsübereignung eines Kraftfahrzeugs und Haftpflichtversicherung, BB 1952, 705; *Clauß*, Die Auswirkungen des Abhandenkommens des Fahrzeugs auf den Haftpflichtversicherungsvertrag, VersR 2002, 1074; *Grassl-Palten*, Sacherwerb und Versicherungsschutz, 1996; *Hagemann*, Die Einführung der Pflichtversicherung für Kraftfahrzeughalter, DR 1939, 2033; *Horstmann*, Sicherungsübereignung und Kraftfahrzeughaftpflichtversicherung, VersR 1952, 219; *Lenski*, Zur Veräußerung der versicherten Sache, 1965; *Schäfer*, Die Übernahme der Haftpflichtversicherung nach § 158h, Diss., 1973; *Schauer*, Eigentumsübergang und die Veräußerungsanzeige in der Kfz-Haftpflichtversicherung, RdW 1998, 8; *Stelzer*, Probleme der Veräußerung in der Kfz-Versicherung, ZfV 1959, 601.

A. Normzweck

1   Ist die Pflichthaftpflichtversicherung an eine einzelne Sache oder eine Sachgesamtheit gebunden, dient § 122 dem **Schutz des Erwerbers und des potentiell Geschädigten** bei Veräußerung der Sache, indem er anordnet, dass die §§ 95 ff. aus dem Recht der Sachversicherung entsprechend anzuwenden sind:[1] Der Bestand des Versicherungsverhältnisses soll dadurch auch in der Pflichthaftpflichtversicherung von einem Wechsel in der Person des Versicherungspflichtigen unabhängig gemacht werden.
   Dazu bedarf es einer eigenständigen Regelung, weil in der Haftpflichtversicherung, anders als in der Sachversicherung, nicht die Sache das versicherte Schutzobjekt ist, sondern die gesetzliche Haftpflicht des Versicherungsnehmers gegenüber einem Dritten, die an den Besitz oder den Betrieb einer Sache, etwa eines Kfz, anknüpft.[2] Bei Veräußerung der Sache erlischt das Haftpflichtversicherungsverhältnis grds. wegen Interessewegfalls.[3] Dadurch drohen Lücken im Versicherungsschutz, da der Erwerber die Sache idR sofort weiterbenutzt und Dritte geschädigt werden können, bevor er selbst wirksam für Versicherungsschutz gesorgt hat. Schon bei Einführung der Pflichthaftpflichtversicherung für Kraftfahrzeughalter hielt der Gesetzgeber es vor diesem Hintergrund für erforderlich, eine Norm zu schaffen, welche eine entsprechende Anwendung der Vorschriften über die Veräußerung der versicherten Sache (heute §§ 95–99) anordnet.[4] Dadurch kommt es zu einem **sofortigen Übergang** des Haftpflichtversicherungsverhältnisses vom Veräußerer einer Sache oder Sachgesamtheit auf den Erwerber, also zu einem lückenlosen Versicherungsschutz. §§ 122, 96 stellen sicher, dass Versicherer und Erwerber sich auch kurzfristig von dem durch Übergang zustande gekommenen Vertragsverhältnis wieder lösen können, falls es ihrem Interesse nicht entspricht. Für den Versicherer gelten allerdings Einschränkungen, insoweit er einem Kontrahierungszwang unterliegt (→ Rn. 17).

---

[1] *Schwartze* in Looschelders/Pohlmann VVG § 122 Rn. 1; *Grassl-Palten* Sacherwerb und Versicherungsschutz, 1996, S. 43 f.; *Schäfer* Die Übernahme der Haftpflichtversicherung nach § 158h, 1973, S. 83.
[2] *Langheid* in Langheid/Rixecker VVG § 122 Rn. 1; *Huber* in Schwintowski/Brömmelmeyer/Ebers VVG § 122 Rn. 1; *Steinborn* in BeckOK VVG § 122 Rn. 2; *Münkel* in Geigel Haftpflichtprozess Kap. 13 Rn. 62.
[3] Wie hier *Hübsch* in Berliner Kommentar VVG § 158h Rn. 1; *Klimke* in Prölss/Martin VVG § 122 Rn. 1; aA *Langheid* in Römer/Langheid, 2. Aufl. 2003, VVG § 69 Rn. 2; *Grassl-Palten* Sacherwerb und Versicherungsschutz, 1996, S. 71 ff., 79 ff.; offen gelassen von *Beckmann* in Bruck/Möller VVG § 122 Rn. 2.
[4] Begr. DJ 1939, 1771 (1775); *Hagemann* DR 1939, 1757.

B. Normgeschichte

§ 122 entspricht im Wesentlichen § 158h S. 1 VVG aF, der durch Gesetz v. 7.11.1939[5] in das **2** VVG eingefügt wurde. Das war erforderlich, da Rspr. und hL es zuvor abgelehnt hatten, die Vorschriften des Sachversicherungsrechts über die Sachveräußerung auf den Fall einer Veräußerung von Sachen, die Gegenstand einer Pflichthaftpflichtversicherung waren, entsprechend anzuwenden.[6] Das beruhte auf der Ansicht, dass die Haftpflichtversicherung eine Vermögensversicherung und daher ihrer Natur nach nicht an eine Sache gebunden sei. Dieses Verständnis ist heute überkommen.
Im Unterschied zu seinem Normvorgänger versucht § 122, den Verweis auf die Vorschriften der Sachversicherung über die Veräußerung der versicherten Sache **präziser** zu fassen, indem er nicht pauschal auf „die Vorschriften über die Veräußerung der versicherten Sache", sondern konkret auf die §§ 95–98 verweist. Diese grds. wünschenswerte Klarstellung wird dadurch getrübt, dass ein Verweis auf § 99 aufgrund eines Redaktionsversehens des Reformgesetzgebers von 2008 unterblieb (→ Rn. 5). § 158h S. 2 VVG aF, der im Jahre 1994 hinzugekommen war,[7] wurde nicht in das neukodifizierte VVG übernommen. Das liegt daran, dass sich die Vorschrift ausschließlich auf Kraftfahrzeuge bezog und daher systematisch richtig in das PflVG überführt wurde (§ 3b PflVG; → Rn. 19). § 122 unterscheidet sich von § 158h VVG aF schließlich dadurch, dass der in seiner Bedeutung umstrittene Begriff „sinngemäß"[8] durch den in der Rechtssprache gebräuchlicheren und klareren Begriff „entsprechend" ersetzt wurde.

C. Anwendungsbereich

Das **Versicherungsverhältnis**, das nach § 122 auf den Erwerber übergeht, muss keine besondere Qualität aufweisen. Daher ist die Vorschrift auch auf eine vorläufige Deckungszusage anzuwenden.[9] Das gleiche gilt für ein gestörtes Versicherungsverhältnis. Was die **Sparten** der Pflichthaftpflichtversicherung anbelangt, kommt § 122 neben der Kfz-Haftpflichtversicherung häufig dort zur Anwendung, wo landesrechtlich eine Versicherungspflicht für Tierhalter (zB Halter bestimmter Hunderassen) oder benzingetriebene Modellflugzeuge geregelt ist.[10]

Voraussetzung für die entsprechende Anwendung der §§ 95–98 in der Pflichthaftpflichtversicherung ist, dass die Haftpflicht an eine **einzelne Sache** gebunden ist, etwa ein Kfz oder eine Anlage. Ansonsten fehlt es an der Vergleichbarkeit der geregelten Lebenssachverhalte.[11] § 122 ist auch anwendbar, wenn eine **Sachgesamtheit** als Ganzes übertragen wird, nicht aber wenn einzelne Sachen aus einer Sachgesamtheit veräußert werden. Das ergibt sich nicht nur aus dem ausdrücklich geäußerten Willen des historischen Gesetzgebers von 1939,[12] sondern auch aus der Interessenlage. Würde man einen Übergang nach §§ 122, 95 hinsichtlich einzelner Sachen, die aus einer Sachgesamtheit veräußert werden, gestatten, würde aus einem Sammelversicherungsvertrag, der die Sachgesamtheit betrifft, eine Vielzahl von Versicherungsverhältnissen entstehen. Das entspricht nicht dem Willen des Versicherers, der das Gesamtrisiko und nicht viele Einzelrisiken decken will. Daher ist § 122 etwa bei der Händlerversicherung nicht anzuwenden (→ Rn. 20).[13]

Über den Wortlaut des § 122 hinaus ist **§ 99 Fall 1** in der Pflichthaftpflichtversicherung **5** entsprechend anzuwenden, wonach die Vorschriften über die Veräußerung einer versicherten Sache auch beim Eigentumserwerb durch **Zwangsversteigerung** und der Einräumung bestimmter Nutzungsrechte eingreifen. Das ergibt sich daraus, dass § 122 nach der Regierungsbegründung sachlich mit § 158h S. 1 VVG aF übereinstimmen sollte.[14] Dieser enthielt keinen Ausschluss hin-

---

[5] RGBl. I S. 2223.
[6] RGZ 156, 146; KG JRPV 1932, 119; *Kisch* PVR III S. 289 f.; *Bruck* PVR S. 572 f.; aA OLG Stuttgart JRPV 1927, 262.
[7] *Beckmann* in Bruck/Möller VVG § 122 Rn. 1.
[8] *Schäfer* Die Übernahme der Haftpflichtversicherung nach § 158h, 1973, S. 74 f.
[9] BGH VersR 1984, 455; *Beckmann* in Bruck/Möller VVG § 122 Rn. 4.
[10] *Schimikowski* in HK-VVG § 122 Rn. 2.
[11] *Hübsch* in Berliner Kommentar VVG § 158h Rn. 2; *Beckmann* in Bruck/Möller VVG § 122 Rn. 3; *Schwartze* in Looschelders/Pohlmann VVG § 122 Rn. 1; *Schäfer* Die Übernahme der Haftpflichtversicherung nach § 158h, 1973, S. 129 ff.; aA *Grassl-Palten* Sacherwerb und Versicherungsschutz, 1996, S. 161 ff.
[12] Begr. DJ 1939, 1771 (1775).
[13] *Klimke* in Prölss/Martin VVG § 122 Rn. 2.
[14] Begr. RegE BT-Drs. 16/3945, 90; zust. *Beckmann* in Bruck/Möller VVG § 122 Rn. 1; *Jacobsen* in Feyock/Jacobsen/Lemor VVG § 122 Rn. 2; *Klimke* in Prölss/Martin VVG § 122 Rn. 4; *Schwartze* in Looschelders/Pohlmann VVG § 122 Rn. 2; *Dallwig* in Staudinger/Halm/Wendt VVG § 122 Rn. 5.

sichtlich der Vorgängerbestimmung des § 99 Fall 1. Der fehlende Verweis auf § 99 in § 122 erscheint vor diesem Hintergrund als bloßes Redaktionsversehen. In etlichen AVB ist die entsprechende Lücke bereits durch ergänzende Parteivereinbarung geschlossen (vgl. etwa Abschn. G Ziff. 7.6 AKB 2008/2015).

6 Im Anwendungsbereich des § 122 bewirkt die Veräußerung **keinen Interessewegfall** iSv § 80 Abs. 2 bzw. keinen Wagniswegfall nach § 6a AKB/Abschn. G Ziff. 8 AKB 2008/2015 im Rahmen der Kfz-Haftpflichtversicherung.[15] Normzweck des § 122 ist es ja gerade, einen solchen Interessewegfall zu verhindern. Er tritt erst ein, wenn die Sache, an deren Besitz die Pflichthaftpflichtversicherung anknüpft, Veränderungen unterworfen ist, die den Versicherungsschutz dauerhaft gegenstandslos werden und ein Wiederaufleben unmöglich erscheinen lassen. Das ist vor allem bei der Sachzerstörung (zB durch Verschrottung) oder der endgültigen Aufgabe der Nutzung (zB Stilllegung eines Kfz), ggf. auch bei der Sachentwendung der Fall.[16]

7 **Gesamtrechtsnachfolge** stellt keine Veräußerung iSd §§ 122, 95 ff. dar. Verstirbt der Versicherungsnehmer, gelten folglich nicht die §§ 95 ff., sondern **§ 1922 BGB**.[17] Zwar tritt auch der Erbe in das Versicherungsverhältnis ein. Er tut dies jedoch kraft Gesetzes; einer rechtsgeschäftlichen Übertragung bedarf es nicht. Entsprechend hat der Erbe keine Anzeigepflichten nach § 97 zu beachten. Da § 98 S. 1 nicht gilt, kann der Erblasser mit dem Versicherer vereinbaren, dass ein Eintritt des Erben in den Versicherungsvertrag ausgeschlossen sein oder der Versicherungsvertrag für den Fall des Todes des Versicherungsnehmers ruhen soll.[18]

Auch auf die Gesamtrechtsnachfolge **unter Lebenden** ist § 122 nicht anwendbar. Zu denken ist an die Verschmelzung von Unternehmen iSv § 2 UmwG oder die Begründung des Ehestands der Gütergemeinschaft nach § 1415 BGB. Soweit im letzteren Fall ein Kfz zum Vermögen eines der beiden Ehegatten gehört und mit der Eheschließung Teil des Gesamtguts wird, hat keine Veräußerung stattgefunden, da das Gesamthandseigentum mit Eintritt der Gütergemeinschaft kraft Gesetzes entsteht. **Kein Fall der Gesamtrechtsnachfolge unter Lebenden** ist die Veräußerung des gesamten Handelsgeschäfts nach § 25 HGB, weil hier die einzelnen Gegenstände des Handelsgeschäfts nach den für sie geltenden Bestimmungen übertragen werden.[19] § 122 ist hier also anwendbar.

8 § 102 ist *lex specialis* zu § 122 für die Betriebshaftpflichtversicherung.[20] Danach ist unabhängig von den Voraussetzungen des § 95 Abs. 1 sichergestellt, dass der Versicherungsschutz bei Übernahme des versicherten Unternehmens durch einen Dritten automatisch übergeht. Auf die Kfz-Haftpflichtversicherung ist § 102 nicht anwendbar.[21] § 3b PflVG ergänzt § 122.

D. Tatbestand

I. Veräußerung

9 Für den Übergang des Versicherungsverhältnisses kommt es auf die Vollendung der **Veräußerung** an. An diesen Begriff knüpft auch das AVB-Recht an (vgl. etwa § 6 AKB; Abschn. G Ziff. 7 AKB 2008/2015). Das VVG definiert den **Begriff** der Veräußerung nicht, obwohl es ihn verschiedentlich gebraucht (zB §§ 95 ff., 102 Abs. 2, 122, 139 f.). Es ist daher auf die Begrifflichkeit des allgemeinen bürgerlichen Rechts zurückzugreifen. Danach ist unter einer Veräußerung der dingliche Vollzug jeder rechtsgeschäftlichen Eigentumsübertragung iSd BGB zu verstehen.[22] Für bewegliche Sachen sind also die §§ 929–931 BGB entscheidend. Entgegen einer im Schrifttum geäußerten Ansicht liegt auch beim **gutgläubigen Erwerb** nach §§ 932–934 BGB eine rechtsgeschäftliche

---

[15] BGH VersR 1984, 455; *Klimke* in Prölss/Martin VVG § 122 Rn. 8.
[16] *Clauß* VersR 2002, 1074.
[17] OLG Neustadt VersR 1956, 153 (154); *Dallwig* in Staudinger/Halm/Wendt VVG § 122 Rn. 5; *Jacobsen* in Feyock/Jacobsen/Lemor AKB § 6 Rn. 3; *Schwartze* in Looschelders/Pohlmann VVG § 122 Rn. 2; *Kisch* PVR III S. 273.
[18] *Bruck* PrivVersR S. 567; *Schäfer* Die Übernahme der Haftpflichtversicherung nach § 158h, 1973, S. 14.
[19] *Ritter/Abraham* ADS § 49 Anm. 30; *Schäfer* Die Übernahme der Haftpflichtversicherung nach § 158h, 1973, S. 27.
[20] *Beckmann* in Bruck/Möller VVG § 122 Rn. 5; *Langheid* in Langheid/Rixecker VVG § 122 Rn. 3; *Klimke* in Prölss/Martin VVG § 122 Rn. 2; *Dallwig* in Staudinger/Halm/Wendt VVG § 122 Rn. 2; *Schulze Schwienhorst* in Looschelders/Pohlmann VVG § 102 Rn. 15.
[21] BGH VersR 1974, 1191 (1193); *Hübsch* in Berliner Kommentar VVG § 158h Rn. 5.
[22] BGH VersR 1965, 425; 1974, 1191 (1193); 1984, 455 (456); *Klimke* in Prölss/Martin VVG § 122 Rn. 3.

Eigentumsübertragung und kein originärer Eigentumserwerb vor.[23] Versichert ein Nichtberechtigter, etwa ein Entleiher, sein Haftpflichtinteresse und überträgt er das Eigentum an der entliehenen Sache an einen gutgläubigen Dritten, geht das Versicherungsverhältnis nach §§ 122, 95 ff. auf diesen über. Zu einem solchen Übergang kommt es allerdings nicht, wenn der Nichtberechtigte eine Sache veräußert, die der Eigentümer zuvor versichert hatte. Das liegt daran, dass §§ 122, 95 voraussetzen, dass der Versicherungsnehmer selbst der Veräußerer ist (→ Rn. 13).

Beispiele: Neben dem Eigentumswechsel aufgrund eines Kaufs, eines Tausches oder einer Schenkung fällt auch die Sicherungsübereignung unter den Begriff der Veräußerung.[24] Das gleiche gilt für die Umwandlung von Gesamthands- in Bruchteilseigentum – etwa bei der Erbauseinandersetzung – und umgekehrt,[25] für die Begründung quotenmäßigen Miteigentums nach § 1008 BGB, die Einkaufskommission oder die Einbringung einer Sache in eine Gesellschaft, sofern nicht nur der Gebrauch überlassen wird.

Keine Veräußerung liegt beim Kauf unter Eigentumsvorbehalt vor, solange die letzte Rate noch nicht gezahlt und damit der Vollrechtserwerb vollendet ist.[26] Das gilt auch dann, wenn dem Käufer der Kaufgegenstand bereits vor Zahlung der letzten Rate übergeben worden ist.[27] Ebenso ist die bloße Belastung einer Sache mit einem dinglichen Recht – etwa die Verpfändung eines Kfz – mangels translativer Rechtsverschaffung keine Veräußerung.[28] Das gleiche gilt eigentlich auch für die Eigentumsübertragung im Wege der Zwangsvollstreckung. Hier ordnet § 99, nach dem oben Gesagten (→ Rn. 5) auch iRd § 122 gilt, aber die entsprechende Anwendung der §§ 95 ff. an, um die Rechte Dritter zu schützen. Von einer Veräußerung lässt sich des Weiteren nicht sprechen, wenn sich eine OHG wegen des Ausscheidens eines Gesellschafters in eine Einzelfirma verwandelt, wenn ein Testamentsvollstrecker einen Betrieb übernimmt, eine Sache durch einen Hoheitsakt, zB eine Beschlagnahme oder eine Enteignung, weggenommen wird, oder wenn eine Eigentumsübertragung, etwa wegen Anfechtung, deren Wirkung das dingliche Rechtsgeschäft erfasst, nichtig ist.

Unerheblich für die Frage des Übergangs ist, wann die **Anzeige des Rechtserwerbs an den Versicherer** erfolgt. Unterbleibt eine solche ganz mit der Folge, dass der Versicherer keine Kenntnis von der Veräußerung hat, berührt dies den Übergang des Versicherungsschutzes nach §§ 122, 95 ff. ebenfalls nicht (zur Rechtsfolge der Leistungsfreiheit → Rn. 17).[29]

II. Veräußerer

Veräußerer muss grds. der **Versicherungsnehmer** sein, und zwar als Eigentümer oder verfügungsberechtigter Dritter. Wer Eigentümer oder zur Verfügung berechtigt ist, richtet sich grds. nach den Vorschriften des bürgerlichen Rechts. Liegt **Versicherung für fremde Rechnung** vor (→ § 123 Rn. 2; 12 ff.), ist zusätzlich § 44 zu beachten. Veräußert der Versicherungsnehmer in der Versicherung für fremde Rechnung als Nichteigentümer die versicherte Sache an einen Dritten, nimmt dieser nach Maßgabe der §§ 95 ff. nur dann die Rechtsstellung des Versicherungsnehmers ein, wenn er Eigentümer der Sache und damit Rechtsnachfolger des Versicherten wird.[30] Ob dies der Fall ist, richtet sich wiederum nach den allgemeinen Regeln des bürgerlichen Rechts. Danach wird der Dritte Eigentümer, wenn der Versicherte als ursprünglicher Eigentümer der Verfügung des Versicherungsnehmers nach § 185 BGB zustimmt oder der Dritte gem. §§ 932–934 BGB gutgläubig Eigentum erwirbt. Erlangt der Dritte auf einem dieser beiden Wege die Stellung eines Eigentümers, wandelt sich die Fremdversicherung zugunsten des Versicherten als ursprünglichem Eigentümer wiederum in eine Eigenversicherung zugunsten des Dritten als neuem Eigentümer und Versicherungsnehmer um.

Verfügungsberechtigter Dritter kann ausnahmsweise an Stelle des Versicherungsnehmers auch eine Partei kraft Amtes sein (insbes. ein Insolvenzverwalter oder ein Testamentsvollstrecker).[31]

---

[23] *Dallwig* in Staudinger/Halm/Wendt VVG § 122 Rn. 5; näher zu Streitstand und Argumenten *Wiegand* in Staudinger BGB Vorb. zu §§ 932 ff. Rn. 40; *Schäfer* Die Übernahme der Haftpflichtversicherung nach § 158h, 1973, S. 36 f.

[24] BGH VersR 1965, 425; OLG Schleswig VersR 1960, 591; *Beckmann* in Bruck/Möller VVG § 122 Rn. 11; *Schäfer* Die Übernahme der Haftpflichtversicherung nach § 158h, 1973, S. 23 f.

[25] *Kisch* PVR III S. 352.

[26] *Huber* in Schwintowski/Brömmelmeyer/Ebers VVG § 122 Rn. 5; *Stadler* in Stiefel/Maier AKB G Rn. 15; *Beckmann* in Bruck/Möller VVG § 122 Rn. 11.

[27] RGZ 114, 316 (318); LG Berlin VersR 1959, 421; *Kisch* PVR III S. 269; *Schäfer* Die Übernahme der Haftpflichtversicherung nach § 158h, 1973, S. 18 f.

[28] *Ritter/Abraham* ADS § 49 Anm. 8; *Ehrenzweig* PVR S. 227; *Beckmann* in Bruck/Möller VVG § 122 Rn. 11.

[29] OGH VersR 1977, 170; 1981, 767; *Hübsch* in Berliner Kommentar VVG § 158h Rn. 6; *Beckmann* in Bruck/Möller VVG § 122 Rn. 10.

[30] *Brand* in Bruck/Möller VVG § 44 Rn. 15.

[31] *Beckmann* in Bruck/Möller VVG § 122 Rn. 15; *Staudinger* in Bruck/Möller VVG § 95 Rn. 62.

14 Die **Verfügung eines unberechtigten Dritten** (auch eines Mitversicherten) kann nicht zu einem Übergang des Versicherungsverhältnisses führen, da seine Rechtshandlungen das Vertragsverhältnis zwischen Versicherungsnehmer und Versicherer nicht berühren.[32]

III. Rechtsfolgen

15 Der neue Eigentümer wird durch die Veräußerung zum Versicherungsnehmer, der Veräußerer als bisheriger Versicherungsnehmer scheidet zu diesem Zeitpunkt aus dem Versicherungsverhältnis aus. Der Erwerber kann daher nicht zugleich mitversicherte Person iSv Abschn. A Ziff. 1.2 AKB 2008/2015 sein.[33] Vom Zeitpunkt der Veräußerung an müssen sämtliche **Erklärungen**, die sich auf die künftige Ausgestaltung des Versicherungsverhältnisses beziehen, dem neuen Versicherungsnehmer gegenüber abgegeben werden. Ausnahmen ergeben sich aus §§ 401, 406 ff. BGB.

Ansprüche wegen eines **Versicherungsfalls**, der **vor der Veräußerung** eingetreten ist, verbleiben beim früheren Versicherungsnehmer.[34] Für abweichende Parteivereinbarungen, die in anderen Versicherungssparten durchaus üblich sind, besteht in der Pflichthaftpflichtversicherung kein Raum, weil der bestehende Befreiungsanspruch sinnvoll ohnehin nur an den geschädigten Dritten abgetreten werden kann.

16 Der Versicherungsvertrag geht so auf den Erwerber über, **wie er zum Zeitpunkt der Veräußerung wirksam bestand**. Wenn das Gesetz dem Versicherer schon einen ihm unbekannten Vertragspartner aufdrängt, dann soll er sich zumindest auf den Inhalt des von ihm abgeschlossenen Vertrags verlassen können. Das gilt aber nur für die **sachbezogenen Bestandteile** des Versicherungsvertrages, nicht auch für personenbezogene wie etwa Schadensfreiheitsrabatte.[35]

Der Eintritt in den bestehenden Vertragszustand kann **für den Erwerber von Vorteil** sein. So übernimmt er die Rechte des Veräußerers nach § 113 Abs. 3 auch insoweit, als der Versicherungsvertrag eine über die Mindestanforderungen hinausgehende Deckung bietet.[36] Soweit der Veräußerer und der Versicherers günstigere Bedingungen ausgehandelt haben, als dies nach den Standardbedingungen des Versicherers der Fall ist, kommen diese Absprachen ebenfalls dem Erwerber zugute. Das gleiche gilt für Nachwirkungen des Versicherungsverhältnisses, § 117 Abs. 2.[37] Spiegelbildlich muss der Erwerber auch die **Beschränkungen des Versicherungsschutzes** gegen sich gelten lassen,[38] so zB wirksam vereinbarte Risikoausschlüsse. Auch Nachteile, die aus einem **vertragswidrigen Verhalten** des Veräußerers entstanden (etwa Obliegenheitsverletzungen), wirken gegenüber dem Erwerber. Befand sich der Veräußerer etwa im Prämienverzug mit einer Erst- oder Folgeprämie und ist der Versicherer deswegen nach §§ 37 Abs. 2, 38 Abs. 2 leistungsfrei, kann er sich auf seine Leistungsfreiheit auch dem Erwerber gegenüber berufen, und zwar ohne dass es auf dessen Wissen oder Mitwirkung ankäme.[39] Das kann zu einer erheblichen Lücke im Versicherungsschutz des neuen Eigentümers führen. Anders als bei gute Glaube des Versicherten nach § 123, ist der gute Glaube des Erwerbers nicht geschützt. *Huber* sieht sich vor diesem Hintergrund gezwungen, § 122 analog anzuwenden.[40] Eine solche Analogie ist indes nicht interessengerecht. Der neue Eigentümer kann sich leicht bei dem Versicherer selbst informieren, wie es um dessen Einstandspflicht bestellt ist. Er ist daher weniger schutzwürdig als ein etwaiger von § 123 begünstigter (Mit-)Versicherter, der diese Informationsmöglichkeit nicht unbedingt hat.

17 Nach § 97 Abs. 1 S. 1 ist der Tatbestand der Veräußerung dem Versicherer unverzüglich **anzuzeigen**. Um nachteilige Folgen abzuwenden, genügt es dabei, dass entweder der Veräußerer als alter Versicherungsnehmer oder der Erwerber als neuer Versicherungsnehmer die Anzeige erstattet.[41] Erfolgt die Anzeige nicht oder nicht rechtzeitig, kann der Versicherer nach Maßgabe des § 97 Abs. 1 S. 2, Abs. 2 leistungsfrei sein. Das ist jedoch nur der Fall, wenn der Versicherer nachweisen kann, dass er den Vertrag mit dem Erwerber nicht geschlossen hätte (§ 97 Abs. 2).[42]

---

[32] BGH VersR 1974, 1191 (1194); 1984, 455 (456); OLG Hamm NZV 1996, 412; *Beckmann* in Bruck/Möller VVG § 122 Rn. 14; *Klimke* in Prölss/Martin VVG § 122 Rn. 3; *Jacobsen* in Feyock/Jacobsen/Lemor AKB § 6 Rn. 3.

[33] Zum Normvorgänger § 10 Abs. 2 AKB: BGH NJW 1984, 1967 (1968); *Beckmann* in Bruck/Möller VVG § 122 Rn. 16; übersehen von LG Aachen r+s 1998, 226.

[34] *Johannsen* in Bruck/Möller, 8. Aufl., Bd. V/1, Kap. D Anm. 48; *Klimke* in Prölss/Martin VVG § 122 Rn. 8.

[35] *Beckmann* in Bruck/Möller VVG § 122 Rn. 17; *Staudinger* in Bruck/Möller VVG § 95 Rn. 64.

[36] *Beckmann* in Bruck/Möller VVG § 122 Rn. 17; *Klimke* in Prölss/Martin VVG § 122 Rn. 5; *Schwartze* in Looschelders/Pohlmann VVG § 122 Rn. 4; *Dallwig* in Staudinger/Halm/Wendt VVG § 122 Rn. 6.

[37] *Beckmann* in Bruck/Möller VVG § 122 Rn. 16.

[38] *Beckmann* in Bruck/Möller VVG § 122 Rn. 18; *Klimke* in Prölss/Martin VVG § 122 Rn. 1.

[39] BGH VersR 1984, 455; OLG Düsseldorf VersR 1996, 1268 = NJW-RR 1997, 88.

[40] *Huber* in Schwintowski/Brömmelmeyer/Ebers VVG § 122 Rn. 11; zust. wohl auch *Beckmann* in Bruck/Möller VVG § 122 Rn. 24; wie hier *Klimke* in Prölss/Martin VVG § 122 Rn. 5.

[41] *Brand* in Bruck/Möller VVG § 47 Rn. 11.

[42] *Schimikowski* in HK-VVG § 122 Rn. 2.

Etwas anderes gilt dort, wo in der Pflichthaftpflichtversicherung ein **Kontrahierungszwang** besteht, wie dies etwa in der Kfz-Haftpflichtversicherung nach § 5 Abs. 2 PflVG der Fall ist. Entgegen der älteren Judikatur[43] führt eine unterlassene Anzeige des Weiteren hier ganz regelmäßig nicht dazu, dass der Versicherer nach § 97 Abs. 1 S. 2, Abs. 2 leistungsfrei wird.[44] § 97 soll die Vertragswahlfreiheit des Versicherers schützen.[45] Eine solche Wahlfreiheit kommt ihm aber dort, wo er einem Kontrahierungszwang unterliegt, nur in ganz eingeschränktem Maße zu. Leistungsfreiheit als Sanktion einer Verletzung der Anzeigeobliegenheit erscheint vor diesem Hintergrund nur angezeigt, soweit der Versicherer nach § 5 Abs. 4 PflVG ein Recht gehabt hätte, einen auf die Kündigung erfolgenden Neuantrag des Erwerbers abzulehnen. Für diesen Fall besteht kein Kontrahierungszwang. Der Schutzzweck des § 97 kann entsprechend wieder aufleben, so dass dem Erwerber Leistungsfreiheit droht.

Auch das **Kündigungsrecht des Versicherers** nach § 96 Abs. 1 wird für den Fall modifiziert, 18 dass der Versicherer in der Pflichthaftpflichtversicherung einem Kontrahierungszwang unterliegt. Insoweit der Versicherer nicht ausnahmsweise berechtigt wäre, dem Erwerber gegenüber den Vertragsabschluss zu verweigern (zB § 5 Abs. 4 PflVG), kann er eine Kündigung nach § 96 Abs. 1 nicht aussprechen.[46] Das wäre rechtsmissbräuchlich, da er aufgrund des Kontrahierungszwangs einen sogleich gestellten Antrag auf Neuabschluss der Versicherung annehmen müsste.

IV. Kfz-Haftpflichtversicherung

Für die wichtige Pflichthaftpflichtsparte der Kfz-Versicherung sind hinsichtlich der Anwendung 19 des § 122 einige Besonderheiten zu beachten: § 158h S. 2 VVG aF enthielt eine Kündigungsfiktion in der Kfz-Haftpflichtversicherung für den Fall, dass der Erwerber eine neue Versicherung abschließt, ohne das Versicherungsverhältnis, das auf ihn übergeht, zu kündigen. Diese Fiktion, die an Erfahrungen bei der Veräußerung von Kraftfahrzeugen auf dem Markt anknüpft, ist nunmehr in § 3b PflVG geregelt. Daran, dass die §§ 95 ff. grds. auf die Kfz-Haftpflichtversicherung entsprechend anwendbar sind, hat sich jedoch nichts geändert.[47]

Voraussetzung ist jedoch, dass ein **bestimmtes Fahrzeug oder eine feststehende Gesamt-** 20 **heit bestimmter Fahrzeuge** vom Veräußerer über den Versicherungsvertrag versichert worden ist. Das liegt daran, dass die §§ 122, 95 ff. verlangen, dass die Haftung des Versicherungsnehmers mit einem bestimmten Schutzobjekt verknüpft ist. Wird von einem Kfz-Händler eine Kfz-Haftpflichtversicherung nach den Sonderbedingungen für Kfz-Handel und Handwerk abgeschlossen, fehlt es daher aufgrund des ständigen kurzfristigen Durchlaufs von verschiedenen Fahrzeugen (**"Sammelversicherung"**) regelmäßig[48] an der Bestimmtheit des Schutzobjekts.[49] Dass § 122 für Versicherungsverträge nach den Sonderbedingungen für Kfz-Handel und Handwerk nicht gilt, stellt keine Härte dar, da ein durchschnittlicher Verkehrsteilnehmer beim Kauf eines Fahrzeugs vom Händler nicht erwarten wird, dass ein Versicherungsverhältnis auf ihn übergeht. Er wird sich entweder selbst Deckung suchen oder sich des Händlers als Versicherungsvermittler bedienen. Deckungslücken bestehen nicht, da die Fahrt eines Erwerbers zur Zulassungsstelle zum Zwecke der Umschreibung unter Verwendung eines roten Kennzeichens noch vom Versicherungsschutz der Händlerpolice erfasst wird.[50] Eine etwaige missbräuchliche Verwendung auf einer solchen Fahrt stellt gem. Abschn. D Ziff. 1.1 AKB 2008/Abschn. D Ziff. 1.1.1 AKB 2015 eine Obliegenheitsverletzung mit den nach Abschn. D Ziff. 3.3 AKB 2008/Abschn. D Ziff. 2.3 AKB 2015? beschränkten Rechtsfolgen dar, so dass auch keine Lücke zu Lasten des geschädigten Dritten besteht.

An der Bestimmtheit des Schutzobjekts fehlt es auch, wenn ein einziges Versicherungsverhältnis hinsichtlich zweier **Fahrzeuge mit Wechselkennzeichen** besteht. Hier können die §§ 95 ff. keine entsprechende Anwendung finden.[51] Im Gegensatz dazu geht eine Haftpflichtversicherung, die ein

---

[43] BGH VersR 1967, 746; OLG Saarbrücken VersR 1968, 1133.
[44] OLG Köln ZfS 1987, 370; *Beckmann* in Bruck/Möller VVG § 122 Rn. 24.
[45] *Heyers* in Looschelders/Pohlmann VVG § 97 Rn. 1.
[46] BGH VersR 1982, 259; OLG Köln ZfS 1987, 370; *Beckmann* in Bruck/Möller VVG § 122 Rn. 25; *Klimke* in Prölss/Martin VVG § 122 Rn. 7.
[47] Begr. RegE BT-Drs. 16/3945, 90.
[48] Zum atypischen Fall einer Einzelversicherungsbestätigung bei Sammelversicherung *Beckmann* in Bruck/Möller VVG § 122 Rn. 8; *Ossewski* VersR 1953, 312.
[49] BGHZ 35, 153 (155) = NJW 1961, 1399; BGH VersR 1997, 443; OLG Stuttgart NJW-RR 1986, 111; *Hübsch* in Berliner Kommentar VVG § 158h Rn. 2; *Beckmann* in Bruck/Möller VVG § 122 Rn. 7; *Schwartze* in Looschelders/Pohlmann VVG § 122 Rn. 6; *Taube* VersR 1957, 630: aA allein *Ossewski* VersR 1953, 312.
[50] BGHZ 35, 153 (155) = NJW 1961, 1399; *Johannsen* in Bruck/Möller, 8. Aufl., Bd. V/1, Kap. D Anm. 45.
[51] OGH VersR 1967, 268.

vorübergehend stillgelegtes Kfz (Abschn. H Ziff. 1.1, Abschn. H Ziff. 1.4 AKB 2008/2015) betrifft, nach §§ 122, 95 ff. mit dessen Veräußerung auf den Erwerber über.

21 Zu § 158h VVG aF war umstritten, ob ein **Halterwechsel** in der Kfz-Haftpflichtversicherung der Veräußerung gleichsteht. Das wurde überwiegend verneint.[52] Die Frage ist besonders bedeutsam bei der Sicherungsübereignung eines Kfz oder dessen Kauf unter Eigentumsvorbehalt. Eigentum und Haltereigenschaft können hier auseinanderfallen, da der Sicherungsnehmer weder die Nutzungen aus dem Gebrauch des Fahrzeugs zieht, noch die Verfügungsgewalt darüber besitzt und daher zumeist nicht Halter ist.

Im Rahmen der §§ 122, 95 in der Kfz-Haftpflichtversicherung an den Halterwechsel und nicht an den Eigentumswechsel anzuknüpfen, erscheint auf den ersten Blick plausibel, da auch die Versicherungspflicht an die Haltereigenschaft und nicht an die Eigentümerstellung anknüpft, § 1 PflVG. Der bisher hM ist aber auch nach neuem Recht zuzustimmen. Es mangelt weder, wie eingewandt worden ist, an einem versicherbaren Interesse des (Sicherungs-)Eigentümers, der eine eher formale Rechtsstellung einnimmt, noch muss der eigentlich Versicherungspflichtige, der Halter, bei Übergang des Versicherungsverhältnisses auf den Eigentümer eine neue Versicherung nehmen. Beides liegt daran, dass die Kfz-Haftpflichtversicherung immer Eigenversicherung des Versicherungsnehmers (= Eigentümers) und Versicherung für fremde Rechnung zugunsten der in Abschn. A Ziff. 1.2 S. 1 AKB 2008/2015 aufgeführten Personen ist. Das bedeutet, dass sämtliche Personen, die am Gebrauch des Fahrzeugs beteiligt sind, insbes. auch der Halter, geschützt sind. Zugleich wird ein Interessemangel ausgeschlossen, da sich die Frage des Vorliegens eines versicherbaren Interesses bei der kombinierten Eigen- und Fremdversicherung aus der Person des Versicherten (= Halter und/oder Eigentümer) heraus entscheidet.

Außerdem sprechen Gründe der Rechts- und Verkehrssicherheit dafür, auch in der Kfz-Haftpflichtversicherung auf den Eigentums- und nicht den Halterwechsel abzustellen. Der „Halter" ist ein wirtschaftlicher Begriff. Im Einzelfall kann es schwierig oder kostspielig sein, festzustellen, wer Halter eines Kfz war und ob ein Halterwechsel stattgefunden hat. Der sachenrechtliche Eigentumsübergang lässt sich hingegen vergleichsweise leicht nachvollziehen, da es sich um eine zumeist sogar urkundlich belegte Tatsache handelt. Schließlich kann es auch deswegen nicht auf den Halterwechsel ankommen, weil dies bei einer parallel zur Kfz-Haftpflichtversicherung bestehenden Fahrzeugversicherung, für die nach den allgemeinen Regeln der Zeitpunkt des Eigentumswechsels maßgeblich ist, dazu führen würde, dass der ursprünglich gekoppelte Versicherungsvertrag aufgespalten würde.[53] Ob ein Halterwechsel stattgefunden hat, oder nicht, ist iRd § 122 folglich unerheblich.

22 Die Vereinbarung einer **Ersatzwagenklausel,** nach der im Falle des Ausscheidens eines versicherten Kfz ein dafür angeschafftes neues Fahrzeug in die Versicherung eintritt, ist wegen §§ 122, 95 in der Kfz-Haftpflichtversicherung unwirksam:[54] Entweder wird der ursprünglich versicherte Wagen veräußert – dann geht das Versicherungsverhältnis nach §§ 122, 95 auf den Erwerber über –, oder er wird stillgelegt bzw. verschrottet – dann erlischt das Versicherungsverhältnis wegen Interessewegfalls. Um neu angeschaffte Kfz zu versichern, ist also zumindest ein Abtretungsvertrag von Nöten.

23 Besteht neben der Pflichthaftpflichtversicherung eine **Fahrzeugversicherung,** geht der Vertragsteil, der die Fahrzeugversicherung regelt, unmittelbar nach §§ 95 ff. auf den Erwerber über. In der Kraftfahrtunfallversicherung können Versicherer und Veräußerer nicht mit Wirkung für den Erwerber vereinbaren, dass das Versicherungsverhältnis auf den Erwerber übergeht. Das bestimmen § 6 Abs. 1 S. 2 AKB bzw. Abschn. G Ziff. 7.1 S. 2 AKB 2008/2015.[55] Die Fahrzeugunfallversicherung ist eine Unfallversicherung iSd §§ 178 ff., für die es an einer dem § 122 vergleichbaren Vorschrift fehlt, die eine Geltung der §§ 95 ff. anordnen würde. Mit der Veräußerung des Fahrzeugs fällt folglich das Wagnis der Kfz-Unfallversicherung gem. Abschn. G Ziff. 8 AKB 2008/2015 weg.

V. Abdingbarkeit

24 § 122 ist zugunsten des Dritten, des Versicherungsnehmers und des Erwerbers **zwingend** (→ Vor § 113 Rn. 22).[56] Veräußerer und Versicherer steht es aber frei, den Versicherungsvertrag

---

[52] BGHZ 28, 137 (142) = VersR 1967, 572 (573); BGH VersR 1974, 1191 (1193); 1984, 455 (456); *Hübsch* in Berliner Kommentar VVG § 158h Rn. 6; *Münkel* in Geigel Haftpflichtprozess Kap. 13 Rn. 62; *Stelzer* ZfV 1959, 601 (602); aA *Grassl-Palten,* Sacherwerb und Versicherungsschutz, 1996, S. 115 f.; *Capeller* BB 1952, 809; *Evers* VW 1958, 199; *Horstmann* VersR 1952, 219; vermittelnd *Tron* Der Kraftfahrzeug-Sicherungsschein, 1966, S. 30 f.

[53] *Johannsen* in Bruck/Möller, 8. Aufl., Bd. V/1, Kap. D Anm. 46; *Kramer* VersR 1952, 338.

[54] *Schäfer* Die Übernahme der Haftpflichtversicherung nach § 158h, 1973, S. 136 f.

[55] *Jacobsen* in Feyock/Jacobsen/Lemor AKB 2008 G Rn. 100; *Johannsen* in Bruck/Möller, 8. Aufl., Bd. V/1, Kap. D Anm. 45.

[56] *Hübsch* in Berliner Kommentar VVG § 158h Rn. 14; *Huber* in Schwintowski/Brömmelmeyer/Ebers VVG § 122 Rn. 12.

aus Anlass einer bevorstehenden Veräußerung **einvernehmlich aufzuheben**. Das gilt bis zu dem Zeitpunkt, in dem die Veräußerung vollzogen ist.[57] Danach kann der Veräußerer, der nicht mehr Versicherungsnehmer ist, den Vertrag nicht mehr aus eigenem Recht beeinflussen. Hat der Versicherer keine Kenntnis von der Veräußerung erlangt (§ 95 Abs. 3), muss der Erwerber nach der allgemein-zivilrechtlichen Grundregel des § 407 Abs. 1 BGB, die über § 412 BGB auf das Versicherungsverhältnis nach einem Veräußerungsfall Anwendung findet,[58] eine Aufhebungsabrede zwischen dem Veräußerer und dem Versicherer auch dann gegen sich gelten lassen, wenn sie nach erfolgter Veräußerung getroffen wird. Eine rasche Anzeige der Veräußerung an den Versicherer ist dem Erwerber daher dringend anzuraten, wenn er sich wirksam vor Nachteilen schützen will.

Auch die **§§ 95–97** selbst, auf die § 122 verweist, sind in der Pflichthaftpflichtversicherung **nicht** zum Nachteil des Versicherungsnehmers bzw. des Erwerbers **abdingbar**. Das ergibt sich daraus, dass § 122 auch auf § 98 S. 1 verweist, welcher die §§ 95–97 insoweit der Disposition der Parteien entzieht. Der Übergang des Versicherungsschutzes kann entsprechend nicht von einer Zustimmung des Versicherers abhängig gemacht werden.[59] Abreden, die von den §§ 95–97 abweichen, dem Versicherungsnehmer bzw. dem Erwerber aber günstig sind, bleiben möglich. § 99 ist in der Pflichthaftpflichtversicherung ebenfalls nicht zu Lasten des Versicherungsnehmers bzw. des Erwerbers abdingbar, da er selbst auf § 98 verweist. 25

§ 123 Rückgriff bei mehreren Versicherten

(1) Ist bei einer Versicherung für fremde Rechnung der Versicherer dem Versicherungsnehmer gegenüber nicht zur Leistung verpflichtet, kann er dies einem Versicherten, der zur selbständigen Geltendmachung seiner Rechte aus dem Versicherungsvertrag befugt ist, nur entgegenhalten, wenn die der Leistungsfreiheit zu Grunde liegenden Umstände in der Person dieses Versicherten vorliegen oder wenn diese Umstände dem Versicherten bekannt oder infolge grober Fahrlässigkeit nicht bekannt waren.

(2) ¹Der Umfang der Leistungspflicht nach Absatz 1 bestimmt sich nach § 117 Abs. 3 Satz 1; § 117 Abs. 3 Satz 2 ist nicht anzuwenden. ²§ 117 Abs. 4 ist entsprechend anzuwenden.

(3) Soweit der Versicherer nach Absatz 1 leistet, kann er beim Versicherungsnehmer Rückgriff nehmen.

(4) Die Absätze 1 bis 3 sind entsprechend anzuwenden, wenn die Frist nach § 117 Abs. 2 Satz 1 und 2 noch nicht abgelaufen ist oder der Versicherer die Beendigung des Versicherungsverhältnisses der hierfür zuständigen Stelle nicht angezeigt hat.

Übersicht

		Rn.				Rn.
A.	Normzweck	1	I.	Hintergrund		20
B.	Normgeschichte	3	II.	Regelungsgehalt		21
C.	Anwendungsbereich	5	F.	Rechtsfolgen		25
D.	Tatbestand (Abs. 1)	8	I.	Umfang der Leistungspflicht des Versicherers (Abs. 2 S. 1 Hs. 1)		25
I.	Leistungsfreiheit des Versicherers gegenüber dem Versicherungsnehmer	8	II.	Keine Anwendung des Verweisungsprivilegs nach § 117 Abs. 3 S. 2 (Abs. 2 S. 1 Hs. 2)		29
II.	Verfügungsbefugnis des Versicherten	12				
III.	Gutgläubigkeit des Versicherten	16	III.	Entsprechende Anwendbarkeit des § 117 Abs. 4 (Abs. 2 S. 2)		30
IV.	Wirksamer Versicherungsvertrag zum Zeitpunkt des Versicherungsfalles	19	IV.	Regress des Versicherers (Abs. 3)		31
E.	Sondertatbestand Nachhaftung (Abs. 4)	20	G.	Beweislast		34
			H.	Abdingbarkeit		36

---

[57] BGH VersR 1968, 1035; *Johannsen* in Bruck/Möller, 8. Aufl., Bd. V/1, Kap. D Anm. 45.
[58] BT-Drs. 16/3945, 84.
[59] Motive zum VVG S. 145.

§ 123

Teil 2. Einzelne Versicherungszweige. Kap. 1. Haftpflichtversicherung

Stichwort- und Fundstellenverzeichnis

Stichwort	Rn.	Rspr.	Lit.
Abrede, vertragliche	→ Rn. 7	–	*Hübsch* in Berliner Kommentar VVG § 158i Rn. 3; *Beckmann* in Bruck/Möller VVG § 123 Rn. 9; *Jacobsen* in Feyock/Jacobsen/Lemor VVG § 123 Rn. 4; *Schwartze* in Looschelders/Pohlmann VVG § 123 Rn. 2; *Klimke* in Prölss/Martin VVG § 123 Rn. 2
Akzessorietäts-grundsatz	→ Rn. 2	–	*Brand* in Bruck/Möller VVG § 47 Rn. 42 ff.; *Koch* in Looschelders/Pohlmann VVG § 47 Rn. 12 ff.
Berufshaftpflichtver-sicherung	→ Rn. 6	BGH NJW 1998, 2537; BGHZ 113, 151 (153); 115, 275 (278)	–
Beweislast	→ Rn. 34 ff.	AG Köln VersR 1993, 824 (825 f.)	*Hübsch* in Berliner Kommentar VVG § 158i Rn. 10; *Beckmann* in Bruck/Möller VVG § 123 Rn. 25; *Jacobsen* in Feyock/Jacobsen/Lemor VVG § 123 Rn. 11; *Schwartze* in Looschelders/Pohlmann VVG § 123 Rn. 6; *Klimke* in Prölss/Martin VVG § 123 Rn. 14; *Hofmann* NZV 1998, 54 (56)
Gutgläubigkeit des Versicherten	→ Rn. 16 ff.	–	*Schwartze* in Looschelders/Pohlmann VVG § 123 Rn. 5; *Langheid* in Langheid/Rixecker VVG § 123 Rn. 10; *Dallwig* in Staudinger/Halm/Wendt VVG § 123 Rn. 5; *Schirmer* r+s 1990, 253 (256); *Hübsch* in Berliner Kommentar VVG § 158i Rn. 9; *Beckmann* in Bruck/Möller VVG § 123 Rn. 23; *Klimke* in Prölss/Martin VVG § 123 Rn. 6
Leistungsfreiheit	→ Rn. 8 ff.	–	*Beckmann* in Bruck/Möller VVG § 123 Rn. 17; *Klimke* in Prölss/Martin VVG § 123 Rn. 5; *Johannsen* VersR 1991, 500 (502)
Mindestversiche-rungssumme	→ Rn. 26	–	*Hübsch* in Berliner Kommentar VVG § 158i Rn. 14; *Knappmann* VersR 1996, 401 (403)
Nachhaftung	→ Rn. 20 ff.	BGHZ 157, 269 (272) = VersR 2004, 369	*Lorenz* VersR 2004, 371 (372); *Beckmann* in Bruck/Möller VVG § 123 Rn. 33; *Jacobsen* in Feyock/Jacobsen/Lemor VVG § 123 Rn. 18; *Schwartze* in Looschelders/Pohlmann VVG § 123 Rn. 7; *Schirmer* ZVersWiss Supplement 2006, 427 (448)
Obliegenheitsverlet-zung	→ Rn. 9 f.	OLG Saarbrücken VersR 1968, 1133; OLG Hamm NZV 1996, 412; OLG Naumburg ZfS 2005, 22	*Brand* in Bruck/Möller VVG § 47 Rn. 55; *Dageförde* in Langheid/Wandt VVG § 47 Rn. 5; *Schirmer* ZVersWiss 1981, 121 (126); *Hübsch* in Berliner Kommentar VVG § 158i Rn. 6; *Beckmann* in Bruck/Möller VVG § 123 Rn. 14; *Schwartze* in Looschelders/Pohlmann VVG § 123 Rn. 3; *Langheid* in Langheid/Rixecker VVG § 123 Rn. 9; *Klimke* in Prölss/Martin

Stichwort	Rn.	Rspr.	Lit.
			VVG § 123 Rn. 5; *Johannsen* VersR 1991, 500 (503); *Huber* in Schwintowski/Brömmelmeyer/Ebers VVG § 123 Rn. 4
Regress des Versicherers	→ Rn. 31 ff.	–	*Hübsch* in Berliner Kommentar VVG § 158i Rn. 17; *Johannsen* in Bruck/Möller, 8 Aufl., Bd. V/1, Kap. H Anm. 34; *Dallwig* in Staudinger/Halm/Wendt VVG § 123 Rn. 9; *Jacobsen* in Feyock/Jacobsen/Lemor VVG § 123 Rn. 15; *Langheid* in Römer/Langheid, 2. Aufl. 2003, VVG § 158i Rn. 10
Verfügungsbefugnis des Versicherten	→ Rn. 12 ff.	BGHZ 41, 327; 115, 275 (282) = NJW 1992, 2423; BGH NJW-RR 1987, 856 f.	*Brand* in Bruck/Möller VVG § 44 Rn. 2; *Dageförde* in Langheid/Wandt VVG § 44 Rn. 5; *Nießen* Die Rechtswirkungen der Versicherung für fremde Rechnung, 2004, S. 89 ff.; *Looschelders* VersR 2000, 23 (25 f.)
Verweisungsprivileg	→ Rn. 29	BGHZ 88, 296 (298) = VersR 1983, 1132; BGHZ 103, 52 (54) = VersR 1988, 362	*Schwartze* in Looschelders/Pohlmann VVG § 117 Rn. 18; *Jacobsen* in Feyock/Jacobsen/Lemor VVG § 123 Rn. 13; *Langheid* in Langheid/Rixecker VVG § 123 Rn. 13; *Prölss* JZ 1988, 769; *Schirmer* ZfS 1988, 194

Schrifttum: *Bauer,* Die Kraftfahrtversicherung, 6. Aufl. 2010; *Biela,* Zur Anwendung der seit dem 1.1.1991 geltenden Fassung des § 158i VVG auf zeitlich davor liegende Fälle, VersR 1993, 1390; *van Bühren,* Zur Anwendungsbereich des VVG § 158i, EWiR 2004, 455; *Johannsen,* Bemerkungen zur Änderung des § 158i VVG, VersR 1991, 500; *Knappmann,* Rechtsfragen der neuen Kraftfahrtversicherung, VersR 1996, 401; *R. Johannsen,* Bemerkungen zur Änderung des § 158i VVG, VersR 1991, 500; *E. Lorenz,* Anm. zum BGH-Urteil v. 14.1.2004 – IV ZR 127/03, VersR 2004, 371; *Schirmer,* Verlust des Haftpflichtversicherungsschutzes für Kfz-Führer nach Versicherungskündigung, DAR 2004, 375; *Schirmer,* Neuere Entwicklungstendenzen in der Versicherung für fremde Rechnung – am Beispiel der Kfz-Haftpflichtversicherung, ZVersWiss 1981, 120; *Schirmer,* Aktuelle Entwicklungen zum Recht der Obliegenheiten, r+s 1990, 217; 1990, 253; *Schwab,* Regress beim leistungsfreien Kfz-Versicherer bei Mehrfachversicherung?, VersR 2016, 221; *Sieg,* Der zeitliche Geltungsbereich der Regressnormen des Pflichtversicherungsänderungsgesetzes v. 5.4.1965, VersR 1966, 101.

A. Normzweck

§ 123 dient der **sozialen Risikoabsicherung** des gutgläubigen (Mit-)Versicherten in einer **1** Pflichthaftpflichtversicherung, die zugleich Versicherung für fremde Rechnung iSd §§ 43 ff. ist. *Sieg* und *Schirmer* sprechen plastisch vom „zweiten sozialen Zug der Pflichthaftpflichtversicherung".[1] Sollte der Versicherer wegen einer Rechts- oder Obliegenheitsverletzung dem Versicherungsnehmer gegenüber leistungsfrei geworden sein, erhält § 123 dem (Mit-)Versicherten seinen Freistellungsanspruch nach § 100, wenn dieser die Rechts- oder Obliegenheitsverletzung nicht zu vertreten hat und sie ihm nicht bekannt ist.[2] Darin ist eine **Strukturparallele** zwischen § 123 und dem Schutz des geschädigten Dritten nach §§ 115 Abs. 1 S. 2, 117 zu sehen.[3] Wie dieser den Pflichthaftpflichtversicherer trotz „kranken" Deckungsverhältnisses zwischen Versicherer und Versicherungsnehmer in Anspruch nehmen kann, soll das auch der (Mit-)Versicherte tun können.

Rechtstechnisch bewältigt § 123 folgendes Problem: Ist eine Person als (Mit-)Versicherter durch **2** Versicherung für fremde Rechnung in einen Versicherungsvertrag einbezogen, hängt ihr Versicherungs-

---
[1] *Sieg* BB 1972, Beilage 3, 3 (7); *Schirmer* FS Sieg, 1976, 451 ff.; *Schirmer* ZVersWiss Supplement 2006, 427 (448).
[2] BT-Drs. 16/3945, 90; *Schimikowski* in HK-VVG § 123 Rn. 1, 3; zu alternativen Regelungsmöglichkeiten *Johannsen* VersR 1991, 500 (501).
[3] *Beckmann* in Bruck/Möller VVG § 123 Rn. 6; *Huber* in Schwintowski/Brömmelmeyer/Ebers VVG § 123 Rn. 5.

schutz nach dem **Akzessorietätsgrundsatz** (abgeleitet aus § 334 BGB iVm §§ 43 ff.) von der Rechtsstellung des Versicherungsnehmers ab, aus dessen Versicherungsvertrag sich sein Versicherungsschutz ableitet. Wenn und soweit der Versicherer gegenüber dem Versicherungsnehmer leistungsfrei ist, verliert auch der Versicherte seinen Anspruch auf Versicherungsschutz. Das gilt sowohl in der reinen Fremdversicherung als auch in der kombinierten Eigen- und Fremdversicherung.[4] Der Versicherte läuft somit Gefahr, seinen Versicherungsschutz durch ein Verhalten des Versicherungsnehmers zu verlieren, auf das er selbst keinen Einfluss hat.[5] Das ist im Bereich der Pflichthaftpflichtversicherung besonders bedenklich, da angesichts hoher Haftungssummen leicht die Insolvenz des (Mit-)Versicherten droht. Dieses Abhängigkeitsverhältnis wird zum Schutz des Versicherten unter den Voraussetzungen des § 123 **durchbrochen**. Die Vorschrift enthält einen Einwendungsausschluss, der eine Anwendung des § 334 BGB zu Lasten des Versicherten ausschließt, sofern dieser die Umstände, die zur Leistungsfreiheit gegenüber dem Versicherungsnehmer geführt haben, selbst zu vertreten hat bzw. diese ihm bekannt oder grob fahrlässig unbekannt sind. Diese Aufhebung der Akzessorietätsregel, die als Reflex zur Folge hat, dass dem Versicherten sein Anspruch gegen den Pflichthaftpflichtversicherer erhalten bleibt, spiegelt sich in Abschn. F Ziff. 3 S. 2 AKB 2008/2015 wider (→ Rn. 25 ff.).

B. Normgeschichte

3   Der heutige § 123 ist Kulminationspunkt einer längeren Entwicklung. § 123 **Abs. 1–3** stimmen **sachlich** mit § 158i VVG aF in der Gestalt überein, welche die Vorschrift unmittelbar vor der Neukodifikation von 2008 eingenommen hatte. Diese erhielt sie zum 31.12.1990 durch grundlegende Änderungen aufgrund des Gesetzes zur Änderung versicherungsrechtlicher Vorschriften.[6] Zuvor sah § 158i VVG aF, der erstmals 1965 in das VVG eingeführt wurde,[7] lediglich ein Regressverbot zu Lasten des Versicherers bei Obliegenheitsverletzungen des Versicherungsnehmers vor:[8] Der Versicherer blieb dem Versicherten gegenüber leistungsfrei, wenn er dies auch gegenüber dem Versicherungsnehmer war, durfte beim Versicherten aber keinen Regress nehmen, wenn er selbst an den geschädigten Dritten leistete. War der Versicherer gegenüber dem geschädigten Dritten nach § 158c Abs. 4 VVG aF leistungsfrei, weil ein anderer Versicherer oder ein Sozialversicherungsträger eintrittspflichtig waren, galt § 158i VVG aF im Hinblick auf diesen Leistenden nicht. Das hatte zur Folge, dass der (Mit-)Versicherte in vollem Umfang dessen Regress ausgesetzt war.[9] Zudem stellte sich aufgrund einer fehlgeleiteten gesetzgeberischen Differenzierung das Problem, dass das Regressverbot zugunsten des Versicherten nicht für den Fall galt, dass der Versicherungsnehmer eine Erst- oder Folgeprämie nicht bezahlte.[10] Das wurde als zunehmend untragbare Lücke im Schutzsystem des Pflichtversicherungsrechts angesehen. Die Rspr. versuchte sich daher an Korrekturen[11] und auch die Versicherungswirtschaft reagierte mit geschäftsplanmäßigen Erklärungen zum Prämienverzug des Versicherungsnehmers in der Pflichthaftpflichtversicherung.[12] Die Neuregelung von 1990 nahm sich darauf aufbauend beider Problembereiche an, indem sie den Regelungsbereich des § 158i VVG aF auf die Verletzung vertraglicher Pflichten erstreckte und das Regressverbot zu einem Einwendungsausschluss weiterentwickelte.[13]

4   **Neu eingefügt** wurde im Rahmen der Neukodifikation des VVG von 2008 Abs. 4, der den bisherigen Anwendungsbereich der Norm erweitert. Abs. 4 ist eine unmittelbare Antwort auf die Kritik des IV. Zivilsenats des BGH am Anwendungsbereich des § 158i VVG aF in seinem Urteil v. 14.1.2004.[14] Der Normvorgänger des § 123 schützte den Mitversicherten nicht bei Beendigung des Versicherungsverhältnisses und der sich daran anschließenden Nachhaftungszeit (→ Rn. 20 ff.).

---

[4] *Brand* in Bruck/Möller VVG § 47 Rn. 42 ff.; *Koch* in Looschelders/Pohlmann VVG § 47 Rn. 12 ff.
[5] *Langheid* in Römer/Langheid VVG, 2. Aufl. 2003, § 158i Rn. 3; *Schimikowski* in HK-VVG § 123 Rn. 3; *Klimke* in Prölss/Martin VVG § 123 Rn. 1.
[6] BGBl. 1990 I S. 2864 (2866); dazu und zur Rechtslage vor 1991: *Beckmann* in Bruck/Möller VVG § 123 Rn. 2 f.
[7] Zur Einführung *Sieg* VersR 1966, 101.
[8] BR-Drs. 615/1/89, 104 ff.; *Johannsen* in Bruck/Möller, 8. Aufl., Bd. V/1, Kap. H Anm. 35 ff.; *Langheid* in Römer/Langheid, 2. Aufl. 2003, VVG § 158i Rn. 4; *Schirmer* ZVersWiss 1981, 121 (128 f.); ders. r+s 1990, 253 (256 f.).
[9] BGH VersR 1983, 1132; 1988, 362; *Prölss* JZ 1988, 769; *Schirmer* ZfS 1988, 194.
[10] *Johannsen* in Bruck/Möller, 8. Aufl., Bd. V/1, Kap. H Anm. 35 ff.; *Johannsen* VVG 1991, 500 ff.; aufschlussreich zum Irrtum des Gesetzgebers in der ursprünglichen Fassung des § 158i VVG aF *Schirmer* ZVersWiss 1981, 121 (130 ff.).
[11] BGHZ 49, 130 = NJW 1968, 447; BGH VersR 1975, 366 (367); krit. *Prölss* VersR 1968, 185.
[12] BAV VerBAV 1973, 103 (Nr. 2); 1987, 169 (170), Abs. 2 Nr. 4.
[13] *Johannsen* in Bruck/Möller, 8. Aufl., Bd. V/1, Kap. H Anm. 28.
[14] BGH VersR 2004, 369 mAnm *Lorenz* = DAR 2004, 218 (375) mAnm *Schirmer*; *van Bühren* EWiR 2004, 455.

C. Anwendungsbereich

§ 123 richtet sich vorrangig an Personen, die kraft Gesetzes in der Pflichthaftpflichtversicherung 5
mitversichert sind und eigene Rechte aus dem Versicherungsverhältnis herleiten können. Ob es sich dabei um natürliche Personen, juristische Personen oder (teil-)rechtsfähige Personengesamtheiten handelt, ist gleichgültig. § 123 findet nur auf Versicherungsverhältnisse Anwendung, die doppelt qualifiziert sind. Es muss sich um eine Pflichthaftpflichtversicherung handeln, die zugleich als Versicherung für fremde Rechnung iSd §§ 43 ff. ausgestaltet ist. Unerheblich ist, ob es sich dabei um eine reine Fremdversicherung handelt, in der ausschließlich die Interessen des oder der Versicherten geschützt sind und nicht zugleich ein Interesse des Versicherungsnehmers (zB die Kfz-Haftpflichtversicherung, wenn der Versicherungsnehmer weder Halter noch Fahrer des versicherten Fahrzeugs ist[15]), oder um eine kombinierte Eigen- und Fremdversicherung, in der durch denselben Versicherungsvertrag sowohl ein eigenes Interesse des Versicherungsnehmers als auch ein fremdes Interesse des oder der Versicherten gedeckt wird (zB die Kfz-Haftpflichtversicherung des Halters zugunsten des Eigentümers und des mitversicherten Fahrers, § 1 PflVG[16]).[17] Für die **Kfz-Haftpflichtversicherung** ist § 123 von besonderer Bedeutung, weil diese gem. § 1 PflVG bzw. § 10 Abs. 2 AKB/Abschn. A Ziff. 1.2 S. 1 AKB 2008/2015 stets Versicherung für fremde Rechnung ist. Hinweise auf die D&O-Vermögensschadenshaftpflichtversicherung im Zusammenhang mit § 123[18] sind überflüssig, da es sich dabei nicht um eine Pflichthaftpflichtversicherung handelt.

Auch in der **Berufshaftpflichtversicherung** kommt § 123 zur Anwendung, da das Gesetz in 6
einigen Fällen eine (kombinierte Eigen- und) Fremdversicherung vorschreibt: Rechtsanwälte (§ 51 Abs. 1 BRAO), Rechtsanwaltsgesellschaften (§ 59j BRAO) und Notare (§ 19a BNotO) sind verpflichtet, eine Berufshaftpflichtversicherung zu unterhalten, um Haftpflichtgefahren für Vermögensschäden zu decken, die sich aus ihrer Berufstätigkeit und der Tätigkeit von Personen ergeben, für die sie haften. § 61 Abs. 2 BNotO verpflichtet die Notarkammern, sich und den Notariatsverwalter gegen Verluste aus der Haftung für Amtspflichtverletzungen durch Abschluss einer Haftpflichtversicherung abzusichern.[19] Das Gleiche gilt gem. § 67 Abs. 3 Nr. 3 S. 1 BNotO zugunsten der durch ein vorsätzliches Handeln eines Notars in ihrem Vermögen Geschädigten.

Daneben betrifft § 123 auch die **Betriebshaftpflichtversicherung**, für die § 102 Abs. 1 S. 2 die Vermutung einer Versicherung für fremde Rechnung aufstellt. Als mitversichert gelten danach vertretungsbefugte Personen und sonstige Angestellte.[20]

Aus § 113 Abs. 3, der ua Fälle betrifft, in denen der Kreis der mitversicherten Personen über 7
die zwingenden Vorgaben hinaus erweitert worden ist, folgt, dass sich **auch derjenige Versicherte auf § 123 berufen kann, der nicht von der Anordnung der Versicherungspflicht betroffen ist,** aber durch vertragliche Abrede vom Versicherungsschutz umfasst wird.[21] In der Kfz-Haftpflichtversicherung kommt dieser Erweiterung des § 123 begünstigten Personenkreises praktische Bedeutung zu, da die einschlägigen AVB (§ 10a Abs. 1 S. 2 AKB, Abschn. A Ziff. 1.2 lit. g AKB 2008/2015) über die gesetzlichen Vorgaben des § 2 Abs. 2 KfzPflVV hinsichtlich mitversicherter Personen hinaus Deckung für Halter, Eigentümer, Fahrer, Beifahrer und Omnibusschaffner eines mit einem Kfz verbundenen Anhängers enthalten.

D. Tatbestand (Abs. 1)

I. Leistungsfreiheit des Versicherers gegenüber dem Versicherungsnehmer

§ 123 gilt für alle Fälle, in denen der Versicherer dem Versicherungsnehmer gegenüber im 8
Innenverhältnis ganz oder teilweise leistungsfrei ist.[22] Als teilweise Leistungsfreiheit ist insbes.

---

[15] OGH VersR 1963, 590; OLG Schleswig NZV 1997, 442.
[16] BGHZ 28, 137 (141) = NJW 1958, 1872; BGHZ 49, 130 (133) = NJW 1968, 447; BGH VersR 1971, 239 (241); OLG München VersR 1957, 89.
[17] *Schwartze* in Looschelders/Pohlmann VVG § 123 Rn. 2.
[18] *Langheid* in Langheid/Rixecker VVG § 123 Rn. 4; *Beckmann* in Bruck/Möller VVG § 123 Rn. 5 Fn. 13.
[19] BGH NJW 1998, 2537; BGHZ 113, 151 (153); 115, 275 (278).
[20] *Langheid* in Langheid/Rixecker VVG § 123 Rn. 4.
[21] *Hübsch* in Berliner Kommentar VVG § 158i Rn. 3; *Beckmann* in Bruck/Möller VVG § 123 Rn. 9; *Jacobsen* in Feyock/Jacobsen/Lemor VVG § 123 Rn. 4; *Schwartze* in Looschelders/Pohlmann VVG § 123 Rn. 2; *Langheid* in Langheid/Rixecker VVG § 123 Rn. 7; *Klimke* in Prölss/Martin VVG § 123 Rn. 2; aA *Dallwig* in Staudinger/Halm/Wendt VVG § 123 Rn. 2.
[22] *Johannsen* in Bruck/Möller, 8. Aufl., Bd. V/1, Kap. H Anm. 29; *Knappmann* in Prölss/Martin VVG § 123 Rn. 9.

auch die in der Kfz-Haftpflichtversicherung häufig betraglich begrenzte Leistungsfreiheit des Versicherers anzusehen. Die Rechtsfolge der Leistungsfreiheit kann sich daraus ergeben, dass der Versicherungsnehmer eine **Vertragspflicht verletzt** hat. Praktisch bedeutsam ist insbes. das Versäumnis des Versicherungsnehmers, eine Erst- oder Folgeprämie nicht oder nicht rechtzeitig zu zahlen (§§ 37 Abs. 2, 38 Abs. 2). Von § 123 erfasst ist weiterhin der Fall, dass er einen **subjektiven Risikoausschluss** verwirklicht hat (zB § 103) oder ihm eine **Verletzung gesetzlicher oder vertraglicher Obliegenheiten** (§§ 26, 28) zur Last fällt. Daneben ist an – die praktisch freilich nicht sehr relevanten – Fälle zu denken, in denen der Versicherer leistungsfrei bleibt, weil der Versicherungsvertrag wegen versteckten Dissenses, Geschäftsunfähigkeit des Versicherungsnehmers oder Anfechtung gem. §§ 119, 123, 142 BGB von Anfang an nichtig war.[23] Es bedarf hier wegen des Mangels eines wirksamen Versicherungsvertrags allerdings einer analogen Anwendung des § 123 Abs. 1–3. Stattdessen Abs. 4 zur Geltung zu bringen, wie dies teilweise im Schrifttum vorgeschlagen wird,[24] liegt nicht näher, da auch diese Vorschrift analog anzuwenden wäre.

9 § 123 setzt voraus, dass die Umstände, die zur Leistungsfreiheit führen, **in der Person des Versicherungsnehmers** verwirklicht sind. Handelt es sich um eine Obliegenheitsverletzung, ist bei der kombinierten Eigen- und Fremdversicherung weiter zu differenzieren. Maßgeblich ist nicht, ob es sich um sog. „Tuns-" oder „Unterlassensobliegenheiten" handelt, sondern der **Zweck der Obliegenheit.** Handelt es sich um eine Obliegenheit, die ausschließlich die Sphäre des Versicherungsnehmers betrifft, bleibt die Rechtsstellung des Versicherten dadurch schon nach der Grundregel des § 47 iVm § 334 BGB unberührt.[25] Einer Anwendung des § 123 bedarf es nicht. Anders ist dies, wenn zumindest auch die Sphäre des Versicherten betroffen ist; dann bleibt der Versicherer bei einer Obliegenheitsverletzung durch den Versicherungsnehmer grds. auch dem Versicherten gegenüber leistungsfrei.[26] Hier besteht für § 123 Raum und Bedarf: die Vorschrift sorgt dafür, dass der Versicherer nur dann leistungsfrei bleibt, wenn der Versicherte Kenntnis von den maßgeblichen Umständen der Obliegenheitsverletzung hatte, oder ihm diese grob fahrlässig unbekannt geblieben sind (→ Rn. 16).

10 **Verletzt der Versicherte selbst eine Obliegenheit,** die sich ihrem Sinn und Zweck nach zumindest auch an ihn richtet, oder verwirklicht er einen subjektiven Risikoausschluss mit der Folge, dass der Versicherer ihm gegenüber leistungsfrei wird, ist § 123 wiederum nicht anwendbar.[27] Die Vorschrift will nur den gutgläubigen Versicherten schützen, der vom Wegfall des Versicherungsverhältnisses aufgrund eines Verhaltens bewahrt werden soll, das er selbst nicht überblicken oder steuern kann.[28] In der Kfz-Haftpflichtversicherung schadet es dem Versicherten dementsprechend, wenn er eine Alkoholfahrt unternimmt (Abschn. D Ziff. 1.2 AKB 2015: Verletzung einer Obliegenheit vor Eintritt des Versicherungsfalles), ohne eine gesetzliche Fahrerlaubnis fährt (Abschn. D Ziff. 1.3 AKB 2008/Abschn. D Ziff. 1.1.3 AKB 2015) oder gegen die Aufklärungspflicht nach Abschn. E Ziff. 1.3 AKB 2008/Abschn. E Ziff. 1.1.3 AKB 2015 verstößt. In all diesen Fällen leuchtet es ein, dass der Versicherer dem Versicherten keinen Versicherungsschutz schulden kann. Es geht nämlich gar nicht um einen Anwendungsfall der Akzessorietätsregel, die § 123 durchbricht, sondern um das Verletzen originärer Obliegenheiten des Versicherten nach § 47.

Hat die versicherte Person einen **Ausschlusstatbestand iSv Abschn. A Ziff. 1.5.1 AKB 2008/2015** verwirklicht, etwa den Schaden vorsätzlich oder widerrechtlich herbeigeführt, ist dies für die Regelung des § 123 bedeutungslos, weil in einem solchen Fall der Versicherer schon dem geschädigten Dritten gegenüber nicht zur Leistung verpflichtet ist und der Versicherte entsprechend keiner Freistellung bedarf.[29]

11 Ist der Versicherer **nur gegenüber dem Versicherten,** nicht aber gegenüber dem Versicherungsnehmer leistungsfrei, liegt auch kein Anwendungsfall des § 123 vor.[30]

---

[23] *Johannsen* VersR 1991, 500 (502).
[24] *Beckmann* in Bruck/Möller VVG § 123 Rn. 17.
[25] OLG Saarbrücken VersR 1968, 1133; OLG Hamm NZV 1996, 412; *Brand* in Bruck/Möller VVG § 47 Rn. 55; *Dageförde* in Langheid/Wandt VVG § 47 Rn. 5; aA offenbar *Beckmann* in Bruck/Möller VVG § 123 Rn. 16, der in der Pflichthaftpflichtversicherung § 123 anwenden will; ein praktischer Unterschied ergibt sich dadurch nicht.
[26] *Schirmer* ZVersWiss 1981, 121 (126).
[27] OLG Naumburg ZfS 2005, 22; *Hübsch* in Berliner Kommentar VVG § 158i Rn. 6; *Beckmann* in Bruck/Möller VVG § 123 Rn. 14; *Schwartze* in Looschelders/Pohlmann VVG § 123 Rn. 3; *Langheid* in Langheid/Rixecker VVG § 123 Rn. 9; *Klimke* in Prölss/Martin VVG § 123 Rn. 5; *Johannsen* VersR 1991, 500 (503).
[28] *Huber* in Schwintowski/Brömmelmeyer/Ebers VVG § 123 Rn. 4; *Johannsen* VersR 1991, 500 (503).
[29] *Jacobsen* in Feyock/Jacobsen/Lemor VVG § 123 Rn. 8.
[30] *Hübsch* in Berliner Kommentar VVG § 158i Rn. 7.

II. Verfügungsbefugnis des Versicherten

Eine weitere Voraussetzung für die Anwendung des § 123 ist, dass der **Versicherte selbständig** 12 **seine Rechte aus dem Versicherungsvertrag** geltend machen kann. Grundsätzlich ist bei der Versicherung für fremde Rechnung abweichend von § 328 Abs. 1 BGB allein der Versicherungsnehmer befugt, die Rechte des Versicherten aus dem Versicherungsvertrag geltend zu machen, § 44 Abs. 2. Dadurch soll der Versicherungsnehmer in den durchaus zahlreichen Fällen, in denen ihm Ansprüche gegen den Versicherten (etwa auf Ausgleich der Prämie) zustehen, ein Druckmittel in der Hand haben, um die Erfüllung der Ansprüche durch den Versicherten zu erzwingen.[31]

§ 44 Abs. 2 sieht selbst **zwei Ausnahmen** vor, in denen die Verfügungsbefugnis dem Versicherten 13 zugewiesen ist, so dass § 123 Anwendung finden kann. Das ist zum einen dann der Fall, wenn der Versicherte sich im Besitz des Versicherungsscheins befindet, zum anderen dann, wenn der Versicherungsnehmer dem Versicherten die Geltendmachung seiner Rechte durch Zustimmung gestattet hat.[32] Der Zustimmung und dem Besitz des Versicherungsscheins steht ein dritter Fall, die missbräuchliche Berufung des Versicherers auf eine mangelnde Verfügungsbefugnis des Versicherten gleich. Ein solcher **Rechtsmissbrauch** kann seine Ursache im Verhalten des Versicherungsnehmers haben, etwa wenn dieser zu verstehen gibt, dass er Ansprüche des Versicherten auf Freistellung nicht weiterverfolgen will. Eine Berufung des Versicherers auf die fehlende Verfügungsbefugnis des Versicherten wäre dann rechtsmissbräuchlich iSd § 242 BGB, weil er durch die Ablehnung der Deckung die Person des Versicherten und die maßgeblichen Umstände für die Regulierung bereits kennt und seine Interessen nicht gefährdet sind, sofern es nicht noch weitere Personen gibt, die in die Verhandlungen involviert sind.[33] Ein Rechtsmissbrauch, der die fehlende Verfügungsbefugnis des Versicherten beseitigt, kann auch in einem eigenen Verhalten des Versicherers liegen, wenn er zuvor mit dem Versicherten bereits hinsichtlich des Versicherungsverhältnisses korrespondiert hat oder anderweitig bei dessen Durchführung mit dem Versicherten zusammengearbeitet hat, es aber versäumt, den Versicherten darauf hinzuweisen, dass eigentlich nur der Versicherungsnehmer zur Geltendmachung der Rechte befugt ist.[34]

Praktisch sind die vorgenannten Ausnahmen zur Verfügungsbefugnis des Versicherungsnehmers 14 in der Versicherung für fremde Rechnung für den Bereich der Pflichthaftpflichtversicherung wenig bedeutsam. Hier ist von Belang, dass § 44 Abs. 2 – auch **durch AVB – abdingbar** ist, so dass die Verfügungsbefugnis dem Versicherten allein oder neben dem Versicherungsnehmer zugewiesen werden kann.[35] In der Kfz-Haftpflichtversicherung ist in § 2 Abs. 3 KfzPflVV vorgeschrieben, dass der Versicherte verfügungsbefugt ist; das ist in § 10 Abs. 4 AKB bzw. Abschn. A Ziff. 1.2 S. 2 AKB 2008/2015 umgesetzt, wonach die in Abschn. A Ziff. 1.2 S. 1 AKB 2008/2015 genannten Personen Ansprüche aus dem Versicherungsvertrag selbständig gegen den Versicherer erheben können.

Rechtspolitisch gesehen ist das Erfordernis der Verfügungsbefugnis des Versicherten in § 123 15 zweifelhaft.[36] Es gefährdet den von der Pflichthaftpflichtversicherung angestrebten Schutz des Mitversicherten, indem es ihn, was den Leistungsanspruch im kranken Versicherungsverhältnis anbelangt, von der Vertragsgestaltung durch den Versicherer (Abbedingung des § 44 Abs. 2) oder von Handlungen des Versicherungsnehmers (Zustimmung/Übergabe des Versicherungsscheins) abhängig macht. Maßgeblich sollte allein sein, dass der Versicherte nach § 44 Abs. 1 (zumindest auch) Inhaber der Rechte aus dem Versicherungsvertrag ist. Das müsste ihm ohne weiteres den Schutz des § 123 eröffnen. Die Anspannung des Rechtsgefühls, die mit dem Erfordernis der Verfügungsbefugnis des Versicherten verbunden ist, lässt sich auch nicht dadurch lösen, dass man dem Pflichthaftpflichtversicherer mit der Rspr. zu § 44 Abs. 2 pauschal die Berufung auf eine fehlende Verfügungsbefugnis des Versicherten als rechtsmissbräuchlich verwehrt. Es liegt weder ein vorwerfbares Eigenverhalten des Versicherers vor, noch hat sich der Versicherungsnehmer gegen die Interessen des Versicherten verschworen. Es bleibt daher nur zu hoffen, dass der Zusatz in § 123, dass der Versicherte selbständig befugt ist, seine Rechte geltend zu machen, im Rahmen einer künftigen Reform des VVG ersatzlos

---

[31] Brand in Bruck/Möller VVG § 44 Rn. 2; Dageförde in Langheid/Wandt VVG § 44 Rn. 5.
[32] Brand in Bruck/Möller VVG § 44 Rn. 2; für § 123 übersehen von Huber in Schwintowski/Brömmelmeyer/Ebers VVG § 123 Rn. 6.
[33] BGHZ 41, 327 = NJW 1964, 1899; BGHZ 115, 275 (282) = NJW 1992, 2423; BGH NJW-RR 1987, 856 f.; teils diff. Nießen Die Rechtswirkungen der Versicherung für fremde Rechnung, 2004, S. 89 ff.; Looschelders VersR 2000, 23 (25 f.).
[34] OLG Hamm VersR 2005, 934; Brand in Bruck/Möller VVG § 44 Rn. 40; Koch in Looschelders/Pohlmann VVG § 44 Rn. 25.
[35] Brand in Bruck/Möller VVG § 44 Rn. 51; Langheid in Langheid/Rixecker VVG § 123 Rn. 8.
[36] AG Köln VersR 1993, 824; Huber in Schwintowski/Brömmelmeyer/Ebers VVG § 123 Rn. 7 f.; Beckmann in Bruck/Möller VVG § 123 Rn. 20; Dallwig in Staudinger/Halm/Wendt § 123 Rn. 3; Johannsen VersR 1991, 500 (502 f., 505); Schirmer DAR 2004, 375 (376).

gestrichen wird. *De lege lata* lässt sich dieses Ergebnis nicht durch eine teleologische Reduktion herbeiführen,[37] da der Wille des Reformgesetzgebers von 2008 auf ein Fortschreiben der bisherigen Rechtslage gerichtet war.[38]

III. Gutgläubigkeit des Versicherten

16   Der Versicherte genießt nur dann den Schutz des § 123, wenn er zum Zeitpunkt des Eintritts des Versicherungsfalls gutgläubig war. Das ist dann der Fall, wenn ihm die Umstände, die zur ganzen oder teilweisen Leistungsfreiheit des Versicherers führen, **weder bekannt, noch infolge grober Fahrlässigkeit unbekannt** sind.[39] Maßgeblich ist die Kenntnis der tatsächlichen Umstände, welche die Leistungsfreiheit begründen; der Versicherte muss keine rechtliche Bewertung hinsichtlich der Leistungsfreiheit des Versicherers angestellt haben.[40] Es schadet ihm demnach nicht erst die positive Kenntnis fehlenden Versicherungsschutzes, sondern auch, wenn er weiß, dass der Versicherungsnehmer dem Versicherer trotz Mahnung seit längerer Zeit die Prämie schuldet. Den Versicherten treffen allerdings **keine Untersuchungspflichten** hinsichtlich des Bestehens von Versicherungsschutz.[41] In der Pflichthaftpflichtversicherung darf der Versicherte grds. annehmen, dass der Versicherungsnehmer sich vertrags- und gesetzestreu verhält. Das wird deutlich am Beispiel des Prämienverzugs des Versicherungsnehmers. Hier wäre es dem Versicherten, etwa als Fahrer eines fremden Kfz, schlichtweg unzumutbar, sich beim Versicherungsnehmer, dem Halter, nach der pünktlichen Erfüllung der Prämienzahlungspflicht zu erkundigen.

17   Der Begriff der **grob fahrlässigen Unkenntnis** in § 123 entspricht demjenigen des bürgerlichen Rechts. Von der versicherten Person darf man ein Mindestmaß an Aufmerksamkeit gegenüber einer Faktenlage verlangen, die das Bestehen von Versicherungsschutz zweifelhaft erscheinen lässt.[42] Verschließt er davor die Augen, verdient er den Schutz des § 123 nicht.

18   Auf ein **schuldhaftes Verhalten des Versicherten** im Zusammenhang mit dem Vorgang, der seine Haftung begründet, kommt es nicht an. Keine Leistungsfreiheit besteht daher in der Kfz-Haftpflichtversicherung, wenn ein Fahrer auf Drängen seines Arbeitgebers bei Kenntnis oder grob fahrlässiger Unkenntnis von der Kündigung des Versicherungsvertrags ein Kfz benutzt.[43]

IV. Wirksamer Versicherungsvertrag zum Zeitpunkt des Versicherungsfalles

19   Zum Normvorgänger des §§ 123, 158i VVG aF war in Rspr. und Schrifttum umstritten, ob diese Schutzvorschrift ein bestehendes Versicherungsverhältnis zum Zeitpunkt des Versicherungsfalles voraussetzt.[44] Die besseren Argumente sprachen und sprechen dafür, dass die Regeln der § 123 Abs. 1–3 ein bestehendes Versicherungsverhältnis voraussetzen, da § 123 Abs. 1 es dem Versicherten letztlich ermöglicht, einen Leistungsanspruch gegen den Versicherer geltend zu machen, der seinen Grund nur im Versicherungsvertrag haben kann. Diese Auffassung hat sich der Gesetzgeber im Rahmen der Neuregelung des § 158i VVG aF im Jahre 1990 ausdrücklich zu eigen gemacht.[45] Mit Blick auf diesen ausdrücklichen gesetzgeberischen Willen fühlte sich der BGH noch kurze Zeit vor der Neukodifikation von 2008 verpflichtet, die Anwendbarkeit des § 158i VVG aF für den Fall, dass das Versicherungsverhältnis vor Eintritt des Versicherungsfalles durch Kündigung beendet worden ist, zu verneinen.[46]

---

[37] So offenbar *Beckmann* in Bruck/Möller VVG § 123 Rn. 20.
[38] Begr. RegE BT-Drs. 16/3945, 90.
[39] *Schwartze* in Looschelders/Pohlmann VVG § 123 Rn. 5; *Langheid* in Langheid/Rixecker VVG § 123 Rn. 10; *Dallwig* in Staudinger/Halm/Wendt VVG § 123 Rn. 5; krit. zur grob fahrlässigen Unkenntnis *Schirmer* r+s 1990, 253 (256); aA *Johannsen* VersR 1991, 500 (503), nur Vorsatz.
[40] *Hübsch* in Berliner Kommentar VVG § 158i Rn. 9; *Beckmann* in Bruck/Möller VVG § 123 Rn. 23; *Langheid* in Römer/Langheid VVG, 2. Aufl. 2003, § 158i Rn. 7.
[41] *Klimke* in Prölss/Martin VVG § 123 Rn. 6; *Jacobsen* in Feyock/Jacobsen/Lemor VVG § 123 Rn. 9; *Kreuter* in Halm/Kreuter/Schwab VVG § 123 Rn. 5; *Schirmer* r+s 1990, 253 (256).
[42] *Hübsch* in Berliner Kommentar VVG § 158i Rn. 9; *Beckmann* in Bruck/Möller VVG § 123 Rn. 24; *Huber* in Schwintowski/Brömmelmeyer/Ebers VVG § 123 Rn. 3.
[43] *Klimke* in Prölss/Martin VVG § 123 Rn. 6; *Beckmann* in Bruck/Möller VVG § 123 Rn. 24; *Langheid* in Römer/Langheid, 2. Aufl. 2003, VVG § 158i Rn. 7.
[44] Dafür BGHZ 157, 269 (272) = VersR 2004, 369; OLG Celle VersR 2003, 1390; AG Köln VersR 1993, 824 (825); *Hübsch* in Berliner Kommentar VVG § 158i Rn. 12; *Biela* VersR 1993, 1390 (1392); *Schlegelmilch* in Geigel Haftpflichtprozess Kap. 13 Rn. 63; *Bauer* Die Kraftfahrtversicherung, 6. Aufl. 2010, Rn. 943; dagegen *Knappmann* in Prölss/Martin, 27. Aufl. 2004, VVG § 158i Rn. 4; *Langheid* in Römer/Langheid, 2. Aufl. 2003, VVG § 158i Rn. 8; offen gelassen OLG Düsseldorf VersR 1996, 1267 (1269); diff. *Johannsen* VersR 1991, 500 (502); im Überblick zum Streitstand *Beckmann* in Bruck/Möller VVG § 123 Rn. 26 f.
[45] BT-Drs. 11/6342, 63.
[46] BGHZ 157, 269 (272) = VersR 2004, 369.

Im Zuge der VVG-Reform 2008 hat der Gesetzgeber das Problem des Bestehens eines wirksamen Versicherungsvertrages bei Eintritt des Versicherungsfalles mit der Neufassung des § 123 wesentlich entschärft. Durch die Neuregelung in Abs. 4 genießt der **Mitversicherte auch dann Versicherungsschutz,** wenn das **Versicherungsverhältnis nicht bestanden hat oder beendet worden** ist, der Versicherer gegenüber dem geschädigten Dritten jedoch gem. § 117 Abs. 2 S. 1, 2 nachhaftet (→ Rn. 20). Auch dabei kommt es nicht darauf an, aus welchen Gründen im Innenverhältnis kein Versicherungsschutz bestanden hat. Die Aufnahme des Abs. 4 in die Norm macht aber noch einmal deutlich, dass der Gesetzgeber an seiner bisherige Auffassung, dass der Tatbestand des Abs. 1 einen wirksamen Versicherungsvertrag voraussetzt, festhält. Anderenfalls wäre es nicht erforderlich gewesen, eine analoge Anwendung des Abs. 1 für den Fall anzuordnen, dass ein Versicherungsverhältnis nicht besteht.

E. Sondertatbestand Nachhaftung (Abs. 4)

I. Hintergrund

Nach § 158i VVG aF war der Mitversicherte während des einmonatigen Zeitraums, in dem der Pflichthaftpflichtversicherer gem. § 117 Abs. 2 S. 1, 2 nach Beendigung des Versicherungsverhältnisses an den geschädigten Dritten Leistungen erbringen muss (Nachhaftung) dem Regress des Versicherers ausgesetzt, und zwar auch, wenn ihm die Beendigung des Versicherungsverhältnisses weder bekannt noch grob fahrlässig unbekannt war. Das war in dem Sachverhalt, welcher der Entscheidung des IV. Zivilsenats des BGH v. 14.1.2004 zugrunde lag, der Fall. Der Kfz-Haftpflichtversicherer hatte der Straßenverkehrsbehörde nach Beendigung des Versicherungsverhältnisses innerhalb eines Zeitraums von beinahe zwei Jahren, die bis zum Unfallzeitpunkt vergangen waren, keine Mitteilung gemacht. Der Versicherer musste daher den geschädigten Dritten nach § 3 Nr. 5, 6 PflVG, § 29c StVZO befriedigen, nahm jedoch anschließend Regress beim mitversicherten Fahrer, der von der Beendigung des Versicherungsverhältnisses nichts wusste. Der BGH wies in seiner Entscheidung auf die sachlich nicht gerechtfertigte Unterscheidung zwischen den in § 158i bzw. § 123 Abs. 1–3 geregelten Fällen und der Situation im zu entscheidenden Fall hin, sah sich aber daran gehindert, dem Fahrer zu helfen. Das stützte der BGH ua darauf, dass das Problem dem Reformgesetzgeber von 1990, der § 158i VVG aF neu gefasst hatte, bekannt gewesen sei, er sich aber ausdrücklich gegen eine Regelung entschieden habe.[47] In dieser dogmatisch gut begründeten, wertungsmäßig aber fragwürdigen Entscheidung spiegelt sich eine traditionelle Zurückhaltung des IV. Zivilsenats hinsichtlich einer analogen Anwendung des § 158i VVG aF wider. Zuvor hatte er bereits dessen entsprechende Anwendung abgelehnt, wenn der Dritte dem Regress eines Sozialversicherungsträgers ausgesetzt war.[48]

Der Reformgesetzgeber von 2008 hat die bestehende **Regelungslücke in Nachhaftungsfällen** jetzt mit § 123 Abs. 4 geschlossen. Dadurch hat er dafür gesorgt, dass der gutgläubige Führer fremder Kfz sich vor Fahrtantritt nicht stets davon überzeugen muss, dass das Fahrzeug ordnungsgemäß haftpflichtversichert ist – was er im wirklichen Leben freilich nicht tut –, um einem Nachhaftungsregress des Versicherers zu entgehen.

II. Regelungsgehalt

§ 123 Abs. 4 bestimmt, dass die Regeln des § 123 Abs. 1–3 zum Schutze des Mitversicherten entsprechend gelten, wenn der Versicherer gegenüber dem geschädigten Dritten nach § 117 Abs. 2 S. 1, 2 nachhaftet.[49] Warum kein Versicherungsschutz im Verhältnis zwischen Versicherungsnehmer und Versicherer besteht, ist unerheblich. Eine **entsprechende** – und keine unmittelbare – **Geltung** musste deswegen angeordnet werden, weil eine mitversicherte Person nach Beendigung des Versicherungsverhältnisses nicht mehr befugt sein kann, unmittelbare Rechte aus dem nicht mehr bestehenden Versicherungsvertrag geltend zu machen.[50] Eine solche Befugnis ist aber eine der Voraussetzungen für den Schutz nach § 123 Abs. 1–3.

---

[47] Zust. E. Lorenz VersR 2004, 371 (372).
[48] BGHZ 55, 281 (288) = NJW 1971, 937; BGHZ 103, 52 (57) = VersR 1988, 362.
[49] Begr. RegE BT-Drs. 16/3945, 90.
[50] Begr. RegE BT-Drs. 16/3945, 90; Abschlussbericht der VVG-Reformkommission S. 374; *Beckmann* in Bruck/Möller VVG § 123 Rn. 33; *Jacobsen* in Feyock/Jacobsen/Lemor VVG § 123 Rn. 18; *Schwartze* in Looschelders/Pohlmann VVG § 123 Rn. 7; *Schirmer* ZVersWiss Supplement 2006, 427 (448).

22 Schutz durch § 123 Abs. 4 genießt der Mitversicherte **nicht**, wenn er die Gründe für das Nichtbestehen des Vertrages kannte oder sie ihm infolge grober Fahrlässigkeit unbekannt waren.[51] Das folgt aus der entsprechenden Anwendung des § 123 Abs. 1, dessen Voraussetzungen sinngemäß gelten.

23 § 123 Abs. 4 versucht die Nachhaftung des Pflichthaftpflichtversicherers mit den Worten „wenn die Frist des § 117 Abs. 2 S. 1, 2 noch nicht abgelaufen ist oder der Versicherer nicht angezeigt hat", zu umschreiben. Das ist **nicht ganz treffend**.[52] Die Formulierung legt den Schluss nahe, der Versicherer könne bei dem Mitversicherten Regress nehmen, ohne dass die Schutzvorschriften des § 123 Abs. 1–3 eingreifen, sofern und sobald er der zuständigen Stelle, zB der Zulassungsbehörde nach § 25 FZV in der Kfz-Haftpflichtversicherung, die Beendigung des Versicherungsverhältnisses angezeigt hat. Das ist aber nicht der Fall. Nach § 117 Abs. 2 S. 3 beginnt die Nachhaftung des Versicherers mit der Beendigung des Versicherungsvertrags. Zeigt der Versicherer die Beendigung der zuständigen Stelle an, endet die Nachhaftung gem. § 117 Abs. 2 S. 1 einen Monat nach Eingang der Anzeige. Für diesen einen Monat bedarf der Mitversicherte des Schutzes des § 123 Abs. 1–3.

24 Unter § 123 Abs. 4 fallen auch Sachverhalte, in denen eine **Nachhaftung des Versicherers** nach Beendigung des Versicherungsverhältnisses gem. § 117 Abs. 2 S. 4 und 5 **ausgeschlossen** ist.[53] Hier drohen dem Mitversicherten Schadensersatzansprüche des geschädigten Dritten aus dem bürgerlichen Recht (zB § 280 Abs. 1, 823 Abs. 1 BGB) oder dem StVG (zB § 18 StVG), da der Versicherer dem Geschädigten gegenüber zur Leistung nicht verpflichtet ist.

F. Rechtsfolgen
I. Umfang der Leistungspflicht des Versicherers (Abs. 2 S. 1 Hs. 1)

25 Der Versicherer kann dem Versicherten nach dem Wortlaut des Abs. 1 seine Leistungsfreiheit gegenüber dem Versicherungsnehmer nicht entgegenhalten. Das bedeutet, dass **§ 334 BGB** im Anwendungsbereich des § 123 **nicht gilt** und der Versicherer als Reflex dieses Einwendungsausschlusses dem Versicherten aus dem Versicherungsvertrag heraus leistungspflichtig bleibt.[54] Schon die Normgeschichte zeigt, dass die heutige Regelung des § 123 über das reine Regressverbot, das § 158i VVG aF in seinen Ursprüngen einmal war, hinausgeht. Die Leistungspflicht des Versicherers dem Versicherten gegenüber ist vom Schicksal des Leistungsanspruchs des Versicherungsnehmers gegen den Versicherer unabhängig. **Formulatorisch** hätte sich der Gesetzgeber an § 102 VVG aF anlehnen können, um klar zu machen, dass Ziel der Regelung kein bloßer Ausschluss des § 334 BGB ist, sondern der Erhalt der Leistungspflicht des Versicherers. In der Sache ergibt sich indes kein Unterschied, wie auch der Einwendungsausschluss des § 651k Abs. 3 S. 2 BGB zeigt, dem § 123 Abs. 1 nahe kommt.

26 Der Umfang der Leistungspflicht des Versicherers gegenüber dem Versicherten richtet sich aufgrund des Verweises in § 123 Abs. 2 S. 1 Hs. 1 nach § 117 Abs. 3 S. 1 und ist auf die vorgeschriebene **Mindestversicherungssumme** und die vertraglich übernommene Gefahr begrenzt. In diesem Verweis zeigt sich wiederum die Parallele des Schutzes des Mitversicherten zu demjenigen des geschädigten Dritten bei krankem Deckungsverhältnis in der Pflichthaftpflichtversicherung (→ Rn. 1). Für Schäden, die über die Mindestversicherungssumme hinausgehen, haftet der Versicherte allein.[55] Darin ist keine Gefährdung des von § 123 bezweckten Schutzes des geschädigten Dritten zu sehen, da die Mindestversicherungssumme amtlich als ausreichend angesehen wird und der Versicherte legitimer Weise nicht auf mehr vertrauen darf.

27 Dass der Versicherer nur für die Gefahr haftet, die er **vertraglich übernommen** hat, ergibt sich nicht erst aufgrund des Verweises in § 123 Abs. 2 S. 1 Hs. 1, sondern bereits daraus, dass der Versicherer auch bei einem gesunden Versicherungsverhältnis nur für die übernommene Gefahr einzustehen hat. Im kranken Versicherungsverhältnis kann er nicht schlechter stehen.[56]

---

[51] Begr. RegE BT-Drs. 16/3945, 90; *Beckmann* in Bruck/Möller VVG § 123 Rn. 31; *Schimikowski* in HK-VVG § 123 Rn. 4.

[52] *Jacobsen* in Feyock/Jacobsen/Lemor VVG § 123 Rn. 19; *Dallwig* in Staudinger/Halm/Wendt VVG § 123 Rn. 13; aA *Schimikowski* in HK-VVG § 123 Rn. 4; *Schwartze* in Looschelders/Pohlmann VVG § 123 Rn. 7.

[53] *Jacobsen* in Feyock/Jacobsen/Lemor VVG § 123 Rn. 20.

[54] *Hübsch* in Berliner Kommentar VVG § 158i Rn. 14; *Beckmann* in Bruck/Möller VVG § 123 Rn. 34; *Johannsen* VersR 1991, 500 (503); *Huber* in Schwintowski/Brömmelmeyer/Ebers VVG § 123 Rn. 1; *Schirmer* r+s 1990, 253 (256); aA *Bauer* Die Kraftfahrtversicherung, 6. Aufl. 2010, Rn. 895 f.; *Schwab* VersR 2016, 221 (222).

[55] *Hübsch* in Berliner Kommentar VVG § 158i Rn. 14; *Knappmann* VersR 1996, 401 (403).

[56] *Johannsen* in Bruck/Möller, 8. Aufl., Bd. V/1, Kap. B Anm. 51; *Johannsen* VersR 1991, 500 (503).

Die Regelung des § 123 greift auch ein, wenn der Versicherer gegenüber dem Versicherungs- **28** nehmer nur **teilweise leistungsfrei** ist (zB § 28 Abs. 2 S. 2 bei grob fahrlässiger Verletzung einer vertraglichen Obliegenheit oder § 81 Abs. 2 bei grob fahrlässiger Herbeiführung des Versicherungsfalles).[57] Eine **entsprechende Anwendung** des § 123 kommt in Betracht, wenn im Verhältnis Versicherer/Versicherungsnehmer vollständige Leistungsfreiheit (zB § 28 Abs. 2 S. 1 bei vorsätzlicher Verletzung einer vertraglichen Obliegenheit) und zugleich im Verhältnis Versicherer/Versicherter nur teilweise Leistungsfreiheit (zB § 28 Abs. 2 S. 2) vorliegt. In diesen Fällen bleibt der Versicherer gegenüber dem Versicherten unter den Voraussetzungen des Abs. 1 jedenfalls teilweise zur Leistung verpflichtet.[58]

II. Keine Anwendung des Verweisungsprivilegs nach § 117 Abs. 3 S. 2 (Abs. 2 S. 1 Hs. 2)

In einer Hinsicht durchbricht das VVG die parallele Behandlung von geschädigtem Dritten **29** und Mitversichertem in der Pflichthaftpflichtversicherung. Damit der Schutz des Versicherten durch § 123 nicht unterlaufen wird, findet das sog. Verweisungsprivileg des § 117 Abs. 3 S. 2, das gegenüber dem geschädigten Dritten gilt, keine Anwendung. Das Verweisungsprivileg besagt, dass der Versicherer, der bei einem kranken Versicherungsverhältnis dem Versicherungsnehmer gegenüber leistungsfrei bleibt, im Verhältnis zum geschädigten Dritten nur subsidiär haftet, dh dann, wenn kein anderer, leistungspflichtiger Versicherer oder Sozialversicherungsträger den Schaden ausgleicht. In diesem Fall ist der **geschädigte Dritte nicht schutzbedürftig**, da sein Schaden ausgeglichen ist.[59]

Das trifft auf den (Mit-)Versicherten nicht zu. Könnte sich der Versicherer auch ihm gegenüber darauf berufen, dass der geschädigte Dritte von einem anderen Versicherer oder einem Sozialversicherungsträger Ersatz seines Schadens erlangen kann, wäre der Versicherte deren Regressansprüchen ausgesetzt, wenn diese Leistungen erbringen, da § 123 im Verhältnis zwischen dem Versicherten und den leistenden Dritten nicht gilt.[60] Aus diesem Gedanken heraus rechtfertigt sich die Sonderregel des § 123 Abs. 2 S. 1 Hs. 2, nach der die Leistungspflicht des Versicherers gegenüber dem Versicherten nicht subsidiär ist. **Alternativ** hätte sich an ein teilweises Regressverbot zu Lasten der leistenden Versicherer/Sozialversicherungsträger denken lassen.[61] Dieses hätte rechtstechnisch aber nicht zu § 123 gepasst, der sich ansonsten von seinen historischen Wurzeln als Regressverbot gelöst hat.

III. Entsprechende Anwendbarkeit des § 117 Abs. 4 (Abs. 2 S. 2)

Die Regelung des Abs. 2 S. 2 ist rein **klarstellender Natur.**[62] Angesprochen ist der Fall, dass **30** vor dem Hintergrund eines „kranken" Versicherungsverhältnisses nicht nur ein Versicherer dem Versicherten gegenüber nach Abs. 1 leistungspflichtig ist, sondern daneben eine Ersatzpflicht der öffentlichen Hand nach § 839 Abs. 1 BGB gegenüber dem geschädigten Dritten besteht. In diesem Fall soll sich die öffentliche Hand im Innenverhältnis gegenüber dem Versicherer, der den Versicherten freistellt, nicht auf das durch § 839 Abs. 1 S. 2 BGB eingeräumte Verweisungsprivileg berufen dürfen (vgl. § 117 Abs. 4: „im Verhältnis zum Versicherer"). Die Einstandspflicht des Versicherers gegenüber dem Versicherten stellt damit – das ist der Gehalt der Klarstellung des § 123 Abs. 2 S. 2 – keine „anderweitige Ersatzmöglichkeit" iSd § 839 Abs. 1 S. 2 BGB dar. Der Versicherer soll bei der öffentlichen Hand Regress nehmen können mit der Folge, dass diese letztlich den Schaden trägt.[63] Ob dies einer ausdrücklichen Klarstellung im Gesetz bedurft hätte, mag dahingestellt bleiben.

IV. Regress des Versicherers (Abs. 3)

Entgegen dem Wortlaut der Bestimmung („kann (...) Rückgriff nehmen") gewährt Abs. 3 **31** kein eigenständiges Regressrecht des Versicherers gegenüber dem Versicherungsnehmer.[64] Es wird lediglich **klargestellt,** dass der Versicherer, der dem Versicherten gegenüber nach § 123 eintritts-

---

[57] *Klimke* in Prölss/Martin VVG § 123 Rn. 5; *Schwartze* in Looschelders/Pohlmann VVG § 123 Rn. 8.
[58] *Schwartze* in Looschelders/Pohlmann VVG § 123 Rn. 8; zur alten Rechtslage BGH VersR 1968, 185 (187); *Knappmann* in Prölss/Martin, 27. Aufl. 2004, VVG § 158i Rn. 8.
[59] *Schwartze* in Looschelders/Pohlmann VVG § 117 Rn. 18.
[60] BGHZ 88, 296 (298) = VersR 1983, 1132; BGHZ 103, 52 (54) = VersR 1988, 362; *Jacobsen* in Feyock/Jacobsen/Lemor VVG § 123 Rn. 13; *Langheid* in Langheid/Rixecker VVG § 123 Rn. 13; *Prölss* JZ 1988, 769; *Schirmer* ZfS 1988, 194.
[61] *Johannsen* VersR 1991, 500 (504).
[62] *Langheid* in Römer/Langheid, 2. Aufl. 2003, VVG § 158i Rn. 9.
[63] *Schwartze* in Looschelders/Pohlmann VVG § 123 Rn. 10.
[64] *Hübsch* in Berliner Kommentar VVG § 158i Rn. 17; *Johannsen* in Bruck/Möller, 8 Aufl., Bd. V/1, Kap. H Anm. 34; *Dallwig* in Staudinger/Halm/Wendt VVG § 123 Rn. 9; *Jacobsen* in Feyock/Jacobsen/Lemor VVG § 123 Rn. 15; *Langheid* in Römer/Langheid, 2. Aufl. 2003, VVG § 158i Rn. 10.

pflichtig ist, beim Versicherungsnehmer Regress nehmen kann. Das ist als Ergänzung und Erläuterung des § 117 Abs. 5 zu verstehen, der den Regress des Versicherers beim Versicherungsnehmer wegen Leistungen an den geschädigten Dritten regelt. Diese Regelung kann wegen der Existenz des § 123 Abs. 3 nicht dahingehend ausgelegt werden, dass ein Regress beim Versicherungsnehmer wegen Leistungen an den Versicherten nicht stattfindet. Eine solche Auslegung widerspräche der Logik des Gesetzes, da die Eintrittspflicht des Versicherers gegenüber dem Versicherten nach § 123 dann auch zu einer faktischen Eintrittspflicht gegenüber dem Versicherungsnehmer führen würde, bei dem sich der Versicherer nicht schadlos halten könnte.

32 **Voraussetzung** dafür, dass der Versicherer beim Versicherungsnehmer **Regress** nehmen kann, ist, dass dieser dem geschädigten Dritten gegenüber ersatzpflichtig ist. Nur dann kann ein **Anspruch des Geschädigten** auf den Versicherer übergehen. Andere Ansprüche taugen nicht als Träger des Regresses nach § 123 Abs. 3. Insbes. will die Norm keinen Regress des Versicherers über § 86 mittels eines Schadensanspruchs des Versicherten gegen den Versicherungsnehmer aufgrund des ohne die Regelung des § 123 nicht bestehenden Versicherungsschutzes ermöglichen.[65]

Die Beschränkung, dass der Versicherer nur Regress nehmen kann, wenn dem geschädigten Dritten ein übergangsfähiger Anspruch gegen den Versicherungsnehmer zusteht, ist erforderlich, damit die Besserstellung des Versicherten in § 123 Abs. 1, 2, 4 nicht zu Lasten des Versicherungsnehmers stattfindet.[66] § 123 Abs. 3 selbst sieht **keine Limitierung** des Regresses gegenüber dem Versicherungsnehmer vor. Es sind aber Regressbeschränkungen aus anderer Quelle (zB §§ 5 Abs. 3, 6 Abs. 1, 3 KfzPflVV) zu beachten.[67]

33 Der Regressanspruch des Versicherers gegen den Versicherungsnehmer wegen Leistungen, die an den Versicherten geflossen sind, **verjährt** gem. § 195 BGB in drei Jahren. Der Fristbeginn richtet sich nach § 116 Abs. 2.[68]

G. Beweislast

34 Der **Versicherer** muss die Umstände, welche die Obliegenheits- und Vertragsverletzungen des Versicherten begründen, darlegen und beweisen, ebenso wie die Tatsache, dass ihm die Umstände, welche die Leistungsfreiheit gegenüber dem Versicherungsnehmer begründen, bekannt oder grob fahrlässig unbekannt waren.[69] Der Einwand, dass § 123 den Akzessorietätsgrundsatz durchbreche (→ Rn. 2) und eine Ausnahme zur generellen Leistungsfreiheit des Versicherers darstelle, weshalb der Versicherte die Beweislast zu tragen habe, ist nicht mit der gesetzgeberischen Motivation vereinbar: Die Stellung des Versicherten soll durch § 123 gerade verbessert werden.[70] Außerdem zeigen ein Vergleich mit § 28 und der dortigen Verteilung der Beweislast, dass die fraglichen Umstände Voraussetzungen für die Berechtigung des Versicherers sind, den Versicherungsschutz zu verweigern, und keine Ausnahmen von einer generellen Leistungsfreiheit. Auch der Wortlaut des § 123 Abs. 1 („nur entgegenhalten, wenn"), spricht für eine Darlegungs- und Beweislast des Versicherers. Dieser wird sich in Fällen, wo es auf die Kenntnis des Versicherungsnehmers ankommt, regelmäßig schwer tun, seine Beweislast zu schultern, da es sich um Umstände handelt, die außerhalb seines normalen Kenntnisbereichs liegen.

35 Die **mitversicherte Person** muss beweisen, dass sie dazu berechtigt ist, ihre Rechte aus dem Versicherungsvertrag selbständig geltend zu machen.[71]

H. Abdingbarkeit

36 § 123 ist zugunsten des geschädigten Dritten, des Versicherungsnehmers und des (Mit-)Versicherten **zwingend** (→ Vor § 113 Rn. 22).

---

[65] *Johannsen* VersR 1991, 501 (504).
[66] OLG Schleswig VersR 1997, 136 (137) = NZV 1997, 442; *Johannsen* VersR 1991, 501 (504); *Klimke* in Prölss/Martin VVG § 123 Rn. 10; *Hübsch* in Berliner Kommentar VVG § 158i Rn. 17; *Schwartze* in Looschelders/Pohlmann VVG § 123 Rn. 11.
[67] *Pohlmann/Schwartze* in Looschelders/Pohlmann VVG § 123 Rn. 11.
[68] *Jacobsen* in Feyock/Jacobsen/Lemor VVG § 123 Rn. 16.
[69] AG Köln VersR 1993, 824 (825 f.); *Hübsch* in Berliner Kommentar VVG § 158i Rn. 10; *Beckmann* in Bruck/Möller VVG § 123 Rn. 25; *Jacobsen* in Feyock/Jacobsen/Lemor VVG § 123 Rn. 11; *Schwartze* in Looschelders/Pohlmann VVG § 123 Rn. 6; *Klimke* in Prölss/Martin VVG § 123 Rn. 14; *Hofmann* NZV 1998, 54 (56); aA *Prölss* in Baumgärtel, Handbuch der Beweislast im Privatrecht, Bd. V, 1993, VVG § 158i Rn. 2.
[70] *Schwartze* in Looschelders/Pohlmann VVG § 123 Rn. 12; *Beckmann* in Bruck/Möller VVG § 123 Rn. 43.
[71] *Beckmann* in Bruck/Möller VVG § 123 Rn. 44; *Jacobsen* in Feyock/Jacobsen/Lemor VVG § 123 Rn. 6.

§ 124 Rechtskrafterstreckung

(1) Soweit durch rechtskräftiges Urteil festgestellt wird, dass dem Dritten ein Anspruch auf Ersatz des Schadens nicht zusteht, wirkt das Urteil, wenn es zwischen dem Dritten und dem Versicherer ergeht, auch zugunsten des Versicherungsnehmers, wenn es zwischen dem Dritten und dem Versicherungsnehmer ergeht, auch zugunsten des Versicherers.

(2) Ist der Anspruch des Dritten gegenüber dem Versicherer durch rechtskräftiges Urteil, Anerkenntnis oder Vergleich festgestellt worden, muss der Versicherungsnehmer, gegen den von dem Versicherer Ansprüche auf Grund des § 116 Abs. 1 Satz 2 geltend gemacht werden, diese Feststellung gegen sich gelten lassen, es sei denn, der Versicherer hat die Pflicht zur Abwehr unbegründeter Entschädigungsansprüche sowie zur Minderung oder zur sachgemäßen Feststellung des Schadens schuldhaft verletzt.

(3) Die Absätze 1 und 2 sind nicht anzuwenden, soweit der Dritte seinen Anspruch auf Schadensersatz nicht nach § 115 Abs. 1 gegen den Versicherer geltend machen kann.

Übersicht

		Rn.			Rn.
A.	Inhalt und Zweck der Regelung	1	1.	Einheitliche Entscheidung	10
B.	Anwendungsbereich	4	2.	Grenzen der Rechtskrafterstreckung	12
C.	Rechtskrafterstreckung klageabweisender Urteile	5	IV.	Prozessuales	13
I.	Allgemeines	5	1.	Widersprechender Sachvortrag	13
II.	Voraussetzungen	6	2.	Prozesskostenhilfe	16
1.	Klageabweisendes Urteil	7	D.	Bindungswirkung bei Rückgriff des Versicherers	17
	a) Entscheidung in der Sache	7			
	b) Nur Urteile	8	I.	Allgemeines	17
2.	Beteiligte Personen	9	II.	Anwendungsbereich	18
III.	Rechtsfolgen	10	III.	Ausschluss der Bindungswirkung	20

Stichwort- und Fundstellenverzeichnis

Stichwort	Rn.	Rspr.	Lit.
Bindungswirkung bei Rückgriff, Umfang	→ Rn. 19	OLG Karlsruhe VersR 1971, 509; OLG Hamm VersR 1982, 765	*Klimke* in Prölss/Martin VVG § 124 Rn. 26; *Armbrüster* r+s 2010, 441 (454 f.)
Divergierender Sachvortrag, prozessuale Behandlung	→ Rn. 13	OLG Celle VersR 1988, 1286; OLG Koblenz VersR 1992, 1536; OLG Saarbrücken OLGR 2007, 657	*Klimke* in Prölss/Martin VVG § 124 Rn. 14; *Schneider* in Beckmann/Matusche-Beckmann VersR-HdB § 24 Rn. 183; *Reiff* VersR 1990, 117; *Lemcke* r+s 1993, 164; VersR 1995, 990
Einfache Streitgenossenschaft der Gesamtschuldner	→ Rn. 13	BGHZ 63, 51 = NJW 1974, 2124; BGHZ 61, 339 = VersR 1978, 862 = NJW 1978, 862; BGH VersR 1981, 1158 = NJW 1982, 999; BGH VersR 2008, 485 = NJW-RR 2008, 803; OLG Saarbrücken NJW-RR 2010, 326; OLG Köln OLGR 1998, 384	–
Getrennte oder gemeinsame Inanspruchnahme der Gesamtschuldner	→ Rn. 1	BGH VersR 2008, 485 = NJW-RR 2008, 803; VersR 2005, 1087 = NJW 2005, 2309; VersR 2003, 1121 = NJW-RR 2003, 1327; VersR 1981, 1156 = NJW 1982, 999; VersR	–

§ 124

Stichwort	Rn.	Rspr.	Lit.
		1979, 841; OLG Saarbrücken NJW-RR 2010, 326	
Manipulierter Versicherungsfall	→ Rn. 14	BGHZ 71, 339 = VersR 1978, 862 = NJW 1978, 2154; BGH VersR 2012, 434; VersR 2019, 1359; OLG Celle VersR 1988, 1286	*Schneider* in Beckmann/Matusche-Beckmann VersR-HdB § 24 Rn. 183; *Reiff* VersR 1990, 113; *Lemcke* r+s 1993, 164
Nebenintervention, Zulässigkeit	→ Rn. 14	BGH VersR 1993, 625 = NJW-RR 1993, 765; VersR 2012, 434 = NJW-RR 2012, 233; Schaden-Praxis 2014, 206; OLG Frankfurt a. M. VersR 1996, 212; OLG Köln r+s 1992, 107	*Gottwald/Adolphsen* NZV 1995, 129; *Höher* VersR 1993, 1095; *Freyberger* VersR 1991, 842
Prozesskostenhilfe bei weiterem Anwalt des Schädigers	→ Rn. 16	BGH VersR 2010, 1472 = NJW 2010, 3522; VersR 2010, 1590 = NJW 2011, 377; OLG Karlsruhe VersR 2011, 1201	*Armbrüster* r+s 2010, 441 (445); *Harsdorf-Gebhardt* ARGE Verkehrsrecht im DAV, 2010, 127 (148 ff.)
Rechtsfolge: einheitliche Entscheidung	→ Rn. 10	BGH VersR 2019, 701 = NJW 2019, 2397; VersR 2008, 485 = NJW-RR 2008, 803; VersR 1981, 1156 = NJW 1982, 999	*Schneider* in Geigel Haftpflichtprozess § 13 Rn. 84; *Knöfel* in Schwintowski/Brömmelmeyer/Ebers VVG § 124 Rn. 23.
Rechtskrafterstreckung: Persönlicher Anwendungsbereich	→ Rn. 9	BGHZ 96, 18 = VersR 1986, 153 = NJW 1986, 1610; OLG Saarbrücken NJW-RR 2010, 326; OLGR 2007, 351; OLG Brandenburg OLGR 2009, 646; OLG Frankfurt a. M. OLGR 1999, 275	*Klimke* in Prölss/Martin VVG § 124 Rn. 11; *Langheid* in Langheid/Rixecker VVG § 124 Rn. 5; *Lemcke* r+s 1993, 161
Rechtskrafterstreckung: Sachlicher Anwendungsbereich	→ Rn. 6	BGH VersR 2003, 1121 = NJW-RR 2003, 1327; VersR 1971, 611 = NJW 1971, 940; VersR 1981, 1156 = NJW 1982, 999; OLG Düsseldorf VersR 1972, 1015; OLG Karlsruhe VersR 2020, 472	*Klimke* in Prölss/Martin VVG § 124 Rn. 6; *Beckmann* in Bruck/Möller VVG § 124 Rn. 7 ff.; *Keilbar* ZVersWiss 1970, 441 (448); *Hirschberg* VersR 1973, 504; *Hoegen* VersR 1978, 1081
Regulierungsfehler des Versicherers	→ Rn. 20	BGH VersR 1981, 180	*Beckmann* in Bruck/Möller VVG § 124 Rn. 43; *Klimke* in Prölss/Martin VVG § 124 Rn. 25
Regulierungsvollmacht des Versicherers	→ Rn. 17	BGHZ 24, 308 = NJW 1957, 1230; VersR 1967, 149; BGHZ 101, 276 = VersR 1987, 925 = NJW 1987, 2586	–
Vergleich: keine Rechtskrafterstreckung	→ Rn. 8	BGH VersR 1985, 849 = NJW-RR 1986, 22	*Hoegen* VersR 1978, 1082; *Knöfel* in Schwintowski/Brömmelmeyer/Ebers VVG § 124 Rn. 7
Verjährung: Rechtskrafterstreckung des klageabweisenden Urteils	→ Rn. 7	BGH VersR 2003, 1121 = NJW-RR 2003, 1327; OLG Hamm VersR 2003, 56; anders bei Abweisung zu Unrecht BGH VersR 1979, 841; anders auch bei nur außergerichtlich erhobener Einrede BGH VersR 2007, 371 = NJW-RR 2007, 467	*Klimke* in Prölss/Martin VVG § 124 Rn. 7; *Knöfel* in Schwintowski/Brömmelmeyer/Ebers VVG § 124 Rn. 13; *Schirmer/Clauß* FS Lorenz, 2004, 775 (794)
Zweck der Vorschrift	→ Rn. 2	BGH VersR 2008, 485 = NJW-RR 2008, 803; VersR 1981, 1156 = NJW 1982, 999; VersR 1979, 841	*Haarmann* VersR 1989, 683; *Denck* VersR 1980, 704

Schrifttum: *Armbrüster,* Prozessuale Besonderheiten in der Haftpflichtversicherung, r+s 2010, 441; *Baumann,* Die Überwindung des Trennungsprinzips durch das Verbot des Abtretungsverbots in der Haftpflichtversicherung, VersR 2010, 984; *Birkner,* Der „manipulierte" Verkehrsunfall, ZfS 1994, 113; *Denck,* Das Verhältnis von Schadensersatzanspruch und Direktanspruch bei Kraftfahrt-Haftpflichtschäden, dargestellt am Problem der Bindungswirkung, VersR 1980, 704; *Ebel,* Die Bindung des Versicherungsnehmers an den von dem Haftpflichtversicherer geschlossenen Schadensregulierungsvergleich, VersR 1980, 158; *Foerster,* Das Verhältnis von Strafurteilen zu nachfolgenden Zivilverfahren, JZ 2013, 1143; *Freyberger,* Die Vertretung des Beklagten beim gestellten Unfall aus standesrechtlicher und prozessualer Sicht, VersR 1991, 842; *Gottwald/Adolphsen,* Zur Prozessführung des Versicherers bei gestellten Verkehrsunfällen, NZV 1995, 129; *Haarmann,* Zum Anwendungsbereich des § 3 Nr. 8 PflVG, VersR 1989, 683; *Harsdorf-Gebhardt,* Aktuelle Rechtsprechung des Bundesgerichtshofs zur Haftpflichtversicherung, in Arbeitsgemeinschaft Verkehrsrecht im DAV, Homburger Tage 2010, 127; *Hirschberg,* Rechtskrafterstreckung gegen den KFZ-Haftpflichtversicherer?, VersR 1973, 504; *Hoegen,* Bindungswirkung des Haftpflichturteils auch im Direktanspruch des Geschädigten gegen den Kraftfahrzeughaftpflichtversicherer?, VersR 1978, 1081; *Höfle,* Prozessuale Besonderheiten im Haftpflichtprozess, ZfS 2003, 325; *Keilbar,* Bindungswirkungen rechtskräftiger Entscheidungen über Versicherungs-, Haftpflicht- und Drittanspruch in der Kraftfahrzeug-Haftpflichtversicherung, ZVersWiss 1970, 441; *Lemcke,* Probleme des Haftpflichtprozesses bei behaupteter Unfallmanipulation, r+s 1993, 121, 161; *Lemcke,* Neue Wege zur Abwehr des Versicherungsbetruges in der Haftpflichtversicherung?, VersR 1995, 989; *Matlach,* Rechtskrafterstreckung und Verjährung nach § 3 Nr. 8, Nr. 3 S. 2 Hs. 2 PflVG – Regressprobleme bei sog „Altfällen" der Sozialversicherungsträger, ZfS 2005, 533; *Müller/Matlach,* Rechtskrafterstreckung und Verjährung nach § 3 Nr. 8, Nr. 3 S. 2 Hs. 2 PflVG, ZfS 2007, 366; *Prölss,* Zum Umfang der Bindungswirkung nach § 3 Nr. 8 PflVG und zum formularmäßigen Haftungsausschluss zugunsten eines Dritten, JZ 1986, 345; *Reiff,* Zivilprozessuale Probleme der Haftpflichtversicherung insbesondere bei gestellten Verkehrsunfällen, zugleich Anm. zum Urteil des OLG Nürnberg VersR 1989, 34; 1990, 113; *Schirmer/Clauß,* Grenzen der Rechtskrafterstreckung nach § 3 Nr. 8 PflVG bei Verjährung des Anspruchs gegen den Versicherer, FS Lorenz 2004, 775; *Schubert,* Notwendige Streitgenossenschaft von Versicherer und Versicherungsnehmer in einem Kfz-Haftpflichtprozess, JR 1975, 67; *Thelen,* Metamorphosen einer Gesamtschuld, VersR 2019, 1192; *Weber,* Direktanspruch ohne Verschuldensnachweis?, VersR 1985, 1004; *Zenzen,* Zur Bindungswirkung eines Versäumnisurteils im Deckungsprozess und zum Verjährungsbeginn von Schadensersatzansprüchen gegen Steuerberater in den Fällen des § 164 AO, VersR 2011, 718.

A. Inhalt und Zweck der Regelung

In den Fällen des § 115 Abs. 1 hat es der Dritte in der Hand, seinen (vermeintlichen) Anspruch **1** **gegen den Versicherer, gegen den Versicherungsnehmer (Versicherten) oder gegen alle Gesamtschuldner zugleich** geltend zu machen. Es steht ihm also frei, sich zuvörderst an denjenigen Schuldner zu halten, von dem er sich bessere Leistungsfähigkeit oder -willigkeit erhofft. Regelmäßig wird das der Pflichtversicherer sein. Taktische Gründe können den Geschädigten jedoch dazu veranlassen, zunächst den Schädiger in Anspruch zu nehmen, und sei es auch nur in der vermeintlichen Hoffnung, dass dieser sich gegen den Anspruch nicht in gleichem Maße verteidigen werde. Freilich wird das Handeln hinter dem Rücken des Versicherers dem Dritten wegen §§ 119, 120 selten zum Vorteil gereichen. In **Verkehrsunfallprozessen** wird häufig der Schädiger mitverklagt, um diesen als Zeugen auszuschalten. Angesichts der zwischenzeitlich zu Recht anerkannten Befugnis des Tatrichters, den aus Anlass der persönlichen Anhörung nach § 141 ZPO gewonnenen Parteierklärungen im Rahmen der freien Beweiswürdigung (§ 286 ZPO) den Vorzug vor den Bekundungen eines Zeugen zu geben,[1] erscheint auch dies heute regelmäßig als überholtes Denken. Praktisch bedeutsam bleiben diese Fälle gleichwohl, denn nicht jede lieb gewordene Unsitte lässt sich immer auch zeitnah austreiben.

Die dem Dritten eröffnete Möglichkeit, nach seiner Wahl gegen den Versicherer, den Schädiger **2** oder gegen beide vorzugehen, dient der **Verbesserung des Opferschutzes.** Der Geschädigte soll, dem Zweck der Pflichtversicherung entsprechend, zeitnah und angemessen entschädigt werden. Ungerechtfertigten Nutzen soll er aus dieser Rechtslage aber nicht ziehen; insbes. darf ihm der Umstand, dass er die Gesamtschuldner auch einzeln und damit möglicherweise nacheinander belangen kann, **keinen über die geschuldete Entschädigung hinausgehenden Vorteil** bringen.[2] Diesem Anliegen entspricht die durch § 124 Abs. 1 angeordnete Rechtskrafterstreckung des gegen einen Gesamtschuldner ergangenen klageabweisenden Urteils. Die Vorschrift ist Ausnahme zu § 325 Abs. 1 ZPO, der die subjektive Rechtskraft auf die am Prozess beteiligten Parteien und ihre Rechts-

---

[1] BGH NJW-RR 2018, 249; NJW 1999, 363 = VersR 1999, 994; BGHZ 122, 115 = NJW 1993, 1638 = VersR 1993, 855.

[2] BGH NJW 2013, 1163; VersR 2008, 485 = NJW-RR 2008, 803; VersR 1981, 1156 = NJW 1982, 999; VersR 1979, 841.

nachfolger beschränkt; zugleich weicht sie von dem in § 425 Abs. 2 BGB niedergelegten Grundsatz ab, wonach das rechtskräftige Urteil nur für und gegen den Gesamtschuldner wirkt, gegenüber dessen Person es ergangen ist.[3] Erweist sich hiernach das vermeintliche Recht des Geschädigten auch nur einem Gesamtschuldner gegenüber als nicht begründet, so soll damit zugleich auch die Inanspruchnahme der weiteren Gesamtschuldner ausgeschlossen sein.

3 Auch für den **Versicherungsnehmer** ist die durch §§ 115 ff. geschaffene Rechtslage durchaus von Belang. Dieser darf sich grds. darauf verlassen, dass der Versicherer ihn im Außenverhältnis von den geltend gemachten Ansprüchen des Geschädigten freistellen wird. Das folgt bei intaktem Versicherungsverhältnis schon aus der dann bestehenden Verpflichtung des Versicherers, den Schaden im Innenverhältnis allein zu tragen (§ 116 Abs. 1 S. 1). Aber auch der ganz oder zum Teil leistungsfreie Versicherer kann sich nach Maßgabe des § 117 Abs. 1, 2 nicht gegen seine Inanspruchnahme durch den Geschädigten wehren und ist, soweit er mehr leistet als nach dem Innenverhältnis geschuldet, auf den Rückgriff nach § 426 BGB, § 116 Abs. 1 S. 2 VVG angewiesen. Dann aber soll sich der Versicherungsnehmer jedenfalls im Normalfall nicht mit dem Einwand verteidigen dürfen, der Versicherer habe den Schaden zu Unrecht reguliert. Die vom Versicherer getroffene **Regulierungsentscheidung** ist für ihn **bindend**, es sei denn, er kann insoweit eine schuldhafte Pflichtverletzung des Versicherers nachweisen. Dementsprechend statuiert § 124 Abs. 2 für alle Fälle, in denen der Versicherer aufgrund des Direktanspruchs Leistungen an den Dritten erbracht hat, eine grundsätzliche Bindungswirkung der Regulierungsentscheidung des Pflichtversicherers für den anschließenden Rückgriff.

B. Anwendungsbereich

4 Die dargestellten Grundsätze, die der früheren Regelung für die Kfz-Pflichtversicherung (§ 3 Nr. 8, 10 PflVG aF) entnommen wurden, sind **nur dann anzuwenden,** wenn zugunsten des Dritten ein **Direktanspruch** besteht. Das stellt **§ 124 Abs. 3** ausdrücklich klar. Die Regelung ist nicht darauf beschränkt, dass der Versicherer dem Dritten aufgrund des Versicherungsvertrages haftet; sie gilt dementsprechend auch im „kranken" Versicherungsverhältnis und bei der Nachhaftung.[4] Außerhalb der Fälle des § 115 Abs. 1 besteht dagegen kein Gesamtschuldverhältnis zwischen dem Versicherer und dem Versicherungsnehmer oder dem Versicherten. Der Geschädigte kann sich hier zunächst nur an den Schädiger halten und ist ggf. darauf angewiesen, in dessen vermeintlichen Deckungsanspruch zu vollstrecken. Für die Anwendung der in § 124 Abs. 1, 2 vorgesehenen Sonderregelung besteht dann kein Bedürfnis.[5]

C. Rechtskrafterstreckung klageabweisender Urteile

I. Allgemeines

5 § 124 Abs. 1 **erweitert die subjektiven Wirkungen der Rechtskraft** (vgl. § 325 ZPO) bestimmter gegenüber dem Dritten ergangener Entscheidungen. Ist durch rechtskräftiges Urteil festgestellt worden, dass dem Dritten ein Anspruch auf Ersatz des Schadens nicht zusteht, wirkt das Urteil, wenn es zwischen dem Dritten und dem Versicherer ergangen ist, auch zugunsten des Versicherungsnehmers; entsprechendes gilt umgekehrt zugunsten des Versicherers, wenn das Urteil zwischen dem Dritten und dem Versicherungsnehmer ergeht. Die durch § 124 Abs. 1 angeordnete Rechtskrafterstreckung hat damit zur Folge, dass das in einem Prozessrechtsverhältnis rechtskräftig zu Lasten des Dritten festgestellte Ergebnis **auch auf das andere Prozessrechtsverhältnis** ausgeweitet wird, und zwar unabhängig davon, ob der Dritte die Gesamtschuldner zeitgleich oder nacheinander, gemeinsam oder in getrennten Verfahren in Anspruch nimmt.[6] Eine erneute Entscheidung über denselben Anspruch kann dann auch im Verhältnis zu dem anderen Gesamtschuldner nicht

---

[3] BGH VersR 1981, 1156 = NJW 1982, 999; OLG Brandenburg VersR 1999, 1352; OLG Karlsruhe VersR 1988, 1192; *Haarmann* VersR 1989, 683; *Denck* VersR 1980, 704.
[4] *Klimke* in Prölss/Martin VVG § 124 Rn. 1; *Beckmann* in Bruck/Möller VVG § 124 Rn. 8; *Jahnke* in Stiefel/Maier VVG § 124 Rn. 31.
[5] Gesetzesbegründung, BT-Drs. 16/6627, 7.
[6] BGH VersR 2008, 485 = NJW-RR 2008, 803; VersR 2005, 1087 = NJW 2005, 2309; VersR 2003, 1121 = NJW-RR 2003, 1327; VersR 1981, 1156 = NJW 1982, 999; VersR 1979, 841; OLG Saarbrücken NJW-RR 2010, 326.

anders ausfallen, selbst wenn die Tatsachen dort eine andere Entscheidung rechtfertigen.[7] Das Gesetz will so verhindern, dass der Geschädigte im Falle der rechtskräftigen Verneinung von Ansprüchen gegen einen Mitschuldner in einem zweiten Prozess noch einmal das Bestehen des Schadensersatzanspruches nachprüfen lässt.[8] Zugleich wird vermieden, dass der Versicherer weitergehende Leistungen erbringen muss, als tatsächlich geschuldet.

II. Voraussetzungen

Als **Ausnahmevorschrift** unterliegt § 124 Abs. 1 einer restriktiven Auslegung, die Erweiterungen in Bezug auf ihre Voraussetzungen grds. nicht zulässt.[9] **6**

1. Klageabweisendes Urteil. Dem eindeutigen Wortlaut der Norm entsprechend, erfasst die Rechtskrafterstreckung nur **klageabweisende Urteile**. Dazu zählen Urteile, die Leistungs- oder Feststellungsklagen des Dritten abweisen, wie auch die der negativen Feststellungsklage eines Gesamtschuldners stattgebende Entscheidung.[10] Dagegen vermag die zugunsten des Geschädigten gegenüber einem einzelnen Gesamtschuldner ergangene zusprechende Entscheidung für das andere Prozessrechtsverhältnis jedenfalls vordergründig keine Bindung zu entfalten; in dem anderen Verhältnis bleibt eine Klageabweisung weiterhin möglich.[11] Das gilt auch bei vorangegangener Verurteilung des Schädigers im Rahmen eines Adhäsionsverfahrens.[12] Freilich ist im nachfolgenden Deckungsprozess auch hier nach allgemeinen Grundsätzen die Bindungswirkung des Haftpflichturteils zu beachten.[13] Diese kann aber – ausnahmsweise – entfallen, wenn der Versicherer nachweist, dass der Dritte und der Versicherungsnehmer den Haftpflichtfall arglistig vorgetäuscht haben, um die Versicherungsleistung zu erlangen.[14]

a) Entscheidung in der Sache. Inhaltlich muss sich die Klageabweisung darauf gründen, **7** dass der **Haftpflichtanspruch nicht besteht**. § 124 Abs. 1 will eine erneute Überprüfung der Haftungsfrage ausschließen; eine Abweisung lediglich aus formellen Gründen, etwa wegen Unzuständigkeit des angerufenen Gerichts, bewirkt daher keine Rechtskrafterstreckung.[15] Eine Klagabweisung wegen **fehlender Aktivlegitimation** des vermeintlich Geschädigten beruht auf materiellrechtlichen Gründen;[16] freilich vermag sie den wahren Berechtigten oder den nachträglich dazu legitimierten Anspruchsteller nicht an der (erneuten) Inanspruchnahme des Versicherers zu hindern.[17] Ebenso genügt für eine Klagabweisung wegen **Verjährung**, auch wenn dies ist ein materieller Einwand, der den geltend gemachten Anspruch vernichtet.[18] Auf die inhaltliche Richtigkeit des klageabweisenden Urteils kommt es grds. nicht an, denn die Rechtskrafterstreckung will eine nochmalige Prüfung der Haftpflichtfrage gerade verhindern.[19] Anders liegt es aber, wenn die vorangegangene Entscheidung „eindeutig unrichtig" war und die Berufung des Versicherers auf die Rechtskraft des gegenüber dem Schädiger ergangenen klageabweisenden Urteils sich aus diesem Grunde als unzulässige Rechtsausübung darstellt.[20] Das folgt allerdings nicht unmittelbar aus § 124 VVG, sondern

---

[7] BGH VersR 2019, 701 = NJW 2019, 2397; VersR 2008, 485 = NJW-RR 2008, 803; VersR 1981, 1156 = NJW 1985, 999; BGHZ 71, 339 = VersR 1978, 862 = NJW 1978, 2154.
[8] BT-Drs. IV/2252, 18; BGH VersR 1985, 849 = NJW-RR 1986, 22; VersR 2008, 485 = NJW-RR 2008, 803; VersR 2021, 927 = NJW 2021, 2808.
[9] BGH VersR 2007, 371 = NJW-RR 2007, 467; VersR 1985, 849 = NJW-RR 1986, 22.
[10] Keilbar ZVersWiss 1970, 441 (443); Beckmann in Bruck/Möller VVG § 124 Rn. 21.
[11] BGH VersR 1971, 611 = NJW 1971, 940; VersR 1981, 1156 = NJW 1982, 999; OLG Düsseldorf VersR 1972, 1015; Keilbar ZVersWiss 1970, 441 (448); Hirschberg VersR 1973, 504; Hoegen VersR 1978, 1081.
[12] BGH NJW 2013, 1163; Schneider in Geigel Haftpflichtprozess § 13 Rn. 37.
[13] Schneider in Beckmann/Matusche-Beckmann VersR-HdB § 24 Rn. 181; Beckmann in Bruck/Möller VVG § 124 Rn. 22; zur Bindungswirkung allg. → Vor § 100 Rn. 101 ff.
[14] OLG Frankfurt a. M. NJW-RR 2014, 1376; Schneider in Beckmann/Matusche-Beckmann VersR-HdB § 24 Rn. 7.
[15] Klimke in Prölss/Martin VVG § 124 Rn. 6; Beckmann in Bruck/Möller VVG § 124 Rn. 18; Schneider in Geigel Haftpflichtprozess § 13 Rn. 83; OLG Düsseldorf VersR 2017, 1032; vgl. auch BGH VersR 2003, 1121 = NJW-RR 2003, 1327.
[16] BGH VersR 2021, 927 = NJW 2021, 2808; Beckmann in Bruck/Möller VVG § 124 Rn. 12; aA Steinborn in BeckOK VVG § 124 Rn. 9.
[17] Vgl. BGH VersR 1959, 900 (901); Klimke in Prölss/Martin § 124 Rn. 6; missverständlich Vorauf. § 124 Rn. 7.
[18] BGH VersR 2003, 1121 = NJW-RR 2003, 1327; OLG Hamm VersR 2003, 56; krit. Klimke in Prölss/Martin VVG § 124 Rn. 7; Knöfel in Schwintowski/Brömmelmeyer/Ebers VVG § 124 Rn. 13; Schirmer/Clauß FS Lorenz, 2004, 775 (794).
[19] BGH VersR 2008, 485 = NJW-RR 2008, 803.
[20] So für den Fall zu Unrecht angenommener Verjährung BGH VersR 1979, 841.

aus dem Grundsatz von Treu und Glauben (§ 242 BGB) und dem daraus abgeleiteten Verbot rechtsmissbräuchlichen Verhaltens, das hier freilich auf besonders schwerwiegende, eng begrenzte Ausnahmefälle beschränkt bleiben muss, weil sonst die Rechtskraft ausgehöhlt, die Rechtssicherheit beeinträchtigt und der Rechtsfrieden in Frage gestellt würde.[21]

8   **b) Nur Urteile.** Fehlt es bereits an einer gerichtlichen Entscheidung überhaupt, gelangt die Bestimmung nicht, auch nicht entsprechend, zur Anwendung. Gerichtliche oder außergerichtliche **Vergleiche** werden von ihr nicht erfasst; diese sind keine der Rechtskraft fähigen Entscheidungen.[22] Erst recht vermögen außergerichtliche **Erklärungen** eines Gesamtschuldners, die den Anspruch (nur) in dem einen Prozessrechtsverhältnis zu Fall bringen, keine Rechtskrafterstreckung zu begründen. Der Geschädigte ist deshalb nicht gehindert, den Versicherungsnehmer aus nicht verjährtem Recht in Anspruch zu nehmen, wenn sich der Versicherer zuvor ihm gegenüber außergerichtlich auf die bereits eingetretene Verjährung des Direktanspruches berufen hatte; § 124 Abs. 1 ist hier nicht, auch nicht entsprechend, anzuwenden.[23]

9   **2. Beteiligte Personen.** In **persönlicher Hinsicht** betrifft die Bindungswirkung ausschließlich das Verhältnis des Versicherungsnehmers zum Versicherer und umgekehrt sowie – über den Wortlaut des Gesetzes hinaus – das Verhältnis des Versicherten zum Versicherer und umgekehrt.[24] Sie hindert den Geschädigten deshalb nicht daran, nach rechtskräftiger Abweisung seiner Klage gegen den Versicherungsnehmer sodann die mitversicherte Person – und neben dieser auch den Versicherer – in Anspruch zu nehmen.[25] War im Vorprozess allerdings die Klage gegen den Versicherer abgewiesen worden, ohne dass dahin unterschieden worden wäre, ob dies ihm gegenüber als Versicherer des Versicherungsnehmers (Halters) oder einer mitversicherten Person (Fahrers) geschehen ist, so verbleibt es für den anschließenden Prozess gegen den Versicherungsnehmer oder gegen den Versicherten bei der durch § 124 Abs. 1 vermittelten Rechtskrafterstreckung.[26] Hier ist im Zweifel davon auszugehen, dass der Geschädigte gegenüber den in Anspruch genommenen Personen alle in Betracht kommenden Ansprüche geltend machen wollte.[27]

III. Rechtsfolgen

10   **1. Einheitliche Entscheidung.** Ist die Klage des Geschädigten im Verhältnis zum Versicherer oder zum Versicherungsnehmer (Versicherten) **rechtskräftig abgewiesen** worden, so kommt wegen § 124 Abs. 1 auch im Verhältnis zum anderen Gesamtschuldner nur noch eine Klageabweisung in Betracht.[28] Die Rechtskrafterstreckung erfasst alle Anspruchsgrundlagen, die für den in beiden Prozessen zur Entscheidung gestellten Sachverhalt rechtlich in Betracht kommen.[29] Sie greift in Ansehung des gegenüber dem Versicherer ergangenen klageabweisenden Urteils auch zugunsten des Versicherungsnehmers, der ein Geständnis (vgl. § 288 Abs. 1 ZPO) abgelegt und damit den Klageanspruch in der Sache anerkannt hat.[30] Andernfalls bestünde die Gefahr, dass der Versicherer über den Umweg des Deckungsanspruchs doch noch in Haftung genommen würde; das aber will § 124 Abs. 1 gerade vermeiden.

11   Will der Geschädigte das klageabweisende Urteil nicht hinnehmen, so darf er sich wegen der Rechtskrafterstreckung **nicht darauf beschränken,** Rechtsmittel **lediglich bzgl. des einen**

---

[21] Vgl. BGH VersR 1994, 450 = NJW 1993, 3204; VersR 1996, 1161 = NJW-RR 1996, 826; krit. *Knöfel* in Schwintowski/Brömmelmeyer/Ebers VVG § 124 Rn. 13 ff.
[22] BGH VersR 1985, 849 = NJW-RR 1986, 22; *Hoegen* VersR 1978, 1082; *Knöfel* in Schwintowski/Brömmelmeyer/Ebers VVG § 124 Rn. 7.
[23] BGH VersR 2007, 371 = NJW-RR 2007, 467.
[24] BGHZ 96, 18 = VersR 1986, 153 = NJW 1986, 1610; VersR 2021, 927 = NJW 2021, 2808; OLG Saarbrücken NJW-RR 2010, 326; OLGR 2007, 351 = BeckRS 2007, 01669; OLG Brandenburg VersR 2009, 1352; OLG Frankfurt a. M. OLGR 1999, 275.
[25] BGHZ 96, 18 = VersR 1986, 153 = NJW 1986, 1610; VersR 2021, 927 = NJW 2021, 2808; OLG Bremen VersR 1984, 1084; BT-Drs. IV/2252, 18; *Klimke* in Prölss/Martin VVG § 124 Rn. 11; *Lemcke* r+s 1993, 161; krit. *Langheid* in Langheid/Rixecker VVG § 124 Rn. 4.
[26] BGH VersR 2021, 927 = NJW 2021, 2808; OLG Celle DAR 2004, 88; OLG Saarbrücken NJW-RR 2010, 326.
[27] *Klimke* in Prölss/Martin VVG § 124 Rn. 12; *Knöfel* in Schwintowski/Brömmelmeyer/Ebers VVG § 124 Rn. 19; *Beckmann* in Bruck/Möller VVG § 124 Rn. 24.
[28] BGH VersR 2019, 701 = NJW 2019, 2397; VersR 2008, 485 = NJW-RR 2008, 803; VersR 1981, 1156 = NJW 1982, 999.
[29] OLG Frankfurt a. M. OLGR 1999, 275.
[30] BGHZ 71, 339 = VersR 1978, 862 = NJW 1978, 2154.

Gesamtschuldners einzulegen.[31] Andernfalls hat die dann gegenüber dem anderen Gesamtschuldner eintretende Rechtskraft des klageabweisenden Urteils nämlich zur Folge, dass die Klage schon aus diesem Grunde auch in der nächsten Instanz insgesamt abgewiesen werden muss.[32] Gleiches gilt für den Fall, dass die Klage durch **Teilurteil** gegen einen Gesamtschuldner abgewiesen worden ist; wird dieses rechtskräftig, steht damit das Ergebnis des Prozesses auch gegenüber dem weiteren Gesamtschuldner unverrückbar fest.[33] Kann die Klage gegen einen Gesamtschuldner rechtskräftig abgewiesen werden, weil gegen das Urteil ein Rechtsmittel nicht gegeben ist, darf wegen § 124 Abs. 1 gegen einen anderen, säumigen Gesamtschuldner kein Versäumnisurteil erlassen werden.[34] Vielmehr kann in all diesen Fällen in ein und demselben Urteil eine Klageabweisung gegen alle Gesamtschuldner erfolgen, da die Entscheidung sofort rechtskräftig wird und damit die Rechtskrafterstreckung unmittelbar nach sich zieht.[35]

2. Grenzen der Rechtskrafterstreckung. Ihre **Grenzen** findet die Rechtskrafterstreckung 12 freilich in dem **Streitgegenstand** der klageabweisenden Entscheidung. § 124 Abs. 1 will lediglich eine erneute Entscheidung über denselben Anspruch ausschließen. Das aber wird regelmäßig nur Entscheidungen über den Haftpflichtanspruch betreffen.[36] Jenseits dieses Lebenssachverhaltes bleiben unterschiedliche Entscheidungen also durchaus möglich. Wurde die Klage gegen den Versicherer allein deshalb abgewiesen, weil dieser aus Gründen, die in dem Versicherungsverhältnis liegen, nicht haftet, so schließt dieser Urteilsspruch eine anschließende Verurteilung des Versicherungsnehmers nicht aus. Dazu zählt es bspw., wenn die Klageabweisung darauf beruht, dass der Haftpflichtversicherer einen auch gegenüber dem Geschädigten wirkenden Risikoausschluss, etwa wegen vorsätzlicher Herbeiführung des Versicherungsfalles (§ 103), oder seine subsidiäre Haftung in einem „kranken" Versicherungsverhältnis geltend macht.[37] In gleicher Weise hindert die Rechtskraft der Abweisung der Direktklage das Gericht im Haftpflichtprozess grds. nicht, die Ersatzpflicht des Versicherungsnehmers aufgrund eines von ihm ohne Einwilligung des Versicherers abgegebenen deklaratorischen Schuldanerkenntnisses zu bejahen.[38] Die Abweisung des Direktanspruchs lässt auch das **Deckungsverhältnis** zwischen Versicherer und Versicherungsnehmer grds. unberührt. Deshalb kann der Versicherer, dessen Versicherungsnehmer zum Schadensersatz verurteilt ist, auch dann zur Gewährung von Deckung verpflichtet sein, wenn die Direktklage gegen ihn zuvor bereits rechtskräftig abgewiesen worden ist.[39] Zur Reichweite der Rechtskrafterstreckung des die Direktklage abweisenden Urteils bei Mehrheit versicherter Personen → Rn. 9.

IV. Prozessuales

1. Widersprechender Sachvortrag. Die dargestellte Rechtslage bereitet im Prozess bisweilen 13 Schwierigkeiten, wenn mehrere Gesamtschuldner zugleich verklagt werden und ohne Rechtskrafterstreckung in der Sache eigentlich unterschiedlich zu entscheiden wäre. Problematisch sind vor allem diejenigen Fälle, in denen der Versicherungsnehmer (Versicherte) den Anspruch anerkennt oder die den Anspruch rechtfertigenden Tatsachen **zugesteht,** während der Versicherer den Anspruch bestreitet. Dies ist möglich, da die miteinander verklagten Gesamtschuldner im Prozess nur einfache Streitgenossen sind.[40] Es ist ihnen deshalb grds. unbenommen, in der Sache unterschiedlich vorzutragen. Ist in dieser Konstellation die Klage gegen den Versicherer aus materiell-rechtlichen Gründen abzuweisen, so muss dies bei Rechtskraft auch zur Abweisung der Klage gegen den Versicherungsnehmer führen. Ist gegen das Urteil ein Rechtsmittel nicht gegeben, so kann wie gesehen auch

---

[31] Schneider in Geigel Haftpflichtprozess § 13 Rn. 84; Knöfel in Schwintowski/Brömmelmeyer/Ebers VVG § 124 Rn. 23; zur dahingehenden Auslegung einer missverständlichen Berufung BGH VersR 2023, 804.
[32] BGH VersR 2019, 701 = NJW 2019, 2397; VersR 2008, 485 = NJW-RR 2008, 803; VersR 1981, 1156 = NJW 1982, 999; VersR 1979, 841; OLG Hamm BeckRS 2015, 12661; OLG Schleswig VersR 2003, 588; OLG Saarbrücken OLGR 1998, 384; OLG Karlsruhe VersR 1988, 1192.
[33] OLG Brandenburg VersR 2009, 1352.
[34] OLG Köln VersR 1982, 860.
[35] BGHZ 71, 339 = VersR 1978, 862 = NJW 1978, 2154; OLG Saarbrücken NJW-RR 2010, 326; OLG Köln r+s 1996, 176; OLG Karlsruhe VersR 1991, 539.
[36] Klimke in Prölss/Martin VVG § 124 Rn. 8; Jahnke in Stiefel/Maier VVG § 124 Rn. 52 f.; Lennartz in juris PK-StVR § 124 Rn. 17.
[37] BGH VersR 1981, 1158 = NJW 1982, 996; BGHZ 63, 51 = NJW 1974, 2124; KG VersR 1989, 1188; OLG München NJOZ 2018, 491; Hoegen VersR 1978, 1081.
[38] BGH VersR 1981, 1158 = NJW 1982, 996.
[39] BGH VersR 1971, 611 = NJW 1971, 940; OLG Köln VersR 1991, 654.
[40] BGHZ 63, 51 = NJW 1974, 2124; BGHZ 61, 339 = VersR 1978, 862 = NJW 1978, 862; BGH VersR 1981, 1158 = NJW 1982, 999; VersR 2008, 485 = NJW-RR 2008, 803; OLG Saarbrücken NJW-RR 2010, 326; OLG Köln OLGR 1998, 384 = VRS 95, 335.

sofort einheitlich entschieden und die Klage gegen beide Gesamtschuldner abgewiesen werden. Ist dies nicht möglich, so kann es sich anbieten, die Klage gegen den Versicherer **durch Teilurteil abzuweisen** und den Rechtsstreit gegen den Versicherungsnehmer bis zu dessen Rechtskraft **auszusetzen**.[41] Die den Erlass eines Teilurteils untersagende Gefahr einander widersprechender Entscheidungen[42] besteht bei Klageabweisung gegen einen Gesamtschuldner nicht, denn im Falle der Rechtskraft des Teilurteils muss sodann auch im weiteren Prozessrechtsverhältnis zwangsläufig eine Klageabweisung erfolgen. Die Entscheidung über die **Aussetzung** kann allerdings frühestens mit dem Erlass des Teilurteils erfolgen; vorher ist eine Aussetzung nicht möglich, da bis zu diesem Zeitpunkt noch ein einheitliches Verfahren vorliegt.[43] Dagegen kommt der Erlass eines zusprechenden Teilurteils gegen den Versicherungsnehmer oder den Versicherer regelmäßig nicht in Betracht. Da die Rechtskrafterstreckung nur klageabweisende Urteile erfasst, bestünde in diesem Fall die Gefahr, dass dem zusprechenden Teilurteil durch ein späteres klageabweisendes Urteil der Boden entzogen wird.[44]

14 Relevant wird die vorstehende Problematik insbes. dann, wenn der Geschädigte sowohl den Versicherer als auch den Versicherungsnehmer (Versicherten) in Anspruch nimmt und sich der Versicherer auf die **Vortäuschung des Versicherungsfalles** beruft. Das betrifft in der Praxis vornehmlich manipulierte Verkehrsunfälle, wegen der beschränkten Ausweitung des Direktanspruchs auf alle Pflichtversicherungen erscheinen nunmehr aber auch andere Konstellationen denkbar. Da die Streitgenossenschaft der miteinander verklagten Gesamtschuldner keine notwendige ist, kann gegen den Versicherungsnehmer, der mit dem angeblich Geschädigten unter einer Decke steckt und sich deshalb gegen den Anspruch nicht verteidigt, auch ein Versäumnisurteil ergehen. Der Versicherer hat in diesem Fall aber die Möglichkeit und das Recht, dem Versicherungsnehmer (Versicherten) als **Streithelfer** (§§ 61, 69 ZPO) beizutreten. Sein Interesse am Beitritt folgt hier aus dem Umstand, dass ansonsten aufgrund eines (Versäumnis-)Urteils gegen den Versicherungsnehmer in dessen möglicherweise bestehenden Deckungsanspruch vollstreckt, der Versicherer also trotz Nichtbestehen eines Direktanspruchs letzten Endes gleichwohl in Haftung genommen werden könnte.[45] Obschon der Versicherer hier nicht nur für sich selbst, sondern zugleich auch als Streithelfer seines Versicherungsnehmers auftritt, darf er sowohl den behaupteten Unfall als auch den behaupteten Unfallhergang gem. § 138 Abs. 4 ZPO **mit Nichtwissen** bestreiten.[46] Unabhängig davon bleibt dem Gericht immer die Möglichkeit, das Geständnis des Versicherungsnehmers unter Berücksichtigung aller Umstände als unwahr anzusehen mit der Folge, dass es dann unbeachtlich und die Klage auch aus diesem Grunde abzuweisen ist.[47] Die Beweislast für die Unwahrheit des Geständnisses und das Vorliegen einer Manipulation liegt allerdings beim Versicherer.[48] Zum Anspruch des Versicherungsnehmers gegen den Pflichtversicherer auf Freistellung von den Kosten eines eigenen Rechtsanwaltes → Rn. 16.

15 Weitaus unkomplizierter gestaltet sich der Fall, in dem der Geschädigte die Gesamtschuldner **in getrennten Prozessen** in Anspruch nimmt. Werden Versicherungsnehmer und Versicherer sukzessive verklagt, ist jeder Rechtsstreit gesondert zu entscheiden; ein im ersten Prozess ergangenes klageabweisendes Urteil ist gem. § 124 Abs. 1 im zweiten Prozess zu beachten. Sind die Verfahren parallel anhängig und wird dies dem Gericht bekannt, so sollte auch hier der Weg über die Aussetzung gewählt werden; dabei ist wegen der begrenzten Wirkung der Rechtskrafterstreckung stets derjenige Prozess auszusetzen, der aller Voraussicht nach nicht durch klageabweisendes Urteil beendet werden kann. Eine Prozessverbindung, wie sie bisweilen vorgeschlagen wird,[49] ist bei Anhängigkeit beider Prozesse am selben Gericht zwar möglich, dürfte aus praktischen Gründen aber regelmäßig die schlechtere Wahl sein, da dadurch die oben geschilderten prozessualen Schwierigkeiten gerade erst geschaffen werden.

---

[41] OLG Celle VersR 1988, 1286; *Schneider* in Beckmann/Matusche-Beckmann VersR-HdB § 24 Rn. 183; *Reiff* VersR 1990, 117; *Schneider* in Geigel Haftpflichtprozess § 13 Rn. 84.
[42] Dazu zB BGH NJW 2007, 156; VersR 2004, 645 = NJW 2004, 1452.
[43] OLG Koblenz VersR 1992, 1536.
[44] OLG Saarbrücken OLGR 2007, 657; *Lemcke* r+s 1993, 164; VersR 1995, 990.
[45] BGH VersR 1993, 625 = NJW-RR 1993, 765; VersR 2012, 434 = NJW-RR 2012, 233; SP 2014, 206; OLG Frankfurt a. M. VersR 1996, 212; OLG Köln r+s 1992, 107; *Gottwald/Adolphsen* NZV 1995, 129; *Höher* VersR 1995, 1095; *Freyberger* VersR 1991, 842; anders aber für den Privathaftpflichtversicherer BGH VersR 2022, 396.
[46] BGH VersR 2012, 434 = NJW-RR 2012, 233; BGH Schaden-Praxis 2014, 206; VersR 2019, 1359 = NJW 2019, 3788.
[47] *Reiff* VersR 1990, 113; *Lemcke* r+s 1993, 164.
[48] BGHZ 71, 339 = VersR 1978, 862 = NJW 1978, 2154.
[49] *Klimke* in Prölss/Martin VVG § 124 Rn. 18; *Reiff* VersR 1990, 113.

2. Prozesskostenhilfe. Lässt sich der auf Zahlung verklagte Versicherungsnehmer (Versicherte) 16 im Prozess von einem eigenen Rechtsanwalt vertreten, kann er hierfür nicht stets Prozesskostenhilfe beanspruchen. Zwar kann die Beauftragung eines eigenen Prozessbevollmächtigten in Fällen, in denen sich der Versicherungsnehmer (Versicherte) dem Vorwurf der Unfallmanipulation ausgesetzt sieht, nicht ohne weiteres als mutwillig iSd § 114 Abs. 2 ZPO erachtet werden, und dies selbst dann, wenn der Versicherer ihm als Streithelfer beigetreten ist und dadurch eine nachteilige (Säumnis-)entscheidung zu seinen Lasten verhindert.[50] Denn die gewählte Art der Rechtsverteidigung, insbes. die Frage, ob der Antragsteller sich ggf. einer Parteivernehmung zu dem Vorwurf der Begehung einer Straftat stellen muss, ist hier nicht von so erheblicher Bedeutung, dass ihm eine auf seine Person zugeschnittene anwaltliche Beratung nicht vorenthalten werden darf.[51] Auch sind die Interessen des beklagten Versicherungsnehmers und des Haftpflichtversicherers nur vordergründig gleichgerichtet, selbst wenn sie beide der Klage entgegengetreten sind, denn für den Versicherungsnehmer ist es von besonderem Interesse, ob die Klage mit der Begründung abgelehnt wird, es liege ein von ihm manipulierter Unfall vor, oder ob der vom Kläger geltend gemachte Anspruch aus anderen Gründen nicht besteht. Deshalb kann nicht ohne weiteres davon ausgegangen werden, dass eine verständige Partei im wirtschaftlichen Interesse in Fällen wie diesen stets davon absehen würde, ungeachtet des über den Versicherer gem. § 66 ZPO bestehenden Rechtsschutzes kostenpflichtig einen weiteren Anwalt zu mandatieren.[52]

Allerdings erhält Prozesskostenhilfe nur, wer als Partei nach seinen **persönlichen und wirtschaftlichen Verhältnissen** die Kosten der Prozessführung nicht, nur zum Teil oder nur in Raten aufbringen kann. Der Antragsteller hat im Rahmen des Zumutbaren auch vorhandenes Vermögen einzusetzen (§ 115 Abs. 3 ZPO), wozu auch alsbald realisierbare Ansprüche der Partei gegen einen Dritten zählen können.[53] In den hier besprochenen Fällen hat der betroffene Versicherungsnehmer (Versicherte) jedoch nicht nur ein die Mutwilligkeit ausschließendes Interesse an der Vertretung durch einen eigenen Rechtsanwalt, sondern aus denselben Erwägungen regelmäßig auch einen Anspruch gegen seinen Pflichtversicherer, ihn im Rahmen der Rechtsschutzverpflichtung von den Kosten für die Vertretung durch einen eigenen Rechtsanwalt freizuhalten.[54] Soll ihm nämlich der im Versicherungsvertrag versprochene Rechtsschutz ungeschmälert zuteilwerden, so ist er darauf angewiesen, dass der Haftpflichtversicherer seine Rechtsverteidigung im Haftpflichtprozess in andere Hände legt und deshalb die Kosten eines eigens für den Versicherten beauftragten Rechtsanwalts übernimmt, denn nur dann kann gewährleistet werden, dass sowohl der Versicherer als auch der Versicherte ihre unterschiedlichen Standpunkte im Haftpflichtprozess gleichermaßen erfolgversprechend vertreten können.[55] Ein solcher, alsbald realisierbarer Anspruch gegen den Versicherer, der einzusetzendes Vermögen iSd § 115 Abs. 3 S. 1 ZPO begründet, geht der Bewilligung von Prozesskostenhilfe grds. vor.

D. Bindungswirkung bei Rückgriff des Versicherers

I. Allgemeines

§ 124 Abs. 2 ist Ausdruck der dem Versicherer nach dem Versicherungsvertrag zukommenden 17 **Regulierungsvollmacht,** die auch bei Leistungsfreiheit im Innenverhältnis als fortbestehend fingiert wird.[56] Die Vorschrift bestimmt, dass der Versicherungsnehmer an ein im Haftpflichtprozess ergangenes Urteil und an andere Entscheidungen des Versicherers im Rahmen der Schadensregulierung, insbes. an sein Anerkenntnis oder an einen mit dem Geschädigten abgeschlossenen Vergleich, gebunden ist. Der Versicherer, der nach Erfüllung der Ansprüche des Geschädigten den Schädiger in Regress nimmt, muss grds. nicht beweisen, dass die von ihm erbrachten Leistungen im geleisteten

---

[50] So die früher hM, s. etwa OLG Frankfurt a. M. VersR 2005, 1550; KG VersR 2008, 1558; OLG Hamm VersR 2009, 947; OLG Brandenburg VersR 2010, 274; aA OLG Köln VersR 1997, 597; OLG Düsseldorf Verkehrsrecht aktuell 2009, 165.
[51] BGH VersR 2010, 1472 = NJW 2010, 3522.
[52] BGH VersR 2010, 1472 = NJW 2010, 3522; VersR 2010, 1590 = NJW 2011, 377; *Armbrüster* r+s 2010, 441 (445).
[53] BGH NJW-RR 2008, 1531, zum Prozesskostenvorschussanspruch.
[54] BGH VersR 2010, 1590 = NJW 2011, 377; OLG Karlsruhe VersR 2011, 1201.
[55] BGH VersR 2010, 1590 = NJW 2011, 377; *Harsdorf-Gebhardt* ARGE Verkehrsrecht im DAV, 2010, 127 (148 ff.).
[56] BGHZ 24, 308 = VersR 1957, 458 = NJW 1957, 1230; BGH VersR 1967, 149; BGHZ 101, 276 = VersR 1987, 925 = NJW 1987, 2586; → § 117 Rn. 55.

Umfange geschuldet waren. Die ihm kraft Gesetzes zugebilligte **Bindungswirkung** entfällt nur ausnahmsweise, wenn der Versicherungsnehmer darlegen und beweisen kann, dass der Versicherer die Pflicht zur Abwehr unbegründeter Entschädigungsansprüche sowie zur Minderung oder zur sachgemäßen Feststellung des Schadens schuldhaft verletzt hat. In der Praxis wird dieser Nachweis jedoch selten zu führen sein angesichts der nur eingeschränkten Möglichkeit, die Ermessensentscheidung des Versicherers unter dem Gesichtspunkt der Zweckmäßigkeit zu überprüfen.

II. Anwendungsbereich

18 **Bedeutung** erlangt die durch § 124 Abs. 2 angeordnete Bindungswirkung in den Fällen, in denen der Versicherer gegen den Versicherungsnehmer (oder den Versicherten[57]) nach § 426 BGB, § 116 Abs. 1 S. 2 Rückgriff nimmt, weil er Leistungen an den Geschädigten erbracht hat, die er aufgrund des Versicherungsvertrages nicht hätte erbringen müssen.[58] Beim intakten Versicherungsverhältnis gelangt die Regelung dagegen nicht zur Anwendung. Hier ist der Versicherer ohnehin verpflichtet, im Verhältnis der Gesamtschuldner untereinander die Folgen des Schadensereignisses alleine zu tragen (§ 116 Abs. 1 S. 1), so dass ein Rückgriff insoweit ausscheidet. Auch der Versicherungsnehmer, der den Geschädigten in einem solchen Fall vorab befriedigt, kann sich auf die Bindungswirkung nicht berufen. Sein dahingehendes Verhalten führt nach dem Wegfall des Anerkenntnis- und Befriedigungsverbotes zwar nicht mehr ohne weiteres zur Leistungsfreiheit des Versicherers;[59] doch handelt er insoweit auf eigenes Risiko, denn er muss im Rückgriffprozess darlegen und ggf. beweisen, dass die von ihm an den Dritten erbrachten Zahlungen auch tatsächlich geschuldet waren.

19 Die Bindungswirkung betrifft **alle gerichtlichen und außergerichtlichen Entscheidungen**, die eine **Regulierung** durch den Versicherer zum Gegenstande haben. Sie gilt auch bei Leistung aufgrund einstweiliger Verfügung.[60] In gleicher Weise erfasst werden außergerichtliche Vergleiche[61] und schlichte Zahlungen, die der Versicherer zum Zwecke der Befriedigung des Geschädigten an diesen bewirkt.[62] Dass der Versicherer damit gewissermaßen über den Kopf seines Versicherungsnehmers hinweg den Dritten entschädigen kann, ist notwendige Konsequenz dieses gesetzlichen Konstrukts, tut der Wirksamkeit der Vorschrift aber keinen Abbruch.[63] Mit dem Abschluss des Versicherungsvertrages hat der Versicherungsnehmer dem Versicherer Regulierungsvollmacht und damit die Befugnis erteilt, den Versicherungsfall in seinem Namen zu bearbeiten. Dann aber ist es nur konsequent, wenn er sich auch kraft Gesetzes an den in seinem Namen getroffenen Entscheidungen grds. festhalten lassen muss. Die Verhältnismäßigkeit der Regelung wird dadurch gewahrt, dass der Versicherungsnehmer bei schuldhaften Pflichtverletzungen des Versicherers an dessen Regulierungsentscheidung nicht gebunden ist (→ Rn. 20 ff.).

III. Ausschluss der Bindungswirkung

20 Die Bindungswirkung des § 124 Abs. 2 **versagt,** wenn der Versicherer seine Pflicht zur Abwehr unbegründeter Entschädigungsansprüche und zur Minderung oder zur sachgemäßen Feststellung des Schadens schuldhaft verletzt **(Regulierungsfehler)**.[64] Das Gesetz lässt den in Regress genommenen Versicherungsnehmer oder Versicherten mithin nicht schutzlos gegenüber falschen Entscheidungen des Versicherers. Einen solchen Fehler darzulegen und zu beweisen obliegt freilich stets dem in Anspruch genommenen Rückgriffsschuldner.[65] Der Versicherer kann allerdings gehalten sein, im Rahmen seiner sekundären Darlegungslast zunächst aufzuzeigen, welche Regulierungsleistungen er iE auf begründete Ansprüche des Geschädigten erbracht hat. Überdies schuldet er nach § 666 BGB im Einzelfall Auskunft und Rechenschaft, da er mit Vornahme der Regulierung zugleich ein Geschäft des Versicherungsnehmers (Versicherten) besorgt.[66]

21 In der Praxis wird der **Nachweis** der schuldhaften Pflichtverletzung oftmals nur schwer zu führen sein. Denn es ist zu berücksichtigen, dass dem Versicherer kraft seiner Regulierungsbefugnis

---

[57] BGH VersR 2008, 343 = NJW-RR 2008, 344; OLG Düsseldorf VersR 1997, 1140.
[58] Zum Rückgriff des Versicherers s. → § 116.
[59] Einzelheiten in → § 105.
[60] *Klimke* in Prölss/Martin VVG § 124 Rn. 27, jedenfalls entsprechende Anwendung.
[61] OLG Karlsruhe VersR 1971, 509; LG Stuttgart VersR 1979, 1021.
[62] OLG Hamm VersR 1982, 765.
[63] *Schwartze* in Looschelders/Pohlmann VVG § 124 Rn. 12; *Knöfel* in Schwintowski/Brömmelmeyer/Ebers VVG § 124 Rn. 42; aA *Ebel* VersR 1980, 158, die Regelung sei verfassungswidrig.
[64] *Beckmann* in Bruck/Möller VVG § 124 Rn. 43 ff.
[65] BGH VersR 1981, 180; OLG Nürnberg VersR 1964, 397.
[66] BGH VersR 1981, 180; BGHZ 24, 308 = VersR 1957, 458 = NJW 1957, 1230; *Schneider* in Beckmann/Matusche-Beckmann VersR-HdB § 24 Rn. 180.

aus dem Versicherungsvertrag ein weiter Ermessensspielraum zuzubilligen ist.[67] Gerade soweit es um die Zweckmäßigkeit der konkreten Entscheidung des Versicherers geht, wird die gerichtliche Kontrolle häufig an ihre Grenzen stoßen. Erst wenn die Grenzen des Ermessens offensichtlich überschritten wurden, kann von einer Pflichtverletzung des Versicherers überhaupt nur gesprochen werden; diese wird dann aber regelmäßig auch schuldhaft sein. War der Versicherungsnehmer dem Versicherer im Direktprozess nach einer Streitverkündung als Streithelfer beigetreten, so steht überdies schon die sich daraus ergebende prozessuale Bindungswirkung der Annahme einer Pflichtverletzung des Versicherers bei der Regulierung des Geschädigten entgegen.[68]

In Anwendung dieser Grundsätze wird eine schuldhafte Pflichtverletzung des Versicherers idR erst dann vorliegen, wenn feststeht, dass dieser die ihm gegenüber geltend gemachten Ansprüche ohne nähere Sachprüfung gewissermaßen „auf gut Glück" erfüllt hat.[69] Dagegen scheidet die Annahme einer Pflichtverletzung aus, wenn sich die Regulierungsentscheidung des Versicherers, namentlich hinsichtlich der zugrunde gelegten Schadensquote, als zumindest vertretbar erweist.[70] Der Versicherungsnehmer muss sich dann an der Entscheidung des Versicherers festhalten lassen. Der Versicherer ist auch nicht gehalten, die Regulierung deshalb zu verweigern, weil der Versicherungsnehmer seine Schadensersatzpflicht von vornherein bestreitet.[71] Vielmehr zählt es zum Regulierungsermessen, dass er die von ihm als berechtigt anerkannten Ansprüche des Geschädigten zeitnah befriedigt.

---

[67] *Beckmann* in Bruck/Möller VVG § 124 Rn. 44; *Schneider* in Geigel Haftpflichtprozess § 13 Rn. 85.
[68] *Klimke* in Prölss/Martin VVG § 124 Rn. 26; *Langheid* in Langheid/Rixecker VVG § 124 Rn. 10.
[69] BGH VersR 1981, 180; LG Essen SP 2001, 173; zahlreiche Beispiele bei *Jahnke* in Stiefel/Maier VVG § 116 Rn. 69 ff.
[70] OLG Hamm NJW 2005, 3077; OLG Düsseldorf OLGR 1992, 103.
[71] AG Essen NJW-Spezial 2007, 259.

Kapitel 2. Rechtsschutzversicherung

§ 125 Leistung des Versicherers

Bei der Rechtsschutzversicherung ist der Versicherer verpflichtet, die für die Wahrnehmung der rechtlichen Interessen des Versicherungsnehmers oder des Versicherten erforderlichen Leistungen im vereinbarten Umfang zu erbringen.

Übersicht

	Rn.			Rn.
A.	Normzweck, Regelungsgehalt	1	2. Begriff der „rechtlichen Interessen"/Versicherungsfall als Anspruchsvoraussetzung	22
B.	Entstehungsgeschichte	5		
I.	Europäische Vorgaben	5	II. Vereinbarter Umfang	25
II.	Nationale Regelungen	7	1. Spezialität der versicherten Gefahr	25
C.	Einordnung und Bedeutung der Rechtsschutzversicherung	8	a) Leistungsarten (versicherbare Rechtsgebiete)	26
I.	Zugehörigkeit zur Schadenversicherung	8	b) Vertragsformen (versicherbare Eigenschaften/Rollen)	27
1.	Ersatz eines Vermögensschadens	8	2. Risikoausschlüsse	29
2.	Anwendbare Vorschriften und Rechtskontrolle	9	3. Kostentragung (Freistellung)	31
			4. Nebenpflichten, Sorgeleistungen	35
II.	Entwicklung und Bedeutung	13	a) Deckungszusage	35
1.	Zahlen, Daten, Fakten	13	b) Ungeschriebene Nebenpflichten	39
2.	Alternativen für die Kostenabwälzung	16	c) Sorgeleistungen	41
3.	Einfluss auf die Prozessfreudigkeit	19	E. Erforderlichkeit	42
D.	Leistungen des Versicherers	20	F. Versicherungsnehmer oder Versicherter	44
I.	Wahrnehmung rechtlicher Interessen	20	I. Versicherung für fremde Rechnung ..	44
1.	Keine Rechtsbesorgung durch den Versicherer	20	II. Abtretung an Dritte	46
			G. Abdingbarkeit, Produktoffenheit	47

Stichwort- und Fundstellenverzeichnis

Stichwort	Rn.	Rspr.	Lit.
Abtretung an Dritte	→ Rn. 46	OLG Köln VersR 2009, 825 = NJW-RR 2009, 1692; LG Düsseldorf r+s 1998, 422	*Schmitt* in Harbauer ARB 2010 § 1 Rn. 19; *Piontek* in Prölss/Martin ARB 2010 § 3 Rn. 19
Alternativen für die Kostenabwälzung	→ Rn. 16	BGH NJW 2020, 208 („Mietpreisbremse")	*Schmitt* in Harbauer Einl. Rn. 135 ff (Prozessfinanzierung); *Fries* NJW 2020, 193 („Legal-Tech-Anbieter")
Befreiungsanspruch (Erfüllung durch Abwehrdeckung)	→ Rn. 33	BGH NJW 2018, 1971; r+s 2015, 604; OLG Köln r+s 2015, 501	*Bauer* NJW 2015, 1329; *Wendt* r+s 2012, 209 (212)
Befreiungsanspruch (Fälligkeit)	→ Rn. 32	BGH VersR 1999, 706 = NJW-RR 1999, 1037	*Bauer* NJW 2015, 1329 (1331)
Befreiungsanspruch (Zahlung an wen)	→ Rn. 34	BGH r+s 2014, 454; VersR 1984, 530 (532)	*Krüger* in MüKoBGB § 257 Rn. 4
Deckungszusage (Rechtsnatur)	→ Rn. 35	BGH r+s 2014, 454	*Schneider* in Harbauer ARB 2010 § 17 Rn. 17; *Herdter* in Looschelders/Paffenholz ARB § 17 Rn. 85; *Spies* r+s 2019, 70 ff.
Deckungszusage (Reichweite)	→ Rn. 37	BGH BeckRS 2018, 17024; r+s 1990, 275 (276)	*Cornelius-Winkler* in Veith/Gräfe/Gebert PHdB-VersProz § 23 Rn. 114

Stichwort	Rn.	Rspr.	Lit.
Der „durchschnittliche" Versicherungsnehmer	→ Rn. 12	BGH VersR 2009, 1617 = NJW 2009, 3654; VersR 2003, 454 = NJW-RR 2003, 672; VersR 2001, 489 = r+s 2001, 260; VersR 1998, 887 = NJW 1998, 2449	*Wendt* MDR 2012, 821; krit. *Mathy* VersR 2009, 1194 (1199)
Erforderlichkeit der Wahrnehmung rechtlicher Interessen	→ Rn. 42	OLG Saarbrücken VersR 2011, 108	*Schmitt* in Harbauer ARB 2010 § 1 Rn. 13
Mediation („Zwangs"-Mediation)	→ Rn. 10, 41	BGH r+s 2016, 235; OLG Frankfurt a. M. r+s 2015, 351 mAnm *Maier*	*Röthemeyer* ZKM 2014, 203 = Anm. zu LG Frankfurt a. M. NJW 2014, 2204 (Vorinstanz von OLG Frankfurt a. M. r+s 2015, 351)
Rechtliche/ wirtschaftliche Interessen (hier: Vollstreckungsvergleich)	→ Rn. 22	BGH VersR 1991, 919 = NJW 1991, 2644	*Schmitt* in Harbauer ARB 2010 § 1 Rn. 9ff. mwN; *Piontek* in Prölss/ Martin ARB 2010 § 1 Rn. 23, 24
Rechtsbesorgung durch den Versicherer	→ Rn. 20	BGH VersR 1961, 433 = NJW 1961, 1113	*Schmitt* in Harbauer ARB 2010 Einl. Rn. 47 ff.; *Weckmann*, Rechtsschutzversicherer als Dienstleister, 2018, S. 189, 361
Schadenminderungsobliegenheit (Klausel-Intransparenz)	→ Rn. 11, 43	BGH NJW 2019, 3582 mAnm *Grams*	*Schons* AnwBl 2019, 685
Versicherungsfall (Rechtsschutzfall)	→ Rn. 23	BGH r+s 2019, 461 mAnm *Lensing* = NJW 2019, 2852 mAnm *Cornelius-Winkler*; BGH r+s 2021, § 25 mAnm *Maier*	*Bruns* in Bruck/Möller VVG § 125 Rn. 10; *Burmann* r+s 2022, 1; *Burmann*, Die Auslegung und Entwicklung des Begriffs des Rechtsschutzfalles und die Auswirkungen auf die versicherungsrechtliche Praxis, 2019

Schrifttum: *Burmann*, Die Auslegung und Entwicklung des Begriffs des Rechtsschutzfalles und die Auswirkungen auf die versicherungsrechtliche Praxis, 2019; *Buschbell/Hering*, Handbuch Rechtsschutzversicherung, 6. Aufl. 2015; *Eberhardt*, Rechtsschutzversicherung im Wandel, VersR 2013, 802; *Harbauer*, Rechtsschutzversicherung, 9. Aufl. 2018; *Heinsen*, Rechtsschutzversicherer und Anwälte in einem Boot, VW 2013, 18; *Hellberg/D.H. Wendt*, Die Mediation in der Versicherungspraxis, VW 2009, 1336; *Henssler*, Rechtsschutzversicherungen und Rechtsverfolgungskosten, ZVersWiss 1999, 3; *Looschelders/Paffenholz*, Allgemeine Bedingungen für die Rechtsschutzversicherung, 2. Aufl. 2019; *Obarowski*, Rechtsschutzversicherung: Hinweise für die anwaltliche Praxis – unter besonderer Berücksichtigung des Arbeitsrechts, VersR 2006, 1178; *Plote*, Rechtsschutzversicherung, 2. Aufl. 2010; *Schons*, Rechtsschutzversicherer – Partner, Kontrolleur oder des Anwalts Konkurrent?, AnwBl 2010, 861; *Spies*, Deckungszusage des Rechtsschutzversicherers, Bindungswirkung und Kondiktion, r+s 2019, 70; *van Bühren/ Plote*, Allgemeine Bedingungen für die Rechtsschutzversicherung: ARB, 3. Aufl. 2013; *Weckmann*, Rechtsschutzversicherer als Dienstleister, 2018; *D. H. Wendt*, Leistungspflichten des Rechtsschutzversicherers nach § 125 VVG, VersR 2014, 420; *R. Wendt*, Der Rechtsschutzversicherer und sein „durchschnittlicher Versicherungsnehmer", MDR 2012, 821.

A. Normzweck, Regelungsgehalt

Die Vorschrift ist mit dem VVG 2008 neu eingeführt worden. Sie soll den mit einer Rechtsschutzversicherung verfolgten wirtschaftlichen Zweck beschreiben und damit dem mehrdeutigen Begriff „Rechtsschutz" Konturen geben. 1

Manchen mag die Vorschrift angesichts der begrenzten Aussage als überflüssig erscheinen. Gleichwohl macht sie Sinn, allein schon deshalb, weil die nachfolgenden §§ 126–129 nur rudimentär materielle Themen der Rechtsschutzversicherung regeln und dann vorab zumindest der Gegenstand dieser Versicherungssparte beschrieben werden sollte, welcher nicht selbstverständlich ist. 2

Die Gründe der Zurückhaltung des Gesetzgebers bei der Formulierung des § 125 werden in der amtlichen Begründung verdeutlicht: „Um die künftige Produktentwicklung nicht zu hemmen, 3 enthält die Vorschrift keine gesetzliche Definition der Rechtsschutzversicherung. Auch wird aus diesem Grund darauf verzichtet, den Versicherungsfall bei der Rechtsschutzversicherung gesetzlich zu regeln. Neue Versicherungs- und Leistungsformen bleiben möglich."[1]

4   Entsprechend der gesetzlichen Zielrichtung (Schaffung eines Leitbilds) beschränkt sich § 125 auf die Beschreibung der zentralen Hauptleistungspflicht des Versicherers. Nicht beantwortet wird die Frage etwaiger Nebenpflichten. Ferner trifft die Regelung keine Aussage über Rechtspflichten und Obliegenheiten des Versicherungsnehmers. Hierfür bestand auch kein Bedarf, da insoweit in der Rechtsschutzversicherung keine versicherungszweigspezifischen Besonderheiten bestehen.

B. Entstehungsgeschichte

I. Europäische Vorgaben

5   Die Entstehungsgeschichte des § 125 ist keine rein nationale.[2] Erste Ansätze für Rahmenbedingungen zur Rechtsschutzversicherung finden sich bereits in der **Ersten Koordinierungsrichtlinie für die Schadenversicherung v. 24.7.1973**,[3] welche allerdings noch keine vollständige Harmonisierung der Rechtsschutzversicherungsverträge der Mitgliedsstaaten bezweckte. Die Richtlinie hinterließ das Problem, dass Deutschland als einziges Mitgliedsland den Versicherungsunternehmen untersagte, die Rechtsschutzversicherung zusammen mit anderen Versicherungszweigen zu betreiben (Spartentrennung). Diesem Phänomen setzte die **1987 in Kraft getretene Zweite Koordinierungsrichtlinie für die Rechtsschutzversicherung**[4] ein Ende. Zur Erleichterung der Niederlassungsfreiheit sollte es zukünftig möglich sein, auch auf anderem Wege der Gefahr von Interessenkollisionen beim Betrieb der Rechtsschutzversicherung zusammen mit anderen Sparten zu begegnen. Hierfür wurden drei gleichwertige Lösungswege vorgegeben (vgl. Art. 1, 3, 8). Ein weiterer wichtiger Bestandteil der Richtlinie aus 1987 ist das Recht des Versicherungsnehmers auf freie Anwaltswahl, welches allerdings auf Gerichts- und Verwaltungsverfahren reduziert wurde (Art. 4 und 5). Welche Leistungen aus Sicht des europäischen Gesetzgebers die Rechtsschutzversicherung charakterisieren, beschreibt Art. 2 der Richtlinie. Die Rede ist dort von der Verpflichtung, die Kosten des Gerichtsverfahrens zu übernehmen und „andere sich aus dem Versicherungsvertrag ergebende Leistungen zu erbringen". Damit ist der Rahmen möglicher Produktgestaltungen sehr weit gespannt.

6   Diese Vorgabe des Art. 2 der Rechtsschutzversicherungs-RiL geht nunmehr in **Art. 198 Abs. 1 der Richtlinie 2009/138/EG (Solvabilität II)**[5] aus 2009 auf, welche nach deren Art. 310 die Richtlinie aus 1987 **mit Wirkung vom 1.1.2016** aufgehoben hat. Unter der Überschrift „Geltungsbereich" umschreibt Art. 198 Abs. 1 Richtlinie 2009/138/EG die Rechtsschutzversicherung wie folgt:

„*Dieser Abschnitt gilt für die in Zweig 17 genannte Rechtsschutzversicherung, bei der ein Versicherungsunternehmen zusagt, gegen Zahlung einer Prämie die Kosten des Gerichtsverfahrens zu übernehmen und andere sich aus dem Versicherungsvertrag ergebende Leistungen zu erbringen, insbesondere um ...*".

Inhaltlich sind die Regelungen in der alten und der neuen Richtlinie damit praktisch gleich, am Willen des Gesetzgebers hat sich also nichts geändert. Die Ausgestaltung im Einzelnen bleibt den Parteien des Rechtsschutzvertrages vorbehalten.

II. Nationale Regelungen

7   Die Rechtsschutzversicherung ist im VVG v. 30.5.1908 nicht ausdrücklich geregelt. Dies beruht darauf, dass die selbständige Rechtsschutzversicherung seinerzeit noch so gut wie unbekannt war. Die moderne Rechtsschutzversicherung nahm erst in den zwanziger Jahren des vorherigen Jahrhunderts ihren Anfang und erlangte erst nach dem zweiten Weltkrieg ihre eigentliche wirtschaftliche Bedeutung.[6] Auch bei späteren Novellierungen des Gesetzes wurde zunächst kein Bedürfnis für spezielle Regelungen auf dem Gebiet der Rechtsschutzversicherung gesehen. Erst die Umsetzung der EWG-Rechtsschutzversicherungs-Richtlinie v. 22.6.1987[7] führte dazu, dass mWv 1.7.1990 nach

---

[1] Begr. RegE BT-Drs. 16/3945, 91.
[2] *Wendt* VersR 2014, 420 (421).
[3] RL 73/239/EWG, ABl. 1973 L 228.
[4] RL 87/344/EWG, ABl. 1987 L 185 = VerBAV 1987, 442 ff.; *Henssler* ZVersWiss 1999, 3; *Müller* VW 1988, 1354.
[5] RL 2009/138/EG v. 25.11.2009, ABl. 2007 L 335, S. 1.
[6] Die historische Entwicklung erläutert ausführlich *Weckmann*, Rechtsschutzversicherer als Dienstleister, 2018, S. 126 ff.; zu aktuellen ARB-Tarifgenerationen vgl. *Lensing* AnwBl 2022, 227.
[7] RL 87/344/EWG v. 22.6.1987, ABl. 1987 L 185 = VerBAV 1987, 442.

§ 158k VVG aF ein „7. Titel Rechtsschutzversicherung" mit den §§ 158l–o VVG aF in das Gesetz aufgenommen wurde. Die Stellung dieser Regelung verdeutlichte, dass die Rechtsschutzversicherung eine echte Schadenversicherung ist.[8] Zur Erhaltung gesetzlicher Mindeststandards für die Sparte Rechtsschutzversicherung hat das VVG die Sonderregelungen in den §§ 125–129 inhaltlich unverändert bestehen lassen und lediglich um einen § 125 ergänzt, welcher das Wesen der Rechtsschutzversicherung beschreibt. Die §§ 126–129 beschränken sich auf die Festlegung weniger – aber wichtiger – Grundsätze, von denen nicht zum Nachteil des Versicherungsnehmers abgewichen werden kann (§ 129).

C. Einordnung und Bedeutung der Rechtsschutzversicherung

I. Zugehörigkeit zur Schadenversicherung

1. Ersatz eines Vermögensschadens. Wenn im Gesetz von „Leistungen" des Versicherers die Rede ist, handelt es sich in erster Linie um die Übernahme notwendiger Kosten einer rechtlichen Interessenwahrnehmung. Der Versicherungsnehmer erleidet durch die Belastung mit diesen Kosten einen konkreten Vermögensnachteil. Die Freistellung des Versicherungsnehmers von diesen Kosten im Umfang der vereinbarten AVB kennzeichnet die Rechtsschutzversicherung als echte **Schadenversicherung**.[9] Durch die Einführung der §§ 158l–158o VVG aF unter dem Abschnitt „Schadenversicherung" wurde dies unterstrichen. Auch im neuen VVG wird die Rechtsschutzversicherung im Katalog des Teils 2 bei den Schadenversicherungen abgehandelt. 8

2. Anwendbare Vorschriften und Rechtskontrolle. Neben den für alle Versicherungszweige geltenden Regelungen (§§ 1–73) kommen die allgemeinen Vorschriften für die gesamte Schadenversicherung der §§ 74–87 zur Anwendung, soweit nicht eine Sachwertbeziehung vorausgesetzt wird, wie zB bei dem Abtretungsverbot in § 17, das sich auf Versicherungen für unpfändbare Sachen bezieht. Diese Einschränkung ergibt sich daraus, dass die Rechtsschutzversicherung das Vermögen als Ganzes und nicht nur einzelne Teile davon schützt.[10] Bedeutsam für die Rechtsschutzversicherung ist im Rahmen dieser allgemeinen Vorschriften insbs. das Recht der Obliegenheiten und der Schadenminderungspflicht mit der Aufhebung des „Alles-oder-nichts-Prinzips". Soweit die AVB der Versicherer – insbs. die Bedingungswerke der ARB – aus Altverträgen dem neuen VVG widersprachen, sind diese zum 1.1.2009 unwirksam geworden. An deren Stelle trat das Gesetz (§ 306 Abs. 2 BGB),[11] sofern nicht der Versicherer von der Möglichkeit Gebrauch machte, seine AVB an das neue Recht anzupassen (Art. 1 Abs. 3 EGVVG). Die vom GDV im April/Juli 2007 empfohlenen ARB 2008 berücksichtigen bereits die Gesetzesänderungen. Eine weitere Aktualisierung der Musterbedingungen erfolgte im Juni 2009 durch Anfügung einer Mediationsklausel, gefolgt durch eine Überarbeitung im Juli 2010 mit Bekanntgabe der unverbindlichen Musterbedingungen ARB 2010. Hauptzielrichtung war dabei eine Neufassung des § 17 ARB im Hinblick auf die im Jahre 2009 durch den BGH ausgelöste Transparenzdiskussion. Gleichzeitig ist die bisherige Regelung des § 18 ARB (Erfolgsaussichten/Mutwilligkeit) in einen neuen § 3a ARB verlagert und leicht modifiziert worden. Eine weitere Aktualisierung der ARB 2010 erfolgte im September 2010 (ARB 2010, Stand: September 2010) zur Anpassung an die unterjährige Zahlungsweise. 9

Um die Transparenz der für juristische Laien ohnehin schwer verständlichen Rechtsschutzbedingungen weiter zu stärken, nahm der GDV in 2011 ein Projekt zur kompletten sprachlichen Überarbeitung der ARB in Angriff. In enger Zusammenarbeit mit einem Sprachwissenschaftler erfolgte eine gelungene sprachliche Optimierung des Bedingungstextes, begleitet durch massive strukturelle Änderungen sowie visuelle Vereinfachungen, und es gab auch vereinzelte inhaltliche Änderungen. Die unverbindlichen **Muster-ARB 2012** wurden den Mitgliedsunternehmen im Oktober 2012 bekannt gegeben,[12] ergänzt durch ausführliche Informationen über die Grundsätze der Überarbeitung. Der noch fehlende Fahrer-Rechtsschutz und die Gesamtkombination Privat/Firmen (bisheriger § 28 ARB 2010) wurden im Juni 2013 nachgeliefert. Gleichzeitig erfolgte eine Aktualisierung des kompletten Bedingungswerks, was sich allerdings auf einige Präzisierungen und redaktionelle Änderungen sowie die Anpassung an die SEPA-Begrifflichkeiten beschränkte. Eine weitere Änderung des Textes erfolgte im November 2014 durch Anpassung von Ziff. 2.3.1.1 ARB 2012. Hinter- 10

---

[8] So früher schon BGH VersR 1967, 774.
[9] BGH NJW 2019, 3582; *Piontek* in Prölss/Martin VVG Vor § 125 Rn. 2; *Wendt* r+s 2006, 1 (2).
[10] *Wendt* r+s 2006, 1 (2).
[11] *Vogel* in Looschelders/Pohlmann VVG § 125 Rn. 5.
[12] Vgl. die Erläuterungen von *Maier* r+s 2013, 105; und *Hering* ZfS 2013, 4.

grund hierfür war zum einen die aufgetretene Diskussion zur Auswahl des Mediators[13] zum anderen aber auch der Wunsch nach Verbesserung der Verständlichkeit. Auch in der Folgezeit erfolgten punktuelle Anpassungen, die entweder durch neue rechtliche Bewertungen oder aufgrund aktueller Rechtsprechung veranlasst waren:
- Neufassung der Sachverständigenklausel in Ziff. 2.3.1.3 (vier Alternativen).
- Ergänzung der Klausel zum Versichererwechsel in Ziff. 6.2.6 (Reaktion auf verschiedene Versicherungsfalldefinitionen im Markt).
- Ergänzung um eine Fußnote zum Kaitalanlagenausschluss in Ziff. 3.2.8 (Möglichkeit einer Öffnung der Deckung).
- Anpassung der Versicherungsfallregelung durch Ergänzung um eine Jahresklausel als Option in Ziff. 2.4.5.

11 Nachdem in 2019 – insbesondere durch aktuelle BGH-Urteile – weiterer Anpassungsbedarf entstand, entschloss sich der GDV zu einer Überarbeitung, die aufgrund der Marktentwicklung um optionale Cyber-Bausteine ergänzt wurde und in der im Januar 2020 bekannt gemachten Fassung die Bezeichnung **„Muster-ARB 2019"** (Stand Oktober 2019) erhielt. Redaktionell betroffen sind hiervon insbesondere folgende Passagen:
- Ziff. 3.1.2 und 6.2.6: Neufassung der Vorerstreckungsklausel infolge der BGH-Entscheidung vom 4.7.2018, IV ZR 200/16.[14] Benennung von Fallgruppen, welche unternehmensindividuell ergänzt werden können.
- Ziff. 3.2.21: Anpassung der Klausel zum Vorsatzausschluss aufgrund der neueren BGH-Rechtsprechung zum Versicherungsfall. Rückgriff auf eine frühere Formulierung, die an eine vorsätzlich begangene Straftat des Versicherten anknüpft.
- Ziff. 3.4.2 bzw. 3.4.3: Verzicht auf die Monatsfristen bei der Erfolgsaussichtenablehnung. Reaktion auf in Teilen der Literatur und Rechtsprechung geäußerte Kritik.
- Ziff. 4.1.1.4 und 4.1.6: Reaktion auf die BGH-Entscheidung vom 14.8.2019, IV ZR 279/17 zur Schadenminderungsobliegenheit;[15] ersatzlose Streichung der Zurechnungsklausel.

Die letzte Anpassung der Muster-ARB erfolgte mit den **ARB 2021** (Stand: April 2021), veranlasst durch eine Gesetzesänderung. Als Reaktion auf die Einführung einer neuen Nr. 9 in § 308 BGB mit dem Gesetz für faire Verbraucherverträge[16] wird die Ziff. 4.1.7 ARB ergänzt und das Zustimmungserfordernis bei abtretbaren Zahlungsansprüchen des Versicherungsnehmers aufgegeben.

Noch folgen die gängigen Kommentierungen der ARB der neuen Struktur in den ARB 2012/2019 nicht. Das liegt daran, dass im Markt nach wie vor die „Paragrafenlösung (§§ 1–29 ARB)" vorherrscht. Ändern wird sich dies erst dann, wenn die Versicherungsunternehmen zunehmend auf die numerische Darstellung umgeschwenkt haben und dabei auch die Fokussierung auf den versicherten Lebensbereich mithilfe der Buchstaben-Struktur umsetzen.

12 Mit den ARB wird der Inhalt des Versicherungsvertrages ausgestaltet und festgelegt. Die Pflicht zu deren Genehmigung durch das damalige BAV ist aufgrund der dritten EG-Richtlinie Schadensversicherung v. 18.6.1992 ab 1.7.1994 entfallen. Geblieben ist aber die Missstandsaufsicht durch das Bundesamt für Finanzdienstleistungsaufsicht (BaFin) und die ARB unterliegen der richterlichen Kontrolle nach den §§ 305–310 BGB. Diese Kontrolle durch die Gerichte hat nach dem Wegfall der „Ex-ante-Kontrolle" an Bedeutung gewonnen. Bei der Auslegung der ARB, im besonderen Maße bei den Risikoausschüssen, sind die Auslegungsregeln des BGH zu beachten:[17]

Danach ist vorrangig maßgebend, wie ein durchschnittlicher Versicherungsnehmer bei aufmerksamer Durchsicht und verständiger Würdigung die jeweils gewählte (Wort-)Fassung von AVB unter Berücksichtigung des dabei erkennbar werdenden Sinnzusammenhangs verstehen muss.[18]
- Risikoausschlussklauseln sind grds. eng und nicht weiter auszulegen, als es ihr Sinn unter Beachtung ihres wirtschaftlichen Zwecks und der gewählten Ausdrucksweise erfordert. Denn der durchschnittliche Versicherungsnehmer braucht nicht damit zu rechnen, dass er Lücken im Versicherungsschutz hat, ohne dass die Klausel ihm dies hinreichend verdeutlicht.

---

[13] Nach Auffassung des OLG Frankfurt a. M. r+s 2015, 351 (Vorinstanz: LG Frankfurt a. M. NJW 2014, 2204 = ZKM 2014, 203) ergibt sich aus § 2 MediationsG nicht, dass jedem Mediationswilligen ein Anspruch auf den Mediator seiner Wahl zusteht; BGH r+s 2016, 235, kein Verstoß gegen das Freiwilligkeitsprinzip.
[14] BGH NJW 2018, 2710 = VersR 2018, 992.
[15] BGH NJW 2019, 3582 (zu § 17 I c, bb ARB 2010) mAnm *Grams*; krit. *Schons* AnwBl 2019, 685 (686).
[16] BGBl. 2021 I 3433.
[17] StRspr des IV. Zivilsenats, BGH VersR 2009, 1617; 2003, 454; 2001, 489; 1989, 908 (909); NJW 1998, 2449 = VersR 1998, 887.
[18] Zur Verständnismethode des „durchschnittlichen Versicherungsnehmers" vgl. die ausführlichen Betrachtungen von *Wendt* MDR 2010, 786; 2012, 821; krit. *Mathy* VersR 2009, 1194 (1199).

– Der durchschnittliche Versicherungsnehmer wird zunächst vom Wortlaut der Bedingung ausgehen, wobei für ihn ein Sprachgebrauch des täglichen Lebens, nicht etwa eine Terminologie, wie sie in bestimmten Fachkreisen üblich ist, maßgebend ist. Verbindet allerdings die Rechtssprache mit dem verwendeten Ausdruck einen fest umrissenen Begriff, ist anzunehmen, dass darunter auch die Versicherungsbedingungen nichts anderes verstehen wollen.[19] Der Versicherungsnehmer muss sich also ggf. von seinem Anwalt erklären lassen, was ein ihm nicht geläufiger Fachausdruck in den ARB bedeutet.[20]

Ausgehend von diesen Grundsätzen hat der BGH inzwischen in vielfältiger Weise die Auslegung der ARB beeinflusst und Reaktionen der Versicherer in Form veränderter oder neuer Klauseln herbeigeführt. Seinen strengen Maßstäben treu bleibend spürt der BGH immer wieder auch „alte Blindgänger" auf, die es – aus seiner Sicht – zu entschärfen gilt.

II. Entwicklung und Bedeutung

1. Zahlen, Daten, Fakten. Von der Zeit der Gründerväter (1928: DAS; 1935: DARAG/ARAG) bis heute hat der Zweig der Rechtsschutzversicherung eine Entwicklung genommen, die im Bereich der Schadensversicherung ihresgleichen sucht; sie hat dabei mehrere Sachversicherungszweige hinter sich gelassen. Einige Kennzahlen für das Geschäftsjahr 2021[21] mögen die derzeitige Situation der Rechtsschutzversicherung beschreiben:

Anzahl der Unternehmen	ca. 50 (1970 waren es erst 15)
Brutto-Beitragseinnahmen	4,6 Mrd. EUR
Verträge	23,4 Mio.
Schadenfälle	4,6 Mio.
Schadenaufwand	3,3 Mrd. EUR
Marktausschöpfung	ca. 50 % der Haushalte

Insgesamt ist eine relativ hohe Versicherungsdichte in der Rechtsschutzversicherung zu beobachten. Dies, obwohl die Notwendigkeit der Rechtsschutzversicherung von Verbraucherverbänden immer wieder in Frage gestellt wird. Gerne spricht man zuweilen von einer „nice to have-Versicherung". Die durch das Zweite Kostenrechtsmodernisierungsgesetz (KostRMoG) v. 23.7.2013 sowie das Kostenrechtsänderungsgesetz (KostRÄG) v. 21.12.2020 linear deutlich gestiegenen Anwalts- und Gerichtskosten haben aber den Verbrauchern und Unternehmern wieder in stärkerem Maße bewusst gemacht, wie hoch der Wert einer ausreichenden Risikoabsicherung für Rechtsprobleme einzuschätzen ist. Auch der Ausbruch der **Covid-19-Pandemie** im Frühjahr 2020 mit seinen gesellschaftlichen und wirtschaftlichen Folgen zeigte auf, wie ein Rechtsstaat auf die Probe gestellt werden kann und die **Gefahr** entsteht, **dass Menschen auf ihr Recht verzichten.** Drastische staatliche Maßnahmen zur Eindämmung der Pandemie hatten zuweilen rechtliche Auswirkungen für nahezu jedermann und lösten eine Flut von rechtlicher Hilfesuche aus. Diesen Bedarf kann letztlich nur eine Rechtsschutzversicherung decken, weshalb auch angesichts dieser Erfahrung an einem anhaltenden Wachstum der Sparte Rechtsschutzversicherung kein Zweifel bestehen kann.

Die Frage ist nur, welche Versicherungsunternehmen sich im zunehmenden Verdrängungswettbewerb mit ihren unterschiedlichen Produktkonzepten behaupten werden. Eine kompromisslose Kundenorientierung, eine stark zunehmende Internationalisierung und zugleich hohe Rendite- und Kapitalanforderungen kennzeichnen den derzeit stattfindenden Strukturwandel.[22] Auch die zunehmende **Digitalisierung** und **Kommerzialisierung der Rechtsverfolgung** durch Legal-Tech-Anbieter sowie der Ausbau des kollektiven Rechtsschutzes werden erheblichen Einfluss auf die weitere Entwicklung nehmen und die Versicherer zu einer neuen Rollenfindung zwingen. So wie der Rechtsdienstleistungsmarkt sich verändert, muss auch die Rechtsschutzversicherung ihre Chancen nutzen und dem – zunehmend im Internet recherchierenden – Rechtsuchenden Orientierung geben. Längst ist neben dem Paragrafen-Dschungel auch ein Dienstleister-Dschungel entstanden, durch den der Versicherer seinen Versicherungsnehmer mit modernen Kommunikationsmitteln navigieren sollte. Wenn das gut gelingt, könnte auch die bislang zurückhaltende Zielgruppe der 20-30-Jährigen für das Produkt Rechtsschutz interessiert werden.

Die vom Versicherer zu tragenden Kosten verteilen sich auf diverse Rechtsgebiete, die in den ARB als „Leistungsarten" bezeichnet werden. Betrachtet man die Verteilung der gemeldeten Schäden, ergibt sich nach Unternehmenserhebungen durchschnittlich folgendes Bild:

Arbeits-Rechtsschutz	15 %
Allgemeiner Vertrags-Rechtsschutz	18 %

---

[19] BGH r+s 2012, 23, Bergbauschäden – Begriff der Rechtssprache verneint.
[20] *Winter* r+s 1991, 397; *Harbauer* NVersZ 1999, 193.
[21] Quelle: Veröffentlichungen des GDV; Statistisches Taschenbuch der Versicherungswirtschaft 2021.
[22] *Faßbender* Aktuelle Fragen in der Versicherungswirtschaft, Leipziger Versicherungsseminare, 2005, 41 (42).

Wohnungs- und Grundstücks-Rechtsschutz 12%
Verkehrsbereich komplett 26 %
Übrige Leistungsarten 29 %

Eine Auswertung der Zahlungen zeigt, dass die Bereiche Arbeitsrecht, Vertrags- und Sachenrecht und Nachbar- und Mietbereich den höchsten Schadenbedarf haben. Bei isolierter Betrachtung des Verkehrsbereichs erweist sich der Verkehrs-Ordnungswidrigkeiten-Rechtsschutz mit ca. 40 % als Hauptkostentreiber. Dies ist auch unschwer nachvollziehbar, da in diesem Bereich häufig Schadenfälle eintreten und der Gang zum Anwalt durch die bestehende Rechtsschutzversicherung erleichtert wird.

16 **2. Alternativen für die Kostenabwälzung.** Nach dem Ergebnis aktueller Umfragen würden zwei Drittel der Deutschen aus Angst vor den Kosten eines Rechtsstreits auf ihr Recht verzichten.[23] Nur mit Hilfe einer Rechtsschutzversicherung ist es letztlich möglich, das Kostenrisiko einer rechtlichen Auseinandersetzung auf diversen Rechtsgebieten (Arbeitsrecht, Mietrecht, Strafrecht usw.) nahezu vollständig abzusichern und damit die Kostenbarriere zu überwinden. Eine gleichwertige Alternative dazu gibt es nicht. Die Prozesskostenhilfe wie auch die Rechtshilfe durch Organisationen und Verbände können nur Teilbereiche abdecken.

17 Auch die mehr als 20 Jahre alte Geschäftsidee der sog. **Prozessfinanzierung**[24] kann allenfalls als Ergänzung zur Rechtsschutzversicherung verstanden werden. Das hier in Frage kommende Segment an Streitigkeiten ist klein, da die Mindeststreitwerte im Allgemeinen hoch liegen; nur ca. 3.000–4.000 Fälle werden den Prozessfinanzierern jährlich angetragen und nur ca. 10 % der angebotenen Fälle werden angenommen.[25] Zudem besteht anders als in der Rechtsschutzversicherung kein Anspruch auf Finanzierung und der Kunde muss im Erfolgsfall einen erheblichen Teil vom Erlös abgeben.[26] Interessant wird die Prozessfinanzierung insbes. dann, wenn der einschlägige Rechtsbereich in der Rechtsschutzversicherung nicht gedeckt ist und es sich um ein besonders kostenaufwändiges Verfahren handelt; auch für Firmen kann das Modell lukrativ sein.

18 Inzwischen ist das Thema Prozessfinanzierung dadurch belebt worden, als unter der Bezeichnung „**Legal-Tech-Anbieter**" diverse Geschäftsmodelle entstanden sind, die entweder Massenanspruchsphänomene wie den Dieselabgasskandal oder andere Rechtsthemen aufspüren („legal fracking") und eine Rechtsdurchsetzung durch eine Kombination von Inkassodienstleistung und Prozessfinanzierung, losgelöst von den Fesseln des anwaltlichen Berufsrechts, anbieten. Genutzt werden dabei Software und Online-Dienste, die juristische Arbeitsprozesse teil- oder vollautomatisiert durchführen oder zumindest unterstützen. Was die Vereinbarkeit mit dem RDG anbelangt, hat der BGH solchen Modellen inzwischen den Rücken gestärkt.[27] Die Versicherer müssen zur Kenntnis nehmen, dass auch ihre Versicherungsnehmer von solchen Plattformen angezogen werden und dabei zuweilen in ein „schwarzes Loch" eintauchen, wo die Rolle des Rechtsanwalts als unabhängiges Organ der Rechtspflege an Bedeutung verliert. Das hohe Gut des Rechts auf die freie Anwaltswahl (§ 127) scheint in diesem Umfeld von Verbrauchern nicht so geschätzt zu werden, wie es an sich zu erwarten wäre.

19 **3. Einfluss auf die Prozessfreudigkeit.** Erzieht die Rechtsschutzversicherung ihre Kunden mit dem Wegfall des Kostenrisikos zu einer Armee von Streithammeln? – Ein oft gehegtes Vorurteil, das in allen empirischen Untersuchungen widerlegt wurde.[28] Ein Rechtsstreit produziert Stress und den wollen die Allermeisten möglichst vermeiden; der berühmt-berüchtigte Prozesshansel ist glücklicherweise selten anzutreffen. Rückläufige Fallzahlen bei den meisten Gerichten sprechen ebenfalls gegen die vermeintliche Prozessflut. Ausnahme: Verkehrs-Ordnungswidrigkeitenverfahren – hier werden nach wie vor viele, und daran sind die wachsende Anwaltschaft sowie die Etablierung von Legal-Tech-Anbietern nicht ganz schuldlos, zu unnötigen und wirtschaftlich unvernünftigen Aktivitäten verführt. Die zunehmende Implementierung von Selbstbeteiligungen begegnet dem mit einigem Erfolg. Auch Prozesse mit minimalem Streitwert sind dadurch uninteressanter geworden. Inwieweit das Bestehen einer Rechtsschutzversicherung bei sogenannten Massenverfahren wie dem Dieselabgasskandal oder dem Widerruf von Versicherungs- und Bankverträgen zu einer „**Klageindustrie**" beigetragen hat,[29] ist schwer zu beantworten. Richtig ist sicherlich, dass rechtsschutzversi-

---

[23] Quelle: GDV/forsa.
[24] Ausf. *Schmitt* in Harbauer Einl. Rn. 135 ff.; *Buschbell* in Buschbell/Hering RSV-HdB § 2 Rn. 35 ff.; *van Bühren* in van Bühren/Plote ARB Einl. Rn. 18 ff.; *Wilde* AnwBl 2006, 813.
[25] Versicherungsmagazin 2014, 38.
[26] Vgl. Scherer VuR 2020, 83 mwN; die gängigen Sätze variieren zwischen mindestens 20 % und 35 %.
[27] BGH NJW 2020, 208 („Mietpreisbremse"); vgl. hierzu *Fries* NJW 2020, 193.
[28] Ausführlich *Schmitt* in Harbauer Einl. Rn. 131 ff mwN.
[29] Vgl. hierzu *Stackmann* ZRP 2021, 189.

cherte Geschädigte bzw. Anspruchsberechtigte als Vorreiter wichtige bahnbrechende Urteile erstritten und so den Weg für die große Masse der Betroffenen geebnet haben. Dies ist aber ebenso wenig zu kritisieren, wie die Tatsache, dass Anwälte und Richter versucht haben, der Flut von Fällen mit geeigneten Textbausteinen Herr zu werden. Es erscheint dringend geboten, dass der Gesetzgeber für einen effektiven kollektiven Rechtsschutz adäquate Lösungen findet. Dann entfällt auch die Angst vor der sogenannten Klageindustrie.

D. Leistungen des Versicherers

I. Wahrnehmung rechtlicher Interessen

1. Keine Rechtsbesorgung durch den Versicherer. Der Gesetzeswortlaut würde grds. auch die Erbringung der Rechtsdienstleistung selbst durch den Versicherer abdecken. Es erwächst der Eindruck, dass der Versicherer die Leistungen selbst erbringt und nicht nur vermittelt.[30] Dass dem Versicherer eine solche Rolle nicht zukommt, ist aber bereits durch ein Urteil des BGH v. 20.2.1961[31] festzementiert worden. Auch die Reformen des RDG bringen insoweit keine Änderung, weil § 4 RDG die Rechtsschutzversicherung von der Liberalisierung der Rechtsberatung ausnimmt („Lex Rechtsschutzversicherung").[32] Die hierfür angeführte Gefahr einer Interessenkollision wurde überbewertet.[33] Für den Kunden hat dies die schwer nachzuvollziehende Folge, dass Personen ohne juristische Ausbildung die Rechtsberatung erlaubt wird, während das Potential für qualifizierte juristische Beratung bei Hunderten von Volljuristen der Rechtsschutzversicherer nicht ausreichend genutzt werden kann. RDG und VVG wirken nicht passgenau aufeinander abgestimmt.[34] Zurecht wird zunehmend eine angemessene Öffnung von § 4 RDG diskutiert.[35] Anders als in Deutschland gibt es in diversen Nachbarländern kein Rechtsberatungsmonopol und die Menschen dort finden dies gut und effizient. Ein gutes Beispiel hierfür sind die Niederlande, wo die etwas andere Rechtskultur frühzeitig pragmatische Lösungen gefördert hat.[36]

Dass der Rechtsschutzversicherer in Deutschland keine Rechtsbesorgung betreiben darf, bedeutet im Umkehrschluss, dass er Verjährungs- oder Ausschlussfristen nicht überwachen muss.[37] Dies ist allein Aufgabe des bereits tätigen oder zu beauftragenden Rechtsanwaltes. Für Fristversäumnisse hat somit grds. der Versicherungsnehmer selbst einzustehen, es sei denn, der Versicherer war mit seiner Versicherungsleistung in Verzug.

2. Begriff der „rechtlichen Interessen"/Versicherungsfall als Anspruchsvoraussetzung. § 125 beschränkt den Pflichtenkreis des Versicherers auf die Wahrnehmung der rechtlichen Interessen des Versicherungsnehmers. Aufgegriffen wird damit die Regelung in § 1 ARB, wonach ebenfalls eine Wahrnehmung rechtlicher Interessen vorliegen muss. Der BGH hat die Wahrnehmung rechtlicher Interessen als Verfolgung oder Abwehr von Ansprüchen definiert.[38] Schwierig einzuordnen sind vor diesem Hintergrund Fälle, die so gelagert sind, dass dem Versicherungsnehmer eindeutig die Durchsetzung einer Rechtsposition nicht möglich ist, dieser aber gleichwohl anwaltliche Hilfe in Anspruch nimmt, um durch Verhandlungen mit der Gegenseite ein wirtschaftlich möglichst günstiges Ergebnis zu erzielen. Der BGH[39] hat hierzu klargestellt, dass der Begriff des **„wirtschaftlichen" Interesses** nicht der nach § 1 ARB versicherten Wahrnehmung „rechtlicher Interessen" gegenübergestellt werden kann. Soweit also die Voraussetzungen für einen Versicherungsfall iSd § 4 ARB 2010 (Ziff. 2.4 ARB 2012/2019) vorliegen und eine Rechtsverfolgung auf Seiten des Versicherungsnehmers aussichtslos ist, muss – auch wenn die Rechtslage noch so eindeutig ist und von der Wahrnehmung wirtschaftlicher Interessen gesprochen werden könnte – das Verfahren nach § 3a ARB 2010 (Ziff. 3.4 ARB 2012/2019) bzw. § 18 ARB 94–2009 frist- und formgerecht durchgeführt werden. Weitere Einschränkungen sind beim Begriff der rechtlichen Interessenwahrnehmung im Rahmen einer Anwaltstätigkeit nicht vorzunehmen, da jede rechtliche Interessenwahrnehmung

---
[30] *Weckmann*, Rechtsschutzversicherer als Dienstleister, 2018, S. 189.
[31] BGH VersR 1961, 433 = NJW 1961, 1113.
[32] Ausführlich *Schmitt* in Harbauer Einl. Rn. 47 ff.
[33] Vgl. *Heinsen* VW 2003, 1801.
[34] *Bruns* in Bruck/Möller VVG Vor § 125 Rn. 32.
[35] Vgl. z.B. *Weckmann*, Rechtsschutzversicherer als Dienstleister, 2018, S. 361.
[36] Ausführlich *Weckmann*, Rechtsschutzversicherer als Dienstleister, 2018, S. 208 ff.
[37] *Schmitt* in Harbauer ARB 2010 § 1 Rn. 38; LAG Sachsen NZA 1999, 112.
[38] BGH VersR 1992, 487 = NJW 1992, 1511.
[39] BGH VersR 1991, 919 = NJW 1991, 2644; krit. *Kurzka* VersR 1994, 409 (410).

auch mit wirtschaftlichen Folgen verbunden ist und somit eine sinnvolle Abgrenzung von wirtschaftlichen oder sonstigen Interessen nicht möglich ist.

23 Da es sich bei der Rechtsschutzversicherung um eine Schadenversicherung handelt, bedarf die versicherte „Wahrnehmung rechtlicher Interessen" eines **Rechtsschutzfalles** bzw. **Versicherungsfalles**. Allerdings hat der Gesetzgeber ausweislich der Gesetzesbegründung ausdrücklich auf eine Legaldefinition des Versicherungsfalles in der Rechtsschutzversicherung verzichtet. Man wird dies wohl so verstehen müssen, dass der Gesetzgeber nicht lediglich darauf verzichtet hat, den Versicherungsfall abschließend zu regeln, vielmehr bewusst **jeglicher Regelung** des Versicherungsfalles **enthalten** wollte.[40] Dies ist auch durchaus nachvollziehbar, da schon zum Zeitpunkt der ersten Aufnahme gesetzlicher Regelungen zur Rechtsschutzversicherung im Jahre 1990 verlässliche ARB-Klauseln zum Versicherungsfall existierten. Es erschien plausibel, den Vertragsparteien auch weiterhin die entsprechende Produktgestaltung zu überlassen, zumal erkennbar war, dass in der Rechtsschutzversicherung der Bedarf für mehrere Varianten des Versicherungsfalles besteht und sich dieser Bedarf auch verändern könnte.

24 Auch wenn die **Zurückhaltung des Gesetzgebers** hinsichtlich der Regelung von Produktinhalten grundsätzlich zu begrüßen ist, hat sich inzwischen das Fehlen einer gesetzlichen Regelung zum Versicherungsfall als **großes Manko** erwiesen. Kaum ein anderes ARB-Thema hat die Gerichte so viel beschäftigt wie der Versicherungsfall. Das liegt auch daran, dass der BGH seine Auslegung zuweilen mit überraschenden Ergebnissen angepasst hat.[41] Trotz zahlreicher Grundsatzentscheidungen sind dadurch immer noch Unsicherheiten verblieben und es ist insbesondere offen, welcher Spielraum den Versicherern für eine Modifizierung des Versicherungsfalles bleibt.[42] Es ist sehr fraglich, ob durch die bisherige BGH-Rechtsprechung bereits ein „Leitbild des Gesetzes" zum Versicherungsfall entstanden ist.[43] Besser wäre es, zukünftig die gesetzliche Lücke zu schließen und zumindest den Kernbereich des Versicherungsfalles mit einer ausgewogenen Definition zu regeln. Dies würde massiv Rechtssicherheit schaffen und den Versicherern bliebe ausreichend Gestaltungsspielraum für ergänzende Regelungen.

24a Angesichts der Zurückhaltung des BGH, dem Gedanken der Vermeidung von Zweckabschlüssen bei der Auslegung der Versicherungsfalldefinition Raum zu geben, verlagern sich die Bemühungen der Versicherer inzwischen auf **konkrete zeitliche Risikoausschlüsse.** Nachdem der BGH die jahrzehntelang verwandte sog. Vorerstreckungsklausel für intransparent und entsprechend unwirksam erklärt hatte,[44] haben die Versicherer neben einer in den Muster-ARB neu formulierten Vorerstreckungsklausel (Ziff. 3.1.2 ARB 2019) weitere unternehmensindividuelle Klauseln entwickelt, welche verhindern sollen, dass sich Versicherungsnehmer für bereits absehbare oder bereits laufende Rechtskonflikte noch Deckung verschaffen.[45] Diese Entwicklung sorgt einerseits für eine gewisse Komplexität im Rechtsschutzmarkt. Andererseits verschafft sie dem Versicherungsnehmer bei Vertragsabschluss Klarheit, für welche Sachverhalte er sich (bei dem jeweiligen Anbieter) nicht mehr versichern kann.

II. Vereinbarter Umfang

25 **1. Spezialität der versicherten Gefahr.** Die Rechtsschutzversicherung bietet wegen der Unkalkulierbarkeit keine Allgefahrendeckung. Sie ist, wie die meisten anderen Versicherungssparten auch, nach dem Prinzip der „Spezialität des versicherten Risikos" aufgebaut.[46] Danach hat der Versicherungsnehmer (sowie etwaige mitversicherte Personen) Anspruch auf Rechtsschutz, wenn er nach Eintritt eines Versicherungsfalles im versicherten Zeitraum und im örtlichen Geltungsbereich rechtliche Interessen
– in einer bestimmten versicherten Eigenschaft und
– auf einem bestimmten versicherten Rechtsgebiet
wahrzunehmen hat. Zusätzliche Einschränkungen ergeben sich durch einige allgemeine Risikoausschlüsse sowie die Beschränkung der Kostenübernahme auf bestimmte Kostenarten. Dabei folgen

---

[40] *Bruns* in Bruck/Möller VVG § 125 Rn. 10.
[41] Zuletzt BGH r+s 2019, 461 mAnm *Lensing* = NJW 2019, 2852 mAnm *Cornelius-Winkler* (Passivprozess).
[42] Vgl. BGH r+s 2021, 325 mAnm *Maier*: Im Rahmen der AGB-Kontrolle einer neueren Klauselfassung sieht der BGH in der Berücksichtigung des gegnerischen Vortrags eine unangemessene Benachteiligung des Versicherungsnehmers; *Burmann* r+s 2022, 1, 3.
[43] Vgl. hierzu *Burmann*, Die Auslegung und Entwicklung des Begriffs des Rechtsschutzfalles und die Auswirkungen auf die versicherungsrechtliche Praxis, 2019, S. 199.
[44] BGH r+s 2018, 425 = NJW 2018, 2710 mAnm *Lensing*; vgl. hierzu *Felsch* r+s 2020, 301, 308.
[45] vgl. BGH r+s 2021, 325 mAnm *Maier*: Widerruf oder Widerspruch von Darlehens- oder Versicherungsverträgen; hierzu Burmann r+s 2022, 1, 3.
[46] *Obarowski* in Harbauer ARB 2010 § 2 Rn. 1 mwN.

die ARB in ihrem Aufbau einem Zweiteilungsprinzip: In einem Teil sind die Vertragsarten festgelegt und ein anderer – allgemeiner – Teil befasst sich mit den versicherbaren Rechtsbeziehungen, dem Versicherungsfall, den Risikoausschlüssen etc.

a) Leistungsarten (versicherbare Rechtsgebiete). § 2 ARB 94/2000/2010 beschreibt in den Ziff. a–k elf verschiedene Leistungsarten, die sich auf Bereiche des privaten wie auch des öffentlichen Rechts erstrecken. Sie sind inhaltlich überwiegend identisch mit denen der **ARB 75,** wo die Leistungsarten **nicht vorweg** aufgezählt werden, sondern in der jeweiligen Vertragsform (§§ 21–29 ARB 75) aufgeführt sind. Ergänzt wird dies in den **ARB 2012** (Ziff. 2.2) durch den Opfer-Rechtsschutz. Zu beachten sind iU etwaige weitere Leistungsarten, die von einzelnen Versicherungsunternehmen über die Musterbedingungen hinaus angeboten werden und den Versicherungsschutz sinnvoll ergänzen, wie zB Verwaltungs-Rechtsschutz in Nichtverkehrssachen (teilweise schon ab dem Widerspruchsverfahren), Unterhalts-Rechtsschutz, Bauherren-Rechtsschutz, Rechtsschutz für Hilfsgeschäfte von Firmen. Mit den **ARB 2019** sind den Musterbedingungen optional Cyber-Bausteine hinzugefügt worden, welche für Internetrisiken spezielle Leistungsarten vorsehen.

b) Vertragsformen (versicherbare Eigenschaften/Rollen). In welcher Eigenschaft der Versicherungsnehmer versichert ist, ergibt sich aus der jeweils vereinbarten **Vertragsform** (im Allgemeinen §§ 21–29 ARB), welche sich auf einzelne oder mehrere **Lebensbereiche** des Versicherungsnehmers erstreckt (Verkehrs-, Privat-, Gewerbe-, Immobilienbereich) und nach dem **Baukastenprinzip** die in Form sog. **Leistungsarten** definierten Rechtsbereiche beinhaltet.

In den ARB 2012 erfolgt die Darstellung der versicherten Lebensbereiche bereits am Anfang des Bedingungswerks unter Ziff. 2.1.1. Neu ist hier die separate Beschreibung des **Berufs-Rechtsschutzes.** Damit folgt man der Marktentwicklung, wonach diese Leistung einerseits teilweise solo angeboten wird, und andererseits häufig aus dem Kombinationsprodukt abgewählt wurde, insbes. wegen Ausscheidens aus dem Berufsleben.

2. Risikoausschlüsse. Auch die Rechtsschutzversicherung kommt nicht ohne Risikoausschlüsse aus, weil ansonsten eine vernünftige wirtschaftliche Beitragskalkulation nicht möglich wäre. Bei der Mehrzahl der vom Versicherungsschutz ausgeschlossenen Bereiche (§ 3 ARB 2010 bzw. Ziff. 3.2 ARB 2012/2019/2021) handelt es sich um solche, die als nicht versicherbar angesehen werden können. Sie tragen entweder die Gefahr eines Kumulrisikos in sich, oder sie betreffen nur einen relativ kleinen Personenkreis und weisen zudem noch ein hohes Rechtskostenrisiko auf.

Allerdings ist bei den Risikoausschlüssen inzwischen viel Bewegung festzustellen. Im Zuge neuer Produktgestaltungen einzelner Anbieter entsteht zunehmend eine Wechselwirkung zwischen Leistungsarten und Risikoausschlüssen dergestalt, dass aus einem grds. ausgeschlossenen Rechtsgebiet eine neue Leistungsart „kreiert" wird. Insbesondere unter Einsatz von Sublimits werden auf diese Weise neue Bereiche für den Leistungsumfang erschlossen. Die Produktwelt wird dadurch weniger übersichtlich und es kann nur dringend empfohlen werden, sich im Einzelfall über die konkret in Rede stehenden ARB Gewissheit zu verschaffen.

3. Kostentragung (Freistellung). § 125 spricht allgemein von der Leistungserbringung im vereinbarten Umfang. Entscheidend ist also die Vereinbarung in den jeweiligen AVB. In der Rechtsschutzversicherung sind dies die Allgemeinen Bedingungen für die Rechtsschutzversicherung (ARB), welche in § 1 die Kostentragung als Hauptleistung des Versicherers nennen.

Wann der Anspruch auf Kostentragung fällig wird, richtet sich nicht nach § 14 Abs. 1 VVG (§ 11 Abs. 1 VVG aF), da diese Vorschrift nur auf Zahlungsansprüche anwendbar ist.[47] Der Anspruch nach § 5 ARB 94/2000/2010 (§ 2 ARB 75) geht auf **Befreiung** von den bei der Wahrung der rechtlichen Interessen entstehenden Kosten, dh der Versicherungsnehmer muss nicht in Vorlage treten, sondern kann verlangen, dass sich der Versicherer um die Bezahlung kümmert. Für die Fälligkeit des Kostenbefreiungsanspruchs kommt es nach §§ 5 Abs. 2 lit. a ARB 94/2000/2010, 2 Abs. 2 ARB 75 (Ziff. 2.3 ARB 2012) darauf an, **wann der Versicherungsnehmer wegen der Kosten in Anspruch genommen wird.**[48] Kosteninanspruchnahme ist die Mitteilung der Kostenrechnung an den Versicherungsnehmer zum Nachweis der Zahlungspflicht gegenüber dem Versicherer.[49] Hat der Versicherungsnehmer versicherte Kosten bereits selbst bezahlt, wandelt sich der Schuldbefreiungsanspruch in einen Zahlungsanspruch gegen den Versicherer um.

---

[47] *Rixecker* in Langheid/Rixecker VVG § 14 Rn. 2.
[48] BGH VersR 1999, 706 = NJW-RR 1999, 1037.
[49] *Wendt* r+s 2012, 209 (212).

33   Freistellung von versicherten Anwaltsgebühren bedeutet, dass der Versicherer entweder die Gebühren nach Grund und Höhe anerkennt und zahlt oder für Gebührenansprüche, die er für unberechtigt hält, die Kosten zu deren Abwehr übernimmt. Der Versicherer hat also bei der Erfüllung des Anspruchs ein **Wahlrecht** dahingehend, dass er **alternativ** zur **Bezahlung** der Rechnung – zunächst – **Abwehrdeckung** gewährt.[50] Dann muss er sich aber mit dem Anwalt als Kostengläubiger auseinandersetzen und den Versicherungsnehmer bei gerichtlicher Inanspruchnahme durch Kostenübernahme unterstützen.[51] In jedem Fall hat er dafür zu sorgen, dass der Versicherungsnehmer selbst keine Kosten zu tragen hat. Er hat den Versicherungsnehmer gegen die Gebührenforderung zu verteidigen, die Kosten und das Risiko einer streitigen Auseinandersetzung zwischen dem Versicherungsnehmer und dem Rechtsanwalt über die Forderung zu tragen und im Unterliegensfall die Prozesskosten und die ausgeurteilten Gebühren zu übernehmen. Der Versicherungsnehmer seinerseits darf nicht an den Rechtsanwalt zahlen, ohne den **Ausgang des Abwehrversuchs abzuwarten.** Dieser Fall läge außerhalb des vom Rechtsschutzversicherer gegebenen Leistungsversprechens.[52] Der ursprüngliche Befreiungsanspruch wandelt sich in diesem Fall nicht in einen Zahlungsanspruch gegen den Versicherer um. Im Ergebnis bedeutet dies, dass der Versicherungsnehmer bei vorzeitiger oder ohne Zwang nachträglicher Erfüllung der Forderung seines Gläubigers auf den Kosten sitzen bliebe.[53]

34   Ist die Forderung berechtigt, stellt sich die Frage, **an wen** der Versicherer die Zahlung zu erbringen hat. Der Wortlaut des § 125 VVG lässt dies offen. Auch in den ARB findet sich keine nähere Konkretisierung. Einzelne Passagen sprechen tendenziell dafür, dass der Versicherer (direkt) an den Kostengläubiger zahlen soll. So ist zB in § 5 ARB 2010 allgemein von „Kostentragung" und in § 5 Abs. 4 ARB 2010 von „Zahlungen für den Versicherungsnehmer und mitversicherte Personen" die Rede. Letztlich bleibt aber offen, ob der Versicherer nicht auch schuldbefreiend an den Versicherungsnehmer zahlen und diesem überlassen kann, ob und wie er den Kostengläubiger bezahlt. Der BGH ging zunächst davon aus, dass dem Versicherer ein Wahlrecht zusteht.[54] Davon rückte er aber in der Folgezeit ab. In einer neueren Entscheidung modifiziert er diesen Grundsatz erheblich.[55] Zwar stehe es dem Schuldner eines Befreiungsanspruchs frei, wie er den Anspruch erfüllt. Entscheidend sei aber, dass das Ergebnis – Befreiung von der Verbindlichkeit – eintritt. Daran fehle es, wenn der Ersatzverpflichtete dem Ersatzberechtigten das zur Erfüllung der Verbindlichkeit erforderliche Geld zur Verfügung stellt.[56] Letzterer soll nicht das Risiko tragen, dass es – etwa in Folge des Zugriffs seiner Gläubiger – nicht zur vollständigen Befreiung von der Verbindlichkeit kommt.[57] Dem wird man grundsätzlich zustimmen können. In **Einzelfällen** wird man allerdings die **Grundsätze von Treu und Glauben** bemühen müssen und danach zu einem anderen Ergebnis kommen. So muss es z.B. dem Versicherer möglich sein, schuldbefreiend an den Versicherungsnehmer zu zahlen, wenn dieser bei einem Anwaltswechsel mit nicht versicherten Mehrkosten keine konkrete Weisung erteilt, an wen die Versicherungsleistung erbracht werden soll. Das gleiche gilt bei Erschöpfung der vereinbarten Deckungssumme. Umgekehrt wird der Versicherungsnehmer ausnahmsweise Zahlung an sich verlangen können, wenn er schützenswerte Interessen vorträgt. Beispiel: Der Versicherungsnehmer hat im Mandatsverhältnis mit dem Anwalt Gegenforderungen, mit denen er aufrechnen möchte. Unter Umständen muss der Versicherer dann sogar ein Zahlungsverbot beachten, so dass ihm gar keine andere Wahl bleibt, als dem Versicherungsnehmer das Geld zur Verfügung zu stellen. Möglich ist jederzeit eine einverständliche Konkretisierung der Erfüllung durch Zahlung an den Versicherungsnehmer. Beispiel: Bei streitiger Deckung einigen sich Versicherungsnehmer und Versicherer auf die Bezahlung eines bestimmten Betrages.

35   **4. Nebenpflichten, Sorgeleistungen. a) Deckungszusage.** § 1 ARB in der bis 2009 gültigen Fassung sprach noch ausdrücklich von der „Sorge" des Versicherers für die Wahrnehmung der rechtlichen Interessen des Versicherungsnehmers. Auch wenn neuere Formulierungen dieses Element nicht mehr enthalten, ist doch unbestritten, dass der Versicherer neben der Kostentragungspflicht einer allgemeinen Fürsorgepflicht unterliegt. §§ 17 Abs. 4 ARB 94/2000/2009, 17

---

50   BGH r+s 2015, 604; *Bauer* NJW 2015, 1329 (1330); aA noch kurz vor der BGH-Entscheidung: OLG Köln r+s 2015, 501; und vorher AG München NJW-RR 2013, 95 = r+s 2013, 129 mkritAnm *Bauer,* dies müsse in den ARB ausdrücklich so geregelt sein.
51   *Wendt* r+s 2012, 209 (212); *Cornelius-Winkler* r+s 2011, 141 (144).
52   BGH NJW 2018, 1971.
53   *Rixecker* in Langheid/Rixecker VVG § 125 Rn. 6.
54   BGH VersR 1984, 530 (532).
55   BGH r+s 2014, 454.
56   BGH r+s 2014, 454.
57   *Krüger* in MüKoBGB § 257 Rn. 4.

Abs. 2 ARB 2010 (Ziff. 4.1.2 ARB 2012/2019/2021) konkretisieren die Sorgepflicht dahingehend, dass der Versicherer dem Versicherungsnehmer den Anspruch auf Rechtsschutz zu bestätigen hat. Dieser Anspruch auf Deckungszusage war in den ARB 75 noch nicht ausdrücklich vorgesehen, aber aus guten Gründen gleichwohl anerkannt.[58] Eine Ungewissheit über die Einstandspflicht könnte den Versicherten davon abhalten, vom Rechtsschutzvertrag an sich gedeckte rechtliche Interessen wahrzunehmen.[59] Gibt der Versicherer mit seiner Zusage „grünes Licht", hat der Versicherungsnehmer die Gewissheit, dass in dem bestätigten Umfang die Kosten übernommen werden, denn die Deckungszusage des Versicherers hat rechtlich den Charakter eines **deklaratorischen Schuldanerkenntnisses.**[60] Hieraus folgt, dass der Versicherer sich nicht nachträglich auf Versagungsgründe berufen kann, die er zum Zeitpunkt der Zusage kannte. Das Gleiche gilt für Versagungsgründe, mit denen er nach dem vom Versicherungsnehmer geschilderten Sachverhalt rechnen musste, sofern nicht die Deckungszusage mit einem ausdrücklichen Vorbehalt versehen wurde. Umgekehrt ist der Versicherer nach Ablehnung des Versicherungsschutzes nicht gehindert, weitere Ablehnungsgründe nachzuschieben, da der Versicherungsnehmer hierdurch in seiner Dispositionsfreiheit nicht beeinträchtigt wird.[61] Dies gilt allerdings für die nachgeschobene Ablehnung wegen fehlender Erfolgsaussicht nur begrenzt, da sich der Versicherer bei diesem Ablehnungsgrund zur „unverzüglichen" Mitteilung verpflichtet hat. Auch eine „ohne Anerkennung einer Rechtspflicht" erteilte Deckungszusage genügt der Pflicht zur Deckungsbestätigung, da sie den Versicherer bindet.[62]

Der Versicherer ist nicht verpflichtet, mit Erteilung der Zusage auf **Einschränkungen des Leistungsumfangs** hinzuweisen, die sich aus § 5 ARB 2010 ergeben (zB Deckungssumme, Selbstbeteiligung, Reisekosten des Anwalts).[63] Unabhängig davon erfolgen in der Schadenpraxis solche Hinweise oft aus Fürsorgeaspekten. Eine Verpflichtung des Versicherers wird man nur ausnahmsweise dann annehmen, wenn der Versicherungsnehmer erkennbar einer Fehlvorstellung unterliegt.[64] Inwieweit die Zusage mit einem **Vorbehalt** versehen werden kann, hängt von den konkreten Umständen ab. So kann ein Vorbehalt in Betracht kommen, wenn Leistungsfreiheitsgründe (zB Risikoausschluss, versicherte Eigenschaft) noch nicht geklärt sind und der Versicherer einem möglichen Vertrauensschutz entgegenwirken will.[65] Möglich ist auch eine Verknüpfung mit **Weisungen** im Rahmen der Schadenminderungsobliegenheit (§ 82 VVG). 36

Eine Deckungszusage, die von vornherein alle Rechtszüge umfasst, ist in den ARB nicht vorgesehen. Dies signalisiert auch die Obliegenheit zur Abstimmung von Rechtsmitteln in § 17 ARB 2010 und das Erfordernis der hinreichenden Erfolgsaussicht, welches in Folgeinstanzen neu zu bewerten ist. Grds. ist daher die Deckungszusage auf **eine Instanz** beschränkt, es besteht kein Anspruch auf „Vorratszusagen" für mögliche Folgeinstanzen.[66] Der Versicherer ist also nicht gehindert, den Versicherungsschutz zB im Berufungsverfahren neu zu prüfen und sämtliche möglichen Einwendungen zu erheben.[67] Wenn die Zusage sich nur auf die außergerichtliche Tätigkeit beschränken soll, muss der Versicherer das deutlich machen.[68] 37

Stellt sich erst nach Erteilung der Deckungszusage heraus, dass Gründe für eine Leistungsverweigerung bestehen, kann sich der Versicherer von der Zusage durch **Widerruf** lösen. Zwar ist rechtsdogmatisch eine Kondiktion nach § 812 BGB beim deklaratorischen Schuldanerkenntnis eigentlich ausgeschlossen.[69] Gleichwohl wird in der Rechtsschutzversicherung allgemein die Möglichkeit der Kondiktion bejaht.[70] Letztlich ist dies aber ein rein akademisches Problem, denn eines Rückgriffs 38

---

[58] *Cornelius-Winkler* in Harbauer ARB 75 § 15 Rn. 4; *Piontek* in Prölss/Martin ARB 2010 § 1 Rn. 4.
[59] *Bruns* in Bruck/Möller VVG § 125 Rn. 29.
[60] BGH r+s 2014, 454 (455); *Schneider* in Harbauer ARB 2010 § 17 Rn. 17; *Herdter* in Looschelders/Paffenholz ARB § 17 Rn. 85; *Rixecker* in Langheid/Rixecker VVG § 125 Rn. 7, jeweils mit Rechtsprechungsnachweisen; ausführlich *Spies* r+s 2019, 70.
[61] *Maier* in Harbauer ARB 2010 § 3 Rn. 10; *Armbrüster* in Prölss/Martin ARB 2010 § 3 Rn. 4; *Schirmer* r+s 1999, 45 (48).
[62] OLG Düsseldorf VersR 2016, 1051; *Schneider* in Harbauer ARB 2010 § 17 Rn. 17.
[63] OLG Köln r+s 1996, 105; LG Berlin VersR 2013, 1577.
[64] *Filthuth* in BeckOK VVG § 125 Rn. 11.
[65] Nach BGH r+s 2021, 398 = NJW 2021, 2584 mAnm *Armbrüster* muss der Versicherer beim Vorsatzrisikoausschluss keine vorläufige Deckung gewähren, die Vorsatzfrage könne nur im Deckungsverfahren geklärt werden; hierzu *Lensing* NJW 2022, 230.
[66] BGH BeckRS 2018, 17024; r+s 1990, 275 (276).
[67] *Cornelius-Winkler* in Veith/Gräfe/Gebert PHdB-VersProz § 23 Rn. 114.
[68] LG München r+s 2014, 497.
[69] Vgl. *Spies* r+s 2019, 70 mit Nachweisen.
[70] BGH NJW 2014, 3030; OLG Celle VersR 2008, 1645 (1647); *Piontek* in Prölss/Martin ARB 2010 § 17 Rn. 14.

auf das Bereicherungsrecht bedarf es nicht. Der Versicherer kann sich auf die bestehenden (zulässigen) Einwendungen berufen, mit denen er durch seine Zusage nicht ausgeschlossen ist. Beispiele für einen möglichen Widerruf:
- In einem Rechtsstreit mit einer Hausratversicherung stellt sich heraus, dass der behauptete Einbruch vorgetäuscht war (Obliegenheitsverletzung, Vorsatzausschluss).
- Entgegen den Angaben in der Schadenmeldung betraf die Baumaßnahme einen Neubau oder sie war genehmigungspflichtig (Baurisikoausschluss).
- Es stellt sich heraus, dass die zeitlichen Angaben zur Entstehung des Rechtskonflikts anlässlich der Schadenmeldung nicht zutreffen (Vorvertraglichkeit, Nachvertraglichkeit).

39 **b) Ungeschriebene Nebenpflichten.** Für den Versicherer können sich auch Hinweispflichten sowie ergänzende Leistungspflichten ergeben. Hierzu gehören die gesetzliche Hinweispflicht nach § 128 S. 2 VVG (§ 158n S. 2 VVG aF) sowie weitere Verhaltenspflichten im Rahmen der Durchführung des Schiedsgutachterverfahrens nach § 3a ARB 2010 bzw. Ziff. 3.4 ARB 2012/2019/2021 (§ 18 ARB 94–2009). Ferner kann der Versicherer nach Treu und Glauben verpflichtet sein, den Versicherungsnehmer auf die Gefahr der Deckungssummenüberschreitung hinzuweisen.

40 Eine besondere Schutzpflicht ergibt sich daraus, dass der Versicherer den Versicherungsnehmer von Forderungen des Gegners zu befreien hat. Er muss dann durch geeignete Maßnahmen (Herausgabe des Vollstreckungstitels, Sicherung von Beweisen) dafür sorgen, dass der Versicherungsnehmer aufgrund eines Kostentitels nicht (erneut) zur Zahlung herangezogen wird.[71] Anderenfalls läuft er Gefahr, sich gegenüber dem Versicherungsnehmer schadensersatzpflichtig zu machen. Im Hinblick auf die begrenzte Frist zur Aufbewahrung der Schadenunterlagen (§ 257 HGB) sowie die parallel bestehende Pflicht des Anwalts, Nachteile für den Mandanten zu vermeiden, muss aber jeweils auf die Umstände des Einzelfalles abgestellt werden.

41 **c) Sorgeleistungen.** Auch wenn das Kerngeschäft der Rechtsdienstleistung selbst dem Versicherer bis auf weiteres verschlossen bleibt, bieten sich für die Versicherungsunternehmen im Bereich der **Rechtsnavigation** nicht zu unterschätzende Chancen, um der vom Kunden erwarteten Rolle eines „Konflikt-Managers" in Rechtsangelegenheiten wirklich gerecht werden zu. Im Vordergrund stehen hierbei sogenannte Sorgeleistungen, die als Begriff bis 2009 bereits in der Generalklausel des § 1 als Ergänzung zur Kostentragungspflicht zu finden waren und den Dienstleistungscharakter der Rechtsschutzversicherung unterstreichen.[72] Mögen diese Nebenpflichten, zu denen zB die Hilfe bei der Anwaltssuche oder die Erteilung einer Deckungszusage gehören, auch nur untergeordnete Bedeutung haben, so dürfen doch die Möglichkeiten des Rechtsschutzversicherers zur Erbringung von Fürsorgeleistungen nicht unterschätzt werden. Das Zurverfügungstellen von qualifizierten Netzwerken (Rechtsanwälte, Mediatoren, Sachverständige etc.) oder die Vermittlung von Telefonberatungs- oder Inkassodiensten sind nur Beispiele für bestehende oder mögliche Handlungsfelder eines Rechtsschutzversicherers, der die Interessen seines Versicherungsnehmers wirksam fördern und begleiten will.[73] Genau dies ist auch die Botschaft des § 125: Neue Versicherungs- und Leistungsformen sollen möglich bleiben; im Interesse des einzelnen Versicherers, aber vor allem natürlich im Interesse des Verbrauchers.

E. Erforderlichkeit

42 § 125 beschränkt die Leistungspflicht des Versicherers auf die Erbringung „erforderlicher" Leistungen. Die Regelung greift damit insbesondere den Rechtsgedanken des § 82 auf, wonach den Versicherungsnehmer in der Schadenversicherung eine allgemeine Rettungs- und Schadenminderungsobliegenheit trifft.[74] Nur die **objektiv notwendigen,** nicht aber die darüber hinausgehenden Kosten soll der Versicherer zu übernehmen haben.[75] Die gesetzliche Regelung korrespondiert mit § 1 ARB 2010, wonach der Versicherer verspricht, die „erforderlichen" Leistungen zu erbringen.

43 In den ARB haben die Versicherer diesen grundlegenden Schadenminderungsgedanken, welcher auch dem § 91 Abs. 1 S. 1 ZPO inne wohnt, zum einen in die Generalklausel des § 1

---

[71] KG r+s 1991, 23.
[72] *Mathy/Bücken* in FAHdB VersR Kap. 34 Rn. 1.
[73] *Eberhardt* VersR 2013, 802 (811); *Obarowski* VersR 2006, 1178 (1179).
[74] *Schmitt* in Harbauer § 125 VVG Rn. 11; aA *Bruns* in Bruck/Möller VVG § 125 Rn. 19: Ausprägung des Grundsatzes des Bereicherungsverbots.
[75] OLG Saarbrücken VersR 2011, 108; *Schmitt* in Harbauer ARB 2010 § 1 Rn. 13.

aufgenommen und sodann im Bedingungstext verteilt mit Leben gefüllt. Ausprägungen dieses „Übermaßverbots" sind insbes. die Beschränkung des Leistungsumfangs in § 5 ARB, die Schadenminderungsobliegenheit in § 17 Abs. 1c, bb ARB 2010 (bzw. § 17 Abs. 5c ARB 2009 und älter) und die Ablehnungsmöglichkeit bei fehlender Erfolgsaussicht oder bei Mutwilligkeit (§ 3a ARB 2010 bzw. § 18 ARB 2009 und älter). Von fehlender Erforderlichkeit ist zB dann auszugehen, wenn ein Kreditgeber einen Darlehensvertrag kündigt, weil unstreitig keine Rückzahlungen mehr erfolgt sind und es dann zu Verhandlungen über eine Ratenzahlung kommt.[76] Soweit es die **Schadenminderungsobliegenheit** anbelangt, ist zu beachten, dass der BGH alle bislang verwandten Klauseln inzwischen für **intransparent** erachtet hat.[77] Die Versicherer müssen daher auf die gesetzliche Obliegenheit nach § 82 VVG zurückgreifen, was die Anwendbarkeit in der Praxis erheblich einschränken wird. Stärker in den Fokus gelangen werden aufgrund dessen die **beruflichen Pflichten des beauftragten Rechtsanwalts,** der bei nutzloser Tätigkeit gemäß § 86 in **Regress** genommen werden kann.[78] Eine erteilte Deckungszusage entfaltet keine Schutzwirkung zugunsten des Anwalts,[79] so dass dieser ein Mitverschulden des Versicherers nicht einwenden kann.

F. Versicherungsnehmer oder Versicherter

I. Versicherung für fremde Rechnung

Vor der VVG-Reform sprach § 1 ARB immer nur von der Wahrnehmung rechtlicher Interessen **44** des Versicherungsnehmers, obwohl alle Rechtsschutzformen mitversicherte Personen kennen und damit eine Versicherung für fremde Rechnung darstellen. Die eigene Rechtstellung der mitversicherten Personen wurde erst in § 15 ARB erörtert.

§ 125 nimmt die mitversicherten Personen ausdrücklich in die Begriffsbestimmung auf und **45** stellt hierdurch klar, dass die Rechtsschutzversicherung auch Fälle der Versicherung für fremde Rechnung umfasst. Dem folgend spricht § 1 ARB 2008/2010 nunmehr von der Wahrnehmung rechtlicher Interessen „des Versicherungsnehmers oder des Versicherten".

II. Abtretung an Dritte

Gelegentlich wird an den Versicherer der Wunsch herangetragen, aus bestimmten Gründen **46** den Rechtsstreit eines nicht versicherten **Dritten** zu finanzieren, zB weil der Versicherungsnehmer ein wirtschaftliches Interesse an diesem Rechtsstreit hat. In solchen Fällen ist der Versicherer auch unter Berücksichtigung der Grundsätze von Treu und Glauben nicht eintrittspflichtig.[80] Das Gleiche gilt, wenn es um die Geltendmachung von Ansprüchen geht, die der Versicherungsnehmer an einen Dritten **abgetreten hat,** um im Prozess als Zeuge auftreten zu können; denn der Versicherer trägt nur die Kosten, die der Versicherungsnehmer einem in § 2 ARB 75 bzw. § 5 ARB 94/2000/2010 genannten Gläubiger schuldet.[81] Für dieses Ergebnis sprechen auch sachliche Erwägungen. So ist der nicht versicherte Dritte insbes. nicht den vertraglichen Obliegenheiten unterworfen, was als mögliche Quelle von Streitigkeiten nicht zu unterschätzen ist. Für den Fall, dass der Versicherer trotz der ihm bekannten Abtretung Deckungszusage erteilt, wird die Auffassung vertreten, der Zessionar erlange dadurch die Stellung einer mitversicherten Person.[82] Dies mag für die Frage der Anspruchsberechtigung bzw. Verfügungsmacht des Zessionars zutreffend sein. Eine Vereinbarung von Obliegenheiten mit den entsprechenden Rechtsfolgen kann hieraus aber nicht abgeleitet werden. Die Obliegenheiten treffen nur den Versicherungsnehmer, der sich das Verhalten des Zessionars als seines Repräsentanten oder Wissensvertreters zurechnen lassen muss.[83]

---

[76] OLG Saarbrücken VersR 2011, 108; *Schmitt* in Harbauer ARB 2010 § 1 Rn. 13.
[77] BGH NJW 2019, 3582 (zu § 17 I c, bb ARB 2010) mAnm *Grams*; krit. *Schons* AnwBl 2019, 685 (686).
[78] *Cornelius-Winkler* in Veith/Gräfe/Gebert PHdB-VersProz § 23 Rn. 205; *Filthuth* in BeckOK VVG § 125 Rn. 10.
[79] BGH NJW 2021, 3324 mAnm *Borgmann* = r+s 2021, 635 = AnwBl 2021, 684 mkrAnm *Weinbeer*.
[80] LG Berlin r+s 1990, 55.
[81] OLG Köln VersR 2009, 825 = NJW-RR 2009, 1692; LG Düsseldorf r+s 1998, 422; AG München VersR 2004, 372; BGH VersR 1994, 1061 (1062) mAnm *Lorenz*; *Piontek* in Prölss/Martin ARB 2010 § 3 Rn. 91; *Schmitt* in Harbauer ARB 2010 § 1 Rn. 19.
[82] OLG Nürnberg r+s 1992, 19.
[83] *Piontek* in Prölss/Martin ARB 2010 § 3 Rn. 91.

G. Abdingbarkeit, Produktoffenheit

47 Grundsätzlich unterliegt die Ausgestaltung des Rechtsschutzversicherungsvertrages der Privatautonomie, so dass an sich auch die Vorgaben des VVG zur Disposition stünden. Zum Schutz des Versicherungsnehmers macht hiervon § 129 aber eine Ausnahme: Von den §§ 126–128 kann nicht zum Nachteil des Versicherungsnehmers abgewichen werden. Dies entspricht dem früheren § 158o VVG aF.

48 Für § 125 gelten diese Einschränkungen nicht.[84] Auch damit bringt der Gesetzgeber zum Ausdruck, dass die Vertragsparteien frei über Leistungen entscheiden sollen – natürlich im Rahmen etwaiger anderer zu berücksichtigenden gesetzlichen Vorgaben.[85]

49 Auch dem Gesetzgeber ist nicht verborgen geblieben, dass in der Rechtsschutzbranche zunehmend Leistungen angeboten werden, welche über die Muster-ARB des GDV hinausgehen. Zudem zeichnet sich seit Jahren ab, dass die Versicherer sich vom Image des reinen Zahlmeisters lösen möchten und im Rahmen der gesetzlichen Regelungen weitere Dienstleistungen erbringen wollen.[86] Treiber hierfür ist zum einen sicherlich der harte Wettbewerb. Andererseits ist aber in unserer modernen Dienstleistungsgesellschaft auch ein objektiver Bedarf für weitergehende Aktivitäten der Rechtsschutzversicherer festzustellen. Der anspruchsvoller werdende Kunde betrachtet seinen Versicherer in Rechtsangelegenheiten zunehmend als Drehscheibe und erwartet, dass dieser ihn quasi durch den Paragrafendschungel navigiert und zur Orientierung auf dem teilweise unübersichtlichen Dienstleistungsmarkt qualifizierte Netzwerke von Dienstleistern bereit hält, die für die Wahrnehmung der rechtlichen Interessen notwendig oder nützlich sein können. Wie diese Rolle des Rechtsnavigators im Detail auszugestalten ist, muss jeder einzelne Versicherer für sich selbst entscheiden. Nutznießer ist in jedem Falle der Verbraucher, denn je größer das Spektrum des Angebots ist, umso mehr Möglichkeiten bieten sich ihm, seine Rechtsprobleme optimal gelöst zu bekommen. Konsensuale Konfliktlösungsinstrumente wie zB die Mediation erlangen hierbei eine zunehmende Bedeutung.[87]

50 Der Gesetzgeber hat vor diesem Hintergrund gut daran getan, den Aufgabenbereich der Rechtsschutzversicherung nicht genauer zu beschreiben und damit evtl. auch zu beschränken. Neue Versicherungs- und Leistungsformen bleiben somit möglich. Und der Verbraucher kann auch vom Erfahrungsschatz seines Versicherers profitieren.

§ 126 Schadensabwicklungsunternehmen

(1) ¹Werden Gefahren aus dem Bereich der Rechtsschutzversicherung neben anderen Gefahren versichert, müssen im Versicherungsschein der Umfang der Deckung in der Rechtsschutzversicherung und die hierfür zu entrichtende Prämie gesondert ausgewiesen werden. ²Beauftragt der Versicherer mit der Leistungsbearbeitung ein selbständiges Schadenabwicklungsunternehmen, ist dies im Versicherungsschein zu bezeichnen.

(2) ¹Ansprüche auf die Versicherungsleistung aus einem Vertrag über eine Rechtsschutzversicherung können, wenn ein selbständiges Schadensabwicklungsunternehmen mit der Leistungsbearbeitung beauftragt ist, nur gegen dieses geltend gemacht werden. ²Der Titel wirkt für und gegen den Rechtsschutzversicherer. ³§ 727 der Zivilprozessordnung ist entsprechend anzuwenden.

Übersicht

	Rn.		Rn.
A. Bedeutung der Norm	1	C. Rechte und Pflichten des Schadenabwicklungsunternehmens	8
B. Inhalt der Norm	4	I. Rechtsbeziehungen zwischen Versicherer, Versicherungsnehmer und Abwicklungsunternehmen	8
I. Inhalt des Versicherungsscheines	4		
II. Schadenabwicklungsunternehmen	6	II. Vollstreckung	13

---

[84] BGH r+s 2016, 235.
[85] *Wendt* VersR 2014, 420 (424).
[86] *Hillmer-Möbius* in Schwintowski/Brömmelmeyer/Ebers VVG § 125 Rn. 5.
[87] Zur Fehlentwicklung der sog. „Zwangs"-Mediation in unternehmensspezifischen ARB vgl. OLG Frankfurt a. M. r+s 2015, 351 mAnm *Maier*; das Urteil der Vorinstanz (LG Frankfurt a. M. NJW 2014, 2204) bespricht ausf. *Röthemeyer* ZKM 2014, 203.

Stichwort- und Fundstellenverzeichnis

Stichwort	Rn.	Rspr.	Lit.
Interessenkollision	→ Rn. 1	–	Piontek in Prölss/Martin VVG § 126 Rn. 5; Klatt VW 1987, 1573; Müller VW 1988, 1 Rn. 354.
Gesetzliche Prozessstandschaft	→ Rn. 9	OLG Düsseldorf NVersZ 2002, 136 = r+s 2002, 246	Piontek in Prölss/Martin VVG § 126 Rn. 7; Münkel in HK-VVG § 126 Rn. 5.
Umsatzsteuer/ Vorsteuerabzug	→ Rn. 9	BGH v. 26.10.2016 – IV ZR 34/16 = BGH r+s 2017, 14	

Schrifttum: *Armbrüster,* Freie Anwaltswahl und Rechtsschutzversicherung, VuR 2012, 167; *Armbrüster,* Freie Anwaltswahl für rechtsschutzversicherte Mandanten in Deutschland, AnwBl. 2012, 218; *Bauer,* Rechtsentwicklung bei den Allgemeinen Bedingungen für die Rechtsschutzversicherung bis Anfang 2008, NJW 2008, 1496; *Bauer,* Entwicklung bei den Allgemeinen Bedingungen für die Rechtsschutzversicherung bis Anfang 2013, NJW 2013, 1576; *Bauer,* Allgemeine Bedingungen für die Rechtsschutzversicherung (ARB 12), VersR 2013, 661; *Brieske,* Alptraum des Rechtsanwaltes in der Rechtsschutzversicherung, AnwBl. 1992, 69; *van Bühren,* Die ARB 2012 – Ein Danaer-Geschenk?, BRAK-Mitteilungen 6/2013, 255; *Cornelius-Winkler,* Schadenfreiheitsrabatte und „aktives Schadenmanagement" – Paradigmenwechsel in den Rechtsschutzversicherungen, NJW 2014, 588; *Eberhardt,* Rechtsschutzversicherung und außergerichtliche Konfliktlösung, ZKM 2014, 83; *Eberhardt,* Rechtsschutzversicherung im Wandel, VersR 2013, 802 ff.; *Füchtler,* Deckungsklage statt Stichentscheid?, VersR 1991, 156; *Harbauer,* Rechtsbegriffe in der Rechtsschutzversicherung, NVersZ 1999, 193; *Henssler,* Rechtsschutzversicherungen und Rechtsverfolgungskosten, ZVersWiss 1999, 3; *Kilian,* Kostentragung trotz Deckungsablehnung im Schiedsgutachterverfahren in der Rechtsschutzversicherung, r+s 2007, 446; *Kilian,* Anwälte, Rechtsschutzversicherungen, Mandanten – die Wirklichkeit, AnwBl. 2012, 226; *Kindermann,* Strategien der Anwaltschaft im Umgang mit Versicherern, AnwBl. 2012, 223; *Klatt,* Rechtsschutzversicherung vor stärkerem Kostendruck, VW 1987, 1573; *Klatt,* Aktuelle Probleme bei der Rechtsschutzversicherung – Entwicklungstendenzen in der Rechtsschutzversicherung, 1990; *Kurzka,* Zur Bewertung des subjektiven Risikos in der Rechtsschutzversicherung, VersR 1994, 409; *Maier,* Neue Bedingungen in der Rechtsschutzversicherung (ARB 94), r+s 1995, 361; *Müller,* Die EWG-Rechtsschutzversicherungs-Richtlinie und ihre Auswirkungen, VW 1988, 1354; *Schier,* Die Stellung des Rechtsanwaltes in der Rechtsprechung der Verfassungsgerichte, AnwBl. 1984, 410; *Schilasky,* Einschränkung der freien Rechtsanwaltswahl in der Rechtsschutzversicherung, 1998; *Schirmer,* Die EWG-Rechtsschutzversicherungs-Richtlinie und ihre Auswirkungen, VW 1988, 1354; *Schirmer,* Schiedsverfahren statt Stichentscheid – eine notwendige Reform der ARB?, DAR 1990, 441; *Schirmer,* Aktuelle Probleme bei der Rechtsschutzversicherung – Meinungsverschiedenheiten zwischen Rechtsschutzversicherer und Versicherungsnehmer – Stichentscheid oder Schiedsverfahren, 1990; *Schirmer,* Die Rechtsschutzversicherung für den Kraftfahrer, DAR 1992, 418; *Schons,* Die freie Wahl des Anwalts – Vorzug der Rechtsschutzversicherung AnwBl. 2012, 221; *Schröder-Frerkes,* Konfliktbeilegungsmechanismen in der Rechtsschutzversicherung, 1991; *Stobbe,* Das Recht auf freie Anwaltswahl, AnwBl. 1991, 500; *Trittmacher/Köster,* Welchen Wert hat die freie Anwaltswahl bei der Rechtsschutzversicherung für den Verbraucher, VuR 2012, 165; *Weckmann,* Rechtsschutzversicherer als Rechtsdienstleister, 2018; *Wendt,* Schadenabwicklungsunternehmen in der Versicherungswirtschaft, DB 2014, 1241.

A. Bedeutung der Norm

Zielsetzung dieser Regelung ist die **Vermeidung von Interessenkollisionen** bei dem gleichzeitigen Betrieb einer Rechtsschutzversicherung mit anderen Versicherungssparten.

Diese Vorschrift ist Ausfluss der Aufhebung des Prinzips der Spartentrennung in der Rechtsschutzversicherung im Bereich der Bundesrepublik Deutschland. Rechtsschutzversicherung durfte in diesem Land nur von Versicherungen betrieben werden, die sich auf diese Sparte beschränkten, da man anders der Gefahr der Interessenkollision beim Versicherer nicht glaubte ausschalten zu können. Im Auge hatte man hier insbes. die Fälle, in denen der Rechtsschutzversicherer eines Geschädigten zugleich Haftpflichtversicherer des Gegners ist und Rechtsschutz gegen den Haftpflichtversicherer erforderlich wird. Interessenkollisionen sind für diese Fallkonstellation nicht auszuschließen. Aus diesem Grund hatte die deutsche Aufsichtsbehörde den gleichzeitigen Betrieb von Rechtsschutz- und Haftpflichtversicherung nicht zugelassen.[1]

---

[1] *Schmitt* in Harbauer VVG § 126 Rn. 1 und ARB 2010 Einl. Rn. 33, 34; *Klatt* VW 1987, 1537; *Müller* VW 1988, 1354; *Paffenholz* in Looschelders/Paffenholz VVG § 126 Rn. 2; *Rixecker* in Langheid/Rixecker VVG § 126 Rn. 1; *Wendt* in van Bühren/Plote VVG § 126 Rn. 3; *Piontek* in Prölls/Martin VVG § 126 Rn. 5: *Münkel* in HK-VVG § 126 Rn. 1.

2   Der Rat der europäischen Gemeinschaft hat am 22.6.1987 die Richtlinie zur Koordinierung der Rechts- und Verwaltungsvorschriften für die Rechtsschutzversicherung (RL 87/344/EWG)[2] erlassen. Eine entsprechende Transformation der Richtlinie erfolgte fristgemäß durch Gesetz v. 28.6.1990.[3] Das Gesetz ist am 1.7.1990 in Kraft getreten und lässt nunmehr neben der spartengetrennten Rechtsschutzversicherung auch den Betrieb der Rechtsschutzversicherung durch ein Kompositunternehmen zu, allerdings mit der Einschränkung, dass die Schadenregulierung von einem selbständigen Unternehmen durchgeführt wird. Dieses muss organisatorisch und personell vom Kompositversicherer getrennt sein.[4]

3   Die Vorschrift übernimmt inhaltlich unverändert den bisherigen § 158l VVG aF. Zur Angleichung an den Wortlaut von Abs. 1 S. 2 wird in Abs. 2 S. 1 nunmehr klargestellt, dass es sich um ein **selbständiges Abwicklungsunternehmen** (vgl. § 8a Abs. 1 VAG) handeln muss.[5]

B. Inhalt der Norm

I. Inhalt des Versicherungsscheines

4   Abs. 1 S. 1 der Vorschrift bestimmt, dass im Versicherungsschein eines Kompositversicherers neben den Sachsparten eine **getrennte Dokumentation** des Umfangs der Deckung einer Rechtsschutzversicherung sowie des hierfür zu entrichtenden Beitrages zu erfolgen hat. Sinn und Zweck des gesonderten Ausweises der Rechtsschutzversicherung bei einem Mehrspartenvertrag ist darin zu sehen, dass für den Versicherungsnehmer Transparenz im Hinblick auf mögliche Ansprüche aus einem bestehenden Rechtsschutzvertrag gegeben sein muss (Transparenzgebot).[6]

Der zusätzliche Ausweis der Rechtsschutzprämie soll sicherstellen, dass eine getrennte Kalkulation des versicherten Rechtsschutzrisikos erfolgt ist und der Versicherungsnehmer vor der Gefahr einer versteckten Beitragserhöhung, die bei Ausweis einer Gesamtprämie denkbar wäre, geschützt wird.[7]

Bei Verletzung der Dokumentationspflicht, steht dem Versicherungsnehmer ein Anspruch auf einen gem. Abs. 1 S. 1 ordnungsgemäßen Versicherungsschein, ggf. auch Schadenersatz zu.[8]

5   Diese Regelung macht ferner deutlich, dass die Rechtsschutzversicherung auch in gebündelten Verträgen als **eigenständiger Vertrag** mit den sich daraus ergebenden Rechten und Pflichten nach dem VVG anzusehen ist.[9]

II. Schadenabwicklungsunternehmen

6   Nach Abs. 1 S. 2 der Regelung ist im Versicherungsschein ebenfalls das beauftragte **Schadenabwicklungsunternehmen** zu bezeichnen, damit im Leistungsfall der Versicherungsnehmer sich unmittelbar an den Leistungserbringer wenden kann, wenn dieser nicht mit dem Versicherer identisch ist.

Diese Regelung ist Ausfluss der korrespondierenden Vorschrift des § 8a Abs. 1 VAG, wonach ein Versicherungsunternehmen, dass die Sparte Rechtsschutz zusammen mit anderen Versicherungssparten betreibt, die Leistungsbearbeitung in der Rechtsschutzversicherung einem anderen Unternehmen im Wege der Funktionsausgliederung zu übertragen hat.[10] Dieses selbständig arbeitende Schadenabwicklungsunternehmen darf außer der Rechtsschutzversicherung keine anderen Versicherungsgeschäfte betreiben und in anderen Versicherungssparten keine Leistungsbearbeitung erbringen (§ 8a Abs. 2 VAG). Die Regelung des VAG, die ebenfalls im Rahmen der Umsetzung der Rechtsschutzversicherungsrichtlinie (87/344/EWG)[11] in das VAG eingefügt wurde, hat dieselbe präventive

---

[2] VerBAV 1987, 442.
[3] BGBl. 1990 I S. 1249.
[4] Vgl. Art. 3 Abs. 1b der Richtlinie des Rates 87/344/EWG in VerBAV 1987, 444; BGH VersR 2016, 1593.
[5] Vgl. Begr. RegE, BT-Drs. 16/3945, 1991; BGH VersR 2016, 1593 Rn. 17; *Piontek* in Prölls/Martin VVG § 126 Rn. 5; *Paffenholz* in Looschelders/Paffenholz VVG § 126 Rn. 6.
[6] *Hillmer-Möbius* in Schwintowski/Brömmelmeyer/Ebers VVG § 126 Rn. 1.
[7] *Piontek* in Prölls/Martin VVG § 126 Rn. 1; *Wendt* in van Bühren/Plote VVG § 126 Rn. 4; *Müller* VW 1988, 1354 (1360).
[8] *Schmitt* in Harbauer VVG § 126 Rn. 3,4; *Paffenholz* in Looschelders/Paffenholz VVG § 126 Rn. 5. Piontek in Langheid/Rixecker VVG § 126 Rn. 4.
[9] *Rixecker* in Langheid/Rixecker VVG § 126 Rn. 1; *Hillmer-Möbius* in Schwintowski/Brömmelmeyer/Ebers VVG § 126 Rn. 5.
[10] *Piontek* in Prölls/Martin VVG § 126 Rn. 5.
[11] VerBAV 1987, 442.

Zielsetzung, der **Gefahr einer Interessenkollision** vorzubeugen, die vom gleichzeitigen Betrieb einer Rechtsschutz- und Haftpflichtversicherung bzw. Kraftfahrzeughaftpflichtversicherung ausgehen kann.[12]

Wird das Schadenabwicklungsunternehmen nicht im Versicherungsschein bezeichnet, so kann dies Schadenersatzansprüche des Versicherungsnehmers begründen, zB wenn er zunächst den Rechtsschutzversicherer selbst in Anspruch nimmt; als Schaden wären die insoweit vergeblich aufgewandten Prozesskosten anzusehen.[13]

C. Rechte und Pflichten des Schadenabwicklungsunternehmens

I. Rechtsbeziehungen zwischen Versicherer, Versicherungsnehmer und Abwicklungsunternehmen

Gem. Abs. 2 S. 1 nimmt das beauftragte **Schadenabwicklungsunternehmen** grds. die Interessen des Versicherers wahr und **handelt in dessen Namen mit Wirkung für und gegen den Versicherer.**[14] Der Wortlaut könnte zunächst dafür sprechen, dass dies lediglich für den gerichtlichen Bereich gelten soll. Sinn und Zweck der Vorschrift fordern aber eine weite Auslegung der Norm, insbes. da die prozessrelevanten Themen idR schon außergerichtlich korrespondiert werden und somit auch in diesem Stadium bereits eine Kollisionsgefahr besteht.[15] Diese Auslegung entspricht auch der zurzeit gängigen Regulierungspraxis am Markt. Das Schadenabwicklungsunternehmen ist Ansprechpartner für den Versicherungsnehmer und übernimmt sämtliche mit der Leistungsbearbeitung zusammenhängenden Rechte und Pflichten.[16] Folgerichtig ist somit auch die Verpflichtung zur Benennung des beauftragten Unternehmens im Versicherungsschein gem. Abs. 1 S. 2.

Abs. 2 S. 1 begründet den Fall einer **gesetzlichen passiven Prozessstandschaft** für das beauftragte Schadenabwicklungsunternehmen.[17] Diese Prozessstandschaft des Unternehmens entsteht ausweislich des eindeutigen Wortlauts des Gesetzes mit der Übertragung der Regulierungskompetenz. Ohne diese Regelung müsste der Versicherungsnehmer seine Ansprüche aus dem Rechtsschutzvertrag gegen den Kompositversicherer geltend machen,[18] da dieser die vertraglich vereinbarte Leistung aufgrund des bestehenden Rechtsschutzvertrages schuldet.[19] Dies hat zur Folge, dass bei einer Übertragung der Regulierungskompetenz auf ein Schadenabwicklungsunternehmen eine Klage gegen den Versicherer auf Leistung als von Anfang an unbegründet anzusehen ist;[20] ein Rechtsstreit ist daher gegen das Schadenabwicklungsunternehmen mit Wirkung für den Kompositversicherer zu führen, der nach wie vor materiell-rechtlich verpflichtet ist.

Eine aktive Prozessstandschaft des Schadenabwicklungsunternehmens sieht das Gesetz nicht vor, so dass zB das Unternehmen nicht mit Prämienforderungen aufrechnen kann. Hierzu bedarf einer entsprechenden Abtretung der Prämienforderung.[21]

Schadenabwicklungsunternehmen sind nicht vom **Vorsteuerabzug** ausgeschlossen. Gemäß § 4 Nr. 10 Buchst. a UStG sind ausschließlich Leistungen aufgrund eines Versicherungsverhältnisses im Sinne des Versicherungssteuergesetzes umsatzsteuerbefreit. Hat z.B. ein Versicherungsnehmer in einem Kostenfestsetzungsbeschluss enthaltene Umsatzsteuerbeträge an das Schadenabwicklungsunternehmen geleistet, kann er diese nach bereicherungsrechtlichen Grundsätzen zurückfordern. Ein solches Rechtsverhältnis besteht lediglich zwischen Versicherungsnehmer und Versicherer, nicht aber mit dem Schadenabwickler, der lediglich gesetzlicher Prozessstandschafter des Versicherers ist.[22]

---

[12] OLG Düsseldorf NVersZ 2002, 136 = r+s 2002, 246; *Piontek* in Prölss/Martin VVG § 126 Rn. 5.
[13] *Piontek* in Prölss/Martin VVG § 126 Rn. 3, 4; *Schmitt* in Harbauer VVG § 126 Rn. 3; *Vogel* in Looschelders/Pohlmann VVG § 126 Rn. 2.
[14] *Schmitt* in Harbauer VVG § 126 Rn. 10 ff.; *Piontek* in Prölls/Martin VG § 126 Rn. 9, 10; *Paffenholz* in Looschelders/Paffenholz VVG § 126 Rn. 11.
[15] *Hillmer-Möbius* in Schwintowski/Brömmelmeyer/Ebers VVG § 126 Rn. 7.
[16] *Wendt* in van Bühren/Plote VVG § 126 Rn. 12 ff.; *Schmitt* in Harbauer VVG § 126 Rn. 11.
[17] BGH r+s 2018, 539; Vgl. Begr. RegE BT-Drs. 11/6341, 37; *Vogel* in Looschelders/Pohlmann VVG § 126 Rn. 4; *Münkel* in HK-VVG § 126 Rn. 5; *Schmitt* in Harbauer VVG § 126 Rn. 8.
[18] OLG Düsseldorf NVersZ 2002, 136 = r+s 2002, 246.
[19] *Piontek* in Prölss/Martin VVG § 126 Rn. 7, 8.
[20] OLG Düsseldorf NVersZ 2002, 136; *Vogel* in Looschelders/Pohlmann VVG § 126 Rn. 9; *Schmitt* in Harbauer VVG § 126 Rn. 7.
[21] *Schmitt* in Harbauer VVG § 126 Rn. 16.
[22] BGH vom 26.10.2016 – IV ZR 34/16, Rn. 16; *Schmitt* in Harbauer VVG § 126 Rn. 15.

11 Streitig ist die Frage, ob die Beauftragung eines Schadenabwicklungsunternehmens dem **Vertretungsrecht** (§ 164 BGB) zuzuordnen[23] oder ob das Unternehmen als „**Partei kraft Funktion**" anzusehen ist, das voll und ganz in die Pflichten des Versicherers eintritt.[24] Leistet das beauftragte Unternehmen aufgrund eigener Verpflichtung oder ist es als Vertreter des Versicherers anzusehen? Für die Vertretungstheorie spricht, dass das Unternehmen aufgrund eines Auftrages des Versicherers („Beauftragt der Versicherer"... – Abs. 1 S. 2) tätig wird und nicht auf der Grundlage einer gesetzlichen Ermächtigung. Der dogmatische Streit hat letztlich geringe praktische Relevanz. Bedeutung könnte die Frage ua aber zB bei der Aufrechnung von Leistung und Prämienforderung durch den Versicherer haben (§ 35 VVG).[25]

12 Umstritten ist ferner die Frage, ob der Versicherungsnehmer nach Eintritt des Versicherungsfalles **Obliegenheiten** nur gegenüber dem Schadenabwicklungsunternehmen oder auch dem Versicherungsunternehmen gegenüber erfüllen kann.[26] Der Wortlaut des § 126 Abs. 2 und der Zweck der obligatorischen Einschaltung des Schadenregulierers sprechen dafür, dass Obliegenheiten nur gegenüber dem Abwicklungsunternehmen erfüllt werden können, auch wenn der Abs. 2 zunächst lediglich die Prozessführung regelt.[27] Nach Auffassung von *Paffenholz*[28] und *Münkel*[29] ist der Versicherer als Vertragspartner des Versicherungsnehmers alleiniger „Erfüllungsadressat". Dem stehen Zweck der Einschaltung des Schadenabwicklers und der klare Wortlaut des Abs. 2 der Vorschrift gegenüber.[30]

Einigkeit besteht jedoch weitgehend darüber, dass Erklärungen gegenüber dem Schadenabwicklungsunternehmen (zB im Hinblick auf bestehende Obliegenheiten) für und gegen den Versicherer wirken und Erklärungen gegenüber dem Versicherer dieser an das beauftragte Unternehmen umgehend weiterzuleiten hat.[31]

II. Vollstreckung

13 Da aufgrund der gesetzlichen Prozessstandschaft in Deckungsprozessen im Titel nur das Schadenabwicklungsunternehmen als Partei und nicht der aufgrund des Versicherungsvertrages zur Leistung verpflichtete Versicherer bezeichnet ist, bedarf es grds. einer Umschreibung des Titels auf den Versicherer, um in dessen Vermögen vollstrecken zu können. Eine Umschreibung ist im vereinfachten Verfahren analog § 727 ZPO zulässig (Abs. 2 S. 2), da sich schon aus dem Versicherungsschein der Versicherer und das beauftragte Schadenabwicklungsunternehmen ergeben und damit diese Umstände als offenkundig (gerichtsbekannt) anzusehen sind.[32]

Nach erfolgter Umschreibung kann mit dem Titel dann auch in das Vermögen des Versicherungsunternehmens vollstreckt werden, was in der täglichen Praxis idR bei einem Versicherer als Schuldner aber nicht erforderlich sein wird.

§ 127 Freie Anwaltswahl

(1) ¹Der Versicherungsnehmer ist berechtigt, zu seiner Vertretung in Gerichts- und Verwaltungsverfahren den Rechtsanwalt, der seine Interessen wahrnehmen soll, aus dem Kreis der Rechtsanwälte, deren Vergütung der Versicherer nach dem Versicherungsvertrag trägt, frei zu wählen. ²Dies gilt auch, wenn der Versicherungsnehmer Rechtsschutz für die sonstige Wahrnehmung rechtlicher Interessen in Anspruch nehmen kann.

(2) Rechtsanwalt ist auch, wer berechtigt ist, unter einer der in der Anlage zu § 1 des Gesetzes über die Tätigkeit europäischer Rechtsanwälte in Deutschland vom 9. März 2000 (BGBl. I S. 182, 1349), das zuletzt durch Artikel 1 des Gesetzes vom 26. Oktober 2003 (BGBl. I S. 2074) geändert worden ist, in der jeweils geltenden Fassung genannten Bezeichnungen beruflich tätig zu werden.

---

[23] *Piontek* in Prölss/Martin VVG § 126 Rn. 9; *Schmitt* in Harbauer VVG § 126 Rn. 10; *Vogel* in Looschelders/Pohlmann VVG § 126 Rn. 8; *Wendt* in van Bühren/Plote VVG § 126 Rn. 4.
[24] Ausdrücklich *Honsell* in Berliner Kommentar VVG § 158 I Rn. 12.
[25] *Honsell* in Berliner Kommentar VVG § 158 I Rn. 16.
[26] *Schmitt* in Harbauer VVG § 126 Rn. 13; *Piontek* in Prölss/Martin VVG § 126 Rn. 10; *Wendt* in van Bühren/Plote VVG § 126 Rn. 15.
[27] *Piontek* in Prölss/Martin VVG § 126 Rn. 10: *Schmitt* in Harbauer VVG § 126 Rn. 10 ff.
[28] *Paffenholz* in Looschelders/Paffenholz VVG § 126 Rn. 12.
[29] *Münkel* in HK-VVG § 126 Rn. 6.
[30] *Piontek* in Prölss/Martin VVG § 126 Rn. 10 mwN.
[31] *Schmitt* in Harbauer VVG § 126 Rn. 10 ff. mwN.
[32] OLG Köln VersR 2005, 1386; *Schmitt* in Harbauer VVG § 126 Rn. 16; *Münkel* in HK-VVG § 126 Rn. 5; *Paffenholz* in Looschelders/Paffenholz VVG § 126 Rn. 13.

Übersicht

	Rn.			Rn.
A. Bedeutung der Norm	1	IV.	Freie Anwaltswahl im außergerichtlichen und gerichtlichen Bereich	10
B. Inhalt der Norm	4	V.	Freie Anwaltswahl und Kostentragungspflicht des Versicherers	11
I. Recht der freien Anwaltswahl	4			
II. Grenzen der freien Anwaltswahl	5	1.	Einschränkung des Leistungsumfangs	11
1. Begrenzung auf einen Kreis von Rechtsanwälten	6	2.	Finanzielle Anreizsysteme	13
2. Verzicht auf freie Anwaltswahl	7	3.	Aktives Schadenmanagement	14
III. Empfehlung von Anwälten durch den Versicherer	8	4.	Konsensuale Streitschlichtung/Mediation	15
		C.	Gleichgestellte Personen (Abs. 2)	18

Stichwort- und Fundstellenverzeichnis

Stichwort	Rn.	Rspr.	Lit.
Sammelklageverfahren	→ Rn. 2 f.	EuGH NJW 2010, 355	Amtl. Begr. BT-Drs. 16/3945, 1991
Freie Anwaltswahl „im Rahmen der Gesetze"	→ Rn. 4	BVerfG NJW 1965, 103	*Schneider* in Harbauer ARB 2010 § 17 Rn. 2 ff. mwN
„Kreis der Rechtsanwälte, deren Vergütung der Versicherer nach dem Versicherungsvertrag trägt"	→ Rn. 6	–	*Stobbe* AnwBl 1991, 500; *Schilasky,* Einschränkung der freien Rechtsanwaltswahl in der Rechtsschutzversicherung, 1998, S. 174
Verzicht auf die freie Anwaltswahl	→ Rn. 7	BGH VersR 1990, 195	*Piontek* in Prölss/Martin VVG § 128 Rn. 1 – gem. § 129 unabdingbar
Empfehlung von Rechtsanwälten	→ Rn. 8 f.	LG Bremen VersR 1986, 974	*Schmitt* in Harbauer ARB 2010 § 17 Rn. 5
Freie Anwaltswahl und Kostentragungspflicht des Versicherers; Finanzielle Anreiz-systeme/Schaden-Management/Mediation	→ Rn. 11 ff.	EuGH VersR 2013, 1530; BGH VersR 2014, 98; OLG Frankfurt a. M. GRUR 2015, 919; OLG Bamberg NJW 2012, 2212;	*Schilasky,* Einschränkung der freien Rechtsanwaltswahl in der Rechtsschutzversicherung, 1998, S. 18; *Armbrüster* VuR 2012, 167 ff.; *Eberhardt* VuR 2013, 802 ff.; ZKM 2014, 83 ff., zur „freien Mediatorenwahl"

Schrifttum: Vgl. die Angaben bei § 126.

A. Bedeutung der Norm

Die Vorschrift ist identisch mit dem bisherigen § 158m Abs. 1 VVG aF. Diese war im Rahmen **1** des Gesetzes zur Durchführung versicherungsrechtlicher Richtlinien des Rates der EWG (RL 87/344/EWG des Rates v. 22.6.1987)[1] in das VVG mit Wirkung zum 1.7.1990 eingefügt worden.[2]

Für eine Änderung dieser Regelung hat der Gesetzgeber im Rahmen der Reform des VVG keinen Anlass gesehen, da **„sie den Grundsatz der freien Anwaltswahl bisher in der Praxis voll Rechnung trägt".**[3]

Abs. 2 der Norm, der die Gleichstellung der in einem EU-Mitgliedstaat niedergelassenen Rechtsanwälte regelt, ist lediglich um die aktuelle Änderung des Gesetzes über die Tätigkeiten der europäischen Rechtsanwälte in Deutschland ergänzt worden.[4]

Für die Rechtsschutzversicherung ist die Norm von essentieller Bedeutung, und zwar insbesondre im Hinblick auf die Grenzen der Vertragsgestaltung. Verbunden damit sind wirtschaftliche

---

[1] VerBAV 10/1987, 442.
[2] BGBl. 1990 S. 1249; vgl. insoweit auch § 3 BRAO.
[3] BT-Drs. 16/3945, 91.
[4] BT-Drs. 16/3945, 91.

Interessen mit Auswirkung auf die Prämienkalkulation der am Markt konkurrierenden Unternehmen.[5]

2   Einen Vorschlag der VVG-Kommission im Gesetzgebungsverfahren, eine Beschränkung der freien Anwaltswahl bei **Sammelklageverfahren** zu ermöglichen (vgl. § 128 Abs. 1 S. 3 des Entwurfs der VVG-Kommission), ist verworfen worden. Ziel des Vorschlages der VVG-Kommission war, die Prozessökonomie in derartigen Verfahren zu erhöhen. Eine entsprechende Beschränkung des Rechts der freien Anwaltswahl wäre jedoch aus Sicht des Gesetzgebers nur dann zulässig gewesen, wenn bei einer gemeinsamen Vertretung von mehreren Geschädigten durch einen Anwalt die Gefahr einer Interessenkollision hätte ausgeschlossen werden können. Zudem wird darauf verwiesen, dass eine derartige Regelung weitere Streitigkeiten über die Anwendbarkeit der Vorschrift auslösen würde, so dass der Vorschlag der VVG-Kommission letztendlich verworfen worden ist.[6]

2a   Der EuGH hat im Verfahren Eschig/UNIQA mit Urteil v. 10.9.2009 (C-199/08, NJW 2010, 355) zur freien Anwaltswahl in **Sammelklagen** Stellung genommen, wie Art. 4 lit. a RL 87/344/EWG des Rates v. 22.6.1987 zur Koordinierung der Rechts- und Verwaltungsvorschriften für die Rechtsschutzversicherung auszulegen ist. Dieser Entscheidung lag eine Vorlage des obersten österreichischen Gerichtshofes zugrunde mit der Frage, ob eine Einschränkung der freien Wahl des Anwaltes in sog. Massefällen wegen der gleichen/gleichartigen Ursache mit Art. 4 Abs. 1a RL 87/344/EWG vereinbar sei.[7] Danach kann sich der Rechtsschutzversicherer in dem Fall, dass eine größere Anzahl von Versicherungsnehmern durch dasselbe Ereignis geschädigt ist, nicht das Recht vorbehalten, selbst den Rechtsanwalt der betroffenen Versicherungsnehmer auszuwählen. Den Grund hierfür sieht das Gericht in erster Linie in einer Gefahr von Interessenkollisionen. In diesem Verfahren ging es um die Gültigkeit einer in den Allgemeinen Bedingungen für die Rechtsschutzversicherung (Österreich) enthaltenen Klausel, die den Versicherer berechtigt, seine Leistung ua bei Sammelklagen auf durch von ihm ausgewählte Rechtsvertreter zu beschränken.

Die EU-Kommission hatte in dem Verfahren hingegen eine Stellungnahme abgegeben, wonach die Richtlinie keinen absoluten Anspruch auf freie Anwaltswahl vorsehe und die Auswahl eines Anwaltes in diesen Fällen im Interesse der Versichertengemeinschaft durchaus geboten sein kann.[8]

Die Zusammenfassung einer größeren Anzahl von Versicherten, die durch dasselbe Ereignis geschädigt wurden, im Wege einer Sammelklage erfolgt aus Gründen der Prozessökonomie und der Vertretungseffizienz und macht sowohl für den Versicherten als auch für den Versicherer durchaus Sinn, wobei durch organisatorische und vertragliche Maßnahmen die Gefahr einer Interessenkollision weitgehend reduziert werden kann.

Der EuGH hat in einer Entscheidung v. 10.9.2009 (C-199/08, NJW 2010, 355) die **freie Anwaltswahl** auf der Basis der Rechtsschutzversicherungslinie 87/344/EWG in jedem Gerichts- oder Verwaltungsverfahren **garantiert**.[9]

3   Da keine Änderung zum Wortlaut der bisherigen Vorschrift erfolgt ist, kann insoweit auch auf die bisherigen Kommentierungen zu § 158m VVG aF bzw. § 3 BRAO verwiesen werden.

B. Inhalt der Norm

I. Recht der freien Anwaltswahl

4   Nach Abs. 1 S. 1 ist der Versicherungsnehmer berechtigt, einen Rechtsanwalt, der seine Interessen wahrnehmen soll, frei zu wählen.

Der **Grundsatz der freien Anwaltswahl** ist auch Gegenstand der Allgemeinen Bedingungen für die Rechtsschutzversicherung (§ 17 Abs. 1 ARB 2010; Ziff. 4.1.3 ARB 2012)[10] und steht im Einklang mit § 3 Abs. 3 BRAO, der dem Bürger in gleicher Weise das Recht auf freie Anwaltswahl bestätigt. Jedermann hat im Rahmen der Gesetze das Recht, sich in seinen Rechtsangelegenheiten durch einen Anwalt seiner Wahl beraten und vertreten zu lassen. Umstritten ist, ob das Recht auf

---

[5]   *Bruns* in Bruck/Möller VVG § 127 Rn. 2.
[6]   Ausdrücklich Anm. in der amtl. Begr. des Gesetzentwurfs BT-Drs. 16/3945, 91.
[7]   EuGH DVBl 2009, 1376 ff. = NJW 2010, 355.
[8]   Generalanwältin *Trstenjak* BeckRS 2009, 70510; *Vogel* in Looschelders/Pohlmann VVG § 127 Rn. 5 ff.; *Hillmer-Möbius* in Schwintowski/Brömmelmeyer/Ebers VVG § 127 Rn. 5; zur Sammelklage siehe auch LG Münster VersR 2010, 106; *Filthuth* in BeckOK § 127 Rn. 6.
[9]   EuGH VersR 2013, 1530, eingereicht vom Hoge Raad der Nederlanden = Versicherungsschutz darf nicht auf Vertretung durch einen Mitarbeiter einer RS-Gesellschaft beschränkt werden.
[10] Musterbedingungen ARB 2010/2012 des Gesamtverbandes der Deutschen Versicherungswirtschaft e.V..

freie Anwaltswahl verfassungsrechtlich abgesichert ist.[11] Eine Einschränkung soll jedenfalls grds. nur im Hinblick auf Belange der Allgemeinheit (Funktionsfähigkeit der Rechtspflege)[12] möglich sein.

II. Grenzen der freien Anwaltswahl

Streitig ist, ob und ggf. in welchem Umfang das Recht der freien Anwaltswahl eingeschränkt werden kann.

§ 3 Abs. 3 BRAO bestätigt die **freie Anwaltswahl nur „im Rahmen der Gesetze"**. Einschränkungen sind in einer Reihe von Gesetzen enthalten (so zB §§ 78 ff. ZPO; §§ 137 ff. StPO).[13] Aber auch in den Allgemeinen Bedingungen für die Rechtschutzversicherung wird einzelfallabhängig zB in § 17 Abs. 1 S. 2 ARB 2010 das Recht zur Auswahl eines Anwaltes, der die rechtlichen Interessen des Versicherungsnehmers wahrnehmen soll, auf den Versicherer übertragen. Dies ist dann der Fall, wenn der Versicherungsnehmer dies verlangt oder wenn der Versicherungsnehmer keinen Rechtsanwalt benennt und dem Versicherer die alsbaldige Beauftragung eines Rechtsanwaltes notwendig erscheint. Im Rahmen der Bedingungen erfolgt ferner eine Einschränkung in Fällen der rechtlichen Interessenwahrnehmung außerhalb der Bundesrepublik Deutschland im Umfang des § 5 Abs. 1b ARB 2010[14] sowie im Bereich des Straf- und Ordnungswidrigkeiten-Rechtsschutzes in § 5 Abs. 1a ARB 2010.

1. Begrenzung auf einen Kreis von Rechtsanwälten. Nach dem Wortlaut begrenzt der Abs. 1 S. 1 die freie Anwaltswahl auf den **„Kreis der Rechtsanwälte, deren Vergütung der Versicherer nach dem Versicherungsvertrag trägt"**. Es stellt sich daher die Frage, ob das Recht der freien Anwaltswahl dadurch eingeschränkt werden kann, dass im Versicherungsvertrag der Kreis der Anwälte, aus dem der Versicherungsnehmer eine Auswahl treffen und einen Anwalt mit seiner rechtlichen Interessenwahrnehmung beauftragen kann, vom Versicherer festgeschrieben bzw. eingeschränkt werden darf.[15]

Der reine Wortlaut der Vorschrift spricht zunächst für eine derartige Auslegung. Da die Regelung des § 127 (§ 158m VVG aF) infolge der Umsetzung der EWG-Rechtsschutzversicherungs-Richtlinie (RL 87/344/EWG)[16] in das VVG aufgenommen worden ist, muss eine Auslegung dieser Vorschrift unter Berücksichtigung von Wortlaut, Sinn und Zweck dieser Richtlinie – also richtlinienkonform – vorgenommen werden: Art. 4 lit. a Abs. 1 RL 87/344/EWG[17] bestimmt ausdrücklich, dass dem Versicherten die Wahl des Anwaltes freisteht, wenn ein Anwalt oder eine sonstige nach dem nationalen Recht entsprechende qualifizierte Person in Anspruch genommen wird, um in einem Gerichts- oder Verwaltungsverfahren den Versicherten zu verteidigen, zu vertreten oder seine Interessen wahrzunehmen. Dieser Standard soll ein Mindestmaß an Verbraucherschutz überall in Europa gewährleisten: Nur vom Versicherungsnehmer frei gewählte Anwälte oder sonstige diesen gleichgestellte Personen, die von den Versicherern unabhängig sind, sollen danach die gerichtliche Rechtsbesorgung vornehmen dürfen.

Hieraus folgt, dass eine Beschränkung der freien Anwaltswahl auf einen vom Versicherer ausgewählten Kreis von Rechtsanwälten nicht zulässig erscheint.[18]

2. Verzicht auf freie Anwaltswahl. Ein genereller **Verzicht auf das Recht der freien Anwaltswahl** bei Abschluss des Rechtsschutzversicherungsvertrages ist nach wohl herrschender Meinung als Verstoß gegen § 127 anzusehen und damit unzulässig.[19]

In einer grundlegenden Entscheidung v. 26.10.1989 hat der BGH[20] zum Thema freie Anwaltswahl (Mieterverein – Urteil) Stellung genommen und dabei aber ausdrücklich offen gelassen, ob das Recht der freien Anwaltswahl durch vertragliche Vereinbarung **im Voraus** überhaupt ausgeschlossen werden kann. Das Gericht hat die Verknüpfung von Mitgliedschaft in einem Mieterverein und

---

[11] *Bruns* in Bruck/Möller VVG § 127 Rn. 6 mwN.
[12] BVerfG NJW 1995, 103; *Schier* AnwBl 1984, 410 (416).
[13] *Schmitt* in Harbauer VVG § 127 Rn. 5.
[14] *Schmitt* in Harbauer ARB 2010 § 5 Rn. 90.
[15] *Stobbe* AnwBl 10/1991, 500.
[16] VerBAV 10/1987, 442.
[17] VerBAV 10/1987, 444.
[18] *Schilasky*, Einschränkung der freien Rechtsanwaltswahl in der Rechtsschutzversicherung, 1998, S. 174, 175; *Schmitt* in Harbauer VVG § 127 Rn. 2; aA *Hillmer/Möbius* in van Bühren/Plote ARB § 17 Rn. 6a, 6b.
[19] BGH VersR 1990, 195; OLG Karlsruhe GRUR 1988, 703; *Schneider* in Harbauer ARB 2010 § 17 Rn. 3; *Paffenholz* in Looschelders/Paffenholz VVG § 127 Rn. 8; *Schilasky*, Einschränkung der freien Rechtsanwaltswahl in der Rechtsschutzversicherung, 1998, S. 171; *Klatt*, Aktuelle Probleme bei der Rechtsschutzversicherung, 1990, S. 370, 384.
[20] BGHZ 109, 153 = NJW 1990, 578.

Versichertenstellung (Gruppenversicherungsvertrag) jedenfalls dann als unzulässig erachtet, soweit ausschließlich dem Verein das Recht vorbehalten bleibt, im Versicherungsfall den Anwalt selbst zu benennen. Das persönliche Vertrauen ist Basis eines jeden Mandatsverhältnisses, so dass die Auswahl demjenigen überlassen bleiben muss, dessen rechtliche Interessen wahrgenommen werden sollen. Der Schutz des Rechtsuchenden ist auch vor dem Hintergrund denkbarer Kollisionen mit den Interessen des Vereins als vorrangig einzustufen.[21]

Eine vertragliche Abrede, das Recht der freien Anwaltswahl auszuschließen, wäre auch mit dem Charakter des § 127 als halbzwingende Norm (§ 129) nicht vereinbar, da Abweichungen zum Nachteil des Versicherungsnehmers nicht zulässig sind.

III. Empfehlung von Anwälten durch den Versicherer

8   Die unverbindliche **Empfehlung eines bestimmten Rechtsanwaltes** durch den Versicherer im Zusammenhang mit der Deckungszusage an den Versicherungsnehmer ist nach wohl herrschender Meinung weder standesrechtlich noch wettbewerbsrechtlich zu beanstanden. In einem vom Landgericht Bremen entschiedenen Fall[22] hatte der Rechtsschutzversicherer unverbindlich eine Empfehlung einer bestimmten Anwaltskanzlei ausgesprochen. Der Versicherungsnehmer hatte sich jedoch letztendlich an einen anderen Rechtsanwalt gewandt, der dann von dem Versicherer im Hinblick auf die Empfehlung eine strafbewährte Unterlassungserklärung verlangt hatte. Das Landgericht Bremen hat in seiner Entscheidung deutlich gemacht, dass der geltend gemachte Unterlassungsanspruch nicht begründet sei. Eine unverbindliche Empfehlung einer bestimmten Rechtsanwaltskanzlei sei weder standesrechtlich noch wettbewerbsrechtlich zu beanstanden, wenn die empfohlene Rechtsanwaltskanzlei im einschlägigen Rechtsgebiet über Erfahrung verfügt und/oder vom Rechtsschutzversicherer in der jeweiligen Rechtsfrage für kompetent erachtet wird.[23]

9   Das Vorhalten einer Vertragsanwaltsliste seitens des Versicherers ist im Hinblick auf § 17 Abs. 1 S. 2 ARB 2010 (Erfüllung der Sorgfaltspflicht gegenüber dem Versicherungsnehmer) sogar sinnvoll und stellt somit keinen Verstoß gegen das Gebot der freien Anwaltswahl gem. § 127 dar.

IV. Freie Anwaltswahl im außergerichtlichen und gerichtlichen Bereich

10   Aus Abs. 1 S. 2 folgt, dass das **Recht der freien Anwaltswahl** nicht nur für Gerichts- und Verwaltungsverfahren, sondern **auch für die außergerichtliche Interessenwahrnehmung** gilt.[24] Bei Transformation der EWG-Rechtsschutzversicherungs-Richtlinie (87/344/EWG)[25] ist der nationale Gesetzgeber über das dort gesteckte Ziel deutlich hinausgegangen, als er das Recht der freien Anwaltswahl auch für den außergerichtlichen Bereich umgesetzt hat. Dies ist in dem benachbarten europäischen Ausland in dieser Form nicht erfolgt. Richtlinienkonform wäre demzufolge eine Umsetzung der freien Anwaltswahl nur für den gerichtlichen Bereich gewesen.[26] Die Versicherer in Deutschland sehen hierin eine offensichtliche Benachteiligung im Wettbewerb auf dem Rechtsdienstleistungsmarkt, ebenso wie in der im Vergleich zum europäischen Ausland einzigartigen Vorschrift des § 4 RDG, die den Rechtsschutzversicherer von jeglicher Rechtsberatung/Rechtsbesorgung, und zwar auch im außergerichtlichen Bereich, ausschließt. Weder der Schutz der Allgemeinheit vor unqualifizierter Rechtsbesorgung noch die Gefahr einer möglichen Interessenkollision rechtfertigen eine derart restriktive Gesetzgebung,[27] da diesen „Gefahren" mit verhältnismäßig geringeren Eingriffen durch entsprechende Regelungen und Vorkehrungen hätte entgegengetreten werden können.

V. Freie Anwaltswahl und Kostentragungspflicht des Versicherers

11   **1. Einschränkung des Leistungsumfangs.** Zu unterscheiden ist das Recht der freien Anwaltswahl von der Frage der Leistungs- bzw. Kostentragungspflicht des Versicherers im Rechtsschutzfall. Die freie Anwaltswahl ist in der BRAO und dem VVG geregelt und kann grds. nur durch

---

[21] Ausdrücklich BGHZ 109, 153; BGH r+s 1990, 126 bei gleichzeitiger Mitgliedschaft in einer Gewerkschaft und Rechtsschutzversicherung.
[22] LG Bremen VersR 1998, 974; *Münkel* in HK-VVG § 127 Rn. 3; *Wendt* in van Bühren/Plote § 127 Rn. 6; *Vogel* in Looschelders/Pohlmann VVG § 127 Rn. 2.
[23] LG Bremen VersR 1998, 974; *Paffenholz* in Looschelders/Paffenholz VVG § 127 Rn. 6; *Schilasky*, Einschränkung der freien Rechtsanwaltswahl in der Rechtsschutzversicherung, 1998, S. 259.
[24] *Hillmer-Möbius* in Schwintowski/Brömmelmeyer/Ebers VVG § 128 Rn. 10; *Münkel* in HK-VVG § 127 Rn. 20–23.
[25] VerBAV 10/1987, 442.
[26] *Henssler* ZVersWiss 1999, 4 (5).
[27] BGH NJW 1961, 1133.

Gesetz eingeschränkt werden (§ 3 Abs. 3 BRAO). Von § 127 kann gem. § 129 nicht zum Nachteil des Versicherungsnehmers abgewichen werden (halbzwingende Vorschrift).

Der Grundsatz der **freien Anwaltswahl** hat jedoch keine unmittelbare rechtliche Auswirkung auf die **Kostentragungspflicht des Versicherers**. Die Regelung des § 127 bezieht sich ausdrücklich nur auf die freie Auswahl eines Rechtsanwaltes, nicht jedoch auf dem im Versicherungsvertrag vereinbarten Leistungsumfang und der damit verbundenen Kostentragungspflicht des Versicherers im Rechtsschutzfall. Im Rechtsschutzvertrag kann der Versicherer beschränkende Kriterien des Leistungsumfanges vereinbaren. Einigkeit besteht weitgehend darin, dass sachgerechte Einschränkungen bzgl. der Übernahme von Rechtsanwaltskosten in den Versicherungsbedingungen vereinbart werden können.[28] Derartige Einschränkungen sind im Leistungskatalog einer Rechtsschutzversicherung in den unterschiedlichen Bedingungswerken seit ARB 69 üblich (vgl. zB § 5 Abs. 1a, b ARB 2010).[29]

Die Einschränkung der freien Anwaltswahl in Abs. 1 S. 1 auf den **„Kreis der Rechtsanwälte, deren Vergütung der Versicherer nach dem Versicherungsvertrag trägt"**, ist auch vor dem Hintergrund der Kostentragungspflicht des Versicherers zu sehen: die Kosten für einen frei gewählten Rechtsanwalt werden vom Versicherer nach Maßgabe der im Versicherungsvertrag vereinbarten Bedingungen übernommen. Unter Beachtung der im Versicherungsvertrag gesetzten Grenzen des Leistungsumfanges ist der Versicherungsnehmer in der Wahl seines Rechtsanwaltes frei.[30]

2. Finanzielle Anreizsysteme.[31] Im Rechtsschutzmarkt haben die Versicherer zunehmend finanzielle Anreizsysteme mit dem Ziel geschaffen, dass der Versicherungsnehmer einen Rechtsanwalt aus dem „Netzwerk" des Versicherers mandatiert. So wird zB auf der Basis der Allgemeinen Bedingungen/des Tarifes auf den Einbehalt eines vereinbarten Selbstbehaltes verzichtet bzw. auf eine im Rechtsschutzfall bedingungsgemäße Rückstufung ausgesetzt.

Die Zulässigkeit von Rechtsanwaltsempfehlungen verbunden mit finanziellen Anreizen wird insbes. bei der Anwaltschaft kritisch gesehen. So hält aber auch das OLG Bamberg[32] solche Anreize mit §§ 127, 129 für unvereinbar insbes. vor dem Hintergrund des „Aushöhlungsverbotes".[33] Anders entschieden hat zwischenzeitlich der BGH in seinem Urteil v. 4.12.2013,[34] wonach der Versicherer finanzielle Anreize, zB bei einem Schadenfreiheitssystem mit variablem Selbstbehalt oder bei Wegfall eines Selbstbehalts, setzen kann, wenn der Versicherungsnehmer einen von ihm empfohlenen Rechtsanwalt mandatiert. Entscheidend ist, dass der Versicherungsnehmer den Rechtsanwalt selbst wählen kann und dies ohne unzulässigen psychischen Druck, der die formal gewährte Wahlfreiheit faktisch wieder einschränken würde. Zur Grenzziehung hat der BGH in seiner Entscheidung drei Kriterien entwickelt, die auf die Wirkungsweise, die Dauerhaftigkeit sowie die finanzielle Bedeutung des wirtschaftlichen Anreizes abstellen. So setzen Auswirkungen auf einen späteren, noch nicht vorhersehbaren Rechtsschutzfall den Versicherungsnehmer weit weniger unter Druck, als wenn die Auswirkung bereits auf einen aktuellen Fall gegeben ist. Eine Beeinflussung der Entscheidung ist zudem umso geringer, je kürzer sich der Verzicht auf den finanziellen Anreiz auswirkt, dh wie lange die Entscheidung des Versicherungsnehmers nachwirkt. Ferner ist wohl unbestritten, dass mit der Höhe des finanziellen Anreizes der psychische Druck steigt.[35]

Fazit: Ein Verstoß gegen §§ 127, 129 ist in Fällen wirtschaftlicher Anreize wohl nur dann gegeben, wenn eine gravierende Einflussnahme auf die Auswahlentscheidung des Versicherungsnehmers erfolgt, dh dem Versicherungsnehmer keine Wahl mehr bleibt (**Aushöhlungsverbot**).[36] Dies hängt im Wesentlichen von der wirtschaftlichen Gewichtigkeit der unterschiedlichen Tarife in Bei-

---

[28] EuGH BeckRS 2011, 80902; *Schneider* in Harbauer ARB 2010 § 5 Rn. 21–24; *Klatt*, Aktuelle Probleme bei der Rechtsschutzversicherung, 1990, S. 27, 33; *Brieske* AnwBl 1992, 69; *Böhme*, Allgemeine Bedingungen für die Rechtsschutzversicherung (ARB), 12. Aufl. 2007, § 16 Rn. 1; *Schilasky*, Einschränkung der freien Rechtsanwaltswahl in der Rechtsschutzversicherung, 1998, S. 192 f.
[29] *Schneider* in Harbauer ARB § 5 Rn. 1a–h.
[30] *Schilasky*, Einschränkung der freien Rechtsanwaltswahl in der Rechtsschutzversicherung, 1998, S. 26–29; *Hillmer-Möbius* in Schwintowski/Brömmelmeyer/Ebers VVG § 127 Rn. 3.
[31] *Armbrüster* VuR 2012, 167 ff.; *Armbrüster* AnwBl 2012, 218 ff.; *Schons* AnwBl 2012, 221 ff.; *Kindermann* AnwBl 2012, 223 ff.; *Kilian* AnwBl 2012, 226 ff.; *Eberhardt* VersR 2013, 802 (806); *Trittmacher/Köster* VuR 2012, 165 ff.
[32] OLG Bamberg ZfS 2012, 640 ff. = NJW 2012, 2282 (2285 ff.) mAnm *Lensing*; sa Vorinstanz LG Bamberg VersR 2011, 1518; *Paffenholz* in Looschelders/Paffenholz VVG § 127 Rn. 7.
[33] EuGH NJW 2010, 355, Massenschadensfälle; *Wendt* in van Bühren/Plote VVG § 127 Rn. 4; *Paffenholz* in Looschelders/Paffenholz VVG § 127 Rn. 9.
[34] BGH VersR 2014, 98 im Anschluss an EuGH VersR 2013, 1530.
[35] BGH JZ 2014, 572 ff. mAnm *Armbrüster*; *Piontek* in Prölss/Martin VVG § 127 Rn. 2; *Bruns* in Bruck/Möller VVG § 127 Rn. 11, 14.
[36] EuGH NJW 2011, 3077 (3078); *Wendt* in van Bühren/Plote VVG § 127 Rn. 4.

trag und Leistungsumfang ab. Die Preis- und Leistungsdifferenz muss angemessen sein und darf kein Abschreckungskriterium im Hinblick auf die Ausübung der freien Anwaltswahl darstellen. So dürfte der Verzicht auf eine Selbstbeteiligung zB iHv 150 EUR bei der Wahl eines „Netzwerkanwaltes" des Versicherers noch keine Verletzung des Rechts der freien Anwaltswahl darstellen.[37]

14   **3. Aktives Schadenmanagement.** Ein weiterer von der Anwaltschaft kritisch gesehener Punkt ist in diesem Zusammenhang das Angebot der Versicherer zur Vermittlung einer telefonischen Erstberatung/Erstorientierung.[38] Soweit bei der Vermittlung des beratenden Anwalts die Grundsätze der freien Anwaltswahl von dem Versicherer gewährleistet sind, dürften im Hinblick auf § 127 keine Bedenken bestehen. Die Empfehlung eines Anwaltes ist grds. unbedenklich.[39] Das Angebot der telefonischen Erstberatung hat sich inzwischen auf dem Rechtsschutzmarkt aufgrund der Akzeptanz bei den Versicherungsnehmern und den hohen Fallzahlen weitgehend etabliert.[40]

Kritik[41] wird derzeit aber an der Regelung in den neuen Allgemeinen Bedingungen **Ziff. 4.1.1.1 ARB 2012** geübt, wonach der Versicherungsnehmer den Versicherungsfall „**unverzüglich, ggf. auch telefonisch**" zu melden hat. Sorge besteht, dass nun vermehrt die telefonische Anzeige als Mittel der Schadensteuerung genutzt wird. Gegen eine Verpflichtung des Versicherungsnehmers zur unverzüglichen Anzeige eines Schadenfalles bestehen grds. keine Bedenken (§ 30 Abs. 1 S. 1 VVG); sie gibt es auch in anderen Sparten und dient ua einer schnellen und reibungslosen Abwicklung des Schadenfalles. Rechtsanwalt und Mandant/Versicherungsnehmer wissen frühzeitig, ob und in welchen Umfang Deckung besteht. Die Gefahr der Schadessteuerung zu Netzwerkanwälten des Versicherers bei telefonischer Schadenmeldungen kann nicht negiert werden, wird jedoch überschätzt. Die Empfehlung eines Anwaltes vom Versicherer zwecks einer telefonischen Erstberatung ist unbedenklich – ein Verstoß gegen § 127 ist insoweit nicht gegeben. Anders würde dies nur bei einem Diktat des Versicherers aussehen, wovon jedoch vor dem Hintergrund der Regularien des Wettbewerbs und des Verbraucherschutzes nicht auszugehen ist. Ein Einvernehmen zwischen Anwaltschaft und Versicherern auch in diesem Punkt wäre im beiderseitigen Interesse.[42]

15   **4. Konsensuale Streitschlichtung/Mediation.** Gem. § 5a Abs. 1 ARB 2010/12 trägt der Versicherer die Kosten eines von ihm **vermittelten** Mediators für die Durchführung eines Mediationsverfahrens in Deutschland. Eine Erstattung der Verfahrenskosten die Vermittlung des Mediators durch den Verssicherer geknüpft. Die Muster-Mediationsklausel des GDV (Empfehlung) ist in Ziff. 2.3.1.1 ARB 2012 klarstellend **neu gefasst** worden, wonach der Rechtsschutzversicherer nunmehr einen Mediator vorschlägt, statt diesen zu vermitteln.[43] Dem Versicherungsnehmer wird damit die Möglichkeit eingeräumt, einen nicht vom Versicherer vorgeschlagenen Mediator zu wählen. Gem. § 5a Abs. S. 1 ARB 2012 trägt der Versicherer den auf den Versicherungsnehmer entfallenen Anteil an den Verfahrenskosten. Eine Erstattung der Verfahrenskosten ist nicht mehr an die Vermittlung des Mediators durch den Versicherer geknüpft.

15a   Der Grundsatz der freien Anwaltswahl gilt nach dem Wortlaut des § 127 in gerichts- und Verwaltungsverfahren und für die sonstige Wahrnehmung *rechtlicher Interessen* (Abs. 1 S. 2).[44] Es erscheint fraglich, ob er auch auf die Auswahl eines Mediators Anwendung findet? Im Gegensatz zum Anwalt, der ausschließlich die rechtlichen Interessen seines Mandanten zu berücksichtigen hat, ist der Mediator „neutraler Dritter".[45] Die Neutralität des Mediators steht grds. der Aufgabe eines **Anwaltes als Parteivertreter** entgegen. Ein Anwalt als Mediator ist dann nicht mehr Interessenvertreter des Versicherungsnehmers, sondern in dieser Aufgabe neutraler Dritter – er ist der Neutralität eines Mediators verpflichtet.[46] § 127 ist daher aus den dargelegten Gründen auf die Mediatorenwahl offensichtlich nicht anwendbar.

---

[37]   AA wohl *Schilasky,* Einschränkung der freien Rechtsanwaltswahl in der Rechtsschutzversicherung, 1998, S. 220; s.a. OGH VersR 2003, 1330.
[38]   S. hierzu auch *Schmitt* in Harbauer VVG § 127 Rn. 13, 14.
[39]   → Rn. 8.
[40]   *Eberhardt* VuR 2013, 802 (811); *Weckmann,* Rechtsschutzversicherer als Rechtsdienstleister, 2018, S. 245, 246.
[41]   S. *van Bühren* BRAK-Mitteilungen 6/2013, 255 ff. „Frontalangriff gegen die freie Anwaltswahl"; *Herder* in Looschelders/Paffenholz ARB 2010 § 17 Rn. 10, 13; siehe hierzu auch *Schmitt* in Harbauer VVG § 127 Rn. 13; *Cornelius-/Winkler* NJW 2014, 588 ff.
[42]   S. *van Bühren* BRAK-Mitteilungen 6/2013, 255 (258).
[43]   S. *Richter* in Looschelders/Pohlmann Teil D ARB 2012 Rn. 26a.
[44]   *Wendt* in van Bühren/Plote VVG § 127 Rn. 2; *Paffenholz* in Looschelders/Paffenholz VVG § 127 Rn. 1, 2; siehe auch § 3 Abs. 3 BRAO.
[45]   *Schmitt* in Harbauer VVG § 127 Rn. 19.
[46]   *Schmitt* in Harbauer ARB 2010 § 5a Rn. 19.

Überraschend hat der EuGH aber in einer Entscheidung vom 14.5.2020 – C- 667/18 festgestellt, dass der Begriff „Gerichtsverfahren" in Art. 201 Abs. 1 lit. a der Richtlinie 2009/138/EG (Solvabilität II) auch ein gerichtliches oder außergerichtliches Vermittlungsverfahren umfasst, an dem ein Gericht beteiligt ist oder werden kann,[47] mit der Folge, dass der Grundsatz der freien Anwaltswahl (§ 127) auch in Vermittlungsverfahren Anwendung finden soll.

Anzumerken ist in diesem Zusammenhang, dass die Mediation nach dem RDG keine Rechtsdienstleistung gem. § 2 Abs. 3 Nr. 4 RDG und daher grundsätzlich dem Anwaltsmonopol entzogen ist.[48] Wählt ein Versicherungsnehmer im Rahmen eines rechtsschutzmäßig gedeckten Mediationsverfahrens aber einen **Rechtsanwalt als Mediator**, so dürfte er bei seiner Wahl unter Berücksichtigung der Auslegung des Begriffs „Gerichtsverfahren" durch den EuGH frei sein.

Die Neufassung der Ziff. 2.3.1.1 der GDV Musterbedingung „Vorschlag" greift eine Formulierung der Begründung zum Mediationsgesetz auf, dass auch von dritter Seite ein entsprechender Vorschlag unterbreitet werden kann und entspricht § 2 Abs. 1 MediationsG, wonach die *Parteien* den Mediator auswählen.[49] Grundsätzlich ist der Versicherer zwar bei der Ausgestaltung seiner Produkte frei. Eine Verpflichtung zur Übernahme aller im Zusammenhang mit einer Streitschlichtung anfallenden Kosten besteht aber nicht. Die Wahl eines Mediators kann nur im beiderseitigen Einvernehmen der Medianten erfolgen; keine Partei kann ihren favorisierten Mediator durchsetzen und somit auch nicht der Versicherer. Zudem wäre eine Bestimmung des Mediators durch den Versicherer ohne Einverständnis beider Parteien im Hinblick auf das durch den **Grundsatz der Freiwilligkeit** geprägte Streitschlichtungsverfahren nicht denkbar. Die Wahl des Mediators muss jedoch nicht zwingend auf Initiative der Medianten erfolgen, sondern kann auch von Dritten ausgehen. Die Wahlfreiheit wird in diesem Fall nicht „obsolet".[50] Ein Vorschlagsrecht des Versicherers in § 5a Abs. 1 S. 2 ARB 2010 bzw. Ziff. 2.3.1.1 ARB 2012 verstößt weder gegen den Grundsatz der freien Anwaltswahl noch gegen § 2 Abs. 1 Mediationsgesetz.[51]

In der Praxis agieren die Rechtsschutzversicherer auch mit eigenen Streitschlichtern. Soweit diese das Gespräch zwischen dem Versicherungsnehmer und seinem Gegner neutral und unparteilich leiten (§ 1 Abs. 3 MediationsG), stellt diese Tätigkeit keine Rechtsdienstleistung iSd RDG dar. Diese Verfahrensweise ist seitens der Anwaltschaft vielfach auf Kritik gestoßen.[52] Letztendlich ist ein Verstoß gegen § 4 RDG nicht erkennbar, soweit die berechtigten rechtlichen Interessen des Versicherungsnehmers nicht beeinträchtigt werden, dh, wenn gewährleistet ist, dass die Streitschlichtung neutral und nicht in erster Linie aus Kosteninteressen mit eigenen Mediatoren des Versicherers durchgeführt wird.[53]

So hat der BGH[54] keinen Verstoß gegen das Gebot der freien Anwaltswahl gesehen, wenn die Mediationsklausel eines Rechtsschutzversicherers im Rahmen der nach § 125 bestehenden Vertragsfreiheit Kostenschutz nur unter der Bedingung erteilen will, dass der Versicherungsnehmer vor Beauftragung eines Rechtsanwaltes eine einvernehmliche Streitschlichtung durchführt, wobei sich der Versicherer die Auswahl des Mediators vorbehält.[55]

Mit dem bereits zuvor genannten Hinweisbeschluss des BGH hat der Senat die unter dem Stichwort „Zwangsmediation" bekannt gewordene Entscheidung des OLG Frankfurt a. M. v. 9.4.2015[56] bestätigt, wonach auch bei einer vom Versicherer vorbehaltenen Auswahl des Mediators die freie Anwaltswahl nicht beeinträchtigt ist, und zwar auch nicht im Fall eines Anwaltsmediators. Aufgabe des Mediators ist nicht die Wahrnehmung von rechtlichen Interessen (→ Rn. 27).

Ebenso wenig sieht der Senat des OLG Frankfurt a. M. einen Verstoß gegen das Freiwilligkeitsprinzip des § 1 Abs. 1 MediationsG bzw. die freie Mediationswahl gem. § 2 Abs. 1 MediationsG, wenn sich die Mediationsparteien über die Person eines von einem Dritten (Versicherer) vorgeschlagenen Mediators einigen (→ Rn. 31).

---

[47] EuGH 14.5.2020 – C-667/18, BeckRS 2020, 8838.
[48] So grds. noch *Schmitt* in Harbauer VVG § 128 Rn. 19 mwN.
[49] So aber ausdrücklich LG Frankfurt a. M. NJW 2014, 2204 mAnm *Lauda*.
[50] *Mayer* FD-RVG 2014, 359814 zum Urteil des LG Frankfurt a. M. BeckRS 2014, 12642.
[51] *Eberhardt* ZKM 2014, 83 (86, 87); s. insbes. amtl. Begr. zum MediationsG BT-Drs. 17/5335, 14: „Dabei erfordert die Wahl der Mediatorin oder des Mediators durch die Parteien nicht zwingend eine Initiative der Parteien. Die Parteien können vielmehr einen ihnen unterbreiteten Vorschlag konkludent annehmen."
[52] *Cornelius-Winkler* SVR 2013, 201, 205; *Risch* AnwBl. 2014,164.
[53] *Weckmann*, Rechtsschutzversicherer als Rechtsdienstleister, 2018, S. 247 ff.
[54] BGH r+s 2016, 235 auf OLG Frankfurt r+s 2015, 351.
[55] *Wendt* in van Bühren/Plote ARB 2010 Anh. 5a Rn. 6; *Hillmer-Moebius* in Schwintowski/Brömmelmeyer/Ebers VVG § 127 Rn. 24; aA wohl *Hering* ZfS 2013, 4, 7.
[56] OLG Frankfurt a. M. r+s 2015, 351 = GRUR 2015, 919; Vorinstanz: LG Frankfurt a. M. NJW 2014, 2204.

C. Gleichgestellte Personen (Abs. 2)

18 In Abs. 2 wird im Hinblick auf die in den EU-Mitgliedsstaaten niedergelassenen Rechtsanwälte eine Gleichstellung mit den in Deutschland zugelassenen Rechtsanwälten gesetzlich fingiert. Die Vorschrift erfüllt damit europarechtliche Vorgaben.[57]

§ 128 Gutachterverfahren

[1]Für den Fall, dass der Versicherer seine Leistungspflicht verneint, weil die Wahrnehmung der rechtlichen Interessen keine hinreichende Aussicht auf Erfolg biete oder mutwillig sei, hat der Versicherungsvertrag ein Gutachterverfahren oder ein anderes Verfahren mit vergleichbaren Garantien für die Unparteilichkeit vorzusehen, in dem Meinungsverschiedenheiten zwischen den Vertragsparteien über die Erfolgsaussichten oder die Mutwilligkeit einer Rechtsverfolgung entschieden werden. [2]Der Versicherer hat den Versicherungsnehmer bei Verneinung seiner Leistungspflicht hierauf hinzuweisen. [3]Sieht der Versicherungsvertrag kein derartiges Verfahren vor oder unterlässt der Versicherer den Hinweis, gilt das Rechtsschutzbedürfnis des Versicherungsnehmers im Einzelfall als anerkannt.

Übersicht

		Rn.			Rn.
A.	Bedeutung der Norm	1	7.	Bindungswirkung eines Stichentscheides	26
B.	Allgemeines	2	8.	Stichentscheid/Fälligkeit des Anspruchs auf Versicherungsschutz	28
C.	Gutachterverfahren bei Meinungsverschiedenheiten über Erfolgsaussichten oder Mutwilligkeit einer Rechtsverfolgung	9	9.	Kosten	30
			10.	Fristsetzung	35
			II.	Schiedsgutachterverfahren	40
I.	Stichentscheid	10	1.	Einleitung/Verfahrensgrundsätze	40
1.	Mutwilligkeit	10	2.	Bindungswirkung eines Schiedsgutachtens	45
2.	Einzelfragen zur Mutwilligkeit in Rspr. und Lit.	15	3.	Kosten des Schiedsgutachterverfahrens	47
3.	Erfolgsaussichten	17	4.	Abrategebühr	52
4.	Unverzügliche und begründete Ablehnung der Deckung	21	5.	Wirtschaftliche/rechtliche Interessenwahrnehmung	55
5.	Hinweispflicht	24	6.	Grundsätze für die Durchführung eines Schiedsgutachterverfahrens	59
6.	Stichentscheid als gutachterliche Stellungnahme	25	7.	Aktualisierung der Abrechnungsregeln im Hinblick auf das RVG	61

Stichwort- und Fundstellenverzeichnis

Stichwort	Rn.	Rspr.	Lit.
Abrategebühr	→ Rn. 53 ff.	LG Deggendorf VersR 2010, 247	*Obarowski* in VersR-HdB § 37 Rn. 540; *Herdtert* in Looschelders/ Paffenholz ARB 2010 § 3a Rn. 58 ff.
Begriff „Mutwilligkeit"	→ Rn. 10	BGH NJW-RR 2003, 228	*Schmitt* in Harbauer ARB 2010 § 3a Rn. 23 ff.; *Herdter* in Looschelders/ Paffenholz ARB 2010 § 3a Rn. 13 ff.
Begriff „hinreichende Erfolgsaussichten"	→ Rn. 17	BGH VersR 2003, 454 (455)	*Böhme,* Allgemeine Bedingungen für die Rechtsschutzversicherung (ARB), 12. Aufl. 2007, § 17 (1) Rn. 1; *Schmitt* in Harbauer ARB 2010 § 3a Rn. 10 ff.; *Wendt* r+s 2006, 1 (5)

---

[57] *Schmitt* in Harbauer VVG § 127 Rn. 3; *Piontek* in Prölss/Martin VVG § 127 Rn. 4; *Wendt* in van Bühren/ Plote VVG § 127 Rn. 7.

Stichwort	Rn.	Rspr.	Lit.
Bindungswirkung des Stichentscheids	→ Rn. 26 f.	OLG Düsseldorf ZfS 1990, 379; OLG Frankfurt a. M. VersR 1989, 735; OLG Köln r+s 2005, 285	*Herdter* in Looschelders/Paffenholz ARB 2010 § 3a Rn. 45 ff.
Fälligkeit des Versicherungsanspruchs und Stichentscheides	→ Rn. 28 f.	OLG Köln VersR 1989, 359 mAnm *Bauer*	–
Kosten fristwahrender Rechtsverfolgungsmaßnahmen	→ Rn. 49 ff.	AG Jena r+s 2008, 243 (244)	*Obarowski* in VersR-HdB § 37 Rn. 553; *Kilian* r+s 2007, 446 (447)
Monatsfrist nach §§ 3a Abs. 3 ARB 2010	→ Rn. 35 ff.	–	*Herdter* in Looschelders/Paffenholz ARB § 3a Rn. 23 ff.
Unverzügliche Ablehnung – Hinweispflicht	→ Rn. 21, 24	BGH NJW 2005, 1989; 2014, 1813	*Herdter* in Looschelders/Paffenholz ARB 2010 § 3a Rn. 19; *Obarowski* in VersR-HdB § 37 Rn. 442.
Voraussetzungsidentität Mutwilligkeit/ Erfolgsaussichten und Prozesskostenhilfe	→ Rn. 11	BGH NJW 1988, 266 ff.	*van Bühren* in van Bühren/Plote ARB § 3a Rn. 18
Wirtschaftliche/ rechtliche Interessenwahrnehmung	→ Rn. 56 ff.	BGH VersR 1991, 919	*Cornelius-Winkler* in Harbauer ARB 75 § 1 Rn. 3 mwN

Schrifttum: Vgl. → § 126

A. Bedeutung der Norm

Nach der amtlichen Begründung des Gesetzentwurfs der Bundesregierung zum Versicherungsvertragsreformgesetz v. 20.12.2006[1] übernimmt diese Vorschrift inhaltlich unverändert den bisherigen § 158m VVG aF. In S. 1 ist lediglich der Begriff „**Objektivität**" durch den Begriff „**Unparteilichkeit**" ersetzt worden. 1

Sinn und Zweck der Vorschrift ist die Garantie eines „unparteilichen" Gutachterverfahrens in Fällen, in denen der Versicherer seine Leistungspflicht wegen mangelnder Erfolgsaussichten oder wegen Mutwilligkeit einer rechtlichen Interessenwahrnehmung verneint hat.[2]

§ 128 VVG setzt die Vorgaben des Art. 6 RL 87/344/EWG um, die jetzt in Art. 203 RL 009/138 EG (Solvency – II – Rahmenrichtlinie) übergegangen sind.[3]

B. Allgemeines

Die Vorschrift bestimmt, dass der Versicherer für den Fall von Meinungsverschiedenheiten über die Erfolgsaussichten oder die Mutwilligkeit einer rechtlichen Interessenwahrnehmung ein Gutachterverfahren vorzusehen hat. 2

Die älteren Bedingungswerke in der Rechtsschutzversicherung bis einschließlich der ARB 75 sehen bei derartigen Meinungsverschiedenheiten das sog. Stichentscheidverfahren (§ 17 ARB 75) vor. Bedenken gegen das Stichentscheidverfahren sind im Hinblick auf die nunmehr geforderte **Unparteilichkeit** (bisher: Objektivität) insbes. deshalb vorgetragen worden, weil mit der Fertigung der begründeten Stellungnahme zu den Erfolgsaussichten oder der Mutwilligkeit eines Vorgehens der vom Versicherungsnehmer bereits beauftragte Anwalt selbst als Gutachter fungiert.[4] Nach wohl 3

---

[1] BT-Drs. 16/3945, 90.
[2] Zur Bedeutung der Norm: *Bruns* in Bruck/Möller ARB § 3a Rn. 2.
[3] *Piontek* in Prölss/Martin VVG § 128 Rn. 2; → Vor § 125 Rn. 1; *Wendt* in van Bühren/Plote VVG § 128 Rn. 1; *Bruns* in Bruck/Möller VVG § 128 Rn. 1.
[4] *Schröder-Frerkes*, Konfliktbeilegungsmechanismen in der Rechtsschutzversicherung, 1991, S. 341; aA OLG Köln VersR 2012, 1428 f.

herrschender Meinung entspricht der Stichentscheid bisher jedoch dem Objektivitätserfordernis der Vorschrift insbes. auch unter Hinweis darauf, dass grds. eine allgemeine Verpflichtung des Rechtsanwaltes besteht, von einer rechtlichen Interessenwahrnehmung abzuraten, wenn keine hinreichenden Erfolgsaussichten gegeben sind.[5]

4   Soweit nunmehr in S. 1 ein **unparteiliches Gutachten** verlangt wird, könnten erneut Bedenken gegen das Stichentscheidverfahren durch einen vom Versicherungsnehmer beauftragten Anwalt entstehen, da dieser in erster Linie Parteivertreter ist, der die Interessen des Versicherungsnehmers wahrzunehmen hat. Der Gesetzgeber ist in der Begründung des Gesetzentwurfes jedoch davon ausgegangen, dass **„der in den Allgemeinen Rechtsschutzbedingungen (ARB) vorgesehene Stichentscheid zulässig bleibt, sofern die Regelung für den Versicherungsnehmer von Vorteil ist"**.[6]

5   Der Gesetzgeber verzichtet darauf, ein bestimmtes Verfahren vorzuschreiben und überlässt den Rechtsschutzversicherern bewusst die Ausgestaltung des Verfahrens unter der Prämisse, dass diese dem Versicherungsnehmer nicht zum Nachteil gereichen darf (vgl. auch § 129).

6   Mit Einführung der ARB 94 und späteren Bedingungsgenerationen haben die Rechtsschutzversicherer anstelle des Stichentscheides (§ 17 ARB 75) in § 18 ARB 94 (aktuell: § 3a ARB 2010; ARB 2012 Ziff. 3.4) ein sog. Schiedsgutachterverfahren installiert, das größere Objektivität/Unparteilichkeit bei Meinungsverschiedenheiten über hinreichende Erfolgsaussichten und Mutwilligkeit einer rechtlichen Interessenwahrnehmung gewährleisten soll.[7] Vor diesem Hintergrund fungiert als Schiedsgutachter ein seit mindestens fünf Jahren zugelassener Rechtanwalt, der von dem Präsidenten der für den Wohnsitz des Versicherungsnehmers zuständigen Rechtsanwaltskammer benannt wird (§ 3a Abs. 4 S. 1 ARB 2010).

7   Der **Stichentscheid** hat gegenüber dem **Schiedsgutachterverfahren** den Vorteil, dass er für den Versicherungsnehmer in jedem Fall kostenfrei ist. Als Nachteil erweist sich aber, dass der Stichentscheid dann keine Bindungswirkung entfaltet, wenn der Versicherer sich zu Recht darauf berufen kann, dass dieser **„offenbar von der wirklichen Sach- und Rechtslage erheblich abweicht"** (§ 17 Abs. 2 S. 2 ARB 75).[8] Im Schiedsgutachterverfahren nach § 3a ARB 2010 ist auf einen solchen Einwand, der weitere Streitigkeiten (Deckungsklage) hervorrufen kann, bewusst verzichtet worden. Das Schiedsgutachterverfahren ist für den Versicherungsnehmer insbes. auch deshalb vorteilhaft, da fristwahrende Maßnahmen vom Leistungsumfang unabhängig vom Ausgang des Verfahrens gedeckt sind (§ 3a Abs. 3 S. 2 ARB 2010).[9]

8   Das **Schiedsgutachterverfahren** hat sich in der Praxis **nicht durchsetzen können**. Die ganz überwiegende Anzahl der Versicherer ist nach Einführung des Schiedsgutachterverfahrens im Rahmen der ARB 94 zwischenzeitlich auf Druck des Marktes, insbes. der Maklerschaft und der Verbraucherschützer, zum Stichentscheid zurückgekehrt, weil dieses Verfahren „verbraucherfreundlicher" sein soll. Inwieweit dies zutreffend ist, erscheint fraglich, insbes. da es im Interesse aller Beteiligten liegen sollte, wenn ein unabhängiger Dritter (erfahrener Anwalt) zur Frage der Erfolgsaussichten oder Mutwilligkeit einer Rechtsverfolgung eingehend im Rahmen eines Gutachtens begründet Stellung nimmt und damit die Sach- und Rechtslage nochmals **unvoreingenommen** durchleuchtet.

C. Gutachterverfahren bei Meinungsverschiedenheiten über Erfolgsaussichten oder Mutwilligkeit einer Rechtsverfolgung

9   Da die Rechtsschutzversicherer bei der Ausgestaltung eines Gutachterverfahrens nach § 128 unterschiedliche Wege gegangen sind, sehen die Musterbedingungen des GDV „Allgemeine Bedingungen für die Rechtsschutzversicherung (ARB 2010/2012)"[10] in § 3a ARB 2010 bzw. ARB 2012/14 Ziff. 4.3 alternativ sowohl das Stichentscheid- als auch das Schiedsgutachterverfahren vor. Beide

---

[5] *Piontek* in Prölss/Martin ARB 2010 § 3a Rn. 2; *Schirmer* DAR 1990, 441 (443); *Schneider* in van Bühren VersR-HdB § 13 Rn. 497; *Bruns* in Bruck/Möller VVG § 128 Rn. 9; aA ausdrücklich *Schröder-Frerkes*, Konfliktbeilegungsmechanismen in der Rechtsschutzversicherung, 1991, S. 346.
[6] BT-Drs. 16/3945, 91.
[7] S. *van Bühren* in van Bühren/Plote ARB § 3a Rn. 1 ff.; *Schmitt* in Harbauer ARB 2010 § 18 Rn. 2; *Maier* r+s 1995, 361 (364).
[8] BGH VersR 1994, 1061 mAnm *Lorenz*.
[9] *Obarowski* in Beckmann/Matusche-Beckmann VersR-HdB § 37 Rn. 544, 547.
[10] ARB 2010/2012/14 abrufbar unter www.gdv.de; idF der ARB 2010 ist die Regelung in den § 3a verschoben worden. Lit. und Kommentierung erfolgt weitgehend noch zu § 18 ARB 2009.

Verfahren wurden alternativ in die Musterbedingungen des GDV integriert.[11] Der Versicherer kann daher wahlweise auf eines der beiden Verfahren zurückgreifen[12] oder in seinem Bedingungswerk beide Verfahrensformen alternativ anbieten.

Die Kommentierung erfolgt auf der Basis der GDV-Musterbedingungen ARB 2010. Die **Neuformulierung der ARB 2012** enthält bzgl. der Regelungen der Mutwilligkeit und der Erfolgsaussichten keine inhaltlichen Änderungen. Die entsprechende Vorschrift befindet sich in **Ziff. 3.4**. Im Vordergrund der Überarbeitung stand die in den letzten Jahren erhobene Forderung der Verbraucherschützer und der Rspr. nach mehr **Transparenz**.[13] So werden zB juristische Fachbegriffe für den Versicherungsnehmer erläutert, so zB die „fristwahrende Maßnahme" oder die „Unverzüglichkeit" (Ziff. 3.4.3 und Ziff. 3.4.1.2).[14]

Es ist an dieser Stelle darauf hinzuweisen, dass die Versicherer in ihren Bedingungswerken von den Musterbedingungen zum Teil durch weitere Differenzierungen, zB bei der Kostentragungspflicht des Schiedsgutachtens, abgewichen sind. Bei Streitigkeiten sollte daher – wie ansonsten auch – auf die **im konkreten Einzelfall** vereinbarten Allgemeinen Bedingungen für die Rechtsschutzversicherung (ARB) zurückgegriffen werden.

I. Stichentscheid

§ 3a ARB 2010 Ablehnung des Rechtsschutzes wegen mangelnder Erfolgsaussichten oder wegen Mutwilligkeit – Stichentscheid

(1) Der Versicherer kann den Rechtsschutz ablehnen, wenn seiner Auffassung nach
a) in einem der Fälle des § 2a–g die Wahrnehmung der rechtlichen Interessen keine hinreichende Aussicht auf Erfolg hat
oder
b) die Wahrnehmung der rechtlichen Interessen mutwillig ist. Mutwilligkeit liegt dann vor, wenn der durch die Wahrnehmung der rechtlichen Interessen voraussichtlich entstehende Kostenaufwand unter Berücksichtigung der berechtigten Belange der Versichertengemeinschaft in einem groben Missverhältnis zum angestrebten Erfolg steht. Die Ablehnung ist dem Versicherungsnehmer in diesen Fällen unverzüglich unter Angabe der Gründe schriftlich mitzuteilen.

(2) Hat der Versicherer seine Leistungspflicht gemäß Absatz 1 verneint und stimmt der Versicherungsnehmer der Auffassung des Versicherers nicht zu, kann er den für ihn tätigen oder noch zu beauftragenden Rechtsanwalt auf Kosten des Versicherers veranlassen, diesem gegenüber eine begründete Stellungnahme abzugeben, ob die Wahrnehmung rechtlicher Interessen in einem angemessenen Verhältnis zum angestrebten Erfolgt steht und hinreichende Aussicht auf Erfolg verspricht. Die Entscheidung ist für beide Teile bindend, es sei denn, dass sie offenbar von der wirklichen Sach- und Rechtslage erheblich abweicht.

(3) Der Versicherer kann dem Versicherungsnehmer eine Frist von mindestens einem Monat setzen, binnen der der Versicherungsnehmer den Rechtsanwalt vollständig und wahrheitsgemäß über die Sachlage zu unterrichten und die Beweismittel anzugeben hat, damit dieser die Stellungnahme gemäß Absatz 2 abgeben kann. Kommt der Versicherungsnehmer dieser Verpflichtung nicht innerhalb der vom Versicherer gesetzten Frist nach, entfällt der Versicherungsschutz. Der Versicherer ist verpflichtet, den Versicherungsnehmer ausdrücklich auf die mit dem Fristablauf verbundene Rechtsfolge hinzuweisen.

1. Mutwilligkeit. Der Begriff der **Mutwilligkeit** wird seit Einführung der ARB 94 in § 18 entgegen dem Wortlaut der §§ 1, 17 ARB 75 nicht mehr expressis verbis verwandt; § 3a ARB 2010 versucht vielmehr diesen Rechtsbegriff durch eine konkrete Definition der Kriterien, die eine rechtliche Interessenwahrnehmung als mutwillig erscheinen lassen, auszufüllen.

Mutwillig ist danach eine Rechtsverfolgung immer dann, wenn ein **grobes Missverhältnis** zwischen den voraussichtlich entstehenden Kosten und dem angestrebten Erfolg (Kosten/Nutzen) besteht[15] oder anders formuliert, wenn eine Rechtsverfolgung von einer verständigen „bemittelten" Partei im Hinblick auf das Kosten-Nutzenverhältnis unterlassen würde.[16] Grundsätzlich hat die Frage

---

[11] *Herdter* in Looschelders/Paffenholz ARB § 3a Rn. 3.
[12] BT-Drs. 11/6341, 37; *van Bühren* in van Bühren/Plote ARB § 3a Rn. 2; *Schirmer* DAR 12/1990, 441 (445); *Herdter* in Looschelders/Paffenholz ARB § 3a Rn. 3.
[13] *Richter* in Looschelders/Paffenholz ARB 2012 Teil D Rn. 3 ff.
[14] *Obarowski* in Beckmann/Matusche-Beckmann VersR-HdB § 37 Rn. 556, 557.
[15] Vgl. *Schmitt* in Harbauer ARB 2010 § 3a Rn. 23 ff.; *Bruns* in Bruck/Möller VVG § 128 Rn. 25; *Böhme*, Allgemeine Bedingungen für die Rechtsschutzversicherung (ARB), 12. Aufl. 2007, § 17 (1) Rn. 2 mwN; *Schirmer*, Aktuelle Probleme bei der Rechtsschutzversicherung, 1990, S. 54.
[16] BGH NJW-RR 2003, 228; *Kießling* in HK-ZPO § 114 Rn. 32 ff.

der Mutwilligkeit sich an den Geboten der Sachbezogenheit und Wirtschaftlichkeit unter Abwägung der Einzelfallumstände zu orientieren.[17]

11 Der BGH hat in einer grundlegenden Entscheidung v. 16.9.1987[18] zu den Voraussetzungen einer Prüfung der Erfolgsaussichten/Mutwilligkeit durch den Versicherer Stellung genommen, wobei dies nicht ausdrücklich auch für den Begriff der Mutwilligkeit erfolgt ist. Er stellt klar, dass die wortgetreue Übernahme der sachlichen Voraussetzungen für die Bewilligung von Prozesskostenhilfe aus § 114 ZPO **„unmissverständlich"** zum Ausdruck bringt, dass eben unter denselben Voraussetzungen auch Rechtsschutz gegeben werden soll.[19] Da sich der Wortlaut des § 114 ZPO ebenfalls auf die Mutwilligkeit erstreckt, kann diese Entscheidung somit für die Einordnung dieses Rechtsbegriffes mit herangezogen werden. Ab Verwendung der ARB 94 ist jedoch die in § 18 ARB enthaltene Definition der Mutwilligkeit bei der Prüfung der Tatbestandsvoraussetzungen vorrangig maßgebend.

Lit. und Rspr. zur Prozesskostenhilfe können daher grds. bei der Auslegung des Begriffes der Mutwilligkeit auch im Rahmen der Rechtsschutzversicherung zu Rate gezogen werden.[20]

12 Streitig ist die Frage, ob die **Grenze der Mutwilligkeit** einer rechtlichen Interessenwahrnehmung bei einem Rechtsschutzversicherten eher niedriger als bei Gewährung von Prozesskostenhilfe anzusetzen ist, da der Versicherungsanspruch mit der Prämienzahlung **„erkauft"** wird.[21] Die wohl hM geht zutreffend davon aus, dass die Voraussetzungen für das Bestehen von Versicherungsschutz und Prozesskostenhilfe identisch sind, dh, dass die Anforderungen, unter denen Versicherungsschutz zu geben ist, weder enger noch weiter als bei der Prozesskostenhilfe sind.[22]

13 In Rspr. und Lit. wird zum Teil unzulässigerweise zwischen **Mutwilligkeit und Schadenminderungsobliegenheit** – Wahl des kostengünstigsten Weges[23] – (§ 82 Abs. 1; § 17 Abs. 1c bb ARB 2010) des Versicherungsnehmers nicht sorgfältig unterschieden. Dies geschieht insbes. in Fällen unnötiger Kostenerhöhung, wie zB bei unnötiger Führung getrennter Prozesse oder dem Einwand der Möglichkeit der einfacheren und kostengünstigeren Prozessführung.[24]

Der Hinweis auf die Verletzung von Schadenminderungsobliegenheiten führt idR nicht zu einer generellen Ablehnung der Eintrittspflicht, sondern lediglich zur **Nichtübernahme von Mehrkosten** auf Grund eines nicht Kosten sparenden Vorgehens. Hier geht es um subjekt-vorwerfbares Verhalten des Versicherungsnehmers, das grds. für eine Überprüfung in Rahmen eines Gutachterverfahrens nicht geeignet ist. Eine Ablehnung des Versicherungsschutzes wegen Mutwilligkeit erfolgt hingegen aufgrund objektiver Kriterien und betrifft Rechtsschutzfälle, in denen insgesamt kein Versicherungsschutz gegeben ist. Im Hinblick auf die unterschiedlichen Rechtsfolgen und ggf. bestehende Hinweispflichten (§ 128 S. 2) ist auf eine exakte Zuordnung zu achten.

14 In der Vergangenheit hat Mutwilligkeit in der Regulierungspraxis insbes. in **Bagatellbußgeldsachen**[25] eine Rolle gespielt und zwar immer dann, wenn ein offensichtliches Missverhältnis zwischen Kosten und Nutzen bestand, dh zwischen Geldbuße und Verteidigerkosten. Fälle dieser Art traten vor allem im Bereich der Halt- und Parkverstöße auf. Der von den Versicherern in diesen Fällen oftmals erhobene Einwand der Mutwilligkeit wurde zum Teil als unzulässig angesehen, da derjenige, der sich durch Prämienzahlung Versicherungsschutz erkauft, unabhängig von Kostenüberlegungen seine „Rechte" wahrnehmen können soll (→ Rn. 12).[26] Diese Streitfrage wurde schließlich weitgehend dadurch beigelegt, als mit Einführung der ARB 94 der Risikoausschluss „Halt- und Parkverstöße" (§ 3 Abs. 3e ARB 2010) eingeführt wurde.[27]

15 **2. Einzelfragen zur Mutwilligkeit in Rspr. und Lit.** Streitig ist, ob ein rechtliches Vorgehen gegen eine **vermögenslose Person** als mutwillig anzusehen ist. Dies ist zumindest dann anzunehmen, wenn die Vermögenslosigkeit definitiv feststeht, zB bei der Liquidation einer juristischen

---

[17] BGH VersR 2006, 67; vgl. *Schmitt* in Harbauer ARB § 3a Rn. 23 ff. mwN; s. Beispiele auch bei *Armbrüster* in Prölss/Martin ARB 2010 § 1 Rn. 15.
[18] BGH NJW 1988, 266 = VersR 1987, 1186.
[19] *Obarowski* in Beckmann/Matusche-Beckmann VersR-HdB § 37 Rn. 538; *Schneider* in van Bühren VersR-HdB § 13 Rn. 493, 494.
[20] *Bauer* VersR 1988, 174 (176).
[21] Ausdrücklich noch *Cornelius-Winkler* in Harbauer, 8. Aufl. 2010, ARB 75 § 1 Rn. 4.
[22] So wohl auch BGH VersR 1994, 1061; *Schirmer* DAR 1990, 441 (442); aA *Harbauer* NVersZ 1999, 193.
[23] *Hillmer-Möbius* in van Bühren/Plote ARB 2010 § 17 Rn. 16.
[24] *Cornelius-Winkler* in Harbauer ARB 2010 § 17 Rn. 52, 59; siehe auch die Beispiele bei *Böhme*, Allgemeine Bedingungen für die Rechtsschutzversicherung (ARB), 12. Aufl. 2007, § 17 (1) Rn. 2, 288, 289; vgl. ua auch zur Schadenminderungsobliegenheit: OLG Celle VersR 2007, 1122; OLG Hamm VersR 2002, 353.
[25] *Obarowski* in Beckmann/Matusche-Beckmann VersR-HdB § 37 Rn. 544.
[26] *Piontek* in Prölss/Martin ARB 2010 § 1 Rn. 14 f.
[27] S. *van Bühren* in van Bühren/Plote ARB § 3a Rn. 22.

Person oder wenn der Schuldner unpfändbar und unbekannten Aufenthalts ist.[28] Der BGH[29] vertritt insoweit jedoch die Auffassung, dass in diesen Fällen dann keine Mutwilligkeit anzunehmen ist, wenn der Gläubiger sich zur Sicherung seiner Ansprüche einen vollstreckbaren Titel verschaffen möchte. Dieser sehr weitgehenden Auffassung kann in dieser Tragweite nicht zugestimmt werden. Es muss zumindest eine realistische Chance bestehen, dass der vermögenslose Schuldner in absehbarer Zukunft zu einem pfändbaren Vermögen kommen kann.[30]

Mutwillig sind ferner Klagen aus einer **Gewinnzusage** gegen eine im Ausland ansässige Briefkastenfirma[31] sowie die Durchführung eines Insolvenzverfahrens, wenn nach Einschätzung des Gerichts die Insolvenzmasse noch nicht mal die Verfahrenskosten deckt.[32] Keine Mutwilligkeit besteht jedoch bei der Inanspruchnahme von bis zu zehn Universitäten bei sog. Kapazitätsklagen.[33] Nach Auffassung einiger Gerichte soll auch die Rechtverfolgung von Geschädigten im VW-Abgaskandal nicht mutwillig sein,[34] ebenso wie getrennte Klagen auf Zahlung und Kündigungsschutz im Arbeitsgerichtsverfahren.[35]

3. Erfolgsaussichten. Auch der Begriff der **hinreichenden Erfolgsaussichten** in § 3a Abs. 1a ARB 2010 ist deckungsgleich mit dem in § 114 Abs. 1 ZPO. Die Grundsatzentscheidung des BGH v. 16.9.1987[36] hat klargestellt, dass der Rechtsschutzversicherer im Hinblick auf die Erfolgsaussichtenprüfung unter den exakt gleichen Bedingungen Rechtsschutz geben will, unter denen der Staat Prozesskostenhilfe gewährt. Zu diesem Rechtsbegriff kann daher ebenfalls auf Rspr. und Lit. zu § 114 ZPO zurückgegriffen werden.[37]

Die Prüfung der **Erfolgsaussichten** erstreckt sich nach § 3a Abs. 1a ARB 2010 lediglich auf die **Leistungsarten § 2a–g ARB 2010**. Hieraus ergibt sich, dass der Versicherer im Rahmen der Leistungsarten § 2h–k ARB 2010 (Disziplinar- und Standes-Rechtsschutz, Straf-Rechtsschutz, Ordnungswidrigkeiten-Rechtsschutz, Beratungs-Rechtsschutz in Familien-, Lebenspartnerschafts- und Erbrecht) seine Leistungspflicht aus Gründen mangelnder Erfolgsaussichten einer Rechtsverfolgung nicht verneinen kann. Insoweit findet keine Erfolgsaussichtprüfung statt. Die ARB 75 sahen in § 17 Abs. 1 S. 3 in den Rechtsinstanzen (Revision, Rechtsbeschwerde) im Gegensatz zu den Tatsacheninstanzen noch die Möglichkeit der Überprüfung der Erfolgsaussichten und damit ggf. eine Ablehnung des Versicherungsschutzes vor. Hierauf ist mit Einführung der ARB 94 bewusst verzichtet worden.

In der Praxis wird die Fertigung eines Stichentscheides oftmals auch dann verlangt, wenn der Versicherer **aus anderen Gründen,** zB bei Vorliegen von Risikoausschlüssen, seine **Leistungspflicht verneint hat.** Der Grund hierfür ist möglicherweise in der zu allgemein gehaltenen früheren Überschrift der Bedingung „**Schiedsgutachten bei Ablehnung des Rechtsschutzes durch den Versicherer**" (§ 18 ARB 2009 – Überschrift **in § 3a ARB 2010** daraufhin **geändert**) zu sehen. Die Durchführung eines Gutachterverfahrens ist aber in diesen Fällen nach dem eindeutigen Wortlaut der Bedingungen nicht möglich und kann daher auch keine entsprechende Wirkung (Bindung) entfalten.[38]

Zur Tiefe/zum Umfang der Prüfung der Erfolgsaussichten durch den Versicherer ist anzumerken, dass grds. eine Vorwegnahme einer Beweisaufnahme durch den Versicherer beim Angebot zulässiger Beweise nicht durchgeführt werden darf.[39] Eine Zeugenaussage kann grds. erst dann abschließend beurteilt werden, wenn eine Vernehmung erfolgt ist und auf der Grundlage des persönlichen Eindrucks eine Bewertung erfolgen kann. Ausnahmen werden vom BGH nur dann zugelassen, wenn der Zeuge bereits in einem vorangegangenen Verfahren (zB Strafge-

---

[28] OLG Köln VersR 1995, 530; 1987, 1186; *Obarowski* in Beckmann/Matusche-Beckmann VersR-HdB § 37 Rn. 543.
[29] BGH VersR 2003, 454.
[30] OLG Düsseldorf ZfS 1989, 238; LG Hamburg r+s 1990, 164; LG Karlsruhe VersR 1982, 997; *van Bühren* in van Bühren/Plote ARB § 1 Rn. 44.
[31] OLG Dresden NJW-RR 2004, 1078; OLG Hamm r+s 2005, 285 ff.
[32] *Schneider* in Harbauer ARB 2000 § 5 Rn. 248; OLG Hamm OLGR 2005, 409.
[33] OLG Frankfurt a. M. r+s 2009, 505; OLG Celle VersR 2007, 1218; *Wendt* r+s 2010, 221 ff.; zahlreiche Beispiele für Mutwilligkeit bei *Schmitt* in Harbauer ARB 2010 § 3a Rn. 28 ff.
[34] Zum Beispiel: OLG Karlsruhe NJW 2017, 277 = r+s 2019, 263; LG Essen r+s 2016, 5.
[35] LAG Hamm BeckRS 2013, 69177; zahlreiche weitere Bsp. bei Schmitt in Harbauer ARB § 3a Rn. 25 ff.
[36] BGH NJW 1988, 266 mA von Bauer VersR 1988, 174.
[37] BGH VersR 2003, 454 (455); OLG Köln r+s 2002, 289, 290; *Schmitt* in Harbauer ARB 2010 § 3a Rn. 16; *Böhme,* Allgemeine Bedingungen für die Rechtsschutzversicherung (ARB), 12. Aufl. 2007, § 17 (1) Rn. 1; *Schirmer,* Aktuelle Probleme bei der Rechtsschutzversicherung, 1990, S. 53.
[38] *Hillmer-Möbius* in Schwintowski/Brömmelmeyer/Ebers VVG § 128 Rn. 9.
[39] BGH NJW 1988, 266 = VersR 1987, 1186.

richt) vernommen worden ist oder die Aussage in einer anderen Entscheidung Berücksichtigung gefunden hat.[40]

21   **4. Unverzügliche und begründete Ablehnung der Deckung.** Verneint der Versicherer seine Leistungspflicht wegen fehlender Erfolgsaussichten bzw. wegen Mutwilligkeit, so muss er dies **unverzüglich unter Angabe von Gründen** dem Versicherungsnehmer bzw. dem beauftragten Rechtsanwalt schriftlich mitteilen (§ 3a Abs. 1a ARB 2010 aE).[41] Die Ablehnung muss zwar nicht sofort, aber **ohne schuldhaftes Zögern,** dh innerhalb einer nach den Umständen des Einzelfalls zu bemessenden Prüfungs- und Überlegungsfrist, erfolgen.[42] Zu beachten ist, dass die Rspr. den Rechtsschutzversicherern grds. eine Bearbeitungszeit von zwei bis drei Wochen zubilligt.[43]

Erfolgt keine „**unverzügliche**" Ablehnung des Versicherungsschutzes, verliert der Versicherer nach stRspr sein Recht, den Versicherungsschutz wegen fehlender Erfolgsaussichten oder Mutwilligkeit zu versagen.[44]

22   Die Ablehnung des Versicherungsschutzes ist ferner vom Rechtsschutzversicherer zu **begründen,** dh aus der Entscheidung müssen die tragenden Gesichtspunkte unter Berücksichtigung des zugrunde liegenden Sachverhaltes und der Rechtslage dargestellt werden.[45] Der Versicherer ist gehalten, in seiner Deckungsablehnung alle Gründe anzuführen, warum er keinen Rechtsschutz gewähren will. Ist ein Stichentscheid erfolgt, ist ein Nachschieben von weiteren Gründen nicht möglich.[46]

23   Lehnt der Versicherer wegen fehlender Erfolgsaussichten **und** zusätzlich aus weiteren Gründen (zB Vorliegen eines Risikoausschlusses) den Versicherungsschutz ab, muss er gleichwohl unverzüglich, schriftlich und begründet den Versicherungsnehmer hiervon insgesamt unterrichten.[47]

24   **5. Hinweispflicht.** Lehnt der Versicherer seine Leistungspflicht wegen mangelnder Erfolgsaussichten oder Mutwilligkeit ab, hat der Versicherer wegen S. 2 den **Versicherungsnehmer auf die Möglichkeit**[48] **eines Stichentscheides/Schiedsgutachtens hinzuweisen.** Unterbleibt ein entsprechender Hinweis gilt nach S. 3 „**das Rechtsschutzbedürfnis des Versicherungsnehmers im Einzelfall als anerkannt".** Der Versicherer ist dann zur Erbringung der vertraglich vereinbarten Leistung verpflichtet (§ 128 S. 3).[49]

Die umstrittene Frage, ob die Hinweispflicht ausnahmsweise dann entfallen kann, wenn dem Versicherungsnehmer bzw. seinem Rechtsanwalt die Möglichkeit eines Stichentscheides/Schiedsgutachtens im konkreten Fall bekannt ist, ist vom BGH[50] nunmehr insoweit geklärt, dass es auf die Kenntnis des Versicherungsnehmers oder dessen Anwalt nicht ankommt;[51] die Vorschrift enthalte keine subjektiven Elemente (Kenntnis), sondern knüpfe an rein objektive Gegebenheiten an. **Ein Verstoß gegen die Hinweispflicht führt zum Verlust des Ablehnungsrechts.** Nicht zu überzeugen vermag, dass ein informierter Versicherungsnehmer oder Rechtsanwalt sich darauf berufen können soll, nicht informiert worden zu sein.[52] Dies würde eine nicht gerechtfertigte Förmlichkeit darstellen, die insbes. dann gegeben ist, wenn nach einer zunächst erfolgten formell korrekten Ablehnung des Versicherers zeitnah eine zweite erfolgt, die keinen entsprechenden Hinweis enthält.[53]

25   **6. Stichentscheid als gutachterliche Stellungnahme.** Der **Stichentscheid** durch den Anwalt des Versicherungsnehmers als dessen Interessenvertreter darf gleichwohl kein „Parteigutachten" darstellen, sondern muss vielmehr der Anforderung der **Unparteilichkeit** gem. S. 1 gerecht werden. Dabei unterliegt der Anwalt der generellen Pflicht aus dem Mandatsvertrag dann von einer

---

[40] BGH VersR 1990, 414; *Bauer* VersR 1988, 174 (175); *Schmitt* in Harbauer ARB 2010 § 3a Rn. 17 ff.
[41] OLG Karlsruhe r+s 2019, 705 ff. zu den Pflichten des Rechtsschutzversicherers bei Ablehnung.
[42] BGH NJW 2005, 1869; zur Definition s. Wortlaut § 121 BGB.
[43] OLG Frankfurt a. M. NJW-RR 1997, 1366; OLG Köln r+s 1991, 419; *van Bühren* in van Bühren/Plote ARB § 3a Rn. 26.
[44] BGH NJW 2014, 2042; VersR 2003, 638; OLG Celle r+s 2007, 57 (59); OLG Karlsruhe r+s 2004, 107; OLG Düsseldorf VersR 2001, 233; *van Bühren* in van Bühren/Plote ARB § 3a Rn. 27; *Herdter* in Looschelders/Paffenholz ARB 2010 § 3a Rn. 21; *Armbrüster* in Prölss/Martin ARB 2010 § 3a Rn. 14 ff.
[45] *Schirmer* DAR 12/1990, 441 (443).
[46] OLG Hamm VersR 2012, 563 = r+s 2012, 117.
[47] BGH VersR 2003, 454; 2003, 638.
[48] OLG Düsseldorf VersR 2019, 1550: der Hinweis auf die Möglichkeit reicht aus (ARB 75).
[49] OLG Düsseldorf VersR 2019, 1550; LG Berlin VuR 2014, 364; *Piontek* in Prölss/Martin ARB 2010 § 3a Rn. 21 mwN.
[50] BGH VersR 2014, 699 = r+s 2014, 282; s. auch OLG Karlsruhe BeckRS 2019, 26130.
[51] *Rixecker* in Langheid/Rixecker VVG § 128 Rn. 8, als Klauselregelung unterstellt, wäre dies eine unzulässige nachteilige Abweichung s. § 129.
[52] *Vogel* in Looschelders/Pohlmann VVG § 128 Rn. 10 ff.; *Hillmer-Möbius* in Schwintowski/Brömmelmeyer/Ebers VVG § 128 Rn. 14; *Wendt* in van Bühren/Plote VVG § 128 Rn. 9 mwN.
[53] *Obarowski* in Beckmann/Matusche-Beckmann VersR-HdB § 37 Rn. 551.

Rechtsverfolgung abzuraten, wenn keine hinreichenden Erfolgsaussichten bestehen.[54] Der Grad der Anforderung an einen Stichentscheid ist streitig.[55] Als Mindeststandard ist erforderlich, dass der Anwalt sich mit der Sach- und Rechtslage auseinandergesetzt hat und unter Berücksichtigung von Rspr. und Schrifttum eine Abwägung der Erfolgsaussichten einer Rechtsverfolgung vornimmt. Ferner sollte eine rechtliche Abwägung des Prozessrisikos auch unter Berücksichtigung der Interessen des Versicherers erfolgen.[56]

Für die Frage, ob ein Anwaltsschreiben als Stichentscheid zu werten ist, ist der Empfängerhorizont des Rechtsschutzversicherers entscheidend, insbesondere wenn auf das vorangegangene Ablehnungsschreiben Bezug genommen wird. Dabei muss es sich nicht mit allen denkbaren Ablehnungsgründen auseinandersetzen. Es ist ausreichend, wenn es sich mit den zuvor vom Versicherer genannten Gründen befasst.[57] Eine Darstellung des Sachverhalts kann dabei im Einzelfall entbehrlich sein.[58] Der erforderliche Umfang der Darstellung des Streitstoffes hängt von den bisher ausgetauschten Argumenten und dem Stadium ab, in dem sich die Streitigkeit befindet. In jedem Fall muss sich der Stichentscheid aber mit den Argumenten des Versicherers auseinandersetzen.[59]

7. Bindungswirkung eines Stichentscheides. Der Stichentscheid ist für beide Teile bindend (§ 3a Abs. 2 S. 2 ARB 2010), sofern die Verfahrensvoraussetzungen eingehalten worden sind. Voraussetzung ist insoweit, dass der Versicherer wegen Mutwilligkeit oder mangelnder Erfolgsaussichten abgelehnt hat und der Stichentscheid sowohl formell als auch materiell als begründete Stellungnahme des Rechtsanwaltes (Gutachter – nicht Parteivertreter) angesehen werden kann.[60]

26

Sind diese Voraussetzungen des Stichentscheidverfahren gegeben, ist die begründete Stellungnahme des Rechtsanwaltes nur dann nicht als verbindlich anzusehen, wenn sie offenbar von der wirklichen Sach- und Rechtslage abweicht.[61]

27

Dies ist zB dann der Fall, wenn die Auffassung des Rechtsanwalts der hM derart entgegensteht,[62] dass sie als nicht mehr vertretbar angesehen werden kann oder die Sach- und Rechtslage grob verkannt wird.[63] Offenbar ist die Abweichung dann, wenn sich die Unrichtigkeit einem Sachkundigen aufdrängt, dh klar und deutlich zutage tritt.[64]

8. Stichentscheid/Fälligkeit des Anspruchs auf Versicherungsschutz. Streitig ist, ob die Fertigung eines Stichentscheides Voraussetzung für die Fälligkeit des Versicherungsanspruches ist. In den Fällen der Ablehnung des Versicherungsschutzes wegen mangelnder Erfolgsaussichten und Mutwilligkeit wird nach dem Wortlaut der Bestimmung dem Versicherungsnehmer die Möglichkeit eröffnet, einen Stichentscheid seines Rechtsanwaltes zur Streitfrage herbeizuführen.[65] Er ist jedoch nicht dazu verpflichtet. Die Bestimmung ist nicht als notwendiges Vorschaltverfahren ausgestaltet, so dass der Stichentscheid nicht als Voraussetzung für die Fälligkeit des Anspruchs auf Leistung und damit als Zulässigkeitsvoraussetzung für eine Deckungsklage gegen den Versicherer anzusehen ist.[66]

28

---

[54] *Schirmer* DAR 1990, 441 (443).
[55] OLG Düsseldorf NJW-RR 2019, 1319; sa *Böhme,* Allgemeine Bedingungen für die Rechtsschutzversicherung (ARB), 12. Aufl. 2007, § 17 (1) Rn. 1.
[56] BGH NJW-RR 1990, 922; OLG Köln r+s 2001, 290; *Böhme,* Allgemeine Bedingungen für die Rechtsschutzversicherung (ARB), 12. Aufl. 2007, § 17 (1) Rn. 7; zu den Anforderungen an einen Stichentscheid; *Piontek* in Prölss/Martin ARB 2010 § 3a Rn. 35–37; OLG München 26.6.2019 – 25 U 4144/18, BeckRS 2019, 25335; OLG Naumburg 7.7.2016 – 41 U 7/16, BeckRS 2016, 120854.
[57] OLG Naumburg VersR 2017, 882.
[58] OLG Frankfurt NJW-RR 2019, 1319.
[59] BGH NJW-RR 1990, 922; OLG München BeckRS 2019, 25335.
[60] OLG Köln r+s 2012, 339 = AGS 2012, 206; *Schirmer* DAR 1990, 441 (444); *Böhme,* Allgemeine Bedingungen für die Rechtsschutzversicherung (ARB), 12. Aufl. 2007, § 17 (1) Rn. 8.
[61] OLG München VersR 1974, 279; *Herdter* in Looschelders/Paffenholz ARB 2010 Rn. 45–47; zur Bindungswirkung: BGH ZfS 1994, 304; *Schirmer,* Aktuelle Probleme bei der Rechtsschutzversicherung, 1990, S. 60, 61; *van Bühren* in van Bühren/Plote ARB 2010 § 3a Rn. 44.
[62] OLG Frankfurt a. M. VersR 1989, 735; OLG Düsseldorf ZfS 1990, 379.
[63] *Böhme,* Allgemeine Bedingungen für die Rechtsschutzversicherung (ARB), 12. Aufl. 2007, § 17 (1) Rn. 8; *Schmitt* in Harbauer ARB 2010 § 3a Rn. 51, 52.
[64] *Herdter* in Looschelders/Paffenholz ARB 2010 § 3a Rn. 47; *Voit* in Prölss/Martin VVG § 84 Rn. 23 ff., enthält vergleichbare Regelung für Sachverständigenverfahren.
[65] OLG Köln VersR 1989, 359 (361); LG Aachen NJW-RR 1988, 921; *Obarowski* in Beckmann/Matusche-Beckmann VersR-HdB § 37 Rn. 548.
[66] *Obarowski* in Beckmann/Matusche-Beckmann VersR-HdB § 37 Rn. 548; wohl hM, OLG Köln VersR 1989, 359 (361) mAnm *Bauer* r+s 1988, 334; aA OLG Celle VersR 1987, 1188; *Füchtler* VersR 1991, 156 (175) mit Nachweisen des Meinungsstandes; *Schirmer,* Aktuelle Probleme bei der Rechtsschutzversicherung, 1990, S. 59.

29 Fraglich ist in diesem Zusammenhang ferner, ob der Versicherungsnehmer mit Erhebung der Deckungsklage seinen Anspruch auf Überprüfung der Entscheidung des Versicherers durch einen Stichentscheid verliert. Das Stichentscheidverfahren kann grds. auch nach rechtshängiger Klage noch mit der Rechtsfolge der Bindungswirkung eingeleitet werden, solange noch keine rechtskräftige Entscheidung in der Sache selbst vorliegt und Einfluss auf die Durchführung des Verfahrens genommen werden kann.[67]

30 **9. Kosten.** Nach § 3a Abs. 2 S. 1 ARB 2010 trägt der Versicherer die Kosten des Stichentscheides unabhängig von dem Ergebnis der begründeten Stellungnahme des Rechtsanwaltes.[68]

31 In der Praxis rechnet der Rechtsanwalt für seine Tätigkeit idR eine **Geschäftsgebühr** nach § 13 Nr. 2300 VV RVG ab, wobei der Satzrahmen sich nach den Kriterien des § 14 RVG bestimmt.[69] Diese Abrechnung der anwaltlichen Tätigkeit bei einem Stichentscheid ist sicherlich dann zutreffend, wenn man der Auffassung von *Schmitt/Harbauer*[70] folgt, wonach der Rechtsanwalt in seinem Stichentscheid sich regelmäßig auf die wesentlichen Ablehnungsgründe des Versicherers konzentriert.

32 Fraglich ist, ob möglicherweise die Voraussetzungen für den Anfall einer **Gutachtergebühr** nach § 34 RVG[71] vorliegen könnten. Dies dürfte aber selbst dann nicht zu bejahen sein, wenn die Anforderungen an einen Stichentscheid erweitert und eine umfassende Auseinandersetzung mit der zugrunde liegenden Sach- und Rechtlage verlangt wird.[72] Der Anfall einer Gutachtergebühr setzt eine grundlegende Prüfung des Sach- und Streitstandes unter Würdigung der Stimmen aus Rspr. und Schrifttum voraus.[73] Diese Voraussetzungen dürften idR nicht gegeben sein, zumal der vom Versicherungsnehmer mandatierte Rechtsanwalt mit dem zugrunde liegenden Streitstoff eng vertraut und eine intensive Einarbeitung nicht erforderlich ist.[74]

33 Zu überlegen ist ferner, ob der Anfall einer **Gebühr für die Prüfung der Erfolgsaussichten** (§ 14 RVG, VV Nr. 2100 ff. RVG) für den Fall in Betracht kommt, dass der Rechtsschutzversicherer die **Erfolgsaussichten eines Rechtsmittels** verneint hat. Die Gebühr wäre ggf. dann auf das Rechtsmittelverfahren anzurechnen. Diese Frage ist aber grds. zu verneinen, da die Fertigung eines Stichentscheides mit der Zielsetzung der Gewährung von Versicherungsschutz erfolgt und ein gesondertes Geschäftsbesorgungsverhältnis gegenüber dem Rechtsschutzversicherer darstellt.

Hieraus folgt, dass der Anwalt für seine Tätigkeit im Hinblick auf die Fertigung eines Stichentscheides idR eine Geschäftsgebühr in Rechnung stellen kann.[75]

34 **Streitgegenstand des Stichentscheides** ist das erwartete Kostenrisiko für die jeweilige Instanz, in der der Rechtsstreit schwebt.[76] Einigkeit besteht weitgehend darüber, dass der Wert der zugrunde liegenden Hauptforderung keinesfalls maßgeblich ist, da dieser nicht Streitgegenstand der Auseinandersetzung zwischen dem Versicherungsnehmer und dem Versicherer ist. Dies bedeutet, dass der Streitwert sich aus den eigenen Anwaltskosten, den gegnerischen Anwaltskosten sowie den Gerichtskosten der jeweiligen Instanz errechnet.[77]

35 **10. Fristsetzung.** Der Versicherer kann nach § 3a Abs. 3 ARB 2010 dem Versicherungsnehmer eine **Frist von mindestens einem Monat** setzen, innerhalb deren der Versicherungsnehmer den Rechtsanwalt vollständig und wahrheitsgemäß über alle anspruchsbegründenden Umstände und Beweismittel zu informieren hat, damit dieser einen Stichentscheid abgeben kann. Die ARB enthalten keine Sanktion (Rechtsfolge) für den Fall, dass der Versicherungsnehmer dieser Aufforderung innerhalb der gesetzten Frist nicht nachkommt.

36 Unabhängig von der Streitfrage, ob es sich hierbei um eine **Ausschlussfrist**[78] handelt und ob ggf. ein Verschulden vorliegen muss, wird aktuell die Monatsfrist als nachteilig für den Versicherungsnehmer (§ 129) und damit unwirksam angesehen (s. → Rn. 42 zum Schiedsgutachterverfahren)[79]

---

[67] OLG Frankfurt a. M. VersR 1984, 857; *Herdter* in Looschelders/Paffenholz ARB § 3a Rn. 4, 5.
[68] *Schmitt* in Harbauer ARB 2010 § 3a Rn. 50; *van Bühren* in van Bühren/Plote ARB § 3a Rn. 73 ff.
[69] *Herdter* in Looschelders/Paffenholz ARB § 3a Rn. 49, 50; *van Bühren* in van Bühren/Plote ARB § 3a Rn. 73; *Obarowski* in Beckmann/Matusche-Beckmann VersR-HdB § 37 Rn. 554.
[70] *Schmitt* in ARB 2010 § 3a Rn. 50; *van Bühren* in van Bühren/Plote ARB § 3a Rn. 73.
[71] LG Itzehoe BeckRS 2016, 13495; aA LG Detmold r+s 1988, 15.
[72] *Böhme*, Allgemeine Bedingungen für die Rechtsschutzversicherung (ARB), 12. Aufl. 2007, § 17 (2) Rn. 7 mwN.
[73] OLG München MDR 1992, 193.
[74] S. *van Bühren* in van Bühren/Plote ARB § 3a Rn. 73 ff.
[75] *Schmitt* in Harbauer ARB 2010 § 3a Rn. 50.
[76] *Schirmer*, Aktuelle Probleme bei der Rechtsschutzversicherung, 1990, S. 63; *Herdter* in Looschelders/Paffenholz ARB 2010 § 3a Rn. 4,9 f.
[77] OLG Hamm VersR 1984, 257; AG Dortmund ZfS 1981, 278; *van Bühren* in van Bühren/Plote ARB § 3a Rn. 73 ff.
[78] *Obarowski* in Beckmann/Matusche-Beckmann VersR-HdB § 37 Rn. 552.
[79] LG Düsseldorf ZfS 2017, 581.

Es wird die Auffassung vertreten,[80] dass bei einer Fristversäumung der Versicherungsschutz entfällt, wenn der Versicherungsnehmer ausdrücklich auf diese Frist sowie die mit der Fristversäumnis verbundenen Rechtsfolge hingewiesen worden ist (Ausschlussfrist). Demgegenüber wird vorgebracht, dass im bloßen Untätigbleiben des Versicherungsnehmers kein Verzicht auf die Einleitung eines Stichentscheidverfahrens gesehen werden kann.[81]

Die bestehende Hinweispflicht des Versicherers bietet entgegen Armbrüster[82] keinen hinreichenden Schutz, da bei einer Ausschlussfrist die Rechtsfolge unabhängig vom Verschulden des Versicherungsnehmers eintritt. Die Annahme einer Ausschlussfrist wäre zum Nachteil des Versicherungsnehmers und damit ein Verstoß gegen §§ 128, 129 mit der Folge der Unwirksamkeit der Regelung.[83]

Vor der Ablehnung des Versicherungsschutzes ist ein Stichentscheid schon nach dem reinen Wortlaut der Bedingung noch nicht möglich.[84]

Allein die Übersendung der Klageschrift, der Berufungs- oder Revisionsschrift entspricht grds. noch nicht den Anforderungen an eine begründete Stellungnahme. Der Versicherer kann verlangen, dass die tragenden tatsächlichen und rechtlichen Gesichtspunkte vorab in einer Stellungnahme gewürdigt werden.[85]

II. Schiedsgutachterverfahren

§ 3a ARB 2010 Ablehnung des Rechtsschutzes wegen mangelnder Erfolgsaussichten oder wegen Mutwilligkeit – Schiedsgutachterverfahren

(1) Der Versicherer kann den Rechtsschutz ablehnen, wenn seiner Auffassung nach
a) in einem der Fälle des § 2a–g die Wahrnehmung der rechtlichen Interessen keine hinreichende Aussicht auf Erfolg hat
oder
b) die Wahrnehmung der rechtlichen Interessen mutwillig ist. Mutwilligkeit liegt dann vor, wenn der durch die Wahrnehmung der rechtlichen Interessen voraussichtlich entstehende Kostenaufwand unter Berücksichtigung der berechtigten Belange der Versichertengemeinschaft in einem groben Missverhältnis zum angestrebten Erfolg steht. Die Ablehnung ist dem Versicherungsnehmer in diesen Fällen unverzüglich unter Angabe der Gründe schriftlich mitzuteilen.

(2) Mit der Mitteilung über die Rechtsschutzablehnung ist der Versicherungsnehmer darauf hinzuweisen, dass er, soweit er der Auffassung des Versicherers nicht zustimmt und seinen Anspruch auf Rechtsschutz aufrechterhält, innerhalb eines Monates die Einleitung eines Schiedsgutachterverfahrens vom Versicherer verlangen kann. Mit diesem Hinweis ist der Versicherungsnehmer aufzufordern, alle nach seiner Auffassung für die Durchführung des Schiedsgutachterverfahrens wesentlichen Mitteilungen und Unterlagen innerhalb der Monatsfrist dem Versicherer zuzusenden. Außerdem ist er über die Kostenfolgen des Schiedsgutachterverfahrens gemäß Absatz 5 und über die voraussichtliche Höhe dieser Kosten zu unterrichten.

(3) Verlangt der Versicherungsnehmer die Durchführung eines Schiedsgutachterverfahrens, hat der Versicherer dieses Verfahren innerhalb eines Monates einzuleiten und den Versicherungsnehmer hierüber zu unterrichten. Sind zur Wahrnehmung der rechtlichen Interessen des Versicherungsnehmers Fristen zu wahren und entstehen hierdurch Kosten, ist der Versicherer verpflichtet, diese Kosten in dem zur Fristwahrung notwendigen Umfang bis zum Abschluss des Schiedsgutachterverfahrens unabhängig von dessen Ausgang zu tragen. Leitet der Versicherer das Schiedsgutachterverfahren nicht fristgemäß ein, gilt seine Leistungspflicht in dem Umfang, in dem der Versicherungsnehmer den Rechtsschutzanspruch geltend gemacht hat, als festgestellt.

(4) Schiedsgutachter ist ein seit mindestens fünf Jahren zur Rechtsanwaltschaft zugelassener Rechtsanwalt, der von dem Präsidenten der für den Wohnsitz des Versicherungsnehmers zuständigen Rechtsanwaltskammer benannt wird. Dem Schiedsgutachter sind vom Versicherer alle ihm vorliegenden Mitteilungen und Unterlagen, die für die Durchführung des Schiedsgutachterverfahrens wesentlich sind, zur Verfügung zu stellen. Er entscheidet im schriftlichen Verfahren; seine Entscheidung ist für den Versicherer bindend.

---

[80] *Armbrüster* in Prölss/Martin ARB 2010 § 3a Rn. 22 mwN zum Meinungsstreit.
[81] *Rixecker* in Langheid/Rixecker § 128 Rn. 8.
[82] *Armbrüster* in Prölss/Martin, 30. Aufl. 2018, ARB 2010 § 3a Rn. 22.
[83] S. *van Bühren* in van Bühren/Plote ARB 2010 § 3a Rn. 32.
[84] OLG Köln ZfS 1989, 307; *Böhme*, Allgemeine Bedingungen für die Rechtsschutzversicherung (ARB), 12. Aufl. 2007, § 17 (1) Rn. 7.
[85] OLG München VersR 1974, 279; *Böhme*, Allgemeine Bedingungen für die Rechtsschutzversicherung (ARB), 12. Aufl. 2007, § 17 (1) Rn. 7 mit zahlreichen weiteren Fundstellen.

(5) Die Kosten des Schiedsgutachterverfahrens trägt der Versicherer, wenn der Schiedsgutachter feststellt, dass die Leistungsverweigerung des Versicherers ganz oder teilweise unberechtigt war. War die Leistungsverweigerung nach dem Schiedsspruch berechtigt, trägt der Versicherungsnehmer seine Kosten und die des Schiedsgutachters. Die dem Versicherer durch das Schiedsgutachterverfahren entstehenden Kosten trägt dieser in jedem Falle selbst.

40 **1. Einleitung/Verfahrensgrundsätze.** Lehnt der Versicherer Kostenschutz wegen mangelnder Erfolgsaussichten oder Mutwilligkeit ab, hat dies unter Angabe von Gründen schriftlich zu erfolgen **(§ 3a Abs. 1 ARB 2010 aE).** Erfolgt die Ablehnung nicht unverzüglich,[86] verliert der Versicherer das Recht, sich auf diese Versagungsgründe zu berufen.[87]

41 Der Versicherer muss ferner den Versicherungsnehmer darauf hinweisen, dass er zur Aufrechterhaltung seines Anspruches auf Rechtsschutz innerhalb eines Monats[88] die Einleitung eines Schiedsgutachterverfahrens verlangen kann **(Abs. 2 S. 1).** Ein Unterlassen dieses Hinweises führt zu einem Anerkenntnis des Rechtsschutzanspruches des Versicherungsnehmers (§ 128 S. 3). Gleichzeitig mit der Ablehnung des Kostenschutzes ist der Versicherungsnehmer aufzufordern, alle nach seiner Auffassung wesentlichen Unterlagen und Informationen dem Versicherer innerhalb der Monatsfrist zu übersenden. Ferner ist der Versicherungsnehmer auch über die Kostenfolge der Einleitung des Verfahrens zu informieren **(Abs. 2 S. 2).**

42 Verlangt der Versicherungsnehmer innerhalb der **Monatsfrist** die Durchführung eines Gutachterverfahrens, muss der Versicherer dieses innerhalb eines weiteren Monats einleiten und den Versicherungsnehmer hierüber unterrichten **(Abs. 3 S. 1)** Rixecker[89] sieht in der Monatsfrist für den Versicherungsnehmer einen Verstoß gegen § 128: Die Frist stellt einen nicht unerheblichen Nachteil für den Versicherungsnehmer dar. Das VVG sieht an dieser Stelle keine zeitliche Begrenzung des Überprüfungsverfahren vor. Für den Versicherungsnehmer ist nicht vorhersehbar, ob sich der Versicherer auf die Monatsfrist berufen wird. Nach § 129 kann von § 128, der keine entsprechende Fristsetzung vorsieht, nicht zum Nachteil des Versicherungsnehmers abgewichen werden.[90] Die Argumentation überzeugt nicht. Die ARB sehen bei Versäumung der Monatsfrist durch den Versicherungsnehmer keine entsprechende Sanktion vor, so dass auch nach Ablauf der Frist ein entsprechender Antrag noch gestellt werden kann.[91] Die Frist dient in erster Linie der Beschleunigung des Verfahrens und liegt daher im Interesse beider Seiten, wobei der Versicherer lediglich einen ihm belassenen Gestaltungsspielraum genutzt hat.[92]

Wenn der Versicherungsnehmer die Monatsfrist nicht einhält, kann der Versicherer sich daher nicht auf die Fristversäumnis berufen.

Vor dem Hintergrund dieser Streitfrage hat der GDV in dem Musterbedingungen[93] **ARB 2019 Ziff. 3.4.2.** diese wie folgt geändert: „Wenn wir den Versicherungsschutz ablehnen, können Sie von uns die Einleitung eines Schiedsgutachterverfahrens verlangen".

43 Wird während der Dauer eines Schiedsgutachterverfahrens eine rechtliche Interessenwahrnehmung **zur Fristwahrung erforderlich,** sind vom Versicherer unabhängig vom Ausgang des Schiedsgutachtens die insoweit entstehenden Kosten zu tragen **(Abs. 3 S. 2).**[94] Nicht erfasst werden solche Kosten, die bereits vor der ablehnenden Entscheidung des Versicherers oder vor Beantragung des Schiedsgutachten ausgelöst worden sind.[95] Leitet der Versicherer nicht fristgemäß das Schiedsgutachterverfahren ein, gilt der Anspruch des Versicherungsnehmers auf Rechtsschutz in dem geltend gemachten Umfang als festgestellt **(Abs. 3 S. 3).**

44 Der Präsident der für den Wohnsitz des Versicherungsnehmers zuständigen Rechtsanwaltskammer benennt einen Schiedsgutachter, der seit **mehr als fünf Jahren zur Rechtsanwaltschaft zugelassenen** ist. Dem Schiedsgutachter sind alle wesentlichen Unterlagen und Informationen zur Verfügung zu stellen. Die Entscheidung des Gutachters ergeht schriftlich und ist für den Versicherer bindend **(Abs. 4).**

---

[86] Dem Versicherer wird von der Rspr. eine Bearbeitungszeit von zwei bis drei Wochen zugebilligt, BGH VersR 1990, 414; *Bauer* VersR 1988, 174 (175); *Bauer* in Harbauer, 8. Aufl. 2010, ARB 2000 Vor § 18 Rn. 8 mwN.
[87] BGH r+s 2003, 362 (363); OLG Düsseldorf r+s 2001, 198.
[88] Zur Streitfrage „Ausschlussfrist" → Rn. 36, 37.
[89] *Rixecker* in Langheid/Rixecker VVG § 128 Rn. 10.
[90] Siehe auch LG Düsseldorf ZfS 2017, 581 (582); OLG Düsseldorf BeckRS 2018, 32332 hat die Frage der Fristenregelung ausdrücklich offengelassen.
[91] S. *van Bühren* in van Bühren/Plote ARB § 3a Rn. 34.
[92] *Obarowski* in Beckmann/Matusche-Beckmann VersR-HdB § 37 Rn. 552.
[93] ARB 2019.
[94] *Bauer* in Harbauer, 8. Aufl. 2010, ARB 2000 § 18 Rn. 6; *Piontek* in Prölss/Martin ARB 2010 § 3a Rn. 25–28.
[95] AG Jena r+s 2008, 243; *Kilian* r+s 2007, 446 (447).

2. Bindungswirkung eines Schiedsgutachtens. Die **Bindungswirkung** tritt unabhängig 45 davon ein, ob die Entscheidung des Gutachters möglicherweise offenbar von der wirklichen Sach- und Rechtslage abweicht (anders Stichentscheid).[96] Die Bindung des Versicherers an die Entscheidung des Gutachters kann bei Gutachterverfahren gem. §§ 84 Abs. 1, 87 wirksam vereinbart werden.[97]

Der Versicherungsnehmer hat die Möglichkeit bei für ihn negativem Ausgang des Verfahrens 46 gegen den Versicherer bzw. ein beauftragtes Schadenabwicklungsunternehmen gleichwohl noch Klage auf Deckung zu erheben. Die Entscheidung des Schiedsgutachters entfaltet keine Bindungswirkung für den Versicherungsnehmer.[98]

3. Kosten des Schiedsgutachterverfahrens. Die **Kostentragungspflicht** für das Schieds- 47 gutachten ist grds. abhängig vom Ausgang: War die Ablehnung des Versicherers zutreffend, trägt der Versicherungsnehmer seine Kosten und die des Schiedsgutachters. Die beim Versicherer entstehenden Kosten für das Schiedsgutachterverfahren trägt dieser in jedem Fall selbst (**§ 3a Abs. 5**).[99]

Verschiedene Versicherer haben auf Druck des Marktes zwischenzeitlich in ihren Bedingungen hiervon **abweichende Regelungen** vorgesehen, die eine Übernahme der Kosten des Schiedsgutachtens auch dann vorsehen, wenn das Gutachten zu Ungunsten des Versicherungsnehmers ausfällt.

Das Schiedsgutachterverfahren hat gegenüber dem Stichentscheid für den Versicherungsnehmer 48 den deutlichen Vorteil, dass die zur **Fristwahrung erforderlichen Kosten** vom Versicherer in dem notwendigen Umfang bis zum Abschluss des Schiedsgutachterverfahrens unabhängig von dessen Ausgang zu tragen sind (**§ 3a Abs. 3 S. 2**).[100] Diese Kosten hat der Versicherer also auch dann zu tragen, wenn letztendlich der Gutachter die Entscheidung des Versicherers als zutreffend erachtet. § 3a Abs. 3 S. 2 ARB 2010 ist nur anwendbar, wenn der Antrag auf Durchführung eines 49 Schiedsgutachterverfahrens gestellt wurde, bevor **ein fristwahrendes Rechtsmittel** eingelegt wurde. Der Versicherer hat daher solche Kosten nicht zu tragen, die bereits vor Verweigerung der Deckungszusage durch Maßnahmen des Versicherungsnehmers entstanden sind, die dieser veranlasst hat, ohne das Schiedsgutachterverfahren eingeleitet zu haben.[101]

Fraglich ist an dieser Stelle, ob auch die durch die fristwahrende Rechtsverfolgung **beim** 50 **Gegner entstandenen Kosten** vom Versicherer des Versicherungsnehmers zu tragen sind. Der Wortlaut der Bedingung gibt hierüber keine Auskunft. Nach Sinn und Zweck der Regelung soll der Versicherungsnehmer „bis zum Abschluss des Schiedsgutachterverfahrens" vor Kosten bewahrt bleiben. Für den Versicherungsnehmer wäre es sicherlich überraschend, wenn zB bei einer nach § 3a Abs. 3 S. 2 ARB 2010 zulässigen und gedeckten fristwahrenden Einlegung von Rechtsmitteln während des Verlaufs eines Schiedsgutachterverfahrens der Versicherer die Kosten des Versicherungsnehmers, aber nicht die der Gegenseite übernimmt, zumal der Bedingungswortlaut insoweit keine ausdrückliche Regelung enthält. Der Versicherungsnehmer kann somit darauf vertrauen, dass der Versicherer bei einer derartigen Konstellation auch Kosten des Gegners im Rahmen des vereinbarten Leistungsumfanges gem. § 5 ARB 2010 übernimmt. Gedeckt sind daher insoweit zB auch die Kosten des Berufungsbeklagten bis zum Abschluss des Schiedsgutachterverfahrens.[102]

Der Versicherer ist verpflichtet lediglich die **„erforderlichen" Kosten** einer fristwahrenden 51 Rechtsbesorgung zu tragen. Diese Beschränkung auf die erforderlichen Kosten macht deutlich, dass der Versicherungsnehmer im Hinblick auf die Kosten sich um eine Geringhaltung der Kosten bemühen muss und hat alles zu vermeiden, was eine unnötige Erhöhung der Kosten verursacht. Beispielhaft angeführt werden kann in diesem Zusammenhang ein Antrag auf Verlängerung der Rechtsmittelbegründungsfrist mit der Folge, dass bei einer späteren Rücknahme des Rechtsmittels beachtliche Gerichts- und Anwaltskosten erspart werden können.[103]

4. Abrategebühr. Beauftragt der Versicherungsnehmer unmittelbar einen Rechtsanwalt mit 52 einer Rechtsberatung, ohne vorher bei seinem Rechtsschutzversicherer um Deckung nachzufragen

---

[96] OLG Hamm r+s 2005, 285 (288); *Piontek* in Prölss/Martin ARB 2010 § 3a Rn. 30; bei Stichentscheid hingegen keine Bindung des Versicherers → Rn. 26, 27.
[97] *Piontek* in Prölss/Martin VVG § 128 Rn. 4.
[98] *Schirmer,* Aktuelle Probleme bei der Rechtsschutzversicherung, 1990, S. 59.
[99] *Herdter* in Looschelders/Paffenholz ARB § 3a Rn. 49, 50; *Obarowski* in Beckmann/Matusche-Beckmann VersR-HdB § 37 Rn. 554, 555.
[100] *Obarowski* in Beckmann/Matusche-Beckmann VersR-HdB § 37 Rn. 553.
[101] AG Jena r+s 2008, 243 (244); *Kilian* r+s 2007, 446 (447); *Piontek* in Prölss/Martin ARB 2010 § 3a Rn. 28.
[102] AG Jena r+s 2008, 243 (244); so ausdrücklich *Obarowski* in Beckmann/Matusche-Beckmann VersR-HdB § 37 Rn. 553; aA *Kilian* r+s 2007, 446 (448).
[103] *Obarowski* in Beckmann/Matusche-Beckmann VersR-HdB § 37 Rn. 553; *Schmitt* in Harbauer ARB 2010 § 3a Rn. 60; *Kilian* r+s 2007, 446 (447).

und rät der Rechtsanwalt von einer rechtlichen Interessenwahrnehmung ab, ist streitig, ob der Versicherer die Kosten für die Beratung (Abrategebühr) zu tragen hat.[104]

Grundsätzlich besteht keine Verpflichtung oder entsprechende Obliegenheit (§ 17 ARB 2010) des Versicherungsnehmers, vor Beauftragung eines Rechtsanwaltes zunächst um Deckung beim Versicherer nachzusuchen. Der Versicherungsnehmer kann unmittelbar zu einem Rechtsanwalt seiner Wahl (§§ 127, 17 Abs. 3 ARB 2010) gehen und sich beraten lassen. Hieraus wird gefolgert, dass der Versicherer die beim Rechtsanwalt angefallene Beratungsgebühr (Abrategebühr) nach § 34 RVG zu tragen hat.[105] Diese Auffassung steht im Widerspruch zu der Ausgestaltung des Rechtsschutzvertrages, wonach der Versicherer nur im Rahmen des vereinbarten Leistungsumfanges Kosten zu tragen hat. Fällt zB eine Rechtsberatung bzw. Rechtsbesorgung wegen Vorliegen eines Risikoausschlusses oder wegen Vorvertraglichkeit des Rechtsschutzfalles nicht unter Versicherungsschutz, besteht auch bei lediglich einer beratenden Tätigkeit des Rechtsanwaltes kein Streit darüber, dass die Ratsgebühr vom Versicherer nicht zu tragen ist. Konsequenterweise muss dies dann auch für die Fälle gelten, in denen für eine rechtliche Interessenwahrnehmung keine hinreichenden Erfolgsaussichten bestehen. Dem Versicherer kann auf diese Weise das vertraglich vereinbarte Recht auf eine Überprüfung der Erfolgsaussichten bzw. Mutwilligkeit nicht genommen werden.[106]

53 *Armbrüster*[107] vertritt in diesem Zusammenhang die pragmatische Ansicht, dass die Beratung des Rechtsanwaltes als vorweggenommener Stichentscheid anzusehen sei und der Versicherer somit die Beratungskosten bis zur Höhe der Vergütung eines Stichentscheides zu übernehmen hat. Auch dieser vermittelnden Auffassung kann nicht zugestimmt werden, da sie der grundlegenden Systematik/Struktur der ARB widerspricht.

54 In diesem Zusammenhang ist darauf hinzuweisen, dass mit Einführung der ARB 94 in § 17 (4) S. 2 nunmehr klargestellt wurde, dass der **sofortige Gang zum Anwalt** den Leistungsumfang – die vom Versicherer zu tragenden Kosten – nicht erweitert. Der Umfang der vom Versicherer zu tragenden Leistungen bestimmt sich daher ausschließlich nach dem Inhalt des geschlossenen Rechtsschutzvertrages, unabhängig davon, ob der Rechtsschutzfall vor oder nach einer Anwaltsbeauftragung dem Versicherer gemeldet wird. Verneint ein Anwalt die Erfolgsaussichten einer Rechtsverfolgung hat der Versicherungsnehmer daher die Möglichkeit, ein Schiedsgutachten- bzw. ein Stichentscheidverfahren beim Versicherer zu beantragen, falls er der Rechtsauffassung seines Anwaltes nicht folgen kann.[108]

55 **5. Wirtschaftliche/rechtliche Interessenwahrnehmung.** Der Versicherer sorgt gem. § 1 ARB 2010 dafür, dass der Versicherungsnehmer seine **„rechtlichen"** Interessen wahrnehmen kann. Hieraus folgt zunächst, dass eine **wirtschaftliche** oder sonstige **Interessenwahrnehmung** nicht Gegenstand einer Rechtsschutzversicherung ist. Die Abgrenzung rechtliche/wirtschaftliche Interessenwahrnehmung hat in der Praxis eine nicht unwesentliche Rolle gespielt. Betroffen waren insbes. die Fälle, in denen es vorrangig nicht um die Durchsetzung einer Rechtsposition ging, sondern vielmehr durch Verhandlungen mit der Gegenseite ein wirtschaftlich vorteilhaftes Ergebnis angestrebt wurde.

56 Der BGH hat in einer Entscheidung v. 22.5.1991 hierzu deutlich gemacht, dass der Begriff der **„wirtschaftlichen"** Interessen in einer Rechtsschutzversicherung kein besonderes Abgrenzungskriterium abgeben kann.[109] Er führt hierzu aus, dass ohne besondere Kennzeichnung des verwandten Begriffs „rechtliche Interessen" der aufmerksame Leser keine Einschränkung dahingehend entnehmen kann, dass die Wahrnehmung überwiegend wirtschaftlicher Interessen nicht Gegenstand einer Rechtsschutzversicherung sein soll. Dies hätte der Versicherer ausdrücklich in seinem Bedingungswerk klarstellen müssen.[110] In den der Entscheidung des BGH zugrunde liegenden Sachverhaltes ging es um das Aushandeln und den Abschluss eines umfassenden Vollstreckungsvergleiches.

57 Diese Grundsatzentscheidung des BGH hat zur Folge, dass bei Vorliegen eines Rechtsschutzfalles nach § 4 ARB 2010 der Versicherer einen Stichentscheid oder ein Schiedsgutachterverfahren in den Fällen einleiten muss, wenn eine rechtliche Interessenwahrnehmung aussichtslos erscheint und

---

[104] *Schmitt* in Harbauer ARB 2010 § 3a Rn. 58 ff.; *Herdter* in Looschelders/Paffenholz ARB § 3a Rn. 53 ff.
[105] *Schmitt* in Harbauer ARB 2010 § 3a Rn. 60; aA *van Bühren* in van Bühren/Plote ARB § 1 Rn. 76, 81: entspricht nicht Sinn und Zweck der ARB.
[106] AG Prüm r+s 1994, 62; *Obarowski* in Beckmann/Matusche-Beckmann VersR-HdB § 37 Rn. 540, 541 mwN; siehe auch LG Deggendorf VersR 2010, 247; aA *van Bühren* in van Bühren/Plote ARB § 1 Rn. 81; *Schneider* in van Bühren VersR-HdB § 13 Rn. 502, 503.
[107] *Armbrüster* in Prölss/Martin, 30. Auf. 2018, ARB § 17 Rn. 13.
[108] *Obarowski* in Beckmann/Matusche-Beckmann VersR-HdB § 37 Rn. 539.
[109] BGH VersR 1991, 919; *Obarowski* in Beckmann/Matusche-Beckmann VersR-HdB § 37 Rn. 539; zur früheren hM *Schmitt* in Harbauer ARB 2010 § 1 Rn. 3 ff. mwN.
[110] *Kurzka* VersR 1994, 409 (410).

überwiegend wirtschaftliche Gesichtspunkte bei der Interessenvertretung des Versicherungsnehmers eine Rolle spielen.

Hinzuweisen ist in diesem Zusammenhang darauf, dass der BGH in seiner vorgenannten Entscheidung ausdrücklich offen gelassen hat, ob im Falle einer einfachen Stundung, bei der idR keinerlei Rechtsfragen eine Rolle spielen, noch von einer rechtlichen Interessenwahrnehmung im Sinne der ARB auszugehen ist.[111]

6. Grundsätze für die Durchführung eines Schiedsgutachterverfahrens. Zwischen der Bundesrechtsanwaltskammer (BRAK) und dem damaligen HUK-Verband (heute GDV) sind Grundsätze zur Durchführung des Schiedsgutachterverfahrens vereinbart und in den BRAK-Mitteilungen 1995, 23 veröffentlicht worden:[112]

I. Regeln für die örtliche Rechtsanwaltskammer (RAK)
   1. Der Schiedsgutachter wird von der für den Wohnsitz des Versicherungsnehmers zuständigen RAK benannt.
   2. Bei dem zu benennenden Schiedsgutachter soll es sich um einen RA handeln, der
      – seit mindestens fünf Jahren zur Anwaltschaft zugelassen ist
      – in einem anderen LG-Bezirk als der vom Versicherungsnehmer beauftragte RA zugelassen ist (sofern mehrere LG-Bezirke im RAK-Bezirk vorhanden sind)
      – aus dem Kreis der forensisch tätigen Rechtsanwälte stammt und möglichst über besondere Erfahrungen auf dem in Frage stehenden Fachgebiet verfügt; als Fachgebiete gelten: Haftpflichtrecht, Vertragsrecht, Arbeitsrecht, Sozialrecht, Verwaltungsrecht, Steuerrecht, Mietrecht
      – nicht dem Vorstand der örtlichen Rechtsanwaltskammer angehört.
   3. Die örtliche RAK befragt alle ihre Kammermitglieder, ob sie sich in entsprechende Listen eintragen wollen.
   4. Die Auswahl des jeweiligen RA erfolgt in der Reihenfolge der betreffenden Liste.
   5. Die Benennung durch die RAK soll spätestens innerhalb einer Woche nach Eingang des Antrages des Rechtsschutzversicherers erfolgen.
   6. Der von der örtlichen RAK benannte RA kann von beiden Seiten ohne Angabe von Gründen abgelehnt werden.
II. Regeln für das Schiedsverfahren
   1. Der Schiedsgutachter entscheidet aufgrund der ihm vom Versicherer und ggf. vom Versicherungsnehmer vorgelegten Mitteilungen und zur Verfügung gestellten Unterlagen.
   2. Das Verfahren ist schriftlich. Der Schiedsgutachter kann zusätzliche Auskünfte von den Parteien einholen, wenn er dies zur Beurteilung der hinreichenden Erfolgsaussichten für erforderlich hält.
   3. Der Schiedsgutachter soll seine Entscheidung spätestens innerhalb eines Monats nach Eingang der vom Versicherer vorgelegten Unterlagen abgeben.
      Die Entscheidung des Schiedsgutachters ist schriftlich zu begründen.
   4. Der Schiedsgutachter soll weder den Versicherer noch den Versicherungsnehmer in einem sich anschließenden Deckungsprozess vertreten; dies gilt auch für die Vertretung des Versicherungsnehmers oder seines Gegners in dem Hauptsacheverfahren, für das Rechtsschutz begehrt wird.
   5. Der Schiedsgutachter erhält vom Versicherer für seine Tätigkeit eine Geschäftsgebühr nach § 118 Abs. 1 Nr. 1 BRAGO in Höhe von 15/10 mindestens 200 DM zzgl. Auslagen und Mehrwertsteuer.

Gegenstandswert ist der für die Interessenwahrnehmung des Versicherungsnehmers voraussichtlich notwendige Kostenaufwand in Höhe der eigenen und gegnerischen RA-Kosten sowie der Gerichtskosten für die jeweilige Instanz, für die Rechtsschutz begehrt wird. Der voraussichtliche Kostenaufwand wird pauschaliert berechnet auf der Grundlage von sechs RA-Gebühren zzgl. drei Gerichtsgebühren. Zeugen- und Sachverständigenkosten bleiben außer Betracht.

7. Aktualisierung der Abrechnungsregeln im Hinblick auf das RVG. Eine Überarbeitung der Vereinbarung im Hinblick auf die neuen gesetzlichen Regelungen des RVG ist bisher nicht erfolgt. In der Regulierungspraxis ist daher eine sinngemäße Anpassung der Abrechnungsregeln vorgenommen worden:

Der Gutachter erhält vom Versicherer idR eine 1,5 Geschäftsgebühr, mindestens jedoch 100 EUR, sowie die anfallenden Nebenkosten auf der Basis von $2 \times 1,3$ Verfahrensgebühren und $2 \times 1,2$ Terminsgebühren sowie der Gerichtskosten für die jeweilige Instanz (Gegenstandswert).

---

[111] BGH VersR 1991, 919 (920); OLG Schleswig VersR 1992, 351; *Piontek* in Prölss/Martin ARB 2010 § 1 Rn. 23.
[112] BRAK-Mitteilungen 1995, 23; abgedr. in *Schmitt* in Harbauer ARB 2010 § 3a Rn. 43 ff.; *van Bühren* in van Bühren/Plote ARB § 3a Rn. 48; *Herdter* in Looschelders/Paffenholz ARB § 3a Rn. 38.

§ 129 Abweichende Vereinbarungen

Von den §§ 126 bis 128 kann nicht zum Nachteil des Versicherungsnehmers abgewichen werden.

Schrifttum: Vgl. die Angaben bei § 126.

A. Bedeutung der Norm

1   Die Regelungen der §§ 126–128 dienen vorrangig dem Schutz des Versicherungsnehmers. Die idR wirtschaftlich schwächere Position des Versicherungsnehmers bei Abschluss von Versicherungsverträgen soll geschützt werden.

2   Die Vorschrift übernimmt inhaltlich unverändert den bisherigen § 158o VVG aF.[1]

B. Regelungsinhalt

3   Von den Vorschriften der §§ 126–128 darf nicht zum Nachteil des Versicherungsnehmers abgewichen werden. Es handelt sich folglich um eine halbzwingende Norm mit der Rechtsfolge, dass nur zugunsten des Versicherungsnehmers abweichende Regelungen aufgrund der bestehenden Privatautonomie zwischen Versicherungsnehmer und Versicherer vereinbart werden können. Bei Verstoß gegen diese Norm ist die vereinbarte Bedingung unwirksam; gilt die gesetzliche Regelung.[2]

4   Streit besteht über die Rechtsfolge bei einer zum Nachteil des Versicherungsnehmers abweichenden Vereinbarung. Es wird die Auffassung vertreten, dass der Versicherungsnehmer ein „Wahlrecht" habe, ob er die Vereinbarung gegen sich gelten lassen will.[3] Sinn und Zweck der Vorschrift sprechen gegen ein Wahlrecht zum Schutz des Versicherungsnehmers, der eventuell nachteilige Auswirkungen einer solchen Vereinbarung nicht durchschauen kann.[4]

---

[1] BT-Drs. 16/3945, 91.
[2] *Hillmer-Möbius* in Schwintowski/Brömmelmeyer/Ebers VVG § 129 Rn. 1 ff.; *Paffenholz* in Looschelders/Paffenholz VVG § 129 Rn. 1 f.
[3] So *Wendt* in von Bühren/Plote ARB § 129 VVG Rn. 3.
[4] *Schmitt* in Harbauer ARB § 129 VVG Rn. 4 mwN.

Kapitel 3. Transportversicherung

Vorbemerkungen zu §§ 130–141

Übersicht

		Rn.
A.	Geschichtliche Entwicklung der Transportversicherung	1
B.	Begriff der Transportversicherung	3
C.	Anwendungsbereich	8
I.	Überblick	8

		Rn.
II.	Inhalt	13
III.	Besondere Regelungen für die See- und Luftfahrtversicherung	15
1.	Allgemeines	15
2.	Exkurs: Luftfahrtversicherung und AVB	17

Stichwort- und Fundstellenverzeichnis

Stichwort	Rn.	Rspr.	Lit.
AGB-Kontrolle	→ Rn. 11	BGH NJW 1985, 559; 1993, 590	*Schneider* in Marlow/Spuhl Neues VVG Rn. 899 ff.
Allgemeine Versicherungsbedingungen	→ Rn. 11 f.	–	*Heiss/Trümper* TransportVersR Rn. 23 ff.; *Harms* in HK-VVG Vor §§ 130–141 Rn. 6
Dispositives Recht	→ Rn. 10	–	*Paffenholz* in Looschelders/Pohlmann VVG Vor § 130 Rn. 4
Güterversicherung	→ Rn. 7, 13	BGHZ 51, 358; BGH VersR 1972, 85; 1983, 949	–
Kaskoversicherung	→ Rn. 4, 7	–	*Kloth/Neuhaus* in Schwintowski/Brömmelmeyer/Ebers VVG Vor § 88 Rn. 1
Kombinierter Transport	→ Rn. 15	BGH VersR 1963, 717	*Paffenholz* in Looschelders/Pohlmann VVG Vor § 130 Rn. 6
Transportgefahr	→ Rn. 9	BGH VersR 1972, 85; 1983, 949	*Pisani* in Schwintowski/Brömmelmeyer/Ebers VVG Vor §§ 130–141 Rn. 6

Schrifttum: *Baumgärtel/Prölss,* Handbuch der Beweislast im Privatrecht, Bd. 5, 1993; *Bayer,* Frachtführerhaftung und Versicherungsschutz für Ladungsschäden durch Raub oder Diebstahl im grenzüberschreitenden Straßengüterverkehr, VersR 1995, 626; *Ehlers,* Auswirkungen der Reform des VVG auf das Transportversicherungsrecht, TranspR 2007, 5 ff.; *Ehlers,* DTV-Güterversicherungsbedingungen 2000, 2. Aufl. 2003; *Enge,* Transportversicherung: Recht und Praxis in Deutschland und England, 3. Aufl. 1996; *Fremuth/Thume,* Kommentar zum Transportrecht, 2000; *Hammacher,* Die Hakenlastversicherung – Rechtsprobleme und praktische Ausgestaltung, VersR 1997, 288; *Heiss/Trümper,* Transportversicherungsrecht, Sonderausgabe aus dem Werk Versicherungsrechts-Handbuch, 2. Aufl. 2009; *Hüffer,* Die Grenzen der Vertragsfreiheit bei der Transportversicherung von Gütern – Ein Beitrag zur Anwendung des § 187 Abs. 1 VVG und zur aufsichtsrechtlichen Sonderstellung der Transportversicherung, VersR 1975, 871; *Jayme,* Anm. zu BGH, IPRax 1985, 386; *Koller,* Transportrecht – Kommentar zu Land-, Luft- und Binnengewässertransport von Gütern, Spedition und Lagergeschäft, 10. Aufl. 2020; *Marlow/Spuhl,* Das Neue VVG kompakt, 4. Aufl. 2010; *de la Motte,* CMR: Schaden – Entschädigung – Versicherung, VersR 1988, 317; *Prüßmann/Rabe,* Seehandelsrecht, 4. Aufl. 2000; *Ritter/Abraham,* Das Recht der Seeversicherung, 1967; *Roos,* Anmerkung zu OLG Köln, VersR 2003, 1252; *Sieg,* Herbeiführung des Versicherungsfalls in der Gütertransportversicherung durch den Spediteur, TranspR 1995, 195; *Sieg,* Die Dispache: Rechtsgrundlagen, Verfasser, Funktion im Bereich der Versicherungsleistung, VersR 1996, 684; *Thume,* Kommentar zur CMR, 3. Aufl. 2013; *Thume,* Haftungsprobleme bei CMR-Kühltransporten, TranspR 1992, 1; *Thume/de la Motte/Ehlers,* Transportversicherungsrecht, 2. Aufl. 2011; *Wandt,* Versicherungsverbote im Rahmen von Embargomaßnahmen, VersR 2013, 257.

A. Geschichtliche Entwicklung der Transportversicherung

1   Das Wesen der Transportversicherung geht zurück auf die kaufmännische Seeversicherung[1] und ist einer der ältesten Versicherungszweige.[2] Die Ursprünge liegen in der Entstehung des Versicherungsvertrages aus dem Typus des Seedarlehens (foenus nauticum) sowie in Bezügen zur „lex Rhodia de iactu" (Vorläuferin der großen Haverei); ferner wurde die Entwicklungsgeschichte der Transportversicherung beeinflusst vom kanonischen Zinsverbot und von den Besonderheiten der Lloyd's Insurance gleichwie allgemein vom Londoner Versicherungsmarkt.[3]

2   Das Transportversicherungsrecht erfuhr im Zuge der VVG-Reform eine systematische Neugestaltung. Die Materie wurde jedoch nur in Ansehung transportversicherungsrechtlicher Besonderheiten gegenüber den allgemeinen Regelungen des VVG gesetzlich normiert.[4] Mit der Novellierung wurde die transportspezifische Regelung zum Forderungsübergang von Ersatzansprüchen, § 148 VVG aF, gestrichen, sodass die allgemeine Regelung des § 86 (Übergang von Ersatzansprüchen) nunmehr ohne Einschränkung anwendbar ist.

B. Begriff der Transportversicherung

3   Der Bereich des Transportwesens birgt aufgrund der vielfältigen Möglichkeiten des Transports von Gütern und der Mehrheit der am Transport beteiligten Personen verschiedenartige Risiken und damit einhergehend mannigfaltige Versicherungsprodukte.[5] Ausgehend von der Funktion lässt sich die Transportversicherung als sämtliche auf die Beförderung von Gütern bezogenen Versicherungen von Risiken definieren.[6] Da der Gesetzgeber keinen allgemeinen Begriff der Transportversicherung mehr verwendet, ist es wenig sinnvoll sich darüber hinaus um eine allgemeine Definition der Transportversicherung zu bemühen.[7]

4   Die Transportversicherung kann – abhängig vom versicherten Interesse – **Güter-Transportversicherung** (hier ist das Interesse gerichtet auf Sachschadensersatz), **Kaskoversicherung** betreffend das Transportmittel (versichertes Interesse ist der Erhalt der Sache) sowie eine Versicherung transportbezogener Haftpflichtrisiken gerichtet auf Freistellung des Verkehrsträgers von der – vertraglichen – Haftung für das transportierte Gut) sein.[8]

5   Eine weitere Einteilung lässt sich je nach Wahl des Transportweges vornehmen, namentlich ob das transportierte Gut zu Lande, zu Wasser oder in der Luft befördert wird. Zu unterscheiden sind die **Seeversicherung**, die **Binnentransportversicherung** sowie die **Lufttransportversicherung**.[9]

6   Als drittes Kriterium, anhand dessen eine Klassifizierung stattfindet, ist die **Dauer der Versicherung** zu nennen. Steht die Versicherungsdauer in Abhängigkeit von der Reisedauer, liegt eine Reiseversicherung vor.[10] Bei einer kalendarischen Bemessungsdauer spricht man von einer Zeitversicherung.[11] Besteht die Transportversicherung lediglich für eine bestimmte Reise, ist eine Einzelversicherung gegeben,[12] wohingegen bei Bestehen einer Versicherung für mehrere Reisen diese als laufende Versicherung,[13] jetzt geregelt in den §§ 53–58, zu qualifizieren ist.

7   Im Geltungsbereich der transportrechtlichen Vorschriften des VVG (§§ 130–141) umfasst die Transportversicherung die **Güterversicherung** gegen die Gefahren der Beförderung zu Lande und auf Binnengewässern sowie die sogenannte **Flusskaskoversicherung**, § 130. Gem. § 210 Abs. 2 Nr. 1 VVG iVm Anl. 1 zum VAG fallen unter den transportrechtlichen Begriff iSd §§ 130–141 insbes. die Schienenfahrzeugkaskoversicherung, die Binnensee- und Flussschifffahrtskaskoversiche-

---

[1] Paffenholz in Looschelders/Pohlmann VVG Vor § 130 Rn. 6.
[2] Enge, Transportversicherung: Recht und Praxis in Deutschland und England, 3. Aufl. 1996, S. 19.
[3] Heiss/Trümper TransportVersR Rn. 9.
[4] Abschlussbericht der VVG-Kommission v. 19.4.2004, S. 89 ff.; Ehlers TransportR 2007, 5.
[5] Heiss/Trümper TransportVersR Rn. 1; de la Motte in Thume/de la Motte, 1. Aufl. 2004, Kap. 1 Rn. 19 f.
[6] Heiss/Trümper TransportVersR Rn. 1; de la Motte in Thume/de la Motte/Ehlers Teil 1 Rn. 22.
[7] Koller in Prölss/Martin VVG § 130 Rn. 1.
[8] Heiss/Trümper TransportVersR Rn. 3 ff.
[9] Heiss/Trümper TransportVersR Rn. 7.
[10] Heiss/Trümper TransportVersR Rn. 8.
[11] Enge, Transportversicherung: Recht und Praxis in Deutschland und England, 3. Aufl. 1996, S. 19.
[12] Heiss/Trümper TransportVersR Rn. 8.
[13] Enge, Transportversicherung: Recht und Praxis in Deutschland und England, 3. Aufl. 1996, S. 19.

rung, die Versicherung von Transportgütern sowie die Haftpflicht aus Landtransporten (Anl. 1 Nr. 3, 4, 6, 7, 10 lit. b VAG).[14]

C. Anwendungsbereich

I. Überblick

§ 130 normiert den Anwendungsbereich der transportrechtlichen Regelungen der §§ 130–141. **8** Die Gesetzesnormen gelten für die Versicherung von Gütern gegen Gefahren der Beförderung zu Lande und auf Binnengewässern unter Einschluss der Lagerung, § 130 Abs. 1, und für die Versicherung von Schiffen gegen Gefahren der Binnenschifffahrt, § 130 Abs. 2 S. 1, der in § 130 Abs. 2 S. 2 die Haftung für **Kollisionsschäden** inkludiert. § 130 hat den Wortlaut des § 129 VVG aF übernommen und ergänzt diesen lediglich um das Merkmal der Versicherung für die Lagerung der Güter. Damit erschöpft sich der Anwendungsbereich auf die **Binnentransportversicherung.**

Eine Versicherung ist als Transportversicherung im Sinne des VVG zu qualifizieren, wenn nach **9** dem Inhalt des Vertrages[15] die **Transportgefahr** allein oder zumindest überwiegend Gegenstand der Versicherung sein soll.[16] Ist das Risiko der Beförderung nur Nebenfolge eines auf einen anderen Zweck gerichteten Verhaltens, ist keine Transportversicherung gegeben.[17] Kennzeichnend für das Vorliegen einer Transportgefahr ist, „dass die Güter während ihrer Beförderung fremder oder wechselnder Obhut überlassen werden müssen"[18]. Die Qualifikation als Transportversicherung ist weder von der Bezeichnung der Parteien abhängig noch von der den Transport ausführenden Person.[19]

Gem. § 210 Abs. 2 Nr. 1 VVG iVm Anl. 1 zum VAG handelt es sich bei Transportversicherungen regelmäßig um versicherte **Großrisiken.** § 210 Abs. 1 bestimmt, dass die gesetzlichen Beschränkungen des VVG ua auf Großrisiken keine Anwendung finden. Damit stellen die §§ 130–141 **dispositives Gesetzesrecht** dar.[20] Diesem Umstand liegt die Annahme des europäischen Gesetzgebers zugrunde, dass bei der Versicherung von Großrisiken zwei gleich starke Vertragspartner beteiligt sind, die nicht des besonderen Schutzes (halb-)zwingender Rechtsnormen bedürfen.[21] Der Ausschluss der gesetzlichen versicherungsvertraglichen Beschränkungen hat zur Folge, dass dem Versicherer weder die Beratungspflichten des § 6 Abs. 1, 2 (so § 6 Abs. 6) noch die Informationspflichten obliegen, die § 7 Abs. 1 vorsieht (vgl. § 7 Abs. 5 S. 1). Ebenso schließt § 8 Abs. 3 S. 1 Nr. 4 bei Versicherungsverträgen über Großrisiken das dem Versicherungsnehmer in § 8 Abs. 1 eingeräumte Widerrufsrecht aus. **10**

In der Praxis ist jedoch die Vertragsfreiheit überwiegend infolge der Verwendung von **Allgemeinen Versicherungsbedingungen** (AVB), die wiederum einer Inhaltskontrolle nach §§ 307 ff. BGB unterliegen, starken Einschränkungen unterworfen.[22] § 307 Abs. 2 Nr. 1 BGB normiert insbes. die Unwirksamkeit einer Klausel, soweit sie mit wesentlichen Grundgedanken der gesetzlichen Regelung unvereinbar ist. Zur Festlegung des gesetzlichen Leitbildes dienen im Wesentlichen die Inhalte des VVG.[23] **11**

Zu den gängigen Bedingungswerken zählen insbes.: **12**
– die **DTV-Güterversicherungsbedingungen 2000/2008,**[24] als Ersatz für die Allgemeinen Deutschen Binnen-Transportversicherungs-Bedingungen (ADB 1963);[25]

---

[14] Zur Qualifikation als Transportversicherung und mit Beispielen *Pisani* in Schwintowski/Brömmelmeyer/Ebers VVG Vor §§ 130–141 Rn. 7–9.
[15] *Heiss/Trümper* TransportVersR Rn. 15.
[16] BGH VersR 1983, 949; *Koller* in Prölss/Martin VVG § 130 Rn. 1.
[17] Ausf. *Hüffer* VersR 1975, 871 (872 f.).
[18] BGH VersR 1972, 85.
[19] *Pisani* in Schwintowski/Brömmelmeyer/Ebers VVG §§ 130–141 Rn. 6; zur Kasuistik der Frage, ob eine Transportversicherung vorliegt *Koller* in Prölss/Martin VVG § 130 Rn. 9.
[20] *Paffenholz* in Looschelders/Pohlmann VVG Vor § 130 Rn. 4.
[21] Art. 5 Erste Richtlinie Schadenversicherung – RL 73/239/EWG; *Paffenholz* in Looschelders/Pohlmann VVG Vor § 130 Rn. 4.
[22] *Marlow* in Marlow/Spuhl Neues VVG S. 175; ein Rückgriff auf die hierzu entwickelte Rspr., die lediglich in Verbindung mit Obliegenheitsverletzungen des Versicherungsnehmers erging, ist aufgrund der Novellierung zur vertraglichen Obliegenheit nur zum Teil möglich, so *Paffenholz* in Looschelders/Pohlmann VVG Vor § 130 Rn. 5.
[23] BGH NJW 1985, 559; 1993, 590; *Ehlers* TranspR 2007, 5 (10).
[24] *Paffenholz* in Looschelders/Pohlmann VVG Vor § 130 Rn. 5.
[25] *Heiss/Trümper* TransportVersR Rn. 26.

- die Allgemeinen **Bedingungen für die Versicherung von Flusskasko-Risiken 2008/2013** (AVB Flusskasko 2008/2013);[26]
- die Allgemeinen **Bedingungen für die Kasko-Versicherung von Wassersportfahrzeugen 2008** (AVB Wassersportfahrzeuge 2008).[27]

II. Inhalt

13   Die iRd § 130 vorgesehene Versicherung von Gütern gegen die Beförderungsgefahren ist **Güterversicherung.** Die Versicherung des Schiffes (§ 130 Abs. 2 S. 1) ist als **Kaskoversicherung** einzustufen. Da beide Versicherungen als Risikoobjekt eine Sache, nämlich das Gut und das Schiff zum Gegenstand haben, sind sie **Sachversicherungen.** Aufgabe der Sachversicherung ist es, die versicherte Sache oder Inbegriffe von Sachen gegen Verlust, Beschädigung oder Zerstörung abzusichern.[28] Daneben sind im Versicherungsfall Aufwendungen und Kosten erstattungsfähig, nicht hingegen reine Vermögensschäden.[29] Neben den Sondervorschriften der §§ 130–141 kommen – sofern es an einer speziellen Regelung mangelt – die für alle Versicherungszweige geltenden allgemeinen Vorschriften des VVG (§§ 1–73), die Regelungen zur Schadenversicherung (§§ 74–87) sowie die Vorschriften über die Sachversicherung (§§ 88–99) zur Anwendung.[30]

14   Aufgrund der in § 130 Abs. 2 S. 2 vorgesehenen Versicherung für Schäden infolge eines Zusammenstoßes mit Schiffen oder anderen Gegenständen kommt die Transportversicherung in ihrer Eigenschaft als **Haftpflichtversicherung** zum Tragen. Soweit die §§ 130–141 keine Sonderregelungen enthalten, sind auch hier die zitierten allgemeinen Vorschriften zum VVG sowie die Normen der Sachversicherung anwendbar.[31]

III. Besondere Regelungen für die See- und Luftfahrtversicherung

15   **1. Allgemeines.** Die **Seeversicherungen**[32] sind gem. § 209 aus dem Geltungsbereich des VVG ausgenommen. Für kombinierte See- und Binnentransporte bestimmte vor der VVG-Reform § 147 VVG aF die Anwendung der Regeln des Seeversicherungsrechts für den gesamten Transport.[33] Nach neuem Recht ist in Ermangelung einer entsprechenden Regelung eine getrennte Betrachtungsweise vorzunehmen mit der Folge, dass die für die jeweilige Transportart geltenden Bestimmungen nebeneinander Anwendung finden.[34]

16   Die Vorschriften der §§ 130–141 erfassen ebenfalls nicht die **Lufttransportversicherung.**[35] Die Luftfahrtversicherung in Form der **Luftfahrtgüterversicherung** ist keine Transportversicherung.[36] Der Anwendungsbereich der transportrechtlichen Normen ist aufgrund der abschließenden Formulierung in § 130 für die Luftfahrtgüterversicherung nicht eröffnet.[37] Für diese Versicherungsmaterie sind lediglich die für alle Versicherungszweige geltenden §§ 1–18 sowie die schadensversicherungsrelevanten Normen der §§ 74–99 heranziehbar.[38] Erfolgt ein Binnentransport in Kombination mit einem Lufttransport, sind die hierfür abgeschlossenen Versicherungen getrennt zu betrachten, sodass die jeweils einschlägigen Normen nebeneinander gelten.[39] Da die Luftfahrtversicherung wesensbedingt international ausgerichtet ist, gelten in diesem Bereich weitestgehend Regelungen in Form von internationalen Abkommen.[40]

17   **2. Exkurs: Luftfahrtversicherung und AVB.** Der Begriff ist nicht gesetzlich definiert. Die Bezeichnung Luftfahrtversicherung ist ein Sammelbegriff für verschiedene Versicherungsarten und -formen in der zivilen Luftfahrt, wie zB die Luftfahrt-Unfallversicherung, Luftfahrt-Haftpflichtversi-

---

[26] *Harms* in HK-VVG Vor §§ 130–141 Rn. 6.
[27] *Harms* in HK-VVG Vor §§ 130–141 Rn. 6.
[28] *Kloth/Neuhaus* in Schwintowski/Brömmelmeyer/Ebers VVG Vor § 88 Rn. 1.
[29] *Paffenholz* in Looschelders/Pohlmann VVG Vor § 130 Rn. 3.
[30] *Harms* in HK-VVG Vor §§ 130–141 Rn. 1.
[31] *Harms* in HK-VVG Vor §§ 130–141 Rn. 1.
[32] Zum Begriff der Seeversicherung ausf. → § 209 Rn. 3 ff.; *Kollatz* in Thume/de la Motte/Ehlers Teil 2 Rn. 484.
[33] *Heiss/Trümper* TransportVersR Rn. 13.
[34] *Paffenholz* in Looschelders/Pohlmann VVG Vor § 130 Rn. 6.
[35] So auch *Heiss/Trümper* TransportVersR Rn. 15; allg. zur Luftfahrtversicherung vgl. die systematische Darstellung von *Sigl* (Nr. 500) in → Bd. 3 dieses Werks.
[36] *Harms* in HK-VVG § 130 Rn. 4; anders noch *Paffenholz* in Looschelders/Pohlmann VVG Vor § 130 Rn. 7.
[37] *Paffenholz* in Looschelders/Pohlmann VVG Vor § 130 Rn. 7.
[38] *Paffenholz* in Looschelders/Pohlmann VVG Vor § 130 Rn. 7.
[39] *Heiss/Trümper* TransportVersR Rn. 15.
[40] *Paffenholz* in Looschelders/Pohlmann VVG Vor § 130 Rn. 7.

cherung, Luftfahrtkasko-Luftfahrzeughalter-Haftpflicht-Versicherung und Luftfahrt-Güterversicherung.

Die Vertragsparteien können wie bisher bei der Versicherung von Luftfahrtrisiken von den Vorschriften des VVG abweichen. Die Luftfahrtversicherung ist ein **Großrisiko** iSd § 210 Abs. 2 Nr. 1 VVG (iVm Anl. 1 zum VAG Nr. 5, 11). Damit können die Vertragsparteien von den halbzwingenden und zwingenden Vorschriften des VVG abweichen und die im VVG zB in den §§ 18, 32, 42, 52 Abs. 5, 87, 112 vorgesehen Beschränkungen der Vertragsfreiheit bei Luftfahrtrisiken schriftlich oder durch AVB abändern. § 210 schließt die Anwendbarkeit der zwingenden und halbzwingenden Vorschriften des VVG nicht von vornherein aus. Unanwendbar sind nur die Beschränkungen der Vertragsfreiheit an sich. Das hat zur Folge, dass die Vorschriften als dispositives Recht anwendbar sind, solange sie von den Parteien nicht abgeändert wurden.[41] Diese Dispositionsmöglichkeit ist auf die fehlende Schutzbedürftigkeit des regelmäßig hinreichend geschäftskundigen Versicherungsnehmers zurückzuführen.[42] Dass eine Norm abbedungen wird, muss im Versicherungsvertrag deutlich zum Ausdruck kommen.[43] 18

Als AVB in der Luftfahrtversicherung gelten für die Luftfahrt-Güterversicherung die ADS Güterversicherung 73/84/94 und DTV-Güterversicherungsbedingungen 2000.[44] Für die Luftfahrthaftpflichtversicherung gibt es die Luftfahrthaftpflichtversicherungs-Bedingungen (Fahrzeughalter, Luftfrachtführer) LHB 2008.[45] Die Luftfahrtkaskoversicherung regelt die Vorschriften der Luftfahrt-Kaskoversicherungs-Bedingungen (LKB 2008).[46] 19

§ 130 Umfang der Gefahrtragung

(1) Bei der Versicherung von Gütern gegen die Gefahren der Beförderung zu Lande oder auf Binnengewässern sowie der damit verbundenen Lagerung trägt der Versicherer alle Gefahren, denen die Güter während der Dauer der Versicherung ausgesetzt sind.

(2) ¹Bei der Versicherung eines Schiffes gegen die Gefahren der Binnenschifffahrt trägt der Versicherer alle Gefahren, denen das Schiff während der Dauer der Versicherung ausgesetzt ist. ²Der Versicherer haftet auch für den Schaden, den der Versicherungsnehmer infolge eines Zusammenstoßes von Schiffen oder eines Schiffes mit festen oder schwimmenden Gegenständen dadurch erleidet, dass er den einem Dritten zugefügten Schaden zu ersetzen hat.

(3) Die Versicherung gegen die Gefahren der Binnenschifffahrt umfasst die Beiträge zur großen Haverei, soweit durch die Haverei-Maßnahme ein vom Versicherer zu ersetzender Schaden abgewendet werden sollte.

Übersicht

		Rn.			Rn.
A.	Einführung	1		b) Realisierung einer versicherten Transportgefahr – „causa proxima"	11
I.	VVG-Reform	1			
II.	Normzweck	2	II.	Einzelfälle von Gütertransportversicherungen	13
B.	**Gütertransportversicherung (Abs. 1)**	3	III.	Nichtigkeit des Transportversicherungsvertrages mangels versicherbarem Interesse	16
I.	Inhalt der Norm	3			
1.	Allgemeines	3			
2.	Begriffsbestimmung	6	**C.**	**Binnenschiffsversicherung (Abs. 2)**	17
	a) Versicherung von Gütern	6	I.	Überblick	17
	b) Landtransport und Binnenschifffahrt	7			
3.	Versicherte Gefahren	8	II.	Schiffskaskoversicherung	18
	a) Beförderungsgefahren	8	1.	Schiffsbegriff	19
	b) Lagerungsgefahren	9	2.	Beispielsfälle	20
4.	Gegenstand des Versicherungsschutzes	10			
	a) Deckung von Substanzschäden	10	III.	Schiffshaftpflichtversicherung	21

---

[41] *Eichelberg* in Looschelders/Pohlmann VVG § 210 Rn. 1.
[42] *Klär* in Schwintowski/Brömmelmeyer/Ebers VVG § 210 Rn. 3 mwN.
[43] BGH VersR 1992, 1089.
[44] *Müller-Rostin* in Thume/de la Motte/Ehlers Teil 5 Rn. 779 ff.
[45] *Mühlbauer* in Thume/de la Motte/Ehlers Teil 7 Rn. 353 ff.
[46] *Mühlbauer* in Thume/de la Motte/Ehlers Teil 6 Rn. 1117 ff.

§ 130 1   Teil 2. Einzelne Versicherungszweige. Kap. 3. Transportversicherung

		Rn.			Rn.
D.	Große Haverei (Abs. 3)	24	II.	Rechtsfolgen	26
I.	Gefahrenlage	25	E.	Beweislast	27

Stichwort- und Fundstellenverzeichnis

Stichwort	Rn.	Rspr.	Lit.
Auto-Inhaltsversicherung	→ Rn. 13	OLG Koblenz VersR 1988, 1061	–
Beschädigung	→ Rn. 10	–	*Thume* in Thume/de la Motte, 1. Aufl. 2004, Kap. 2 Rn. 162
Binnengewässer	→ Rn. 7	BGHZ 76, 201	*Heiss/Trümper* TransportVersR Rn. 17; *Koller* in Koller HGB § 407 Rn. 20
Causa-proxima-Regel	→ Rn. 11 f.	BGH VersR 2015, 1020; OLG Bremen, VersR 2019, 1015	*Harms* in HK-VVG § 130 Rn. 10; *Langheid*, VersR 2019, 987
Dispache	→ Rn. 26	BGH VersR 1997, 90; OLG Hamburg VersR 1991, 602	*Thume* in Thume/de la Motte/Ehlers Teil 2 Rn. 431
Hakenlastversicherung	→ Rn. 13	–	*Hammacher* VersR 1997, 288
Incoterms	→ Rn. 5	–	*Pisani* in Schwintowski/Brömmelmeyer/Ebers VVG § 130 Rn. 8
Kühltransport	→ Rn. 10	BGH NJW 1974, 1616	*Thume* TranspR 1992, 1
Lagerung	→ Rn. 9	–	*Koller* in Prölss/Martin VVG § 130 Rn. 2; *Pisani* in Schwintowski/Brömmelmeyer/Ebers VVG § 130 Rn. 8 ff.
Nichtigkeit des Transportvertrages	→ Rn. 16	BGH VersR 1962, 659; 1972, 849; OLG Hamburg VersR 1983, 1151; OLG Saarbrücken VersR 2000, 760	*de la Motte* VersR 1988, 317; *Wandt* VersR 2013, 257
Schiff	→ Rn. 19	OLG Hamburg VersR 1977, 813	*Heiss/Trümper* TransportVersR Rn. 19 f.
Verderb durch Eigenfeuchte	→ Rn. 8, 11	–	*Ehlers* in Thume/de la Motte/Ehlers Teil 5 Rn. 40
Verpackung	→ Rn. 10	–	*Pisani* in Schwintowski/Brömmelmeyer/Ebers VVG § 130 Rn. 12
Wassersportfahrzeugversicherung	→ Rn. 13	BGH VersR 1988, 463	–
Werkverkehrs-Güterversicherung	→ Rn. 13	LG Köln VersR 1979, 618; LG Stuttgart VersR 1989, 1191	–

Schrifttum: Vgl. die Angaben bei Vor § 130.

A. Einführung

I. VVG-Reform

1 § 130 Abs. 1, 2 waren vor der Novellierung des VVG in § 129 Abs. 1, 2 VVG aF geregelt, die inhaltsgleich übernommen wurden. Abs. 1 ist um die Deckung der mit der Beförderungsgefahr verbundenen Lagerung der Güter erweitert worden, was lediglich einer gesetzlichen Niederlegung der stRspr dient.[1] Die Schiffsversicherung in Abs. 2 wurde um die Haftung eines Zusammenstoßes

---

[1] Nach der Rspr. vor der VVG-Reform umfasste die Transportversicherung die Gefahren für Güter während eines vorübergehenden Ruhezustandes derselben, jedoch bei grundsätzlicher Bewegungsbereitschaft und absehbarer Weiterbewegung, so BGHZ 51, 358; BGH VersR 1972, 85; 1983, 946.

mit festen oder schwimmenden Gegenständen ergänzt. § 130 Abs. 3 ist im Zuge der Reform an die Stelle des § 133 Abs. 1, 2 VVG aF getreten und stimmt sachlich mit der bisherigen Regelung des § 133 Abs. 1 S. 1 VVG aF überein.[2]

II. Normzweck

In § 130 ist der sachliche und zeitliche Umfang des Versicherungsschutzes für die Binnentransportversicherung niedergelegt. Die Güterversicherung (Abs. 1) begründet einen Schutz gegen alle Gefahren **während** der Beförderung zu Lande oder auf Binnengewässern unter Einschluss der damit verbundenen Lagerung.[3] Die Versicherung von Schiffen (Abs. 2) umfasst sämtliche Gefahren der Binnenschifffahrt und inkludiert die Haftpflicht für Kollisionsschäden.[4] Die Regelung dient dem **Sacherhaltungsinteresse** des Versicherungsnehmers an den versicherten **Gütern** bzw. am versicherten **Schiff**[5] unter Einschluss der Versicherung von Beiträgen zur großen Haverei (Abs. 3). 2

B. Gütertransportversicherung (Abs. 1)

I. Inhalt der Norm

1. Allgemeines. Bei der Güterversicherung gegen Beförderungsgefahren handelt es sich um eine **Sachversicherung** und nicht um eine Haftpflichtversicherung.[6] Sie ist **Großrisiko** iSd § 210 Abs. 1 (§ 210 Abs. 2 iVm Anl. 1 zum VAG Nr. 7), womit die Vorschriften des VVG **dispositiv** sind (§ 210 Abs. 1). Daneben ist die Gütertransportversicherung idR als laufende Versicherung ausgestaltet;[7] für laufende Versicherungen gelten gem. § 210 Abs. 1 ebenfalls nicht die Beschränkungen der Vertragsfreiheit des VVG. 3

Da der Versicherer alle Gefahren deckt, die mit der Beförderung von Gütern (bzw. der Lagerung) und der Binnenschifffahrt verbunden sind, ist im Transportversicherungsrecht der Grundsatz der **Universalität der Gefahren** vorherrschend,[8] wohingegen in anderen Zweigen der Schadensversicherung das Prinzip der Spezialität der Gefahren gilt.[9] Aufgrund der Abdingbarkeit der transportrechtlichen Normen ist jedoch eine Einschränkung bis hin zur Aufhebung des Grundsatzes der Allgefahrendeckung durch entsprechende Regelungen in AVB möglich.[10] Damit gewinnt die Verwendung von AVB im Bereich des Transportwesens besonders an Bedeutung.[11] 4

Die Gütertransportversicherung deckt nur Schäden an den transportierten Gegenständen ab und begründet keinen Schutz hinsichtlich des eingesetzten Transportmittels.[12] Der Gesetzeswortlaut stellt auf die vereinbarte **Versicherungsdauer** ab, nicht auf die Beförderungsdauer. Damit trägt der Gesetzgeber dem Umstand Rechnung, dass die geltenden Regelungen zum Gefahrübergang transportierter Güter, sog. „**Incoterms**" (wie bspw. FOB oder CIF), ebenfalls die Dauer der Versicherung zugrunde legen.[13] Die Transportgefahr muss alleiniger oder zumindest überwiegender Vertragsgegenstand sein; ist diese lediglich mitversichert, liegt keine Transportversicherung vor.[14] 5

2. Begriffsbestimmung. a) Versicherung von Gütern. Den Versicherungsgegenstand des § 130 Abs. 1 bilden Güter. Darunter fallen alle beweglichen Waren unter Einschluss von Lebendtieren,[15] die Gegenstand eines – gewerblichen oder privaten Zwecken dienenden – Beförderungsvertrages sind.[16] Das versicherte Gut umfasst grds. nicht die Verpackung.[17] Eine Ausnahme hierzu bildet 6

---

[2] So die Begr. RegE, BT-Drs. 16/3945, 92.
[3] Pisani in Schwintowski/Brömmelmeyer/Ebers VVG § 130 Rn. 1.
[4] So Begr. RegE, BT-Drs. 16/3945, 91.
[5] Pisani in Schwintowski/Brömmelmeyer/Ebers VVG § 130 Rn. 1.
[6] BGH VersR 2003, 1171 = TranspR 2003, 320; VersR 2008, 395 (396) = TranspR 2008, 86.
[7] Harms in HK-VVG § 130 Rn. 3.
[8] So die Begr. RegE, BT-Drs. 16/3945, 91; Koller in Prölss/Martin VVG § 130 Rn. 2.
[9] Paffenholz in Looschelders/Pohlmann VVG § 130 Rn. 3.
[10] Paffenholz in Looschelders/Pohlmann VVG § 130 Rn. 3.
[11] Harms in HK-VVG § 130 Rn. 7.
[12] BGH VersR 1983, 949 = MDR 1984, 31.
[13] Begr. RegE, BT-Drs. 16/3945, 91; Pisani in Schwintowski/Brömmelmeyer/Ebers VVG § 130 Rn. 8.
[14] Paffenholz in Looschelders/Pohlmann VVG § 130 Rn. 4; Koller in Prölss/Martin VVG § 130 Rn. 1 mwN.
[15] Pisani in Schwintowski/Brömmelmeyer/Ebers VVG § 130 Rn. 11.
[16] Thume in Thume/de la Motte/Ehlers Kap. 2 Rn. 159.
[17] Dallmayr in Berliner Kommentar VVG § 129 Rn. 6; aA Koller in Prölss/Martin VVG § 130 Rn. 2.

der Fall, dass die transportierte Ware „erst gemeinsam mit der Verpackung das Gut im wirtschaftlichen Sinne bildet".[18]

7 b) Landtransport und Binnenschifffahrt. Die Versicherung erfasst zunächst den Landtransport, worunter bspw. Lkw- oder Schienentransporte fallen.[19] Unter Binnenschifffahrt ist die Fahrt eines Binnen- oder Seeschiffes auf Binnengewässern zu verstehen.[20] Begrifflich zählen zu Binnengewässern Flüsse und sonstige Binnengewässer.[21] Zur Bestimmung ist in Abgrenzung zur Seegrenze auf die Flaggenrechtsverordnung (FlRV)[22] zum Flaggenrechtsgesetz[23] abzustellen.[24] Bei mangelnder Bestimmbarkeit der Seegrenze sind die Anschauungen der seemännischen Kreise heranzuziehen, wonach ein Überschreiten der Seegrenze mit Einsetzen der der Seefahrt immanenten Gefahren gegeben ist.[25] So ist das Befahren des Wattenmeeres[26] als auch die Küstenschifffahrt der Seeschifffahrt unterstellt.[27]

8 3. Versicherte Gefahren. a) Beförderungsgefahren. Die Gütertransportversicherung sichert zunächst Güter gegen jede Transportgefahr zu Lande oder auf Binnengewässern ab. Als Indiz für das Vorliegen einer Transportgefahr ist die Überlassung der Güter während der Beförderung in fremde bzw. wechselnde Obhut anzusehen.[28] Auf die den Transport ausführende Person kommt es dabei nicht an.[29] Vielmehr deckt der Versicherer alle Gefahren, denen die Güter **während der Bewegung** oder der **Bewegungsbereitschaft** ausgesetzt sind.[30] Eine Bewegung von Gütern findet statt bei deren Verbringung von einem Ort zu einem anderen.[31] In der Regel besteht Versicherungsschutz unabhängig vom eingesetzten Transportmittel für den Transport **von Haus zu Haus**.[32] Klassische Beförderungsgefahren sind das Abhandenkommen bzw. der Verlust der versicherten Güter sowie Schäden durch Umladen der Ware.[33] Charakteristische Gefahren des Transportes auf Binnengewässern sind Feuchtigkeitsschäden aufgrund Decktransporten oder infolge Leckagen.[34]

9 b) Lagerungsgefahren. § 130 Abs. 1 statuiert zudem einen Versicherungsschutz für die mit der Beförderung verbundenen Lagerungsgefahren der Güter. Die Versicherung umfasst alle während der Versicherungsdauer vorgenommenen Lagerungen der Güter, die in enger Kausalität zum Transport erfolgen.[35]

10 4. Gegenstand des Versicherungsschutzes. a) Deckung von Substanzschäden. Der Versicherungsschutz umfasst alle während des Versicherungszeitraumes eintretenden **Substanzschäden** infolge von **Verlust** oder **Beschädigung** des Gutes.[36] Ein Verlust liegt vor bei Untergang sowie Unauffindbarkeit des Gutes; weiterhin bei nicht nur vorübergehendem Auslieferungshindernis betreffend den berechtigen Empfänger aus tatsächlichen oder rechtlichen Gründen.[37] Unter Beschädigung ist jegliche Substanzverletzung am Gut mit der Folge einer wirtschaftlichen Werteinbuße zu verstehen.[38] Bei Beförderung von Tiefkühlware ist bereits das Antauen als Beschädigung anzusehen.[39] Ein Substanzschaden liegt auch bei Beschädigung der **Verpackung** vor, soweit die Ware nur in Verbindung mit der Verpackung zum üblichen Preis verkauft werden kann.[40]

---

[18] OLG Hamburg VersR 1982, 157; *Pisani* in Schwintowski/Brömmelmeyer/Ebers VVG § 130 Rn. 12.
[19] *Pisani* in Schwintowski/Brömmelmeyer/Ebers VVG § 130 Rn. 6.
[20] *Paffenholz* in Looschelders/Pohlmann VVG § 130 Rn. 10.
[21] *Pisani* in Schwintowski/Brömmelmeyer/Ebers VVG § 130 Rn. 7.
[22] § 1 FlRV bestimmt die Grenzen der Seefahrt.
[23] Gesetz über das Flaggenrecht der Seeschiffe und die Flaggenführung der Binnenschiffe.
[24] BGHZ 76, 201 = VersR 1980, 546; *Dallmayr* in Berliner Kommentar VVG § 129 Rn. 7.
[25] *Heiss/Trümper* TransportVersR Rn. 17; BGHZ 76, 201 = NJW 1980, 1747.
[26] BGH NJW 1980, 1747 mwN.
[27] *Prüßmann/Rabe*, Seehandelsrecht, 4. Aufl. 2000, Einf. Rn. 38.
[28] BGH VersR 1972, 85; krit. *Koller* in Prölss/Martin VVG § 130 Rn. 2.
[29] *Paffenholz* in Looschelders/Pohlmann VVG § 130 Rn. 4.
[30] Zust. *Koller* in Prölss/Martin VVG § 130 Rn. 2 mwN; aA *Pisani* in Schwintowski/Brömmelmeyer/Ebers VVG § 130 Rn. 5.
[31] BGH VersR 1994, 1058.
[32] Vgl. DTV-Güterversicherungsbedingungen 2000 idF von 2008, Ziff. 8.
[33] *Pisani* in Schwintowski/Brömmelmeyer/Ebers VVG § 130 Rn. 6.
[34] *Pisani* in Schwintowski/Brömmelmeyer/Ebers VVG § 130 Rn. 7.
[35] *Koller* in Prölss/Martin VVG § 130 Rn. 2; *Pisani* in Schwintowski/Brömmelmeyer/Ebers VVG § 130 Rn. 9.
[36] *Pisani* in Schwintowski/Brömmelmeyer/Ebers VVG § 130 Rn. 14.
[37] BGH VersR 1978, 318; NJW 1979, 2473.
[38] *Thume* in Thume/de la Motte, 1. Aufl. 2004, Kap. 2 Rn. 162.
[39] BGH NJW 1974, 1616; weitere Einzelfälle bei *Fremuth/Thume*, Transportrecht, 2000, HGB § 425 Rn. 14, CMR Art. 17 Rn. 8; zu Kühltransporten *Thume* TranspR 1992, 1; *Thume* in Thume CMR Art. 17 Rn. 72.
[40] *Paffenholz* in Looschelders/Pohlmann VVG § 130 Rn. 13; → Rn. 6.

b) Realisierung einer versicherten Transportgefahr – „causa proxima". Schäden am 11
transportierten Gut sind nur dann gedeckt, wenn sie ihre Ursache in einer **versicherten Transportgefahr** haben.[41] Die auch im Versicherungsrecht zur Anwendung kommende Adäquanztheorie bietet dann keine hinreichende Lösung, wenn sich neben der Transportgefahr auch andere Gefahren adäquat kausal für den Schaden verwirklicht haben. So bereitet bspw. bei Strandung eines Schiffes und dadurch bedingter Verzögerung der Reise unter gleichzeitigem Verderb des Gutes infolge seiner Eigenfeuchtigkeit die Frage der relevanten Ursache Schwierigkeiten.[42] Daher gilt als Ergänzung der Adäquanztheorie und des Grundsatzes der Allgefahrendeckung in der Gütertransportversicherung die **„causa proxima"-Regel**.[43] Dieser Grundsatz wurde zum Teil nur für die Seeversicherung anerkannt,[44] ist jedoch nun ausdrücklich in Ziff. 2.6 der DTV-Güterversicherungsbedingungen 2000/2011 niedergelegt. Auch der BGH ist der Ansicht, dass die „causa proxima"-Regel auf die Transportversicherung übertragbar ist und daher auch für die besondere Haftpflichtversicherung in § 130 Abs. 2 S. 2. gilt.[45] Demnach ist für die relevante Schadensursache auf den Umstand abzustellen, welcher „die mit hoher Wahrscheinlichkeit wirksamste, in ihrer Ursächlichkeit erheblichste Ursache" ist.[46]

Die genaue Definition der „causa-proxima"-Regel ist jedoch nicht eindeutig festgelegt. Der genaue Beweismaßstab wurde insbesondere in der Rechtsprechung nicht einheitlich gehandhabt.[47] Während früher als causa proxima die „wirksamste, in ihrer Ursächlichkeit erheblichste Bedingung" galt,[48] erhielten später verschiedene Formen der Wahrscheinlichkeit Einzug in die Definitionen. Der BGH verlangt nun für die „causa proxima" die „mit hoher Wahrscheinlichkeit" wirksamste Ursache. Dagegen fordert Ziff. 2.6 der DTV-Güterbedingungen 2000/2011 etwas anderes, und zwar einen Schaden, der mit „überwiegender Wahrscheinlichkeit" durch eine versicherte Gefahr herbeigeführt worden ist.[49] Nach einem neueren Urteil des OLG Bremen wiederum ist „anhand einer Wahrscheinlichkeitsprognose" zu beurteilen, welche der vorhandenen Ursachen sich am erheblichsten ausgewirkt hat.[50] Neben diesen unterschiedlichen Interpretationen der „causa-proxima"-Regel findet außerdem eine inkonsequente Anwendung der aufgestellten Beweismaßstäbe in der Rechtsprechung statt.[51]

Bei der Benutzung einer Wahrscheinlichkeitsformel gilt zu beachten, dass es sich dabei nicht um eine bloße Wahrscheinlichkeit der Ursächlichkeit handelt, sondern um die Wahrscheinlichkeit der Wirksamkeit; die Ursächlichkeit muss feststehen.[52] Am sinnvollsten erscheint es, sich für die „causa proxima" an einer Gesamtbetrachtung aller infrage kommenden Ursachen, von denen keine hinweg gedacht werden kann, zu orientieren und die mit überwiegender oder hoher Wahrscheinlichkeit wirksamste Ursache zu identifizieren.[53] Dabei wird von den gegeneinander abgewogenen Ursachen diejenige die wahrscheinlich wirksamste sein, die „am ehesten" den Erfolg herbeigeführt hat oder „am meisten" dazu beigetragen hat.[54]

In dem oben genannten Beispielsfall ist die Beschaffenheit des Gutes als causa proxima anzusehen, sodass der Verderb der Güter nicht die Folge der Realisierung einer Transportgefahr ist.[55]

So greift bei der Frage, ob im Falle des Schadenseintritts ein vertraglich ausgeschlossener Schaden 12
als deckungsausschließende Ursache zu werten ist mit der Folge, dass der Versicherer nicht ersatzpflichtig ist, der Ausschlusstatbestand nur, wenn die ausgeschlossene Gefahr als wirksamste Ursache anzusehen ist.[56] Die causa proxima-Regel verhindert damit einen vorschnellen Leistungsausschluss des Versicherers für den Fall, dass mehrere Schadensursachen kausal für den Schadenseintritt sind.[57]

---

[41] *Pisani* in Schwintowski/Brömmelmeyer/Ebers VVG § 130 Rn. 17.
[42] *Ehlers* in Thume/de la Motte/Ehlers Teil 5 Rn. 40.
[43] *Harms* in HK-VVG § 130 Rn. 10; *Thume* in Thume/de la Motte/Ehlers Teil 2 Rn. 420 mwN.
[44] *Römer* in Römer/Langheid, 2. Aufl. 2003, VVG § 131 Rn. 3; *Dallmayr* in Berliner Kommentar VVG § 131 Rn. 13.
[45] BGH VersR 2015, 1020; *Harms* in HK-VVG § 130 Rn. 11.
[46] BGH VersR 2015, 1020.
[47] *Schwampe* RdTW 2020, 85 mit historischer Darstellung des Verständnisses der causa proxima in der Rechtsprechung.
[48] OLG Hamburg, VersR 1973, 1137; 1983, 1151; 1986, 1016; 1987, 1004.
[49] *Schwampe* RdTW 2020, 85, 92.
[50] OLG Bremen VersR 2019, 1015, 1017.
[51] Siehe hierzu *Langheid* VersR 2019, 987 mit umfassender Besprechung der causa-proxima-Regel und des Urteils des OLG Bremen; *Schwampe* RdTW 2020, 85.
[52] *Schwampe* RdTW 2020, 85.
[53] *Langheid* VersR 2019, 987 (989).
[54] *Langheid* VersR 2019, 987 (990).
[55] *Pisani* in Schwintowski/Brömmelmeyer/Ebers VVG § 130 Rn. 18.
[56] *Harms* in HK-VVG § 130 Rn. 10.
[57] *Harms* in HK-VVG § 130 Rn. 10.

II. Einzelfälle von Gütertransportversicherungen

13 Als Gütertransportversicherung sind insbes. zu qualifizieren:
- Valoren-Transport-Versicherung,[58]
- Auto-Inhaltsversicherung,[59]
- Hakenlastversicherung,[60]
- Wassersportfahrzeugversicherung,[61]
- Werkverkehrs-Güterversicherung.[62]

14 Keine Gütertransportversicherung sind die
- Juwelierversicherung,[63]
- Ausstellungsversicherung,[64]
- CMR-Versicherung.[65]

15 In folgenden Fällen kann zwar die Transportgefahr von der Versicherung mit umfasst sein, jedoch ist diese **nicht überwiegender Vertragsgegenstand:**[66]
- Fahrradversicherung,[67]
- Kfz-Kaskoversicherung,[68]
- Reisegepäckversicherung,[69]
- Schaustellerversicherung.[70]

III. Nichtigkeit des Transportversicherungsvertrages mangels versicherbarem Interesse

16 Resultiert das Sacherhaltungsinteresse des Versicherungsnehmers an den versicherten Gütern aus einem Handelsgeschäft, welches wiederum selbst gegen geltendes Recht verstößt und damit nichtig ist, mangelt es an einem erlaubten versicherten Interesse[71] und lässt den Versicherungsschutz entfallen.[72] Das Vorliegen eines rechtswidrigen Handelsgeschäfts führt zur Nichtigkeit des Transportversicherungsvertrages nach **§§ 134, 138 BGB**,[73] sodass auch eine Prämienzahlungspflicht des Versicherungsnehmers gem. § 80 nicht besteht.[74] Sind dem Versicherer allerdings die die Rechtswidrigkeit des Handelsgeschäfts bewirkenden Umstände bekannt, ist ihm nach **Treu und Glauben** ein Berufen auf die Nichtigkeit des Transportversicherungsvertrages verwehrt.[75] In der Praxis tauchen insbes. Probleme mit Aus- und Einfuhrbestimmungen sowie Embargovorschriften[76] auf, die zur Rechtswidrigkeit des Handelsgeschäfts führen und damit zur Nichtigkeit des Versicherungsvertrages.[77]

C. Binnenschiffsversicherung (Abs. 2)

I. Überblick

17 Der zweite Absatz des § 130 beinhaltet Versicherungsschutz für Schiffe gegen Gefahren der Binnenschifffahrt, **Schiffskaskoversicherung** (S. 1), sowie die Versicherung der Haftpflicht für

---

[58] BGH VersR 2003, 1171 = NJW-RR 2003, 1107; VersR 2008, 395 = TranspR 2008, 86; VersR 2011, 918 = NJW-RR 2011, 1595.
[59] OLG Koblenz VersR 1988, 1061, betr. das Risiko eines Pferdetransportes.
[60] *Hammacher* VersR 1997, 288.
[61] BGH VersR 1988, 463.
[62] LG Stuttgart VersR 1978, 835; 1989, 1191; LG Köln VersR 1979, 618; LG Hamburg VersR 1983, 236.
[63] BGHZ 51, 356 = VersR 1969, 507; BGH VersR 1972, 85 = BB 1972, 899.
[64] VerBAV 1953, 78; 1988, 216; *Voit/Knappmann* in Prölss/Martin, 27. Aufl. 2004, VVG § 129 Rn. 8 mit weiteren Beispielen.
[65] BGH TranspR 1998, 21; 1999, 155.
[66] Weitere Beispiele bei *Paffenholz* in Looschelders/Pohlmann VVG § 130 Rn. 6 f.; *Koller* in Prölss/Martin VVG § 130 Rn. 9.
[67] VerBAV 1986, 485.
[68] *Paffenholz* in Looschelders/Pohlmann VVG § 130 Rn. 7, wonach der Versicherungsschutz auf das Fahrzeug beschränkt ist und dessen Inhalt nicht erfasst.
[69] LG Hamburg VersR 1990, 1234, da die Diebstahlsgefahr überwiegt.
[70] BGH VersR 1983, 949.
[71] BGH VersR 1972, 849; OLG Hamburg VersR 1983, 1151.
[72] *S. de la Motte* VersR 1988, 317.
[73] BGH VersR 1962, 659; *Thume* in Thume/de la Motte/Ehlers Teil 2 Rn. 423.
[74] *Pisani* in Schwintowski/Brömmelmeyer/Ebers VVG § 130 Rn. 16.
[75] *Voit/Knappmann* in Prölss/Martin, 27. Aufl. 2004, VVG § 129 Rn. 22.
[76] *Wandt* VersR 2013, 257.
[77] *Paffenholz* in Looschelders/Pohlmann VVG § 130 Rn. 11.

Kollisionsschäden auf Binnengewässern, **Schiffshaftpflichtversicherung** (S. 2). Beide Sparten sind Großrisiken iSd § 210 Abs. 2 Nr. 1 iVm Anl. 1 zum VAG Nr. 7, 12 und damit den Beschränkungen der Vertragsfreiheit des VVG nicht unterworfen. Damit sind sämtliche Vorschriften des VVG auch für diesen transportversicherungsrechtlichen Bereich abdingbar.

II. Schiffskaskoversicherung

Nach Abs. 2 S. 1 deckt der Versicherer alle Gefahren der Binnenschifffahrt, denen das versicherte 18 Schiff für die Dauer der Versicherung ausgesetzt ist. Damit kommt auch im Schiffskaskobereich der das Transportversicherungsrecht beherrschende Grundsatz der **Allgefahrendeckung** zum Tragen. Der Versicherungsschutz umfasst Kollisionsschäden am versicherten Schiff.[78]

1. Schiffsbegriff. Unter der gängigen Definition ist als Schiff ein „schwimmfähiger Hohlkör- 19 per von nicht ganz unbedeutender Größe" zu verstehen, „der fähig und dazu bestimmt ist, auf oder unter Wasser fortbewegt zu werden und dabei Personen oder Sachen zu tragen".[79] Kleinfahrzeuge, welche mit Muskelkraft bewegt werden, sind aus dem Anwendungsbereich ausgenommen.[80] Unerheblich ist die Bauart des Schiffes, namentlich ob es sich um ein Binnen- oder Seeschiff handelt; entscheidend ist allein, dass es auf Binnengewässern reist.[81] Unklar ist, ob die Sportboot-Kaskoversicherung in den Anwendungsbereich des § 130 Abs. 2 S. 1 fällt.[82]

2. Beispielsfälle. Die Rspr. hat bislang als Schiff anerkannt größere Sport- und Vergnügungs- 20 schiffe,[83] ein 8 m langes und 2,335 m breites sowie mit einem 55 PS-Motor ausgestattetes Proviantboot,[84] private (Segel)Boote[85] sowie eine Motoryacht.[86] Weiterhin wurde als Schiff angesehen ein Schwimmkran,[87] ein Schwimmbagger[88] sowie ein Getreideheber.[89] Nicht unter die Definition fallen (mit Muskelkraft bewegte) Ruder- oder Tretboote[90] sowie Schwimmdocks, Pontons, Flöße und Bojen.[91]

III. Schiffshaftpflichtversicherung

Die Binnentransportversicherung deckt gem. § 130 Abs. 2 S. 2 Schadensersatzansprüche ab, die 21 dem Versicherungsnehmer Dritten gegenüber aufgrund Zusammenstoßes des versicherten Schiffes mit einem anderen Schiff oder mit festen bzw. schwimmenden Gegenständen entstehen. Vor der VVG-Reform war lediglich eine Haftpflicht für Schiffszusammenstöße im herkömmlichen Sinne vorgesehen. Darunter ist eine Berührung von zwei Schiffen zu verstehen; die Berührung eines Schiffes mit einem Ankerdraht eines anderen Schiffes war davon nicht umfasst.[92]

Dieser eng umgrenzte Bereich der **Kollisionshaftpflichtversicherung** ist aus dem Anwen- 22 dungsbereich des Haftpflichtversicherungszweiges der §§ 100–124 ausgenommen. Andere Haftpflichtkomponenten als die soeben genannten können hingegen nicht als Transportversicherung gedeckt werden.[93] Damit gelten für alle übrigen Schiffsunfälle die Vorschriften der Haftpflichtversicherung.[94] Soweit deren Abschluss gesetzlich zwingend vorgeschrieben ist, kommen gem. § 113 die Vorschriften der Pflichtversicherung (§§ 113–124) zur Anwendung. Zu beachten ist weiterhin, dass die Schiffshaftpflichtversicherung nur bei gleichzeitigem Abschluss der Flusskaskoversicherung möglich ist.[95]

---

[78] *Pisani* in Schwintowski/Brömmelmeyer/Ebers VVG § 130 Rn. 20.
[79] BGH NJW 1952, 1135; OLG Hamburg VersR 1977, 813; *Koller* in Prölss/Martin VVG § 130 Rn. 6 mwN.
[80] BGHZ 57, 309 = VersR 1972, 246.
[81] *Voit/Knappmann* in Prölss/Martin, 27. Aufl. 2004, VVG § 129 Rn. 14.
[82] *Harms* in HK-VVG § 130 Rn. 15; *Thume* in Thume/de la Motte/Ehlers Teil 2 Rn. 426.
[83] BGHZ 3, 34 (43).
[84] BGH VersR 1960, 305.
[85] BGHZ 57, 309 = VersR 1972, 246.
[86] BGHZ 62, 146 = VersR 1974, 468.
[87] BGH NJW 1952, 1135.
[88] BGHZ 76, 201 ff. = VersR 1980, 546.
[89] OLG Hamburg VersR 1977, 813.
[90] BGHZ 57, 309 (312).
[91] *Pisani* in Schwintowski/Brömmelmeyer/Ebers VVG § 130 Rn. 22; *Dallmayr* in Berliner Kommentar VVG § 129 Rn. 16 mwN zur Rspr.
[92] So OLG Hamburg VersR 1989, 721.
[93] Begr. RegE, BT-Drs. 16/3945, 92.
[94] *Paffenholz* in Looschelders/Pohlmann VVG § 130 Rn. 15.
[95] So Begr. RegE, BT-Drs. 16/3945, 92.

23 Die Frage der **Haftung** für Schäden durch Schiffszusammenstöße ist in den §§ 734 ff. HGB geregelt. Die Schadensersatzpflicht beim Zusammenstoß von Schiffen auf Flüssen und sonstigen Binnengewässern ist in den §§ 92 ff. BinSchG normiert, wobei die Regelung Kleinfahrzeuge sowie bewegliche Teile von Schiffsbrücken mit umfasst, siehe § 92 Abs. 3 BinSchG. Ferner ist die vorrangige Anwendung von internationalen Abkommen im haftungsrechtlichen Bereich stets zu beachten.[96]

D. Große Haverei (Abs. 3)

24 Der Versicherungsschutz gegen Gefahren der Binnenschifffahrt inkludiert gem. § 130 Abs. 3 die Beiträge zur großen Haverei, soweit durch die Haverei-Maßnahme ein vom Versicherer zu ersetzender Schaden abgewendet werden sollte. Nach der Legaldefinition in § 78 Abs. 1 des Binnenschifffahrtsgesetzes (BinSchG) fallen unter den Begriff der großen Haverei alle Schäden, welche einem Schiff und/oder dessen Ladung zum Zweck der Errettung beider aus einer gemeinsamen Gefahr vom Schiffer oder auf dessen Geheiß vorsätzlich zugefügt werden sowie die dadurch ferner verursachten Schäden unter Einschluss des Frachtverlustes für aufgeopferte Güter und daneben die zum genannten Zweck aufgewendeten Kosten.

I. Gefahrenlage

25 Die Eintrittspflicht des Versicherers setzt voraus, dass der Schiffer die eingeleiteten Rettungsmaßnahmen nach pflichtgemäßer Prüfung der Gefahrenlage zur Abwendung einer **unmittelbar drohenden Gefahr** in vertretbarer Weise für gegeben halten durfte.[97] Auf die objektive Eignung der Maßnahme zur Gefahrbeseitigung kommt es hingegen nicht an.[98]

II. Rechtsfolgen

26 Die Beiträge zur großen Haverei tragen Schiff und Ladung gemeinsam, vgl. § 78 Abs. 2 Alt. 1 BinSchG, wobei die Aufteilung des auf das jeweilige Interesse entfallenden Beitrags in einem Verteilungsplan, der sog. **Dispache,** erfolgt.[99] Darin werden prozentual die Anteile aller Beteiligten festgesetzt,[100] indem der zu vergütende Schaden durch die beitragspflichtigen Werte (Schiff und gerettete Ware) dividiert wird.[101] Dieser Verteilung liegt die Erwägung zugrunde, dass die Aufopferung der eingesetzten Werte im Interesse sämtlicher Beteiligten erfolgt ist und demzufolge auch sämtliche geretteten Werte anteilmäßig eine Entschädigungsleistung zu erbringen haben.[102] Die Dispache veranlasst der Reeder bzw. der Kapitän im Bestimmungshafen oder im Hafen der Beendigung der Reise; in Deutschland nimmt die Aufstellung der Dispache ein hierfür amtlich bestellter Sachverständiger, sog. **Dispacheur,**[103] vor.[104]

E. Beweislast

27 Die Beweislastverteilung ist aufgrund möglicher Beweiserleichterungen in den jeweiligen Allgemeinen Versicherungsbedingungen immer im Lichte der einzelvertraglichen Regelung zu betrachten. Grundsätzlich trägt der **Versicherungsnehmer** die Beweislast dafür, dass die Güter bzw. das Schiff bei Versicherungsbeginn **nicht beschädigt** waren.[105] Der **Versicherer** ist beweisbelastet mit der Einwendung einer Schadensverursachung durch eine **nicht mitversicherte Gefahr**[106] sowie

---

[96] *Pisani* in Schwintowski/Brömmelmeyer/Ebers VVG § 130 Rn. 24.
[97] *Paffenholz* in Looschelders/Pohlmann VVG § 130 Rn. 18; *Thume* in Thume/de la Motte/Ehlers Teil 2 Rn. 430.
[98] *Pisani* in Schwintowski/Brömmelmeyer/Ebers VVG § 130 Rn. 28.
[99] *Paffenholz* in Looschelders/Pohlmann VVG § 130 Rn. 19; *Thume* in Thume/de la Motte/Ehlers Teil 2 Rn. 431 ff. mwN.
[100] *Pisani* in Schwintowski/Brömmelmeyer/Ebers VVG § 130 Rn. 29.
[101] Ausf. *Prüßmann/Rabe,* Seehandelsrecht, 4. Aufl. 2000, HGB § 716 Rn. 2.
[102] *Pisani* in Schwintowski/Brömmelmeyer/Ebers VVG § 130 Rn. 29.
[103] Zu den Aufgaben des Dispacheurs BGH VersR 1997, 90 = NJW-RR 1997, 22; *Sieg* VersR 1996, 684.
[104] *Thume* in Thume/de la Motte/Ehlers Teil 2 Rn. 433.
[105] *Paffenholz* in Looschelders/Pohlmann VVG § 130 Rn. 14.
[106] *Koller* in Prölss/Martin VVG § 130 Rn. 5.

damit zusammenhängend beweispflichtig dafür, dass der Ausschlusstatbestand als causa proxima anzusehen ist.[107]

§ 131 Verletzung der Anzeigepflicht

(1) [1]Abweichend von § 19 Abs. 2 ist bei Verletzung der Anzeigepflicht der Rücktritt des Versicherers ausgeschlossen; der Versicherer kann innerhalb eines Monats von dem Zeitpunkt an, zu dem er Kenntnis von dem nicht oder unrichtig angezeigten Umstand erlangt hat, den Vertrag kündigen und die Leistung verweigern. [2]Der Versicherer bleibt zur Leistung verpflichtet, soweit der nicht oder unrichtig angezeigte Umstand nicht ursächlich für den Eintritt des Versicherungsfalles oder den Umfang der Leistungspflicht war.

(2) [1]Verweigert der Versicherer die Leistung, kann der Versicherungsnehmer den Vertrag kündigen. [2]Das Kündigungsrecht erlischt, wenn es nicht innerhalb eines Monats von dem Zeitpunkt an ausgeübt wird, zu welchem dem Versicherungsnehmer die Entscheidung des Versicherers, die Leistung zu verweigern, zugeht.

Übersicht

	Rn.			Rn.
A. Normzweck	1	2.	Maßgeblicher Zeitpunkt der Anzeigepflicht	8
B. Inhalt der Norm	3	3.	Kündigungs- und Leistungsverweigerungsrecht	9
I. Rechte des Versicherers bei Verletzung der Anzeigepflicht	3		a) Kausalität	10
			b) Kündigungsfrist	11
1. Reichweite der Anzeigepflichten	4	II.	Kündigungsrecht des Versicherungsnehmers nach Leistungsverweigerung	12
a) Grundsatz	4			
b) Abweichende Risikoverteilung in AVB	6	C.	Beweislast	13

Stichwort- und Fundstellenverzeichnis

Stichwort	Rn.	Rspr.	Lit.
Beweislast	→ Rn. 13	BGH VersR 1991, 171	*Pisani* in Schwintowski/Brömmelmeyer/Ebers VVG § 131 Rn. 25 ff.
Kenntnis	→ Rn. 11	OLG Köln VersR 1973, 1035; 1982, 1092; OLG München VersR 1986, 156	–
Kausalität	→ Rn. 10	BGH VersR 1990, 297; 1991, 1404; OLG Hamm r+s 1990, 147; OLG Köln VersR 1992, 231.	*Harms* in HK-VVG § 131 Rn. 4
Nachfrageobliegenheit des Versicherers	→ Rn. 4	BGH NJW 1995, 401; VersR 2011, 909	–

Schrifttum: Vgl. die Angaben bei Vor § 130.

A. Normzweck

Im Versicherungsvertragsrecht stellt die Anzeigepflicht eine besondere Obliegenheit des Versicherungsnehmers dar.[1] Die gängige Praxis des Transportversicherungsrechts sanktioniert eine Verletzung der vorvertraglichen Anzeigepflichten mit Leistungsfreiheit des Versicherers,[2] so bspw. in Ziff. 4.2 der DTV-Güterversicherungsbedingungen 2000/2011. Darin liegt eine Abweichung von der allgemeinen versicherungsvertraglichen Regelung des § 19 Abs. 2, der bei Verletzung von Anzei-

1

---

[107] BGH TranspR 2003, 74 (75 f.) = VersR 2002, 845 mwN.
[1] Begr. RegE, BT-Drs. 16/3945, 64.
[2] *Paffenholz* in Looschelders/Pohlmann VVG § 131 Rn. 2; *Thume* in Thume/de la Motte/Ehlers Teil 2 Rn. 436.

gepflichten dem Versicherer ein Rücktrittsrecht einräumt. Den transportversicherungsrechtlichen Besonderheiten trägt der Normgeber mit der Regelung des § 131 Abs. 1 Rechnung, worin in Anlehnung an die Praxis das Rücktrittsrecht des Versicherers bei Verletzung der Anzeigepflicht ausgeschlossen und durch ein **Kündigungs- und Leistungsverweigerungsrecht** ersetzt wird. Diese gesetzliche Festsetzung soll verhindern, dass aufgrund der anderweitigen Regelung in § 19 Abs. 2 für die Transportversicherung ein falsches gesetzliches Leitbild entsteht.[3] Bei erfolgter Leistungsverweigerung des Versicherers gewährt § 131 Abs. 2 dem Versicherungsnehmer ein besonderes Kündigungsrecht.

2 § 131 normiert lediglich die **Rechtsfolgen** einer Verletzung der dem Versicherungsnehmer obliegenden vorvertraglichen Anzeigepflichten. Hinsichtlich der Tatbestandsseite gilt § 19.[4] Die Regelung des § 131 ist im Zuge der VVG-Reform neu aufgenommen worden und findet sich daher nicht in der alten Fassung des VVG wieder. Mit der im sechsten Abschnitt des VVG (§§ 53–58) enthaltenen Norm zur Verletzung der Anzeigepflicht für die laufende Versicherung (§ 56) findet sich eine wortgleiche Regelung.

B. Inhalt der Norm

I. Rechte des Versicherers bei Verletzung der Anzeigepflicht

3 § 131 Abs. 1 S. 1 schließt bei Verletzung der Anzeigepflicht durch den Versicherungsnehmer ausdrücklich das Rücktrittsrecht des Versicherers aus und gewährt diesem statt dessen ein Kündigungs- und Leistungsverweigerungsrecht, wobei der Versicherer seine Rechte binnen Monatsfrist ab Kenntnis der nicht oder unrichtig angezeigten Umstände ausüben muss. S. 2 bestimmt einen Ausschluss des Leistungsverweigerungsrechts bei fehlender Kausalität zwischen nicht angezeigtem Umstand und Eintritt des Versicherungsfalls oder Umfang der Leistungspflicht.

4 **1. Reichweite der Anzeigepflichten. a) Grundsatz.** Dem Versicherungsnehmer obliegen im transportversicherungsrechtlichen Bereich die für alle Versicherungszweige geltenden Anzeigepflichten des § 19 Abs. 1.[5] Danach hat der Versicherungsnehmer alle ihm bekannten Gefahrstände, nach denen der Versicherer in **Textform** gefragt hat, mitzuteilen. Den Umfang der Anzeigepflichten bestimmt damit der **Versicherer,** womit dieser auch das **Risiko einer Fehleinschätzung** der **gefahrerheblichen Umstände** trägt.[6] Innerhalb dieses Rahmens hat der Versicherungsnehmer alle ihm **bekannten** Gefahrumstände **vollständig** und **zutreffend** anzuzeigen, wobei unklar oder mehrdeutig formulierte Fragen zugunsten des Versicherungsnehmers auszulegen sind.[7] Bei erkennbar unklaren oder unvollständigen Antworten des Versicherungsnehmers besteht eine **Nachfrageobliegenheit des Versicherers.**[8] Ein Vertragsschluss in Kenntnis der Unvollständigkeit oder Unklarheit geht damit zu Lasten des Versicherers.[9]

5 Die amtliche Begründung zu § 131 stellt klar, dass von der Anzeigepflicht nicht die Umstände erfasst werden, die sich auf Art und Umfang des versicherten Risikos beziehen; diese sind vielmehr Gegenstand des versicherten Interesses. Weiterhin bezieht sich die Anzeigepflicht ebenfalls nicht auf die für laufende Versicherungen bestehende Anmeldepflicht nach § 53.[10]

6 **b) Abweichende Risikoverteilung in AVB.** Bei der Norm des § 19 handelt es sich zwar um **halbzwingendes Recht,** von der nicht zum Nachteil des Versicherten abgewichen werden darf, so § 32 S. 1. Jedoch umfasst nach der amtlichen Begründung zu § 210 die **Aufhebung der Beschränkungen der Vertragsfreiheit** bei Großrisiken – und damit auch das Transportversicherungsrecht – auch die halbzwingenden Vorschriften des VVG.[11] Damit sind für die Frage der Risikoverteilung die einschlägigen Allgemeinen Versicherungsbedingungen maßgeblich. Darin ist regelmäßig das Risiko einer Fehleinschätzung der Gefahrerheblichkeit dem Versicherungsnehmer auferlegt. So sehen bspw. die DTV-Güterversicherungsbedingungen 2000/2011 in Ziff. 4.1 vor, dass der Versi-

---

[3] So die Begr. RegE, BT-Drs. 16/3945, 92.
[4] *Pisani* in Schwintowski/Brömmelmeyer/Ebers VVG § 131 Rn. 5.
[5] Ausf. zum Umfang der Anzeigepflichten *Langheid* in Bd. 1 dieses Werks zu → § 19.
[6] Begr. RegE, BT-Drs. 16/3945, 64.
[7] *Pisani* in Schwintowski/Brömmelmeyer/Ebers VVG § 131 Rn. 11 f.
[8] BGH NJW 1995, 401; VersR 2011, 909.
[9] *Pisani* in Schwintowski/Brömmelmeyer/Ebers VVG § 131 Rn. 12.
[10] Vgl. RegE, BT-Drs. 16/3945, 92.
[11] RegE, BT-Drs. 16/3945, 115.

cherungsnehmer bei Vertragsschluss alle gefahrerheblichen Umstände anzuzeigen hat und sich nicht auf den Fragenkatalog beschränken kann. Diese gegenteilige Risikoverteilung entspricht der gesetzlichen Altregelung des § 16 Abs. 1 VVG aF. In der Regel hat der Versicherungsnehmer ohne besondere Nachfrage des Versicherers auf das zu versichernde Risiko bezogene Umstände wie mangelnde Seetüchtigkeit des vorgesehenen Schiffes und erhebliche Schadenhäufigkeit auf bestimmten Routen anzuzeigen (**objektive Anzeigepflichten**) sowie die Person des Versicherungsnehmers betreffenden Umstände wie schlecht verlaufende Vorverträge (**subjektive Anzeigepflichten**) mitzuteilen.[12] Ausgenommen von der Anzeigepflicht dürften allgemein bekannte Umstände wie etwa Eisgefahren im Winter sein.[13]

Auch hinsichtlich der Kenntnis des Versicherten von gefahrerheblichen Umständen divergiert 7 die gesetzliche Regelung von den gängigen Allgemeinen Versicherungsbedingungen. Wo das Gesetz nur die Anzeige der dem Versicherungsnehmer bekannten Umstände fordert, sehen etwa die DTV-Güterversicherungsbedingungen 2000/2011 zusätzlich **Leistungsfreiheit** bei **grob fahrlässiger Unkenntnis** von gefahrerheblichen Umständen vor, vgl. dort Ziff. 4.2.

2. Maßgeblicher Zeitpunkt der Anzeigepflicht. § 19 Abs. 1 stellt hinsichtlich des Zeit- 8 punktes für die Erfüllung der Anzeigepflicht auf die **Abgabe der Vertragserklärung** ab. Dies ist idR der auf den Abschluss des Versicherungsvertrages gerichtete Antrag des Versicherungsnehmers.[14] Die DTV-Güterversicherungsbedingungen 2000/2011 sehen in Abweichung dazu den Abschluss des Vertrages als maßgeblichen Zeitpunkt an, s. dort Ziff. 4.1.

3. Kündigungs- und Leistungsverweigerungsrecht. Verletzt der Versicherungsnehmer 9 seine Anzeigepflicht, kann der Versicherer den Vertrag kündigen und die Leistung verweigern, § 131 Abs. 1 S. 1 Hs. 2. Das Recht des Versicherers zur Leistungsverweigerung besteht unabhängig von einer Kündigung. Andernfalls würde das dem Versicherungsnehmer eingeräumte Kündigungsrecht in § 131 Abs. 2 S. 1 leerlaufen.[15] Auch auf ein Verschulden des Versicherungsnehmers kommt es abweichend von der allgemeinen Regelung des § 19 Abs. 3, 4 nicht an.[16] Nach Ziff. 4.3 der DTV-Güterversicherungsbedingungen 2000/2011 bleibt der Versicherer allerdings bei fehlendem Verschulden zur Leistung verpflichtet.

a) **Kausalität.** Voraussetzung für die Ausübung der dem Versicherer zustehenden Rechte ist 10 gem. § 131 Abs. 1 S. 2, dass der nicht oder nicht richtig angezeigte Umstand ursächlich für den Eintritt des Versicherungsfalles oder den Umfang der Leistungspflicht war, wobei **Mitursächlichkeit** ausreichend ist.[17] Das Verschweigen subjektiver Risikoumstände wie Vorstrafen, Vorschäden oder sonstige bestehende Versicherungen ist dabei regelmäßig als nicht kausal anzusehen.[18] Sieht der Versicherer eine kausale Verletzung der Anzeigepflicht als gegeben an, bleibt es dem Versicherungsnehmer unbenommen, den Kausalitätsgegenbeweis zu erbringen.[19] Die causa proxima-Regel[20] kommt nicht zur Anwendung.[21]

b) **Kündigungsfrist.** Der Versicherer hat eine Kündigungsfrist von **einem Monat** ab Kennt- 11 nis des nicht oder unrichtig angezeigten Umstandes einzuhalten, § 131 Abs. 1 S. 1 Hs. 2. Kenntnis ist erst bei zuverlässiger Kunde von der Anzeigepflichtverletzung zu bejahen,[22] wobei idR auf die **Kenntnis des zuständigen Sachbearbeiters** abzustellen ist.[23] Das Vorliegen von Anhaltspunkten für eine Anzeigepflichtverletzung verpflichtet den Versicherer allerdings zur Rückfrage.[24] Kommt der Versicherer dem nicht nach, ist für den Fristbeginn auf den Zeitpunkt der hypothetischen Kenntnisnahme bei ordnungsgemäßem Handeln des Versicherers abzustellen.[25] Allerdings ist bei

---

[12] *Ehlers* in Thume/de la Motte/Ehlers Teil 5 Rn. 190 ff.
[13] *Ehlers* in Thume/de la Motte/Ehlers Teil 5 Rn. 190 ff.
[14] Begr. RegE, BT-Drs. 16/3945, 65.
[15] *Paffenholz* in Looschelders/Pohlmann VVG § 131 Rn. 7.
[16] *Paffenholz* in Looschelders/Pohlmann VVG § 131 Rn. 8.
[17] BGH VersR 1990, 297; *Koller* in Prölss/Martin VVG § 131 Rn. 1a.
[18] BGH VersR 1991, 1404; OLG Hamm r+s 1990, 147; OLG Köln VersR 1992, 231; *Pisani* in Schwintowski/Brömmelmeyer/Ebers VVG § 131 Rn. 22.
[19] *Paffenholz* in Looschelders/Pohlmann VVG § 131 Rn. 9.
[20] → § 130 Rn. 11, 12.
[21] *Harms* in HK-VVG § 131 Rn. 4.
[22] OLG Köln VersR 1973, 1035; 1982, 1092; r+s 1985, 230; OLG Hamm VersR 1983, 1177; 1990, 76.
[23] *Ehlers* in Thume/de la Motte/Ehlers Teil 5 Rn. 207 f.; BGH NJW 1989, 2879 (2881); zur Problematik der Verwaltung von Verträgen eines Versicherungsnehmers in unterschiedlichen Abteilungen bei Kompositversicherer OLG Hamm VerBAV 1953, 267; *Armbrüster* in Prölss/Martin VVG § 21 Rn. 23.
[24] *Paffenholz* in Looschelders/Pohlmann VVG § 131 Rn. 7.
[25] BGH 108, 326 (329) = NJW 1990, 47; *Armbrüster* in Prölss/Martin VVG § 21 Rn. 22.

Nichtanzeige eines Vorschadens, den der Versicherer selbst reguliert hat, relevante Kenntnis als gegeben anzusehen.[26] Eine Kenntnis des **Versicherungsmaklers** von gefahrerheblichen Umständen ist dem Versicherer lediglich bei erfolgter Bevollmächtigung/Betrauung des Maklers zur Entgegennahme von Erklärungen des Antragsstellers zurechenbar.[27] Für die **Fristberechnung** finden die §§ 187 ff. BGB Anwendung.[28]

II. Kündigungsrecht des Versicherungsnehmers nach Leistungsverweigerung

12   § 131 Abs. 2 S. 1 räumt dem Versicherungsnehmer ein besonderes Kündigungsrecht, nach erfolgter Leistungsverweigerung durch den Versicherer ein. Das Kündigungsrecht besteht unabhängig von der Frage, ob die Leistungsverweigerung berechtigt war.[29] Für die Kündigung gilt eine **Ausschlussfrist** von **einem Monat** ab Zugang der Entscheidung des Versicherers über die Leistungsverweigerung, § 131 Abs. 2 S. 2. Die Hemmungsvorschriften der §§ 203 ff. BGB sind nicht anwendbar.[30] Die Fristberechnung erfolgt gem. §§ 187 ff. BGB.[31]

C. Beweislast

13   Dem Versicherer obliegt bei Geltendmachung seiner Rechte die Darlegungs- und Beweislast hinsichtlich der Anzeigepflichtverletzung des Versicherungsnehmers.[32] Für die Nichtursächlichkeit zwischen Verletzungshandlung und Eintritt des Versicherungsfalls oder den Umfang der Leistungspflicht trifft den Versicherungsnehmer die Beweislast.[33] Gleiches gilt für den Zeitpunkt der Kenntniserlangung bei Berufung auf die Unwirksamkeit der Kündigung.[34] Macht der Versicherungsnehmer nach Leistungsverweigerung von seinem Kündigungsrecht Gebrauch, hat der Versicherer den Fristablauf zu beweisen.[35]

§ 132 Gefahränderung

(1) ¹Der Versicherungsnehmer darf abweichend von § 23 die Gefahr erhöhen oder in anderer Weise ändern und die Änderung durch einen Dritten gestatten. ²Die Änderung hat er dem Versicherer unverzüglich anzuzeigen.

(2) ¹Hat der Versicherungsnehmer eine Gefahrerhöhung nicht angezeigt, ist der Versicherer nicht zur Leistung verpflichtet, wenn der Versicherungsfall nach dem Zeitpunkt eintritt, zu dem die Anzeige dem Versicherer hätte zugehen müssen. ²Er ist zur Leistung verpflichtet,
1. wenn ihm die Gefahrerhöhung zu dem Zeitpunkt bekannt war, zu dem ihm die Anzeige hätte zugehen müssen,
2. wenn die Anzeigepflicht weder vorsätzlich noch grob fahrlässig verletzt worden ist oder
3. soweit die Gefahrerhöhung nicht ursächlich für den Eintritt des Versicherungsfalles oder den Umfang der Leistungspflicht war.

(3) Der Versicherer ist abweichend von § 24 nicht berechtigt, den Vertrag wegen einer Gefahrerhöhung zu kündigen.

---

[26] BGH VersR 2007, 1267, wonach die Kenntnis aufgrund des mit der Schadenregulierung befassten Sachbearbeiters beim Versicherer selbst angefallen sei und das Zugänglichmachen dieser Information gegenüber anderen Sachbearbeitern allein eine Frage der innerbetrieblichen Organisation darstelle.
[27] *Paffenholz* in Looschelders/Pohlmann VVG § 131 Rn. 20; nicht ausreichend ist die Tatsache, dass der Makler über Antragsformulare des Versicherers verfügt und von Ihnen Gebrauch macht oder die Angabe eines Maklers im Versicherungsschein als zuständiger Betreuer, so BGH VersR 1999, 1481.
[28] *Pisani* in Schwintowski/Brömmelmeyer/Ebers VVG § 131 Rn. 15.
[29] RegE. BT-Drs. 16/3945, 92.
[30] *Pisani* in Schwintowski/Brömmelmeyer/Ebers VVG § 131 Rn. 24.
[31] *Pisani* in Schwintowski/Brömmelmeyer/Ebers VVG § 131 Rn. 24.
[32] *Pisani* in Schwintowski/Brömmelmeyer/Ebers VVG § 131 Rn. 25.
[33] *Pfaffenholz* in Looschelders/Pohlmann VVG § 131 Rn. 9; *Pisani* in Schwintowski/Brömmelmeyer/Ebers VVG § 131 Rn. 26.
[34] BGH VersR 1991, 171.
[35] *Paffenholz* in Looschelders/Pohlmann VVG § 131 Rn. 10.

Übersicht

	Rn.		Rn.
A. Entstehung und Zweck der Norm	1	II. Anzeigepflicht des Versicherungsnehmers	8
B. Reichweite der Norm	3		
C. Regelungsinhalt	4	III. Rechtsfolgen bei unterlassener Anzeige	9
I. Recht des Versicherungsnehmers zur Gefahränderung	4	1. Grundsatz der Leistungsfreiheit	9
1. Gefahränderung	5	2. Fortbestehen der Leistungspflicht	10
2. Gefahrerhöhung	7	D. Beweislast	11

Stichwort- und Fundstellenverzeichnis

Stichwort	Rn.	Rspr.	Lit.
Anzeigepflicht des Versicherungsnehmers	→ Rn. 8 ff.	–	*Paffenholz* in Looschelders/Pohlmann VVG § 132 Rn. 3 ff.
Darlegungs- und Beweislast	→ Rn. 11	–	*Pisani* in Schwintowski/Brömmelmeyer/Ebers VVG § 132 Rn. 13
Gefahränderung	→ Rn. 5 f.	OLG Hamburg TranspR 1985, 365	*Heiss/Trümper* in Beckmann/Matusche-Beckmann VersR-HdB § 38 Rn. 131
Gefahrerhöhung	→ Rn. 7	OLG Bremen VersR 1987, 43; OLG Düsseldorf VersR 1997, 231	*Pisani* in Schwintowski/Brömmelmeyer/Ebers VVG § 132 Rn. 5 f.; *Armbrüster* in Prölss/Martin VVG § 23 Rn. 1 ff.

Schrifttum: Vgl. die Angaben bei Vor § 130.

A. Entstehung und Zweck der Norm

Die Vorschrift zur Gefahränderung wurde im Zuge der VVG-Reform neu gestaltet. Sie entspringt den §§ 142, 143 VVG aF, welche sowohl die Gefahrerhöhung als auch die Veräußerung versicherter Güter/des versicherten Schiffes regelten. (Bestimmungen zur Veräußerung finden sich nunmehr in den §§ 139, 140). Der jetzige **Ausschluss der Vertragskündigung** wegen Gefahrerhöhung war in der Altregelung nur bei der Güterversicherung vorgesehen, bzgl. der Schiffsversicherung war die Kündigungsmöglichkeit lediglich eingeschränkt. In der reformierten Fassung finden sich zudem weitere Fallgestaltungen. § 132 ist inhaltlich eng an den gängigen Transportversicherungsbedingungen angelehnt, vgl. etwa Ziff. 5 DTV-Güterversicherungsbedingungen 2000/2011. 1

Die allgemeinen Regelungen zur Gefahrerhöhung der §§ 23–27 VVG sehen unter bestimmten 2 Voraussetzungen bei Vornahme einer Gefahrerhöhung ein Kündigungsrecht des Versicherers vor. Diese gesetzliche Wertung kann dem Umstand, dass sich im Transportversicherungswesen die versicherten Interessen bestimmungsgemäß ständig in Bewegung befinden und damit der Versicherte oftmals einer **geänderten Gefahrenlage** ohne die Möglichkeit der Einflussnahme ausgesetzt ist, nicht ausreichend Rechnung tragen.[1] Die dispositive Gesetzesnorm[2] des § 132 kommt dem berechtigten Interesse des Versicherungsnehmers am Fortbestand des Versicherungsschutzes bei Gefahrerhöhung oder Gefahränderung nach[3] und statuiert das Recht des Versicherungsnehmers auf Gefahränderung bzw. Gefahrerhöhung unter Ausschluss einer Kündigungsmöglichkeit auf Seiten des Versicherers. Zur Wahrung der Interessen des Versicherers begründet die Norm eine **Anzeigepflicht des Versicherungsnehmers** bei Gefahränderung und sanktioniert dessen Verletzung im Grundsatz

---

[1] Begr. RegE, BT-Drs. 16/3945, 92.
[2] *Langheid* in Langheid/Rixecker VVG § 132 Rn. 10; *Pisani* in Schwintowski/Brömmelmeyer/Ebers VVG § 132 Rn. 14.
[3] *Paffenholz* in Looschelders/Pohlmann VVG § 132 Rn. 1; *Thume* in Thume/de la Motte/Ehlers Teil 2 Rn. 441.

mit Leistungsfreiheit.[4] Zudem bleibt es dem Versicherer unbenommen, im Versicherungsvertrag die Möglichkeit der Prämienanpassung bei Gefahränderung vorzusehen.[5]

B. Reichweite der Norm

3   Der Anwendungsbereich des § 132 ist auf Fälle der Gefahränderungen beschränkt, welche sich innerhalb des versicherten Risikos bewegen. Die Berechtigung des Versicherungsnehmers zur Gefahränderung bei gleichzeitigem Fortbestand des Versicherungsschutzes hat dort seine Grenzen, wo mit der geänderten Gefahrenlage auch ein vollständig **anderes Risiko** als das ursprünglich versicherte entsteht.[6] So kommt § 132 bspw. nicht zur Anwendung, wenn das versicherte Transportgut Tabak durch Kaffee ersetzt wird.[7]

C. Regelungsinhalt

I. Recht des Versicherungsnehmers zur Gefahränderung

4   § 132 Abs. 1 S. 1 berechtigt den Versicherungsnehmer zur Erhöhung oder anderweitigen Änderung der versicherten Gefahr sowie zur Gestattung der Änderung durch einen Dritten. In Abweichung zur allgemeinen Regelung des § 23 bedarf es keiner Einwilligung des Versicherers. Auch ist der Versicherer abweichend von § 24 nicht zur Kündigung berechtigt, so ausdrücklich § 132 Abs. 3. Der Begriff der Gefahrerhöhung stellt eine qualifizierte Form der Gefahränderung dar,[8] wobei im Einzelfall die Übergänge fließend sein können.[9]

5   **1. Gefahränderung.** Von einer relevanten Gefahränderung kann dann gesprochen werden, wenn eine nachträgliche Änderung der dem Vertragsschluss zugrunde liegenden **gefahrerheblichen Umstände** erfolgt.[10] Die Änderung muss einen **gewissen,** nicht ganz unerheblichen **Zeitraum** erfassen.[11] Das Vorliegen einer erheblichen Gefahränderung ist jedenfalls dann zu bejahen, wenn der Versicherer bei Kenntnis der Veränderung den Versicherungsvertrag nicht mit dem Inhalt abgeschlossen hätte.[12] Als relevante Gefahränderung sind etwa eine Verzögerung des Beginns oder der Vollendung des versicherten Transports sowie ein erhebliches Abweichen von der angegebenen bzw. üblichen Transportstrecke anzusehen.[13]

6   Aufgrund des Verweises in § 133 Abs. 2 S. 2 gilt als Gefahränderung im Rahmen einer Güterbeförderung nach § 133 (vertragswidrige Beförderung) auch eine **Änderung bzw. Aufgabe des Beförderungsmittels** oder der **Transportstrecke** nach Versicherungsbeginn und ohne Zustimmung des Versicherungsnehmers oder aufgrund eines versicherten Ereignisses, vgl. § 133 Abs. 2 S. 1.[14] Ebenso stellt die Beförderung von Gütern mittels **ungeeigneter Beförderungsmittel** (geregelt in § 134) einen Fall der Gefahränderung dar, wie § 134 Abs. 3 S. 1 klarstellt.[15]

7   **2. Gefahrerhöhung.** Eine Gefahrerhöhung liegt vor, wenn infolge einer nachträglichen Änderung der bei Vertragsschluss gegebenen gefahrerheblichen Umstände der **Eintritt des Versicherungsfalls** oder eine **Vergrößerung des Schadens wahrscheinlicher** wird.[16] In zeitlicher Hinsicht ist eine **gewisse Dauerhaftigkeit** des geänderten gefahrerhöhten Zustandes notwendig; bei lediglich kurzfristiger Änderung des Gefährdungszustandes ist eine Gefahrerhöhung iSd § 132 zu

---

[4] Begr. RegE, BT-Drs. 16/3945, 92.
[5] Begr. RegE, BT-Drs. 16/3945, 92.
[6] *Paffenholz* in Looschelders/Pohlmann VVG § 132 Rn. 2.
[7] *Ehlers* in Thume/de la Motte/Ehlers Teil 5 Rn. 222.
[8] *Paffenholz* in Looschelders/Pohlmann VVG § 132 Rn. 9.
[9] *Paffenholz* in Looschelders/Pohlmann VVG § 132 Rn. 9.
[10] *Ehlers* in Thume/de la Motte, 1. Aufl. 2004, Kap. 3 Rn. 212.
[11] *Paffenholz* in Looschelders/Pohlmann VVG § 132 Rn. 8.
[12] *Ehlers* in Thume/de la Motte, 1. Aufl. 2004, Kap. 3 Rn. 218.
[13] Beispiele nach DTV-Güterversicherungsbedingung 2000/2011 Ziff. 5.3; zu weiteren Fällen OLG Hamburg TranspR 1985, 365; *Heiss/Trümper* in Beckmann/Matusche-Beckmann VersR-HdB § 38 Rn. 131.
[14] Begr. RegE, BT-Drs. 16/3945, 92; ausf. zur vertragswidrigen Beförderung → § 133 Rn. 3 ff.
[15] Begr. RegE, BT-Drs. 16/3945, 92; → § 134 Rn. 3 ff.
[16] OLG Frankfurt TranspR 2018, 15; OLG Düsseldorf VersR 1997, 231; *Ehlers* in Thume/de la Motte/Ehlers Teil 5 Rn. 229 mwN.

verneinen.[17] Die Rspr. hat als Gefahrerhöhung bspw. einen Warenumschlag auf hoher See sowie die Verwendung undichter Container angesehen.[18] Gleiches gilt im Falle des Regressverzichts oder der Haftungseinschränkung gegenüber dem Spediteur oder Frachtführer in verkehrsunüblichem Maße.[19]

II. Anzeigepflicht des Versicherungsnehmers

§ 132 Abs. 1 S. 2 statuiert die Pflicht des Versicherungsnehmers gegenüber dem Versicherer zur **8** unverzüglichen Anzeige von gefahrändernden Umständen. In Abgrenzung zu § 131 umfasst die Norm zur Gefahränderung die sich **nach Vertragsschluss** ergebenden risikoverändernden Umstände.[20] Maßgeblich für die Beurteilung einer zur Anzeige verpflichtenden Gefahränderung ist die Verkehrsanschauung.[21] Der Versicherungsnehmer hat die Risikoänderung **nach Kenntniserlangung unverzüglich** iSd § 121 BGB und damit **ohne schuldhaftes Zögern** anzuzeigen.[22]

III. Rechtsfolgen bei unterlassener Anzeige

1. Grundsatz der Leistungsfreiheit. Eine pflichtwidrige Nichtanzeige der Gefahränderung **9** sanktioniert der Gesetzgeber in § 132 Abs. 2 S. 1 grds. mit **Leistungsfreiheit des Versicherers.** Danach wird der Versicherer leistungsfrei, wenn der Versicherungsfall nach dem Zeitpunkt eintritt, zu dem die Anzeige hätte zugehen müssen. Der Gesetzgeber weicht damit von der allgemeinen Regelung des § 26 Abs. 1, 2 ab und berücksichtigt das dem Transportversicherungswesen – auch aufgrund des teilweise starken internationalen Bezugs[23] – immanente **Alles oder Nichts-Prinzip**.[24] Anknüpfungspunkt der Leistungsfreiheit ist das zumindest grob fahrlässige (vgl. § 132 Abs. 2 S. 2 Nr. 2) Unterlassen der Anzeigepflicht und nicht die Gefahrerhöhung selbst, da nach der gesetzlichen Wertung der transportversicherungsrechtlichen Normen dem Versicherungsnehmer eine Gefahrerhöhung bei rechtzeitiger Anzeige grds. gestattet ist.[25]

2. Fortbestehen der Leistungspflicht. In Fortführung des Alles oder Nichts-Prinzips ver- **10** bleibt es gem. § 131 Abs. 2 S. 2 Nr. 1–3 bei der Leistungspflicht des Versicherers, soweit einer der numerisch aufgeführten Ausnahmegründe greift. Die Normierung der drei genannten Ausnahmefälle ist sachlich geboten.[26] So mangelt es bei **Kenntnis des Versicherers von der Gefahrerhöhung** zum Zeitpunkt des hypothetischen Zugangserfordernisses an einem die Freistellung rechtfertigenden Schutzbedürfnis.[27] Daher bestimmt § 132 Abs. 2 S. 2 Nr. 1 für diesen Fall das Fortbestehen der Leistungspflicht. Daneben sieht § 132 Abs. 2 S. 2 Nr. 2 eine bestehende Leistungspflicht bei **weder vorsätzlicher noch grob fahrlässiger Anzeigepflichtverletzung** vor sowie in Nr. 3 bei **mangelnder Kausalität** zwischen Gefahrerhöhung und dem Eintritt des Versicherungsfalles oder dem Umfang der Leistungspflicht. Die beiden letztgenannten Fälle entsprechen inhaltlich den in Ziff. 5.4 DTV-Güterversicherungsbedingungen 2000/2011 niedergelegten Bedingungen zur Gefahränderung.

D. Beweislast

Der Versicherungsnehmer trägt die Beweislast für fehlenden Vorsatz/grobe Fahrlässigkeit hin- **11** sichtlich der unterbliebenen Anzeigepflicht;[28] gleiches gilt bzgl. der Nichtursächlichkeit der Gefahr-

---

[17] *Pisani* in Schwintowski/Brömmelmeyer/Ebers VVG § 132 Rn. 5; *Ehlers* Thume/de la Motte/Ehlers Teil 5 Rn. 229 mwN.
[18] OLG Bremen VersR 1987, 43.
[19] *Ehlers* in Thume/de la Motte/Ehlers Teil 5 Rn. 229 mwN.
[20] *Paffenholz* in Looschelders/Pohlmann VVG § 132 Rn. 3.
[21] *Ehlers* in Thume/de la Motte, 1. Aufl. 2004, Kap. 3 Rn. 215.
[22] *Paffenholz* in Looschelders/Pohlmann VVG § 132 Rn. 5; *Koller* in Prölss/Martin VVG § 132 Rn. 2.
[23] Begr. RegE, BT-Drs. 16/3945, 92.
[24] *Paffenholz* in Looschelders/Pohlmann VVG § 132 Rn. 10; *Thume* in Thume/de la Motte/Ehlers Teil 2 Rn. 443.
[25] *Paffenholz* in Looschelders/Pohlmann VVG § 132 Rn. 10.
[26] Begr. RegE, BT-Drs. 16/3945, 92.
[27] *Paffenholz* in Looschelders/Pohlmann VVG § 132 Rn. 11.
[28] *Paffenholz* in Looschelders/Pohlmann VVG § 132 Rn. 12.

änderung für den Versicherungsfall.[29] Kann der Versicherungsnehmer den jeweiligen **Entlastungsbeweis** erbringen, bleibt der Versicherer zur Leistung verpflichtet.[30]

§ 133 Vertragswidrige Beförderung

(1) ¹Werden die Güter mit einem Beförderungsmittel anderer Art befördert als vereinbart oder werden sie umgeladen, obwohl direkter Transport vereinbart ist, ist der Versicherer nicht zur Leistung verpflichtet. ²Dies gilt auch, wenn ausschließlich ein bestimmtes Beförderungsmittel oder ein bestimmter Transportweg vereinbart ist.

(2) ¹Der Versicherer bleibt zur Leistung verpflichtet, wenn nach Beginn der Versicherung die Beförderung ohne Zustimmung des Versicherungsnehmers oder infolge eines versicherten Ereignisses geändert oder aufgegeben wird. ²§ 132 ist anzuwenden.

(3) Die Versicherung umfasst in den Fällen des Absatzes 2 die Kosten der Umladung oder der einstweiligen Lagerung sowie die Mehrkosten der Weiterbeförderung.

Übersicht

	Rn.			Rn.
A. VVG-Reform und Normzweck	1	II.	Fortbestehen des Versicherungsschutzes	9
B. Regelungsinhalt	3	1.	Überblick	9
I. Leistungsfreiheit bei vertragswidriger Beförderung	3		a) Änderung/Aufgabe ohne Zustimmung des Versicherten	10
1. Nicht gattungsgemäßes Beförderungsmittel	6		b) Änderung/Aufgabe infolge eines versicherten Ereignisses	12
2. Umladung trotz vereinbarten Direkttransportes	7	2.	Haftung des Versicherers für Zusatzkosten	13
3. Abweichen vom individualisierten Beförderungsmittel oder Transportweg	8	C.	Beweislast	14

Stichwort- und Fundstellenverzeichnis

Stichwort	Rn.	Rspr.	Lit.
Direkttransport	→ Rn. 3, 7	–	*Paffenholz* in Looschelders/Pohlmann VVG § 133 Rn. 7; *Pisani* in Schwintowski/Brömmelmeyer/Ebers VVG § 133 Rn. 6
Gattungsmäßige Differenzierung	→ Rn. 6	–	*Paffenholz* in Looschelders/Pohlmann VVG § 133 Rn. 5 f.; *Enge*, Transportversicherung: Recht und Praxis in Deutschland und England, 3. Aufl. 1996, S. 54
Geringfügige vertragliche Abweichung	→ Rn. 8	–	*Paffenholz* in Looschelders/Pohlmann VVG § 133 Rn. 9
Zusatzkosten	→ Rn. 13	–	*Pisani* in Schwintowski/Brömmelmeyer/Ebers VVG § 133 Rn. 8
Zustimmung Dritter	→ Rn. 10	–	*Ehlers* in Thume/de la Motte/Ehlers Teil 5 Rn. 251
Zustimmungsklauseln in Frachtverträgen	→ Rn. 11	–	*Harms* in HK-VVG § 133 Rn. 2; *Enge*, Transportversicherung: Recht und Praxis in Deutschland und England, 3. Aufl. 1996, S. 57

Schrifttum: Vgl. → Vor § 130.

---

[29] *Pisani* in Schwintowski/Brömmelmeyer/Ebers VVG § 132 Rn. 13.
[30] *Heiss/Trümper* in Beckmann/Matusche-Beckmann VersR-HdB § 38 Rn. 132.

A. VVG-Reform und Normzweck

Der Regelungsgehalt des § 133 basiert auf § 137 VVG aF und stimmt weitestgehend mit dem Wortlaut in **Ziff. 6 der DTV-Güterversicherungsbedingungen 2000/2008** (jetzt DTV-Güter 2000/2011) überein. Der Gesetzgeber sah keine Notwendigkeit, von der Formulierung des genannten Bedingungswerkes abzusehen.[1] Neu aufgenommen wurde zur **Klarstellung**[2] mit § 133 Abs. 2 S. 2, dass es sich bei einer Veränderung oder Aufgabe der Beförderung nach Versicherungsbeginn ohne Zustimmung des Versicherten oder infolge Eintritts des Versicherungsfalls (§ 133 Abs. 2 S. 1) um einen Fall der Gefahränderung iSd § 132 handelt. Der Wortlaut des § 133 Abs. 3 ist nahezu identisch mit der Altregelung in § 137 Abs. 3. 1

§ 133 legt die **Rechtsfolgen** einer vertragswidrigen Beförderung von Gütern fest. Demzufolge ist die Norm nur auf die **Güterversicherung** anwendbar.[3] Die **dispositive** Regelung[4] sieht als Grundsatz bei nicht vertragsgemäßer Beförderung als Rechtsfolge **Leistungsfreiheit des Versicherers** vor, § 133 Abs. 1. Damit wird dem Umstand Rechnung getragen, dass mit einer vertragswidrigen Beförderung eine erhebliche Umgestaltung des versicherten Risikos einhergeht.[5] Als Ausnahme hierzu besteht nach § 133 Abs. 2 S. 1 die **Leistungspflicht des Versicherers** trotz Änderung oder Aufgabe der Beförderungsart nach Versicherungsbeginn fort, wenn dies ohne Zustimmung des Versicherten oder infolge eines eingetretenen Versicherungsfalles erfolgt. Die Norm sieht somit keine quotale Leistungskürzung vor, sondern es verbleibt auch hier, wie in § 132 Abs. 2, beim **Alles oder Nichts-Prinzip**. 2

B. Regelungsinhalt

I. Leistungsfreiheit bei vertragswidriger Beförderung

Nach § 133 Abs. 1 wird der Versicherer bei vertragswidriger Beförderung der Güter leistungsfrei. Als vertragswidrige Beförderung gelten die Verwendung eines Transportmittels anderer Art entgegen der Vereinbarung sowie die **Umladung der Ware** bei vereinbartem **Direkttransport**, § 133 Abs. 1 S. 1. Gleiches gilt, wenn vertraglich die Benutzung eines **bestimmten individualisierten Beförderungsmittels** oder **Transportweges** festgelegt ist und der Versicherungsnehmer hiervon abweicht, § 133 Abs. 1 S. 2. Die abredewidrige Beförderung ist nicht etwa als Verletzung vorvertraglicher Anzeigepflichten anzusehen, sondern stellt **systematisch** einen **Haftungsausschluss**[6] und inhaltlich eine **Umgestaltung des Transportrisikos**[7] dar. Maßgeblich für die Feststellung einer Abweichung von der getroffenen Vereinbarung ist ausschließlich das Vertragsverhältnis Versicherungsnehmer – Versicherer; die Vertragsgestaltungen etwa zwischen Versicherungsnehmer und Frachtführer finden hingegen keine Berücksichtigung.[8] 3

Es bleibt den Parteien des Transportversicherungsvertrages überlassen, wie konkret sie den Vertragsinhalt gestalten. Sieht die vertragliche Ausgestaltung bspw. ein nur **gattungsmäßig bestimmtes** Beförderungsmittel[9] vor, ist die Frage einer vertragswidrigen Beförderung daran zu messen. Liegen jedoch gar keine Vereinbarungen zur Beförderungsart iSd § 133 Abs. 1 vor oder ist dem Versicherungsnehmer ein Wahlrecht hinsichtlich einer der dort genannten, vertraglich möglichen Ausgestaltungen eingeräumt, kommt die Norm von vornherein nicht zur Anwendung.[10] 4

Die Rechtsfolge der Leistungsfreiheit des Versicherers bei einem Abweichen des Versicherungsnehmers von der vertraglich festgelegten Beförderung ist jedoch dort nicht angezeigt, wo die vertragswidrige Abweichung nur **geringfügig** und **sachlich begründet** ist.[11] Hier einen Haftungsaus- 5

---

[1] Begr. RegE, BT-Drs. 16/3945, 92.
[2] Begr. RegE, BT-Drs. 16/3945, 92.
[3] *Paffenholz* in Looschelders/Pohlmann VVG § 133 Rn. 1.
[4] *Pisani* in Schwintowski/Brömmelmeyer/Ebers VVG § 133 Rn. 13.
[5] *Pisani* in Schwintowski/Brömmelmeyer/Ebers VVG § 133 Rn. 10.
[6] *Pisani* in Schwintowski/Brömmelmeyer/Ebers VVG § 133 Rn. 3.
[7] *Voit/Knappmann* in Prölss/Martin, 27. Aufl. 2004, DTV-Güterversicherungsbedingung 2000 Ziff. 6 Rn. 1.
[8] *Harms* in HK-VVG § 133 Rn. 2; *Koller* in Prölss/Martin VVG § 133 Rn. 2 ff.
[9] *Ehlers* in Thume/de la Motte/Ehlers Teil 5 Rn. 244.
[10] *Paffenholz* in Looschelders/Pohlmann VVG § 133 Rn. 4 für das Fehlen einer Vereinbarung über die Art der Beförderung; denknotwendig hat dieser Ansatz jedoch Allgemeingültigkeit und gilt für alle vertraglich festlegbaren Merkmale des § 133.
[11] *Pisani* in Schwintowski/Brömmelmeyer/Ebers VVG § 133 Rn. 6 für den Fall einer Umladung trotz Direkttransportvereinbarung und in → Rn. 11 bei Verwendung eines gleichwertigen Beförderungsmittels; ebenso *Paffenholz* in Looschelders/Pohlmann VVG § 133 Rn. 9 hinsichtlich individualisierter Beförderungsmittel oder Transportwege, der eine Bindung des Versicherers an seine Leistungspflicht bei geringfügiger Abweichung um das Merkmal „gleich günstig" ergänzt.

schluss vorzusehen, wäre nicht interessengerecht, da in einem solchen Fall die Abweichung das Versicherungsrisiko nicht beeinflusst.[12] Von einem Fortbestehen der Leistungspflicht kann jedoch nicht mehr ausgegangen werden, wenn bspw. eine Landtransportversicherung einen Schienentransport vorsieht und stattdessen der Versicherungsnehmer einen Transport per Achse vornimmt, da es insofern schon an einer **Vergleichbarkeit** mangelt.[13]

6   **1. Nicht gattungsgemäßes Beförderungsmittel.** Haben die Vertragsparteien das vorgesehene Beförderungsmittel gattungsmäßig festgelegt, führt die Verwendung eines Beförderungsmittels anderer Art zum Ausschluss der Leistungspflicht (vgl. § 133 Abs. 1 S. 1 Alt. 1). Ob eine vertragswidrige Abweichung vorliegt, hängt von der jeweiligen **Ausgestaltung** des vertraglich bestimmten **Gattungsbegriffs** ab. Haben die Parteien bspw. Transport per Schwergut-Lkw vereinbart, stellt die Benutzung eines herkömmlichen Lkws eine vertragswidrige Beförderung dar; in diesem Fallbeispiel greift der Haftungsausschluss hingegen nicht, wenn die Parteien nur allgemein Transport per Lkw vereinbart haben.[14]

7   **2. Umladung trotz vereinbarten Direkttransportes.** Der Versicherer wird ebenfalls leistungsfrei, wenn die versicherte Ware entgegen eines vereinbarten Direkttransportes umgeladen wird (§ 133 Abs. 1 S. 1 Alt. 2). Ob ein Direkttransport vereinbart ist, bestimmt sich ebenfalls nach dem **Inhalt des Versicherungsvertrages**.[15] Die vertraglichen Ausgestaltungen eines Frachtvertrages oder Speditionsvertrages finden keine Berücksichtigung.[16]

8   **3. Abweichen vom individualisierten Beförderungsmittel oder Transportweg.** Soll ausweislich des Versicherungsvertrags ein ganz bestimmtes Beförderungsmittel oder ein genau festgelegter Transportweg benutzt werden, führt ein Abweichen hiervon ebenfalls zum Haftungsausschluss, so § 133 Abs. 1 S. 2. Wird allerdings ein in seiner Eigenschaft **gleichwertiges Beförderungsmittel** gewählt bzw. ist die Abweichung vom vereinbarten Transportweg als **geringfügig** und **sachlich begründet** anzusehen, ist kein Grund für eine Leistungsfreiheit des Versicherers erkennbar, so dass der **Deckungsschutz** erhalten bleibt.[17]

II. Fortbestehen des Versicherungsschutzes

9   **1. Überblick.** § 133 Abs. 2 S. 1 bestimmt, dass der Versicherer zur Leistung verpflichtet bleibt, wenn nach Versicherungsbeginn die Änderung oder Aufgabe der Beförderung ohne Zustimmung des Versicherten oder infolge eines versicherten Ereignisses eintritt. Voraussetzung hierfür ist allerdings, dass der Versicherte dem Versicherer die Änderung bzw. Aufgabe entsprechend § 132 rechtzeitig anzeigt, da es sich in beiden Fällen um eine **Gefahränderung** im Sinne der genannten Norm handelt, so zur Klarstellung § 133 Abs. 2 S. 2.[18] Kommt der Versicherte dem nicht nach, entfällt sein Versicherungsschutz.

10 **a) Änderung/Aufgabe ohne Zustimmung des Versicherten.** Maßgeblich für die Beantwortung der Frage, ob eine Zustimmung des Versicherungsnehmers vorliegt oder nicht, ist der **Zeitpunkt der Beförderungsänderung/-aufgabe**. Eine nachträglich erteilte Genehmigung gilt nicht als Zustimmung iSd § 133 Abs. 2 S. 1 Alt. 1 und ist daher unschädlich.[19] Stimmt zum maßgeblichen Zeitpunkt der Repräsentant des Versicherungsnehmers der Änderung bzw. Aufgabe zu, ist diese als Zustimmung des Versicherten anzusehen.[20] Erklärungen des Spediteurs sind dem Versicherungsnehmer hingegen nicht zurechenbar.[21] Die Zustimmung muss nicht ausdrücklich abgegeben werden; sie kann auch konkludent erfolgen.[22]

11 Die Praxis sieht bei Speditions- oder Frachtverträgen häufig **Zustimmungsklauseln** vor. So ist es verkehrsüblich, im Frachtvertrag dem Frachtführer das Recht zur Änderung des Transportmittels oder des Transportweges einzuräumen.[23] Diese Klauseln wirken grds. gegen den Versicherungs-

---

[12] *Paffenholz* in Looschelders/Pohlmann VVG § 133 Rn. 9.
[13] *Pisani* in Schwintowski/Brömmelmeyer/Ebers VVG § 133 Rn. 11.
[14] Bsp. nach *Pisani* in Schwintowski/Brömmelmeyer/Ebers VVG § 133 Rn. 4.
[15] *Paffenholz* in Looschelders/Pohlmann VVG § 133 Rn. 7; *Koller* in Prölss/Martin VVG § 133 Rn. 2.
[16] *Ehlers* in Thume/de la Motte/Ehlers Teil 5 Rn. 246; → Rn. 3.
[17] *Paffenholz* in Looschelders/Pohlmann VVG § 133 Rn. 9; → Rn. 5.
[18] Begr. RegE, BT-Drs. 16/3945, 92.
[19] *Ehlers* in Thume/de la Motte/Ehlers Teil 5 Rn. 252.
[20] *Paffenholz* in Looschelders/Pohlmann VVG § 133 Rn. 11.
[21] *Ehlers* in Thume/de la Motte/Ehlers Teil 5 Rn. 251.
[22] *Ehlers* in Thume/de la Motte/Ehlers Teil 5 Rn. 252.
[23] *Harms* in HK-VVG § 133 Rn. 2.

nehmer,[24] so dass in diesen Fällen eine Zustimmung iSd § 133 Abs. 2 S. 1 Alt. 1 anzunehmen ist mit der Folge eines Haftungsausschlusses.[25] Im Lichte dieser Betrachtung ist dem Versicherungsnehmer davon abzuraten, im Transportversicherungsvertrag eine Vereinbarung hinsichtlich bestimmter Beförderungsmittel oder Transportwege zu treffen.[26] Nicht als Zustimmung des Versicherungsnehmers sind hingegen **verkehrsübliche Umladungsklauseln** in **Konnossementen** zu werten,[27] so dass diese den Versicherungsschutz nicht gefährden.

b) Änderung/Aufgabe infolge eines versicherten Ereignisses. Der Versicherungsschutz bleibt dem Versicherungsnehmer weiterhin erhalten bei Änderung oder Aufgabe der Beförderung als Folge eines versicherten Ereignisses, so § 133 Abs. 2 S. 1 Alt. 2. Der Eintritt eines versicherten Ereignisses bedingt nicht den Eintritt des Versicherungsfalles oder einen Unfall des Transportmittels.[28] Es genügt bereits die Einflussnahme eines Versicherungsereignisses auf den Transport dahingehend, dass dieser nicht mehr oder nur mit einem anderen Beförderungsmittel bzw. auf einem anderweitigen Transportweg fortgeführt werden kann.[29]   12

2. Haftung des Versicherers für Zusatzkosten. § 133 Abs. 3 bestimmt, dass im Falle der Änderung oder Aufgabe der Beförderung nach § 133 Abs. 2 (und unter der Voraussetzung der rechtzeitigen Anzeigepflicht des § 132) die damit verbundenen **Zusatzkosten** vom Versicherungsvertrag mit umfasst werden. Dies sind die Kosten für Umladung, einstweilige Lagerung sowie die Mehrkosten der Weiterbeförderung (§ 133 Abs. 3). So hat der Versicherer bspw. bei (mit)versicherter Streikgefahr die (Zusatz)kosten zu tragen, die aufgrund eines Streiks am vorgesehenen Bestimmungsort dadurch entstehen, dass das versicherte Gut dort nicht entladen werden kann und an einen anderen Ort transportiert werden muss.[30] Hinsichtlich der Kostenerstattung für eine **einstweilige Lagerung** besteht eine Leistungspflicht des Versicherers innerhalb des Zeitrahmens, in dem eine **Weiterbeförderung** weder **möglich** und noch **zumutbar** ist, was sich bereits aus der Formulierung „einstweilig" ergibt. Eine darüber hinausgehende „Weiterlagerung" wird von der Kostenerstattungspflicht nicht umfasst.[31]   13

C. Beweislast

Hinsichtlich einer behaupteten **Leistungsfreiheit** aufgrund vertragswidriger Beförderung ist der Versicherer darlegungs- und beweisbelastet.[32] Der **Versicherungsnehmer** muss im Streitfalle bei Benutzung eines anderen als des vertraglich vereinbarten Transportmittels/Transportweges die **Gleichwertigkeit** des verwandten Beförderungsmittels bzw. Transportweges darlegen und beweisen.[33]   14

§ 134 Ungeeignete Beförderungsmittel

(1) Ist für die Beförderung der Güter kein bestimmtes Beförderungsmittel vereinbart, ist der Versicherungsnehmer, soweit er auf dessen Auswahl Einfluss hat, verpflichtet, Beförderungsmittel einzusetzen, die für die Aufnahme und Beförderung der Güter geeignet sind.

(2) Verletzt der Versicherungsnehmer diese Obliegenheit vorsätzlich oder grob fahrlässig, ist der Versicherer nicht zur Leistung verpflichtet, es sei denn, die Verletzung war nicht ursächlich für den Eintritt des Versicherungsfalles oder den Umfang der Leistungspflicht.

(3) ¹Erlangt der Versicherungsnehmer Kenntnis von der mangelnden Eignung des Beförderungsmittels, hat er diesen Umstand dem Versicherer unverzüglich anzuzeigen. ²§ 132 ist anzuwenden.

---

[24] *Enge*, Transportversicherung: Recht und Praxis in Deutschland und England, 3. Aufl. 1996, S. 57; *Ritter/Abraham*, Das Recht der Seeversicherung, 1967, § 95 Rn. 76.
[25] *Harms* in HK-VVG § 133 Rn. 2; *Koller* in Prölss/Martin VVG § 133 Rn. 3.
[26] *Paffenholz* in Looschelders/Pohlmann VVG § 133 Rn. 12.
[27] *Ehlers* in Thume/de la Motte/Ehlers Teil 5 Rn. 252; *Koller* in Prölss/Martin VVG § 133 Rn. 2; *Ritter/Abraham*, Das Recht der Seeversicherung, 1967, § 87 Rn. 6.
[28] *Paffenholz* in Looschelders/Pohlmann VVG § 133 Rn. 13; *Koller* in Prölss/Martin VVG § 133 Rn. 5, 6.
[29] *Paffenholz* in Looschelders/Pohlmann VVG § 133 Rn. 13.
[30] Bsp. nach *Pisani* in Schwintowski/Brömmelmeyer/Ebers VVG § 133 Rn. 8.
[31] *Voit/Knappmann* in Prölss/Martin, 27. Aufl. 2004, VVG § 137 Rn. 3.
[32] *Pisani* in Schwintowski/Brömmelmeyer/Ebers VVG § 133 Rn. 10.
[33] *Ehlers* in Thume/de la Motte, 1. Aufl. 2004, Kap. 3 Rn. 236 f.

Übersicht

	Rn.		Rn.
A. Entstehungsgeschichte und Normzweck	1	II. Rechtsfolgen einer vorsätzlichen oder grob fahrlässigen Obliegenheitsverletzung	5
B. Regelungsinhalt	3	III. Anzeigeobliegenheit bei späterer Kenntniserlangung	6
I. Verpflichtung des Versicherungsnehmers zum Einsatz geeigneter Beförderungsmittel	3	C. Beweislast	8

Stichwort- und Fundstellenverzeichnis

Stichwort	Rn.	Rspr.	Lit.
Eignung des Beförderungsmittels	→ Rn. 4	–	Ehlers in Thume/de la Motte/Ehlers Teil 5 Rn. 271; Ehlers, DTV-Güterversicherungsbedingungen 2000, 2. Aufl. 2003, Ziff. 7.2 Rn. 6, 14
Obliegenheitsverletzung	→ Rn. 5	–	Paffenholz in Looschelders/Pohlmann VVG § 134 Rn. 6
Spezialgütertransport	→ Rn. 4	–	Pisani in Schwintowski/Brömmelmeyer/Ebers VVG § 134 Rn. 4; Paffenholz in Looschelders/Pohlmann VVG § 134 Rn. 4 f.

Schrifttum: Vgl. die Angaben bei Vor § 130.

A. Entstehungsgeschichte und Normzweck

1 Die in dem dispositiven[1] § 134 enthaltene Regelung zur Verwendung geeigneter Beförderungsmittel bei der Beförderung von Gütern ist im Zuge der VVG-Reform **neu** in das Transportversicherungsrecht **aufgenommen** worden und findet keine Entsprechung im VVG aF. Die Norm ist als Ergänzung des § 133 zu sehen und gilt ebenfalls nur für die Güterversicherung, wie schon der Wortlaut erkennen lässt, vgl. § 134 Abs. 1 S. 1. Die Norm kommt zur Anwendung, wenn der Versicherungsvertrag keine konkrete Vereinbarung zum Beförderungsmittel enthält (vgl. § 133 Abs. 1). Der Einsatz geeigneter Beförderungsmittel ist bereits in dem zwischen Frachtführer und Absender geschlossenen Frachtvertrag als Pflicht des Beförderers ausgestaltet.[2] Über § 133 Abs. 1 wird für den Versicherungsnehmer eine entsprechende, vor Eintritt des Versicherungsfalls zu erfüllende **Obliegenheit** begründet,[3] bei der Güterbeförderung **geeignete Beförderungsmittel** einzusetzen, soweit ihm Einflussnahme auf die Auswahl des Beförderungsmittels besteht. Eine dem § 133 Abs. 1 entsprechende Regelung ist in den DTV-Güterversicherungsbedingungen 2000/2008 (jetzt DTV-Güter 2000/2011) in Ziff. 7.1, 7.2 zu finden, wobei die DTV-Güterversicherungsbedingungen 2000/2004 in dem Bereich noch einen Risikoausschluss vorsahen.

2 Mit der VVG-Reform wurde das bis dahin auch im allgemeinen Teil des VVG geltende Alles oder Nichts-Prinzip aus Verbraucherschutzgründen aufgehoben,[4] vgl. §§ 28 und 81. Im Gegensatz hierzu hat der Gesetzgeber für das Transportversicherungsrecht das **Alles oder Nichts-Prinzip** in Anlehnung an die internationale Transportversicherungspraxis beibehalten. So sieht § 134 Abs. 2 im Grundsatz einen **Leistungsausschluss** bei vorsätzlicher bzw. grob fahrlässiger Obliegenheitsverletzung vor. Eine Aufhebung dieses Prinzips war in diesem Bereich nicht angezeigt, da die vorgenannten Gründe auf die Versicherung von Großrisiken nicht übertragbar sind.[5] Die in § 133 Abs. 3 S. 1 normierte besondere Anzeigepflicht des Versicherungsnehmers bei Kenntniserlangung des Eignungsmangels dient der Interessenwahrung des Versicherers.[6]

---

[1] Pfaffenholz in Looschelders/Pohlmann VVG § 134 Rn. 9.
[2] Begr. RegE, BT-Drs. 16/3945, 92.
[3] Pisani in Schwintowski/Brömmelmeyer/Ebers VVG § 134 Rn. 1; Koller in Prölss/Martin VVG § 134 Rn. 3.
[4] Pisani in Schwintowski/Brömmelmeyer/Ebers VVG § 134 Rn. 5.
[5] Begr. RegE, BT-Drs. 16/3945, 92.
[6] Pisani in Schwintowski/Brömmelmeyer/Ebers VVG § 134 Rn. 1.

B. Regelungsinhalt

I. Verpflichtung des Versicherungsnehmers zum Einsatz geeigneter Beförderungsmittel

Die Pflicht des Versicherungsnehmers zum Einsatz geeigneter Beförderungsmittel kommt nur 3 dann zum Tragen, wenn der Versicherungsnehmer die Auswahl des verwandten Beförderungsmittels **beeinflussen** kann, § 133 Abs. 1. Die praktische Relevanz dieser Regelung dürfte jedoch gering sein, da im Allgemeinen der Versicherungsnehmer die zu transportierenden Güter einem Spediteur übergibt, welcher das Beförderungsmittel dann selbst auswählt.[7] Damit erschöpft sich idR die Beteiligung des Versicherungsnehmers in der Übergabe der zu befördernden Ware.

Im Falle der Einflussnahmemöglichkeit kommt der Versicherungsnehmer seiner Obliegenheit 4 nach, wenn das Transportmittel **objektiv geeignet** ist,[8] was idR bei **ordnungsgemäßer Zulassung** des Beförderungsmittels und zweifelsfreier **Verkehrs- und Betriebssicherheit** gegeben ist.[9] Bei einem **Transport von Spezialgütern** sind an die objektive Eignung jedoch besondere Anforderungen zu stellen. So hat der Versicherungsnehmer etwa bei Beförderung von Flüssiggas, Chemikalien, Gefrier- oder Schwergut dafür Sorge zu tragen, dass das Transportpersonal über hinreichende Spezialkenntnisse verfügt und das eingesetzte Transportmittel konkret geeignet ist.[10] Auch ist bei einem Transport von Lebendtieren die Verwendung eines hierfür ausgelegten Transportmittels geboten.[11]

II. Rechtsfolgen einer vorsätzlichen oder grob fahrlässigen Obliegenheitsverletzung

Wählt der Versicherungsnehmer zumindest grob fahrlässig ein für den Transport nicht geeignetes 5 Beförderungsmittel aus und ist diese Verletzungshandlung für den Versicherungsfall oder den Umfang der Versicherungsleistung **ursächlich,** wird der Versicherer von seiner Leistungspflicht frei, so § 134 Abs. 2. Damit besteht im Umkehrschluss die Leistungspflicht des Versicherers bei fehlendem Kausalzusammenhang fort. Eine ähnliche Regelung sehen die DTV-Güterversicherungsbedingungen 2000/2011 in Ziff. 7.2 vor, wobei Leistungsfreiheit auch Eintritt, wenn der Versicherungsnehmer bei Auswahl des Spediteurs oder Frachtführers/Verfrachters nicht die Sorgfalt eines ordentlichen Kaufmannes anwendet.

III. Anzeigeobliegenheit bei späterer Kenntniserlangung

§ 134 Abs. 3 statuiert mit S. 1 eine **besondere** Anzeigeobliegenheit für den Versicherungsneh- 6 mer.[12] Danach besteht bei Kenntniserlangung von der mangelnden Eignung die Pflicht des Versicherungsnehmers, dem Versicherer dies unverzüglich anzuzeigen. Die Anzeigepflicht erfordert **positive Kenntnis;** bloßes Kennenmüssen genügt nicht.[13] Die positive Kenntnis des gesetzlichen/rechtsgeschäftlichen Vertreters oder des Repräsentanten des Versicherungsnehmers muss dieser über die Regeln der Zurechnung ebenfalls gegen sich gelten lassen.[14]

In S. 2 wird klargestellt, dass der Einsatz eines ungeeigneten Beförderungsmittels eine Gefahrän- 7 derung iSd § 132 darstellt.[15] Die Anwendung des § 132 bedingt, dass bei Nichtanzeige trotz Kenntniserlangung als Rechtsfolge Leistungsfreiheit des Versicherers unter den dort genannten Voraussetzungen eintritt.

C. Beweislast

Der Versicherer hat nach den allgemeinen Beweisregeln darzulegen und ggf. zu beweisen, dass 8 der Versicherungsnehmer zumindest grob fahrlässig ein ungeeignetes Beförderungsmittel ausgewählt hat, während der Versicherte mit dem fehlenden Kausalzusammenhang zwischen der Auswahl eines ungeeigneten Beförderungsmittels und dem Eintritt des Versicherungsfalles oder dem Umfang der Leistungspflicht beweisbelastet ist.[16]

---

[7] *Pisani* in Schwintowski/Brömmelmeyer/Ebers VVG § 134 Rn. 3; *Koller* in Prölss/Martin VVG § 134 Rn. 2.
[8] *Paffenholz* in Looschelders/Pohlmann VVG § 134 Rn. 3; *Koller* in Prölss/Martin VVG § 134 Rn. 1.
[9] *Pisani* in Schwintowski/Brömmelmeyer/Ebers VVG § 134 Rn. 4; *Koller* in Prölss/Martin VVG § 134 Rn. 1.
[10] *Pisani* in Schwintowski/Brömmelmeyer/Ebers VVG § 134 Rn. 4.
[11] *Ehlers* in Thume/de la Motte, 1. Aufl. 2004, Kap. 3 Rn. 255.
[12] Begr. RegE, BT-Drs. 16/3945, 92.
[13] *Paffenholz* in Looschelders/Pohlmann VVG § 134 Rn. 7.
[14] *Pisani* in Schwintowski/Brömmelmeyer/Ebers VVG § 134 Rn. 8.
[15] So die Begr. RegE, BT-Drs. 16/3945, 92.
[16] *Paffenholz* in Looschelders/Pohlmann VVG § 134 Rn. 8; aA *Koller* in Prölss/Martin VVG § 134 Rn. 3.

§ 135 Aufwendungsersatz

(1) Aufwendungen, die dem Versicherungsnehmer zur Abwendung oder Minderung des Schadens entstehen, sowie die Kosten für die Ermittlung und Feststellung des Schadens, hat der Versicherer auch insoweit zu erstatten, als sie zusammen mit der übrigen Entschädigung die Versicherungssumme übersteigen.

(2) Sind Aufwendungen zur Abwendung oder Minderung oder zur Ermittlung und Feststellung des Schadens oder zur Wiederherstellung oder Ausbesserung der durch einen Versicherungsfall beschädigten Sache gemacht oder Beiträge zur großen Haverei geleistet oder ist eine persönliche Verpflichtung des Versicherungsnehmers zur Entrichtung solcher Beiträge entstanden, hat der Versicherer den Schaden, der durch einen späteren Versicherungsfall verursacht wird, ohne Rücksicht auf die von ihm zu erstattenden früheren Aufwendungen und Beiträge zu ersetzen.

Übersicht

	Rn.		Rn.
A. Normzweck	1	a) Voraussetzungen	4
B. Entstehungsgeschichte	2	b) Fallbeispiele	5
C. Norminhalt	3	2. Schadensermittlungs- und Schadensfeststellungskosten	6
I. Aufwendungs- und Kostenersatz (Abs. 1)	3	a) Voraussetzungen	7
		b) Fälle ersatzfähiger Schadensfeststellungskosten	8
1. Aufwendungen zur Abwehr oder Minderung des Schadens	3	II. Kein Verbrauch der Versicherungssumme (Abs. 2)	9

Stichwort- und Fundstellenverzeichnis

Stichwort	Rn.	Rspr.	Lit.
Aufwendungen	→ Rn. 3 ff.	BGH VersR 1977, 709	–
Löschschäden	→ Rn. 5	BGH VersR 1977, 709; OLG Oldenburg VersR 1990, 516	–
Private Kosten	→ Rn. 8	–	*Pisani* in Schwintowski/Brömmelmeyer/Ebers VVG § 135 Rn. 10
Rettungskosten	→ Rn. 3 ff.	BGH VersR 1994, 1181	*Pisani* in Schwintowski/Brömmelmeyer/Ebers VVG § 135 Rn. 6, 7; *Voit/Knappmann* in Prölss/Martin, 27. Aufl. 2004, VVG § 63 Rn. 6; *Römer* in Römer/Langheid, 2. Aufl. 2003, VVG § 63 Rn. 2, 5
Schadensabwendungs- und -minderungspflicht	→ Rn. 1	BGH VersR 1977, 709	*Paffenholz* in Looschelders/Pohlmann VVG § 135 Rn. 2
Schadensfeststellungskosten	→ Rn. 8	–	*Paffenholz* in Looschelders/Pohlmann VVG § 135 Rn. 7

Schrifttum: Vgl. die Angaben bei Vor § 130.

A. Normzweck

1   Die dispositive Regelung[1] des § 135 stellt eine **Erweiterung des Versicherungsschutzes** dar und räumt dem Versicherungsnehmer einen Erstattungsanspruch gegenüber dem Versicherer für bestimmte mit einem Schadensereignis zusammenhängende Aufwendungen und Kosten ein, wobei die Erstattungspflicht des Versicherers auch über die Versicherungshöchstgrenze hinaus besteht, vgl. § 135 Abs. 1. Danach hat der Versicherer Aufwendungsersatz für Schadensabwendungs- und Schadensminderungsmaßnahmen (Rettungskosten) zu leisten sowie Kosten der Schadensermittlung und

---

[1] *Pfaffenholz* in Looschelders/Pohlmann VVG § 135 Rn. 9; *Pisani* in Schwintowski/Brömmelmeyer/Ebers VVG § 135 Rn. 12.

Schadensfeststellung zu erstatten. Die Erstattungspflicht für Rettungskosten dient dem **Interessenausgleich** der Vertragsparteien und stellt das notwendige Korrelat zur Schadensabwendungs- und Schadensminderungspflicht des Versicherungsnehmers im Versicherungsfall dar.[2] Dem Erstattungsanspruch des § 135 Abs. 1 kann sich der Versicherer allerdings durch Erklärung des „Abandon", geregelt in § 141, entziehen und damit seine Leistungspflicht auf die Versicherungssumme unter den dort genannten Voraussetzungen beschränken.[3] § 135 Abs. 2 dient der **Vermeidung von Deckungslücken** bei Eintritt eines weiteren Versicherungsfalls.[4]

B. Entstehungsgeschichte

§ 135 Abs. 1 ersetzt hinsichtlich des Aufwendungsersatzes für Schadensabwendungs- und Scha- **2** densminderungsmaßnahmen den § 144 Abs. 1 VVG aF. Mit der Erstattungspflicht von **Kosten der Ermittlung und Feststellung** des Schadens hat der Gesetzgeber im Zuge der VVG-Reform eine **Ausweitung** des Pflichtenkreises des Versicherers vorgenommen. Der Wortlaut des jetzigen § 135 Abs. 2 stimmt überwiegend mit dem Gesetzestext des § 144 Abs. 2 VVG aF überein.

C. Norminhalt

I. Aufwendungs- und Kostenersatz (Abs. 1)

1. Aufwendungen zur Abwehr oder Minderung des Schadens. Die Regelung des § 135 **3** Abs. 1 statuiert zunächst einen Ersatzanspruch des Versicherungsnehmers für Aufwendungen über die Versicherungssumme hinaus, die er zur Abwendung oder Minderung eines versicherten Schadensereignisses tätigt.

a) Voraussetzungen. Unter den Begriff der **Aufwendung** fallen alle freiwilligen oder unfrei- **4** willigen Vermögensminderungen, welche sich als adäquate Folge von Maßnahmen des Versicherungsnehmers zur Abwehr oder Minderung des Schadens darstellen.[5] Relevant sind nur solche Aufwendungen, die der Versicherungsnehmer für erforderlich halten durfte.[6] Die vom Versicherungsnehmer durchgeführten Rettungshandlungen müssen dabei **objektiv** auf die Abwendung bzw. Minderung des Schadens abzielen.[7] Die Erstattungsfähigkeit setzt hingegen nicht einen entsprechenden **subjektiven Willen** des Versicherungsnehmers voraus.[8] Befindet sich der Versicherungsnehmer in dem **Irrtum**, nicht versicherte Güter zu retten, besteht gleichwohl eine Leistungspflicht des Versicherers.[9] Ist die Rettungshandlung allerdings **bloße Reflexwirkung** einer auf ein anderes Interesse abzielende Maßnahme, so liegt keine relevante Rettungshandlung iSd § 135 Abs. 1 vor.[10] Soweit die Handlungen sowohl die Rettung versicherter als auch unversicherter Güter bezwecken, ist eine anteilige Erstattung der Aufwendungen vorzunehmen.[11]

b) Fallbeispiele. Als erstattungsfähige Rettungskosten sind die Kosten der von einer beauftrag- **5** ten Drittfirma vorgenommenen Neuverpackung beschädigter Güter anzusehen.[12] Weiterhin hat die Rspr. Kosten für Löschschäden an nichtversicherten Gütern für erstattungsfähig erachtet;[13] ebenfalls die Kosten für die Beseitigung der durch Löscharbeiten entstandenen giftigen Stoffe.[14] Ein Ersatzan-

---

[2] *Paffenholz* in Looschelders/Pohlmann VVG § 135 Rn. 2.
[3] Ausf. → § 141 Rn. 6.
[4] *Langheid* in Langheid/Rixecker VVG § 135 Rn. 3; *Pisani* in Schwintowski/Brömmelmeyer/Ebers VVG § 135 Rn. 11.
[5] BGH VersR 1977, 709.
[6] *Koller* in Prölss/Martin VVG § 135 Rn. 1; aA *Harms* in HK-VVG § 135 Rn. 1.
[7] *Paffenholz* in Looschelders/Pohlmann VVG § 135 Rn. 4.
[8] *Pisani* in Schwintowski/Brömmelmeyer/Ebers VVG § 135 Rn. 6; *Ehlers* in Thume/de la Motte/Ehlers Teil 5 Rn. 75.
[9] *Pisani* in Schwintowski/Brömmelmeyer/Ebers VVG § 135 Rn. 6.
[10] BGH VersR 1994, 1181 (1182); aA *Koch* in Bruck/Möller VVG § 83 Rn. 37.
[11] *Voit/Knappmann* in Prölss/Martin, 27. Aufl. 2004, VVG § 63 Rn. 6; *Langheid* in Langheid/Rixecker VVG § 83 Rn. 2, 6.
[12] Bsp. nach *Paffenholz* in Looschelders/Pohlmann VVG § 135 Rn. 5.
[13] BGH VersR 1977, 709.
[14] OLG Oldenburg VersR 1990, 516.

spruch besteht auch hinsichtlich Gutachterkosten für erfolglose Reparaturversuche, die einen Totalverlust der Sache verhindern sollen.[15]

6 **2. Schadensermittlungs- und Schadensfeststellungskosten.** Eine Erweiterung des Versicherungsschutzes über die Versicherungssumme hinaus sieht § 135 Abs. 1 weiterhin für die Kosten der Schadensermittlung und Schadensfeststellung vor. Eine – mitunter problematische – begriffliche Unterscheidung beider Formen ist aufgrund der übereinstimmenden Rechtsfolge nicht notwendig.[16]

7 **a) Voraussetzungen.** Für einen Aufwendungsersatzanspruch bedarf es der Feststellung, dass tatsächlich ein **versicherter Schaden** vorliegt.[17] Ist der Schaden hingegen nicht versichert, mangelt es schon an einer grundsätzlichen Haftung des Versicherers.[18] Auch im Falle einer Obliegenheitsverletzung des Versicherungsnehmers und daraus resultierenden Leistungsfreiheit des Versicherers findet eine Kostenübernahme nicht statt.[19]

8 **b) Fälle ersatzfähiger Schadensfeststellungskosten.** Kosten zur Feststellung des Schadens entstehen etwa aufgrund kaufmännischer, buchhalterischer sowie organisatorischer Maßnahmen eines eingeschalteten Dritten – bspw. eines Rechtsanwalts oder Sachverständigen[20] – infolge von Reisen, Korrespondenz und Telefonaten.[21] Die dem Versicherungsnehmer selbst entstandenen Kosten sind nur dann erstattungsfähig, wenn sie dem beruflichen oder gewerblichen Bereich zuzuordnen sind, nicht hingegen private Aufwendungen.[22]

II. Kein Verbrauch der Versicherungssumme (Abs. 2)

9 Um von vornherein erhebliche Deckungslücken bei Eintritt eines **zweiten Versicherungsfalles** zu vermeiden, setzt § 135 Abs. 2 fest, dass erstattete Aufwendungen im Zusammenhang mit einem Versicherungsfall die Höhe der Versicherungssumme bei einem weiteren Schadensfall nicht beeinflussen. Dies gilt für Aufwendungen iSd § 135 Abs. 1 und für die der Wiederherstellung/ Ausbesserung der beschädigten Sache sowie für geleistete Beiträge zur großen Haverei bzw. für eine entsprechend entstandene Verpflichtung zur Leistung der Beiträge, vgl. § 135 Abs. 2. Damit besteht während der Versicherungsdauer für **jeden Versicherungsfall** erneut Deckung in Höhe der gesamten **Versicherungssumme**.[23]

§ 136 Versicherungswert

(1) Als Versicherungswert der Güter gilt der gemeine Handelswert und in dessen Ermangelung der gemeine Wert, den die Güter am Ort der Absendung bei Beginn der Versicherung haben, zuzüglich der Versicherungskosten, der Kosten, die bis zur Annahme der Güter durch den Beförderer entstehen, und der endgültig bezahlten Fracht.

(2) Der sich nach Absatz 1 ergebende Wert gilt auch bei Eintritt des Versicherungsfalles als Versicherungswert.

(3) ¹Bei Gütern, die beschädigt am Ablieferungsort ankommen, ist der Wert, den sie dort in beschädigtem Zustand haben, von dem Wert abzuziehen, den sie an diesem Ort in unbeschädigtem Zustand hätten. ²Der dem Verhältnis der Wertminderung zu ihrem Wert in unbeschädigtem Zustand entsprechende Bruchteil des Versicherungswertes gilt als Betrag des Schadens.

Übersicht

		Rn.			Rn.
A.	Entstehungsgeschichte	1	I.	Überblick	4
B.	Normzweck	3	II.	Bestimmung des Versicherungswertes (Abs. 1)	5
C.	Regelungsinhalt	4	1.	Gemeiner Handelswert	6

---

[15] *Voit/Knappmann* in Prölss/Martin, 27. Aufl. 2004, VVG § 63 Rn. 12 f.
[16] *Pisani* in Schwintowski/Brömmelmeyer/Ebers VVG § 135 Rn. 8.
[17] *Paffenholz* in Looschelders/Pohlmann VVG § 135 Rn. 6.
[18] *Paffenholz* in Looschelders/Pohlmann VVG § 135 Rn. 6.
[19] OLG Karlsruhe VersR 1995, 1088.
[20] *Paffenholz* in Looschelders/Pohlmann VVG § 135 Rn. 7.
[21] *Ehlers* in Thume/de la Motte, 1. Aufl. 2004, Kap. 3 Rn. 83.
[22] *Pisani* in Schwintowski/Brömmelmeyer/Ebers VVG § 135 Rn. 10.
[23] *Paffenholz* in Looschelders/Pohlmann VVG § 135 Rn. 8.

		Rn.			Rn.
2.	Gemeiner Wert	7	1.	Verhältnis Versicherungswert – Versicherungssumme	10
3.	Kosten	8	2.	Festsetzung einer Taxe	11
III.	Maßgeblicher Zeitpunkt im Versicherungsfall (Abs. 2)	9	IV.	Berechnung des Versicherungswertes bei Beschädigung (Abs. 3)	12

Stichwort- und Fundstellenverzeichnis

Stichwort	Rn.	Rspr.	Lit.
Beschädigung des Gutes	→ Rn. 12	–	*Pisani* in Schwintowski/Brömmelmeyer/Ebers VVG § 136 Rn. 11
Gemeiner Handelswert	→ Rn. 6	BGH NJW-RR 1993, 1371 = VersR 1994, 91	*Voit/Knappmann* in Prölss/Martin, 27. Aufl. 2004, VVG § 140 Rn. 4
Gemeiner Wert	→ Rn. 7	–	*Paffenholz* in Looschelders/Pohlmann VVG § 136 Rn. 3
Überversicherung	→ Rn. 10	–	*Pisani* in Schwintowski/Brömmelmeyer/Ebers VVG § 136 Rn. 8
Unterversicherung	→ Rn. 10	–	*Paffenholz* in Looschelders/Pohlmann VVG § 136 Rn. 5
Verlust des Gutes	→ Rn. 5 ff.	–	*Paffenholz* in Looschelders/Pohlmann VVG § 136 Rn. 4

A. Entstehungsgeschichte

Die transportversicherungsrechtlichen Bestimmungen zum Versicherungswert von Gütern waren bis zur VVG-Reform in § 140 VVG aF geregelt. Der jetzige § 136 entspricht in allen Absätzen inhaltlich der Altregelung, wobei § 136 Abs. 1 fast vollständig mit dem Wortlaut der Ziff. 10.2 der DTV-Güterversicherungsbedingungen 2000/2008 übereinstimmt. Eine **Angleichung** des § 136 an die handelsrechtliche Norm zum Wertersatz des Frachtführers, § 429, war nach der amtlichen Begründung aufgrund der unterschiedlich zu bewertenden Interessen der Güterversicherung als Sachversicherung und dem davon divergierenden Haftpflichtinteresse im Frachtgeschäft nicht angebracht.[1]

Die Altregelung des § 141 zum **Versicherungswert von Schiffen** wurde im Zuge der VVG-Reform ersatzlos aufgehoben. Der Gesetzgeber sah kein Erfordernis für eine dahingehende besondere gesetzliche Bestimmung, da zum einen die im allgemeinen Teil geregelte Vorschrift zum Versicherungswert in der Sachversicherung (§ 88), die zwischen Neuwert und Zeitwert unterscheidet, als Anwendungsbereich ausreiche und zum anderen den Vertragsparteien die Möglichkeit abweichender Vereinbarungen offen stünde.[2]

B. Normzweck

Die dispositive Bestimmung[3] des § 136 definiert den Versicherungswert der Güter und statuiert den Grundsatz der **Unveränderlichkeit des Versicherungswertes** für den Bereich der Transportversicherung.[4] Tritt der Versicherungsfall ein, ist für die Ermittlung des Versicherungswertes auf den Zeitpunkt des Versicherungsbeginns abzustellen; eine danach eintretende Veränderung des tatsächlichen Wertes bleibt außen vor.[5] Zweck der Regelung ist neben der Feststellung einer **Über- oder Unterversicherung** eine erleichterte Ermittlung des Versicherungswertes.[6]

---

[1] So die Begr. RegE, BT-Drs. 16/3945, 93.
[2] Begr. RegE, BT-Drs. 16/3945, 93.
[3] *Langheid* in Langheid/Rixecker VVG § 136 Rn. 9; *Pisani* in Schwintowski/Brömmelmeyer/Ebers VVG § 136 Rn. 13.
[4] *Paffenholz* in Looschelders/Pohlmann VVG § 136 Rn. 1.
[5] BGH NJW-RR 1993, 1371; 2003, 1344.
[6] *Langheid* in Langheid/Rixecker VVG § 136 Rn. 2.

C. Regelungsinhalt

I. Überblick

4 § 136 Abs. 1 bestimmt zunächst den Versicherungswert anhand des **gemeinen Handelswertes** und in Ermangelung dessen anhand des gemeinen Wertes. Maßgeblich ist dabei jeweils der Wert, den die Güter am Ort der Absendung bei Versicherungsbeginn haben, so § 136 Abs. 1. Im Falle eines teilweisen oder vollständigen **Verlustes** der versicherten Güter sind die in § 136 Abs. 1 aufgeführten **Kosten** zum ermittelten Sachwert hinzuzuziehen. Kommt es im Versicherungsverlauf zu einer **Beschädigung** der Güter, bleiben die vorgenannten Kosten außen vor und die Ermittlung des Versicherungswertes richtet sich nach § 136 Abs. 3. Der zweite Abs. des § 136 beinhaltet schließlich den bereits genannten Grundsatz, wonach im Versicherungsfall der nach § 136 Abs. 1 ermittelte Wert maßgeblich ist.

II. Bestimmung des Versicherungswertes (Abs. 1)

5 Unter dem Begriff Versicherungswert ist der Wert des versicherten Interesses zu verstehen,[7] wobei dieser einen **Geldwert** haben muss.[8]

6 **1. Gemeiner Handelswert.** Der gem. § 136 Abs. 1 als Versicherungswert der Güter zuvorderst geltende gemeine Handelswert findet sich für im kaufmännischen Verkehr regelmäßig gehandelter Güter wieder, wobei diese nicht zwangsläufig einen Börsen- oder Marktwert haben müssen.[9] Unter dem gemeinen Handelswert ist der (objektive) Wert auf der jeweiligen Handelsstufe des Ersatzberechtigten (Hersteller/Großhändler/Einzelhändler) zu verstehen.[10] Damit gilt für den Verkäufer, dass der Wert anhand des Verkäuflichkeitswertes einschließlich des zu erwartenden Gewinns zu ermitteln ist.[11]

7 **2. Gemeiner Wert.** Bei fehlender Feststellbarkeit des gemeinen Handelswertes ist zur Ermittlung des Versicherungswertes auf den gemeinen Wert abzustellen. Dieser bemisst sich nach dem Wert, den das Gut nach seiner objektiven Beschaffenheit für **jedermann** hat, wobei auch hier die Handelsstufe des Versicherten zu berücksichtigen ist.[12]

8 **3. Kosten.** Zu den bei **Teil- oder Totalverlust** des versicherten Gutes hinzu zu addierenden Kosten zählen ausweislich des § 136 Abs. 1 die Versicherungskosten, die anfallenden Kosten bis zur Abnahme der Güter durch den Beförderer sowie die Kosten der endgültig bezahlten Fracht. Unter Letzterem ist der Teil des Frachtlohns zu verstehen, der unabhängig von einer Beendigung des Transportes auf jeden Fall zu zahlen ist.[13]

III. Maßgeblicher Zeitpunkt im Versicherungsfall (Abs. 2)

9 § 136 Abs. 2 legt fest, dass der nach § 136 Abs. 1 ermittelte Wert, also der Wert zum Zeitpunkt des Versicherungsbeginns, auch bei Eintritt des Versicherungsfalles gilt. Der Versicherungswert bleibt damit auch bei einer nach Absendung erfolgter Steigerung oder Verringerung des Wertes unverändert.[14]

10 **1. Verhältnis Versicherungswert – Versicherungssumme.** Wie sich im Versicherungsfall eine Abweichung der vereinbarten Versicherungssumme zum tatsächlich ermittelten Versicherungswert verhält, ist in § 136 nicht festgelegt. Damit kommen bei einem Missverhältnis die allgemeinen Vorschriften zur Schadensversicherung der §§ 74, 75, 78 zur Anwendung.[15] Im Falle einer **Überversicherung** – die Versicherungssumme übersteigt den Versicherungswert erheblich (s. § 74 Abs. 1) – kann der Versicherungsnehmer den Versicherer lediglich bis zur Höhe des Versicherungswertes beanspruchen, vgl. § 74 Abs. 1. Ist die Versicherungssumme erheblich niedriger als der Versicherungswert – besteht also eine **Unterversicherung** –, werden die Rechtsfolgen des § 75 ausgelöst. Schließlich ist § 78 bei einer Mehrfachversicherung (legaldefiniert in § 78 Abs. 1) einschlägig.

---

[7] *Pisani* in Schwintowski/Brömmelmeyer/Ebers VVG § 136 Rn. 1.
[8] *Ritter*, Das Recht der Seeversicherung, Bd. 2, 1924, § 6 Rn. 3.
[9] *Paffenholz* in Looschelders/Pohlmann VVG § 136 Rn. 2; *Ehlers* in Thume/de la Motte/Ehlers Teil 5 Rn. 302.
[10] BGH VersR 1994, 91; *Harms* in HK-VVG § 136 Rn. 2.
[11] BGH NJW-RR 1993, 1371 zu § 430 HGB aF; *Koller* in Prölss/Martin VVG § 136 Rn. 2; *Langheid* in Langheid/Rixecker VVG § 136 Rn. 3.
[12] *Paffenholz* in Looschelders/Pohlmann VVG § 136 Rn. 3; *Koller* in Prölss/Martin VVG § 136 Rn. 2 ff.
[13] BGH VersR 1994, 91.
[14] BGH NJW-RR 1993, 1371; *Langheid* in Langheid/Rixecker VVG § 136 Rn. 7.
[15] *Paffenholz* in Looschelders/Pohlmann VVG § 136 Rn. 5.

2. Festsetzung einer Taxe.

Den Vertragsparteien bleibt es aufgrund der Abdingbarkeit der transportversicherungsrechtlichen Normen unbenommen, als Versicherungswert einen bestimmten Betrag zu vereinbaren (Taxe).[16] So sieht Ziff. 10.5 DTV-Güterversicherungsbedingungen 2000/2011 vor, dass bei Festsetzung einer Taxe diese als maßgeblicher Versicherungswert gilt und legt die Rechtsfolgen eines Missverhältnisses von Taxe und tatsächlichem Versicherungswert fest.[17] Die Vereinbarung einer Taxe kann ebenfalls anhand des § 76 erfolgen.[18]

IV. Berechnung des Versicherungswertes bei Beschädigung (Abs. 3)

Trifft das versicherte Gut am Ablieferungsort im beschädigten Zustand ein, ermittelt sich die Schadenshöhe anhand des § 136 Abs. 3. Danach ist als Schadensbetrag der durch einen Vergleich des **Gesund- zum Krankwertes** des versicherten Gutes am **Ablieferungsort** ermittelte Bruchteil des Versicherungswertes einzusetzen, vgl. § 136 Abs. 3 S. 1, 2.[19] Eine entsprechende Berechnungsmethode ist in Ziff. 17.3.1 der DTV-Güterversicherungsbedingungen 2000/2011 niedergelegt. Als **Beschädigung** ist, wie im Transportrecht,[20] eine Wertminderung infolge jeglicher (inneren oder äußeren) Substanzveränderung des versicherten Gutes anzusehen.[21]

§ 137 Herbeiführung des Versicherungsfalles

(1) Der Versicherer ist nicht zur Leistung verpflichtet, wenn der Versicherungsnehmer vorsätzlich oder grob fahrlässig den Versicherungsfall herbeiführt.

(2) Der Versicherungsnehmer hat das Verhalten der Schiffsbesatzung bei der Führung des Schiffes nicht zu vertreten.

Übersicht

		Rn.			Rn.
A.	Geschichte und Normzweck	1		b) Grobe Fahrlässigkeit	9
B.	Inhalt der Norm	5	2.	Repräsentantenhaftung	12
I.	Leistungsfreiheit bei grob schuldhafter Herbeiführung des Versicherungsfalls	5		a) Überblick	12
				b) Einzelfälle der Repräsentantenhaftung	13
			II.	Keine Zurechnung des Besatzungsverschuldens	15
1.	Haftung für eigenes Verschulden	6			
	a) Vorsatz	7	C.	Beweislast	16

Stichwort- und Fundstellenverzeichnis

Stichwort	Rn.	Rspr.	Lit.
Brennende Zigarette im Lkw	→ Rn. 10	LG Berlin VersR 1990, 1006	–
Führung des Schiffes	→ Rn. 13	–	*Harms* in HK-VVG § 137 Rn. 7 f.
Grobe Fahrlässigkeit	→ Rn. 9 ff.	BGH NJW 1992, 316; OLG Köln VersR 1991, 348	*Pisani* in Schwintowski/Brömmelmeyer/Ebers VVG § 137 Rn. 6
Repräsentantenhaftung	→ Rn. 12 f.	BGH NJW-RR 2003, 1250; VersR 2005, 1387	*Paffenholz* in Looschelders/Pohlmann VVG § 137 Rn. 7 f.; *Harms* in HK-VVG § 137 Rn. 3; *Pisani* in Schwintowski/Brömmelmeyer/Ebers VVG § 137 Rn. 10 ff.
Subjektiver Risikoausschluss	→ Rn. 3	BGHZ 42, 295 = VersR 1965, 29; BGH VersR 1986, 696	–

---

[16] *Pisani* in Schwintowski/Brömmelmeyer/Ebers VVG § 136 Rn. 9.
[17] Zu den Rechtsfolgen einer Unter- oder Überversicherung s. dort.
[18] *Paffenholz* in Looschelders/Pohlmann VVG § 136 Rn. 6; *Langheid* in Langheid/Rixecker VVG § 136 Rn. 3.
[19] Fallbeispiel zur Berechnungsmethode bei *Pisani* in Schwintowski/Brömmelmeyer/Ebers VVG § 136 Rn. 12.
[20] Vgl. hierzu mit weiteren Beispielen *Koller* in Koller HGB § 425 Rn. 13.
[21] *Pisani* in Schwintowski/Brömmelmeyer/Ebers VVG § 136 Rn. 11.

§ 137   1–5   Teil 2. Einzelne Versicherungszweige. Kap. 3. Transportversicherung

Stichwort	Rn.	Rspr.	Lit.
Unbeaufsichtigter beladener Lkw	→ Rn. 11	BGH NJW 1984, 2033; OLG Hamburg TranspR 1993, 361; OLG Saarbrücken VersR 1998, 450	*Heiss/Trümper* in Beckmann/Matusche-Beckmann VersR-HdB § 38 Rn. 82
Vorsatz	→ Rn. 7 f.	BGH VersR 1966, 1150	*Grüneberg* in Grüneberg BGB § 276 Rn. 10

Schrifttum: Vgl. die Angaben bei Vor § 130.

A. Geschichte und Normzweck

1   § 137 ersetzt den bis zum Inkrafttreten des neuen VVG geltenden § 130. Die Altregelung sah einen Haftungsausschluss des Versicherers bei vorsätzlicher und fahrlässiger Schadensverursachung des Versicherungsnehmers vor. Der jetzige § 137 Abs. 1 lässt einfache Fahrlässigkeit nicht mehr ausreichen, sondern verlangt für eine Leistungsfreiheit des Versicherers zumindest grob fahrlässiges Handeln, was der gängigen Praxis im Transportversicherungsrecht entspricht.[1] Der Normgehalt des § 137 ist angelehnt an Ziff. 3 der DTV-Güterversicherungsbedingungen 2000/2008. Die im alten Recht enthaltene besondere Vorschrift über Haftungsausschlüsse, § 131 VVG aF, wurde im Zuge der VVG-Reform ersatzlos gestrichen.

2   Mit dem Haftungsausschluss des § 137 Abs. 1 bei vorsätzlicher und grob fahrlässiger Herbeiführung des Versicherungsfalles wird das dem Transportversicherungswesen immanente und für die gesamte Schadensversicherung noch in § 61 VVG aF vorgesehene **Alles oder Nichts-Prinzip** beibehalten und weicht damit vom jetzigen § 81 ab, der bei grober Fahrlässigkeit idR eine partielle Leistungspflicht des Versicherers vorsieht.[2] Nach der amtlichen Begründung sind die für die Aufgabe dieses Prinzips maßgeblichen Gesichtspunkte nicht auf Verträge über die Versicherung von Großrisiken übertragbar.[3]

3   Der Ausschluss der Leistungspflicht infolge groben Verschuldens des Versicherungsnehmers in § 137 Abs. 1 stellt einen **subjektiven Risikoausschluss** dar.[4] Eine allgemeine Schadensverhütungspflicht obliegt dem Versicherungsnehmer nach der Rspr. des BGH jedenfalls in der Binnentransportversicherung nicht.[5] Hiervon zu unterscheiden ist jedoch die Pflicht des Versicherungsnehmers zur Schadensabwendung und Schadensminderung bei unmittelbar bevorstehendem Schadensereignis.[6]

4   Die Bestimmung des § 137 Abs. 2 regelt die **Zurechenbarkeit des Verhaltens der Schiffsbesatzung** und dient der Klarstellung dahingehend, dass keine Zurechnung eines **nautischen Verschuldens** im Lichte des § 137 Abs. 1 stattfindet.[7]

B. Inhalt der Norm

I. Leistungsfreiheit bei grob schuldhafter Herbeiführung des Versicherungsfalls

5   Der Versicherer wird von seiner Pflicht zur Leistung bei Eintritt des Versicherungsfalles befreit, wenn der Versicherungsnehmer den Versicherungsfall vorsätzlich oder grob fahrlässig herbeiführt, so § 137 Abs. 1. Gleiches gilt bei entsprechender Herbeiführung durch einen Dritten, sofern dieses Verhalten dem Versicherungsnehmer **zurechenbar** ist.[8] Aufgrund der freien **Abdingbarkeit**[9] des § 137 ist allerdings eine Verschärfung des Verschuldensmaßstabs in AVB dahingehend, dass der

---

[1] Begr. RegE, BT-Drs. 16/3945, 93.
[2] → § 81 Rn. 120 ff.
[3] Begr. RegE, BT-Drs. 16/3945, 93.
[4] BGHZ 42, 295 = VersR 1965, 29; VersR 1986, 696.
[5] BGH NJW 1995, 56 = VersR 1994, 1465; VersR 1986, 696; *Koller* in Prölss/Martin VVG § 137 Rn. 1; *Langheid* in Langheid/Rixecker VVG § 137 Rn. 3; *Ehlers* in Thume/de la Motte/Ehlers Teil 2 Rn. 459.
[6] BGH VersR 1977, 709; *Römer* in Römer/Langheid, 2. Aufl. 2003, VVG § 130 Rn. 1; → § 135 Rn. 4.
[7] Begr. RegE, BT-Drs. 16/3945, 93; *Paffenholz* in Looschelders/Pohlmann VVG § 137 Rn. 9.
[8] *Pisani* in Schwintowski/Brömmelmeyer/Ebers VVG § 137 Rn. 3; *Koller* in Prölss/Martin VVG § 137 Rn. 2a mwN; *Thume* in Thume/de la Motte/Ehlers Teil 2 Rn. 460.
[9] *Heiss/Trümper* TransportVersR Rn. 39.

Versicherungsnehmer die Sorgfalt eines ordentlichen Kaufmanns anzuwenden habe, als wirksam anzusehen.[10]

1. Haftung für eigenes Verschulden. Zunächst führt ein grob schuldhaftes Verhalten des 6 Versicherungsnehmers selbst – bspw. in Form des **Organisationsverschuldens** infolge mangelhafter Auswahl oder Überwachung des Transportpersonals[11] – zur Leistungsfreiheit des Versicherers. Ist Versicherungsnehmer eine Personengesellschaft oder juristische Person, erfolgt eine Haftung für das grob schuldhafte Verhalten deren gesetzlicher Vertreter und Organe.[12]

a) Vorsatz. aa) Tatbestand. Zur Definition des Vorsatzbegriffes kann – wie auch zum Begriff 7 der groben Fahrlässigkeit – auf die dem **BGB** zu entnehmenden Kriterien zurückgegriffen werden.[13] Danach ist Vorsatz das Wissen und Wollen des rechtswidrigen Erfolges, wobei der Handelnde den pflichtwidrigen Erfolg vorausgesehen und in seinen Willen aufgenommen haben muss.[14]

bb) Einzelfälle. Von einer vorsätzlichen Herbeiführung des Versicherungsfalles kann etwa 8 gesprochen werden beim Versenken eines mit versicherten Gütern beladenen (versicherten) Schiffes in kollusivem Zusammenwirken mit der Schiffsbesatzung; weiterhin bei einem vorgetäuschten Lkw-Diebstahl trotz bereits erfolgter Veräußerung der versicherten Güter.[15]

b) Grobe Fahrlässigkeit. aa) Tatbestand. Grobe Fahrlässigkeit ist gegeben, wenn die im 9 Verkehr erforderliche Sorgfalt in besonders schwerem Maße verletzt wird, schon einfache, ganz naheliegende Überlegungen nicht angestellt werden und das nicht beachtet wird, was im gegebenen Fall jedem einleuchten muss.[16] Der Versicherungsnehmer muss in dem Bewusstsein handeln, dass durch seine Handlungsweise der Schadenseintritt oder Schadensumfang deutlich gefördert werden kann.[17] Letztlich sind für die Prüfung eines grob fahrlässigen Verhaltens des Versicherungsnehmers die jeweiligen **Umstände des Einzelfalles** entscheidend, wobei das **Maß der anzuwendenden Sorgfalt** mit steigender Beförderungsgefahr für Beförderungsmittel und Güter zunimmt.[18] So kann im konkreten Fall auch **branchenübliches Verhalten** eine grob fahrlässige Handlungsweise darstellen.[19]

bb) Einzelfälle. Die Rspr. hat etwa in folgenden Fällen eine grob fahrlässige Herbeiführung 10 des Versicherungsfalles angenommen. Das **abendliche Abstellen** eines offen mit Textilien **beladenen Pkw** für einen Zeitraum von einer halben Stunde auf einer wenig belebten und schlecht beleuchteten Straße ist als grob fahrlässig anzusehen;[20] ebenso wurde im Falle eines in der Mailänder Innenstadt abgestellten beladenen Lkw ohne Aufsicht entschieden.[21] Des Weiteren soll grobe Fahrlässigkeit vorliegen beim Ablegen einer **brennenden Zigarette** im Führerhaus eines Lkw[22] sowie bei nicht ordnungsgemäßer **Befestigung** von zu transportierenden Maschinen.[23]

Hingegen wurde das **Abstellen** eines mit Textilien beladenen **Kleintransporters** und nicht 11 einsehbaren Laderaums über Nacht auf der Straße **vor einem Hotel** in Mailand mangels Parkmöglichkeit in der Hotelgarage nicht als grob fahrlässig eingestuft;[24] ebenso das Abstellen eines mit Tiefkühlware beladenen Lkw von Samstagabend bis Montagmorgen auf einem Betriebshof, der von Wohnhäusern umgeben ist und nur durch eine schmale Einfahrt erreichbar ist.[25]

2. Repräsentantenhaftung. a) Überblick. Neben einer Haftung des Versicherungsnehmers 12 für eigenes Verschulden und für ein Verschulden seiner Organe (im Falle einer juristischen Person

---

[10] OLG Karlsruhe VersR 1982, 1189.
[11] *Pisani* in Schwintowski/Brömmelmeyer/Ebers VVG § 137 Rn. 7.
[12] *Paffenholz* in Looschelders/Pohlmann VVG § 137 Rn. 7.
[13] BGH VersR 1966, 1150.
[14] *Grüneberg* in Grüneberg BGB § 276 Rn. 10.
[15] *Ehlers*, DTV-Güterversicherungsbedingungen 2000, 2. Aufl. 2003, Ziff. 3 Rn. 14.
[16] BGH NJW 1992, 316; *Grüneberg* in Grüneberg BGB § 277 Rn. 5; *Karczewski* in HK-VVG § 81 Rn. 8 ff.
[17] *Ehlers* in Thume/de la Motte/Ehlers Teil 5 Rn. 184.
[18] *Pisani* in Schwintowski/Brömmelmeyer/Ebers VVG § 137 Rn. 6; zum Sorgfaltsmaßstab bei Sicherung der Ladung OLG Köln VersR 1991, 348; zur Verletzung der Bewachungsklausel OLG Köln VersR 1993, 574.
[19] OLG Köln VersR 1991, 348.
[20] LG Münster VersR 1951, 84.
[21] BGH NJW 1984, 2033 mAnm *Jayme* IPRax 1985, 386.
[22] LG Berlin VersR 1990, 1006.
[23] OLG Nürnberg VersR 1982, 1166; weitere Beispiele bei *Bayer* VersR 1995, 626, zur CMR-Versicherung früheren Zuschnitts.
[24] OLG Saarbrücken VersR 1998, 450.
[25] *Heiss/Trümper* in Beckmann/Matusche-Beckmann VersR-HdB § 38 Rn. 82.

als Versicherungsnehmer)[26] hat sich dieser ein **schuldhaftes Verhalten** seiner Repräsentanten vorbehaltlich der Regelung in § 137 Abs. 2 zurechnen zu lassen. Die Rspr. sieht als Repräsentanten denjenigen an, der aufgrund eines Vertretungs- oder ähnlichen Verhältnisses an die Stelle des Versicherungsnehmers getreten ist.[27] Gegenstand des Vertretungsverhältnisses muss die **Risikoverwaltung** sein, wobei der Repräsentant zum selbständigen Handeln in nicht ganz unbedeutendem Umfang berechtigt sein muss.[28] Bei **bloßer Überlassung der Obhut** über die versicherte Sache ist die Repräsentanteneigenschaft regelmäßig nicht gegeben.[29] Damit scheiden als Repräsentanten **untergeordnete Hilfspersonen** aus, da diese nicht an die Stelle des Versicherungsnehmers treten können.[30] Eine Ausdehnung der Haftung in AVB auf Dritte, die nicht notwendig auch Repräsentanten des Versicherungsnehmers sind, ist nach § 307 Abs. 2 Nr. 1 BGB nichtig.[31]

13 **b) Einzelfälle der Repräsentantenhaftung.** Die Repräsentanteneigenschaft ist zu bejahen bei einem vom Versicherungsnehmer beauftragten **Unternehmer** zur selbständigen Vornahme der **Verpackung und Stauung** der Ladung;[32] weiterhin bei einem Dritten, der für den Versicherungsnehmer die Verladung übernimmt.[33] Nach allerdings umstrittener Auffassung ist auch der **Prokurist** des Versicherungsnehmers als Repräsentant anzusehen.[34] Hinsichtlich der Repräsentanteneigenschaft eines **Kapitäns** unterscheidet die Rspr. zwischen Güter- und Schiffskaskoversicherung. Im Zusammenhang mit der Schiffskaskoversicherung ist der Kapitän als Repräsentant anzusehen;[35] innerhalb der Güterversicherung gilt dies nicht.[36]

14 Zu verneinen ist die Repräsentantenstellung für einen ständig **angestellten Fahrer** des Versicherungsnehmers.[37] Gleiches gilt für den **Frachtführer**[38] sowie für den **Spediteur**.[39] Die Repräsentanteneigenschaft ist ferner zu verneinen bei einem mitversicherten Unternehmen, insbes. bei einem Unterfrachtführer.[40]

II. Keine Zurechnung des Besatzungsverschuldens

15 Gem. § 137 Abs. 2 erfolgt im Hinblick auf § 137 Abs. 1 keine Zurechnung des Verhaltens der **Schiffsbesatzung** bei der Führung des Schiffes. Der Anwendungsbereich der Norm ist nach dem Wortlaut auf die **Führung des Schiffes** und damit auf Fälle **nautischen Verschuldens**[41] begrenzt. Daher gilt die Einschränkung nicht für alle anderweitigen Verhaltensfehler der Schiffsbesatzung. Nimmt diese etwa eine **fehlerhafte Beladung** des Schiffes vor, beurteilt sich eine mögliche Zurechnung deren Verhaltens nach Maßgabe des § 137 Abs. 1.[42] Nach der amtlichen Begründung bleibt die Beurteilung des Sonderfalles, dass der **Versicherungsnehmer** zugleich der **Kapitän** des Schiffes ist, entsprechenden Regelungen in AVB vorbehalten.[43]

C. Beweislast

16 Der Versicherungsnehmer muss den Eintritt des Versicherungsfalls darlegen und beweisen.[44] Ihm kommen in Bezug auf das beförderte und abhandengekommene Transportgut keine Beweiser-

---

[26] → Rn. 12.
[27] BGH BeckRS 2013, 15529; VersR 2005, 1387; NJW-RR 2003, 1250.
[28] *Pisani* in Schwintowski/Brömmelmeyer/Ebers VVG § 137 Rn. 11.
[29] BGH VersR 1977, 517; 1986, 696.
[30] *Langheid* in Langheid/Rixecker VVG § 137 Rn. 5.
[31] OLG Karlsruhe VersR 1999, 1237 (1238); OLG München VersR 2006, 970 (971); nach OLG München VersR 2006, 1492 (1493) ist eine Ausschlussklausel, die neben dem Versicherungsnehmer auch Dritte nennt, im Hinblick auf den Versicherungsnehmer wirksam; Anm. *Roos* zu OLG Köln VersR 2003, 1252 (1253).
[32] OLG Hamburg VersR 1969, 558 für die Güterversicherung; dazu jedoch OLG Celle HansRGZ 38, 316 (Nr. 28).
[33] OLG Karlsruhe VersR 1995, 413, str.
[34] Bejahend OLG Hamburg VersR 1988, 1147; verneinend *Langheid* in Langheid/Rixecker VVG § 137 Rn. 5.
[35] BGH VersR 1983, 479.
[36] BGHZ 77, 88 (91) = NJW 1980, 2817.
[37] BGH VersR 1998, 79.
[38] BGH VersR 1994, 91.
[39] *Sieg* TranspR 1995, 195 (196).
[40] BGH VersR 2003, 445; vgl. weitere Beispiele zur Repräsentantenhaftung *Koller* in Prölss/Martin VVG § 137 Rn. 2a.
[41] *Pisani* in Schwintowski/Brömmelmeyer/Ebers VVG § 137 Rn. 15.
[42] *Paffenholz* in Looschelders/Pohlmann VVG § 137 Rn. 9.
[43] Begr. RegE, BT-Drs. 16/3945, 93.
[44] *Paffenholz* in Looschelders/Pohlmann VVG § 137 Rn. 10; *Langheid* in Langheid/Rixecker VVG § 137 Rn. 9.

leichterungen zugute.[45] Dem Versicherer obliegt dem gegenüber die Nachweispflicht, dass der Versicherungsnehmer zumindest grob fahrlässig gehandelt hat und dass sein Verhalten für den Eintritt des Versicherungsfalls ursächlich war.[46]

§ 138 Haftungsausschluss bei Schiffen

[1]Bei der Versicherung eines Schiffes ist der Versicherer nicht zum Ersatz eines Schadens verpflichtet, der daraus entsteht, dass das Schiff in einem nicht fahrtüchtigen Zustand oder nicht ausreichend ausgerüstet oder personell ausgestattet die Reise antritt. [2]Dies gilt auch für einen Schaden, der nur eine Folge der Abnutzung des Schiffes in gewöhnlichem Gebrauch ist.

Übersicht

		Rn.			Rn.
A.	VVG-Reform und Normzweck	1	3.	Mangelnde personelle Ausstattung	10
B.	Dogmatische Einordnung	3	4.	Abnutzung durch gewöhnlichen Gebrauch	11
C.	Regelungsinhalt	7	II.	Maßgeblicher Zeitpunkt	12
I.	Ausschlussgründe	8	III.	Kausalität	16
1.	Fahruntüchtiger Zustand	8	IV.	Verschulden	17
2.	Mangelnde Ausrüstung	9	D.	Beweislast	18

Stichwort- und Fundstellenverzeichnis

Stichwort	Rn.	Rspr.	Lit.
Anscheinsbeweis	→ Rn. 18	BGH VersR 1974, 589; 2001, 475	–
Ausgeschaltete Sprechfunkanlage	→ Rn. 9	BGH VersR 1991, 605	–
Fahruntüchtiges Schiff	→ Rn. 8	BGH VersR 1980, 65; 1983, 74; 1989, 629	–
Fehlender Lotse	→ Rn. 10	–	Koller in Prölss/Martin VVG § 138 Rn. 1
Fehlerhafte Beladung	→ Rn. 8	BGH VersR 1973, 218; 1980, 65; 1984, 581	–
Gefährliche Güter	→ Rn. 8	BGH VersR 1973, 218	–
Mangelnde Stabilität des Schiffes	→ Rn. 8	BGHZ 27, 79; 56, 300	–
Objektiver Risikoausschluss	→ Rn. 3	BGH VersR 1966, 749; 1985, 629	Pisani in Schwintowski/Brömmelmeyer/Ebers VVG § 138 Rn. 12 ff.
Ungewöhnlicher Gebrauch	→ Rn. 11	–	Pisani in Schwintowski/Brömmelmeyer/Ebers VVG § 138 Rn. 8
Verhüllte Obliegenheit	→ Rn. 3	BGH TranspR 2002, 255; VersR 2011, 1048.	–

Schrifttum: Vgl. die Angaben bei Vor § 130.

A. VVG-Reform und Normzweck

Die Regelung des § 138 entspricht sachlich unverändert dem bis zum Inkrafttreten des neuen 1 VVG geltenden § 132 VVG aF.[1] Lediglich die in § 132 Abs. 2 VVG aF genannten Schadensverursa-

---

[45] BGH VersR 2017, 550.
[46] BGH NJW 1982, 824.
[1] Begr. RegE, BT-Drs. 16/3945, 93.

chungsgründe für Abnutzungserscheinungen durch Alter, Fäulnis oder Wurmfraß sind in der reformierten Fassung nicht mehr enthalten.

2   Der **dispositive**[2] § 138 sieht einen **speziellen Haftungsausschluss** für die Versicherung eines Schiffes vor. Danach ist der Versicherer für Schäden am Schiff, die aus einem nicht fahrtüchtigen Zustand des Schiffes, einer unzureichender Ausrüstung oder personeller Ausstattung desselben sowie aus dessen Abnutzung im gewöhnlichen Gebrauch resultieren, nicht eintrittspflichtig.

B. Dogmatische Einordnung

3   Nach herkömmlicher Ansicht stellt die Regelung des § 138 einen objektiven **Risikoausschluss** dar.[3] Allerdings hat der BGH in einem einer Entscheidung (zu Ziff. 6.1.5 AVB Werkverkehr) beigefügten „obiter dictum" den Rechtscharakter der Vorschrift als **verhüllte Obliegenheit** eingestuft.[4] Die dogmatische Einordnung gewinnt Bedeutung sowohl im Rahmen der **Haftung des Versicherungsnehmers**[5] als auch für die Definition des **Zeitpunktes des Reiseantritts**.[6]

4   Allgemein ist ein objektiver Risikoausschluss anzunehmen, wenn die Regelung lediglich eine individualisierende Beschreibung eines bestimmten Wagnisses, für das Versicherungsschutz bestehen soll, darstellt und damit **von vornherein** nur eine **teilweise Deckung** vorgesehen ist.[7] In Abgrenzung hierzu handelt es sich um eine verhüllte Obliegenheit, wenn im Vordergrund der Regelung ein bestimmtes vorbeugendes Verhalten des Versicherungsnehmers steht und der Versicherungsschutz **nachträglich** aufgrund dessen nachlässigen Verhaltens **entfallen** soll.[8]

5   Der Wortlaut der Überschrift des § 138 „Haftungsausschluss" deutet zunächst darauf hin, dass von vornherein nur eine ausschnittsweise Deckung gewährt werden soll und spricht damit für einen objektiven Risikoausschluss. Allerdings überzeugt die vom BGH in der Entscheidung zu Ziff. 6.1.5. AVB Werkverkehr vertretene Ansicht, wonach an der bisherigen formalen Betrachtungsweise bei Auslegung entsprechender Klauseln nicht mehr festzuhalten sei. Zur Begründung wird angeführt, dass diese formale Sichtweise nicht das **Verständnis eines durchschnittlichen Versicherungsnehmers** berücksichtige.[9]

6   Dies lässt sich auch auf die Regelung des § 138 übertragen. Bei verständiger Würdigung und Berücksichtigung des Sinnzusammenhangs der Norm wird der Versicherungsnehmer davon ausgehen, dass von ihm ein **vorbeugendes Verhalten** verlangt wird. Er wird nicht annehmen, dass er seinen Versicherungsschutz verliert, wenn ohne sein **Verschulden** das Schiff in einem fahruntüchtigen Zustand die Reise antritt. Für die Annahme einer verhüllten Obliegenheit spricht ebenfalls der Umstand, dass auch in Ziff. 3.2.1.2. der **AVB Flusskasko 2000/2008** die Leistungsfreiheit des Versicherers für Schäden infolge eines nicht fahrtüchtigen Schiffes nur besteht, wenn der Versicherungsnehmer die Fahruntüchtigkeit zu vertreten hat. Da die Regelungen im Transportversicherungsrecht vielfach an die einschlägigen AVB angeglichen sind, spricht viel dafür, auch die Norm des § 138 als verhüllte Obliegenheit zu qualifizieren.

C. Regelungsinhalt

7   Voraussetzung für die Leistungsfreiheit des Versicherers ist, dass aufgrund eines in § 138 geregelten Tatbestandes wie Fahruntüchtigkeit, nicht ausreichende Ausrüstung oder personelle Besetzung oder die gewöhnliche Abnutzung des Schiffes ein Schaden entstanden ist und ein ursächlicher Zusammenhang[10] besteht.

---

[2] *Pisani* in Schwintowski/Brömmelmeyer/Ebers VVG § 138 Rn. 19.
[3] BGH VersR 1966, 749; 1985, 629; OLG Karlsruhe VersR 1983, 74.
[4] BGH TranspR 2002, 255 (256); NJW-RR 2011, 1110 (1112) = VersR 2011, 1048; r+s 2012, 130; *Koller* in Prölss/Martin VVG § 138 Rn. 2.
[5] BGH VersR 2001, 457; hierzu → Rn. 17.
[6] *Paffenholz* in Looschelders/Pohlmann VVG § 138 Rn. 5; hierzu → Rn. 12.
[7] BGH VersR 1990, 482; TranspR 2002, 255; VersR 2006, 215; 2011, 1048 (1050) mwN.
[8] BGH TranspR 2002, 255; VersR 2006, 215; 2011, 1048.
[9] BGH TranspR 2002, 255 (256).
[10] BGH VersR 2001, 457.

I. Ausschlussgründe

1. Fahruntüchtiger Zustand. Fahruntüchtigkeit ist anzunehmen, wenn das Schiff die **gewöhnlichen Gefahren der geplanten Reise** nicht zu bewältigen vermag.[11] Ursache für die mangelnde Fahrtüchtigkeit kann auch eine **fehlerhafte Beladung** sein wie etwa eine vorschriftswidrige Unterbringung gefährlicher Güter[12] oder eine Überladung, die die Gefahr einer Grundberührung begründet;[13] ebenfalls kann eine mangelhafte Beladung oder falsche Stauung zur Instabilität des Schiffes führen und dadurch einen fahruntüchtigen Zustand begründen.[14]

2. Mangelnde Ausrüstung. Der Tatbestand der unzureichenden Ausrüstung betrifft die Beschaffung des **Schiffszubehörs** sowie die der **Vorräte**.[15] Ein Schiff ist dann nicht ausreichend ausgerüstet, wenn etwa die für die Reise notwendigen **Seekarten** nicht mitgeführt werden.[16] Auch sind vorhandene – selbst gesetzlich nicht notwendigerweise vorgeschriebene – **Hilfsmittel** in Betrieb zu halten, soweit diese zur Vermeidung von Gefährdungslagen dienlich sind.[17]

3. Mangelnde personelle Ausstattung. Das Tatbestandsmerkmal der personellen Ausstattung beinhaltet sowohl **quantitative** als auch **qualitative Aspekte.** Zum einen liegt ein personelles Defizit vor, soweit nicht die (gesetzlich) vorgegebene **Mindest-Personenausstattung** bei Reisebeginn vorhanden ist; zum anderen ist eine Haftung ausgeschlossen, wenn etwa der Schiffsführer nicht die für die konkrete Reisestrecke erforderlichen **Patente** vorweisen kann oder ein für die konkrete Reise notwendiger **Lotse** nicht anwesend ist.[18]

4. Abnutzung durch gewöhnlichen Gebrauch. § 138 Abs. 2 bestimmt zudem, dass der Versicherer auch für Schäden, die lediglich Folge der Abnutzung des Schiffes in gewöhnlichem Gebrauch sind, nicht haften muss. Als ungewöhnlicher Gebrauch einzustufen ist bspw. das Forcieren von Eis zur Rettung von Schiff und Ladung.[19]

II. Maßgeblicher Zeitpunkt

Die vorgenannten Ausschlussgründe müssen (ausgenommen § 138 Abs. 2) **bei Antritt der Reise** (iSd § 559 HGB)[20] vorliegen. Nach herrschender Ansicht ist dabei auf den **Beginn der Frachtreise der einzelnen Ladung** und nicht auf den Beginn der Schiffsreise insgesamt abzustellen.[21] Demgegenüber hält eine abweichende Ansicht die Reise mit dem **Ablegen in jedem Hafen** für angetreten.[22]

Die Beantwortung der Frage nach dem maßgeblichen Zeitpunkt des Reiseantritts ist in Zusammenschau mit der dogmatischen Einordnung der Vorschrift vorzunehmen.[23] Bei einer Einstufung des § 138 als **objektiven Risikoausschluss** führte ein Abstellen auf den Beginn der Frachtreise der einzelnen Ladung auch bei Überprüfung der Fahrtüchtigkeit des Schiffes unter größtmöglicher Sorgfalt zu einer Haftung des Versicherungsnehmers.[24] Da dies eine **unangemessene Haftungserweiterung** des Versicherungsnehmers bedeutet,[25] wäre Reisebeginn mit dem Ablegen in jedem Hafen anzunehmen. Da jedoch richtigerweise die Norm des § 138 als **verhüllte Obliegenheit** eingeordnet werden kann,[26] ist es konsequent, die Überprüfung des Zustandes und der Ausrüstung

---

[11] BGH VersR 1980, 65; 1989, 76; OLG Hamm VersR 1978, 58; *Koller* in Prölss/Martin VVG § 138 Rn. 1 mwN.
[12] BGH VersR 1973, 218.
[13] BGH VersR 1980, 65.
[14] BGH VersR 1975, 1117; 1984, 581; zu weiteren Fällen mangelnder Stabilität aufgrund fehlerhafter Beladung vgl. die Rspr. zur Seeschifffahrt in BGHZ 27, 79; 65, 300.
[15] *Schwampe* in Bruck/Möller VVG § 138 Rn. 21.
[16] LG Hamburg VersR 2003, 1438.
[17] BGH VersR 1991, 609, der eine unzureichende Ausrüstung im Falle einer vorhandenen, aber nicht eingeschalteten Sprechfunkanlage angenommen hat; anders noch BGH VersR 1980, 1045, wonach ein Schiff nur bei entsprechender schifffahrtsrechtlicher Vorschrift oder Anordnung seitens der Schiffsuntersuchungskommission mit einer Sprechfunkanlage ausgerüstet zu sein hat.
[18] *Koller* in Prölss/Martin VVG § 138 Rn. 1.
[19] *Koller* in Prölss/Martin VVG § 138 Rn. 3.
[20] *Pisani* in Schwintowski/Brömmelmeyer/Ebers VVG § 138 Rn. 5; *Thume* in Thume/de la Motte/Ehlers Teil 2 Rn. 468.
[21] BGH VersR 1973, 218; *Langheid* in Langheid/Rixecker VVG § 138 Rn. 6.
[22] *Harms* in HK-VVG § 138 Rn. 5.
[23] *Paffenholz* in Looschelders/Pohlmann VVG § 138 Rn. 5.
[24] BGH VersR 1974, 771; 1989, 761.
[25] *Paffenholz* in Looschelders/Pohlmann VVG § 138 Rn. 5.
[26] → Rn. 17.

des Schiffes bei **Beginn der Frachtreise der einzelnen Ladung** vom Versicherungsnehmer zu fordern.[27]

14   Das Abstellen des § 138 auf den Zeitpunkt des Reiseantritts hat zur Folge, dass der Eintritt eines Ausschlussgrundes erst **während der Reise** den Versicherungsschutz nicht gefährden kann.[28] Verlässt bspw. die zunächst vollständige Besatzung das Schiff ohne Wissen und Wollen des Versicherungsnehmers, bleibt der Versicherer bei Eintritt des Versicherungsfalls gleichwohl leistungspflichtig.[29] Auch eine erst während der Reise eintretende Fahruntüchtigkeit bleibt ohne Auswirkung auf den Versicherungsschutz.[30] Allerdings ist ein **vertraglich vereinbarter Leistungsausschluss** bei Eintritt der Fahruntüchtigkeit **nach Reiseantritt** als eng umschriebener Risikoausschluss zulässig.[31]

15   Zu beachten ist zudem, dass der Eintritt eines Ausschlussgrundes während der Reise für den Versicherungsnehmer die **Anzeigepflichten des § 132** begründet, soweit der geänderte Umstand als **Gefahränderung** zu qualifizieren ist.[32] Damit führt eine nicht rechtzeitige Anzeige iSd § 132 Abs. 2 S. 1 bei Fehlen eines der in § 132 Abs. 2 S. 2 genannten Ausnahmegründe ebenfalls zur Leistungsfreiheit des Versicherers.

III. Kausalität

16   Der Haftungsausschluss des Versicherers setzt Kausalität zwischen Fahruntüchtigkeit bzw. mangelhafte Ausstattung/gewöhnliche Abnutzung und Schaden voraus.[33] Ein Kausalzusammenhang zwischen Fahruntüchtigkeit und Schaden ist insbes. dann nicht gegeben, wenn die Fahruntüchtigkeit in einem versicherten Unfallereignis begründet liegt.[34]

IV. Verschulden

17   Geht man mit der im Vordringen befindlichen Ansicht der Rspr.[35] davon aus, dass § 138 dogmatisch als **verhüllte Obliegenheit** einzustufen ist, greift der Haftungsausschluss nur bei Verschulden des Versicherungsnehmers[36] und damit allein unter den **Voraussetzungen des § 28**.[37] Aufgrund der Abdingbarkeit der Norm ist jedoch ein **vertraglicher verschuldensunabhängiger Haftungsausschluss** möglich.[38] In diesem Fall wäre die Norm als objektiver Risikoausschluss anzusehen. Damit entfiele eine Haftung auch bei Anwendung größerer Sorgfalt des Versicherungsnehmers bei Überprüfung der Fahrtüchtigkeit.[39]

D. Beweislast

18   Der **Versicherer** ist für das Vorliegen der Ausschlussgründe des § 138 Abs. 1 bei Reiseantritt und deren Kausalität für den Schadenseintritt beweispflichtig.[40] Gleiches gilt, wenn der Versicherer den Schaden als Folge der Abnutzung des Schiffes in gewöhnlichem Gebrauch ansieht.[41] Zum Beweis der Fahruntüchtigkeit kann sich der Versicherer auf die **Grundsätze des Anscheinsbeweises** stützen.[42] Im Rahmen der dabei vorzunehmenden Prüfung des typischen Geschehensablaufs sind sämtliche bekannten Umstände des Falles mit zu bewerten.[43] Im Falle der Einordnung des § 138 als verhüllte Obliegenheit ist der Versicherer zudem darlegungs- und beweispflichtig hinsichtlich eines Verschuldens des Versicherungsnehmers.[44]

---

[27] *Paffenholz* in Looschelders/Pohlmann VVG § 138 Rn. 5.
[28] *Pisani* in Schwintowski/Brömmelmeyer/Ebers VVG § 138 Rn. 5.
[29] BGH VersR 1966, 749.
[30] *Pisani* in Schwintowski/Brömmelmeyer/Ebers VVG § 138 Rn. 5.
[31] *Pisani* in Schwintowski/Brömmelmeyer/Ebers VVG § 138 Rn. 7; offen gelassen BGH VersR 1966, 749.
[32] *Paffenholz* in Looschelders/Pohlmann VVG § 138 Rn. 6.
[33] BGH VersR 1974, 589; 2001, 457.
[34] OLG Hamm VersR 1978, 58.
[35] BGH TranspR 2002, 255 (256).
[36] → Rn. 13.
[37] *Paffenholz* in Looschelders/Pohlmann VVG § 138 Rn. 7; *Pisani* in Schwintowski/Brömmelmeyer/Ebers VVG § 138 Rn. 14.
[38] *Paffenholz* in Looschelders/Pohlmann VVG § 138 Rn. 7.
[39] BGH VersR 1974, 771; 1989, 761.
[40] OLG Köln VersR 2003, 991.
[41] OLG Hamburg VersR 1982, 565.
[42] BGH VersR 1974, 589.
[43] BGH VersR 2001, 457.
[44] Aus BGH VersR 2001, 457 als Umkehrschluss zu entnehmen.

§ 139 Veräußerung der versicherten Sache oder Güter

(1) ¹Ist eine versicherte Sache, für die eine Einzelpolice oder ein Versicherungszertifikat ausgestellt worden ist, veräußert worden, haftet der Erwerber abweichend von § 95 nicht für die Prämie. ²Der Versicherer kann sich gegenüber dem Erwerber nicht auf Leistungsfreiheit wegen Nichtzahlung der Prämie oder wegen Nichtleistung einer Sicherheit berufen, es sei denn, der Erwerber kannte den Grund für die Leistungsfreiheit oder hätte ihn kennen müssen.

(2) Der Versicherer ist abweichend von § 96 nicht berechtigt, das Versicherungsverhältnis wegen Veräußerung der versicherten Güter zu kündigen.

(3) Der Versicherungsnehmer ist abweichend von § 97 nicht verpflichtet, dem Versicherer die Veräußerung anzuzeigen.

Schrifttum: Vgl. die Angaben bei Vor § 130.

I. VVG Reform und Normzweck

Die Regelung des § 139 Abs. 1 findet **keine Entsprechung** in der alten Fassung des VVG. **1** Der Inhalt des ersten Absatzes ist an Ziff. 14.2 DTV-Güterversicherungsbedingungen 2000/2008 angelehnt und trägt den Besonderheiten der transportversicherungsrechtlichen Praxis Rechnung.[1] Der Normgehalt des § 139 Abs. 2, 3 ist dem **§ 142 S. 1, 2 VVG aF** entnommen.

Der **dispositive**[2] § 139 weicht von den allgemeinen Regelungen in der Schadensversicherung **2** ab. Da der Transportverlauf häufig eine Veräußerung der versicherten Güter noch auf dem Transportweg vorsieht **(Veräußerung „in transitu")** und eine Neuversicherung der veräußerten Ware während des Transports weitestgehend ausgeschlossen ist, besteht ein **wirtschaftliches Bedürfnis am Fortbestand des Versicherungsschutzes** für auf dem Transportweg veräußerter Güter.[3] Mit § 139 wird der Versicherungsschutz für diesen Bereich gewährleistet.[4]

II. Inhalt der Norm

1. Keine Haftung des Erwerbers für die Prämie (Abs. 1). § 139 Abs. 1 S. 1 bestimmt, dass **3** bei Veräußerung der versicherten Sache der Erwerber in Abweichung von § 95 nicht für die Prämie haftet, soweit für die versicherte Sache eine **Einzelpolice** oder ein **Versicherungszertifikat** (s. § 55) ausgestellt worden ist. Zudem kann der Versicherer bei Nichtzahlung der Prämie oder Nichtleistung einer Sicherheit gegenüber dem **gutgläubigen Erwerber** nicht mit dem **Einwand der Leistungsfreiheit** gehört werden, so klarstellend[5] § 139 Abs. 1 S. 2. Damit werden die Rechte des Versicherers gegenüber der allgemeinen Regelung des § 95, der eine gesamtschuldnerische Haftung des Veräußerers und Erwerbers vorsieht, erheblich eingeschränkt.

§ 139 Abs. 1 findet Anwendung auf Fälle des **cif-Verkaufs** und auf ähnliche Fallgestaltungen, **4** bei denen der Versicherungsnehmer gegenüber dem Erwerber die Verpflichtung zur Übernahme der Versicherungskosten auch bei vollendetem Eigentumsübergang vor Beendigung des Transportes, bspw. durch Übergabe eines Konnossements, übernommen hat.[6]

2. Kein Kündigungsrecht des Versicherers bei Veräußerung (Abs. 2). § 139 Abs. 2 **5** schließt die Berechtigung des Versicherers, wegen Veräußerung der versicherten Sache den **Versicherungsvertrag kündigen** zu können, in Abweichung zu § 96 Abs. 1 aus. Davon unberührt bleibt das **Recht des Erwerbers**, das **Versicherungsverhältnis** mit sofortiger Wirkung oder für den Schluss der laufenden Versicherungsperiode zu **kündigen**, normiert in **§ 96 Abs. 2**.[7] Mit dem Ausschluss des Kündigungsrechts des Versicherers wird den bereits dargestellten Schwierigkeiten begegnet, einen neuen Versicherungsvertrag für Güter, die sich auf dem Transportweg befinden, abzuschließen,[8] was bei Einräumung einer Kündigungsmöglichkeit des Versicherers das volle Transportrisiko dem Erwerber aufbürden würde.

---

[1] *Harms* in HK-VVG Vor § 139 Rn. 1; *Schneider* in Bruck/Möller VVG § 139 Rn. 1.
[2] *Pisani* in Schwintowski/Brömmelmeyer/Ebers VVG § 139 Rn. 6; *Langheid* in Langheid/Rixecker VVG § 139 Rn. 6.
[3] *Pisani* in Schwintowski/Brömmelmeyer/Ebers VVG § 139 Rn. 1.
[4] *Paffenholz* in Looschelders/Pohlmann VVG § 139 Rn. 1.
[5] Begr. RegE, BT-Drs. 16/3945, 93.
[6] *Harms* in HK-VVG § 139 Rn. 9.
[7] *Harms* in HK-VVG § 139 Rn. 3.
[8] → Rn. 2.

6 **3. Ausschluss der Anzeigepflicht bei Veräußerung (Abs. 3).** Abweichend von § 97 besteht bei Veräußerung der versicherten Ware **keine Anzeigepflicht** des Versicherten, so § 139 Abs. 3. Die allgemeine Anzeigepflicht des § 97 bezweckt, dem Versicherer die Möglichkeit einzuräumen, auf die Veräußerung mit einer **Kündigung** reagieren zu können.[9] Da § 139 Abs. 2 dieses Recht ausschließt, bedarf es denknotwendig auch nicht einer Pflicht zur Anzeige.[10]

§ 140 Veräußerung des versicherten Schiffes

Wird ein versichertes Schiff veräußert, endet abweichend von § 95 die Versicherung mit der Übergabe des Schiffes an den Erwerber, für unterwegs befindliche Schiffe mit der Übergabe an den Erwerber im Bestimmungshafen.

Schrifttum: Vgl. die Angaben bei Vor § 130.

A. VVG-Reform und Normzweck

1 Die Regelung des § 140 ist dem § 143 VVG aF entnommen und hält an der Altregelung zur zeitlichen Wirkung des Kündigungsrechts des Versicherers bei Veräußerung des Schiffes fest.[1] Der Reformgesetzgeber hat mit der Formulierung in § 140 „Übergabe des Schiffes an den Erwerber" den bis zur VVG-Reform in § 143 Abs. 1 S. 1 VVG aF enthaltenen unscharfen Begriff „Beendigung der Reise" ersetzt.[2]

2 Mit der **abdingbaren Bestimmung**[3] des § 140 begrenzt der Gesetzgeber das **Kündigungsrecht des Versicherers** bei der Veräußerung des versicherten Schiffes in **zeitlicher Hinsicht.**[4] Die Bestimmung dient der Vermeidung von Versicherungsproblemen mit einem auf Reisen befindlichen Schiff.[5]

B. Regelungsinhalt

I. Überblick

3 Die Veräußerung des versicherten Schiffes löst im Gegensatz zu § 139 Abs. 3 die **Anzeigepflicht** des § 97 Abs. 1 S. 1 aus.[6] Bei verspäteter Anzeige lässt § 97 Abs. 1 S. 2 die Leistungspflicht des Versicherers entfallen. Mit der Bestimmung des § 140, wonach im Falle der **Veräußerung des Schiffes** in Abweichung von § 95 die Versicherung mit Übergabe des Schiffes an den Erwerber und für unterwegs befindliche Schiffe mit Übergabe im Bestimmungshafen endet, bleibt der **Versicherer** bis zur vorgenannten Übergabe des Schiffes **zur Leistung verpflichtet.**[7] Insoweit führt auch eine **unterlassene Anzeige** der Veräußerung nach der amtlichen Begründung nicht zur Leistungsfreiheit.[8] Der **Haftungsausschluss** des Versicherers ist somit zeitlich auf den Eintritt des **Versicherungsfalles nach Abschluss der Reise** und unter der zusätzlichen Voraussetzung der Nichtanzeige einer entsprechenden Veräußerung begrenzt.[9] Damit entfaltet die Anzeigepflicht im Rahmen der Schiffsversicherung lediglich Relevanz im Falle der Versicherung mehrerer Reisen oder im Falle von Zeitversicherungen.[10]

II. Auslegungsproblematik

4 Der **Wortlaut des § 140** bestimmt lediglich eine Abweichung von § 95; hingegen werden die §§ 96, 97 nicht erwähnt. Bei wörtlicher Auslegung könnte man aufgrund der fehlenden Einbezie-

---

[9] *Pisani* in Schwintowski/Brömmelmeyer/Ebers VVG § 139 Rn. 5.
[10] *Paffenholz* in Looschelders/Pohlmann VVG § 139 Rn. 4; *Langheid* in Langheid/Rixecker VVG § 139 Rn. 4.
[1] Begr. RegE, BT-Drs. 16/3945, 93.
[2] Begr. RegE, BT-Drs. 16/3945, 93.
[3] *Pisani* in Schwintowski/Brömmelmeyer/Ebers VVG § 140 Rn. 4.
[4] Begr. RegE, BT-Drs. 16/3945, 93.
[5] *Langheid* in Langheid/Rixecker VVG § 140 Rn. 2; *Pisani* in Schwintowski/Brömmelmeyer/Ebers VVG § 140 Rn. 1.
[6] *Harms* in HK-VVG § 140 Rn. 1.
[7] *Paffenholz* in Looschelders/Pohlmann VVG § 140 Rn. 1.
[8] Begr. RegE, BT-Drs. 16/3945, 93.
[9] *Paffenholz* in Looschelders/Pohlmann VVG § 140 Rn. 2.
[10] *Pisani* in Schwintowski/Brömmelmeyer/Ebers VVG § 140 Rn. 3.

hung der §§ 96, 97 zu dem Ergebnis kommen, dass – trotz bestehendem Versicherungsschutz bis zur Übergabe des Schiffes im Bestimmungshafen – eine nicht fristgerechte Anzeige unmittelbar nach Veräußerung zur Leistungsfreiheit des Versicherers führt.[11] Damit käme eine Leistungsfreiheit des Versicherers in Betracht trotz noch nicht erfolgter Ankunft des Schiffes.[12]

Dies ist jedoch ausweislich der **amtlichen Begründung** zu § 140 nicht gewollt. Vielmehr soll nach dem Willen des Gesetzgebers auch **bei unterbliebener Anzeige** die Leistungspflicht des Versicherers bis zur Beendigung der Reise **fortbestehen**.[13] 5

III. Fazit

Im Lichte dieser Problematik wäre zur **Vermeidung von Rechtsunsicherheiten** eine eindeutige **Regelung durch AVB** wünschenswert, wobei sich diesbzgl. eine Anlehnung an den Wortlaut des VVG aF anböte.[14] 6

§ 141 Befreiung durch Zahlung der Versicherungssumme

(1) ¹Der Versicherer ist nach Eintritt des Versicherungsfalles berechtigt, sich durch Zahlung der Versicherungssumme von allen weiteren Verbindlichkeiten zu befreien. ²Der Versicherer bleibt zum Ersatz der Kosten verpflichtet, die zur Abwendung oder Minderung des Schadens oder zur Wiederherstellung oder Ausbesserung der versicherten Sache aufgewendet worden sind, bevor seine Erklärung, dass er sich durch Zahlung der Versicherungssumme befreien wolle, dem Versicherungsnehmer zugegangen ist.

(2) Das Recht des Versicherers, sich durch Zahlung der Versicherungssumme zu befreien, erlischt, wenn die Erklärung dem Versicherungsnehmer nicht innerhalb einer Woche nach dem Zeitpunkt, zu dem der Versicherer Kenntnis von dem Versicherungsfall und seinen unmittelbaren Folgen erlangt hat, zugeht.

Übersicht

	Rn.			Rn.
A. VVG-Reform und Regelungszweck	1	2.	Wirksame Ausübung	5
B. Norminhalt	3	II.	Erklärungsfrist	6
I. Erklärung des Abandon	4	III.	Rechtsfolgen	8
1. Überblick	4	C.	Beweislast	10

Stichwort- und Fundstellenverzeichnis

Stichwort	Rn.	Rspr.	Lit.
Abandon	→ Rn. 3 ff.	BGH NJW 1971, 1938; VersR 1971, 1013	*Paffenholz* in Looschelders/Pohlmann VVG § 141 Rn. 2 ff.
Erklärungsempfänger	→ Rn. 5	BGHZ 56, 339 (344)	*Römer* in Römer/Langheid, 2. Aufl. 2003, VVG § 145 Rn. 2
Ersatzansprüche gegenüber Dritten	→ Rn. 9	–	*Pisani* in Schwintowski/Brömmelmeyer/Ebers VVG § 141 Rn. 13
Fristberechnung	→ Rn. 6 f.	–	*Pisani* in Schwintowski/Brömmelmeyer/Ebers VVG § 141 Rn. 8 f.; *Ehlers*, DTV-Güterversicherungsbedingungen 2000, 2. Aufl. 2003, Ziff. 19.3 Rn. 8
Totalschadensregulierung	→ Rn. 8	–	*Paffenholz* in Looschelders/Pohlmann VVG § 141 Rn. 5

Schrifttum: Vgl. die Angaben bei Vor § 130.

---

[11] *Paffenholz* in Looschelders/Pohlmann VVG § 140 Rn. 3; *Langheid* in Langheid/Rixecker VVG § 140 Rn. 4.
[12] *Harms* in HK-VVG § 140 Rn. 2.
[13] Begr. RegE, BT-Drs. 16/3945, 93.
[14] *Harms* in HK-VVG § 140 Rn. 2.

A. VVG-Reform und Regelungszweck

1 Die Vorschrift des § 141 Abs. 1, die das Recht des Versicherers statuiert, seine Haftung nach Eintritt des Versicherungsfalls auf die Versicherungssumme zu begrenzen, entspricht fast **wortgleich** dem bisherigen **§ 145 VVG aF**. Die im zweiten Absatz enthaltene **Fristregelung** ist mit Inkrafttreten der VVG-Reform **neu** in das Transportversicherungsrecht aufgenommen worden. Nach altem Recht war die dem Versicherer eingeräumte Möglichkeit zur Haftungsbegrenzung nicht befristet. § 141 stimmt mit dem Wortlaut der Ziff. **19 DTV-Güterversicherungsbedingungen 2000/2008** (dort Ziff. 19.1–19.3) weitestgehend überein.

2 Der Normgehalt des § 141 entspricht den allgemein üblichen Regelungen im internationalen See- und Transportversicherungsrecht und bezweckt den **Schutz** des Versicherers vor der Gefahr einer aufgrund § 135 möglichen **Haftungsausweitung** über die vertraglich festgelegte Versicherungssumme hinaus.[1] Die **dispositive**[2] Bestimmung bewirkt einen **Interessenausgleich** zwischen Versicherungsnehmer und Versicherer.[3] Dem Versicherer wird die Möglichkeit eingeräumt, sich durch Zahlung der gesamten Versicherungssumme von weiteren Verbindlichkeiten zu lösen. Damit kann er der in § 135 statuierten Kostentragungspflicht hinsichtlich entstandener Aufwendungen des Versicherungsnehmers auch bei einem Übersteigen der Versicherungssumme wirksam begegnen. Die Befristung zur Ausübung in § 141 Abs. 2 ist das notwendige Korrelat zum Recht des Versicherers[4] und gibt dem Versicherungsnehmer **Planungssicherheit** hinsichtlich des Umfangs seines Versicherungsschutzes.[5]

B. Norminhalt

3 Der Versicherer kann sich nach Eintritt des Versicherungsfalles durch Zahlung der vollen Versicherungssumme (innerhalb der Frist des § 141 Abs. 2) von allen weiteren Verbindlichkeiten befreien (sog. **Abandon**),[6] vgl. § 141 Abs. 1 S. 1. Damit ist der Versicherer nicht mit künftig entstehenden Kosten belastet.[7] Allerdings hat er die **vor Zugang seiner Erklärung** vom Versicherungsnehmer aufgewandten Kosten zur Schadensabwendung, -minderung, Wiederherstellung oder Ausbesserung der versicherten Sache zu tragen, so § 141 Abs. 2.

I. Erklärung des Abandon

4 **1. Überblick.** Das in § 141 Abs. 1 S. 1 statuierte Recht ist ein **einseitiges empfangsbedürftiges Gestaltungsrecht** des Versicherers und bedarf zur Ausübung nicht der Zustimmung des Versicherungsnehmers.[8] Die Erklärung ist nach **Eintritt des Versicherungsfalles** abzugeben, vgl. § 141 Abs. 1 S. 1, und kann **formlos** erfolgen.[9] Als Versicherungsfall ist das die Leistungspflicht des Versicherers begründende Ereignis zu verstehen, aus dem der Versicherungsnehmer Schadensersatz- bzw. Aufwendungsersatzansprüche herleitet.[10]

5 **2. Wirksame Ausübung.** Zur wirksamen Ausübung des Abandons bedarf es der **Erklärung** des Versicherers, sich durch **Zahlung der vollen Versicherungssumme** vom Versicherungsvertrag lösen zu wollen.[11] Dementsprechend ist die Ankündigung einer Abschlagszahlung auf den Schaden nicht als Abandonerklärung zu qualifizieren.[12] **Erklärungsempfänger** des Abandons ist zunächst der Versicherungsnehmer.[13] Macht ein **Dritter** Schadensregulierungsansprüche

---

[1] Begr. RegE, BT-Drs. 16/3945, 93.
[2] *Langheid* in Langheid/Rixecker VVG § 141 Rn. 9; *Pisani* in Schwintowski/Brömmelmeyer/Ebers VVG § 141 Rn. 17.
[3] *Paffenholz* in Looschelders/Pohlmann VVG § 141 Rn. 1.
[4] Begr. RegE, BT-Drs. 16/3945, 93.
[5] *Pisani* in Schwintowski/Brömmelmeyer/Ebers VVG § 141 Rn. 8.
[6] *Paffenholz* in Looschelders/Pohlmann VVG § 141 Rn. 2.
[7] Begr. RegE, BT-Drs. 16/3945, 93.
[8] *Paffenholz* in Looschelders/Pohlmann VVG § 141 Rn. 2; BGH NJW 1971, 1938.
[9] *Pisani* in Schwintowski/Brömmelmeyer/Ebers VVG § 141 Rn. 11.
[10] *Ehlers* in Thume/de la Motte/Ehlers Kap. 3 Rn. 528.
[11] *Ehlers*, DTV-Güterversicherungsbedingungen 2000, 2. Aufl. 2003, Ziff. 19.2 Rn. 5.
[12] *Pisani* in Schwintowski/Brömmelmeyer/Ebers VVG § 141 Rn. 4.
[13] *Harms* in HK-VVG § 141 Rn. 3.

geltend, ist die Erklärung auch dem Anspruchserhebenden gegenüber abzugeben.[14] Die Erklärung des Versicherers entfaltet **Rechtswirkung** bereits mit **Zugang**,[15] vgl. auch § 141 Abs. 2. Es kommt damit weder auf den Zeitpunkt der Zahlung an noch darauf, ob eine Zahlung überhaupt erfolgt.[16]

II. Erklärungsfrist

§ 141 Abs. 2 bestimmt, dass das Gestaltungsrecht erlischt, wenn die Erklärung nicht innerhalb **Wochenfrist ab Kenntnis** des Versicherers **vom Versicherungsfall** und seinen unmittelbaren Folgen dem Versicherungsnehmer zugeht. Aufgrund des Wortlauts („erlischt") handelt es sich um eine **Ausschlussfrist** mit der Folge, dass bei Fristversäumnis das Recht verwirkt ist.[17] Zur Fristwahrung ist auf den rechtzeitigen Zugang beim Erklärungsempfänger abzustellen, wobei für die **Fristberechnung** die §§ 187 ff. **BGB** gelten.[18]

Für den **Fristbeginn** stellt das Gesetz auf die Kenntnis des Versicherers vom Versicherungsfall und seinen unmittelbaren Folgen ab, vgl. § 141 Abs. 2. Fristauslösend ist dabei nicht bereits die Kenntnis vom Schaden an sich, sondern vielmehr der Zeitpunkt, zu welchem sich der Versicherer ein Bild vom **Schadensumfang** einschließlich möglicher Rettungskosten, Reparaturmaßnahmen und sonstiger Kosten machen kann.[19]

III. Rechtsfolgen

Die Erklärung des Abandons verpflichtet den Versicherer zur Durchführung einer **Totalschadensregulierung** und damit zur **Zahlung der vollen Versicherungssumme**.[20] Zudem hat er gem. § 141 Abs. 1 S. 2 die bis zum Zugang seiner Erklärung angefallenen Schadensminderungs-, Wiederherstellungs- und Ausbesserungskosten zu tragen.[21] Die Verpflichtung zur Vornahme einer Totalschadensregulierung bewirkt, dass **sämtliche**, auch zukünftige **Aufwendungen abgegolten** sind.[22] Das Versicherungsverhältnis wird damit **beendet**.[23] Die volle Versicherungssumme ist auch bei einer ggf. bestehenden **Unterversicherung** zu zahlen.[24]

Mit Zahlung der vollen Versicherungssumme tritt **Erfüllung** ein, so dass die damit einhergehenden gesetzlichen und vertraglichen Folgen ausgelöst werden wie etwa der **Übergang von Ersatzansprüchen** des Versicherungsnehmers auf den Versicherer (§ 86 Abs. 1 S. 1).[25] Allerdings ist damit kein Eigentumsübergang an den versicherten Gütern verbunden, so dass deren Rettung dem Versicherungsnehmer zugutekommt.[26]

C. Beweislast

Für den **Eintritt einer Haftungsbeschränkung** hat der **Versicherer** die fristgemäße Erklärung des Abandons und Zahlung der Versicherungssumme darzulegen und zu beweisen.[27] Der **Versicherungsnehmer** ist hinsichtlich eines behaupteten Anspruchs auf **Kostenersatz** iSd § 141 Abs. 1 S. 2 für die Entstehung der Aufwendungen **vor Zugang** der Abandonerklärung beweisbelastet.[28] Er hat zudem bei Beanspruchung der gesamten Versicherungssumme aufgrund der Abandonerklärung die Darlegungs- und Beweislast hinsichtlich des Zugangs der Erklärung.[29]

---

[14] BGH 56, 339 (344) = VersR 1971, 1031, offenlassend für einen Hypothekengläubiger; *Pfaffenholz* in Looschelders/Pohlmann VVG § 141 Rn. 3; *Langheid* in Langheid/Rixecker VVG § 141 Rn. 5.
[15] BGH NJW 1971, 1938.
[16] BGH VersR 1971, 1913.
[17] *Heiss* in Beckmann/Matusche-Beckmann VersR-HdB § 38 Rn. 171.
[18] *Paffenholz* in Looschelders/Pohlmann VVG § 141 Rn. 6; *Langheid* in Langheid/Rixecker VVG § 141 Rn. 7.
[19] *Ehlers*, DTV-Güterversicherungsbedingungen 2000, 2. Aufl. 2003, Ziff. 19.3 Rn. 8.
[20] *Paffenholz* in Looschelders/Pohlmann VVG § 141 Rn. 5; *Ehlers* in Thume/de la Motte, 1. Aufl. 2004, Kap. 3 Rn. 529.
[21] Begr. RegE, BT-Drs. 16/3945, 93.
[22] *Pisani* in Schwintowski/Brömmelmeyer/Ebers VVG § 141 Rn. 12.
[23] *Pisani* in Schwintowski/Brömmelmeyer/Ebers VVG § 141 Rn. 14.
[24] *Koller* in Prölss/Martin VVG § 141 Rn. 1.
[25] *Pisani* in Schwintowski/Brömmelmeyer/Ebers VVG § 141 Rn. 12.
[26] *Pisani* in Schwintowski/Brömmelmeyer/Ebers VVG § 141 Rn. 12.
[27] *Pisani* in Schwintowski/Brömmelmeyer/Ebers VVG § 141 Rn. 15.
[28] *Baumgärtel/Prölss*, Handbuch der Beweislast im Privatrecht, Bd. 5, 1993, § 145 Rn. 2.
[29] *Baumgärtel/Prölss*, Handbuch der Beweislast im Privatrecht, Bd. 5, 1993, § 145 Rn. 1.

Kapitel 4. Gebäudefeuerversicherung

§ 142 Anzeigen an den Hypothekengläubiger

(1) ¹Bei der Gebäudefeuerversicherung hat der Versicherer einem Hypothekengläubiger, der seine Hypothek angemeldet hat, unverzüglich in Textform anzuzeigen, wenn die einmalige oder die erste Prämie nicht rechtzeitig gezahlt oder wenn dem Versicherungsnehmer für die Zahlung einer Folgeprämie eine Frist bestimmt wird. ²Dies gilt auch, wenn das Versicherungsverhältnis nach Ablauf der Frist wegen unterbliebener Zahlung der Folgeprämie gekündigt wird.

(2) Der Versicherer hat den Eintritt des Versicherungsfalles innerhalb einer Woche, nachdem er von ihm Kenntnis erlangt hat, einem Hypothekengläubiger, der seine Hypothek angemeldet hat, in Textform anzuzeigen, es sei denn, der Schaden ist unbedeutend.

Übersicht

		Rn.			Rn.
A.	Normzweck	1	1.	Anzeigepflicht nach Abs. 1	20
B.	Entstehungsgeschichte	2	2.	Anzeigepflicht nach Abs. 2	21
C.	Änderungen gegenüber der bisherigen Rechtslage	3	3.	Form	22
D.	Tatbestand	5	4.	Anderweitige Kenntnisnahme des Realgläubigers	23
I.	Anwendungsbereich	5	5.	Änderung von Anschrift und Name des Realgläubigers	24
II.	Anmeldung	7			
III.	Säumnis des Versicherungsnehmers	8	E.	Rechtsfolgen	25
IV.	Inhalt der Anzeige	9	F.	Abdingbarkeit	26
1.	Erst- bzw. Einmalprämienverzug	9	G.	Beweislast	27
2.	Folgeprämienverzug	12	H.	Gerichtszuständigkeit	28
3.	Anzeigepflicht nach Abs. 1 S. 2	15	I.	Allgemeines	28
4.	Anzeigepflicht nach Abs. 2	18	II.	Vorrangige Rechtsquellen	29
V.	Modalitäten der Anzeige	20	III.	§ 215 Abs. 1	31

Stichwort- und Fundstellenverzeichnis

Stichwort	Rn.	Rspr.	Lit.
Anderweitige Kenntnisnahme	→ Rn. 23	–	*Dörner/Staudinger* in Berliner Kommentar VVG § 101 Rn. 8; *Kollhosser* in Prölss/Martin, 27. Aufl. 2004, VVG § 101 Rn. 3; *Langheid* in Langheid/Rixecker VVG § 142 Rn. 8
Gerichtszuständigkeit	→ Rn. 28	–	*Staudinger/Ruks* in BeckOK VVG § 215 Rn. 1 ff.
Kombinierte Versicherung	→ Rn. 5	BGHZ 108, 82 (84 ff.) = NJW 1989, 2621 = VersR 1989, 912	*Stagl/Brand* in Looschelders/Pohlmann VVG Vor § 142 Rn. 8
Rechtsfolgenbelehrung	→ Rn. 14	–	*Stagl/Brand* in Looschelders/Pohlmann VVG § 142 Rn. 8
Gesetzliches Schuldverhältnis	→ Rn. 7	–	*Dörner/Staudinger* in Berliner Kommentar VVG § 101 Rn. 3; *Stagl/Brand* in Looschelders/Pohlmann VVG § 142 Rn. 5

Schrifttum: Vgl. die Angaben bei § 94 sowie iÜ *Ganster*, Die Prämienzahlung im Versicherungsrecht, 2008; *Grassl-Palten*, Feuerversicherung und Realkredit, 1992; *Hoes/Tetzlaff*, Ansprüche des Grundpfandgläubigers gegen den Gebäudeversicherer, ZfIR 2011, 354; *K. Johannsen*, Der Schutz des Hypothekengläubigers durch die Feuerversicherung im gestörten Versicherungsverhältnis, NVersZ 2000, 410; *K. Johannsen/R. Johannsen*, Bemerkungen zur künftigen Änderung der Rechtsposition der Grundpfandgläubiger in der Feuerversicherung, Liber amicorum

G. Winter, 2007, 337; *Schorling*, Hypothekengläubiger und Feuerversicherung, ZHR 112, 12; *Staudinger*, Der Schutzgerichtsstand in § 215 Abs. 1 S. 1 VVG analog zu Gunsten der Wohnungseigentümergemeinschaft sowie Sondereigentümer, ZfIR 2015, 361; *Voss*, Feuerversicherung und Erbbaurecht, VersR 1961, 961.

A. Normzweck

§ 142 Abs. 1 statuiert **Anzeigepflichten** des Versicherers zum Schutz eingetragener Realgläubiger, welche ihr Grundpfandrecht bzw. ihre Reallast (vgl. § 148) bei der Assekuranz angemeldet haben. Jene werden so in die Lage versetzt, den sich im Verzug befindlichen Versicherungsnehmer zur Leistung der Prämien anzuhalten, selbst zu zahlen oder anderweitig Deckung einzuholen.[1] § 142 Abs. 2 gewährleistet darüber hinaus, dass die Realgläubiger Kenntnis vom Eintritt des Versicherungsfalls erlangen, sofern der Schaden nicht unbedeutend ist. Verletzt der Versicherer eine aus diesem Pflichtenkreis resultierende Verhaltensanforderung, findet ein Ausgleich im Wege eines **Schadensersatzanspruchs** statt (→ Rn. 25).   1

B. Entstehungsgeschichte

Im ursprünglichen VVG existierten kaum §§ 142–149 vergleichbare Regelungen. Ein gewisser Schutz der Realgläubiger bestand vor allem bei Aushändigung eines Hypothekensicherungsscheins. Jene Lücke wurde erst durch die „Verordnung zur Ergänzung und Änderung des Gesetzes über den Versicherungsvertrag" aus dem Jahre 1942[2] geschlossen, welche erstmals die bis zum Inkrafttreten des novellierten VVG geltenden §§ 101–107c aF enthielt, an die sich nun die Vorschriften des 4. Kapitels anlehnen. Indem der Reformgesetzgeber im Wesentlichen an der alten Rechtslage festhält, sieht er die Interessen sowohl der Kreditgeber als auch -nehmer berücksichtigt.[3] Damit ist der Umstand angesprochen, dass die §§ 142–149 vor allem das Ausfallrisiko der Kreditinstitute als typische Realgläubiger reduzieren, was – zumindest in der Theorie – eine Verbesserung der Finanzierungskonditionen für Verbraucher zur Folge hat. Die Legislative nimmt eine mögliche Benachteiligung des Versicherungssektors zulasten des Bankensektors mithin bewusst in Kauf. Eine gewisse Kompensation resultiert freilich daraus, dass das Grundpfandrecht gem. § 145 auf den Versicherer übergeht, soweit er den Realgläubiger befriedigt hat.   2

C. Änderungen gegenüber der bisherigen Rechtslage

Obwohl die §§ 142–149 grds. den §§ 101–107c aF entsprechen, erschien dem Gesetzgeber die **bisherige Privilegierung der Immobiliarsicherheiten als zu weitgehend**. Im reformierten VVG entfällt daher die Leistungspflicht des Versicherers gegenüber dem Realgläubiger, wenn eine Eigenbrandstiftung des Versicherungsnehmers vorliegt (§ 102 Abs. 1 aF). Gleiches gilt für den in § 105 aF angeordneten Kontrahierungszwang. Grundpfandgläubiger, welche gegenüber dem Versicherer nach Maßgabe der bisherigen Rechtslage angemeldet wurden, können sich aus Vertrauensschutzgründen allerdings gem. **Art. 5 Abs. 1 S. 1 EGVVG** weiterhin auf die §§ 101–107c aF berufen. Voraussetzung dafür ist, dass die Anmeldung dem Versicherer bis zum 31.12.2008 erklärt wurde (Art. 5 Abs. 1 S. 2 EGVVG).[4]   3

§ 142 übernimmt mit Ausnahme von zwei sachlichen Änderungen die Vorschrift § 101 aF. Zunächst wird die Anzeigepflicht des Versicherers nach § 142 Abs. 1 S. 1 auf den Fall der nicht rechtzeitigen Zahlung der Erst- bzw. Einmalprämie erstreckt.[5] Dies soll den Realgläubiger in die Lage versetzen, die notwendigen Maßnahmen zum Erhalt des Versicherungsschutzes zu treffen.[6] Darüber hinaus bedarf die Anzeige des Versicherers gem. § 142 Abs. 1 u. 2 angesichts der Entwicklung neuer Kommunikationsmittel lediglich der Textform (§ 126b BGB).   4

---

[1] Motive zum VVG S. 173; *Schmidt*, Die rechtliche Stellung des Realgläubigers gegenüber dem Versicherer nach den §§ 1127, 1130 BGB und den §§ 97–107c VVG, 1982, S. 163.
[2] RGBl. 1942 I S. 740.
[3] RegE, BT-Drs. 16/3945, 93.
[4] Zum Übergangsrecht *Fischinger* VersR 2009, 1032; → EGVVG Art. 5 Rn. 1.
[5] Krit. *Ganster*, Die Prämienzahlung im Versicherungsrecht, 2008, S. 382 f.
[6] RegE, BT-Drs. 16/3945, 94.

D. Tatbestand

I. Anwendungsbereich

5 Wie die sonstigen Normen des vierten Kapitels gilt § 142 **nur für die Gebäudefeuerversicherung**. Eine rechtsmethodisch denkbare Ausdehnung auf weitere, typischerweise in jener eingeschlossene Risiken – zB Leitungswasser[7] und Sturm – wurde bereits hinsichtlich der §§ 81–107c aF abgelehnt.[8] Nach neuem Recht scheidet eine Analogie aus, weil nach Einschätzung des Reformgesetzgebers kein Bedürfnis erkennbar ist, die diesbezügliche Regelungslücke zu schließen.[9] Er hat also bewusst am begrenzten Anwendungsbereich der bisherigen Vorschriften festgehalten. Über **§ 11 Abs. 1 ErbbauRG** kommen freilich auch solche Gläubiger in den Genuss der §§ 142 ff., deren Sicherungs- lediglich an einem **Erbbaurecht** bestellt wurde.[10]

6 § 142 erstreckt sich prima facie allein auf die Hypothek. Allerdings erweitert **§ 148** den Schutz jener Bestimmung gleichermaßen auf sonstige Grundpfandrechte (Grund- sowie Rentenschulden, Reallasten). Das entspricht iÜ auch der Systematik des allgemeinen bürgerlichen Rechts (vgl. § 1192 BGB). Die teils geäußerte Kritik, der Gesetzgeber habe es insoweit versäumt, auf die Grundschuld als Regelfall der Kautelarpraxis abzustellen,[11] ist von daher zurückzuweisen.[12]

II. Anmeldung

7 Anders als iRd §§ 93, 94 kommt es für § 142 nicht auf die Vereinbarung einer (strengen oder eingeschränkten) Wiederherstellungs-[13] oder -beschaffungsklausel, sondern die Anmeldung des Grundpfandrechts bzw. der Reallast beim Versicherer an (→ § 94 Rn. 16).[14] Auf diese Weise entsteht ein **gesetzliches Schuldverhältnis**,[15] welches den Versicherer gegenüber dem Realgläubiger verpflichtet, dessen Interessen während der Dauer des Versicherungsverhältnisses in einem gewissen Umfang Rechnung zu tragen. Für dieses Gebot der Rücksichtnahme bedarf es indes keines Rekurses auf § 242 BGB mehr.[16] Vielmehr ist nämlich § 241 Abs. 2 BGB als normative Grundlage anzusehen.[17]

III. Säumnis des Versicherungsnehmers

8 Unter § 142 fallen die **einmalige, erste** sowie **Folge**prämie. Erfasst sind daher sowohl ein Erst- bzw. Einmalprämienverzug (§ 37) als auch Folgeprämienverzug (§ 38) des Versicherungsnehmers. Dabei gilt es zu beachten, dass es an einer **rechtzeitigen** Leistung bereits mangelt, wenn der geschuldete Betrag nicht innerhalb der Zahlungsfrist auf dem Konto des Versicherers eingegangen ist.[18] Die europarechtskonforme Auslegung des § 36 im Lichte der Zahlungsverzugsrichtlinie[19] führt mithin dazu, dass die Anzeigepflichten aus § 142 zeitlich entsprechend „vorverlagert" werden müssen.

IV. Inhalt der Anzeige

9 **1. Erst- bzw. Einmalprämienverzug.** Der Versicherer hat den angemeldeten Realgläubiger im Falle des § 37 davon in Kenntnis zu setzen, dass die **Erst- oder Einmalprämie nicht rechtzei-**

---

[7] Zum bestimmungswidrigen und -gemäßen Wasseraustritt etwa OLG Düsseldorf BeckRS 2014, 19559; OLG Frankfurt a. M. r+s 2010, 288.
[8] BGHZ 108, 82 (84 ff.) = VersR 1989, 912.
[9] RegE, BT-Drs. 16/3945, 94.
[10] So allerdings ohne Verweis auf die Vorgängerregelung in § 101 aF: BGH VersR 2005, 785; ausf. zur Diskussion in diesem Zusammenhang → § 143 Rn. 7.
[11] *Pagel* in Schwintowski/Brömmelmeyer/Ebers VVG Vor §§ 142–149 Rn. 2; so schon zum VVG aF *Kollhosser* in Prölss/Martin, 27. Aufl. 2004, VVG § 100 Rn. 1.
[12] Wie hier *Stagl/Brand* in Looschelders/Pohlmann VVG § 142 Rn. 3.
[13] Zur Wiederherstellungsklausel OGH VersR 2014, 858; VersR 2013, 1067; LG Wiesbaden VersR 2015, 236.
[14] *Langheid* in Langheid/Rixecker VVG § 142 Rn. 3.
[15] *Kollhosser* in Prölss/Martin, 27. Aufl. 2004, VVG § 103 Rn. 9; *Schnepp/Spallino* in Staudinger/Halm/Wendt VVG Vorb. §§ 142 ff. Rn. 11.
[16] *Dörner/Staudinger* in Berliner Kommentar VVG § 101 Rn. 3.
[17] *Schnepp/Spallino* in Staudinger/Halm/Wendt VVG Vorb. §§ 142 ff. Rn. 11.
[18] → § 36 Rn. 14.
[19] RL 2000/35/EG des Europäischen Parlaments und des Rates v. 29.6.2000 zur Bekämpfung von Zahlungsverzug im Geschäftsverkehr, ABl. 2000 L 200, S. 35. Aufgehoben durch RL 2011/7/EU des Europäischen Parlaments und des Rates v. 16.2.2011 zur Bekämpfung von Zahlungsverzug im Geschäftsverkehr, ABl. 2011 L 48, S. 1; → § 36 Rn. 4 ff.

tig[20] **beglichen** wurde (§ 142 Abs. 1 S. 1 Alt. 1). Letzterer soll auf diese Weise die Möglichkeit erhalten, einen Rücktritt (§ 37 Abs. 1) ebenso wie Leistungsfreiheit (§ 37 Abs. 2 S. 1) der Assekuranz zu vermeiden. Zum Folgeproblem, ob darüber hinaus eine § 37 Abs. 2 S. 2 vergleichbare Rechtsfolgenbelehrung erteilt werden muss, → Rn. 14.

Zweifelhaft ist, ob der Versicherer darüber hinaus eine an den Versicherungsnehmer adressierte **10** Fristsetzung anzuzeigen hat, obwohl eine solche nicht zu den Voraussetzungen des Erst- bzw. Einmalprämienverzugs gehört und lediglich in den von § 142 Abs. 1 S. 1 Alt. 2 erfassten Konstellationen ausdrücklich gefordert ist.[21] Eine Berufung auf die Rechtsfolgen des § 37 schon vor Fristablauf erschiene jedoch als treuwidriges Verhalten (§ 242 BGB). Es bestünde die Gefahr, dass die insoweit unvollständige Information den Realgläubiger zu einer Zahlung veranlasste, welche vom Versicherungsnehmer selbst (noch) nicht verlangt werden könnte. Dies wäre schwerlich mit dem Schutzzweck des § 142 (→ Rn. 1) vereinbar, weshalb es insgesamt vorzugwürdig sein dürfte, eine freiwillig vom Versicherer eingeräumte Frist gleichermaßen zum Gegenstand der Anzeigepflicht zu erheben. Für deren Inhalt gilt das in → Rn. 13 Gesagte entsprechend.

Nach Maßgabe des § 37 Abs. 1 sowie Abs. 2 S. 1 ist der Versicherer im Falle des Erst- bzw. **11** Einmalprämienverzugs **sofort** leistungsfrei bzw. zum Rücktritt vom Vertrag berechtigt. Eine Mitteilung über die Säumnis des Versicherungsnehmers nutzt dem Realgläubiger daher nichts mehr, wenn die Assekuranz in der Zwischenzeit von Gestaltungsrechten Gebrauch gemacht und ihn so vor vollendete Tatsachen gestellt hat.[22] Das wirft die Frage auf, ob die gesetzgeberische Intention (→ Rn. 1), den angemeldeten Realgläubigern Gelegenheit zu geben, einen Deckungsverlust zu vermeiden, überhaupt erfüllt werden kann. Denkbar erscheint, die auf den Versicherungsnehmer zugeschnittene Exkulpationsmöglichkeit des § 37 Abs. 1 bzw. Abs. 2 S. 1 über eine **Analogie** der genannten Vorschriften gleichermaßen dem von § 142 geschützten Personenkreis zukommen zu lassen.[23] Eine gegenteilige Auffassung führte iÜ dazu, dass die VVG-Reform in diesem Punkt ihrer praktischen Wirksamkeit beraubt würde. Da für den Erst- bzw. Einmalprämienverzug keine § 143 vergleichbare Vorschrift existiert, dürfte der Versicherer nämlich insoweit gegen seine Anzeigepflicht verstoßen, ohne eine Sanktion auf Grund des mit der Anmeldung entstandenen gesetzlichen Schuldverhältnisses (→ Rn. 7) befürchten zu müssen.[24] Schließlich fehlt es mit Blick auf einen Ersatzanspruch aus §§ 280 Abs. 1, 241 Abs. 2 BGB bereits an der Kausalität jener Pflichtverletzung für den entstandenen Schaden, wenn der Realgläubiger faktisch ohnehin nicht in der Lage gewesen wäre, den Erhalt des Versicherungsschutzes – etwa durch eine eigene Zahlung – zu gewährleisten.[25]

2. Folgeprämienverzug. Im Falle des Folgeprämienverzugs ist der angemeldete Realgläubiger **12** vom Versicherer darüber zu unterrichten, dass er dem Versicherungsnehmer eine **Frist** für die Zahlung einer **Folgeprämie** (§ 38 Abs. 1) **gesetzt** hat. Es bedarf eines solchen Hinweises, weil der Versicherer nach Fristablauf zur Kündigung berechtigt (§ 38 Abs. 3) und überdies leistungsfrei (§ 38 Abs. 2) sein kann.

Für § 101 Abs. 1 S. 1 aF war anerkannt, dass der Versicherer neben **Fristdauer und -ende** **13** auch die **Höhe der ausstehenden Forderung** einschließlich der Zinsen und Kosten zu beziffern hatte.[26] Zweifelhaft erscheint indes, ob an dieser Auffassung für das novellierte VVG noch festzuhalten ist.[27] Im Zuge der Reform wurde die Angabe des Zahlungsrückstands nämlich ausdrücklich in § 38 Abs. 1 S. 2, nicht aber in § 142 aufgenommen.[28] Angesichts dessen könnte mithin der Umkehrschluss gerechtfertigt sein, dass derlei Informationen im Rahmen einer Anzeige nach § 142 Abs. 1 S. 1 Alt. 2 entbehrlich sind. Dagegen spricht jedoch, dass die Legislative ausweislich der Materialien[29] nur in den eingangs genannten Punkten (→ Rn. 4) sachlich von der bisherigen Rechtslage abwei-

---

[20] Zum Begriff der Rechtzeitigkeit im Lichte der Zahlungsverzugsrichtlinie → § 36 Rn. 13 ff.
[21] Offenbar *Stagl/Brand* in Looschelders/Pohlmann VVG § 142 Rn. 8.
[22] *Ganster*, Die Prämienzahlung im Versicherungsrecht, 2008, S. 383.
[23] Abl. *Schnepp/Spallino* in Staudinger/Halm/Wendt VVG § 142 Rn. 6; wohl auch *Ganster*, Die Prämienzahlung im Versicherungsrecht, 2008, S. 383.
[24] Ähnlich *Klimke* in Prölss/Martin VVG § 142 Rn. 10.
[25] Einen Schadensersatzanspruch halten für gegeben *Stagl/Brand* in Looschelders/Pohlmann VVG § 142 Rn. 14; *Pagel* in Schwintowski/Brömmelmeyer/Ebers VVG § 142 Rn. 6.
[26] *Dörner/Staudinger* in Berliner Kommentar VVG § 101 Rn. 4; *Kollhosser* in Prölss/Martin, 27. Aufl. 2004, VVG § 101 Rn. 2; *Schmidt*, Die rechtliche Stellung des Realgläubigers gegenüber dem Versicherer nach den §§ 1127, 1130 BGB und den §§ 97–107c VVG, 1982, S. 162 f.; dies jedenfalls für tunlich erachtend *Langheid* in Langheid/Rixecker VVG § 142 Rn. 5.
[27] Dafür *Stagl/Brand* in Looschelders/Pohlmann VVG § 142 Rn. 8; *Klimke* in Prölss/Martin VVG § 142 Rn. 3.
[28] Dies war schon im Rahmen von § 39 aF hM, vgl. statt vieler *Rixecker* in Langheid/Rixecker VVG § 38 Rn. 4.
[29] RegE, BT-Drs. 16/3945, 94.

chen wollte. Dem Normzweck, Realgläubigern die Möglichkeit zu geben, einen Verlust des Versicherungsschutzes durch eigene Maßnahmen zu verhindern (→ Rn. 1), wird es außerdem eher gerecht, wenn jene den genauen Prämienrückstand kennen. Zu hoffen bleibt, dass der Gesetzgeber dies aus Gründen der Rechtssicherheit gelegentlich klarstellt.

14 Einen Schritt weiter geht die Frage, ob der Versicherer den Realgläubigern eine §§ 37 Abs. 2 S. 2, 38 Abs. 1 S. 2 vergleichbare **Rechtsfolgenbelehrung** zu erteilen hat.[30] Richtig ist zwar, dass § 142 de facto primär die Bankwirtschaft begünstigt, welche bei wirtschaftlicher Betrachtung nicht in gleicher Weise wie ein Verbraucher des gesetzgeberischen Schutzes bedarf.[31] Allerdings verfolgt das novellierte VVG ohnehin keinen gruppenspezifischen Ansatz,[32] sondern lässt seine auf eine Stärkung der Versicherungsnehmerrechte abzielenden Mechanismen abhängig vom Vorliegen eines Großrisikos bzw. einer laufenden Versicherung eingreifen (vgl. § 210). Es dürfte also nicht per se ausgeschlossen sein, dass der Normzweck des § 142 Abs. 1 S. 1 einen solchen Hinweis gebietet. Hierfür streitet der Umstand, dass auch § 37 Abs. 2 S. 2, § 38 Abs. 1 S. 2 dem Kunden die Konsequenzen des Zahlungsverzugs so rechtzeitig vor Augen führen sollen, dass er diese nach Möglichkeit noch abwenden kann.[33] Beide Pflichtenkreise beruhen mithin auf ähnlichen Erwägungen. Es erscheint deshalb vorzugswürdig, die Rechtsfolgenbelehrung ebenso wie die sonstigen Voraussetzungen des § 38 Abs. 1 S. 2 (→ Rn. 12) mittels einer Analogie in § 142 Abs. 1 S. 1 hineinzulesen, nachdem es die Legislative insoweit offenbar unbewusst versäumt hat, die Änderungen des Prämienzahlungsrechts im Rahmen der Gebäudefeuerversicherung zu berücksichtigen.

15 **3. Anzeigepflicht nach Abs. 1 S. 2.** Nach Maßgabe des § 142 Abs. 1 S. 2 muss der Versicherer ferner mitteilen, dass er den Versicherungsvertrag wegen Folgeprämienverzugs **gekündigt** hat. § 142 Abs. 1 S. 1 Alt. 2 iVm S. 2 statuieren damit eine **doppelte** Anzeigepflicht.[34] Der Versicherer hat sowohl über die Fristsetzung als auch darüber zu informieren, dass jene erfolglos geblieben ist.[35] Letzteres ermöglicht es dem Realgläubiger, einen dauerhaften Deckungsverlust zu verhindern, indem er den Zahlungsrückstand innerhalb des von § 38 Abs. 3 S. 3 Hs. 1 bestimmten Zeitraums begleicht.[36]

16 Streitig ist, ob der Versicherer den Realgläubiger auf die ihm durch § 38 Abs. 3 S. 3 Hs. 1 eingeräumte Option, den Vertrag mit einer nachträglichen Leistung zu reaktivieren, hinzuweisen hat.[37] Auch dies muss im Lichte des Normzwecks von § 142 (→ Rn. 1), die Interessen des Grundpfandinhaber am Erhalt des Versicherungsschutzes zu wahren, bejaht werden, soweit man ein solches Ergebnis nicht ohnehin schon aus einer Rücksichtnahmepflicht des infolge der Anmeldung entstandenen gesetzlichen Schuldverhältnisses herleitet.[38] Die Assekuranz trägt durch eine solche Verpflichtung jedenfalls keinerlei Nachteile, da sie dem Versicherungsnehmer bereits im Rahmen der Fristsetzung gem. § 38 Abs. 1 S. 2 entsprechende Mitteilungen zu machen hat.[39]

17 Wurde die nach § 38 Abs. 1 S. 1 erforderliche Zeitbestimmung so mit der Kündigung verbunden, dass letztere unmittelbar nach Ablauf der Frist wirksam wird (§ 38 Abs. 3 S. 2 Hs. 1), erstreckt sich die Mitteilungspflicht gem. § 142 Abs. 1 S. 2 richtigerweise gleichermaßen auf diese Rechtsfolge.[40] Auch insoweit kommt es mithin zu einem Gleichlauf der Mitteilungspflichten aus § 38 – in concreto des Abs. 3 S. 2 Hs. 2 – und jenen nach Maßgabe von § 142.

18 **4. Anzeigepflicht nach Abs. 2.** § 142 Abs. 2 statuiert eine weitere Anzeigepflicht des Versicherers bei **Eintritt des Versicherungsfalls**. Das erlaubt es dem Realgläubiger, Rechte an der Versicherungsforderung geltend zu machen, die Einhaltung vereinbarter Wiederherstellungsklau-

---

[30] Verneinend *Stagl/Brand* in Looschelders/Pohlmann VVG § 142 Rn. 8; *Klimke* in Prölss/Martin VVG § 142 Rn. 5; *Schnepp/Spallino* in Staudinger/Halm/Wendt VVG § 142 Rn. 8.
[31] → Rn. 2.
[32] Dies wird auch beim persönlichen Anwendungsbereich des § 215 ersichtlich, der weder zwischen natürlichen noch juristischen Personen und ebenso wenig nach dem mit der Versicherung verfolgten (privaten bzw. geschäftlichen) Zweck differenziert. Ausführlich dazu *Staudinger/Ruks* in BeckOK VVG § 215 Rn. 28 ff.
[33] § 37 Rn. 29; → § 38 Rn. 1.
[34] *Langheid* in Langheid/Rixecker VVG § 142 Rn. 7.
[35] *Langheid* in Langheid/Rixecker VVG § 142 Rn. 7.
[36] → § 38 Rn. 22.
[37] Dafür *Dörner/Staudinger* in Berliner Kommentar VVG § 101 Rn. 5; *Johannsen* in Bruck/Möller VVG § 142 Rn. 9; *Schnepp/Spallino* in Staudinger/Halm/Wendt VVG § 142 Rn. 10; abl. *Kollhosser* in Prölss/Martin, 27. Aufl. 2004, VVG § 101 Rn. 2.
[38] *Dörner/Staudinger* in Berliner Kommentar VVG § 101 Rn. 5.
[39] IErg wie hier *Stagl/Brand* in Looschelders/Pohlmann VVG § 142 Rn. 10.
[40] Dies hält zumindest für sinnvoll *Langheid* in Langheid/Rixecker VVG § 142 Rn. 7.

seln⁴¹ zu überwachen sowie rechtzeitig Vorsorge gegenüber einer Kündigung aus § 92 zu treffen.[42] Angesichts dieses Gesetzeszwecks ist es jedoch nicht erforderlich, dass der Versicherer darüber hinaus die voraussichtliche Schadenshöhe mitteilt.[43]

Wie schon iRd § 101 Abs. 2 bedarf es bei **unbedeutenden Schäden** keiner Unterrichtung seitens der Assekuranz. Ein solcher liegt vor, wenn das Grundpfandrecht nicht beeinträchtigt wird.[44] Die genannte Ausnahme rechtfertigt dabei der Gedanke, dass der Realgläubiger nicht als schutzwürdig erscheint, sofern die Werthaltigkeit seines Rechts trotz des Versicherungsfalls garantiert ist. Es kommt folglich nicht darauf an, ob es sich uU um eine objektiv erhebliche Einbuße handelt.[45] Freilich trägt der Versicherer insoweit das Prognoserisiko, als ihn auf Grund der negativen Formulierung in § 142 Abs. 2 aE („es sei denn") die Beweislast für die fehlende Relevanz des Schadens trifft (dazu noch → Rn. 27). **19**

V. Modalitäten der Anzeige

1. Anzeigepflicht nach Abs. 1. Nach Maßgabe von § 142 Abs. 1 hat der Versicherer dem Realgläubiger **unverzüglich** Mitteilung zu machen. Dieser Begriff wird für das gesamte Zivilrecht in § 121 Abs. 1 S. 1 BGB legaldefiniert.[46] Die Anzeige muss mithin **ohne schuldhaftes Zögern** erfolgen. Der Assekuranz ist folglich ein nach den Umständen des Einzelfalls zu bemessender Prüfungs- und Überlegungszeitraum zu gewähren.[47] **20**

2. Anzeigepflicht nach Abs. 2. Für die Erfüllung der Anzeigepflicht aus § 142 Abs. 2 billigt das Gesetz dem Versicherer einen Zeitraum von **einer Woche** zu, sobald er vom Eintritt des Versicherungsfalls **Kenntnis** erlangt hat. Es handelt sich sowohl um eine Ereignis- als auch Wochenfrist, für deren Berechnung die §§ 187 Abs. 1, 188 Abs. 2 BGB gelten. **21**

3. Form. Die Anzeigepflichten des § 142 bedürfen – anders als jene nach § 101 aF – nicht mehr der Erfüllung der Schrift-, sondern allein der **Textform** (§ 126b BGB). Freilich ist die Beachtung strengerer Formvorgaben unschädlich.[48] **22**

4. Anderweitige Kenntnisnahme des Realgläubigers. Weiterhin stellt sich die Frage, ob der Versicherer von seiner Anzeigepflicht befreit ist, wenn der Realgläubiger bereits durch den **Versicherungsnehmer** oder einen **Dritten** über den Zahlungsverzug oder Eintritt des Versicherungsfalls informiert wurde.[49] Dagegen streitet ein Umkehrschluss zu den §§ 94 Abs. 1, 143 Abs. 2 S. 1 aE sowie Abs. 4 S. 2, welche eine anderweitige Mitteilung einer solchen des Versicherers ausdrücklich gleichstellen.[50] Dass der Gesetzgeber im Zuge der VVG-Reform keine vergleichbare Wendung in den mit beiden Vorschriften systematisch verknüpften § 142 aufgenommen hat, spricht mithin dafür, eine Unterrichtung durch sonstige Quellen nicht genügen zu lassen. Gleichwohl dürfte sich Letzteres in praxi nicht auswirken, da zwar eine Pflichtverletzung des auf Grund der Anmeldung entstandenen Schuldverhältnisses (→ Rn. 7) vorliegt, es aber an deren Ursächlichkeit für den geltend gemachten Schaden fehlt, wenn die Kenntnis über den Versicherungsnehmer oder Dritte vermittelt wurde.[51] Zu überlegen bleibt im Einzelfall ferner, dem Realgläubiger ein Mitverschulden (§ 254 BGB) vorzuwerfen.[52] **23**

5. Änderung von Anschrift und Name des Realgläubigers. Hat der Realgläubiger seinen **Wohnsitz verlegt**, ohne dies mitzuteilen, genügt es nach Maßgabe der §§ 147, 13 Abs. 1, wenn die Anzeige an die letzte dem Versicherer bekannte Anschrift übersendet wird. Näheres bei § 147. **24**

---

[41] Zur Wiederherstellungsklausel OGH VersR 2014, 858; VersR 2013, 1067; LG Wiesbaden VersR 2015, 236.
[42] *Johannsen* in Bruck/Möller VVG § 142 Rn. 10.
[43] *Klimke* in Prölss/Martin VVG § 142 Rn. 7; *Stagl/Brand* in Looschelders/Pohlmann VVG § 142 Rn. 12; so schon zum alten Recht *Dörner/Staudinger* in Berliner Kommentar VVG § 101 Rn. 6.
[44] *Dörner/Staudinger* in Berliner Kommentar VVG § 101 Rn. 6; *Klimke* in Prölss/Martin VVG § 142 Rn. 7; *Langheid* in Langheid/Rixecker VVG § 142 Rn. 9.
[45] So aber *Johannsen* in Bruck/Möller VVG § 142 Rn. 11.
[46] *Ellenberger* in Grüneberg BGB § 121 Rn. 3.
[47] *Ellenberger* in Grüneberg BGB § 121 Rn. 3.
[48] *Ellenberger* in Grüneberg BGB § 126b Rn. 2.
[49] Dafür *Dörner/Staudinger* in Berliner Kommentar VVG § 101 Rn. 8; aA *Langheid* in Langheid/Rixecker VVG § 142 Rn. 8.
[50] So auch *Stagl/Brand* in Looschelders/Pohlmann VVG § 142 Rn. 12; ähnlich *Klimke* in Prölss/Martin VVG § 142 Rn. 7.
[51] *Dörner/Staudinger* in Berliner Kommentar VVG § 101 Rn. 8.
[52] *Dörner/Staudinger* in Berliner Kommentar VVG § 101 Rn. 8.

E. Rechtsfolgen

25 Ein Verstoß des Versicherers gegen die Anzeigepflichten aus § 142 ist zugleich eine Pflichtverletzung im Rahmen des mit Anmeldung der Realgläubiger entstandenen gesetzlichen Schuldverhältnisses (→ Rn. 7). Letzteren steht daher ein **Schadensersatzanspruch** nach Maßgabe der §§ 280 Abs. 1, 241 Abs. 2 BGB respektive §§ 280 Abs. 1, 2, 286 BGB zu.[53] Beim Folgeprämienverzug dürfte es allerdings regelmäßig bereits am insoweit erforderlichen Schaden fehlen, da der Versicherer gem. § 143 Abs. 1 ohnehin befristet zur Leistung verpflichtet bleibt. Gleiches gilt auf Grund der §§ 1128, 1130 BGB, §§ 93, 94 VVG für die Konstellation, dass der Eintritt des Versicherungsfalls entgegen § 142 Abs. 2 nicht mitgeteilt wird.[54] Eigene Bedeutung besitzt der Schadensersatzanspruch daher vor allem im Rahmen des Erst- bzw. Einmalprämienverzugs (→ Rn. 11).

F. Abdingbarkeit

26 Der Gesetzgeber hat § 142 nicht halbzwingend ausgestaltet. Die Vorschrift dient jedoch dem Schutz der Realgläubiger (→ Rn. 1). Zu deren Nachteil kann daher eine Einschränkung wesentlicher Rechte und Schutzmechanismen als **unzulässiger Vertrag zulasten Dritter** keine Wirkung entfalten, sofern dem nicht – etwa im Wege einer dreiseitigen Parteiabrede – zugestimmt wurde. Im Ergebnis ist § 142 daher grds. nur zugunsten der Realgläubiger abänderbar.[55]

G. Beweislast

27 Der Versicherer trägt die Darlegungs- und Beweislast für die Erstattung der Anzeige, deren Inhalt sowie Zeitpunkt.[56] Infolge der negativen Formulierung von § 142 Abs. 2 aE („es sei denn") muss er ferner den Nachweis führen, dass es sich um einen unbedeutenden Schaden handelt.[57] Vom Gläubiger ist mithin lediglich darzulegen und ggf. zu beweisen, dass er sein Grundpfandrecht bzw. die Reallast ordnungsgemäß bei der Assekuranz angemeldet hat.[58]

H. Gerichtszuständigkeit

I. Allgemeines

28 Während das frühere VVG lediglich für bestimmte Bereiche eine prozessuale Vorschrift vorsah (§ 48 aF), legt § 215 Abs. 1 S. 1 nunmehr zunächst die örtliche Gerichtszuständigkeit für Klagen des Versicherungsnehmers aus dem Versicherungsvertrag bzw. der -vermittlung als Wahlgerichtsstand iSd § 35 ZPO fest. In der Gesamtschau erweist sich der Wohnsitzgerichtsstand als Privileg zugunsten des Versicherungsnehmers und Abkehr von der Grundregel in den §§ 12 ff. ZPO. § 215 Abs. 1 S. 2 bestimmt für den Passivprozess gegen ihn eine ausschließliche örtliche Zuständigkeit. § 215 Abs. 2 enthält ferner eine Sonderregel für die Widerklage nach Maßgabe des § 33 ZPO, in Abs. 3 stellt der Gesetzgeber schließlich eine spezielle Prorogationsschranke auf. § 215 greift als nationale Zuständigkeitsregel zweifelsohne in rein inländischen Fallgestaltungen ein. Haben aber das Versicherungsunternehmen sowie etwa der Hypothekar ihren (Wohn-)Sitz in unterschiedlichen Staaten oder befindet sich die versicherte Immobilie im Ausland, handelt es sich indes um einen grenzüberschreitenden Sachverhalt. Angesichts dessen ist der Anwendungsbereich womöglich vorrangiger Rechtsquellen zu prüfen.

---

[53] *Schnepp/Spallino* in Staudinger/Halm/Wendt VVG § 142 Rn. 14; *Stagl/Brand* in Looschelders/Pohlmann VVG § 142 Rn. 14.
[54] *Dörner/Staudinger* in Berliner Kommentar VVG § 101 Rn. 9; *Klimke* in Prölss/Martin VVG § 142 Rn. 8; *Langheid* in Langheid/Rixecker VVG § 142 Rn. 8.
[55] *Dörner/Staudinger* in Berliner Kommentar VVG § 101 Rn. 11.
[56] *Dörner/Staudinger* in Berliner Kommentar VVG § 101 Rn. 10; *Schnepp/Spallino* in Staudinger/Halm/Wendt VVG § 142 Rn. 17.
[57] *Dörner/Staudinger* in Berliner Kommentar VVG § 101 Rn. 10.
[58] *Dörner/Staudinger* in Berliner Kommentar VVG § 101 Rn. 10.

II. Vorrangige Rechtsquellen

Sofern ein Sachverhalt einen Auslandsbezug aufweist, stellt sich einem deutschen und damit mitgliedstaatlichen Gericht zunächst die Frage seiner internationalen und dann örtlichen Zuständigkeit. Antwort hierauf gibt in erster Linie die Brüssel Ia-VO,[59] wenn ihr Regelungsbereich in zeitlicher, sachlicher und räumlicher Hinsicht betroffen ist (Anwendungsvorrang). Der Sekundärrechtsakt sieht für Versicherungssachen in Art. 10 ff. Schutzgerichtsstände vor, die auch für Realgläubiger iSd § 148 gelten.[60] Zu beachten bleibt in diesem Zusammenhang ferner das neue Parallelabkommen zwischen der Europäischen Union mit Dänemark[61] sowie die revidierte Lugano-Konvention.[62] Während die Parallelkonvention inhaltlich der Brüssel Ia-VO entspricht, weicht die revidierte Lugano-Konvention noch von dem mittlerweile erreichten Stand des Europäischen Zivilverfahrensrechts ab. 29

Sofern sich aus den zuvor genannten vorrangigen Rechtsquellen zugleich die internationale wie örtliche Zuständigkeit[63] ergibt, bleibt der Rückgriff auf die ZPO unter Einschluss von § 215 versperrt. Dies gilt auch für dessen Abs. 3.[64] 30

III. § 215 Abs. 1

§ 215 Abs. 1 verweist ausdrücklich auf den Versicherungsnehmer. Hierbei ist umstritten, ob die Zuständigkeitsregel nur natürliche Personen[65] oder sogar Personenvereinigungen[66] bis hin zu juristischen Personen[67] (ggf. im Wege analoger Anwendung der Norm[68]) als Versicherungsnehmer erfasst. Gleichermaßen beurteilen Judikatur sowie das Schrifttum uneinheitlich, inwieweit § 215 31

---

[59] VO (EU) Nr. 1215/2012 des Europäischen Parlaments und des Rates v. 12.12.2012 über die gerichtliche Zuständigkeit und die Anerkennung und Vollstreckung von Entscheidungen in Zivil- und Handelssachen, ABl. 2012 L 351, S. 1 f.; geändert durch VO (EU) Nr. 542/2014 des Europäischen Parlaments und des Rates v. 15.5.2014 zur Änderung der VO (EU) Nr. 1215/2012 bzgl. des Einheitlichen Patentgerichts und des Benelux-Gerichtshofs anzuwendenden Vorschriften, ABl. 2014 L 163, S. 1, sowie VO (EU) Nr. 2015/281 der Kommission v. 26.11.2014 zur Ersetzung der Anh. I und II der VO (EU) Nr. 1215/2012 des Europäischen Parlaments und des Rates über die gerichtliche Zuständigkeit und die Anerkennung und Vollstreckung von Entscheidungen in Zivil- und Handelssachen, ABl. 2015 L 54, S. 1; allg. zur Brüssel Ia-VO: *Cadet* EuZW 2013, 218; *Mankowski* RIW 2014, 625; *Reinmüller* IHR 2015, 1; *Staudinger/Steinrötter* JuS 2015, 1.

[60] *Staudinger* in Rauscher EuZPR/EuIPR Brüssel Ia-VO Art. 10 Rn. 10; *Richters*, Dienstleistungsfreiheit als Schranke des Internationalen Privatversicherungsrechts, 2012, S. 211; *Paulus* in Geimer/Schütze Int. Rechtsverkehr Brüssel Ia-VO Art. 10 Rn. 33; allg. zu der nicht abschließenden Aufzählung der Schutzadressaten in Art. 10 ff. Brüssel Ia-VO s. *Hausmann* in Staudinger BGB IntVertrVerfR Rn. 120; zum Vorläuferrechtsakt *Mayr* in Simons/Hausmann, Kommentar Brüssel I-Verordnung, 2012, Brüssel I-VO Art. 8 Rn. 5.

[61] ABl. 2013 L 79, S. 4.

[62] ABl. 2009 L 147, S. 5; berichtigt in ABl. 2009 L 147, S. 44; ABl. 2011 L 115, S. 31; ABl. 2011 L 138, S. 1; ABl. 2014 L 18, S. 70. Die revidierte Lugano-Konvention lehnt sich noch an die Brüssel I-VO als Vorläuferrechtsakt an.

[63] So legt die Brüssel-VO etwa in ihren Art. 11 Abs. 1 lit. b und Art. 12 S. 2 auch die örtliche Zuständigkeit fest.

[64] *Staudinger* in Rauscher EuZPR/EuIPR Brüssel Ia-VO Art. 15 Rn. 7 ff.

[65] LG Aachen VersR 2016, 67; vgl. *Staudinger/Ruks* in BeckOK VVG § 215 Rn. 30 ff.; *Krahe* in Staudinger/Halm/Wendt VVG § 215 Rn. 7 ff.; *Rixecker* in Langheid/Rixecker VVG § 215 Rn. 2; *Spuhl* in Marlow/Spuhl Neues VVG Rn. 1490; *Armbrüster* Rn. 1793 f.; *Wandt/Gal* GS Wolf, 2011, 579 (581); die früher vertretene Auffassung, § 215 erfasse nur Verbraucher iSv § 13 BGB, wurde nunmehr aufgegeben: *Muschner* in HK-VVG VVG § 215 Rn. 11.

[66] → § 215 Rn. 14; *Staudinger/Ruks* in BeckOK VVG § 215 Rn. 36 ff.; *Brand* in Bruck/Möller VVG § 215 Rn. 12; *Eichelberg* in Looschelders/Pohlmann VVG § 215 Rn. 5; *Staudinger* ZfIR 2015, 361; aA LG Potsdam VersR 2015, 338, zur Wohnungseigentümergemeinschaft; beachte jedoch BGH NJW 2015, 3228; *Klimke* in Prölss/Martin VVG § 215 Rn. 11 f.

[67] Eine direkte Anwendung des § 215 Abs. 1 befürwortend OLG München r+s 2016, 213; OLG Schleswig VersR 2015, 1422; beachte die Anm. von *Mühlhausen* zu beiden Urteilen r+s 2016, 161; *Rixecker* in Langheid/Rixecker VVG § 215 Rn. 2.

[68] Für die Einbeziehung juristischer Personen kraft Rechtsfortbildung: BGH VersR 2018, 182 mAnm *Mankowski*; OLG München r+s 2016, 213; OLG Schleswig r+s 2016, 214; LG Saarbrücken BeckRS 2014, 14200; → § 215 Rn. 9 ff.; *Staudinger/Ruks* in BeckOK VVG § 215 Rn. 36 ff.; *Eichelberg* in Looschelders/Pohlmann VVG § 215 Rn. 5; *Krahe* in FA-VersR Kap. 2 Rn. 4; *Mühlhausen* r+s 2016, 161; *Piontek* r+s 2018, 113 (115); *Wandt/Gal* GS Wolf, 2011, 579 (581); aA und damit sowohl gegen eine direkte als auch analoge Anwendung des § 215 Abs. 1 bei juristischen Personen: LG Aachen VersR 2016, 67; LG Ravensburg VersR 2015, 1184; LG Potsdam VersR 2015, 338; LG Fulda VersR 2013, 481; LG Hamburg VersR 2013, 482; *Spuhl* in Marlow/Spuhl Neues VVG Rn. 1489; nunmehr offen gelassen bei *Muschner* in HK-VVG VVG § 215 Rn. 9 f.

Abs. 1 zugunsten einer versicherten Person[69] eingreift. Auch für Realgläubiger iSd § 148, die keinem der genannten Personenkreise unterfallen, fehlt es an einer einheitlichen Auffassung.[70]

32　Prozessiert ein Realgläubiger iSd § 148 gegen den Versicherer, liegt zweifelsohne eine Klage aus dem Versicherungsvertrag vor, auch wenn es sich um einen gesetzlichen Anspruch[71] handelt.[72] Der sachliche Anwendungsbereich von § 215 Abs. 1 S. 1 ist daher eröffnet. Weitere Einschränkungen sind dem Wortlaut der Norm nicht zu entnehmen. Dem Kläger steht es damit frei, ebenso am Wohnsitz des Versicherungsnehmers einen Prozess gegen die Versicherung zu führen.[73]

33　Für eine analoge Anwendung dahingehend, dass § 215 Abs. 1 S. 1 dem Realgläubiger einen eigenen Gerichtsstand an seinem (Wohn-)Sitz eröffnet, fehlt es hingegen wohl an einer planwidrigen Regelungslücke.[74]

34　§ 215 Abs. 1 S. 2 greift gegenüber dem Realgläubiger wohl weder unmittelbar noch analog ein. Der Versicherer darf ihn daher nicht am Wohnsitz des Versicherungsnehmers als seinem Vertragspartner verklagen.[75] In diesem Fall verbleibt es vielmehr bei dem Rückgriff auf die allgemeinen Vorschriften in den §§ 12 ff. ZPO.

§ 143 Fortdauer der Leistungspflicht gegenüber dem Hypothekengläubiger

(1) Bei nicht rechtzeitiger Zahlung einer Folgeprämie bleibt der Versicherer gegenüber einem Hypothekengläubiger, der seine Hypothek angemeldet hat, bis zum Ablauf eines Monats ab dem Zeitpunkt zur Leistung verpflichtet, zu welchem dem Hypothekengläubiger die Bestimmung der Zahlungsfrist oder, wenn diese Mitteilung unterblieben ist, die Kündigung mitgeteilt worden ist.

(2) ¹**Die Beendigung des Versicherungsverhältnisses wird gegenüber einem Hypothekengläubiger, der seine Hypothek angemeldet hat, erst mit dem Ablauf von zwei Monaten wirksam, nachdem ihm die Beendigung und, sofern diese noch nicht eingetreten war, der Zeitpunkt der Beendigung durch den Versicherer mitgeteilt worden ist oder er auf andere Weise hiervon Kenntnis erlangt hat.** ²**Satz 1 gilt nicht, wenn das Versicherungsverhältnis wegen unterbliebener Prämienzahlung durch Rücktritt oder Kündigung des Versicherers oder durch Kündigung des Versicherungsnehmers, welcher der Hypothekengläubiger zugestimmt hat, beendet wird.**

(3) Absatz 2 Satz 1 gilt entsprechend für die Wirksamkeit einer Vereinbarung zwischen dem Versicherer und dem Versicherungsnehmer, durch die der Umfang des Versicherungsschutzes gemindert wird oder nach welcher der Versicherer nur verpflichtet ist, die Entschädigung zur Wiederherstellung des versicherten Gebäudes zu zahlen.

(4) ¹**Die Nichtigkeit des Versicherungsvertrags kann gegenüber einem Hypothekengläubiger, der seine Hypothek angemeldet hat, nicht geltend gemacht werden.** ²**Das Versicherungsverhältnis endet jedoch ihm gegenüber nach Ablauf von zwei Monaten, nachdem ihm die Nichtigkeit durch den Versicherer mitgeteilt worden ist oder er auf andere Weise von der Nichtigkeit Kenntnis erlangt hat.**

Übersicht

	Rn.		Rn.
A. Normzweck	1	I. Anwendungsbereich	5
B. Entstehungsgeschichte	2	II. Anmeldung	8
C. Änderungen gegenüber der bisherigen Rechtslage	3	III. Folgeprämienverzug des Versicherungsnehmers (Abs. 1)	9
D. Tatbestand	5		

---

[69] Detailliert zum Streitstand *Staudinger/Ruks* in BeckOK VVG § 215 Rn. 68 ff.
[70] Ausf. zum persönlichen Anwendungsbereich des § 215 s. *Staudinger/Ruks* in BeckOK VVG § 215 Rn. 28 ff. mwN.
[71] → § 142 Rn. 7.
[72] → § 215 Rn. 24.
[73] OLG Hamm r+s 2015, 104; → § 215 Rn. 24; *Eichelberg* in Looschelders/Pohlmann VVG § 215 Rn. 6; *Muschner* in HK-VVG § 215 Rn. 12; aA *Brand* in Bruck/Möller VVG § 215 Rn. 19; *Johannsen* in Bruck/Möller AFB 2008/2010 B § 21 Rn. 5; *Klimke* in Prölss/Martin VVG § 215 Rn. 22; *Rixecker* in Langheid/Rixecker VVG § 215 Rn. 4.
[74] → § 215 Rn. 24.
[75] → § 215 Rn. 25; *Muschner* in HK-VVG § 215 Rn. 12; *Wolf* in Looschelders/Pohlmann VVG § 215 Rn. 6.

	Rn.		Rn.
IV. Beendigung des Versicherungsverhältnisses (Abs. 2)	10	III. Beendigung des Versicherungsverhältnisses (Abs. 2)	21
V. Änderung des Versicherungsverhältnisses (Abs. 3)	14	IV. Änderung des Versicherungsverhältnisses (Abs. 3)	26
VI. Nichtigkeit des Versicherungsverhältnisses (Abs. 4)	16	V. Nichtigkeit des Versicherungsverhältnisses (Abs. 4)	29
E. Rechtsfolgen	17	F. Abdingbarkeit	32
I. Rechtsnatur der Ansprüche aus § 143	17	G. Beweislast	33
II. Folgeprämienverzug des Versicherungsnehmers (Abs. 1)	18	H. Mehrfachversicherung	34
		I. Einfache Subsidiaritätsklausel	35
		II. Qualifizierte Subsidiaritätsklausel	37

Stichwort- und Fundstellenverzeichnis

Stichwort	Rn.	Rspr.	Lit.
Erbbaurechte	→ Rn. 7	BGH NJW-RR 2005, 1054; OLG Hamburg VersR 1996, 1141 f.	*Dörner/Staudinger* in Berliner Kommentar VVG § 101 Rn. 2; *Langheid* in Langheid/Rixecker VVG Vor §§ 142–149 Rn. 27 f.
Kombinierte Versicherung	→ Rn. 5	BGHZ 108, 82 (84 ff.) = NJW 1989, 2621 = VersR 1989, 912	*Dörner/Staudinger* in Berliner Kommentar VVG § 102 Rn. 3; *Stagl/Brand* in Looschelders/Pohlmann VVG Vor §§ 142 ff. Rn. 8
Mehrfachversicherung	→ Rn. 34	OLG Hamm r+s 2013, 72 (73)	*Staudinger* in Beckmann/Matusche-Beckmann VersR-HdB § 41 Rn. 307 ff.
Rechtsnatur der Ansprüche	→ Rn. 17	BGH NJW 1981, 1671 (1672)	*Dörner/Staudinger* in Berliner Kommentar VVG § 102 Rn. 10; *Klimke* in Prölss/Martin VVG § 143 Rn. 4; *Stagl/Brand* in Looschelders/Pohlmann VVG § 143 Rn. 5, 10; *Johannsen* NVersZ 2000, 410 (411)
Subsidiaritätsklauseln	→ Rn. 35	BGH VersR 2014, 450	*Armbrüster* in Prölss/Martin VVG § 78 Rn. 30 ff.; *Staudinger* in Beckmann/Matusche-Beckmann VersR-HdB § 41 Rn. 307 ff.; *Fajen* VersR 2013, 973; *Schaloske/Kassing* PHi 2014, 174 (175); *Staudinger* DAR 2015, 183 (190)

Schrifttum: Vgl. die Angaben bei § 94 sowie iÜ *Fajen*, Die Subsidiaritätsklauseln im Versicherungsrecht unter besonderer Berücksichtigung der qualifizierten Subsidiaritätsklausel, VersR 2013, 973; *Hoes/Tetzlaff*, Ansprüche des Grundpfandgläubigers gegen den Gebäudeversicherer, ZfIR 2011, 354; *K. Johannsen*, Der Schutz des Hypothekengläubigers durch die Feuerversicherung im gestörten Versicherungsverhältnis, NVersZ 2000, 410; *Schaloske/Kassing*, Kollision von Subsidiaritätsklauseln: Welcher Versicherer ist eintrittspflichtig?, PHi 2014, 174; *Staudinger*, Aktuelle Streitfragen bei Pauschalreisen und spezifischen Versicherungsprodukten, DAR 2015, 183.

A. Normzweck

§ 143 soll im volkswirtschaftlichen Interesse[1] die Bereitstellung von Krediten[2] fördern. Er privilegiert – wie die §§ 142–149 allgemein – die Banken- zulasten der Versicherungswirtschaft (→ § 142 Rn. 2). Abs. 1 steht dabei im systematischen Zusammenhang mit den Anzeigepflichten des Versicherers aus § 142 und soll gewährleisten, dass den angemeldeten Realgläubigern der Zeitraum von einem Monat verbleibt, um den säumigen Versicherungsnehmer zur Leistung der Prämien anzuhalten,

---

[1] *Schmidt*, Die rechtliche Stellung des Realgläubigers gegenüber dem Versicherer nach den §§ 1127, 1130 BGB und den §§ 97–107c VVG, 1982, S. 188.
[2] BGHZ 108, 82 (87) = NJW 1989, 2621 = VersR 1989, 912.

selbst zu zahlen oder anderweitig Deckung einzuholen (→ § 142 Rn. 1). Darüber hinaus ordnen Abs. 2–4 für die Dauer von zwei Monaten den Fortbestand des Versicherungsvertrags gegenüber dem Realgläubiger an, wenn jener im Verhältnis zum Versicherungsnehmer beendet oder modifiziert wurde bzw. Nichtigkeit eingetreten ist.[3]

B. Entstehungsgeschichte

2 Zur Entstehungsgeschichte der §§ 142–149 → § 142 Rn. 2.

C. Änderungen gegenüber der bisherigen Rechtslage

3 § 143 überführt § 102 Abs. 2 aF sowie § 103 aF in eine einheitliche Vorschrift. Ersatzlos gestrichen wurde § 102 Abs. 1 aF, wonach der Versicherer dem Realgläubiger trotz des **gestörten Versicherungsverhältnisses** weitgehend zur Leistung verpflichtet blieb.[4] Eine derartige Regelung findet sich nunmehr lediglich in § 117 für den Bereich der Pflichtversicherung, welche dort jedoch dadurch gerechtfertigt ist, dass der Geschädigte im Vergleich zu Kreditinstituten als typischen Realgläubigern üblicherweise eines besonderen Schutzes bedarf.[5]

4 § 143 Abs. 1 entspricht sachlich § 102 Abs. 2 S. 2 aF. § 143 Abs. 2–4 beinhalten § 103 aF, verkürzen die Frist für die Fortdauer des Versicherungsschutzes allerdings auf zwei statt bisher drei Monate. Letzteres erschien der Legislative als ausreichend, um die Interessen des Realgläubigers zu wahren.[6]

D. Tatbestand

I. Anwendungsbereich

5 § 143 ist ausweislich der Gesetzessystematik **allein in der Gebäudefeuerversicherung** anwendbar. Eine Ausdehnung seines Geltungsbereichs auf andere Versicherungszweige erschiene allenfalls dann sachgerecht, wenn das Produkt mit anderen Risiken (zB Leitungswasser[7] und Sturm) in einem einheitlichen Vertrag kombiniert würde.[8] Gleichwohl scheidet eine Analogie aus, da die Legislative ausweislich des RegE[9] kein Bedürfnis gesehen hat, die insoweit gegebene Regelungslücke zu schließen (→ § 142 Rn. 5).

6 Der Wortlaut von § 143 ist auf die Hypothek zugeschnitten. In Anlehnung an die Regelungstechnik des allgemeinen Zivilrechts (vgl. § 1192 BGB), erstreckt **§ 148** den Schutz der Vorschrift aber gleichermaßen auf sonstige Grundpfandrechte (Grund- sowie Rentenschulden, Reallasten).

7 Auch der Gläubiger einer an einem **Erbbaurecht** bestehenden dinglichen Sicherheit kann sich auf § 143 Abs. 1 berufen. Schließlich gehört diese Norm ebenso wie die mit ihr im Regelungszusammenhang stehenden §§ 1127, 1192 BGB zu den „sich auf das Grundstück beziehenden Vorschriften" iSd **§ 11 Abs. 1 ErbbauRG**,[10] welcher deren entsprechende Anwendung anordnet. Dagegen spricht zwar, dass der Wert des Grundpfand- bei wirtschaftlicher Betrachtungsweise mit Ablauf des Erbbaurechts sinkt, der Versicherer über § 145 also evtl. keinen angemessenen Ausgleich für die von ihm erbrachte Leistung erhält.[11] Der Gesetzgeber will den Realgläubiger in § 143 Abs. 1 jedoch so stellen, als sei er selbst Inhaber der Versicherungsforderung.[12] Über eine einschränkende Auslegung

---

[3] *Dörner/Staudinger* in Berliner Kommentar VVG § 103 Rn. 1.
[4] *Dörner/Staudinger* in Berliner Kommentar VVG § 102 Rn. 1; vgl. *Klimke* in Prölss/Martin VVG § 143 Rn. 1.
[5] RegE, BT-Drs. 16/3945, 94.
[6] RegE, BT-Drs. 16/3945, 94.
[7] Zum bestimmungswidrigen und -gemäßen Wasseraustritt etwa OLG Düsseldorf BeckRS 2014, 19559; OLG Frankfurt a. M. r+s 2010, 288.
[8] Zum alten Recht BGHZ 108, 82 (84 ff.) = VersR 1989, 912; ebenfalls gegen eine Analogie *Halbach* in HK-VVG § 143 Rn. 2; *Klimke* in Prölss/Martin VVG Vor §§ 142–149 Rn. 3b f.; *Stagl/Brand* in Looschelders/Pohlmann VVG Vor §§ 142 ff. Rn. 8.
[9] RegE, BT-Drs. 16/3945, 94.
[10] Zum VVG aF BGH VersR 2005, 785; OLG Hamburg VersR 1996, 1141 f.
[11] *Langheid* in Langheid/Rixecker VVG Vor §§ 142–149 Rn. 28.
[12] BGH NJW 1981, 1671 (1672).

der Vorschrift darf demnach kein Einwand konstruiert werden, der dem Versicherungsnehmer nicht gleichermaßen entgegen gehalten werden könnte.[13] Diesem wäre grds. der Zeitwert des Gebäudes bei Eintritt des Versicherungsfalls zu ersetzen (vgl. § 88). Der zu erwartende Ablauf des Erbbaurechts findet folglich gegenüber dem Realgläubiger nur Berücksichtigung, sofern Auswirkungen auf die Schadensbemessung zu befürchten sind.[14] Letzteres scheidet indes aus, wenn eine Neuwertversicherung (→ § 88 Rn. 10 ff.) vorliegt. Um zu verhindern, dass die Entschädigungssumme bestimmungswidrig zur Befriedigung des Realgläubigers verwendet wird, kann der Versicherer allerdings eine (eingeschränkte oder strenge) Wiederaufbauklausel[15] (§ 93) vereinbaren.[16] Zur vergleichbaren Problematik für den Fall, dass das besicherte Grundstück an Wert verliert, → Rn. 20.

II. Anmeldung

Zur Anmeldung des Grundpfandrechts beim Versicherer und der damit verbundenen Entstehung eines gesetzlichen Schuldverhältnisses → § 94 Rn. 16; → § 142 Rn. 7. **8**

III. Folgeprämienverzug des Versicherungsnehmers (Abs. 1)

§ 143 Abs. 1 ist ausweislich seines Wortlauts anwendbar, wenn der Versicherungsnehmer eine **9 Folgeprämie nicht rechtzeitig begleicht** (§ 38).[17] Der Gesetzgeber sah es im Unterschied zu § 142 nicht als erforderlich an, die Vorschrift auf den Erst- bzw. Einmalprämienverzug zu erstrecken.[18] Von daher verbietet es sich, ihren Geltungsbereich im Wege der Analogie auf zusätzliche Säumnisfälle auszuweiten.[19]

IV. Beendigung des Versicherungsverhältnisses (Abs. 2)

§ 143 Abs. 2 S. 1 setzt eine Vertragsbeendigung voraus. In Betracht kommen grds. **alle Tatbe- 10 stände,** die dazu führen können, dass das Versicherungsverhältnis erlischt.[20] Besondere Bedeutung haben in der Praxis die **Kündigung** einer Partei, der **Fristablauf** einer auf bestimmte Zeit – dh ohne Verlängerungsklausel – eingegangenen Police, deren **einverständliche Aufhebung,** der **Wegfall des versicherten Interesses** (§ 80 Abs. 2) sowie die **Eröffnung des Insolvenzverfahrens** über das Vermögen des Versicherers (§ 16 Abs. 1).[21] Erfasst ist ferner der Widerruf des Versicherungsnehmers iSv § 8 Abs. 1 S. 1.

Ausgenommen sind nach S. 2 zunächst Rücktritt (§ 37 Abs. 1) oder Kündigung (§ 38 Abs. 3) **11** des Versicherers wegen unterbliebener Prämienzahlung. Da § 143 Abs. 1 lediglich auf die Situation des Folgeprämienverzugs zugeschnitten ist (→ Rn. 9), verbleibt eine Schutzlücke in den Konstellationen der Nichtleistung von Erst- oder Einmalprämie.[22] Gleiches gilt ferner, wenn der Versicherungsnehmer mit **Zustimmung** des Realgläubigers gekündigt hat. Dessen Interessen sind allerdings schon durch § 144 gewahrt.

Im Rahmen des alten VVG war unklar, ob § 103 Abs. 1 aF nur einen **Rücktritt** des Versicherers **12** vor oder auch **nach Eintritt des Versicherungsfalls** erfasste. Letzteres wurde unter Rekurs auf § 102 Abs. 1 S. 2 aF verneint, der insoweit eine abschließende Sonderregelung darstellen sollte.[23] Diese Frage hat sich nach neuem Recht indes dadurch erledigt, dass § 102 Abs. 1 aF ersatzlos gestrichen wurde (→ Rn. 3). Für die Annahme einer Sperrwirkung existiert mithin keine gesetzli-

---

[13] Dafür spricht sich jedoch aus *Langheid* in Langheid/Rixecker VVG Vor §§ 142–149 Rn. 28.
[14] BGH VersR 1997, 570.
[15] Zur Wiederherstellungsklausel OGH VersR 2014, 858; VersR 2013, 1067; LG Wiesbaden VersR 2015, 236.
[16] *Johannsen* NVersZ 2000, 410 (413).
[17] Zur Rechtzeitigkeit der Zahlung im Lichte der Zahlungsverzugsrichtlinie (RL 2000/35/EG des Europäischen Parlaments und des Rates v. 29.6.2000 zur Bekämpfung von Zahlungsverzug im Geschäftsverkehr, ABl. 2000 L 200, S. 35; aufgehoben durch RL 2011/7/EU des Europäischen Parlaments und des Rates v. 16.2.2011 zur Bekämpfung von Zahlungsverzug im Geschäftsverkehr, ABl. 2011 L 48, S. 1); → § 36 Rn. 13 ff.
[18] RegE, BT-Drs. 16/3945, 94.
[19] *Halbach* in HK-VVG § 143 Rn. 3; *Schnepp/Spallino* in Staudinger/Halm/Wendt VVG § 143 Rn. 5; *Stagl/Brand* in Looschelders/Pohlmann VVG § 143 Rn. 3.
[20] RegE, BT-Drs. 16/3945, 94.
[21] *Dörner/Staudinger* in Berliner Kommentar VVG § 102 Rn. 3 u. 5; *Klimke* in Prölss/Martin VVG § 143 Rn. 15 ff.
[22] *Herrmann* in BeckOK VVG VVG § 143 Rn. 8; *Stagl/Brand* in Looschelders/Pohlmann VVG § 143 Rn. 9; eine Analogie abl. *Klimke* in Prölss/Martin VVG § 143 Rn. 3.
[23] So noch *Dörner/Staudinger* in Berliner Kommentar VVG § 102 Rn. 4; aA *Langheid* in Römer/Langheid, 2. Aufl. 2003, VVG § 103 Rn. 5; *Johannsen* NVersZ 2000, 410 (414).

che Grundlage mehr. § 143 Abs. 2 greift folglich unabhängig davon ein, zu welchem Zeitpunkt der Versicherer von seinem Gestaltungsrecht Gebrauch macht.[24]

13   Anders als bei Zahlungsunfähigkeit des Versicherers (→ Rn. 10) kommt es im Falle der Eröffnung eines Insolvenzverfahrens über das Vermögen des Versicherungsnehmers nicht zu einer Beendigung, wenn der Insolvenzverwalter auf die ihm durch § 103 InsO eröffnete Möglichkeit verzichtet, die Erfüllung des Versicherungsvertrags zu verlangen. Letzterer wandelt sich – was für den Realgläubiger wirtschaftlich gleichbedeutend ist – in ein Abwicklungsverhältnis, weswegen § 103 Abs. 1 aF nach hM[25] zur Vermeidung von Schutzlücken zumindest im Wege der **Analogie** heranzuziehen war. Zweifelhaft erscheint jedoch, ob diese Auffassung gleichermaßen auf § 143 Abs. 2 übertragen werden kann,[26] obwohl die VVG-Reform der Legislative eigentlich Gelegenheit gegeben hat, einen entsprechenden Passus in die Vorschrift aufzunehmen. Gleichwohl dürfte nicht von einem „beredten" Schweigen des Gesetzgebers auszugehen sein, denn er wollte ausweislich der Begründung zum RegE,[27] dass § 143 Abs. 2 „sachlich im Wesentlichen" mit § 103 Abs. 1 aF übereinstimmt. Da weder eine Auseinandersetzung mit der Insolvenz des Versicherungsnehmers erfolgt ist, noch Anhaltspunkte dafür ersichtlich sind, welche diesbzgl. auf ein Problembewusstsein hindeuten, steht zu vermuten, dass dem schon bisher anerkannten extensiven Verständnis jener Regelung kein methodischer Riegel vorgeschoben werden sollte.

V. Änderung des Versicherungsverhältnisses (Abs. 3)

14   § 143 Abs. 3 erstreckt den Schutz aus Abs. 2 auf die Konstellation, dass Versicherer und Versicherungsnehmer im Nachhinein bestimmte Vertragsänderungen vereinbaren, die sich zuungunsten des Realgläubigers auf die Deckung auswirken, deren Umfang also in der Terminologie des Gesetzes mindern. Dazu zählt zunächst die **Herabsetzung der Versicherungssumme.** Keine Rolle spielt dabei, ob jene zur Beseitigung einer Überversicherung (§ 74 Abs. 1) notwendig ist.[28] Letztere könnte der Versicherer dem Realgläubiger schließlich wegen § 143 Abs. 4 noch nicht einmal entgegenhalten, wenn der Vertrag im Betrugsfalle (§ 74 Abs. 2) nichtig wäre.[29] Zulässig erscheint es allerdings, die Versicherungssumme von vornherein variabel auszugestalten.[30]

15   Erfasst von § 143 Abs. 3 sind überdies **Beschränkungen des Haftungsumfangs**, indem bspw. nachträglich einzelne versicherte Gefahren ausgeschlossen, der Versicherungsort oder die versicherten Gegenstände verändert sowie die maßgeblichen Selbstbehalte erhöht werden.[31] Dem steht es gleich, wenn während der Vertragslaufzeit eine **Wiederaufbauklausel**[32] (§ 93) vereinbart wird, obwohl eine solche den Versicherungsschutz nicht im engeren Sinne mindert.[33] Freilich geht bereits mit der Geltung einer einfachen Wiederaufbauklausel eine erhebliche Belastung einher, da sie für Realgläubiger die unliebsame Konsequenz hat, dass die ihnen günstigeren §§ 1127, 1128 BGB durch § 1130 BGB ausgeschlossen werden.[34]

VI. Nichtigkeit des Versicherungsverhältnisses (Abs. 4)

16   § 143 Abs. 4 ordnet die Forthaftung des Versicherers im Falle der **Vertragsnichtigkeit** an. Als Unwirksamkeitsgründe kommen vor allem eine in betrügerischer Absicht abgeschlossene Über-

---

[24] *Halbach* in HK-VVG § 143 Rn. 6; *Klimke* in Prölss/Martin VVG § 143 Rn. 16; *Pagel* in Schwintowski/Brömmelmeyer/Ebers VVG § 143 Rn. 4; *Stagl/Brand* in Looschelders/Pohlmann VVG § 143 Rn. 8.
[25] *Kollhosser* in Prölss/Martin, 27. Aufl. 2004, VVG § 103 Rn. 17; *Johannsen* NVersZ 2000, 410 (415).
[26] Dafür *Herrmann* in BeckOK VVG VVG § 143 Rn. 9; *Klimke* in Prölss/Martin VVG § 143 Rn. 19; *Pagel* in Schwintowski/Brömmelmeyer/Ebers VVG § 143 Rn. 5; *Schnepp/Spallino* in Staudinger/Halm/Wendt VVG § 143 Rn. 10; *Stagl/Brand* in Looschelders/Pohlmann VVG § 143 Rn. 7.
[27] Vgl. dessen RegE, BT-Drs. 16/3945, 94.
[28] *Kollhosser* in Prölss/Martin, 27. Aufl. 2004, VVG § 103 Rn. 11; aA *Herrmann* in BeckOK VVG VVG § 143 Rn. 12, die nicht Abs. 3, sondern bei betrügerischem Verhalten Abs. 4 für einschlägig hält.
[29] *Dörner/Staudinger* in Berliner Kommentar VVG § 103 Rn. 6; *Halbach* in HK-VVG § 143 Rn. 9 f.; *Klimke* in Prölss/Martin VVG § 143 Rn. 27; *Langheid* in Langheid/Rixecker VVG § 143 Rn. 11 ff.; *Stagl/Brand* in Looschelders/Pohlmann VVG § 143 Rn. 12 ff.; *Johannsen* NVersZ 2000, 410 (415).
[30] *Stagl/Brand* in Looschelders/Pohlmann VVG § 143 Rn. 13; *Johannsen* NVersZ 2000, 410 (415).
[31] *Dörner/Staudinger* in Berliner Kommentar VVG § 103 Rn. 6; *Klimke* in Prölss/Martin VVG § 143 Rn. 28; *Langheid* in Langheid/Rixecker VVG § 143 Rn. 13; *Stagl/Brand* in Looschelders/Pohlmann VVG § 143 Rn. 14.
[32] Zur Wiederherstellungsklausel OGH VersR 2014, 858; VersR 2013, 1067; LG Wiesbaden VersR 2015, 236.
[33] *Halbach* in HK-VVG § 143 Rn. 12; *Stagl/Brand* in Looschelders/Pohlmann VVG § 143 Rn. 14.
[34] *Dörner/Staudinger* in Berliner Kommentar VVG § 103 Rn. 7; *Klimke* in Prölss/Martin VVG § 143 Rn. 29; *Johannsen* NVersZ 2000, 410 (415).

(§ 74 Abs. 2) oder Mehrfachversicherung[35] (§ 78 Abs. 3), ein fehlendes bestehendes Interesse (§ 80 Abs. 3), der Verstoß gegen ein gesetzliches Verbot (§ 134 BGB) sowie Sittenwidrigkeit (§ 138 BGB) in Betracht.[36] Gleiches gilt für eine Anfechtung wegen arglistiger Täuschung (§§ 123, 142 Abs. 1 BGB, § 22) – und zwar unabhängig davon, ob sie vor oder nach Eintritt des Versicherungsfalls erfolgt.[37] Anders als nach § 102 Abs. 1 aF existiert für die letztgenannte Konstellation nämlich keine Vorschrift mehr, die als abschließende Sonderregelung geeignet wäre, § 143 Abs. 4 insoweit zu verdrängen (→ Rn. 12).[38]

E. Rechtsfolgen

I. Rechtsnatur der Ansprüche aus § 143

In den von § 143 erfassten Fällen kann die Assekuranz vom Realgläubiger haftbar gemacht **17** werden, obwohl eine versicherungsvertragliche Verpflichtung gegenüber dem Versicherungsnehmer nicht (mehr) existiert. Die Vorschrift, deren Wortlaut bedauerlicherweise an die in diesem Punkt missverständliche Vorgängerregelung in §§ 102, 103 aF angelehnt wurde,[39] gewährt dem Realgläubiger also jeweils einen **eigenen Anspruch gegen den Versicherer.**[40] Die früher umstrittene Frage, ob dessen Rechtsgrundlage eine Versicherung für fremde Rechnung (§§ 43 ff.), für „wen es angeht" (§ 48) oder ein selbständiges **gesetzliches Schuldverhältnis** darstellt,[41] dürfte jedoch mittlerweile zugunsten der letztgenannten Möglichkeit entschieden sein.[42] Jenes entsteht mit Anmeldung des Grundpfandrechts beim Versicherer (→ § 142 Rn. 7).

II. Folgeprämienverzug des Versicherungsnehmers (Abs. 1)

Im Falle des Folgeprämienverzugs bleibt der Versicherer nach Maßgabe von § 143 Abs. 1 trotz **18** zwischenzeitlich eingetretener Leistungsfreiheit (§ 38 Abs. 2) bzw. erklärter Kündigung (§ 38 Abs. 3) für die Dauer **eines Monats** zur Zahlung der Entschädigungssumme verpflichtet. Die **Frist** beginnt in dem Zeitpunkt, zu welchem dem Realgläubiger ein Zahlungsziel iSv § 38 Abs. 1 bestimmt oder – falls ihm dies entgegen § 142 Abs. 1 S. 1 nicht angezeigt wurde – die Kündigung des Versicherers mitgeteilt worden ist. Dabei entscheidet der **Zugang** (§ 130 Abs. 1 BGB) der jeweiligen Erklärung. Es handelt sich folglich sowohl um eine Ereignis- als auch Monatsfrist, für deren Berechnung die §§ 187 Abs. 1, 188 Abs. 2 BGB gelten.

Unterbleiben beide der in § 143 Abs. 1 genannten Informationen, besteht die Leistungspflicht **19** des Versicherers **zeitlich uneingeschränkt** fort.[43] Fraglich erscheint, ob zu dessen Schutz § 143 Abs. 2 S. 1 sowie Abs. 4 S. 2 in entsprechender Anwendung eingreift, so dass der Realgläubiger die Entschädigungssumme jedenfalls mit Ablauf zweier Monate nach anderweitiger Kenntnisnahme von Umständen, die den Fristbeginn begründen, nicht mehr verlangen könnte. Jene Vorschriften stellen indes ebenso wie § 94 Abs. 1 (durch den Versicherungsnehmer vermitteltes Wissen) nicht analogiefähige Ausnahmeregelungen dar (→ § 142 Rn. 23), weshalb ein derartiges methodisches Vorgehen iErg ausscheidet.

Schon für das alte Recht hatte man darüber gestritten, ob der Versicherer dem Realgläubiger **20** im Versicherungsfall die **mangelnde Werthaltigkeit des Grundpfandrechts** entgegenhalten

---

[35] Zur Mehrfachversicherung sowie zu den mit ihr im Zusammenhang stehenden einfachen und qualifizierten Subsidiaritätsklauseln BGH BeckRS 2014, 04847; *Staudinger* in Beckmann/Matusche-Beckmann VersR-HdB § 41 Rn. 307 ff.; *Fajen* VersR 2013, 973; *Schaloske/Kassing* PHi 2014, 174; *Staudinger* DAR 2015, 183 (190 f.); speziell zu § 78 und der Gebäudefeuerversicherung OLG Hamm r+s 2013, 72.
[36] *Dörner/Staudinger* in Berliner Kommentar VVG § 103 Rn. 8; *Klimke* in Prölss/Martin VVG § 143 Rn. 31.
[37] Insoweit ergeben sich Divergenzen zur alten Rechtslage; noch zu dieser *Dörner/Staudinger* in Berliner Kommentar VVG § 103 Rn. 8.
[38] So auch *Herrmann* in BeckOK VVG VVG § 143 Rn. 14; *Stagl/Brand* in Looschelders/Pohlmann VVG § 143 Rn. 15.
[39] Krit. zur alten Rechtslage schon *Kollhosser* in Prölss/Martin, 27. Aufl. 2004, VVG § 102 Rn. 9.
[40] Grdl. BGH NJW 1981, 1671 (1672); *Klimke* in Prölss/Martin VVG § 143 Rn. 4; *Schnepp/Spallino* in Staudinger/Halm/Wendt VVG § 143 Rn. 22.
[41] Zum Streitstand nach altem Recht *Johannsen* NVersZ 2000, 410 (411).
[42] Für die Annahme eines gesetzlichen Schuldverhältnisses bspw. *Dörner/Staudinger* in Berliner Kommentar VVG § 102 Rn. 10; *Herrmann* in BeckOK VVG VVG § 143 Rn. 15; *Kollhosser* in Prölss/Martin, 27. Aufl. 2004, VVG § 102 Rn. 9; *Langheid* in Langheid/Rixecker VVG § 143 Rn. 15; *Stagl/Brand* in Looschelders/Pohlmann VVG § 143 Rn. 10.
[43] *Dörner/Staudinger* in Berliner Kommentar VVG § 102 Rn. 25; *Pagel* in Schwintowski/Brömmelmeyer/Ebers VVG § 143 Rn. 6; *Stagl/Brand* in Looschelders/Pohlmann VVG § 143 Rn. 11.

konnte, die Anspruchshöhe mithin zu begrenzen war.[44] Der Reformgesetzgeber hat die genannte Problematik zwar mit der ersatzlosen Streichung des § 102 Abs. 1 aF entschärft, sie besitzt im Rahmen von § 143 Abs. 1 aber gleichwohl Bedeutung. Für eine restriktive Interpretation der Vorschrift spricht, dass der Realgläubiger durch das schädigende Ereignis nicht besser als bei einer Verwertung des Pfandes stehen darf. Dadurch erführe er nämlich eine aus Schutzgesichtspunkten nicht gebotene Privilegierung.[45] Die Legislative will den Sicherungsnehmer in § 143 Abs. 1 freilich behandeln, als sei er selbst Inhaber der Versicherungsforderung.[46] Die methodische Konstruktion eines Einwands, den sich nicht ebenso der Versicherungsnehmer entgegen halten lassen müsste, erscheint daher ausgeschlossen.[47] Da dieser die vereinbarte Entschädigung indes ohne Rücksicht darauf verlangen kann, ob das Pfand bei einer späteren Zwangsversteigerung des Grundstücks vollumfänglich realisierbar ist, gilt für den Realgläubiger mithin nichts Abweichendes.[48] Dessen Anspruch wird somit ausschließlich begrenzt durch Betrag und Rang[49] der Sicherheit nebst Zinsen und Kosten einerseits sowie dem vom Versicherer **bedingungsgemäß zu ersetzenden Schaden andererseits**.[50] Maßgeblich für die zu erbringende Leistung ist also vor allem, ob zum Zeit- oder Neuwert versichert sowie letzterenfalls eine (einfache oder strenge) Wiederherstellungsklausel[51] vereinbart wurde. Die Entwertung des Pfandes findet damit lediglich innerhalb der Schadensbemessung Berücksichtigung.[52]

III. Beendigung des Versicherungsverhältnisses (Abs. 2)

21 Nach dem Gesetzeswortlaut wird eine Vertragsbeendigung gegenüber einem angemeldeten Realgläubiger erst mit Ablauf von **zwei Monaten** wirksam. Diese Formulierung ist unpräzise, bleibt der Versicherer doch aus dem mit der Anmeldung entstandenen gesetzlichen Schuldverhältnis (→ Rn. 17) zur Zahlung der Entschädigungssumme verpflichtet.

22 Die Frist des § 142 Abs. 2 S. 1 beginnt, sobald dem Realgläubiger eine bereits eingetretene bzw. der Zeitpunkt einer noch bevorstehenden Vertragsbeendigung (formlos) mitgeteilt wird. Entscheidend ist der **Zugang** (§ 130 Abs. 1 BGB) der jeweiligen Erklärung. Es handelt sich daher abermals um eine Ereignis- und Wochenfrist, für deren Berechnung die §§ 187 Abs. 1, 188 Abs. 2 BGB heranzuziehen sind.

23 Liegen die Voraussetzungen des § 142 Abs. 2 S. 1 vor, obwohl der Vertrag formell noch nicht beendet ist, so besteht die Haftung des Versicherers bis dahin fort.[53] Im Falle seiner Insolvenz (→ Rn. 10) gilt es, § 16 Abs. 1 zu beachten, wonach das Versicherungsverhältnis mit Ablauf eines Monats seit deren Eröffnung erlischt. Daran schließt sich die Frist des § 142 Abs. 2 S. 1 zusätzlich an.[54]

24 Im Unterschied zu § 142 Abs. 1 (→ Rn. 19) genügt nach Abs. 2 S. 1 aE eine **anderweitige** (positive[55]) **Kenntnisnahme** des Realgläubigers von den Umständen, die den Fristbeginn auslösen. Zu seinen Lasten geht es also bspw., wenn er durch den Versicherungsnehmer oder einen Dritten von der Vertragsbeendigung erfährt. In praxi dürfte es dem Versicherer jedoch kaum einmal gelingen, dies zu beweisen (zur Beweislast → Rn. 33).

25 Versäumt er der Versicherer, die erforderlichen Mitteilungen zu machen, und erlangt der Realgläubiger auch nicht auf andere Weise vom Ende des Versicherungsverhältnisses Kenntnis, besteht die Leistungspflicht aus § 142 Abs. 2 **zeitlich uneingeschränkt** fort.[56]

---

[44] *Klimke* in Prölss/Martin VVG § 143 Rn. 8; *Langheid* in Langheid/Rixecker VVG Vor §§ 142–149 Rn. 38 f.; *Stagl/Brand* in Looschelders/Pohlmann VVG § 143 Rn. 5; dagegen *Dörner/Staudinger* in Berliner Kommentar VVG § 102 Rn. 20; *Johannsen* NVersZ 2000, 410 (412 f.).
[45] OLG Saarbrücken r+s 1995, 227 (228); *Langheid* in Langheid/Rixecker VVG Vor §§ 142–149 Rn. 39.
[46] BGH NJW 1981, 1671 (1672).
[47] Dafür spricht sich jedoch *Langheid* in Langheid/Rixecker VVG Vor §§ 142–149 Rn. 28 aus; ferner die Argumentation von *Klimke* in Prölss/Martin VVG § 143 Rn. 8.
[48] BGH NJW-RR 1997, 406 f.
[49] *Johannsen* NVersZ 2000, 410 (413).
[50] BGH VersR 1997, 570.
[51] Zur Wiederherstellungsklausel OGH VersR 2014, 858; VersR 2013, 1067; LG Wiesbaden VersR 2015, 236.
[52] BGH VersR 1997, 570; *Johannsen* NVersZ 2000, 410 (413).
[53] *Johannsen* NVersZ 2000, 410 (414).
[54] *Dörner/Staudinger* in Berliner Kommentar VVG § 103 Rn. 5; *Johannsen* NVersZ 2000, 410 (414).
[55] Ein Kennenmüssen genügt hingegen nicht, OLG Hamm r+s 2013, 72; *Schnepp/Spallino* in Staudinger/Halm/Wendt VVG § 143 Rn. 6; *Stagl/Brand* in Looschelders/Pohlmann VVG § 143 Rn. 11.
[56] *Dörner/Staudinger* in Berliner Kommentar VVG § 103 Rn. 15.

IV. Änderung des Versicherungsverhältnisses (Abs. 3)

§ 143 Abs. 3 macht sich die etwas unglückliche (→ Rn. 21) Terminologie des Abs. 2 S. 1 zu 26 eigen, wonach eine nachträgliche Vertragsänderung gegenüber einem angemeldeten Realgläubiger erst mit Ablauf von **zwei Monaten** wirksam wird. Die Vorschrift gewährt dem Realgläubiger folglich einen Leistungsanspruch **zu den ursprünglichen Konditionen der Police**.

Die Frist des § 143 Abs. 3 beginnt, sobald der Versicherer dem Realgläubiger die Vertragsände- 27 rung bzw. den Zeitpunkt ihres Wirksamwerdens mitteilt, falls die Modifikation nicht unmittelbar mit deren Vereinbarung in Kraft tritt. Nach **Zugang** (§ 130 Abs. 1 BGB) der Anzeige gelten dabei die §§ 187 Abs. 1, 188 Abs. 2 BGB zur Berechnung einer Ereignis- und Monatsfrist. Auf Grund des vorbehaltlosen Verweises auf Abs. 2 genügt es allerdings, wenn der Realgläubiger in anderer Weise (zB durch eine Mitteilung des Versicherungsnehmers) von der Änderung des Versicherungsverhältnisses (positive[57]) Kenntnis erlangt (→ Rn. 24).

Fehlt es an den erforderlichen Mitteilungen und erfährt der Realgläubiger auch nicht anderwei- 28 tig von der Vertragsmodifikation, dauert die Leistungspflicht aus § 143 Abs. 3 **zeitlich uneingeschränkt** fort.

V. Nichtigkeit des Versicherungsverhältnisses (Abs. 4)

Nach Maßgabe von § 143 Abs. 4 S. 1 kann die Nichtigkeit des Versicherungsvertrags gegenüber 29 dem Realgläubiger nicht geltend gemacht werden. Auch insoweit steht ihm aus dem mit der Anmeldung entstandenen gesetzlichen Schuldverhältnis (→ Rn. 17) ein **eigener unbefristeter Leistungsanspruch** gegen die Assekuranz zu. Der Realgläubiger steht aufgrund der Regelung des § 143 Abs. 4 S. 1 bei erfolgreicher Anfechtung des Versicherers wegen arglistiger Täuschung iErg besser als bei einer Kündigung wegen grob fahrlässiger Herbeiführung des Versicherungsfalles. Dieser Wertungswiderspruch lässt sich aufgrund der klaren Entscheidung des Gesetzgebers jedoch nicht durch Auslegung korrigieren.[58]

Ausnahmsweise erlischt die Forthaftung des Versicherers gem. § 143 Abs. 4 S. 2 jedoch **zwei** 30 **Monate**, nachdem er den Realgläubiger von der Nichtigkeit informiert oder dieser hiervon auf andere Weise (positive[59]) Kenntnis erlangt hat. Die Frist beginnt mit **Zugang** (§ 130 Abs. 1 BGB) der entsprechenden Erklärung. Für die Fristberechnung gelten wie iRd § 143 Abs. 2 die §§ 187 Abs. 1, 188 Abs. 2 BGB (→ Rn. 22). Eine Abgrenzung zwischen Vertragsbeendigung und -nichtigkeit erscheint daher regelmäßig entbehrlich.[60]

Solange die Voraussetzungen des § 143 Abs. 4 S. 2 nicht vorliegen, bleibt der Versicherer **zeit-** 31 **lich uneingeschränkt** zur Zahlung der Entschädigungssumme verpflichtet.

F. Abdingbarkeit

§ 143 besitzt zwar keinen halbzwingenden Charakter. Angesichts des Verbots von **Verträgen** 32 **zulasten Dritter** darf die Vorschrift gleichwohl nicht durch Abreden zwischen Versicherer und Versicherungsnehmer zum Nachteil des Realgläubigers abbedungen werden (→ § 142 Rn. 26).[61]

G. Beweislast

Zur Verteilung der Darlegungs- und Beweislast im Hinblick auf die Anmeldung des Grund- 33 pfandrechts sowie Anzeigepflichten des § 142 → § 142 Rn. 27. Die Assekuranz muss überdies darlegen und ggf. beweisen, dass der Realgläubiger von der Beendigung des Vertrags, dessen Änderung oder Nichtigkeit in anderer Weise Kenntnis erlangt hat. Bleibt unklar, ob der Versicherungsfall vor oder nach Ablauf der Haftungsfrist eingetreten ist, geht dies zulasten des Versicherers.[62]

---

[57] Ein Kennenmüssen genügt hingegen nicht → Rn. 24.
[58] *Halbach* in HK-VVG § 143 Rn. 14; *Klimke* in Prölss/Martin VVG § 143 Rn. 33; *Stagl/Brand* in Looschelders/Pohlmann VVG § 143 Rn. 15.
[59] → Rn. 24.
[60] *Stagl/Brand* in Looschelders/Pohlmann VVG § 143 Rn. 15.
[61] *Dörner/Staudinger* in Berliner Kommentar VVG § 102 Rn. 27, VVG § 103 Rn. 17; *Halbach* in HK-VVG VVG § 143 Rn. 16; *Klimke* in Prölss/Martin VVG § 143 Rn. 34; *Stagl/Brand* in Looschelders/Pohlmann VVG § 143 Rn. 17.
[62] *Dörner/Staudinger* in Berliner Kommentar VVG § 103 Rn. 16; *Prölss* in Baumgärtel, Handbuch der Beweislast im Privatrecht, Bd. V, 1993, VVG §§ 101–103 Rn. 1.

H. Mehrfachversicherung

34 Nach § 143 sind Konstellationen denkbar, bei denen trotz wirksamer Ausübung von Gestaltungsrechten im Verhältnis Versicherung–Versicherungsnehmer die Leistungspflicht der Assekuranz ggü. dem Realgläubiger erhalten bleibt. Holt etwa der Hypothekar seinerseits Versicherungsschutz ein, konkurrieren zwei Forderungen, wenn der Versicherungsfall eintritt: Einerseits eine rechtsgeschäftliche, andererseits eine kraft Gesetz begründete. In dieser Situation existiert daher eine Mehrfachversicherung iSd §§ 77 ff. Für sie ist es irrelevant, dass ein Anspruch aus Vertrag, der andere aus Gesetz resultiert.[63] Soweit keines der beteiligten Versicherungsunternehmen für diese Konstellation eine Vertragsbedingung bereithält, richtet sich ihre Leistungspflicht – in Ermangelung einer gesetzlichen Subsidiarität[64] – nach § 78 Abs. 1 und 2.[65]

Versicherungsunternehmen verwenden jedoch oftmals AVB, welche § 78 Abs. 1 und 2 abbedingen,[66] mit der Folge, dass die eigene Leistungspflicht hinter derjenigen der anderen Assekuranz zurückstehen soll. Solche Subsidiaritätsklauseln können einfach bzw. eingeschränkt sowie qualifiziert resp. uneingeschränkt vorformuliert sein.[67]

I. Einfache Subsidiaritätsklausel

35 Einfache Subsidiaritätsklauseln stellen auf die Existenz einer anderweitigen Deckung ab. Verwendet sie ein Versicherer, beabsichtigt er nur für den Fall nicht einzutreten, dass der andere (Primär)Versicherer auch tatsächlich leistet.[68] Nach herrschender Meinung soll eine entsprechende Bedingung mit §§ 305 ff. BGB[69] vereinbar sein.[70]

36 Verwenden beide Assekuranzen gleichermaßen eine einfache Subsidiaritätsklausel und fehlen formularvertragliche Lösungen für den Fall ihrer Kollision, heben sie sich im Wege der ergänzenden Vertragsauslegung (§§ 133, 157 BGB) gegenseitig auf. Die Leistungspflicht der beiden Versicherer bestimmt sich nach § 78 Abs. 1, 2.[71]

II. Qualifizierte Subsidiaritätsklausel

37 In Abgrenzung zur einfachen, soll nach der qualifizierten Subsidiaritätsklausel die andere Versicherung bereits dann allein eintrittspflichtig sein, wenn beide dieselben Risiken abdecken. Eine tatsächliche Deckung setzt sie damit nicht voraus.[72] Auch diese Klausel steht nach überwiegender Auffassung im Schrifttum mit den Vorgaben des AGB-Rechts[73] im Einklang.[74]

38 Während im Rahmen der Einbeziehungskontrolle entsprechenden Vertragsbedingungen ein Überraschungseffekt (§ 305c Abs. 2 BGB) abzusprechen ist[75] sowie auch kein Verstoß gegen das Transparenzgebot (§ 307 Abs. 1 S. 2 BGB) droht,[76] erscheint iErg dennoch eine Vertragsgefährdung (§ 307 Abs. 1 S. 1, 2 Nr. 2 BGB) naheliegend. Immerhin befand der BGH eine einfache Subsidiaritätsklausel für wirksam, da diese eben die Vorleistungspflicht des Subsidiärversicherers vorsah und

---

[63] OLG Hamm r+s 2013, 72 (73).
[64] *Johannsen* in Bruck/Möller VVG § 143 Rn. 39; *Klimke* in Prölss/Martin VVG § 143 Rn. 13; *Langheid* in Langheid/Rixecker VVG § 143 Rn. 15.
[65] Zu einem solchen Fall OLG Hamm r+s 2013, 72 ff.
[66] Lediglich § 78 Abs. 3 ist halbzwingend ausgestaltet; vgl. § 87.
[67] Zur Terminologie *Schnepp* in Bruck/Möller VVG § 78 Rn. 173; *Staudinger* in Beckmann/Matusche-Beckmann VersR-HdB § 41 Rn. 308, 311.
[68] Eine gekürzte Leistung, etwa aufgrund der Verletzung einer vertraglichen Obliegenheit (§ 28 Abs. 2 S. 2), reicht aus.
[69] Beachte die Abweichung bei der Klauselkontrolle, wenn Vertragspartner des Versicherers ein Unternehmer ist; vgl. § 310 Abs. 1 BGB.
[70] *Armbrüster* in Prölss/Martin VVG § 78 Rn. 30 mwN; *Fajen* VersR 2013, 973; *Schaloske/Kassing* PHi 2014, 174 (175); aA etwa *Köther* in Bach/Moser AuslR-KV Rn. 15.
[71] BGH VersR 2014, 450; *Staudinger* in Beckmann/Matusche-Beckmann VersR-HdB § 41 Rn. 310; *Staudinger* DAR 2015, 183 (190 f.).
[72] *Staudinger* in Beckmann/Matusche-Beckmann VersR-HdB § 41 Rn. 311.
[73] Da Subsidiaritätsklauseln (regelmäßig) lediglich die dispositiven (vgl. § 87) § 78 Abs. 1, 2 betreffen, greifen keine Schranken des VVG (§§ 18, 32, 42, 52 Abs. 5, 87, 112, 129, 171, 175, 191, 208) ein. Beachte in diesem Kontext BGH BeckRS 2014, 08783 Rn. 22; OLG Köln r+s 2015, 150, wonach ein Verstoß gegen § 32 S. 1 zugleich eine unangemessene Benachteiligung iSd § 307 Abs. 1 S. 1 BGB darstellt.
[74] → § 78 Rn. 18; *Armbrüster* in Prölss/Martin VVG § 78 Rn. 32, 35; *Schaloske/Kassing* PHi 2014, 174 (175 f.).
[75] Ausf. *Staudinger* in Beckmann/Matusche-Beckmann VersR-HdB § 41 Rn. 312.
[76] *Staudinger* in Beckmann/Matusche-Beckmann VersR-HdB § 41 Rn. 313.

letztlich auch immer eine Assekuranz leistete.[77] Letztgenanntes Korrektiv fehlt hingegen qualifizierten Subsidiaritätsklauseln, sodass eine Unwirksamkeit gem. § 307 Abs. 1 S. 1, 2 Nr. 2 BGB anzunehmen ist.

Auf Rechtsfolgenseite stellt sich mithin die Frage nach dem Schicksal dieser unzulässigen 39
Formularabrede. Vorgeschlagen wird insofern, den Versicherungsvertrag aufgrund der gem.
§ 306 Abs. 1 BGB entstandenen Lücke ergänzend dahingehend auszulegen, dass die qualifizierte als einfache Subsidiaritätsklausel (weiterhin) Bestand haben soll.[78] Diesem Ansatz steht jedoch das (sekundärrechtliche[79]) Verbot der geltungserhaltenden Reduktion (§ 306 Abs. 2 BGB[80]) entgegen.[81] Im Übrigen kommt auch keine anderweitige methodische Alternative in Betracht, sodass die unwirksame AVB vollständig entfällt und es bei einem Rückgriff auf dispositives Recht – damit § 78 – verbleibt (§ 306 Abs. 2 BGB).[82] Eine vertragliche Eintrittspflicht bedeutet auch keine unzumutbare Härte für den Versicherer (§ 306 Abs. 3 BGB). Er bleibt daher weiterhin an den Vertrag gebunden.

Aufgrund dieses Schlusses kommt auch keine Kollision von qualifizierten Subsidiaritätsklauseln 40
in Betracht. Möglich erscheint allerdings, dass eine solche AVB auf eine einfache Formularabrede trifft. Dies hat zur Folge, dass der Primärversicherer eintrittspflichtig bleibt.

§ 144 Kündigung des Versicherungsnehmers

¹Hat ein Hypothekengläubiger seine Hypothek angemeldet, ist eine Kündigung des Versicherungsverhältnisses durch den Versicherungsnehmer unbeschadet des § 92 Abs. 1 und des § 96 Abs. 2 nur wirksam, wenn der Versicherungsnehmer mindestens einen Monat vor Ablauf des Versicherungsvertrags nachgewiesen hat, dass zu dem Zeitpunkt, zu dem die Kündigung spätestens zulässig war, das Grundstück nicht mit der Hypothek belastet war oder dass der Hypothekengläubiger der Kündigung zugestimmt hat. ²Die Zustimmung darf nicht ohne ausreichenden Grund verweigert werden.

Übersicht

		Rn.			Rn.
A.	Normzweck	1	III.	Voraussetzungen einer wirksamen Kündigung (S. 1)	9
B.	Entstehungsgeschichte	2	1.	Fehlende Belastung des Grundstücks (Alt. 1)	10
C.	Änderungen gegenüber der bisherigen Rechtslage	3	2.	Zustimmung des Realgläubigers (Alt. 2)	13
D.	Tatbestand	4	IV.	Verweigerung der Zustimmung (S. 2)	15
I.	Anwendungsbereich	4	E.	Rechtsfolgen	18
			F.	Abdingbarkeit	20
II.	Anmeldung	8	G.	Beweislast	22

Schrifttum: Vgl. die Angaben bei § 94 sowie iÜ *Armbrüster*, Wechsel der Gebäudeversicherung bei Wohnungseigentumsanlagen, Grundeigentum 2004, 1504; *Grassl-Palten*, Feuerversicherung und Realkredit, 1992; *Jabornegg*, Verbraucherkündigung nach § 8 Abs. 3 VVG und Kündigungsbeschränkung gem. § 106 VVG, RdW 7/2000 Nr. 370.

A. Normzweck

Kündigt der Versicherungsnehmer den Gebäudeversicherungsvertrag, so ist die Wirksamkeit 1
seines Gestaltungsrechts nach § 144 von der Zustimmung des angemeldeten Realgläubigers abhängig. Dieser soll von vornherein in das Verfahren einbezogen werden, da ihm der Versicherer gem. § 143

---

[77] BGH VersR 2004, 994.
[78] *Fajen* VersR 2013, 973 (975).
[79] Hierzu im Rahmen eines Verbrauchervertrags EuGH EuZW 2012, 754 mAnm *Wendenburg*.
[80] Zum Verbot der geltungserhaltenden Reduktion gem. § 306 Abs. 2 BGB s. *Schulte-Nölke* in HK-BGB § 306 Rn. 4 f.
[81] *Staudinger* in Beckmann/Matusche-Beckmann VersR-HdB § 41 Rn. 316 ff.
[82] Ausf. *Staudinger* in Beckmann/Matusche-Beckmann VersR-HdB § 41 Rn. 316 ff.

Abs. 2 noch für die Dauer zweier Monate ab Kenntnisnahme von der Vertragsbeendigung zur Leistung verpflichtet bleibt.[1] So erschwert es die Legislative dem Versicherungsnehmer zugleich, den Haftungsumfang des Grundpfandrechts eigenmächtig zu verringern.[2]

B. Entstehungsgeschichte

2 Zur Entstehungsgeschichte der §§ 142–149 → § 142 Rn. 2.

C. Änderungen gegenüber der bisherigen Rechtslage

3 § 144 entspricht sachlich der Vorgängerregelung in § 106 aF, dessen Abs. 2 nunmehr in einen neuen S. 2 überführt wurde.

D. Tatbestand

I. Anwendungsbereich

4 Die Vorschrift erstreckt sich nach ihrer systematischen Stellung allein auf die **Gebäudefeuerversicherung** (→ § 142 Rn. 5). Sie findet daher keine Anwendung, soweit noch zusätzliche Gefahren – zB Leitungswasser[3] und Sturm – im Versicherungsverhältnis eingeschlossen sind. Eine Analogie, wie sie schon für die §§ 81–107c aF abgelehnt wurde,[4] scheitert daran, dass der Reformgesetzgeber kein Bedürfnis gesehen hat, jene Regelungslücke zu schließen.[5] Im Falle einer **kombinierten Versicherung** gilt daher Folgendes: Die Kündigung bedarf nach § 144 allein hinsichtlich des Vertragsteils, welcher das Feuerrisiko abdeckt, einer Zustimmung. Versagt der Realgläubiger sein Einverständnis, dürfte das Gestaltungsrecht gleichwohl insgesamt unwirksam sein, wenn nicht anzunehmen ist, dass der Versicherungsnehmer dieses auch isoliert für die nicht von § 144 erfassten Gefahren erklärt hätte (§ 139 BGB).[6] Zu einer teilweisen Beendigung des Versicherungsverhältnisses kommt es deshalb nur, sofern der Versicherungsnehmer zu erkennen gibt, am Erhalt eines einheitlichen Versicherungsschutzes kein Interesse zu haben.[7] Als Indiz dafür erscheint bspw. der zwischenzeitliche Abschluss einer neuen Police.[8]

5 Explizit vom Anwendungsbereich des § 144 **ausgenommen** sind die Kündigung nach **Eintritt des Versicherungsfalls** (§ 92 Abs. 1) bzw. **Veräußerung der versicherten Sache** (§ 96 Abs. 2). In beiden Konstellationen braucht der Realgläubiger jener also nicht zustimmen.[9] Seinem Schutz dient insoweit § 143 Abs. 2, der sich gleichermaßen nicht auf eine Beendigung des Versicherungsverhältnisses wegen Prämienzahlungsverzugs erstreckt (vgl. dessen S. 1). Relevanz besitzt § 144 demgegenüber bei einer Kündigung des Versicherungsnehmers, um eine automatische Vertragsverlängerung zu verhindern (§ 11 Abs. 1), sowie einer solchen zum Schluss der laufenden Versicherungsperiode (§ 11 Abs. 2).[10] Die Vorschrift dürfte ferner heranzuziehen sein, falls von einem Versicherungsverhältnis mit dreijähriger Dauer nach Maßgabe des § 11 Abs. 4 Abstand genommen wird.[11]

---

[1] RegE, BT-Drs. 16/3945, 94.
[2] *Dörner/Staudinger* in Berliner Kommentar VVG § 106 Rn. 1.
[3] Zum bestimmungswidrigen und -gemäßen Wasseraustritt OLG Düsseldorf BeckRS 2014, 19559; OLG Frankfurt a. M. r+s 2010, 288.
[4] BGHZ 108, 82 (84 ff.) = VersR 1989, 912.
[5] RegE, BT-Drs. 16/3945, 94.
[6] *Armbrüster* Rn. 1110; *Dörner/Staudinger* in Berliner Kommentar VVG § 106 Rn. 2; *Johannsen* in Bruck/Möller VVG § 144 Rn. 11; *Pagel* in Schwintowski/Brömmelmeyer/Ebers VVG § 144 Rn. 1; *Stagl/Brand* in Looschelders/Pohlmann VVG § 144 Rn. 2; aA LG Dortmund NVersZ 2000, 145; *Klimke* in Prölss/Martin VVG § 144 Rn. 1a ff; *Langheid* in Langheid/Rixecker VVG § 144 Rn. 8.
[7] *Pagel* in Schwintowski/Brömmelmeyer/Ebers VVG § 144 Rn. 1; *Stagl/Brand* in Looschelders/Pohlmann VVG § 144 Rn. 2.
[8] LG Dortmund NVersZ 2000, 145.
[9] *Dörner/Staudinger* in Berliner Kommentar VVG § 106 Rn. 3.
[10] *Stagl/Brand* in Looschelders/Pohlmann VVG § 144 Rn. 3.
[11] AA hinsichtlich § 8 Abs. 3 aF nur *Jabornegg* RdW 7/2000 Nr. 370, 397 (398 ff.).

Keine Rolle spielt, ob die Kündigung vom Versicherungsnehmer selbst oder seinem **gesetzli-** 6
chen Vertreter erklärt wird. § 144 ist bspw. ungeachtet des Umstands einschlägig, dass sich der
Masseverwalter auf ein entsprechendes Gestaltungsrecht beruft.[12]

Der Wortlaut von § 144 hat die Hypothek zum Gegenstand. In Anlehnung an die Regelungs- 7
technik des allgemeinen Zivilrechts (vgl. § 1192 BGB) gewährleistet **§ 148,** dass jene Vorschrift
gleichermaßen bei sonstigen Grundpfandrechten (Grund- sowie Rentenschulden, Reallasten) zur
Anwendung gelangt. Über **§ 11 Abs. 1 ErbbauRG** gilt § 144 ferner zugunsten solcher Gläubiger,
deren Sicherheit lediglich an einem **Erbbaurecht** bestellt wurde.[13]

II. Anmeldung

Zur Anmeldung des Grundpfandrechts beim Versicherer und der damit verbundenen Entste- 8
hung eines gesetzlichen Schuldverhältnisses → § 94 Rn. 16; → § 142 Rn. 7.

III. Voraussetzungen einer wirksamen Kündigung (S. 1)

Der Versicherungsnehmer hat **zwei Möglichkeiten,** das Versicherungsverhältnis wirksam zu 9
beenden:

1. Fehlende Belastung des Grundstücks (Alt. 1). Eine Kündigung **ohne Zustimmung** 10
des Realgläubigers ist nur wirksam, wenn der Versicherungsnehmer spätestens **einen Monat** vor
Vertragsablauf nachweist, dass das Grundstück zu dem Zeitpunkt, in welchem jene spätestens zulässig
war, nicht mit einem Pfandrecht belastet war. Lastenfreiheit braucht also nicht schon im Moment
der Kündigungserklärung vorliegen.[14]

Der **Nachweis** erfolgt mittels eines einfachen Grundbuchauszugs (§ 12 Abs. 2 GBO) und ist 11
gegenüber dem Versicherer oder dessen Agenten (§ 69 Abs. 1 Nr. 2) zu erbringen. Im Falle einer
Versicherermehrheit müssen die notwendigen Dokumente an alle beteiligten Assekuranzen bzw. bei
Geltung einer Führungsklausel an das führende Unternehmen gerichtet werden.[15]

Die Kündigung bleibt zunächst **schwebend,** wird aber, sobald dem Versicherungsnehmer inner- 12
halb der Monatsfrist der erforderliche Nachweis nicht gelingt, **endgültig unwirksam.** Will er dies
vermeiden, hat er rechtzeitig die Zustimmung des Realgläubigers (→ Rn. 13 f.) einzuholen. Liegen
die Voraussetzungen des § 144 Alt. 1 einmal vor, schadet es indes nicht mehr, falls noch vor Fristablauf
ein neues Grundpfandrecht eingetragen wird.[16]

2. Zustimmung des Realgläubigers (Alt. 2). Gelingt es dem Versicherungsnehmer nicht, 13
fristgerecht die Lastenfreiheit des Grundstücks darzulegen, muss er – ebenfalls binnen eines Monats
bis zum Vertragsablauf – nachweisen, dass alle angemeldeten Realgläubiger mit der Kündigung
einverstanden sind. Die **Zustimmung** (§§ 182 ff. BGB) kann dabei sowohl dem Versicherer als auch
Versicherungsnehmer erklärt werden (§ 184 Abs. 1 BGB)[17] und ist an keine Form gebunden (§ 182
Abs. 2 BGB). Sie muss allerdings **hinreichend bestimmt** sein und eindeutig erkennen lassen, auf
welches Grundpfandrecht sie sich bezieht.[18] Mit ihrem Zugang (§ 130 Abs. 1 BGB) entfällt zugleich
die Forthaftung des Versicherers nach Maßgabe von § 143 Abs. 2 S. 2.

Die Kündigung ist von vornherein wirksam, wenn der Realgläubiger seine **Einwilligung** (§ 183 14
BGB) erteilt hat bzw. der Versicherungsnehmer deren Nachweis führt.[19] Letzteres gilt nicht, sofern
der Versicherungsnehmer das Einverständnis nicht in schriftlicher Form vorzulegen vermag und der
Versicherer die Erklärung deshalb unverzüglich, dh ohne schuldhaftes Zögern (§ 121 Abs. 1 S. 1
BGB), ablehnt. Fehlt es an der Einwilligung, so tritt bis zum Ende der Monatsfrist **schwebende**
Unwirksamkeit ein.[20] Die Kündigung bedarf dann einer **Genehmigung** (§ 184 BGB) durch den
Pfandrechtsinhaber.[21] Das widerspricht zwar dem allgemein-zivilrechtlichen Grundsatz, dass einseitig
empfangsbedürftige Willenserklärungen nichtig sind, soweit sie ohne das ggf. erforderliche Einver-

---

[12] OGH VersR 2000, 614.
[13] So unter Verweis auf die §§ 102 ff. aF: BGH VersR 2005, 785; ausf. zur Diskussion in diesem Zusammenhang → § 143 Rn. 7.
[14] *Dörner/Staudinger* in Berliner Kommentar VVG § 106 Rn. 5.
[15] *Dörner/Staudinger* in Berliner Kommentar VVG § 106 Rn. 6.
[16] *Langheid* in Langheid/Rixecker VVG § 144 Rn. 3; *Schnepp/Spallino* in Staudinger/Halm/Wendt VVG § 144 Rn. 6.
[17] OLG Hamm VersR 1964, 1286 (1287).
[18] LG Halle VersR 2005, 1236 – die Zustimmung einer Bank genügt nicht, wenn ein entsprechendes Schreiben bei mehreren Grundpfandrechten nur ein Az., die Lage des Objekts und den Eigentümer nennt.
[19] *Dörner/Staudinger* in Berliner Kommentar VVG § 106 Rn. 10.
[20] Anders *Langheid* in Langheid/Rixecker VVG § 144 Rn. 9, endgültig unwirksam oder sogar nichtig.
[21] *Dörner/Staudinger* in Berliner Kommentar VVG § 106 Rn. 10.

ständnis eines Dritten vorgenommen werden.[22] § 144 lässt jedoch seinem Wortlaut nach jedwede, dh sowohl eine vorherige als auch nachträgliche „Zustimmung" (vgl. § 182 BGB) genügen.[23] Die Vorschrift stellt mithin eine **Sonderregelung** dar,[24] welche auch angesichts der besonderen Interessenlage der Beteiligten gerechtfertigt erscheint: Der Versicherer ist dadurch geschützt, dass der Schwebezustand spätestens einen Monat vor Ablauf des Versicherungsverhältnisses endet. Er kann dieses nach der Genehmigung ferner behandeln, als sei es im Zeitpunkt der Kündigung erloschen (§ 184 Abs. 1 BGB). Letztere wird ansonsten **endgültig unwirksam**.[25]

IV. Verweigerung der Zustimmung (S. 2)

15 Der Realgläubiger darf seine Zustimmung nicht ohne **ausreichenden Grund** verweigern. Ein solcher liegt vor, sofern jener die Beeinträchtigung seiner Rechtsposition zu befürchten hätte.[26] Das ist der Fall, wenn der Versicherungsnehmer für überhaupt keinen Versicherungsschutz mehr sorgen will oder der ins Auge gefasste Vertrag zum Nachteil des Pfandrechtinhabers von dem bislang bestehenden abweicht.[27] Alte und neue Police müssen folglich **gleichwertig** sein, damit der Vertragsfreiheit Vorrang gegenüber dem Interesse des Realgläubigers am Fortbestand der bisherigen Deckung gebührt.[28] Entscheidend ist allein, ob das Leistungsversprechen des künftigen Versicherers hinter dem des bisherigen Versicherers zurückbleibt. Demgegenüber wäre eine im Einzelfall vorzunehmende Abwägung der jeweiligen Vor- und Nachteile kaum praktikabel.[29] Der Versicherungsnehmer kann sich also bspw. nicht darauf berufen, dass die zu erwartenden Prämieneinsparungen etwaige Risikoausschlüsse rechtfertigen. Nimmt er allerdings seinerseits aus wichtigem Grund vom Versicherungsverhältnis Abstand, ginge es zu weit, sofern es dem Realgläubiger gestattet wäre, ihn am Vertrag mit einem Versicherer festzuhalten, der Anlass zu einer außerordentlichen Kündigung gegeben hat.[30]

16 Zweifelhaft erscheint, ob der Realgläubiger seine Zustimmung nach § 144 S. 2 mit dem Argument abzulehnen vermag, dass er einen engen Geschäftskontakt zum gegenwärtigen Versicherer unterhält.[31] Dagegen spricht auf den ersten Blick, dass es an einem Zusammenhang zur Werthaltigkeit des Pfandrechts fehlt.[32] Zu bedenken gilt indes, dass ein möglicher Einfluss derartiger Beziehungen auf das Regulierungsverhalten des Versicherers schwerlich zu leugnen ist. Sie stellen deshalb ein berechtigtes Motiv für die Versagung des Einverständnisses dar.[33]

17 Verweigert der Realgläubiger seine Zustimmung **ohne** ausreichenden Grund, so macht er sich im Rahmen der zum Versicherungsnehmer bestehenden Sonderbeziehung (arg. § 1146 BGB) nach Maßgabe der §§ 280 Abs. 1, 241 Abs. 2 BGB schadensersatzpflichtig.[34] Letzterer kann etwa die Prämiendifferenz im Vergleich zu einem Neuabschluss liquidieren.[35] Aus dem mit Anmeldung des Pfandrechtinhabers entstandenen gesetzlichen Schuldverhältnis (→ Rn. 8) folgt freilich kein derartiger Anspruch. Denn dieses verpflichtet ihn allein gegenüber dem (alten) Versicherer, der aber gerade keinen Nachteil erleidet, wenn der bisherige Vertrag mangels wirksamer Kündigung fortexistiert.[36]

E. Rechtsfolgen

18 Gelingt bis zum Ablauf der Monatsfrist weder der Nachweis der Lastenfreiheit des Grundstücks (→ Rn. 10 ff.) noch der Zustimmung des Realgläubigers (→ Rn. 13 ff.), ist die Kündigung nicht

---

[22] *Bayreuther* in MüKoBGB BGB § 182 Rn. 34 mwN.
[23] AA *Langheid* in Langheid/Rixecker VVG § 144 Rn. 7.
[24] *Dörner/Staudinger* in Berliner Kommentar VVG § 106 Rn. 10; zust. *Johannsen* in Bruck/Möller VVG § 144 Rn. 7; *Pagel* in Schwintowski/Brömmelmeyer/Ebers VVG § 144 Rn. 8; *Schnepp/Spallino* in Staudinger/Halm/Wendt VVG § 144 Rn. 9.
[25] *Dörner/Staudinger* in Berliner Kommentar VVG § 106 Rn. 11; *Klimke* in Prölss/Martin VVG § 144 Rn. 4 ff.
[26] *Langheid* in Langheid/Rixecker VVG § 144 Rn. 11.
[27] *Dörner/Staudinger* in Berliner Kommentar VVG § 106 Rn. 13; *Klimke* in Prölss/Martin VVG § 144 Rn. 6 f.
[28] *Dörner/Staudinger* in Berliner Kommentar VVG § 106 Rn. 13; *Johannsen* in Bruck/Möller VVG § 144 Rn. 14.
[29] Dafür aber *Pagel* in Schwintowski/Brömmelmeyer/Ebers VVG § 144 Rn. 10.
[30] *Klimke* in Prölss/Martin VVG § 144 Rn. 6; *Grassl-Palten*, Feuerversicherung und Realkredit, 1992, S. 137 f.
[31] *Langheid* in Langheid/Rixecker VVG § 144 Rn. 12.
[32] In diese Richtung offenbar *Stagl/Brand* in Looschelders/Pohlmann VVG § 144 Rn. 9.
[33] AA *Pagel* in Schwintowski/Brömmelmeyer/Ebers VVG § 144 Rn. 10.
[34] *Dörner/Staudinger* in Berliner Kommentar VVG § 106 Rn. 14; *Schmidt*, Die rechtliche Stellung des Realgläubigers gegenüber dem Versicherer nach den §§ 1127, 1130 BGB und den §§ 97–107c VVG, 1982, S. 227 Fn. 2; eine fingierte Zustimmung analog § 162 BGB zieht in Betracht *Johannsen* in Bruck/Möller VVG § 144 Rn. 15.
[35] *Klimke* in Prölss/Martin VVG § 144 Rn. 6a.
[36] AA offenbar *Stagl/Brand* in Looschelders/Pohlmann VVG § 144 Rn. 3.

nur relativ – dh gegenüber diesem –, sondern zum Zwecke der Rechtsklarheit auch im Verhältnis zum Versicherungsnehmer **absolut unwirksam**.[37] Im Schadensfall beschränkt sich die vom Versicherer zu erbringende Entschädigungsleistung folglich nicht auf den Betrag des Pfandrechts.[38]

Nimmt der Versicherungsnehmer ohne die genannten Nachweise vom Vertrag Abstand, gebieten **Treu und Glauben** (§ 242 BGB) der Assekuranz, jenen auf die Möglichkeit aufmerksam zu machen, die erforderlichen Unterlagen nachzureichen und dadurch die Wirksamkeit der Kündigung herbeizuführen.[39] Sie hat ferner unaufgefordert mitzuteilen, welche Realgläubiger bei ihr angemeldet und daher zustimmungsberechtigt sind.[40] Verstößt sie gegen eine dieser Pflichten, kann der Versicherungsnehmer unter den Voraussetzungen der §§ 280 Abs. 1, 241 Abs. 2 BGB Ersatz für den ihm entstandenen **Schaden** verlangen.[41] Dieser ist im Fortbestand der Prämienschuld des alten, nicht in der zusätzlichen Beitragslast eines schon abgeschlossenen neuen Vertrags zu erblicken.[42] Die erforderliche Kausalbeziehung zwischen Pflichtverletzung und den auszugleichenden Nachteilen dürfte dabei zu bejahen sein, wenn der Versicherungsnehmer darzulegen vermag, dass er den Verhaltensanforderungen des § 144 S. 1 bei einer entsprechenden Unterrichtung durch den Versicherer noch im Nachhinein genügt, also bspw. die Zustimmung des Realgläubigers innerhalb der Monatsfrist eingeholt hätte.[43] Freilich muss nach Maßgabe des § 254 BGB die Anspruchshöhe ggf. um ein etwaiges Mitverschulden gekürzt werden.[44]

19

F. Abdingbarkeit

Die Vorschrift hat zwar keinen halbzwingenden Charakter, die Parteien dürfen sie aber infolge des Verbots von Verträgen zulasten Dritter **nicht zum Nachteil des Realgläubigers** abbedingen (→ § 142 Rn. 26). Sie können deshalb die Nachweisfrist vor Ablauf des Versicherungsverhältnisses nicht verlängern, weil so der dem Pfandrechtinhaber zustehende Überlegungszeitraum sowie seine Genehmigungsmöglichkeit verkürzt würden.[45]

20

Da § 144 nicht den Schutz des Versicherungsnehmers bezweckt, sind **Abweichungen zu seinem Nachteil** grds. **zulässig**. Gleichwohl müssen sich dahingehende Formularabreden an den §§ 305 ff. BGB messen lassen. Erschwert der Versicherer die Kündigung, indem er diese zB an einen beglaubigten Grundbuchauszug als Nachweis der Lastenfreiheit knüpft, so ist bspw. § 309 Nr. 13 BGB zu berücksichtigen.[46]

21

G. Beweislast

Zur Verteilung der Darlegungs- und Beweislast im Hinblick auf die Anmeldung des Grundpfandrechts sowie Anzeigepflichten des § 142 → § 142 Rn. 27. Die Kündigungsvoraussetzungen hat im Streitfall der Versicherungsnehmer zu beweisen. Er muss darlegen, dass er den Versicherer fristgerecht über die Lastenfreiheit des Grundstücks informiert (→ Rn. 10 ff.) bzw. die Zustimmung des Realgläubigers eingeholt hat (→ Rn. 13 ff.). Gleiches gilt, wenn er einen Schadensersatzanspruch gegen den Pfandrechtinhaber (→ Rn. 17) unter Berufung darauf geltend macht, dass dessen Einverständnis ohne ausreichenden Grund verweigert worden ist.

22

---

[37] OLG Hamm NJW-RR 1988, 217; *Dörner/Staudinger* in Berliner Kommentar VVG § 106 Rn. 11; *Stagl/Brand* in Looschelders/Pohlmann VVG § 144 Rn. 7.
[38] *Langheid* in Langheid/Rixecker VVG § 144 Rn. 6.
[39] *Dörner/Staudinger* in Berliner Kommentar VVG § 106 Rn. 12; *Stagl/Brand* in Looschelders/Pohlmann VVG § 144 Rn. 8; *Klimke* in Prölss/Martin VVG § 144 Rn. 5.
[40] LG Dortmund NVersZ 2000, 145 f.; *Dörner/Staudinger* in Berliner Kommentar VVG § 106 Rn. 12; *Klimke* in Prölss/Martin VVG § 144 Rn. 5; aA *Langheid* in Langheid/Rixecker VVG § 144 Rn. 4; ferner die Einschätzung des BAV in VerBAV 1975, 112.
[41] *Dörner/Staudinger* in Berliner Kommentar VVG § 106 Rn. 12; *Klimke* in Prölss/Martin VVG § 144 Rn. 5; *Stagl/Brand* in Looschelders/Pohlmann VVG § 144 Rn. 8; ähnlich LG Dortmund NVersZ 2000, 145; AG Gießen VerBAV 1989, 93.
[42] LG Dortmund NVersZ 2000, 145; *Dörner/Staudinger* in Berliner Kommentar VVG § 106 Rn. 12; *Johannsen* in Bruck/Möller VVG § 144 Rn. 13; aA *Langheid* in Langheid/Rixecker VVG § 144 Rn. 10.
[43] *Klimke* in Prölss/Martin VVG § 144 Rn. 5.
[44] *Klimke* in Prölss/Martin VVG § 144 Rn. 5.
[45] OLG Hamm VersR 1964, 1286 (1287); *Dörner/Staudinger* in Berliner Kommentar VVG § 106 Rn. 15.
[46] *Dörner/Staudinger* in Berliner Kommentar VVG § 106 Rn. 16; *Johannsen* in Bruck/Möller VVG § 144 Rn. 16; *Klimke* in Prölss/Martin VVG § 144 Rn. 7.

§ 145 Übergang der Hypothek

¹Soweit der Versicherer den Hypothekengläubiger nach § 143 befriedigt, geht die Hypothek auf ihn über. ²Der Übergang kann nicht zum Nachteil eines gleich- oder nachstehenden Hypothekengläubigers geltend gemacht werden, dem gegenüber die Leistungspflicht des Versicherers bestehen geblieben ist.

Übersicht

	Rn.		Rn.
A. Normzweck	1	II. Anmeldung	6
B. Entstehungsgeschichte	3	III. Übergang des Grundpfandrechts (S. 1)	7
C. Änderungen gegenüber der bisherigen Rechtslage	4	IV. Rangverhältnis nach dem Übergang (S. 2)	16
D. Tatbestand und Rechtsfolge	5	E. Abdingbarkeit	21
I. Anwendungsbereich	5	F. Beweislast	22

Stichwort- und Fundstellenverzeichnis

Stichwort	Rn.	Rspr.	Lit.
Ausschöpfung der Versicherungssumme	→ Rn. 17 f.	BGH NJW-RR 2005, 1054 (1055) = VersR 2005, 785 = r+s 2005, 248; OLG Hamm NJW-RR 2002, 1546 (1547) = VersR 2003, 639 = r+s 2003, 18	Dörner/Staudinger in Berliner Kommentar VVG § 104 Rn. 13; Johannsen in Bruck/Möller VVG § 145 Rn. 13; Stagl/Brand in Looschelders/Pohlmann VVG § 145 Rn. 7; Langheid in Langheid/Rixecker VVG § 145 Rn. 12 ff.; Langheid NVersZ 2002, 529 ff.
Schicksal der hypothekarisch gesicherten Forderung	→ Rn. 10 ff.	RGZ 124, 91 (94); LG Köln r+s 1986, 290	Dörner/Staudinger in Berliner Kommentar VVG § 104 Rn. 7; Stagl/Brand in Looschelders/Pohlmann VVG § 145 Rn. 4; Pagel in Schwintowski/Brömmelmeyer/Ebers VVG § 145 Rn. 4; Klimke in Prölss/Martin VVG § 145 Rn. 5; Schmidt, Die rechtliche Stellung des Realgläubigers gegenüber dem Versicherer nach den §§ 1127, 1130 BGB und den §§ 97–107c VVG, 1982, S. 219 ff.; Schorling ZHR 112 (1949), 31 ff.

Schrifttum: Vgl. die Angaben bei § 94 sowie iÜ *Armbrüster,* Zur Frage des Rangvorteils für den Gebäudeversicherer durch an vorrangige Grundpfandgläubiger erbrachte Versicherungsleistung, ZfIR 2005, 506; *Langheid,* Der Umfang des gesetzlichen Rücktrittsrecht gem. § 104 S. 2 VVG, NVersZ 2002, 529

A. Normzweck

1 Die Vorschrift schützt in ihrem **S. 1** die **Interessen des Versicherers,** der nach Maßgabe von § 143 die Entschädigungssumme an den Realgläubiger ausgekehrt hat, ohne dem Versicherungsnehmer zu einer Leistung verpflichtet gewesen zu sein. Indem der Übergang des Grundpfandrechts angeordnet wird, erhält der Versicherer neben seinen Regressansprüchen (→ Rn. 6) eine dingliche Sicherheit am belasteten Grundstück.[1]

2 § 145 S. 2 dient dem **Interesse der gleich- oder nachstehenden Realgläubiger,** soweit sie den Versicherer aus § 143 auf Zahlung in Anspruch nehmen können.[2] Rückte einer von diesen nämlich gem. S. 1 in die Grundbuchposition eines zuvor befriedigten vor- oder gleichrangigen Realgläubigers ein, so hätten die übrigen Pfandrechtinhaber nicht allein die Versicherungsforderung

---

[1] Motive zum VVG S. 171.
[2] BGH NJW-RR 2005, 1054 (1055) = VersR 2005, 785.

als Gegenstand des Haftungsverbands verloren. Sie müssten darüber hinaus die Assekuranz als ihnen gegenüber bevorrechtigt akzeptieren.³ Die auf den Versicherer übergegangene dingliche Sicherheit tritt daher hinter eine solche des von S. 2 geschützten Personenkreises zurück.

B. Entstehungsgeschichte

Zur Entstehungsgeschichte der §§ 142–149 → § 142 Rn. 2. 3

C. Änderungen gegenüber der bisherigen Rechtslage

§ 145 entspricht zwar sachlich § 104 aF. Sein Anwendungsbereich ist jedoch gegenüber der 4 Vorgängerregelung durch den Wegfall von § 102 Abs. 1 aF, welcher die Forthaftung des Versicherers im Falle eines gestörten Versicherungsverhältnisses (zB Eigenbrandstiftung des Versicherungsnehmers) anordnete (→ § 143 Rn. 3), stark eingeschränkt worden.⁴

D. Tatbestand und Rechtsfolge

I. Anwendungsbereich

§ 145 gilt – wie die übrigen Bestimmungen der §§ 142 ff. – **nur in der Gebäudefeuerver-** 5 **sicherung** (→ § 142 Rn. 5). Sein Wortlaut erfasst zudem lediglich die Hypothek. In Anlehnung an die Regelungstechnik des allgemeinen Zivilrechts (vgl. § 1192 BGB) erstreckt **§ 148** den Schutz der Vorschrift gleichermaßen auf sonstige Grundpfandrechte (Grund- sowie Rentenschulden, Reallasten). § 145 ist folglich nicht allein auf akzessorische Sicherheiten zugeschnitten.⁵ Es handelt sich vielmehr um eine Sonderregelung zu § 86.⁶ Diese muss über **§ 11 Abs. 1 ErbbauRG** ferner für solche Gläubiger herangezogen werden, zu deren Gunsten ein **Erbbaurecht** bestellt wurde.⁷

---

³ Motive zum VVG S. 171 f.; BGH NJW-RR 2005, 1054 (1055) = VersR 2005, 785.
⁴ So auch die Einschätzung des Reformgesetzgebers, vgl. RegE, BT-Drs. 16/3945, 94.
⁵ *Stagl/Brand* in Looschelders/Pohlmann VVG § 145 Rn. 4.
⁶ *Johannsen* in Bruck/Möller VVG § 145 Rn. 15. Nach § 86 Abs. 1 S. 1 geht der Ersatzanspruch des Versicherungsnehmers gegen einen Dritten auf den Versicherer über, sofern dieser geleistet hat. Hierbei ist ein möglicher Regressverzicht zu beachten. Bedeutung kommt ihm ua im Rahmen der Gebäudeversicherung zu. Nach der sog. „versicherungsrechtlichen Lösung" greift er bspw. zugunsten eines Mieters ein, sofern dieser fahrlässig den Versicherungsfall herbeiführte; jüngst dazu: BGH r+s 2015, 70; 2014, 501 (502); *Klimke* in Prölss/Martin VVG § 43 Rn. 47; *Schneider* in Staudinger/Halm/Wendt VVG § 86 Rn. 45. Seine Ersatzpflicht gem. § 86 Abs. 1 S. 1 (iVm §§ 535, 280 Abs. 1, § 823 Abs. 1 BGB oder § 823 Abs. 2 BGB iVm §§ 306, 306d StGB) scheidet somit aus. Besitzt er seinerseits eine Haftpflichtversicherung, ist diese analog § 78 Abs. 2 S. 1 der Gebäudeversicherung zum Ausgleich verpflichtet; → § 78 Rn. 2; *Armbrüster* in Prölss/Martin VVG § 78 Rn. 2; *Schnepp* in Bruck/Möller VVG § 78 Rn. 129. Bei grob fahrlässigem Verhalten besteht ein Regressanspruch; in Abkehr vom Alles-oder-Nichts-Prinzip allerdings nicht in voller Höhe. Vielmehr gilt es, entsprechend § 81 Abs. 2 zu quotieren; LG Krefeld VersR 2017, 688; *Hormuth* in Beckmann/Matusche-Beckmann VersR-HdB § 22 Rn. 145; *Schnepp* in Bruck/Möller VVG § 78 Rn. 126; *Voit* in Bruck/Möller VVG § 86 Rn. 206; *von Koppenfels-Spies* in Looschelders/Pohlmann VVG § 86 Rn. 86; *Staudinger/Kassing* VersR 2007, 10 (11 f.); wohl aA OLG Koblenz VersR 2014, 1500 (1501), Regressverzicht nur bei leichter Fahrlässigkeit; nunmehr gegen eine Quotierung *Schneider* in Staudinger/Halm/Wendt VVG § 86 Rn. 47. Der Mieter wird teilweise ggü. dem Gebäudeversicherer ersatzpflichtig, kann sich jedoch – sofern vorhanden – bei seiner Haftpflichtversicherung schadlos halten. Ein Ausgleich zwischen den Versicherungsunternehmen nach Maßgabe von § 78 Abs. 2 S. 1 soll bei diesem Verschuldensgrad hingegen nicht erfolgen; etwa OLG Koblenz VersR 2014, 1500; aA *Schnepp* in Bruck/Möller VVG § 78 Rn. 129, Kombination von § 81 Abs. 2 und § 78 Abs. 2 S. 1. Bei vorsätzlichem Handeln greift § 86 Abs. 1 S. 1 uneingeschränkt Platz. Eine Leistungspflicht der Haftpflichtversicherung des Mieters scheidet in diesem Fall gem. § 103 aus; hinsichtlich dieses Ausschlusses beachte *Ruks* in BeckOK VVG § 103 Rn. 1 ff. Zu den Ansprüchen des Vermieters gegen seinen Mieter BGH r+s 2015, 70 ff.; 2014, 501 ff.
⁷ So unter Verweis auf die §§ 102 ff. aF: BGH VersR 2005, 785; ausf. zur Diskussion in diesem Zusammenhang → § 143 Rn. 7.

II. Anmeldung

6 Der Realgläubiger hat sein Grundpfandrecht beim Versicherer anzumelden (→ § 94 Rn. 16; → § 142 Rn. 7). Dies ergibt sich zwar nicht unmittelbar aus dem Wortlaut von § 145 S. 1, folgt jedoch denknotwendig aus dessen Verweis auf § 143.

III. Übergang des Grundpfandrechts (S. 1)

7 § 145 S. 1 setzt zunächst voraus, dass der Versicherer den Realgläubiger im Einklang mit § 143 **befriedigt**, dh ihm gegenüber in Erfüllung des dort normierten Anspruchs (→ § 143 Rn. 17) die Entschädigungssumme auskehrt.

8 Das Grundpfandrecht geht **kraft Gesetzes** auf den Versicherer über. Ein gutgläubiger (rechtsgeschäftlicher) Erwerb nach Maßgabe der §§ 891 ff. BGB kommt daher nicht in Betracht. Entscheidend ist dabei, dass die Sicherheit **im Zeitpunkt der Zahlung** existiert,[8] wohingegen es für die Bemessung der Leistung des Versicherers auf den Eintritt des Versicherungsfalls ankommt.[9] Erlischt das Grundpfandrecht währenddessen in der Zwangsversteigerung, findet § 145 S. 1 folglich keine Anwendung.[10] Gleiches gilt, sofern es vorher an einen Dritten abgetreten wurde.[11]

9 Bleibt die Entschädigung in der Höhe hinter dem Kapitalbetrag der Sicherheit zurück, erhält der Versicherer diese nur anteilig,[12] sodass zwei gleichrangige Realrechte entstehen.[13] Wird ein Gesamtgrundpfandrecht befriedigt, geht es demgegenüber vollständig über, auch wenn es sich auf vom Versicherungsfall nicht betroffene Grundstücke bezieht.[14]

10 Gegenstand eines mitunter als fruchtlos[15] bezeichneten Meinungsstreits ist die Frage, ob die grds. **akzessorische** Hypothek nach ihrem Übergang auf den Versicherer weiterhin eine **Forderung sichert**.[16] Die genannte Diskussion besitzt dabei trotz der VVG-Novelle zumindest in dogmatischer Hinsicht Relevanz, da der Reformgesetzgeber eine ausdrückliche Klarstellung de lege ferenda versäumt hat.

11 Nach der **Forderungsübergangstheorie**[17] erwirbt der Versicherer mit dem Grundpfandrecht ebenso den Anspruch des Hypothekars gegen den Eigentümer. Dagegen spricht indes die Terminologie des BGB, in dem allein vom Übergang „der Forderung" die Rede ist (§§ 268 Abs. 3, 774, 1143 Abs. 1, 1150 BGB). Es gibt keine Anhaltspunkte dafür, dass das VVG nF, welches sich insoweit die Diktion des zeitlich nach dem ursprünglichen VVG in Kraft getretenen § 104 aF zu eigen macht, hiervon abweichen und mit Übernahme der Formulierung in § 145 S. 1 eine Legalzession kreieren wollte.[18] Vielmehr dürfte anzunehmen sein, dass im Zeitpunkt des Übergangs der Hypothek zugleich die **persönliche Forderung erlischt**.[19]

12 Nach der **Forderungsauswechselungstheorie**[20] soll das nunmehr dem Versicherer zustehende Grundpfandrecht allerdings **analog § 1164 BGB** einen Schadensersatz- oder Bereicherungsanspruch des Versicherers gegen den Versicherungsnehmer sichern. Daran ist richtig, dass die Assekuranz mit ihrer Zahlung an den Hypothekar auch dem persönlichen Schuldner (der allerdings mit dem Eigentümer nicht identisch sein muss) von seiner Verpflichtung befreit und diesen deshalb aus Geschäftsführung ohne Auftrag (§ 683 S. 1, § 670 BGB) oder ungerechtfertigter Bereicherung in Regress nehmen kann.[21] Dass der Versicherer im Verhältnis zum Hypothekengläubiger auf dessen Ansprüche aus

---

[8] *Dörner/Staudinger* in Berliner Kommentar VVG § 104 Rn. 5.
[9] *Langheid* in Langheid/Rixecker VVG § 145 Rn. 9.
[10] RGZ 8, 169 (170); 102, 350 (354); 124, 91 (94 f.); *Pagel* in Schwintowski/Brömmelmeyer/Ebers VVG § 145 Rn. 3; *Stagl/Brand* in Looschelders/Pohlmann VVG § 145 Rn. 4.
[11] *Langheid* in Langheid/Rixecker VVG § 145 Rn. 9.
[12] *Dörner/Staudinger* in Berliner Kommentar VVG § 104 Rn. 5; *Langheid* in Langheid/Rixecker VVG § 145 Rn. 10.
[13] *Langheid* in Langheid/Rixecker VVG § 145 Rn. 10; *Stagl/Brand* in Looschelders/Pohlmann VVG § 145 Rn. 3.
[14] *Dörner/Staudinger* in Berliner Kommentar VVG § 104 Rn. 5.
[15] *Stagl/Brand* in Looschelders/Pohlmann VVG § 145 Rn. 4.
[16] Ausf. zum Streitstand *Klimke* in Prölss/Martin VVG § 145 Rn. 5; sowie *Schmidt*, Die rechtliche Stellung des Realgläubigers gegenüber dem Versicherer nach den §§ 1127, 1130 BGB und den §§ 97–107c VVG, 1982, S. 219 ff.
[17] *Schorling* ZHR 112 (1949), 31 ff.
[18] *Lieder* in MüKoBGB § 1130 Rn. 19 f.
[19] *Langheid* in Langheid/Rixecker VVG § 145 Rn. 9 f.
[20] RGZ 124, 91 (94); LG Köln r+s 1986, 290; *Johannsen* in Bruck/Möller VVG § 145 Rn. 5; *Kollhosser* in Prölss/Martin, 27. Aufl. 2004, VVG § 104 Rn. 5; *Wussow* AHB § 104 Anm. 4.
[21] *Dörner/Staudinger* in Berliner Kommentar VVG § 104 Rn. 7; so iErg *Wussow* AHB § 104 Anm. 4; zust. hinsichtlich des Bereicherungsanspruchs *Johannsen* in Bruck/Möller VVG § 145 Rn. 5; *Klimke* in Prölss/Martin VVG § 145 Rn. 5.

§ 143 und daher mit Rechtsgrund leistet, schließt – wie in vergleichbaren Situationen – nicht aus, dass er gleichermaßen im Interesse des Schuldners (vgl. § 677 BGB) handelt bzw. dessen Vermögen in sonstiger Weise vermehrt (§ 812 Abs. 1 S. 2 Fall 2 BGB).[22] Gegen eine gesetzliche Forderungsauswechselung streitet freilich der Wortlaut des § 145 S. 1, welcher den Übergang einer Hypothek nicht von der Existenz eines Anspruchs gegen den Versicherungsnehmer abhängig macht.[23]

Durchgesetzt hat sich daher zu Recht die **Theorie des forderungslosen Hypothekenerwerbs**, nach welcher die Hypothek forderungsentkleidet[24] – dh als Fremdgrundschuld – auf den Versicherer übergeht.[25] Es wäre nicht sachgerecht, wenn der Realgläubiger mit der Gegenauffassung gezwungen würde, Beweis für das Bestehen eines gesicherten (Regress-)Anspruchs zu erbringen, obwohl ein solcher im Falle nicht-akzessorischer Sicherungsrechte ebenso wenig zu den Tatbestandsvoraussetzungen des über § 148 anwendbaren § 145 S. 1 gehörte (→ Rn. 5; → § 148 Rn. 10).[26]

Der frühere Gläubiger ist in Analogie zu **§§ 1192 Abs. 1, 1144 BGB** verpflichtet, dem Versicherer – soweit vorhanden – einen ihm erteilten **Brief** sowie alle sonstigen Urkunden zur Umschreibung des Grundpfandrechts auszuhändigen. Dazu genügt keine Löschungs-,[27] wohl aber eine **Berichtigungsbewilligung**.[28] Die anfallenden Kosten trägt insoweit zwar der Versicherer (§ 897 BGB).[29] Letzterer kann seine Entschädigungszahlung (§ 143) allerdings im Wege eines **Zurückbehaltungsrechts** (§§ 273, 274 BGB) von der Erfüllung des genannten Anspruchs abhängig machen.[30]

Stellt die Assekuranz vor dem Grundbuchamt einen Antrag auf Eintragung (§ 13 GBO), so muss sie nicht nur die Bewilligung des Realgläubigers (§ 19 GBO) in öffentlicher oder öffentlich beglaubigter Form (§ 29 GBO) aushändigen, sondern ferner den Nachweis vorlegen, dass sie jenen im Einklang mit § 143 befriedigt hat.[31] Sind diese Erfordernisse erfüllt, vermag der Versicherer das Grundpfandrecht durch **Zwangsverwaltung oder -versteigerung** zu realisieren.[32] Weigert sich der Gläubiger trotz der sinngemäß anwendbaren §§ 1192 Abs. 1, 1144 BGB (→ Rn. 14), die formelle Rechtsänderung zu bewilligen, hat die Assekuranz die infolge von § 145 S. 1 eingetretene materielle Unrichtigkeit des Grundbuchs nachzuweisen, um ihre Eintragung doch noch herbeizuführen (§ 22 GBO).

IV. Rangverhältnis nach dem Übergang (S. 2)

Der Übergang auf den Versicherer kann gem. § 145 S. 2 nicht zum Nachteil solcher **gleich- oder nachstehender Realgläubiger** geltend gemacht werden, denen gegenüber er aus § 143 **verpflichtet bleibt**. Die Assekuranz tritt daher – wie im Vergleich der Vorschrift mit den entsprechend formulierten § 1164 Abs. 1 S. 2, §§ 1176, 1182 S. 2 BGB zeigt – mit dem nunmehr ihr gebührenden Grundpfandrecht im **Rang hinter** den genannten Personenkreis **zurück**.[33] Gleiches gilt, sofern sie lediglich teilweise Inhaber desselben geworden ist, weil die Entschädigungsleistung den Kapitalbetrag der Sicherheit nicht erreicht (→ Rn. 9).[34] Bei einem Gesamtgrundpfandrecht wird die genannte Rechtsfolge – anders als die des S. 1 – allein in Bezug auf das vom Versicherungsfall betroffene Grundstück ausgelöst.[35]

Nach teilweise vertretener Auffassung[36] soll der gesetzliche Rangrücktritt dann nicht eingreifen, wenn die vom Versicherer an den vorrangigen Realgläubiger erbrachte Entschädigung die zur Verfü-

---

[22] So aber *Eickmann* in MüKoBGB, 6. Aufl. 2013, § 1130 Rn. 20; *Schmidt*, Die rechtliche Stellung des Realgläubigers gegenüber dem Versicherer nach den §§ 1127, 1130 BGB und den §§ 97–107c VVG, 1982, S. 220.
[23] *Stagl/Brand* in Looschelders/Pohlmann VVG § 145 Rn. 4.
[24] Zum Erwerb einer forderungsentkleideten Hypothek im allgemeinen Zivilrecht vgl. § 1138 BGB.
[25] *Langheid* in Langheid/Rixecker VVG § 145 Rn. 3 f.; *Lieder* in MüKoBGB § 1130 Rn. 19 f.; *Johannsen* in Bruck/Möller VVG § 145 Rn. 6; *Klimke* in Prölss/Martin VVG § 145 Rn. 5; *Pagel* in Schwintowski/Brömmelmeyer/Ebers VVG § 145 Rn. 4; *Schnepp/Spallino* in Staudinger/Halm/Wendt VVG § 145 Rn. 4; *Stagl/Brand* in Looschelders/Pohlmann VVG § 145 Rn. 4; so schon für das VVG aF: *Dörner/Staudinger* in Berliner Kommentar VVG § 104 Rn. 8.
[26] *Dörner/Staudinger* in Berliner Kommentar VVG § 104 Rn. 7; *Langheid* in Langheid/Rixecker VVG § 145 Rn. 6.
[27] *Berger* in Jauernig BGB § 1144 Rn. 4; aA *Langheid* in Langheid/Rixecker VVG § 145 Rn. 11.
[28] *Dörner/Staudinger* in Berliner Kommentar VVG § 104 Rn. 9; *Klimke* in Prölss/Martin VVG § 145 Rn. 4.
[29] *Dörner/Staudinger* in Berliner Kommentar VVG § 104 Rn. 9; *Stagl/Brand* in Looschelders/Pohlmann VVG § 145 Rn. 5.
[30] *Klimke* in Prölss/Martin VVG § 145 Rn. 4.
[31] *Dörner/Staudinger* in Berliner Kommentar VVG § 104 Rn. 10.
[32] *Dörner/Staudinger* in Berliner Kommentar VVG § 104 Rn. 11.
[33] RGZ 102, 350 (354); *Dörner/Staudinger* in Berliner Kommentar VVG § 104 Rn. 12; *Klimke* in Prölss/Martin VVG § 145 Rn. 6; *Schnepp/Spallino* in Staudinger/Halm/Wendt VVG § 145 Rn. 6.
[34] *Dörner/Staudinger* in Berliner Kommentar VVG § 104 Rn. 12.
[35] *Dörner/Staudinger* in Berliner Kommentar VVG § 104 Rn. 12.
[36] *Langheid* in Langheid/Rixecker VVG § 145 Rn. 12 ff.; *Langheid* NVersZ 2002, 529 ff.

gung stehende Versicherungssumme **vollständig ausschöpft**. Letzteres hätte zur Folge, dass sich die Assekuranz vorrangig aus dem Restwert des Grundstücks befriedigen könnte. Im Ergebnis wäre § 145 S. 2 damit allein auf Teilleistungen anwendbar. Eine Stütze findet jene Ansicht prima facie im Wortlaut der Vorschrift, wonach zu deren Tatbestandsvoraussetzungen gehört, dass die Leistungspflicht des Versicherers den nachrangigen Realgläubigern gegenüber „bestehen geblieben" sein muss, was freilich zu verneinen ist, sofern er diese schon erfüllt hat.[37]

18 Die obigen Argumente sind in der **hM**[38] zu Recht auf **Ablehnung** gestoßen. Schließlich liegen Sinn und Zweck von § 145 S. 2 gerade darin, einen Ausgleich dafür zu schaffen, dass nachrangige durch die Zahlung an vorrangige Gläubiger die Versicherungsforderung als Gegenstand der Zwangsvollstreckung verlieren (→ Rn. 2). Eines solchen gesetzlichen Schutzes bedarf es jedoch deshalb, weil ein Anspruch aus § 143 stets nur im Rahmen des vom Versicherer **bedingungsgemäß zu ersetzenden Schadens** besteht (→ § 143 Rn. 20). Sobald die Höhe der Versicherungssumme erreicht wird, erlischt die Leistungspflicht mithin auch gegenüber Gläubigern, die noch keine Entschädigung erhalten haben. In Anbetracht dessen soll der gesetzliche Rangrücktritt **vermeiden,** dass diese wegen § 145 S. 1 den Versicherer als bevorrechtigt akzeptieren müssen und sich daher noch nicht einmal **aus dem Restwert des Grundstücks schadlos zu halten** vermögen.[39] Soweit zudem unter Verweis auf die Entstehungsgeschichte zum VVG aF ein restriktives Verständnis der Vorgängernorm in § 104 S. 2 aF befürwortet wird,[40] dürfte dies ohnehin nicht auf das neue Recht zu übertragen sein. Denn der Reformgesetzgeber hat die Interessen der Versicherungswirtschaft hinlänglich berücksichtigt, indem er die Neufassung durch die ersatzlose Streichung von § 102 aF ihres wichtigsten Anwendungsfalls (Eigenbrandstiftung des Versicherungsnehmers[41] → § 142 Rn. 3) beraubte.

19 Die **Rangänderung** tritt **kraft Gesetzes** ein.[42] Um zu verhindern, dass das übergegangene Grundpfandrecht mit seiner ursprünglichen Buchposition gutgläubig erworben wird (§ 892 BGB), können die nach Maßgabe von § 145 S. 2 vorrückenden Gläubiger einen **Berichtigungsanspruch** aus § 894 BGB geltend machen,[43] sofern sie die Kostentragung übernehmen (§ 897 BGB). Während iÜ die Eintragung eines **Widerspruchs** möglich ist (§ 899 BGB), scheitern die Voraussetzungen einer **Vormerkung** daran, dass der gesetzliche Rangrücktritt keinen schuldrechtlichen Anspruch begründet, den diese zu sichern vermochte (§ 883 Abs. 1 BGB).[44]

20 **Nicht bevorrechtigt** werden Realgläubiger, die versäumt haben, ihr Grundpfandrecht beim Versicherer **anzumelden** (→ Rn. 6). Insoweit kommt es zu **relativen Rangverhältnissen**.[45]

E. Abdingbarkeit

21 § 145 hat zwar keinen halbzwingenden Charakter, kann infolge des Verbots von Verträgen zulasten Dritter aber **nicht** durch Abreden zwischen Versicherungsnehmer und Versicherer abbedungen werden, sofern diese **den Realgläubiger benachteiligen** (→ § 142 Rn. 26).[46]

F. Beweislast

22 Nach der hier vertretenen Theorie des forderungslosen Hypothekenerwerbs (→ Rn. 13) muss der Versicherer für den Übergang des Realrechts (lediglich) darlegen und beweisen, dass er dessen Gläubiger gem. § 143 befriedigt hat.[47]

---

[37] *Langheid* in Langheid/Rixecker VVG § 145 Rn. 12; *Langheid* NVersZ 2002, 529 (530).

[38] BGH NJW-RR 2005, 1054 (1055) = VersR 2005, 785 mit zustAnm *Armbrüster* ZfIR 2005, 506; OLG Hamm NJW-RR 2002, 1546 (1547) = VersR 2003, 639; *Dörner/Staudinger* in Berliner Kommentar VVG § 104 Rn. 13; *Johannsen* in Bruck/Möller VVG § 145 Rn. 13; *Klimke* in Prölss/Martin VVG § 145 Rn. 6; *Pagel* in Schwintowski/Brömmelmeyer/Ebers VVG § 145 Rn. 6; *Stagl/Brand* in Looschelders/Pohlmann VVG § 145 Rn. 7.

[39] Zur wirtschaftlichen Interessenlage vom Standpunkt der Gegenauffassung *Langheid* NVersZ 2002, 529 (530).

[40] *Langheid* NVersZ 2002, 529 (531).

[41] Exemplarisch den Sachverhalt des Anlassstreits bei BGH VersR 2005, 785.

[42] *Dörner/Staudinger* in Berliner Kommentar VVG § 104 Rn. 14.

[43] *Dörner/Staudinger* in Berliner Kommentar VVG § 104 Rn. 14.

[44] *Klimke* in Prölss/Martin VVG § 145 Rn. 7.

[45] Zum Begriff *Heinze* in Staudinger BGB § 879 Rn. 75; aA auf Grundlage der Mindermeinung *Langheid* in Langheid/Rixecker VVG § 145 Rn. 15.

[46] *Dörner/Staudinger* in Berliner Kommentar VVG § 104 Rn. 16; *Klimke* in Prölss/Martin VVG § 145 Rn. 8.

[47] *Dörner/Staudinger* in Berliner Kommentar VVG § 104 Rn. 15; *Johannsen* in Bruck/Möller VVG § 145 Rn. 16.

§ 146 Bestätigungs- und Auskunftspflicht des Versicherers

Der Versicherer ist verpflichtet, einem Hypothekengläubiger, der seine Hypothek angemeldet hat, die Anmeldung zu bestätigen und auf Verlangen Auskunft über das Bestehen von Versicherungsschutz sowie über die Höhe der Versicherungssumme zu erteilen.

Übersicht

		Rn.			Rn.
A.	Normzweck	1	II.	Anmeldung	5
B.	Entstehungsgeschichte	2	III.	Bestätigungspflicht des Versicherers	6
C.	Änderungen gegenüber der bisherigen Rechtslage	3	IV.	Auskunftspflicht des Versicherers	8
			E.	Rechtsfolgen	12
D.	Tatbestand	4	F.	Abdingbarkeit	13
I.	Anwendungsbereich	4	G.	Beweislast	14

Schrifttum: Vgl. die Angaben bei § 94.

A. Normzweck

§ 146 ergänzt das bei Anmeldung des Realgläubigers entstandene gesetzliche Schuldverhältnis **1** (→ § 142 Rn. 7) um **Mitteilungs- und Informationspflichten** des Versicherers. Der Grundpfandrechtinhaber soll eine Bestätigung seiner **Sonderstellung** und durch nähere Auskünfte Klarheit über den **Wert des Haftungsobjekts** erhalten.[1]

B. Entstehungsgeschichte

Zur Entstehungsgeschichte der §§ 142–149 → § 142 Rn. 2. **2**

C. Änderungen gegenüber der bisherigen Rechtslage

Die Vorschrift übernimmt § 107 aF ohne Änderungen in der Sache.[2] **3**

D. Tatbestand

I. Anwendungsbereich

§ 146 findet – wie die übrigen Regelungen der §§ 142 ff. – ausschließlich im Rahmen einer **4** **Gebäudefeuerversicherung** Anwendung (→ § 142 Rn. 5). Obwohl der Wortlaut der Vorschrift auf die Hypothek zugeschnitten ist, erstreckt **§ 148** ihren Geltungsbereich gleichermaßen auf sonstige Grundpfandrechte (Grund- sowie Rentenschulden, Reallasten). Dieser wird ferner durch **§ 11 Abs. 1 ErbbauRG** erweitert, wonach auch an einem **Erbbaurecht** bestellte dingliche Sicherheiten erfasst sind.[3]

II. Anmeldung

Der in § 146 normierte Pflichtenkreis setzt eine Anmeldung des Grundpfandrechts beim Versi- **5** cherer voraus (→ Rn. 1; → § 94 Rn. 16).

---

[1] Dörner/Staudinger in Berliner Kommentar VVG § 107 Rn. 1.
[2] RegE, BT-Drs. 16/3945, 94.
[3] So unter Verweis auf die §§ 102 ff. aF: BGH VersR 2005, 785; ausf. → § 143 Rn. 7.

III. Bestätigungspflicht des Versicherers

6 Der Versicherer muss zunächst die Anmeldung des Grundpfandrechts **bestätigen**. Auf diese Weise soll der Realgläubiger die Gewissheit erhalten, dass die ihm nach Maßgabe der §§ 142, 143, 144 eingeräumte Position abgesichert ist.[4] Weitergehende Rechtsfolgen werden dadurch allerdings nicht ausgelöst. Es handelt sich mithin um eine bloße „Quittung".[5]

7 Die Bestätigung ist an **keine Form** gebunden.[6] So genügt bspw., dass der Versicherer eine Kopie der Anmeldung gegenzeichnet.[7] Gleiches gilt, wenn der Versicherer einen zuvor beantragten Hypothekensicherungsschein übermittelt,[8] der seinerseits ebenso eine Mitteilung iSv § 94 Abs. 4 darstellt.

IV. Auskunftspflicht des Versicherers

8 Auf Verlangen des Realgläubigers muss der Versicherer **Auskunft** über das **Bestehen des Versicherungsschutzes** und die **Höhe der Versicherungssumme** erteilen. Dazu gehören Angaben zu den versicherten Gefahren, zum Umfang des zu ersetzenden Schadens, dem Versicherungsort sowie zu etwaigen Risikoein- und -ausschlüssen.[9] Sind besondere Bedingungen – Wiederaufbauklauseln,[10] Selbstbehalte usw – vereinbart, hat der Versicherer auch darüber zu unterrichten.[11] Dies geschieht zweckmäßigerweise, indem er dem Realgläubiger eine Abschrift des Versicherungsscheins sowie der geltenden AVB zukommen lässt.[12]

9 Teilweise wird dem Versicherer als Ausgleich für die ihm in § 146 auferlegten Informationspflichten ein **Kostenerstattungsanspruch** zugebilligt.[13] Ein solcher findet in der Vorschrift keine Stütze und könnte allenfalls aus einer (berechtigten) Geschäftsführung ohne Auftrag (§§ 677, 683 S. 1, 670 BGB) konstruiert werden. Für den Gesetzgeber wäre es jedoch im Zuge der Reform ein Leichtes gewesen, eine diesbezügliche Klarstellung in den Wortlaut von § 146 aufzunehmen (Beispiel: „Der Versicherer ist verpflichtet, *auf Kosten* des Hypothekengläubigers die Anmeldung zu bestätigen und Auskunft über das Bestehen von Versicherungsschutz zu erteilen."). Es dürfte daher von einem beredten Schweigen der Legislative mit der Folge auszugehen sein, dass das mit der Anmeldung entstandene gesetzliche Schuldverhältnis (→ § 142 Rn. 7) die Rechtsbeziehungen zwischen Versicherer und Realgläubiger insoweit **abschließend** regelt und kein Raum mehr für quasivertragliche oder bereicherungsrechtliche Ausgleichsansprüche verbleibt.

10 Vom Versicherer wurde vor der VVG-Novelle jenseits der in § 107 aF normierten Verhaltensanforderungen nach Treu und Glauben (§ 242 BGB) verlangt, den Realgläubiger darauf hinzuweisen, dass der Versicherungsnehmer die **Erstprämie nicht rechtzeitig** gezahlt hat.[14] Ob dies gleichermaßen auf § 146 zu übertragen ist,[15] kann freilich dahinstehen, da der im Vergleich zu § 101 Abs. 1 S. 1 aF tatbestandlich ausgebaute § 142 Abs. 1 S. 1 mittlerweile eine entsprechende Verpflichtung enthält.

11 Dem Wortlaut von § 146 vermag nicht entnommen zu werden, ob sich der Anwendungsbereich der Vorschrift darin erschöpft, dass der Realgläubiger einmalig zum Zeitpunkt der Anmeldung im genannten Umfang belehrt wird. Da das Rücksichtnahmegebot des § 241 Abs. 2 BGB jedoch ebenso das gesetzliche Schuldverhältnis (→ § 142 Rn. 7) zwischen Realgläubiger und Versicherer beherrscht, dürfte dieser verpflichtet sein, – soweit sachlich veranlasst und die §§ 142, 143 nicht

---

[4] *Dörner/Staudinger* in Berliner Kommentar VVG § 107 Rn. 3; *Schnepp/Spallino* in Staudinger/Halm/Wendt VVG § 146 Rn. 2; *Stagl/Brand* in Looschelders/Pohlmann VVG § 146 Rn. 2.
[5] *Langheid* in Langheid/Rixecker VVG § 146 Rn. 2.
[6] *Dörner/Staudinger* in Berliner Kommentar VVG § 107 Rn. 4.
[7] *Langheid* in Langheid/Rixecker VVG § 146 Rn. 2.
[8] *Dörner/Staudinger* in Berliner Kommentar VVG § 107 Rn. 4; *Schnepp/Spallino* in Staudinger/Halm/Wendt VVG § 146 Rn. 2; *Stagl/Brand* in Looschelders/Pohlmann VVG § 146 Rn. 2.
[9] *Dörner/Staudinger* in Berliner Kommentar VVG § 107 Rn. 5; *Langheid* in Langheid/Rixecker VVG § 146 Rn. 3; *Stagl/Brand* in Looschelders/Pohlmann VVG § 146 Rn. 3.
[10] Zur Wiederherstellungsklausel etwa OGH VersR 2014, 858; VersR 2013, 1067; LG Wiesbaden VersR 2015, 236.
[11] *Halbach* in HK-VVG § 146 Rn. 3; *Stagl/Brand* in Looschelders/Pohlmann VVG § 146 Rn. 3.
[12] *Langheid* in Langheid/Rixecker VVG § 146 Rn. 3.
[13] *Stagl/Brand* in Looschelders/Pohlmann VVG § 146 Rn. 3; für eine Kostentragung durch den Versicherer nur bei Erstauskunft *Pagel* in Schwintowski/Brömmelmeyer/Ebers VVG § 146 Rn. 5.
[14] *Dörner/Staudinger* in Berliner Kommentar VVG § 107 Rn. 5; aA *Klimke* in Prölss/Martin VVG § 146 Rn. 3a; *Langheid* in Langheid/Rixecker VVG § 146 Rn. 4.
[15] Dafür *Pagel* in Schwintowski/Brömmelmeyer/Ebers VVG § 146 Rn. 3; *Stagl/Brand* in Looschelders/Pohlmann VVG § 146 Rn. 4.

abschließende Regelungen enthalten – auch noch **später** und sogar **wiederholt Auskünfte zu erteilen.**[16]

E. Rechtsfolgen

Bestätigung und Auskunft begründen **echte Rechtspflichten,** deren Verletzung unter den Voraussetzungen der **§§ 280 Abs. 1, 241 Abs. 2 BGB** mit einem **Schadensersatzanspruch** sanktioniert ist.[17] Ein solcher ist ebenso anzudenken, wenn der Versicherer über § 146 hinaus **freiwillige, aber unrichtige Informationen erteilt.**[18] Der im Rahmen der genannten Normen zu begleichende Nachteil kann darin liegen, dass es der Realgläubiger versäumt hat, anderweitigen adäquaten Versicherungsschutz einzuholen.[19] 12

F. Abdingbarkeit

Obwohl § 146 nicht als halbzwingende Vorschrift ausgestaltet wurde, verhindert das allgemeine Verbot von Verträgen zulasten Dritter, dass zwischen Versicherungsnehmer und Versicherer abweichende Abreden **zum Nachteil des Realgläubigers** getroffen werden (→ § 142 Rn. 26). 13

G. Beweislast

Zur Verteilung der Darlegungs- und Beweislast im Hinblick auf die Anmeldung des Grundpfandrechts sowie Anzeigepflichten des § 142 → § 142 Rn. 27. Der Versicherer trägt die Darlegungs- und Beweislast dafür, dass er dem Realgläubiger die Anmeldung bestätigt und die gebotenen Auskünfte erteilt hat.[20] Gleiches gilt hinsichtlich des Zugangs der entsprechenden Belehrungen.[21] Umgekehrt muss der Realgläubiger beweisen, dass die Erklärungen des Versicherers unrichtig waren und ihm im Vertrauen auf diese ein Schaden entstanden ist.[22] Das erforderliche Vertretenmüssen wird insoweit allerdings nach Maßgabe von § 280 Abs. 1 S. 2 BGB vermutet. 14

§ 147 Änderung von Name und Anschrift des Hypothekengläubigers

Hat der Hypothekengläubiger dem Versicherer eine Änderung seiner Anschrift oder seines Namens nicht mitgeteilt, ist § 13 Abs. 1 auf die Anzeigen und Mitteilungen des Versicherers nach den §§ 142 und 143 entsprechend anzuwenden.

Übersicht

		Rn.			Rn.
A.	Normzweck	1	D.	Tatbestand	4
B.	Entstehungsgeschichte	2	I.	Anwendungsbereich	4
C.	Änderungen gegenüber der bisherigen Rechtslage	3	II.	Anmeldung	5

---

[16] *Dörner/Staudinger* in Berliner Kommentar VVG § 107 Rn. 6; *Johannsen* in Bruck/Möller VVG § 146 Rn. 5; *Schnepp/Spallino* in Staudinger/Halm/Wendt VVG § 146 Rn. 4; *Stagl/Brand* in Looschelders/Pohlmann VVG § 146 Rn. 4; enger *Pagel* in Schwintowski/Brömmelmeyer/Ebers VVG § 146 Rn. 4; aA *Langheid* in Langheid/Rixecker VVG § 146 Rn. 4.
[17] *Klimke* in Prölss/Martin VVG § 146 Rn. 3b; *Stagl/Brand* in Looschelders/Pohlmann VVG § 146 Rn. 4.
[18] *Dörner/Staudinger* in Berliner Kommentar VVG § 107 Rn. 7; *Johannsen* in Bruck/Möller VVG § 146 Rn. 6; *Klimke* in Prölss/Martin VVG § 146 Rn. 3b; *Langheid* in Langheid/Rixecker VVG § 146 Rn. 5; *Pagel* in Schwintowski/Brömmelmeyer/Ebers VVG § 146 Rn. 5; *Stagl/Brand* in Looschelders/Pohlmann VVG § 146 Rn. 4.
[19] *Langheid* in Langheid/Rixecker VVG § 146 Rn. 5.
[20] *Pagel* in Schwintowski/Brömmelmeyer/Ebers VVG § 146 Rn. 7; *Stagl/Brand* in Looschelders/Pohlmann VVG § 146 Rn. 5.
[21] *Stagl/Brand* in Looschelders/Pohlmann VVG § 146 Rn. 5.
[22] *Pagel* in Schwintowski/Brömmelmeyer/Ebers VVG § 146 Rn. 7; *Stagl/Brand* in Looschelders/Pohlmann VVG § 146 Rn. 5.

§ 147 1–5   Teil 2. Einzelne Versicherungszweige. Kap. 4. Gebäudefeuerversicherung

	Rn.		Rn.
III. Mitteilungspflicht des Realgläubigers	6	F. Abdingbarkeit	15
E. Rechtsfolgen	11	G. Beweislast	16

Schrifttum: Vgl. die Angaben bei § 94 sowie iÜ *Staudinger,* Ausgewählte Probleme der D&O-Versicherung im Internationalen Zivilverfahrens-, Kollisions- und Sachrecht, Karlsruher Forum 2009, 41.

A. Normzweck

1 § 146 erleichtert dem Versicherer als lex specialis zu §§ 130, 132 BGB[1] die Erfüllung der in §§ 142, 143 normierten Pflichten für den Fall, dass der Realgläubiger eine **Änderung** seiner **Anschrift** oder seines **Namens** nicht mitgeteilt hat. Die Vorschrift verweist dabei auf § 13 Abs. 1, trägt also dem Umstand Rechnung, dass die Regeln über die Gebäudefeuerversicherung dem Grundpfandrechtinhaber in vielerlei Hinsicht eine Stellung verschaffen, die derjenigen des Versicherungsnehmers nahekommt. Da die §§ 142 ff. primär die Kreditwirtschaft begünstigen, § 147 allerdings de facto keine Auswirkungen für gewerblich tätige Realgläubiger hat (→ Rn. 8 ff.), erscheint freilich zweifelhaft, inwieweit der Norm praktische Relevanz zukommt.

B. Entstehungsgeschichte

2 Zur Entstehungsgeschichte der §§ 142–149 → § 142 Rn. 2.

C. Änderungen gegenüber der bisherigen Rechtslage

3 Die Vorschrift stimmt sachlich mit § 107a aF überein. Da § 13 Abs. 1 im Vergleich zu § 10 Abs. 1 aF durch einen neuen S. 3 tatbestandlich ausgebaut wurde,[2] erfasst § 147 nunmehr auch die nichtangezeigte Namensänderung.[3] § 107a S. 2 aF findet zwar im neuen Recht keine Entsprechung mehr. Eine Abweichung in der Sache ergibt sich daraus jedoch nicht, da sein Regelungsgehalt kraft des Verweises auf § 13 Abs. 1 S. 2 fortbesteht.[4]

D. Tatbestand

I. Anwendungsbereich

4 § 147 beansprucht – wie die übrigen Regelungen der §§ 142 ff. – ausschließlich im Rahmen einer **Gebäudefeuerversicherung** Geltung (→ § 142 Rn. 5). **§ 148** erstreckt die auf die Hypothek zugeschnittene Bestimmung auf sonstige dingliche Sicherheiten (Grund- sowie Rentenschulden, Reallasten). Über **§ 11 Abs. 1 ErbbauRG** kommen ferner solche Gläubiger in den Genuss des § 147, zu deren Gunsten ein **Erbbaurecht** belastet wurde.[5]

II. Anmeldung

5 Der Realgläubiger muss sein Grundpfandrecht beim Versicherer anmelden (→ § 94 Rn. 16). Dies folgt zwar nicht unmittelbar aus dem Wortlaut von § 147, indes aus der Bezugnahme auf die §§ 142 und 143.[6]

---

[1] *Dörner/Staudinger* in Berliner Kommentar VVG § 107a Rn. 1.
[2] RegE, BT-Drs. 16/3945, 63.
[3] RegE, BT-Drs. 16/3945, 94.
[4] *Stagl/Brand* in Looschelders/Pohlmann VVG § 147 Rn. 2.
[5] So unter Verweis auf die §§ 102 ff. aF: BGH VersR 2005, 785; ausf. hierzu bei → § 143 Rn. 7.
[6] So schon für das alte Recht *Dörner/Staudinger* in Berliner Kommentar VVG § 107a Rn. 3.

III. Mitteilungspflicht des Realgläubigers

Aus dem im Zeitpunkt der Anmeldung entstandenen gesetzlichen Schuldverhältnis (→ § 142 **6** Rn. 7) ergibt sich die **Verpflichtung des Realgläubigers,** dem Versicherer oder dessen Vertreter (§ 69 Abs. 1 Nr. 2) eine **Namens- oder Adressänderung mitzuteilen.** Die Erklärung unterliegt zwar keiner Form, muss jedoch regelmäßig **ausdrücklich** erfolgen.[7] Es genügt demnach nicht, wenn der Versicherer die neuen Daten lediglich anhand der vom Grundpfandrechtinhaber verwendeten Umschläge ersehen kann.[8] Sind Name bzw. Anschrift allerdings im Briefkopf eines an den Versicherer gerichteten Schreibens enthalten[9] oder ihm auf **sonstige Art und Weise** bekannt geworden, darf er sich nach Treu und Glauben (§ 242 BGB) nicht auf die fehlende Unterrichtung berufen.[10] Obwohl das Gesetz eine derartige Gleichstellung nicht explizit vorsieht (vgl. indes die §§ 94 Abs. 1, 143 Abs. 2 S. 1, Abs. 4 S. 2), dürfte insoweit eine restriktive Auslegung der Vorschrift geboten sein.

Von einer Adressänderung ist begrifflich auszugehen, sofern der Realgläubiger dauerhaft seinen **7** **Lebensmittelpunkt verlagert.**[11] Eine nur vorübergehende Abwesenheit reicht mithin ebenso wenig wie die Begründung eines Wohnsitzes iSd §§ 7 ff. BGB.[12] Keinen Einfluss auf das versicherungsrechtlich geprägte Verständnis der §§ 147, 13 Abs. 1 hat ferner eine behördliche (Um-)Meldung des Pfandrechtinhabers.[13] Namensänderungen besitzen insbes. im Rahmen einer **Eheschließung** (§ 1355 BGB) Relevanz.[14]

Fraglich ist, ob § 147 über § 13 Abs. 1 den Fall erfasst, dass ein **Gewerbetreibender** seine **8** **Niederlassung** verlegt. Die letztgenannte Vorschrift scheint prima facie eindeutig zu sein, da ihr Wortlaut lediglich auf den Begriff der **Anschrift** rekurriert, unter den **jede,** dh auch eine **gewerbliche Adressänderung** subsumiert werden kann.[15] Zwar hat der Gesetzgeber mit der Neufassung des bisherigen § 10 Abs. 1, welcher noch auf die „Wohnung" der Versicherungsnehmerin abstellte, nur eine sprachliche, aber keine Modifikation in der Sache bezweckt.[16] Allerdings enthält der Schutzgerichtsstand in § 215 den insoweit vergleichbaren Terminus „Wohnsitz", auf den sich nach zutreffender Auffassung[17] neben Verbrauchern gleichermaßen Unternehmer (natürliche und juristische Personen sowie teilrechtsfähige Personengesellschaften) berufen dürfen. Gegen eine Einbeziehung gewerblicher Niederlassungen schon in den Anwendungsbereich von § 13 Abs. 1 spricht jedoch ein **Umkehrschluss** zu dessen Abs. 2, der diese Konstellation explizit regelt. Eine solche Ergänzung wäre nämlich überflüssig gewesen, wenn der Gesetzgeber seinerseits von einem weiten Verständnis der Vorschrift ausginge.[18] Letzteres gilt umso mehr, als § 13 Abs. 2 auf Abs. 1 S. 1 und 2, nicht hingegen S. 3 Bezug nimmt, was die Folgerung zulässt, dass sich die Legislative im Zuge der Reform mit dem materiellen Gehalt jener Bestimmung auseinander gesetzt hat und ihr infolgedessen keinen bloß deklaratorischen Charakter beimessen wollte. § 13 Abs. 1 erstreckt sich mithin **nicht** auf Adressänderungen von Gewerbetreibenden. Es ist daher festzuhalten, dass § 147 **mangels Verweises** auf § 13 Abs. 2 **keine Anwendung** findet.

Das obige Ergebnis begegnet Bedenken im Hinblick darauf, dass Verbraucher die einschneiden- **9** den Rechtsfolgen der Zugangsfiktion zu tragen haben, obwohl Unternehmer regelmäßig weitaus weniger schutzwürdig sind. Dieser vermeintliche Wertungswiderspruch könnte indes mittels einer **Analogie** zu § 147 aufzulösen sein. Letzteres erfordert, dass der auf § 13 Abs. 1 beschränkte Verweis der Vorschrift eine **planwidrige Regelungslücke** darstellt. Denn möglicherweise ist ein Rekurs (auch) auf § 13 Abs. 2 deshalb unterblieben, weil die Norm einen Vertragsschluss im Gewerbebetrieb des Versicherungsnehmers verlangt, also ersichtlich nicht auf den an der Police unbeteiligten Realgläubiger zugeschnitten wurde. Ein dahingehender Einwand überzeugt gleichwohl nicht, da § 147

---

[7] *Dörner/Staudinger* in Berliner Kommentar VVG § 107a Rn. 4.
[8] *Dörner/Staudinger* in Berliner Kommentar VVG § 107a Rn. 4; *Langheid* in Langheid/Rixecker VVG § 147 Rn. 3.
[9] *Rixecker* in Langheid/Rixecker VVG § 13 Rn. 5.
[10] BGH VersR 1990, 882; *Dörner/Staudinger* in Berliner Kommentar VVG § 107a Rn. 4; *Pagel* in Schwintowski/Brömmelmeyer/Ebers VVG § 147 Rn. 4; *Schnepp/Spallino* in Staudinger/Halm/Wendt VVG § 147 Rn. 2; *Stagl/Brand* in Looschelders/Pohlmann VVG § 147 Rn. 4.
[11] *Stagl/Brand* in Looschelders/Pohlmann VVG § 147 Rn. 3.
[12] BGH VersR 1971, 262; OLG Nürnberg VersR 1958, 677; *Wahle* VersR 1963, 668.
[13] *Johannsen* in Bruck/Möller VVG § 13 Rn. 4; *Kollhosser* in Prölss/Martin, 27. Aufl. 2004, VVG § 107a Rn. 2; *Langheid* in Römer/Langheid VVG § 147 Rn. 2.
[14] *Johannsen* in Bruck/Möller VVG § 13 Rn. 5.
[15] *Schneider* in Looschelders/Pohlmann VVG § 13 Rn. 11.
[16] RegE, BT-Drs. 16/3945, 63.
[17] Ausf. → § 142 Rn. 28 ff.; *Staudinger/Ruks* in BeckOK VVG § 215 Rn. 30 ff. mwN; *Staudinger* Karlsruher Forum 2009, 41 (50 f.) mwN; ohne Problembewusstsein aA LG Limburg VersR 2011, 609; LG Berlin VersR 2010, 1629; → § 215 Rn. 6 ff.
[18] AA *Schneider* in Looschelders/Pohlmann VVG § 13 Rn. 14.

lediglich anordnet, § 13 (Abs. 1) **sinngemäß** heranzuziehen, dh die Besonderheiten des gesetzlichen Schuldverhältnisses zu berücksichtigen, welches mit der Anmeldung des Grundpfandrechtinhabers entsteht (→ § 142 Rn. 7). Die Legislative scheint mithin **bewusst** nicht auf § 13 Abs. 2 Bezug genommen zu haben, so dass eine entsprechende Anwendung der Zugangsfiktion des § 147 nicht in Betracht kommt. Hieraus erleidet der Versicherer keine Nachteile, da ihn der richterrechtlich determinierte § 130 BGB sowie § 242 BGB hinreichend schützen. Ebenso wenig verstößt die Ungleichbehandlung von Verbrauchern und Unternehmern gegen den Gleichheitssatz aus Art. 3 Abs. 1 GG, da der Gesetzgeber insoweit bis zur Grenze des Willkürverbots eine Einschätzungsprärogative besitzt,[19] zumal bei Banken – dh den in der Praxis häufigsten Realgläubigern – anders als bei Privatpersonen kaum einmal die Gefahr existiert, dass ihnen Anzeigen iSd §§ 142, 143 nicht zugehen.

10 **Keine Anwendung** findet § 147 ferner, falls der Realgläubiger seinen **gewerblichen Namen** ändert – so bspw., wenn ein Kaufmann unter einer neuen **Firma** (§ 17 Abs. 1 HGB) auftritt. Dies folgt nach den vorangehenden Ausführungen daraus, dass sich eine entsprechende Anwendung von § 147 verbietet. Ohnehin verweist § 13 Abs. 2 ausdrücklich nicht auf Abs. 1 S. 3, so dass streng genommen eine „**doppelte**" Analogie der §§ 147, 13 Abs. 2 erforderlich wäre. Eine derartige Rechtsfortbildung erscheint dogmatisch fernliegend.[20]

E. Rechtsfolgen

11 Kommt der Pfandrechtsinhaber seiner Mitteilungspflicht (→ Rn. 6 ff.) nicht nach, kann der Versicherer die ihm seinerseits in den §§ 142, 143 auferlegten Hinweise erstatten, indem er einen **eingeschriebenen Brief**[21] an die letzte[22] ihm bekannte Anschrift bzw. den alten Namen übermittelt. Ein einfacher Brief genügt also nicht.[23]

12 Hat der Realgläubiger bereits **bei der Anmeldung** des Grundpfandrechts einen falschen Namen oder eine unrichtige Adresse angegeben, findet § 147 keine Anwendung. In Anbetracht der Tatsache, dass der Gesetzgeber § 107a aF im Zuge der VVG-Reform unberührt gelassen hat, scheidet – wie bisher[24] – auch eine **Analogie** aus.[25] Einer solchen bedarf es ohnehin nicht, da der Versicherer durch § 130 BGB in seiner richterrechtlichen Ausprägung hinreichend geschützt wird.[26] Danach ist die Berufung des Pfandrechtsinhabers auf einen verspäteten oder mangelnden Zugang im Einzelfall mit der Konsequenz als rechtsmissbräuchlich zu qualifizieren, dass er sich behandeln lassen muss, als habe er die Erklärung rechtzeitig erhalten.

13 Der **Zugang** der vom Versicherer gem. §§ 142, 143 auf den Weg gebrachten Mitteilungen wird für einen Zeitpunkt von **drei Tagen nach deren Absendung** als wirksam **fingiert** (§§ 147, 13 Abs. 1 S. 2).[27] Die Rechtsfolgen der jeweiligen Anzeige treten dann unabhängig davon ein, ob diese tatsächlich in den Machtbereich des Realgläubigers gelangt ist.

14 § 147 bewirkt, dass der Pfandrechtsinhaber die Rechte aus dem Versicherungsvertrag ohne sein Wissen verliert, was für ihn uU erhebliche wirtschaftliche Auswirkungen hat. Teilweise wird daher angenommen, die Norm sei ein ungerechtfertigter Eingriff insbes. in Art. 14 GG.[28] Solche Bedenken sind allerdings zurückzuweisen. Selbst wenn sie zuträfen, wäre einem zu befürchtenden Grundrechtsverstoß durch eine **verfassungskonforme** und damit iErg **enge Auslegung** von § 147 abzuhelfen.[29]

---

[19] Grdl. BVerfG NJW 1951, 877 (878 f.).
[20] AA bzgl. § 13 Abs. 1 S. 3 hingegen *Schneider* in Looschelders/Pohlmann VVG § 13 Rn. 16.
[21] Erfasst sind sowohl Übergabe- als auch Einwurfeinschreiben, *Jänich* VersR 1999, 535 (538).
[22] BGH VersR 1975, 365 (366).
[23] OGH VersR 2002, 595; OLG Hamburg VersR 1980, 38 (39); *Dörner/Staudinger* in Berliner Kommentar VVG § 107a Rn. 5; *Kollhosser* in Prölss/Martin, 27. Aufl. 2004, VVG § 107a Rn. 4; *Prölss* in Prölss/Martin, 27. Aufl. 2004, VVG § 10 Rn. 3; *Rixecker* in Langheid/Rixecker VVG § 13 Rn. 5.
[24] Zum alten Recht *Dörner/Staudinger* in Berliner Kommentar VVG § 107a Rn. 6; *R. Johannsen/K. Johannsen* in Bruck/Möller, 8. Aufl. 2002, VVG Kap. J Anm. 93; *Römer* in Römer/Langheid, 2. Aufl. 2003, VVG § 10 Rn. 2; OGH VersR 1985, 794 (795); aA *Gruber* in Berliner Kommentar VVG § 10 Rn. 5; *Kollhosser* in Prölss/Martin, 27. Aufl. 2004, VVG § 107a Rn. 2; *Prölss* in Prölss/Martin, 27. Aufl. 2004, VVG § 10 Rn. 2; *Langheid* in Römer/Langheid, 2. Aufl. 2003, VVG § 107a Rn. 3.
[25] AA *Pagel* in Schwintowski/Brömmelmeyer/Ebers VVG § 147 Rn. 4; *Stagl/Brand* in Looschelders/Pohlmann VVG § 147 Rn. 6;.
[26] *Dörner/Staudinger* in Berliner Kommentar VVG § 107a Rn. 6.
[27] *Dörner/Staudinger* in Berliner Kommentar VVG § 107a Rn. 7.
[28] *Pagel* in Schwintowski/Brömmelmeyer/Ebers VVG § 147 Rn. 2.
[29] Zutr. *Stagl/Brand* in Looschelders/Pohlmann VVG § 147 Rn. 7.

F. Abdingbarkeit

§ 147 dient dem **Schutz des Versicherers** und kann deshalb grds. auch **zum Nachteil des Realgläubigers** abbedungen werden.[30] Formularvertragliche Abweichungen unterliegen bei Verbrauchergeschäften indes den Schranken aus § 308 Nr. 6 BGB.[31] Dessen Wertungen haben gegenüber Unternehmern (§ 310 Abs. 1 BGB) – soweit man die Zugangsfiktion hier überhaupt für einschlägig hält (→ Rn. 8 ff.) – Indizwirkung für die Annahme einer unangemessenen Benachteiligung iSv § 307 Abs. 1 BGB.[32]   15

G. Beweislast

Der **Realgläubiger** trägt die Darlegungs- und Beweislast dafür, dass er dem Versicherer die Namens- bzw. Anschriftsänderung mitgeteilt hat.[33] Der **Versicherer** muss demgegenüber lediglich die Absendung des Einschreibens, nicht jedoch eine Zustellung oder deren Versuch nachweisen.[34] Insoweit genügt die Vorlage des abgestempelten Einlieferungsscheins.[35]   16

§ 148 Andere Grundpfandrechte

Ist das Grundstück mit einer Grundschuld, Rentenschuld oder Reallast belastet, sind die §§ 142 bis 147 entsprechend anzuwenden.

Schrifttum: Vgl. die Angaben bei § 94.

A. Normzweck

§ 148 erstreckt den Regelungsgehalt der §§ 142–147 im Wege der **Gesetzesanalogie** über die Hypothek hinaus auf weitere **Grundpfandrechte,** die zum Zeitpunkt des Versicherungsfalls an dem versicherten Gebäude **bestanden** oder zumindest **vorgemerkt** waren (→ § 142 Rn. 2).[1] Die Legislative trägt damit insbes. dem Schutzbedürfnis von Gläubigern der nicht-akzessorischen **Grundschuld** Rechnung.[2]   1

B. Entstehungsgeschichte

Zur Entstehungsgeschichte der §§ 142–149 → § 142 Rn. 2.   2

C. Änderungen gegenüber der bisherigen Rechtslage

Die Vorschrift stimmt sachlich mit § 107b aF überein.[3]   3

---

[30] *Dörner/Staudinger* in Berliner Kommentar VVG § 107a Rn. 9; *Kollhosser* in Prölss/Martin, 27. Aufl. 2004, VVG § 107a Rn. 6; aA *Klimke* in Prölss/Martin VVG § 147 Rn. 5; *Schnepp/Spallino* in Staudinger/Halm/Wendt VVG § 147 Rn. 6.
[31] *Dörner/Staudinger* in Berliner Kommentar VVG § 107a Rn. 9; *Klimke* in Prölss/Martin VVG § 147 Rn. 5; *Schnepp/Spallino* in Staudinger/Halm/Wendt VVG § 147 Rn. 6.
[32] StRspr; BGH VersR 2008, 498; NJW 1988, 1785 (1788); 1984, 1750 (1751).
[33] *Dörner/Staudinger* in Berliner Kommentar VVG § 107a Rn. 8.
[34] OGH VersR 1978, 432; *Dörner/Staudinger* in Berliner Kommentar VVG § 107a Rn. 8.
[35] *Prölss* in Baumgärtel/Prölss, Handbuch der Beweislast im Privatrecht, Bd. V, 1993, VVG § 107a Rn. 1.
[1] *Dörner/Staudinger* in Berliner Kommentar VVG § 107b Rn. 1.
[2] *Langheid* in Langheid/Rixecker VVG § 148 Rn. 1.
[3] RegE, BT-Drs. 16/3945, 94.

D. Tatbestand

I. Anwendungsbereich

4 § 148 ist – wie die übrigen Regelungen der §§ 142 ff. – ausschließlich auf die **Gebäudefeuerversicherung** anwendbar (→ § 142 Rn. 5). **§ 11 Abs. 1 ErbbauRG** dehnt die Gesetzesanalogie allerdings auf dingliche Sicherheiten aus, die lediglich an einem **Erbbaurecht** bestellt wurden.[4]

II. Anmeldung

5 Ebenso wie der Hypothekar müssen die durch § 148 geschützten Realgläubiger ihre Grundpfandrechte beim Versicherer anmelden (→ § 94 Rn. 16; → § 142 Rn. 7). Dies ist zwar nicht unmittelbar dem Wortlaut von § 148 zu entnehmen, folgt aber aus dessen Bezugnahme auf die §§ 142–147.[5]

III. Reichweite der Gesetzesanalogie

6 § 148 erfasst **Grund- und Rentenschulden sowie Reallasten**. Keine Anwendung findet die Vorschrift im Falle des **Nießbrauchs** (§ 1030 BGB), da das Verhältnis zwischen Versicherer und dem Inhaber der Dienstbarkeit erschöpfend in den §§ 1045, 1046 BGB geregelt ist.[6] Ebenso wenig gilt § 148 hinsichtlich der auf einer Immobilie ruhenden **öffentlichen Lasten** (dh aus öffentlichem Recht resultierende, durch einmalige oder wiederkehrende Geldleistung zu erfüllende Abgaben),[7] sofern diese nicht ihrerseits Gegenstand einer im Rahmen von § 148 zu berücksichtigenden dinglichen Sicherheit sind.[8] Eine explizite Ausnahme enthält § 149 ferner für **Eigentümergrundpfandrechte**.[9] Es erschiene nämlich sinnwidrig, wenn der Versicherer dem Versicherungsnehmer gegenüber zwar leistungsfrei, aber diesem in seiner Eigenschaft als Realrechtsinhaber nach § 143 zur Zahlung verpflichtet wäre.

7 Die **entsprechende Anwendung** der §§ 142–147 auf eine an dem versicherten Grundstück bestehende **Reallast** (§§ 1105 ff. BGB) bedeutet, dass ihr Gläubiger einen weitergehenden Schutz als im allgemeinen Zivilrecht erfährt.[10] Schließlich erstreckt sich deren Haftungsverband nicht auf die Versicherungsforderung, da insoweit weder die systematisch der Hypothek zuzuordnenden §§ 1127 ff. BGB herangezogen werden dürfen noch eine § 1192 Abs. 1 BGB vergleichbare Bestimmung existiert.

8 Für § 148 muss die Grund- oder Rentenschuld zum **Zeitpunkt des Versicherungsfalls** bestanden haben oder vorgemerkt sein.[11] Keine Rolle spielt dagegen, ob das Pfandrecht bereits ganz oder teilweise valutiert war.[12] Der in der Vorschrift ausgesprochene Verweis auf die §§ 143, 145 greift jedoch ausnahmsweise nicht Platz, wenn dem Versicherungsnehmer in jenem Moment ein fälliger Anspruch auf Rückgewähr einer **Fremdgrundschuld** zusteht.[13] Bei dessen Erfüllung hätte der Realgläubiger nämlich eine gem. § 143 erhaltene Entschädigungszahlung ungeachtet des Umstands auszukehren, dass der Versicherer im Verhältnis zum Versicherungsnehmer von der Leistung befreit ist. Es handelt sich wirtschaftlich insoweit um eine § 149 vergleichbare Konstellation (→ Rn. 6).[14] Ungeachtet dessen dürften indes die §§ 142, 144, 146, 147 gelten.[15]

---

[4] So unter Verweis auf die §§ 102 ff. aF: BGH VersR 2005, 785; wie hier auch *Stagl/Brand* in Looschelders/Pohlmann VVG § 148 Rn. 2; ausf. → § 143 Rn. 7.

[5] So schon für das alte Recht *Dörner/Staudinger* in Berliner Kommentar VVG § 107b Rn. 1.

[6] *Dörner/Staudinger* in Berliner Kommentar VVG § 107b Rn. 6; *Pagel* in Schwintowski/Brömmelmeyer/Ebers VVG § 148 Rn. 3; *Stagl/Brand* in Looschelders/Pohlmann VVG § 148 Rn. 2.

[7] *Dörner/Staudinger* in Berliner Kommentar VVG § 107b Rn. 7; *Stagl/Brand* in Looschelders/Pohlmann VVG § 148 Rn. 2.

[8] *Klimke* in Prölss/Martin VVG § 148 Rn. 2.

[9] → § 94 Rn. 16.

[10] *Dörner/Staudinger* in Berliner Kommentar VVG § 107b Rn. 2.

[11] *Dörner/Staudinger* in Berliner Kommentar VVG § 107b Rn. 3.

[12] RGZ 124, 91 (93); abw. zu § 102 aF: LG Köln r+s 1986, 290.

[13] *Dörner/Staudinger* in Berliner Kommentar VVG § 107b Rn. 4; *Klimke* in Prölss/Martin VVG § 148 Rn. 3a; *Pagel* in Schwintowski/Brömmelmeyer/Ebers VVG § 148 Rn. 3; *Stagl/Brand* in Looschelders/Pohlmann VVG § 148 Rn. 3; noch in Bezug auf § 102 Abs. 1 S. 1 aF: OLG Saarbrücken NJW-RR 1998, 1486 (1487) = r+s 1997, 511.

[14] So auch die Einschätzung von *Langheid* in Langheid/Rixecker VVG § 148 Rn. 2.

[15] Vgl. mit Blick auf § 106 aF OLG Hamm NJW-RR 1988, 217; *Dörner/Staudinger* in Berliner Kommentar VVG § 107b Rn. 4; krit. demgegenüber *Langheid* in Langheid/Rixecker VVG § 148 Rn. 3.

E. Abdingbarkeit

§ 148 hat zwar keinen halbzwingenden Charakter, kann infolge des Verbots von Verträgen 9
zulasten Dritter aber **nicht** durch Abreden zwischen Versicherungsnehmer und Versicherer abbedungen werden, sofern diese **den Realgläubiger** benachteiligen (→ § 142 Rn. 26).[16]

F. Beweislast

Den Realgläubiger trifft iRd § 148 lediglich die Darlegungs- und Beweislast für die Grund- 10
schuld. Auf die Existenz einer zu sichernden Forderung kommt es hingegen nicht an (→ § 145
Rn. 13), da das Sicherungsrecht eine solche nicht voraussetzt (§ 1192 Abs. 1 BGB).

§ 149 Eigentümergrundpfandrechte

Die durch die §§ 142 bis 148 begründeten Rechte können nicht zugunsten von Hypotheken, Grundschulden oder Rentenschulden, die dem Versicherungsnehmer zustehen, geltend gemacht werden.

Übersicht

		Rn.			Rn.
A.	Normzweck	1	II.	Grundpfandrechte des Versicherungsnehmers	5
B.	Entstehungsgeschichte	2			
C.	Änderungen gegenüber der bisherigen Rechtslage	3	III.	Grundpfandrechte des Versicherten	9
D.	Tatbestand	4	E.	Rechtsfolge	10
I.	Anwendungsbereich	4	F.	Beweislast	11

Schrifttum: Vgl. die Angaben bei § 94.

A. Normzweck

§ 149 soll nach herkömmlichem Verständnis verhindern, dass der Versicherungsnehmer, dem 1
ein Grundpfandrecht an der versicherten Immobilie zusteht, in seiner Eigenschaft als Realgläubiger in den Genuss des Versicherungsschutzes kommt, obwohl er diesen „verwirkt" hat (→ Rn. 5).[1]
Nach zutreffender Auffassung[2] gelangt die Vorschrift jedoch gleichermaßen zur Anwendung, wenn
der Vertrag von Anfang an nichtig ist (§§ 134, 138 BGB) oder wirksam angefochten wurde (§ 142
Abs. 1 BGB). Der Normzweck liegt in Anbetracht dessen auch darin, den Versicherungsnehmer
nicht wie einen am Versicherungsverhältnis unbeteiligten Realgläubiger zu schützen.[3] Insgesamt
verliert § 149, nachdem § 102 Abs. 1 aF im Zuge der Reform ersatzlos wegfiel (→ § 142 Rn. 3),
gegenüber § 107c aF erheblich an Bedeutung.

B. Entstehungsgeschichte

Zur Entstehungsgeschichte der §§ 142–149 → § 142 Rn. 2. 2

---

[16] *Dörner/Staudinger* in Berliner Kommentar VVG § 104 Rn. 16.
[1] *Dörner/Staudinger* in Berliner Kommentar VVG § 107c Rn. 1; *Langheid* in Langheid/Rixecker VVG § 149 Rn. 1; *Kollhosser* in Prölss/Martin, 27. Aufl. 2004, VVG § 107c Rn. 1 f.; *Pagel* in Schwintowski/Brömmelmeyer/Ebers VVG § 149 Rn. 1; *Schmidt*, Die rechtliche Stellung des Realgläubigers gegenüber dem Versicherer nach den §§ 1127, 1130 BGB und den §§ 97–107c VVG, 1982, S. 228.
[2] *Johannsen* in Bruck/Möller VVG § 149 Rn. 2; *Brisken*, Der Schutz der Hypothekengläubiger bei Gebäudeversicherung, 1964, S. 85.
[3] *Johannsen* in Bruck/Möller VVG § 149 Rn. 2; *Stagl/Brand* in Looschelders/Pohlmann VVG § 149 Rn. 1.

C. Änderungen gegenüber der bisherigen Rechtslage

3 Die Vorschrift stimmt sachlich mit § 107c aF überein.[4]

D. Tatbestand

I. Anwendungsbereich

4 Die Geltung von § 149 ist auf die **Gebäudefeuerversicherung** beschränkt (→ § 142 Rn. 5).[5] Allerdings dehnt **§ 11 Abs. 1 ErbbauRG** die Vorschrift inhaltlich auch auf solche Sicherheiten aus, die an einem **Erbbaurecht** bestellt wurden.[6]

II. Grundpfandrechte des Versicherungsnehmers

5 § 149 **schließt** Grundpfandrechte, welche dem Versicherungsnehmer zustehen, vom Anwendungsbereich der §§ 142–148 **aus**. Dies betrifft vor allem die Anzeige- und Mitteilungspflichten des Versicherers (§§ 142, 143), die Leistungsansprüche des Realgläubigers bei gestörtem Versicherungsverhältnis (§ 143) sowie das Zustimmungserfordernis nach Maßgabe von § 144.

6 Zu den von § 149 erfassten dinglichen Sicherheiten gehören neben **Hypotheken** auch **Grund-** und **Rentenschulden**. Die Regelung erstreckt sich – anders als § 148 – dem Wortlaut nach nicht auf **Reallasten**.[7] Letztere fallen jedoch begrifflich unter die amtliche Überschrift „Eigentümergrundpfandrechte", so dass von einem Redaktionsversehen des Gesetzgebers auszugehen sein dürfte, welches im Zuge der VVG-Reform unglücklicherweise nicht korrigiert wurde. Schließlich ist kein Grund ersichtlich, den Gläubiger einer Reallast gegenüber anderen Grundpfandrechten zu privilegieren.

7 § 149 setzt voraus, dass der Versicherungsnehmer Inhaber eines der genannten Grundpfandrechte (geworden) ist. Er braucht als solcher allerdings weder im Grundbuch eingetragen[8] noch Eigentümer der beliehenen Immobilie zu sein.[9] Der Normzweck (→ Rn. 1) gebietet vielmehr eine extensive Auslegung des Merkmals „**zustehen**".[10] § 149 findet deshalb **analoge Anwendung**, wenn der Versicherungsnehmer lediglich einen **schuldrechtlichen Anspruch auf Rückgewähr** des Grundpfandrechts und Herausgabe der Entschädigung besitzt[11] oder Alleingesellschafter einer dinglich gesicherten Kapitalgesellschaft ist.[12] Umgekehrt greift die Vorschrift nicht ein, sofern eine dem Versicherungsnehmer gebührende dingliche Sicherheit bereits außerhalb des Grundbuchs auf einen Dritten übertragen wurde.

8 § 149 stellt auf den **Eintritt des Versicherungsfalls** als maßgeblichen **Zeitpunkt** ab.[13] Erwirbt der Versicherungsnehmer die Sicherheit bzw. den Anspruch auf deren Rückübertragung erst, nachdem sich die versicherte Gefahr bereits realisiert hat, scheidet die Regelung tatbestandlich aus, wenn die Einräumung des Grundpfandrechts nicht im Wege einer **Vormerkung** gesichert ist.[14] In einer

---

[4] RegE, BT-Drs. 16/3945, 94.
[5] *Dörner/Staudinger* in Berliner Kommentar VVG § 107c Rn. 2.
[6] So unter Verweis auf die §§ 102 ff. aF: BGH NJW-RR 2005, 1054; ausf. hierzu unter § 143 Rn. 7.
[7] Eing. zur Eigentümerreallast *Mohr* in MüKoBGB § 1105 Rn. 61.
[8] *Schmidt*, Die rechtliche Stellung des Realgläubigers gegenüber dem Versicherer nach den §§ 1127, 1130 BGB und den §§ 97–107c VVG, 1982, S. 228 f.
[9] *Dörner/Staudinger* in Berliner Kommentar VVG § 107c Rn. 5; *Stagl/Brand* in Looschelders/Pohlmann VVG § 149 Rn. 2.
[10] *Dörner/Staudinger* in Berliner Kommentar VVG § 107c Rn. 5; *Stagl/Brand* in Looschelders/Pohlmann VVG § 149 Rn. 2.
[11] *Dörner/Staudinger* in Berliner Kommentar VVG § 107c Rn. 5; *Langheid* in Langheid/Rixecker VVG § 149 Rn. 3; *Schnepp/Spallino* in Staudinger/Halm/Wendt VVG§ 149 Rn. 2; *Stagl/Brand* in Looschelders/Pohlmann VVG § 149 Rn. 2; *Schmidt*, Die rechtliche Stellung des Realgläubigers gegenüber dem Versicherer nach den §§ 1127, 1130 BGB und den §§ 97–107c VVG, 1982, S. 228 f.; die Analogie nur auf die §§ 102–105 aF und damit jetzt §§ 143, 145 erstreckend *Kollhosser* in Prölss/Martin, 27. Aufl. 2004, VVG § 107c Rn. 2.
[12] *Klimke* in Prölss/Martin VVG § 149 Rn. 2; *Pagel* in Schwintowski/Brömmelmeyer/Ebers VVG § 149 Rn. 2.
[13] *Dörner/Staudinger* in Berliner Kommentar VVG § 107c Rn. 6; *Kollhosser* in Prölss/Martin, 27. Aufl. 2004, VVG § 107c Rn. 3; *Langheid* in Langheid/Rixecker VVG § 149 Rn. 4; *Stagl/Brand* in Looschelders/Pohlmann VVG § 149 Rn. 3.
[14] *Dörner/Staudinger* in Berliner Kommentar VVG § 107c Rn. 6; *Stagl/Brand* in Looschelders/Pohlmann VVG § 149 Rn. 3.

solchen Konstellation bleibt der Versicherer folglich zur Leistung verpflichtet, es sei denn, den Versicherungsnehmer trifft der Vorwurf arglistigen Verhaltens (§ 242 BGB).[15]

III. Grundpfandrechte des Versicherten

§ 149 findet **analoge Anwendung,** wenn dem Versicherten ein Grundpfandrecht „zusteht", er die Versicherungsleistung aber gegenüber dem Versicherer „verwirkt" hat (Beispiel: Der Mieter schließt als Versicherungsnehmer eine Gebäudefeuerversicherung für das Grundstück ab, an dem eine Hypothek zugunsten des versicherten Eigentümers bestellt wurde).[16] 9

E. Rechtsfolge

Als Rechtsfolge des § 149 tritt **Leistungsfreiheit** des Versicherers ein. Dies gilt auch dann, wenn die versicherte Immobilie mit mehreren Grundpfandrechten belastet ist.[17] Der auf den Versicherungsnehmer (bzw. den Versicherten) entfallende Teil der Entschädigungssumme geht nicht auf die im Rang nachstehenden Realgläubiger über.[18] 10

F. Beweislast

Will sich der Versicherer darauf berufen, dass die Anwendung von § 143 in Analogie zu § 149 ausgeschlossen ist, weil der Versicherungsnehmer gegen den Realgläubiger einen Anspruch auf Rückgewähr des Grundpfandrechts besitzt (→ Rn. 7), so trägt er dafür die Darlegungs- und Beweislast.[19] 11

---

[15] *Dörner/Staudinger* in Berliner Kommentar VVG § 107c Rn. 6; *Klimke* in Prölss/Martin VVG § 149 Rn. 3; *Stagl/Brand* in Looschelders/Pohlmann VVG § 149 Rn. 3.

[16] *Dörner/Staudinger* in Berliner Kommentar VVG § 107c Rn. 8; *Johannsen* in Bruck/Möller VVG § 149 Rn. 4; *Langheid* in Langheid/Rixecker VVG § 149 Rn. 2; *Klimke* in Prölss/Martin VVG § 149 Rn. 2; *Brisken,* Der Schutz der Hypothekengläubiger bei Gebäudeversicherung, 1964, S. 87; *Schmidt,* Die rechtliche Stellung des Realgläubigers gegenüber dem Versicherer nach den §§ 1127, 1130 BGB und den §§ 97–107c VVG, 1982, S. 230.

[17] *Dörner/Staudinger* in Berliner Kommentar VVG § 107c Rn. 7.

[18] *Dörner/Staudinger* in Berliner Kommentar VVG § 107c Rn. 7; *Langheid* in Langheid/Rixecker VVG § 149 Rn. 4; *Stagl/Brand* in Looschelders/Pohlmann VVG § 149 Rn. 4; *Kollhosser* in Prölss/Martin, 27. Aufl. 2004, VVG § 107c Rn. 4; *Pagel* in Schwintowski/Brömmelmeyer/Ebers VVG § 149 Rn. 3; *Schmidt,* Die rechtliche Stellung des Realgläubigers gegenüber dem Versicherer nach den §§ 1127, 1130 BGB und den §§ 97–107c VVG, 1982, S. 229.

[19] *Pagel* in Schwintowski/Brömmelmeyer/Ebers VVG § 149 Rn. 4; *Schnepp/Spallino* in Staudinger/Halm/Wendt VVG § 149 Rn. 5.

Kapitel 5. Lebensversicherung

Vorbemerkungen zu §§ 150–171

Übersicht

		Rn.
A.	Begriff der Lebensversicherung	1
I.	Deckung eines biometrischen Risikos	1
II.	Besonderheiten bei Versicherungen mit gewiss eintretendem Versicherungsfall	2
B.	Charakteristika der Lebensversicherung	10
C.	Arten der Lebensversicherung	12
I.	Risikoversicherungen	13
1.	Risikolebensversicherung (auf den Todesfall)	13
2.	Restschuldversicherung (Restkreditlebensversicherung)	14
3.	(Reine) Erlebensfallversicherung	15
	a) Rentenversicherung (ohne Todesfallleistung)	16
	b) Tontine	17
II.	Kapitalbildende Versicherungen	18
1.	(Lebenslange) Todesfallversicherung	19
2.	„Klassische" kapitalbildende Lebensversicherung	20
3.	Rentenversicherung (mit Todesfallleistung)	21
4.	Kapitalbildende Versicherung auf verbundene Leben	22
5.	Termfix-Versicherung	23
6.	Fondsgebundene Lebens-/Rentenversicherung	24
7.	„Unitised with Profits" Lebens-/Rentenversicherungen	27
III.	Kapitalisierungsgeschäfte	30
IV.	Sonstige Formen der Lebensversicherung und Zusatzversicherungen	31
1.	Dread Disease (Zusatz-)Versicherung	31
2.	Berufsunfähigkeits(zusatz)versicherung	32
3.	Erwerbsunfähigkeitszusatzversicherung	33
4.	Arbeitsunfähigkeitszusatzversicherung	34
5.	Unfalltodzusatzversicherung	35
D.	Verfassungsrechtliche Anforderungen an das Recht der Lebensversicherung	36
I.	VVG-Reform zur Herstellung eines verfassungskonformen Rechtszustands	36
II.	Verfassungsrechtliche Anforderungen an die Regelung der Gewinnbeteiligung	37

		Rn.
III.	Verfassungsrechtliche Anforderungen an die Regelung der Bestandsübertragung	39
IV.	Treuhandmodell ist verfassungsrechtlich nicht geboten	40
E.	Aufsichtsrechtliche Rahmenbedingungen der Lebensversicherung	41
I.	Bedarf nach materieller Staatsaufsicht	41
II.	Grundsatz der Spartentrennung	42
III.	Prämienkalkulation	44
IV.	Überschussbeteiligung	46
V.	Die Rolle des Verantwortlichen Aktuars	47
VI.	Bestandsübertragung	48
VII.	Sicherungsvermögen	49
VIII.	Sicherungsfonds	50
F.	Europäisierung des Lebensversicherungsvertragsrechts	51
I.	Single Licence und Home Country Control im europäischen Aufsichtsrecht	51
II.	Internationale Zuständigkeit in Lebensversicherungssachen und anwendbares Recht	52
III.	„Europäisches Lebensversicherungsvertragsrecht"	53
IV.	Das europäische Lebensversicherungsvertragsrecht der PEICL	55
G.	Die Lebensversicherung als Instrument der betrieblichen Altersversorgung	56
I.	Grundlagen der betrieblichen Altersversorgung	56
1.	Betriebliche Altersversorgung als zweite Säule	56
2.	Versorgungszusage des Arbeitgebers	57
3.	Durchführungswege	58
4.	Finanzierung	59
5.	Unverfallbarkeit der Versorgungsanwartschaft	61
II.	Die Rolle der Lebensversicherung	63
1.	Rückdeckungsversicherung	63
2.	Direktversicherung	65
	a) Ausgestaltung	65
	b) Anforderung an das Bezugsrecht des Arbeitnehmers	66
	c) Informationspflichten	68

Vorbemerkungen zu §§ 150–171   **Vor § 150**

		Rn.			Rn.
3.	Pensionskassen	70	I.	Neuregelung des Versorgungsausgleichs 2009	72
4.	Pensionsfonds und Unterstützungskassen	71	II.	Zugewinnausgleich bei Scheidung (§§ 1372 ff. BGB)	74
H.	Die Lebensversicherung im Zugewinn- und Versorgungsausgleich	72	III.	Versorgungsausgleich § 1587 BGB iVm VersAusglG	79

Stichwort- und Fundstellenverzeichnis

Stichwort	Rn.	Rspr.	Lit.
Arbeitsunfähigkeitszusatzversicherung	→ Rn. 34	–	–
Berufsunfähigkeitszusatzversicherung	→ Rn. 32 f.	–	*Lücke* in Prölss/Martin VVG § 172 Rn. 1 ff.; *Schwintowski* in Berliner Kommentar VVG Vor §§ 159–178 Rn. 15
Bestandsübertragung	→ Rn. 39, 48	BVerfG VersR 2005, 1109; 2006, 489 (494)	*Grote* VersR 2006, 957; *Präve* in Prölss/Dreher VAG § 13 Rn. 39 ff., 44 ff., 54
Betriebliche Altersversorgung	→ Rn. 56 ff.	–	*Böhm,* Die betriebliche Altersversorgung, S. 149 ff.; *Löbbert* VersR 2011, 583; *Ortmann* in Schwintowski/Brömmelmeyer/Ebers VVG Vor §§ 150–171 Rn. 41; *Reiter/Methner* VuR 2010, 136 (138 ff.); *Rolfs* in Blomeyer/Rolfs/Otto BetrAVG Einl. Rn. 25 ff., § 1a Rn. 42 ff., 51 f., § 4 Rn. 125 ff.; *Schwintowski* in Beckmann/Matusche-Beckmann VersR-HdB § 43 Rn. 1, 27, 50 ff., 105; *Förster/Cisch/Karst* BetrAVG § 1 Rn. 81 ff.
Direktversicherung	→ Rn. 65 ff.	–	*Schwintowski* in Beckmann/Matusche-Beckmann VersR-HdB § 43 Rn. 99 f., 132 ff., 153 ff.; *Rolfs* in Blomeyer/Rolfs/Otto BetrAVG Anh. § 1 Rn. 698, 700
Dread Disease (Zusatz-)Versicherung	→ Rn. 31	BVerwG VerBAV 1985, 359 f.	*Brömmelmeyer* in Beckmann/Matusche-Beckmann VersR-HdB § 42 Rn. 16 f.; *Fahr* NVersZ 1999, 20 (22); *Krause* VW 1998, 433 ff.; *Präve* ZversWiss 1998, 355; *Trunk* VW 1993, 1007; *Winter* in Bruck/Möller VVG Einf. Vor § 150 Rn. 101
Entgeltumwandlung	→ Rn. 57, 59	–	*Schwintowski* in Beckmann/Matusche-Beckmann VersR-HdB § 43 Rn. 21; *Förster/Cisch/Karst* BetrAVG § 1 Rn. 22 ff.
Erfordernis der Wertgleichheit	→ Rn. 60	BAG NZA 2010, 164 = VersR 2010, 1473	*Förster/Cisch/Karst* BetrAVG § 1a Rn. 18 ff.; *Schwintowski* in Beckmann/Matusche-Beckmann VersR-HdB § 43 Rn. 28; *Reiter/Methner* VuR 2010, 136 (138)
Erlebensfallversicherung	→ Rn. 15 ff.	–	*Hellwege,* History of Tontines, S. 15, 19; *Ortmann* in Schwintowski/Brömmelmeyer/Ebers VVG Vor §§ 150–171 Rn. 11; *Pohlmann* in Kaulbach/Bähr/Pohlmann VAG § 1 Rn. 8; *Präve* in Prölss/Dreher VAG § 1 Rn. 74; *Rietsch/Gallais-Hamonno*

Stichwort	Rn.	Rspr.	Lit.
			S. 19 ff.; *Winter* in Bruck/Möller VVG Einf. Vor § 150 Rn. 5, 112 ff.; *Winter* VersR 2004, 8 (17 f.)
Erwerbsunfähigkeitszusatzversicherung	→ Rn. 33	–	*Neuhaus/Schwintowski* in Schwintowski/Brömmelmeyer/Ebers VVG § 177 Rn. 1 ff.
Europäisches Lebensversicherungsvertragsrecht	→ Rn. 53 ff.	EFTA-Gerichtshof NJW 2018, 1817 Rn. 67 ff., 111 ff. – Koch ua/Swiss Life (Liechtenstein) AG; EuGH NVersZ 2002, 210 – Axa Royale Belge SA/Georges Ochoa und Stratégie Finance SPRL; EuGH NJW 2015, 2479 – Nationale-Nederlanden Levensverzekering Mij NV/Hubertus Wilhelmus Van Leeuwen	*Heiss* Karlsruher Forum 2014, 41 (44 ff.); *Heiss/Mönnich* VR 2013, 32; *Heiss/Schnyder*, Versicherungsverträge, Teil C Rn. 194 ff.; *Loacker* FS Lorenz, 2014, 249; *Loacker/Perner* in Looschelders/Pohlmann VVG Einl. C Rn. 50 ff.; *Mönnich* in Beckmann/Matusche-Beckmann VersR-HdB § 2 Rn. 53 ff., 70 ff., 122, 158 ff.; *Mönnich* VersR 2011, 1092; *Schnyder*, Europäisches Banken- und Versicherungsrecht, 2005, Rn. 12 ff.
Gewinnbeteiligung, verfassungsrechtliche Anforderungen	→ Rn. 37 ff.	BVerfG VersR 2005, 1127; 2006, 489; BGH VersR 2005, 1565; BGHZ 121, 54	*Armbrüster* ZVersWiss 2003, 745 (748); *Bäuerle* VuR 2005, 401 (404); *Grote* VersR 2006, 957; *Heiss* in Albrecht/Bartels/Heiss VVG S. 17, 26; *Rosenow/Schaffenhuber* ZIP 2001, 2211 (2212); *Schenke* VersR 2006, 871 (872)
Grundsatz der Spartentrennung	→ Rn. 42 f.	–	*Präve* in Prölss/Dreher VAG § 10 Rn. 8 ff., § 8 Rn. 26 ff.; *Schwintowski* in Berliner Kommentar VVG Vor § 159 Rn. 15
Home country control	→ Rn. 51	–	*Mönnich* in Beckmann/Matusche-Beckmann VersR-HdB § 2 Rn. 49 ff.
Hybrid-Produkte	→ Rn. 24	–	–
Internationale Zuständigkeit	→ Rn. 52	–	–
Kapitalbildende Versicherung auf verbundene Leben	→ Rn. 22	–	*Schwintowski* in Berliner Kommentar Vor §§ 159–178 Rn. 7; *Winter* in Bruck/Möller VVG Einf. Vor § 150 Rn. 38
Kapitalisierungsgeschäfte	→ Rn. 30	–	*Pohlmann* in Kaulbach/Bähr/Pohlmann VAG § 1 Rn. 10; *Winter* VersR 2004, 8 (13 ff.)
Kapitalwahlrecht	→ Rn. 21	–	–
Lebensversicherung, „Unitised with Profits"	→ Rn. 27 ff.	BGH BeckRS 2012, 16498; 2012, 16672 Rn. 51; WM 2012, 1577 (1579); 2012, 1582 Rn. 54; OLG Stuttgart NJW-RR 2012, 1117	*Radovic/Bolger/Burke* VW 2006, 307 ff.
Lebensversicherung, anwendbares Recht	→ Rn. 52	–	–
Lebensversicherung, Arten	→ Rn. 12	–	*Brömmelmeyer* in Beckmann/Matusche-Beckmann VersR-HdB § 42 Rn. 3; *Ortmann* in Schwintowski/Brömmelmeyer/Ebers VVG Vor §§ 150–171 Rn. 5 ff.; *Wandt* VersR Rn. 1161 ff.
Lebensversicherung, Begriff	→ Rn. 1 ff.	BVerfG VersR 2005, 1127; 2006, 961; BGH VersR 1979, 1120 (1121); 1995, 405 (406); WM 2012, 1577 Rn. 20 f.;	*Basedow* ZVersWiss 1992, 419; *Brömmelmeyer* in Beckmann/Matusche-Beckmann VersR-HdB § 42 Rn. 1; *Donath* AcP 192 (1992) 279; *Dreher/*

Vorbemerkungen zu §§ 150–171 **Vor § 150**

Stichwort	Rn.	Rspr.	Lit.
		WM 2012, 1582 Rn. 53; BGHZ 128, 54 = NJW 1995, 589; BVerwG VersR 1969, 819 (820); 1987, 701 (702); OLG Hamburg VerBAV 2000, 163	*Lange* WM 2009, 193 ff.; *Dreher/ Schmidt* WM 2008, 377; *Dreher* Versicherung S. 38 ff., 74 f.; *Grote* in Langheid/Rixecker VVG Vor §§ 150–171 Rn. 2; *Heiss* in Albrecht/Bartels/ Heiss VVG, S. 19 f.; *Lorenz* ZVersWiss 1993, 283 (300); *Mönnich* HAVE 2008, 127 ff.; *Pohlmann* in Kaulbach/Bähr/Pohlmann VAG § 15 Rn. 35; *Präve* in Prölss/Dreher VAG § 15 Rn. 7; *Reiff* ZVersWiss 2012, 477 (481); *Schünemann* JZ 1995, 430; *Schwintowski* in Berliner Kommentar VVG Vor §§ 159–178 Rn. 45 f.; *Winter* VersR 2004, 8
Lebensversicherung, Charakteristika	→ Rn. 10 f.	–	*Hasse* VersR 2010, 1118 ff. (1126); *Krause*, Der Begriff des versicherten Interesses und seine Auswirkungen auf die Versicherung für fremde Rechnung, 1997, S. 61 ff.; *Reiff* in Prölss/Martin VVG § 150 Rn. 3 ff.; *Wandt* VersR Rn. 37 ff.; *Schwintowski* in Berliner Kommentar VVG § 159 Rn. 1; *Winter* VersR 2004, 8 (11); *Winter* in Bruck/Möller VVG Einf. Vor § 150 Rn. 159, 179
Lebensversicherung, fondsgebunden	→ Rn. 24 ff.	BGH WM 2012, 1577 Rn. 20 f.; 2012, 1582 Rn. 53	*Dreher/Schmidt* WM 2008, 377 (379 ff.); *Schwintowski* in Berliner Kommentar VVG Vor §§ 159–178 Rn. 12
Lebensversicherung, kapitalbildend	→ Rn. 20, 30	–	KLV 2008; *Wandt* VersR Rn. 1163
Leibrente	→ Rn. 16, 21	–	–
Pensionsfonds	→ Rn. 71	–	–
Pensionskassen	→ Rn. 70	–	–
Prämienkalkulation	→ Rn. 44 f.	–	*Armbrüster* ZVersWiss 2003, 745 (748); *Brömmelmeyer*, Der verantwortliche Aktuar, S. 175.
Principles of European Insurance Contract Law (PEICL)	→ Rn. 55 ff.	–	*Basedow* in Reichert-Facilides/ Schnyder S. 18; *Basedow/Birds/ Clarke/Cousy/Heiss*, Principles of European Insurance Contract Law (PEICL), 2009; *Heiss* VersR 2005, 1; *Heiss* in Schulze, S. 235 ff.; *Loacker/Perner* in Looschelders/Pohlmann VVG Einl. C Rn. 75 ff.
Protektor Lebensversicherungs-AG	→ Rn. 50	–	–
Querverrechnungen	→ Rn. 37	–	*Brömmelmeyer*, Der verantwortliche Aktuar, S. 203 f.; *Schröder* VW 2005, 1226 (1228)
Rentengarantiezeit	→ Rn. 21	–	–
Rentenversicherung, „Unitised with Profits"	→ Rn. 27 ff.	BGH BeckRS 2012, 16498; 2012, 16672 Rn. 51; WM 2012, 1577 (1579); 2012, 1582 Rn. 54; OLG Stuttgart NJW-RR 2012, 1117	*Radovic/Bolger/Burke* VW 2006, 307
Rentenversicherung, fondsgebunden	→ Rn. 24 ff.	BGH WM 2012, 1577 Rn. 20 f.; 2012, 1582 Rn. 53	*Dreher/Schmidt* WM 2008, 377 (379 ff.); *Schwintowski* in Berliner Kommentar VVG Vor §§ 159–178 Rn. 12

Vor § 150

Stichwort	Rn.	Rspr.	Lit.
Rentenversicherung, mit Todesfallleistung	→ Rn. 21	–	–
Rentenversicherung, ohne Todesfallleistung	→ Rn. 16	–	–
Restschuldversicherung	→ Rn. 14	BGH VersR 2010, 469; 2015, 318 f.	–
Risikolebensversicherung	→ Rn. 13 f.	BGH VersR 2010, 469; 2015, 318 f.	*Kurzendörfer,* Lebensversicherung, S. 9; *Wandt* VersR Rn. 1162
Rückdeckungsversicherung	→ Rn. 63 f.	–	*Förster/Cisch/Karst* BetrAVG § 1 Rn. 35; *Ortmann* in Schwintowski/Brömmelmeyer/Ebers VVG Vor §§ 150–171 Rn. 57 ff., 62 ff.
Rückstellung für Beitragsrückerstattung (RfB)	→ Rn. 46, 49	–	–
Sicherheitszuschläge	→ Rn. 44	–	*Armbrüster* ZVersWiss 2003, 745 (748)
Sicherungsfonds	→ Rn. 50	–	*Eilert* VW 2005, 115; *Lange* ZVersWiss Supplement 2008, 1 (13); *Präve* VersR 2005, 1023
Sicherungsvermögen	→ Rn. 49	–	*Heiss/Gölz* NZI 2006, 1 (5); *Gölz,* Europäisches Versicherungsinsolvenzrecht, S. 245 ff.; *Lipowsky* in Prölss/Dreher VAG § 125 Rn. 18, 35, § 315 Rn. 11 ff., § 316 Rn. 8; *Männle,* Die Richtlinie 2001/17/EG, S. 290 f.
single licensing	→ Rn. 51	–	*Mönnich* in Beckmann/Matusche-Beckmann VersR-HdB § 2 Rn. 49 ff.; *Schnyder,* Europäisches Banken- und Versicherungsrecht, 2005, Rn. 84 ff.
Smoothing	→ Rn. 28	–	*Radovic/Bolger/Burke* VW 2006, 307 ff.
Sterbegeldversicherung	→ Rn. 19	–	–
Stille Reserven	→ Rn. 37	–	*Schenke* VersR 2006, 725
Termfix-Versicherung	→ Rn. 23	BGHZ 9, 34 (48); BGH VersR 1992, 990 (991) = NJW-RR 1992, 1302 (1303)	*Ortmann* in Schwintowski/Brömmelmeyer/Ebers VVG Vor §§ 150–171 Rn. 18; *Krause/Patzer* in Looschelders/Pohlmann VVG Vor §§ 150 ff. Rn. 10; *Schwintowski* in Berliner Kommentar VVG Vor §§ 159–178 Rn. 8
Todesfallversicherung, lebenslang	→ Rn. 19	–	–
Tontine	→ Rn. 4, 17, 42	–	*Winter* VersR 2004, 8 (17 f.); *Ortmann* in Schwintowski/Brömmelmeyer/Ebers VVG Vor §§ 150–171 Rn. 11; *Schwintowski* in Berliner Kommentar VVG Vor §§ 159–178 Rn. 14
Treuhandmodell	→ Rn. 4, 40	BVerfG VersR 2005, 1127; 2006, 961; BGHZ 128, 54	*Schünemann* JZ 1995, 430; *Karten/Werber/Winter,* Lebensversicherung und Geschäftsbesorgung, 1998; *Dreher,* Versicherung, S. 74 f.
Überschussbeteiligung	→ Rn. 46	–	–

Stichwort	Rn.	Rspr.	Lit.
Unfallzusatzversicherung	→ Rn. 35	–	*Brömmelmeyer* in Beckmann/Matusche-Beckmann VersR-HdB § 42 Rn. 15; *Kurzendörfer,* Lebensversicherung, S. 10
Unterstützungskassen	→ Rn. 71	–	–
UWP-Produkte	→ Rn. 27 ff.	BGH BeckRS 2012, 16498; 2012, 16672 Rn. 51; WM 2012, 1577 (1579); 2012, 1582 Rn. 54; OLG Stuttgart NJW-RR 2012, 1117	*Radovic/Bolger/Burke* VW 2006, 307 ff.
Verantwortlicher Aktuar	→ Rn. 47	–	*Brömmelmeyer,* Der verantwortliche Aktuar, S. 59 ff.; *Präve* in Prölss/Dreher VAG § 141 Rn. 8 ff.
Versorgungsanwartschaft	→ Rn. 61 f.	–	*Schwintowski* in Beckmann/Matusche-Beckmann VersR-HdB § 43 Rn. 84; *Rolfs* in Blomeyer/Rolfs/Otto BetrAVG § 4 Rn. 126 ff.
Versorgungsausgleich	→ Rn. 79 ff.	BGH NJW-RR 2007, 865	*Hoffmann* FamRZ 1977, 222 (226); *Glockner* in MüKoBGB § 1587 Rn. 12
Versorgungsträger	→ Rn. 58	–	*Böhm,* Die betriebliche Altersversorgung, S. 149 ff.; *Förster/Cisch/Karst* BetrAVG § 1 Rn. 17 ff.
Versorgungszusage	→ Rn. 57	–	*Ortmann* in Schwintowski/Brömmelmeyer/Ebers VVG Vor §§ 150–171 Rn. 41; *Schwintowski* in Beckmann/Matusche-Beckmann VersR-HdB § 43 Rn. 37 ff.
Vorsichtsprinzip	→ Rn. 44	–	*Brömmelmeyer,* Der verantwortliche Aktuar, 175
Zugewinn- und Vorsorgeausgleich	→ Rn. 72	BGHZ 91, 288 (289 ff.); 117, 70; 130, 377; BGH NJW-RR 2007, 865; VersR 1992, 1382 (1385); 1995, 1225; 2010, 201 (202); FamRZ 1993, 684; 1993, 1303; 1984, 156; 2003, 923; 2003, 664; 2011, 1931; 2012, 1039; KG BeckRS 2020, 19501; OLG Brandenburg FamRZ 2001, 489; OLG Bremen NJW 2016, 507; OLG Frankfurt a. M. FamRZ 2015, 1799; OLG Hamburg NZFam 2015, 219; OLG Köln BeckRS 2012, 4293; OLG Nürnberg NJW-RR 2007, 1015 (1016); FamRZ 2014, 394; 2019, 876; OLG Zweibrücken NJW-RR 2011, 803	*Belitz,* Anrechnungs- und Ausgleichsprobleme, S. 142 ff.; *Glöckner* in MüKoBGB VersAusglG § 46 Rn. 2 ff.; *Siede* in MüKoBGB BGB § 1587 Rn. 17; *Siede* in MüKoBGB VersAusglG § 9 Rn. 2, 4; *Finger* VersR 1992, 535 (537); *Hauß* FPR 2007, 190; *Hoffmann* FamRZ 1977, 222 (226); *Grote* in Langheid/Rixecker VVG § 159 Rn. 35; *Moewert,* Private Lebensversicherungen, S. 92 ff., 101 ff., 117 ff., 148 ff.; *Petersen* AcP 204 (2004), 832 (844); *Schneider* in Prölss/Martin VVG Vor § 150 Rn. 52; *Scholer* in MüKoBGB § 1587 Rn. 12

Schrifttum: *Armbrüster,* Das Transparenzgebot im Hinblick auf die Überschussermittlung und -beteiligung in der Lebensversicherung, ZVersWiss 2003, 745; *Armbrüster/Pilz,* Schicksal des Lebensversicherungsvertrages in der Insolvenz des Versicherungsnehmers, KTS 2004, 481; *Baroch Castellvi,* Unwirksamkeit der Regelungen zu Abschlusskosten, Rückkaufswert und Beitragsfreistellung – Ende der Unklarheiten?, NVersZ 2001, 529; *Baroch Castellvi,* Zuordnung des Anspruchs auf den Rückkaufswert bei geteiltem Bezugsrecht in der gemischten Lebensversicherung, VersR 1998, 410; *Bäuerle,* Privatautonome Interessenwahrnehmung und Schutzpflichten des Staates, VuR 2005, 401; *Basedow,* Die Kapitallebensversicherung als partiarisches Rechtsverhältnis – Eine zivilistische Konstruktion der Überschussbeteiligung, ZVersWiss 1992, 419; *Basedow,* Die Gesetzgebung zum Versicherungsvertrag zwischen europäischer Integration und Verbraucherpolitik, in Reichert-Facilides/Schnyder (Hrsg.), Versicherungsrecht in Europa – Kernperspektiven am Ende des 20. Jahrhunderts, 2000, 10; *Basedow,* Die Kapitallebensversicherung als partiarisches Rechtsverhältnis – Eine zivilistische Konstruktion der Überschussbeteiligung, ZVersWiss 1992, 419; *Basedow/Birds/Clarke/Cousy/Heiss* (Hrsg.), Principles of European Insurance Contract Law (PEICL), 2009; *Basedow/Birds/Clarke/Cousy/Heiss/Loacker* (Hrsg.), Principles of European Insurance Contract Law (PEICL), 2nd enlarged edition, 2015; *Basedow/Fock* (Hrsg.), Europäisches Versicherungsvertragsrecht, Bd. I, 2002; *Baumann,* Zur Bedeutung von Gentests beim Abschluss von Lebens- und Krankenversicherungsverträgen, ZVersWiss 2002, 169; *Belitz,* Anrechnungs- und Ausgleichsprobleme im Erb- und Familienrecht bei Lebensversicherungen, 2009; *Bender,* Die Rechtsproblematik der Wartezeiten in der Privatversicherung unter besonderer Berücksichtigung der Rechtsschutzversicherung, Diss. 1988; *Bergmann,* Muss die Zillmerung in den allgemeinen Versicherungsbedingungen vereinbart werden?, VersR 2004, 549; *Binder,* Anmerkung zum Urteil des AG München v. 1.9.1959, VersR 1960, 362; *Blomeyer/Rolfs/Otto,* Betriebsrentengesetz – Gesetz zur Verbesserung der betrieblichen Altersversorgung, 6. Aufl. 2015; *Böhm,* Die betriebliche Altersversorgung in Deutschland und das Recht der Arbeitnehmer auf Freizügigkeit in Europa, 2004; *Braun,* Geschichte der Lebensversicherung und der Lebensversicherungstechnik, 1925; *Bresser,* Die seelisch-geistige Störung und der Krankheitsbegriff, VersMed 1992, 106; *Brömmelmeyer,* Der verantwortliche Aktuar in der Lebensversicherung, VersWissStud Bd. 14, 2000; *Brömmelmeyer,* Die Reform des Lebensversicherungsrechts, VersR 2003, 939 ff.; *Bürkle,* Nationalstaatliche Produktregulierung im europäischen Binnenmarkt für Lebensversicherungen, VersR 2006, 1042; *Buyten/Simon,* Gendiagnostik beim Abschluss privater Kranken- und Lebensversicherungsverträge, VersR 2003, 813; *Charalambakis,* Selbsttötung aufgrund Irrtums und mittelbare Täterschaft, GA 1986, 485; *Claus,* Der Geschäftsplan für die Großlebensversicherung, VerBAV 1986, 239; *Claus,* Lebensversicherungsaufsicht nach der Dritten EG-Richtlinie – Was bleibt? Was ändert sich?, ZfZ 1994, 110; *Dickstein,* Die Merkmale der Lebensversicherung im Europäischen Binnenmarkt, Diss. 1996; *Donath,* Der Anspruch auf Überschussbeteiligung, AcP 192 (1992) 279; *Dreher,* Die Versicherung als Rechtsprodukt, 1991; *Dreher/Schmidt,* Die Fondsgebundene Lebensversicherung mit begrenztem Risikotransfer als aufsichtspflichtiges Versicherungsgeschäft, WM 2008, 377; *Dreher/Lange,* Der hinreichende Risikotransfer bei der Finanzrückversicherung, WM 2009, 193; *Dreher/Lange,* Variable Annuities, VersR 2009, 1109; *Eberhardt/Baroch Castellví,* Rechtsfragen zum Beitragsdepot in der Lebensversicherung, VersR 2002, 261; *Ehrenzweig,* „Das Eintrittsrecht" in der Lebensversicherung, VersR 1951, 25; *Ehrenzweig,* Die Zwangsvollstreckung in den Lebensversicherungsanspruch, VersR 1951, 93; *Eilert,* VAG-Novelle regelt Sicherungsfonds, VW 2005, 115; *Eitelberg,* Lebensversicherung und Drittrechte, Diss. 2002; *Elfring,* Die Verwendung verpfändeter und abgetretener Lebensversicherungsansprüche in der Insolvenz des Versicherungsnehmers, NJW 2005, 2192; *Elfring,* Versicherungsverträge im Insolvenzrecht, BB 2004, 617 ff.; *Engeländer,* Anm. zu OLG Brandenburg, VersR 2003, 1155; *Engeländer,* Das Zillmer-Verfahren in der Lebensversicherung, VersR 1999, 1325 H.; *Engeländer,* Der Nichtannahmebeschluss des BVerfG zu Rückkaufswerten, VersR 2009, 1308 ff.; *Engeländer,* Der Zeitwert in der Lebensversicherung, NVersZ 2002, 436 ff.; *Engeländer,* Die Neuregelung des Rückkaufs durch das VVG 2008, VersR 2007, 1297 ff.; *Engeländer,* Die rechtliche Relevanz von Rechnungsgrundlagen der Beiträge in der Lebensversicherung, NVersZ 2001, 289; *Engeländer,* Nochmals: „Zillmerung" ohne Kostenverrechnungsklausel?, VersR 2005, 1031; *Fahr,* Die selbständige Dread-Disease-Versicherung unter aufsichtsrechtlichen Gesichtspunkten, NVersZ 1999, 20; *Farny/Helten/Koch/Schmidt* (Hrsg.), Handwörterbuch der Versicherung, 1988; *Fenger/Schöffski,* Gentests in der Lebensversicherung: Juristische und ökonomische Aspekte, NVersZ 2000, 449; *Fiala/Schramm,* Sozialhilfe trotz Rürup, VW 2008, 1290; *Fiala/Schramm,* Was ist der Rückkaufswert in einer Kapitallebensversicherung?, VW 2006, 116; *Flore,* Zur Geltung der Schuld- oder Vorsatztheorie im Versicherungsrecht, VersR 1989, 131; *Förster/Cisch/Karst,* Betriebsrentengesetz, 14. Aufl. 2014; *Fuchs,* Die Gefahrsperson im Versicherungsrecht, Diss. 1974; *Führer/Grimmer,* Einführung in die Lebensversicherungsmathematik, 2. Aufl. 2010; *Fürstenwerth/Weiß,* Versicherungsalphabet, 10. Aufl. 2001; *Gatschke,* Die Neuregelung zu den Rückkaufswerten in der Lebensversicherung, Teil 1, VuR 2007, 447 ff.; *GDV* (Hrsg.), Geschäftsentwicklung 2005 – Die deutsche Lebensversicherung in Zahlen, 2006; *GDV* (Hrsg.), Geschäftsentwicklung 2007 – Die deutsche Lebensversicherung in Zahlen, 2008; *GDV* (Hrsg.), Geschäftsentwicklung 2008 – Die deutsche Lebensversicherung in Zahlen, 2009; *Gebhard,* Risiken aus Rückkaufsoptionen in Lebensversicherungsverträgen, ZVersWiss 1996, 637; *Gitter/Hoffmann,* Privatversicherung und Versorgungsausgleich, FS Beitzke, 1979, 937; *Goverts/Knoll,* Anforderungen an Basisrentenprodukte („Rürup-Rente") vor dem Hintergrund des BMF-Schreibens v. 24.2.2005, DStR 2005, 946; *Gölz,* Europäisches Versicherungsinsolvenzrecht, 2009; *Griebitz/Mitterauer/Kofler,* Selbstmord nach Schädelhirntrauma, VersMed 1993, 74; *Grote,* Die Abschlusskosten und der Lebensversicherungsvertrag, Anmerkung zum Beschluss des BVerfG v. 15.2.2006, VersR 2006, 957; *Grote/Schaaf,* Die Lebensversicherung als Anlagegeschäft? – Erste Bestandsaufnahme zur Anwendung der „Clerical Medical"-Urteile des BGH in der instanzgerichtlichen Rechtsprechung, GWR 2013, 482; *Grote/Schaaf,* Neue Haftungsmaßstäbe bei der Vermittlung fondsbundener Versicherungsprodukte? – Anm. zu BGH, IV ZR 164/11 – „Clerical Medical", GWR 2012, 477; *Harbot,* Bemerkungen zur versicherungsrechtlichen Beurteilung des Autofahrer-Suizides aus kriminalistischer Sicht, VersR 1994, 1400; *Harrer/Mitterauer,* Der Selbstmord in der Lebensversicherung im Lichte neuerer neuropsychiatrischer Forschungen, VersR 2007, 579; *Hasse,* Lebensversicherung und § 80 VVG 2008: Fehlendes „versichertes Interesse", VersR 2010, 1118; *Hasse,* Änderungen für Altersvorsorgeverträge durch das Jahressteuergesetz 2007, VersR 2007, 277; *Hasse,* Der neue Pfändungsschutz der Altersvorsorge und Hinterbliebenenabsicherung, VersR 2007, 870; *Hasse,* Zum Entwurf eines Gesetzes zum Pfändungsschutz der Altersvorsorge und zur Anpassung des Rechts der Insolvenzordnung, VersR 2006, 145; *Hasse,* Zur gesetzlichen Neuregelung der Zwangsvollstreckung in Kapitallebensversicherungen, VersR 2004, 958; *Hasse,* Zwangsvollstreckung in Kapitallebensversicherungen, VersR 2005, 15; *Hauß,* Lebensversicherungen in Versorgungs- und Zugewinnausgleich, FPR 2007, 190; *Heilmann,* Die Begünstigung in der Kapitallebensversicherung, VersR 1972, 997; *Heiss,* Die Überschussbeteiligung in der kapitalbildenden Lebensversicherung nach dem Urteil des BVerfG v. 26.7.2005 –

1 BvR 80/95, in Albrecht/Bartels/Heiss (Hrsg.), 30. Mannheimer Versicherungswissenschaftliche Jahrestagung: Das Urteil des Bundesverfassungsgerichts v. 26.7.2005 – 1 BvR 80/95, Karlsruhe 2006, 7; *Heiss,* Europäischer Versicherungsvertrag, VersR 2005, 1; *Heiss,* The Common Frame of Reference (CFR) of European Insurance Contract Law, in Schulze (Hrsg.), Common Frame of Reference and Existing EC Contract Law, 2. Aufl. 2009, 235; *Heiss,* Die Richtlinie 2001/17/EG des Europäischen Parlamentes und des Rates v. 19.3.2001 über die Sanierung und Liquidation von Versicherungsunternehmen und ihre Umsetzung in Deutschland, in von Tiberg et al. (Hrsg.), Festskrift till Bill Dufwa, 2006, 539; *Heiss,* Optionales europäisches Versicherungsvertragsrecht, RabelsZ 76 (2012) 316; *Heiss,* Anlegerschutz bei Versicherungsprodukten?, in E. Lorenz (Hrsg.), Karlsruher Forum 2014: Anlegerschutz durch Haftung nach deutschem und europäischem Kapitalmarktrecht, Karlsruhe 2015, 41; *Heiss/Gölz,* Zur Umsetzung der Richtlinie 2001/17/EG des Europäischen Parlaments und des Rates v. 19.3.2001 über die Sanierung und Liquidation von Versicherungsunternehmen, NZI 2006, 1; *Heiss/Mönnich,* Versicherungsanlageprodukte im PRIPs-Vorschlag – Basisinformationsblatt statt *information overload?,* VR 2013, 32; *Heiss/Schnyder,* Versicherungsverträge, in: Kronke/Melis/Schnyder (Hrsg.), Internationales Wirtschaftsrecht, 2005, Teil C Rn. 140 ff; *Hellwege,* A History of Tontines in Germany (2018); *Hellwich,* Pfändungsschutz zur Alterssicherung Selbständiger, JurBüro 2007, 286 ff.; *Herde,* Die Deckungsrückstellung bei der Aktienindexgebundenen Lebensversicherung, VW 1996, 1714; *Herrmann,* Zillmerungsregeln in der Lebensversicherung und kein Ende, VersR 2009, 7; *Hoffmann,* Basisrenten pfändbar oder nicht, VW 2008, 1458; *Hohlfeld,* Die deutsche Lebensversicherung im EG-Binnenmarkt unter aufsichtsrechtlichen Gesichtspunkten, FS Lorenz, 1994, 295; *Holzer,* Das Gesetz zum Pfändungsschutz der Altersvorsorge, DStR 2007, 767; *Hübner/Matusche-Beckmann,* Auswirkungen des Gemeinschaftsrechts auf das Versicherungsrecht, EuZW 1995, 263; *Hülsmann,* Zur Abtretung aller Ansprüche aus einer Lebensversicherung mit eingeschlossener Berufsunfähigkeitszusatzversicherung, VersR 1996, 308; *Humbert/Hartmann,* Der Suizid in der Lebensversicherung, ZVersWiss 1979, 399; *Jacob,* Der Rückkaufswert in der Lebens- und Rentenversicherung, ZfS 2009, 483; *Jaeger,* Der Zeitwert eines Lebensversicherungsvertrags – ein ungelöstes Rätsel?, VersR 2002, 133; *Janca,* Zuordnung des Rückkaufswerts der Kapitallebensversicherung bei Abtretung nur für den Todesfall, ZInsO 2009, 161; *Kagelmacher,* Begrenzung der Rückstellung für Beitragsrückerstattung, VersR 1990, 805 ff.; Kasseler Kommentar zum Sozialversicherungsrecht, Bd. 6: SGB VI, 58. EL, Stand August 2008; *Karten/Werber/Winter* (Hrsg.), Lebensversicherung und Geschäftsbesorgung, 1998; *Kaulbach,* Anm. zu BVerwG VersR 1990, 73; *Kaulbach* Anm. zu BVerwG VersR 1990, 257; *Kirchmeier,* Die private Altersvorsorge im Versorgungsausgleich nach der Strukturreform, VersR 2009, 1581; *Kleinlein,* Die Neuregelung zu den Rückkaufswerten in der Lebensversicherung, Teil 2, VuR 2008, 13; *Knappmann,* Beteiligung von Ärzten beim Abschluss eines Versicherungsvertrages oder bei der Regulierung von Versicherungsfällen, VersR 2005, 199; *Krause,* Der deutsche Markt ist reif für Dread Disease, VW 1998, 433; VW 1998, 529 ff.; *Krause,* Der Begriff des versicherten Interesses und seine Auswirkungen auf die Versicherung für fremde Rechnung, 1997; *Kogel,* Die Einführung der §§ 851c ZPO, 173 VVG – teilweise ein gesetzgeberischer Fehlgriff?, FamRZ 2007, 870; *König,* „Gebrauchte (Risiko)Lebensversicherungen" als Kapitalanlage, VersR 1996, 1328; *König,* Das Eintrittsrecht in den Lebensversicherungsvertrag (§ 177 öVVG/dVVG) im Konkurs des Versicherungsnehmers, NVersZ 2002, 481; *Kreikebohm,* Sozialgesetzbuch, Gesetzliche Rentenversicherung – SGB VI – 3. Aufl. 2008; *Kühn,* Versicherungsmedizinische Risikoprüfung – auch in Zukunft erforderlich, VersMed 2008, 1; *Kurzendorfer,* Einführung in die Lebensversicherung, 3. Aufl. 2000; *Lange,* Die Mitgliedschaft EG-ausländischer Versicherungsunternehmen im Sicherungsfond der Lebens- und Krankenversicherung, ZVersWiss September 2008, 1; *Laux,* Der Sonderausgabenabzug im Jahr 2005 für die Basisversorgung gemäß § 10 Abs. 1 Nr. 2 und Abs. 3 des Einkommensteuergesetzes, Teil 1, VW 2005, 1771; Teil 2, VW 2005, 1862; Teil 3, VW 2005, 1938; *Leverenz,* Anforderungen an eine „gesonderte Mitteilung" nach dem VVG 2008, VersR 2008, 709; *Loacker,* Insurance Soft Law?, VersR 2009, 289; *Loacker,* Basisinformationsblatt als Entscheidungshilfe, in Wandt/Reiff/Looschelders/Bayer (Hrsg.), Versicherungsrecht, Haftungs- und Schadensrecht, FS E. Lorenz, 2014, 259; *Löbbert,* Aktuelle Fragen zur Zillmerung in der betrieblichen Altersversorgung, VersR 2011, 583; *Looschelders/Götz,* Provisionsvereinbarung und Vertrag des Versicherungsmaklers, JR 2006, 65; *E. Lorenz,* Rechtsfragen der Überschussbeteiligung in der Kapitallebensversicherung, ZVersWiss 1993, 283; *E. Lorenz,* Zur Berücksichtigung genetischer Tests und ihrer Ergebnisse beim Abschluss von Personenversicherungsverträgen, VersR 1999, 1309; *Loritz,* Die Wirksamkeit eigenständiger Provisionsvereinbarungen am Beispiel der Lebensversicherungsverträge als Modell für Finanzprodukte, NJW 2005, 1757; *Lührs,* Lebensversicherung: Produkte: Recht und Praxis, 1997; *Mallach,* Wann sind Alkoholvergiftungen eine krankhafte Störung der Geistestätigkeit im Sinne des § 169 VVG?, ZVersWiss 1980, 357; *Männle,* Die Richtlinie 2001/17/EG über die Sanierung und Liquidation von Versicherungsunternehmen und ihre Umsetzung in deutsches Recht, 2006; *Meyer,* Der Rückkaufswert in der Lebensversicherung, 1989; *Mitterauer/Barta,* Ist der Selbstmörder im Akt der Selbsttötung steuerungsfähig?, VersMed 1989, 181; *Mittmeyer/Filipp,* Kriterien zur Beurteilung der freien Willensbildung beim Suizid, VersMed 1997, 109; *Moewert,* Private Lebensversicherungen zwischen Versorgungsausgleich und Gütterrecht, 1996; *Mohr,* Selbstmordklausel bei Wiederherstellung der Lebensversicherung, VersR 1952, 111; *Mohr,* Vorpfändung von Lebensversicherungsansprüchen, VersR 1955, 376; *Mönnich,* Finanzrückversicherung – Bestandsaufnahme und gesetzliche Regelung im deutschen VAG, HAVE 2008, 127; *Mönnich,* Unisex: Die EuGH-Entscheidung v. 1.3.2011 und die möglichen Folgen, VersR 2011, 1092; *Mönnich,* PRIPs, IMD II und MiFID II – Legislativprojekte der EU zur Transparenz bei Versicherungsanlageprodukten, Düsseldorfer Vorträge zum Versicherungsrecht 2012, Düsseldorfer Reihe 17, 2013, 135; *Moser/Sanders,* Selbstmord als Steuer aus juristischer und psychologischer Sicht, VersR 1976, 418; *Müller-Frank,* Täuschung durch Antragsteller und Wissen des vom Versicherer beauftragten Arztes, NVersZ 2001, 447; *Neuhaus,* Die vorvertragliche Anzeigepflichtverletzung im neuen VVG, r+s 2008, 45; *Neuhaus/Köther,* Pfändungsschutz bei umgewandelten Lebensver-

Vor § 150 Teil 2. Einzelne Versicherungszweige. Kap. 5. Lebensversicherung

sicherungen – Neue Vorschriften, neue Streitpunkte, ZfV 2009, 248; *Nguyen,* Hat die Rürup-Rente Aussicht auf Erfolg?, VW 2005, 204; *Oswald,* Wem steht bei einer Lebensversicherung mit geteilter Begünstigung der Rückkaufswert zu?, VersPrax 1980, 9; *Paulsdorf,* Die Behandlung betrieblicher Versorgungsverpflichtungen im Insolvenzverfahren – Bestandsaufnahme und Ausblick, KTS 1989, 29; *Perwein,* Pensionszusage und Rückdeckungsversicherung in der Insolvenz der GmbH, GmbH-Rundschau 2007, 589; *Ponatz,* Vermögensschutz durch Lebensversicherungen, ZEV 2006, 242; *Prahl,* Eintrittsrecht und Anfechtung in der Kapitallebensversicherung, VersR 2005, 1036; *Ponatz,* Zur Pfändung des Kündigungsrechts des Versicherungsnehmers bei der gemischten Kapitallebensversicherung, NVersZ 2001, 151; *Präve,* Das Gendiagnostikgesetz aus versicherungsrechtlicher Sicht, VersR 2009, 857; *Präve,* Das neue Versicherungsvertragsgesetz, VersR 2007, 1046; *Präve,* Die VVG-Informationspflichtenverordnung, VersR 2008, 151; *Präve,* Lebensversicherung im Umbruch, FS Lorenz, 2004, 517; *Präve,* Recht des Versicherungsnehmers auf gen-informationelle Selbstbestimmung, VersR 1992, 279; *Präve,* Die selbständige Dread-Disease-Versicherung, ZVersWiss 1998, 355; *Präve,* Der Sicherungsfonds für die Lebensversicherung, VersR 2005, 1023; *Radovic/Bolger/Burke,* Das Unitised-With-Profits-Prinzip, VW 2006, 307; *Rasch,* Erscheinungsbild, Dynamik und Beurteilung des erweiterten Selbstmordes, ZVersWiss 1979, 417; *Reich,* Dritte Richtlinie Schadensversicherung 92/49/EWG v. 18.6.1992 und Lebensversicherung 92/96/EWG v. 10.11.1992 und der Schutz des privaten Versicherungsnehmers/Versicherten, VuR 1993, 10; *Reiff,* Provisionszahlungspflicht des Versicherungsnehmers im Falle einer Nettopolice, LMK 2005, 88; *Reinhard,* Anm. zu OLG München, VersR 2000, 1094; *Reinhard/Luchtenberg,* Gut oder schlecht gezillmert – die Anforderungen des BetrAVG an gezillmerte Versicherungstarife, BB 2010, 1277; *Reiter/Methner,* Unzulässige Entgeltumwandlung: Gezillmerte Tarife bei der betrieblichen Altersversorgung, VuR 2010, 136; *Renger,* Die Lebens- und Krankenversicherung im Spannungsfeld zwischen Versicherungsvertragsrecht und Versicherungsaufsichtsrecht, VersR 1995, 866; *Renz/Westphal,* Protektor – Erfahrungen der Branche und der Kunden aus der Verwaltung eines Bestandes der früheren Mannheimer Leben, in: Krause/Wohlsdorf (Hrsg.), Run-off in der Lebensversicherung (2021), 203; *Rietsch/Gallais-Hamonno,* Lorenzo Tonti, in: Hellwege (ed.), The Past, Present, and Future of Tontines (2018), 19; *Römer,* Die kapitalbildende Lebensversicherung nach dem neuen Versicherungsvertragsgesetz, DB 2007, 2523; *Römer,* Was bringt das neue VVG Neues zur Lebensversicherung? r+s 2008, 405; *Rosenow/Schaffenhuber,* Neues zur Transparenzkontrolle im AGB-Recht, ZIP 2001, 2211; *Schauer,* Entwicklungen in der Lebensversicherung – Rückkaufswert und Zillmern nach österreichischem Recht, VersWissStud Bd. 35, 2009, 175; *Schenke,* Versicherungsrecht im Fokus des Verfassungsrechts – die Urteile des BVerfG v. 26.7.2005, VersR 2006, 871; *Schenke,* Die Anforderungen des BVerfG an die Berücksichtigung von Bewertungsreserven bei der Ermittlung der Überschussbeteiligung bei kapitalbildenden Lebensversicherungen, VersR 2006, 725; *Schick/Franz,* Rückkaufswerte in der Reform des VVG, VW 2007, 764; *Schinkel,* Der Versicherungsrechtliche Standpunkt bei Selbstmord, Diss. 1975; *Schnyder,* Europäisches Banken- und Versicherungsrecht, 2005; *Schröder,* Stille Reserven als Quelle der Überschussbeteiligung, VW 2005, 1226; *Schünemann,* Rechtsnatur und Pflichtenstruktur des Versicherungsvertrags, JZ 1995, 430; *Schünemann,* Abschlusskostenklauseln in Kapitallebensversicherungen, VuR 2002, 85; *Schünemann,* Der „Rückkaufswert" zwischen Gesetz und Vertrag, VersR 2009, 442; *Schünemann,* Zillmerung ohne Kostenverrechnungsklausel, VersR 2005, 323; *Schwarz/Facius,* Auswirkungen des Gesetzes zum Pfändungsschutz der Altersvorsorge für das pfändbare Einkommen, ZVI 2009, 188; *Schwintowski,* Alternative Finanzierungsmöglichkeiten der Abschlusskosten in der Lebensversicherung, ZfV 2005, 783; *Schwintowski,* Der Rückkaufswert als Zeitwert – eine (scheinbar) überwundene Debatte, VersR 2008, 1425; *Schwintowski,* Informationspflichten in der Lebensversicherung, VuR 1996, 223; *Schwintowski,* Lebensversicherung – quo vadis? – Konsequenzen aus den Urteilen des BGH v. 12.10.2005, DStR 2006, 429; *Schwintowski,* Transparenz in der Lebensversicherung, NVersZ 2001, 337; *Schwintowski,* Zur Ersetzung unwirksamer Allgemeiner Versicherungsbedingungen im Treuhänderverfahren, EWiR 2005, 875; *Schwintowski/Ortmann,* Kostentransparenz in der Lebensversicherung – eine empirisch-normative Analyse, VersR 2009, 728; *Sieg,* Versicherungsschutz bei Begehung von Straftaten, SGb 1992, 337; *Sieg,* Kritische Betrachtungen zum Recht der Zwangsvollstreckung in Lebensversicherungsforderungen, FS Klingmüller, 1974, 447; *Smid,* Pfändungsschutz bei Altersrenten, FPR 2007, 443; *Schmidt,* Kommentar zum Einkommensteuergesetz, 28. Aufl. 2009; *Stahlschmidt,* Direktversicherung und Rückdeckungsversicherungen in der Unternehmensinsolvenz, NZI 2006, 375; *Stegmann/Lind,* Der Lebensversicherungsvertrag in der Insolvenz, NVersZ 2002, 193; *Stöber,* Das Gesetz zum Pfändungsschutz der Altersvorsorge, NJW 2007, 1242; *Stockter,* Das Verbot genetischer Diskriminierung und das Recht auf Achtung der Individualität, Diss. 2008; *Tavakoli,* Lohnpfändung und private Altersvorsorge: Erhöhung der Freigrenze durch § 851c ZPO?, NJW 2008, 3259; *Tremmel,* Was ist Zillmerung? VW 2007, 778; *Trunk,* Der deutsche Lebensversicherungsmarkt muß den Wettbewerb nicht fürchten – Beispiel: Dread Disease, VW 1993, 1007; *Voit,* Das Ende einer Zugewinnausgleichsoase, FamRZ 1992, 1385; *Wagner,* Wem steht der Anspruch auf den Rückkaufswert einer kapitalbildenden Lebensversicherung bei Vorliegen einer Abtretung (nur) der Todesfallansprüche zu – dem Zessionar oder dem VN bzw. dessen Pfändungsgläubigern?, VersR 1998, 1083; *Wandt,* Ersetzung unwirksamer ALB im Treuhänderverfahren gem. § 172 VVG, VersR 2001, 1449; *Wendt/Jularic,* Die Einbeziehung des Arztes in das Versicherungsgeschäft, VersR 2008, 41; *Wimmer,* Das Gesetz zum Pfändungsschutz der Altersvorsorge unter besonderer Berücksichtigung der Hinterbliebenenversorgung, ZInsO 2007, 281; *Winkens/Abel,* Anmerkung zu AG Hagen und AG Kenzingen, VersR 2007, 526; *Winter,* Ausgewählte Fragen der Lebensversicherung, ZVersWiss 1991, 203; *Winter,* Grenzlinien des Lebensversicherungsbegriffs „insurable interest", biometrisches Risiko und Kapitalisierungsgeschäfte, VersR 2004, 8; *Zehner,* Zur Anwendung des § 170 Abs. 1 VVG bei Selbstmord des Versicherungsnehmers nach Tötung des Versicherten, VersR 1984, 1119; *Zimmermann,* Probleme bei Direktversicherungen im Rahmen eines Gruppenversicherungsvertrages im Konkursverfahren, gerichtlichen Vergleichsverfahren und bei Betriebsübergang, VersR 1988, 885.

A. Begriff der Lebensversicherung

I. Deckung eines biometrischen Risikos

Die Lebensversicherung ist ein in den §§ 150–171 gesetzlich speziell geregelter Versicherungsvertrag. Definitorisch unterliegt er zunächst der Beschreibung der **vertragstypischen Pflichten** nach § 1. Ihn kennzeichnet damit eine durch den Eintritt des vereinbarten Versicherungsfalls bedingte Leistung des Versicherers, die dieser zum Zwecke einer **Risikodeckung** verspricht (§ 1 S. 1). Als Entgelt hierfür hat der Versicherungsnehmer eine Prämie zu bezahlen (§ 1 S. 2). Das vom Versicherer abgesicherte Risiko wird für die Lebensversicherung von den Motiven zum VVG 1908 in der Ungewissheit der **Dauer menschlichen Lebens** gesehen.[1] Der Versicherer sichert demgemäß durch seine Leistungszusage ein **biometrisches** Risiko ab.[2] Dieses kann, je nach Vertragsinhalt, im **Tod** der versicherten Person (Todesfallversicherung[3]) oder aber im **Erleben** eines bestimmten Zeitpunktes (Erlebensversicherung[4]) gelegen sein. Dabei steht, wirtschaftlich betrachtet, bei der Todesfallversicherung regelmäßig die Versorgung der Hinterbliebenen im Vordergrund, wohingegen die Erlebensversicherung regelmäßig die Altersversorgung des Versicherungsnehmers selbst sicherstellen soll. Hinterbliebenenversorgung bzw. Altersvorsorge sind allerdings nur typische wirtschaftliche **Motive** für den Abschluss einer Lebensversicherung, die Wirksamkeit der Lebensversicherung hängt nicht von der Deckung eines derartigen Bedarfs ab. Sie kann insbes. **ohne** Vorliegen eines besonderen **versicherten Interesses** des Versicherungsnehmers oder der Begünstigten am Leben der Gefahrperson abgeschlossen werden.[5] Man spricht daher gerne von der Deckung eines **abstrakten Bedarfs**, sei es des Versicherungsnehmers selbst oder des Begünstigten.[6]

II. Besonderheiten bei Versicherungen mit gewiss eintretendem Versicherungsfall

Schon die Motive zum VVG 1908 hoben hervor, dass sich Lebensversicherungen so ausgestalten lassen, dass der Eintritt des **Versicherungsfalls gewiss** ist und daher nur der Zeitpunkt seines Eintritts oder die Höhe der vom Versicherungsnehmer zu zahlenden Prämie ungewiss bleibt. Hierher zählen die Todesfallversicherung auf Lebenszeit,[7] die Termfix-Versicherung[8] sowie die gegenseitige Überlebensversicherung,[9] soweit sie Kapitalleistungen zum Gegenstand haben. Insbesondere zählt hierher auch die kombinierte Todesfall- und Erlebensversicherung.[10] Fraglos unterstehen auch diese Versicherungsformen dem VVG und insbes. den Sondervorschriften der §§ 150–171.[11]

Den kapitalbildenden, kombinierten Lebensversicherungen wohnt neben der Risikoübernahme auch eine **Sparkomponente** inne.[12] Eine Risikoübernahme besteht hier – anders als bei reinen Sparformen wie den Kapitalisierungsgeschäften[13] – insofern, als der Versicherer die Versicherungssumme bei vorzeitigem Versterben der Gefahrperson zu leisten hat, auch wenn das über den Sparanteil der Prämie gebildete Deckungskapital der Police noch unter der vereinbarten Versicherungssumme liegt. Im Erlebensfall wird demgegenüber der über die Sparanteile der Prämie gebildete „Wert"[14] der Versicherung ausbezahlt, ein Vorgang, der einem Sparvorgang bei einer Bank gleichsteht.[15] Der Sparvorgang wird insbes. durch den Anspruch des Versicherungsnehmers auf Auszahlung

---

[1] Motive zum VVG S. 213.
[2] *Dreher/Schmidt* WM 2008, 377.
[3] → Rn. 13 ff.; → Rn. 19.
[4] → Rn. 15 ff.; → Rn. 20 ff.
[5] BGH VersR 1995, 405 (406); das entspricht der hL, *Brömmelmeyer* in Beckmann/Matusche-Beckmann VersR-HdB § 42 Rn. 1; *Schwintowski* in Berliner Kommentar VVG § 159 Rn. 4; *Grote* in Langheid/Rixecker VVG Vor §§ 150–171 Rn. 2; *Winter* VersR 2004, 8 (10 f.); → § 150 Rn. 8.
[6] Aus der Rspr. BGH VersR 1979, 1120 (1121); *Brömmelmeyer* in Beckmann/Matusche-Beckmann VersR-HdB § 42 Rn. 1 mwN.; allg. zur „Bedarfstheorie" *Dreher* Versicherung S. 38 ff.
[7] Motive zum VVG S. 214; → Rn. 19.
[8] Motive zum VVG S. 214; → Rn. 23.
[9] Motive zum VVG S. 214.
[10] Motive zum VVG S. 214; zu den möglichen Ausgestaltungen: *Schwintowski* in Berliner Kommentar VVG Vor §§ 159–178 Rn. 46.
[11] *Schwintowski* in Berliner Kommentar VVG Vor §§ 159–178 Rn. 45.
[12] Zur kapitalbildenden Lebensversicherung → Rn. 18.
[13] → Rn. 8 f.; → Rn. 30.
[14] Vorbehaltlich einer vertraglich vereinbarten Mindestversicherungssumme für den Erlebensfall entspricht dieser Wert bei einer traditionellen kapitalbildenden Lebensversicherung dem Deckungskapital zzgl. einer Überschussbeteiligung und bei der fondsgebundenen Lebensversicherung regelmäßig dem tatsächlichen Fondsvermögen.
[15] *Schwintowski* in Berliner Kommentar VVG Vor §§ 159–178 Rn. 46.

eines **Rückkaufswerts** nach § 169 deutlich. Kündigt nämlich der Versicherungsnehmer die Lebensversicherung, tritt der Versicherer zurück oder ficht er den Versicherungsvertrag an, so gebührt dem Versicherungsnehmer der Rückkaufswert, in dem sich der bisherige Sparerfolg der Police niederschlägt, obwohl es am Eintritt des vertraglich definierten Versicherungsfalls fehlt.[16]

4 Trotz dieser Sparkomponente untersteht auch die kapitalbildende Lebensversicherung ohne Frage den Vorschriften des VVG und insbes. den §§ 150–171. Anderes gilt demgegenüber für die von den Lebensversicherungsunternehmen aufsichtsrechtlich zulässig[17] betriebenen **Kapitalisierungsgeschäfte**. Bei ihnen fehlt es typischerweise an einer Risikoübernahme durch den Versicherer. Sie unterstehen daher grds. auch nicht dem VVG und insbes. nicht dessen §§ 150–171.[18]

4a Wenn in der Lit. trotz der eindeutigen Klassifizierung durch den Gesetzgeber dennoch über die „wahre" Rechtsnatur der kapitalbildenden Lebensversicherung gestritten wird, so geht es dabei nicht um die Frage der Anwendbarkeit des VVG und seiner §§ 150–171, sondern um die Schaffung einer Grundlage für weit reichende **Nebenpflichten** des Versicherers. Es geht insbes. um die Begründung einer Pflicht des Versicherers, den Sparerfolg durch hohe Gewinnerzielungen und damit hohe Gewinnbeteiligungen der Versicherungsnehmer zu optimieren (Pflicht zur **Optimierung**). Es geht ferner darum, dem Versicherer eine Pflicht aufzuerlegen, dem Versicherungsnehmer über die Gewinnermittlung und -verteilung umfassend Rechnung zu legen (Pflicht zur **Rechnungslegung**). Und nicht zuletzt geht es um die Begründung einer Pflicht, im Rahmen der Überschussbeteiligung auch stille Reserven, die durch die Veranlagung der Prämien der Versicherungsnehmer entstanden sind, zu berücksichtigen (Pflicht zum **Einbezug stiller Reserven**). Eine Ansicht versteht den Versicherer als einen **Treuhänder,** der auf der Grundlage eines Geschäftsbesorgungsvertrages die Prämien vereinnahmt und für die Versicherungsnehmer, die Treugeber, verwaltet.[19] Diese Ansicht erlaubt es, dem Versicherer weit reichende Optimierungs- und Rechnungslegungspflichten aufzuerlegen. Sie hat sich indessen weder in der Lit.[20] noch in der Rspr.[21] durchgesetzt. Die Konstruktion der Lebensversicherung als Geschäftsbesorgungsvertrag kann insbes. nicht erklären, wieso der Versicherer für die Erbringung der Leistungen über den Betrag der vereinnahmten und treuhänderisch verwalteten Prämien persönlich haftet. Wäre der Versicherer nämlich tatsächlich nur Treuhänder und aufgrund eines Geschäftsbesorgungsvertrags zur ordnungsgemäßen Verwaltung der Prämien verpflichtet, so dürfte ihn bei pflichtgemäßer Erfüllung seiner Aufgaben keine Ausfallshaftung treffen. Gerade darin liegt ja der relevante Unterschied zwischen Lebensversicherungen, die einen Risikotransfer beinhalten, und den von Lebensversicherungsunternehmen aufsichtsrechtlich zulässig[22] betriebenen **Tontinengeschäften**.[23] Überzeugend ist demgegenüber der Ansatz, dass es sich zwar um einen Versicherungsvertrag handelt, dieser jedoch durch die Zusage einer Beteiligung des Versicherungsnehmers an den Gewinnen (Überschussbeteiligung) ein **partiarisches** Rechtsverhältnis begründet.[24] Damit steht der überschussbeteiligte Lebensversicherungsvertrag irgendwo zwischen einem reinen Austauschvertrag und einem Gesellschaftsvertrag. Dies erlaubt es, die Pflichten des Versicherers gegenüber dem Versicherungsnehmer interessengerecht zu bestimmen. Einerseits fordert dieser Ansatz keine Gleichstellung der Versicherungsnehmer mit Inhabern von Gesellschaftsanteilen, also Aktionären. Andererseits verbietet der Ansatz die „Nulllösung", wie sie der BGH mit Blick auf die Informationsrechte der Versicherungsnehmer vor dem Urteil des Bundesverfassungsgerichts von 2005[25] vertreten hat.

5 Von der Diskussion um die „wahre" Rechtsnatur der kapitalbildenden Lebensversicherung zu trennen ist die Frage, wann ein Vertrag mit überwiegendem Kapitalbildungs- bzw. Sparcharakter und nur sehr **geringer** oder gar **fehlender Übernahme biometrischen Risikos** überhaupt als (kapitalbildende) Versicherung im Sinne des Versicherungsaufsichtsrechts und des Versicherungsvertragsrechts zu qualifizieren ist.[26] Praktisch stellt sich diese Frage regelmäßig im Zusammenhang mit

---

[16] Näheres unten bei § 169.
[17] Vgl. § 1 Abs. 2 VAG 2016 (§ 1 Abs. 4 VAG a.F.).
[18] → Rn. 8 f.; → Rn. 30.
[19] Insbes. *Schünemann* JZ 1995, 430.
[20] Insbes. die Beiträge in *Karten/Werber/Winter,* Lebensversicherung und Geschäftsbesorgung, 1998; *Dreher* Versicherung S. 74 f.
[21] BGHZ 128, 54 = NJW 1995, 589; die Verwendung des Treuhandmodells ist insbes. nicht verfassungsrechtlich geboten, BVerfG VersR 2005, 1127 (1131 f.); hierzu *Heiss* in Albrecht/Bartels/Heiss VVG, S. 19 f.; besonders deutlich für die Unfallversicherung BVerfG VersR 2006, 961.
[22] Vgl. § 1 Abs. 2 S. 1 iVm Anlage 1 Nr. 22 VAG 2016 (§ 1 Abs. 4 S. 1 i.V.m. Anlage Teil A Nr. 22 VAG a.F.).
[23] → Rn. 17.
[24] *Basedow* ZVersWiss 1992, 419; ihm insofern folgend *Lorenz* ZVersWiss 1993, 283 (300); i.Erg. ähnlich *Donath* AcP 192 (1992) 279; offenlassend BGHZ 128, 54 (66).
[25] BVerfG VersR 2005, 1127 zu BGHZ 128, 54.
[26] Zu der Diskussion *Dreher/Schmidt* WM 2008, 377 (382); *Winter* VersR 2004, 8 ff.

fondsgebundenen Lebens- bzw. Rentenversicherungen bei denen keine betragsmäßig bestimmten Versicherungsleistungen für den Todesfall oder den Erlebensfall (Rentenhöhe in der Rentenversicherung) garantiert werden.[27] Ähnliche Abgrenzungsschwierigkeiten stellen sich bspw. auch bei der sog. **Finanzrückversicherung**, („**hinreichender Risikotransfer**", § 167 VAG 2016). Für die Finanzrückversicherung hat die Aufsichtsbehörde die Anforderungen an den „hinreichenden Risikotransfer" in einer Finanzrückversicherungsverordnung[28] eigens geregelt. In bilanzieller Hinsicht geben die „International Financial Reporting Standards 4" („**IFRS 4**"),[29] die seit dem 1.1.2005 von Versicherungsunternehmen innerhalb der EU im Hinblick auf die Rechnungslegung von Versicherungsverträgen zu berücksichtigen sind, Anhaltspunkte dafür, wann ein Vertrag als Versicherung bilanziert werden kann. Anhang B zu den IFRS 4 gibt insbes. einige Beispiele dafür, wann ein Vertrag als Lebensversicherung im Sinne der Rechnungslegung anzusehen ist und wann nicht.[30] Sie sollen ab 1.1.2023 von den IFRS 17 abgelöst werden, für die hier interessierende Frage des Begriffs der Lebensversicherung sollten sich aber keine großen Änderungen ergeben. Letztlich stellt auch das **Einkommensteuerrecht** (nunmehr wieder) konkrete Mindestvorgaben an die Übernahme biometrischen Risikos, damit Leistungen aus einem Lebens- bzw. Rentenversicherungsvertrag in den Genuss der privilegierten Besteuerung gelangen können.[31]

Demgegenüber fehlt es sowohl im VAG als auch im VVG an jedweden qualitativen oder gar quantitativen Vorgaben hinsichtlich der erforderlichen Übernahme biometrischen Risikos. Auch die BaFin stellt, anders als die schweizerische Finanzmarktaufsicht FINMA,[32] insoweit keine Mindestanforderungen. Das BVerwG hält – wohlgemerkt in Bezug auf die Nicht-Lebensversicherung – auch geringste Risikoübernahmen als ausreichend, um den aufsichtsrechtlichen Versicherungsbegriff zu erfüllen.[33]

Für die Beantwortung der Frage, ob ein Vertrag einen Lebensversicherungsvertrag iSd VAG und/oder iSd VVG darstellt, erscheint eine Orientierung an den Vorgaben der Finanzrückversicherungsverordnung,[34] der IRFS 4[35] (bzw. zukünftig IRFS17) und des Steuerrechts durchaus angebracht. Dabei darf jedoch die Rspr. des BVerwG, das nur geringe Anforderungen an den Risikotransfer stellt, nicht aus den Augen gelassen werden.

Sollte der Risikotransfer – unter Berücksichtigung der oben genannten Anforderungen – unzureichend sein, wäre aufsichtsrechtlich zu prüfen, ob das Geschäft als zulässiges **Kapitalisierungsgeschäft**[36] oder als unzulässiges **versicherungsfremdes** Geschäft zu werten ist.[37]

An der **zivilrechtlichen Gültigkeit** des Geschäfts ändert das Ergebnis dieser Prüfung jedenfalls nichts, weil das Verbot versicherungsfremder Geschäfte in § 15 Abs. 1 VAG 2016 **kein Verbotsgesetz** iSv § 134 BGB darstellt.[38] Fraglich kann insofern nur die Anwendbarkeit des VVG insbes. der

---

[27] → Rn. 25, 87, 92 ff.; *Dreher/Schmidt* WM 2008, 377 (382).
[28] Verordnung über Finanzrückversicherungsverträge und Verträge ohne hinreichenden Risikotransfer (Finanzrückversicherungsverordnung – FinRVV) vom 18.4.2016, BGBl. 2016 I 838; zur früheren Verordnung über Finanzrückversicherungsverträge und Verträge ohne hinreichenden Risikotransfer (Finanzrückversicherungsverordnung – FinRVV) v. 14.7.2008, BGBl. 2008. I 1291; *Dreher/Lange* WM 2009, 193 ff.; *Mönnich* HAVE 2008, 127 ff., noch vor Erlass der FinRVV.
[29] VO (EG) Nr. 1126/2008 v. 3.11.2008, ABl. 2008 L 320, 1.
[30] Nach IFRS 4 B 10 reicht es aus, dass „**Todesfallleistungen** zu manchen Zeitpunkten den Stand des Versicherungskontos übersteigen (Versicherungsrisiko in Form von Sterblichkeitsrisiko)". Zusätzlich muss das vom Versicherer getragene Versicherungsrisiko „signifikant" sein (IFRS 4 B 22). Dies ist nach IFRS 4 B 23 der Fall, wenn ein versichertes Ereignis bewirken könnte, dass ein Versicherer unter irgendwelchen Umständen signifikante zusätzliche Leistungen von kommerzieller Bedeutung zu erbringen hat. Sofern dies der Fall ist, reicht es sogar aus, dass das versicherte Ereignis höchst unwahrscheinlich ist. Nach IFRS 4 B 29 wird das (erforderliche) **Langlebigkeitsrisiko** im Rahmen einer Rentenversicherung nur dann bei Vertragsschluss vom Versicherer übernommen, wenn dieser bereits bei Vertragsschluss die Rentenfaktoren (oder eine Grundlage für deren Bestimmung) angebe.
[31] → Rn. 92 ff.
[32] Vgl. Finma Rundschreiben 2008/39 (anteilgebundenen Lebensversicherung) Rn. 27 ff.; Finma Rundschreiben 2008/40 (Lebensversicherung) Rn. 15: Der vom biometrischen Risiko abhängige Anteil der Versicherungsleistung beträgt vor dem 60. Lebensjahr der versicherten Person mindestens 1 % des Bruttodeckungskapitals/des Werts der Anteile.
[33] BVerwG VersR 1987, 701 (702); VersR 1969, 819 (820).
[34] FinRVV vom 18.4.2016, BGBl. 2016 I 838.
[35] VO (EG) Nr. 1126/2008 v. 3.11.2008, ABl. 2008 L 320, 1.
[36] Ausdrücklich die Finma-Rundschreiben 2008/39 Rn. 17 und 2008/40 Rn. 18.
[37] *Dreher/Schmidt* WM 2008, 377 (381); *Winter* VersR 2004, 8 (13).
[38] *Pohlmann* in Kaulbach/Bähr/Pohlmann VAG § 15 Rn. 35; *Winter* VersR 2004, 8 (13); OLG Hamburg VerBAV 2000, 163.

§§ 150–171³⁹ sein. Nach BaFin-Rundschreiben 08/2010 gelten für Kapitalisierungsgeschäfte, die einen Vertrag iSd § 1 darstellen, die verbraucherschützenden Vorschriften des VVG; für Kapitalisierungsgeschäfte ohne Versicherungscharakter gelten diese Vorschriften jedenfalls sinngemäß.⁴⁰ Unter der Prämisse, dass die Parteien beim Abschluss eines als Lebensversicherungsvertrag bezeichneten Vertrags, bei dem es lediglich an der Übernahme biometrischen Risikos fehlt, vom Abschluss eines Versicherungsvertrags ausgehen und die Vertragsbedingungen regelmäßig Bestimmungen des VVG inkorporieren bzw. auf solche verweisen, dürfte sich die Anwendbarkeit des VVG in diesen Fällen regelmäßig aus dem **Parteiwillen** ergeben. Unbeschadet der Frage nach der Anwendbarkeit des VVG hat der BGH entschieden, dass ein Lebensversicherungsvertrag mit sehr geringer Todesfallleistung (*in casu*: 101 % des Rücknahmewerts der Fondsanteile) bei wirtschaftlicher Betrachtungsweise ein **Anlagegeschäft** darstellt und dass für einen solchen Vertrag die (strengeren) Informations- und Aufklärungspflichten für Kapitalanlageprodukte gelten.⁴¹

B. Charakteristika der Lebensversicherung

10 Als Personenversicherung wird die Lebensversicherung zulässig als **Summenversicherung** geschlossen.⁴² Der Abschluss des Lebensversicherungsvertrags setzt **kein** konkretes versichertes **Interesse** voraus (abstrakte Bedarfsdeckung).⁴³ Dies gilt selbst dann, wenn die Versicherung auf **fremdes Leben** genommen wird, weil das Zustimmungserfordernis des § 150, die Leistungsfreiheit des Versicherers bei Tötung der Gefahrperson durch den Versicherungsnehmer nach § 162 sowie die strafrechtlichen Normen zum Schutze des Lebens⁴⁴ das subjektive Risiko einer Lebensversicherung, jedenfalls einer Todesfallversicherung, in annehmbaren Grenzen halten.⁴⁵

11 Soweit der Lebensversicherungsvertrag Todesfallleistungen vorsieht, dienen diese wirtschaftlich zumeist der Versorgung von Hinterbliebenen. Diese werden regelmäßig als Bezugsberechtigte im Todesfall benannt, womit der Versicherungsvertrag zum echten **Vertrag zugunsten Dritter auf den Todesfall** wird.⁴⁶ Es handelt sich dabei um den praktisch wichtigsten Anwendungsfall des Vertrags zugunsten Dritter.

C. Arten der Lebensversicherung

12 Das Versicherungsvertragsrecht gibt keine standardisierte Form der Lebensversicherung vor.⁴⁷ Im Rahmen der VVG-Reform hat der Gesetzgeber lediglich vier „Leitbilder" der Lebensversicherung identifiziert, nämlich (1) die Risikolebensversicherung, (2) die Rentenversicherung, (3) die kapitalbildende Lebensversicherung und (4) die fondsgebundene Lebensversicherung,⁴⁸ die aber keine „in sich geschlossenen Kategorien" bezeichnen.⁴⁹ In der Produktgestaltung sind die Versicherer im Wesentlichen frei, so dass die vom Gesetzgeber aufgezeigten Leitbilder in der Praxis vielfach modifiziert und gemischt werden.⁵⁰ Die in der Praxis anzutreffenden Erscheinungsformen der Lebensversicherung lassen sich daher auf unterschiedliche Weise kategorisieren.⁵¹

---

39 Bei einem reinen Kapitalisierungsgeschäft dürfte regelmäßig nicht von der Anwendbarkeit des VVG auszugehen sein, *Winter* VersR 2004, 8 (17).
40 BaFin-Rundschreiben 08/2010 v. 7.9.2010, VA 21-I 4209-2010/0002; *Schwintowski* VersR 2010, 1126 (1128 ff.); *Reiff* ZVersWiss 2012, 477 (481).
41 BGH WM 2012, 1577 Rn. 20 f.; VersR 1582 Rn. 53; krit. zu den Entscheidungen *Grote/Schaaf* GWR 2013, 482 (484).
42 Begriffliches bei *Wandt* VersR Rn. 37–39.
43 *Wandt* VersR Rn. 37; diff. *Winter* in Bruck/Möller VVG Einf. Vor § 150 Rn. 159, 179; *Winter* VersR 2004, 8 (11); aber *Hasse* VersR 2010, 1118 ff. (1126).
44 §§ 211 ff. StGB.
45 Vgl. schon die Motive zum VVG S. 214, 217; *Reiff* in Prölss/Martin VVG § 155 Rn. 3 ff. mwN zur Rspr.; *Schwintowski* in Berliner Kommentar VVG § 159 Rn. 1; eingehend zur Frage *Krause*, Der Begriff des versicherten Interesses und seine Auswirkungen auf die Versicherung für fremde Rechnung, 1997, S. 61 ff.
46 → § 159 Rn. 8 ff.
47 *Wandt* VersR Rn. 1161.
48 Begr. RegE Gesetz zur Reform des Versicherungsvertragsrechts, Allgemeiner Teil, BT-Drs. 16/3945, 51.
49 Begr. RegE Gesetz zur Reform des Versicherungsvertragsrechts, Allgemeiner Teil, BT-Drs. 16/3945, 51; *Brömmelmeyer* in Beckmann/Matusche-Beckmann VersR-HdB § 42 Rn. 3.
50 *Wandt* VersR Rn. 1161.
51 Vgl. zB die Einteilung bei *Ortmann* in Schwintowski/Brömmelmeyer/Ebers VVG Vor §§ 150–171 Rn. 5 ff.; oder bei *Wandt* VersR Rn. 1161 ff.

I. Risikoversicherungen

1. Risikolebensversicherung (auf den Todesfall). Bei der Risikolebensversicherung auf den Todesfall – auch als Risikolebensversicherung bezeichnet – entsteht die Leistungspflicht des Versicherers bei Tod der versicherten Person während eines bestimmten versicherten Zeitraums. Überlebt die versicherte Person diesen Zeitraum, sind bei Ablauf des Vertrages die gezahlten Prämien für die Risikotragung verbraucht. Reine Risikolebensversicherungen entsprechen am ehesten dem eigentlichen Ursprungsgedanken der Lebensversicherung[52] und haben praktische Bedeutung vor allem als Instrument der finanziellen Absicherung z.B. von Familienangehörigen oder Kreditgebern für den Fall des Todes der versicherten Person, dessen Einkommenswegfall durch die Versicherungsleistung ausgeglichen wird.[53]

2. Restschuldversicherung (Restkreditlebensversicherung). Bei der Restschuldversicherung handelt es sich um eine spezielle Risikolebensversicherung, die dazu dient, die Rückzahlungsverpflichtung aus einem Darlehen gegenüber einem Kreditgeber (meist einer Bank) abzusichern.[54] Verstirbt der Darlehensnehmer (= versicherte Person) vor Rückzahlung des Darlehens, besteht die Versicherungsleistung in der Rückzahlung der noch offenen Verpflichtung aus dem Darlehensvertrag. Bezugsberechtigt ist regelmäßig der Kreditgeber. Vielfach ist der Kreditgeber auch Versicherungsnehmer einer Gruppenversicherung, der der Darlehensnehmer als versicherte Person beitritt. Häufig wird die Restschuldversicherung gegen Zahlung einer Einmalprämie abgeschlossen.[55] Oft wird sie mit einer Arbeitsunfähigkeitszusatzversicherung kombiniert. Darlehensvertrag und Restschuldversicherungsvertrag können verbundene Geschäfte iSd § 358 Abs. 3 BGB sein, wenn dessen Voraussetzungen erfüllt sind.[56]

3. (Reine) Erlebensfallversicherung. Bei einer reinen Erlebensfallversicherung entsteht die Leistungspflicht des Versicherers (nur), wenn die versicherte Person einen bestimmten Zeitpunkt erlebt. Bei vorzeitigem Versterben besteht keine Leistungspflicht. Die Leistung des Versicherers kann in einer Kapitalleistung oder einer (Leib-)Rente bestehen.

a) Rentenversicherung (ohne Todesfallleistung). Praktische Bedeutung hat die (reine) Erlebensfallversicherung in Deutschland lediglich in Form der Leibrentenversicherung. Bei einer Leibrentenversicherung verpflichtet sich der Versicherer, gegen eine Einmalprämie oder gegen laufende Prämien ab einem bestimmten Zeitpunkt (**Rentenzahlungsbeginn**) eine lebenslange Rente (**Leibrente**) zu zahlen. Die Rentenzahlungspflicht kann sofort nach Zahlung der (Einmal-)Prämie oder nach Ablauf einer sog. Aufschubphase beginnen.[57] Erlebt der Versicherungsnehmer den Rentenzahlungsbeginn nicht, verfällt die Prämie bzw. das Deckungskapital zugunsten des Versichertenkollektivs. Diese Form der Leibrente ist als Altersvorsorge (zB als „Rürup"-Rente) dann sinnvoll, wenn der Versicherungsnehmer keine abzusichernden Familienangehörigen hat.

b) Tontine. Als Sonderfall der Erlebensfallversicherung wird die sog. „Tontine" bezeichnet.[58] Bei einer Tontine – nach dem italienischen Bankier und Glücksritter *Lorenzo de Tonti* (1602–1684)[59] – verpflichtet sich der Versicherer bzw. der „Veranstalter", gegen Entgelt Einmalzahlungen der Teilnehmer anzunehmen, das angesammelte Kapital zu verzinsen und in bestimmten Zeitabständen als steigende Rente an die am Ende des jeweiligen Zeitabschnitts noch lebenden Teilnehmer der Tontine zurückzugewähren. Die Überlebenden „erben" dabei das Kapital der jeweils im vorausgehenden Zeitabschnitt verstorbenen Teilnehmer, was dazu führte, dass die Rente stetig, aber unregelmäßig anstieg. Durchaus in diesem Sinne umschreibt heute Art. 2 Abs. 3 lit. b, i RL 2009/138/EG (Solvabilität II) den Geschäftstyp: «Geschäfte, die die Bildung von Gemeinschaften umfassen, in denen sich Teilhaber vereinigen, um ihre Beiträge gemeinsam zu kapitalisieren und das so gebildete Vermögen entweder auf die Überlebenden oder auf die Rechtsnachfolger der Verstorbenen zu verteilen (Tontinengeschäfte)».

---

[52] *Kurzendörfer,* Lebensversicherung, S. 9.
[53] *Wandt* VersR Rn. 1162.
[54] Vgl. Art. 1 GDV-Muster ALB Restkreditlebensversicherung (Stand 23.7.2021).
[55] Zu einer solchen Gruppenversicherung gegen Einmalprämie kürzlich BGH VersR 2015, 318 f.
[56] BGH VersR 2010, 469.
[57] Vgl. die Allgemeinen Bedingungen für die Rentenversicherung mit sofort beginnender Rentenzahlung des GDV (Stand: 28.4.2021) und die Allgemeinen Bedingungen für die Rentenversicherung mit aufgeschobener Rentenzahlung des GDV (Stand: 28.4.2021).
[58] *Winter* VersR 2004, 8 (17 f.); *Winter* in Bruck/Möller VVG Einf. Vor § 150 Rn. 5, 112 ff.; *Ortmann* in Schwintowski/Brömmelmeyer/Ebers VVG Vor §§ 150–171 Rn. 11; *Schwintowski* in Berliner Kommentar VVG Vor §§ 159–178 Rn. 14.
[59] Zu seiner Person eingehend *Rietsch/Gallais-Hamonno* S. 19 ff.; auch *Hellwege* S. 15.

17a Tontinen sind keine Versicherungsgeschäfte im engeren Sinne, da der „Veranstalter" keinen Anteil am versicherungstechnischen Risiko der Langlebigkeit der Teilnehmer trägt. Dieses Risiko wird vollständig von den Teilnehmern der Tontine getragen. Trotz ihres versicherungsfremden Charakters gelten Tontinen seit 1994 gem. Nr. 22 der Anl. 1 zum VAG 2016, § 1 Abs. 2 S. 1 VAG 2016 als dem Lebensversicherungsgeschäft gleichgestellt und dürfen von deutschen Lebensversicherern betrieben werden.[60] Praktische Bedeutung hat die Tontine in Deutschland allerdings nicht,[61] so dass die – wohl zu verneinende – Frage, ob das VVG auf Tontinen anzuwenden ist, eher von theoretischer Bedeutung sein dürfte.

II. Kapitalbildende Versicherungen

18 Als „kapitalbildend" bezeichnet man solche Versicherungen, bei denen ein Deckungskapital (nur) für den jeweiligen Vertrag angespart wird. Das ist der Fall, wenn bereits bei Vertragsabschluss feststeht, dass der Versicherer aus diesem Vertrag eine Leistung an den Versicherungsnehmer oder den jeweiligen Bezugsberechtigten erbringen wird,[62] wenn also die Leistungspflicht des Versicherers iSd § 169 Abs. 1 „gewiss" ist.[63] Kapitalbildende Versicherungen sind insbes. die folgenden Vertragstypen:

19 **1. (Lebenslange) Todesfallversicherung.** Bei der lebenslangen Todesfallversicherung (auch: Kapitalversicherung auf den Todesfall) wird die Versicherungsleistung bei Tod der versicherten Person unabhängig davon fällig, wann der Tod der versicherten Person eintritt. Die Leistungspflicht des Versicherers ist damit gewiss, ungewiss ist lediglich der Zeitpunkt, zu dem der Versicherer leisten muss.[64] Praktische Bedeutung hat die lebenslange Todesfallversicherung in Deutschland regelmäßig nur als sog. **Sterbegeldversicherung**. Dabei handelt es sich um eine Lebensversicherung mit relativ geringen Versicherungssummen, die im Wesentlichen der Abdeckung der Beerdigungskosten sowie der Grabpflege dient. Üblicherweise endet die Prämienzahlungspflicht – je nach Ausgestaltung des Vertrages – zwischen dem 65. und dem 85. Lebensjahr der versicherten Person.

20 **2. „Klassische" kapitalbildende Lebensversicherung.** Bei der „klassischen" kapitalbildenden Lebensversicherung (auch: Kapitallebensversicherung) handelt es sich typischerweise um eine **gemischte Versicherung** auf den Todes- und Erlebensfall.[65] Die betragsmäßig vereinbarte Versicherungssumme wird entweder bei Tod der versicherten Person während der Laufzeit des Vertrages oder bei Erleben eines bestimmten, vertraglich vereinbarten Ablaufdatums fällig. Die Leistungspflicht des Versicherers ist gewiss. Ungewiss ist lediglich, ob die vereinbarte Versicherungsleistung als Todesfallleistung während der Laufzeit des Vertrages zu erbringen ist oder als Erlebensfallleistung zum vereinbarten Ablaufdatum. Die klassische kapitalbildende Lebensversicherung hat in Deutschland erhebliche praktische Bedeutung, da sie zur finanziellen Absicherung von Familienangehörigen, als Kreditsicherheit und als Altersvorsorge genutzt wird.[66] Bis Ende 2004 genoss sie darüber hinaus besondere steuerliche Privilegierung und war die vorherrschende Form der Lebensversicherung.[67] Nicht zuletzt aufgrund veränderter steuerlicher Rahmenbedingungen hat sie im Neugeschäft massiv an Bedeutung verloren,[68] ist aber – nach Bestandszahlen – in Deutschland immer noch von großer Bedeutung.[69]

---

[60] *Präve* in Prölss/Dreher VAG § 1 Rn. 74.
[61] *Pohlmann* in Kaulbach/Bähr/Pohlmann VAG § 1 Rn. 8; *Winter* VersR 2004, 8 (18); zur geschichtlichen Bedeutung der Tontine in Deutschland *Hellwege* S. 19.
[62] Motive zu §§ 176, 177 S. 236.
[63] → § 169 Rn. 36 ff.
[64] § 1 Abs. 1 GDV-Muster-ALB KLV (Stand: 28.4.2021).
[65] Vgl. § 1 Abs. 1 GDV-Muster-ALB KLV (Stand 28.4.2021).
[66] *Wandt* VersR Rn. 1163, 1167.
[67] Im Jahr 1990 betrug der Bestand an Kapitallebensversicherungen in Deutschland 83,7 % der insgesamt bestehenden Lebensversicherungsverträge, Quelle: GDV, Die deutsche Lebensversicherung in Zahlen, S. 16, vermutlich inklusiv fondsgebundener Versicherung, die damals freilich nur marginale Bedeutung hatte.
[68] Beim Neuzugang reduzierte sich der Anteil der kapitalbildenden Individuallebensversicherung von 60,4 % (1985) über 22,4 % (2004) auf 8,4 % (2008); s. GDV Geschäftsentwicklung 2008, S. 12 f. Im Jahr 2020 entfielen beim Neuzugang mit laufender Prämienzahlung auf Kapitalversicherungen im Individualgeschäft noch 6,5 % bzw. 10,2% (an eingelösten Versicherungsscheinen) der Prämien; s. GDV, Die Lebensversicherung in Zahlen 2021, S. 8.
[69] Im Jahr 2020 entfielen im Bestandsgeschäft 28,6 % der Verträge auf Kapitalversicherungen, 55,7 % auf die Rentenversicherung und 15,7 % auf die Risikoversicherung; s. GDV, Die deutsche Lebensversicherung in Zahlen 2021, S. 18.

3. Rentenversicherung (mit Todesfallleistung). Bei der Rentenversicherung mit Todesfall- 21
leistung verpflichtet sich der Versicherer gegen eine Einmalprämie oder gegen laufende Prämie ab
einem bestimmten Zeitpunkt **(Rentenzahlungsbeginn)** eine lebenslange Rente **(Leibrente)** zu
zahlen, sofern der Versicherte den Rentenzahlungsbeginn erlebt. Die Rentenzahlung kann – bei
Verträgen mit Einmalprämie – unmittelbar nach Vertragsabschluss beginnen[70] oder erst nach einer
sog. Aufschubphase einsetzen. Verstirbt der Versicherte während der sog. Aufschubphase, dh vor
dem Rentenzahlungsbeginn, zahlt der Versicherer eine Todesfallleistung.[71] Diese besteht oft nur in
der Summe der bislang eingezahlten Prämien, möglich sind aber auch höhere Todesfallleistungen.
In der Praxis finden sich häufig Produktgestaltungen, bei denen der Versicherer – das Erleben
des vereinbarten Zeitpunkts für die vereinbarten Rentenbeginn vorausgesetzt – eine sog. **Rentengarantiezeit**
einräumt. Während dieser Rentengarantiezeit zahlt der Versicherer die versprochene Garantierente
unabhängig davon, ob der Versicherungsnehmer (noch) lebt oder nicht.[72] Üblich ist auch, dass dem
Versicherungsnehmer ein sog. **Kapitalwahlrecht** eingeräumt wird. Der Versicherungsnehmer kann
dann zum bzw. kurz vor dem Zeitpunkt des Rentenbeginns wählen, ob er eine einmalige Kapitalauszahlung
oder die Verrentung des Deckungskapitals möchte. Die Rentenversicherung hat als Altersvorsorgeinstrument
in den vergangenen Jahren – nicht zuletzt aus steuerlichen Gründen[73] – erheblich
an praktischer Bedeutung gewonnen. Betrachtet man den Neuzugang, hat die Rentenversicherung
inzwischen zahlenmäßig erheblich größere Bedeutung als die kapitalbildende Lebensversicherung.[74]

4. Kapitalbildende Versicherung auf verbundene Leben. Bei der kapitalbildenden Versi- 22
cherung auf verbundene Leben handelt es sich typischerweise um eine gemischte Versicherung auf
zwei Leben.[75] Beide Beteiligte sind zugleich Versicherungsnehmer und versicherte Person. Bei Tod
eines Versicherten vor Ablauf der Versicherungsdauer wird die Versicherungssumme an den jeweils
anderen gezahlt und die Versicherung erlischt. Versterben beide Versicherte gleichzeitig, wird die
Versicherungssumme nur einmal fällig. Erleben beide den Ablaufzeitpunkt, erhalten sie die Erlebensfallleistung
gemeinsam. Anders als bei einer „normalen" kapitalbildenden Lebensversicherung, trägt
der Versicherer während der Laufzeit der Versicherung das Todesfallrisiko von zwei versicherten
Personen. Daher sind die Prämien etwas höher als bei einer kapitalbildenden Lebensversicherung
auf ein Leben.[76]

5. Termfix-Versicherung. Bei der Termfix-Versicherung handelt es sich um eine Versiche- 23
rung auf den Todes- und Erlebensfall mit festem Auszahlungszeitpunkt.[77] Bei Vertragsschluss wird
ein bestimmter, fester Auszahlungstermin vereinbart, zu dem die Versicherungsleistung erbracht wird.
Stirbt die versicherte Person vor dem vereinbarten Auszahlungstermin, entfällt ab dem Zeitpunkt
des Todes der Pflicht, weitere Prämien auf die Versicherung zu entrichten.[78] Der Versicherungsfall
ist der Tod der versicherten Person.[79] Praktische Bedeutung hat die Termfix-Versicherung in Form
der Ausbildungsversicherung bei der der unterhaltsverpflichtete Versicherungsnehmer seine unterhaltsberechtigten
Kinder als bezugsberechtigte Personen begünstigt.[80] Ein Unterfall der Termfix-
Versicherung ist die Heirats- oder Aussteuerversicherung. Die Versicherungssumme wird bei Heirat

---

[70] GDV-Muster AVB Rentenversicherung mit sofort beginnender Rentenzahlung (Stand: 28.4.2021); im Folgenden: GDV-Muster AVB Sofortrente).
[71] Vgl. zB § 1 Abs. 3 der GDV-Muster AVB für die Rentenversicherung mit aufgeschobener Rentenzahlung (Stand 28.4.2021; im Folgenden: GDV-Muster AVB aufgeschobene Rente).
[72] Vgl. zB § 1 Abs. 2 der GDV-Muster AVB Sofortrente sowie § 1 Abs. 4 der GDV-Muster AVB aufgeschobene Rente.
[73] → Rn. 88.
[74] Der Anteil der klassischen Rentenversicherung am Neugeschäft stieg von 1 % (1985) auf 25 % (2004) und sank wiederum auf 20,3 % (2008), während der Anteil der fondsgebundenen Rentenversicherung von 10,6 % (2004) auf 23,7 % (2008) anstieg; s. GDV Geschäftsentwicklung 2008, S. 12 f. Im Jahr 2020 entfielen im Neugeschäft mit laufender Beitragszahlung 6,5% bzw. 10,2% (bei eingelösten Versicherungsscheinen) der Beiträge auf die klassische Rentenversicherung und 8,3 % bzw. 11,2% (bei eingelösten Versicherungsscheinen) auf die fondsgebundene Rentenversicherung; s. GDV, Die deutsche Lebensversicherung in Zahlen 2021, S. 8.
[75] *Winter* in Bruck/Möller VVG Einf. Vor § 150 Rn. 38.
[76] *Schwintowski* in Berliner Kommentar VVG Vor §§ 159–178 Rn. 7.
[77] Vgl. die Musterbedingungen des GDV für die Kapitalbildende Lebensversicherung (Stand: 28.4.2021), in der Produktvariante „Kapitalversicherung mit festem Auszahlungszeitpunkt, Termfixversicherung".
[78] BGHZ 9, 34 (48).
[79] BGH VersR 1992, 990 (991) = NJW-RR 1992, 1302 (1303); *Ortmann* in Schwintowski/Brömmelmeyer/Ebers VVG Vor §§ 150–171 Rn. 18.
[80] *Krause/Patzer* in Looschelders/Pohlmann VVG Vor §§ 150 ff. Rn. 10.

des zu versorgenden Kindes, spätestens bei Ablauf der Versicherungsdauer fällig, die Prämienzahlungspflicht endet wie bei der Termfix-Versicherung mit dem Tod des Versicherungsnehmers.[81]

24 **6. Fondsgebundene Lebens-/Rentenversicherung.** Sonderformen der kapitalbildenden Versicherungen sind fondsgebundene Lebens- oder Rentenversicherungen.[82] In Deutschland werden fondsgebundene Lebensversicherungen seit Anfang der 1970er Jahre angeboten.[83] Bei diesen Versicherungen besteht die Erlebensfallleistung nicht – wie bei der klassischen kapitalbildenden Lebens- oder Rentenversicherung – in einer betragsmäßig vereinbarten Kapitalleistung oder Rente. Vielmehr wird der Sparanteil der Prämie in einem oder mehreren – vom Versicherungsnehmer zu bestimmenden – Investmentfonds (Anlagestock) angelegt. Die Höhe der Erlebensfallleistung hängt ausschließlich von der Entwicklung der maßgeblichen Investmentfonds ab. Das Kapitalanlagerisiko während der Aufschubphase des Vertrages trägt also der Versicherungsnehmer. Ein Totalverlust der Sparprämie ist möglich.[84] Die Übernahme einer **Kapitalerhaltungsgarantie** durch den Versicherer ist nicht erforderlich, um den Vertrag versicherungsaufsichtsrechtlich als Lebensversicherungsvertrag zu qualifizieren.[85] In der Praxis bieten Versicherer allerdings durchaus auch Verträge an, bei denen eine bestimmte Mindestablaufleistung bzw. der Kapitalerhalt garantiert wird (auch: **Hybrid-Produkte**). Bei sog. Riester-Rentenverträgen muss die Mindestablaufleistung nach der Vorgabe aus § 1 Abs. 1 S. 1 Nr. 3 AltZertG der Summe der gezahlten Prämien entsprechen.[86]

25 Bei der **fondsgebundenen (Kapital-)Lebensversicherung** entspricht das vorhandene Fondsvermögen regelmäßig der Erlebensfallleistung, die entweder als Kapitalleistung oder durch die Übertragung von Fondsanteilen erbracht wird. Die **Todesfallleistung** besteht – je nach Produktgestaltung – z.B. in einer fix vereinbarten Todesfallsumme (z.B. ein bestimmter Prozentsatz der Prämiensumme) oder einer an das Fondsvermögen anknüpfenden Versicherungsleistung (z.B. 110 % des Fondsvermögens). Da bei der fondsgebundenen Lebensversicherung zumeist der Vermögensaufbau und weniger die Risikoabsicherung im Vordergrund steht, wird überwiegend ein möglichst geringer Todesfallschutz vereinbart, um die Risikoprämien gering zu halten.[87] Weder das Versicherungsvertragsrecht noch das Versicherungsaufsichtsrecht enthalten Vorgaben dazu, wie viel Todesfallschutz gewährt werden muss, damit der Vertrag als Lebensversicherung qualifiziert werden kann.[88] In der Praxis orientieren sich Versicherer bei der Produktgestaltung an den jeweils geltenden Mindesttodesfallschutz-Anforderungen des Steuerrechts, damit die Ablaufleistung in den Genuss der privilegierten Besteuerung nach § 20 Abs. 1 Nr. 6 S. 2 EStG gelangt.[89]

26 Bei der **fondsgebundenen Rentenversicherung** wird die Höhe der Rente erst zum Rentenzahlungsbeginn unter Berücksichtigung des dann vorhandenen Fondsvermögens und eines – regelmäßig bereits bei Vertragsschluss festgelegten[90] – Rentenfaktors errechnet. Die so errechnete Rentenhöhe ist dann als Mindestrente während der gesamten Rentenzahlungsdauer garantiert.

27 **7. „Unitised with Profits" Lebens-/Rentenversicherungen.** Seit der Deregulierung werden in Deutschland auch – vorwiegend von englischen und irischen Versicherern – sog. *Unitised with Profits* (**„UWP"**) Lebensversicherungsprodukte angeboten.

28 UWP-Produkte verbinden Elemente von „klassischen" und fondsgebundenen kapitalbildenden Versicherungen und sind auf einen langfristigen Vermögensaufbau ausgerichtet. Die Sparprämie wird in einem speziell für das UWP-Produkt aufgelegten Fonds angelegt, der grds. stark in Aktien investiert und durch eine Kapitalanlagegesellschaft nach Vorgaben des Versicherers aktiv gemanagt wird.[91] Der Versicherungsnehmer nimmt an Kapitalanlagegewinnen (und -verlusten) des UWP-Fonds abgefedert durch ein Glättungsverfahren (sog. Smoothing), durch einen **Schlussbonus** bei

---

[81] *Schwintowski* in Berliner Kommentar VVG Vor §§ 159–178 Rn. 8.
[82] GDV-Muster AVB für die fondsgebundene Lebensversicherung 2016 sowie die fondsgebundene Rentenversicherung (Stand 28.4.2021).
[83] *Schwintowski* in Berliner Kommentar VVG Vor §§ 159–178 Rn. 12.
[84] Krit. zur Frage, ob solche Vertragsgestaltungen einen Versicherungsvertrag nach VAG darstellen *Dreher/ Schmidt* WM 2008, 377 (379).
[85] Dies ergibt sich aus § 125 Abs. 5 VAG 2016 (§ 54b VAG a.F.) sowie § 169 Abs. 4 VVG, welche jeweils auf die fondsgebundene Lebensversicherung ohne garantierte Leistungen Bezug nehmen. AA wohl *Dreher/ Schmidt* WM 2008, 377 (382).
[86] → Rn. 101 ff.
[87] BGH WM 2012, 1577 Rn. 20 f.; 1582 Rn. 53, aufgrund eines sehr geringen Todesfallschutzes qualifizierte der BGH eine fondsgebundene Versicherung bei wirtschaftlicher Betrachtungsweise als Anlageprodukt.
[88] → Rn. 5 f.; *Dreher/Schmidt* WM 2008, 377 (382).
[89] → Rn. 92 ff.
[90] Verträge, bei denen die Zugrundelegung des „dann gültigen Rentenfaktors" zur Errechnung der Leibrente vereinbart wird, werden steuerrechtlich nicht mehr als Versicherungen anerkannt, → Rn. 97 f.
[91] *Radovic/Bolger/Burke* VW 2006, 307 ff.

Vertragsablauf und ggf. durch eine **Marktwertanpassung** bei vorzeitiger Kündigung des Vertrages teil. Vereinfacht ausgedrückt funktioniert ein UWP-Produkt, indem der Versicherer jährlich im Voraus einen sog. Bonus deklariert (Jahresbonus). Der Jahresbonus ist der Prozentsatz, um den sich der Wert der dem Vertrag zugewiesenen Fondsanteile in den nächsten zwölf Monaten erhöhen wird. Bei der Festlegung dieses Bonus orientiert sich der Versicherer an der tatsächlichen Wertentwicklung des UWP-Fonds in der Vergangenheit und einer Prognose über die künftige Wertentwicklung. In Zeiten mit positiver Wertentwicklung des UWP-Fonds wird der erzielte Wertzuwachs nicht gänzlich in Form des Jahresbonus an die Versicherungsnehmer weitergegeben, sondern zum Teil als „Reserve" genutzt, um in Zeiten mit schlechterer Wertentwicklung auch einen Jahresbonus deklarieren zu können **(Smoothing).**[92] Als **Erlebensfallleistung** bei Vertragsablauf (oder bei Kündigung nach Ablauf einer vereinbarten Mindestlaufzeit) erhält der Versicherungsnehmer als garantierte Mindestleistung den Wert der seinem Vertrag zugeteilten Fondsanteile, wie er sich aufgrund der jährlich deklarierten Bonus-Zuweisungen ergibt, auch wenn der tatsächliche Wert der Fondsanteile zu diesem Zeitpunkt geringer sein sollte. Ist der tatsächliche Wert der Fondsanteile zum Zeitpunkt der Vertragsbeendigung höher als der deklarierte Wert, wird dem Versicherungsnehmer ein **Schlussbonus** zugewiesen. Ist im Falle einer Kündigung vor Ablauf der vereinbarten Mindestlaufzeit der tatsächliche Wert der Fondsanteile geringer als der deklarierte Wert des Vertrages, kann eine **Marktwertanpassung** vorgenommen werden.[93] In der Vergangenheit ist bei UWP- und ähnlichen Produkten teils mit überhöhten Renditeerwartungen[94] sowie intransparenter Produktgestaltung in Bezug auf Marktwertanpassung und Smoothing gearbeitet worden, was dazu geführt hat, dass der BGH sich in zahlreichen Verfahren mit diesen Produkten befasst hat.[95]

Die Höhe der **Todesfallleistung** hängt von den zwischen dem Versicherer und dem Versicherungsnehmer getroffenen Vereinbarungen ab.[96] **29**

III. Kapitalisierungsgeschäfte

Als Kapitalisierungsgeschäfte gelten nach der Legaldefinition in § 1 Abs. 2 S. 2 VAG Geschäfte, **30** „bei denen unter Anwendung eines mathematischen Verfahrens die im Voraus festgesetzten einmaligen oder wiederkehrenden Prämien und die übernommenen Verpflichtungen nach Dauer und Höhe festgelegt sind". Die ursprünglich auf Art. 1 Nr. 2b der ersten RL-Lebensversicherungen (RL 79/267/EWG)[97] beruhende Definition ist weder präzise noch klar.[98] Aus der Bezeichnung als Kapitalisierungsgeschäft dürfte allerdings zu folgern sein, dass hierunter Finanzgeschäfte fallen, bei denen der Kunde an den Versicherer eine einmalige oder mehrmalige Geldleistung erbringt und er das eingezahlte Kapital nach einer gewissen Laufzeit verzinst zurückerhält.[99] Von einer (kapitalbildenden) Lebensversicherung ist das Kapitalisierungsgeschäft regelmäßig dadurch abzugrenzen, dass bei dem Kapitalisierungsgeschäft keine Übernahme biometrischer Risiken durch den Versicherer erforderlich ist.[100] Wegen der fehlenden Übernahme von biometrischem Risiko wurden Kapitalisierungsgeschäfte in der Vergangenheit – bis 1994 – als versicherungsfremde Geschäfte (§ 7 Abs. 2 VAG aF; neu § 15 Abs. 1 VAG 2016) angesehen, mit der Konsequenz, dass sie von Versicherern nicht betrieben werden durften.[101] Seit Umsetzung des 3. DurchfG/EWG im Jahr 1994 gilt das Kapitalisierungsgeschäft gem. Nr. 23 der Anlage 1 zum VAG und § 1 Abs. 2 S. 1 VAG als den Lebensversicherungsgeschäften gleichgestelltes Geschäft, das von deutschen Lebensversicherern betrieben werden darf.[102]

---

[92] *Radovic/Bolger/Burke* VW 2006, 307 ff.
[93] Klauseln, die eine Marktwertanpassung vorsehen, sind als eine Art des Stornoabzugs nach den §§ 305 ff. BGB kontrollfähig. Lässt eine Marktwertanpassungsklausel nicht erkennen, welche wirtschaftlichen Folgen der Versicherer im Falle der Kündigung dieses Vertrags der Klausel entnehmen will, ist sie gem. § 307 BGB unwirksam, so: ausdrücklich OLG Stuttgart NJW-RR 2012, 1117.
[94] Insbes. BGH WM 2012, 1582 Rn. 54; BeckRS 2012, 16672 Rn. 51.
[95] Neben den in Fn. 94 genannten: BGH WM 2012, 1577 (1579); BeckRS 2012, 16498.
[96] Wie auch bei der fondsgebundenen Versicherung wird die Todesfallleistung regelmäßig mindestens den steuerlichen Anforderungen an den Todesfallschutz entsprechen, der erforderlich ist, damit der Vertrag als steuerlich privilegierte Versicherung anerkannt wird; → Rn. 87, 92.
[97] Ersetzt durch Art. 2 Ziffer 2b der RL-Leben (2002/83/EG); nunmehr ersetzt durch Art. 2 Abs. 3b ii der RL 2009/138/EG (Solvabilität II).
[98] *Kaulbach* in FKBP VAG § 1 Rn. 59; *Winter* VersR 2004, 8 (13 f.).
[99] *Winter* VersR 2004, 8 (14).
[100] *Winter* VersR 2004, 8 (13).
[101] *Winter* VersR 2004, 8 (15).
[102] Abzulehnen ist daher die Entscheidung OLG Hamburg VerBAV 2000, 163, wonach ein als „Lebensversicherungsvertrag" bezeichnetes Geschäft, bei dem es an der Übernahme von biometrischem Risiko fehlte als versicherungsfremdes Geschäft gem. §§ 7 Abs. 2 VAG aF (neu § 15 Abs. 1 VAG 2016), 134 BGB nichtig sein soll.

Mit einer Anordnung zu Kapitalisierungsgeschäften vom 7.9.2010[103] und ergänzendem Rundschreiben 08/2010[104] vom selben Tag fordert die BaFin ua, dass Laufzeiten und Prämie von Kapitalisierungsgeschäften im Voraus festgelegt sind und dass sich der Versicherer das Recht vorbehält, Laufzeitverlängerungen und Zuzahlungen zu widersprechen (gilt für Neugeschäfte ab dem 1.1.2011).[105] Kapitalisierungsgeschäfte sind der Riester-Förderung zugänglich, wenn sie den Voraussetzungen des AltZertG entsprechen.[106] Die Zulässigkeit nach VAG sowie die mögliche Riester-Förderung von Kapitalisierungsgeschäften besagt indes noch nicht automatisch, dass auch das VVG auf diese Geschäfte Anwendung findet.[107] Anwendbar ist das VVG jedenfalls auf Kapitalisierungsgeschäfte, denen ein Vertrag nach § 1 VVG zugrunde liegt. Für die übrigen Kapitalisierungsgeschäfte gelten zumindest die Verbraucherschutzvorschriften des VVG (insbes. die Informationspflichten) sinngemäß.[108]

IV. Sonstige Formen der Lebensversicherung und Zusatzversicherungen

31   **1. Dread Disease (Zusatz-)Versicherung.** Die in Deutschland erstmals im Jahr 1991 angebotene[109] Dread Disease Versicherung wird typischerweise als Zusatzversicherung zu einer kapitalbildenden Lebens- oder Rentenversicherung angeboten und bietet Versicherungsschutz bei im Vertrag definierten, besonders schweren Krankheiten. Ihren historischen Ursprung hat die Dread Disease Versicherung in Südafrika der 1980er Jahre[110] und war danach insbes. in Großbritannien sehr erfolgreich.[111] Während ursprünglich in Deutschland – aufsichtsrechtlich[112] und steuerlich[113] bedingt – nur wenige schwere Krankheiten (Schlaganfall, Herzinfarkt, Krebs, Nierenversagen, Bypassoperation, Multiple Sklerose) versichert wurden,[114] wird Dread-Disease-Deckung heute – je nach Produkt und Anbieter – für über 40 schwere Erkrankungen angeboten. Abhängig von der Produktgestaltung wird die vereinbarte Todesfallleistung bei Diagnose einer vertraglich definierten schweren Erkrankung ganz oder teilweise vorgezogen und als Kapitalleistung erbracht. Daneben finden sich auch Produkte, die bei Diagnose einer vertraglich definierten schweren Erkrankung oder bei Verlust bestimmter **Grundfähigkeiten,** bzw. bei **Pflegebedürftigkeit,**[115] die Beitragszahlungspflicht zur Hauptversicherung entfallen lassen und/oder eine Rente zahlen. Die unter der Bezeichnung „Dread Disease" angebotenen Produkte weichen im Einzelnen erheblich voneinander ab. Die aufsichtsrechtliche Zulässigkeit einer **selbständigen Dread Disease** Versicherung war umstritten.[116] Tatsächlich dürften aus heutiger Sicht keine triftigen Gründe gegen die Zulässigkeit einer selbständigen Dread Disease Versicherung (als Krankenversicherung[117]) sprechen.[118]

---

[103]   Sammelverfügung v. 7.9.2010 – Anordnung zu Kapitalisierungsgeschäften, VA 21-I 4209-2010/0001.
[104]   BaFin-Rundschreiben 08/2010 v. 7.9.2010, VA 21-I 4209-2010/0002.
[105]   Zu diesen Anforderungen *Pohlmann* in Kaulbach/Bähr/Pohlmann VAG § 1 Rn. 10.
[106]   Bis 2004 waren Kapitalisierungsgeschäfte ausdrücklich in § 1 Abs. 1 Ziff. 7 AltZertG genannt. § 1 Abs. 1 Ziff. 7 AltZertG wurde inzwischen durch das Alterseinkünftegesetz v. 5.7.2004, BGBl. I S. 1427 aufgehoben. Die Streichung beruht allerdings allein darauf, dass der Gesetzgeber zum Zwecke der Vereinfachung der Voraussetzungen der Riester-Förderung darauf verzichtete, die Produkte zu definieren, in denen die Eigenbeiträge, Zulagen, Erträge und Veräußerungsgewinne angelegt werden dürfen, da die Anlageprodukte bereits durch die für die Anbieter geltenden aufsichtsrechtlichen Kriterien und Anforderungen hinreichend eingegrenzt seien; vgl. Begr. zu Art. 5 RegE Alterseinkünftegesetz, BT-Drs. 15/2150, 51.
[107]   Ausf. *Winter* VersR 2004, 8 (17).
[108]   BaFin-Rundschreiben 08/2010 v. 7.9.2010, VA 21-I 4209-2010/0002; → Rn. 9.
[109]   *Trunk* VW 1993, 1007; zur erstmaligen Genehmigung einer gemischten Versicherung mit „Dread Disease" Deckung: GB BAV 1990, 62 f.
[110]   *Krause* VW 1998, 433 ff.
[111]   *Krause* VW 1998, 433 ff.
[112]   GB BAV 1990, 62 f.
[113]   Gemäß BMF-Schreiben v. 12.9.1997, BStBl. I S. 825; bzw. dem nachfolgenden BMF-Schreiben v. 22.8.2002, BStBl. I S. 827, war die vorzeitige Erbringung der Versicherungsleistung lediglich bei den Krankheiten: Herzinfarkt, Bypass-Operation, Krebs, Schlaganfall, Nierenversagen, Aids und Multiple Sklerose steuerunschädlich im Hinblick auf die Sonderausgabenabzugsfähigkeit von Lebensversicherungsprämien gem. § 10 Abs. 1 Nr. 2 lit. b EStG (in der bis Ende 2004 geltenden Fassung).
[114]   *Trunk* VW 1993, 1007 (1010).
[115]   Vgl. die GDV-Musterbedingungen für die Pflegerenten-Zusatzversicherung Stand: Oktober 2009; dazu *Brömmelmeyer* in Beckmann/Matusche-Beckmann VersR-HdB § 42 Rn. 16.
[116]   Für Zulässigkeit: *Fahr* NVersZ 1999, 20 (22); gegen Zulässigkeit: GB BAV 1998, 49 f.; *Präve* ZVersWiss 1998, 355; BVerwG VerBAV 1985, 359 f., zur Zulässigkeit einer sog. Krebsversicherung.
[117]   *Fahr* NVersZ 1999, 20 (22).
[118]   Offenbar auch *Winter* in Bruck/Möller VVG Einf. Vor § 150 Rn. 101, der ohne weiteres davon ausgeht, dass die Dread Disease Versicherung als selbständige Versicherung abgeschlossen werden kann.

2. Berufsunfähigkeits(zusatz)versicherung. In der Praxis verbreitet ist die Kombination 32
einer kapitalbildenden Lebens- oder Rentenversicherung (Hauptversicherung) mit einer Berufsunfähigkeitszusatzversicherung (BUZ).[119] Ist eine BUZ mitversichert, entfällt bei Eintritt bedingungsgemäßer Berufsunfähigkeit (meist gilt die mindestens 50%ige Berufsunfähigkeit im zuletzt ausgeübten Beruf als Versicherungsfall)[120] die Pflicht, Prämien auf die mit der BUZ verbundene Hauptversicherung zu zahlen (Beitragsbefreiung). Ferner kann die Zahlung einer Rente bei Eintritt der Berufsunfähigkeit vereinbart werden. Möglich ist auch der Abschluss einer selbständigen Berufsunfähigkeitsversicherung (BU), die nicht an eine Lebensversicherung gekoppelt ist.[121] In Deutschland wird die selbständige Berufsunfähigkeitsversicherung traditionell von Lebensversicherern angeboten,[122] obwohl sie systematisch eher der Krankenversicherung zuzurechnen wäre.[123]

Berufsunfähigkeit ist seit der VVG-Reform in § 172 Abs. 2 VVG definiert. Nach dieser dispositiven Regelung ist berufsunfähig, „wer seinen zuletzt ausgeübten Beruf, so wie er ohne gesundheitliche Beeinträchtigung ausgestaltet war, infolge Krankheit, Körperverletzung oder mehr als altersentsprechendem Kräfteverfall ganz oder teilweise voraussichtlich auf Dauer nicht mehr ausüben kann". Gem. Abs. 3 kann außerdem vereinbart werden, dass die Leistungspflicht des Versicherers nur dann eintritt, wenn „die versicherte Person auch keine andere Tätigkeit ausübt oder ausüben kann, die zu übernehmen sie aufgrund ihrer Ausbildung und Fähigkeiten in der Lage ist und ihrer bisherigen Lebensstellung entspricht".[124] In der Praxis verzichten allerdings viele Versicherer auf die sog. „abstrakte Verweisung", sondern machen ihre Leistungspflicht lediglich davon abhängig, ob der Versicherte tatsächlich eine andere „vergleichbare" Tätigkeit ausübt (konkrete Verweisung).[125] Weitere gesetzliche Regelungen betr. die Berufsunfähigkeits(zusatz)versicherung finden sich in §§ 173–176.[126] 32a

3. Erwerbsunfähigkeitszusatzversicherung. Alternativ zur Berufsunfähigkeits(zusatz)versicherung werden Erwerbsunfähigkeits(zusatz)versicherungen angeboten. Von jenen unterscheiden sie sich vor allem dadurch, dass die Leistungspflicht des Versicherers nur dann eintritt, wenn die versicherte Person gesundheitsbedingt nicht mehr oder nur noch vermindert in der Lage ist, **irgendeiner Erwerbstätigkeit** nachzugehen. Da Erwerbsunfähigkeit regelmäßig an höhere Voraussetzungen geknüpft ist als Berufsunfähigkeit, sind die Prämien für eine Erwerbsunfähigkeitsversicherung im Allgemeinen niedriger als für die Berufsunfähigkeits(zusatz)versicherung. Teilweise stellen die Versicherungsbedingungen für die Leistungspflicht des Versicherers auf das Vorliegen einer teilweisen oder vollständigen Erwerbsminderung iSd § 43 SGB VI ab, so dass Leistungen parallel zu denjenigen der gesetzlichen Rentenversicherung erbracht werden. Abweichende Definitionen sind möglich. Auf die Erwerbsunfähigkeitsversicherung finden die §§ 173–176 entsprechende Anwendung, § 177.[127] 33

4. Arbeitsunfähigkeitszusatzversicherung. Ferner werden auch sog. Arbeitsunfähigkeits- 34
(zusatz)versicherungen[128] angeboten. Nach § 2 der GDV-Muster AVB für die Arbeitsunfähigkeits-Zusatzversicherung (2009) liegt Arbeitsunfähigkeit vor, wenn die versicherte Person infolge „Gesundheitsstörungen, die ärztlich nachzuweisen sind, außerstande ist, ihre bisherige oder eine andere Tätigkeit auszuüben, die aufgrund ihrer Ausbildung und Fähigkeiten ausgeübt werden kann und ihrer bisherigen Lebensstellung entspricht". Damit kommt es wie bei der Berufsunfähigkeits-(Zusatz)-Versicherung grds. auf die konkrete Berufstätigkeit des Versicherten an. Die Leistungspflicht des Versicherers entsteht aber nicht, wenn der Versicherte auf die Ausübung einer sog. **vergleichbaren Tätigkeit „verwiesen"** werden kann.[129] Damit entspricht die Definition der Arbeitsunfähigkeit im Rahmen der GDV Muster AVB (2009) insoweit der (früher) üblichen AVB-mäßigen Definition

---

[119] Vgl. iE die GDV-Muster AVB für die Berufsunfähigkeits-Zusatzversicherung (Stand: 28.4.2021).
[120] So § 2 GDV-Muster AVB für die Berufsunfähigkeits-Zusatzversicherung (Stand: 28.4.2021).
[121] GDV Muster-AVB für die Berufsunfähigkeits-Versicherung (Stand: 28.4.2021).
[122] Zur Einführung einer selbständigen Berufsunfähigkeitsversicherung als Lebensversicherung VerBAV 1974, 345.
[123] *Schwintowski* in Berliner Kommentar VVG Vor §§ 159–178 Rn. 15.
[124] Vgl. § 2 Abs. 1 GDV-Muster AVB für die Berufsunfähigkeitsversicherung (Stand: 28.4.2021).
[125] Vgl. § 2 Abs. 1 GDV-Muster AVB für die Berufsunfähigkeitsversicherung (Stand: 28.4.2021); *Lücke* in Prölss/Martin VVG § 172 Rn. 72; 113.
[126] Vgl. die Kommentierung zu §§ 172 ff.
[127] *Neuhaus/Schwintowski* in Schwintowski/Brömmelmeyer/Ebers VVG § 177 Rn. 1 ff.
[128] Vgl. die GDV Musterbedingungen für die Arbeitsunfähigkeitszusatzversicherung, Stand Oktober 2009 (aktuelle Fassung steht zum Download nicht zur Verfügung), Allgemeine Bedingungen für die Berufsunfähigkeits-Versicherung mit zusätzlicher Absicherung bei Arbeitsunfähigkeit (Stand: 28.4.2021).
[129] Zu den Voraussetzungen der sog. Verweisung *Lücke* in Prölss/Martin VVG § 172 Rn. 72.

der Berufsunfähigkeit.[130] Anders als bei dieser ist „voraussichtliche Dauerhaftigkeit" der Arbeitsunfähigkeit für die Leistungspflicht nicht erforderlich. Häufig wird die Arbeitsunfähigkeitszusatzversicherung als Zusatzversicherung zu einer Restschuldversicherung angeboten.

35 **5. Unfalltodzusatzversicherung.** Bei einer Unfalltodzusatzversicherung **(UZV)** erhöht sich die Todesfallleistung bei Unfalltod. Voraussetzung für die Leistungspflicht aus der UZV ist regelmäßig, dass sich der Unfall während der Laufzeit der Versicherung ereignet und dass der Versicherte innerhalb eines Jahres nach dem Unfall verstirbt.[131] Üblicherweise beläuft sich die Versicherungssumme aus der UZV auf das Einfache oder Doppelte der Todesfallleistung.[132]

D. Verfassungsrechtliche Anforderungen an das Recht der Lebensversicherung

I. VVG-Reform zur Herstellung eines verfassungskonformen Rechtszustands

36 Die Reform des Lebensversicherungsrechts durch die §§ 150–171 verfolgt nicht zuletzt das Ziel, einen **verfassungskonformen Rechtszustand** zu schaffen. Das BVerfG hat in mehreren Entscheidungen die alte Rechtslage als verfassungswidrig angesehen und dem Gesetzgeber eine Nachbesserung aufgetragen. Im Kern geht es in diesen Entscheidungen um eine angemessene Beteiligung der Versicherten an den Gewinnen, die der Versicherer mit den vereinnahmten Prämien erzielt.

II. Verfassungsrechtliche Anforderungen an die Regelung der Gewinnbeteiligung

37 Eine zentrale Stellung nimmt das Urteil des BVerfG v. 26.7.2005 ein.[133] In diesem Urteil legt das BVerfG die verfassungsrechtlichen Anforderungen an eine Kontrolle der durch den Versicherer vorgenommenen **Ermittlung der Überschüsse**, die in die Gewinnbeteiligung des Versicherungsnehmers einfließen, dar.[134] Das BVerfG unterstellt den ehedem vertraglich und nach der Reform durch § 153 gesetzlich gewährten Anspruch auf Überschussbeteiligung der grundrechtlichen **Eigentumsgarantie** des Art. 14 Abs. 1 GG, wenngleich dieser Anspruch zunächst nur dem Grunde nach besteht und sich erst während der Laufzeit des Vertrages konkretisiert.[135] Außerdem leitet das BVerfG seine Ansicht aus der allgemeinen Handlungsfreiheit des Art. 2 Abs. 1 GG ab, die auch die Vertragsfreiheit einschließt. Art. 2 Abs. 1 GG stellt an den Gesetzgeber besondere Anforderungen, wenn die Vertragsparität gestört ist. Insgesamt folgert das BVerfG aus Art. 2 Abs. 1 und Art. 14 Abs. 1 GG, der Gesetzgeber müsse sicherstellen, dass der Versicherungsnehmer an den mit seiner Prämie geschaffenen Vermögenswerten **angemessen beteiligt** wird.[136] Das GG fordere insbes. „Maßstäbe und Möglichkeiten einer rechtlichen Prüfung daraufhin, ob die maßgebenden Vermögenswerte bei der Berechnung des Schlussüberschusses angemessen berücksichtigt worden sind".[137] Das VAG würde derartige Maßstäbe und Möglichkeiten nicht bieten, weil es sich im Wesentlichen auf eine **Missstandsaufsicht** konzentriere. Die Aufsicht richte sich daher auf die Belangen der Versicherten in ihrer **Gesamtheit** aus und gewährleiste keine Durchsetzung subjektiver Rechte der individuellen Versicherungsnehmer.[138] Das VVG enthalte demgegenüber, jedenfalls in seiner Auslegung durch den BGH,[139] **keinerlei Möglichkeiten** des Versicherungsnehmers, die Überschussermittlung **zu kontrollieren** bzw. auch nur hierüber **Auskunft** zu verlangen. Insbesondere sei weder die Ermittlung des Überschusses unter Einbezug der sog. Bewertungsreserven **(stillen Reserven**[140]**)** garantiert,

---

[130] Vgl. z.B. § 2 Abs. 1 der Bedingungen für die Berufsunfähigkeitszusatzversicherung VerBAV 1990, 347 ff. sowie auch § 2 der aktuellen Musterbedingungen des GDV für die Berufsunfähigkeitsversicherung (Stand: 28.4.2021), wobei anzumerken ist, dass von der sog. abstrakten Verweisung in modernen Berufsunfähigkeitsbedingungen immer weniger Gebrauch gemacht wird.
[131] Vgl. § 1 der GDV-Muster AVB für die UZV (Stand: 14.11.2019).
[132] *Brömmelmeyer* in Beckmann/Matusche-Beckmann VersR-HdB § 42 Rn. 15; *Kurzendörfer*, Lebensversicherung, S. 10.
[133] BVerfG VersR 2005, 1127.
[134] BVerfG VersR 2005, 1127.
[135] BVerfG VersR 2005, 1127 (1131); *Heiss* in Albrecht/Bartels/Heiss VVG S. 17; *Bäuerle* VuR 2005, 401 (404); krit. *Schenke* VersR 2006, 871 (872).
[136] BVerfG VersR 2005, 1127 (1130 f.).
[137] BVerfG VersR 2005, 1127 (1131).
[138] BVerfG VersR 2005, 1127 (1133).
[139] BGHZ 128, 54 = NJW 1995, 589.
[140] Hierzu zB *Schenke* VersR 2006, 725.

noch seien sog. **Querverrechnungen**[141] zulasten der Versicherungsnehmer durch den Versicherer ausgeschlossen.[142] Der Gesetzgeber müsse daher die entsprechenden Maßstäbe und Möglichkeiten zur Verfügung stellen. Ob er dabei vertrags- oder aufsichtsrechtliche Mittel einsetzt, überlässt das BVerfG dem Gesetzgeber.[143]

Das BVerfG fordert in seiner Entscheidung nicht nur eine individualisierte Kontrolle der Ermittlung der Gewinnbeteiligung, sondern spricht zugleich die **Verteilung der Überschüsse** im versicherten Kollektiv an. Der Gesetzgeber sei gehindert, die Bestimmung des Schlussüberschussanteils **ausschließlich** am Interesse des **einzelnen** Versicherungsnehmers bzw. des **vorzeitig** aus dem Vertragsverhältnis ausscheidenden Versicherungsnehmers auszurichten.[144] Vielmehr greift das BVerfG den Grundgedanken der **Risikogemeinschaft**[145] auf und fordert einen gesetzlichen Ausgleich „der verschiedenen, weder im Zeitablauf noch hinsichtlich des Gegenstands stets identischen Interessen der Beteiligten".[146] Angesprochen ist damit zunächst die Möglichkeit, **Gewinnergebnisse** über die Jahre hinweg zu **glätten** und damit stabil zu halten.[147] Dies wird erreicht, wenn in Jahren hohen Gewinns nicht alles, in weniger gewinnträchtigen Jahren hingegen mehr als das Vereinnahmte ausgeschüttet wird. Außerdem geht es um den Interessenkonflikt zwischen Versicherungsnehmern, die vorzeitig ausscheiden, und jenen, die den Vertrag zu Ende führen. Das BVerfG gesteht zwar auch dem vorzeitig Ausscheidenden einen verfassungsrechtlich geschützten Anspruch auf angemessene Teilhabe an den Gewinnen zu, dieser Anspruch darf sich jedoch nicht unangemessen auf die im Vertragsverhältnis verbleibenden Versicherungsnehmer auswirken.[148] Insoweit betrifft das Urteil des BVerfG zugleich die Berechnung des **Rückkaufswerts** bei vorzeitigem Ausscheiden des Versicherungsnehmers. Der Anspruch auf den Rückkaufswert bildet insbes. auch den Gegenstand eines weiteren Verfahrens, das mit dem Nichtannahme-Beschluss des BVerfG v. 15.2.2006 (1 BvR 1317/96, NJW 2006, 1783)[149] endete. Das BVerfG verweist in seinem Beschluss zunächst auf das Urteil v. 26.7.2005 (1 BvR 80/95, NJW 2005, 2376). Es führt darüber hinausgehend aus, dass es verfassungsrechtlich nicht zu beanstanden sei, wenn die Abschlusskosten mit den Prämienzahlungen des Versicherungsnehmers verrechnet würden. Es müsse jedoch gesichert werden, „dass Inhalt und Art der Verrechnung in angemessener Weise die Interessen der verschiedenen Gruppen von Versicherten ... berücksichtigen".[150] Hier habe der Gesetzgeber den **Vertragszweck der Kapitalbildung** besonders zu berücksichtigen. Dieser Vertragszweck dürfe „nicht dadurch teilweise vereitelt werden, dass hohe Abschlusskosten, deren konkrete Berechnung zudem den Versicherungsnehmern nicht bekannt ist und deren Höhe von ihnen auch nicht beeinflusst werden kann, in den ersten Jahren mit der Prämie verrechnet werden, dass der Rückkaufswert in dieser Zeit unverhältnismäßig gering ist oder gar gegen Null tendiert".[151] Die daraus resultierenden **Schutzpflichten** des Gesetzgebers gegenüber dem Versicherungsnehmer sieht das BVerfG als erfüllt an,[152] weil der BGH in seiner Rspr. eine **transparente** Rückkaufswertklausel gefordert hat, bei deren Fehlen jedenfalls eine Mindestleistung geschuldet wird.[153]

III. Verfassungsrechtliche Anforderungen an die Regelung der Bestandsübertragung

In seinem zweiten Urteil v. 26.7.2005 (1 BvR 782/94, 1 BvR 957/96, NJW 2005, 2363)[154] nimmt das BVerfG den Fall der **Bestandsübertragung** ins Visier. Auch hier geht es dem BVerfG um die verfassungsrechtlichen Garantien der Art. 2 Abs. 1 und Art. 14 Abs. 1 GG. Entscheidende

---

[141] Hierzu schon *Brömmelmeyer*, Der verantwortliche Aktuar S. 203 f., auf den auch das BVerfG verweist; *Schröder* VW 2005, 1226 (1228).
[142] BVerfG VersR 2005, 1127 (1132).
[143] BVerfG VersR 2005, 1127 (1134).
[144] Von einem „Vorrang der Interessen der Risikogemeinschaft vor Einzelinteressen von Versicherten" spricht das BVerfG allerdings nicht, anders als BGH VersR 2010, 656 (659) – annimmt.
[145] BVerfG VersR 2005, 1127 (1134); krit. gegenüber diesem Ansatz – jedenfalls insoweit es um den nicht vorzeitig, sondern durch Vertragsablauf ausscheidenden Versicherungsnehmer geht – *Heiss* in Albrecht/Bartels/Heiss VVG S. 26 ff.
[146] BVerfG VersR 2005, 1127 (1134); von einem Vorrang der Interessen der Risikogemeinschaft spricht das BVerfG – entgegen BGH VersR 2010, 656 (659) – nicht.
[147] Zu diesem Interesse *Heiss* in Albrecht/Bartels/Heiss VVG S. 26; *Armbrüster* ZVersWiss 2003, 745 (748); *Rosenow/Schaffenhuber* ZIP 2001, 2211 (2212).
[148] BVerfG VersR 2005, 1127 (1134).
[149] BVerfG VersR 2006, 489 mAnm *Grote* VersR 2006, 957.
[150] BVerfG VersR 2006, 489 (493) mAnm *Grote* VersR 2006, 957.
[151] BVerfG VersR 2006, 489 (493) mAnm *Grote* VersR 2006, 957.
[152] BVerfG VersR 2006, 489 (493) mAnm *Grote* VersR 2006, 957.
[153] BGH VersR 2005, 1565.
[154] BVerfG VersR 2005, 1109.

Bedeutung kommt dabei § 14 Abs. 1 S. 4 VAG aF (§ 13 VAG 2016) zu, der eine Übertragung des Bestandes von Lebensversicherungen auf ein anderes Unternehmen auch **ohne Genehmigung des Versicherungsnehmers** nach § 415 BGB möglich macht.[155] Der Gesetzgeber müsse daher sicherstellen, dass die Vermögenswerte, die mithilfe der von den Versicherungsnehmern gezahlten Prämien durch den Versicherer erwirtschaftet wurden, im Fall einer Bestandsübertragung als Quellen für die Überschussbeteiligung der Versicherungsnehmer erhalten bleiben und diesen in gleicher Weise zugutekommen wie ohne Bestandsübertragung.[156] Dabei sei sicherzustellen, „dass die Belange der Versicherten von der Aufsichtsbehörde **umfassend** festgestellt und **ungeschmälert** in die Entscheidung über die Genehmigung und die dabei vorzunehmende Abwägung eingebracht werden".[157] Es darf also im Wege der Bestandsübertragung zu keinem Vermögensentzug kommen **(Verbot des Vermögensentzugs).** Außerdem müsse der Versicherungsnehmer nach Art. 14 Abs. 1 GG für den **Verlust seiner Mitgliedschaft** zu einem Versicherungsverein auf Gegenseitigkeit, der seinen Bestand auf eine AG überträgt, einen angemessenen Vermögensausgleich erhalten.[158] Der Gesetzgeber ist diesen Anforderungen durch § 14 Abs. 3 (Entgelt für den Verlust der Mitgliedschaft zu einem VVaG) und Abs. 4 (Verbot des Vermögensentzugs) VAG aF (§ 13 Abs. 3, 4 VAG 2016) nachgekommen.[159]

IV. Treuhandmodell ist verfassungsrechtlich nicht geboten

40 Das BVerfG geht in seiner Entscheidung v. 26.7.2005 (1 BvR 80/95, NJW 2005, 2376) davon aus, der Versicherer wirtschafte mit den Prämien, die mit Zahlung „vollständig in das unternehmerische **Eigentum**" des Versicherers übergingen, nach Maßgabe seiner **„unternehmerischen Entscheidungen".**[160] Es entspreche den „Grundannahmen einer privatwirtschaftlichen Versicherungsordnung, dass die Versicherungsunternehmen ihre Geschäftspolitik **selbst** gestalten", sodass sie „in der Anlage der Vermögenswerte grds. **frei** sind".[161] Den Versicherungsnehmern kommt daher bei der Geschäftsführung des Versicherungsunternehmens **kein Mitwirkungsrecht** zu. Insbesondere ist es daher verfassungsrechtlich **nicht geboten,** die Verwendung des **Treuhandmodells** für die kapitalbildende Lebensversicherung gesetzlich vorzuschreiben.[162] Für die **Unfallversicherung** hat das BVerfG diese Position in einer weiteren Entscheidung ausdrücklich bestätigt.[163]

E. Aufsichtsrechtliche Rahmenbedingungen der Lebensversicherung

I. Bedarf nach materieller Staatsaufsicht

41 Das Bedürfnis nach einer **materiellen Staatsaufsicht** ist im Bereich der Lebensversicherung besonders stark. Entscheidend sind hier insbes. die typische Langfristigkeit der Verträge sowie die Sparkomponente, welche den kapitalbildenden Lebensversicherungen innewohnt. Hauptaugenmerk der Lebensversicherungsaufsicht ist demnach die Gewährleistung der **dauernden Erfüllbarkeit** der Verträge durch die Versicherungsunternehmen sowie die **gerechte** Ausgestaltung der Teilnahme der Versicherungsnehmer an den Gewinnen der Lebensversicherungsunternehmen.[164]

II. Grundsatz der Spartentrennung

42 Erster tragender Grundsatz der Lebensversicherungsaufsicht ist die Beschränkung der Konzession der Lebensversicherungsunternehmen auf diese Sparte **(Grundsatz der Spartentrennung).** Nach § 8 Abs. 4 S. 2 Hs. 1 VAG 2016 schließt die Erlaubnis zum Betrieb der Lebensversicherung eine Erlaubnis zum Betrieb anderer Versicherungssparten aus. Dabei verweist § 8 Abs. 4 S. 2 Hs. 1

---

[155] *Präve* in Prölss/Dreher VAG § 13 Rn. 54.
[156] BVerfG VersR 2005, 1109 (1117 ff.); s. nunmehr § 13 Abs. 4 VAG; vgl. *Präve* in Prölss/Dreher VAG § 13 Rn. 44 ff.
[157] BVerfG VersR 2005, 1109 (1123).
[158] BVerfG VersR 2005, 1109 (1123); s. nunmehr § 13 Abs. 4 VAG; s. *Präve* in Prölss/Dreher VAG § 13 Rn. 39 ff.
[159] → Rn. 48.
[160] BVerfG VersR 2005, 1127 (1131).
[161] BVerfG VersR 2005, 1127 (1131 f.); diese Aussage des BVerfG wird von BGH VersR 2010, 656 (659) sowie BGH VersR 2010, 801 (803), unzutr. auch auf die Entscheidung des Versicherers über die Höhe der Überschussbeteiligung bezogen.
[162] Zur europarechtlichen Bedeutung dieser Position des BVerfG *Heiss* in Albrecht/Bartels/Heiss VVG S. 20.
[163] BVerfG VersR 2006, 961.
[164] *Wandt* VersR Rn. 1173.

VAG 2016 zur Ausfüllung des Begriffs des „Betriebs der Lebensversicherung" auf die **Spartenliste** in Anl. 1 Nr. 19–24 VAG 2016. Die dort genannten Sparten umfassen: Leben, Heirats- und Geburtenversicherung, fondsgebundene Lebensversicherung, Tontinengeschäfte, Kapitalisierungsgeschäfte sowie Geschäfte der Verwaltung von Versorgungseinrichtungen. Der Betrieb dieser Geschäfte im Rahmen der Lebensversicherungskonzession stellt somit **kein** nach § 15 Abs. 1 S. 1 VAG 2016 unzulässiges, **versicherungsfremdes Geschäft** dar. Darüber hinaus gilt in der Lebensversicherung der Grundsatz des § 10 Abs. 4 VAG 2016, wonach die Erlaubnis für die Sparte der Lebensversicherung auch die Deckung **zusätzlicher Risiken** aus anderen Versicherungssparten umfasst, wenn diese Risiken im Zusammenhang mit dem Lebensversicherungsrisiko stehen, dasselbe Risiko betreffen und in ein und demselben Vertrag gedeckt werden.[165] Versicherer bieten derartige Zusatzdeckungen in Form der **Berufsunfähigkeits-**Zusatzversicherung (BUZ),[166] der **Erwerbsunfähigkeits-**Zusatzversicherung,[167] der **Arbeitsunfähigkeits-**Zusatzversicherung,[168] der **Unfall-**Zusatzversicherung (UZV)[169] sowie der **Dread Disease-** und **Pflegerenten-**Zusatzversicherung (PZV)[170] an. Was die **Berufsunfähigkeitsrisiken** angeht, so werden diese auch dann von Lebensversicherungsunternehmen angeboten, wenn sie **selbständig** und nicht bloß als Zusatzrisiko zu einer Lebensversicherung genommen werden. Das entspricht einer tradierten aufsichtsrechtlichen Sicht, ist in der Sache jedoch systemwidrig.[171]

Das Prinzip der Spartentrennung erlaubt es, die Aufsicht über Lebensversicherungsunternehmen **43** von anderen Sparten völlig getrennt zu führen. Das **vereinfacht** die Aufsichtstätigkeit, schirmt die Lebensversicherungsunternehmen vor den **Gefahren anderer Sparten** ab[172] und verhindert eine **Quersubventionierung** anderer Sparten zulasten der Versicherungsnehmer der Lebensversicherung.[173]

III. Prämienkalkulation

Die Bedeutung der Sicherstellung der dauernden Erfüllbarkeit der Lebensversicherungsverträge **44** kommt insbes. in § 138 Abs. 1 S. 1 VAG 2016 zum Ausdruck. Dieser verpflichtet die Versicherer, ihre Prämien unter Zugrundelegung „angemessener versicherungsmathematischer Annahmen" so zu bemessen, dass die Versicherer allen Verpflichtungen nachkommen können und ausreichende Deckungsrückstellungen bilden **(Vorsichtsprinzip)**.[174] Dies bedeutet für Lebensversicherer, dass sie in ihre Prämien **Sicherheitszuschläge** einkalkulieren müssen.[175]

Die Pflicht, in die Lebensversicherungsprämie Sicherheitszuschläge einzurechnen, wird ergänzt **45** durch eine **Anzeigepflicht** des Lebensversicherungsunternehmens gegenüber der Aufsichtsbehörde: Gem. § 143 VAG 2016 hat das Lebensversicherungsunternehmen die **Berechnungsgrundlagen** für Prämien und Deckungsrückstellungen der Aufsichtsbehörde offen zu legen. Dies gilt insbes. auch dann, wenn neue Berechnungsgrundlagen eingeführt werden oder die bestehenden geändert werden.

IV. Überschussbeteiligung

Die Erhebung von Sicherheitszuschlägen nach § 138 Abs. 1 S. 1 VAG 2016 führt bei einem **46** Normalverlauf der Risiken zwangsläufig zu erhöhten Gewinnen der Versicherer. Es wird daher als ein (aufsichtsrechtliches) Gebot der Gerechtigkeit angesehen, dass der Versicherer diese Gewinne jedenfalls teilweise wieder an die Versicherungsnehmer zurückgibt **(Überschussbeteiligung)**. Dieser Anspruch wird dem Versicherungsnehmer durch § 153 VVG ausdrücklich eingeräumt. Die Durchführung der Überschussbeteiligung ist insbes. auch aufsichtsrechtlich normiert.[176] So stellt es

---

[165] Zu dieser Erweiterung und ihrer Anwendung auch auf den Bereich der Lebensversicherung *Präve* in Prölss/Dreher VAG § 10 Rn. 8 ff.
[166] → Rn. 32 f.
[167] → Rn. 33.
[168] → Rn. 34.
[169] → Rn. 35.
[170] → Rn. 31.
[171] *Schwintowski* in Berliner Kommentar VVG Vor §§ 159–178 Rn. 15; s. auch VerBAV 1974, 345, Einführung einer selbständigen BUV als Lebensversicherung.
[172] *Präve* in Prölss/Dreher VAG § 8 Rn. 26 ff.
[173] Krit. zur Verhinderung einer Quersubventionierung zulasten der Gewinnbeteiligung der Versicherungsnehmer *Präve* in Prölss/Dreher VAG § 8 Rn. 30.
[174] Vgl. *Brömmelmeyer*, Der verantwortliche Aktuar S. 175.
[175] Zu diesen Sicherheitszuschlägen mit Blick auf den Risiko-, Kosten- und Sparanteil der Lebensversicherungsprämie zB *Armbrüster* ZVersWiss 2003, 745 (748).
[176] §§ 139 ff VAG.

nach § 140 Abs. 2 Nr. 1 VAG 2016 einen die Belange der Versicherten gefährdenden Missstand dar, wenn ein Lebensversicherer der „**Rückstellung für Beitragsrückerstattung (RfB)**"[177] keine angemessenen Beträge zuführt. Die Mindestbeträge werden in der sog. **Mindestzuführungsverordnung** näher geregelt.[178] Dieses aufsichtsrechtliche System wird wiederum durch § 153 ergänzt, der nicht nur den Anspruch auf Überschussbeteiligung dem Grunde nach gesetzlich gewährt, sondern auch klarlegt, dass sog. **Bewertungsreserven** in die Überschussbeteiligung einzufließen haben.

V. Die Rolle des Verantwortlichen Aktuars

47   Bei der Berechnung von Prämien- und Deckungsrückstellungen sowie der Ermittlung derjenigen Beträge, die der RfB zuzuführen sind, bedarf es versicherungsmathematischer Fachkompetenz. § 141 Abs. 1 S. 1 VAG 2016 verpflichtet daher jedes Lebensversicherungsunternehmen einen **Verantwortlichen Aktuar** zu bestellen. Dieser muss persönlich **zuverlässig**[179] und fachlich **geeignet**[180] sein. Ihn treffen nach § 141 Abs. 5 VAG 2016 zentrale Pflichten:[181] So hat der Verantwortliche Aktuar die Einhaltung der rechtlichen Vorgaben bei der Berechnung der Prämien sowie der Bildung von Deckungsrückstellungen sicher zu stellen (Nr. 1). Die vorschriftsmäßige Bildung der Deckungsrückstellung ist vom verantwortlichen Aktuar unter der Bilanz zu bestätigen (Nr. 2). Erkennt der Aktuar, dass er diese Bestätigung unter der Bilanz nicht wird abgeben können, so hat er dem Vorstand zu berichten. Schafft dieser keine Abhilfe, so hat der Aktuar sofort die Aufsichtsbehörde zu unterrichten (Nr. 3). Zuletzt kommt dem verantwortlichen Aktuar die Aufgabe zu, dem Vorstand Vorschläge für eine angemessene Beteiligung der Versicherten am Überschuss vorzulegen (Nr. 4). Zur Erfüllung seiner Aufgaben kommen dem verantwortlichen Aktuar gem. § 141 Abs. 6 Nr. 1 VAG 2016 umfassende **Informationsrechte** gegenüber dem Vorstand zu.[182]

VI. Bestandsübertragung

48   Lebensversicherungsunternehmen haben nach § 13 VAG 2016 die Möglichkeit, ihren **Bestand** auf ein anderes Lebensversicherungsunternehmen zu **übertragen.** Aus zivilrechtlicher Sicht besteht die größte Besonderheit in der Ausschaltung des Genehmigungserfordernisses des Gläubigers (= Versicherungsnehmers) gem. § 415 BGB durch § 13 Abs. 5 VAG 2016.[183] Demzufolge gehen „[d]ie Rechte und Pflichten des übertragenden Versicherungsunternehmens aus den Versicherungsverträgen ... mit der Bestandsübertragung auch **im Verhältnis zu den Versicherungsnehmern** auf das übernehmende Versicherungsunternehmen über".[184] Der **Vertrag** zur Bestandsübertragung unterliegt einer aufsichtsrechtlichen **Genehmigungspflicht**[185] und bedarf der **Schriftform**.[186] In Umsetzung der Vorgaben des BVerfG[187] darf die aufsichtsrechtliche Genehmigung insbes. nur erteilt werden, wenn den Mitgliedern eines VVaG, die infolge der Bestandsübertragung ihre Mitgliedschaftsrechte verlieren, im Bestandsübertragungsvertrag ein „angemessenes Entgelt" eingeräumt wird.[188] Darüber hinaus darf die Genehmigung nur erteilt werden, „wenn der Wert der Überschussbeteiligung der Versicherten des übertragenden und des übernehmenden Versicherungsunternehmens nach der Übertragung nicht niedriger ist als vorher. Dabei sind die **Aktiva** und **Passiva** des übertragenden Versicherungsunternehmens unter der Annahme, die betroffenen Versicherungsverhältnisse würden bei diesem Versicherungsunternehmen fortgesetzt, und die Aktiva und Passiva des übernehmenden Versicherungsunternehmens unter der Annahme, dass es die Versicherungsverhältnisse entsprechend dem Vertrag, dessen Genehmigung beantragt wird, übernimmt, zu ihrem beizulegenden **Zeitwert** zu vergleichen soweit sie Einfluss auf die Überschussbeteiligung haben können."[189]

---

[177] → § 153 Rn. 30.
[178] → § 153 Rn. 31.
[179] *Brömmelmeyer*, Der verantwortliche Aktuar, 72 ff.; *Präve* in Prölss/Dreher VAG § 141 Rn. 8 ff.
[180] *Brömmelmeyer*, Der verantwortliche Aktuar, 83 ff; *Präve* in Prölss/Dreher VAG § 141 Rn. 12 ff.
[181] Eing. *Brömmelmeyer*, Der verantwortliche Aktuar, 59 ff. und insbes. S. 163 ff; *Präve* in Prölss/Dreher VAG § 141 Rn. 26 ff.
[182] *Brömmelmeyer*, Der verantwortliche Aktuar, 65; *Präve* in Prölss/Dreher VAG § 141 Rn. 39.
[183] Vgl. § 13 Abs. 5 VAG 2016, der in seinem Hs. 2 § 415 BGB ausdrücklich für unanwendbar erklärt.
[184] Vgl. § 13 Abs. 5 VAG 2016.
[185] IE § 13 Abs. 1, 2 VAG 2016 (§ 14 Abs. 1, 2 VAG a.F.).
[186] § 13 Abs. 6 VAG 2016, der zugleich in seinem Hs. 2 das Erfordernis notarieller Beurkundung nach § 311b Abs. 3 BGB zurücknimmt.
[187] → Rn. 39.
[188] Vgl. § 13 Abs. 3 VAG 2016.
[189] § 13 Abs. 4 VAG 2016.

VII. Sicherungsvermögen

Der dauernden Erfüllbarkeit der Verträge dient insbes. das sog. **Sicherungsvermögen**. Nach 49 § 125 Abs. 1 VAG 2016 hat das Lebensversicherungsunternehmen Beträge in bestimmtem Umfang einem Sicherungsvermögen zuzuführen und vorschriftsmäßig anzulegen. Die genaue Höhe dieses Sicherungsvermögens regelt § 125 Abs. 2 VAG 2016.[190] Insbesondere hat das Sicherungsvermögen der **Deckungsrückstellung**, die gem. § 138 Abs. 1 S. 1 VAG 2016 als versicherungstechnische Rückstellung zu bilden ist, sowie der **Rückstellung für Beitragsrückerstattung** (RfB), die gem. § 139 Abs. 1 VAG 2016 zu bilden ist, zu entsprechen. Das Sicherungsvermögen bildet ein **Sondervermögen**,[191] zu dessen Sicherstellung ein **Treuhänder**[192] zu bestellen ist (§ 128 Abs. 1 VAG 2016). Insbesondere ist das Sicherungsvermögen nach § 129 Abs. 1 VAG 2016 derart sicher zu stellen, dass darüber nur mit **Zustimmung des Treuhänders** verfügt werden kann.[193] Der Versicherer darf aus dem Sicherungsvermögen nach § 130 Abs. 1 VAG 2016 nur **Entnahmen** tätigen, soweit die durch sie gedeckten Verpflichtungen des Versicherers erlöschen. Das ist der Fall, wenn ein Versicherungsfall reguliert wird, ein Rückkaufswert nach Vertragsaufhebung ausbezahlt wird oder das Versicherungsverhältnis auf andere Weise endet. Das Sicherungsvermögen steht außerdem nach § 315 Abs. 1 VAG 2016[194] den Versicherungsnehmern und sonst aus dem Versicherungsvertrag Begünstigten zur **vorzugsweisen Befriedigung** vor den sonstigen Insolvenzgläubigern des Versicherers offen.[195] Sollte der Insolvenzfall eintreten, so erlöschen die Lebensversicherungen nach § 316 Nr. 1 VAG 2016 und der jeweils Anspruchsberechtigte kann auf den auf seinen Vertrag entfallenden Anteil am Sicherungsvermögen zugreifen.[196] Soweit dieser Anteil zur Bedeckung der Forderung nicht ausreicht, verbleibt dem Anspruchsberechtigten die Stellung als **Insolvenzgläubiger**.[197]

VIII. Sicherungsfonds

Die Insolvenzsicherung der aus Lebensversicherungen Anspruchsberechtigten wird durch den 50 aufsichtsrechtlich zwingend vorgesehenen **Sicherungsfonds** erweitert.[198] Gem. § 221 Abs. 1 VAG 2016 müssen Lebensversicherungsunternehmen, die in Deutschland zum Geschäftsbetrieb zugelassen sind,[199] einem Sicherungsfonds angehören. Für Pensionskassen ist der Beitritt zu einem Sicherungsfonds gem. § 221 Abs. 2 VAG 2016 optional. Im äußersten Ernstfall ordnet die Aufsichtsbehörde gem. § 222 Abs. 2 VAG 2016 die **Übertragung des gesamten Bestandes** an Versicherungsverträgen eines insolventen Versicherers auf den zuständigen Sicherungsfonds an. In diesem Fall gehen gem. § 222 Abs. 3 VAG 2016 sämtliche Rechte und Pflichten des insolventen Unternehmens mit der Bestandsübertragung auf den Sicherungsfonds über. Die aus den Lebensversicherungen Anspruchsberechtigten erhalten somit einen neuen, solventen Schuldner. Damit ist den Anspruchsberechtigten grds. die Erbringung der im Versicherungsvertrag garantierten Leistungen gesichert. Allerdings kann die Aufsichtsbehörde nach § 222 Abs. 5 VAG 2016 die garantierten Leistungen um bis zu 5 % senken, wenn dies zur Fortführung der Verträge erforderlich ist. Aufgrund einer auf § 127 Abs. 1 VAG aF gestützten Verordnung[200] des Bundesministeriums der Finanzen wurde die **Protektor Lebensversicherungs-AG**[201] mit den Aufgaben des Sicherungsfonds beliehen.[202] Dieselbe Verordnungsermächtigung kennt auch § 224 Abs. 1 VAG 2016.

---

[190] im Einzelnen *Lipowsky* in Prölss/Dreher VAG § 125 Rn. 18.
[191] § 125 Abs. 4 VAG 2016; zur Pflicht zur gesonderten Verwaltung im Einzelnen *Lipowsky* in Prölss/Dreher VAG § 125 Rn. 35.
[192] Näher das Rundschreiben 4/2014 (VA) – Treuhänder zur Überwachung des Sicherungsvermögens, Geschäftszeichen VA 54-I 3221-2013/0001, der BaFin v. 30.5.2014.
[193] Näheres unter Abschn. B Ziff. 3.5. des Rundschreibens 4/2014 (VA) – Treuhänder zur Überwachung des Sicherungsvermögens, Geschäftszeichen VA 54-I 3221-2013/0001, der BaFin v. 30.5.2014.
[194] Die Regelung basiert auch auf Art. 10 Abs. 1 lit. a RL 2001/17/EG des Europäischen Parlamentes und des Rates v. 19.3.2001 über die Sanierung und Liquidation von Versicherungsunternehmen, ABl. 2001 L 110, 28, nunmehr Art. 275 Abs. 1 lit. a RL 2009/138/EG Solvabilität II.
[195] Verfahrensfragen bei *Lipowsky* in Prölss/Dreher VAG § 315 Rn. 11 ff.
[196] *Lipowsky* in Prölss/Dreher VAG § 316 Rn. 8.
[197] *Lipowsky* in Prölss/Dreher VAG § 315 Rn. 14; *Heiss/Gölz* NZI 2006, 1 (5); *Gölz* S. 245 ff.; *Männle* S. 290 f.
[198] Der obligatorische Sicherungsfonds wurde mit Gesetz zur Änderung des Versicherungsaufsichtsgesetzes und anderer Gesetze v. 15.12.2004, BGBl. 2004 I 3416, eingeführt; *Präve* VersR 2005, 1023; *Eilert* VW 2005, 115.
[199] Zu europarechtlichen Bedenken *Lange* ZVersWiss Supplement 2008, 1 (13).
[200] Verordnung über die Übertragung von Aufgaben und Befugnissen eines Sicherungsfonds für die Lebensversicherung an die Protektor Lebensversicherungs-AG v. 11.5.2006, BGBl. 2005 I S. 1170.
[201] Näheres unter www.protektor-ag.de.
[202] Ausführlicher zum „Protektor" *Renz/Westphal* S. 203 ff.

F. Europäisierung des Lebensversicherungsvertragsrechts

I. Single Licence und Home Country Control im europäischen Aufsichtsrecht

51   Die Lebensversicherung bildet nicht zuletzt den Gegenstand weitreichender Rechtsharmonisierungsakte der Europäischen Union. Im Mittelpunkt stand dabei die 2002 **konsolidierte RL-Lebensversicherungen**,[203] welche zum 1.1.2016 durch die Richtlinie „Solvabilität II"[204] aufgehoben wurde.[205] Daher wird im Folgenden auf die Bestimmungen der RL 2009/138/EG Solvabilität II verwiesen. Die Richtlinie dient ua der Herstellung und Förderung des Binnenmarktes durch eine sekundärrechtliche Ausgestaltung der **Dienstleistungs-** und **Niederlassungsfreiheit** von Lebensversicherungsunternehmen in der EU. Sie gilt auch in den **EWR**-Vertragsstaaten Island, Liechtenstein und Norwegen. Inhaltlich harmonisiert die Richtlinie tragende Grundsätze der Lebensversicherungsaufsicht, insbes. der **Finanzaufsicht**. Die Harmonisierung dieser Aufsichtsgrundsätze erlaubt es der Richtlinie, die Dienstleistungs- und Niederlassungsfreiheit durch ein sog. *single licensing* zu verwirklichen. Diesem Prinzip zufolge bedeutet die Zulassung eines Lebensversicherungsunternehmens in einem Mitgliedstaat zugleich die Zulassung in den anderen Mitgliedstaaten und in den EWR-Vertragsstaaten.[206] Verknüpft wird das *single licensing* mit dem Grundsatz der **home country control**: Das Lebensversicherungsunternehmen wird für seine gesamte Geschäftstätigkeit im Binnenmarkt und hinsichtlich aller Niederlassungen im Binnenmarkt zentral von der in seinem **Sitzland** zuständigen Aufsichtsbehörde beaufsichtigt.[207]

II. Internationale Zuständigkeit in Lebensversicherungssachen und anwendbares Recht

52   Europaweit **vereinheitlicht** sind das Recht der internationalen **Zuständigkeit** in Versicherungssachen sowie die Kollisionsnormen zur Bestimmung des auf Lebensversicherungen anwendbaren Rechts. Die internationale Zuständigkeit in Versicherungssachen richtet sich in Binnenmarktfällen nach Art. 10–16 EuGVVO.[208] Als entscheidend ist Art. 11 Abs. 1 lit. b EuGVVO hervorzuheben, der dem Versicherungsnehmer wie auch dem Begünstigten für Klagen gegen den Versicherer je einen **Heimatgerichtsstand** einräumt. Was das auf Lebensversicherungen **anwendbare Recht** angeht, so gilt für Verträge, die nach dem 17.12.2009 abgeschlossen wurden, die sog. Rom I-VO.[209] Wird ein Lebensversicherungsvertrag mit einem Versicherungsnehmer abgeschlossen, der seinen **gewöhnlichen Aufenthalt** in bzw. bei juristischen Personen seinen **Sitz** in einem **Mitgliedstaat** hat, so finden die Kollisionsnormen des Art. 7 Rom I-VO Anwendung.[210] Mangels einer Rechtswahl gilt dieser Vorschrift zufolge das Recht am **gewöhnlichen Aufenthalt** bzw. **Sitz des Versicherungsnehmers**. Hiervon kann durch Rechtswahl nur abgewichen werden, wenn entweder das mitgliedstaatliche Recht am Sitz bzw. gewöhnlichen Aufenthalt des Versicherungsnehmers die Wahl eines anderen Rechts zulässt,[211] oder aber der Versicherungsnehmer einem anderen Staat angehört. In letzterem Fall können Versicherer und Versicherungsnehmer das **Recht der Staatsangehörigkeit** des Versicherungsnehmers wählen.[212] Anders liegt es, wenn der Versicherungsnehmer seinen

---

[203]   RL 2002/83/EG des Europäischen Parlaments und des Rates v. 5.11.2002 über Lebensversicherungen, ABl. 2002 L 345, S. 1.
[204]   RL 2009/138/EG des Europäischen Parlaments und des Rates v. 25.11.2009 betr. die Aufnahme und Ausübung der Versicherungs- und der Rückversicherungstätigkeit (Solvabilität II), ABl. 2009 L 335, S. 1; insbes. Art. 310.
[205]   Zum Zeitpunkt der Aufhebung der RL 2002/83/EG Lebensversicherung s. Art. 310 Abs. 1 RL 2009/138/EG i.d.F. Art. 1 Nr. 2 RL 2013/58/EU v. 11.12.2013 zur Änderung der RL 2009/138/EG (Solvabilität II) hinsichtlich des Zeitpunkts ihrer Umsetzung und des Zeitpunktes ihrer Anwendung sowie des Zeitpunkts der Aufhebung bestimmter Richtlinien (Solvabilität I).
[206]   Näher *Mönnich* in Beckmann/Matusche-Beckmann VersR-HdB § 2 Rn. 49 ff.; *Schnyder*, Europäisches Banken- und Versicherungsrecht, 2005, Rn. 84 ff.; aus deutscher Sicht s. § 10 Abs. 1 S. 2 VAG 2016.
[207]   Näher *Mönnich* in Beckmann/Matusche-Beckmann VersR-HdB § 2 Rn. 52; dort auch zur Kooperation der Behörden des Sitz- und Tätigkeitslandes im Bereich der Rechtsaufsicht.
[208]   VO (EU) Nr. 1215/2012 des Europäischen Parlaments und des Rates v. 12.12.2012 über die gerichtliche Zuständigkeit und die Anerkennung und Vollstreckung von Entscheidungen in Zivil- und Handelssachen (Neufassung), ABl. 2012 L 351, S. 1 idF ABl. 2014 L 163, 1.
[209]   VO (EG) Nr. 593/2008 des Europäischen Parlaments und des Rates v. 17.6.2008 über das auf vertragliche Schuldverhältnisse anzuwendende Recht (Rom I-VO), ABl. 2008 L 177, S. 6.
[210]   Vgl. Art. 7 Abs. 1 und Art. 6 Rom I-VO.
[211]   Art. 7 Abs. 3 UAbs. 2 Rom I-VO; Deutschland hat hiervon keinen Gebrauch gemacht; s. das Gesetz zur Anpassung der Vorschriften des Internationalen Privatrechts an die VO (EG) Nr. 593/2008 v. 25.6.2009, BGBl. 2009 I S. 1574.
[212]   Art. 7 Abs. 3 lit. c Rom I-VO.

gewöhnlichen Aufenthalt bzw. seinen Sitz in einem **Drittstaat** hat. In diesem Fall gilt Art. 7 Rom I-VO nicht.[213] Vielmehr gewährt Art. 3 Rom I-VO eine **freie Rechtswahl**. Haben die Parteien keine Rechtswahl getroffen, so gilt regelmäßig das Recht des Staates, in dem der **Versicherer** als Erbringer der vertragscharakteristischen Leistung seinen **Sitz** bzw. die vertragsrelevante **Niederlassung** hat.[214] Vom Grundsatz der freien Rechtswahl (Art. 3 Rom I-VO) bzw. von der objektiven Anknüpfung an den Sitz bzw. die vertragsrelevante Niederlassung des Versicherers (Art. 4 Rom I-VO) wird abgewichen, wenn, wie häufig, der Lebensversicherungsvertrag einen **Verbrauchervertrag** iSv Art. 6 Rom I-VO darstellt. Hat nämlich der Lebensversicherer seine Geschäftstätigkeit im Staat des Versicherungsnehmers ausgeübt bzw. seine Tätigkeit auf irgendeine Weise auf diesen Staat ausgerichtet, so gilt abw. von Art. 4 Rom I-VO grds. das Recht am **gewöhnlichen Aufenthaltsort des Versicherungsnehmers**.[215] Eine Rechtswahl kann nach Art. 6 Abs. 2 Rom I-VO nur **zugunsten**, nicht aber zulasten des Versicherungsnehmers ausschlagen.

III. „Europäisches Lebensversicherungsvertragsrecht"

Die RL 2009/138/EG (Solvabilität II) enthält nur einige wenige **vertragsrechtliche** Bestimmungen zu Lebensversicherungen. Dies gilt zunächst für das gem. Art. 186 RL 2009/138/EG Solvabilität II dem Versicherungsnehmer eines individuellen Lebensversicherungsvertrags gewährte **Rücktrittsrecht**.[216] Es gilt des Weiteren für die **Informationspflichten**, die der Versicherer gegenüber dem Versicherungsnehmer sowohl vor Abschluss der Lebensversicherung als auch während der Vertragsdauer gem. Art. 185 RL 2009/138/EG (Solvabilität II) zu erfüllen hat.[217] Diese Informationspflichten sind **nicht abschließend**, können also unter bestimmten Voraussetzungen durch nationale Vorschriften ergänzt werden.[218] Verletzungen der Informationspflichten sind nach Maßgabe des nationalen Rechts mit Schadensersatzansprüchen bewehrt, wobei der nationale Umsetzungsgesetzgeber insbes. das europarechtliche **Äquivalenzprinzip** zu beachten hat.[219] Die Informationspflichten enthalten allerdings keine **Beratungspflichten** des Versicherers.[220] Sie stellen ein gewisses Ausgleichsinstrument für den durch die Deregulierung erfolgten **Entfall der präventiven Bedingungskontrolle** dar (Art. 182 Abs. 1 RL 2009/138/EG – Solvabilität II).[221] 53

Ergänzt werden diese privatrechtlichen Bestimmungen der RL Lebensversicherungen durch weitere Richtlinienbestimmungen, die nicht speziell für Lebensversicherungen erlassen wurden, auf diese aber ebenfalls anwendbar sind.[222] Zu nennen sind insbes. die **RL über den Fernabsatz von Finanzdienstleistungen an Verbraucher**,[223] die auch das Rücktrittsrecht des Versicherungsnehmers in der Lebensversicherung maßgeblich beeinflusst hat,[224] sowie die **RL über missbräuchliche Klauseln in Verbraucherverträgen**.[225] Letztere kommt im Grundsatz und unter Berücksichtigung ihres Art. 4 Abs. 2, der die Kontrolle von Klauseln, die den Hauptgegenstand des Vertrages und das Preis-/Leistungsverhältnis bestimmen, ausschließt, auch auf Versicherungen und damit auch auf die 54

---

[213] Art. 7 Abs. 1 Rom I-VO.
[214] Art. 4 Abs. 2 Rom I-VO.
[215] Art. 6 Abs. 1 Rom I-VO.
[216] → § 152 Rn. 1.
[217] *Mönnich* in Beckmann/Matusche-Beckmann VersR-HdB § 2 Rn. 57 ff.
[218] Zum nicht vollständig abschließenden Charakter dieser Regelung der Informationspflichten EuGH NVersZ 2002, 210 – Axa Royale Belge SA/Georges Ochoa und Stratégie Finance SPRL; EuGH NJW 2015, 2479 – Nationale-Nederlanden Levensverzekering Mij NV/Hubertus Wilhelmus Van Leeuwen.
[219] EFTA-Gerichtshof NJW 2018, 1817 Rn. 111 ff. – Koch ua/Swiss Life (Liechtenstein) AG; *Heiss* Karlsruher Forum 2014, 41 (54 ff.).
[220] EFTA-Gerichtshof NJW 2018, 1817, Rn. 67 ff. – Koch ua/Swiss Life (Liechtenstein) AG.
[221] *Mönnich* in Beckmann/Matusche-Beckmann VersR-HdB § 2 Rn. 53 ff.; *Schnyder*, Europäisches Banken- und Versicherungsrecht, 2005, Rn. 12 ff.
[222] Zum Verbraucher-*acquis*, der den versicherungsrechtlichen *acquis* „flankiert", näher *Heiss/Schnyder* Teil C Rn. 194 ff.
[223] RL 2002/65/EG des Europäischen Parlaments und des Rates v. 23.9.2002 über den Fernabsatz von Finanzdienstleistungen an Verbraucher und zur Änderung der RL 90/619/EWG des Rates und der RL 97/7/EG und RL 98/27/EG, ABl. 2002 L 271, S. 16; *Mönnich* in Beckmann/Matusche-Beckmann VersR-HdB § 2 Rn. 70 ff.
[224] → § 152 Rn. 1.
[225] RL 93/13/EWG des Rates v. 5.4.1993 über missbräuchliche Klauseln in Verbraucherverträgen, ABl. 1993 L 95, S. 29 i.d.F. RL 2011/83/EU des Europäischen Parlaments und des Rates v. 25.10.2011 über die Rechte der Verbraucher, zur Abänderung der RL 93/13/EWG des Rates und der RL 1999/44/EG des Europäischen Parlaments und des Rates sowie zur Aufhebung der RL 85/577/EWG des Rates und der RL 97/7/EG des Europäischen Parlaments und des Rates, ABl. 2011 L 304, S. 64.

Lebensversicherung zur Anwendung.[226] Mit dem Urteil des EuGH v. 1.3.2011[227] („Unisex-Tarife") steigt auch die Bedeutung der Gleichbehandlungsrichtlinie.[228] Seit 21.1.2012 sind geschlechtsspezifische Tarifierungen von Lebensversicherungen europarechtlich unzulässig.[229]

54a Die Finanzkrise hat zudem den Gedanken des Anlegerschutzes in das europäische Versicherungsrecht einfließen lassen.[230] So erfasst die Verordnung über **Basisinformationsblätter** für verpackte Anlageprodukte für Kleinanleger und **Versicherungsanlageprodukte (PRIIP)**[231] auch wichtige Formen der Lebensversicherung, nicht zuletzt die fondsgebundene Lebensversicherung.[232] Sie will im Kern das schon althergebrachte Informationsmodell des Versicherungsnehmerschutzes stärken, indem diesem ein kurzes, präzise, redlich und klar gefasstes Basisinformationsblatt auszuhändigen ist.[233] Darüber hinaus hat die IDD[234] den Kundenschutz durch verschärfte organisatorische Anforderungen, Informationspflichten und Wohlverhaltensregeln gestärkt. Für die Lebensversicherung ist Kap. VI der Richtlinie hervorzuheben, der bei Versicherungsanlageprodukten zusätzliche Anforderungen stellt. Insgesamt und etwas pauschal gesprochen, lehnt sich die IDD inhaltlich an das Pflichtenregime der MiFiD2[235] an. Die Neuregelungen sind ua deshalb besonders relevant, weil sie im Falle des Direktvertriebs auch auf Versicherer zur Anwendung gelangen.

IV. Das europäische Lebensversicherungsvertragsrecht der PEICL

55 Die ganz weitgehend fehlende Harmonisierung des Versicherungsvertragsrechts stellt eine erhebliche Behinderung des **Binnenmarktes** für Lebensversicherungen dar.[236] Nach dem dargelegten europäischen Kollisionsrechtsregime steht in aller Regel von vorneherein fest, dass Prozesse in Lebensversicherungssachen am gewöhnlichen Aufenthaltsort bzw. Sitz des Versicherungsnehmers bzw. Begünstigten geführt werden. Das den Lebensversicherungsvertrag beherrschende Recht wird dabei ebenfalls das am gewöhnlichen Aufenthalt bzw. Sitz des Versicherungsnehmers geltende Recht sein. Dies bedeutet für den Versicherer, dass er eine grenzüberschreitende Versicherungstätigkeit, sei es im Wege einer **Tochtergesellschaft** oder einer unselbständigen **Niederlassung** oder aber im **Dienstleistungswege,** nur ausüben kann, wenn er seine Versicherungspolice auf das Recht des jeweiligen Tätigkeitslandes hin ausrichtet.[237] Dies bedeutet für ihn eine erhebliche Kostenbelastung, weil er sowohl die Produkt**gestaltung** als auch die Produkt**verwaltung** nach jeweils ganz unterschiedlichen, in hohem Masse **zwingenden**[238] Rechtsvorschriften aller Mitgliedstaaten gestalten muss. Für den Versicherungsnehmer bedeutet dies, dass er stets nur nach heimischem Recht „nationalisierte" Versicherungsprodukte erwerben kann. Ein echter Zugang

---

[226] *Loacker/Perner* in Looschelders/Pohlmann VVG Einl. C Rn. 50 ff.

[227] EuGH VersR 2011, 377; zum Urteil *Mönnich* VersR 2011, 1092; sowie zu den erfolgten Änderungen *Mönnich* in Beckmann/Matusche-Beckmann VersR-HdB § 2 Rn. 122.

[228] RL 2004/113/EG des Rates v. 11.12.2004 zur Verwirklichung des Grundsatzes der Gleichbehandlung von Männern und Frauen beim Zugang zu und bei der Versorgung mit Gütern und Dienstleistungen, ABl. 2004 L 373, S. 37.

[229] Vgl. die Neufassung von § 20 Abs. 2 AGG, welche mit Art. 8 Nr. 1 Gesetz v. 3.4.2013, BGBl. I S. 610, rückwirkend zum 21.12.2012 in Kraft gesetzt worden ist.

[230] Zur Historie und den Zielsetzungen der Rechtsakte *Mönnich* in Beckmann/Matusche-Beckmann VersR-HdB § 2 Rn. 158 ff.

[231] VO (EU) Nr. 1286/2014 des Europäischen Parlaments und des Rates v. 26.11.2014 über Basisinformationsblätter für verpackte Anlageprodukte für Kleinanleger und Versicherungsanlageprodukte (PRIIP), ABl. 2014 L 352, S. 1.

[232] Zum Anwendungsbereich *Heiss* Karlsruher Forum 2014, 41 (44 ff.).

[233] *Heiss* Karlsruher Forum 2014, 41 (50 f.); allerdings wird damit das Problem des *information overload* nicht beseitigt, weil das Basisinformationsblatt die bisherigen Informationen ergänzt, nicht ersetzt; *Heiss/Mönnich* VR 2013, 32; zur Beurteilung der „Entscheidungshilfe" des Basisinformationsblatts *Loacker* FS Lorenz, 2014, 249.

[234] Richtlinie (EU) 2016/97 des Europäischen Parlaments und des Rates vom 20. Januar 2016 über Versicherungsvertrieb, ABl. 2016 Nr. L 26/19.

[235] RL 2014/65/EU des Europäischen Parlaments und des Rates v. 15.5.2014 über Märkte für Finanzinstrumente sowie zur Änderung der RL 2002/92/EG und RL 2011/61/EU (Neufassung), ABl. 2014 L 173, S. 349.

[236] S. ua die Stellungnahme des EWSA v. 15.12.2004 „Europäischer Versicherungsvertrag", ABl. 2005 C 157, S. 1 (Berichterstatter: *Pegado Liz*); *Heiss* VersR 2005, 1.

[237] Für den Dienstleistungsverkehr grdl. *Basedow* in Reichert-Facilides/Schnyder S. 18; dasselbe gilt für ein Tätigwerden im Wege einer Tochtergesellschaft oder unselbständigen Niederlassung: *Heiss* in Basedow/Birds/Clarke/Cousy/Heiss Introduction Rn. 2 ff.; zu den „prohibitiven" Wirkungen illustrativ *Loacker* VersR 2009, 289 (293 f.).

[238] Rechtsvergleichung hierzu bei *Basedow/Fock* in Basedow/Fock, Europäisches Versicherungsvertragsrecht, Bd. I, 2002, S. 11 ff.

zu fremden Märkten wird ihm dadurch nicht gewährt. Konkrete Behinderungen des Versicherungsbinnenmarkts insgesamt und des Binnenmarkts für Lebensversicherungen insbes. hat die von der EU-Kommission eingesetzte **Commission Expert Group on a European Insurance Contract Law** in ihrem Final Report v. 24.1.2014 analysiert.[239] Diese Situation verlangt nach einem einheitlichen Versicherungsvertragsrecht im Allgemeinen und einem einheitlichen Lebensversicherungsrecht im Besonderen. Einen Vorschlag für ein solches europäisches Versicherungsvertragsgesetz hat die Projektgruppe „Restatement of European Insurance Contract Law" erstellt.[240] Ihre **„Principles of European Insurance Contract Law (PEICL)"** wurden 2009 erstmals publiziert,[241] nachdem sie kurz zuvor der Europäischen Kommission als ein Vorschlag für einen gemeinsamen Referenzrahmen **(Common Frame of Reference)** des europäischen Versicherungsvertragsrechts übergeben worden waren.[242] 2015 sind die PEICL in einer zweiten und erweiterten Ausgabe erschienen.[243] Diese enthält insbes. auch Spartenregelungen zur **Lebens-** und zur **Gruppenversicherung.**

Diese PEICL verstehen sich als ein **Modellgesetz** für eine entsprechende **Verordnung** des europäischen Gesetzgebers. Diese Verordnung würde jedoch nationales Versicherungsvertragsrecht nicht verdrängen, vielmehr verstehen sich die PEICL als ein **optionales Instrument,**[244] das auf einen Versicherungsvertrag nur dann zur Anwendung kommt und nationales Versicherungsvertragsrecht nur dann verdrängt, wenn die Parteien die Anwendbarkeit der PEICL vereinbaren (Art. 1:102 PEICL: „**opt in**-Modell").[245] Geschieht dies, so wird nach Art. 1:105 PEICL grds. das **gesamte** nationale Versicherungsvertragsrecht durch die Regelungen der PEICL ersetzt. Im Bereich der **Lebensversicherung** gilt dies grds. vollumfänglich, weil die PEICL 2015 die Sparte der Lebensversicherung umfänglich regeln. Mit Umsetzung der PEICL in die Rechtsform einer europäischen Verordnung würde es den Versicherern ermöglicht, Lebensversicherungsprodukte auf der Grundlage einer **einzigen** Rechtsordnung zu entwickelt und in unveränderter Form im gesamten Binnenmarkt zu vertreiben. Den Kunden würde damit **effektiver Zugang** zu ausländischen Produkten eröffnet. 55a

Mit einer Umsetzung ist nach aktueller politischer Lage nicht zu rechnen. Allenfalls könnten Regelungsmuster in Rechtsakte der EU bspw. zu Alterssicherungsprodukten übernommen werden. Vorbildcharakter können die PEICL aber auch für die nationale Gesetzgebung haben. Aus der Sicht des deutschen Rechts gilt dies bspw. für die eingehende Regelung der Gruppenversicherung im 6. Teil (Art. 18.101 – 18:303) PEICL. In diesen wichtigen Themenbereich hat sich der deutsche Gesetzgeber bisher jedenfalls nicht systematisch vorgewagt. 55b

G. Die Lebensversicherung als Instrument der betrieblichen Altersversorgung

I. Grundlagen der betrieblichen Altersversorgung

1. Betriebliche Altersversorgung als zweite Säule. Neben der **gesetzlichen** Rentenversicherung (erste Säule) und der **privaten Einzel**vorsorge (dritte Säule) gilt die **betriebliche** Altersversorgung als die zweite Säule der Absicherung für das Alter, des Invaliditätsfalles sowie – im Todesfall der versicherten Person – der Hinterbliebenenversorgung.[246] Sie wird durch das Gesetz zur Verbesserung der betrieblichen Altersversorgung (**Betriebsrentengesetz** – BetrAVG)[247] besonders gefördert. 56

---

[239] Informationen zur Expert Group sowie Final Report unter www.ec.europa.eu/info/law/law-topic/consumer-protection-law/consumer-contract-law_en.
[240] www.ius.uzh.ch/de/research/projects/peicl.html.
[241] *Basedow/Birds/Clarke/Cousy/Heiss*, Principles of European Insurance Contract Law (PEICL), 2009.
[242] *Heiss* in Basedow/Birds/Clarke/Cousy/Heiss Introduction Rn. 29 ff.; *Heiss* in Schulze, S. 235 ff.; *Loacker/Perner* in Looschelders/Pohlmann VVG Einl. C Rn. 75 ff.
[243] *Basedow/Birds/Clarke/Cousy/Heiss/Loacker*, Principles of European Insurance Contract Law (PEICL), 2. Aufl. 2015.
[244] S. die Stellungnahme des EWSA v. 27.5.2010 „28. Regime", INT/499 (Berichterstatter: *Pegado Liz*); zur Ausgestaltung eines solchen Instruments *Heiss* RabelsZ 76 (2012) 316.
[245] Zur Funktionsweise des optionalen Instruments *Heiss* in Basedow/Birds/Clarke/Cousy/Heiss Introduction Rn. 45 ff.
[246] *Schwintowski* in Beckmann/Matusche-Beckmann VersR-HdB § 43 Rn. 1.
[247] Betriebsrentengesetz v. 19.12.1974, BGBl. I S. 3610, zuletzt geändert durch Art. 2 Abs. 17 Gesetz zur Modernisierung der Finanzaufsicht über Versicherungen v. 1.4.2015, BGBl. I S. 434.

57 **2. Versorgungszusage des Arbeitgebers.** Der zentrale Anknüpfungspunkt des Gesetzes ist die **Versorgungszusage** des Arbeitgebers an einen Arbeitnehmer (§ 1 Abs. 1 S. 1 BetrAVG).[248] Die Versorgungszusage kann in einem Tarifvertrag, einer Betriebsvereinbarung oder einer einzelvertraglichen Vereinbarung enthalten sein.[249] Daneben können sich Ansprüche aus betrieblicher Übung[250] oder Gleichbehandlungsgrundsätzen nach AGG[251] ergeben. Die Zusage muss dem Arbeitnehmer „aus Anlass seines Arbeitsverhältnisses"[252] gemacht worden sein und Leistungen[253] der „Alters-, Invaliditäts- oder Hinterbliebenenversorgung" zum Gegenstand haben (§ 1 Abs. 1 S. 1 BetrAVG).[254] Ob ein Arbeitgeber eine betriebliche Versorgung zusagt, liegt grds. in seinem Ermessen (Grundsatz der **Freiwilligkeit**).[255] Einen Anspruch des Arbeitnehmers auf betriebliche Altersversorgung kennt das BetrAVG lediglich in seinem § 1a, demzufolge der Arbeitnehmer vom Arbeitgeber eine **Entgeltumwandlung** in bestimmtem Ausmaß verlangen kann.[256] Die Art und Weise der Durchführung der Altersversorgung richtet sich grds. nach der Parteienvereinbarung.[257] Ist der Arbeitgeber bereit, die Versorgung über einen **Pensionsfonds** oder eine **Pensionskasse** durchzuführen, so kommt diesem Weg allerdings **Vorrang** zu.[258] Andernfalls kann der Arbeitnehmer die Umwandlung durch Abschluss einer **Direktversicherung** verlangen.[259] Bei Bestehen eines Entgeltumwandlungsanspruchs und einer Durchführung über einen Pensionsfonds, eine Pensionskasse oder als Direktversicherung kann der Arbeitnehmer eine Ausgestaltung der Versorgung verlangen, welche die Voraussetzungen für eine **steuerrechtliche Förderung** nach §§ 10a, 82 Abs. 2 EStG[260] erfüllt.[261]

58 **3. Durchführungswege.** Die Versorgungszusage des Arbeitgebers kann eine Eigenleistung des Arbeitgebers beinhalten (**Direktzusage;** § 1 Abs. 1 S. 2 Alt. 1 BetrAVG). Der Arbeitgeber kann die Altersversorgung aber auch über einen **Versorgungsträger** und damit über ein rechtliches Dreiecksverhältnis organisieren (§ 1 Abs. 1 S. 2 Alt. 2 BetrAVG). Als Versorgungsträger können nach § 1b BetrAVG **Lebensversicherer** (Abs. 2), **Pensionskassen** oder **Pensionsfonds** (Abs. 3) sowie **Unterstützungskassen** (Abs. 4) dienen. Von diesen Versorgungsträgern unterstehen die Lebensversicherungsunternehmen, die Pensionskassen und die Pensionsfonds der **Versicherungsaufsicht**.[262] Der Arbeitgeber bleibt jedoch nach § 1 Abs. 1 S. 3 BetrAVG für die von ihm gegebene Zusage auch dann **persönlich** haftbar, wenn er die Versorgung über einen der genannten Versorgungsträger organisiert. Er kann seine Haftung indessen modifizieren, indem er in seiner Versorgungszusage die Umwandlung von **Beiträgen** in eine Vorsorgeanwartschaft bzw. die Bezahlung von Beiträgen an einen Pensionsfonds, eine Pensionskasse oder die Direktversicherung verspricht (§ 1 Abs. 2 Nr. 1, 2 BetrAVG).[263] Ähnlich liegt es, wenn der Arbeitgeber nur die Umwandlung von Entgeltansprüchen des Arbeitnehmers in eine Vorsorgeanwartschaft (§ 1 Abs. 2 Nr. 3 BetrAVG) verspricht oder die Leistungszusage auf die Leistungen aus Beiträgen begrenzt, die der Arbeitnehmer an einen Pensionsfonds, eine Pensionskasse oder in eine Direktversicherung bezahlt (sog. „Umfassungszusage" nach § 1 Abs. 2 Nr. 4 BetrAVG).[264]

59 **4. Finanzierung.** Die **Finanzierung** der Leistungen aus der betrieblichen Altersvorsorge unterliegt der Parteienvereinbarung. Sie kann damit sowohl über Beiträge des **Arbeitgebers** als

---

[248] Zu den verschiedenen Formen von Zusagen *Ortmann* in Schwintowski/Brömmelmeyer/Ebers VVG Vor §§ 150–171 Rn. 41; *Schwintowski* in Beckmann/Matusche-Beckmann VersR-HdB § 43 Rn. 50 ff.
[249] Karst/Cisch BetrAVG § 1 Rn. 81 ff.
[250] Karst/Cisch BetrAVG § 1 Rn. 110 ff.
[251] Karst/Cisch BetrAVG § 1 Rn. 118 ff.
[252] Zur Abgrenzung BAG DB 1990, 2375 (2475); 2003, 2181, Leiharbeitnehmer; DB 2001, 2102, Gesellschafter einer GmbH; *Schwintowski* in Beckmann/Matusche-Beckmann VersR-HdB § 43 Rn. 17.
[253] Den Leistungen kommt aus arbeitsrechtlicher Sicht Entgelt- und Versorgungscharakter zu: zu diesem Doppelcharakter *Rolfs* in Blomeyer/Rolfs/Otto BetrAVG Einl. Rn. 25 ff. mwN.
[254] BAG NZA 2004, 98; 2004, 848; *Schwintowski* in Beckmann/Matusche-Beckmann VersR-HdB § 43 Rn. 16; *Rolfs* in Blomeyer/Rolfs/Otto BetrAVG § 1 Rn. 5; Karst/Cisch BetrAVG § 1 Rn. 6; zu den einzelnen Versorgungsformen Karst/Cisch BetrAVG § 1 Rn. 46 ff.
[255] *Schwintowski* in Beckmann/Matusche-Beckmann VersR-HdB § 43 Rn. 4; Karst/Cisch BetrAVG § 1 Rn. 7 ff.
[256] Zur rechtstechnischen Ausgestaltung dieses Rechts *Schwintowski* in Beckmann/Matusche-Beckmann VersR-HdB § 43 Rn. 23.
[257] § 1a Abs. 1 S. 2 BetrAVG; *Rolfs* in Blomeyer/Rolfs/Otto BetrAVG § 1a Rn. 51.
[258] § 1a Abs. 1 S. 3 Hs. 1 BetrAVG; *Rolfs* in Blomeyer/Rolfs/Otto BetrAVG § 1a Rn. 51.
[259] § 1a Abs. 1 S. 3 Hs. 2 BetrAVG; *Rolfs* in Blomeyer/Rolfs/Otto BetrAVG § 1a Rn. 52.
[260] → Rn. 106 ff.
[261] § 1a Abs. 3 BetrAVG; *Rolfs* in Blomeyer/Rolfs/Otto BetrAVG § 1a Rn. 42 f.
[262] Zur Bedeutung des europäischen Richtlinienrechts für diese Versorgungsträger *Böhm* S. 149 ff.
[263] Zu diesen in der Praxis häufigsten Zusagen Karst/Cisch BetrAVG § 1 Rn. 17 ff.
[264] Karst/Cisch BetrAVG § 1 Rn. 24.

auch über Beiträge des Arbeitnehmers, insbes. in Form der **Entgeltumwandlung**,[265] erfolgen. Im Fall der Entgeltumwandlung gilt § 1b Abs. 5 S. 1 BetrAVG, der neben der sofortigen Unverfallbarkeit der Anwartschaft vorgibt, dass bei Versorgungszusagen im Wege eines Pensionsfonds, einer Pensionskasse (§ 1b Abs. 3 BetrAVG) oder einer Direktversicherung (§ 1b Abs. 2 BetrAVG) (1) die **Überschussanteile** nur zur Aufbesserung der Leistung verwendet werden dürfen, (2) der Arbeitnehmer nach Ausscheiden aus dem Dienstverhältnis ein Recht zur **Fortsetzung** der Versicherung oder Versorgung aus eigenen Beiträge hat und (3) das Recht des Arbeitgebers, die Ansprüche zu **verpfänden, abzutreten** oder **zu beleihen** ausgeschlossen sein muss. Für die Direktversicherung gibt § 1b Abs. 5 S. 2 BetrAVG überdies die Einräumung eines **unwiderruflichen** Bezugsrechts zwingend vor.

Bei Finanzierung der Altersversorgung im Wege der Entgeltumwandlung gilt das **Erfordernis** **60** **der Wertgleichheit** nach § 1 Abs. 2 Nr. 3 BetrAVG. Demnach sind die Entgeltansprüche in eine „wertgleiche Anwartschaft auf Versorgungsleistungen" umzuwandeln.[266] Für die Entgeltumwandlung in eine Anwartschaft aus einem Lebensversicherungsvertrag wird diskutiert, ob der Arbeitgeber mit der Wahl eines **gezillmerten** Tarifs gegen das Gebot der Wertgleichheit verstößt.[267] Das BAG hat diese Frage grds. **verneint**, doch hat es eine Entgeltumwandlungsvereinbarung unter Zugrundelegung eines gezillmerten Tarifs als nach § 307 Abs. 2 Nr. 1 BGB **unwirksam** beurteilt.[268] Die Entgeltumwandlungsvereinbarung iÜ bleibe nach Ansicht des BAG gem. § 306 Abs. 1 BGB aufrecht, wobei die entstehende Lücke durch ergänzende Vertragsauslegung im Sinne einer Verteilung der gezillmerten Kosten auf **fünf Jahre** zu schließen sei.[269] Entsprechend erhöhe sich die betriebliche Altersversorgung.[270]

5. Unverfallbarkeit der Versorgungsanwartschaft. Aus der Versorgungszusage des Arbeit- **61** gebers entsteht dem Arbeitnehmer eine Anwartschaft. Diese Anwartschaft wird gem. § 1b Abs. 1 BetrAVG trotz Beendigung des Arbeitsverhältnisses unverfallbar, bleibt also trotz Beendigung des Arbeitsverhältnisses vor Eintritt des Versorgungsfalles bestehen, wenn der Arbeitnehmer das 21. Lebensjahr beendet hat und die Versorgungszusage mindestens drei Jahre bestanden hat.[271] **Sofort** unverfallbar sind demgegenüber Anwartschaften, die im Wege der **Entgeltumwandlung** finanziert werden.[272]

Derart unverfallbare Ansprüche unterliegen Beschränkungen hinsichtlich der **Abfindungs-** **62** **möglichkeit** (§ 3 BetrAVG) sowie ihrer **Übertragung** (§ 4 Abs. 1 BetrAVG). Wird das Arbeitsverhältnis beendet, kann der Wert der unverfallbaren Anwartschaft **(Übertragungswert)** einvernehmlich nach § 4 Abs. 2 BetrAVG und bei Vorliegen der Voraussetzungen des § 4 Abs. 3 S. 1 BetrAVG auf Verlangen des Arbeitnehmers auf den neuen Arbeitgeber übertragen werden. Im Fall des § 4 Abs. 3 S. 1 BetrAVG richtet sich der Anspruch auf Übertragung direkt gegen das **Lebensversicherungsunternehmen**, wenn der Arbeitgeber nach § 2 Abs. 2 S. 2 BetrAVG dem Arbeitnehmer bei dessen Ausscheiden die Versicherungsleistung zugewandt hat.[273] Der Übertragungswert einer Direktversicherung entspricht nach § 4 Abs. 5 BetrAVG dem gebildeten **Kapital** im Zeitpunkt der Übertragung. Hiervon dürfen **keine Abzüge** (Abzug für Storno, Übertragungskosten oder nicht getilgte Abschlusskosten) gemacht werden.[274]

II. Die Rolle der Lebensversicherung

1. Rückdeckungsversicherung. Die Rückdeckungsversicherung ist ein Lebensversiche- **63** rungsvertrag, den der Arbeitgeber im eigenen Namen und auf eigene Rechnung schließt, um bei Eintritt eines Versorgungsfalles betr. einen seiner Arbeitnehmer aus der Lebensversicherung refinanziert zu sein. Die Rückdeckungsversicherung ist **keine** Form der Durchführung der Altersversorgungszusage, sondern dient lediglich dem betriebswirtschaftlichen Zweck der **Finanzierung** einer

---

[265] Karst/Cisch BetrAVG § 1 Rn. 22 f.
[266] Karst/Cisch BetrAVG § 1a Rn. 19 ff.
[267] Zur Problematik *Schwintowski* in Beckmann/Matusche-Beckmann VersR-HdB § 43 Rn. 27; Karst/Cisch BetrAVG § 1a Rn. 23 ff.
[268] BAG NZA 2010, 164; krit. *Reiter/Methner* VuR 2010, 136 (138); *Löbbert* VersR 2011, 583.
[269] BAG NZA 2010, 164, das entspricht § 169 Abs. 3 VVG; krit. *Reiter/Methner* VuR 2010, 136 (140).
[270] BAG NZA 2010, 164.
[271] Die Höhe der unverfallbaren Anwartschaft wird in § 2 BetrAVG näher geregelt.
[272] § 1b Abs. 5 S. 1 Hs. 1 BetrAVG; BAG NZA 2010, 164; *Schwintowski* in Beckmann/Matusche-Beckmann VersR-HdB § 43 Rn. 105.
[273] § 4 Abs. 3 S. 2 BetrAVG; s. dort auch die Parallelregelung im Falle der Versorgung über eine Pensionskasse; zum Ganzen *Rolfs* in Blomeyer/Rolfs/Otto BetrAVG § 4 Rn. 125 ff.
[274] Karst/Cisch BetrAVG § 4 Rn. 26.

Zusage.[275] Der Arbeitnehmer ist daher bei der Rückdeckungsversicherung regelmäßig nur **Gefahrperson**.

64 Die Ansprüche aus der Rückdeckungsversicherung fallen grds. in die Insolvenzmasse des Arbeitgebers. Der Versorgungszweck der Rückdeckungsversicherung begründet für sich **kein Aussonderungsrecht** des Arbeitnehmers.[276] Der Arbeitnehmer bleibt daher auch in der Insolvenz des Arbeitgebers auf die unmittelbar diesem gegenüber bestehenden Ansprüche aus der **unmittelbaren Versorgungszusage** beschränkt. Diese Ansprüche unterliegen jedoch der **Insolvenzsicherung** nach § 7 Abs. 1 S. 1 BetrAVG.[277] Darüber hinaus kann der Arbeitgeber die Ansprüche aus dem Versicherungsvertrag an den Arbeitnehmer **verpfänden**.[278]

65 **2. Direktversicherung. a) Ausgestaltung.** Im Gegensatz zur Rückdeckungsversicherung ist die Direktversicherung ein Instrument der **betrieblichen Altersvorsorge**. Dabei führt der Arbeitgeber seine Versorgungszusage nach § 1b Abs. 2 BetrAVG über ein Versicherungsunternehmen durch. Der Arbeitgeber schließt zu diesem Zweck im eigenen Namen eine **Lebensversicherung** ab, die auf die **Person des Arbeitnehmers** genommen wird.[279] Aufgrund der Spezialvorschrift des § 150 Abs. 2 S. 1 Hs. 2 VVG bedarf es in diesem Fall **keiner Zustimmung** des Arbeitnehmers als Gefahrperson.[280] Der Arbeitnehmer ist bei dieser Konstruktion zugleich **Bezugsberechtigter**.

66 **b) Anforderung an das Bezugsrecht des Arbeitnehmers.** Die Bezugsberechtigung des Arbeitnehmers unterliegt der **versicherungsvertraglichen** Ausgestaltung nach § 159 VVG. Allerdings hat der Arbeitgeber im Zuge dieser Ausgestaltung, also bei der Benennung des Arbeitnehmers als Bezugsberechtigten, bestimmte **Vorgaben** zu beachten. Nach Eintritt der **Unverfallbarkeit** ist der Arbeitgeber nach § 1b Abs. 2 S. 1 BetrAVG verpflichtet, das Bezugsrecht des Arbeitnehmers **nicht** mehr zu **widerrufen**.[281] Eine Vereinbarung, nach der das Bezugsrecht mit Beendigung des Arbeitsverhältnisses endet, ist nach § 1b Abs. 2 S. 2 BetrAVG **unwirksam**. Beleiht der Arbeitgeber die Ansprüche aus der Versicherung oder tritt er sie ab, so hat er den Arbeitnehmer im Versicherungsfall nach § 1b Abs. 2 S. 3 BetrAVG so zu stellen, wie dieser stünde, wenn die Versicherung nicht abgetreten oder verpfändet worden wäre.[282] Wird die Direktversicherung im Wege einer **Entgeltumwandlung** finanziert, so gelten die strengeren Anforderungen des § 1b Abs. 5 BetrAVG; insbes. muss dem Arbeitnehmer ein **unwiderrufliches** Bezugsrecht eingeräumt werden.[283]

67 Im **Insolvenzfall** hängt damit die versicherungsrechtliche Stellung des Versorgungsberechtigten vom Bezugsrecht ab, das ihm der Arbeitgeber eingeräumt hat. Wurde es **unwiderruflich** eingeräumt, so fallen die Ansprüche aus der Lebensversicherung **nicht** in die **Insolvenzmasse** des Arbeitgebers und kommen daher vollumfänglich dem Arbeitnehmer zu. Diesem steht somit ein **Aussonderungsrecht** zu.[284] Ist das Bezugsrecht demgegenüber nur **widerruflich** eingeräumt, so kann der Insolvenzverwalter die Bezugsberechtigung **widerrufen** und die Versicherungsleistung zur Masse ziehen. Dem Arbeitnehmer kommt in diesem Fall die **Insolvenzsicherung** nach § 7 Abs. 2 Ziff. 2 BetrAVG zugute. In der Praxis geläufig sind sog. **eingeschränkt unwiderrufliche** Bezugsrechte, die es dem Arbeitgeber nur im Falle der Beendigung des Arbeitsverhältnisses erlauben, das Bezugsrecht zu widerrufen. Nach der Rspr. des BGH soll die Beendigung des Arbeitsverhältnisses infolge der **Insolvenz** des Arbeitgebers nicht hierher zählen, sodass dem Arbeitnehmer ein **Aussonderungsrecht** an den Ansprüchen aus dem Versicherungsvertrag zukommt.[285]

68 **c) Informationspflichten.** Den Arbeitgeber treffen gegenüber dem Versorgungsanwärter grds. **keine** besonderen, vorvertraglichen **Beratungs-** und **Informationspflichten**.[286] Der Arbeitgeber kann sich vielmehr darauf beschränken, die Informationen des Versicherungsunternehmens weiterzuleiten. Dies gilt jedenfalls dann, wenn es sich beim Versorgungsanwärter um einen geschäftsgewand-

---

[275] BAG DB 1972, 2068; Karst/Cisch BetrAVG § 1 Rn. 35; zur Rückdeckungsversicherung bei Unterstützungskassen und Direktzusagen, *Ortmann* in Schwintowski/Brömmelmeyer/Ebers VVG Vor §§ 150–171 Rn. 57 ff., 62 ff.
[276] BAG DB 1967, 1857; hierzu Karst/Cisch BetrAVG § 7 Rn. 20.
[277] Karst/Cisch BetrAVG § 7 Rn. 22.
[278] Karst/Cisch BetrAVG § 7 Rn. 20.
[279] *Schwintowski* in Beckmann/Matusche-Beckmann VersR-HdB § 43 Rn. 99; *Rolfs* in Blomeyer/Rolfs/Otto BetrAVG Anh. § 1 Rn. 698.
[280] Im Einzelnen *Rolfs* in Blomeyer/Rolfs/Otto BetrAVG Anh. § 1 Rn. 700.
[281] *Schwintowski* in Beckmann/Matusche-Beckmann VersR-HdB § 43 Rn. 99.
[282] *Schwintowski* in Beckmann/Matusche-Beckmann VersR-HdB § 43 Rn. 100.
[283] § 1b Abs. 5 S. 2 BetrAVG; → Rn. 59.
[284] → § 159 Rn. 119 f.
[285] Im Einzelnen → § 159 Rn. 124.
[286] BAG NZA 2010, 164; zu den Informationspflichten während der Vertragslaufzeit s. § 4a BetrAVG.

ten Mitarbeiter handelt und dieser im Betrieb selbst mit der Einführung des Entgeltumwandlungsmodells befasst ist.[287]

Zumal der Arbeitnehmer im Rahmen der Direktversicherung **nicht Versicherungsnehmer** ist, hat er auch dem **Versicherer** gegenüber keinen Anspruch auf Information nach §§ 6 ff. VVG.[288] Wegen des unbestreitbaren analogen Informationsinteresses legt § 144 Abs. 1 VAG 2016 (§ 10a Abs. 2 iVm Anl. D VAG aF) Lebensversicherungsunternehmen die Pflicht auf, den Versorgungsanwärtern und Versorgungsempfängern **Informationen** nach §§ 234k-p und 235a VAG zu übermitteln. 69

3. Pensionskassen. Der Arbeitgeber kann seine Versorgungszusage auch über eine **Pensionskasse** durchführen. Vorausgesetzt wird hier, dass die Pensionskasse dem Arbeitnehmer bzw. dessen Hinterbliebenen einen **Rechtsanspruch** gewährt (§ 1b Abs. 3 BetrAVG). Demnach muss der einzelne Arbeitnehmer entweder **direkt** einen Versicherungsvertrag mit der Pensionskasse schließen oder aber im Versicherungsvertrag seines Arbeitgebers **unwiderruflich bezugsberechtigt** sein. Daher fallen die Ansprüche aus der Lebensversicherung **nicht** in das Vermögen und damit auch nicht in die **Insolvenzmasse** des Arbeitgebers. Einer Insolvenzsicherung nach den §§ 7 ff. BetrAVG bedarf es daher nicht. 70

4. Pensionsfonds und Unterstützungskassen. Führt ein Arbeitgeber die betriebliche Altersversorgung über einen Pensionsfonds oder eine Unterstützungskasse durch, so werden im Rahmen der Durchführung **keine Lebensversicherungsverträge** geschlossen. Diese Formen der Durchführung sind damit aus dem Blickwinkel der §§ 150–171 VVG irrelevant, wenngleich Pensionsfonds der Versicherungsaufsicht unterstehen. 71

H. Die Lebensversicherung im Zugewinn- und Versorgungsausgleich

I. Neuregelung des Versorgungsausgleichs 2009

Das Gesetz zur Strukturreform des Versorgungsausgleichs (VAStrRefG) v. 3.4.2009[289] hat in seinem Artikel 1 ein neues Versorgungsausgleichsgesetz (VersAusglG) geschaffen, das an die Stelle der §§ 1587a ff. BGB,[290] des VAHRG[291] und der Barwertverordnung[292] tritt. § 1587 BGB wurde durch Artikel 3 VersAusglG derart neu gefasst, dass er nunmehr auf das neue VersAusglG verweist.[293] 72

Das VAStrRefG hat dagegen die Vorschriften über den Zugewinnausgleich unverändert gelassen. Für ihn ergibt sich aus der Neuregelung des Versorgungsausgleichs lediglich ein verkleinerter Anwendungsbereich.[294] Nach neuer Rechtslage sind nämlich neben den privaten Rentenversicherungen auch bestimmte Lebensversicherungen mit einem Anspruch auf eine Kapitalzahlung vom Versorgungsausgleich erfasst.[295] Dies betrifft gem. § 2 Abs. 2 Nr. 3 VersAusglG Ansprüche nach dem AltZertG und dem BetrAVG, womit sog. Direktversicherungen umfasst sein können.[296] Soweit Lebensversicherungen, auch wenn sie Ansprüche auf Kapitalleistungen gewähren, nach § 2 Abs. 2 Nr. 3 VersAusglG dem Versorgungsausgleich unterliegen, unterliegen sie nicht mehr dem Zugewinnausgleich nach §§ 1372 ff. BGB.[297] 73

II. Zugewinnausgleich bei Scheidung (§§ 1372 ff. BGB)

Häufig sind Versicherungsnehmer und Bezugsberechtigter Ehegatten, die im gesetzlichen Güterstand der Zugewinngemeinschaft leben.[298] Für diese Konstellation stellt sich die Frage, ob und 74

---

[287] BAG NZA 2010, 164; zur Frage *Schwintowski* in Beckmann/Matusche-Beckmann VersR-HdB § 43 Rn. 153 ff.
[288] S. aber auch den besonderen Fall einer Informationspflicht nach § 4a Abs. 2 BetrAVG; *Schwintowski* in Beckmann/Matusche-Beckmann VersR-HdB § 43 Rn. 132 ff., der auch auf § 2 Abs. 1 NachwG hinweist.
[289] BGBl. 2009 I 700.
[290] S. den gem. Art. 3 VAStrRefG neu gefassten Untertitel 3 (Versorgungsausgleich) im Vierten Buch, Abschn. 1, Titel 7 BGB, welcher nur noch aus dem auf das VersAusglG verweisenden § 1587 BGB besteht.
[291] Art. 23 S. 2 Nr. 2 VAStrRefG.
[292] Art. 23 S. 2 Nr. 1 VAStrRefG.
[293] Art. 3 VAStrRefG.
[294] → Rn. 111.
[295] Zur Abgrenzung von Zugewinn- und Versorgungsausgleich nach altem Recht → Rn. 101; zum neuen Recht *Schneider* in Prölss/Martin VVG Vor § 150 Rn. 52.
[296] *Glockner* in MüKoBGB § 1587 Rn. 12.
[297] S. § 2 Abs. 4 VersAusglG; vgl. OLG Köln BeckRS 2012, 4293.
[298] § 1363 Abs. 1 BGB.

wie im Scheidungsfall der „Wert" einer Lebensversicherung i.R.d. Zugewinnausgleichs (§§ 1372 ff. BGB) zu berücksichtigen ist.[299] Dabei unterliegt eine Kapitallebensversicherung, soweit sie nicht gem. § 2 Abs. 2 Nr. 3 VersAusglG dem Versorgungsausgleich unterworfen ist,[300] dem Zugewinnausgleich, auch wenn sie ein Rentenwahlrecht einräumt, das jedoch noch nicht ausgeübt wurde.[301] Die Rentenversicherung fällt dagegen nicht unter den Zugewinnausgleich, sondern unter den Versorgungsausgleich,[302] auch wenn sie ein Kapitalwahlrecht einräumt, das aber noch nicht ausgeübt wurde.[303] Auch eine Ausübung des Kapitalwahlrechts während des Scheidungsverfahrens (aber vor der letzten tatrichterlichen Entscheidung) bewirkt, dass die Lebensversicherung dem Versorgungsausgleich entzogen und dem Zugewinnausgleich unterworfen wird.[304] Sollten die Ehegatten im Stand der Gütertrennung leben, kommt es freilich auch nicht zu einem Zugewinnausgleich. Dies wird vom BGH aber hingenommen, weil der Nichtausgleich die Folge der Güterstandsvereinbarung ist und nicht daher rührt, dass ein Versorgungsausgleich nicht stattfindet.[305]

75 Problematisch ist insbes. die Höhe der Veranschlagung der Lebensversicherung iRd Zugewinnausgleichs. In den relevanten Fallkonstellationen ist nämlich regelmäßig ein gespaltenes Bezugsrecht vereinbart, sodass im Scheidungszeitpunkt unklar ist, wer am Ende die Versicherungssumme erhalten wird.[306] Insbesondere ist bei einem (unwiderruflichen) Bezugsrecht auf den Todesfall ungewiss, ob der Bezugsberechtigte überhaupt je eine Leistung erhalten wird oder aber sein Recht durch Eintritt der auflösenden Bedingung des Erlebens erlischt. Der BGH hebt in diesem Zusammenhang hervor, dass der Zugewinnausgleich auf den sofortigen Ausgleich der vorhandenen Vermögenswerte gerichtet ist.[307] Dies dürfte aber nicht zu einer Betrachtung führen, nach welcher Vermögenswerte, die für einen Ehegatten momentan nicht verfügbar sind, nicht veranschlagt werden. Auch dürfe die Bewertung der Lebensversicherung nicht einfach durch Heranziehen des Rückkaufswerts bemessen werden.[308] Die Höhe der Veranschlagung hängt damit insbes. von der Wahrscheinlichkeit ab, mit der einer der Ehegatten die Versicherungsleistung auch tatsächlich erhält.[309] Damit ist insbes. die Lebenserwartung des Versicherungsnehmers ein entscheidendes Bewertungskriterium.

76 Die Versicherung ist auf Seiten des Versicherungsnehmers, der im Erlebensfall die Leistung bezieht und dessen Lebenserwartung als hoch zu bewerten ist, zu veranschlagen, obwohl er im Zeitpunkt der Scheidung keinen Anspruch auf den Rückkaufswert hat, weil sein Anspruch durch den Erlebensfall aufschiebend bedingt ist.[310] Umgekehrt muss sich der für den Todesfall bezugsberechtigte Ehegatte, der im Zeitpunkt des Zugewinnausgleichs – eine Kündigung des Vertrages vorausgesetzt – einen auflösend bedingten Anspruch auf den Rückkaufswert hat, nur den Wert der Versicherung anrechnen lassen, den diese für ihn im Berechnungszeitpunkt hat. Das kann und wird in einigen Fällen zu einer „Null-Anrechnung" führen, wenn nämlich wegen der hohen Lebenserwartung des Versicherungsnehmers nicht damit zu rechnen ist, dass der Bezugsberechtigte überhaupt jemals eine Todesfallleistung erhalten wird.[311]

77 Auch die Frage, ob die Scheidung die Geschäftsgrundlage des Bezugsrechts wegfallen lässt und der bezugsberechtigte Ehegatte sein Recht zum Behalten der Begünstigung verliert,[312] ist in Anschlag

---

[299] Zur Abgrenzung des Zugewinnausgleichs vom Versorgungsausgleich *Belitz*, S. 142 ff.
[300] → Rn. 106.
[301] BGH FamRZ 1993, 684; 1984, 156; *Hoffmann* FamRZ 1977, 222 (226); *Grote* in Langheid/Rixecker VVG § 159 Rn. 35; *Moewert* S. 101 ff.; krit. aber S. 148 ff. für Direktversicherungen; *Petersen* AcP 204 (2004), 832 (844).
[302] *Moewert* S. 92 f.
[303] BGH FamRZ 2012, 1039; 2011, 1931; 2003, 923; 2003, 664 (745) m.Anm. *Deisenhofer*; *Hoffmann* FamRZ 1977, 222 (226); *Grote* in Langheid/Rixecker VVG § 159 Rn. 35; *Moewert* S. 117 ff.
[304] BGH FamRZ 2012, 1039; 2011, 1931; *Hauß* FPR 2007, 190; vgl. zur Frage, ob die Ausübung des Wahlrechts illoyal ist und daher § 27 VersAusglG anzuwenden ist, KG BeckRS 2020, 19501; ähnliche Erwägungen bei anderem Sachverhalt (Kündigung der Lebensversicherung nach Scheidung aber vor Durchführung des Versorgungsausgleichs) OLG Bremen NJW 2016, 507.
[305] BGH FamRZ 2012, 1039.
[306] Zum Sonderfall, in dem die Lebensversicherung infolge Todes eines Ehegatten dem anderen Ehegatten ausgezahlt worden ist, OLG Hamburg NZFam 2015, 219.
[307] BGH VersR 1992, 1382 (1385).
[308] I.d.S. aber noch BGH VersR 1984, 632 (633); falls eine zukünftige Prämienzahlung unwahrscheinlich ist, kann der Wert nach Umwandlung in eine prämienfreie Versicherung zugrunde gelegt werden; BGH VersR 1995, 1225 = NJW 1995, 2781; *Grote* in Langheid/Rixecker VVG § 159 Rn. 23.
[309] → Rn. 103.
[310] BGH VersR 1992, 1382 (1385).
[311] BGH VersR 1992, 1382 (1385); *Hoffmann* FamRZ 1977, 222 (226).
[312] Zu dieser Frage → Rn. 92.

zu bringen.³¹³ Dabei geht der BGH jedoch davon aus, dass bei einem Wegfall der Geschäftsgrundlage der unwiderruflich bezugsberechtigte Ehegatte nur den Teil der Versicherungsleistung verliert, der auf Prämienzahlungen nach der Scheidung zurückzuführen ist. Leistungen, die auf frühere Prämienzahlungen zurückgehen, seien demgegenüber im Zugewinnausgleich zu berücksichtigen. Das ist freilich angesichts des Rechts zum Rücktritt von der Schenkung und damit zur schuldrechtlichen Rückabwicklung des Bezugsrechts *ab initio* nach § 313 Abs. 3 S. 1 BGB mindestens bedenklich, wenn der BGH in seiner Entscheidung nicht einen Gedanken verfolgen will, welchen er in anderen Urteilen nicht vertritt. Dies beinhaltet eine Anpassung der Schenkung, so dass sie bis zur geleisteten Prämien bis zur Scheidung aufrecht bleibt und nur für die folgenden Prämien aufgehoben wird. Dies entspricht iErg einer Kündigung iSv § 313 Abs. 3 S. 2 BGB, welche allerdings nur für Dauerschuldverhältnisse und daher nicht für Schenkungen gilt. Unseres Erachtens ist demgegenüber davon auszugehen, dass in Fällen des Wegfalls der Geschäftsgrundlage dem Versicherungsnehmer ein Rücktritt von der Schenkung des Bezugsrechts offensteht.³¹⁴ Dann aber kann die Lebensversicherung nicht zulasten des bezugsberechtigten Ehegatten angerechnet werden.

Dieselben Regeln gelten, wenn die Versicherung vom Arbeitgeber eines Ehegatten als Direktversicherung auf das Leben und zugunsten dieses Ehegatten genommen wird.³¹⁵ Hingegen unterliegt die Leistung des Versicherers an einen Ehegatten aus einer Lebensversicherung eines nahen Angehörigen dieses Ehegatten nicht dem Zugewinnausgleich (§ 1374 Abs. 2 BGB).³¹⁶ **78**

III. Versorgungsausgleich § 1587 BGB iVm VersAusglG

Lebensversicherungen können Versorgungsanwartschaften oder -ansprüche nach § 2 Abs. 1 VersAusglG begründen und damit im Scheidungsfall den Gegenstand eines Versorgungsausgleichs bilden. Dies trifft sowohl auf Lebensversicherungen zu, die als Instrument der betrieblichen Altersversorgung eingesetzt werden, als auch auf andere private Lebensversicherungen mit Versorgungscharakter. Voraussetzung ist stets, dass die auszugleichenden Versorgungsanrechte durch Arbeit oder Vermögen geschaffen bzw. aufrechterhalten worden sind (§ 2 Abs. 2 Nr. 1 VersAusglG). Die Anrechte müssen außerdem der „Absicherung im Alter oder bei Invalidität, insbes. wegen verminderter Erwerbsfähigkeit, Berufsunfähigkeit oder Dienstunfähigkeit" dienen (§ 2 Abs. 2 Nr. 2 VersAusglG). Hieran soll es dann fehlen, wenn ein Ehegatte die Versicherung auf das Leben des gemeinsamen Kindes genommen hat, um für dieses Sparkapital aufzubauen. Selbst wenn der Leistungsanspruch – trotz des Sparziels zugunsten des Sohnes – formell beim Ehegatten liegt, der die Versicherung genommen hat, fehlt es dennoch an einem auszugleichenden Versorgungsanrecht. Die Leistung ist nämlich an das Leben bzw. den Tod des Kindes und nicht des Versicherungsnehmers geknüpft.³¹⁷ Zuletzt muss der Anspruch auf eine Rente gerichtet sein (§ 2 Abs. 2 Nr. 3 VersAusglG).³¹⁸ Nicht unter den Versorgungsausgleich (sondern unter den Zugewinnausgleich) fallen damit grds. Versicherungen, die ein Recht auf eine Kapitalzahlung einräumen. Selbst wenn ein Wahlrecht auf eine Rente besteht, werden sie erst nach Ausübung des Wahlrechts vom Versorgungsausgleich erfasst. Umgekehrt unterliegen Versicherungen mit Rentenanspruch dem Versorgungsausgleich, solange nicht ein ggf. bestehendes Wahlrecht auf eine Kapitalleistung ausgeübt wird. Die Ausübung des Wahlrechts ist selbst dann noch relevant, wenn sie erst im Scheidungsverfahren (aber vor der letzten tatrichterlichen Entscheidung) erfolgt.³¹⁹ Rentenleistungen, die während des Erwerbslebens gezahlt werden, unterliegen nicht dem Versorgungs-, sondern dem güterrechtlichen Ausgleich.³²⁰ Werden die Ansprüche aus einer Rentenversicherung zur Sicherheit abgetreten, so unterliegen auch sie nicht dem Versorgungsausgleich.³²¹ Bestimmte Versicherungen fallen stets, also unabhängig davon ob sie ein Anrecht auf eine Rente oder Kapitalzahlung gewähren, unter den Versorgungsausgleich. Hierher zählt § 2 Abs. 2 Nr. 3 VersAusglG Ansprüche nach BetrAVG³²² und nach AltZertG.³²³,³²⁴ Reine Risikoversi- **79**

---

³¹³ Zur Voraussetzung des Bestehenbleibens des Bezugsrechts trotz Scheidung *Grote* in Langheid/Rixecker VVG § 159 Rn. 32.
³¹⁴ → Rn. 93.
³¹⁵ BGHZ 117, 70 = VersR 1992, 558 = FamRZ 1992, 411; BGH FamRZ 1993, 1303; *Finger* VersR 1992, 535 (537).
³¹⁶ BGHZ 130, 377 = VersR 1995, 1429 = JZ 1996, 203 mAnm *Gernhuber*; *Grote* in Langheid/Rixecker VVG § 159 Rn. 32.
³¹⁷ OLG Zweibrücken NJW-RR 2011, 803.
³¹⁸ BGH FamRZ 2012, 1039.
³¹⁹ BGH FamRZ 2012, 1039; 2011, 1931.
³²⁰ BGH NJW-RR 2007, 865.
³²¹ OLG Nürnberg NJW-RR 2007, 1015 (1016).
³²² → Vor § 150 Rn. 56 ff.
³²³ → Vor § 150 Rn. 101 ff.
³²⁴ BGH FamRZ 2012, 1039.

cherungen, etwa in Form von Berufsunfähigkeitsversicherungen, werden beim Versorgungsausgleich nur angerechnet, wenn der Versicherungsfall während bestehender Ehe eingetreten ist.[325] Erfasst sind nach § 2 Abs. 1 VersAusglG sowohl im Inland als auch im Ausland erworbene Anrechte.

80 Nach § 1 Abs. 1 VersAusglG gilt für den Ausgleich der **Halbteilungsgrundsatz**,[326] wonach die während der Ehezeit erworbenen Anrechte (Ehezeitanteile[327]) zwischen den Ehegatten je zur Hälfte geteilt werden. Die private Rentenversicherung ist jenem Ehegatten anzurechnen, der die Versicherungsleistung beziehen wird. Das ist der unwiderrufliche Bezugsberechtigte. Fehlt es an einem solchen, erfolgt die Anrechnung bei jenem Ehegatten, der Versicherungsnehmer ist, weil dieser über das Schicksal der Versicherungsleistung entscheidet. Ein widerrufliches Bezugsrecht zugunsten des anderen Ehegatten bleibt daher außer Betracht.[328]

81 Bei der Bewertung der Versorgungsansprüche aus privaten Lebensversicherungen ist die Sondervorschrift des § 46 VersAusglG zu beachten. Demnach sind die „Bestimmungen des Versicherungsvertragsgesetzes über Rückkaufswerte anzuwenden. Stornokosten sind nicht abzuziehen."[329]

82 Der Ausgleich erfolgt nicht mehr, wie nach altem Recht, durch einen Einmalausgleich, sondern grds. durch **Einzelausgleich,** wonach jeder Ehegatte 50 % der Anrechte des anderen Ehegatten erhält.[330] Diese Methode erspart es, uU sehr heterogene Anwartschaften miteinander vergleichen zu müssen. Nur wenn beide Ehegatten über gleichartige Anrechte beim selben Vermögensträger (Versicherer) verfügen oder aber die betroffenen Versorgungsträger ein Übereinkommen über eine gegenseitige Verrechnung getroffen haben, kommt es zum Einmalausgleich.[331] Der Ausgleich erfolgt **intern,** indem das Familiengericht der ausgleichsberechtigten Person 50 % der ehezeitlichen Anrechte des anderen Ehegatten überträgt.[332] Nur ausnahmsweise kommt es zu einer **externen** Teilung, wonach der Versorgungsträger des ausgleichspflichtigen Ehegatten einen Kapitalbetrag an einen anderen Versorgungsträger bezahlt, bei dem das Familiengericht zugunsten des ausgleichsberechtigten Ehegatten ein neues Anrecht begründet oder ein bestehendes Anrecht aufstockt.[333]

83 Die Parteien können durch Vereinbarung, die der **notariellen** Beurkundung bedarf,[334] abweichende Regelungen treffen.[335] Nach der demonstrativen Aufzählung in § 6 Abs. 1 S. 2 VersAusglG können die Ehegatten den Versorgungsausgleich **ausschließen** (Nr. 2), ihn in den **Zugewinnausgleich einschließen** (Nr. 1) oder ihn den **Ausgleichsansprüchen nach der Scheidung** gemäß den §§ 20–24 VersAusglG vorbehalten (Nr. 3). Das Familiengericht ist, soweit keine Wirksamkeits- oder Durchsetzungshindernisse bestehen, an eine derartige Vereinbarung **gebunden**.[336]

§ 150 Versicherte Person

(1) Die Lebensversicherung kann auf die Person des Versicherungsnehmers oder eines anderen genommen werden.

(2) ¹Wird die Versicherung für den Fall des Todes eines anderen genommen und übersteigt die vereinbarte Leistung den Betrag der gewöhnlichen Beerdigungskosten, ist zur Wirksamkeit des Vertrags die schriftliche Einwilligung des anderen erforderlich; dies gilt nicht bei Lebensversicherungen im Bereich der betrieblichen Altersversorgung. ²Ist der andere geschäftsunfähig oder in der Geschäftsfähigkeit beschränkt oder ist für ihn ein Betreuer bestellt und steht die Vertretung in den seine Person betreffenden Angelegenheiten dem Versicherungsnehmer zu, kann dieser den anderen bei der Erteilung der Einwilligung nicht vertreten.

(3) Nimmt ein Elternteil die Versicherung auf die Person eines minderjährigen Kindes, bedarf es der Einwilligung des Kindes nur, wenn nach dem Vertrag der Versicherer auch bei Eintritt des Todes vor der Vollendung des siebenten Lebensjahres zur Leistung ver-

---

[325] *Siede* in MüKoBGB BGB § 1587 Rn. 17; BGH VersR 2010, 201 (202).
[326] *Siede* MüKoBGB VersAusglG § 1 Rn. 3 ff.
[327] S. § 1 Abs. 1 VersAusglG; vgl. jedoch § 5 Abs. 1 VersAusglG, wonach nunmehr der jeweilige Vermögensträger den Ehezeitanteil zu bestimmen hat.
[328] Zu alledem BGH NJW 1992, 1103; OLG Brandenburg FamRZ 2001, 489.
[329] *Scholer* in MüKoBGB VersAusglG § 46 Rn. 2 ff., dort auch zur Einrechnung von Überschussbeteiligungen.
[330] Zum neuen Einzelausgleich *Siede* in MüKoBGB VersAusglG § 1 Rn. 5.
[331] § 10 Abs. 2 VersAusglG.
[332] S. § 9 Abs. 2 iVm § 10 VersAusglG; Beispiel bei OLG Nürnberg FamRZ 2019, 876.
[333] Für ein Bsp. s. OLG Frankfurt a. M. FamRZ 2015, 1799; OLG Nürnberg FamRZ 2014, 394.
[334] Im Einzelnen § 7 VersAusglG.
[335] § 6 Abs. 1 S. 1 VersAusglG.
[336] § 6 Abs. 2 VersAusglG.

pflichtet sein soll und die für diesen Fall vereinbarte Leistung den Betrag der gewöhnlichen Beerdigungskosten übersteigt.

(4) Soweit die Aufsichtsbehörde einen bestimmten Höchstbetrag für die gewöhnlichen Beerdigungskosten festgesetzt hat, ist dieser maßgebend.

Übersicht

		Rn.			Rn.
A.	Normzweck	1	2.	Vorvertragliche Erklärung	21
I.	Allgemeines	1	3.	Gefahrakzeptanz	23
II.	Praktisches Bedürfnis nach Fremdlebensversicherungen	2	4.	Schriftform	25
			V.	Stellvertretung	30
III.	Schutz der versicherten Person durch das Einwilligungserfordernis	3	1.	Rechtsgeschäftliche Vertretung	30
IV.	Durchbrechungen des Schutzes der versicherten Person	5	2.	Gesetzliche Vertretung	31
			3.	Interessenkollisionen	32
V.	Einwilligung bei geschäftsunfähigen, beschränkt geschäftsfähigen und betreuten versicherten Personen	6	VI.	Mangel (wirksamer) Einwilligung	33
			D.	Vertragsschluss im Namen eines geschäftsunfähigen, beschränkt geschäftsfähigen oder betreuten Versicherungsnehmers	38
B.	Versicherung auf fremdes Leben (Abs. 1)	7			
I.	Zulässigkeit	7	I.	Problematik von § 150 nicht geregelt	38
II.	Rechtsstellung der Beteiligten bei der Versicherung auf fremdes Leben	9	II.	Erfordernis gesetzlicher Stellvertretung	39
C.	Einwilligungserfordernis (Abs. 2, 3)	11	III.	Vormundschaftsgerichtliche Genehmigung nach § 1822 Nr. 5 BGB	40
I.	Voraussetzungen	11			
II.	Vertragsänderungen, Zession und Verpfändung von Ansprüchen	15	IV.	Nachträgliche Genehmigung der Lebensversicherung durch den volljährig gewordenen Versicherungsnehmer	42
III.	Ausnahmen	17			
IV.	Einwilligung	19	V.	Bereicherungsrechtliche Rückabwicklung	43
1.	Einseitige empfangsbedürftige Willenserklärung	19	E.	Abdingbarkeit	46

Stichwort- und Fundstellenverzeichnis

Stichwort	Rn.	Rspr.	Lit.
Einwilligung, Erfordernis	→ Rn. 11 ff.	BGH NJW-RR 1996, 1047; VersR 1953, 249 (250); 1989, 465 (466); 1997, 1213 (1214); 1996, 357; 1999, 347; 2019, 1479 (1480); OLG Frankfurt a. M. VersR 1997, 478; OLG Hamm VersR 2003, 446 (448); OLG Köln VersR 1992, 1337; OGH VersR 1986, 928; r+s 2014, 361	*Brambach* in HK-VVG VVG § 150 Rn. 5; *Drews* VersR 1987, 634; *Hülsmann* VersR 1997, 1467; *Hülsmann* NVersZ 1999, 550; *Grote* in Langheid/Rixecker VVG § 150 Rn. 3 ff.; *Schneider* in Prölss/Martin VVG § 150 Rn. 3, 5, 7; *Schwintowski* in Berliner Kommentar VVG § 159 Rn. 3, 13, 19; *Winter* in Bruck/Möller VVG § 150 Rn. 15, 21 ff., 29 ff., 56
Einwilligung, Form	→ Rn. 25 ff.	BGH VersR 1999, 347 (349); OGH VersR 1986, 928; OGH VersR 2011, 1079	*Grote* in Langheid/Rixecker VVG § 150 Rn. 9 ff.; *Müller* NVersZ 2000, 454 (456); *Ortmann* in Schwintowski/Brömmelmeyer/Ebers VVG § 150 Rn. 10; *Patzer* in Looschelders/Pohlmann VVG § 150 Rn. 7; *Schneider* in Prölss/Martin VVG § 150 Rn. 9; *Winter* in Bruck/Möller VVG § 150 Rn. 33

Stichwort	Rn.	Rspr.	Lit.
Einwilligung, Gefahrakzeptanz	→ Rn. 23 f.	BGH VersR 1999, 347 (349 f.) mAnm *Wandt*; OGH VersR 1986, 928; 2011, 1079; r+s 2014, 361; OLG Frankfurt a. M. VersR 1997, 478	*Müller* NVersZ 2000, 454 (455 f.); *Ortmann* in Schwintowski/Brömmelmeyer/Ebers VVG § 150 Rn. 10; *Schneider* in Prölss/Martin VVG § 150 Rn. 4
Einwilligung, Zeitpunkt/Widerruf	→ Rn. 21 f.	BGH VersR 1999, 347 (349) mAnm *Wandt;* OLG Frankfurt a. M. VersR 1997, 478; OLG Hamburg VersR 1966, 680 (681)	*Drews* VersR 1987, 634 (641); *Grote* in Langheid/Rixecker VVG § 150 Rn. 8; *Hülsmann* NversZ 1999, 559 (552); *Müller* NVersZ 2000, 454 (457); *Schneider* in Prölss/Martin VVG § 150 Rn. 10; *Schwintowski* in Berliner Kommentar VVG § 159 Rn. 7; *Winter* in Bruck/Möller VVG § 150 Rn. 38 ff.
Einwilligung, Ausnahmen	→ Rn. 17 f.	OLG Zweibrücken NJW-RR 2011, 803	*Drews* VersR 1987, 634 (636 ff.); *Hülsmann* VersR 1997, 1467; *Schneider* in Prölss/Martin VVG § 150 Rn. 5 ff.; *Schwintowski* in Berliner Kommentar VVG § 159 Rn. 16 f.; *Winter* in Bruck/Möller VVG Rn. 59, 61
Einwilligung, Mangel	→ Rn. 33 ff.	BGH VersR 1989, 465; 1995, 501; 1997, 1213; 1999, 347; OLG Karlsruhe VersR 1988, 128 (129); OLG Koblenz NJW-RR 1988, 151	*Armbrüster* in Prölss/Martin VVG § 1 Rn. 121, 123; *Bayer* VersR 1991, 129; *Brambach* in HK-VVG VVG § 150 Rn. 30; *Grote* in Langheid/Rixecker VVG § 150 Rn. 8, 17, 23; *Kohler* VersR 1988, 563 (564); *Müller* NVersZ 2000, 454 (455); *Schwintowski* in Berliner Kommentar VVG § 159 Rn. 6; *Winter* in Bruck/Möller VVG § 150 Rn. 54 ff., 124
Normzweck	→ Rn. 1 ff.	BGH NJW 2018, 3025 (3027); VersR 1997, 1213 (1214); 1999, 347 (348) mAnm *Wandt*; 2019, 1479 (1480); 2020, 1097; BGHZ 32, 44 (49); OGH VersR 1986, 928	*Müller* NVersZ 2000, 454; *Schwintowski* in Berliner Kommentar VVG § 159 Rn. 2; *Winter* in Bruck/Möller VVG § 150 Rn. 30
Stellvertretung	→ Rn. 30 ff.	BGH NJW 1998, 1482; VersR 2019, 1479 (1481); BGHZ 140, 167; 125, 219; LG Köln VersR 1957, 242; OLG Hamburg VersR 1957, 106 (107); OLG Hamm VersR 1986, 82; OLG Frankfurt a. M. VersR 1997, 478; OGH r+s 2014, 361	*Brömmelmeyer* in Beckmann/Matusche-Beckmann VersR-HdB § 42 Rn. 50; *Drews* VersR 1987, 634 (642); *Grote* in Langheid/Rixecker VVG § 150 Rn. 14; *Müller* NVersZ 2000, 454 (456); *Ortmann* in Schwintowski/Brömmelmeyer/Ebers VVG § 150 Rn. 26 mwN; *Schneider* in Prölss/Martin VVG § 150 Rn. 12; *Schwintowski* in Berliner Kommentar VVG § 159 Rn. 11, 15; *Winter* in Bruck/Möller VVG § 150 Rn. 42 f., 45, 50
Vertragsänderung	→ Rn. 15 f.	BGH NJW 2018, 3025 (3027) mAnm *Schreier*; VersR 2019, 1479 (1480); OLG Hamm VersR 2003, 446 (448); OLG Köln VersR 1992, 1337	*Grote* in Langheid/Rixecker VVG § 150 Rn. 5; *Hülsmann* NVersZ 1999, 550 (552); *Müller* NVersZ 2000, 454 (458); *Ortmann* in Schwintowski/Brömmelmeyer/Ebers VVG § 150 Rn. 17; *Schneider* in Prölss/Martin VVG § 150 Rn. 15; *Winter* in Bruck/Möller VVG § 150 Rn. 83

Stichwort	Rn.	Rspr.	Lit.
zwingender Charakter	→ Rn. 46	BGH VersR 1999, 347 (350 f.); OLG Hamburg VersR 1966, 680 (681)	*Brambach* in HK-VVG VVG § 150 Rn. 35; *Drews* VersR 1997, 634; *Gruber* NVersZ 2001, 442 (447); *Schneider* in Prölss/Martin VVG § 150 Rn. 19; *Winter* in Bruck/Möller VVG § 150 Rn. 50;
§ 159 VVG a.F.	→ Rn. 1	–	s. die Kommentare zu § 159 VVG a.F.

Schrifttum: *Bayer*, Lebensversicherung, Minderjährigenschutz und Bereicherungsausgleich, VersR 1991, 129; *Drews*, Die Zustimmung des Versicherten in der Lebensversicherung, VersR 1987, 634; *Gruber*, International zwingende „Eingriffsnormen" im VVG, NVersZ 2001, 442; *Hasse*, Zur Lebensversicherung für fremde Rechnung, VersR 2010, 837; *Hasse*, Zweitmarkt für Lebensversicherungen und „versichertes Interesse", VersR 2011, 156; *Herdter*, Der Gruppenversicherungsvertrag, 2010; *Hilbert*, Versicherungsverträge und Vormundschaftsgericht, VersR 1986, 948; *Hülsmann*, Fremdlebensversicherung: Interesse des Versicherungsnehmers am Nichteintritt des Versicherungsfalls als Wirksamkeitserfordernis?, VersR 1995, 501; *Hülsmann*, Zum Einwilligungserfordernis nach § 159 Abs. 2 S. 1 VVG in der Gruppenlebensversicherung, VersR 1997, 1467; *Hülsmann*, Zum Einwilligungserfordernis nach § 159 VVG im Lichte der Rechtsprechung, NVersZ 1999, 550; *Müller*, Die Einwilligung des Versicherten zum Lebensversicherungsvertrag, NVersZ 2000, 454; *Winter*, Erfordernis vormundschaftlicher Genehmigung bei Lebensversicherungsverträgen Minderjähriger?, ZVersWiss 1977, 145.

A. Normzweck

I. Allgemeines

§ 150 übernimmt mit nur geringfügigen Änderungen die Regelung des § 159 VVG a.F. Die **1** Vorschrift bedient einerseits praktische Bedürfnisse, indem sie die Versicherungsnahme auf fremdes Leben zulässt (Abs. 1), und schützt umgekehrt die versicherte Person (Gefahrperson) vor möglichen Fehlanreizen einer auf ihren Todesfall genommenen Lebensversicherung durch ein im Einzelnen ausformuliertes Zustimmungserfordernis (Abs. 2–4).

II. Praktisches Bedürfnis nach Fremdlebensversicherungen

In ihrem Abs. 1 stellt die Vorschrift außer Streit, dass eine Lebensversicherung sowohl auf **2** eigenes als auch auf fremdes Leben genommen werden kann. Hierfür besteht mannigfaltiger Bedarf. Eltern nehmen teils Versicherungen auf das Leben ihrer Kinder, um einen Finanzierungsbedarf, z.B. bei Erreichung bestimmter Altersgrenzen oder Lebenssituationen wie Eheschließung oder Studium, durch die Versicherungssumme – freilich wegen des Summenversicherungscharakters der Lebensversicherung: abstrakt – zu decken.[1] Weil hier das Erleben der Kinder versichert ist und die Versicherungssumme ihnen zugutekommt, sind in diesen Fällen keine negativen Auswirkungen der Lebensversicherungsnahme zu befürchten. Versicherungsnahme auf fremdes Leben erfolgt jedoch insbes. auch für den Todesfall der versicherten Person. Bereits die Motive zu § 159 VVG a.F. hoben hier drei Fallkonstellationen hervor: Zum einen den Fall, in dem ein Ehegatte eine Versicherung auf das Leben des Partners nimmt. Zum anderen die Fälle, in denen ein Gesellschafter die Versicherung auf das Leben eines Mitgesellschafters oder ein Gläubiger die Versicherung auf das Leben eines Schuldners nimmt.[2] Bedeutsam ist außerdem der Fall, in dem ein Arbeitgeber die Versicherung auf das Leben eines Mitarbeiters nimmt. Dabei können durchaus auch Situationen vorliegen, in denen die versicherte Person ein persönliches Interesse an der Versicherungsnahme auf ihr Leben hat. So etwa, wenn ein Vater eine Versicherung auf das Leben seines Sohnes nimmt und daher für die Prämien aufkommt, die Versicherungssumme aber im Fall des Ablebens des Sohnes der Ehegattin bzw. den Kindern des Sohnes zugutekommt, an deren Versorgung der Sohn ein persönliches Interesse hat.

III. Schutz der versicherten Person durch das Einwilligungserfordernis

Da der Abschluss einer Fremdlebensversicherung kein Interesse des Versicherungsnehmers **3** am Leben der versicherten Person voraussetzt und auch die Versicherungssumme nicht notwendig der versicherten Person bzw. ihren Angehörigen zukommen muss, birgt eine Todesfallversicherung strukturell den Fehlanreiz, die Zahlung der Versicherungssumme durch einen unerkannt

---
[1] Motive zum VVG S. 216 (zu § 159 VVG a.F.).
[2] Motive zum VVG S. 216.

gebliebenen Mord an der versicherten Person auszulösen. § 150 Abs. 2–4 wollen daher diese Fehlanreize in rechte Bahnen lenken, indem sie die Versicherungsnahme auf fremdes Leben, die (auch) für den Todesfall genommen wird, an die Zustimmung der versicherten Person koppeln und damit eine Versicherungsnahme „hinter dem Rücken" der versicherten Person verhindern.[3] Ausweislich der Motive zu § 159 VVG a.F. dient das Einwilligungserfordernis dem Schutz der versicherten Person gegen das Entstehen wirtschaftlicher Anreize zu ihrer Ermordung.[4] Die Rspr. spricht bisweilen etwas neutraler von der Verhinderung jeglicher Spekulation mit dem Leben anderer.[5] Freilich steht die Einwilligungserfordernis hier nicht allein: Demselben Zweck dienen auch § 162 (Tötung der versicherten Person durch den Leistungsberechtigten) sowie die strafrechtlichen Vorschriften zum Schutz des Lebens.[6]

4 Damit wird in terminologischer Hinsicht deutlich, dass der Begriff der „versicherten Person" zu Unrecht eine Begünstigung durch den Versicherungsschutz andeutet. In Wirklichkeit führt die Stellung als versicherte Person zu keinerlei Begünstigung, sondern bringt ausschließlich eine Gefährdung mit sich. Dies betrifft jedenfalls die Todesfallversicherung, weil durch die Aussicht des Bezugsberechtigten auf die Versicherungssumme der Anreiz zur Herbeiführung des Versicherungsfalles (also zur Ermordung der versicherten Person) steigt. Häufig wird daher, sprachlich wohl auch passender, nicht von der versicherten Person, sondern von der „Gefahrperson" gesprochen.[7]

4a § 150 Abs. 2 S. 1 dient somit ausschließlich dem Schutz der versicherten Person.[8] Nicht im Schutzbereich der Norm steht dagegen der Bezugsberechtigte. Daher trifft den Versicherer diesem gegenüber auch keine Aufklärungspflicht über das Einwilligungserfordernis.[9]

IV. Durchbrechungen des Schutzes der versicherten Person

5 Der Schutz der versicherten Person durch das Einwilligungserfordernis wird in § 150 nicht bedingungslos durchgezogen, sondern in Situationen, in denen der Gesetzgeber die versicherte Person für nicht (hinreichend) schutzbedürftig hält, wieder zurückgenommen. Dabei wägt der Gesetzgeber das Schutzinteresse der Gefahrperson mit praktischen Bedürfnissen ab. In drei Fällen bedarf es folglich keiner Einwilligung der versicherten Person: (1) wenn die vereinbarte Versicherungsleistung den Betrag der gewöhnlichen Beerdigungskosten nicht übersteigt;[10] (2) wenn die Versicherungsleistung zwar den Betrag der gewöhnlichen Beerdigungskosten übersteigt, die Versicherung aber von einem Elternteil auf das Leben eines noch minderjährigen Kindes genommen und die im Vertrag versprochene Todesfallleistung nicht vor der Vollendung des 7. Lebensjahres des Kindes geschuldet wird; (3) wenn es sich um eine Lebensversicherung im Bereich der betrieblichen Altersvorsorge handelt. Diese Ausnahme war ursprünglich auf Gruppenlebensversicherungen beschränkt. In diesem Bereich hatte es sich in der Praxis als schwierig herausgestellt, von allen versicherten Personen eine wirksame Einwilligung einzuholen.[11] Zugleich erschienen hier Missbräuche als ausgeschlossen.[12] Mit dem Betriebsrentenstärkungsgesetz 2017 wurde die Ausnahme mit Wirkung seit 1.1.2018 auf alle Lebensversicherungen im Bereich der betrieblichen Altersvorsorge erweitert.[13] Zu diesen drei in § 150 vom Einwilligungserfordernis ausgenommenen Fällen gesellen sich noch die bei Pensionskassen iSv § 233 Abs. 1 und 2 VAG genommenen Versicherungen, die nach § 211 Abs. 2 Nr. 1 von der Regelung des § 150 Abs. 2–4 ausgenommen sind. Hingegen findet § 150 auf die Berufsunfähigkeitsversicherung uneingeschränkt Anwendung (§ 176).[14]

---

[3] Motive zum VVG S. 217.
[4] Motive zum VVG S. 217; BGH NJW 2018, 3025 (3027); VersR 1999, 347 (348) mAnm *Wandt*; 1997, 1213 (1214); BGHZ 32, 44 (49) = NJW 1960, 912; OLG Celle VersR 1995, 405 (406), samt Nichtannahmebeschluss des BGH; OGH VersR 1986, 928; 2011, 1079; r+s 2014, 361 = VersR 2013, 479; *Müller* NVersZ 2000, 454.
[5] Zum Bsp. BGH VersR 2019, 1479 (1480); NJW 2018, 3025 (3027); VersR 1999, 347 (348) mAnm *Wandt*; BGH VersR 1997, 1213 (1214); BGHZ 32, 44 (49).
[6] §§ 211 ff. StGB.
[7] *Winter* in Bruck/Möller VVG § 150 Rn. 30.
[8] BGH VersR 2019, 1479 (1482).
[9] BGH VersR 2019, 1479 (1482).
[10] § 150 Abs. 2 S. 1 Hs. 1.
[11] RegE Gesetz zur Reform des Versicherungsvertragsrechts BT-Drs. 16/3945, 95 mit Hinweis auf den durch das frühere Einwilligungserfordernis entstandenen Verwaltungsaufwand.
[12] Auch hierzu RegE Gesetz zur Reform des Versicherungsvertragsrechts BT-Drs. 16/3945, 95.
[13] S. Art. 15 Betriebsrentenstärkungsgesetz v. 17.8.2017 (BGBl. I S. 3214).
[14] Vgl. RegE Gesetz zur Reform des Versicherungsvertragsrechts BT-Drs. 16/3945, 94; Beispiel in BGH VersR 2020, 1097.

V. Einwilligung bei geschäftsunfähigen, beschränkt geschäftsfähigen und betreuten versicherten Personen

Ist die versicherte Person geschäftsunfähig, beschränkt geschäftsfähig oder steht sie unter Betreuung, so ist die Einwilligung vom gesetzlichen Vertreter bzw. vom Betreuer zu erteilen. Dies ergibt sich schon aus den einschlägigen Vorschriften des BGB. § 150 Abs. 2 S. 2 regelt jedoch den Sonderfall, in dem der gesetzliche Vertreter bzw. Betreuer zugleich der Versicherungsnehmer ist. Um das Entstehen von Fehlanreizen zu verhindern, wird der Versicherungsnehmer in dieser Situation von der Vertretung der versicherten Person ausgeschlossen. Der Gesetzgeber hat diese spezielle Vorschrift geschaffen, weil das Ergebnis gem. den allgemeinen Vorschriften der §§ 105 ff. BGB seiner Ansicht nach ungewiss sei.[15]

B. Versicherung auf fremdes Leben (Abs. 1)

I. Zulässigkeit

§ 150 Abs. 1 lässt die Versicherung auf fremdes Leben ausdrücklich zu.[16] Selbst eine Versicherungsnahme auf das Leben eines nasciturus wird als zulässig angesehen.[17] Dies gilt für jede Form der Lebensversicherung, also für die Todesfallversicherung ebenso wie für die reine Erlebensversicherung und auch die kapitalbildende Lebensversicherung.

Die Zulässigkeit der Versicherungsnahme auf fremdes Leben setzt – anders als etwa nach englischem Recht[18] – kein versicherbares (rechtliches oder wirtschaftliches) Interesse des Versicherungsnehmers (oder des Bezugsberechtigten) am Leben der versicherten Person und daher auch nicht den Nachweis eines solchen Interesses voraus.[19] Eine besondere „schützenswerte Beziehung" zwischen Versicherungsnehmer und Gefahrperson fordert die Rspr. somit nicht.[20] Gegenteilige Ansichten, die auf die Abgrenzung des wirtschaftlich seriösen Lebensversicherungsvertrags von Spiel und Wette (§§ 762, 764 BGB) abstellten,[21] hat die Rspr. unter Verweis auf den abschließenden Charakter der Regelung des § 150 Abs. 1 (bzw. § 159 Abs. 1 VVG a.F.) verworfen.[22]

II. Rechtsstellung der Beteiligten bei der Versicherung auf fremdes Leben

Aus § 150 Abs. 1 folgt unmittelbar, dass in der Lebensversicherung strikt zwischen der Person des Versicherungsnehmers und der versicherten Person zu unterscheiden ist. Versicherungsnehmer ist, wer als Vertragspartner des Versicherers die Lebensversicherung nimmt.[23] Der Versicherungsnehmer ist daher alleiniger Prämienschuldner.[24] Ihm kommen grds. auch alle Verfügungs- und Gestaltungsrechte aus dem Versicherungsvertrag zu. Die versicherte Person i.S.d. § 150 ist demgegenüber der Risikoträger („Gefahrperson"),[25] weil die Versicherung auf ihr Leben genommen ist. Sowohl der Versicherungsnehmer als auch die Gefahrperson können, müssen aber nicht, zugleich Bezugsberechtigter sein. Bezugsberechtigt ist nach § 159 diejenige Person, der im Versicherungsfall die Versicherungsleistung zukommt. Der Bezugsberechtigte wird vom Versicherungsnehmer grds. frei bestimmt. Versicherungsnehmer, versicherte Person (Gefahrperson) und Bezugsberechtigter können also im Einzelfall auch drei verschiedene Personen sein.

---

[15] Motive zum VVG S. 217; *Winter* in Bruck/Möller VVG § 150 Rn. 47 ff.
[16] *Müller* NVersZ 2000, 454 (455).
[17] *Schwintowski* in Berliner Kommentar VVG § 159 Rn. 4.
[18] Zum Erfordernis eines „insurable interest in life" im englischen Recht *Clarke*, The Law of Insurance Contracts, 6th edition 2009, no. 3–1 ff.
[19] Deutlich etwa *Schwintowski* in Berliner Kommentar VVG § 159 Rn. 1 „Renditeoptimierung" durch Versicherungsnahme auf fremdes Leben; *Schneider* in Prölss/Martin VVG § 150 Rn. 4; *Grote* in Langheid/Rixecker VVG § 150 Rn. 1; *Brömmelmeyer* in Beckmann/Matusche-Beckmann VersR-HdB § 42 Rn. 41; *Müller* NVersZ 2000, 454 (455); a.A. *Hasse* VersR 2010, 837; sowie, insbes. mit Blick auf den Zweitmarkt für Lebensversicherungen, *Hasse* VersR 2011, 156.
[20] Anders *Winter* in Bruck/Möller VVG § 150 Rn. 9; auch *Winter* fordert aber nicht das Vorliegen eines versicherbaren Interesses, sondern will Wettversicherungen durch eine Kontrolle nach §§ 762, 138, 134 BGB verhindern.
[21] Aus der jüngeren Lit. mwN *Hülsmann* VersR 1995, 501.
[22] OLG Celle VersR 1995, 405, samt Nichtannahmebeschluss des BGH; BGH VersR 1997, 1213 (1214); *Grote* in Langheid/Rixecker VVG § 150 Rn. 1; *Schneider* in Prölss/Martin VVG § 150 Rn. 4.
[23] Zur Rechtsnachfolge in die Versicherungsnehmereigenschaft bei dessen Tod *Mohr* VersR 1966, 702.
[24] Vgl. § 1 S. 2.
[25] *Winter* in Bruck/Möller VVG § 150 Rn. 30.

10 Je nachdem, wem die Versicherungssumme im Versicherungsfall zukommt, handelt es sich bei der Fremdlebensversicherung um eine Versicherung auf eigene Rechnung (des Versicherungsnehmers) oder auf fremde Rechnung (des Bezugsberechtigten) i.S.d. §§ 43 ff.[26] Dies versucht die Begründung zum RegE hervorzuheben, erliegt aber der Fehlformulierung, die Versicherung auf eigenes Leben sei als Versicherung auf eigene Rechnung, die Versicherung auf fremdes Leben hingegen als Versicherung auf fremde Rechnung anzusehen.[27] Demgegenüber können beide Formen der Lebensversicherung auf eigene Rechnung des Versicherungsnehmers oder auf fremde Rechnung des Bezugsberechtigten genommen werden.[28] In jedem Fall stellen § 150 (versicherte Person) sowie §§ 159, 160 (Bezugsberechtigter) Sonderregelungen dar, die den §§ 43 ff. vorgehen.[29]

C. Einwilligungserfordernis (Abs. 2, 3)

I. Voraussetzungen

11 Das Einwilligungserfordernis greift bei Vorliegen dreier von § 150 Abs. 2 S. 1 Hs. 1 aufgestellter Tatbestandsvoraussetzungen. Selbstredend muss die Versicherung auf fremdes Leben genommen sein. Versicherungsnehmer und versicherte Person müssen also verschiedene Personen sein. Liegt diese Voraussetzung vor, so besteht das Einwilligungserfordernis grds. auch dann, wenn die Lebensversicherung auf verbundene Leben[30] oder in Form der Kollektivversicherung (Gruppenversicherung)[31] geschlossen wird.[32]

12 Der BGH hat das Einwilligungserfordernis auch auf Sonderfälle der Versicherung **eigenen Lebens** erstreckt, in denen er ein Schutzbedürfnis der versicherten Person als gegeben ansah, das jenem bei der Fremdlebensversicherung gleichkommt.[33] In einem Fall hatte der Ehegatte der Versicherungsnehmerin, die auch die Gefahrperson war, den Vertrag als Stellvertreter geschlossen und sich selbst als Bezugsberechtigten benannt. Der BGH hat für diesen Fall die von der Versicherungsnehmerin erteilte Vollmacht dem Schriftformerfordernis des § 150 Abs. 2 unterworfen.[34] Ähnlich liegt der Fall, wenn der Versicherungsnehmer das Antragsformular blanko unterschreibt, iÜ aber nicht mehr unmittelbar an Vertragsschluss beteiligt ist. Zumal er nach Unterschrift auf einem Blankoformular faktisch keine Möglichkeit hat, die aus der Versicherung für ihn resultierende Gefahr einzuschätzen und zu beherrschen, wendet die Rspr. auch hier § 150 auf den Versicherungsnehmer selbst an.[35]

13 Als zweite Voraussetzung fordert § 150 Abs. 2 S. 1 Hs. 1, dass die Versicherung „für den Fall des Todes" genommen wird, dass also der Versicherer Leistungen für den Fall des Todes der Gefahrperson verspricht. Dies ist auch dann der Fall, wenn die Todesfallleistung in einer Beitragsrückgewähr besteht.[36] Umfasst sind damit die reine Todesfallversicherung ebenso wie gemischte Versicherungen, bei denen jedenfalls eine Leistungskomponente eine Todesfallleistung darstellt.[37] Umfasst sind auch Rentenversicherungen, die für den Todesfall eine Beitragsrückgewähr vorsehen.[38] Eine reine Erle-

---

[26] Vgl. (noch nach altem Recht, aber mit Bezugnahme auf das geltende VVG) zB BGH VersR 2020, 1097 (1098) mwN.
[27] RegE Gesetz zur Reform des Versicherungsvertragsrechts BT-Drs. 16/3945, 94.
[28] Zu Recht krit. gegenüber der Formulierung in der Gesetzesbegründung *Brömmelmeyer* in Beckmann/Matusche-Beckmann VersR-HdB § 42 Rn. 39; zutr. auch die Gesetzesbegründung an anderer Stelle s. RegE Gesetz zur Reform des Versicherungsvertragsrechts BT-Drs. 16/3945, 73.
[29] RegE Gesetz zur Reform des Versicherungsvertragsrechts BT-Drs. 16/3945, 73.
[30] OLG Köln VersR 1992, 1337, in welchem allerdings *in concreto* keine Versicherung auf verbundene Leben angenommen wurde.
[31] BGH VersR 1953, 249 (250); 1997, 1213 (1214); *Hülsmann* VersR 1997, 1467; OLG Frankfurt a. M. VersR 1997, 478; *Schwintowski* in Berliner Kommentar VVG § 159 Rn. 13; *Schneider* in Prölss/Martin VVG § 150 Rn. 5; *Drews* VersR 1987, 634.
[32] Zur Ausnahme der Lebensversicherung im Bereich der betrieblichen Altersversorgung sogleich → Rn. 17.
[33] Vgl. BGH VersR 2019, 1479 (1480) und die nachfolgend zitierte Rspr.
[34] BGH VersR 1989, 465 (466); bestätigend BGH VersR 2019, 1479 (1480); OGH r+s 2014, 361 = VersR 2013, 479.
[35] BGH VersR 1999, 347; bestätigend BGH VersR 2019, 1479 (1480); *Hülsmann* NVersZ 1999, 550.
[36] BGH VersR 1996, 357; *Brambach* in HK-VVG § 150 Rn. 5; *Schwintowski* in Berliner Kommentar VVG § 159 Rn. 3.
[37] OGH VersR 1986, 928.
[38] Zur Qualifikation als Todesfallleistung BGH NJW-RR 1996, 1047 = VersR 1996, 357; *Schneider* in Prölss/Martin VVG § 150 Rn. 3; a.A. *Winter* in Bruck/Möller VVG § 150 Rn. 21 ff. mit dem teleologischen Argument, der Versicherungsnehmer werde durch eine Prämienrückvergütung in keiner Weise bereichert. Allerdings erfolgt nach BGH NJW-RR 1996, 1047 = VersR 1996, 357 die Beitragsrückgewähr als Versicherungsleistung an den Bezugsberechtigten, der eine vom Versicherungsnehmer unterschiedliche Person sein und daher ein finanzielles Interesse am Tod der Gefahrperson haben kann.

bensversicherung unterliegt demgegenüber, auch wenn sie auf fremdes Leben genommen wird, keinem Einwilligungserfordernis.[39]

Als dritte und letzte Voraussetzung des Einwilligungserfordernisses bestimmt § 150 Abs. 2 S. 1 Hs. 1, dass die vereinbarte Leistung des Versicherers die gewöhnlichen Beerdigungskosten übersteigt. Ist dies nicht der Fall („Sterbegeldversicherung"[40]), so sieht der Gesetzgeber keine relevante Tötungsgefahr für die versicherte Person und fordert daher deren Einwilligung nicht. Die „gewöhnlichen Beerdigungskosten" werden auf der Ermächtigungsgrundlage des § 150 Abs. 4 von der Aufsichtsbehörde bestimmt und regelmäßig einer Anpassung unterzogen.[41] Das (ehemalige) BAV hat den Grenzwert zuletzt 2001 mit 8.000 EUR festgesetzt.[42] Dieser Grenzwert darf auch nicht durch Abschluss mehrerer Lebensversicherungen auf das Leben derselben Gefahrperson überschritten werden; dies mindestens dann nicht, wenn die Versicherungen von demselben Versicherungsnehmer geschlossen werden.[43] Die „vereinbarte Leistung" ist von der Versicherungssumme zu unterscheiden. Zu beachten sind grds. auch Überschussbeteiligungen.[44] Zumal Anfallen und Umfang dieser Beteiligungen ungewiss sind, sich also nur mit einer bestimmten Wahrscheinlichkeit prognostizieren lassen, und regelmäßig in nennenswertem Umfang erst nach längerer Vertragsdauer anfallen, will *Drews* diese nicht in die Bewertung nach § 150 Abs. 2 S. 1 Hs. 1 einfließen lassen.[45] Lediglich wenn bereits in den ersten drei Vertragsjahren Überschüsse in relevanter Höhe zugeteilt würden, wäre der Grenzwert überschritten.[46] M.E. übersieht diese Ansicht, dass es dem Einwilligungserfordernis um die Vermeidung von Fehlanreizen durch Versicherungsleistungen in relevanter Höhe geht. Derartige Fehlanreize werden aber nicht nur geschaffen, wenn die garantierte Versicherungsleistung den Grenzwert überschreitet, sondern schon dann, wenn die prognostizierte Leistung darüber liegt. Ob diese Leistung schon zu Vertragsbeginn oder aber erst nach einer bestimmten Laufzeit geschuldet ist, spielt mit Blick auf § 150 Abs. 2 S. 1 Hs. 2 keine Rolle, weil die Gefahrperson auch vor einem später entstehenden Fehlanreiz geschützt werden muss. M.E. sollte daher bei Lebensversicherungen mit Überschussbeteiligung auf die prognostizierte Versicherungsleistung abgestellt werden.

II. Vertragsänderungen, Zession und Verpfändung von Ansprüchen

§ 150 Abs. 2 S. 1 knüpft die „Wirksamkeit des Vertrags" an das Vorliegen einer Einwilligung. Die Vorschrift hat damit primär den Vertragsschluss im Auge.[47] Gefährdungen der versicherten Person ergeben sich aber nicht nur aus dem Vertragsschluss als solchem, sondern können sich auch durch nachträgliche Vertragsänderungen ergeben, die aus der Sicht der Gefahrperson erheblich sind.[48] Die Rechtsprechung erstreckt daher das Einwilligungserfordernis des § 150 Abs. 2 S. 1 analog auf derartige Vertragsänderungen, womit deren Wirksamkeit von der Einwilligung der versicherten Person abhängt.[49] Ein solcher Fall wird angenommen, wenn sich die Person des Bezugsberechtigten verändert oder aber wenn die Versicherungssumme erhöht wird.[50]

Keiner Einwilligung bedürfen dagegen Vertragsänderungen oder Verfügungen über die Versicherungsansprüche, welche die Gefahr nicht verändern oder nur verringern.[51] Dies soll insbes. der Fall sein, wenn der Vertrag gekündigt wird, weil dann eine Spekulation auf das Leben eines anderen ausgeschlossen ist.[52] Nach dem BGH gilt dasselbe, wenn nur die Person des Versicherungsnehmers

---

[39] *Winter* in Bruck/Möller VVG § 150 Rn. 15.
[40] *Winter* in Bruck/Möller VVG § 150 Rn. 56.
[41] *Drews* VersR 1987, 634 (635).
[42] VerBAV 2001, 133.
[43] *Schwintowski* in Berliner Kommentar VVG § 159 Rn. 19; aA *Schneider* in Prölss/Martin VVG § 150 Rn. 7.
[44] *Drews* VersR 1987, 634 (635).
[45] *Drews* VersR 1987, 634 (635 f.).
[46] *Drews* VersR 1987, 634 (636).
[47] Deutlich BGH NJW 2018, 3025 (3027) mAnm *Schreier*, wonach § 150 Abs. 2 S. 1 auf spätere Vertragsänderungen nicht unmittelbar anwendbar sei. Die Vorschrift erfasse aufgrund ihres eindeutigen Wortlauts nur den Abschluss des Vertrags; ähnlich BGH VersR 2019, 1479 (1480).
[48] OLG Hamm VersR 2003, 446 (448).
[49] BGH VersR 2019, 1479 (1480); NJW 2018, 3025 (3027) mAnm *Schreier*; OLG Hamm VersR 2003, 446 (448); *Müller* NVersZ 2000, 454 (458).
[50] BGH NJW 2018, 3025 (3027) mAnm *Schreier*; VersR 2019, 1479 (1480) zum Wechsel des Bezugsberechtigten; vgl. OLG Hamm VersR 2003, 446 (448); *Ortmann* in Schwintowski/Brömmelmeyer/Ebers VVG § 150 Rn. 17; für ein Zustimmungserfordernis nach § 150 Abs. 2 S. 1 bei Wechsel des Bezugsberechtigten *Müller* NVersZ 2000, 454 (458).
[51] So auch BGH NJW 2018, 3025 (3027 mwN) mAnm *Schreier*.
[52] BGH NJW 2018, 3025 (3028) mAnm *Schreier*; OLG Köln VersR 1992, 1337; *Schneider* in Prölss/Martin VVG § 150 Rn. 15.

wechselt, weil daraus allein das Risiko der versicherten Person nicht steigt.[53] Eine Spekulation auf den Tod der versicherten Person könne nur bei einem Wechsel des Bezugsrechts stattfinden, nicht aber bei einem isolierten Wechsel nur des Versicherungsnehmers.[54] Das OLG Köln zählt auch den Fall der Abtretung oder Verpfändung der Police hierher.[55] Dies ist durchaus zweifelhaft. Immerhin wechselt mit der Abtretung bzw. Verpfändung der Träger des Interesses am Tod der versicherten Person. Insofern ist nicht ersichtlich, wieso die Zustimmung „nach dem Schutzzweck der Bestimmung ... nicht nötig"[56] sein soll.[57]

III. Ausnahmen

17 § 150 Abs. 2 S. 1 Hs. 2 statuiert für Lebensversicherungen[58] im Bereich der betrieblichen Altersversorgung eine Ausnahme vom Einwilligungserfordernis. Dieselbe Ausnahme kennt § 211 Abs. 2 Nr. 1 für regulierte Pensionskassen. Der Gesetzgeber hat diese Ausnahme geschaffen, weil Lebensversicherungen im Bereich der betrieblichen Altersversorgung keine relevanten Gefährdungen für die Gefahrperson mit sich bringen und die häufig vorliegende Vielzahl der versicherten Personen die Beibringung von schriftlichen Einwilligungserklärungen sehr erschwert.[59] Damit kommt der Gesetzgeber einem praktisch äußerst drängenden Bedürfnis entgegen.[60] Dies gilt selbst dann, wenn die versicherte Person einen unmittelbaren Anspruch auf die Versicherungsleistung hat.[61]

18 Eine weitere Ausnahme kennt § 150 Abs. 3. Sie setzt voraus, dass die Versicherung von einem (ungeachtet welchem) Elternteil[62] auf das Leben eines minderjährigen, also das 18. Lebensjahr noch nicht vollendet habenden[63] Kindes genommen wird. Allerdings darf die vereinbarte Versicherungsleistung für den Fall des Todes des Kindes vor Vollendung des 7. Lebensjahres nicht höher sein als die gewöhnlichen Beerdigungskosten.[64] Eine höhere Todesfallleistung ab Vollendung des 7. Lebensjahres ist demgegenüber auch ohne Einwilligung des Kindes möglich. Der Grund für diese abgestufte Regelung besteht in der Ansicht des Gesetzgebers, dass mit Missbräuchen zulasten der Kinder nur gerechnet werden muss, wenn diese über eine „frühe Altersstufe" noch nicht hinausgelangt sind.[65] Zugleich hebt der Gesetzgeber auch den übertrieben erscheinenden Aufwand hervor, der mit einem Einwilligungserfordernis in solchen Fällen verbunden wäre.[66] Als Eltern sind im Regelfall die leiblichen Eltern anzusehen, bei adoptierten Kindern die Adoptiveltern.[67] Stiefeltern, Großeltern und Vormünder scheiden damit aus.[68] Ob den leiblichen Eltern auch das Sorgerecht zukommt, soll für § 150 keine Rolle spielen (str.).[69] Nicht erforderlich ist die Zustimmung der versicherten Person z.B. bei einer gemischten Versicherung sowohl auf den Erlebens- als auch auf den Todesfall, bei der die für den Todesfall vorgesehene Leistung auf eine Rückgewähr der Beiträge beschränkt ist, die zum 7. Geburtstag der versicherten Person den von der BaFin festgelegten Betrag der gewöhnlichen Beerdigungskosten von 8.000 EUR nicht erreicht.[70]

IV. Einwilligung

19 **1. Einseitige empfangsbedürftige Willenserklärung.** Die von § 150 Abs. 2 S. 1 geforderte Einwilligung der versicherten Person stellt eine einseitige, empfangsbedürftige Willenserklärung dar.

---

[53] BGH NJW 2018, 3025 (3028) mAnm *Schreier*.
[54] BGH NJW 2018, 3025 (3028) mAnm *Schreier*.
[55] OLG Köln VersR 1992, 1337; *Hülsmann* NVersZ 1999, 550 (552); *Grote* in Langheid/Rixecker VVG § 150 Rn. 5.
[56] *Hülsmann* NVersZ 1999, 550 (552); *Grote* in Langheid/Rixecker VVG § 150 Rn. 5; *Schneider* in Prölss/Martin VVG § 150 Rn. 15; iErg ebenso *Winter* in Bruck/Möller VVG § 150 Rn. 83.
[57] Dem folgend *Schreier* in seiner Urteilsanmerkung zu BGH NJW 2018, 3025 (3029).
[58] Der Begriff wird vom Gesetzgeber als Synonym zum Begriff der Gruppenversicherung gebraucht; vgl. RegE Gesetz zur Reform des Versicherungsvertragsrechts BT-Drs. 16/3945, 95.
[59] RegE Gesetz zur Reform des Versicherungsvertragsrechts BT-Drs. 16/3945, 95.
[60] Zur Diskussion des Problems nach altem Recht und mit Blick auf sog. Rückdeckungsversicherungen, *Hülsmann* VersR 1997, 1467; sowie *Drews* VersR 1987, 634 (636 ff.), beide m.w.N.
[61] Deutlich z.B. *Schneider* in Prölss/Martin VVG § 150 Rn. 5; ebenso iErg *Winter* in Bruck/Möller VVG § 150 Rn. 61.
[62] Dieser muss die Versicherung im eigenen Namen nehmen; *Winter* in Bruck/Möller VVG § 150 Rn. 59.
[63] § 2 BGB.
[64] OLG Zweibrücken NJW-RR 2011, 803.
[65] Motive zum VVG S. 217; krit. zu diesem Ansatz *Schwintowski* in Berliner Kommentar VVG § 159 Rn. 16.
[66] Motive zum VVG S. 217.
[67] *Schwintowski* in Berliner Kommentar VVG § 159 Rn. 17.
[68] *Schwintowski* in Berliner Kommentar VVG § 159 Rn. 17.
[69] *Schwintowski* in Berliner Kommentar VVG § 159 Rn. 17; dagegen *Winter* in Bruck/Möller VVG § 150 Rn. 59.
[70] OLG Zweibrücken NJW-RR 2011, 803.

Dabei reicht es aus, wenn die Erklärung einer der beiden Vertragsparteien, dem Versicherer oder dem Versicherungsnehmer, zugeht.[71] Häufig wird die Einwilligung erteilt, indem die Gefahrperson den Antrag mit unterzeichnet,[72] was ausreicht, wenn der Antrag bereits ausgefüllt ist.[73]

Die Einwilligung ist bis zum Vertragsschluss formlos widerrufbar (vgl. § 183 BGB).[74] Danach kann sie, wie jede Willenserklärung, bei Vorliegen der entsprechenden Voraussetzungen angefochten werden.[75]

2. Vorvertragliche Erklärung. Nach der Rspr. kann die Einwilligung durch die versicherte Person nur vor Vertragsschluss erklärt werden.[76] Eine spätere Genehmigung des Lebensversicherungsvertrages durch die Gefahrperson ist somit nicht möglich.[77] Die Rspr. leitet dies aus der von § 150 Abs. 2 S. 1 gebrauchten Begrifflichkeit der „Einwilligung" ab, welche in § 183 S. 1 BGB als vorherige Zustimmung definiert ist. Zwar hebt das OLG Hamburg[78] zutr. hervor, dass das BGB selbst die terminologische Trennung zwischen Einwilligung (vorherige Zustimmung) und Genehmigung (nachträgliche Zustimmung) nicht strikt durchhält, doch bleibt es bei der Meinung, dass VVG habe den Begriff im technischen Sinne des § 183 S. 1 BGB verwendet. Tatsächlich verweisen die Motive zu § 159 VVG a.F. ausdrücklich auf § 183 BGB.[79]

Diese in der Rspr. strikt vertretene Ansicht induziert freilich Hilfskonstruktionen, durch die eine nachträgliche Zustimmung zu einer Einwilligung vor Vertragsschluss gemacht werden könnte. Zum einen erwägt *Schwintowski* die Möglichkeit, dem Erfordernis vorvertraglicher Zustimmung dadurch Genüge zu tun, dass Versicherer und Versicherungsnehmer den Vertrag unter der aufschiebenden Bedingung der Einwilligung schließen.[80] Neben einem solchen Vertragsschluss unter aufschiebender Bedingung[81] erwägt das OLG Hamburg außerdem, dass der Lebensversicherungsvertrag nach erklärter Einwilligung durch die Gefahrperson im Wege der Prämienzahlung seitens des Versicherungsnehmers und Prämienannahme seitens des Versicherers nach § 141 BGB genehmigt werden könnte.[82] Zwar verneint das OLG Hamburg *in concreto* das Vorliegen derartiger Tatbestände, insbes. weil den Parteien die Unwirksamkeit des Lebensversicherungsvertrages nicht bekannt war, doch hält es solche Konstruktionen immerhin für möglich. Dann freilich erschiene es methodenehrlich, den Wortlaut des § 150 Abs. 2 S. 1 („Einwilligung") aufgrund teleologischer Erwägungen extensiv zu interpretieren und auch eine nachträgliche Zustimmung ausreichen zu lassen. Ziel des Zustimmungserfordernisses ist es nämlich, dem Risikoträger die Hoheit einzuräumen, „Spekulationen" auf sein Leben zu genehmigen oder zu versagen. Es ist nicht ersichtlich, wieso eine nachträgliche Zustimmung zum Vertrag diesen Schutzzweck schlechter bedient als eine vorangehende Einwilligung. Überdies fordert die Rspr. zu Recht für die Wirksamkeit der Einwilligungserklärung Kenntnis der versicherten Person von den für die Bewertung ihrer Gefährdung durch den Lebensversicherungsvertrag wesentlichen Tatsachen (insbes. die Versicherungssumme und die Regelung der Bezugsberechtigung).[84] Dies ist rein tatsächlich erst unmittelbar vor Vertragsschluss, also wenn die entsprechenden Vertragsinhalte im Wesentlichen ausverhandelt sind, denkbar. In diesem Zeitpunkt können aber stets Zweifel entstehen, ob die Einwilligung der versicherten Person vor dem Vertragsschluss abgegeben wurde. So etwa, wenn der Versicherer den Antrag zu schnell policiert, wenn schon vor Policierung zwischen Versicherungsnehmer und Versicherer ein konkludenter oder mündlicher Vertragsschluss erfolgt ist oder aber, wenn der Versicherer einen vorläufigen Versicherungsschutz gewährt. Eine zu enge Auslegung der Begrifflichkeit der „Einwilligung" wäre hier unangemessen. Wenn Rspr. und Lehre darüber hinaus durch das Erfordernis einer vorangehenden Einwilligung verhin-

---

[71] Zum Bsp. *Drews* VersR 1987, 634 (641); *Winter* in Bruck/Möller VVG § 150 Rn. 34.
[72] *Winter* in Bruck/Möller VVG § 150 Rn. 34.
[73] *Brambach* in HK-VVG VVG § 150 Rn. 13; zur unwirksamen „blanko"-Unterzeichnung → Rn. 23.
[74] *Winter* in Bruck/Möller VVG § 150 Rn. 37, ohne Ausführungen zur Form; *Müller* NVersZ 2000, 454 (457); *Drews* VersR 1987, 634 (641).
[75] *Winter* in Bruck/Möller VVG § 150 Rn. 37; *Drews* VersR 1987, 634 (641).
[76] BGH VersR 1999, 347 (349) mAnm *Wandt*; OLG Frankfurt a. M. VersR 1997, 478; OLG Hamburg VersR 1966, 680 (681).
[77] *Schneider* in Prölss/Martin VVG § 150 Rn. 10; *Drews* VersR 1987, 634 (641); *Hülsmann* NVersZ 1999, 550 (552).
[78] OLG Hamburg VersR 1966, 680 (681).
[79] Motive zum VVG S. 217, wo nicht nur auf § 183 BGB Bezug genommen, sondern auch das Erfordernis der vorvertraglichen Zustimmung erwähnt wird; hierauf bezieht sich insbes. BGH VersR 1999, 347 (349) mAnm *Wandt*; *Brömmelmeyer* in Beckmann/Matusche-Beckmann VersR.-HdB § 42 Rn. 47.
[80] *Schwintowski* in Berliner Kommentar VVG § 159 Rn. 7; dagegen *Schneider* in Prölss/Martin VVG § 150 Rn. 10; *Müller* NVersZ 2000, 454 (457).
[81] OLG Hamburg VersR 1966, 680 (681).
[82] OLG Hamburg VersR 1966, 680 (681).
[83] *Grote* in Langheid/Rixecker VVG § 150 Rn. 8.
[84] → Rn. 23.

dern wollen, dass die Erben nach dem Tod der Gefahrperson nachträglich dem Vertrag zustimmen,[85] so erfordert dieser Zweck nicht den Ausschluss jeglicher nachträglicher Genehmigung. Der Zweck des § 150 Abs. 2 S. 1 lässt nämlich eine derartige nachträgliche Genehmigung durch die Erben nicht zu.[86] Sie stehen zwangsläufig in einem Interessenkonflikt: sind sie selbst bezugsberechtigt, so würde ihre namens des verstorbenen Versicherten erklärte Genehmigung eine Umgehung des Schutzzwecks des § 150 Abs. 2 S. 1 darstellen.

23   **3. Gefahrakzeptanz.** Die Einwilligung der versicherten Person muss eine Gefahrakzeptanz verkörpern. Dies setzt nach der Rspr. voraus, dass die Gefahrperson alle Umstände kennt, die im Zusammenhang mit dem zu schließenden Lebensversicherungsvertrag eine Gefährdung darstellen können.[87] Die Gefahrperson soll sich also „der Gefährdung bewusst werden und das Risiko abwägen können, das sie mit der Einwilligung auf sich nimmt."[88] Aus diesem Grundsatz folgert der BGH, dass die Gefahrperson insbes. über die Höhe der **Versicherungssumme**, die Person des **Versicherungsnehmers** und des **Bezugsberechtigten** sowie die **Dauer** der Versicherung Bescheid wissen muss.[89] In der Lit. wird darüber hinausgehend gefordert, die Gefahrperson müsse den gesamten Inhalt der Versicherung kennen.[90] Diese Forderung ist in ihrer Absolutheit übertrieben, doch muss der Vertragsinhalt für die Gefahrperson mindestens zugänglich sein und müssen ggf. vorliegende Nebenvereinbarungen betr. die Bestimmung des Bezugsberechtigten offengelegt werden. Damit scheidet insbes. eine Blankounterschrift der Gefahrperson auf dem Antragsformular aus.[91] Vielmehr muss die Erklärung der versicherten Person die genannten Daten im Zeitpunkt der Unterzeichnung bereits enthalten.[92] Nur dann ist die von § 150 Abs. 2 S. 1 verfolgte Warn- und Kontrollfunktion des Einwilligungserfordernisses erfüllt.[93]

24   Die Kenntnis der Gefahrperson von den relevanten Tatsachen ist Voraussetzung für die Wirksamkeit der Einwilligung. Das bedeutet indessen nicht, dass das Zustimmungserfordernis insgesamt entfällt, wenn im Einzelfall keine Umstände ersichtlich sind, die eine Gefährdung der versicherten Person nahelegen. Ob sich die versicherte Person durch die Versicherungsnahme auf ihr Leben gefährdet sieht, liegt somit ausschließlich in ihrer Entscheidungshoheit.[94] Umgekehrt braucht bei Vorliegen einer wirksamen Einwilligung grds. nicht mehr geprüft zu werden, inwieweit im Einzelfall dennoch eine Gefährdung gegeben war.[95]

25   **4. Schriftform.** Die Einwilligung ist aus Gründen des Übereilungsschutzes[96] aber auch zum Zweck der Beweissicherung in Schriftform zu erklären. Nach § 126 Abs. 1 BGB erfordert dies die Verkörperung der Einwilligung in einer Urkunde und die eigenhändige Unterschrift der Gefahrperson.

26   Die Schriftform ist gem. § 126a BGB durch die elektronische Form ersetzbar, weil sich aus § 150 nichts Gegenteiliges ergibt.[97] Die noch zu § 159 VVG a.F. vertretene gegenteilige Ansicht[98] kann nicht mehr aufrechterhalten werden,[99] weil der Reformgesetzgeber in Kenntnis der Vorschrift des § 126 Abs. 3 BGB keinen Vorbehalt in § 150 Abs. 2 S. 1 aufgenommen hat.[100] Hervorzuheben gilt es allerdings, dass die elektronische Form nach § 126a BGB insbes. einer qualifizierten elektronischen Signatur im Sinne des Signaturgesetzes[101] bedarf. Bloße Textform nach § 127b BGB reicht dagegen nicht, weil diese – anders als die elektronische Form nach § 126a BGB – nach dem klaren Wortlaut des § 126 Abs. 3

---

[85] BGH VersR 1989, 465 (466); *Müller* NVersZ 2000, 454 (457).
[86] Für eine solche teleologische Reduktion auch *Brambach* in HK-VVG VVG § 150 Rn. 20.
[87] BGH VersR 1999, 347 (349) mAnm *Wandt*; OGH VersR 1986, 928.
[88] BGH VersR 1999, 347 (349) mAnm *Wandt*; OGH VersR 2011, 1079; r+s 2014, 361 = VersR 2013, 479.
[89] BGH VersR 1999, 347 (349) mAnm *Wandt*; *Müller* NVersZ 2000, 454 (455 f.), der aber einmal vom „gesamten Vertragsinhalt" spricht, dann nur mehr von den „wesentlichen Regelungspunkten".
[90] *Ortmann* in Schwintowski/Brömmelmeyer/Ebers VVG § 150 Rn. 10.
[91] Vgl. zB *Müller* NVersZ 2000, 454 (456).
[92] BGH VersR 1999, 347 (350) mAnm *Wandt*, der die missverständliche Formulierung des BGH zu Recht korrigiert.
[93] BGH VersR 1999, 347 (349).
[94] OLG Frankfurt a. M. VersR 1997, 478; *Ortmann* in Schwintowski/Brömmelmeyer/Ebers VVG § 150 Rn. 10.
[95] *Schneider* in Prölss/Martin VVG § 150 Rn. 4.
[96] *Müller* NVersZ 2000, 454 (456); *Winter* in Bruck/Möller VVG § 150 Rn. 33; OGH VersR 2011, 1079; r+s 2014, 361 = VersR 2013, 479.
[97] *Ortmann* in Schwintowski/Brömmelmeyer/Ebers VVG § 150 Rn. 10.
[98] *Römer* in Langheid/Rixecker, 2. Aufl. 2003, VVG § 159 Rn. 15 aE.
[99] A.A. *Schneider* in Prölss/Martin VVG § 150 Rn. 9; *Grote* in Langheid/Rixecker VVG § 150 Rn. 10.
[100] *Patzer* in Looschelders/Pohlmann VVG § 150 Rn. 7; unzutr. dagegen *Winter* in Bruck/Möller VVG § 150 Rn. 33, der § 126 Abs. 3 BGB einen Ausschluss der elektronischen Form entnehmen will, wenngleich § 150 VVG den nach § 126 Abs. 3 BGB erforderlichen Vorbehalt gerade nicht enthält.
[101] Gesetz über Rahmenbedingungen für elektronische Signaturen (Signaturgesetz – SigG) v. 16.5.2001 (BGBl. 2001 I 876) in der genannten Fassung.

BGB die Schriftform nicht ersetzen kann.[102] Damit entkräftet sich automatisch ein zentrales Argument gegen die Zulässigkeit der elektronischen Form, wonach diese nämlich „[b]ei der Fülle der täglichen E-Mails ... die vom Gesetz bezweckte Warnfunktion nicht erfüllen" könne.[103] Die Fülle der täglichen E-Mails wird eben nicht mittels qualifizierter elektronischer Signatur im Sinne des Signaturgesetzes gefertigt und erfüllt daher das Schriftformgebot nach § 150 Abs. 2 S. 1 auch bei Anwendung von § 126a BGB nicht.

Die Urkunde, in der Praxis häufig das Antragsformular, muss die relevanten Angaben enthalten, die für eine Gefahrakzeptanz durch die versicherte Person notwendig sind.[104] Das schließt eine Ermächtigung zur Ergänzung der Urkunde theoretisch nicht aus, doch müsste diese Ermächtigung ihrerseits schriftlich erteilt werden und die erforderlichen Angaben enthalten.[105] 27

Fehlt es der Einwilligung an der gesetzlichen Schriftform, so ist sie gem. § 125 BGB nichtig. Dass die Gefahrperson von der Versicherung und den gefahrkonstituierenden Umständen gewusst hat und vielleicht sogar davon auszugehen ist, dass sie ihre Einwilligung formwirksam gegeben hätte, ändert nichts an der Formnichtigkeit.[106] Ebenso wenig genügt eine formlose Bestätigung, z.B. durch Übernahme der Prämienzahlung.[107] Beruft sich der Versicherer unter solchen Umständen auf die Formnichtigkeit der Einwilligung, so verstößt er auch nicht gegen Treu und Glauben.[108] 28

Fraglich ist, ob die formnichtig erteilte Einwilligung nachträglich formwirksam bestätigt werden kann. Mit Blick auf die bestehende Rspr., die eine nachträgliche Genehmigung nicht zulässt, weil sie eine solche erst nach dem Tod der Gefahrperson durch die Erben fürchtet,[109] ist wohl auch eine nachträgliche, formwirksame Bestätigung einer von der Gefahrperson wohl erteilten, jedoch formnichtig erklärten Einwilligung auszuschließen. Meines Erachtens wäre es besser, der Schutz- und Warnfunktion des § 150 Abs. 2 S. 1 gemäß eine formgerechte Bestätigung durch die Gefahrperson selbst (nicht aber durch die Erben) zuzulassen. 29

V. Stellvertretung

1. Rechtsgeschäftliche Vertretung. Die Einwilligung ist nicht vertretungsfeindlich. Die Gefahrperson kann sich daher eines Vertreters bedienen, was für den Fall einer gesetzlichen Stellvertretung ohnehin direkt aus § 150 Abs. 2 S. 2 folgt. Erforderlich ist eine wirksame rechtsgeschäftliche Vollmacht. Hierfür wird eine ausdrückliche Vollmacht gefordert,[110] wohingegen allgemeine Handlungsvollmachten, auch wenn sie als Generalvollmachten ausgestattet sind, nicht ausreichen sollen.[111] Die Vollmacht muss, um die Erfüllung der Schutz- und Warnfunktion des § 150 Abs. 2 S. 1 zu garantieren, entgegen § 167 S. 2 BGB die Form des § 150 Abs. 2 S. 1 erfüllen.[112] Sie ist daher schriftlich zu erteilen und hat alle gefahrkonstituierenden Elemente zu enthalten. 30

2. Gesetzliche Vertretung. Ist die Gefahrperson geschäftsunfähig, beschränkt geschäftsfähig oder betreut, so ist vorweg zu unterscheiden. Handelt es sich um ein Kind, auf dessen Leben ein Elternteil die Versicherung nimmt, so ist eine Einwilligung des Kindes und damit die gesetzliche Vertretung von vornherein nicht notwendig, wenn das Einwilligungserfordernis nach den Kriterien des § 150 Abs. 3 entfällt. In allen anderen Fällen hat der gesetzliche Vertreter die Einwilligung zu erteilen. Die vom gesetzlichen Vertreter erteilte Einwilligung gem. § 150 Abs. 2 S. 1 hat dem Schriftformgebot zu entsprechen.[113] Erteilt ein beschränkt Geschäftsfähiger die Einwilligung nach § 150 Abs. 2 S. 1 selbst, so setzt deren Wirksamkeit die Einwilligung des gesetzlichen Vertreters gem. § 107 BGB voraus („Einwilligung des gesetzlichen Vertreters gem. § 107 BGB in die Einwilligung der beschränkt geschäftsfähigen Gefahrperson gem. § 150 Abs. 2 S. 1 VVG"). Wegen der aus der Einwilligung folgenden Gefährdung ist es ausgeschlossen, die Zustimmung des Minderjährigen gem. § 150 Abs. 2 S. 1 nach § 107 BGB mit der Begründung ausreichen zu lassen, der Minderjährige 31

---

[102] Zutr. insofern *Schneider* in Prölss/Martin VVG § 150 Rn. 9.
[103] Insbes. *Grote* in Langheid/Rixecker VVG § 150 Rn. 9.
[104] → Rn. 23.
[105] *Müller* NVersZ 2000, 454 (456).
[106] OGH VersR 1986, 928; 2011, 1079; r+s 2014, 361 = VersR 2013, 479.
[107] OGH VersR 2011, 1079; vgl. *Grote* in Langheid/Rixecker VVG § 150 Rn. 11.
[108] BGH VersR 1999, 347 (349).
[109] → Rn. 22.
[110] *Schwintowski* in Berliner Kommentar VVG § 159 Rn. 11.
[111] OLG Hamburg VersR 1957, 106 (107); LG Köln VersR 1957, 242; dieser Rspr. folgend *Schwintowski* in Berliner Kommentar VVG § 159 Rn. 11.
[112] OLG Frankfurt a. M. VersR 1997, 478; *Winter* in Bruck/Möller VVG § 150 Rn. 50; *Müller* NVersZ 2000, 454 (456); ÖOGH r+s 2014, 361 = VersR 2013, 479.
[113] → Rn. 25 ff.

erlange lediglich einen rechtlichen Vorteil.[114] Zu beachten ist § 111 BGB.[115] Str. ist, ob die Einwilligung des gesetzlichen Vertreters gem. § 107 BGB der Form des § 150 Abs. 2 S. 1 entsprechen muss. Unter Berufung auf § 182 Abs. 2 BGB wird dies verneint.[116] Die (vermeintlich) gegenteilige Ansicht von *Schneider*[117] bezieht sich – ebenso wie die von ihm angeführte Entscheidung des BGH[118] – auf die Einwilligung nach § 150 Abs. 2 S. 1, welche aber unstreitig dem Schriftformgebot unterliegt und zwar unabhängig davon, ob sie vom Minderjährigen oder dessen gesetzlichen Stellvertreter erteilt wird. Zu § 107 BGB, der kein Schriftformgebot kennt, äußern sich *Schneider* und der BGH indessen nicht. In anderem Zusammenhang (§ 311b Abs. 1 BGB) hat der BGH jedoch entschieden, dass eine Einwilligung (jedenfalls wenn sie nach § 183 BGB widerruflich erteilt wird) oder Genehmigung gem. § 182 Abs. 2 BGB auch dann formfrei ist, wenn das zugrundeliegende Rechtsgeschäft und daher auch eine Vollmacht zum Abschluss eines solchen Rechtsgeschäfts formpflichtig ist.[119]

32   **3. Interessenkollisionen.** Bei allem kann es insbes. im Falle gesetzlicher Vertretung zu Interessenkollisionen kommen. § 150 Abs. 2 S. 2 adressiert den Fall, dass der gesetzliche Vertreter zugleich Versicherungsnehmer ist. In diesem Fall ist die Vertretung durch den gesetzlichen Vertreter ausgeschlossen.[120] Bei betreuten Personen ist daher nach § 1899 Abs. 4 BGB durch das Vormundschaftsgericht ein Ersatzbetreuer zu bestellen.[121] Bei Minderjährigen geht die Lehre davon aus, es müsse ein Ergänzungspfleger (§ 1629 Abs. 2 S. 1, §§ 1795 Abs. 2, 1909 BGB) bestellt werden.[122] *Schwintowski* geht demgegenüber vom Erfordernis einer vormundschaftsgerichtlichen Genehmigung nach § 1822 Nr. 5 BGB analog aus.[123] Allerdings geht es § 1822 Nr. 5 BGB nicht um die Behebung eines Interessenkonflikts, sondern um den Schutz des Minderjährigen vor besonders bedeutsamen und riskanten Rechtsgeschäften. Insofern kommt eine analoge Anwendung nur eingeschränkt auf Fälle des Interessenkonflikts nicht in Frage. Zu erwägen wäre allenfalls, ob die durch einen gesetzlichen Stellvertreter eines Kindes, Minderjährigen oder Betreuten abgegebene Einwilligung nach § 150 Abs. 2 wegen § 1822 Nr. 5 BGB stets der vormundschaftlichen Genehmigung bedarf. Dagegen spricht indessen § 150 Abs. 2 S. 2 selbst, der mit seinem Ausschluss der Vertretung bei Bestehen eines Interessenkonflikts wohl doch auch zum Ausdruck bringt, dass grds. die Einwilligung des gesetzlichen Vertreters ausreicht.[124]

VI. Mangel (wirksamer) Einwilligung

33   Nach ganz herrschender Lehre u. Rspr. führt das Fehlen bzw. die Unwirksamkeit der Einwilligung im Zeitpunkt des Vertragsschlusses zur **unheilbaren**[125] **Nichtigkeit** des Lebensversicherungsvertrags.[126] Wer, wie auch hier vertreten, eine nachträgliche Genehmigung für zulässig hält, muss demgegenüber bei der Rechtsfolge zur schwebenden Unwirksamkeit gelangen.[127] Fehlt es nicht nur an der Zustimmung, sondern existiert die Gefahrperson in Wirklichkeit gar nicht, so liegt anfängliche objektive Unmöglichkeit der Leistung des Versicherers vor (§ 275 Abs. 1 BGB iVm § 311a BGB).[128]

34   Die Nichtigkeit bzw. Unwirksamkeit ist jedenfalls schon wegen des intendierten Drittschutzes im Leistungsstreit zwischen Versicherungsnehmer und Versicherer **von Amts wegen** zu beachten.

35   Bei Kollektivversicherungsverträgen führt das Fehlen einzelner Einwilligungserklärungen nur zur Nichtigkeit des betreffenden Versicherungsverhältnisses, nicht hingegen zur Nichtigkeit des gesamten Kollektivversicherungsvertrags.[129]

---

[114] *Drews* VersR 1987, 634 (642); zum Problem auch OLG Hamm VersR 1986, 82; *Winter* in Bruck/Möller VVG § 150 Rn. 42 f.
[115] *Winter* in Bruck/Möller VVG § 150 Rn. 45.
[116] OLG Hamm VersR 1986, 82; ihm folgend *Grote* in Langheid/Rixecker VVG § 150 Rn. 14.
[117] *Schneider* in Prölss/Martin VVG § 150 Rn. 12.
[118] *Schneider* in Prölss/Martin VVG § 150 Rn. 12 zitiert in BGHZ 140, 167 = NJW 1999, 950 = VersR 1999, 347.
[119] BGHZ 125, 219, Genehmigung; BGH NJW 1998, 1482, Einwilligung.
[120] Vgl. BGH VersR 2019, 1479 (1481), der hervorhebt, S. 2 verfolge dasselbe Ziel wie S. 1, also die Vermeidung einer Spekulation auf fremdes Leben.
[121] *Brömmelmeyer* in Beckmann/Matusche-Beckmann VersR-HdB § 42 Rn. 50.
[122] *Brömmelmeyer* in Beckmann/Matusche-Beckmann VersR-HdB § 42 Rn. 50; *Winter* in Bruck/Möller VVG § 150 Rn. 49; *Schneider* in Prölss/Martin VVG § 150 Rn. 12; *Ortmann* in Schwintowski/Brömmelmeyer/Ebers VVG § 150 Rn. 26 mwN; *Grote* in Langheid/Rixecker VVG § 150 Rn. 14.
[123] *Schwintowski* in Berliner Kommentar VVG § 159 Rn. 15.
[124] I.d.S. *Kollhosser* in Prölss/Martin, 27. Aufl. 2004, VVG § 159 Rn. 15; anders in → Rn. 17 nur für den Fall, dass der Vertrag im Namen des Minderjährigen geschlossen wird.
[125] *Winter* in Bruck/Möller VVG § 150 Rn. 56 mwN.
[126] BGH VersR 1999, 347; 1997, 1213; 1995, 501; 1989, 465; *Müller* NVersZ 2000, 454 (455).
[127] *Grote* in Langheid/Rixecker VVG § 150 Rn. 8; *Brambach* in HK-VVG § 150 Rn. 30.
[128] BGH VersR 1997, 1213 (1214); 4.3.1999 – 5 StR 355/98, Rn. 27, NStZ 1999, 353; *Schwintowski* in Berliner Kommentar VVG § 159 Rn. 6.
[129] *Winter* in Bruck/Möller VVG § 150 Rn. 66.

Bereits erbrachte Leistungen sind nach **Bereicherungsrecht**, § 812 Abs. 1 S. 1 Alt. 1 BGB, 36 rückforderbar. Dies gilt für die Erbringung der **Versicherungsleistung** (Auszahlung der Versicherungssumme) ebenso wie für die **Versicherungsprämie**. Die Entreicherungseinrede (§ 818 Abs. 3 BGB), etwa weil die Prämie zur Bezahlung der Provision des Agenten verwendet wurde, sollte m.E. schon deshalb scheitern, weil der Versicherer für die Vermittlung von nach § 150 nichtigen Lebensversicherungsverträgen keine bzw. keine trotz Vertragsnichtigkeit beim Agenten verbleibende Provision zahlen darf. Der BGH hat, ohne die Frage zu entscheiden, auch auf den Aspekt der Angemessenheit der Höhe der Provision hingewiesen.[130] Nach *Bayer* scheitert die Einrede der Entreicherung an der regelmäßig vorliegenden Bösgläubigkeit des Versicherers (§§ 819 Abs. 1, 818 Abs. 4 BGB).[131] Der Einwand des § 817 S. 2 BGB bleibt dem Versicherer nach Treu und Glauben ebenfalls verwehrt.[132] Eine Berufung auf die §§ 814, 815 BGB scheitert nach Ansicht des BGH an der regelmäßig fehlenden, tatbestandlich aber vorausgesetzten Kenntnis des Versicherungsnehmers.[133]

Die Frage, ob der „faktisch" erbrachte Versicherungsschutz kondiziert werden bzw. als Grundlage 37 einer Saldierung dienen kann,[134] stellt sich nicht, wenn man, wie die h.L., eine nachträgliche Genehmigung des ohne Einwilligung geschlossenen Versicherungsvertrags ohnehin bzw., wie hier, durch die Erben für ausgeschlossen hält. Vielmehr kann sich der Versicherer seinerseits jederzeit auf die Nichtigkeit des Lebensversicherungsvertrags berufen bzw. ist diese sogar von Amts wegen zu beachten. Der Versicherungsnehmer bzw. Bezugsberechtigte hat daher nichts erlangt.[135] Die zum Teil immer noch vertretene Ansicht,[136] wonach der Versicherer eine „tatsächliche" Leistung der „Gefahrtragung" saldieren könne, scheitert nicht nur an der (m.E. zu Recht) fehlenden Akzeptanz der Gefahrtragungstheorie in der deutschen Rspr.[137] Sie übersieht außerdem, dass ein nichtiges Leistungsversprechen zwingend zum Fehlen einer Gefahrtragung irgendwelcher Art führt. Welche Gefahr soll denn ein Versicherer – wenn auch nur „tatsächlich" – getragen haben, der im Versicherungsfall wegen der Nichtigkeit des Vertrags keiner Leistungspflicht ausgesetzt ist? In den Worten der Gefahrtragungstheorie formuliert: Was hat ein Versicherer nach § 812 Abs. 1 S. 1 BGB durch eine latente Gefahrtragung erlangt, die infolge der Nichtigkeit des Vertrags niemals in eine akute Gefahrtragung übergehen kann? Der Versicherungsnehmer hat ja nicht schon deswegen etwas erlangt, weil der Versicherer infolge der Nichtigkeit des Vertrages nutzlos Kosten getragen hat.[138] Insbesondere hat er sich durch den nichtigen Vertrag keine eigenen Sicherungsmaßnahmen erspart.[139]

D. Vertragsschluss im Namen eines geschäftsunfähigen, beschränkt geschäftsfähigen oder betreuten Versicherungsnehmers

I. Problematik von § 150 nicht geregelt

Von § 150 nicht geregelt ist der Fall, in dem die Versicherung von einem Geschäftsunfähigen, 38 einem beschränkt Geschäftsfähigen oder einem Betreuten als Versicherungsnehmer abgeschlossen wird. Allerdings stellen sich hier ähnliche Fragen der gesetzlichen Vertretung, sodass die Thematik im Kontext des § 150 zu erörtern ist.[140]

---

[130] BGH VersR 1997, 1213 (1215), in welchem neben der Provision angeblich noch eine zusätzliche Gratifikation geleistet worden sei.
[131] *Bayer* VersR 1991, 129 (132).
[132] BGH VersR 1997, 1213 (1214).
[133] BGH VersR 1997, 1213 (1214).
[134] Grds. gegen einen solchen Ansatz OLG Karlsruhe VersR 1988, 128 (129); grds. für eine Saldierungsmöglichkeit *Kollhosser* in Prölss/Martin, 27. Aufl. 2004, VVG § 159 Rn. 10.
[135] OLG Koblenz NJW-RR 1988, 151; s. auch die von *Kohler* VersR 1988, 563 (564) im Zusammenhang mit von Minderjährigen abgeschlossenen Lebensversicherungen entwickelte These.
[136] *Winter* in Bruck/Möller VVG § 150 Rn. 124; Zweifel demgegenüber bei *Grote* in Langheid/Rixecker VVG § 150 Rn. 23.
[137] Die deutsche Rspr. folgt demgegenüber überwiegend der Geldleistungstheorie, *Armbrüster* in Prölss/Martin VVG § 1 Rn. 121; nur vereinzelt der Gefahrtragungstheorie, *Armbrüster* Das Transparenzgebot Rn. 123.
[138] Vgl. insofern *Armbrüster* in Prölss/Martin VVG § 1 Rn. 129.
[139] Zu dieser modifizierten Gefahrtragungstheorie *Baumann* in Bruck/Möller VVG § 1 Rn. 30 unter Berufung auf den Wortlaut des neuen § 1 („…Risiko … abzusichern…").
[140] Zur Frage der Legitimationswirkung der Lebensversicherungspolice gegenüber Mündeln *Armbrüster* in Langheid/Wandt VVG § 4 Rn. 15.

II. Erfordernis gesetzlicher Stellvertretung

39 Der Vertragsschluss durch einen Geschäftsunfähigen, beschränkt Geschäftsfähigen oder Betreuten unterliegt den allgemeinen Regeln der gesetzlichen Stellvertretung, sodass der gesetzliche Vertreter bzw. Betreuer im Namen des Versicherungsnehmers die Vertragserklärung abzugeben hat. Bei beschränkt geschäftsfähigen Versicherungsnehmern kann die Erklärung mit Einwilligung des gesetzlichen Vertreters auch von diesen selbst abgegeben werden.

III. Vormundschaftsgerichtliche Genehmigung nach § 1822 Nr. 5 BGB

40 Wird, wie häufig, eine Vertragsdauer vereinbart, die dazu führt, dass der Vertrag nach Erreichung der Volljährigkeit noch mehr als ein Jahr bestehen bleibt, so unterliegt der Vertrag überdies der Pflicht zur vormundschaftsgerichtlichen Genehmigung nach § 1822 Nr. 5 BGB.[141] Dies gilt selbst dann, wenn die Lebensversicherung den Tatbestand des „Taschengeldparagraphen", also die Voraussetzungen der §§ 107, 110 BGB erfüllt, weil § 110 BGB nur einen Fall einer Einwilligung durch den gesetzlichen Vertreter beinhaltet, nicht aber ein Erfordernis vormundschaftsgerichtlicher Genehmigung ersetzt.[142] Die Möglichkeit des (volljährig gewordenen) Versicherungsnehmers, den Vertrag jederzeit durch Kündigung nach § 166 Abs. 1, durch Nichtzahlung der Prämie nach § 166 Abs. 2 oder durch ein Umwandlungsbegehren nach § 165 Abs. 1 in eine prämienfreie Versicherung umzuwandeln, ändert hieran nichts, weil die Umwandlung mit erheblichen Nachteilen belastet ist.[143]

41 Eine teilweise Aufrechterhaltung der Lebensversicherung nach § 139 BGB scheidet nach h.L. jedenfalls bei kapitalbildenden Lebensversicherungen aus, weil die Erlebensfallleistung des Versicherers nicht teilbar sei.[144]

IV. Nachträgliche Genehmigung der Lebensversicherung durch den volljährig gewordenen Versicherungsnehmer

42 Wird der Versicherungsvertrag ohne Einwilligung des gesetzlichen Vertreters bzw. ohne vormundschaftsgerichtliche Genehmigung nach § 1822 Nr. 5 BGB geschlossen, so kann ein mittlerweile volljährig gewordener Versicherungsnehmer den Vertrag genehmigen. Teils hat die Rspr. im Fortzahlen der Prämien durch den mittlerweile Volljährigen eine Genehmigung des mangels wirksamer gesetzlicher Stellvertretung schwebend unwirksamen Versicherungsvertrags erkannt.[145] Teils wurde im Begehren nach einer bereicherungsrechtlichen Rückabwicklung des Lebensversicherungsvertrags durch den mittlerweile volljährig gewordenen Versicherungsnehmer ein Verstoß gegen Treu und Glauben gesehen.[146] Gegenüber dieser Rspr. ist jedoch Vorsicht zu üben, weil der Versicherungsnehmer die Unwirksamkeit des Vertrages häufig nicht kennt und daher die Prämie im Glauben leistet, zur Zahlung verpflichtet zu sein.[147] Eine Genehmigung setzt demgemäß voraus, dass der Versicherungsnehmer die Unwirksamkeit mindestens für möglich hält.[148] Weder Prämienzahlungen noch sonstige Handlungen, wie etwa eine Abtretung der Ansprüche, sind bei Fehlen dieser subjektiven Voraussetzung als Genehmigung zu werten.[149]

---

[141] BGHZ 28, 78 (82 f.) = NJW 1958, 1393; OLG Koblenz VersR 1991, 209; OLG Hamm VersR 1992, 1502; AG Hamburg NJW-RR 1994, 721; LG Aachen VersR 1987, 978; ausf. *Petersen* AcP 204 (2004), 832 (847 ff.); *Hilbert* VersR 1986, 948.

[142] AG Hamburg NJW-RR 1994, 721 (722); ausf. *Hilbert* VersR 1986, 948 (949).

[143] BGHZ 28, 78 (83); AG Hamburg NJW-RR 1994, 721; *Petersen* AcP 204 (2004), 832 (847 ff.); *Schneider* in Prölss/Martin VVG § 150 Rn. 16; *Grote* in Langheid/Rixecker VVG § 150 Rn. 18; *Bayer* VersR 1991, 129 (130), der wegen der mit der Umwandlung verbundenen Nachteile von einer „mittelbaren Bindung" des volljährig gewordenen Versicherungsnehmers spricht; a.A. *Winter* in Bruck/Möller VVG § 150 Rn. 108 ff.; *Winter* ZVersWiss 1977, 145; wohl auch *Brambach* in HK-VVG § 150 Rn. 32.

[144] BGHZ 28, 78 (83 f.); ebenso AG Hamburg NJW-RR 1994, 721 (722); *Bayer* VersR 1991, 129 (131); *Hilbert* VersR 1986, 948 (951).

[145] OLG Koblenz VersR 1991, 209; LG Kaiserslautern VersR 1991, 539; dagegen z.B. AG Hamburg NJW-RR 1994, 721 (722); LG Aachen VersR 1987, 978; LG Offenburg VersR 1987, 980.

[146] LG Freiburg VersR 1998, 41; LG Verden VersR 1998, 42, Weiterzahlung der Prämie über 14 Jahre; anders LG Frankfurt a. M. NJW 1999, 3566, Weiterzahlung der Prämie über sechs Jahre; OLG Hamm VersR 1992, 1502, Weiterzahlung der Prämie über 29 Monate; AG Hamburg NJW-RR 1994, 721 (724).

[147] *Bayer* VersR 1991, 129 (130 f.); *Hilbert* VersR 1986, 948 (951), verweist außerdem auf die Möglichkeit des Versicherers, nach § 1829 Abs. 2 BGB zur Genehmigung aufzufordern; OLG Hamm VersR 1992, 1502 (1503).

[148] *Bayer* VersR 1991, 129 (130 f.); OLG Hamm VersR 1992, 1502 (1503); LG Frankfurt a. M. NJW 1999, 3566; LG Aachen VersR 1987, 978; LG Offenburg VersR 1987, 980; *Grote* in Langheid/Rixecker VVG § 150 Rn. 22.

[149] Insbes. zur Abtretung der Versicherungsansprüche OLG Hamm VersR 1992, 1502 (1503).

V. Bereicherungsrechtliche Rückabwicklung

Mangels Genehmigung kann der Geschäftsunfähige, beschränkt Geschäftsfähige bzw. der Betreute vom Versicherer die geleisteten Prämien zurückverlangen (§ 812 Abs. 1 S. 1 Alt. 1 BGB).[150] Einwendungen des Versicherers wegen Wegfalls der Bereicherung oder § 817 S. 2 BGB scheitern hier gleich wie bei einer Lebensversicherung, welche ohne Einwilligung der versicherten Person geschlossen wurde.[151] 43

Anders stellt sich im gegebenen Kontext die Frage nach der Saldierung mit dem „faktisch" geleisteten Versicherungsschutz dar. Sie bezieht sich (nur) auf die Risikoleistung des Versicherers und damit auf die Risikoprämie bzw. den Risikoanteil der Prämie einer gemischten Lebensversicherung.[152] Die „faktische" Risikotragung des Versicherers stellt hier etwas durch den Versicherungsnehmer Erlangtes dar, wenn man die vormundschaftsgerichtliche Genehmigung der Lebensversicherung auch nach dem Tod der Gefahrperson für möglich hält. Dabei geht die Lit. davon aus, dass nach dem Tod des minderjährigen Versicherungsnehmers, der zugleich, wie im Regelfall, die Gefahrperson ist, das Recht auf Einholung der gerichtlichen Genehmigung bei den Erben liegt.[153] Sollte im Einzelfall die Gefahrperson jemand anderes als der Versicherungsnehmer sein, so kann die Genehmigung ohnehin von diesem selbst eingeholt werden. Die Einrede des § 2 Abs. 2 passt demgegenüber schon deswegen nicht, weil der Versicherer über die Genehmigungsbedürftigkeit Bescheid weiß und daher mindestens konkludent auf die Einrede verzichtet.[154] 44

Wer dieser Ansicht folgt, kommt zum Ergebnis, dass der Versicherungsnehmer durch die faktische Risikodeckung des Versicherers etwas erlangt hat. Damit müsste dem Versicherer grds. auch die Saldierung offenstehen. Die Rspr. und h.L. verweigern dem Versicherer indessen die Saldierung hier wie auch im allgemeinen Privatrecht mit Blick auf den Schutz des Minderjährigen bzw. Betreuten.[155] Demgegenüber werden vereinzelt vermittelnde Meinungen vertreten. Diese knüpfen an die Voraussetzung an, dass der Versicherungsnehmer den Vertrag immerhin mit Zustimmung des gesetzlichen Vertreters, wenn auch ohne vormundschaftsgerichtliche Genehmigung geschlossen hat. Demnach sei nur noch der Zweck des § 1822 Nr. 5 BGB bedeutend, der aber nur auf den Schutz des Minderjährigen vor zukünftigen Belastungen gerichtet sei.[156] Damit sei eine Saldierung mit den (vor sowie nach Eintritt der Volljährigkeit) bezahlten Risikoprämien mit dem Zweck des § 1822 Nr. 5 BGB vereinbar.[157] Etwas einschränkender hat das LG Waldshut-Tiengen die Saldierung mit den für die Zeit nach Erreichen der Volljährigkeit bezahlten Prämien erlaubt.[158] 45

E. Abdingbarkeit

§ 150 enthält zwingendes Recht.[159] Der mit § 150 verfolgte kriminalpolitische Zweck[160] verleiht der Bestimmung auch im internationalen Rechtsverkehr zwingenden Charakter („Eingriffsnormcharakter").[161] 46

§ 151 Ärztliche Untersuchung

Durch die Vereinbarung einer ärztlichen Untersuchung der versicherten Person wird ein Recht des Versicherers, die Vornahme der Untersuchung zu verlangen, nicht begründet.

---

[150] *Grote* in Langheid/Rixecker VVG § 150 Rn. 23.
[151] → Rn. 36.
[152] So auch die Fragestellung bei *Bayer* VersR 1991, 129 (132).
[153] *Bayer* VersR 1991, 129 (131 f.) mwN.
[154] *Bayer* VersR 1991, 129 (132) mit weiteren Gründen.
[155] Z.B. LG Hamburg VersR 1988, 460; *Grote* in Langheid/Rixecker VVG § 150 Rn. 23; *Schneider* in Prölss/Martin VVG § 150 Rn. 18; *Winter* in Bruck/Möller VVG § 150 Rn. 124; *Hilbert* VersR 1986, 948 (951).
[156] *Bayer* VersR 1991, 129 (132).
[157] *Bayer* VersR 1991, 129 (132); LG Offenburg VersR 1987, 980.
[158] LG Waldshut-Tiengen VersR 1985, 937 (939).
[159] *Winter* in Bruck/Möller VVG § 150 Rn. 72; *Schneider* in Prölss/Martin VVG § 150 Rn. 19; *Grote* in Langheid/Rixecker VVG § 150 Rn. 24; *Drews* VersR 1987, 634 (641); OLG Hamburg VersR 1966, 680 (681).
[160] *Drews* VersR 1997, 634.
[161] Näher zum „international zwingenden Charakter" des § 159 Abs. 2 VVG a.F. *Wandt* in seiner Urteilsanmerkung BGH VersR 1999, 347 (350 f.) mAnm *Wandt*; demgegenüber will *Gruber* NVersZ 2001, 442 (447), den kriminalpolitischen Zweck über den *ordre-public*-Vorbehalt berücksichtigen; die von ihm erstrebte, flexible Handhabung lässt sich m.E. allerdings auch erreichen, wenn man von einer Eingriffsnorm ausgeht; zum Begriff der Eingriffsnorm nunmehr Art. 9.

Übersicht

	Rn.		Rn.
A. Normzweck und Entstehungsgeschichte	1	4. Haftung	5
B. Tatbestand	3	5. Kosten	6
I. Ärztliche Untersuchung	3	6. Wissen des Arztes	7
1. Vereinbarung einer ärztlichen Untersuchung	3	a) Umfang der Wissenszurechnung	7
		b) Keine Wissenszurechnung bei Arglist	11
2. Keine Erzwingbarkeit	4	II. Exkurs: Gentests	12
3. Unterbleiben der ärztlichen Untersuchung	4a	C. Abdingbarkeit	17

Stichwort- und Fundstellenverzeichnis

Stichwort	Rn.	Rspr.	Lit.
Arglist	→ Rn. 11	BGH VersR 2001, 620; OLG Saarbrücken VersR 2020, 91 (LS) = BeckRS 2019, 23766	*Armbrüster* in Prölss/Martin VVG § 19 Rn. 71; *Wendt/Jularic* VersR 2008, 41; *Knappmann* VersR 2005, 199; *Müller-Frank* NVersZ 2001, 447
Ärztliche Untersuchung	→ Rn. 3 ff.	–	*Schwintowski* in Berliner Kommentar VVG § 160 Rn. 2
Kollusives Zusammenwirken	→ Rn. 11	–	*Ortmann* in Schwintowski/Brömmelmeyer/Ebers VVG § 151 Rn. 8
Gentests	→ Rn. 12 ff.	–	*Präve* VersR 2009, 857; *Kühn* VersMed 2008, 1; *Buyten/Simon* VersR 2003, 813; *Fenger/Schöffski* NVersZ 2000, 449
Wissenszurechnung des Arztes	→ Rn. 7 ff.	BGH VersR 2009, 529; 2001, 620; 1990, 77; 1980, 762	*Armbrüster* in Prölss/Martin VVG § 19 Rn. 71; *Wendt/Jularic* VersR 2008, 41; *Ortmann* in Schwintowski/Brömmelmeyer/Ebers VVG § 151 Rn. 7

Schrifttum: *Baumann,* Zur Bedeutung von Gentests beim Abschluss von Lebens- und Krankenversicherungsverträgen, ZVersWiss 2002, 169; *Buyten/Simon,* Gendiagnostik beim Abschluss privater Kranken- und Lebensversicherungsverträge, VersR 2003, 813; *Fenger/Schöffski,* Gentests in der Lebensversicherung: Juristische und ökonomische Aspekte, NVersZ 2000, 449; *Geneneger,* Das neue Gendiagnostikgesetz, NJW 2010, 113; *Knappmann,* Beteiligung von Ärzten beim Abschluss eines Versicherungsvertrages oder bei der Regulierung von Versicherungsfällen, VersR 2005, 199; *Kröger,* Das neue Gendiagnostikgesetz und seine Auswirkungen auf den rechtlichen Rahmen beim Abschluss von Versicherungsverträgen, MedR 2010, 751; *Kühn,* Versicherungsmedizinische Risikoprüfung – auch in Zukunft erforderlich, VersMed 2008, 1; *Lorenz,* Zur Berücksichtigung genetischer Tests und ihrer Ergebnisse beim Abschluss von Personenversicherungsverträgen, VersR 1999, 1309; *Müller-Frank,* Täuschung durch Antragsteller und Wissen des vom Versicherer beauftragten Arztes, NVersZ 2001, 447; *Präve,* Das Gendiagnostikgesetz aus versicherungsrechtlicher Sicht, VersR 2009, 857; *Präve,* Recht des Versicherungsnehmers auf gen-informationelle Selbstbestimmung, VersR 1992, 279; *Stockter,* Das Verbot genetischer Diskriminierung und das Recht auf Achtung der Individualität, Diss., 2008; *Wendt/Jularic,* Die Einbeziehung des Arztes in das Versicherungsgeschäft, VersR 2008, 41; *J. Ziegler/A. Ziegler,* Gendiagnostikgesetz und Versicherung: Anspruch und Wirklichkeit, ZVersWiss (2011) 100, 29.

A. Normzweck und Entstehungsgeschichte

1 Die Vorschrift übernimmt § 160 VVG aF inhaltlich unverändert[1] und dient dem Schutz des Antragstellers. Sie stellt klar, dass der Versicherer keinen Rechtsanspruch auf die Vornahme einer ärztlichen Untersuchung hat und dass damit auch eine für den Fall der Nichtvornahme der Untersuchung vereinbarte Vertragsstrafe unwirksam ist (§ 344 BGB).[2] Dieser Zweck der Vorschrift erklärt

---

[1] Begr. zu Art. 1 (§ 151 VVG) RegE Gesetz zur Reform des Versicherungsvertragsrechts, BT-Drs. 16/3945, 95.

[2] Motive zum VVG S. 218, 219; *Schneider* in Prölss/Martin VVG § 151 Rn. 3; *Schwintowski* in Berliner Kommentar VVG § 160 Rn. 1.

sich historisch: Vor Inkrafttreten des VVG aF forderten die Antragsformulare einiger Versicherer vom Antragsteller das Versprechen einer Vertragsstrafe in Höhe von ein bis zwei Jahresprämien für den Fall, dass eine vereinbarte ärztliche Untersuchung nicht durchgeführt wurde.[3] In dieser Praxis sah der historische Gesetzgeber eine unangemessene Benachteiligung des Antragstellers, so dass sie mit Inkrafttreten des VVG aF unterbunden wurde.

Heute wird die Vorschrift, die die Erzwingbarkeit einer ärztlichen Untersuchung ausschließt, auch als Ausprägung des Schutzes des allgemeinen Persönlichkeitsrechts (Art. 2 Abs. 1, 1 Abs. 1 GG) der zu versichernden Person verstanden.[4]

B. Tatbestand

I. Ärztliche Untersuchung

1. Vereinbarung einer ärztlichen Untersuchung. Vor Abschluss eines Lebensversicherungsvertrages kann eine ärztliche Untersuchung der zu versichernden Person vereinbart werden. Ebenfalls kann der Abschluss des Versicherungsvertrages von der Durchführung der ärztlichen Untersuchung und deren Ergebnis abhängig gemacht werden. Zulässig ist auch der Abschluss einer Lebensversicherung ohne ärztliche Untersuchung.[5] In der Praxis werden ärztliche Untersuchungen meist erst bei hohen Versicherungssummen (unternehmensindividuell ab 250.000 EUR) oder bei Auffälligkeiten im Gesundheitsfragebogen verlangt. Aufsichtsrechtlich vorgegebene Höchstgrenzen für den Abschluss einer Lebensversicherung ohne ärztliche Untersuchung bestehen seit dem 29.7.1994 nicht mehr.[6]

2. Keine Erzwingbarkeit. Die Vereinbarung der ärztlichen Untersuchung ist gem. § 151 weder einklagbar noch auf andere Weise erzwingbar. Unwirksam ist damit insbes. eine Vereinbarung aufgrund derer der Versicherungsnehmer sich zur Zahlung einer Vertragsstrafe für den Fall der Nichtvornahme der ärztlichen Untersuchung verpflichtet.[7] Daraus folgt auch, dass die versicherte Person jederzeit die Fortsetzung einer begonnenen Untersuchung und/oder die Weitergabe von Daten vom Arzt an den Versicherer ablehnen kann.[8] § 151 steht der Vereinbarung einer Obliegenheit[9] in der Berufsunfähigkeitsversicherung, nach der sich der Versicherte zur Klärung der Leistungspflicht des Versicherers von einem medizinischen Sachverständigen untersuchen lassen soll, nicht entgegen,[10] da sie nach dem Willen des historischen Gesetzgebers zum Schutz des Antragstellers vor Abschluss des Versicherungsvertrages dient.[11]

3. Unterbleiben der ärztlichen Untersuchung. Unterbleibt die vereinbarte Untersuchung oder ist die Dokumentation der ärztlichen Untersuchung unvollständig, kann der Versicherer die Annahme des Vertrages ablehnen. Zulässig ist auch die Annahme des Vertrages zu abweichenden Bedingungen (insbes. die Vereinbarung von Risikoausschlüssen).[12]

4. Haftung. Für Schäden, die der Arzt der zu versichernden Person im Rahmen der Untersuchung zufügt, haftet neben dem Arzt grds. auch der Versicherer nach § 278 BGB. Für eine verzögerte Übersendung der Untersuchungsergebnisse durch den Arzt kann der Versicherer ebenfalls nach § 278 BGB einzustehen haben, wenn es hierdurch zu einer Verzögerung der Ausstellung des Versicherungsscheins kommt.[13] Eine Haftung des Versicherers oder des Arztes scheidet allerdings – auch bei verzögerter Übersendung der Arztberichte – aus, wenn und solange der Versicherungsnehmer noch nicht alles Erforderliche getan hat, um den Versicherer in die Lage zu versetzen, den Antrag anzunehmen.[14]

---

[3] Motive zum VVG S. 218.
[4] *Schneider* in Prölss/Martin VVG § 151 Rn. 1; *Patzer* in Looschelders/Pohlmann VVG § 151 Rn. 2; *Brömmelmeyer* in Beckmann/Matusche-Beckmann VersR-HdB § 42 Rn. 54; *Ortmann* in Schwintowski/Brömmelmeyer/Ebers VVG § 151 Rn. 1.
[5] OLG Saarbrücken VersR 2020, 91 (LS) = BeckRS 2019, 23766 (Volltext).
[6] Für den „Altbestand" (§ 11c VAG) war eine aufsichtsrechtliche Höchstversicherungssumme von 250.000 DM festgelegt, VerBAV 1986, 305; *Schwintowski* in Berliner Kommentar VVG § 160 Rn. 2.
[7] *Schneider* in Prölss/Martin VVG § 151 Rn. 2; *Patzer* in Looschelders/Pohlmann VVG § 151 Rn. 5.
[8] *Patzer* in Looschelders/Pohlmann VVG § 151 Rn. 6.
[9] Zum Begriff: → Vor § 28 Rn. 12 ff.
[10] *Neuhaus* in jurisPR-VersR 11/2019 Anm. 3 (unter E).
[11] → Rn. 1; *Neuhaus* in jurisPR-VersR 11/2019 Anm. 3 (unter E).
[12] *Schneider* in Prölss/Martin VVG § 151 Rn. 5.
[13] *Schneider* in Prölss/Martin VVG § 151 Rn. 4.
[14] OLG München BeckRS 2011, 22007; OLG Saarbrücken VersR 2006, 1345 (1347 f.).

6   **5. Kosten.** Die Kosten für die ärztliche Untersuchung werden üblicherweise vom Versicherer übernommen und als Teil der Abschlusskosten (vgl. § 43 Abs. 2 Nr. 1c RechVersV) mit den Prämien der ersten Versicherungsjahre getilgt.[15] Der Versicherer darf dem Antragsteller diese Kosten auch dann nicht in Rechnung stellen, wenn der Vertrag aufgrund des Ergebnisses der ärztlichen Untersuchung nicht zustande kommt[16] oder wenn der Antragsteller die begonnen ärztliche Untersuchung abbricht[17] bzw. der Weitergabe der Untersuchungsergebnisse an den Versicherer widerspricht. § 11 der ALB KLV 2014[18] räumt dem Versicherer ein Rückforderungsrecht für die Kosten der ärztlichen Untersuchung für den Fall ein, dass der Versicherer wegen Nichtzahlung der Erstprämie gem. § 37 VVG vom Versicherungsvertrag zurücktritt.

7   **6. Wissen des Arztes. a) Umfang der Wissenszurechnung.** Wird auf Verlangen des Versicherers ein ärztliches Zeugnis erstellt und hat die zu versichernde Person im Rahmen der „Erklärung vor dem Arzt" die vom Versicherer vorformulierten Fragen zu beantworten, so stehen die vom Arzt gestellten Fragen den Fragen des Versicherers (§ 19 Abs. 1) und die von der zu versichernden Person gegenüber dem Arzt erteilten Antworten den Erklärungen gegenüber dem Versicherer gem. § 19 Abs. 1 S. 1 gleich.[19] Der vom Versicherer eingesetzte Arzt ist insoweit dessen passiver Stellvertreter, nämlich zur Entgegennahme der Antworten der zur versichernden Person beauftragt. Was dem Arzt zur Beantwortung der vorformulierten Fragen gesagt ist, ist dem Versicherer gesagt, selbst wenn der Arzt die ihm erteilten Antworten nicht in das Formular aufnimmt.[20]

8   Lange umstritten war die Frage, ob sich der Versicherer auch diejenige Kenntnis des Arztes zurechnen lassen muss, die dieser nicht im Rahmen der „Erklärung vor dem Arzt" sondern im Rahmen **früherer Behandlungen** der zu versichernden Person erlangt hat.[21] Der BGH hat diese Frage nunmehr verneint.[22] Der Arzt erteilte Auftrag, erschöpfe sich regelmäßig in dem Ersuchen, das zweiteilige Formular[23] für das aufzunehmende Gesundheitszeugnis auszufüllen und beinhalte nicht die Aufforderung, dem Versicherer auch das bei sonstigen Anlässen gewonnene ärztliche Wissen über durchgeführte Behandlungen und den Gesundheitszustand des zukünftigen Versicherungsnehmers mitzuteilen. Insbesondere enthalte das Formular keine Fragen, die auf die Bekanntgabe früherer Erkrankungen oder Erkenntnisse über Behandlungen abzielen könnten.[24]

9   Unbeschadet dessen kann aber der Arzt – je nach Gestaltung des Arztformulars – vom Versicherer durchaus damit beauftragt sein, dem Versicherer aufgrund seines Fachwissens über den Gesundheitszustand der zu versichernden Person bekannten Informationen zu übermitteln.[25] In diesem Fall will der Versicherer gerade auch die Informationen erhalten, die dem Arzt aufgrund früherer Behandlungen bekannt sind.[26] Ist der Arzt also aufgrund des Arztformulars mit einer umfänglichen Informationserteilung über den Gesundheitszustand der zu versichernden Person beauftragt, ergibt sich – anders als in dem vom BGH entschiedenen Fall – aus dem Rechtsgedanken des § 166 BGB, dass das Wissen, das der Arzt im Rahmen der Erledigung dieses Auftrags erlangt hat, dem Versicherer zuzurechnen ist.[27]

10   Dieses Ergebnis entspricht auch dem Rechtsgedanken des § 70 S. 2. Ist der Arzt vom Versicherer lediglich damit beauftragt, Erklärungen des Versicherungsnehmers entgegenzunehmen und durch die körperliche Untersuchung Auskunft über den aktuellen Gesundheitszustand zu geben, so handelt es sich bei dem eventuellen Wissen des Arztes, das er bei vorausgegangenen Untersuchungen erlangt hat, aus Sicht des Versicherers um „privates Wissen" iSd § 70 S. 2, da er es nicht bei seiner Tätigkeit im Auftrag des Versicherers und ohne Zusammenhang mit dem Versicherungs-

---

[15] Zur Verrechnung der Abschlusskosten → § 169 Rn. 10 ff.; → § 169 Rn. 90.
[16] *Ortmann* in Schwintowski/Brömmelmeyer/Ebers VVG § 151 Rn. 11.
[17] *Schneider* in Prölss/Martin VVG § 151 Rn. 3.
[18] Unverbindliche Musterbedingungen des GDV, Stand 6.8.2014.
[19] BGH VersR 2009, 529 (530); 2001, 620 (621); 1990, 77 (78); 1980, 762 (763).
[20] BGH VersR 2009, 529 (530); 2001, 620 (621); 1990, 77; 1980, 762 (763); → § 69 Rn. 15; *Knappmann* VersR 2005, 199.
[21] Offen gelassen BGH VersR 2001, 620; gegen Zurechnung: → § 69 Rn. 16; *Kollhosser* in Prölss/Martin, 27. Aufl. 2004, VVG § 43 Rn. 11; *Müller-Frank* NVersZ 2001, 447 (448); OLG Hamm r+s 2001, 481; für Zurechnung OLG Celle OLGR 2008, 566; OLG Frankfurt a. M. VersR 1993, 425 (427), beide zur Krankenversicherung; *Wendt/Jularic* VersR 2008, 41 (43 ff.); *Knappmann* VersR 2005, 199 f.; für Zurechnung mit Einschränkungen *Voit* in Berliner Kommentar VVG § 16 Rn. 89; *Armbrüster* in Prölss/Martin VVG § 19 Rn. 71.
[22] BGH VersR 2009, 529 (530) iErg zust. *Armbrüster* in Prölss/Martin VVG § 19 Rn. 71.
[23] Teil 1: Erklärungen vor dem Arzt, Teil 2: körperliche Untersuchung.
[24] BGH VersR 2009, 529 (530).
[25] *Knappmann* VersR 2005, 199.
[26] OLG Frankfurt a. M. VersR 1993, 425 (427).
[27] OLG Frankfurt a. M. VersR 1993, 425 (427).

vertrag erworben hat.[28] Erstreckt sich der Auftrag indes auf vollumfängliche Auskunftserteilung über den Gesundheitszustand der zu versichernden Person, ist das Wissen des Arztes, das dieser im Rahmen von vorausgegangenen Untersuchungen erlangt hat, nicht lediglich „privat" iSd § 70 S. 2.[29] Die Zurechnung von Wissen, das der Arzt im **privaten Umfeld,** außerhalb seiner beruflichen Tätigkeit als Arzt, erlangt hat, scheidet nach dem Rechtsgedanken des § 70 S. 2 hingegen in jedem Fall aus.[30]

b) Keine Wissenszurechnung bei Arglist. Eine Zurechnung des Wissens des Arztes findet nicht statt, wenn die zu versichernde Person arglistig handelt,[31] denn die Zurechnung des Wissens des vom Versicherer beauftragten Arztes beruht nicht zuletzt auch auf der Schutzwürdigkeit der zu versichernden Person.[32] Diese ist nicht gegeben, wenn die zu versichernde Person den Versicherer durch falsche Angaben täuschen will. Folglich findet auch bei evident missbräuchlichem Verhalten[33] des Arztes sowie bei kollusivem Zusammenwirken[34] zwischen Arzt und zu versichernder Person keine Wissenszurechnung statt.

II. Exkurs: Gentests

Die Fortschritte in der Wissenschaft bei der Entschlüsselung des menschlichen Erbguts haben in der jüngeren Vergangenheit eine intensive Diskussion über die Zulässigkeit der Verwendung von Gentests im Rahmen der Risikoprüfung in der Personenversicherung ausgelöst. Diese dürften auch mit dem Inkrafttreten des Gendiagnostikgesetzes **(GenDG)**[35] am 1.2.2010 nicht endgültig abgeschlossen sein.[36]

Im Zusammenhang mit dem Einsatz von Gentests beim Abschluss von Versicherungsverträgen werden ua das berechtigte Interesse des Versicherers an möglichst präziser Information für die **Risikoprüfung** auf der einen Seite und das Recht des Einzelnen auf **informationelle Selbstbestimmung**[37] sowie die Befürchtung einer möglichen „genetischen Diskriminierung" auf der anderen Seite kontrovers diskutiert. In der Diskussion über die Zulässigkeit des Einsatzes von Gentests wird zwischen prädiktiven und diagnostischen Tests differenziert. Nach der Begriffsbestimmung im Schlussbericht der Enquete-Kommission zielen **prädiktive Tests** darauf ab, genetische Veränderungen zu identifizieren, die zu einem späteren Zeitpunkt im Leben der getesteten Person mit erhöhter oder mit an Sicherheit grenzender Wahrscheinlichkeit zu einer Erkrankung führen werden. **Diagnostische Tests** dienen der Diagnosesicherung. Mit Hilfe diagnostischer Tests versucht man die Ursachen einer bereits klinisch manifesten Erkrankung auf der Ebene der Keimbahn oder auf somatischer Ebene aufzuklären.[38]

Die Mitgliedsunternehmen des GDV hatten sich – befristet bis Ende 2011 – bereit erklärt, die Durchführung von prädiktiven Gentests nicht zur Voraussetzung eines Vertragsabschlusses zu machen. Für private Krankenversicherungen sowie alle Arten von Lebensversicherungen einschließlich Berufsunfähigkeits-, Erwerbsunfähigkeits-, Unfall- und Pflegerentenversicherungen mit einer Versicherungssumme von weniger als 250.000 EUR bzw. einer Jahresrente von weniger als 30.000 EUR werde auch die Vorlage von aus anderen Gründen durchgeführten prädiktiven Gentests

---

28 → § 70 Rn. 19.
29 OLG Celle NJOZ 2008, 3099; *Wendt/Jularic* VersR 2008, 41 (46).
30 OLG Celle NJOZ 2008, 3099 (3100); *Ortmann* in Schwintowski/Brömmelmeyer/Ebers VVG § 151 Rn. 7; *Wendt/Jularic* VersR 2008, 41 (46); *Knappmann* VersR 2005, 199 (200).
31 Ausdrücklich BGH VersR 2001, 620 (622); → § 69 Rn. 16; *Wendt/Jularic* VersR 2008, 41 (42); *Knappmann* VersR 2005, 199; *Müller-Frank* NVersZ 2001, 447; *Ortmann* in Schwintowski/Brömmelmeyer/Ebers VVG § 151 Rn. 7.
32 BGH VersR 2001, 620 (622); BGHZ 102, 194 (198) = VersR 1988, 234 (237).
33 → § 69 Rn. 35.
34 → § 69 Rn. 34; *Ortmann* in Schwintowski/Brömmelmeyer/Ebers VVG § 151 Rn. 8.
35 Gesetz v. 31.7.2009, BGBl. 2009 I S. 2529 (3672).
36 *Präve* VersR 2009, 857; Gesetzesentwurf der BReg für ein Gendiagnostikgesetz v. 31.10.2008, BT-Drs. 16/10532; Gegenäußerung der BReg zum GenDG-E 2008, BT-Drs. 16/10582; Nationaler Ethikrat, „Prädiktive Gesundheitsinformationen beim Abschluss von Versicherungen", www.ethikrat.org, abgedr. mit Einleitung bei *Lorenz* VersR 2007, 471; Gesetzesentwurf eines Gendiagnostikgesetzes v. 3.11.2006, BT-Drs. 16/3233; Schlussbericht der Enquete-Kommission des Deutschen Bundestages „Recht und Ethik der modernen Medizin" v. 14.5.2004, BT-Drs. 14/9020; Entschließung des Bundesrates gegen die Verwertung von Genomanalysen in der Privatversicherung v. 5.9.2000, BR-Drs. 530/00, abgedr. in NVersZ 2001, 154; *Stockter* S. 143; *Kühn* VersMed 2008, 1; *Buyten/Simon* VersR 2003, 813; *Fenger/Schöffski* NVersZ 2000, 449; *Baumann* ZVersWiss 2002, 169; *Lorenz* VersR 1999, 1309; *Präve* VersR 1992, 279.
37 BVerfGE 65, 1 = NJW 1984, 419.
38 Schlussbericht der Enquete-Kommission Ziff. 2.1.1.2.1.2, BT-Drs. 14/9020, 120; dieser Begriffsbestimmung folgend OLG Hamm r+s 2008, 116 = VersR 2008, 773; *Kubiak* VersR 2007, 636.

vor Vertragsabschluss nicht verlangt. Insoweit werde auf die im Versicherungsvertragsgesetz verankerte vorvertragliche Anzeigepflicht gefahrerheblicher Umstände verzichtet, dennoch vorgelegte Befunde würden nicht verwertet.[39] Das OLG Hamm stellt in diesem Zusammenhang ausdrücklich klar, dass sich die Selbstverpflichtung des GDV lediglich auf prädiktive Gentests im Sinne der Begriffsdefinition der Enquete-Kommission[40] beziehe, dass aber eine Offenbarungspflicht in Bezug auf durchgeführte diagnostische Gentests, mit denen eine bereits klinisch manifestierte Erkrankung festgestellt worden sei, unberührt bleibe.[41]

15   Das am 1.2.2010 in Kraft getretene Gendiagnostikgesetz geht zum Teil über die Selbstverpflichtung des GDV hinaus und verbietet in § 18 Abs. 1 die Vornahme von Gentests sowie die Entgegennahme und Verwendung der Ergebnisse bereits durchgeführter Gentests vor oder nach Abschluss des Versicherungsvertrags.[42] Dieses Verbot umfasst grds. alle Arten von Gentests, also sowohl prädiktive als auch diagnostische.[43] Ab einer Versicherungssumme von 300.000 EUR in der Lebensversicherung, bzw. einer Jahresrente von 30.000 EUR in der Berufsunfähigkeits-, Erwerbsunfähigkeits- und Pflegerentenversicherung kann der Versicherer aber die Vorlage bereits durchgeführter Gentests verlangen und die Ergebnisse solcher Tests verwerten.[44] Die Durchführung von Gentests kann damit auch beim Abschluss eines *hochsummigen* Versicherungsvertrages nicht gefordert werden.

16   § 18 Abs. 2 GenDG stellt klar, dass Vorerkrankungen und Erkrankungen anzuzeigen sind und dass die §§ 19–22, 47 insoweit anzuwenden sind. Damit wird klargestellt, dass alle Erkrankungen anzuzeigen sind, unabhängig davon, auf welche Weise sie diagnostiziert worden sind und dass insbes. auch genetisch bedingte Erkrankungen anzugeben sind, selbst wenn diese – bereits manifesten Erkrankungen[45] – aufgrund eines diagnostischen Gentests festgestellt worden sind.[46]

C. Abdingbarkeit

17   § 151 ist zwingend.

§ 152 Widerruf des Versicherungsnehmers

(1) Abweichend von § 8 Abs. 1 Satz 1 beträgt die Widerrufsfrist 30 Tage.

(2) ¹Der Versicherer hat abweichend von § 9 Satz 1¹ auch den Rückkaufswert einschließlich der Überschussanteile nach § 169 zu zahlen. ²Im Fall des § 9 Satz 2² hat der Versicherer den Rückkaufswert einschließlich der Überschussanteile oder, wenn dies für den Versicherungsnehmer günstiger ist, die für das erste Jahr gezahlten Prämien zu erstatten.

(3) Abweichend von § 33 Abs. 1 ist die einmalige oder die erste Prämie unverzüglich nach Ablauf von 30 Tagen nach Zugang des Versicherungsscheins zu zahlen.

Übersicht

		Rn.			Rn.
A.	Normzweck	1	III.	Widerrufsrecht nach § 7e AltZertG	7a
B.	Anwendungsbereich	4	IV.	Kein Widerrufsrecht gem. § 506 Abs. 1 iVm § 495 Abs. 1 BGB bei	
C.	Abgrenzung	6		monatlicher Prämienzahlung	7b
I.	Widerspruchsrecht nach § 5 Abs. 1	6	D.	Widerrufsfrist (Abs. 1)	8
II.	Rücktrittsrecht nach § 7 Abs. 3 AltZertG	7	E.	Fälligkeit der Erst- bzw. Einmalprämie	9

---

[39] Selbstverpflichtung der Mitgliedsunternehmen des GDV 2004, www.gdv.de; die ursprüngliche, bis Ende 2006 befristete, sonst gleich lautende Selbstverpflichtung ist abgedr. in VersR 2002, 35.
[40] Schlussbericht der Enquete-Kommission Ziff. 2.1.1.2.1.2, BT-Drs. 14/9020, 120.
[41] OLG Hamm r+s 2008, 116 = VersR 2008, 773.
[42] Begr. zum RegE zum GenDG zu § 18, BT-Drs. 16/10532, 36.
[43] *Präve* VersR 2009, 857 (861).
[44] Hierzu *Neuhaus*, Berufsunfähigkeitsversicherung, 4. Aufl. 2020, Rn. 82 ff.
[45] Nach *Kröger* MedR 2010, 751 (754) schränkt § 18 Abs. 2 GenDG § 19 VVG insoweit ein.
[46] OLG Saarbrücken r+s 2014, 88 = VersR 2012, 557; zuvor bereits OLG Hamm r+s 2008, 116 = VersR 2008, 773.

1   Gemeint ist § 9 Abs. 1 S. 1.
2   Gemeint ist § 9 Abs. 1 S. 2.

		Rn.		Rn.
F.	Rechtsfolgen des Widerrufs	9a	gen Beginn des Versicherungsschutzes	11
I.	Anwendungsvoraussetzung: Vorzeitiger Beginn des Versicherungsschutzes	9a	1. Bei gesetzmäßiger Belehrung des Versicherungsnehmers (§ 9 Abs. 1 S. 1 iVm § 152 Abs. 2 S. 1)	11
II.	Widerrufsfolgen mangels Zustimmung des Versicherungsnehmers zu vorzeitigem Beginn des Versicherungsschutzes	10	2. Bei fehlender gesetzmäßiger Belehrung des Versicherungsnehmers (§ 9 Abs. 1 S. 2 iVm § 152 Abs. 2 S. 2)	16
III.	Widerrufsfolgen bei Zustimmung des Versicherungsnehmers zum vorzeiti-		IV. Nettopolicen	20b
			G. Abdingbarkeit	21

Stichwort- und Fundstellenverzeichnis

Stichwort	Rn.	Rspr.	Lit.
Abgrenzung	→ Rn. 6 ff.	BGHZ 196, 150 = NJW 2013, 2195 (2196 f.) = VersR 2013, 341	*Winter* in Bruck/Möller VVG § 152 Rn. 6, 12; *Langheid* in Römer/Langheid VVG § 152 Rn. 10; *Schneider* in Prölss/Martin VVG § 152 Rn. 9
Anwendungsbereich	→ Rn. 4 f.	OLG Hamm r+s 2019, 382 = BeckRS 2019, 1074 Rn. 20 ff.	*Ortmann* in Schwintowski/Brömmelmeyer/Ebers VVG § 152 Rn. 2
Fälligkeit Erst- bzw. Einmalprämie	→ Rn. 9	–	*Grote* in Langheid/Rixecker VVG § 152 Rn. 20; *Ortmann* in Schwintowski/Brömmelmeyer/Ebers VVG § 152 Rn. 14
Nettopolicen	→ Rn. 20b	BGH NJW-RR 2015, 655 = VuR 2015, 197; VersR 2014, 567 (569 f., 571); VersR 2014, 824 (825 f.); VersR 2015, 829; BeckRS 2014, 11031; NJW-RR 2014, 1247 = VuR 2014, 323; OLG Braunschweig NJOZ 2015, 641 (643); AG Lahr BeckRS 2012, 03076	–
Normzweck	→ Rn. 1 ff.	–	*Brambach* in HK-VVG VVG § 152 Rn. 1, 5; *Ortmann* in Schwintowski/Brömmelmeyer/Ebers VVG § 152 Rn. 1, 3
Spätrücktritt	→ Rn. 19a f.	EuGH 19.12.2019 verb. Rs. C-355/18 bis C-357/18 und C-479/18 (*Rust-Hackner*), NJW 2020, 667 Rn. 106, 107, 111, 117, 121	*Armbrüster* in Prölss/Martin VVG § 9 Rn. 34; *Armbrüster*, Anm. zu EuGH 19.12.2019 verb. Rs. C-355/18 bis C-357/18 und C-479/18 (*Rust-Hackner*), VuR 2020, 107 (117 f.); *Winter* in Bruck/Möller VVG § 152 Rn. 18; *Heiss* VR 2019, 35; *Wandt/Ganster* VersR 2008, 425 (438 ff.); *Eberhardt* in Langheid/Wandt VVG § 9 Rn. 28
Frist	→ Rn. 8	BGH NJW 2017, 3784 = VersR 2017, 1321 Rn. 11	–
Rechtsfolgen	→ Rn. 9a ff.	BGH NJW 2017, 3784 = VersR 2017, 1321 Rn. 20; NJW 2017, 3784 = VersR 2017, 1321 Rn. 20; VersR 2014, 817; WM 2019, 720 Rn. 10 ff.; OLG Brandenburg VersR 2016, 377 = BeckRS 2015, 12382 Rn. 102; OLG Frankfurt a.M. VersR 2017, 1070 Rn. 17, 22; OLG Karlsruhe VersR 2019, 865 Rn. 35, 37, 40, 57 f.; OLG Köln	*Armbrüster* in Prölss/Martin VVG § 9 Rn. 2, 15 ff., 25, 29, 34; *Armbrüster* r+s 2008, 493 (503); *Brambach* in HK-VVG VVG § 152 Rn. 17, 24; *Brömmelmeyer* in Beckmann/Matusche-Beckmann VersR-HdB § 42 Rn. 214 f.; *Eberhardt* in Langheid/Wandt VVG § 9 Rn. 6; *Ebers* in Schwintowski/Brömmelmeyer/Ebers VVG § 9 Rn. 13; *Grote* in Langheid/Rixecker VVG § 152 Rn. 12; *Heinig/Makowsky* in

Stichwort	Rn.	Rspr.	Lit.
		NJOZ 2021, 363 Rn. 24; OLG Stuttgart NJOZ 2020, 175 Rn. 35, 38, 44, 50, 52, 55; VersR 2021, 365 Rn. 28, 30; LG Offenburg VersR 2012, 1417; 2016, 377; AG Emmendingen VuR 2020, 26 (27)	Looschelders/Pohlmann VVG § 9 Rn. 16, 30 f.; Knops in Bruck/Möller VVG § 9 Rn. 21, 22; Ortmann in Schwintowski/Brömmelmeyer/Ebers VVG § 152 Rn. 7 ff., 13; Schaaf/Winkens VersR 2016, 360 (365); Wandt/Ganster VersR 2008, 425 (433 f.); Wendt, Zum Widerruf im Versicherungsvertragsrecht, 2013, S. 178; Winter in Bruck/Möller VVG § 152 Rn. 14, 17
Zwingendes Recht	→ Rn. 21	BGH VersR 2014, 824 (826)	–

Schrifttum: *Armbrüster,* Das allgemeine Widerrufsrecht im neuen VVG, r+s 2008, 493; *Heiss,* Rechtsfolgen des „Spätrücktritts" in der Lebensversicherung – Anmerkungen zu den Schlussanträgen von Generalanwältin Juliane Kokott vom 11. Juli 2019 in den Rechtssachen C-355/18 – C-357/18 und C-479/18, VR 2019, 35; *Schaaf/Winkens,* Aktuelle Rechtsprechung zur Lebensversicherung – Beratungspflichten des Versicherers, „ewiges" Widerrufsrecht und Überschussbeteiligung nach novelliertem VVG, VersR 2016, 360; *Wandt/Ganster,* Die Rechtsfolgen des Widerrufs eines Versicherungsvertrags gem. § 9 VVG, VersR 2008, 425; *Wendt,* Zum Widerruf im Versicherungsvertragsrecht, 2013.

A. Normzweck

1 § 152 ergänzt und modifiziert die §§ 8, 9 für die Lebensversicherung.[3] Die Vorschrift dient insbes. dazu, besondere Vorgaben des Europäischen Richtlinienrechts zur Lebensversicherung umzusetzen. Die Begründung verweist auf Art. 17 der RL 2002/65/EG des Europäischen Parlaments und des Rates v. 23.9.2002 über den Fernabsatz von Finanzdienstleistungen an Verbraucher und zur Änderung der RL 90/619/EWG des Rates und der RL 97/7/EG und RL 98/27/EG (RL Fernabsatz II).[4] Entsprechend dieser gemeinschaftsrechtlichen Vorgabe sei die **Widerrufsfrist** bei Lebensversicherungen (generell) auf 30 Tage erhöht worden. Diese Gesetzesbegründung verwundert doppelt. Zum einen lässt sie Art. 6 Abs. 1 S. 2 RL Fernabsatz II unerwähnt, der dem Versicherungsnehmer einer Lebensversicherung eine Widerrufsfrist von ebenfalls 30 Tagen gewährt, soweit die Lebensversicherung im Wege des Fernabsatzes an einen Verbraucher vertrieben wird.[5] Zum anderen war der von der Begründung zitierte Art. 17 **RL Fernabsatz II** im Zeitpunkt, als der VVG-Entwurf präsentiert wurde, nicht mehr maßgebend. Art. 17 RL Fernabsatz II hatte nämlich die Bestimmung des Art. 15 Abs. 1 UAbs. 1 der RL 90/619/EWG des Rates v. 8.11.1990 zur Koordinierung der Rechts- und Verwaltungsvorschriften für die Direktversicherung (Lebensversicherung) und zur Erleichterung der tatsächlichen Ausübung des freien Dienstleistungsverkehrs sowie zur Änderung der RL 79/267/EWG,[6] die sog. Zweite Richtlinie Lebensversicherung geändert. Diese Richtlinie ist jedoch – einschließlich ihrer Änderungen – durch Art. 72 Abs. 1 iVm Anh. V Teil A der RL 2002/83/EG des Europäischen Parlaments und des Rates v. 5.11.2002 über Lebensversicherungen[7] (RL Lebensversicherung) aufgehoben worden. An ihre Stelle trat mit Inkrafttreten der RL Lebensversicherung am 19.12.2002[8] die Vorschrift des Art. 35 **RL Lebensversicherung.** Diese räumt für individuelle Lebensversicherungsverträge zwar ebenfalls ein generelles „Rücktrittsrecht" ein, die Frist für dessen Ausübung wird aber nicht auf 30 Tage fixiert, sondern nur mit mindestens 14 und maximal 30 Tagen begrenzt. Der Abschlussbericht der Expertenkommission hatte dies als ein Redaktionsversehen in der Richtlinie angesehen und die Richtlinienbestimmung in dem Sinne ausgelegt, dass sie eine Widerrufsfrist von 30 Tagen vorsieht.[9] Allerdings findet sich derselbe Zeitraum (14–30 Tage) auch in Art. 186 Abs. 1 RL 2009/138/EG (Solvabilität II) wieder, sodass die These vom Redaktionsversehen nicht haltbar sein dürfte. Im Ergebnis folgt, dass § 152 die Vorschriften der §§ 8, 9 um die speziell für Lebensversicherungen erlassenen Vorschriften des Europä-

---

[3] *Brambach* in HK-VVG § 152 Rn. 1.
[4] ABl. 2002 L 271, S. 16.
[5] Auf diese Vorschrift (und Art. 7 RL Fernabsatz II) stellen zB *Ortmann* in Schwintowski/Brömmelmeyer/Ebers VVG § 152 Rn. 1, 3 ab.
[6] ABl. 1990 L 330, S. 50.
[7] ABl. 2002 L 345, S. 1.
[8] Art. 73 RL Lebensversicherung.
[9] Abschlussbericht der Kommission zur Reform des Versicherungsvertragsrechts vom 19. April 2004, 2004, S. 125.

ischen Richtlinienrechts ergänzt, und zwar mit Blick auf Art. 6 und 7 RL Fernabsatz II und Art. 35 RL Lebensversicherung (nunmehr Art. 186 RL 2009/138/EG [Solvabilität II]). Dabei hat sich der Gesetzgeber dazu entschieden, die sich teils überlappenden, teils nicht kongruenten Regelungen der RL Fernabsatz II und der RL Lebensversicherung (nunmehr RL Solvabilität II) in eine einheitliche Norm umzugießen.[10]

In der Sache dient die Vorschrift dem **Schutz** des **Versicherungsnehmers** vor übereilten 2 Entscheidungen. Dies gilt nicht nur dann, wenn der Versicherungsnehmer den Vertrag in einer Situation geschlossen hat, die übereiltes Handeln befürchten lässt (insbes. bei Abschluss im Fernabsatz), sondern wegen der Komplexität des Produkts „Lebensversicherung" auch bei Vertrieb auf herkömmlichem Wege, insbes. also bei Vertrieb durch Versicherungsvertreter. Die Regelung gilt selbst dann, wenn der Versicherungsnehmer von einem unabhängigen Makler beraten worden ist. In allen Fällen soll der Versicherungsnehmer die Möglichkeit erhalten, das Produkt auch **nach Vertragsschluss** noch zu prüfen und notfalls auszusteigen.

§ 152 ergänzt die allgemeinen Vorschriften in dreierlei Hinsicht: Erstens **verlängert** er die 3 allgemeine **Widerrufsfrist** von 14 Tagen[11] auf 30 Tage (§ 152 Abs. 1). Dasselbe geschieht, zweitens, hinsichtlich der **Fälligkeit** der Erst- bzw. Einmalprämie, die in der Lebensversicherung nicht schon 14 Tage,[12] sondern erst 30 Tage nach Zugang des Versicherungsscheins eintritt (§ 152 Abs. 3). Und drittens trägt § 152 Abs. 2 dem Umstand Rechnung, dass Lebensversicherungen häufig einen **Rückkaufswert** bilden, der im Fall eines Widerrufs durch den Versicherungsnehmer vom Versicherer vergütet werden muss.[13]

B. Anwendungsbereich

§ 152 kommt grds. auf alle Lebensversicherungen zur Anwendung. Allerdings setzt er tatbestandlich 4 das **Bestehen** eines **Widerrufsrechts** des Versicherungsnehmers nach § 8 voraus. Hierbei ist zu beachten, dass die **Ausnahme**vorschriften in § 8 Abs. 3 Nr. 1 (Laufzeit von weniger als einem Monat), Nr. 2 (vorläufige Deckung), Nr. 3 (Pensionskassen) sowie § 8 Abs. 3 UAbs. 2 (auf Wunsch des Versicherungsnehmers beiderseits vollständig erfüllter Vertrag) auch auf die Lebensversicherung zutreffen können.[14] Dieser durch § 8 Abs. 3 eingegrenzte Anwendungsbereich gilt somit auch iRd § 152.

Was die **Pensionskassen** nach § 8 Abs. 3 Nr. 3 anbelangt, betont § 211 Abs. 2 Nr. 1 nochmals 5 die Unanwendbarkeit von § 152 Abs. 1 und 2. Wie in § 8 Abs. 3 Nr. 3 bleibt auch in § 211 Abs. 2 Nr. 1 der Fall vorbehalten, dass ein Fernabsatzvertrag iSv § 312c BGB vorliegt.[15]

Das Widerrufsrecht nach § 8 kommt dem Versicherungsnehmer und daher **nicht** (auch nicht 5a analog) einem **Versicherten** einer Gruppenversicherung zu, der selbst nicht Versicherungsnehmer ist.[16] Eine Ausnahme besteht seit 23.2.2018 gem. § 7d bei **Restschuldversicherungen,** die als Gruppenversicherungen genommen werden.

C. Abgrenzung

I. Widerspruchsrecht nach § 5 Abs. 1

Das Widerrufsrecht nach § 8 iVm § 152 kann in Konkurrenz mit dem Widerspruchsrecht nach 6 § 5 Abs. 1 treten.[17] Während das Widerrufsrecht nach § 8 iVm § 152 keine speziellen Voraussetzun-

---

[10] Vgl. zur Geltung der Frist bei allen Lebensversicherungen unabhängig von der Vertriebsform *Ortmann* in Schwintowski/Brömmelmeyer/Ebers VVG § 152 Rn. 3.
[11] § 8 Abs. 1 S. 1 sprach zunächst von „zwei Wochen"; dies wurde jedoch durch das Gesetz zur Umsetzung der Verbraucherkreditrichtlinie, des zivilrechtlichen Teils der Zahlungsdiensterichtlinie sowie zur Neuordnung der Vorschriften über das Widerrufs- und Rückgaberecht v. 29.7.2009 (BGBl. 2009 I 2355) in „14 Tage" geändert.
[12] Nach § 33 Abs. 1 beträgt die Frist im Allgemeinen 14 Tage bzw. – vor Inkrafttreten des Gesetzes zur Umsetzung der Verbraucherkreditrichtlinie, des zivilrechtlichen Teils der Zahlungsdiensterichtlinie sowie zur Neuordnung der Vorschriften über das Widerrufs- und Rückgaberecht v. 29.7.2009 (BGBl. I S. 2355) zum 11.6.2010 – zwei Wochen.
[13] *Brambach* in HK-VVG § 152 Rn. 5.
[14] Lebensversicherungen können demgegenüber niemals „Großrisiken" iSv § 210 Abs. 2 sein, sodass der Ausnahmetatbestand des § 8 Abs. 3 Nr. 4 keine Bedeutung hat.
[15] *Ortmann* in Schwintowski/Brömmelmeyer/Ebers VVG § 152 Rn. 2.
[16] Vgl. OLG Hamm r+s 2019, 382 = BeckRS 2019, 1074 Rn. 20 ff.
[17] *Winter* in Bruck/Möller VVG § 152 Rn. 12.

gen hat, kommt ein Widerspruchsrecht nach § 5 Abs. 1 nur in Frage, wenn der **Versicherungsschein** vom **Antrag** des **Versicherungsnehmers** oder von schon zuvor getroffenen Vereinbarungen **abweichende Inhalte** aufweist. Die Begründung zu § 152 stellt klar, dass die Widerrufsfrist auch im Falle des § 5 Abs. 1 mit der **Übersendung** des **Versicherungsscheins** – und also nicht erst mit dem Vertragszustandekommen mangels Widerspruchs zum Ende der Frist nach § 5 Abs. 1 – beginnt. Die Begründung hebt insbes. hervor, dass sich die Fristen von 30 Tagen gem. § 152 Abs. 1 und einem Monat nach § 5 Abs. 1 weitgehend decken.[18] Es verbleibt damit allerdings die von der Begründung unbeantwortete Frage, wieso man keinen einheitlichen Zeitraum gewählt hat. Immerhin aber wird deutlich, dass das Widerspruchsrecht nach § 5 Abs. 1, wenn denn seine Voraussetzungen gegeben sind, dem Widerrufsrecht nach § 8 iVm § 152 zur Seite tritt. Der Versicherungsnehmer kann daher wählen, welchen **Rechtsbehelf** er anwenden will, was angesichts abweichender Rechtsfolgen von Bedeutung sein kann.[19]

II. Rücktrittsrecht nach § 7 Abs. 3 AltZertG

7   Neben dem Widerrufsrecht in der Lebensversicherung gem. § 8 iVm § 152 VVG kennt § 7 Abs. 3 **AltZertG** auch ein **Rücktrittsrecht,** wenn eine Lebensversicherungspolice als **Altersvorsorgevertrag** abgeschlossen wird. Dieses Rücktrittsrecht ist allerdings an die besondere Voraussetzung geknüpft, dass der Versicherer die ihm nach § 7 Abs. 1, 2 AltZertG obliegenden **Informationspflichten verletzt.**[20] Das Rücktrittsrecht nach § 7 Abs. 3 S 1 AltZertG besteht bei Vorliegen der speziellen Voraussetzungen neben dem Widerrufsrecht nach § 8 iVm § 152 VVG. § 7 Abs. 3 S. 6 AltZertG hält daher ausdrücklich fest, dass § 8 unberührt bleibt. Der Versicherungsnehmer kann somit zwischen dem Rücktritt nach § 7 Abs. 3 S 1 AltZertG und dem allgemeinen Widerrufsrecht nach § 8 iVm § 152 **wählen,** was angesichts abweichender Rechtsfolgen von Bedeutung sein kann.

III. Widerrufsrecht nach § 7e AltZertG

7a   § 7e S, 1 AltZertG gewährt dem Vertragspartner des Anbieters ein Widerrufsrecht nach § 355 BGB. Dieses Widerrufsrecht wird jedoch im S. 2 des § 7e AltZertG zurückgenommen, wenn „dem Verbraucher" ein Widerrufsrecht „nach Maßgabe anderer Vorschriften nach § 355 BGB oder nach anderen Vorschriften" zusteht. Zu diesen „anderen Vorschriften" sind auch die §§ 8, 9, 152 zu zählen, sodass bei einem zertifizierten Versicherungsvertrag § 7e AltZertG nicht zum Zuge kommt.

IV. Kein Widerrufsrecht gem. § 506 Abs. 1 iVm § 495 Abs. 1 BGB bei monatlicher Prämienzahlung

7b   Heftig debattiert wurde die Frage, ob eine monatliche Zahlung einer Lebensversicherungsprämie bei einer zugrundeliegenden Versicherungsperiode von einem Jahr einen Zahlungsaufschub iSd § 506 Abs. 1 BGB darstellt und daher ein Widerrufsrecht des Versicherungsnehmers nach § 495 Abs. 1 BGB auslöst, wenn die monatliche Zahlweise mit einem Prämienaufschlag verbunden ist.[21] Der BGH hat dies verneint.[22] Folgt man der Ansicht des BGH, so kann es von vornherein zu keiner Konkurrenz mit dem Widerrufsrecht nach § 8 kommen.

7c   In seiner Begründung führt der BGH am Ende aus, die §§ 8, 9 (und daher wohl auch § 152) bildeten eine abschließende Regelung des Widerrufsrechts, „die für eine ergänzende Anwendung der Vorschriften des BGB bzw. des Verbraucherkreditgesetzes keinen Raum lässt".[23] Ob diese Ansicht auf das Verhältnis von § 8 zu den Vorschriften des BGB zutrifft, kann im Kontext von § 152 dahingestellt bleiben.[24] Für das Widerrufsrecht bei Haustürgeschäften und Fernabsatzverträgen nach § 312g BGB gilt ohnehin die Ausnahme von Versicherungsverträgen nach § 312a Abs. 6 BGB, sodass insofern von vornherein nur § 8 zur Verfügung steht. Sicherlich nicht übertragbar ist die Aussage des BGH auf das Widerspruchsrecht nach § 5[25] und das Rücktrittsrecht nach § 7 Abs. 3 AltZertG.[26]

---

[18] Vgl. *Winter* in Bruck/Möller VVG § 152 Rn. 12.
[19] Seine Erklärung ist im Zweifel so auszulegen, dass für den Versicherungsnehmer die günstigere Variante (§ 5 oder § 8 iVm § 152) zur Anwendung gelangt; *Langheid* in Römer/Langheid VVG § 152 Rn. 10; ähnlich *Schneider* in Prölss/Martin VVG § 152 Rn. 9.
[20] *Winter* in Bruck/Möller VVG § 152 Rn. 6.
[21] S. die Darstellung des Diskussionsstandes bei BGH NJW 2013, 2195 (2196 f.) = VersR 2013, 341 = BGHZ 196, 150.
[22] BGHZ 196, 150 = NJW 2013, 2195 = VersR 2013, 341.
[23] BGHZ 196, 150 = NJW 2013, 2195 (2198) = VersR 2013, 341.
[24] Diese Frage findet in der Lit. kaum Beachtung.
[25] → Rn. 6.
[26] → Rn. 7.

Unzutreffend ist die Aussage des BGH darüber hinaus jedenfalls mit Blick auf § 9 (und damit auch mit Blick auf § 152). §§ 9, 152 regeln die Rechtsfolgen des Widerrufs eben nur unvollständig für den Fall, dass der Versicherungsnehmer der vorzeitigen Erfüllung durch den Versicherer zugestimmt hat. Liegt eine solche Zustimmung nicht vor, ist ein Rückgriff auf §§ 355, 357a BGB jedenfalls hinsichtlich der Rechtsfolgen unerlässlich.[27] Die Aussage des BGH kann sich daher nur auf das Bestehen eines Widerrufsrechts und nicht auf die Rechtsfolgen seiner Ausübung beziehen. Zu mit Versicherungsverträgen in Form von Nettopolicen verbundenen Kostenausgleichsvereinbarungen → Rn. 20a.

D. Widerrufsfrist (Abs. 1)

§ 152 Abs. 1 gewährt kein eigenes **Widerrufsrecht,** sondern **verlängert** lediglich die dem Versicherungsnehmer zugestandene Widerrufsfrist des § 8 Abs. 1 auf 30 Tage.[28] Die Frist **beginnt** mit dem Erhalt des Versicherungsscheins und der weiteren Dokumente gem. § 8 Abs. 2. Alle anderen Fragen zum Bestehen eines Widerrufsrechts bleiben demgegenüber § 8 unterworfen. **8**

E. Fälligkeit der Erst- bzw. Einmalprämie

Analog zur **Verlängerung** der Widerrufsfrist nach § 152 Abs. 1 erstreckt § 152 Abs. 3 in Abweichung von § 33 auch die Frist bis zum Fälligwerden der **Erst- bzw. Einmalprämie** auf 30 Tage nach Zugang des Versicherungsscheins.[29] Der Grund hierfür ist derselbe wie bei § 33: Nach der Begründung zum RegE soll die Erst- oder Einmalprämie „im Normalfall"[30] erst fällig werden, wenn die Widerrufsfrist abgelaufen ist.[31] § 152 Abs. 3 knüpft den Beginn der Frist an den Zugang des Versicherungsscheins, wohingegen die Widerrufsfrist des § 8 Abs. 2 erst ab Zugang weiterer Dokumente zu laufen beginnt.[32] Das ist freilich bei der allgemeinen Fälligkeitsregelung des § 33 Abs. 1 genauso. **9**

F. Rechtsfolgen des Widerrufs

I. Anwendungsvoraussetzung: Vorzeitiger Beginn des Versicherungsschutzes

§ 152 knüpft an § 9 an und betrifft daher hinsichtlich der Rechtsfolgen des Widerrufs ausschließlich Fälle, in denen der Versicherungsschutz bereits vor dem Ablauf der Widerrufsfrist begonnen hat. Ist dies nicht der Fall, kommen nach der Gesetzesbegründung zu § 9 die §§ 357, 346 ff. BGB[33] (a.F., sohin nunmehr §§ 355, 357a BGB) zur Anwendung[34] und der Versicherer hat die geleisteten Prämienzahlungen zu erstatten.[35] Da der Anwendungsbereich dieser Normen auf Verbrauchergeschäfte beschränkt ist, müssen sie bei Versicherungsverträgen analog auch auf Nicht-Verbraucherversicherungen Anwendung finden.[36] Dies hat auch bei Versicherungen mit Einmalprämien zu gelten, und zwar unabhängig davon, ob es sich um herkömmlich kapitalbildende oder fondsgebundene Policen handelt. **9a**

---

[27] → Rn. 9a.
[28] Vgl. zB BGH NJW 2017, 3784 = VersR 2017, 1321 Rn. 11.
[29] *Ortmann* in Schwintowski/Brömmelmeyer/Ebers VVG § 152 Rn. 14.
[30] Zum „Problemfall", in dem die Widerrufsfrist 30 Tage nach Zugang des Versicherungsscheins noch nicht abgelaufen ist, → § 33 Rn. 19.
[31] Begr. zu Art. 1 (§ 33 VVG), RegE Gesetz zur Reform des Versicherungsvertragsrechts BT-Drs. 16/3945, 70.
[32] Zum unterschiedlichen Fristbeginn *Grote* in Langheid/Rixecker VVG § 152 Rn. 9.
[33] Zu diesen zB noch BGH NJW 2017, 3784 = VersR 2017, 1321 Rn. 20.
[34] Vgl. OLG Frankfurt a.M. VersR 2017, 1070 Rn. 17; OLG Stuttgart VersR 2021, 365 Rn. 30.
[35] Begr. zu Art. 1 (§ 9 VVG), RegE Gesetz zur Reform des Versicherungsvertragsrechts BT-Drs. 16/3945, 62; *Knops* in Bruck/Möller VVG § 9 Rn. 22; *Ortmann* in Schwintowski/Brömmelmeyer/Ebers VVG § 152 Rn. 13; → § 9 Rn. 7.
[36] IdS *Armbrüster* in Prölss/Martin VVG § 9 Rn. 2.

II. Widerrufsfolgen mangels Zustimmung des Versicherungsnehmers zu vorzeitigem Beginn des Versicherungsschutzes

10 Die Sonderregelungen der §§ 9, 152 setzen voraus, dass der Versicherungsnehmer einem **Beginn** des **Versicherungsschutzes vor** dem **Ablauf** der **Widerrufsfrist zugestimmt** hat.[37] Das Erfordernis einer vorherigen Zustimmung ist unionsrechtlich – nach Art. 7 Abs. 1 S. 2 RL Fernabsatz II jedenfalls für Verbraucherverträge vorgegeben.[38] Fehlt es an dieser Zustimmung, ist schon aus dem Wortlaut des § 9 Abs. 1 S. 1, wonach der Versicherer bei Vorliegen der Voraussetzungen „nur" die Prämien für die Zeit nach dem Widerruf zu erstatten hat, *e contrario* zu folgern, dass bei Fehlen der **Zustimmung** des Versicherungsnehmers „alle" Prämien zu erstatten sind.[39] Dasselbe Ergebnis folgt, wenn man in Anlehnung an die Gesetzesbegründung zu § 9 die §§ 355, 357a BGB (bei Nicht-Verbraucherversicherungen analog) anwendet und auf dieser Grundlage die Rückerstattung der geleisteten Zahlungen ohne Wertersatz für den Versicherungsschutz fordert.[40] Dies gilt auch bei Versicherungen mit Einmalprämien, seien sie regulär kapitalbildende oder fondsgebundene Policen. Das AG Emmendingen hat diesfalls dem Versicherungsnehmer einen Auskunftsanspruch hinsichtlich der „Höhe der Sparanteile, der Abschluss-, der Verwaltungs- und der Risikokosten und etwaiger Stornoabzüge und sonstiger dem Vertrag belasteter Gebühren ebenso wie bezüglich des zum Zeitpunkt des Zugangs des ... vorhandenen Deckungskapitals/Fondsguthabens" zugesprochen, wenn er „ohne eigenes Verschulden in Unkenntnis ist" und dem Versicherer „die Erteilung der erforderlichen Auskunft nach Treu und Glauben zugemutet werden kann".[41]

III. Widerrufsfolgen bei Zustimmung des Versicherungsnehmers zum vorzeitigen Beginn des Versicherungsschutzes

11 **1. Bei gesetzmäßiger Belehrung des Versicherungsnehmers (§ 9 Abs. 1 S. 1 iVm § 152 Abs. 2 S. 1).** Hat der Versicherungsnehmer dem **vorzeitigen Beginn** des Versicherungsschutzes **zugestimmt**, so richten sich die Rechtsfolgen des Widerrufs nach § 9 Abs. 1 S. 1 iVm § 152 Abs. 2 S. 1, wenn der Versicherungsnehmer darüber hinaus die in § 9 Abs. 1 S. 1 aufgezählten **Belehrungen** erhalten hat. Die erforderliche Belehrung hat die modifizierten Rechtsfolgen nach § 152 Abs. 2 einzuschließen.[42]

12 Nach § 9 Abs. 1 S. 1 hat der Versicherer die **Prämien** zu **erstatten**, die auf die Zeit **nach Zugang** der **Widerrufserklärung** des Versicherungsnehmers entfallen. Dies umfasst die vollen Prämienbeträge. Für Lebensversicherungen, die **keinen Rückkaufswert** bilden,[43] ist damit eine abschließende Regelung getroffen, weil nach § 9 Abs. 1 S. 1 der Versicherer die auf den tatsächlich geleisteten Versicherungsschutz entfallenden **Prämien behalten** darf. An Sparanteilen fehlt es hier, sodass keine zusätzlichen Regelungen erforderlich sind.

13 § 152 Abs. 2 S. 1 lässt diese Rechtsfolge des § 9 Abs. 1 S. 1 grds. unberührt. Bildet eine Lebensversicherung jedoch einen Rückkaufswert iSv § 169, so hat der Versicherer „auch", also zusätzlich zu den **Prämien**, die auf die Zeit **nach Zugang** der **Widerrufserklärung** entfallen, den **Rückkaufswert** (einschließlich der Überschussbeteiligung) zu **erstatten**. Angesichts der Tatsache, dass die Prämien für die Zeit nach Zugang der Widerrufserklärung voll zu erstatten sind, kann sich der nach § 152 Abs. 2 S. 1 „auch" zu erstattende Rückkaufswert nur aus den bis dahin geschuldeten Prämien bilden. Auf dieser Grundlage ist der Rückkaufswert nach § 169 Abs. 3, bei fondsgebunde-

---

[37] Wobei die Ansichten, welche Anforderungen an eine solche Zustimmung zu stellen sind, divergieren; zum Meinungsstand in Rechtsprechung und Lehre *Armbrüster* in Prölss/Martin VVG § 9 Rn. 15 ff.; s. auch *Eberhardt* in Langheid/Wandt VVG § 9 Rn. 6; konkludente Zustimmung lässt zB OLG Frankfurt a.M. VersR 2017, 1070 Rn. 22 ausreichend; offenlassend OLG Karlsruhe VersR 2019, 865 Rn. 37.

[38] Art. 7 Abs. 1 S. 2 RL Fernabsatz II lautet: „Mit der Erfüllung des Vertrags darf erst nach Zustimmung des Verbrauchers begonnen werden."

[39] Wie hier *Heinig/Makowsky* in Looschelders/Pohlmann VVG § 9 Rn. 16.

[40] Begr. Zu Art. 1 (§ 9), RegE Gesetz zur Reform des Versicherungsvertragsrechts BT-Drs. 16/3945, 62; in diesem Sinne auch BGH NJW 2017, 3784 = VersR 2017, 1321 Rn. 20; OLG Karlsruhe VersR 2019, 865 Rn. 35; *Wandt/Ganster* VersR 2008, 425 (433 f.); *Knops* in Bruck/Möller VVG § 9 Rn. 22; *Ebers* in Schwintowski/Brömmelmeyer/Ebers VVG § 9 Rn. 13; *Heinig/Makowsky* in Looschelders/Pohlmann VVG § 9 Rn. 16; *Wendt*, Zum Widerruf im Versicherungsvertragsrecht, 2013, S. 178; aA *Armbrüster* in Prölss/Martin VVG § 9 Rn. 25; → § 9 Rn. 7.

[41] AG Emmendingen VuR 2020, 26 (27).

[42] Begr. Zu Art. 1 (§ 152 VVG), RegE Gesetz zur Reform des Versicherungsvertragsrechts BT-Drs. 16/3945, 95.

[43] Das kommt nur bei Risikolebensversicherungen in Frage, weil ansonsten der Anspruch auf den Rückkaufswert gem. § 169 garantiert ist; für ein Bsp. LG Offenburg VersR 2012, 1417.

nen Lebensversicherungen nach § 169 Abs. 4 zu berechnen.[44] Allerdings darf der Versicherer im Falle des Widerrufs die **Abschluss- und Vertriebskosten** nicht verrechnen, weil dies dem Sinn des Widerrufsrechts widersprechen würde.[45] Aus demselben Grund kann der pauschale Verweis des § 152 Abs. 2 auf § 169 auch nicht den Stornoabzug nach § 169 Abs. 5 S. 1 umfassen.[46]

§ 9 Abs. 1 S. 1, § 152 Abs. 2 S. 1 kennen keine Sonderregelung für Versicherungen mit **Einmalprämie**.[47] Folgt man wortgetreu dem Konzept der § 9 Abs. 1 S. 1, § 152 Abs. 2 S. 1, so ist die Einmalprämie in zwei Teile zu zerlegen. Derjenige Teil der Einmalprämie, welcher für die Zeit nach Zugang des Widerrufs bezahlt wird, wäre voll zu erstatten. Für jenen Teil der Einmalprämie, der für die Zeit vor Zugang des Widerrufs entrichtet wurde, wäre der korrespondierende Rückkaufswert (ohne Abzug für Abschluss- und Vertriebskosten sowie ohne Stornoabzug) zu erstatten. Dieses Ergebnis ist herstellbar, indem man den Rückkaufswert (ohne Abzug für Abschluss- und Vertriebskosten sowie ohne Stornoabzug) im Zeitpunkt des Zugangs der Widerrufserklärung errechnet. Dann würden nämlich von den Prämienanteilen für die Zeit vor Zugang der Widerrufserklärung nur die jährlich entnommenen und bis zum Widerruf tatsächlich konsumierten Risikoanteile (und laufende Kosten) nicht refundiert.

Die Sachlage wird bei **fondsgebundenen Lebensversicherungen** mit **Einmalprämie** noch komplexer. Hier ist insbes. zu fragen, ob das **Kursrisiko** der Fondsanteile hinsichtlich der gesamten Einmalprämie der Versicherer oder der Versicherungsnehmer trägt oder aber das Risiko zwischen den Parteien zu verteilen ist, indem nach dem Konzept der § 9 Abs. 1 S. 1, § 152 Abs. 2 S. 1 die Prämienanteile, die auf die Zeit nach Zugang der Widerrufserklärung entfallen, voll zu erstatten sind (und insofern der Versicherer das Kursrisiko trägt), während für jene Prämienanteile, die auf die Zeit vor Zugang der Widerrufserklärung entfallen, nur der anteilige Rückkaufswert zu erstatten ist (und insofern der Versicherungsnehmer das Kursrisiko trägt). Gegen eine wortgetreue Anwendung der § 9 Abs. 1 S. 1, § 152 Abs. 2 S. 1 spricht in diesen Fällen, dass sich zwar die Einmalprämie rechnerisch auf die einzelnen Jahre der Vertragslaufzeit verteilen lässt, das Kursrisiko aber schon zu Anfang der Vertragslaufzeit übernommen wird. Dies geschieht mit Wissen und Zustimmung des Versicherungsnehmers. Das Risiko wird also auf Wunsch des Kunden eingegangen und lässt sich nicht zeitlich spalten. Der vertragskonforme Erwerb risikobehafteter Fondsanteile erfolgt außerdem, nachdem der Versicherungsnehmer jedenfalls über sein Widerrufsrecht und die Folgen seiner Ausübung unterrichtet worden ist. In dieser Situation erscheint es vertretbar, die Ansprüche des Versicherungsnehmers auf den (ungezillmerten und ohne Stornoabzug berechneten) Rückkaufswert nach § 169 Abs. 4 zu beschränken. Dafür spricht auch ein Vergleich mit § 312g Abs. 2 Nr. 8 BGB, der bei anderen Finanzdienstleistungen betreffend Gegenstände, die am Finanzmarkt Wertschwankungen unterworfen sind, das Widerrufs- bzw. Rückgaberecht ganz ausschließt. § 312g Abs. 2 Nr. 8 BGB ist überdies eine Umsetzungsbestimmung zu Art. 6 Abs. 2 lit. a RL Fernabsatz II, der „**Finanzdienstleistungen,** deren Preis auf dem Finanzmarkt Schwankungen unterliegt, auf die der Anbieter keinen Einfluss hat und die innerhalb der Widerrufsfrist auftreten können", vom Widerrufsrecht ausnimmt. Die anschließende Auflistung solcher Finanzdienstleistungen ist nur demonstrativ, sodass die Vorschrift auch fondsgebundene Lebensversicherungen umfassen könnte. ME ist dies zu bejahen, obwohl fondsgebundene Lebensversicherungen neben der Veranlagung der Sparanteile in Fonds auch Todesfallleistungen bieten. Diese spielen letztlich eine untergeordnete Rolle und überdies häufig selbst indirekt den Schwankungen des Finanzmarkts ausgesetzt, weil die **Todesfallleistung** häufig als Prozentsatz des Fondsanteilswerts im Zeitpunkt des Todesfalls vereinbart wird. Dann aber unterliegen fondsgebundene Policen nur dem Rücktrittsrecht nach Art. 186 RL Solvabilität II. Diese Vorschrift kennt als verbindliche Rechtsfolge jedoch nur das Freiwerden des Versicherungsnehmers von Pflichten in der Zukunft.[48] Die

---

[44] → § 169 Rn. 63, 111.
[45] Begr. Zu Art. 1 (§ 152), RegE Gesetz zur Reform des Versicherungsvertragsrechts BT-Drs. 16/3945, 95; *Ortmann* in Schwintowski/Brömmelmeyer/Ebers VVG § 152 Rn. 7 ff.; *Winter* in Bruck/Möller VVG § 152 Rn. 14; vgl. OLG Stuttgart NJOZ 2020, 175 Rn. 52 (zu § 152 Abs. 1 S. 2); OLG Karlsruhe VersR 2019, 865 Rn. 40; OLG Köln NJOZ 2021, 363 Rn. 24; vgl. nach altem Recht (zu § 5a VVG a.F.): BGH VersR 2014, 817; aA *Grote* in Langheid/Rixecker VVG § 152 Rn. 12 unter (m.E. zweifelhaftem) Verweis auf OLG Brandenburg VersR 2016, 377 = BeckRS 2015, 12382, OLG Frankfurt a.M. VersR 2017, 1070 sowie LG Offenburg VersR 2016, 377; vgl. auch die ebenfalls in Bezug genommenen *Schaaf/Winkens* VersR 2016, 360 (365), die das Problem aber auch nicht speziell ansprechen.
[46] Mit *Ortmann* in Schwintowski/Brömmelmeyer/Ebers VVG § 152 Rn. 7 ff. wird man den pauschalen Verweis als ein Redaktionsversehen ansehen müssen; vgl. auch OLG Stuttgart NJOZ 2020, 175 Rn. 52 (zu § 152 Abs. 1 S. 2); OLG Karlsruhe VersR 2019, 865 Rn. 40.
[47] Vgl. OLG Stuttgart VersR 2021, 365 Rn. 28, das – quasi umgekehrt – darauf verweist, die Bestimmung sei nicht auf Lebensversicherungen mit laufenden Prämien beschränkt.
[48] Art. 186 Abs. 1 UAbs. 2 RL Solvabilität II.

Regelung des Schicksals der bereits bezahlten Prämien überlässt die Richtlinie dem anwendbaren nationalen Recht.[49] Daher ist die hier favorisierte Auslegungsvariante zu § 152 mit dem Richtlinienrecht in Einklang zu bringen.

16   **2. Bei fehlender gesetzmäßiger Belehrung des Versicherungsnehmers (§ 9 Abs. 1 S. 2 iVm § 152 Abs. 2 S. 2).** Hat der Versicherungsnehmer dem **vorzeitigen Beginn** des **Versicherungsschutzes zugestimmt,** so richten sich die Rechtsfolgen des Widerrufs nach § 9 Abs. 1 S. 2 iVm § 152 Abs. 2 S. 2, wenn der Versicherungsnehmer die in § 9 Abs. 1 S. 1 aufgezählten, das Widerrufsrecht betreffenden **Belehrungen nicht erhalten** hat.

17   § 152 Abs. 2 S. 2 modifiziert die Regelung des § 9 Abs. 1 S. 2. Dieser gewährt dem Versicherungsnehmer – trotz vorzeitigen Versicherungsbeginns – **zusätzlich** zur **Rückerstattung** der für die Zeit nach Zugang der Widerrufserklärung bezahlten Prämien einen Anspruch auf Erstattung der Prämien für das erste Versicherungsjahr.[50] Dieser Betrag kann geringer sein als der aus den Prämien, die auf die Zeit vor Zugang der Widerrufserklärung entfallen, gebildete Rückkaufswert samt Überschussanteilen. § 152 Abs. 2 S. 2 gibt daher dem Versicherungsnehmer die Wahl zwischen der **Prämie** für das **erste Versicherungsjahr** und dem **Rückkaufswert samt Überschussanteilen.** Nach Sinn und Zweck der Regelung darf dabei der Versicherer nicht auf die Ausübung des Wahlrechts durch den Versicherungsnehmer warten, sondern muss beide Werte berechnen und den höheren auszahlen.[51] Der Versicherungsnehmer wird daher im Falle einer **Verletzung** der **Belehrungspflicht** des Versicherers nicht dann besser gestellt, wenn die Prämie für das erste Jahr mehr ausmacht als der aus den Prämien, die für die Zeit vor Zugang der Widerrufserklärung bezahlt worden sind, gebildete Rückkaufswert samt Überschussanteilen. Wurde die Prämie für die gesamte Vertragslaufzeit als Einmalprämie entrichtet, so ist als Vergleichswert nur der rechnerisch zu ermittelnde Prämienteil heranzuziehen, der auf das erste Jahr entfällt.[52] Zu beachten ist auch hier die Abweichung der deutschen Regelung (§ 9 Abs. 2 S. 2, auf den § 152 Abs. 2 S. 2 Bezug nimmt) von den Vorgaben des Art. 7 Abs. 1, 3, 4 RL Fernabsatz II für den Fall, dass auf den zu erstattenden Betrag nicht hingewiesen worden ist.[53] Str. ist, ob die Richtlinienwidrigkeit in Fällen des Fernabsatzes durch eine richtlinienkonforme Auslegung beseitigt werden kann oder eines gesetzgeberischen Eingriffs bedarf.[54]

18   Davon unabhängig muss der Versicherer die für die Zeit nach Zugang der Widerrufserklärung bezahlten Prämien jedenfalls voll zurückerstatten.[55] Für eine Andersbehandlung dieser Prämien als nach § 152 Abs. 1 iVm § 9 Abs. 1 S. 1 besteht kein Grund. Auch stellt § 152 Abs. 2 S. 2 nur eine Alternative zum zusätzlichen Anspruch nach § 9 Abs. 1 S. 2 dar. Dies sagt die Begründung ausdrücklich, indem sie dem Versicherungsnehmer ein **Wahlrecht** zwischen der Erstattung der für das erste Jahr bezahlten Prämie „gem. § 9 Abs. 1 S. 2" und dem Rückkaufswert einräumt.[56] Der **Erstattungsanspruch** nach § 9 Abs. 1 S. 2 ist ein zusätzlich zur Erstattung der für die Zeit nach Zugang der Widerrufserklärung bezahlten Prämie gewährter Anspruch. Dies hat dann auch für die Wahlalternative nach § 152 Abs. 2 S. 2 zu gelten.

19   Für **fondsgebundene Lebensversicherungen** mit **Einmalprämie** gilt im Sinne der Ausführungen zu § 152 Abs. 2 S. 1,[57] dass die Prämien insgesamt in Form des Fondswertes im Zeitpunkt des Zugangs der Widerrufserklärung zu erstatten sind.[58] Wählt der Versicherungsnehmer stattdessen die Prämie für das erste Versicherungsjahr, so ist der **Fondswert** proportional zu teilen. An die

---

[49] Art. 186 Abs. 1 UAbs. 3 RL Solvabilität II.
[50] Vgl. OLG Stuttgart NJOZ 2020, 175 Rn. 44; *Winter* in Bruck/Möller VVG § 152 Rn. 17.
[51] *Brömmelmeyer* in Beckmann/Matusche-Beckmann VersR-HdB § 42 Rn. 214; siehe auch OLG Stuttgart NJOZ 2020, 175 Rn. 50.
[52] Vgl *Brambach* in HK-VVG § 152 Rn. 24; OLG Stuttgart NJOZ 2020, 175 Rn. 35; aA zB *Armbrüster* r+s 2008, 493 (503).
[53] AA OLG Karlsruhe VersR 2019, 865 Rn. 57 f.
[54] Gegen eine richtlinienkonforme Auslegung: *Armbrüster* in Prölss/Martin VVG § 9 Rn. 29. m.w.N.; *Eberhardt* in Langheid/Wandt VVG § 9 Rn. 1; für eine richtlinienkonforme Rechtsfortbildung im Wege einer teleologischen Reduktion *Heinig/Makowsky* in Looschelders/Pohlmann VVG § 9 Rn. 30 f.; für einen Schadensersatzanspruch des Versicherungsnehmers *Knops* in Bruck/Möller § 9 Rn. 21; in OLG Brandenburg VersR 2016, 377 = BeckRS 2015, 12382 Rn. 102 war die Frage nicht entscheidungserheblich und wurde daher offen gelassen; ebenso in OLG Stuttgart NJOZ 2020, 175 Rn. 38.
[55] Anders offenbar *Brambach* in HK-VVG § 152 Rn. 17.
[56] Begr. zu Art. 1 (§ 152 VVG), RegE Gesetz zur Reform des Versicherungsvertragsrechts BT-Drs. 16/3945, 95; insofern trifft es nicht zu, die Begr. gehe nur von einem Wahlrecht zwischen Rückkaufswert und Prämie für das erste Jahr aus (*Brambach* in HK-VVG § 152 Rn. 17), weil die Begr. eben ausdrücklich auf § 9 Abs. 1 S. 2 verweist, der aber einen *zusätzlichen* Anspruch auf die Prämie für das erste Jahr gewährt.
[57] → Rn. 15.
[58] Vgl. OLG Stuttgart NJOZ 2020, 175 Rn. 55; aA *Armbrüster* r+s 2008, 493 (503).

Stelle des Teils des Fondswerts, der auf den für die Zeit vor Widerruf bezahlten Prämienanteil entfällt, tritt die ebenfalls rechnerisch zu ermittelnde Prämie für das erste Versicherungsjahr.[59]

19a Ob diese Rechtsfolgen des deutschen Rechts angesichts der Entscheidung des EuGH aus 2019 (*Rust-Hackner*)[60] zur österreichischen Regelung des § 176 Abs. 1 VersVG noch als europarechtskonform anzusehen sind, ist mindestens fraglich. § 176 Abs. 1 österreichisches VersVG gewährte dem Versicherungsnehmer im Falle eines Rücktritts (und zwar gerade auch im Falle eines sogenannten „Spätrücktritts") den Rückkaufswert.[61] Damit stand der Versicherungsnehmer nicht besser als im Falle einer Kündigung der Lebensversicherung.[62] Der EuGH folgert: „Soweit § 176 VersVG in der für die Ausgangsverfahren maßgeblichen Fassung für den Rücktritt und die Kündigung des Vertrags dieselben rechtlichen Wirkungen vorsieht, nimmt er dem unionsrechtlich vorgesehenen Rücktrittsrecht somit jegliche praktische Wirksamkeit."[63] Der Umsetzungsgesetzgeber muss also dem Versicherungsnehmer mehr zusprechen als nur den Rückkaufswert.[64] Wie viel mehr der Versicherungsnehmer erhalten muss, sagt der EuGH nicht. Mit Blick auf das deutsche Recht geht *Armbrüster* davon aus, dass das Wahlrecht des Versicherungsnehmers zugunsten der für das erste Jahr bezahlten Prämie nach § 152 Abs. 2 S. 2 den Versicherungsnehmer besser stellt und die Regelung daher europarechtskonform ist.[65] Ob diese Prämie für das erste Jahr tatsächlich einen entscheidenden Unterschied macht, erscheint überaus fraglich. Das gilt namentlich für „späte Spätrücktritte" wie jene, die der Rs. C-479/18 entschieden worden war, zugrunde lagen: die Rücktritte wurden in den unterliegenden Fallgestaltungen ca 20 bzw. 15 bzw. sechs Jahre nach Vertragsschluss erklärt.[66] Eine andere Frage ist es, ob man der Ansicht des EuGH überhaupt folgen will. Die Rs. C-479/18 betraf nämlich die Vorgängerbestimmung zum aktuellen Art. 186 RL 2009/138/EG (Solvabilität II), der in seinem Abs. 1 UAbs. 2 für die Rechtsfolgen des Rücktritts nur die Befreiung des Versicherungsnehmers von Verpflichtungen für die Zukunft vorsieht.[67] Diese Frage erübrigt sich aber nach dem Urteil des EuGH.

19b Der EuGH überlässt es in der angeführten Entscheidung den nationalen Gerichten zu entscheiden, ob eine dreijährige Verjährungsfrist für Vergütungszinsen, die auf die geleisteten Prämien zu entrichten sind, die Wirksamkeit des Rücktrittsrechts beeinträchtigt und daher richtlinienwidrig ist.[68] Solange die Wirksamkeit des Rücktrittsrechts durch die kurze Verjährung nicht beeinträchtigt wird, ist sie richtlinienkonform.[69]

20 Die weitere Voraussetzung des § 9 Abs. 1 S. 2 Hs. 2, wonach der Versicherungsnehmer keine Versicherungsleistung in Anspruch genommen haben darf,[70] ist für die Lebensversicherung weitgehend bedeutungslos. Im praktisch in Frage kommenden Fall des **Todes** der **Gefahrperson** wird nämlich die gesamte Versicherungsleistung fällig und der Vertrag ist damit abgewickelt. Der Versicherungsnehmer bzw. seine Erben werden kaum je noch einen Widerruf erklären. Allerdings kann es sein, dass ein Widerruf und eine Rückforderung der Prämien für die Erben des Versicherungsnehmers günstiger sind, weil die Versicherungsleistung an einen Dritten als Begünstigten ausbezahlt würde. Das **Widerrufsrecht** erlaubt es den **Erben,** die Prämien bzw. den Rückkaufswert zurück zu holen. Hier ist freilich im Einzelfall zu prüfen, ob sich die Erben, die ja an Stelle des Versicherungsnehmers in das Valutaverhältnis eintreten, durch den Widerruf der Versicherung dem Begünstigten gegenüber schadensersatzpflichtig machen.[71]

20a Über die geschilderten besonderen Rechtsfolgen wegen unrichtiger Belehrung muss der Versicherer nicht eigens belehren.[72]

---

[59] Zur partiellen Richtlinienwidrigkeit dieser Beschränkung auf die Prämien für das erste Versicherungsjahr und die daraus folgende teleologische Reduktion → Rn. 17 aE.
[60] EuGH 19.12.2019 verb. Rs. C-355/18 bis C-357/18 und C-479/18 (*Rust-Hackner*), NJW 2020, 667.
[61] Siehe aber die zum 1.1.2019 durch Einfügung eines Abs. 1a in § 176 VersVG modifizierte Rechtslage.
[62] EuGH 19.12.2019 verb. Rs. C-355/18 bis C-357/18 und C-479/18 (*Rust-Hackner*) Rn. 106.
[63] EuGH 19.12.2019 verb. Rs. C-355/18 bis C-357/18 und C-479/18 (*Rust-Hackner*) Rn. 107.
[64] EuGH 19.12.2019 verb. Rs. C-355/18 bis C-357/18 und C-479/18 (*Rust-Hackner*) Rn. 111.
[65] *Armbrüster*, Anmerkung zu EuGH 19.12.2019 verb. Rs. C-355/18 bis C-357/18 und C-479/18 (*Rust-Hackner*), VuR 2020, 107, 117 f.
[66] Vgl. zur rechtspolitischen Bedenklichkeit der Regelung *Winter* in Bruck/Möller VVG § 152 Rn. 18.
[67] Kritisch aus dieser Perspektive *Heiss* VR 2019, 35 mit alternativen Lösungsmöglichkeiten.
[68] EuGH 19.12.2019 verb. Rs. C-355/18 bis C-357/18 und C-479/18 (*Rust-Hackner*) Rn. 117.
[69] EuGH 19.12.2019 verb. Rs. C-355/18 bis C-357/18 und C-479/18 (*Rust-Hackner*) Rn. 121.
[70] Zu unionsrechtlichen Bedenken und einer teleologischen Reduktion dieses Erfordernisses s. den Vorschlag bei *Wandt/Ganster* VersR 2008, 425 (438 ff.); *Eberhardt* in Langheid/Wandt VVG § 9 Rn. 28; *Armbrüster* in Prölss/Martin VVG § 9 Rn. 34.
[71] → § 159 Rn. 58.
[72] Ausführlich BGH WM 2019, 720 Rn. 10 ff. (mit Nachweisen zum Streitstand im Schrifttum).

IV. Nettopolicen

20b Versicherer können ihre Produkte auch in Form von „Nettopolicen" anbieten. Bei einer Nettopolice rechnet der Versicherer keine Abschluss- und Einrichtungskosten in die Prämie ein, vertraglich geschuldet ist also nur die „Nettoprämie". In diesem Fall werden mit dem Lebensversicherungsvertrag verbundene Kostenausgleichsvereinbarungen getroffen, nach denen der Versicherungsnehmer die Abschluss- und Einrichtungskosten separat trägt. Diese Vereinbarungen sind grds. wirksam.[73] Da die Kostenausgleichsvereinbarung selbst keinen Versicherungsvertrag darstellt, kommen die §§ 8, 9, 152 auf sie nicht unmittelbar zur Anwendung.[74] Der BGH hat klargestellt, dass eine Kostenausgleichsvereinbarung betreffend die Abschluss- und Einrichtungskosten dahinfällt, wenn der Versicherungsnehmer die Nettopolice nach § 8 widerruft.[75] Darauf ist in der Widerrufsbelehrung zur Nettopolice hinzuweisen.[76] Insofern wird die „separate" Kostenausgleichsabrede materiell doch in Einheit mit dem Versicherungsvertrag behandelt.[77]

G. Abdingbarkeit

21 Die Abs. 1 und 2 in § 152 enthalten zugunsten des Versicherungsnehmers, der versicherten Person und des Eintrittsberechtigten **zwingendes Recht** (§ 171 S. 1). Abs. 3 kann abbedungen werden.

22 Eine gegenüber §§ 152, 9 günstigere Regelung liegt zB vor, wenn sich der Versicherer verpflichtet, bei Rücktritt generell den Rückkaufswert zu erstatten, mindestens jedoch die bisher gezahlten Prämien.[78]

§ 153 Überschussbeteiligung

(1) Dem Versicherungsnehmer steht eine Beteiligung an dem Überschuss und an den Bewertungsreserven (Überschussbeteiligung) zu, es sei denn, die Überschussbeteiligung ist durch ausdrückliche Vereinbarung ausgeschlossen; die Überschussbeteiligung kann nur insgesamt ausgeschlossen werden.

(2) ¹Der Versicherer hat die Beteiligung an dem Überschuss nach einem verursachungsorientierten Verfahren durchzuführen; andere vergleichbare angemessene Verteilungsgrundsätze können vereinbart werden. ²Die Beträge im Sinn des § 268 Abs. 8 des Handelsgesetzbuchs bleiben unberücksichtigt.

(3) ¹Der Versicherer hat die Bewertungsreserven jährlich neu zu ermitteln und nach einem verursachungsorientierten Verfahren rechnerisch zuzuordnen. ²Bei der Beendigung des Vertrags wird der für diesen Zeitpunkt zu ermittelnde Betrag zur Hälfte zugeteilt und an den Versicherungsnehmer ausgezahlt; eine frühere Zuteilung kann vereinbart werden. ³Aufsichtsrechtliche Regelungen zur Sicherstellung der dauernden Erfüllbarkeit der Verpflichtungen aus den Versicherungen, insbesondere die §§ 89, 124 Absatz 1, 139 Absatz 3 und 4 und die §§ 140 sowie 214 des Versicherungsaufsichtsgesetzes bleiben unberührt.

(4) Bei Rentenversicherungen ist die Beendigung der Ansparphase der nach Absatz 3 Satz 2 maßgebliche Zeitpunkt.

---

[73] Insbes. BGH VersR 2014, 567 (571).
[74] BGH VersR 2014, 824 (826) mwN; dem folgend OLG Braunschweig NJOZ 2015, 641 (643); eine dennoch erfolgte Belehrung muss freilich zutreffend, aus sich heraus verständlich und transparent sein.
[75] BGH VersR 2014, 567 (571) mAnm *Reiff* unter Verweis auf die gesetzlichen Regelungen zu (anderen) verbundenen Geschäften (§§ 358 Abs. 5, 355 BGB; § 9 Abs. 2 VVG).
[76] BGH VersR 2014, 824 (826); 2014, 567 (571); NJW-RR 2014, 1247 = VuR 2014, 323; *Brömmelmeyer* in Beckmann/Matusche-Beckmann VersR-HdB § 42 Rn. 215; für eine korrekte Widerrufsbelehrung BGH NJW-RR 2015, 655 = VuR 2015, 197.
[77] Insofern auch die Äußerung des BGH VersR 2014, 567 (569 f.) „wirtschaftliche Einheit"; BGH VersR 2014, 824 (825), Unwirksamkeit der Klausel, wonach die Kostenausgleichsvereinbarung von einer Auflösung oder Aufhebung des Versicherungsvertrags unabhängig sei; BGH VersR 2015, 829; BeckRS 2014, 11031; AG Lahr BeckRS 2012, 03076.
[78] BGH VersR 2014, 824 (826), unter ausschließlicher Bezugnahme auf §§ 9, 18.

Übersicht

		Rn.			Rn.
A.	Normzweck	1	III.	Vertragsrechtliche Neuregelung (Abs. 2)	33
I.	Gesetzlicher Anspruch auf Beteiligung am Überschuss und den Bewertungsreserven	1	1.	Reichweite der Neuregelung	33
II.	Insbesondere: Umsetzung der Rechtsprechung des BVerfG	3	2.	Vertragliche Erweiterung des § 153 Abs. 2?	40
III.	Anspruch auf verursachungsorientierte Überschussverteilung	4	3.	Verursachungsorientierte Verteilung der Überschüsse	41
IV.	Einschluss der Bewertungsreserven	6	4.	Andere „vergleichbare angemessene" Verteilungsgrundsätze	48
V.	Unternehmerische Freiheit des Versicherers bei der Kapitalanlagung	7	5.	Ausschüttungssperre und Überschussbeteiligung (Abs. 2 S. 2)	50
VI.	Abdingbarkeit	8	E.	Durchführung der Beteiligung an den Bewertungsreserven	52
B.	Anwendungsbereich	9	I.	Jährliche Berechnung	52
I.	Gegenständlicher Anwendungsbereich	9	II.	„Verursachungsorientierte" Zuordnung	53
II.	Zeitlicher Anwendungsbereich	11	III.	„Rechnerische" Zuordnung	54
III.	Internationalprivatrechtliche Anwendbarkeit	13	IV.	Zuteilung und Auszahlung der Bewertungsreserven	55
C.	Der Anspruch auf Überschussbeteiligung (Abs. 1)	16	1.	Zuteilung zum Vertragsende	55
I.	Gesetzlicher Anspruch auf Überschussbeteiligung	16	2.	Zuteilung bei Ablauf der Ansparphase in der Rentenversicherung	57
II.	Abbedingung des Anspruchs	19	3.	Vereinbarung eines früheren Zuteilungszeitpunkts	58
III.	Überschuss	22	4.	Höhe der Zuteilung	59
IV.	Bewertungsreserven	25	V.	Vorbehalt aufsichtsrechtlicher Sonderregelungen (Abs. 3 S. 3)	60
D.	Durchführung der Überschussbeteiligung (Abs. 2)	28	F.	Durchsetzung des Anspruchs	64
I.	Aufsichts- und vertragsrechtliche Regelung	28	G.	Abdingbarkeit	69
II.	Aufsichtsrechtliche Rahmenregelung	29			

Stichwort- und Fundstellenverzeichnis

Stichwort	Rn.	Rspr.	Lit.
Abdingbarkeit	→ Rn. 8, 19 ff.; → Rn. 69	BGH VersR 2021, 294	*Brömmelmeyer* in Beckmann/Matusche-Beckmann VersR-HdB § 42 Rn. 278; *Grote* in Marlow/Spuhl Neues VVG S. 201; *Ortmann* in Schwintowski/Brömmelmeyer/Ebers VVG § 153 Rn. 58; *Reiff* in Prölss/Martin VVG § 153 Rn. 13
Altverträge	→ Rn. 11	–	*Grote* in Marlow/Spuhl Neues VVG S. 208 ff.; *Mudrack* ZfV 2008, 542 (545)
Anwendungsbereich, international-privat-rechtlich	→ Rn. 13 ff.	–	*Brömmelmeyer* in Beckmann/Matusche-Beckmann VersR-HdB § 42 Rn. 278; *Hübner* JZ 1987, 330; *Schwintowski* NJW 1987, 521
Anwendungsbereich, sachlich	→ Rn. 9 f.	–	*Brambach* in HK-VVG VVG § 153 Rn. 4, 16; *Engeländer* VersR 2007, 155 (156); *Krause* in Looschelders/Pohlmann VVG § 153 Rn. 9; *Ortmann* in Schwintowski/Brömmelmeyer/Ebers VVG § 153 Rn. 9;

Stichwort	Rn.	Rspr.	Lit.
			Präve in Prölss/Dreher VAG § 1 Rn. 18; *Winter* in Bruck/Möller VVG § 153 Rn. 24
Anwendungsbereich, zeitlich	→ Rn. 11 f.	–	*Grote* in Marlow/Spuhl Neues VVG S. 208 ff.; *Mudrack* ZfV 2008, 542 (545); *Reiff* in Prölss/Martin VVG § 153 Rn. 6a; *Römer* r+s 2008, 405 (406)
Ausschüttungssperre	→ Rn. 50 ff.	–	*Bonin* VW 2008, 1530; *Geib/Ellenbürger* VW 2008, 1173 (1175); *Reiff* in Prölss/Martin VVG § 153 Rn. 21; *Krause* in Looschelders/Pohlmann VVG § 153 Rn. 67
Bewertungsreserven	→ Rn. 25 ff.; → Rn. 52 ff.	BVerfG VersR 2005, 1127; NJW 2017, 1593 (1595); BGH VersR 2015, 433 (435); 2021, 294; WM 2018, 1401; OLG Frankfurt a. M. FamRZ 2015, 1799; OLG München VuR 2017, 279; OLG Nürnberg FamRZ 2014, 394; OLG Stuttgart ZIP 2020, 1916 (1917)	*Brömmelmeyer* in Beckmann/Matusche-Beckmann VersR-HdB § 42 Rn. 301; *Engeländer* VersR 2007, 155 (158 f.); *Franz* DStR 2008, 303 (309); *Grote* in Marlow/Spuhl Neues VVG S. 205 f.; *Ortmann* in Schwintowski/Brömmelmeyer/Ebers VVG § 153 Rn. 83, 97 f.; *Reiff* in Prölss/Martin VVG § 153 Rn. 24 ff.; *Römer* r+s 2008, 405 (407 f.); *Römer* DB 2007, 2523 (2527); *Wandt* VersR Rn. 1248; *Winter* in Bruck/Möller VVG § 153 Rn. 20 f.; *Zimmermann/Schweinberger* VW 2006, 542
Erweiterung Überschussbeteiligung, vertragliche	→ Rn. 40	–	*Ortmann* in Schwintowski/Brömmelmeyer/Ebers VVG § 153 Rn. 40.
Neuregelung Überschussbeteiligung, vertragliche	→ Rn. 33 ff.	BVerfG NJW 2017, 1593; BAG NZA 2020, 1477 (1484); BGH VersR 1983, 746; 2008, 338; 2010, 656 (658 f.); 2015, 433 (Rn. 20 a.A.); 2015, 197; WM 2018, 1401 (1404 f.); BGHZ 128, 54; LG Kassel VersR 2014, 1240 (1243)	*Basedow* ZVersWiss 1992, 419; *Brambach* in HK-VVG VVG § 153 Rn. 32; *Brömmelmeyer* in Beckmann/Matusche-Beckmann VersR-HdB § 42 Rn. 287 f.; *Donath* AcP 192 (1992) 279; *Grote* in Langheid/Rixecker VVG § 153 Rn. 53, 58; *Krause* in Looschelders/Pohlmann VVG § 153 Rn. 51 f.; *Lorenz* ZVersWiss 1993, 283; *Ortmann* in Schwintowski/Brömmelmeyer/Ebers VVG § 153 Rn. 40; *Reiff* in Prölss/Martin VVG § 153 Rn. 12a; *Wandt* VersR Rn. 1231, 1236 1241; *Winter* in Bruck/Möller VVG § 153 Rn. 208
Normzweck	→ Rn. 1 ff.	BVerfG VersR 2005, 1127; BGH BeckRS 2016, 02175; VersR 2021, 294; WM 2018, 1401; BGHZ 128, 54 = NJW 1995, 589	*Basedow* ZVersWiss 1992, 419; *Benkel* VersR 1994, 509 (511 ff.); *Brömmelmeyer* VersR 2009, 939 (944); *Brömmelmeyer* VersR 2009, 584 (590); *Franz* DStR 2008, 303 (308); *Geib/Engeländer* VW 2006, 541 (620 ff., 714 ff.); *Heiss* in Albrecht/Bartels/Heiss, Mannheimer Vorträge zur Versicherungswissenschaft Nr. 84, 2006; *Hövelmann* VersR 2008, 612 (616); *Knappmann* NJW 2005, 2892; *Lorenz* ZVersWiss 1993, 283 (296 f.); *Meyer* ZRP 1990, 424; *Präve* VersR 2008, 151 (153); *Reiff* in Prölss/Martin VVG § 153 Rn. 22; *Römer* DB 2007, 2523 (2526); *Römer* r+s 2008, 405

Stichwort	Rn.	Rspr.	Lit.
			(407); *Schenke* VersR 2006, 871; *Schünemann* JZ 1995, 430; *Schwintowski* in Berliner Kommentar VVG § 1 Rn. 29; *Wandt* VersR Rn. 1176, 1229; *Winter* ZVersWiss 1991, 203 (218 ff.)
Rentenversicherung	→ Rn. 57	–	*Brömmelmeyer* in Beckmann/Matusche-Beckmann VersR-HdB § 42 Rn. 301; *Römer* r+s 2008, 405 (407 f.)
Sonderregelungen, Vorbehalt Aufsichtsrecht	→ Rn. 60 ff.	BGH VersR 2021, 294; WM 2018, 1401; OLG Stuttgart ZIP 2020, 1916 (1917)	*Brömmelmeyer* in Beckmann/Matusche-Beckmann VersR-HdB § 42 Rn. 298; *Engeländer* VersR 2007, 155 (161); *Krause* in Looschelders/Pohlmann VVG § 153 Rn. 70; *Ortmann* in Schwintowski/Brömmelmeyer/Ebers VVG § 153 Rn. 99, 102; *Reiff* VersR 2018, 965; *Reiff* in Prölss/Martin VVG § 153 Rn. 28a ff.; *Römer* DB 2007, 2523 (2527)
Überschuss, Begriff	→ Rn. 22 ff.	–	*Engeländer* NVersZ 2000, 545
Überschussbeteiligung, Anspruch	→ Rn. 1 ff.; → Rn. 16 ff.	BVerfG VersR 2005, 1127; BGHZ 128, 54	*Brömmelmeyer* in Beckmann/Matusche-Beckmann VersR-HdB § 42 Rn. 274, 278; *Brömmelmeyer*, Der Verantwortliche Aktuar in der Lebensversicherung, 2000, S. 59 ff., 163 ff.; *Engeländer* NVersZ 2000, 545 (546); *Kollhosser* in Prölss/Dreher VAG § 81c Rn. 1 f.; *Krause* in Looschelders/Pohlmann VVG § 153 Rn. 13; *Ortmann* in Schwintowski/Brömmelmeyer/Ebers VVG § 153 Rn. 59; *Präve* in Prölss/Dreher VAG § 138 Rn. 9; *Wandt* VersR Rn. 1227, 1236
Überschussbeteiligung, Durchführung	→ Rn. 28 ff.	BVerfG NJW 2017, 1593; BAG VersR 2020, 1401, 1408; NZA 2020, 1477 (1484); BGH VersR 2009, 1208; 2010, 656 (658 f.); 2010, 801 (803); 2015, 433; 2015, 197; 2016, 312; WM 2018, 1401 (1402 ff.); LG Kassel VersR 2014, 1240	*Armbrüster* VersR 2013, 398; *Baumann* JZ 1995, 446; *Basedow* ZVersWiss 1992, 419; *Brambach* in HK-VVG VVG § 153 Rn. 32; *Brömmelmeyer*, Der Verantwortliche Aktuar in der Lebensversicherung, 2000, S. 65; *Brömmelmeyer* in Beckmann/Matusche-Beckmann VersR-HdB § 42 Rn. 287 f.; *Claus* VerBAV 1988, 259; *Donath* AcP 192 (1992) 279; *Engeländer* NVersZ 2000, 401 (406 ff.); *Grote* in Langheid/Rixecker VVG § 153 Rn. 53, 58; *Kölschbach* in Prölss/Dreher VAG § 56a Rn. 24 Prölss/Dreher VAG, 12. Aufl.; *Kollhosser* in Prölss/Dreher VAG § 81c Rn. 1; *Krause* in Looschelders/Pohlmann VVG § 153 Rn. 33, 51 f.; *Lorenz* ZVersWiss 1993, 283; *Ortmann* in Schwintowski/Brömmelmeyer/Ebers VVG § 153 Rn. 38 ff.; *Reiff* in Prölss/Martin VVG § 153 Rn. 12a, 18 ff.; *Renger* VersR 1995, 866 (867 ff.); *Wandt* VersR Rn. 1231; *Winter* in Bruck/Möller VVG § 153 Rn. 208

§ 153

Teil 2. Einzelne Versicherungszweige. Kap. 5. Lebensversicherung

Stichwort	Rn.	Rspr.	Lit.
Unternehmerische Freiheit	→ Rn. 7	BVerfG VersR 2005, 1127 (1131)	Benkel VersR 1994, 509 (511 ff.); Winter ZVersWiss 1991, 203 (216 ff.)
Verteilung	→ Rn. 41 ff.	BVerfG NJW 2017, 1593; BAG NZA 2020, 1477 (1484); BAG VersR 2020, 1401 (1407); BGH BeckRS 2016, 02175; VersR 2015, 433; 2016, 312 (315); 2021, 294 (297); WM 2018, 1401 (1402); BVerwG VersR 1990, 73 (74 f.); OLG Köln VersR 2015, 1277 Rn. 31	Bonin VW 2008, 1530; Engeländer VersR 2007, 155 (157 f.); Franz DStR 2008, 303 (309); Geib/Ellenbürger VW 2008, 1173 (1175); Grote in Marlow/Spuhl Neues VVG S. 203; Krause in Looschelders/Pohlmann VVG § 153 Rn. 67; Ortmann in Schwintowski/Brömmelmeyer/ Ebers VVG § 153 Rn. 90; Reiff in Prölss/Martin VVG § 153 Rn. 20 f.; Wandt VersR Rn. 1233; Winter in Bruck/Möller VVG § 153 Rn. 208
Unterlassungsklage	→ Rn. 68b	OLG Stuttgart GRUR-RS 2022, 2401 Rn. 21 ff.	–

Schrifttum: *Armbrüster,* Teilkollektivierung der freien Rückstellung für Beitragsrückerstattung in der Lebensversicherung (§ 56b Abs. 2 VAG nF), VersR 2013, 385; *Armbrüster,* Bewegung im Recht der Lebensversicherung, NJW 2014, 497; *Armbrüster,* Privatversicherung und Verfassungsrecht, r+s 2019, 481; *Basedow,* Die Kapitallebensversicherung als partiarisches Rechtsverhältnis: Eine zivilistische Konstruktion der Überschussbeteiligung, ZVersWiss 1992, 419; *Baumann,* Lebensversicherung, stille Reserven und Gesamtrechtsordnung, JZ 1995, 446; *Benkel,* Die Verwendung des Überschusses in der Lebensversicherung, VersR 1994, 509; *Benkel/Hirschberg,* Lebens- und Berufsunfähigkeitsversicherung, 2. Aufl. 2011; *Blumenstein,* „Abkommen zur Übertragung von Direktversicherungen oder Versicherungen in einer Pensionskasse bei Arbeitgeberwechsel" und neues VVG, DB 2008, 1269; *Bonin,* BilMoG macht die Einführung einer latenten RfB erforderlich, VW 2008, 1530; *Brömmelmeyer,* Der Verantwortliche Aktuar in der Lebensversicherung, 2000; *Brömmelmeyer,* Vorvertragliche Informationspflichten des Versicherers – insbesondere in der Lebensversicherung, VersR 2009, 584; *Brömmelmeyer,* Die Reform des Lebensversicherungsrechts, VersR 2003, 939; *Brömmelmeyer,* Der Streit um die Rückstellung für Beitragsrückerstattung, VuR 2015, 203; *Claus,* Die Direktgutschrift in der Lebensversicherung, VerBAV 1988, 259; *Donath,* Der Anspruch auf Überschussbeteiligung, AcP 192 (1992) 279; *Engeländer,* Die Überschussbeteiligung in der Lebensversicherung, NVersZ 2000, 401; *Engeländer,* Probleme und Lösungen bei der Überschussbeteiligung in der Lebensversicherung, NVersZ 2000, 545; *Engeländer,* Überschussbeteiligung nach dem Regierungsentwurf zum VVG, VersR 2007, 155; *Eppe,* § 153 VVG 2008, Neues zur Rechtsnatur des Versicherungsvertrages?, VersR 2008, 1316; *Geib/Ellenbürger,* BilMoG und seine Implikationen, VW 2008, 1173; *Geib/Engeländer,* Mehr oder weniger nach Ermessen?, VW 2006, 541; *Geib/Engeländer,* Die Überschussbeteiligung und das Handelsrecht, VW 2006, 620; *Geib/Engeländer,* Was soll nun Gesetz werden?, VW 2006, 714; *Franz,* Die Reform des VVG – Ein großer Wurf?, DStR 2008, 303; *Heiss,* Die Überschussbeteiligung in der kapitalbildenden Lebensversicherung nach dem Urteil des BVerfG v. 26.7.2005 – 1 BvR 87/94, in Albrecht/Bartels/Heiss (Hrsg.), Mannheimer Vorträge zur Versicherungswissenschaft Nr. 84, 2006, 7; *Hövelmann,* Anpassung der AVB von Altverträgen nach Art. 1 Abs. 3 EGVVG – Option oder Zwang?, VersR 2008, 612; *Hohlfeld,* Die deutsche Lebensversicherung im EG-Binnenmarkt unter aufsichtsrechtlichen Gesichtspunkten, in FS E. Lorenz, 1994, 295; *Hübner,* Die Dienstleistungsfreiheit in der Europäischen Gemeinschaft und ihre Grenzen, JZ 1987, 330; *Karczewski,* Die Rechtsprechung des Bundesgerichtshofs zum Versicherungsrecht – Lebensversicherung, Unfallversicherung, r+s 2016, 390; *ders.,* Die Rechtsprechung des Bundesgerichtshofs zum Versicherungsrecht – Lebens-, Forderungsausfall- und Reiseabbruchversicherung, r+s 2018, 397; *Karten/Werber/Winter* (Hrsg.), Lebensversicherung und Geschäftsbesorgung, 1998; *Knappmann,* BVerfG stärkt Stellung der Versicherten in der Lebensversicherung, NJW 2005, 2892; *Krause/Menning,* Bewertungsreserven in der Lebensversicherung & Änderung des Versicherungsaufsichtsgesetzes durch das SEPA-Begleitgesetz, NJOZ 2013, 289; *Kurzendörfer,* Einführung in die Lebensversicherung, 3. Aufl. 2000; *E. Lorenz,* Rechtsfragen der Überschussbeteiligung in der Kapitallebensversicherung, ZVersWiss 1993, 283; *Meyer,* Wem gehören 800 Milliarden Mark?, ZRP 1990, 424; *Mudrack,* Zum Anspruch der Lebensversicherten auf Auszahlung von Bewertungsreserven, die vor dem 1.1.2008 entstanden sind, ZfV 2008, 542; *Präve,* Die VVG-Informationspflichtenverordnung, VersR 2008, 151; *Reiff,* Das Lebensversicherungsreformgesetz – ein konspiratives Gesetzgebungsverfahren?, ZRP 2014, 198; *Reiff,* Der Anspruch auf die Bewertungsreserven nach Erlass des LVRG – verfassungskonform und positiv evaluiert, VersR 2018, 965; *Renger,* Die Lebens- und Krankenversicherung im Spannungsfeld zwischen Versicherungsvertragsrecht und Versicherungsaufsichtsrecht, VersR 1995, 866; *Römer,* Die kapitalbildende Lebensversicherung nach dem neuen Versicherungsvertragsgesetz, DB 2007, 2523; *Römer,* Was bringt das neue VVG Neues zur Lebensversicherung?, r+s 2008, 405; *Schaaf/Winkens,* Aktuelle Rechtsprechung zur Lebensversicherung – Beratungspflichten des Versicherers, „ewiges" Widerrufsrecht und Überschussbeteiligung nach novelliertem VVG, VersR 2016, 360; *Schenke,* Versicherungsrecht im Fokus des Verfassungsrechts – die Urteile des BVerfG 26.7.2005, VersR 2006, 871; *Schenke,* Die Anforderungen des BVerfG an die Berücksichtigung von Bewertungsreserven bei der Ermittlung der Überschussbeteiligung bei kapitalbildenden Lebensversicherungen, VersR 2006, 725; *Schünemann,* Rechtsnatur und Pflichtstruktur des Versicherungsvertrags, JZ 1995, 430; *Schwintowski,* Europäisierung der Versicherungsmärkte im Lichte der Rechtsprechung des EuGH, NJW 1987, 521; *Schwintowski,* Die Rechtsnatur des Versicherungsvertrages, JZ 1996, 702; *Winter,* Ausgewählte Rechtsfragen der Lebensversicherung, ZVersWiss 1991, 203; *Winter,* Das Gebot der Nachhaltigkeit bei der Überschussbeteiligung in der Lebensversicherung, FS Fenyves, 2013, 823; *Zimmermann/Schweinberger,* Künftige Überschussbeteiligung und Verbraucherinformation: Eine „latente RfB" hätte viele Vorteile, VW 2006, 542.

A. Normzweck

I. Gesetzlicher Anspruch auf Beteiligung am Überschuss und den Bewertungsreserven

§ 153 stellt – neben den §§ 154, 155 – eine Novität unter den Vorschriften des VVG zur Lebensversicherung dar.[1] Er kodifiziert in seinem Abs. 1 den bisher gängig vertraglich eingeräumten Anspruch des Versicherungsnehmers auf eine **Überschussbeteiligung** (§ 153 Abs. 1 S. 1 Hs. 1).[2] Damit begründet die Lebensversicherung ein partiarisches Rechtsverhältnis.[3] **1**

Zugleich erstreckt § 153 diesen Anspruch auf eine Beteiligung des Versicherungsnehmers an den **Bewertungsreserven** („stille Reserven") des Versicherungsunternehmens.[4] Hierbei handelt es sich um „rein rechnerische Posten, die sich aus der Differenz zwischen dem Buchwert und dem Zeitwert von Kapitalanlagen ergeben".[5] Damit beendet § 153 einen langjährigen Streit zwischen Versicherungsunternehmen und Kundenschützern betreffend die Ansprüche des Versicherungsnehmers mit Blick auf die Überschussbeteiligung und den Einbezug der Reserven in die Überschussbeteiligung.[6] Im Rahmen dieses Streits hat das Urteil des BVerfG v. 26.7.2005[7] die verfassungsrechtlichen Anforderungen an eine gesetzliche Regelung der Überschussbeteiligung klargestellt. § 153 versteht sich daher nicht zuletzt als eine einfachgesetzliche Durchführung dieser verfassungsrechtlichen Vorgaben.[8] **2**

II. Insbesondere: Umsetzung der Rechtsprechung des BVerfG

§ 153 greift insbes. jene Teile des BVerfG-Urteils auf, in denen der aufsichtsrechtliche Schutz des Kunden im Zusammenhang mit der Überschussbeteiligung aus **strukturellen** Gründen als ein Verstoß gegen Art. 2, 14 GG gewertet wurde. Einerseits hatte nämlich der BGH den Versicherungsnehmern versicherungsvertragsrechtliche **Mitwirkungs-** und **Kontrollrechte,** was die Ermittlung und Verteilung der Überschüsse anging, nach alter Rechtslage **verwehrt.**[9] Der Schutz des Versicherungsnehmers war damit ausschließlich im VAG angelegt, das aber seinerseits den verfassungsrechtlichen Anforderungen nicht entsprach.[10] Die Kontrolle der **Aufsichtsbehörde** über die von den Unternehmen vorgenommene Ermittlung und Verteilung der Überschüsse war nämlich auf eine **Plausibilitätskontrolle** beschränkt. In deren Rahmen war die Aufsichtstätigkeit „nicht in positiver Weise auf die Wahrung der Belange der Versicherten ausgerichtet",[11] sondern hatte nur den Schutz der Versicherten in ihrer Gesamtheit und der Funktionsfähigkeit des Versicherungswesens im Auge. Es geht dem Aufsichtsrecht also nicht um eine Durchsetzung von Individualansprüchen, sondern um eine Vermeidung von unangemessenem Verhalten des Versicherers. Dem Versicherungsnehmer war es zwar auch nach altem Recht nicht verwehrt, seine Ansprüche auf eine Überschussbeteiligung **gerichtlich** geltend zu machen, doch konnte er schon mangels Kenntnis über die Art und Weise **3**

---

[1] *Römer* DB 2007, 2523 (2526); *Franz* DStR 2008, 303 (308).
[2] *Brömmelmeyer* VersR 2003, 939 (944); *Wandt* VersR Rn. 1229; vgl. BGH VersR 2021, 294; WM 2018, 1401.
[3] Zuletzt *Basedow* ZVersWiss 1992, 419; *Lorenz* ZVersWiss 1993, 283 (296 f.); ältere Lit. bei *Benkel* VersR 1994, 509 (513 f.).
[4] BGH VersR 2021, 294, WM 2018, 1401.
[5] BGH VersR 2021, 294 (295); *Reiff* in Prölss/Martin VVG § 153 Rn. 22.
[6] Paradigmatisch der Beitrag von *Meyer* ZRP 1990, 424, der die Frage „Wem gehören 800 Milliarden Mark?" stellt.
[7] BVerfG VersR 2005, 1127; hierzu *Heiss* in Albrecht/Bartels/Heiss, Mannheimer Vorträge zur Versicherungswissenschaft Nr. 84, 2006, passim; *Wandt* VersR Rn. 1176; *Geib/Engeländer* VW 2006, 541 (620 ff., 714 ff.); *Knappmann* NJW 2005, 2892; krit. *Schenke* VersR 2006, 871; *Schenke* VersR 2006, 725.
[8] OLG Stuttgart GRUR-RS 2022, 2401 Rn. 24; dies gilt unabhängig davon, dass der Abschlussbericht der VVG-Reformkommission bereits vor dem Urteil des BVerfG einen Vorschlag zur Reform des Rechts der Überschussbeteiligung enthielt.
[9] BGHZ 128, 54 = NJW 1995, 589.
[10] BVerfG VersR 2005, 1127; vgl. Gesetzesbegr. BT-Drs. 16/3945, 52 („teilweise geregelt").
[11] BVerfG VersR 2005, 1127 (1133).

der Ermittlung und Verteilung des Überschusses gar nicht feststellen, ob ihm über den vom Unternehmen festgelegten Überschussanteil hinaus noch weiterreichende Ansprüche zustanden.

III. Anspruch auf verursachungsorientierte Überschussverteilung

4 § 153 gewährt dem Versicherungsnehmer nunmehr einen vertragsrechtlichen, also zivilgerichtlich durchsetzbaren Anspruch nicht nur auf eine Überschussbeteiligung als solche, sondern auf eine **verursachungsorientierte Überschussverteilung.** Dieses Verteilungsprinzip kann zwar vertraglich abbedungen werden, muss dann aber durch ein Verfahren ersetzt werden, das „vergleichbare angemessene Verteilungsgrundsätze" garantiert.[12] Begleitet wird der Anspruch aus § 153 Abs. 2 von **Informationsrechten** des Versicherungsnehmers nach § 2 VVG-InfoV zur Überschussverteilung. Nach § 2 Abs. 1 Nr. 3 hat der Versicherer den Versicherungsnehmer über die „für die ... Überschuss*beteiligung* geltenden Berechnungsgrundsätze und Maßstäbe" zu informieren.[13]

5 § 153 regelt keine bilanzrechtlichen Fragen. Die Überschüsse sind daher unter Zugrundelegung des handelsrechtlichen Jahresabschlusses zu ermitteln. Jedoch kommen dem Versicherungsnehmer insofern mindestens die Informationsrechte nach § 2 Abs. 1 Nr. 3 VVG-InfoV zugute, demzufolge der Versicherer den Versicherungsnehmer auch über die „für die Überschuss*ermittlung* ... geltenden Berechnungsgrundsätze und Maßstäbe" zu informieren hat.

IV. Einschluss der Bewertungsreserven

6 Das Urteil des BVerfG hat es auch erforderlich gemacht, die **stillen Reserven** in den von § 153 gewährten Anspruch auf eine Überschussbeteiligung einzuschließen.[14] Der Abschlussbericht der Kommission zur Reform des Versicherungsvertragsrechts v. 19.4.2004 hatte dies noch abgelehnt.[15] Dabei nutzt der Gesetzgeber den durch das BVerfG eingeräumten Ermessensspielraum bei der Berücksichtigung der betroffenen Interessen: Einerseits geht es um das Interesse von aus dem Versichertenkollektiv **ausscheidenden Versicherungsnehmern,** die durch ihre Beiträge geschaffenen stillen Reserven zur Gänze mitnehmen zu können. Andererseits besteht ein Interesse der **Solidargemeinschaft,** jährliche Gewinnschwankungen durch den Einbehalt eines Teils der stillen Reserven, „glätten" zu können. § 153 stellt daher eine „50:50-Regelung" auf. Zwar hat der Versicherer die stillen Reserven nach § 153 Abs. 3 **jährlich** zu ermitteln und **verursachungsorientiert** zuzuordnen, doch erfolgt die Zuordnung zunächst nur **rechnerisch.** Diese begründet also nur eine Erwartung nicht aber einen Rechtsanspruch des Versicherungsnehmers.[16] Zu einem Rechtsanspruch erstarkt die Zuordnung vorbehaltlich abweichender vertraglicher Vereinbarung erst durch die „Zuteilung" im Zeitpunkt der **Vertragsbeendigung** (§ 153 Abs. 3 S. 2), bei Rentenversicherungen im Zeitpunkt der Beendigung der **Ansparphase** (§ 153 Abs. 4). Diese Zuteilung umfasst jedoch nur **50 %** des im Jahr der Vertragsbeendigung ermittelten Betrags.

V. Unternehmerische Freiheit des Versicherers bei der Kapitalveranlagung

7 § 153 gewährt den Versicherungsnehmern keinen Einfluss auf **unternehmerische** Entscheidungen des Versicherungsunternehmens über die Kapitalanlage. Schon das BVerfG hatte hervorgehoben, dass das Versicherungsunternehmen grds. nach eigenem unternehmerischen Ermessen handelt,[17] zumal die Versicherungsnehmer durch die Zahlung der Prämie diese „vollständig in das unternehmerische Eigentum" des Versicherungsunternehmens übertragen.[18] Dabei entspräche es den „Grundannahmen einer privatwirtschaftlichen Versicherungsordnung, dass die Versicherungsunternehmen ihre Geschäftspolitik selbst gestalten".[19] Diese seien daher „in der Anlage der Vermögenswerte grds. frei".[20] Damit lehnt das BVerfG insbes. die Ansicht ab, es sei verfassungsrechtlich geboten,

---

[12] Zu speziellen Problemen im Zusammenhang mit der Anpassung von Altverträgen nach Art. 1 Abs. 3 EGVVG, *Hövelmann* VersR 2008, 612 (616).
[13] *Brömmelmeyer* VersR 2009, 584 (590); *Präve* VersR 2008, 151 (153).
[14] *Römer* r+s 2008, 405 (407).
[15] S. den vorgeschlagenen § 145 VVGE und die Diskussion zu den stillen Reserven im Abschlussbericht der VVG-Kommission S. 102 ff.
[16] *Römer* r+s 2008, 405 (407).
[17] BVerfG VersR 2005, 1127 (1131).
[18] BVerfG VersR 2005, 1127 (1131); vgl. insoweit auch *Winter* ZVersWiss 1991, 203 (216 f.).
[19] BVerfG VersR 2005, 1127 (1131).
[20] BVerfG VersR 2005, 1127 (1132).

das Lebensversicherungsgeschäft nach dem Muster des sog. „Treuhandmodells" zu betreiben.[21] Der Gesetzgeber hat daher dieses Modell in § 153 nicht umgesetzt.

VI. Abdingbarkeit

Die durch § 153 eingeräumten Ansprüche auf Beteiligung an den Überschüssen inklusive der stillen Reserven können grds. vertraglich **ausgeschlossen** werden, sind also nicht zwingend, sondern dispositiv (§ 153 Abs. 1 S. 1 Hs. 2). Ein derartiger Ausschluss muss **ausdrücklich** vereinbart werden. Seine Wirksamkeit ist ungeachtet des Hs. 2 in § 153 Abs. 1 S. 1 am Maßstab der AVB-**Inhaltskontrolle** bzw. des § 138 BGB zu messen.[22] **Im Übrigen** ist die Regelung des § 153 – abgesehen von den Wahlmöglichkeiten, welche die Abs. 2 und 3 einräumen – **halbzwingend** (§ 171). 8

B. Anwendungsbereich

I. Gegenständlicher Anwendungsbereich

§ 153 gilt für **alle** Lebensversicherungsverträge.[23] Mindestens analog ist die Vorschrift auch auf **Kapitalisierungsgeschäfte** anzuwenden.[24] Als Kapitalisierungsgeschäfte gelten gem. § 1 Abs. 2 S. 2 VAG 2016 (§ 1 Abs. 4 S. 2 VAG aF) Geschäfte, „bei denen unter Anwendung eines mathematischen Verfahrens die im Voraus festgesetzten einmaligen oder wiederkehrenden Prämien und die übernommenen Verpflichtungen nach Dauer und Höhe festgelegt sind".[25] Entscheidend ist also, dass es sich um reine Sparprodukte handelt, ohne dass das Versicherungsunternehmen ein Todesfallrisiko übernimmt.[26] Für diese Kapitalisierungsgeschäfte hat die BaFin am 9.10.2010 zur Vermeidung von **Spekulation** und zur Sicherstellung der jederzeitigen Erfüllbarkeit der Verpflichtungen eine Sammelverfügung erlassen.[27] § 153 gilt aufgrund des expliziten Verweises aus § 176 auch für die **Berufsunfähigkeitsversicherung**.[28] Umstritten ist, ob die Vorschrift auch für andere Sparten mit Überschussbeteiligung, also für die **Unfall-** und **Krankenversicherung** gilt, bei denen die Überschussbeteiligung meist in Form einer Beitragsrückgewähr erfolgt. Dafür spricht, dass die verfassungsrechtlichen Grundsätze der Eigentums- (Art. 14 GG) und der allgemeinen Handlungsfreiheit (Art. 2 Abs. 1 GG), auf welche sich das Urteil des BVerfG aus 2005 stützt, auch auf diese Sparten zutreffen. Insofern ist eine analoge Erstreckung zu befürworten.[29] 9

§ 153 gilt grds. auch für **Pensionskassen**. Bei Kassen iSd § 233 Abs. 1, 2 VAG 2016 (§ 118b Abs. 3 und 4 VAG aF) kann die Regelung des § 153 allerdings durch eine abweichende Bestimmung in den AVB ersetzt werden, sofern diese AVB-Klauseln von der Aufsichtsbehörde **genehmigt** sind (§ 211 Abs. 2 Nr. 2 Hs. 1). **Sterbekassen** unterstehen dem § 153 mit Ausnahme von § 153 Abs. 3 S. 1 (§ 211 Abs. 2 Nr. 2 Hs. 2). 10

II. Zeitlicher Anwendungsbereich

§ 153 gilt uneingeschränkt für ab dem 1.1.2008 geschlossene Verträge. Für davor genommene Lebensversicherungen („Altverträge") gilt die Vorschrift nur dann, wenn diese einen **vertraglichen** 11

---

[21] *Heiss*, in Albrecht/Bartels/Heiss, Mannheimer Vorträge zur Versicherungswissenschaft Nr. 84, 2006, S. 19 f.; zur Ablehnung des „Geschäftsbesorgungsmodells" auch *Schwintowski* in Berliner Kommentar VVG § 1 Rn. 29; *Benkel* VersR 1994, 509 (511 ff.); *Winter* ZVersWiss 1991, 203 (218 ff.); vertreten wird das Geschäftsbesorgungsmodell insbes. von *Schünemann* JZ 1995, 430; vgl. die Referate zum Kolloquium „Lebensversicherung und Geschäftsbesorgung" abgedr. bei Karten/Werber/Winter; zu § 153: *Eppe* VersR 2008, 1316.
[22] Beachte insbes. BGH BeckRS 2016, 2175 bzgl. Intransparenz von Klauseln, welche die Überschussbeteiligung am Kostenüberschussausschluss bei Verträgen, welche ein Garantiekapital von 40.000 EUR unterschreiten.
[23] *Engeländer* VersR 2007, 155 (156).
[24] So BaFin, Hinweise zu einigen Auslegungsfragen zum Versicherungsvertragsgesetz (VVG), GZ: VA 21 – A – 2008/0033 v. 28.5.2008; *Winter* in Bruck/Möller VVG § 153 Rn. 24.
[25] Sa die Anl. 1 Nr. 23 VAG 2016 (Anl. A 23 zum VAG a.F.).
[26] Näheres bei *Präve* in Prölss/Dreher VAG § 1 Rn. 75; *Winter* in Bruck/Möller VVG S. 204.
[27] Gz. VA 21-I 4209-2010/0001; abrufbar unter www.bafin.de/SharedDocs/Veroeffentlichungen/DE/Aufsichtsrecht/Verfuegung/vf_100907_kapitalisierung_va.html.
[28] Vgl. zB *Brambach* in HK-VVG § 153 Rn. 16.
[29] *Ortmann* in Schwintowski/Brömmelmeyer/Ebers VVG § 153 Rn. 9. *Brambach* in HK-VVG § 153 Rn. 16; dagegen *Engeländer* VersR 2007, 155 (156); *Reiff* in Prölss/Martin VVG § 153 Rn. 7; offenlassend *Krause* in Looschelders/Pohlmann VVG § 153 Rn. 9; aA nunmehr.

Anspruch auf Überschussbeteiligung vorsehen (Art. 4 Abs. 1 S. 1 EGVVG).[30] Dies ist von Bedeutung, weil § 153 Abs. 1 ansonsten einen Anspruch auf Überschussbeteiligung bei allen Altverträgen einräumte, die einen solchen nicht ausdrücklich ausschließen, was zu einer materiellen Rückwirkung des § 153 Abs. 1 führte. Bei Verträgen, die eine Überschussbeteiligung zusprechen, gelten **wirksam vereinbarte Verteilungsgrundsätze** als angemessen iSd § 153 Abs. 2 S. 1 Hs. 2. § 153 Abs. 2 ist daher für Altverträge kaum von praktischer Relevanz. Praktisch bedeutend ist § 153 bei Altverträgen vor allem wegen des Einbezugs der **stillen Reserven** gem. § 153 Abs. 3.[31] *Grote* erwägt allerdings eine Anwendung des Art. 1 Abs. 2 EGVVG, wonach **Versicherungsfälle**, die im **Jahr 2008** eingetreten sind, auch nach dem 31.12.2008 nach altem Recht abgewickelt werden.[32] Dies trifft nicht zu. Art. 1 Abs. 2 EGVVG knüpft an den Grundsatz in Art. 1 Abs. 1 EGVVG an, wonach Altverträge im Allgemeinen erst nach 31.12.2008 dem neuen VVG unterstehen. Er hat daher im Allgemeinen nur klarstellende Bedeutung. Für § 153 weicht Art. 4 Abs. 1 S. 2 EGVVG indessen grds. ab und bringt ihn bereits ab 1.1.2008 zur Anwendung. Das muss dann für Lebensversicherungen mit Eintritt des Versicherungsfalls im Jahr 2008 ebenso gelten wie für solche ohne Eintritt des Versicherungsfalls im Jahr 2008.[33]

12 § 153 Abs. 2 S. 2 ist durch das Gesetz zur Modernisierung des Bilanzrechts (**Bilanzrechtsmodernisierungsgesetz** – BilMoG) v. 28.5.2009[34] eingefügt worden.[35] Da der in Bezug genommene § 268 Abs. 8 HGB gem. Art. 66 Abs. 3 EGHGB idF des BilMoG erstmals „auf Jahres- und Konzernabschlüsse für das nach dem 31.12.2009 beginnende Geschäftsjahr anzuwenden" ist, ist auch § 153 Abs. 2 S. 2 erst ab diesem Zeitpunkt relevant.

12a § 153 Abs. 3 S. 3 wurde durch das **LVRG** 2014[36] geändert und mit dem **Gesetz zur Modernisierung der Finanzaufsicht über Versicherungen** 2015[37] an die ab 1.1.2016 geltende Neufassung des VAG redaktionell angepasst.[38]

III. Internationalprivatrechtliche Anwendbarkeit

13 § 153 setzt die Anwendbarkeit des **deutschen** VVG voraus. Diese Frage ist für Versicherungsverträge, die nach dem 17.12.2009 geschlossen wurden, je nach Belegenheit des Risikos (vgl. Art. 7 Abs. 1 iVm Abs. 6 Rom I-VO[39]) entweder nach Art. 7 Rom I-VO oder nach Art. 3 ff. Rom I-VO zu beurteilen; für früher geschlossene Verträge gelten in Abhängigkeit von der Belegenheit des Risikos (vgl. Art. 7 Abs. 2 Nr. 4 EGVVG) entweder Art. 7–15 EGVVG oder Art. 27 ff. EGBGB. In den meisten Fällen folgt aus diesen Vorschriften die Anwendung deutschen Rechts, wenn der Versicherungsnehmer seinen **gewöhnlichen Aufenthalt** in **Deutschland** hat. Die Geltung deutschen Rechts kann aber trotz eines gewöhnlichen Aufenthalts des Versicherungsnehmers in Deutschland bspw. dann abbedungen werden, wenn die Parteien von der durch Art. 7 Abs. 3 lit. c Rom I-VO eingeräumten Rechtswahlmöglichkeit Gebrauch machen und das Recht der **Staatsangehörigkeit** des Versicherungsnehmers als das auf die Lebensversicherung anwendbare Recht wählen.

14 Verkauft bspw. ein französischer Versicherer eine Lebensversicherung an einen in Deutschland lebenden Versicherungsnehmer mit französischer Staatsangehörigkeit, so kann das französische Recht wirksam zum Vertragsstatut gekürt werden. Von dieser zulässigen Wahl **ausländischen** Rechts könnte nur dann zugunsten von § 153 abgewichen werden, wenn diese Norm als eine **Eingriffsnorm** iSv Art. 9 Abs. 1 Rom I-VO anzusehen wäre. Dies ist aber mindestens fraglich, weil Art. 9 Abs. 1 Rom I-VO voraussetzt, dass die Bestimmung des § 153 vom deutschen Staat „als so entscheidend für die Wahrung seines öffentlichen Interesses, insbes. seiner politischen, sozialen oder wirtschaftlichen Organisation, angesehen wird, dass sie ungeachtet des nach Maßgabe dieser Verordnung auf den Vertrag anzuwendenden Rechts auf alle Sachverhalte anzuwenden ist". Für eine Qualifikation des § 153 als Eingriffsnorm spricht zwar ein Satz in der Gesetzesbegründung, wonach § 153 auch „auf Versicherer mit Sitz im Ausland, insbes. in einem anderen EU-Mitgliedstaat oder EWR-Vertragsstaat, die in Deutschland Lebensversicherungen mit Überschussbeteiligung anbieten", anzu-

---

[30] Z.B. BAG VersR 2020, 1401 (1407).
[31] Nach *Mudrack* ZfV 2008, 542 (545) geht es nur um Bewertungsreserven, die seit 1.1.2008 entstanden sind.
[32] *Grote* in Marlow/Spuhl Neues VVG S. 208 ff., die die Frage letztlich ebenso offen lassen wie *Mudrack* ZfV 2008, 542 (545).
[33] So auch *Römer* r+s 2008, 405 (406), der auch auf eine diesbezügliche Praxis verweist.
[34] BGBl. 2009 I 1102.
[35] Hierzu *Reiff* in Prölss/Martin VVG § 153 Rn. 6a.
[36] BGBl. 2014 I 1330.
[37] BGBl. 2015 I 434.
[38] Hierzu *Reiff* in Prölss/Martin VVG § 153 Rn. 6a.
[39] VO (EG) Nr. 593/2008 des Europäischen Parlaments und des Rates v. 17.6.2008 über das auf vertragliche Schuldverhältnisse anzuwendende Recht (Rom I-VO), ABl. 2008 L 177, 6.

wenden sei.[40] Ob durch diesen unbegründet bleibenden Satz allerdings die Rechtfertigungskriterien des Art. 9 Abs. 1 Rom I-VO erfüllt werden, ist mindestens sehr fragwürdig und meines Erachtens zu **verneinen**. Der Hinweis, der Einbezug der Bewertungsreserven in die Überschussbeteiligung auch bei im Dienstleistungsverkehr angebotenen Lebensversicherungen ausländischer Versicherungsunternehmen sei durch das **Allgemeininteresse** des „Verbraucherschutzes"[41] gerechtfertigt und die Regelung sei notwendig und geeignet,[42] reicht zudem mE für sich nicht aus, um den **Rechtfertigungsstandard** des Art. 9 Rom I-VO zu erfüllen. Zwar ist es richtig, dass der Versicherungsnehmerschutz ein Allgemeininteresse bildet, das eine Einschränkung der Grundfreiheiten des AEUV zu rechtfertigen vermag,[43] doch ist die vergemeinschaftete Öffnungsklausel zugunsten einer Sonderanknüpfung von Eingriffsnormen in Art. 9 Rom I-VO enger geraten. Sie stellt nur noch auf Regelungen von **gemeinwirtschaftlicher** Bedeutung ab, wozu § 153 aber nicht gezählt werden kann. Dies umso mehr, als die Überschussbeteiligung nach § 153 Abs. 1 auch bei Geltung deutschen Rechts abbedungen werden kann.

Wichtiger ist daher der Hinweis in der Gesetzesbegründung, wonach § 153 auf ausländische Versicherungsunternehmen mit der Maßgabe anzuwenden sei, dass der Überschuss unter Zugrundelegung des Jahresabschlusses, den das Unternehmen nach dem Recht seines **Sitzstaates** aufzustellen hat, zu ermitteln ist.[44] Für Versicherungsunternehmen mit Sitz in einem EU-Mitgliedstaat bzw. einem EWR-Vertragsstaat gelangen damit die jeweiligen Umsetzungsbestimmungen zur RL 91/674/EWG[45] idF RL 2003/51/EG und RL 2006/46/EG[46] zur Anwendung. **15**

C. Der Anspruch auf Überschussbeteiligung (Abs. 1)

I. Gesetzlicher Anspruch auf Überschussbeteiligung

§ 153 Abs. 1 gewährt dem Versicherungsnehmer einer Lebensversicherung einen **gesetzlichen Anspruch** auf eine Beteiligung an den Überschüssen des Versicherers einschließlich der stillen Reserven.[47] Die Gewährung eines solchen Anspruchs wird als ein Gebot der Gerechtigkeit angesehen.[48] Dies rührt von den aufsichtsrechtlichen Rahmenvorschriften her, die den Lebensversicherer zu einer vorsichtigen Prämienkalkulation zwingen, sodass bei erwartungskonformem Versicherungsverlauf „überhöhte" Gewinne anfallen müssen.[49] **16**

Zentrale Norm ist insofern § 138 Abs. 1 S. 1 VAG 2016 (§ 11 Abs. 1 S. 1 VAG aF), der in Umsetzung europäischen Richtlinienrechts[50] vom Versicherer fordert, die Prämien so hoch anzusetzen, „dass das Versicherungsunternehmen allen seinen Verpflichtungen nachkommen, insbes. für die einzelnen Verträge ausreichende Deckungsrückstellungen bilden kann". Für die Sicherstellung einer den Anforderungen des § 138 Abs. 1 S. 1 VAG 2016 (§ 11 Abs. 1 S. 1 VAG aF) entsprechenden, **vorsichtigen Prämienkalkulation** ist im Lebensversicherungsunternehmen der **Verantwortliche Aktuar** gem. § 141 Abs. 5 Nr. 1 VAG 2016 (§ 11a Abs. 3 Nr. 1 VAG aF) verantwortlich.[51] § 138 Abs. 1 S. 1 VAG 2016 (§ 11 Abs. 1 S. 1 VAG aF) führt dazu, dass Lebensversicherer sowohl beim **Kosten-** als auch beim **Risikobeitrag Zuschläge** kalkulieren und für die Verzinsung des Sparanteils einen **niedrigeren Zinssatz** ansetzen als die unter gewöhnlichen Umständen zu erzielende Verzin- **17**

---

[40] Begr. zu Art. 1 (§ 153 VVG), RegE Gesetz zur Reform des Versicherungsvertragsrechts BT-Drs. 16/3945, 96.
[41] Die Diktion des Gesetzgebers („Verbraucherschutzinteresse") ist unnötig eng, weil der EuGH Slg. 1986, I-3755 auch den „Versicherungsnehmerschutz" als ein mögliches Allgemeininteresse zur Rechtfertigung von Freiheitsbeschränkungen anerkannt hat; zum Urteil bspw. *Hübner* JZ 1987, 330; *Schwintowski* NJW 1987, 521.
[42] Begr. zu Art. 1 (§ 153), RegE Gesetz zur Reform des Versicherungsvertragsrechts BT-Drs. 16/3945, 96.
[43] EuGH Slg. 1986, I-3755; *Brömmelmeyer* in Beckmann/Matusche-Beckmann VersR-HdB § 42 Rn. 282.
[44] Begr. zu Art. 1 (§ 153), RegE Gesetz zur Reform des Versicherungsvertragsrechts BT-Drs. 16/3945, 96.
[45] Richtlinie des Rates (RL 91/674/EWG) über den Jahresabschluss und den konsolidierten Abschluss von Versicherungsunternehmen v. 19.12.1991, ABl. 1991 L 374, 7.
[46] ABl. 2003 L 178, 16 und ABl. 2006 L 224, 1.
[47] OLG Stuttgart GRUR-RS 2022, 2401 Rn. 24.
[48] *Präve* in Prölss/Dreher VAG § 138 Rn. 9 m.w.N.
[49] *Brömmelmeyer* in Beckmann/Matusche-Beckmann VersR-HdB § 42 Rn. 274.
[50] Nunmehr Art. 209 RL 2009/138/EG Solvabilität II; zur Umsetzung durch den deutschen Gesetzgeber z.B. *Brömmelmeyer*, Der Verantwortliche Aktuar in der Lebensversicherung, 2000, S. 175.
[51] Zu den Aufgaben allg. *Brömmelmeyer*, Der Verantwortliche Aktuar in der Lebensversicherung, 2000, S. 59 ff.; iE zur Kontrolle der Prämienberechnung *Brömmelmeyer*, Der Verantwortliche Aktuar in der Lebensversicherung, 2000, S. 163 ff.

sung.[52] Diese vorsichtige Prämienkalkulation schreibt § 138 VAG 2016 (§ 11 VAG aF) im Interesse der Versichertengemeinschaft an der Solvabilität des Lebensversicherungsunternehmens vor, sie verursacht aber bei (erwartungsgemäßem) Ausbleiben von Krisensituationen vom Gesetz nicht intendierte Überschüsse der Lebensversicherungsunternehmen.[53] Zumal diese Überschüsse nicht im Wettbewerb erwirtschaftet, sondern gesetzlich zulasten der Versicherungsnehmer verordnet werden, wird eine Beteiligung der Versicherten an diesen Überschüssen als geboten angesehen.

18 § 153 Abs. 1 gewährt den Anspruch dem **Grunde** nach. Die Höhe des Anspruchs regelt § 153 Abs. 1 nicht. Zumal er aber von einer „Beteiligung" spricht, impliziert § 153, dass nicht nur die Versicherungsnehmer an den Überschüssen samt Bewertungsreserven profitieren, sondern auch der Versicherer. Das **Verteilungsverhältnis** bleibt in § 153 Abs. 1 jedoch offen.

II. Abbedingung des Anspruchs

19 Der Anspruch auf Überschussbeteiligung kann **abbedungen** werden. Diese Abbedingung darf aber nur **ganz oder gar nicht** erfolgen. Der Versicherungsnehmer kann also nicht auf einen Teil der Überschussbeteiligung verzichten. Insbesondere kann der Ausschluss **nicht nur die Bewertungsreserven** umfassen.[54] Vielmehr will § 153 nur die Möglichkeit offenhalten, Lebensversicherungsprodukte auch ohne Überschussbeteiligung anzubieten. Bietet ein Versicherer eine Lebensversicherung ohne Überschussbeteiligung an, so hat der Versicherer den Versicherungsnehmer darüber zu informieren.[55] Räumt der Versicherer demgegenüber einen Anspruch auf Überschussbeteiligung ein, so richtet sich dieser zwingend nach § 153 und den einschlägigen aufsichtsrechtlichen Vorschriften.

20 § 153 Abs. 1 garantiert die Überschussbeteiligung somit keineswegs zwingend. Auch § 140 Abs. 2 VAG 2016 (§ 81c VAG aF) schreibt die Überschussbeteiligung nicht zwingend vor, sondern fordert lediglich, dass bei überschussberechtigten Versicherungen eine angemessene Zuführung von Mitteln zur Rückstellung für Beitragsrückerstattung erfolgt.[56] Dennoch geht die Lit. teilweise davon aus, dass das Anbieten von Lebensversicherungen, die der vorsichtigen Prämienkalkulation nach § 138 VAG 2016 (§ 11 VAG aF) folgen, ohne Beitragsrückgewähr einen Missstand begründen würde.[57]

21 Eine vertragliche Abbedingung muss **ausdrücklich** erfolgen, eine nur schlüssige Vereinbarung reicht somit nicht aus. Das Kriterium der Ausdrücklichkeit wird freilich auch von **AVB-Klauseln** erfüllt, sodass sich die Frage stellt, ob ein Versicherer den Anspruch seiner Versicherungsnehmer auf Überschussbeteiligung durch eine entsprechende AVB-Klausel wirksam ausschließen und die Überschüsse einfach einbehalten kann. Zumal der Anspruch auf einem Gebot der Gerechtigkeit fußt, wäre ein bloßer Ausschluss nach § 307 BGB unwirksam.[58] Zugleich wäre darin ein Missstand iSd § 298 Abs. 1 VAG 2016 (§ 81 VAG aF) zu sehen. Ein wirksamer Ausschluss müsste also die Interessenbeeinträchtigung der Versicherungsnehmer in irgendeiner Weise wieder ausgleichen, was den Ausschluss wirtschaftlich wohl unattraktiv macht.

III. Überschuss

22 Der Anspruch des Versicherungsnehmers setzt das Anfallen eines **Überschusses** beim Versicherer voraus. Dabei ist insbes. zu entscheiden, an welchen Überschüssen die Versicherungsnehmer zu beteiligen sind. § 153 regelt die Ermittlung dieses Überschusses nicht. Er setzt vielmehr die **bilanzrechtlich** geregelte Überschussermittlung voraus.[59]

23 Grundlage der Überschussermittlung ist zunächst der **Jahresabschluss** des Versicherers,[60] bei deutschen Versicherern also der Jahresabschluss nach HGB, drittes Buch mit Verordnung über die

---

[52] Begr. zu Art. 1 (§ 153 VVG), RegE Gesetz zur Reform des Versicherungsvertragsrechts BT-Drs. 16/3945, 51; Brömmelmeyer in Beckmann/Matusche-Beckmann VersR-HdB § 42 Rn. 274 mwN.
[53] Brömmelmeyer in Beckmann/Matusche-Beckmann VersR-HdB § 42 Rn. 274.
[54] Ortmann in Schwintowski/Brömmelmeyer/Ebers VVG § 153 Rn. 59; Reiff in Prölss/Martin VVG § 153 Rn. 13.
[55] § 7 Abs. 2 und § 2 Abs. 1 S. 3 VVG-InfoV.
[56] Vgl. Kollhosser in Prölss/Dreher VAG § 140 Rn. 2.
[57] Zum Bsp. Brömmelmeyer in Beckmann/Matusche-Beckmann VersR-HdB § 42 Rn. 278.
[58] Brömmelmeyer in Beckmann/Matusche-Beckmann VersR-HdB § 42 Rn. 278; vgl. demgegenüber Begr. zu Art. 1 (§ 153), RegE Gesetz zur Reform des Versicherungsvertragsrechts BT-Drs. 16/3945, 96, die nur eine „transparente" Klausel fordert.
[59] Zu „Einflussmöglichkeiten" Engeländer NVersZ 2000, 545 (546).
[60] Begr. zu Art. 1 (§ 153), RegE Gesetz zur Reform des Versicherungsvertragsrechts BT-Drs. 16/3945, 96.

Rechnungslegung von Versicherungsunternehmen (RechVersV[61]).[62] Aus der Gewinn- und Verlustrechnung ist der nicht eigens ausgewiesene **Rohüberschuss** zu ermitteln, der dem handelsrechtlichen Jahresüberschuss vor Beteiligung der Versicherungsnehmer am Überschuss entspricht.[63]

Dieser Rohüberschuss wird nach **Ergebnisquellen** geteilt. Die wichtigsten Ergebnisquellen sind das **Risiko-, Kapitalanlage-** und **Kostenergebnis**.[64] Das Risikoergebnis (oder „Sterblichkeitsergebnis") ergibt sich aus dem Überschuss der Risikoanteile der Lebensversicherungsprämien gegenüber den Aufwendungen für infolge Ablebens von versicherten Personen zu erbringende Versicherungsleistungen. Das Kapitalanlageergebnis ergibt sich aus dem Überschuss der Verzinsung der Sparanteile der Lebensversicherungsprämien gegenüber der dem Versicherungsnehmer vertraglich garantierten Verzinsung sowie den Aufwendungen für die Kapitalanlage. Das Kostenergebnis ist der Überschuss der Kostenanteile der Lebensversicherungsprämien über die angefallenen Verwaltungskosten. Das Ergebnis einer Überschussquelle (Risiko, Kapitalanlage, Kosten) kann auch negativ ausfallen. In diesem Fall dürfen die Verluste aus einer Quelle nicht mit Überschüssen aus einer anderen Quelle **„querverrechnet"** werden.[65] Vielmehr bestimmt § 4 Abs. 1 S. 2 MindZV (Mindestzuführungsverordnung),[66] dass eine Beteiligung der Versicherungsnehmer „nur an positiven Ergebnisquellen" zu erfolgen hat. Versicherungsnehmer partizipieren somit an den Überschüssen positiver Ergebnisquellen, ohne am Verlust anderer Quellen teilhaben zu müssen.

IV. Bewertungsreserven

Die in § 153 Abs. 1 angesprochenen Bewertungsreserven ergeben sich, wenn der **Bilanzwert** einer Kapitalanlage **unter** dem tatsächlichen **Zeitwert** liegt. Dies wird vom im deutschen Bilanzrecht geltenden „Vorsichtsprinzip" systematisch angesteuert, indem Vermögenswerte nur mit dem Anschaffungswert bewertet werden dürfen,[67] auch wenn ihr tatsächlicher Zeitwert höher liegt.[68] Dies schließt den umgekehrten Fall, dass nämlich der Bilanzwert eines Vermögenswerts höher ist als der tatsächliche Zeitwert, nicht aus; dann entstehen „stille Lasten". Stille Lasten verringern die stillen Reserven und damit die Partizipationsansprüche des Versicherungsnehmers. Fällt die Differenz aus stillen Reserven und stillen Lasten negativ aus, so erfolgt keine Zuteilung, der Versicherungsnehmer nimmt also an einem negativen Ergebnis nicht teil.[69]

An den Bewertungsreserven hatte der Versicherungsnehmer nach altem Recht nur partizipiert, wenn sie vor Vertragsablauf und damit vor seinem Ausscheiden aus der Versichertengemeinschaft **realisiert**, also die entsprechenden Vermögenswerte verkauft wurden und der tatsächliche Zeitwert zu Buche schlug, der Verkaufserlös also in die Überschussermittlung einfloss.[70] Wurde ihm sein Überschussanteil dagegen vor Realisierung der Bewertungsreserven ausgezahlt, was regelmäßig zu Vertragsende geschah, so war er abgefunden und konnte keine Ansprüche auf die (auch) mit seinen Prämien geschaffenen Bewertungsreserven geltend machen.

In Umsetzung der BVerfG-Urteile aus 2005[71] gewährt § 153 Abs. 1 S. 1 dem Versicherungsnehmer nunmehr einen Anspruch auf **Teilhabe an den Bewertungsreserven**, auch wenn diese im Zeitpunkt seines Ausscheidens aus der Versichertengemeinschaft noch **nicht realisiert** sind.[72] Begleitet wird § 153 Abs. 1 S. 1 von der Pflicht des Versicherungsunternehmens gem. §§ 54–56 RechVersV, die stillen Reserven nach vorgeschriebenen Methoden zu **bewerten**. Für Grundstücke und dergleichen gilt hierbei die Bewertung nach § 55 RechVersV, für andere Kapitalanlagen die Bewertung nach § 56 RechVersV. Darüber hinaus muss der Versicherer die Bewertungsreserven im **Anhang zum Jahresabschluss** ausweisen (§ 54 S. 1 RechVersV). Diese Vorschriften sind erstmals

---

[61] I.d.F. der Bek. v. 8.11.1994 (BGBl. 1994 I 3378), zuletzt geändert durch Art. 8 Abs. 14 Gesetz v. 17.7.2015 (BGBl. 2015 I 1245).
[62] Bei ausländischen Versicherern gilt das Sitzlandrecht; → Rn. 13 ff.
[63] *Krause* in Looschelders/Pohlmann VVG § 153 Rn. 13.
[64] *Wandt* VersR Rn. 1227.
[65] Querverrechnungsmöglichkeiten wurden schon vom BVerfG VersR 2005, 1127 (1130 ff.) moniert; *Heiss* in Albrecht/Bartels/Heiss, Mannheimer Vorträge zur Versicherungswissenschaft Nr. 84, 2006, S. 22 f.; *Wandt* VersR Rn. 1236.
[66] Mindestzuführungsverordnung – Verordnung über die Mindestbeitragsrückerstattung in der Lebensversicherung, i.d.F. der Bek v. 4.4.2008 (BGBl. 2008 I 690) zuletzt geändert durch Art. 6 Gesetz v. 1.8.2014 (BGBl. I S. 1330); → Rn. 31.
[67] § 341a Abs. 1 HGB iVm § 253 Abs. 1 S. 1 HGB.
[68] *Ortmann* in Schwintowski/Brömmelmeyer/Ebers VVG § 153 Rn. 83.
[69] *Römer* r+s 2008, 405 (407).
[70] Im Falle des Verkaufs geht der Verkaufserlös freilich auch nach geltender Rechtslage in die Überschussermittlung ein; vgl. OLG Stuttgart ZIP 2020, 1916 (1917).
[71] Insbes. BVerfG VersR 2005, 1127.
[72] OLG Stuttgart ZIP 2020, 1916 (1917).

auf den Jahresabschluss für das nach dem 31.12.2006 beginnende Geschäftsjahr anzuwenden,[73] mit Ausnahme des neuen § 55 Abs. 3, der erstmals auf Jahres- und Konzernabschlüsse für das nach dem 31.12.2009 beginnende Geschäftsjahr anzuwenden ist.[74]

D. Durchführung der Überschussbeteiligung (Abs. 2)

I. Aufsichts- und vertragsrechtliche Regelung

28 Die Verteilung des ermittelten Überschusses ist sowohl **aufsichts-** (insbes. in § 140 VAG 2016; §§ 56a, 81c VAG aF) **als auch vertragsrechtlich** (§ 153 Abs. 2) geregelt. Es geht dabei im Wesentlichen um **zwei Schritte:** Zuerst muss der Überschuss zwischen Versicherer und Versicherungsnehmern geteilt werden, dann muss der den Versicherungsnehmern gewidmete Überschuss unter diesen verteilt werden.

II. Aufsichtsrechtliche Rahmenregelung

29 Das Aufsichtsrecht hält eine Rahmenregelung für den ersten Schritt bereit, in dem der Anteil der Überschüsse zu bestimmen ist, der den Versicherungsnehmern über die vertraglich garantierte Verzinsung hinaus zufließen soll.[75] Hierfür hat der **Verantwortliche Aktuar** gem. § 141 Abs. 5 Nr. 4 VAG 2016 (§ 11a Abs. 3 Nr. 4 VAG aF) einen **Vorschlag** zu erarbeiten.[76] Über die Zuweisung entscheidet gem. § 139 Abs. 2 VAG 2016 (§ 56a Abs. 1 S. 1 VAG aF) bei Versicherungsaktiengesellschaften der **Vorstand mit Zustimmung des Aufsichtsrats**.

30 Die Zuweisung erfolgt auf zweierlei Weise: Teils werden den Versicherungsnehmern feste Beträge verbindlich zugeschrieben und damit garantiert (**Direktgutschrift**[77]), teils werden die den Versicherungsnehmern gewidmeten Überschüsse der **Rückstellung für Beitragsrückerstattung (RfB)** zugeführt.[78] Gemäß § 140 Abs. 4 VAG 2016 (§ 56a Abs. 2 VAG alte, seit 9.4.2013 geltenden Fassung) können Versicherer innerhalb der RfB kollektive Teile einrichten, die alle überschussbeteiligten Verträge betreffen. Insoweit wird die 1994 eingeführte Trennung in Alt- und Neubestand aufgehoben.[79] Mit der Zuführung zur RfB erwerben die Versicherungsnehmer keine individuellen Zahlungsansprüche. Die **Widmung** begünstigt sie nur aufsichtsrechtlich, indem die zurückgestellten Beträge grds. **nur noch für** die individuelle **Zuweisung von Überschüssen** verwendet werden dürfen.[80] Hiervon bestehen jedoch gewichtige **Ausnahmen**, die unter dem Vorbehalt der Zustimmung der Aufsichtsbehörde stehen. Versicherungsunternehmen können demzufolge auf die RfB zugreifen, um im Interesse der Versicherten einen **Notstand** abzuwenden,[81] „unvorhersehbare Verluste aus den überschussberechtigten Versicherungsverträgen auszugleichen, die auf allgemeine Änderungen der Verhältnisse zurückzuführen sind"[82] oder „die Deckungsrückstellung zu erhöhen, wenn die Rechnungsgrundlagen auf Grund einer unvorhersehbaren und nicht nur vorübergehenden Änderung der Verhältnisse angepasst werden müssen".[83] Das erlaubt es den Unternehmen, bei Vorliegen der Voraussetzungen die RfB auch zur Bedienung der **garantierten** Leistungen, die in der Deckungsrückstellung zu bedecken sind, heranzuziehen. Einem solchen Vorgehen können allerdings die vertraglichen Vereinbarungen entgegenstehen, wenn der Versicherer die Verwendung der Überschüsse für die Erbringung der nicht garantierten Leistungen zugesagt hat.[84]

31 § 139 Abs. 2 S. 2 VAG 2016 gebietet bei Versicherungsaktiengesellschaften im Interesse der Aktionäre, höchstens so viel an Überschussbeteiligung zu genehmigen, dass aus dem verbleibenden Bilanzgewinn noch eine **Verzinsung des Grundkapitals** in Höhe von mindestens 4 % zugunsten der Aktionäre verbleibt. Umgekehrt muss der Überschussanteil für die Versicherungsnehmer **angemessen** sein, ansonsten ein Missstand iSv § 140 Abs. 2 VAG 2016 vorliegen würde. Das Kriterium

---

[73] § 64 Abs. 10 RechVersV.
[74] § 64 Abs. 11 S. 1 RechVersV.
[75] Vgl. z.B. *Engeländer* NVersZ 2000, 401 (406 ff.); vgl. insofern zur Entwicklung der aufsichtsrechtlichen Regelungen im Zuge der Deregulierung *Renger* VersR 1995, 866 (867 ff.).
[76] *Brömmelmeyer*, Der Verantwortliche Aktuar in der Lebensversicherung, 2000, S. 65.
[77] *Claus* VerBAV 1988, 259.
[78] § 139 Abs. 1 VAG 2016 (§ 56a VAG aF).
[79] Ausf. *Armbrüster* VersR 2013, 398.
[80] § 140 Abs. 1 S. 1 VAG 2016 (§ 56b Abs. 1 S. 1 VAG aF).
[81] § 140 Abs. 1 S. 2 Nr. 1 VAG 2016 (§ 56b Abs. 1 S. 2 Nr. 1 VAG aF).
[82] § 140 Abs. 1 S. 2 Nr. 2 VAG 2016 (§ 56b Abs. 1 S. 2 Nr. 2 VAG aF).
[83] § 140 Abs. 1 S. 2 Nr. 3 VAG 2016 (§ 56b Abs. 1 S. 2 Nr. 3 VAG aF).
[84] Insofern BGH VersR 2009, 1208.

der Angemessenheit wird in einer auf § 145 Abs. 2 VAG 2016 fußenden Rechtsverordnung (**MindZV**), welche die BaFin[85] im Benehmen mit den Aufsichtsbehörden der Länder erlässt, konkretisiert. Die geltende Mindestzuführungsverordnung[86] stellt für die einzelnen Ergebnisquellen unterschiedliche Mindestzuführungssätze auf. Nach § 6 MindZV müssen mindestens **90 %** der anrechenbaren[87] **Kapitalerträge** (abzgl. der rechnungsmäßigen, sohin garantierten Zinsen), nach § 7 MindZV mindestens **90 %**[88] des **Risikoergebnisses** und nach § 8 MindZV mindestens **50 %** des **übrigen Ergebnisses** der Rückstellung für Beitragsrückerstattung zugeführt werden.[89] Von der so gebildeten Summe werden die „Direktgutschrift ... einschließlich der auf die überschussberechtigten Versicherungsverträge entfallenden Schlusszahlungen auf Grund der Beteiligung an Bewertungsreserven, soweit diese in Form einer Direktgutschrift ausgeschüttet werden, abgezogen".[90] Ergibt sich bei einer der zuvor genannten (Teil-)Summen ein negatives Ergebnis, so wird es auf Null gesetzt.[91] Negative Ergebnisse fließen somit grds. nicht ein. Ausnahmsweise kann ein Versicherungsunternehmen mit Zustimmung der Aufsichtsbehörde die **Mindestzuführungssätze unterschreiten,** wenn nämlich gewichtige Solvabilitätsinteressen iSv § 5 MindZV dies erfordern. Erfüllt ein Versicherungsunternehmen die in der Verordnung vorgeschriebenen Mindestzuführungssätze, so liegt **kein Missstand** iSv § 140 Abs. 2 VAG 2016 vor. In aller Regel kann dann auch kein allgemeiner Missstand iSv § 298 Abs. 1 VAG 2016 vorliegen. Inwieweit also die Versicherungsnehmer an den verbleibenden 10 % der Kapitalerträge, 10 % des Risikoergebnisses bzw. 50 % des übrigen Ergebnisses beteiligt werden, bleibt aufsichtsrechtlich ungeregelt.

Der zweite Schritt, die Verteilung der zugewiesenen Überschüsse unter den Versicherungsnehmern, ist aufsichtsrechtlich – anders als beim regulierten Altbestand[92] – nicht ausdrücklich geregelt. Allerdings galt nach altem Recht, dass es einen allgemeinen Missstand nach § 81 Abs. 1 S. 2 VAG aF („ausreichende Wahrung der Belange der Versicherten"; nunmehr § 298 Abs. 1 VAG 2016) darstellte, wenn das Versicherungsunternehmen die Überschüsse nicht zeitnah und **verursachungsgerecht** zuteilte.[93] Die vormals aufsichtsrechtliche Verpflichtung regelt nun § 153 VVG.[94] 32

III. Vertragsrechtliche Neuregelung (Abs. 2)

1. Reichweite der Neuregelung. § 153 Abs. 2 regelt nunmehr die Überschussbeteiligung auch vertragsrechtlich. Sein Wortlaut setzt den Begriff des „Überschusses" voraus, regelt also **nicht** dessen **bilanzielle Ermittlung.** Indessen bezieht sich der Wortlaut des § 153 Abs. 2 auf die **Durchführung der Überschussbeteiligung** schlechthin. Zur Durchführung zählen unzweifelhaft beide Schritte, die Verteilung der Überschüsse zwischen dem Versicherer und dem Versichertenkollektiv ebenso wie die individuelle Verteilung der zugewiesenen Überschüsse im Versichertenkollektiv. 33

Insofern überrascht es, dass die Begründung zum RegE davon spricht, die **Höhe** der Zuführung zur **RfB** bleibe von § 153 **ungeregelt,** sodass der einzelne Versicherungsnehmer weder einen gesetzlichen Anspruch auf Zuführung der aufsichtsrechtlich vorgegebenen Mindestquoten noch einen solchen auf eine höhere Beteiligung habe.[95] Es verbleibe insoweit bei der **aufsichtsrechtlichen** Regelung des § 81c VAG aF (nunmehr § 140 Abs. 2 VAG 2016). 34

Gestützt auf diese Ausführungen in der Gesetzesbegründung wird zum Teil die Meinung vertreten, dass die **Entscheidung des Versicherers** über die Beteiligungsquote der Versicherungsnehmer zivilrechtlich nach wie vor ungeregelt und daher **zivilgerichtlich** nach wie vor **nicht nachprüfbar** 35

---

[85] Die Ermächtigung des § 145 Abs. 2 VAG 2016 (§ 81c Abs. 3 VAG aF) richtet sich an das Bundesministerium der Finanzen, welches diese durch Rechtsverordnung nach § 145 Abs. 5 VAG 2016 (§ 81c Abs. 3 S. 2 VAG aF) auf die BaFin übertragen kann.
[86] Mindestzuführungsverordnung vom 18.4.2016 (BGBl. 2016 I 831), zuletzt geändert durch Art. 1 der Verordnung vom 7.7.2020 (BGBl. 2020 I 1688).
[87] Zur Anrechenbarkeit von Kapitalerträgen s. § 3 MindZV.
[88] Art. 6 Nr. 4 lit. e aa LVRG.
[89] *Wandt* VersR Rn. 1236.
[90] *Krause* in Looschelders/Pohlmann VVG § 153 Rn. 33.
[91] Im Detail Art. 4 Abs. 3–6 MindZV.
[92] Zu diesem *Reiff* in Prölss/Martin VVG § 153 Rn. 18.
[93] *Wandt* VersR Rn. 1241.
[94] Dass durch die Schaffung des § 153 eine Kontrolle über § 298 Abs. 1 S. 2 VAG 2016 *a priori* ausgeschlossen ist, erscheint mir nicht zwingend, wird aber in der Lit. behauptet (*Reiff* in Prölss/Martin VVG § 153 Rn. 19). Richtig ist jedenfalls, dass der Bedarf nach einer allgemeinen Missbrauchsaufsicht angesichts des § 153 gesunken ist (*Reiff* in Prölss/Martin VVG § 153 Rn. 19: „aber auch nicht nötig").
[95] Begr. zu Art. 1 (§ 153), RegE Gesetz zur Reform des Versicherungsvertragsrechts BT-Drs. 16/3945, 96 „Ein vertraglicher Anspruch des einzelnen Versicherungsnehmers auf eine bestimmte Zuführung zu der Rückstellung für Beitragsrückerstattung ist nicht vorgesehen."

sei.[96] Zumal § 153 Abs. 2 die Frage nicht regle, habe sich die zivilrechtliche Rechtslage nicht verändert und gelte daher nach wie vor die **alte Rspr.** des BGH,[97] wonach der Versicherungsnehmer insoweit zivilrechtlich ungeschützt bliebe.[98] Gerechtfertigt wird dieser Standpunkt von *Krause* nicht zuletzt unter Verweis auf die Ausführungen des BVerfG: Dieses habe seiner Ansicht nach ausdrücklich genehmigt, dass der Gesetzgeber den Rechtsschutz des Versicherungsnehmers (weiterhin) nicht mit zivilrechtlichen, sondern mit aufsichtsrechtlichen Mitteln bewerkstellige.[99] Das trifft grds. zu, doch sagt das BVerfG – wie *Krause* selbst wörtlich zitiert – hierzu einschränkend: „Will [der Gesetzgeber] insofern weiterhin auf die Versicherungsaufsicht vertrauen, muss er dieser Maßstäbe zur Verfügung stellen, an denen die Rechtmäßigkeit der Überschussberechnung auch unter Berücksichtigung der individuellen Belange der Versicherten aufsichtsbehördlich überprüft werden kann."[100] Eine derartige Möglichkeit, im Rahmen ihrer Tätigkeit **individuelle** Ansprüche der Versicherten durchzusetzen, hat der Gesetzgeber der Versicherungsaufsicht aber gerade nicht eingeräumt. Nach wie vor besteht eine bloße Missbrauchsaufsicht, die iRd § 140 Abs. 2 VAG 2016 (§ 81c VAG aF) nur eine Aufsicht verkörpert, welche im Sinne des BVerfG-Urteils die „*ausreichende* Wahrung der Interessen der Versicherten" gewährleistet. Jedoch fehlt eine Rechtmäßigkeitsaufsicht, die „unter Berücksichtigung der individuellen Belange der Versicherten" erfolgt. Das BVerfG spricht 2017 erneut aus, die Effektivität des Grundrechtsschutzes fordere „Maßstäbe und Möglichkeiten einer rechtlichen Überprüfung daraufhin, ob die „maßgebenden Vermögenswerte bei der Berechnung des Schlussüberschusses angemessen berücksichtigt worden sind."[101] Die kommende Rechtsprechung des BGH zu den Auskunftsrechten der Versicherungsnehmer müsse zeigen, ob dem Genüge getan werde.[102] Beim BGH scheint diese Botschaft angekommen zu sein, denn er betont ein zivilrechtliches Prüfungsrecht des Versicherungsnehmers.[103] Auch das BAG geht aus verfassungsrechtlichen Gründen von einer umfassenden zivilrechtlichen Nachprüfbarkeit der Überschussbeteiligung aus. Nicht nur die Vorgaben des VVG, sondern auch jene des VAG seien im zivilrechtlichen Wege durchsetzbar:[104] „Die gerichtliche Kontrolle betrifft dabei nicht nur die Frage, ob der Überschuss ordnungsgemäß berechnet ist, sondern auch die Frage, ob er zwischen den Berechtigten ordnungsgemäß verteilt wird. Denn es macht für den Berechtigten keinen Unterschied, ob er einen Überschussanteil deshalb nicht erhält, weil ihn der Versicherer unberechtigt für sich behält oder weil der Versicherer ihn unberechtigt einer anderen Person zuordnet."[105]

36 Daher betont die wohl ganz herrschende Lehre, dass die Ermittlung und Verteilung der Überschüsse in allen Schritten zivilrechtlich kontrollfähig ist.[106] Besonders deutlich äußert sich *Winter*: Mache ein Versicherungsnehmer die Überschussbeteiligung gerichtlich geltend, so seien „**sämtliche Schritte zur Ermittlung und Verteilung des Überschusses zu überprüfen**".[107] Das gelte „schon für die Ermittlung des Überschusses" und nicht minder für dessen Verteilung „einschließlich der Mindestzuführung und der Durchführung eines verursachungsorientierten Verfahrens."[108] Denn: „Alle Faktoren, die sich auf die Überschussbeteiligung auswirken, müssen – verfassungskonform – **Gegenstand der zivilgerichtlichen Kontrolle** sein können. Der Versicherungsnehmer kann nicht darauf verwiesen werden, dass er die Ermittlung der Überschussbeteiligung und die Mindestzuführung zur RfB, wie sie von dem Versicherer vorgenommen wird, zu akzeptieren hat."[109] Zu allem ist zu ergänzen, dass die Überprüfung der Quotenzuführungsentscheidung für Zivilgerichte auch **keine** der Art nach **ungewöhnliche Aufgabe** ist. Sie haben etwa auch gem. § 231 Abs. 1 HGB einen „den Umständen nach angemessenen Anteil" des stillen Gesellschafters an den Gewinnen

---

[96] *Krause* in Looschelders/Pohlmann VVG § 153 Rn. 51; *Brambach* in HK-VVG VVG § 153 Rn. 32.
[97] BGHZ 128, 54; BGH VersR 1983, 746; 2008, 338; aA *Basedow* ZVersWiss 1992, 419; *Donath* AcP 192 (1992) 279; wie der BGH dagegen *Lorenz* ZVersWiss 1993, 283; *Baumann* JZ 1995, 446, der die Entscheidung des BGH an sich „akzeptabel" findet.
[98] *Krause* in Looschelders/Pohlmann VVG § 153 Rn. 51.
[99] *Krause* in Looschelders/Pohlmann VVG § 153 Rn. 52.
[100] S. das wörtliche Zitat aus dem BVerfG-Urteil bei *Krause* in Looschelders/Pohlmann VVG § 153 Rn. 52.
[101] BVerfG NJW 2017, 1593 (1596); vgl. nun BGH WM 2018, 1401 (1404 f.).
[102] BVerfG NJW 2017, 1593 (1596).
[103] BGH WM 2018, 1401 (1404 f.); vgl. schon zuvor BGH VersR 2010, 656 (659) für die Überprüfung der Ermessensentscheidung betreffend die Zuteilung von Bonuspunkten, mit Abgrenzung zu VersR 2010, 801.
[104] BAG VersR 2020, 1401 (1408) unter Berufung auf BGH WM 2018, 1401.
[105] BAG VersR 2020, 1401 (1408); NZA 2020, 1477 (1484).
[106] *Reiff* in Prölss/Martin VVG § 153 Rn. 12a; *Winter*-Bruck/Möller VVG § 153 Rn. 208; Versicherungsrechts-Handbuch/*Brömmelmeyer* § 42 Rn. 288; *Grote* in Langheid/Rixecker VVG § 153 Rn. 53.
[107] *Winter* in Bruck/Möller VVG § 153 Rn. 208.
[108] *Winter* in Bruck/Möller VVG § 153 Rn. 208.
[109] *Winter* in Bruck/Möller VVG § 153 Rn. 208.

bzw. Verlusten zu bestimmen, wenn die Beteiligung nicht vertraglich geregelt ist.[110] Ähnliches gilt für § 168 HGB. Der Beschluss des Vorstands einer AktG über die Verwendung des Bilanzgewinns ist bei Vorliegen der Voraussetzungen nach § 254 Abs. 1 AktG anfechtbar. Bei seiner Entscheidung über die Anfechtung hat der Richter insbes. zu beurteilen, ob die Nichtausschüttung von Gewinnen „bei vernünftiger kaufmännischer Beurteilung" notwendig war oder nicht. Es ist nicht erkennbar, wieso die Zivilgerichte diese Aufgabe nicht auch bei der Überschussbeteiligung des Versicherungsnehmers wahrnehmen können.

Den gegenteiligen Ansichten ist daher – sowohl was die Weitergeltung der BGH-Rechtsprechung, als auch was die Interpretation des BVerfG-Urteils angeht – nicht zu folgen. Dem kann man auch nicht entgegenhalten, dass nach dem neuen § 153 zumindest bei der Verteilung der vom Versicherer zugewiesenen Überschüsse ein zivilrechtlicher Anspruch der Versicherungsnehmer bestehe, der eine **individuelle** Rechtsverfolgung ermögliche. Die Frage einer verursachungsorientierten Verteilung der zugewiesenen Überschüsse barg und birgt nämlich keinen Interessenkonflikt des Versicherers, der an einer verursachungsorientierten Verteilung im Kollektiv ebenso interessiert ist wie die Versicherungsnehmer. Der eigentliche Kern der Verfassungsbeschwerde betraf demgegenüber die Entscheidung des Versicherers über die Quote zur Überschusszuführung an die RfB und der Einbezug der Bewertungsreserven. Bei der Entscheidung über die Quote besteht ein **Interessenkonflikt** des Versicherers und daher ein besonderes Bedürfnis nach einer Kontrolle, welche an den individuellen Belangen der Versicherten ausgerichtet ist.[111] Wer also mit Blick auf die Entscheidung des Versicherers über die Zuteilungsquote nach wie vor die frühere zivilrechtliche „Nulllösung" des BGH[112] vertritt, akzeptiert zugleich, dass auch die Reform des VVG den **verfassungswidrigen** Zustand aufrecht erhalten hat.[113]

37

Brömmelmeyer hat zum Inhalt der Kontrolle zutreffend vorgeschlagen, § 153 Abs. 2 gemäß seinem Wortlaut und aufgrund eines verfassungskonformen Verständnisses auf die Entscheidung des Versicherers über die Beteiligungsquote anzuwenden.[114] Damit würde auch die **Zuteilungsquote** dem Erfordernis einer **verursachungsorientierten** Durchführung der Überschussbeteiligung unterliegen. Zu einem ganz ähnlichen Ergebnis gelangt man, wenn man mit *Ortmann* zwar § 153 Abs. 2 nicht auf die Entscheidung des Versicherers über die Zuteilungsquote erstreckt, verfassungskonform aber § 315 BGB anwendet, weil der Versicherer mangels Bindung an § 153 Abs. 2 ein **einseitiges Bestimmungsrecht** hinsichtlich der gem. § 153 Abs. 1 S. 1 geschuldeten Leistung hat.[115] Diese Ansicht deckt sich mit jener von *Brömmelmeyer* und *Winter* insofern, als auch diese Autoren § 315 BGB anwenden wollen, „insoweit" dem Versicherer Beurteilungsspielräume zukommen.[116] Gleichermaßen geht *Winter* davon aus, es käme auf das billige Ermessen iSd **§ 315 Abs. 1 BGB** an, „soweit" die Überschussbeteiligung von Leistungsbestimmungsrechten des Versicherers abhängig sei.[117]

38

Der BGH hat dagegen die Anwendung des § 315 BGB auf die Berechnung des Überschussanteils der Versicherungsnehmer auch nach dem Urteil des BVerfG generell verneint.[118] Zu den Ausführungen des BGH ist vorab hervorzuheben, dass sie sich nicht auf die (hier abgehandelte) Höhe der Zuführung von Überschüssen zur RfB beziehen. Sodann zeigt ein Blick in den „Mustergeschäftsplan" für Altverträge, wie ihn die BaFin 2008 publiziert hat,[119] sehr wohl ein Ermessen des Versicherers bei der Entscheidung über die Höhe der Zuführung zur RfB. So liest man unter Ziff. 2.3.1 („Dotierung der Rückstellung für Beitragsrückerstattung"), dass vom Rohüberschuss „mindestens" der sich aus der Mindestzuführungsverordnung ergebende Betrag der RfB zugewiesen wird. Diese bezifferten Mindestbeträge[120] stehen in der Tat nicht im Ermessen des Versicherers und sind daher naturgemäß einer Kontrolle nach § 315 BGB nicht zugänglich. **Keine** „objektiven Maßstäbe" enthält der Mustergeschäftsplan allerdings hinsichtlich der die Mindestbeträge übersteigenden Zuführungen zur RfB. Die Mindestzuführungsverordnung enthält insoweit ebenfalls keine festen Bestimmungskriterien, sondern verpflichtet den Versicherer in § 4 Abs. 1 die Versicherungs-

39

---

[110] Zu diesem Aspekt auch → Rn. 47 a.E.
[111] *Brömmelmeyer* in Beckmann/Matusche-Beckmann VersR-HdB § 42 Rn. 287.
[112] BGHZ 128, 54.
[113] Dies räumt zB das LG Kassel VersR 2014, 1240 (1243) ein.
[114] *Brömmelmeyer* in Beckmann/Matusche-Beckmann VersR-HdB § 42 Rn. 287.
[115] *Ortmann* in Schwintowski/Brömmelmeyer/Ebers VVG § 153 Rn. 40.
[116] *Brömmelmeyer* in Beckmann/Matusche-Beckmann VersR-HdB § 42 Rn. 288.
[117] *Winter* in Bruck/Möller VVG § 153 Rn. 208.
[118] BGH VersR 2015, 433 (Rn. 20 aA); 2015, 197; vgl. *Reiff* in Prölss/Martin VVG § 153 Rn. 12a; *Wandt* VersR Rn. 1231; *Grote* in Langheid/Rixecker VVG § 153 Rn. 58.
[119] BaFin, Rundschreiben 10/2008 (VA) – Neufassung des Musters eines Gesamtgeschäftsplans für die Überschussbeteiligung des Altbestands in der Lebensversicherung v. 25.9.2008.
[120] Zu ihnen in der aktuellen Fassung → Rn. 31.

nehmer „**angemessen**" am Kapitalanlage-, Risiko- und Kostenergebnis zu beteiligen. Wie dem auch sei, die Ansicht des BGH wurde vom BVerfG jedenfalls für vertretbar gehalten.[121] Es die Ansicht des BGH daher nicht beanstandet.[122] Es hebt zugleich hervor, dass eine Kontrolle auch nach § 153 VVG möglich ist.[123] Ganz ohne eine Nachprüfung von Ermessen wird freilich auch diese Kontrolle nicht auskommen.

40   **2. Vertragliche Erweiterung des § 153 Abs. 2?** Unabhängig davon, wie man zum widersprüchlichen Verhältnis des Wortlauts in § 153 Abs. 2 zur Gesetzesbegründung steht, kann ein zivilrechtlicher Anspruch auf eine bestimmte Beteiligungshöhe zwischen Versicherer und Versicherungsnehmer **vertraglich vereinbart** werden. So kann bspw. eine feste, auch eine höhere Beteiligungsquote als die in der Mindestzuführungsverordnung vorgesehene 90 % der Kapitalerträge im Vertrag verbindlich festgelegt werden.[124] Für § 2 der Musterbedingungen für die kapitalbildende Lebensversicherung wurde diskutiert, ob sie die **aufsichtsrechtliche Regelung** zum **Vertragsinhalt** macht und dadurch dem Versicherungsnehmer einen zivilgerichtlich durchsetzbaren, vertraglichen Anspruch auf Einhaltung der Mindestzuführungsquoten durch das Versicherungsunternehmen gibt.[125] Im übersteigenden Teil würde dem Versicherer dann ein einseitiges Leistungsbestimmungsrecht zukommen, was zur Anwendung des § 315 BGB führe.[126]

41   **3. Verursachungsorientierte Verteilung der Überschüsse.** § 153 Abs. 2 gewährt einen zivilrechtlichen Anspruch des Versicherungsnehmers auf eine **verursachungsorientierte** Durchführung der Überschussbeteiligung. Durch ein verursachungsorientiertes Verfahren wird sichergestellt, dass sich der Beitrag jedes Versicherungsnehmers zur Erwirtschaftung des Überschusses auch in seiner Überschussbeteiligung widerspiegelt. Der vom Gesetzgeber gebrauchte Begriff der verursachungs**orientierten,** also nicht notwendig verursachungs**gerechten** Durchführung der Überschussbeteiligung macht indessen deutlich, dass die Überschussbeteiligung keinem strikten Kausalitätskriterium zu folgen braucht.[127]

42   Aus dem Kriterium der „Verursachungsorientierung" ist insbes. abzuleiten, dass die Versicherungsnehmerschaft in **Abrechnungsverbände** (bzw., wie es ehedem hieß, in Bestandsgruppen) eingeteilt werden kann.[128] Zumal verschiedene Gruppen von Versicherungsnehmern unterschiedlich zur Überschusserwirtschaftung beitragen, ist es erforderlich, sie auch bei der Überschussbeteiligung unterschiedlich zu behandeln. Hierzu stellt bspw. das BAG fest: „Versicherungsverträge dürfen dabei nach anerkannten versicherungsmathematischen Grundsätzen zu Bestandsgruppen und Gewinnverbänden zusammengefasst werden, soweit sich die Verteilung des Überschusses daran orientiert, in welchem Umfang die Gruppe oder der Gewinnverband zur Entstehung des Überschusses beigetragen hat. Das Verteilungssystem muss die Verträge sachgerecht unter dem Gesichtspunkt der Überschussverteilung zusammenfassen und darauf angelegt sein, den zur Verteilung bestimmten Betrag nach den Kriterien der Überschussverursachung einer Gruppe zuzuordnen sowie dem einzelnen Vertrag dessen rechnerischen Anteil an dem Betrag der Gruppe zuzuschreiben"[129] Hierfür sei im Überprüfungsverfahren der Versicherer darlegungs- und beweispflichtig.[130] Am augenfälligsten ist dies bei reinen Risikolebensversicherungen und fondsgebundenen Lebensversicherungen mit Blick auf Überschüsse aus der Ergebnisquelle der „Kapitalerträge". Soweit Risikolebensversicherungen mangels eines Sparanteils der Prämie zum Kapitalaufbau nichts beitragen, kann eine verursachungsorientierte Durchführung der Überschussbeteiligung den Versicherungsnehmern keine Überschüsse aus Kapitalerträgen zuweisen. Dasselbe gilt für fondsgebundene Lebensversicherungen: Bei ihnen wird der aus den Prämien erzielte Kapitalertrag ohnehin zu 100 % an die Versicherungsnehmer weitergegeben, sodass eine weitere Beteiligung an von Versicherungsnehmern anderer Abrechnungsverbände erwirtschafteten Kapitalerträgen nicht gerechtfertigt ist. Ebenso ist es verursachungsorientiert, hin-

---

[121] BVerfG NJW 2017, 1593 (1595 f.), insbesondere weil vom BGH im Rahmen des § 153 ein Auskunftsanspruch anerkannt werde.
[122] BVerfG NJW 2017, 1593 (1595 f.), insbesondere weil vom BGH im Rahmen des § 153 ein Auskunftsanspruch anerkannt werde.
[123] BVerfG NJW 2017, 1593 (1595 f.).
[124] Vgl. § 4 Abs. 3 S. 4 MindZV.
[125] Ortmann in Schwintowski/Brömmelmeyer/Ebers VVG § 153 Rn. 40.
[126] Ortmann in Schwintowski/Brömmelmeyer/Ebers VVG § 153 Rn. 40.
[127] BAG VersR 2020, 1401 (1407); *Grote* in Marlow/Spuhl Neues VVG S. 203; *Wandt* VersR Rn. 1233; *obiter dictum* in BGH BeckRS 2016, 2175.
[128] Begr. zu Art. 1 (§ 153 VVG), RegE Gesetz zur Reform des Versicherungsvertragsrechts BT-Drs. 16/3945, 96; *Wandt* VersR Rn. 1233; *Grote* in Marlow/Spuhl Neues VVG S. 203; *Franz* DStR 2008, 303 (309); OLG Stuttgart GRUR-RS 2022, 2401 Rn. 25.
[129] BAG VersR 2020, 1401 (1407).
[130] BAG VersR 2020, 1401 (1407).

sichtlich des Kostenergebnisses zwischen Tarifen mit unterschiedlicher Kostenstruktur zu differenzieren.

Neben dieser Differenzierung nach dem Beitrag zur Überschusserwirtschaftung erfordert die **43** verursachungsorientierte Durchführung der Beteiligung auch die Wahrung der **Generationengerechtigkeit**. Die Zuweisung der erwirtschafteten Überschüsse hat daher so **zeitnah**[131] zu geschehen, dass der beitragende Versicherungsnehmer spätestens beim Ausscheiden aus der Versichertengemeinschaft, also im Zuge der Zuteilung des Schlussüberschusses, partizipiert.[132] Auch dieses Kriterium ist nicht strikt im Sinne eines Kausalitätskriteriums zu verstehen. Vielmehr können erzielte Überschüsse über die Abrechnungsperioden hinweg zum Ausgleich von **Gewinnschwankungen** verwendet werden, was zu einer individuellen Benachteiligung eines zuvor ausgeschiedenen Versicherungsnehmers führen kann.[133] Die Durchführung der Beteiligung hat jedoch darauf zu achten, dass das Interesse der Solidargemeinschaft an einer konstanten Überschussentwicklung einen **angemessenen Ausgleich** mit dem Individualinteresse des ausscheidenden Versicherungsnehmers an einer möglichst umfassenden Beitragsrückerstattung findet.[134]

Die Musterbedingungen für die kapitalbildende Lebensversicherung regeln Details des Verfah- **44** rens. Sie bieten nur **zum Teil** eine **Einheitslösung**. So hebt § 2 Abs. 3 lit. a der Musterbedingungen hervor, dass der individuelle Vertrag an den Überschüssen „derjenigen Gruppe" beteiligt wird, die im Versicherungsschein genannt wird. Die Zugehörigkeit zu einem bestimmten Abrechnungsverband ist daher in der Police auszuweisen. Die Klausel erwähnt auch die Unterscheidung in Direktgutschrift und Entnahme aus der RfB. Über die genaue Höhe sagt die Klausel nur, dass sie jährlich festgelegt wird und die entsprechenden Anteilsätze im Geschäftsbericht publiziert werden. Dem Versicherungsnehmer wird ein Anspruch auf Aushändigung des Geschäftsberichts eingeräumt. Im Übrigen überlassen die Musterbedingungen die Ausgestaltung des Verfahrens den einzelnen Versicherern und geben nur Punkte vor, die in den AVB geregelt werden sollten. Hierher zählen die Fälligkeit der Überschussanteile (Wartezeiten und Zuteilungsstichtag), die Form der Überschussbeteiligung (laufender und Schlussüberschussanteil), die Verwendung (Bonus, verzinsliche Ansammlung, Verrechnung, Barauszahlung und dergleichen), die Bemessungsgrößen der Überschussanteile und die Rechnungsgrundlagen für die Ermittlung der Beiträge.

Der BGH hat AVB-Klauseln in Riesterrentenverträgen nach dem Transparenzgebot geprüft. **45** Die einschlägigen AVB enthielten einen Hinweis, wonach die einzelnen Bestandsgruppen davon abhängig an den Überschüssen beteiligt würden, „in welchem Umfang die Gruppen zu ihrer Entstehung beigetragen haben".[135] Daraus leite der Versicherungsnehmer ab, dass er jedenfalls partizipiere. Er könne nicht erkennen, dass sein Vertrag wegen eines nur geringen Beitrags zur Entstehung von Überschüssen von einer Beteiligung ganz ausgeschlossen ist.[136] Die Regelung wurde daher als intransparent angesehen.

In der Lit. wird vertreten, dass der Zuweisungsbeschluss des Versicherers einer zivilgerichtlichen **46** Kontrolle nach § 315 BGB unterliegt.[137] Dem widerspricht der BGH und schließt eine Anwendung von § 315 BGB aus.[138] Die zivilrechtliche Begründung des BGH lautet im Kern: Die Anwendung des § 315 BGB setze ein ausdrücklich oder schlüssig vereinbartes, einseitiges Leistungsbestimmungsrecht voraus. Vereinbaren die Parteien dagegen „objektive Maßstäbe", „die es ermöglichen, die vertraglichen Leistungen zu bestimmen", so scheide eine Anwendung des § 315 BGB aus.[139] Dies sei bei der Überschussberechnung der Fall, weil die AVB (hier: § 16 ALB aF) auf den von der Aufsichtsbehörde genehmigten Geschäftsplan des Versicherers verweisen. Im Übrigen räume auch § 153 dem Versicherer kein Ermessen ein.[140] Diese Ausführungen werden vom BGH dahingehend konkretisiert, dass sich aus dem Geschäftsplan ergebe, „wie die Bewertungsreserve abstrakt zu berechnen ist. Es handelt sich um eine detaillierte Beschreibung, die einer gerichtlichen Nachprüfung, ggf. durch ein Sachverständigengutachten, unterliegt."[141] Darüber hinaus lehnt der BGH auch die in

---

[131] Das Erfordernis einer zeitnahen Zuweisung der Überschüsse ergab sich bisher schon aus der Missbrauchskontrolle nach § 81 Abs. 1 S. 2 VAG a.F.; BVerwG VersR 1990, 73 (74 f.).
[132] AA *Reiff* in Prölss/Martin VVG § 153 Rn. 20.
[133] Zu dieser „Glättungsfunktion" *Reiff* in Prölss/Martin VVG § 153 Rn. 20.
[134] *Engeländer* VersR 2007, 155 (157 f.).
[135] BGH VersR 2016, 312 (315).
[136] BGH VersR 2016, 312 (315).
[137] Besonders deutlich *Winter* in Bruck/Möller VVG § 153 Rn. 208; sowie *Ortmann* in Schwintowski/Brömmelmeyer/Ebers VVG § 153 Rn. 40, die eine Kontrolle nach § 315 BGB auf allen Stufen der Überschussermittlung und -verteilung anerkennen, also auch beim Beschluss über die Zuweisung von Überschüssen.
[138] BGH VersR 2015, 433; → Rn. 39.
[139] BGH VersR 2015, 433 (435) Rn. 20.
[140] BGH VersR 2015, 433 (435) Rn. 21.
[141] BGH VersR 2015, 433 (435) Rn. 20.

der Lit. vertretenen Ansichten, der Versicherer bestimme die Überschussbeteiligung und die Beteiligung an den Bewertungsreserven nach billigem Ermessen iSv § 315 BGB pauschal ab.[142] Wie schon dargelegt, hält das BVerfG diese Ansicht jedenfalls für vertretbar.[143]

47 Das BVerfG hält die Nichtanwendung von § 315 BGB für verfassungsrechtlich vertretbar, weil eine gerichtliche Nachprüfung auch im Rahmen des § 153 denkbar sei.[144] Offenbar hält es den Rückgriff auf § 315 BGB deshalb für nicht erforderlich. Damit kommt es für das BVerfG jedenfalls nicht in Frage, dass der Versicherungsnehmer auch nach der Entscheidung des BVerfG aus 2005 überhaupt keinen Anspruch auf Nachprüfung der Entscheidung des Versicherers über die verursachungsgerechte Zuteilung der Überschussanteile hat, sich die Rechte des Versicherungsnehmers aus § 153 also auf die rechnerisch richtige Durchführung der Überschussbeteiligung im Nachgang zur Fällung des kontrollfreien Verteilungsbeschlusses beschränken. Dem folgt auch der BGH. Er lehnt zwar eine Überprüfung anhand der „Billigkeit" iSd § 315 BGB ab, erklärt die Entscheidung des Versicherers aber nicht für kontrollfrei. Vielmehr führt der BGH aus, der Versicherer habe mit Blick auf die Bewertungsreserven ein verursachungsorientiertes Verfahren gem. § 153 angewandt, indem er „zunächst ... eine Zuordnung der Bewertungsreserven auf den anspruchsberechtigten Bestand an Versicherungsnehmern" vornimmt.[145] Hierher zählt der BGH dann auch die darauffolgende Zuweisung der Bewertungsreserven auf die einzelnen anspruchsberechtigten Verträge.[146] Diese Zuweisung ist dann ebenfalls zivilgerichtlich überprüfbar. Gleich sieht dies das OLG Köln, welches „[d]as von den Versicherungsunternehmen angewandte Verfahren zur Ermittlung und Zuordnung der Bewertungsreserven" der gerichtlichen Überprüfung unterwirft.[147] Der Versicherungsnehmer müsse sich eben nicht auf eine Kontrolle durch die BaFin verweisen lassen.[148] Für die Deklaration der Überschussanteile aus dem Kapitalanlage-, Risiko- und Kostenergebnis kann dann nichts anderes gelten. Und wiederum ähnlich hebt der BGH mit Blick auf § 153 Abs. 3 S. 3 hervor, die Gerichte seien anhand der konkreten Vorgaben jener Vorschriften des VAG, die in § 153 Abs. 3 Satz 3 VVG aufgelistet sind, in der Lage, gegebenenfalls mittels sachverständiger Hilfe die angemessene Beteiligung der Versicherungsnehmer an den Bewertungsreserven anhand rechtlicher Maßstäbe zu kontrollieren.[149] Auch hier gilt: Die Entscheidung des Versicherers wird zivilrechtlich nach Maßgabe des § 153 (hier: Abs. 3 S. 3) geprüft,[150] allerdings ohne Rückgriff auf § 315 BGB. Das BAG wiederum geht, wie bereits hervorgehoben, von einer umfassenden Kontrolle sowohl nach den Bestimmungen des VVG als auch des VAG aus.[151]

48 **4. Andere „vergleichbare angemessene" Verteilungsgrundsätze.** § 153 Abs. 2 S. 1 Hs. 2 ermöglicht es, die verursachungsorientierte Durchführung der Überschussbeteiligung im Wege einer vertraglichen Vereinbarung durch **andere vergleichbare angemessene Verteilungsgrundsätze** zu ersetzen. Nach der Gesetzesbegründung bedarf es hierfür einer **ausdrücklichen** Vereinbarung. Auch hat der Versicherer den Versicherungsnehmer über seine Verteilungsgrundsätze nach § 2 Abs. 1 Nr. 3 VVG-InfoV zu **informieren.** Bei einer versicherungsförmigen Durchführung einer **Betriebsrente** nach dem BetrAVG soll an anderes, wenngleich vergleichbares und angemessenes Verfahren wegen § 16 Abs. 3 Nr. 2 BetrAVG nicht in Frage kommen.[152]

49 Inhaltlich ist die Vereinbarung nur wirksam, wenn sie „vergleichbare" und „angemessene"[153] Verteilungsgrundsätze vorsieht. Wie derartige Verteilungsgrundsätze konkret aussehen könnten, sagt die Gesetzesbegründung nicht. Auch in der Literatur finden sich, soweit ersichtlich, keine konkreten Beispiele. In der Tat ist es nicht einfach, ein nicht verursachungsorientiertes Verteilungssystem zu erfinden, das dennoch „angemessen" und zugleich „vergleichbar" bzw. „vergleichbar angemessen" ist. § 153 Abs. 2 S. 1 Hs. 2 dürfte daher in der Praxis keine große praktische Bedeutung zukommen.

50 **5. Ausschüttungssperre und Überschussbeteiligung (Abs. 2 S. 2).** § 153 Abs. 2 S. 2 wurde durch Art. 13 Abs. 20 des Gesetzes zur Modernisierung des Bilanzrechts (**Bilanzrechtsmo-**

---

[142] BGH VersR 2015, 433 (435) Rn. 20, 21.
[143] BVerfG NJW 2017, 1593 (1595 f.).
[144] BVerfG NJW 2017, 1593 (1595).
[145] BGH NJW 2015, 2809 (2810).
[146] BGH NJW 2015, 2809 (2810).
[147] OLG Köln VersR 2015, 1277 Rn. 31.
[148] OLG Köln VersR 2015, 1277 Rn. 31.
[149] BGH WM 2018, 1401 (1402); ebenso BGH VersR 2021, 294 (297).
[150] Worauf der Versicherungsnehmer einen verfassungsrechtlich garantierten Anspruch hat; BGH WM 2018, 1401 (1404 f.) unter Verweis auf BVerfG NJW 2017, 1593 (1595).
[151] BAG VersR 2020, 1401 (1408); NZA 2020, 1477 (1484).
[152] BAG VersR 2020, 1401 (1407).
[153] Wobei *Reiff* in Prölss/Martin VVG § 153 Rn. 14 überzeugend darauf hinweist, es müssten „vergleichbar angemessene" Grundsätze gemeint sein.

dernisierungsgesetz – BilMoG) v. 25.5.2009[154] eingefügt.[155] Ihm zufolge bleiben bei der Durchführung der Überschussbeteiligung „Beträge iSv § 268 Abs. 8 HGB", der ebenfalls durch das BilMoG eingefügt wurde,[156] unberücksichtigt. Diese Vorschrift belegt bestimmte Gewinne mit einer **Ausschüttungssperre**. Diese Ausschüttungssperre gilt damit auch für die Überschussbeteiligung.[157]

Zur bilanztechnischen Durchführung des § 153 Abs. 2 S. 2 kommen mehrere Varianten in Frage. Einmal wird dafür plädiert, die entsprechenden Beträge müssten in der **freien RfB** verbleiben, brauchten aber nicht in eine eigene RfB eingebracht zu werden.[158] Andere Autoren schlagen die Schaffung einer **eigenen, latenten RfB** vor, die ihrerseits einen Bestandteil der RfB bilden könnte.[159] Für den Versicherungsnehmer können diese Modelle allenfalls unter Transparenzgesichtspunkten erheblich werden.

E. Durchführung der Beteiligung an den Bewertungsreserven

I. Jährliche Berechnung

§ 153 Abs. 3 S. 1 verpflichtet den Versicherer, die Bewertungsreserven **jährlich neu** zu **bewerten**.[160] Dies geschieht gemäß der Gesetzesbegründung nach den Vorschriften der §§ 54–56 RechVersV. Insofern ergänzt § 153 Abs. 3 S. 1 die §§ 54–56 RechVersV lediglich, indem die Bewertung zu einem **Rechtsanspruch** des Versicherungsnehmers erstarkt.

II. „Verursachungsorientierte" Zuordnung

Die Bewertungsreserven sind den einzelnen Versicherungsverträgen nach einem **verursachungsorientierten** Verfahren zuzuordnen.[161] Insofern gilt dasselbe wie bei § 153 Abs. 2 S. 1, allerdings ohne dass § 153 Abs. 3 die Verwendung eines anderen, vergleichbaren und angemessenen Verfahrens gestatten würde.

III. „Rechnerische" Zuordnung

Die verursachungsorientierte Zuordnung erfolgt nach § 153 Abs. 3 S. 1 **rechnerisch**.[162] Dieser Begriff steht im Gegensatz zur Zuweisung und Auszahlung der Bewertungsreserven nach § 153 Abs. 3 S. 2 und indiziert die **Unverbindlichkeit** der Zuordnung.[163] Der einzelne Versicherungsnehmer erwirbt also durch die rechnerische Zuordnung keinen Anspruch auf eine bestimmte Höhe der Beteiligung an den Bewertungsreserven. Sollten diese nach der rechnerischen Zuordnung im Wert fallen, so wirkt sich dies auf den einzelnen Versicherungsnehmer aus.

IV. Zuteilung und Auszahlung der Bewertungsreserven

1. Zuteilung zum Vertragsende. Zur verbindlichen Zuteilung kommt es gem. § 153 Abs. 3 S. 2 erst im Zeitpunkt der **Beendigung des Vertrags**, also im letztmöglichen Zeitpunkt, zu dem eine noch verursachungsgerechte Zuweisung möglich ist, weil der Lebensversicherer seine Leistung erbringt und der Versicherungsnehmer aus der Versichertengemeinschaft ausscheidet.[164] Wird ein Vertrag nur teilweise gekündigt, so muss § 153 Abs. 3 S. 2 eingeschränkt auf diesen Teil angewendet werden.[165] § 153 bedenkt den Fall, dass der Versicherer vor Vertragsablauf Reserven auflöst, nicht

---

[154] BGBl. 2009 I S. 1102.
[155] Zum Inkrafttreten → Rn. 12.
[156] Art. 1 Nr. 20 lit. b BilMoG.
[157] *Geib/Ellenbürger* VW 2008, 1173 (1175); *Reiff* in Prölss/Martin VVG § 153 Rn. 21.
[158] *Krause* in Looschelders/Pohlmann VVG § 153 Rn. 67.
[159] *Geib/Ellenbürger* VW 2008, 1173 (1175); *Bonin* VW 2008, 1530.
[160] BGH VersR 2021, 294.
[161] BGH VersR 2021, 294.
[162] BGH WM 2018, 1401.
[163] *Grote* in Marlow/Spuhl Neues VVG S. 205.
[164] *Wandt* VersR Rn. 1248; *Grote* in Marlow/Spuhl Neues VVG S. 205; vgl. *Reiff* in Prölss/Martin VVG § 153 Rn. 24; BGH VersR 2021, 294; OLG München VuR 2017, 279; vor der Einführung des § 153 Abs. 3 S. 2 waren bereits *Zimmermann/Schweinberger* VW 2006, 542 dafür eingetreten, einen Teil der Bewertungsreserven erst mit dem Schlussüberschuss zuzuteilen.
[165] *Grote* in Marlow/Spuhl Neues VVG S. 206; OLG Frankfurt a. M. FamRZ 2015, 1799; OLG Nürnberg FamRZ 2014, 394.

besonders. Grundsätzlich fließen die realisierten Reserven nicht in den Schlussüberschussanteil, sondern in die RfB, die dann den verbleibenden Versicherungsnehmern zugutekommt.[166]

56 Erst mit dieser Zuteilung erwirbt der Versicherungsnehmer einen **Zahlungsanspruch**. Zumal § 153 Abs. 3 S. 2 von der „Auszahlung" des „Betrags" spricht, ist der Anspruch des Versicherungsnehmers auf eine Geldzahlung gerichtet. Diese ist nach § 153 Abs. 3 S. 2 ebenfalls im Zeitpunkt der Vertragsbeendigung fällig.

57 **2. Zuteilung bei Ablauf der Ansparphase in der Rentenversicherung.** Abweichendes gilt für die **Rentenversicherung**. Hier ist die Beteiligung an den Bewertungsreserven gem. § 153 Abs. 4 zum **Ablauf der Ansparphase** zuzuteilen. Dies ist sinnvoll, weil Rentenversicherungen regelmäßig lebenslange Renten bieten, sodass ein Abstellen auf das Vertragsende, das erst mit dem Tod des Versicherungsnehmers eintritt, diesen um die Teilhabe an den Bewertungsreserven bringen würde. Es leuchtet daher ein, dass der Gesetzgeber für die Rentenversicherung den Zeitpunkt der Zuteilung der Bewertungsreserven vorverlegt. Allerdings wird dabei übersehen, dass **Bewertungsreserven** auch noch in der **Rentenphase** mithilfe der Beiträge des Versicherungsnehmers gebildet werden.[167] Daher muss diesem (bzw. seinen Erben) zu Vertragsende eine **weitere** Zuteilung zukommen. Es war nämlich nicht der Sinn des § 153 Abs. 4, diese Teilhabe an den Bewertungsreserven auszuschließen. Auch genießt der Anspruch des Versicherungsnehmers auf Teilhabe an den Bewertungsreserven in der Rentenphase denselben verfassungsrechtlichen Schutz wie vorher.[168] Daher leitet bspw. *Brömmelmeyer* auch aus dem Gebot einer verfassungskonformen Interpretation des § 153 Abs. 4 einen Anspruch des Versicherungsnehmers auf Beteiligung an den Bewertungsreserven der Rentenphase ab.[169]

58 **3. Vereinbarung eines früheren Zuteilungszeitpunkts.** § 153 Abs. 3 S. 2 Hs. 2 stellt zugleich klar, dass eine **frühere verbindliche Zuteilung** vereinbart werden kann. Rechtlich ist die frühere Zuteilung dem Versicherungsnehmer günstig, weil seine „Aussicht" auf die Beteiligung an den Bewertungsreserven früher zu einem Rechtsanspruch erstarkt. Die Vereinbarung einer früheren Zuteilung ist daher mit dem halbzwingenden Charakter des § 153 (vgl. § 171) vereinbar. Offenbar fürchtete der Gesetzgeber jedoch, Versicherungsnehmer könnten, wenn die frühere Zuteilung für sie – *ex post* betrachtet – eine geringere Zahlung ergibt, die Wirksamkeit der vereinbarten früheren Zuteilung mit Blick auf den halbzwingenden Charakter (vgl. § 171) bestreiten.[170] Daher entschloss sich der Gesetzgeber, die Zulässigkeit einer solchen Vereinbarung **ausdrücklich klarzustellen**.

59 **4. Höhe der Zuteilung.** Die Zuteilung des Betrags nach § 153 Abs. 3 S. 2 umfasst allerdings **nur 50 %** der im Zeitpunkt der Vertragsbeendigung[171] ermittelten Werte.[172] Die andere Hälfte verbleibt beim Versicherer. Die Gesetzesbegründung rechtfertigt die Halbierung durch einen Verweis auf die Begründung des BVerfG, wonach die Anteilhabe des Versicherungsnehmers an den Bewertungsreserven nicht nur an den individuellen Interessen des ausscheidenden Versicherungsnehmers, sondern auch an den Interessen der Solidargemeinschaft, also des Versicherungsnehmerkollektivs, auszurichten ist.[173] Insofern betrachtet der Gesetzgeber die beim Versicherer verbleibende Hälfte der Bewertungsreserven als „Risikopuffer", mit dessen Hilfe Schwankungen am Kapitalmarkt ausgeglichen werden können.[174] Wieso der Gedanke des „Risikopuffers" eine Kürzung der Teilhabe des Versicherungsnehmers um 50 % rechtfertigt, sagt die Gesetzesbegründung nicht. Die „50:50-Regel" wird daher teils als willkürlich angesehen.[175] Insbesondere wäre erläuterungsbedürftig, wieso der Versicherungsnehmer gem. § 4 Abs. 3 MindZV zu mindestens 90 % an den Kapitalerträgen, jedoch nur zu 50 % an den Bewertungsreserven gem. § 153 Abs. 3 beteiligt wird. Trotzdem wird die 50 %-Lösung als (noch) verfassungskonform angesehen.[176]

---

[166] *Engeländer* VersR 2007, 155 (158 f.).
[167] *Franz* DStR 2008, 303 (309).
[168] *Römer* r+s 2008, 405 (407 f.).
[169] *Brömmelmeyer* in Beckmann/Matusche-Beckmann VersR-HdB § 42 Rn. 301 mwN; *Römer* r+s 2008, 405 (407 f.).
[170] Begr. zu Art. 1 (§ 153 VVG), RegE Gesetz zur Reform des Versicherungsvertragsrechts BT-Drs. 16/3945, 97.
[171] Zum Zeitpunkt der Berechnung *Reiff* in Prölss/Martin VVG § 153 Rn. 25.
[172] BGH WM 2018, 1401.
[173] BVerfG VersR 2005, 1127.
[174] *Winter* in Bruck/Möller VVG § 153 Rn. 21.
[175] *Römer* DB 2007, 2523 (2527); akzeptabel ist der „Halbteilungsgrundsatz" aus der Sicht von *Ortmann* in Schwintowski/Brömmelmeyer/Ebers VVG § 153 Rn. 97.
[176] *Ortmann* in Schwintowski/Brömmelmeyer/Ebers VVG § 153 Rn. 98; *Reiff* in Prölss/Martin VVG § 153 Rn. 26; *Winter* in Bruck/Möller VVG § 153 Rn. 20.

V. Vorbehalt aufsichtsrechtlicher Sonderregelungen (Abs. 3 S. 3)

Auch die rechnerisch selbstständig ermittelten Bewertungsreserven werden aus der RfB finanziert.[177] Da die RfB somit der Finanzierung der gesamten Überschussbeteiligung (einschl. der Bewertungsreserven) dient, „hat ein höherer Anteil der Bewertungsreserven bei den Rückstellungen für Beitragsrückerstattung zugleich ein Absinken des Schlussüberschusses zur Folge".[178] Das BVerfG ist auf eine dagegen gerichtete Beschwerde nicht eingetreten.[179]

§ 153 Abs. 3 S. 3 stellt die Teilhabe des Versicherungsnehmers an den Bewertungsreserven unter den **Vorbehalt** der aufsichtsrechtlichen „Regelungen zur Sicherstellung der dauernden Erfüllbarkeit der Verpflichtungen aus den Versicherungen".[180] Der Gesetzeswortlaut zählt hierzu **„insbesondere"** die § 89 (Eigenmittel), § 124 Abs. 1 (Anlagegrundsatz der „unternehmerischen Vorsicht"), § 139 Abs. 3, 4 (Berücksichtigung von Bewertungsreserven aus festverzinslichen Anlagen und Zinsabsicherungsgeschäften)[181] und die § 140 (Rückstellung für Beitragsrückerstattung) sowie § 214 (Eigenmittel/kleine Versicherungsvereine) VAG 2016.

Die Regelung enthält die an das VAG 2016 angepasste Formulierung des § 153 Abs. 3 S. 3 idF gem. Art. 2 Nr. 2 LVRG. Die Anpassung des § 153 durch das LVRG erfolgte wegen der Neufassung des § 56a VAG aF durch Art. 1 Nr. 3 LVRG.[182] Zuvor hatte § 153 Abs. 3 S. 3 auf „aufsichtsrechtliche Regelungen zur **Kapitalausstattung**" verwiesen, womit insbes. § 53c VAG aF (vgl. nunmehr § 89 VAG 2016), der die Eigenmittelanforderungen des Versicherungsunternehmens regelte, gemeint war. Nach der Gesetzesbegründung bedeutete § 153 Abs. 3 S. 3, dass der Versicherer Bewertungsreserven insoweit nicht auszahlte, als die Erfüllung seiner Eigenmittelanforderungen beeinträchtigt war.[183] Die sog. **„stillen Nettoreserven"** konnten nämlich nach § 53c VAG aF unter bestimmten Bedingungen als Eigenmittel angerechnet werden.[184]

Die Neufassung des § 56a VAG aF erfolgte nach der Begründung zum LVRG, „weil sich die bisherige aufsichtsrechtliche Vorgabe nicht hinreichend erwiesen hat, um solche Situationen ausreichend zu regeln, in denen durch die hälftige Beteiligung der ausscheidenden Versicherungsnehmer an den ihnen zugeordneten Bewertungsreserven kein ausreichender Interessenausgleich zwischen den ausscheidenden und den im Versicherungskollektiv verbleibenden Versicherungsnehmern hergestellt wird. Dies ist in einem **Niedrigzinsumfeld** der Fall."[185] Daran anschließend führt z.B. das OLG Stuttgart aus, die Bewertungsreserven für festverzinsliche Anlagen aus Zeiten hoher Zinssätze würden in der Niedrigzinsphase schnell ansteigen.[186] So würde die eigentliche Überschusslage verzerrt, solange die Niedrigzinsphase anhält bzw. die Anlagezeiten nicht enden. Der Gesetzgeber habe befürchtet, dass eine unveränderte Regelung der Bewertungsreserven (ungedeckte hälftige Auskehr der Bewertungsreserven zur Überschussbeteiligung) den wenigen Versicherten, die in der Niedrigzinsphase ausscheiden, eine wesentlich höhere Überschussbeteiligung wegen hoch bewerteter Reserven aus festverzinslichen Anlagen zufließen würde, als dies der tatsächlichen Überschusslage entspräche.[187] Dies könne selbst zu Ausfällen bei den garantierten Leistungen führen.[188] Entscheidende Bedeutung hat dabei § 56a Abs. 3 VAG aF (idF Art. 1 Nr. 3 LVRG), wonach Bewertungsreserven aus **festverzinslichen Anlagen und Zinsabsicherungsgeschäften** nur insoweit nach § 153 Berücksichtigung finden, „als sie einen etwaigen Sicherungsbedarf aus den Versicherungsverträgen

---

[177] Zuletzt BGH WM 2018, 1401 (1403); mwN zur früheren Rspr., insb. BGH VersR 2015, 433 (434 f.).
[178] BGH VersR 2015, 433 (435).
[179] BVerfG NJW 2017, 1593 (1595).
[180] BGH VersR 2021, 294.
[181] BGH VersR 2021, 294 f.
[182] So die Begr. zum LVRG-Entwurf, s. BT-Drs. 18/1772, 26 (zu Art. 2 Nr. 4); vgl. BGH WM 2018, 1401; OLG Stuttgart ZIP 2020, 1916 (1917).
[183] So das Verständnis des Rechtsausschusses, BT-Drs. 16/5862, 99 (zu § 153 Abs. 3), das sich im Wortlaut des § 153 Abs. 3 S. 2 nur höchst unvollkommen niedergeschlagen hat, vgl. insofern *Krause* in Looschelders/Pohlmann VVG § 153 Rn. 70.
[184] Kritik an dieser Regelung bei *Ortmann* in Schwintowski/Brömmelmeyer/Ebers VVG § 153 Rn. 99; *Brömmelmeyer* in Beckmann/Matusche-Beckmann VersR-HdB § 42 Rn. 298; anders *Reiff* in Prölss/Martin VVG § 153 Rn. 28; krit. aus Gründen der Transparenz *Römer* DB 2007, 2523 (2527); *Engeländer* VersR 2007, 155 (161): „Eine klarere Formulierung wäre wünschenswert gewesen."
[185] BT-Drs. 18/1772, 26 (zu Art. 2 Nr. 4); vgl. BGH WM 2018, 1401; OLG Stuttgart ZIP 2020, 1916 (1918); rechtspolitische Zustimmung für Neuregelung insbes. bei *Reiff* ZRP 2014, 198 (200 f.); *Reiff* in Prölss/Martin § 153 Rn. 28a ff.; vgl. im Kontext auch *Krause/Menning* NJOZ 2013, 289.
[186] OLG Stuttgart ZIP 2020, 1916 (1918).
[187] OLG Stuttgart ZIP 2020, 1916 (1918); vgl. BGH WM 2018, 1401 f. unter Bezugnahme auf die Gesetzesbegründung zum LVRG.
[188] OLG Stuttgart ZIP 2020, 1916 (1918).

mit Zinsgarantie" überschreiten. Dieser Sicherungsbedarf wird in Abs. 4 des § 56a VAG aF (idF Art. 1 Nr. 3 LVRG) näher definiert. Behauptet ein Versicherer, bei ihm bestehe Sicherungsbedarf i.S.v. § 56a Abs. 3 VAG aF (idF Art. 1 Nr. 3 LVRG; nunmehr § 139 Abs. 3 VAG), so trifft ihn hierfür in Verfahren zur Kontrolle der Berechnung der Bewertungsreserven eine sekundäre Darlegungslast.[189] Er hat im Einzelnen darzulegen, dass bei ihm ein Sicherungsbedarf bestanden hat.

62a   Einen parallelen Vorbehalt zugunsten des Sicherungsbedarfs kennt § 139 Abs. 2 S. 3 VAG auch für **Gewinnausschüttungen** an Aktionäre. Solche dürfen nur soweit stattfinden, wie sie einen etwaigen Sicherungsbedarf überschreiten. Diese Regelung gilt nach Ansicht des BGH nicht für **Gewinnabführungsverträge**.[190] Ein zentrales Argument des BGH für seine Ansicht liegt im Umstand, dass mit der Gewinnabführung an eine Muttergesellschaft – anders als bei einer Gewinnausschüttung an die Gesellschafter – eine Verlustausgleichspflicht korrespondiert.[191] Die Gewinnabführung habe keinen Einfluss auf die Ermittlung des Sicherungsbedarfs.[192]

63   Die Regelung des § 56a Abs. 3, 4 VAG aF (idF Art. 1 Nr. 3 LVRG) wurde als § 139 Abs. 3, 4 in das VAG 2016 übernommen. Ebenso hat sich die Nummerierung der anderen in § 153 Abs. 3 S. 3 aufgezählten Vorschriften durch das VAG 2016 verändert, sodass der Verweis in § 153 Abs. 3 S. 3 entsprechend angepasst werden musste.

63a   Der BGH hat die teilweise geäußerten[193] verfassungsrechtlichen Bedenken gegen § 153 Abs. 3 S. 3 **nicht** geteilt.[194] Die Regelung sei **präzise** und insbesondere präziser als die alte Regelung.[195] Die Regelung enthielte außerdem nur eine zulässige **unechte** Rückwirkung.[196] Die Regelung sei insgesamt **ausgewogen.** Sie berücksichtige die Interessen der ausscheidenden und verbleibenden Versicherungsnehmer wie auch der Anteilseigner.[197] Den Interessen der ausscheidenden Versicherungsnehmer käme verfassungsrechtlich **kein Vorrang** zu.[198] Der BGH legitimiert die neue Gesetzgebung sogar mit einem Verweis auf die angeblich durch das langandauernde Niedrigzinsumfeld eingetretenen „nachhaltigen Störungen der **Geschäftsgrundlage**".[199] Auch eine Benachteiligung gegenüber den **Aktionären** sei nicht gegeben, weil ein Bilanzgewinn nur ausgeschüttet werden dürfe, soweit er den Sicherungsbedarf übersteige.[200]

F. Durchsetzung des Anspruchs

64   Berechnet der Versicherer die Überschussbeteiligung falsch und leistet daher zu wenig, steht dem Versicherungsnehmer eine Nachzahlung zu, die er mit einer Leistungsklage durchsetzen kann.[201] Der Versicherungsnehmer hat also einen Anspruch, dass die Höhe der Überschussbeteiligung ungeachtet der durch die BaFin erfolgten Prüfung in einem zivilrechtlichen Verfahren überprüft wird.[202] Bei Gruppenversicherungen steht das Recht auch dem Versicherten zu.[203] Für eine fehlerhafte Berechnung der Höhe der Überschussbeteiligung ist der Versicherungsnehmer darlegungs- und beweispflichtig.[204] Hohe Anforderungen stellt der BGH hier aber nicht.[205]

64a   Schon aufgrund dieser Beweislastverteilung ist ihm der gerichtliche Prüfweg faktisch nur eröffnet, wenn er die Überschussberechnung des Versicherers inhaltlich prüfen kann, was entsprechende Informationen voraussetzt. Auf den diesbezüglichen Informationsnotstand des Versicherungsnehmers

---

[189] BGH WM 2018, 1401 (1404).
[190] BGH VersR 2021, 294 (295 ff.) mwN insb. auch zum einschlägigen Schrifttum.
[191] BGH VersR 2021, 294 (296).
[192] BGH VersR 2021, 294 (296).
[193] S. zB *Ortmann* in Schwintowski/Brömmelmeyer/Ebers VVG § 153 Rn. 99 ff.
[194] BGH WM 2018, 1402 m.N. zu den Stimmen in der Literatur; hierzu *Reiff* VersR 2018, 965; bestätigend BGH VersR 2021, 294 (297); zuvor schon OLG München VuR 2017, 279.
[195] BGH WM 2018, 1401 (1403).
[196] BGH WM 2018, 1401 (1403).
[197] BGH WM 2018, 1401 (1403).
[198] BGH WM 2018, 1401 (1403).
[199] BGH WM 2018, 1401 (1403).
[200] BGH WM 2018, 1401 (1403).
[201] BGH WM 2018, 1401 (1404 f.).
[202] BGH WM 2018, 1401 (1404 f.) (betr. Bewertungsreserven).
[203] BAG VersR 2020, 1401 (1409); BAG NZA 2020, 1477 (1484).
[204] BGH WM 2018, 1401 (1404) (betr. Bewertungsreserven) mwN; VersR 2016, 1236 (1237).
[205] Vgl. BGH WM 2018, 1401 (1404) (Versicherungsnehmer berief sich auf die vom Versicherer angekündigte Höhe der Bewertungsreserven).

hat auch das BVerfG deutlich aufmerksam gemacht.[206] Mit Blick auf die theoretische Möglichkeit der Versicherten, sich bei der Versicherungsaufsicht über die Überschussermittlung und -verteilung zu beschweren, führt es zum damaligen Rechtszustand aus: „Ob für den Versicherungsnehmer ein Anlass für eine formlose Beschwerde über das Verhalten seines Versicherungsunternehmens besteht, kann er mangels Kenntnis von Einzelheiten regelmäßig nicht beurteilen. Ein Einblick in den Geschäftsplan und die Berechnungsgrundlagen für die jährliche geschäftsplanmäßige Erklärung ist für die Versicherungsnehmer ebenso wenig vorgesehen wie eine Information darüber, wie der Versicherer mit den durch Prämienzahlungen geschaffenen Vermögenswerten konkret umgegangen ist."[207] An diesem Befund hat sich seitdem grds. nichts verändert. Gerade auch für ein anzustrebendes Zivilverfahren zur Prüfung der Überschussbeteiligung nach § 153 bedarf der Versicherungsnehmer entsprechender Information.

In der Lit. wurde daher vertreten, der Versicherer müsse dem Versicherungsnehmer hinsichtlich **65** der Überschussbeteiligung **Rechnung legen** (vgl. § 259 BGB). Dies leitet *Brömmelmeyer* aus der zivilgerichtlichen Überprüfbarkeit der Überschussermittlung und -verteilung nach § 153 ab.[208] Vor der VVG-Reform hatte namentlich *Basedow* eine solche Rechnungslegungspflicht aus dem Charakter der kapitalbildenden Lebensversicherung als partiarischem Geschäft abgeleitet.[209] Tatsächlich wird eine Rechnungslegungspflicht nach § 259 BGB etwa bei partiarischen Darlehen, aber auch sonst bei Geschäften, die eine Gewinnbeteiligungsklausel enthalten, bejaht.[210] Insofern wird aus § 259 BGB ein allgemeiner Rechtsgrundsatz abgeleitet.[211] Der BGH lehnt demgegenüber eine Rechnungslegungspflicht des Versicherers trotz der Rspr. des BVerfG und des durch die VVG-Reform geschaffenen § 153 ab.[212] Eine Begründung gibt er nicht. Insbesondere prüft der BGH weder das Vorliegen der Voraussetzungen eines allgemeinen Rechnungslegungsanspruchs[213] noch erläutert er, worin die relevanten Unterschiede der kapitalbildenden Lebensversicherung gegenüber anderen partiarischen Geschäften liegen, die eine unterschiedliche Anwendung der Rechnungslegungspflicht rechtfertigen würden. Auch auf die dargelegten Bedenken des BVerfG zum Informationsbedarf des Versicherungsnehmers nimmt der BGH keinerlei Bezug.

Der BGH anerkennt jedoch bei Vorliegen bestimmter Voraussetzungen einen **Auskunftsan- 66 spruch** des Versicherungsnehmers nach § 242 BGB.[214] Den Versicherer trifft demnach eine Auskunftspflicht, wenn der Versicherungsnehmer „in entschuldbarer Weise über das Bestehen und Umfang seines Rechts im Ungewissen ist" und der Versicherer „die zur Beseitigung der Ungewissheit erforderliche Auskunft unschwer geben kann".[215] Dies sei gerade bei § 153 der Fall.[216] Dieser Auskunftsanspruch setzt dann allerdings voraus, dass ein **Zahlungsanspruch** geltend gemacht wird.[217] Das ist insbes. der Fall, wenn der Versicherungsnehmer eine **Stufenklage** führt.[218]

Umfang und Inhalt der zu erteilenden Auskunft sollen sich nach Ansicht des BGH danach richten, **67** „welche Informationen der Berechtigte benötigt, um seinen Anspruch geltend machen zu können, soweit dem nicht Zumutbarkeitsgesichtspunkte oder andere Grenzen entgegenstehen. Der Auskunftsanspruch umfasst hierbei grds. **nicht** die Verpflichtung zur Vorlage von **fiktiven versicherungstechnischen Bilanzen** oder **anderer Geschäftsunterlagen** und auch **kein Einsichtsrecht**. Die Zubilligung des Auskunftsanspruchs hat unter Berücksichtigung der jeweiligen **Umstände des Einzelfalles** und unter Wahrung des Grundsatzes der **Verhältnismäßigkeit** zu erfolgen. Dabei sind sowohl die Art und Schwere der Rechtsverletzung als auch die beiderseitigen Interessen des Berechtigten und des Verpflichteten angemessen zu berücksichtigen."[219] Die Auskunft kann gemäß BGH jedenfalls nicht in einem Umfang gefordert werden, die einer Rechnungslegung nach § 259 BGB gleich käme.[220]

---

[206] BVerfG VersR 2005, 1127 Rn. 88; und – auch zur Geheimhaltung des Geschäftsplans gegenüber den Versicherten – BVerfG VersR 2005, 1127 Rn. 84, 86.
[207] BVerfG VersR 2005, 1127 Rn. 88.
[208] *Brömmelmeyer* in Beckmann/Matusche-Beckmann VersR-HdB § 42 Rn. 288.
[209] *Basedow* ZVersWiss 1992, 419 (439).
[210] *Krüger* in MüKoBGB BGB § 259 Rn. 8.
[211] Zu den Voraussetzungen der Anwendbarkeit dieses allgemeinen Rechtsgrundsatzes s. *Krüger* in MüKo BGB § 259 Rn. 6 f.
[212] BGH VersR 2015, 433 Rn. 25 mwN; VersR 2016, 173; VersR 2016, 1236 (1237).
[213] *Krüger* in MüKoBGB BGB § 259 Rn. 6 f.
[214] BGH VersR 2015, 433 Rn. 24; VersR 2016, 173; VersR 2016, 1236 (1237).
[215] BGH VersR 2015, 433 Rn. 24 unter Verweis auf BGH VersR 2013, 1381; VersR 2014, 822 Rn. 10; VersR 2016, 1236 (1237).
[216] BGH VersR 2015, 433 Rn. 24 unter Verweis auf LG Dortmund BeckRS 2011, 25144; *Winter* in Bruck/Möller VVG § 153 Rn. 208; *Grote* in Langheid/Rixecker VVG § 153 Rn. 56.
[217] BGH VersR 2015, 433 Rn. 26.
[218] OLG Köln VersR 2015, 1277 Rn. 36; BGH VersR 2016, 173.
[219] BGH VersR 2015, 433 Rn. 24 aE; VersR 2016, 173; VersR 2016, 1236 (1237).
[220] BGH VersR 2015, 433 Rn. 25 unter Verweis auf BGH VersR 2013, 1381.

68 Immer wieder verweist der BGH auf das **berechtigte Geheimhaltungsinteresse** des Versicherers.[221] Dies betrifft etwa die Überlassung des Algorithmus und der zugrunde liegenden Einsatzwerte.[222] Das Problem, die Geheimhaltungsinteressen einer Partei mit dem Informationsbedürfnis der anderen Partei in Ausgleich bringen zu müssen, ist freilich keine Besonderheit, sondern ein im Zivilverfahren häufig auftauchendes Problem. Es wird allgemein insbes. für Situationen diskutiert, in denen der Informationsschuldner mit dem Informationsgläubiger in einem Wettbewerbsverhältnis steht.[223] Die Lösung wird im Allgemeinen in der Informationsüberlassung an einen **neutralen Dritten** gefunden: „der Schuldner kann ... verlangen, dass er die Angaben einer Vertrauensperson gegenüber machen darf, sofern er die Nachprüfbarkeit der Rechenschaftslegung durch die Vertrauensperson sicherstellt und deren Kosten trägt. Bei dieser Vertrauensperson muss es sich um einen neutralen Dritten handeln, der zur Verschwiegenheit verpflichtet ist und der dem Berechtigten nur die Ergebnisse seiner Prüfungen mitteilt. In Betracht kommt ein Wirtschaftsprüfer oder vereidigter Buchsachverständiger. Diese Lösung orientiert sich an § 87c Abs. 4 HGB und löst den Interessenkonflikt bestmöglich."[224] Diese Lösung wird insbes. von *Reiff* auch zu § 153 vertreten.[225] Er weist außerdem zutreffend auf ein Urteil des BVerfG hin, welches die Auskunftspflicht des Versicherers bei Prämienerhöhungen in der privaten Krankenversicherung betraf. In diesem Kontext suchte das BVerfG den Ausgleich über einen Ausschluss der Öffentlichkeit nach § 172 Nr. 2, §§ 173 Abs. 2, 174 Abs. 3 S. 1 GVG.[226] Insoweit ist die pauschale Feststellung des BGH, eine Auskunft „an einen zur Verschwiegenheit verpflichteten Dritten" käme nicht in Betracht,[227] nicht überzeugend.

68a Ob die zivilrechtliche Lösung der beschränkten Auskunftspflichten dem verfassungsrechtlichen Schutzgebot entspricht, bleibt vorerst **offen**. Das BVerfG hat sich diesbezüglich eine Überprüfung der Rechtsprechung des BGH vorbehalten: „Allerdings werden die Zivilgerichte bei der zukünftigen Bestimmung des Umfangs und des Inhalts von Auskunftsansprüchen im Zusammenhang mit der Überschussbeteiligung gem. § 153 VVG zu berücksichtigen haben, dass die Effektivität des Grundrechtsschutzes nach dem Urteil des BVerfG vom 26.7.2005[228] ... Maßstäbe und Möglichkeiten einer rechtlichen Überprüfung daraufhin fordert, ob die maßgebenden Vermögenswerte bei der Berechnung des Schlussüberschusses angemessen berücksichtigt worden sind. ... Ob die vom BGH aufgestellten Grundsätze ausreichen, um einen effektiven Grundrechtsschutz zu gewährleisten, wird die weitere Entwicklung der Rechtsprechung zeigen".[229]

68b § 153 Abs. 2 und die im Regelungszusammenhang stehenden § 6 MindZV sowie § 138 Abs. 2 VAG stellen Verbraucherschutznormen iSv § 2 Abs 1 UKlaG dar. Sie können daher den Gegenstand eine **Unterlassungsklage** bilden.[230]

G. Abdingbarkeit

69 Gem. § 171 kann von § 153 nicht zum Nachteil des Versicherungsnehmers, der versicherten Person oder des Eintrittsberechtigten abgewichen werden. Die Vorschrift ist somit **halbzwingend**. Allerdings erlaubt § 153 Abs. 1 den **völligen** Ausschluss des Anspruchs des Versicherungsnehmers auf Überschussbeteiligung.[231]

§ 154 Modellrechnung

(1) ¹Macht der Versicherer im Zusammenhang mit dem Angebot oder dem Abschluss einer Lebensversicherung bezifferte Angaben zur Höhe von möglichen Leistungen über die vertraglich garantierten Leistungen hinaus, hat er dem Versicherungsnehmer eine Modellrechnung zu übermitteln, bei der die mögliche Ablaufleistung unter Zugrunde-

---

[221] BGH VersR 2015, 433 Rn. 26 unter Verweis auf BGH VersR 2013, 1381; VersR 2016, 1236 (1238); vgl. wiederum BGH WM 2018, 1401 (1405).
[222] Zu diesen Informationen BGH VersR 2014, 822.
[223] *Krüger* in MüKoBGB BGB § 259 Rn. 31.
[224] *Krüger* in MüKoBGB BGB § 259 Rn. 31.
[225] *Reiff* in Prölss/Martin VVG § 153 Rn. 32; so auch *Grote* in Langheid/Rixecker VVG § 153 Rn. 56.
[226] BVerfG VersR 2000, 214; BGH VersR 2016, 177.
[227] BGH VersR 2014, 822; wiederholt in BGH VersR 2015, 433 Rn. 25.
[228] BVerfG VersR 2005, 1127.
[229] BVerfG NJW 2017, 1593 (1596); auf diesen Aspekt der Entscheidung des BVerfG weist auch *Armbrüster* r+s 2019, 481 (487) besonders hin.
[230] OLG Stuttgart GRUR-RS 2022, 2401 Rn. 21 ff.
[231] Zum Bsp. BGH VersR 2021, 294; *Grote* in Marlow/Spuhl Neues VVG S. 201.

gung der Rechnungsgrundlagen für die Prämienkalkulation mit drei verschiedenen Zinssätzen dargestellt wird. ²Dies gilt nicht für Risikoversicherungen und Verträge, die Leistungen der in § 124 Absatz 2 Satz 2 des Versicherungsaufsichtsgesetzes bezeichneten Art vorsehen.

(2) Der Versicherer hat den Versicherungsnehmer klar und verständlich darauf hinzuweisen, dass es sich bei der Modellrechnung nur um ein Rechenmodell handelt, dem fiktive Annahmen zu Grunde liegen, und dass der Versicherungsnehmer aus der Modellrechnung keine vertraglichen Ansprüche gegen den Versicherer ableiten kann.

Übersicht

		Rn.			Rn.
A.	Normzweck	1	II.	Zinssätze	14
B.	Tatbestand	5	III.	Rechnungsgrundlagen für die Prämienkalkulation	17
I.	Anwendungsbereich	5			
II.	Bezifferte Angaben zu variablen Leistungen	8	IV.	Ablaufleistung	18
			V.	Form	19
III.	Zusammenhang mit dem Angebot oder dem Abschluss einer Lebensversicherung	11	VI.	Zeitpunkt	20
			VII.	Kein Verbot weiterer Angaben	21
IV.	Keine Beschränkung auf Verbraucherverträge	12	D.	Begleitende Hinweispflichten	23
C.	Modellrechnung	13	E.	Sanktionen	25
I.	Grundsatz	13	F.	Abdingbarkeit	29

Stichwort- und Fundstellenverzeichnis

Stichwort	Rn.	Rspr.	Lit.
Anwendungsbereich	→ Rn. 5 ff.	BGH VersR 2014, 941	*Brambach* in HK-VVG VVG § 154 Rn. 3; *Krause* in Looschelders/Pohlmann VVG § 154 Rn. 4 ff., 12; *Ortmann* in Schwintowski/Brömmelmeyer/Ebers VVG § 154 Rn. 2 ff.; *Reiff* in Prölss/Martin VVG § 154 Rn. 2; *Winter* in Bruck/Möller VVG § 154 Rn. 6 ff.
Bezifferte Angabe	→ Rn. 8 ff.	–	*Brambach* in HK-VVG VVG § 154 Rn. 10 f., 13 ff.; *Krause* in Looschelders/Pohlmann VVG § 154 Rn. 8 ff.; *Ortmann* in Schwintowski/Brömmelmeyer/Ebers VVG § 154 Rn. 8 f.; *Reiff* in Prölss/Martin VVG § 154 Rn. 7 f.
Gewinnverlauf	→ Rn. 2	–	*Brambach* in HK-VVG VVG § 154 Rn. 1 f.; *Krause* in Looschelders/Pohlmann VVG § 154 Rn. 1; *Ortmann* in Schwintowski/Brömmelmeyer/Ebers VVG § 154 Rn. 1;
Hinweispflichten	→ Rn. 22 ff.	–	*Brambach* in HK-VVG VVG § 154 Rn. 24 f.; *Krause* in Looschelders/Pohlmann VVG § 154 Rn. 15; *Ortmann* in Schwintowski/Brömmelmeyer/Ebers VVG § 154 Rn. 20;
Modellrechnung, Begriff	→ Rn. 13	–	*Brambach* in HK-VVG VVG § 154 Rn. 15
Modellrechnung, Form	→ Rn. 19	–	*Krause* in Looschelders/Pohlmann VVG § 154 Rn. 14
Modellrechnung, Zeitpunkt	→ Rn. 20	–	*Brambach* in HK-VVG VVG § 154 Rn. 28; Krause in Looschelders/Pohlmann VVG § 154 Rn. 14; *Reiff*

Stichwort	Rn.	Rspr.	Lit.
			in Prölss/Martin VVG § 154 Rn. 12
Prämienkalkulation	→ Rn. 17	–	*Brambach* in HK-VVG VVG § 154 Rn. 20 f.; *Ortmann* in Schwintowski/Brömmelmeyer/Ebers VVG § 154 Rn. 12 ff.; *Krause* in Looschelders/Pohlmann VVG § 154 Rn. 12
Sanktionen	→ Rn. 25 ff.	BGH VersR 2012, 1110; 2012, 601; OLG Düsseldorf VersR 2001, 705; OLG Düsseldorf NVersZ 2001, 354; OLG Koblenz VersR 2000, 1357; LG Dortmund NVersZ 2002, 307	*Krause* in Looschelders/Pohlmann VVG § 154 Rn. 14 ff.; *Schwintowski* VuR 2001, 33
Zinssätze	→ Rn. 14 ff.	–	*Ortmann* in Schwintowski/Brömmelmeyer/Ebers VVG § 154 Rn. 12; *Reiff* in Prölss/Martin VVG § 154 Rn. 9; *Schäfers* in Looschelders/Pohlmann VVG-InfoV § 2 Rn. 48 ff.

Schrifttum: *Brömmelmeyer*, Vorvertragliche Informationspflichten des Versicherers – insbesondere in der Lebensversicherung, VersR 2009, 584; *Ortmann*, Kostenvergleich von Altersvorsorgeprodukten, VersWissStud Bd. 37, 2010; *Römer*, Die kapitalbildende Lebensversicherung nach dem neuen Versicherungsvertragsgesetz, DB 2007, 2523; *Schwintowski*, Zur vorvertraglichen Aufklärungspflicht des Versicherers über Renditeprognosen, VuR 2001, 33.

A. Normzweck

1   Die **Beteiligung** am **Überschuss** nach § 153 Abs. 1 S. 1 verkörpert, jedenfalls bei **kapitalbildenden Lebensversicherungen,** eine wichtige, weil wertmäßig große Leistungskomponente. Versicherungsnehmer schließen Kapitallebensversicherungen insbes. wegen der darin liegenden Gewinnaussichten ab und Lebensversicherer werben daher auch besonders stark mit der Kapitalbildung. Das erzeugt die Gefahr, dass die **Gewinnerwartungen** im Verkaufsgespräch übertrieben oder sonst missverständlich dargestellt werden.[1] Übertriebene Gewinnprognosen schüren bei den Kunden Erwartungen, die später enttäuscht werden. Missverständliche bzw. von den Versicherungsunternehmen nach verschiedenen Kriterien erstellte Prognosen gefährden die Transparenz und provozieren damit nicht präferenzkonforme Nachfrageentscheidungen.

2   § 154 will dem Versicherungsnehmer möglichst deutlich vor Augen führen, dass ein Lebensversicherungsprodukt **verschiedene** – also bessere und schlechtere – **Gewinnverläufe** haben kann. Der Kunde soll ein Bild vermittelt erhalten, das bei einer *ex-ante*-Betrachtung realistisch anmutet,[2] weil es die möglichen unterschiedlichen Verläufe zum Ausdruck bringt und verhindert, dass Angaben des Versicherers über nur einen Verlauf als sachverständige und damit belastbare Aussagen über die Zukunftsentwicklung bewertet werden.[3] Zugleich will § 154 den **Berechnungsmodus** der in der **Modellrechnung** dargestellten, möglichen Gewinnverläufe branchenweit standardisieren,[4] damit durch ein höheres Maß an Transparenz die am Markt angebotenen Lebensversicherungsprodukte für Kunden leichter vergleichbar werden.[5]

---

[1]   Zur „Missbrauchsanfälligkeit" der bezifferten Angaben *Grote* in Langheid/Rixecker VVG § 154 Rn. 2; *Brambach* in HK-VVG VVG § 154 Rn. 1; *Ortmann* in Schwintowski/Brömmelmeyer/Ebers VVG § 154 Rn. 1.
[2]   Nach der Begr. zu Art. 1 (§ 154 VVG), RegE Gesetz zur Reform des Versicherungsvertragsrechts BT-Drs. 16/3945, 97, handelt es sich um eine „vertretbare" Berechnung; zum Interesse des Versicherungsnehmers an einer realistischen Prognose *Ortmann* in Schwintowski/Brömmelmeyer/Ebers VVG § 154 Rn. 1; *Krause* in Looschelders/Pohlmann VVG § 154 Rn. 1.
[3]   Abschlussbericht der Kommission zur Reform Versicherungsvertragsrechts vom 19. April 2004, 2004, S. 122; *Brambach* in HK-VVG VVG § 154 Rn. 1.
[4]   *Ortmann* in Schwintowski/Brömmelmeyer/Ebers VVG § 154 Rn. 1.
[5]   Nicht notwendigerweise gefördert wird die Vergleichbarkeit der kapitalbildenden Lebensversicherung bzw. der Rentenversicherung zu anderen Kapitalanlageprodukten; *Brambach* in HK-VVG VVG § 154 Rn. 2.

§ 154 Abs. 1 verpflichtet ein Versicherungsunternehmen, das bezifferte **Angaben über** die 3
zukünftige **Überschussbeteiligung,** also die **variablen Leistungen,** macht, im Angebot oder
beim Abschluss des Vertrags eine Modellrechnung zu präsentieren. Diese Modellrechnung darf nicht
nur ein „ideales" Szenario darstellen, ihr müssen vielmehr **drei verschiedene Zinssätze** zugrunde
gelegt werden, sodass der Versicherungsnehmer erkennen kann, wie sich Schwankungen am Kapitalmarkt auf die Überschussentwicklung seines Vertrages auswirken.

Die Modellrechnung muss nach § 154 Abs. 2 von diversen **erläuternden Informationen** 4
begleitet sein, die das Verständnis des Versicherungsnehmers fördern sollen. Zum einen muss der
Versicherer darauf hinweisen, dass der Modellrechnung **fiktive Annahmen** zu Grunde liegen, sodass
der reale zukünftige Gewinnverlauf anders aussehen kann. Die tatsächlichen Überschüsse und nicht
die erwarteten bestimmen somit über die Verzinsung des Sparkapitals. Zum anderen muss der Versicherer den Versicherungsnehmer darüber informieren, dass dieser **keine** vertraglichen **Ansprüche
auf** einen **erwartungsgemäßen Gewinnverlauf** hat.

Die Pflicht, eine Modellrechnung zur Verfügung zu stellen, und die damit zusammenhängenden 4a
Hinweispflichten des Versicherers wurden vom europäischen Gesetzgeber aufgegriffen und mit
Art. 185 Abs. 5 UAbs. 2 RL 2009/138/EG (Solvabilität II)[6] europaweit zur Geltung gebracht.[7] Dasselbe gilt für die Pflicht zur jährlichen Unterrichtung über die Entwicklung der Ansprüche des
Versicherungsnehmers einschließlich der Überschussbeteiligung.[8] § 154 stellt somit die deutsche
Umsetzungsnorm zu Art. 185 Abs. 5 UAbs. 2 RL 2009/138/EG dar.[9]

B. Tatbestand

I. Anwendungsbereich

§ 154 gilt für die **kapitalbildende Lebensversicherung** und die **Rentenversicherung**.[10] 5
Nur auf diese Lebensversicherungsformen trifft nach Ansicht des Gesetzgebers die *ratio legis* des
§ 154 zu, weil bei ihnen die **Überschussbeteiligung** von ganz entscheidendem Gewicht ist.[11]

Anderes gilt zunächst für die **Risikoversicherung**.[12] Bei ihr spielt eine Überschussbeteiligung 5a
eine für die Entscheidung des Versicherungsnehmers zum Abschluss einer solchen Versicherung
untergeordnete Rolle. Die Risikoversicherung ist daher nach Abs. 1 S. 2 vom Anwendungsbereich
des § 154 ausgenommen. Diese Ausnahme entspricht Art. 185 Abs. 5 UAbs. 2 S. 2 RL 2009/138/
EG.

Derselben Ansicht folgt der deutsche Gesetzgeber bei der fonds- und indexgebundenen Lebensver- 5b
sicherung.[13] Auch sie werden daher in Abs. 1 S. 2 vom Anwendungsbereich des § 154 ausgenommen.[14]
Die Rechtfertigung der Ausnahme ist indessen der Sache nach und insbes. europarechtlich fraglich.
Richtig ist, dass die klassische fonds- und indexgebundene Versicherung nur Risiko- und Kostenüberschüsse des Versicherers produziert, weil die Kapitalverzinsung – positiv wie negativ – direkt an den Versicherungsnehmer, der das Anlagerisiko trägt, weitergegeben wird. Man mag den deutschen Gesetzgeber
daher so verstehen, dass er die Partizipation am Risiko- und Kostenüberschuss des Versicherers als für die
Entscheidung des Versicherungsnehmers, eine fonds- oder indexgebundene Versicherung zu schließen,
nicht entscheidend angesehen hat. Die gesetzgeberische Wertung lässt sich aber mit Blick auf den Zweck
des § 154 kaum rechtfertigen. Denn die erhoffte Kapitalverzinsung ist für den Abschluss einer fondsoder indexgebundenen Lebensversicherung mindestens so entscheidend wie die Überschussbeteiligung
(auch) am Kapitalanlageergebnis bei der konventionell kapitalbildenden Lebensversicherung. Ebenso ist
die Gefahr eines Missbrauchs, also der irreführenden Darstellung der zu erwartenden Gewinne aus einer
fonds- oder indexgebundenen Versicherung durch den Versicherer, mindestens so groß wie bei konven-

---

[6] RL 2009/138/EG des Europäischen Parlaments und des Rates v. 25.11.2009 betr. die Aufnahme und Ausübung der Versicherungs- und der Rückversicherungstätigkeit (Solvabilität II), ABl. 2009 L 335, 1.
[7] Dabei ist die Platzierung in Abs. 5 des Art. 185 RL 2009/138/EG systematisch verfehlt, weil Abs. 5 Informationspflichten während der Vertragsdauer regelt, wohingegen die Modellrechnung vorvertraglich zur Verfügung zu stellen ist.
[8] → § 155 Rn. 2.
[9] Zur Frage der Richtlinienkonformität → Rn. 5b ff.
[10] *Brambach* in HK-VVG § 154 Rn. 3.
[11] Begr. zu Art. 1 (§ 154), RegE Gesetz zur Reform des Versicherungsvertragsrechts BT-Drs. 16/3945, 97; *Ortmann* in Schwintowski/Brömmelmeyer/Ebers VVG § 154 Rn. 3.
[12] *Ortmann* in Schwintowski/Brömmelmeyer/Ebers VVG § 154 Rn. 5 „reine Risikolebensversicherungen".
[13] *Ortmann* in Schwintowski/Brömmelmeyer/Ebers VVG § 154 Rn. 3; *Winter* in Bruck/Möller VVG § 154 Rn. 6 aE.
[14] *Krause* in Looschelders/Pohlmann VVG § 154 Rn. 4; *Brambach* in HK-VVG VVG § 154 Rn. 3.

tionell kapitalbildenden Lebensversicherungen. Auch der Umstand, dass die Wertentwicklung der fonds- bzw. indexgebundenen Versicherung unmittelbar von der Entwicklung am Kapitalmarkt abhängt und daher nur fiktive Annahmen getroffen werden können,[15] rechtfertigt m.E. die Differenzierung nicht. § 154 knüpft ja schon tatbestandlich an „bezifferte Angaben zur Höhe von möglichen Leistungen **über die vertraglich garantierten Leistungen hinaus**",[16] die aber auch bei konventionell kapitalbildenden Produkten unmittelbar von Marktentwicklungen abhängen. Auch sie müssen daher notwendig „fiktiv" bleiben. Tatsächlich handelt es sich bei den drei der Modellrechnung zugrunde zu legenden Zinssätzen[17] um zwar durch die VVG-InfoV vorgegebene, letzten Endes aber doch fiktive Zinssätze. Und das Erfordernis des § 154, der Modellrechnung die „Rechnungsgrundlagen für die Prämienkalkulation" zugrunde zu legen, passt auch auf die fonds- und indexgebundene Lebensversicherung: Wie noch zu zeigen sein wird,[18] bedeutet der gesetzliche Verweis auf die Rechnungsgrundlagen nämlich, dass die Verzinsung auf den Sparanteil der Prämie zu beziehen ist.[19] Nur noch ein formales Abgrenzungskriterium könnte es darstellen, wenn man dem Gesetzeswortlaut (arg.: „...über die vertraglich garantierten Leistungen hinaus...") entnehmen wollte, die Vorschrift gelange nur zur Anwendung, wenn überhaupt irgendeine Leistung garantiert sei, nicht aber bei Fehlen von Garantien insgesamt. Ohnehin ist das Vorhandensein einer garantierten Leistung auch bei fonds- und indexgebundenen Versicherungen nicht ausgeschlossen. Hinzu kommen **europarechtliche Bedenken,** die sich aus dem Wortlaut des Art. 185 Abs. 5 UAbs. 2 RL 2009/138/EG ergeben: Er nimmt in S. 2 „Risikoversicherungsverträge" und eben nur diese vom Anwendungsbereich der Vorschrift aus. Eine explizite Ausnahme von fonds- und indexgebundenen Versicherungen iSv § 154 Abs. 1 S. 2 kennt die Vorschrift demgegenüber nicht. Teleologische Überlegungen dahingehend, ob Art. 185 Abs. 5 UAbs. 2 RL 2009/138/EG implizit fonds- und indexgebundene Lebensversicherungen ausnimmt, stoßen auf die soeben zu § 154 Abs. 1 S. 2 vorgetragenen Bedenken.

5c Bei Hybridprodukten, also Mischformen aus konventionellen[20] und fondsgebundenen Lebensversicherungen, will ein Teil der Lehre auf die Überschussbeteiligung abstellen, die der konventionelle Anteil des Mischprodukts generiert.[21] Ein anderer Teil will darauf abstellen, ob die Garantie das Produkt „prägt".[22] Die soeben[23] dargelegten teleologischen und europarechtlichen Bedenken gegen eine Nichtanwendung des § 154 gelten in jedem Fall auch für Hybridprodukte.

6 Für Lebensversicherungsverträge, die dem **AltZertG** unterstehen und für die daher nach § 7 Abs. 1 S. 1 AltZertG ein Produktinformationsblatt auszuhändigen ist, ist gem. § 7 Abs. 2 S. 2 AltZertG keine Modellrechnung nach § 154 durchzuführen. § 7 Abs. 2 S. 3 AltZertG stellt in seiner seit 1.7.2013 geltenden Fassung außerdem klar, dass eine Modellrechnung dem Produktinformationsblatt nach § 7 Abs. 1 S. 1 AltZertG auch nicht beigefügt werden darf. Dieses Beifügungsverbots beruht auf dem Gedanken, „mittels Einführung eines individuellen Produktinformationsblatts die Transparenz von Altersvorsorgeprodukten aus Wettbewerbsgründen zu gewährleisten, dem Verbraucher in gebündelter, leicht verständlicher und standardisierter Form einen Produktvergleich zu ermöglichen und ihn dabei nicht durch die Masse und Verschiedenheit der Informationen zu überlasten".[24] Die Geltung eines solchen „Verbots" wurde in der Lehre überwiegend auch zur Vorgängerbestimmung des § 7 Abs. 5 S. 2 Hs. 2 AltZertG in der bis 30.6.2013 geltenden Fassung vertreten, vom BGH jedoch verneint.[25] Mit Inkrafttreten der RL 2009/138/EG dürfte die Ausnahme von § 154 und das damit zusammenhängende Beifügungsverbot nach § 7 Abs. 2, 3 AltZertG allerdings europarechtswidrig geworden sein. Die europarechtliche Vorgabe in Art. 185 Abs. 5 UAbs. 2 RL 2009/138/EG kennt keine entsprechende Ausnahme.[26] Die Frage, ob die Regelung des § 7 Abs. 2 S. 2, 3 AltZertG durch Art. 185 Abs. 7 RL 2009/138/EG gerechtfertigt werden kann, ist jedenfalls dem Wortlaut der Vorschrift nach zu verneinen: Art. 185 Abs. 7 RL 2009/138/EG erlaubt es den Mitgliedstaaten, dem Versicherer **zusätzliche** Informationspflichten aufzuerlegen, wenn dies dem Produktverständnis des Versicherungsnehmers förderlich ist, nicht aber

---

[15] *Winter* in Bruck/Möller VVG § 154 Rn. 6 a.E.
[16] Hervorhebung nicht im Original.
[17] → Rn. 14 ff.
[18] → Rn. 17.
[19] *Krause* in Looschelders/Pohlmann VVG § 154 Rn. 12; *Reiff* in Prölss/Martin VVG § 154 Rn. 11.
[20] Das sind kapitalbildende oder Rentenversicherungen.
[21] *Krause* in Looschelders/Pohlmann VVG § 154 Rn. 4 a.E., der freilich auch darauf hinweist, dass variable Leistungen des konventionellen Teils typischer Weise bei Hybridprodukten eine untergeordnete Rolle spielen.
[22] *Ortmann* in Schwintowski/Brömmelmeyer/Ebers VVG § 154 Rn. 4.
[23] → Rn. 5b.
[24] BGH VersR 2014, 941 mwN zur Gesetzesbegründung.
[25] BGH VersR 2014, 941 mwN insbes. zu gegenteiligen Stimmen in der Lit.
[26] Schon gar nicht greift die Ausnahme vom Anwendungsbereich der RL 2009/138/EG für Systeme der sozialen Sicherheit nach deren Art. 3 (vgl. im Kontext auch Art. 2 Abs. 3 lit. c RL 2009/138/EG).

weniger. Der vom deutschen Gesetzgeber bei zertifizierten Produkten verfolgte Gedanke, wonach bei standardisierten Vertragstypen das „weniger an Information" ein „mehr an Verständnis" erzeugt, wird nur schwer als ein Anwendungsfall von Art. 185 Abs. 7 RL 2009/138/EG darzustellen sein. Auch substituieren die Informationen des § 7 AltZertG die Modellrechnung nach § 154 inhaltlich nicht.[27] Damit bleibt ein Umsetzungsdefizit.

Für **Kapitalisierungsgeschäfte** wird von *Winter* eine analoge Anwendung des § 154 vertreten.[28] Für eine Anwendung auf Kapitalisierungsgeschäfte spricht insbes. auch der Wortlaut der RL 2009/138/EG, deren Bestimmungen „in Bezug auf die Lebensversicherung" – also auch Art. 185 Abs. 5 UAbs. 2 über die Modellrechnung – gem. Art. 2 Abs. 3 lit. b ii RL 2009/138/EG auf Kapitalisierungsgeschäfte zur Anwendung kommen. **6a**

Auf die **Berufsunfähigkeitszusatzversicherung** findet § 154 per Verweis aus § 176 Anwendung, „soweit die Besonderheiten dieser Versicherung nicht entgegenstehen". Dies soll im Ergebnis zur Unanwendbarkeit des § 154 führen, weil in der BUZ die Risikoabsicherung ebenso im Vordergrund steht wie bei den nach § 154 Abs. 1 S. 2 ausgenommenen Risikoversicherungen.[29] **7**

II. Bezifferte Angaben zu variablen Leistungen

Die Pflicht, eine Modellrechnung samt **Begleitinformationen** zu übermitteln, besteht nach § 154 nur, wenn der Versicherer bezifferte Angaben zur **Höhe der variablen Leistungen** macht. Als „bezifferte Angabe" wird jede Information angesehen, aufgrund derer der Versicherungsnehmer ein konkretes Verständnis vom Ausmaß der zukünftigen Überschussbeteiligung entwickelt.[30] **8**

Es steht dem Versicherer demnach frei, in seiner vorvertraglichen Kommunikation sowie in seinen Vertragsdokumenten davon **Abstand zu nehmen** und sich damit auch der Pflicht nach § 154 zu entziehen. Er kann sich insbes. auf bezifferte Angaben zu den nicht variablen, also garantierten Leistungen beschränken.[31] Faktisch ist das allerdings kaum je möglich. Zu Werbezwecken und insbes. im Rahmen der Beratung des prospektiven Kunden sind **bezifferte Angaben** nahezu unerlässlich. **9**

§ 154 stellt nicht auf eine bestimmte **Art und Weise** ab, in der **bezifferte Angaben** gemacht werden. Insbesondere ist unerheblich, ob bestimmte Beträge[32] oder Zinssätze genannt werden. Es ist auch unerheblich, ob die Angaben ohne oder aufgrund einer Aufforderung seitens des Versicherungsnehmers gemacht werden.[33] Ebenso kommt es nicht auf eine bestimmte Form (zB Schriftlichkeit) an.[34] Es genügt, wenn der Versicherungsvertreter im Beratungsgespräch **mündlich** „Ziffern" nennt oder ein online-Versicherer die bezifferten **Angaben im Internet** macht.[35] Es ist somit unerheblich, ob die Angaben im Wege eines Verkaufsprospekts, der AVB, der Informationsbroschüre, des Beratungsgesprächs mit dem Versicherungsvertreter, der Versicherungspolice oder dergleichen an den Versicherungsnehmer gelangen, stets vorausgesetzt, dass der **Zusammenhang zu** einem **konkreten Angebot** gegeben ist.[36] Auch wenn die bezifferten Angaben einem **Versicherungsmakler** gegenüber gemacht werden, der im Auftrag eines Kunden ein Lebensversicherungsprodukt analysiert, ist die Modellrechnung mit zu übermitteln.[37] Die Pflicht gilt jedoch nicht mehr, wenn der Makler (oder aber ein Versicherungsberater[38]) aus eigenem Antrieb seinem Kunden gegenüber bezifferte Angaben macht.[39] Die **Pflicht zur** Aushändigung einer **Modellrechnung** besteht auch dann, wenn der Versicherungsnehmer den Vertrag durch einen (sachkundigen) **Stellvertreter** schließt. Sie wird auch greifen, wenn der Versicherer bzw. sein Vertreter die bezifferten Angaben einer **versicherten Person** gegenüber macht.[40] **10**

---

[27] Insbes. gilt die Informationspflicht nach § 7 Abs. 1 S. 2 Nr. 2 AltZertG a.F., auf die *Winter* in Bruck/Möller VVG § 154 Rn. 8 noch hinweist, seit 1.7.2013 nicht mehr.
[28] *Winter* in Bruck/Möller VVG § 154 Rn. 9; zur Anwendung von Vorschriften des VVG auf Kapitalisierungsgeschäfte allg. → Vor § 150 Rn. 30.
[29] *Reiff* in Prölss/Martin VVG § 154 Rn. 2; *Ortmann* in Schwintowski/Brömmelmeyer/Ebers VVG § 154 Rn. 5; *Winter* in Bruck/Möller VVG § 154 Rn. 7.
[30] *Brambach* in HK-VVG § 154 Rn. 10.
[31] *Ortmann* in Schwintowski/Brömmelmeyer/Ebers VVG § 154 Rn. 8.
[32] *Krause* in Looschelders/Pohlmann VVG § 154 Rn. 8.
[33] Begr. zu Art. 1 (§ 154 VVG), RegE Gesetz zur Reform des Versicherungsvertragsrechts BT-Drs. 16/3945, 97; *Brambach* in HK-VVG § 154 Rn. 11; *Ortmann* in Schwintowski/Brömmelmeyer/Ebers VVG § 154 Rn. 9.
[34] *Brambach* in HK-VVG § 154 Rn. 15; *Krause* in Looschelders/Pohlmann VVG § 154 Rn. 10.
[35] *Krause* in Looschelders/Pohlmann VVG § 154 Rn. 10.
[36] → Rn. 11.
[37] *Krause* in Looschelders/Pohlmann VVG § 154 Rn. 10; aA *Brambach* in HK-VVG § 154 Rn. 11.
[38] *Reiff* in Prölss/Martin VVG § 154 Rn. 7.
[39] *Brambach* in HK-VVG § 154 Rn. 14; *Reiff* in Prölss/Martin VVG § 154 Rn. 7.
[40] *Reiff* in Prölss/Martin VVG § 154 Rn. 8.

III. Zusammenhang mit dem Angebot oder dem Abschluss einer Lebensversicherung

11 Die **bezifferten Angaben** müssen „im Zusammenhang mit dem **Angebot** oder dem **Abschluss** einer Lebensversicherung" gemacht werden. Es geht also um die **vorvertragliche Kommunikation** zwischen Versicherer und Versicherungsnehmer. Wie eng allerdings der Zusammenhang von bezifferten Angaben und dem konkreten Angebot bzw. Vertragsschluss sein muss, sagt das Gesetz nicht. Immerhin spricht die Gesetzesbegründung von der „mögliche[n] Ablaufleistung *des Vertrags*",[41] sodass die **Angaben** offenbar **vertragsspezifisch** gedacht sind. Auch der Gesetzestext indiziert ein solches Verständnis. So spricht § 154 vom Angebot bzw. vom Abschluss einer Lebensversicherung und nicht von einer allgemeinen Werbetätigkeit des Versicherers.[42] Ebenso verlangt der Gesetzestext die „Zugrundelegung der Rechnungsgrundlagen für die Prämienkalkulation", was voraussetzt, dass der Versicherer über bestimmte, individuelle Informationen betreffend den Versicherungsnehmer verfügt.[43] Insbesondere muss bereits ein bestimmter Vertragstyp ins Auge gefasst sein, für den dann die Modellrechnung erstellt wird. Man braucht zwar den Begriff „Angebot" nicht eng im Sinne eines rechtsgeschäftlichen Verständnisses zu interpretieren, doch muss der Kontakt zwischen dem Versicherer und seinem prospektiven Kunden soweit gediehen sein, dass eine **individualisierte Modellrechnung** erstellt werden kann. Damit muss grds. ein bestimmter Tarif ins Auge gefasst und müssen auf dessen Grundlagen auf den Interessenten zugeschnittene, bezifferte Angaben gemacht worden sein. Gefordert wird daher, dass die **garantierte Ablaufleistung**, die **Höhe der Beiträge** und die **Laufzeit des Vertrages fixiert** sein müssen.[44] Das schließt allerdings nicht aus, dass etwa ein Versicherungsvertreter den Kunden auf Grundlage eines in den Werbeunterlagen des Versicherers genannten Beispiels berät und insofern die dort genannten bezifferten Angaben in die individuelle Beratung einfließen lässt.[45] Dann liegen bezifferte Angaben vor, welche die Pflicht des Versicherers, eine Modellrechnung iSd § 154 zu übermitteln, auslösen.

IV. Keine Beschränkung auf Verbraucherverträge

12 § 154 **unterscheidet nicht** zwischen Versicherungsnehmern, die eine Lebensversicherung für private Zwecke und somit als „**Verbraucher**" iSv § 13 BGB, oder für berufliche Zwecke und somit als **Unternehmer** iSv § 14 BGB nehmen. Gewiss, Lebensversicherungen dienen regelmäßig der privaten Vorsorge und sind dann ohnehin Verbraucherverträge. Häufig aber werden sie auch von Arbeitgebern zugunsten ihrer Arbeitnehmer genommen, womit kein Verbrauchervertrag mehr vorliegt. Dennoch hat der Versicherer, der bezifferte Angaben macht, eine Modellrechnung zu übermitteln, weil § 154 eine Differenzierung nach Verbraucher- und Unternehmergeschäft nicht zulässt.[46] Das VVG folgt insgesamt dem Konzept des „Versicherungsnehmerschutzes", der nicht auf private Endverbraucher beschränkt ist. Das zeigt § 210, der den zwingenden Charakter vieler Vorschriften erst zurücknimmt, wenn die Schwelle zum Großrisiko überschritten ist. Bestätigt wird dies durch einen Blick auf die **allgemeinen Informationspflichten** nach § 7. Auch diese sind sowohl privat als auch unternehmerisch handelnden Versicherungsnehmern gegenüber zu erfüllen. Nur bei Versicherungsnehmern, die eine **Versicherung über** ein **Großrisiko** iSv § 210 Abs. 2 schließen, finden die Informationspflichten ganz weitgehend **keine Anwendung**.[47] Es besteht somit kein Grund, von diesem Schutzsystem eingeschränkt auf den Anwendungsbereich des § 154 abzuweichen.

C. Modellrechnung

I. Grundsatz

13 Erste Rechtsfolge der Verwendung von bezifferten Angaben ist die **Pflicht, eine Modellrechnung** zu übermitteln.[48] Diese Modellrechnung hat drei verschiedene mögliche **Ablaufleistungen**

---

[41] Begr. zu Art. 1 (§ 154), RegE Gesetz zur Reform des Versicherungsvertragsrechts BT-Drs. 16/3945, 97, Hervorhebung nicht im Original.
[42] *Krause* in Looschelders/Pohlmann VVG § 154 Rn. 9.
[43] *Krause* in Looschelders/Pohlmann VVG § 154 Rn. 9.
[44] *Krause* in Looschelders/Pohlmann VVG § 154 Rn. 9.
[45] *Brambach* in HK-VVG VVG § 154 Rn. 13.
[46] Anders und unzutr. *Brambach* in HK-VVG VVG § 154 Rn. 6; wie hier *Krause* in Looschelders/Pohlmann VVG § 154 Rn. 7; *Reiff* in Prölss/Martin VVG § 154 Rn. 3; *Grote* in Langheid/Rixecker VVG § 154 Rn. 8.
[47] § 7 Abs. 5 S. 1 VVG (mit einer sehr engen Gegenausnahme in S. 2).
[48] *Brambach* in HK-VVG VVG § 154 Rn. 15.

anzugeben, die alle unter Zugrundelegung der **Rechnungsgrundlagen** für die Prämienkalkulation, aber je nach anderen **Zinssätzen** zu berechnen sind.[49]

II. Zinssätze

Welche drei Zinssätze zu verwenden sind, sagt § 154 selbst nicht. Ausweislich der Gesetzesbegründung wollte der Gesetzgeber zwar eine Vereinheitlichung der Zinssätze, um die Modellrechnungen und damit die Lebensversicherungsprodukte besser vergleichbar zu machen, nahm aber von einer Regelung durch Gesetz zugunsten einer Regelung durch Verordnung Abstand.[50] Damit überließ er die Aufgabe der Benennung der **Zinssätze** dem Verordnungsgeber. Dieser regelte die Frage in § 2 Abs. 3 Nr. 1–3 VVG-InfoV.[51] Demnach ist die Modellrechnung (seit 1.1.2022) einmal mit dem 1,67-fachen des **Höchstrechnungszinses** nach § 2 Abs. 1 DeckRV,[52] also mit einem Zinssatz von 1,67 × 0,25 % = 0,42 %, zu erstellen. Neben diese Berechnung tritt eine zweite, der ein um 1 % **reduzierter Zinssatz**, also ein Zinssatz von -0,58 %, sowie eine dritte, der ein um 1 % **erhöhter Zinssatz**, also ein Zinssatz von 1,42 %, zugrunde gelegt wird.[53] Durch diese Fixierung der von allen Versicherern zu verwendenden Zinssätze sollen die Produkte unterschiedlicher Anbieter unmittelbar vergleichbar werden. Dies gilt allerdings nur für den gewiss sehr wichtigen Aspekt der **Überschussbeteiligung**, nicht aber für alle anderen Vertragskonditionen. 14

Die VVG-InfoV kann die Vergleichbarkeit der am Markt angebotenen Lebensversicherungen durch Vorgabe der in der Modellrechnung zugrunde zu legenden Zinssätze nur garantieren, wenn sie selbst wirksam ist. Genau dies wird jedoch in der Lit. mit dem Argument in Frage gestellt, dem Verordnungsgeber ermangle es hierfür einer Ermächtigungsgrundlage.[54] In der Tat enthält insbes. § 154 keine ausdrückliche **Verordnungsermächtigung**. § 7 Abs. 2 S. 1 Nr. 2 enthält die Ermächtigung des Verordnungsgebers, jene weiteren Informationen festzulegen, die der Versicherer dem Versicherungsnehmer „über eine Modellrechnung" zu erteilen hat. In der Lit. ist bestritten worden, dass diese Ermächtigungsgrundlage ausreicht, auch die Art und Weise der Erstellung der Modellrechnung zu regeln. Tatsächlich ist der Wortlaut mindestens eng geraten. Doch schließt er ein Verständnis, nach dem der Verordnungsgeber auch die Zinssätze festlegen darf, nicht aus. Dafür spricht auch eine subjektiv-historische Interpretation. Die Begründung zu § 7 Abs. 2 spricht von der Ermächtigung, die vom Versicherer zu erteilenden Informationen „im Einzelnen zu regeln".[55] Darüber hinaus schließt § 7 Abs. 2 S. 1 Nr. 5 auch die „Art und Weise" der Informationserteilung in die Verordnungsermächtigung mit ein. Mithilfe dieser Ermächtigung soll der Verordnungsgeber Vorschriften erlassen können, die sicherstellen, „dass die Versicherungsnehmer trotz der Vielfalt der zu erteilenden Informationen sich ein eindeutiges Bild von dem angebotenen Versicherungsvertrag und den für ihre Entscheidung maßgeblichen Merkmalen verschaffen können".[56] Dies kann er, jedenfalls im Vergleich zu Produkten anderer Anbieter, nur dann, wenn die zugrunde gelegten Zinssätze vereinheitlicht sind. Zuletzt betont auch die Begründung zu § 154, dass die Modellrechnung „von allen Versicherern auf einheitlichen und vertretbaren Zinsgrundlagen zu erstellen sein" wird, und führt aus: „Die maßgeblichen Zinssätze werden durch Rechtsverordnung nach § 7 Abs. 2 VVG-E geregelt".[57] Der historische Gesetzgeber ging also explizit davon aus, dass die Ermächtigungsgrundlage des § 7 Abs. 2 auch die Regelung der zu verwendenden Zinssätze umfasst. Insgesamt wird man daher von der **Wirksamkeit** der Verordnung ausgehen können.[58] Wer dem nicht folgt, muss die Pflicht des Versicherers auf die Verwendung irgendwelcher Zinssätze reduziert sehen, wobei das Auswahlermessen durch Grundsätze des Rechts der Willensmängel (Anfechtung bei veranlasstem Irrtum), der *culpa in contrahendo* und des Lauterkeitsrechts eingegrenzt wird. 15

Für das **prospektive Guthaben,** das bei Lebensversicherungen nach dem AltZertG bis 30.6.2013 anstelle der Modellrechnung nach § 154 anzugeben ist, schrieb § 7 Abs. 1 S. 2 Nr. 2 AltZertG a.F. die Verwendung der **Zinssätze** 2 %, 4 % und 6 % vor. Der seit 1.7.2013 geltende § 7 AltZertG enthält diese Angabe (prospektives Guthaben) nicht mehr. 16

---

[49] Begr. zu Art. 1 (§ 154), RegE Gesetz zur Reform des Versicherungsvertragsrechts BT-Drs. 16/3945, 97.
[50] Begr. zu Art. 1 (§ 154), RegE Gesetz zur Reform des Versicherungsvertragsrechts BT-Drs. 16/3945, 97.
[51] *Ortmann* in Schwintowski/Brömmelmeyer/Ebers VVG § 154 Rn. 12.
[52] Verordnung vom 18.4.2016, BGBl. I S. 767, zuletzt geändert durch Art. 1 der Verordnung vom 22.4.2021.
[53] Zu diesen und den früher geltenden Zinssätzen *Reiff* in Prölss/Martin VVG § 154 Rn. 9.
[54] *Schäfers* in Looschelders/Pohlmann VVG-InfoV § 2 Rn. 48.
[55] Begr. zu Art. 1 (§ 7), RegE Gesetz zur Reform des Versicherungsvertragsrechts BT-Drs. 16/3945, 60.
[56] Begr. zu Art. 1 (§ 7), RegE Gesetz zur Reform des Versicherungsvertragsrechts BT-Drs. 16/3945, 61.
[57] Begr. zu Art. 1 (§ 154), RegE Gesetz zur Reform des Versicherungsvertragsrechts BT-Drs. 16/3945, 97.
[58] So auch *Reiff* in Prölss/Martin VVG § 154 Rn. 9.

III. Rechnungsgrundlagen für die Prämienkalkulation

17 Die Modellrechnung ist unter Zugrundelegung der Rechnungsgrundlagen für die **Prämienkalkulation**[59] anzustellen. Weder gibt die Modellrechnung die Quellen der Überschüsse an, noch erläutert sie die Rechnungsgrundlagen oder die Kosten.[60] **Rechnungsgrundlagen** sind im Allgemeinen die **biometrischen Rechnungsgrundlagen** (Sterblichkeit), der **Rechnungszins** und die **Kosten**. In der Modellrechnung wird jedoch eine fiktive Ablaufleistung ermittelt, sodass sie auf die Sparanteile der Prämien beschränkt bleibt[61] und daher drei mögliche Verläufe der Verzinsung der Sparanteile ausweist. Entscheidend ist am Verweis auf die Rechnungsgrundlagen daher, dass der Rechnung nur der Sparanteil der Prämie zugrunde zu legen ist.

IV. Ablaufleistung

18 Die Modellrechnung hat die **Ablaufleistung** anzugeben. Sie **umfasst** sowohl die **garantierten** als auch die **variablen Leistungen**.[62]

V. Form

19 § 154 sieht für die **Modellrechnung** keine Form vor. Allerdings lässt der Wortlaut der Vorschrift erkennen, dass der Gesetzgeber von einer Mitteilung (mindestens) in **Textform** (§ 126b BGB) ausgegangen ist, spricht § 154 doch von der „Übermittlung" der Modellrechnung. Zu diesem Ergebnis gelangt man auch, wenn man die Modellrechnung als Teil der Informationsschrift ansieht,[63] welche der Versicherer dem Versicherungsnehmer nach § 7 Abs. 1 S. 1 in „Textform" zu übermitteln hat. Zwar stellt sich auch hier das Problem, dass der Wortlaut des § 7 Abs. 2 S. 1 Nr. 2 nicht die Modellrechnung selbst, sondern nur Informationen „über" die Modellrechnung zum Inhalt des Informationsschreibens macht, doch dürfte die Integration der Modellrechnung in die Informationsschrift der Absicht des Gesetzgebers entsprechen. Denn er geht in der Begründung ja auch davon aus, die Verordnungsermächtigung des § 7 Abs. 2 S. 1 Nr. 2 würde auch bestimmte Inhalte der Modellrechnung, die zu verwendenden Zinssätze, erfassen. In jedem Fall aber besteht kein Grund anzunehmen, der Gesetzgeber, welcher im Rahmen von § 7 Abs. 1 S. 1 die Textform fordert, wollte bei § 154 auch eine formlose, insbes. eine mündliche Übermittlung ausreichen lassen. In jedem Fall ist § 154 richtlinienkonform dahingehend zu interpretieren, dass die Information – wie die Informationsschrift nach § 7 – gem. Art. 185 Abs. 6 RL 2009/138/EG „eindeutig und detailliert **schriftlich** in einer Amtssprache[64] des Mitgliedstaats der Verpflichtung[65] abzufassen" sind.

VI. Zeitpunkt

20 Aus der Funktion der **Modellrechnung** wird abgeleitet, dass sie ebenso wie die Informationsschrift nach § 7 Abs. 1 **rechtzeitig vor Abgabe der Vertragserklärung** des Versicherungsnehmers **übermittelt** werden muss.[66] Das muss besonders dann gelten, wenn man die Modellrechnung, wenngleich sie ihre Grundlage in § 154 und nicht in § 7 findet, als Teil der Informationsschrift ansieht.[67] Vereinzelt wird jedoch davon ausgegangen, der Wortlaut des § 154, („im Zusammenhang mit dem Angebot oder dem Abschluss einer Lebensversicherung"), welcher zu jenem in § 7 Abs. 1 („rechtzeitig vor Abgabe von dessen Vertragserklärung") kontrastiert, erlaube auch eine spätere Übermittlung der Modellrechnung.[68] Dem ist m.E. nicht zu folgen. Der Hinweis auf den Zusam-

---

[59] Zum Begriff zB *Ortmann* in Schwintowski/Brömmelmeyer/Ebers VVG § 154 Rn. 12 ff.
[60] Ausf. *Krause* in Looschelders/Pohlmann VVG § 154 Rn. 12; *Brambach* in HK-VVG VVG § 154 Rn. 21; zur Kostentransparenz mit Forderung nach Angabe einer „Effektivrendite" in der Modellrechnung *Ortmann*, Kostenvergleich von Altersvorsorgeprodukten, VersWissStud Bd. 37, 2010, 222.
[61] *Brambach* in HK-VVG VVG § 154 Rn. 20.
[62] *Krause* in Looschelders/Pohlmann VVG § 154 Rn. 12 „Ablaufleistungen, bestehend aus der garantierten Versicherungssumme und den Gesamtüberschüssen"; *Brambach* in HK-VVG VVG § 154 Rn. 20.
[63] *Krause* in Looschelders/Pohlmann VVG § 154 Rn. 14.
[64] Der Sprachzwang wird durch Art. 185 Abs. 6 UAbs. 2 RL 2009/138/EG (Solvabilität II) etwas gelockert; die deutsche Umsetzung kennt keinen expliziten Sprachzwang, doch ist ein solcher durch richtlinienkonforme Auslegung anzuerkennen.
[65] Dabei handelt es sich regelmäßig um den Mitgliedstaat, in dem der Versicherungsnehmer seinen gewöhnlichen Aufenthalt hat. Sollte der Versicherungsnehmer eine juristische Person sein, so kommt es auf „die Niederlassung dieses Versicherungsnehmers, auf die sich der Vertrag bezieht", an; vgl. die Definition des Mitgliedstaats der Verpflichtung in Art. 13 Nr. 14 RL 2009/138/EG (Solvabilität II).
[66] *Brambach* in HK-VVG VVG § 154 Rn. 28; *Reiff* in Prölss/Martin VVG § 154 Rn. 12.
[67] *Krause* in Looschelders/Pohlmann VVG § 154 Rn. 14.
[68] *Pohlmann/Schäfers* in Looschelders/Pohlmann VVG-InfoV § 2 Rn. 46.

menhang mit dem Angebot oder dem Abschluss einer Lebensversicherung sagt nämlich über den Zeitpunkt der Übermittlung einer Modellrechnung nichts aus. Er erhebt nur den Zusammenhang der bezifferten Angaben mit einem konkret verhandelten Lebensversicherungsvertrag zu einer Tatbestandsvoraussetzung für die Pflicht, eine Modellrechnung zu übermitteln.

VII. Kein Verbot weiterer Angaben

Der Versicherer braucht sich nicht auf die gesetzlich obligatorische Modellrechnung zu beschränken. Er **kann** daneben auch **unternehmensindividuelle Angaben** machen, z.B. den tatsächlichen Verlauf der Überschussbeteiligung in der Vergangenheit ausweisen, soweit er darauf hinweist, dass diese Angaben keine Bedeutung für die Entwicklungen in der Zukunft haben. Ortmann fürchtet daher, dass sich Versicherer mit schlechten Ergebnissen in der Vergangenheit auf die insofern für sie günstigere Modellrechnung beschränken werden, wohingegen andere Versicherer die besseren Ergebnisse der Vergangenheit ausweisen werden.[69] 21

Jedenfalls aber muss klar sein, dass sich der Versicherer **schadenersatzpflichtig** macht, wenn er Beispielsrechnungen auf vergangene Kapitalmarktergebnisse stützt, von denen er weiß bzw. wissen muss, dass sie nicht mehr erreichbar sind.[70] Damit ist nicht gemeint, dass die § 154 entsprechende Modellrechnung selbst wegen absehbarer Veränderungen am Kapitalmarkt eine Informationspflichtverletzung darstellen kann,[71] sondern lediglich, dass das zusätzliche Anführen von aus der Vergangenheit stammenden Renditebeispielen eine Informationspflichtverletzung darstellt, wenn die ausgewiesenen Renditen absehbar in Zukunft nicht erreichbar sind und ihr Ausweis daher irreführend ist. 22

D. Begleitende Hinweispflichten

Der **Modellrechnung** ihrerseits sind zwei weitere **Hinweise** anzuschließen: Eine gesetzeskonforme Modellrechnung birgt nach Ansicht des Gesetzgebers ihrerseits das Risiko, Versicherungsnehmer könnten von vertraglich garantierten Leistungen ausgehen. Das kann zwar angesichts der Tatsache, dass drei verschiedene Ablaufleistungen angegeben werden, nicht für eine bestimmte Ablaufleistung gelten, doch ist nicht auszuschließen, dass der Versicherungsnehmer den niedrigsten Wert als jedenfalls garantiert ansieht. Er könnte also glauben, die drei beschriebenen Szenarien seien unter allen möglichen das beste, das schlechteste und ein mittleres. Um diesem Risiko vorzubeugen, statuiert § 154 Abs. 2 eine **Informationspflicht** des **Versicherers**, die **Unverbindlichkeit** der **Modellrechnung** in mehrfacher Weise zum Ausdruck zu bringen: Der Versicherer muss einerseits darauf hinweisen, dass die angegebenen **Zahlen** vertraglich **unverbindlich** bleiben, der Versicherungsnehmer aus ihnen also keine vertraglichen Ansprüche ableiten kann. Er muss darüber hinaus darauf hinweisen, dass die der Modellrechnung zugrunde liegenden Annahmen über **zukünftige Entwicklungen** fiktiv, also auch **nicht** faktisch **garantiert** sind und somit nur ein Rechenmodell vorgelegt wird.[72] 23

Beide Hinweise müssen „klar und verständlich" erfolgen, womit das **Transparenzgebot** des § 7 Abs. 1 S. 2 bzw. des § 307 Abs. 1 S. 2 BGB im Kontext des § 154 Abs. 2 wiederholt wird.[73] Transparent muss insbes. sein, dass die Angaben keinerlei Zusagen über den Verlauf der Überschussentwicklung beinhalten.[74] Eine bestimmte Form schreibt auch § 154 Abs. 2 nicht vor, doch gilt hier dasselbe wie bei § 154 Abs. 1.[75] 24

E. Sanktionen

§ 154 enthält keinerlei Hinweise auf Sanktionen für eventuelle Gesetzesverstöße. Die Begründung zum Gesetzesentwurf erwähnt mit Blick auf die begleitenden Hinweispflichten die Möglichkeit, dass 25

---

[69] Ortmann in Schwintowski/Brömmelmeyer/Ebers VVG § 154 Rn. 18.
[70] Ortmann in Schwintowski/Brömmelmeyer/Ebers VVG § 154 Rn. 23; Winter in Bruck/Möller VVG § 154 Rn. 17; OLG Koblenz VersR 2000, 1357; LG Dortmund NVersZ 2002, 307.
[71] Insofern Krause in Looschelders/Pohlmann VVG § 154 Rn. 17.
[72] Brambach in HK-VVG VVG § 154 Rn. 24.
[73] Ortmann in Schwintowski/Brömmelmeyer/Ebers VVG § 154 Rn. 20, der zur Vorsicht einen Fettdruck und die Voranstellung der Hinweise vor die Modellrechnung empfiehlt; Krause in Looschelders/Pohlmann VVG § 154 Rn. 15.
[74] Brambach in HK-VVG VVG § 154 Rn. 25.
[75] → Rn. 19.

sich aus einem **Verstoß** gegen § 154 Abs. 2 „für den Versicherungsnehmer ein entsprechender **Leistungsanspruch**" ergeben kann.[76] Dieser Anspruch wurde schon nach altem Recht bei fehlerhaften Überschussprognosen gewährt.[77] Ein solcher Anspruch kann zunächst bejaht werden, wenn **mangels Übermittlung** einer **Modellrechnung** die bezifferten Angaben des Versicherers nach den Umständen als vertragliche Zusage zu werten sind oder der Versicherer nach Treu und Glauben (§ 242 BGB) zu behandeln ist, als hätte er eine entsprechende Zusage gegeben. Ein solcher Anspruch kann ferner bejaht werden, wenn die Modellrechnung **mangels Hinweises** auf ihre **Unverbindlichkeit** zum Vertragsbestandteil geworden ist oder aber dem Versicherer nach Treu und Glauben (§ 242 BGB) die Berufung auf die Unverbindlichkeit der Modellrechnung infolge der Verletzung der Hinweispflicht zu versagen ist. Die Annahme einer bestimmten **Gewinnzusage** kommt freilich erst in Frage, wenn neben der Verletzung der Hinweispflicht nach Abs. 2 auch die Darstellung der Modellrechnung nach Abs. 1 mit nur einem Zinssatz erfolgt. Werden demgegenüber zwar die **Hinweispflichten** verletzt, die Gewinnentwicklung aber aufgrund dreier unterschiedlicher Szenarien berechnet, so kann nicht von einem bestimmten, vertraglich verbindlich vereinbarten Gewinnverlauf oder aber einem nach § 242 BGB schutzwürdigen Vertrauen des Kunden auf einen bestimmten Gewinnverlauf ausgegangen werden.[78] Immerhin kann der schlechteste Wert im Sinne eines Mindestwerts als vertraglich garantiert oder vom Vertrauensschutz nach § 242 BGB erfasst angesehen werden.

26 Unabhängig von Erfüllungsansprüchen aus Vertrag oder Vertrauenshaftung (§ 242 BGB) kommt jedenfalls ein **Anfechtungsrecht,** insbes. wegen veranlassten **Irrtums** nach § 119 BGB in Betracht. Ein Schadensersatzanspruch des Versicherers scheidet schon wegen § 123 Abs. 2 BGB aus, sehr wohl kommt aber ein weitergehender Ersatzanspruch des Kunden nach § 280 Abs. 1 iVm § 311 Abs. 2 Nr. 1, § 241 Abs. 2 BGB **(culpa in contrahendo)** in Frage. Aus der Haftung aus *culpa in contrahendo* kann ebenfalls ein Anspruch auf Vertragslösung folgen.[79]

27 Der Versicherungnehmer kann den Vertrag wahlweise bestehen lassen und nur den **Ersatz eingetretener finanzieller Schäden** aus *culpa in contrahendo* verlangen.[80] Dieser Schaden kann auch in einem Gewinnverlust bestehen, den der Versicherungsnehmer erlitten hat, weil er es infolge der Fehlinformation unterlassen hat, eine vorteilhaftere Vertragsvariante oder überhaupt ein anderes Anlageprodukt zu wählen.[81]

28 Auch **aufsichtsrechtliche Sanktionen** stehen zur Verfügung. Diese können, wie die Begründung zu § 7 (Information des Versicherungsnehmers) zeigt,[82] im Extremfall auch zum Widerruf der Erlaubnis zum Geschäftsbetrieb führen.

F. Abdingbarkeit

29 § 154 ist halbzwingend.[83]

§ 155 Standmitteilung

(1) ¹Bei Versicherungen mit Überschussbeteiligung hat der Versicherer den Versicherungsnehmer jährlich in Textform über den aktuellen Stand seiner Ansprüche unter Einbeziehung der Überschussbeteiligung zu unterrichten. ²Dabei hat er mitzuteilen, inwieweit diese Überschussbeteiligung garantiert ist. ³Im Einzelnen hat der Versicherer Folgendes anzugeben:
1. die vereinbarte Leistung bei Eintritt eines Versicherungsfalles zuzüglich Überschussbeteiligung zu dem in der Standmitteilung bezeichneten maßgeblichen Zeitpunkt,
2. die vereinbarte Leistung zuzüglich garantierter Überschussbeteiligung bei Ablauf des Vertrags oder bei Rentenbeginn unter der Voraussetzung einer unveränderten Vertragsfortführung,

---

[76] Begr. zu Art. 1 (§ 154 VVG), RegE Gesetz zur Reform des Versicherungsvertragsrechts BT-Drs. 16/3945, 97, Hervorhebung nicht im Original.
[77] OLG Koblenz VersR 2000, 1357; LG Dortmund NVersZ 2002, 307.
[78] *Krause* in Looschelders/Pohlmann VVG § 154 Rn. 16.
[79] OLG Düsseldorf VersR 2001, 705; hierzu *Schwintowski* VuR 2001, 33.
[80] Vgl. die Gesetzesbegründung zu Art. 1 (§ 7 Abs. 1), RegE Gesetz zur Reform des Versicherungsvertragsrechts BT-Drs. 16/3945, 60; BGH VersR 2012, 1110; 2012, 601; OLG Düsseldorf NVersZ 2001, 354.
[81] Vgl. zum entgangenen Gewinn OLG Düsseldorf VersR 2001, 705; hierzu *Schwintowski* VuR 2001, 33.
[82] Begr. zu Art. 1 (§ 7), RegE Gesetz zur Reform des Versicherungsvertragsrechts BT-Drs. 16/3945, 60.
[83] S. § 171.

3. die vereinbarte Leistung zuzüglich garantierter Überschussbeteiligung zum Ablauf des Vertrags oder zum Rentenbeginn unter der Voraussetzung einer prämienfreien Versicherung,
4. den Auszahlungsbetrag bei Kündigung des Versicherungsnehmers,
5. **die Summe der gezahlten Prämien bei Verträgen, die ab dem 1. Juli 2018 abgeschlossen werden;** im Übrigen kann über die Summe der gezahlten Prämien in Textform Auskunft verlangt werden.

(2) [1]Weitere Angaben bleiben dem Versicherer unbenommen. [2]Die Standmitteilung kann mit anderen jährlich zu machenden Mitteilungen verbunden werden.

(3) Hat der Versicherer bezifferte Angaben zur möglichen zukünftigen Entwicklung der Überschussbeteiligung gemacht, so hat er den Versicherungsnehmer auf Abweichungen der tatsächlichen Entwicklung von den anfänglichen Angaben hinzuweisen.

Übersicht

		Rn.			Rn.
A.	Normzweck	1	C.	Standmitteilung (Abs. 1 und 2)	11
B.	Tatbestand	7	D.	Hinweis auf Prognoseabweichungen (Abs. 3)	18
I.	Überschussberechtigter Vertrag (Abs. 1)	7	E.	Sanktionen	19
II.	Bezifferte Angaben zur Überschussentwicklung (Abs. 3)	10	F.	Abdingbarkeit	21

Stichwort- und Fundstellenverzeichnis

Stichwort	Rn.	Rspr.	Lit.
Normzweck	→ Rn. 1 ff.	–	*Brambach* in HK-VVG VVG § 155 Rn. 2; *Grote* in Langheid/Rixecker VVG § 155 Rn. 1; *Krause* in Looschelders/Pohlmann VVG § 155 Rn. 1; *Ortmann* in Schwintowski/Brömmelmeyer/Ebers VVG § 155 Rn. 1
Prognoseabweichungen	→ Rn. 18	–	–
Sanktionen	→ Rn. 19 f.	–	*Bachmann* in MüKoBGB BGB § 241 Rn. 26, 29; *Ernst* in MüKoBGB BGB § 280 Rn. 13; *Grote* in Langheid/Rixecker VVG § 156 Rn. 11
Überschussentwicklungen	→ Rn. 10	–	*Brambach* in HK-VVG VVG § 155 Rn. 20
Unterrichtung	→ Rn. 7 ff.; → Rn. 11 ff.	BVerfGE 114, 73 = VersR 2005, 1127; OLG Celle VersR 2007, 930 (931); OLG Karlsruhe VersR 1992, 219; OLG Stuttgart VersR 2005, 634; 2002, 555	*Brambach* in HK-VVG VVG § 155 Rn. 4 ff., 16; *Grote* in Langheid/Rixecker VVG § 155 Rn. 3; *Krause* in Looschelders/Pohlmann VVG § 155 Rn. 3 ff.; *Ortmann* in Schwintowski/Brömmelmeyer/Ebers VVG § 155 Rn. 3 f., 9 f.; *Reiff* in Prölss/Martin VVG § 155 Rn. 2 f.; *Winter* in Bruck/Möller VVG § 155 Rn. 5, 10

A. Normzweck

§ 155 kennt eine gesetzliche Pflicht des Versicherers, den Versicherungsnehmer jährlich im Wege einer Standmitteilung über die Entwicklung seiner **Ansprüche** unter Einschluss der **Überschussbeteiligung** zu unterrichten. Die seit 1.7.2018 geltende Neufassung des § 155 entstammt dem Gesetz zur Umsetzung der Richtlinie (EU) 2016/97 des Europäischen Parlaments und des Rates vom 20. Januar 2016 über Versicherungsvertrieb und zur Änderung weiterer Gesetze vom 20. Juli 2017.[1]

1a Die Vorschrift überlappt[2] mit der jährlichen **Informationspflicht** des Versicherers über den Stand der Überschussbeteiligung nach § 6 Abs. 1 Nr. 3 VVG-InfoV, der auf § 7 Abs. 3 VVG fußt.[3] Mit § 6 Abs. 1 Nr. 3 VVG-InfoV wurde die frühere aufsichtsrechtliche Regelung des § 10a Abs. 1 iVm Anl. D Abschn. II Nr. 3 VAG aF in eine **privatrechtliche** Norm umgegossen.[4] Im VAG, und zwar nunmehr § 144 VAG 2016 verblieben sind die einem Versorgungsanwärter bzw. -empfänger einer **betrieblichen Altersversorgung** zu erteilenden Informationen.

2 Eine Pflicht zur Information über die Entwicklung der Überschussbeteiligung war schon früher europarechtlich durch Art. 36 Abs. 2 iVm Anh. III B b 3 der RL 2002/83/EG[5] vorgegeben, wenn der Versicherungsnehmer eine natürliche Person war. Diese Vorgabe besteht – ohne die Eingrenzung auf Versicherungsnehmer, die natürliche Personen sind, – weiter in Art. 185 Abs. 5 UAbs. 1 lit. d RL 2009/138/EG.[6] Der europäische Gesetzgeber hat jedoch auch § 155 (i.d.F. vor 1.7.2018) in das Richtlinienrecht übernommen, sodass über die alljährliche Information über den „Stand der Gewinnbeteiligung" (Art. 185 Abs. 5 UAbs. 1 lit. d RL 2009/138/EG) hinaus auch „über die Entwicklung der **Ansprüche des Versicherungsnehmers** unter Einbeziehung der Überschussbeteiligung" (Art. 185 Abs. 5 UAbs. 3 S. 1 RL 2009/138/EG) sowie über **Abweichungen** des Überschussergebnisses von den vor Vertragsschluss gemachten bezifferten Angaben (Art. 185 Abs. 5 UAbs. 3 S. 2 RL 2009/138/EG) zu unterrichten ist. § 155 ist somit die Umsetzungsnorm zu Art. 185 Abs. 5 UAbs. 3 RL 2009/138/EG.

3 Die Standmitteilung, welche § 155 in allen Fällen von überschussberechtigten Lebensversicherungen fordert, macht eine bereits unter dem alten (also vor dem VVG 2008 geltenden) Recht tatsächlich geübte Praxis zur Pflicht. Es geht dem Gesetzgeber dabei insbes. um Herstellung von **Transparenz**. Die Gesetzesbegründung zu § 155 idF vor 1.7.2018 führte aus, dass die früher üblichen Schreiben „vielgestaltig, teilweise nicht vergleichbar und in manchen Fällen schwer verständlich" waren.[7] § 155 will also zunächst die **Verständlichkeit** der Standmitteilung garantieren. Er will darüber hinaus aber auch **Vergleichbarkeit** am Markt schaffen, indem er die Art und Weise der Informationserteilung bis zu einem gewissen Grad standardisiert. Dies kann für den Versicherungsnehmer insbes. für die Entscheidung wesentlich sein, den Versicherer durch eine vorzeitige Kündigung des bestehenden Lebensversicherungsvertrags zu wechseln.[8] Wenn dem entgegengehalten wird, die schlechte Entwicklung sei im Zeitpunkt der Mitteilung bereits eingetreten und nicht mehr revidierbar,[9] so gilt dies nicht hinsichtlich der für die Zukunft noch zu zahlenden Prämien. Es gilt ferner nicht für die weitere Anlage der bereits bezahlten Prämien. Sie können nach der Standmitteilung durch Kündigung des bestehenden Vertrages anderweitig besser investiert werden. Dessen ungeachtet ist dieser Weg mit Kosten belastet und daher nur sehr beschränkt attraktiv.[10]

3a Die seit 1.7.2018 geltende Neufassung des § 155 verstärkt den Schutz des Kunden und will daher die Erreichung der erwähnten Ziele noch effektiver gewährleisten. Insbesondere werden die zu erteilenden Informationen durch ihre Auflistung in § 155 Abs. 1 S. 2 präziser gefasst und damit bisher bestehende Streitfragen geklärt.[11]

4 Die Regelung in § 155 verleiht der Standmitteilungspflicht im Gegensatz zu vor dem VVG 2008 geltenden, aufsichtsrechtlichen Regelung **privatrechtlichen** Charakter, was aus rechtssystematischen Gründen zu begrüßen ist. Zugleich orientiert sich § 155 an der Tatsache, dass alle Versicherungsnehmer – nicht nur natürliche Personen – an einer jährlichen Unterrichtung ein berechtigtes

---

[1] BGBl. 2017 I 2789.
[2] *Krause* in Looschelders/Pohlmann VVG § 155 Rn. 1.
[3] Zu dieser Informationspflicht unter § 7, → VVG-InfoV § 6 Rn. 9 ff.
[4] *Grote* in Langheid/Rixecker VVG § 155 Rn. 1.
[5] RL 2002/83/EG des Europäischen Parlaments und des Rates v. 5.11.2002 über Lebensversicherungen, ABl. 2002 L 345, S. 1.
[6] RL 2009/138/EG des Europäischen Parlaments und des Rates v. 25.11.2009 betr. die Aufnahme und Ausübung der Versicherungs- und der Rückversicherungstätigkeit (Solvabilität II), ABl. 2009 L 335, 1 in der gültigen Fassung.
[7] Begr. zu Art. 1 (§ 155), RegE Gesetz zur Reform des Versicherungsvertragsrechts BT-Drs. 16/3945, 97.
[8] Krit. *Ortmann* in Schwintowski/Brömmelmeyer/Ebers VVG § 155 Rn. 1.
[9] *Brambach* in HK-VVG § 155 Rn. 2.
[10] *Ortmann* in Schwintowski/Brömmelmeyer/Ebers VVG § 155 Rn. 1 spricht angesichts der Kosten von einer faktischen Kündigungssperre.
[11] Z.B. die Frage, ob die Überschussbeteiligung sowie die zum Zeitpunkt der Standmitteilung bereits garantierten Überschüsse separat auszuweisen sind; vgl. nun § 155 Abs. 1 S. 2.

Interesse haben. Diese Erweiterung gegenüber dem vor dem VVG 2008 geltenden Recht ist mittlerweile ohnehin unionsrechtlich gefordert.[12]

§ 155 verpflichtet den Versicherer, den Versicherungsnehmer über den Stand seiner Ansprüche unter Einbeziehung der Überschussbeteiligung zu unterrichten. Diese Pflicht besteht bei **jeder überschussberechtigten Lebensversicherung** und hängt nicht davon ab, ob der Versicherer im vorvertraglichen Stadium bezifferte Angaben gemacht hat. Wenn letzteres der Fall ist, so knüpft Abs. 3 des § 155 daran die weitere Pflicht, evtl. von der Prognose **abweichende tatsächliche Entwicklungen** der Überschussbeteiligung eigens auszuweisen.

§ 155 Abs. 1 S. 1 fordert für die Standmitteilung die Einhaltung der **Textform**. Ein eigenes Kriterium, wonach die Mitteilung „klar und verständlich" zu erfolgen hat, enthält § 155 nicht. Dies darf jedoch als selbstverständlich vorausgesetzt werden und ergibt sich auch aus einer richtlinienkonformen Interpretation des § 155.[13]

B. Tatbestand

I. Überschussberechtigter Vertrag (Abs. 1)

Die Pflicht zur Standmitteilung setzt einzig voraus, dass der Lebensversicherungsvertrag **überschussberechtigt** ist. Damit werden nach dem Wortlaut der Vorschrift neben den wichtigsten Fällen der **Kapitallebensversicherung** sowie der **Rentenversicherung** auch die bloße **Risikolebensversicherung** sowie die **fondsgebundene Lebensversicherung** erfasst. Diese beiden letztgenannten Sparten sind hinsichtlich des Risiko- und Kostenergebnisses überschussbeteiligt. Die Einbeziehung von Risikolebensversicherungen und fondsgebundenen Lebensversicherungen ist vom Gesetzgeber offenbar auch gewollt. Zunächst fehlt es in § 155 an einem ausdrücklichen Ausschluss dieser Sparten, wie ihn § 154 Abs. 1 S. 2 kennt. Auch § 6 Abs. 1 Nr. 3 VVG-InfoV spricht pauschal von einem Vertrag, der eine Überschussbeteiligung vorsieht, und nimmt dann lediglich die Krankenversicherung von seinem Anwendungsbereich aus. Die Begründung hierzu sagt ausdrücklich, dass Nr. 3 „allgemein auf Verträge mit Überschussbeteiligung abstellt", sodass die Klarstellung erforderlich wurde, dass die Krankenversicherung nicht hierunter fallen soll.[14] Es besteht insofern auch kein Grund, die risiko- und fondsgebundene Lebensversicherung vom Anwendungsbereich des § 155 auszunehmen.[15] Dennoch plädieren einige Autoren aus Sorge vor einer unangemessenen Kostenbelastung des Versicherers für eine Reduktion des § 155, mit der der Anwendungsausschluss des § 154 Abs. 1 S. 2 für Risikoversicherungen sowie fonds- bzw. indexgebundene Versicherungen auf den § 155 übertragen werden soll.[16] Für fonds- bzw. indexgebundene Versicherungen bzw. hybride Produkte überzeugt dies m.E. nicht.[17] Eine andere Frage ist es, ob alle Informationen, die in § 155 Abs. 1 S. 3 gelistet sind, bei diesen Produkten relevant bzw. darstellbar sind. Hier wird man produktorientiert vorgehen müssen.[18]

Die Frage wird europarechtlich verkompliziert, weil die Vorschriften der §§ 154, 155 die unionsrechtlichen Vorgaben der Art. 185 Abs. 5 UAbs. 2, 3 RL 2009/138/EG umsetzen. Zu § 154 wurde schon dargetan,[19] dass der Ausschluss der fonds- und indexgebundenen Versicherung in § 154 Abs. 1 S. 2 bedenklich ist. Dann kann § 154 Abs. 1 S. 2 aber schlecht als Begründung dafür dienen, fonds- und indexgebundene Versicherungen wortlautwidrig auch von § 155 auszunehmen. Umgekehrt ist keineswegs klar, wie der EuGH in einem Anlassfall den Begriff der „Überschussbeteiligung" (in der englischen Richtlinienfassung: „profit participation") auslegen würde. Die Auslegung müsste ja ein europäisches Begriffsverständnis zugrunde legen. Vermutlich würde der EuGH ein möglichst

---

[12] Art. 185 Abs. 5 UAbs. 3 RL 2009/138/EG Solvabilität II enthält keine Einschränkung der Informationsrechte auf natürliche Personen mehr.
[13] Zum Erfordernis einer „eindeutigen und detaillierten" Information s. Art. 185 Abs. 6 UAbs. 1 RL 2009/138/EG Solvabilität II.
[14] VVG-InfoV Begr zu § 6 (Informationspflichten während der Laufzeit des Vertrages) BAnz. 2008, 98 ff., abgedruckt bei *Gal* in Langheid/Rixecker VVG-InfoV § 6 Rn. 1 ff.
[15] *Krause* in Looschelders/Pohlmann VVG § 155 Rn. 3.
[16] *Reiff* in Prölss/Martin VVG § 155 Rn. 2; *Grote* in Langheid/Rixecker VVG § 155 Rn. 3; diff. *Brambach* in HK-VVG § 155 Rn. 4 ff.; diff. nach der Höhe der Versicherungssumme *Winter* in Bruck/Möller VVG § 155 Rn. 5.
[17] Vgl. schon die oben bei § 154 Rn. 5b dargestellten teleologischen Erwägungen; *Krause* in Looschelders/Pohlmann VVG § 155 Rn. 3; *Brambach* in HK-VVG VVG § 155 Rn. 7 f.
[18] Vgl. *Brambach* in HK-VVG VVG § 155 Rn. 7 f.
[19] → § 154 Rn. 5b.

breites Verständnis anlegen, um allen nationalen Ausprägungen von „Überschussbeteiligungen" („profit participation") gerecht zu werden. Die Aufgabe des EuGH wird jedoch durch die Formulierung der Richtlinie erschwert. So spricht Art. 185 RL 2009/138/EG in seinem Abs. 3 lit. e und Abs. 5 UAbs. 1 lit. d von „Gewinnbeteiligung" (in der englischen Richtlinienfassung: „bonuses"), im hier einschlägigen Abs. 5 UAbs. 3 dagegen von „Überschussbeteiligung" (in der englischen Sprachfassung: „profit participation"). Man mag aus der unterschiedlichen Wortwahl auf unterschiedliche Begriffsinhalte schließen. Nicht auszuschließen ist indessen, dass der europäische Gesetzgeber den Begriff der Überschussbeteiligung mit der Regelung des § 155 unbesehen in die Richtlinie übernommen und nicht erkannt hat, dass er damit vom schon etablierten Begriff der „Gewinnbeteiligung" („bonuses") abweicht.

8   § 155 setzt auch nicht voraus, dass der Versicherer im vorvertraglichen Stadium bezifferte Angaben gemacht und daher gem. § 154 Abs. 1 eine Modellrechnung zur Verfügung gestellt hat. Die Regelung des § 155 ist also von § 154 unabhängig.

9   Gem. § 211 Abs. 2 Nr. 2 Hs. 2 ist § 153 Abs. 3 S. 1, der Lebensversicherer zur jährlichen Ermittlung der Bewertungsreserven verpflichtet, auf Sterbekassen nicht anwendbar. Nach Ansicht der BaFin beschränkt sich daher die Pflicht von Sterbekassen zur jährlichen Unterrichtung nach § 155 auf die sonstigen Überschüsse, nicht aber auf die Bewertungsreserven.[20] Für Verträge, die der **betrieblichen Altersversorgung** dienen, ist § 144 VAG 2016 (§ 10a Abs. 2 iVm Anl. D VAG a.F.) zu beachten.

9a Für **Kapitalisierungsgeschäfte** will *Winter* § 155 analog heranziehen.[21] Für eine Anwendung auf Kapitalisierungsgeschäfte spricht insbes. auch der Wortlaut der RL 2009/138/EG Solvabilität II, deren Bestimmungen „in Bezug auf die Lebensversicherung" – also auch Art. 185 Abs. 5 UAbs. 3 über die jährliche Unterrichtung – gem. Art. 2 Abs. 3 lit. b ii RL 2009/138/EG auf Kapitalisierungsgeschäfte zur Anwendung kommen.

II. Bezifferte Angaben zur Überschussentwicklung (Abs. 3)

10 Abs. 3 von § 155 setzt neben dem Vorliegen einer überschussberechtigten Lebensversicherung voraus, dass der Versicherer im vorvertraglichen Stadium **bezifferte Angaben** zur Überschussentwicklung gemacht hat. Aus der Verwendung des Begriffs der „bezifferten Angaben", die nach § 154 Voraussetzung für die Pflicht ist, eine Modellrechnung zu übermitteln,[22] könnte geschlossen werden, § 155 Abs. 3 bezöge sich nur auf unternehmensindividuelle Beispielsrechnungen und nicht auf die Modellrechnung nach § 154 Abs. 1. Die Begründung zum Gesetzesentwurf für das VVG 2008 spricht aber von beiden: S. 2 (nunmehr: Abs. 3) des § 155 erweitere die Unterrichtungspflicht auf „Änderungen, die sich für bezifferte Angaben in einer solchen Beispielsrechnung oder in der Modellrechnung selbst ergeben".[23] Damit wird deutlich, dass die Hinweispflicht sowohl für die Modellrechnung nach § 154 Abs. 1 als auch für vom Versicherer darüber hinaus gemachte bezifferte Angaben gilt.[24] Dies entspricht auch Sinn und Zweck des § 155 Abs. 3, der zugunsten des Versicherungsnehmers **Transparenz** schaffen will.

C. Standmitteilung (Abs. 1 und 2)

11 § 155 Abs. 1 führt recht detailliert aus, wie die Standmitteilung auszusehen hat. Nach § 155 Abs. 1 S. 1 ist der aktuelle Stand der Ansprüche des Versicherungsnehmers **insgesamt** und unter Einbezug der Überschussbeteiligung mitzuteilen. Es genügt insoweit nicht, nur gem. § 6 Abs. 1 Nr. 3 VVG-InfoV den **Stand der Überschussbeteiligung** als solchen mitzuteilen. Vielmehr sind alle Überschussanteile (ob bereits verbindlich oder nur unverbindlich dem einzelnen Vertrag zuge-

---

[20] BaFin, Hinweise zu einigen Auslegungsfragen zum Versicherungsvertragsgesetz (VVG), Geschäftszeichen VA 21 – A – 2008/0033 v. 28.5.2008, einsehbar unter www.bafin.de/SharedDocs/Veroeffentlichungen/DE/Auslegungsentscheidung/VA/ae_080528_vvg_va.html; dem folgend *Reiff* in Prölss/Martin VVG § 155 Rn. 2; *Grote* in Langheid/Rixecker VVG § 155 Rn. 3.
[21] *Winter* in Bruck/Möller VVG § 155 Rn. 5 a.E.
[22] *Brambach* in HK-VVG § 155 Rn. 20 weist auf den abweichenden Gesetzestext iÜ (§ 154 Abs. 1: „bezifferte Angaben zur Höhe von möglichen Leistungen ..."; § 155 S. 2: „bezifferte Angaben zur möglichen zukünftigen Entwicklung der Überschussbeteiligung ...") hin, leitet daraus aber keine Unterschiede im Inhalt ab.
[23] Begr. zu Art. 1 (§ 155 VVG), RegE Gesetz zur Reform des Versicherungsvertragsrechts BT-Drs. 16/3945, 98.
[24] *Brambach* in HK-VVG VVG § 155 Rn. 20.

wiesen) mitzuteilen und auf dieser Grundlage auch die Auswirkungen auf eine mögliche **Beitragsfreistellung** sowie auf den **Rückkaufswert** anzugeben.[25] Wie nach § 6 Abs. 1 Nr. 3 VVG-InfoV ist nach der Neufassung des § 155 Abs. 1 S. 2 bei der Angabe der Überschussanteile zwischen garantierten und nicht garantierten Leistungen zu unterscheiden.

Im Übrigen listet § 155 Abs. 1 S. 3 in den Nr. 1–5 die in der Standmitteilungen anzugebenden Informationen im Einzelnen auf. 12

Nicht unter die Standmitteilung nach § 155 fallen indessen sonstige Änderungen bei den nach § 2 Abs. 1 Nr. 3–7 VVG-InfoV erforderlichen Angaben, die sich aus einer Vertrags- oder Rechtsänderung ergeben. Sie sind vom Versicherer dem Versicherungsnehmer nach Maßgabe des § 6 Abs. 1 Nr. 2 VVG-InfoV mitzuteilen. Dieser beschränkt die Mitteilungspflicht zwar auf Fälle der Gesetzesänderung, jedoch ist die Informationspflicht in Übereinstimmung mit Art. 185 Abs. 5 UAbs. 1 lit. c RL 2009/138/EG auch auf Fälle der Vertragsänderung zu erstrecken.[26] 13

Der Wortlaut des § 155 a.F. machte überdies deutlich, dass sich der Versicherer nicht auf eine bloße Mitteilung des Standes der Ansprüche des Versicherungsnehmers beschränken konnte. Vielmehr forderte er eine Unterrichtung über die „**Entwicklung**" der Ansprüche des Versicherungsnehmers, insbes. Also einen Vergleich zum Vorjahresstand. Die Neufassung des § 155 spricht dagegen nur noch von einer „Standmitteilung". Die „Entwicklung" der Überschussbeteiligung spielt nur noch in § 155 Abs. 3 eine Rolle. 14

§ 155 Abs. 1 S. 1 fordert eine jährliche Mitteilung. Er fixiert hierfür aber **keinen bestimmten Zeitpunkt**.[27] Insbesondere fordert er nicht, dass die Unterrichtung zu Jahresende bzw. zu Beginn des Folgejahres stattzufinden hat. Daraus folgt, dass der Versicherer die erste Unterrichtung spätestens ein Jahr nach Vertragsabschluss liefern muss. Unterrichtet er den Versicherungsnehmer zum ersten Mal bereits am Ende des Jahres, in dem der Vertrag geschlossen wurde, so kann er alle Verträge auf denselben Informationszeitpunkt (zB zum Jahreswechsel) umstellen. Hiergegen bestehen keine Bedenken. Aus dem Gesetzeszweck der Transparenz wird aber abgeleitet, dass der vom Versicherer gewählte Zeitpunkt gleich bleiben muss.[28] 15

§ 155 Abs. 1 S. 1 fordert für die Standmitteilung die **Textform** iSv § 126b BGB.[29] Ein ausdrückliches Erfordernis, wonach die Mitteilung „klar und verständlich" zu sein hat, kennt § 155 nicht. Ein derartiges Erfordernis darf jedoch als ein allgemeines, insbes. aus § 307 Abs. 1 S. 2 BGB sowie §§ 7 Abs. 1 S. 2, 154 Abs. 2 fließendes Transparenzgebot als selbstverständlich vorausgesetzt werden.[30] Unionsrechtlich ergibt sich ein Erfordernis „eindeutiger und detaillierter" Information nach Art. 185 Abs. 6 RL 2009/138/EG (Solvabilität II), sodass sich auch eine richtlinienkonforme Auslegung von § 155 aufdrängt. 16

Die Neufassung des § 155 stellt außerdem zwei Punkte klar. Zum einen kann der Versicherer nach Abs. 2 S. 1 neben den geforderten Angaben noch **weitere Informationen** aufnehmen. Das darf freilich nicht zur Intransparenz der gesetzlich geschuldeten Angaben durch einen *information overload* führen.[31] Zum anderen kann die Standmitteilung nach Abs. 2 S. 2 mit anderen, jährlich geschuldeten Mitteilungen **kombiniert** werden. 16a

Die Standmitteilung stellt **kein Schuldversprechen** und auch **kein Schuldanerkenntnis** dar.[32] Dennoch wird Versicherern empfohlen, die Unverbindlichkeit der Mitteilung besonders hervorzuheben.[33] In der Tat ist nicht auszuschließen, dass eine Mitteilung im Einzelfall mangels Unverbindlichkeitshinweises als **rechtsgeschäftliche Zusage** z.B. einer garantierten Leistung auszulegen ist.[34] 17

---

[25] *Winter* in Bruck/Möller VVG § 155 Rn. 10 mwN; ausf. *Krause* in Looschelders/Pohlmann VVG § 155 Rn. 6.
[26] *Krause* in Looschelders/Pohlmann VVG § 155 Rn. 7.
[27] *Ortmann* in Schwintowski/Brömmelmeyer/Ebers VVG § 155 Rn. 10; *Brambach* in HK-VVG § 155 Rn. 9; *Reiff* in Prölss/Martin VVG § 155 Rn. 3 a.E.
[28] *Ortmann* in Schwintowski/Brömmelmeyer/Ebers VVG § 155 Rn. 10; *Brambach* in HK-VVG VVG § 155 Rn. 9 „gewisse Regelmäßigkeit".
[29] *Krause* in Looschelders/Pohlmann VVG § 155 Rn. 4.
[30] Ähnlich *Krause* in Looschelders/Pohlmann VVG § 155 Rn. 10; *Ortmann* in Schwintowski/Brömmelmeyer/Ebers VVG § 155 Rn. 9; *Reiff* in Prölss/Martin VVG § 155 Rn. 4b.
[31] *Brambach* in HK-VVG § 155 Rn. 16.
[32] *Krause* in Looschelders/Pohlmann VVG § 155 Rn. 9; ähnlich *Ortmann* in Schwintowski/Brömmelmeyer/Ebers VVG § 155 Rn. 18 unter Verweis auf OLG Celle VersR 2007, 930 (931); OLG Karlsruhe VersR 1992, 219.
[33] *Krause* in Looschelders/Pohlmann VVG § 155 Rn. 9; OLG Stuttgart VersR 2005, 634; VersR 2002, 555.
[34] *Ortmann* in Schwintowski/Brömmelmeyer/Ebers VVG § 155 Rn. 9, der insofern auch auf die Gesetzesbegründung zu § 154 verweist.

D. Hinweis auf Prognoseabweichungen (Abs. 3)

18 Hat der Versicherer durch bezifferte Angaben und damit gem. § 154 Abs. 1 zwingend auch im Wege einer Modellrechnung die Entwicklung der Überschussbeteiligung prognostiziert, so hat er auf eventuelle Abweichungen der **tatsächlichen** Überschussentwicklung von den **eigenen bezifferten Angaben und** auch von der **Modellrechnung** hinzuweisen.[35] Eine neue und aktualisierte Modellrechnung braucht der Versicherer jedoch nicht zu liefern.[36] Die Pflicht setzt voraus, dass es Abweichungen in der tatsächlichen Entwicklung gibt. Sollten demgegenüber die Prognosen des Versicherers vollumfänglich zutreffen, so bedarf es keines Hinweises.

E. Sanktionen

19 § 155 enthält **keine** ausdrücklichen Sanktionen für Pflichtverletzungen des Versicherers. Fraglos aber steht dem Versicherungsnehmer ein **Erfüllungsanspruch** zu, er kann also auf eine entsprechende Standmitteilung und auf Lieferung der Hinweise auf Abweichungen von der prognostizierten Überschussbeteiligung klagen. § 155 etabliert also eine gesetzliche Nebenleistungspflicht.[37] Ebenso wie bei § 154 stehen auch bei Verletzungen von § 155 **aufsichtsrechtliche** Sanktionen im Raum.

20 Außerdem können dem Versicherungsnehmer **Schadensersatzansprüche** zustehen. Der Schadensersatzanspruch setzt voraus, dass der Versicherer die Pflicht aus § 155 verletzt, die Standmitteilung also nicht, nicht rechtzeitig oder nicht gehörig übersendet. Sie setzt nicht voraus, dass der Versicherungsnehmer „die Mitteilung als **verbindliche** Aussage zur Höhe seines Anspruchs verstanden hat und verstehen musste".[38]

20a Im Vordergrund dürfte ggf. einfacher Schadenersatz nach § 280 Abs. 1 BGB stehen.[39] Nicht völlig ausgeschlossen ist, dass wegen zwar erfolgter aber verspäteter Standmitteilung ein Verspätungsschaden im Sinne von § 280 Abs. 2 BGB i.V.m. § 286 BGB eingetreten ist. Ebenso kommt Schadensersatz statt der (Neben)Leistung nach § 280 Abs. 3 BGB in Frage.[40] Jedenfalls ist der Anspruch nicht auf das „negative Interesse" (welches?) beschränkt.[41]

20b Die Situationen, in denen der Versicherungsnehmer einen ersatzfähigen Schaden erleidet, sind jedoch nicht ganz leicht auszumachen. Denkbar ist immerhin, dass die mangelnde Unterrichtung dem Versicherungsnehmer faktisch Optionen genommen hat, indem er in Unkenntnis über die Entwicklung des Vertrages nicht oder falsch verfügt hat. Letzteres könnte etwa der Fall sein, wenn er aufgrund unrichtiger, zu niedriger Werte die Ansprüche aus der Lebensversicherung gegen ein zu geringes Entgelt verkauft und abgetreten hat. Ähnlich liegt es, wenn der Versicherungsnehmer aufgrund zu günstiger Prognosen und mangels einer Unterrichtung über den tatsächlich schlechteren Verlauf nach § 155 Abs. 3 den Vertrag nicht kündigt und damit eine bessere Anlagechance verpasst. Dasselbe kommt in Frage, wenn ein Versicherungsnehmer im Vertrauen auf eine zu hoch ausgewiesene garantierte Überschussbeteiligung schadensstiftende Vermögensinvestitionen getroffen hat.

F. Abdingbarkeit

21 § 155 ist gem. § 171 halbzwingend.[42]

§ 156 Kenntnis und Verhalten der versicherten Person

Soweit nach diesem Gesetz die Kenntnis und das Verhalten des Versicherungsnehmers von rechtlicher Bedeutung sind, ist bei der Versicherung auf die Person eines anderen auch deren Kenntnis und Verhalten zu berücksichtigen.

---

[35] Begr. zu Art. 1 (§ 155), RegE Gesetz zur Reform des Versicherungsvertragsrechts BT-Drs. 16/3945, 98, welche sowohl auf die Beispielsrechnung als auch auf die Modellrechnung nach § 154 abstellt.
[36] Begr. zu Art. 1 (§ 155), RegE Gesetz zur Reform des Versicherungsvertragsrechts BT-Drs. 16/3945, 98.
[37] Zu diesen *Bachmann* in MüKoBGB § 241 Rn. 29.
[38] So aber *Brambach* in HK VVG § 155 Rn. 26 (Hervorhebung nicht im Original).
[39] Hierzu *Ernst* in MüKoBGB § 280 Rn. 13.
[40] Zum Schadensersatz statt der Leistung bei Nebenleistungspflichten; vgl. *Ernst* in MüKo BGB § 281 Rn. 13.
[41] So aber *Grote* in Langheid/Rixecker VVG § 156 Rn. 11; ihm folgend *Brambach* in HK VVG § 155 Rn. 26.
[42] S. § 171.

Stichwort- und Fundstellenverzeichnis

Stichwort	Rn.	Rspr.	Lit.
Abdingbarkeit	→ Rn. 6 ff.	–	*Brambach* in HK-VVG § 156 Rn. 3; *Schneider* in Prölss/Martin VVG § 156 Rn. 4
Kenntnis	→ Rn. 3	–	*Schwintowski* in Berliner Kommentar VVG § 161 Rn. 2
Normzweck	→ Rn. 1	BGH r+s 2014, 34 (36) = VersR 2014, 59	*Brambach* in HK-VVG § 156 Rn. 1; *Grote* in Langheid/Rixecker VVG § 156 Rn. 1
Rechtsfolge	→ Rn. 4 f.	BGH VersR 1991, 1404 (1405) (zu § 79 VVG a.F.)	*Armbrüster* in Beckmann/Matusche-Beckmann VersR-HdB § 6 Rn. 98 zu § 47; *Ortmann* in Schwintowski/Brömmelmeyer/Ebers VVG § 156 Rn. 2; *Schaaf* in Schwintowski/Brömmelmeyer/Ebers VVG § 47 Rn. 3
Tatbestand	→ Rn. 2 f.	–	–
Verhalten	→ Rn. 3	–	*Schwintowski* in Berliner Kommentar VVG § 161 Rn. 2

A. Normzweck

§ 156 übernimmt die Vorschrift des § 161 VVG aF inhaltlich unverändert,[1] redigiert sie jedoch in mehrfacher Hinsicht sprachlich. Der Gesetzgeber hat die Vorschrift im neuen VVG erhalten, weil er richtig erkannt hat, dass die meisten **auf fremdes Leben** genommenen **Versicherungen nicht für Rechnung** der **Gefahrperson** geschlossen werden. Damit entfällt für diese zahlenmäßig weit überwiegenden Lebensversicherungsverträge eine Anwendung der allgemeinen Vorschrift des § 47, wonach neben der Kenntnis und dem Verhalten des Versicherungsnehmers auch die **Kenntnis** und das **Verhalten** des **Versicherten** relevant ist.[2] Es besteht daher ein Bedürfnis, über § 47 hinaus auch für die Fälle, in denen die Versicherung auf fremdes Leben aber nicht für Rechnung der versicherten Person genommen wurde, die Kenntnis und das Verhalten der Gefahrperson für erheblich zu erklären. Dies gilt namentlich für die **vorvertraglichen Anzeigen**. Der Versicherer hat ein legitimes Interesse, nicht nur das Wissen des Versicherungsnehmers, sondern auch das i.d.R. weiterreichende Wissen der Gefahrperson insbes. über ihren **Gesundheitszustand** zu erlangen.[3] Der Versicherer soll laut BGH vor falschen Angaben durch die Gefahrperson geschützt werden, die häufig als einzige der am Vertragsschluss beteiligten Personen die Risikoumstände kennt.[4] Die Position des Versicherers darf somit „nicht dadurch nachteilig beeinflusst werden, dass eine Spaltung in der Parteirolle eintritt."[5] Zu diesem Zweck stellt § 156 das **Wissen und Verhalten** der versicherten Person rechtlich demjenigen des Versicherungsnehmers gleich.

B. Tatbestand

§ 156 setzt zunächst voraus, dass Versicherungsnehmer und versicherte Person (Gefahrperson) **verschiedene Personen** sind. Wer Begünstigter der Lebensversicherung ist, ist demgegenüber unerheblich. § 156 ist auf den Bezugsberechtigten nicht anwendbar.[6]

---

[1] Begr. zu Art. 1 (§ 156), RegE Gesetz zur Reform des Versicherungsvertragsrechts BT-Drs. 16/3945, 98.
[2] Begr. zu Art. 1 (§ 156), RegE Gesetz zur Reform des Versicherungsvertragsrechts BT-Drs. 16/3945, 98; *Brambach* in HK-VVG VVG § 156 Rn. 1.
[3] *Grote* in Langheid/Rixecker VVG § 156 Rn. 1.
[4] BGH r+s 2014, 34 (36) = VersR 2014, 59.
[5] BGH r+s 2014, 34 (36) = VersR 2014, 59.
[6] Eine Zurechnung der Arglist des späteren Bezugsberechtigten hat BGH VersR 1989, 465 jedoch nach § 278 BGB vorgenommen, weil er in diesem Fall als Verhandlungsgehilfe der Versicherungsnehmerin den Vertrag ausgehandelt hat.

3 § 156 stellt, ebenso wie § 47, auf eine „Kenntnis" bzw. ein „Verhalten" ab. Gemeint ist eine Kenntnis oder ein Verhalten, das für den Versicherungsvertrag von rechtlicher Bedeutung ist.[7] Hierher zählt zuvorderst und wohl einzig praxisrelevant die **Kenntnis** von **gefahrerheblichen Umständen** iSv § 19 Abs. 1. Unter ein Verhalten iSv § 155 fällt, mindestens theoretisch, auch die Vornahme einer **Gefahrerhöhung**. Doch ist in diesem Zusammenhang hervorzuheben, dass im Bereich der Lebensversicherung eine Erhöhung der Gefahr gem. § 158 Abs. 1 nur dann vorliegt, wenn eine Änderung der Gefahrumstände eintritt, welche aufgrund einer ausdrücklichen, in Textform getroffenen Vereinbarung als Gefahrerhöhung anzusehen ist. In der Praxis sind solche Vereinbarungen jedoch nicht geläufig.[8] Nicht zu dem nach § 156 relevanten Verhalten der Gefahrperson zählt, anders als bei § 47, die **Herbeiführung** des **Versicherungsfalls** durch die versicherte Person. Hier greift die Spezialvorschrift des § 161 (Selbsttötung) ein. Selbstverständlich zählt auch die **Prämienzahlung** nicht zu einem Verhalten iSv § 156.

C. Rechtsfolge

4 § 156 stellt relevantes Wissen und Verhalten der **Gefahrperson** einer Kenntnis bzw. einem Verhalten des **Versicherungsnehmers gleich**. In der Lit. wird zu Recht davon gesprochen, dass Versicherungsnehmer und Gefahrperson insofern als Einheit betrachtet werden.[9] Ähnlich meint der BGH, dem Verhalten der Gefahrperson komme die gleiche rechtliche Wirkung zu.[10]

5 Faktisch wird damit etwa der persönliche Anwendungsbereich der **vorvertraglichen Anzeigepflicht** von der Person des Versicherungsnehmers, den § 19 Abs. 1 direkt in die Pflicht nimmt, auf die versicherte Person **erstreckt**. Hatte die versicherte Person somit Kenntnis von Gefahrumständen und wurden diese dem Versicherer nicht angezeigt, so treten die Rechtsfolgen der **Anzeigepflichtverletzung** ein. Die **Gleichstellung** der versicherten Person mit dem Versicherungsnehmer gilt auch für den Vorbehalt des § 22 zugunsten einer **Arglistanfechtung** des Versicherers nach § 123 BGB.[11]

D. Abdingbarkeit

6 § 156 ist in der Aufzählung der halbzwingenden Normen in § 171 nicht enthalten. Die Vorschrift ist daher **abdingbar**.

7 Mit Blick auf die Vorläuferbestimmung des § 161 VVG aF wurde allerdings in der Lit. vertreten, die Vorschrift sei zwingend. Die Begründungen, welche hierfür vorgetragen wurden, waren durchaus unterschiedlich. So stellte *Schwintowski* auf die halbzwingende Natur der Regelungen über die vorvertragliche Anzeigepflicht ab, die sich auch auf die Sonderregelung des § 161 VVG a.F. erstrecken solle.[12] Damit müsste man zu einem halbzwingenden Charakter der Vorschrift gelangen. § 156 ist aber nicht nur für die vorvertragliche Anzeigepflicht konzipiert, sodass deren zwingender Charakter insoweit nicht auf § 156 ausstrahlen kann. *Kollhosser* hat die Bestimmung demgegenüber ohne Begründung für insgesamt zwingend erklärt.[13] Dies würde wohl bedeuten, dass selbst eine Abweichung zugunsten des Versicherungsnehmers unzulässig wäre. Sollte indessen ein Versicherer tatsächlich auf die Relevanz der Kenntnisse und des Verhaltens der Gefahrperson verzichten wollen, so steht dem kein objektiver Grund entgegen. Jedenfalls nach der Reform sollte diesen Ansichten nicht mehr gefolgt werden. Der Gesetzgeber hat nämlich die Vorschrift des § 156 auch im neuen § 171 nicht aufgezählt, obwohl die unmittelbar benachbarten Vorschriften der §§ 155, 157 aufgelistet sind.

---

[7] *Schwintowski* in Berliner Kommentar VVG § 161 Rn. 2: „... soweit es nach den Vorschriften des VVG von rechtlicher Bedeutung ist".

[8] Näher → § 158; *Schwintowski* in Berliner Kommentar VVG § 161 Rn. 2.

[9] *Brömmelmeyer* in Beckmann/Matusche-Beckmann VersR-HdB § 42 Rn. 218; *Schneider* in Prölss/Martin VVG § 156 Rn. 1; *Schwintowski* in Berliner Kommentar VVG § 161 Rn. 1.

[10] BGH NJW 1956, 20; r+s 2014, 34 = VersR 2014, 59.

[11] BGH VersR 1991, 1404 (1405) (zu § 79 VVG aF); *Schwintowski* in Berliner Kommentar VVG § 161 Rn. 2; *Ortmann* in Schwintowski/Brömmelmeyer/Ebers VVG § 156 Rn. 2; *Armbrüster* in Beckmann/Matusche-Beckmann VersR-HdB § 6 Rn. 98 zu § 47; aA *Schaaf* in Schwintowski/Brömmelmeyer/Ebers VVG § 47 Rn. 3.

[12] *Schwintowski* in Berliner Kommentar VVG § 161 Rn. 3.

[13] *Kollhosser* in Prölss/Martin, 27. Aufl. 2004, VVG § 161 Rn. 1 (sub. 2); so nun auch *Schneider* in Prölss/Martin VVG § 156 Rn. 4.

Die Auslassung des § 156 belegt also schon für sich eindeutig, dass § 156 **nicht zwingendes Recht** enthält.[14]

§ 157 Unrichtige Altersangabe

¹Ist das Alter der versicherten Person unrichtig angegeben worden, verändert sich die Leistung des Versicherers nach dem Verhältnis, in welchem die dem wirklichen Alter entsprechende Prämie zu der vereinbarten Prämie steht. ²Das Recht, wegen der Verletzung der Anzeigepflicht von dem Vertrag zurückzutreten, steht dem Versicherer abweichend von § 19 Abs. 2 nur zu, wenn er den Vertrag bei richtiger Altersangabe nicht geschlossen hätte.

Übersicht

		Rn.				Rn.
A.	Normzweck	1		III.	Rückforderung zu hoher Versicherungsleistungen	14
B.	Tatbestand	4		IV.	Nachforderung des Versicherungsnehmers	15
I.	Anzeigepflichtverletzung	4				
II.	Insbesondere: Angabe eines zu hohen Alters	6		D.	Ausnahme: Fehlen einer versicherungstechnisch zu ermittelnden Prämie	16
C.	Rechtsfolge	7				
I.	Versicherungstechnische Leistungskorrektur	7		I.	Rücktrittsrecht nach § 19 Abs. 2	16
II.	Verhältnis zu den Regelungen der §§ 19–22	10		II.	Kündigungsrecht nach § 19 Abs. 3 S. 2	20
1.	Verdrängung der Rechtsfolgen der §§ 19–21	10		III.	„Wahlrecht" des Versicherers zwischen Rücktritt/Kündigung und versicherungstechnischer Leistungskorrektur	22
2.	Insbesondere: § 21	12				
3.	Verdrängung der Arglistanfechtung?	13		E.	Abdingbarkeit	23

Stichwort- und Fundstellenverzeichnis

Stichwort	Rn.	Rspr.	Lit.
Abdingbarkeit	→ Rn. 23	–	–
Anzeigepflichtverletzung	→ Rn. 4 f.	–	*Ortmann* in Schwintowski/Brömmelmeyer/Ebers VVG § 157 Rn. 3, 5; *Patzer* in Looschelders/Pohlmann VVG § 157 Rn. 3
Kalkulationsmangel	→ Rn. 6	–	
Kündigungsrecht	→ Rn. 20	–	*Ortmann* in Schwintowski/Brömmelmeyer/Ebers VVG § 157 Rn. 8; *Patzer* in Looschelders/Pohlmann VVG § 157 Rn. 6; *Schneider* in Prölss/Martin VVG § 157 Rn. 4; *Winter* in Bruck/Möller VVG § 157 Rn. 13 f.
Leistungskorrektur	→ Rn. 7 ff.	–	*Brambach* in HK-VVG § 157 Rn. 1, 3; *Ortmann* in Schwintowski/Brömmelmeyer/Ebers VVG § 157 Rn. 3; *Patzer* in Looschelders/Pohlmann VVG § 157 Rn. 3 f.; *Schneider* in Prölss/Martin VVG § 157 Rn. 3; *Winter* in Bruck/Möller VVG § 157 Rn. 8

---

[14] So auch die neue Lit. *Brambach* in HK-VVG VVG § 156 Rn. 3; aA *Schneider* in Prölss/Martin VVG § 156 Rn. 4.

Stichwort	Rn.	Rspr.	Lit.
Normzweck	→ Rn. 1 ff.	–	*Ortmann* in Schwintowski/Brömmelmeyer/Ebers VVG § 157 Rn. 1; *Schneider* in Prölss/Martin VVG § 157 Rn. 1 f.; *Winter* in Bruck/Möller VVG § 150 Rn. 3
Rückforderung zu hoher Versicherungsleistungen	→ Rn. 14	–	*Brambach* in HK-VVG § 157 Rn. 7; *Ortmann* in Schwintowski/Brömmelmeyer/Ebers VVG § 157 Rn. 4; *Patzer* in Looschelders/Pohlmann VVG § 157 Rn. 4
Rücktrittsrecht	→ Rn. 16 ff.	–	*Brambach* in HK-VVG § 157 Rn. 8; *Patzer* in Looschelders/Pohlmann VVG § 157 Rn. 5, 7; *Ortmann* in Schwintowski/Brömmelmeyer/Ebers VVG § 157 Rn. 5 f., 10;
Verhältnis zu §§ 19–22	→ Rn. 10 ff.	–	*Brambach* in HK-VVG § 157 Rn. 4; *Grote* in Langheid/Rixecker VVG § 157 Rn. 4; *Ortmann* in Schwintowski/Brömmelmeyer/Ebers VVG § 157 Rn. 3; *Patzer* in Looschelders/Pohlmann VVG § 157 Rn. 2; *Schneider* in Prölss/Martin VVG § 157 Rn. 2; *Winter* in Bruck/Möller VVG § 157 Rn. 6, 15, 17
Wahlrecht	→ Rn. 22	–	*Ortmann* in Schwintowski/Brömmelmeyer/Ebers VVG § 157 Rn. 9; *Schneider* in Prölss/Martin VVG § 157 Rn. 5

A. Normzweck

1 § 157 modifiziert für den Fall einer **unrichtigen Angabe** des Alters der versicherten Person die Vorschriften über die **vorvertragliche Anzeigepflicht** des Versicherungsnehmers (§§ 19–22). Im Kern ersetzt die Regelung das Rücktrittsrecht des Versicherers, dessen Ausübung zur (teils rückwirkenden) Leistungsfreiheit des Versicherers führen würde, durch eine **Vertragsanpassung**. In der Tat erscheint die Rechtsfolge des Vertragsrücktritts überzogen, weil der Versicherer den Lebensversicherungsvertrag auch mit Blick auf eine ältere (und umso mehr mit Blick auf eine jüngere) versicherte Person geschlossen hätte. Den Interessen der Parteien ist daher genüge getan, wenn die **Leistungspflicht** des Versicherers an das wahre Alter der Gefahrperson angepasst (also erhöht oder reduziert) wird, der Vertrag als solcher aber Bestand hat.[1]

2 Eine § 157 vergleichbare Regelung enthielt bereits § 162 VVG aF. § 157 bringt demgegenüber nur eine Neuerung: während § 162 nur die Angabe eines zu niedrigen Alters regelte, kennt § 157 auch eine **Erhöhung der Leistungspflicht** des Versicherers bei Angabe eines zu hohen Alters. Freilich wurde schon nach altem Recht vertreten, dass die Regelung des § 162 VVG a.F. auf den Fall der Angabe eines zu hohen Alters analog (und daher wohl spiegelbildlich) anzuwenden sei.[2] Die Neufassung in § 157 will die unangemessene Einseitigkeit auch im Wortlaut der Regelung zurück nehmen und Fälle einer zu hohen Altersangabe ausdrücklich den Fällen der zu niedrigen Altersangabe entsprechend behandeln.[3]

3 § 157 verbleibt die einzige Sonderregelung zur **vorvertraglichen Anzeigepflicht** des Versicherungsnehmers im Kap. 5. über die Lebensversicherung. Die Regelung des § 163 VVG a.F. (Unanfechtbarkeit bei Verletzung der Anzeigepflicht) wurde in modifizierter Form zu einer allgemeinen Regelung für alle Versicherungszweige ausgebaut und daher in § 21 Abs. 3 übernommen.

---

[1] Zur Absicht des Gesetzgebers, den Vertrag nach Möglichkeit bestehen zu lassen, zB *Ortmann* in Schwintowski/Brömmelmeyer/Ebers VVG § 157 Rn. 1; *Schneider* in Prölss/Martin VVG § 157 Rn. 1 f.

[2] Zu früher gebräuchlichen, vertraglichen Regelungen der Angabe eines zu hohen Alters s. *Winter* in Bruck/Möller, Bd. VIII/1, Kap. F Anm. 158.

[3] Begr. zu Art. 1 (§ 157 VVG), RegE Gesetz zur Reform des Versicherungsvertragsrechts BT-Drs. 16/3945, 98.

B. Tatbestand

I. Anzeigepflichtverletzung

In seinem Tatbestand knüpft § 157 an eine unrichtige Angabe des Alters der versicherten Person 4
an. Der Versicherungsnehmer muss somit seine Anzeigepflicht hinsichtlich des Alters der versicherten Person verletzt haben, wofür neben dem Begriff der **unrichtigen Altersangabe** in S. 1 auch die Beschränkung der Rechtsfolgen nach § 19 Abs. 2 in S. 2 spricht. Eine **Anzeigepflichtverletzung** setzt nach neuer Rechtslage voraus, dass der Versicherer nach § 19 Abs. 1 das Alter der versicherten Person als einen **gefahrerheblichen Umstand** in **Textform** erfragt hat. Das neue VVG geht nämlich vom Gedanken aus, dass nicht nachgefragte Umstände für den Versicherer auch nicht gefahrerheblich sind, sich also in seiner Kalkulation nicht niederschlagen. Dann ist es aber nur konsequent, die **Vertragsanpassung** nach § 157 nur eintreten zu lassen, wenn der Versicherer nach dem Alter in Textform gefragt hat. Ziel des § 157 ist es ja, eine im Lebensversicherungsvertrag angelegte Fehlkalkulation versicherungstechnisch zu korrigieren. Ebenso ist klar, dass eine Vertragsanpassung ausscheidet, wenn der Versicherer den Vertrag zu den gegebenen Bedingungen schließt, obwohl er die Unrichtigkeit der Altersangabe kannte (§ 19 Abs. 5 S. 2).[4]

§ 157 S. 1 setzt kein **Verschulden** des Versicherungsnehmers voraus.[5] Er behandelt vielmehr 5
alle Fälle der Anzeigepflichtverletzung – verschuldete wie unverschuldete – gleich.

II. Insbesondere: Angabe eines zu hohen Alters

Auch einen im Versicherungsvertrag angelegten **Kalkulationsmangel,** der durch Angabe eines 6
zu hohen Alters der versicherten Person ausgelöst wird, beseitigt das Gesetz im Wege einer **Vertragsanpassung.** Ein solcher Kalkulationsmangel kann indessen nur vorliegen, wenn das Alter der versicherten Person für den Versicherer **gefahrerheblich** war. Dies wird durch die Frage des Versicherers nach dem Alter jedenfalls indiziert. Fragt umgekehrt der Versicherer nicht, so bleibt offen, ob die zu hohe Altersangabe zu einer höheren Prämie und damit auch (indirekt) zu einer zu niedrigen Versicherungsleistung geführt hat. War das vom Versicherer unterstellte, zu hohe Alter der versicherten Person für die Kalkulation mitentscheidend, so muss die Rechtsfolge des § 157 auch eingreifen, wenn der Versicherer nicht nach dem Alter gefragt hat und daher dem Versicherungsnehmer, technisch gesehen, keine Verletzung der Anzeigepflicht iSd § 19 Abs. 1 S. 1 vorzuwerfen ist. Dasselbe gilt für den denkbaren Fall dazwischen, in dem der Versicherer zwar nach dem Alter der Gefahrperson gefragt, dabei jedoch die Textform nach § 19 Abs. 1 S. 1 nicht gewahrt hat. Auch in diesem Fall begeht der Versicherungsnehmer keine **Anzeigepflichtverletzung** und dennoch muss § 157 S. 1 auch in diesem Fall anwendbar sein, weil die Formfehler des Versicherers nicht zulasten des Versicherungsnehmers ausschlagen kann. Insgesamt passt die Anknüpfung des Gesetzgebers an eine Anzeigepflichtverletzung des Versicherungsnehmers bei Angabe eines zu hohen Alters nicht und sollte daher – anders als bei Angabe eines zu niedrigen Alters – auch nicht Voraussetzung der **Leistungsanpassung** sein.

C. Rechtsfolge

I. Versicherungstechnische Leistungskorrektur

Als Rechtsfolge sieht § 157 eine *ex lege* eintretende versicherungstechnische **Leistungskorrektur** 7
vor. Dies bedeutet, dass nach Feststellung des wahren Alters der versicherten Person die Versicherungsleistung gemäß dem Tarif, der dem Versicherungsvertrag im Zeitpunkt seines Abschlusses zu Grunde gelegt worden war,[6] neu berechnet wird. Auf diesen Grundlagen kommt es zu einer Erhöhung oder auch Kürzung der Versicherungsleistung nach dem Verhältnis, in dem die tatsächlich bezahlte Prämie zur tariflichen Prämie für das tatsächliche Alter der Gefahrperson steht. Eine **Prämienanpassung** ist demgegenüber selbst für den Fall nicht vorgesehen, dass der Versicherungsnehmer das Alter der versi-

---

[4] *Ortmann* in Schwintowski/Brömmelmeyer/Ebers VVG § 157 Rn. 5.
[5] Motive zum VVG S. 221, welche den Fall der nicht zu vertretenden unrichtigen Altersangabe ansprechen; *Ortmann* in Schwintowski/Brömmelmeyer/Ebers VVG § 157 Rn. 3; *Patzer* in Looschelders/Pohlmann VVG § 157 Rn. 3.
[6] *Patzer* in Looschelders/Pohlmann VVG § 157 Rn. 3.

§ 157 8–14   Teil 2. Einzelne Versicherungszweige. Kap. 5. Lebensversicherung

cherten Person zu hoch angegeben hat.[7] Davon unberührt bleibt die Möglichkeit, dass die Parteien nach Entdecken der unrichtigen Altersangabe im Wege einer Vertragsänderung die Prämie reduzieren und die Versicherungsleistung beibehalten. Eine derartige Vereinbarung nach Entdeckung der unrichtigen Altersangabe wird durch den gem. § 171 halbzwingenden Charakter des § 157 nicht ausgeschlossen.

8   Die versicherungstechnische **Leistungskorrektur** tritt selbst dann ein, wenn der Versicherer den Vertrag bei Kenntnis des wahren Alters nicht geschlossen hätte, weil er hierfür keinen Tarif bereithält.[8] Nach Ansicht des historischen Gesetzgebers gestatten die „Regeln der Versicherungstechnik auch in [diesen] Fällen zweifellos die Feststellung einer dem wirklichen Alter entsprechenden Prämie",[9] sodass die Regelung des § 157 S. 1 auch diese Fälle umfasst. § 157 S. 2 bleibt hiervon unberührt.

9   Nach herrschender Lehre tritt die versicherungstechnische Leistungskorrektur (Vertragsanpassung) *ex lege* ein. Sie bedarf daher weder einer Gestaltungserklärung des Versicherers noch des Versicherungsnehmers.[10]

II. Verhältnis zu den Regelungen der §§ 19–22

10   **1. Verdrängung der Rechtsfolgen der §§ 19–21.** Die Vertragsanpassung nach § 157 verdrängt die Rechtsfolgen der §§ 19–21.[11] Mit § 157 wird somit – vorbehaltlich des S. 2 – nicht nur das **Rücktrittsrecht** des Versicherers nach § 19 Abs. 2 ausgeschlossen, sondern auch das **Kündigungsrecht** bei nicht zu vertretender oder nur leicht fahrlässiger Anzeigepflichtverletzung nach § 19 Abs. 3. § 157 verdrängt auch die **Vertragsanpassung** nach § 19 Abs. 4 S. 2.

11   Fraglich bleibt, ob die Rechtsfolge des § 157 nur eintritt, wenn der Versicherer den Versicherungsnehmer auf diese spezielle Rechtsfolge iSv § 19 Abs. 5 S. 1 durch gesonderte **Mitteilung in Textform** hingewiesen hat. Der Gesetzgeber äußert sich hierzu nicht (auch in den Materialien) nicht. Doch passt die **Hinweispflicht** des § 19 Abs. 5 S. 1 nicht zur Rechtsfolge des § 157, der sich ja auf die Beseitigung einer Kalkulationsstörung beschränkt und keinerlei Sanktionscharakter trägt. Überdies schlägt die Vertragskorrektur bei zu hoher Altersangabe auch zu Gunsten des Versicherungsnehmers aus. Und nicht zuletzt tritt die Rechtsfolge des § 157 von Gesetzes wegen ein, sodass eine Verknüpfung einer Rechtsausübung des Versicherers mit einer vorherigen Unterrichtung des Versicherungsnehmers, wie sie § 19 Abs. 5 S. 1 herstellt, schon der Sache nach ausscheidet.

12   **2. Insbesondere: § 21.** Aus dem Vorstehenden folgt unmittelbar, dass auch der gesamte § 21 im Bereich des § 157 S. 1 unanwendbar ist. Insbesondere ist § 21 Abs. 3 (**Befristung der Rechte** des Versicherers nach § 19 Abs. 2–4) unanwendbar.[12] Dies muss schon deshalb gelten, weil die versicherungstechnische Leistungskorrektur nach der hL *ex lege* und daher automatisch eintritt.

13   **3. Verdrängung der Arglistanfechtung?** Nach Teilen der Literatur verdrängt § 157 S. 1 wegen seiner *ratio*, zum Bestand des Vertrages zu erhalten, sogar die **Arglistanfechtung** nach § 22 iVm § 123 BGB.[13] Dem widerspricht allerdings die eindeutige Aussage des historischen Gesetzgebers, wonach das Recht zur Arglistanfechtung (§ 22) durch § 162 VVG a.F. (nunmehr § 157) nicht ausgeschlossen wird.[14]

III. Rückforderung zu hoher Versicherungsleistungen

14   Leistet der Versicherer in Unkenntnis der unrichtigen Altersangabe, so verzichtet er damit nicht auf die **Rückforderung** des zu viel bezahlten Betrages. Er kann diesen vielmehr nach § 812 BGB zurückfordern.[15]

---

[7] Der historische Gesetzgeber hatte demgegenüber die Prämienanpassung nicht in Erwägung gezogen, weil sie bei zu niedriger Altersangabe, die einzig den Regelungsgegenstand des § 162 VVG aF bildete, zu einer Prämienerhöhung und damit zu einer uU für den Versicherungsnehmer untragbaren Belastung geführt hätte (Motive zum VVG S. 220). Bei einer nunmehr im Gesetz mitgeregelten, zu hohen Altersangabe gelten diese Bedenken nicht, dennoch greift § 157 auch in diesem Fall keine Prämienanpassung.
[8] AA offenbar *Brambach* in HK-VVG § 157 Rn. 1.
[9] Motive zum VVG S. 221.
[10] *Patzer* in Looschelders/Pohlmann VVG § 157 Rn. 4; *Ortmann* in Schwintowski/Brömmelmeyer/Ebers VVG § 157 Rn. 3; *Brambach* in HK-VVG § 157 Rn. 3; *Winter* in Bruck/Möller VVG § 157 Rn. 8; *Schneider* in Prölss/Martin VVG § 157 Rn. 3.
[11] *Winter* in Bruck/Möller VVG § 157 Rn. 6; *Schneider* in Prölss/Martin VVG § 157 Rn. 2.
[12] *Winter* in Bruck/Möller VVG § 157 Rn. 15.
[13] *Ortmann* in Schwintowski/Brömmelmeyer/Ebers VVG § 157 Rn. 3; nach altem Recht *Römer* in Römer/Langheid, 2. Aufl. 2003, VVG § 162 Rn. 2.
[14] Motive zum VVG S. 221; im Erg. ebenso *Patzer* in Looschelders/Pohlmann VVG § 157 Rn. 2; *Winter* in Bruck/Möller VVG § 157 Rn. 17; *Grote* in Langheid/Rixecker VVG § 157 Rn. 4; *Schneider* in Prölss/Martin VVG § 157 Rn. 2.
[15] *Patzer* in Looschelders/Pohlmann VVG § 157 Rn. 4; *Ortmann* in Schwintowski/Brömmelmeyer/Ebers VVG § 157 Rn. 4; *Brambach* in HK-VVG § 157 Rn. 7.

IV. Nachforderung des Versicherungsnehmers

Ein Versicherungsnehmer, der infolge der unrichtigen Altersangabe eine zu niedrige Versicherungsleistung erhalten hat, kann den Restbetrag aufgrund des ihm zukommenden vertraglichen Erfüllungsanspruches **nachfordern**.[16]

D. Ausnahme: Fehlen einer versicherungstechnisch zu ermittelnden Prämie

I. Rücktrittsrecht nach § 19 Abs. 2

S. 2 schränkt die Regelung des § 157 S. 1 ein, wenn der Versicherer den Vertrag bei Zugrundelegung des wahren Alters der versicherten Person überhaupt nicht geschlossen hätte. Dies ist der Fall, wenn das wahre Alter in den Tarifbestimmungen des Versicherers nicht mehr kalkuliert ist, weil der Versicherer für die betreffenden Gefahrpersonen keinen **Versicherungsschutz** bereitstellt.[17] Hierfür ist der Versicherer **beweispflichtig**.[18]

In diesen Fällen gewährt § 157 S. 2 dem Versicherer das **Rücktrittsrecht** nach Maßgabe des § 19 Abs. 2. Hierbei handelt es sich um eine Rechtsgrundverweisung, sodass sämtliche Voraussetzungen der Anzeigepflichtverletzung, Verschulden in Form von grober Fahrlässigkeit oder Vorsatz (§ 19 Abs. 3 S. 1) sowie die ordnungsgemäße Belehrung des Versicherungsnehmers nach § 19 Abs. 5 S. 1 vorliegen müssen.[19]

Für diesen Fall gelten auch die restriktiven Voraussetzungen für die Ausübung des **Rücktrittsrechts** nach § 21.[20] Hierher zählen insbes. auch die absoluten Fristen zur Geltendmachung nach § 21 Abs. 3 S. 1, 2. Schon der historische Gesetzgeber des § 162 VVG aF hatte dies in seinen Motiven klar zum Ausdruck gebracht.[21]

Tritt der Versicherer zurück, so hat er bei Versicherungen, bei denen der Eintritt der Leistungspflicht gewiss ist,[22] nach § 169 den **Rückkaufswert** zu erstatten. Bei anderen Versicherungen kann sich ein Anspruch auf einen Rückkaufswert aus den vertraglichen Vereinbarungen ergeben.[23]

II. Kündigungsrecht nach § 19 Abs. 3 S. 2

§ 157 S. 2 behält ausdrücklich nur das Rücktrittsrecht des Versicherers nach § 19 Abs. 2 vor, nicht hingegen das **Kündigungsrecht** bei leicht fahrlässiger bzw. nicht zu vertretender Anzeigepflichtverletzung nach § 19 Abs. 3 S. 2 oder die Vertragsänderung nach § 19 Abs. 4. Letzteres versteht sich, weil die Voraussetzungen des § 19 Abs. 4, wonach der Versicherer den Vertrag zu anderen Bedingungen geschlossen hätte, in den Fällen des § 157 Abs. 2 S. 1 gerade nicht vorliegen. Mit Blick auf das Kündigungsrecht, das sich ja im Falle leichten oder gar fehlenden Verschuldens als ein Minus zum **Rücktrittsrecht** darstellt, könnte die Nicht-Erwähnung dieser Rechtsfolge in § 157 S. 2 ein Redaktionsversehen des Gesetzgebers bzw. keine gewollte Zurücknahme des Kündigungsrechts sein. Die Materialien äußern sich hierzu nicht. Meines Erachtens muss aber mit dem Verweis auf das Rücktrittsrecht nach § 19 Abs. 2 auch das Kündigungsrecht nach § 19 Abs. 3 S. 2 umfasst sein.[24] Nach der Konstruktion des § 19 Abs. 2, steht dem Versicherer nämlich grds. ein Rücktrittsrecht zu. Dieses wird erst im Abs. 3 S. 1 auf Fälle von grober Fahrlässigkeit und Vorsatz eingeschränkt, für den Fall leichter oder nicht vorhandener Fahrlässigkeit jedoch durch ein Kündigungsrecht ersetzt. Diese Ersetzung des „an sich" gewährten Rücktrittsrechts durch ein Kündigungsrecht muss folglich auch für den Bereich des § 157 gelten.[25]

---

[16] *Ortmann* in Schwintowski/Brömmelmeyer/Ebers VVG § 157 Rn. 4.
[17] *Brambach* in HK-VVG § 157 Rn. 8.
[18] *Patzer* in Looschelders/Pohlmann VVG § 157 Rn. 7; *Ortmann* in Schwintowski/Brömmelmeyer/Ebers VVG § 157 Rn. 10.
[19] *Patzer* in Looschelders/Pohlmann VVG § 157 Rn. 5; *Ortmann* in Schwintowski/Brömmelmeyer/Ebers VVG § 157 Rn. 5.
[20] *Ortmann* in Schwintowski/Brömmelmeyer/Ebers VVG § 157 Rn. 6.
[21] Motive zum VVG S. 221, welche hervorheben, dass der Versicherer die Leistung nach § 162 S. 1 VVG aF auch dann mindern könne, wenn das Rücktrittsrecht nach § 163 VVG aF verfristet ist.
[22] → § 169 Rn. 49.
[23] → § 169 Rn. 45.
[24] *Ortmann* in Schwintowski/Brömmelmeyer/Ebers VVG § 157 Rn. 8; *Patzer* in Looschelders/Pohlmann VVG § 157 Rn. 6.
[25] Ähnlich für § 41 VVG aF Motive zum VVG S. 221; wie hier auch *Winter* in Bruck/Möller VVG § 157 Rn. 13 f.; aA *Schneider* in Prölss/Martin VVG § 157 Rn. 4.

21 Kündigt der Versicherer, so wandelt sich die Versicherung in eine **prämienfreie Versicherung** nach § 166 Abs. 1 iVm § 165 um.[26]

III. „Wahlrecht" des Versicherers zwischen Rücktritt/Kündigung und versicherungstechnischer Leistungskorrektur

22 Nach einhelliger Lehre kommt dem Versicherer bei Vorliegen der Voraussetzungen des § 157 S. 2 ein **Wahlrecht** zwischen dem **Rücktritt** nach § 19 Abs. 2 und einer **Leistungskorrektur** nach § 157 S. 1 zu.[27] In der Tat hebt schon der historische Gesetzgeber zu § 162 VVG aF in seinen Motiven hervor, die Leistungskorrektur nach § 162 S. 1 VVG aF sei für den Versicherer besonders dann wichtig, wenn der Rücktritt mangels Verschulden des Versicherungsnehmers nicht eröffnet oder aber bereits verfristet ist.[28] Die Versicherungstechnik lasse nämlich auch in den Fällen des § 162 S. 2 VVG aF (§ 157 S. 2 VVG nF), in welchen es für das wahre Alter an einem Tarif des Versicherers fehlt, die Berechnung einer altersgerechten Prämie zu.[29] Damit spricht in der Tat nichts gegen eine Anwendung des Satzes 1 auch in diesen Fällen.

E. Abdingbarkeit

23 § 157 ist **halbzwingend** (§ 171 S. 1).

§ 158 Gefahränderung

(1) Als Erhöhung der Gefahr gilt nur eine solche Änderung der Gefahrumstände, die nach ausdrücklicher Vereinbarung als Gefahrerhöhung angesehen werden soll; die Vereinbarung bedarf der Textform.

(2) ¹Eine Erhöhung der Gefahr kann der Versicherer nicht mehr geltend machen, wenn seit der Erhöhung fünf Jahre verstrichen sind. ²Hat der Versicherungsnehmer seine Verpflichtung nach § 23 vorsätzlich oder arglistig verletzt, beläuft sich die Frist auf zehn Jahre.

(3) § 41 ist mit der Maßgabe anzuwenden, dass eine Herabsetzung der Prämie nur wegen einer solchen Minderung der Gefahrumstände verlangt werden kann, die nach ausdrücklicher Vereinbarung als Gefahrminderung angesehen werden soll.

Übersicht

	Rn.		Rn.
A. Normzweck	1	I. Tatbestand	12
B. Gefahrerhöhung	5	II. Pflicht zur Parallelregelung von Gefahrerhöhung und Gefahrminderung?	15
I. Tatbestand	5		
II. Rechtsfolgen	8		
III. Frist zur Geltendmachung	10	III. Rechtsfolgen	17
C. Gefahrminderung	12	D. Abdingbarkeit	18

Stichwort- und Fundstellenverzeichnis

Stichwort	Rn.	Rspr.	Lit.
Frist	→ Rn. 10 f.	–	*Ortmann* in Schwintowski/Brömmelmeyer/Ebers VVG § 158 Rn. 12
Gefahrerhöhung	→ Rn. 5 ff.	EuGH VersR 2011, 377; BGH VersR 1984, 884; 1993, 213	*Armbrüster* r+s 2013, 209 (212 f.); *Grote* in Langheid/Rixecker VVG § 158 Rn. 4; *Mönnich* VersR 2011, 1092 (1098 f.); *Ortmann* in Schwin-

---

[26] *Patzer* in Looschelders/Pohlmann VVG § 157 Rn. 6.
[27] *Ortmann* in Schwintowski/Brömmelmeyer/Ebers VVG § 157 Rn. 9; *Schneider* in Prölss/Martin VVG § 157 Rn. 5.
[28] Motive zum VVG S. 221.
[29] Motive zum VVG S. 221.

Gefahränderung   1–3   § 158

Stichwort	Rn.	Rspr.	Lit.
			towski/Brömmelmeyer/Ebers VVG § 158 Rn. 12; *Krause* in Looschelders/Pohlmann VVG § 158 Rn. 2, 4; *Schneider* in Prölss/Martin VVG § 158 Rn. 7; *Winter* in Bruck/Möller VVG § 150 Rn. 5 ff.
Gefahrminderung	→ Rn. 12 ff.	OLG Hamm VersR 1981, 727	*Brockmann* VersR 1988, 890; *Kollhosser* in Prölss/Martin, 27. Aufl. 2004, VVG § 164a Rn. 2; *Krause* in Looschelders/Pohlmann VVG § 158 Rn. 2; *Römer* in Römer/Langheid VVG § 164a; *Schneider* in Prölss/Martin VVG § 158 Rn. 9; *Schwintowski* in Berliner Kommentar VVG § 164a Rn. 2; *Staudinger* in Langheid/Wandt VVG § 41 Rn. 9
Normzweck	→ Rn. 1 ff.	–	*Winter* in Bruck/Möller VVG § 158 Rn. 4; *Ortmann* in Schwintowski/Brömmelmeyer/Ebers VVG § 158 Rn. 8 ff.; *Schneider* in Prölss/Martin VVG § 158 Rn. 6

Schrifttum: *Armbrüster*, Nichtrauchertarife in der Lebensversicherung, r+s 2013, 209; *Brockmann*, Risiko- und Prämienänderung in der Unfallzusatzversicherung, VersR 1988, 890; *Mönnich*, Unisex: Die EuGH-Entscheidung v. 1.3.2011 und die möglichen Folgen, VersR 2011, 1092; *Thies*, Die Auswirkungen von AIDS im Privatversicherungsrecht, 1991.

A. Normzweck

§ 158 regelt in Ergänzung der §§ 23–29, 41 die Gefahränderung in der Lebensversicherung. **1** Anders als seine Vorgängerbestimmung § 164 VVG aF erfasst § 158 nicht nur die **Gefahrerhöhung**, sondern in seinem Abs. 3 auch die **Gefahrminderung**. Diese war nach altem Recht in § 164a VVG aF im (gegenteiligen) Sinne geregelt, dass Gefahrminderungen in der Lebensversicherung stets bedeutungslos blieben.[1]

Soweit es um die Gefahrerhöhung geht, fußt § 158 in dem gesetzgeberischen Gedanken, dass **2** ein Lebensversicherer mit dem Abschluss des Versicherungsvertrags das Risiko nicht nur so übernimmt, wie es bei Vertragsschluss und gemäß den Anzeigen des Versicherungsnehmers besteht, sondern grds. auch **zukünftige Gefahränderungen.** Es liegt schlicht im Wesen von regelmäßig langfristig geschlossenen Lebensversicherungen, dass sich das versicherte Risiko im Zeitablauf verändert. Sinn und Zweck der Lebensversicherungspolice ist es nicht zuletzt, auch Gefahrerhöhungen abzudecken.[2] So muss eine Lebensversicherung begriffsnotwendig das Älterwerden der versicherten Person in ihrer Deckung mit umfassen. Ebenso kann jede versicherte Person von Krankheiten und Unfällen betroffen sein, welche die **Lebenserwartung** mindern.[3] Will daher ein Versicherer aus der Änderung von Gefahrumständen Rechte ableiten, so zwingt § 158 Abs. 1 ihn dazu, derartige Umstände **ex ante** im Vertrag **ausdrücklich** und in **Textform** zu vereinbaren. Außerdem befristet § 158 Abs. 2 die Geltendmachung von Rechtsfolgen einer Gefahrerhöhung enger als die Regelung des § 164 VVG aF.

§ 158 Abs. 3 dehnt die Regelung nunmehr insoweit spiegelbildlich auf Gefahrminderungen **3** aus, dass es auch zu einer Prämienreduktion kommen kann. Insoweit verweist die Regelung auf § 41. Dabei knüpft § 158 Abs. 3 auch die **Prämienminderung** nach § 41 an eine **vorangehende** und **ausdrückliche Vereinbarung** jener Umstände, die als gefahrmindernd anzusehen sind. Damit gelangt man freilich zu einem Ergebnis, das schon nach altem Recht galt: Denn auch dort konnte die Anwendbarkeit des § 41a VVG vertraglich vereinbart werden und zwar auch ohne dass die

---

[1] Nach der Begr. zu Art. 1 (§ 158 VVG), RegE Gesetz zur Reform des Versicherungsvertragsrechts BT-Drs. 16/3945, 98 fehlt es für die Ausklammerung der Gefahrminderung iSd § 164a VVG aF an überzeugenden Gründen.
[2] Motive zum VVG S. 222 f. zu § 164 VVG a.F.
[3] *Schneider* in Prölss/Martin VVG § 158 Rn. 6.

§ 158 4–6   Teil 2. Einzelne Versicherungszweige. Kap. 5. Lebensversicherung

Gefahrminderungstatbestände ausdrücklich vereinbart werden mussten.[4] Eine derart weitergehende Vereinbarung ist auch nach neuem Recht möglich: Wegen des nur halbzwingenden Charakters des § 158 können die AVB dem Versicherungsnehmer eine **Berufung** auf § 41 unabhängig von einer Vereinbarung bestimmter Gefahrminderungstatbestände ermöglichen.

4   Der Regelung des § 158 Abs. 3 liegt wohl ein Gleichbehandlungsgedanke zugrunde: wenn ein Versicherer Gefahrerhöhungen nur unter bestimmten Bedingungen geltend machen kann, so soll auch die Berufung des Versicherungsnehmers auf eine Gefahrminderung an dieselben Voraussetzungen geknüpft sein. Rechtspolitisch ist dies zweifelhaft. Eine Berufung des Versicherungsnehmers auf § 41 wäre auch ohne die einschränkenden Kriterien des § 158 (insbes. dem Erfordernis vertraglicher Vereinbarung) denkbar. Dies schon deshalb, weil die Rechtsfolgen der Gefahrminderung gem. § 41 ausschließlich in einer **Prämienreduktion** für die Zukunft bestehen, während es bei der Gefahrerhöhung gem. § 26 insbes. auch um eine **Leistungsfreiheit** des Versicherers und damit die **Sanktionierung des Versicherungsnehmers** geht. Die Regelung lässt außerdem den unterschiedlichen Schutzbedarf bei Versicherer und Versicherungsnehmer außer Acht. *Ortmann* weist überdies auf die Regelungen zur Unfallversicherung (§ 181) und zur Krankenversicherung (vgl. § 194 Abs. 1 S. 2 = Ausschluss der §§ 23–27, 29) hin, bei welchen es an einer derartigen „Gleichbehandlung" von Gefahrerhöhung und Gefahrminderung fehlt.[5] Nach diesen Vorschriften wird die Berufung des Versicherers auf eine Gefahrerhöhung eingeschränkt oder ausgeschlossen, ohne dass das Recht des Versicherungsnehmers auf Prämienreduktion denselben Beschränkungen unterworfen würde. Dennoch ist der Gesetzeswortlaut des § 158 eindeutig und die darin zum Ausdruck kommende **Gleichbehandlung** von Gefahrerhöhung und Gefahrminderung gewollt. Eine korrigierende Auslegung kommt daher nicht in Betracht.

B. Gefahrerhöhung

I. Tatbestand

5   § 158 Abs. 1, 2 knüpfen zunächst an den Begriff der Gefahrerhöhung nach § 23 ff. an.[6] Vorausgesetzt wird daher insbes. auch eine **erhebliche Veränderung der Gefahr** (§§ 23, 27).[7] Unter den erheblichen Veränderungen der Gefahr gelten nur jene nach § 158 Abs. 1 als Gefahrerhöhung, welche nach einer **ausdrücklichen** und in **Textform** (§ 126b BGB) getroffenen Vereinbarung von den Parteien **vorab** als Gefahrerhöhung definiert wurden.[8] Eine bloß schlüssige Vereinbarung scheidet ebenso aus wie eine ausdrückliche aber nur mündlich geschlossene Vereinbarung. Für das Vorliegen einer erheblichen Gefahrveränderung und der ausdrücklichen Vereinbarung in Textform ist der Versicherer beweispflichtig.[9]

6   § 158 Abs. 1 schließt jedoch eine ausdrückliche Regelung in schriftlichen **AVB** nicht aus.[10] Allerdings genügt es nicht, dass die AVB in Textform (vgl. § 7 Abs. 1 S. 1) vorliegen,[11] vielmehr muss auch die Vereinbarung mit dem Versicherungsnehmer, im Falle der AVB also die **Einbeziehungsvereinbarung**, in **Textform** getroffen werden. Die vom GDV empfohlenen AVB für die Lebensversicherung enthalten bisher, soweit ersichtlich, allerdings keine Vereinbarung von Gefahrerhöhungstatbeständen.[12] Abzuwarten bleibt, ob das Verbot der Differenzierung insbes. nach Geschlecht bei Prämien und Bedingungen (§ 19 Abs. 1 S. 2 AGG; vgl. das Gleichbehandlungsgebot des § 138 Abs. 2 VAG 2016 (§ 11 Abs. 2 VAG aF)) im Gefolge von „Test-Achats"[13] dazu führen wird, dass Versicherer auf nicht-diskriminierende, das Geschlecht als Tarifierungsmerkmal substituierende Kriterien abstellen[14] und diese dann in der Lebensversicherung zum Gegenstand vertraglich verein-

---

[4]   *Winter* in Bruck/Möller, 8. Aufl. Bd. V/2, Kap. F Anm. 183.
[5]   *Ortmann* in Schwintowski/Brömmelmeyer/Ebers VVG § 158 Rn. 8 ff.
[6]   *Winter* in Bruck/Möller VVG § 158 Rn. 10.
[7]   *Winter* in Bruck/Möller VVG § 158 Rn. 12.
[8]   Ansonsten die §§ 23 ff. unanwendbar bleiben, BGH VersR 1984, 884.
[9]   *Ortmann* in Schwintowski/Brömmelmeyer/Ebers VVG § 158 Rn. 12.
[10] BGH VersR 1984, 884 = r+s 1984, 226; *Schneider* in Prölss/Martin VVG § 158 Rn. 7; *Grote* in Langheid/Rixecker VVG § 158 Rn. 4.
[11] Insofern missverständlich *Krause* in Looschelders/Pohlmann VVG § 158 Rn. 4.
[12] Die relevanten Muster-AVB sind unter www.gdv.de einsehbar; *Krause* in Looschelders/Pohlmann VVG § 158 Rn. 2; auch HIV-Infektionen sind daher keine relevanten Gefahrerhöhungen, *Thies* S. 104 f.
[13] EuGH VersR 2011, 377.
[14] Zur Frage der Substituierbarkeit des Geschlechts als Tarifierungsmerkmal *Mönnich* VersR 2011, 1092 (1098 f.); speziell zu Nichtrauchertarifen *Armbrüster* r+s 2013, 209 (212 f.).

barter Gefahrerhöhungstatbestände machen werden.[15] Bisher scheint jedenfalls letzteres noch nicht der Fall zu sein. Daher kommt der **Anzeigepflicht** von **Gefahrumständen** bei **Vertragsschluss** und insbes. im Rahmen von **Vertragsänderungen**[16] in der Lebensversicherung gesteigerte Bedeutung zu.[17]

Eine Vereinbarung in AVB ist der **Inhaltskontrolle**, insbes. nach §§ 305, 307 BGB sowie § 138 BGB unterworfen. Eine Inhaltskontrolle greift insbes., wenn der vereinbarte Gefahrerhöhungstatbestand den **Vertragszweck** der Lebensversicherung **gefährdet**. Das gilt ganz grds. in der **Erlebensversicherung**, weil hier das Risiko nur durch lebensverlängernde Umstände erhöht werden kann.[18] Ein **Verstoß** gegen den Vertragszweck wäre unzweifelhaft auch in der **Todesfallversicherung** gegeben, wenn das **bloße Älterwerden** der versicherten Person, also ein Umstand der bei Vertragsschluss feststeht und dem Versicherer bekannt ist, als Gefahrerhöhung vereinbart wäre. Dasselbe sollte gelten, wenn eine Reduktion der Lebenserwartung durch Unfälle oder Krankheiten von der Parteienvereinbarung umfasst wäre. Legitimerweise könnte zB der Wechsel des Versicherungsnehmers von einem wenig gefahrträchtigen Bürojob in einen gefahrenexponierten Beruf als Gefahrerhöhung vereinbart werden. Dasselbe gilt bei Aufnahme von Extremsportarten. Zulässig dürften dabei Klauseln über subjektive Gefahrerhöhungen sein.

II. Rechtsfolgen

Ändern sich Gefahrumstände, die von der Vereinbarung der Parteien umfasst sind, so finden die Rechtsfolgen der Gefahrerhöhung nach §§ 24–26 vollumfänglich Anwendung. Dem Versicherer steht damit je nach Lage der Dinge ein **Kündigungsrecht** oder ein Recht zur **Vertragsanpassung**, insbes. **Prämienerhöhung**, zu. Darüber hinaus tritt nach Maßgabe des § 26 **Leistungsfreiheit** des Versicherers ein.

Kündigt der Versicherer, so **wandelt** sich der Lebensversicherungsvertrag nach § 166 Abs. 1 S. 1 in eine **prämienfreie Versicherung** um. Ist der Versicherer bei Eintritt des Versicherungsfalls leistungsfrei, so hat er nach Maßgabe des § 169 den **Rückkaufswert** zu erstatten.[19] Bei Quotelung nach § 26 Abs. 1 S. 2 hat der Versicherer teilweise die Versicherungsleistung und für das Ausmaß der Kürzungsquote den aliquoten Rückkaufswert zu zahlen.

III. Frist zur Geltendmachung

§ 158 Abs. 2 **befristet** die Rechtsfolgen nach § 158 Abs. 1 iVm §§ 24–26. Demnach muss der Versicherer die genannten Rechte grds. binnen fünf Jahren ab **Eintritt der Gefahrerhöhung** geltend machen. Den Ablauf der Frist hat der Versicherungsnehmer zu beweisen.[20] Hat der Versicherungsnehmer **vorsätzlich** oder **arglistig** gehandelt, wofür der Versicherer **beweispflichtig** ist,[21] so verlängert sich die Frist auf zehn Jahre ab Gefahrerhöhung. Der Einbezug der Arglistfälle ist angesichts der Parallelregelung in § 21 Abs. 3 S. 2 konsequent.[22] Gelingt dem Versicherer der Nachweis von Vorsatz oder Arglist, so hat der Versicherungsnehmer den Ablauf der Zehnjahresfrist zu beweisen.

Durch die Befristung wird das Interesse des Versicherungsnehmers in die **Bestandskraft** des Vertrages geschützt. Der Gesetzgeber geht wohl zugleich von der Annahme aus, dass Gefahrerhöhungen, die sich nicht binnen fünf bzw. zehn Jahren ausgewirkt haben, vernachlässigt werden können.

C. Gefahrminderung

I. Tatbestand

Auch § 158 Abs. 3 knüpft zunächst an den Begriff der Gefahrminderung in § 41 an, sodass dessen Voraussetzungen auch im Anwendungsbereich des § 158 Abs. 3 erfüllt sein müssen. Spiegel-

---

[15] *Mönnich* VersR 2011, 1092 (1099).
[16] Zur Anzeigepflicht bei Vertragsänderungen → § 19 Rn. 36 f.
[17] Dies hebt die Rspr. mit Blick auf § 164 VVG aF hervor: BGH VersR 1984, 884; 1993, 213; freilich setzt die Anzeigepflicht nach neuem Recht (§ 19 Abs. 1 S. 1) entsprechende Fragen des Versicherers voraus; mit Blick auf HIV-Infektionen, die bereits bei Antragstellung vorlagen, *Thies* S. 99 ff.
[18] Nach *Winter* in Bruck/Möller VVG § 158 Rn. 5 wäre die vertragliche Qualifikation solcher Umstände als Gefahrerhöhungen sittenwidrig.
[19] Zur Anwendbarkeit des § 169 auf Fälle der Leistungsfreiheit → § 169 Rn. 54.
[20] *Ortmann* in Schwintowski/Brömmelmeyer/Ebers VVG § 158 Rn. 12.
[21] *Ortmann* in Schwintowski/Brömmelmeyer/Ebers VVG § 158 Rn. 12.
[22] Begr. zu Art. 1 (§ 158), RegE Gesetz zur Reform des Versicherungsvertragsrechts BT-Drs. 16/3945, 98.

bildlich zur Regelung der Gefahrerhöhung erfordert § 158 Abs. 3 das **Verlangen** des Versicherungsnehmers nach einer **Prämienreduktion** gem. § 41 sowie eine vorherige und **ausdrückliche Vereinbarung** jener Umstände, deren Änderung eine Gefahrminderung iSv § 41 begründet. Das Vorliegen einer solchen Vereinbarung hat der Versicherungsnehmer zu **beweisen**.[23]

13   Zu beachten ist, dass die Vereinbarung gefahrmindernder Umstände wohl ausdrücklich und **vorab** zu erfolgen hat, jedoch nicht in Textform gegossen sein muss. Das **Fehlen** eines **Formerfordernisses** ist hier durchaus konsequent, weil die Vereinbarung für den Versicherungsnehmer nur rechtlich vorteilhaft ist, er daher eines Übereilungsschutzes gerade nicht bedarf. Die vom GDV empfohlenen AVB für die Lebensversicherung enthalten bisher, soweit ersichtlich, allerdings keine Vereinbarung von Gefahrminderungstatbeständen.[24]

13a   Die Prämienreduktion kann auch noch mehr als fünf Jahre nach Eintritt der Gefahrminderung geltend gemacht werden. Die Befristung des § 158 Abs. 2 S. 1 ist auf die Gefahrminderung nicht anwendbar. Man kann die Ausschlussfrist auch nicht mithilfe des aus § 242 BGB abgeleiteten Instituts der Verwirkung auf die Gefahrminderung nach § 158 Abs. 3 übertragen.[25] § 41 gewährt nämlich eine Prämienreduktion ohnehin erst ab „Zugang des Verlangens beim Versicherer". Ein Recht auf Prämienreduktion für die Vergangenheit besteht demgegenüber nicht. Eine weitergehende Verwirkung auch einer in die Zukunft gerichteten Prämienreduktion ist weder nach den Kriterien des § 242 BGB noch nach Sinn und Zweck des § 158 Abs. 3 iVm § 41 gerechtfertigt.

14   Nach altem Recht schloss § 164a VVG aF die Herabsetzung der Prämie bei Gefahrminderung (§ 41a VVG aF) aus. Diese Regelung wurde für erforderlich gehalten, um prämienneutrale Gefahrerhöhungen (Krankheit) durch entsprechende Gefahrminderungen (überstandene Krankheit) zu kompensieren.[26] Nach der hL fand § 164a keine Anwendung auf die Unfallzusatzversicherung. Ein Kompensationseffekt war hier nicht erforderlich, da die §§ 23 ff. VVG aF auf die Unfall(zusatz)versicherung unmittelbare Anwendung fanden, so dass auch einer unmittelbaren Anwendung des § 41a VVG aF nichts im Wege stand. Nunmehr enthält § 181 Abs. 1 eine dem § 158 Abs. 1 entsprechende Regelung für die Unfallversicherung. Eine § 158 Abs. 3 entsprechende Regelung fehlt hingegen, so dass § 41 in der Unfallversicherung weiterhin unmittelbar zur Anwendung gelangt. Es spricht viel dafür, dass dies auch in der Unfallzusatzversicherung gilt.[27]

II. Pflicht zur Parallelregelung von Gefahrerhöhung und Gefahrminderung?

15   Treffen Versicherer mit ihren Versicherungsnehmern Vereinbarungen iSv § 158, so besteht für sie ein Anreiz, die Veränderung bestimmter Umstände zwar als mögliche Gefahrerhöhung festzulegen, jedoch nicht als eine mögliche Gefahrminderung anzuerkennen. Denkbar wäre es also, dass AVB einen Wechsel des Versicherungsnehmers von einem nicht gefahrengeneigten in einen gefahrexponierten Beruf als Gefahrerhöhung ansehen, einen Wechsel von einem gefahrengeneigten in einen nicht gefahrexponierten Beruf aber nicht als Gefahrminderung. Eine derartige Regelung wäre jedoch als eine unangemessene Bevorzugung der Interessen des Versicherers als AVB-Verwender und eine unangemessene Vernachlässigung der **Interessen** des **Versicherungsnehmers** als Vertragsgegner gem. § 307 BGB unwirksam.[28] Die Kriterien der Inhaltskontrolle erfordern also in aller Regel eine **spiegelbildliche Regelung** der **Gefahrerhöhungs- und Gefahrminderungstatbestände**, worauf auch die „spiegelbildliche" Vorschrift des § 158 hindeutet. Freilich kann dies nicht gelten, wenn ein bestimmtes Verhalten (zB Rauchen) zwar eine Gefahrerhöhung begründet, das Unterlassen des Verhaltens (also das Einstellen des Rauchens) die bereits eingetretene Gefahrerhöhung aber nicht (vollständig) beseitigt.[29] Für solche Fälle weist schon die Gesetzesbegründung zutr. darauf hin, dass **mangels** vorliegender **Risikominderung** eine **Prämienreduktion** durch Anwendung der § 158 iVm § 41 nicht in Frage kommt.[30] Der Versicherer braucht diese Fälle daher nicht gleich zu regeln wie jene der Gefahrerhöhung. Denkt man diesen Ansatz weiter, so kann allerdings zu Beginn des

---

[23] Zur weiteren Beweislastverteilung nach § 41 → § 41 Rn. 9.
[24] Die relevanten Muster-AVB sind unter www.gdv.de einsehbar; *Krause* in Looschelders/Pohlmann VVG § 158 Rn. 2.
[25] So aber *Schneider* in Prölss/Martin VVG § 158 Rn. 9.
[26] *Schwintowski* in Berliner Kommentar VVG § 164a Rn. 2.
[27] *Brockmann* VersR 1988, 890; ihm folgend *Kollhosser* in Prölss/Martin, 27. Aufl. 2004, VVG § 164a Rn. 2; erwägend auch *Römer* in Römer/Langheid, 2. Aufl. 2002, VVG § 164a; dies unabhängig davon, dass die Unfallversicherung in anderer Hinsicht, z.B. für die Bemessung der Verjährungsfrist, als Lebensversicherung angesehen wird; vgl. z.B. OLG Hamm VersR 1981, 727.
[28] *Schneider* in Prölss/Martin VVG § 158 Rn. 7; tendenziell anders *Brambach* in HK-VVG VVG § 158 Rn. 4; *Armbrüster* r+s 2013, 209 (216 f.).
[29] Auf dieses Bsp. stützen sich die Ausführungen von *Brambach* in HK-VVG VVG § 158 Rn. 4.
[30] Begr. zu Art. 1 (§ 158), RegE Gesetz zur Reform des Versicherungsvertragsrechts BT-Drs. 16/3945, 98.

Rauchens[31] noch keine Gefahrerhöhung gesehen werden, wenn zum relevanten Zeitpunkt weder eine erhebliche Gesundheitsgefährdung noch eine Sucht entstanden ist.

Schon § 164 VVG aF hatte keinen praktischen Anwendungsbereich, weil Versicherer keine Gefahrerhöhungstatbestände vereinbarten. Angesichts der Einfügung des § 158 Abs. 3, der die Versicherer schon aus Gründen der **Inhaltskontrolle** zu einer **spiegelbildlichen Regelung** von Gefahrerhöhungs- und Gefahrminderungstatbeständen zwingt, dürfte sich an der fehlenden Praxisrelevanz der Vorschrift auch in Zukunft nichts ändern. Sie wird damit, auch was die Fälle der Gefahrminderung angeht, bedeutungslos bleiben.[32]

III. Rechtsfolgen

Liegt eine Vereinbarung nach § 158 Abs. 3 vor, so kann der Versicherungsnehmer bei Eintritt einer Gefahrminderung eine **Prämienreduktion** nach § 41 verlangen.[33]

D. Abdingbarkeit

Die Vorschrift des § 158 ist zu Gunsten des Versicherungsnehmers, der versicherten Person und des Eintrittsberechtigten **halbzwingend** (§ 171).

§ 159 Bezugsberechtigung

(1) Der Versicherungsnehmer ist im Zweifel berechtigt, ohne Zustimmung des Versicherers einen Dritten als Bezugsberechtigten zu bezeichnen sowie an die Stelle des so bezeichneten Dritten einen anderen zu setzen.

(2) Ein widerruflich als bezugsberechtigt bezeichneter Dritter erwirbt das Recht auf die Leistung des Versicherers erst mit dem Eintritt des Versicherungsfalles.

(3) Ein unwiderruflich als bezugsberechtigt bezeichneter Dritter erwirbt das Recht auf die Leistung des Versicherers bereits mit der Bezeichnung als Bezugsberechtigter.

Übersicht

		Rn.			Rn.
A.	Normzweck	1	F.	Begünstigungserklärung	21
I.	Lex specialis zu §§ 328 ff. BGB	1	I.	Allgemeines	21
II.	Streichung des § 166 Abs. 1 S. 2 VVG aF	3	II.	Formfragen	28
			1.	Form der Begünstigungserklärung	28
III.	Änderung des § 330 BGB	4	2.	Policierung des Bezugsrechts	31
IV.	Einfügung von Abs. 3	5	III.	Bestimmtheit der Begünstigungserklärung	33
B.	Anwendungsbereich	7			
C.	Lebensversicherung als Vertrag zugunsten Dritter (auf den Todesfall)	8	IV.	Auslegung der Begünstigungserklärung	34
D.	Abs. 1: Eine Auslegungsregel	11	1.	Begünstigungserklärung des Versicherungsnehmers	34
E.	Bestimmungsrecht des Versicherungsnehmers	12	2.	Letztwillige Verfügung des Versicherungsnehmers	35
I.	Gestaltungsrecht des Versicherungsnehmers	12	3.	Vertragliche Bestimmung durch AVB	36
II.	Kein Zustimmungserfordernis	15	4.	Namentliche Benennung	37
1.	Zustimmung des Versicherers	15	5.	Ehegatte	38
2.	Zustimmung des Begünstigten	16	6.	Erben bzw. Hinterbliebene	43
III.	Gesetzliche Grenzen des Bestimmungsrechts	18	7.	Gestuftes Bezugsrecht	46

---

[31] *Armbrüster* r+s 2013, 209 (216), unerhebliche Gefahrerhöhung iSv § 27 bei nur gelegentlichem Rauchen.
[32] *Ortmann* in Schwintowski/Brömmelmeyer/Ebers VVG § 158 Rn. 3; zur Frage, ob das Verbot geschlechtsabhängiger Tarifierung in § 19 Abs. 1 S. 2 AGG etwas ändern wird, → Rn. 6.
[33] → § 41 Rn. 4 ff., Tatbestand des § 41; → § 41 Rn. 6 f., Rechtsfolgen.

	Rn.			Rn.
8. Inhaber der Police	48	2. Schenkung		87
V. Widerruf und Änderung der Begünstigungserklärung	49	3. Unbenannte Zuwendung		91
1. Widerrufs- bzw. Änderungserklärung	49	4. Wegfall/Änderung der Geschäftsgrundlage (§ 313 BGB)		92
2. Letztwillige Verfügung	50	**II. Gestaltungsrechte und Verfügungen**		95
3. Schweigen	51	**J. Bezugsrecht und Sicherungszession**		98
4. Kündigung der Lebensversicherung	52	**I. Sicherungszession und widerrufliches Bezugsrecht**		98
5. Vereinbarungen zwischen Versicherungsnehmer und Bezugsberechtigtem	54	**II. Zession zur Besicherung eines Kontokorrentverhältnisses**		101
6. Abtretung, Sicherungsabtretung und Verpfändung	55	**K. Zwangsvollstreckung in das Bezugsrecht**		102
VI. Haftung für fehlgeschlagene Begünstigungserklärung	58	**I. Vorrang des Eintrittsrechts nach § 170**		102
1. Haftung des Versicherungsnehmers bzw. seiner Erben	58	**II. Pfändungsschutz**		103
2. Haftung des Arbeitgebers	59	**III. Pfändung des Widerrufsrechts**		104
3. Haftung des Versicherers	61	**L. Das Bezugsrecht in der Insolvenz des Versicherungsnehmers**		105
4. Haftung des Notars bzw. Rechtsanwalts	63	**I. Vorrang des Eintrittsrechts nach § 170 und des Pfändungsschutzes**		105
G. Das Bezugsrecht	65	**II. Unwiderrufliches Bezugsrecht**		106
I. Allgemeines	65	1. Aussonderungsrecht des Begünstigten		106
1. Anspruch auf die Versicherungsleistung	65	2. Kündigungsrecht des Insolvenzverwalters		108
2. Schutzpflichten des Versicherers	69	3. Anfechtung der Begünstigungserklärung		109
II. Widerrufliches, unwiderrufliches und eingeschränkt widerrufliches Bezugsrecht	70	**III. Eingeschränkt unwiderrufliches Bezugsrecht**		111
1. Widerrufliches Bezugsrecht	70	**IV. Widerrufliches Bezugsrecht**		112
2. Unwiderrufliches Bezugsrecht	72	1. Rückkaufswert als Teil der Insolvenzmasse		112
3. Eingeschränkt widerrufliches Bezugsrecht	79	2. Kündigungserfordernis		114
III. Einheitliches und gespaltenes Bezugsrecht	81	3. Anfechtung des Bezugsrechts		115
H. Das Rechtsverhältnis des Bezugsberechtigten zum Versicherungsnehmer und dessen Erben: „Valutaverhältnis"	83	**V. Bezugsrecht des Versicherungsnehmers bzw. Fehlen eines Bezugsrechts**		116
I. Rechtsgrund des Begünstigungserwerbs	83	**VI. Anfechtung einer Verpfändung des Versicherungsanspruchs**		118
1. Bedeutung des Rechtsgrunds	83	**M. Abdingbarkeit**		119

Stichwort- und Fundstellenverzeichnis

Stichwort	Rn.	Rspr.	Lit.
Abdingbarkeit	→ Rn. 119	–	–
Abtretung	→ Rn. 96 f.	–	*Schnepp* VersR 1991, 949; *Kuhnert* VersR 1988, 1218; *Kühl*, S. 51 ff.
Anwendungsbereich	→ Rn. 7	KG VersR 2006, 1349; OLG Celle VersR 1965, 677	*Grote* in Langheid/Rixecker VVG § 159 Rn. 1; *Ortmann* in Schwintowski/Brömmelmeyer/Ebers VVG § 159 Rn. 3; *Winter* in Bruck/Möller VVG § 159 Rn. 2, 12
Begünstigungserklärung	→ Rn. 13 f.; → Rn. 21 ff.	BGH VersR 1953, 179; 1967, 795; 1981, 371 (372); 1999, 565; 2003, 1021; 2007, 784; 2013, 438; 2015, 1148; 2017, 741; 2019, 1068; NJW 1993,	*Bayer*, S. 239 ff.; *Benkel/Hirschberg* ALB 2008 § 13 Rn. 15; *Brambach* in HK-VVG VVG § 159 Rn. 4, 14; *Brömmelmeyer* in Beckmann/Matusche-Beckmann VersR-HdB § 42

Bezugsberechtigung § 159

Stichwort	Rn.	Rspr.	Lit.
		3133; OLG Braunschweig ZIP 2020, 36 (37); OLG Dresden ZEV 2019, 23; OLG Düsseldorf VersR 1996, 590 (591); OLG Frankfurt a. M. VersR 1993, 171; r+s 1996, 326 (327) = VersR 1996, 358; VersR 1999, 1353 (1354)	Rn. 197, 220, 226; *Glauber* VersR 1993, 938; *Grote* in Langheid/Rixecker VVG § 159 Rn. 8, 32; *Kalischko* VersR 1988, 118; *Knops* in Bruck/Möller VVG § 3 Rn. 9; *Lorenz* FS Schwebler, 1986, 359 ff. (364 ff.); *Ortmann* in Schwintowski/Brömmelmeyer/Ebers VVG § 159 Rn. 8 ff., 33; *Reiff* in Beckmann/Matusche-Beckmann VersR-HdB § 5 Rn. 77 ff.; *Roth* NJW 1992, 791; *Winter* in Bruck/Möller VVG § 159 Rn. 69, 101, 260
Bezugsrecht, eingeschränkt widerrufliches	→ Rn. 79 f.; → Rn. 111	BGH VersR 2005, 1134; 2006, 1059 (1061); LAG Hamm ZIP 2007, 291; OLG München VersR 2009, 97	–
Bezugsrecht, gespaltenes	→ Rn. 81 f.	OLG Koblenz VersR 2008, 1098; BGHZ 45, 162 (167) = VersR 1966, 359	*Winter* in Bruck/Möller VVG § 159 Rn. 20
Bezugsrecht, gestuftes	→ Rn. 46 f.	KG r+s 2005, 341 (342); OLG Hamm NJW 1983, 1567; LG Saarbrücken NJW 1983, 180	*Benkel/Hirschberg* ALB 2008 § 13 Rn. 24; *Winter* in Bruck/Möller VVG § 159 Rn. 99
Bezugsrecht, unwiderrufliches	→ Rn. 72 ff.; → Rn. 106 ff.	BGH VersR 2003, 1021; 2005, 1134 (1135); OLG Karlsruhe VersR 2001, 1501	*Wegener* in FK-InsO § 103 Rn. 104; *Armbrüster/Pilz* KTS 2004, 481 (487 f.)
Bezugsrecht, widerrufliches	→ Rn. 70 f.; → Rn. 112 ff.	BGHZ 156, 350 = VersR 2004, 93 = NJW 2004, 214; BGH VersR 2003, 463; 1993, 689 (690); 1992, 990; 1984, 632 (633); RGZ 54, 103	–
Ehegatte	→ Rn. 38 ff.	BGHZ 128, 125 = VersR 1995, 282; BGH VersR 2007, 784 (785); 1975, 1020; 1987, 659 (660) = NJW 1987, 3131 = FamRZ 1987, 806; OLG Köln 1993, 1133; OLG Karlsruhe VersR 1998, 219; OLG Frankfurt a. M. VersR 1997, 1216	*Brömmelmeyer* in Beckmann/Matusche-Beckmann VersR-HdB § 42 Rn. 225; *Grote* in Langheid/Rixecker VVG § 159 Rn. 32; *Hoffmann* FamRZ 1977, 222; *Winter* in Bruck/Möller VVG § 159 Rn. 69
Erben bzw. Hinterbliebene	→ Rn. 43 ff.	BGH VersR 1999, 1353; 2017, 741 (743 ff.); OLG Dresden ZEV 2019, 23 (24); OLG Köln VersR 2004, 1032; OLG Schleswig ZEV 1995, 415; 1999, 107	*Gutdeutsch* VersR 1992, 1444; *Hülsmann* VersR 1993, 1188; *Leitzen* RNotZ 2009, 129 (149 f.); *Winter* in Bruck/Möller VVG § 159 Rn. 533 ff.
Geschäftsgrundlage	→ Rn. 92 ff.	BGHZ 128, 125 = VersR 1995, 282; BGH VersR 1992, 1383 (1385); OLG Karlsruhe VersR 1998, 219 (220)	*Völkel* VersR 1992, 539 (543)
Gestaltungsrecht	→ Rn. 12 ff.; → Rn. 95 ff.	BGH r+s 1988, 381 = VersR 1988, 1236 = NJW-RR 1988, 21; VersR 1992, 1383 (1385); 2017, 741 (743 ff.); BGHZ 91, 288 (289, 291) = NJW 1984, 2156; OLG Karlsruhe VersR 2001, 1501 (1502); LG Bochum VA 1969, 345 (346); LG Düsseldorf VersR 2008, 1197; LG München I FamRZ 2005, 134 (135)	*Benkel/Hirschberg* ALB 2008 § 13 Rn. 13; *Brömmelmeyer* in Beckmann/Matusche-Beckmann VersR-HdB § 42 Rn. 197; *Heilmann* VersR 1972, 997 (1000); *Ortmann* in Schwintowski/Brömmelmeyer/Ebers VVG § 159 Rn. 8, 12; *Wandt* VersR Rn. 1275

§ 159　　　Teil 2. Einzelne Versicherungszweige. Kap. 5. Lebensversicherung

Stichwort	Rn.	Rspr.	Lit.
Haftung	→ Rn. 58 ff.	BAG VerBAV 1982, 273 (274); ZIP 2012, 2269; BGH VersR 1975, 706 (707); 1994, 586; 2013, 1029; 2017, 1444; OLG Hamm VersR 2010, 200; 1997, 1386; OLG Düsseldorf VersR 1996, 590	Hasse VersR 2009, 41 (44); Makowsky AcP 216 (2016) 497; Schneider in Prölss/Martin VVG § 159 Rn. 33
Insolvenz des Versicherungsnehmers	→ Rn. 105 ff.	BGHZ 156, 350 = VersR 2004, 93 = ZIP 2003, 2307 = NJW 2004, 214	Hasse VersR 2005, 15 ff.
Kündigung	→ Rn. 52 f.	BGH VersR 1993, 689 (690); NJW 2002, 2783OLG Köln VersR 2002, 299 (300); 2002, 1544	–
Nachlass	→ Rn. 9, 43, 67	BGHZ 13, 226 (232) = VersR 1954, 281; BGHZ 32, 46 = VersR 1960, 339; BGH VersR 1955, 99 (100); RGZ 54, 103; OLG Schleswig ZEV 1995, 415; BayObLG VersR 1995, 649; LG Waldshut VersR 1954, 76	Petersen AcP 204 (2004) 832; Lorenz FS Schwebler, 1986, 371; Reinicke/Reinicke NJW 1956, 1053; dagegen zB Zehner AcP 153 (1954), 424
Rechtsgrund	→ Rn. 83 ff.	BGHZ 91, 288 (290) = NJW 1984, 2156	Ortmann in Schwintowski/Brömmelmeyer/Ebers VVG § 159 Rn. 35
Schutzpflichten	→ Rn. 69	OLG Düsseldorf VersR 2003, 627 mAnm Langohr-Plato; OLG Köln VersR 1990, 1261 (1263 f.); LG München I FamRZ 2005, 134 (135)	Ortmann in Schwintowski/Brömmelmeyer/Ebers VVG § 159 Rn. 44 ff.
Sicherungszession	→ Rn. 55 ff.; → Rn. 98 ff.	BGHZ 109, 67 (69); BGH VersR 2001, 883 (884); 2002, 218 (219); OLG Koblenz ZEV 2007, 389; OLG Hamburg VersR 2008, 908; OLG Hamm VersR 1997, 1386	Bayer VersR 1989, 17 (20); Joseph, Lebensversicherung und Abtretung, 1990, S. 176 ff.; Wagner VersR 1991, 622; Winter in Bruck/Möller VVG § 159 Rn. 82 ff.; Winter ZVersWiss 1991, 203 (230)
Valutaverhältnis	→ Rn. 87 ff.	BGH VersR 1975, 706; 2008, 1054; BGHZ 128, 125 = VersR 1995, 282	Hasse VersR 2008, 590 (592); Hasse VersR 2009, 41; Schwintowski in Berliner Kommentar VVG § 166 Rn. 20
Vertrag zugunsten Dritter	→ Rn. 8 ff.	BGH VersR 2010, 895 (897); 2013, 1121; 2013, 1029; 1953, 179; 1975, 706 (706); 1981, 371 (372); 1996, 877; 2006, 686 (KV); 2008, 1054 (1055); 2013, 438; 2020, 1097 (BUZ); NJW-RR 2018, 518; ZEV 2010, 305 (Hepting/Wall); 2018, 278 (Litzenburger); KG VersR 2006, 1349 (1350); BayObLG VersR 1995, 649; OGH VersR 1997, 1223 (1224); OLG Dresden ZEV 2019, 23 (24); OLG Schleswig ZEV 1995, 415; OLG Stuttgart BeckRS 2020, 38548	Bayer S. 276 ff.; Brambach in HK-VVG VVG § 159 Rn. 1; Daller r+s 2021, 1 (3); Heilmann VersR 1972, 997 (1000); Hofmann, S. 170 ff.; Ortmann in Schwintowski/Brömmelmeyer/Ebers VVG § 159 Rn. 1 f.; Lorenz FS Farny, 1994, 348 ff.; Lorenz FS Schwebler, 1986, 350 ff., 369 f.; Petersen AcP 204 (2004), 832 (834 ff.); Reinicke/Reinicke NJW 1956, 1053; Wandt VersR Rn. 1273 ff.; Winter in Bruck/Möller VVG § 159 Rn. 3, 21 ff., 45 f., 136; Zehner AcP 153 (1954), 424
Widerruf	→ Rn. 49, 52 ff.; → Rn. 70 ff.	BGH VersR 2002, 218 (219); 2008, 1054; 2010, 1021; 2010, 895; 2014, 1444; 2019, 571; BGHZ 156, 350; BGH VersR 2020, 1097 (1099); OLG München ZIP 1991, 1505; OLG	Brömmelmeyer in Beckmann/Matusche-Beckmann VersR-HdB § 42 Rn. 220, 226; Eitelberg, S. 79 ff.; Grote in Langheid/Rixecker VVG § 159 Rn. 13; Heilmann VersR 1972, 997; Hofmann, S. 168; Joseph,

Stichwort	Rn.	Rspr.	Lit.
		Dresden ZEV 2019, 23; OLG Frankfurt a. M. VersR 1993, 171; OLG Hamm VersR 2015, 1236; OLG Köln VersR 2002, 1544; OLG Stuttgart BeckRS 2020, 38548	Lebensversicherung und Abtretung, 1990, S. 176 ff.; *Kühl* S. 51 ff.; *Lorenz* FS Schwebler, 1986, 352 ff.; *Wandt* VersR Rn. 1276; *Winter* in Bruck/Möller VVG § 159 Rn. 139, 145
Zession	→ Rn. 98 ff.	BGH VersR 1993, 553; 1990, 1338; 2002, 218 (219); OLG Köln VersR 1990, 1338	*Kühl* S. 135 ff., 142 ff.
Zustimmung	→ Rn. 15 ff.	BGH VersR 1962, 405 (406); 1975, 706 (708); 1999, 1353 (1354); BGHZ 97, 267; OLG Karlsruhe VersR 1998, 219; OLG Köln NVersZ 1999, 320	*App* FamRZ 1991, 38; *Benkel/Hirschberg* ALB 2008 § 13 Rn. 13; *Grote* in Langheid/Rixecker VVG § 159 Rn. 9, 12; *Lorenz* FS Schwebler, 1986, 353 f.; *Helmers* VersR 1967, 1123; *Ortmann* in Schwintowski/Brömmelmeyer/Ebers VVG § 159 Rn. 13 ff.; *Schwintowski* in Berliner Kommentar VVG § 168 Rn. 3, 11 ff.; *Winter* in Bruck/Möller VVG § 159 Rn. 112 ff., 142, 164 ff.
Zwangsvollstreckung	→ Rn. 102 ff.	–	*Hasse* VersR 2005, 15 ff.

Schrifttum: *App,* Formulierung der Zurückweisung von Versicherungsleistungen nach dem Tod des Versicherungsnehmers, FamRZ 1991, 38; *Armbrüster/Pilz,* Schicksal des Lebensversicherungsvertrages in der Insolvenz des Versicherungsnehmers, KTS 2004, 481; *Baroch Castellví,* Zuordnung des Anspruchs auf den Rückkaufswert bei geteiltem Bezugsrecht in der gemischten Lebensversicherung, VersR 1998, 410; *Bartels,* Insolvenzanfechtung und Leistungen Dritter (2015); *Bartholomeyczik,* Die Verfügung von Todes wegen zur Bestimmung, zur Änderung und zum Widerruf der Bezugsberechtigung aus einem Lebensversicherungsvertrag, Festgabe von Lübtow, 1970, 729; *Bayer,* Der Vertrag zugunsten Dritter, 1995; *Bayer,* Die Sicherungszession der Rechte aus einer Lebensversicherung und ihre Auswirkungen auf die Bezugsberechtigung, VersR 1989, 17; *Belitz,* Anrechnungs- und Ausgleichsprobleme im Erb- und Familienrecht bei Lebensversicherungen, 2009; *Benkel/Hirschberg,* Lebens- und Berufsunfähigkeitsversicherung: ALB- und BUZ-Kommentar, 2. Aufl., 2011; *Bohn,* Die Zwangsvollstreckung in Rechte des Versicherungsnehmers aus dem Versicherungsvertrag und der Konkurs des Versicherungsnehmers, FS Schiedermair, 1976, 33; *Bredemeyer,* Lebensversicherungen vor und nach dem Todesfall, ZEV 2010, 288; *Dallwig,* Die Lebensversicherung im Erbfall, r+s 2021, 1; *Dieckmann,* Der Anspruch auf Gewinnanteile in der Lebensversicherung, VersR 1963, 1005; *Dörstling,* Sicherungsabtretung der Forderung an den Schuldner? NJW 1954, 1429; *Eitelberg,* Lebensversicherung und Drittrechte, 2002; *Finger,* Der Vertrag zugunsten Dritter auf den Todesfall – BGHZ 46, 198, JuS 1969, 309; *Finger,* Lebensversicherung, Scheidung oder Aufhebung der Ehe und § 2077 BGB, VersR 1990, 229; *Finger,* Direktversicherung und Ehescheidung, VersR 1992, 535; *Finger,* Der Vertrag zugunsten Dritter auf den Todesfall – eine Umfrage bei den deutschen Lebensversicherungsgesellschaften, VersR 1986, 508; *Floeth,* Insolvenzanfechtung der Auszahlung einer Versicherungssumme aus Risikolebensversicherung an widerruflich bezugsberechtigten Dritten, EWiR 2008, 725; *Frömgen,* Das Verhältnis zwischen Lebensversicherung und Pflichtteil, 2004; *Fuchs,* Zur Einführung: Bürgerlich-rechtliche Grundlagen der Lebensversicherung, JuS 1989, 179; *Gareis,* Zum Verbot der Kündigung einer widerruflichen Direktversicherung durch den Konkursverwalter, BB 1987, 2157; *Glauber,* Widerruf der Bezugsberechtigung und § 130 Abs. 2 BGB – ein Scheinproblem, VersR 1993, 938; *Gottschalk,* Zum Wesen des Rechtserwerbs beim Vertrag zugunsten Dritter, VersR 1976, 797; *Gutdeutsch,* Die Begünstigung einer befreienden Lebensversicherung bei Bezugnahme auf die §§ 40 bis 44 AVG, VersR 1992, 1444; *Hager,* Neuere Tendenzen beim Vertrag zugunsten Dritter auf den Todesfall, FS von Caemmerer, 1978, 127; *Harder/Welter,* Drittbegünstigung im Todesfall durch Insichgeschäft, NJW 1977, 1139; *Hasse,* Lebensversicherung und erbrechtliche Ausgleichsansprüche, 2005; *Hasse,* Das Valutaverhältnis bei der Todesfallversicherung zugunsten Dritter, VersR 2009, 41; *Hasse,* Lebensversicherung und Pflichtteilsergänzung, VersR 2009, 733; *Hasse,* Zur „konditionsfesten" Anspruchszuwendung bei der Todesfalllebensversicherung zugunsten Dritter durch eine sachgerechte Konstruktion des Valutaverhältnisses, VersR 2008, 590; *Hasse,* Änderungen für Altersvorsorgeverträge durch das Jahressteuergesetz 2007 – Fortbestehen eines grundlegenden Reformbedürfnisses bei sog. „Rürup-Verträgen", VersR 2007, 277; *Hasse,* Zwangsvollstreckung in Kapitallebensversicherungen – Eine kritische Bestandsaufnahme de lege lata, VersR 2005, 15; *Hasse,* Zur gesetzlichen Neuregelung der Zwangsvollstreckung in Kapitallebensversicherungen, VersR 2004, 958; *Heilmann,* Zur Rechtslage des schenkungshalber Begünstigten bei dem Vertrag zugunsten Dritter (Begünstigung) insbesondere bei der Kapitallebensversicherung, VersR 1980, 516; *Heilmann,* Die Begünstigung in der Kapitallebensversicherung, VersR 1972, 997; *Helmers,* Sittenwidrige Begünstigungen in der Lebensversicherung, VersR 1967, 1123; *Herrler,* Behandlung von Lebensversicherungen im Pflichtteilsrecht: Der goldene Mittelweg des BGH?, ZEV 2010, 333; *Hille,* Lebensversicherungen als einzusetzendes Vermögen

§ 159

gem. § 1836c Nr. 2 BGB, Rpfleger 2009, 653; *Hofmann,* Der Schutz von Dritten in der Insolvenz des Versicherungsnehmers (2018); *K. H. Hoffmann,* Der Vertrag zugunsten Dritter von Todes wegen, AcP 158 (1959/1960), 178; *M. Hoffmann,* Auslegung der Bezugsberechtigung zugunsten eines Ehegatten in der Lebensversicherung bei späterer Scheidung der Ehe, FamRZ 1977, 222; *Hülsmann,* Befreiende Lebensversicherung: eine Begünstigung nach Kopfteilen oder analog der gesetzlichen Rentenversicherung? VersR 1993, 1188; *Jaeger,* Berechnung des Ausgleichswertes von Lebensversicherungen, FamRZ 2011, 1348; *Joachim,* Zivilrechtliche Aspekte der Sterbegeldversicherung, ZEV 2012, 126; *Joseph,* Lebensversicherung und Abtretung, 1990; *Kalischko,* Das Schriftformerfordernis des § 13 Abs. 3 ALB, VersR 1988, 118; *Karcewski,* Die Rechtsprechung des Bundesgerichtshofs zum Versicherungsrecht – Lebens-, Forderungsausfall- und Reiseabbruchversicherung, r+s 2018, 397; *Kayser,* Die Lebensversicherung in der Insolvenz des Arbeitgebers: zugleich ein Beitrag zur Erfüllungswahl und Erfüllungsablehnung (2006); *Keltenich,* Die rechtliche Bedeutung und Tragweite der Abtretungsanzeige in der Lebensversicherung nach § 13 Abs. 3 ALB, VersR 1965, 412; *König,* „Gebrauchte (Risiko-)Lebensversicherungen" als Kapitalanlage, VersR 1996, 1328; *Kohler-Gehrig,* Der Versicherungsvertrag im Konkurs des Versicherungsnehmers, 1983; *Kühl,* Der Einsatz von Lebensversicherungen als Kreditsicherungsmittel in Deutschland und Frankreich, 2005; *Kuhnert,* Die Funktion der Abtretungsanzeige in der Lebensversicherung gem. § 13 Abs. 4 AVB, VersR 1988, 1218; *Kuhnert,* Anm. zu OLG Karlsruhe 16.3.1988 – 7 U 275/87, VersR 1989, 613; *Lange,* Die Auswirkung von Leistungsstörungen beim echten Vertrag zugunsten Dritter im Rechtsbereich des Dritten, NJW 1965, 657; *Leitzen,* Lebensversicherungen im Erbrecht und Erbschaftssteuerrecht, RNotZ 2009, 129; *Liebl-Wachsmuth,* Das Schicksal der Ehegatten-Bezugsberechtigung gem. § 166 VVG nach Ehescheidung, VersR 1983, 1004; *Lindacher,* Änderung der gesetzlichen Erbfolge, mutmaßlicher Erblasserwille und Normativität des dispositiven Rechts, FamRZ 1974, 345; *Looschelders,* Der Dritte im Versicherungsvertrag, r+s 2015, 581; *E. Lorenz,* Zur Kapitallebensversicherung für den Todesfall – Umfang und Art des Rechtserwerbs durch den bei Vertragsschluss ohne besondere Abreden bezeichneten Bezugsberechtigten, FS Schwebler, 1986, 349; *E. Lorenz,* Zur Anwendbarkeit erbrechtlicher Vorschriften auf Drittbegünstigungen durch eine Kapitallebensversicherung auf den Todesfall, FS Farny, 1994, 335; *Makowsky,* Schadensersatz für entgangene Zuwendungen im Todesfall – von „lachenden Doppelerben" und „verzückten Doppelbezugsberechtigten", AcP 216 (2016) 497; *Mampel,* Die Leistung an den Inhaber eines qualifizierten Legitimationspapieres, insbesondere eines Lebensversicherungsscheines, JR 1950, 713; *Mayer,* Es kommt auf die Sekunde an – Zum Pflichtteilsrecht bei Lebensversicherungen, DNotZ 2011, 89; *Mohr,* Übertragung der Versicherungsnehmereigenschaft an den Ehegatten als Folge des Todes des Versicherungsnehmers, VersR 1966, 702; *Mueller,* Die Lebensversicherung im Konkurs des Versicherungsnehmers, VW 1971, 522; *Müller-Frank,* Zurecht – Wettlauf um die Todesfallleistung, BUZaktuell 1/2009, 23; *Muscheler,* Widerruf einer Zuwendung an einen Dritten durch testamentarische Verfügung, ZNotP 2018, 137; *Oswald,* Lebensversicherung und Ehescheidung, FamRZ 1971, 618; *Oswald,* Wem steht bei einer Lebensversicherung mit geteilter Begünstigung der Rückkaufswert zu?, VP 1980, 9; *Peters,* Die Lebensversicherung als Instrument für Zuwendungen an Dritte auf den Todesfall – oder: Es lebe das römische Recht!, ZErb 2010, 165; *Petersen,* Die Lebensversicherung im Bürgerlichen Recht, AcP 204 (2004), 832; *Prahl,* Die Abtretung des Kündigungsrechts des Versicherungsnehmers nach § 165 VVG bei der gemischten Kapitallebensversicherung, VersR 1999, 944; *Prahl,* Der Anspruch auf den Rückkaufswert einer gemischten Kapitallebensversicherung – Rechtliche Zuordnung und selbständige Abtretbarkeit, NVersZ 2000, 502; *Prahl,* Zur Pfändung des Kündigungsrechts des Versicherungsnehmers bei der gemischten Kapitallebensversicherung, NVersZ 2001, 151; *Reinicke,* Anm. zu BGH 17.3.1969 – III ZR 188/65, NJW 1969, 1343; *Reinicke/Reinicke,* Lebensversicherung und Nachlassgläubiger, NJW 1956, 1053; *Römer,* Die kapitalbildende Lebensversicherung nach dem neuen Versicherungsvertragsgesetz, DB 2007, 2523; *Roth,* Probleme des postmortalen Zugangs von Willenserklärungen – Ein Beitrag zum Anwendungsbereich des § 130 Abs. 2 BGB, NJW 1982, 791; *Rudy,* Der „verschenkte Gegenstand" iSd § 2325 Abs. 1 BGB bei der Zuwendung von Versicherungsleistungen durch die Bestimmung des Bezugsberechtigten nach dem Urteil des BGH v. 28.4.2010, VersR 2010, 895, 1395; *Schmalz-Brüggemann,* Die Rechtsstellung des Bezugsberechtigten aus einem Lebensversicherungsvertrag nach testamentarischem Widerruf der Bezugsberechtigung, ZEV 1996, 84; *Schnepp,* Nochmals: Zur Wirkung der nicht angezeigten Abtretung von Lebensversicherungsforderungen, VersR 1991, 949; *Seiffert,* Die Rechtsprechung des BGH zum Versicherungsrecht – Neuere Entscheidungen des IV. Zivilsenats des BGH zur Lebensversicherung und Anmerkungen zu „Nichtentscheidungen", r+s 2010, 177; *Sieg,* Kritische Betrachtungen zum Recht der Zwangsvollstreckung in Lebensversicherungsforderungen, FS Klingmüller, 1974, 447; *Sieg,* Der Versicherungsvertrag als Vertrag zugunsten Dritter, ZVersWiss 1995, 697; *Prahl,* Zur Kondiktionssperre nach § 814 BGB, VersR 2015, 1229; *Stahlschmidt,* Direktversicherungen und Rückdeckungsversicherungen in der Unternehmensinsolvenz, NZI 2006, 375; *Stegmann/Lind,* Der Lebensversicherungsvertrag in der Insolvenz, NVersZ 2002, 193; *Strobel,* Widerruf des Schenkungsantrags beim Vertrag zugunsten Dritter auf den Todesfall durch Verfügung von Todes wegen?, WM 2019, 1477; *Tappmeier,* Erbeinsetzung und Bezugsberechtigung des Ehegatten aus einer Kapitallebensversicherung nach der Scheidung der Ehe, DNotZ 1987, 715; *Tölle,* Erbschafts- und schenkungsrechtliche Gestaltungsmöglichkeiten bei Lebensversicherungen, SteuK 2015, 295; *Trams,* Die Insolvenzsicherung von Versorgungszusagen bei Gesellschafter-Geschäftsführern, NJW-Spezial 2017, 533; *Völkel,* Bereicherungsanspruch gegen einen bezugsberechtigten Ehegatten aus einer Kapitallebensversicherung nach Scheidung und Tod des Versicherungsnehmers unter Berücksichtigung der Probleme des Widerrufs durch Testament und der Wirkung der §§ 12, 13 ALB 81, VersR 1982, 539; *Wagner,* Zur Wirkung der nicht angezeigten Abtretung von Lebensversicherungsforderungen, VersR 1991, 622; *Wall,* Das Valutaverhältnis des Vertrags zugunsten Dritter auf den Todesfall – ein Forderungsvermächtnis (2010); *Wall,* Wird das Bezugsrecht einer Lebensversicherung durch einen Überweisungsbeschluss widerrufen?, r+s 2011, 236; *Wellenhofer*, BGB AT und Erbrecht: Widerruf eines Schenkungsangebots durch Testament, JuS 2018, 809; *Winkens*, Wettlauf um die Todesfallleistung – Rechtliche Probleme bei der Auszahlung der Versicherungssumme in der Lebensversicherung nach dem Todesfall, VersR 2018, 133; *Winter*, Ausgewählte Rechtsfragen der Lebensversicherung, ZVersWiss 1991, 203; *Wussow*, Schenkungsanfechtung in der Lebensversicherung, NJW 1964, 1259; *Zehner*, Versicherungssumme und Nachlassinteressenten, AcP 153 (1954), 425.

A. Normzweck

I. Lex specialis zu §§ 328 ff. BGB

§ 159 modifiziert die Vorschriften des BGB über den Vertrag zugunsten Dritter,[1] um den bei der Lebensversicherung vorliegenden praktischen Bedürfnissen nach Flexibilität entgegenzukommen. Zu diesem Zweck räumt die Vorschrift dem Versicherungsnehmer im Zweifel, also mangels abweichender und dann vorrangiger vertraglicher Vereinbarung,[2] ein einseitiges Bestimmungs-, Widerrufs- und Änderungsrecht hinsichtlich der Benennung des Bezugsberechtigten ein. Dies gilt nach dem neuen § 159 eindeutig für alle Lebensversicherungen, wohingegen der Wortlaut des § 166 VVG aF noch auf die „Kapitalversicherung" eingeschränkt war.[3] **1**

Bestimmung, Widerruf und Änderung der Bezugsberechtigung bedürfen insbes. keiner Zustimmung des Versicherers als Vertragspartner. Ebenso wird dem Versicherungsnehmer die Bestimmungskompetenz ohne ein Erfordernis der Zustimmung des Bezugsberechtigten eingeräumt. Dieser erwirbt nämlich im Zweifel sein Recht aus der Lebensversicherung erst im Versicherungsfall. Freilich handelt es sich dabei nur um gesetzliche Vermutungen, sodass der Versicherungsnehmer seine Bestimmung des Bezugsberechtigten auch verbindlich erklären kann, sei es, dass er sich den Widerruf bzw. die Änderung der erfolgten Bezugsberechtigung nur mit Zustimmung des Versicherers vorbehält, oder aber – praktisch wesentlich relevanter – die einseitige Bestimmung unwiderruflich vornimmt, sodass der Bezugsberechtigte sein Recht sofort erwirbt und ohne seine Zustimmung auch nicht wieder verlieren kann. **2**

II. Streichung des § 166 Abs. 1 S. 2 VVG aF

Gestrichen wurde § 166 Abs. 1 S. 2 VVG a.F., wonach dem Versicherungsnehmer das Recht zur Änderung der Bezugsberechtigung im Zweifel auch dann zusteht, wenn die Begünstigung mit dem Versicherer vertraglich vereinbart wurde. Die Begründung hebt jedoch deutlich hervor, dass damit keine materielle Rechtsänderung angestrebt wird, sondern ein überflüssiger Satz entfällt. Denn die Regelung des S. 2 ist bereits in § 166 Abs. 1 S. 1 VVG aF und damit auch in § 159 Abs. 1 VVG 2008 enthalten.[4] **3**

III. Änderung des § 330 BGB

Die Vorgängerbestimmung des § 166 VVG aF war noch in ihrem Verhältnis zu § 330 BGB zu sehen, der den Zeitpunkt des Rechtserwerbs des Dritten regelt. Dieses im Einzelnen komplexe Verhältnis braucht nach Inkrafttreten des VVG 2008 nicht mehr erläutert zu werden, weil § 330 BGB im Zuge der VVG-Reform derart modifiziert wurde, dass er auf Lebensversicherungen nicht mehr zur Anwendung kommt.[5] Wann der Bezugsberechtigte seinen Anspruch erwirbt, wird daher nach neuem Recht ausschließlich durch § 159 geregelt. **4**

IV. Einfügung von Abs. 3

Neu ist § 159 Abs. 3. Er kodifiziert den nach altem Recht entwickelten Rechtsprechungsgrundsatz, wonach der unwiderruflich Begünstigte sein Bezugsrecht sofort erwirbt.[6] Diese Regelung bietet dem Bezugsberechtigten Schutz vor einem Zugriff der Gläubiger des Versicherungsnehmers auf das Bezugsrecht. **5**

---

[1] *Ortmann* in Schwintowski/Brömmelmeyer/Ebers VVG § 159 Rn. 1; vgl. *Hofmann* S. 166.
[2] BGH VersR 1981, 371 (372).
[3] Für eine analoge Erstreckung des § 166 VVG aF auf andere Formen der Lebensversicherung *Winter* in Bruck/Möller VVG § 159 Rn. 2, 12.
[4] Begr. zu Art. 1 (§ 159), RegE Gesetz zur Reform des Versicherungsvertragsrechts BT-Drs. 16/3945, 98.
[5] Art. 3 des Gesetzes zur Reform des VVG, BGBl. 2007 I 2631.
[6] → Rn. 72; die Begr. zu Art. 1 (§ 159), RegE Gesetz zur Reform des Versicherungsvertragsrechts BT-Drs. 16/3945, 98, hebt hervor, dass von § 159 Abs. 3 vertraglich abgewichen, der Zeitpunkt des Rechtserwerbs also verschoben werden kann.

6 Die Regelung des § 166 Abs. 2 VVG aF, wonach ein Bezugsberechtigter sein Recht erst mit dem Versicherungsfall erwirbt, bleibt dagegen in § 159 Abs. 2 erhalten. Sie wird jedoch in der Sache richtig auf Fälle beschränkt, in denen das Bezugsrecht widerruflich ausgestaltet ist.[7]

B. Anwendungsbereich

7 § 159 findet auf alle Lebensversicherungen Anwendung.[8] Die im Wortlaut des § 166 VVG aF noch enthaltene Beschränkung auf Kapitalversicherungen entfällt daher, weil Bezugsberechtigungen auch in anderen Fällen üblich sind[9] und kein Grund ersichtlich ist, warum bei Lebensversicherungen, die nicht Kapitalversicherungen sind, abweichende Regelungen gelten sollten. Freilich war schon nach altem Recht erwogen worden, § 166 VVG aF auf andere Fälle der Lebensversicherung analog anzuwenden.[10] Von § 159 sind insbesondere auch Rentenversicherungen erfasst.[11] Indirekt findet die Vorschrift des § 159 auch auf die Unfallversicherung (§ 185) und auf die Berufsunfähigkeitszusatzversicherung (§ 176) Anwendung.

C. Lebensversicherung als Vertrag zugunsten Dritter (auf den Todesfall)

8 Räumt der Versicherungsnehmer einem Dritten ein Recht zum Bezug der Versicherungssumme im Versicherungsfall ein, so wird die Lebensversicherung zu einem (echten) Vertrag zugunsten Dritter.[12] Wenn dies, wie zumeist, für den Fall des Todes der Gefahrperson geschieht, handelt es sich um einen Vertrag zugunsten Dritter auf den Todesfall.[13] Anwendbar sind damit grds. die §§ 328–335 BGB,[14] nicht aber die Formvorschrift des § 2301 BGB, auch wenn im Verhältnis des Versicherungsnehmers zum Bezugsberechtigten eine Schenkung vorliegt.[15]

9 Die Versicherungssumme fällt daher im Todesfall nicht in den Nachlass des Versicherungsnehmers.[16] Dies gilt selbst dann, wenn als Bezugsberechtigte die „Erben" benannt sind.[17] Diese Auslegung wird von § 160 Abs. 2 S. 2, wonach die Ausschlagung der Erbschaft auf das Bezugsrecht der Erben keinen Einfluss hat, *e contrario* bestätigt.[18] Die Versicherungsleistung ist damit dem Zugriff der Nachlassgläubiger entzogen.[19]

---

[7] Begr. zu Art. 1 (§ 159), RegE Gesetz zur Reform des Versicherungsvertragsrechts BT-Drs. 16/3945, 98.
[8] *Ortmann* in Schwintowski/Brömmelmeyer/Ebers VVG § 159 Rn. 3.
[9] Begr. zu Art. 1 (§ 159), RegE Gesetz zur Reform des Versicherungsvertragsrechts BT-Drs. 16/3945, 98.
[10] Hierzu, wenngleich offenlassend zB KG VersR 2006, 1349 (1350) mwN; *Grote* in Langheid/Rixecker VVG § 159 Rn. 1; *Winter* in Bruck/Möller VVG § 159 Rn. 2, 12.
[11] *Ortmann* in Schwintowski/Brömmelmeyer/Ebers VVG § 159 Rn. 3; im Kontext OLG Celle VersR 1965, 677.
[12] BGH VersR 1953, 179; vgl. BGH VersR 2020, 1097 (BUZ); vgl. außerdem BGH VersR 2006, 686 (KV); *Lorenz* FS Schwebler, 1986, 350; *Wandt* VersR Rn. 1273; *Brömmelmeyer* in Beckmann/Matusche-Beckmann VersR-HdB § 42 Rn. 197; *Ortmann* in Schwintowski/Brömmelmeyer/Ebers VVG § 159 Rn. 1.
[13] §§ 328, 331 BGB; BGH VersR 2013, 438 = NJW 2013, 232 = r+s 2013, 347.
[14] *Brambach* in HK-VVG VVG § 159 Rn. 1; nach altem Recht *Winter* in Bruck/Möller VVG § 159 Rn. 3, 45 f.
[15] BGH VersR 2008, 1054 (1055); zu dieser Entscheidung *Hasse* VersR 2009, 41; sowie *Müller-Frank* BUZaktuell 1/2009, 23; BGH VersR 1975, 706 (706); VersR 2010, 895 (897); VersR 2013, 1121; VersR 2013, 1029; NJW-RR 2018, 518; vgl. *Daller* r+s 2021, 1 (3); eine Anwendung des § 2301 BGB wird erwogen bei *Lorenz* FS Schwebler, 1986, 369 f.; letztlich aber abgelehnt durch *Lorenz* FS Farny, 1994, 348 ff.
[16] BGH ZEV 2018, 278 (*Litzenburger*); BGH ZEV 2010, 305 (*Hepting/Wall*); BGH VersR 1996, 877; BGHZ 13, 226 (232) = VersR 1954, 281; BGHZ 32, 46 = VersR 1960, 339; BGH VersR 1955, 99 (100); RGZ 54, 103; OLG Stuttgart BeckRS 2020, 38548; OLG Dresden ZEV 2019, 23 (24); OLG Schleswig ZEV 1995, 415; BayObLG VersR 1995, 649; LG Waldshut VersR 1954, 76; *Wandt* VersR Rn. 1278; ausf. *Winter* in Bruck/Möller VVG § 159 Rn. 21 ff.; *Heilmann* VersR 1972, 997 (1000); kritisch *Hofmann* S. 170 ff.; *Bayer* S. 276 ff.
[17] OGH VersR 1997, 1223 (1224); BayObLG VersR 1995, 649.
[18] Zu kritischen Stimmen gegenüber diesem Ansatz ausf. *Petersen* AcP 204 (2004), 832 (834 ff.), der ihnen aber insbes. wegen des aus § 160 Abs. 2 S. 2 VVG folgenden *argumentum e contrario* nicht folgt.
[19] *Petersen* AcP 204 (2004), 832; zum Rechtserwerb „am Nachlass vorbei" *Lorenz* FS Schwebler, 1986, 371; *Reinicke/Reinicke* NJW 1956, 1053; dagegen zB *Zehner* AcP 153 (1954), 424.

Der Bezugsberechtigte erwirbt das vom Versicherungsnehmer geschaffene Recht wie es steht 10 und liegt. Er muss sich daher Einwendungen aus dem Versicherungsvertrag, wie etwa eine Vertragsnichtigkeit oder eine Leistungsfreiheit des Versicherers, entgegenhalten lassen.[20]

D. Abs. 1: Eine Auslegungsregel

§ 159 Abs. 1 enthält eine Auslegungsregel, wonach „im Zweifel" vom Bestehen eines Bestimmungsrechts des Versicherungsnehmers auszugehen ist.[21] Abweichende Vereinbarungen zwischen Versicherer und Versicherungsnehmer sind jedoch möglich. Eine solche liegt nicht schon dann vor, wenn die Bezugsberechtigung im Einzelfall zwischen Versicherer und Versicherungsnehmer vertraglich festgelegt ist.[22] Die Vereinbarung des Bezugsrechts schließt das Bestimmungsrecht des Versicherungsnehmers allerdings dann aus, wenn die Auslegung des Vertrags eine unwiderrufliche Bezugsberechtigung ergibt, was bspw. der Fall ist, wenn eine Rentenversicherung für die Ehefrau abgeschlossen wird und im Versicherungsschein die Rente für die Ehefrau ausgewiesen ist.[23] In diesem Fall liegt kein „Zweifel" iSd § 159 mehr vor, sodass das Gestaltungsrecht des Versicherungsnehmers entfällt. 11

E. Bestimmungsrecht des Versicherungsnehmers

I. Gestaltungsrecht des Versicherungsnehmers

Beim Bestimmungsrecht nach § 159 Abs. 1 handelt es sich um ein Gestaltungsrecht des Versicherungsnehmers.[24] In seiner Bestimmung ist der Versicherungsnehmer frei,[25] aber auch selbstverantwortlich. Ohne Vorliegen besonderer Gründe braucht der Versicherer den Versicherungsnehmer nämlich nicht über die Auswirkungen des Bezugsrechts zu belehren.[26] Anderes kann bei unwiderruflicher Benennung des Bezugsberechtigten gelten.[27] 12

Leben Ehegatten in Gütergemeinschaft mit gemeinschaftlicher Verwaltung, so gehört der Lebensversicherungsvertrag zum Gesamtgut. Den Ehegatten kommen daher auch die dem Lebensversicherungsvertrag entspringenden Gestaltungsrechte gemeinsam zu. Die Ehegatten können daher wirksam nur gemeinsam über das Bezugsrecht verfügen.[28] Ist jedoch der Güterstand nicht im Güterrechtsregister eingetragen, so kann er Dritten nicht entgegen gehalten werden.[29] In diesem Fall kann die Unwirksamkeit einer Änderung des Bezugsrechts durch einen Ehegatten (den Versicherungsnehmer), der als Bezugsberechtigten bezeichneten anderen Ehegatten durch eine dritte Person ersetzt, letzterer nicht entgegen gehalten werden. Der Dritte erwirbt somit das (widerrufliche) Bezugsrecht spätestens mit dem Tod des Versicherungsnehmers.[30] Damit heilt auch ein Formmangel des Schenkungsvertrags zwischen dem Versicherungsnehmer und der dritten Person.[31] Wegen des unentgeltlichen Erwerbs schuldet der Dritte dem bezugsberechtigten Ehegatten jedoch die Herausgabe der Versicherungsleistung nach § 816 Abs. 2 BGB.[32] 12a

---

[20] *Winter* in Bruck/Möller VVG § 159 Rn. 136.
[21] *Ortmann* in Schwintowski/Brömmelmeyer/Ebers VVG § 159 Rn. 2.
[22] Zum alten Recht, das in § 166 Abs. 1 S. 2 VVG aF noch eine ausdrückliche Regelung enthielt, BGHZ 156, 350 = VersR 2004, 93 = ZIP 2003, 2307 = NJW 2004, 214; KG VersR 2006, 1349 (1350); dieser Grundsatz gilt weiter trotz der Streichung des § 166 Abs. 2 S. 2 VVG a.F., weil ohnehin selbstverständlich; ausdrücklich in diesem Sinn Begr. zu Art. 1 (§ 159), RegE Gesetz zur Reform des Versicherungsvertragsrechts BT-Drs. 16/3945, 98.
[23] KG VersR 2006, 1349 (1350); BGH VersR 1981, 371 (372).
[24] Zum Bsp. *Brömmelmeyer* in Beckmann/Matusche-Beckmann VersR-HdB § 42 Rn. 197; *Ortmann* in Schwintowski/Brömmelmeyer/Ebers VVG § 159 Rn. 8; aA, zB *Heilmann* VersR 1972, 997 (1000), der davon ausgeht, es handle sich um eine Ausübung der Verfügungsmacht über die Versicherungsforderung.
[25] Zu den Grenzen → Rn. 18.
[26] LG München I FamRZ 2005, 134 (135).
[27] LG München I FamRZ 2005, 134 (135).
[28] BGHZ 91, 288 (289, 291) = NJW 1984, 2156.
[29] § 1412 Abs. 1 BGB.
[30] BGHZ 91, 288 (292) = NJW 1984, 2156.
[31] So wohl auch, wenngleich letztlich offenlassend, BGHZ 91, 288 (291 f.) = NJW 1984, 2156.
[32] BGHZ 91, 288 (292 f.) = NJW 1984, 2156, der hervorhebt, dass der Gutglaubensschutz des § 1412 BGB dem § 816 Abs. 2 nachgeht.

12b Das Bestimmungsrecht kann vertraglich eingeschränkt sein. Das ist bspw. der Fall, wenn die AVB einer Restschuldversicherung die Auszahlung der Versicherungsleistung (Rückkaufswert) auf das Kreditkonto vorsehen.[33] Bei Rentenversicherungen mit Hinterbliebenenversorgung können AVB den Kreis der begünstigungsfähigen Hinterbliebenen eingrenzen. Eine Eingrenzung auf die Witwe bzw. den Witwer kann aber nach Inkrafttreten des LPartG zu einer Änderung der Geschäftsgrundlage führen und ein Recht des Versicherungsnehmers begründen, den Vertrag dahingehend anzupassen, dass auch ein gleichgeschlechtlicher Partner iSd (mit Einführung der „Ehe für alle"[34] wieder ausser Kraft getretenen) LPartG begünstigungsfähig ist.[35]

13 Macht der Versicherungsnehmer von seinem Bestimmungsrecht keinen Gebrauch, so ist der Versicherungsnehmer selbst bezugsberechtigt (vgl. auch § 160 Abs. 3). Stirbt der Versicherungsnehmer, ohne eine Begünstigungserklärung abgegeben zu haben, so ist zu unterscheiden. War er, wie zumeist, selbst die Gefahrperson und war die Versicherung auf den Todesfall genommen, so fallen die Ansprüche auf die Versicherungsleistung in seinen Nachlass. Ist der verstorbene Versicherungsnehmer nicht auch Gefahrperson, so kommen die Stellung des Versicherungsnehmers und damit das Bestimmungsrecht nach seinem Tod den Erben zu.

14 Das Bestimmungsrecht ist nicht höchstpersönlich,[36] dh eine rechtsgeschäftliche Vertretung ist möglich.[37] Bei organschaftlicher Vertretung kommt es nur auf die Vertretungsmacht der handelnden Personen an, nicht relevant ist hingegen, ob die Begünstigungserklärung einen Pflichtverstoß gegenüber der vertretenen Gesellschaft begründet.[38] Ist der Versicherungsnehmer nicht geschäftsfähig, so ist eine Vertretung durch den gesetzlichen Vertreter, bei Kindern also idR durch die Eltern (§ 1629 Abs. 1 BGB), erforderlich. Bei beschränkt Geschäftsfähigen bedarf die Bestimmung des Bezugsberechtigten der Einwilligung des gesetzlichen Vertreters (§ 111 BGB), die nach Maßgabe des § 110 BGB entbehrlich sein kann.[39] Die Rspr. hat bisher offen gelassen, ob der Widerruf bzw. die Änderung einer Bezugsberechtigung zum Wirkungskreis des zur Vermögensverwaltung bestellten Pflegers gehört.[40] Auch die Frage, ob das Vormundschaftsgericht eine solche Maßnahme überhaupt genehmigen könnte, blieb offen.[41] Klargelegt hat der BGH aber, dass der Pfleger ohne eine vormundschaftsgerichtliche Genehmigung die Bezugsberechtigung keinesfalls widerrufen oder ändern kann.[42]

II. Kein Zustimmungserfordernis

15 **1. Zustimmung des Versicherers.** Als Gestaltungsrecht kann das Bestimmungsrecht vom Versicherungsnehmer allein,[43] also ohne Zustimmung des Versicherers ausgeübt werden.[44] Zumal es sich bei § 159 nur um eine gesetzliche Vermutung handelt, können die Parteien im Vertrag eine abweichende Regelung treffen. In der Praxis ist die Vereinbarung eines Zustimmungserfordernisses seitens des Versicherers allerdings nicht üblich. Die heute verwendeten ALB sehen eine solche Zustimmung daher auch nicht vor.[45]

16 **2. Zustimmung des Begünstigten.** Das Bestimmungsrecht des Versicherungsnehmers besteht auch unabhängig von der Zustimmung des Bezugsberechtigten.[46] Dieser braucht über seine Benennung nicht einmal Bescheid zu wissen,[47] ebenso wie die Gestaltungserklärung des Versicherungsnehmers dem Bezugsberechtigten nicht zuzugehen braucht.

17 Freilich bleibt es dem Bezugsberechtigten in der Lebensversicherung ebenso wie bei anderen Verträgen zugunsten Dritter vorbehalten, das Recht zurückzuweisen.[48] In diesem Fall wird das

---

[33] AG Düsseldorf VersR 2008, 1197 und LG Düsseldorf VersR 2008, 1197.
[34] Siehe § 1353 Abs. 1 S. 1 BGB i.d.F. BGBl. 2017 I S. 2787.
[35] BGH VersR 2017, 741 (743 ff.).
[36] Zum Bsp. BGHZ 91, 288 (289) = NJW 1984, 2156; *Ortmann* in Schwintowski/Brömmelmeyer/Ebers VVG § 159 Rn. 8; *Benkel/Hirschberg* ALB 2008 § 13 Rn. 13.
[37] *Wandt* VersR Rn. 1275.
[38] OLG Karlsruhe VersR 2001, 1501 (1502).
[39] RGZ 76, 89 (91); LG Bochum VA 1969, 345 (346); *Ortmann* in Schwintowski/Brömmelmeyer/Ebers VVG § 159 Rn. 12.
[40] BGH r+s 1988, 381 = VersR 1988, 1236 = NJW-RR 1988, 21.
[41] BGH r+s 1988, 381 = VersR 1988, 1236 = NJW-RR 1988, 21.
[42] BGH r+s 1988, 381 = VersR 1988, 1236 = NJW-RR 1988, 21.
[43] BGH VersR 1999, 1353 (1354) im Kontext des § 5.
[44] Zum Bsp. *Lorenz* FS Schwebler, 1986, 353; *Benkel/Hirschberg* ALB 2008 § 13 Rn. 13.
[45] Anders noch § 13 Abs. 2 ALB 86 im Falle der Einräumung eines unwiderruflichen Bezugsrechts, dazu *Winter* in Bruck/Möller VVG § 159 Rn. 164 ff.
[46] Zur Begr. *Lorenz* FS Schwebler, 1986, 354; *Benkel/Hirschberg* ALB 2008 § 13 Rn. 13.
[47] *Ortmann* in Schwintowski/Brömmelmeyer/Ebers VVG § 159 Rn. 13.
[48] OLG Karlsruhe VersR 1998, 219; *Grote* in Langheid/Rixecker VVG § 159 Rn. 9.

Recht nicht erworben und ist die Benennung des Bezugsberechtigten unwirksam (§ 333 BGB).[49] Eine Zurückweisung kann nach hL erst im Zeitpunkt des Rechtserwerbs erfolgen. Daher kann ein unwiderruflich Bezugsberechtigter sein Recht bereits vor Eintritt des Versicherungsfalls zurückweisen (vgl. § 159 Abs. 3), ein widerruflich Bezugsberechtigter nach hL jedoch erst nach Eintritt des Versicherungsfalls (vgl. § 159 Abs. 2).[50] Allerdings will die hL eine verfrühte Zurückweisung in eine vertragliche Zusage, das Bezugsrecht nicht auszuüben, umdeuten (§ 140 BGB).[51] Die Zurückweisung darf nicht an eine Bedingung gebunden sein, welche den Rechtserwerb ungewiss macht.[52] Weist der Begünstigte das Recht zugunsten einer anderen Person zurück, so ist zu unterscheiden: Benennt der Begünstigte in seiner Zurückweisung nur jene Person, die mangels Erwerb der Begünstigung zum Zuge kommt,[53] so liegt eine echte Zurückweisung vor. Will der Begünstigte jedoch die Begünstigung auf eine bestimmte andere Person übertragen, so liegt keine Zurückweisung, sondern ein Angebot zur Übertragung des Anspruchs vor.[54]

III. Gesetzliche Grenzen des Bestimmungsrechts

Das Bestimmungsrecht findet seine Grenze an den zwingenden Bestimmungen des objektiven **18** Rechts. Ehedem spielte hier § 138 BGB (gute Sitten) eine bedeutende Rolle.[55] Hatte eine verheiratete Person die Geliebte bzw. den Geliebten als Bezugsberechtigten benannt, so verstieß dies nach alter Rspr. gegen § 138 BGB und war die Einräumung des Bezugsrechts damit nichtig.[56] Davon sind die Gerichte jedoch nach 1970 abgegangen.[57] Die Begünstigung der Geliebten/des Geliebten ist damit an sich nicht mehr sittenwidrig.[58] Das hat wegen des Rechtsprechungswandels grds. auch für Bezugsberechtigungen zu gelten, die davor eingeräumt worden sind. Außerdem muss klar sein, dass die Bezugsberechtigung jedenfalls dann wirksam wird, wenn der Grund der Sittenwidrigkeit später wegfällt. Dies wäre etwa der Fall, wenn der verheiratete Versicherungsnehmer geschieden wird und die Geliebte heiratet.[59] Auch diese „Heilung" hatte der BGH ehedem ausgeschlossen.[60]

Ein zweiter Anwendungsbereich des § 138 BGB bildeten Fälle, in denen der Versicherungsneh- **19** mer eine Person zur Begünstigten machte, um damit Dienstleitungen der Prostitution zu bezahlen.[61] Auch hier ist freilich heute der geänderten Rechtslage Rechnung zu tragen. § 1 ProstG[62] anerkennt bei Vorliegen der Voraussetzungen einen Lohnanspruch der/des Prostituierten. Wenn die Lohnzahlung in Form eines Bezugsrechts aus einem Lebensversicherungsvertrag geschieht, so können dagegen mit Berufung auf die guten Sitten (§ 138 BGB) keine Bedenken mehr erhoben werden.

Sollte die Bezugsrechtseinräumung nichtig sein, so kann der Versicherer unter Umständen, zB **20** wegen einer „Inhaberklausel" (§ 4 Abs. 1), mit schuldbefreiender Wirkung an den vermeintlich Bezugsberechtigten und Inhaber der Police leisten.[63] Dieser schuldet dem Bezugsberechtigten[64] die Auskehrung der Versicherungssumme nach § 816 Abs. 2 BGB.[65] Allerdings kommt der nicht

---

[49] OLG Köln NVersZ 1999, 320.
[50] *Schwintowski* in Berliner Kommentar VVG § 168 Rn. 3 mwN; aA zB *Winter* in Bruck/Möller VVG § 159 Rn. 142.
[51] *Schwintowski* in Berliner Kommentar VVG § 168 Rn. 3.
[52] BGHZ 97, 267.
[53] Vgl. § 160 Abs. 3.
[54] Aus steuerrechtlicher Sicht BFHE 159, 546; hierzu *App* FamRZ 1991, 38.
[55] *Winter* in Bruck/Möller VVG § 159 Rn. 112 ff.; ausf. *Helmers* VersR 1967, 1123; zur Möglichkeit einer Nichtigkeit der Lebensversicherung nach § 138 BGB auch OLG Karlsruhe VersR 1998, 219; OLG Bremen VersR 1959, 689 mAnm *Haidinger*.
[56] Insofern entschied die Rspr. wie in den Fällen der „Geliebtentestamente"; zur Sittenwidrigkeit der Bezugsberechtigung und zur Rechtsprechungsentwicklung *Schwintowski* in Berliner Kommentar VVG § 166 Rn. 11; *Grote* in Langheid/Rixecker VVG § 159 Rn. 12; Rechtsprechungsanalyse bei *Winter* in Bruck/Möller VVG § 159 Rn. 113 f.; offenlassend BGH VersR 1962, 405 (406); VersR 1975, 706 (708).
[57] Neuere Rspr. unter anderem bei *Schwintowski* in Berliner Kommentar VVG § 166 Rn. 11; *Grote* in Langheid/Rixecker VVG § 159 Rn. 12.
[58] *Ortmann* in Schwintowski/Brömmelmeyer/Ebers VVG § 159 Rn. 15; *Grote* in Langheid/Rixecker VVG § 159 Rn. 12.
[59] Vgl. die Fallgestaltung in OLG Bremen VersR 1959, 689.
[60] BGHZ 20, 71 (73); BGH FamRZ 1977, 270.
[61] *Schwintowski* in Berliner Kommentar VVG § 166 Rn. 11.
[62] Gesetz zur Regelung der Rechtsverhältnisse der Prostituierten (Prostitutionsgesetz) v. 20.12.2001, BGBl. 2001 I 3983.
[63] BGH VersR 1999, 700; OLG Koblenz VersR 2008, 1338.
[64] Das sind regelmäßig der Versicherungsnehmer bzw. seine Erben, vgl. § 160 Abs. 3, es könnte aber auch ein nachrangiger Bezugsberechtigter zum Zuge kommen.
[65] Vgl., wenngleich *in concreto* verneinend, OLG Koblenz VersR 1999, 830 (831).

bezugsberechtigten Ehefrau des Versicherungsnehmers ein Bereicherungsanspruch nicht schon aufgrund der Behauptung zu, ihr Ehemann hätte sie bei Kenntnis der Nichtigkeit zur Bezugsberechtigten ernannt. Jedenfalls kann dies nicht schon aufgrund der allgemeinen Lebenserfahrung angenommen werden.[66] Damit scheiden auch Ansprüche der übergangenen Ehefrau gegen die bezugsberechtigte Person nach § 826 BGB aus.[67] Dies sollte schon deshalb gelten, weil Begünstigungserklärungen zugunsten der Geliebten nicht mehr als sittenwidrig anzusehen sind. Auch nach alter Rspr. war ein Bereicherungsanspruch des Versicherungsnehmers gegen den Bezugsberechtigten wegen § 817 S. 2 BGB ausgeschlossen.[68]

F. Begünstigungserklärung

I. Allgemeines

21 Der Versicherungsnehmer übt sein Bestimmungsrecht grds. durch Abgabe einer einseitigen, empfangsbedürftigen[69] Willenserklärung aus, der Verfügungscharakter zukommt.[70] Die Bestimmung wird daher wirksam, sobald sie dem Versicherer zugegangen ist (§ 130 Abs. 1 S. 1 BGB).[71] Zugang beim Versicherungsvertreter genügt gem. § 69 Abs. 1 Nr. 1 oder 2 iVm § 72.[72] Eine dem Bezugsberechtigten gegenüber abgegebene Begünstigungserklärung reicht demgegenüber nicht aus.[73]

22 Dieses Zugangserfordernis geht nicht ausdrücklich aus § 159 hervor, entspricht aber dem Sinn und Zweck der Regelung, weil die Willenserklärung des Versicherungsnehmers derart in den Rechtskreis des Versicherers eingreift, dass er ein legitimes Interesse an einer Kenntnisnahme hat.[74] Daran ändert sich auch nichts, wenn der Versicherer im Wege einer Inhaberklausel in den AVB ermächtigt ist, schuldbefreiend an den Inhaber der Police zu leisten.[75] Es reicht daher auch nicht aus, dass der Versicherungsnehmer die Änderung des Bezugsrechts auf seinem Versicherungsschein vermerkt, ohne sie dem Versicherer mitzuteilen.[76]

23 Die Auslegungsregel des § 332 BGB erweitert jedoch die Möglichkeiten des Versicherungsnehmers und lässt im Zweifel auch eine Begünstigungserklärung im Wege einer Verfügung von Todes wegen zu.[77] Eine derartige Bestimmung braucht dem Versicherer nach der Gesetzeslage[78] nicht zuzugehen. Dies birgt für den Versicherer das offensichtliche Risiko, dass er im Versicherungsfall seine Leistung an einen Bezugsberechtigten erbringt, der mittels dem Versicherer zugegangener Begünstigungserklärung widerruflich eingesetzt, später aber ohne Kenntnis des Versicherers durch letztwillige Verfügung abgesetzt oder durch einen anderen ersetzt wurde. In diesem Fall ist § 407 BGB analog heranzuziehen, sodass die gutgläubig an den ehedem Bezugsberechtigten erbrachte Leistung auch gegenüber dem in der letztwilligen Verfügung als bezugsberechtigt Benannten schuldbefreiend wirkt.

24 Eine analoge Anwendung der Regelung des § 332 BGB auf die nicht letztwillige Benennung des Bezugsberechtigten, sodass eine dem Versicherer nicht zugegangene lebzeitige Begünstigungserklärung wirksam wäre, wird von der Rspr. unter Hinweis auf den Ausnahmecharakter der Vorschrift

---

[66] BGH VersR 1962, 405.
[67] BGH VersR 1962, 405.
[68] *Winter* in Bruck/Möller VVG § 159 Rn. 120.
[69] BGH VersR 1953, 179; 1967, 795; eine briefliche Erklärung an den Bezugsberechtigten, die dem Versicherer nicht zur Kenntnis gebracht wird, reicht daher nicht aus vgl. RGZ 140, 30; näher zur Empfangsbedürftigkeit *Lorenz* FS Schwebler, 1986, 364 ff.; *Ortmann* in Schwintowski/Brömmelmeyer/Ebers VVG § 159 Rn. 8.
[70] BGH VersR 2007, 784; 2003, 1021; r+s 1988, 381 = VersR 1988, 1236 = NJW-RR 1988, 21; BGHZ 91, 288 (289) = NJW 1984, 2156; OLG Braunschweig ZIP 2020, 36 (37); nähere Qualifikation bei *Lorenz* FS Schwebler, 1986, 359; und – gegenüber kritischen Stimmen – *Lorenz* FS Schwebler, 1986, 361 f.; *Brömmelmeyer* in Beckmann/Matusche-Beckmann VersR-HdB § 42 Rn. 197; *Benkel/Hirschberg* ALB 2008 § 13 Rn. 15.
[71] Deutlich BGH VersR 1981, 371 (372) „... gegenüber dem Versicherer ...".
[72] *Ortmann* in Schwintowski/Brömmelmeyer/Ebers VVG § 159 Rn. 10.
[73] Allenfalls kann die Erklärung eine schuldrechtliche Verpflichtung zur Einräumung eines Bezugsrechts begründen, *Brambach* in HK-VVG VVG § 159 Rn. 5; bei Vorliegen eines Schenkungsversprechens muss allerdings die Form des § 518 BGB gewahrt sein.
[74] BGH VersR 1953, 179 mwN; RGZ 140, 30 (33).
[75] BGH VersR 1953, 179, der außerdem auf die Möglichkeit hinweist, dass die Inhaberklausel wegen Verlusts des Versicherungsscheins gar nicht relevant wird.
[76] BGH r+s 1988, 381 = VersR 1988, 1236 = NJW-RR 1988, 21.
[77] Vgl. zB den Hinweis in OLG Düsseldorf VersR 1975, 918 (919); ausf. *Bartholomeyczik* FS Lübtow, 1990, 729.
[78] Zu abweichenden Bestimmungen in den üblichen AVB → Rn. 25.

abgelehnt.[79] Die Form der letztwilligen Verfügung garantiere „Ernstlichkeit, Reife und Deutlichkeit der Willenserklärung" und ermögliche die Feststellung, welche Erklärung die letzte vor dem Ableben des Erblassers war.[80] Diese Teleologie der Ausnahmevorschrift verbiete ihre analoge Ausdehnung.

Die geschilderte Problematik hat aufgrund der am Markt gängigen Bedingungslage ohnehin **25** keine praktische Bedeutung mehr. Nach § 13 Abs. 4 ALB bedarf nämlich die Bestimmung des Bezugsberechtigten neben der Schriftform auch einer Anzeige an den Versicherer.[81] Diese Klausel greift auch dann, wenn sie die Auslegungsregel des § 332 BGB nicht ausdrücklich ausschließt.[82] Sie verdrängt § 332 BGB schon deshalb, weil sie die Frage des Zugangserfordernisses eindeutig, also zweifelsfrei regelt.[83] § 13 Abs. 4 ALB verstößt nicht gegen § 159, weil dieser abdingbar ist (§ 171). Sie verstößt auch nicht gegen § 309 Nr. 13 BGB, weil sie kein „besonderes" Zugangserfordernis, sondern vielmehr nur ein „allgemeines" Zugangserfordernis aufstellt.[84] Für die Praxis bedeutet dies, dass eine wirksame Ausübung des Bestimmungsrechts nur noch durch gegenüber dem Versicherer abgegebene Willenserklärungen, mindestens aber durch letztwillige Verfügungen, die dem Versicherer notifiziert werden, erfolgen kann.[85] Wird die letztwillige Verfügung nämlich nicht zu Lebzeiten angezeigt, so hilft ein Zugang der testamentarischen Erklärung beim Versicherer nach dem Tod der Gefahrperson nicht mehr.[86] Zwar greift, wenn der Versicherungsnehmer auch die Gefahrperson ist, § 130 Abs. 2 BGB, wonach die abgegebene Willenserklärung wirksam bleibt, auch wenn sie erst nach dem Tod des Erklärenden dem Versicherer zugeht.[87] Jedoch erwirbt ein bis dahin wirksam benannter, anderer Bezugsberechtigter mit dem Tod der Gefahrperson den Anspruch auf die Versicherungsleistung, der durch einen verspäteten Zugang der Erklärung in der letztwilligen Verfügung beim Versicherer nicht mehr beseitigt werden kann.[88] In diesen Fällen steht dem unwirksam benannten Bezugsberechtigten auch kein Bereicherungsanspruch gegen den wirksam benannten Bezugsberechtigten zu. Dieser hat seinen Anspruch nämlich nicht „auf Kosten" des letztwillig benannten Bezugsberechtigten iSv § 812 Abs. 1 S. 1 BGB erworben.[89] Jedoch kommt ein Schadensersatzanspruch gegen den die letztwillige Verfügung beurkundenden Notar in Frage.[90] Außerdem kann die Bezeichnung in der letztwilligen Verfügung ein Verschaffungsvermächtnis beinhalten, das die Erben belastet, auch wenn die Versicherungsleistung nicht in den Nachlass fällt.[91]

Bloße Absichtserklärungen und Überlegungen des Versicherungsnehmers hinsichtlich der **26** Bestimmung oder Änderung des Bezugsrechts, sind schon wegen regelmäßig fehlenden Zugangs beim Versicherer unwirksam.[92] Besondere Zugangserfordernisse, etwa dass die Erklärung dem Vorstand des Versicherungsunternehmens zugehen müsse,[93] verstoßen jedoch gegen § 309 Nr. 13 BGB. Derartige AVB-Bestimmungen können auch einen Verstoß gegen die zwingenden Vorschriften über die Empfangsvollmacht von Versicherungsagenten (§ 69 Abs. 1 Nr. 1, 2 i.V.m. § 72) darstellen. Die heute gebräuchlichen ALB enthalten derartige Beschränkungen daher nicht mehr.

Die Bestimmung des Bezugsberechtigten durch den Versicherungsnehmer bleibt auch dann **27** eine einseitige Willenserklärung, wenn sie im Antragsformular erfolgt und der Bezugsberechtigte

---

[79] So schon RGZ 140, 30 (33 f.); BGH VersR 1953, 179 (180).
[80] BGH VersR 1953, 179 (180).
[81] Zu früheren, ähnlichen AVB-Klauseln BGH NJW 1993, 3133 (3135); VersR 1993, 553 (555); OLG Koblenz VersR 1999, 830 (831); die Wendung in den AVB, wonach der nicht angezeigte Widerruf (nur) „gegenüber dem Versicherer" unwirksam sei, ändert nichts, weil der bisherige Begünstigte Berechtigter iSv § 816 Abs. 2 BGB bleibt; so BGHZ 81, 95; krit. gegenüber dieser Entscheidung *Schmalz/Brüggemann* ZEV 1996, 84 (88).
[82] BGHZ 81, 95.
[83] Zu früheren, ähnlichen AVB-Klauseln BGHZ 81, 95; BGH NJW 1993, 3133 (3135).
[84] BGH VersR 1999, 565; NJW 1993, 3133 (3135).
[85] So zB auch *Lange* ZEV 2012, 126 (128).
[86] Zu früheren ähnlichen AVB-Klauseln, BGH NJW 1993, 3133 (3135).
[87] *Winter* in Bruck/Möller VVG § 159 Rn. 260.
[88] Zu früheren, ähnlichen AVB-Klauseln BGH NJW 1993, 3133 (3135); *Glauber* VersR 1993, 938, der zwischen der Wirksamkeit der Willenserklärung, die durch § 130 Abs. 2 BGB erhalten bleibt, und den Wirkungen der Willenserklärungen, die wegen des endgültigen Rechtserwerbs des zuerst Bezugsberechtigten nicht mehr eintreten können, unterscheidet; anders demgegenüber LG Freiburg VersR 1952, 256, mit krit. Anm. *Dörstling*; *Roth* NJW 1992, 791; dasselbe gilt, wenn ein nicht durch letztwillige Verfügung erklärter Widerruf erst nach dem Tod des Versicherungsnehmers dem Versicherer zugeht; BGH VersR 1994, 586; OLG Hamm VersR 1981, 228.
[89] Anders *Brambach* in HK-VVG VVG § 159 Rn. 14.
[90] → Rn. 63.
[91] OLG Düsseldorf VersR 1996, 590 (591).
[92] OLG Frankfurt a. M. r+s 1996, 326 (327) = VersR 1996, 358.
[93] Eine solche Klausel lag zB der Entscheidung BGH VersR 1953, 179 zugrunde.

vom Versicherer in die Police aufgenommen wird.[94] Die Gestaltung geschieht nämlich rechtswirksam bereits mit dem Zugang der Erklärung beim Versicherer und ist damit nicht Gegenstand der vertraglichen Einigung. Sollte in der Police eine andere Person als Bezugsberechtigter genannt sein, als diejenige, die vom Versicherungsnehmer im Antrag bestimmt wurde, so kommt auch die Genehmigungsfiktion des § 5 nicht zur Anwendung.[95] Dies folgt schon aus dem Wortlaut der Vorschrift, weil eben weder eine Abweichung vom „Antrag" noch von den „getroffenen Vereinbarungen" vorliegt. Vor allem aber entspricht es der Teleologie des § 5, zumal der Versicherer, soweit die Bezugsberechtigung nicht im Einzelfall vertraglich vereinbart wird, kein Interesse an einer Genehmigungsfiktion hat, wenn der Versicherungsnehmer die Bezugsberechtigung ohnehin einseitig bestimmen und auch ändern kann.

II. Formfragen

28 **1. Form der Begünstigungserklärung.** § 159 fordert für die Ausübung des Bestimmungsrechts keine besondere Form.[96] Der Versicherungsnehmer kann die Bestimmung daher auch durch mündliche Erklärung gegenüber dem Versicherungsagenten vornehmen. Allerdings weichen die gebräuchlichen ALB in ihrem § 9 Abs. 4[97] hiervon ab, indem sie für die Ausübung des Bestimmungsrechts eine schriftliche Anzeige an den Versicherer fordern.[98] Dieses Schriftformerfordernis ist wegen des nicht zwingenden Charakters von § 159 wirksam und insbes. AGB-rechtlich unbedenklich.[99] Es stellt auch keine unzulässige Beschränkung der Empfangsvollmacht des Versicherungsvertreters iSv §§ 69 Abs. 1, 72 dar, was auch die Begründung unmittelbar hervorhebt.[100] Die geforderte Schriftform kann jedoch durch eine elektronische Form nach § 126a BGB ersetzt werden. Auch ist zu beachten, dass Versicherer und Versicherungsnehmer im Einzelfall formfrei, selbst konkludent, vom Erfordernis abweichen können.

29 Nach einer aus 1966 stammenden Entscheidung des BGH soll das Formerfordernis der Begünstigungserklärung aber nur bestehen, um gegenüber dem Versicherer wirksam zu werden.[101] Im Verhältnis mehrere Prätendenten zueinander, soll indessen auch eine mündliche Bezugsberechtigung wirken.[102] Diese Entscheidung ist bedenklich. Wenn nämlich die mündlich erklärte Bezugsberechtigung dem Versicherer gegenüber nicht wirkt, dann konnte die benannte Person auch keinen Anspruch auf die Versicherungsleistung erworben haben und fiel diese daher in den Nachlass. Eine andere Frage ist, ob der nur mündlich bezeichnete Bezugsberechtigte gegenüber den Erben einen Anspruch auf Auskehrung der Versicherungssumme hat. Die Antwort hängt letztlich vom Verhältnis zum Versicherungsnehmer, also vom Valutaverhältnis,[103] ab. War dieser verpflichtet, ein Bezugsrecht einzuräumen und hat er dies schuldhaft unterlassen, so haften die Erben für die Pflichtverletzung des Versicherungsnehmers. Aus der mündlich erklärten Bezugsberechtigung allein kann dies aber nicht abgeleitet werden.

30 Begünstigungserklärungen in letztwilligen Verfügungen iSd § 332 BGB bedürfen schon der *ratio* dieser Bestimmung nach der hierfür geforderten Form. Allerdings spricht nichts dagegen, eine in einer formnichtigen letztwilligen Verfügung enthaltene Begünstigungserklärung, die gem. § 9 Abs. 4 ALB dem Versicherer angezeigt wurde, in eine wirksame Begünstigungserklärung unter Lebenden umzudeuten, wenn mindestens die Schriftform gewahrt wurde.[104]

31 **2. Policierung des Bezugsrechts.** Eine andere Frage ist, ob der Versicherer den Bezugsberechtigten in der Lebensversicherungspolice angeben muss. Dies lehnt die Rspr. jedenfalls für den Regelfall einer widerruflichen Bezugsberechtigung unter Verweis auf die Rechtsnatur der Benennung als einsei-

---

[94] *Brambach* in HK-VVG § 159 Rn. 4.
[95] OLG Frankfurt a. M. VersR 1999, 1353 (1354); *Ortmann* in Schwintowski/Brömmelmeyer/Ebers VVG § 159 Rn. 11; *Grote* in Langheid/Rixecker VVG § 159 Rn. 8.
[96] BGH VersR 1953, 179; *Ortmann* in Schwintowski/Brömmelmeyer/Ebers VVG § 159 Rn. 33; insbes. sind die Formvorschriften für letztwillige Verfügungen nicht anwendbar, *Winter* in Bruck/Möller VVG § 159 Rn. 101.
[97] In der Fassung v. 28.4.2021.
[98] Vgl. BGH VersR 2003, 1021.
[99] Vgl. *Brömmelmeyer* in Beckmann/Matusche-Beckmann VersR-HdB § 42 Rn. 220; *Ortmann* in Schwintowski/Brömmelmeyer/Ebers VVG § 159 Rn. 33; zur Wirksamkeit des Formerfordernisses (mit Blick auf ältere AVB) auch BGH VersR 1999, 565; *Kalischko* VersR 1988, 118.
[100] Begr. zu Art. 1 (§ 72), RegE Gesetz zur Reform des Versicherungsvertragsrechts BT-Drs. 16/3945, 78; eing. *Reiff* in Beckmann/Matusche-Beckmann VersR-HdB § 5 Rn. 77 ff.
[101] BGH VersR 1967, 795.
[102] BGH VersR 1967, 795; *Kalischko* VersR 1988, 118.
[103] → Rn. 83 ff.
[104] § 140 BGB.

tige Willenserklärung ab.[105] Die Bezugsberechtigung sei nicht Teil des Vereinbarten und müsse daher auch nicht in die Police aufgenommen werden.[106] Indessen ist kein Grund ersichtlich, die Policierungspflicht auf den „vereinbarten Vertragsinhalt" zu beschränken und damit die Bestimmung des Bezugsberechtigten, die fraglos einen – obendrein sehr wesentlichen – Vertragsinhalt darstellt,[107] trotz Zugangs der Erklärung beim Versicherer auszunehmen. Auch ist das Interesse des Versicherungsnehmers und Drittbeteiligter an der Dokumentation der Bezugsberechtigung mindestens so hoch wie bei anderen wesentlichen Vertragsinhalten.[108] Daher ist von einer Policierungspflicht auszugehen.

Daraus folgt im Falle der Abänderung einer Bezugsberechtigung die Pflicht des Versicherers, 32 eine neue Police auszustellen.[109] Zumal die meisten Lebensversicherer den Bezugsberechtigten in der Police aufführen,[110] muss diese Pflicht zur Ausstellung einer Nachtragspolice auch dann gelten, wenn man die Bezugsberechtigung für an sich nicht policierungspflichtig hält. Dies unabhängig davon, ob man den Versicherer mit dem LG München I für nicht verpflichtet hält, „den Versicherungsnehmer über die von ihm bestimmte Bezugsberechtigung auf dem Laufenden zu halten".[111]

III. Bestimmtheit der Begünstigungserklärung

Die Begünstigungserklärung des Versicherungsnehmers muss bestimmt sein. Zwar ist es nicht 33 erforderlich, dass der Begünstigte ausdrücklich, also namentlich individualisiert bezeichnet wird,[112] doch muss der Berechtigte klar und eindeutig aus der Erklärung ermittelbar sein.[113] Dem Erfordernis der Klarheit und Eindeutigkeit ist also bereits Genüge getan, wenn der Bezugsberechtigte bestimmbar ist.[114] Bestimmbar ist der Bezugsberechtigte, wenn seine Identifizierbarkeit durch ein sachliches Kriterium gesichert ist. Das liegt vor, wenn die zum Zeitpunkt des Eintritts des Versicherungsfalls mit dem Versicherungsnehmer verheiratete Frau berechtigt sein soll.[115] Insbesondere ist auch eine bedingte Bezugsrechtseinräumung wirksam.[116] Die Ehefrau ist in diesem Fall ab Eheschließung und auflösend bedingt durch eine Ehescheidung bezugsberechtigt.[117] Eine inhaltlich unbestimmte oder mehrdeutige Erklärung, etwa eine bloße Absichtserklärung oder ein „lautes Nachdenken" des Versicherungsnehmers,[118] ist demgegenüber unwirksam.

IV. Auslegung der Begünstigungserklärung

1. Begünstigungserklärung des Versicherungsnehmers. Der Inhalt der Erklärung ist – 34 unter Berücksichtigung der Auslegungsregeln des § 160 – nach den für Willenserklärungen geltenden Interpretationsregeln zu bestimmen (§ 133 BGB).[119] Die Auslegung bezieht sich auf den Zeitpunkt, zu dem der Versicherungsnehmer seine Erklärung abgibt.[120] Es kommt auf den Willen an, der vom Versicherungsnehmer dem Versicherer gegenüber zum Ausdruck gebracht wird.[121] Vorrangig ist auf den wahren Willen des Versicherungsnehmers[122] abzustellen, sodass eine Fehlbezeichnung *(falsa*

---

[105] LG München I FamRZ 2005, 134 (135), welches allerdings eine Policierungspflicht einer unwiderruflichen Bezugsberechtigung erwägt; *Brömmelmeyer* in Beckmann/Matusche-Beckmann VersR-HdB § 42 Rn. 197.
[106] LG München I FamRZ 2005, 134 (135).
[107] BGH r+s 1988, 381 = VersR 1988, 1236 = NJW-RR 1988, 21, der bei einer Änderung der Bezugsberechtigung von einer „inhaltlichen Änderung des Versicherungsvertrags" spricht; das LG München I FamRZ 2005, 134 (135) will die Erheblichkeit des Inhalts wohl nur bei unwiderruflichen Bezugsrechten als gegeben ansehen. Dies überzeugt nicht und wirft die Frage auf, was bei eingeschränkt widerruflichen Bezugsrechten zu gelten hat.
[108] Zur Pflicht, die „wesentlichen" Vertragsinhalte in den Versicherungsschein aufzunehmen, *Knops* in Bruck/Möller VVG § 3 Rn. 9.
[109] *Knops* in Bruck/Möller VVG § 3 Rn. 9.
[110] LG München I FamRZ 2005, 134 (135).
[111] Dies soll nach LG München I FamRZ 2005, 134 (136) selbst dann gelten, wenn der Versicherer erfährt, dass sich der Versicherungsnehmer in einem Scheidungsverfahren befindet, sich also die Frage nach dem Beibehalten der Benennung der Ehefrau als Bezugsberechtigter aufdrängt.
[112] *Winter* in Bruck/Möller VVG § 159 Rn. 99.
[113] OLG Frankfurt a. M. r+s 1996, 326 (327) = VersR 1996, 358.
[114] BGH VersR 2013, 438 = NJW 2013, 232 = r+s 2013, 347 mwN.
[115] BGH VersR 2013, 438 = NJW 2013, 232 = r+s 2013, 347.
[116] BGH VersR 2013, 438 = NJW 2013, 232 = r+s 2013, 347.
[117] BGH VersR 2013, 438 = NJW 2013, 232 = r+s 2013, 347.
[118] Vgl. im Kontext den Fall OLG Frankfurt a. M. r+s 1996, 326 (327) = VersR 1996, 358; s. auch *Hoffmann* FamRZ 1977, 222 (223).
[119] *Winter* in Bruck/Möller VVG § 159 Rn. 98; OLG Dresden ZEV 2019, 23 (24).
[120] BGH VersR 2019, 1068 (1069); VersR 2015, 1148 (1149); VersR 2007, 784 (785).
[121] BGH VersR 2019, 1068 (1069); VersR 2015, 1148 (1149); VersR 2007, 784 (785).
[122] BGH VersR 1975, 1020; OLG Köln NVersZ 1999, 320; VersR 1983, 1181.

demonstratio) grds. unschädlich ist. Soweit ein natürlicher Wille nicht ermittelbar ist, ist die Erklärung nach Treu und Glauben und mit Rücksicht auf die Verkehrssitte auszulegen (§ 157 BGB).[123] Zur Ermittlung des wahren Willens kann grds. auf alle relevanten Umstände im Zeitpunkt des Vertragsschlusses[124] zurückgegriffen werden, auch auf Äußerungen gegenüber dem Versicherungsvertreter oder anderen Personen.[125] Jedoch ist die Benennung des Bezugsberechtigten als empfangsbedürftige Willenserklärung vertrauenstheoretisch vom Empfängerhorizont aus (insofern also „objektiv") auszulegen, sodass nur solche Umstände in Betracht zu ziehen sind, von denen der Versicherer mindestens Kenntnis nehmen konnte.[126]

35   **2. Letztwillige Verfügung des Versicherungsnehmers.** Erfolgt die Bezeichnung des Bezugsberechtigten durch Testament, so folgt deren Auslegung den Grundsätzen für letztwillige Verfügungen.[127] Die vertragliche Pflicht, die testamentarische Begünstigungserklärung dem Versicherer anzuzeigen, sollte daran nichts ändern. Die heute gebräuchlichen AVB sprechen nur von einer „schriftlichen Anzeige",[128] die keine Auswirkung auf die Auslegung hat. Anderes gilt nur dann, wenn eine formnichtige testamentarische Begünstigungserklärung, die dem Versicherer angezeigt wurde, in eine Erklärung unter Lebenden umgedeutet wird.[129] Keine Bezugsrechtseinräumung liegt in der Anordnung einer Testamentsvollstreckung hinsichtlich der Versicherungssumme.[130]

36   **3. Vertragliche Bestimmung durch AVB.** Erfolgt die Bezeichnung des Bezugsberechtigten in vertraglich vereinbarten AVB des Versicherers, so sind diese aus der Sicht eines verständigen und durchschnittlichen Versicherungsnehmers auszulegen.[131] Dabei sind die Interessen des Bezugsberechtigten, denen die Versicherung dienen soll, in die Auslegung mit einzubeziehen.[132]

37   **4. Namentliche Benennung.** Aus diesen Auslegungskriterien folgt zunächst, dass bei namentlicher Bezeichnung des Bezugsberechtigten – vorbehaltlich einer Fehlbezeichnung – eine bloße Wortlautinterpretation ausreicht.[133] Sollten für den genannten Namen zwei oder mehrere Personen in Frage kommen, so ist der wirklich Berechtigte durch Erforschung des wahren Willens des Versicherungsnehmers zu ermitteln.[134]

38   **5. Ehegatte.** In anderen Fällen, insbes. wenn der Bezugsberechtigte durch die Innehabung einer bestimmten Rolle (Ehegatte, Erbe, etc) bestimmt wird, reicht der Wortlaut allein nicht aus. In der Rspr. haben sich dabei Falltypen gebildet, die eine gewisse Richtschnur bilden.

39   Wird der Ehegatte der versicherten Person als bezugsberechtigt benannt, so ist darunter jene Person zu verstehen, die im Zeitpunkt des Vertragsschlusses (genauer: im Zeitpunkt der Benennung des Bezugsberechtigten) mit dem Versicherungsnehmer verheiratet ist.[135] Dies auch dann, wenn der Name des bezugsberechtigten Ehegatten nicht ausdrücklich angeführt ist;[136] ja selbst dann, wenn der „verwitwete Ehegatte" als bezugsberechtigt benannt wurde.[137] Anderes gilt, wenn es im Zeitpunkt der Abgabe der Erklärung einen Ehegatten nicht gibt. Dann ist unter dem „überlebenden Ehegatten" der Ehegatte im Zeitpunkt des Todes der Versicherten zu verstehen.[138] Ist im Vertrag als auf den

---

[123] OLG Dresden ZEV 2019, 23 (24); OLG Köln NVersZ 1999, 320; *Hoffmann* FamRZ 1977, 222 (223).
[124] Nicht aber auf den Vertragsschluss nachfolgende Umstände BGH VersR 2015, 1148 (1149).
[125] OLG Köln NVersZ 1999, 320.
[126] Deutlich z.B. BGH VersR 2019, 1068 (1069); s. auch OLG Dresden ZEV 2019, 23 (24); OLG Köln VersR 2004, 1032; OLG Zweibrücken VuR 2013, 396 (Ls.) = r+s 2014, 420 (Ls.); *Brömmelmeyer* in Beckmann/Matusche-Beckmann VersR-HdB § 42 Rn. 223.
[127] Wie überhaupt die Erklärung in Form einer letztwilligen Verfügung deren Regeln folgt; *Bartholomeyczik* FS Lübtow, 1990, 729 (753).
[128] Vgl. § 9 Abs. 4 ALB 2008.
[129] → Rn. 30.
[130] OLG Zweibrücken VuR 2013, 396 (Ls.) = r+s 2014, 420 (Ls.); zur Testamentsvollstreckung mit Blick auf Lebensversicherungen zu eigenen Gunsten *Leitzen* RNotZ 2009, 129 (140 f.).
[131] BGH VersR 2014, 321 = r+s 2014, 188 = ZIP 2014, 384 = WM 2014, 318; VersR 2006, 1059; 2005, 1134 (1135).
[132] BGH VersR 2015, 1145 = ZIP 2015, 1647 = WM 2015, 1471; VersR 2014, 321 = r+s 2014, 188 = ZIP 2014, 384 = WM 2014, 318; VersR 2006, 1059; 2005, 1134 (1135).
[133] BGH VersR 2003, 1021 (1022); KG VersR 2006, 1349.
[134] OLG Köln NVersZ 1999, 320.
[135] BGH VersR 2007, 784 (785); 1975, 1020; OLG Karlsruhe VersR 1998, 219; OLG Bremen VersR 1959, 689; LG Saarbrücken NJW 1983, 180; aA OLG Frankfurt a. M. VersR 1997, 1216; *Oswald* FamRZ 1971, 621 (622); *Leitzen* RNotZ 2009, 129 (148); aA auch *Winter* in Bruck/Möller VVG § 159 Rn. 99.
[136] Besonders deutlich BGH VersR 1975, 1020; anders noch LG Düsseldorf NJW 1966, 205; *Oswald* FamRZ 1971, 621 (622).
[137] BGH VersR 2015, 1148 = WM 2015, 1611 = r+s 2015, 455.
[138] BGH VersR 2019, 1068 (1069).

Todesfall Begünstigte die Verlobte des Versicherungsnehmers als „Ehefrau R. geb. S" bezeichnet, so ist sie bezugsberechtigt, auch wenn der Versicherungsnehmer vor der Eheschließung verstirbt.[139]

Die Bezugsberechtigung ist mangels anderweitiger Erklärungen des Versicherungsnehmers nicht **40** durch die Scheidung auflösend bedingt.[140] Die Anbringung einer auflösenden Bedingung wäre aber möglich.[141] Im Übrigen ist die Scheidungsvereinbarung allein auch kein wirksamer Widerruf der Bezugsberechtigung.[142] Am Bezugsrecht ändert sich auch dann nichts, wenn der bezugsberechtigte Ehegatte anlässlich der Scheidung auf Unterhalt, Notunterhalt und Zugewinnausgleich verzichtet.[143]

Nicht gemeint ist mit dem „Ehegatten" daher diejenige Person, mit der die versicherte Person **41** im Zeitpunkt des Todes verheiratet ist.[144] Nach Ansicht der Rspr. denke der Versicherungsnehmer im für die Auslegung der Bezugsberechtigung maßgeblichen Zeitpunkt der Benennung noch nicht an eine spätere Scheidung und habe daher keinen Willen, einen späteren Ehepartner zu berechtigen.[145] Das gelte nur dann nicht, wenn der Versicherungsnehmer im Rahmen einer der Alters- und Hinterbliebenenversorgung von Mitarbeitern dienenden Lebensversicherung den Ehegatten der versicherten Person als unwiderruflich bezugsberechtigt benennt.[146] Hier sei die Einsetzung der „Ehefrau" als Begünstigte so auszulegen, dass darunter die Person gemeint ist, die mit der versicherten Person im Zeitpunkt des Versicherungsfalls verheiratet ist.[147] Nur sie sei eine „Hinterbliebene" im Sinne der einschlägigen AVB.

Die Rspr. lehnt es ab, § 2077 BGB im Fall der Scheidung analog anzuwenden.[148] Dies sei aus **42** Gründen der Rechtssicherheit abzulehnen.[149] Darüber hinaus sei die Ermittlung eines hypothetischen Willens des Versicherungsnehmers nach § 2077 BGB bei der Bezugsberechtigung bedenklich, weil auf eine Auslegung aus der Empfängerperspektive des Versicherers abzustellen sei.[150] Auch bestehe keine tatsächliche Vermutung, der Versicherungsnehmer wolle nur für den Fall des Bestehenbleibens der Ehe begünstigen.[151] Schon wegen der am Empfängerhorizont des Versicherers auszurichtenden Auslegung, gelte dies auch dann, wenn der Ehepartner nicht namentlich genannt wird.[152] Der Versicherer leistet daher durch Zahlung an den Ehegatten, der mit dem Versicherungsnehmer im Zeitpunkt der Begünstigungserklärung verheiratet war, an den Bezugsberechtigten und wird mit der Zahlung von seiner Schuld befreit.[153] Eine hiervon zu unterscheidende Frage ist es, ob durch eine Scheidung nach erfolgter Begünstigungserklärung im Verhältnis des verstorbenen Versicherungsnehmers zum bezugsberechtigten früheren Ehepartner der Rechtsgrund für die Benennung weggefallen ist, dieser also die Versicherungssumme bereicherungsrechtlich an den Nachlass auszukehren hat.[154]

---

[139] LG Bremen VersR 1962, 413.
[140] Deutlich zB BGH VersR 1992, 1383 (1384); 1975, 1020; OLG Karlsruhe VersR 1998, 219; OLG Köln VersR 1993, 1133; VersR 1983, 1181; OLG Hamm VersR 1976, 142; OLG Düsseldorf VersR 1975, 918 (919); OLG Bremen VersR 1959, 689 (690) mAnm *Haidinger*; *Hoffmann* FamRZ 1977, 222.
[141] *Brömmelmeyer* in Beckmann/Matusche-Beckmann VersR-HdB § 42 Rn. 225; *Grote* in Langheid/Rixecker VVG § 159 Rn. 32; *Winter* in Bruck/Möller VVG § 159 Rn. 69; für ein Bsp. s. LG Darmstadt BeckRS 2012, 23880.
[142] OLG Hamm VersR 1981, 228; → Rn. 54.
[143] OLG Köln VersR 1983, 1181 (1182); OLG Frankfurt a. M. VersR 1973, 413.
[144] Anders *Bayer*, S. 239 ff.; ihm folgend *Sieg* ZVersWiss 1995, 697 (700).
[145] BGH VersR 2007, 784 (785); OLG Köln VersR 1983, 1181; LG Saarbrücken NJW 1983, 180.
[146] BGHZ 79, 295 = VersR 1981, 326 = NJW 1981, 984; auf diese Entscheidung Bezug nimmt auch OLG Frankfurt a. M. VersR 1997, 1216.
[147] BGHZ 79, 295 = VersR 1981, 326 = NJW 1981, 984.
[148] BGH VersR 2007, 784 (785); BGHZ 128, 125 = VersR 1995, 282; BGH VersR 1987, 659 (660) = NJW 1987, 3131; JR 1976, 463 (464) mAnm *Gitter*; OLG Köln VersR 1993, 1133; 1983, 1181; OLG Hamm VersR 1981, 228 (229); 1976, 142; OLG Düsseldorf VersR 1975, 918 (919); OLG Bremen VersR 1959, 689 (690) mAnm *Haidinger*; LG Saarbrücken NJW 1983, 180; *Völkel* VersR 1992, 539 (540 f.); *Hoffmann* FamRZ 1977, 222 (225); *Täppmeier* DNotZ 1987, 715; *Leitzen* RNotZ 2009, 129 (148); krit. zum Schrifttum *Petersen* AcP 204 (2004), 832 (850) mwN; *Finger* VersR 1990, 229; *Liebl-Wachsmuth* VersR 1983, 1004; *Fuchs* JuS 1989, 179 (180 ff.).
[149] BGH VersR 1987, 659 (660) = NJW 1987, 3131; OLG Köln VersR 1993, 1133; gegenteiliger Ansicht *Petersen* AcP 204 (2004), 832 (852 f.).
[150] BGH VersR 1987, 659 (660) = NJW 1987, 3131 = FamRZ 1987, 806; OLG Köln VersR 1993, 1133; krit. *Petersen* AcP 204 (2004), 832 (850), unter Verweis auf den Schutz des § 334 BGB, der das Problem allerdings nicht löst.
[151] BGH VersR 2015, 1148 (1149); VersR 2007, 784 (785); LG Saarbrücken NJW 1983, 180.
[152] BGH VersR 2007, 784 (785); OLG Hamm VersR 1981, 228.
[153] OLG Hamm VersR 1981, 228.
[154] Zur Unterscheidung des Deckungsverhältnisses vom Valutaverhältnis BGHZ 128, 125 = VersR 1995, 282; BGHZ 91, 288 (290) = NJW 1984, 2156; OLG Karlsruhe VersR 1998, 219; im Kontext auch OLG Köln VersR 1993, 1133; zum Valutaverhältnis → Rn. 83 ff.; dort insb. auch zum Wegfall der Geschäftsgrundlage → Rn. 92 ff.

§ 159 43–48   Teil 2. Einzelne Versicherungszweige. Kap. 5. Lebensversicherung

43   **6. Erben bzw. Hinterbliebene.** Der Versicherungsnehmer kann auch die „Erben" als bezugsberechtigt einsetzen.[155] Grundsätzlich sind hierunter jene Personen zu verstehen, die im Falle des Todes zu Erben berufen sind (§ 160 Abs. 2 S. 1).[156] Sie erwerben den Anspruch auf die Versicherungsleistung direkt aus dem Vertrag zugunsten Dritter und nicht im Erbwege, sodass die Versicherungssumme nicht in den Nachlass fällt.[157] Werden die „Erben" als bezugsberechtigt angegeben, ohne die genauen Anteile zu bestimmen, so sind sie direkt nach dem Verhältnis ihrer Erbteile bezugsberechtigt (vgl. § 160 Abs. 2 S. 1).[158]

44   Benennt die Bezugsberechtigungserklärung die „gesetzlichen" Erben, so scheiden „testamentarische" Erben grds. aus.[159] Allerdings muss hier der Nachweis möglich sein, dass der Versicherungsnehmer eine Fehlbezeichnung getroffen hat, wenn für den Versicherer erkennbar war, dass der Versicherungsnehmer mit den „gesetzlichen Erben" auch die von ihm eingesetzten testamentarischen meinte.[160] Benennt der Versicherungsnehmer demgegenüber die „testamentarischen Erben" bzw. die „testamentarisch Begünstigten" als bezugsberechtigt, so sollen damit die im Zeitpunkt des Erbfalls testamentarisch Begünstigten gemeint sein. Dabei spielt es keine Rolle, ob das Testament erst nach Abgabe der Bestimmungserklärung errichtet oder aber geändert wurde. Bezeichnet der Versicherungsnehmer den Bezugsberechtigten demgegenüber mit „Erbe laut Testament", so liegt hierin nur eine Identifizierung des Bezugsberechtigten und wurde die Bezugsberechtigung nicht an eine Erbeinsetzung geknüpft.[161] Sind testamentarisch Vor- und Nacherben berufen, so soll nach der Rspr. nur der Vorerbe bezugsberechtigt sein, ohne dass die Versicherungssumme den Vorschriften der §§ 2119, 2128 BGB (Nachlasssicherung) unterliege.[162]

45   Hinreichend bestimmt ist auch die Einsetzung der Hinterbliebenen iSv §§ 40–44 AVG. Hier ist der Begriff des Hinterbliebenen im engeren Sinne des AVG auszulegen.[163] Werden in AVB demgegenüber generell die „Hinterbliebenen" als bezugsberechtigt benannt, ohne dass eine Eingrenzung auf den in §§ 40–44 AVG geregelten Personenkreis stattfindet, so ist hierunter auch die Freundin des Versicherungsnehmers zu subsumieren, wenn der Versicherungsnehmer diese ohne Widerspruch des Versicherers zur Bezugsberechtigten erklärt.[164] Grenzen die AVB dagegen den Kreis der Hinterbliebenen auf die Witwe bzw. den Witwer und Waisen ein, so kann bei gleichgeschlechtlicher Partnerschaft ein Vertragsanpassungsrecht des Versicherungsnehmers bestehen, weil sich mit dem Inkrafttreten des (mit Einführung der „Ehe für alle"[165] wieder ausser Kraft getretenen) LPartG die Geschäftsgrundlage geändert hat.[166]

46   **7. Gestuftes Bezugsrecht.** Die Bestimmung des Bezugsberechtigten kann insbes. auch eine Reihenfolge enthalten. Dann wird ein nachrangig Benannter (der „Ersatzbezugsberechtigte") erst dann zum Bezugsberechtigten, wenn ein vorrangig Benannter vorverstirbt. Eine Rangordnung der Bezugsberechtigten enthält bspw. eine Begünstigungserklärung, welche die „Ehefrau oder Kinder" benennt, sodass Kinder nur im Falle des Vorversterbens der Ehefrau bezugsberechtigt werden.[167] Dasselbe gilt, wenn der Versicherungsnehmer eine numerische Reihenfolge (1. Ehefrau, 2. Kinder, 3. ...) verwendet. Hier wird der an zweiter Stelle gereihte Bezugsberechtigte ebenfalls nur berechtigt, wenn der Erstberechtigte im Versicherungsfall bereits verstorben ist.[168]

47   Sieht die Begünstigungserklärung die „ehelichen und die ihnen gleichgestellten Kinder" als Begünstigte vor, so liegt darin keine Abstufung des Bezugsrechts. Für ehelich erklärte und adoptierte Kinder sind hier neben den ehelichen gleichrangig berechtigt.[169]

48   **8. Inhaber der Police.** Benennt der Versicherungsnehmer den „Inhaber" der Police zum Bezugsberechtigten, so erwirbt (nur) jene Person die Berechtigung, die den Versicherungsschein mit

---

[155] Diese Bezeichnung der Bezugsberechtigten ist hinreichend bestimmt; RGZ 62, 259 (262); zur Auslegung *Leitzen* RNotZ 2009, 129 (149 f.).
[156] OLG Schleswig ZEV 1995, 415; *Winter* in Bruck/Möller VVG § 160 Rn. 29 ff.; → § 160 Rn. 10.
[157] § 160 Abs. 2; vgl. OLG Dresden ZEV 2019, 23 (24); noch vor dem VVG 1908 RGZ 62, 259 (263).
[158] LG Karlsruhe VersR 1956, 313.
[159] BGH VersR 1999, 1353; OLG Köln VersR 2004, 1032.
[160] OLG Köln VersR 2004, 1032.
[161] BayObLG VersR 1995, 649.
[162] Deutlich z.B. OLG Schleswig ZEV 1995, 415; 1999, 107.
[163] OLG Frankfurt a. M. r+s 1996, 326 (327) = VersR 1996, 358; LG Mainz VersR 1979, 662; *Hülsmann* VersR 1993, 1188; *Gutdeutsch* VersR 1992, 1444.
[164] LG Mönchengladbach VersR 1997, 478 (479); dabei stellt das Gericht für diese weite Auslegung des in den AVB verwendeten Begriffs „Hinterbliebene" auf die Unklarheitenregel ab.
[165] Siehe § 1353 Abs. 1 S. 1 BGB i.d.F. BGBl. 2017 S. 2787.
[166] Hierzu (nicht abschließend) BGH VersR 2017, 741 (743 ff.).
[167] LG Saarbrücken NJW 1983, 180; *Benkel/Hirschberg* ALB 2008 § 13 Rn. 24.
[168] KG r+s 2005, 341 (342).
[169] OLG Hamm NJW 1983, 1567; *Winter* in Bruck/Möller VVG § 159 Rn. 99.

Wissen und Willen des Versicherungsnehmers erlangt hat.[170] Ein anderer Inhaber erwirbt demgegenüber kein Recht, weil die Police sonst zum echten Inhaberpapier würde, was § 4 Abs. 1 jedoch durch seinen Verweis auf § 808 BGB gerade verhindern will.[171] Von einer solchen Benennung des Bezugsberechtigten ist allerdings die in Lebensversicherungspolicen regelmäßig gebrauchte „Inhaberklausel"[172] streng zu unterscheiden. Sie begründet keinen Anspruch des Inhabers der Police auf die Versicherungsleistung,[173] sondern ermächtigt den Versicherer, innerhalb der Grenzen von Treu und Glauben[174] schuldbefreiend – also mit befreiender Wirkung auch gegenüber dem Bezugsberechtigten – an den Inhaber der Police zu leisten.[175] Dem Bezugsberechtigten steht in diesem Fall ein Bereicherungsanspruch nach § 816 Abs. 2 BGB zu,[176] welcher sich gegen den die Forderung einziehenden, nichtberechtigten Policeninhaber richtet.

V. Widerruf und Änderung der Begünstigungserklärung

1. Widerrufs- bzw. Änderungserklärung. Ist die Bezugsberechtigung widerruflich ausgestaltet, was nach § 159 Abs. 1 vermutet wird, so endet diese mit ihrem Widerruf, der auch in einer Auswechslung des Bezugsberechtigten (Änderung des Bezugsrechts) bestehen kann. Der Widerruf ist wie die Benennung des Bezugsberechtigten eine einseitige, empfangsbedürftige Willenserklärung, die der Versicherungsnehmer gegenüber dem Versicherer abzugeben hat[177] und der Verfügungscharakter[178] zukommt.[179] Die Erklärung des Widerrufs braucht nicht „ausdrücklich"[180] in dem Sinne zu erfolgen, dass die Begriffe „Widerruf" und „Bezugsberechtigung" gebraucht werden müssten.[181] Es muss nur aus der Sicht des Empfängers der Erklärung (§§ 133, 157 BGB), also aus der Sicht des Versicherers, hinreichend deutlich der Wille des Erklärenden zum Ausdruck kommen, das Bezugsrecht zu widerrufen.[182] Der Widerruf muss dem Versicherer vor dem Tod des Versicherungsnehmers zugehen, weil der Bezugsberechtigte in diesem Zeitpunkt den Anspruch auf die Versicherungsleistung endgültig erlangt.[183] § 130 Abs. 2 BGB vermag daran nichts zu ändern.[184] Nimmt ein Arbeitgeber eine Gruppenversicherung für seine Arbeitnehmer, so reicht eine Mitteilung an den Arbeitgeber nur aus, wenn dieser für den Versicherer empfangsbevollmächtigt ist.[185]   49

2. Letztwillige Verfügung. Nach § 332 BGB kann der Widerruf im Zweifel auch durch letztwillige Verfügung erklärt werden. Der Regelung kommt aber auch hier wegen des durch § 13 Abs. 4 ALB vereinbarten Zugangserfordernisses keine praktische Bedeutung mehr zu.[186] Auch ohne § 13 Abs. 4 ALB soll ein Widerruf einer in verbundenen Lebensversicherungen enthaltenen wechselseitigen Bezugsberechtigung durch eine letztwillig verfügte Begünstigungsänderung unwirksam sein.[187]   50

3. Schweigen. Das Schweigen des Versicherungsnehmers auf Nachfragen des Versicherers zum Bestand des Bezugsrechts stellt nach alledem keinen Widerruf dar.[188] Darüber hinaus unterliegt der Widerruf wie die Begünstigungserklärung einem etwaig vertraglich (in den AVB) vereinbarten   51

---

[170] OLG Hamm NJW-RR 1993, 296 = VersR 1993, 173 (Ls.); *Ortmann* in Schwintowski/Brömmelmeyer/Ebers VVG § 159 Rn. 16; vgl. *Mampel* JR 1950, 713 (714).
[171] OLG Hamm NJW-RR 1993, 296 = VersR 1993, 173 (Ls.); *Mampel* JR 1950, 713 (714).
[172] Vgl. zB BGH VersR 1953, 179.
[173] OLG München VersR 2008, 1521; OLG Düsseldorf VersR 2006, 1391.
[174] Diese sind überschritten, wenn der Versicherer in Kenntnis von der mangelnden Berechtigung des Inhabers leistet; zB BGH VersR 1999, 700; OLG Köln VersR 1990, 1338 (1339); besondere Überprüfungspflichten treffen den Versicherer dagegen nicht; OLG Koblenz VersR 2008, 1338.
[175] BGH VersR 1999, 700; OLG Koblenz VersR 2008, 1338; OLG Brandenburg ZInsO 2012, 2100.
[176] BGH VersR 1981, 371 (372), welcher den Anspruch *in concreto* verneinte; OLG Koblenz VersR 1999, 830 (831).
[177] OLG München ZIP 1991, 1505.
[178] BGH r+s 1988, 381 = VersR 1988, 1236 = NJW-RR 1988, 21.
[179] *Brömmelmeyer* in Beckmann/Matusche-Beckmann VersR-HdB § 42 Rn. 226.
[180] Zu weitgehend die Formulierung bei OLG Düsseldorf VersR 1975, 918 (919).
[181] OLG Köln VersR 2002, 1544; OLG Brandenburg BeckRS 2015, 16619.
[182] OLG Köln VersR 2002, 1544.
[183] OLG Frankfurt a. M. VersR 1993, 171; OLG Nürnberg BeckRS 2016, 01222.
[184] OLG Frankfurt a. M. VersR 1993, 171; s. auch zur gegenteiligen Entscheidung des LG Freiburg VersR 1952, 313 m.krit.Anm. *Franke*.
[185] BGH VersR 2013, 1121 = NJW 2013, 3448 = r+s 2013, 565.
[186] Vgl. zB *Völkel* VersR 1992, 539 (541 f.).
[187] OLG Stuttgart VersR 1954, 186 unter analoger Anwendung von § 2271 Abs. 1 S. 2 BGB.
[188] BGH VersR 2002, 218 (219).

Formzwang.[189] Auch deswegen kann Stillschweigen des Versicherungsnehmers kein wirksamer Widerruf sein.[190]

52 **4. Kündigung der Lebensversicherung.** Die Kündigung einer Lebensversicherung mit geteiltem Bezugsrecht und die damit verbundene Aufforderung an den Versicherer, den Rückkaufswert auf das Konto des Versicherungsnehmers zu überweisen, bedeutet nicht zugleich den Widerruf der auf den Todesfall eingeräumten Bezugsberechtigung.[191] Stirbt somit der Versicherungsnehmer, auf dessen Leben die Versicherung genommen ist, während der Kündigungsfrist gem. § 168 Abs. 1, so steht die Versicherungsleistung dem auf den Todesfall benannten Begünstigten und nicht den Erben des Versicherungsnehmers zu.[192] Es gibt nämlich keinen generellen Erfahrungssatz, „wonach die Kündigung eines Lebensversicherungsvertrags idR zugleich den Widerruf der Bezugsberechtigung beinhaltet".[193]

53 Anderes gilt in der Insolvenz des Versicherungsnehmers.[194] Hier will der Insolvenzverwalter mit der Kündigung des Vertrags den Rückkaufswert zur Masse ziehen[195] und zwar auch für den Fall, dass die Gefahrperson während der Kündigungsfrist verstirbt. Daher geht der BGH davon aus, dass in der Kündigung durch den Insolvenzverwalter auch der Widerruf des Bezugsrechts liegt.[196]

54 **5. Vereinbarungen zwischen Versicherungsnehmer und Bezugsberechtigtem.** Eine Scheidungsvereinbarung, welche der Versicherungsnehmer und der Bezugsberechtigte als Ehegatten treffen, kann schon mangels Zugang beim Versicherer keine wirksame Widerrufserklärung darstellen.[197] Ebenso ist das Bezugsrecht noch nicht widerrufen, wenn der die Lebensversicherung nehmende Sohn von seinen bezugsberechtigten Eltern den Versicherungsschein zurück fordert und diese der Forderung nachkommen. Hier haben die Eltern auch nicht auf ihr Bezugsrecht verzichtet.[198]

55 **6. Abtretung, Sicherungsabtretung und Verpfändung.** Die volle Abtretung des Versicherungsanspruchs impliziert regelmäßig einen Widerruf des Bezugsrechts.[199] Eine Sicherungsabtretung der Versicherungsansprüche reicht jedoch, für die Annahme eines Widerrufs noch nicht aus, selbst wenn die Sicherungsabtretung dem Versicherer angezeigt wird.[200] Auch durch einen anlässlich einer Sicherungsabtretung erklärten Widerruf wird die Begünstigung nicht vollends beseitigt, insbes. wenn der Widerruf nur „insoweit" erklärt wird,[201] als das Bezugsrecht den Rechten des Zessionars widerspricht.[202] Vielmehr tritt das Bezugsrecht hinter die Rechte des Sicherungszessionars zurück.[203] Insoweit die Versicherungssumme die ausstehende, gesicherte Forderung übersteigt, erwirbt der Bezugsberechtigte im Versicherungsfall unmittelbar einen Anspruch auf diesen Teil der Versicherungsleistung gegen den Versicherer.[204] Erklärungen des Versicherers gegenüber dem Sicherungszessionar wirken dann nur diesem gegenüber, nicht aber gegenüber dem Bezugsberechtigten hinsichtlich des Teils der Versicherungssumme, der die besicherte Forderung übersteigt.[205] Gibt der Sicherungsgläubiger die Sicherheit frei, lebt das Bezugsrecht ebenfalls wieder auf.[206]

56 Ein Widerruf aus Anlass der Sicherungsabtretung ist freilich dann nicht erforderlich, wenn das Bezugsrecht von vornherein dem Sicherungsrecht gegenüber nachrangig ausgestaltet ist, was wirksam

---

[189] Zum aus den AVB resultierenden Formzwang z.B. OLG Köln VersR 1983, 1181 (1182).
[190] BGH VersR 2002, 218 (219).
[191] OLG Köln VersR 2002, 299 (300).
[192] OLG Köln VersR 2002, 299 (300).
[193] OLG Köln VersR 2002, 299 (300).
[194] BGH VersR 1993, 689 (690); für eine auf den Einzug der Versicherungsleistung gerichtete Verfügung des Vollstreckungsgläubigers OLG Köln VersR 2002, 1544.
[195] BGH VersR 1993, 689 (690); OLG Köln VersR 2002, 299 (300).
[196] → Rn. 127.
[197] OLG Hamm VersR 1981, 228.
[198] BGH VersR 1953, 179.
[199] *Winter* in Bruck/Möller VVG § 159 Rn. 82; *Joseph*, Lebensversicherung und Abtretung, 1990, S. 176 ff.
[200] BGHZ 109, 67 (69); BGH VersR 2010, 57; 2010, 1629 = NJW 2011, 307 mwN; VersR 2012, 344 = NJW 2012, 1003.
[201] Dasselbe Ergebnis folgt aber auch, wenn es an dem Zusatz „insoweit ..." fehlt; *Bayer* VersR 1989, 17 (20).
[202] Zum eingeschränkten Widerruf bei der Sicherungszession *Winter* ZVersWiss 1991, 203 (230).
[203] BGH VersR 2012, 344 = NJW 2012, 1003; VersR 2010, 1629 = NJW 2011, 307 mwN; VersR 2002, 218 (219); BGHZ 109, 67 (69); OLG Koblenz ZEV 2007, 389; OLG Hamm VersR 1997, 1386; für den Widerruf ganz allg. BGH VersR 2001, 883 (884); *Winter* ZVersWiss 1991, 203 (230).
[204] BGH VersR 2010, 1629 = NJW 2011, 307 mwN; BGH VersR 2002, 218 (219); 1993, 553 (555).
[205] BGH VersR 1993, 553 (555) für die Klagefristsetzung nach § 12 Abs. 3 VVG aF.
[206] BGH VersR 2012, 344 = NJW 2012, 1003.

möglich ist.²⁰⁷ Der Versicherungsnehmer kann ein widerrufliches Bezugsrecht auch nach der Sicherungszession ändern, soweit er damit nicht in die Position des Sicherungszessionars eingreift.²⁰⁸

Die Grundsätze der Sicherungsabtretung gelten auch für den Fall der Verpfändung der Versicherungsforderung.²⁰⁹   57

VI. Haftung für fehlgeschlagene Begünstigungserklärung

1. Haftung des Versicherungsnehmers bzw. seiner Erben. Steht fest, dass der verstorbene   58
Versicherungsnehmer eine bestimmte Person als Bezugsberechtigte bezeichnen wollte, schlägt die Bezeichnung aber fehl, so kann dem intendierten Bezugsberechtigten ein Schadensersatzanspruch zustehen. Dies setzt voraus, dass der Versicherungsnehmer schuldrechtlich verpflichtet ist, die Bezugsberechtigung einzuräumen, dies aber unterlässt.²¹⁰ Zumal dieser Schadensersatzanspruch eine Verpflichtung des Versicherungsnehmers gegenüber dem Bezugsberechtigten voraussetzt, genügt eine formunwirksame Schenkung zu seiner Begründung nicht.²¹¹ Sehr wohl aber genügt ein formwirksamer Gütertrennungsvertrag.²¹²

2. Haftung des Arbeitgebers. Ein Arbeitgeber, der tarifvertraglich zugesicherte Beiträge zu   59
einer vermögensbildenden Lebensversicherung nicht abliefert, haftet dem Bezugsberechtigten aus einem Vertrag mit Schutzwirkung zugunsten Dritter für den Verzugsschaden.²¹³ Nach Eintritt der Leistungsfreiheit wegen Prämienzahlungsverzugs richtet sich dieser Anspruch auf die Wiederherstellung des Versicherungsschutzes,²¹⁴ nicht aber auf Herausgabe bezahlter Prämien oder den Rückkaufswert.²¹⁵ Stirbt die versicherte Person während der Dauer der Leistungsfreiheit, so erlangt der Bezugsberechtigte einen Schadensersatzanspruch auf eine Geldleistung in Höhe der ausgefallenen Versicherungssumme.²¹⁶

Der Arbeitgeber haftet auch, wenn er eine Bezugsberechtigung trotz Eintritt der Unverfallbarkeit entgegen § 1 Abs. 2 S. 1 BetrAVG²¹⁷ oder sonst arbeitsvertragswidrig²¹⁸ widerruft. Eine solche Haftung wird auch erwogen, wenn der Insolvenzverwalter des Unternehmens den Widerruf erklärt.²¹⁹   60

3. Haftung des Versicherers. Das OLG Hamm nimmt eine Haftung des Versicherers für   61
eine fehlgeschlagene Bezugsrechtseinräumung an, wenn es der Versicherungsvertreter namens des Versicherers für den Versicherungsnehmer übernimmt, die schriftliche Fassung der Begünstigungserklärung vorzubereiten, dieser Pflicht aber nicht nachkommt. Hier haftet der Versicherer gegenüber der als Begünstigten vorgesehenen Person.²²⁰ Eine solche Haftung kann sich aber auch ohne eine besondere Zusage ergeben, sich um die Begünstigungserklärung zu kümmern. Denn aus dem vorvertraglichen²²¹ bzw. – bei späterer Bezugsrechtsänderung – vertraglichen²²² Schuldverhältnis treffen den Versicherer Pflichten, insbesondere Aufklärungspflichten. Will bspw. der Versicherungsnehmer das Bezugsrecht mündlich einräumen bzw. ändern, so trifft den Versicherer eine Aufklärungspflicht über das Formerfordernis des § 9 Abs. 4 ALB.²²³ Eine analoge Pflicht kann den Versicherer auch in Fällen treffen, in denen „der Ehegatte" als bezugsberechtigt bezeichnet ist, die Ehe aber geschieden wird. Geht hier der Versicherungsnehmer erkennbar von der irrigen Vorstellung aus, mit seiner

---

207 BGH VersR 2001, 883 (884).
208 OLG Hamm VersR 1997, 1386.
209 *Winter* in Bruck/Möller VVG § 159 Rn. 84.
210 Erwogen in BGH VersR 1975, 706 (707).
211 Vgl. zB BGH VersR 1975, 706 (707), in welchem es an einer Verpflichtung des Versicherungsnehmers wegen Formnichtigkeit der Schenkung fehlte.
212 OLG Hamm VersR 1997, 1386.
213 BAG VerBAV 1982, 273 (274).
214 BAG VerBAV 1982, 273 (274); für den Fall der arbeitsvertragswidrigen Kündigung der Versicherung BAG ZIP 2012, 2269 = BetrAV 2012, 716 = ZInsO 2013, 33.
215 BAG ZIP 2012, 2269 = BetrAV 2012, 716 = ZInsO 2013, 33, für den Fall der Kündigung der Versicherung.
216 BAG VerBAV 1982, 273 (274).
217 § 1 Abs. 2 S. 1 BetrAVG begründet nur eine Verpflichtung des Arbeitgebers gegenüber dem Arbeitnehmer.
218 BGH VersR 2014, 1444 = r+s 2015, 408 = ZIP 2014, 2251 = WM 2014, 2183 = BetrAV 2014, 759; BAG ZIP 2012, 2269 = BetrAV 2012, 716 = ZInsO 2013, 33.
219 → Rn. 129.
220 OLG Hamm VersR 2010, 200.
221 Vgl. *Schneider* in Prölss/Martin § 159 Rn. 33 mwN zu Rechtsprechung.
222 Vgl. *Schneider* in Prölss/Martin § 159 Rn. 34; *Makowsky* AcP 216 (2016) 497 (553 ff.).
223 Vgl. *Makowsky* AcP 216 (2016) 497 (553) (zur vertraglichen Mitwirkungspflicht des Versicherers).

Wiederverheiratung würde der neue Ehegatte bezugsberechtigt, so muss er vom Versicherer aufgeklärt werden.[224]

62 Eine Haftung kann sich für den Versicherer auch dann ergeben, wenn zwar die Bezeichnung des Bezugsberechtigten wirksam war, es aber an einem Rechtsgrund fehlte, weil der Versicherungsnehmer den Begünstigten nicht über das Bezugsrecht informierte. Die hL geht für diese Fälle davon aus, dass in der Begünstigungserklärung zugleich ein Schenkungsangebot und ein Auftrag an den Versicherer liegen, den Bezugsberechtigten nach seinem Tod das Angebot zu übermitteln.[225] Verzögert der Versicherer diese Mitteilung an den Bezugsberechtigten und erlaubt er damit den Erben des Versicherungsnehmers, das Schenkungsangebot rechtzeitig nach § 130 Abs. 1 S. 2 BGB zu widerrufen, so muss der Versicherer hierfür haften.[226] Konstruktiv abweichend will *Makowsky* diese Fälle über eine aus § 242 BGB abgeleitete, übergesetzliche Hinweispflicht des Versicherers über das Risiko eines Widerrufs durch die Erben lösen.[227] Beide Haftungsgründe können nebeneinander bestehen.

63 **4. Haftung des Notars bzw. Rechtsanwalts.** Ansprüche können sich auch gegen den Notar richten, der im Zuge der Errichtung einer letztwilligen Verfügung eine Begünstigungserklärung beurkundet, den Versicherungsnehmer aber nicht darüber aufklärt, dass nach den AVB eine testamentarisch eingeräumte Begünstigung zu ihrer Wirksamkeit dem Versicherer angezeigt werden muss.[228] Liegt – wie regelmäßig – nur Fahrlässigkeit vor, so ist die Subsidiarität der Notarhaftung zu beachten, die nur eingreift, wenn der Geschädigte nicht anderweitig Ersatz erhält.[229]

64 Ein Rechtsanwalt und Notar, dem gegenüber der Widerruf der Bezugsberechtigung verbunden mit dem Auftrag erklärt wurde, die Erklärung dem Versicherer zuzuleiten, handelt fahrlässig und haftet daher, wenn er es unterlässt, die Erklärung dem Versicherer noch vor dem Wochenende zuzustellen, obwohl er wissen muss, dass der Versicherungsnehmer aufgrund seines Krankheitsbildes das Wochenende wahrscheinlich nicht überleben wird.[230]

G. Das Bezugsrecht

I. Allgemeines

65 **1. Anspruch auf die Versicherungsleistung.** Der Bezugsberechtigte erwirbt vertragliche Ansprüche unmittelbar gegen den Versicherer. Der Vertrag begründet nämlich neben der Leistungspflicht des Versicherers auch die Zuwendungsbefugnis des Versicherungsnehmers, auf deren Grundlage die Begünstigungserklärung zum Rechtserwerb durch den Bezugsberechtigten führt.[231] Dieser kann die Versicherungsleistung vom Versicherer fordern und ist nicht auf eine Rechtsdurchsetzung durch den Versicherungsnehmer bzw. dessen Erben angewiesen.[232] Das schließt allerdings eine Klage durch den Versicherungsnehmer bzw. dessen Erben auf Zahlung an den Bezugsberechtigten nicht aus (§ 335 BGB).[233] Daraus folgt zugleich, dass die Leistungserbringung an den Begünstigten bzw. einen vom Begünstigten als Zahlungsempfänger benannten Dritten[234] für den Versicherer schuldbefreiend wirkt und ihn gegenüber den Erben des Versicherungsnehmers nicht regress- oder schadensersatzpflichtig macht.[235]

66 Das Bezugsrecht erstreckt sich grds. auf alle Leistungen aus dem Versicherungsvertrag,[236] soweit nicht der Versicherungsnehmer eine Einschränkung auf Teile der Leistungen vorgenommen hat.[237] Das schließt grds. auch den Anspruch auf Überschussanteile ein.[238] Beim widerruflich Bezugsberechtigten soll dies freilich nur gelten, wenn die Überschüsse als Teil der Versicherungssumme im Versicherungsfall ausbezahlt werden.[239] Werden Überschüsse demgegenüber jährlich ausgezahlt, so hat

---

[224] Vgl. *Makowsky* AcP 216 (2016) 497 (542 ff.).
[225] → Rn. 89.
[226] *Hasse* VersR 2009, 41 (44); offenlassend BGH VersR 2013, 1029 = NJW 2013, 2588.
[227] *Makowsky* AcP 216 (2016), 497 (531 ff.).
[228] OLG Düsseldorf VersR 1996, 590.
[229] § 19 Abs. 1 S. 2 BNotO; OLG Düsseldorf VersR 1996, 590.
[230] BGH VersR 1994, 586.
[231] *Lorenz* FS Schwebler, 1986, 357 f.
[232] Deutlich *Lorenz* FS Schwebler, 1986, 351.
[233] Weiterführend *Lorenz* FS Schwebler, 1986, 351; *Winter* in Bruck/Möller VVG § 159 Rn. 124.
[234] Vgl. im Kontext OLG Saarbrücken r+s 2021, 166.
[235] OLG Karlsruhe VersR 1998, 219 (220); OLG Köln VersR 1993, 1133.
[236] BGH VersR 2003, 1021 (1022); KG VersR 2006, 1349.
[237] *Winter* in Bruck/Möller VVG § 159 Rn. 5; *Benkel/Hirschberg* ALB 2008 § 13 Rn. 18.
[238] OLG Frankfurt a. M. NVersZ 2001, 159 (160); aA *Prahl* NVersZ 2002, 53.
[239] *Winter* in Bruck/Möller VVG § 159 Rn. 85; *Dieckmann* VersR 1963, 1005 (1006 f.).

nur der unwiderruflich Bezugsberechtigte, der sein Recht sofort erwirbt (§ 159 Abs. 3), einen Anspruch auf diese Überschüsse.[240] Selbst hier kann aber der Versicherungsnehmer eine abweichende Regelung schaffen,[241] was wohl anzunehmen sein wird, wenn, wie zumeist, eine jährliche Prämienrückvergütung vereinbart wird.[242]

Der Anspruch auf die Versicherungsleistung fällt somit nicht in den Nachlass des Versicherungsnehmers.[243] Dies gilt auch dann, wenn die Bezugsberechtigung widerruflich ausgestaltet ist und der Bezugsberechtigte sein Recht erst mit dem Tod der Gefahrperson erwirbt. Es gilt selbst dann, wenn der Versicherungsnehmer seine „Erben" als bezugsberechtigt bezeichnet hat. Nur wenn es an einem Bezugsberechtigten fehlt, verbleibt der Anspruch beim Versicherungsnehmer und fällt damit in seinen Nachlass.[244] 67

Ist der Bezugsberechtigte zugleich Erbe, so kann der Versicherer seine Forderungen gegen den verstorbenen Versicherungsnehmer mit der Pflicht zur Auszahlung der Versicherungssumme aufrechnen. Allerdings ist auch hier § 1977 BGB zu beachten, nach dem eine einseitige Aufrechnung ihre Wirkung verliert, sobald der Nachlasskonkurs eröffnet wird.[245] 68

2. Schutzpflichten des Versicherers. Den Versicherer können gegenüber dem Bezugsberechtigten – wie auch gegenüber einem Zessionar der Versicherungsforderung – neben der Pflicht zur Leistung der Versicherungssumme auch Schutzpflichten treffen.[246] Bei einer vom Arbeitgeber abgeschlossenen Lebensversicherung verpflichtet § 166 Abs. 4 den Versicherer zur Information der versicherten Person, welche zumindest für den Erlebensfall bezugsberechtigt ist, über die erfolgte Bestimmung einer Zahlungsfrist nach § 38 Abs. 1. Die Informationspflicht umfasst auch die daraus resultierenden Rechtsfolgen und muss in Textform erfüllt werden. Zudem muss der Versicherer eine Zahlungsfrist von mindestens zwei Monaten einräumen. Ähnlich hat nach altem Recht das OLG Düsseldorf bei einer vom Arbeitgeber abgeschlossenen Direktversicherung nach § 1 BetrAVG dem Versicherer die Pflicht auferlegt, vor Kündigung des Vertrages wegen Prämienzahlungsverzugs den unwiderruflich Bezugsberechtigten zu informieren, damit dieser sein Recht auf Zahlung der Prämie (§ 34) effektiv ausüben kann.[247] Jenseits dieser Fälle ist der Versicherer jedoch grds. nicht verpflichtet, dem Bezugsberechtigten einen Prämienzahlungsverzug des Versicherungsnehmers zu melden. Eine solche Schutzpflicht tritt erst ein, wenn der Bezugsberechtigte auf eine Mitteilung des Versicherers angewiesen ist, weil er selbst nicht in der Lage ist, sich über die Prämienzahlung des Versicherungsnehmers zuverlässig zu informieren.[248] 69

II. Widerrufliches, unwiderrufliches und eingeschränkt widerrufliches Bezugsrecht

1. Widerrufliches Bezugsrecht. Die nur widerrufliche Bezugsberechtigung, deren Vorliegen nach § 159 Abs. 1 im Zweifel vermutet wird,[249] verschafft dem Begünstigten weder einen Rechtsanspruch noch ein Anwartschaftsrecht. Es handelt sich vielmehr lediglich um eine „mehr oder weniger starke tatsächliche Aussicht auf den Erwerb eines zukünftigen Anspruchs".[250] Sämtliche Rechte aus dem Vertrag verbleiben damit beim Versicherungsnehmer und dieser kann den Anspruch auf die Versicherungssumme jederzeit durch eine einseitige Erklärung gegenüber dem Versicherer auf sich selbst oder einen Dritten umleiten.[251] Der widerruflich Bezugsberechtigte erwirbt somit erst mit dem Eintritt des Versicherungsfalls den Anspruch auf die Versicherungsleistung (§ 159 Abs. 2), vorausgesetzt, seine Benennung wurde nicht vorher wirksam widerrufen.[252] Mit dem Rechtserwerb 70

---

[240] Winter in Bruck/Möller VVG § 159 Rn. 85.
[241] Winter in Bruck/Möller VVG § 159 Rn. 85.
[242] In diesem Sinne Benkel/Hirschberg ALB 2008 § 13 Rn. 19.
[243] → Rn. 9.
[244] Zum Bsp. BGH r+s 1988, 381 = VersR 1988, 1236 = NJW-RR 1988, 21; OLG Koblenz NJW-RR 2015, 72; → § 160 Rn. 19, Nichterwerb des Bezugsrechts.
[245] BGHZ 13, 226 (233).
[246] LG München I FamRZ 2005, 134 (135); Ortmann in Schwintowski/Brömmelmeyer/Ebers VVG § 159 Rn. 44 ff.
[247] OLG Düsseldorf VersR 2003, 627.
[248] OLG Köln VersR 1990, 1261 (1263 f.); Ortmann in Schwintowski/Brömmelmeyer/Ebers VVG § 159 Rn. 44.
[249] Brömmelmeyer in Beckmann/Matusche-Beckmann VersR-HdB § 42 Rn. 220.
[250] BGH VersR 2019, 571 („Hoffnung"); 2013, 438; 2010, 1021 („rechtliches Nullum"); BGHZ 156, 350 = VersR 2004, 93 = ZIP 2003, 2307 = NJW 2004, 214; BGH VersR 2003, 463; VersR 1993, 689 (690); VersR 1992, 990; 1984, 632 (633); RGZ 54, 103; Wandt VersR Rn. 1276; Heilmann VersR 1972, 997 (1000); Grote in Langheid/Rixecker VVG § 159 Rn. 13; Winter in Bruck/Möller VVG § 159 Rn. 139.
[251] BGHZ 156, 350 = VersR 2004, 93 = ZIP 2003, 2307 = NJW 2004, 214; BGH VersR 2010, 1021.
[252] BGHZ 156, 350 = VersR 2004, 93 = ZIP 2003, 2307 = NJW 2004, 214; BGH VersR 2010, 895 (897); 2014, 1444; OLG Stuttgart BeckRS 2020, 38548; OLG Hamm VersR 2015, 1236; Winter in Bruck/

im Todesfall erlischt zugleich das Widerrufsrecht des Versicherungsnehmers, das somit nicht auf die Erben übergeht.[253] Dabei erstarkt jedoch nicht das widerrufliche Bezugsrecht zu einem unwiderruflichen, vielmehr geht das widerrufliche Bezugsrecht unter, während zugleich beim Begünstigten ein Anspruch auf die Versicherungsleistung neu entsteht.[254] Dies gilt nach Eintritt des Versicherungsfalls selbstverständlich auch für erst in der Zukunft fällig werdende Rentenansprüche.[255]

71 Ein Rechtserwerb durch den Bezugsberechtigten bleibt endgültig aus, wenn er vor Eintritt des Versicherungsfalls stirbt.[256] Bei einer Begünstigung auf den Todesfall wird das Bezugsrecht daher nicht erworben, wenn der Begünstigte spätestens gleichzeitig mit der versicherten Person stirbt.[257] In diesen Fällen steht die Versicherungsleistung dem Versicherungsnehmer bzw. seinen Erben zu.[258]

72 **2. Unwiderrufliches Bezugsrecht.** Eine unwiderrufliche Bezugsberechtigung liegt vor, wenn sich der Versicherungsnehmer seines Bestimmungsrechts, also des Rechts zum Widerruf und zur Änderung des Bezugsrechts, begibt.[259] Dies kann bereits bei Vertragsschluss oder erst später durch Umwandlung eines widerruflichen Bezugsrechts in ein unwiderrufliches geschehen.[260] Der Verzicht auf das Widerrufsrecht braucht grds. nicht ausdrücklich erklärt zu werden, sondern ist durch Auslegung zu ermitteln. Zwar fordert § 13 Abs. 2 ALB eine „ausdrückliche" Bestimmung, doch kann auch diese AVB-Klausel nicht dazu führen, dass der Versicherungsnehmer den Begriff „unwiderruflich" verwenden muss. Vielmehr muss seine Erklärung nach Maßgabe der Auslegungsmethoden eindeutig sein. Str. bleibt in der Rspr. der Instanzgerichte, ob bspw. eine Klausel in den Bedingungen einer Restschuldversicherung zulässig ist, wonach bei Kündigung der Versicherung der Rückkaufswert auf das Kreditkonto der darlehensgebenden Bank auszuzahlen sei.[261]

73 Erklärt der Versicherungsnehmer dem Versicherer gegenüber den Begünstigten als unwiderruflich bezugsberechtigt, so erhält das Bezugsrecht dingliche Wirkung. Eine Änderung des Bezugsrechts oder eine Beleihung der Police kann daher wirksam nur noch mit Zustimmung des Begünstigten erfolgen. Diese Einschränkung gilt wegen der dinglichen Wirkung der unwiderruflichen Berechtigung auch gegenüber dem Versicherer.[262] In der Zustimmung des Bezugsberechtigten zu einer Sicherungsabtretung liegt noch kein Verzicht auf das Bezugsrecht.[263]

74 Gibt der Versicherungsnehmer eine unwiderrufliche Begünstigungserklärung ab, so erwirbt der Begünstigte den Anspruch auf die Versicherungsleistung und bei Kündigung des Vertrags auch auf den Rückkaufswert[264] sofort (§ 159 Abs. 3),[265] er ist also nicht nur Anwartschaftsberechtigter. Bei Vorversterben des Begünstigten geht der Anspruch auf seine Erben über.[266] Der unwiderruflich Bezugsberechtigte hat gem. § 952 BGB insbes. auch ein Recht auf den Versicherungsschein.[267] Er ist als derjenige, der das Recht aus dem Versicherungsschein geltend machen kann, auch nach § 467 Abs. 2 FamFG (Kraftloserklärung eines Versicherungsscheins) antragsberechtigt.[268] Dagegen ist die Versicherungsnehmerin nicht Rechtsinhaberin und hat keinen direkten Anspruch auf die Versicherungsleistung.[269]

Möller VVG § 159 Rn. 139, 145; *Hofmann* S. 168; zum mit dem Versicherungsfall eintretenden „Von-Selbst-Erwerb" *Daller* r+s 2021, 1 (2) m.w.N. zur Rspr.

[253] BGH VersR 2008, 1054; OLG Stuttgart BeckRS 2020, 38548; OLG Dresden ZEV 2019, 23 (24); *Lorenz* FS Schwebler, 1986, 355.
[254] BGH VersR 2010, 1021; OLG Dresden ZEV 2019, 23 (24).
[255] So für die BUZ BGH VersR 2020, 1097 (1099).
[256] Insofern ist sein Rechtserwerb aufschiebend bedingt; *Lorenz* FS Schwebler, 1986, 352.
[257] OLG Karlsruhe VersR 1998, 219.
[258] BGH VersR 1967, 795.
[259] Davon unberührt bleiben Anfechtungsrechte, etwa wegen Willensmängeln; *Ortmann* in Schwintowski/Brömmelmeyer/Ebers VVG § 159 Rn. 18.
[260] *Ortmann* in Schwintowski/Brömmelmeyer/Ebers VVG § 159 Rn. 84.
[261] I.d.S. LG Göttingen ZIP 2011, 2162 = ZInsO 2011, 1749 = NZI 2011, 815; LG Berlin VersR 2012, 1023; dagegen AG Hamburg ZInsO 2011, 2094; AG Mosbach BeckRS 2010, 21452.
[262] BGH VersR 1996, 1089.
[263] OLG Hamm VersR 2015, 1152 (1153).
[264] BGH VersR 2005, 1134 (1135); VersR 2003, 1021.
[265] BGH VersR 2013, 438; VersR 2003, 1021; OLG Stuttgart BeckRS 2020, 38548; OLG Braunschweig ZIP 2020, 36 (37); OLG Köln NJW-RR 2020, 282 (283); OLG Karlsruhe VersR 2001, 1501; OLG Hamm VersR 1997, 1386; *Brömmelmeyer* in Beckmann/Matusche-Beckmann VersR-HdB § 42 Rn. 234.
[266] *Winter* in Bruck/Möller VVG § 159 Rn. 166; *Brömmelmeyer* in Beckmann/Matusche-Beckmann VersR-HdB § 42 Rn. 234; *Mueller* VW 1971, 522.
[267] OLG Köln NJW-RR 2020, 282 (283); *Winter* in Bruck/Möller VVG § 159 Rn. 175; *Eitelberg* S. 41.
[268] OLG Köln NJW-RR 2020, 282 (283).
[269] OLG Köln NJW-RR 2020, 282 (283).

Diese Grundsätze gelten nicht nur für eine Begünstigung auf den Todesfall, sondern auch bei **75**
Begünstigung auf den Erlebensfall.[270] Der Sinn der unwiderruflichen Bezugsberechtigung liegt nämlich
gerade darin, „die Ansprüche auf die Versicherungsleistungen aus dem Vermögen des Versicherungsnehmers auszusondern und damit dem Zugriff seiner Gläubiger zu entziehen".[271] In der Insolvenz des Versicherungsnehmers kann daher trotz Kündigung der Versicherung durch den Insolvenzverwalter der
Rückkaufswert nicht zur Masse gezogen werden, sondern steht dem Bezugsberechtigten zu.[272] Die vertraglichen Gestaltungsrechte zur Kündigung und Umwandlung der Police verbleiben zwar weiterhin
beim Versicherungsnehmer bzw. beim Insolvenzverwalter, doch kann dieser trotz Ausübung dieser
Rechte nicht mehr Zahlung an sich selbst, sondern nur noch an den Bezugsberechtigten fordern.[273]
Daher geht auch eine Pfändung des Kündigungsrechts durch die Gläubiger ins Leere.[274]

Umgekehrt können zwar die Gläubiger des Bezugsberechtigten im Wege der Zwangsvollstre- **76**
ckung auf das Bezugsrecht zugreifen, doch können sie keine Gestaltungsrechte ausüben. Allein der
Versicherungsnehmer ist daher berechtigt, den Versicherungsvertrag zu kündigen.[275] Es bleibt ihnen
daher versagt, eine vorzeitige Fälligstellung der Versicherungsleistung (des Rückkaufswerts) durch
Kündigung zu erreichen. Unter Umständen kann dem Begünstigten bzw. dessen Insolvenzverwalter
ein Anspruch gegen den Versicherungsnehmer auf Kündigung der Versicherung zukommen.[276]

Der Verbleib der Gestaltungsrechte beim Versicherungsnehmer wird auch als Grund genannt, **77**
weshalb der Erwerb gebrauchter Lebensversicherungen regelmäßig nicht über eine Einräumung
eines unwiderruflichen Bezugsrechts an den Erwerber sondern über eine gemeinsame Abtretung
der Ansprüche und der Gestaltungsrechte erfolgt.[277]

Dem unwiderruflich Bezugsberechtigten kommt das Recht zur Zahlung der Prämie nach § 34 **78**
zu. Er kann damit die Folgen eines Prämienzahlungsverzugs des Versicherungsnehmers abwenden.[278]
Handelt es sich um eine Direktversicherung nach § 1 BetrAVG, so muss der Versicherer den Arbeitnehmer vor einer Kündigung der Lebensversicherung über den Prämienzahlungsverzug des Arbeitgebers informieren und ihm so die Möglichkeit geben, die Versicherung durch Übernahme der Prämienzahlung aufrecht zu erhalten (vgl. § 166 Abs. 4).[279]

3. Eingeschränkt widerrufliches Bezugsrecht. Der Versicherungsnehmer kann den Bezugs- **79**
berechtigten auch eingeschränkt unwiderruflich benennen. Dabei verzichtet der Versicherungsnehmer
auf sein Recht, die Bezugsberechtigung ohne Angabe von Gründen ändern zu können, und knüpft sein
Widerrufsrecht an den Eintritt einer Bedingung.[280] In der Praxis geschieht dies vor allem bei Lebensversicherungen, die der Arbeitgeber als Direktversicherung zur betrieblichen Altersversorgung auf das
Leben und zugunsten des Arbeitnehmers nimmt.[281] Zumal diese Lebensversicherungen der Durchführung einer betrieblichen Altersversorgung dienen, sind bei der Auslegung dieser Verträge (einschließlich
der Bezugsrechtseinräumung) die Wertungen des Betriebsrentengesetzes heranzuziehen.[282] Bei der
Direktversicherung zur betrieblichen Altersversorgung erfolgt die Benennung des Arbeitnehmers zum
Bezugsberechtigten grds. unwiderruflich, doch bleibt ein Widerruf vorbehalten, wenn das Arbeitsverhältnis vor dem Versicherungsfall endet[283] und bestimmte Alters- und Laufzeitgrenzen nicht überschritten sind.[284] Dadurch soll der Arbeitnehmer langfristig an das ihn beschäftigende Unternehmen gebunden werden.[285] Der Arbeitnehmer erwirbt das Bezugsrecht sofort mit seiner Benennung[286] und verliert

---

[270] BGH VersR 2003, 1021 (1022).
[271] BGH VersR 2003, 1021; 1996, 1089; BGHZ 45, 162 (165) = VersR 1966, 359.
[272] OLG Karlsruhe VersR 2001, 1501; zum Anspruch des Bezugsberechtigten auf den Rückkaufswert OLG Hamm VersR 1997, 1386; *Brömmelmeyer* in Beckmann/Matusche-Beckmann VersR-HdB § 42 Rn. 222; *Mueller* VW 1971, 522; vgl. *Hofmann* S. 169.
[273] RGZ 154, 155 (159); *Wandt* VersR Rn. 1280 f.
[274] BGH VersR 2013, 438 = NJW 2013, 232 = r+s 2013, 347 mwN.
[275] OLG Braunschweig VIA 2020, 5.
[276] Zur Möglichkeit einer solchen Konstellation OLG Braunschweig VIA 2020, 5.
[277] Ausf. *König* VersR 1996, 1328.
[278] → § 34 Rn. 7.
[279] OLG Düsseldorf VersR 2003, 627; näher zu den Informationspflichten des Versicherers bei Prämienzahlungsverzug des Versicherungsnehmers → Rn. 69.
[280] Vgl. *Hofmann* S. 187 f.
[281] Vgl. zB LAG Hamm ZIP 2007, 291.
[282] BGH VersR 2012, 344; BAG ZIP 2010, 1915 = BetrAV 2010, 699 = VuR 2011, 111; BAG BeckRS 2012, 67537.
[283] BGH VersR 2005, 1134; LAG Hamm ZIP 2007, 291; BAG BeckRS 2012, 67537.
[284] S. z.B. die Bezugsberechtigungsklausel, die der Entscheidung des BGH VersR 2006, 1059 zugrunde lag.
[285] BGH VersR 2006, 1059 (1061).
[286] BGH VersR 2006, 1059 (1061).

es nur bei Eintritt der auflösenden[287] Bedingung: „Solange aber die tatbestandlichen Voraussetzungen eines solchen Vorbehalts nicht erfüllt sind, steht das eingeschränkt unwiderrufliche Bezugsrecht in wirtschaftlicher und rechtlicher Hinsicht einem uneingeschränkt unwiderruflichen Bezugsrecht gleich".[288] Im Beispielsfall der Direktversicherung von Arbeitnehmern verwirklicht die Beendigung des Arbeitsverhältnisses durch Insolvenz des Arbeitgebers den Tatbestand des Vorbehalts idR[289] nicht.[290] Kündigt der Insolvenzverwalter die Lebensversicherung, so steht daher der Anspruch auf den Rückkaufswert dem Bezugsberechtigten zu.[291] Dasselbe gilt, wenn das Arbeitsverhältnis nicht beendet, sondern wegen Betriebsübergangs mit dem Betriebsübernehmer fortgesetzt wird.[292]

80   Keine echte Einschränkung eines unwiderruflichen Bezugsrechts liegt vor, wenn sich der Arbeitgeber, der eine Versicherung auf das Leben und unwiderruflich zugunsten des Arbeitnehmers nimmt, das Recht vorbehält, mit Zustimmung des Arbeitnehmers die Police zu beleihen.[293] Dieser Vorbehalt wiederholt nur die ohnehin bestehende Rechtslage, nach der bei Vorliegen eines unwiderruflichen Bezugsrechts eine Beleihung der Police nur mit Zustimmung des Bezugsberechtigten möglich ist. In der Zustimmung des Bezugsberechtigten als Gefahrperson zum Abschluss der Versicherung liegt noch keine Zustimmung zur Beleihung der Police.[294]

III. Einheitliches und gespaltenes Bezugsrecht

81   Bei einer kombinierten Erlebens- und Todesfallversicherung kann der Versicherungsnehmer für beide Fälle ein einheitliches Bezugsrecht oder aber ein für den Erlebens- und den Todesfall gespaltenes Bezugsrecht schaffen. Letzteres geschieht in der Praxis sehr häufig. Versicherungsnehmer, die eine Kapitallebensversicherung auf eigenes Leben nehmen, bezeichnen sich meist selbst als für den Erlebensfall bezugsberechtigt,[295] setzen aber für den Fall vorzeitigen Todes ihren Ehegatten zum Bezugsberechtigten ein.[296]

82   Ist in einer solchen Konstellation der bezugsberechtigte Ehegatte unwiderruflich eingesetzt, so erwirbt er das Recht sofort[297] und damit für den Fall der Kündigung auch den Anspruch auf den Rückkaufswert.[298] Dieser Anspruch ist allerdings durch den Erlebensfall auflösend bedingt.[299] Umgekehrt steht dem für den Erlebensfall begünstigten Versicherungsnehmer nur ein aufschiebend bedingter Anspruch zu,[300] sodass er im Zeitpunkt der Kündigung der Lebensversicherung keinen Anspruch auf den Rückkaufswert hat.[301] Das gilt nur dann nicht mehr, wenn der Versicherungsnehmer den Rückkaufswert vom Bezugsrecht ausnimmt. In diesem Fall kann er sich selbst oder einen Dritten zum Bezugsberechtigten hinsichtlich des bei vorzeitiger Beendigung des Vertrags fällig werdenden Rückkaufswerts benennen.[302]

---

[287] BGH VersR 2014, 1444 = r+s 2015, 408 = ZIP 2014, 2251 = WM 2014, 2183 = BetrAV 2014, 759.
[288] BGH VersR 2006, 1059; 2005, 1134 (1135); 2012, 344; 2014, 321 = r+s 2014, 188 = ZIP 2014, 384 = WM 2014, 318; VersR 2014, 1444 = r+s 2015, 408 = ZIP 2014, 2251 = WM 2014, 2183 = BetrAV 2014, 759; VersR 2015, 1145 = ZIP 2015, 1647 = WM 2015, 1471; BAG BeckRS 2012, 67537; OLG Hamm VersR 2015, 1152 (1153); OLG Karlsruhe VersR 2001, 1501 (1502); LAG Hamm ZIP 2007, 291; *Brömmelmeyer* in Beckmann/Matusche-Beckmann VersR-HdB § 42 Rn. 221.
[289] Zur insofern erforderlichen Auslegung nach den Umständen des Einzelfalls BGH VersR 2015, 1145 = ZIP 2015, 1647 = WM 2015, 1471; VersR 2014, 321 = r+s 2014, 188 = ZIP 2014, 384 = WM 2014, 318.
[290] BGH VersR 2015, 1145 = ZIP 2015, 1647 = WM 2015, 1471; VersR 2014, 1444 = r+s 2015, 408 = ZIP 2014, 2251 = WM 2014, 2183 = BetrAV 2014, 759; VersR 2005, 1134 (1135); OLG München VersR 2009, 97, das dieser Rspr. aber nicht auf den Geschäftsführer und Alleingesellschafter einer GmbH erstreckt; aA BAG VersR 2009, 134 (137); anders dagegen für die Fortsetzung des Arbeitsverhältnisses bei Betriebsübergang BAG NZI 2011, 30 (31 ff.); vgl. zum Thema auch *Hofmann* S. 188 ff.; *Kayser* S. 56.
[291] OLG Karlsruhe VersR 2001, 1501.
[292] BAG ZIP 2010, 1915 = BetrAV 2010, 699 = VuR 2011, 111.
[293] Zu einer solchen Gestaltung BGH VersR 1996, 1089 (1090) = EWiR § 1 BetrAVG 1/96, 775 m.Anm. *Griebeling*.
[294] Zu einer solchen Gestaltung BGH VersR 1996, 1089 (1090) = EWiR § 1 BetrAVG 1/96, 775 m.Anm. *Griebeling*.
[295] Vgl. zB den Fall des OLG Koblenz VersR 2008, 1098 (Ls.).
[296] Ausf. *Winter* in Bruck/Möller VVG § 159 Rn. 29.
[297] BGH VersR 2013, 438 = NJW 2013, 232 = r+s 2013, 347.
[298] BGHZ 45, 162 (167) = VersR 1966, 359; vgl. *Oswald* VP 1980, 9; *Prahl* NVersZ 2000, 502; aA *Brömmelmeyer* in Beckmann/Matusche-Beckmann VersR-HdB § 42 Rn. 240 ff.; *Baroch Castellví* VersR 1998, 410.
[299] BGH VersR 2013, 438 = NJW 2013, 232 = r+s 2013, 347; BGHZ 45, 162 (166) = VersR 1966, 359; aus insolvenzrechtlicher Sicht *Hofmann* S. 185 ff.
[300] Insbes. BGH VersR 2013, 438 = NJW 2013, 232 = r+s 2013, 347.
[301] BGH VersR 2013, 438 = NJW 2013, 232 = r+s 2013, 347; BGHZ 118, 242 (247); 45, 162 (166) = VersR 1966, 359.
[302] BGH VersR 2013, 438 = NJW 2013, 232 = r+s 2013, 347; NJW 2003, 2679.

H. Das Rechtsverhältnis des Bezugsberechtigten zum Versicherungsnehmer und dessen Erben: „Valutaverhältnis"

I. Rechtsgrund des Begünstigungserwerbs

1. Bedeutung des Rechtsgrunds. Das Rechtsverhältnis des Bezugsberechtigten zum Versicherungsnehmer – das häufig sog. „Valutaverhältnis"[303] – stellt den Rechtsgrund für den Erwerb der Bezugsberechtigung dar.[304] Die Rechtsgründe sind vielfältig und hängen nicht zuletzt von den wirtschaftlichen Motiven des Versicherungsnehmers ab. Diese reichen von Eigenvorsorge, familiärer Fürsorge, Freigiebigkeit bis hin zu betrieblicher Altersvorsorge und Kreditsicherung.[305]

Häufig gibt der Rechtsgrund dem Begünstigten gegenüber dem Versicherungsnehmer einen Anspruch auf Einräumung der Bezugsberechtigung. So etwa, wenn sich der Ehemann im Rahmen eines Gütertrennungsvertrages gegenüber der Ehefrau verpflichtet, im Scheidungsfall dieser das alleinige Bezugsrecht aus einer Lebensversicherung einzuräumen. In diesem Fall kann die Ehefrau ihre Benennung als Begünstigte fordern und zwar, wenn ihr im Gütertrennungsvertrag ein Anspruch auf die Stellung als „Alleinbezugsberechtigte" eingeräumt wird, eine unwiderrufliche Benennung.[306] Ähnlich sieht die Rspr. die aufgrund eines gerichtlichen Vergleichs unwiderruflich als Bezugsberechtigte eingesetzte Ehefrau schon vor Eintritt des Versicherungsfalls als Eigentümerin der Police nach § 952 Abs. 2 BGB. Sie kann daher die Police vom Versicherungsnehmer, ihrem (ehemaligen) Ehemann, herausfordern.[307]

Der Erwerb des Bezugsrechts durch Benennung seitens des Versicherungsnehmers ist an sich nicht vom Bestehen eines Rechtsgrunds abhängig.[308] Der Versicherer ist also aus dem Versicherungsvertrag zur Leistung gegenüber dem Begünstigten verpflichtet und begeht mit der Zahlung grundsätzlich[309] keine Pflichtverletzung gegenüber dem Versicherungsnehmer bzw. dessen Erben.[310] Dennoch billigt die Rechtsprechung dem Versicherer ein Hinterlegungsrecht an der Versicherungssumme bei zweifelhafter Bezugsberechtigung zu.[311] Auch soll dem Versicherer jedenfalls ein Recht zustehen, das Valutaverhältnis zu prüfen, wenn der Mangel offenkundig ist. Diesfalls kann er nach Ansicht des OLG Hamm das Auszahlungsbegehren des Bezugsberechtigten als treuwidrig zurückweisen.[312]

Der Rechtsgrund entscheidet jedoch darüber, ob der Bezugsberechtigte das aus dem Lebensversicherungsvertrag erworbene Recht bzw., wenn die Versicherungsleistung bereits erbracht wurde, die Versicherungssumme im Verhältnis zum Versicherungsnehmer bzw. dessen Erben behalten darf.[313] Andernfalls muss er diese dem Versicherungsnehmer bzw., wenn – wie regelmäßig – die Bezugsberechtigung für den Todesfall eingeräumt wird, den Erben als dessen Rechtsnachfolger gem. § 812 Abs. 1 S. 1 Var. 1 BGB,[314] unter Umständen auch einem früheren Bezugsberechtigten nach § 816 Abs. 2 BGB[315] herausgeben.

Aus dieser Konstruktion folgt, dass der Rechtsgrund außerhalb des Versicherungsvertrages liegt, dieser also nur die Grundlage der Verfügung des Versicherungsnehmers darstellt, hingegen keinen

---

[303] Ausf. *Winter* in Bruck/Möller VVG § 159 Rn. 252 f.
[304] Deutlich zB BGHZ 91, 288 (290) = NJW 1984, 2156; *Ortmann* in Schwintowski/Brömmelmeyer/Ebers VVG § 159 Rn. 35.
[305] *Armbrüster/Pilz* KTS 2004, 481 (484).
[306] OLG Hamm VersR 1997, 1386 (1387).
[307] AG Mölln VersR 1978, 131 (132).
[308] OLG Brandenburg BeckRS 2015, 16619; vgl. OLG Stuttgart BeckRS 2020, 38548.
[309] Einschränkend für offenkundige und leicht nachweisbare Mängel im Valutaverhältnis OLG Saarbrücken VersR 2018, 149; vgl. auch LG Stuttgart VersR 2020, 24.
[310] Vgl. *Makowsky* AcP 216 (2016), 497 (541 f.); *Winkens* VersR 2018, 133 zu OLG Saarbrücken VersR 2018, 149; OLG Stuttgart BeckRS 2020, 38548; LG Stuttgart VersR 2020, 24.
[311] Vgl. OLG Brandenburg ZEV 2021, 276, wobei objektive Zweifel an der Person des Gläubigers trotz pflichtgemässer Prüfung der Sach- und Rechtslage vorliegen müssen.
[312] OLG Hamm VersR 2020, 89, das einen Verstoss gegen Treu und Glauben sieht, weil eine Leistung gefordert wird, die alsbald zurückzufordern wäre (wenn auch nicht dem leistenden Versicherer sondern den Erben des Versicherungsnehmers); vgl. schon OLG Saarbrücken VersR 2018, 149.
[313] BGH NJW-RR 2018, 518; VersR 2013, 1029; VersR 2008, 1054; VersR 1995, 282; BGHZ 91, 288 (290) = NJW 1984, 2156; OLG Stuttgart BeckRS 2020, 38548; OLG Dresden ZEV 2019, 23 (24 f.); zur „konditionsfesten" Ausgestaltung des Valutaverhältnisses *Hasse* VersR 2008, 590.
[314] BGH VersR 1987, 659 (690); VersR 1975, 706 (707); OLG Hamm VersR 2020, 89; OLG Stuttgart BeckRS 2020, 38548; OLG Dresden ZEV 2019, 23 (25); OLG Saarbrücken VersR 2018, 149; OLG Nürnberg VersR 2016, 383; OLG Düsseldorf VersR 1996, 590 (591); OLG Hamm VersR 1981, 228 (229); OLG Koblenz VersR 1999, 830 (831); *Ortmann* in Schwintowski/Brömmelmeyer/Ebers VVG § 159 Rn. 38; ausführlich *Makowsky* AcP 216 (2016), 497 (538 ff.).
[315] BGHZ 91, 288 (292) = NJW 1984, 2156 (*in concreto* verneinend) OLG Koblenz VersR 1999, 830 (831).

eigenständigen Rechtsgrund für den Rechtserwerb durch den Begünstigten bildet. Damit begibt man sich konstruktiv insofern auf einen steinigen Weg, als der Versicherungsnehmer und der Bezugsberechtigte in der Lebenswirklichkeit kaum einmal bewusst einen Vertrag schließen, um der Begünstigung auch ihren sicheren Rechtsgrund zu verleihen. Die sogleich geschilderten „Hilfskonstruktionen" der Rspr. wahren zwar dogmatische Hygiene, führen aber zu einer „lebensfremden rechtlichen Überdeutung der tatsächlichen Vorgänge".[316] Wie sogleich gezeigt wird, helfen diese Hilfskonstruktionen auch nicht in allen Fällen.

86a Daher werden in der Lit. Auswege angeboten, welche von der Rspr. bisher aber nicht aufgegriffen worden sind.[317] *Hasse* will zu diesem Zweck einen lebzeitlichen Schenkungsvertrag im Wege eines Insichgeschäfts des Versicherungsnehmers zustande kommen lassen.[318] *Peters* will demgegenüber im Lebensversicherungsvertrag zugunsten des Bezugsberechtigten eine „vermächtnisähnliche Zuwendung von Todes wegen mit dinglicher Wirkung" sehen.[319] Auch dadurch würde die Zuwendung ihren Rechtsgrund erhalten.

86b Ein weiterer, erst seit Kurzem diskutierter,[320] aber überzeugender Ansatz liegt darin, die Hilfskonstruktionen gemäß der Rspr. von vornherein zu verwerfen. Dann liegt kein Rechtsgrund vor. Tatsächlich ist der Wille des Versicherungsnehmers nicht auf den Abschluss eines Schenkungsvertrags gerichtet, erst recht nicht posthum und schon gar nicht im Wege eines Auftrags an den Versicherer, das Schenkungsanbot an die bezugsberechtigte Person weiterzuleiten. Die Frage, ob der Begünstigte sein Bezugsrecht behalten darf, wird daher nicht über eine realitätsfremde Konstruktion eines Valutaverhältnisses gelöst. Vielmehr verschafft § 814 BGB Abhilfe, weil dem Versicherungsnehmer i.d.R. bewusst ist, dass er dem Bezugsberechtigten die Zuwendung der Begünstigung nicht schuldet.[321] Die Rückforderung des Bezugsrechts bzw. der Versicherungsleistung durch die Erben ist in diesen Regelfällen ausgeschlossen.

86c Demgegenüber ist eingewendet worden, die Rückforderung des Bezugsrechts nach Widerruf des von der Rechtsprechung konstruierten Schenkungsangebots stütze sich auf § 812 Abs. 1 S. 2, Var. 2 BGB, also den Bereicherungsanspruch wegen Nichteintritt des bezweckten Erfolgs, auf den § 814 BGB nicht zur Anwendung käme.[322] Denn der Versicherungsnehmer leiste das Bezugsrecht „in der Erwartung, nach seinem Tode werde ein Schenkungsvertrag zustande kommen, der es dem Dritten im Valutaverhältnis erlaube, die Bezugsberechtigung zu behalten".[323] Freilich stellt diese Ansicht ebenso eine „lebensfremde rechtliche Überdeutung der tatsächlichen Vorgänge" dar, wie die geschilderten Hilfskonstruktionen der Rspr. Kein Versicherungsnehmer begünstigt den Bezugsberechtigten in der Erwartung des posthumen Zustandekommens einer Schenkung. Kaum ein Versicherungsnehmer wird wissen, dass es neben dem Versicherungsvertrag noch eines Rechtsgrundes im Valutaverhältnis bedarf, damit der Bezugsberechtigte das Bezugsrecht behalten kann. Die Ansicht ist daher abzulehnen. Sie kann sich auch nicht auf ein Urteil des OLG Hamm[324] berufen,[325] weil diesem ein ganz anderer Sachverhalt zugrunde lag. Dort ging es um einen Bereicherungsanspruch des Versicherers, der die Erlebensfallleistung aus einer Lebensversicherung wenige Tage vor ihrer Fälligkeit an den Versicherungsnehmer ausgezahlt hat. Der Versicherer wusste nicht, dass der Versicherungsnehmer nur wenige Tage vor der Zahlung verstorben war. Er zahlte daher nochmal an die für den Todesfall Begünstigten und forderte die Erlebensfallleistung von den Erben des Versicherungsnehmers zurück. Zu Recht wandte § 814 BGB – unabhängig davon, ob es sich um einen Bereicherungsanspruch nach § 812 Abs. 1 S. 1 BGB oder § 812 Abs. 1 S. 2 Var. 2 BGB handle – nicht an, zumal der Versicherer in der Erwartung des Entstehens der Leistungspflicht in wenigen Tagen leistete.[326] Der Versicherer verhält sich daher nicht widersprüchlich, wenn er die geleistete Zahlung zurückfordert. Eine Anwendung des § 814 BGB scheiterte daher schon aus teleologischen Gründen.[327] Diese teleologischen Erwägungen treffen aber im Fall der Zuwendung des Bezugsrechts ohne Rechtsgrund im Valutaverhältnis nicht zu.

---

[316] *Lorenz* FS Schwebler, 1986, 368; krit. auch die Haltung bei *Finger* VersR 1986, 508; *Harder/Welter* NJW 1977, 1139.
[317] S. zu solchen Ansätzen im Allgemeinen *Gottwald* in MüKoBGB, BGB § 331 Rn. 11.
[318] *Hasse* VersR 2008, 590 (595 ff.).
[319] *Peters* Zerb 2010, 165.
[320] S. insb. *Prahl* VersR 2015, 1229.
[321] S. *Prahl* VersR 2015, 1229.
[322] *Schwab* in MüKoBGB BGB § 814 Rn. 13.
[323] *Schwab* in MüKo BGB § 814 Rn. 13.
[324] OLG Hamm VersR 2019, 1545.
[325] So aber *Schwab* in MüKoBGB BGB § 814 Rn. 13.
[326] OLG Hamm VersR 2019, 1545: „Die bloße Kenntnis davon, in diesem Zeitpunkt noch nicht zur Leistung verpflichtet zu sein, weil die Vertragslaufzeit erst zum 1.6.2015 endete, genügt für eine Anwendung von § 814 BGB nicht".
[327] Zu Sinn und Zweck des § 814 BGB OLG Hamm VersR 2019, 1545 f.

2. Schenkung. In der Regel wird das Valutaverhältnis als eine Schenkung angesehen.[328] **87**
Gegenteilige Ansichten, die zB von einer letztwilligen Verfügung ausgingen,[329] haben sich nicht durchsetzen können.

Für das (wirksame) Zustandekommen eines solchen Schenkungsvertrags ist im Einzelnen zu **88**
unterscheiden. Kommt es zu Lebzeiten des Versicherungsnehmers zwischen ihm und dem Bezugsberechtigten zu einer vertraglichen Einigung über die schenkungsweise Einräumung des Bezugsrechts,[330] so bedarf diese der Form nach § 518 Abs. 1 BGB.[331] Wird die Form nicht gewahrt, ist der Schenkungsvertrag nach § 125 BGB nichtig, wird jedoch nach § 518 Abs. 2 BGB geheilt, sobald er von Seiten des Schenkers erfüllt wird.[332] Dies ist bei einem unwiderruflichen Bezugsrecht im Zeitpunkt der Einräumung, bei einem widerruflichen dagegen erst im Zeitpunkt des Todes des Versicherungsnehmers der Fall.[333] In diesen Konstellationen erhält der Bezugsberechtigte also spätestens im Zeitpunkt des Todes des Versicherungsnehmers den Rechtsgrund zum Behaltendürfen der Versicherungssumme.

Hat demgegenüber der Versicherungsnehmer dem Versicherer den Bezugsberechtigten benannt, **89**
ohne diesem seine Berechtigung mitzuteilen, so kommt zu Lebzeiten des Versicherungsnehmers kein Schenkungsvertrag zustande. Ein fehlender Vertrag kann auch nicht durch Erfüllung heilen und zwar ganz unabhängig davon, ob die eingeräumte Bezugsberechtigung unwiderruflich oder widerruflich ausgestaltet ist. Jedoch erblickt die Rspr. in der nach dem Ableben des Versicherungsnehmers erfolgenden Mitteilung des Versicherers an den Bezugsberechtigten über dessen Begünstigung bzw. die Auszahlung der Versicherungssumme auch den Zugang des Schenkungsantrags des Versicherungsnehmers.[334] Zur Übermittlung ist der Versicherer verpflichtet, weil die Benennung des Bezugsberechtigten einen diesbezüglichen Auftrag enthält.[335] Der Versicherer fungiert als Bote des Versicherungsnehmers.[336] Es reicht aber nicht aus, wenn der Versicherer nach Anspruchserhebung durch den Bezugsberechtigten zur Prüfung Unterlagen und Auskünfte einfordert.[337] Dass der Versicherungsnehmer im Zeitpunkt des Zugangs seines Antrags nicht mehr lebt, ist wegen § 130 Abs. 2 BGB unerheblich. Der Bezugsberechtigte nimmt diesen Antrag idR nach § 151 BGB an, ohne dass es einer Annahmeerklärung bedarf.

Jedoch droht dem Bezugsberechtigten bis zum Zugang des Schenkungsantrags des Versicherungs- **89a**
nehmers, also bis zum Erhalt der Mitteilung des Versicherers, ein Widerruf der Offerte[338] bzw. des zusätzlich angenommenen Botenauftrags an den Versicherer.[339] Insbesondere kann der Begünstigte, wenn er von der Bezugsrechtseinräumung auf anderem Wege Kenntnis erlangt, den nicht zugegangenen Antrag nicht gegenüber dem Versicherer annehmen.[340] Das Recht zum Widerruf der Offerte bzw. des

---

[328] BGH VersR 1975, 706; 2008, 1054; *Müller-Frank* BUZaktuell 1/2009, 23; *Hasse* VersR 2008, 590 (592); *Hasse* VersR 2009, 41; *Schwintowski* in Berliner Kommentar VVG § 166 Rn. 20.

[329] Zum Bsp. *Finger* JuS 1969, 309 (312 ff.); neuerlich wieder für den Vertrag zugunsten Dritter auf den Todesfall allgemein *Wall* S. 92 ff. und (Qualifikation als Forderungsvermächtnis) S. 136 ff.; dasselbe gilt für ähnliche Ansätze, die jedenfalls in bestimmten Fällen das Valutaverhältnis als unentgeltlich aber nicht als Schenkung ansehen; *Bayer* S. 319; *Sieg* ZVersWiss 1995, 697 (698 f.); diff. *Winter* in Bruck/Möller VVG § 159 Rn. 253.

[330] Vgl. die Fallkonstellation in BGHZ 91, 288 (291) = NJW 1984, 2156; auch RGZ 128, 187 (198); *Heilmann* VersR 1980, 516.

[331] Vgl. *Daller* r+s 2021, 1 (3).

[332] OLG Hamm VersR 2002, 1409 (1410); OLG Koblenz VersR 1999, 830 (831); RGZ 128, 187 (198).

[333] OLG Hamm VersR 2002, 1409 (1410); OLG Koblenz VersR 1999, 830 (831); vgl. BGH VersR 2010, 895 (897); 2013, 1121 (1123).

[334] BGH VersR 2008, 1054; zu dieser Entscheidung *Hasse* VersR 2009, 41; *Müller-Frank* BUZaktuell 1/2009, 23; bestätigend BGH VersR 2013, 1029 = NJW 2013, 2588 = r+s 2013, 396; OLG Hamm VersR 2002, 1409 (1410); vgl. die parallele Judikatur zu Sparguthaben bei Banken, BGHZ 66, 8.

[335] BGH VersR 2008, 1054 (1055); hierzu zB *Hasse* VersR 2009, 41; *Müller-Frank* BUZaktuell 1/2009, 23; bestätigend BGH VersR 2013, 1029 = NJW 2013, 2588 = r+s 2013, 396; OLG Koblenz r+s 2020, 416 (*Hoenicke*); OLG Dresden r+s 2018, 608; OLG Hamm VersR 2015, 1236; OLG Saarbrücken VersR 2018, 149.

[336] BGH VersR 2008, 1054 (1055); *Hasse* VersR 2009, 41; *Müller-Frank* BUZaktuell 1/2009, 23; bestätigend BGH VersR 2013, 1029 = NJW 2013, 2588 = r+s 2013, 396.

[337] BGH VersR 2008, 1054 (1055); *Hasse* VersR 2009, 41; *Müller-Frank* BUZaktuell 1/2009, 23; bestätigend BGH VersR 2013, 1029 = NJW 2013, 2588 = r+s 2013, 396.

[338] BGH VersR 2013, 1029 = NJW 2013, 2588 = r+s 2013, 396, Versicherer konnte Bezugsberechtigten wegen Namensänderung nicht ermitteln; vgl. KG VersR 2017, 740 (741); zum ggf. entstehenden Bereicherungsanspruch gegenüber dem Begünstigten OLG Hamm BeckRS 2015, 6155 = VersR 2015, 1236; vgl. OLG Koblenz r+s 2020, 416 (*Hoenicke*).

[339] Vgl. auch zum Botenauftrag OLG Koblenz r+s 2020, 416 (*Hoenicke*).

[340] OLG Schleswig FamRZ 2014, 792 mwN; die Erben können auch den Auftrag des Erblassers an den Lebensversicherer, die Offerte dem Begünstigten zu übermitteln, widerrufen, OLG Hamm BeckRS 2015, 6155 = VersR 2015, 1236.

Botenauftrags steht dem Versicherungsnehmer und nach seinem Tod den Erben nach § 130 Abs. 1 S. 2 BGB zu.[341] Fraglich ist, ob dies auch bei unwiderruflicher Ausgestaltung des Bezugsrechts gelten kann.[342] Hiergegen wird teils eingewandt, mit Einräumung eines unwiderruflichen Bezugsrechts erteile der Versicherungsnehmer auch einen unwiderruflichen Botenauftrag an den Versicherer.[343] Umstritten ist ausserdem, ob der Versicherungsnehmer sein Schenkungsanbot auch durch eine letztwillige Verfügung widerrufen kann. Vom BGH wird diese Frage bejaht.[344] Eine testamentarische Verfügung des Erblassers über sein gesamtes Vermögen sei im Zweifel jedenfalls dann als konkludenter Widerruf eines früheren Schenkungsanbots anzusehen, wenn der Erblasser sich (noch) einseitig vom Anbot lösen kann.[345] Wenn dieser Widerruf dem Begünstigten mit dessen Kenntnisnahme vom Testament zugeht und der Zugang vor der Weiterleitung des Schenkungsanbots durch den Versicherer stattfindet, ist das Schenkungsanbot wirksam widerrufen.[346]

89b In Fällen, in denen die Offerte bzw. der Botenauftrag widerruflich ist, kommt es, wie E. Lorenz zu Recht hervorgehoben hat, zu einem „meist unwürdigen Informationswettlauf" zwischen Erben und Bezugsberechtigten.[347] Gewinnen diesen Wettlauf die Erben, so kann der Versicherer für die nicht auftragskonforme Weiterleitung des Schenkungsantrags haftbar werden.[348] Zahlt der Versicherer an den Begünstigten trotz Widerrufs durch die Erben, kann auch diesen gegenüber eine Schadensersatzpflicht entstehen. Jedoch fehlt es solange an einem Schaden, wie die Erben im Wege des Bereicherungsanspruchs an die Versicherungsleistung kommen.[349]

90 Die Schenkung des Bezugsrechts löst bei Vorliegen der Voraussetzungen der §§ 2325 ff. BGB einen **Pflichtteilsergänzungsanspruch** des Pflichtteilsberechtigten aus.[350] Nach der älteren Rspr. sollen dabei nur die geleisteten Prämien, nicht hingegen die Versicherungsleistung zu veranschlagen sein.[351] Diese Ansicht ist vom BGH 2010 aufgegeben worden.[352] Nach neuer, ausf. begründeter Ansicht des BGH sei weder auf die Summe der gezahlten Prämien noch auf die nach dem Tod des Erblassers ausbezahlte Versicherungsleistung[353] abzustellen.[354] Maßgeblich sei vielmehr der „Wert", den die Versicherung eine logische Sekunde vor dem Tod des Erblassers für diesen hatte (und zwar in Form des „Liquidationswerts").[355] Damit ist primär auf den in diesem Zeitpunkt erzielbaren Rückkaufswert abzustellen.[356] Der Pflichtteilsergänzungsberechtigte kann aber einen ggf. höheren Verkaufswert am Zweitmarkt für Versicherungen geltend machen. Für diesen Wert trifft ihn die Beweislast.[357]

---

[341] BGH VersR 2008, 1054 (1055 f.); *Hasse* VersR 2009, 41; *Müller-Frank* BUZaktuell 1/2009, 23; OLG Koblenz r+s 2020, 416 (*Hoenicke*); OLG Hamm VersR 2002, 1409 (1410); *Hager* FS von Caemmerer, 1978, 143 ff.; zum speziellen Fall, in dem der Begünstigte Teil der Erbengemeinschaft ist BGH NJW 1971, 1265.
[342] Zur insoweit divergierenden Rspr. *Dallwig* r+s 2021, 1 (4) unter Verweis auf OLG Celle WM 1993, 591; OLG Celle, WM 1996, 851; OLG Koblenz BeckRS 2019, 41267.
[343] *Dallwig* r+s 2021, 1 (4).
[344] Bejahend BGH NJW-RR 2018, 518 = MittBayNot 2018, 462 (*Forschner*) = ZEV 2018, 278 (*Litzenburger*) = FamRZ 2018, 854 (*Keim*); *Muscheler* ZNotP 2018, 137; *Strobel* WM 2019, 1477; *Wellenhofer* JuS 2180, 809.
[345] BGH NJW-RR 2018, 518 = MittBayNot 2018, 462 (*Forschner*) = ZEV 2018, 278 (*Litzenburger*) = FamRZ 2018, 854 (*Keim*).
[346] BGH NJW-RR 2018, 518 = MittBayNot 2018, 462 (*Forschner*) = ZEV 2018, 278 (*Litzenburger*) = FamRZ 2018, 854 (*Keim*): „Für das Wirksamwerden einer empfangsbedürftigen Willenserklärung ist – außer dem Zugang an den Erklärungsgegner – erforderlich, aber auch ausreichend, dass die Erklärung mit Willen des Erklärenden in den Verkehr gelangt ist und der Erklärende damit rechnen konnte, dass sie (sei es auch auf Umwegen) den richtigen Empfänger erreichen werde (BGH, NJW 1979, 2032 [2033])".
[347] *Lorenz* FS Schwebler, 1986, 368; *Hasse* VersR 2009, 41 (42); ähnlich *Hager* FS von Caemmerer, 1978, 136; *Bredemeyer* ZEV 2010, 288 (291 ff.); ausführlich *Wall*, S. 726 ff.; auch *Dallwig* r+s 2021, 1; zu möglichen Konstruktionen, um den Wettlauf zu verhindern, → Rn. 86.
[348] In casu verneinend BGH VersR 2013, 1029 = NJW 2013, 2588 = r+s 2013, 396; vgl. OLG Saarbrücken VersR 2018, 149.
[349] OLG Hamm BeckRS 2015, 6155 = VersR 2015, 1236; OLG Nürnberg BeckRS 2016, 01222; vgl. OLG Stuttgart BeckRS 2020, 38548; zur Frage, ob den Versicherer eine Beratungspflicht hinsichtlich der Widerrufsmöglichkeit trifft *Dallwig* r+s 2021, 1 (5 f.).
[350] RGZ 128, 187 (190); OLG Saarbrücken ZEV 2020, 767; näher *Lorenz* FS Farny, 1994, 354 ff.; *Fuchs* JuS 1989, 179 (182).
[351] RGZ 128, 187 (190); BGHZ 4, 134 (142); BGH NJW 1965, 1913 (1914), Bausparvertrag; FamRZ 1976, 616; zu dieser Rspr. *Hasse*, Lebensversicherung und erbrechtliche Ausgleichsansprüche, 2005, S. 35 ff.; *Leitzen* RNotZ 2009, 129 (142 ff.).
[352] BGH VersR 2010, 895; hierzu *Rudy* VersR 2010, 1395; *Mayer* DNotZ 2011, 89; *Herrler* ZEV 2010, 333.
[353] S. insoweit die Abgrenzung gegenüber der insolvenzrechtlichen Anfechtung BGH VersR 2010, 895 (897 f.).
[354] BGH VersR 2010, 895 (896).
[355] BGH VersR 2010, 895 (899).
[356] BGH VersR 2010, 895 (899).
[357] BGH VersR 2010, 895 (900).

3. Unbenannte Zuwendung. Sind Versicherungsnehmer und Bezugsberechtigter Ehegatten, so wendet der BGH bisweilen die Grundsätze der „unbenannten Zuwendung"[358] auf das Valutaverhältnis an.[359] Die Einräumung des Bezugsrechts wird damit zu einem Rechtsgeschäft *sui generis*, das nicht dem Formzwang des § 518 Abs. 1 BGB unterliegt.[360] Sehr wohl unterliegen diese Zuwendungen aber der Pflichtteilsergänzung.[361]

4. Wegfall/Änderung der Geschäftsgrundlage (§ 313 BGB). Sowohl die Schenkung als auch die unbenannte Zuwendung können bei Änderung oder Wegfall der Geschäftsgrundlage anzupassen (§ 313 Abs. 1 BGB) bzw. einem Rücktrittsrecht ausgesetzt sein (§ 313 Abs. 3 S. 1 BGB). Das nimmt die Rspr. regelmäßig an, wenn ein Ehegatte den anderen zum Bezugsberechtigten ernannt hat und die Ehe später geschieden wird.[362] Das gilt auch für die Aufhebung einer nichtehelichen Lebensgemeinschaft.[363] Auch ohne formelle Scheidung wird ein Wegfall der Geschäftsgrundlage von den Gerichten für möglich gehalten, wenn die Ehe bereits unheilbar zerrüttet ist.[364] Allerdings ist zu beachten, dass die Regeln über den Wegfall der Geschäftsgrundlage beim gesetzlichen Güterstand der Zugewinngemeinschaft regelmäßig von einem durchgeführten Zugewinnausgleich verdrängt werden.[365]

Ob ein Wegfall der Geschäftsgrundlage vorliegt, ist durch eine Abwägung aller Umstände des Einzelfalls zu ermitteln, insbes. sind „Dauer der Ehe oder Lebensgemeinschaft, Alter der Parteien, Art und Umfang der erbrachten Leistungen, Höhe der dadurch bedingten und noch vorhandenen Vermögensmehrung, Einkommens- und Vermögensverhältnisse" zu berücksichtigen.[366] Bei allem hebt der BGH hervor, dass die Grundsätze des § 313 BGB in Fällen einer unwiderruflichen Bezugsberechtigung eher zur Anwendung gelangen können, als bei widerruflichem Bezugsrecht, bei welchem dem Versicherungsnehmer nach Scheidung ja ohnehin die Möglichkeit zukommt, das Bezugsrecht zu widerrufen.[367] Auf diesen Punkt stellt auch das OLG Hamm ab und hält eine Berufung auf den Wegfall der Geschäftsgrundlage bei einer nur widerruflichen Bezugsberechtigung generell für nicht möglich.[368] Im konkreten Fall sprach freilich für das Ergebnis des OLG Hamm auch der Umstand, dass der Versicherungsnehmer das Bezugsrecht nicht widerrufen hat, obwohl er während eines längeren, seinem Ableben vorangegangenen Krebsleidens hinreichend Anlass und Zeit gehabt hätte, die Vermögensverteilung nach seinem Tod ganz nach seinen Wünschen zu regeln.[369] Allerdings wird mit dieser Ansicht übersehen, dass ein bloßer Widerruf der Begünstigungserklärung in diesen Fällen nicht ausreicht, weil eine formwirksame Schenkung oder eine unbenannte Zuwendung – wenn denn eine von beiden vorliegt – einen Anspruch auf das Bezugsrecht gewährt, der durchsetzbar wäre bzw. dessen Nichterfüllung schadensersatzpflichtig machen würde. Insofern hat der Versicherungsnehmer bei Wegfall der Geschäftsgrundlage der Schenkung bzw. der unbenannten Zuwendung ein legitimes Interesse, den Rechtsgrund der Zuwendung zu beseitigen, auch wenn das Bezugsrecht nur widerruflich ausgestaltet ist. § 313 Abs. 3 S. 1 BGB gewährt ihm hierfür ein Recht zum Rücktritt. Eine andere Frage ist es, ob die Geltendmachung des Rücktrittsrechts nach § 313 Abs. 3 S. 1 BGB auch noch den Erben zustehen soll, wenn – insbes. wie im vom OLG Hamm entschiedenen Fall – der Versicherungsnehmer vor seinem Tod Anlass und Zeit hatte, seine Vermögensnachfolge neu zu regeln. In solchen Situationen spricht mindestens eine tatsächliche Vermutung gegen die Annahme, die Geschäftsgrundlage der Schenkung oder unbenannten Zuwendung des Bezugsrechts sei weggefallen bzw. ein Festhalten an der Schenkung oder unbenannten Zuwendung sei dem Versicherungsnehmer nicht mehr zumutbar.[370] Denn wer sich, wie regelmäßig die Erben des Versicherungsnehmers, auf den Wegfall der Geschäftsgrundlage beruft, hat zu beweisen, „dass dem Vertrags-

---

[358] Allg. BGHZ 84, 361.
[359] Zum Bsp. BGHZ 128, 125 = VersR 1995, 282; *Völkel* VersR 1992, 539 (543).
[360] OLG Hamm VersR 2002, 1409 (1410); OLG Koblenz VersR 1999, 830 (831).
[361] Zur diesbezüglichen Entwicklung *Frömgen* S. 101 ff.
[362] OLG Bremen NJW 2017, 1120 (1121); OLG Karlsruhe VersR 1998, 219 (220); dabei wurde auch auf den Umstand abgestellt, dass die Ehegatten im Güterstand der Gütertrennung lebten, BGH NJW 2012, 2374; BGHZ 128, 125 = VersR 1995, 282; für den Fall einer Schwiegerelternschenkung BGH NJW 2015, 1014 (*Schmitz*).
[363] BGH VersR 2013, 302; NJW 2012, 3374; vgl. OLG Brandenburg ZEV 2021, 276.
[364] BGHZ 128, 125 = VersR 1995, 282; *Völkel* VersR 1992, 539 (544).
[365] BGH FamRZ 1991, 1169; *Völkel* VersR 1992, 539 (543); OLG Bremen NJW 2017, 1120 (1122); zur Behandlung der Lebensversicherung iRd Zugewinnausgleichs → Vor § 150 Rn. 72 ff.
[366] BGH VersR 2013, 302 mwN.
[367] S. die letztlich offen bleibende Diskussion des Problems bei BGH VersR 1992, 1383 (1385).
[368] OLG Hamm VersR 2002, 1409 (1410); OLG Koblenz VersR 1999, 830 (831).
[369] OLG Hamm VersR 2002, 1409 (1411).
[370] Das Kriterium der Unzumutbarkeit kommt in § 313 BGB zweimal vor: Zunächst ist sie Tatbestandsmerkmal des Wegfalls der Geschäftsgrundlage in Abs. 1. Darüber hinaus setzt das Rücktrittsrecht nach Abs. 3 S. 1 die Unmöglichkeit oder Unzumutbarkeit einer Vertragsanpassung voraus.

schluss die Vorstellungen zugrunde gelegen haben, deren Wegfall er geltend macht".[371] Die Gerichte lassen hierfür die Scheidung bzw. Zerrüttung der Ehe häufig genügen, doch sollte auch der Umstand, dass der Versicherungsnehmer bis zu seinem Tod keine Änderung des Bezugsrechts und keinen Rücktritt vom Rechtsgrund (Schenkung oder unbenannte Zuwendung) erklärt hat, gewürdigt werden.

94   Ein Wegfall der Geschäftsgrundlage liegt nicht vor, wenn glaubhaft gemacht wird, der Versicherungsnehmer wollte durch das Bezugsrecht den Unterhalt und die Versorgung seines Ehegatten gerade auch nach Scheidung bzw. Zerrüttung sichern.[372] Ebenso ist es kein Fall des § 313 BGB, wenn das Bezugsrecht der Absicherung eines Kredits dient, den der Versicherungsnehmer aufgenommen und für dessen Rückzahlung sich der Bezugsberechtigte mit verpflichtet hat.[373]

94a   Hat der Versicherer Kenntnis, dass sich der Versicherungsnehmer und die schenkweise bezugsberechtigte Lebensgefährtin getrennt haben, und darf er von einem Wegfall der Geschäftsgrundlage des Valutaverhältnisses ausgehen, so kann er die Versicherungssumme hinterlegen.[374]

II. Gestaltungsrechte und Verfügungen

95   Der unwiderrufliche Bezugsberechtigte ist Inhaber des Anspruchs auf Auszahlung der Versicherungssumme. Das gilt auch mit Blick auf den Rückkaufwert einer gekündigten Lebensversicherung mit gespaltenem Bezugsrecht, bei der der unwiderruflich Bezugsberechtigte einen durch den Erlebensfall auflösend bedingten Anspruch auf Zahlung des Rückkaufswerts erlangt.[375] Er kann aber die Zahlung des Rückkaufswerts nicht auslösen, weil er keine Gestaltungsrechte und damit auch kein Kündigungsrecht besitzt.[376] Sowohl das Recht zur Kündigung des Versicherungsvertrages als auch auf Prämienfreistellung kann daher nur der Versicherungsnehmer geltend machen.[377]

96   Für die Abtretung ist zu unterscheiden. Ist das Bezugsrecht unwiderruflich eingeräumt, so fällt die Versicherungsforderung dem Bezugsberechtigten sofort zu und nur er kann die Ansprüche abtreten. Der Versicherungsnehmer kann nur mit Zustimmung des Bezugsberechtigten abtreten, wofür eine bloße Mitunterzeichnung der Abtretung aber im Zweifel nicht ausreicht.[378] Handelt es sich hingegen um eine widerrufliche Bezugsberechtigung, die keine Rechte sondern nur Aussichten auf einen Rechtserwerb begründet, so verbleiben die Ansprüche bis zum Eintritt des Versicherungsfalls beim Versicherungsnehmer. Dieser kann die Forderung auf die Versicherungsleistung abtreten.[379]

97   Die Abtretung bedarf nach § 9 Abs. 4 ALB ebenso wie eine Verpfändung der schriftlichen Anzeige an den Versicherer.[380] Ist dieses Erfordernis nicht erfüllt, so ist die Abtretung absolut unwirksam.[381] Die Sicherungsabtretung, ist nicht gleichzeitig ein Widerruf der Bezugsrechtseinräumung, vielmehr tritt das Bezugsrecht hinter das Sicherungsrecht des Zessionars zurück.[382]

J. Bezugsrecht und Sicherungszession

I. Sicherungszession und widerrufliches Bezugsrecht

98   Wurde der Begünstigte nur widerruflich[383] benannt, so stehen die Ansprüche aus der Lebensversicherung nach wie vor dem Versicherungsnehmer zu. Dieser kann daher die Rechte auch abtreten,

---

[371] BGHZ 128, 125 = VersR 1995, 282 mwN; diese Beweislastregel wurde durch § 313 BGB nicht verändert.
[372] BGHZ 128, 125 = VersR 1995, 282; OLG Köln FamRZ 1998, 193.
[373] OLG Köln FamRZ 1998, 193; nunmehr auch BGH VersR 2013, 302.
[374] OLG Brandenburg ZEV 2021, 276.
[375] BGH VersR 1992, 1383 (1385); *Brömmelmeyer* in Beckmann/Matusche-Beckmann VersR-HdB § 42 Rn. 222.
[376] BGH VersR 1992, 1382 (1384).
[377] Deutlich z.B. für die Kündigung des Versicherungsvertrags BGH VersR 1992, 1382 (1384); auch BGH NJW-RR 2010, 544 mwN; OLG Braunschweig ZIP 2020, 36 (37); OLG Köln NJW-RR 2020, 282 (283); *Brömmelmeyer* in Beckmann/Matusche-Beckmann VersR-HdB § 42 Rn. 222.
[378] OLG Hamm VersR 2010, 57 (58).
[379] OLG Koblenz ZEV 2007, 389.
[380] Die Übersendung der schriftlichen Abtretungsvereinbarung reicht aus; OLG Hamm VersR 2008, 908.
[381] BGH VersR 2014, 699 (702); VersR 1999, 701; VersR 1992, 561; BGHZ 112, 387; OLG Köln VersR 1993, 1133; OLG Karlsruhe VersR 1989, 34; OLG München VersR 1987, 810; *Wandt* VersR Rn. 1287; *Ortmann* in Schwintowski/Brömmelmeyer/Ebers VVG § 159 Rn. 75; *Kühl*, S. 51 ff.; *Eitelberg*, S. 79 ff.; für eine relative Unwirksamkeit *Wagner* VersR 1991, 622 mit ausführlicher Schilderung der Entwicklungen in Lehre und Rspr.; krit. auch *Schnepp* VersR 1991, 949; *Kuhnert* VersR 1988, 1218; VersR 1989, 613, Anm. zu OLG Karlsruhe VersR 1989, 34; *Keltenich* VersR 1965, 412.
[382] → Rn. 111 ff.
[383] Anders bei unwiderruflichem Bezugsrecht OLG Hamm VersR 2016, 1171 (1172).

soweit nicht spezielle Abtretungsverbote greifen.[384] Die Abtretung bedarf nach § 9 Abs. 4 ALB ebenso wie eine Verpfändung der schriftlichen Anzeige an den Versicherer.[385] Ist dieses Erfordernis nicht erfüllt, so ist die Abtretung absolut unwirksam.[386] Die Anzeige an den Versicherer kann auch schon vor der Abtretung erfolgen, doch wird diese erst wirksam, wenn beide Voraussetzungen vorliegen.[387] Wird eine zukünftige Forderung voraus abgetreten, so treten die Wirkungen dieser Zession mit dem Entstehen der Forderung ein.[388] Ist die Forderung derart aufschiebend bedingt, dass der Zessionar eine gesicherte Rechtsposition an der abgetretenen Forderung erlangt, so bewirkt schon die Übergang der bedingten Forderung deren Übergang.[389]

Die wirksame Sicherungszession der Versicherungsforderung bewirkt für sich nicht den Widerruf des Bezugsrechts.[390] Vielmehr wandelt sie das bestehende Bezugsrecht in ein nachrangiges, das hinter die Rechte des Sicherungszessionars zurück tritt.[391] Soweit der Sicherungszessionar im Zeitpunkt des Versicherungsfalls Ansprüche gegen den Versicherungsnehmer hat, ist er als Inhaber des Anspruchs allein berechtigt, die Versicherungsleistung zu fordern.[392] Das gilt auch bei Besicherung einer fremden Verbindlichkeit.[393] Der Versicherungsnehmer kann daher den Bezugsberechtigten auch noch nach erfolgter Sicherungszession auswechseln.[394] Er kann das Bezugsrecht auch in ein unwiderrufliches umändern, allerdings berührt diese Änderung die Rechte des Sicherungszessionars nicht.[395] Erklärungen des Versicherers, die er dem Sicherungszessionar gegenüber abgibt, wirken grds. nicht gegen den Bezugsberechtigten.[396] 99

Soweit die Versicherungssumme den im Zeitpunkt des Versicherungsfalls noch bestehenden Sicherungszweck übersteigt, erwirbt der Bezugsberechtigte eine eigene Forderung auf den übersteigenden Teil.[397] Analoges gilt, wenn nach Eintritt des Versicherungsfalls die besicherte Forderung aus anderen Mitteln getilgt wird.[398] Einer Abtretung der Ansprüche durch den Sicherungszessionar an den Bezugsberechtigten bedarf es daher nicht.[399] Zahlt der Versicherer die gesamte Versicherungssumme an den Sicherungszessionar aus, so leistet er im Ausmaß der Berechtigung des Bezugsberechtigten nicht schuldbefreiend.[400] Verwertet der Sicherungszessionar die Sicherung nicht, sondern tritt die abgetretenen Ansprüche aus der Lebensversicherung an die Erben zurück, so lebt die Bezugsberechtigung wieder auf bzw. fällt der temporäre Widerruf dahin. Der Anspruch auf die Todesfallleistung steht in diesem Fall dem Bezugsberechtigten und nicht den Erben zu.[401] Dasselbe 100

---

[384] Zum speziellen Abtretungsverbot nach § 2 Abs. 2 S. 4 BetrAVG BGH BeckRS 2020, 11976; OLG Saarbrücken NZA-RR 2019, 494; vgl. für § 32 KWG OLG Frankfurt a.M. NJW-RR 2018, 1237.
[385] Übersendung der schriftlichen Abtretungsvereinbarung reicht aus; OLG Hamburg VersR 2008, 908; zur Wirkung einer Anzeige durch den Zessionar LG Hamburg r+s 2018, 236.
[386] BGH VersR 1999, 701; 1992, 561; BGHZ 112, 387; OLG Köln VersR 1993, 1133; OLG Karlsruhe VersR 1989, 34; OLG München VersR 1987, 810; *Ortmann* in Schwintowski/Brömmelmeyer/Ebers VVG § 159 Rn. 75; *Kühl* S. 51 ff.; *Eitelberg* S. 79 f.; für eine relative Unwirksamkeit *Wagner* VersR 1991, 622 mit ausführlicher Schilderung der Entwicklungen in Lehre und Rspr.; krit. auch *Schnepp* VersR 1991, 949; *Kuhnert* VersR 1988, 1218; *Kuhnert* VersR 1989, 613, Anm. zu OLG Karlsruhe VersR 1989, 34; *Keltenich* VersR 1965, 412.
[387] BGH VersR 2001, 883.
[388] BGH VersR 2021, 513.
[389] BGH VersR 2021, 513.
[390] BGH VersR 2018, 339; VersR 1993, 553; OLG Köln VersR 1990, 1338; RGZ 153, 220 (225); das Bezugsrecht kann mit Blick auf eine beabsichtigte Sicherungszession von vornherein nachrangig ausgestaltet werden; BGH VersR 2001, 883; *Grote* in Langheid/Rixecker VVG § 159 Rn. 24.
[391] BGH VersR 2018, 339; VersR 2012, 344; VersR 2010, 1629; VersR 2001, 883; VersR 1993, 553; OLG Köln r+s 2021, 164; *Bayer* VersR 1989, 17.
[392] BGH VersR 2018, 339; VersR 2012, 344; VersR 2010, 1629.
[393] Details bei BGH NJW 2011, 307 (307).
[394] BGH VersR 1990, 1338.
[395] OLG Koblenz ZEV 2007, 389 (390).
[396] BGH VersR 1993, 553 (hier: Setzung der Klagefrist nach § 12 Abs. 3 VVG aF); vgl. im Kontext BGH VersR 2018, 339.
[397] BGH VersR 2002, 218 (219); VersR 2001, 883; VersR 1996, 877 = VuR 1997, 396 m.Anm. *Härle*; BGH VersR 1993, 553 (555); OLG Köln r+s 2021, 164; KG VersR 2009, 1206; zum Verhältnis von Bezugsrecht und Sicherungszession zB *Kühl* S. 135 ff., 142 ff.
[398] OLG Köln r+s 2021, 164.
[399] So aber die ehedem gewählte Konstruktion, weil davon ausgegangen wurde, das Bezugsrecht fiele endgültig dahin, wenn der Versicherungsfall vor Rückführung des besicherten Darlehens einträte; OLG Oldenburg VersR 1990, 1378 mAnm *Bayer*; *Winter* ZVersWiss 1991, 203 (231); diese Konstruktion wird von *Ortmann* in Schwintowski/Brömmelmeyer/Ebers VVG § 159 Rn. 78 immer noch in Betracht gezogen.
[400] BGH VersR 2002, 218 (219).
[401] BGH VersR 2012, 344.

gilt, wenn die Abtretung nach § 134 BGB von vornherein nichtig war. In diesem Fall greift allerdings – anders als bei gesetzlichen Abtretungsverboten – der Schuldnerschutz des § 409 Abs. 1 BGB.[402]

II. Zession zur Besicherung eines Kontokorrentverhältnisses

101   Die abgetretene Versicherungsforderung dient z.B. bei einem Kontokorrentverhältnis auch der Besicherung von künftig fällig werdenden Ansprüchen.[403] Der Sicherungszessionar ist dem Bezugsberechtigten gegenüber nicht verpflichtet den Kontokorrent möglichst rasch zu kündigen und dadurch die Forderungen fällig zu stellen.[404]

K. Zwangsvollstreckung in das Bezugsrecht

I. Vorrang des Eintrittsrechts nach § 170

102   Im Falle der Zwangsvollstreckung ist das vorrangige Recht des namentlich bezeichneten Bezugsberechtigten bzw., wenn ein solcher fehlt, des Ehegatten bzw. Lebenspartners und der Kinder zum Eintritt in die Lebensversicherung nach § 170 zu beachten.[405] Der Eintritt hat für den Bezugsberechtigten allerdings den „Preis", dass er den betreibenden Gläubigern den aktuellen Rückkaufswert erstatten muss.[406] Die folgenden Ausführungen gelten daher nur dann, wenn der Bezugsberechtigte nicht in die Lebensversicherung eintritt.

II. Pfändungsschutz

103   Vorrangig zu beachten ist auch ein Pfändungsschutz der Versicherungsforderung. Diesen gewährt § 850b Abs. 1 Nr. 4 ZPO für Lebensversicherungen, „die nur auf den Todesfall des Versicherungsnehmers abgeschlossen sind,[407] wenn die Versicherungssumme 3.579 EUR nicht übersteigt".[408] Zu beachten ist außerdem der Pfändungsschutz nach § 851c Abs. 1 ZPO (Pfändungsschutz bei Altersrenten)[409] sowie nach § 850b Abs. 1 Nr. 1 ZPO („Berufsunfähigkeitsrenten").[410] Die folgenden Ausführungen gelten daher nur für nicht pfändungsgeschützte Lebensversicherungen.

III. Pfändung des Widerrufsrechts

104   Zumal das Widerrufsrecht des Versicherungsnehmers kein höchstpersönliches Recht darstellt, kann es auch gepfändet werden.[411] Es kann jedoch nicht selbständig, „sondern nur zusammen mit dem Recht auf den Rückkaufswert übertragen und gepfändet werden".[412] Nach der Rspr. soll eine Pfändung der Versicherungsforderung automatisch auch das Widerrufsrecht als ein Nebenrecht erfassen.[413] Dieses ist vom Pfändungsgläubiger auszuüben, da ansonsten der Bezugsberechtigte im Versicherungsfall den Anspruch auf Zahlung der Versicherungssumme erwirbt (str.).[414] Der Beschluss über die Pfändung und Überweisung des Versicherungsanspruchs und des Widerrufsrechts enthält nämlich ebenso wie seine Zustellung an den Drittschuldner keinen konkludenten Widerruf des Bezugsrechts.[415] Wurde die Versicherungsforderung gepfändet, so steht dem Pfändungsgläubiger in der späteren Insolvenz des Versicherungsnehmers ein Absonderungsrecht an der Versicherungsforderung zu.[416]

---

[402] OLG Hamburg BeckRS 2017, 145109; OLG Karlsruhe VersR 2017, 1067; OLG Stuttgart VersR 2017, 939.
[403] KG VersR 2009, 1206.
[404] KG VersR 2009, 1206.
[405] → § 170 Rn. 7 ff.; BGH VersR 2012, 425; ausf. *Hasse* VersR 2005, 15 (33 ff.).
[406] Näheres → § 170 Rn. 22; zur praktisch geringen Bedeutung des Eintrittsrechts wegen der Pflicht zur Zahlung des Rückkaufswerts *Heilmann* VersR 1972, 997 (1001).
[407] Zur Verfassungskonformität dieser Einschränkung BVerfG NJW 2004, 2585.
[408] Vgl. zB *Hasse* VersR 2005, 15 (18).
[409] *Römer* DB 2007, 2523 (2525) sowie unten § 167, Umwandlung zur Erlangung eines Pfändungsschutzes.
[410] BGH VersR 2010, 237; VersR 2010, 375.
[411] RGZ 127, 269; *Winter* in Bruck/Möller VVG § 159 Rn. 468.
[412] BGH VersR 2003, 1021 (1022) unter Bezug auf BGHZ 45, 162 (167 f.) = VersR 1966, 359; zu letzterer Entscheidung auch *Prahl* VersR 1999, 944 (947 f.).
[413] BGH VersR 2002, 1544; weiterführend *Hasse* VersR 2005, 15 (18); *Bohn* FS Schiedermaier, 1976, 33 (36).
[414] BGH VersR 2012, 425 mwN; OLG Zweibrücken VersR 2010, 1022 mwN.
[415] BGH VersR 2012, 425; OLG Zweibrücken VersR 2010, 1022 mwN; *Wall* r+s 2011, 236.
[416] OLG Celle VersR 2009, 1102.

L. Das Bezugsrecht in der Insolvenz des Versicherungsnehmers

I. Vorrang des Eintrittsrechts nach § 170 und des Pfändungsschutzes

Auch in der Insolvenz geht den Rechten des Insolvenzverwalters das Eintrittsrecht des Bezugs- 105
berechtigten nach § 170 vor.[417] Der Verwalter kann daher weder Erfüllung des Vertrages wählen, den Vertrag sodann kündigen und die Bezugsberechtigung widerrufen, noch kann er die Bezugsberechtigung anfechten, wenn der Begünstigte in den Vertrag eintritt. Ebenso ist ein Pfändungsschutz zu beachten.[418] Die folgenden Ausführungen gelten daher nur dann, wenn der Bezugsberechtigte nicht in die Lebensversicherung eintritt und kein Pfändungsschutz besteht.

II. Unwiderrufliches Bezugsrecht

1. Aussonderungsrecht des Begünstigten. Räumt der Versicherungsnehmer dem Begüns- 106
tigten ein unwiderrufliches Bezugsrecht ein, so erwirbt dieser den Anspruch auf die Versicherungsleistung sofort.[419] Die Versicherungsforderung fällt damit in sein Vermögen und scheidet aus jenem des Versicherungsnehmers aus.[420] Daher kann der Insolvenzverwalter die Forderung nicht zur Masse ziehen bzw. steht dem Bezugsberechtigten dagegen ein Aussonderungsrecht zu.[421]

Für die Aussonderung der Versicherungsforderung reicht es aus, dass das Bezugsrecht vor Insol- 107
venzeröffnung unwiderruflich geworden ist. Dies kann der Fall sein, wenn ein ursprünglich widerrufliches Bezugsrecht durch Erklärung des Versicherungsnehmers unwiderruflich gestellt wird bzw. eine Bedingung für die Unwiderruflichkeit oder aber der Versicherungsfall eingetreten ist.[422]

2. Kündigungsrecht des Insolvenzverwalters. Trotz Unwiderruflichkeit des Bezugsrechts 108
geht nach § 80 Abs. 1 InsO das Kündigungsrecht des Versicherungsnehmers aus § 168 auf den Insolvenzverwalter über.[423] Weil dem Insolvenzverwalter ein Festhalten am Vertrag nicht zugemutet werden, umgekehrt aber eine Kündigung dem Bezugsberechtigten sehr schaden kann, wird in der Lit. allerdings auch hier ein Eintrittsrecht des Bezugsberechtigten iSv § 170 befürwortet.[424]

3. Anfechtung der Begünstigungserklärung. Fällt die Versicherungsforderung nicht in die 109
Insolvenzmasse, so kommt eine Anfechtung der Bezugsberechtigung in Frage.[425] Dies gilt auch für die Risikolebensversicherung.[426] Aus der Sicht der Praxis steht dabei die Anfechtung unentgeltlich erbrachter Leistungen nach § 134 Abs. 1 InsO im Vordergrund.[427] Hier ist zunächst zu beachten, dass die Einräumung eines Bezugsrechts zwar häufig, aber keineswegs immer unentgeltlich erfolgt. So ist bspw. eine Bezugsberechtigung aus einer Direktversicherung im Rahmen der betrieblichen Altersversorgung keine unentgeltliche Leistung des Arbeitgebers.[428] Ferner können nur Leistungen angefochten werden, die innerhalb der letzten vier Jahre vor Insolvenzeröffnung erbracht wurden.[429] Dabei stellt § 140 InsO klar, dass die angefochtene Rechtshandlung als in jenem Zeitpunkt vorgenommen gilt, in dem ihre rechtlichen Wirkungen eintreten. Es kommt daher auf den Zeitpunkt an, in dem das Bezugsrecht unwiderruflich geworden ist.[430] Ist die Einräumung des Bezugsrechts unwirksam, so fehlt es für eine Anfechtung an der Gläubigerbenachteiligung.[431] Keine Rolle spielt

---

[417] → § 170 Rn. 2; vgl. *Hofmann* S. 194 ff.
[418] → Rn. 116; und unten → § 167.
[419] Hierzu schon oben → Rn. 96; vgl. *Dallwig* r+s 2021, 1 (2) „unwiderruflich ist auch ein Bezugsrecht zu Gunsten der Ehefrau, mit welcher der Ehegatte im Zeitpunkt seines Todes verheiratet ist, LG Darmstadt BeckRS 2012, 23880.
[420] Zum Bsp. OLG Karlsruhe VersR 2001, 1591.
[421] *Wegener* in FK-InsO § 103 Rn. 104; *Stegmann/Lind* NVersZ 2002, 193 (194); BAG r+s 2007, 333, Rn. 22; ArbG Aachen BeckRS 2019, 46596, Rn. 33.
[422] Davon unberührt bleibt die Frage der Anfechtbarkeit der Bezugsberechtigung; → Rn. 122 f.
[423] *Grote* in Langheid/Rixecker VVG § 159 Rn. 36; ihm folgend *Armbrüster/Pilz* KTS 2004, 481 (487); zu einer möglichen Schadensersatzpflicht *Kohler-Gehring*, S. 111.
[424] *Grote* in Langheid/Rixecker VVG § 159 Rn. 36; ihm folgend *Armbrüster/Pilz* KTS 2004, 481 (487).
[425] BGH VersR 2010, 1021; ausf. zur Anfechtung *Hasse* VersR 2005, 15 (22, 27); *Winter* in Bruck/Möller VVG § 159 Rn. 463 ff.; zu entsprechenden Auskunftsrechten des Insolvenzverwalters gegenüber dem Lebensversicherer s. BGH VersR 2010, 377.
[426] Vgl. OLG Düsseldorf NZI 2008, 501; hierzu *Floeth* EWiR 2008, 725.
[427] Vgl. *Hofmann*, S. 198; zur Anfechtung nach § 133 InsO zB BGH VersR 2021, 513 (516).
[428] *Armbrüster/Pilz* KTS 2004, 481 (502); BAG NJW 1967, 2425.
[429] § 134 Abs. 1 InsO.
[430] Ausführlich BGH VersR 2021, 513; BGH VersR 2013, 438 = NJW 2013, 232 = r+s 2013, 347; zum Zeitpunkt der Abtretungswirkung oben → Rn. 96; bei widerruflichen Bezugsrechten kommt es folglich auf den Eintritt des Versicherungsfalls an; *Hasse* VersR 2005, 15 (31); BGH VersR 2015, 1542 (1543).
[431] BGH VersR 2015, 1542 (1543 f.).

nach der jüngeren Rspr. die Frage, ob das Bezugsrecht bereits bei Abschluss des Vertrages oder aber erst später eingeräumt wurde.[432] In beiden Fällen kann nämlich die Einräumung des Rechts angefochten und bei erfolgreicher Anfechtung die Versicherungsleistung[433] zur Masse gezogen werden.

110 Ist die Frist zur Anfechtung der Begünstigungserklärung verstrichen, hat aber der Versicherungsnehmer innerhalb der Anfechtungsfrist noch Prämien bezahlt, so sollen diese als eine „Zuwendung im Deckungsverhältnis, die zugleich auch eine (mittelbare) Zuwendung an den Bezugsberechtigten darstellt", anfechtbar sein.[434] Man könnte demgegenüber davon ausgehen, dass das Bezugsrecht an dem Teil der Versicherungsforderung, der durch die Prämienzahlung innerhalb der Anfechtungsfrist aufgebaut wird, erst mit der Prämienzahlung entsteht und damit die „Begünstigungserklärung" nach § 140 InsO insoweit erst in diesem Zeitpunkt abgeschlossen ist. Dann könnte der Insolvenzverwalter nach erfolgreicher Anfechtung den entsprechenden Teil der Versicherungsforderung herausverlangen.[435] Keine anfechtbare Rechtshandlung ist das Unterlassen des Versicherungsnehmers, die Versicherung innerhalb der vierjährigen Frist des § 134 InsO zu kündigen.[436]

III. Eingeschränkt unwiderrufliches Bezugsrecht

111 Dasselbe gilt bei einem eingeschränkt unwiderruflichen Bezugsrecht, solange die Tatbestandsvoraussetzungen für einen Widerruf nicht erfüllt sind. Hat bspw. ein Arbeitgeber zum Zwecke der betrieblichen Altersvorsorge eine Lebensversicherung auf den Arbeitnehmer genommen und diesen eingeschränkt unwiderruflich zum Bezugsberechtigten benannt („Direktversicherung"), so wird der Widerrufstatbestand der vorzeitigen Beendigung des Arbeitsverhältnisses durch die Beendigung des Arbeitsvertrags infolge der Insolvenz des Arbeitgebers idR.[437] nicht erfüllt.[438] Dies folgt nicht nur aus dem Zweck einer unwiderruflichen Bezugsberechtigung und den schützenswerten Interessen des Arbeitnehmers, sondern auch daraus, dass der Zweck des Vorbehalts im Insolvenzfall nicht greift. Die Klausel soll ja dazu dienen, den Arbeitnehmer langfristig an das Unternehmen zu binden. Dieser Zweck entfällt aber ohnehin mit der Insolvenz des Arbeitgebers. Dem Arbeitnehmer kommt daher ein Aussonderungsrecht zu.[439] Erklärt der Insolvenzverwalter, er würde in den Versicherungsvertrag nicht eintreten, so steht der Anspruch auf den Rückkaufswert gem. dem (eingeschränkt) unwiderruflichen Bezugsrecht dem Arbeitnehmer zu.[440] Auf Geschäftsführer von Kapitalgesellschaften überträgt die Rspr. diese Grundsätze nur mit Einschränkungen. Jedenfalls wenn es sich um Gesellschafter-Geschäftsführer handelt, kommt ihnen Einfluss auf den Eintritt der Insolvenz zu, weswegen nach den Umständen des Einzelfalls keine einschränkende Auslegung wie bei Arbeitnehmern geboten sein kann.[441]

IV. Widerrufliches Bezugsrecht

112 **1. Rückkaufswert als Teil der Insolvenzmasse.** Hat der Versicherungsnehmer dem Begünstigten ein widerrufliches Bezugsrecht eingeräumt, so fällt der Anspruch auf den Rückkaufswert der

---

[432] BGHZ 156, 350 = VersR 2004, 93 = ZIP 2003, 2307 = NJW 2004, 214, die Entscheidung betrifft ein widerrufliches Bezugsrecht, lässt sich aber auf das unwiderrufliche übertragen.

[433] BGHZ 156, 350 = VersR 2004, 93 = ZIP 2003, 2307 = NJW 2004, 214; im Detail *Hofmann* S. 201 ff.; auch bei anfänglicher Bezugsrechtseinräumung beschränkt sich daher die Anfechtung nicht auf die Prämienzahlung des Versicherungsnehmers; so aber ehedem RGZ 51, 403 (405); RGZ 153, 220 (227); *Stegmann/Lind* NVersZ 2002, 193 (196 f.); krit. hierzu schon *Reinicke/Reinicke* NJW 1956, 1053 (1054 f.); zum Rechtsprechungswandel *Armbrüster/Pilz* KTS 2004, 481 (495 ff.); *Belitz* S. 241 ff.

[434] *Armbrüster/Pilz* KTS 2004, 481 (500); krit. *Bartels* S. 659 ff; zur Anfechtbarkeit der Prämienzahlung OLG Saarbrücken VersR 2020, 491 (492) = NZI 2020, 429 (430).

[435] In diesem Sinne wohl BGH VersR 2021, 513 (515), der alternativ auf die „in den letzten vier Jahren vor Stellung des Insolvenzantrags erfolgten Beitragszahlungen oder die dadurch bewirkte Mehrung der Versicherungsleistung" abstellt.

[436] OLG Frankfurt a. M. ZVI 2012, 112.

[437] Zur insofern erforderlichen Auslegung nach den Umständen des Einzelfalls BGH VersR 2015, 1145 = ZIP 2015, 1647 = WM 2015, 1471; VersR 2014, 321 = r+s 2014, 188 = ZIP 2014, 384 = WM 2014, 318; BeckRS 2014, 02627.

[438] BGH VersR 2015, 1145 = ZIP 2015, 1647 = WM 2015, 1471; VersR 2014, 1444 = r+s 2015, 408 = ZIP 2014, 2251 = WM 2014, 2183 = BetrAV 2014, 759; VersR 2005, 1134; 2006, 1059; ZIP 2005, 1836; OLG München VersR 2009, 97, das aber auf den Grundsatz nicht auf Geschäftsführer und Alleingesellschafter erstreckt; OLG Karlsruhe NJW 2003, 3279 (3279); LAG Hamm ZIP 2007, 291; aA BAG VersR 2009, 134 (137 ff.); zur Rechtsprechungsentwicklung *Stahlschmidt* NZI 2006, 375 (376).

[439] BGH ZIP 2005, 1836.

[440] OLG Düsseldorf NVersZ 2001, 504.

[441] BGH VersR 2015, 1145 = ZIP 2015, 1647 = WM 2015, 1471.

Versicherung in die Insolvenzmasse.[442] Das gilt selbst bei Lebensversicherungen, die iSv § 1 Abs. 2 BetrAVG der Altersversorgung dienen.[443] § 1b Abs. 2 S. 1 BetrAVG, der den Widerruf der Begünstigungserklärung wegen Beendigung des Arbeitsverhältnisses nach Eintritt der sog. Unverfallbarkeit[444] verbietet, betrifft nur das Versorgungsverhältnis des die Versicherung nehmenden Arbeitgebers zum bezugsberechtigten Arbeitnehmer.[445] Er wirkt daher nicht im Außenverhältnis zum Versicherer.[446] Dies gilt auch dann noch, wenn wirtschaftlich der Arbeitnehmer die Prämienlast selbst trägt.[447] Es gilt auch dann, wenn nach § 6 BetrAVG der Versorgungsfall, nicht aber nach den vereinbarten Bestimmungen der Versicherungsfall aus der Lebensversicherung eingetreten ist. § 6 BetrAVG gewährt somit keinen unmittelbaren Anspruch des Arbeitnehmers gegen den Versicherer, sondern legt dem Arbeitgeber nur eine Verschaffungspflicht auf.[448]

113 Zwar tritt der Insolvenzverwalter in die Pflichten des Arbeitgebers ein, doch ist § 1b Abs. 2 S. 1 BetrAVG kein Verbotsgesetz iSv § 134 BGB, das den Widerruf vernichten würde.[449] Der Bezugsberechtigte kann daher höchstens einen Schadensersatzanspruch erwerben, der allerdings nur Insolvenz- und nicht Masseforderung ist, aber immerhin der Insolvenzsicherung nach § 7 BetrAVG unterliegt.[450] Aber auch dieser Konstruktion wird entgegen gehalten, der Masseverwalter übe das Widerrufsrecht zur Bereicherung der Masse und eben nicht, was wegen der Unverfallbarkeit rechtswidrig wäre, „wegen Beendigung des Arbeitsverhältnisses" aus, sodass es an einer rechtswidrigen Handlung gegenüber dem Arbeitnehmer fehle.[451] Freilich liegt bei diesem Ansatz mindestens eine analoge Anwendung der Unverfallbarkeitsklausel nahe.[452]

114 **2. Kündigungserfordernis.** Der BGH ist abgekehrt von seiner älteren Rspr., wonach der Rückkaufwert auch ohne eine Kündigung des Vertrages schon dann in die Insolvenzmasse falle, wenn der Insolvenzverwalter von seiner Möglichkeit, Erfüllung des Vertrages zu fordern, keinen Gebrauch mache.[453] Er geht neuerdings davon aus, dass die Ansprüche aus dem Versicherungsvertrag durch die Insolvenzeröffnung nicht erlöschen, sondern nur undurchsetzbar werden.[454] Der BGH fordert daher, dass der Insolvenzverwalter die Lebensversicherung nach § 168 Abs. 1 i.V.m. § 80 InsO kündigen muss, wenn er den Rückkaufwert zur Masse ziehen will, wobei in seiner Kündigung auch der Widerruf des Bezugsrechts liegen soll.[455] Solange der Insolvenzverwalter den Vertrag nicht kündigt bzw. das Bezugsrecht nicht widerruft, erwirbt der Bezugsberechtigte mit Eintritt des Versicherungsfalls den Anspruch auf die Versicherungsleistung originär aus dem Versicherungsvertrag.[456]

115 **3. Anfechtung des Bezugsrechts.** Soweit der Insolvenzverwalter das Bezugsrecht widerrufen kann, braucht er keine Insolvenzanfechtung vorzunehmen.[457] Dies ändert sich allerdings, wenn das Bezugsrecht vor Insolvenzeröffnung durch Eintritt des Versicherungsfalls untergegangen ist und der Begünstigte folglich den Anspruch auf die Versicherungsleistung unwiderruflich erworben hat. Nach Ansicht des BGH gilt dies sogar nach Insolvenzeröffnung und vor Widerruf des Bezugsrechts.[458] Der Bezugsberechtigte erwerbe mit Eintritt des Versicherungsfalls seinen Zahlungsanspruch originär aus dem Versicherungsvertrag. Ein nach § 91 Abs. 1 InsO unzulässiger Rechtserwerb aus der Masse

---

[442] BAG VersR 1996, 85; vgl. *Trams* NJW-Spezial 2017, 533.
[443] BGH VersR 2019, 571; ArbG Aachen BeckRS 2019, 46596, Rn. 33.
[444] § 1b Abs. 1 BetrAVG.
[445] BAG VersR 1996, 85 = WiB 1996, 217 mAnm *Pape*; zur Trennung von Versorgungsverhältnis und Versicherungsvertragsverhältnis auch BGH NZI 2002, 604; BAG NZI 2000, 341.
[446] *Wegener* in FK-InsO § 103 Rn. 105.
[447] BGH NZI 2002, 604; BAG NZI 2000, 341; *Trams* NJW-Spezial 2017, 533; *Armbrüster/Pilz* KTS 2004, 481 (491); *Wegener* in FK-InsO § 103 Rn. 105 mwN.
[448] BAG VersR 1996, 85 = WiB 1996, 217 mAnm *Pape*.
[449] Anders iErg *Gareis* DB 1987, 2157 (2160).
[450] Zu alledem *Armbrüster/Pilz* KTS 2004, 481 (491) mwN; aA zur Insolvenzsicherung *Gareis* DB 1987, 2157 (2158).
[451] *Armbrüster/Pilz* KTS 2004, 481 (491).
[452] *Armbrüster/Pilz* KTS 2004, 481 (491).
[453] BGH VersR 1993, 689; auch ein Widerruf der Bezugsberechtigung sei dann nicht erforderlich; *Stegmann/Lind* NVersZ 2002, 193 (194).
[454] BGH VersR 2014, 1444 = r+s 2015, 408 = ZIP 2014, 2251 = WM 2014, 2183 = BetrAV 2014, 759; *Armbrüster/Pilz* KTS 2004, 481 (485).
[455] BGH VersR 2014, 1444 = r+s 2015, 408 = ZIP 2014, 2251 = WM 2014, 2183 = BetrAV 2014, 759; *Armbrüster/Pilz* KTS 2004, 481 (485); → § 168 Rn. 26 ff.
[456] BGH VersR 2014, 1444 = r+s 2015, 408 = ZIP 2014, 2251 = WM 2014, 2183 = BetrAV 2014, 759.
[457] *Ortmann* in Schwintowski/Brömmelmeyer/Ebers VVG § 159 Rn. 83.
[458] BGH VersR 2010, 1021.

finde daher nicht statt. In diesen Fällen kann das Bezugsrecht angefochten werden, wenn es im Zeitpunkt des Eintritts des Versicherungsfalls eine unentgeltliche Leistung darstellt und die Vierjahresfrist des § 134 Abs. 1 InsO gewahrt ist.[459] Solange aber eine Anfechtung nicht erfolgt, ist der Begünstigte anspruchsberechtigt und kann der Versicherer somit an ihn schuldbefreiend leisten. Der Versicherer ist also nicht verpflichtet, die Versicherungssumme zu hinterlegen.[460] Bei erfolgreicher Insolvenzanfechtung sind nicht nur die bezahlten Prämien, sondern auch die Versicherungsforderung herauszugeben.[461]

V. Bezugsrecht des Versicherungsnehmers bzw. Fehlen eines Bezugsrechts

116 Die Versicherungsforderung gehört auch dann zur Insolvenzmasse, wenn die Lebensversicherung auf eigene Rechnung des Versicherungsnehmers genommen wird. Das gilt ebenso, wenn eine Begünstigungserklärung überhaupt fehlt, weil dann der Versicherungsnehmer selbst begünstigt ist.[462]

117 Ein solcher Fall liegt in der betrieblichen Altersversorgung vor, wenn der Arbeitgeber die Lebensversicherung mit eigener Bezugsberechtigung, also nur zur Rückdeckung einer dem Arbeitnehmer gegebenen Versorgungszusage geschlossen hat.[463] Dies selbst dann, wenn der Arbeitnehmer aus der Versorgungszusage des Arbeitgebers einen schuldrechtlichen Anspruch auf Abtretung der Versicherungsforderung hat.[464]

VI. Anfechtung einer Verpfändung des Versicherungsanspruchs

118 Die Ansprüche eines Arbeitnehmers aus einer Pensionszusage des Arbeitgebers können durch eine Abtretung der Ansprüche des Arbeitgebers aus einer Rückdeckungsversicherung besichert werden.[465] Geschieht dies allerdings erst nach Abschluss der Pensionszusage und Rückdeckungsversicherung, so ist eine Absicht, die Gläubiger zu benachteiligen, indiziert, weil keine kongruente Deckung für die Einräumung des Pfandrechts vorliegt. Vielmehr erfolgt die Verpfändung aus freien Stücken.[466] Damit ist die Verpfändung wegen Benachteiligungsabsicht nach § 133 Abs. 1 InsO anfechtbar.

M. Abdingbarkeit

119 § 159 ist abdingbar.[467]

§ 160 Auslegung der Bezugsberechtigung

(1) ¹Sind mehrere Personen ohne Bestimmung ihrer Anteile als Bezugsberechtigte bezeichnet, sind sie zu gleichen Teilen bezugsberechtigt. ²Der von einem Bezugsberechtigten nicht erworbene Anteil wächst den übrigen Bezugsberechtigten zu.

(2) ¹Soll die Leistung des Versicherers nach dem Tod des Versicherungsnehmers an dessen Erben erfolgen, sind im Zweifel diejenigen, welche zur Zeit des Todes als Erben berufen sind, nach dem Verhältnis ihrer Erbteile bezugsberechtigt. ²Eine Ausschlagung der Erbschaft hat auf die Berechtigung keinen Einfluss.

(3) Wird das Recht auf die Leistung des Versicherers von dem bezugsberechtigten Dritten nicht erworben, steht es dem Versicherungsnehmer zu.

(4) Ist der Fiskus als Erbe berufen, steht ihm ein Bezugsrecht im Sinn des Absatzes 2 Satz 1 nicht zu.

---

[459] BGH VersR 2010, 1021.
[460] BGH VersR 2010, 1021.
[461] BGHZ 156, 350 = VersR 2004, 93 = ZIP 2003, 2307 = NJW 2004, 214.
[462] OLG Zweibrücken VuR 2013, 396 (Ls.) = r+s 2014, 420 (Ls.); *Armbrüster/Pilz* KTS 2004, 481 (482) mwN; *Bohn* FS Schiedermaier, 1976, 33 (46).
[463] BAG NJW 1967, 2425; zur Rückdeckungsversicherung zB *Stahlschmid* NZI 2006, 375 (378 ff.); *Stegmann/Lind* NVersZ 2002, 193 (201).
[464] BAG NJW 1967, 2425.
[465] Dies setzt das Bestehen der zu besichernden Forderung voraus; vgl. LAG Köln NZA 2021, 1260.
[466] LAG Hessen BeckRS 2011, 67822.
[467] S. § 171, in dessen Auflistung halbzwingender Normen § 159 fehlt.

§ 160

Übersicht

		Rn.			Rn.
A.	Normzweck	1	4.	Bezugsrecht der „Erben"	9
I.	Regelungsgegenstände	1	C.	Erben als Bezugsberechtigte	10
II.	Neuerungen gegenüber § 167 VVG aF	3	I.	Bestimmung der Erben	10
B.	Anteile mehrerer Bezugsberechtigter	5	II.	Anteile am Bezugsrecht	14
I.	Vermutung der Begünstigung nach Köpfen	5	III.	Ausschlagung der Erbschaft	15
II.	Unanwendbarkeit des Abs. 1 S. 1	6	IV.	Fiskus als Erbe	17
1.	Unklarheiten über die Person des Bezugsberechtigten	6	D.	Nichterwerb des Bezugsrechts	19
			I.	Gänzlicher Nichterwerb (Abs. 3)	19
2.	Gestuftes Bezugsrecht	7	II.	Teilweiser Nichterwerb	21
3.	Geteiltes Bezugsrecht	8	E.	Abdingbarkeit	24

Stichwort- und Fundstellenverzeichnis

Stichwort	Rn.	Rspr.	Lit.
Abdingbarkeit	→ Rn. 24 f.	–	–
Ausschlagung	→ Rn. 2, 15 ff.	BGHZ 32, 44 (47); OLG Frankfurt a. M. VersR 1996, 358 (360); BayObLG VersR 1995, 649	*Grote* in Langheid/Rixecker VVG § 160 Rn. 3
Bezugsberechtigte	→ Rn. 2, 5 ff.	BGH VersR 1953, 210; 1954, 83 1955, 99 (100); BGHZ 13, 226 (241)	*Ortmann* in Schwintowski/Brömmelmeyer/Ebers VVG § 160 Rn. 1 ff., 10; *Schneider* in Prölss/Martin VVG § 160 Rn. 3; *Schwintowski* in Berliner Kommentar VVG § 167 Rn. 6, 8
Bezugsrecht, Anteile	→ Rn. 14	–	*Patzer* in Looschelders/Pohlmann VVG § 160 Rn. 7
Bezugsrecht, gänzlicher Nichterwerb	→ Rn. 19 ff.	BGH VersR 1981, 371; 1962, 405; 1967, 795; AG Mölln VersR 1978, 131	*Grote* in Langheid/Rixecker VVG § 160 Rn. 4 ff.; *Leitzen* RNotZ 2009, 129 (140); *Ortmann* in Schwintowski/Brömmelmeyer/Ebers VVG § 160 Rn. 20, 27; *Schneider* in Prölss/Martin VVG § 160 Rn. 10 ff.; *Schwintowski* in Berliner Kommentar VVG § 167 Rn. 2 ff.
Bezugsrecht, gestuftes	→ Rn. 7	KG r+s 2005, 341 (342); LG Saarbrücken NJW 1983, 180	*Ortmann* in Schwintowski/Brömmelmeyer/Ebers VVG § 160 Rn. 5; *Schwintowski* in Berliner Kommentar VVG § 167 Rn. 6
Bezugsrecht, geteiltes	→ Rn. 8	–	*Patzer* in Looschelders/Pohlmann VVG § 160 Rn. 4
Bezugsrecht, teilweiser Nichterwerb	→ Rn. 21 ff.	–	*Frels* VersR 1968, 524 (527); *Grote* in Langheid/Rixecker VVG § 160 Rn. 6; *Leitzen* RNotZ 2009, 129 (135); *Ortmann* in Schwintowski/Brömmelmeyer/Ebers VVG § 160 Rn. 11 f., 22; *Patzer* in Looschelders/Pohlmann VVG § 160 Rn. 6; *Schwintowski* in Berliner Kommentar VVG § 167 Rn. 2; *Winter* in Bruck/Möller VVG § 160 Rn. 28
Erben	→ Rn. 10 ff.	BGHZ 32, 44 (47); OLG Frankfurt a. M. VersR 1996, 358 (360); OLG Schleswig	*Brambach* in HK-VVG § 160 Rn. 2 f.; *Grote* in Langheid/Rixecker VVG § 160 Rn. 3, 7 f., 12;

Stichwort	Rn.	Rspr.	Lit.
		ZEV 1995, 415; 1999, 107; BayObLG VersR 1995, 649; LG Hamburg VersR 1957, 677 (678)	*Kollhosser* in Prölss/Martin VVG 27. Aufl. 2004, § 167 Rn. 2; *Leitzen* RNotZ 2009, 129 (140); *Muscheler* ZEV 1999, 229; *Ortmann* in Schwintowski/Brömmelmeyer/Ebers VVG § 160 Rn. 25; *Patzer* in Looschelders/Pohlmann VVG § 160 Rn. 7, 10; *Petersen* AcP 204 (2004), 832 (837); *Schneider* in Prölss/Martin VVG § 160 Rn. 5; *Schwintowski* in Berliner Kommentar VVG § 167 Rn. 3 ff., 10, 12; *Winter* in Bruck/Möller VVG § 160 Rn. 21 f., 30
Normzweck	→ Rn. 1 f.	OLG Dresden ZEV 2019, 23 (24)	*Kollhosser* in Prölss/Martin, 27. Aufl. 2004, VVG § 167 Rn. 4; *Ortmann* in Schwintowski/Brömmelmeyer/Ebers VVG § 160 Rn. 2

Schrifttum: *Frels,* Zur Auslegung des § 167 Abs. 1 VVG, VersR 1968, 524; *Leitzen,* Lebensversicherungen im Erbrecht und Erbschaftssteuerrecht, RNotZ 2009, 129.

A. Normzweck

I. Regelungsgegenstände

1 § 160 hat es schwergewichtig, wenngleich keinesfalls ausschließlich mit der Auslegung von Begünstigungserklärungen zu tun.[1] Die Vorschrift erfasst bestimmte Arten von Begünstigungserklärungen, die typischerweise Auslegungszweifel aufwerfen. So etwa eine Erklärung, die mehrere Begünstigte benennt, ohne die Höhe ihrer jeweiligen Anteile an der Versicherungssumme zu bestimmen. Diese Regelungslücke in der Begünstigungserklärung wird von Abs. 1 S. 1 geschlossen. Abs. 2 S. 1 regelt demgegenüber die Zweifelsfrage, ob der Versicherungsnehmer mangels näherer Angaben mit einer Begünstigung der „Erben" die im Zeitpunkt der Begünstigungserklärung oder aber die im Zeitpunkt des Todesfalls berechtigten Erben meint. Kommen diese Auslegungsregeln in § 160 nicht zur Anwendung, so sind Zweifel mithilfe der allgemeinen Auslegungsregeln zu klären.[2]

2 Über diese Auslegungsregeln hinaus enthält § 160 verschiedene Rechtsregeln zu Fragen, die bei der Bestimmung des Bezugsrechts typischerweise auftauchen, vom Versicherungsnehmer aber meist nicht in der Begünstigungserklärung geregelt werden.[3] Hierher zählt die Frage, ob der nicht erworbene Anteil eines Begünstigten in den Nachlass des Versicherungsnehmers fällt oder aber den übrigen Bezugsberechtigten zuwächst; ebenso die Frage, ob ein bezugsberechtigter Erbe mit einer Ausschlagung der Erbschaft auch das Bezugsrecht verliert (Abs. 2 S. 2). Lückenfüllungsfunktion kommt auch Abs. 3 für den Fall zu, dass der Begünstigte das Bezugsrecht nicht erwirbt. Abs. 4 behandelt den Fall, dass die Erben als Bezugsberechtigte benannt sind, der Nachlass später aber erblos bleibt und daher dem Fiskus zufällt.

II. Neuerungen gegenüber § 167 VVG aF[4]

3 Im Vergleich zu § 167 VVG aF verfolgt die Neuregelung in § 160 zunächst das Ziel, den sachlichen Anwendungsbereich der Vorschrift im Gleichschritt mit der Neuformulierung von § 159 zu erweitern. Durch die Streichung der Wortfolge „… bei einer Kapitalversicherung …" in Abs. 1, Abs. 2 und im neuen Abs. 3 wird der Anwendungsbereich der Vorschrift von der Kapitalversicherung auf alle Lebensversicherungen und damit auch auf reine Risikoversicherungen erstreckt.[5] Diese Erweiterung des Anwendungsbereichs ist eine notwendige Folge des erweiterten Anwendungsbereichs von § 159. Die Erweiterung ist auch der Sache nach stimmig, weil die geregelten Auslegungs- und Lückenschließungsprobleme nicht nur bei Kapitalversicherungen auftauchen.

---

[1] Zur Auslegung der Begünstigungserklärung im Allgemeinen → § 159 Rn. 34 ff; zur Funktion des § 160, Auslegungsregeln bereitzustellen OLG Dresden ZEV 2019, 23 (24).
[2] *Kollhosser* in Prölss/Martin, 27. Aufl. 2004, VVG § 167 Rn. 4.
[3] *Ortmann* in Schwintowski/Brömmelmeyer/Ebers VVG § 160 Rn. 2.
[4] Zur Entstehungsgeschichte des § 160: *Winter* in Bruck/Möller VVG § 160 Rn. 1 ff.
[5] *Ortmann* in Schwintowski/Brömmelmeyer/Ebers VVG § 160 Rn. 1.

Alle übrigen Änderungen dienen nur einer sprachlichen Neufassung bereits bestehenden 4
Rechts, nicht hingegen einer materiellen Rechtsänderung. Dies gilt etwa für den Entfall der Wortfolge „... und ist die Zahlung an die Erben ohne nähere Bestimmung bedungen ...", die überflüssig erscheint, weil die Vorschrift ohnehin nur „im Zweifel" Anwendung findet, also wenn es an einer näheren Bestimmung des Bezugsrechts der Erben fehlt. Eine rein redaktionelle Änderung bringt die Neueinfügung des Abs. 3 mit sich. Hier wurde die Regelung des § 168 VVG aF in die Vorschrift des § 160 integriert.[6] § 167 Abs. 3 VVG aF wurde dadurch zu § 160 Abs. 4.

B. Anteile mehrerer Bezugsberechtigter

I. Vermutung der Begünstigung nach Köpfen

Abs. 1 findet in allen Fällen Anwendung, in denen mehreren Personen nebeneinander, also 5
gleichrangig[7] ein Bezugsrecht eingeräumt wird, die Anteile der einzelnen Bezugsberechtigten jedoch in der Begünstigungserklärung nicht (zweifelsfrei) bestimmt werden. Für diesen – und nur für diesen – Fall unterstellt Abs. 1 S. 1, dass der Versicherungsnehmer die Begünstigten zu gleichen Teilen, also nach Köpfen berechtigen wollte. Die Bezugsberechtigten sind folglich jeder für sich berechtigt, den entsprechenden Anteil zu fordern.[8] Sie sind weder Gesamtgläubiger (§ 428 BGB) noch bilden sie eine Bruchteilsgemeinschaft (§§ 741 ff. BGB).[9]

II. Unanwendbarkeit des Abs. 1 S. 1

1. Unklarheiten über die Person des Bezugsberechtigten. Abs. 1 findet demgemäß keine 6
Anwendung, wenn nicht nur die Höhe der Anteile der Bezugsberechtigten gemäß der Begünstigungserklärung unbestimmt ist, sondern überhaupt fraglich ist, wer der Bezugsberechtigte ist.[10] Ein derartiger Streit muss nach den allgemeinen Auslegungsregeln bzw. – bei Vorliegen der spezifischen Voraussetzungen – nach § 160 Abs. 2 S. 1 entschieden werden. Das gilt bspw. dann, wenn nach einer Ehescheidung und Wiederverheiratung des Versicherungsnehmers streitig ist, ob die Bezeichnung der „Ehefrau" als Begünstigte die Ehefrau im Zeitpunkt der Bezugsrechtseinräumung oder im Zeitpunkt des Todes des Versicherungsnehmers meint.[11]

2. Gestuftes Bezugsrecht. Ebenso unanwendbar ist Abs. 1 S. 1, wenn der Versicherungsneh- 7
mer zwar mehrere Personen als Bezugsberechtigte benennt, unter ihnen jedoch eine Rangfolge festlegt.[12] In diesem Fall erwirbt ein vorrangig Bezugsberechtigter immer die gesamte Versicherungsforderung vor einem nachrangigen Bezugsberechtigten. Der nachrangig Begünstigte kommt nur dann zum Zuge, wenn der vorrangig Begünstigte sein Recht nicht erwirbt. Dabei entnimmt die Rspr. einer Begünstigungserklärung bereits dann eine Rangordnung, wenn bspw. die „Ehefrau oder Kinder" benannt sind.[13] Gleiches gilt, wenn die mehreren Bezugsberechtigten nacheinander benannt und nummeriert werden.[14]

3. Geteiltes Bezugsrecht. Ebenso unanwendbar ist § 160 Abs. 1 in Fällen eines geteilten 8
Bezugsrechts, wenn also der Begünstigte im Erlebensfall ein anderer ist als im Todesfall.[15]

4. Bezugsrecht der „Erben". Keine Anwendung findet § 160 Abs. 1 ferner auf den Fall, dass 9
der Versicherungsnehmer mehrere Personen als seine „Erben" begünstigt hat. In diesem Fall gilt die

---

[6] Ortmann in Schwintowski/Brömmelmeyer/Ebers VVG § 160 Rn. 1.
[7] Ortmann in Schwintowski/Brömmelmeyer/Ebers VVG § 160 Rn. 3, der auch von einer „Teilbezugsberechtigung" spricht.
[8] Ortmann in Schwintowski/Brömmelmeyer/Ebers VVG § 160 Rn. 10.
[9] BGHZ 13, 226 (241); BGH VersR 1955, 99 (100), wo schon in der Benennung der Bezugsberechtigten eine Aufteilung nach Köpfen vorgesehen war; BGH VersR 1953, 210; 1954, 83; *Schwintowski* in Berliner Kommentar VVG § 167 Rn. 8; Ortmann in Schwintowski/Brömmelmeyer/Ebers VVG § 160 Rn. 10; *Schneider* in Prölss/Martin VVG § 160 Rn. 3.
[10] *Winter* in Bruck/Möller, 8. Aufl., Bd. V/2, Kap. H Anm. 65.
[11] → § 159 Rn. 38; vgl. i.Ü. *Schwintowski* in Berliner Kommentar VVG § 167 Rn. 6.
[12] *Schwintowski* in Berliner Kommentar VVG § 167 Rn. 6; *Ortmann* in Schwintowski/Brömmelmeyer/Ebers VVG § 160 Rn. 5 für die Bestimmung „Ehefrau oder Kinder"; zur nachrangigen Bezugsberechtigung → § 159 Rn. 46.
[13] LG Saarbrücken NJW 1983, 180.
[14] KG r+s 2005, 341 (342).
[15] *Patzer* in Looschelders/Pohlmann VVG § 160 Rn. 4.

Vorschrift des Abs. 2 S. 1, wonach sich die Anteile an der Versicherungssumme nach der Erbquote richten.

C. Erben als Bezugsberechtigte

I. Bestimmung der Erben

10 Benennt ein Versicherungsnehmer für den Todesfall seine „Erben" zu Bezugsberechtigten, so sind darunter im Zweifel die im Zeitpunkt des Todes des Versicherungsnehmers als Erben berufenen Personen bezugsberechtigt (Abs. 2 S. 1).[16] Es kommt daher insbes. nicht auf den Zeitpunkt der Begünstigungserklärung an.

11 Abs. 2 S. 1 unterscheidet nicht zwischen verschiedenen Typen wie etwa testamentarischen oder gesetzlichen Erben.[17] Die Vorschrift kann aber, solange keine zweifelsfrei anders lautende Bestimmung durch den Versicherungsnehmer erfolgt, auch angewandt werden, wenn das Bezugsrecht nur den gesetzlichen oder aber nur den testamentarischen Erben eingeräumt wird. Wer jeweils Erbe ist, bestimmt sich nach den erbrechtlichen Vorschriften des BGB. Zumal Abs. 2 S. 1 den Todesfall als den maßgeblichen Zeitpunkt heranzieht, sind auch Erben, die nach Abgabe der Begünstigungserklärung geboren wurden (einschließlich eines im Zeitpunkt des Todes zwar gezeugten aber noch ungeborenen Kindes[18]) bezugsberechtigt.

12 Sind die Erben als Begünstigte eingesetzt und bestimmt der Versicherungsnehmer in seinem Testament einen Vor- und einen Nacherben, so ist nur der Vorerbe bezugsberechtigt.[19]

13 Abs. 2 ist eng auszulegen[20] und daher jedenfalls nur anwendbar, wenn die Erben als „Erben" bezugsberechtigt sind.[21] Er gilt dagegen nicht, wenn der Erblasser Personen, zB seine „Kinder", bezugsberechtigt macht, die zugleich Erben sind.[22]

II. Anteile am Bezugsrecht

14 Abweichend von Abs. 1 S. 1 vermutet Abs. 2 S. 1, dass der Versicherungsnehmer mit der Benennung der „Erben" als Begünstigte das Bezugsrecht den zukünftigen Erben im Verhältnis ihrer Erbteile zuwenden wollte.[23] Im Übrigen gilt bei den Erben dasselbe wie bei anderen Mehrheiten von Bezugsberechtigten. Jeder bezugsberechtigte Erbe erwirbt im Verhältnis seines Erbteils eine eigenständige und daher unabhängig einklagbare Forderung auf den entsprechenden Teil der Versicherungssumme.[24] Die Erben bilden daher hinsichtlich der Versicherungssumme keine Bruchteils- oder Gesamthandgemeinschaft.[25]

III. Ausschlagung der Erbschaft

15 Abs. 2 S. 2 stellt klar, dass eine Ausschlagung der Erbschaft auf das Bezugsrecht des „Erben" keinerlei Einfluss hat.[26] Die Bestimmung macht deutlich, dass die Vorschrift die Benennung der Erben als Begünstigte nur als einen Modus zur Individualisierung der Forderungsberechtigten ansieht.[27] Durch die Benennung der „Erben" allein soll jedoch das Bezugsrecht nicht davon abhängig gemacht werden, dass der im Todesfall berufene Erbe die Erbschaft auch tatsächlich antritt. Das gilt auch dann, wenn die „testamentarischen" Erben als Bezugsberechtigte eingesetzt sind.[28] Die Vor-

---

[16] § 160 Abs. 2 S. 1.
[17] *Schwintowski* in Berliner Kommentar VVG § 167 Rn. 12; zur Person des Erben auch ausf. *Winter* in Bruck/Möller VVG § 160 Rn. 30.
[18] *Schwintowski* in Berliner Kommentar VVG § 167 Rn. 12.
[19] OLG Schleswig ZEV 1995, 415; 1999, 107 mAnm *Muscheler* ZEV 1999, 229; *Schmalz/Brüggemann* ZEV 1996, 84 (89).
[20] *Grote* in Langheid/Rixecker VVG § 160 Rn. 3.
[21] *Brambach* in HK-VVG VVG § 160 Rn. 3.
[22] *Brambach* in HK-VVG VVG § 160 Rn. 2.
[23] *Schwintowski* in Berliner Kommentar VVG § 167 Rn. 10.
[24] *Patzer* in Looschelders/Pohlmann VVG § 160 Rn. 7; *Ortmann* in Schwintowski/Brömmelmeyer/Ebers VVG § 160 Rn. 25.
[25] *Kollhosser* in Prölss/Martin VVG 27. Aufl. 2004, § 167 Rn. 2.
[26] BGHZ 32, 44 (47), Insassen-Unfallversicherung; *Grote* in Langheid/Rixecker VVG § 160 Rn. 3; *Leitzen* RNotZ 2009, 129 (140).
[27] Deutlich BayObLG VersR 1995, 649.
[28] BayObLG VersR 1995, 649; *Grote* in Langheid/Rixecker VVG § 160 Rn. 12; *Schwintowski* in Berliner Kommentar VVG § 167 Rn. 12.

schrift des § 160 Abs. 2 S. 2 wird daher auch gerne als Beleg für die Ansicht herangezogen, dass die bezugsberechtigten Erben die Versicherungsforderung nicht aus dem Nachlass, sondern direkt aufgrund des Lebensversicherungsvertrags zu ihren Gunsten erwerben.[29]

Steht demgegenüber das Bezugsrecht dem Versicherungsnehmer zu und stirbt dieser, so fällt **16** der Anspruch auf die Versicherungsleistung in den Nachlass. Schlägt ein Erbe in dieser Situation seine Erbschaft aus, so verliert er seinen Erbteil auch hinsichtlich der Versicherungssumme.[30] Abs. 2 S. 2 findet auch dann keine Anwendung, wenn der Versicherungsnehmer „die Hinterbliebenen iSd §§ 40 bis 44 AVG" als Bezugsberechtigte benennt, solche Hinterbliebenen jedoch im Todesfall nicht vorhanden sind.[31] In diesem Fall fällt das Bezugsrecht an den Versicherungsnehmer und damit in den Nachlass. Hinterbliebene, welche die Kriterien der §§ 40–44 AVG nicht erfüllen, erwerben einen erbrechtlichen Anspruch auf die Versicherungssumme. Schlagen sie das Erbe aus, verlieren sie daher auch den Anspruch auf die Versicherungssumme.[32]

IV. Fiskus als Erbe

Stellt das Nachlassgericht fest, dass ein anderer Erbe nicht vorhanden ist (§ 1964 Abs. 1 BGB), so **17** begründet dies eine Vermutung, dass der Fiskus gesetzlicher Erbe sei.[33] In diesem Fall stellt sich die Frage, ob der Fiskus bezugsberechtigt ist. Abs. 4 schließt dies ausdrücklich aus. Die Regelung entspricht in aller Regel dem hypothetischen Willen des Versicherungsnehmers und verhindert außerdem, dass der Fiskus die Lebensversicherungssumme an den Nachlassgläubigern vorbei erwirbt. Abs. 4 entscheidet somit den stets gegebenen Konflikt zwischen den Interessen des Bezugsberechtigten und der Nachlassgläubiger zugunsten letzterer und verweigert dem Fiskus damit das „Privileg" des Abs. 2.[34]

Abs. 4 ändert freilich nichts daran, dass in einem solchen Fall mangels Vorhandensein eines **18** Bezugsberechtigten die Todesfallleistung dem Versicherungsnehmer und somit seinem Nachlass zukommt. Die Leistung kommt daher über den Erbgang doch wieder dem Fiskus zugute.[35] Wie soeben thematisiert, gilt dies allerdings nur insoweit, als der Nachlass nicht überschuldet ist.

D. Nichterwerb des Bezugsrechts

I. Gänzlicher Nichterwerb (Abs. 3)

Hat der Versicherungsnehmer einen Begünstigten benannt, erwirbt dieser jedoch das Bezugs- **19** recht aus irgendwelchen Gründen nicht, so weist der Lebensversicherungsvertrag hinsichtlich des Bezugsrechts eine Lücke auf.[36] Diese Lücke wird von Abs. 3 geschlossen, indem in solchen Fällen der Versicherungsnehmer als bezugsberechtigt gilt. Handelt es sich um eine Todesfallleistung, so fällt das Bezugsrecht konsequent in den Nachlass des Versicherungsnehmers.[37] Die Regelung gilt auch dann, wenn mehrere Bezugsberechtigte eingesetzt sind, von denen aber keiner das Bezugsrecht erwirbt.[38] Sie soll darüber hinaus auch bei (praktisch wohl kaum vorkommendem) teilweisem Nichterwerb des Bezugsrechts gelten, wenn nur ein Bezugsberechtigter benannt ist und daher ein Zuwachs bei anderen Begünstigten nicht eintreten kann.[39]

Unerheblich ist, aus welchen Gründen[40] der Benannte das Bezugsrecht nicht erwirbt. Dies **20** kann zum einen daran liegen, dass er sein Recht iSv 333 BGB zurückweist.[41] Aber auch die Fälle von nichtigen oder wirksam angefochtenen Begünstigungserklärungen gehören nach der Rspr.

---

[29] *Petersen* AcP 204 (2004), 832 (837); → § 159 Rn. 9.
[30] BGHZ 32, 44 (47), Insassen-Unfallversicherung; *Schneider* in Prölss/Martin VVG § 160 Rn. 5.
[31] OLG Frankfurt a. M. VersR 1996, 358 (360); ausf. zur Benennung der Hinterbliebenen nach §§ 40–44 AVG aF *Winter* in Bruck/Möller VVG § 160 Rn. 21 f.
[32] OLG Frankfurt a. M. VersR 1996, 358 (360); LG Hamburg VersR 1957, 677 (678).
[33] § 1964 Abs. 2 BGB.
[34] *Schwintowski* in Berliner Kommentar VVG § 167 Rn. 3.
[35] *Patzer* in Looschelders/Pohlmann VVG § 160 Rn. 10; *Schwintowski* in Berliner Kommentar VVG § 167 Rn. 3.
[36] Im Einzelfall kann es sein, dass eine frühere Bezugsberechtigung nach dem Willen des Versicherungsnehmers wieder aufleben soll; *Grote* in Langheid/Rixecker VVG § 160 Rn. 5 unter Verweis auf BGH VersR 1981, 371.
[37] *Grote* in Langheid/Rixecker VVG § 160 Rn. 4.
[38] *Ortmann* in Schwintowski/Brömmelmeyer/Ebers VVG § 160 Rn. 27.
[39] *Ortmann* in Schwintowski/Brömmelmeyer/Ebers VVG § 160 Rn. 27.
[40] Zu möglichen Gründen sogleich → Rn. 20; *Schneider* in Prölss/Martin VVG § 160 Rn. 10 ff.
[41] *Schneider* in Prölss/Martin VVG § 160 Rn. 11; *Schwintowski* in Berliner Kommentar VVG § 167 Rn. 2 ff.; zu steuerrechtlichen Aspekten *Leitzen* RNotZ 2009, 129 (140).

hierher.⁴² Dasselbe gilt, wenn der widerruflich auf den Todesfall Begünstigte vor oder gleichzeitig mit dem Versicherungsnehmer stirbt.⁴³ Der unwiderruflich Bezugsberechtigte erwirbt das Recht dagegen sofort,⁴⁴ sodass der Anspruch auf seine Erben übergeht. Anderes kann nur gelten, wenn die Begünstigungserklärung das Vorversterben des unwiderruflich Begünstigten zu einer auflösenden Bedingung macht,⁴⁵ was nach neuer Rechtslage (§ 159 Abs. 3) im Zweifel nicht anzunehmen ist.⁴⁶

II. Teilweiser Nichterwerb

21   Erwirbt nur einer von mehreren anteilig Begünstigten das Bezugsrecht nicht, so wächst der nichterworbene Anteil nach Abs. 1 S. 2 den übrigen Bezugsberechtigten zu.⁴⁷ Dies kann nicht nur für den Fall des Abs. 1 S. 1 gelten, in dem der Versicherungsnehmer mehrere Begünstigte ohne Bestimmung der Anteile benannt hat.⁴⁸ Auch wenn der Versicherungsnehmer die Anteile der Begünstigten bestimmt hat, seien es gleiche oder auch ungleiche Anteile, ist meines Erachtens § 160 Abs. 1 S. 2 anwendbar.⁴⁹

22   Für den Fall, dass mehrere Erben als Bezugsberechtigte eingesetzt wurden, hält Abs. 2 keine Spezialregelung bereit. Es verbleibt auch hier bei Abs. 1 S. 2, wonach ein nicht erworbener Anteil den übrigen Bezugsberechtigten zuwächst. Der Intention des Abs. 2 S. 1 gemäß, muss sich aber der Zuwachs hier an den Erbteilen der Bezugsberechtigten ausrichten. Dasselbe hat mE zu gelten, wenn der Versicherungsnehmer bestimmte **Anteile** vorgegeben hatte, ein Begünstigter jedoch das Bezugsrecht nicht erwirbt. Hier wird die Höhe des Zuwachses bei jedem weiteren Begünstigten vom durch den Versicherungsnehmer festgelegten Teil abhängen.⁵⁰

23   Hat der Versicherungsnehmer die Begünstigten mit unterschiedlichen **Summen** bedacht, so soll es darauf ankommen, ob sich darin ein gewünschtes Beteiligungsverhältnis ausdrückt, sodass sich auch der Zuwachs danach ausrichtet, oder aber Höchstsummen, in welchem Fall der frei werdende Anteil dem Versicherungsnehmer zufällt.⁵¹ Mindestens im Zweifel wird man eine betragsmäßige Aufteilung der Versicherungssumme nicht als Höchstbegünstigungssatz, sondern als eine bereits ausgerechnete anteilige Begünstigung auslegen.⁵²

E. Abdingbarkeit

24   Soweit § 160 nur Auslegungsregeln (gesetzliche Vermutungen) enthält, kommt die Vorschrift von vorneherein nicht zur Anwendung, wenn der Versicherungsnehmer in seiner Begünstigungsklärung eine anderweitige Regelung getroffen hat. Aber auch im Übrigen ist § 160 abdingbar, zumal er in die Liste der zwingenden Vorschriften des § 171 nicht mit aufgenommen worden ist.

25   Abweichende Regelungen kommen in der Praxis insbes. mit Blick auf Abs. 1 S. 2 und Abs. 3 vor. Häufig benennen Versicherungsnehmer für den Fall, dass ein vorrangig als bezugsberechtigt Bezeichneter sein Recht nicht erwerben sollte, einen nachrangig Bezugsberechtigten. Das nachrangige Bezugsrecht geht dem Anspruch des Versicherungsnehmers nach Abs. 3 sowie der übrigen Bezugsberechtigten nach Abs. 1 S. 2 vor.

---

42   Zum Bsp. BGH VersR 1981, 371; auch schon BGH VersR 1962, 405; *Grote* in Langheid/Rixecker VVG § 160 Rn. 4; *Schwintowski* in Berliner Kommentar VVG § 168 Rn. 6; aA *Ortmann* in Schwintowski/Brömmelmeyer/Ebers VVG § 160 Rn. 20 und 27.
43   BGH VersR 1967, 795.
44   S. § 159 Abs. 3.
45   Vgl. – zur alten Rechtslage, in der § 159 Abs. 3 fehlte – *Kollhosser* in Prölss/Martin, 27. Aufl. 2004, VVG § 168 Rn. 1; AG Mölln VersR 1978, 131.
46   Vgl. für die unter altem Recht aufgrund § 13 Abs. 2 ALB ähnliche Rechtslage *Kollhosser* in Prölss/Martin, 27. Aufl. 2004, VVG § 168 Rn. 1 a.E.
47   *Grote* in Langheid/Rixecker VVG § 160 Rn. 6; *Schwintowski* in Berliner Kommentar VVG § 167 Rn. 2.
48   *Ortmann* in Schwintowski/Brömmelmeyer/Ebers VVG § 160 Rn. 11; iErg ebenso *Frels* VersR 1968, 524.
49   *Patzer* in Looschelders/Pohlmann VVG § 160 Rn. 6; aA *Frels* VersR 1968, 524 (527).
50   *Patzer* in Looschelders/Pohlmann VVG § 160 Rn. 6; *Ortmann* in Schwintowski/Brömmelmeyer/Ebers VVG § 160 Rn. 22; *Leitzen* RNotZ 2009, 129 (135), wonach § 2094 Abs. 1 BGB analog anzuwenden sei; aA *Frels* VersR 1968, 524 (527); grds. für eine Anwendung des Abs. 3 auf den freigewordenen Teil *Winter* in Bruck/Möller VVG § 160 Rn. 28, allerdings unter Vorbehalt eines ermittelbaren gegenteiligen Willens des Versicherungsnehmers.
51   *Frels* VersR 1968, 524 (527).
52   Ähnlich *Ortmann* in Schwintowski/Brömmelmeyer/Ebers VVG § 160 Rn. 12.

§ 161 Selbsttötung

(1) ¹Bei einer Versicherung für den Todesfall ist der Versicherer nicht zur Leistung verpflichtet, wenn die versicherte Person sich vor Ablauf von drei Jahren nach Abschluss des Versicherungsvertrags vorsätzlich selbst getötet hat. ²Dies gilt nicht, wenn die Tat in einem die freie Willensbestimmung ausschließenden Zustand krankhafter Störung der Geistestätigkeit begangen worden ist.

(2) Die Frist nach Absatz 1 Satz 1 kann durch Einzelvereinbarung erhöht werden.

(3) Ist der Versicherer nicht zur Leistung verpflichtet, hat er den Rückkaufswert einschließlich der Überschussanteile nach § 169 zu zahlen.

Übersicht

	Rn.		Rn.
A. Normzweck	1	a) Schusswaffen	22
B. Tatbestand	3	b) Pkw/Kfz	23
		c) Erhängen/Strangulieren	24
I. Leistungsfreiheit bei Selbsttötung (Abs. 1 S. 1)	3	d) Medikamente/Gift	25
		e) Verbrennen	26
1. Versicherung auf den Todesfall	3	f) Sturz aus größerer Höhe	27
2. Vorsätzliche Selbsttötung der versicherten Person	4	g) Sonstige Fälle	28
		II. Leistungspflicht trotz Selbsttötung (Abs. 1 S. 2)	29
a) Absicht/direkter Vorsatz	5		
b) Eventualvorsatz	6	1. Ausschluss der freien Willensbestimmung	30
c) Fahrlässigkeit	10		
d) Tötung auf Verlangen	11	2. Krankhafte Störung der Geistestätigkeit	31
3. Vor Ablauf von drei Jahren	12	3. Zeitpunkt	32
a) Vertragsabschluss	13	4. Beweislast und Beweisführung	33
b) Vertragsänderung/Wiederherstellung der Versicherung	14	5. Rspr. zum Nachweis des Ausschlusses der freien Willensbildung	38
c) Vertragsverlängerung	16	a) Alkohol/Tabletten	38
d) Novation	17	b) Psychische Störung/Depression/Schmerzen	39
4. Fristverkürzung	18		
5. Fristverlängerung, (Abs. 2)	19	c) Ausnahmesituationen/Kurzschlusshandlungen	40
6. Beweislast und Beweisführung	20		
7. Rspr. zum Nachweis einer vorsätzlichen Selbsttötung	22	III. Zahlung des Rückkaufswerts (Abs. 3)	41
		IV. Abdingbarkeit	42

Stichwort- und Fundstellenverzeichnis

Stichwort	Rn.	Rspr.	Lit.
Alkohol/Tabletten	→ Rn. 38	OLG Düsseldorf VersR 2000, 833 = r+s 2001, 520; VersR 1999, VersR; OLG Hamburg r+s 1986, 294; OLG Köln VersR 2002, 341 = r+s 2002, 345; OLG Hamm NJW-RR 2000, 405 = r+s 2000, 435; LG Köln VersR 1990, 34	Mallach ZVersWiss 1980, 357 (373)
Ausschluss der freien Willensbildung	→ Rn. 30	BGH NJW 1996, 918 (919) = WM 1996, 104; WM 1984, 1063 (1064); NJW 1970, 1680 (1681)	Mitterauer/Barta VersMed 1989, 181 ff.
Ausschluss der freien Willensbildung, Beweislast	→ Rn. 33 ff.	BGH VersR 1994, 162 = NJW-RR 1994, 219; OLG Karlsruhe VersR 2003, 977	Harrer/Mitterauer VersR 2007, 579; Brömmelmeyer in Beckmann/Matusche-Beckmann VersR-HdB § 42 Rn. 267
Berufsunfähigkeitsversicherung	→ Rn. 3	BGH VersR 1991, 289 (290)	Ortmann in Schwintowski/Brömmelmeyer/Ebers VVG § 161 Rn. 3

§ 161

Stichwort	Rn.	Rspr.	Lit.
Bilanzselbstmord	→ Rn. 37	OLG Köln VersR 2002, 341 (342) = r+s 2002, 345; OLG Nürnberg VersR 1994, 295 (296); OLG Stuttgart VersR 1989, 794 (795)	*Brömmelmeyer* in Beckmann/Matusche-Beckmann VersR-HdB § 42 Rn. 264
Dreijahresfrist bei Vertragsänderung	→ Rn. 14 f.	OLG Hamm VersR 1978, 1063; OLG Saarbrücken VersR 2008, 57	*Benkel/Hirschberg* in Benkel/Hirschberg ALB 86 § 8 Rn. 33
Dreijahresfrist, allgemein	→ Rn. 12 ff.	–	*Patzer* in Looschelders/Pohlmann VVG § 161 Rn. 7
Dreijahresfrist, Fristbeginn	→ Rn. 13	OLG Saarbrücken VersR 2018, 989; OLG Hamm NJW-RR 2000, 405 (406), zu § 169 VVG aF	*Patzer* in Looschelders/Pohlmann VVG § 161 Rn. 7
Dreijahresfrist, Fristverlängerung	→ Rn. 19	–	*Ortmann* in Schwintowski/Brömmelmeyer/Ebers VVG § 161 Rn. 19
Exhumierung	→ Rn. 21	BGH VersR 1991, 870 f. = r+s 1991, 321 (321 f.)	*Ortmann* in Schwintowski/Brömmelmeyer/Ebers VVG § 161 Rn. 28
Krankhafte Störung der Geistestätigkeit	→ Rn. 31	BGH VersR 1994, 162 = NJW-RR 1994, 219 (220); NJW 1960, 1393; OLG Karlsruhe VersR 2003, 977	*Griebitz/Mitterauer/Kofler* VersMed 1993, 74; *Mitterauer/Barta* VersMed 1989, 181
Medikamente/Gift, Selbsttötung	→ Rn. 25	BGH VersR 1986, 231; 1991, 870 = r+s 1991, 321; OLG Düsseldorf VersR 1999, 1007 = r+s 1999, 344; LG Lübeck VersR 1971, 710	–
Pkw/Kfz, Selbsttötung	→ Rn. 23	BGH VersR 1989, 729 = r+s 1993, 36; OLG Köln VersR 1992, 562 = r+s 1992, 33; OLG Hamm VersR 1989, 695; OLG Köln VersR 1990, 1346	*Harbot* VersR 1994, 1400; *Moser/Sanders* VersR 1976, 418
Schusswaffen, Selbsttötung	→ Rn. 22	BGH VersR 1992, 861 = NJW-RR 1992, 982	*Ortmann* in Schwintowski/Brömmelmeyer/Ebers VVG Rn. 29
Selbstmorddemonstration	→ Rn. 24	OLG Hamm VersR 1989, 690	*Schneider* in Prölss/Martin VVG § 161 Rn. 3
Selbsttötung, Beweislast	→ Rn. 20 f.	BGH VersR 1987, 503; 1992, 861; OLG Hamm VersR 2018, 341, 342	*Schneider* in Prölss/Martin VVG § 161 Rn. 16; *Brömmelmeyer* in Beckmann/Matusche-Beckmann VersR-HdB § 42 Rn. 259
Selbsttötung, Eventualvorsatz	→ Rn. 6 ff.	LG Memmingen VersR 1958, 557; KG JRPV 1930, 206	*Winter* in Bruck/Möller VVG § 161 Rn. 16; *Ortmann* in Schwintowski/Brömmelmeyer/Ebers VVG § 161 Rn. 5
Selbsttötung, Fahrlässigkeit	→ Rn. 10	BGH VersR 1981, 452; OLG Hamm VersR 1989, 690 (691) = NJW-RR 1989, 493	*Patzer* in Looschelders/Pohlmann VVG § 161 Rn. 5
Selbsttötung, Vorsatz	→ Rn. 4	BGH VersR 1992, 861; OLG Hamm VersR 1989, 690 (691) = NJW-RR 1989, 493; KG JRPV 1930, 206	*Ortmann* in Schwintowski/Brömmelmeyer/Ebers VVG § 161 Rn. 5; *Brömmelmeyer* in Beckmann/Matusche-Beckmann VersR-HdB § 42 Rn. 256; *Schwintowski* in Berliner Kommentar VVG § 169 Rn. 5
Störung der Geistestätigkeit	→ Rn. 31	BGH VersR 1994, 162 = NJW-RR 1994, 219 (220); NJW 1960, 1393; VersR 1994, 162 (163) = NJW-RR	*Griebitz/Mitterauer/Kofler* VersMed 1993, 74; *Mitterauer/Barta* VersMed 1989, 181; *Grote* in Langheid/Rixecker VVG § 161 Rn. 7

Stichwort	Rn.	Rspr.	Lit.
		1994, 219 (220); NJW 1960, 1393; OLG Karlsruhe VersR 2003, 977; OLG Karlsruhe VersR 2003, 977 (978)	
Tabletten/Alkohol	→ Rn. 38	OLG Düsseldorf VersR 2000, 833 = r+s 2001, 520; VersR 1999, 1007; OLG Hamburg r+s 1986, 294; OLG Köln VersR 2002, 341 = r+s 2002, 345; OLG Hamm NJW-RR 2000, 405 = r+s 2000, 435; LG Köln VersR 1990, 34	*Mallach* ZVersWiss 1980, 357 (373)
Tötung auf Verlangen	→ Rn. 11	–	*Schneider* in Prölss/Martin VVG § 161 Rn. 3; *Ortmann* in Schwintowski/Brömmelmeyer/Ebers VVG § 161 Rn. 4; *Schwintowski* in Berliner Kommentar VVG § 169 Rn. 5

Schrifttum: *Bender*, Die Rechtsproblematik der Wartezeiten in der Privatversicherung unter besonderer Berücksichtigung der Rechtsschutzversicherung, Diss., 1988; *Bresser*, Die seelisch-geistige Störung und der Krankheitsbegriff, VersMed 1992, 106; *Griebitz/Mitterauer/Kofler*, Selbstmord nach Schädelhirntrauma, VersMed 1993, 74; *Harbot*, Bemerkungen zur versicherungsrechtlichen Beurteilung des Autofahrer-Suizides aus kriminalistischer Sicht, VersR 1994, 1400; *Harrer/Mitterauer*, Der Selbstmord in der Lebensversicherung im Lichte neuerer neuropsychiatrischer Forschungen, VersR 2007, 579; *Humbert/Hartmann*, Der Suizid in der Lebensversicherung, ZVersWiss 1979, 399; *Krüger*, Behandlungsabbruch und § 161 VVG; VersR 2012, 164; *Mallach*, Wann sind Alkoholvergiftungen eine krankhafte Störung der Geistestätigkeit iSd § 169 VVG?, ZVersWiss 1980, 357; *Mitterauer/Barta*, Ist der Selbstmörder im Akt der Selbsttötung steuerungsfähig?, VersMed 1989, 181; *Mittmeyer/Filipp*, Kriterien zur Beurteilung der freien Willensbildung beim Suizid, VersMed 1997, 109; *Mohr*, Selbstmordklausel bei Wiederherstellung von Lebensversicherungen, VersR 1952, 111; *Moser/Sanders*, Selbstmord am Steuer aus juristischer und psychologischer Sicht, VersR 1976, 418; *Rasch*, Erscheinungsbild, Dynamik und Beurteilung des erweiterten Selbstmordes, ZVersWiss 1979, 417; *Schinkel*, Der Versicherungsrechtliche Standpunkt bei Selbstmord, Diss., 1975; *Sieg*, Versicherungsschutz bei Begehung von Straftaten, SGb 1992, 337.

A. Normzweck

§ 161 dient dem **Schutz der Hinterbliebenen** der versicherten Person.[1] Sie entspricht im Wesentlichen § 169 VVG aF. Die Vorschrift stellt zunächst die Regel auf, dass der Versicherer von seiner Leistungspflicht frei ist, wenn sich die versicherte Person selbst tötet. Damit bildet die Vorschrift einen **objektiven Risikoausschluss** bei Selbsttötung, der vor Inkrafttreten des VVG aF regelmäßig Bestandteil der AVB war, als gesetzlichen Regelfall ab. Der Sinn dieses Risikoausschlusses besteht darin, den Versicherer davor zu schützen, dass ein Versicherter auf seine Kosten mit seinem Leben spekuliert,[2] dass also ein Versicherter die Lebensversicherung nur deshalb abschließt, um durch die anschließende Herbeiführung des eigenen Todes die Auszahlung der Versicherungssumme zu bewirken.[3] Im Interesse der Hinterbliebenen schränkt die Vorschrift den zulässigen Umfang dieses Risikoausschlusses ein: Die Leistungspflicht des Versicherers bleibt dann bestehen, wenn der Versicherte in einem **die freie Willensbestimmung ausschließenden** Zustand krankhafter Störung der Geistestätigkeit handelte. Hier fehlt es an einem zurechenbaren Vorsatz für die Selbsttötung. Ein Ausschluss der Leistungspflicht für solche Fälle war nach Auffassung des historischen Gesetzgebers mit den Interessen der Hinterbliebenen nicht vereinbar und weder „durch die Zwecke der Lebensversicherung noch durch sonstige Erwägungen" zu rechtfertigen.[4]

Anders als noch § 169 VVG aF schränkt § 161 den Risikoausschluss für Selbsttötung auch in 2 zeitlicher Hinsicht ein. Nur wenn die Selbsttötung innerhalb der ersten drei Jahre nach Abschluss des Vertrages stattfindet, wird der Versicherer von seiner Leistungspflicht frei. Nach Ablauf von drei

---

[1] Begr. zu Art. 1 (§ 161 VVG) RegE Gesetz zur Reform des Versicherungsvertragsrechts, BT-Drs. 16/3945, 99; sowie Motive zu §§ 169, 170 VVG aF S. 229.
[2] BGH VersR 1954, 281 = NJW 1954, 1115; VersR 1991, 289 (291) = NJW 1991, 1357 (1358); LG Saarbrücken BeckRS 2014, 22987.
[3] *Patzer* in Looschelders/Pohlmann VVG § 161 Rn. 2.
[4] Motive zu §§ 169, 170 VVG aF S. 229; BGH VersR 1991, 289 (291) = NJW 1991, 1357 (1358).

Jahren besteht volle Leistungspflicht des Versicherers, die nicht durch AVB ausgeschlossen werden kann. Im Ergebnis entspricht dies der bisherigen Praxis der Lebensversicherer, nach der schon Leistungsfreiheit wegen Selbsttötung in AVB regelmäßig auf drei Jahre begrenzt war.[5] Unbenommen bleibt es dem Versicherer nach Abs. 2 durch Einzelvereinbarung mit dem Versicherungsnehmer die Ausschlussfrist über drei Jahre hinaus zu verlängern. Abs. 3 übernimmt inhaltlich § 176 Abs. 2 S. 1 VVG aF.

B. Tatbestand

I. Leistungsfreiheit bei Selbsttötung (Abs. 1 S. 1)

3   **1. Versicherung auf den Todesfall.** Aufgrund seiner systematischen Stellung setzt § 161 das Bestehen einer Lebensversicherung voraus. Die Vorschrift gilt damit nicht für die Unfallversicherung,[6] (einschließlich Unfalltod- und Unfall-Zusatzversicherung[7]). § 161 setzt voraus, dass Leistungen im Todesfall versichert sind, aber nicht, dass ausschließlich für den Todesfall Leistungen versichert sind.[8] Sie ist daher nicht nur auf reine Risikoversicherungen sondern auch auf kapitalbildende Lebensversicherungen oder Rentenversicherungen mit Todesfallleistungen anwendbar.[9] Auf die Berufsunfähigkeits(zusatz)versicherung findet die Vorschrift keine Anwendung.[10] Hieran hat sich durch die gesetzliche Regelung der Berufsunfähigkeitsversicherung im VVG nichts geändert. § 176 erklärt die §§ 150–170 nur insoweit für entsprechend auf die Berufsunfähigkeitsversicherung anwendbar, als „die Besonderheiten dieser Versicherung nicht entgegenstehen". Leistungen aus einer Berufsunfähigkeitsversicherung kommen dem Versicherungsnehmer und nicht den Hinterbliebenen zugute. Der mit § 161 bezweckte Hinterbliebenenschutz ist auf die Berufsunfähigkeitsversicherung nicht übertragbar.[11] Die Besonderheiten der Berufsunfähigkeitsversicherung lassen eine entsprechende Anwendung von § 161 also nicht zu.[12] Ohnehin wäre § 161 im Rahmen der Berufsunfähigkeitsversicherung abdingbar.[13] Risikoausschlüsse im Rahmen der Berufsunfähigkeitsversicherung, die auf Handlungen des Versicherten abstellen, sind damit weiterhin an den §§ 307 ff. BGB zu messen.

Im Rahmen einer **betrieblichen Versorgungsordnung**, die Hinterbliebenenleistungen gewährt, ist § 161 entsprechend anwendbar. Eine „Freitodklausel" ist grds. zulässig und ggf. einschränkend im Lichte des § 161 auszulegen, da der Arbeitgeber insoweit dasselbe Risiko wie ein Lebensversicherer trägt.[14]

4   **2. Vorsätzliche Selbsttötung der versicherten Person.** Der Begriff „vorsätzliche Selbsttötung" ersetzt den Begriff „Selbstmord" aus § 169 VVG aF. Den Gesetzgebungsmaterialien ist nicht zu entnehmen, dass mit der Anpassung des Wortlauts eine inhaltliche Änderung der Vorschrift beabsichtigt war.[15]

5   **a) Absicht/direkter Vorsatz.** Der Begriff „Selbstmord" wurde bislang als jede Handlung des zivilrechtlich-verantwortlichen Versicherten verstanden, die mit der **Absicht** ausgeführt wird, „sich den Tod zu geben".[16] Absicht im Sinne des strafrechtlichen Mordmerkmals von § 211 StGB wurde allerdings nicht gefordert.[17] Direkter Vorsatz (*dolus directus*) wurde allgemein für ausreichend erach-

---

[5] Vgl. zB § 5 ALB 2002; § 9 ALB 94; § 8 ALB 86, VerBAV 1986, 209.
[6] Motive zum VVG S. 213; zur Unfallversicherung s. § 178 Abs. 2.
[7] *Kollhosser* in Prölss/Martin, 27. Aufl. 2004, VVG § 169 Rn. 7.
[8] Begr. zu Art. 1 (§ 161 VVG) RegE Gesetz zur Reform des Versicherungsvertragsrechts, BT-Drs. 16/3945, 99.
[9] *Patzer* in Looschelders/Pohlmann VVG § 161 Rn. 4.
[10] BGH VersR 1991, 289 (290) = NJW 1991, 1357 (1358); *Ortmann* in Schwintowski/Brömmelmeyer/Ebers VVG § 161 Rn. 3; Motive zu VVG aF S. 213.
[11] BGH VersR 1991, 289 (291) = NJW 1991, 1357 (1358).
[12] *Ortmann* in Schwintowski/Brömmelmeyer/Ebers VVG § 161 Rn. 3; *Grote* in Langheid/Rixecker VVG § 161 Rn. 3.
[13] Begr. zu Art. 1 (§ 176 VVG) RegE Gesetz zur Reform des Versicherungsvertragsrechts, BT-Drs. 16/3945, 107.
[14] LAG Baden-Württemberg VersR 1989, 1177 zu § 169 VVG aF, dort also nicht ausdrücklich zu der Frage, ob auch die Ausschlussfrist von § 161 Abs. 1 entsprechend anzuwenden ist. ME ist dies der Fall.
[15] Vgl. Begr. zu Art. 1 (§ 161 VVG) RegE Gesetz zur Reform des Versicherungsvertragsrechts, BT-Drs. 16/3945, 99; Abschlussbericht der VVG-Kommission v. 19.4.2004 Ziff. 1.3.2.1. S. 91 ff.; und zu § 154-E S. 390.
[16] *Kollhosser* in Prölss/Martin, 27. Aufl. 2004, VVG § 169 Rn. 2.
[17] *Schwintowski* in Berliner Kommentar VVG § 169 Rn. 5; im allgemeinen Zivilrecht hat der Begriff Absicht keine besondere Bedeutung, *Grundmann* in MüKoBGB § 276 Rn. 162.

tet.[18] Eine bewusste Abgrenzung zwischen Absicht und direktem Vorsatz fand daher nicht statt. Vielmehr war lediglich die Terminologie uneinheitlich. So befreit je nach Formulierung mal eine absichtliche,[19] eine (direkt) vorsätzliche[20] bzw. eine „bewusste"[21] oder „freiwillige" Selbsttötung den Versicherer von seiner Leistungspflicht.[22] Mit dieser variierenden Terminologie waren allerdings keine graduellen Meinungsunterschiede hinsichtlich des erforderlichen Maßes an Vorsatz verbunden. Im Ergebnis wurde auf ein **bewusstes Wollen** des eigenen Todes abgestellt.[23] Dies entspricht auch der Wertung der Motive, wonach ein Selbstmord vorliegt, wenn der Versicherte „den Tod durch eine auf die Beendigung des Lebens abzielende Handlung verursacht hat".[24] Nunmehr verwendet der Gesetzgeber den Begriff **„vorsätzliche Selbsttötung"**, der ebenfalls all diese Fälle einer bewussten und willentlichen Selbsttötung umfasst.

b) Eventualvorsatz. Eventualvorsatz reichte nach hM zum bisherigen Recht nicht aus, um den Versicherer von seiner Leistungspflicht zu befreien.[25] **6**

Nunmehr wird teilweise vertreten, dass durch die Verwendung des Begriffs „Vorsatz" in § 161 Abs. 1 S. 1 eine „absichtliche" Herbeiführung der Selbsttötung nicht mehr verlangt werden könne. Der Vorsatzbegriff iSd § 276 BGB umfasse auch Eventualvorsatz, so dass nunmehr diese Vorsatzform ausreiche, um die Leistungsfreiheit des Versicherers zu begründen.[26] **7**

In formaler Hinsicht mag dies verfangen. Dennoch überzeugt es iErg nicht, den Vorsatzbegriff des § 276 BGB uneingeschränkt auf § 161 Abs. 1 S. 1 zu übertragen. Zunächst setzt § 276 BGB die Herbeiführung eines **pflichtwidrigen/rechtswidrigen Erfolges voraus;**[27] unter Eventualvorsatz wird folglich das billigende in Kauf nehmen eines für möglich gehaltenen pflichtwidrigen/rechtswidrigen Erfolges verstanden.[28] Den Versicherten trifft aber im Verhältnis zum Versicherer weder eine Pflicht noch eine Obliegenheit, sein Leben zu erhalten, noch verstößt eine Selbsttötung gegen geltendes Recht. Damit ist eines der Tatbestandsmerkmale des § 276 BGB im Falle der Selbsttötung nicht erfüllt. Auch wäre bei einer uneingeschränkten Gleichsetzung des Vorsatzes nach § 161 Abs. 1 S. 1 mit dem Vorsatz nach § 276 BGB die Ausnahmeregelung in S. 2 überflüssig. Nach S. 2 besteht die Leistungspflicht des Versicherers fort, wenn die Tötungshandlung in einem „die freie Willensbildung ausschließenden Zustand krankhafter Störung der Geistestätigkeit" begangen wurde. Handlungen in diesem Zustand sind aber von dem Vorsatzbegriff des allgemeinen Zivilrechts ohnehin nicht erfasst, vgl. §§ 276 Abs. 1 S. 2 iVm § 827 S. 1 BGB.[29]

Dagegen, dass bereits Eventualvorsatz iSd § 276 BGB iRd § 161 ausreichend ist, spricht neben diesen formalen Argumenten auch, dass der Reformgesetzgeber nicht zum Ausdruck gebracht hat, inhaltliche Veränderungen in Bezug auf die erforderliche Vorsatzform vornehmen zu wollen.[30] Die wesentliche inhaltliche Änderung des § 161 (Verkürzung der Ausschlussfrist bei Selbsttötung auf drei Jahre) dient ausdrücklich einer Verbesserung der Position der Hinterbliebenen.[31] Es ist somit nicht davon auszugehen, dass mit der Wortlautänderung in § 161 Abs. 1 S. 1 eine versteckte Verschlechterung der Position der Hinterbliebenen beabsichtigt war. Vor diesem Hintergrund ist an der bisherigen Auslegung des Begriffs „Selbstmord" festzuhalten. Losgelöst von dem Vorsatzbegriff des § 276 BGB **8**

---

[18] BGH VersR 1992, 861 = NJW-RR 1992, 982 (983); BGHZ 100, 214 (215) = VersR 1987, 503 = NJW 1987, 1944.
[19] BGH VersR 1986, 231; 1981, 452; OLG Saarbrücken r+s 2005, 120 (120 f.); *Kollhosser* in Prölss/Martin, 27. Aufl. 2004, VVG § 169 Rn. 2; *Schwintowski* in Berliner Kommentar VVG § 169 Rn. 5.
[20] BGH VersR 1992, 861 = NJW-RR 1992, 982 (983); BGHZ 100, 214 (215) = VersR 1987, 503 = NJW 1987, 1944.
[21] OLG Hamm NJW-RR 2000, 405 = r+s 2000, 435.
[22] OLG Düsseldorf VersR 1999, 1007 (1008) = r+s 1999, 344 (345).
[23] Ausdrücklich OLG Hamm NJW-RR 1989, 493 = VersR 1989, 690.
[24] Motive zu §§ 169, 170 VVG aF S. 229.
[25] KG JRPV 1930, 206; *Kollhosser* in Prölss/Martin, 27. Aufl. 2004, VVG § 169 Rn. 2; *Schwintowski* in Berliner Kommentar VVG § 169 Rn. 5; *Winter* in Bruck, Bd. 5/Halbband 2, 1988, Kap. G Anm. 123; zweifelnd *Römer* in Römer/Langheid, 2. Aufl. 2003, VVG § 169 Rn. 4.
[26] *Patzer* in Looschelders/Pohlmann VVG § 161 Rn. 5; *Brambach* in HK-VVG § 161 Rn. 6; *Ortmann* in Schwintowski/Brömmelmeyer/Ebers VVG § 161 Rn. 5; im Ergebnis so auch *Grote* in Langheid/Rixecker VVG § 161 Rn. 5.
[27] *Stadler* in Jauernig BGB § 276 Rn. 15.
[28] *Grundmann* in MüKoBGB § 276 Rn. 161.
[29] *Grundmann* in MüKoBGB § 276 Rn. 166.
[30] *Brömmelmeyer* in Beckmann/Matusche-Beckmann VersR-HdB § 42 Rn. 256.
[31] Begr. zu Art. 1 (§ 161) RegE Gesetz zur Reform des Versicherungsvertragsrechts, BT-Drs. 16/3945, 99; nach den ALB 32 galt noch eine Fünfjahresfrist; seit den ALB 57 betrug die Ausschlussfrist bei Selbstmord regelmäßig drei Jahre; *Benkel/Hirschberg* in Benkel/Hirschberg ALB 86 § 8 Rn. 1.

ist insoweit auf den **bewussten Willen** des Versicherten abzustellen. Eventualvorsatz reicht nicht aus.[32]

Es sind nämlich Lebenssachverhalte vorstellbar, in denen der Versicherte nicht sterben will, sich aber bewusst in Lebensgefahr begibt, es also für möglich hält zu sterben und dies – notfalls – auch in Kauf nimmt (*dolus eventualis*), um letztlich ein anderes Ziel zu erreichen, bspw. die Rettung seines Kindes oder die Rettung des Auftraggebers beim typischen Einsatz eines Bodyguards. Hier liegt gerade keine „gewollte" Selbsttötung im Sinne der Vorschrift vor.[33]

9   Hiervon abzugrenzen sind wiederum Fälle, in denen jemand sicher weiß, bei einer Handlung zu sterben und dies in Kauf nimmt, um letztendlich (auch) ein anderes Ziel zu erreichen (**Selbstmordattentäter, Märtyrer**). Hier liegt ein die Leistungspflicht ausschließender (direkter) Vorsatz vor.

10   c) **Fahrlässigkeit.** Fahrlässigkeit (auch grobe) in Bezug auf die Selbsttötung lässt – wie bereits nach § 169 VVG aF – die Leistungspflicht des Versicherers unberührt.[34]

11   d) **Tötung auf Verlangen.** Umstritten ist, ob der Ausschlusstatbestand des § 161 Abs. 1 S. 1 eine eigenhändige Selbsttötung voraussetzt[35] oder ob auch eine Tötung durch einen Dritten auf Verlangen des Versicherten zur Verwirklichung des Ausschlusstatbestandes ausreichend ist.[36] Der Zweck des Risikoausschlusses besteht darin, den Versicherer davor zu schützen, dass ein Versicherter auf seine Kosten mit seinem Leben spekuliert.[37] Der Wille des Gesetzgebers ist dementsprechend darauf gerichtet, dass der Leistungsausschluss Anwendung finden soll, wenn der Versicherte „den Tod durch eine auf die Beendigung des Lebens abzielende Handlung verursacht hat".[38] Daher ist, eine Tötung auf Verlangen des Versicherten ebenso zu werten wie eine eigenhändige Tötung. Die Interessen des Versicherers sind im Falle einer solchen Tötung auf Verlangen nicht weniger schützenswert und die „auf die Beendigung des Lebens abzielende Handlung" kann durchaus in der **Bestimmung eines Dritten,** das eigene Leben zu beenden, liegen. Dies gilt jedenfalls dann, wenn der ernste Wille des Versicherten zu sterben sowohl zum Zeitpunkt der Bestimmung des Dritten als auch noch zum Zeitpunkt der Tötungshandlung vorliegt. Eine strafrechtliche Verantwortung des Dritten aus § 216 StGB steht dem nicht entgegen.[39] Ebenso liegt beim sog. kollektiven Selbstmord, bei dem zwei oder mehrere Personen den gemeinsamen Entschluss zum Sterben treffen, die Tötungshandlung aber abredegemäß nur von einer der beiden Personen ausgeführt wird, eine Selbsttötung iSd § 161 Abs. 1 S. 1 vor, die den Versicherer von seiner Leistungspflicht befreit.[40] Demgegenüber liegt bei einer Hinrichtung schon begrifflich keine Selbsttötung vor.[41] Eine Selbsttötung liegt auch dann nicht vor, wenn der Tod des Versicherten aus einem Behandlungsabbruch aufgrund einer entsprechenden Patientenverfügung resultiert.[42]

12   3. **Vor Ablauf von drei Jahren.** Im Interesse der hinterbliebenen Angehörigen begrenzt der neue § 161 Abs. 1 den Zeitraum, während dessen der Versicherer bei Selbsttötung von seiner Leistungspflicht frei wird auf drei Jahre. Die zeitliche Befristung des Leistungsausschlusses schreibt eine schon bislang gängige Praxis der Lebensversicherer im Gesetz fest.[43] Bereits vor Inkrafttreten des

---

[32] IErg wie hier *Winter* in Bruck/Möller VVG § 161 Rn. 16; *Schneider* in Prölss/Martin VVG § 161 Rn. 3; *Brömmelmeyer* in Beckmann/Matusche-Beckmann VersR-HdB § 42 Rn. 256; anders aber die in Fn. 26 genannten Autoren.
[33] LG Memmingen VersR 1958, 557; KG JRPV 1930, 206; so iErg auch *Brömmelmeyer* in Beckmann/Matusche-Beckmann VersR-HdB § 42 Rn. 257.
[34] BGH VersR 1981, 452; OLG Hamm VersR 1989, 690 (691) = NJW-RR 1989, 493; *Schneider* in Prölss/Martin VVG § 161 Rn. 3.
[35] *Schwintowski* in Berliner Kommentar VVG § 169 Rn. 5; *Winter* in Bruck/Möller VVG § 161 Rn. 16.
[36] *Ortmann* in Schwintowski/Brömmelmeyer/Ebers VVG § 161 Rn. 4; *Schneider* in Prölss/Martin VVG § 161 Rn. 3; *Brambach* in HK-VVG § 161 Rn. 8; *Patzer* in Looschelders/Pohlmann VVG § 161 Rn. 6; sowie noch *Winter* in Bruck, Bd. 5/Halbband 2 (1988) Kap. G Anm. 123.
[37] BGH VersR 1991, 289 (291) = NJW 1991, 1357 (1358); → Rn. 1.
[38] Motive zu §§ 169, 170 VVG aF S. 229.
[39] AA *Schwintowski* in Berliner Kommentar VVG § 169 Rn. 51.
[40] *Schneider* in Prölss/Martin VVG § 161 Rn. 3; *Patzer* in Looschelders/Pohlmann VVG § 161 Rn. 6; *Winter* in Bruck, Bd. 5/Halbband 2, 1988, Kap. G Anm. 123; aA *Schwintowski* in Berliner Kommentar VVG § 169 Rn. 5; *Ortmann* in Schwintowski/Brömmelmeyer/Ebers VVG § 161 Rn. 4; zur kollektiven Selbsttötung sa *Rasch* ZVersWiss 1979, 417 (418 f.).
[41] RGZ 157, 6 (8); *Schneider* in Prölss/Martin VVG § 161 Rn. 3.
[42] *Krüger* VersR 2012, 164.
[43] Begr. zu Art. 1 (§ 161) RegE Gesetz zur Reform des Versicherungsvertragsrechts, BT-Drs. 16/3945, 99; vgl. § 5 ALB 2002 (Musterbedingungen des GDV, Stand 2002) § 9 ALB 94; § 8 ALB 86, VerBAV 1986, 209.

neuen VVG hatte die Praxis gezeigt, dass es eines zeitlich unbegrenzten Ausschlusses des Selbsttötungsrisikos idR nicht bedurfte, um dem Abschluss von Lebensversicherungen durch potentielle Selbstmörder entgegenzuwirken.[44] Nach Ablauf von drei Jahren ist grds. zu erwarten, dass der Vertrag nicht in Selbsttötungsabsicht abgeschlossen wurde.[45] Folglich sahen die gängigen Muster ALB bereits seit den ALB 57 eine Ausschlussfrist von drei Jahren vor (vgl. § 8 ALB 57).[46]

a) Vertragsabschluss. Die Dreijahresfrist beginnt mit Abschluss des Versicherungsvertrages. Je nach Art des Vertragsschlusses ist der Vertrag mit Zugang der Annahmeerklärung des Versicherers oder des Versicherungsnehmers bei der jeweils anderen Vertragspartei abgeschlossen.[47] Eine Rückdatierung des Versicherungsvertrags zum Zwecke der Vorverlegung des technischen Versicherungsbeginns ist für den Beginn der Dreijahresfrist unbeachtlich.[48] Früher stellten die ALB für den Fristbeginn regelmäßig auf die Zahlung des Einlösungsbeitrags (Erstprämie) ab (vgl. z.B. § 8 ALB 86, § 9 ALB 94). Die Erstprämie wird gem. § 152 Abs. 3 VVG nF (bzw. § 10 Abs. 2 GDV-Muster-ALB KLV 2019)[49] allerdings erst nach Abschluss des Vertrages fällig und bezahlt.[50] Die Zahlung der Erstprämie ist daher als Anknüpfungspunkt für den Beginn der Dreijahresfrist im Rahmen von AVB nicht mehr geeignet. Sofern AVB dennoch als Fristbeginn auf die Zahlung der Erstprämie abstellen, führt dies nicht zur Unwirksamkeit des Leistungsausschlusses. Vielmehr beginnt die Dreijahresfrist wegen des halbzwingenden Charakters von § 161 spätestens mit Abschluss des Versicherungsvertrages zu laufen.[51] § 5 Abs. 1 GDV-Muster-ALB KLV 2019 stellt ohnehin ausdrücklich auf den Abschluss des Vertrages ab. Verzögerungen bei der Zahlung der Erstprämie haben somit keinen Einfluss mehr auf den Beginn der Dreijahresfrist. Dies gilt unabhängig davon, ob der Versicherungsnehmer die Verzögerung zu vertreten hatte oder nicht.[52]

b) Vertragsänderung/Wiederherstellung der Versicherung. § 161 Abs. 1 S. 1 regelt nicht ausdrücklich, ob und in welchem Umfang die Dreijahresfrist bei Vertragsänderungen oder bei Wiederherstellung der Versicherung von neuem zu laufen beginnt. Nach dem Wortlaut von § 8 ALB 86, § 9 ALB 94 und § 5 ALB 2002 begann die Dreijahresfrist bei Wiederherstellung des Versicherungsschutzes (insgesamt) neu zu laufen. Entsprechend dem Sinn und Zweck der Klausel wurde sie allgemein dahingehend restriktiv ausgelegt, dass die Frist nur in Bezug auf den wiederhergestellten Teil der Versicherung neu zu laufen begann.[53] Nach der Rspr. zum alten Recht führten außerdem wesentliche Vertragsänderungen zum **Neubeginn der Dreijahresfrist** im Hinblick auf den **geänderten Teil des Vertrags**, da nur insoweit eine mit dem Neuabschluss einer Versicherung gleichkommende Situation vorliege.[54]

Nach neuem Recht wäre es ein unzulässiges Abweichen von § 161 Abs. 1, wenn bei Wiederherstellung oder Änderung des Versicherungsschutzes die Dreijahresfrist aufgrund einer AVB-Klausel insgesamt neu beginnen würde; denn im Gegensatz zu § 169 VVG aF begrenzt § 161 Abs. 1 S. 1 den Zeitraum für Leistungsfreiheit auf drei Jahre nach Abschluss des Vertrages. Auch vor dem Hintergrund des § 161 ist es allerdings zulässig, die Dreijahresfrist bei einer die **Leistungspflicht des Versicherers erweiternden Änderung** oder **Wiederherstellung** der Versicherung im Hin-

---

[44] Beschlusskammerentscheidung VerBAV 1987, 255 (257); *Kollhosser* in Prölss/Martin, 27. Aufl. 2004, ALB 86 § 8 Rn. 2.
[45] *Kollhosser* in Prölss/Martin, 27. Aufl. 2004, ALB 86 § 8 Rn. 2; *Wandt* VersR Rn. 1223; *Bender*, Die Rechtsproblematik der Wartezeiten in der Privatversicherung unter besonderer Berücksichtigung der Rechtsschutzversicherung, 1988, S. 52.
[46] Die ALB 32 sahen noch eine Ausschlussfrist von fünf Jahren vor; *Benkel/Hirschberg* in Benkel/Hirschberg ALB 86 § 8 Rn. 1.
[47] → § 1 Rn. 29 ff.
[48] OLG Saarbrücken VersR 2018, 989.
[49] Zur Abdingbarkeit der Fälligkeitsregeln des VVG, *Wandt/Ganster* VersR 2007, 1034.
[50] OLG Saarbrücken BeckRS 2013, 02876, Fälligkeit der Erstprämie mit Abschluss des Versicherungsvertrags bei zuvor erteilter Einziehungsermächtigung; aber OLG Saarbrücken NVersZ 1999, 31 zu § 8 ALB 86 zum Fristbeginn bei Zahlung der Erstprämie vor Versicherungsbeginn.
[51] OLG Saarbrücken BeckRS 2013, 02876.
[52] Zum Fristbeginn nach „alten" ALB: OLG Hamm NJW-RR 2000, 405 (406) = r+s 2000, 435 (436).
[53] *Reiff/Schneider* in Prölss/Martin ALB 86 § 8 Rn. 5 f.; *Benkel/Hirschberg* in Benkel/Hirschberg ALB 86 § 8 Rn. 34.
[54] ÖOGH VersR 1998, 1135, vierfache Erhöhung der Versicherungssumme; OLG Hamm VersR 1978, 1063, 14-fache Erhöhung der Versicherungssumme; OLG Düsseldorf VersR 1963, 1041 (1042), kein neuer Fristbeginn bei Umstellung des Vertrages ohne Erhöhung der Versicherungssumme; für Neubeginn der Frist im Hinblick auf den gesamten Vertrag OLG Saarbrücken VersR 2008, 57 (59 f.) = NJW-RR 2008, 275 (277 f.), Vertragsverlängerung; offenbar auch OLG Saarbrücken VersR 1989, 390 (391), Verdreifachung der Versicherungssumme; *Benkel/Hirschberg* in Benkel/Hirschberg ALB 86 § 8 Rn. 33.

blick auf den **geänderten** oder **wiederhergestellten Teil** des Versicherungsschutzes im Rahmen von AVB neu beginnen zu lassen. Die Vereinbarung einer Erweiterung der Leistungspflicht des Versicherers (zB Erhöhung der Versicherungssumme) oder die Wiederherstellung des Versicherungsschutzes stehen in Bezug auf den erweiterten bzw. den „wiederhergestellten" Teil der Versicherung faktisch dem Abschluss eines neuen Versicherungsvertrages gleich.[55]

15 Die GDV-Muster-ALB KLV 2019 tragen dieser Neuregelung des § 161 Abs. 1 S. 2 Rechnung: Nach § 5 Abs. 3 GDV-Muster-ALB KLV 2019 beginnt die Dreijahresfrist bei einer die **Leistungspflicht des Versicherers erweiternden Änderung** oder **Wiederherstellung** der Versicherung bzgl. des **geänderten** oder **wiederhergestellten Teils** des Versicherungsschutzes neu zu laufen.

Maßgeblich für den Fristbeginn ist insoweit der Zeitpunkt, zu dem die Änderung oder Wiederherstellung nach allgemeinen Regeln des Zivilrechts wirksam vereinbart wurde (Angebot und Annahme). Auch insoweit ist der Zeitpunkt der Prämienzahlung nicht von Bedeutung.[56]

16 c) **Vertragsverlängerung.** Nach einer Entscheidung des OLG Saarbrücken (auf der Basis des alten VVG) soll die Dreijahresfrist bei einer **Vertragsverlängerung** insgesamt neu zu laufen beginnen; dies gelte unabhängig davon, ob es sich insoweit um eine Vertragsänderung oder eine Novation (= Ersetzung des bestehenden Vertrages durch Abschluss eines neuen Vertrags)[57] handle.[58]

Die Entscheidung des OLG ist bei Anwendung neuen Rechts nicht mehr haltbar, wenn sich durch Auslegung ergibt, dass es sich bei der Vertragsverlängerung um eine bloße Vertragsänderung handelt. Ließe man die Dreijahresfrist insgesamt (dh mit Wirkung auch innerhalb der ursprünglich vereinbarten Vertragslaufzeit) neu beginnen, läge hierin eine zum Nachteil des Versicherungsnehmers von § 161 Abs. 1 S. 1 abweichende Vereinbarung, die § 171 nicht zulässt. Die Dreijahresfrist ist daher nicht innerhalb der ursprünglichen Laufzeit, sondern nur für den Verlängerungszeitraum anzuwenden. Nur im Hinblick auf diesen Zeitraum hat die Änderung einen faktisch dem Abschluss eines (neuen) Versicherungsvertrages gleichzusetzenden Charakter. Bedeutung kann die Dreijahresfrist bei einer Vertragsverlängerung danach nur dann und insoweit erlangen, als zwischen der Vereinbarung der Vertragsverlängerung und dem Beginn des Verlängerungszeitraums weniger als drei Jahre liegen.[59]

17 d) **Novation.** Wird hingegen ein bestehender Vertrag einvernehmlich aufgelöst und durch einen neuen Vertrag mit späterem Ablaufdatum oder erhöhter Versicherungssumme und oder sonstigen Änderungen ersetzt **(Novation)**, beginnt mit Abschluss des neuen Vertrages die Dreijahresfrist grds. neu zu laufen. Für den Versicherer kann sich in diesen Fällen allerdings eine Pflicht ergeben, den Versicherungsnehmer auf diesen nachteiligen Effekt hinzuweisen.[60] Aus den Umständen des Einzelfalls, insbes. aus einer für den Versicherer erkennbaren Absicht des Versicherungsnehmers durch die Ersetzung eines bestehenden Vertrages keine **verfestigten Anwartschaften** aufgeben zu wollen, kann sich ausnahmsweise auch ergeben, dass trotz Novation ein Neubeginn der Dreijahresfrist nicht gewollt war.[61] Im Einzelfall ist durch Auslegung zu ermitteln, ob eine Änderung des Vertrages oder eine Novation vorliegt[62] und ob im Falle einer Novation ausnahmsweise die Dreijahresfrist nicht gelten soll.

18 4. **Fristverkürzung.** Eine Verkürzung der Ausschlussfrist oder der Verzicht hierauf wird durch die Vorschrift nicht ausgeschlossen, da es sich um eine Vereinbarung zugunsten des Versicherungsnehmers handelt. Durch die bloße Rückdatierung des Versicherungsbeginns wird die Dreijahresfrist allerdings nicht verkürzt.[63]

19 5. **Fristverlängerung, (Abs. 2).** Eine Verlängerung der Dreijahresfrist im Rahmen von AVB ist nicht möglich, da § 161 halbzwingenden Charakter hat, also von der Vorschrift nicht zum Nachteil des Versicherungsnehmers bzw. dessen Hinterbliebenen abgewichen werden kann (§ 171). § 161

---

55 So schon OLG Hamm VersR 1978, 1063.
56 → Rn. 13.
57 → Rn. 17.
58 OLG Saarbrücken VersR 2008, 57 (59 f.) = NJW-RR 2008, 275 (279); *Ortmann* in Schwintowski/Brömmelmeyer/Ebers VVG § 161 Rn. 8; krit. *Brömmelmeyer* in Beckmann/Matusche-Beckmann VersR-HdB § 42 Rn. 253.
59 AA *Ortmann* in Schwintowski/Brömmelmeyer/Ebers VVG § 161 Rn. 8.
60 OLG Saarbrücken VersR 2008, 57 (60) = NJW-RR 2008, 275 (279); zust. *Brömmelmeyer* in Beckmann/Matusche-Beckmann VersR-HdB § 42 Rn. 254; aA OLG Koblenz VersR 2001, 445 (447) = NVersZ 2000, 422 (423); OLG Düsseldorf VersR 1963, 1041.
61 OGH VersR 1998, 1135.
62 OLG Saarbrücken VersR 2008, 57 (58) = NJW-RR 2008, 275 (276); *Armbrüster* in Prölss/Martin VVG § 1 Rn. 152 ff.
63 OLG Saarbrücken VersR 2018, 989.

Abs. 2 normiert allerdings eine Ausnahme von § 171 S. 1 und lässt eine Verlängerung der Frist durch **Individualvereinbarung** mit dem Versicherungsnehmer ausdrücklich zu. Damit soll dem Versicherer ein Handlungsspielraum in Sonderfällen mit sehr hohen Versicherungssummen erhalten bleiben.[64]

6. Beweislast und Beweisführung. Die Beweislast für eine vorsätzliche Selbsttötung innerhalb der ersten drei Jahre nach Abschluss des Vertrages trägt der Versicherer.[65] 20

Ein **Beweis des ersten Anscheins** reicht hierfür nicht aus.[66] Der Freitod eines Menschen ist meist sehr von seinen besonderen Lebensumständen, seiner Persönlichkeitsstruktur, seiner augenblicklichen Gemütslage und seiner subjektiven Sicht seiner Situation abhängig, die wiederum von irrationalen Momenten beeinflusst sein kann. Daher kann von einem typischen Geschehensablauf, der die Anwendbarkeit des Anscheinsbeweises rechtfertigt,[67] nicht gesprochen werden.[68] Es kann allerdings so eindeutige Todesumstände geben, dass der Schluss von diesen Todesumständen auf einen Freitod naheliegend oder gar zwingend ist. Dann aber ist die Beweiserleichterung des Anscheinsbeweises grds. nicht erforderlich. Es gelten somit für den Beweis der vorsätzlichen Selbsttötung die Regeln des **Strengbeweises** (§ 286 ZPO). Dazu gehört keine unumstößliche Gewissheit, vielmehr ein für das praktische Leben brauchbarer Grad von Gewissheit, der den Zweifeln Schweigen gebietet, ohne sie völlig auszuschließen.[69] Ein Indizienbeweis ist damit grds. zulässig.[70]

Im Rahmen der Beweisführung hat der Versicherer nur dann einen Anspruch auf **Exhumierung,** wenn diese zu einem entscheidungserheblichen Beweisergebnis führen kann[71] und mit ihr das letzte noch fehlende Glied in einem vom Versicherer zu führenden Beweis geliefert werden soll.[72] Zur Exhumierung ist die vorherige Zustimmung der versicherten Person[73] oder die Zustimmung der zur Totensorge Berechtigten erforderlich. Ob die Verweigerung der Zustimmung zur Exhumierung bei Bestehen einer entsprechenden sanktionsbewährten Obliegenheit zur Leistungsfreiheit des Versicherers führt, hat der BGH bislang nicht ausdrücklich entschieden. Leistungsfreiheit hat der BGH bislang jedenfalls verneint, sofern der Anspruchsteller zur Frage des Zustimmungserfordernisses zur Exhumierung einen richterlichen Hinweis erbeten hatte[74] oder die Voraussetzungen für einen Anspruch des Versicherers auf Exhumierung nicht vorlagen.[75] 21

7. Rspr. zum Nachweis einer vorsätzlichen Selbsttötung. a) Schusswaffen. Vorsätzliche Selbsttötung **bejaht:** Aufgesetzter Kopfschuss;[76] Schuss in den Kopf durch mit Waffen erfahrenen Versicherten, der dabei mit dem Rücken auf dem Sofa lag und das Gewehr in den Händen hielt;[77] Schuss in die Brust mit aufgesetztem Jagdgewehr durch erfahrenen Jäger und typische Körperhaltung;[78] Schuss in den Kopf mit Jagdgewehr, wobei der Versicherte ein im Umgang mit Waffen erfahrener sowie überschuldeter Jäger war und erkennbar den Abzug durchgezogen hat;[79] Schuss in den Mund mit Gaspistole;[80] Kopfschuss nach Schusswechsel mit und Flucht vor der Polizei bei 22

---

[64] Begr. zu Art. 1 (§ 161 VVG) RegE Gesetz zur Reform des Versicherungsvertragsrechts, BT-Drs. 16/3945, 99.
[65] Grdl. BGHZ 100, 214 (216) = VersR 1987, 503 = NJW 1987, 1944; seitdem stRspr zB BGH VersR 1992, 861 = NJW-RR 1992, 982; OLG Hamm VersR 2018, 341, 342; *Schneider* in Prölss/Martin VVG § 161 Rn. 16; *Ortmann* in Schwintowski/Brömmelmeyer/Ebers VVG § 161 Rn. 21; *Brömmelmeyer* in Beckmann/Matusche-Beckmann VersR-HdB § 42 Rn. 259; *Grote* in Langheid/Rixecker VVG § 161 Rn. 13; *Schwintowski* in Berliner Kommentar VVG § 169 Rn. 6.
[66] StRspr, BGHZ 100, 214 (216) = VersR 1987, 503 = NJW 1987, 1944; kürzlich LG Saarbrücken BeckRS 2014, 22987; aus der Lit. *Brömmelmeyer* in Beckmann/Matusche-Beckmann VersR-HdB § 42 Rn. 259; *Benkel/Hirschberg* in Benkel/Hirschberg ALB 86 § 8 Rn. 10 mwN zur älteren Rspr.
[67] Allg. zur Anwendbarkeit des Anscheinsbeweises *Prütting* in MüKoZPO § 286 Rn. 48 ff.
[68] StRspr, BGHZ 100, 214 (216) = VersR 1987, 503.
[69] BGHZ 100, 214 (217) = VersR 1987, 503 (504); 53, 245 (256) = NJW 1970, 946; OLG Hamm VersR 2018, 341, 342.
[70] BGH VersR 1991, 870 = r+s 1991, 321; *Schwintowski* in Berliner Kommentar VVG § 169 Rn. 6.
[71] BGH VersR 1991, 870 = r+s 1991, 321 (321 f.); *Ortmann* in Schwintowski/Brömmelmeyer/Ebers VVG § 161 Rn. 28.
[72] BGH VersR 1992, 861 f. = NJW-RR 1992, 982 (983).
[73] Nicht ausreichend: Zustimmung gem. § 9 ALB 94; § 8 ALB 86, VerBAV 1986, 209 iVm Antragsformular; BGH VersR 1991, 870 (871) = r+s 1991, 321 (322).
[74] BGH VersR 1991, 870 (871) = r+s 1991, 321 (322).
[75] BGH VersR 1992, 861 f. = NJW-RR 1992, 982 (983); *Schneider* in Prölss/Martin VVG § 161 Rn. 17.
[76] OLG Hamm VersR 1996, 1134 (Ls.) = r+s 1996, 117; OLG Frankfurt a. M. VersR 1984, 756.
[77] OLG Oldenburg VersR 1991, 985.
[78] OLG München VersR 1988, 1020 mAnm *Johannsen*.
[79] OLG Celle VersR 1985, 1134.
[80] LG Hamburg VersR 1984, 1167.

Schuss aus Pistole, die man beim Versicherten fand;[81] Schuss mit aufgesetztem Gewehr ins Herz;[82] Schuss in Stirn aus aufgesetztem Bolzenschussapparat.[83] **Verneint:** Kopfschuss durch Geschoss aus selbstgebautem Schussapparat;[84] Herzschuss aus aufgesetztem Kleinkalibergewehr, wobei nicht ausgeschlossen werden konnte, dass sich beim Reinigen des Gewehrs ein Schuss gelöst hatte;[85] Kopfschuss bei bestehender Möglichkeit des leichtsinnigen Umgangs mit der Waffe und fehlendem Motiv;[86] Kopfschuss durch angetrunkenen Versicherten, nachdem zuvor drei Schüsse nicht gezündet hatten.[87]

23   **b) Pkw/Kfz.**[88] Vorsätzliche Selbsttötung **bejaht:** Tod durch Autoabgase in geschlossener Garage nach alkoholreicher Party am Vorabend wobei der Versicherte ein erfahrener Berufskraftfahrer war und in unmittelbarer Nähe wohnte;[89] Tod nach Auffahren auf eine Mauer bei Abschiedsbrief im Auto;[90] Tod nach Auffahren gegen einen Baum bei trockener, gerader Strecke mit 1,02 ‰ BAK unmittelbar nach Äußerung von Suizidabsicht.[91] **Verneint:** Tod durch Autoabgase in geschlossener Garage, wobei nicht ausgeschlossen werden konnte, dass die Versicherte auf rechtzeitige Rückkehr ihres Ex-Freundes hoffte;[92] Frontalzusammenstoß auf der Gegenfahrbahn nach Überholvorgang.[93]

24   **c) Erhängen/Strangulieren.** Vorsätzliche Selbsttötung **bejaht:** Tod durch Strangulation ohne Fremdeinwirkung.[94] **Verneint:** Erhängen, wenn konkrete Umstände auf eine fehlgeschlagene **Selbstmorddemonstration** hindeuten.[95]

25   **d) Medikamente/Gift.** Vorsätzliche Selbsttötung **bejaht:** Einnahme von 70 Schlaftabletten und 0,8 l Weinbrand.[96] **Verneint:** Vergiftung mit Rattengift.[97] **Weitere Beweiserhebung angeordnet:** bei Einnahme größerer Mengen von Schlaftabletten und Whisky (Sachverständigengutachten ggf. nach Exhumierung);[98] bei Nachweis einer Bromkonzentration im Blut im Rahmen der Obduktion, die auf Schlafmitteleinnahme hindeutet (weiteres Sachverständigengutachten).[99]

26   **e) Verbrennen.** Vorsätzliche Selbsttötung **bejaht:** Tod durch Verbrennen nach Entzündung eines Benzin-Luft Gemisches im Gartenhaus nach zuvor geäußerter Suizidabsicht;[100] Verbrennen im Auto nach Kauf einer kleinen Menge Benzin und zwei Tage zuvor vorangegangenem Selbsttötungsversuch.[101]

27   **f) Sturz aus größerer Höhe.** Vorsätzliche Selbsttötung **bejaht:** Sturz von Balkon bei vorhandener Steighilfe (Hocker), einer 1,10 m hohen Brüstung und dem Fehlen von Verletzungen, die auf den Versuch des Abfangens des Sturzes schließen lassen;[102] Sturz kopfüber aus Giebelfenster, wobei ein unfreiwilliges Hinausfallen ausgeschlossen werden konnte;[103] Sturz vom Balkon nach Erdrosseln von Ehefrau und Kindern;[104] Sturz von Krankenhausbalkon bei 1 m hoher Brüstung;[105] Sturz von 130 m hoher Autobahnbrücke bei Dämmerung, nachdem der Versicherte zuvor auf der untersten Querverstrebung des 1,20 m hohen Geländers gestanden hatte und eine 1,5 stündige Anreise zur Brücke hinter sich hatte, wobei bereits 300 Personen zuvor von dieser Brücke gesprungen waren.[106]

[81] LG Osnabrück VersR 1980, 474 = r+s 1980, 134.
[82] LG Detmold VersR 1968, 1136.
[83] BGH VersR 1955, 99.
[84] BGH VersR 1992, 861 = NJW-RR 1992, 982.
[85] BGHZ 100, 214 (216) = VersR 1987, 503 = NJW 1987, 1944.
[86] OLG Düsseldorf VersR 1985, 347.
[87] BGH VersR 1981, 452.
[88] Zum sog. Autofahrersuizid *Harbot* VersR 1994, 1400; *Moser/Sanders* VersR 1976, 418.
[89] OLG Hamburg VersR 1986, 378.
[90] OLG Köln VersR 1992, 562 = r+s 1992, 33.
[91] OLG Hamm VersR 1989, 695.
[92] BGH VersR 1989, 729 = r+s 1993, 36.
[93] OLG Köln VersR 1990, 1346.
[94] OLG Hamm VersR 2018, 341 (342); OLG Hamm NVersZ 2000, 325 = r+s 2000, 435; r+s 1993, 75; LG Heidelberg VersR 1989, 1033; LG Saarbrücken BeckRS 2014, 22987.
[95] OLG Hamm VersR 1989, 690 = NJW-RR 1989, 493.
[96] OLG Düsseldorf VersR 1999, 1007 = r+s 1999, 344.
[97] LG Lübeck VersR 1971, 710.
[98] BGH VersR 1991, 870 = r+s 1991, 321.
[99] BGH VersR 1986, 231.
[100] OLG Frankfurt a. M. BeckRS 2008, 8873.
[101] LG Köln VersR 1993, 869.
[102] LG Dortmund VersR 2008, 1639.
[103] OLG Koblenz VersR 1993, 874.
[104] OLG Stuttgart VersR 1989, 794.
[105] LG Osnabrück r+s 2005, 121.
[106] OLG Saarbrücken r+s 2005, 120.

g) Sonstige Fälle. Vorsätzliche Selbsttötung **bejaht:** Anfassen eines in 10 m Höhe verlaufenden 28
Starkstromkabels mit beiden Händen durch handwerklich erfahrenen Bauunternehmer;[107] Öffnen
eines oder mehrerer Gashähne bei verschlossenen Türen;[108] Überfahren durch einen Zug bei 1,7 ‰
BAK, wobei der Hals unmittelbar auf der Schiene aufgelegen hat:[109] **Verneint:** Fußgänger, der bei
Dunkelheit von Triebwagen erfasst wurde mit 1,18 ‰ BAK.[110]

II. Leistungspflicht trotz Selbsttötung (Abs. 1 S. 2)

Die Leistungspflicht des Versicherers bleibt nach § 161 Abs. 1 S. 2 bestehen, wenn die Selbsttö- 29
tung in einem die freie Willensbildung ausschießenden Zustand krankhafter Störung der Geistestätigkeit begangen wurde. Insoweit hat sich gegenüber § 169 S. 2 VVG aF nichts geändert.

1. Ausschluss der freien Willensbestimmung. Ein Ausschluss der freien Willensbestimmung 30
liegt vor, wenn jemand nicht imstande ist, seinen Willen frei und unbeeinflusst von der vorliegenden
Geistesstörung zu bilden und nach zutreffend gewonnenen Einsichten zu handeln. Abzustellen ist darauf,
ob eine freie Entscheidung nach Abwägung des Für und Wider bei sachlicher Prüfung der in Betracht
kommenden Gesichtspunkte möglich ist oder ob umgekehrt von einer freien Willensbildung nicht mehr
gesprochen werden kann, weil infolge der krankhaften Geistesstörung äußere Einflüsse den Willen übermäßig beherrschen.[111]

2. Krankhafte Störung der Geistestätigkeit. Als krankhafte Störung der Geistestätigkeit iSv 31
§ 161 können alle Störungen der Verstandestätigkeit sowie des Willens-, Gefühls- und des Trieble-
bens in Betracht kommen.[112] Das Vorliegen einer „echten" Geisteskrankheit ist nicht erforderlich.[113]
Auch eine extreme Alkoholisierung (Vollrausch) kann ausreichen.[114] Auf die Dauerhaftigkeit der
krankhaften Geistesstörung kommt es daher anders als bei § 104 Nr. 2 Hs. 2 BGB nicht an.[115] Es
kommt vornehmlich darauf an, ob der Versicherte imstande war, seinen Willen unbeeinflusst von
der vorliegenden Störung zu bilden, ob ihm also eine freie Willensentscheidung möglich war oder
ob umgekehrt von einer freien Willensbildung nicht mehr gesprochen werden kann, etwa weil die
Willensbestimmung von unkontrollierten Trieben und Vorstellungen gesteuert worden ist.[116]

3. Zeitpunkt. Grundsätzlich muss der die freie Willensbildung ausschließende Zustand zum 32
Zeitpunkt der Tötungshandlung vorliegen.[117] Versetzt sich der Versicherte allerdings mit dem festen
Willen, sich zu töten, vorsätzlich in einen die freie Willensbildung ausschließenden Vollrausch, kann
entsprechend den Grundsätzen der *„actio libera in causa"* der Versicherungsschutz entfallen.[118] An
den insoweit vom Versicherer zu führenden Beweis sind allerdings strenge Anforderungen zu stellen.

4. Beweislast und Beweisführung. Die Beweislast für das Vorliegen eines die freie Willensbil- 33
dung ausschließenden Zustands krankhafter Störung der Geistestätigkeit im Zeitpunkt der Tat trifft nach
den allgemeinen Beweisregeln den Anspruchsteller.[119]

---

[107] OLG Hamburg VersR 1986, 1201.
[108] OLG Düsseldorf VersR 1953, 58; LG Kassel VersR 1955, 545, hier wurde jedoch eine vorsätzliche Tötung verneint; LG Memmingen VersR 1953, 364.
[109] OLG Hamm VersR 1995, 33 = NJW-RR 1994, 1445 = r+s 1994, 435.
[110] OLG Köln r+s 1990, 68.
[111] BGH NJW 1996, 918 (919) = WM 1996, 104; WM 1984, 1063 (1064); NJW 1970, 1680 (1681); OLG Karlsruhe VersR 2003, 977 (978); KG VersR 2000, 86 (87); *Mitterauer/Barta* VersMed 1989, 181, zur Steuerungsfähigkeit des Selbstmörders bei der Handlung.
[112] BGH NJW 1960, 1393; OLG Karlsruhe VersR 2003, 977 (978).
[113] BGH VersR 1994, 162 (163) = NJW-RR 1994, 219 (220); OLG Hamm VersR 1977, 928 (930); OLG Stuttgart VersR 1989, 794 (795); *Grote* in Langheid/Rixecker VVG § 161 Rn. 7; *Griebitz/Mitterauer/Kofler* VersMed 1993, 74, zur freien Willensbildung nach Schädelhirntrauma.
[114] OLG Düsseldorf VersR 2000, 833 f. = r+s 2001, 520 (520 f.); *Schneider* in Prölss/Martin VVG § 161 Rn. 13; *Winter* in Bruck/Möller VVG § 161 Rn. 30; *Schwintowski* in Berliner Kommentar VVG § 169 Rn. 17; anders *Mallach* ZVersWiss 1980, 357 (373), Alkoholabhängigkeit erforderlich.
[115] OLG Hamm VersR 1977, 928, dort nicht angesprochen, aber die Umstände des Falles belegen, dass auch eine vorübergehende krankhafte Störung der Geistestätigkeit ausreicht; ausdrücklich *Schwintowski* in Berliner Kommentar VVG § 169 Rn. 13.
[116] BGH VersR 1994, 162 (163) = NJW-RR 1994, 219 (220); NJW 1953, 1342; OLG Düsseldorf NJW-RR 2003, 1468 (1469).
[117] BGH VersR 1994, 162 (163) = NJW-RR 1994, 219; VersR 1965, 656; *Benkel/Hirschberg* in Benkel/Hirschberg ALB 86 § 8 Rn. 19.
[118] *Schneider* in Prölss/Martin VVG § 161 Rn. 13; angedeutet in OLG Köln r+s 1990, 139; LG Hamburg VerBAV 1955, 139; aA *Schwintowski* in Berliner Kommentar VVG § 169 Rn. 17.
[119] BGH VersR 1994, 162 (163) = NJW-RR 1994, 219; OLG Karlsruhe VersR 2003, 977 (978); r+s 1995, 79; *Brömmelmeyer* in Beckmann/Matusche-Beckmann VersR-HdB § 42 Rn. 267; *Benkel/Hirschberg* in Benkel/Hirschberg ALB 86 § 8 Rn. 19.

34 Dieser Beweis wird regelmäßig nur als **Indizienbeweis** und oftmals nur unter Zuhilfenahme eines Sachverständigengutachtens zu führen sein.[120] Ein Sachverständigengutachten ist auf Antrag vom Gericht dann einzuholen, wenn substantiiert Tatsachenstoff vorgetragen ist, der dem Sachverständigen ein abschließendes Bild über die geistige Verfassung des Verstorbenen zum Zeitpunkt der Tat ermöglicht, so dass der Sachverständige sein Gutachten darauf stützen kann.[121] Das Gericht muss kein Sachverständigengutachten einholen, das auf einen Ausforschungsbeweis hinausliefe.[122] Allerdings darf hier auch kein zu strenger Maßstab an den Sachvortrag gelegt werden, insbes. sind auch die in einem vom Kläger vorgelegten Privatgutachten zugrunde gelegten Tatsachenumstände zu berücksichtigen.[123] Kommt ein von einer Partei vorgelegtes Sachverständigengutachten zu einem anderen Ergebnis als der gerichtlich bestellte Sachverständige, darf das Gericht nicht ohne nachvollziehbare, darzulegende Gründe einem der beiden Gutachten den Vorrang geben.[124]

Im Hinblick auf den vom Kläger zu führenden Beweis ist grds. derselbe „**brauchbare Grad von Gewissheit,** der den Zweifeln Schweigen gebietet, ohne sie völlig auszuschließen",[125] maßgeblich, der auch für den vom Versicherer zu führenden Beweis der vorsätzlichen Selbsttötung gilt.[126] Nach dem OLG Karlsruhe soll bereits der Nachweis einer „hohen Wahrscheinlichkeit" für den Ausschluss der freien Willensbestimmung ausreichen.[127]

35 Demgegenüber legen *Harrer/Mitterauer* gestützt auf eine empirische Untersuchung dar, dass bei ca. 75 % aller Selbstmörder eine psychobiologische Störung vorgelegen habe. Sie ziehen daraus den Schluss, dass eine **Umkehr der Beweislast** sachgerechter wäre, da es wegen der Probleme der Rekonstruktion des Sachverhalts regelmäßig zu Situationen komme, in denen der Ausnahmetatbestand des § 161 Abs. 1 S. 2 nicht positiv festgestellt werden könne und es dann zu einer Beweislastentscheidung komme, die der Lebenswirklichkeit überwiegend nicht entspreche.[128] Eine Betrachtung der veröffentlichten Rspr. belegt durchaus die Richtigkeit der Beobachtung von *Harrer/Mitterauer,* dass nämlich dem Antragsteller in der überwiegenden Vielzahl der Fälle der für den Ausnahmetatbestand erforderliche Beweis nicht gelingt.[129] Aufgrund der eindeutigen Beweislastverteilung in der Vorschrift, die der historische Gesetzgeber in Kenntnis der Nachweisprobleme bewusst so festgelegt hat[130] und die auch im Rahmen der VVG-Reform unberührt geblieben ist, ist eine Umkehr der Beweislast allerdings nicht zu rechtfertigen. Daneben hat die Rspr. mehrfach – gestützt auf Sachverständigengutachten – bekräftigt, dass allein das Vorliegen einer psychischen Anomalität eben noch nicht zum völligen Ausschluss der freien Willensbildung führt.[131]

36 Die Tatsache, dass ein Selbstmörder „**nicht normal**" ist und dass – wie idR – eine Psychose vorliegt, reicht für den Nachweis der Unzurechnungsfähigkeit jedenfalls nicht aus.[132] Es lässt sich nicht von vornherein sagen, dass jeder, der sich das Leben nimmt, diese Handlung in einem Zustand krankhaft gestörter Geistestätigkeit vornimmt.[133] Dass die Tat unerklärlich scheint, dass ein bekannter und ausreichender Beweggrund nicht dargetan werden kann, reicht allein ebenfalls nicht aus.[134]

37 Auch erhebliche psychische Störungen erlauben für sich genommen keine sicheren Schlüsse darauf, dass der Suizid im Zustand einer krankheitsbedingten Willensstörung begangen wurde, die eine freie Willensentscheidung unmöglich gemacht hat. Gegen die Annahme, dass ein Selbstmörder von unkontrollierbaren Trieben und Vorstellungen in den Tod getrieben wurde, spricht es insbes., wenn seine Tat als „**Bilanzselbstmord**" nachfühlbar ist.[135] Die nicht hinreichend auszuschließende

---

[120] *Ortmann* in Schwintowski/Brömmelmeyer/Ebers VVG § 161 Rn. 33 f.
[121] OLG Stuttgart NVersZ 2000, 22; LG Köln VersR 1990, 34 (35).
[122] OLG Koblenz VersR 2001, 445 (446) = r+s 2002, 521 (522) = NVersZ 2000, 422 (423).
[123] BGH VersR 1997, 687.
[124] BGH VersR 1994, 162 (163) = NJW-RR 1994, 219.
[125] → Rn. 20.
[126] OLG Karlsruhe VersR 2003, 977; *Schneider* in Prölss/Martin VVG § 161 Rn. 24.
[127] OLG Karlsruhe VersR 2003, 977 (978); *Winter* in Bruck/Möller VVG § 161 Rn. 40.
[128] *Harrer/Mitterauer* VersR 2007, 579.
[129] Rechtsprechungsübersicht → Rn. 38 ff.
[130] Motive zu §§ 169, 179 VVG aF S. 229.
[131] BGH VersR 1994, 162 (163) = NJW-RR 1994, 219 (220); Rechtsprechungsübersicht → Rn. 38 ff.; *Brömmelmeyer* in Beckmann/Matusche-Beckmann VersR-HdB § 42 Rn. 268 mwN; *Mittmeyer/Filipp* VersMed 1997, 109, zu Kriterien für und gegen eine freie Willensbestimmung; *Bresser* VersMed 1992, 106.
[132] OLG Düsseldorf NJW-RR 2003, 1468 (1469); OLG Jena VersR 2001, 358 (359) = r+s 2002, 169.
[133] OLG Düsseldorf NJW-RR 2003, 1468 (1469); OLG Jena VersR 2001, 358 (359) = r+s 2002, 169; OLG Karlsruhe VersR 1978, 657; *Bresser* VersMed 1992, 106 (109); s. aber *Harrer/Mitterauer* VersR 2007, 579 (581).
[134] OLG Köln VersR 2002, 341 (342) = r+s 2002, 345; OLG München VersR 1955, 610 (611).
[135] OLG Köln VersR 2002, 341 (342) = r+s 2002, 345; OLG Nürnberg VersR 1994, 295 (296); OLG Stuttgart VersR 1989, 794 (795); *Brömmelmeyer* in Beckmann/Matusche-Beckmann VersR-HdB § 42 Rn. 264.

Möglichkeit nachfühlbarer Motive für eine Selbsttötung wird als Zeichen dafür angesehen, dass der Versicherte nicht in einem die freie Willensbestimmung ausschließenden Zustand krankhafter Störung der Geistestätigkeit gehandelt hat, sondern dass der von **einfühlbaren Motiven** gelenkte Wille noch Einfluss auf die Entscheidung des Verstorbenen hatte.[136] Zutreffend weist aber das OLG Hamm darauf hin, dass auch das Bestehen eines vernünftigen Grundes lediglich ein Indiz ist. Wenn durch Sachverständige positiv festgestellt wurde, dass dem Verstorbenen „die Kontrolle entglitten war und er seinen Willen nicht mehr nach vernünftigen Überlegungen steuern konnte" ist die „Einfühlbarkeit" der Tat unerheblich.[137]

5. Rspr. zum Nachweis des Ausschlusses der freien Willensbildung. a) Alkohol/Tabletten. Ausschluss freier Willensbildung **bejaht**: Zustand schwerer Alkoholintoxikation bei 2,94 ‰ BAK trotz eines (leserlichen) Abschiedsbriefes bei alkoholgewöhntem Versicherten.[138] **Verneint**: 2,38 ‰ BAK zum Zeitpunkt des Eintritts der Bewusstlosigkeit bei Vergasen mit Autoabgasen;[139] 2,2 ‰ BAK bei Ausschluss von Wechselwirkungen mit eingenommenen Medikamenten;[140] bei langjährigem Alkoholmissbrauch ohne dass Anhaltspunkte dafür vorlagen, dass vor der Tat ein erheblicher Alkoholkonsum stattfand oder dass infolge des Alkoholmissbrauchs eine zur Geschäftsunfähigkeit führende Persönlichkeitsveränderung vorlag;[141] Konsum von 0,8 l Weinbrand oder Doppelkorn in Kombination mit 70 Schlaftabletten durch alkoholkranken Versicherten, wobei nicht festgestellt werden konnte, ob der Alkohol erheblich vor oder zeitgleich mit der Einnahme der Tabletten konsumiert wurde;[142] 1,9 ‰ BAK bei Fehlen eines „vernünftigen" Grundes.[143]

b) Psychische Störung/Depression/Schmerzen. Ausschluss freier Willensbildung **bejaht**: Depressiv gefärbter affektiver Ausnahmezustand, wobei der Ausschluss der freien Willensbildung auch durch planloses Handeln vor der Tat, Alkoholgenuss (1,8 ‰ BAK) sowie eine unübliche Art der Selbsttötung (Ertränken) indiziert war, dem stand das Bestehen objektiv nachvollziehbarer Gründe (geschäftliche Schwierigkeiten) nicht entgegen;[144] endogene Depression, die zwar nicht die Fähigkeit zum logischen Denken, wohl aber die freie Willensbildung ausschließt.[145] **Verneint**: allgemeines Erschöpfungsgefühl, psychische Probleme und depressiv verstimmter Eindruck;[146] erhebliche psychische Störungen bei Anhaltspunkten für ein nachvollziehbares Motiv (hier: Eheprobleme);[147] depressive Episode bei laufendem staatsanwaltschaftlichem Ermittlungsverfahren und beruflich aussichtsloser Situation eines Chefarztes;[148] depressive Verstimmung bei Eheproblemen;[149] narzisstische Persönlichkeitsstörung bei vorherigen Selbstmorddrohungen sowie bestehender Überschuldung und beruflicher Überforderung;[150] Persönlichkeitsstörung bei gewisser Perspektivlosigkeit und vorheriger Ankündigung der Selbsttötung;[151] emotionale Psychose bei behaupteter Alkoholabhängigkeit, Verlust des Arbeitsplatzes und bevorstehender Ehescheidung;[152] allgemein vorhandene emotionale Psychose;[153] naheliegende psychische Störung nach vorangegangener Tötung seiner Ehefrau und Kinder;[154] psychopathisches Persönlichkeitsbild;[155] fehlender Nachweis des Ausschlusses der freien Willensbildung aufgrund einer endoreaktiven Depression;[156] organische Erkrankung mit starken Schmerzen bei bestehenden psychosomatischen Störungen, Depressionen und Stimmungstiefs;[157]

---

[136] OLG Stuttgart VersR 1989, 794 (795); OLG Nürnberg VersR 1969, 149 (150); OLG Frankfurt a. M. VersR 1962, 821 (822).
[137] OLG Hamm VersR 1977, 928 (929 f.).
[138] OLG Düsseldorf VersR 2000, 833 = r+s 2001, 520.
[139] OLG Hamburg r+s 1986, 294.
[140] OLG Köln VersR 2002, 341 = r+s 2002, 345.
[141] OLG Hamm NJW-RR 2000, 405 = r+s 2000, 435.
[142] OLG Düsseldorf VersR 1999, 1007.
[143] LG Köln VersR 1990, 34.
[144] OLG Hamm VersR 1977, 928.
[145] LG Mönchengladbach VersR 1974, 795.
[146] OLG Nürnberg VersR 1994, 295 = r+s 1994, 316.
[147] OLG Karlsruhe VersR 2003, 977.
[148] OLG Düsseldorf NJW-RR 2003, 1468.
[149] OLG Köln VersR 2002, 341 = r+s 2002, 345.
[150] OLG Jena VersR 2001, 358 = r+s 2002, 169.
[151] KG VersR 2000, 86 = r+s 2000, 475.
[152] OLG Köln r+s 1990, 139.
[153] OLG Karlsruhe VersR 1978, 657.
[154] OLG Stuttgart VersR 1989, 794.
[155] OLG Nürnberg VersR 1969, 149.
[156] LG Hamburg r+s 1998, 259.
[157] OLG Stuttgart NVersZ 2000, 22.

§ 162

kurzfristige intensive Schmerzerlebnisse selbst wenn sie die freie Willensbildung ausschließen.[158]
Weitere Aufklärung angeordnet: Borderline-Syndrom bei sich widersprechenden Gutachten über den Einfluss auf die freie Willensbildung.[159]

40 c) **Ausnahmesituationen/Kurzschlusshandlungen.** Ausschluss freier Willensbildung **verneint:** Übersteigerte Reaktion auf Eheprobleme, insbes. die Untreue des Ehemanns;[160] Kurzschlusshandlung nach Schusswechsel mit und Flucht vor der Polizei.[161]

III. Zahlung des Rückkaufswerts (Abs. 3)

41 Der neu eingefügte Abs. 3 enthält im Wesentlichen redaktionelle Änderungen. Inhaltlich entspricht er § 176 Abs. 2 S. 1 VVG aF. Auch nach altem Recht war im Falle der Leistungsfreiheit wegen § 169 VVG aF der Rückkaufswert auszuzahlen. Zusätzlich stellt Abs. 3 klar, dass dem Versicherungsnehmer neben dem Rückkaufswert auch etwaige Ansprüche auf Überschussbeteiligung nach § 169 Abs. 7 zustehen.[162]

IV. Abdingbarkeit

42 Die Vorschrift ist wie bisher halbzwingend, § 171. Eine Ausnahme im System der halbzwingenden Vorschriften stellt lediglich die in Abs. 2 normierte Möglichkeit dar, die Ausschlussfrist von drei Jahren bei Selbsttötung durch Individualvereinbarung zu verlängern.

§ 162 Tötung durch Leistungsberechtigten

(1) Ist die Versicherung für den Fall des Todes eines anderen als des Versicherungsnehmers genommen, ist der Versicherer nicht zur Leistung verpflichtet, wenn der Versicherungsnehmer vorsätzlich durch eine widerrechtliche Handlung den Tod des anderen herbeiführt.

(2) Ist ein Dritter als Bezugsberechtigter bezeichnet, gilt die Bezeichnung als nicht erfolgt, wenn der Dritte vorsätzlich durch eine widerrechtliche Handlung den Tod der versicherten Person herbeiführt.

Übersicht

		Rn.			Rn.
A.	Normzweck	1	4.	Entsprechende Anwendung, teleologische Reduktion	6
B.	Tatbestand	2			
I.	Vorsätzliche widerrechtliche Tötung durch den Versicherungsnehmer (Abs. 1)	2	5.	Rechtsfolge: Leistungsfreiheit	7
			II.	Vorsätzliche widerrechtliche Tötung durch den Bezugsberechtigten (Abs. 2)	9
1.	Tötungshandlung	3			
2.	Widerrechtlichkeit	4	III.	Beweislast	11
3.	Vorsatz	5	C.	Abdingbarkeit	12

Stichwort- und Fundstellenverzeichnis

Stichwort	Rn.	Rspr.	Lit.
Abdingbarkeit	→ Rn. 12	–	*Patzer* in Looschelders/Pohlmann VVG § 162 Rn. 13
Abtretung, Verpfändung der Versicherungsleistung	→ Rn. 8, 10	–	*Ortmann* in Schwintowski/Brömmelmeyer/Ebers VVG § 162 Rn. 9, 12
Beweislast	→ Rn. 11	BGHZ 104, 256 = VersR 1988, 683 = NJW 1988, 2040	*Ortmann* in Schwintowski/Brömmelmeyer/Ebers VVG § 162 Rn. 14

---

[158] LG Saarbrücken VersR 1983, 723, zweifelhaft.
[159] BGH VersR 1994, 162 = NJW-RR 1994, 219.
[160] OLG Karlsruhe VersR 1995, 521 = r+s 1995, 79.
[161] LG Osnabrück VersR 1980, 474 = r+s 1980, 134.
[162] *Wandt* VersR Rn. 1223, 1258.

Stichwort	Rn.	Rspr.	Lit.
Leistungsfreiheit des Versicherers	→ Rn. 7	BGHZ 104, 256 (261) = VersR 1988, 683 (684)	*Patzer* in Looschelders/Pohlmann VVG § 162 Rn. 11; *Brömmelmeyer* in Beckmann/Matusche-Beckmann VersR-HdB § 42 Rn. 270
Tötung auf Verlangen	→ Rn. 4	–	*Patzer* in Looschelders/Pohlmann VVG § 162 Rn. 8; *Eser* in Schönke/Schröder StGB § 216 Rn. 2
Versicherung auf verbundene Leben	→ Rn. 6	OLG Köln VersR 1999, 1529 (1530) = r+s 1998, 301; LG Berlin VersR 1986, 282 (283)	*Zehner* VersR 1984, 1119 (1120); *Schneider* in Prölss/Martin VVG § 162 Rn. 6; *Ortmann* in Schwintowski/Brömmelmeyer/Ebers VVG § 162 Rn. 2
Vorsätzliche Tötung durch den Bezugsberechtigten	→ Rn. 9	OLG Hamm VersR 1988, 458 (460) = NJW-RR 1987, 1170 (1172)	*Ortmann* in Schwintowski/Brömmelmeyer/Ebers VVG § 162 Rn. 11
Vorsätzliche Tötung durch den Versicherungsnehmer	→ Rn. 2, 5	–	*Schneider* in Prölss/Martin VVG § 162 Rn. 4; *Schwintowski* in Berliner Kommentar VVG § 170 Rn. 8

Schrifttum: *Charalambakis,* Selbsttötung aufgrund Irrtums und mittelbare Täterschaft, GA 1986, 485; *Fuchs,* Die Gefahrsperson im Versicherungsrecht, Diss., 1974; *Flore,* Zur Geltung der Schuld- oder Vorsatztheorie im Versicherungsrecht, VersR 1989, 131; *Zehner,* Zur Anwendung des § 170 Abs. 1 VVG bei Selbstmord des Versicherungsnehmers nach Tötung des Versicherten, VersR 1984, 1119.

A. Normzweck

Ist der Versicherungsnehmer einer Lebensversicherung nicht mit der versicherten Person identisch, kann das Interesse des Versicherungsnehmers an der Versicherungsleistung dem Interesse der versicherten Person an einem langen Leben zuwiderlaufen. Die Vorschrift ist somit – wie auch § 150 – durch die Erwägung veranlasst, dass bei einer solchen Fremdversicherung zumindest mit der **„Gefahr eines Missbrauchs zu unerlaubten Zwecken"** gerechnet werden muss.[1] Abs. 1 versagt daher dem Versicherungsnehmer, der die versicherte Person vorsätzlich tötet, den Anspruch auf die Versicherungsleistung. Der Versicherer wird von seiner Leistungspflicht frei. 1

Ist nicht der Versicherungsnehmer sondern ein Dritter im Versicherungsvertrag als Bezugsberechtigter bezeichnet, bietet Abs. 2 Schutz davor, dass dieser Bezugsberechtigte das Ableben des Versicherungsnehmers (oder, falls nicht mit diesem identisch, der versicherten Person) beschleunigt.[2] Der Vorschrift liegen also die gleichen Erwägungen wie Abs. 1 zugrunde. Im Gegensatz zu Abs. 1 lässt Abs. 2 jedoch die Leistungspflicht des Versicherers unberührt und bestimmt, dass die Bezeichnung des Dritten als Bezugsberechtigter als nicht erfolgt gilt. Der Anspruch auf die Versicherungsleistung fällt – Identität von Versichertem und Versicherungsnehmer vorausgesetzt – regelmäßig in den Nachlass.

§ 162 übernimmt § 170 VVG aF inhaltlich unverändert.

B. Tatbestand

I. Vorsätzliche widerrechtliche Tötung durch den Versicherungsnehmer (Abs. 1)

Abs. 1 setzt eine vorsätzliche Tötung des Versicherten durch eine widerrechtliche Handlung des Versicherungsnehmers voraus. Ist der Versicherungsnehmer eine juristische Person, sind dieser Tötungshandlungen ihrer Organe über § 31 BGB zuzurechnen. 2

---

[1] Motive zu §§ 169, 170 VVG aF S. 230; *Schwintowski* in Berliner Kommentar VVG § 170 Rn. 1.
[2] Motive zu §§ 169, 170 VVG aF S. 230.

3   **1. Tötungshandlung.** Die Tötungshandlung kann grds. in einem positiven Tun sowie in einem Unterlassen des Versicherungsnehmers bestehen.[3] Dabei sind als Begehungsformen sowohl Mittäterschaft und mittelbare Täterschaft als auch Beihilfe und Anstiftung möglich.[4]

4   **2. Widerrechtlichkeit.** Die Tötungshandlung muss widerrechtlich sein. Abs. 1 findet also keine Anwendung bei einer Tötung infolge Notwehr, rechtfertigendem Notstand und Selbsthilfe.[5] Ebenso wenig reicht eine Teilnahmehandlung an einer Selbsttötung aus, solange die Selbsttötung auf einer freien Willensentscheidung des Suizidenten beruht.[6] Eine **Tötung auf Verlangen** (§ 216 StGB) reicht aus, um den Tatbestand des Abs. 1 zu erfüllen.[7] Das Verlangen der eigenen Tötung schließt die Widerrechtlichkeit der Tötungshandlung nicht aus, sondern privilegiert den Täter lediglich bei der Strafzumessung.[8] Eine **Tötung durch Unterlassen** ist widerrechtlich, wenn eine Rechtspflicht zum Handeln, eine sog. Garantenstellung besteht.[9] Problematisch ist aber, ob widerrechtliches Unterlassen auch vorliegt, wenn der Versicherungsnehmer die Rettung des versicherten Suizidenten unterlässt.[10] In der strafrechtlichen Lit. wird das überwiegend verneint, sofern mit hinreichender Wahrscheinlichkeit von einem freiverantwortlichen und bis zum tödlichen Ende durchgehaltenen Suizidwillen ausgegangen werden kann.[11] Eine entsprechende Wertung ist auch im Rahmen von § 162 Abs. 1 angebracht.

5   **3. Vorsatz.** Es gilt der allgemeine Vorsatzbegriff gem. § 823 iVm § 276 BGB.[12] Nach der im Zivilrecht vorherrschenden Vorsatztheorie[13] ist der Vorsatz Teil des Verschuldens und erfordert das Wissen und Wollen eines **pflichtwidrigen/widerrechtlichen Erfolges**.[14] Erforderlich ist Tötungsvorsatz gem. §§ 211, 212, 213 oder § 216 StGB, Körperverletzung mit Todesfolge (§§ 227, 18 StGB) reicht nicht aus.[15] **Eventualvorsatz**,[16] also das billigende in Kauf nehmen des für möglich gehaltenen Todes, **reicht aus**.[17] Zivilrechtlich zurechenbarer Vorsatz liegt nicht vor, wenn sich der Täter zum Zeitpunkt der Tat in „einem die freie Willensbildung ausschließenden Zustand krankhafter Störung der Geistestätigkeit" gem. § 827 S. 1 BGB befindet.[18] § 162 Abs. 1 findet damit keine Anwendung, wenn der Versicherungsnehmer bei Begehung der Tat unzurechnungsfähig war.[19] Tötungsvorsatz der Ehefrau (Begünstigte) liegt nicht vor, wenn sie sich über ihren Mann beklagt und dadurch einen anderen veranlasst, ihn zu ermorden.[20]

6   **4. Entsprechende Anwendung, teleologische Reduktion.** Abs. 1 gilt sinngemäß auch, wenn einer von mehreren Mitversicherungsnehmern bei einer **Versicherung auf verbundene Leben** den anderen Mitversicherungsnehmer tötet.[21] Keine Anwendung findet § 162 allerdings in dem Fall, dass der Versicherungsnehmer sich nach Tötung des Mitversicherungsnehmers sogleich selbst tötet, wenn er von Anfang an in der Absicht handelte, den Mitversicherungsnehmer und sich selbst im Zuge eines einheitlichen Tatgeschehens zu töten.[22] Hier findet § 161 VVG Anwendung.[23]

---

[3]   Motive zu §§ 169, 170 VVG aF S. 230; vgl. auch § 13 StGB.
[4]   *Schneider* in Prölss/Martin VVG § 162 Rn. 4; *Patzer* in Looschelders/Pohlmann VVG § 162 Rn. 8; *Ortmann* in Schwintowski/Brömmelmeyer/Ebers VVG § 162 Rn. 5. BSG Bschl. v. 17.4.2012 B 13 R 347/10 B zur Hinterbliebenenrente nach § 105 SGB VI.
[5]
[6]   Zur strafrechtlichen Abgrenzung *Eser/Sternberg-Lieben* in Schönke/Schröder StGB Vor § 211 Rn. 35 ff.
[7]   *Patzer* in Looschelders/Pohlmann VVG § 162 Rn. 5.
[8]   *Eser/Sternberg-Lieben* in Schönke/Schröder StGB § 216 Rn. 1 ff.
[9]   Zur vergleichbaren Problematik im Strafrecht, *Stree/Bosch* in Schönke/Schröder StGB § 13 Rn. 2.
[10] Zum Meinungsstand im Strafrecht *Eser* in Schönke/Schröder StGB Vor § 211 Rn. 39 ff.
[11] *Eser/Sternberg-Lieben* in Schönke/Schröder StGB Vor § 211 Rn. 41 mwN; *Charalambakis* in GA 1986, 485 (504).
[12] *Schneider* in Prölss/Martin VVG § 162 Rn. 4; *Schwintowski* in Berliner Kommentar VVG § 170 Rn. 8.
[13] Zum Meinungsstand *Grundmann* in MüKoBGB § 276 Rn. 158 f.
[14] *Grundmann* in MüKoBGB § 276 Rn. 155.
[15] *Schneider* in Prölss/Martin VVG § 162 Rn. 4.
[16] Zum Eventualvorsatz *Grundmann* in MüKoBGB § 276 Rn. 161.
[17] *Brömmelmeyer* in Beckmann/Matusche-Beckmann VersR-HdB § 42 Rn. 270.
[18] BGH NJW 1968, 1132 = WM 1968, 614.
[19] OLG Saarbrücken Urt. v. 28.10.2016 – 5 U 31/16, BeckRS 2016, 123175, FD-VersR 2017, 393457 mAnm *Günther*; LG Berlin VersR 1986, 282; *Schneider* in Prölss/Martin VVG § 162 Rn. 4;; *Winter* in Bruck/Möller VVG § 162 Rn. 7; *Schwintowski* in Berliner Kommentar VVG § 170 Rn. 8; aA *Flore* VersR 1989, 131.
[20] OLG Breslau JRPV 1938, 91, zu § 170 Abs. 2 VVG aF.
[21] OLG Köln VersR 1999, 1529 (1530) = r+s 1998, 301; OLG Hamm VersR 1988, 32; LG Berlin VersR 1986, 282; *Schneider* in Prölss/Martin VVG § 162 Rn. 6; *Zehner* VersR 1984, 1119 (1120).
[22] OLG Köln VersR 1999, 1529 (1530) = r+s 1998, 301.
[23] OLG Köln VersR 1999, 1529 (1530) = r+s 1998, 301; → § 161 Rn. 11.

Dies gilt unabhängig davon, ob es sich um eine Versicherung auf Erst- oder Letztversterbendenbasis handelt und ob bei dem (handelnden) Versicherungsnehmer oder dem Mitversicherten zuerst der Tod eintritt.[24] Der Missbrauch, den § 162 Abs. 1 verhindern will, ist in diesen Fällen ausgeschlossen, da der Versicherungsnehmer nicht mehr in den Genuss der Versicherungsleistung kommen kann.[25]

5. Rechtsfolge: Leistungsfreiheit. Ist der Tatbestand des Abs. 1 verwirklicht, erlischt jeder Anspruch gegen den Versicherer. Der Versicherer ist nicht zur Zahlung des Rückkaufswertes verpflichtet. Dies war früher ausdrücklich in § 176 Abs. 2 S. 2 VVG aF bestimmt. Nach ersatzloser Streichung von § 176 Abs. 2 S. 1 VVG aF, wonach der Versicherer grds. bei Leistungsfreiheit zur Zahlung des Rückkaufswerts verpflichtet war, bedarf es auch keiner ausdrücklichen Regelung mehr, die den Versicherer im Fall des § 162 Abs. 1 von der Pflicht zur Auszahlung des Rückkaufswertes befreit. Aus dem Fehlen einer § 161 Abs. 3 entsprechenden Regelung (Pflicht zur Zahlung des Rückkaufswertes bei Leistungsfreiheit wegen Selbsttötung), folgt vielmehr, dass der Versicherer nach § 162 Abs. 1 nicht zur Auszahlung des Rückkaufswerts verpflichtet ist.[26] Auch verbieten Sinn und Zweck der Vorschrift eine irgendwie geartete Begünstigung des Versicherungsnehmers, der den Versicherungsfall selbst herbeigeführt hat, um sich selbst zu bereichern.[27]

Ist der Anspruch auf die Versicherungsleistung oder den Rückkaufswert abgetreten oder verpfändet oder steht er dem Versicherungsnehmer nur zum Teil zu, bleibt es grds. bei der Leistungsfreiheit des Versicherers.[28] Dies gilt jedenfalls dann, wenn der Versicherungsnehmer durch die Leistung einen zumindest indirekten Vorteil ziehen könnte (zB Befreiung von einer Verbindlichkeit). Eine andere Wertung kann aber bei **Kollektivversicherungen** – insbes. im Rahmen der betrieblichen Altersversorgung – geboten sein, wenn dem Versicherten ein unwiderrufliches Bezugsrecht eingeräumt ist oder die Versicherung an ihn verpfändet ist.

II. Vorsätzliche widerrechtliche Tötung durch den Bezugsberechtigten (Abs. 2)

Bei Tötung der versicherten Person durch einen Bezugsberechtigten (die Voraussetzungen entsprechen iÜ Abs. 1), bleibt die Leistungspflicht des Versicherers erhalten. Der Anspruch steht aber nicht mehr dem im Vertrag bezeichneten Bezugsberechtigten zu. Das Gesetz fingiert vielmehr, dass die Bezugsberechtigung nicht erfolgt sei. Die Versicherungsleistung fällt an denjenigen, der ohne die Einsetzung des Täters bezugsberechtigt wäre. Sofern die versicherte Person mit dem Versicherungsnehmer identisch ist und keine nachrangigen Bezugsrechte eingeräumt wurden, fällt die Versicherungsleistung im Zweifel in den Nachlass.[29]

Ist der Täter gleichzeitig Bezugsberechtigter und Erbe (oder ausschließlich Erbe), lässt Abs. 2 seine erbrechtliche Position unberührt.[30] Ebenso schließt das Erbrecht den Täter nicht von vornherein aus dem Kreis der Erben aus. Die Miterben oder die an die Stelle des Täters tretenden Berechtigten können ihn lediglich im Wege einer Anfechtungsklage für erbunwürdig erklären lassen (§§ 2340 ff., § 2339 Abs. 1 Nr. 1 BGB).[31] Ist die Anfechtungsklage erfolgreich, gilt die Erbschaft des Täters als nicht erfolgt, § 2344 BGB. Der Anspruch auf die Versicherungsleistung fällt dann den anderen Miterben zu.

Abs. 2 verzichtet bewusst auch auf die Regelung anderer Fälle, in denen der Täter nicht der in der Police bezeichnete Bezugsberechtigte ist, sondern seinen Anspruch auf die Versicherungsleistung aus einem anderen Rechtsgrund herleitet,[32] wie zB aus **Abtretung, Verpfändung oder Pfändung.** Die Lehre wendet hier überwiegend **Abs. 2 analog** an, mit der Folge, dass Abtretung, Verpfändung

---

[24] OLG Köln VersR 1999, 1529 (1530) = r+s 1998, 301; *Zehner* VersR 1984, 1119 (1120); anders LG Berlin VersR 1986, 282 (283).
[25] *Zehner* VersR 1984, 1119 (1120); einschränkend *Ortmann* in Schwintowski/Brömmelmeyer/Ebers VVG § 162 Rn. 2; aA LG Berlin VersR 1986, 282 (283).
[26] *Patzer* in Looschelders/Pohlmann VVG § 162 Rn. 11; *Brömmelmeyer* in Beckmann/Matusche-Beckmann VersR-HdB § 42 Rn. 270.
[27] Motive zu §§ 169, 170 VVG aF S. 230; BGHZ 104, 256 (261) = VersR 1988, 683 (684); *Ortmann* in Schwintowski/Brömmelmeyer/Ebers VVG § 162 Rn. 8, 9, die allerdings vertreten, dass es dem Versicherer freistehe, die Versicherungsleistung auszuzahlen oder nicht.
[28] *Schneider* in Prölss/Martin VVG § 162 Rn. 5; *Teslau* in van Bühren VersR-HdB § 13 Rn. 160; *Ortmann* in Schwintowski/Brömmelmeyer/Ebers VVG § 162 Rn. 9.
[29] Motive zu §§ 169, 170 VVG aF S. 230; OLG Hamm VersR 1988, 458 (460) = NJW-RR 1987, 1170 (1172); *Ortmann* in Schwintowski/Brömmelmeyer/Ebers VVG § 162 Rn. 11.
[30] OLG Hamm VersR 1988, 458 (460) = NJW-RR 1987, 1170 (1172).
[31] Motive zu §§ 169, 170 VVG aF S. 230; OLG Hamm VersR 1988, 458 = NJW-RR 1997, 1170; *Patzer* in Looschelders/Pohlmann VVG § 162 Rn. 2; aA *Schneider* in Prölss/Martin VVG § 162 Rn. 7.
[32] Motive zu §§ 169, 170 VVG aF S. 230.

oder Pfändung als nicht erfolgt gelten.³³ Dogmatisch ist diese Analogie nicht frei von Zweifeln, da es an einer Planwidrigkeit der Regelungslücke in § 162 Abs. 2 fehlt und der Versicherer die Möglichkeit hat, in AVB zu regeln, was mit der Versicherungsleistung geschehen soll, wenn der Anspruchsberechtigte den Versicherungsnehmer tötet.³⁴ Unter Berücksichtigung des allgemeinen zivilrechtlichen Grundsatzes, dass durch missbilligtes Verhalten erworbene Rechtspositionen nicht schützenswert sind (*„exceptio doli"*),³⁵ überzeugt die von der hM favorisierte Lösung iErg dennoch.

Tötet der Gläubiger eines unwiderruflich Bezugsberechtigten, der dessen Rechte gepfändet hat, den Versicherungsnehmer bzw. den Versicherten, ist Abs. 2 ebenfalls analog anzuwenden. Der Bezugsberechtigte erwirbt die Leistung, als ob die Pfändung nicht stattgefunden hätte.³⁶

III. Beweislast

11   Der Versicherer hat die vorsätzliche Tötung durch den Versicherungsnehmer zu beweisen, um sich auf Leistungsfreiheit nach Abs. 1 zu berufen. Auf die Grundsätze des **Anscheinsbeweises** kann er dabei nicht zurückgreifen.³⁷ Der Versicherungsnehmer hat die Voraussetzungen der Unzurechnungsfähigkeit nach § 827 S. 1 BGB darzulegen und zu beweisen.³⁸

Wird der Versicherer von dem Bezugsberechtigten in Anspruch genommen (Abs. 2), hat er ebenfalls die vorsätzliche Tötung zu beweisen. Werden hingegen Ansprüche von Erben oder der Person geltend gemacht, denen die Versicherungsleistung anfiele, wenn der Versicherungsnehmer vom Bezugsberechtigten getötet wurde, müssen diese die vorsätzliche Tötung beweisen.

C. Abdingbarkeit

12   § 162 Abs. 1 ist zwingend. Eine Vereinbarung, in Form von AVB sowie in Form einer Individualvereinbarung, die den Versicherer entgegen Abs. 1 zur Leistung, und sei es auch nur zur Zahlung des Rückkaufswertes verpflichtete, wäre gem. § 138 BGB nichtig.³⁹

§ 162 Abs. 2 ist insoweit zwingend, als er die Zahlung der Versicherungsleistung an den in der Police benannten Bezugsberechtigten ausschließt. Regelungen, die die Leistungspflicht des Versicherers darüber hinaus einschränken, wären in den Grenzen der §§ 305ff. BGB denkbar.⁴⁰

§ 163 Prämien- und Leistungsänderung

(1) ¹Der Versicherer ist zu einer Neufestsetzung der vereinbarten Prämie berechtigt, wenn
1. sich der Leistungsbedarf nicht nur vorübergehend und nicht voraussehbar gegenüber den Rechnungsgrundlagen der vereinbarten Prämie geändert hat,
2. die nach den berichtigten Rechnungsgrundlagen neu festgesetzte Prämie angemessen und erforderlich ist, um die dauernde Erfüllbarkeit der Versicherungsleistung zu gewährleisten, und
3. ein unabhängiger Treuhänder die Rechnungsgrundlagen und die Voraussetzungen der Nummern 1 und 2 überprüft und bestätigt hat.

²Eine Neufestsetzung der Prämie ist insoweit ausgeschlossen, als die Versicherungsleistungen zum Zeitpunkt der Erst- oder Neukalkulation unzureichend kalkuliert waren und ein ordentlicher und gewissenhafter Aktuar dies insbesondere anhand der zu diesem Zeitpunkt verfügbaren statistischen Kalkulationsgrundlagen hätte erkennen müssen.

(2) ¹Der Versicherungsnehmer kann verlangen, dass an Stelle einer Erhöhung der Prämie nach Absatz 1 die Versicherungsleistung entsprechend herabgesetzt wird. ²Bei einer prä-

---

33 *Schneider* in Prölss/Martin VVG § 162 Rn. 7; *Patzer* in Looschelders/Pohlmann VVG § 162 Rn. 5; *Ortmann* in Schwintowski/Brömmelmeyer/Ebers VVG § 162 Rn. 12; *Schwintowski* in Berliner Kommentar VVG § 170 Rn. 13; *Winter* in Bruck/Möller VVG § 162 Rn. 19.
34 Motive zu §§ 169, 170 VVG aF S. 230.
35 *Schubert* in MüKoBGB § 242 Rn. 199ff., 296.
36 *Schneider* in Prölss/Martin VVG § 162 Rn. 7; *Winter* in Bruck/Möller VVG § 162 Rn. 19.
37 BGHZ 104, 256 = VersR 1988, 683 = NJW 1988, 2040; *Ortmann* in Schwintowski/Brömmelmeyer/Ebers VVG § 162 Rn. 14.
38 OLG Saarbrücken Urt. v. 28.10.2016 – 5 U 31/16, BeckRS 2016, 123175 Rn. 30; → § 161 Rn. 33 ff.
39 Motive zu §§ 169, 170 VVG aF S. 230; aA *Patzer* in Looschelders/Pohlmann VVG § 162 Rn. 13, der § 162 nicht für zwingend hält, aber eine entgegenstehende Vereinbarung in AVB für unwirksam hält.
40 Motive zu §§ 169, 170 VVG aF S. 230.

mienfreien Versicherung ist der Versicherer unter den Voraussetzungen des Absatzes 1 zur Herabsetzung der Versicherungsleistung berechtigt.

(3) Die Neufestsetzung der Prämie und die Herabsetzung der Versicherungsleistung werden zu Beginn des zweiten Monats wirksam, der auf die Mitteilung der Neufestsetzung oder der Herabsetzung und der hierfür maßgeblichen Gründe an den Versicherungsnehmer folgt.

(4) Die Mitwirkung des Treuhänders nach Absatz 1 Satz 1 Nr. 3 entfällt, wenn die Neufestsetzung oder die Herabsetzung der Versicherungsleistung der Genehmigung der Aufsichtsbehörde bedarf.

Übersicht

		Rn.			Rn.
A.	Einführung	1	2.	Erforderlichkeit zur dauernden Erfüllbarkeit der Versicherungsleistung und Angemessenheit	55
I.	Inhalt und Zweck der Regelung	1			
II.	Entstehungsgeschichte	6			
III.	Anwendungsbereich	9	3.	Keine erkennbar unzureichende bisherige Kalkulation der Versicherungsleistungen	59
IV.	Verhältnis zu anderen Vorschriften	11	IV.	Mitwirkung eines unabhängigen Treuhänders bzw. der Aufsichtsbehörde (Abs. 1 S. 1 Nr. 3 und Abs. 4)	63
1.	Verhältnis zu §§ 157, 164	11			
2.	Verhältnis zu Vorschriften des VAG	13			
3.	GG: Verfassungsmäßigkeit von § 163	14	1.	Überblick	63
4.	Verhältnis zu §§ 315, 313 BGB	15	2.	Bestellung des Treuhänders und aufsichtsrechtliche Anforderungen	68
V.	Verhältnis zu einer vertraglichen Anpassungsklausel	17	3.	Insbesondere: Unabhängigkeit des Treuhänders	73
VI.	Verhältnis zu Telematiktarifen	18			
VII.	Struktur der Norm und der Kommentierung	21	4.	Umfang der Überprüfung und Bestätigung durch den Treuhänder	77
B.	Befugnis zur Prämienänderung	22	5.	Form und Inhalt der Bestätigung durch den Treuhänder	81
I.	Überblick	22	C.	Befugnis des Versicherers zur Herabsetzung der Versicherungsleistung (Abs. 2 S. 2)	83
II.	Änderung des Leistungsbedarfs gegenüber den Rechnungsgrundlagen (Abs. 1 S. 1 Nr. 1)	27			
1.	Begriff des Leistungsbedarfs	27	D.	Ausübung des Gestaltungsrechts des Versicherers (Abs. 3)	85
2.	Bezugspunkt zur Feststellung einer Änderung des Leistungsbedarfs	33	I.	Mitteilung durch den Versicherer	85
3.	Nicht nur vorübergehende Änderung des Leistungsbedarfs	46	II.	Aufgeschobener Wirkungszeitpunkt	89
4.	Nichtvoraussehbarkeit der dauerhaften Änderung des Leistungsbedarfs	47	E.	Keine Prämienneufestsetzung bei Herabsetzungsverlangen des Versicherungsnehmers	91
III.	Umfang der Prämienneufestsetzung (Abs. 1 S. 1 Nr. 2 und S. 2)	51	F.	Abdingbarkeit	95
			G.	Beweislastverteilung	98
1.	Neufestsetzung aufgrund berichtigter Rechnungsgrundlagen	52	H.	Prozessuale Fragen	102

Stichwort- und Fundstellenverzeichnis

Stichwort	Rn.	Rspr.	Lit.
Angemessenheit als Begrenzung der Prämienhöhe	→ Rn. 55	–	–
Anwendungsbereich, umfassender	→ Rn. 9 ff.	–	Begr. RegE BT-Drs. 16/3945, 51; Ortmann in Schwintowski/Brömmelmeyer/Ebers VVG § 163 Rn. 3
Beweislast für fehlerhafte Kalkulation	→ Rn. 100	BVerfG VersR 2000, 214 zu § 178g Abs. 3 VVG aF;	Prütting in MüKoZPO § 286 Rn. 134

Stichwort	Rn.	Rspr.	Lit.
Einmalprämie	→ Rn. 84	BGHZ 86, 23 (29) = NJW 1983, 687 (688)	*Kollhosser* in Prölss/Martin, 27. Aufl. 2004, VVG § 172 Rn. 6; aA *Ortmann* in Schwintowski/Brömmelmeyer/Ebers VVG § 163 Rn. 18
Erforderlichkeit als Begrenzung der Prämienhöhe	→ Rn. 55	–	–
Geheimhaltungsinteresse des Versicherers	→ Rn. 108	BVerfG VersR 2000, 214; BVerfGE 91, 176 = NJW 1995, 40; BGH NJW-RR 2004, 989; BGHZ 116, 47 (56) = NJW 1992, 1817 (1819); OLG Stuttgart VersR 2007, 639 (640)	–
Herabsetzungsverlangen des Versicherungsnehmers als abwehrendes Gestaltungsrecht ohne unmittelbare Vertragsänderung	→ Rn. 91 ff.	–	–
Hinweis des Versicherers auf Möglichkeit eines Herabsetzungsverlangens durch Versicherungsnehmer	→ Rn. 88	–	–
Leistungsbedarf	→ Rn. 27 ff.	–	*Wandt* VersR 2015, 918; *Ortmann* in Schwintowski/Brömmelmeyer/Ebers VVG § 163 Rn. 7 f.; *Krause* in Looschelders/Pohlmann VVG § 163 Rn. 18 ff.; *Engeländer* VersR 2007, 1297 (1303); *Engeländer* VersR 2000, 274 (278 f.)
Leistungsbedarf, Änderung bei fehlerhafter Erstkalkulation	→ Rn. 42	–	*Engeländer* VersR 2000, 274 (281) Fn. 53
Leistungsbedarf, Änderung bei Rechtsprechungsänderung und Verhältnis zu § 164	→ Rn. 43	BGHZ 154, 154 = VersR 2003, 581	–
Rechnungsgrundlagen, maßgebende	→ Rn. 37 ff.	–	*Ortmann* in Schwintowski/Brömmelmeyer/Ebers VVG § 163 Rn. 7 f.; *Krause* in Looschelders/Pohlmann VVG § 163 Rn. 17 ff.; *Kollhosser* in Prölss/Martin, 27. Aufl. 2004, VVG Vorb. § 159 Rn. 25; *Brömmelmeyer* in Beckmann/Matusche-Beckmann VersR-HdB § 42 Rn. 101; *Engeländer* VersR 2000, 274 (280)
Rechnungsgrundlagen, Sicherheitsmarge	→ Rn. 41	–	*Engeländer* VersR 2000, 274 (281)
Telematik-Tarife	→ Rn. 18 ff.	–	*Brand* VersR 2019, 725 (729 ff.); *Brömmelmeyer* r+s 2017, 225

Stichwort	Rn.	Rspr.	Lit.
			(226 ff.); *Rudkowski* ZVersWiss 2017, 453 (479 f.)
Treuhänder, gerichtliche Kontrolle	→ Rn. 102	BVerfG VersR 2000, 214	*Wandt* in Beckmann/Matusche-Beckmann VersR-HdB § 11 Rn. 67; *Wandt* VersR Rn. 1253
Treuhänder nicht Vertreter des Versicherungsnehmers	→ Rn. 64	–	*Grote* Rechtsstellung S. 492; *Wandt* in Beckmann/Matusche-Beckmann VersR-HdB § 11 Rn. 63; *Schünemann* JZ 2002, 134 (136 f.)
Treuhänder, Unabhängigkeit	→ Rn. 73 f.	BGHZ 220, 297 = VersR 2019, 283; OLG Celle VersR 2018, 471; LG Potsdam r+s 2019, 274	*Thüsing/Jänsch* VersR 2018, 837 (847 ff.); *Voit* VersR 2017, 727 (731 ff.); *Renger* VersR 1994, 1257 (1259)
Treuhänder, vorzulegende Unterlagen	→ Rn. 79	BVerwGE 109, 87 (91) = VersR 1999, 1001 (1002); OLG Celle VersR 2008, 1198 (1199)	*Grote* Rechtsstellung S. 514; *Engeländer* VersR 2000, 282 f.
Treuhänder, zivilrechtliche Wirksamkeitsvoraussetzung	→ Rn. 70	–	–
Verbandsklage	→ Rn. 105	–	–
Verzicht des Versicherers auf gesetzliche Befugnis	→ Rn. 97	–	für Zulässigkeit: *Ortmann* in Schwintowski/Brömmelmeyer/Ebers VVG § 163 Rn. 25; *Krause* in Looschelders/Pohlmann VVG § 163 Rn. 36; *Buchholz-Schuster* NVersZ 1999, 297 (304); *Präve* VersR 2012, 657
Voraussehbarkeit, Maßstab	→ Rn. 49 f.	–	*Engeländer* VersR 2000, 274 (280)

Schrifttum: *Armbrüster*, Wirksamkeitsvoraussetzungen für Prämienanpassungsklauseln, r+s 2012, 365; *Baumann*, Bedingungsanpassungsklauseln bei Versicherungs-Aktiengesellschaften und -Gegenseitigkeitsvereinen, JZ 1999, 881; *Baur*, Preisänderungsklauseln, Vertragsanpassungsklauseln und Höhere-Gewalt-Klauseln in langfristigen Lieferverträgen über Energie, ZIP 1985, 905; *Boetius*, Zu den Folgen einer einzelvertraglich unwirksamen Prämienanpassung in der Krankenversicherung (zugleich Anmerkung zu OLG Köln v. 7.7.2020 – 9 U 227/19, BeckRS 2020, 21286), r+s 2021, 11; *Boetius*, Anm. zu OLG Köln v. 10.7.2012, VersR 2013, 1564; *Boetius*, Prämienkalkulation und Altersrückstellung – Konsequenzen für Aktuare und Prämientreuhänder nach der Gesundheits- und VVG-Reform, VersR 2007, 1589; *Brand*, Zulässigkeit und Ausgestaltung von Telematiktarifen, VersR 2019, 725; *Brand*, Die wirtschaftliche Unabhängigkeit des Treuhänders in der privaten Krankenversicherung, FS Schwintowski, 2017, 19; *Brinkmann/Krause/Wolfsdorf*, Solvabilitätsanforderungen für Zinsgarantien reduzieren, VW 2012, 518; *Brömmelmeyer*, Belohnungen für gesundheitsbewusstes Verhalten in der Lebens- und Berufsunfähigkeitsversicherung? Rechtliche Rahmenbedingungen für Vitalitäts-Tarife, r+s 2017, 225; *Buchholz*, Die Unabhängigkeit des juristischen Treuhänders in der Lebens- und Krankenversicherung, VersR 2005, 866; *Buchholz-Schuster*, Gesetzliches Korsett oder wegweisendes Prinzip: Zur Bedeutung und Reichweite des § 172 Abs. 1 S. 1 VVG in der Lebensversicherung, NVersZ 1999, 297; *Bürkle*, Mandatsbegrenzung für Bedingungsänderungstreuhänder durch die VAG-Novelle 2003, VersR 2004, 826; *Claus*, Lebensversicherungsaufsichtsrecht nach der Dritten EG-Richtlinie. Was bleibt? Was ändert sich?, ZfV 1994, 110; *Drews*, Gefahr für die Gültigkeit von Treuhänderklauseln, VW 2002, 450; *Engeländer*, Die Neuregelung des Rückkaufs durch das VVG 2008, VersR 2007, 1297; *Engländer*, Untersuchung des § 172 Abs. 1 S. 1 VVG aus aktuarieller Sicht, VersR 2000, 274; *Entzian*, Zulässigkeit von Bedingungsanpassungsklauseln in AVB, NVersZ 1998, 65; *Fenyves*, Der Einfluß geänderter Verhältnisse auf Langzeitverträge, 1997; *Fenyves/Kronsteiner/Schauer*, Kommentar zu den Novellen zum VVG, 1998; *Fricke*, Quomodo pacta sunt servanda?, VersR 2000, 257; *Fricke*, Die Botschaft hör ich wohl, allein mir fehlt Verständnis – Was meint § 172 Abs. 2 VVG wirklich?, NVersZ 2000, 310; *Gerwins*, Der unabhängige Treuhänder in der Krankenversicherung, in der Lebensversicherung und in der Unfallversicherung, Der Aktuar 1996, 84; *Grote*, Anm. zu BGH v. 27.6.2018, NJW 2018, 3021; *Grote*, Anm. zu LG Saarbrücken v. 13.3.2003, VersR 2003, 1118; *Grote*, Der Prämien-, Bedingungs- und Deckungsstocktreuhänder nach dem VVG und dem VAG, ZVersWiss 2002, 621; *Grote*, Rechtsstellung der Prämien-, Bedingungs- und Deckungstreuhänder nach dem VVG und dem VAG, 2002; *Grubmann*, Kraftfahrzeug-Haftpflichtversicherung, 1995; *Herrmann*, Vertragsanpassung – Ein Problem des Freiheitsschutzes nach Vertragsschluss, Jura 1988, 505; *Jaeger*, Abschnittsgarantien bei Rentenversicherungen – Zukünftige Probleme absehbar, VersR 2015, 26; *Jaeger*, Anmerkungen zur gesetzlichen Anpassungsmöglichkeit für Lebensversicherungsverträge, VersR 1999, 26; *Kirsch*, Das Treuhänderverfahren zur Bedingungsänderung in der Lebensversicherung, VersR 2003, 1072; *Koch*, Was ist ein Aktuar?, VW 2003, 1787; *Kollhosser*, Auslegung des § 172 VVG, VersR 2003, 807; *Küntzel,* Prüfungsmaßstab des unabhängigen Treuhänders in der Krankenversicherung nach § 178g Abs. 2 VVG, VersR 1996, 148; *Langheid/Grote,* Wirtschaftlichkeitsgebot als Geschäftsgrundlage, VersR 2004, 823; *Langheid/Grote,* Bedingungsanpassung nach Rechtsprechungswechsel, VersR 2003, 1469; *Langheid/Grote,* Praktische Probleme mit der Bedingungstreuhandschaft, NVersZ 2002, 49; *Langheid/Müller-Frank,* Rechtsprechungsübersicht zum Versicherungsvertragsrecht 2003, NJW 2004, 337; *E. Lorenz,* Anm. zu OLG Stuttgart v. 6.4.2001, VersR 2001, 1146; *Lüttringhaus,* Mehr Freiheit wagen im Versicherungsrecht durch daten- und risikoadjustierte Versicherungstarife – „Pay-as-you-drive"-, „Pay-as-you-live"- und „Smart-Home"-Tarife als Herausforderung für das Versicherungsvertragsrecht –, „Mehr Freiheit wagen" – Beiträge zur Emeritierung von Jürgen Basedow, 2018, 55; *Musielak/Voit,* ZPO, 19. Aufl. 2022; *Präve,* Individualrechte zulasten des Versichertenkollektivs?, VersR 2012, 657; *Präve,* Versicherungsaufsicht, Treuhänder und Verantwortlicher Aktuar, VersR 1995, 733; *Präve,* Das 3. DurchfG/EWG zum VAG – Ausgewählte Fragen des neuen Aufsichts- und Vertragsrechts, ZfV 1994, 168, 199, 255; *Prölss,* Vertragsänderungsklauseln und AVB und § 10 Nr. 5 AGBG, VersR 1996, 145; *Reifner,* Zum Entwurf eines Dritten Gesetzes zur Durchführung versicherungsrechtlicher Richtlinien des Rates der Europäischen Gemeinschaften, VuR 1994, 145; *Renger,* Die Lebens- und Krankenversicherung im Spannungsfeld zwischen Versicherungsvertragsrecht und Versicherungsaufsichtsrecht, VersR 1999, 21; *Renger,* Über den Treuhänder in der Krankenversicherung, VersR 1994, 1257; *Römer,* Die Rechtsprechung des BGH zum Kraftfahrtversicherungsrecht, DAR 2001, 258; *Rogler,* Anm. zu LG Potsdam v. 20.3.2019, r+s 2019, 274; *Rubin,* Inhalt und versicherungsrechtliche Auswirkungen der Datenschutz-Grundverordnung, r+s 2018, 337; *Rudkowski,* Anreizsysteme in der privaten Krankenversicherung und das Leitbild der freien Lebensgestaltung des Versicherungsnehmers, VersR 2020, 1016; *Schauer,* Die Anpassungsklauseln in Versicherungsverträgen Rn. 35 f.; *Baumann* JZ 1999, 881; *Herrmann* Jura 1988, 505 (506).

I. Inhalt und Zweck der Regelung

1 § 163 erlaubt dem Versicherer, die Prämie eines Lebensversicherungsvertrags anzupassen bzw. bei einer prämienfreien Versicherung die Versicherungsleistung entsprechend herabzusetzen, wenn sich der Leistungsbedarf, dh der Kapitalbedarf für die Erbringung der Versicherungsleistungen, geändert hat.[1] Die Regelung begründet ein gesetzliches Gestaltungsrecht des Versicherers, das dieser unabhängig vom Willen und von der Mitwirkung des Versicherungsnehmers ausüben kann.[2] Eine parallele Regelung für die Krankenversicherung enthält § 203 Abs. 2.[3] **Hintergrund** dieser Vorschriften ist, dass die Verträge der Lebens- und Krankenversicherung regelmäßig lange Laufzeiten haben[4] und für den Versicherer nicht ordentlich kündbar sind.[5] Der Ausschluss des ordentlichen Kündigungsrechts zwingt den Versicherer, die Rechnungsgrundlagen der Prämienkalkulation sehr vorsichtig zu bestimmen und Sicherheitszuschläge für zukünftige Veränderungen einzurechnen. Der

---

[1] Zur Bedeutung der Vorschrift im Rahmen der Besteuerung von Versicherungsverträgen iSd § 20 Abs. 1 Nr. 6 EStG s. das BMF-Schreiben v. 1.10.2009 (Dok. Nr. 2009/0637786) unter 3a. – § 172 österreichisches VersVG sieht lediglich Grenzen für vertragliche Anpassungsklauseln vor; vgl. *Fenyves,* Der Einfluß geänderter Verhältnisse auf Langzeitverträge, 1997; *Fenyves/Kronsteiner/Schauer,* Kommentar zu den Novellen zum VVG, 1998; *Grubmann,* Kraftfahrzeug-Haftpflichtversicherung, 1995; *Schauer* VR 1999, 21; *Wandt* VR 2002, 4 ff.

[2] AllgM, Begr. RegE BT-Drs. 16/3945, 99 zu § 163 Abs. 2 „Prämienerhöhung durch einseitige Erklärung des Versicherers"; *Brambach* in HK-VVG § 163 Rn. 21; *Schwintowski* in Berliner Kommentar VVG § 172 Rn. 13; *Schulze Schwienhorst,* Aufsichts- und wettbewerbsrechtliche Probleme der Prämienanpassungsklausel, 1988, S. 13; *Kollhosser* VersR 2003, 807; *Grote* Rechtsstellung S. 402; aA zum früheren Rechtszustand *Schünemann* JZ 2002, 134 (135 f.), der in der Vorgängerregelung § 172 VVG aF lediglich eine Ermächtigung zur Schaffung einer vertraglichen Regelung sehen wollte.

[3] Eingehend → § 203 Rn. 738 ff.

[4] Zum Kriterium der Langfristigkeit BGHZ 141, 153 (155) = VersR 1999, 697 (698) mAnm *Präve; Schulze Schwienhorst,* Aufsichts- und wettbewerbsrechtliche Probleme der Prämienanpassungsklausel, 1988, S. 22; *Wandt,* Änderungsklauseln in Versicherungsverträgen Rn. 35 f.; *Baumann* JZ 1999, 881; *Herrmann* Jura 1988, 505 (506).

[5] Zum Ausschluss des Kündigungsrechts *Wandt* VersR Rn. 1256; *Präve* VersR 1995, 733 (737), Fn. 29; *Präve* ZfV 1994, 255 (256), Fn. 317.

Versicherer kann im Zeitpunkt der Erstkalkulation der Prämie wegen der regelmäßig langen Laufzeit der Verträge aber nicht für alle zukünftigen Veränderungen Vorsorge treffen. Er ist deshalb zwingend auf eine Prämienanpassungsbefugnis angewiesen, damit er sein Leistungsversprechen auch dann dauerhaft erfüllen kann, wenn sich der Leistungsbedarf anders als erwartet und vorausbedacht verändert.[6] Die in § 163 normierte **Anpassungsbefugnis** des Versicherers für die **Prämie** bzw. die **Versicherungsleistung** trägt diesen Gegebenheiten Rechnung. Dem Versicherer wird diese Befugnis unmittelbar durch die gesetzliche Regelung eingeräumt. Er soll nicht darauf angewiesen sein, sich in seinen AVB eine vertragliche Anpassungsbefugnis ausbedingen zu müssen, denn dies würde die Anpassbarkeit der Verträge den Unsicherheiten einer AGB-rechtlichen Wirksamkeitskontrolle aussetzen.[7] Weil bei der **prämienfreien Versicherung** definitionsgemäß eine Prämienanpassung ausscheidet, ist der Versicherer hier zu einer **Herabsetzung der Versicherungsleistung** berechtigt, um auch bei dieser Vertragsgestaltung auf eine für ihn nicht vorhersehbare Änderung des Äquivalenzverhältnisses von Versicherungsschutz und Prämie reagieren zu können.

Die Prämien- oder Leistungsanpassung durch den Versicherer dient dazu, die Kosten für die Erbringung der vom Versicherer geschuldeten Versicherungsleistungen (Leistungsbedarf) und die für diesen Leistungsbedarf kalkulierte Prämie ins Gleichgewicht zu bringen (**Wiederherstellung des vereinbarten Äquivalenzverhältnisses** zwischen Leistungsbedarf und dem dafür vorgesehenen Prämienanteil). Die gesetzliche Anpassungsbefugnis des Versicherers dient auch – und in erster Linie – den **Interessen der Versicherten.**[8] Denn eine Anpassung ist nur zulässig, wenn und soweit bei unveränderter Beibehaltung des Vertragsinhalts die dauernde Erfüllbarkeit der Versicherungsleistung gefährdet wäre (Abs. 1 S. 1 Nr. 2; Insolvenzschutz[9]). Zum Schutz der Versicherten ist die gesetzliche Anpassungsbefugnis des Versicherers an weitere inhaltliche und formelle Voraussetzungen geknüpft. Insbes. ist der Versicherer nur dann zu einer Anpassung befugt, wenn sich der Leistungsbedarf nicht nur vorübergehend und nicht voraussehbar verändert hat (Abs. 1 S. 1 Nr. 1), und nur soweit die Versicherungsleistungen zuvor nicht vermeidbar unzureichend kalkuliert waren (Abs. 1 S. 2). Ein unabhängiger Treuhänder muss die Rechnungsgrundlagen und die Anpassungsvoraussetzungen von Abs. 1 S. 1 Nr. 1, 2 überprüfen und bestätigen (Abs. 1 S. 1 Nr. 3), es sei denn, die Vertragsanpassung bedarf aufgrund aufsichtsrechtlicher Vorschriften der Genehmigung der Aufsichtsbehörde (Abs. 4). Die Vertragsanpassung wird zum Beginn des zweiten Monats wirksam, der auf die Benachrichtigung des Versicherungsnehmers folgt (Abs. 3).

Der **Versicherungsnehmer** kann als **Gegenrecht** seinerseits verlangen, dass anstelle einer Prämienerhöhung die Versicherungsleistung entsprechend herabgesetzt wird (Abs. 2 S. 1). Damit soll vor allem vermieden werden, dass der Versicherungsnehmer genötigt ist, den – regelmäßig der Altersvorsorge dienenden – Vertrag zu kündigen, weil er die vom Versicherer aufgrund § 163 Abs. 1 erhöhte Prämie nicht aufbringen kann.[10] Eine Prämienerhöhung gem. § 163 begründet jedoch kein außerordentliches Kündigungsrecht des Versicherungsnehmers nach § 40. Diese Vorschrift ist nämlich nur auf vertragliche Anpassungsklauseln anwendbar[11] und setzt außerdem voraus, dass durch eine Prämienanpassung oder durch eine Anpassung des Umfangs des Versicherungsschutzes das vereinbarte Äquivalenzverhältnis zwischen Leistung und Gegenleistung verändert wird.[12] Bei § 163 dient die Prämienanpassung oder Leistungsherabsetzung dagegen gerade der Wiederherstellung dieses Verhältnisses (→ Rn. 2). Der Versicherungsnehmer kann sich der Wiederherstellung des Äquivalenzverhältnisses (fairerweise) auch nicht durch Widerspruch entziehen.[13]

§ 163 schafft einen **sachgerechten Interessenausgleich** zwischen Versicherer und Versicherungsnehmer.[14] Der Versicherer soll, wenn er unvorhersehbaren und unvermeidbaren Veränderungen des Leistungsbedarfs ausgesetzt ist, diejenige Prämie erhalten, die für die dauerhafte Erfüllung seines Leistungsversprechens erforderlich ist, während der Versicherungsnehmer nicht unerwartet zu finanziellen Dispositionen gezwungen werden soll.

---

[6] Krause in Looschelders/Pohlmann VVG § 163 Rn. 1; Wandt, Änderungsklauseln in Versicherungsverträgen Rn. 48 ff.
[7] Vgl. Beschlussempfehlung und Bericht des Finanzausschusses BT-Drs. 12/7595, 77, 112.
[8] Zutr. Ortmann in Schwintowski/Brömmelmeyer/Ebers VVG § 163 Rn. 1.
[9] Wandt VersR 2015, 918; Grote in Langheid/Rixecker VVG § 163 Rn. 3.
[10] Begr. RegE BT-Drs. 16/3945, 99.
[11] → § 40 Rn. 3 f.
[12] Zu einer möglichen Absenkungspflicht der Prämie bei gesunkenen Schadenkosten Armbrüster r+s 2012, 365 (372 ff.); zur Krankenversicherung OLG Köln VersR 2013, 1561 mAnm Wandt VersR 2013, 1564; und Boetius VersR 2013, 1568.
[13] AA Schünemann JZ 2002, 134 (137), der unter der Geltung des VVG aF ein Widerspruchsrecht nach § 5a VVG aF (jetzt § 8) analog annahm, um die Privatautonomie des Versicherungsnehmers zu wahren.
[14] Engeländer VersR 2000, 274 f.; Präve in Prölss/Dreher/VAG § 142 Rn. 5.

5   Der Regelungsgehalt von § 163 ist gem. § 171 S. 1 halbzwingend. Abweichende Regelungen zum Nachteil des Versicherungsnehmers, der versicherten Personen oder eines Eintrittsberechtigten sind deshalb unwirksam (→ Rn. 17, 95 ff.; → § 32 Rn. 17 ff.).

II. Entstehungsgeschichte

6   Das **VVG** sah **bis zur Reform 1994** keine gesetzliche Prämienanpassungsbefugnis für die Lebensversicherung vor. Eine Prämienanpassung war bis dahin grds. nur auf vertragsrechtlicher Grundlage und nur mit Genehmigung der Aufsichtsbehörde zulässig.[15] § 17 ALB aF (seit der in VerBAV 1981, 118 abgedruckten Fassung) gestattete dem Versicherer allerdings nur, die AVB-Bestimmungen über die Rückvergütung, über die beitragsfreie Versicherung und über die Überschussbeteiligung mit Zustimmung der Aufsichtsbehörde zu ändern.[16] Eine vertragliche Befugnis zur Prämienanpassung gab es lediglich bei der selbständigen Berufsunfähigkeitsversicherung sowie der Pflegerentenversicherung.[17] Im Übrigen war eine Prämienanpassung bis zur Reform 1994 nur auf der aufsichtsrechtlichen Grundlage des § 81a S. 2 VAG aF möglich.[18]

7   Im Zuge der **VVG-Reform 1994** wurde durch das Dritte Gesetz zur Durchführung versicherungsrechtlicher Richtlinien des Rates der Europäischen Gemeinschaften (3. DurchfG/EWG zum VAG)[19] v. 21.7.1994[20] mit **§ 172 Abs. 1 VVG aF** erstmals eine gesetzliche Prämienanpassungsbefugnis für die Lebensversicherung geschaffen.[21] Damit wurde der gleichzeitigen Abschaffung der aufsichtsbehördlichen Vorabgenehmigung von Tarifen und Bedingungen Rechnung getragen.[22] Im VVG aF war die Regelung über die Prämienanpassung (§ 172 Abs. 1 iVm Abs. 3) mit der Regelung über die Bedingungsanpassung (§ 172 Abs. 2) gesetzestechnisch eng verknüpft.

8   Die **VVG-Reform 2008** hat die bislang bestehende gesetzestechnische Verknüpfung von Prämien- und Bedingungsanpassung beseitigt. Das gesetzliche Prämienanpassungsrecht des Versicherers ist nunmehr eigenständig in § 163, das gesetzliche Bedingungsanpassungsrecht in § 164 geregelt. Abgesehen von redaktionellen Änderungen[23] wurde die Prämienanpassungsregelung des § 172 Abs. 1, 3 VVG aF in mehreren Punkten **inhaltlich geändert**:
– § 163 ist auf alle Arten von Lebensversicherungsverträgen anwendbar. Dagegen war § 172 Abs. 1 VVG aF nur auf eine Lebensversicherung anwendbar, die Versicherungsschutz für ein Risiko bot, bei dem der Eintritt der Verpflichtung des Versicherers ungewiss war.
– § 163 gewährt im Gegensatz zu § 172 Abs. 1 S. 2 VVG aF keine Änderungsbefugnis für die Überschussbeteiligung. Für die Beibehaltung dieser Regelung sah der Gesetzgeber keinen Bedarf[24] (aber → § 164 Rn. 56, zur Ersetzungsbefugnis des Versicherers bei Unwirksamkeit einer AVB-Bestimmung über die Überschussbeteiligung).
– § 163 Abs. 1 S. 2 enthält nunmehr – anders als § 172 Abs. 1 VVG aF[25] – die ausdrückliche Klarstellung, dass eine Neufestsetzung der Prämie ausgeschlossen ist, soweit die Versicherungsleistungen zum Zeitpunkt der Erst- oder Neukalkulation unzureichend kalkuliert waren und ein ordentlicher und gewissenhafter Aktuar dies insbes. anhand der zu diesem Zeitpunkt verfügbaren statistischen Kalkulationsgrundlagen hätte erkennen müssen.
– § 163 Abs. 2 S. 1 gewährt dem Versicherungsnehmer das Recht, anstelle einer Prämienerhöhung eine entsprechende Herabsetzung der Versicherungsleistung zu verlangen. Dies schließt eine Regelungslücke des § 172 Abs. 1 VVG aF.[26]

---

[15] *Präve* VersR 1995, 733 (736).
[16] Nach der Begr. RegE BT-Drs. 16/3945, 99, sind mit den Änderungen im Wortlaut des § 163 Abs. 1 S. 1 VVG-E gegenüber § 172 VVG aF keine inhaltlichen Änderungen der Voraussetzungen für die Neufestsetzung der Prämie, sondern lediglich eine Verdeutlichung beabsichtigt.
[17] *Jaeger* VersR 1999, 26.
[18] *Renger* VersR 1995, 866 (868 ff.).
[19] Insgesamt zu diesem Gesetz *Grote* Rechtsstellung S. 339 ff.
[20] BGBl. 1994 I 1630.
[21] Der nicht veröffentlichte Referentenentwurf ging noch von einem vertraglich zu vereinbarenden Anpassungsrecht des Versicherers aus. Zu den Gründen der Gesetz gewordenen Konzeption BT-Drs. 12/7595, 77.
[22] Die Regelung des § 172 Abs. 1 S. 3 VVG aF geht auf den BT-Finanzausschuss zurück; BT-Drs. 12/7595, 77, 112.
[23] Begr. RegE BT-Drs. 16/3945, 99.
[24] Begr. RegE BT-Drs. 16/3945, 99; krit. *Winter* in Bruck/Möller VVG § 163 Rn. 25.
[25] Eine Falschkalkulation wurde unter der Geltung des VVG aF als „voraussehbar" eingestuft, *Kollhosser* in Prölss/Martin, 27. Aufl. 2004, VVG § 172 Rn. 6.
[26] Begr. RegE BT-Drs. 16/3945, 99.

– § 163 Abs. 2 S. 2 gibt dem Versicherer bei einer prämienfreien Versicherung das Recht, entsprechend Abs. 1 die Versicherungsleistung herabzusetzen. Auch hiermit wird eine Regelungslücke des § 172 Abs. 1 VVG aF geschlossen.

III. Anwendungsbereich

Die Regelung des § 163 ist uneingeschränkt **auf alle Arten von Lebensversicherungsverträ-** 9
gen anwendbar.[27] Damit ist der Anwendungsbereich gegenüber dem der Vorgängerregelung erweitert. Die Gesetzesbegründung erläutert den Grund hierfür leider nicht.[28] § 172 Abs. 1 VVG aF war auf Lebensversicherungsverträge beschränkt, die ein Risiko absicherten, bei dem der Eintritt der Verpflichtung des Versicherers ungewiss war.[29] Gedacht war in erster Linie an Risiken wie das Pflege-, das Berufsunfähigkeits- und das Dread-Disease-Risiko, weil deren künftiger Verlauf – ähnlich wie bei Risiken der Krankenversicherung – schwierig zu prognostizieren ist.[30] Die frühere Gesetzesformulierung („bietet eine Lebensversicherung Versicherungsschutz für ein Risiko, bei dem der Eintritt der Verpflichtung des Versicherers ungewiss ist") erfasste aber auch die reine Risikolebensversicherung. Die Begrenzung des Normanwendungsbereichs wurde nicht nur deshalb, sondern insgesamt als wenig plausibel angesehen, einerseits weil bei der Versicherung kombinierter Risiken bereits das Vorhandensein eines Risikos mit gewisser Eintrittspflicht des Versicherers zur Nichtanwendbarkeit der gesetzlichen Anpassungsbefugnis führte,[31] und andererseits weil auch bei Verträgen mit gewiss eintretender Leistungspflicht des Versicherers ein Anpassungsbedarf aufgrund nicht prognostizierter Risikoentwicklungen in Betracht kommt.[32] Die Gesetzesbegründung zu § 163 Abs. 1 S. 1 VVG-E[33] stellt klar, dass eine inhaltliche Änderung der Voraussetzungen für die Neufestsetzung der Prämie nicht vorgesehen sei; die Änderungen im Wortlaut des § 163 Abs. 1 S. 1 VVG-E dienten lediglich der Verdeutlichung.[34] § 163 gilt nach § 176 für die **Berufsunfähigkeitsversicherung** entsprechend (→ § 176 Rn. 32 ff.).

Zeitlich gilt § 163 für alle Verträge, die ab dem 1.1.2008 geschlossen wurden oder werden 10 (Neuverträge). Für Verträge, die bis zum 1.1.2008 entstanden sind (Altverträge), gilt die Regelung ab 1.1.2009 (Art. 1 Abs. 1 EGVVG). Für bestimmte Altverträge tritt an die Stelle der Mitwirkung des Treuhänders die Genehmigung der Aufsichtsbehörde (§ 163 Abs. 4; → Rn. 63).

IV. Verhältnis zu anderen Vorschriften

1. Verhältnis zu §§ 157, 164. Die Regelung des § 157 über eine **Vertragsanpassung wegen** 11 **unrichtiger Altersangabe** der versicherten Person ist lex specialis zu § 163. Gemäß dieser Regelung wird die vom Versicherer geschuldete Leistung unmittelbar kraft Gesetzes in dem Verhältnis geändert, in welchem die dem wirklichen Alter entsprechende Prämie zu der vereinbarten Prämie steht.

§ 163 und die Vorschrift des **§ 164 über eine Bedingungsänderung** stehen selbständig neben- 12 einander. Die Vorschriften haben unterschiedliche Voraussetzungen und Rechtsfolgen. Mittelbar bestehen aber durchaus Verknüpfungen (→ § 164 Rn. 20).

2. Verhältnis zu Vorschriften des VAG. Nach § 142 VAG (§ 11b VAG aF) darf eine Ände- 13 rung der Prämie (oder der Versicherungsbedingungen) mit Wirkung für bestehende Lebensversicherungsverhältnisse, soweit eine Genehmigung der Aufsichtsbehörde nicht erforderlich ist, erst in Kraft gesetzt werden, nachdem ein unabhängiger Treuhänder zugestimmt hat. Diese Regelung stimmt mit § 163 überein. Sie hat lediglich aufsichtsrechtliche Bedeutung.[35] Das Aufsichtsrecht selbst enthält keine Ermächtigung für die Aufsichtsbehörde, durch privatrechtsgestaltenden Eingriff die Prämie eines Lebensversicherungsvertrags zu ändern. § 314 Abs. 2 VAG (§ 89 Abs. 2 VAG aF) gestattet es der Aufsichtsbehörde allerdings unter Vermeidung eines Insolvenzverfahrens, die Verpflichtungen aus den Versicherungen dem Vermögensstand des Versicherers entsprechend herabzusetzen, wobei die Pflicht der Versicherungsnehmer fortbesteht, die Prämie in der bisherigen Höhe weiterzuzahlen. Im Rahmen und unter den Voraussetzungen der allgemeinen Eingriffsbefugnis des § 298 VAG (§ 81

---

[27] Ortmann in Schwintowski/Brömmelmeyer/Ebers VVG § 163 Rn. 3.
[28] Die Entwurfsregelung der VVG-Kommission (§ 156 KomE) sah die Beschränkung des Anwendungsbereichs noch vor; Abschlussbericht der VVG-Kommission, VersR-Schriftenreihe, Bd. 25, 2004, S. 256; aber allg. Begr. RegE BT-Drs. 16/3945, 51.
[29] Eingehende Analyse aus aktuarieller Sicht von *Engeländer* VersR 2000, 274; *Jaeger* VersR 1999, 26.
[30] Begr. RegE BT-Drs. 12/6959, 101 f.; *Römer* in Römer/Langheid, 2. Aufl. 2003, VVG § 172 Rn. 2.
[31] *Jaeger* VersR 1999, 26 (27).
[32] *Buchholz-Schuster* NVersZ 1999, 297 (300 f.).
[33] Begr. RegE BT-Drs. 16/3945, 99.
[34] *Wandt* VersR 2015, 918 (921 f.).
[35] *Schwintowski* in Berliner Kommentar VVG § 172 Rn. 7.

VAG aF) kann die Aufsichtsbehörde den Versicherer anweisen, dass er von einer ihm gesetzlich oder vertraglich eingeräumten Prämienanpassungsbefugnis Gebrauch macht. Voraussetzung hierfür ist aber, dass der Versicherer eine solche vertragsrechtliche Befugnis hat. Die Vorschrift gibt der Aufsichtsbehörde jedoch keine Befugnis, unmittelbar durch privatrechtsgestaltenden Verwaltungsakt eine Prämienanpassung zu bewirken. Denn bezogen auf privatrechtsgestaltende Eingriffe in den Versicherungsvertrag ist § 300 VAG (§ 81a VAG aF) die speziellere und verdrängende Regelung.[36] In Betracht käme allenfalls, dass die Aufsichtsbehörde eine Herabsetzung der Versicherungsleistung gem. § 314 Abs. 2 VAG (§ 89 Abs. 2 VAG aF) mit der Maßgabe verknüpft, dass Versicherungsnehmer die Leistungsherabsetzung durch Zustimmung zu einer Prämienerhöhung abwenden können. Zu § 138 VAG (§ 11 VAG aF) → Rn. 23. Anstelle einer Herabsetzung der Versicherungsleistung konnte die Aufsichtsbehörde vor der Deregulierung im Jahre 1994 gem. § 81a S. 2 VAG aF (nunmehr § 300 VAG) auch eine Prämienerhöhung bewirken.[37] Nach dieser Vorschrift kann die Aufsichtsbehörde einen Geschäftsplan auch mit Wirkung für bestehende Versicherungsverhältnisse ändern, wenn dies zur Wahrung der Belange der Versicherten notwendig erscheint. Dies umfasst auch die Befugnis, den Geschäftsplan in seinen vertragsrelevanten Bestandteilen mit privatrechtsgestaltender Wirkung zu ändern.[38] Seit der Neufassung des § 5 VAG aF im Zuge der Deregulierung im Jahre 1994 (nunmehr § 9 VAG) sind die AVB und Tarife einschließlich der Kalkulationsgrundlagen der Prämie jedoch grundsätzlich[39] nicht mehr Gegenstand des Geschäftsplans. Diese Änderung von § 5 VAG aF (nunmehr § 9 VAG) bewirkt mittelbar eine Einschränkung des Anwendungsbereichs des § 300 VAG (§ 81a VAG aF),[40] sodass die Aufsichtsbehörde eine privatrechtsgestaltende Änderung der Prämie nicht mehr auf diese Regelung stützen kann.

14   **3. GG: Verfassungsmäßigkeit von § 163.** Die Vorschrift zur Prämienanpassung ist **verfassungsgemäß**. Sie schränkt insbes. nicht die in Art. 2 Abs. 1 GG garantierte Privatautonomie unverhältnismäßig ein[41] (→ § 164 Rn. 26).

15   **4. Verhältnis zu §§ 315, 313 BGB.** § 163 ist von § 315 Abs. 1 BGB unabhängig. Nach dieser Norm ist, falls die vertragliche Leistung durch einen der Vertragschließenden bestimmt werden soll, im Zweifel anzunehmen, dass die Bestimmung nach billigem Ermessen zu treffen ist. Die Anwendbarkeit dieser Auslegungsregel setzt ein vertraglich vereinbartes Bestimmungsrecht einer der Vertragsparteien voraus.[42] § 163 begründet dagegen ein gesetzliches Bestimmungsrecht. Außerdem greift die Auslegungsregel des § 315 Abs. 1 BGB nicht, wenn die Bestimmung der vertraglichen Leistung – wie gem. § 163 – nach objektiven Kriterien zu erfolgen hat.[43] Zu dem unzutreffenden Rekurs der Gesetzesmaterialien auf § 315 BGB im Zusammenhang mit der Voraussetzung der Treuhänderbeteiligung → Rn. 58.

16   Die Regelung des § 163 ist eine **spezielle Ausprägung der Grundsätze über die Störung der Geschäftsgrundlage** (§ 313 BGB).[44] Die Spezialität liegt darin, dass die Anpassungsbefugnis aus § 163 schon unterhalb der sog. Opfergrenze des § 313 BGB greift.[45] Die Opfergrenze des § 313 BGB ist insoweit höher, als eine Vertragsanpassung nach dieser Regelung voraussetzt, dass das Festhalten am unveränderten Vertrag einer Vertragspartei unter Berücksichtigung aller Umstände nicht zugemutet werden kann. Unter dem Aspekt der Zumutbarkeit könnte einem Versicherer mit ausreichender Solvenz eine Vertragsanpassung gem. § 313 BGB deshalb selbst dann versagt sein, wenn die Voraussetzungen von § 163 vorlägen. § 163 ist **bei Vorliegen seiner Voraussetzungen lex specialis** und verdrängt die allgemeine Regelung des § 313 BGB.[46] Wenn dagegen die materiellen Voraussetzungen von § 163 Abs. 1 S. 1 Nr. 1 nicht erfüllt sind, bspw. weil sich nicht die biometrischen Rechnungsgrundlagen, sondern der am Kapitalmarkt zu erwirtschaftende Zins verändert hat

---

[36] Vgl. *Bähr* in Kaulbach/Bähr/Pohlmann VAG § 300 Rn. 1; vgl. *Dreher* in Prölss/Dreher VAG § 300 Rn. 33.
[37] In der amtl. Begr. zu § 89 VAG idF von 1935 heißt es, dass es für die Aufsichtsbehörde unter bestimmten Voraussetzungen vorteilhaft erscheinen könne, nicht das Mittel der Herabsetzung der Versicherungsleistung zu wählen, sondern in Anwendung von § 81a S. 2 VAG aF eine Prämienerhöhung zu Lasten der Versicherungsnehmer anzuordnen; vgl. VerAfP 1935, 156 aE.
[38] *Renger* VersR 1995, 866 (868 ff.).
[39] Ausgenommen sind die substitutive Krankenversicherung und sonstige Pflichtversicherungen.
[40] *Winter* VersR 2010, 1453 (1462).
[41] *Kollhosser* in Prölss/Martin, 27. Aufl. 2004, VVG § 172 Rn. 4.
[42] *Grüneberg* in Grüneberg BGB § 315 Rn. 4; *Würdinger* in MüKoBGB § 315 Rn. 13 ff.
[43] OLG Köln VersR 1999, 87 (88).
[44] *Schneider* in Prölss/Martin VVG § 163 Rn. 2; *Winter* in Bruck/Möller VVG § 163 Rn. 13; *Grote* in Langheid/Rixecker VVG § 163 Rn. 3.
[45] *Winter* in Bruck/Möller VVG § 163 Rn. 5.
[46] *Winter* in Bruck/Möller VVG § 163 Rn. 5.

(→ Rn. 37), steht § 163 der Anwendbarkeit der strengeren Regelung des § 313 BGB grds. nicht entgegen.[47]

V. Verhältnis zu einer vertraglichen Anpassungsklausel

Da § 163 halbzwingend ist (§ 171 S. 1), kann von dieser Vorschrift durch eine vertragliche Regelung nicht wirksam zum Nachteil des Versicherungsnehmers, der versicherten Person oder des Eintrittsberechtigten abgewichen werden (→ Rn. 95). Eine wirksame Abweichung zum Vorteil des Versicherungsnehmers und der anderen genannten Personengruppen geht der gesetzlichen Regelung vor. Zur Unwirksamkeitsfolge bei einer nachteiligen Abweichung → § 32 Rn. 17 ff. 17

VI. Verhältnis zu Telematiktarifen

„**Telematiktarife**" bezeichnen Versicherungsprodukte, die Elemente einer (Verhaltens-) Überwachung mittels Telekommunikation enthalten.[48] In der Personenversicherung geht es insbes. darum, risikorelevante Zustände oder Verhaltensweisen während der Vertragszeit zu erfassen, zB **Gesundheitsdaten** iSv Art. 4 Nr. 15 DS-GVO oder **sonstige personenbezogene Daten**[49] („Lifelogging" insbes. mittels „Wearables" → 213 Rn. 36 ff.). 18

Für die gesamte Personenversicherung[51] wird nach derzeitiger Rechtslage herrschend angenommen, dass es unzulässig ist, die **bei Vertragsschluss vereinbarte Prämie** – vorbehaltlich zulässig vereinbarter Gefahrerhöhungsregelungen (§§ 158 Abs. 1, 176) oder Tarifeigenschaftsmerkmalen – von Zuständen oder Verhaltensweisen nach Vertragsschluss abhängig zu machen, also individuell zu differenzieren.[52] Für grundsätzlich zulässig erachtet wird dagegen eine vereinbarte Berücksichtigung im Rahmen der **Überschussbeteiligung**[53] unter Beachtung der Voraussetzungen der §§ 153 Abs. 2, 176 (mit dem Effekt einer nachträglichen Prämienrabattierung).[54] 19

Derartige die Überschussbeteiligung bezogene „Telematiktarife" werden **vom Regelungsgehalt des § 163 nicht erfasst**.[55] Denn sie berühren nicht die Rechnungsgrundlagen der vereinbarten Prämie und nicht die Prämie als solche (Tarifprämie).[56] Die – nach derzeitiger Rechtslage allenfalls zulässige – mittelbare Prämienrelevanz über eine differenzierte Überschussbeteiligung führt auch nicht zu einer analogen Anwendung von § 163; denn aufgrund der Regelung des § 153 fehlt es an einer zu schließenden Regelungslücke. Auch bei einer mittelbaren Prämienrabattierung mittels telematikabhängigen Belohnungen durch Vergünstigungen für Nichtversicherungsleistungen Dritter (zB Fitnessstudios, Veranstalter von Gesundheitskursen, Sportartikelhändler)[57] ist die grundsätzliche Zulässigkeit und die rechtskonforme Ausgestaltung derartiger vertraglicher Vereinbarungen nicht nach § 163 zu beurteilen.[58] 20

VII. Struktur der Norm und der Kommentierung

§ 163 bestimmt zum einen, unter welchen Voraussetzungen dem Versicherer eine gesetzliche Befugnis zur Neufestsetzung der Prämie bzw. zur Herabsetzung der Versicherungsleistung zusteht (s. unten B.). Die Vorschrift regelt zum anderen, wie der Versicherer seine gesetzliche Befugnis 21

---

[47] Vgl. BGH VersR 2017, 741 Rn. 29 im Allgemeinen; *Jaeger* VersR 2015, 26 (28), für Altverträge der fondsgebundenen Lebensversicherung.
[48] Vgl. *Brand* VersR 2019, 725 mwN zur Begrifflichkeit. Die Überwachung kann zeitgleich erfolgen (Tracking) oder zeitversetzt (Tracing). In der Personenversicherung werden die Telematiktarife teils als Vitalitätstarife bezeichnet, vgl. *Brömmelmeyer* r+s 2017, 225 f.
[49] Zur Abgrenzung *Rubin* r+s 2018, 337 (343).
[50] Zur Krankenversicherung Bundesregierung BT-Drs. 18/10259, 5 (Antwort auf eine Kleine Anfrage); dazu teils kritisch *Brömmelmeyer* r+s 2017, 225; uneingeschränkt zustimmend *Rudkowski* VersR 2020, 1016 (1020).
[51] Generell die vielfach halbzwingenden Regelungen des VVG nicht darauf ausgerichtet, dass die Prämienzahlungspflicht als Hauptpflicht des Versicherungsnehmers teilweise durch eine Datenüberlassungspflicht ersetzt wird; vgl. *Brand* VersR 2019, 725 (732 f.).
[52] *Rudkowski* VersR 2020, 1016 (zur Krankenversicherung).
[53] Zur Beitragsrückerstattung in der Krankenversicherung vgl. BGH VersR 2019, 283 Rn. 52.
[54] *Brand* VersR 2019, 725 (729 ff.); *Brömmelmeyer* r+s 2017, 225 (227 f.); *Pohlmann* in Schmidt-Kessel/Grimm, Telematiktarife & Co. – Versichertendaten als Prämienersatz, VersR-Schriftenreihe, Bd. 63, 2018, S. 73 (95 f.); *Lüttringhaus* Beiträge Basedow, 2018, 55 (64). AA wohl *Rudkowski* VersR 2020, 1016 (1020); → Vor § 192 Rn. 1466.
[55] *Brömmelmeyer* r+s 2017, 225 (226 f.); *Brand* VersR 2019, 725 (729 ff.).
[56] *Brömmelmeyer* r+s 2017, 225 (229); vgl. im Allgemeinen *Rudkowski* ZVersWiss 2017, 453 (479 f.).
[57] Vgl. *Lüttringhaus* Beiträge Basedow, 2018, 55 (64); *Rudkowski* VersR 2020, 1016 (zur Krankenversicherung).
[58] Insbes. zu AGB-rechtlichen Anforderungen *Brömmelmeyer* r+s 2017, 225 (230 f.); *Rudkowski* ZVersWiss 2017, 453 (461 ff.), *Lüttringhaus* Beiträge Basedow, 2018, 55 (64 ff).

ausüben muss (s. unten C.), und zu welchem Zeitpunkt die Neufestsetzung der Prämie bzw. die Herabsetzung der Versicherungsleistung wirksam wird (s. unten D.).

B. Befugnis zur Prämienänderung

I. Überblick

22   § 163 Abs. 1 **berechtigt** den Versicherer, durch einseitige Gestaltungserklärung die vereinbarte Prämie neu festzusetzen. Die Regelung begründet eine Befugnis, **keine Verpflichtung** des Versicherers zur Vertragsänderung. Die gesetzliche Konzeption spricht auch gegen die Annahme einer vertraglichen Nebenpflicht zu einer (rechtzeitigen) Neufestsetzung der Prämie. Es besteht hierzu auch **keine Obliegenheit** des Versicherers. Denn von einer Obliegenheit ließe sich nur sprechen, wenn die Nichtausübung der Befugnis zu Nachteilen des Versicherers hinsichtlich schon bestehender Rechte oder Ansprüche gegenüber dem Versicherungsnehmer führen würde (zu einer Obliegenheit zur Bedingungsanpassung gem. § 164 → § 164 Rn. 82). Die einzige versicherungsvertragliche Konsequenz, die sich für den Versicherer aus der Nichtausübung seiner Befugnis ergibt, ist jedoch, dass es bei der bisher geschuldeten Prämie (bzw. dem bisher geschuldeten Umfang der Versicherungsleistung) bleibt. In Ausnahmefällen kann aber nach allgemeinen Grundsätzen eine Verwirkung der Befugnis aus § 163 in Betracht kommen.

23   **Aufsichtsrechtlich** kann sich aus § 138 VAG (§ 11 VAG aF) eine Pflicht des Versicherers ergeben, seine Befugnis aus § 163 auszuüben.[59] Die Verletzung dieser aufsichtsrechtlichen Verpflichtung begründet aber keine versicherungsvertraglichen Ansprüche.[60] § 138 VAG (§ 11 VAG aF) ist insbes. kein Schutzgesetz iSv § 823 Abs. 2 BGB, da die Norm nicht auf die Begründung individueller Ansprüche gerichtet ist. Zur Problematik eines Verzichts des Versicherers auf seine gesetzliche Befugnis → Rn. 97.

24   Die **Voraussetzungen für eine Neufestsetzung** der vereinbarten Prämie werden in erster Linie durch § 163 Abs. 1 S. 1 (iVm der Sonderregelung des Abs. 4) bestimmt. Auch wenn die dort statuierten Voraussetzungen erfüllt sind, ist die Befugnis zur Neufestsetzung der Prämie aber nach S. 2 der Regelung insoweit ausgeschlossen, als die Versicherungsleistungen zum Zeitpunkt der Erst- oder Neukalkulation unzureichend kalkuliert waren und ein ordentlicher und gewissenhafter Aktuar dies insbes. anhand der zu diesem Zeitpunkt verfügbaren statistischen Kalkulationsgrundlagen hätte erkennen müssen (→ Rn. 42).

25   Der Versicherer ist nur zu einer Neufestsetzung der vereinbarten Prämie berechtigt. An dem gesetzlich oder vertraglich bestimmten **Fälligkeitszeitpunkt** ändert sich durch die Prämienneufestsetzung nichts. § 163 gibt dem Versicherer nicht die Befugnis, die für den Vertrag geltende Fälligkeitsregelung durch einseitige Erklärung zu ändern.[61]

26   Eine Neufestsetzung der Prämie scheidet bei einer **prämienfreien Versicherung** iSv § 165 aus. Hier ist der Versicherer unter den Voraussetzungen des Abs. 1 befugt, die Versicherungsleistung herabzusetzen (Abs. 2 S. 2). Zu Verträgen mit Einmalzahlung oder abgelaufener Beitragsdauer → Rn. 84.

II. Änderung des Leistungsbedarfs gegenüber den Rechnungsgrundlagen (Abs. 1 S. 1 Nr. 1)

27   **1. Begriff des Leistungsbedarfs. Grundvoraussetzung für eine Prämienanpassung** ist eine eingetretene **Änderung des Leistungsbedarfs**.[62] Die **Bedeutung des Begriffes „Leistungsbedarf" ist umstritten**. Dieser Streit ist **zentral für das grundlegende Verständnis des § 163** insgesamt. Im Mittelpunkt des Streits steht derzeit aufgrund der **Niedrigzinsphase am Kapitalmarkt** die Frage, ob der Lebensversicherer auch den Umstand, dass er am Kapitalmarkt geringere Kapitalmarktzinsen erzielen kann, als von ihm bei der Prämienkalkulation zugrunde gelegt, durch eine einseitige Prämienanpassung ausgleichen darf. Dies wird von einer Ansicht mittels eines weiten Verständnisses des Begriffs „Leistungsbedarf" bejaht (→ Rn. 29). Versteht man den Begriff „Leistungsbedarf" dagegen eng – wie es in dieser Kommentierung geschieht (→ Rn. 30) und wie es das allgemeine Verständnis der Vorgängerregelung § 172 VVG aF war, deren inhaltliche Voraussetz-

---

[59]   *Brambach* in HK-VVG § 163 Rn. 21.
[60]   *Präve* in Prölss/Dreher VAG § 138 Rn. 25.
[61]   AA *Engeländer* VersR 2000, 274 (281).
[62]   Die Prämienänderungsregelung des § 203 Abs. 2 S. 3 für die Krankenversicherung stellt dagegen auf eine Änderung der Rechnungsgrundlagen „Versicherungsleistungen" oder „Sterbewahrscheinlichkeiten" ab; → Rn. 37 f.

zungen für eine Prämienanpassung nach den Gesetzesmaterialien durch die Neuregelung nicht geändert werden sollte[63] –, dann ist der Lebensversicherer **ausschließlich bei einer Änderung der biometrischen Rechnungsgrundlagen** (insbes. der Sterbewahrscheinlichkeit) zu einer Prämienanpassung berechtigt. Das hier vertretene Normverständnis beruht insbes. darauf, dass die klassische Lebensversicherung, die der Gesetzgeber des § 163 vor Augen hatte, aus „Versicherungsverträgen mit Zinsgarantie" in Höhe des kalkulierten Rechnungszinses besteht (vgl. §§ 88 Abs. 3, 139 VAG).[64] Dabei wird hier nicht infrage gestellt, dass die seit Jahren andauernde Niedrigzinsphase, mittel- bis langfristig die Fähigkeit einzelner „privater Lebensversicherer bedrohen kann, die den Versicherten zugesagten Zinsgarantien zu erbringen".[65] Es liegt auch auf der Hand, dass es aus Sicht eines Lebensversicherers wünschenswert wäre, auf alle nicht vorhersehbaren Veränderungen der Kalkulationsgrundlagen durch eine Prämienanpassung reagieren zu können. Dies alles rechtfertigt es aber nicht, im Wege einer weiten Auslegung des § 163, die vertraglich zugesagten Zinsgarantien über eine generelle, auf jeglichen Kapitalbedarf des Versicherers ausgedehnte Prämienanpassungsbefugnis des Versicherers „auszuhöhlen".[66] Eine solche Auslegung steht auch im Widerspruch dazu, dass der Gesetzgeber gerade mit Blick auf die Finanzierbarkeit der Zinsgarantie in der Niedrigzinsphase durch Gesetzesänderungen an anderer Stelle – verfassungskonform[67] – reagiert hat, insbes. durch eine Änderung von § 153 hinsichtlich der Beteiligung an den Bewertungsreserven.[68] Bedeutsam für die Gesamtsicht ist auch, dass § 314 Abs. 2 VAG (§ 89 Abs. 2 VAG aF) der Aufsichtsbehörde gestattet, zur Vermeidung eines Insolvenzverfahrens die Verpflichtungen aus den Versicherungen dem Vermögensstand des Versicherers entsprechend herabzusetzen.

Der Begriff „Leistungsbedarf" ist erstmals und einzig durch die Vorgängerregelung § 172 VVG aF in das VVG eingeführt worden. Nach der Gesetzesbegründung zu jener Vorschrift sind damit die „Aufwendungen für Versicherungsfälle" gemeint.[69] Der Begriff und die Umschreibung in der Gesetzesbegründung sind unklar.[70] Bei der Auslegung von § 163 ist allerdings zu berücksichtigen, dass das Begriffsverständnis bei der Vorgängerregelung des § 172 VVG aF durch die damalige Beschränkung auf Verträge mit ungewisser Eintrittspflicht nach allgemeiner Auffassung auf den durch biometrische Rechnungsgrundlagen bedingten Leistungsbedarf begrenzt war,[71] und dass nach den Gesetzesmaterialien durch § 163 die inhaltlichen Voraussetzungen für eine Prämienanpassung nicht verändert werden sollten.[72]

Nach der – abzulehnenden – weiten Ansicht umschreibt der Begriff „Leistungsbedarf" den Prämienbetrag, den der Versicherer unter Beachtung von § 138 VAG auf der Grundlage der für die Zukunft erwarteten gesamten Versicherungsleistungen auf den einzelnen Versicherungsnehmer mithilfe von eigens für diesen Zweck erstellten Rechnungsgrundlagen 1. Ordnung, die auch ausreichende Risikozuschläge enthalten, schlüsselt (zuordnet) und als Prämie dann in Rechnung stellt.[73] An anderer Stelle wird formuliert: Leistungsbedarf ist ganz allgemein der Aufwand des Versicherungsunternehmens für die Versicherungsleistungen.[74]

Nach der hier vertretenen Ansicht erfasst der Begriff „Leistungsbedarf" – wie sich mittelbar auch aus der Begrenzung von § 163 Abs. 1 S. 2 auf die unzureichende Kalkulation der „Versicherungsleistungen" ergibt – nur den Kapitalbedarf, den der Versicherer den Versicherten **gemäß der vertraglichen Vereinbarung als Versicherungsleistungen schuldet.**[75] **Nicht erfasst** werden **Aufwendungen**, die der Versicherer **nur mittelbar zwecks Erfüllung** von Ansprüchen auf Versicherungsleistungen tätigt, wie bspw. höhere Provisionszahlungen oder Mehrkosten im Verwaltungsapparat des Versicherers. Auch **Kulanzleistungen** werden nicht erfasst, wobei die theoretisch vorzunehmende Ausgrenzung von Kulanzleistungen wegen der Unsicherheit der Qualifikation praktisch aber kaum durchführbar ist. Nicht erfasst werden auch **Änderungen vorgelagerter Parameter der Kapitalgenerierung,** insbes. nicht ein Kapitalbedarf, der sich daraus ergibt, dass der Versicherer

---

[63] BT-Drs. 16/3945, 99.
[64] Vgl. auch *Reiff* ZRP 2014, 198 (199, vertraglich zugesagter Garantiezinssatz).
[65] BGHZ 219, 129 = VersR 2018, 917; *Reiff* ZRP 2014, 198, 200 mwN.
[66] *Ortmann* in Schwintowski/Brömmelmeyer/Ebers VVG § 163 Rn. 7.
[67] BVerfG VersR 2017, 409; BGHZ 219, 129 = VersR 2018, 917.
[68] Vgl. *Reiff* ZRP 2014, 198.
[69] Begr. RegE BT-Drs. 12/6959, 102; *Engeländer* VersR 2000, 274 (278 f.).
[70] Vgl. *Krause* in Looschelders/Pohlmann VVG § 163 Rn. 18 f.
[71] *Engeländer* VersR 2000, 274 (278 f.); *Jaeger* VersR 1999, 26 (28 f.).
[72] Begr. RegE BT-Drs. 16/3945, 99.
[73] *Krause* in Looschelders/Pohlmann VVG § 163 Rn. 19.
[74] *Krause* in Looschelders/Pohlmann, 2. Aufl. 2011, VVG § 163 Rn. 9.
[75] *Ortmann* in Schwintowski/Brömmelmeyer/Ebers VVG § 163 Rn. 7; zu § 172 aF: *Engeländer* VersR 2000, 274 (278 f.); *Jaeger* VersR 1999, 26 (28 f.); für die Prämienanpassung in der Krankenversicherung → § 203 Rn. 824 ff.

am Kapitalmarkt geringere Zinsen erwirtschaftet, als er bei der Festlegung des (garantierten) Rechnungszinses im Rahmen der Prämienkalkulation zugrunde gelegt hat (ausführlich → Rn. 38). Darin liegt keine Änderung des Leistungsbedarfs. Denn der Leistungsbedarf, dh die Gesamtsumme des Kapitals, das der Versicherer den Versicherten als Versicherungsleistungen schuldet, bleibt gleich. Der gleichbleibende Leistungsbedarf ist vom Versicherer aufgrund der Kapitalmarktverhältnisse nur schwieriger zu finanzieren, als von ihm bei der Prämienkalkulation erwartet wurde. Die Wortlautauslegung spricht daher gegen ein Anpassungsrecht des Versicherers zum Ausgleich (zu) niedriger Kapitalmarktzinsen (zu den ebenfalls dagegen sprechenden weiteren Auslegungsschritten[76] → Rn. 49).

31 **Teil des Leistungsbedarfs** sind auch die Versicherungsleistungen, die aufgrund der Verwirklichung erhöhter Risiken zu erbringen sind, für die bei Vertragsschluss **Risikozuschläge** vereinbart worden sind.[77] Diese Risikozuschläge sind Teil der (Risiko-)Prämie, unabhängig davon, dass ihrer Kalkulation eine gesonderte Rechnungsgrundlage zugrunde liegt. Ist die Änderung des Leistungsbedarfs auf bestimmte erhöhte Risiken begrenzt, die bei Vertragsschluss mit Risikozuschlägen belegt werden, dann sind nur die betroffenen Risikozuschläge anzupassen (→ Rn. 58).

32 Soweit der Versicherer vertraglich höhere **Rückkaufswerte** garantiert als gesetzlich nach § 169 geschuldet, kann offen bleiben, ob das dafür notwendige Kapital ebenfalls unter den Begriff „Leistungsbedarf" fällt. Denn insoweit fehlt es jedenfalls an einer Änderung des Leistungsbedarfs *gegenüber den Rechnungsgrundlagen* der vereinbarten Prämie, weil keine Abhängigkeit zu biometrischen Risiken besteht (→ Rn. 41). § 163 bietet keine Rechtsgrundlage, vertraglich vereinbarte höhere (als gesetzlich nach § 169 geschuldete) Rückkaufswerte zu senken.[78]

33 **2. Bezugspunkt zur Feststellung einer Änderung des Leistungsbedarfs.** Maßgebender Bezugspunkt für die Feststellung der Änderung des Leistungsbedarfs sind **„die Rechnungsgrundlagen der vereinbarten Prämie"**. § 172 Abs. 1 S. 1 VVG aF stellte dagegen auf eine Veränderung des Leistungsbedarfs gegenüber den technischen Berechnungsgrundlagen und der daraus errechneten Prämie ab. Der Begriff der technischen Berechnungsgrundlagen umfasst außer den Rechnungsgrundlagen auch die Grundsätze für die Berechnung der Prämien (vgl. § 143 VAG, § 13d Nr. 6 VAG aF).[79]

34 Rechnungsgrundlagen sind die weitgehend aufgrund statistischen Materials gewonnenen Daten, unter deren Verwendung der Versicherer nach versicherungsmathematischen Regeln die Prämie berechnet.[80] Für die Lebensversicherung sind die **Rechnungsgrundlagen der Prämienkalkulation** nach der Deregulierung im Jahre 1994 – anders als für die Krankenversicherung mit der Krankenversicherungsaufsichtsverordnung (KVAV)[81] – **nicht mehr ausdrücklich und abschließend normiert**. § 138 Abs. 1 S. 1 VAG (§ 11 Abs. 1 S. 1 VAG aF) schreibt lediglich vor, dass die Prämien in der Lebensversicherung unter Zugrundelegung angemessener versicherungsmathematischer Annahmen kalkuliert werden müssen, und dass sie so hoch sein müssen, dass das Versicherungsunternehmen allen seinen Verpflichtungen nachkommen und insbs. für die einzelnen Verträge ausreichende Deckungsrückstellungen bilden kann. Eine planmäßige und auf Dauer angelegte Subventionierung durch Kapital, das nicht aus Prämienzahlungen stammt, ist unzulässig (§ 138 Abs. 1 S. 2 VAG, § 11 Abs. 1 S. 2 VAG aF). Bei gleichen Voraussetzungen dürfen Prämien und Leistungen nur nach gleichen Grundsätzen bemessen werden (§ 138 Abs. 2 VAG, § 11 Abs. 2 VAG aF). Der Versicherer ist nach § 143 VAG (§ 13d Nr. 6 VAG aF) verpflichtet, der Aufsichtsbehörde unverzüglich nach Erteilung der Erlaubnis zum Betrieb der Lebensversicherung die Grundsätze für die Berechnung der Prämien und Deckungsrückstellungen einschließlich der verwendeten Rechnungsgrundlagen, mathematischen Formeln, kalkulatorischen Herleitungen und statistischen Nachweise vorzulegen.[82] Zu den aktuariell **anerkannten Rechnungsgrundlagen** der Lebensversicherung gehören die Wahrscheinlichkeit des Eintritts des versicherten biometrischen Risikos, insbs. die Sterbewahrscheinlichkeit, der Rechnungszinssatz, Kostenzuschläge und sonstige Zuschläge bzw. Rabatte.[83] Rechnungszins(satz) ist der Zinssatz, um den der Versicherer den nach den übrigen Rechnungsgrundlagen kalkulierten Betrag der Prämie mit Blick auf die von ihm erwarteten Erträge aus Kapital-

---

[76] Ausf. *Wandt* VersR 2015, 918.
[77] *Winter* in Bruck/Möller, 8. Aufl. 1988, Bd. V/2, Kap. E Anm. 28; *Engeländer* VersR 2007, 1297 (1303).
[78] Tendenziell aA *Engeländer* VersR 2007, 1297 (1303).
[79] *Schwintowski* in Berliner Kommentar VVG § 172 Rn. 9; *Engeländer* VersR 2007, 1297 (1302).
[80] BVerwGE 109, 87 (91) = VersR 1999, 1001 (1002) sowie §§ 1, 2 KVAV jeweils für die Krankenversicherung.
[81] Zur gesetzlichen Regelung der Rechnungsgrundlagen in der Krankenversicherung → § 203 Rn. 261 ff.
[82] *Engeländer* VersR 2007, 1297 (1303), der am Beweiswert der der Aufsichtsbehörde mitgeteilten Daten zweifelt.
[83] Siehe *von der Schulenburg* Versicherungsökonomik S. 137 ff.; zu weitergehenden Rechnungsgrundlagen insbes. ausländischer Versicherer *Engeländer* VersR 2007, 1297 (1302).

anlagen diskontiert (Diskontierungssatz).[84] Der Rechnungszins als Rechnungsgrundlage der Prämie ist nicht notwendig mit dem Höchstzinssatz identisch, den die Deckungsrückstellungsverordnung (DeckRV) für die Berechnung der Deckungsrückstellung von Verträgen mit Zinsgarantie zwingend vorgibt.[85] Zum einen bestimmt die DeckRV nur den Höchstzinssatz, den der Versicherer aus Vorsichtsgründen freiwillig unterschreiten könnte, und zum anderen gilt der Höchstzinssatz nur für die Berechnung der Deckungsrückstellung, nicht auch für die Prämienkalkulation. In der Praxis deutscher Versicherer wird der Prämienkalkulation allerdings – mit Blick auf § 138 VAG (§ 11 VAG aF) und aus wirtschaftlicher Vernunft – regelmäßig der gleiche Zinssatz zugrunde gelegt wie der Bildung der Deckungsrückstellung. Dabei wird meist – insbes. aus Wettbewerbsgesichtspunkten – exakt der Höchstzinssatz der DeckRV verwendet.[86]

§ 163 Abs. 1 S. 1 Nr. 1 verlangt, dass sich der Leistungsbedarf gegenüber *den Rechnungsgrundlagen* 35 geändert hat. Es muss sich (1.) der Leistungsbedarf geändert haben, also der Umfang der vom Versicherer vertraglich geschuldeten Leistungen (→ Rn. 27), und (2.) muss es sich um eine Änderung gegenüber den Rechnungsgrundlagen handeln. Diese Verknüpfung ist notwendig, um den Anlass für eine Vertragsanpassung auf solche Änderungen des Leistungsbedarfs zu begrenzen, die nicht schon in die Prämie einkalkuliert sind. Soweit der Versicherer bei der Prämienkalkulation nämlich zukünftige Änderungen des Leistungsbedarfs bereits vorausschauend berücksichtigt hat, ist eine Vertragsanpassung von vornherein ausgeschlossen.

Maßgeblich sind nur die **biometrischen Rechnungsgrundlagen.**[87] Denn nur sie bestimmen 36 den Umfang der Versicherungsleistungen (Leistungsbedarf). Nur bei ihnen ist die erforderliche Änderung des Leistungsbedarfs *gegenüber* den Rechnungsgrundlagen denkbar.[88] Die maßgeblichen biometrischen Rechnungsgrundlagen für den kalkulierten Leistungsbedarf sind die Sterbewahrscheinlichkeit sowie – abhängig von dem vertraglich definierten Versicherungsfall – die Wahrscheinlichkeit einer die Versicherungsleistung auslösenden Krankheit (Dread-Disease-Versicherung),[89] die Wahrscheinlichkeit einer Erwerbsunfähigkeit, einer Arbeitslosigkeit (Restschuldversicherung) oder des Eintritts der Pflegebedürftigkeit (Pflegerentenversicherung).[90] Zu einem Irrtum bei der Kalkulation des (unmittelbaren) Kapitalbedarfs zur Erfüllung des vertraglichen Leistungsversprechens als Teil der Rechnungsgrundlagen → Rn. 43. Für die **Krankenversicherung** benennt § 203 Abs. 2 S. 3 als maßgebliche Rechnungsgrundlagen zusätzlich zu den Sterbewahrscheinlichkeiten auch die Versicherungsleistungen. Dies beruht darauf, dass in der Krankenversicherung als Schadensversicherung die Versicherungsleistungen nicht durch die Sterbewahrscheinlichkeiten bedingt sind, sondern auch durch das summenmäßig nicht – jedenfalls nicht vollständig – fixierte Leistungsversprechen, die Aufwendungen für medizinisch notwendige Heilbehandlungen und für sonstige vereinbarte Leistungen zu erstatten.[91] Die benannten Rechnungsgrundlagen sind in der Krankenversicherung allerdings ausschließlich für die Frage relevant, ob der Versicherer zu einer Überprüfung *aller* Rechnungsgrundlagen verpflichtet ist (→ Rn. 37 f.).[92]

Eine „Änderung des Leistungsbedarfs gegenüber den Rechnungsgrundlagen" liegt dagegen 37 nicht vor, wenn sich der Kostenaufwand des Versicherers gegenüber der **nicht-biometrischen Rechnungsgrundlage „Kostenzuschläge"** verändert hat. Höhere Kosten als kalkuliert berechtigen den Versicherer also nicht zu einer Prämienanpassung gem. § 163.

Gleiches gilt, wenn der Versicherer – wie gegenwärtig in der Niedrigzinsphase – am Kapital- 38 markt geringere Zinsen erwirtschaftet, als bei der Festlegung des (garantierten) Rechnungszinses im Rahmen der Kalkulation zugrunde gelegt. Die **Niedrigzinsphase am Kapitalmarkt führt nicht zu einer Änderung des Leistungsbedarfs und begründet weder unmittelbar noch analog eine Anwendbarkeit von § 163.**[93] Der Leistungsbedarf, dh die Gesamtsumme des Kapitals, das der

---

[84] *Engeländer* VersR 2007, 1298 (1302); 2000, 274 (279); *von der Schulenburg* Versicherungsökonomik S. 137 ff.
[85] *Wandt* VersR Rn. 1192; → § 169 Rn. 80.
[86] *Brinkmann/Krause/Wolfsdorf* VW 2012, 518 (519).
[87] *Ortmann* in Schwintowski/Brömmelmeyer/Ebers VVG § 163 Rn. 7 f.; *Brömmelmeyer* in Beckmann/Matusche-Beckmann VersR-HdB § 42 Rn. 101; *Engeländer* VersR 2000, 274 (280).
[88] *Ortmann* in Schwintowski/Brömmelmeyer/Ebers VVG § 163 Rn. 7; *Krause* in Looschelders/Pohlmann VVG § 163 Rn. 9, wonach allein das biometrische Risiko relevant sei; *Brömmelmeyer* in Beckmann/Matusche-Beckmann VersR-HdB § 42 Rn. 101, der Leistungsbedarf könne sich praktisch nur aufgrund veränderter Mortalität verändern; *Engeländer* VersR 2000, 274 (280).
[89] *Kollhosser* in Prölss/Martin, 27. Aufl. 2004, VVG Vorb. § 159 Rn. 25.
[90] *Ortmann* in Schwintowski/Brömmelmeyer/Ebers VVG § 163 Rn. 7.
[91] → § 203 Rn. 261 ff.
[92] *Wandt* VersR 2013, 1564; *Boetius* VersR 2013, 1568.
[93] Ausf. *Wandt* VersR 2015, 918; wie hier *Wandt* in Beckmann/Matusche-Beckmann VersR-HdB § 11 Rn. 20; *Brömmelmeyer* in Beckmann/Matusche-Beckmann VersR-HdB § 42 Rn. 101; *Schneider* in Prölss/Martin VVG § 163 Rn. 7; *Ortmann* in Schwintowski/Brömmelmeyer/Ebers VVG § 163 Rn. 7 f.; zu § 172 Abs. 1 VVG aF *Grote* ZVersWiss 2002, 621; *Engeländer* VersR 2000, 274 (279); auch Art. 17:303 Principles of

Versicherer den Versicherten als Versicherungsleistungen schuldet, bleibt gleich. Der gleichbleibende Leistungsbedarf ist vom Versicherer aufgrund der Niedrigzinsphase nur schwieriger zu finanzieren, als von ihm bei der Prämienkalkulation erwartet wurde. Die von einem Teil des Schrifttums[94] vertretene Auffassung, § 163 gebe als „Notfallparagraph"[95] dem Lebensversicherer eine Befugnis zur Prämienerhöhung auch zur Kompensation nicht-rechnungszinsdeckender Zinsrenditen am Kapitalmarkt, ist abzulehnen. Jene Auffassung ist weder mit dem **Wortlaut von § 163** (→ Rn. 35) noch mit der **Intention des Gesetzgebers** zu begründen.[96] Auch Argumente im Rahmen der **systematischen Auslegung,** insbes. der Vergleich zur Parallelvorschrift § 203 für die Krankenversicherung, vermögen diese Ansicht nicht zu stützen. Lebensversicherung und Krankenversicherung weisen hinsichtlich der Voraussetzungen einer Prämienanpassung erhebliche Unterschiede auf. So ist in der Krankenversicherung, anders als in der Lebensversicherung, ein während der gesamten Vertragszeit gleichbleibender Rechnungszinssatz nicht garantiert. Die Beschränkung auf bestimmte Rechnungsgrundlagen erfolgt in der Krankenversicherung ausschließlich im Zusammenhang mit dem Anknüpfungspunkt für eine Pflicht des Versicherers zur Überprüfung der Prämienkalkulation (sog. auslösender Faktor). Für die durch eine solche Überprüfung ausgelöste Neukalkulation der Prämie hat die Beschränkung auf bestimmte Rechnungsgrundlagen keine Bedeutung mehr. Der Versicherer ist vielmehr verpflichtet, alle Rechnungsgrundlagen zu überprüfen und ggf. zu berichtigen.[97] Auch **Sinn und Zweck von § 163** geben keine Berechtigung für eine Prämienanpassungsbefugnis des Versicherers zum Ausgleich niedriger Kapitalmarktzinsen. Der generelle Zweck der Vorschrift ist zwar die Wiederherstellung der bei Vertragsschluss vereinbarten Äquivalenz von Leistung und Gegenleistung im Falle einer dauerhaften, für den Versicherer nicht vorhersehbaren Äquivalenzstörung. Diese Zwecksetzung ist aber vom Gesetzgeber durch die Formulierung „Änderung des Leistungsbedarfs gegenüber den Rechnungsgrundlagen" aus guten Gründen auf Entwicklungen begrenzt worden, die sich außerhalb des Einflussphäre des Versicherers vollziehen.[98] Besondere Bedeutung hinsichtlich der Bestimmung des objektiven Gesetzeszwecks von § 163 kommt dem Umstand zu, dass nach der **Gesetzeskonzeption der klassischen Lebensversicherung** der Versicherer mit seiner Entscheidung, der Prämienkalkulation einen bestimmten Rechnungszins zugrunde zu legen, die **Beibehaltung dieses Zinssatzes vertragsrechtlich garantiert.** Die **Folgen der Niedrigzinsphase** sind damit jedenfalls bezogen auf § 163 in der **Risikosphäre des Versicherers** zu verorten. Dem steht nicht entgegen,[99] dass der BGH zu § 153 Abs. 3 S. 3 feststellt, dass die Niedrigzinsphase weder in den Risikobereich des Versicherers noch in den Risikobereich des Versicherungsnehmers falle.[100] Denn diese Aussage bezieht sich auf die Zuordnung von Bewertungsreserven im Rahmen der Überschussbeteiligung im Interessenausgleich zwischen ausscheidenden und im Versicherungskollektiv verbleibenden Versicherungsnehmern;[101] eine Änderbarkeit der Prämienzahlungspflicht des Versicherungsnehmers und die hiervon betroffenen Interessen sind damit nicht vergleichbar. Außerdem bezieht sich die Aussage des BGH spezifisch auf die verfassungsrechtlich eröffnete Rechtsetzungsbefugnis des Gesetzgebers und auch diese gerade bezogen auf das Ziel, „den Versicherern auch mittel- und langfristig die Erfüllung der von ihnen den Versicherten zugesagten Zinsgarantien zu ermöglichen"[102]. Eine Prämienanpassungsbefugnis des Versicherers wegen einer

---

European Insurance Contract Law (PEICL) beschränkt die Befugnis des Lebensversicherers zu einer Prämienanpassung auf die Veränderung biometrischer Risiken, vgl. *Basedow/Birds/Clarke/Cousy/Heiss/Loacker*, Principles of European Insurance Contract Law (PEICL), 2. Aufl. 2016. AA *Grote* in Langheid/Rixecker VVG § 163 Rn. 17; *Krause* in Looschelders/Pohlmann VVG § 163 Rn. 18 ff.; *Winter* in Bruck/Möller VVG § 163 Rn. 15; *Jaeger* VersR 2015, 26; *Brinkmann/Krause/Wolfsdorf* VW 2012, 518; *Brambach* in HK-VVG § 163 Rn. 17; iErg aA auch *Leithoff* in Staudinger/Halm/Wendt VVG § 163 Rn. 11, allerdings ohne Definition des Begriffs Leistungsbedarf; *Renger* wird von einigen Autoren zu Unrecht als Vertreter der Ansicht zitiert, § 163 greife auch bei einer Veränderung nicht-biometrischer Rechnungsgrundlagen; *Renger* behandelt an der zitierten Stelle ausschließlich die Krankenversicherung, *Renger* VersR 1995, 874; *Brinkmann/Krause/Wolfsdorf* VW 2012, 518 (522).

[94] *Brambach* in HK-VVG § 163 Rn. 17; *Grote* in Langheid/Rixecker VVG § 163 Rn. 7 jeweils unter Verweis auf BGHZ 219, 129 Rn. 21 = VersR 2018, 917; *Krause* in Looschelders/Pohlmann VVG § 163 Rn. 17 ff.; *Winter* in Bruck/Möller VVG § 163 Rn. 15; *Brinkmann/Krause/Wolfsdorf* VW 2012, 518; *Jaeger* VersR 2015, 26; iErg aA auch *Leithoff* in Staudinger/Halm/Wendt VVG § 163 Rn. 11.
[95] *Brinkmann/Krause/Wolfsdorf* VW 2012, 518 (522).
[96] Begr. RegE BT-Drs. 16/3945, 99; *Wandt* VersR 2015, 918 (921 f.).
[97] *Wandt* VersR 2013, 1564.
[98] Ausf. *Wandt* VersR 2015, 918 (923 ff.).
[99] Darauf beruft sich allerdings *Grote* in Langheid/Rixecker VVG § 163 Rn. 7 für die Anwendbarkeit von § 163.
[100] BGHZ 219, 129 Rn. 21 = NJW 2018, 3021 mit teilweise zust. Anm *Grote* = VersR 2018, 917.
[101] Vgl. BT-Drs. 18/1772, 26; *Reiff* in Prölss/Martin VVG § 153 Rn. 28d f.
[102] BGHZ 219, 129 Rn. 21 = NJW 2018, 3021 mit teilweise zust. Anm *Grote* = VersR 2018, 917.

Änderung der Kapitalmarktverhältnisse würde *de lege lata* weder dem Wortlaut von § 163 noch der Intention des Gesetzgebers entsprechen; es würde stattdessen die vom Versicherer gegebene Zinsgarantie – nach den Worten des Präsidenten der BaFin: das Herzstück der deutschen Lebensversicherung[103] – aushöhlen und damit die derzeitige Produktkonzeption einer – abgesehen von einer Änderung biometrischer Rechnungsgrundlagen – festen Prämie mit garantiertem Rechnungszins wesentlich verändern.

Eine **Änderung der Kapitalmarktverhältnisse berechtigt auch nicht zu einer analogen Anwendung von § 163.**[104] Die Regelung des § 163 weist keine vom Gesetzgeber nicht bedachte Regelungslücke auf, sondern gibt den Regelungsplan des Gesetzgebers auch in den Grenzen der Regelung zutr. wieder. Eine analoge Anwendung der Regelung auf die Konstellation einer infolge nicht-rechnungszinsdeckender Kapitalerträge erschwerten Finanzierbarkeit eines unveränderten Leistungsbedarfs ist daher unzulässig.[105] Ergänzend ist zu sagen: Auch eine Vertragsanpassung nach den Grundsätzen der Störung der Geschäftsgrundlage ist ausgeschlossen, da durch Übernahme der Zinsgarantie das Risiko nicht-rechnungszinsdeckender Kapitalerträge vertragsrechtlich allein in der Sphäre des Versicherers liegt, und zwar unabhängig von der Frage, inwieweit die Ursachen für eine längerfristige Niedrigzinsphase am Kapitalmarkt (geld-)politisch beeinflusst sind. 39

Wirtschaftlich steht und fällt die Zinsgarantie, die dem Versicherungsnehmer mit dem kalkulierten Rechnungszins gegeben wird, allerdings – wie jede Garantie – mit der Solvenz des Schuldners. Der **Gefahr der Insolvenz einzelner Versicherer** infolge einer längerfristigen Niedrigzinsphase am Kapitalmarkt ist jedoch – nach derzeitiger Rechtslage – nicht vertragsrechtlich durch Aufgabe der Zinsgarantie als Kern der klassischen kapitalbildenden Lebensversicherung, sondern mit den bestehenden **Instrumenten des Versicherungsaufsichtsrechts** zu begegnen.[106] Dem Versicherer bleibt insoweit nur ein Zugriff auf die freie Rückstellung für Beitragsrückerstattung (RfB) gem. § 140 Abs. 1 VAG (§ 56b Abs. 1 VAG aF).[107] Zu den Instrumenten der Aufsichtsbehörde → Rn. 13 40

Ausgangspunkt für die Feststellung einer Änderung des Leistungsbedarfs ist die **bei der Erstkalkulation** für die biometrischen Rechnungsgrundlagen **angenommene Wahrscheinlichkeit einschließlich der Sicherheitsmarge.** Die Einbeziehung der den Leistungsbedarf betreffenden Sicherheitsmarge versteht sich von selbst, wenn diese Sicherheitsmarge in die zahlenmäßig ausgewiesene Rechnungsgrundlage bereits eingerechnet ist. Die Sicherheitsmarge ist aber auch dann einzubeziehen, wenn sie in den technischen Berechnungsgrundlagen als gesonderter Sicherheitszuschlag für das den Leistungsbedarf bestimmende (biometrische) Risiko ausgewiesen ist. Denn entscheidend ist, von welchen Annahmen für den Leistungsbedarf der Versicherer bei der Kalkulation ausgegangen ist, unabhängig von der Art des Ausweises der Sicherheitsmarge in den technischen Berechnungsgrundlagen. So kann es keinen Unterschied machen, ob ein Versicherer mit Blick auf Besonderheiten seines Bestandes eine gegenüber der DAV-Sterbetafel erhöhte unternehmensindividuelle Sterbewahrscheinlichkeit zugrunde legt oder zwar die DAV-Sterbetafel unverändert übernimmt, aber mit Blick auf Besonderheiten seines Bestandes einen unternehmensindividuellen Sicherheitszuschlag für die Sterbewahrscheinlichkeit in die Prämie einrechnet.[108] 41

Eine **Änderung des Leistungsbedarfs** gegenüber den Rechnungsgrundlagen der vereinbarten Prämie ist eingetreten, wenn sich – in der Rückschau – die den Leistungsbedarf bestimmenden Parameter anders entwickelt haben, als bei der Kalkulation der Prämie prognostiziert **(Entwicklungsrisiko).** Eine Änderung des Leistungsbedarfs im strengen Wortsinn liegt nicht schon darin, dass der aktuelle Leistungsbedarf im Zeitpunkt der (Erst-) Kalkulation fehlerhaft kalkuliert worden ist. Es liegt dann keine sich aufgrund späterer Entwicklung als unrichtig erweisende Prognose über die zukünftige Entwicklung (Änderung) des Leistungsbedarfs vor, sondern ein Irrtum über im Zeitpunkt der Kalkulation gegebene Tatsachen **(Irrtumsrisiko).** Nach Sinn und Zweck von § 163 ist aber auch diese Diskrepanz zwischen tatsächlichem Leistungsbedarf und irrtümlich angenommenem Leistungsbedarf als Änderung des Leistungsbedarfs gegenüber den Rechnungsgrundlagen iSd 42

---

[103] *Felix Hufeld* auf der Jahrespressekonferenz der BaFin 2015 am 12.5.2015 in Frankfurt a.M. Der Text ist auf www.bafin.de unter dem Menüpunkt Publikationen & Daten und Reden & Interviews veröffentlicht.
[104] Der halbzwingende Charakter des § 163 schließt eine Analogie nicht per se aus (so aber *Winter* in Bruck/Möller VVG § 163 Rn. 15). Der halbzwingende Charakter einer Vorschrift steht vertraglichen Abweichungen zum Nachteil der Versicherten entgegen, nicht aber einer Analogie als Rechtsinstitut des Gesetzesrechts.
[105] Auch die Voraussetzungen für eine Rechtsfortbildung durch erweiternde Auslegung sind nicht gegeben; vgl. zB BVerfGE 128, 193 Rn. 53 ff. = NJW 2011, 836 mwN.
[106] Ausf. *Wandt* VersR 2015, 918.
[107] *Präve* in Prölss/Dreher VAG § 140 Rn. 4 f.; *Goertz* in Kaulbach/Bähr/Pohlmann VAG § 140 Rn. 9 setzt für eine Anwendung des § 140 VAG wohl voraus, dass bereits eine Anpassung nach § 163 erfolgte.
[108] AA *Engeländer* VersR 2000, 274 (279).

Vorschrift zu verstehen.[109] Dafür spricht auch die Regelung des § 163 Abs. 1 S. 2, nach der eine Neufestsetzung der Prämie nicht stets ausgeschlossen ist, soweit die Versicherungsleistungen zum Zeitpunkt der Erstkalkulation (oder Neukalkulation) unzureichend kalkuliert waren, sondern nur unter der zusätzlichen Voraussetzung, dass ein ordentlicher und gewissenhafter Aktuar dies hätte erkennen müssen. Es wäre nun aber nicht plausibel, dass eine objektiv-schuldlose Fehlkalkulation zwar anlässlich einer Änderung des Leistungsbedarfs aufgrund unrichtiger Prognose (Entwicklungsrisiko) korrigiert werden dürfte, nicht aber die objektiv-schuldlose Fehlkalkulation als solche.

43   Der Leistungsbedarf hängt in erster Linie von der **vertraglichen Ausgestaltung des Leistungsversprechens** ab.[110] Deshalb ändert sich der Leistungsbedarf auch dann, wenn das Leistungsversprechen aus Rechtsgründen, bspw. durch die Rspr., anders gefasst wird als vom Versicherer bei der Kalkulation der Prämie angenommen **(Entwicklungs- bzw. Irrtumsrisiko betreffend die rechtliche Beurteilung des Vertragsinhalts).** In Betracht kommt, dass die Rspr. eine Vertragsbestimmung, die den Umfang des Leistungsbedarfs beeinflusst, anders auslegt als vom Versicherer intendiert,[111] oder eine den Leistungsbedarf begrenzende Vertragsbestimmung, etwa eine tarifmäßige Regelung über Gefahrumstände (vgl. § 158 Abs. 1), für unwirksam erklärt. Im Falle der Unwirksamkeit einer leistungsbegrenzenden AVB-Bestimmung kann der Versicherer das Äquivalenzverhältnis von Leistung und Prämie durch eine Bedingungsanpassung nach § 164 ins Lot bringen. Dabei ist er allerdings den Grundsätzen der ergänzenden Vertragsauslegung unterworfen, sodass die Füllung der Vertragslücke nicht auf eine geltungserhaltende Reduktion der unwirksamen AVB-Bestimmung hinausläuft, sondern ein angemessener Interessenausgleich zwischen den Vertragsparteien gewährleistet ist (→ § 164 Rn. 72). Fraglich ist, ob § 163 in der beschriebenen Konstellation eines **Irrtums über den Inhalt des vertraglichen Leistungsversprechens** (ggf. neben § 164) anwendbar ist. Dann müsste die vertragliche Beschreibung des Leistungsversprechens zu den Rechnungsgrundlagen der vereinbarten Prämien gehören, und es müsste eine Änderung gegenüber diesen Rechnungsgrundlagen auch für den Fall anzunehmen sein, dass die Rspr. den Leistungsumfang nicht nachträglich ändert, sondern lediglich feststellt, welcher Leistungsumfang von Vertragsbeginn an geschuldet ist. Letzteres hindert die Anwendbarkeit von § 163 nach dem zuvor Gesagten (→ Rn. 42) grds. nicht, da diese Regelung auch das bloße Irrtumsrisiko über den Leistungsbedarf erfasst. Problematisch ist jedoch, ob das vertragliche Leistungsversprechen ein Bestandteil der Rechnungsgrundlagen der vereinbarten Prämie iSv § 163 ist. Der für die Erfüllung des Leistungsversprechens kalkulierte Kostenbedarf ist zwangsläufig Bestandteil der Prämienberechnungsformel. Denn die Höhe der vereinbarten Prämie ergibt sich nicht allein aus bestimmten Annahmen über das biometrische Risiko und andere den Leistungsbedarf bestimmende Risiken, sondern ist notwendig auf den **Umfang (Kostenbedarf) des Leistungsversprechens** bezogen. Allerdings spricht vieles dafür, dass der Gesetzgeber bei Abfassung der Regelung nicht das vertragliche Leistungsversprechen als notwendigen Bestandteil der Prämienkalkulation im Auge hatte, sondern nur an das biometrische Risiko dachte. Dafür spricht insbes. § 163 Abs. 1 S. 2. Denn es ist offensichtlich, dass der dort genannte Maßstab eines ordentlichen und gewissenhaften Aktuars für die Frage nach der Erkennbarkeit des Irrtums über den Umfang des vertraglichen Leistungsversprechens nicht passt. Abgesehen hiervon wäre die Anwendbarkeit von § 163 seinem Grundgedanken nach jedoch sachgerecht. Denn danach soll eine für den Versicherer nach objektiven Maßstäben nicht vermeidbare Störung des kalkulierten Verhältnisses zwischen Leistungsbedarf und Prämie – soweit der Versicherer insoweit keine Garantie übernommen hat – nicht einseitig zu Lasten des Versicherers gehen, sondern wegen der langen Laufzeit von Lebensversicherungsverträgen und des Ausschlusses des ordentlichen Kündigungsrechts des Versicherers durch Vertragsanpassung korrigiert werden können.

44   In Betracht zu ziehen ist deshalb – anstelle der zu verneinenden unmittelbaren Anwendbarkeit – eine **analoge Anwendung von § 163,** wobei für den Ausschlusstatbestand von § 163 Abs. 1 S. 2 bezogen auf die unzureichende Kalkulation der Versicherungsleistungen infolge eines **Irrtums über den leistungsbezogenen Vertragsinhalt** nicht auf einen ordentlichen und gewissenhaften Aktuar,

---

[109] *Engeländer* VersR 2000, 274 (281) Fn. 53 bzgl. § 172 VVG aF. Er nimmt nicht den in den technischen Berechnungsgrundlagen berücksichtigten Leistungsbedarf, sondern einen „anfänglich aktuellen (nach bestem Wissen vor Zeit des Vertragsabschlusses) Leistungsbedarf" zum Ausgangspunkt.
[110] Für die Krankenversicherung → § 203 Rn. 826 f.
[111] Bsp. aus dem Bereich der Krankenversicherung BGHZ 154, 154 = VersR 2003, 581, Rechtsprechungsänderung zur Auslegung der Formulierung „medizinisch notwendige Heilbehandlung" in § 1 Abs. 2 S. 1 MB/KK 1976. Bsp. aus dem Bereich der Hinterbliebenenrente mit bejahter Prämienanpassungsbefugnis BGH VersR 2017, 741 zu dem Begriff „Heirat", wonach nicht erst in Jahr 1991 abgeschlossene Rentenversicherung mit einer Witwenrente seit Inkrafttreten des LPartG im Jahre 2001 auch auf den gleichgeschlechtlichen Lebenspartner beziehen kann, wenn der Versicherungsnehmer nachträglich eine eingetragene Lebenspartnerschaft begründet.

sondern auf einen ordentlichen und gewissenhaften Versicherer abzustellen ist. Es versteht sich aber, dass sich der Versicherer über die analoge Anwendung von § 163 nicht etwaigen Nachteilen entziehen kann, die ihn als Folge der Unwirksamkeit einer leistungsbegrenzenden AVB-Bestimmung unter Beachtung des Gebots geltungserhaltender Reduktion auch bei einer Lückenfüllung im Wege der ergänzenden Vertragsauslegung gem. § 164 berechtigt treffen ($\rightarrow$ § 164 Rn. 26a, 71 ff.). Auch diesem Gesichtspunkt lässt sich aber bei analoger Anwendung von § 163 über dessen Abs. 2 Nr. 2 Rechnung tragen, nach dem die neu festgesetzte Prämie nicht nur erforderlich (mit Blick auf die dauernde Erfüllbarkeit der Versicherungsleistung), sondern auch angemessen sein muss ($\rightarrow$ Rn. 55). Eine **analoge Anwendung von § 163 im Falle eines (auch für einen ordentlichen und gewissenhaften Versicherer nicht vermeidbaren) Irrtums über die rechtliche Beurteilung des Umfangs des vertraglich vereinbarten Leistungsbedarfs** kommt somit nur unter sehr engen Voraussetzungen in Betracht. Bei Beachtung dieser engen Voraussetzungen gibt es aber keinen Grund die analoge Anwendung gänzlich zu verwerfen. Denn es ist nicht auszuschließen, dass es im Einzelfall auch und vor allem unter Berücksichtigung der Interessen der Versicherungsnehmer vorzugswürdig sein kann, auf die Unwirksamkeit einer leistungsbegrenzenden AVB-Regelung nicht durch Bedingungsersetzung gem. § 164, sondern durch Prämienanpassung gem. § 163 zu reagieren. In den dargelegten Grenzen erhöht die analoge Anwendung von § 163 mithin die Reaktionsflexibilität, ohne Interessen der Versicherungsnehmer hintanzustellen. Bei der **Krankenversicherung** setzt die einseitige Anpassung *wirksamer* Vertragsbestimmungen durch den Versicherer eine Änderung der Verhältnisse des Gesundheitswesens voraus (§ 203 Abs. 3). Eine Änderung der Verhältnisse des Gesundheitswesens kann auch durch rechtliche Änderungen, sei es Gesetzesänderungen[112] oder Änderungen der Rspr., eintreten.[113] Diese Voraussetzung soll nach der Rspr. des BGH jedoch nicht schon dann erfüllt sein, wenn eine AVB-Bestimmung durch die Rspr. zu Ungunsten des Versicherers ausgelegt wird.[114] Das Argument des BGH, eine erhebliche, die Anpassung geschlossener Verträge rechtfertigende Störung des Äquivalenzverhältnisses liege nicht vor, weil der Irrtum über die richtige Auslegung einer wirksamen AVB-Bestimmung in der Risikosphäre des Versicherers liege, ist jedoch zweifelhaft. Denn ein Unterschied zur Unwirksamkeit einer AVB-Bestimmung besteht insoweit nicht. In beiden Fällen hat es der Versicherer grds. in der Hand, bei der Gestaltung der AVB-Bestimmung für eine eindeutige und sichere Grundlage für die Prämienkalkulation zu sorgen. Für die Ansicht des BGH lässt sich aber ins Feld führen, dass die Auslegung einer AVB-Bestimmung zu Ungunsten des Versicherers regelmäßig nur zu einer geringen Prämienunterdeckung führen wird. Aber auch dies sollte die Anwendbarkeit von § 203 bzw. in der Lebensversicherung von § 163 (analog) nicht ausschließen, da diese Regelungen durch die strengen Voraussetzungen für eine Vertragsanpassung die Interessen der Versicherten hinreichend schützen.

Die Maßgeblichkeit der Rechnungsgrundlagen der *vereinbarten* Prämie bedeutet in zeitlicher Hinsicht, dass die **Rechnungsgrundlagen** maßgebend sind, die **der Erstkalkulation** der Prämie zugrunde gelegt wurden.[115] Denn vereinbart wird die Prämie nur bei Vertragsschluss. Spätere Neufestsetzungen der vereinbarten Prämie nach § 163 führen nicht zu einer vereinbarten Prämie, da die Neufestsetzung durch einseitige Gestaltungserklärung des Versicherers erfolgt. In dem (wohl nur theoretischen[116]) Fall, dass der Versicherer die Rechnungsgrundlagen, die er der Prämienkalkulation zugrunde gelegt hat, gegenüber der Aufsichtsbehörde – in Verletzung der Verpflichtung aus § 143 VAG (§ 13d Nr. 6 VAG aF) – mit unrichtigem Inhalt anzeigt, gelten nicht die fehlerhaft angezeigten, sondern die tatsächlich verwendeten Rechnungsgrundlagen. Die der Erstkalkulation zugrunde gelegten Rechnungsgrundlagen sind für die Feststellung einer Änderung des Leistungsbedarfs dauerhaft maßgebend. Dies gilt auch dann, wenn es um die Neufestsetzung einer Prämie geht, die nach der Erstkalkulation gem. § 163 (oder gemäß der Vorgängerregelung § 172 VVG aF) schon einmal neu festgesetzt worden war. Der Gesetzgeber hat in § 163 Abs. 1 S. 1 Nr. 1 bewusst nicht auf die (berich-

---

[112] Ganz hM → § 203 Rn. 967 mwN.
[113] LG Nürnberg-Fürth VersR 2005, 492; *Werber* FS Lorenz, 2004, 893 (905); *Langheid/Grote* VersR 2003, 1469; *Langheid/Grote*, VersR 2004, 823; *Präve* in Prölss, 12. Aufl. 2005, VAG § 12b Rn. 9, der – bei tendenzieller Zurückhaltung – den Anwendungsbereich von § 178g Abs. 3 S. 1 VVG aF (= § 203 Abs. 3) durch eine Änderung der Rspr. als eröffnet ansieht, wenn diese die Grundlagen der Kalkulation oder sonstige Geschäftsgrundlagen in Frage stellt; *Hohlfeld* in Berliner Kommentar VVG § 178g Rn. 20 spricht von Gesetzesänderungen, ohne Änderungen der Rspr. zu erwähnen; dezidiert gegen das Ausreichen einer Rechtsprechungsänderung *Schünemann* VersR 2004, 817; auch das LG Köln (VersR 2005, 1420 (1421) lässt eine Gesetzes- oder Rechtsprechungsänderung allein nicht genügen, sondern stellt auf Kostensteigerungen infolge der Änderung ab.
[114] BGHZ 175, 28 = VersR 2008, 246; zur Frage einer Prämienanpassung in der Krankenversicherung wegen eines durch die Rspr. geänderten Leistungsversprechens *Werber* FS Lorenz, 2004, 893 (905 ff.).
[115] *Engeländer* VersR 2000, 274 (283).
[116] Vgl. allerdings *Engeländer* VersR 2007, 1297 (1303).

tigten) Rechnungsgrundlagen der zuletzt vorgenommenen Prämienfestsetzung abgestellt. Dies hätte nämlich die Gefahr begründet, dass für die Feststellung einer Änderung des Leistungsbedarfs Rechnungsgrundlagen herangezogen werden, die bei einer vorangegangenen Neufestsetzung der Prämie vom Versicherer unzutreffend berichtigt worden sind, ohne dass dies im Wege der gerichtlichen Kontrolle korrigiert worden wäre. Um dies auszuschließen, wird die Änderung des Leistungsbedarfs über die gesamte Vertragsdauer an den Rechnungsgrundlagen der Erstkalkulation gemessen.[117] Soweit frühere Änderungen des Leistungsbedarfs bereits durch eine in der Vergangenheit erfolgte Prämienneufestsetzung „aufgeholt" wurden, scheidet eine erneute Prämienerhöhung wegen fehlender Erforderlichkeit gem. § 163 Abs. 1 S. 1 Nr. 2 aus.

46 **3. Nicht nur vorübergehende Änderung des Leistungsbedarfs.** Die Änderung des Leistungsbedarfs „gegenüber den Rechnungsgrundlagen", dh insbes. gegenüber der Rechnungsgrundlage „Sterbewahrscheinlichkeit" (zu anderen für den Leistungsbedarf erheblichen Rechnungsgrundlagen → Rn. 35), darf **nicht nur vorübergehend,** muss also **dauerhaft** sein. § 172 Abs. 1 VVG aF formulierte, die Veränderung des Leistungsbedarfs dürfe nicht nur als vorübergehend *anzusehen sein.* Eine sachliche Abweichung hierzu ist mit der neuen Formulierung nicht beabsichtigt[118] und auch nicht verbunden. Ausschlaggebend ist, ob die (bereits eingetretene) Änderung des Leistungsbedarfs **bei objektiver Beurteilung im Zeitpunkt der Prämienanpassung** als eine dauerhafte anzusehen ist (Prognoseentscheidung).[119] Ausgehend von Sinn und Zweck der Regelung kommt es entscheidend darauf an, dass die Änderung des Leistungsbedarfs das vereinbarte Äquivalenzverhältnis für einen so langen Zeitraum stört, dass ohne eine Prämienanpassung die dauernde Erfüllbarkeit der Versicherungsleistung gefährdet ist. Dies schließt nicht aus, dass sich der Leistungsbedarf erst seit kurzer Zeit geändert hat, wenn zu prognostizieren ist, dass die Änderung nicht nur vorübergehend sein wird. Ebenso kann unerheblich sein, dass im Zeitpunkt der Neufestsetzung der Prämie bereits absehbar ist, dass die Änderung des Leistungsbedarfs zu einem unbestimmten zukünftigen Zeitpunkt wieder wegfallen wird, wenn nur das Äquivalenzverhältnis für einen so langen Zeitraum gestört ist, dass ohne eine Prämienanpassung die dauernde Erfüllbarkeit der Versicherungsleistung gefährdet ist.[120] Ob die Änderung des Leistungsbedarfs nicht nur vorübergehend ist, ist iErg aus **Sicht des – sachverständig beratenen – Richters** zu beurteilen. Der Versicherer, der gestützt auf die Annahme des Vorliegens der Voraussetzungen von § 163 Abs. 1 Nr. 1 ein Neufestsetzungsverlangen ausspricht, trägt das Risiko, dass ein Gericht bei der nachträglichen gerichtlichen Kontrolle zu einer anderen Beurteilung gelangt.

47 **4. Nichtvoraussehbarkeit der dauerhaften Änderung des Leistungsbedarfs.** Eine Neufestsetzung der vereinbarten Prämie setzt neben der Änderung des Leistungsbedarfs gegenüber den Rechnungsgrundlagen voraus, dass diese Änderung **im Zeitpunkt der Erstkalkulation nicht voraussehbar** war. Wenn die eingetretene Änderung des Leistungsbedarfs voraussehbar war, hätte der Versicherer dies bei der Kalkulation der vereinbarten Prämie berücksichtigen können und müssen.[121] Deshalb soll er die Folgen seines Fehlers bei der Erstkalkulation nicht im Wege der Neufestsetzung der Prämie auf die Versicherungsnehmer abwälzen dürfen. Der Versicherer trägt also das **Risiko einer objektiv-schuldhaften** (→ Rn. 50, 60), **fehlerhaften Erstkalkulation** ohne spätere Korrekturmöglichkeit.[122]

48 Nach der Wortstellung von § 163 Abs. 1 S. 1 Nr. 1 stehen das Erfordernis der Nichtvoraussehbarkeit und das Erfordernis der Dauerhaftigkeit der Änderung des Leistungsbedarfs selbständig nebeneinander. Danach wäre eine Prämienanpassungsbefugnis des Versicherers stets schon dann ausgeschlossen, wenn die Änderung des Leistungsbedarfs voraussehbar war, also auch dann, wenn der Versicherer im Zeitpunkt der Erstkalkulation davon ausgehen durfte, dass die **voraussehbare Änderung nur vorübergehend sein werde.** Aus aktuarieller Sicht besteht jedoch kein Grund, eine voraussehbare, *nicht* dauerhafte Änderung des Leistungsbedarfs bei der Erstkalkulation der Prämie zu berücksichtigen. Nach Sinn und Zweck ist § 163 Abs. 1 S. 1 Nr. 1 deshalb so zu lesen, dass der Versicherer zu einer Neufestsetzung der vereinbarten Prämie berechtigt ist, wenn sich der Leistungs-

---

[117] *Engeländer* VersR 2000, 274 (280) meint dagegen bezogen auf § 172 VVG aF „bei Vertragsschluss bzw. bei der letzten Prämienanpassung". Die Voraussehbarkeit im Zeitpunkt der letzten Neukalkulation berücksichtigt das VVG nF jedoch in § 163 Abs. 1 S. 2.
[118] Begr. RegE BT-Drs. 16/3945, 99.
[119] *Ortmann* in Schwintowski/Brömmelmeyer/Ebers VVG § 163 Rn. 7; *Langheid/Grote* VersR 2003, 1469 (1472); für die Prämienanpassung in der Krankenversicherung → § 203 Rn. 1011 ff.
[120] → Rn. 48; → § 203 Rn. 1011, 1013.
[121] *Schwintowski* in Berliner Kommentar VVG § 172 Rn. 11.
[122] *Brambach* in HK-VVG § 163 Rn. 19; *Wandt* Änderungsklauseln in Versicherungsverträgen Rn. 58; *Baur* ZIP 1985, 905 (912 f.).

Prämien- und Leistungsänderung 49–53 § 163

bedarf nicht nur vorübergehend gegenüber den Rechnungsgrundlagen der vereinbarten Prämie geändert hat, ohne dass dies bei der Prämienkalkulation voraussehbar war.

Voraussehbar ist nach Sinn und Zweck der Regelung nicht schon jede (entfernte) Möglichkeit 49 einer Änderung des Leistungsbedarfs. Die **Wahrscheinlichkeit des Eintritts einer Änderung des Leistungsbedarfs** muss vielmehr so hoch sein, dass sie nach den aktuariell anerkannten Grundsätzen einer ordnungsgemäßen Kalkulation bei der Berechnung der vereinbarten Prämie hätte berücksichtigt werden müssen. Es bedarf insoweit einer ausreichenden Vergangenheitserfahrung, die valide statistische Aussagen zulässt.[123]

§ 163 Abs. 1 S. 1 Nr. 1 sagt nicht, auf die **Sicht welcher Person** bei der Beurteilung abzustellen 50 ist, ob die Änderung des Leistungsbedarfs im Zeitpunkt der Erstkalkulation voraussehbar war. Aus dem Zusammenhang mit § 163 Abs. 1 S. 2 ergibt sich jedoch, dass es auf die Sicht eines ordentlichen und gewissenhaften Aktuars ankommen muss.[124] Die gesetzlichen Vorgaben für die Prämienkalkulation in der Lebensversicherung (vgl. § 141 VAG (§ 11a VAG aF)) legen es sogar weitergehend nahe, auf das normative Anforderungsprofil **eines ordentlichen und gewissenhaften Verantwortlichen Aktuars** abzustellen. Es ist – um es zugespitzt auszudrücken – nicht auf einen Aktuar abzustellen, der gerade die Aktuarprüfung erfolgreich abgelegt hat, sondern auf einen, der über ausreichende Berufserfahrung iSv § 141 Abs. 1 S. 4 VAG (§ 11a Abs. 1 S. 4 VAG aF) verfügt. Der ordentliche und gewissenhafte Verantwortliche Aktuar ist – vergleichbar der Rechtsfigur des durchschnittlichen Versicherungsnehmers – ein **objektiv-normativer Maßstab**.[125] Maßgebend ist also nicht die Ordentlichkeit und Gewissenhaftigkeit des individuellen verantwortlichen Aktuars, der für das konkrete Versicherungsunternehmen die Erstkalkulation der Prämie vorgenommen hat, sondern der von der Rechtsordnung von jedem Verantwortlichen Aktuar verlangte abstrakte Sollmaßstab, der objektiv-normative Voraussetzung für eine ordnungsgemäße Berufsausübung ist. Es geht um das Vorhersehenkönnen aus der Perspektive der objektiv-normativ bestimmten Rechtsfigur eines ordentlichen und gewissenhaften Verantwortlichen Aktuars und nicht um ein Vorhersehenmüssen iSd Verschuldens eines Individuums.[126]

III. Umfang der Prämienneufestsetzung (Abs. 1 S. 1 Nr. 2 und S. 2)

§ 163 Abs. 1 S. 1 Nr. 2 bestimmt, dass die nach den berichtigten Rechnungsgrundlagen neu 51 festgesetzte Prämie angemessen und erforderlich sein muss, um die dauernde Erfüllbarkeit der Versicherungsleistungen zu gewährleisten. Damit wird – vorbehaltlich S. 2 – die Grundlage und der Umfang der zulässigen Neufestsetzung der Prämie geregelt. Während § 163 Abs. 1 S. 1 Nr. 1 die Voraussetzungen für das Ob einer Neufestsetzung regelt, bestimmt § 163 Abs. 1 S. 1 Nr. 2 die Kriterien für deren Bemessung.

1. Neufestsetzung aufgrund berichtigter Rechnungsgrundlagen. Nach § 163 Abs. 1 S. 1 52 Nr. 2 ist die Prämie nach den berichtigten Rechnungsgrundlagen neu festzusetzen. Der Versicherer hat die **Prämie insgesamt neu festzusetzen.** Die eingetretene Änderung des Leistungsbedarfs führt also nicht zur Beibehaltung der bisherigen Prämie und Addition einer kompensierenden Zusatzprämie.[127]

Die Regelung spricht von einer Neufestsetzung der Prämie nach den berichtigten Rechnungs- 53 grundlagen. Die Verwendung des Plurals ist sachgerecht, weil die Prämie nach Berichtigung der Rechnungsgrundlage(n) für den Leistungsbedarf insgesamt neu festzusetzen ist, was die Heranziehung aller – auch der nicht berichtigten – Rechnungsgrundlagen erfordert. **Berichtigt** werden dürfen jedoch **nur die Rechnungsgrundlagen für den Leistungsbedarf** (→ Rn. 37 f.). Die Änderung anderer, nicht den Leistungsbedarf betreffender Rechnungsgrundlagen ist nicht erlaubt, auch wenn sie im Zeitpunkt der Prämienneufestsetzung als unzutreffend erkannt werden.[128] Der Versicherer kann der Prämienneufestsetzung insbes. **nicht höhere Kostenansätze oder einen höheren Gewinnzuschlag**[129] zwecks Verbesserung der Ertragslage zugrunde legen.[130] Es gibt

---
[123] *Engeländer* VersR 2000, 274 (280).
[124] Nach *Schneider* in Prölss/Martin VVG § 163 Rn. 8 soll der Maßstab eines sorgfältigen Versicherers gelten.
[125] *Schneider* in Prölss/Martin VVG § 163 Rn. 8; *Reich* in BeckOK VVG VVG § 163 Rn. 4.
[126] Der Verweis auf § 276 BGB (vgl. zB *Krause* in Looschelders/Pohlmann VVG § 163 Rn. 25) ist deshalb missverständlich.
[127] *Engeländer* VersR 2000, 274 (281).
[128] *Ortmann* in Schwintowski/Brömmelmeyer/Ebers VVG § 163 Rn. 8 ff.; *Krause* in Looschelders/Pohlmann VVG § 163 Rn. 27.
[129] *Engeländer* VersR 2000, 274 (281); *Brambach* in HK-VVG § 163 Rn. 17; *Schneider* in Prölss/Martin VVG § 163 Rn. 9.
[130] *Brambach* in HK-VVG § 163 Rn. 17; *Schneider* in Prölss/Martin VVG § 163 Rn. 9; *Krause* in Looschelders/Pohlmann VVG § 163 Rn. 27.

keine Gründe für die Annahme, dass der Versicherer anlässlich der notwendigen Berichtigung der Rechnungsgrundlagen für den Leistungsbedarf auch befugt sein sollte, andere „unrichtige" Rechnungsgrundlagen zu berichtigen. Eine so weitgehende Befugnis hat der Gesetzgeber ersichtlich nicht gewollt. Auch für die Vorgängerregelung § 172 Abs. 1 aF, die mit der Neuregelung inhaltlich übernommen werden sollte,[131] war anerkannt, dass nur die Rechnungsgrundlagen für den Leistungsbedarf berichtigt werden dürfen.[132] Anderenfalls hätte sich der Reformgesetzgeber im Rahmen von S. 2 auch nicht auf das Verbot der Korrektur einer Fehlkalkulation gerade der Versicherungsleistungen beschränkt, sondern die Korrektur jeglicher Fehlkalkulation untersagt. Denn es wäre nicht einleuchtend, die Korrektur einer Fehlkalkulation der Versicherungsleistung, nicht aber die Korrektur von Fehlkalkulationen anderer Rechnungsgrundlagen zu verbieten.

54 Die Berichtigung der Rechnungsgrundlage(n) für den Leistungsbedarf beschränkt sich nicht darauf, die bereits eingetretene (nicht vorhergesehene) Änderung des Leistungsbedarfs einzurechnen. Vielmehr kann es nach den anerkannten versicherungsmathematischen Grundsätzen geboten sein, den Parameter „Rechnungsgrundlage für den Leistungsbedarf" **unter Berücksichtigung eines aktuell festzustellenden Trends neu zu bestimmen** (aber auch zum Kriterium der Erforderlichkeit der Prämienneufestsetzung → Rn. 55 ff.). Für die Sterbewahrscheinlichkeit stellen die Versicherer bei der Prämienkalkulation regelmäßig auf die Sterbetafeln der Deutschen Aktuarvereinigung eV (DAV) ab.[133] Ein Versicherer kann jedoch auf versicherungsmathematisch gesicherter Grundlage eine unternehmensindividuelle Sterbetafel zugrunde legen, bspw. wegen seines spezifischen Bestandes eine geringere **Sicherheitsmarge** ansetzen. Wenn sich die unternehmensindividuell angenommene Sterbewahrscheinlichkeit im Zeitpunkt der Prämienneufestsetzung wegen der gegenüber der DAV-Sterbetafel geringeren Sicherheitsmarge als unzureichend erweist, kann die Berichtigung der Rechnungsgrundlage auch darin bestehen, dass nunmehr auf die DAV-Sterbetafeln mit höherer Sicherheitsmarge übergegangen wird.[134] Ausgeschlossen ist dies gem. § 163 Abs. 1 S. 2 nur dann, wenn die bisherige Rechnungsgrundlage für den Leistungsbedarf vermeidbar unzureichend kalkuliert war (→ Rn. 42). Nach aA zu § 172 VVG aF soll das bei der Erstkalkulation der Prämie eingerechnete Sicherheitsniveau betr. die biometrischen Risiken weder bei der Feststellung einer Änderung des Leistungsbedarfs gegenüber den Rechnungsgrundlagen (Abs. 1 S. 1 Nr. 1; → Rn. 41) noch bei der Berichtigung der Rechnungsgrundlage für den Leistungsbedarf (Abs. 1 S. 1 Nr. 2) berücksichtigt werden.[135] Ausgehend vom Sinn und Zweck von § 163 ist es jedoch überzeugender, die Sicherheitsmarge für das biometrische Risiko als Bestandteil der Rechnungsgrundlage für den Leistungsbedarf anzusehen und diese Sicherheitsmarge bei der Prämienneufestsetzung ggf. auch zu erhöhen, wenn sie in diesem Zeitpunkt mit Blick auf die Gewährleistung der dauernden Erfüllbarkeit der Versicherungsleistung als zu niedrig anzusehen ist. Hierfür spricht auch, dass § 163 Abs. 1 S. 1 Nr. 2 nicht bloß die Erfüllbarkeit der Versicherungsleistung, sondern die *dauernde* Erfüllbarkeit zum Maßstab nimmt.

55 **2. Erforderlichkeit zur dauernden Erfüllbarkeit der Versicherungsleistung und Angemessenheit.** Der Versicherer darf die Prämie unter Zugrundelegung der berichtigten Rechnungsgrundlage(n) für den Leistungsbedarf nur neu festsetzen, soweit dies **angemessen und erforderlich** ist, um die dauernde Erfüllbarkeit der Versicherungsleistung (das Gesetz verwendet den Singular, → Rn. 56) zu gewährleisten. Der **Sinn dieser zusätzlichen Voraussetzungen** erschließt sich nur schwierig. Ginge es nur darum, dass der Versicherer die Prämie auf der Grundlage der berichtigten Rechnungsgrundlagen für den Leistungsbedarf neu berechnet, hätte § 163 wesentlich einfacher wie folgt formuliert werden können: „Der Versicherer ist zu einer Neufestsetzung der vereinbarten Prämie insoweit berechtigt, als sich der Leistungsbedarf nicht nur vorübergehend und nicht voraussehbar gegenüber den Rechnungsgrundlagen der vereinbarten Prämie geändert hat". Ein so begrenzter Regelungsgehalt ist aber offensichtlich nicht gewollt. Die Neufestsetzung der Prämie erfolgt also nicht in der Weise, dass der Versicherer die der Erstkalkulation zugrunde gelegte Prämienberechnungsformel ausschließlich im Parameter „Rechnungsgrundlage für den Leistungsbedarf" berichtigt und iÜ unverändert anwendet. Andererseits ist der Versicherer nach allgemeiner Meinung aber nicht auch berechtigt, auch diejenigen Rechnungsgrundlagen zu verändern, die nicht den Leistungsbedarf betreffen, also bspw. im Zuge der Neufestsetzung der Prämie gegenüber der bisherigen Kalkulation höhere Kostenansätze oder einen veränderten Rechnungszins zugrunde zu legen (→ Rn. 53). Der Sinn der zusätzlichen Tatbestandsvoraussetzungen der Angemessenheit und Erforderlichkeit liegt

---

[131] Begr. RegE BT-Drs. 16/3945, 99.
[132] *Schwintowski* in Berliner Kommentar VVG § 172 Rn. 12; *Kollhosser* VersR 2003, 807.
[133] Zur Herleitung der Sterbetafel DAV 2008 T für Lebensversicherungen mit Todesfallcharakter s. https://aktuar.de/Dateien_extern/DAV/LV/UT_LV_14.pdf.
[134] *Brambach* in HK-VVG § 163 Rn. 17 f.
[135] *Engeländer* VersR 2000, 274 (281).

deshalb in der **Begrenzung der Befugnis des Versicherers,** die Prämienhöhe zu verlangen, die sich in Anwendung der im Parameter „Rechnungsgrundlage für den Leistungsbedarf" berichtigten **Prämienberechnungsformel** ergeben würde. Die so errechnete Prämienhöhe ist das **theoretische Maximum.** Der Versicherer darf die Prämie tatsächlich jedoch nur dann in dieser maximalen Höhe festsetzen, wenn dies angemessen und erforderlich ist, um die dauernde Erfüllbarkeit der Versicherungsleistung zu gewährleisten.

Eine **Prämienhöhe, welche die dauernde Erfüllbarkeit der Versicherungsleistung(en) 56 gewährleistet,** verlangt auch § 138 VAG (§ 11 VAG aF) sowie § 141 Abs. 5 Nr. 1 VAG (§ 11a Abs. 3 Nr. 1 VAG aF) hinsichtlich der Aufgabenbeschreibung des Verantwortlichen Aktuars (vgl. auch die Eingriffsbefugnisse der Aufsichtsbehörde gem. §§ 137 Abs. 2; 307 Abs. 1 VAG (§§ 81b Abs. 2a; 83a Abs. 1 Nr. 3 VAG aF)). Die Feststellung, welche Prämienhöhe **erforderlich** ist, um die dauernde Erfüllbarkeit der Versicherungsleistung zu gewährleisten, setzt versicherungsmathematischen Sachverstand voraus. Als Tatbestandsvoraussetzung von § 163 obliegt die Feststellung letztlich aber den Gerichten, die sich insoweit Sachverständigen (insbes. Aktuaren) bedienen. Es ist nicht zu sehen, dass hinsichtlich der Feststellung, welche Prämienhöhe erforderlich ist, um die dauernde Erfüllbarkeit der Versicherungsleistung zu gewährleisten, für § 163 andere **Kriterien** maßgebend sein könnten als für das **Versicherungsaufsichtsrecht.** Dies gilt ungeachtet des Unterschieds, dass das Aufsichtsrecht anders als § 163 keinen Individualschutz bezweckt, sondern auf den Schutz aller Versicherten bzw. in Sondersituationen auf den Schutz aller Versicherten eines bestimmten Kollektivs gerichtet ist. Insbes. ist nicht ersichtlich, dass mit der Verwendung des Singulars in § 163 Abs. 1 S. 1 Nr. 2 („dauernde Erfüllbarkeit der *Versicherungsleistung*" im Gegensatz zu „Versicherungsleistungen" in § 163 Abs. 1 S. 2 und den VAG-Vorschriften) eine auf den Einzelvertrag individualisierte Feststellung vorgeschrieben werden sollte. Dies würde den versicherungstechnischen Gegebenheiten der Prämienkalkulation, die auch bei der Neufestsetzung der Prämie Beachtung verlangen, nicht gerecht.

Es liegt in der **begrenzenden Funktion des Tatbestandsmerkmals der Erforderlichkeit, 57** dass der Versicherer gehalten sein kann, mit der neu festzusetzenden Prämienhöhe unter dem Maximum der Prämienhöhe zu bleiben, die sich in Anwendung der im Parameter „Rechnungsgrundlage für den Leistungsbedarf" berichtigten Prämienberechnungsformel ergeben würde (→ Rn. 53), nämlich wenn die *dauernde* Erfüllbarkeit der Versicherungsleistungen auch bei einer niedrigeren Prämienhöhe gewährleistet ist. Dies setzt aber voraus, dass im Zeitpunkt der Neukalkulation mit Sicherheit gesagt werden kann, dass bestimmte andere Kalkulationselemente der Prämie, wie die **Kostenansätze oder Sicherheitsmargen** so hoch bemessen sind, dass sie abgeschmolzen werden könnten, ohne die dauernde Erfüllbarkeit der Versicherungsleistungen zu gefährden. Dies wird nur ganz ausnahmsweise der Fall sein.[136] Bei einer Abschmelzung zu hoher Kostenansätze wäre zu berücksichtigen, dass der Versicherer bei den Kostenansätzen im besonderen Maße auf Sicherheitsmargen angewiesen ist, weil ihm § 163 wegen nicht voraussehbarer Veränderungen dieser Rechnungsgrundlage keine Prämienanpassungsbefugnis gibt (→ Rn. 35).

Die neue Prämienhöhe muss nicht nur den berichtigten Rechnungsgrundlagen für den Leis- **58** tungsbedarf (→ Rn. 53 f.) entsprechen und in ihrer Höhe erforderlich sein, um die dauernde Erfüllbarkeit der Versicherungsleistung zu gewährleisten, sondern sie muss darüber hinaus auch **angemessen** sein. Die Vorgängerregelung § 172 Abs. 1 S. 1 VVG aF nannte die Angemessenheit nicht als unmittelbare Voraussetzung für die Prämienneufestsetzung, sondern nur im Zusammenhang mit dem unabhängigen Treuhänder, der die Voraussetzungen für die Prämienneufestsetzung überprüfen und deren Angemessenheit bestätigen musste. Die Gesetzesbegründung zu § 163[137] führt hierzu aus: Dem Treuhänder sei nicht wie einer Verwaltungsbehörde ein eigenes Ermessen einzuräumen, sondern er sei auf die Prüfung der gesetzlichen Voraussetzungen zu beschränken. Schon unter der Geltung der Vorgängerregelung sei die Angemessenheit eine, wenn auch ungeschriebene, so doch unmittelbare Voraussetzung für die Prämienneufestsetzung gewesen. Die Angemessenheit ersetze das billige Ermessen, das der Versicherer einhalten müsste, wenn er die neue Prämie nach § 315 BGB festsetzen könnte. Dies werde nun durch die Fassung von § 163 Abs. 1 S. 1 Nr. 2 klargestellt. Im Schrifttum wird teils eine Identität mit der Angemessenheit versicherungsmathematischer Annahmen im Sinne von § 138 VAG angenommen.[138] Teils wird weiterreichend formuliert, die Ermessensspielräume des Versicherers bewegten sich nur noch im Rahmen der anerkannten Grundsätze der Versicherungsmathematik, die auch für die Ausfüllung des Begriffes der Angemessenheit heranzuziehen seien.[139] **Stellungnahme:** Ungeachtet der nunmehr im Gesetzestext klargestellten gesetzgeberi-

---

[136] Für eine unbedingte Beibehaltung der ursprünglichen Sicherheitsmargen *Engeländer* VersR 2000, 274 (281 f.); wohl auch *Krause* in Looschelders/Pohlmann VVG § 163 Rn. 27.
[137] Begr. RegE BT-Drs. 16/3945, 99.
[138] *Reich* in BeckOK VVG § 163 Rn. 5 f.
[139] *Grote* in Langheid/Rixecker VVG § 163 Rn. 1.

schen Konzeption bleibt unklar, welchen Bedeutungsgehalt die Angemessenheit neben der Erforderlichkeit der Prämienhöhe zur Gewährleistung der dauernden Erfüllbarkeit der Versicherungsleistung hat. Der Rekurs der Gesetzesbegründung auf § 315 BGB, wonach die einseitige Leistungsbestimmung durch eine Vertragspartei *im Zweifel* nach billigem Ermessen zu erfolgen hat, erscheint jedenfalls verfehlt, weil § 163 die Kriterien der Prämienneufestsetzung explizit benennt. Insgesamt ist ein eigenständiger Wirkungsbereich des Kriteriums der Angemessenheit nur mit großer Mühe auszumachen. Denn eine Prämienerhöhung, die zur Gewährleistung der dauernden Erfüllbarkeit der Versicherungsleistung erforderlich ist und für die wegen § 163 Abs. 1 S. 2 feststeht, dass sie nicht dem Ausgleich eines vermeidbaren Kalkulationsfehlers dient, ist grds. angemessen.[140] Dennoch hat das **Kriterium der Angemessenheit des § 163 eigenständige Bedeutung** gegenüber der Angemessenheit versicherungsmathematischer Annahmen im Sinne von § 138 VAG.[141] Die Angemessenheit versicherungsmathematischer Annahmen ist – wie § 138 VAG zeigt – eine Untervoraussetzung der erforderlichen Prämie zur dauernden Erfüllbarkeit der Versicherungsleistungen. § 163 verlangt dagegen kumulativ die Erforderlichkeit und die Angemessenheit. Dies bringt die Gesetzesbegründung zu § 163 – trotz ihrer Unschärfen bezüglich der Ausführungen zu § 315 BGB – hinreichend zum Ausdruck.[142] Die eigenständige Bedeutung entfaltet sich in **besonderen Konstellationen,** in denen eine Neufestsetzung der Prämie über das Kriterium der Angemessenheit auf bestimmte Versichertenkollektive zu beschränken ist. Wenn bspw. die Änderung des Leistungsbedarfs auf bestimmte erhöhte Risiken begrenzt ist, die bei Vertragsschluss mit Risikozuschlägen belegt werden (→ Rn. 31), dann ist es angemessen, nur die betroffenen Risikozuschläge (Risikozuschlagsgruppen) anzupassen. Eine Prämienneufestsetzung kann bspw. auch unangemessen sein, wenn der veränderte Leistungsbedarf darauf beruht, dass eine leistungsbegrenzende AVB-Bestimmung für unwirksam erklärt wurde (→ Rn. 43), die dadurch eingetretene Störung des Äquivalenzverhältnisses zwischen Versicherungsleistung und Prämie aber angemessener im Wege der Bedingungsersetzung nach § 164 beseitigt wird.

59   **3. Keine erkennbar unzureichende bisherige Kalkulation der Versicherungsleistungen.** Nach § 163 Abs. 1 S. 2 ist eine Neufestsetzung der Prämie **insoweit** ausgeschlossen, als die Versicherungsleistungen zum Zeitpunkt der Erst- oder Neukalkulation unzureichend kalkuliert waren und ein ordentlicher und gewissenhafter Aktuar dies insbes. anhand der zu diesem Zeitpunkt verfügbaren statistischen Kalkulationsgrundlagen hätte erkennen müssen. Mit dieser Regelung wird die für die Krankenversicherung geltende Regelung des § 155 Abs. 3 S. 4 VAG (§ 12b Abs. 2 S. 4 VAG aF),[143] auf die § 203 Abs. 2 S. 4 für die Prämienanpassung in der Krankenversicherung verweist, für die Lebensversicherung übernommen. Mit ihr soll ausgeschlossen werden, dass der Versicherer die Folgen einer erkennbar unzureichenden Erst- oder Neukalkulation nachträglich im Wege einer Neufestsetzung der Prämie auf die Versicherten abwälzt.[144] Die Anwendung des **Ausschlusstatbestandes des § 163 Abs. 1 S. 2** ist nur und erst dann zu prüfen, wenn die in Abs. 1 S. 1 Nr. 1 statuierte Einstiegsvoraussetzung für eine Prämienneufestsetzung erfüllt ist. Wenn feststeht, dass eine nicht nur vorübergehende und im Zeitpunkt der Erstkalkulation nicht voraussehbare Änderung des Leistungsbedarfs gegenüber den Rechnungsgrundlagen der vereinbarten Prämie gegeben ist, darf der Versicherer – vorbehaltlich des § 163 Abs. 1 S. 2 – die Prämie in der Höhe neu festsetzen, die angemessen und erforderlich ist, um die dauernde Erfüllbarkeit der Versicherungsleistung zu gewährleisten (Abs. 1 S. 1 Nr. 2). Diese Befugnis wird jedoch durch § 163 Abs. 1 S. 2 noch weiter eingeschränkt. Der Versicherer soll die Prämienneufestsetzung nicht dazu nutzen können, die Prämie anlässlich einer nicht voraussehbaren Änderung des Leistungsbedarfs so weit zu erhöhen, dass auch eine frühere, vermeidbare Fehlkalkulation der Versicherungsleistungen ausgeglichen wird. Eine solche vermeidbare Fehlkalkulation soll dauerhaft zu Lasten des Versicherers gehen.[145]

---

[140] IdS *Langheid/Grote* VersR 2003, 1469 (1474).
[141] AA *Reich* in BeckOK VVG § 163 Rn. 5 f.
[142] Begr. RegE BT-Drs. 16/3945, 99.
[143] Eingefügt durch Art. 14 Nr. 4 Buchst. B des GKV-Gesundheitsreformgesetzes 2000 v. 2.12.1999 (BGBl. I S. 2626), vgl. Begr. RegE BT-Drs. 14/1245, 122, beruhend auf der Empfehlung der Unabhängigen Expertenkommission zur Untersuchung der Problematik steigender Beiträge der privat Krankenversicherten im Alter, BT-Drs. 13/4945; zu § 155 Abs. 3 S. 4 VAG (§ 12b Abs. 2 S. 4 VAG aF) vgl. die Kommentierungen von *Präve* in Prölss, 12. Aufl. 2005, VAG § 12b Rn. 13; *Kaulbach* in Fahr/Kaulbach/Bähr/Pohlmann, 5. Aufl. 2012, VAG § 12b Rn. 18 ff.
[144] Begr. RegE BT-Drs. 16/3945, 99; *Brambach* in HK-VVG § 163 Rn. 14; *Wandt* VersR Rn. 1292; rechtspolitisch zust. → § 203 Rn. 875; krit. dagegen *Rudolph* in Bach/Moser MB/KK § 8b Rn. 29.
[145] Begr. RegE BT-Drs. 14/1245, 122, zum gleichlautenden § 155 Abs. 3 S. 4 VAG (§ 12b Abs. 2 S. 4 VAG aF). *Grote* in Langheid/Rixecker VVG § 163 Rn. 13 will in Ausnahmefällen eine Prämienanpassung zu Lasten der Versicherungsnehmer auch bei vermeidbaren Kalkulationsfehlern zulassen.

Eine **unzureichende Kalkulation** der Versicherungsleistungen *im Zeitpunkt der Erst- oder* 60
Neukalkulation liegt nur dann vor, wenn die Versicherungsleistungen zum damaligen Zeitpunkt bei einem Vorgehen *lege artis* anders zu kalkulieren gewesen wären.[146] Die gesetzlichen Anforderungen an eine zureichende (Gesamt-)Prämienkalkulation ergeben sich aus § 138 VAG (§ 11 VAG aF). Danach sind der Kalkulation angemessene versicherungsmathematische Annahmen zugrunde zu legen, und die Prämien sind so hoch zu bemessen, dass das Versicherungsunternehmen allen seinen Verpflichtungen nachkommen, insbes. für die Einzelverträge ausreichende Deckungsrückstellungen bilden kann. Die Versicherungsleistungen sind im Zeitpunkt ihrer Kalkulation zureichend kalkuliert, wenn der Kalkulation angemessene versicherungsmathematische Annahmen über den Leistungsbedarf zugrunde gelegt worden sind. Bei der Formulierung „angemessene versicherungsmathematische Annahmen" handelt es sich um unbestimmte Rechtsbegriffe, deren Konkretisierung der Lehre und iErg der Rspr. obliegen. Die zugrunde gelegten versicherungsmathematischen Annahmen sind – bezogen auf das Kalkulationsziel der Prognose des zukünftigen Leistungsbedarfs, welche die später eintretende Realität möglichst genau treffen soll – sachgerecht abstrakt auszuwählen und sachgerecht konkret zu bestimmen.[147] Die *lege artis* vorzunehmende (Erst- oder Neu-) Kalkulation der Versicherungsleistungen kann erfordern, dass die Kalkulation bestandsspezifischen Besonderheiten dadurch Rechnung trägt, dass von branchenbezogen angemessenen versicherungsmathematischen Annahmen abgewichen wird (zB von den DAV-Sterbetafeln).[148] **Objektiv-normativer Maßstab für die lege artis-Kalkulation ist ein ordentlicher und gewissenhafter (Verantwortlicher) Aktuar** (→ Rn. 50).[149] Der Rekurs auf Ordentlichkeit und Gewissenhaftigkeit macht deutlich, dass es nicht darum geht, was ein einzelner Aktuar hätte beachten können, sondern darum, was er nach den Regeln seines Faches hätte beachten müssen. Die Regelung des § 163 Abs. 1 S. 2 ist deshalb in gewisser Weise redundant, wenn sie fordert, dass eine *im Zeitpunkt der Erst- oder Neukalkulation* unzureichende Kalkulation der Versicherungsleistungen gegeben sein muss, und zusätzlich verlangt, dass ein ordentlicher und gewissenhafter Aktuar die unzureichende Kalkulation der Versicherungsleistungen nicht hätte erkennen müssen. Die Regelung wäre deshalb besser wie folgt formuliert worden: „Eine Neufestsetzung der Prämie ist insoweit ausgeschlossen, als ein ordentlicher und gewissenhafter Aktuar zum Zeitpunkt der Erst- oder einer Neukalkulation insbes. anhand der verfügbaren statistischen Kalkulationsgrundlagen hätte erkennen müssen, dass die Versicherungsleistungen unzureichend kalkuliert sind."

Nach § 163 Abs. 1 S. 2 kann die Erkennbarkeit der unzureichenden Kalkulation insbes. aufgrund 61 der zu diesem Zeitpunkt verfügbaren statistischen Kalkulationsgrundlagen gegeben sein. Die Formulierung „insbesondere" entspringt gesetzgeberischer Vorsicht. Sie beruht darauf, dass Kalkulationsfehler auch auf der Grundlage fehlerfreier und aktueller statistischer Kalkulationsgrundlagen erfolgen können, bspw. infolge eines bloßen Rechenfehlers. Entgegen aA konkretisiert die Regelung von S. 2 nicht lediglich die **Voraussehbarkeit iSv S. 1 Nr. 1**,[150] sondern hat eigenständige Bedeutung. Die Voraussehbarkeit iSv S. 1 Nr. 1, für die es allein auf den Zeitpunkt der Erstkalkulation ankommt, bezieht sich auf die später konkret eingetretene dauerhafte Änderung des Leistungsbedarfs (→ Rn. 47). Dagegen schadet gem. S. 2 jede objektiv-schuldhafte Fehlkalkulation der Versicherungsleistungen, unabhängig von der Ursache und unabhängig von ihrem Zeitpunkt („zum Zeitpunkt der Erst- oder Neukalkulation").

Unerheblich ist, ob die **Fehlkalkulation** der Versicherungsleistungen **bei der Erstkalkulation** 62 der vereinbarten Prämie **oder bei einer vorangegangenen Neukalkulation** erfolgt war. Bei der gerichtlichen Überprüfung der aktuellen Prämienneufestsetzung können über den Ausschlusstatbestand des § 163 Abs. 1 S. 2 deshalb *alle* früheren Kalkulationen des Tarifs auf den Prüfstand kommen. Dieser Regelungsinhalt wäre durch die Formulierung „zum Zeitpunkt der Erst- oder *einer* Neukalkulation", wie sie § 155 Abs. 3 S. 4 VAG (§ 12b Abs. 2 S. 4 VAG aF) verwendet, klarer zum Ausdruck gebracht worden (zur Überprüfung und Bestätigung durch den unabhängigen Treuhänder

---

[146] Zur Zulässigkeit nach Veröffentlichung neuer Sterbetafeln die auf alten Rechnungsgrundlagen basierenden Tarife kurzzeitig beizubehalten: *Brambach* in HK-VVG § 163 Rn. 14 f.
[147] Zu den anerkannten versicherungsmathematischen Grundsätzen *Zwiesler* in Basedow/Schwark/Schwintowski, Informationspflichten – Europäisierung des Versicherungswesens – Anerkannte Grundsätze der Versicherungsmathematik, VersWissStud Bd. 2, 1995, S. 155 ff. sowie *Vieweg* in Basedow/Schwark/Schwintowski, Informationspflichten – Europäisierung des Versicherungswesens – Anerkannte Grundsätze der Versicherungsmathematik, VersWissStud Bd. 2, 1995, S. 163 ff.
[148] *Ortmann* in Schwintowski/Brömmelmeyer/Ebers VVG § 163 Rn. 15; *Brambach* in HK-VVG § 163 Rn. 14; *Gerwins* Der Aktuar 1996, 84 (86).
[149] IErg ebenso *Schneider* in Prölss/Martin VVG § 163 Rn. 12, der mit Blick auf Sinn und Zweck von § 163 zutreffend für eine enge Auslegung des Ausschlusses plädiert.
[150] So aber *Krause* in Looschelders/Pohlmann VVG § 163 Rn. 26.

→ Rn. 77 ff.). – Bezogen auf Bestandskunden besteht an sich kein Schutzbedürfnis, wenn der Versicherer bei einer Neukalkulation des Tarifs gem. § 163 die Versicherungsleistungen unzureichend kalkuliert. Denn dies hat nur zur Folge, dass der Versicherer die Prämie in geringerem Maße erhöht, als er es bei zutreffender Kalkulation gem. § 163 dürfte. Schutzbedürftig sind aber die Neukunden, die ihre Verträge auf Basis der unzureichenden Prämienneukalkulation abschließen. Wegen des Gleichbehandlungsgebots des § 138 Abs. 2 VAG (§ 11 Abs. 2 VAG aF) schützt § 163 iErg alle Versicherten gleichermaßen.

IV. Mitwirkung eines unabhängigen Treuhänders bzw. der Aufsichtsbehörde (Abs. 1 S. 1 Nr. 3 und Abs. 4)

63 **1. Überblick.** Weitere Voraussetzung für eine Neufestsetzung der vereinbarten Prämie ist nach § 163 Abs. 1 Nr. 3, dass ein **unabhängiger Treuhänder**[151] die Rechnungsgrundlagen und die Voraussetzungen von Abs. 1 Nr. 1, 2 überprüft und bestätigt hat. Die Mitwirkung des Treuhänders ist ausnahmsweise nicht erforderlich, wenn die Neufestsetzung der Prämie oder die Herabsetzung der Versicherungsleistung der **Genehmigung der Aufsichtsbehörde** bedarf (§ 163 Abs. 4).[152] Davon erfasst werden Verträge, die vor dem 29.7.1994 bzw. – aufgrund von Art. 16 § 6 S. 2 des 3. DurchfG/EWG zum VAG – vor dem 31.12.1994 geschlossen worden sind,[153] sowie Verträge mit Pensions- und Sterbekassen, für die das vor der Deregulierung bestehende Erfordernis aufsichtsbehördlicher Genehmigung mangels gemeinschaftsrechtlich anderer Vorgaben beibehalten wurde (§§ 9 Abs. 2 Nr. 2, 219 Abs. 3 Nr. 1, 234 VAG; §§ 5 Abs. 3 Nr. 2 Hs. 2, 118b VAG aF).[154]

64 In der amtlichen Begründung zu § 178g VVG aF wird die Einschaltung des unabhängigen Treuhänders als ein „neues Instrumentarium" bezeichnet, das als Ersatz für die Genehmigung durch die Aufsichtsbehörde diene, die bis zu der im Jahre 1994 erfolgten Deregulierung des Versicherungsaufsichtsrechts erforderlich war.[155] Die **Funktion des Treuhänders** ist als Kontrolle durch einen von den Parteien des Versicherungsvertrags unabhängigen Dritten zu charakterisieren.[156] Diese Kontrolle ist geeignet, den Schutz von Versicherungsnehmern zu stärken, und zwar unabhängig davon, dass die Wirksamkeit einer Prämienanpassung gerichtlich voll überprüfbar ist.[157] Der Treuhänder ist nicht Vertreter der Versicherungsnehmer im rechtsgeschäftlichen Sinne.[158] Er wahrt nur mittelbar ihre Interessen, indem er die Rechnungsgrundlagen und die Voraussetzungen für die Prämienneufestsetzung überprüft und bestätigt.[159] Der Treuhänder unterliegt nicht der Versicherungsaufsicht und ist der Aufsichtsbehörde gegenüber nicht berichts- oder auskunftspflichtig,[160] anders als der Prämientreuhänder in der Krankenversicherung gem. § 155 Abs. 3 S. 5, Abs. 4 S. 3 VAG (§ 12b Abs. 1 S. 5, Abs. 2a S. 3 VAG aF). Das **Aufsichtsrecht** (§ 157 Abs. 1, 2 iVm § 142 VAG; § 12b Abs. 3, 4 VAG iVm § 11b VAG aF) enthält jedoch (weitgehend) detaillierte Regelungen über persönliche und fachliche Anforderungen an den Treuhänder, über seine Unabhängigkeit sowie über das Bestellungsverfahren (→ Rn. 70).

---

[151] Zu der Erwägung analog der Schreibweise des Begriffs „Verantwortlicher Aktuar" die Bedeutung des unabhängigen Treuhänders gleichfalls durch die Großschreibung als „Unabhängiger Treuhänder" hervorzuheben, → § 203 Rn. 504.

[152] So schon § 172 Abs. 1 S. 3 aF.

[153] Bedenken gegen die Richtlinienkonformität äußern *Römer* in Römer/Langheid, 2. Aufl. 2003, VVG § 172 Rn. 8; *Präve* ZfV 1994, 168 (171 f.); allg. auch *Claus* ZfV 1994, 110 (112).

[154] *Schneider* in Prölss/Martin VVG § 163 Rn. 11; *Krause* in Looschelders/Pohlmann VVG § 163 Rn. 31; *Römer* in Römer/Langheid, 2. Aufl. 2003, VVG § 172 Rn. 8, *Wandt* VersR Rn. 1292; *Kollhosser* VersR 2003, 808; *Lorenz* VersR 2001, 1146; *Präve* ZfV 1994, 168 (171).

[155] Begr. RegE BT-Drs. 12/6959, 105.

[156] *Präve* in Prölss/Dreher VAG § 155 Rn. 3; *Entzian* NVersZ 1998, 65 (66) „unabhängige Instanz"; zu Funktion und Stellung des Treuhänders *Boetius* VersR 2007, 1589; *Grote* Rechtsstellung S. 708 ff.; *Langheid/Grote* NVersZ 2002, 49.

[157] Abzulehnen ist die Ansicht von *Göertz* in Kaulbach/Bähr/Pohlmann VAG § 142 Rn. 5, dass die gerichtliche Kontrolle die Institution des Treuhänders letztlich entbehrlich mache.

[158] *Grote* Rechtsstellung S. 492; *Wandt* in Beckmann/Matusche-Beckmann VersR-HdB § 11 Rn. 63; *Schünemann* JZ 2002, 134 (136 f.); vgl. jedoch die nicht klar differenzierenden Formulierungen von *Hohlfeld* in Berliner Kommentar VVG § 178g Rn. 10; *Künzel* VersR 1996, 148 (149); *Renger* VersR 1994, 1257; *Präve* in Prölss/Dreher VAG § 142 Rn. 26; zurückhaltend *Prölss* in Prölss/Martin, 27. Aufl. 2004, VVG § 178g Rn. 29.

[159] *Krause* in Looschelders/Pohlmann VVG § 163 Rn. 31; für den unabhängigen Treuhänder in der substitutiven Krankenversicherung BGHZ 220, 297 = VersR 2019, 283; BVerwGE 109, 87 (93 f.) = VersR 1999, 1001 (1003) = NVersZ 1999, 463 (464).

[160] *Präve* in Prölss/Dreher VAG § 142 Rn. 28; *Renger* VersR 1994, 1257 (1260).

Hinsichtlich des unabhängigen Treuhänders enthält § 203 für die Krankenversicherung eine 65 weitgehend parallele Regelung. Im Aufsichtsrecht verweist § 142 S. 2 VAG für den Treuhänder in der Lebensversicherung deshalb auch auf die Regelung des § 157 VAG über den Treuhänder in der Krankenversicherung. Über Grundfragen zum Treuhänder in der Krankenversicherung, insbes. zur Bedeutung des Begriffes „unabhängig", hat der **BGH** in 2019 entschieden.[161] Diese **Grundsatzentscheidung zum Treuhänder in der Krankenversicherung** ist wegen der – insoweit bestehenden – Parallelität der Regelungen **auf die Lebensversicherung zu übertragen**[162] (→ Rn. 73).

Die Überprüfung und Bestätigung durch einen unabhängigen Treuhänder im Falle von 66 § 163 Abs. 4 die Genehmigung der Aufsichtsbehörde sind **zivilrechtliche Wirksamkeitsvoraussetzungen** für die Prämienneufestsetzung.[163] Wenn diese Voraussetzungen im Zeitpunkt der Mitteilung der Vertragsänderung nach § 163 Abs. 3 nicht vorliegen, führt die Mitteilung nicht zu der beabsichtigten Vertragsänderung. Die Treuhänderbeteiligung bzw. Genehmigung der Aufsichtsbehörde ist nicht mit rückwirkender Kraft nachholbar.[164]

Den Versicherer trifft die vertragliche Nebenpflicht, dem Versicherungsnehmer auf seine Nach- 67 frage den **Namen und die ladungsfähige Anschrift des Treuhänders zu benennen**[165] (nicht aber schon in der Mitteilung nach Abs. 3 → Rn. 87). Der Versicherungsnehmer hat insoweit typischerweise ein berechtigtes Interesse, um die Eignung des Treuhänders im Vorfeld einer gerichtlichen Auseinandersetzung mit dem Versicherer oder um haftungsrechtliche Ansprüche gegen den Treuhänder prüfen zu können. Eine Haftung des Treuhänders (über die Grundsätze des Vertrags mit Schutzwirkung für Dritte oder aus Delikt) kommt allerdings nur unter außergewöhnlichen Umständen in Betracht.[166] Solange der Versicherer seiner vertraglichen Auskunftspflicht nicht nachgekommen ist, hat der Versicherungsnehmer hinsichtlich des Erhöhungsbetrages der Prämie ein Zurückbehaltungsrecht.[167]

2. Bestellung des Treuhänders und aufsichtsrechtliche Anforderungen. Eine zivilrecht- 68 lich wirksame Überprüfung und Bestätigung durch einen unabhängigen Treuhänder iSv § 163 Abs. 1 S. 1 Nr. 3 liegt nur dann vor, wenn der Treuhänder **vom Versicherer** durch ein vertretungsberechtigtes Organ[168] bzw. durch eine vertretungsberechtigte Person **bestellt** worden ist. Dies folgt unmittelbar aus einer sachgerechten Auslegung von § 163 Abs. 1 S. 1 Nr. 3. § 111 Abs. 4 AktG und § 189 Abs. 3 S. 1 VAG sind zu beachten. Die **Bestellung** des Treuhänders erfolgt durch einseitiges Rechtsgeschäft des Versicherers, das zum Wirksamwerden der Zustimmung des Treuhänders bedarf.[169] Der Treuhänder ist Privatperson mit rechtsgeschäftlich und gesetzlich bestimmten Befugnissen; er ist keine Behörde und hat keine behördlichen Befugnisse.[170]

Vom Bestellungsverhältnis zu unterscheiden ist der **schuldrechtliche Geschäftsbesorgungs-** 69 **vertrag,** den der Treuhänder mit dem Versicherer abschließt und der insbes. die Vergütung des Treuhänders regelt.[171] Eine Unwirksamkeit des Geschäftsbesorgungsvertrags berührt – anders als die Bestellung durch einen Nichtvertretungsberechtigten – die Wirksamkeit der Treuhänderbestätigung nicht. Dies ergibt sich aus den allgemeinen Grundsätzen über die Trennung der Wirksamkeit einer ordnungsgemäßen Bestellung und der Wirksamkeit des der Bestellung zugrunde liegenden Rechtsverhältnisses.[172] Unter besonderen Voraussetzungen kann die **Aufsichtsbehörde** den Treuhänder selbst aussuchen und bestellen (§ 157 Abs. 2 S. 4 VAG, § 12b Abs. 4 S. 4 VAG aF).[173]

---

[161] BGHZ 220, 297 = VersR 2019, 283.
[162] Vgl. *Grote* in Langheid/Rixecker VVG § 163 Rn. 18.
[163] Vgl. *Boetius* r+s 2021, 11 (15 f. zu § 203 Abs. 2 VVG).
[164] *Schwintowski* in Berliner Kommentar VVG § 172 Rn. 20 geht von einer Nachholbarkeit aus, ohne den Wirkungszeitpunkt zu präzisieren.
[165] *Grote* in Langheid/Rixecker VVG § 163 Rn. 19; *Brambach* in HK-VVG § 163 Rn. 25; *Präve* in Prölss/Dreher VAG § 142 Rn. 26 mwN; zu § 203: OLG Köln r+s 2020, 31; OLG Stuttgart VersR 2007, 639; LG Essen VersR 2019, 1203; *Franz* VersR 2020, 449 (454).
[166] VerBAV 1995, 338; *Genwins* Der Aktuar 1996, 84 (85); für die Krankenversicherung OLG Stuttgart VersR 2007, 639.
[167] Für die Krankenversicherung OLG Stuttgart VersR 2007, 639 (640).
[168] *Präve* in Prölss/Dreher VAG § 142 Rn. 13 mwN.
[169] *Grote* ZVersWiss 2002, 621 (624).
[170] *Präve* in Prölss/Dreher VAG § 142 Rn. 6 und 13.
[171] *Grote* Rechtsstellung S. 486; *Wandt* in Beckmann/Matusche-Beckmann VersR-HdB § 11 Rn. 63; *Kirsch* VersR 2003, 1072 (1078); *Prölss* in Prölss/Martin, 27. Aufl. 2004, VVG § 178g Rn. 18a; *Präve* in Prölss/Dreher VAG § 142 Rn. 13.
[172] *Präve* in Prölss/Dreher VAG § 142 Rn. 13; *Franz/Frey* in BeckOK VAG § 157 Rn. 13; *Grote* ZVersWiss 2002, 621 (624 f.).
[173] → § 203 Rn. 509 ff.; → § 203 Rn. 518.

70 Zweifelhaft und umstritten ist, ob die **Einhaltung der aufsichtsrechtlichen Erfordernisse des § 157 Abs. 1, 2 VAG** (§ 12b Abs. 3, 4 VAG aF) zivilrechtliche Wirksamkeitsvoraussetzung der Prämienneufestsetzung ist. Nach **§ 157 Abs. 2 S. 1 VAG** (§ 12b Abs. 4 S. 1 VAG aF) muss der Versicherer den in Aussicht genommenen Treuhänder *vor der Bestellung* der Aufsichtsbehörde benennen und dabei diejenigen Tatsachen angeben, die für die Beurteilung der in § 157 VAG (§ 12b Abs. 3 VAG aF) verlangten Zuverlässigkeit, fachlichen Eignung und Unabhängigkeit des Treuhänders sowie der dort festgesetzten Regelhöchstzahl von Mandaten wesentlich sind. Nach **§ 157 Abs. 1 S. 1, 2 VAG** (§ 12b Abs. 3 S. 1, 2 VAG aF) darf zum Treuhänder nur bestellt werden, wer – außer unabhängig, → Rn. 73 – zuverlässig und fachlich geeignet ist,[174] wobei die fachliche Eignung ausreichende Kenntnisse auf dem Gebiet der Prämienkalkulation in der Lebensversicherung voraussetzt.[175] Nach **§ 157 Abs. 1 S. 3, 4 VAG** (§ 12b Abs. 3 S. 3, 4 VAG aF) darf ein Treuhänder grds. nicht für mehr als zehn Versicherungsunternehmen oder Pensionsfonds als (Prämien- oder Bedingungs-) Treuhänder oder Verantwortlicher Aktuar tätig sein; die Aufsichtsbehörde kann eine höhere Zahl von Mandaten zulassen. Über die **zivilrechtliche Relevanz** dieser aufsichtsrechtlichen Regelungen ist mit Blick auf die Schutzzwecke von § 163, insbes. von Abs. 1 S. 1 Nr. 3, zu entscheiden. Danach erscheint es überzogen, jedes aufsichtsrechtliche Erfordernis zugleich als zivilrechtliche Wirksamkeitsvoraussetzung zu begreifen. Andernfalls wäre die zivilrechtliche Wirksamkeit einer Prämienneufestsetzung bereits zu verneinen, wenn das Versicherungsunternehmen der Aufsichtsbehörde zwar wesentliche Tatsachen zur Beurteilung von § 156 Abs. 2 VAG (§ 12 Abs. 3 VAG aF) genannt hat, aber *eine* Tatsache (versehentlich) nicht mitgeteilt wurde. Auch erscheint es verfehlt, die zivilrechtliche Wirksamkeit einer Prämienneufestsetzung zu verneinen, wenn die Aufsichtsbehörde gem. § 157 Abs. 2 S. 4 VAG (§ 12b Abs. 4 S. 4 VAG aF) ausnahmsweise selbst den Treuhänder aussucht und bestellt und dieser Treuhänder sich danach als – schon im Zeitpunkt der Bestellung – unzuverlässig oder nicht hinreichend fachlich geeignet erweist. Bei der Auslegung von § 163 ist zu berücksichtigen, dass die Überprüfung und Bestätigung durch den Treuhänder als unabhängigen Dritten zwar dogmatisch (auch) Vertragsrecht ist, im Gesamtsystem von Versicherungsvertrags- und Versicherungsaufsichtsrecht jedoch in erster Linie ausgelagertes Aufsichtsrecht darstellt (vgl. insoweit auch die Parallelnorm § 142 VAG, § 11b VAG aF).[176] Die Überprüfung durch den Treuhänder soll dafür sorgen, dass rechtswidrige Prämienanpassungen bereits im Vorfeld der laufenden Aufsicht und der (Zivil-) Gerichte erkannt und verhindert werden.[177] Die vorgezogene Überprüfung durch den Treuhänder dient in gewisser Weise auch dem Schutz des Versicherers (und seiner Versicherungsnehmer) vor der hohen Kostenbelastung, die mit der Rechtswidrigkeit einer Prämienneufestsetzung verbunden ist. Unter Berücksichtigung von Sinn und Zweck des § 163 Abs. 1 S. 1 Nr. 3 und der Gewährleistung der Praktikabilität dieser Regelung sollte deshalb zwischen schwerwiegenden Bestellungsmängeln, welche die zivilrechtliche Unwirksamkeit der Treuhändertätigkeit zur Folge haben, und lediglich aufsichtsrechtlich relevanten Verstößen unterschieden werden.[178]

71 Ein **zur zivilrechtlichen Unwirksamkeit führender schwerwiegender Bestellungsmangel** liegt vor, wenn – entgegen dem Gesamtverständnis der versicherungsvertraglichen und aufsichtsrechtlichen Regelungen[179] – anstelle einer natürlichen Person eine juristische Person als unabhängiger Treuhänder bestellt wurde.[180]

72 **Nur aufsichtsrechtlich relevant** ist dagegen bspw. die Nichtangabe von Tatsachen, die für die aufsichtsbehördliche Beurteilung der in § 157 Abs. 1 VAG (§ 12b Abs. 3 VAG aF) verlangten Zuverlässigkeit, fachlichen Eignung und Unabhängigkeit des Treuhänders sowie der dort festgesetzten Regelhöchstzahl von Mandaten wesentlich sind. Im Falle der Nichtangabe obliegt es der Aufsichtsbehörde, die zivilrechtliche Bestellung des benannten Treuhänders zu verhindern. Das Gebot, nur einen zuverlässigen und fachlich geeigneten Treuhänder zu bestellen, richtet sich an das bestel-

---

[174] Vgl. zu den aufsichtsrechtlichen Anforderungen *Franz/Frey* in BeckOK/VAG § 157 Rn. 17 ff.
[175] *Schwintowski* in Berliner Kommentar VVG § 172 Rn. 16; *Grote* Rechtsstellung S. 479 f., 482 ff.; *Drews* VW 2002, 450 f.; *Präve* VersR 1995, 733 (738); *Gerwins* Der Aktuar 1996, 84; für den Bedingungstreuhänder *Kirsch* VersR 2003, 1072 (1077).
[176] *Grote* ZVersWiss 2002, 621 (628); *Grote* Rechtsstellung S. 419.
[177] → § 203 Rn. 502.
[178] Undifferenziert für zivilrechtliche Relevanz BGHZ 159, 323 (326 ff.) = VersR 2004, 991 (992); *Voit* in Prölss/Martin VVG § 203 Rn. 25; *Grote* in Langheid/Rixecker VVG § 163 Rn. 10; dagegen wohl generell für alleinige aufsichtsrechtliche Relevanz *Krause* in Looschelders/Pohlmann VVG § 163 Rn. 31 „Die rechtlichen Grundlagen sowie die Anforderungen an die Person des Treuhänders sind aufsichtsrechtlicher Natur"; speziell für alleinige aufsichtsrechtliche Relevanz einer unzureichenden fachlichen Eignung *Marko* in HK-VVG, 3. Aufl. 2015, § 203 Rn. 22.
[179] AllgM *Präve* in Prölss/Dreher VAG § 142 Rn. 25 mwN; *Gerwins* Der Aktuar 1996, 84; *Drews* VW 2002, 450; *Präve* VersR 1995, 733 (737).
[180] → § 203 Rn. 560.

lende Versicherungsunternehmen (bzw. im Ausnahmefall von § 157 Abs. 2 S. 4 VAG (§ 12b Abs. 4 S. 4 VAG aF) an die Aufsichtsbehörde). Zivilrechtlich relevant ist allein, dass das Versicherungsunternehmen durch Benennung des Treuhänders vor seiner Bestellung eine Überprüfung seiner Zuverlässigkeit und fachlichen Eignung ermöglicht. Das tatsächliche Vorliegen der dem Gewerberecht eigenen ausfüllungsbedürftigen Kriterien der Zuverlässigkeit und fachlichen Eignung des bestellten Treuhänders ist ausschließlich als Voraussetzung eines aufsichtsbehördlichen Einschreitens nach § 157 Abs. 2 VAG (§ 12b Abs. 4 VAG aF) anzusehen.[181] Das Einverständnis der Aufsichtsbehörde mit dem vom Versicherer benannten Treuhänder (s. § 157 Abs. 2 S. 2 VAG) ist ebenfalls keine zivilrechtliche Wirksamkeitsvoraussetzung.[182] Auch die Nichteinhaltung der in §§ 142, 157 Abs. 1 S. 3, 4 VAG (§§ 11b, 12b Abs. 3 S. 3, 4 VAG aF) gesetzlich festgelegten, bzw. aufsichtsbehördlich bestimmten Höchstzahl der Mandate hat nur aufsichtsrechtliche Relevanz → § 203 Rn. 529.[183]

3. Insbesondere: Unabhängigkeit des Treuhänders. Der Treuhänder muss **rechtlich und** 73 **wirtschaftlich unabhängig** sein (s. §§ 142, 157 Abs. 2 S. 2 VAG). Die Unabhängigkeit soll gewährleisten, dass der Treuhänder nicht durch Abhängigkeiten zum Versicherer zu einer nicht ordnungsgemäßen Erfüllung seiner Aufgaben veranlasst wird. Die Unabhängigkeit des Treuhänders ist nach einer Grundsatzentscheidung des BGH zur Krankenversicherung **kein von den Zivilgerichten zu prüfendes materielles Tatbestandsmerkmal.**[184] Diese Grundsatzentscheidung zur Regelung des § 203 über den Treuhänder in der Krankenversicherung beansprucht – ungeachtet von normativen Detailunterschieden – sachlich auch Geltung für den unabhängigen Treuhänder in der Lebensversicherung. Die wesentliche Begründung des BGH lautet: Ausgehend vom Wortlaut des § 203, der Systematik der gesetzlichen Regelung, ihrer Entstehungsgeschichte, ihrem Sinn und Zweck sowie unter Berücksichtigung der verfassungsrechtlichen Anforderungen an die Gewährleistung eines effektiven Rechtsschutzes bezeichne der „unabhängige Treuhänder" lediglich diejenige Person, die nach den Bestimmungen des Versicherungsaufsichtsgesetzes (VAG) für diese Aufgabe bestellt worden ist, ohne dass der Gesetzgeber dadurch ein materiell-rechtliches Tatbestandsmerkmal habe schaffen wollen.[185] Das **BVerfG** hat diese Auslegung des einfachen Rechts überzeugend bestätigt.[186] Die gesetzgeberische Grundentscheidung der Vorabkontrolle durch einen unabhängigen Dritten ist auch durch die Auslegung des BGH noch gewahrt. Die Auslegung des BGH beruht auch auf einer vertretbaren Anwendung der anerkannten Methoden der Gesetzesauslegung. Insoweit ist insbes. zu berücksichtigen, dass es – wie der BGH betont – auf den objektivierten Willen des Gesetzgebers ankommt und dass der Gesetzgeber des VVG den Begriff der Unabhängigkeit zwar verwendet, aber keiner gesetzlichen Inhaltsbestimmung zugeführt hat, sondern dies offensichtlich dem VAG überlässt.

Die Anforderungen an die Unabhängigkeit sind auch im VAG nicht abschließend bestimmt. 74 **§ 157 Abs. 1 S. 1 VAG** (§ 12b Abs. 3 S. 1 VAG aF) benennt lediglich **Regelbeispiele,** in denen eine Abhängigkeit unwiderleglich vermutet wird. Danach darf der Treuhänder *insbesondere* keinen Anstellungsvertrag oder sonstigen Dienstvertrag mit dem Versicherungsunternehmen oder einem mit diesem verbundenen Unternehmen abgeschlossen haben oder aus einem solchen Vertrag noch Ansprüche gegen das Unternehmen besitzen. Dienstvertrag iSv § 157 Abs. 1 S. 1 VAG (§ 12b Abs. 3 S. 1 VAG aF) meint die Erbringung von Dienstleistungen in abhängiger Stellung. Von diesem Regelbeispiel nicht erfasst wird ein Geschäftsbesorgungsvertrag iSv § 675 BGB (Rechtsanwaltsvertrag, Wirtschaftsprüfervertrag etc). Auch bei einem Geschäftsbesorgungsvertrag kann jedoch eine **wirtschaftliche Abhängigkeit** bestehen. Hinsichtlich der Feststellung einer wirtschaftlichen Abhängigkeit aufgrund rechtlich nicht abhängiger Tätigkeit wird von einer Ansicht die Heranziehung von § 319 Abs. 3 S. 1 Nr. 5 HGB befürwortet.[187]

---

[181] → § 203 Rn. 561 f.; *Ortmann* in Schwintowski/Brömmelmeyer/Ebers VVG § 163 Rn. 12; *Krause* in Looschelders/Pohlmann VVG § 163 Rn. 31; aA vor BGHZ 220, 297 = VersR 2019, 283: *Prölss* in Prölss/Martin, 27. Aufl. 2004, VVG § 178g Rn. 17; *Präve* in Prölss/Dreher VAG § 142 Rn. 12 und 19; *Renger* VersR 1994, 1257 (1259), zu § 178g Abs. 3 VVG aF.

[182] *Präve* in Prölss/Dreher VAG § 142 Rn. 12.

[183] Aufgabe der in der Vorauflage dieses Kommentars (Rn. 59) iErg vertretenen Qualifikation als zivilrechtliche Wirksamkeitsvoraussetzung.

[184] BGHZ 220, 297 = VersR 2019, 283 = NJW 2019, 919 mAnm *Rolfs*; ebenso zB OLG Köln BeckRS 2020, 2918 Rn. 85; LG Köln VersR 2020, 91; LG Wiesbaden BeckRS 2020, 4385; LG Aurich VersR 2020, 1035; LG Stuttgart VersR 2020, 92; LG Arnsberg VersR 2019, 1409; LG Frankfurt VersR 2019, 1548; aA LG Potsdam r+s 2019, 274 (276) mAnm *Rogler* = VersR 2019, 1205; *Schneider* in Prölss/Martin VVG § 163 Rn. 10.

[185] Vgl. *Grote* Rechtsstellung S. 505 f.

[186] BVerfG r+s 2021, 36.

[187] Vorschlag von *Präve* in Prölss/Dreher VAG § 142 Rn. 24; zust. *Prölss* in Prölss/Martin, 27. Aufl. 2004, VVG § 178g Rn. 16; *Drews* VW 2002, 450 (453 f.); strenger *Kirsch* VersR 2003, 1072 (1078), die jede Tätigkeit als Rechtsanwalt für den Versicherer als schädlich erachtet.

Danach darf als Abschlussprüfer nicht bestellt werden, wer in den letzten fünf Jahren jeweils mehr als dreißig vom Hundert der Gesamteinnahmen aus seiner beruflichen Tätigkeit von der zu prüfenden Kapitalgesellschaft und von Unternehmen, an denen die zu prüfende Kapitalgesellschaft mehr als zwanzig vom Hundert der Anteile besitzt, erhalten hat. Nach der Regelung des § 319 HGB ist zusätzlich erforderlich, dass die Einnahmen auch im laufenden Geschäftsjahr zu erwarten sind. Gegen die Heranziehung von § 319 Abs. 3 S. 1 Nr. 5 HGB wird aber überzeugend eingewandt, dass dessen Kriterien an juristischen Personen ausgerichtet sind, während der VVG-Treuhänder aber eine natürliche Person ist.[188] Die Unabhängigkeit fehlt jedenfalls dann, wenn der Treuhänder eine bedeutende Beteiligung iSv §§ 16, 7 Nr. 3 VAG (§ 7a Abs. 2 VAG aF) am Versicherungsunternehmen hält.[189] Frühere Angestellte oder Vorstände des Versicherers scheiden als unabhängige Treuhänder gem. § 157 Abs. 1 S. 1 VAG (§ 12b Abs. 3 S. 1 VAG aF) regelmäßig wegen fortbestehender Versorgungsansprüche aus.[190] Grundsätzlich ist der Ansicht zu folgen, nach der in der Gesamtschau diejenigen Umstände zu identifizieren und zu gewichten sind, die zu einer wesentlichen Nähe zum Versicherer führen und den Treuhänder in eine „arbeitnehmerähnliche Stellung" bringen könnten.[191]

75 Der **Geschäftsbesorgungsvertrag** zwischen Versicherer und Treuhänder (→ Rn. 69) betrifft nur das Grundverhältnis. Dieser Vertrag berührt die rechtliche Unabhängigkeit des Treuhänders nicht, denn ihm ist es gestattet, den Versicherer beim bestellten Treuhänder Weisungen hinsichtlich seiner Tätigkeit nach § 163 Abs. 1 S. 1 Nr. 3 zu erteilen.[192] Allein der Umstand, dass der Treuhänder aufgrund des Geschäftsbesorgungsvertrags vom Versicherer eine Vergütung für seine Treuhändertätigkeit erhält, nimmt diesem nicht seine wirtschaftliche Unabhängigkeit.[193]

76 Das Bestehen von **Versicherungsverträgen** zwischen dem Treuhänder und dem Versicherer beeinträchtigt die Unabhängigkeit grds. nicht.

77 **4. Umfang der Überprüfung und Bestätigung durch den Treuhänder.** Der Treuhänder hat die Rechnungsgrundlagen und das **Vorliegen der Voraussetzungen des § 163 Abs. 1 S. 1 Nr. 1, 2** zu überprüfen und zu bestätigen. Bereits für die Überprüfung von Nr. 1 und 2 muss der Treuhänder weitreichend die Rechnungsgrundlagen in den Blick nehmen. Nr. 3 verpflichtet ihn unabhängig davon, die Rechnungsgrundlagen zu überprüfen und zu bestätigen. Damit wird zum Ausdruck gebracht, dass der Treuhänder im Hinblick auf die Voraussetzungen der Prämienneufestsetzung *alle* Rechnungsgrundlagen zu überprüfen hat. Im Rahmen der Angemessenheit und Erforderlichkeit der neu festgesetzten Prämie sind deshalb auch die *nicht* den Leistungsbedarf betreffenden Rechnungsgrundlagen in den Blick zu nehmen (→ Rn. 57).

78 Der Treuhänder hat grds. **nicht zu überprüfen** und zu bestätigen, dass die Neufestsetzung der Prämie nicht (teilweise oder vollständig) nach **§ 163 Abs. 1 S. 2** ausgeschlossen ist.[194] § 163 Abs. 1 S. 1 Nr. 3 erwähnt den Ausschlusstatbestand S. 2 aus gutem Grund nicht. Denn anderenfalls hätte der Treuhänder bei jeder Neufestsetzung der Prämie stets jede vorangegangene Neukalkulation auf vermeidbare Kalkulationsfehler zu überprüfen, unabhängig davon, dass diese ihrerseits schon durch unabhängige Treuhänder überprüft und bestätigt worden ist. Auch die Systematik von § 163 Abs. 1 spricht dagegen, S. 1 Nr. 3 auf S. 2 zu erstrecken. Dies gilt grds. auch, wenn es um die erste Neukalkulation nach der Erstkalkulation geht. Der Treuhänder wird die Überprüfung von § 163 Abs. 1 S. 1 Nr. 1, 2 allerdings nur erfüllen können, wenn er sich über die Erstkalkulation kundig macht. Stellt er im Rahmen seiner Prüfung fest, dass die Erstkalkulation objektiv-vermeidbar fehlerhaft war, dann darf er insoweit die Angemessenheit der Prämienneufestsetzung nicht bestätigen. Entsprechendes gilt, wenn es nicht um die erste Prämienneufestsetzung nach der Erstkalkulation handelt, sondern der vom Treuhänder aktuell zu beurteilenden Neufestsetzung bereits eine treuhänderbestätigte Neufestsetzung voraus ging. Erkennt der Treuhänder oder muss sich ihm aufgrund

---

[188] *Brand* in Brand/Baroch Castellvi VAG § 157 Rn. 7, 23; *Franz/Frey* in BeckOK VAG § 157 Rn. 35a; *Voit* VersR 2017, 727 (729); *Thüsing/Jänsch* VersR 2018, 837 (840 ff.).

[189] *Präve* in Prölss/Dreher VAG § 142 Rn. 24; *Grote* Rechtsstellung S. 490.

[190] *Göertz* in Kaulbach/Bähr/Pohlmann VAG § 157 Rn. 5.

[191] *Franz/Frey* in BeckOK VAG § 157 Rn. 35a unter Hinweis auf *Buchholz* VersR 2005, 866; *Thüsing/Jänsch* VersR 2018, 837 (846); vgl. auch *Brand* FS Schwintowski, 2017, 19 (33; Treuhänder sei abhängig, wenn er seinen gewöhnlichen Lebensunterhalt nicht ohne die Bezüge aus der Treuhändervergütung bestreiten kann).

[192] *Grote* Rechtsstellung S. 486; *Kirscht* VersR 2003, 1072 (1078); *Prölss* in Prölss/Martin, 27. Aufl. 2004, VVG § 178 Rn. 18a; *Präve* in Prölss/Dreher VAG § 142 Rn. 13.

[193] *Ortmann* in Schwintowski/Brömmelmeyer/Ebers VVG § 163 Rn. 14; *Grote* Rechtsstellung S. 485; → Rn. 73.

[194] AA *Ortmann* in Schwintowski/Brömmelmeyer/Ebers VVG § 163 Rn. 11; *Grote* in Langheid/Rixecker VVG § 163 Rn. 11.

Evidenz aufdrängen, dass die Voraussetzungen von S. 2 erfüllt sind, darf er die Angemessenheit der Prämienneufestsetzung kraft seines Amtes als Wahrer der Interessen der Versicherten nicht bestätigen.

Damit der Treuhänder die ihm obliegende Überprüfung durchführen kann, ist der Versicherer 79 aufgrund des Geschäftsbesorgungsvertrags verpflichtet, dem Treuhänder neben den ursprünglichen und berichtigten Rechnungsgrundlagen alle zu ihrer Beurteilung nötigen **statistischen Herleitungen und Nachweise** vorzulegen.[195] Da seine Überprüfung und Bestätigung nicht auch die Fehlerfreiheit vorangegangener Prämienneufestsetzungen umfasst (→ Rn. 78), müssen ihm grds. nicht auch die Rechnungsgrundlagen und statistischen Herleitungen und Nachweise aller vorangegangenen, von früheren Treuhändern bereits überprüften und bestätigten Prämienneufestsetzungen vorgelegt werden.[196] Ausnahmsweise kann jedoch ein Anspruch des Treuhänders auf Vorlage begründet sein, wenn der Treuhänder bereits über substantiierte Anhaltspunkte für eine Fehlkalkulation iSv § 163 Abs. 1 S. 2 verfügt (→ Rn. 78).

Der Treuhänder hat **keine eigene Ermessens- oder Gestaltungsbefugnis**.[197] Kommt er zu 80 dem Ergebnis, dass die Voraussetzungen für eine Prämienneufestsetzung vorliegen, ist er aufgrund des Geschäftsbesorgungsvertrags mit dem Versicherer schuldrechtlich zur Bestätigung verpflichtet. Verletzt der Treuhänder diese Pflicht schuldhaft, haftet er gem. § 280 Abs. 1 BGB auf Schadensersatz.[198] Kommt er umgekehrt zu dem Ergebnis, dass die neu festgesetzte Prämienhöhe iSv § 163 Abs. 1 S. 1 Nr. 2 nicht angemessen und erforderlich ist oder eine andere Voraussetzung fehlt, muss er die Bestätigung der ihm zur Prüfung vorgelegten Prämienneufestsetzung zwingend ablehnen. Er kann die ihm zur Prüfung gegebene Vorlage des Versicherers über die Prämienneufestsetzung nicht aus eigener Befugnis so ändern, dass er zur Bestätigung bereit wäre. In der Praxis hat der Treuhänder gleichwohl *mittelbar* großen gestalterischen Einfluss auf die Prämienneufestsetzung, weil seine vom Versicherer abweichende Beurteilung den Versicherer häufig zu einem Nachjustieren der vorgesehenen Prämienneufestsetzung veranlassen wird.

5. Form und Inhalt der Bestätigung durch den Treuhänder. § 163 Abs. 1 S. 1 Nr. 3 81 verlangt für die Bestätigung des Treuhänders keine bestimmte Form. Dabei dürfte es sich jedoch um ein Redaktionsversehen handeln. In sachgerechter Auslegung der Vorschrift ist deshalb **Schrift- oder Textform** der Bestätigung zu verlangen.[199]

§ 163 verlangt seinem Wortlaut nach auch nicht, dass der Treuhänder den Gegenstand und die 82 Art und Weise seiner Überprüfung dokumentiert und die Bestätigung begründet. Auch die Auslegung der Vorschrift unter Berücksichtigung von Sinn und Zweck der Regelung führt nicht dazu, die Wirksamkeit der Treuhändertätigkeit – über den Wortlaut der Regelung hinausgehend – von einer Dokumentation der Überprüfung und von einer Begründung der Bestätigung abhängig zu machen.[200] Eine **Dokumentation der Überprüfung** erscheint verzichtbar, da der Treuhänder die Überprüfung und deren Ergebnis bestätigt. Eine **Begründung der Bestätigung** des Treuhänders ist – auch aus Sicht des Treuhänders im Hinblick auf eine mögliche Haftung – sinnvoll und wünschenswert.[201] Das hierfür vorgebrachte Argument, die Begründung des Treuhänders könne bei einer späteren gerichtlichen Überprüfung als antizipiertes Sachverständigengutachten dienen,[202] hat allerdings wenig Überzeugungskraft. Denn bei einer gerichtlichen Überprüfung wird regelmäßig ein mit dem Treuhänder nicht identischer Sachverständiger bestellt werden. Sachlich hilfreich wäre in jedem Falle nur eine substantielle Begründung. Es fehlt jedoch an gesetzlichen Vorgaben dazu, welchen Inhalt eine solche Begründung haben muss, um als hinreichend substantielle Begründung zu gelten. Der Gesichtspunkt der Rechtssicherheit, der bei einem Massenverfahren wie einer Prämi-

---

[195] *Grote* Rechtsstellung S. 514; *Engeländer* VersR 2000, 274 (282 f.); für die Krankenversicherung BVerwGE 109, 87 (91) = VersR 1999, 1001 (1002).
[196] OLG Celle VersR 2008, 1198 (1199), hinsichtlich der Prämienanpassung in der Krankenversicherung gem. § 178g Abs. 2 VVG aF.
[197] Begr. RegE BT-Drs. 16/3945, 99; *Reich* in BeckOK VVG § 163 Rn. 7; *Ortmann* in Schwintowski/Brömmelmeyer/Ebers VVG § 163 Rn. 12; *Krause* in Looschelders/Pohlmann VVG § 163 Rn. 31; *Brömmelmeyer* in Beckmann/Matusche-Beckmann VersR-HdB § 42 Rn. 103; *Grote* Rechtsstellung S. 532 ff.; *Kirscht* VersR 2003, 1072 (1078); *Engeländer* VersR 2000, 274 (282 f.); für eine Prämienanpassung in der Krankenversicherung nach altem Recht (§ 178g VVG aF) bejahte *Renger* VersR 1995, 866 (874) dagegen ein eigenes Ermessen des Treuhänders.
[198] *Langheid/Grote* NVersZ 2002, 49 (53).
[199] AA gestützt auf den Wortlaut → § 203 Rn. 601, zu § 203. *Präve* in Prölss/Dreher VAG § 142 Rn. 10 empfiehlt die Schriftform jedenfalls aus Beweisgründen.
[200] *Präve* in Prölss/Dreher VAG § 142 Rn. 10.
[201] *Präve* in Prölss/Dreher VAG § 142 Rn. 10; *Grote* Rechtsstellung S. 622 f.; *Grote* ZVersWiss 2002, 621 (628); *Drews* VW 2002, 450 (452).
[202] *Grote* ZVersWiss 2002, 621 (628).

enneufestsetzung besonderes Gewicht hat, spricht deshalb dafür, die Begründung nicht – über den Wortlaut von § 163 hinausgehend – zur Wirksamkeitsvoraussetzung zu machen.[203] Zu der Pflicht des Versicherers, in der Mitteilung der Vertragsänderung die hierfür maßgeblichen Gründe anzugeben → Rn. 86.

C. Befugnis des Versicherers zur Herabsetzung der Versicherungsleistung (Abs. 2 S. 2)

83 Im Falle einer **prämienfreien Versicherung** (§ 165) ist der Versicherer unter den Voraussetzungen des Abs. 1 (s. oben B.) berechtigt, die **Versicherungsleistung entsprechend § 163 Abs. 1 S. 1 Nr. 2 herabzusetzen** (zur Ausübung dieser Befugnis, → Rn. 85 f.). Da bei einer prämienfreien Versicherung eine Prämienzahlungsverpflichtung des Versicherungsnehmers nicht (mehr) besteht, soll der Versicherer das Äquivalenzverhältnis durch Absenkung der Versicherungsleistung wiederherstellen können. Der Gesetzgeber hat davon abgesehen, dem Versicherungsnehmer eine (neuerliche) Prämienlast zum Ausgleich der nicht kalkulierten höheren Versicherungsleistungen zuzumuten, insbes. weil der Versicherungsnehmer sich im Regelfall einer prämienfreien Versicherung nach § 165 schon zuvor gegen eine andauernde Prämienzahlungsverpflichtung entschieden hat. Es steht den Vertragsparteien allerdings frei, anstelle der gesetzlich zulässigen Leistungskürzung eine neu aufzunehmende Prämienzahlung (in entsprechend geringer Höhe) zu vereinbaren.[204]

84 Bei einer Versicherung gegen Zahlung einer **Einmalprämie** ist § 163 Abs. 2 S. 2 entgegen der hM[205] nicht analog anzuwenden. Anders als bei einer prämienfreien Versicherung kann hier nämlich nicht typischerweise davon ausgegangen werden, dass der Versicherungsnehmer nicht über hinreichende Finanzmittel verfügt und einer Prämienanpassung nach Abs. 1 nicht ausgesetzt sein soll. Deshalb wird den Interessen des Versicherungsnehmers besser Rechnung getragen, wenn § 163 Abs. 1 zur Anwendung kommt. Der Versicherungsnehmer kann dann gem. § 163 Abs. 2 S. 1 frei entscheiden, ob er anstelle der (einmaligen) Prämiennachforderung des Versicherers eine Leistungskürzung verlangt.[206] Bei einer analogen Anwendung von § 163 Abs. 2 S. 2 hätte er keinen Anspruch auf Beibehaltung der vereinbarten Leistung gegen Zahlung einer Prämie, sondern wäre darauf angewiesen, dass der Versicherer sich bereit erklärt, eine entsprechende Vereinbarung abzuschließen.

D. Ausübung des Gestaltungsrechts des Versicherers (Abs. 3)

I. Mitteilung durch den Versicherer

85 Der Versicherer übt sein gesetzliches Gestaltungsrecht[207] durch Mitteilung an den Versicherungsnehmer aus. Die Mitteilung ist eine **empfangsbedürftige einseitige Willenserklärung,** die mit **Zugang** beim Versicherungsnehmer im Sinne der Rechtsgeschäftslehre wirksam wird (dagegen zum Wirkungszeitpunkt → Rn. 89). Die Beweislast für den tatsächlichen Zugang trägt der Versicherer.

86 Nach § 172 Abs. 3 VVG aF konnte der Versicherer sein Gestaltungsrecht durch bloße Benachrichtigung des Versicherungsnehmers ohne Angabe von Gründen ausüben. § 163 Abs. 3 verlangt nunmehr, dass der Versicherer in der Mitteilung der Prämienneufestsetzung oder Herabsetzung der Versicherungsleistung auch die hierfür **maßgeblichen Gründe** angibt. Werden die maßgeblichen Gründe nicht angegeben, entfaltet die Mitteilung keine Wirkung, so dass es an einer Voraussetzung für die Prämienanpassung fehlt.[208] Die Begründung soll den Versicherungsnehmer in einer für den durchschnittlichen Versicherungsnehmer verständlichen Art darüber in Kenntnis setzen, auf welcher

---

[203] *Präve* in Prölss/Dreher VAG § 142 Rn. 10; wohl aA *Grote* ZVersWiss 2002, 621 (628), es sei eine dezidierte Begründung erforderlich.
[204] Begr. RegE BT-Drs. 16/3945, 99; *Schneider* in Prölss/Martin VVG § 163 Rn. 15.
[205] Für eine analoge Anwendung von Abs. 2 jedoch *Ortmann* in Schwintowski/Brömmelmeyer/Ebers VVG § 163 Rn. 18; *Schneider* in Prölss/Martin VVG § 163 Rn. 15; *Grote* in Langheid/Rixecker VVG § 163 Rn. 15; *Reich* in BeckOK VVG § 163 Rn. 12.
[206] Für Prämiennachforderung bei Versicherung gegen Einmalprämie bezogen auf § 172 Abs. 1 VVG aF auch *Kollhosser* in Prölss/Martin, 27. Aufl. 2004, VVG § 172 Rn. 6 mwN zur Gegenansicht.
[207] → Rn. 1.
[208] Vgl. *Boetius* → § 203 Rn. 1135, 1157 f.

Grundlage und aus welchem Grund die Prämienneufestsetzung bzw. Herabsetzung der Versicherungsleistung erfolgt (nämlich wegen einer nicht voraussehbaren dauerhaften Änderung des Leistungsbedarfs gegenüber der Erstkalkulation der Prämie). Wenn eine Mitteilung der Prämienanpassung zunächst ohne eine den Anforderungen des § 163 Abs. 3 genügende Begründung erfolgt, der Versicherer diese aber später nachholt, wird dadurch die für die Wirksamkeit der Neufestsetzung der Prämie angeordnete Frist in Lauf gesetzt.[209]

§ 163 konkretisiert die **Anforderungen an die Mitteilung der maßgeblichen Gründe** nicht. Die – insbes. für § 203, der Parallelvorschrift zur Krankenversicherung,[210] im Einzelnen umstrittene – Konkretisierung hat – wie bei § 203 – durch **zweckgerichtete Auslegung** der Vorschrift zu erfolgen. Angesichts der fehlenden Rechtsprechung zu § 163 bietet es sich insoweit an, die Rechtsprechung und den wissenschaftlichen Diskurs zu § 203, der Parallelvorschrift zur Krankenversicherung,[211] mit in den Blick zu nehmen. Der BGH verlangt für die Mitteilung der maßgeblichen Gründe für die Neufestsetzung der Prämie nach § 203 Abs. 5, dass die Rechnungsgrundlage angegeben wird, deren nicht nur vorübergehende Veränderung die Neufestsetzung nach § 203 Abs. 2 Satz 1 veranlasst hat; dagegen muss der Versicherer nicht mitteilen, in welcher Höhe sich diese Rechnungsgrundlage verändert hat, und der Versicherer hat auch nicht die Veränderung weiterer Faktoren, welche die Prämienhöhe beeinflusst haben, wie z.B. des Rechnungszinses, anzugeben.[212] Es besteht auch für § 163 Abs. 3 weitgehend Einigkeit, dass völlig allgemein gehaltene Angaben ohne konkreten Bezug zur jeweiligen Prämienanpassung nicht ausreichen. Andererseits sind Detailangaben über die Grundsätze für die Berechnung der Prämie, über die verwendeten Rechnungsgrundlagen, mathematischen Formeln, kalkulatorischen Herleitungen und statistischen Nachweise nicht geboten.[213] Zu folgen ist der Ansicht, dass dem Versicherungsnehmer zwecks Plausibilitätskontrolle nur die Rechnungsgrundlage zu benennen ist, die geändert werden musste, und die maßgeblichen Gründe dafür kurz und allgemein genannt werden, ohne die konkreten Änderungen nennen zu müssen.[214] BGHZ 228, 56 Rn. 36 wendet sich ausdrücklich dagegen, dass die Mitteilungspflicht nach § 203 Abs. 5 den Zweck habe, dem Versicherungsnehmer eine Plausibilitätskontrolle der Prämienanpassung zu ermöglichen. Dies geschieht allerdings nur zur Zurückweisung von Ansichten, die Detailangaben verlangen. Auch der BGH meint, dass die Mitteilung der maßgeblichen Gründe dem Versicherungsnehmer zeigen soll, was der Anlass für die konkrete Prämienanpassung war, insbesondere dass eine bestimmte Veränderung von Umständen die Prämienanpassung aufgrund gesetzlicher Regelungen veranlasst hat.[215] Nicht erforderlich ist, dass die Begründung den **Namen des Treuhänders** mitteilt.[216] Dem Versicherungsnehmer ist aber auf dessen Nachfrage der Name des Treuhänders zu benennen → Rn. 67. Zum Umfang der Darlegungslast des Versicherers im Prozess → Rn. 106.

Der Versicherer muss den Versicherungsnehmer gem. § 6 Abs. 4[217] darauf **hinweisen,** dass dieser die Prämienneufestsetzung gem. § 163 Abs. 2 S. 1 dadurch abwenden kann, dass er eine **entsprechende Herabsetzung der Versicherungsleistung** verlangt (→ § 176 Rn. 34). Dieser Hinweis wird in der Praxis regelmäßig in der Mitteilung über die Neufestsetzung der Prämie gemäß § 163 Abs. 3 erfolgen. Das Unterlassen des Hinweises führt nicht zur Unwirksamkeit der Mitteilung, sondern hat lediglich zur Folge, dass die Frist für die Geltendmachung des Herabsetzungsverlangens seitens des Versicherungsnehmers in der gebotenen Anwendung schadensersatzrechtlicher Grundsätze nicht zu laufen beginnt.[218] Bei der Mitteilung der Herabsetzung der Versicherungsleistung

---

[209] Zu § 203: BGHZ 220, 297 = VersR 2019, 283; OLG Köln r+s 2020, 31.
[210] Vgl. OLG Köln r+s 2020, 31 mit Überblick über den Meinungsstand.
[211] Vgl. OLG Köln r+s 2020, 31 mit Überblick über den Meinungsstand. Vgl. auch *Brand* in Bruck/Möller VVG § 203 Rn. 81 ff.
[212] BGHZ 228, 56 Rn. 21 = VersR 2021, 240.
[213] *Brambach* in HK-VVG § 163 Rn. 24; *Krause* in Looschelders/Pohlmann VVG § 163 Rn. 30; *Grote* in Langheid/Rixecker VVG § 163 Rn. 17; sowie zu § 203 OLG Köln r+s 2020, 31; *Reinhard* in Looschelders/Pohlmann VVG § 203 Rn. 19; für umfangreichere Angaben plädieren *Klimke* VersR 2016, 22 (23 f.); *Brand* VersR 2018, 453 (456 f.); *Franz* VersR 2020, 449 (454 f.); *Brand* in Bruck/Möller VVG § 203 Rn. 81; *Boetius* → § 203 Rn. 1155d.
[214] *Grote* in Langheid/Rixecker VVG § 163 Rn. 17.
[215] BGHZ 228, 56 Rn. 34 f. = VersR 2021, 240.
[216] Zu § 203: OLG Köln VersR 2021, 95 mAnm *Boetius*; VersR 2020, 230 mAnm *Ossyra*; r+s 2020, 31; OLG Celle r+s 2018, 547 = VersR 2018, 1179; LG Essen VersR 2019, 1203; *Brand* in Bruck/Möller VVG § 203 Rn. 87 f.; *Franz* VersR 2020, 449 (454).
[217] *Schneider* in Prölss/Martin VVG § 163 Rn. 14; *Winter* in Bruck/Möller VVG § 163 Rn. 5; *Reich* in BeckOK VVG § 163 Rn. 11; Aufgabe der in der Vorauflage dieses Kommentars (Rn. 74) vertretenen Ansicht, dass die Hinweispflicht aus einer sachgerechten Auslegung von § 163 Abs. 3 folge. AA *Grote* in Langheid/Rixecker VVG § 163 Rn. 2 (keine Hinweispflicht *de lege lata*).
[218] *Schneider* in Prölss/Martin VVG § 163 Rn. 14.

einer prämienfreien Versicherung *kann* der Versicherer den Versicherungsnehmer darauf hinweisen, dass die Herabsetzung der Versicherungsleistung durch vertragliche Vereinbarung einer Prämienzahlung abgewendet werden kann. Dieser Hinweis ist ebenfalls keine Wirksamkeitsvoraussetzung für die Mitteilung über die Herabsetzung der Versicherungsleistung.

II. Aufgeschobener Wirkungszeitpunkt

89 Von dem Zeitpunkt, in welchem die Gestaltungserklärung des Versicherers iSd Rechtsgeschäftslehre wirksam wird (→ Rn. 85), ist der **Zeitpunkt des Eintritts der Wirkungen** der Willenserklärung zu unterscheiden. Die vom Versicherer mitgeteilte Neufestsetzung der Prämie oder Herabsetzung der Versicherungsleistung wird gem. § 163 Abs. 3 zu Beginn des zweiten Monats wirksam, der auf den Zugang der Mitteilung des Versicherers beim Versicherungsnehmer folgt. Der Versicherungsnehmer soll ausreichend Zeit haben, um sich auf die ihm mitgeteilte Vertragsänderung einzustellen bzw. sich darüber klar zu werden, ob er die angekündigte Prämienerhöhung nach § 163 Abs. 2 S. 1 abwendet, indem er eine entsprechende Herabsetzung der Versicherungsleistung verlangt (→ Rn. 91). Die **Frist** berechnet sich nach §§ 186 ff. BGB. Die Vertragsänderung (Prämienneufestsetzung oder Herabsetzung der Versicherungsleistung) tritt mit Ablauf der Frist mit sofortiger Wirkung für die Zukunft ein **(Wirkung mit Fristablauf ex nunc)**.[219] Eine rückwirkende Vertragsänderung ist unzulässig. Zur Frist, in der der Versicherungsnehmer nach Mitteilung einer Prämienerhöhung eine entsprechende Herabsetzung der Versicherungsleistung verlangen kann → Rn. 93.

90 Die **Frist des Abs. 3** kann nicht zum Nachteil des Versicherungsnehmers verkürzt werden, da die Regelung des § 163 insgesamt gem. § 171 **halbzwingend** ist. Die Frist kann jedoch vertraglich – auch durch AVB – verlängert werden. Der Versicherer kann eine längere Frist auch durch einseitige Erklärung iVm der Mitteilung der Vertragsänderung setzen.

E. Keine Prämienneufestsetzung bei Herabsetzungsverlangen des Versicherungsnehmers

91 Nach § 163 Abs. 2 S. 1 kann der Versicherungsnehmer **im Gegenzug** zur Mitteilung der Prämienneufestsetzung **verlangen,** dass anstelle der vom Versicherer mitgeteilten Prämienerhöhung nach Abs. 1 die **Versicherungsleistung entsprechend herabgesetzt** wird. Wenn der Versicherungsnehmer eine solche Herabsetzung rechtzeitig (→ Rn. 93) verlangt, tritt die vom Versicherer erklärte Prämienneufestsetzung nicht in Kraft.

92 Das Verlangen des Versicherungsnehmers ist insoweit ein (Gegen-)Gestaltungsrecht, als es verhindert, dass die Gestaltungserklärung des Versicherers zu der mitgeteilten Vertragsanpassung führt. Soweit es dagegen um die Herbeiführung der Leistungsherabsetzung anstelle der Prämienerhöhung geht, bewirkt das Verlangen des Versicherungsnehmers lediglich die Entstehung eines neuen Gestaltungsrechts des Versicherers zur entsprechenden Herabsetzung der Leistung. Bis der Versicherer von diesem Gestaltungsrecht Gebrauch macht, bleibt der Vertrag in seiner bisherigen Gestalt bestehen. Ein einseitiges Gestaltungsrecht des Versicherungsnehmers, durch dessen Ausübung der Vertragsinhalt unmittelbar geändert würde, ist abzulehnen, da der Versicherungsnehmer den Umfang der Herabsetzung nicht notwendig kennt und seine Erklärung deshalb nicht auf Leistungsherabsetzung in einer bestimmten Höhe gerichtet ist. Auch der Wortlaut der Regelung („[…] kann verlangen, dass […] die Versicherungsleistung […] herabgesetzt wird") spricht eher für die Annahme, dass nicht der Versicherungsnehmer, sondern der Versicherer die Leistungsherabsetzung letztgültig bewirkt. Der Versicherer hat die vertragliche Nebenpflicht, dem Versicherungsnehmer auf Nachfrage Auskunft darüber zu erteilen, in welchem Umfang die Leistung herabgesetzt werden muss, um die Prämienerhöhung abzuwenden.

93 § 163 Abs. 2 S. 1 nennt für die Geltendmachung des Verlangens durch den Versicherungsnehmer keine **Frist.** Sinnvollerweise ist das Verlangen jedoch bis zum Beginn des zweiten Monats nach Mitteilung der Neufestsetzung der Prämie zu stellen, bevor die Neufestsetzung der Prämie gem. § 163 Abs. 3 wirksam wird.[220] Im Interesse des Versicherungsnehmers genügt die Absendung seiner Erklärung innerhalb der Frist. Der Versicherer kann dem Versicherungsnehmer für sein Verlangen

---

[219] *Kollhosser* in Prölss/Martin, 27. Aufl. 2004, VVG § 172 Rn. 39.
[220] Vgl. *Brambach* in HK-VVG § 163 Rn. 22: der Versicherer könne den Versicherungsnehmer zB mit der Mitteilung über die Prämienerhöhung auffordern, sein Recht zur Beibehaltung der Altprämie bei gleichzeitiger Leistungsherabsetzung binnen angemessener Frist (zwei bis vier Wochen) auszuüben.

eine längere Frist einräumen. Der halbzwingende Charakter von § 163 schließt dies nicht aus, da eine längere Frist für den Versicherungsnehmer lediglich vorteilhaft ist. Ist in Abweichung von § 163 Abs. 3 vertraglich eine längere Frist für das Wirksamwerden der Gestaltungserklärung des Versicherers vereinbart (→ Rn. 90), so gilt diese Frist auch für die Geltendmachung des Verlangens des Versicherungsnehmers nach § 163 Abs. 2 S. 1.

Das Verlangen des Versicherungsnehmers unterliegt **keinem Formerfordernis**. Der Versiche- 94
rungsnehmer trägt jedoch der Beweislast für die Tatsachen, dass die Erklärung als rechtzeitig abgegeben gilt. Deshalb ist ihm anzuraten, dies in beweiskräftiger Form bzw. Art und Weise wie zB mittels eines Verlangens in Text- oder Schriftform zu tun. Da § 163 nach § 171 **halbzwingend** ist, kann für das Verlangen des Versicherungsnehmers nach § 163 Abs. 2 S. 1 keine Form vereinbart werden. § 171 S. 2 lässt aber eine Vereinbarung der Schrift- oder Textform lediglich für das Verlangen des Versicherungsnehmers auf Umwandlung nach § 165 und für seine Kündigung nach § 168 zu.

F. Abdingbarkeit

§ 163 ist – anders als § 172 VVG aF – **halbzwingend** (§ 171). Von seinen Regelungen darf 95
deshalb nicht zum Nachteil des Versicherungsnehmers, der versicherten Person oder eines Eintrittsberechtigten abgewichen werden (allg. die Kommentierung zu § 32).[221] In der (unklaren) Gesetzesbegründung heißt es, § 163 gebe dem Versicherer das Recht zur Neufestsetzung der Prämie, ohne eine entsprechende vertragliche Anpassungsklausel vorauszusetzen; damit würden solche Klauseln in anderen Fällen nicht ausgeschlossen, sie unterlägen jedoch der allgemeinen Kontrolle nach §§ 305 ff. BGB. Dies entspreche der bisherigen Regelung des § 172 VVG aF.[222] Eine Entsprechung liegt jedoch insoweit nicht vor, als § 163 anders als § 172 VVG aF halbzwingend ist. Mit den in der Gesetzesbegründung genannten „anderen Fällen", in denen eine vertragliche Anpassungsklausel zulässig sei, können daher nur Prämien- und Leistungsanpassungsklauseln außerhalb der Lebensversicherung gemeint sein.[223]

Unproblematisch zulässig, weil für den Versicherungsnehmer lediglich **vorteilhaft**, ist eine 96
Klausel, die dem Versicherungsnehmer zusätzlich zu seiner gesetzlichen Befugnis, eine Prämienerhöhung durch das Verlangen nach Leistungsherabsetzung abzuwenden (§ 163 Abs. 2 S. 1), vertragliche Befugnisse einräumt, etwa das Recht, anstelle einer Prämienerhöhung oder Herabsetzung der Versicherungsleistung eine ebenfalls das Äquivalenzverhältnis wahrende Verkürzung der Laufzeit des Vertrags, oder bei der prämienfreien Versicherung das Recht, anstelle der gesetzlich vorgesehenen Herabsetzung der Versicherungsleistung eine Prämiennachzahlung zu wählen.

Problematisch ist die Zulässigkeit von Klauseln, welche die **Anforderungen** an eine Prämien- 97
neufestsetzung oder Herabsetzung der Versicherungsleistung **verschärfen** oder die **gesetzlichen Vertragsänderungsbefugnisse aus § 163 gänzlich ausschließen**. Auf den ersten Blick scheint dies für den Versicherungsnehmer (Versicherten etc) vorteilhaft, weil die Prämie erst später oder überhaupt nicht erhöht bzw. die Versicherungsleistung erst später oder überhaupt nicht herabgesetzt wird. Es ist jedoch zu beachten, dass eine Vertragsanpassung nach § 163 nur zulässig ist, wenn sie erforderlich ist, um die dauernde Erfüllbarkeit der Versicherungsleistung zu gewährleisten. Das Hinauszögern der Vertragsanpassung infolge einer vertraglichen Verschärfung der gesetzlichen Anforderungen oder gar der vertragliche Ausschluss der Vertragsanpassung ist daher geeignet, die dauernde Erfüllbarkeit der Versicherungsleistungen zu gefährden. Es handelt sich somit – entgegen verbreiteter Auffassung – um eine **nachteilige und deshalb unzulässige Abweichung von § 163**.[224] Dagegen

---

[221] Unklar mangels näherer Ausführungen *Brambach* in HK-VVG § 163 Rn. 26, sachgerechte Änderungsvorbehalte seien zulässig; zum alten Recht *Kollhosser* in Prölss/Martin, 27. Aufl. 2004, VVG § 172 Rn. 3, 5; *Wandt* Änderungsklauseln in Versicherungsverträgen Rn. 290; *Kollhosser* VersR 2003, 807; *Fricke* VersR 2000, 257; *Fricke* NVersZ 2000, 310 (311).

[222] Begr. RegE BT-Drs. 16/3945, 99.

[223] *Krause* in Looschelders/Pohlmann VVG § 163 Rn. 36, nach dem eine (vertragliche) Optimierung neben § 163 kaum möglich sei. In Österreich wird der Versicherer in der Lebensversicherung ganz auf vertragliche Anpassungsvorbehalte verwiesen, für welche § 172 österreichisches VVG zusätzlich zu den Anforderungen des Konsumentenschutzgesetzes (halb-) zwingende gesetzliche Voraussetzungen statuiert; zu der Situation in Österreich insgesamt *Fenyves*, Der Einfluß geänderter Verhältnisse auf Langzeitverträge, 1997; *Fenyves/Kronsteiner/Schauer*, Kommentar zu den Novellen zum VVG, 1998; *Grubmann*, Kraftfahrzeug-Haftpflichtversicherung, 1995; *Schauer* VR 1999, 21; *Wandt* VR 2002, 4 ff.

[224] So wohl auch *Präve* VersR 2012, 657; aA *Ortmann* in Schwintowski/Brömmelmeyer/Ebers VVG § 163 Rn. 25; *Krause* in Looschelders/Pohlmann VVG § 163 Rn. 36; *Buchholz-Schuster* NVersZ 1999, 297 (304); sowie zu § 203 *Reinhard* in Looschelders/Pohlmann VVG § 203 Rn. 19; *Schneider* in Prölss/Martin VVG § 163 Rn. 2.

lässt sich auch nicht einwenden, dass § 163 nur eine Berechtigung des Versicherers zur Vertragsanpassung, aber keine Verpflichtung begründe. Richtig daran ist, dass es dem Versicherer freisteht, auf die Ausübung seiner gesetzlichen Befugnis im Einzelfall zu verzichten.[225] Wenn der Versicherer seine Befugnis in Bezug auf einen konkreten Vertragsbestand nicht ausübt, geschieht dies nach reiflicher Überprüfung der Gegebenheiten. Dieser Möglichkeit würde sich der Versicherer jedoch bei einer AVB-mäßigen Verschärfung der Voraussetzungen für eine Vertragsanpassung oder gar einem Ausschluss der Vertragsanpassungsbefugnisse von vornherein entledigen. – Für die **substitutive Krankenversicherung** verlangt § 146 Abs. 1 Nr. 3 VAG (§ 12 Abs. 1 Nr. 3 VAG aF), dass im Versicherungsvertrag eine Erhöhung der Prämie vorbehalten sein muss. Den Wertungen dieser aufsichtsrechtlichen Regelung entspricht es, in der Krankenversicherung eine klauselmäßige Verschärfung oder gar einen klauselmäßigen Ausschluss der gesetzlichen Vertragsanpassungsbefugnisse als für den Versicherungsnehmer nachteilig und daher unzulässig anzusehen. Eine mit § 146 Abs. 1 Nr. 3 VAG (§ 12 Abs. 1 Nr. 3 VAG aF) vergleichbare Regelung gibt es für die Lebensversicherung zwar nicht. Dies beruht aber nur darauf, dass die Vertragsanpassung in der Lebensversicherung anders als in der Krankenversicherung keinen Regel-, sondern Ausnahmecharakter hat.

G. Beweislastverteilung

98 § 163 enthält keine Regelung über die Beweislastverteilung. Es gelten deshalb mangels anderweitig lautender Regelungen im VVG die **allgemeinen Regeln.** Danach trägt jeder die Darlegungs- und Beweislast für die Tatsachen des für ihn günstigen Rechtssatzes.[226]

99 Der **Versicherer** hat das Vorliegen der Voraussetzungen für eine Prämienneufestsetzung darzulegen und zu beweisen, wenn er aufgrund einer Neufestsetzung der Prämie gerichtlich eine höhere Prämie geltend macht.[227] Dies umfasst den Zugang und den Zugangszeitpunkt der Mitteilung der Prämienneufestsetzung.[228] Entsprechendes gilt für eine Herabsetzung der Versicherungsleistung durch den Versicherer. Diese Verteilung der Darlegungs- und Beweislast gilt auch dann, wenn sich der Versicherungsnehmer mit einer negativen Feststellungsklage gegen eine vom Versicherer herbeigeführte Vertragsänderung wehrt.[229]

100 Der **Versicherungsnehmer** trägt die Darlegungs- und Beweislast für die Tatsachen, die den Schluss zulassen, dass eine Prämienneufestsetzung oder eine Herabsetzung der Versicherungsleistung wegen einer früheren, objektiv-schuldhaften **unzureichenden Kalkulation der Versicherungsleistungen** ganz oder teilweise ausgeschlossen ist (§ 163 Abs. 1 S. 2). Der Versicherungsnehmer hat wegen entgegenstehender Geheimhaltungsinteressen des Versicherers allerdings keinen Anspruch darauf, dass dieser ihm zur Vorbereitung der gegen ihn gerichteten Klage seine Kalkulationsgrundlagen offenlegt.[230] Deshalb sind an die Substantiierung des Vortrags durch den Versicherungsnehmer geringe Anforderungen zu stellen. Dementsprechend trifft den **Versicherer** eine **sekundäre Substantiierungslast** hinsichtlich der Ordnungsgemäßheit der Kalkulation.[231] Zur regelmäßig erforderlichen Einschaltung eines gerichtlichen Sachverständigen und zur Wahrung der Geheimhaltungsinteressen des Versicherers → Rn. 106, 108.

101 Ebenfalls trägt der **Versicherungsnehmer** die Darlegungs- und Beweislast für die Abgabe eines Herabsetzungsverlangens iSd **§ 163 Abs. 2 S. 1,** den Zeitpunkt der tatsächlichen Absendung und des Zugangs.

H. Prozessuale Fragen

102 Vertragsänderungen gem. § 163 unterliegen – ungeachtet der Beteiligung eines unabhängigen Treuhänders oder der Genehmigung der Aufsichtsbehörde im Falle des § 163 Abs. 4 – **mit Aus-**

---

[225] *Präve* in Prölss/Dreher VAG § 142 Rn. 9.
[226] *Greger* in Zöller ZPO Vorb. § 284 Rn. 15 ff.; *Prütting* in MüKoZPO § 286 Rn. 113 ff.; vgl. zum Versicherungsrecht *Hansen,* Beweislast und Beweiswürdigung im Versicherungsrecht, 1990, S. 74 f.
[227] BGH NJW 1995, 49.
[228] *Reich* in BeckOK VVG § 163 Rn. 13.
[229] BGHZ 159, 323 (329) = VersR 2004, 991 (992).
[230] OLG Stuttgart VersR 2007, 639.
[231] BVerfG VersR 2000, 214 mAnm *Reinhard* zu § 178g Abs. 3 VVG aF; BGHZ 86, 23 (29) = NJW 1983, 687 (688); zur sekundären Darlegungslast im Allgemeinen *Prütting* in MüKoZPO § 286 Rn. 134.

nahme der Unabhängigkeit des Treuhänders uneingeschränkt der gerichtlichen **Kontrolle durch die Zivilgerichte**.[232]

Der **Versicherer** kann seinen Anspruch auf die neu festgesetzte Prämie im Wege der **Leistungsklage** geltend machen. Diese kann ggf. verbunden werden mit der **Feststellungsklage,** dass der Versicherungsnehmer auch in Zukunft – bis zu einer erneuten Prämienneufestsetzung – verpflichtet ist, die neu festgesetzte Prämie zu zahlen. Bei einem entsprechenden Rechtsschutzbedürfnis kann der Versicherer auch isoliert auf Feststellung der Rechtmäßigkeit der Vertragsänderung (Prämienneufestsetzung oder Herabsetzung der Versicherungsleistung) klagen. 103

Wenn der **Versicherungsnehmer** der Auffassung ist, dass die Voraussetzungen für eine Vertragsänderung nicht vorliegen, kann er **Feststellungsklage** erheben mit dem Begehren, dass das Vertragsverhältnis durch die Mitteilung des Versicherers über die Prämienneufestsetzung oder über die Herabsetzung der Versicherungsleistung nicht geändert worden ist. Er kann ferner zur Vorbereitung einer solchen Feststellungsklage isoliert oder im Wege der Stufenklage **Auskunftsklage** auf Benennung des unabhängigen Treuhänders erheben. Bereits zu viel gezahlte Beiträge kann der Versicherungsnehmer gestützt auf § 812 BGB im Wege der **Leistungsklage** zurückfordern. Im Falle einer Herabsetzung der Versicherungsleistung durch den Versicherer kann der Versicherungsnehmer nach Eintritt des Versicherungsfalls auch Leistungsklage auf die Versicherungsleistung im Umfang vor der Vertragsänderung erheben. Seinen Anspruch auf Herabsetzung der Versicherungsleistung zur Abwendung einer Prämienneufestsetzung (§ 163 Abs. 2 S. 1) braucht der Versicherungsnehmer nicht mit einer Klage auf Zustimmung zur Vertragsänderung durchsetzen. Denn mit seiner Erklärung des Herabsetzungsverlangens ist der Gestaltungserklärung des Versicherers über die Prämienneufestsetzung die Wirkung genommen (→ Rn. 92). 104

Die Unzulässigkeit einer Vertragsänderung nach § 163 kann nicht im Wege der **Verbandsklage** nach **§ 1 UKlaG** geltend gemacht werden, da es nicht um die Verwendung unwirksamer allgemeiner Geschäftsbedingungen geht (→ § 164 Rn. 93 f.). Ob eine Klage nach **§ 2 UKlaG** zulässig ist, ist durch die Rspr. noch nicht geklärt. Dafür sprechen aber gute Gründe. Nach § 2 UKlaG kann auf Unterlassung in Anspruch genommen werden, wer in anderer Weise als durch Verwendung oder Empfehlung von Allgemeinen Geschäftsbedingungen Vorschriften zuwiderhandelt, die dem Schutz der Verbraucher dienen (Verbraucherschutzgesetze). § 163 gehört nicht zu den in § 2 Abs. 2 UKlaG ausdrücklich benannten Verbraucherschutzgesetzen. Die dortige Aufzählung ist jedoch nicht abschließend (*„insbesondere"*). Die Qualifikation von § 163 als Verbraucherschutzgesetz iSv § 2 UKlaG wird nicht dadurch ausgeschlossen, dass die Vorschrift nicht ausschließlich Verbraucher betrifft.[233] Dass dies nicht zwingend erforderlich ist, belegt bereits die vom Gesetzgeber iRd § 2 Abs. 2 UKlaG genannte Regelung des § 5 TMG, die ebenfalls sowohl Verbraucher als auch Unternehmer erfasst.[234] § 163 wäre nur dann nicht als Verbraucherschutzgesetz anzusehen, wenn der beabsichtigte Verbraucherschutz nur untergeordnete Bedeutung hätte oder nur eine zufällige Nebenwirkung der Regelung wäre.[235] Dies ist indes nicht der Fall, da die Regelung neben den Interessen des Versicherers zumindest gleichrangig auch den Verbraucherinteressen dient (→ Rn. 2). Auch die für § 2 UKlaG geforderte Bedeutung der verbraucherschützenden Regelung über den Einzelfall hinaus (Kollektivinteresse der Verbraucher) ist bei § 163 zu bejahen. 105

Die gerichtliche Überprüfung einer Vertragsänderung gem. § 163 kann regelmäßig[236] nur mithilfe eines gerichtlichen **Sachverständigen** erfolgen.[237] Der Versicherer ist im Prozess gehalten, dem Gericht und dem gerichtlichen Sachverständigen alle Unterlagen zugänglich zu machen, die zur Überprüfung der Berechtigung der Vertragsänderung erforderlich sind. Dazu gehört in erster Linie die **Offenlegung der dem unabhängigen Treuhänder überlassenen Unterlagen.** Die Wirksamkeit der Treuhänderbeteiligung ist allein anhand der ihm vom Versicherer überlassenen Unterlagen gerichtlich zu überprüfen. Ergibt sich aus diesen Unterlagen keine ordnungsgemäße Treuhänderbeteiligung iSv § 163 Abs. 1 S. 1 Nr. 3, kann der Versicherer die Wirksamkeit der Vertragsänderung nicht nachträglich dadurch herbeiführen, dass er im Prozess weitere oder neue Unterlagen beibringt oder eine andere Berechnungsmethode vorträgt, welche die Vertragsänderung rechtfertigen würden.[238] Der BGH hat offen gelassen, ob eine Nachbesserung insoweit zuzulassen ist, als es 106

---

[232] BVerfG VersR 2000, 214 (zur Krankenversicherung); BGH VersR 2021, 1120 Rn. 12 (zur Krankenversicherung); *Wandt* in Beckmann/Matusche-Beckmann VersR-HdB § 11 Rn. 67; *Wandt* VersR Rn. 1295.
[233] Vgl. BGHZ 179, 27 Rn. 39 ff. = VersR 2009, 1504.
[234] *Micklitz/Rott* in MüKoZPO UKlaG § 2 Rn. 40, 46 (zu § 178g VVG aF).
[235] Vgl. BGHZ 179, 27 Rn. 39 = VersR 2009, 1504 Rn. 41; Begr. RegE BT-Drs. 14/2658, 53, zu der Einführung der Vorgängerregelung in § 22 AGBG aF.
[236] Ausnahmen sind denkbar, *Grote* VersR 2003, 1118 f.
[237] BGHZ 159, 323 (330) = VersR 2004, 991 (992).
[238] BGHZ 159, 323 (330) = VersR 2004, 991 (992); *Gerwins* NVersZ 1999, 53.

nur darum geht, geringe offensichtliche Unvollständigkeiten im Rechenwerk oder in den statistischen Nachweisen zu beheben oder erkennbare Rechenfehler zu korrigieren. Dies ist als zulässig zu erachten. Wenn der Versicherungsnehmer sich auf § 163 Abs. 1 S. 2 beruft, muss der Versicherer dem Gericht und dem gerichtlichen Sachverständigen auch die Unterlagen der Erstkalkulation und früherer Neukalkulationen offenlegen.[239] Die Offenlegung von Unterlagen früherer Neukalkulationen ist zwingend, soweit sie auch dem Treuhänder vorgelegen haben und damit Gegenstand seiner Überprüfung geworden sind. Die Offenlegung von Unterlagen früherer Neukalkulationen, die dem Treuhänder nicht vorgelegen haben, ist nur geboten, wenn der Versicherungsnehmer substantiiert vorgetragen hat, dass bei einer solchen Kalkulation die Versicherungsleistungen unzureichend berechnet worden seien und deshalb die Vertragsänderung ganz oder teilweise nach § 163 Abs. 1 S. 2 ausgeschlossen sei.[240]

107 Kann der Versicherer die für den vorherigen **Zugang der Mitteilung über die Vertragsänderung** (§ 163 Abs. 3) maßgeblichen Tatsachen nicht beweisen, so kann die Mitteilung noch im Prozess erfolgen. Eine unveränderte Klage auf sofortige Leistung wäre dann aber wegen des nach § 163 Abs. 3 hinausgeschobenen Wirkungszeitpunkts der Mitteilung als derzeit unbegründet abzuweisen. Es bedarf deshalb einer Klageänderung.

108 Dem berechtigten **Geheimhaltungsinteresse des Versicherers** hinsichtlich bestimmter[241] Einzelheiten seiner Kalkulation und ihrer Grundlagen haben die Zivilgerichte durch die Anwendung der §§ 172 Nr. 2, 173 Abs. 2, 174 Abs. 3 S. 1 GVG (vgl. auch § 353d Nr. 2 StGB) Rechnung zu tragen.[242] Insbes. ist eine sensible Handhabung der Daten geboten.[243] Dies darf die Rechte der anderen Partei jedoch nicht unzulässig beschränken. Die Gegenseite muss die Möglichkeit haben, gerichtlich alle Behauptungen zu überprüfen und sich entsprechend zu äußern.[244]

§ 164 Bedingungsanpassung

(1) ¹Ist eine Bestimmung in Allgemeinen Versicherungsbedingungen des Versicherers durch höchstrichterliche Entscheidung oder durch bestandskräftigen Verwaltungsakt für unwirksam erklärt worden, kann sie der Versicherer durch eine neue Regelung ersetzen, wenn dies zur Fortführung des Vertrags notwendig ist oder wenn das Festhalten an dem Vertrag ohne neue Regelung für eine Vertragspartei auch unter Berücksichtigung der Interessen der anderen Vertragspartei eine unzumutbare Härte darstellen würde. ²Die neue Regelung ist nur wirksam, wenn sie unter Wahrung des Vertragsziels die Belange der Versicherungsnehmer angemessen berücksichtigt.

(2) Die neue Regelung nach Absatz 1 wird zwei Wochen, nachdem die neue Regelung und die hierfür maßgeblichen Gründe dem Versicherungsnehmer mitgeteilt worden sind, Vertragsbestandteil.

Übersicht

	Rn.		Rn.
A. Einführung		1. Verhältnis zu Vorschriften des VVG und des EGVVG	20
I. Inhalt und Zweck der Regelung	1		
II. Entstehungsgeschichte	9	2. Verhältnis zu § 197 Abs. 3 VAG (§ 41 Abs. 3 VAG aF)	22
III. Anwendungsbereich	15	3. Verhältnis zu §§ 306, 311 BGB	23
1. Sachlicher Anwendungsbereich	15	4. Verfassungsmäßigkeit	26
2. Zeitliche Anwendbarkeit	19	5. EU-Rechtskonformität	26a
IV. Verhältnis zu anderen Vorschriften	20	**B. Normstruktur**	27

---

[239] OLG Celle VersR 2008, 1198.
[240] Insoweit differenziert die Entscheidung des OLG Celle VersR 2008, 1198 nicht deutlich genug.
[241] Das BVerfG (VersR 2000, 214) verlangt die Prüfung, auf welche konkreten Tatsachen sich das Geheimhaltungsinteresse des Versicherers berechtigterweise bezieht.
[242] BVerfG VersR 2000, 214 mAnm *Reinhard*; BGH VersR 2016, 177; OLG Karlsruhe BeckRS 2020, 15497; OLG Karlsruhe VersR 2020, 410 (412 f.); OLG Stuttgart VersR 2007, 639 (640); → § 203 Rn. 907; *Ortmann* in Schwintowski/Brömmelmeyer/Ebers VVG § 163 Rn. 22; *Grote* Rechtsstellung S. 414; allg. auch BVerfGE 91, 176 = NJW 1995, 40; BGH NJW-RR 2004, 989; BGHZ 116, 47 (56) = NJW 1992, 1817 (1819); *Foerste* in Musielak/Voit ZPO § 284 Rn. 25; *Prütting* in MüKoZPO § 285 Rn. 10 ff.; *Pabst* in MüKoZPO GVG § 172 Rn. 1, GVG § 173 Rn. 6, GVG § 174 Rn. 1 ff.; *Puschke* in MüKoStGB § 353d Rn. 4.
[243] BGH NJW-RR 2004, 989 (990); BGHZ 116, 47 (56 ff.) = NJW 1992, 1817 (1819).
[244] OLG Stuttgart VersR 2007, 639 f., anders zu Recht für den vorgerichtlichen Bereich.

		Rn.			Rn.
C.	Zulässigkeit einer Ersetzung	30	3.	Notwendigkeit der Klauselersetzung zur Vermeidung einer unzumutbaren Härte	58
I.	Unwirksamkeit einer AVB-Bestimmung	30	V.	Verwirkung der Ersetzungsbefugnis	62
II.	Kompetenz zur Feststellung der Klauselunwirksamkeit	36	D.	Wirksamkeit einer Ersetzung	65
1.	Höchstrichterliche Entscheidung	38	I.	Ersetzung durch einseitige Gestaltungserklärung des Versicherers	65
2.	Bestandskräftiger Verwaltungsakt	41	II.	Wirksamkeit des Inhalts der neuen Regelung	68
III.	Ersetzungsbefugnis auch für andere Versicherer	44	III.	Das Wirksamwerden der neuen Klausel	76
IV.	Notwendigkeit der Klauselersetzung	47	IV.	Der Wirkungszeitraum der neuen Klausel	81
1.	Überblick	47	E.	Obliegenheit zur Klauselersetzung	82
2.	Notwendigkeit der Klauselersetzung zur Fortführung des Vertrags	49	F.	Abdingbarkeit	85
	a) Inhaltliche Notwendigkeit einer Regelung	50	G.	Beweislast	90
	b) Notwendigkeit der Lückenschließung im Wege der Klauselersetzung gem. § 164	54	H.	Prozessuale Fragen	91
			J.	Principles of European Insurance Contract Law (PEICL)	97

Stichwort- und Fundstellenverzeichnis

Stichwort	Rn.	Rspr.	Lit.
Anwendbarkeit von § 164 auf alle Lebensversicherungsverträge	→ Rn. 15	–	Begr. RegE BT-Drs. 16/3945, 51; *Brömmelmeyer* in Beckmann/Matusche-Beckmann VersR-HdB § 42 Rn. 108; *Wandt* in Beckmann/Matusche-Beckmann VersR-HdB § 11 Rn. 139; *Grote* in Marlow/Spuhl Rn. 1075; *Wandt* VersR Rn. 1299
Anwendbarkeit von § 164 auf gekündigte bzw. beendete Verträge	→ Rn. 52	BGHZ 164, 297 (311) = VersR 2005, 1565 (1569) = NJW 2005, 3559 (3563); BGHZ 147, 354 = VersR 2001, 841 = NJW 2001, 2014; OLG München VersR 2003, 1024; OLG Stuttgart VersR 2001, 1141	*Wandt* Ersetzung unwirksamer AVB der Lebensversicherung im Treuhänderverfahren gem. § 172 S. 37 ff.; *Schimikowski/Höra* Neues VVG S. 190; *Kollhosser* VersR 2003, 807 (810 f.); Rundschreiben der Aufsichtsbehörde R 1/2001, VerBAV 2001, 252; *Sijanski* VersR 2006, 469; *Schwintowski* DStR 2006, 429 (429, 473); *Elfring* NJW 2005, 3677
Höchstrichterliche Entscheidung	→ Rn. 38 f.	BGHZ 164, 297 (307 f.) = VersR 2005, 1565 (1568) = NJW 2005, 3559 (3562)	*Brömmelmeyer* in Beckmann/Matusche-Beckmann VersR-HdB § 42 Rn. 113
Ersetzungsklauseln	→ Rn. 85	BGHZ 141, 153 = VersR 1999, 697 = NJW 1999, 1865	*Abram* NVersZ 2000, 249; *Bäuerle/Schünemann* VersWissStud Bd. 20, 2002; *Bartmuß* VuR 2000, 299; *Bartmuß* Lückenfüllung; *Baumann* JZ 1999, 881; *Beckmann*, Die Zulässigkeit von Preis- und Prämienanpassungsklauseln nach dem AGBG, 1990; *Entzian* NVersZ 1998, 65; *v. Fürstenwerth* r+s 2009, 221; *Kamanabrou*, Vertragliche Anpassungsklauseln, Habil., 2004; *Präve* VersR 1999, 699; *Schauer* VR 1999, 21; *Schulze-Schwienhorst*, Aufsichts- und wettbewerbsrechtliche Probleme der Prämienanpassungsklausel, 1988; *Wandt* VR 1-2/2002, 4; *Wandt*

Stichwort	Rn.	Rspr.	Lit.
			Änderungsklauseln in Versicherungsverträgen; *Wedler* VW 1996, 369
Obliegenheit zur Ersetzung	→ Rn. 82	–	*Wandt* in Beckmann/Matusche-Beckmann VersR-HdB § 11 Rn. 158 f.; *Wandt* Ersetzung unwirksamer AVB der Lebensversicherung im Treuhänderverfahren gem. § 172 S. 45 f.; *Wandt* VersR 2001, 1453 f.
Unwirksamkeitsfeststellung mit Bedeutung auch für andere Versicherer	→ Rn. 44	BGHZ 164, 297 (308) = VersR 2005, 1565 (1568) = NJW 2005, 3559 (3562)	*Wandt* in Beckmann/Matusche-Beckmann VersR-HdB § 11 Rn. 145 f.; *Winter* in Bruck/Möller VVG § 164 Rn. 14; *Grote* in Langheid/Rixecker VVG § 164 Rn. 21; *Wandt* VersR Rn. 1302; *Wandt* Änderungsklauseln in Versicherungsverträgen, Rn. 339 f.; *Langheid/Grote* NVersZ 2002, 49 (51); *Rolfs* GS Hübner, 2012, 233 (240); *Wandt* VersR 2001, 1453
Verbandsklageverfahren bei Gebrauch der Ersetzungsbefugnis	→ Rn. 93	BGHZ 175, 28 = VersR 2008, 246 = NJW 2008, 1160	–
Verhältnis zu § 306 Abs. 2 BGB	→ Rn. 24	LG Wiesbaden VersR 2003, 1292	*Bartmuß* Lückenfüllung S. 130; *Kollhosser* VersR 2003, 807 (812); *Schünemann* VersR 2002, 393; *Fricke* NVersZ 2000, 313 f.; *Schwintowski* FS Lorenz, 2014, 481
VVaG, Ersetzungsklausel	→ Rn. 16, 22	BGHZ 136, 394 = VersR 1997, 1517 = NJW 1998, 454 (456)	–
Wirkungen der Klauselersetzung ex tunc	→ Rn. 81	BGHZ 164, 297 (311) = VersR 2005, 1565 (1569) = NJW 2005, 3559 (3563); aA LG Köln VersR 2020, 413	*Wandt* in Beckmann/Matusche-Beckmann VersR-HdB § 11 Rn. 157; *Brömmelmeyer* in Beckmann/Matusche-Beckmann VersR-HdB § 42 Rn. 123; *Wandt* VersR Rn. 1308; *Langheid/Müller-Frank* NJW 2004, 337 (343); *Kollhosser* VersR 2003, 807 (812)
Zustimmung des Versicherungsnehmers nicht erforderlich	→ Rn. 67	–	*Römer* VersR 1994, 125 (127); *Buchholz-Schuster* NVersZ 2000, 207 f.

Schrifttum: *Abram,* Die Bedingungsanpassungsklausel – Eine Möglichkeit zur Einbeziehung von geänderten Versicherungsbedingungen in laufende Versicherungsverträge?, NVersZ 2000, 249; *Armbrüster,* Kehrtwende des BGH bei der AGB-Kontrolle in der Lebensversicherung, NJW 2012, 3001; *Armbrüster,* Konsequenzen des Urteils zu unwirksamen Klauseln, VW 2012, 1434; *Armbrüster,* Anm. zu BGH v. 11.9.2013 – IV ZR 17/13, NJW 2013, 3243; *Ayad,* Verbot der inhaltlichen Abänderung missbräuchlicher Vertragsklauseln durch das nationale Gericht, BB 2012, 2715; *Bäuerle/Schünemann,* Ersetzung unwirksamer Klauseln in der kapitalbildenden Lebensversicherung aus verfassungs- und zivilrechtlicher Sicht, VersWissStud Bd. 20, 2002, S. 17; *Bartmuß,* AVB-Anpassung durch Bedingungsanpassungsklausel und Bedingungstreuhänder, VuR 2000, 299; *Bartmuß,* Lückenfüllung im Versicherungsvertrag, 2001; *Basedow,* Transparenz als Prinzip des (Versicherungs-)Vertragsrechts, VersR 1999, 1045; *Bäuerle/Schünemann,* Ersetzung unwirksamer Klauseln in der kapitalbildenden Lebensversicherung aus verfassungs- und zivilrechtlicher Sicht, VersWissStud Bd. 20, 2002, S. 63; *Baumann,* Bedingungsanpassungsklauseln bei Versicherungs-Aktiengesellschaften und -Gegenseitigkeitsvereinen, JZ 1999, 881; *Baur,* Preisänderungsklauseln, Vertragsstrafenklausel und Höhere-Gewalt-Klauseln in langfristigen Lieferverträgen über Energie, ZIP 1985, 905; *Beckmann,* Auswirkungen des § 31 VVG auf die Zulässigkeitsvoraussetzungen von Prämienanpassungsklauseln in VV, VersR 1996, 540; *Beckmann,* Die Zulässigkeit von Preis- und Prämienanpassungsklauseln nach dem AGBG, 1990; *Brambach,* Die Rechtsprechung des BGH zum Mindestrückkaufswert und zum Stornoabzug – zugleich Anmerkung zum Urteil des BGH v. 11.9.2013 – IV ZR 17/13, r+s 2013, 614, *Brambach,* r+s 2014, 1; *Buchholz-Schuster,* Die Konsequenzen des BGH-Urteils zur Bedingungsanpassungsklausel des § 10 Kap. A ARB 94 für bestehende Versicherungsverträge, NVersZ 2000, 207; *Büchner*, Der Referentenentwurf zum Dritten Durchführungsgesetz zum VAG auf dem Prüfstand, 1993; *Claus*, Lebensversicherungsaufsichtsrecht nach der Dritten EG-Richtlinie. Was bleibt? Was ändert sich?, ZfV 1994, 139; *Dörner/Hoffmann*, Der Abschluss von Versicherungsverträgen nach § 5a VVG, NJW 1996, 153; *Eckelt*, Vertragsanpassungsrecht, Diss., 2008; *Elfring*, Die Ersetzung intransparenter Klauseln in den Allgemeinen Bedingungen der kapitalbildenden Lebensversicherung im Rahmen des Treuhänderverfahrens nach § 172 Abs. 2 VVG, NJW 2005, 3677; *Entzian*, Zulässigkeit von Bedingungsanpassungsklauseln in Allgemeinen Versicherungsbedingungen, NVersZ 1998, 65; *Eucker*, Prämienanpassungsklauseln in der privaten Versicherungswirtschaft, 1980; *v. Fürstenwerth*, Die Einbeziehung neuer Allgemeiner Versicherungsbedingungen in bestehende Versicherungsverträge, r+s 2009, 221; *Fricke*, Die Botschaft hör' ich wohl, allein mir fehlt Verständnis – Was meint § 172 Abs. 2 VVG wirklich?, NVersZ 2000, 310; *Fricke*, Quomodo pacta sunt servanda?, VersR 2000, 257; *Goldberg/Müller*, Versicherungsaufsichtsgesetz, 1980; *Horn*, Vertragsbindung unter veränderten Umständen – Zur Wirksamkeit von Anpassungsregelungen in langfristigen Verträgen, NJW 1985, 1118; *Jäger*, Anmerkungen zur gesetzlichen Anpassungsmöglichkeit für Lebensversicherungsverträge, VersR 1999, 26; *Kamanabrou*, Vertragliche Anpassungsklauseln, Habil. 2004; *Kirscht*, Das Treuhänderverfahren zur Bedingungsänderung in der Lebensversicherung, VersR 2003, 1072; *Kollhosser*, Auslegung des § 172 VVG, VersR 2003, 807; *Langheid*, Ersetzung intransparenter Klauseln in der Lebens- und Krankenversicherung, FS Schwintowski, 2017, 113; *Langheid*, Auf dem Weg zu einem neuen Versicherungsvertragsrecht, NJW 2006, 3317; *Langheid*, Rechtsprechungsübersicht, NJW 2002, 404; *Langheid/Grote*, Bedingungsanpassung nach Rechtsprechungswechsel, VersR 2003, 1469; *Langheid/Grote*, Praktische Probleme der Bedingungstreuhänderschaft, NVersZ 2002, 49; *Lipperheide*, Prämienanpassungsklauseln in Handwörterbuch der Versicherung, 1988, S. 541; *E. Lorenz*, Anm. zu OLG Stuttgart v. 6.4.2001, VersR 2001, 1146; *E. Lorenz*, Nochmals: „Notwendigkeit" des Klauselersetzungsverfahrens nach § 172 Abs. 2 VVG, VersR 2002, 410; *E. Lorenz*, Neue Aspekte zum Abschluss eines Versicherungsvertrags nach § 5a VVG, VersR 1997, 773; *Matusche-Beckmann*, Die Bedingungsanpassungsklausel – Zulässiges Instrument für den Fall der Unwirksamkeit Allgemeiner Versicherungsbedingungen?, NJW 1998, 112; *Merschmeyer/Präve*, Anm. zu BGH v. 12.10.2005, VersR 2005, 1670; *Müller*, Produktkontrolle gestern, heute, morgen, ZfV 1991, 625; *Musielak/Voit*, ZPO, 19. Aufl. 2022; *Pfeiffer*, Anm. zu EuGH v. 14.6.2012, LMK 2012, 339740; *Pohl*, Kehrtwende bei der Beurteilung der Zillmerung, VW 2012, 1188; *Präve*, Anm. zu BGH v. 25.7.2012, VersR 2012, 1159; *Präve*, Versicherungsaufsicht, Treuhänder und Verantwortlicher Aktuar, VersR 1995, 733; *Präve*, Anm. zu BGH v. 17.3.1999, VersR 1999, 699; *Präve*, Anm. zu LG Stuttgart v. 1.8.2000, VersR 2000, 1138; *Präve*, Das 3. DurchfG/EWG zum VAG – Ausgewählte Fragen des neuen Aufsichts- und Vertragsrechts, ZfV 1994, 168, 255; *Präve*, Die Gestaltung der Versicherungsbedingungen in der Lebensversicherung unter Berücksichtigung der AGB-gesetzlichen Inhaltskontrolle, ZfV 2000, 549; *Präve*, Versicherungsbedingungen und AGB-Gesetz, 1998; *Präve*, Versicherungsbedingungen und Transparenzgebot, VersR 2000, 138; *Prölss*, Vertragsänderungsklauseln und AVB und § 10 Nr. 5 AGBG, VersR 1996, 145; *Reiff*, Die Auswirkungen des BGH-Urteils v. 25.7.2012 (IV ZR 201/10, VersR 2012, 1149) zu den Allgemeinen Versicherungsbedingungen der Lebensversicherung, VersR 2013, 785; *Reiff*, Anm. zu BGH v. 9.5.2001, ZIP 2001, 1058; *Renger*, Stand, Inhalt und Probleme des neuen Versicherungsrechts, VersR 1994, 753; *Renger*, Über den Treuhänder in der Krankenversicherung, VersR 1994, 1257; *Renger*, Die Lebens- und Krankenversicherung im Spannungsfeld zwischen Versicherungsvertragsrecht und Versicherungsaufsichtsrecht, VersR 1995, 866; *Römer*, Für eine gesetzliche Regelung zur Anpassung Allgemeiner Versicherungsbedingungen, VersR 1994, 125; *Römer*, Die Rechtsprechung des BGH zum Kraftfahrtversicherungsrecht, DAR 2001, 258; *Römer*, Was bringt das neue VVG Neues zur Lebensversicherung?, r+s 2008, 405; *Rolfs*, Allgemeine Versicherungsbedingungen, ihre Anpassung und die Reform des VVG, GS Hübner, 2012, 233; *Rosenow/Schaffelhuber*, Neues zur Transparenzkontrolle im AGB-Recht, ZIP 2001, 2211; *Schauer*, Die Anpassungsklauseln im Versicherungsvertragsrecht, VR 1999, 21; *Schünemann*, „Notwendigkeit" des Klauselersetzungsverfahrens nach § 172 Abs. 2 VVG, VersR 2002, 393; *Schünemann*, Gesetzliche Ermächtigung zu einseitigen Vertragsänderungen?, JZ 2002, 134; *Schünemann*, Klauselersetzungsverfahren nach § 172 Abs. 2 VVG auch bei der Kapitallebensversicherung?, NVersZ 2002, 145; *Schulze-Schwienhorst*, Aufsichts- und wettbewerbsrechtliche Probleme der Prämienanpassungsklausel, 1988; *Schwintowski*, Bedingungsanpassung in der Lebensversicherung, FS E. Lorenz, 2014, 475; *Schwintowski*, Lebensversicherung – quo vadis? – Konsequenzen aus dem Urteilen des BGH v. 12.10.2005, Teil 1, DStR 2006, 429; Teil 2, DStR 2006, 473; *Schwintowski*, Transparenz in der Lebensversicherung, NVersZ 2001, 337; *Seybold*, Der Austausch einzelner Versicherungsbedingungen im Rahmen des laufenden Vertrages, VersR 1989, 1231; *Sijanski*, Ersetzung unwirksamer Klauseln und Mindestrückkaufswert in der kapitalbildenden LV, VersR 2006, 469; *Thüsing*, Rechtsfolgen unwirksamer AGB – Zur Möglichkeit einseitiger Nachbesserung durch den Verwender und richtigere Wege, VersR 2015, 927; *Thüsing/Fütterer*, Die Grenzen der ergänzenden Auslegung von AGB – Grundlagen und aktuelle Entwicklungen, VersR 2013, 552; *Tormyn*, Die Rundschreibenpraxis des Bundesaufsichtsamts für das Versicherungswesen, Diss., 1992; *Uffmann*, Vertragsgerechtigkeit als Leitbild der Inhaltskontrolle. Der BGH und die ergänzende Vertragsauslegung, NJW 2012, 2225; *Ulmer/Brandner/Hensen*, AGB-Recht, 13. Aufl. 2022; *Wandt*, Ersetzung unwirksamer AVB im Treuhänderverfahren gem. § 172 VVG, VersR 2001, 1449; *Wandt*, Änderungsklauseln in Versicherungsverträgen, VR 2002, 4; *Wandt*, Änderungsklauseln in Versicherungsverträgen, 2000; *Wandt*, Ersetzung unwirksamer AVB der Lebensversicherung im Treuhänderverfahren gem. § 172, 2000; *Wedler*, Für eine vertragsrechtliche Möglichkeit zur Prämien- und Bedingungsanpassung in der privaten Rentenversicherung, Das Änderungsrisiko steigender Lebenserwartung als Herausforderung, VW 1996, 369; *Wendenburg*, Anm. zu EuGH v. 14.6.2012, EuZW 2012, 758.

A. Einführung

I. Inhalt und Zweck der Regelung

1 § 164 Abs. 1 gibt dem Versicherer unter engen Voraussetzungen die Befugnis, durch **einseitige Gestaltungserklärung** eine unwirksame AVB durch eine neue Regelung zu **ersetzen**. Die Unwirksamkeit der AVB-Klausel muss durch höchstrichterliche Entscheidung oder durch bestandskräftigen Verwaltungsakt festgestellt worden sein. Die Klauselersetzung ist zulässig, wenn sie zur Fortführung des Vertrags notwendig ist oder wenn das Festhalten an dem Vertrag ohne Klauselersetzung für eine Vertragspartei auch unter Berücksichtigung der Interessen der anderen Vertragspartei eine unzumutbare Härte darstellen würde. Die neu in den Vertrag eingefügte Regelung muss unter Wahrung des Vertragsziels die Belange der Versicherungsnehmer angemessen berücksichtigen. Sie wird zwei Wochen nach Mitteilung an den Versicherungsnehmer Vertragsbestandteil (Abs. 2). § 164 gibt entgegen seiner missverständlichen Überschrift („Bedingungsanpassung") keine Befugnis, eine wirksame AVB an veränderte Umstände anzupassen (→ Rn. 34 ff.).[1] Der Klarheit halber ist deshalb von **Bedingungsersetzung** zu sprechen.

2 Hintergrund der Regelung über die Bedingungsersetzung ist, dass im Falle der Unwirksamkeit einer AVB-Klausel des Versicherers regelmäßig eine **planwidrige Regelungslücke** entsteht. Sie kann dazu führen, dass der Versicherer einen Versicherungsschutz zu gewähren hat, der weiter geht, als bei der Prämienkalkulation zugrunde gelegt wurde. Gemessen an der Kalkulationsgrundlage kann dies eine erhebliche **Störung des Äquivalenzverhältnisses** zwischen Versicherungsleistung und Prämie darstellen. Ungeachtet eines Missverhältnisses von kalkulierter Prämie und vereinbartem Versicherungsschutz kann die Regelungslücke auch dazu führen, dass die **Vertragsdurchführung unmöglich** oder doch **erheblich erschwert** wird.[2] Die Durchführbarkeit des Vertrags wird im Falle der Unwirksamkeit einer AGB-Bestimmung grds. durch die allgemeine Regelung des § 306 BGB gewährleistet. Danach berührt die Unwirksamkeit von Allgemeinen Geschäftsbedingungen die Wirksamkeit des Vertrags im Übrigen grds. nicht (§ 306 Abs. 1 BGB, vorbehaltlich des Eingreifens von § 306 Abs. 3 BGB). Anstelle der unwirksamen AGB-Bestimmung richtet sich der Inhalt des Vertrags nach den gesetzlichen Vorschriften, wozu auch die Regelungen bzw. Grundsätze über eine ergänzende Vertragsauslegung gehören[3] (§ 306 Abs. 2 BGB, → Rn. 3). Zu einer Unwirksamkeit des gesamten Vertrags kommt es nach § 306 Abs. 3 BGB nur ausnahmsweise, wenn das Festhalten an dem Vertrag auch unter Berücksichtigung der nach Abs. 2 vorgesehenen Vertragsänderung eine unzumutbare Härte für eine Vertragspartei darstellen würde (→ Rn. 25). Bei **Versicherungsverträgen** kann die Lücke, die infolge der Unwirksamkeit einer AVB-Bestimmung entstanden ist, jedoch häufig nicht gem. § 306 Abs. 2 BGB geschlossen werden, weil gesetzliche Vorschriften, die zur Lückenfüllung herangezogen werden könnten, im Versicherungsvertragsrecht vielfach fehlen.[4] Dies beruht zum einen darauf, dass die Produktgestaltung weitgehend dem Versicherer als im Wettbewerb stehenden Unternehmer überlassen bleibt (Stichworte: leistungsbeschreibende AVB-Bestimmungen und Tarifbestimmungen), und zum anderen darauf, dass auch das reformierte VVG zahlreiche Versicherungsarten überhaupt nicht oder nur lückenhaft regelt.

3 Wenn versicherungsvertragsrechtliche Vorschriften iSv § 306 Abs. 2 BGB fehlen oder zur Lückenfüllung ungeeignet sind, ist die Regelungslücke – sieht man von § 164 ab – grds. in Anwendung von § 306 Abs. 2 BGB im Wege der **ergänzenden Vertragsauslegung** zu schließen. Dabei sind die Grundsätze der ergänzenden Vertragsauslegung entweder mittels der §§ 157, 133 BGB als gesetzliche Vorschriften iSv § 306 Abs. 2 BGB[5] oder als den gesetzlichen Vorschriften gleichrangige allgemein anerkannte Methode der Lückenfüllung anwendbar.[6] Jedoch ist das Instrument der ergän-

---

[1] Zur Unterscheidung von Bedingungsersetzung und -anpassung *Wandt* in Beckmann/Matusche-Beckmann VersR-HdB § 11 Rn. 12; *Brömmelmeyer* in Beckmann/Matusche-Beckmann VersR-HdB § 42 Rn. 107.
[2] BGHZ 141, 153 (155) = VersR 1999, 697 (698) mAnm *Präve*.
[3] *Fornasier* in MüKoBGB § 306 Rn. 32 ff.; *Grüneberg* in Grüneberg BGB § 306 Rn. 12 f.; *Lindacher/Hau* in Wolf/Lindacher/Pfeiffer BGB § 306 Rn. 14 ff.; *Schmidt* in Ulmer/Brandner/Hensen BGB § 306 Rn. 33 ff. mwN zum Meinungsstand.
[4] BGHZ 117, 92 (98) = VersR 1992, 477 (479) „Für das Versicherungsvertragsrecht ist es *typisch*, dass im Falle einer Klauselunwirksamkeit (…) dispositive Gesetzesbestimmungen nicht zur Verfügung stehen"; Hervorhebung von Verfasser hinzugefügt; *Präve* VersR 1999, 699; *Römer* VersR 1994, 125 (126); *Wandt* VersR Rn. 163.
[5] BGH NJW-RR 2010, 1202 Rn. 27; BGHZ 90, 69 (75) = NJW 1984, 1177 (1178), Tagespreisklausel im Kfz-Neuwagengeschäft; *Kollhosser* VersR 2003, 807 (808); *Bunte* NJW 1984, 1145 (1147).
[6] *Schmidt* in Ulmer/Brandner/Hensen BGB § 306 Rn. 26, da nur methodisch, aber keine Vorschriften mit sachlich-rechtlichem Regelungsgehalt; so wohl auch BT-Drs. 7/5422, 5; *Fornasier* in MüKoBGB § 306 Rn. 37; *Grüneberg* in Grüneberg BGB § 306 Rn. 12 f.; *Roloff/Looschelders* in Erman BGB § 306 Rn. 6, 13;

zenden Vertragsauslegung grds. **kein optimales Mittel zur Lückenschließung** in Versicherungsverträgen.[7] Die Lückenschließung im Wege ergänzender Vertragsauslegung durch die Gerichte hat nämlich eine Reihe von Nachteilen. Im Einzelnen: Eine richterliche ergänzende Vertragsauslegung ist nur in einem Individualprozess, nicht aber in einem Verbandsklageverfahren zulässig.[8] Die einzelnen Versicherungsnehmer müssen also Individualrechtsstreite führen, um eine gerichtliche Vertragsergänzung zu erlangen. Bei einer ergänzenden Vertragsauslegung durch die Gerichte können Jahre vergehen, bis Klarheit über den Inhalt des Vertrags besteht. Die einzelnen Urteile haben nur Rechtskraft im Verhältnis der Parteien des jeweiligen Rechtsstreits. Angesichts der Wertungen, die mit einer ergänzenden Vertragsauslegung notwendig verbunden sind, kommen verschiedene Gerichte erfahrungsgemäß zu Vertragsergänzungen, die nicht in jeder Hinsicht übereinstimmen. Auf diesem Weg würden Verträge eines ehemals einheitlichen Versicherungsbestandes also unterschiedliche Inhalte erlangen, was dem Gedanken des kollektiven Risikoausgleichs zuwiderliefe und hohe Verwaltungskosten nach sich zöge.[9] Eine Lückenfüllung mit Wirkung für die Gesamtheit der Versicherungsverträge ist in der Praxis grds. nur bei einer ergänzenden Vertragsauslegung durch eine höchstrichterliche Entscheidung zu erreichen, bis zu der aber viel Zeit vergeht.[10]

Zweck der Regelung des § 164 ist es, die beschriebenen Defizite der allgemeinen Regelung des § 306 BGB einschließlich der Nachteile richterlicher ergänzender Vertragsauslegung für den Bereich der Lebensversicherung (sowie der Kranken- und der Berufsunfähigkeitsversicherung, → Rn. 12, 17) möglichst zu überwinden. Der Versicherer erhält durch § 164 die Befugnis, eine durch Unwirksamkeit einer AVB-Klausel entstandene Vertragslücke für alle betroffenen Verträge schnell und einheitlich zu schließen.[11] Diese **einheitliche Lückenschließung** wahrt den die einzelnen Versicherungsverträge verbindenden Gesichtspunkt des Ausgleichs im Kollektiv. Dieser Gesichtspunkt hat bei den Verträgen der Lebens-, Kranken- und Berufsunfähigkeitsversicherung besonderes Gewicht, da diese Verträge für den Versicherer nicht ordentlich kündbar sind.[12] Die Klauselersetzung durch den Versicherer kann für **schnelle Rechtsklarheit** sorgen. Bei ordnungsgemäßer Durchführung ist sie geeignet, den einzelnen Versicherungsnehmern die Lasten, Kosten und Unsicherheiten individueller Rechtsstreitigkeiten zu ersparen.[13] Generell dient § 164 der Aufrechterhaltung des Vertrags bei **Wahrung des Vertragsziels** unter angemessener Berücksichtigung der Belange der Versicherungsnehmer. Die Regelung hat damit eine vergleichbare Funktion wie die Regelung des § 163 über Prämien- und Leistungsänderungen (→ § 163 Rn. 2).

Zum **Schutz der Versicherungsnehmer** statuiert § 164 hohe Voraussetzungen für eine Klauselersetzung durch den Versicherer. Das Erfordernis der Feststellung der Klauselunwirksamkeit durch höchstrichterliche Entscheidung oder durch einen bestandskräftigen Verwaltungsakt sichert, dass der Klauselersetzung eine rechtsförmige und rechtskräftige Entscheidung von dritter Seite über die zu ersetzende Klausel vorausgeht (unter Verzicht auf die Einschaltung eines unabhängigen Treuhänders, die früher nach der Vorgängerregelung des § 172 Abs. 2 VVG aF erforderlich war, → Rn. 14). Die schutzwürdigen Interessen der Versicherungsnehmer werden auf der ersten Stufe der Zulässigkeit einer Klauselersetzung (Frage nach dem **„Ob"** der Ersetzung) auch dadurch geschützt, dass eine neue Regelung zur Fortführung des Vertrags notwendig sein muss oder das Festhalten an dem nicht ergänzten Vertrag für den Versicherungsnehmer auch unter Berücksichtigung der Interessen des Versicherers (und *vice versa*) eine unzumutbare Härte darstellen würde (Abs. 1 S. 1; zur Normstruktur → Rn. 27 ff.). Geschützt wird der Versicherungsnehmer auch hinsichtlich des **„Wie" der Ersetzung,** indem bestimmt ist, dass die neue Regelung nur wirksam ist, wenn sie unter Wahrung des Vertragsziels die Belange der Versicherungsnehmer angemessen berücksichtigt (Abs. 1 S. 2).

---

   mangels praktischer Relevanz zutr. offen gelassen von BGHZ 164, 297 (309 f.) = VersR 2005, 1565 (1568) = NJW 2005, 3559 (3563) mwN; *Mäsch* in Staudinger BGB § 306 Rn. 37.
[7] *Römer* VersR 1994, 125 (126); *Matusche-Beckmann* NJW 1998, 112 (113).
[8] *Präve* VersR 1999, 699; *Römer* VersR 1994, 125 (126); *Schmidt* in Ulmer/Brandner/Hensen BGB § 306 Rn. 36.
[9] Zur Ungeeignetheit der richterlichen ergänzenden Vertragsauslegung zur Lückenschließung von Massenverträgen *Matusche-Beckmann* NJW 1998, 112 (113); *Präve* VersR 1999, 699; *Römer* VersR 1994, 125 f.; *Wandt* Änderungsklauseln in Versicherungsverträgen Rn. 287.
[10] Zum Begriff der höchstrichterlichen Entscheidung → Rn. 38 ff.
[11] *Reiff* VersR 2013, 785 (788).
[12] Begr. RegE BT-Drs. 16/3945, 100.
[13] So auch OLG Stuttgart VersR 2001, 1141 (1144); Rundschreiben R 1/2001 des BAV v. 10.10.2001, VerBAV 2001, 251 (252) = NVersZ 2002, 9 (10); *Lorenz* VersR 2001, 1146 (1147); *Wandt* Änderungsklauseln in Versicherungsverträgen Rn. 315, 349.

6 Der **Versicherungsnehmer** muss der Klauselersetzung jedoch **weder zustimmen noch** hat er ein **Widerspruchs- oder außerordentliches Kündigungsrecht** (→ Rn. 67). Dies trägt dem Umstand Rechnung, dass die Ersetzung zur sachgerechten Fortführung des Vertrags notwendig ist und die Interessen des Versicherungsnehmers bei der Lückenschließung angemessen gewahrt werden. Der Versicherungsnehmer ist darauf beschränkt, die Zulässigkeit und Wirksamkeit einer Ersetzung gerichtlich überprüfen zu lassen. Will er eine zulässige und wirksame Klauselersetzung nicht hinnehmen, bleibt ihm nur die ordentliche Kündigung nach § 168.

7 Zum Schutz des Versicherungsnehmers ist § 164 gem. § 171 S. 1 **halbzwingend.** Von der Regelung kann also nicht zum Nachteil des Versicherungsnehmers abgewichen werden (→ Rn. 85).

8 § 164 dient nicht nur den Interessen der Versicherungsnehmer, sondern auch den **Interessen des Versicherers** an einer einfach und kostengünstig herbeizuführenden Vertragsfortsetzung zu einheitlichen AVB-Bestimmungen. § 164 Abs. 1 S. 1 schützt den Versicherer auch substantiell, soweit eine Klauselersetzung selbst dann zugelassen wird, wenn sie zur Fortführung des Vertrags zwar nicht zwingend notwendig ist, ohne sie jedoch ein Festhalten an dem Vertrag für den Versicherer auch unter Berücksichtigung der Interessen des Versicherungsnehmer eine unzumutbare Härte darstellen würde (und *vice versa*; → Rn. 58). Schließlich werden die Interessen des Versicherers auch insoweit berücksichtigt, als die neue Regelung die Belange der Versicherungsnehmer nur unter Wahrung des Vertragsziels angemessen berücksichtigen muss.

II. Entstehungsgeschichte

9 Bis 1990 war die Aufsichtsbehörde aufgrund **der Verordnung über die Anwendung Allgemeiner Versicherungsbedingungen** zu einer bestandswirksamen Änderung von AVB befugt.[14] Von dieser Bedingungsänderungsbefugnis konnte die Aufsichtsbehörde auch in Fällen Gebrauch machen, in denen der Versicherungsvertrag durch Unwirksamkeit einer AVB lückenhaft geworden war.[15]

10 Seit der Aufhebung der Verordnung über die Anwendung Allgemeiner Versicherungsbedingungen im Jahr 1990 entfiel die Änderungsbefugnis der Aufsichtsbehörde für AVB. Die Aufsichtsbehörde war nun darauf beschränkt, die AVB auf ihre Wirksamkeit hin zu überprüfen, wenn der Versicherer sie gem. § 5 VAG aF als Bestandteil des Geschäftsplans der Aufsichtsbehörde vorlegte. Die Aufsichtsbehörde konnte über die Genehmigung des Geschäftsplans weiterhin auf die Verwendung nur wirksamer AVB-Bestimmungen Einfluss nehmen und im Wege der Missstandsaufsicht gegen die Verwendung unwirksamer Bestimmungen vorgehen. Sie hatte aber keine Befugnis mehr, unwirksame Klauseln mit Wirkung für den Bestand durch neue wirksame Klauseln zu ersetzen.[16]

11 Auch diese aufsichtsbehördliche Vorabkontrolle von AVB musste in **Umsetzung von EG-Richtlinien** (Dritte Richtlinie zur Lebensversicherung[17] und Dritte Richtlinie zur Schadensversicherung[18]) aufgegeben werden. Als Ersatz für die weggefallene AVB-Änderungsbefugnis der Aufsichtsbehörde (→ Rn. 9 f.) forderte insbes. *Römer* den Gesetzgeber auf, eine allgemeine gesetzliche Befugnis des Versicherers zur Ersetzung unwirksamer AVB-Bestimmungen zu schaffen.[19] Der RegE[20] zum **3. DurchfG/EWG zum VAG**[21] sah zunächst jedoch nur eine gesetzliche

---

[14] Die Verordnung v. 29.11.1940 (RGBl. I S. 1543, bereinigte Fassung BGBl. III Nr. 7632–4) wurde durch Art. 4 Abs. 2 des Gesetzes zur Änderung versicherungsrechtlicher Vorschriften v. 17.12.1990 aufgehoben (BGBl. 1990 I S. 2864); *Baumann* JZ 1999, 881 f.; *Müller* in Goldberg/Müller VAG § 81a Rn. 23 ff.; *Müller* ZfV 1991, 625; *Römer* VersR 1994, 125 (126); *Seybold* VersR 1989, 1231 (1232).

[15] Zu Anwendungsfällen *Prölss/Martin*, 22. Aufl. 1980, Vorb. I 6 B e; *Schmidt/Frey* in Prölss, 10. Aufl. 1989, VAG § 81a Rn. 5; sowie *Schmidt/Frey* ZVersWiss 1972, 315 (324 f.), zur Änderung einer Prämienanpassungsklausel in der Allgemeinen Haftpflichtversicherung.

[16] Vgl. die gerichtliche Unwirksamerklärung der von der Aufsichtsbehörde genehmigten Bedingungsanpassungs- und Ersetzungsklausel § 10 A ARB 94 durch BGHZ 141, 153 = VersR 1999, 697 mAnm *Präve*; OLG Düsseldorf VersR 1997, 1272; LG Düsseldorf VersR 1996, 874; *Abram* NVersZ 2000, 249; *Kamanabrou*, Vertragliche Anpassungsklauseln, 2004, S. 381 f.

[17] RL 92/96/EWG v. 10.11.1992 zur Koordinierung der Rechts- und Verwaltungsvorschriften für die Direktversicherung (Lebensversicherung) sowie zur Änderung der RL 79/267/EWG und RL 90/619/EWG (Dritte Richtlinie Lebensversicherung), ABl. 1992 L 360, S. 1.

[18] RL 92/49/EWG des Rates v. 18.6.1992 zur Koordinierung der Rechts- und Verwaltungsvorschriften für die Direktversicherung (mit Ausnahme der Lebensversicherung) sowie zur Änderung der RL 73/239/EWG und RL 88/357/EWG (Dritte Richtlinie Schadensversicherung), ABl. 1992 L 228, S. 1.

[19] *Römer* VersR 1994, 125 (127); zu entsprechenden Forderungen der Versicherungswirtschaft auch hinsichtlich Veränderungen vertragsexterner Umstände *Renger* VersR 1994, 753 (755).

[20] Begr. RegE BT-Drs. 12/6959, 35, 101 f.

[21] Drittes Gesetz zur Durchführung versicherungsrechtlicher Richtlinien des Rates der Europäischen Gemeinschaften v. 21.7.1994, BGBl. 1994 I S. 1630.

Befugnis in der Lebensversicherung zur Prämienneufestsetzung und zur Änderung der Bestimmungen zur Überschussbeteiligung vor (§ 172 RegE-VVG).[22] Im Verlauf des Gesetzgebungsverfahrens wurde dann aber auf Vorschlag des Finanzausschusses[23] auch eine **Befugnis zur Ersetzung unwirksamer Bestimmungen** in der Lebens- und Krankenversicherung gegeben (§ 172 Abs. 2 und Abs. 3 S. 2, § 178g Abs. 3 S. 2 und Abs. 4 VVG aF).[24] Die Beschränkung auf die Lebens- und Krankenversicherung wurde damit begründet, dass deren Verträge für den Versicherer regelmäßig nicht ordentlich kündbar seien und sich ein unabweisbarer Anpassungsbedarf ergebe, wenn etwa durch Rspr. eine leistungsbeschreibende AVB-Klausel für unwirksam erklärt werde, weil insoweit zur Fortführung des Vertragsverhältnisses nicht auf die gesetzliche Regelung verwiesen werden könne.[25] In § 172 Abs. 2 VVG aF war die Regelung für die Bedingungsersetzung gesetzestechnisch eng mit der Regelung über die Prämienanpassung (§ 172 Abs. 1 VVG aF) verknüpft, was zu erheblichen Auslegungsschwierigkeiten führte.

Die **VVG-Reform 2008** hat die bislang bestehende gesetzestechnische Verknüpfung von Prämienneufestsetzung und Bedingungsersetzung beseitigt. Das gesetzliche Prämienanpassungsrecht des Versicherers ist nunmehr eigenständig in § 163, das **gesetzliche Bedingungsersetzungsrecht in § 164** geregelt.[26] Inhaltlich wurden mit der Neufassung auch die Voraussetzungen für eine Bedingungsersetzung selbständig und umfassender geregelt.[27] Die gesetzliche Befugnis des Versicherers zur Bedingungsersetzung wurde außerdem auf die Berufsunfähigkeitsversicherung ausgeweitet (vgl. § 176; für die Krankenversicherung verweist § 203 Abs. 4 auf § 164).

Die die Gesetzesreform vorbereitende VVG-Reformkommission hatte weitergehend vorgeschlagen, eine **Ersetzungsbefugnis des Versicherers** für alle Versicherungsarten zu gewähren (vgl. § 16 Abs. 2 VVG-Reformkommission).[28] Der Reformgesetzgeber ist dem jedoch nicht gefolgt. Dies wird – nicht überzeugend – wie folgt begründet:[29] Der mit dem Vorschlag der VVG-Kommission verbundene Eingriff in bestehende Verträge könne sich zum Nachteil der Versicherungsnehmer auswirken. Dies wäre zwar dann vertretbar, wenn sich in der Praxis aus dem Fehlen einer über den § 306 BGB hinausgehenden Anpassungsmöglichkeit für die Vertragsparteien unzumutbare Probleme ergeben hätten. Solche Probleme hätten sich aber bisher nicht gezeigt. Nach wie vor erscheine es daher angemessen, außerhalb der Lebensversicherung und der Krankenversicherung das Risiko der Unwirksamkeit einer vom Versicherer verwendeten Bedingung dem Versicherer aufzuerlegen. Diese **Gesetzesbegründung** überzeugt aus mehreren Gründen nicht.[30] Auch bei Anwendung von § 164 trägt der Versicherer das Risiko der Unwirksamkeit einer von ihm verwendeten Bedingung, grds. nicht anders als nach der allgemein zur Anwendung kommenden Regelung des § 306 Abs. 2 BGB. Der einzige Unterschied zwischen § 164 und § 306 Abs. 2 BGB besteht darin, dass eine Lückenfüllung im Wege der ergänzenden Vertragsauslegung, wenn sie mangels (geeigneter) gesetzlicher Vorschriften erforderlich ist, gem. § 164 durch einseitige Gestaltungserklärung des Versicherers einheitlich für alle Verträge vorgenommen wird, während sie nach § 306 Abs. 2 BGB durch Gerichtsurteil für den Einzelvertrag erfolgt (→ Rn. 3). Mit der einheitlichen Lückenfüllung durch Gestaltungserklärung des Versicherers ist jedoch entgegen der Gesetzesbegründung kein Eingriff in bestehende Verträge zum Nachteil der Versicherungsnehmer verbunden, weil § 164 den Versicherer inhaltlich an die Grundsätze der ergänzenden Vertragsauslegung bindet und gerichtlich voll überprüfbar ist (→ Rn. 91 ff.). Ein Unterschied zu § 306 Abs. 2 BGB besteht also nur in der Art der Lückenfüllung, nicht aber in deren Inhalt und in ihrer gerichtlichen Überprüfbarkeit. Die von der VVG-Reformkommission vorgeschlagene Ersetzungsbefugnis des Versicherers für alle Versicherungsarten ließe sich daher allenfalls mit dem Argument ablehnen, dass bei anderen Versicherungsarten als der Lebens-, Kranken- und Berufsunfähigkeitsversicherung eine ergänzende Vertragsauslegung durch die Gerichte geeigneter sei als die ergänzende Vertragsauslegung im Wege der Klauselersetzung durch den Versicherer. Dies ist jedoch nicht zu sehen. Denn auch bei den anderen Versicherungsarten geht es um Massenverträge, für die eine einheitliche Lückenfüllung sachlich geboten ist. Daran ändert auch die Kündbarkeit dieser Verträge für den Versicherer nichts. Denn die Unwirksamkeit einer AVB-Bestimmung soll nach der gesetzlichen Wertung des § 306 BGB

---

[22] Begr. RegE BT-Drs. 12/6959, 35, 101 f.
[23] Beschlussempfehlung des Finanzausschusses BT-Drs. 12/7595, 77, 112.
[24] *Schwintowski* in Berliner Kommentar VVG § 172 Rn. 1 ff.; *Fricke* NVersZ 2000, 310.
[25] Begr. der Beschlussempfehlung des Finanzausschusses BT-Drs. 12/7595, 112.
[26] Begr. RegE BT-Drs. 16/3945, 99 f.
[27] *Ortmann* in Schwintowski/Brömmelmeyer/Ebers VVG § 164 Rn. 3.
[28] Abschlussbericht der VVG-Kommission, VersR-Schriftenreihe, Bd. 25, 2004, S. 203, 304 f.
[29] Begr. RegE BT-Drs. 16/3945, 100.
[30] Zust. dagegen *Beckmann* in Bruck/Möller Einf. C Rn. 202.

nicht zur Beendigung des Vertrags, sondern zu seiner Fortsetzung mit angemessenem Inhalt führen.[31]

14 § 172 Abs. 2 VVG aF schrieb – wie bei der Prämienanpassung nach § 172 Abs. 1 VVG aF und auch heute noch § 163 – die **Beteiligung eines unabhängigen Treuhänders** vor. Dieser sollte als Kontrollinstanz dienen, um die im Zuge der VVG-Reform 1994 weggefallene AVB-Kontrolle durch die Aufsichtsbehörde zu ersetzen (→ Rn. 9 f.).[32] Als Wirksamkeitsvoraussetzung für eine Klauselersetzung musste der sog. **Bedingungstreuhänder** die Voraussetzungen der Klauselersetzung überprüfen und bestätigen. Der Gesetzgeber der VVG-Reform 2008 hat auf die Einschaltung eines Bedingungstreuhänders verzichtet,[33] aber am sog. Prämientreuhänder festgehalten (vgl. § 163). Nach der Gesetzesbegründung sei der mit der Einschaltung des Treuhänders verfolgte zusätzliche Schutz der Interessen der Versicherungsnehmer iRd § 172 Abs. 2 VVG aF nicht erreicht worden. Die Bestätigung des Treuhänders, dass die neue Bedingung des Versicherers den gesetzlichen Voraussetzungen entspricht, könne beim Versicherungsnehmer den Eindruck erwecken, dass eine gerichtliche Überprüfung der Wirksamkeit der neuen Klausel von vornherein erfolglos wäre. Dem Interesse der Versicherungsnehmer entspreche es daher eher, wenn für die Bedingungsersetzung auf einen Treuhänder verzichtet und der Versicherungsnehmer auf die gerichtliche Kontrolle verwiesen werde.[34] Zur Frage, ob die Einschaltung eines unabhängigen Treuhänders vertraglich vereinbart werden kann, → Rn. 87.

III. Anwendungsbereich

15 **1. Sachlicher Anwendungsbereich.** Die Vorschrift des § 164 ist auf **alle Lebensversicherungsverträge** anwendbar (zu den einzelnen Formen → Vorb. § 150 Rn. 12 ff.).[35] Dies ergibt sich eindeutig aus dem Wortlaut der Regelung und wird in den Gesetzesmaterialien ausdrücklich bekräftigt.[36] Dagegen war umstritten, ob die Vorgängerregelung des § 172 Abs. 2 VVG aF wegen des Verweises auf Abs. 1 wie dieser nur auf eine Lebensversicherung anwendbar war, die Versicherungsschutz für ein Risiko bietet, bei dem der Eintritt der Verpflichtung des Versicherers ungewiss ist (→ § 163 Rn. 9),[37] oder ob eine Anwendbarkeit auf alle Lebensversicherungsverträge gegeben war.[38] Dieser Streit hat sich durch die Neuregelung des § 164 mit der eindeutigen Entscheidung für eine umfassende Anwendbarkeit auf alle Lebensversicherungsverträge erledigt (zur Anwendbarkeit auf beitragsfrei gestellte oder gekündigte Verträge → Rn. 52).

16 Die Ersetzungsbefugnis nach § 164 besteht **unabhängig von der Rechtsform des Versicherers**. Sie steht neben der weiteren, allein für Versicherungsvereine auf Gegenseitigkeit (VVaG) geltenden Regelung des § 197 Abs. 3 VAG (§ 41 Abs. 3 VAG aF) (→ Rn. 22).

17 Im Wege des Verweises ist § 164 auf die Berufsunfähigkeitsversicherung (§ 176) und auf die Krankenversicherung (§ 203 Abs. 4) entsprechend anzuwenden.

18 Eine analoge Anwendung des § 164 auf **andere Versicherungsarten** ist wegen der bewussten gesetzgeberischen Beschränkung auf die Lebens-, Kranken- und Berufsunfähigkeitsversicherung

---

[31] *Schmidt* in Ulmer/Brandner/Hensen BGB § 306 Rn. 1; *Fornasier* in MüKoBGB § 306 Rn. 1 ff.
[32] Begr. RegE BT-Drs. 12/6959, 102, 105; *Fricke* NVersZ 2000, 310 (312 f.); *Langheid/Grote* NVersZ 2002, 49; *Präve* VersR 1995, 733 (736); *Wandt* Änderungsklauseln in Versicherungsverträgen Rn. 137 ff.; kritisch zum früheren Erfordernis der Einschaltung eines unabhängigen Treuhänders *Römer* in Römer/Langheid, 2. Aufl. 2003, VVG § 172 Rn. 15; *Römer* DAR 2001, 258 (259); *Schwintowski* DStR 2006, 473 (474).
[33] Krit. *Langheid* NJW 2006, 3317 (3321); *Präve* in Prölss/Dreher VAG § 142 Rn. 5.
[34] Begr. RegE BT-Drs. 16/3945, 100.
[35] *Brömmelmeyer* in Beckmann/Matusche-Beckmann VersR-HdB § 42 Rn. 3 ff.; *Wandt* VersR Rn. 1161 ff.; *Schneider* in Prölss/Martin VVG § 164 Rn. 4.
[36] Begr. RegE BT-Drs. 16/3945, 51; *Brambach* in HK-VVG § 164 Rn. 1 f.; *Brömmelmeyer* in Beckmann/ Matusche-Beckmann VersR-HdB § 42 Rn. 108; *Grote* in Marlow/Spuhl Rn. 1075; *Wandt* in Beckmann/ Matusche-Beckmann VersR-HdB § 11 Rn. 139; *Wandt* VersR Rn. 1299.
[37] LG Düsseldorf VersR 1996, 874 (875); *Römer* in Römer/Langheid, 2. Aufl. 2003, VVG § 172 Rn. 13 ff.; *Bäuerle/Schünemann* VersWissStud Bd. 20, 2002, S. 64 (69 ff., 87); *Schünemann* NVersZ 2002, 145; *Buchholz-Schuster* NVersZ 2000, 207.
[38] IdS die hM, BGH VersR 2007, 1547 Rn. 10 ff.; 2007, 1211; BGHZ 164, 297 (301 ff.) = VersR 2005, 1565 (1566 ff.) = NJW 2005, 3559 (3560 ff.); LG Stuttgart VersR 2000, 1137 f.; bestätigt durch OLG Stuttgart VersR 2001, 1141 mwN; Rundschreiben R 1/2001 des BAV v. 10.10.2001, VerBAV 2001, 251 (252) = NVersZ 2002, 9 (10); *Brömmelmeyer* in Beckmann/Matusche-Beckmann VersR-HdB § 42 Rn. 108; *Fricke* NVersZ 2000, 310 (311); *Jaeger* VersR 1999, 26 (29); *Lorenz* VersR 2001, 1146; *Präve* NVersZ 2000, 1138 f.; *Schwintowski* in Berliner Kommentar VVG § 172 Rn. 23; *Wandt* Änderungsklauseln in Versicherungsverträgen Rn. 294 ff.; *Wandt* Ersetzung unwirksamer AVB der Lebensversicherung im Treuhänderverfahren gem. § 172 S. 37 f.; *Wandt* VersR 2001, 1449 (1451 f.).

(→ Rn. 13) abzulehnen.[39] Bei anderen Versicherungsarten regelt sich die Lückenfüllung vorrangig nach einer Bedingungsersetzungsklausel, wenn der Vertrag eine solche enthält (zur Zulässigkeit → Rn. 54, 85), ansonsten nach § 306 BGB.[40]

2. Zeitliche Anwendbarkeit. Die Neuregelung des § 164 ist mit dem **1.1.2008 für Neuverträge** in Kraft getreten. Eine spezielle Übergangsregelung für § 164 existiert nicht. Für am 1.1.2008 bereits bestehende Verträge (**Altverträge**) gilt § 164 deshalb gemäß der allgemeinen Regelung des Art. 1 Abs. 1 EGVVG erst seit dem **1.1.2009**. Kein Anwendungsfall besteht für die spezielle Übergangsregelung des Art. 1 Abs. 2 EGVVG, wonach das VVG aF auf Altverträge auch zukünftig dauerhaft anwendbar bleibt, soweit ein Versicherungsfall bis zum 31.12.2008 eingetreten ist (zur zulässigen Rückwirkung einer gem. § 164 ersetzten Klausel → Rn. 81). Gem. Art. 4 Abs. 3 EGVVG ist § 164 **nicht** (analog) auf **Altverträge der Berufsunfähigkeitsversicherung** anzuwenden. 19

IV. Verhältnis zu anderen Vorschriften

1. Verhältnis zu Vorschriften des VVG und des EGVVG. § 164 und die Vorschrift des § 163 über eine Prämienneufestsetzung oder eine Herabsetzung der Versicherungsleistung stehen selbständig nebeneinander. Die Vorschriften haben unterschiedliche Voraussetzungen und Rechtsfolgen. Beide Regelungen sind berührt, wenn eine Änderung des Leistungsbedarfs iSv § 163 Abs. 1 S. 1 Nr. 1 daraus folgt, dass eine den Leistungsumfang des Versicherers begrenzende AVB-Bestimmung unwirksam (→ § 163 Rn. 12, 43), und der ersatzlose Wegfall der die Versicherungsleistung begrenzenden Klausel keine sachgerechte Lösung ist, sodass eine Klauselersetzung nach § 164 in Betracht kommt. 20

Art. 1 Abs. 3 EGVVG gestattete dem Versicherer bis zum 1.1.2009, seine AVB für **Altverträge** mit Wirkung zu diesem Zeitpunkt zu ändern, soweit sie von den Vorschriften des VVG abwichen.[41] Die einseitige Bedingungsänderung durch den Versicherer ist nach dem Wortlaut von Art. 1 Abs. 3 EGVVG gestattet, „**soweit**" **AVB-Bestimmungen vom neuen Recht abweichen**. Der Versicherer sollte verhindern können, dass eine bislang wirksame AVB-Bestimmung allein infolge der Gesetzesänderungen im Zuge der VVG Reform 2008 unwirksam wurde.[42] Wortlaut sowie Sinn und Zweck der Vorschrift lassen die Anpassung einer AVB-Bestimmung an das neue Recht jedoch auch dann zu, wenn diese Bestimmung auch ohne Änderung wirksam fortbestehen könnte.[43] Wenn der Versicherer von seiner Anpassungsbefugnis nach Art. 1 Abs. 3 EGVVG keinen Gebrauch gemacht hat und eine bisher wirksame AVB-Bestimmung deshalb mit Inkrafttreten des VVG 2008 unwirksam geworden ist, steht dem Versicherer in der Lebensversicherung gleichwohl die Ersetzungsbefugnis nach § 164 offen. Die über § 164 zur Anwendung kommenden Grundsätze der ergänzenden Vertragsauslegung sind flexibel genug, um sachgerechte Ergebnisse auch für Missbrauchsfälle zu erlauben, in denen der Versicherer sehenden Auges von einer AVB-Anpassung nach Art. 1 Abs. 3 EGVVG abgesehen hat, um sich unangemessene Vorteile zu verschaffen. Dogmatisch kommt in solchen Fällen auch eine **Verwirkung** der Befugnis aus § 164 in Betracht. 21

2. Verhältnis zu § 197 Abs. 3 VAG (§ 41 Abs. 3 VAG aF). § 164 und die Regelung des § 197 Abs. 3 VAG (§ 41 Abs. 3 VAG aF) über die bestandswirksame Änderung von AVB eines VVaG stehen grds. selbständig und unabhängig nebeneinander (→ Rn. 16).[44] Die vereinsrechtlichen 22

---

[39] *Grote* in Langheid/Rixecker VVG § 164 Rn. 7.
[40] BGHZ 141, 153 (155 f.) = VersR 1999, 697 (698) mAnm *Präve*; Begr. RegE BT-Drs. 16/3945, 100; *Baumann* JZ 1999, 881 (882); *Ortmann* in Schwintowski/Brömmelmeyer/Ebers VVG § 164 Rn. 4; *Schwintowski* in Berliner Kommentar VVG § 172 Rn. 5; *Brambach* in HK-VVG § 164 Rn. 1 f.; *Krause* in Looschelders/Pohlmann VVG § 164 Rn. 2; *Römer* in Römer/Langheid, 2. Aufl. 2003, VVG § 172 Rn. 2; für eine Leitbildfunktion des § 164: *Beckmann* in Bruck/Möller Einf. C Rn. 199; *Beckmann* in Beckmann/Matusche-Beckmann VersR-HdB § 10 Rn. 165; *Wandt* in Beckmann/Matusche-Beckmann VersR-HdB § 11 Rn. 168 f.; *Entzian* NVersZ 1998, 66; *v. Fürstenwerth* r+s 2009, 221 (226, 227 f.); *Wandt* VR 1-2/2002, 4 (9, 13); zu § 178g VVG aF für die Krankenversicherung BGH VersR 2008, 482 (483) = r+s 2008, 157 (158); *Wandt* Änderungsklauseln in Versicherungsverträgen Rn. 311; aA *Kamanabrou*, Vertragliche Anpassungsklauseln, 2004, S. 226, die den Leitbildcharakter ablehnt.
[41] Ausf. → § 28 Rn. 21 ff.; *Wandt* in Beckmann/Matusche-Beckmann VersR-HdB § 11 Rn. 15.
[42] *Schneider* in Beckmann/Matusche-Beckmann VersR-HdB § 1a Rn. 45 ff.; *v. Fürstenwerth* r+s 2009, 221 (222 ff.); *Wandt* VersR Rn. 20.
[43] Vgl. den Hinweis der Gesetzesbegründung auf eine zulässige Anpassung im Hinblick auf Änderungen des dispositiven Rechts RegE BT-Drs. 16/3945, 118.
[44] *Kaulbach* in Kaulbach/Bähr/Pohlmann VAG § 197 Rn. 4; dagegen spricht sich *Krause* in Looschelders/Pohlmann VVG § 164 Rn. 10 ohne Begr. für einen Vorrang von § 164 gegenüber § 197 Abs. 3 VAG (§ 41 Abs. 3 VAG aF) aus.

Kompetenzzuweisungen der §§ 197, 195 VAG (§§ 41, 39 VAG aF) gelten allerdings auch, wenn ein VVaG von seiner Befugnis aus § 164 Gebrauch macht.[45]

23 **3. Verhältnis zu §§ 306, 311 BGB.** Nach den allgemeinen Vorschriften des Schuldrechts bedarf die **nachträgliche Einbeziehung einer AGB-Bestimmung** in einen bestehenden Vertrag einer Vereinbarung zwischen den Vertragsparteien (§ 311 Abs. 1 Alt. 2 BGB).[46] Eine solche Vereinbarung können auch die Parteien eines Versicherungsvertrags über die Ersetzung einer unwirksamen AVB-Klausel durch eine neue AVB-Bestimmung schließen. Die Vereinbarung darf jedoch nicht zum Nachteil des Versicherungsnehmers von § 164 abweichen, da diese Vorschrift gem. § 171 halbzwingend ist (→ Rn. 85; zur Geltung auch für Individualvereinbarungen → § 32 Rn. 6). Derartige Vereinbarungen mit einzelnen Kunden sind bei Versicherungsverträgen jedoch kein praktikabler Weg, da der Versicherer aus Gründen der Versicherungstechnik auf die Einheitlichkeit der standardisierten Vertragsinhalte angewiesen ist.[47] Deshalb eröffnet § 164 **alternativ zu einer Vereinbarung nach § 311 BGB** die Möglichkeit, eine neue AVB-Bestimmung durch einseitige Gestaltungserklärung des Versicherers zum Inhalt des Vertrags zu machen.

24 § 164 steht in **alternativer Konkurrenz zu einer richterlichen ergänzenden Vertragsauslegung**, die gem. § 306 Abs. 2 BGB im Falle der Unwirksamkeit einer AGB-Bestimmung zulässig ist (→ Rn. 3).[48] Wenn der Versicherer wirksam von seiner Befugnis aus § 164 zur Klauselersetzung durch einseitige Gestaltungserklärung Gebrauch gemacht hat, gibt es jedoch keine Vertragslücke mehr, die durch richterliche ergänzende Vertragsauslegung geschlossen werden könnte. Umgekehrt gilt: Wenn wegen der Unwirksamkeit einer AVB-Bestimmung eine richterliche ergänzende Vertragsauslegung für einen konkreten Vertrag stattgefunden hat, schließt dies eine Klauselersetzung für diesen Vertrag nach § 164 aus, weil die Klauselersetzung zur Fortführung des Vertrags dann nicht mehr notwendig ist (§ 164 Abs. 1 S. 1).[49] Es ist also nicht der Ansicht zu folgen, dass § 164 als lex specialis gegenüber § 306 Abs. 2 BGB eine richterliche ergänzende Vertragsauslegung nach dieser Vorschrift stets ausschließe.[50] Ein genereller Ausschluss einer richterlichen ergänzenden Vertragsauslegung ist vom Gesetzgeber weder gewollt, noch wäre er sachdienlich, da der Versicherungsnehmer den Versicherer nicht auf Klauselersetzung verklagen kann (→ Rn. 92).[51] Nicht zu folgen ist auch der Ansicht, dass § 164 subsidiär zu § 306 Abs. 2 BGB einschließlich der Grundsätze über die ergänzende Vertragsauslegung sei.[52] Denn bei einem solchen Verständnis hätte § 164 nahezu keinen praktischen Anwendungsbereich.[53] Die Regelung soll aber gerade einen Weg eröffnen, die Lückenfüllung in Versicherungsverträgen nicht richterlich im Einzelfall, sondern einheitlich für alle Verträge durch Gestaltungserklärung des Versicherers zu erreichen (→ Rn. 4).

25 **§ 306 Abs. 3 BGB** regelt den Fall, dass das Festhalten an dem Vertrag auch **unter Berücksichtigung der Lückenfüllung** nach den gesetzlichen Vorschriften einschließlich einer ergänzenden Vertragsauslegung eine **unzumutbare Härte** für eine Vertragspartei darstellen würde, und bestimmt, dass dann der **Vertrag insgesamt unwirksam** ist (vgl. zu dem umgekehrten Fall einer unzumutbaren Härte *mangels* Schließung der Vertragslücke § 164 Abs. 1 S. 1 Hs. 3 Alt. 2, → Rn. 58). Die Ausnahmeregelung des § 306 Abs. 3 BGB ist nicht nur bei einer Lückenfüllung gem. § 306 Abs. 2 BGB, sondern auch bei einer Lückenfüllung gem. § 164 anzuwenden. Nach Ermittlung des Inhalts der Ersatzregelung gem. § 164 ist deshalb stets gem. § 306 Abs. 3 BGB zu prüfen, ob das Festhalten an dem Vertrag *unter Berücksichtigung der Änderung* nach § 164 für

---

[45] *Kaulbach* in Kaulbach/Bähr/Pohlmann VAG § 197 Rn. 4.
[46] *Fornasier* in MüKoBGB BGB § 305 Rn. 88; *Grüneberg* in Grüneberg BGB § 305 Rn. 47 (Neufassung von AGB).
[47] *Brömmelmeyer* in Beckmann/Matusche-Beckmann VersR-HdB § 42 Rn. 110.
[48] IErg ebenso *Brömmelmeyer* in Beckmann/Matusche-Beckmann VersR-HdB § 42 Rn. 109, der § 164 Abs. 1 als gesetzliche Vorschrift iSv § 306 Abs. 2 BGB qualifiziert; *Schneider* in Prölss/Martin VVG § 164 Rn. 5; wohl auch *Ortmann* in Schwintowski/Brömmelmeyer/Ebers VVG § 164 Rn. 15; zust. *Schwintowski* FS Lorenz, 2014, 475 (481).
[49] BGHZ 164, 297 (317) = VersR 2005, 1565 (1570) = NJW 2005, 3559 (3565), richterliche ergänzende Vertragsauslegung nach gescheiterter Klauselersetzung iSd § 172 Abs. 2 VVG aF.
[50] So aber für § 172 Abs. 2 VVG aF *Kollhosser* in Prölss/Martin, 27. Aufl. 2004, VVG § 172 Rn. 36. Unklar *Winter* in Bruck/Möller VVG § 164 Rn. 33, § 164 verdränge in seinem sachlichen Anwendungsbereich die Möglichkeit von Individualprozessen; aber auch → Rn. 11, die „Individualkontrolle" sei nur so lange möglich, wie eine Ersetzung der Klausel noch nicht wirksam erfolgt sei.
[51] *Bartmuß* Lückenfüllung S. 130 f.; *Ortmann* in Schwintowski/Brömmelmeyer/Ebers VVG § 164 Rn. 15; aA wohl *Kollhosser* in Prölss/Martin, 27. Aufl. 2004, VVG § 172 Rn. 35, der von einer echten Rechtspflicht zur Klauselersetzung ausgeht.
[52] *Bartmuß* VuR 2000, 299 (306); *Bäuerle/Schünemann* VersWissStud Bd. 20, S. 2002, 63 (100); *Schünemann* VersR 2002, 393 ff.
[53] *Wandt* in Beckmann/Matusche-Beckmann VersR-HdB § 11 Rn. 141 ff.

eine Vertragspartei eine unzumutbare Härte darstellen würde. Dies wird allerdings nur ganz ausnahmsweise der Fall sein. Den berechtigten Interessen der Versicherungsnehmer kann nämlich regelmäßig im Rahmen der ergänzenden Vertragsauslegung angemessen Rechnung getragen werden, sodass es für die Versicherungsnehmer, Versicherten oder Bezugsberechtigten grds. nicht unzumutbar ist, an dem *ergänzten* Vertrag festgehalten zu werden. Mit einer Unwirksamkeit des Versicherungsvertrags gem. § 306 Abs. 3 BGB wäre ihnen in aller Regel nicht gedient. Auch für den Versicherer wird ein Festhalten an dem ergänzten Vertrag regelmäßig keine unzumutbare Härte iSv § 306 Abs. 3 BGB sein.

4. Verfassungsmäßigkeit. § 164 ist verfassungsgemäß.[54] Die Regelung schränkt die von Art. 2 Abs. 1 GG geschützte Privatautonomie der Versicherungsnehmer nicht unverhältnismäßig ein.[55] Die im Schrifttum vereinzelt vertretene These, jedenfalls die Anwendung des § 172 Abs. 2 VVG aF auf die Kapitallebensversicherung sei verfassungswidrig,[56] vermag nicht zu überzeugen. Denn der Versicherungsnehmer kann uneingeschränkt gerichtlich überprüfen lassen, ob die Voraussetzungen für eine Bedingungsersetzung vorlagen, ob sich der Versicherer bei der Klauselersetzung an die inhaltlichen Grenzen gehalten hat, und schließlich, ob die neu eingefügte Klausel wirksam ist.[57] Der Einwand, wegen des uneingeschränkten Rechtsschutzes sei die Schnelligkeit und Gleichförmigkeit einer Klauselersetzung gem. § 164 (§ 172 Abs. 2 VVG aF) ein Scheinargument,[58] überzeugt nicht. Denn es ist etwas anderes, ob man – ohne gesetzliche Ersetzungsbefugnis – jeden einzelnen Versicherungsnehmer zu Gericht *zwingt*, damit die schließungsbedürftige Lücke seines Vertrags im Wege richterlicher ergänzender Vertragsauslegung gefüllt wird, oder ob man den Versicherer gesetzlich ermächtigt, die Vertragslücke in strenger Bindung an das die Unwirksamkeit einer Klausel aussprechende Urteil und an die Grundsätze der ergänzenden Vertragsauslegung durch Einfügung einer neuen Klausel zu füllen und dies mit der *Möglichkeit* einer gerichtlichen Kontrolle verknüpft. Angesichts der Bindungen des Versicherers bei der Lückenfüllung, dem Massencharakter von Versicherungsverträgen und der knappen Ressource „Recht" ist der Weg über § 164 (§ 172 Abs. 2 VVG aF) für alle Beteiligten der mit Abstand vernünftigste.[59] Bei zutreffender Auslegung der Regelung steht der Versicherungsnehmer nicht anders als bei Anwendung von § 306 Abs. 2 BGB iVm den Grundsätzen der ergänzenden Vertragsauslegung (→ Rn. 3). Die Interessen der Versicherungsnehmer werden auch iRd § 164 vollständig gewahrt, weil die neu in die Verträge eingefügte Klausel den strengen Kriterien genügen muss, die sich aus den Grundsätzen der ergänzenden Vertragsauslegung ergeben. Darüber hinaus können die Versicherungsnehmer gerichtlich überprüfen lassen, ob eine Klauselersetzung zulässig war und ob die ersetzende Klausel entsprechend den Grundsätzen der ergänzenden Vertragsauslegung unter Wahrung der Interessen beider Vertragsparteien angemessen ist. Weitergehende Rechte haben die Versicherungsnehmer iErg auch nicht, wenn die Vertragslücke durch ein Gericht im Wege ergänzender Vertragsauslegung geschlossen wird. Die Versicherungsnehmer erleiden durch § 164 also keine Rechtsnachteile. Sie haben im Gegenteil den Vorteil einer klaren, schnellen und für alle Versicherungsverträge gleichförmigen Lückenfüllung (→ Rn. 4).

5. EU-Rechtskonformität. § 164 ist EU-rechtskonform.[60] Es besteht insbes. kein Widerspruch zu Art. 6 der RL 93/13/EWG. Denn jene Vorschrift verbietet nur eine geltungserhaltende Reduktion, nicht aber eine Vertragsergänzung nach den Grundsätzen der ergänzenden Vertragsauslegung,[61] wie sie der Sache nach auch durch § 164 erfolgt (→ Rn. 71 ff.).[62]

---

[54] Explizit für Verfassungsmäßigkeit BGHZ 164, 297 (305 ff.) = VersR 2005, 1565 (1567 f.) = NJW 2005, 3559 (3561 ff.); *Brömmelmeyer* in Beckmann/Matusche-Beckmann VersR-HdB § 42 Rn. 119; *Kollhosser* in Prölss/Martin, 27. Aufl. 2004, VVG § 172 Rn. 4; *Kollhosser* VersR 2003, 807; *Lorenz* VersR 2002, 410; *Wandt* in Beckmann/Matusche-Beckmann VersR-HdB § 11 Rn. 160; *Wandt* VersR 2002, 1163 (1164).
[55] AA für § 172 Abs. 2 VVG aF in Anwendung auf die Kapitallebensversicherung *Bäuerle/Schünemann* VersWissStud Bd. 20, 2002, S. 17 (22 ff., 49); *Schünemann* VersR 2002, 393.
[56] *Bäuerle/Schünemann* VersWissStud Bd. 20, 2002, S. 17 (22 ff., 49); *Schünemann* VersR 2002, 393 ff.
[57] Ausf. *Wandt* Änderungsklauseln in Versicherungsverträgen Rn. 349; → Rn. 26.
[58] *Bäuerle/Schünemann* VersWissStud Bd. 20, 2002, S. 63 (99 f.).
[59] In diese Richtung weist auch der Abschlussbericht der VVG-Kommission, VersR-Schriftenreihe, Bd. 25, 2004, S. 45 ff.
[60] Vgl. aber EuGH NJW 2012, 2257 zu einer gegen Art. 6 der RL 93/13/EWG verstoßenden Vorschrift des spanischen Rechts.
[61] BGH NJW 2013, 991 Rn. 24 ff. mwN zum einhelligen Schrifttum; außerdem *Uffmann* NJW 2012, 2225; *Thüsing/Fütterer* VersR 2013, 552; *Präve* VersR 2012, 1159 (1162); *Pfeiffer* LMK 2012, 339740; *Ayad* BB 2012, 2715; *Wendenburg* EuZW 2012, 758.
[62] Krit. jedoch gegen eine einseitige (gemeint ist: eine durch eine Vertragspartei erfolgende) Bedingungsersetzung (im Zusammenhang mit der Satzung der VBL) *Thüsing* VersR 2015, 927 (930).

B. Normstruktur

27 Nach der Struktur von § 164 ist zu unterscheiden zwischen der **Zulässigkeit** einer Bedingungsersetzung (Frage: Darf der Versicherer eine unwirksame Klausel ersetzen?) und der **Wirksamkeit** einer vollzogenen Bedingungsersetzung (Frage: Hat der Versicherer eine unwirksame Klausel durch eine neue Klausel wirksam ersetzt?).[63]

28 Abs. 1 S. 1 Hs. 1 statuiert eindeutig eine Zulässigkeitsvoraussetzung. Abs. 1 S. 2 und Abs. 2 betreffen dagegen nicht die Zulässigkeit (→ unten C), sondern ausschließlich die Wirksamkeit der Ersetzung (→ unten D).

29 Nicht in gleichem Maße eindeutig ist die Zuordnung der Voraussetzung, dass die Ersetzung durch eine neue Regelung notwendig sein muss, um den Vertrag fortzuführen, oder um eine unzumutbare Härte für eine Vertragspartei auszuschließen (Abs. 1 S. 1 Hs. 3). Die Gesetzessystematik von § 164 spricht eher dafür, die **Notwendigkeit einer Klauselersetzung als Zulässigkeitsvoraussetzung** anzusehen. Der **BGH** hat zur Regelung des § 172 Abs. 2 VVG aF entschieden, dass es keine Frage der Voraussetzungen für die Durchführung der Klauselersetzung (damalig im Treuhänderverfahren) sei, ob nach dem ersatzlosen Wegfall einer Klausel gesetzliche Vorschriften oder nur eine neue Klausel eine sachgerechte Ersatzlösung darstellen.[64] Diese Frage sei vielmehr erst zu prüfen, wenn es darum gehe, ob die vom Versicherer vorgenommene Ersetzung den gesetzlichen Anforderungen entspreche. Würde man – so der BGH – die nicht immer einfach und klar zu beantwortende Frage, ob dispositives Gesetzesrecht eine sachgerechte Ersatzlösung bietet, schon zu den Voraussetzungen des Treuhänderverfahrens rechnen, hinge dessen Zulässigkeit letztlich von der rechtlichen Wirksamkeit seines Ergebnisses ab. Gleiches gelte für die Frage, ob die Ergänzung deshalb zu unterbleiben hat, weil der Vertrag nach § 306 Abs. 3 BGB insgesamt nichtig ist. Diese strukturelle Grenzziehung des BGH war wohl maßgeblich durch die damalige Voraussetzung des Treuhänderverfahrens bedingt. Es ging darum, das rechtliche Prüfungsprogramm für den Fall zu begrenzen, dass bereits die Einleitung eines Treuhänderverfahrens angegriffen wurde. Da § 164 ein Treuhänderverfahren nicht mehr vorsieht und deshalb bis zur Mitteilung der Klauselersetzung gegenüber einem Versicherungsnehmer alle Vorgänge versichererintern ablaufen, hat die Frage der dogmatischen Zuordnung ihre praktische Relevanz verloren.

C. Zulässigkeit einer Ersetzung

I. Unwirksamkeit einer AVB-Bestimmung

30 Die Ersetzungsbefugnis des Versicherers bezieht sich auf eine unwirksame Bestimmung in seinen AVB. Keine Ersetzungsbefugnis besteht für eine **unwirksame Individualvereinbarung;** hier findet die Lückenfüllung gem. §§ 157, 133 BGB im Wege der ergänzenden Vertragsauslegung statt. Bei der unwirksamen Bestimmung muss es sich um eine **Allgemeine Geschäftsbedingung** iSv § 305 BGB handeln, die der Versicherer als Verwender gestellt hat und die Vertragsbestandteil geworden ist[65] (zu einer analogen Anwendung bei Nichteinbeziehung einer notwendigen AVB-Regelung → Rn. 35).[66]

31 Der **Regelungsinhalt der AVB-Bestimmung** ist unerheblich. Erfasst werden auch Tarifbestimmungen und Bestimmungen zur Überschussbeteiligung.[67] Erfasst werden außerdem (unwirksame) Bestimmungen in AVB, die das Zustandekommen des zwischen dem Verwender und seinem Vertragspartner zu schließenden Rechtsgeschäfts betreffen (zB **vorgedruckte Teile eines Antragsformulars mit Regelungscharakter,**[68] Leerfelder im Antragsformular, die bei der Antragstellung auszufüllen sind[69]). Eine Ersetzung solcher Klauseln ist aber ausgeschlossen, wenn sie zur Fortführung des Vertrags oder zur Vermeidung einer unabwendbaren Härte für eine Vertragspartei nicht notwendig ist (→ Rn. 47 ff.).

---

[63] *Wandt* VersR Rn. 1301; *Ortmann* in Schwintowski/Brömmelmeyer/Ebers VVG § 164 Rn. 7.
[64] BGHZ 164, 297 (310) = VersR 2005, 1565 (1568) = NJW 2005, 3559 (3563); zu der Entscheidung ausführlich *Merschmeyer/Präve* VersR 2005, 1670.
[65] *Ortmann* in Schwintowski/Brömmelmeyer/Ebers VVG § 164 Rn. 11.
[66] Allg. zu AVB *Beckmann* in Beckmann/Matusche-Beckmann VersR-HdB § 10 Rn. 29 ff.; *Wandt* VersR Rn. 212 ff.
[67] *Ortmann* in Schwintowski/Brömmelmeyer/Ebers VVG § 164 Rn. 5.
[68] BGHZ 84, 268 (272) = VersR 1982, 841 (842).
[69] BGH VersR 1997, 345 f.; VersR 1996, 485 = NJW 1996, 1208; 1996, 1676.

Erfasst werden auch Klauseln, deren Regelungsgehalt ausschließlich darin liegt, die Transparenz **32** einer AVB-Regelung sicherzustellen. Nicht erfasst wird aber eine deklaratorische Klausel, wenn ihr auch unter Transparenzgesichtspunkten keine Funktion zukommt (**rein deklaratorische Klausel**). Dies folgt daraus, dass eine „Bestimmung in Allgemeinen Versicherungsbedingungen" für unwirksam erklärt worden sein muss. Eine rein deklaratorische Klausel wiederholt jedoch nur, was kraft Gesetzes auch ohne sie gilt, und hat deshalb keinen Regelungsgehalt. Sie kann somit auch nicht für unwirksam erklärt werden. § 164 ist jedoch unmittelbar anzuwenden, wenn durch höchstrichterliche Entscheidung oder durch bestandskräftigen Verwaltungsakt festgestellt wurde, dass eine ursprünglich rein deklaratorische Klausel dadurch zu einer konstitutiven Klausel erwachsen und inhaltlich unwirksam geworden ist, dass der Wortlaut der gesetzlichen Vorschrift, den die AVB-Klausel nach der Regelungsintention des Versicherers lediglich deklaratorisch wiederholen sollte, durch nachträgliche Gesetzesänderung geändert worden ist.

Es muss sich um eine Bestimmung in AVB des Versicherers handeln. Der Versicherer muss **33** deshalb **Verwender** iSv § 305 BGB sein. Bei einem Vertragsschluss mit einem Verbraucher iSv § 13 BGB greift die Vermutung des § 310 Abs. 3 Nr. 1 BGB auch iRd § 164. Danach gelten bei Verträgen zwischen einem Unternehmer und einem Verbraucher (Verbraucherverträgen) die AGB als vom Unternehmer gestellt, es sei denn, dass sie durch den Verbraucher in den Vertrag eingeführt wurden. Letzteres ist im Bereich der Lebensversicherung zB bei Maklerbedingungen und bei Gruppenversicherungen denkbar.

Die Ersetzungsbefugnis besteht nur für den Fall der **Unwirksamkeit** einer AVB-Bestimmung. **34** Der Begriff der Unwirksamkeit ist weit und umfassend zu verstehen. Eine Beschränkung auf bestimmte Unwirksamkeitsgründe besteht nicht.[70] Erfasst wird auch eine Unwirksamkeit infolge Intransparenz.[71] Relevant sind insbes. Verstöße gegen das AGB-Recht (§§ 307–309 BGB), gegen halbzwingende VVG-Vorschriften (→ § 32 Rn. 18) und gegen allgemeine Vorschriften, insbes. § 242 BGB. Erfasst wird auch die **Nichtigkeit** wegen Verstoßes gegen ein gesetzliches Verbot nach § 134 BGB oder wegen Verstoßes gegen die guten Sitten nach § 138 BGB.

§ 164 ist **analog anzuwenden**, wenn in einem Lebensversicherungsvertrag eine AVB-Rege- **35** lungslücke nicht wegen Unwirksamkeit einer AVB-Bestimmung, sondern deshalb besteht, weil die **AVB von Anfang an lückenhaft** waren,[72] sei es, dass die AVB eine notwendige Regelung nicht vorsahen, oder dass die Einbeziehung einer vorgesehenen und notwendigen Regelung an § 305c Abs. 1 BGB scheiterte. Letzteres kommt insbes. dann in Betracht, wenn eine Klausel zwar inhaltlich angemessen, aufgrund des Regelungsstandortes innerhalb des Bedingungswerks jedoch überraschend und deshalb nicht einbezogen ist.

II. Kompetenz zur Feststellung der Klauselunwirksamkeit

Die Unwirksamkeit einer zu ersetzenden AVB-Bestimmung muss entweder durch eine **36** **höchstrichterliche Entscheidung** oder durch einen **bestandskräftigen Verwaltungsakt** festgestellt worden sein (→ Rn. 5). Die Beschränkung der Feststellungskompetenz auf ein Höchstgericht oder eine Behörde dient dem Schutz der Versicherungsnehmer. Der Ersetzungsanlass soll nicht der subjektiven Beurteilung des Versicherers unterliegen,[73] sondern durch eine neutrale Institution festgestellt sein. Die Regelung über die Feststellungskompetenz soll auch der abschließenden **Rechtsklarheit über das Bestehen eines Ersetzungsanlasses** dienen.[74] Dem liegt der Gedanke zugrunde, dass das Gericht oder die Behörde die Wirksamkeit der AVB-Bestimmung sachlich geprüft hat. Weiter verlangt die Entscheidung kraft der Autorität der entscheidenden Institution über den Einzelfall hinaus nach allgemeiner Beachtung (zur Ersetzungsbefugnis auch anderer, von der Entscheidung nicht unmittelbar betroffener Versicherer → Rn. 44 f.). Dies ist bei Höchstgerichten ohne Weiteres gegeben. Es ist auch bei (bestandskräftigen) Verwaltungsakten gegeben, weil als erlassende Behörde im Kontext von § 164 allein die Aufsichtsbehörde oder das Kartellamt in Betracht kommen (→ Rn. 42). Ein weiterer Gesichtspunkt ist, dass regelmäßig nur

---

[70] Begr. RegE BT-Drs. 16/3945, 100; *Brambach* in HK-VVG § 164 Rn. 4 f.; *Krause* in Looschelders/Pohlmann VVG § 164 Rn. 4; *Schneider* in Prölss/Martin VVG § 164 Rn. 6.
[71] BGHZ 164, 297 (318) = VersR 2005, 1565 (1570) = NJW 2005, 3559 (3565); *Ortmann* in Schwintowski/Brömmelmeyer/Ebers VVG § 164 Rn. 12.
[72] *Bartmuß* VuR 2000, 299 (304).
[73] Begr. RegE BT-Drs. 16/3945, 100; BGHZ 164, 297 (308) = VersR 2005, 1565 (1568) = NJW 2005, 3559 (3562 f.); *Kirscht* VersR 2003, 1072 (1074); *Wandt* in Beckmann/Matusche-Beckmann VersR-HdB § 11 Rn. 135; *Wandt* Änderungsklauseln in Versicherungsverträgen Rn. 327 ff.
[74] Zu dem Erfordernis abschließender Rechtsklarheit *Ortmann* in Schwintowski/Brömmelmeyer/Ebers VVG § 164 Rn. 12; *Brambach* in HK-VVG § 164 Rn. 4; krit. zum alten Recht *Kollhosser* in Prölss/Martin, 27. Aufl. 2004, VVG § 172 Rn. 22 f.

Entscheidungen der Höchstgerichte, der Aufsichtsbehörde oder der Kartellbehörde die Maßstäbe dafür zu entnehmen sind, ob und mit welchem Inhalt eine Vertragsergänzung in Betracht kommt.[75]

37 § 172 Abs. 2 VVG aF enthielt keine Regelung über die Kompetenz zur Feststellung der Unwirksamkeit einer Vertragsbedingung. Im Schrifttum war daher die Ansicht vertreten worden, dass die Feststellung der Klauselunwirksamkeit auch durch den Versicherer (mit Bestätigung des Treuhänders) genüge.[76] Der BGH hatte jedoch auch unter Maßgabe dieser Vorschrift als ungeschriebenes Tatbestandsmerkmal einen bestandskräftigen Verwaltungsakt der Aufsichtsbehörde oder der Kartellbehörde oder eine höchstrichterliche Entscheidung gefordert.[77]

38 **1. Höchstrichterliche Entscheidung.** Der Begriff „höchstrichterliche Entscheidung" wird als gesetzlicher Begriff des deutschen Bundesrechts nur in § 164 Abs. 1 S. 1 (und in § 203 Abs. 4) verwendet.[78] Höchstrichterlich sind nach anerkanntem Sprachgebrauch Entscheidungen der **Revisionsgerichte,** insbes. des BGH und des BVerwG, sowie Entscheidungen des **BVerfG.** Die Revision gegen eine OLG-Entscheidung, welche die Unwirksamkeit einer AVB-Bestimmung feststellt, wird dem Versicherer regelmäßig aufgrund der Zulassung durch das Berufungsgericht oder nach einer Nichtzulassungsbeschwerde aufgrund der Zulassung durch das Revisionsgericht gem. § 543 ZPO eröffnet sein. In Betracht kommt auch eine Sprungrevision nach § 566 ZPO.

39 Nach der **Gesetzesbegründung** soll auch die **rechtskräftige Entscheidung eines OLG** als höchstrichterlich gelten.[79] Dem ist nicht zu folgen.[80] Der Begriff höchstrichterliches Urteil kann nämlich nicht in der Weise ausgelegt werden, dass er von OLG-Urteilen zwar die rechtskräftigen, nicht aber die nicht rechtskräftigen Urteile erfasst. Methodisch käme deshalb für rechtskräftige OLG-Entscheidungen allenfalls eine **Analogie zu § 164** in Betracht. Ihre Berechtigung ist nach dem Zweck der Regelung über die Feststellungskompetenz jedoch zu verneinen. Anders als eine nicht anfechtbare Entscheidung eines Höchstgerichts bzw. der Aufsichts- und Kartellbehörden ist eine rechtskräftige OLG-Entscheidung nämlich nicht notwendig eine Entscheidung, die über die Parteien des Rechtsstreits hinaus nach allgemeiner Beachtung verlangt (zum Ziel der einheitlichen Lückenschließung → Rn. 4). Denn aufgrund der Vielzahl von Oberlandesgerichten ist in dieser Instanz häufig keine einheitliche Rspr. gegeben. Wohl deshalb hat der BGH in seiner grundlegenden Entscheidung zu § 172 Abs. 2 VVG aF (→ Rn. 29) nur Entscheidungen der Revisionsgerichte als maßgeblich angesehen.[81] Das Nichtausreichen eines OLG-Urteils begründet für den Versicherer, wenn er sich die Möglichkeit einer Klauselersetzung nach § 164 eröffnen will, die Notwendigkeit, gegen dieses Urteil auch dann Revision einzulegen, wenn es die Klauselunwirksamkeit feststellt und der Versicherer (inzwischen) ebenfalls von der Richtigkeit dieser Feststellung überzeugt ist. Die Revisionseinlegung wird dem Versicherer zugemutet, weil er nach § 164 die für unwirksam erachtete AVB-Bestimmung mit Wirkung für alle seine Versicherungsnehmer durch eine neue Regelung ersetzen kann.[82] Möchte sich der Versicherer die Revisionsinstanz ersparen, muss er auf eine Unwirksamkeits-Entscheidung der Aufsichtsbehörde hinwirken und diese bestandskräftig werden lassen (→ Rn. 41 ff.).

40 Als höchstrichterliches Urteil iSv § 164 genügen auch ein die Revisionsinstanz beendendes **Versäumnisurteil** gem. §§ 330 ff. ZPO und ein **Anerkenntnisurteil.** Auch **Teil- und Grundurteile** der Revisionsinstanz nach den §§ 301, 304 ZPO bzw. § 110 f. VwGO genügen, wenn sie bereits eine endgültige Feststellung zur Wirksamkeit der gegenständlichen Klausel enthalten. Ein **Zurückweisungsurteil** des Revisionsgerichts (§ 563 Abs. 1 ZPO; § 144 Abs. 3 Nr. 2 VwGO) genügt, wenn es eine abschließende rechtliche Beurteilung der (Un-)Wirksamkeit einer

---

[75] BGHZ 164, 297 (307) = VersR 2005, 1565 (1568) = NJW 2005, 3559 (3562).
[76] Insbes. *Kollhosser* VersR 2003, 807 (809); *Kollhosser* in Prölss/Martin, 27. Aufl. 2004, VVG § 172 Rn. 23.
[77] BGHZ 164, 297 (307) = VersR 2005, 1565 (1568) = NJW 2005, 3559 (3562).
[78] Von „höchstrichterlicher Rspr." sprechen auch § 29e Abs. 2 S. 1 der Satzung der Pensionskasse Deutscher Eisenbahnen und Straßenbahnen VVaG Köln (Anlage zur Verordnung über die Feststellung der Satzung der Pensionskasse Deutscher Eisenbahnen und Straßenbahnen VvaG) v. 14.1.2006 (BGBl. I S. 167) sowie § 12 Abs. 7 Nr. 4 der Satzung der Unfallkasse Nordrhein-Westfalen (Vorgängerregelung: § 9 der Satzung der Unfallkasse Nordrhein-Westfalen).
[79] Begr. RegE BT-Drs. 16/3945, 100; ebenso – jeweils unter Berufung auf die Gesetzesbegründung – *Brambach* in HK-VVG § 164 Rn. 4; *Grote* in Marlow/Spuhl Rn. 1076; *Krause* in Looschelders/Pohlmann VVG § 164 Rn. 5; *Leithoff* in Staudinger/Halm/Wendt VVG § 164 Rn. 6; diff. → § 203 Rn. 1125 f.
[80] Ebenso mit instruktiver Begründung *Grote* in Langheid/Rixecker VVG § 164 Rn. 9, allerdings mit der Ausnahme, rechtskräftige Urteile von OLG sollen nur dann ausreichen, wenn sie auch durchgehend nicht widersprechen; *Brömmelmeyer* in Beckmann/Matusche-Beckmann VersR-HdB § 42 Rn. 113; *Schneider* in Prölss/Martin VVG § 164 Rn. 7; *Ortmann* in Schwintowski/Brömmelmeyer/Ebers VVG § 164 Rn. 12; krit. auch Werber VersR 2021, 288 (291); *Winter* in Bruck/Möller VVG § 164 Rn. 15.
[81] BGHZ 164, 297 (307 f.) = VersR 2005, 1565 (1568) = NJW 2005, 3559 (3562).
[82] BGHZ 164, 297 (307 f.) = VersR 2005, 1565 (1568) = NJW 2005, 3559 (3562).

Klausel enthält. Denn hieran ist das Gericht, an das zurückverwiesen wird, gebunden (§ 563 Abs. 2 ZPO,[83] §§ 130 Abs. 3, 144 Abs. 6 VwGO). Ein obiter dictum einer höchstrichterlichen Entscheidung zur Unwirksamkeit einer Klausel ist nicht ausreichend, weil keine Gewähr für eine umfassende und abschließende rechtliche Beurteilung gegeben ist. Mangels einer gerichtlichen Sachentscheidung genügt auch ein **gerichtlicher Vergleich** nicht. Denn hier entscheidet nicht das angerufene Gericht, sondern die Parteien treffen eine Übereinkunft.[84] Auch eine höchstrichterliche Entscheidung im **einstweiligen Rechtsschutzverfahren** nach den §§ 916 ff. ZPO bzw. §§ 80 f., 123 VwGO genügt nach Sinn und Zweck von § 164 nicht (teleologische Reduktion). Denn eine umfassende tatsächliche und rechtliche Prüfung der Streitfrage erfolgt nur im Hauptsacheverfahren, sodass auch nur hier eine Rechtssicherheit bietende Entscheidung über die gegenständliche Klausel ergehen kann.

2. **Bestandskräftiger Verwaltungsakt.** An Stelle der Unwirksamkeitserklärung durch eine höchstrichterliche Entscheidung genügt nach § 164 Abs. 1 S. 1 auch eine solche durch bestandskräftigen Verwaltungsakt (§ 35 VwVfG).[85] In Betracht kommt jede Form eines Verwaltungsaktes, auch eine Allgemeinverfügung iSd § 35 S. 2 VwVfG, die auch in Form eines Rundschreibens ergehen kann.[86] Nicht erfasst werden (Hinweis-) Rundschreiben ohne Regelungscharakter.[87] 41

§ 164 enthält **keine Beschränkung auf bestimmte Behörden,** welche die Unwirksamkeit der AVB-Bestimmung durch Verwaltungsakt feststellen können. Grundsätzlich kommt aber nur eine Unwirksamkeitserklärung durch eine Versicherungsaufsichtsbehörde oder durch eine Kartellbehörde (§ 48 GWB) in Betracht.[88] 42

Der Verwaltungsakt muss **bestandskräftig** sein. Ein Verwaltungsakt ist bestandskräftig, wenn er unanfechtbar ist. Unanfechtbarkeit tritt ein, wenn innerhalb der Widerspruchsfrist kein Widerspruch bzw. innerhalb der Klagefrist keine Klage erhoben worden ist (§§ 70, 74, 68 Abs. 1 Nr. 1 VwGO) oder wenn gegen eine Gerichtsentscheidung über den Verwaltungsakt kein Rechtsmittel mehr zulässig ist. Auch wenn § 164 dies nicht eindeutig bestimmt, genügt die Bestandskraft durch Verstreichenlassen der Widerspruchs- oder der Klagefrist. Es bedarf also keines Widerspruchsverfahrens und keiner verwaltungsgerichtlichen Feststellung der Unwirksamkeit der AVB-Bestimmung.[89] Der Sinn und Zweck der Regelung über die Feststellungskompetenz, nämlich die grundsätzliche Entscheidung von allgemeiner Bedeutung zu gewährleisten (→ Rn. 36), ist bei Verwaltungsakten der Aufsichts- oder Kartellbehörden auch ohne Widerspruchsverfahren und ohne gerichtliche Überprüfung gegeben. Wäre es dem Gesetzgeber um eine gerichtlich überprüfte Rechtsklarheit gegangen,[90] hätte er sich auf die Feststellung durch eine höchstrichterliche Entscheidung beschränkt. 43

III. Ersetzungsbefugnis auch für andere Versicherer

Nach dem Wortlaut von § 164 muss sich die behördliche oder gerichtliche Entscheidung konkret auf diejenige Klausel beziehen, die der Versicherer ersetzen will. Die Gesetzesbegründung macht jedoch deutlich, dass keine Bestands- oder Rechtskraft gerade gegen den jeweiligen Versicherer bestehen muss, der von der Ersetzungsbefugnis nach § 164 Gebrauch machen will.[91] Dem ist zuzu- 44

---

[83] Diese Norm gilt auch für die Zurückweisung im zivilrechtlichen Berufungsverfahren, *Rimmelspacher* in MüKoZPO § 538 Rn. 85 mwN.
[84] Vgl. § 278 Abs. 6 ZPO; zum rechtsgeschäftlichen Charakter des Prozessvergleichs s. *Foerste* in Musielak/ Voit ZPO § 278 Rn. 16; *Lackmann* in Musielak/Voit ZPO § 794 Rn. 7; *Prütting* in MüKoZPO § 278 Rn. 55.
[85] So auch schon für § 172 Abs. 2 VVG aF BGHZ 164, 297 (307) = VersR 2005, 1565 (1568) = NJW 2005, 3559 (3562); BGHZ 141, 153 (158) = VersR 1999, 697 (698) mAnm *Präve*; *Kirsch* VersR 2003, 1072 (1074); zur Begr. *Wandt* Änderungsklauseln in Versicherungsverträgen Rn. 325 ff.
[86] *Kollhosser* in Prölss, 12. Aufl. 2005, VAG § 103 Rn. 5.
[87] *Kollhosser* in Prölss, 12. Aufl. 2005, VAG § 81 Rn. 55; *Bähr* in Fahr/Kaulbach/Bähr/Pohlmann, 5. Aufl. 2012, VAG § 103 Rn. 2; *Müller* in Goldberg/Müller VAG § 81 Rn. 36; *Tormyn*, Die Rundschreibenpraxis des BAV, 1992, S. 5 f., 27 ff.
[88] Begr. RegE BT-Drs. 16/3945, 100; BGHZ 164, 297 = VersR 2005, 1565 = NJW 2005, 3559; → § 203 Rn. 1128; *Krause* in Looschelders/Pohlmann VVG § 164 Rn. 5; *Brambach* in HK-VVG § 164 Rn. 4; *Kollhosser* in Prölss/Martin, 27. Aufl. 2004, VVG § 172 Rn. 22 mwN.
[89] Ebenso – ausdrücklich – *Brambach* in HK-VVG § 164 Rn. 6; aA *Krause* in Looschelders/Pohlmann VVG § 164 Rn. 5; zweifelnd *Grote* in Marlow/Spuhl Rn. 1076.
[90] So das Argument von *Krause* in Looschelders/Pohlmann VVG § 164 Rn. 5 für die Notwendigkeit einer Anfechtung des Verwaltungsaktes durch den Versicherer.
[91] Begr. RegE BT-Drs. 16/3945, 100 „diese oder eine gleichartige Klausel".

stimmen.[92] Denn die Regelung bezweckt in erster Linie, Rechtssicherheit zu gewähren. Entscheidend und ausreichend ist daher, dass aufgrund der behördlichen oder gerichtlichen Entscheidung rechtssicher feststeht, dass eine AVB-Bestimmung, die nach § 164 ersetzt werden soll, unwirksam ist.

45   Die Erstreckung der Ersetzungsbefugnis auf eine (unwirksame) AVB-Bestimmung eines anderen Versicherers ist nach Sinn und Zweck der Regelung über die Feststellungskompetenz unproblematisch, wenn es sich um **wortgleiche Musterbedingungen** handelt. Es ist aber weder eine Wortgleichheit des gesamten Bedingungswerks noch eine Wortgleichheit der konkret zu ersetzenden Klausel zu fordern. Es reicht vielmehr aus, wenn die Auslegung der AVB-Bestimmung eines anderen Versicherers ergibt, dass sie infolge **Inhaltsgleichheit** bei Beurteilung im Lichte der gegen einen anderen Versicherer ergangenen bestandskräftigen behördlichen oder höchstrichterlichen Entscheidung ebenfalls unwirksam ist. Das Vorliegen der Inhaltsgleichheit unterliegt als Zulässigkeitsvoraussetzung für eine Klauselersetzung uneingeschränkt der gerichtlichen Kontrolle, sodass der Versicherer das Risiko einer Fehleinschätzung trägt. Eine Missbrauchsgefahr ist insoweit nicht zu befürchten. Wenn ein Versicherer eine Bedingungsersetzung unter Berufung auf die behördlich oder gerichtlich festgestellte Unwirksamkeit einer zwar nicht wortgleichen, aber inhaltsgleichen Klausel eines anderen Versicherers durchführt, wird er sehr sorgfältig prüfen, ob aufgrund der Entscheidung auch von der Unwirksamkeit seiner Klausel auszugehen ist. Denn er trägt bei einer Fehlbeurteilung ein hohes Kostenrisiko. Ihm obliegen nämlich die Kosten der Bedingungsersetzung, die Kosten des sie verwerfenden Rechtsstreits sowie die Kosten für Rückabwicklungsmaßnahmen, die auf die unwirksame Bedingungsersetzung gestützt wurden. Es liegt auf der Hand, dass mit einer unwirksamen Bedingungsersetzung auch ein hohes Reputationsrisiko für den Versicherer einhergeht, insbes. wenn er unterliegt, weil er zu Unrecht von der Unwirksamkeit einer eigenen AVB-Bestimmung ausgegangen ist. Entgegen *Boetius*[93] beeinträchtigt die Ausdehnung der Ersetzungsbefugnis auf andere Versicherer, die nicht an dem behördlichen oder gerichtlichen Verfahren über die Feststellung der Unwirksamkeit der (inhaltsgleichen) AVB-Bestimmung beteiligt waren, deren Rechte oder Interessen nicht. Es ist anderen Versicherern grds. unbenommen, eine Bedingungsersetzung nicht vorzunehmen, wenn sie der Rechtsauffassung sind, das eigene Bedingungswerk, insbes. die eigene Klausel sei anders auszulegen, etwa weil keine Wortgleichheit mit der festgestellt unwirksamen Klausel eines anderen Versicherers bestehe. Zu den Konsequenzen für die Frage des Bestehens einer Obliegenheit zur Ersetzung einer unwirksamen Klausel → Rn. 82.

46   Für einen Versicherungsnehmer kann es schwierig sein, zu beurteilen, ob aus der behördlichen oder gerichtlichen Entscheidung über die **Klausel eines anderen Versicherers** auf die Unwirksamkeit einer Bestimmung seines Versicherungsvertrags zu schließen ist. Nach altem Recht wurde dieses Kontrolldefizit durch einen Bedingungstreuhänder gemildert.[94] Da gem. § 164 die Kontrolle durch einen unabhängigen Treuhänder keine Zulässigkeitsvoraussetzung der Ersetzung mehr ist (→ Rn. 14), muss sich der Versicherungsnehmer mit der gerichtlichen Kontrolle begnügen. Er erleidet hierdurch iErg jedoch keine (Rechts-) Nachteile, weil er das Verfahren sowie die neue Klausel umfassend gerichtlich prüfen lassen kann (→ Rn. 91 ff.).[95]

IV. Notwendigkeit der Klauselersetzung

47   **1. Überblick.** Eine Klauselersetzung ist gem. § 164 Abs. 1 S. 1 Hs. 3 zulässig, wenn dies zur Fortführung des Vertrags notwendig ist (Alt. 1) oder wenn das Festhalten an dem Vertrag ohne neue Regelung für eine Vertragspartei auch unter Berücksichtigung der Interessen der anderen Vertragspartei eine unzumutbare Härte darstellen würde (Alt. 2; → Rn. 58). Die Notwendigkeit der Klauselersetzung zur Fortführung des Vertrags war bereits in § 172 Abs. 2 VVG aF als Voraussetzung einer Ersetzung enthalten.[96] Die Alternative der Notwendigkeit einer Klauselersetzung, um

---

[92] BGHZ 164, 297 (308) = VersR 2005, 1565 (1568) = NJW 2005, 3559 (3562); Rundschreiben R 1/2001 des BAV v. 10.10.2001, VerBAV 2001, 251 = NVersZ 2002, 9; *Brambach* in HK-VVG § 164 Rn. 4; *Krause* in Looschelders/Pohlmann VVG § 164 Rn. 6, 12; *Wandt* in Beckmann/Matusche-Beckmann VersR-HdB § 11 Rn. 145 f.; *Wandt* VersR 1302; *Schneider* in Prölss/Martin VVG § 164 Rn. 7; *Grote* in Langheid/Rixecker VVG § 164 Rn. 21; *Winter* in Bruck/Möller VVG § 164 Rn. 14; *Rolfs* GS Hübner, 2012, 233 (240); sowie jeweils zu § 172 Abs. 2 VVG aF: *Langheid/Grote* NVersZ 2002, 49 (51); *Wandt* Änderungsklauseln in Versicherungsverträgen Rn. 339 f.; *Wandt* VersR 2001, 1449 (1453).
[93] → § 203 Rn. 1123.
[94] *Wandt* in Beckmann/Matusche-Beckmann VersR-HdB § 11 Rn. 147; *Wandt* Änderungsklauseln in Versicherungsverträgen Rn. 151; idS wohl auch *Langheid/Grote* NVersZ 2002, 49 (51).
[95] BVerfG VersR 2000, 214 mAnm *Reinhard*.
[96] *Kollhosser* VersR 2003, 807 (809 ff.); *Kollhosser* in Prölss/Martin, 27. Aufl. 2004, VVG § 172 Rn. 24 ff.; *Grote* in Marlow/Spuhl Rn. 1077.

eine unzumutbare Härte für eine Vertragspartei durch Festhalten an dem Vertrag ohne neue Regelung auszuschließen, wurde erst mit der VVG-Reform 2008 neu aufgenommen (zu den Gründen → Rn. 59).[97]

Beide Regelungsalternativen setzen voraus, dass infolge der Unwirksamkeit der AVB-Bestimmung **nicht der gesamte Vertrag gem. § 306 Abs. 3 BGB unwirksam** ist. Bei Unwirksamkeit des gesamten Vertrags scheidet eine Klauselersetzung von vornherein aus.[98] Sie ist bei einem Versicherungsvertrag jedoch regelmäßig nicht gegeben (→ Rn. 25). **48**

2. Notwendigkeit der Klauselersetzung zur Fortführung des Vertrags. Die Notwendigkeit der Klauselersetzung zur Fortführung des Vertrags setzt voraus, dass erstens die Regelungslücke, die durch die unwirksame Klausel entstanden ist, wegen des Regelungsgegenstandes zur Fortführung des Vertrags wieder geschlossen werden muss (→ Rn. 50 ff.) und dass zweitens die Lückenschließung durch eine Klauselersetzung nach § 164 erfolgen muss, also kein vorrangiger Weg der Lückenschließung eingreift (→ Rn. 54 ff.). **49**

a) Inhaltliche Notwendigkeit einer Regelung. Die Notwendigkeit einer Klauselersetzung zur Fortführung des Vertrags ist zunächst mit Blick auf den **Regelungsgegenstand** zu beurteilen. Zu fragen ist, ob der Inhalt der unwirksamen Klausel **zwecks Fortführung des Vertrags regelungsbedürftig** und deshalb eine Lückenfüllung erforderlich ist. Dies wird nach Ansicht des BGH im Allgemeinen ohne Weiteres anzunehmen sein, wenn die Klauselunwirksamkeit – wie erforderlich – durch eine höchstrichterliche Entscheidung oder einen bestandskräftigen Verwaltungsakt festgestellt worden ist.[99] Eine Regelungsbedürftigkeit liegt regelmäßig dann vor, wenn wesentliche Vertragselemente betroffen sind,[100] insbes. die Leistungspflichten und Ansprüche der Parteien.[101] Für die Beurteilung der Erheblichkeit der Vertragsstörung kann die Rspr. zur Zulässigkeit einer ergänzenden Vertragsauslegung bei Unwirksamkeit einer Klausel herangezogen werden. Danach ist eine ergänzende Vertragsauslegung nur zulässig, wenn die aufgetretene Lücke zu einem Ergebnis führt, das den beiderseitigen Interessen nicht mehr in vertretbarer Weise Rechnung trägt, sondern das Vertragsgefüge völlig einseitig zu Gunsten des Vertragspartners des Verwenders verschiebt.[102] Entsteht infolge der Unwirksamkeit einer Klausel eine Regelungslücke, die nicht durch dispositives Gesetzesrecht gefüllt wird, bleibt es also bei der Regelungslücke, wenn sie das Äquivalenzverhältnis vertretbar zu Gunsten des Vertragspartners des Klauselverwenders verschiebt. Dies dient der Sanktionierung des Verwenders einer unwirksamen Klausel. Eine Ersatzregelung für eine unwirksame AVB-Bestimmung kann zur Fortführung des Vertrags auch deshalb erforderlich sein, um die **Transparenz** anderer wirksamer Bestimmungen zu gewährleisten (→ Rn. 32). **50**

Eine **unwirksame Bestimmung** muss uU **ersatzlos wegfallen,** obwohl sie nach dem Willen des Klauselverwenders Regelungswirkung für die Ansprüche der Parteien haben sollte. Ein Regelungsbedürfnis besteht nämlich nicht, wenn die gesetzlichen Wertungen, die die Unwirksamkeit der Klausel begründen, deren ersatzlosen Wegfall verlangen, oder wenn die ersatzlose Streichung der Klausel jedenfalls auch zu einer angemessenen, den typischen Interessen der Vertragsparteien Rechnung tragenden Lösung führt.[103] In allen diesen Fällen ist eine Klauselersetzung gem. § 164 unzulässig, weil sie zur Fortführung des Vertrags nicht notwendig ist.[104] Im Falle des ersatzlosen Wegfalls seiner Bestimmung kann den Versicherer die vertragliche Nebenpflicht treffen, die Versicherungsnehmer darüber zu informieren.[105] **51**

---

[97] Begr. RegE BT-Drs. 16/3945, 100.
[98] *Kollhosser* VersR 2003, 807 (809 f.).
[99] BGHZ 164, 297 (309) = VersR 2005, 1565 (1568) = NJW 2005, 3559 (3563).
[100] OLG Düsseldorf r+s 2020, 464 (zu §§ 203, 164); OLG Stuttgart VersR 2001, 1141 (1144), zu § 172 Abs. 2 VVG aF; zust. *Krause* in Looschelders/Pohlmann VVG § 164 Rn. 8.
[101] BGH VersR 2008, 244, unwirksame Abschlusskostenverrechnungsklausel, wodurch die Leistungspflicht des Versicherers und seine Rechnungslegung betroffen ist; BGHZ 164, 297 (309) = VersR 2005, 1565 (1568) = NJW 2005, 3559 (3563); *Krause* in Looschelders/Pohlmann VVG § 164 Rn. 8; *Schwintowski* in Berliner Kommentar VVG § 172 Rn. 25.
[102] StRspr, BGH VersR 2010, 249 Rn. 37 = NJW 2010, 298; BGHZ 182, 59 Rn. 36 = NJW 2009, 2662; BGHZ 179, 186 Rn. 25 = NJW 2009, 578; BGHZ 176, 244 Rn. 32 = NJW 2008, 2172; BGHZ 137, 153 (157) = NJW 1998, 450 (451) mwN.
[103] BGHZ 181, 278 Rn. 38 = NJW 2009, 3422; BGHZ 177, 186 Rn. 18 = NJW 2008, 2840; BGHZ 137, 153 (157) = NJW 1998, 450 (451).
[104] Missverständlich *Ortmann* in Schwintowski/Brömmelmeyer/Ebers VVG § 164 Rn. 15, der Versicherer könne die Bedingung auch dann anpassen, wenn eine wirksame Lösung über den ersatzlosen Wegfall der unwirksamen Bedingung gefunden werden könnte, soweit § 164 Abs. 1 nichts anderes vorsehe.
[105] *Lorenz* VersR 2002, 410 (411) „(...) genügt es, wenn der Versicherer seine Versicherungsnehmer auf § 306 Abs. 2 BGB hinweist".

52 Das Kriterium **„zur Fortführung des Vertrags"** ist nach dem Regelungszweck weit auszulegen. Eine Klauselersetzung kann deshalb je nach dem Regelungsgegenstand zur Fortführung des Vertrags auch notwendig sein, wenn der **Vertrag beitragsfrei** gestellt ist, wenn er **gekündigt** ist oder sich **im Abwicklungsstadium** befindet.[106] Entscheidend ist eine Relevanz der ggf. zurückwirkenden (→ Rn. 81) Lückenfüllung für noch offene Ansprüche einer Vertragspartei. Eine solche Relevanz kann auch nach vermeintlich vollständiger Abwicklung eines Vertrags gegeben sein, bspw. wenn vertragliche Zahlungsansprüche aus dem gekündigten Vertrag noch nicht verjährt sind. Ein Beispiel gibt die Entscheidung des BGH zur Unwirksamkeit von Klauseln über die Berechnung des Rückkaufswertes.[107]

53 Im Einzelfall kann ein **Regelungsbedürfnis** trotz grundsätzlicher Bedeutung des Regelungsgegenstandes **aus zeitlichen Gründen zu verneinen** sein, etwa wenn die Klausel die Anfangsphase von Verträgen betrifft und sich aus ihrer Unwirksamkeit wegen Zeitablaufs keine Rechtsfolgen mehr ergeben können, insbes. weil neue Verträge nicht mehr unter Verwendung dieser Klausel geschlossen werden.

54 **b) Notwendigkeit der Lückenschließung im Wege der Klauselersetzung gem. § 164.** Wenn feststeht, dass der Gegenstand der unwirksamen Klausel aufgrund seiner Bedeutung für die Durchführung des Vertrags regelungsbedürftig ist, ist in einem zweiten Schritt zu fragen, ob es notwendig ist, die Vertragslücke gerade durch eine Klauselersetzung gem. § 164 zu schließen. Dies ist zu verneinen, wenn § 164 durch eine vertragliche Ersetzungsklausel verdrängt wird, was allerdings wegen des halbzwingenden Charakters der gesetzlichen Regelung in der Praxis ein Ausnahmefall sein dürfte (→ Rn. 85).[108] Eine Klauselersetzung gem. § 164 ist außerdem dann nicht notwendig, wenn die Vertragslücke bereits durch die **gesetzlichen Vorschriften** sachgerecht geschlossen wird, die gem. **§ 306 Abs. 2 BGB** an Stelle der unwirksamen AVB-Bestimmung zur Anwendung kommen. Soweit **einschlägige gesetzliche Regelungen** vorhanden sind, sind diese grds. (aber → Rn. 56) zur Lückenschließung geeignet und heranzuziehen, sodass eine Bedingungsersetzung nach § 164 unzulässig ist.[109] Dies gilt allerdings nicht schon bei der bloßen Möglichkeit einer ergänzenden Vertragsauslegung, und zwar ungeachtet des dogmatischen Streits, ob die ergänzende Vertragsauslegung unmittelbar über § 306 Abs. 2 BGB (iVm §§ 133, 157 BGB als gesetzliche Vorschriften) oder ergänzend zu § 306 Abs. 2 BGB als allgemeines methodisches Instrument eröffnet wird (→ Rn. 3). Wenn wegen der Unwirksamkeit einer AVB-Bestimmung jedoch bereits eine richterliche ergänzende Vertragsauslegung für einen konkreten Vertrag stattgefunden hat, schließt dies eine Klauselersetzung für diesen Vertrag nach § 164 aus, weil die Klauselersetzung zur Fortführung dieses Vertrags dann nicht mehr notwendig ist (→ Rn. 24).

55 Auch bei sachgerechter Lückenschließung durch gesetzliche Regelungen kann es aufgrund des AGB-rechtlichen Transparenzgebotes notwendig sein, die gesetzliche Vorschrift, die nach § 306 Abs. 2 BGB an Stelle der unwirksamen Klausel maßgebend ist, im Wege der **Klauselersetzung durch Wiederholung des Gesetzeswortlautes,** also rein deklaratorisch, zum Inhalt der AVB zu machen.[110]

56 Eine Klauselersetzung gem. § 164 kann trotz grundsätzlicher Einschlägigkeit einer gesetzlichen Regelung auch notwendig sein, weil die **gesetzliche Regelung** gemessen an den wirksamen Regelungen des konkreten „Vertrags iÜ" (vgl. § 306 Abs. 1 BGB), also für den Regelungsplan der

---

[106] BGHZ 164, 297 (311) = VersR 2005, 1565 (1569) = NJW 2005, 3559 (3563) mwN zum Meinungsstand; *Winter* in Bruck/Möller VVG § 164 Rn. 18 mwN; *Grote* in Langheid/Rixecker VVG § 164 Rn. 14; *Krause* in Looschelders/Pohlmann VVG § 164 Rn. 8; *Brambach* in HK-VVG § 164 Rn. 10; *Brömmelmeyer* in Beckmann/Matusche-Beckmann VersR-HdB § 42 Rn. 108, analoge Anwendung; *Kirscht* VersR 2003, 1072 (1076), analoge Anwendung; wohl auch *Ortmann* in Schwintowski/Brömmelmeyer/Ebers VVG § 164 Rn. 14; aA *Schwintowski* DStR 2006, 429 (431).

[107] BGHZ 164, 297 = VersR 2005, 1565 = NJW 2005, 3559; zur maßgeblichen Verjährungsfrist und ihrem Beginn OLG München VersR 2009, 666; vgl. die Anm. von *Winkens/Abel* zur Vorinstanz AG Kenzingen VersR 2007, 527.

[108] *Brambach* in HK-VVG § 164 Rn. 8; *Grote* in Langheid/Rixecker VVG § 164 Rn. 15; *Bartmuß* VuR 2000, 299 (306).

[109] *Brambach* in HK-VVG § 164 Rn. 7; *Kollhosser* in Prölss/Martin, 27. Aufl. 2004, VVG § 172 Rn. 24; *Kollhosser* VersR 2003, 807 (809); *Wandt* VersR 2001, 1449 (1452); BGHZ 143, 103 (120) = NJW 2000, 1110 (1114).

[110] BGHZ 164, 297 (310) = VersR 2005, 1565 (1568) = NJW 2005, 3559 (3563); *Wandt* in Beckmann/Matusche-Beckmann VersR-HdB § 11 Rn. 149; *Krause* in Looschelders/Pohlmann VVG § 164 Rn. 8; *Brömmelmeyer* in Beckmann/Matusche-Beckmann VersR-HdB § 42 Rn. 116; *Armbrüster* in Prölss/Martin Einl. Rn. 203; *Armbrüster* NJW 2013, 3243; *Schneider* in Prölss/Martin VVG § 164 Rn. 8; *Kollhosser* VersR 2003, 807 (810); *Lorenz* VersR 2002, 410 (411), der dies zu Recht als Regelfall ansieht; *Wandt* VersR 2001, 1449 (1452); weitergehend *Ortmann* in Schwintowski/Brömmelmeyer/Ebers VVG § 164 Rn. 16, auch wenn nicht unbedingt notwendig; aA *Schünemann* VersR 2002, 393 (394); *Bartmuß* VuR 2000, 299 (306).

Vertragsparteien in seiner wirksamen konkreten Ausgestaltung, **zur Lückenfüllung ungeeignet** ist.[111] Dazu gehören auch die Fälle, in denen die gesetzlichen Regelungen die Vertragslücke nicht vollständig schließen, weil über die gesetzlichen Regelungen hinaus ein nicht zu übergehendes Bedürfnis der Versicherungsnehmer nach weiterer Unterrichtung durch eine vertragliche Regelung besteht.[112] Beispiel: Bei Unwirksamkeit einer AVB-Bestimmung über die Überschussbeteiligung kann ungeachtet der gesetzlichen Regelung in § 153 eine Ersetzung im Wege des § 164 geboten sein, um die Verteilungsgrundsätze iSv § 153 Abs. 2 vertraglich zu regeln.[113]

Die Unwirksamkeit einer AVB-Bestimmung führt jedoch häufig dazu, dass eine **Regelungslü-** 57 **cke** entsteht, **die nicht durch gesetzliche Vorschriften geschlossen wird,** weil diese insoweit keine (positive oder negative) Regelung enthalten.[114] Denn viele Versicherungsarten sind bekanntlich gesetzlich nicht vollständig oder überhaupt nicht geregelt. In dieser Konstellation kämen bei Anwendung von § 306 Abs. 2 BGB die gesetzlichen Regelungen über eine ergänzende Vertragsauslegung zur Anwendung (→ Rn. 3, 54).[115] Nach Sinn und Zweck von § 164 ist eine Bedingungsersetzung jedoch ungeachtet der Möglichkeit einer ergänzenden Vertragsauslegung zulässig. Im Gegenteil soll die Bedingungsersetzung nach § 164 gerade individuelle ergänzende Vertragsauslegungen vermeiden, um die entstandene Lücke im Bedingungswerk einheitlich für alle Versicherungsverträge zu schließen.[116] Die Ansicht, dass nicht nur die Existenz von zur Lückenfüllung geeignetem Gesetzesrecht, sondern schon die Möglichkeit einer richterlichen ergänzenden Vertragsauslegung die Anwendbarkeit des § 164 ausschließe,[117] widerspricht dem Regelungszweck der Vorschrift und ließe ihr allenfalls einen marginalen und eher theoretischen Anwendungsbereich[118] (→ Rn. 3, 54).

3. Notwendigkeit der Klauselersetzung zur Vermeidung einer unzumutbaren Härte. 58
Der Versicherer ist zur Klauselersetzung nicht nur befugt, wenn sie zur Fortführung des Vertrags notwendig ist, sondern auch, wenn das **Festhalten an dem Vertrag ohne Klauselersetzung** für eine Vertragspartei eine **unzumutbare Härte** darstellen würde. Diese Regelung soll ausschließen, dass eine unwirksame Klausel mangels Notwendigkeit ihrer Ersetzung zur Fortführung des Vertrags stets ersatzlos wegfällt, also auch dann, wenn dies für eine Vertragspartei unzumutbare Folgen hätte. Regelmäßig geht es um eine unzumutbare Härte für den Versicherer, insbes. weil er sich nicht durch ordentliche Kündigung von dem Vertrag lösen kann.[119] Wenn bspw. das Gesetz eine bestimmte Vertragsausgestaltung zwingend von dem Vorliegen einer wirksamen Vereinbarung abhängig macht (vgl. § 169 Abs. 5 für den Stornoabzug), die AVB-Bestimmung dieses Inhalts aber unwirksam ist, ließe sich argumentieren, dass der Vertrag nach dem gesetzlichen Regelungsmodell auch ohne entsprechende Klausel fortgeführt werden könne. Der ersatzlose Wegfall einer solchen Klausel kann jedoch – abhängig von deren Regelungsgehalt – für eine Vertragspartei (im Beispiel für den Versicherer) eine unzumutbare Härte darstellen.[120] Als Beispiel, dass das Festhalten an dem nicht ergänzten Vertrag auch eine **unzumutbare Härte für den Versicherungsnehmer** begründen könne, wird genannt, dass infolge der Unwirksamkeit einer Klausel der übrige Vertragsinhalt unklar sei.[121] Richtigerweise ist hier aber schon eine Notwendigkeit der Klauselersetzung „zur Fortführung des Vertrags" zu bejahen (→ Rn. 50, 55).

Mit der Regelungsalternative soll ausweislich der Gesetzesbegründung die Voraussetzung des 59 **§ 306 Abs. 3 BGB** aufgegriffen werden.[122] Dieser Hinweis ist missverständlich, da es in § 306 Abs. 3

---

[111] Zur ergänzenden vertraglichen Auslegung BGH NJW 2010, 1135; BGHZ 74, 370 (373 f.) = NJW 1979, 1818 (1819 f.).
[112] BGHZ 147, 373 (376) = VersR 2001, 839 (840); BGHZ 147, 354 = VersR 2001, 841 mAnm *Präve*; zu beiden Urteilen *Schwintowski* NVersZ 2001, 337; *Kollhosser* VersR 2003, 807 (810).
[113] AA *Ortmann* in Schwintowski/Brömmelmeyer/Ebers VVG § 164 Rn. 25 „wohl verzichtbar".
[114] BGHZ 117, 92 (98) = VersR 1992, 477 (478) – → Rn. 2; *Kollhosser* VersR 2003, 807 (809 f.); *Wandt* VersR 2001, 1449 (1452) zum Meinungsstreit mwN; *Kirsch* VersR 2003, 1072 (1074 f.); *Kollhosser* VersR 2003, 807 (809 f.).
[115] *Merschmeyer/Präve* VersR 2005, 1670 (1671).
[116] → Rn. 4; BGHZ 147, 373 = VersR 2001, 839; BGHZ 147, 354 = VersR 2001, 841; *Lorenz* VersR 2002, 410; 2001, 1146; *Schwintowski* NVersZ 2001, 337; *Ortmann* in Schwintowski/Brömmelmeyer/Ebers VVG § 164 Rn. 15; *Wandt* in Beckmann/Matusche-Beckmann VersR-HdB § 11 Rn. 150; *Brömmelmeyer* in Beckmann/Matusche-Beckmann VersR-HdB § 42 Rn. 116; so auch für § 172 Abs. 2 VVG aF *Wandt* Änderungsklauseln in Versicherungsverträgen Rn. 304, 315; aA *Schünemann* VersR 2002, 393.
[117] *Schwintowski* in Berliner Kommentar VVG § 172 Rn. 25.
[118] BGHZ 164, 297 (311) = VersR 2005, 1565 (1569) = NJW 2005, 3559 (3463); *Kollhosser* VersR 2003, 807 (812); *Wandt* in Beckmann/Matusche-Beckmann VersR-HdB § 11 Rn. 150.
[119] Begr. RegE BT-Drs. 16/3945, 100.
[120] Bsp. von *Ortmann* in Schwintowski/Brömmelmeyer/Ebers VVG § 164 Rn. 22.
[121] *Neuhaus* jurisPR-VersR 4/2007 Anm. 1; *Krause* in Looschelders/Pohlmann VVG § 164 Rn. 11.
[122] Begr. RegE BT-Drs. 16/3945, 100.

BGB gerade um den umgekehrten Fall geht, dass ein Festhalten an dem Vertrag *mit* der Ergänzung eine unzumutbare Härte für eine Vertragspartei darstellt (→ Rn. 25).[123] – Im Rahmen der früheren Regelung **§ 172 Abs. 2 VVG aF** wurde das Merkmal der Notwendigkeit zur Fortführung des Vertrags weit ausgelegt, um auch die Notwendigkeit der Klauselersetzung zur Vermeidung einer unzumutbaren Härte zu erfassen.[124] Die mit der VVG-Reform 2008 neu aufgenommene Alternative der Klauselersetzung zur Vermeidung einer unzumutbaren Härte dient der Klarstellung gegenüber der Vorgängerregelung.

60 Eine unzumutbare Härte liegt vor, wenn aufgrund der Unwirksamkeit einer AVB-Bestimmung das **Vertragsgleichgewicht** so **grundlegend gestört ist,** dass ein Festhalten an dem nicht ergänzten Vertrag für eine Vertragspartei – unter Berücksichtigung der Interessen der anderen Vertragspartei – unzumutbar ist.[125] An einer unzumutbaren Härte für den Klauselverwender kann es fehlen, wenn die Unwirksamkeit der Klausel für ihn vorhersehbar war.[126] Die Berücksichtigung auch der **Interessen der anderen Vertragspartei** soll vermeiden, dass der Versicherer seine Ersetzungsbefugnis einseitig zu Lasten des Versicherungsnehmers (aus)nutzt.[127] Der ersatzlose Wegfall einer unwirksamen Bestimmung wird danach nur ausnahmsweise eine unzumutbare Härte für den Versicherer darstellen. Dies ist aber bspw. der Fall, wenn in der Lebensversicherung eine unwirksame Zillmerungsabrede ersatzlos mit der Folge wegfallen würde, dass der Versicherer alle Abschlusskosten tragen müsste.[128] Es ist eine **umfassende Interessenabwägung** vorzunehmen.[129] Zur Orientierung kann die Rspr. zu § 306 Abs. 3 BGB *entsprechend* herangezogen werden.[130] Da die Bedingungsersetzung für alle durch Unwirksamkeit einer Klausel lückenhaft gewordenen Versicherungsverträge eine einheitliche Lückenschließung bewirken soll, ist auf die **typischen Interessen der Versicherungsnehmer**, nicht auf atypische Interessen eines individuellen Versicherungsnehmers abzustellen.[131] Es sind auch die typischen Interessen von Versicherten einzubeziehen, wenn sie sich von den typischen Interessen von Versicherungsnehmern unterscheiden.

61 **Beide Regelungsalternativen des § 164 stehen selbständig** nebeneinander. Es besteht kein Grund, die Regelungsalternative „Notwendigkeit zur Vertragsfortführung" wegen der neu hinzugekommenen Regelungsalternative „Vermeidung einer unzumutbaren Härte" restriktiv auszulegen. Insbes. ist nicht anzunehmen, eine Klauselersetzung, die zur Vertragsfortführung lediglich im schützenswerten Interesse einer Partei erforderlich erscheine, könne nicht mehr unter das Kriterium der Notwendigkeit der Vertragsfortführung, sondern nur noch unter das Kriterium der Vermeidung einer unzumutbaren Härte subsumiert werden.[132]

V. Verwirkung der Ersetzungsbefugnis

62 Wie jede rechtliche Befugnis, kann auch die Befugnis zur Ersetzung einer unwirksamen Klausel gem. **§ 242 BGB** nach dem Grundsatz von **Treu und Glauben** ausgeschlossen sein. Voraussetzung ist, dass der Versicherer sich in einem Maße treuwidrig verhalten hat, dass den Versicherungsnehmern die Ausübung des dem Versicherer zustehenden Rechts nach Treu und Glauben nicht mehr zugemutet werden kann **(Verwirkung durch treuwidriges Verhalten).**[133] Besteht im Einzelfall eine solche Treuwidrigkeit nur im Verhältnis zu einem einzelnen Versicherungsnehmer, kann der Versi-

---

[123] *Krause* in Looschelders/Pohlmann VVG § 164 Rn. 11 spricht deshalb zutr. nur von einem Rückgriff auf die Grundsätze des § 306 Abs. 3 BGB.
[124] *Kollhosser* in Prölss/Martin, 27. Aufl. 2004, VVG § 172 Rn. 24; *Kollhosser* VersR 2003, 807 (809); *Wandt* VersR 2001, 1449 (1452); *Fricke* NVersZ 2000, 310 (314).
[125] BGH VersR 1997, 319 (320).
[126] BGH NJW-RR 2002, 1136 (1137), Nachzahlungsklausel in Grundstückskaufvertrag; zust. *Brömmelmeyer* in Beckmann/Matusche-Beckmann VersR-HdB § 42 Rn. 117.
[127] Begr. RegE BT-Drs. 16/3945, 100.
[128] BGHZ 164, 297 (311) = VersR 2005, 1565 (1569) = NJW 2005, 3559 (3563); *Reiff* VersR 2013, 785 (788).
[129] Vgl. auch *Langheid* FS Schwintowski, 2017, 113 (117).
[130] Vgl. zB BGH NJW 1996, 3151; ebenso *Neuhaus* jurisPR-VersR 4/2007 Anm. 1; *Brömmelmeyer* in Beckmann/Matusche-Beckmann VersR-HdB § 42 Rn. 117; *Krause* in Looschelders/Pohlmann VVG § 164 Rn. 11; *Ortmann* in Schwintowski/Brömmelmeyer/Ebers VVG § 164 Rn. 23.
[131] Vgl. aber *Brambach* in HK-VVG § 164 Rn. 9, nach dem sowohl die Interessen des einzelnen Versicherungsnehmers als auch die Interessen aller Versicherungsnehmer gegenüber denjenigen des Versicherers abzuwägen seien. Gegen objektiv-generalisierende Kriterien und für eine Berücksichtigung der Umstände des konkreten Vertrags aus der objektiven Sicht eines vernünftigen Betrachters *Ortmann* in Schwintowski/Brömmelmeyer/Ebers VVG § 164 Rn. 23.
[132] So aber *Brambach* in HK-VVG § 164 Rn. 9.
[133] Vgl. OLG Düsseldorf r+s 2020, 468 (Verwirkung bei Ersetzung innerhalb eines Jahres nach Feststellung der Unwirksamkeit verneint); allg. *Grüneberg* in Grüneberg BGB § 242 Rn. 90.

cherer gem. § 242 BGB gehindert sein, sich gegenüber diesem Versicherungsnehmer auf die wirksame Bedingungsersetzung nach § 164 zu berufen.

Eine Verwirkung der Ersetzungsbefugnis ist nicht *per se* zu bejahen, wenn der Versicherer die **Unwirksamkeit einer Klausel grobfahrlässig nicht vermieden oder bewusst in Kauf genommen** hat. Die Lückenfüllung dient nämlich nicht nur und nicht in erster Linie dem Interesse des Versicherers als Klauselverwender, sondern (auch) dem Interesse der Versicherungsnehmer. Insbes. bei Versicherungsverträgen ist den Versicherungsnehmern nicht damit gedient, eine Klauselersetzung als unzulässig abzulehnen, wenn der Vertrag ohne Ergänzung nicht durchführbar ist. Es ist deshalb sachgerechter, einer grobfahrlässigen Nichtvermeidung oder einer bewussten Inkaufnahme der Klauselunwirksamkeit bei der Bestimmung des Inhalts der Vertragsergänzung Rechnung zu tragen.[134]

Der Versicherer verwirkt seine Befugnis zu einer (erneuten) Klauselersetzung gem. § 164 grds. nicht dadurch, dass ein erster **Versuch der Klauselersetzung** nach dieser Vorschrift infolge Nichteinhaltens der Zulässigkeits- und Wirksamkeitsvoraussetzungen **scheitert**.[135] Die gegenteilige Ansicht, dass der erste untaugliche Versuch des Versicherers die Ersetzungsbefugnis ausnahmslos „verbrauche",[136] vereinbart sich in ihrer Rigorosität nicht mit den Zielen des § 164 und den Interessen der Versicherungsnehmer. Der Versicherer wird bei der Lückenfüllung gem. § 164 regelmäßig – auch aus Kosten- und Imagegründen – bemüht sein, eine wirksame Lückenfüllung vorzunehmen. Ein treuwidriges Verhalten des Versicherers, das Voraussetzung für eine Verwirkung ist, wird also regelmäßig nicht gegeben sein. Wenn es im Einzelfall gleichwohl einmal gegeben sein sollte, wäre eine **Verwirkung** allerdings zu bejahen. Im Regelfall fehlender Treuwidrigkeit ist den Zielen des § 164 im Interesse der Versicherungsnehmer aber typischerweise besser dadurch gedient, dass dem Versicherer grds. noch ein Versuch der Lückenfüllung nach dieser Vorschrift eröffnet wird. Dies kann insb. sinnvoll sein, wenn bei der Unwirksamkeit feststellende höchstrichterliche Urteil keine hinreichenden Anhaltspunkte für die Lückenfüllung unter Beachtung der Grundsätze der ergänzenden Vertragsauslegung gegeben hat.[137] Dabei geht es – auch nach der hier vertretenen Ansicht – nicht um die Zulassung von „Kettenersetzungen".[138] Denn für den Versicherer können sich Rechtsnachteile daraus ergeben, dass er von der Klauselersetzungsbefugnis aus § 164 nicht ordnungsgemäß Gebrauch gemacht hat, die Vertragslücke deshalb nach wie vor besteht und entweder durch eine nachbessernde erneute Klauselersetzung gem. § 164 oder aber durch eine richterliche ergänzende Vertragsauslegung in einem Individualrechtsstreit geschlossen werden muss (→ Rn. 82). Bei Missbrauch wird dem Versicherer bereits so ein weiterer Klauselersetzungsversuch versagt. Gegenüber der jede Nachbesserung ablehnenden Auffassung bietet die hier vertretene Lösung den Vorteil der Flexibilität, um auch den Fällen gerecht zu werden, in denen nicht von einem Missbrauch durch den Versicherer gesprochen werden kann und die Interessen der Versicherungsnehmer ebenfalls auf eine Bedingungsersetzung im Wege des § 164 gerichtet sind.

D. Wirksamkeit einer Ersetzung

I. Ersetzung durch einseitige Gestaltungserklärung des Versicherers

Bei der Ersetzungsbefugnis handelt es sich um ein einseitiges gesetzliches Gestaltungsrecht des Versicherers.[139] Die Ersetzung der unwirksamen AVB-Bestimmung durch eine neue Regelung erfolgt durch empfangsbedürftige Erklärung gegenüber dem Versicherungsnehmer. Die Wirkungen

---

[134] *Wandt* Ersetzung unwirksamer AVB der Lebensversicherung im Treuhänderverfahren gem. § 172 S. 19 f.
[135] So auch – allerdings für den besonderen Fall der Satzung der VBL – BGHZ 195, 93 = VersR 2013, 46; abl. *Thüsing* VersR 2015, 927.
[136] *Ortmann* in Schwintowski/Brömmelmeyer/Ebers VVG § 164 Rn. 34; *Brömmelmeyer* in Beckmann/Matusche-Beckmann VersR-HdB § 42 Rn. 122. Grds. so auch *Grote* in Langheid/Rixecker VVG § 164 Rn. 32, der eine erneute Ersetzung durch den Versicherer aber zulässt, wenn der BGH den Inhalt einer ergänzenden Vertragsauslegung nicht (vollständig) vorgibt.
[137] Wie bspw. BGHZ 147, 373 = VersR 2001, 839; BGHZ 147, 354 = VersR 2001, 841.
[138] Dagegen mit anderer dogmatischer Begr. *Brömmelmeyer* in Beckmann/Matusche-Beckmann VersR-HdB § 42 Rn. 122; grds. auch *Grote* in Langheid/Rixecker VVG § 164 Rn. 32.
[139] HM, *Brambach* in HK-VVG § 164 Rn. 12; *Ortmann* in Schwintowski/Brömmelmeyer/Ebers VVG § 164 Rn. 31; zur Vorgängerregelung des § 172 VVG aF *Kollhosser* in Prölss/Martin, 27. Aufl. 2004, VVG § 172 Rn. 20; *Langheid/Grote* NVersZ 2002, 49 (50); *Präve* VersR 1995, 733 (737); aA zu § 172 Abs. 2 VVG aF *Bäuerle/Schünemann* VersWissStud Bd. 20, 2002, S. 63 (112 f.); *Schünemann* JZ 2002, 134 (135 f.), die gesetzliche Regelung berechtige lediglich zur Schaffung einer vertraglichen Bedingungsersetzungsklausel.

dieser Erklärung treten gem. § 164 Abs. 2 allerdings erst **zwei Wochen nach ihrem Zugang** beim Versicherungsnehmer ein.

66   Da die neue Regelung, die eine unwirksame AVB-Klausel ersetzt, ihrerseits eine AVB-Bestimmung ist, eröffnet § 164 einen speziellen Weg, um nach Vertragsschluss eine neue AVB-Bestimmung zum Vertragsinhalt zu machen. Die Möglichkeit der Einfügung durch einseitige Gestaltungserklärung des Versicherers steht alternativ neben der Möglichkeit einer Parteivereinbarung über die nachträgliche Einfügung einer AVB-Bestimmung in den Vertrag gem. § 311 BGB (→ Rn. 23).

67   Wenn der Versicherer wirksam von seiner Bedingungsersetzungsbefugnis Gebrauch gemacht hat, kommt es auf eine Zustimmung des Versicherungsnehmers nicht an. Dem Versicherungsnehmer steht auch **kein Widerspruchsrecht** gegen die Vertragsinhaltsänderung durch den Versicherer zu.[140] Der Gesetzgeber ist der gegenteiligen Ansicht zu § 172 Abs. 2 VVG aF, nach der der Versicherungsnehmer ein Widerspruchsrecht analog § 5a VVG aF haben sollte,[141] zu Recht nicht gefolgt.[142] Die Interessen der Versicherungsnehmer werden durch die strengen Voraussetzungen des § 164 und deren gerichtlicher Überprüfbarkeit ausreichend gewahrt.[143] Auch dient § 164 der Wiederherstellung des vertraglich vereinbarten Äquivalenzverhältnisses. Eine Verschlechterung der Rechtsposition des Versicherungsnehmers ist gerade nicht vorgesehen. Deshalb räumt das Gesetz dem Versicherungsnehmer auch **kein außerordentliches Kündigungsrecht** ein.

II. Wirksamkeit des Inhalts der neuen Regelung

68   Die über § 164 neu in den Vertrag eingefügte AVB-Bestimmung unterliegt als solche uneingeschränkt der **AGB-rechtlichen Inhaltskontrolle** (→ Rn. 91).[144] § 164 Abs. 1 S. 2 stellt aber über die Kriterien der AGB-Kontrolle **hinausgehende Anforderungen** an den Inhalt der neuen Regelung. Sie ist nur wirksam, wenn sie unter Wahrung des Vertragsziels die Belange der Versicherungsnehmer **angemessen** berücksichtigt. Diese höheren Inhaltsanforderungen sind gerechtfertigt, da es um einen Eingriff in ein bestehendes Vertragsverhältnis durch Gestaltungserklärung einer Vertragspartei geht.[145]

69   § 164 stellt auf die **Wahrung der Belange der Versicherungsnehmer** ab. Der Begriff „Belange" ist gleichbedeutend mit **Interessen**. Der Gesetzgeber lehnt sich mit dieser Formulierung bewusst an das Versicherungsaufsichtsrecht an (vgl. zB § 11 Abs. 1 Nr. 4 lit. a, § 155 Abs. 2 S. 2, § 294 Abs. 2 S. 2, § 160 S. 1 Nr. 6 VAG (§ 8 Abs. 1 S. 1 Nr. 3, § 12b Abs. 1a S. 2, § 81 Abs. 1 S. 2, § 81d Abs. 3 S. 1 VAG aF)), das jedoch von der Wahrung der Belange der *Versicherten* spricht und den Begriff „Versicherter" als Oberbegriff für Versicherungsnehmer, versicherte Personen und Bezugsberechtigte verwendet. Das Versicherungsvertragsrecht unterscheidet diese Kategorien begrifflich, geht aber grds. davon aus, dass der Begriff Versicherungsnehmer auch Versicherte und Bezugsberechtigte erfassen kann.[146] Zu berücksichtigen sind deshalb auch iRd § 164 Abs. 1 S. 2 entgegen seinem Wortlaut nicht nur die Belange der Versicherungsnehmer, sondern **auch die Belange von versicherten Personen und Bezugsberechtigten**.[147]

70   Abzustellen ist auf die **typischen Interessen** der Versicherungsnehmer, Versicherten und Bezugsberechtigten, nicht auf atypische Interessen eines individuellen Betroffenen **(objektiv-generalisierender Maßstab)**.[148] Denn die Klauselersetzung soll eine einheitliche Lückenschließung für alle durch Unwirksamkeit einer Klausel lückenhaft gewordenen Versicherungsverträge bewirken. § 164 Abs. 1 S. 2 bringt den objektiv-generalisierenden Maßstab sprachlich zum Ausdruck, indem er – anders als S. 1 – von den Versicherungsnehmern im Plural spricht. Die Lückenfüllung muss deshalb für den betroffenen Vertragstyp als allgemeine Lösung eines stets wiederkehrenden Interessen-

---

[140] *Buchholz-Schuster* NVersZ 2000, 207 f.; *Bartmuß* VuR 2000, 299 (304); *Präve* VersR 1995, 733 (737); *Römer* VersR 1994, 125 (127).
[141] *Bäuerle/Schünemann* VersWissStud Bd. 20, 2002, S. 63 (113 f.); *Büchner,* Der Referentenentwurf zum Dritten Durchführungsgesetz zum VAG auf dem Prüfstand, 1993, S. 19; *Schünemann* JZ 2002, 134 (137).
[142] Abl. BGHZ 164, 297 (318) = VersR 2005, 1565 (1570) = NJW 2005, 3559 (3565) mwN; *Baumann* JZ 1999, 881 (882).
[143] *Brömmelmeyer* in Beckmann/Matusche-Beckmann VersR-HdB § 42 Rn. 111; *Wandt* Änderungsklauseln in Versicherungsverträgen Rn. 343 ff., 349; *v. Fürstenwerth* r+s 2009, 221 (222); *Lorenz* VersR 2002, 410 (411).
[144] Begr. RegE BT-Drs. 16/3945, 100; *Präve* VersR 2000, 1138 (1139).
[145] *Brömmelmeyer* in Beckmann/Matusche-Beckmann VersR-HdB § 42 Rn. 111.
[146] Zu den hergebrachten terminologischen Unterschieden zwischen Versicherungsaufsichtsrecht und Versicherungsvertragsrecht *Wandt* VersR § 164 Rn. 51 f.
[147] Begr. RegE BT-Drs. 16/3945, 100; *Schneider* in Prölss/Martin VVG § 164 Rn. 19; *Grote* in Langheid/Rixecker VVG § 164 Rn. 22.
[148] BGH VersR 2006, 1530 = NJW 2006, 3712; *Kollhosser* in Prölss/Martin, 27. Aufl. 2004, VVG § 172 Rn. 27; im Hinblick auf das AGB-Recht *Präve* VersR 2000, 138 (139).

gegensatzes angemessen sein.[149] Sie scheitert, anders als bei Verträgen zwischen einzelnen Personen,[150] nicht daran, dass mehrere Gestaltungsmöglichkeiten zur Ausfüllung der Regelungslücke in Betracht kommen.[151]

Die neue Regelung muss die typischen Interessen der Versicherungsnehmer, Versicherten und **71** Bezugsberechtigten unter Wahrung des Vertragsziels angemessen berücksichtigen. Hierdurch wird der Versicherer – der Sache nach – den **Grundsätzen der ergänzenden Vertragsauslegung** unterworfen.[152] Der Versicherer darf nur das zum neuen Inhalt der Verträge machen, was nach den anerkannten Grundsätzen der ergänzenden Vertragsauslegung zulässiger Inhalt einer richterlichen ergänzenden Vertragsauslegung wäre. § 164 ändert also nicht die inhaltlichen Maßstäbe für eine Vertragsergänzung, sondern eröffnet nur einen besonderen Weg der ergänzenden Vertragsauslegung, nämlich durch den Versicherer selbst und nicht wie allgemein üblich durch richterliches Urteil.[153]

Nach der für das Schuldrecht **allgemein anerkannten Standardformel** ist eine Vertragslücke **72** in der Weise zu füllen, wie es die Vertragsparteien bei sachgerechter Abwägung der beiderseitigen typisierten Interessen unter Berücksichtigung von Treu und Glauben sowie der Verkehrssitte redlicherweise vereinbart hätten, wenn ihnen die Unwirksamkeit der Klausel bekannt gewesen wäre **(hypothetischer Parteiwille).**[154] Diese Standardformel gilt auch für Versicherungsverträge.[155] Für sie fordert der BGH jedoch besonders darauf zu achten, dass die ergänzende Vertragsauslegung **nicht zu einer Erweiterung des Vertragsgegenstandes** führt,[156] und dass der ergänzte Vertrag für den Versicherungsnehmer typischerweise noch von Interesse ist.[157] Für die Ermittlung des hypothetischen Parteiwillens ist an den in dem Vertrag enthaltenen Regelungsplan der Parteien anzuknüpfen. Die Klauselersetzung darf **den Versicherungsnehmer nicht schlechter stellen,** als er bei unterstellter Wirksamkeit der unwirksamen AVB-Bestimmung gestanden hätte.[158] Die neue Regelung muss jedoch weitergehend einen **fairen und angemessenen Interessenausgleich** gewähren. Die Belange der Versicherungsnehmer, Versicherten und Bezugsberechtigten gelten insbes. dann als gewahrt, wenn die Neuregelung das bei Vertragsschluss intendierte und infolge der Unwirksamkeit der Klausel gestörte Äquivalenzverhältnis wiederherstellt.[159] War die alte Klausel allerdings unwirksam, weil sie den Versicherungsnehmer unangemessen benachteiligte, so muss dieser durch die Schaffung der neuen Klausel besser gestellt werden, weil die unangemessene Benachteiligung zu beseitigen ist.[160]

Die inhaltliche Begrenzung der Ersetzungsbefugnis des Versicherers auf die Grundsätze der **73** ergänzenden Vertragsauslegung setzt das nach dem AGB-Recht bestehende **Verbot geltungserhaltender Reduktion** auch iRd § 164 um.[161] Denn der Versicherer ist nicht berechtigt, eine neue Regelung in den Vertrag einzuführen, deren Inhalt bei einer isolierten Klauselkontrolle gerade noch der AGB-rechtlichen Inhaltskontrolle genügt. Er muss vielmehr eine ausgewogene und faire Regelung treffen. Dies kann im Einzelfall dazu führen, dass eine Klausel, die im Neugeschäft zulässig ist, nicht über § 164 in bestehende Verträge eingefügt werden darf, weil die Parteien diese Vereinba-

---

[149] BGHZ 164, 297 (317) = VersR 2005, 1565 (1570) = NJW 2005, 3559 (3565); BGHZ 107, 273 (276 f.) mwN = NJW 1989, 3010 (3011).
[150] BGH NJW-RR 2002, 1136 (1137).
[151] BGHZ 164, 297 (317) = VersR 2005, 1565 (1570) = NJW 2005, 3559 (3565).
[152] BGHZ 164, 297 (312) = VersR 2005, 1565 (1569) = NJW 2005, 3559 (3563 f.); *Brömmelmeyer* in Beckmann/Matusche-Beckmann VersR-HdB § 42 Rn. 121; so auch schon die allgM zu § 172 Abs. 2 VVG aF, ausf. *Wandt* Änderungsklauseln in Versicherungsverträgen Rn. 308 ff.; *Wandt* VersR 2001, 1449 (1454 ff.); *Kollhosser* VersR 2003, 807 (810); *Lorenz* VersR 2001, 1146 (1147); zur privaten Krankenversicherung vgl. *Straub,* Grenzen der Leistungspflicht des privaten Krankenversicherers, 2018, S. 103 f.
[153] Instruktiv *Lorenz* VersR 2001, 1146 (1147).
[154] Grundlegend BGHZ 90, 69 = NJW 1984, 1177, Tagespreisklausel; BGH NJW 1990, 115, objektiv-generalisierende Interessenabwägung.
[155] BGHZ 139, 333 (340) = VersR 1999, 210 (212); BGHZ 117, 92 (98) = VersR 1992, 477 (478 f.); BGH VersR 1992, 479 (480); BGHZ 88, 78 (85) = VersR 1983, 848 (849); OLG Karlsruhe VersR 2000, 624 (626); VersR 1998, 479 (482); OLG Köln VersR 1996, 1399; OLG Hamm VersR 1995, 649; OLG Köln VersR 1995, 796; für die alte Rechtslage *Kollhosser* in Prölss/Martin, 27. Aufl. 2004, VVG § 172 Rn. 27.
[156] Allg. BGHZ 9, 273; so auch schon RGZ 87, 211 (213 f.); 92, 318 (320); *Ellenberger* in Grüneberg BGB § 157 Rn. 2, 7, 9.
[157] Insbes. BGHZ 117, 92 (98) = VersR 1992, 477 (479).
[158] Begr. RegE BT-Drs. 16/3945, 100; *Krause* in Looschelders/Pohlmann VVG § 164 Rn. 13; *Ortmann* in Schwintowski/Brömmelmeyer/Ebers VVG § 164 Rn. 27; *Winter* in Bruck/Möller VVG § 164 Rn. 5.
[159] Begr. RegE BT-Drs. 16/3945, 100, wo trotz Unwirksamkeit der AVB-Bestimmung auf „das bei Vertragsschluss vorhandene Äquivalenzverhältnis" abgestellt wird; *Brambach* in HK-VVG § 164 Rn. 16.
[160] *Brömmelmeyer* in Beckmann/Matusche-Beckmann VersR-HdB § 42 Rn. 119.
[161] *Merschmeyer/Präve* VersR 2005, 1670 (1671).

rung bei sachgerechter und fairer Abwägung der beiderseitigen Interessen redlicherweise nicht getroffen hätten, wenn sie von der vertraglichen Regelungslücke gewusst hätten.

74 Schwierig zu bestimmen ist, welcher Regelungsinhalt im Wege der ergänzenden Vertragsauslegung an Stelle einer Klausel tritt, die nicht aufgrund des materiellen Regelungsgehalts, sondern **ausschließlich wegen Intransparenz unwirksam** ist. Soweit lediglich die weitere Durchführung des Vertrags betroffen ist, würde die Einfügung einer inhaltsgleichen, aber nunmehr transparent gefassten Klausel genügen. Wenn und solange dem Versicherungsnehmer infolge der Intransparenz jedoch erhebliche wirtschaftliche Nachteile der – inhaltlich nicht zu beanstandenden – Regelung verborgen bleiben, kann dies seine Produktauswahlfreiheit bzw. nach Abschluss des Vertrags seine Entscheidungsfreiheit über eine Lösung vom Vertrag oder über eine Vertragsänderung beeinträchtigen. Derartige Beeinträchtigungen können durch Einfügung einer transparenten, aber inhaltsgleichen Klausel nicht nachträglich beseitigt werden, weil sich der ursprüngliche Transparenzmangel dadurch nicht rückwirkend beheben lässt. Diese Problematik stellte sich in der **Lebensversicherung** bei der Ersetzung der AVB-Klauseln über die Berechnung des Rückkaufswerts, die der BGH durch die Urteile v. 9.5.2001 wegen Verstoßes gegen das Transparenzgebot für unwirksam erklärt hatte.[162] Der BGH wandte nicht die gesetzliche Regelung des § 176 Abs. 3 VVG aF über die Berechnung des Rückkaufswertes nach dem Zeitwert an, sondern bejahte die Notwendigkeit einer ergänzenden Vertragsauslegung.[163] Diese ergänzende Vertragsauslegung führe aber nicht zur Einfügung einer inhaltsgleichen, nunmehr transparent gefassten Klausel, auch wenn die Regelung materiell nicht zu beanstanden sei. Im Interesse der zahlreichen Versicherten, die einen Lebensversicherungsvertrag vorzeitig beenden, sei vielmehr **ein angemessener Ausgleich für den rückwirkend nicht mehr behebbaren Transparenzmangel** (Sanktion)[164] zu schaffen. Der BGH orientierte sich insoweit an einem Vorschlag der VVG-Reformkommission, nach dem als Rückkaufswert das nach anerkannten Regeln der Versicherungsmathematik mit den Rechnungsgrundlagen der Prämienkalkulation zum Schluss der laufenden Versicherungsperiode berechnete Deckungskapital der Versicherung zu gewähren ist, bei einer Kündigung mindestens jedoch die Hälfte des ungezillmerten Deckungskapitals (vgl. zum Anwendungsbereich der BGH-Rechtsprechung zur Bestimmung des Rückkaufswerts im Wege ergänzender Vertragsauslegung bei Altverträgen sowie zur gesetzlichen Bestimmung des Rückkaufswertes bei diesen Verträgen ausf. → § 169 Rn. 133 ff.). Damit entfernt sich der BGH in dieser besonderen Konstellation von dem Ansatz, auf den hypothetischen Parteiwillen bei Abschluss des Vertrags abzustellen.[165] Insgesamt ist festzustellen, dass Methodik und Dogmatik eines Ausgleichs von Intransparenz durch Veränderung des AGB-rechtlich nicht zu beanstandenden Inhalts einer Klausel noch weitgehend ungeklärt sind.[166] Es spricht viel dafür, dass auf eine Sanktion verzichtet werden kann, wenn der bloße Transparenzmangel für die Vertragsentscheidung nicht kausal gewesen ist und auch sonst keine wirtschaftlichen Nachteile für den Versicherungsnehmer hatte.[167]

75 Es liegt in der Natur der Grundsätze der ergänzenden Vertragsauslegung, dass sich bei ihrer Anwendung nicht stets nur eine einzige vertretbare Lösung ergibt.[168] Beispiele geben die Urteile des BGH v. 25.7.2012[169] und v. 17.10.2012[170] zur Unwirksamkeit von Klauseln in der Lebensversicherung.[171] Entscheidend für die gerichtliche Kontrolle einer Klauselersetzung nach § 164 ist, dass

---

[162] BGHZ 147, 354 = VersR 2001, 841; BGHZ 147, 373 = VersR 2001, 839; *Schneider* in Prölss/Martin VVG § 164 Rn. 10 ff.

[163] BGHZ 164, 297 (315) = VersR 2005, 1565 (1570) = NJW 2005, 3559 (3564); BGH NJW-RR 2008, 188, Rentenversicherung; BGH VersR 2007, 1547 = NJW-RR 2008, 187, fondsgebundene Lebensversicherung; Hälfte des ungezillmerten Fondsguthabens; BGH VersR 2008, 337 = NJW-RR 2007, 1628, VVaG; BVerfG VersR 2006, 489 ff.; *Ortmann* in Schwintowski/Brömmelmeyer/Ebers VVG § 169 Rn. 46 ff.; *Winter* in Bruck/Möller VVG § 164 Rn. 20.

[164] Zustimmend *Ortmann* in Schwintowski/Brömmelmeyer/Ebers VVG § 164 Rn. 28; abl. *Langheid* in FS Schwintowski, 2017, 113 (117 und 129); *Kirsch* VersR 2003, 1072; *Wandt* VersR 2001, 1449.

[165] *Merschmeyer/Präve* VersR 2005, 1670 (1671), punitive Grundausrichtung.

[166] Zur Problematik *Schwintowski* DStR 2006, 429 (431 f.); *Schünemann* VersR 2005, 323 (324); *Wandt* Ersetzung unwirksamer AVB der Lebensversicherung im Treuhänderverfahren gem. § 172 S. 18 ff.

[167] *Grote* in Langheid/Rixecker VVG § 164 Rn. 22; *Merschmeyer/Präve* VersR 2005, 1670 (1671); aA *Klimke* in Boetius/Rogler/Schäfer, Rechtshandbuch Private Krankenversicherung, 2020, § 25 Rn. 29; *Ortmann* in Schwintowski/Brömmelmeyer/Ebers VVG § 164 Rn. 28 (es sei denn, dass mit der ursprünglich intransparenten Klausel keine wirtschaftlichen Nachteile für den Versicherungsnehmer verbunden waren).

[168] *Reiff* VersR 2013, 785 (791).

[169] BGHZ 194, 208 = VersR 2012, 1149; zur selben Thematik BGH VersR 2013, 213; OLG Karlsruhe VersR 2013, 440; OLG Köln VersR 2013, 443 mAnm *Jacob*; zum VVaG BGH VersR 2013, 565.

[170] BGH VersR 2013, 213.

[171] *Winter* in Bruck/Möller VVG § 164 Rn. 20; *Armbrüster* NJW 2012, 3001; *Armbrüster* VW 2012, 1434; *Pohl* VW 2012, 1188; *Präve* VersR 2012, 1159; *Reiff* VersR 2013, 785.

sich die vom Versicherer neu eingefügte Klausel inhaltlich in dem **Bewertungsrahmen** hält, **den die Grundsätze der ergänzenden Vertragsauslegung eröffnen.** Dieser Bewertungsrahmen ist allerdings meist relativ eng, da die Unwirksamkeit der zu ersetzenden AVB-Bestimmung durch höchstrichterliches Urteil oder durch Verwaltungsakt der BaFin oder einer Kartellbehörde festgestellt sein muss (→ Rn. 36). Die Gründe der gerichtlichen oder behördlichen Entscheidung, die zur Feststellung der Unwirksamkeit der AVB-Bestimmung geführt haben, binden den Versicherer bei der inhaltlichen Ausgestaltung der neuen Regelung zwar nicht direkt. Wenn der Versicherer aber nicht die Unwirksamkeit der Ersetzung (bzw. eine erneute Klauselunwirksamkeit) riskieren will, wird er sich an die **Begründung der vorangegangenen gerichtlichen oder behördlichen Entscheidung als „Marschroute"** halten.[172] Es ist zu erwarten, dass die Gerichte insoweit bei der Kontrolle einer Klauselersetzung nach § 164 wegen des Ausnahmecharakters dieser Vorschrift strenge Anforderungen stellen werden. Ausgehend vom Zweck der Vorschrift, eine rasche und einheitliche Vertragsergänzung zu erreichen, sollten die Anforderungen dennoch nicht überzogen werden. Die Gefahr missbräuchlicher Klauselersetzungen ist aus verschiedenen Gründen sehr gering. Für diese Einschätzung spricht nicht nur, dass die die Klauselunwirksamkeit feststellende behördliche oder gerichtliche Entscheidung die „Marschroute" für die Lückenfüllung vorgibt,[173] sondern auch die Image- und Kostenfolgen eines fehlgeschlagenen Ersetzungsverfahrens, die präventiv wirken.

III. Das Wirksamwerden der neuen Klausel

Die neue Regelung, die eine unwirksame AVB-Bestimmung gem. Abs. 1 ersetzt, wird nach § 164 Abs. 2 **Vertragsbestandteil mit Ablauf von zwei Wochen,** nachdem sie und die hierfür maßgeblichen Gründe dem Versicherungsnehmer mitgeteilt worden sind. Die Formulierung „wird [...] Vertragsbestandteil" lehnt sich an § 305 Abs. 2 BGB an und soll deutlich machen, dass mit der Einbeziehung in den Vertrag gem. § 164 kein Urteil über die inhaltliche Wirksamkeit der Regelung verbunden ist.[174]

Die Mitteilung des Versicherers an den Versicherungsnehmer ist eine **einseitige empfangsbedürftige Willenserklärung.** Erforderlich ist **zumindest Textform,** auch wenn § 164 Abs. 2 dieses Formerfordernis nicht ausdrücklich statuiert.[175] Mit der Mitteilung gemäß § 164 Abs. 2 erfüllt der Versicherer zugleich seine aufsichtsrechtliche Informationspflicht aus Art. 7 Abs. 3 VO (EU) 2017/2358[176] gegenüber dem Versicherungsnehmer, nicht aber gegenüber den aufsichtsrechtlich ebenfalls zu informierenden Versicherungsvertreibern.[177]

Nach dem Wortlaut von § 164 Abs. 2 muss der Versicherer dem Versicherungsnehmer die neue Regelung und die hierfür maßgeblichen Gründe mitteilen. Eindeutig ist, dass der **Text der neuen Regelung mitzuteilen** ist. Nicht eindeutig bestimmt ist dagegen, was unter den **maßgeblichen Gründen** für die neue Regelung zu verstehen ist. Das Begründungserfordernis dient dem Schutze des Versicherungsnehmers. Er soll über **Anlass, Inhalt, Wirksamwerden und Wirkungszeitraum der neuen Regelung** informiert werden. Der Versicherungsnehmer soll nicht nur Inhalt und Wirkung der Mitteilung verstehen können, sondern auch die rechtlichen Grundlagen der Bedingungsersetzung nachvollziehen können. Es bietet sich an, den zwingenden Inhalt der Mitteilung am Inhalt von § 164 auszurichten. Danach bedarf es der Beschreibung der Klauselersetzung und ihres Anlasses, also der Information, dass die neue Regelung eine bestimmte Klausel des Vertrags ersetzt, die durch höchstrichterliches Urteil oder bestandskräftigen Verwaltungsakt für unwirksam erklärt worden ist oder aufgrund eines solchen Urteils bzw. Verwaltungsaktes gegenüber einem anderen Versicherer als unwirksam anzusehen ist.[178] Die ersetzte unwirksame Regelung des Vertrags muss eindeutig bezeichnet werden; der Text der unwirksamen Regelung muss nicht notwendig mitgeteilt werden.[179] Es ist dem Versicherer zuzumuten, die Entscheidung, welche die Unwirksamkeit feststellt, nach Gericht bzw. erlassender Behörde, Verkündungsdatum und Aktenzeichen[180] zu benennen. Dagegen ist nicht zu fordern – sondern dringend davon abzuraten –, dass die Parteien des Rechtsstreits bzw. der Adressat des Verwaltungsaktes individualisiert

---

[172] BGHZ 164, 297 (307) = VersR 2005, 1565 (1568) = NJW 2005, 3559 (3562); *Wandt* in Beckmann/Matusche-Beckmann VersR-HdB § 11 Rn. 155.
[173] Explizit zust. *Reiff* VersR 2013, 785 (790).
[174] Begr. RegE BT-Drs. 16/3945, 100.
[175] Ein Formerfordernis verneinend → § 203 Rn. 1152, der aber eine beweisgeeignete Form empfiehlt.
[176] Vgl. *Wandt* in: Dreher/Wandt, Solvency II in der Rechtsanwendung 2018 – Das interne Produktfreigabeverfahren, 2019, S. 123 ff.
[177] Vgl. auch *Grote* in Langheid/Rixecker VVG § 164 Rn. 6 (mit dem Umkehrschluss: keine aufsichtsrechtliche Informationspflicht bei Nichtvornahme einer Klauselersetzung).
[178] *Brambach* in HK-VVG § 164 Rn. 19.
[179] *Brambach* in HK-VVG § 164 Rn. 18.
[180] *Grote* in Langheid/Rixecker VVG § 164 Rn. 29; weitergehend verlangt *Brambach* in HK-VVG § 164 Rn. 19, bei Veröffentlichung der Entscheidung die Angabe der Fundstelle.

werden, soweit es sich bei diesen nicht um den Versicherer selber handelt. Die wesentlichen Gründe für die Unwirksamkeit der ersetzten Klausel sind – in knapper, aber gleichwohl verständlicher Weise – zu benennen.[181] Nicht erforderlich ist, dass der Versicherer der Ersetzungsmitteilung einen Abdruck der Entscheidung über die Feststellung der Unwirksamkeit der ersetzten Klausel beifügt, oder sie auf seiner Homepage bereitstellt[182] und sich in der Ersetzungsmitteilung bereit erklärt, einen Abdruck der Entscheidung auf Verlangen eines Versicherungsnehmers zu übersenden. Die Mitteilung muss deutlich machen, ob der Versicherer die Ersetzung darauf stützt, dass sie zur Fortführung des Vertrags notwendig ist, oder darauf, dass ein Festhalten an dem Vertrag ohne neue Regelung für ihn bzw. die Versicherungsnehmer unter Berücksichtigung der Interessen der anderen Vertragspartei eine unzumutbare Härte darstellen würde. Auch wenn sich dies aus dem Wortlaut von § 164 Abs. 2 nicht unmittelbar ergibt, ist nach dem Zweck der Mitteilung auch zu verlangen, dass diese in abstrakter Weise darüber informiert, zu welchem Zeitpunkt die mitgeteilte neue Regelung Vertragsbestandteil wird und welchen Wirkungszeitraum sie hat. Die Mitteilung des Versicherers kann insgesamt knapp gehalten werden, sie muss aber aus sich heraus verständlich sein.[183]

79 Die **Mitteilung der maßgeblichen Gründe** für die Ersetzung ist **Wirksamkeitsvoraussetzung.** Entspricht die Mitteilung inhaltlich nicht den dargelegten Anforderungen, wird die neue Regelung nicht Vertragsbestandteil. Der Vertrag ist dann weiterhin lückenhaft und muss ggf. durch eine später erfolgende ordnungsgemäße Mitteilung oder durch richterliche ergänzende Vertragsauslegung vervollständigt werden. Nach aA soll die Mitteilung der für die Ersetzung maßgebenden Gründe ein nur **formelles Erfordernis** sein. Ob die gegebene Begründung stichhaltig oder vielleicht sogar angreifbar ist, sei irrelevant; keine Begründung werde nur dann gegeben, wenn sie vollständig fehle.[184] Das Motiv dieser Auffassung, die zu einer Neufestsetzung der Prämie oder Bedingungsanpassung in der Krankenversicherung gem. § 203 Abs. 5 vertreten wird, ist die Furcht, dass eine vom Versicherer beabsichtigte Vertragsänderung nur infolge einer unzureichenden Begründung der Mitteilung über die Vertragsänderung nicht wirksam wird.[185] Auch wenn dieses Motiv verständlich ist, ist der Ansicht nicht zu folgen, weil der Versicherer nach ihr hinsichtlich des Inhalts der Begründung völlig frei wäre. Die oben dargelegten Anforderungen an die Begründung sind dem Versicherer jedoch ohne Weiteres zumutbar. Im Übrigen ist den Gerichten dahingehend zu vertrauen, dass sie keine übertriebenen, formalistischen Anforderungen an die Begründung in der Mitteilung stellen.

80 Die **Zweiwochenfrist** wird für den jeweiligen Vertrag durch den **Zugang der Mitteilung** bei dem individuellen Versicherungsnehmer ausgelöst.[186] Für die Berechnung der Frist gelten die §§ 186 ff. BGB. Sinn der Zweiwochenfrist ist es, dem Versicherungsnehmer Gelegenheit zu geben, sich innerhalb der Frist auf die Wirksamwerden der neuen Regelung einzustellen (Gewöhnungsfrist[187]).[188] Angesichts der Kautelen für eine Ersetzung wird angezweifelt, ob die Einräumung einer solchen Gewöhnungsfrist (rechtspolitisch) erforderlich war.[189] Das Hinausschieben des Wirksamwerdens der neuen Regelung entspricht jedoch gesetzgeberischer Vorsicht. Denn es sind durchaus Ersetzungen denkbar, bspw. die Einfügung einer neuen Obliegenheit des Versicherungsnehmers, für die eine Frist geboten ist, damit sich der Versicherungsnehmer auf die neue Regelung einstellen kann. Im Übrigen schließt die Einräumung der Frist nicht aus, dass die neue Regelung ab dem Zeitpunkt ihres Wirksamwerdens abhängig von ihrem Regelungsgegenstand rückwirkende Wirkung entfaltet (→ Rn. 81). Zur Vereinbarung einer anderen Frist bzw. zur einseitigen Bestimmung durch den Versicherer → Rn. 86.

IV. Der Wirkungszeitraum der neuen Klausel

81 Von dem Zeitpunkt des Wirksamwerdens der Ersetzung (→ Rn. 76) ist der Wirkungszeitraum der in den Vertrag eingefügten neuen Bestimmung zu unterscheiden. Die neue Regelung wirkt **je nach ihrem Regelungsinhalt** – wie eine entsprechende ergänzende Vertragsauslegung – **ab dem Wirksamwerden der Ersetzung (ex nunc) oder auch rückwirkend auf den Zeitpunkt des**

---

[181] *Brambach* in HK-VVG § 164 Rn. 18.
[182] Dies verlangt für unveröffentlichte Entscheidungen *Brambach* in HK-VVG § 164 Rn. 19.
[183] *Grote* in Langheid/Rixecker VVG § 164 Rn. 29 (eine nachvollziehbare Zusammenfassung der wesentlichen Gründe mit Benennung der die Unwirksamkeit feststellenden Entscheidung genügt).
[184] → § 203 Rn. 1135, 1157, zur Ersetzungsbefugnis in der Krankenversicherung.
[185] *Boetius* r+s 2021, 11 (16: „temporäre Wirksamkeitsvoraussetzung").
[186] → § 203 Rn. 1150.
[187] Begriffe von *Armbrüster* in Prölss/Martin Einl. Rn. 214.
[188] *Schwintowski* in Berliner Kommentar VVG § 172 Rn. 26, der die Kürze der Frist mit dem Interesse an schneller Lückenfüllung begründet.
[189] So schon zu den Gewöhnungsfristen nach §§ 172 Abs. 2, 178g VVG aF *Prölss* in Prölss/Martin, 27. Aufl. 2004, Vorb. I Rn. 109e.

Vertragsschlusses (ex tunc).[190] Nach der Gesetzesbegründung soll die Ersetzung dagegen nur Wirkung für die Zukunft entfalten (ex nunc); die Vertragsparteien könnten aber einen anderen Zeitpunkt, zB rückwirkend auf den Vertragsschluss, vereinbaren, sofern dies für die Versicherungsnehmer nicht nachteilig ist.[191] Diese Ansicht, die über den objektiven Inhalt von § 164 Abs. 2 hinausgeht, ist mit dem Regelungszweck von § 164 nicht vereinbar. Die Vorschrift soll dem Versicherer unabhängig von einer vertraglichen Ersetzungsklausel die gesetzliche Befugnis geben, eine Vertragslücke durch eine neue Regelung sachgerecht zu schließen (→ Rn. 4). Deshalb ist der Versicherer nicht auf eine vertragliche Vereinbarung zu verweisen, sondern die gesetzliche Vorschrift ist so auszulegen, dass die vom Versicherer zum Vertragsbestandteil gemachte neue Regelung auch für die Vergangenheit wirkt, wenn eine solche Wirkung zur sachgerechten Fortführung des Vertrags erforderlich ist.[192] Damit wird sowohl dem Interesse des Vertragspartners des AGB-Verwenders an der Geltung inhaltlich angemessener Regelungen als auch dem Schutzzweck des AGB-Rechts weitestgehend Rechnung getragen.[193]

E. Obliegenheit zur Klauselersetzung

§ 164 begründet seinem Wortlaut nach keine Verpflichtung,[194] sondern nur eine **Berechtigung des Versicherers** zur Klauselersetzung („kann [...] der Versicherer [...] ersetzen"). Dies ist insoweit richtig, als es keinen Anspruch gegen den Versicherer auf Durchführung des Klauselersetzungsverfahrens gem. § 164 gibt und aus der Nichtdurchführung auch nicht zwingend ein Schadensersatzanspruch iVm § 280 BGB folgt.[195] Letzteres wäre aber aufgrund einer gesondert zu begründenden, auf den Einzelfall bezogenen Qualifikation als vertragliche Nebenpflicht iSv § 241 Abs. 2 BGB möglich.[196] Die Klauselersetzung steht aber dennoch **nicht im freien Belieben des Versicherers,** mit der Folge, dass die Nichtdurchführung grds. und stets ohne Rechtsnachteile für den Versicherer wäre.[197] Vielmehr können sich für den Versicherer Rechtsnachteile dadurch ergeben, dass er von der Klauselersetzungsbefugnis gem. § 164 keinen – oder nicht ordnungsgemäß, insbes. nicht in angemessener Frist nach Feststellung der Unwirksamkeit einer Vertragsklausel – Gebrauch gemacht hat, die Vertragslücke deshalb nach wie vor besteht und entweder durch eine – zu einem späteren Zeitpunkt stattfindende erstmalige oder eine nachbessernde erneute – Klauselersetzung gem. § 164 oder aber durch eine richterliche ergänzende Vertragsauslegung in einem Individualrechtsstreit geschlossen werden muss. Deshalb lässt sich von einer **Obliegenheit des Versicherers** sprechen, zur Vermeidung von Rechtsnachteilen seine Befugnis aus § 164 in angemessener Frist nach Feststellung der Unwirksamkeit einer

---

[190] BGHZ 164, 297 (311) = VersR 2005, 1565 (1569) = NJW 2005, 3559 (3563); *Grote* in Langheid/Rixecker VVG § 164 Rn. 26; *Krause* in Looschelders/Pohlmann VVG § 164 Rn. 14 f., spricht von einer im Rahmen der Klauselersetzung angeordneten Fiktion, dass sich die Vertragsparteien in Zukunft so behandeln, als sei die Klausel bereits bei Vertragsschluss vereinbart worden; *Brambach* in HK-VVG § 164 Rn. 21, argumentiert mit dem unterschiedlichen Wortlaut zu § 163 Abs. 3, § 172 VVG aF; *Brömmelmeyer* in Beckmann/Matusche-Beckmann VersR-HdB § 42 Rn. 123; *Wandt* in Beckmann/Matusche-Beckmann VersR-HdB § 11 Rn. 157; *Kollhosser* in Prölss/Martin, 27. Aufl. 2004, VVG § 172 Rn. 40; *Wandt* VersR Rn. 1308; *Langheid/Müller-Frank* NJW 2004, 337 (343); *Kollhosser* VersR 2003, 807 (812).

[191] Begr. RegE BT-Drs. 16/3945, 100 f.; *Römer* r+s 2008, 405 (410).

[192] AA LG Köln VersR 2020, 413 (ausschließlich ex-nunc-Wirkung); *Klimke* in Boetius/Rogler/Schäfer, Rechtshandbuch Private Krankenversicherung, 2020, § 25 Rn. 38.

[193] BGHZ 164, 297 (311) = VersR 2005, 1565 (1569) = NJW 2005, 3559 (3563); *Grote* in Langheid/Rixecker VVG § 164 Rn. 26; *Brambach* in HK-VVG § 164 Rn. 21; *Kollhosser* VersR 2003, 807 (812); *Wandt* VersR 2001, 1449 (1455); *Schneider* in Prölss/Martin VVG § 164 Rn. 6; *Rolfs* GS Hübner, 2012, 233 (247); *Winter* in Bruck/Möller VVG § 164 Rn. 32.

[194] AA *Kollhosser* VersR 2003, 807 (811), echte Vertragspflicht des Versicherers; für – wohl aufsichtsrechtliche – Pflicht bei Notwendigkeit zur Abwendung einer Insolvenz *Grote* in Langheid/Rixecker VVG § 164 Rn. 6.

[195] Ebenso (insoweit) *Brambach* r+s 2014, 1 (2); aA für Qualifikation als Ermessensentscheidung, die sich zur – schadensersatzbewehrten – Pflicht verdichten kann, *Schneider* in Prölss/Martin VVG § 164 Rn. 21; *Winter* in Bruck/Möller VVG § 164 Rn. 30 f.

[196] *Lorenz* VersR 2001, 1146 (1148); *Winter* in Bruck/Möller VVG § 164 Rn. 30.

[197] Nach *Brambach* in HK-VVG § 164 Rn. 12 könne sich eine Handlungspflicht nur aus dem Aufsichts- oder Gesellschaftsrecht ergeben, das das Verhältnis zum Versicherungsnehmer indes nicht betreffe; *Brambach* r+s 2014, 1, eine Pflicht des Versicherers zur Klauselersetzung komme nur ganz ausnahmsweise gem. § 242 BGB in Betracht, wobei jedoch offen gelassen wird, welche Rechtsfolgen sich daraus ergeben sollen; *Schwintowski* FS Lorenz, 2014, 475 (482).

Vertragsklausel auszuüben.[198] Im Einzelnen: Die im Falle einer Verletzung für den Versicherer entstehenden Rechtsnachteile können sich in Anwendung der Grundsätze über die ergänzende Vertragsauslegung ergeben (→ Rn. 72 f.).[199] Wenn der Versicherer die Vertragslücke schuldhaft nicht geschlossen hat, weil er den Anforderungen des § 164 nicht genügt hat, kann dies für ihn nachteilige Folgen für den Inhalt der dann nach wie vor erforderlichen Lückenschließung haben. In Anwendung der Grundsätze über die ergänzende Vertragsauslegung ist dann nämlich auch zu fragen, was die Parteien bei sachgerechter Abwägung der beiderseitigen Interessen nach Treu und Glauben redlicherweise für den Fall vereinbart hätten, dass der Versicherer bei Unwirksamkeit einer AVB-Bestimmung von einer gesetzlichen Ersatzungsregelung schuldhaft keinen, keinen ordnungsgemäßen oder keinen rechtzeitigen Gebrauch macht. Dieser Ansatz kann dazu führen, dass sich die Ersatzregelung, die nach den Grundsätzen der ergänzenden Vertragsauslegung grds. unter ausgewogener Berücksichtigung der Interessen beider Vertragsparteien zu finden ist, inhaltlich zum Vorteil des Versicherungsnehmers verändert. Es kann im Extremfall sogar dazu führen, dass eine den Versicherungsnehmer belastende Regelung, die an sich nach den Grundsätzen der ergänzenden Vertragsauslegung an die Stelle der unwirksamen AVB-Bestimmung treten würde, ersatzlos wegfällt. Entgegen aA kann aus dem – in einem Individualrechtsstreit ergangenen – Urteil des BGH v. 11.9.2013 zur Lückenfüllung von Lebensversicherungsverträgen der sog. zweiten Klauselgeneration der Jahre 2001–2007 infolge Unwirksamkeit von Klauseln über die Berechnung des Rückkaufswerts und die Verrechnung der Abschlusskosten[200] nichts zu dem dargelegten Streit über die Rechtsfolgen einer unterlassenen Bedingungsanpassung gem. § 164 gefolgert werden.[201] Der BGH hat in diesem Urteil zu der hier behandelten Streitfrage nicht ausdrücklich Stellung bezogen. In der Erstreckung der im Jahre 2005 befürworteten ergänzenden Vertragsauslegung der ersten Klauselgeneration von Lebensversicherungsverträgen auf die zweite Klauselgeneration – ohne Rechtsnachteile für den Versicherer aufgrund nicht durchgeführter Klauselersetzung gem. § 164 zu erörtern – liegt auch keine implizite Stellungnahme im Sinne völliger Freiheit des Versicherers. Vielmehr bestand für den BGH in der konkreten Entscheidung keine Veranlassung zur Erörterung entsprechender Rechtsnachteile. Im Übrigen sind derartige Rechtsnachteile auch nach der hier vertretenen Einordnung als Obliegenheiten nicht zwingende Folge der Nichtdurchführung der Klauselersetzung gem. § 164. Vielmehr bieten die Grundsätze über die ergänzende Vertragsauslegung, die mangels Lückenfüllung gem. § 164 notwendig zur Anwendung kommen, Flexibilität, um den Umständen des konkreten Falls gerecht zu werden (zur Verwirkung → Rn. 63).

83 Da § 164 eine Ersatzungsbefugnis auch bei Feststellung der **Unwirksamkeit der Klausel eines anderen Versicherers** eröffnen kann (→ Rn. 45), ist der Versicherer infolge seiner Obliegenheit gehalten, veröffentlichte oder ihm zugängliche höchstrichterliche oder behördliche Entscheidungen gegen andere Versicherer daraufhin zu untersuchen, ob nach der Begründung dieser Entscheidungen eine eigene inhaltsgleiche Klausel als unwirksam anzusehen ist. Der Versicherer hat hierzu insbes. die einschlägigen Medien wie versicherungsrechtliche Zeitschriften und die Veröffentlichungen der BaFin regelmäßig zu konsultieren.

84 Unabhängig von der umstrittenen vertragsrechtlichen Qualifikation (hier: als Obliegenheit) kann in der Nichtausübung oder nicht ordnungsgemäßen Ausübung der Befugnisse aus § 164 ein **aufsichtsrechtlicher Missstand** liegen, der die Aufsichtsbehörde berechtigt, einen Versicherer durch Missstandsverfügung zur Lückenfüllung zu zwingen.[202]

F. Abdingbarkeit

85 § 164 ist – anders als die Vorgängerregelung des § 172 Abs. 2 VVG aF – **halbzwingend** (§ 171).[203] Vertragliche Abweichungen zum Nachteil des Versicherungsnehmers, der versicherten

---

[198] Eing. *Wandt* in Beckmann/Matusche-Beckmann VersR-HdB § 11 Rn. 158 f.; *Reiff* VersR 2013, 785 (788); ohne eindeutige Qualifikation *Krause* in Looschelders/Pohlmann VVG § 164 Rn. 12; *Ortmann* in Schwintowski/Brömmelmeyer/Ebers VVG § 164 Rn. 32.
[199] IErg auch *Reiff* VersR 2013, 785 (788 f.).
[200] BGHZ 198, 195 = VersR 2013, 1429.
[201] AA *Brambach* r+s 2014, 1, der seine Ansicht der Unschädlichkeit der Nichtausübung von § 164 auf dieses Urteil stützt; *Armbrüster* NJW 2013, 3243 weist demgegenüber zutr. darauf hin, dass das BGH-Urteil in einem Individualrechtsstreit ergangen ist, sodass die Anwendbarkeit des § 164 nicht berührt war.
[202] IdS *Grote* in Langheid/Rixecker VVG § 164 Rn. 6 (wenn ohne der Klauselersetzung eine Insolvenzgefahr bestünde); *Lorenz* VersR 2001, 1146 (1148); *Reiff* VersR 2013, 785 (788); *Rolfs* GS Hübner, 2012, 233 (240, 245); sowie die Aufsichtsbehörde in dem Rundschreiben R 1/2001 v. 10.10.2001, VerBAV 2001, 251 = NVersZ 2002, 9 f.; gegen eine Eingriffsbefugnis der Aufsichtsbehörde *Winter* in Bruck/Möller VVG § 164 Rn. 31.
[203] Begr. RegE BT-Drs. 16/3945, 105.

Person oder des Eintrittsberechtigten nach § 170 sind daher unzulässig (vgl. die Kommentierung zu § 32). Eine vertragliche Ersetzungsklausel (Anpassungsklausel) unterliegt außerdem der Inhaltskontrolle nach den §§ 307 ff. BGB.[204]

Für die Versicherungsnehmer (Versicherten, etc) **vorteilhafte Abweichungen** von § 164 Abs. 1 sind nur schwer vorstellbar.[205] Ein Vorteil wäre bspw. gegeben, wenn sich der Versicherer verpflichten würde, eine **Klauselersetzung innerhalb** einer **bestimmten Frist** nach Feststellung der Unwirksamkeit einer Klausel vorzunehmen. Die schuldhafte Verletzung dieser Verpflichtung würde den Versicherer gem. § 280 Abs. 1 BGB zum Schadensersatz verpflichten, während ihm bei Verletzung seiner Obliegenheit aus § 164 lediglich Rechtsnachteile im Rahmen der dann immer noch notwendigen Lückenschließung drohen (→ Rn. 82). In Betracht kommt auch, dass der Versicherer dem Versicherungsnehmer ein **Kündigungsrecht** aufgrund der Klauselersetzung einräumt. Eine vorteilhafte Abweichung läge auch in einer AVB-Regelung, nach der ein Wirksamwerden der neuen Regelung weitergehend als gem. § 164 Abs. 2 eine synoptische **Gegenüberstellung** der ersetzten und der ersetzenden Regelung voraussetzen würde. Je nach Regelungsgegenstand kann auch eine Vereinbarung über eine **Verlängerung der Frist** des § 164 Abs. 2 für den Versicherungsnehmer vorteilhaft sein. 86

Die Vorteilhaftigkeit einer Vereinbarung, dass eine Klauselersetzung zusätzlich zu den Erfordernissen des § 164 – wie unter § 172 Abs. 2 VVG aF – auch die Überprüfung und Zustimmung durch einen **unabhängigen Treuhänder** erfordert, ist – ausgehend von den gesetzlichen Wertungen, die die Abschaffung des Bedingungstreuhänders tragen (→ Rn. 14) – zweifelhaft, wenn die höchstrichterliche Entscheidung oder der bestandskräftige Verwaltungsakt konkret eine Klausel des ersetzenden Versicherers betrifft. Die zusätzliche Einschaltung eines unabhängigen Treuhänders ist aber jedenfalls dann als vorteilhaft anzusehen, wenn es darum geht, dass ein Versicherer eine Klausel unter Berufung darauf ersetzen möchte, dass sie mit einer Klausel eines anderen Versicherers, deren Unwirksamkeit höchstrichterlich oder behördlich festgestellt ist, inhaltsgleich sei (→ Rn. 45). Dem Gesetzgeber geht es mit der Abschaffung des Treuhänderverfahrens aber auch darum zu vermeiden, dass der Versicherungsnehmer durch die Einschaltung des Treuhänders den fehlerhaften Eindruck bekommt, eine gerichtliche Überprüfung der Wirksamkeit der neuen Klausel sei von vornherein erfolglos. Deshalb wäre in jedem Falle in einer von § 164 abweichenden Klausel der **ausdrückliche Hinweis** erforderlich, dass eine Einschaltung des unabhängigen Treuhänders einer gerichtlichen Kontrolle nicht gleichsteht und diese nicht ausschließt.[206] 87

Keine Abweichung von § 164 liegt vor, wenn eine Vereinbarung nicht die Ersetzung einer unwirksamen Klausel, sondern **andere Vertragsänderungsanlässe** wie bspw. die erhebliche Störung des Äquivalenzverhältnisses durch Veränderung vertragsexterner Faktoren betrifft.[207] 88

Außerhalb des unmittelbaren Regelungsbereichs von § 164 liegt auch eine Vereinbarung, dass der Versicherer analog § 164 zur Lückenfüllung berechtigt ist, wenn die **Regelungslücke** nicht durch Unwirksamkeit einer AVB-Bestimmung, sondern dadurch entsteht, dass die AVB von Anfang an eine notwendige Regelung nicht vorsehen oder eine notwendige Regelung nicht wirksam in den Vertrag einbezogen worden ist (zur analogen Anwendung des § 164 → Rn. 35).[208] Bei analoger Anwendung des § 164 ist auch § 171 analog anzuwenden, sodass für den Versicherungsnehmer nachteilige Abweichungen von den Voraussetzungen des analog anzuwendenden § 164 ausgeschlossen sind. 89

G. Beweislast

Da § 164 keine Regelung über die Darlegungs- und Beweislast enthält, gelten mangels anderweitig lautender Regelungen im VVG die **allgemeinen Grundsätze.** Danach hat jede Partei diejenigen Tatsachen darzulegen und zu beweisen, die für den jeweils günstigen Rechtssatz maßgeb- 90

---

[204] Missverständlich *Brambach* in HK-VVG § 164 Rn. 8, wonach sich die Wirksamkeit der vertraglichen Ersetzung im Falle einer vertraglichen Anpassungsklausel nicht nach dem Maßstab des § 164, sondern lediglich nach den §§ 305 ff. BGB richte.
[205] *Krause* in Looschelders/Pohlmann VVG § 164 Rn. 10.
[206] Krit. gegen eine solche Abweichung *Wandt* in Beckmann/Matusche-Beckmann VersR-HdB § 11 Rn. 175, dort ohne die Differenzierung zwischen der Ersetzung durch denjenigen Versicherer, dessen Klausel gerichtlich oder behördlich festgestellt unwirksam ist, und der Ersetzung durch andere Versicherer.
[207] *Krause* in Looschelders/Pohlmann VVG § 164 Rn. 10.
[208] *Bartmuß* VuR 2000, 299.

lich sind.²⁰⁹ Deshalb ist der Versicherer zum Nachweis der Voraussetzungen des § 164 verpflichtet, wenn er sich darauf beruft, dass eine von ihm durchgeführte Ersetzung zulässig und wirksam war. Er hat insbes. den Zugang und den Zugangszeitpunkt der Mitteilung an den Versicherungsnehmer zu beweisen.²¹⁰

H. Prozessuale Fragen

91 Der Versicherungsnehmer kann eine auf § 164 gestützte **Klauselersetzung vollumfänglich gerichtlich überprüfen** lassen. Überprüfbar ist im Wege der **Feststellungsklage**, ob die Zulässigkeitsvoraussetzungen für das „Ob" einer Ersetzung vorlagen (→ Rn. 30 ff.), ob die Ersatzregelung wirksam in den Vertrag einbezogen worden ist (→ Rn. 65 ff.), und ob sie inhaltlich wirksam ist (→ Rn. 68 ff.).²¹¹ Dies alles kann auch **im Rahmen einer Leistungsklage** des Versicherungsnehmers – gestützt auf den nicht geänderten Vertrag – Gegenstand der gerichtlichen Kontrolle sein, wenn sich der Versicherer zur Abwehr auf die Klauselersetzung beruft.

92 Wenn der Versicherer von seiner Befugnis aus § 164 (noch) **keinen Gebrauch gemacht hat**, kann der Versicherungsnehmer mangels eines Anspruchs auf Klauselersetzung keine Leistungsklage auf Klauselersetzung und auch keine Feststellungsklage auf eine entsprechende Verpflichtung des Versicherers erheben (bloße Obliegenheit des Versicherers, → Rn. 82).²¹² Ist eine Ersetzung durch den Versicherer noch nicht erfolgt, so muss der Versicherungsnehmer auf die von ihm beanspruchte vertragliche Leistung klagen und sich hinsichtlich des Regelungsgehalts der von ihm behaupteten unwirksamen Klausel auf eine richterliche ergänzende Vertragsauslegung nach § 306 Abs. 2 BGB stützen.²¹³

93 Im **Verbandsklageverfahren** nach § 1 UKlaG kann mit der Behauptung, eine nach § 164 neu eingefügte AVB-Bestimmung sei nach den §§ 307–309 BGB unwirksam, auf Unterlassung der Verwendung der neu eingefügten AVB-Bestimmung geklagt werden (→ BGB Vorb. §§ 307–309 Rn. 81).²¹⁴ Die Unterlassungsverpflichtung geht allerdings lediglich dahin, dass sich der Klauselverwender bei der Durchsetzung seiner Rechte nicht auf die unwirksame Klausel beruft. Dagegen kann auf der Grundlage des § 1 UKlaG vom Verwender einer unwirksamen Klausel nicht verlangt werden, dass er bereits bestehende Verträge rückabwickelt oder den Vertragspartner von sich aus auf die Unwirksamkeit einer verwendeten Klausel aufmerksam macht.²¹⁵

94 Im Verbandsklageverfahren kann **analog § 1 UKlaG** auch überprüft werden, ob der Versicherer eine neue Klausel gem. § 164 wirksam in die bestehenden Verträge einbezogen hat.²¹⁶ Damit wird dem Zweck des § 1 UKlaG Rechnung getragen, den Rechtsverkehr von unwirksamen Klauseln und den durch sie oft erzeugten tatsächlichen Scheinbindungen freizuhalten.²¹⁷

95 Die Versendung von Mitteilungen über die Klauselersetzung gem. § 164 Abs. 2 eröffnet regelmäßig keinen **Beseitigungs- und Unterlassungsanspruch** nach §§ 1, 3 UWG seitens eines Mitbewerbers, eines Verbandes oder einer sonstigen qualifizierten Einrichtung, weil es sich regelmäßig nicht um ein Handeln im geschäftlichen Verkehr zum Zweck des Wettbewerbs iSd Vorschriften handelt.²¹⁸ Demgegenüber kann das Verwenden einer im Ersetzungsverfahren nach § 164 Abs. 1 neu geschaffenen Regelung, die nach § 307 BGB intransparent ist, eine unlautere geschäftliche Handlung iSd § 3 Abs. 1 UWG darstellen.²¹⁹

---

²⁰⁹ *Greger* in Zöller ZPO Vorb. § 284 Rn. 15 ff.; *Prütting* in MüKoZPO § 286 Rn. 113 ff.; vgl. für das Versicherungsrecht *Hansen*, Beweislast und Beweiswürdigung im Versicherungsrecht, 1990, S. 74 f.
²¹⁰ *Ortmann* in Schwintowski/Brömmelmeyer/Ebers VVG § 164 Rn. 37; *Brambach* in HK-VVG § 164 Rn. 23; *Schimikowski/Höra* Neues VVG S. 190.
²¹¹ *Ortmann* in Schwintowski/Brömmelmeyer/Ebers VVG § 164 Rn. 33; *Jaeger* VersR 1999, 26 (30).
²¹² Missverständlich *Ortmann* in Schwintowski/Brömmelmeyer/Ebers VVG § 164 Rn. 40, ihre Ausführungen betreffen wohl die gerichtliche Überprüfung einer bestehenden AVB-Bestimmung vor der Klauselersetzung durch den Versicherer.
²¹³ BGHZ 111, 110 (115) = NJW 1990, 1723 (1724 f.).
²¹⁴ BGHZ 164, 297 = VersR 2005, 1565 = NJW 2005, 3559. Zum Erfordernis der Wiederholungsgefahr OLG Köln VersR 2003, 448 f.; OLG Karlsruhe VersR 2003, 889 f.
²¹⁵ BGH VersR 2018, 422; BGHZ 196, 11 Rn. 22.
²¹⁶ BGHZ 175, 28 = VersR 2008, 246, unter Aufgabe von BGH VersR 2002, 1498.
²¹⁷ BGHZ 175, 28 Rn. 9 = VersR 2008, 246; BGH VersR 2008, 386 Rn. 11 = NJW-RR 2008, 624; BGHZ 136, 394 (400) = VersR 1997, 1517 (1519); BGHZ 100, 157 (178) = VersR 1987, 712 (717).
²¹⁸ BGH VersR 2002, 1498.
²¹⁹ BGH VersR 2018, 422 Rn. 41. Vgl. ferner *Brambach* in HK-VVG § 164 Rn. 25.

Wenn ein Gericht feststellt, dass die **Klauselersetzung unwirksam** war, hängt die Möglichkeit 96
der neuerlichen Ersetzung gemäß § 164 davon ab, ob dessen Voraussetzungen gegeben sind. Der
Versicherer ist bei einer erneuten Klauselersetzung, die insbesondere aus Transparenzgründen wünschenswert und geboten sein kann, jedenfalls inhaltlich gebunden, wenn die erste Klauselersetzung
durch höchstrichterliches Urteil für unwirksam erklärt wird und dieses Urteil seinerseits den Inhalt
einer ergänzenden Vertragsauslegung vorgibt (→ Rn. 64).[220]

J. Principles of European Insurance Contract Law (PEICL)

Die in englischer Sprache verfassten PEICL, die im Auftrag der EU-Kommission als europäisches 97
Modellgesetz für Versicherungsverträge konzipiert sind,[221] enthalten keine der Vorschrift des § 164
vergleichbare Regelung, die ein gesetzliches Bedingungsanpassungsrecht gibt. Art. 17:304 PEICL
enthält lediglich eine Bestimmung über die zwingenden Wirksamkeitsvoraussetzungen für eine
Bedingungsänderungsklausel in einem Lebensversicherungsvertrag. Wirksam ist eine solche
Klausel insbes. nur, wenn die nach ihr zulässige Bedingungsänderung notwendig ist, (1) um einer
Änderung des Versicherungsaufsichtsrechts bzw. zwingender aufsichtsbehördlicher Maßnahmen
nachzukommen, oder (2) einer Änderung zwingender Bestimmungen des anwendbaren nationalen
Rechts über die betriebliche Altersvorsorge, oder (3) einer Änderung nationaler Bestimmungen zur
steuerlichen Behandlung von Lebensversicherungsverträgen nachzukommen, oder (4) um eine
wegen unangemessener Benachteiligung unwirksame Klausel zu ersetzen.

§ 165 Prämienfreie Versicherung

(1) ¹Der Versicherungsnehmer kann jederzeit für den Schluss der laufenden Versicherungsperiode die Umwandlung der Versicherung in eine prämienfreie Versicherung verlangen, sofern die dafür vereinbarte Mindestversicherungsleistung erreicht wird. ²Wird diese nicht erreicht, hat der Versicherer den auf die Versicherung entfallenden Rückkaufswert einschließlich der Überschussanteile nach § 169 zu zahlen.

(2) Die prämienfreie Leistung ist nach anerkannten Regeln der Versicherungsmathematik mit den Rechnungsgrundlagen der Prämienkalkulation unter Zugrundelegung des Rückkaufswertes nach § 169 Abs. 3 bis 5 zu berechnen und im Vertrag für jedes Versicherungsjahr anzugeben.

(3) ¹Die prämienfreie Leistung ist für den Schluss der laufenden Versicherungsperiode unter Berücksichtigung von Prämienrückständen zu berechnen. ²Die Ansprüche des Versicherungsnehmers aus der Überschussbeteiligung bleiben unberührt.

Übersicht

		Rn.			Rn.
A.	Normzweck	1	4.	Umwandlungszeitpunkt	13
B.	Tatbestand	2	5.	Teilumwandlungsverlangen	14
I.	Anwendungsbereich	2	6.	Vereinbarte Mindestversicherungsleistung	16
1.	Zeitlicher Anwendungsbereich	2	III.	Zahlung des Rückkaufswerts (Abs. 1 S. 2)	19
2.	Sachlicher Anwendungsbereich	3			
II.	Voraussetzung der Umwandlung (Abs. 1 S. 1)	7	IV.	Folge des wirksamen Umwandlungsverlangens	22
1.	Umwandlungsverlangen durch Versicherungsnehmer	8	1.	Prämienfreie Versicherung	22
2.	Umwandlungsverlangen durch Dritte/ Zustimmungserfordernisse	9	2.	Kein Anspruch auf Rückumwandlung, Beratungspflicht	24
3.	Umwandlungsverlangen und Formerfordernisse	11	V.	Berechnung der prämienfreien Versicherungsleistung (Abs. 2 und 3)	27

---
[220] Vgl. *Grote* in Langheid/Rixecker VVG § 164 Rn. 32.
[221] *Basedow/Birds/Clarke/Cousy/Heiss/Loacker*, Principles of European Insurance Contract Law (PEICL), 2. Aufl. 2016, mit Erläuterungen und Nachweisen; zu den PEICL → § 28 Rn. 374 ff.; *Basedow/Heiss/Wandt* EuZW 2008, 68; *Gal* VersR 2009, 190; *Loacker* VersR 2009, 289; *Armbrüster* ZEuP 2008, 775.

§ 165

Teil 2. Einzelne Versicherungszweige. Kap. 5. Lebensversicherung

	Rn.		Rn.
VI. Angabe der prämienfreien Versicherungsleistung (Abs. 2)	31	VIII. Altbestand iSd § 336 VAG 2016	37
VII. Altverträge	34	C. Abdingbarkeit	38

Stichwort- und Fundstellenverzeichnis

Stichwort	Rn.	Rspr.	Lit.
Altbestand iSd § 336 VAG 2016	→ Rn. 37	–	*Grote* in Marlow/Spuhl Neues VVG S. 221, 234 f.
Altersvorsorgeverträge	→ Rn. 3, 20	–	*Hasse* VersR 2007, 277 ff.; 2007, 870 ff.
Altverträge	→ Rn. 34 ff.	BGHZ 164, 297 = VersR 2005, 1565 = NJW 2005, 3559; BGH VersR 2008, 244 = NJW-RR 2008, 192; VersR 2007, 1547 = NJW-RR 2008, 187	*Krause* in Looschelders/Pohlmann VVG § 165 Rn. 3
Beratungspflicht bei unklarem Umwandlungsverlangen	→ Rn. 11	OLG Dresden r+s 2020, 525, Rn. 7; OLG Frankfurt a. M. NJW-RR 2018, 1051, Rn. 40; BeckRS 2016, 6818 = VersR 2016, 238; OLG Saarbrücken BeckRS 2016, 5400, Rn. 40; OLG Köln r+s 1992, 138 (139)	*Ortmann* in Schwintowski/Brömmelmeyer/Ebers VVG § 165 Rn. 9
Beratungspflicht, Rückumwandlung	→ Rn. 25	OLG Oldenburg VersR 2004, 1164 (1165); OLG Karlsruhe r+s 1996, 286 (287)	*Schwintowski* in Berliner Kommentar VVG § 165 Rn. 9; ähnlich *Grote* in Langheid/Rixecker VVG § 165 Rn. 12
Berufsunfähigkeits(zusatz)versicherung	→ Rn. 5, 23	OLG Oldenburg VersR 2004, 1164 (1165); OLG Karlsruhe VersR 1992, 1250 (1251)	*Brömmelmeyer* in Beckmann/Matusche-Beckmann VersR-HdB § 42 Rn. 195; *Grote* in Marlow/Spuhl Neues VVG S. 235
Betriebliche Altersvorsorge	→ Rn. 8, 26		*Schwintowski* in Beckmann/Matusche-Beckmann VersR-HdB § 43
Deckungskapital	→ Rn. 3, 27	–	*Römer* r+s 2008, 405 (409); *Führer/Grimmer* Lebensversicherungsmathematik S. 93 ff.; *Krause* in Looschelders/Pohlmann VVG § 165 Rn. 2; *Engeländer* VersR 2007, 1297 ff.
Dienstleistungsfreiheit	→ Rn. 31	EFTA-Gerichtshof E-1/05	*Präve* FS Lorenz, 2004, 517 (524); *Präve* VersR 2007, 1047 (1048); *Lang* VW 2007, 176; *Bürkle* VersR 2006, 1042 (1047)
Fondsgebundene Lebensversicherung, Mindestversicherungsleistung	→ Rn. 17	Versicherungsombudsmann 22.9.2006 – 9906/2005	
Kurzfristige Prämienfreistellung	→ Rn. 11	OLG Köln r+s 1992, 138 (139)	*Brömmelmeyer* in Beckmann/Matusche-Beckmann VersR-HdB § 42 Rn. 189
Mindestversicherungsleistung	→ Rn. 16 ff.	–	*Engeländer* NVersZ 2001, 289 (294); *Ortmann* in Schwintowski/Brömmelmeyer/Ebers VVG § 165 Rn. 10; *Schwintowski* in Berliner Kommentar VVG § 174 Rn. 26 f.
Mindestversicherungsleistung, fondsgebundene Lebensversicherung	→ Rn. 17	Versicherungsombudsmann 22.9.2006 – 9906/2005	–

Stichwort	Rn.	Rspr.	Lit.
Pensionsfonds	→ Rn. 6	–	*Schwintowski* in Beckmann/Matusche-Beckmann VersR-HdB § 43 Rn. 29 ff.
Pensionskasse	→ Rn. 6	–	*Brömmelmeyer* in Beckmann/Matusche-Beckmann VersR-HdB § 42 Rn. 185
Pfandgläubiger, Zustimmung zur Umwandlung	→ Rn. 10	–	*Schwintowski* in Berliner Kommentar VVG § 174 Rn. 13
Prämienfreie Versicherung, Angabe	→ Rn. 31	–	*Präve* VersR 2008, 151
Prämienfreistellung, Kurzfristige	→ Rn. 11	OLG Frankfurt, NJW-RR 2019, 1051, Rn. 32; OLG Dresden VersR 2018, 213, 214; OLG Köln r+s 1992, 138 (139)	*Brömmelmeyer* in Beckmann/Matusche-Beckmann VersR-HdB § 42 Rn. 189
Risikoversicherung	→ Rn. 3	BGH VersR 1974, 127 (128)	*Krause* in Looschelders/Pohlmann VVG § 165 Rn. 2; *Ortmann* in Schwintowski/Brömmelmeyer/Ebers VVG § 165 Rn. 3; *Grote* in Marlow/Spuhl Neues VVG S. 235
Rückkaufswert	→ Rn. 27	–	*Römer* r+s 2008, 405 (409); *Engeländer* VersR 2007, 1297 ff.
Rückkaufswert, Auszahlung	→ Rn. 19	–	*Ortmann* in Schwintowski/Brömmelmeyer/Ebers VVG Rn. 16
Rückumwandlung	→ Rn. 24	BGH VersR 1994, 39 (40); BGHZ 13, 226 (235) = VersR 1954, 281 (282); OLG Oldenburg VersR 2004, 1164 (1165); OLG Karlsruhe r+s 1996, 286; OLG Köln VersR 1992, 1252 (1253)	*Reiff* in Prölss/Martin VVG § 165 Rn. 19
Rückumwandlung, Beratungspflicht	→ Rn. 25	OLG Oldenburg VersR 2004, 1164 (1165); OLG Karlsruhe r+s 1996, 286 (287)	*Schwintowski* in Berliner Kommentar VVG § 165 Rn. 9; ähnlich *Grote* in Langheid/Rixecker VVG § 165 Rn. 12
Teilumwandlung	→ Rn. 14		*Grote* in Langheid/Rixecker VVG § 165 Rn. 7
Termfix-Versicherung	→ Rn. 22	BGHZ 9, 34 (48); zum Versicherungsfall in der Termfix-Versicherung: BGH NJW-RR 1992, 1302 (1303)	–
Umwandlung, Zustimmung des Pfandgläubigers	→ Rn. 10	–	*Schwintowski* in Berliner Kommentar VVG § 174 Rn. 13
Umwandlungsverlangen durch Versicherungsnehmer	→ Rn. 8	RGZ 154, 155 (159); BGHZ 118, 242 (248) = VersR 1992, 1382 (1384); BGHZ 45, 162 (167) = VersR 1966, 359 (360)	*Reiff* in Prölss/Martin VVG § 165 Rn. 5; *Schwintowski* in Berliner Kommentar VVG § 174 Rn. 5, 11
Umwandlungsverlangen durch Zessionar	→ Rn. 9	–	*Krause* in Looschelders/Pohlmann VVG § 165 Rn. 6; *Ortmann* in Schwintowski/Brömmelmeyer/Ebers VVG § 165 Rn. 7
Umwandlungsverlangen, Rechtsnatur	→ Rn. 11	BGH VersR 1994, 39 (40); 1975, 1089 (1090) = NJW 1976, 148; OLG Saarbrücken r+s 2004, 33; OLG Köln VersR 1953, 407 (408)	*Reiff* in Prölss/Martin VVG § 165 Rn. 6; *Ortmann* in Schwintowski/Brömmelmeyer/Ebers VVG § 165 Rn. 9

§ 165   1   Teil 2. Einzelne Versicherungszweige. Kap. 5. Lebensversicherung

Stichwort	Rn.	Rspr.	Lit.
Umwandlungszeitpunkt	→ Rn. 13	BGH VersR 1955, 481 (483)	*Krause* in Looschelders/Pohlmann VVG § 165 Rn. 8
Unfallversicherungen mit Prämienrückgewähr (UPR)	→ Rn. 4	–	*Engeländer* VersR 2007, 1297 (1299) Fn. 20; *Jäger* VersR 2002, 133 (142); *Ortmann* in Schwintowski/Brömmelmeyer/Ebers VVG § 165 Rn. 4
Wiederherstellung des Versicherungsschutzes	→ Rn. 24	BGH VersR 1994, 39 (40); BGHZ 13, 226 (235) = VersR 1954, 281 (282); OLG Oldenburg VersR 2004, 1164 (1165); OLG Karlsruhe r+s 1996, 286; OLG Köln VersR 1992, 1252 (1253)	*Reiff* in Prölss/Martin VVG § 165 Rn. 19
Zahlung des Rückkaufswerts	→ Rn. 19	–	*Ortmann* in Schwintowski/Brömmelmeyer/Ebers VVG Rn. 16
Zessionar, Umwandlungsverlangen	→ Rn. 9	–	*Krause* in Looschelders/Pohlmann VVG § 165 Rn. 6; *Ortmann* in Schwintowski/Brömmelmeyer/Ebers VVG § 165 Rn. 7

Schrifttum: *Claus,* Der Geschäftsplan für die Großlebensversicherung, VerBAV 1986, 239 ff.; 1986, 283 ff.; *Elfring,* Die Verwendung verpfändeter und abgetretener Lebensversicherungsansprüche in der Insolvenz des Versicherungsnehmers, NJW 2005, 2192 ff.; *Engeländer,* Die Neuregelung des Rückkaufs durch das VVG 2008, VersR 2007, 1297 (1309 f.); *Engeländer,* Der Zeitwert in der Lebensversicherung, NVersZ 2002, 436 ff.; *Engeländer,* Die rechtliche Relevanz von Rechnungsgrundlagen der Beiträge in der Lebensversicherung, NVersZ 2001, 289 ff.; *Engeländer,* Das Zillmer-Verfahren in der Lebensversicherung, VersR 1999, 1325–1333; GDV (Hrsg.) Geschäftsentwicklung 2005 – Die deutsche Lebensversicherung in Zahlen, 2006; GDV (Hrsg.) Geschäftsentwicklung 2007 – Die deutsche Lebensversicherung in Zahlen, 2008; *Goverts/Knoll,* Anforderungen an Basisrentenprodukte („Rürup-Rente") vor dem Hintergrund der BMF-Schreibens v. 24.2.2005, DStR 2005, 946 ff.; *Grote,* Die Abschlusskosten und der Lebensversicherungsvertrag, Anm. zum Beschluss des BVerfG v. 15.2.2006, VersR 2006, 957 ff.; *Hasse,* Änderungen für Altersvorsorgeverträge durch das Jahressteuergesetz 2007, VersR 2007, 277 ff.; *Hohlfeld,* Die deutsche Lebensversicherung im EG-Binnenmarkt unter aufsichtsrechtlichen Gesichtspunkten, FS Lorenz, 2014, 295 ff.; *Präve,* Die VVG-Informationspflichtenverordnung, VersR 2008, 151–157; *Römer,* Was bringt das neue VVG Neues zur Lebensversicherung, r+s 2008, 405 ff.; *Schwintowski,* Der Rückkaufswert als Zeitwert – eine (scheinbar) überwundene Debatte, VersR 2008, 1425 ff.

A. Normzweck

1   Lebensversicherungsverträge werden durchschnittlich für eine Laufzeit von 30 Jahren abgeschlossen.[1] Der Versicherungsnehmer kann seine wirtschaftlichen Verhältnisse im Allgemeinen für einen derart langen Zeitraum nicht voraussehen; ihm soll auch unabhängig davon eine feste Verpflichtung zu einer Prämienzahlung über Jahrzehnte hinweg nicht zugemutet werden. Das Versicherungsvertragsrecht sichert ihm deshalb seit jeher einen Anspruch auf Umwandlung in eine prämienfreie Versicherung zu.[2] In den Motiven zum VVG findet sich hierzu folgende Begründung: „Der Versicherungsnehmer, welcher eine Prämienzahlung nicht mehr leisten kann oder will, ist hiernach nicht ausschließlich auf die im § 165 Abs. 1 (VVG aF) vorgesehene Kündigungsbefugnis angewiesen, sondern besitzt in der auf ihn entfallenden Prämienreserve, sofern ihr mindestens drei Jahresprämien zugrunde liegen, ein Mittel, durch welches sich seine Zahlungspflicht beseitigen lässt, ohne dass er aus dem Versicherungsverhältnis auszuscheiden braucht."[3]

Die Umwandlung in eine prämienfreie Versicherung führt also im Unterschied zur Kündigung nicht zu einer Vertragsbeendigung, sondern lässt die Versicherung mit reduzierten Leistungen fortbestehen. § 165 entspricht überwiegend der Regelung des § 174 VVG aF.

---

[1] GDV (Hrsg.) Geschäftsentwicklung 2005 – Die deutsche Lebensversicherung in Zahlen, 2006, S. 43.
[2] Begr. zum Allgemeinen Teil, RegE Gesetz zur Reform des Versicherungsvertragsrechts, BT-Drs. 16/3945, 52.
[3] Motive zu §§ 174, 175 VVG aF S. 234.

B. Tatbestand

I. Anwendungsbereich

1. Zeitlicher Anwendungsbereich. Die Vorschrift findet auf **Neuverträge**, die seit dem 1.1.2008 abgeschlossen wurden, sowie auch auf Altverträge, die vor dem 31.12.2007 abgeschlossen wurden, Anwendung, Art. 1 Abs. 1 iVm Art. 4 EGVVG.[4] Keine Anwendung findet § 165 auf den sog. **Altbestand** iSd § 336 VAG 2016.[5] Zum Altbestand gehören Versicherungsverträge die vor dem 29.7.1994 bzw. zwischen dem 29.7. und 31.12.1994 unter Verwendung von vor dem 29.7.1994 genehmigten allgemeinen Versicherungsbedingungen abgeschlossen wurden.[6]

2. Sachlicher Anwendungsbereich. § 165 findet grds. auf **sämtliche** Lebens- und Rentenversicherungsverträge Anwendung. Die Umwandlung in eine prämienfreie Versicherung setzt nach der Vorstellung des historischen Gesetzgebers lediglich voraus, dass laufende Prämien zu zahlen sind bzw. dass zumindest noch eine Prämie aussteht.[7] Keine Anwendung findet § 165 daher auf die **Versicherung mit Einmalprämie.** Ungeschrieben setzt § 165 ferner voraus, dass für den Vertrag ein **Deckungskapital**[8] gebildet wird, welches in eine prämienfreie Versicherung umgewandelt werden kann. Wird ein solches Deckungskapital gebildet,[9] kann Prämienfreistellung auch bei einer reinen **Risikolebensversicherung** oder einer reinen Erlebensfallversicherung (Rentenversicherung ohne Todesfallleistung[10]) verlangt werden. Anders als § 169 Abs. 1 setzt § 165 nämlich nicht voraus, dass „der Eintritt der Verpflichtung des Versicherers gewiss ist".[11] Prämienfreistellung kann auch bei steuerlich geförderten **Altersvorsorgeverträgen,**[12] bei Verträgen, die bei der **Leistungsgewährung nach SGB II** nicht angerechnet werden und bei pfändungsgeschützten Verträgen verwendet werden, bei denen das **gesetzliche Kündigungsrecht** gem. § 168 Abs. 3 ausgeschlossen ist.[13] Der Ausschluss des ordentlichen Kündigungsrechts und der damit korrelierende Ausschluss des Anspruchs auf Auszahlung des Rückkaufswerts bei diesen Vertragstypen hat den Sinn, den Versicherungsnehmer zum Erreichen des Zwecks „Altersversorgung" an den Vertrag zu binden. Dies schließt zwar eine Kündigung und vorzeitige Verwertung des Deckungskapitals, nicht aber eine Prämienfreistellung aus.[14]

Nicht anwendbar ist § 165 auf **Unfallversicherungen mit Prämienrückgewähr (UPR)**, soweit diese nicht als Lebensversicherung im Sinne des fünften Kapitels des VVG, sondern als Unfallversicherung iSd §§ 178–191 anzusehen sind, da die Vorschriften des VVG zur Lebensversicherung insoweit nicht zur Anwendung gelangen.[15] Die in der Praxis gängigen AVB zur UPR räumen dem Versicherungsnehmer dennoch regelmäßig die Möglichkeit zur prämienfreien Fortführung des Vertrages ein.[16]

---

[4] Besonderheiten bei der Anwendung des § 165 auf Altverträge werden später unter → Rn. 34 f. dargestellt.
[5] *Grote* in Marlow/Spuhl Neues VVG S. 221, 234 f. zum Altbestand nach § 11c VAG aF; → Rn. 37.
[6] Vgl. Art. 16 § 2 des 3. DurchfG/EWG zum VAG v. 21.7.1994, BGBl. I S. 1630 (1667); zum Altbestand *Präve* in Prölss VAG § 11c Rn. 1 ff.; jetzt Prölss/Dreher/*Präve* § 336 Rn. 1 ff.
[7] Motive zu § 174 VVG aF S. 234.
[8] → § 169 Rn. 7 ff.
[9] Dies ist bei Versicherungen mit gleichbleibender Prämie und Versicherungssumme nach deutschem Versicherungsaufsichtsrecht regelmäßig der Fall, *Krause* in Looschelders/Pohlmann VVG § 165 Rn. 2; *Führer/Grimmer* Lebensversicherungsmathematik S. 93 ff.
[10] Solche Produkte werden bspw. als Basisrente nach § 10 Abs. 1 Nr. 2b EStG („Rürup-Rente") angeboten, vgl. zB § 1 Abs. 5 GDV Muster AVB-Basisrente 2019; vgl. Beschlussempfehlung zu Art. 9 (Änderung des VVG) des Entwurfs eines 2. Betriebsrentenänderungsgesetz, BT-Drs. 16/3007, 23.
[11] *Krause* in Looschelders/Pohlmann VVG § 165 Rn. 2; *Ortmann* in Schwintowski/Brömmelmeyer/Ebers VVG § 165 Rn. 3; aA *Grote* in Marlow/Spuhl Neues VVG S. 235; BGH VersR 1974, 127 (128), (zum alten Recht) ausgehend von der Prämisse, dass für Risikoversicherungen kein Deckungskapital iSd § 65 VAG aF zu bilden war.
[12] Zu den verschiedenen Arten von Altersvorsorgeverträgen, *Hasse* VersR 2007, 277 ff.; 2007, 870 ff.
[13] Beschlussempfehlung zu Art. 9 (Änderung des VVG) des Entwurfs eines 2. Betriebsrentenänderungsgesetz, BT-Drs. 16/3007, 23; iE zu diesen Vertragstypen → § 168 Rn. 7 ff.
[14] Beschlussempfehlung zu Art. 9 (Änderung des VVG) des Entwurfs eines 2. Betriebsrentenänderungsgesetz, BT-Drs. 16/3007, 23.
[15] *Engeländer* VersR 2007, 1297 (1299, Fn. 20); *Jäger* VersR 2002, 133 (142); *Reiff* in Prölss/Martin VVG § 165 Rn. 2; aA *Ortmann* in Schwintowski/Brömmelmeyer/Ebers VVG § 165 Rn. 4 unter Bezugnahme auf den Umkehrschluss aus § 211 Abs. 1 Nr. 4; FG München VersR 1965, wonach eine UPR jedenfalls dann eine Unfallversicherung im steuerlichen Sinn ist, wenn sie betrieblich abgeschlossen wurde.
[16] Vgl. § 17 AB UBR 2016 des GDV.

5 Die Anwendbarkeit des § 165 auf die **Berufsunfähigkeits(zusatz)versicherung** ist umstritten.[17] Nach altem Recht war § 174 VVG aF nicht auf die Berufsunfähigkeitsversicherung anwendbar.[18] Aus § 176 wird nunmehr der Schluss gezogen, § 165 gelte auch für Berufsunfähigkeitsversicherungsverträge,[19] die seit dem 1.1.2008 abgeschlossen worden sind.[20] Dem ist nicht zuzustimmen: Nach § 176 finden die Regelungen des VVG zur Lebensversicherung (§§ 150–170) auf die Berufsunfähigkeitsversicherung entsprechende Anwendung, soweit nicht die „Besonderheiten dieser Versicherung" entgegenstehen. Eine Besonderheit der Berufsunfähigkeitsversicherung gegenüber der Lebensversicherung ist deren systematische Nähe zur Krankenversicherung.[21] Diese Nähe zur Krankenversicherung spricht mE gegen die Anwendbarkeit von § 165 auf die Berufsunfähigkeit. Denn auch bei Krankenversicherung liegt der Gedanke einer prämienfreien Fortführung des Vertrages fern, selbst wenn es sich nach Art der Lebensversicherung kalkulierte Krankenversicherung (§ 146 Abs. 1 VAG 2016) handelt. Auch wenn man insoweit anderer Auffassung sein sollte, ist dennoch zu berücksichtigen, dass die Vorschriften der Lebensversicherung im Rahmen der Berufsunfähigkeitsversicherung keinen halbzwingenden Charakter haben.[22] Der Versicherer bleibt folglich frei zu entscheiden, ob er dem Versicherungsnehmer einen Anspruch auf Umwandlung in eine prämienfreie Versicherung einräumt[23] oder nicht.

6 § 165 kann in Versicherungsverträgen bei regulierten **Pensionskassen** iSd § 233 VAG, bei kleineren Vereinen iSd § 210 VAG 2016 sowie bei Lebens- und Unfallversicherungen mit kleineren Beiträgen **unanwendbar** sein, wenn mit Genehmigung der Aufsichtsbehörde abweichende Bestimmungen in AVB getroffen worden sind, § 211 Abs. 1 Nr. 1–4.[24] Auf Verträge bei **Pensionsfonds** iSd § 236 VAG 2016[25] findet § 165 keine Anwendung, da es sich bei Pensionsfonds nicht um Versicherungsunternehmen handelt und sie daher nicht dem VVG unterfallen.[26]

II. Voraussetzung der Umwandlung (Abs. 1 S. 1)

7 Die Vorschrift gibt dem Versicherungsnehmer das Recht, jederzeit für den Schluss der laufenden Versicherungsperiode die Umwandlung in eine prämienfreie Versicherung zu verlangen.

8 **1. Umwandlungsverlangen durch Versicherungsnehmer.** Der Versicherungsnehmer ist als Vertragspartner des Versicherers berechtigt, Gestaltungsrechte im Hinblick auf den Versicherungsvertrag auszuüben.[27] Damit ist grds. (nur) der Versicherungsnehmer berechtigt, die Umwandlung in eine prämienfreie Versicherung zu verlangen.[28] Die **versicherte Person**, der widerruflich oder unwiderruflich **Bezugsberechtigte**,[29] der **Prämienschuldner** (falls ausnahmsweise nicht mit dem Versicherungsnehmer identisch) sind nicht berechtigt, die Umwandlung in eine prämienfreie Versicherung zu verlangen. Der Versicherungsnehmer kann die Umwandlung in eine prämienfreie Versicherung auch dann verlangen, wenn er sich dadurch gegenüber dem Bezugsberechtigten schadenersatzpflichtig macht. So ist ein **Arbeitgeber,** der aufgrund des Arbeitsvertrages verpflichtet ist, eine Lebensversicherung zugunsten des Arbeitnehmers abzuschließen und die Prämien hierfür zu bezahlen, gegenüber dem Versicherer berechtigt, die Umwandlung in eine prämienfreie Versicherung zu verlangen, macht sich aber gegenüber dem Arbeitnehmer ggf. schadenersatzpflichtig.[30] Aus dem Rechtsgedanken des neuen § 166 Abs. 4 kann sich im Rahmen der **betrieblichen Altersvorsorge**[31]

---

[17] Für Anwendbarkeit: *Ortmann* in Schwintowski/Brömmelmeyer/Ebers VVG § 165 Rn. 3; *Reiff* in Prölss/Martin VVG § 165 Rn. 2; gegen Anwendbarkeit *Grote* in Langheid/Rixecker VVG § 165 Rn. 10; *Grote* in Marlow/Spuhl Neues VVG S. 235; *Niederleithinger* Neues VVG Rn. 313; zum alten Recht VerBAV 1990, 472.

[18] Zu § 174 VVG aF: OLG Oldenburg VersR 2004, 1164 (1165); OLG Karlsruhe VersR 1992, 1250 (1251); *Römer* in Römer/Langheid, 2. Aufl. 2003, VVG § 174 Rn. 6.

[19] *Ortmann* in Schwintowski/Brömmelmeyer/Ebers VVG § 165 Rn. 3; *Reiff* in Prölss/Martin VVG § 165 Rn. 2.

[20] Für Altverträge gilt § 176 nicht, Art. 4 Abs. 3 EGVVG.

[21] *Schwintowski* in Berliner Kommentar Vor §§ 159–178 Rn. 15.

[22] Begr. zu Art. 1 (§ 176) RegE Gesetz zur Reform des Versicherungsvertragsrechts, BT-Drs. 16/3945, 107.

[23] So zB § 9 Abs. 4 AVB BUZ 2019 (GDV); § 15 AVB BU 2019 (GDV).

[24] Begr. zu Art. 1 (§ 211) RegE Gesetz zur Reform des Versicherungsvertragsrechts, BT-Drs. 16/3945, 116; *Ortmann* in Schwintowski/Brömmelmeyer/Ebers VVG § 165 Rn. 4; *Brömmelmeyer* in Beckmann/Matusche-Beckmann VersR-HdB § 42 Rn. 185.

[25] Zu Pensionsfonds *Schwintowski* in Beckmann/Matusche-Beckmann VersR-HdB § 43 Rn. 45 ff.

[26] Begr. zu Art. 1 (§ 211) RegE Gesetz zur Reform des Versicherungsvertragsrechts, BT-Drs. 16/3945, 116.

[27] RGZ 154, 155 (159).

[28] RGZ 154, 155 (159); *Schwintowski* in Berliner Kommentar VVG § 174 Rn. 5, 11.

[29] BGHZ 118, 242 (248) = VersR 1992, 1382 (1384); BGHZ 45, 162 (167) = VersR 1966, 359 (360).

[30] RGZ 154, 155 (159 f.); *Schwintowski* in Berliner Kommentar VVG § 174 Rn. 11.

[31] Zur betrieblichen Altersvorsorge allg. *Schwintowski* in Beckmann/Matusche-Beckmann VersR-HdB § 43.

eine Verpflichtung des Versicherers ergeben, den versicherten Arbeitnehmer von dem Umwandlungsverlangen des Arbeitgebers zu informieren und ihm die Möglichkeit einzuräumen, die Umwandlung durch die Übernahme der Prämienzahlung abzuwenden.

2. Umwandlungsverlangen durch Dritte/Zustimmungserfordernisse. Geht der Versicherungsvertrag im Rahmen der **Gesamt-** oder **Einzelrechtsnachfolge** auf einen Dritten über, erlangt dieser Dritte die Stellung des Versicherungsnehmers und damit das Recht, die Versicherung umzuwandeln.[32] Bei **Abtretung** der Versicherungsleistung, wird der Zessionar (nur) Gläubiger der Ansprüche aus dem Versicherungsvertrag. Werden aber – wie regelmäßig – sämtliche Ansprüche aus dem Versicherungsvertrag an den Zessionar abgetreten, geht auch der Anspruch auf den Rückkaufswert und das Recht, den Vertrag zu kündigen, auf den Zessionar über.[33] In der Lit. wird demzufolge angenommen, dass auch das Recht auf Umwandlung als ein „Weniger" zur Kündigung auf den Zessionar übergehe.[34] Dies ist zweifelhaft: Das Kündigungsrecht geht idR vor allem deshalb auf den Zessionar über, weil es den Anspruch auf den Rückkaufswert erst zur Entstehung bringt und folglich zusammen mit dem Rückkaufswert einen (einheitlich abtretbaren) Vermögenswert besitzt.[35] Einen solchen Vermögenswert besitzt das Umwandlungsrecht nicht. Ein Interesse an der Ausübung des Umwandlungsrechts hat der Zessionar idR auch nicht. Sein wirtschaftliches Interesse besteht allenfalls darin, eine Umwandlung durch den Versicherungsnehmer zu verhindern. Dieses Interesse würde allerdings auch mit Übergang des Umwandlungsrechts nur unvollständig geschützt: Der Versicherungsnehmer kann ja – zumindest faktisch – die Umwandlung in eine prämienfreie Versicherung in aller Regel auch durch Nichtzahlung der Prämie herbeiführen (§ 166). Dem Zessionar steht in diesem Fall kein gesetzliches Ablösungsrecht nach § 34 zu.[36] Empfehlenswert ist es daher, ein schuldrechtliches **Zustimmungserfordernis** des Zessionars zur Umwandlung und ggf. ein Ablösungsrecht in der Abtretungsurkunde zu vereinbaren.[37]

Hat der Versicherungsnehmer die Lebensversicherung verpfändet, kann er sie wegen § 1276 BGB nur mit Zustimmung des **Pfandgläubigers** in eine prämienfreie Versicherung umwandeln.[38]

3. Umwandlungsverlangen und Formerfordernisse. Das Umwandlungsverlangen ist eine einseitige, empfangsbedürftige, **rechtsgestaltende Willenserklärung** und bedarf folglich keiner Annahme oder sonstiger Mitwirkung durch den Versicherer.[39] Wegen des rechtsgestaltenden Charakters des Umwandlungsverlangens ist auch keine Klage auf Umwandlung möglich bzw. erforderlich. Im Streitfall kann die Wirksamkeit des Umwandlungsverlangens im Wege einer Feststellungsklage (§ 256 ZPO) geklärt werden.[40] Da im Interesse aller Beteiligten (Versicherer, Versicherungsnehmer, Zessionar, Vollstreckungsgläubiger usw) stets Klarheit über Bestand und Umfang des Versicherungsschutzes bestehen muss, kann das Umwandlungsverlangen nur dann als wirksam gestellt angesehen werden, wenn sich aus der Erklärung klar und eindeutig der Wille ergibt, dass die Versicherung in eine prämienfreie umgewandelt werden soll.[41] Liegt ein solches eindeutiges Umwandlungsverlangen vor, ist daneben regelmäßig kein Raum für Beratungspflichten des Versicherers.[42] Dabei ist die Verwendung des Begriffs Umwandlungsverlangen nicht erforderlich, sofern der Sinn der Willensäußerung des Versicherungsnehmers ein-

---

[32] *Reiff* in Prölss/Martin VVG § 165 Rn. 5.
[33] BGHZ 45, 162 (168) = VersR 1966, 359 (360); OLG München VersR 2007, 1637 (1638) = r+s 2008, 210; *Brömmelmeyer* in Beckmann/Matusche-Beckmann VersR-HdB § 42 Rn. 207; → § 168 Rn. 15.
[34] *Reiff* in Prölss/Martin VVG § 165 Rn. 5; *Krause* in Looschelders/Pohlmann VVG § 165 Rn. 6; *Ortmann* in Schwintowski/Brömmelmeyer/Ebers VVG § 165 Rn. 6; *Schwintowski* in Berliner Kommentar VVG § 174 Rn. 12; *Winter* in Bruck/Möller VVG § 165 Rn. 13.
[35] BGHZ 45, 162 (168) = VersR 1966, 359 (360); OLG München VersR 2007, 1637 (1638) = r+s 2008, 210 (211).
[36] *Reiff* in Prölss/Martin VVG § 34 Rn. 5.
[37] Zum schuldrechtlichen Zustimmungserfordernis → § 168 Rn. 16.
[38] *Reiff* in Prölss/Martin VVG § 165 Rn. 5; *Schwintowski* in Berliner Kommentar VVG § 174 Rn. 13; → § 168 Rn. 19.
[39] BGH VersR 1975, 1089; OLG Köln VersR 1953, 407 (408); OLG Dresden VersR 2017, 213, 214; OLG Hamm VA 1934, 13; *Reiff* in Prölss/Martin VVG § 165 Rn. 6; *Ortmann* in Schwintowski/Brömmelmeyer/Ebers VVG § 165 Rn. 9; *Schwintowski* in Berliner Kommentar VVG § 174 Rn. 6; *Winter* in Bruck/Möller VVG § 165 Rn. 21.
[40] OLG Hamm BeckRS 2011, 25500; *Winter* in Bruck/Möller VVG § 165 Rn. 21.
[41] BGH VersR 1994, 39 (40); 1975, 1089 (1090) = NJW 1976, 148; OLG Dresden VersR 2017, 213, 214; OLG Saarbrücken BeckRS 2016, 5400 Rn. 24; OLG Köln r+s 2013, 397; OLG Saarbrücken r+s 2004, 33; OLG Stuttgart VersR 2002, 301; *Grote* in Langheid/Rixecker VVG § 165 Rn. 5.
[42] OLG Dresden r+s 2020, 525 Rn. 7; OLG Frankfurt a. M. VersR 2016, 238; zu möglichen Ausnahmen siehe: → Rn. 25.

deutig auf eine Umwandlung gerichtet ist.[43] Verlangt der Versicherungsnehmer allerdings nur eine **kurzfristige,** zeitlich begrenzte **Prämienfreistellung** (selbst unter Verwendung dieses Begriffs), so liegt hierin kein Umwandlungsverlangen iSd § 165.[44] Dass der Versicherungsnehmer mit einer Umwandlung einverstanden ist, reicht für sich allein nicht für die Annahme eines wirksamen Umwandlungsverlangens aus, insbes. ist das Schweigen des Versicherungsnehmers auf ein entsprechendes Angebot des Versicherers kein Verlangen einer Umwandlung.[45] Fehlt es an einem eindeutigen Umwandlungsverlangen, zB aufgrund der Verwendung unklarer Formulare seitens des Versicherers, besteht der Versicherungsvertrag unverändert fort.[46] Will der Versicherer trotz eines **unklaren Umwandlungsverlangens** des Versicherungsnehmers auf eine prämienfreie Versicherung umstellen, muss der Versicherer gem. § 6 Abs. 4 anlassbezogen beraten.[47] Er hat den Versicherungsnehmer über die Nachteile einer Umwandlung **aufzuklären,** insbes., wenn mit der Lebensversicherung eine Berufsunfähigkeitsversicherung verbunden ist, die bei einer Umwandlung verloren ginge oder wenn dem Versicherungsnehmer sonst nicht bewusst ist, welche Folgen und Nachteile eine Betragsfreistellung hat.[48] Verletzt der Versicherer seine Beratungspflicht aus § 6 Abs. 4, macht er sich gem. § 6 Abs. 5 i.V.m § Abs. 4 (früher § 280 BGB) schadenersatzpflichtig.[49]

12   Das Umwandlungsverlangen ist nicht an eine bestimmte Form gebunden. § 171 S. 2 erlaubt aber die Vereinbarung der Schrift- oder Textform für das Umwandlungsverlangen. Hiervon wird zB in § 13 Abs. 1 GDV-Muster-ALB KLV 2016 Gebrauch gemacht.[50]

13   **4. Umwandlungszeitpunkt.** Für die Umwandlung in eine prämienfreie Versicherung sind keine Fristen einzuhalten. Die Umwandlung kann damit **jederzeit** verlangt werden und erfolgt zum Schluss der laufenden Versicherungsperiode.[51] Die Versicherungsperiode beträgt regelmäßig ein Jahr, falls nicht die Prämie nach kürzeren Zeitabschnitten bemessen ist, § 12 VVG. Sind Jahresprämien vereinbart, erfolgt die Umwandlung grds. zum Schluss des laufenden Versicherungsjahres, auch wenn die Jahresprämie in monatlichen Raten zu zahlen ist (unechte unterjährige Ratenzahlungsweise).[52] Unbeschadet dessen kann vereinbart werden, dass die Umwandlung zu einem früheren Zeitpunkt (unterjährig) erfolgt. Da die Möglichkeit der unterjährigen Prämienfreistellung die Position des Versicherungsnehmers insgesamt verbessert, verstößt insoweit auch die die Vereinbarung einer Kündigungsfrist nicht gegen § 171 S. 1.[53]

Sind echte **unterjährige Prämien**[54] vereinbart (so nach § 10 Abs. 2 GDV-Muster-AVB KLV 2019), besteht nach § 165 ein Rechtsanspruch auf Umwandlung zum Ende des laufenden Prämienzahlungsabschnitts.

14   **5. Teilumwandlungsverlangen.** Einen Anspruch darauf, die Versicherung teilweise in eine prämienfreie Versicherung (auch: prämienreduzierte Versicherung) umzuwandeln, räumt § 165 dem Wortlaut nach nicht ein. In der Praxis ist es allerdings seit Langem üblich, dass vertraglich ein Recht auf teilweise Umwandlung des Vertrages in eine prämienfreie Versicherung eingeräumt wird (vgl. § 4 ALB 86; § 6 ALB 94, § 9 Abs. 7 ALB KLV 2008, nunmehr § 13 Abs. 1 GDV-Muster-ALB KLV 2019). Die BR-Stellungnahme sah vor, das Recht auf die Umwandlung in eine prämienreduzierte

---

[43] OLG Köln r+s 1992, 138 (139); *Ortmann* in Schwintowski/Brömmelmeyer/Ebers VVG § 165 Rn. 10; *Brömmelmeyer* in Beckmann/Matusche-Beckmann VersR-HdB § 42 Rn. 189; *Schwintowski* in Berliner Kommentar VVG § 174 Rn. 8.

[44] OLG Dresden VersR 2018, 213 (214); OLG Saarbrücken BeckRS 2016, 5400 Rn. 26; OLG Köln r+s 2013, 397; 1992, 138 (139); OLG Hamm BeckRS 2011, 25500 = VersR 2012, 347; LG Düsseldorf r+s 2012, 405; *Brömmelmeyer* in Beckmann/Matusche-Beckmann VersR-HdB § 42 Rn. 189.

[45] BGH VersR 1994, 39 (40); 1975, 1089 (1090) = NJW 1976, 148; OLG Stuttgart VersR 2002, 301; *Grote* in Langheid/Rixecker VVG § 165 Rn. 5.

[46] BGH VersR 1994, 39 (40); 1975, 1089 (1090) = NJW 1976, 148; OLG Saarbrücken BeckRS 2016, 5400 Rn. 28; OLG Stuttgart VersR 2002, 301; *Brömmelmeyer* in Beckmann/Matusche-Beckmann VersR-HdB § 42 Rn. 189.

[47] OLG Frankfurt NJW-RR 2018, 1051 Rn. 41.

[48] OLG Frankfurt 2018, 1051; Rn. 37.

[49] OLG Frankfurt 2018, 1051; Rn. 37; OLG; Saarbrücken BeckRS 2016, 5400 Rn. 37ff; OLG Hamm BeckRS 2011, 25500 = VersR 2012, 347 (349); OLG Köln r+s 1992, 138 (139); *Ortmann* in Schwintowski/Brömmelmeyer/Ebers VVG § 165 Rn. 10; *Grote* in Langheid/Rixecker VVG § 165 Rn. 6.

[50] Zur Unzulässigkeit eines Schriftformerfordernisses nach § 178 VVG aF; OLG Hamm VA 1951, 194; *Kollhosser* in Prölss/Martin, 27. Aufl. 2004, VVG § 174 Rn. 4; *Schwintowski* in Berliner Kommentar VVG § 174 Rn. 7.

[51] *Krause* in Looschelders/Pohlmann VVG § 165 Rn. 8.

[52] LG Lüneburg VersR 1978, 658.

[53] BGH VersR 1955, 481 (483), zu unterjährigem Kündigungs-/Umwandlungsrecht mit einer Frist von drei Monaten.

[54] → § 12 Rn. 14.

Versicherung gesetzlich einzuräumen.⁵⁵ Die Gegenäußerung BReg vertrat die Auffassung, der Versicherungsnehmer habe eine Teilumwandlung (Prämienreduktion) schon nach altem Recht verlangen können, ohne dass dies ausdrücklich im Gesetz vorgesehen gewesen sei. Dennoch solle die Anregung als „nicht unvernünftige Klarstellung" berücksichtigt werden,⁵⁶ was allerdings nicht geschah.

Trotz des Fehlens der Klarstellung folgt aus der Gegenäußerung BReg, dass im Gesetzgebungsverfahren vom Bestehen eines solchen (ungeschriebenen) Anspruchs ausgegangen wurde. Ferner setzt auch § 2 Abs. 1 Nr. 5 VVG-InfoV die Möglichkeit einer teilweisen Umwandlung (Prämienreduktion) voraus. In jedem Fall kann der Versicherungsnehmer bei **berechtigtem Interesse** eine Teilumwandlung verlangen.⁵⁷ Mangels einer ausdrücklichen gesetzlichen Regelung ist der Versicherer bei der Ausgestaltung der teilweisen Prämienfreistellung jedoch freier als bei der vollständigen Umwandlung. Der Versicherer kann zB die Einhaltung einer bestimmten Form oder Frist fordern oder die Teilumwandlung davon abhängig machen, dass nach Prämienreduktion noch eine gewisse Mindestprämie gezahlt wird⁵⁸ oder bestimmte Versicherungssummen erreicht werden.⁵⁹

6. Vereinbarte Mindestversicherungsleistung. Ursprünglich sah § 173 VVG aF (in der bis zum 28.7.1994 geltenden Fassung) vor, dass der Versicherungsnehmer die Umwandlung in eine prämienfreie Versicherung erst verlangen konnte, wenn die Prämie für einen Zeitraum von drei Jahren bezahlt war. Der historische Gesetzgeber wollte dem Versicherer hierdurch die Möglichkeit geben, Abschlusskosten vollständig zu verdienen.⁶⁰ Nach Streichung des § 173 VVG aF mit dem 3. DurchfG/EWG zum VAG⁶¹ räumte § 174 VVG aF dem Versicherer die Möglichkeit ein, eine **Mindestversicherungssumme** oder eine **Mindestrente** als Voraussetzung für die Umwandlung in eine prämienfreie Versicherung zu vereinbaren. Dies war durch die Überlegung veranlasst, dass kleine Versicherungssummen wegen der überproportional hohen Verwaltungskosten kaum wirtschaftlich zu verwalten seien und der Versicherer auch die Möglichkeit haben soll, seine Abschlusskosten zu verdienen.⁶²

§ 165 Abs. 1 übernimmt § 174 Abs. 1 VVG aF inhaltlich unverändert,⁶³ wobei die zu vereinbarende Mindestversicherungsleistung allerdings nicht mehr dem Interesse des Versicherers dient, seine Abschlusskosten vollständig zu verdienen.⁶⁴ Geschützt wird aber weiterhin das Interesse des Versicherers, kleine verwaltungsaufwendige Versicherungssummen zu vermeiden. Der Wortlaut von Abs. 1 spricht nunmehr von der Vereinbarung einer **Mindestversicherungsleistung**, was wie bislang sowohl die Vereinbarung einer Mindestversicherungssumme wie auch einer Mindestrente zulässt. Die Umwandlung in eine prämienfreie Versicherung findet somit nur dann statt, wenn die nach Abs. 2 zu berechnende prämienfreie Leistung die vereinbarte Mindestversicherungsleistung erreicht.

Bei Versicherungsprodukten ohne garantierte Ablaufleistung, wie zB einer **fondsgebundenen** Rentenversicherung, ist die Vereinbarung einer bezifferten Mindestversicherungsleistung nicht möglich, wenn sowohl die beitragspflichtige Rente als auch die beitragsfreie Rente allein von der Wertentwicklung der Fondsanteile bis zum vereinbarten Ablaufzeitpunkt abhängen sollen. Bei solchen Versicherungen wird die Möglichkeit der Umwandlung in eine prämienfreie Versicherung in der Praxis nicht von dem Erreichen einer bestimmten Mindestversicherungsleistung, sondern von einem bestimmten Mindestwert des Fondsvermögens⁶⁵ bzw. des Deckungskapitals⁶⁶ oder einer bestimmten Mindestsumme bereits gezahlter Beiträge abhängig gemacht.⁶⁷ Hiergegen bestehen keine rechtlichen Bedenken.⁶⁸

Das Gesetz setzt die Vereinbarung einer Mindestversicherungsleistung voraus, lässt allerdings offen, was bei Fehlen einer solchen Vereinbarung gilt.⁶⁹ Das Gesetz enthält ebenfalls keine Aussage zur **zulässigen Höhe der Mindestversicherungsleistung**. Unzulässig wäre es jedenfalls, eine

---

⁵⁵ BR-Stellungnahme zu Art. 1 (§ 165) Gesetz zur Reform des Versicherungsvertragsrechts, BT-Drs. 16/3945, 128.
⁵⁶ Gegenäußerung BReg zu Art. 1 (§ 165) Gesetz zur Reform des Versicherungsvertragsrechts, BT-Drs. 16/3945, 132.
⁵⁷ *Grote* in Langheid/Rixecker VVG § 165 Rn. 7.
⁵⁸ Vgl. zB § 9 Abs. 9 ALB KLV 2008.
⁵⁹ Vgl. zB § 13 Abs. 4 S. 2 GDV-Muster-ALB KLV 2016.
⁶⁰ Motive zu § 173 VVG aF S. 233. Begr. zu Art. 2 (§ 174) RegE. 3. DurchfG/EWG zum VAG, BT-Drs. 12/6959, 102.
⁶¹ BGBl. 1994 I S. 1630.
⁶² Begr. zu Art. 2 (§ 174) RegE 3. DurchfG/EWG zum VAG, BT-Drs. 12/6959, 102; *Schwintowski* in Berliner Kommentar VVG § 174 Rn. 27; *Engeländer* NVersZ 2001, 289 (294).
⁶³ Begr. zu Art. 1 (§ 165) RegE Gesetz zur Reform des Versicherungsvertragsrechts, BT-Drs. 16/3945, 101.
⁶⁴ → Rn. 27, 30.
⁶⁵ Zu dem maßgeblichen Begriff des Zeitwerts bei der fondsgebundenen Versicherung → § 169 Rn. 111.
⁶⁶ So zB § 17 Abs. 4 AVB fondsgebundene Rentenversicherung 2014 (GDV).
⁶⁷ Versicherungsombudsmann 22.9.2006 – 9906/2005.
⁶⁸ Versicherungsombudsmann 22.9.2006 – 9906/2005.
⁶⁹ *Kollhosser* in Prölss/Martin, 27. Aufl. 2004, VVG § 174 Rn. 3.

so hohe Mindestversicherungsleistung zu vereinbaren, die das Recht auf Umwandlung faktisch ausschließen oder unangemessen erschweren würde. Dies folgt sowohl aus § 171 S. 1 VVG als auch aus § 307 Abs. 2 Nr. 1 BGB.[70] Ist die vereinbarte Mindestversicherungsleistung zu hoch und damit unwirksam oder ist keine Mindestversicherungsleistung vereinbart, kann der Versicherungsnehmer grds. auch bei niedrigsten Beträgen die Umwandlung verlangen.[71]

III. Zahlung des Rückkaufswerts (Abs. 1 S. 2)

19 Wird die vereinbarte Mindestversicherungsleistung nicht erreicht, hat der Versicherer den Rückkaufswert zu zahlen.[72] Das Umwandlungsverlangen wird damit in eine Kündigung umgedeutet. Die (unbedingte) **Umdeutung in eine Kündigung** ist allerdings nicht zulässig, wenn der Versicherungsnehmer – wie bei einer fondsgebundenen Lebensversicherung möglich – zum Zeitpunkt des Umwandlungsverlangens nicht erkennen kann, ob die vertraglich vereinbarte Mindestversicherungsleistung (bzw. das Mindestdeckungskapital) erreicht ist und erst nach seinem Umwandlungsverlangen erfährt, dass die Mindestversicherungsleistung zum Umwandlungszeitpunkt nicht erreicht ist. In diesem Fall ist der Versicherer auf Verlangen des Versicherungsnehmers verpflichtet, den Vertrag beitragspflichtig fortzuführen.[73]

Ist der Rückkaufswert auszukehren, richtet sich die Zahlungspflicht des Versicherers vollumfänglich nach § 169.[74] Insbesondere umfasst sie auch etwaige Ansprüche des Versicherungsnehmers aus einer Überschussbeteiligung (§ 169 Abs. 7).[75]

20 S. 2 ist grds. auch auf der **Altersvorsorge** dienende Lebensversicherungsverträge anwendbar, bei denen das **gesetzliche Kündigungsrecht** gem. § 168 Abs. 3 ausgeschlossen ist.[76] Der Ausschluss des ordentlichen Kündigungsrechts und der damit korrelierende Ausschluss des Anspruchs auf Auszahlung des Rückkaufswerts haben den Sinn, den Versicherungsnehmer zum Erreichen des Zwecks „Altersversorgung" an den Vertrag zu binden und dessen vorzeitige Verwertung zu verhindern. Das schließt aber eine Prämienfreistellung gerade nicht aus.[77] Insoweit bleibt es auch bei der Pflicht zur Zahlung des Rückkaufswerts gem. S. 2, wenn die vereinbarte Mindestversicherungsleistung nicht erreicht ist: Diese Regelung hat den Zweck, eine kostenintensive Verwaltung kleiner Versicherungssummen zu vermeiden. Es geht hier regelmäßig auch nur um geringe Beträge, die zur Auszahlung kommen können, was hingenommen werden kann.[78]

21 Unbeschadet dessen folgt aus dem Rechtsgedanken des § 169 Abs. 1, dass § 165 Abs. 1 S. 2 nur auf Verträge iSd § 169 Abs. 1 anzuwenden ist. Ein Rückkaufswert ist also beim Nicht-Erreichen der vereinbarten Mindestversicherungsleistung nur dann zu zahlen, wenn es sich um einen Versicherungsvertrag handelt, bei dem der „Eintritt der **Leistungspflicht des Versicherers gewiss** ist".[79] Bei Verträgen, bei denen die Leistungspflicht des Versicherers nicht gewiss ist (zB reine Risikolebensversicherung, Rentenversicherung ohne Todesfallleistung) besteht nämlich auch im Falle der Kündigung kein gesetzlicher Anspruch auf Zahlung des Rückkaufswerts nach § 169 Abs. 1.[80] Hat aber der Versicherungsnehmer keinen gesetzlichen Anspruch auf Zahlung des Rückkaufswerts bei Kündigung, widerspräche es dem Rechtsgedanken des § 169 Abs. 1, einen solchen Anspruch über den Umweg des § 165 Abs. 1 S. 2 zu konstruieren, wenn im Falle eines Umwandlungsverlangens die vereinbarte Mindestversicherungsleistung nicht erreicht wird.[81]

---

[70] *Ortmann* in Schwintowski/Brömmelmeyer/Ebers VVG § 165 Rn. 11; *Schwintowski* in Berliner Kommentar VVG § 174 Rn. 26 f.; nach OLG Frankfurt a. M. VersR 2016, 238, ist die Festsetzung einer Mindestversicherungsleistung von 5.000 EUR nicht zu beanstanden.
[71] *Reiff* in Prölss/Martin VVG § 165 Rn. 9.
[72] *Ortmann* in Schwintowski/Brömmelmeyer/Ebers VVG § 165 Rn. 16.
[73] Versicherungsombudsmann 22.9.2006 – 9906/2005.
[74] *Ortmann* in Schwintowski/Brömmelmeyer/Ebers VVG § 165 Rn. 16.
[75] Begr. zu Art. 1 (§ 165) RegE Gesetz zur Reform des Versicherungsvertragsrechts, BT-Drs. 16/3945, 101.
[76] Beschlussempfehlung zu Art. 9 (Änderung des VVG) des Entwurfs eines 2. Betriebsrentenänderungsgesetz, BT-Drs. 16/3007, 23; iE zu diesen Vertragstypen → § 168 Rn. 7 f.
[77] Beschlussempfehlung zu Art. 9 (Änderung des VVG) des Entwurfs eines 2. Betriebsrentenänderungsgesetz, BT-Drs. 16/3007, 23.
[78] Beschlussempfehlung zu Art. 9 (Änderung des VVG) des Entwurfs eines 2. Betriebsrentenänderungsgesetz, BT-Drs. 16/3007, 23.
[79] → § 169 Rn. 36 ff.
[80] → § 169 Rn. 41.
[81] Ebenso: *Brambach* in HK-VVG § 165 Rn. 19; *Präve* Lebensversicherung 2016 § 13 Teil 8. (ARV) § 13 Rn. 4; aA *Reiff* in Prölss/Martin VVG § 165 Rn. 13; *Krause* in Looschelders/Pohlmann VVG § 165 Rn. 15; *Ortmann* in Schwintowski/Brömmelmeyer/Ebers VVG § 165 Rn. 16.

IV. Folge des wirksamen Umwandlungsverlangens

1. Prämienfreie Versicherung. Sind die Voraussetzungen für eine Umwandlung gegeben, wandelt sich die Versicherung automatisch zum Schluss der laufenden Versicherungsperiode in eine prämienfreie Versicherung um. Der Lebensversicherungsvertrag wird dahingehend umgestaltet, dass eine **Prämienzahlung entfällt** und sich die Leistungspflicht des Versicherers auf die nach Abs. 2 zu errechnende prämienfreie Versicherungsleistung reduziert.[82] Damit vermindert sich die **Gefahrtragung des Versicherers** auf die prämienfreie Versicherungsleistung, so dass der Vertrag in Höhe des darüber hinausgehenden Teils erlischt, während er in Höhe des reduzierten Teils bestehen bleibt.[83] Selbst wenn der Versicherer, wie zB in der **Termfix-Versicherung,** nach Umwandlung keinerlei biometrisches Risiko mehr trägt, behält der Vertrag seinen Charakter als Lebensversicherung.[84] Bis auf die Prämienzahlungspflicht bleiben die Rechte und Pflichten aus dem Versicherungsvertrag – auch beiderseitige Treuepflichten – bestehen.[85] Der Versicherungsnehmer kann weiterhin kündigen und die Auszahlung des Rückkaufswertes verlangen.[86] **Rücktritt und Anfechtung** sind grds. auch nach Umwandlung möglich.[87]

Mit der Umwandlung erlöschen eine ggf. bestehende **Berufsunfähigkeitszusatzversicherung**[88] sowie andere **Risiko-Zusatzversicherungen.** Dies gilt unabhängig davon, ob die Zusatzversicherung nur die weitere Prämienzahlung zur Hauptversicherung absichert oder ob sie eigene Leistungen (insbes. eine Berufsunfähigkeitsrente) beinhaltet.[89] Unbeschadet dessen kann die Prämienfreistellung einer Berufsunfähigkeitszusatzversicherung vertraglich vereinbart werden.[90]

2. Kein Anspruch auf Rückumwandlung, Beratungspflicht. § 165 gibt dem Versicherungsnehmer keinen Anspruch auf die Wiederherstellung des ursprünglichen Versicherungsschutzes.[91] Im Rahmen der Vertragsfreiheit ist es dem Versicherer aber nach Umwandlung möglich, den Vertrag auf Antrag des Versicherungsnehmers wieder herzustellen.[92] Ohne vertragliche Vereinbarung kann die ursprüngliche prämienpflichtige Versicherung ausnahmsweise wieder aufleben, wenn sich der Versicherer so verhält, als ob die Umwandlung nicht vollzogen worden wäre.[93] Soll der Versicherungsschutz nach Prämienfreistellung auf Antrag des Versicherungsnehmers wieder erhöht werden, ist die Wiederherstellung der Versicherung also in Bezug auf den wiederherzustellenden Teil der Versicherung wie ein Neuabschluss anzusehen. Deshalb kann der Versicherer die Wiederherstellung der Versicherung von einer erneuten Gesundheitsprüfung abhängig machen.[94] Die Ausschlussfrist für Selbsttötung beginnt mit Wiederherstellung des Vertrages in Hinblick auf den wiederhergestellten Teil der Versicherungsleistung neu zu laufen.[95]

Nach altem Recht war umstritten, ob es einer besonderen Belehrung darüber bedürfe, dass eine spätere **Wiederherstellung des Versicherungsschutzes** wegen zwischenzeitlich eingetretener Erkrankungen ausgeschlossen sein könne.[96] Nach Auffassung des OLG Karlsruhe konnte der Versicherungsnehmer schon vernünftigerweise nicht erwarten, dass ein Versicherer zu einer

---

[82] Ähnlich *Reiff* in Prölss/Martin VVG § 165 Rn. 10 f.
[83] BGHZ 13, 226 (234 f.) = VersR 1954, 281 (282 f.) wie auch die Vorinstanz OLG Schleswig VersR 1953, 19 (20); OLG Oldenburg VersR 2004, 1164 (1165).
[84] BGHZ 9, 34 (48); zum Versicherungsfall in der Termfix-Versicherung BGH NJW-RR 1992, 1302 (1303).
[85] OLG Nürnberg VersR 1973, 413 (414); *Kollhosser* in Prölss/Martin, 27. Aufl. 2004, VVG § 174 Rn. 5.
[86] BGHZ 9, 34 (49); *Engeländer* VersR 2007, 1297 (1309 f.).
[87] *Ortmann* in Schwintowski/Brömmelmeyer/Ebers VVG § 165 Rn. 13; *Schwintowski* in Berliner Kommentar VVG § 174 Rn. 16; der Rücktritt des Versicherers ist allerdings ausgeschlossen, wenn er infolge der Prämienfreistellung kein biometrisches Risiko mehr trägt.
[88] OLG Oldenburg VersR 2004, 1164 (1165); OLG Karlsruhe VersR 1992, 1250 (1251); *Grote* in Langheid/Rixecker VVG § 165 Rn. 10; *Brömmelmeyer* in Beckmann/Matusche-Beckmann VersR-HdB § 42 Rn. 195.
[89] AA für die Berufsunfähigkeitszusatzversicherungen mit eigenen Rentenleistungen *Reiff* in Prölss/Martin VVG § 165 Rn. 11.
[90] Als Bsp. einer solchen Vereinbarung vgl. § 9 Abs. 4 der Musterbedingungen des GDV für die Berufsunfähigkeitszusatzversicherung (2019).
[91] OLG Frankfurt a. M. VersR 2016, 238; OLG Karlsruhe r+s 1996, 286.
[92] BGH VersR 1994, 39 (40); BGHZ 13, 226 (235) = VersR 1954, 281 (282); OLG Oldenburg VersR 2004, 1164 (1165); OLG Köln VersR 1992, 1252 (1253); *Reiff* in Prölss/Martin VVG § 165 Rn. 19.
[93] OLG Hamm VersR 1952, 32 (Ls.).
[94] BGH VersR 1994, 39 (40); BGHZ 13, 226 (238) = VersR 1954, 281 (282); OLG Oldenburg VersR 2004, 1164 (1165); OLG Köln VersR 1992, 1252 (1253); LG Bonn BeckRS 2014, 16537; *Grote* in Langheid/Rixecker VVG § 165 Rn. 11; zu den beiderseitigen Treuepflichten bei beantragter Wiederherstellung des Versicherungsschutzes: OLG Nürnberg VersR 1973, 413 (415).
[95] BGHZ 13, 226 (238) = VersR 1954, 281 (282); → § 161 Rn. 14 f.
[96] Für eine solche Beratungspflicht: *Schwintowski* in Berliner Kommentar VVG § 165 Rn. 9; ähnlich *Römer* in Römer/Langheid, 2. Aufl. 2003, VVG § 174 Rn. 7.

Wiederherstellung des Versicherungsschutzes bereit sei, ohne zu prüfen, ob sich der Gesundheitszustand des Versicherungsnehmers vor der Wiederherstellung deutlich verschlechtert habe, eine Beratung sei daher nicht erforderlich.[97] Nach dem OLG Oldenburg traf den Versicherer (nur) dann eine generelle Beratungspflicht, wenn er in die erneute **Gesundheitsprüfung** vor der Wiederherstellung des Vertrages auch solche Gesundheitsschäden einbeziehen wollte, die bereits vor der Prämienfreistellung vorhanden waren.[98] Die vom OLG Oldenburg vorgenommene Differenzierung überzeugt nicht. Grundsätzlich gilt, dass bei Vorliegen eines eindeutigen Umwandlungsverlangens kein Raum für Beratungspflicht des Versicherers bleibt, wohingegen bei unklaren Äußerungen gem. § 6 Abs. 4 S. 1 iVm § 6 Abs. 1 S. 1 eine Beratungspflicht entsteht.[99] Ausnahmsweise kann darüber hinaus eine Pflicht des Versicherers bestehen, den Versicherungsnehmer auf das Erfordernis einer erneuten Gesundheitsprüfung bei späterer Wiederherstellung des Versicherungsschutzes hinzuweisen, wenn der Versicherer positive Kenntnis von einer während der Laufzeit der ursprünglichen Versicherung eingetretenen Gesundheitsverschlechterung hat, aufgrund derer die Wiederherstellung des Versicherungsschutzes ausgeschlossen würde.[100] Anlass zur Beratung kann darüber hinaus bestehen, wenn der Versicherungsnehmer erkennbar einer Fehlvorstellung über die Voraussetzungen einer künftigen Wiederherstellung des Versicherungsschutzes unterliegt.[101]

26 Abweichend hiervon gewährt § 212 im Rahmen der **betrieblichen Altersvorsorge** einen Anspruch auf Fortsetzung der Versicherung „zu unveränderten Bedingungen", wenn der Arbeitgeber zu Gunsten des versicherten Arbeitnehmers eine Lebensversicherung abgeschlossen hat, das Arbeitsverhältnis während der Elternzeit ohne Entgelt fortgesetzt wird, die zu Gunsten des Arbeitnehmers abgeschlossene Lebensversicherung daher wegen Nichtzahlung der Prämien in eine prämienfreie Versicherung umgewandelt wird und der Arbeitnehmer innerhalb von drei Monaten nach Beendigung der Elternzeit die Fortsetzung verlangt.[102] Der Anspruch auf Fortsetzung zu „unveränderten Bedingungen" beinhaltet, dass der Versicherer hier in der Zwischenzeit eingetretene Gesundheitsverschlechterungen nicht zum Anlass nehmen kann, die Fortsetzung der Versicherung abzulehnen oder die Versicherung nur mit Risikoausschlüssen bzw. zu höheren Prämien fortzusetzen. Die Versicherung kann also **ohne erneute Gesundheitsprüfung** fortgeführt werden.[103] § 212 ist entsprechend anzuwenden, wenn der Versicherungsvertrag nicht erst wegen Verzuges vom Versicherer gekündigt wird, sondern wenn der Arbeitgeber aufgrund der bevorstehenden Elternzeit die Umwandlung in eine prämienfreie Versicherung verlangt.

V. Berechnung der prämienfreien Versicherungsleistung (Abs. 2 und 3)

27 Die prämienfreie Versicherungsleistung ist für den Schluss der laufenden Versicherungsperiode, also auf den Zeitpunkt, zu dem das Umwandlungsverlangen gem. Abs. 1 wirksam wird, zu berechnen.[104] Die prämienfreie Leistung ist „nach anerkannten Regeln der Versicherungsmathematik mit den Rechnungsgrundlagen der Prämienkalkulation unter Zugrundelegung des **Rückkaufswertes** nach § 169 Abs. 3 bis 5" zu berechnen. Der Rückkaufswert wiederum ist gem. § 169 Abs. 3 S. 1 Hs. 1 grds. das „nach anerkannten Regeln der Versicherungsmathematik mit den Rechnungsgrundlagen der Prämienkalkulation berechnete **Deckungskapital** zum Schluss der laufenden Versicherungsperiode". § 169 Abs. 3 S. 1 schreibt dazu, dass bei **Kündigung** des Versicherungsverhältnisses der Rückkaufswert mindestens dem Betrag des Deckungskapitals, „das sich bei gleichmäßiger Verteilung der angesetzten Abschluss- und Vertriebskosten auf die ersten fünf Vertragsjahre ergibt", entspricht.[105] Die **Verteilung der Abschlusskosten** ist nach dem Gesetzeswortlaut nur im Fall der Kündigung vorgesehen, nicht aber, wenn der Rückkaufswert aus sonstigen Gründen zu berechnen ist.[106] Dennoch sind auch bei der Berechnung des Rückkaufswerts als Grundlage für die Berechnung der prämienfreien Versicherungsleistung die Abschlusskosten gleichmäßig über 5 Jahre zu verteilen. Der ergänzende Verweis auf § 169 Abs. 3–

---

[97] OLG Karlsruhe r+s 1996, 286 (287).
[98] OLG Oldenburg VersR 2004, 1164 (1165).
[99] → Rn. 11.
[100] So in dem der Entscheidung des OLG Oldenburg VersR 2004, 1164 zugrunde liegenden Sachverhalt (in den abgedruckten Entscheidungsgründen wird dieser Umstand aber nicht berücksichtigt).
[101] *Krause* in Looschelders/Pohlmann VVG § 165 Rn. 18; *Grote* in Langheid/Rixecker VVG § 165 Rn. 12; *Schwintowski* in Berliner Kommentar VVG § 174 Rn. 9.
[102] → § 212 Rn. 3.
[103] Begr. zu Art. 1 (§ 212) RegE Gesetz zur Reform des Versicherungsvertragsrechts, BT-Drs. 16/3945, 116.
[104] → Rn. 13.
[105] Zur Berechnung des Rückkaufswerts → § 169 Rn. 63 ff.
[106] *Engeländer* VersR 2007, 1297 (1309); → Rn. 30.

5 in § 165 Abs. 2 hat nämlich das Ziel, den **Gleichlauf der Berechnung** der prämienfreien Versicherungsleistung mit der Berechnung des Rückkaufswerts im Fall der Kündigung sicherzustellen.[107] Ein Abzug für noch nicht getilgte Abschlusskosten ist damit ebenfalls unzulässig (§ 169 Abs. 5 S. 2).[108]

Von dem für die Berechnung der prämienfreien Versicherungsleistung zugrunde zu legenden 28 Rückkaufswert kann ein **Stornoabschlag** abgezogen werden, wenn er vereinbart, angemessen und in Euro-Beträgen ausgewiesen ist (§ 169 Abs. 5 S. 1).[109] Ferner können Prämienrückstände von diesem Betrag abgezogen werden, § 165 Abs. 3. Auf der Basis des verbleibenden Betrages ist die prämienfreie Versicherungsleistung zu berechnen.

Sowohl § 165 Abs. 2 als auch § 174 Abs. 2 VVG aF stellen für diese Berechnung der prämien- 29 freien Versicherungsleistung auf die **Rechnungsgrundlagen der Prämienkalkulation** ab. Aus der Begründung zum RegE des 3. DurchfG/EWG zum VAG zu (dem insoweit inhaltsgleichen) § 174 VVG aF folgt, dass die Berechnung der beitragsfreien Leistung „wie eine **technische Vertragsumstellung** zu behandeln" sein soll.[110] Die für den Vertrag gebildete Deckungsrückstellung[111] könne unter der Annahme des Entfalls der Beitragszahlung in eine zu erwartende beitragsfreie Leistung umgerechnet werden.[112] Insoweit brachte der Gesetzgeber im Jahr 1994 zum Ausdruck, dass die Umwandlung nach der vor der Deregulierung gelebten Praxis erfolgen sollte.[113] Das bedeutet, dass der sich ergebende Betrag wie eine Einmalprämie zu behandeln ist, aus der mit den Rechnungsgrundlagen der Prämienkalkulation die prämienfreie Versicherungsleistung zu errechnen ist.[114] Hieran hält auch das neue VVG fest, da der Wortlaut von § 165 insoweit dem alten Recht entspricht und der Begründung zum RegE nichts Gegenteiliges zu entnehmen ist.

Bei einer frühzeitigen Umwandlung (zB nach drei Jahren) soll nach *Engeländer* der Teil der 30 Abschlusskosten, der bei gleichmäßiger Verteilung über einen Zeitraum von fünf Jahren (vgl. § 169 Abs. 3 S. 1) zum Zeitpunkt der Umwandlung noch nicht beglichen war, und der gem. § 169 Abs. 5 S. 2 nicht von dem zugrunde zu legenden Rückkaufswert abgezogen werden darf, dann bei der Berechnung der prämienfreien Versicherungssumme voll in Ansatz gebracht werden können.[115] Damit würden die gesamten Abschlusskosten die prämienfreie Versicherungsleistung im Ergebnis ebenso belasten wie nach bisherigem Recht.[116] Dem ist nicht zu folgen. Dagegen spricht nämlich der vom Gesetzgeber beabsichtigte **Gleichlauf** der Berechnung des Rückkaufswerts bei Kündigung und bei der Berechnung der prämienfreien Versicherungsleistung.[117] Der in eine prämienfreie Versicherung umwandelnde Versicherungsnehmer soll eben nicht schlechter gestellt werden, als der derjenige, der vollständig kündigt.[118] Daran ändert sich auch dadurch nichts, dass der Versicherungsvertrag im Fall der Prämienfreistellung fortbesteht.[119] Der durch die Umwandlung erloschene Teil der Versicherung[120] ist hinsichtlich des Schicksals der Abschlusskosten wie eine Kündigung zu behandeln. Es sind keine weiteren auf die ursprüngliche Prämiensumme kalkulierten Abschlusskosten in Ansatz zu bringen. Eine weitere (sukzessive) Tilgung dieser Abschlusskosten widerspräche der Wertung des § 169 Abs. 5 S. 2 iVm § 165 Abs. 2 und führte dazu, dass die Prämienfreistellung – falls keine erhebliche Gesundheitsverschlechterung eingetreten ist – wirtschaftlich regelmäßig ungünstiger wäre als die Kündigung des bestehenden Vertrages und der Abschluss eines neuen Vertrages, in den der Rückkaufswert als Einmalprämie eingebracht würde.

---

[107] Begr. zu Art. 1 (§ 165 sowie § 169 Abs. 3) RegE Gesetz zur Reform des Versicherungsvertragsrechts, BT-Drs. 16/3945, 101 (103); *Römer* r+s 2008, 405 (409).
[108] *Ortmann* in Schwintowski/Brömmelmeyer/Ebers VVG § 165 Rn. 18; *Winter* in Bruck/Möller VVG § 165 Rn. 34; iErg aA *Engeländer* VersR 2007, 1297 (1309).
[109] → § 169 Rn. 116 ff.
[110] Begr. zu Art. 2 (§ 174) RegE 3. DurchfG/EWG zum VAG, BT-Drs. 12/6959, 102.
[111] Nach *Brömmelmeyer* in Beckmann/Matusche-Beckmann VersR-HdB § 42 Rn. 193, Fn. 703; und *Engeländer* VersR 1999, 1325 Fn. 2 ist hier eher das Deckungskapital gemeint.
[112] Begr. zu Art. 2 (§ 174) RegE 3. DurchfG/EWG zum VAG, BT-Drs. 12/6959, 102.
[113] Zu dieser Praxis Motive zu § 174 VVG aF S. 234; *Schwintowski* in Berliner Kommentar VVG § 174 Rn. 23; krit. *Engeländer* NVersZ 2001, 289 (293 f.).
[114] *Schwintowski* in Berliner Kommentar VVG § 174 Rn. 23; *Winter* in Bruck, Bd. V/2, Kap. E Anm. 108; sowie die Motive zu § 174 VVG aF S. 234.
[115] *Engeländer* VersR 2007, 1297 (1309).
[116] *Engeländer* VersR 2007, 1297 (1309).
[117] Begr. zu Art. 1 (§ 165 sowie § 169 Abs. 3) RegE Gesetz zur Reform des Versicherungsvertragsrechts, BT-Drs. 16/3945, 101 (103).
[118] *Ortmann* in Schwintowski/Brömmelmeyer/Ebers VVG § 165 Rn. 18; *Winter* in Bruck/Möller VVG § 165 Rn. 34; für eine Reduktion der Abschlusskosten *Reiff* in Prölss/Martin VVG § 165 Rn. 15.
[119] AA *Engeländer* VersR 2007, 1297 (1309).
[120] BGHZ 13, 226 (234) = VersR 1954, 281 (282); OLG Oldenburg VersR 2004, 1164 (1165) → Rn. 22.

VI. Angabe der prämienfreien Versicherungsleistung (Abs. 2)

31 Nach dem Wortlaut des § 165 Abs. 2 ist die prämienfreie Versicherungsleistung „für jedes Versicherungsjahr anzugeben". Die Bezifferung der prämienfreien Versicherungsleistung ist bei der klassischen kapitalbildenden Lebensversicherung ohne weiteres möglich. Eine Bezifferung der prämienfreien Leistung – im Sinne einer garantierten Leistung – ist jedoch bei fondsgebundenen Produkten sowie bei Versicherungen mit nur endfälligen Garantien im Allgemeinen nicht möglich. Dieses praktische Problem, insbes. die mangelnde Vereinbarkeit einer derartigen Regelung mit der europäischen **Dienstleistungsfreiheit**, Art. 56 ff. AEUV,[121] ist im Rahmen des Gesetzgebungsverfahrens im Grunde erkannt und aufgegriffen worden.[122] § 169 Abs. 3 VVG-E forderte in der Fassung des RegE die „Angabe des Rückkaufswerts für jedes Vertragsjahr".[123] Diese Vorschrift ist iRd Gesetzgebungsverfahrens aufgrund massiver Kritik an der Entwurfsfassung dahingehend geändert worden, dass nunmehr nach § 169 Abs. 3 der „Rückkaufswert und das Ausmaß in dem er garantiert ist" anzugeben ist.[124] Diese Formulierung entspricht nunmehr wörtlich Art. 185 Abs. 3 f. der RL-Solvabilität II (RL 2009/138/EG), der die „Angabe der Rückkaufswerte und **beitragsfreien Leistungen und das Ausmaß, in dem diese Leistungen garantiert sind**", fordert.

32 Eine entsprechende Anpassung des § 165 Abs. 2 VVG unterblieb allerdings, obwohl Art. 185 Abs. 3 f. der RL-Solvabilität II (RL 2009/138/EG) einen Gleichlauf der Angaben zum Rückkaufswert und zur prämienfreien Leistungen gebietet und obwohl die Begründung zur Beschlussempfehlung zu § 169 Abs. 3 ausdrücklich auf die durch RL 2009/138/EG ersetzte RL-Leben (RL 2002/83/EG) Bezug nimmt und eine Anpassung der nationalen Regelung an die RL-Leben bewirken will.[125] Bei der Beibehaltung des § 165 Abs. 2 in der Fassung des RegE dürfte es sich also um ein gesetzgeberisches Versehen handeln. § 165 Abs. 2 ist daher abweichend von seinem Wortlaut in Anlehnung an § 169 Abs. 3 S. 2 Hs. 1 so auszulegen, dass „die prämienfreie Versicherungsleistung und das **Ausmaß in dem sie garantiert** ist" anzugeben ist.[126] Diese Lesart entspricht auch der VVG-InfoV. Nach § 2 Abs. 1 Nr. 5 VVG-InfoV sind „Angaben über die Leistungen aus einer prämienfreien oder prämienreduzierten Versicherung" erforderlich. Nach § 2 Abs. 1 Nr. 6 und Abs. 2 VVG-InfoV ist das Ausmaß der Leistungen in Euro anzugeben, soweit diese garantiert sind. Soweit keine Leistungen garantiert sind, ist eine Bezifferung auf „0 (Null) Euro" vorzunehmen.[127]

33 Werden also, wie regelmäßig bei der klassischen kapitalbildenden Lebens- oder Rentenversicherung bestimmte prämienfreie Versicherungsleistungen als garantierte (Mindest-)leistungen zugesagt, sind diese garantierten Werte vor Vertragsabschluss für jedes Versicherungsjahr zu benennen. Gegebenenfalls erhöhte prämienfreie Leistungen aufgrund von Überschussbeteiligung müssen naturgemäß nicht genannt werden, da diese bei Vertragsabschluss nicht vorhergesagt werden können.[128] Bei **fondsgebundenen Versicherungen** ohne garantierte Leistungen können je nach Produkt prämienfreie Leistungen nicht, auch nicht in Relation zu dem zum Umwandlungszeitpunkt vorhandenen Deckungskapital, garantiert und in Euro angegeben werden.[129] Andernfalls wäre zum Umwandlungszeitpunkt die (Teil-)Umstellung in eine klassische Versicherung erforderlich. Bei einer fondsgebundenen Rentenversicherung soll aber idR sowohl die beitragsfreie Rente als auch die prämienpflichtige Rente von dem (Kapitalmarktschwankungen unterworfenen) Wert der Fondsanteile zum vereinbarten Rentenbeginn abhängen. Es sind daher anstelle eines Euro-Betrags realistische Szenarien zu möglichen prämienfreien Versicherungsleistungen anzugeben. Bei einer fondsgebundenen Versicherung ohne garantierte Leistungen können prämienfreie Leistungen auf der Basis einer möglichen Fondsentwicklung von zB 0 %, 3 %, 6 % und 9 % dargestellt werden.[130] Daneben ist ein deutlicher Hinweis darauf erforderlich, dass diese Leistungen nicht garantiert sind und dass die prämienfreien

---

[121] Vertrag über die Arbeitsweise der EU, in Kraft getreten am 1.12.2009, ABl. 2008 C 115, 47.
[122] *Präve* FS Lorenz, 2004, 517 (524); *Präve* VersR 2007, 1047 (1048); *Lang* VW 2007, 176; *Bürkle* VersR 2006, 1042, → § 169 Rn. 99 ff.
[123] Art. 1 (§ 169 Abs. 3) RegE Gesetz zur Reform des Versicherungsvertragsrechts, BT-Drs. 16/3945, 33.
[124] Beschlussempfehlung zu Art. 1 (§ 169) RegE Gesetz zur Reform des Versicherungsvertragsrechts BT-Drs. 16/5862, 53; sowie Begr. zu § 169 S. 100 mit ausdrücklicher Bezugnahme auf die RL-Lebensversicherung.
[125] Beschlussempfehlung zu Art. 1 (§ 169) RegE Gesetz zur Reform des Versicherungsvertragsrechts BT-Drs. 16/5862, 53; sowie Begr. zu § 169 S. 100.
[126] Ausf. → § 169 Rn. 100 f.; *Reiff* in Prölss/Martin VVG § 165 Rn. 18.
[127] Begr. zur VVG-InfoV, zu § 2, Bundesanzeiger Nr. 8 v. 16.1.2008; abgedr. in VersR 2008, 183 f.
[128] Begr. zu Art. 1 (§ 165) RegE Gesetz zur Reform des Versicherungsvertragsrechts, BT-Drs. 16/3945, 101.
[129] Anders offenbar *Präve* VersR 2008, 151.
[130] *Brömmelmeyer* in Beckmann/Matusche-Beckmann VersR-HdB § 42 Rn. 83 (zum Rückkaufswert).

Leistungen auch 0 (Null) Euro betragen können,[131] selbst dann, wenn zum Umwandlungszeitpunkt die vereinbarte Mindestversicherungsleistung (bzw. das Mindestkapital) vorhanden ist.

VII. Altverträge

§ 165 gilt auch für Verträge, die vor dem 1.1.2008 abgeschlossen wurden, Art. 1 Abs. 1 iVm Art. 4 EGVVG. Gem. Art. 4 Abs. 2 sind allerdings alle gesetzlichen Verweise auf § 169 bei Altverträgen als Verweise auf § 176 VVG aF zu verstehen. Damit sind die Verweise in § 165 Abs. 1 S. 2 sowie in Abs. 3 als Verweise auf § 176 VVG aF zu verstehen mit der Folge, dass insoweit der Rückkaufswert **(Zeitwert)** gem. § 176 VVG aF maßgeblich ist. 34

Der Verweis auf § 176 VVG aF gilt für die Erstattung des Rückkaufswerts, falls die Mindestversicherungsleistung nicht erreicht wird,[132] und gem. § 165 Abs. 1 S. 2 der Rückkaufswert zu erstatten ist. Auch nach § 174 Abs. 1 VVG aF war in diesem Fall der Rückkaufswert nach § 176 VVG aF auszuzahlen. Insoweit bleibt es – wie vom Gesetzgeber beabsichtigt – für Altverträge bei der bisherigen Rechtslage. Anders verhält es sich, soweit § 165 Abs. 3 für die Berechnung der prämienfreien Versicherungsleistung auf § 169 verweist. Es führt nicht zu sachgerechten Ergebnissen, diesen Verweis bei Altverträgen als einen solchen auf § 176 VVG aF zu verstehen. Die prämienfreie Versicherungsleistung war nämlich nach altem Recht nicht unter Zugrundelegung des Rückkaufswerts gem. § 176 VVG aF, sondern auf der Basis des **Deckungskapitals**[133] zu berechnen. Der Gesetzgeber wollte sicher nicht den **Zeitwert** nach § 176 VVG aF, der ihm zur Berechnung des Rückkaufswerts ungeeignet erscheint, nunmehr – entgegen dem alten Recht – für die Berechnung der prämienfreien Versicherungsleistung bei Altverträgen einführen.[134] Sachgerechter erschiene es – entgegen dem Wortlaut des Gesetzes – § 174 Abs. 2 VVG aF für die Berechnung der prämienfreien Versicherungsleistung unmittelbar heranzuziehen.[135] 35

Letztendlich sind diese Überlegungen ohnehin im Lichte der BGH-Rechtsprechung zu sehen. Der BGH hat die altrechtlichen Grundsätze zur Berechnung von Rückkaufswert und prämienfreier Versicherung maßgeblich modifiziert. Zunächst beanstandete er (nur) die Intransparenz der damals gängigen Klauseln für die Berechnung von Rückkaufswert, prämienfreier Versicherung und Verrechnung der Abschlusskosten unter Zugrundelegung des Zillmer-Verfahrens.[136] Dann modifizierte er für solche Verträge mit intransparenten Klauseln die Berechnung dahingehend, dass ein Mindestrückkaufswert iHv 50 % des ungezillmerten Deckungskapitals[137] bzw. 50 % des ungezillmerten Fondsguthabens[138] zu erstatten[139] bzw. als Basis für die Berechnung der prämienfreien Versicherung zugrunde zu legen ist. Zuletzt erklärte der BGH die Verrechnung der Abschlusskosten unter Verwendung des Zillmer-Verfahrens (auch) wegen einer unangemessenen Benachteiligung der Versicherungsnehmer (§ 307 Abs. 2 Nr. 2 Abs. 1 S. 1 BGB) für unwirksam.[140] Auch bei (vermeintlich) transparenter Vereinbarung der Zillmerung steht dem Versicherungsnehmer damit als Rückkaufswert oder als beitragsfreie Versicherungssumme jedenfalls die Hälfte des ungezillmerten Deckungskapitals als Mindestleistung zu.[141] 36

VIII. Altbestand iSd § 336 VAG 2016

§ 165 gilt nicht für den sog. Altbestand iSd § 336 VAG 2016.[142] Nach der Begründung zum RegE sollten für diese Verträge die von der Aufsichtsbehörde genehmigten Stornoklauseln[143] 37

---

[131] Ähnlich *Ortmann* in Schwintowski/Brömmelmeyer/Ebers VVG § 165 Rn. 18.
[132] *Krause* in Looschelders/Pohlmann VVG § 165 Rn. 3.
[133] Begr. zu Art. 2 (§ 174) RegE 3. DurchfG/EWG zum VAG, BT-Drs. 12/6959, 102; wörtlich ist dort von der Deckungsrückstellung die Rede, gemeint ist aber offenbar das Deckungskapital, *Brömmelmeyer* in Beckmann/Matusche-Beckmann VersR-HdB § 42 Rn. 193 (Fn. 703); *Engeländer* VersR 1999, 1325 (Fn. 2).
[134] *Krause* in Looschelders/Pohlmann VVG § 165 Rn. 3.
[135] *Krause* in Looschelders/Pohlmann § 165 Rn. 3.
[136] Zur Intransparenz der Bedingungen grdl. BGHZ 147, 373 = VersR 2001, 839; BGHZ 147, 354 = VersR 2001, 841.
[137] BGHZ 164, 297 (318) = VersR 2005, 1565 (1570); BGH VersR 2008, 244 = NJW-RR 2008, 192.
[138] BGH VersR 2007, 1547 (1548) = NJW-RR 2008, 187 (188).
[139] Begr. zur Beschlussempfehlung zu Art. 2 (Art. 4 Abs. 2 EGVVG) Gesetz zur Reform des Versicherungsvertragsrechts BT-Drs. 16/5862, 101.
[140] BGH VersR 2012, 1149 mAnm *Präve* 1159 = r+s 2012, 503.
[141] BGH VersR 2013, 1381 = BeckRS 2013, 11764.
[142] *Grote* in Marlow/Spuhl Neues VVG S. 221, 234 f.
[143] Vgl. zB § 4 ALB 86 veröffentlicht in VerBAV 1986, 209 sowie abgedr. in Prölss/Martin, Teil 2, Lebensversicherung, Ziff. 450.

§ 166   Teil 2. Einzelne Versicherungszweige. Kap. 5. Lebensversicherung

anwendbar bleiben, was insbes. aus Art. 4 Abs. 2 EGVVG-E,[144] der auf § 11c VAG aF verwies,[145] folgt. § 336 VAG 2016, der § 11c VAG aF ersetzt, ordnet für den Altbestand die Fortgeltung der genehmigten Geschäftspläne an. Damit regelt die Vorschrift zwar nicht ausdrücklich, welche Fassung des VVG anzuwenden ist, jedoch impliziert die vom Gesetzgeber intendierte Fortgeltung der genehmigten Stornoklauseln auch die sinngemäße Fortgeltung der §§ 173, 174 (in der bis zum 28.7.1994 geltenden Fassung[146]). Die endgültige Fassung des Art. 4 Abs. 2 EGVVG enthält zwar nicht mehr den ausdrücklichen Verweis auf § 11c VAG aF. Dennoch verbleibt es für den Altbestand bei der Anwendbarkeit von §§ 173, 174 (in der v. 1.1.1964 bis zum 28.7.1994 geltenden Fassung), denn nach der Begründung zur Beschlussempfehlung soll es für Altverträge „bei der Anwendung des bis zum 31. Dezember 2007 geltenden Rechts in seiner Ausprägung durch die Rspr."[147] bleiben. Bis zum 31.12.2007 galten für Verträge des Altbestandes aufgrund ausdrücklicher gesetzlicher Anordnung in Art. 16 § 6 des 3. DurchfG/EWG zum VAG die §§ 173, 174 (in der bis zum 28.6.1994 geltenden Fassung) fort.[148] Insoweit bleibt es auch künftig für Verträge des Altbestandes bei der bisherigen Rechtslage.[149] Bei einer Umwandlung tritt nach § 174 (in der bis zum 28.6.1994 geltenden Fassung) an die Stelle der vereinbarten Versicherungsleistung eine reduzierte Versicherungsleistung. Ausgegangen wird vom Deckungskapital und sodann wird berechnet, welche Versicherungsleistung in Ansatz gebracht werden kann, wenn dieses Deckungskapital als Einmalprämie angesehen wird.[150]

C. Abdingbarkeit

38   § 165 ist halbzwingend, § 171 S. 1. Abweichende Regelungen in Allgemeinen Versicherungsbedingungen können aber unter den Voraussetzungen des § 211 Abs. 1 Nr. 1–4 getroffen werden.[151]

§ 166 Kündigung des Versicherers

(1) Kündigt der Versicherer das Versicherungsverhältnis, wandelt sich mit der Kündigung die Versicherung in eine prämienfreie Versicherung um. Auf die Umwandlung ist § 165 anzuwenden.

(2) Im Fall des § 38 Abs. 2 ist der Versicherer zu der Leistung verpflichtet, die er erbringen müsste, wenn sich mit dem Eintritt des Versicherungsfalles die Versicherung in eine prämienfreie Versicherung umgewandelt hätte.

(3) Bei der Bestimmung einer Zahlungsfrist nach § 38 Abs. 1 hat der Versicherer auf die eintretende Umwandlung der Versicherung hinzuweisen.

(4) Bei einer Lebensversicherung, die vom Arbeitgeber zugunsten seiner Arbeitnehmerinnen und Arbeitnehmer abgeschlossen worden ist, hat der Versicherer die versicherte Person über die Bestimmung der Zahlungsfrist nach § 38 Abs. 1 und die eintretende Umwandlung der Versicherung in Textform zu informieren und ihnen eine Zahlungsfrist von mindestens zwei Monaten einzuräumen.

---

[144] IdF des RegE zu Art. 2 (Art. 4 Abs. 2 EGVVG) BT-Drs. 16/3945, 41.

[145] Begr. zu Art. 2 (Art. 4 Abs. 2 EGVVG) RegE Gesetz zur Reform des Versicherungsvertragsrechts, BT-Drs. 16/3945, 119.

[146] BGBl. III S. 7631, 1.

[147] Begr. zur Beschlussempfehlung zu Art. 2 (Art. 4 Abs. 2 EGVVG) Gesetz zur Reform des Versicherungsvertragsrechts BT-Drs. 16/5862, 101.

[148] Art. 16 § 6 des 3. DurchfG/EWG zum VAG v. 21.7.1994, BGBl. I S. 1630 ff. ordnete demgegenüber ausdrücklich die Fortgeltung der §§ 173–178 (VVG aF) für den Altbestand an; hierzu Begr. zu Art. 13 § 5 RegE 3. DurchfG/EWG zum VAG, BT-Drs. 12/6959, 115; *Kollhosser* in Prölss/Martin, 27. Aufl. 2004, VVG § 174 Rn. 1.

[149] Das BVerfG hat eine gegen die Berechnung des Rückkaufswerts beim „Altbestand" gerichtete Verfassungsbeschwerde durch Beschluss mangels grundsätzlicher Bedeutung zurückgewiesen, aber äußert durchaus Zweifel an der Verfassungsmäßigkeit des alten Rechts, BVerfG VersR 2006, 489 (494 f.) mAnm *Grote* VersR 2006, 957.

[150] *Winter* in Bruck, Bd. V/2, Kap. E Anm. 108.

[151] Begr. zu Art. 1 (§ 211) RegE Gesetz zur Reform des Versicherungsvertragsrechts, BT-Drs. 16/3945, 116; *Brömmelmeyer* in Beckmann/Matusche-Beckmann VersR-HdB § 42 Rn. 185.

Kündigung des Versicherers § 166

Übersicht

	Rn.		Rn.
A. Normzweck	1	c) Hinweispflicht bei Setzung der Zahlungsfrist nach § 38 Abs. 1	11
B. Anwendungsbereich	3	d) Kein Anspruch auf Rückumwandlung	14
I. Zeitlicher Anwendungsbereich	3	4. Kein ordentliches Kündigungsrecht des Versicherers	15
II. Sachlicher Anwendungsbereich	4	II. Umwandlung in eine prämienfreie Versicherung gem. § 165	16
C. Tatbestand	5		
I. Kündigung (Abs. 1)	5	III. Keine Analogie bei Anfechtung/Rücktritt	17
1. Kündigung wegen Gefahrerhöhung und Obliegenheitsverletzung	6	IV. Informationspflicht bei vom Arbeitgeber abgeschlossenen Lebensversicherungsverträgen	18
2. Kündigung wegen Anzeigepflichtverletzung	7	1. Anwendungsbereich	19
3. Kündigung wegen Zahlungsverzugs	8	2. Information und Verlängerung der Zahlungsfrist	21
a) Kündigung auflösend bedingt	9		
b) Modifikation der Rechtsfolge des § 38 Abs. 2	10	D. Abdingbarkeit	22

Stichwort- und Fundstellenverzeichnis

Stichwort	Rn.	Rspr.	Lit.
Betriebliche Altersvorsorge	→ Rn. 2, 19	–	*Krause* in Looschelders/Pohlmann VVG § 166 Rn. 9; *Ortmann* in Schwintowski/Brömmelmeyer/Ebers VVG § 166 Rn. 11
Betriebliche Altersvorsorge, Informationspflicht	→ Rn. 21	–	*Reiff* in Prölss/Martin VVG § 166 Rn. 12; *Ortmann* in Schwintowski/Brömmelmeyer/Ebers VVG § 166 Rn. 12
Deckungskapital	→ Rn. 4	–	*Krause* in Looschelders/Pohlmann VVG § 165 Rn. 2
Gefahrerhöhung	→ Rn. 6 → § 158 Rn. 5 ff.	BGHZ 121, 6 (10) = VersR 1993, 213 (214)	*Ortmann* in Schwintowski/Brömmelmeyer/Ebers VVG § 158 Rn. 3; *Schwintowski* in Berliner Kommentar VVG § 164 Rn. 6
Hinweispflicht des Versicherers	→ Rn. 11	BGH VersR 1999, 1525 = NJW-RR 2000, 395; OLG München VersR 2000, 1094 (1095)	*Reiff* in Prölss/Martin VVG § 166 Rn. 11; *Reinhard* VersR 2000, 1094 (1096)
Mindestversicherungsleistung	→ Rn. 12	OLG München VersR 2000, 1094 (1095)	*Krause* in Looschelders/Pohlmann VVG § 166 Rn. 7; *Ortmann* in Schwintowski/Brömmelmeyer/Ebers VVG § 165 Rn. 10; *Reinhard* VersR 2000, 1094 (1096)
Obliegenheitsverletzung	→ Rn. 6 → § 28 Rn. 24 ff.	–	*Heiss* in Bruck/Möller VVG § 28 Rn. 132
Rückumwandlung	→ Rn. 14	BGHZ 13, 226 (234) = VersR 1954, 281 (282); OLG Köln VersR 1992, 1252	*Ortmann* in Schwintowski/Brömmelmeyer/Ebers VVG § 166 Rn. 8
Umwandlung	→ Rn. 9 ff.	BGH VersR 1999, 1525 = NJW-RR 2000, 395; OLG München VersR 2000, 1094 (1095)	*Reiff* in Prölss/Martin VVG § 166 Rn. 5 ff.; *Reinhard* VersR 2000, 1094 (1096)
Versicherungen gegen Einmalprämie	→ Rn. 19	–	–
Zahlungsverzug	→ Rn. 1, 7	–	*Krause* in Looschelders/Pohlmann VVG § 166 Rn. 5; *Ortmann* in

Mönnich

§ 166 1–4 Teil 2. Einzelne Versicherungszweige. Kap. 5. Lebensversicherung

Stichwort	Rn.	Rspr.	Lit.
			Schwintowski/Brömmelmeyer/Ebers VVG § 166 Rn. 8; *Schwintowski* in Berliner Kommentar VVG § 175 Rn. 1

Schrifttum: *Claus,* Der Geschäftsplan für die Großlebensversicherung, VerBAV 1986, 239; VerBAV 1986, 283; *Hohlfeld,* Die deutsche Lebensversicherung im EG-Binnenmarkt unter aufsichtsrechtlichen Gesichtspunkten, FS Lorenz, 2014, 295; *Leverent,* Anforderungen an eine „gesonderte Mitteilung" nach dem VVG 2008, VersR 2008, 709; *Neuhaus,* Die vorvertragliche Anzeigepflichtverletzung im neuen VVG, r+s 2008, 45; *Reinhard,* Anm. zu OLG München, VersR 2000, 1094 (1096).

A. Normzweck

1   § 166 ordnet – wie § 175 VVG aF – die Umwandlung in eine prämienfreie Versicherung an, wenn der Versicherer den Vertrag wegen **Zahlungsverzugs** des Versicherungsnehmers mit einer Folgeprämie kündigt. Zweck der Vorschrift ist es, die Rechtsfolgen des Zahlungsverzugs nach § 38 Abs. 2, 3 abzuändern. Der Versicherungsnehmer soll in einer Situation, in der er auch eine Umwandlung gem. § 165 hätte verlangen können, so gestellt werden, als hätte er von diesem Recht Gebrauch gemacht. Der Versicherungsschutz soll nicht erlöschen, sondern mit reduzierter Leistung – wie nach einer vom Versicherungsnehmer verlangten Umwandlung – als prämienfreie Versicherung fortbestehen.[1] Gegenüber § 175 VVG aF ist der Anwendungsbereich von § 166 in Abs. 1 erweitert worden. Die Vorschrift ist jetzt auch auf solche **Kündigungen** des Versicherers anwendbar, die nicht wegen Zahlungsverzugs, sondern aus sonstigen Gründen erfolgen. Die Vorschrift findet damit auch Anwendung, wenn der Versicherer wegen Anzeigepflichtverletzung nach § 19 Abs. 3,[2] wegen Obliegenheitsverletzung nach § 28 Abs. 1 oder wegen Gefahrerhöhung nach §§ 24, 158 Abs. 1 kündigt. Das bedeutet, dass die Umwandlung nunmehr auch dann stattfindet, wenn der Versicherer kündigt, weil er für eine Gefahr haftet, mit der er beim Abschluss des Vertrages nicht rechnete. Damit hält § 166 den Versicherer auch bei **einem gestörten Äquivalenzverhältnis** am Vertrag fest, wobei sich seine Leistungspflicht auf die prämienfreie Versicherungsleistung reduziert.[3]

2   Abs. 4 ist neu und dient dem Interesse des **Arbeitnehmers** am **Fortbestand seiner betrieblichen Altersvorsorge.** Die Vorschrift begründet eine Pflicht des Versicherers, den versicherten Arbeitnehmer zu informieren, wenn der Arbeitgeber die fällige Prämie nicht rechtzeitig zahlt und ihm vor der Kündigung des Vertrages eine Zahlungsfrist von mindestens zwei Monaten einzuräumen, um ihm die Möglichkeit zu geben, mit eigenen Mitteln den Versicherungsschutz aufrechtzuerhalten.[4]

B. Anwendungsbereich

I. Zeitlicher Anwendungsbereich

3   § 166 ist auf Neuverträge (Verträge, die seit dem 1.1.2008 abgeschlossen worden sind) sowie, seit dem 1.1.2009, auch auf Altverträge anzuwenden, Art. 1, 4 EGVVG.

II. Sachlicher Anwendungsbereich

4   § 166 findet auf alle Lebens- und Rentenversicherungsverträge Anwendung.[5] Sein Anwendungsbereich entspricht dem des § 165.[6] Ist kein Deckungskapital vorhanden und ist aus diesem Grunde eine Prämienfreistellung nicht möglich, führt die Kündigung zum Erlöschen des Versiche-

---

[1] Motive zu §§ 174, 175 VVG aF S. 235; *Schwintowski* in Berliner Kommentar VVG § 175 Rn. 1.
[2] Ausdrücklich Begr. zu Art. 1 (§ 165) RegE Gesetz zur Reform des Versicherungsvertragsrechts, BT-Drs. 16/3945, 101.
[3] Aus Sicht des historischen Gesetzgebers erschien es hingegen ausgeschlossen, eine Fortsetzung des Versicherungsvertrages durch Umwandlung bei gestörtem Äquivalenzinteresse zu erzwingen, Motive zu §§ 174, 175 VVG aF S. 235; ähnlich auch noch OLG Schleswig VersR 1953, 19 (20).
[4] Begr. zu Art. 1 (§ 166) RegE Gesetz zur Reform des Versicherungsvertragsrechts, BT-Drs. 16/3945, 101.
[5] *Reiff* in Prölss/Martin VVG § 166 Rn. 2; *Krause* in Looschelders/Pohlmann VVG § 166 Rn. 2; *Ortmann* in Schwintowski/Brömmelmeyer/Ebers VVG § 166 Rn. 3.
[6] → § 165 Rn. 3 ff.

rungsverhältnisses, wie es ohne die Sonderregelung des § 166 der Fall wäre.[7] Gleiches gilt bei Versicherungen **gegen Einmalprämie.**[8] Die Rechtsfolge des § 166 Abs. 1, nach der der Vertrag mit Kündigung des Versicherers in eine prämienfreie Versicherung umgewandelt wird, passt nicht, da die Versicherung mit Einmalprämie (die ja schon prämienfrei ist) nicht mehr nach § 165 umgewandelt werden kann.[9] Ginge man aber nach Kündigung von einem unveränderten Fortbestand des Versicherungsvertrages aus, bliebe der Versicherer – trotz einer **Störung des Äquivalenzinteresses** – mit der ursprünglich vereinbarten Versicherungsleistung im Risiko. Dieses Ergebnis ist unangemessen. Sachgerechter ist es daher, dass die Kündigung des Versicherers bei Unmöglichkeit der Prämienfreistellung zu einem Erlöschen des Versicherungsverhältnisses führt.

C. Tatbestand

I. Kündigung (Abs. 1)

§ 166 setzt einen bestehenden Versicherungsvertrag und eine wirksame Kündigung durch den Versicherer voraus. Die Kündigung muss grds. auf die im VVG benannten Kündigungsgründe gestützt sein. Dies sind namentlich die Kündigung wegen **Verzugs** mit der Zahlung einer Folgeprämie, § 38 Abs. 3 S. 1, die Kündigung wegen **Anzeigepflichtverletzung**, § 19 Abs. 3, die Kündigung wegen **Gefahrerhöhung**, §§ 24, 158 Abs. 1, oder die Kündigung wegen der Verletzung einer vertraglich vereinbarten **Obliegenheit**, § 28 Abs. 1. 5

1. Kündigung wegen Gefahrerhöhung und Obliegenheitsverletzung. Der Versicherer kann einen Lebensversicherungsvertrag unter den Voraussetzungen der §§ 24, 158 Abs. 1 wegen Gefahrerhöhung kündigen. Dieses Kündigungsrecht spielte wegen der Einschränkungen durch § 158 (bzw. § 164 VVG aF) in der Vergangenheit keine praktische Rolle.[10] Nach § 158 gilt nämlich als Gefahrerhöhung nur die Änderung solcher **Gefahrumstände**, die nach **ausdrücklicher Vereinbarung** im Vertrag als **Gefahrerhöhung** angesehen werden soll.[11] Eine solche Vereinbarung kann in ALB getroffen werden,[12] sofern eine entsprechende Klausel der Kontrolle nach §§ 305 ff. BGB standhält. In der Praxis enthielten allerdings die üblichen ALB keine entsprechenden Vereinbarungen.[13] Ebenso wenig enthalten die aktuellen GDV-Muster-ALB KLV 2019 eine Vereinbarung zur Gefahrerhöhung. Folglich ist nicht zu erwarten, dass die Kündigung wegen Gefahrerhöhung den Anwendungsbereich von § 166 gegenüber § 175 (VVG aF) erweitern wird, auch wenn theoretisch individualvertragliche Vereinbarungen zur Gefahrerhöhung – zB in der Risikoversicherung – möglich sind. Ebenso wenig ist davon auszugehen, dass die Kündigung des Versicherers wegen einer **Obliegenheitsverletzung** gem. § 28 Abs. 1 den Anwendungsbereich des § 166 gegenüber dem alten Recht erweitern wird. Das Kündigungsrecht nach § 28 Abs. 1 setzt eine vorsätzliche oder grob fahrlässige Verletzung einer **vor Eintritt des Versicherungsfalls** zu erfüllenden vertraglich vereinbarten Obliegenheit voraus.[14] Die Verletzung einer solchen Obliegenheit und eine hierauf gestützte Kündigung dürfte in der Praxis der Lebensversicherung nicht vorkommen, da gängige ALB keine vor Eintritt des Versicherungsfalls zu erfüllenden Obliegenheiten enthalten, aufgrund deren Verletzung der Versicherer den Vertrag kündigen könnte. 6

2. Kündigung wegen Anzeigepflichtverletzung. Praktische Relevanz könnte aber das Kündigungsrecht nach § 19 Abs. 3 S. 2 erlangen. Hat der Versicherungsnehmer seine vorvertragliche Anzeigepflicht verletzt, kann der Versicherer zwar grds. vom Vertrag zurücktreten. Das Rücktrittsrecht besteht aber nicht, wenn der Versicherungsnehmer weder vorsätzlich noch grob fahrlässig 7

---

[7] *Krause* in Looschelders/Pohlmann VVG § 165 Rn. 2.
[8] In Betracht kommen dürfte hier lediglich die Kündigung wegen Anzeigepflichtverletzung. Eine Kündigung wegen Zahlungsverzugs ist bei der Versicherung gegen Einmalprämie schon begrifflich ausgeschlossen, denn bei Nichtzahlung der Einmalprämie kann der Versicherer gem. § 37 Abs. 1 vom Vertrag zurücktreten. Eine Kündigung wegen Gefahrerhöhung oder Obliegenheitsverletzung dürfte in der Praxis keine Bedeutung erlangen.
[9] Motive zu § 174 VVG aF S. 234; → § 165 Rn. 3.
[10] *Ortmann* in Schwintowski/Brömmelmeyer/Ebers VVG § 158 Rn. 3; *Schwintowski* in Berliner Kommentar VVG § 164 Rn. 6; BGHZ 121, 6 (10) = VersR 1993, 213 (214).
[11] → § 158 Rn. 5 f.
[12] Motive zu § 164 VVG aF S. 223; *Schwintowski* in Berliner Kommentar VVG § 164 Rn. 3.
[13] *Schwintowski* in Berliner Kommentar VVG § 164 Rn. 4.
[14] *Heiss* in Bruck/Möller VVG § 28 Rn. 132.

handelte. In diesem Fall ist der Versicherer berechtigt, den Vertrag nach § 19 Abs. 3 S. 2 zu kündigen.[15]

8   **3. Kündigung wegen Zahlungsverzugs.** Die Kündigung aufgrund des Verzugs mit der Zahlung einer Folgeprämie wird vermutlich auch in der Zukunft der in der Praxis wichtigste Anwendungsfall des § 166 bleiben. Die Voraussetzungen einer wirksamen Kündigung wegen Zahlungsverzugs richten sich grds. nach § 38 Abs. 1, 3[16] und werden durch § 166 Abs. 3 wie folgt ergänzt:

9   **a) Kündigung auflösend bedingt.** Die Kündigung wegen Zahlungsverzugs ist gem. § 38 Abs. 3 S. 3 **auflösend bedingt** durch die Leistung der rückständigen Prämie innerhalb eines Monats nach der Kündigung. Leistet der Versicherungsnehmer vor Ablauf der Monatsfrist, wird die Kündigung unwirksam und sein Vertrag bleibt unberührt.[17] Eine Umwandlung findet nicht statt. § 166 modifiziert diese Regelung nicht.

10   **b) Modifikation der Rechtsfolge des § 38 Abs. 2.** Nach § 38 Abs. 2 wird der Versicherer von seiner Leistungspflicht frei, wenn der Versicherungsfall nach Ablauf einer gem. § 38 Abs. 1 gesetzten Zahlungsfrist aber vor Kündigung eintritt und der Versicherungsnehmer zu diesem Zeitpunkt in Verzug ist. § 166 Abs. 2 modifiziert diese Rechtsfolge dahingehend, dass der Versicherer nicht leistungsfrei wird, sondern zur Zahlung der prämienfreien Versicherungsleistung verpflichtet ist. Die Umwandlung selbst findet aber noch nicht automatisch mit Ablauf der Zahlungsfrist statt, sondern erst dann, wenn der Versicherer die Kündigung tatsächlich ausgesprochen hat.[18] Für den Umfang der Leistungspflicht des Versicherers ist es zwar unerheblich, ob die Umwandlung stattgefunden hat oder nicht. Solange der Vertrag aber nicht gekündigt ist und damit noch keine Umwandlung stattgefunden hat, hat es der Versicherungsnehmer allein in der Hand, den Versicherungsschutz durch Leistung der rückständigen Beiträge für die Zukunft wiederherzustellen. Nach Kündigung hat er dieses Recht nur noch einen Monat lang, § 38 Abs. 3 S. 3.[19]

11   **c) Hinweispflicht bei Setzung der Zahlungsfrist nach § 38 Abs. 1.** § 166 Abs. 3 ergänzt die Informationspflichten des Versicherers nach § 38 Abs. 1 S. 2. § 38 Abs. 1 S. 2 bestimmt, dass die Zahlungsfrist nur dann wirksam gesetzt worden ist, wenn sie die rückständigen Beträge der Prämie, Zinsen und Kosten im Einzelnen beziffert und die Rechtsfolgen angibt, die mit dem Fristablauf verbunden sind.[20] § 166 Abs. 3 ergänzt diese Informationspflichten dahingehend, dass auf die „eintretende" Umwandlung hinzuweisen ist. Der Versicherer muss sowohl auf die Reduzierung der Versicherungsleistung als Folge des Ablaufs der Zahlungsfrist als auch auf die mit der Kündigung eintretende Umwandlung hinweisen.[21] Die Pflicht, über die nach Ablauf der Zahlungsfrist eintretende Rechtsfolge zu belehren, folgt unmittelbar aus § 38 Abs. 1 S. 2, wonach auf die Rechtsfolge des § 38 Abs. 2 hinzuweisen ist. Diese Rechtsfolge besteht gem. § 38 Abs. 2 iVm § 166 Abs. 2 in der Reduzierung der Leistungspflicht, als wenn sich „die Versicherung in eine prämienfreie Versicherung umgewandelt hätte".

12   Die Umwandlung nach Abs. 1 und die Reduzierung der Leistungspflicht nach Abs. 2 treten nur ein, wenn die vereinbarte **Mindestversicherungsleistung** erreicht ist (Abs. 1 S. 2 iVm § 165 Abs. 1 S. 2). Anderenfalls wird der Versicherer von seiner Leistungspflicht frei und die Versicherung erlischt. Sofern vorhanden, ist der Rückkaufswert nach § 169 zu zahlen. In diesem Fall muss der Versicherer darauf **hinweisen,** dass er nach Ablauf der Zahlungsfrist leistungsfrei ist und der Vertrag ggf. infolge der Kündigung erlischt.[22]

---

15   Nach dem Wortlaut des Gesetzes sogar bei schuldlosem Handeln: *Rolfs* in Bruck/Möller VVG § 19 Rn. 137; *Grote* in Marlow/Spuhl Neues VVG S. 50; *Härle* in Schwintowski/Brömmelmeyer/Ebers VVG § 19 Rn. 118 ff.
16   → § 38 Rn. 19 ff.
17   → § 38 Rn. 22; *Krause* in Looschelders/Pohlmann VVG § 166 Rn. 5; *Ortmann* in Schwintowski/Brömmelmeyer/Ebers VVG § 166 Rn. 8.
18   *Reinhard* VersR 2000, 1094 (1096).
19   → § 38 Rn. 22.
20   BGH VersR 1999, 1525 = NJW-RR 2000, 395.
21   Dies entspricht dem Willen des historischen Gesetzgebers: „einen Hinweis auf die nach § 175 Abs. 1, 2 eintretende Rechtsfolge der Umwandlung"; Motive zu §§ 174, 175 VVG aF S. 236.
22   OLG München VersR 2000, 1094 (1095); *Krause* in Looschelders/Pohlmann VVG § 166 Rn. 7; *Ortmann* in Schwintowski/Brömmelmeyer/Ebers VVG § 166 Rn. 10; *Reiff* in Prölss/Martin VVG § 166 Rn. 11; aA *Reinhard* VersR 2000, 1094 (1096).

Der Hinweis nach § 38 Abs. 1 S. 2 iVm § 166 Abs. 3 ist **Wirksamkeitsvoraussetzung** für die 13
Fristsetzung nach § 38 Abs. 1 S. 1. Fehlt eine richtige und vollständige Belehrung, ist die Fristsetzung
unwirksam, der Versicherer bleibt zur Leistung der vollen Versicherungssumme verpflichtet.[23] Eine
ohne wirksame Fristsetzung erfolgte Kündigung ist unwirksam.[24]

d) **Kein Anspruch auf Rückumwandlung.** Nach wirksamer Kündigung und Ablauf der 14
Monatsfrist gem. § 38 Abs. 3 S. 3 hat der Versicherungsnehmer keinen Anspruch auf Rückumwandlung des Vertrags in die ursprüngliche beitragspflichtige Versicherung.[25] Abweichend hiervon besteht ein solcher Anspruch auf Wiederherstellung des ursprünglich vereinbarten Versicherungsschutzes unter den Voraussetzungen des § 212, nämlich wenn ein im Rahmen der **betrieblichen Altersvorsorge**[26] geschlossener Vertrag wegen Nichtzahlung der Prämien in der **Elternzeit** prämienfrei gestellt wird und der Arbeitnehmer binnen drei Monaten nach Beendigung der Elternzeit die Fortsetzung der Versicherung zu unveränderten Bedingungen verlangt.

4. Kein ordentliches Kündigungsrecht des Versicherers. Über die oben genannten Kündi- 15
gungsgründe hinaus steht dem Versicherer kein allgemeines, ordentliches Kündigungsrecht gem.
§ 11 Abs. 2 zu.[27] Dies gilt unabhängig davon, ob es sich um eine klassische oder eine fondsgebundene
Lebensversicherung handelt, ob eine bestimmte Laufzeit vereinbart ist und auch unabhängig davon,
ob man einen auf Lebenszeit abgeschlossenen Versicherungsvertrag (dh einen Vertrag ohne bestimmtes Ablaufdatum) als einen auf unbestimmte Zeit geschlossenen Vertrag (vgl. § 11 Abs. 2) ansieht.[28]
Zwar enthält das VVG kein ausdrückliches Kündigungsverbot,[29] jedoch ist das dem Versicherer gem.
§§ 163, 164 zustehende Recht, einseitig die Prämien und Bedingungen anzupassen nur vor dem
Hintergrund vorausgesetzter Unkündbarkeit zu rechtfertigen.[30] Außerdem liefe eine ordentliche
Kündigung des Versicherers dem Wesen einer Lebensversicherung entgegen. Etwaige Kündigungsklauseln in AVB, die sich nicht auf die im VVG genannten Kündigungsgründe stützen, dürften also
wegen § 307 BGB unwirksam sein.[31] Eine individuell und einvernehmlich zwischen dem Versicherer
und dem Versicherungsnehmer vereinbarte Aufhebung des Vertrages ist demgegenüber im Rahmen
der Vertragsfreiheit (§ 311 BGB) möglich.

II. Umwandlung in eine prämienfreie Versicherung gem. § 165

Liegen die Voraussetzungen für eine Kündigung vor und macht der Versicherer wirksam 16
von seinem Kündigungsrecht Gebrauch, wandelt sich die Versicherung in eine prämienfreie
Versicherung um. Die Rechtsfolgen nach § 19 Abs. 3, § 24 iVm §§ 158, 28 Abs. 1 und des § 38
Abs. 3 werden also durch § 166 **abgeändert**, so dass die Kündigung des Versicherers den Vertrag
nicht beendet, sondern ihn als prämienfreie Versicherung mit reduzierten Versicherungsleistungen
fortbestehen lässt,[32] sofern die vereinbarte Mindestversicherungsleistung (§ 165 Abs. 1 S. 1)
erreicht ist. Für die Umwandlung gilt § 165. Insoweit kann auf die dortige Kommentierung
verwiesen werden.[33] Abweichend von § 165 Abs. 1 S. 1 findet die **Umwandlung** allerdings nicht
zum Ende der laufenden Versicherungsperiode, sondern zum **Zeitpunkt des Wirksamwerdens
der Kündigung** statt.[34] Auf diesen Zeitpunkt ist abweichend von § 165 Abs. 3 auch die prämienfreie Versicherungsleistung zu berechnen.[35] Dies folgt sinngemäß aus §§ 38, 39.

---

23 OLG München VersR 2000, 1094 (1095); *Grote* in Langheid/Rixecker VVG § 166 Rn. 7.
24 OLG München VersR 2000, 1094 (1095); *Langheid* in Römer/Langheid VVG § 166 Rn. 7.
25 BGHZ 13, 226 (234) = VersR 1954, 281 (282); OLG Köln VersR 1992, 1252; *Ortmann* in Schwintowski/
Brömmelmeyer/Ebers VVG § 166 Rn. 8; → § 165 Rn. 24 f.
26 Zur betrieblichen Altersvorsorge: *Schwintowski* in Beckmann/Matusche-Beckmann VersR-HdB § 43; zur
Informationspflicht des Versicherers nach § 166 Abs. 4 → Rn. 18.
27 Begr. zu Art. 1 (§ 164) RegE Gesetz zur Reform des Versicherungsvertragsrechts, BT-Drs. 16/3945, 100;
Wandt VersR Rn. 1256.
28 OGH VersR 2012, 596 (598 ff.) mit detaillierter Begr.
29 *Hohlfeld* FS Lorenz, 2014, 295 (301) kritisiert das Fehlen eines ausdrücklichen Kündigungsverbots im VVG
nach Abschaffung der Genehmigungspflicht der AVB.
30 *Grote* in Langheid/Rixecker VVG § 166 Rn. 4; → § 163 Rn. 1.
31 *Ortmann* in Schwintowski/Brömmelmeyer/Ebers VVG § 166 Rn. 5; *Grote* in Langheid/Rixecker VVG
§ 166 Rn. 4; *Wandt* VersR Rn. 1256.
32 Ausdrücklich BGHZ 13, 226 (234) = VersR 1954, 281 (282).
33 → § 165 Rn. 22 ff.
34 Motive zu §§ 174, 175 VVG aF S. 235; *Ortmann* in Schwintowski/Brömmelmeyer/Ebers VVG § 166 Rn. 7.
35 *Grote* in Langheid/Rixecker VVG § 166 Rn. 2 mit Hinweis auf VerBAV 1979, 259; aA *Reiff* in Prölss/Martin
VVG § 166 Rn. 6; zum alten Recht und entsprechenden aufsichtsrechtlichen Vorgaben zur Abbedingung
des § 40 VVG aF in der Lebensversicherung *Claus* VerBAV 1986, 283 (286).

III. Keine Analogie bei Anfechtung/Rücktritt

17 Rücktritt oder Anfechtung des Versicherers (zB wegen Anzeigepflichtverletzung gem. § 19 Abs. 2, § 22 iVm § 123 BGB) sind nicht einer Kündigung gleichzustellen und führen damit nicht zu einer (analogen) Anwendung des § 166.[36]

IV. Informationspflicht bei vom Arbeitgeber abgeschlossenen Lebensversicherungsverträgen

18 Abs. 4 ist mit der VVG-Reform neu eingeführt worden. Er begründet Informations- und weitere Schutzpflichten des Versicherers für sämtliche Lebensversicherungsverträge, die vom Arbeitgeber **zugunsten** seiner Arbeitnehmer abgeschlossen worden sind. Bereits nach altem Recht hat das OLG Düsseldorf ähnliche Informations- und Schutzpflichten bei einer im Rahmen der betrieblichen Altersvorsorge abgeschlossenen Direktversicherung und **unwiderruflichem Bezugsrecht** des Arbeitnehmers aus Treu und Glauben abgeleitet, um dem Arbeitnehmer die Aufrechterhaltung des Versicherungsschutzes gem. § 34 zu ermöglichen.[37]

19 **1. Anwendungsbereich.** Erfasst sind Lebensversicherungsverträge, die der Arbeitgeber als **Versicherungsnehmer** abschließt und bei denen der Arbeitnehmer sowohl **versicherte Person** als auch die aus dem Vertrag **bezugsberechtigte Person** ist.[38] Das sind innerhalb der typischen Durchführungswege der betrieblichen Altersvorsorge **Direktversicherungsverträge** (Legaldefinition in § 1b Abs. 2 S. 1 BetrAVG), sowie üblicherweise auch Versicherungsverträge bei **Pensionskassen** (Legaldefinition in § 1b Abs. 3 BetrAVG).[39] Bei regulierten Pensionskassen iSd § 233 Abs. 1 und 2 VAG ist die Anwendung des § 166 nicht zwingend, da mit Genehmigung der Aufsichtsbehörde abweichende Regelungen getroffen werden können, § 211 Abs. 1 S. 2. Bei anderen Durchführungswegen der betrieblichen Altersversorgung ist Abs. 4 grds. nicht anwendbar: Bei einer **Direktzusage/Pensionszusage** oder **Versorgungszusage** (§ 1 Abs. 1 S. 2 Alt. 1 BetrAVG) verpflichtet sich der Arbeitgeber verbindlich gegenüber dem Arbeitnehmer, bestimmte Versorgungsleistungen an den Arbeitnehmer bzw. dessen versorgungsberechtigte Hinterbliebene zu erbringen.[40] Der Arbeitgeber kann zur Finanzierung dieser Direktzusage eine sog. **Rückdeckungsversicherung** abschließen und ist dabei sowohl Versicherungsnehmer als regelmäßig auch Bezugsberechtigter. Dem Arbeitnehmer stehen hieraus regelmäßig keine Ansprüche zu. Folglich ist die Rückdeckungsversicherung nicht „zu Gunsten" des Arbeitnehmers abgeschlossen. Abs. 4 findet damit grds. keine Anwendung.[41] Etwas anderes könnte nach Sinn und Zweck des Abs. 4 gelten, wenn Ansprüche aus einer Rückdeckungsversicherung an den Arbeitnehmer **verpfändet** werden. Aufgrund des Pfandrechts wird der Arbeitnehmer durch die Versicherung begünstigt und ist bei Pfandreife, also bei Fälligkeit der zugesagten Versorgungsleistungen, allein zur Einziehung der Versicherungsleistung befugt, §§ 1282 Abs. 1, 1228 Abs. 2 BGB.[42] Eindeutig ist der Gesetzeswortlaut insoweit aber nicht. Daher sollte im Zweifel eine dem Abs. 4 entsprechende Vereinbarung mit dem Versicherer getroffen werden, wenn die Information des Arbeitnehmers durch den Versicherer bei Zahlungsverzug des Arbeitgebers gewollt ist. Entsprechendes gilt bei einer **verpfändeten Rückdeckungsversicherung**, die von einer **Unterstützungskasse** zur Deckung von Unterstützungskassenzusagen abgeschlossen wurde, auch wenn hier formal betrachtet die Lebensversicherung nicht vom Arbeitgeber, sondern der Unterstützungskasse abgeschlossen wurde.

20 Auf Verträge bei **Pensionsfonds** iSd § 236 VAG (§ 1b Abs. 3 BetrAVG) findet Abs. 4 keine Anwendung, da es sich bei Pensionsfonds nicht um Versicherungsunternehmen handelt und sie daher nicht dem VVG unterfallen.[43]

21 **2. Information und Verlängerung der Zahlungsfrist.** Die Informationspflicht aus Abs. 4 greift, wenn der Arbeitgeber eine Folgeprämie für eine zu Gunsten des Arbeitnehmers abgeschlossene

---

[36] OLG Schleswig VersR 1953, 19 (20); Motive zu §§ 174, 175 S. 236; *Reiff* in Prölss/Martin VVG § 166 Rn. 4.
[37] OLG Düsseldorf VersR 2003, 627 (628).
[38] Begr. zu Art. 1 (§ 166) RegE Gesetz zur Reform des Versicherungsvertragsrechts, BT-Drs. 16/3945, 101; die Ersetzung des Begriffs „Bezugsberechtigter" durch „versicherte Person" in Abs. 4 stell eine rein begriffliche Korrektur dar, Begr. zur Beschlussempfehlung zu Art. 1 (§ 166) Gesetz zur Reform des Versicherungsvertragsrechts, BT-Drs. 16/5862, 100; *Reiff* in Prölss/Martin VVG § 166 Rn. 15.
[39] *Reiff* in Prölss/Martin VVG § 166 Rn. 14; *Krause* in Looschelders/Pohlmann VVG § 166 Rn. 9.
[40] *Schipp* in Henssler/Willemsen/Kalb BetrAVG Vor Rn. 65.
[41] *Brambach* in HK-VVG § 166 Rn. 4; *Krause* in Looschelders/Pohlmann VVG § 166 Rn. 9; aA *Ortmann* in Schwintowski/Brömmelmeyer/Ebers VVG § 166 Rn. 11.
[42] BGHZ 136, 220 (227) = VersR 1998, 329 (331); OLG Hamburg VersR 2003, 630 (631).
[43] Begr. zu Art. 1 (§ 211) RegE Gesetz zur Reform des Versicherungsvertragsrechts, BT-Drs. 16/3945, 116.

Versicherung nicht rechtzeitig zahlt. Der Versicherer muss dann die versicherte Person über die Bestimmung der Zahlungsfrist nach § 38 Abs. 1 und die eintretende Umwandlung in Textform (§ 126b BGB) informieren. Er muss der versicherten Person ferner eine Zahlungsfrist von mindestens zwei Monaten einräumen und dabei die rückständigen Beträge der Prämien, Zinsen und Kosten im Einzelnen beziffern und über die **Rechtsfolge des Zahlungsverzugs** aufklären.[44]

Ortmann weist darauf hin, dass nach dem Wortlaut der Vorschrift nicht ganz klar ist, ob mit der einzuräumenden Zahlungsfrist von zwei Monaten die Zahlungsfrist nach § 38 Abs. 1 oder die „Nachzahlungsfrist" entsprechend § 38 Abs. 3 verlängert werden soll.[45] Die Begründung zum RegE, wonach dem Arbeitnehmer **vor der Kündigung** der Versicherung eine **Zahlungsfrist** von mindestens zwei Monaten eingeräumt werden soll,[46] spricht dafür, dass der Gesetzgeber eine Verlängerung der Zahlungsfrist des § 38 Abs. 1 beabsichtigt hat,[47] dass also die Verzugsfolgen erst nach Ablauf der Zahlungsfrist von zwei Monaten eintreten sollen.

D. Abdingbarkeit

§ 166 ist halbzwingend, § 171 S. 1. Von der Vorschrift kann nicht zum Nachteil des Versicherungsnehmers, der versicherten Person oder des Eintrittsberechtigten abgewichen werden. Abweichende Regelungen in Allgemeinen Versicherungsbedingungen können lediglich unter den Voraussetzungen des § 211 Abs. 1 Nr. 1–4 getroffen werden.[48] 22

§ 167 Umwandlung zur Erlangung eines Pfändungsschutzes

¹Der Versicherungsnehmer einer Lebensversicherung kann jederzeit für den Schluss der laufenden Versicherungsperiode die Umwandlung der Versicherung in eine Versicherung verlangen, die den Anforderungen des § 851c Abs. 1 der Zivilprozessordnung entspricht. ²Die Kosten der Umwandlung hat der Versicherungsnehmer zu tragen.

Übersicht

		Rn.			Rn.
A.	Normzweck	1	I.	Wortlaut des § 851c ZPO	22
B.	Tatbestand	5	II.	§ 851c Abs. 1 ZPO: Pfändungsschutz des Anspruchs auf Leistungen	23
I.	Umwandlungsfähige Lebensversicherung	5	1.	Lebenslange, regelmäßige Leistung ab Vollendung des 60. Lebensjahres oder Berufsunfähigkeit (Nr. 1)	24
II.	Keine entgegenstehenden Rechte Dritter	7		a) Lebenslange Leistungen ab Vollendung des 60. Lebensjahres	25
III.	Rechtscharakter des Umwandlungsverlangens	8		b) Leistungen bei Berufsunfähigkeit	26
IV.	Frist- und Formerfordernisse für das Umwandlungsverlangen	11	2.	Verfügungsverbot (Nr. 2)	30
V.	Zeitpunkt der Umwandlung und des Inkrafttretens des Pfändungsschutzes	12	3.	Todesfallleistungen nur an Hinterbliebene nicht an Dritte (Nr. 3)	31
VI.	Umwandlungsrecht und Übernahme biometrischen Risikos	17		a) Höhe der Todesfallleistung	32
VII.	Kosten	21		b) Hinterbliebene	33
VIII.	Anfechtbarkeit der Umwandlung	21a		c) Pfändungsschutz der Leistungen an Hinterbliebene?	35
C.	Pfändungsgeschützte Versicherung gem. § 851c ZPO	22	4.	Keine Kapitalleistung außer für den Todesfall (Nr. 4)	36
				a) Keine Kapitalleistung im Erlebensfall	36

---
[44] Begr. zu Art. 1 (§ 166) RegE Gesetz zur Reform des Versicherungsvertragsrechts, BT-Drs. 16/3945, 101.
[45] *Ortmann* in Schwintowski/Brömmelmeyer/Ebers VVG § 166 Rn. 13.
[46] Begr. zu Art. 1 (§ 166) RegE Gesetz zur Reform des Versicherungsvertragsrechts, BT-Drs. 16/3945, 101.
[47] *Ortmann* in Schwintowski/Brömmelmeyer/Ebers VVG § 166 Rn. 13; iErg *Reiff* in Prölss/Martin VVG § 166 Rn. 12.
[48] Begr. zu Art. 1 (§ 211) RegE Gesetz zur Reform des Versicherungsvertragsrechts, BT-Drs. 16/3945, 116; *Ortmann* in Schwintowski/Brömmelmeyer/Ebers VVG § 168 Rn. 33; *Brömmelmeyer* in Beckmann/Matusche-Beckmann VersR-HdB § 42 Rn. 185.

§ 167

Teil 2. Einzelne Versicherungszweige. Kap. 5. Lebensversicherung

	Rn.		Rn.
b) Zulässige Kapitalleistung im Todesfall	37	**III. § 851c Abs. 2 ZPO: Pfändungsschutz des Deckungskapitals**	39
c) Kapitalleistungen an Hinterbliebene und Pfändungsschutz dieser Leistungen	38	**D. Abdingbarkeit**	43

Stichwort- und Fundstellenverzeichnis

Stichwort	Rn.	Rspr.	Lit.
Anfechtbarkeit der Umwandlung	→ Rn. 21a	OLG Stuttgart VersR 2012, 1021; OLG Naumburg BeckRS 2011, 7639; KG BeckRS 2011, 29879; LG München BeckRS 2012, 25083; AG Köln BeckRS 2012, 737	*Kemerdick* ZInsO 2012, 2193 (2194 f.); *Lange* ZVI 2012, 403 (406); *Hasse* VersR 2007, 870 (890); *Wollmann* ZInsO 2012, 2016
Berufsunfähigkeits(zusatz)versicherung, Pfändungsschutz	→ Rn. 5, 26 ff.	BGH NZI 2010, 777 = WM 2010, 1612; BGHZ 70, 2006 = VersR 1978, 447; OLG Hamm VersR 2010, 100 ff.; ZInsO 2006, 878; OLG Köln VersR 2009, 621; OLG Frankfurt a. M. r+s 2008, 386; KG VersR 2003, 490; OLG Karlsruhe OLGR 2002, 114; OLG Jena VersR 2000, 1005 = r+s 2001, 477; OLG München VersR 1997, 1520 (Ls.), Aufgabe von OLG München VersR 1996, 318; OLG Saarbrücken VersR 1995, 1227 = r+s 1996, 243; OLG Oldenburg VersR 1994, 846 = r+s 1994, 155	*Reiff* in Prölss/Martin VVG § 167 Rn. 3; *Smid* in MüKoZPO, 4. Aufl. 2012, § 850b Rn. 3; *Hülsmann* VersR 1996, 308
Biometrisches Risiko	→ Rn. 17 ff.	–	*Hasse* VersR 2007, 870 (889)
Deckungskapital, Pfändungsschutz	→ Rn. 39 ff.	OLG Stuttgart NZI 2012, 250 (251)	*Holzer* DStR 2007, 767 (770)
Frist- und Formerfordernisse für das Umwandlungsverlangen	→ Rn. 11	OLG Hamm VerBAV 1951, 194	*Reiff* in Prölss/Martin VVG § 167 Rn. 16; *Brambach* in HK-VVG § 167 Rn. 10; *Krause* in Looschelders/Pohlmann VVG § 167 Rn. 17
Hinterbliebene, Begriff	→ Rn. 33	BGH NZI 2011, 67 (68)	*Stöber* NJW 2007, 1242 (1245); *Hasse* VersR 2007, 870 (884); *Holzer* DStR 2007, 767 (769); *Smid* FPR 2007, 443 (446)
Hinterbliebenenleistungen	→ Rn. 31 ff.	–	*Holzer* DStR 2007, 767 (769)
Hinterbliebenenleistungen, Pfändungsschutz	→ Rn. 35, 38	–	*Ortmann* in Schwintowski/Brömmelmeyer/Ebers VVG § 167 Rn. 8 f.; *Hasse* VersR 2007, 870 (884 f.); *Holzer* DStR 2007, 767 (770)
Lebenslange Leistungen	→ Rn. 24 ff.	–	*Hasse* VersR 2007, 870 (884)
Mitwirkungspflichten des Versicherers bei Umwandlung	→ Rn. 10	–	*Neuhaus/Köther* ZfV 2009, 248 (250); *Stöber* NJW 2007, 1242 (1242)
Pfändungsschutz des Deckungskapitals	→ Rn. 39 ff.	OLG Stuttgart NZI 2012, 250 (251)	*Holzer* DStR 2007, 767 (770)
Pfändungsschutz für private Altersvorsorgeverträge	→ Rn. 1 f.	–	*Stöber* NJW 2007, 1242 (1244); *Hasse* VersR 2006, 145 (146); 2004, 958

§ 167 Umwandlung zur Erlangung eines Pfändungsschutzes

Stichwort	Rn.	Rspr.	Lit.
Pfändungsschutz von Hinterbliebenenleistungen	→ Rn. 35, 38	–	Ortmann in Schwintowski/Brömmelmeyer/Ebers VVG § 167 Rn. 8; Hasse VersR 2007, 870 (884 f.); Holzer DStR 2007, 767 (770)
Pfändungsschutz, Inkrafttreten	→ Rn. 13 ff.	BGH NZI 2011, 67 (69) = VersR 2011, 1287 (1288); OLG Stuttgart NZI 2012, 250 (251)	Neuhaus/Köther ZfV 2009, 248 (250); Hasse VersR 2007, 870 (889); 2006, 145 (157); Stöber NJW 2007, 1242 (1246 f.)
Rechte Dritter	→ Rn. 7	–	Ortmann in Schwintowski/Brömmelmeyer/Ebers VVG § 167 Rn. 12
Rechtscharakter des Umwandlungsverlangens	→ Rn. 9	BGH VersR 2015, 1150 Rn. 15ff; BGH NZI 2011, 67 (96); OLG Karlsruhe VersR 2018; OLG Stuttgart VersR 2015, 738; OLG Hamm r+s 2011, 261	Lange ZVI 2012, 403 (405); Krause in Looschelders/Pohlmann VVG § 167 Rn. 13; Neuhaus/Köther ZfV 2009, 248 (249 f.); Hasse VersR 2007, 870 (889); Hasse VersR 2006, 145 (157)
Risikolebensversicherung	→ Rn. 5	–	Ortmann in Schwintowski/Brömmelmeyer/Ebers VVG § 167 Rn. 5; Krause in Looschelders/Pohlmann VVG § 165 Rn. 5
Risikoprüfung, Umwandlung	→ Rn. 17 ff.	–	Hasse VersR 2007, 870 (889)
Selbständige	→ Rn. 2	BGH VersR 2008, 843 = NJW-RR 2008, 496	Stöber NJW 2007, 1242 (1244)
Umwandlung, Mitwirkungspflichten des Versicherers	→ Rn. 10; 15	OLG Karlsruhe VersR 2018, 1369, 1370–	Matzen VersR 2019, 1526, 1533; Neuhaus/Köther ZfV 2009, 248 (250); Stöber NJW 2007, 1242 (1242)
Umwandlung, Risikoprüfung	→ Rn. 17 ff.	–	Hasse VersR 2007, 870 (889)
Umwandlungsverlangen, Frist- und Formerfordernisse	→ Rn. 11	OLG Hamm VerBAV 1951, 194	Matzen VersR 2019, 1526, 1533; Reiff in Prölss/Martin VVG § 167 Rn. 16; Brambach in HK-VVG § 167 Rn. 10; Krause in Looschelders/Pohlmann VVG § 167 Rn. 17;
Umwandlungsverlangen, Rechtscharakter	→ Rn. 9	BGH VersR 2015, 1150 Rn. 15ff; NZI 2011, 67 (96); OLG Karlsruhe VersR 2018; OLG Stuttgart VersR 2015, 738; OLG Hamm r+s 2011, 261	Lange ZVI 2012, 403 (405); Krause in Looschelders/Pohlmann VVG § 167 Rn. 13; Neuhaus/Köther ZfV 2009, 248 (249 f.); Hasse VersR 2007, 870 (889); Hasse VersR 2006, 145 (157)
Verfügungsverbot	→ Rn. 30	BGH r+s 2009, 472	Hasse VersR 2006, 145 (151); Holzer DStR 2007, 767 (769)
Vollstreckungsschutz	→ Rn. 16	AG Lemgo ZVI 2007, 183	Neuhaus/Köther ZfV 2009, 249 (251); Hasse VersR 2007, 870 (887) Fn. 172

Schrifttum: *Hasse*, Der neue Pfändungsschutz der Altersvorsorge und Hinterbliebenenabsicherung, VersR 2007, 870; *Hasse*, Zum Entwurf eines Gesetzes zum Pfändungsschutz der Altersvorsorge und zur Anpassung des Rechts der Insolvenzordnung, VersR 2006, 145; *Hasse*, Zur gesetzlichen Neuregelung der Zwangsvollstreckung in Kapitallebensversicherungen, VersR 2004, 958; *Hellwich*, Pfändungsschutz zur Alterssicherung Selbständiger, JurBüro 2007, 286; *Holzer*, Das Gesetz zum Pfändungsschutz der Altersvorsorge, DStR 2007, 767; *Hülsmann*, Zur Abtretung aller Ansprüche aus einer Lebensversicherung mit eingeschlossener Berufsunfähigkeitszusatzversicherung – Zugleich Anm. zum Urteil des OLG Saarbrücken v. 9.11.1994 (5 U 69/94-3 VersR 1995, 1227) VersR 1996, 308; Kasseler Kommentar zum Sozialversicherungsrecht, Bd. 6: SGB VI, 85. EL 2015; *Kemperdick*, Anfechtung der Umwandlung einer Lebensversicherung, ZInsO 2012, 2193; *Kirchmeier*, Die private Altersvorsorge im Versorgungsausgleich nach der Strukturreform, VersR 2009, 1581; *Kogel*, Die Einführung der §§ 851c ZPO, 173 VVG – teilweise ein gesetzgeberischer Fehlgriff?, FamRZ 2007, 870; *Kreikebohm*, Sozialgesetzbuch, Gesetzliche Rentenversicherung – SGB VI, 4. Aufl. 2013; *Lange*, Lebensversicherung in der Insolvenz, ZVI 2012, 403; *Matzen*, Das Umwandlungsverlangen des Versicherungsnehmers nach § 167 VVG, VersR 2019, 1526; *Neuhaus/*

Köther, Pfändungsschutz bei umgewandelten Lebensversicherungen – Neue Vorschriften, neue Streitpunkte, ZfV 2009, 248; *Ponatz*, Vermögensschutz durch Lebensversicherungen, ZEV 2006, 242; *Prahl*, Von der Umwandlung einer Lebensversicherung für fremde Rechnung in eine pfändungsgeschützte Altersrente nach § 167, VersR 2016, 1213; *Schwarz/Facius*, Auswirkungen des Gesetzes zum Pfändungsschutz der Altersvorsorge für das pfändbare Einkommen, ZVI 2009, 188; *Smid*, Pfändungsschutz bei Altersrenten, FPR 2007, 443; *Srehardt*, Pfändungsschutz in der privaten und betrieblichen Altersversorgung; DStR 2013, 472; *Specker*, Der Anspruch des § 167 VVG auf Umwandlung einer Lebensversicherung in eine „pfändungsgeschützte" Versicherung, VersR 2011, 958; *M. Stöber*, Das Gesetz zum Pfändungsschutz der Altersvorsorge, NJW 2007, 1242; *Tavakoli*, Lohnpfändung und private Altersvorsorge: Erhöhung der Freigrenze durch § 851c ZPO?, NJW 2008, 3259; *Wimmer*, Das Gesetz zum Pfändungsschutz der Altersvorsorge unter besonderer Berücksichtigung der Hinterbliebenenversorgung, ZInsO 2007, 281; *Wollmann*, Insolvenzanfechtung der Umwandlung gem. § 167 VVG, ZInsO 2012, 2016.

A. Normzweck

1 § 167 gibt dem Versicherungsnehmer die Möglichkeit, seine Lebensversicherung in einen „pfändungsgeschützten" Vertrag iSd § 851c ZPO umzuwandeln. Die Vorschrift entspricht wörtlich § 173 VVG aF, der durch das Gesetz zum Pfändungsschutz der Altersvorsorge v. 26.3.2007[1] in das VVG eingefügt wurde. Die Vorschrift ergänzt § 851c ZPO, der **Pfändungsschutz für private Altersvorsorgeverträge** statuiert, sofern die Verträge den in der Vorschrift genannten Voraussetzungen entsprechen. § 851c ZPO beruht ebenso wie § 173 VVG aF auf dem Gesetz zum Pfändungsschutz der Altersvorsorge und ist am 30.3.2007 in Kraft getreten.

2 Hintergrund der Neuregelung war der Folgende: Leistungen aus der **gesetzlichen Rentenversicherung** waren gem. § 54 Abs. 4 SGB I schon in der Vergangenheit in dem gleichen Umfang wie Arbeitseinkommen (§ 850 Abs. 1 ZPO) gegen Pfändung geschützt. Pfändungsschutz genießen danach Altersrenten von abhängig Beschäftigten, von Freiberuflern, deren Versorgungsansprüche denjenigen der gesetzlichen Rentenversicherung gleichgestellt sind,[2] sowie von **Selbständigen**, die Leistungen aus der gesetzlichen Rentenversicherung aufgrund einer freiwilligen Mitgliedschaft erhalten.[3] Demgegenüber unterlagen Leistungen aus privaten Lebensversicherungsverträgen grds. dem uneingeschränkten Zugriff der Gläubiger.[4] § 851c ZPO stellt nunmehr, im Hinblick auf die Pfändbarkeit, Leistungen aus einer privaten Rentenversicherung mit den Leistungen aus der gesetzlichen Rentenversicherung gleich. Die Vorschrift verbessert damit insbes. die Position Selbständiger, deren idR privat aufgebautes Altersvorsorgevermögen bislang nicht gegen den Zugriff der Gläubiger geschützt war.[5] Die Erweiterung des Pfändungsschutzes auf private Altersrenten war aus Sicht des Gesetzgebers nicht zuletzt verfassungsrechtlich motiviert: Das Sozialstaatsprinzip gebiete es, dem Schuldner bei staatlichen Zwangsvollstreckungsmaßnahmen zumindest dasjenige zu belassen, was er zur Absicherung seines Existenzminimums, also zur Wahrung der selbstverantwortlichen Gestaltung seiner Lebensverhältnisse ohne die Inanspruchnahme öffentlicher Fürsorge, benötige.[6] Der Gleichheitsgrundsatz aus Art. 3 GG gebiete es darüber hinaus, Selbständige insoweit nicht schlechter zu stellen, als Arbeitnehmer oder einem Versorgungswerk angehörende Freiberufler, deren Rentenansprüche schon in der Vergangenheit Pfändungsschutz genossen.[7]

3 § 851c ZPO schützt Verträge von Selbständigen sowie von Arbeitnehmern, die zusätzlich privat vorsorgen, und von nicht berufstätigen Personen.[8] Es soll damit für alle Bürger ein Anreiz zu privater Altersvorsorge geschaffen werden. Nicht zuletzt dient der Pfändungsschutz auch dem Zweck, den Staat dauerhaft von Sozialleistungen zu entlasten.[9] Wesentliche Voraussetzung für das Eingreifen des

---

[1] BGBl. 2007 I S. 368.
[2] Vgl. § 10 RAVG NW.
[3] BGH VersR 2008, 843 (845) = NJW-RR 2008, 496 (498).
[4] Pfändungsschutz besteht aber gem. § 850 Abs. 3b für Versorgungsrenten aus Versicherungsverträgen (ehemaliger) Arbeitnehmer, BGH VersR 2008, 843 = NJW-RR 2008, 496.
[5] BGH VersR 2008, 843 = NJW-RR 2008, 496; Begr. zum Allgemeinen Teil RegE eines Gesetzes zum Pfändungsschutz der Altersvorsorge, BT-Drs. 16/886, 7; *Hellwich* JurBüro 2007, 286 (287); *Stöber* NJW 2007, 1242 (1244).
[6] Begr. zum Allgemeinen Teil RegE eines Gesetzes zum Pfändungsschutz der Altersvorsorge, BT-Drs. 16/886, 7.
[7] Begr. zum Allgemeinen Teil RegE eines Gesetzes zum Pfändungsschutz der Altersvorsorge, BT-Drs. 16/886, 7; *Stöber* NJW 2007, 1242 (1244); *Hasse* VersR 2006, 145 (146); 2004, 958; LG Lemgo ZVI 2007, 183.
[8] *Stöber* NJW 2007, 1242 (1244).
[9] Begr. zum Allgemeinen Teil RegE eines Gesetzes zum Pfändungsschutz der Altersvorsorge, BT-Drs. 16/886, 7.

Pfändungsschutzes nach § 851c ZPO ist, dass aufgrund des Vertrages **lebenslange Leistungen** in regelmäßigen Zeitabständen erbracht werden. So wird sichergestellt, dass Leistungen aus dem Vertrag tatsächlich der Altersvorsorge dienen und nicht zu anderen Zwecken verwendet werden.

§ 167 ermöglicht es dem Versicherungsnehmer, die **Umwandlung** seiner bestehenden Lebensversicherung in eine solche zu verlangen, die den Voraussetzungen des § 851c ZPO entspricht.[10] Auf diese Weise kann Pfändungsschutz nach § 851c ZPO auch für bereits abgeschlossene Lebensversicherungsverträge mit **Wirkung für die Zukunft** erreicht werden, ohne dass es einer finanziell nachteiligen Kündigung des Altvertrages und des Abschlusses eines neuen, den Voraussetzungen des § 851c ZPO entsprechenden Vertrages bedarf. Notwendig ist eine solche Umwandlungsmöglichkeit, da viele bestehende Lebensversicherungsverträge zum Zweck der Altersvorsorge abgeschlossen wurden, aber nicht den Kriterien des § 851c ZPO entsprechen, weil bspw. eine Kapitalleistung bzw. ein Kapitalwahlrecht vereinbart ist. Oft hat der Versicherungsnehmer auf solche Versicherungsverträge bereits Jahrzehnte lang Prämien gezahlt und die Ansprüche hieraus stellen vielfach das wesentliche Kapital zur Absicherung des Alters dar.[11]

B. Tatbestand

I. Umwandlungsfähige Lebensversicherung

Nach § 167 kann die Umwandlung eines **Lebensversicherungsvertrages** in eine dem § 851c ZPO entsprechende Versicherung verlangt werden. Der Wortlaut erfasst ohne Einschränkungen alle Lebensversicherungsverträge. Zweifelhaft ist dennoch, ob der Gesetzgeber tatsächlich vorhatte, ein so weit reichendes Umwandlungsrecht einzuräumen. Der vom Gesetzgeber geäußerte Zweck der Vorschrift ist es nämlich, die Umwandlung solcher Versicherungen zu ermöglichen, die **„zum Zweck der Altersvorsorge"** abgeschlossen wurden.[12] Damit spricht viel dafür, die Vorschrift entsprechend der Intention des Gesetzes zum Pfändungsschutz der Altersvorsorge einschränkend dahingehend auszulegen, dass der Versicherungsnehmer keinen Anspruch darauf hat, eine reine **Risikolebensversicherung auf den Todesfall** oder andere Lebensversicherungen ohne jeglichen Altersvorsorgecharakter in einen den Voraussetzungen des § 851c ZPO entsprechenden Vertrag umzuwandeln.[13] Unbeschadet hiervon kann der Versicherer dem Versicherungsnehmer anbieten, auch eine reine Risikoversicherung in eine pfändungsgeschützte Versicherung umzuwandeln. Eine Mindestbeitragshöhe oder eine bestimmte Mindestrentenhöhe ist keine Voraussetzung für die Umwandlung.[14] § 167 findet keine Anwendung auf **Berufsunfähigkeits(zusatz)versicherungen.** Diese sind bereits gem. § 850b ZPO grds. unpfändbar.[15] Eine Umwandlung ist daher weder zweckmäßig noch sinnvoll.

Die Anwendbarkeit von § 167 hängt nicht davon ab, wann der ursprüngliche Lebensversicherungsvertrag abgeschlossen wurde. Umwandlungsfähig sind sowohl Lebensversicherungsverträge, die vor Inkrafttreten von § 851c ZPO abgeschlossen wurden, als auch solche, die danach abgeschlossen wurden bzw. künftig abgeschlossen werden. Nach dem Willen des Gesetzgebers zielt § 167 vor allem darauf ab, die Umwandlung von Lebensversicherungen, auf die „bereits **jahrelang Beiträge geleistet** wurden",[16] zu ermöglichen. Zum Zeitpunkt des Gesetzgebungsverfahrens traf dies natürlich ausschließlich auf Verträge zu, die vor Inkrafttreten des § 851c ZPO abgeschlossen worden waren. Hieraus ist allerdings nicht der Schluss zu ziehen, dass der Anwendungsbereich des § 167 auf solche Verträge beschränkt sein soll, bei deren ursprünglichem Abschluss es noch nicht die Möglichkeit gab, den Vertrag pfändungsgeschützt auszugestalten. Denn weder im Wortlaut der Vorschrift

---

[10] Begr. zu Art. 4 (§ 165) RegE eines Gesetzes zum Pfändungsschutz der Altersvorsorge, BT-Drs. 16/886, 14.
[11] Begr. zu Art. 4 (§ 165) RegE eines Gesetzes zum Pfändungsschutz der Altersvorsorge, BT-Drs. 16/886, 14.
[12] Begr. zu Art. 4 (§ 165) RegE eines Gesetzes zum Pfändungsschutz der Altersvorsorge, BT-Drs. 16/886, 14.
[13] *Reiff* in Prölss/Martin VVG § 167 Rn. 2; *Ortmann* in Schwintowski/Brömmelmeyer/Ebers VVG § 167 Rn. 5; aA *Krause* in Looschelders/Pohlmann VVG § 167 Rn. 5.
[14] LG Hannover VuR 2018, 316, 317; *Metzen* VersR 2019, 1526 (1527).
[15] → Rn. 26; ebenso *Reiff* in Prölss/Martin VVG § 167 Rn. 3; zum Pfändungsschutz einer Berufsunfähigkeitsrente gem. § 850b: BGH NZI 2010, 777 = WM 2010, 1612; BGHZ 70, 2006 = VersR 1978, 447, grdl. und mit ausführlicher Begr. zur Invalidenrente aus einer privaten Unfallversicherung; OLG Köln VersR 2009, 621; OLG Frankfurt a. M. 2008, 386; OLG Hamm ZInsO 2006, 878; KG VersR 2003, 490; OLG Karlsruhe OLGR 2002, 114; OLG Jena VersR 2000, 1005 = r+s 2001, 477; OLG München VersR 1997, 1520 (Ls.), Aufgabe von OLG München VersR 1996, 318; OLG Saarbrücken VersR 1995, 1227 = r+s 1996, 243; OLG Oldenburg VersR 1994, 846 = r+s 1994, 155; *Smid* in MüKoZPO, 4. Aufl. 2012, § 850b Rn. 3; *Hülsmann* VersR 1996, 308.
[16] Begr. zu Art. 4 (§ 165) RegE eines Gesetzes zum Pfändungsschutz der Altersvorsorge, BT-Drs. 16/886, 14.

noch in der Begründung zum RegE finden sich Anhaltspunkte dafür, dass der Gesetzgeber ein Umwandlungsrecht für künftig abzuschließende Verträge nicht oder nur mit Einschränkungen einräumen wollte.

II. Keine entgegenstehenden Rechte Dritter

7 Ein den Voraussetzungen des § 851c Abs. 1 ZPO entsprechender Vertrag darf weder Verfügungen über die Versicherungsleistungen (§ 851c Abs. 1 Nr. 2 ZPO) noch die Bestimmung von Dritten als Bezugsberechtigten (§ 851c Abs. 1 Nr. 3 ZPO) vorsehen. Eine Umwandlung ist daher nicht möglich, wenn und solange solche **Rechte Dritter** entgegenstehen. Dies ist der Fall, wenn Ansprüche aus der Lebensversicherung **abgetreten, verpfändet**[17] oder **gepfändet** sind bzw. wenn ein **unwiderrufliches Bezugsrecht** zugunsten eines Dritten besteht.[18] Ohne Zustimmung des Berechtigten kann nämlich weder eine einmal vorgenommene Verfügung noch eine Pfändung oder ein unwiderrufliches Bezugsrecht[19] beseitigt werden. Die Zustimmung des Dritten zur Aufhebung des zu seinen Gunsten bestehenden Rechts ist also erforderlich, bevor die Umwandlung vollzogen werden kann.

III. Rechtscharakter des Umwandlungsverlangens

8 § 167 spricht davon, dass die Umwandlung „verlangt" werden kann, die Vorschrift lässt offen, wie die Umwandlung rechtstechnisch stattfindet. Die Formulierung der Vorschrift „kann verlangen" indiziert, dass der Versicherungsnehmer einen **Rechtsanspruch** gegen den Versicherer hat, die Umwandlung in eine den Voraussetzungen des § 851c ZPO entsprechende Versicherung vorzunehmen.

9 Eine wortgleiche Formulierung findet sich allerdings auch in § 165 Abs. 1, wonach der Versicherungsnehmer ebenfalls die Umwandlung in eine prämienfreie Versicherung „verlangen" kann. Das Umwandlungsrecht nach § 165 Abs. 1 gilt – trotz des Wortlauts der Vorschrift – nach ganz allgemeiner Meinung als Gestaltungsrecht.[20] Die Umwandlungserklärung nach § 165 Abs. 1 hat rechtsgestaltenden Charakter, die Umwandlung in eine prämienfreie Versicherung findet allein aufgrund der Erklärung des Versicherungsnehmers und ohne Zutun des Versicherers statt.[21] Offenbar aufgrund der Wortlautparallele zu § 165 wird das Umwandlungsrecht aus § 167 in der Lit. teilweise ebenfalls als Gestaltungsrecht angesehen.[22] Dabei wird allerdings nicht ausreichend berücksichtigt, dass eine wesentliche Besonderheit eines Gestaltungsrechts darin liegt, dass die mit der Gestaltungserklärung beabsichtigte Rechtsfolge allein aufgrund der Erklärung und **ohne weitere Mitwirkung des Erklärungsempfängers** eintritt.[23] Voraussetzung für die wirksame Ausübung eines Gestaltungsrechts ist daher auch, dass die beabsichtigte Rechtsänderung klar und unzweideutig der Erklärung zu entnehmen ist. Fehlt es an dieser Eindeutigkeit, ist die Erklärung unwirksam.[24] Anders als § 165 legt § 167 den Inhalt des umgewandelten Vertrages nicht fest. Ebenso wenig ergibt sich der Inhalt des pfändungsgeschützten Vertrages aus § 851c ZPO.[25] Im Rahmen des § 851c ZPO ist es bspw. möglich aber nicht erforderlich, Hinterbliebenenleistungen oder Berufsunfähigkeitsleistungen zu vereinbaren. Ob und in welcher Höhe solche Leistungen vereinbart werden, hat wiederum Einfluss auf die Höhe der lebenslangen Altersrenten. Ohne entsprechende Information über diese Gestaltungsvarianten durch den Versicherer weiß der Versicherungsnehmer in aller Regel weder, welche Varianten im Einzelnen bestehen noch wie sich die Wahl der einen oder anderen Variante rechnerisch auf die Höhe seiner Altersrente auswirken wird. Die bloße Erklärung des Versicherungsnehmers, er wolle seinen Vertrag in eine pfändungsgeschützte Versicherung umwandeln, lässt die beabsichtigte Vertragsänderung, insbes. den konkreten Inhalt des pfändungsgeschützten Vertrages regelmäßig nicht eindeu-

---

[17] Begr. zu Art. 4 (§ 165) RegE eines Gesetzes zum Pfändungsschutz der Altersvorsorge, BT-Drs. 16/886, 14.
[18] *Ortmann* in Schwintowski/Brömmelmeyer/Ebers VVG § 167 Rn. 11; zum Begriff des Dritten iSd § 851c ZPO → Rn. 31.
[19] BGH VersR 1964, 497 (499).
[20] OLG Köln VersR 1953, 407 (408); OLG Hamm VA 1934, 13; dem folgend die allgM der Lit. *Reiff* in Prölss/Martin VVG § 165 Rn. 6; *Ortmann* in Schwintowski/Brömmelmeyer/Ebers VVG § 165 Rn. 9; *Schwintowski* in Berliner Kommentar VVG § 174 Rn. 5 f.; *Winter* in Bruck, Bd. V/2, Kap. E Anm. 99.
[21] → § 165 Rn. 11.
[22] *Hasse* VersR 2007, 870 (889); *Hasse* VersR 2006, 145 (157); offen gelassen OLG Naumburg BeckRS 2011, 7639.
[23] Umwandlung in eine prämienfreie Versicherung: BGH VersR 1975, 1089 (1090); OLG Köln VersR 1953, 407 (408).
[24] → § 165 Rn. 11.
[25] BGH VersR 2015, 1150 Rn. 18; *Neuhaus/Köther* ZfV 2009, 248 (249 f.); ähnlich *Reiff* in Prölss/Martin VVG § 167 Rn. 5.

tig erkennen.²⁶ Schon aus diesem Grund findet die Umwandlung regelmäßig nicht bereits mit Zugang eines Umwandlungsverlangens beim Versicherer statt.

Ein den Vorgaben des § 851c ZPO entsprechender Vertragsinhalt muss iRd § 167 zwischen **10** dem Versicherer und dem Versicherungsnehmer vereinbart werden.²⁷ Den Versicherer treffen also – anders als im Fall des § 165 – Mitwirkungspflichten, um die Umwandlung zu vollziehen. Diese **Mitwirkungspflichten** bestehen zunächst darin, den Versicherungsnehmer über die verschiedenen in Frage kommenden Varianten zu informieren, ihn ggf. zu beraten (§ 6 Abs. 4 iVm § 6 Abs. 1²⁸), die möglichen Tarife zu berechnen und schließlich dem Versicherungsnehmer entsprechende Angebote für einen pfändungsgeschützten Vertrag zu unterbreiten. Damit ist das Verlangen, einen Vertrag in eine pfändungsgeschützte Versicherung umzuwandeln, keine Gestaltungserklärung. Vielmehr gibt § 167 dem Versicherungsnehmer einen **gesetzlichen Anspruch** darauf, dass der Versicherer dem Umwandlungsverlangen des Versicherungsnehmers entspricht.²⁹ Dieser Anspruch kann notfalls mit einer Leistungsklage geltend gemacht werden. Verletzt der Versicherer seine Mitwirkungspflicht bei der Umwandlung, so macht er sich unter den Voraussetzungen des § 280 BGB schadenersatzpflichtig.

IV. Frist- und Formerfordernisse für das Umwandlungsverlangen

Frist- und Formerfordernisse sind iRd § 167 nicht zu berücksichtigen. Die Umwandlung kann **11** mündlich, telefonisch, per E-Mail etc und ohne die Einhaltung einer Frist verlangt werden. Auf ein etwa im Vertrag ausbedungenes Schriftformerfordernis könnte sich der Versicherer wegen § 171 S. 1 nicht berufen.³⁰ § 171 S. 2 lässt Schrift- oder Textformerfordernisse lediglich für Erklärungen nach §§ 165 und 168 zu, nicht aber für das Umwandlungsverlangen nach § 167.³¹

V. Zeitpunkt der Umwandlung und des Inkrafttretens des Pfändungsschutzes

Nach § 167 kann die Umwandlung jederzeit für den **Schluss der laufenden Versicherungs-** **12** **periode** verlangt werden.³² Eine Versicherungsperiode beträgt ein Jahr, sofern nicht die Prämie nach kürzeren Zeitabschnitten bemessen ist, vgl. § 12.³³ Die Umwandlung ist vollzogen, sobald zwischen dem Versicherungsnehmer und dem Versicherer ein den Voraussetzungen des § 851c Abs.

---

26 Ähnlich OLG Hamm r+s 2011, 261; *Specker* VersR 2011, 958 (959 ff.).
27 OLG Karlsruhe VersR 2018, 1369.
28 Bei Fernabsatzverträgen besteht keine Beratungspflicht nach § 6 Abs. 6. Anlassbezogen kann sich eine solche Beratungspflicht hier aber aus § 242 BGB bzw. als Nebenpflicht aus § 677 BGB ergeben.
29 BGH VersR 2015, 1150 Rn. 13; Bestätigung von OLG Stuttgart VersR 2015, 738; Bestätigung von LG Stuttgart NZI 2014, 960 (961); OLG Karlsruhe VersR 2018, 1369 (1370); OLG Hamm r+s 2011, 261; angedeutet in BGH NZI 2011, 67 (96); *Reiff* in Prölss/Martin VVG § 167 Rn. 5; Metzen VersR 2019, 1526 (1528); *Lange* ZVI 2012, 403 (405); *Neuhaus/Köther* ZfV 2009, 248 (250) wohl auch *Stöber* NJW 2007, 1242 (1247).
30 OLG Hamm VerBAV 1951, 194; *Krause* in Looschelders/Pohlmann VVG § 167 Rn. 17; *Kollhosser* in Prölss/Martin, 27. Aufl. 2004, ALB 86 § 4 Rn. 14, zur Unwirksamkeit des Schriftformerfordernisses in § 4 ALB 86 für das Umwandlungsverlangen in eine prämienfreie Versicherung wegen § 178 Abs. 2 VVG aF.
31 Zweifelhaft erscheint zwar, ob diese Differenzierung beabsichtigt war, oder ob es sich insoweit um ein gesetzgeberisches Versehen handelt; in diesem Sinne: *Reiff* in Prölss/Martin VVG § 167 Rn. 16; *Brambach* in HK-VVG § 167 Rn. 10; *Matzen* VersR 2019, 1526 (1533). Für ein gesetzgeberisches Versehen könnte sprechen, dass § 167 (= § 173 VVG aF) nicht originär auf die VVG-Reform zurückgeht, sondern auf das Gesetz zum Pfändungsschutz der Altersvorsorge v. 26.3.2007 (BGBl. I S. 368) beruht und der Abschlussbericht der VVG-Kommission v. 19.4.2004 eine § 167 entsprechende Regelung noch nicht kannte, so dass § 163 VVG-E (= § 171) keinen Bezug auf § 167 nehmen konnte und eine Bezugnahme dann möglicherweise vergessen wurde. Gegen ein Versehen spricht allerdings, dass § 167 immerhin seit der Fassung des RefE v. 13.3.2006 Bestandteil des VVG-E war. § 167 ist also nicht erst „in letzter Minute" eingefügt worden und war damit auch Gegenstand sämtlicher Beratungen im Kabinett und Parlament. Hätte man bei der Umwandlung im Gesetzgebungsprozess vermutlich erkannt worden wäre. Außerdem hat der Versicherungsnehmer uU ein Interesse an unbürokratischer Begr. des Pfändungsschutzes (*Krause* in Looschelders/Pohlmann VVG § 167 Rn. 17). Jedenfalls sind die Anhaltspunkte für ein gesetzgeberisches Versehen damit nicht so evident, dass die Vereinbarung eines Schriftformerfordernisses entgegen dem ausdrücklichen Wortlaut von § 171 als zulässig zu erachten ist.
32 → § 165 Rn. 13 ff.
33 § 10 GDV-Muster-ALB KLV 2019 geben als Regelfall vor, dass bei unterjähriger Beitragszahlung die Versicherungsperiode dem Prämienzahlungsintervall entspricht, also je nach vereinbarter Prämienzahlungsweise einen Monat, ein Vierteljahr bzw. ein halbes Jahr beträgt. Bei Vereinbarung einer unechten unterjährigen Prämie beträgt die Versicherungsperiode ein Jahr, vgl. LG Lüneburg VersR 1978, 658. Bei älteren AVB waren unechte unterjährige Prämien üblich, vgl. § 2 ALB 86, § 4 ALB 94. Die aktuellen GDV-Muster-ALB KLV 2016 sehen keine unechte unterjährige Prämie vor.

I ZPO entsprechender Vertragsinhalt durch verbindliche Einigung feststeht. Ist die Umwandlung vollzogen, entfaltet Sie zum Schluss der laufenden Versicherungsperiode (versicherungstechnische) Wirksamkeit. § 167 hindert den Versicherer nicht daran, den Vertrag bereits vor Schluss der laufenden Versicherungsperiode versicherungstechnisch umzustellen.[34]

13 § 851c ZPO iVm § 167 ist so zu verstehen, dass **Pfändungsschutz nach § 851c ZPO** grds. dann eintritt, wenn die Umwandlung zum Pfändungszeitpunkt bereits vollzogen worden ist.[35] Pfändungsschutz setzt nämlich voraus, dass zum Zeitpunkt der Pfändung sichergestellt ist, dass dem Vertrag **unwiderruflich Vorsorgefunktion** zukommt.[36] Dies ist regelmäßig der Fall, wenn zwischen Versicherer und Versicherungsnehmer ein Vertragsinhalt vereinbart wurde, der den Voraussetzungen des § 851c ZPO entspricht. Wurde die Umwandlung vor Ablauf der laufenden Versicherungsperiode zwischen Versicherer und Versicherungsnehmer vereinbart (vollzogen), so tritt der Pfändungsschutz auch bereits zu diesem Zeitpunkt ein[37] selbst, wenn die (versicherungstechnische) Vertragsumstellung erst für den Schluss der laufenden Versicherungsperiode eintreten soll.[38]

14 Demgegenüber wird überwiegend vertreten, dass es richtiger sei, Pfändungsschutz bzw. Vollstreckungsschutz nicht erst mit Vollzug der Umwandlung, sondern bereits mit Zugang des Umwandlungsantrags beim Versicherer eintreten zu lassen.[39] Dies sei sachgerecht, da der Antrag auf Umwandlung für den Versicherungsnehmer bindend sei. Teilweise wird der bindende Charakter des Umwandlungsverlangens auch aus dessen Rechtsnatur als Gestaltungsrecht hergeleitet.[40] Diese Ansicht hat aus der Sicht des Versicherungsnehmers den klaren Vorteil, dass die Vorerstreckung des Pfändungsschutzes auf den Zeitpunkt des Zugangs des Umwandlungsverlangens den Schuldner und Versicherungsnehmer am effektivsten schützt. Dennoch ist ihr nicht zu folgen: Erstens ist die Vorerstreckung des Pfändungsschutzes vom Wortlaut der § 167 VVG, § 851c ZPO nicht gedeckt, da nämlich Pfändungsschutz nach § 851c ZPO voraussetzt, dass unwiderruflich[41] ein § 851c Abs. 1 ZPO entsprechender **Vertragsinhalt vereinbart wurde**. Das ist aber mit Zugang des Umwandlungsverlangens noch nicht der Fall, da die Umwandlungsverlangen – wie oben dargelegt – keinen rechtsgestaltenden Charakter hat. Zweitens ist die Vorerstreckung auch nicht dadurch gerechtfertigt, dass das Umwandlungsverlangen des Versicherungsnehmers für diesen bindend wäre. Das Umwandlungsverlangen kann nämlich nach allgemeinen Grundsätzen des Zivilrechts nur dann – ausnahmsweise – ein „bindendes Angebot" darstellen, wenn es so präzise ist, dass ihm der genaue Inhalt des umgewandelten Vertrags entnommen werden könnte,[42] der Versicherer es also mit einem einfachen „Ja" annehmen könnte und damit die Umwandlung vollzogen wäre. An einer derartigen Bestimmtheit wird es aber in aller Regel fehlen,[43] so dass dem Umwandlungsverlangen nicht generell ein bindender Charakter zugemessen werden kann.[44] Drittens darf nicht vergessen werden, dass mit der Verbesserung des Schuldnerschutzes durch § 167 VVG, § 851c ZPO zwangsläufig die Rechtsposition des Gläubigers verschlechtert wird. Die Ausdehnung des Schuldnerschutzes und der entsprechende Eingriff in die Rechtsposition des Gläubigers sollten daher im Rahmen der gesetzlichen Regelung bleiben. Eine über den Wortlaut der § 167 VVG, § 851c ZPO hinausgehende Ausdehnung des

---

[34] AA *Neuhaus/Köther* ZfV 2009, 248 (250): Schluss der laufenden Versicherungsperiode frühester Zeitpunkt für das Wirksamwerden der Umwandlung.

[35] BGH VersR 2015, 1150 Rn. 15; *Neuhaus/Köther* ZfV 2009, 248 (250); *Hasse* VersR 2007, 870 (889); 2006, 145 (157); aA *Stöber* NJW 2007, 1242 (1246 f.): Vollzug der Umwandlung nicht erforderlich, Pfändungsschutz bereits ab unwiderruflichem Antrag auf Umwandlung.

[36] Begr. zum Allgemeinen Teil RegE eines Gesetzes zum Pfändungsschutz der Altersvorsorge, BT-Drs. 16/886, 8; BGH VersR 2015, 1150 Rn. 15; ähnlich BGH NZI 2011, 67 (69) = VersR 2011, 1287 (1288).

[37] BGH VersR 2015, 1150 Rn. 15; OLG Stuttgart NZI 2012, 250 (251); *Smid* in MüKoZPO § 851c Rn. 4; aA *Neuhaus/Köther* ZfV 2009, 248 (251); LG Hamburg ZInsO 2011, 1018: erst zum Schluss der Versicherungsperiode.

[38] OLG Stuttgart NZI 2012, 250 (251).

[39] *Krause* in Looschelders/Pohlmann VVG § 167 Rn. 13; *Brambach* in HK-VVG § 167 Rn. 18; *Metzen*, VersR 2019, 1526 (1531); *Stöber* NJW 2007, 1242 (1246 f.); *Hasse* VersR 2007, 870 (889); ausdrücklich offen gelassen wurde diese Frage von OLG Stuttgart NZI 2012, 250 (251).

[40] *Rietzel* Anm. zu OLG Stuttgart NZI 2014, 960 (962); *Hasse* VersR 2007, 870 (889).

[41] Begr. zum Allgemeinen Teil RegE eines Gesetzes zum Pfändungsschutz der Altersvorsorge, BT-Drs. 16/886, 8.

[42] Ein bindender Antrag iSd § 145 BGB liegt nur dann vor, wenn Gegenstand und Inhalt des Vertrages so bestimmt sind, dass die Annahme durch ein einfaches „ja" erfolgen kann, statt aller *Busche* in MüKoBGB § 145 Rn. 6.

[43] → Rn. 9; ausdrücklich BGH VersR 2015, 1150; ähnlich *Neuhaus/Köther* ZfV 2009, 248 (251); a.A. *Metzen* VersR 2019, 1526, 1531.

[44] IErg ebenso *Neuhaus/Köther* ZfV 2009, 248 (251); aA *Reiff* in Prölss/Martin VVG § 167 Rn. 6; *Metzen* VersR 2019, 1526 (1531): Sie gehen grundsätzlich von einer irgendwie gearteten Bindungswirkung aus.

Schuldnerschutzes ist daher zu vermeiden.[45] Etwas anderes soll nach OLG Stuttgart dann gelten, wenn der Versicherungsnehmer in seinem Umwandlungsverlangen bereits klar zum Ausdruck gebracht hat, **unwiderruflich** auf alle Verfügungsrechte (ins. Kündigung, Abtretung, Beleihung, Verpfändung; Einräumung von Bezugsrechten) sowie auf eine eventuelle Kapitalwahloption zu verzichten.[46] Dann nämlich stehe der künftige Vertragsinhalt auch bereits unwiderruflich fest.[47]

Unklar ist innerhalb welchen Zeitfensters der Versicherer auf ein Umwandlungsverlangen (das nicht bereits einen unwiderruflichen Verfügungsverzicht enthält) reagieren und die Umwandlung durch die Vereinbarung eines dem § 851c ZPO entsprechenden Vertragsinhalts vollziehen muss.[48] Sofern der Versicherungsnehmer die Dringlichkeit zum Ausdruck bringt und es technisch möglich ist, kann den Versicherer die Pflicht treffen das seinerseits Notwendige zu veranlassen, um die Umwandlung binnen eines Tages zu vollziehen: Der Inhalt des pfändungsgeschützten Vertrages könnte kurzfristig z.B. per E-Mail skizziert werden. Die vollständige Dokumentation des geänderten Vertragsinhalts könnte zu einem späteren Zeitpunkt nachfolgen, da sie für das Inkrafttreten des Pfändungsschutzes nicht erheblich ist. Was dem Versicherer im Einzelnen zumutbar ist, hängt maßgeblich von den Umständen des Einzelfalls ab, wobei die Anforderungen an den Versicherer nicht überspannt werden dürfen. Ist der Versicherungsnehmer für den Versicherer für Rückfragen nicht zu erreichen, muss letzterer bspw. keine besonderen Anstrengungen unternehmen, jenen zu erreichen. Im Gegenteil wird man eine Obliegenheit des Versicherungsnehmers annehmen müssen, sich für den Versicherer zwecks der Vereinbarung eines neuen Vertragsinhalts erreichbar zu halten oder sogar aktiv beim Versicherer nachzufragen. Nach dem OLG Karlsruhe soll die Umwandlungsvereinbarung Rückwirkung haben, wenn die Umwandlung vor Ablauf der aktuellen Versicherungsperiode beantragt, jedoch nicht mehr innerhalb dieser geschlossen werden konnte. In diesem Fall soll die (spätere) Vereinbarung *ex tunc* zum Ablauf der Versicherungsperiode wirksam werden.[49] Stellt man allerdings für das Inkrafttreten des Pfändungsschutzes nicht auf die (versicherungstechnische Umwandlung) zum Schluss der laufenden Versicherungsperiode ab, sondern auf den Zeitpunkt der Einigung über eine pfändungsgeschützte Versicherung, bedarf es einer solchen Rückwirkung in der Regel nicht; zumal auch nach der Lösung des OLG Karlsruhe völlig offen ist, was gelten soll, wenn der Gläubiger nach Ablauf der Versicherungsperiode aber vor Vollzug der Einigung pfänden will.[50]

Gelingt es im Einzelfall – ohne Verschulden des Versicherungsnehmers – nicht, rechtzeitig eine Einigung über den Inhalt des pfändungsgeschützten Vertrages herbeizuführen, kann in engen Grenzen **Vollstreckungsschutz** gem. § 765a ZPO in Betracht kommen.[51] Wird die Umwandlung aufgrund vorwerfbarer Untätigkeit des Versicherers nicht rechtzeitig vollzogen und kommt es infolgedessen zu einer Pfändung des Versicherungsvertrages, ist auch eine Haftung des Versicherers nach § 280 BGB möglich.[52]

VI. Umwandlungsrecht und Übernahme biometrischen Risikos

Die Umwandlung nach § 167 darf nicht von einer **Risikoprüfung** abhängig gemacht werden. Der Versicherungsnehmer kann die Umwandlung auch dann verlangen, wenn sich sein Gesundheitszustand im Vergleich zu seinem Gesundheitszustand bei Abschluss des ursprünglichen Lebensversicherungsvertrages verändert hat.

Betrachtet man den in der Praxis wohl häufigsten Fall, dass eine kapitalbildende Lebensversicherung[53] in eine dem § 851c ZPO entsprechende Versicherung umgewandelt wird, führt eine Verschlechterung des Gesundheitszustandes des Versicherungsnehmers ohnehin regelmäßig nicht zu einer Vergrößerung des biometrischen Risikos, das der Versicherer zu tragen hat. Während der Versicherer bei der klassischen kapitalbildenden Lebensversicherung das Risiko trägt, dass der Versicherungsnehmer vor dem Ablauftermin verstirbt, übernimmt der Versicherer bei einem Vertrag nach

---

[45] Ähnlich *Neuhaus/Köther* ZfV 2009, 248 (251).
[46] OLG Stuttgart NZI 2012, 250 (251).
[47] OLG Stuttgart NZI 2012, 250 (251).
[48] Offengelassen in BGH VersR 2015, 1150 Rn. 22, da eine pflichtwidrige Verzögerung nicht geltend gemacht wurde.
[49] *Matzen* VersR 2019, 1526 (1533).
[50] Kritsch gegenüber der Rückwirkung auch *Böhme* Anm. zu OLG Karlsruhe VIA 2018, 93.
[51] *Neuhaus/Köther* ZfV 2009, 249 (251); AG Lemgo ZVI 2007, 183; krit. zum Beschluss des AG: *Hasse* VersR 2007, 870 (887) Fn. 172.
[52] BGH VersR 2015, 1150 Rn. 20; OLG Karlsruhe Vers R 2018, 1369 (1370); sa LG Rostock VersR 2015, 831 (832): keine Umwandlung, weil der Versicherer trotz Nachfrage des Versicherungsnehmers nicht auf diese Möglichkeit hingewiesen hatte.
[53] Zum Begriff → Vor § 150 Rn. 18–20.

§ 851c ZPO ohne Hinterbliebenenleistungen nämlich (nur) das **Langlebigkeitsrisiko,** da § 851c ZPO lebenslange Leistungen voraussetzt.

19 Handelt es sich bei dem ursprünglichen Versicherungsvertrag um eine **reine Erlebensfallversicherung**[54] ohne Versicherungsschutz für Tod oder Berufsunfähigkeit, ergibt sich aus § 167 kein Anspruch darauf, dass diese Risiken im Rahmen des umgewandelten Vertrags miteinbezogen werden. § 851c ZPO lässt die Absicherung dieser Risiken zwar zu, macht sie aber nicht zur Voraussetzung dafür, dass ein Vertrag Pfändungsschutz nach § 851c ZPO genießt. § 167 gibt folglich auch keinen Anspruch auf Einbeziehung dieser Risiken im Rahmen der Umwandlung.[55] Anderenfalls würde dem Versicherer ein uU höheres biometrisches Risiko aufgezwungen, als er im Rahmen des ursprünglichen Versicherungsvertrages zu übernehmen bereit war, wodurch das Äquivalenzprinzip[56] zum Nachteil des Versicherers gestört würde. Gleichwohl steht es dem Versicherer frei, diese Risiken auf Wunsch des Versicherungsnehmers – ggf. nach Durchführung einer Risikoprüfung – mit in den pfändungsgeschützten Vertrag einzubeziehen.

20 Sind im Rahmen der ursprünglichen Lebensversicherung bereits Todesfallleistungen versichert, kann der Versicherungsnehmer verlangen, dass die pfändungsgeschützte Versicherung eine Hinterbliebenenabsicherung als Todesfallleistung vorsieht.[57] Er kann allerdings auch zugunsten einer höheren Altersrente auf Hinterbliebenenleistungen verzichten bzw. diese reduzieren. Bei jeder Umwandlung ist auch im Übrigen das Äquivalenzprinzips[58] zu wahren. Die Höhe der lebenslangen Rente aus der umgewandelten Versicherung ist daher auf der Basis des vorhandenen Deckungskapitals, der vereinbarten Prämien sowie auf Grundlage der **zum Zeitpunkt der Umwandlung** geltenden **Sterbetafeln** zu berechnen.[59]

VII. Kosten

21 Die Kosten der Umwandlung sind gem. S. 2 vom Versicherungsnehmer zu tragen; denn die Umwandlung erfolgt ausschließlich in seinem Interesse.[60] Die Kosten dürfen allerdings nicht unangemessen hoch sein.[61]

VIII. Anfechtbarkeit der Umwandlung

21a Ein Insolvenzverwalter kann Rechtshandlungen des Insolvenzschuldners, die vor der Eröffnung des Insolvenzverfahrens vorgenommen wurden nach den §§ 129 ff. InsO anfechten, wenn diese die Insolvenzgläubiger benachteiligen.

In der Rspr. der Instanzgerichte ist umstritten, ob auch die Umwandlung einer Lebensversicherung in eine pfändungsgeschützte Versicherung nach Maßgabe der InsO angefochten werden kann.[62] Der BGH hat sich zu dieser Frage insoweit geäußert, als dass der Insolvenzschuldner kein tauglicher Gegner des Insolvenzanfechtungsanspruchs ist und eine Insolvenzanfechtung grds. voraussetzt, dass ein Vermögensgegenstand aus dem Vermögen des Schuldners „veräußert oder weggegeben oder aufgegeben" wird (§ 143 InsO).[63] Nachdem durch Umwandlung keine Vermögenswerte aus dem Vermögen des Schuldners „weggegeben" werden, überzeugt die die Anfechtbarkeit ablehnenden Auffassung.[64] Gegen eine

---

[54] ZB eine Rentenversicherung mit Kapitalwahlrecht ohne Todesfallleistung.
[55] *Reiff* in Prölss/Martin VVG § 167 Rn. 5; aA *Hasse* VersR 2007, 870 (889): Anspruch auch auf Einbeziehung von Hinterbliebenenleistungen – aber ggf. Recht des Versicherers eine Risikoprüfung vorzunehmen.
[56] Zum Begriff *Winter* VersAufsR S. 188 f.
[57] Wird eine Hinterbliebenenabsicherung in Form einer Hinterbliebenenrente gewählt, übernimmt der Versicherer zusätzlich das Langlebigkeitsrisiko des/der Hinterbliebenen; dem kann der Versicherer über die Höhe der Bemessung der Hinterbliebenenrente Rechnung tragen, *Hasse* VersR 2007, 870 (889); zur zulässigen Höhe der Todesfallleistung → Rn. 32.
[58] Zum Äquivalenzprinzip *Winter* VersAufsR S. 188 f.
[59] An dem bei Abschluss des ursprünglichen Vertrages geltenden Rechnungszins ist bis zum Rentenzahlungsbeginn festzuhalten. Für die Verrentungsphase ist der zum Umwandlungszeitpunkt maßgebliche Rechnungszins in Ansatz zu bringen; *Krause* in Looschelders/Pohlmann VVG § 167 Rn. 11; *Brambach* in HK-VVG § 167 Rn. 11.
[60] Begr. zu Art. 4 (Änderung des VVG) Nr. 2 RegE eines Gesetzes zum Pfändungsschutz der Altersvorsorge, BT-Drs. 16/886, 14.
[61] *Ortmann* in Schwintowski/Brömmelmeyer/Ebers VVG § 167 Rn. 19; *Reiff* in Prölss/Martin VVG § 167 Rn. 15.
[62] Gegen Anfechtbarkeit OLG Stuttgart VersR 2012, 1021; für Anfechtbarkeit OLG Naumburg BeckRS 2011, 07639; KG BeckRS 2011, 29879; AG Köln BeckRS 2012, 00737; wohl auch LG München BeckRS 2012, 25083.
[63] BGH NZI 2011, 937 mAnm *Lindner* VIA 2012, 11; BGH NJW 2005, 1121 (1122 f.).
[64] IErg ebenso gegen Anfechtbarkeit *Kemerdick* ZInsO 2012, 2193 (2194 f.); *Lange* ZVI 2012, 403 (406); *Hasse* VersR 2007, 870 (890); *Langheid* in Römer/Langheid VVG § 167 Rn. 12; für Anfechtbarkeit *Wollmann* ZInsO 2012, 2016 ff.

Anfechtbarkeit der Umwandlung spricht auch die Begründung zum RegE des Gesetzes zum Pfändungsschutz der Altersvorsorge, nach der das private Altersvorsorgemögen zur Verhinderung der Sozialhilfebedürftigkeit der betroffenen Personen vor dem Zugriff der Gläubiger zu schützen ist.[65]

C. Pfändungsgeschützte Versicherung gem. § 851c ZPO

I. Wortlaut des § 851c ZPO

§ 851c ZPO hat den folgenden Wortlaut: 22

„(1) Ansprüche auf Leistungen, die auf Grund von Verträgen gewährt werden, dürfen nur wie Arbeitseinkommen gepfändet werden, wenn
1. die Leistung in regelmäßigen Zeitabständen lebenslang und nicht vor Vollendung des 60. Lebensjahres oder nur bei Eintritt der Berufsunfähigkeit gewährt wird,
2. über die Ansprüche aus dem Vertrag nicht verfügt werden darf,
3. die Bestimmung von Dritten mit Ausnahme von Hinterbliebenen als Berechtigte ausgeschlossen ist und
4. die Zahlung einer Kapitalleistung, ausgenommen eine Zahlung für den Todesfall, nicht vereinbart wurde.

(2) ¹Beträge, die der Schuldner anspart, um in Erfüllung eines Vertrages nach Absatz 1 eine angemessene Alterssicherung aufzubauen, unterliegen nicht der Pfändung, soweit sie
1. jährlich nicht mehr betragen als
   a) 6000 Euro bei einem Schuldner vom 18. bis zum vollendeten 27. Lebensjahr und
   b) 7000 Euro bei einem Schuldner vom 28. bis zum vollendeten 67. Lebensjahr und
2. einen Gesamtbetrag von 340 000 Euro nicht übersteigen.

²Die in Satz 1 genannten Beträge werden jeweils zum 1. Juli eines jeden fünften Jahres entsprechend der Entwicklung auf dem Kapitalmarkt, des Sterblichkeitsrisikos und der Höhe der Pfändungsfreigrenze angepasst und die angepassten Beträge vom Bundesministerium der Justiz und für Verbraucherschutz in der Pfändungsfreigrenzenbekanntmachung im Sinne des § 850c Absatz 4 Satz 1 bekannt gemacht. ³Übersteigt der Rückkaufwert der Alterssicherung den unpfändbaren Betrag, sind drei Zehntel des überschießenden Betrags unpfändbar. ⁴Satz 3 gilt nicht für den Teil des Rückkaufwerts, der den dreifachen Wert des in Satz 1 Nummer 2 genannten Betrags übersteigt.

(3) § 850e Nr. 2 und 2a gilt entsprechend."

II. § 851c Abs. 1 ZPO: Pfändungsschutz des Anspruchs auf Leistungen

Abs. 1 gewährt Pfändungsschutz in der Leistungsbezugsphase und bestimmt die Voraussetzungen 23 für das Eingreifen dieses Pfändungsschutzes. **Ansprüche aus Lebensversicherungsverträgen** und anderen der Altersvorsorge dienenden Verträgen[66] sind danach nur wie Arbeitseinkommen (§§ 850–850g ZPO) zu pfänden, wenn der Vertrag sicherstellt, dass die in § 851c Abs. 1 Nr. 1–4 genannten Voraussetzungen erfüllt sind.

1. Lebenslange, regelmäßige Leistung ab Vollendung des 60. Lebensjahres oder 24 **Berufsunfähigkeit (Nr. 1).** Der Vertrag muss vorsehen, dass die Leistungen aus dem angesparten Kapital erst mit **Vollendung des 60. Lebensjahres** oder bei **Eintritt der Berufsunfähigkeit** und ausschließlich als lebenslange, regelmäßige Leistung erbracht werden.

a) Lebenslange Leistungen ab Vollendung des 60. Lebensjahres. Rentenversicherungen, 25 die (ausschließlich) lebenslange Leistungen ab Vollendung des 60. Lebensjahres oder einem späteren Zeitpunkt erbringen, fallen ohne weiteres unter § 851c Abs. 1, Nr. 1 ZPO.[67] Bestimmte Zeitintervalle für die Leistungen, wie zB das Erfordernis monatlicher Leistungen sind nicht vorgegeben. Von einer Regelmäßigkeit kann jedenfalls noch bei jährlicher Auszahlung der Leistungen ausgegangen werden.[68]

---
[65] BT-Drs. 16/886, 1, 7 f.; hierzu *Kemerdick* ZInsO 2012, 2193 (2194).
[66] Begr. zur Beschlussempfehlung (Art. 1 ZPO) zum Entwurf eines Gesetzes zum Pfändungsschutz der Altersvorsorge, BT-Drs. 16/3844, 12.
[67] *Hasse* VersR 2007, 870 (884).
[68] Vgl. insoweit die Begr. zu Art. 1 (§ 851d ZPO) RegE eines Gesetzes zum Pfändungsschutz der Altersvorsorge, BT-Drs. 16/886, 10; § 851d ZPO setzt grds. die monatliche Auszahlung von Rentenleistungen voraus. Dennoch ist es nach der Begr. zum RegE nicht schädlich, wenn bis zu zwölf Monatsleistungen zu einer Zahlung zusammengefasst werden. Daraus folgt „erst recht", dass jährliche Zahlungen iRv § 851c ZPO nicht schädlich sein können.

26 **b) Leistungen bei Berufsunfähigkeit.** Komplizierter ist es, wenn die Versicherung Berufsunfähigkeitsleistungen enthält. Nach dem Wortlaut von Abs. 1 müssen auch diese als **lebenslange Leistung ab Eintritt der Berufsunfähigkeit** erbracht werden,[69] um durch § 851c ZPO geschützt zu werden.[70] Derartige Produkte mit lebenslangen Leistungen ab Eintritt der Berufsunfähigkeit sind in Deutschland derzeit nicht üblich, was wiederum dem Gesetzgeber bei der Formulierung des § 851c ZPO durchaus bewusst war. Ziel des Gesetzes sei es aber, den Pfändungsschutz für Altersvorsorgevermögen nicht auf bestehende Versicherungsprodukte zu beschränken, sondern ihn für neue Formen der Altersvorsorge offen zu halten.[71]

27 Renten aus einer **selbständigen Berufsunfähigkeitsversicherung** fallen daher nicht unter § 851c ZPO. Solche Renten sind Zeitrenten und werden üblicherweise bis zur Vollendung des 60. oder 65. Lebensjahres gezahlt. Sie stellen damit keine lebenslangen Leistungen iSd Ziff. 1 dar[72] und dienen als bloße Zeitrenten auch nicht der Altersvorsorge. Eine **Schutzlücke** besteht hier allerdings nicht, da Berufsunfähigkeitsrenten bereits nach § 850b Abs. 1 Nr. 1 ZPO nur **bedingt pfändbar** sind.[73] Lediglich nach § 850b Abs. 2 kommt nach Maßgabe einer Billigkeitsentscheidung unter Berücksichtigung aller Umstände des Einzelfalls eine Pfändung von Berufsunfähigkeitsrenten wie Arbeitseinkommen in Betracht. Entgegen *Neuhaus/Köther* gilt § 850b ZPO nicht nur für Berufsunfähigkeitsrenten von Arbeitnehmern,[74] sondern auch für solche von **Selbständigen** und **Freiberuflern.**[75] Der Gesetzgeber hatte auch nicht vor, mit § 850c ZPO den gem. § 850b ZPO bestehenden Pfändungsschutz in irgendeiner Form einschränken. Dies folgt ausdrücklich aus der Begründung zum RegE, wonach § 851c ZPO den Pfändungsschutz nach § 850b Nr. 1 ZPO unberührt lässt.[76] Ein praktisches Bedürfnis nach Einbeziehung von Berufsunfähigkeitsrenten in den Pfändungsschutz nach § 851c ZPO besteht damit nicht.

28 Unklarer noch erscheint die gesetzliche Regelung im Hinblick auf gängige Formen der Rentenversicherung mit **Berufsunfähigkeitszusatzversicherung.** Die Leistung aus der Zusatzversicherung besteht regelmäßig in der Zahlung einer Zeitrente und/oder der beitragsfreien Fortführung der Hauptversicherung, dh der Übernahme der Prämie für den Aufbau des Altersvorsorgekapitals bis zum vereinbarten Ende des Prämienzahlungszeitraums. Damit kombiniert diese Vertragsform eine **Zeitrente** bei Eintritt der Berufsunfähigkeit mit einer **lebenslangen Altersrente.** Sofern der Vertrag sicherstellt, dass die Berufsunfähigkeitsrente nahtlos in die etwa gleich hohe Altersrente übergeht, bestehen keine Bedenken, hierin eine „fortlaufende, **einheitliche lebenslange Rente ab Eintritt der Berufsunfähigkeit**" zu sehen und diese insgesamt dem Pfändungsschutz des § 851c ZPO zu unterstellen.[77]

29 Von einer „fortlaufenden, einheitlichen lebenslangen Rente ab Eintritt der Berufsunfähigkeit" kann indes nicht gesprochen werden, wenn die aus einer Rentenversicherung mit Berufsunfähigkeitszusatzversicherung zunächst zu gewährende Berufsunfähigkeitsrente der Höhe nach extrem von der später zu zahlenden Altersrente abweicht, oder wenn sich Leistungen aus der Altersrente zeitlich nicht unmittelbar an das Laufzeitende der Berufsunfähigkeitsrente anschließen. In diesem Fall verbleibt es (ausschließlich) beim Pfändungsschutz nach § 851b Nr. 1.[78]

30 **2. Verfügungsverbot (Nr. 2).** Der Vertrag muss jegliche **Verfügungen** des Versicherungsnehmers über die Ansprüche aus dem Versicherungsvertrag ausschließen. Der Versicherungsnehmer muss also unwiderruflich darauf verzichten, seine Ansprüche abzutreten, zu verpfänden oder den Vertrag zu kündigen.[79] Ein solches Verfügungsverbot liegt jedenfalls dann nicht vor, wenn nach dem Versicherungs-

---

[69] BGH NZI 2010, 777 (779).
[70] Ausdrücklich BGH NZI 2010, 777 (779).
[71] Begr. zum Allgemeinen Teil RegE eines Gesetzes zum Pfändungsschutz der Altersvorsorge, BT-Drs. 16/886, 8.
[72] AA *Hasse* VersR 2006, 145 (151); *Stöber* NJW 1242, 1244.
[73] BGH NJW 2018, 2732 Rn. 20; NZI 2010, 777 (779); BGHZ 70, 2006 = VersR 1978, 447, zur Invalidenrente aus einer privaten Unfallversicherung; OLG Köln VersR 2009, 621; OLG Frankfurt a. M. r+s 2008, 386; OLG Hamm ZInsO 2006, 878; KG VersR 2003, 490; OLG Karlsruhe OLGR 2002, 114; OLG Jena VersR 2000, 1005 = r+s 2001, 477; OLG München VersR 1997, 1520 (Ls.), Aufgabe von OLG München VersR 1996, 318; OLG Saarbrücken VersR 1995, 1227 = r+s 1996, 243; OLG Oldenburg VersR 1994, 846 = r+s 1994, 155; *Reiff* in Prölss/Martin VVG § 167 Rn. 3; *Smid* in MüKoZPO § 850b Rn. 3; *Hülsmann* VersR 1996, 308.
[74] ZfV 2009, 248 (251), die von den Autoren zitierte Entscheidung BGH NZI 2008, 93 = NJW-RR 2008, 496 = VersR 2008, 843 betrifft allerdings Altersrenten aus einer privaten Rentenversicherung und keine Berufsunfähigkeitsrenten.
[75] ZB BGH NZI 2010, 777 (780); OLG Frankfurt a. M. r+s 2008, 386.
[76] Begr. zum Allgemeinen Teil RegE eines Gesetzes zum Pfändungsschutz der Altersvorsorge, BT-Drs. 16/886, 8.
[77] BGH NZI 2010, 777 (779).
[78] BGH NZI 2010, 777 (779).
[79] Begr. zum Allgemeinen Teil RegE eines Gesetzes zum Pfändungsschutz der Altersvorsorge, BT-Drs. 16/886, 8; *Hasse* VersR 2006, 145 (151); *Holzer* DStR 2007, 767 (769).

vertrag eine Abtretung erst mit der schriftlichen Anzeige durch den Berechtigten wirksam werden soll.[80] Das Verfügungsverbot hat den Sinn, sicherzustellen, dass Leistungen aus dem Vertrag tatsächlich nur der Altersvorsorge zugutekommen und nicht zu anderen Zwecken (zB als Kreditsicherheit) verwendet werden.

3. Todesfallleistungen nur an Hinterbliebene nicht an Dritte (Nr. 3). Die Bestimmung 31 von **Dritten** als Bezugsberechtigte ist ausgeschlossen. Diese Bezugsrechtsbeschränkung basiert darauf, dass die Einschränkung der Gläubigerrechte nach § 851c ZPO sich nur mit der Altersvorsorgefunktion für den Schuldner legitimieren lasse.[81] Kann dieser Zweck etwa durch den vorzeitigen Tod des Schuldners nicht mehr erreicht werden, erschien es dem Gesetzgeber zunächst geboten, den Gläubigern den Zugriff auf das ursprünglich der Alterssicherung dienende Kapital wieder vollständig zu ermöglichen.[82] Der RegE ließ daher keine Bestimmung eines **Bezugsberechtigten** zu.[83] Kapitalleistungen sollten grds. in den Nachlass fallen und damit den Erben zustehen, die auch für die Schulden des Erblassers einzustehen haben.[84] Dem versorgungsrechtlichen Gedanken der Altersvorsorge Selbständiger und der Angleichung des Pfändungsschutzes an denjenigen für Leistungen aus der gesetzlichen Rentenversicherung wurde hierdurch allerdings nicht hinreichend Rechnung getragen.[85] Im Laufe des Gesetzgebungsverfahrens wurde deshalb der Pfändungsschutz auf Hinterbliebene des Schuldners ausgedehnt.[86] § 851c ZPO stellt nunmehr klar, dass Hinterbliebene keine Dritten iSd der Vorschrift sind. Damit können **Todesfallleistungen** zugunsten von **Hinterbliebenen** vereinbart werden, ohne dass der Vertrag dadurch seinen Charakter als Altersvorsorgevertrag verliert. Im Detail sind hier allerdings einige Fragen offen geblieben:

a) Höhe der Todesfallleistung. Unklar ist, ob Todesfallleistungen an Hinterbliebene in unbe- 32 grenzter Höhe vereinbart werden können, oder ob Todesfallleistungen iSd § 851c ZPO auf Höhe des Vorsorgekapitals (Deckungskapitals) der Versicherung beschränkt sind. Während der Gesetzeswortlaut auch Todesfallleistungen in unbegrenzter Höhe zulässt, deutet die Begründung zum RegE an, dass diese Todesfallleistungen dem „angesparten Vorsorgekapital" entsprechen.[87] Sinn und Zweck der Regelung sprechen ebenfalls dafür, dass die Todesfallleistung das angesparte Vorsorgekapital (Deckungskapital) des Vertrages zum Zeitpunkt des Ablebens des Versicherungsnehmers nicht übersteigt. Eine Klarstellung durch den Gesetzgeber wäre dennoch wünschenswert gewesen.

b) Hinterbliebene. § 851c ZPO schweigt auch zu der Frage, was unter dem Begriff Hinterblie- 33 bene zu verstehen ist. Nach der Begründung zur Beschlussempfehlung sind Hinterbliebene jedenfalls der Ehegatte, Kinder und Pflegekinder des Schuldners.[88] Damit erscheint es zweifelhaft, ob auch **Lebenspartner** iSd § 11 PartG zu den Hinterbliebenen gehören.[89] Die Begründung zur Beschlussempfehlung verweist insoweit lediglich auf den **Hinterbliebenenbegriff des Versorgungsrechts,**[90] der seinerseits nicht eindeutig ist.[91] Es ist wohl davon auszugehen, dass der Gesetzgeber

---

[80] BGH r+s 2009, 472; *Smid* in MüKo-ZPO 6. Aufl. 2020 § 851c Rn. 7.
[81] Begr. zu Art. 1 (§ 851c ZPO) RegE eines Gesetzes zum Pfändungsschutz der Altersvorsorge, BT-Drs. 16/886, 10.
[82] Begr. zu Art. 1 (§ 851c ZPO) RegE eines Gesetzes zum Pfändungsschutz der Altersvorsorge, BT-Drs. 16/886, 10.
[83] RegE eines Gesetzes zum Pfändungsschutz der Altersvorsorge, BT-Drs. 16/886, 5.
[84] Begr. zu Art. 1 (§ 851c ZPO) RegE eines Gesetzes zum Pfändungsschutz der Altersvorsorge, BT-Drs. 16/886, 10; *Hasse* VersR 2006, 145 (151).
[85] *Holzer* DStR 2007, 767 (769).
[86] Begr. zur Beschlussempfehlung zum Entwurf eines Gesetzes zum Pfändungsschutz der Altersvorsorge, BT-Drs. 16/3844, 11.
[87] Begr. Allgemeiner Teil I 2 RegE eines Gesetzes zum Pfändungsschutz der Altersvorsorge, BT-Drs. 16/886, 8 und zu Art. 1 (zu § 851c ZPO) S. 10: („... die Bestimmung eines Dritten ausgeschlossen ist und außer für den Todesfall kein Kapitalwahlrecht vereinbart wurde.").
[88] Begr. zur Beschlussempfehlung zum Entwurf eines Gesetzes zum Pfändungsschutz der Altersvorsorge, BT-Drs. 16/3844, 12.
[89] Anträge der FDP und Bündnis 90/Die Grünen, den Hinterbliebenenbegriff iSd § 851c ZPO dahingehend klarzustellen, dass Lebenspartner Hinterbliebene iSd Vorschrift sind, wurden von der Bundestagsmehrheit zurückgewiesen, vgl. Beschlussempfehlung zum Entwurf eines Gesetzes zum Pfändungsschutz der Altersvorsorge, BT-Drs. 16/3844, 10 f.
[90] Beschlussempfehlung zum Entwurf eines Gesetzes zum Pfändungsschutz der Altersvorsorge, BT-Drs. 16/3844, 12.
[91] *Stöber* NJW 2007, 1242 (1245): §§ 19 Abs. 1, 28 BeamtVG und die für die steuerliche Privilegierung von Riester- bzw. Basisrentenverträgen maßgeblichen Bestimmungen der § 1 Abs. 1 S. 1 Nr. 2 AltZertG und § 10 Abs. 1 Nr. 2 lit. b EStG zählen nur Ehegatten und Kinder zu den Hinterbliebenen, während § 46 Abs. 1 S. 1 iVm Abs. 4 SGB VI bei der gesetzlichen Witwenrente auch Lebenspartner als Hinterbliebene

auf den Hinterbliebenenbegriff der gesetzlichen Rentenversicherung abstellen wollte, da ein erklärtes Ziel des Gesetzes die Gleichstellung der privaten mit der gesetzlichen Altersversorgung im Hinblick auf den Pfändungsschutz ist.[92] Daher sind Hinterbliebene iSd § 851c Abs. 1 Nr. 3 ZPO entsprechend dem § 46 Abs. 1 S. 1 iVm Abs. 4 SGB VI neben Ehegatten und Kindern bzw. Stief-/Pflegekindern auch eingetragene Lebenspartner[93] nicht aber „einfache" nichteheliche Lebensgefährten.[94]

34 § 851c ZPO schweigt ebenfalls dazu, ob Kinder oder Pflegekinder altersunabhängig oder nur bis zu einem bestimmen Höchstalter Hinterbliebene iSd Vorschrift sind. Die Bezugnahme des Gesetzgebers auf den Hinterbliebenenbegriff des Versorgungsrechts[95] legt es auch insoweit nahe, den für die gesetzliche Rentenversicherung geltenden § 48 SGB VI heranzuziehen. Nach § 48 Abs. 4 SGB VI gelten Kinder längstens bis zur Vollendung des 18. bzw. 27. Lebensjahres als anspruchsberechtigte Hinterbliebene.[96] Somit ist diese Altersgrenze auch iRd § 851c ZPO heranzuziehen.[97]

35 **c) Pfändungsschutz der Leistungen an Hinterbliebene?** Nach § 851c ZPO wird der Pfändungsschutz des Vertrages nicht beeinträchtigt, wenn Hinterbliebene als Bezugsberechtigte für Todesfallleistungen eingesetzt sind. Weniger klar ist, ob und in welchem Umfang auch **Leistungen an Hinterbliebene** gem. § 851c Abs. 1 ZPO pfändungsgeschützt sind.[98] Der Wortlaut des § 851c ZPO adressiert diese Frage nicht ausdrücklich. Die Begründung zur Beschlussempfehlung spricht dafür, dass auch ein Schutz der **Leistungen an Hinterbliebene** gewährt werden soll: „(…) wird der Pfändungsschutz (…) auf Hinterbliebene des Schuldners ausgedehnt (…)",[99] sowie: „Absatz 1 wird auf Hinterbliebene erweitert".[100] Die mit dem Gesetz beabsichtigte Angleichung des Pfändungsschutzes an denjenigen für Leistungen der gesetzlichen Rentenversicherung ist ebenfalls ein Indiz dafür, dass der Pfändungsschutz auf Leistungen an Hinterbliebene ausgedehnt werden sollte.[101] Geht man – wohl richtigerweise – davon aus, dass auch Leistungen an Hinterbliebene dem Zugriff der Gläubiger entzogen werden sollen, legt es die beabsichtige Gleichstellung mit dem Pfändungsschutz für Leistungen aus der gesetzlichen Rentenversicherung außerdem nahe, Hinterbliebenenleistungen aus einer privaten pfändungsgeschützten Versicherung im gleichen Umfang gegen Pfändung zu schützen, wie Hinterbliebenenleistungen aus der gesetzlichen Rentenversicherung. Diese Leistungen sind gem. § 54 Abs. 4 SGB I wie Arbeitseinkommen pfändbar. Dementsprechend sind laufende Hinterbliebenenleistungen aus einem privaten Altersvorsorgevertrag ebenfalls nur wie Arbeitseinkommen (§ 850 Abs. 1 ZPO) pfändbar.[102] Für den Pfändungsschutz ist es nicht erforderlich, dass die Hinterbliebenenleistungen selbst die Anforderungen des § 851c Abs. 1 Nr. 1 ZPO erfüllen.[103] Geschützt sind also auch Zeitrenten an

---

ansieht; BVerfG VersR 2009, 1607 sowie BGH VersR 2010, 1207 f. zur Verfassungswidrigkeit der Ungleichbehandlung von Ehe und eingetragener Lebenspartnerschaft bei der Hinterbliebenenversorgung für Arbeitnehmer im öffentlichen Dienst.

[92] Begr. zum Allgemeinen Teil RegE eines Gesetzes zum Pfändungsschutz der Altersvorsorge, BT-Drs. 16/886, 7; *Stöber* NJW 2007, 1242 (1245).

[93] BGH NZI 2011, 67 (68) = VersR 2011, 1287 (1288); *Stöber* NJW 2007, 1242 (1245); iErg ebenso *Hasse* VersR 2007, 870 (884); *Holzer* DStR 2007, 767 (769); *Smid* FPR 2007, 443 (446); *Ortmann* in Schwintowski/Brömmelmeyer/Ebers VVG § 167 Rn. 10; *Meller-Hanich* in Kindl/Meller-Hannich, Gesamtes Recht der Zwangsvollstreckung. 4. Aufl. 2021, ZPO § 851c Rn. 15.

[94] BGH NZI 2011, 67 (68) = VersR 2011, 1287 (1288).

[95] Beschlussempfehlung zum Entwurf eines Gesetzes zum Pfändungsschutz der Altersvorsorge, BT-Drs. 16/3844, 12.

[96] Zur Waisenrente nach § 48 SGB VI *Dankelmann* in Kreikebohm SGB VI § 48 Rn. 1 ff.; *Gürtner* in Kass-Komm SGB VI § 48 Rn. 1 ff.

[97] *Hasse* VersR 2007, 870 (885) wonach allerdings auf das nach § 32 EStG maßgebliche Höchstalter von 25 Jahren abzustellen ist.

[98] Ausf. *Hasse* VersR 2007, 870.

[99] Begr. zur Beschlussempfehlung zum Entwurf eines Gesetzes zum Pfändungsschutz der Altersvorsorge, BT-Drs. 16/3844, 11; *Hasse* VersR 2007, 870 (884 f.).

[100] Begr. zur Beschlussempfehlung zum Entwurf eines Gesetzes zum Pfändungsschutz der Altersvorsorge, BT-Drs. 16/3844, 12.

[101] Begr. RegE zum Allgemeinen Teil des Entwurfs eines Gesetzes zum Pfändungsschutz der Altersvorsorge, BT-Drs. 16/886, 7.

[102] A.A. ebenso *Hasse* VersR 2007, 870 (884 f.); a.A. *Kemper* in Saenger, 8. Aufl. 2019, ZPO § 851c Rn. 7.

[103] AA *Hasse* VersR 2007, 870 (884 f.). Er geht grds. davon aus, dass Hinterbliebenenleistungen nur dann geschützt sind, wenn sie ihrerseits die Voraussetzungen des § 851c Abs. 1 ZPO entsprechen, wenn es also lebenslange Leistungen sind, die ab dem 60. Lebensjahr erbracht werden. *Hasse* kritisiert dies und will bei lebenslangen Witwen-/Witwerrenten durch „sachgerechte Auslegung" auch dann zu einem Pfändungsschutz gelangen, wenn Leistungen vor Erreichen des 60. Lebensjahres erbracht werden, lehnt aber aufgrund des Wortlauts der Vorschrift einen Pfändungsschutz für Zeitrenten an hinterbliebene Kinder ab und empfiehlt eine klarstellende Neufassung.

Kinder sowie Renten an Ehe- und Lebenspartner, die mit Eintritt des Todes des Versicherungsnehmers – unabhängig von dem Alter des Ehe-/Lebenspartners – gezahlt werden.

4. Keine Kapitalleistung außer für den Todesfall (Nr. 4). a) Keine Kapitalleistung im Erlebensfall. § 851c Abs. 1 Nr. 4 ZPO schließt die Zahlung von Kapitalleistungen, also die Einräumung eines Kapitalwahlrechts für den Erlebensfall ausdrücklich aus. Die Unzulässigkeit der Vereinbarung von Kapitalleistungen für den Erlebensfall korreliert mit dem Erfordernis der Vereinbarung einer regelmäßigen lebenslangen Zahlung gem. § 851c Abs. 1 Nr. 1 ZPO. Es hindert den Pfändungsschutz demgegenüber nicht, dass dem Schuldner ein vertragliches Kapitalwahlrecht eingeräumt war, welches aber zum Zeitpunkt der Pfändung nicht mehr bestand.[104]   36

b) Zulässige Kapitalleistung im Todesfall. Ausgenommen von dem Verbot der Zahlung von Kapitalleistungen ist eine Zahlung für den Todesfall. Dies war im RegE damit begründet worden, dass die Einschränkung der Rechte der Gläubiger nur mit dem Schutz der Altersvorsorge des Schuldners zu rechtfertigen sei. Dieser Versorgungszweck könne durch den vorzeitigen Tod des Schuldners nicht mehr erreicht werden; den Gläubigern müsse deshalb in diesem Fall der Zugriff auf das ursprünglich für die Altersvorsorge des Schuldners vorgesehene Kapital wieder ermöglicht werden.[105] Ein solcher Zugriff der Gläubiger auf die Kapitalleistung im Todesfall des Schuldners war wegen des im RegE vorgesehenen Ausschlusses von Dritten als Berechtigten ohne weiteres möglich, da Kapitalleistungen ausschließlich in den Nachlass gefallen wären und dem Zugriff der Gläubiger zugänglich gewesen wären.   37

c) Kapitalleistungen an Hinterbliebene und Pfändungsschutz dieser Leistungen. Nachdem „Hinterbliebene" im Fortgang des Gesetzgebungsverfahrens in den Schutzbereich des § 851c Abs. 1 Nr. 3 ZPO einbezogen worden waren,[106] ohne dass eine klarstellende Folgeänderung in Nr. 4 vorgenommen wurde, ist unklar, ob an der Begründung zum RegE zu Abs. 1 S. 4 ZPO weiter festzuhalten ist, ob also die Gläubiger auf die Kapitalleistung zugreifen können sollen, wenn Hinterbliebenen iSd Abs. 1 Nr. 3 ein Bezugsrecht hieran eingeräumt wurde.[107] Aus der Erstreckung des Pfändungsschutzes auf Hinterbliebene wird teilweise der Schluss gezogen, dass auch eine an Hinterbliebene erbrachte Kapitalleistung dem Zugriff der Gläubiger vollständig entzogen sei, weil § 851c Abs. 1 Nr. 4 ZPO sonst entwertet würde.[108] Dieser Schluss ist allerdings nicht zwingend. Die Gleichstellung mit Leistungen aus der gesetzlichen Rentenversicherung im Hinblick auf den Pfändungsschutz gebietet nämlich keinen umfassenden Schutz auch von Kapitalleistungen, außerdem ist nicht zu erkennen, dass der Schutz der Hinterbliebenen über den Schutz des Versicherungsnehmers selbst hinausgehen sollte. Die vom Gesetzgeber gewollte Angleichung des Pfändungsschutzes für Leistungen aus einer privaten Altersvorsorge an denjenigen, der für Leistungen aus der gesetzlichen Rentenversicherung gilt, legt es vielmehr nahe, nur laufende Leistungen – entsprechend § 54 Ab. 4 SGB I – wie Arbeitseinkommen gegen den Zugriff der Gläubiger zu schützen. Damit verbleibt es grds. bei der Pfändbarkeit von Kapitalleistungen für den Todesfall. Es kann allenfalls erwogen werden, in entsprechender Anwendung von § 54 Abs. 2 SGB I die Pfändung von Kapitalleistungen aufgrund von Billigkeitserwägungen einzuschränken.   38

III. § 851c Abs. 2 ZPO: Pfändungsschutz des Deckungskapitals

Pfändungsschutz der privaten Altersvorsorge ist nur dann effektiv, wenn auch das Vorsorgevermögen (= Deckungskapital des Versicherungsvertrages), das der Schuldner selbst angespart hat, erfasst ist. Der Pfändungsschutz des Vorsorgevermögens wird in Abs. 2 geregelt. Eine entsprechende Regelung ist in der gesetzlichen Rentenversicherung nicht erforderlich, da dort aufgrund des Umlageverfahrens kein individuelles Vorsorgevermögen angespart wird.   39

Das **Deckungskapital** wird mit Abs. 2 so abgesichert, dass bei regelmäßiger Beitragszahlung mit Vollendung des 67. Lebensjahres[109] eine Rente erwirtschaftet werden kann, deren Höhe in etwa der Pfändungsfreigrenze entspricht. Dabei ist die Höhe des pfändungsgeschützten Vorsorgekapitals linear ausgestaltet. Mit zunehmendem Alter steigen sowohl der absolute unpfändbare Gesamtbetrag als auch die jährlich pfändungssicher ansparbaren Leistungen.[110] Die Höhe der jährlich pfändungsge-   40

---

[104] BGH VersR 2013, 1548 (1550); 2011, 1287 (1288).
[105] Begr. zu Art. 1 (§ 851c ZPO) RegE eines Gesetzes zum Pfändungsschutz der Altersvorsorge, BT-Drs. 16/886, 10; Holzer DStR 2007, 767 (770).
[106] Begr. zur Beschlussempfehlung zum Entwurf eines Gesetzes zum Pfändungsschutz der Altersvorsorge, BT-Drs. 16/3844, 11.
[107] Ortmann in Schwintowski/Brömmelmeyer/Ebers VVG § 167 Rn. 10.
[108] Holzer DStR 2007, 767 (770).
[109] Das Lebensalter wurde mit Gesetz v. 5.12.2012, BGBl. I S. 2418 von 65 auf 67 Jahre erhöht, zugleich wurde der Höchstbetrag des geschützten Deckungskapitals von 238.000 EUR auf 256.000 EUR angehoben.
[110] Begr. zu Art. 1 (§ 851c ZPO) RegE eines Gesetzes zum Pfändungsschutz der Altersvorsorge, BT-Drs. 16/886, 10; Holzer DStR 2007, 767 (770).

schützt ansparbaren Leistungen wurde mit Wirkung zum 1.1.2022 angepasst.[111] Ausgestaltung des pfändungsgeschützten Vorsorgekapitals soll verhindern, dass zB bereits ein 20-Jähriger durch eine hohe Einmalzahlung Vermögen vollständig dem Zugriff seiner Gläubiger entzieht. Ausschlaggebend war dabei für den Gesetzgeber der Gedanke, dass bei einem wirtschaftlichen Scheitern in jungen Jahren der Schuldner noch ausreichend Zeit hat, eine ergänzende Altersvorsorge aufzubauen. Andererseits soll ein älterer Versicherungsnehmer, der einen Versicherungsvertrag später geschlossen hat, oder der die zur Abdeckung der Altersvorsorge notwendigen Prämien nicht geleistet hat oder leisten konnte, durch Einmalzahlungen das fehlende Deckungskapital ausgleichen können.[112] Besteht das Deckungskapital „nur" aus einer Einmalzahlung, so untersteht auch diese dem vollen Pfändungsschutz, soweit sie den Betrag nicht überschreitet, den der Schuldner bis zum Erreichen der jeweiligen Altersstufe hätte ansammeln können.[113] Geschützt sind sowohl vor als auch nach Umwandlung „angesparte" Teile des Deckungskapitals.[114]

41   Falls der Rückkaufswert der Altersicherung den unpfändbaren Betrag übersteigt, sind ³⁄₁₀ des überschießenden Betrages unpfändbar (§ 851c Abs. 2 S. 3 ZPO). Damit wird auch ein über den Grundfreibetrag hinausgehender Anteil des Vorsorgekapitals vor einer Pfändung geschützt, um dem Versicherten einen Anreiz zu geben, für eine finanzielle Absicherung im Alter zu sorgen.[115] Erst wenn der Rückkaufswert den dreifachen Betrag des Grundfreibetrags überschreitet, unterliegt er nach § 851c Abs. 2 S. 4 ZPO insoweit dem vollen Zugriff der Gläubiger.

42   **Kein Pfändungsschutz** besteht demgegenüber für die **Beiträge (Prämien),** die erforderlich sind, um das geschützte Deckungskapital aufzubauen.[116]

D. Abdingbarkeit

43   § 167 ist halbzwingend. Von der Vorschrift kann nicht zum Nachteil des Versicherungsnehmers abgewichen werden, § 171 S. 1.[117] Auffällig ist, dass die GDV-Muster-ALB KLV 2019 keinen Hinweis auf das Umwandlungsrecht nach § 167 enthalten.[118]

§ 168 Kündigung des Versicherungsnehmers

(1) Sind laufende Prämien zu zahlen, kann der Versicherungsnehmer das Versicherungsverhältnis jederzeit für den Schluss der laufenden Versicherungsperiode kündigen.

(2) Bei einer Versicherung, die Versicherungsschutz für ein Risiko bietet, bei dem der Eintritt der Verpflichtung des Versicherers gewiss ist, steht das Kündigungsrecht dem Versicherungsnehmer auch dann zu, wenn die Prämie in einer einmaligen Zahlung besteht.

(3) Die Absätze 1 und 2 sind nicht auf einen für die Altersvorsorge bestimmten Versicherungsvertrag anzuwenden,
1. wenn die Vertragsparteien bei einem nach § 5a des Altersvorsorgeverträge-Zertifizierungsgesetzes zertifizierten Basisrentenvertrag die Verwertung der Ansprüche gemäß § 10 Absatz 1 Nummer 2 Satz 1 Buchstabe b des Einkommensteuergesetzes ausgeschlossen haben oder
2. soweit die Vertragsparteien eine Verwertung unwiderruflich ausgeschlossen haben und dieser Ausschluss erforderlich ist, um den Pfändungsschutz nach § 851c der Zivilprozessordnung oder § 851d der Zivilprozessordnung herbeizuführen.

Abs. 3 lautete bis 31.12.2022:

¹Die Absätze 1 und 2 sind nicht auf einen für die Altersvorsorge bestimmten Versicherungsvertrag anzuwenden, bei dem der Versicherungsnehmer mit dem Versicherer eine Verwertung vor dem Eintritt

---

[111] Gesetz v. 7.5.2021, BGBl. 2021 I 850.
[112] Begr. zu Art. 1 (§ 851c ZPO) RegE eines Gesetzes zum Pfändungsschutz der Altersvorsorge, BT-Drs. 16/886, 10; *Holzer* DStR 2007, 767 (770).
[113] OLG Frankfurt a. M. ZVI 2016, 70 Rn. 30.
[114] OLG Stuttgart NZI 2012, 250 (251).
[115] Begr. zu Art. 1 (zu § 851c ZPO) RegE eines Gesetzes zum Pfändungsschutz der Altersvorsorge, BT-Drs. 16/886, 10.
[116] BGH VersR 2011, 1160.
[117] *Krause* in Looschelders/Pohlmann VVG § 167 Rn. 17.
[118] *Krause* in Looschelders/Pohlmann VVG § 167 Rn. 17.

in den Ruhestand unwiderruflich ausgeschlossen hat; der Wert der vom Ausschluss der Verwertbarkeit betroffenen Ansprüche darf die in § 12 Abs. 2 Nr. 3 des Zweiten Buches Sozialgesetzbuch bestimmten Beträge nicht übersteigen. ²Entsprechendes gilt, soweit die Ansprüche nach § 851c oder § 851d der Zivilprozessordnung nicht gepfändet werden dürfen.

Übersicht

	Rn.			Rn.
A. Normzweck	1	3.	Kündigungsrecht bei Abtretung	15
B. Tatbestand	3	4.	Kündigungsrecht bei Verpfändung	18
I. Anwendungsbereich	3		a) Vor Pfandreife	19
1. Zeitlicher Anwendungsbereich	3		b) Nach Pfandreife	22
2. Sachlicher Anwendungsbereich (Abs. 1 und 2)	4	5.	Kündigungsrecht bei Pfändung	23
a) Verträge mit laufender Prämienzahlung (Abs. 1)	4	6.	Kündigungsrecht bei Insolvenz des Versicherungsnehmers	26
b) Verträge mit gewisser Leistungspflicht des Versicherers (Abs. 2)	5		a) Kündigungsrecht des Insolvenzverwalters bei Bezugsberechtigung eines Dritten	31
3. Vom Anwendungsbereich des § 168 ausgenommene Verträge (Abs. 3)	7		b) Kündigungsrecht des Insolvenzverwalters bei Abtretung	36
a) Rechtslage bis 31.12.2022	7		c) Kündigungsrecht des Insolvenzverwalters bei Verpfändung	38
b) Rechtslage ab 1.1.2023	11a	7.	Legitimationswirkung des Versicherungsscheins	41
II. Verhältnis zu anderen Kündigungsrechten	12	IV.	Kündigungserklärung, Rechtscharakter, Form und Frist	42
III. Kündigungsberechtigung	13	V.	Rechtsfolge der Kündigung	46
1. Kündigungsrecht des Versicherungsnehmers	13	C.	Abdingbarkeit	47
2. Kündigungsrecht bei Bezugsberechtigung Dritter	14			

Stichwort- und Fundstellenverzeichnis

Stichwort	Rn.	Rspr.	Lit.
Abtretung der Todesfallleistung, Kündigungsrecht	→ Rn. 16	BGH VersR 2012, 1520 (1521 f.); OLG Köln VersR 2009, 621 (622); OLG Hamburg VersR 2008, 767; OLG Düsseldorf ZInsO 2006, 1270 Rn. 16; OLG Brandenburg DZWiR 2005, 390	*Wagner* VersR 1998, 1083 ff.; *Ortmann* in Schwintowski/Brömmelmeyer/Ebers VVG § 168 Rn. 11
Abtretung, Kündigungsrecht	→ Rn. 15	BGH VersR 2003, 1021 (1022); BGHZ 45, 163 (167) = VersR 1966, 359 (360)	*Reiff* in Prölss/Martin VVG § 168 Rn. 9; *Brömmelmeyer* in Beckmann/Matusche-Beckmann VersR-HdB § 42 Rn. 207; *Grote* in Langheid/Rixecker VVG § 168 Rn. 10; *Winter* in Bruck/Möller VVG § 168 Rn. 29
Arbeitslosengeld II	→ Rn. 8	–	–
Basis Rente (Rürup-Rente)	→ Rn. 10	BGH VersR 2016, 241; 2012, 871 (872)	*Elster* ZVI 2013, 369; *Fiala/Schramm* VW 2008, 1290; *Hoffmann* VW 2008, 1458 f.; *Goverts/Knoll* DStR 2005, 946 (949)
Berufsunfähigkeitszusatzversicherung	→ Rn. 17	BGH VersR 2010, 375 = r+s 2010, 74; VersR 2010, 273 = r+s 2010, 71; OLG Saarbrücken VersR 1995, 1227; OLG Köln VersR 1998, 222; OLG Hamm ZInsO 2006, 878; OLG Jena VersR 2000, 1005	*Rixecker* in Beckmann/Matusche-Beckmann VersR-HdB § 46 Rn. 216 f.

Stichwort	Rn.	Rspr.	Lit.
Bezugsrecht Dritter, Kündigung	→ Rn. 14	BGH VersR 2010, 517; 2003, 1021; 1022; BGHZ 45, 163 (167) = VersR 1966, 359 (360)	*Reiff* in Prölss/Martin VVG § 168 Rn. 7; *Brömmelmeyer* in Beckmann/Matusche-Beckmann VersR-HdB § 42 Rn. 147; *Grote* in Langheid/Rixecker VVG § 168 Rn. 10
Bezugsrecht, unwiderruflich, Pfändung	→ Rn. 24	BGH VersR 2010, 517; BGHZ 45, 163 (167) = VersR 1966, 359 (360)	*Armbrüster/Pilz* KTS 2004, 481 (487)
Bezugsrecht, (eingeschränkt) unwiderruflich, Insolvenz	→ Rn. 34 f.	BGH NJW 2015, 341 (342); 2013, 232; BeckRS 2014, 02627 Rn. 11; BAGE 134, 372 Rn. 23; OLG Karlsruhe VersR 2001, 1501; OLG Düsseldorf VersR 1998, 1559 (1560)	*Ortmann* in Schwintowski/Brömmelmeyer/Ebers VVG § 168 Rn. 21 ff.; *Hasse* VersR 2005, 1176
Bezugsrecht, widerruflich	→ Rn. 25, 32 f.	BGH NJW 2015, 341 (342 f.); 2005, 2231 (2232)	*Ortmann* in Schwintowski/Brömmelmeyer/Ebers VVG § 168 Rn. 19
Erlöschenstheorie	→ Rn. 27	BGHZ 103, 250 = NJW 1988, 1790; BGH VersR 1993, 689 (690) = NJW VersR 1993, 1994; BGHZ 106, 236 = NJW 1989, 1282; BGHZ 103, 250 = BGH NJW 1988, 1790	*Kreft/Huber* in MüKoInsO § 103 Rn. 11 f.; *Stegmann/Lind* NVersZ 2002, 193
Erlöschenstheorie, Aufgabe	→ Rn. 28	BGH VersR 2012, 299 (300); NJW 2002, 2783 (2785)	*Armbrüster/Pilz* KTS 2004, 481 (485); *Elfring* BB 2004, 617 (618); *Wegener* in FK-InsO § 103 Rn. 76a
Insolvenz, Kündigungsrecht bei Sicherungszession	→ Rn. 37	OLG Hamm NJW 2008, 2660; ZInsO 2006, 878; OLG Düsseldorf ZInsO 2006, 1270	*Stegmann/Lind* NVersZ 2002, 193 (195); *Elfring* NJW 2005, 2192 (2195)
Insolvenz, (eingeschränkt) unwiderrufliches Bezugsrecht	→ Rn. 34 f.	BGH NJW 2015, 341 (342); BeckRS 2014, 02627 Rn. 11; BAGE 134, 372 Rn. 23; BGH NJW 2013, 232; OLG Karlsruhe VersR 2001, 1501; OLG Düsseldorf VersR 1998, 1559 (1560)	*Ortmann* in Schwintowski/Brömmelmeyer/Ebers VVG § 168 Rn. 24; *Hasse* VersR 2005, 1176
Insolvenz, Kündigung bei Verpfändung	→ Rn. 38 ff.	BGH NJW-RR 2013, 820 (821); VersR 2012, 1520 (1523) = WM 2012, 549 Rn. 34; BGH NJW 2005, 2231	*Elfring* NJW 2005, 2192; *Perwein* GmbHR 2007, 589 (590)
Kündigung aus wichtigem Grund	→ Rn. 12	OGH VersR 2013, 381 (382); KG BeckRS 2011, 29879 = ZIP 2012, 379 (381)	*Ortmann* in Schwintowski/Brömmelmeyer/Ebers VVG § 168 Rn. 2; *Grote* in Langheid/Rixecker VVG § 168 Rn. 4; *Winter* in Bruck/Möller VVG § 168 Rn. 57
Kündigung, Abtretung	→ Rn. 15	BGH VersR 2003, 1021 (1022); BGHZ 45, 163 (167) = VersR 1966, 359 (360)	*Reiff* in Prölss/Martin VVG § 168 Rn. 9; *Brömmelmeyer* in Beckmann/Matusche-Beckmann VersR-HdB § 42 Rn. 207; *Grote* in Langheid/Rixecker VVG § 168 Rn. 10; *Winter* in Bruck/Möller VVG § 168 Rn. 29
Kündigung, Pfändung	→ Rn. 23	BGH VersR 2012, 1520 (1521); BGHZ 45, 163 (167) = VersR 1966, 359 (360)	*Stegmann/Lind* NVersZ 2002, 193 (194 f.)

Stichwort	Rn.	Rspr.	Lit.
Kündigung, Verpfändung	→ Rn. 18 ff.	BGH NJW 2005, 2231; 1967, 200	*Brömmelmeyer* in Beckmann/Matusche-Beckmann VersR-HdB § 42 Rn. 150; *Elfring* NJW 2005, 2192 (2193); *Winter* in Bruck/Möller VVG § 168 Rn. 42; *Ortmann* in Schwintowski/Brömmelmeyer/Ebers VVG § 168 Rn. 9; *Perwein* GmbHR 2007, 589
Lebensversicherung mit Beitragsdepot	→ Rn. 6	BGH VersR 2012, 1520 (1521)	*Eberhardt/Baroch Castellví* VersR 2002, 261 (264); *Ortmann* in Schwintowski/Brömmelmeyer/Ebers VVG § 168 Rn. 29
Nettopolice	→ Rn. 47	BGH VersR 2014, 64; 240; 567; 877; 1328; 2005, 406	*Reiff* VersR 2012, 645 ff.; *Reiff* r+s 2013, 525 ff.; *Ortmann* in Schwintowski/Brömmelmeyer/Ebers VVG § 168 Rn. 41
Pfändung, Kündigung	→ Rn. 23	BGH VersR 2012, 1520 (1521); BGHZ 45, 163 (167) = VersR 1966, 359 (360)	*Stegmann/Lind* NVersZ 2002, 193 (194 f.)
Pfändungsschutz nach § 851c ZPO	→ Rn. 9	BGH VersR 2012, 299 (301); OLG Frankfurt a. M. VersR 2012, 169 Rn. 32 ff.; LG Rostock VersR 2015, 831 (832)	*Stöber* NJW 2007, 1242 (1244); *Hasse* VersR 2007, 870; *Hasse* VersR 2006, 145 (146); → § 167 Rn. 22 ff.
Pfändungsschutz nach § 851d ZPO	→ Rn. 9 ff.	OLG Frankfurt a. M. VersR 2012, 169 Rn. 34 ff.	*Fiala/Schramm* VW 2008, 1290 ff.; *Hoffmann* VW 2008, 1458 ff.
Riester-Rente	→ Rn. 11	–	*Hasse* VersR 2007, 871 (872); *Hasse* VersR 2007, 277 (282 f.)
Sicherungszession, Insolvenz	→ Rn. 37	BGH VersR 1292, 1293 f.; OLG Hamm NJW 2008, 2660; OLG Düsseldorf ZInsO 2006, 1270; dagegen: OLG Hamm ZInsO 2006, 878	*Stegmann/Lind* NVersZ 2002, 193 (195); *Elfring* NJW 2005, 2192 (2195)
Unwiderrufliches Bezugsrecht, Insolvenz	→ Rn. 34 f.	BGH NJW 2015, 341 (342); 2013, 232; BeckRS 2014, 02627 Rn. 11; BAGE 134, 372 Rn. 23; OLG Karlsruhe VersR 2001, 1501; OLG Düsseldorf VersR 1998, 1559 (1560)	*Ortmann* in Schwintowski/Brömmelmeyer/Ebers VVG § 168 Rn. 21; *Hasse* VersR 2005, 1176
Verpfändung, Insolvenz	→ Rn. 38 ff.	BGH NJW-RR 2013, 820 (821); VersR 2012, 1520 (1523) = WM 2012, 549 Rn. 34; BGH NJW 2005, 2231	*Elfring* NJW 2005, 2192; *Perwein* GmbHR 2007, 589 (590)
Verpfändung, Kündigungsrecht	→ Rn. 19 ff.	BGH NJW 2005, 2231; 1967, 2000 (2001)	*Brömmelmeyer* in Beckmann/Matusche-Beckmann VersR-HdB § 42 Rn. 150; *Elfring* NJW 2005, 2192 (2193); *Winter* in Bruck/Möller VVG § 168 Rn. 42; *Ortmann* in Schwintowski/Brömmelmeyer/Ebers VVG § 168 Rn. 9; *Perwein* GmbHR 2007, 589
Wahlrecht gem. § 103 InsO	→ Rn. 26, 28, 30	BGH NJW-RR 2013, 820 (821); VersR 2012, 1520 (1523) = WM 2012, 549 Rn. 34; BGH NJW 2002, 2783 (2785); 1993, 689 = VersR 1993, 689; OLG Karlsruhe VersR 2001, 1501	*Stegmann/Lind* NVersZ 2002, 193 (196)

§ 168 1, 2

Stichwort	Rn.	Rspr.	Lit.
widerrufliches Bezugsrecht	→ Rn. 25, 32, 33	BGH NJW 2015, 341 (342 f.); 2005, 2231 (2232)	*Ortmann* in Schwintowski/Brömmelmeyer/Ebers VVG § 168 Rn. 19
Zustimmungserfordernis, Zessionar, Kündigung	→ Rn. 16	BGH VersR 2012, 1520 (1521 f.); OLG Düsseldorf ZInsO 2006, 1270	*Ortmann* in Schwintowski/Brömmelmeyer/Ebers VVG § 168 Rn. 10; *Wagner* VersR 1998, 1083 (1085)

Schrifttum: *Armbrüster/Pilz*, Schicksal des Lebensversicherungsvertrages in der Insolvenz des Versicherungsnehmers, KTS 2004, 481; *Baroch Castellví*, Zuordnung des Anspruchs auf den Rückkaufswert bei geteiltem Bezugsrecht in der gemischten Lebensversicherung, VersR 1998, 410; *Eberhardt/Baroch Castellví*, Rechtsfragen zum Beitragsdepot in der Lebensversicherung, VersR 2002, 261; *Eitelberg*, Lebensversicherung und Drittrechte, Diss. 2002; *Dietzel*, Der Pfändungsschutz der privaten Altersvorsorge nach den §§ 851c, 851d ZPO, Diss. 2014; *Elfring*, Die Verwertung verpfändeter und abgetretener Lebensversicherungsansprüche in der Insolvenz des Versicherungsnehmers, NJW 2005, 2192; *Elfring*, Versicherungsverträge im Insolvenzrecht, BB 2004, 617; *Ehrenzweig*, Die Zwangsvollstreckung in den Lebensversicherungsanspruch, VersR 1951, 93; *Fiala/Schramm*, Sozialhilfe trotz Rürup, VW 2008, 1290; *Hasse*, Zum Entwurf eines Gesetzes zum Pfändungsschutz der Altersvorsorge und zur Anpassung des Rechts der Insolvenzordnung, VersR 2006, 145; *Heilmann*, Die Begünstigung in der Kapitallebensversicherung, VersR 1972, 997; *Hoffmann*, Basisrenten pfändbar oder nicht, VW 2008, 1458; *Hülsmann*, Zur Abtretung aller Ansprüche aus einer Lebensversicherung mit eingeschlossener Berufsunfähigkeitszusatzversicherung, VersR 1996, 308; *Janca*, Zuordnung des Rückkaufswerts der Kapitallebensversicherung bei Abtretung nur für den Todesfall, ZInsO 2009, 161; *Oswald*, Wem steht bei einer Lebensversicherung mit geteilter Begünstigung der Rückkaufswert zu?, VersPrax 1980, 9; *Paulsdorf*, Die Behandlung betrieblicher Versorgungsverpflichtungen im Insolvenzverfahren – Bestandsaufnahme und Ausblick, KTS 1989, 29; *Perwein*, Pensionszusage und Rückdeckungsversicherung in der Insolvenz der GmbH, GmbHR 2007, 589; *Prahl*, Zur Pfändung des Kündigungsrechts des Versicherungsnehmers bei der gemischten Kapitallebensversicherung, NVersZ 2001, 151; *Reiff*, Die Vermittlung von Nettopolicen in der Lebensversicherung, r+s 2013, 525; *Reiff*, Die Vermittlung von Nettopolicen durch Versicherungsvertreter, VersR 2012, 645; *Sieg*, Kritische Betrachtungen zum Recht der Zwangsvollstreckung in Lebensversicherungsforderungen, FS Klingmüller, 1974, 447; *Stahlschmidt*, Direktversicherung und Rückdeckungsversicherungen in der Unternehmensinsolvenz, NZI 2006, 375; *Stegmann/Lind*, Der Lebensversicherungsvertrag in der Insolvenz, NVersZ 2002, 193; *M. Stöber*, Das Gesetz zum Pfändungsschutz der Altersvorsorge, NJW 2007, 1242; *Wagner*, Wem steht der Anspruch auf den Rückkaufswert einer kapitalbildenden Lebensversicherung bei Vorliegen einer Abtretung (nur) der Todesfallansprüche zu – dem Zessionar oder dem Versicherungsnehmer bzw. dessen Pfändungsgläubigern, VersR 1998, 1083; *Zimmermann*, Probleme bei Direktversicherungen im Rahmen eines Gruppenversicherungsvertrages im Konkursverfahren, gerichtlichen Vergleichsverfahren und bei Betriebsübergang, VersR 1988, 885 ff.

A. Normzweck

1   Lebensversicherungsverträge wurden früher durchschnittlich für eine Laufzeit von 30 Jahren abgeschlossen.[1] Auch aktuell sind Lebensversicherungsverträge regelmäßig Verträge mit langer Laufzeit. Schon der historische Gesetzgeber hielt es für ein in der Natur des Lebensversicherungsverhältnisses begründetes Bedürfnis, dass dem Versicherungsnehmer die Möglichkeit offen gehalten werde, die Versicherung aufzuheben. Denn für den Versicherungsnehmer seien für den Abschluss und die Fortsetzung des Lebensversicherungsverhältnisses Umstände ausschlaggebend, die einem Wechsel in besonderem Maße unterlägen, nämlich die eigene Leistungsfähigkeit und die persönlichen Beziehungen zu anderen.[2] Um diesen Umständen gerecht zu werden, gewährt Abs. 1 dem Versicherungsnehmer das Recht, solche Versicherungsverträge zu kündigen, bei denen laufende Prämien zu entrichten sind. Damit kann sich der Versicherungsnehmer für die Zukunft von weiteren Prämienzahlungen befreien. Das Kündigungsrecht erschöpft sich aber nicht in der Funktion, den Versicherungsnehmer von weiteren Zahlungen zu befreien, sondern es gibt ihm auch die Möglichkeit, über das aus seinen bisher entrichteten Prämien gebildete Deckungskapital zu verfügen, sofern es sich um einen Versicherungsvertrag handelt, bei dem „die Leistungspflicht des Versicherers gewiss ist"[3] (Abs. 2). Bei diesen Verträgen hat der Versicherungsnehmer einen gesetzlichen Anspruch auf Zahlung des Rückkaufswerts (vgl. auch § 169 Abs. 1).

2   Nach Abs. 3 besteht ausnahmsweise kein Recht zur Kündigung, wenn und soweit der Versicherungsvertrag zur **Altersvorsorge** bestimmt ist und die **Verwertung des Vertrages** vor Eintritt in

---
[1] GDV (Hrsg.) Geschäftsentwicklung 2005 – Die deutsche Lebensversicherung in Zahlen, 2006, S. 43.
[2] Motive zu § 165 VVG aF S. 224.
[3] Motive zu § 165 VVG aF S. 224.

den Ruhestand vertraglich ausgeschlossen worden ist. Bei dieser Art von Altersvorsorgeverträgen soll ein Schutzbedarf des Versicherungsnehmers vor überlangen Verträgen nicht gegeben sein, weil gerade die langfristige Bindung an den Vertrag und der Ausschluss des Rechts, vorzeitig über das Deckungskapital verfügen zu können, Voraussetzungen für die gesetzliche Privilegierung sind (steuerliche Förderung, keine Anrechnung nach § 12 Abs. 2 SGB II bei Leistungsgewährung nach SGB II („Hartz IV"), Pfändungsschutz nach § 851c ZPO[4]).

B. Tatbestand

I. Anwendungsbereich

1. Zeitlicher Anwendungsbereich. § 168 findet auf seit dem 1.1.2008 abgeschlossene 3 Lebensversicherungsverträge (Neuverträge) Anwendung. Seit dem 1.1.2009 findet § 168 auch auf vor dem 1.1.2008 abgeschlossene Verträge (Altverträge) Anwendung, vgl. Art. 1 Abs. 1 EGVVG. § 165 VVG aF gilt demgegenüber für Altverträge, die bis zum 31.12.2008 gekündigt worden sind.

2. Sachlicher Anwendungsbereich (Abs. 1 und 2). a) Verträge mit laufender Prämien- 4 zahlung (Abs. 1). Die Vorschrift gilt für allen Arten von Versicherungsverträgen mit **laufender Prämienzahlung** nicht jedoch bei Lebensversicherungsverträgen gegen Einmalbeitrag.[5] Unerheblich ist, in welchen zeitlichen Intervallen die Prämie zu entrichten ist bzw. wie viele Prämien noch ausstehen. Voraussetzung für die Kündigung ist lediglich, dass noch mindestens eine Prämie aussteht. Hieran fehlt es insbes. nach Prämienfreistellung (vgl. § 165). Bei der prämienfreien Versicherung besteht das Kündigungsrecht folglich nur unter den Voraussetzungen des Abs. 2. Unerheblich für das Kündigungsrecht nach Abs. 1 ist auch, ob es sich um eine reine **Risikoversicherung,** eine **kapitalbildende Lebensversicherung** oder eine **Rentenversicherung** handelt.[6] Das Kündigungsrecht besteht nach Abs. 1 bei allen Arten von Lebensversicherungsverträgen, sofern nur eine laufende Prämienzahlung vereinbart ist. Zahlt im Rahmen einer Ratenschutz-Versicherung die Bank als Versicherungsnehmer und Prämienschuldnerin eine Einmalprämie an den Versicherer, die lediglich wirtschaftlich vom versicherten Darlehensnehmer getragen wird, indem die von der Bank verauslagte Einmalprämie sodann der Darlehensforderung zugeschlagen und durch die Darlehensraten abgetragen wird, findet § 168 Abs. 1 keine Anwendung und nach BGH liegt auch keine unzulässige Umgehung des Kündigungsrechts nach § 168 Abs. 1 vor.[7]

b) Verträge mit gewisser Leistungspflicht des Versicherers (Abs. 2). Darüber hinaus 5 gewährt Abs. 2 unabhängig von der Art und Weise der Prämienzahlung ein Kündigungsrecht bei Verträgen, die Versicherungsschutz für ein Risiko bieten, bei dem der **Eintritt der Verpflichtung des Versicherers gewiss** ist. Dies sind Verträge, bei denen der Versicherungsnehmer gem. § 169 Abs. 1 (zB nach Kündigung) Anspruch auf Zahlung des Rückkaufswerts hat. Insoweit stellt das Kündigungsrecht nach Abs. 2 sicher, dass der Versicherungsnehmer seinen gesetzlich garantierten Anspruch auf den Rückkaufswert auch durch eine Kündigung des Vertrages fällig stellen kann. Das Kündigungsrecht nach Abs. 2 besteht also typischerweise bei der kapitalbildenden Lebensversicherung und – wie die Neufassung von Abs. 2 klarstellt – bei der Rentenversicherung, sofern die **Leistungspflicht des Versicherers gewiss** ist.[8] Das Kündigungsrecht nach Abs. 2 besteht hingegen nicht bei der reinen Risikolebensversicherung sowie bei einer Rentenversicherung (als reine Erlebensfallversicherung[9]), die keine Todesfallleistung erbringt, wenn der Versicherungsnehmer vor Rentenbeginn verstirbt.[10] Da das Kündigungsrecht nach Abs. 2 nicht von der Art und Weise der Prämienzahlung abhängt, besteht es auch **bei Versicherungen gegen Einmalprämie** und wenn keine weiteren Prämien zu entrichten sind bzw. wenn die Versicherung gem. § 165 oder § 166 prämienfrei

---

[4] Begr. zu Art. 4 Nr. 1 (§ 165) RegE eines Gesetzes zum Pfändungsschutz der Altersvorsorge, BT-Drs. 16/886, 14; sowie Beschlussempfehlung zum Entwurf eines zweiten Gesetzes zur Änderung des Betriebsrentengesetzes, BT-Drs. 16/3007, 23.
[5] BGH BeckRS 2015, 1172 Rn. 37 = VersR 2015, 318 (321).
[6] *Patzer* in Looschelders/Pohlmann VVG § 168 Rn. 1.
[7] BGH BeckRS 2015, 1172 Rn. 39 ff. = VersR 2015, 318 (321).
[8] Zu Versicherungen, bei denen die Leistungspflicht des Versicherers gewiss ist, → § 169 Rn. 36 ff.; zur Zulässigkeit des Ausschlusses des Kündigungsrechts eines Rentenversicherungsvertrages nach § 176 VVG aF OLG Hamm VersR 2008, 383.
[9] → Vor § 150 Rn. 15.
[10] *Reiff* in Prölss/Martin VVG § 168 Rn. 3.

gestellt worden ist. Kein Kündigungsrecht nach Abs. 2 besteht grds. in der Rentenversicherung während der Rentenbezugsphase.[11]

6 Die bis zum 31.12.2004 vielfach aus steuerlichen Gründen gewählte Konstruktion der **Lebensversicherung mit Beitragsdepot**[12] stellt technisch und steuerlich keine Versicherung gegen Einmalprämie dar.[13] Bis zur Abbuchung der letzten Prämie aus dem Beitragsdepot ist eine Kündigung des Vertrages daher durchweg nach Abs. 1 möglich, ohne dass es darauf ankommt, ob die Leistungspflicht des Versicherers gewiss ist oder nicht. Praktisch dürfte aber stets auch ein Kündigungsrecht nach Abs. 2 bestehen, da derartige Lebensversicherungen mit Beitragsdepot regelmäßig kapitalbildende Versicherungen sind bei denen die Leistungspflicht des Versicherers gewiss ist. Die Kündigung des Versicherungsvertrages erstreckt sich im Zweifel auch auf das Restbeitragsdepot,[14] während eine isolierte Kündigung des Beitragsdepots nach der Lit. regelmäßig als Verlangen nach Prämienfreistellung des Versicherungsvertrages zu interpretieren ist.[15]

7 **3. Vom Anwendungsbereich des § 168 ausgenommene Verträge (Abs. 3). a) Rechtslage bis 31.12.2022.** Die folgenden Ausführungen beziehen sich auf die Rechtslage bis 31.12.2022.[16] Abweichend von Abs. 1 und 2 besteht nach Abs. 3 kein Kündigungsrecht bei bestimmten **Altersvorsorgeverträgen,** bei denen die Verwertung vor Eintritt in den Ruhestand vertraglich unwiderruflich ausgeschlossen ist. Der Zweck dieses vertraglichen Ausschlusses des Kündigungsrechts besteht regelmäßig darin, steuerliche oder sonstige vom Gesetzgeber eingeräumte Privilegien zu erlangen, die unter anderem daran geknüpft sind, dass durch einen Kündigungsausschluss sichergestellt ist, dass der Vertrag tatsächlich zum Zweck der Altersvorsorge verwendet wird. Abs. 3 übernimmt § 165 Abs. 3 VVG aF. § 165 Abs. 3 S. 1 VVG aF wurde mit mWv 1.1.2005 eingefügt[17] und mWv 12.12.2006 neu gefasst.[18] S. 2 wurde erst später mWv 31.3.2007[19] eingefügt. Im Rahmen der VVG-Reform ist S. 2 – deklaratorisch – lediglich dahingehend ergänzt worden, dass er nun auch ausdrücklich auf nach § 851d ZPO geschützte Ansprüche Anwendung findet. Ein vor 2005 vereinbarter vertraglicher Kündigungsausschluss zwischen Versicherungsnehmer und Versicherer war demgegenüber als Verstoß gegen § 178 VVG aF (= § 171) regelmäßig unwirksam.[20]

8 Im Einzelnen besteht nach Abs. 3 S. 1 kein gesetzliches Kündigungsrecht bei **Lebensversicherungsverträgen,** die für die Altersvorsorge bestimmt sind und bei denen der Versicherungsnehmer mit dem Versicherer die Verwertung des Vertrages **vor Eintritt in den Ruhestand**[21] vertraglich ausgeschlossen hat, um eine Anrechnung der geldwerten Ansprüche bei dem Bezug vom **Arbeitslosengeld II** („Hartz IV") gem. § 12 Abs. 2 Nr. 3 SGB II zu verhindern.[22] Der Wert der von der Verwertbarkeit ausgeschlossenen Ansprüche darf die in § 12 Abs. 2 Nr. 3 SGB II genannten Beträge von derzeit 750 EUR je vollendetem Lebensjahr des Versicherungsnehmers und seines Ehe- oder Lebenspartners, höchstens jeweils 48.750 EUR bis 50.250 EUR, nicht übersteigen. Der Verwertungsausschluss gem. § 12 Abs. 2 Nr. 3 SGB II allein schützt weder gegen Pfändung noch gegen eine Kündigung und Verwertung der Police durch den Insolvenzverwalter im Fall der Insolvenz.[23] Beantragt ein Versicherungsnehmer einen Verwertungsausschluss und fragt beim Versicherer nach, ob dieser auch im Fall der Privatinsolvenz schützt, so muss der Versicherer dies verneinen und darauf hinweisen, dass die Möglichkeit einer Umwandlung gem. §§ 167, 851c ZPO besteht.[24]

---

[11] OGH VersR 2013, 381 (382 ff.) (§ 165 öVVG), aA LG Dortmund VersR 2016, 1047; im Detail → § 169 Rn. 38 ff.
[12] *Ortmann* in Schwintowski/Brömmelmeyer/Ebers VVG Vor §§ 150–171 Rn. 74; *Kurzendörfer* Lebensversicherung S. 422.
[13] *Eberhardt/Baroch Castellví* VersR 2002, 261 (262).
[14] *Eberhardt/Baroch Castellví* VersR 2002, 261 (263 f.); *Ortmann* in Schwintowski/Brömmelmeyer/Ebers VVG § 168 Rn. 30.
[15] *Eberhardt/Baroch Castellví* VersR 2002, 261 (264); *Ortmann* in Schwintowski/Brömmelmeyer/Ebers VVG § 168 Rn. 29; aA *Kurzendörfer* Lebensversicherung S. 422: isolierte Kündigung des Beitragsdepots unzulässig.
[16] Zur Rechtslage ab 1.1.2023 und zur Frage der Übergangsfrist → Rn. 11a.
[17] Durch das vierte Gesetz für moderne Dienstleistungen am Arbeitsmarkt v. 24.12.2003, BGBl. 2003 I 2954.
[18] Durch das Gesetz zur Änderung des Betriebsrentengesetz v. 2.12.2006, BGBl. 2006 I 2742.
[19] Durch das Gesetz zum Pfändungsschutz der Altersvorsorge v. 26.3.2007, BGBl. 2007 I 368.
[20] OLG Naumburg VersR 2012, 1287 (1288).
[21] Zum Begriff „Eintritt in den Ruhestand" s. (unzutreffend) SG Rostock 11.8.2015 – S 8 SO 106/12, Rn. 85.
[22] Neben dem Ausschluss der Verwertbarkeit vor Eintritt in den Ruhestand enthält § 12 Abs. 2 Nr. 3 SGB II keine weiteren Anforderungen an einen von der Anrechnung ausgenommenen Versicherungsvertrag, vgl. Beschlussempfehlung zum Entwurf eines Dritten Gesetzes für moderne Dienstleistungen am Arbeitsmarkt BT-Drs. 15/1728, 5.
[23] BGH VersR 2012, 299 (301); OLG Frankfurt a. M. VersR 2012, 169 Rn. 27 ff.; anders KG BeckRS 2011, 29879 = ZIP 2012, 379 (381) wonach der Insolvenzverwalter an den Kündigungsausschluss gebunden sein soll und die Versicherungsleistung erst zum vereinbarten Ablaufdatum in die Insolvenzmasse fallen soll.
[24] LG Rostock VersR 2015, 831 (832).

Mit S. 2 hat der Gesetzgeber klargestellt, dass das gesetzliche Kündigungsrecht nach § 168 **9**
Abs. 1, 2 bei pfändungsgeschützten Verträgen iSd § 851c ZPO und § 851d ZPO nicht besteht.[25]
Pfändungsschutz nach § 851c ZPO setzt unter anderem den Ausschluss des Kündigungsrechts
voraus.[26] Der (ergänzende) Pfändungsschutz nach **§ 851d ZPO** setzt das Bestehen eines Basis-
Rentenvertrages (**„Rürup-Rente"**)[27] oder eines Vorsorgevertrages nach § 1 Abs. 1 Nr. 4 AltZertG
(**„Riester-Rente"**) voraus.
Basis-Rentenverträge nach § 10 Abs. 1 Nr. 2b EStG müssen ua gewährleisten, dass Ansprüche **10**
nicht vererblich, nicht übertragbar, nicht beleihbar, nicht veräußerbar und **nicht kapitalisierbar**
sind und dass darüber hinaus **kein Anspruch auf Auszahlungen** besteht (§ 10 Abs. 1 Nr. 2 S. 2
EStG). Sind diese Voraussetzungen erfüllt, können die Versicherungsprämien als Sonderausgaben
geltend gemacht werden. Das Deckungskapital des Vertrages bleibt im Falle des Bezugs von Arbeitslosengeld II („Hartz IV") bei der Vermögensanrechnung gem. § 12 Abs. 2 Nr. 2 SGB II unberücksichtigt und ist während der Ansparphase vor Pfändung geschützt (§ 851 ZPO). Während der Rentenbezugsphase ist es nur wie Arbeitseinkommen pfändbar, 851d ZPO.[28] Nach § 10 Abs. 1 Nr. 2 S. 2
EStG dürfen Basis-Rentenverträge nicht kapitalisierbar sein und müssen Ansprüche auf Auszahlung
(vor Rentenbeginn) ausschließen. Ein Kündigungsrecht des Versicherungsnehmers, das den
Anspruch auf Auszahlung des Rückkaufswerts zum Entstehen bringt,[29] muss also vertraglich ausgeschlossen sein. Die Möglichkeit eines wirksamen vertraglichen Ausschlusses des Kündigungsrechts
bei Basis-Rentenverträgen bestand bereits vor Inkrafttreten des § 168 Abs. 3 seit Einführung der
Basis-Rente im Jahr 2005, da § 10 Abs. 1 Nr. 2b EStG als spezialgesetzliche Regelung den §§ 165,
178 VVG aF vorging.[30] Zulässig ist auch eine „Modifikation" des Kündigungsrechts in AVB nach
der eine „Kündigung" zwar möglich ist, aber „nur" zu einer Beitragsfreistellung führt[31]
„Riester-Verträge" gem. § 1 Abs. 1 Nr. 4. AltZertG setzen keinen vertraglichen Ausschluss **11**
des Kündigungsrechts voraus. Die tatsächliche Ausübung des Kündigungsrechts kann allerdings
zulage- bzw. steuerschädlich sein, § 93 Abs. 1 EStG.[32] Gem. § 168 Abs. 3 S. 2, § 851d ZPO dürfte
der Ausschluss des Kündigungsrechts im Rahmen von Riester-Verträgen jedenfalls insoweit zulässig
sein, als nicht ein eingeschränktes Kündigungsrecht nach § 1 Abs. 1 Nr. 10 AltZertG zwingend
Bestandteil des Vertrages sein muss. Ein praktisches Bedürfnis, das Kündigungsrecht im Rahmen
eines Riester-Vertrages vertraglich auszuschließen, gibt es allerdings nicht, da steuerliche Privilegierung (§ 10a EStG), Pfändungsschutz des Vorsorgekapitals (§ 851 ZPO)[33] und die Nicht-Anrechnung
des Vertrages im Falle des Bezugs von Arbeitslosengeld II (§ 12 Abs. 2 Nr. 2 SGB II) bei Riester-
Verträgen auch ohne einen Ausschluss des Kündigungsrechts gewährleistet sind.[34]

b) Rechtslage ab 1.1.2023. Abs. 3 ist mit Wirkung zum 1.1.2023 geändert worden.[35] Zur **11a**
Begründung der Änderung führt der Gesetzgeber aus:[36]

„Absatz 6 fasst § 168 Absatz 3 des Versicherungsvertragsgesetzes (VVG) neu. Dabei wird im Ergebnis
dessen **Satz 1 in der bisherigen Fassung im Wesentlichen aufgehoben**. In der verbleibenden Regelung
werden die der Altersvorsorge dienenden Versicherungsverträge, auf die die Absätze 1 und 2 des § 168
nicht angewendet werden sollen, konkretisiert. § 168 Absatz 3 Satz 2 VVG a.F. wird fortgeführt. Nummer 1 soll den steuerlichen Vorschriften zur Basisrente klarstellend Rechnung tragen. Der bisherige
Inhalt des Satzes 2 in Bezug auf die Vorschriften über den Pfändungsschutz wird als neue Nummer 2
fortgeführt."

---

[25] Diese Klarstellung erfolgte im Hinblick auf § 851c ZPO mit Gesetz zum Pfändungsschutz der Altersvorsorge v. 26.3.2007, BGBl. I S. 368. Für Verträge nach § 851c ZPO erfolgte diese Klarstellung erst mit der VVG-Reform.
[26] Zu den Voraussetzungen des Pfändungsschutzes nach § 851c ZPO, → § 167 Rn. 22; *Stöber* NJW 2007, 1242 (1244); *Hasse* VersR 2007, 870; *Hasse* VersR 2006, 145 (146).
[27] Begr. zu Art. 1 (§ 851d) RegE eines Gesetzes zum Pfändungsschutz der Altersvorsorge, BT-Drs. 16/886, 10; zu Rürup- und Riester-Rentenversicherungsverträgen → Vor § 150 Rn. 101 ff.
[28] Zum Pfändungsschutz von Basis-Rentenverträgen *Fiala/Schramm* VW 2008, 1290 f.; *Hoffmann* VW 2008, 1458 f.
[29] BGH VersR 2012, 299 (300 f.).
[30] *Goverts/Knoll* DStR 2005, 946 (949).
[31] BGH VersR 2016, 241; 2012, 302 (303 f.).
[32] *Hasse* VersR 2007, 871 (872); *Hasse* VersR 207, 277 (282 f.).
[33] Gemäß § 97 EStG ist das Vorsorgevermögen unübertragbar, soweit es steuerlich gefördert wird. Hieraus folgt die Unpfändbarkeit gem. § 851, *Hasse* VersR 2007, 871 (877).
[34] Ähnlich *Hasse* VersR 2007, 871 (880), der § 165 Abs. 3 VVG aF aus diesem Grund im Hinblick auf Riester-Verträge für missglückt hält.
[35] Art. 12 Abs. 6 Bürgergeld-Gesetz v. 16.12.2022 (BGBl. 2022 I 2328).
[36] BT-Drs. 20/3873, 123 f. Hervorhebungen im Text durch die Verf.

(...)

§ 168 Absatz 3 **Satz 1** VVG a.F. sollte es dem Versicherungsnehmer ermöglichen, die in § 12 Absatz 2 Satz 1 Nummer 3 SGB II a.F. vorgesehene Art der Altersvorsorge mit Verwertungsausschluss zu betreiben. Der mit § 168 Absatz 1 und 2 VVG verfolgte Schutz des Versicherungsnehmers vor überlangen Vertragsbindungen wurde daher insoweit eingeschränkt (zu diesem Zusammenhang Bundesgerichtshof, Urteil vom 1.12.2011 – IX ZR 79/11, Rn. 27). Da für die Altersvorsorge bestimmte Versicherungsverträge künftig gemäß § 12 Absatz 3 Satz 2 Nummer 3 SGB II in unbegrenzter Höhe und unabhängig von der Frage eines Verwertungsausschlusses nicht als Vermögen zu berücksichtigen sind, entfällt der Grund für die bisherige Regelung in § 168 Absatz 3 Satz 1 VVG a.F., die daher gestrichen wird. Diese Änderung der Interessenlage gilt auch für bereits abgeschlossene Verträge. Von der Schaffung einer **Übergangsregelung** wird daher abgesehen.

Die Neufassung des § 168 Absatz 3 VVG führt die Regelung des § 168 Absatz 3 Satz 2 VVG a.F. unter ausdrücklicher Klarstellung auch im Hinblick auf die Basisrente fort.

Die Regelung in der neuen **Nummer 1** konkretisiert die der Altersvorsorge dienenden und steuerlich geförderten Versicherungsverträge, auf die die Absätze 1 und 2 des § 168 nicht anzuwenden sind (Basisrentenverträge). Wegen der Gewährung der steuerlichen Vorteile (§ 10 Absatz 1 Nummer 2 Satz 1 Buchstabe b des Einkommensteuergesetzes) und wegen des Gleichklangs zur gesetzlichen Rentenversicherung im Hinblick auf eine mangelnde Kapitalisierbarkeit soll der Versicherungsnehmer bei den nach § 5a des Altersvorsorgeverträge-Zertifizierungsgesetz zertifizierten Basisrentenverträgen durch ein Verwertungs- oder Verfügungsverbot an den Vertrag gebunden werden.

Die Regelung in der neuen **Nummer 2** flankiert den Pfändungsschutz von Altersrenten, einschließlich des Schutzes des Kapitalstocks für solche Renten, nach § 851c ZPO und von steuerlich gefördertem Altersvorsorgevermögen nach § 851d ZPO. Um dem Schutz des Versicherungsnehmers vor überlangen Vertragsbindungen einerseits und dem beabsichtigten Pfändungsschutz in den §§ 851c und 851d ZPO andererseits angemessen Rechnung zu tragen, ist die Möglichkeit von Versicherungsnehmer und Versicherer, eine Kündigung durch Vereinbarung eines Verwertungsausschlusses auszuschließen, ausdrücklich auf den Umfang begrenzt, der erforderlich ist, um die Unpfändbarkeit von Ansprüchen aus solchen Verträgen herbeizuführen. Bei den von § 851c ZPO erfassten Verträgen ist dies erforderlich, um das von § 851c Absatz 1 Nummer 2 ZPO geforderte Verfügungsverbot abzubilden. Bei den von § 851d erfassten Verträgen ist der Ausschluss der Kündbarkeit erforderlich, um die Tatbestandsvoraussetzung der steuerlichen Förderung des mithilfe dieser Verträge aufgebauten Altersvorsorgevermögens zu erfüllen. **Eine inhaltliche Änderung gegenüber der bisherigen Rechtslage ist hiermit nicht verbunden.** Soweit es in § 168 Absatz 3 Satz 1 Halbsatz 1 VVG a.F. bisher hieß, dass der Versicherungsnehmer mit dem Versicherer eine Verwertung „vor dem Eintritt in den Ruhestand" unwiderruflich ausgeschlossen hat, wird dieses Tatbestandsmerkmal nicht übernommen. Ebenfalls nicht übernommen wird § 168 Absatz 3 Satz 1 Halbsatz 2 VVG a.F. („der Wert der vom Ausschluss der Verwertbarkeit betroffenen Ansprüche darf die in § 12 Abs. 2 Nr. 3 des Zweiten Buches Sozialgesetzbuch bestimmten Beträge nicht übersteigen"). Diese Tatbestandsmerkmale waren allein auf den unmittelbaren Anwendungsbereich des bisherigen § 168 Absatz 3 Satz 1 VVG a.F. zugeschnitten, der nunmehr entfällt."

II. Verhältnis zu anderen Kündigungsrechten

12 § 168 **verdrängt** das **allgemeine Kündigungsrecht** des Versicherungsnehmers gem. § 11.[37] Neben § 168 besteht aber grds. ein **außerordentliches Kündigungsrecht** des Versicherungsnehmers aus **wichtigem Grund** gem. § 314 BGB (früher pVV)[38] und zwar auch dann, wenn das Kündigungsrecht gem. § 168 Abs. 2 ausgeschlossen worden ist.[39] Es kann in den (seltenen) Fällen greifen wenn Tatsachen vorliegen, die unter Berücksichtigung aller Umstände und unter Abwägung der beiderseitigen Interessen die Fortsetzung des Vertrages für den Kündigenden unzumutbar machen.[40] Bedeutung kann die Kündigung nach § 314 BGB haben, wenn ein Kündigungsrecht nach § 168 Abs. 1 bzw. Abs. 2 nicht besteht (wenn also keine laufenden Prämien zu zahlen sind und die Leistungspflicht des Versicherers nicht gewiss ist, → Rn. 5). Aber auch wenn die Voraussetzungen für eine Kündigung nach § 168 Abs. 1 oder Abs. 2 gegeben sind, kann eine Kündigung nach § 314 BGB Bedeutung haben, da § 314 Abs. 4 BGB Schadenersatzansprüche (§ 281 BGB) neben der Kündigung ausdrücklich zulässt.[41] Eine unwirksame außerordentliche Kündigung kann in eine

---

[37] OGH VersR 2013, 381 (382) (zum Verhältnis von § 165 zu § 8); → § 11 Rn. 34; *Ortmann* in Schwintowski/Brömmelmeyer/Ebers VVG § 168 Rn. 5.
[38] OGH VersR 2013, 381 (382); KG BeckRS 2011, 29879 = ZIP 2012, 379 (381); *Ortmann* in Schwintowski/Brömmelmeyer/Ebers VVG § 168 Rn. 2; *Grote* in Langheid/Rixecker VVG § 168 Rn. 4; *Winter* in Bruck/Möller VVG § 168 Rn. 57.
[39] KG BeckRS 2011, 29879 = ZIP 2012, 379 (381).
[40] OGH VersR 2013, 381 (382).
[41] Ähnlich *Grote in* Langheid/Rixecker VVG § 168 Rn. 4.

ordentliche Kündigung gem. § 168 umgedeutet werden, sofern anzunehmen ist, dass der Kündigende bei Kenntnis der Unwirksamkeit der außerordentlichen Kündigung eine ordentliche Kündigung gewollt hätte.[42] Ausnahmsweise kann sich ein Kündigungsrecht auch aus § 313 Abs. 3 BGB (Störung/Wegfall der der Geschäftsgrundlage) ergeben.[43]

III. Kündigungsberechtigung

1. Kündigungsrecht des Versicherungsnehmers. Als Vertragspartner des Versicherers ist der Versicherungsnehmer grds. zur Ausübung der mit dem Versicherungsvertrag verknüpften Gestaltungsrechte berechtigt. Damit hat er auch das Recht, den Vertrag zu kündigen. Bei einem **Versicherungsvertrag auf verbundene Leben** ist jeder Beteiligte zugleich Versicherungsnehmer und Versicherter[44] und bedarf insoweit des Schutzes gegen nachteilige Verfügungen seitens des anderen Versicherungsnehmers. Jeder Versicherungsnehmer darf den Vertrag daher nur mit Zustimmung des jeweils anderen Versicherungsnehmers kündigen.[45] Sind mehrere Versicherungsnehmer an einem Versicherungsvertrag beteiligt, ohne dass eine Versicherung auf verbundene Leben vorliegt, ist im Zweifel jeder von ihnen hinsichtlich seines Anteils kündigungsberechtigt (§ 420 BGB), soweit vertraglich nichts anderes vereinbart ist.[46]

2. Kündigungsrecht bei Bezugsberechtigung Dritter. Der Versicherungsnehmer behält das Kündigungsrecht auch dann, wenn ein Dritter widerruflich oder unwiderruflich bezugsberechtigt ist. Der Versicherungsnehmer bleibt ungeachtet der Bezugsberechtigung eines Dritten Vertragspartner des Versicherers und damit Inhaber der mit dem Vertrag verknüpften Gestaltungsrechte.[47] Dies gilt grds. auch nach Umwandlung in eine prämienfreie Versicherung.[48] Hat eine GmbH als Versicherungsnehmerin zu Gunsten ihres Geschäftsführers eine Lebensversicherung abgeschlossen und dem Geschäftsführer ein unwiderrufliches Bezugsrecht eingeräumt, kann der (ehemalige) Geschäftsführer einen Anspruch gegen die GmbH haben, zu seinen Gunsten das **Kündigungsrecht auszuüben** oder darauf, ihm dieses **Kündigungsrecht nachträglich zu übertragen,** wenn der Lebensversicherungsvertrag zwischenzeitlich prämienfrei gestellt worden ist und das Dienstverhältnis mit der GmbH beendet ist, auch wenn die GmbH inzwischen gelöscht worden ist.[49] Nach dem OLG Braunschweig kann auch der Insolvenzverwalter über das Vermögen des unwiderruflich Bezugsberechtigten einen Anspruch gegen die Versicherungsnehmerin haben, den Versicherungsvertrag zu kündigen, jedenfalls wenn der unwiderruflich Bezugsberechtigte Alleingesellschafter und Geschäftsführer der Versicherungsnehmerin ist.[50]

3. Kündigungsrecht bei Abtretung. Das Kündigungsrecht des Versicherungsnehmers ist **kein höchstpersönliches Recht.**[51] Es kann grds. abgetreten werden. Das Kündigungsrecht besitzt allerdings für sich allein keinen Vermögenswert, sondern erhält seine wirtschaftliche Bedeutung erst im Zusammenhang mit dem Recht auf den Rückkaufswert, so dass es nur zusammen mit diesem übertragen werden kann.[52] Werden – wie regelmäßig bei der Sicherungsabtretung – alle Rechte und Ansprüche aus dem Versicherungsvertrag an den Zessionar abgetreten, geht auch der Anspruch auf den Rückkaufswert und damit das Recht, den Vertrag zu kündigen, auf den Zessionar über.[53] Die Ausübung des Kündigungsrechts durch den Sicherungsnehmer kann allerdings je nach den

---

[42] OLG Hamm VersR 1984, 958; *Ortmann* in Schwintowski/Brömmelmeyer/Ebers VVG § 168 Rn. 4; *Schwintowski* in Berliner Kommentar VVG § 165 Rn. 4.
[43] OGH VersR 2013, 381 (382); OLG Karlsruhe r+s 1990, 212 (213), zur rückwirkenden Vertragsanpassung durch den Versicherer in der Krankenversicherung.
[44] OLG Köln VersR 1992, 1337; → Vor § 150 Rn. 22; *Brambach* in HK-VVG § 168 Rn. 8.
[45] *Brambach* in HK-VVG § 168 Rn. 9; *Baroch Castellví* in Präve, Lebensversicherung ARB § 12 Rn. 23.
[46] *Winter* in Bruck/Möller VVG § 168 Rn. 22.
[47] BGH VersR 2010, 517; 2003, 1021 (1022); BGHZ 45, 163 (167) = VersR 1966, 359 (360); Motive zu § 165 VVG aF S. 224; *Reiff* in Prölss/Martin VVG § 168 Rn. 7; *Brömmelmeyer* in Beckmann/Matusche-Beckmann VersR-HdB § 42 Rn. 147; *Grote* in Langheid/Rixecker VVG § 168 Rn. 10.
[48] BGH NJW-RR 2010, 544.
[49] BGH NJW-RR 2010, 544.
[50] OLG Braunschweig BeckRS 2019, 23955 Rn. 44 ff.
[51] BGH VersR 2012, 1520 (1521); grdl. BGHZ 45, 162 (168) = VersR 1966, 359 (360); *Grote* in Langheid/Rixecker VVG § 168 Rn. 3; *Eitelberg*, Lebensversicherung und Drittrechte, 2002, S. 107; aA *Augustin/Kregel* in RGRK BGB § 1283 Rn. 5.
[52] BGH VersR 2012, 1520 (1521); 2003, 1021 (1022); BGHZ 45, 163 (167) = VersR 1966, 359 (360).
[53] BGHZ 45, 162 (168) = VersR 1966, 359 (360); OLG München VersR 2007, 1637 (1638) = r+s 2008, 210; OLG Saarbrücken 1995, 1227; *Brömmelmeyer* in Beckmann/Matusche-Beckmann VersR-HdB § 42 Rn. 207; *Grote* in Langheid/Rixecker VVG § 168 Rn. 10; *Winter* in Bruck/Möller VVG § 168 Rn. 29; *Reiff* in Prölss/Martin VVG § 168 Rn. 9.

Umständen des Einzelfalls gegen den Sicherungsvertrag verstoßen und den Sicherungsnehmer zum Schadenersatz verpflichten.[54] Insbesondere kann es rechtsmissbräuchlich sein, wenn der Sicherungsnehmer die Lebensversicherung ohne eigenes wirtschaftliches Interesse verwertet, um einem anderen Gläubiger des Sicherungsgebers Deckung zu verschaffen.[55]

16 Werden nicht alle Rechte aus einem Versicherungsvertrag abgetreten, sondern **nur** der Anspruch auf **die Todesfallleistung**[56] oder **nur** auf die **Erlebensfallleistung,** kann nicht automatisch davon ausgegangen werden, dass das Kündigungsrecht mit auf den Zessionar übergeht. Es richtet sich vielmehr nach dem Inhalt des Abtretungsvertrags, ob der Anspruch auf den Rückkaufswert und damit zugleich das Recht, den Vertrag zu kündigen, auf den Zessionar übertragen wurde oder nicht.[57] Fehlen eindeutige Bestimmungen dazu im Abtretungsvertrag, ist im Wege der ergänzenden Vertragsauslegung unter Berücksichtigung der beiderseitigen Interessen zu ermitteln, ob die Abtretung so weit gehen soll, dass dem Zessionar auch der Anspruch auf den Rückkaufswert zustehen soll oder nicht.[58] Wird nur die Todesfallleistung nicht aber die Erlebensfallleistung abgetreten und fehlt es an einer ausdrücklichen Regelung hinsichtlich des Schicksals des **Rückkaufswertes,** spricht es **gegen** eine **Abtretung des Rückkaufswerts,** wenn laut Abtretungsvertrag die Kündigung des Lebensversicherungsvertrages und die Erhebung des Rückkaufswertes durch den Versicherungsnehmer **lediglich mit Zustimmung** des Zessionars zulässig ist[59] und wenn die Abtretung von Erlebensfallansprüchen (auch: des Rückkaufswerts) zudem steuerschädlich wäre.[60] Fehlt es an solchen oder ähnlichen Anhaltspunkten, die dafür sprechen, dass der Anspruch auf den Rückkaufswert und damit das Kündigungsrecht beim Versicherungsnehmer verbleiben sollen, ist im Zweifel wegen des Sicherungsinteresses des Zessionars davon auszugehen, dass das Kündigungsrecht mit auf den Zessionar übergeht.[61] Kündigt der Versicherungsnehmer unter Missachtung eines dem Zessionar vertraglich eingeräumten Zustimmungserfordernisses, ist allerdings die Kündigung gegenüber dem Versicherer dennoch wirksam, da das Zustimmungserfordernis keine dingliche Wirkung hat. Es liegt lediglich eine Verletzung des Abtretungsvertrages vor.[62]

17 Handelt es sich um eine Lebensversicherung mit **Berufsunfähigkeitszusatzversicherung** (BUZ) bedingt die Kündigung der Lebensversicherung regelmäßig auch eine Kündigung der BUZ (wie zB nach § 9 Nr. 1 BB-BUZ 2008). In der Instanzrechtsprechung war umstritten, ob und inwieweit die Unpfändbarkeit der Ansprüche aus der BUZ gem. 850b ZPO[63] einer Abtretung von Ansprüchen aus der Lebensversicherung und der damit verbundenen Übertragung des Kündigungsrechts entgegensteht.[64] Der BGH hat entscheiden, dass die Unpfändbarkeit von Ansprüchen aus einer BUZ trotz der Einheitlichkeit des Vertrages weder der Abtretung der Ansprüche aus der

---

[54] OLG Hamm VersR 1971, 246 (247); *Schwintowski* in Berliner Kommentar VVG § 165 Rn. 12.
[55] BGH VersR 1991, 576 (577) = NJW 1991, 1946 (1947); *Grote in* Langheid/Rixecker VVG § 168 Rn. 10.
[56] Die Sicherungsabtretung nur der Todesfallansprüche war in der Bankenpraxis üblich, da aufgrund von § 10 Abs. 2 S. 2 EStG idF des StÄndG 1992 v. 25.2.1992, BGBl. I S. 297, die Abtretung von Erlebensfallleistungen aus einer Kapitallebensversicherung steuerschädlich war, soweit sie der Sicherung eines Darlehens diente, dessen Finanzierungskosten Betriebsausgaben oder Werbekosten waren; NJW 1994, 1714; *Wagner* VersR 1998, 1083.
[57] BGH VersR 2012, 1520 (1521 f.); 2007, 1065 f.; OLG Düsseldorf ZInsO 2006, 1270; *Baroch Castellvì* in Prave, Lebensversicherung ARB § 12 Rn. 25; *Lind/Stegmann* VersR 1998, 433 (434).
[58] BGH VersR 2007, 1065 f.; OLG Düsseldorf ZInsO 2006, 1270; *Lind/Stegmann* VersR 1998, 433 (434);.
[59] BGH VersR 2012, 1520 (1521 f.); OLG Düsseldorf ZInsO 2006, 1270 (1271 f.); OLG Brandenburg DZWiR 2005, 390.
[60] So in den Entscheidungen OLG Düsseldorf ZInsO 2006, 1270 und OLG Dresden ZIP 2005, 631 den zugrunde liegenden Sachverhalten.
[61] OLG Hamburg VersR 2008, 767 f.; gegen Übergang des Kündigungsrechts bei Abtretung (nur) der Todesfallleistungen offenbar OLG Köln VersR 2009, 621 (622).
[62] OLG Düsseldorf ZInsO 2006, 1270 (1272); aA *Ortmann* in Schwintowski/Brömmelmeyer/Ebers VVG § 168 Rn. 11, Zwischenverfügungen des Versicherungsnehmers gem. § 161 Abs. 1 BGB unwirksam; *Wagner* VersR 1998, 1083 (1085), Abtretung der Todesfallleistung „sperrt" Kündigung.
[63] Zur Unpfändbarkeit: BGHZ 70, 2006 = VersR 1978, 447; OLG Hamm VersR 2010, 100 ff.; OLG Köln VersR 2009, 621; OLG Frankfurt a. M. r+s 2008, 386; OLG Hamm ZInsO 2006, 878; KG VersR 2003, 490; OLG Karlsruhe OLGR 2002, 114; OLG Jena VersR 2000, 1005 = r+s 2001, 477; OLG München VersR 1997, 1520 L; OLG Saarbrücken VersR 1995, 1227 = r+s 1996, 243; OLG Oldenburg VersR 1994, 846 = r+s 1994, 155; *Hülsmann* VersR 1996, 308; *Smid* in MüKoZPO, § 850b Rn. 3; *Rixecker* in Beckmann/Matusche-Beckmann VersR-HdB § 46 Rn. 233 ff.
[64] Für Übertragbarkeit des Kündigungsrechts OLG Saarbrücken VersR 1995, 1227 = r+s 1996, 243; OLG Köln VersR 1998, 222; 2009, 621, jedenfalls für den Fall, dass nur die Ansprüche auf die Todesfallleistung aus der Lebensversicherung ohne Übertragung des Kündigungsrechts abgetreten werden; *Rixecker* in Beckmann/Matusche-Beckmann VersR-HdB § 46 Rn. 235 f.; gegen Übertragbarkeit des Kündigungsrechts OLG Hamm ZInsO 2006, 878; OLG Jena VersR 2000, 1005.

Lebensversicherung noch der damit verbundenen Übertragung des Rechts zur Kündigung der Lebensversicherung entgegensteht.[65] Der Versicherungsnehmer begebe sich mit der Übertragung des Kündigungsrechts nur der Möglichkeit, seinen Versicherungsschutz durch Aufrechterhaltung des Hauptvertrags (Lebensversicherungsvertrag) auf der Grundlage seiner eigenen Entschließung unverändert zu belassen. Vor diesem Nachteil schütze das Pfändungsverbot nicht. Der Einsatz der Lebensversicherung als Sicherungsmittel basiere grds. auf einer freien Entscheidung des Versicherungsnehmers als Sicherungsgeber. Hieran darf er ebenso wenig durch § 850b Abs. 1 Nr. 1 ZPO gehindert werden wie zB an einer Kündigung der BUZ aus anderen Gründen.[66] Der Entscheidung des BGH ist zuzustimmen. Andernfalls würde dem Versicherungsnehmer faktisch die Möglichkeit genommen, eine Lebensversicherung zur Kreditsicherung einzusetzen, nur weil sie an eine Berufsunfähigkeitszusatzversicherung gekoppelt ist.

4. Kündigungsrecht bei Verpfändung. Wird der Anspruch auf die Versicherungsleistung 18 und den Rückkaufswert **verpfändet**, ist hinsichtlich der Kündigungsbefugnis danach zu differenzieren, ob bereits Pfandreife eingetreten ist oder nicht.

a) Vor Pfandreife. Anders als bei der Abtretung bleibt der Versicherungsnehmer Gläubiger 19 der verpfändeten Versicherungsforderung. Die Rechte des Versicherungsnehmers werden lediglich belastet. Gestaltungsrechte und damit das Recht, den Vertrag zu kündigen, bleiben beim Versicherungsnehmer.[67] Ein eigenständiges Einziehungs- und Kündigungsrecht hat der Pfandgläubiger nicht.[68] Es soll allerdings möglich sein, das Kündigungsrecht im Zuge der Verpfändung vertraglich auf den Pfandgläubiger zu übertragen.[69] Verbleibt das Kündigungsrecht beim Versicherungsnehmer, kann dieser nach wohl herrschender aber nicht weiter begründeter Ansicht in der Lit. nur mit Zustimmung des Pfandgläubigers kündigen, § 1276 BGB[70] (str.).

In der **Insolvenz** des Versicherungsnehmers ist demgegenüber die Kündigung und Einziehung 20 des Lebensversicherungsvertrages vor Pfandreife durch den Insolvenzverwalter ohne Zustimmung des Pfandgläubigers zulässig und geboten.[71] Der Versicherer muss auch nicht an den Insolvenzverwalter und den Pfandgläubiger gemeinsam leisten (§ 1281 BGB).[72] Im Insolvenzverfahren nämlich bedarf – so der BGH – der Pfandgläubiger nicht im selben Umfang des Schutzes davor, dass der Insolvenzverwalter die verpfändete Forderung einzieht und den Erlös verbraucht wie der Pfandschuldner außerhalb eines Insolvenzverfahrens.[73] Zu den Amtspflichten des Insolvenzverwalters gehört es nämlich auch, die Rechte von Absonderungsberechtigten zu wahren.[74]

Nach teils vertretener Ansicht ist die Zustimmung des Pfandgläubigers zur Kündigung entbehr- 21 lich, wenn der Rückkaufswert höher ist als die gesicherte Forderung.[75]

b) Nach Pfandreife. Die wohl hM in der jüngeren Lit. leitet aus § 1283 Abs. 3 BGB nach 22 Pfandreife jeweils ein eigenständiges Kündigungsrecht des Pfandgläubigers wie auch des Versicherungsnehmers her (str.).[76]

---

[65] BGH VersR 2010, 237 = r+s 2010, 71; VersR 2010, 375 ff. = r+s 2010, 74 ff.
[66] BGH VersR 2010, 237 (238).
[67] *Eitelberg*, Lebensversicherung und Drittrechte, 2002, S. 103 f.; *Winter* in Bruck/Möller VVG § 168 Rn. 42.
[68] BGH NJW-RR 2013, 820 (821); *Reiff* in Prölss/Martin VVG § 168 Rn. 11; *Ortmann* in Schwintowski/Brömmelmeyer/Ebers VVG § 168 Rn. 8.
[69] *Ortmann* in Schwintowski/Brömmelmeyer/Ebers VVG § 168 Rn. 12; *Perwein* GmbHR 2007, 589 (591).
[70] *Reiff* in Prölss/Martin VVG § 168 Rn. 11; *Brömmelmeyer* in Beckmann/Matusche-Beckmann VersR-HdB § 42 Rn. 150; *Winter* in Bruck/Möller VVG § 168 Rn. 42; *Leithoff* in MAH VersR § 25 Rn. 343; *Brambach* in HK-VVG § 168 Rn. 5; *Elfring* NJW 2005, 2192 (2193); *Schwintowski* in Berliner Kommentar VVG § 165 Rn. 13; diff. und iErg anders *Ortmann* in Schwintowski/Brömmelmeyer/Ebers VVG § 168 Rn. 10; *Perwein* GmbHR 2007, 589; *Wiegand* in Staudinger, 2009, BGB § 1283 Rn. 2, Zustimmung nur wenn Pfandgläubiger Nutzungen zieht.
[71] BGH NJW-RR 2013, 820 (821).
[72] BGH NJW 2005, 2231; bestätigt durch BGH NJW-RR 2013, 820 (821); s. auch *Elfring* NJW 2005, 2192; *Perwein* GmbHR 2007, 589 (590 f.).
[73] BGH NJW-RR 2013, 820 (821).
[74] BGH NJW-RR 2013, 820 (821).
[75] *Winter* in Bruck/Möller VVG § 168 Rn. 42.
[76] BGH VersR 1991, 576 = NJW 1991, 1946, offen gelassen; ebenfalls offenlassend: *Patzer* in Looschelders/Pohlmann VVG § 168 Rn. 9; für eigenes Kündigungsrecht des Pfandgläubigers *Baroch Castellví* in Präve Lebensversicherung, 2016, ARB § 12 Rn. 27; *Brömmelmeyer* in Beckmann/Matusche-Beckmann VersR-HdB § 42 Rn. 150; *Habersack* in Soergel BGB § 1283 Rn. 3; *Damrau* in MüKoBGB § 1283 Rn. 4 mwN; *Henn* in: Beck OK § 1283 BGB Rn. 6.1; dagegen: *Schmidt* in Ermann BGB Rn. 3; § 1283 Rn. 1; *Wiegand* in Staudinger BGB § 1283 Rn. 4; *Winter* in Bruck/Möller VVG § 168 Rn. 42.

23 **5. Kündigungsrecht bei Pfändung.** Eine Pfändung des Kündigungsrechts ist nur gemeinsam mit der Pfändung des Anspruchs auf den Rückkaufswert möglich.[77] Hat der Pfändungsgläubiger einen Pfändungs- und Überweisungsbeschluss erwirkt, der sich auch auf den Rückkaufswert erstreckt, steht ihm das Recht zu, den Vertrag zu kündigen.[78] Auch ohne gesonderte Pfändung geht das Kündigungsrecht als unselbständiges, akzessorisches Gestaltungsrecht zusammen mit dem Anspruch auf den Rückkaufswert auf den Pfändungsgläubiger über.[79]

24 Die Pfändung des Rückkaufswerts und damit auch des Kündigungsrechts durch den Pfandgläubiger scheidet allerdings aus, wenn die Versicherungsleistungen (und der Rückkaufswert) zum Kündigungszeitpunkt aufgrund eines **unwiderruflichen Bezugsrechts** einem Dritten zustehen. Denn mit der Einräumung des unwiderruflichen Bezugsrechts ist im Zweifel ein sofortiger Rechtserwerb des Bezugsberechtigten an der Versicherungsleistung bezweckt (vgl. § 159 Abs. 3).[80] Dieser Rechtserwerb umfasst auch den Rückkaufswert als andere Erscheinungsform der Versicherungssumme.[81] Dies gilt auch dann, wenn entweder nur ein **auflösend bedingtes unwiderrufliches Bezugsrecht** auf die Todesfallleistung eingeräumt ist[82] oder wenn sich die unwiderrufliche Bezugsberechtigung nur auf die **Erlebensfallleistung** bezieht.[83] Das unwiderrufliche Bezugsrecht ist nach dem BGH im Zweifel so zu verstehen, dass es alle fällig werdenden Ansprüche aus dem Versicherungsvertrag umfasst.[84]

25 Der **widerruflich Bezugsberechtigte** kann die Verwertung des Vertrages durch den Vollstreckungsgläubiger unter den Voraussetzungen des § 170 durch die Ausübung seines Eintrittsrechts abwenden.[85]

26 **6. Kündigungsrecht bei Insolvenz des Versicherungsnehmers.** Wird über das Vermögen des Versicherungsnehmers das Insolvenzverfahren eröffnet, so steht dem Insolvenzverwalter grds. ein Wahlrecht aus § 103 InsO zu. Danach kann der **Insolvenzverwalter** bei einem gegenseitigen Vertrag, der zur Zeit der Eröffnung des Insolvenzverfahrens vom Schuldner *und* vom Vertragspartner noch nicht oder nicht vollständig erfüllt worden ist, den Vertrag an Stelle des Schuldners fortführen und Erfüllung von dem Vertragspartner verlangen (§ 103 Abs. 1 InsO) oder die Erfüllung ablehnen (§ 103 Abs. 2 InsO). Bei einem Lebensversicherungsvertrag besteht das **Wahlrecht gem. § 103 InsO**, wenn bei Eröffnung des Insolvenzverfahrens noch mindestens eine Prämie aussteht und der Versicherungsfall noch nicht eingetreten ist.[86]

27 Nach der durch BGHZ 103, 250[87] begründeten sog. **„Erlöschenstheorie"** entfiel der ursprüngliche Erfüllungsanspruch mit Eröffnung des Insolvenzverfahrens und der Vertrag wurde in ein Abwicklungsverhältnis umgestaltet; der Erfüllungsanspruch wurde erst durch das ausdrückliche Erfüllungsverlangen des Insolvenzverwalters neu begründet.[88] Für einen Lebensversicherungsvertrag folgte aus dieser automatischen Umgestaltung in ein Abwicklungsverhältnis, dass mit Eröffnung des Insolvenzverfahrens der Rückkaufswert ohne weiteres fällig wurde.[89]

28 Nach neuerer Rspr. des BGH führt die Eröffnung des Insolvenzverfahrens nicht mehr automatisch zu einer materiell-rechtlichen Umgestaltung vertraglicher Ansprüche, sondern „nur" dazu, dass Ansprüche aus gegenseitigen Verträgen nicht mehr durchsetzbar (§ 320 BGB) sind **(Aufgabe der Erlöschenstheorie).**[90] Diese zum Werkvertrag ergangene Entscheidung ist zu verallgemeinern und gilt somit auch für Lebensversicherungsverträge.[91] Hieraus folgt, dass die Eröffnung des Insolvenzver-

---

[77] BGH VersR 2012, 1520 (1521); 2003, 1021 (1022); BGHZ 45, 163 (167) = VersR 1966, 359 (360).
[78] BGHZ 45, 163 (167) = VersR 1966, 359 (360).
[79] BGHZ 45, 163 (167) = VersR 1966, 359 (360); *Stegmann/Lind* NVersZ 2002, 193 (194 f.).
[80] BGH NJW 2013, 232 Rn. 8; vor Einführung von § 159 galt dasselbe aufgrund tatsächlicher Übung des Versicherungsverkehrs BGHZ 45, 163 (167) = VersR 1966, 359 (360); BGH NJW 2003, 2679; bzw. aufgrund einer entsprechenden Vereinbarung im Versicherungsvertrag (vgl. § 13 Abs. 2 ALB 86; § 13 Abs. 2 ALB 94); dazu *Armbrüster/Pilz* KTS 2004, 481 (487).
[81] BGHZ 45, 163 (167) = VersR 1966, 359 (360).
[82] BGHZ 45, 163 (167) = VersR 1966, 359 (360).
[83] BGH VersR 2003, 1021 (1022).
[84] BGH VersR 2003, 1021 (1022).
[85] → § 170 Rn. 7 ff.
[86] BGH VersR 1993, 1994 = NJW 1993, 1994 (zu § 17 KO).
[87] BGHZ 103, 250 = NJW 1988, 1790.
[88] BGH VersR 1993, 689 (690) = NJW 1993, 1994; BGHZ 106, 236 = NJW 1989, 1282; BGHZ 103, 250 = NJW 1988, 1790; dazu *Stegmann/Lind* NVersZ 2002, 193; *Kreft/Huber* in MüKoInsO § 103 Rn. 11 f.
[89] BGH VersR 1993, 689 (690) = NJW 1993, 1994.
[90] BGH NJW 2002, 2783 (2785); nunmehr ausdrücklich für BGH Versicherungsverträge VersR 2012, 299 (300); NJW 2015, 341 (343); anders noch BGH VersR 1993, 689 = NJW 1993, 1994.
[91] So jetzt ausdrücklich BGH VersR 2014, 1444 (1446); BGH VersR 2012, 299 (300); *Ortmann* in Schwintowski/Brömmelmeyer/Ebers VVG § 168 Rn. 15; *Armbrüster/Pilz* KTS 2004, 481 (485); *Elfring* BB 2004, 617 (618); offen gelassen BGH NJW 2005, 2231 (2232).

fahrens den Fortbestand des Lebensversicherungsvertrages an sich unberührt lässt. In der Lit. war umstritten, ob der Insolvenzverwalter stets nach § 168 VVG kündigen muss, wenn er den Vertrag nicht fortführen und den Rückkaufswert zur Masse ziehen will[92] oder ob es ausreicht, dass der Insolvenzverwalter die Erfüllung des Vertrages ausdrücklich ablehnt (§ 103 Abs. 2 InsO)[93] mit der Folge, dass die Umgestaltung in ein Abwicklungsverhältnis sofort und nicht erst zum Schluss der laufenden Versicherungsperiode stattfindet.

Obgleich es interessengerecht wäre, dem Insolvenzverwalter möglichst kurzfristig die Verwertung des Vertrages zu ermöglichen und ihn nicht bis zum Schluss der laufenden Versicherungsperiode daran festzuhalten, hat der BGH zwischenzeitlich entschieden, dass der Insolvenzverwalter den Vertrag gem. § 168 VVG kündigen muss, da erst die Kündigung den Anspruch auf den Rückkaufswert zum Entstehen bringe.[94] An den Inhalt der Kündigungserklärung sind allerdings keine hohen Anforderungen zu stellen.[95] In der Kündigung ist gleichsam der Widerruf der Bezugsberechtigung eines Dritten zu sehen.[96]

Hat der Versicherungsnehmer den Versicherungsvertrag bereits vollständig erfüllt, sind also keine weiteren Prämien mehr zu zahlen, wie zB bei Versicherungsverträgen mit Einmalprämie oder bei Prämienfreistellung, besteht **kein Wahlrecht des Insolvenzverwalters nach § 103 InsO**. Auch in diesem Fall muss der Insolvenzverwalter gem. § 168 Abs. 2 VVG, § 80 InsO[97] kündigen, um den Vertrag zu beenden und den Rückkaufswert zur Masse zu ziehen.

a) Kündigungsrecht des Insolvenzverwalters bei Bezugsberechtigung eines Dritten. Mit Eröffnung des Insolvenzverfahrens über das Vermögen des Versicherungsnehmers gehen die Verfügungsrechte in vollem Umfang auf den Insolvenzverwalter über. Damit ist dieser berechtigt, den Vertrag zu kündigen, auch wenn zugunsten eines Dritten ein Bezugsrecht besteht. Dies gilt grds. unabhängig davon, ob es sich um ein widerrufliches Bezugsrecht oder unwiderrufliches Bezugsrecht handelt.[98]

Besteht ein **widerrufliches Bezugsrecht**, geht das Recht, den Vertrag zu kündigen und das **Bezugsrecht zu widerrufen**, nach § 80 InsO auf den Insolvenzverwalter über.[99] Auf der Basis der „Erlöschenstheorie" musste der Insolvenzverwalter weder die Kündigung noch den Widerruf der Bezugsberechtigung ausdrücklich erklären.[100] Die Bezugsberechtigung erlosch automatisch mit Eröffnung des Insolvenzverfahrens.[101] Nunmehr muss der Insolvenzverwalter kündigen und die Bezugsberechtigung widerrufen wobei in der Kündigungserklärung regelmäßig ein Widerruf der Bezugsberechtigung liegt.[102] Dies gilt auch im Rahmen der **betrieblichen Altersvorsorge** und zwar selbst dann, wenn die zugrunde liegende Versorgungsanwartschaft arbeitsrechtlich unverfallbar ist.[103] Für die Rechte des Insolvenzverwalters aus dem Versicherungsvertrag ist das zugrunde liegende Arbeitsverhältnis irrelevant, es ist ausschließlich auf die Ausgestaltung dieses Vertrages abzustellen.[104] Sofern aber der Insolvenzverwalter weder den Versicherungsvertrag kündigt noch die Bezugsberechtigung widerruft, erstarkt die Rechtsstellung des widerruflich Bezugsberechtigten bei Eintritt des Versicherungsfalls. Damit verliert der Insolvenzverwalter die Möglichkeit über den Versicherungsvertrag zu verfügen und das Recht zum Widerruf.[105]

---

[92] *Reiff* in Prölss/Martin VVG § 168 Rn. 13; *Ortmann* in Schwintowski/Brömmelmeyer/Ebers VVG § 168 Rn. 13; *Armbrüster/Pilz* KTS 2004, 481 (486); *Elfring* BB 2004, 617 (619).
[93] → 1. Aufl. 2010, § 168 Rn. 28; *Wegener* in FK-InsO, 5. Aufl. 2008, § 103 Rn. 76a; *Hasse* VersR 2005, 1176 (1187); *Hasse* VersR 2005, 15 (20); aA *Elfring* BB 2004, 617 (618), Erfüllungsablehnung führe nicht zu einer materiellen Umgestaltung des Vertrages, sondern verfestige nur die mit Verfahrenseröffnung eingetretene Rechtslage; andererseits soll die Erfüllungsablehnung aber in eine Kündigung umgedeutet werden können.
[94] BGH VersR 2012, 299 (300 f.); NJW 2015, 341 (343).
[95] BGH VersR 2012, 299 (300 f.).
[96] BGH NJW 2015, 341 (342 f.); → § 159 Rn. 130.
[97] OLG Karlsruhe VersR 2001, 1501, auf der Basis der Erlöschenstheorie; *Ortmann* in Schwintowski/Brömmelmeyer/Ebers VVG § 168 Rn. 15; *Stegmann/Lind* NVersZ 2002, 193 (196); das Erfordernis einer expliziten Kündigung bei Verträgen mit Einmalprämie/prämienfreien Verträgen hatte freilich unter Zugrundelegung der „Erlöschenstheorie" eine größere Bedeutung.
[98] *Ortmann* in Schwintowski/Brömmelmeyer/Ebers VVG § 168 Rn. 19 ff.
[99] BGH NJW 2015, 341 (343).
[100] BGH NJW 1993, 689 (690).
[101] BGH NJW 1993, 689 (690).
[102] BGH VersR 2012, 299 (300); NJW 2015, 341 (343); angedeutet in NJW 2005, 2231 (2232); *Ortmann* in Schwintowski/Brömmelmeyer/Ebers VVG § 168 Rn. 18.
[103] BAG VersR 2000, 80 (81); 1996, 85; OLG Hamm VersR 1996, 360; *Ortmann* in Schwintowski/Brömmelmeyer/Ebers VVG § 168 Rn. 18.
[104] BGH NJW 2015, 341; BAGE 134, 372 Rn. 19; BAG VersR 2000, 80 (81); ausführlicher zu den Besonderheiten im Rahmen der betrieblichen Altersvorsorge *Ortmann* in Schwintowski/Brömmelmeyer/Ebers VVG § 168 Rn. 18.
[105] BGH NJW 2015, 341 (342 f.).

33 § 170 gibt dem **widerruflich Bezugsberechtigten** unter den dort beschriebenen Voraussetzungen die Möglichkeit, als Versicherungsnehmer in den Vertrag einzutreten und dem Insolvenzverwalter so das Kündigungsrecht zu nehmen.[106]

34 Auch bei einem **unwiderruflichen Bezugsrecht** eines Dritten geht das Recht des Versicherungsnehmers, den Versicherungsvertrag zu kündigen gem. § 80 InsO auf den Insolvenzverwalter über.[107] Der Rückkaufswert gehört dann allerdings nicht zur Insolvenzmasse, sondern steht dem unwiderruflich Bezugsberechtigten zu,[108] da dieser das Recht auf die Leistung aus dem Vertrag unmittelbar mit Einräumung der Bezugsberechtigung erwirbt.[109] Ihm allein stehen daher die vermögensrechtlichen Ansprüche aus dem Versicherungsvertrag zu.[110] Der unwiderruflich Bezugsberechtigte kann daneben das Recht haben, den Vertrag mit eigenen Prämienzahlungen fortzuführen, um wirtschaftliche Nachteile zu vermeiden, die sich daraus ergeben, dass der Rückkaufswert idR geringer ist, als der Wert der Versicherungsleistungen.[111]

35 Das **eingeschränkt unwiderrufliche Bezugsrecht** – welches vor allem im Rahmen der **betrieblichen Altersvorsorge** Bedeutung hat – steht dem uneingeschränkt unwiderruflichen Bezugsrecht in rechtlicher und wirtschaftlicher Hinsicht gleich, solange die Voraussetzungen des Vorbehalts für den Widerruf nicht erfüllt sind.[112] Regelmäßig wird das eingeschränkt unwiderrufliche Bezugsrecht mit Eröffnung des Insolvenzverfahrens strikt unwiderruflich, da dann die vorbehaltenen Widerrufsgründe (den Arbeitnehmer zur Betriebstreue anzuhalten) ihre Bedeutung verlieren.[113] Beim eingeschränkt unwiderruflichen Bezugsrecht gelten daher die obigen Ausführungen zum unwiderruflichen Bezugsrecht regelmäßig entsprechend.

36 **b) Kündigungsrecht des Insolvenzverwalters bei Abtretung.** Hat der Versicherungsnehmer Ansprüche aus einem Lebensversicherungsvertrag vor Eintritt der Insolvenz abgetreten, sind im Zweifel sämtliche Rechte des Versicherungsnehmers aus dem Versicherungsvertrag und damit auch der Anspruch auf den Rückkaufswert und das Kündigungsrecht auf den Zessionar übergegangen.[114] Nach Eröffnung des Insolvenzverfahrens hängt die Rechtsposition des Zessionars indes auch von dem in der Vereinbarung festgelegten Zweck der Zession ab: Ist eine **Vollzession** vereinbart, hat der Zessionar ein **Aussonderungsrecht nach § 47 InsO** an seiner Anwartschaft und der Insolvenzverwalter keinen Zugriff auf den Versicherungsvertrag.[115] Damit verbleibt es bei der Berechtigung des Zessionars, den Vertrag zu kündigen und die Auszahlung des Rückkaufswerts an sich zu verlangen.

37 Bei der **Sicherungszession** besteht nur ein **Absonderungsrecht des Zessionars nach § 51 Nr. 1 InsO**. Außerdem ist der Insolvenzverwalter nach § 166 Abs. 2 InsO zur Einziehung und anderweitigen Verwertung der Forderung befugt.[116] In Lit. und Rspr. wird kontrovers beurteilt, ob dieses Einziehungs- und Verwertungsrecht des Insolvenzverwalters auch ein „eigenes" Kündigungsrecht mit sich bringt oder ob eine Kündigung durch den Zessionar und damit dessen Mitwirkung

---

[106] → § 170 Rn. 10 f.
[107] BGH VersR 2010, 1025 (1026); BeckRS 2017, 121245 Rn. 17 ff.; OLG Karlsruhe VersR 2001, 1501; OLG Düsseldorf VersR 1998, 1559 (1560); *Ortmann* in Schwintowski/Brömmelmeyer/Ebers VVG § 168 Rn. 21; *Hasse* VersR 2005, 15 (27); *Reiff* in Prölss/Martin VVG § 168 Rn. 13; *Grote* in Langheid/Rixecker VVG § 168 Rn. 14; *Winter* in Bruck/Möller VVG § 168 Rn. 39; krit. gegenüber der hM *Armbrüster/Pilz* KTS 2004, 481 (485); aA (gegen Kündigungsrecht) *Sieg* FS Klingmüller, 1974, 447 (459).
[108] OLG Karlsruhe VersR 2001, 1501; *Reiff* in Prölss/Martin VVG § 168 Rn. 19; *Wegener* in Uhlenbruck InsO § 103 Rn. 44.
[109] Vor Einführung von § 159 Abs. 3 galt dasselbe aufgrund tatsächlicher Übung des Versicherungsverkehrs, BGHZ 45, 163 (167) = VersR 1966, 359 (360); bzw. aufgrund einer entsprechenden Vereinbarung im Versicherungsvertrag (vgl. § 13 Abs. 2 ALB 86; § 13 Abs. 2 ALB 94); dazu *Armbrüster/Pilz* KTS 2004, 481 (487).
[110] BGHZ 45, 162 = VersR 1966, 359; → § 159 Rn. 74 ff.
[111] → § 170 Rn. 2; sa OLG Düsseldorf VersR 2002, 86 (88), wenn bei betrieblicher Altersvorsorge vereinbart ist, dass der Arbeitnehmer den Vertrag bei Unverfallbarkeit mit eigenen Prämien fortsetzen kann; *Schwintowski* in Berliner Kommentar VVG § 165 Rn. 16; *Ehrenzweig* VersR 1951, 25 (26) (§ 35a VVG aF); im Ergebnis ähnlich: *Sieg* FS Klingmüller, 1974, 447 (459).
[112] BGH NJW 2015, 341 (342); BeckRS 2014, 02627 Rn. 11; VersR 2006, 1059 (1060); 1996, 1089 (1090); BAGE 134, 372 Rn. 23; aA BAG VersR 2009, 134 f.
[113] BGH BeckRS 2014, 2627 mAnm *Matthießen* jurisPR-ArbR 23/24 Anm. 3; sowie nachfolgend (nach Rückverweisung durch das BGH) OLG Stuttgart BeckRS 2014, 13938; BGH VersR 2006, 1059 (1060), 2005, 1134 (1136); BAG VersR 1991, 211; OLG Hamm BeckRS 2015, 06153; OLG Düsseldorf VersR 2002, 86 (87); anders aber die neuere Rspr. des BAG, nach der der Eintritt der Insolvenz den Widerruf des Bezugsrechts nicht gleichsam ausschließt BAG BeckRS 2012, 75279 Rn. 17 f.
[114] → Rn. 15.
[115] *Elfring* NJW 2005, 2192 (2194).
[116] BGH NJW-RR 2013, 820 (821); VersR 2012, 1520 (1523); OLG Hamburg VersR 2008, 767 f.

erforderlich ist.[117] Für ein uneingeschränktes eigenes Kündigungsrecht des Insolvenzverwalters aus § 166 Abs. 2 S. 1 InsO spricht jedenfalls, dass das Kündigungsrecht einen zwingenden Bestandteil eines effektiven und umfassenden Verwertungsrechts darstellt.[118] Zieht der Insolvenzverwalter den Rückkaufswert ein, hat er diesen nach Abzug der Feststellungs- und Verwertungskosten (pauschal 9 %, § 171 Abs. 1, 2 InsO) an den Zessionar abzuführen, § 170 InsO. Überlässt der Insolvenzverwalter dem Zessionar die Forderung zur Verwertung, kann der Zessionar den Vertrag kündigen und den Rückkaufswert einziehen, muss aber Feststellungskosten iHv 4 % an die Masse abführen (§ 171 Abs. 1 InsO).[119]

c) Kündigungsrecht des Insolvenzverwalters bei Verpfändung. Verpfändet der Versicherungsnehmer den Lebensversicherungsvertrag, bleibt er Gläubiger des Vertrages und Inhaber der sich aus dem Vertrag ergebenden Gestaltungsrechte. Der Versicherungsnehmer kann den Vertrag – vor Pfandreife – kündigen, benötigt dafür aber nach hL die Zustimmung des Pfandgläubigers, § 1276 BGB.[120] Nach § 80 InsO geht dieses Kündigungsrecht des Versicherungsnehmers auf den Insolvenzverwalter über.[121] Grundsätzlich gilt zwar dass der Insolvenzverwalter nicht mehr Rechte hinsichtlich der Masse ausüben kann, als der Schuldner selbst hatte,[122] so dass das Kündigungsrecht eigentlich nur belastet mit dem Zustimmungserfordernis des Pfandgläubigers auf den Insolvenzverwalter übergehen müsste. Allerdings gilt dieser Grundsatz aufgrund der Regelungen in der InsO nicht uneingeschränkt.[123] 38

Ein eigenständiges Einziehungs- und Verwertungsrecht einer verpfändeten Forderung ergibt sich nicht aus § 166 Abs. 2 InsO. Diese Vorschrift gilt für sicherheitshalber abgetretene Forderungen und ist bei verpfändeten Forderungen auch nicht entsprechend heranzuziehen.[124] 39

Allerdings räumt § 173 Abs. 2 S. 2 InsO dem Insolvenzverwalter im Interesse einer zügigen Abwicklung des Insolvenzverfahrens das Recht ein, das aus § 50 Abs. 1, § 173 Abs. 1 InsO folgende grundsätzliche Verwertungsrecht des Pfandrechtsgläubigers auf sich überzuleiten.[125] Dieses Verwertungsrecht setzt zwar eigentlich voraus, dass der Verwalter einen entsprechenden Antrag beim Insolvenzgericht gestellt hat und dem Sicherungsgläubiger eine Frist gesetzt hat innerhalb derer er das Sicherungsgut zu verwerten hat.[126] Nach Ablauf der Frist ist der Verwalter zur Verwertung berechtigt, § 173 Abs. 2 S. 2 InsO. Fehlt es – so der BGH – an der Pfandreife, „weil die durch das Pfandrecht gesicherte Forderung noch bedingt ist, geht die Regelung ins Leere; denn dem Pfandgläubiger kann keine angemessene Frist zur Selbstverwertung gesetzt werden". Das Verwertungsrecht nach Eröffnung des Insolvenzverfahrens aber vor Pfandreife liegt damit nach InsO allein beim Insolvenzverwalter.[127] Zwischenzeitlich hat der BGH die entsprechende Anwendung von § 173 Abs. 2 S. 2 InsO auch in anderen Fällen der fehlenden Pfandreife bestätigt. 40

7. Legitimationswirkung des Versicherungsscheins. Bestimmen die Allgemeinen Versicherungsbedingungen, dass der Versicherer den Inhaber des Versicherungsscheins als „verfügungs-, insbes. empfangsberechtigt" ansehen kann, wie zB § 8 GDV-Muster ALB KLV 2016, ist der Inhaber des Versicherungsscheins grds. auch gegenüber dem Versicherer berechtigt, den Vertrag zu kündigen und den Rückkaufswert entgegenzunehmen.[128] 41

IV. Kündigungserklärung, Rechtscharakter, Form und Frist

Die Kündigung ist eine einseitige, **rechtsgestaltende Willenserklärung**. Sie muss dem Versicherer zugehen (§ 130 BGB), wobei der Zugang beim Versicherungsvertreter gem. § 69 Abs. 1 Nr. 1 42

---

117 Für Kündigungsrecht des Insolvenzverwalters OLG Hamburg VersR 2008, 767 f.; OLG Hamm NJW 2008, 2660; OLG Düsseldorf ZInsO 2006, 1270; ähnlich bereits *Stegmann/Lind* NVersZ 2002, 193 (195); dagegen OLG Hamm ZInsO 2006, 878 (879); *Elfring* NJW 2005, 2192 (2195).
118 OLG Düsseldorf ZInsO 2006, 1270 (1275).
119 BGH VersR 2002, 1292 (1294), in dem vom BGH entschiedenen Fall hatte der Zessionar bereits vor Insolvenzeröffnung gekündigt.
120 → Rn. 19 mit Fn. 64.
121 BAG NZA-RR 2013, 86 (88); *Elfring* NJW 2005, 2192 (2194).
122 BGH VersR 2012, 299 (301); NJW 1971, 1750; *Elfring* NJW 2005, 2192 (2194).
123 BGH VersR 2012, 299 (301).
124 BGH NJW-RR 2013, 820 (821); VersR 2012, 1520 (1523) = WM 2012, 549 Rn. 34; BGH NJW 2005, 2231 (2232).
125 BGH NJW 2005, 2231 (2233).
126 BGH NJW 2005, 2231 (2233); *Gläubiger* in Uhlenbruck InsO § 173 Rn. 11.
127 BGH NJW 2005, 2231 (2233) bestätigt durch BGH NJW-RR 2013.
128 BGH VersR 2010, 375; 2009, 1061; 2000, 709; OLG Bremen VersR 2008, 1056 f.

ausreichend ist. Die Kündigung ist kein höchstpersönliches Recht.[129] Sie muss den Willen des Kündigenden unmissverständlich zum Ausdruck bringen[130] und klar ergeben, ob sie sich auf den gesamten Vertrag oder nur einen Teil – etwa eine Zusatzversicherung – beziehen soll. Die bloße Einstellung der Prämienzahlung reicht – anders als nach gängiger Praxis vor Inkrafttreten des VVG 1908 – nicht aus, um für sich genommen die Beendigung eines Lebensversicherungsvertrages herbeizuführen.[131]

43 Die Kündigungserklärung ist nicht an eine bestimmte Form gebunden. § 171 S. 2 erlaubte aber die Vereinbarung der **Schrift- oder Textform** für die Kündigungserklärung, wovon in § 12 GDV-Muster-ALB KLV 2016 Gebrauch gemacht[132] wurde. Seit Inkrafttreten der Neufassung des § 309 Nr. 13 BGB[133] am 1.10.2016 kann die Schriftform für die Kündigung eines Lebensversicherungsvertrages im Rahmen von AVB nicht mehr gefordert werden. Nach § 309 Nr. 13 BGB ist die Vereinbarung einer **strengeren Form als der Textform** iSd § 126b BGB im Rahmen von AGB nicht mehr zulässig. Zwar ist der Wortlaut des § 171 S. 2 unverändert geblieben, dennoch geht die später erlassene Vorschrift des § 309 Nr. 13 dem älteren § 171 vor.[134] Nach § 12 GDV Muster ALB KLV 2019 hat die Kündigung nunmehr in Textform (z.B. Papierform, E-Mail) zu erfolgen.

44 Für die Kündigung sind keine Fristen einzuhalten. Sie kann **jederzeit** erklärt werden und wirkt zum Schluss der laufenden Versicherungsperiode. Die Versicherungsperiode beträgt regelmäßig ein Jahr, falls die Prämie nicht nach kürzeren Zeitabschnitten bemessen ist, § 12. Sind Jahresprämien vereinbart, erfolgt die Beendigung des Vertrages zum Schluss des laufenden Versicherungsjahrs. Hieran ändert sich nichts, wenn die Jahresprämie in monatlichen Raten („unechte Monatsprämie") bezahlt werden kann.[135] Es kann vereinbart werden, dass die Kündigung zu einem früheren Zeitpunkt wirksam wird, da eine solche Vereinbarung die Position des Versicherungsnehmers verbessert. Moderne Bedingungswerke enthalten teilweise solche Regelungen, vgl. § 9 Abs. 1 GDV-Muster ALB KLV 2008[136] (in der Alternativversion für Verträge mit Jahresprämie und unechter unterjähriger Ratenzahlungsweise) bestimmte zB, dass die Kündigung zum Ende eines Versicherungsjahres **oder** mit einmonatiger Kündigungsfrist zum Ende eines jeweiligen Ratenzahlungsabschnitts stattfindet. Da die Möglichkeit der unterjährigen Kündigung die Position des Versicherungsnehmers insgesamt verbessert, verstößt insoweit auch die einmonatige Kündigungsfrist nicht gegen § 171 S. 1.[137] Sind echte **unterjährige Prämien**[138] vereinbart, besteht nach § 168 ein Rechtsanspruch auf Kündigung zum Ende des laufenden Prämienzahlungsabschnitts.

45 § 168 gewährt keinen ausdrücklichen Anspruch auf eine **Teilkündigung** des Versicherungsvertrages. Ein Teilkündigungsrecht wird allerdings von Versicherern regelmäßig im Rahmen von AVB eingeräumt, vgl. § 12 GDV-Muster ALB KLV 2019. Dies ist zulässig, da es die Rechtsposition des Versicherungsnehmers gegenüber § 168 verbessert. Ein gesetzlicher Anspruch auf Teilkündigung kann darüber hinaus aus § 168 Abs. 3 hergeleitet werden: Der Wert der vom Kündigungsausschluss betroffenen Ansprüche darf bestimmte Beträge nicht überschreiten.[139] Hieraus lässt sich der Schluss ziehen, dass hinsichtlich der überschießenden Ansprüche ein gesetzliches Recht auf Teilkündigung besteht.[140]

V. Rechtsfolge der Kündigung

46 Die Kündigung des Versicherungsnehmers **beendet** den Lebensversicherungsvertrag zum Schluss der laufenden Versicherungsperiode, sofern nicht im Rahmen von AVB oder durch Individualvereinbarung ein früherer Zeitpunkt für die Vertragsbeendigung festgelegt worden ist. Bis zu diesem Zeitpunkt bleiben die beiderseitigen Vertragspflichten bestehen.

---

[129] → Rn. 15 sowie BGHZ 45, 162 (168) = VersR 1966, 359 (360); *Grote* in Langheid/Rixecker VVG § 168 Rn. 2; aA *Augustin/Kregel* in RGRK BGB § 1283 Rn. 5.
[130] *Winter* in Bruck/Möller VVG § 168 Rn. 45.
[131] Motive zu § 165 VVG aF S. 222, 223.
[132] Diese Formulierung weiterhin zulässig, da sie neben der Schriftform auch ausdrücklich die Textform erlaubt.
[133] Geändert mit Gesetz vom 17.2.2016, BGBl. 2016 I 233.
[134] *Reiff* in Prölss/Martin § 168 Rn. 17a.; *Wurmnest* in MüKoBGB § 309 Nr. 13 Rn. 9; a.A. *Grote* in Langheid/Rixecker § 168 Rn. 17; *Brambach* in HK-VVG § 168 Rn. 15: § 171 als *lex specialis*.
[135] LG Lüneburg VersR 1978, 658; *Ortmann* in Schwintowski/Brömmelmeyer/Ebers VVG § 168 Rn. 27; *Schwintowski* in Berliner Kommentar VVG § 165 Rn. 5.
[136] Eine entsprechende Regelung ist in den GDV-Muster-ALB KLV 2016 und 2019 nicht mehr enthalten.
[137] BGH VersR 1955, 481 (483), zu unterjährigem Kündigungs-/Umwandlungsrecht mit einer Frist von drei Monaten.
[138] → § 12 Rn. 10f.
[139] → Rn. 8.
[140] *Reiff* in Prölss/Martin VVG § 168 Rn. 20; *Brambach* in HK-VVG § 168 Rn. 10.

Mit Wirksamwerden der Kündigung wird auch der Anspruch auf den Rückkaufswert fällig,[141] sofern es sich um eine Versicherung iSd § 169 Abs. 1 handelt oder vertraglich ein Anspruch auf Rückkaufswert eingeräumt worden ist.

C. Abdingbarkeit

Die Vorschrift ist halbzwingend. Von ihr darf nicht zum Nachteil des Versicherungsnehmers 47 abgewichen werden. Abweichende Regelungen in Allgemeinen Versicherungsbedingungen können aber unter den Voraussetzungen des § 211 Abs. 1 Nr. 1–4 getroffen werden.[142]

Der Abschluss einer **Nettopolice** (ohne Abschlussprovision) und der gleichzeitige separate Abschluss eines **Maklervertrages** zwischen dem Versicherungsnehmer und einem Makler stellen grds. keine nachteilige Abweichung von §§ 168, 171 dar, auch wenn der Versicherungsnehmer nach dem Maklervertrag verpflichtet ist, die vollständige Courtage bei vorzeitiger Kündigung des Lebensversicherungsvertrages zu zahlen.[143]

Umstritten war, ob auch **Versicherungsvertreter** Nettopolicen vermitteln und mit dem Versicherungsnehmer selbständige Kostenausgleichsvereinbarungen schließen dürfen auf die (ratenweise) Zahlungen auch dann zu leisten sind, wenn der Versicherungsvertrag vorzeitig gekündigt wird.[144] Nunmehr hat der BGH mehrfach die Zulässigkeit der Vermittlung von Nettopolicen mit Abschluss selbständiger Kostenausgleichsvereinbarungen durch Versicherungsvertreter bestätigt.[145] Allerdings muss der Versicherungsvertreter – anders als der Versicherungsmakler[146] – auf den Umstand, dass der Kunde bei der Nettopolice auch dann zur Zahlung der (vollen) Vergütung verpflichtet bleibt, wenn der vermittelte Versicherungsvertrag nach kurzer Zeit beendet wird, im Rahmen seiner Beratung deutlich hinweisen.[147]

Die Vereinbarung einer separaten Kostenausgleichsvereinbarung zwischen dem Versicherungsnehmer und dem Versicherer ist als solches zulässig. Der formularmäßige Ausschluss des Kündigungsrechts der Kostenausgleichsvereinbarung und die daraus Verpflichtung des Versicherungsnehmers der (ratenweise) Zahlungen auf die Abschlusskosten auch in dem Fall zu erbringen sind, dass der Lebensversicherungsvertrag vorzeitig gekündigt wird, benachteiligt den Versicherungsnehmer unangemessen und ist daher gem. § 307 Abs. 2 Nr. BGB unwirksam.[148]

§ 169 Rückkaufswert

(1) Wird eine Versicherung, die Versicherungsschutz für ein Risiko bietet, bei dem der Eintritt der Verpflichtung des Versicherers gewiss ist, durch Kündigung des Versicherungsnehmers oder durch Rücktritt oder Anfechtung des Versicherers aufgehoben, hat der Versicherer den Rückkaufswert zu zahlen.

(2) ¹Der Rückkaufswert ist nur insoweit zu zahlen, als dieser die Leistung bei einem Versicherungsfall zum Zeitpunkt der Kündigung nicht übersteigt. ²Der danach nicht gezahlte Teil des Rückkaufswertes ist für eine prämienfreie Versicherung zu verwenden. Im Fall des Rücktrittes oder der Anfechtung ist der volle Rückkaufswert zu zahlen.

(3) ¹Der Rückkaufswert ist das nach anerkannten Regeln der Versicherungsmathematik mit den Rechnungsgrundlagen der Prämienkalkulation zum Schluss der laufenden Versicherungsperiode berechnete Deckungskapital der Versicherung, bei einer Kündigung des Versicherungsverhältnisses jedoch mindestens der Betrag des Deckungskapitals, das sich

---

[141] Bei einer sehr kurzfristigen Kündigung soll der Versicherer nach *Baroch Castellvì* in Präve, Lebensversicherung § 12 ARB Rn. 29 noch eine angemessene Abwicklungsfrist haben und Fälligkeit erst nach Ablauf dieser Frist eintreten.
[142] Begr. zu Art. 1 (§ 211) RegE Gesetz zur Reform des Versicherungsvertragsrechts, BT-Drs. 16/3945, 116; Ortmann in Schwintowski/Brömmelmeyer/Ebers VVG § 168 Rn. 39f.
[143] BGH VersR 2005, 406; 408; *Reiff* in Prölss/Martin VVG § 168 Rn. 21; kritisch hierzu: Ortmann in Schwintowski/Brömmelmeyer/Ebers VVG § 168 Rn. 41; detailliert zur Vermittlung von Nettopolicen: *Reiff* r+s 2013, 525 ff.
[144] Zum Meinungsstand in Rspr. und Lit. *Reiff* VersR 2012, 645 (647 f.).
[145] BGH VersR 2014, 64, kartellrechtliche Entscheidung; BGH VersR 2014, 240; 2014, 877; 2014, 1328.
[146] Dieser muss nur ganz ausnahmsweise auf über die Besonderheiten einer selbständigen Vergütungsvereinbarung hinweisen, BGH VersR 2007, 1127 Rn. 11 f.
[147] BGH VersR 2014, 240 Rn. 16; 2014, 877 Rn. 14; 2014, 1328 Rn. 14.
[148] BGH VersR 2014, 567 Rn. 26 ff.; → § 169 Rn. 90.

§ 169　　　　　　　　　　Teil 2. Einzelne Versicherungszweige. Kap. 5. Lebensversicherung

bei gleichmäßiger Verteilung der angesetzten Abschluss- und Vertriebskosten auf die ersten fünf Vertragsjahre ergibt; die aufsichtsrechtlichen Regelungen über Höchstzillmersätze bleiben unberührt. ²Der Rückkaufswert und das Ausmaß, in dem er garantiert ist, sind dem Versicherungsnehmer vor Abgabe von dessen Vertragserklärung mitzuteilen; das Nähere regelt die Rechtsverordnung nach § 7 Abs. 2. ³Hat der Versicherer seinen Sitz in einem anderen Mitgliedstaat der Europäischen Union oder einem anderen Vertragsstaat des Abkommens über den Europäischen Wirtschaftsraum, kann er für die Berechnung des Rückkaufswertes an Stelle des Deckungskapitals den in diesem Staat vergleichbaren anderen Bezugswert zu Grunde legen.

(4) ¹Bei fondsgebundenen Versicherungen und anderen Versicherungen, die Leistungen der in § 124 Absatz 2 Satz 2 des Versicherungsaufsichtsgesetzes bezeichneten Art vorsehen, ist der Rückkaufswert nach anerkannten Regeln der Versicherungsmathematik als Zeitwert der Versicherung zu berechnen, soweit nicht der Versicherer eine bestimmte Leistung garantiert; im Übrigen gilt Absatz 3. ²Die Grundsätze der Berechnung sind im Vertrag anzugeben.

(5) ¹Der Versicherer ist zu einem Abzug von dem nach Absatz 3 oder 4 berechneten Betrag nur berechtigt, wenn er vereinbart, beziffert und angemessen ist. ²Die Vereinbarung eines Abzugs für noch nicht getilgte Abschluss- und Vertriebskosten ist unwirksam.

(6) ¹Der Versicherer kann den nach Absatz 3 berechneten Betrag angemessen herabsetzen, soweit dies erforderlich ist, um eine Gefährdung der Belange der Versicherungsnehmer, insbesondere durch eine Gefährdung der dauernden Erfüllbarkeit der sich aus den Versicherungsverträgen ergebenden Verpflichtungen, auszuschließen. ²Die Herabsetzung ist jeweils auf ein Jahr befristet.

(7) Der Versicherer hat dem Versicherungsnehmer zusätzlich zu dem nach den Absätzen 3 bis 6 berechneten Betrag die diesem bereits zugeteilten Überschussanteile, soweit sie nicht bereits in dem Betrag nach den Absätzen 3 bis 6 enthalten sind, sowie den nach den jeweiligen Allgemeinen Versicherungsbedingungen für den Fall der Kündigung vorgesehenen Schlussüberschussanteil zu zahlen; § 153 Abs. 3 Satz 2 bleibt unberührt.

§ 176 VVG 1994[1]

(1) Wird eine Kapitalversicherung für den Todesfall, die in der Art genommen ist, dass der Eintritt der Verpflichtung des Versicherers zur Zahlung des vereinbarten Kapitals gewiss ist, durch Rücktritt, Kündigung oder Anfechtung aufgehoben, so hat der Versicherer den auf die Versicherung entfallenden Rückkaufswert zu erstatten.

(2) ¹Das gleiche gilt bei einer Versicherung der in Abs. 1 bezeichneten Art auch dann, wenn nach dem Eintritt des Versicherungsfalls der Versicherer von der Verpflichtung zur Zahlung des vereinbarten Kapitals frei ist. ²Im Fall des § 170 Abs. 1 ist jedoch der Versicherer zur Erstattung des Rückkaufswerts nicht verpflichtet.

(3) ¹Der Rückkaufswert ist nach den anerkannten Regeln der Versicherungsmathematik für den Schluss der laufenden Versicherungsperiode als Zeitwert der Versicherung zu berechnen. ²Prämienrückstände werden vom Rückkaufswert abgesetzt.

(4) Der Versicherer ist zu einem Abzug nur berechtigt, wenn er vereinbart und angemessen ist.

§ 176 VVG 1908[2]

(1) Wird eine Kapitalversicherung für den Todesfall, die in der Art genommen ist, dass der Eintritt der Verpflichtung des Versicherers zur Zahlung des vereinbarten Kapitals gewiss ist, durch Rücktritt, Kündigung oder Anfechtung aufgehoben, so hat der Versicherer den Betrag der auf die Versicherung entfallenden Prämienreserve zu erstatten.

---

[1]　IdF des 3. DurchfG/EWG zum VAG v. 21.7.1994, BGBl. I S. 16. Zur Vermeidung von Missverständnissen wird die Vorschrift in dieser Fassung im Rahmen der Kommentierung von § 169 auch als § 176 VVG 1994 bezeichnet.

[2]　Vor der „Deregulierung" maßgebliche Fassung des § 176, seit Inkrafttreten des Gesetzes über den Versicherungsvertrag v. 30.5.1908 (RGBl. S. 263) Bestandteil des Gesetzes war; hier in der bis zum 28.7.1994 maßgeblichen Fassung gem. Kodifizierung v. 1.1.1964. Zur Vermeidung von Missverständnissen wird die Vorschrift in dieser Fassung im Rahmen der Kommentierung von § 169 auch als § 176 VVG 1908 bezeichnet.

§ 169 Rückkaufswert

(2) ¹Das gleiche gilt bei einer Versicherung der in Absatz 1 bezeichneten Art auch dann, wenn nach dem Eintritt des Versicherungsfalls der Versicherer von der Verpflichtung zur Zahlung des vereinbarten Kapitals frei ist. ²Im Falle des § 170 Abs. 1 ist jedoch der Versicherer zur Erstattung der Prämienreserve nicht verpflichtet.

(3) Bei der Ermittlung des zu erstattenden Betrags ist die Prämienreserve für den Schluss der Versicherungsperiode zu berechnen, in deren Lauf das Versicherungsverhältnis endigt.

(4) ¹Der Versicherer ist zu einem angemessenen Abzug berechtigt. ²Ist für den Abzug mit Genehmigung der Aufsichtsbehörde in den Versicherungsbedingungen ein bestimmter Betrag festgesetzt, so gilt dieser als angemessen.

Übersicht

	Rn.
A. Normzweck	1
B. Entstehungsgeschichte	4
I. Rückkaufswert gem. § 176 VVG 1908	5
1. Mindestlaufzeit gem. § 173 VVG 1908	5
2. Erstattung der Prämienreserve gem. § 176 VVG 1908	6
a) Begriff der Prämienreserve (Deckungskapital)	7
b) Hintergrund der aufsichtsrechtlichen Pflicht für die Bildung der Prämienreserve (des Deckungskapitals)	9
c) Begriff der Zillmerung/Prämienreserve als gezillmertes Deckungskapital	10
3. Stornoabzug	14
4. Aufsichtsbehördlich vorgegebener Mindestrückkaufswert seit 1986	15
II. Rückkaufswert gem. § 176 VVG 1994	16
1. Deregulierung	16
2. Wegfall der Mindestlaufzeit gem. § 173 VVG 1908	18
3. Wegfall aufsichtsbehördlich vorgegebener Mindestrückkaufswerte	19
4. Zeitwert	20
a) Grund für die Ersetzung der Prämienreserve durch den Zeitwert	20
b) Begriff des Zeitwerts	21
c) Rückkaufswert und Zeitwert im Lichte der Rechtsprechung	26
d) Zeitwert, Zillmerung und Modifikation durch den BGH	30
5. Stornoabzug	33
III. Abkehr vom Zeitwert nach § 176 VVG 1994 im Zuge der VVG-Reform	34
C. Tatbestand des § 169	35
I. Zeitlicher Anwendungsbereich	35
II. Sachlicher Anwendungsbereich	36
1. Allgemein	36
2. Rentenversicherung mit Todesfallleistung	38
3. Risikoversicherungen	41
4. Berufsunfähigkeitsversicherungen	42
5. Unfallversicherungen mit Prämienrückgewähr	43

	Rn.
6. Verträge bei Pensionskassen, kleineren Vereinen und Pensionsfonds	44
III. Anspruch auf Rückkaufswert aus Vereinbarung	45
IV. Rückkaufswert bei nur teilweise gewisser Leistungspflicht	46
V. Auslöser des Anspruchs auf den Rückkaufswert	49
1. Beendigung durch Kündigung des Versicherungsnehmers oder durch Rücktritt oder Anfechtung des Versicherers	49
2. Einvernehmliche Aufhebung	51
3. Widerruf	52
4. Leistungsfreiheit des Versicherers	54
5. Unwirksamkeit des Vertrages	57
6. Insolvenz des Versicherungsnehmers	58
VI. Begrenzung des Rückkaufswerts auf die Versicherungsleistung (Abs. 2)	59
VII. Berechnung des Rückkaufswerts nach Abs. 3	63
1. Sachlicher Anwendungsbereich von Abs. 3	63
2. Deckungskapital iSd Abs. 3	65
a) Literatur zum Begriff Deckungskapital iSd Abs. 3	66
b) Stellungnahme	75
c) Rechnungsgrundlagen der Prämienkalkulation	82
d) Anerkannte Regeln der Versicherungsmathematik	87
e) Objektivierbarkeit der Rechnungsgrundlagen der Prämienkalkulation	88
3. Streckung der angesetzten Abschlusskosten (S. 1 Hs. 2)/Nettopolicen	90
a) Angesetzte Abschlusskosten	90
b) Gleichmäßige Verteilung der Abschluss- und Vertriebskosten auf die ersten fünf Vertragsjahre bei Kündigung	91
c) Berücksichtigung der Höchstzillmersätze	94
d) Keine Streckung der Abschlusskosten bei Verträgen mit Einmalprämie	98
4. Angabe des Rückkaufswerts vor Vertragsschluss (S. 2) und Erfordernis eines garantierten Rückkaufswerts	99

	Rn.			Rn.
a) Keine Pflicht zur Angabe eines garantierten Rückkaufswerts	99	2.	Bezifferung	117
b) Kein garantierter Rückkaufswert durch das Abstellen auf das mit den Rechnungsgrundlagen der Prämienkalkulation berechnete Deckungskapital	102	3.	Angemessenheit	119
		4.	Kein Abzug nicht getilgter Abschlusskosten	121
		5.	Beweislast	122
c) Zwischenergebnis	105	X.	**Herabsetzung des Rückkaufswerts (Abs. 6)**	123
5. Besonderheiten für EU/EWR-Versicherer (S. 3)	106	1.	Hintergrund der Regelung	124
a) Anknüpfung an mit Deckungskapital vergleichbaren Bezugswert	106	2.	Abwendung einer Gefährdung der Belange der Versicherungsnehmer	127
b) Streckung der Abschlusskosten/keine Bindung an Höchstzillmersätze	110	3.	Angemessenheit der Herabsetzung	130
VIII. Berechnung des Rückkaufswerts bei der fondsgebundenen Lebensversicherung (Abs. 4)	111	4.	Beweislast	131
		XI.	**Erhöhung des Rückkaufswerts durch Zahlung von Überschussanteilen (Abs. 7)**	132
1. Maßgebliche Bezugsgröße: Zeitwert (S. 1 Hs. 1)	111			
2. Besonderheiten bei Fondspolicen mit Garantien (S. 1 Hs. 2, erster Teilsatz)	112	XII.	**Altverträge**	133
3. Verweis auf Abs. 3 „im Übrigen"	114	1.	Altverträge von 1994–2007	133
4. Angabe der Grundsätze der Berechnung des Rückkaufswerts vor Vertragsschluss (S. 2)	115	2.	Altbestand iSd § 336 VAG 2016 (Verträge bis Juli 1994)	137
IX. Stornoabzug (Abs. 5)	116	3.	Verjährung von Nachforderungsansprüchen	138
1. Vereinbarung	116	**D.**	**Abdingbarkeit**	139

Stichwort- und Fundstellenverzeichnis

Stichwort	Rn.	Rspr.	Lit.
Abdingbarkeit	→ Rn. 139	–	*Ortmann* in Schwintowski/Brömmelmeyer/Ebers VVG § 169 Rn. 136
Anerkannte Regeln der Versicherungsmathematik	→ Rn. 24	BGHZ 147, 354 = VersR 2001, 841 (843); BGHZ 147, 373 = VersR 2001, 839 (840)	*Fiala/Schramm* VW 2006, 116 f.; *Engeländer* NVersZ 2002, 436 (442 f.)
Anfechtung durch den Versicherungsnehmer	→ Rn. 50	–	*Krause* in Looschelders/Pohlmann VVG § 169 Rn. 20; *Ortmann* in Schwintowski/Brömmelmeyer/Ebers VVG § 169 Rn. 17
Angabe eines garantierten Rückkaufswerts	→ Rn. 99 ff.	–	*Schuhmacher* VersR-Schriftenreihe Bd. 48, 2012, S. 135; → VVG-InfoV § 2 Rn. 44; *Baroch Castellví* in HK-VVG-InfoV § 2 Rn. 40; *Präve* VersR 2008, 151 (154)
Begrenzung des Rückkaufswerts auf die Versicherungsleistung	→ Rn. 59	–	*Winter* in Bruck/Möller VVG § 169 Rn. 81; *Krause* in Looschelders/Pohlmann VVG § 169 Rn. 22; *Ortmann* in Schwintowski/Brömmelmeyer/Ebers VVG § 169 Rn. 27
Berufsunfähigkeits(zusatz)versicherung	→ Rn. 42	–	*Krause* in Looschelders/Pohlmann VVG § 169 Rn. 19; *Ortmann* in Schwintowski/Brömmelmeyer/Ebers VVG § 169 Rn. 11;
Besonderheiten für EU/EWR Versicherer bei Berechnung des Rückkaufswerts	→ Rn. 106 ff.	–	*Schuhmacher* ZVersWiss 2011, 281 (287); *Schuhmacher* VersR-Schriftenreihe Bd. 48, 2012, S. 155 ff.; *Engeländer* VersR 2007, 1297 (1302); *Reiff* in Prölss/Martin VVG § 169 Rn. 45; *Krause* in Looschelders/Pohlmann VVG § 169 Rn. 61;

Stichwort	Rn.	Rspr.	Lit.
Beweislast, Stornoabzug	→ Rn. 122	BGH VersR 2012, 1149 Rn. 65; 2013, 213 Rn. 24	*Grote/Thiel* VersR 2013, 666 (672); *Römer* DB 2007, 2523 (2529); *Brömmelmeyer* in Beckmann/Matusche-Beckmann VersR-HdB § 42 Rn. 179
Deckungskapital iSd § 169 Abs. 3	→ Rn. 65 ff.	–	*Reiff* in Prölss/Martin VVG § 169 Rn. 31; *Krause* in Looschelders/Pohlmann VVG § 169 Rn. 25 ff.; *Ortmann* in Schwintowski/Brömmelmeyer/Ebers VVG § 169 Rn. 28 ff; *Gatschke* VuR 2007, 447 (448); *Schick/Franz* VW 2007, 764; *Kleinlein* VuR 2008, 13; *Grote* in Marlow/Spuhl Neues VVG S. 243 f.; *Engeländer* VersR 2007, 1297 (1300 f.); *Wandt* VersR Rn. 1191 f.; *Brömmelmeyer* in Beckmann/Matusche-Beckmann VersR-HdB § 42 Rn. 160
Deckungsrückstellung iSd § 341 f. HGB	→ Rn. 75 ff.	–	*Hommel/Zeitler* in MüKoHGB § 341 f. Rn. 13; *Kölschbach/Hammers/Engeländer* in Prölss/Dreher VAG § 88 Rn. 34 f.; *Führer/Grimmer* Lebensversicherungsmathematik S. 97; *Brömmelmeyer* VersWissStud. (Bd. 14) S. 191 f.
Deregulierung	→ Rn. 16	–	*Dreher* in Prölss/Dreher VAG Einl. Rn. 3; *Präve* in Prölss VAG Vorb. Rn. 41; *Mönnich* in Beckmann/Matusche-Beckmann VersR-HdB § 2 Rn. 48 f.; *Schwintowski* in Berliner Kommentar VVG Vor § 159 Rn. 27; *Hübner/Matusche-Beckmann* EuZW 1995, 263 (266); *Dickstein*, Die Merkmale der Lebensversicherung im Europäischen Binnenmarkt, 1996, S. 7 ff.
Dienstleistungsfreiheit, Art. 56 AEUV	→ Rn. 104	–	*Ortmann* in Schwintowski/Brömmelmeyer/Ebers VVG § 169 Rn. 39; *Mönnich* in Beckmann/Matusche-Beckmann VersR-HdB § 2 Rn. 48 f.; *Schwintowski* in Berliner Kommentar VVG Vor § 159 Rn. 27; *Hübner/Matusche-Beckmann* EuZW 1995, 263 (266); *Dickstein*, Die Merkmale der Lebensversicherung im Europäischen Binnenmarkt, 1996, S. 7 ff.
Einvernehmliche Aufhebung des Versicherungsvertrages	→ Rn. 51	–	*Krause* in Looschelders/Pohlmann VVG § 169 Rn. 22; *Ortmann* in Schwintowski/Brömmelmeyer/Ebers VVG § 169 Rn. 17; *Brambach* in HK-VVG § 169 Rn. 13
Fondsgebundene Lebensversicherung, 169 Abs. 4	→ Rn. 37, 111 ff.	–	*Reiff* in Prölss/Martin VVG § 169 Rn. 54; *Krause* in Looschelders/Pohlmann VVG § 169 Rn. 62; *Ortmann* in Schwintowski/Brömmelmeyer/Ebers VVG § 169 Rn. 38 f.; *Grote* in Marlow/Spuhl Neues VVG S. 237; *Römer* DB 2007, 2523 (2529); *Brömmelmeyer* VersWissStud Bd. 14, S. 192

§ 169 Teil 2. Einzelne Versicherungszweige. Kap. 5. Lebensversicherung

Stichwort	Rn.	Rspr.	Lit.
Fondsgebundene Lebensversicherung, Altverträge	→ Rn. 134 f.	BGH VersR 2013, 213; 2013, 1381; 2007, 1547	*Reiff* in Prölss/Martin VVG § 169 Rn. 50
Gefährdung der Belange der Versicherungsnehmer	→ Rn. 126	–	*Brömmelmeyer* in Beckmann/Matusche-Beckmann VersR-HdB § 42 Rn. 181
Gewissheit der Leistungspflicht	→ Rn. 36, 46	BGH VersR 1974, 127	*Ortmann* in Schwintowski/Brömmelmeyer/Ebers VVG § 169 Rn. 10; *Engeländer* VersR 2007, 1297 (1299)
Herabsetzung des Rückkaufswerts	→ Rn. 123 ff.	–	*Engeländer* VersR 2007, 1297 (1312); *Reiff* in Prölss/Martin VVG § 169 Rn. 63 ff.; *Krause* in Looschelders/Pohlmann VVG § 169 Rn. 66 f.
Höchstzillmersatz	→ Rn. 77, 79, 94, 110	–	*Laars*, Deckungsrückstellungverordnung, 3. Aufl. 2015, § 4 Rn. 2; *Krause* in Looschelders/Pohlmann VVG § 169 Rn. 42; *Engeländer* VersR 2007, 1297 (1308)
Insolvenz des Versicherungsnehmers	→ Rn. 58	BGH VersR 2012, 299 (300); NJW 2015, 341 (343)	→ § 168 Rn. 20, 26 ff.
Kündigung	→ Rn. 49	–	*Krause* in Looschelders/Pohlmann VVG § 169 Rn. 20; *Ortmann* in Schwintowski/Brömmelmeyer/Ebers VVG § 169 Rn. 17
Leistungsfreiheit des Versicherers	→ Rn. 54	–	*Kollhosser* in Prölss/Martin, 27. Aufl. 2004, VVG § 176 Rn. 8
Mindestlaufzeit, § 173 VVG 1908	→ Rn. 5, 18	–	*Engeländer* NVersZ 2001, 289 (290); *Winter* in Bruck/Möller VVG § 169 Rn. 1 Fn. 1
Mindestrückkaufswert nach § 169 Abs. 3	→ Rn. 92	–	*Schuhmacher* VersR-Schriftenreihe Bd. 48, 2012, S. 135 ff.; *Krause* in Looschelders/Pohlmann VVG § 169 Rn. 33; *Ortmann* in Schwintowski/Brömmelmeyer/Ebers VVG § 169 Rn. 53 f.
Mindestrückkaufswert nach Rspr. zu § 176 VVG 1994 (ergänzende Vertragsauslegung)	→ Rn. 133 ff.	BGH VersR 2013, 1429; NJW-RR 2008, 188; VersR 2007, 1547; 2005, 1565 (1572); 2001, 841 (843); 2001, 839 (840)	*Brambach* r+s 2014, 1 ff.; *Armbrüster* NJW 2012, 3001 (3002 f.); *Jacob* VersR 2013, 447 f.; *Reiff* VersR 2013, 785 (790 f.); *Reiff* in Prölss/Martin VVG § 169 Rn. 49 ff.; *Herrmann* VersR 2009, 7 (12); *Schwintowski* VersR 2008, 1425 (1429)
Mindestrückkaufswert nach § 176 VVG 1908	→ Rn. 15, 19	–	*Claus* VerBAV 1986, 283 (284); *Winter* in Bruck, Bd. 5 2. Halbband, Kap. G Anm. 452
Pensionskassen, Pensionsfonds	→ Rn. 44	–	*Ortmann* in Schwintowski/Brömmelmeyer/Ebers VVG § 165 Rn. 4; *Brömmelmeyer* in Beckmann/Matusche-Beckmann VersR-HdB § 42 Rn. 185
Prämienreserve	→ Rn. 7	–	*Engeländer* NVersZ 2002, 436 (438); *Winter* in Bruck, Bd. 5 2. Halbband, Kap. G Anm. 406
Rechnungsgrundlagen der Prämienkalkulation	→ Rn. 7, 78, 80, 82 ff.; → Rn. 103, 108	–	*Reiff* in Prölss/Martin VVG § 169 Rn. 32; *Hommel/Zeitler* in MüKoHGB § 341 f. Rn. 28; *Brömmelmeyer* VersWissStud Bd. 14, S. 177 f.

Stichwort	Rn.	Rspr.	Lit.
Rentenversicherung (Anwendbarkeit § 169 Abs. 1)	→ Rn. 38 ff.	OGH VersR 2013, 381 unter 4.3.; BGH NJW-RR 2008, 188; VersR 1974, 127; OLG Hamm VersR 2008, 383; OLG Koblenz VersR 2007, 1640	*Schick/Franz* VW 2007, 764; *Engeländer* VersR 2007, 1297 (1299); *Winter* in Bruck/Möller VVG § 169 Rn. 42 ff.
Risikoversicherung	→ Rn. 41	BGH VersR 1974, 127	*Brambach* in HK-VVG § 169 Rn. 8 f; *Grote* in Marlow/Spuhl Neues VVG S. 235; *Schick/Franz* VW 2007, 764
Rücktritt durch den Versicherungsnehmer	→ Rn. 50	–	*Reiff* in Prölss/Martin VVG § 169 Rn. 11; *Krause* in Looschelders/Pohlmann VVG § 169 Rn. 12; *Ortmann* in Schwintowski/Brömmelmeyer/Ebers VVG § 169 Rn. 17
Stornoabzug	→ Rn. 14, 33, 116 ff.	BGH VersR 2013, 300; 1381 Rn. 69; 2012, 1149 Rn. 49; 2005, 1565 (1569) = NJW 2005, 3559 (3564); OLG Stuttgart VersR 2013, 218 (219)	*Brömmelmeyer* VersR 2014, 133 f.; *Grote/Thiel* VersR 2013, 666 (667); *Reiff* in Prölss/Martin VVG § 169 Rn. 57 ff.; *Krause* in Looschelders/Pohlmann VVG § 169 Rn. 63; *Gatschke* VuR 2007, 447 (450); *Wandt* VersR 2001, 1449 (1458); *Baroch Castellví* NVersZ 2001, 529 (534)
Streckung der Abschlusskosten	→ Rn. 91 f.	–	*Krause* in Looschelders/Pohlmann VVG § 169 Rn. 36; *Brambach* in HK-VVG § 169 Rn. 31 ff; *Ortmann* in Schwintowski/Brömmelmeyer/Ebers VVG § 169 Rn. 53 f.
Streckung der Abschlusskosten, Vertrag mit Einmalprämie	→ Rn. 98	–	*Krause* in Looschelders/Pohlmann VVG § 169 Rn. 44; *Engeländer* VersR 2007, 1297 (1307); *Ortmann* in Schwintowski/Brömmelmeyer/Ebers VVG § 169 Rn. 57; *Grote* in Marlow/Spuhl Neues VVG S. 241
Überschussbeteiligung	→ Rn. 131	–	*Engeländer* VersR 2007, 1297 (1312); *Brömmelmeyer* in Beckmann/Matusche-Beckmann VersR-HdB § 42 Rn. 182
Unfallversicherungen mit Prämienrückgewähr	→ Rn. 43	FG München VersR 1965, 447	*Engeländer* VersR 2007, 1297 (1299) Fn. 20; *Jäger* VersR 2002, 133 (142); *Winter* in Bruck/Möller VVG § 169 Rn. 19; *Brömmelmeyer* in Beckmann/Matusche-Beckmann VersR-HdB § 42 Rn. 153; *Ortmann* in Schwintowski/Brömmelmeyer/Ebers VVG § 169 Rn. 12
Verjährung von Nachforderungsansprüchen	→ Rn. 138	BGH VersR 2010, 1067; WM 2014, 2261 Rn. 42 ff.; OLG München VersR 2009, 666; AG Hagen und AG Kenzingen VersR 2007, 526	*Bitter/Alles* NJW 2011, 2081 ff.; *Reiff* in Prölss/Martin VVG § 169 Rn. 53d; *Ortmann* in Schwintowski/Brömmelmeyer/Ebers VVG § 169 Rn. 51 f.; *Brömmelmeyer* in Beckmann/Matusche-Beckmann VersR-HdB § 42 Rn. 154
Widerruf	→ Rn. 52 f.	–	→ § 152 Rn. 1 ff.
Zeitwert	→ Rn. 20 ff.; → Rn. 133	BGH VersR 2005, 1565 (1572); 2001, 841 (843); 2001, 839	*Schünemann* VersR 2009, 442; *Schwintowski* VersR 2008, 1425 (1427); *Fiala/Schramm* VW 2006, 116; *Engeländer* NVersZ 2002, 436 (441); *Jäger* VersR 2002, 133 (138 f.); *Vieweg* VersWissStud Bd. 2,

§ 169 Teil 2. Einzelne Versicherungszweige. Kap. 5. Lebensversicherung

Stichwort	Rn.	Rspr.	Lit.
			S. 163 *Zwiesler* VersWissStud Bd. 2, S. 155
Zillmerung	→ Rn. 10 ff.; → Rn. 29 ff.; → Rn. 77	BGH VersR 2013, 300; 1381 Rn. 69; 2012, 1149 Rn. 49; 2005, 1565 (1572); 2001, 841 (843); 2001, 839 (840)	*Bergmann* VersR 2004, 549 (555); *Führer/Grimmer* Lebensversicherungsmathematik S. 108; *Engeländer* VersR 1999, 1325 (1326 f.)

Schrifttum: *Armbrüster*, Kehrtwende des BGH bei der AGB-Kontrolle in der Lebensversicherung, NJW 2012, 3001; *Baroch Castellví*, Niedrigzinsphase und kapitalmarktabhängiger Stornoabzug insbesondere bei Einmalbeitragsversicherungen, VersR 2016, 1341; *Baroch Castellví*, Unwirksamkeit der Regelungen zu Abschlusskosten, Rückkaufswert und Beitragsfreistellung – Ende der Unklarheiten?, NVersZ 2001, 529; *Basedow,* Die Kapitallebensversicherung als partiarisches Rechtsverhältnis – Eine zivilistische Konstruktion der Überschussbeteiligung, ZVersWiss 1992, 419; *Brambach,* Die Rechtsprechung des BGH zum Mindestrückkaufswert und zum Stornoabzug, r+s 2014, 1; *Bergmann,* Muss die Zillmerung in den allgemeinen Versicherungsbedingungen vereinbart werden?, VersR 2004, 549; *Braun,* Geschichte der Lebensversicherung und der Lebensversicherungstechnik, 1925; *Brömmelmeyer,* Neuregelung des Stornoabzugs in der Lebensversicherung? VersR 2014, 133; *Brömmelmeyer,* Die Reform des Lebensversicherungsrechts, VersR 2003, 939; *Brömmelmeyer,* Der verantwortliche Aktuar in der Lebensversicherung, VersWissStud Bd. 14, 2000; *Bürkle,* Nationalstaatliche Produktregulierung im europäischen Binnenmarkt für Lebensversicherungen, VersR 2006, 1042; *Claus,* Der Geschäftsplan für die Großlebensversicherung, VerBAV 1986, 239, 283; *Claus,* Lebensversicherungsaufsicht nach der Dritten EG-Richtlinie – Was bleibt? Was ändert sich?, ZfZ 1994, 110, 139; *Dickstein,* Die Merkmale der Lebensversicherung im Europäischen Binnenmarkt, Diss. 1996; *Engeländer,* Die Berücksichtigung vereinbarungsgemäß beitragsproportional zu vereinnahmender Kostenzuschläge im Rückkaufswert, VersR 2016, 1542; *Engeländer,* Der Nichtannahmebeschluss des BVerfG zu Rückkaufswerten, VersR 2009, 1308; *Engeländer,* Anm. zu OLG Brandenburg, VersR 2003, 1155; *Engeländer,* Das Zillmer-Verfahren in der Lebensversicherung, VersR 1999, 1325; *Engeländer,* Der Zeitwert einer Lebensversicherung, NVersZ 2002, 436; *Engeländer,* Die Neuregelung des Rückkaufs durch das VVG 2008, VersR 2007, 1297; *Engeländer,* Die rechtliche Relevanz von Rechnungsgrundlagen der Beiträge in der Lebensversicherung, NVersZ 2001, 289; *Engeländer,* Nochmals: „Zillmerung" ohne Kostenverrechnungsklausel?, VersR 2005, 1031; *Fiala/Schramm,* Was ist der Rückkaufswert in einer Kapitallebensversicherung?, VW 2006, 116; *Führer/Grimmer,* Einführung in die Lebensversicherungsmathematik, 2. Aufl. 2010; *Gatschke,* Die Neuregelung zu den Rückkaufswerten in der Lebensversicherung, Teil 1, VuR 2007, 447; *Gebhard,* Risiken aus Rückkaufsoptionen in Lebensversicherungsverträgen, ZVersWiss 1996, 637; *Grote/Schaaf* Rückabwicklung von kapitalbildenden und fondsgebundenen Lebens- und Rentenversicherungen nach Widerspruch – Antworten zur Frage der Anspruchshöhe mit Blick auf den Nutzungsersatz, VersR 2020, 521; *Grote,* Vom Bundesgerichtshof bislang ungeklärte Rechtsfragen zur Lebensversicherung, ZVersWiss 2014, 429; *Grote,* Anm. zu BVerfG v. 15.2.2006, VersR 2006, 957; *Grote/Thiel,* Der Stornoabzug – von der Versicherungsmathematik benötigt, von der Judikatur verworfen, nur von der Legislative zu retten?, VersR 2013, 653; *Haas/Ladreiter,* Ein versicherungsmathematischer Ansatz zur Bewertung von Marktwerten der Deckungsrückstellung in der Lebensversicherung, ZVersWiss 2012, 283; *Herde,* Die Deckungsrückstellung bei der Aktienindexgebundenen Lebensversicherung, VW 1996, 1714; *Herrmann,* Zillmerungsregeln in der Lebensversicherung und kein Ende, VersR 2009, 7; *Hübner/Matusche-Beckmann,* Auswirkungen des Gemeinschaftsrechts auf das Versicherungsrecht, EuZW 1995, 263; *Jacob,* Der Rückkaufswert in der Lebens- und Rentenversicherung, ZfS 2009, 483; *Jaeger,* Der Zeitwert eines Lebensversicherungsvertrags – ein ungelöstes Rätsel?, VersR 2002, 133; *Kagelmacher,* Begrenzung der Rückstellung für Beitragsrückerstattung, VersR 1990, 805; *Kaulbach:* Prämie und Rückkaufswert in der Lebensversicherung, VersR 2018, 9; *Kaulbach,* Anm. zu BVerwG, VersR 1990, 73, VersR 1990, 257; *Kleinlein,* Die Neuregelung in den Rückkaufswerten in der Lebensversicherung, Teil 2, VuR 2008, 13; *König,* „Gebrauchte (Risiko)Lebensversicherungen" als Kapitalanlage, VersR 1996, 1328; *Laars,* Deckungsrückstellungsverordnung, 3. Aufl. 2015; *Loritz,* Die Wirksamkeit eigenständiger Provisionsvereinbarungen am Beispiel der Lebensversicherungsverträge als Modell für Finanzprodukte, NJW 2005, 1757; *Meyer,* Der Rückkaufswert in der Lebensversicherung, 1989; *Looschelders/Götz,* Provisionsvereinbarung und Vertrag des Versicherungsmaklers, Anm. zu BGH v. 20.1.2005 – III ZR 251/04, JR 2006, 65; *Lührs,* Lebensversicherung, Produkte, Recht und Praxis, 1997; *Reich,* Dritte Richtlinie Schadensversicherung 92/49/EWG v. 18.6.1992 und Lebensversicherung 92/96/EWG v. 10.11.1992 und der Schutz des privaten Versicherungsnehmers/Versicherten, VuR 1993, 10; *Präve,* Die VVG-Informationspflichtenverordnung, VersR 2008, 151; *Präve,* Das neue Versicherungsvertragsgesetz, VersR 2007, 1046; *Präve,* Lebensversicherung im Umbruch, FS Lorenz, 2004, 517; *Reiff,* Die Vermittlung von Nettopolicen in der Lebensversicherung, r+s 2013, 525; *Präve,* Die Vermittlung von Nettopolicen durch Versicherungsvertreter, VersR 2012, 645; *Präve,* Provisionszahlungspflicht des Versicherungsnehmers im Falle einer Nettopolice, LMK 2005, 88; *Renger,* Die Lebens- und Krankenversicherung im Spannungsfeld zwischen Versicherungsvertragsrecht und Versicherungsaufsichtsrecht, VersR 1999, 866; *Römer,* Die kapitalbildende Lebensversicherung nach dem neuen Versicherungsvertragsgesetz, DB 2007, 2523; *Römer,* Was bringt das neue VVG – Neues zur Lebensversicherung? r+s 2008, 405; *Rubin,* Der Stornoabzug als Maßnahme gegen das strategische Ausnutzen der Lebensversicherung gegen Einmalbeitrag, FS Schwintowski 2017, S. 207; *Rubin,* Das versicherungsrechtliche Interessenausgleichsprinzip, 2017, 4. Kapitel; *Schauer,* Entwicklungen in der Lebensversicherung – Rückkaufswert und Zillmern nach österreichischem Recht, VersWissStud Bd. 35, S. 175; *Schick/Franz,* Rückkaufswerte in der Reform des VVG, VW 2007, 764; *Schünemann,* Abschlusskostenklauseln in Kapitallebensversicherungen, VuR 2002, 85; *Schünemann,* Zillmerung ohne Kostenverrechnungsklausel, VersR 2005, 323; *Schünemann,* Der „Rückkaufswert" zwischen Gesetz und Vertrag, VersR 2009, 442; *Schuhmacher,* Der Rückkaufswert von Lebensversicherungen, VersR-Schriftenreihe Bd. 48, 2012; *Schuhmacher,* Rückkaufswert von Lebensversicherungen und Europarecht, ZVersWiss 2011, 281; *Schwintowski,* Der kapitalmarktinduzierte Stornoabzug bei Einmalzahlungen in der Lebensversicherung, VersR 2010, 1126; *Schwintowski,* Lebensversicherung – quo vadis? – Konsequenzen aus den Urteilen des BGH v. 12.10.2005, DStR 2006, 429; *Schwintowski,* Der Rückkaufswert als Zeitwert – eine (scheinbar) überwundene Debatte, VersR 2008, 1425; *Schwintowski,* Zur Ersetzung unwirksamer Allgemeiner Versicherungsbedingungen im Treuhänderverfahren, EWiR 2005, 875; *Schwintowski,* Alternative Finanzierungsmöglichkeiten der Abschlusskosten in der Lebensversicherung, ZfV 2005, 783; *Schwintowski,* Transparenz in der Lebensversicherung, NVersZ 2001, 337; *Schwintowski,* Informationspflichten in der Lebensversicherung, VuR 1996, 223; *Schwintowski/Ortmann,* Kostentransparenz in der Lebensversicherung – eine empirischnormative Analyse, VersR 2009, 728; *Tremmel,* Was ist Zillmerung? VW 2007, 778; *Vieweg,* Anerkannte Regeln der Versicherungsmathematik aus Sicht der Rechtswissenschaft, VersWissStud Bd. 2, S. 163; *Wandt,* Ersetzung unwirksamer ALB im Treuhänderverfahren gem. § 172 VVG, VersR 2001, 1449; *Winkens/Abel,* Anm. zu AG Hagen und AG Kenzingen, VersR 2007, 526; *Winter,* Ausgewählte Fragen der Lebensversicherung, ZVersWiss 1991, 203; *Zwiesler,* Was sind „anerkannte versicherungsmathematische Grundsätze"? Die Sicht eines Mathematikers, VersWissStud Bd. 2, Jahr 1995 S. 155.

A. Normzweck

Lebensversicherungsverträge werden regelmäßig mit einer sehr langen Laufzeit abgeschlossen. Demgegenüber sind die wirtschaftlichen Verhältnisse des Versicherungsnehmers im Allgemeinen für einen derart langen Zeitraum nicht vorhersehbar; außerdem soll dem Versicherungsnehmer – bereits nach dem Willen des historischen Gesetzgebers – eine feste Verpflichtung zur Prämienzahlung auf Jahrzehnte hinweg nicht zugemutet werden. Das VVG gewährt deshalb seit jeher einen Anspruch auf Kündigung und Umwandlung in eine prämienfreie Versicherung.[3] Bei Lebensversicherungsverträgen, bei denen die Leistungspflicht des Versicherers gewiss ist, gewährt das VVG dem Versicherungsnehmer darüber hinaus einen Anspruch auf **Auszahlung des Rückkaufswerts** nach Kündigung oder anderweitiger vorzeitiger Beendigung des Versicherungsvertrages.[4] 1

Es war und ist gängige Praxis der Versicherer, die ersten Prämien im Wesentlichen zur Deckung der Abschlusskosten zu verwenden. Früher stand daher in den ersten Vertragsjahren meist kein oder nur ein sehr geringer Rückkaufswert zur Verfügung.[5] Demgegenüber erfordert ein effektiver Versicherungsnehmerschutz nach heutigem Verständnis nicht nur, dass dem Grunde nach ein gesetzlicher Anspruch auf Zahlung des Rückkaufswerts eingeräumt wird. Darüber hinaus soll nunmehr durch gesetzliche Regelungen zur **Höhe und Berechnungsweise des Rückkaufswerts** sichergestellt werden, dass das gesetzlich verankerte Recht auf Kündigung und Zahlung des Rückkaufswerts nicht praktisch dadurch entwertet werden, dass im Vertrag wirtschaftliche Nachteile für den Fall der Kündigung (insbes. teilweiser oder vollständiger Verlust der eingezahlten Prämien) ausbedungen werden, die für den Versicherungsnehmer bei Abschluss des Vertrags nicht erkennbar und bewertbar sind.[6] Auf der anderen Seite soll die gesetzliche Regelung betr. die Höhe und die Berechnungsweise des Rückkaufswerts auch gewährleisten, dass der Einzelne keinen Vorteil aus der Kündigung zieht,[7] um so das Interesse der übrigen Versicherungsnehmer an der Versicherungsleistung zum vereinbarten Ablauftermin gegen Beeinträchtigungen zu schützen.[8] 2

Die mit der VVG-Reform eingeführte Neuregelung zum Rückkaufswert soll daher sicherstellen, dass der kündigende Versicherungsnehmer einen Rückkaufswert erhält, der einen fairen Aus- 3

---

[3] Begr. zum Allgemeinen Teil, RegE Gesetz zur Reform des Versicherungsvertragsrechts, BT-Drs. 16/3945, 52; Motive zu § 176 VVG 1908 S. 236.

[4] Motive zu § 176 VVG 1908 S. 236: „Ist schon bei Abschluss des Versicherungsvertrages gewiss, dass das Ereignis, von dessen Eintritte die Entstehung des Anspruchs auf die Versicherungssumme abhängt, eintreten wird, kann die Prämienreserve von vornherein nur die Bestimmung haben, der Befriedigung dieses Anspruchs zu dienen".

[5] Begr. zum Allgemeinen Teil, RegE Gesetz zur Reform des Versicherungsvertragsrechts, BT-Drs. 16/3945, 53.

[6] Begr. zum Allgemeinen Teil, RegE Gesetz zur Reform des Versicherungsvertragsrechts, BT-Drs. 16/3945, 52.

[7] Begr. zum Allgemeinen Teil, RegE Gesetz zur Reform des Versicherungsvertragsrechts, BT-Drs. 16/3945, 52 f.

[8] Früher wurde der Stornoabzug gem. § 176 Abs. 4 VVG 1908 teils explizit als „Gegengewicht" zu dem gesetzlichen Kündigungsrecht angesehen, das den Versicherungsnehmer von einer „grundlosen" Ausübung dieses Kündigungsrechts abhalten sollte. Vgl. zu Nachweisen aus der älteren Lit. *Winter* in Bruck, Bd. 5, Kap. G Anm. 423.

gleich darstellt zwischen seinem **individuellen Interesse an einer möglichst hohen Zahlung** und dem Interesse der bis zum Vertragsende im **Kollektiv verbleibenden Versicherungsnehmer** an einer möglichst **hohen Ablaufleistung**.[9] Um diesen Interessenausgleich zu erzielen, enthält § 169 Abs. 3 die Vorgabe, dass für die Berechnung des Rückkaufswerts auf das vorhandene **Deckungskapital** abzustellen ist, und legt fest, wie **Abschlusskosten** im Fall der Kündigung zu verrechnen sind. Außerdem statuiert die Norm die Pflicht des Versicherers, vor Vertragsschluss über die voraussichtliche Höhe des Rückkaufswerts zu **informieren**, um die sich aus einer vorzeitigen Kündigung ergebenden wirtschaftlichen Nachteile für den Versicherungsnehmer von vornherein transparent zu machen.

B. Entstehungsgeschichte

4   Üblicherweise räumten Versicherer in Deutschland ihren Kunden seit dem Jahr 1831 einen vertraglichen Anspruch auf Zahlung eines Rückkaufswerts ein, nachdem nämlich die statistischen Grundlagen der Lebensversicherung sicherer und die geschäftlichen Erfahrungen der Versicherer größer geworden waren.[10] Mit der Kodifizierung des Versicherungsvertragsrechts durch das Gesetz über den Versicherungsvertrag v. 30.5.1908[11] wurde der Anspruch des Versicherungsnehmers auf Zahlung eines Rückkaufswerts[12] in § 176 VVG 1908 gesetzlich verankert. Die Regelung wurde 1994 im Zuge der **Deregulierung** erheblich modifiziert und schließlich im Rahmen der VVG-Reform durch § 169 ersetzt.

I. Rückkaufswert gem. § 176 VVG 1908

5   **1. Mindestlaufzeit gem. § 173 VVG 1908.** Gem. § 173 VVG 1908 galten die §§ 174–176 VVG 2008 erst, nachdem der Versicherungsnehmer zumindest **drei Jahre lang die Prämie** auf den Versicherungsvertrag gezahlt hatte. Nach Wertung des historischen Gesetzgebers war es gerechtfertigt, die Verpflichtung zur Zahlung des Rückkaufswerts erst ab dem vierten Versicherungsjahr entstehen zu lassen, da dem Versicherer mit den Prämien der ersten drei Versicherungsjahre die Möglichkeit gewährt werden sollte, die „Auslagen und Unkosten" im Zusammenhang mit dem Zustandekommen des Versicherungsvertrages zu decken.[13]

6   **2. Erstattung der Prämienreserve gem. § 176 VVG 1908.** Nach § 176 Abs. 1 VVG 1908 bestand für den Versicherer – nach Ablauf von drei Jahren – die Pflicht, die **„Prämienreserve"** zu erstatten, wenn eine Kapitalversicherung für den Todesfall, die in der Art genommen ist, dass „der Eintritt der Verpflichtung des Versicherers zur Zahlung des vereinbarten Kapitals gewiss" war, durch Rücktritt, Kündigung oder Anfechtung[14] aufgehoben wurde.

7   **a) Begriff der Prämienreserve (Deckungskapital).** Mit dem Begriff Prämienreserve knüpft das VVG 1908 an einen Begriff aus dem wenige Jahre zuvor in Kraft getretenen Gesetz über die privaten Versicherungsunternehmen v. 12.5.1901 (VAG 1901)[15] an. Das VAG 1901 schrieb die Bildung einer sog. Prämienreserve im Zusammenhang mit der Prämienkalkulation (§ 11 Abs. 1 VAG 1901), mit der handelsrechtlichen Bilanz (§ 56 VAG 1901) sowie auch zur Sicherung der Ansprüche der Versicherten im Falle der Insolvenz des Versicherers (§§ 57–61 VAG 1901) vor.[16] Die Prämienreserve iSv §§ 11, 56, 57 ff. VAG 1901 war begrifflich stets identisch. Nach den Motiven

---

[9] BGHZ 164, 297 = VersR 2005, 1565 (1571); *Ortmann* in Schwintowski/Brömmelmeyer/Ebers VVG § 169 Rn. 1.
[10] *Schwintowski* in Berliner Kommentar VVG § 176 Rn. 2; *Winter* in Bruck VVG § 169 Rn. 1.
[11] RGBl. S. 263; im Rahmen der Kommentierung zu § 169 wird das Gesetz über den Versicherungsvertrag in der ursprünglichen Fassung v. 30.5.1908 auch als „VVG 1908" bezeichnet.
[12] Die damalige Terminologie war uneinheitlich. Üblich waren neben dem Begriff Rückkaufswert auch die Begriffe Rückvergütung, Abgangsentschädigung, Abfindungswert oder Rückkaufspreis, *Winter* in Bruck VVG § 169 Rn. 1 Fn. 1.
[13] Motive zu § 173 VVG aF S. 233.
[14] Im ursprünglichen Gesetzestext v. 30.5.1908 (RGBl. S. 263) war die Anfechtung als Aufhebungsgrund iSd § 176 VVG 1908 noch nicht enthalten.
[15] RGBl. Nr. 18 S. 139 ff.; innerhalb der Kommentierung zu § 169 wird das Gesetz über die privaten Versicherungsunternehmen v. 12.5.1901 (heute: Gesetz über die Beaufsichtigung der Versicherungsunternehmen – „Versicherungsaufsichtsgesetz") idF von 1901 als „VAG 1901" bezeichnet.
[16] Im heutigen Recht entspricht die aufsichtsrechtliche Prämienreserve (im Grunde) sowohl der Deckungsrückstellung der Prämienkalkulation gem. § 138 Abs. 1 VAG, der bilanziellen Deckungsrückstellung gem. § 341f HGB als auch dem Sicherungsvermögen gem. § 125 Abs. 2 VAG; aber → Rn. 20.

zum VVG aF ist diese Prämienreserve „die aus den jeweils **eingehenden Prämien** gebildete Rücklage, deren der Versicherer bedarf, um die verfügbaren Beträge seiner künftigen Einnahmen auf die Höhe der zu erwartenden Versicherungsansprüche zu ergänzen".[17] Das VAG 1901 gab vor, dass die Prämienreserve mit den **Rechnungsgrundlagen der Prämienkalkulation** zu berechnen war und dass diese Rechnungsgrundlagen als Bestandteil des Geschäftsplans aufsichtsbehördlich zu genehmigen waren[18] (§§ 4 Abs. 1, 11 Abs. 1 VAG 1901[19]). Diese genehmigten Rechnungsgrundlagen der Prämienkalkulation waren gleichzeitig auch für die Berechnung der handelsrechtlichen Prämienreserve iSd § 56 VAG 1901[20] sowie für die Prämienreserve nach § 176 VVG 1908[21] und damit für den Rückkaufswert heranzuziehen.

Den vom Gesetzgeber verwendeten Begriff Prämienreserve empfand die Lit. im Zusammenhang 8 mit dem Rückkaufswert durchweg als missverständlich und ersetzte ihn vielfach durch den Begriff **Deckungskapital,**[22] womit inhaltlich dasselbe gemeint war.

b) Hintergrund der aufsichtsrechtlichen Pflicht für die Bildung der Prämienreserve 9 **(des Deckungskapitals).** Die Bildung einer Prämienreserve (eines Deckungskapitals) war versicherungsmathematisch erforderlich, da Prämien zu langjährigen Lebensversicherungsverträgen nach deutschem Muster (zB Risikolebensversicherung, klassische kapitalbildende Lebensversicherung) traditionell während der gesamten Vertragslaufzeit **konstant** sind. Demgegenüber steigt aber das Todesfallrisiko mit zunehmendem Alter der versicherten Person von Jahr zu Jahr an. Damit steigt auch die tatsächlich benötigte Risikoprämie **(natürliche Prämie)** für die Todesfallleistung. Um dennoch eine **konstante Prämie** während der Laufzeit des Vertrages gewährleisten zu können, wird in den ersten Jahren des Vertrages eine in Relation zum Versicherungsrisiko zu hohe und in den letzten Vertragsjahren eine relativ zu niedrige Prämie erhoben. Prämienanteile, die zu Beginn der Vertragslaufzeit zu viel gezahlt werden, werden – vereinfacht – gegen Ende der Laufzeit benötigt, um die dann zu niedrige Prämie risikoadäquat aufzustocken.[23] Diese „zu viel" gezahlten Prämienteile bilden die sog. Prämienreserve. Bei einer reinen Risikoversicherung ist die Prämienreserve etwa zur Mitte der Laufzeit am höchsten und am Ende der Vertragslaufzeit aufgebraucht. Bei Lebensversicherungsverträgen iSd § 176 VVG 1908, die neben der Todesfallleistung auch eine Erlebensfallleistung zum Ablaufdatum vorsehen (zB klassische kapitalbildende Lebensversicherung), muss zusätzlich Kapital „angespart" werden, um diese Erlebensfallleistung zu finanzieren. Daher ist der „zu viel" gezahlte Teil der Prämie (auch: **Sparprämie**) bei einer solchen kapitalbildenden Lebensversicherung oder auch bei einer Rentenversicherung[24] erheblich größer als bei einer reinen Risikoversicherung auf den Todesfall. Die „Sparprämie" wird überwiegend dazu verwendet, das Kapital aufzubauen, um die Erlebensfallleistung zu finanzieren. Die Prämienreserve ist also der aus den Sparanteilen der Prämien gebildete Betrag, mit dem – zusammen mit den noch ausstehenden Prämien – die zukünftigen Versicherungsleistungen finanziert werden.[25] Die Prämienreserve steigt daher kontinuierlich an und erreicht zum Ablaufdatum den Wert der vereinbarten Erlebensfallleistung.

c) Begriff der Zillmerung/Prämienreserve als gezillmertes Deckungskapital. Beim 10 Abschluss von kapitalbildenden Lebensversicherungsverträgen fallen üblicherweise und seit jeher **einmalige**, nicht unerhebliche Abschlusskosten an.[26] Traditionell werden diese Abschlusskosten

---

[17] Motive zu § 173 VVG aF S. 231; die Begr. zu § 56 VAG 1901 entspricht fast wörtlich der Begr. zu § 173 VVG 1908; *Winter* in Bruck, Bd. 5 2. Halbband, Kap. G Anm. 387.
[18] *Engeländer* NVersZ 2002, 436 (438); *Winter* in Bruck, Bd. 5 2. Halbband, Kap. G Anm. 406.
[19] Das VAG §§ 5 Abs. 1, 11 Abs. 1 VAG aF in der bis zur Deregulierung geltenden Fassung gem. Bek. v. 17.12.1992, BGBl. 1993 I S. 2.
[20] Deckungsrücklage iSd § 65 des VAG in der bis zur Deregulierung geltenden Fassung gem. Bek. v. 17.12.1992, BGBl. 1993 I S. 2.
[21] *Engeländer* NVersZ 2002, 436 (438).
[22] *Kollhosser* in Prölss/Martin, 27. Aufl. 2004, ALB 86 § 4 Rn. 7; *Lührs*, Lebensversicherung, Produkte, Recht und Praxis, 1997, S. 156; *Winter* in Bruck/Möller VVG § 169 Rn. 1 Fn. 6; sowie *Winter* in Bruck, Bd. 5 2. Halbband, Kap. G Anm. 406 ff., Kap. G Anm. 450; *Schwebler* in HdV S. 423.
[23] *Führer/Grimmer* Lebensversicherungsmathematik S. 97 ff.; *Lührs*, Lebensversicherung, Produkte, Recht und Praxis, 1997, S. 156; *Winter* in Bruck VVG § 169 Rn. 39.
[24] Bei der Leibrentenversicherung ohne Todesfallleistung wird ausschließlich eine Sparprämie gezahlt, die Risikoprämie ist während der Aufschubdauer negativ, da die für diesen Vertrag gebildete Deckungsrückstellung beim Tod des Versicherten dem Versichertenkollektiv übertragen wird, *Führer/Grimmer* Lebensversicherungsmathematik S. 115 f.
[25] *Winter* in Bruck, Bd 5. Halbband 2 Kap. G Anm. 387; sowie die graphischen Darstellungen zu Entwicklung des Deckungskapitals bei *Lührs*, Lebensversicherung, Produkte, Recht und Praxis, 1997, S. 158 ff.
[26] Man unterscheidet äußere Abschlusskosten nämlich Provision/Courtage, die an den Vertrieb zu zahlen ist, sowie innere Abschlusskosten für Antragsbearbeitung und Risikoprüfung; *v. Fürstenwerth/Weiß* VA, Stichwort Abschlusskosten, S. 6; *Basedow* ZVersWiss 1992, 419 (423).

vom Versicherungsnehmer nicht separat bezahlt, sondern sind kalkulatorisch gleichmäßig verteilt in der künftig zu entrichtenden Prämie enthalten. Die Abschlusskosten werden also vom Versicherungsnehmer „nach und nach" mit einem Teil der zu entrichtenden Prämien bezahlt. Für den Versicherer fallen die Abschlusskosten im Gegensatz dazu regelmäßig bereits bei Abschluss des Vertrages als einmaliger Betrag an. Es entsteht insoweit ein **Vorfinanzierungsbedarf** des Versicherers.[27]

11 Das versicherungsmathematische Verfahren der **Zillmerung** (benannt nach dem Versicherungsmathematiker August *Zillmer*, 1831–1893) ermöglicht es Versicherern, diesen Vorfinanzierungsbedarf so gering wie möglich zu halten. Dies geschieht, indem – vereinfacht – künftig fällig werdende Ansprüche des Versicherers auf die **Prämienteile**, die für die Zahlung der Abschlusskosten vorgesehen sind, bilanziell als Forderung gegen den Versicherungsnehmer ausgewiesen und aktiviert werden.[28] Diese bilanzielle Forderung wird getilgt, indem die gesamten Sparprämien der ersten Vertragsjahre (gedanklich) auf sie verrechnet werden. Die Folge hiervon ist, dass eine Prämienreserve für den Vertrag erst gebildet wird, nachdem die Abschlusskosten vollständig getilgt sind.[29]

12 Das VAG 1901 ließ die damals noch relativ neue Methode der **Zillmerung** im Rahmen der Prämienkalkulation bzw. für die Berechnung der Prämienreserve zu, sofern die „Anwendung dieser Methode" im Geschäftsplan angegeben war (§ 11 Abs. 1 S. 1 VAG 1901). Die Höhe der Abschlusskosten, die mit der Zillmer-Methode verrechnet werden durfte, war zunächst auf 1,25 % der Versicherungssumme (**Höchstzillmersatz** gem. § 11 Abs. 1 S. 2 VAG 1901)[30] begrenzt und wurde später auf 3,5 % der Versicherungssumme erhöht.[31]

13 In der Praxis wurde durchweg von der Zillmer-Methode Gebrauch gemacht. Insbesondere sahen auch die Muster-Geschäftspläne der Aufsichtsbehörde die Anwendung dieser Methode vor.[32] Die Anwendung der Zillmer-Methode bei der Prämienkalkulation und damit bei der Berechnung der Prämienreserve nach § 11 VAG 1901 führte wegen der Identität der Prämienreserve nach VAG 1901 mit der Prämienreserve gem. § 176 VVG 1908 „automatisch" zu einer gezillmerten Prämienreserve nach § 176 VVG 1908,[33] so dass auch der nach § 176 VVG 1908 zu erstattende Rückkaufswert durchweg „gezillmert" war.

14 **3. Stornoabzug.** § 176 Abs. 4 VVG 1908 räumte dem Versicherer darüber hinaus einen Anspruch auf einen **angemessenen Stornoabzug** ein. Der historische Gesetzgeber hielt diesen Abzug für erforderlich, um der Gefahr der sog. **Antiselektion**, also einer Verschlechterung des verbleibenden Versicherungsbestandes zu begegnen. Man hielt dies zum Schutz der im Kollektiv verbleibenden Versicherungsnehmer wie zum Schutz der Leistungsfähigkeit von jüngeren und schwächeren Versicherern für erforderlich. Außerdem hatte der Abzug den Sinn, dem Versicherer die Möglichkeit zu geben, ggf. nach den ersten drei Jahren noch **nicht getilgte Abschlusskosten** zu decken.[34] Die Höhe des Stornoabzugs galt als angemessen – und war damit der richterlichen Kontrolle entzogen –, wenn ein bestimmter Betrag für den Stornoabzug in den Versicherungsbedingungen festgelegt und von der Aufsichtsbehörde genehmigt worden war.[35]

---

[27] BVerfG VersR 2006, 489; *Engeländer* VersR 1999, 1325 (1326 f.).
[28] *Lührs*, Lebensversicherung, Produkte, Recht und Praxis, 1997, S. 147; früher durfte für neue Verträge auch eine negative Deckungsrückstellung gebildet und mit den Deckungsrückstellungen älterer Verträge saldiert werden, *Engeländer* VersR 1999, 1325 (1326 f.); *Winter* in Bruck, Bd. 5. Halbband 2, Kap. G Anm. 452.
[29] *Führer/Grimmer* Lebensversicherungsmathematik S. 108; *Engeländer* VersR 1999, 1325 (1326 f.); *Mayer* in Prölss, 11. Aufl. 1996, VAG § 65 Rn. 15; *Lührs*, Lebensversicherung, Produkte, Recht und Praxis, 1997, S. 147.
[30] § 11 Abs. 1 S. 2 VAG 1901 hatte den folgenden Wortlaut: „Auch ist anzugeben, ob und in welchem Maße bei der Berechnung der Prämienreserve eine Methode angewendet werden soll, nach welcher anfänglich nicht die volle Prämienreserve zurückgestellt wird, wobei jedoch der S. von zwölfeinhalb per Mille der Versicherungssumme nicht überschritten werden darf." Der von Zillmer vorgeschlagenen „Höchstzillmersatz" vgl. *Schwintowski* ZfV 2005, 783. § 11 Abs. 1 S. 2 VAG 1901 wurde im Jahr 1920 ersatzlos gestrichen – die Methode der Zillmerung blieb zulässig, dazu ausführlich: *Bergmann* VersR 2004, 549 (552).
[31] VA 29, 103; *Schmidt* in Prölss VAG, 11. Aufl. 1996, § 11 Rn. 11.
[32] Vgl. zB Geschäftsplan für die Großlebensversicherung VerBAV 1986, 201, der jedoch nur noch einen reduzierten Zillmersatz zulässt.
[33] *Engeländer* NVersZ 2002, 436 (438); *Winter* in Bruck, Bd. 5, Halbband 2 Kap. G Anm. 399.
[34] Motive zu § 176 VVG 1908 S. 238; zu § 173 VVG aF S. 233.
[35] Motive zu § 176 VVG 1908 S. 238; *Grote* in Marlow/Spuhl Neues VVG S. 223 Fn. 625 weisen darauf hin, dass es unklar ist, ob auch eine prozentuale Angabe genügte. Tatsächlich erfolgte solch eine prozentuale Angabe zB in § 6 ALB 32. In § 4 ALB 57 sowie § 4 ALB 86 hingegen findet sich lediglich eine Bezugnahme auf den im Geschäftsplan festgelegten Abschlag. Zur Rechtfertigung des Stornoabzugs nach VVG 1908 *Winter* in Bruck, Bd. 5, Halbband 2 Kap. G Anm. 422 ff.

4. Aufsichtsbehördlich vorgegebener Mindestrückkaufswert seit 1986. Seit 1986 forderte die Aufsichtsbehörde im Wege der Tarifgenehmigung ab dem **zweiten Vertragsjahr** die Zahlung eines **Mindestrückkaufswerts**. Das damalige Bundesaufsichtsamt für das Versicherungswesen (BAV) erklärte zu diesem Zweck in einer Verlautbarung, dass es nur noch solche Geschäftspläne für neue Tarife genehmigen werde, bei denen der Rückkaufswert ab dem 2. Versicherungsjahr mindestens 80 % des nach dem ersten Jahr gebildeten **(ungezillmerten)** „Nettodeckungskapitals x+1" (Model I) oder 65 % des Nettokapitals (Modell II) betrage, bei denen aber das gezillmerte Deckungskapital ausgezahlt werde, falls es höher sei.[36] Das BAV hielt es nämlich bereits im Jahr 1986 für „nicht mehr vertretbar", dass in den ersten Vertragsjahren kein oder nur ein sehr geringer Rückkaufswert gezahlt werde.[37] Mit der Forderung nach einem Mindestrückkaufswert wich das BAV sowohl von der gesetzlichen Regelung des § 173 VVG 1908 als auch dem traditionellen Verständnis eines grds. gezillmerten Rückkaufswerts ab und begünstigte den frühzeitig kündigenden Versicherungsnehmer.[38] Eine Reduzierung der Überschussbeteiligung der bis zum Vertragsende im Kollektiv verbleibenden Versicherungsnehmer wurde in Kauf genommen.[39]

15

II. Rückkaufswert gem. § 176 VVG 1994

1. Deregulierung. Mit Umsetzung der dritten EG-Versicherungsrichtlinien[40] durch das 3. DurchfG/EWG zum VAG (sog. **Deregulierung**) wurde die in Art. 56 ff. AEUV[41] (früher: Art. 49 EGV) garantierte **Dienstleistungsfreiheit** auch im stark regulierten Versicherungssektor verwirklicht.[42] Voraussetzung für die Verwirklichung der Dienstleistungsfreiheit war die weitgehende Harmonisierung der Versicherungsaufsichtsrechte der EU/EWR Mitgliedstaaten. Die mit den EG-Versicherungsrichtlinien einhergehende Harmonisierung der Versicherungsaufsichtsrechte bedingte eine grundsätzliche Änderung der **aufsichtsrechtlichen Rahmenbedingungen** für die Lebensversicherung in Deutschland.

16

Besondere Reflexwirkung auf das **materielle Versicherungsvertragsrecht** hatte das Verbot einer aufsichtsbehördlichen Vorab-Kontrolle und Genehmigung der allgemeinen Versicherungsbedingungen, der Tarife sowie der Rechnungsgrundlagen für die Berechnung dieser Tarife und der Deckungsrückstellung (Art. 6 Abs. 5, Art. 34 der Lebensversicherungsrichtlinie). Die Abschaffung des Genehmigungserfordernisses sollte insbes. zu einer größeren Produktvielfalt und damit zu einem stärkeren Wettbewerb der Versicherer beitragen, was dem Versicherungsnehmer wiederum durch größere Auswahl an Produkten und somit einen individuelleren Versicherungsschutz zugutekommen sollte.[43] Im Bereich der Lebensversicherung hatte die Abschaffung des Genehmigungserfordernisses insbes. eine grundlegende Änderung der Regeln betr. den Rückkaufswert zur Folge.

17

2. Wegfall der Mindestlaufzeit gem. § 173 VVG 1908. § 173-VVG 1908, wonach eine mindestens dreijährige Prämienzahlung Voraussetzung für den Anspruch auf den Rückkaufswert war, fiel mit der Deregulierung ersatzlos fort. Für eine gesetzliche Regelung von **Mindestlaufzeiten** bestand nach Wegfall der Tarifgenehmigung kein Raum mehr, da die Versicherer in Ihrer Prämiengestaltung nunmehr – innerhalb der Grenzen von § 11 Abs. 1 VAG aF (= § 138 VAG) – frei waren.[44]

18

---

[36] BAV VerBAV 1986, 200 (201); *Claus* VerBAV 1986, 239 (253); 283 (284).
[37] BAV VerBAV 1986, 200.
[38] Bereits zuvor wurde in den Bedingungswerken (zB § 4 Abs. 2 ALB 57: mindestens ¹/₁₀ der Prämienzahlungsdauer) von § 173 VVG aF abgewichen, vgl. *Winter* in Bruck, Bd 5. Halbband 2 Kap. G Anm. 439.
[39] *Winter* in Bruck, Bd5. Halbband 2 Kap. G Anm. 452.
[40] Dritte RL-Schaden (92/49/EWG) und dritte RL-Leben (92/96/EWG) letztere wurde ersetzt durch die konsolidierte RL-Leben (2002/83/EG); die RL Schaden (92/49/EG) sowie die RL-Leben (2002/83/EG) wurden mit Wirkung 1.1.2016 ersetzt durch die RL-Solvabilität II (2009/138/EG); zur mehrmaligen Verschiebung des Inkrafttretens der RL-Solvabilität II s. *Mönnich* in Beckmann/Matusche-Beckmann VersR-HdB § 2 Rn. 94 f.
[41] Vertrag über die Arbeitsweise der EU in Kraft getreten am 1.12.2009, ABl. C 115, S. 47.
[42] *Mönnich* in Beckmann/Matusche-Beckmann VersR-HdB § 2 Rn. 48 ff.; *Schwintowski* in Berliner Kommentar VVG Vor § 159 Rn. 27; *Roth* in Berliner Kommentar VVG Europ. VersR Rn. 92, *Hübner/Matusche-Beckmann* EuZW 1995, 263 (266); *Dickstein*, Die Merkmale der Lebensversicherung im Europäischen Binnenmarkt, 1996, S. 7 ff.
[43] *Mönnich* in Beckmann/Matusche-Beckmann VersR-HdB § 2 Rn. 54 f.
[44] Begr. zu Art. 2 (§ 173) RegE 3. DurchfG/EWG zum VAG, BT-Drs. 12/6959, 102; zur Prämienkalkulation *Präve* in Prölss VAG, 12. Aufl. 2005, VAG § 11 Rn. 3; *Engeländer* NVersZ 2001, 289 (290).

19 **3. Wegfall aufsichtsbehördlich vorgegebener Mindestrückkaufswerte.** Als weitere Folge des Wegfalls der Tarifgenehmigung[45] verloren auch die 1986 vom BAV aufsichtsrechtlich geforderten Mindestrückkaufswerte[46] ihre Verbindlichkeit. Der Gesetzgeber verzichtete auch bewusst auf die Festlegung eines solchen Mindestrückkaufswerts[47] und erkannte ausdrücklich an, dass der Versicherer die Möglichkeit haben solle, zunächst die Abschlusskosten „zu verdienen", bevor er dem Versicherungsnehmer einen Anspruch auf Auszahlung des Rückkaufswerts einräume.[48]

20 **4. Zeitwert. a) Grund für die Ersetzung der Prämienreserve durch den Zeitwert.** Die **Prämienreserve,** die mit den – nach Vertragsschluss nicht mehr abänderlichen – Rechnungsgrundlagen der Prämienkalkulation zu berechnen war, erschien dem Gesetzgeber als Anknüpfungspunkt für die Höhe des Rückkaufswerts nicht mehr geeignet.[49] Die **Rechnungsgrundlagen der Prämienkalkulation,** die für die Berechnung der Prämienreserve nach § 176 VVG 1908 maßgeblich waren, gehören nämlich seit der Deregulierung nicht mehr zum genehmigungsbedürftigen Geschäftsplan (vgl. § 5 Abs. 3 Hs. 2 VAG aF,[50] nunmehr: § 9 Abs. 2 VAG) und können von den Rechnungsgrundlagen der Bilanz-Deckungsrückstellung (§ 341f HGB) abweichen.[51] Der Gleichlauf von Prämienkalkulation und Bilanz-Deckungsrückstellung (früher: Prämienreserve) war damit aufgegeben.[52] Außerdem sollte die Neuregelung dem Umstand Rechnung tragen, dass der Versicherer seit der Deregulierung größere Freiheiten bei der Wahl der Kapitalanlagen hatte als zuvor. Die hieraus resultierende Abhängigkeit des Werts der Versicherung von der Kapitalmarktsituation sollte ebenfalls – ohne Bindung an die Rechnungsgrundlagen der Prämienkalkulation – in die Ermittlung des Rückkaufswerts einfließen können.[53] Der **Rückkaufswert** gem. § 176 VVG 1994 ist daher „nach den anerkannten Regeln der Versicherungsmathematik für den Schluss der laufenden Versicherungsperiode als **Zeitwert** zu berechnen".

21 **b) Begriff des Zeitwerts.** Bei der Bestimmung des Zeitwerts sollten nach dem Willen des Gesetzgebers nach versicherungsmathematischen Grundsätzen einerseits alle künftigen Prämien und andererseits alle zukünftigen Leistungen aus dem Versicherungsvertrag, zu deren Erbringung der Versicherer vertraglich verpflichtet ist, einzubeziehen sein und in Anlehnung an § 9 BewG[54] alle Umstände berücksichtigt werden, die den Zeitwert beeinflussen, wie etwa Kapitalmarktsituation und Sterblichkeitsrisiko.[55]

22 Der Zeitwert einer Versicherung entspricht damit – vereinfacht – dem **Barwert** der garantierten Versicherungsleistungen abzgl. des Barwerts der anfallenden Kosten (insbes. der Abschlusskosten) sowie der noch ausstehenden Prämien.[56] Der Barwert ist seinerseits durch Diskontierung (Abzinsung) der vereinbarten künftigen Leistungen unter Berücksichtigung der Kapitalmarktsituation und des Sterblichkeitsrisikos zu ermitteln. Hierbei sind produktspezifische Besonderheiten (Optionen, Bedingungen etc) und deren Eintrittswahrscheinlichkeit zu berücksichtigen, so dass es nicht für alle Versicherungsprodukte mit derselben Versicherungssumme und demselben Ablaufdatum denselben Zeitwert geben kann.[57] Der Zeitwert ist vergleichbar mit dem zur Bewertung von Unternehmen üblichen **Ertragswert**[58] bzw. dem Wert, den ein objektiver Dritter für

---

[45] *Mönnich* in Beckmann/Matusche-Beckmann VersR-HdB § 2 Rn. 53 f.
[46] BAV VerBAV 1986, 200 (201).
[47] Begr. zum Allgemeinen Teil RegE. 3. DurchfG/EWG zum VAG, BT-Drs. 12/6959, 45; *Claus* ZfV 1994, 139 (144).
[48] Begr. zu Art. 2 (§ 174) RegE 3. DurchfG/EWG zum VAG, BT-Drs. 12/6959, 102.
[49] Begr. zu Art. 2 (§ 176) RegE 3. DurchfG/EWG zum VAG, BT-Drs. 12/6959, 103.
[50] Begr. zu Art. 1 (§ 5 VAG) RegE 3. DurchfG/EWG zum VAG, BT-Drs. 12/6959, 48.
[51] Begr. zu Art. 2 (§ 176) RegE 3. DurchfG/EWG zum VAG, BT-Drs. 12/6959, 102; *Engeländer* NVersZ 2002, 436 (439).
[52] Begr. zu Art. 2 (§ 176) RegE 3. DurchfG/EWG zum VAG, BT-Drs. 12/6959, 102; *Engeländer* NVersZ 2002, 436 (439).
[53] Begr. zu Art. 2 (§ 176) RegE 3. DurchfG/EWG zum VAG, BT-Drs. 12/6959, 102; *Fiala/Schramm* VW 2006, 116.
[54] § 9 BewG idF der Bek. v. 1.2.1991, BGBl. I S. 230, hat den folgenden Wortlaut: „(1) Bei Bewertungen ist, soweit nichts anderes vorgeschrieben ist, der gemeine Wert zugrunde zu legen. (2) Der gemeine Wert wird durch den Preis bestimmt, der im gewöhnlichen Geschäftsverkehr nach der Beschaffenheit des Wirtschaftsgutes bei einer Veräußerung zu erzielen wäre. Dabei sind alle Umstände, die den Preis beeinflussen, zu berücksichtigen. Ungewöhnliche oder persönliche Verhältnisse sind nicht zu berücksichtigen. (3) (…)".
[55] Begr. zu Art. 2 (§ 176) RegE 3. DurchfG/EWG zum VAG, BT-Drs. 12/6959, 103.
[56] VVG-Kommission Abschlussbericht 2004 (VersR-Schriften 25) Ziff. 1.3.2.1.4.1, S. 108.
[57] *Schwintowski* VersR 2008, 1425 (1427).
[58] *Krause* in Looschelders/Pohlmann VVG § 169 Rn. 4; *Engeländer* VersR 1999, 1325.

den Vertrag bezahlen würde. Nach unten hat der Gesetzgeber den Zeitwert durch den Zeitwert der Garantieleistungen bei Beitragsfreistellung begrenzt.[59]

Damit wollte der Gesetzgeber sicherstellen, dass der Versicherungsnehmer den aktuellen „echten Wert" des Vertrages erhält.[60] Dabei wurde nicht verkannt, dass der mit realistischen, zeitnahen Ansätzen berechnete Zeitwert regelmäßig niedriger war als die mit den Rechnungsgrundlagen der Prämienkalkulation berechnete Prämienreserve.[61] Denn die zur Berechnung der Prämienreserve verwendeten Rechnungsgrundlagen der Prämienkalkulation müssen – anders als die zur Berechnung des Zeitwerts – das Vorsichtsprinzip aus § 11 Abs. 1 S. 1 VAG aF (= § 136 Abs. 1 VAG 2016) berücksichtigen.[62]

Bei der Ermittlung des Zeitwerts ist der Versicherer nur an die **„anerkannten Regeln der Versicherungsmathematik"** gebunden. Das bedeutet, er muss die „richtigen" Werte für die sich gegenüberstehenden Zahlungsströme und den „richtigen" Diskontierungssatz finden.[63] Bei der Festlegung dieser sog. Rechnungsgrundlagen (insbes. bei der Einschätzung der Kapitalmarktentwicklung und der Sterblichkeit) bleibt dem Versicherer allerdings ein gewisser Spielraum, der durch geschäftspolitische Entscheidungen des jeweiligen Unternehmens ausgefüllt werden kann.[64] Bereits minimale Differenzen im Diskontierungszins infolge unterschiedlicher Einschätzungen der Kapitalmarktsituation können zu erheblichen Unterschieden bei dem zu erstattenden Zeitwert führen, ohne dass einer der beiden Diskontierungszinssätze „richtig" und der andere als „falsch" wäre.[65]

Damit ist der Zeitwert vor allem eine flexible Bezugsgröße, die dem Versicherer – anders als die „Prämienreserve" – die Möglichkeit einräumt, auf aktuelle Kapitalmarktentwicklungen und eine veränderte Mortalität zu reagieren, die aber andererseits sicherstellt, dass der Versicherungsnehmer bei vorzeitiger Beendigung des Vertrages zumindest den aktuellen, tatsächlichen Wert der Versicherung erhält.[66] Für den Versicherungsnehmer bedingt diese Flexibilität allerdings eine gewisse Unvorhersehbarkeit hinsichtlich der Höhe des zu erwartenden Rückkaufswerts, da eben der Versicherer Kapitalmarktentwicklungen und Mortalität berücksichtigen kann und bei der Bewertung dieser Faktoren auch noch einen gewissen Spielraum hat.

c) Rückkaufswert und Zeitwert im Lichte der Rechtsprechung. Möglicherweise trug der Umstand, dass der Zeitwert dem Versicherer eine beachtliche Flexibilität beließ, mit dazu bei, dass in der Lit. keine abschließende Einigkeit darüber erzielt werden konnte, was tatsächlich unter diesem Begriff zu verstehen war. So wurde der Zeitwert ua als die mit zeitnahen Rechnungsgrundlagen berechnete Deckungsrückstellung,[67] als gezillmertes oder ungezillmertes Deckungskapital[68] oder als gezillmertes Deckungskapital[69] bezeichnet. Überwiegend wird der Zeitwert – wie hier – als eine Art Barwert der vertraglich vereinbarten Versicherungsleistung beschrieben.[70]

Der BGH trug mit seinen Grundsatzentscheidungen aus den Jahren 2001,[71] 2005[72] und 2012[73] nicht wesentlich zur Klärung des Begriffs Zeitwerts iSd § 176 Abs. 3 VVG 1994 bei. Mit den

---

[59] Offenbar meint der Gesetzgeber mit dem „Zeitwert der Garantieleistungen bei Beitragsfreistellung" den Zeitwert (Barwert) der „mit den Rechnungsgrundlagen der Prämienkalkulation" bestimmten beitragsfreien Versicherungsleistungen nach § 174 VAG aF. Der so kalkulierte Wert der beitragsfreien Versicherungsleistung wird als garantierter Wert üblicherweise dem Versicherungsvertrag in Tabellenform als Anlage zum Versicherungsschein beigefügt, *Engeländer* NVersZ 2002, 436 (440); *Jaeger* VersR 2002, 133 (140); *Claus* ZfV 1994, 139 (144).
[60] Begr. zu Art. 2 (§ 176) RegE 3. DurchfG/EWG zum VAG, BT-Drs. 12/6959, 102.
[61] *Fiala/Schramm* VW 2006, 116 f.; *Engeländer* NVersZ 2001, 289 (294).
[62] *Präve* in Prölss, 12. Aufl. 2005, VAG § 11 Rn. 6 f.
[63] Ausf. zur Bestimmung der Rechnungsgrundlagen des Zeitwerts *Engeländer* NVersZ 2002, 436 (442).
[64] BGHZ 147, 354 = VersR 2001, 841 (843); BGHZ 147, 373 = VersR 2001, 839 (840); *Fiala/Schramm* VW 2006, 116 f.; demgegenüber geht *Engeländer* NVersZ 2002, 436 (442 f.), davon aus, dass der Versicherer bei der Bestimmung der anzuwenden Rechnungen Grundlagen keinerlei Spielraum habe.
[65] Begr. zu Art. 1 (§ 169) RegE Gesetz zur Reform des Versicherungsvertragsrechts, BT-Drs. 16/3945, 102.
[66] *Schwintowski* in Berliner Kommentar VVG § 176 Rn. 22; *Engeländer* VersR 1999, 1325; treffend weisen *Fiala/Schramm* darauf hin, dass mit der Einführung des Zeitwerts keine Besserstellung des Versicherungsnehmers gegenüber der alten Rechtslage beabsichtigt war, VW 2006, 116 f.
[67] *Kurzendörfer* Lebensversicherung S. 77.
[68] *Zwiesler* VersWissStud Bd. 2, S. 155.
[69] *Schünemann* VersR 2009, 442.
[70] *Schwintowski* VersR 2008, 1425 ff.; *Fiala/Schramm* VW 2006, 116; *Schwintowski* in Berliner Kommentar VVG § 176 Rn. 22; *Engeländer* NVersZ 2002, 436 (441); *Jäger* VersR 2002, 133 (138 f.); *Vieweg* VersWissStud Bd. 2, S. 163, wenngleich auch unter den hier genannten Autoren im Detail durchaus Abweichungen zu finden sind; hierzu *Schwintowski* VersR 2008, 1425 ff.
[71] BGHZ 147, 354 = VersR 2001, 841 (843); BGHZ 147, 373 = VersR 2001, 839 (840).
[72] BGHZ 164, 297 = VersR 2005, 1565.
[73] BGH VersR 2012, 1149.

Entscheidungen v. 9.5.2001 stellte der BGH die Intransparenz (§ 307 Abs. 1 S. 2 BGB) von AVB-Klauseln fest, die zur Bestimmung des Rückkaufswerts im Wesentlichen auf den Zeitwert nach § 176 VVG aF abstellten. Bezüglich des Begriffs des Zeitwerts selbst führte der BGH lediglich aus, dass das Gesetz dem Versicherer bei der Berechnung des Zeitwerts einen gewissen Spielraum lasse, der durch geschäftspolitische Entscheidungen ausgefüllt werden könne.[74]

28 Im Nachgang zur BGH-Entscheidung aus dem Jahr 2001 ersetzen die Versicherer im Treuhänderverfahren nach § 172 VVG aF (= § 164) die intransparente Regelung durch (vermeintlich) transparente Klauseln für bestehende Verträge und verwendeten entsprechende Klauseln auch für das Neugeschäft. Diese Klauseln adressierten ua ausdrücklich die Verrechnung der Abschlusskosten im Wege der Zillmerung. In der Nachfolgeentscheidung des BGH v. 12.10.2005 befasste sich das Gericht mit der Frage nach der Wirksamkeit der treuhänderischen Ersetzung derjenigen Klauseln, die es zuvor im Jahr 2001 wegen Intransparenz für unwirksam erklärt hatte. Im Ergebnis verneinte der BGH die Wirksamkeit der Klauselersetzung, da die anfängliche Intransparenz und die daraus resultierenden Nachteile für den Versicherungsnehmer (Beeinträchtigung der Entschließungsfreiheit) nicht nachträglich durch die Ersetzung einer intransparenten (unwirksamen) Klausel durch eine transparente Klausel behoben werden könne.[75]

29 In Bezug auf den Begriff des Zeitwerts äußerte sich der Senat in dieser Entscheidung dahingehend, dass auch 10 Jahre nach Inkrafttreten von § 176 VVG 1994 noch nicht allgemein anerkannt sei, wie der Zeitwert nach § 176 Abs. 3 VVG 1994 zu berechnen sei.[76] Daher und weil der Zeitwert nach „Ansicht von Versicherungsmathematikern unter den vereinbarten und nach herkömmlichen Verfahren berechneten Rückkaufswerten" liege,[77] kommt der BGH zu dem Ergebnis, der Zeitwert selbst biete keine geeignete „Grundlage für einen Ausgleich der durch den Transparenzmangel verursachten nachteiligen Folgen bei vorzeitiger Beendigung der Beitragszahlung".[78] Mit anderen Worten: Der Gesetzeswortlaut des § 176 VVG aF kann zur Lückenfüllung bei unwirksamer vertraglicher Regelung nicht herangezogen werden, stellt also keine geeigneten gesetzlichen „Mindestrückkaufswert" dar. Bei unwirksamer da intransparenter klauselmäßiger Regelung zum Rückkaufswert muss – so der BGH – eine ergänzende Vertragsauslegung an die Stelle der fehlenden (unwirksamen) Klausel zur Berechnung des Rückkaufswerts treten. Nach dieser ergänzenden Vertragsauslegung des BGH muss der Rückkaufswert mindestens so hoch sein wie die Hälfte des mit den Rechnungsgrundlagen der Prämienkalkulation berechneten, **ungezillmerten Deckungskapitals**.[79]

30 **d) Zeitwert, Zillmerung und Modifikation durch den BGH.** Nach den Entscheidungen des BGH aus den Jahren 2001 und 2005 hatte es allerdings den Anschein, als ob der BGH die Zugrundelegung des Zeitwert sowie die Zillmerung an sich nicht beanstanden wollte, sofern die Regelungen zur Verrechnung der Abschlusskosten von Anfang an transparent vertraglich vereinbart worden sind.[80] Tatsächlich folgte dann aber eine Kehrtwende in der Rspr. Der BGH vertritt nämlich seit Entscheidung v. 25.7.2012, es könne dahinstehen, ob Klauseln betr. die Kostenverrechnung mittels der sog. „Zillmerung" intransparent seien, da sie jedenfalls wegen einer unangemessenen Benachteiligung des Versicherungsnehmers gem. § 307 Abs. 2 Nr. 2 Abs. 1 S. 1 BGB unwirksam seien.[81] Dies leitet der BGH vor allem aus dem Beschluss des BVerfG v. 15.2.2006[82] her, wonach es „auch materiell nicht hinzunehmen ist, dass wegen der Verrechnung von Abschlusskosten mit der Prämie in den ersten Jahren ein Rückkaufswert nicht vorhanden oder nur sehr niedrig ist".[83]

31–32 Damit gilt für alle Altverträge (vor 2008 abgeschlossenen Verträge) § 176 VVG mit der Maßgabe, dass als Mindestrückkaufswert die Hälfte des ungezillmerten Deckungskapitals in Ansatz zu bringen ist.[84]

33 **5. Stornoabzug.** § 176 Abs. 4 VVG 1994 gewährt dem Versicherer keinen gesetzlichen Anspruch auf den Stornoabzug, lässt ihn aber zu, wenn er **„vereinbart und angemessen"** ist. Die

---

[74] BGHZ 147, 354 = VersR 2001, 841 (843); BGHZ 147, 373 = VersR 2001, 839 (840).
[75] BGH VersR 2001, 1565 Rn. 44.
[76] BGHZ 164, 297 (324) = VersR 2005, 1565 (1572).
[77] BGH VersR 2005, 1565 Rn. 62.
[78] BGH VersR 2005, 1565 Rn. 62.
[79] BGH VersR 2005, 1565 Rn. 61.
[80] Ausdrücklich → 1. Aufl. 2010, Rn. 136 mwN.
[81] BGH VersR 2012, 1147 (1149) Rn. 14 ff. mAnm *Präve* VersR 2012, 1147 (1159 ff.); seitdem stRspr, BGH VersR 2013, 213, für fondsgebundene Rentenversicherung; BGH VersR 2013, 565 (VVaG); BGH VersR 2013, 1116.
[82] BVerfG VersR 2006, 489.
[83] BGH VersR 2012, 1149 Rn. 25.
[84] BGH VersR 2013, 1429 Rn. 11 ff.

Vereinbarung des Stornoabzugs kann abstrakt oder betragsmäßig konkret getroffen werden.[85] Wird der Stornoabzug im Rahmen von AVB vereinbart, unterliegt er in vollem Umfang der AGB-Kontrolle.[86] Ist die Vereinbarung unwirksam, besteht kein Anspruch auf den Stornoabzug.[87]

III. Abkehr vom Zeitwert nach § 176 VVG 1994 im Zuge der VVG-Reform

Der Reformgesetzgeber teilt die Auffassung des BGH[88] und der Expertenkommission,[89] dass der Zeitwert keine ausreichende Transparenz bietet. An seine Stelle soll – so die Begründung zum RegE – eine nachvollziehbare Berechnung des Rückkaufswerts treten, die einerseits dem Versicherungsnehmer bei der Inanspruchnahme des Kündigungsrechts den durch die bisherigen Prämien angesparten Wert des Vertrags erhält, andererseits den Versicherer weder über seine bereits entstandenen Verpflichtungen hinaus belastet noch ihm gestattet, Vorteile aus der Tatsache der Kündigung zu ziehen. Dies werde erreicht, indem die Auszahlung des **Deckungskapitals** vorgeschrieben wird.[90] 34

C. Tatbestand des § 169

I. Zeitlicher Anwendungsbereich

Die Vorschrift findet auf Neuverträge Anwendung, die seit dem 1.1.2008 abgeschlossen worden sind. Auf Altverträge, die bis zum 31.12.2007 abgeschlossen wurden, findet § 176 VVG 1994 – in der von der Rspr. modifizierten Form[91] – auch künftig Anwendung, Art. 4 Abs. 2 EGVVG. 35

II. Sachlicher Anwendungsbereich

1. Allgemein. § 169 gilt für Lebensversicherungsverträge, die „Versicherungsschutz für ein **Risiko** bieten, bei dem der **Eintritt der Verpflichtung** des Versicherers **gewiss** ist". Bei solchen Verträgen hat nämlich das für den jeweiligen Vertrag gebildete Deckungskapital von vornherein die Bestimmung, der Erfüllung des korrelierenden Anspruchs des Versicherungsnehmers zu dienen.[92] Die Art des übernommenen Versicherungsrisikos ist ohne Bedeutung.[93] Entscheidend ist lediglich, dass der Versicherer auf jeden Fall die versprochene Leistung erbringen muss. Dies ist grds. der Fall, wenn eine Versicherungsleistung sowohl im Todesfall als auch im Erlebensfall zu erbringen ist, aber auch bei **lebenslangen Todesfallversicherungen**, da hier nicht das „ob", sondern nur der Zeitpunkt der Leistungspflicht ungewiss ist. Todesfall- und Erlebensfallleistung müssen weder der Art noch der Höhe nach identisch sein. Risiken aus einer Haupt- und Zusatzversicherung sind grds. zusammen zu betrachten, sofern der Vertrag eine rechtliche Einheit bildet.[94] Betrachtete man Haupt- und Zusatzversicherung getrennt voneinander, könnte § 169 umgangen werden, indem anstelle einer kapitalbildenden Lebensversicherung eine reine Erlebensfallversicherung mit einer reinen „Todesfallzusatzversicherung" kombiniert würde. Dann wäre nämlich bei beiden Versicherungen jeweils der Eintritt der Verpflichtung nicht gewiss. 36

§ 169 setzt dem Wortlaut noch voraus, dass der **„Eintritt der Verpflichtung"** des Versicherers gewiss ist. Anders als § 176 Abs. 1 VVG 1994 setzt die Vorschrift nicht mehr voraus, dass die „Verpflichtung zur Zahlung des **vereinbarten Kapitals**" gewiss ist. Damit ist nunmehr ausdrücklich klargestellt, dass auch **fondsgebundene** und **indexgebundene Lebensversicherungen** in den Anwendungsbereich von § 169 fallen, bei denen die Verpflichtung des Versicherers nur dem Grunde nach gewiss ist und nicht in einem bei Vertragsschluss vereinbarten Kapitalbetrag besteht.[95] 37

---

[85] Begr. zu Art. 2 (§ 174) RegE 3. DurchfG/EWG zum VAG, BT-Drs. 12/6959, 102.
[86] BGH VersR 2012, 1149 Rn. 44 ff.; 60 ff.; VersR 2001, 841 f. = NVersZ 2001, 308 (310).
[87] BGH VersR 2013, 300 Rn. 4; 2013, 1381 Rn. 59 ff.; 2005, 1565 (1569) = NJW 2005, 3559 (3564); OLG Stuttgart VersR 2013, 218 f.; *Wandt* VersR 2001, 1449 (1458); OLG München VersR 2009, 170; aA *Baroch Castellví* NVersZ 2001, 529 (534).
[88] BGHZ 164, 297; BGH VersR 2005, 1565 (1569) = NJW 2005, 3559 (3564).
[89] VVG-Kommission Abschlussbericht 2004 (VersR-Schriften 25) Ziff. 1.3.2.1.4.1. S. 108.
[90] Begr. zu Art. 1 (§ 169) RegE Gesetz zur Reform des Versicherungsvertragsrechts, BT-Drs. 16/3945, 102.
[91] → Rn. 26 ff.
[92] Motive zu § 176 VVG 1908 S. 236.
[93] *Engeländer* VersR 2007, 1297 (1299); *Ortmann* in Schwintowski/Brömmelmeyer/Ebers VVG § 169 Rn. 10.
[94] *Engeländer* VersR 2007, 1297 (1299); *Ortmann* in Schwintowski/Brömmelmeyer/Ebers VVG § 169 Rn. 10; *Grote* in Marlow/Spuhl Neues VVG S. 236; aA *Terbille* in MAH VersR § 15 Rn. 9.
[95] *Engeländer* VersR 2007, 1297 (1299); *Ortmann* in Schwintowski/Brömmelmeyer/Ebers VVG § 169 Rn. 10; die Anwendbarkeit von § 176 VVG 1994 auf die fondsgebundene Lebensversicherung ist allerdings auch bislang nicht in Frage gestellt worden, BGH VersR 2007, 1547 = NJW-RR 2008, 187; OLG Bamberg VersR 2007, 1354.

38 **2. Rentenversicherung mit Todesfallleistung.** § 169 Abs. 1 spricht – anders als § 176 Abs. 1 VVG 1994 – nicht von „Kapitalversicherung für den Todesfall", sondern lediglich von „Versicherung". Damit gewährt § 169 einen gesetzlichen Anspruch auf den Rückkaufswert bei **Rentenversicherungen,** wenn (auch) eine Leistung im Todesfall vereinbart worden ist (zB Rückerstattung der bislang eingezahlten Prämien), sofern also die Leistungspflicht des Versicherers gewiss ist. Nach der hL bestand gem. § 176 VVG 1994 kein gesetzlicher Anspruch auf Zahlung des Rückkaufswerts in der Rentenversicherung.[96]

39 Bereits vor der VVG-Reform entsprach es allerdings dem Marktstandard bei Rentenversicherungsverträgen vertraglich einen Anspruch auf Zahlung des Rückkaufswerts einzuräumen.[97] Vor der Deregulierung bestand sogar eine diesbezügliche aufsichtsrechtliche Pflicht, sofern die Leistungspflicht des Versicherers gewiss war.[98] Soweit sich der BGH in der Vergangenheit ausdrücklich mit der Frage befasste, ob gem. § 176 VVG 1994/VVG 1908 ein gesetzlicher Anspruch auf Zahlung des Rückkaufswerts in der Rentenversicherung besteht und diese Frage verneinte, begründete er dies ausschließlich damit, dass die **Leistungsverpflichtung** des Versicherers in dem zugrunde liegenden Fall nicht **unbedingt** war.[99] Demgegenüber setzte der BGH die Anwendbarkeit von § 176 VVG 1994 auf die Rentenversicherung offenbar voraus, soweit er seine Rspr. zum Mindestrückkaufswert bei Intransparenz der Rückkaufswertklauseln in der kapitalbildenden Lebensversicherung[100] auf die Rentenversicherung übertrug.[101]

40 Während der Rentenbezugsphase besteht demgegenüber grds. kein Anspruch auf Kündigung und Zahlung des Rückkaufswerts da der Versicherungsfall (Erleben der Rentenzahlungsphase) bereits eingetreten ist. Damit ist auch die Leistungspflicht des Versicherers bereits (retrospektiv) eingetreten, wohingegen §§ 168 Abs. 2, 169 Abs. 2 auf die Gewissheit der künftigen (prospektiven) Leistungspflicht abstellen.[102] Außerdem ist nach Eintritt der Rentenzahlungsphase grds. die (weitere) Leistungspflicht des Versicherers ungewiss.[103] Ist allerdings eine **Rentengarantiezeit** vereinbart und ist damit die Leistungspflicht des Versicherers für diesen Zeitraum gewiss, erscheint es nach Sinn und Zweck des § 169 gerechtfertigt, dem Versicherungsnehmer vor Beginn der Rentenbezugsphase[104] bzw. während der Rentengarantiezeit einen Anspruch auf Zahlung des Rückkaufswerts zu gewähren.[105] Aus dem Rechtsgedanken des § 169 Abs. 2[106] folgt, dass der Rückkaufswert nur insoweit auszuzahlen ist, als er den Barwert der für die Rentengarantiezeit noch ausstehenden Zahlungen nicht übersteigt. Vertraglich können weitergehende Kündigungsrechte sowie die Auszahlung des vollständigen Rückkaufswerts auch während der Rentenzahlungsphase vereinbart werden.[107]

41 **3. Risikoversicherungen. Keinen** gesetzlichen **Anspruch** auf Zahlung des Rückkaufswerts gibt es im Rahmen reiner **Risikoversicherungen.**[108] Hierunter fallen – wie nach altem Recht –

---

[96] *Engeländer* VersR 2007, 1297 (1299); *Kollhosser* in Prölss/Martin, 27. Aufl. 2004, VVG § 176 Rn. 2; *Schwintowski* in Berliner Kommentar VVG § 176 Rn. 7; aA *Winter* in Bruck, Bd. 5, Kap. G Anm. 430; so jetzt auch ausdrücklich OGH VersR 2013, 381 unter 4.3.
[97] Außer iRd Anwendungsbereichs des jetzigen § 168 Abs. 3.
[98] VerBAV 1987, 303 (304); *Engeländer* VersR 2007, 1297 (1300); *Winter* in Bruck, Bd. 5, Kap. G Anm. 435.
[99] BGH VersR 1974, 127; die Motive zu § 176 VVG 1908 S. 236, 239 stützen eher die Sichtweise, dass es in erster Linie darauf ankam, ob die Leistungspflicht aus der Versicherung „unbedingt" ist oder ob es sich um eine Risikoversicherung handelt.
[100] BGHZ 164, 297 = VersR 2005, 1565.
[101] BGH NJW-RR 2008, 188 f.
[102] *Grote* in Langheid/Rixecker VVG § 168 Rn. 7.
[103] OLG Hamm VersR 2008, 383; OLG Koblenz VersR 2007, 1640 jeweils zur Zulässigkeit des Ausschlusses des Kündigungsrechts nach § 165 VVG aF.
[104] Jedenfalls dann, wenn die Leistungen während der Rentengarantiezeit nicht davon abhängen, dass der Versicherungsnehmer die Rentenzahlungsphase tatsächlich erlebt.
[105] *Schick/Franz* VW 2007, 764; ähnlich *Winter* in Bruck/Möller VVG § 169 Rn. 42 ff.; anders und vor dem Hintergrund von § 176 VVG 1994 und auf das Kriterium „Kapitalversicherung für den Todesfall" abstellend LG Dortmund r+s 2008, 159; iErg bestätigt durch OLG Hamm VersR 2008, 383 = r+s 2008, 159; ebenso ausdrücklich OGH VersR 2013, 381 unter 4.3. zu § 165, der wörtlich dem § 165 VVG aF entspricht. Auch der OGH lehnt die Kündbarkeit der Versicherung ausschließlich wegen des Nichtvorliegens einer „Kapitalversicherung auf den Todesfall" ab.
[106] → Rn. 48, 59 ff.
[107] → Rn. 59 ff.
[108] BGH VersR 1974, 127; *Brambach* in HK-VVG § 169 Rn. 8; *Grote* in Marlow/Spuhl Neues VVG S. 235; *Schick/Franz* VW 2007, 764; vgl. auch § 3 Abs. 2 DeckRV; aA *Winter* in Bruck/Möller VVG § 39 Rn. 49; *Brömmelmeyer* in Beckmann/Matusche-Beckmann VersR-HdB § 42 Rn. 153, analoge Anwendung von § 169 auf (langfristige) Risikolebensversicherungen.

Risikolebensversicherungen sowie Rentenversicherungen ohne Todesfallleistung. Bei diesen Vertragsformen ist die Leistungspflicht des Versicherers nicht gewiss. Sie hängt vielmehr vom Versterben der versicherten Person während der Vertragslaufzeit bzw. dem Erleben eines bestimmten Zeitpunkts ab. Bei Risikoversicherungen besteht ein Anspruch auf den Rückkaufswert auch nicht über den Verweis in § 165 Abs. 1 S. 2, dh nach einem Prämienfreistellungsverlangen des Versicherungsnehmers, wenn die vereinbarte Mindestversicherungsleistung nicht erreicht wird.[109] Der in § 169 Abs. 1 definierte sachliche Anwendungsbereich der Vorschrift erfasst keine reinen Risikoversicherungen, da bei diesen das Deckungskapital eben nicht ausschließlich den Zweck hat, der Befriedigung der Ansprüche dieses Versicherungsnehmers zu dienen.[110] Es gibt keinen Grund, den Anwendungsbereich von § 169 Abs. 1 zu für die Fälle erweitern, dass der Versicherungsnehmer nicht kündigt, sondern Prämienfreistellung verlangt und das vorhandene Deckungskapital nicht die vereinbarte Mindestversicherungsleistung erreicht. Unbeschadet dessen kann sich der Versicherer vertraglich zur Zahlung eines Rückkaufswerts bei der Risikoversicherung verpflichten.[111]

4. Berufsunfähigkeitsversicherungen. Auf reine **Berufsunfähigkeitsversicherungen** ist 42 § 169 trotz § 176 nicht anwendbar, da es sich regelmäßig um reine Risikoversicherungen handelt.[112] Bei einer Kapitallebensversicherung mit **Berufsunfähigkeitszusatzversicherung (BUZ)** ist § 169 trotz § 176 auch dann nicht auf die BUZ anzuwenden, wenn beide Vertragsteile als rechtliche Einheit zu verstehen sind. Dagegen spricht die sachliche Nähe der Berufsunfähigkeitsversicherung zur Krankenversicherung, die einer Pflicht zur Zahlung des Rückkaufswerts entgegensteht (§ 176 S. 2).[113] Außerdem hätte § 169 im Bereich der Berufsunfähigkeitsversicherung ohnehin keinen halbzwingenden Charakter (vgl. § 171 S. 1). Unbeschadet dessen kann der Versicherer dem Versicherungsnehmer vertraglich einen Anspruch auf Zahlung des Rückkaufswerts einräumen, was in neueren Bedingungswerken üblicherweise auch geschieht.[114]

5. Unfallversicherungen mit Prämienrückgewähr. Nicht anwendbar ist § 169 auf **Unfall-** 43 **versicherungen mit Prämienrückgewähr (UPR)**, soweit diese nicht als Lebensversicherung im Sinne des fünften Kapitels des VVG, sondern als Unfallversicherung iSd der §§ 178–191 anzusehen sind. Insoweit sind nämlich die Vorschriften des VVG zur Lebensversicherung nicht anwendbar.[115] Die Nicht-Anwendbarkeit von § 169 spiegelt sich zumindest indirekt in § 4 Abs. 3 S. 2 DeckRV wider. Danach sind Bestimmungen zur Berechnung der Deckungsrückstellung, die für die Lebensversicherung gelten, auch in der UPR zu berücksichtigen, **wenn und soweit** „erhöhte Rückkaufswerte **vertraglich garantiert** werden". Eine „vertragliche Garantie" solcher Rückkaufswerte wäre allerdings obsolet und müsste nicht gesondert in der DeckRV geregelt werden, wenn § 169 auf die UPR unmittelbare Anwendung fände. So räumen auch die in der Praxis gängigen AVB zur UPR dem Versicherungsnehmer regelmäßig einen Anspruch auf Rückkaufswert nach Kündigung ein. Dieser Rückkaufswert entspricht allerdings (zulässiger Weise) nicht in jeder Hinsicht den Anforderungen der §§ 168, 169.[116]

6. Verträge bei Pensionskassen, kleineren Vereinen und Pensionsfonds. § 169 kann auf 44 Versicherungsverträge bei Pensionskassen iSd § 233 Abs. 1, 2 VAG 2016, bei kleineren Vereinen im Sinne des VAG (§ 210 VAG 2016) sowie auf Lebens- und Unfallversicherungen mit kleineren Beiträgen unanwendbar sein, wenn mit Genehmigung der Aufsichtsbehörde abweichende Bestim-

---

[109] → § 165 Rn. 21; aA *Ortmann* in Schwintowski/Brömmelmeyer/Ebers VVG § 169 Rn. 10.
[110] Motive zu § 176 VVG 1908 S. 236; *Führer/Grimmer* Lebensversicherungsmathematik S. 97.
[111] § 13 GDV-Muster AVB RLB (2014) räumt einen Anspruch auf Zahlung des Rückkaufswerts nur für den Fall ein, dass die vereinbarte Mindestversicherungssumme nicht erreicht wird.
[112] *Brambach* in HK-VVG § 169 Rn. 10; *Ortmann* in Schwintowski/Brömmelmeyer/Ebers VVG § 169 Rn. 11; *Grote* in Marlow/Spuhl Neues VVG S. 235.
[113] IErg ebenso mit anderer Begr. *Krause* in Looschelders/Pohlmann VVG § 169 Rn. 19.
[114] Vgl. § 9 AVB BU 2009, worin ein solcher Anspruch auf Rückkaufswert bei Kündigung eingeräumt wird.
[115] *Engeländer* VersR 2007, 1297 (1299) Fn. 20; *Jäger* VersR 2002, 133 (142); *Reiff* in Prölss/Martin VVG § 169 Rn. 23; aA *Brömmelmeyer* in Beckmann/Matusche-Beckmann VersR-HdB § 42 Rn. 153; *Ortmann* in Schwintowski/Brömmelmeyer/Ebers VVG § 169 Rn. 12; jetzt auch *Winter* in Bruck/Möller VVG § 169 Rn. 19, unter Bezugnahme auf den Umkehrschluss aus § 211 Abs. 1 Nr. 4; FG München VersR 1965, 447, wonach eine UPR jedenfalls dann eine Unfallversicherung im steuerlichen Sinn ist, wenn sie betrieblich abgeschlossen wurde.
[116] Vgl. § 14 AB UPR 2008 des GDV. Da §§ 168, 169, 171 nicht auf die UBR anwendbar sind, sind weder die dreimonatige Kündigungsfrist nach § 21.2 AB UBR 2008 als Voraussetzung für die Prämienfreistellung und die Auszahlung des Rückkaufswerts zu beanstanden noch die in § 14 AB UBR 2008 nicht vorgesehene Streckung der Abschlusskosten bei der Berechnung des Rückkaufswerts.

mungen in AVB getroffen worden sind, § 211 Abs. 1 Nr. 1–4.[117] Auf Verträge bei **Pensionsfonds** iSd § 236 VAG 2016 findet § 169 keine Anwendung, da es sich bei Pensionsfonds nicht um Versicherungsunternehmen handelt und sie daher nicht dem VVG unterfallen.[118]

III. Anspruch auf Rückkaufswert aus Vereinbarung

45   Besteht kein gesetzlicher Anspruch auf die Zahlung des Rückkaufswerts nach § 169 Abs. 1, kann ein solcher Anspruch vertraglich vereinbart werden.[119] § 169, insbes. Abs. 3–6 über die Berechnung und Höhe des Rückkaufswerts, gelten allerdings nur innerhalb des Anwendungsbereichs von § 169 Abs. 1. Aus der Systematik von § 169 folgt, dass sich die Vorgaben zum Rückkaufswert in § 169 Abs. 3–6 ausschließlich auf den nach § 169 Abs. 1 zu zahlenden Rückkaufswert, nicht aber auf einen vertraglich vereinbarten Anspruch auf Zahlung eines Rückkaufswerts für den Fall der Kündigung beziehen.[120] Eine nicht den Vorgaben des § 169 entsprechende Vereinbarung hinsichtlich der Zahlung eines Rückkaufswerts im Kündigungsfall ist damit zB bei einer reinen Risikoversicherung oder einer Unfallversicherungen mit Prämienrückgewähr, die nicht in den Anwendungsbereich von § 169 Abs. 1 fällt,[121] grds. zulässig.

IV. Rückkaufswert bei nur teilweise gewisser Leistungspflicht

46   Je nach vorrangigem Zweck des Vertrages kann sowohl die Todesfallleistung als auch die Erlebensfallleistung höher sein als die jeweils andere Leistungsart. Dient eine Lebensversicherung vorrangig der **Risikoabsicherung** und nur zweitrangig der Altersvorsorge, kann die Todesfallleistung die Erlebensfallleistung übersteigen; dient umgekehrt zB eine Lebens- oder Rentenversicherung in erster Linie dem **Vermögensaufbau** oder der **Altersvorsorge,** kann die Erlebensfallleistung die Todesfallleistung übersteigen.

47   Für den Fall, dass die Todesfallleistung die Erlebensfallleistung übersteigt, vertritt *Engeländer,* der übersteigende Teil der Todesfallversicherung sei kein Teil der „Versicherung" für ein Risiko, bei dem der Eintritt der Verpflichtung des Versicherers gewiss ist, und falle damit nicht unter § 169.[122] Es führe zu unbilligen Ergebnissen, wenn die gesamte Todesfallleistung[123] rückkaufsfähig wäre. Nach der hL findet § 169 auf den gesamten Vertrag Anwendung, auch wenn nur ein Teil der Leistungen des Versicherers gewiss ist.[124]

48   Der hL ist zuzustimmen. Gegen *Engeländers* Auffassung spricht vor allem der Umkehrschluss aus § 169 Abs. 2: Ist nämlich die vereinbarte **Todesfallleistung** zum Zeitpunkt der Kündigung **niedriger,** als der nach § 169 zu zahlende Rückkaufswert, bestimmt Abs. 2, dass der überschießende Teil des Rückkaufswerts nicht ausgezahlt, sondern für eine prämienfreie Versicherung verwendet wird.[125] Ein die Todesfallleistung übersteigender Rückkaufswert kann sich aber begriffsnotwendig nur ergeben, wenn die Erlebensfallleistung (und folglich das hierauf entfallende Deckungskapital) höher ist als die Todesfallleistung **und** wenn das Deckungskapital des gesamten Vertrages, also auch hinsichtlich der Leistung des Versicherers, die nicht gewiss ist, für den Rückkaufswert maßgeblich ist. Aus Abs. 2 folgt damit (im Umkehrschluss), dass bei einem Vertrag mit einer die Erlebensfallleistung übersteigenden Todesfallleistung ebenfalls das Deckungskapital des gesamten Vertrags maßgeblich ist. Mangels einer dem Abs. 2 entsprechenden Regelung ist der so berechnete Rückkaufswert in voller Höhe auszuzahlen.[126] Das Verhältnis von Todesfall- und Erlebensfallleistung wird sich allerdings nach versicherungsmathematischen Grundsätzen auf Höhe des Deckungskapitals und damit des Rückkaufswerts auswirken.[127]

---

[117] Begr. zu Art. 1 (§ 211) RegE Gesetz zur Reform des Versicherungsvertragsrechts, BT-Drs. 16/3945, 116; *Ortmann* in Schwintowski/Brömmelmeyer/Ebers VVG § 165 Rn. 4.
[118] Begr. zu Art. 1 (§ 211) RegE Gesetz zur Reform des Versicherungsvertragsrechts, BT-Drs. 16/3945, 116.
[119] Vgl. zB § 19 GDV-Muster-ALB 2008 die neueren GDV-Muster-ALB RLV 2016 räumen nach Kündigung „nur" die Umwandlung in eine beitragsfreie Versicherung ein, § 13 GDV-Muster-ALB RLV 2016.
[120] *Engeländer* VersR 2007, 1297 (1298).
[121] → Rn. 43.
[122] *Engeländer* VersR 2007, 1297 (1300).
[123] In *Engeländers* Bsp. ist die Todesfallleistung 1.000× höher als die Erlebensfallleistung (vgl. *Engeländer* VersR 1297 (1300).
[124] *Ortmann* in Schwintowski/Brömmelmeyer/Ebers VVG § 169 Rn. 13; *Reiff* in Prölss/Martin VVG § 169 Rn. 26; *Brömmelmeyer* in Beckmann/Matusche-Beckmann VersR-HdB § 42 Rn. 155.
[125] Zu Abs. 2 → Rn. 59 ff.
[126] *Krause* in Looschelders/Pohlmann VVG § 169 Rn. 19; *Ortmann* in Schwintowski/Brömmelmeyer/Ebers VVG § 169 Rn. 14; *Brömmelmeyer* in Beckmann/Matusche-Beckmann VersR-HdB § 42 Rn. 155.
[127] *Brömmelmeyer* in Beckmann/Matusche-Beckmann VersR-HdB § 42 Rn. 155.

V. Auslöser des Anspruchs auf den Rückkaufswert

1. Beendigung durch Kündigung des Versicherungsnehmers oder durch Rücktritt 49
oder Anfechtung des Versicherers. Ein Anspruch auf Zahlung des Rückkaufswerts besteht, wenn der Versicherungsvertrag infolge **Kündigung** des Versicherungsnehmers oder durch **Rücktritt** (§ 19 Abs. 2) oder **Anfechtung** (§ 22 VVG, § 123 BGB) des Versicherers beendet wird.

Anders als nach § 176 VVG 1994 löst die **Kündigung des Versicherers** keinen Anspruch 50 auf Zahlung des Rückkaufswerts aus. Bei einer Kündigung des Versicherers ist nach § 166 Abs. 1 ausschließlich die Umwandlung in eine prämienfreie Versicherung nach § 165 vorgesehen.[128] Außerdem erfasst § 169 nicht die Aufhebung des Vertrages infolge **Rücktritt** oder **Anfechtung** des **Versicherungsnehmers**.[129] Die Abwicklung des Vertrags infolge Anfechtung oder Rücktritt des Versicherungsnehmers richtet sich damit nach den allgemeinen Regeln. Der Versicherungsnehmer kann ggf. die Rückzahlung aller bisher bezahlten Prämien einschließlich Zinsen nach Bereicherungsrecht verlangen (§§ 812, 280 Abs. 1 BGB). Dies ist gerechtfertigt, weil der Versicherer in diesen Fällen Anlass zum Rücktritt oder zur Anfechtung gegeben hat; für eine Privilegierung im Verhältnis zum allgemeinen Vertragsrecht besteht kein Anlass.[130] Bei einer Kündigung aus wichtigem Grund durch den Versicherungsnehmer, § 314 BGB kann der Versicherungsnehmer neben dem Anspruch auf den Rückkaufswert zusätzlich noch einen Schadenersatzanspruch aus § 281 BGB gegen den Versicherer haben, § 314 Abs. 4 BGB.[131]

2. Einvernehmliche Aufhebung. Wird der Vertrag durch einvernehmliche Aufhebungsver- 51 einbarung zwischen dem Versicherungsnehmer und dem Versicherer aufgehoben, findet § 169 dem Wortlaut nach keine Anwendung. Dennoch ist in diesen Fällen der nach § 169 berechnete Rückkaufswert als Mindestwert für die Rückerstattung an den Versicherungsnehmer heranzuziehen,[132] da es der Rechtsgedanke der §§ 169, 171 grds. gebietet, den Versicherungsnehmer, der einer einvernehmlichen Vertragsaufhebung zustimmt oder diese anregt, nicht schlechter zu stellen als denjenigen Versicherungsnehmer, dessen Vertrag aufgrund der in Abs. 1 genannten Gründe aufgehoben wird.[133]

3. Widerruf. Widerruft der Versicherungsnehmer seine Willenserklärung auf Abschluss des 52 Versicherungsvertrages gem. § 8 Abs. 1 S. 1 iVm § 152 Abs. 1 ist gem. § 152 Abs. 2 S. 1 der nach § 169 berechnete Rückkaufswert zu zahlen. Zusätzlich ist der auf den Zeitpunkt nach Zugang der Widerrufserklärung entfallende Teil der Prämie auszukehren, sofern der Versicherungsnehmer auf sein Widerrufsrecht, die Rechtsfolgen des Widerrufs und den zu zahlenden Betrag hingewiesen worden ist und zugestimmt hat, dass der Versicherungsschutz vor Ende der Widerrufsfrist beginnt, § 9 S. 1. Bei unzureichender Belehrung des Versicherungsnehmers ist der Rückkaufswert nach § 169 oder – falls für den Versicherungsnehmer günstiger – die Summe der für das erste Jahr der Versicherung gezahlten Prämien zu erstatten.[134]

Kommt § 169 über den Verweis in § 152 zur Anwendung, darf der Versicherer den nach 53 Abs. 3–6 errechneten Rückkaufswert **nicht um Abschluss- und Vertriebskosten kürzen**. Es ist das vollständige, „ungezillmerte" Deckungskapital zur Auszahlung zu bringen.[135] Aus Sinn und Zweck des gesetzlichen Widerrufsrechts folgt zudem, dass der Versicherer nach Widerruf des Versicherungsnehmers auch **nicht zu einem Stornoabzug** nach Abs. 5 berechtigt ist.

4. Leistungsfreiheit des Versicherers. § 169 enthält keine dem § 176 Abs. 2 S. 1 VVG 1994 54 entsprechende Regelung. Nach § 176 Abs. 2 S. 1 VVG 1994 war der Versicherer verpflichtet, den Rückkaufswert zu zahlen, wenn er nach Eintritt des Versicherungsfalls von seiner Leistungspflicht frei geworden ist. § 176 Abs. 2 S. 1 VVG 1994 hatte insbes. bei Leistungsfreiheit wegen Selbstmord (§ 169 VVG aF) Bedeutung.[136] Er begründete einen Anspruch auf Zahlung des Rückkaufswerts aber auch bei Leistungsfreiheit aus sonstigen Gründen, zB aufgrund einer vertrag-

---

[128] Begr. zu Art. 1 (§ 169) RegE Gesetz zur Reform des Versicherungsvertragsrechts, BT-Drs. 16/3945, 101; *Krause* in Looschelders/Pohlmann VVG § 169 Rn. 20; *Ortmann* in Schwintowski/Brömmelmeyer/Ebers VVG § 169 Rn. 16.
[129] *Krause* in Looschelders/Pohlmann VVG § 169 Rn. 20; *Ortmann* in Schwintowski/Brömmelmeyer/Ebers VVG § 169 Rn. 17.
[130] Begr. zu Art. 1 (§ 169) RegE Gesetz zur Reform des Versicherungsvertragsrechts, BT-Drs. 16/3945, 101.
[131] → § 168 Rn. 12.
[132] *Reiff* in Prölss/Martin VVG § 169 Rn. 29; *Winter* in Bruck/Möller VVG § 169 Rn. 66; *Krause* in Looschelders/Pohlmann VVG § 169 Rn. 21; *Ortmann* in Schwintowski/Brömmelmeyer/Ebers VVG § 169 Rn. 18.
[133] AA *Brambach* in HK-VVG § 169 Rn. 13.
[134] → § 152 Rn. 16.
[135] Begr. zu Art. 1 (§ 152) RegE Gesetz zur Reform des Versicherungsvertragsrechts, BT-Drs. 16/3945, 95.
[136] *Kollhosser* in Prölss/Martin, 27. Aufl. 2004, VVG § 176 Rn. 8.

lichen Ausschlussklausel. Nach § 176 Abs. 2 S. 2 VVG 1994 war die Pflicht zur Zahlung des Rückkaufswerts nur im Fall des § 170 Abs. 1 VVG aF (= § 162 Abs. 1 VVG nF) ausgeschlossen, wenn nämlich der Versicherungsnehmer die versicherte Person getötet hatte.

55 Nach neuem VVG folgt die Pflicht, den Rückkaufswert bei Leistungsfreiheit wegen der Selbsttötung zu erstatten, unmittelbar aus § 161 Abs. 3. Eine entsprechende Verpflichtung enthält § 162 für den Fall, dass der Versicherungsnehmer die versicherte Person tötet. nicht. In diesem Fall bleibt es – entsprechend dem gesetzgeberischen Willen – bei Leistungsfreiheit ohne Pflicht zur Zahlung des Rückkaufswerts.[137]

56 Eine – offenbar planwidrige – Regelungslücke besteht allerdings in dem Fall, dass der Versicherer aus sonstigen Gründen von seiner Pflicht zur Erbringung der vereinbarten Versicherungsleistung frei geworden ist. In Betracht kommt Leistungsfreiheit wegen einer Ausschlussklausel in den AVB (wie bspw. der Kriegsklausel in § 4 GDV-Muster-ALB KLV 2016[138]) oder (theoretisch) wegen Gefahrerhöhung (§§ 158 Abs. 1, 23, 26).[139] Insoweit besteht nach dem Gesetzeswortlaut keine Pflicht, den Rückkaufswert zu zahlen, obwohl nicht ersichtlich ist, dass der Gesetzgeber diese Pflicht beseitigen wollte.[140] Aus dem Rechtsgedanken der §§ 169, 171 sowie der Pflicht, den Rückkaufswert auch im Fall der vorsätzlichen Selbsttötung zu zahlen (§ 161 Abs. 3), lässt sich vielmehr ableiten, dass die Zahlung des Rückkaufswert „erst recht" geboten ist, wenn Leistungsfreiheit eintritt, weil sich der Versicherte „nur" einer erhöhten Gefahr ausgesetzt hat und für diesen Fall Leistungsfreiheit aufgrund einer Ausschlussklausel vereinbart ist.

57 **5. Unwirksamkeit des Vertrages.** War der Vertrag von Anfang an nicht wirksam geschlossen, zB wegen mangelnder Geschäftsfähigkeit des Versicherungsnehmers (§ 105 ff. BGB) oder fehlender Einwilligung der versicherten Person (§ 150), findet § 169 keine Anwendung. Es gelten die allgemeinen Regeln. Der Versicherer ist zur Rückzahlung der Prämien und ggf. zur Zahlung von Zinsen nach § 812 ff. BGB verpflichtet.[141]

58 **6. Insolvenz des Versicherungsnehmers.** Die Eröffnung des Insolvenzverfahrens führt nicht automatisch zu einer materiell-rechtlichen Umgestaltung vertraglicher Ansprüche, sondern „nur" dazu, dass Ansprüche aus gegenseitigen Verträgen nicht mehr durchsetzbar (§ 320 BGB).[142] Will der Insolvenzverwalter den Vertrag nicht fortführen (§ 103 InsO) und den Rückkaufswert zur Masse ziehen, so muss er den Vertrag gem. § 168 kündigen, um den Anspruch auf den Rückkaufswert zum Entstehen zu bringen.[143]

VI. Begrenzung des Rückkaufswerts auf die Versicherungsleistung (Abs. 2)

59 Abs. 2 S. 1 begrenzt den auszuzahlenden Rückkaufswert auf die Höhe der für den Zeitpunkt der Kündigung maßgeblichen Todesfallleistung. Der nach § 169 Abs. 3–6 berechnete Rückkaufswert kann zB bei einer Leibrentenversicherung nach einiger Zeit höher sein, als die für den Todesfall vor Beginn der Rentenzahlung vertraglich vereinbarte Versicherungsleistung (zB Rückzahlung aller Prämien).[144] Vor allem bei der Rentenversicherung gegen Einmalprämie ist es nicht ungewöhnlich, dass der Rückkaufswert höher ist als die für den Todesfall vereinbarte Versicherungsleistung.[145] Rentengarantiezeiten im Rahmen von Leibrentenversicherungen sind gleichsam als (mit Zeitablauf sinkende) Todesfallleistungen zu verstehen, die regelmäßig niedriger sind als der Rückkaufswert.[146]

60 Die Differenz zwischen dem nach Abs. 3–6 berechneten Rückkaufswert und der zum Zeitpunkt der Kündigung maßgeblichen Todesfallleistung ist gem. S. 1 nicht auszuzahlen. Aus ihr wird eine prämienfreie Versicherung gebildet, Abs. 2 S. 2.[147] Aus dem Rechtsgedanken des § 165 Abs. 1 S. 2

---

[137] → § 162 Rn. 7.
[138] Zur Klarstellung § 4 Abs. 2 GDV-Muster-ALB KLV 2016 normiert keine Leistungsfreiheit, sondern begrenzt die Leistungspflicht des Versicherers zulässiger Weise auf die Zahlung des Rückkaufswerts.
[139] Es sind allerdings keine AVB bekannt, in denen tatsächlich eine Vereinbarung zur Gefahrerhöhung getroffen ist. Praktische Relevanz dürfte der Leistungsfreiheit wegen Gefahrerhöhung in der Lebensversicherung daher nicht zukommen, → § 158 Rn. 16.
[140] Begr. zu Art. 1 (§ 161) RegE Gesetz zur Reform des Versicherungsvertragsrechts, BT-Drs. 16/3945, 99: „Die Vorschrift stimmt inhaltlich mit § 176 Abs. 2 S. 1 (VVG 1994) überein."
[141] *Ortmann* in Schwintowski/Brömmelmeyer/Ebers VVG § 169 Rn. 18.
[142] BGH NJW 2002, 2783 (2785); nunmehr ausdrücklich für Versicherungsverträge BGH VersR 2012, 299 (300); NJW 2015, 341 (343); anders noch BGH VersR 1993, 689 = NJW 1993, 1994.
[143] BGH VersR 2012, 299 (300 f.); NJW 2015, 341 (343).
[144] Begr. zu Art. 1 (§ 169) RegE Gesetz zur Reform des Versicherungsvertragsrechts, BT-Drs. 16/3945, 101.
[145] *Kurzendörfer* Lebensversicherung S. 79.
[146] → Rn. 40.
[147] *Reiff* in Prölss/Martin VVG § 169 Rn. 30; *Krause* in Looschelders/Pohlmann VVG § 169 Rn. 22; *Ortmann* in Schwintowski/Brömmelmeyer/Ebers VVG § 169 Rn. 27.

folgt, dass dies nur insoweit gilt, als die vereinbarte **Mindestversicherungsleistung** erreicht ist. Bei Nichterreichen der Mindestversicherungsleistung ist in entsprechender Anwendung von § 165 Abs. 1 S. 2 der volle Rückkaufswert auszuzahlen. Wird der Vertrag durch **Rücktritt oder Anfechtung** des Versicherers beendet, ist nach Abs. 2 S. 3 der volle Rückkaufswert auszuzahlen, da – so die Begründung zum RegE – eine Fortsetzung des Vertragsverhältnisses als prämienfreie Versicherung für die Vertragsparteien nicht zumutbar ist.[148]

Abs. 2 wurde im Rahmen der VVG-Reform neu eingeführt und hat keine Entsprechung im VVG aF. Die Vorschrift übernimmt allerdings eine in den Allgemeinen Versicherungsbedingungen von **Rentenversicherungsverträgen** nach VVG aF übliche Klausel.[149] Nach VVG aF in der Lesart der hL war die Klausel in Rentenversicherungsverträgen auch ohne eine dem § 169 Abs. 2 entsprechende Regelung zulässig, da § 176 VVG 1908/VVG 1994 nach hL für Rentenversicherungsverträge nicht galt.[150] Die Begründung zum RegE erläutert nicht, wieso der Gesetzgeber diese gesetzliche Begrenzung des Rückkaufswerts für erforderlich hält. Es liegt zwar nahe, dass der Zweck der Regelung darin besteht, **Antiselektion** sowie ein **Spekulieren gegen den Versicherer** abzuwehren.[151] Dennoch hinterfragt *Winter* zu Recht die Erforderlichkeit dieser Regelung.[152] 61

Dem Versicherer steht es frei, den vollen Rückkaufswert auszuzahlen bzw. die Zahlung des vollen Rückkaufswerts zu vereinbaren, da hierdurch die Position des Versicherungsnehmers gegenüber der gesetzlichen Regelung verbessert wird, § 171 BGB.[153] 62

VII. Berechnung des Rückkaufswerts nach Abs. 3

1. Sachlicher Anwendungsbereich von Abs. 3. Abs. 3 gilt für alle Lebensversicherungen, bei denen nach Abs. 1 ein Anspruch auf Zahlung des Rückkaufswerts besteht. Eine Ausnahme bildet nur die fondsgebundene Versicherung und andere Versicherungen, die Leistungen der in § 124 Abs. 2 S. 2 Nr. 1, 2 VAG 2016 bezeichneten Art vorsehen; für diese enthält Abs. 4 eine Sonderregelung. 63

Abs. 3 gilt damit für alle **Lebens- oder Rentenversicherungen** mit der Höhe nach garantierten Leistungen. Dies sind in Deutschland in erster Linie **kapitalbildende Lebens- bzw. Rentenversicherungen,** wie sie seit jeher von deutschen Versicherern angeboten werden. Aufgrund seines weiten Wortlauts erfasst Abs. 3 darüber hinaus auch alle anderen Versicherungsformen, die in irgendeiner Form „**bestimmte Leistungen garantieren**". Damit fallen grds. auch Versicherungsprodukte mit endfälligen Garantien, wie sie zB aus dem EU/EWR Ausland auf dem deutschen Markt angeboten werden, in den Anwendungsbereich der Vorschrift.[154] 64

2. Deckungskapital iSd Abs. 3. Für die Berechnung des Rückkaufswerts ist gem. Abs. 3 Hs. 1 auf das **Deckungskapital** abzustellen. Das Deckungskapital stellt – so die Begründung zum RegE – eine nachvollziehbare Größe für die Berechnung des Rückkaufswerts dar, „die einerseits dem Versicherungsnehmer bei der Inanspruchnahme des Kündigungsrechts den durch die bisherigen Prämien angesparten Wert des Vertrags erhält, andererseits den Versicherer weder über seine bereits entstandenen Verpflichtungen hinaus belastet noch ihm gestattet, Vorteile aus der Tatsache der Kündigung zu ziehen".[155] Trotz der Klarheit suggerierenden Begründung zum RegE weichen die in der Lit. gängigen Definitionen des Deckungskapitals iSd § 169 durchaus voneinander ab Dies mag nicht zuletzt damit zusammenhängen, dass der Begriff Deckungskapital weder gesetzlich definiert ist noch in anderen Gesetzen oder Verordnungen im Zusammenhang mit der Lebensversicherung Erwähnung findet.[156] 65

---

[148] Begr. zu Art. 1 (§ 169) RegE Gesetz zur Reform des Versicherungsvertragsrechts, BT-Drs. 16/3945, 102.
[149] Vgl. schon § 4 Abs. 4 Musterbedingungen zur Rentenversicherung VerBAV 1987, 200.
[150] → Rn. 38 ff.; *Engeländer* VersR 2007, 1297 (1299); *Kollhosser* in Prölss/Martin, 27. Aufl. 2004, VVG § 176 Rn. 2; *Schwintowski* in Berliner Kommentar VVG § 176 Rn. 7; aA *Winter* in Bruck, Bd. 5, 2. Halbband, Kap. G Anm. 430.
[151] *Krause* in Looschelders/Pohlmann VVG § 169 Rn. 23; *Engeländer* VersR 2007, 1297 (1300); *Kurzendörfer* Lebensversicherung S. 79.
[152] *Winter* in Bruck/Möller VVG § 169 Rn. 81.
[153] *Krause* in Looschelders/Pohlmann VVG § 169 Rn. 23; *Ortmann* in Schwintowski/Brömmelmeyer/Ebers VVG § 169 Rn. 27; *Winter* in Bruck/Möller VVG § 169 Rn. 84.
[154] Auf die hieraus resultierenden Probleme wird weiter → Rn. 106 ff. einzugehen sein.
[155] Begr. zu Art. 1 (§ 169) RegE Gesetz zur Reform des Versicherungsvertragsrechts, BT-Drs. 16/3945, 102.
[156] Verwendet wird der Begriff Deckungskapital vom Gesetz hingegen zB im Recht der sozialen Krankenversicherung, §§ 171e, 281 Abs. 2 SGB V; im Zusammenhang mit dem familienrechtlichen Versorgungsausgleich, vgl. zB § 1587a BGB, § 1 BarwertV, der betrieblichen Altersvorsorge, vgl. § 2 Abs. 2 und 10 Abs. 3 BetrAVG und im Zusammenhang mit Unterstützungskassen, vgl. § 4d Abs. 1 S. 2 Nr. 1a mit Anl. 1 EStG, dazu *Grote* in Marlow/Spuhl Neues VVG S. 243.

66 **a) Literatur zum Begriff Deckungskapital iSd Abs. 3. aa) Gatschke.** In enger Anlehnung an den Wortlaut der Begründung zum RegE bezeichnet *Gatschke* das Deckungskapital als den Anteil des einzelnen Vertrages an den gesamten Deckungsrückstellungen. Es werde versicherungsmathematisch nach den Rechnungsgrundlagen der Prämienkalkulation unter Berücksichtigung der bilanz- und aufsichtsrechtlichen Regelungen der Deckungsrückstellung (§ 341f HGB, § 65 VAG aF (entspricht § 88 VAG 2016)) gebildet. Nach § 341f HGB sei ein Betrag zurückzustellen, der dem **Barwert** der zukünftigen Leistungen entspreche. Im Ergebnis werde das Deckungskapital idR dem Zeitwert entsprechen.[157]

67 **bb) Schick/Franz.** Ähnlich wie *Gatschke* formulieren *Schick/Franz.* Nach ihrer Ansicht wird das Deckungskapital versicherungsmathematisch nach den Rechnungsgrundlagen der Prämienkalkulation unter Berücksichtigung der bilanzrechtlichen Regelung der Deckungsrückstellung (§ 341f HGB) zum Schluss der Versicherungsperiode berechnet. Es sei damit als **Barwert** zukünftiger Zahlungsströme auf Basis der Beitragskalkulation zu verstehen.[158]

68 **cc) Kleinlein.** Nach *Kleinlein* ist die maßgebliche Größe bei der Ermittlung des Rückkaufswerts die Deckungsrückstellung. Diese sei nach prospektiver Methode als Differenz des Barwerts der ausstehenden Leistungen und den ausstehenden Netto-Zillmer-Prämien zu ermitteln.[159]

69 **dd) Grote.** Nach Grote entspricht der Wert der Deckungsrückstellung bei deutschem Versicherungsaufsichtsrecht unterliegenden Versicherungsprodukten dem Wert des Deckungskapitals. Damit sei der Begriff des „Deckungskapitals" iSv § 169 Abs. 3 S. 1 konkretisiert, es sei das nach den §§ 65 ff. VAG aF (entspricht § 88 VAG 2016) und den dazugehörigen Rechtsverordnungen zu berechnende Deckungskapital. Ein solches Deckungskapital setze einen Sparvorgang voraus, infolgedessen eine Kapitalsammlung erfolge.[160]

70 **ee) Ortmann.** Nach *Ortmann* spiegeln sich die Deckungskapitalien aller Verträge in der Deckungsrückstellung, die nach § 341f Abs. 1, 2 HGB für jeden Vertrag zu bilden sei.[161]

71 **ff) Engeländer.** Nach *Engeländer* ist das Deckungskapital als solches nichts Wirkliches, sondern eine mathematische Fiktion, nämlich eine mathematische Formel mit besonders vielen Unbekannten zur Feststellung einer Bewertung.[162] Ein Deckungskapital sei der nach irgendwelchen Annahmen über die Zukunft, i.e. Rechnungsgrundlagen, geschätzte Wert der unbekannten zukünftigen Leistungen und Kosten vermindert um die unbekannten zukünftigen Beiträge und die unbekannten zukünftigen Zinsen eines Vertrages. Das Deckungskapital sei also das, was der Versicherer für einen Vertrag heute abhängig von den gewählten Annahmen für die Zukunft verfügbar haben müsse, um einschließlich der zukünftig erwirtschafteten Zinsen und Beiträge die zukünftigen Leistungen und Kosten zahlen zu können. Das Ergebnis werde damit vollständig von den sinnvoll zu treffenden Annahmen über die Zukunft bestimmt. Das Deckungskapital iSd § 169 Abs. 3 sei analog zu der in § 341f HGB beschriebenen Formel prospektiv nach dem Bruttobeitragsverfahren (dh unter impliziter Berücksichtigung der Kosten) zu berechnen. Es entspreche den Verpflichtungen in Höhe ihres versicherungsmathematisch errechneten Werts nach Abzug des versicherungsmathematisch ermittelten Barwerts der künftigen Beiträge.[163] Der Unterschied zwischen der Berechnung des Zeitwerts und der neuen Vorgabe liege hauptsächlich **in der Wahl der Rechnungsgrundlagen.** Beim Zeitwert würden ausschließlich die vertraglichen Leistungen an den Versicherungsnehmer berücksichtigt. Im Unterschied dazu berücksichtige § 169 Abs. 3 im Barwert der Verpflichtung interne Verwaltungskosten, soweit sie in den Rechnungsgrundlagen der Beitragskalkulation enthalten sind, ferner sei als Diskontierungszins der interne Zins der Beitragskalkulation anzusetzen.[164]

72 **gg) Krause.** Ähnlich wie *Engeländer* geht auch *Krause* davon aus, dass das Deckungskapital (nur) eine mathematische Formel zur Ermittlung von Werten in der aktuariellen Praxis darstelle. Die Formel sei für die konkreten Zwecke (zB Bilanzierung, Rückkaufswert, Ermittlung des Zinsüberschussanteils) mit konkreten Zahlen auszufüllen, die für den jeweiligen Zweck durchaus unterschiedlich auf der Grundlage konkreter Annahmen ermittelt würden. Die Formel für das

---

[157] *Gatschke* VuR 2007, 447 (448).
[158] *Schick/Franz* VW 2007, 764.
[159] *Kleinlein* VuR 2008, 13.
[160] *Grote* in Marlow/Spuhl Neues VVG S. 243 f.
[161] *Ortmann* in Schwintowski/Brömmelmeyer/Ebers VVG § 169 Rn. 29.
[162] *Engeländer* VersR 1999, 1325.
[163] *Engeländer* VersR 2007, 1297 (1300 f.).
[164] *Engeländer* VersR 2007, 1297 (1300 f.).

Deckungskapital gebe es in zwei Varianten. Für die zukünftige Versicherungsdauer gelte das prospektive Deckungskapital, rückblickend für die bereits abgelaufene Versicherungsdauer gelte die Formel für das retrospektive Deckungskapital. In beiden Fällen handle es sich um eine finanzmathematische Barwertbetrachtung diskontierter Zahlungsströme.[165] Für bilanzielle Zwecke finde sich diese Formel für das Deckungskapital in § 341f HGB, wobei dort die vorrangige Anwendung der prospektiven Formel zur Ermittlung der Deckungsrückstellung (=Deckungskapital für die HGB-Bilanz unter Berücksichtigung aller handels- und aufsichtsrechtlicher Vorgaben, insbes. der Deckungsrückstellungsverordnung) angeordnet werde.[166] Der Rückkaufswert iSd § 169 sei mit der prospektiven Deckungskapitalformel mit den Rechnungsgrundlagen der Prämienkalkulation (zB Ausscheideordnungen, Rechnungszins, Kostenzuschläge, Ratenzuschläge, tariflicher Beitragsrabatt, etc) zu ermitteln.[167]

hh) Wandt und Reiff. Nach *Wandt* und *Reiff* ist die bilanzielle Deckungsrückstellung nach 73 § 341f HGB von der Deckungsrückstellung für die einzelnen Verträge iSv § 138 Abs. 1 VAG (= § 11 Abs. 1 VAG aF) zu unterscheiden. Letztere werde meist als Deckungskapital bezeichnet (§ 169 Abs. 3 VVG). Das Deckungskapital sei die Summe der **verzinslich angesammelten Sparanteile** eines konkreten Vertrages. Die Summe der Deckungskapitale aller Verträge ergebe – cum grano salis – die bilanzielle Deckungsrückstellung.[168]

ii) Brömmelmeyer. Nach *Brömmelmeyer* ist es zweifelhaft, ob der Gesetzgeber die prospek- 74 tive Berechnung des Rückkaufswerts generell ausschließen wollte. Gegen einen Ausschluss der prospektiven Berechnung spreche auf den ersten Blick die ausdrückliche Bezugnahme auf § 341f HGB in der Begründung zum RegE. Da aber der Rückkaufswert auf der Basis von § 169 Abs. 3 VVG von der nach § 341f HGB berechneten Deckungsrückstellung abweichen könne (§ 25 Abs. 2 RechVersV, § 4 Abs. 3 DeckRV) sei die Begründung zum RegE im Ergebnis wohl im Sinne einer Rückkehr zu der retrospektiven Berechnung des Deckungskapitals zu verstehen.[169] Dafür spreche das Regelungsanliegen, „dem Versicherungsnehmer bei Inanspruchnahme des Kündigungsrechts den durch die gezahlten Prämien angesparten Wert des Vertrages" zu erstatten.[170] Eine „Rückkehr" zur retrospektiven Berechnung des Deckungskapitals würde hinsichtlich der Berechnung des Rückkaufswerts im Wesentlichen wieder die vor der Deregulierung (1994) bestehende Rechtslage aufleben lassen, was – wie *Brömmelmeyer* betont – grundlegenden Bedenken begegne.[171]

b) Stellungnahme. aa) Abgrenzung des Deckungskapitals von der Deckungsrückstel- 75 **lung iSd § 341f HGB.** Vielfach wird das Deckungskapital iSd § 169 Abs. 3 mit der Bilanzdeckungsrückstellung iSd § 341f HGB gleichgesetzt.[172] Vor der Deregulierung bestand diese Identität automatisch, da Rückkaufswert gem. § 176 VVG 1908 (= Prämienreserve) und die Bilanzdeckungsrückstellung gem. § 56 VAG 1901 bzw. § 65 VAG aF (= Prämienreserve bzw. Deckungsrücklage) stets identisch waren.[173] Heute ist es im Ergebnis nicht (immer) zutreffend, das Deckungskapital iSd § 169 Abs. 3 mit der Bilanzdeckungsrückstellung gleichzusetzen. Im Einzelnen:

Die Deckungsrückstellung ist ein Bilanzposten auf der Passivseite der Bilanz. Sie sichert wirt- 76 schaftlich die Erfüllung der Verpflichtungen aus den Versicherungsverträgen.[174] Die Verpflichtung des Versicherers, eine Bilanz-Deckungsrückstellung zu bilden, folgt aus § 341f HGB.[175] Für **Verpflichtungen aus dem Lebensversicherungsgeschäft** ist die Deckungsrückstellung in Höhe des versicherungsmathematisch errechneten Wertes der Verpflichtungen nach Abzug des versicherungs-

---

[165] *Krause* in Looschelders/Pohlmann VVG § 169 Rn. 25.
[166] *Krause* in Looschelders/Pohlmann VVG § 169 Rn. 26.
[167] *Krause* in Looschelders/Pohlmann VVG § 169 Rn. 29.
[168] *Wandt* VersR Rn. 1191; *Reiff* in Prölss/Martin VVG § 169 Rn. 31.
[169] *Brömmelmeyer* in Beckmann/Matusche-Beckmann VersR-HdB § 42 Rn. 160.
[170] *Brömmelmeyer* in Beckmann/Matusche-Beckmann VersR-HdB § 42 Rn. 160 unter Bezugnahme auf Begr. zu Art. 1 (§ 169) RegE Gesetz zur Reform des Versicherungsvertragsrechts, BT-Drs. 16/3945, 102.
[171] *Brömmelmeyer* in Beckmann/Matusche-Beckmann VersR-HdB § 42 Rn. 162.
[172] *Ortmann* in Schwintowski/Brömmelmeyer/Ebers VVG § 169 Rn. 29; *Kleinlein* VuR 2007, 447 (448); *Grote* in Marlow/Spuhl Neues VVG S. 243 f.; *Wandt* VersR Rn. 1192.
[173] → Rn. 7.
[174] *Wandt* VersR Rn. 1192.
[175] § 341f HGB gilt seit Umsetzung der Versicherungsbilanz-Richtlinie (RL 91/674/EWG) und der 3. Lebensversicherungs-Richtlinie (RL 92/96 EWG) durch das Versicherungsrichtliniengesetz v. 24.6.1994 BGBl. I S. 1377; vor der Deregulierung ergab sich diese Verpflichtung unmittelbar aus dem VAG, vgl. § 56 VAG 1901, bzw. § 65 VAG idF v. 13.10.1983, BGBl. I S. 1261 f.; *Mayer* in Prölss, 11. Aufl. 1996, VAG § 65 Rn. 6.

mathematisch ermittelten Barwerts der künftigen Beiträge zu bilden **(prospektive Methode)**.[176] Ist die Ermittlung des Werts der künftigen Verpflichtung und der künftigen Beiträge nicht möglich – wie zB bei der fondsgebundenen Lebensversicherung –, hat die Berechnung auf Grund der aufgezinsten Prämieneinnahmen abzgl. der Ausgaben für Versicherungsleistungen der vorangegangen Geschäftsjahre zu erfolgen **(retrospektive Methode)**.[177] Soweit bilanziell die prospektive Methode anzuwenden ist, ist auch ein Deckungskapital iSd § 169 Abs. 3 zu bilden, auf dessen Grundlage dann der Rückkaufswert zu berechnen ist.[178]

77 Bei der Berechnung der Bilanz-Deckungsrückstellung sind handelsrechtliche Vorschriften[179] und die versicherungsaufsichtsrechtlichen Vorschriften über die bei der Berechnung von Rückstellungen zu verwendenden **Rechnungsgrundlagen** zu beachten, § 341e Abs. 1 HGB. Zu diesen Vorschriften gehören bei der Lebensversicherung vor allem die § 88 Abs. 3 VAG iVm 341f HGB und der Deckungsrückstellungsverordnung, DeckRV.[180] Bedeutung haben insbesondere der **Höchstrechnungszinssatz** zur Diskontierung der Deckungsrückstellung gem. § 2 DeckRV von derzeit 0,9 % (seit 1.1.2022: 0,25 %)[181] und der **Höchstzillmersatz** von 2,5 %[182] der Prämiensumme gem. § 4 Abs. 1 DeckRV bei der Verrechnung von Abschlusskosten im Wege des **Zillmerungs-Verfahrens**.[183] Seit 2011 ist zur Sicherung eingegangener Verpflichtungen im aktuellen Niedrigzinsumfeld unter bestimmten Umständen außerdem eine **Zinszusatzreserve** gem. § 5 Abs. 3 DeckRV zu bilden, die Teil der Deckungsrückstellung ist.[184]

78 Für die Prämienkalkulation ist der Versicherer nur an § 138 VAG gebunden. Es gelten weder handelsrechtliche Bilanzierungsvorgaben noch die DeckRV. Insbesondere ist der Versicherer nicht an den Höchstrechnungszins von § 2 DeckRV gebunden. Die für die Berechnung der Bilanz-Deckungsrückstellung gem. 341 f HGB vorgegebenen Rechnungsgrundlagen gelten damit nicht – jedenfalls nicht zwingend – für die Prämienkalkulation.[185] Damit gelten sie auch nicht (zwingend) für die Berechnung des Deckungskapitals iSd § 169 Abs. 3. Denn dort sind **die Rechnungsgrundlagen der Prämienkalkulation** anzuwenden.[186]

79 Der Wortlaut des § 169 Abs. 3 geht von einem „gezillmerten" Deckungskapital aus: Die Verpflichtung zur Streckung der Abschlusskosten auf 5 Jahre sowie zur Beachtung der Höchstzillmersätze kann nur greifen, wenn das Zillmerverfahren bei der Berechnung des Deckungskapitals überhaupt zur Anwendung kommt. Bei einem ungezillmerten Deckungskapital, wäre weder eine Streckung der Abschlusskosten noch eine Beachtung des Höchstzillmersatzes möglich. Unbeschadet dessen muss der Versicherer zivilrechtlich **wirksam** mit dem Versicherungsnehmer **vereinbaren**, dass Abschlusskosten in die Prämie einkalkuliert sind und dass diese ggf. im Wege der Zillmerung verrechnet werden.[187] Zudem muss der Versicherer den Versicherungsnehmer über die für den Versicherungsnehmer nachteiligen Effekte der der Zillmerung hinweisen.[188] § 169 Abs. 3 steht weder der Vereinbarung einer beitragsproportionalen Verteilung der Abschlusskosten noch der Vereinbarung von Nettotarifen[189] entgegen.

---

[176] *Hommel/Zeitler* in Patzer § 341f Rn. 20; *Führer/Grimmer* Lebensversicherungsmathematik S. 97.
[177] *Hommel/Zeitler* in Patzer § 341f Rn. 20.
[178] Begr. zu Art. 1 (§ 169) RegE Gesetz zur Reform des Versicherungsvertragsrechts, BT-Drs. 16/3945, 103.
[179] § 341e Abs. 1 S. 1 HGB; vgl. *Ellenbürger/Hammers* in MüKoBilanzR § 341e Rn. 3 ff.
[180] Deckungsrückstellungsverordnung v. 18.4.2016, BGBl. I S. 767.
[181] Vom 1.1.2015 bis zum 31.12.2016 betrug der Höchstrechnungszins 1,25 % davor betrug er 1,75 %; vor Januar 2012: 2,25 %.
[182] Mit Wirkung zum 1.1.2015 von zuvor 4 % auf 2,5 % abgesenkt durch das LVRG v. 1.8.2014, BGBl. I S. 1330.
[183] Zu Begriff und Zweck der Zillmerung → Rn. 10 f.
[184] Weiterführend *Krause* in Looschelders/Pohlmann VVG § 169 Rn. 13, 14; *Hommel/Zeitler* in MüKoHGB § 341f Rn. 32.
[185] *Krause* in Looschelders/Pohlmann VVG § 169 Rn. 31; *Ellenbürger/Hammers* in MüKoBilanzR HGB § 341f Rn. 9; *Hommel/Zeitler* in MüKoHGB § 341f Rn. 28; *Präve* in Prölss/Dreher VAG § 138 Rn. 7; *Engeländer* NVersZ 2001, 289 (290, 295).
[186] Insoweit überrascht die Begr. zum RegE, wonach die „bilanz- und aufsichtsrechtlichen Regelungen der Deckungsrückstellung (§ 341 f. HGB, § 65 VAG aF)" bei der Berechnung des Deckungskapitals zu berücksichtigen sind; Begr. zu Art. 1 (§ 169) RegE Gesetz zur Reform des Versicherungsvertragsrechts, BT-Drs. 16/3945, 102; ebenfalls krit. dazu, was der Gesetzgeber mit dem Verweis auf § 341f HGB, § 65 VAG aF gemeint haben könnte: *Engeländer* VersR 2007, 1297 (1300 f.) Fn. 28.
[187] *Ortmann* in Schwintowski/Brömmelmeyer/Ebers VVG § 169 Rn. 54; *Grote* in Langheid/Rixecker § 169 Rn. 35; *Reiff* in Prölss/Martin VVG § 169 Rn. 33; bei Altersvorsorgeverträgen muss eine Verrechnung der Abschlusskosten innerhalb der ersten fünf Jahre ausdrücklich vereinbart werden, andernfalls werden Abschlusskosten beitragsproportional verrechnet, § 1 Abs. 1 Ziff. 8 AltZertG.
[188] *Ortmann* in Schwintowski/Brömmelmeyer/Ebers VVG § 169 Rn. 54.
[189] → Rn. 90 f.

Wird für die Prämienkalkulation ein höherer Rechnungszins verwendet als für die Berechnung 80
der Bilanz-Deckungsrückstellung, wäre das Deckungskapital und damit auch der Rückkaufswert
niedriger als die Bilanz-Deckungsrückstellung.[190] Sind die Rechnungsgrundlagen der Prämienkalkulation mit den Rechnungsgrundlagen der Bilanzdeckungsrückstellung identisch, entspricht das
Deckungskapital gem. § 169 Abs. 3 der Höhe nach der Bilanz-Deckungsrückstellung. In der Praxis
deutscher Versicherer ist es überwiegend üblich, dass die Rechnungsgrundlagen der Bilanzdeckungsrückstellung auch für die Prämienkalkulation verwendet werden.[191] Für die Mehrzahl der klassischen
deutschen Versicherungsprodukte ist folglich die Gleichsetzung von Deckungsrückstellung und
Deckungskapital dem Grunde nach richtig. Etwas anderes gilt, soweit Versicherer aufgrund der
aktuell andauernden Niedrigzinsphase nach § 5 Abs. 3 DeckRV gehalten sind, eine Zusatzzinsreserve
(ZZR) zu bilden, um sicherzustellen, dass die den Versicherungsnehmern garantierten Leistungen
zum jeweiligen Ablaufdatum der Versicherungsverträge erbracht werden können. Die ZZR ist Teil
der (kollektiven) Deckungsrückstellung nach § 341f HGB hat aber keinen Einfluss auf das nach
Rechnungsgrundlagen der Prämienkalkulation zu berechnende Deckungskapital.[192]

bb) Ergebnis. Hinsichtlich des Begriffs des Deckungskapitals iSd § 169 Abs. ist im Ergebnis 81
Engeländer und *Krause* zuzustimmen: Das **Deckungskapital** ist der nach versicherungsmathematischen Annahmen (bzw. Rechnungsgrundlagen) geschätzte Barwert der zukünftigen Leistungen und
Kosten vermindert um den Barwert der zukünftigen Beiträge und zukünftigen Zinsen eines Vertrages.[193] Von dem Zeitwert und der Deckungsrückstellung unterscheidet sich das Deckungskapital
iSd § 169 Abs. 3 vor allem durch die zu verwendenden Rechnungsgrundlagen.

c) Rechnungsgrundlagen der Prämienkalkulation. Zu klären bleibt, was unter den maß- 82
geblichen „Rechnungsgrundlagen der Prämienkalkulation" zu verstehen ist.

Gesetzlich definiert sind die Rechnungsgrundlagen der Prämienkalkulation nicht. In der **traditionellen Versicherungsmathematik** bezeichnet man als Rechnungsgrundlagen sämtliche Parameter, die in einer versicherungsmathematischen Formel eingesetzt werden. Die Rechnungsgrundlagen der Prämienkalkulation sind danach die Parameter, die in einer versicherungsmathematischen
Formel zur Kalkulation der Prämie verwendet werden. Traditionell zählen zu diesen Parametern das
biometrische Risiko (Ausscheideordnungen, zB Sterbetafeln), Kostenansätze und der Diskontierungszinssatz.[194]

In den letzten Jahrzehnten wurden neben den Verfahren der traditionellen Versicherungsmathematik auch **moderne versicherungsmathematische Berechnungsverfahren** für die Prämien 84
entwickelt, die nicht mehr auf traditionellen Rechnungsgrundlagen der Prämienkalkulation (Sterbetafeln, Kostenansätze, Diskontierungszins) beruhen, sondern zB analytische Methoden oder stochastische Verfahren verwenden.[195] Auch solche modernen Methoden sind als **Rechnungsgrundlage
der Prämienkalkulation iSd § 169 Abs. 3** anzusehen und lassen folglich die Ableitung eines
Deckungskapitals iSd § 169 Abs. 3 zu.[196]

Die Anerkennung moderner Verfahren der Prämienkalkulation im Rahmen von § 169 Abs. 3 85
ist geboten, da auch das VAG eine Prämienkalkulation auf der Grundlage moderner versicherungsmathematischer Methoden zulässt, § 138 VAG.[197] Die Prämie muss nach § 138 VAG nur so vorsichtig
kalkuliert sein, dass die dauerhafte Erfüllbarkeit der Verträge gewährleistet ist, und auf **versicherungsmathematischen Annahmen** basieren.[198] Die Verwendung von bestimmten Rechnungs-

---

[190] Die Verwendung eines höheren Rechnungszinses für die Prämienkalkulation als für die Deckungsrückstellung ist in den Grenzen von § 138 VAG zulässig. § 2 DeckRV gilt nur für die Berechnung der Deckungsrückstellung nicht aber für die Prämienkalkulation. Ein erhebliches Abweichen könnte als aufsichtsrechtlicher Missstand gewertet werden, *Präve* in Prölss/Dreher VAG § 138 Rn. 7; *Krause* in Looschelders/Pohlmann VVG § 169 Rn. 31 f.
[191] *Krause* in Looschelders/Pohlmann VVG § 169 Rn. 31 f.; *Präve* in Prölss/Dreher VAG § 138 Rn. 5; *Claus* ZfV 1994, 139 (140).
[192] Ausführlich: *Krause* in Looschelders/Pohlmann VVG § 169 Rn. 31 sowie Rn. 13 und 14.
[193] Anschaulich beschreibt *Kaulbach* VersR 2018, 9 (10) diesen „Sparvorgang" in der klassischen kapitalbildenden Lebensversicherung.
[194] *Präve* in Prölss/Dreher VAG § 138 Rn. 6 ff.; *Führer/Grimmer* Lebensversicherungsmathematik S. 45 ff.; *Engeländer* VersR 2007, 1297 (1302).
[195] *Ortmann* in Schwintowski/Brömmelmeyer/Ebers VVG § 169 Rn. 32; *Engeländer* VersR 2007, 1297 (1302).
[196] Zweifelnd *Engeländer* VersR 2007, 1297 (1302); nach ihm ist zwar die Ableitung eines Deckungskapitals möglich, nicht aber mit den „Rechnungsgrundlagen der Prämienkalkulation".
[197] *Reiff* in Prölss/Martin VVG § 169 Rn. 32; *Ortmann* in Schwintowski/Brömmelmeyer/Ebers VVG § 169 Rn. 32.
[198] *Präve* in Prölss/Dreher VAG § 138 Rn. 4 f.; *Görtz* in KBP VAG § 138 Rn. 2 ff.; aA *Engeländer* NVersZ 2001, 289 (291). *Engeländer* vertritt die Auffassung, der Wortlaut von Art. 19 der 3. RL-Leben (92/96/

grundlagen im Sinne der traditionellen Versicherungsmathematik (Sterbetafeln, Kosten, Diskontierungszins) ist nicht vorgeschrieben. Europarechtlich wäre eine solche Vorgabe wegen Art. 209 der RL 2009/138/EG (Solvency II) auch nicht zulässig.[199]

86   Die Konsequenzen der Anerkennung moderner versicherungsmathematischer Methoden als „Rechnungsgrundlage der Prämienkalkulation" iSd § 169 Abs. 3 für die (Mindest-) Höhe des Deckungskapitals werden später unter → Rn. 102 dargestellt.

87   **d) Anerkannte Regeln der Versicherungsmathematik.** Unbeschadet dessen sind gem. § 169 Abs. 3 **anerkannte Regeln der Versicherungsmathematik** zu berücksichtigen. Insoweit bleibt auch der unbestimmte Rechtsbegriff des § 176 VVG 1994, der den Versicherern nach der Auffassung des BGH im Zusammenhang mit dem Zeitwert „gewisse Spielräume lässt,[200] erhalten. Das Erfordernis der Berücksichtigung anerkannter Methoden der Versicherungsmathematik hat allerdings in Kombination mit dem Erfordernis, die Rechnungsgrundlagen der Prämienkalkulation zu verwenden, weniger eigenständige als vielmehr deklaratorische Bedeutung, da ja die Prämienkalkulation selbst auf der Grundlage angemessener versicherungsmathematischer Annahmen beruhen muss (§ 138 Abs. 1 VAG), deren Einhaltung von einem verantwortlichen Aktuar (§ 141 VAG) überwacht wird.[201]

88   **e) Objektivierbarkeit der Rechnungsgrundlagen der Prämienkalkulation.** Die Berechnung des Deckungskapitals iSd § 169 Abs. 3 hängt damit von den vom Versicherer verwendeten Methoden der Prämienkalkulation ab. Anders als vor der Deregulierung ist der Versicherer in den Grenzen von § 138 Abs. 1 VAG 2016 bei der Kalkulation der Prämien frei. Folglich gibt es auch kein „allgemeingültiges" Deckungskapital. Trotz des Fehlens eines solchen „allgemeingültigen" Deckungskapitals iSd § 169 Abs. 3 ist die Bezugnahme auf das Deckungskapital dennoch **transparenter und vorhersehbarer** als der Zeitwert iSd § 176 VVG 1994. Die für die Berechnung des Deckungskapitals zu verwendenden Rechnungsgrundlagen der Prämienkalkulation stehen nämlich – anders als die Rechnungsgrundlagen des Zeitwerts – bei Vertragsschluss grds. unabänderlich fest. Außerdem sind die tatsächlich verwendeten Rechnungsgrundlagen der Prämienkalkulation auch grds. objektivierbar, da sie gem. § 143 VAG der Aufsichtsbehörde zur Kenntnisnahme vorzulegen sind.

89   Eine andere Frage ist demgegenüber, ob es einer Vereinbarung der verwendeten Rechnungsgrundlagen im Vertrag bedarf. Hierzu wird vertreten, dass eine Offenlegung der Rechnungsgrundlagen im Versicherungsvertrag nicht verlangt werden könne, da diese zum Geschäftsgeheimnis des Versicherers gehören.[202] Im Ergebnis ist eine solche Pflicht zur Offenlegung der Rechnungsgrundlagen wohl tatsächlich abzulehnen. Dagegen spricht zunächst, dass der Versicherungsnehmer mit offengelegten Rechnungsgrundlagen der Prämienkalkulation regelmäßig wenig anfangen können wird. Zudem ist eine etwaige Pflicht, die zur Berechnung des Rückkaufswerts zu verwendenden Rechnungsgrundlagen offenzulegen, im Wortlaut des Abs. 3 – anders als in demjenigen von Abs. 4 S. 2 für die fondsgebundene Lebensversicherung – nicht einmal angedeutet. Daher wird man die Angabe der – voraussichtlichen – Rückkaufswerte gem. Abs. 3 S. 2 iVm § 2 der VVG-InfoV als ausreichend betrachten können. Demgegenüber legt die Begründung zu Art. 1 (§ 169) RegE Gesetz zur Reform des Versicherungsvertragsrechts, wonach der Versicherungsnehmer zur Überprüfung des Rückkaufswerts ggf. einen Sachverständigen einschalten könne,[203] nahe, dass der Versicherer im Rahmen einer gerichtlichen Auseinandersetzung über die Angemessenheit der Höhe des Rückkaufswerts gehalten ist, die verwendeten Rechnungsgrundlagen der Prämienkalkulation dem Versicherungsnehmer bzw. einem Sachverständigen gegenüber offenzulegen.[204] Der BGH lehnt einen Anspruch des Versicherungsnehmers auf Offenlegung der Rechnungsgrundlagen unter Berücksichtigung des Geheimhaltungsinteresses des Versicherers ab.[205] Es bestehe nur ein eingeschränkter Aus-

---

EWG), ersetzt durch Art. 21 der RL-Leben (2002/83/EG), ab 1.11.2012 ersetzt durch Art. 209 der RL-Solvabilität II (2009/138/EG) gebiete es, § 138 VAG (bzw. § 11 VAG a.F.) so auszulegen, dass die Vorschrift lediglich eine Mindesthöhe der Prämien verlange, nicht aber vorschreibe, dass die Prämie auf der Grundlage versicherungsmathematischer Annahmen bestimmt werde.

[199] Ähnlich *Ortmann* in Schwintowski/Brömmelmeyer/Ebers VVG § 169 Rn. 30.
[200] BGHZ 147, 354 = VersR 2001, 841 (843) = NVersZ 2001, 308 (309 f.); BGHZ 147, 373 = VersR 2001, 839 (840) = NVersZ 2001, 313 (314).
[201] *Grote* in Marlow/Spuhl Neues VVG S. 236 f.; im Detail *Brömmelmeyer* VersWissStud Bd. 14, 2000, S. 177.
[202] *Ortmann* in Schwintowski/Brömmelmeyer/Ebers VVG § 169 Rn. 43; *Engeländer* VersR 2007, 1297 (1303).
[203] BT-Drs. 16/3945, 102.
[204] Hierfür spricht die Begr. zu Art. 1 (§ 169) RegE Gesetz zur Reform des Versicherungsvertragsrechts, BT-Drs. 16/3945, 102, wonach der Versicherungsnehmer zur Überprüfung des Rückkaufswerts ggf. einen Sachverständigen einschalten müsse; abl. *Engeländer* VersR 2007, 1297 (1302).
[205] BGH VersR 2013, 1381 Rn. 25 ff.; 2014, 822 Rn. 19.

kunftsanspruch, dessen Umfang und Inhalt sich danach richte, welche Informationen der Berechtigte benötigt, um seinen Anspruch geltend machen zu können.[206] Nach Auffassung des BGH ist dem genüge getan, wenn der Versicherer „in geordneter Form" über folgende Beträge Auskunft erteilt: (1) der Hälfte des mit den Rechnungsgrundlagen der Prämienkalkulation berechneten ungezillmerten Deckungskapitals bzw. des ungezillmerten Fondsguthabens; (2) den Rückkaufswert der versprochenen Leistung (mit intransparenten Klauseln); (3) den „Stornoabzugs" und die Überschussbeteiligung.[207]

3. Streckung der angesetzten Abschlusskosten (S. 1 Hs. 2)/Nettopolicen. a) Angesetzte Abschlusskosten. Der Rückkaufswert muss mindestens dem Betrag des Deckungskapitals entsprechen, dass sich bei gleichmäßiger Verteilung der Abschlusskosten auf die ersten fünf Vertragsjahre ergibt. Die Streckung der Abschlusskosten setzt zunächst voraus, dass die Abschlusskosten als Teil der Prämien „angesetzt" sind, dass also eine Verrechnung der Abschlusskosten mit den Prämien vereinbart worden ist.[208] Haben die Parteien abw. davon zB vereinbart, dass Abschlusskosten gesondert gezahlt werden und kommt es somit nicht zu einer Verrechnung der Abschlusskosten (sog. **Nettotarif**), findet auch keine Verteilung dieser Kosten über einen Zeitraum von fünf Jahren statt.[209] Der nach § 169 Abs. 3 berechnete Rückkaufswert ist bei einem solchen Nettotarif entsprechend höher. Eine Zillmerung des Deckungskapitals iSd § 169 Abs. 3 findet in diesem Fall nicht statt.

Nettotarife. Handelt es sich bei dem Versicherungsvertrag um einen Nettotarif (Nettopolice), wird regelmäßig eine separate Verpflichtung zur Zahlung der Abschlusskosten vereinbart. Diese besteht grds. fort, auch wenn der Versicherungsvertrag vorzeitig beendet wird.[210] Nach der Begründung zum RegE geht der Gesetzgeber zwanglos von der Zulässigkeit von Nettotarifen aus, so dass eine gesondert vereinbarte Pflicht zur Zahlung von Abschlusskosten – hinreichende Transparenz vorausgesetzt – auch dann wirksam ist, wenn der Versicherungsvertrag vorzeitig beendet wird.[211] Der Gesetzesbegründung ist nicht zu entnehmen, ob mit der „gesonderten" Vereinbarung zur Zahlung der Abschlusskosten (nur) eine solche Vereinbarung gemeint ist, aufgrund derer der Versicherungsnehmer sich verpflichtet, die Abschlusskosten unmittelbar an den für ihn tätigen Makler zu zahlen, oder ob hierunter auch eine „gesonderte" Vereinbarung mit dem Versicherer zu verstehen ist, aufgrund derer der Versicherungsnehmer verpflichtet ist, die Abschlusskosten unabhängig von dem Fortbestand des Versicherungsvertrages an den Versicherer (weiter) zu zahlen. Der Zweck des § 169, nämlich das gesetzlich verankerte Kündigungsrecht des Versicherungsnehmers nicht zu unterlaufen,[212] sowie der Rechtsgedanke des § 169 Abs. 5 S. 2 (Verbot des Abzugs noch nicht getilgter Abschlusskosten im Rahmen des Stornoabzugs) sprechen dafür, keine Vereinbarungen zwischen Versicherungsnehmer und Versicherer zuzulassen, aufgrund derer der Versicherungsnehmer bei vorzeitiger Beendigung des Versicherungsvertrags zur (vollständigen) ratierlichen Zahlung der Abschlusskosten verpflichtet bleibt.[213]

Der BGH kommt auf einem anderen Weg zu einem wirtschaftlich ähnlichen Ergebnis: Der BGH hat entschieden, dass eine Kostenausgleichsvereinbarung zwischen Versicherer und Versicherungsnehmer unter dem Gesichtspunkt der Vertragsfreiheit gemessen an § 169 grds. zulässig ist.[214] Aus § 169 Abs. 3, 5 S. 2 folge keine Unwirksamkeit einer solchen Vereinbarung. Das Verbot des Abzugs nicht getilgter Abschlusskosten wolle nur im Fall einer Einrechnung der Abschlusskosten in die Prämie Anwendung finden. Im Übrigen folge aus der Gesetzesbegründung, dass Gesetzgeber die Freiheit der Parteien, die Zahlung von Abschlusskosten gesondert zu regeln, grds. nicht habe einschränken wollen.[215] Im Ergebnis sieht allerdings auch der BGH in einer **unkündbaren Kostenausgleichsvereinbarung** eine **unangemessene Benachteiligung** des Versicherungsneh-

---

[206] BGH VersR 2013, 1381 Rn. 25.
[207] BGH VersR 2013, 1381 Rn. 9, 25 ff., 29.
[208] Begr. zu Art. 1 (§ 169) RegE Gesetz zur Reform des Versicherungsvertragsrechts, BT-Drs. 16/3945, 102; *Wandt* VersR Rn. 1262; detailliert zum Begriff „angesetzte Abschlusskosten" *Engeländer* VersR 2007, 1297 (1306).
[209] Begr. zu Art. 1 (§ 169) RegE Gesetz zur Reform des Versicherungsvertragsrechts, BT-Drs. 16/3945, 102.
[210] Begr. zu Art. 1 (§ 169) RegE Gesetz zur Reform des Versicherungsvertragsrechts, BT-Drs. 16/3945, 102.
[211] Begr. zu Art. 1 (§ 169) RegE Gesetz zur Reform des Versicherungsvertragsrechts, BT-Drs. 16/3945, 102; *Wandt* VersR Rn. 1262; *Grote* in Marlow/Spuhl Neues VVG S. 242; *Engeländer* VersR 2007, 1297 (1310).
[212] → Rn. 3.
[213] *Winter* in Bruck/Möller VVG § 169 Rn. 90; LG Rostock NJW-RR 2010, 1694 f. = r+s 2011, 170 nkr; ähnlich *Ortmann* in Schwintowski/Brömmelmeyer/Ebers VVG § 169 Rn. 68.
[214] BGH VersR 2014, 567 Rn. 17 f.; → Rn. 15, 16 mwN zum Meinungsstand.
[215] BGH VersR 2014, 567 Rn. 20.

mers.[216] Denn eine Vertragsgestaltung, die einen Fortbestand einer Kostenausgleichsvereinbarung vorsehe, führe „zu einer unzulässigen Beeinträchtigung des Rechts auf den Rückkaufswert und damit zu einer Aushöhlung des Vertragszwecks" und unterlaufe das unabdingbare Kündigungsrecht des Versicherungsnehmers.[217] Eine Klausel in einer Kostenausgleichsvereinbarung mit der das Recht, dieselbe zu kündigen ausgeschlossen wird, ist folglich gem. § 307 Abs. 2 Nr. 2 BGB unwirksam, wenn es sich dabei – wie regelmäßig – um eine allgemeine Geschäftsbedingung handelt.[218]

Unbeschadet dessen kann sich der Versicherungsnehmer zulässigerweise verpflichten, die (vollständigen) Abschlusskosten auch bei vorzeitiger Vertragsbeendigung an einen für ihn tätigen Makler[219] und sog. an einen Versicherungsvertreter[220] zu zahlen.

91 **b) Gleichmäßige Verteilung der Abschluss- und Vertriebskosten auf die ersten fünf Vertragsjahre bei Kündigung.** Abs. 3 S. 1 enthält eine Sonderregelung für Fälle, in denen der Versicherungsvertrag innerhalb der ersten Jahre gekündigt wird (sog. Frühstorno). In diesen Fällen sind die angesetzten Abschluss- und Vertriebskosten rechnerisch gleichmäßig auf die ersten fünf Jahre zu verteilen. Die bisherige Praxis der Versicherer, die ersten Sparprämien zur Deckung der Abschlusskosten zu verwenden und auf dieser Grundlage die Prämie zu kalkulieren (sog. **Zillmerung**) führt nämlich – so die Begründung zum RegE – dazu, „dass zumindest in den ersten zwei Vertragsjahren kein Rückkaufswert besteht".[221]

92 Mit der Neuregelung wollte der Gesetzgeber verhindern, dass der kündigende Versicherungsnehmer die vollen Auswirkungen der Zillmerung auf das Deckungskapital zu tragen hat. Vielmehr soll dem kündigenden Versicherungsnehmer ein **Mindestrückkaufswert** zustehen.[222] Maßgeblich hierfür ist der Betrag des Deckungskapitals, der sich ergibt, wenn die **angesetzten Abschluss- und Vertriebskosten**[223] rechnerisch gleichmäßig auf die ersten **fünf Vertragsjahre verteilt** werden. Diese Streckung der Abschlusskosten gilt zivilrechtlich im Verhältnis zwischen dem Versicherer und dem Versicherungsnehmer. Sie hat keinen Einfluss auf die Vergütungsvereinbarung zwischen dem Versicherer und dem Versicherungsvermittler. Seit dem 1.4.2012 sind Versicherer aber aufsichtsrechtlich verpflichtet, mit Vermittlern zu vereinbaren, dass die angefallene Provision nur bis zu der Höhe einbehalten werden darf, die nicht höher ist als der Betrag, der bei gleichmäßiger Verteilung der Provision über die ersten fünf Jahre bis zur Kündigung angefallen wäre (§ 49 Abs. 1 VAG). Die Streckung der Abschlusskosten findet Anwendung, wenn Versicherungsnehmer oder Versicherer (§ 166 Abs. 1 iVm § 165 Abs. 2) den Vertrag kündigen.[224] Beides beruht nämlich oft auf dem Umstand, dass der Versicherungsnehmer die weiteren Prämien nicht mehr zahlen kann.[225] Trotz abweichender Interessenlage gilt die Sonderregelung aber auch dann, wenn der Versicherer den Vertrag wegen einer Anzeigepflichtverletzung gem. § 19 Abs. 3 S. 2 kündigt. Die Sonderregelung gilt indes **nicht für Fälle des Rücktritts und der Anfechtung** des Versicherers, da hierbei immer ein Fehlverhalten des Versicherungsnehmers vorliegen wird und folglich kein Anlass besteht, den Versicherungsnehmer zu schützen.[226]

93 Die Neuregelung in S. 1 knüpft an das sog. „Riester-Modell" gemäß dem Altersvorsorgeverträge-Zertifizierungsgesetz v. 26.6.2001 (AltZertG) an.[227]

94 **c) Berücksichtigung der Höchstzillmersätze.** Der Gesetzgeber will mit der Bezugnahme auf den Höchstzillmersatz ausschließen, dass vom Versicherer die gesamten Abschlusskosten unabhängig von ihrer tatsächlichen Höhe innerhalb der ersten Vertragsjahre **in Ansatz** gebracht werden. Verteilt man nämlich sehr hohe Abschlusskosten gleichmäßig auf die ersten fünf Jahre, könnte die

---

[216] BGH VersR 2014, 567 Rn. 28 ff.
[217] BGH VersR 2014, 567 Rn. 31 f.
[218] BGH VersR 2014, 567 Rn. 26; seitdem stRspr, BGH VersR 2014, 877; BeckRS 2014, 18927; VersR 2015, 222; LG Bonn NJOZ 2016, 418 (419); aA *Reiff* r+s 2013, 525 (536); *Reiff* VersR 2012, 645 (654 f.).
[219] BGH VersR 2005, 406 (408).
[220] BGH VersR 2014, 64, kartellrechtliche Entscheidung; BGH VersR 2014, 240; 877; → § 168 Rn. 47; im Detail *Reiff* r+s 2013, 525 ff.; *Reiff* VersR 2012, 645.
[221] Begr. zu Art. 1 (§ 169) RegE Gesetz zur Reform des Versicherungsvertragsrechts, BT-Drs. 16/3945, 102.
[222] Begr. zu Art. 1 (§ 169) RegE Gesetz zur Reform des Versicherungsvertragsrechts, BT-Drs. 16/3945, 102; *Krause* in Looschelders/Pohlmann VVG § 169 Rn. 42; *Brambach* in HK-VVG § 169 Rn. 31 ff; *Ortmann* in Schwintowski/Brömmelmeyer/Ebers VVG § 169 Rn. 53 f.
[223] Zum Begriff der „angesetzten" Abschluss- und Vertriebskosten *Engeländer* VersR 2007, 1297 (1306).
[224] Im letzten Fall ist die Streckung der Abschlusskosten bei der Berechnung der prämienfreien Versicherungsleistung zu berücksichtigen, *Ortmann* in Schwintowski/Brömmelmeyer/Ebers VVG § 169 Rn. 59.
[225] Begr. zu Art. 1 (§ 169) RegE Gesetz zur Reform des Versicherungsvertragsrechts, BT-Drs. 16/3945, 103.
[226] Begr. zu Art. 1 (§ 169) RegE Gesetz zur Reform des Versicherungsvertragsrechts, BT-Drs. 16/3945, 103.
[227] Begr. zu Art. 1 (§ 169) RegE Gesetz zur Reform des Versicherungsvertragsrechts, BT-Drs. 16/3945, 102.

beabsichtigte Besserstellung des früh kündigenden Versicherungsnehmers vereitelt werden.[228] Daher sah Abs. 3 in der Fassung des RegE vor, dass bei der Verteilung der in Ansatz gebrachten Abschluss- und Vertriebskosten die **„Höchstzillmersätze zu beachten"** sind.

Wäre Abs. 3 in der Fassung des RegE Gesetz geworden, wären hierdurch in Deutschland tätige 95 Versicherer aus der EU/dem EWR faktisch den aufsichtsrechtlichen Regeln über die Zillmerung nach § 88 VAG iVm § 4 DeckRV unterworfen worden, was sehr wahrscheinlich einen Verstoß gegen die in Art. 56 ff. AEUV[229] garantierte Dienstleistungsfreiheit dargestellt hätte.[230]

Die endgültige Fassung von Abs. 3 letzter Teilsatz wurde aufgrund dieser Bedenken geändert[231] 96 und besagt nunmehr, dass die **aufsichtsrechtlichen Regelungen über den Höchstzillmersatz unberührt** bleiben. Der Wortlaut dieser Vorschrift ist allerdings nicht besonders glücklich.[232] Bei wörtlichem Verständnis enthält er nämlich nur noch eine Selbstverständlichkeit: § 169 Abs. 3 berührt die aufsichtsrechtlichen Vorschriften über die Zillmerung, die ja die Berechnung der handelsrechtlichen Deckungsrückstellung betreffen, nicht und hätte sie selbstverständlich auch dann nicht „berührt", wenn der letzte Teilsatz ersatzlos gestrichen worden wäre.

Die Neufassung von Abs. 3 letzter Teilsatz ist daher unter Berücksichtigung der ursprünglichen 97 Fassung des RegE und der Begründung zur Beschlussempfehlung[233] zu verstehen.[234] Danach ergibt sich aus Abs. 3 letzter Teilsatz, dass jeweils gültige aufsichtsrechtliche Höchstzillmersätze (§ 88 VAG iVm § 4 DeckRV) **zum Zwecke der Berechnung des Rückkaufswerts** insoweit zu beachten sind, als das deutsche Aufsichtsrecht gilt. Damit dürfen Versicherer, die der deutschen Versicherungsaufsicht unterstehen, Abschlusskosten nur insoweit auf die ersten 5 Vertragsjahre verteilen, als diese Kosten den **Höchstzillmersatz** von derzeit 2,5 % der Prämiensumme (= Höchstzillmersatz § 4 DeckRV v. 18.4.2016[235]) nicht überschreiten. Darüber hinausgehende Abschlusskosten sind **beitragsproportional,** dh über die gesamte Prämienzahlungsdauer des Vertrages zu verteilen.[236] Nach dem OLG Köln sollen die den Höchstzillmersatz überschreitenden Teile der Abschlusskosten innerhalb der ersten 5 Jahre gar keine Berücksichtigung finden, sondern allenfalls „auf die nach Ablauf der ersten fünf Vertragsjahre verbleibende Restlaufzeit zu verteilen sein"[237]. Diese Entscheidung wird von der Literatur zu Recht abgelehnt.[238] Tatsächlich fordert § 169 Abs. 3 VVG nur, dass die **„angesetzten",** dh die gezillmerten Abschlusskosten im Fall der Kündigung auf fünf Jahre gestreckt werden. Einer beitragsproportionalen Verteilung der übrigen (oder auch der gesamten) Abschlusskosten, steht § 169 Abs. 3 nicht entgegen. Die Senkung des Höchstzillmersatzes von 4 % auf 2,5 % durch das LVRG für Verträge, die seit dem 1.1.2015 abgeschlossen worden sind, reduziert den Betrag an Abschlusskosten, der bei Kündigung auf die ersten fünf Vertragsjahre verteilt werden kann. Sie führt folglich zu höheren Mindest-Rückkaufswerten in den ersten Vertragsjahren. Versicherer, die der Aufsicht eines anderen Mitgliedstaates unterliegen, sind an diesen Höchstzillmersatz nicht gebunden.[239] EU/EWR-Versicherer dürfen daher auch in Ansatz gebrachte Abschlusskosten, die den Höchstzillmersatz von derzeit 2,5 % der Prämiensumme überschreiten, innerhalb der ersten fünf Jahre vollständig mit dem Rückkaufswert verrechnen. Die hierdurch bedingte **Inländerdiskriminierung**[240] wird vom Gesetzgeber offenbar hingenommen.

d) Keine Streckung der Abschlusskosten bei Verträgen mit Einmalprämie. Weder 98 § 169 noch die Begründung zum RegE sagen ausdrücklich, wie Abschlusskosten bei Frühstorno einer Versicherung mit Einmalprämie bzw. einer Versicherung mit einer Prämienzahlungsdauer von

---

[228] Begr. zu Art. 1 (§ 169) RegE Gesetz zur Reform des Versicherungsvertragsrechts, BT-Drs. 16/3945, 102.
[229] Vertrag über die Arbeitsweise der EU, in Kraft getreten am 1.12.2009, ABl. 2008 C 115, S. 47.
[230] Ausf. zu den europarechtlichen Bedenken zu § 169: Bürkle VersR 2006, 1042 f.
[231] Begr. zur Beschlussempfehlung zu Art. 1 (§ 169) RegE Gesetz zur Reform des Versicherungsvertragsrechts BT-Drs. 16/5862, 100; *Brömmelmeyer* in Beckmann/Matusche-Beckmann VersR-HdB § 42 Rn. 165.
[232] Ähnlich *Krause* in Looschelders/Pohlmann VVG § 169 Rn. 42; *Engeländer* VersR 2007, 1297 (1308).
[233] Begr. zur Beschlussempfehlung zu Art. 1 (§ 169) RegE Gesetz zur Reform des Versicherungsvertragsrechts BT-Drs. 16/5862, 100.
[234] *Krause* in Looschelders/Pohlmann VVG § 169 Rn. 42.
[235] BGBl. 2016 I S. 767; bis 31.12.2014 galt der Höchstzillmersatz von 4 % der Beitragssumme.
[236] *Engeländer* VersR 2007, 1297 (1307).
[237] OLG Köln VersR 2016, 1551 (1553); ähnlich aber in sich widersprüchlich OLG Nürnberg BeckRS 2018, 2430, Rn. 38, 45.
[238] OLG Köln VersR 2016, 1542; *Reiff* in Prölss/Martin § 169 Rn. 36; *Brambach* in HK-VVG § 169 Rn. 34.
[239] Begr. zur Beschlussempfehlung zu Art. 1 (§ 169) RegE Gesetz zur Reform des Versicherungsvertragsrechts BT-Drs. 16/5862, 100; *Krause* in Looschelders/Pohlmann VVG § 169 Rn. 42; *Engeländer* VersR 2007, 1297 (1307); aA *Brambach* in HK-VVG § 169 Rn. 46.
[240] *Reiff* in Prölss/Martin VVG § 169 Rn. 37; *Brömmelmeyer* in Beckmann/Matusche-Beckmann VersR-HdB § 42 Rn. 165; krit. zur Notwendigkeit dieser Inländerdiskriminierung *Engeländer* VersR 2007, 1297 (1307); allg. zur Inländerdiskriminierung im europäischen Primärrecht *Winter* VersAufsR S. 44.

weniger als fünf Jahren in Abzug zu bringen sind. Der Wortlaut des § 169 Abs. 3 legt nahe, dass die gleichmäßige Verteilung der Abschlusskosten über einen Zeitraum von fünf Jahren bei allen Lebensversicherungen unabhängig von der Art der Prämienzahlung stattzufinden hat. Dennoch hat bei einer Versicherung mit Einmalprämie keine Streckung der Abschlusskosten stattzufinden und bei einer Versicherung mit einer Prämienzahlungsdauer von weniger als fünf Jahren sind die Abschlusskosten gleichmäßig (nur) über den Zeitraum der Prämienzahlungsdauer zu verteilen.[241] Nach der Begründung zum RegE ist die Verteilung der Abschlusskosten in Frühstornofällen erforderlich, da entgegen der bisherigen Praxis der Versicherer, nämlich der Zillmerung, in den ersten Jahren kein Rückkaufswert bestehe.[242] Bei Versicherungen mit Einmalprämien findet indes weder eine Zillmerung statt, noch mangelt es hier im Falle eines Frühstornos an einem Rückkaufswert. Vor diesem Hintergrund greifen bei Verträgen mit Einmalprämie schon die vom Gesetzgeber angeführten Gründe für die Streckung der Abschlusskosten nicht. Zutreffend weist außerdem *Engeländer* darauf hin, dass unabhängig von den Vorgaben des Abs. 3 eine beitragsproportionale Deckung der Abschlusskosten stets zulässig ist, woraus wiederum folgt, dass bei der Versicherung mit Einmalprämie beitragsproportional gerade die einmalige vollständige Deckung der Abschlusskosten zulässig ist.[243] Entsprechend ist bei Versicherungen mit einer Prämienzahlungsdauer von weniger als fünf Jahren die beitragsproportionale Streckung der Abschlusskosten während der Prämienzahlungsdauer zulässig.[244] Auch die BaFin sieht keine Notwendigkeit für eine Streckung der Abschlusskosten bei Verträgen mit Einmalprämien: Nach Auffassung der Aufsichtsbehörde sprechen Sinn und Zweck des § 169 Abs. 3 gegen eine Einbeziehung von Versicherungen mit Einmalprämie in den Schutzbereich dieser Norm.[245]

99 **4. Angabe des Rückkaufswerts vor Vertragsschluss (S. 2) und Erfordernis eines garantierten Rückkaufswerts. a) Keine Pflicht zur Angabe eines garantierten Rückkaufswerts.**
Nach Abs. 3 S. 2 muss der Versicherer dem Versicherungsnehmer vor Abgabe seiner Vertragserklärung den „Rückkaufswert und das Ausmaß, in dem er garantiert ist", mitteilen.

100 Es besteht richtigerweise **keine Pflicht** des Versicherers zur Angabe eines **garantierten Mindestrückkaufswerts**. Dies folgt sowohl aus der Entstehungsgeschichte der Vorschrift als auch aus dem Erfordernis einer europafreundlichen Auslegung. Der Teilsatz „und das Ausmaß, in dem er garantiert ist", ist erst im Rahmen der Beschlussempfehlung in die Vorschrift eingefügt worden, um die Vorschrift an Anh. III Abschn. A Ziff. a.9 der Lebensversicherungsrichtlinie anzupassen.[246] Die ursprüngliche Fassung von Abs. 3 S. 2 sollte demgegenüber tatsächlich eine Pflicht begründen, den Rückkaufswert von vornherein für jedes Vertragsjahr anzugeben: Der Rückkaufswert sollte – so die Begründung zum RegE – „vorbehaltlich der Einschränkungen nach den Abs. 5 und 6 garantiert" sein.[247] Aufgrund erheblicher Zweifel an der Vereinbarkeit des Erfordernisses eines solchen garantierten Rückkaufswerts mit dem Gemeinschaftsrecht[248] wurde Abs. 3 S. 2 um den Satzteil „und das Ausmaß, in dem er garantiert ist", ergänzt und entspricht nunmehr wörtlich Art. 185 Abs. 3 f. der RL 2009/138/EG (Solvabilität II).[249] Die vorerwähnte Begründung zum RegE ist damit durch die mit der Beschlussempfehlung eingefügte Änderung im Gesetzestext obsolet geworden und darf **nicht** mehr zur Auslegung von Abs. 3 S. 2 herangezogen werden.[250]

101 Die endgültige Fassung von Abs. 3 S. 2 stellt klar, dass „nur" der Rückkaufswert und **das Ausmaß, in dem er garantiert ist,** mitgeteilt werden muss. Die Formulierung von Abs. 3 S. 2,

---

[241] *Krause* in Looschelders/Pohlmann VVG § 169 Rn. 44 f.; *Engeländer* VersR 2007, 1297 (1307); *Brambach* in HK-VVG § 169 Rn. 40; *Ortmann* in Schwintowski/Brömmelmeyer/Ebers VVG § 169 Rn. 57; *Grote* in Marlow/Spuhl Neues VVG S. 241 f.

[242] Begr. zu Art. 1 (§ 169) RegE Gesetz zur Reform des Versicherungsvertragsrechts, BT-Drs. 16/3945, 102; bei korrekter Betrachtung hat allerdings das Zillmern keinen unmittelbaren Einfluss auf den Rückkaufswert, sondern nur auf die Bilanz-Deckungsrückstellung, → Rn. 77 ff.; *Krause* in Looschelders/Pohlmann VVG § 169 Rn. 42.

[243] *Engeländer* VersR 2007, 1297 (1307); ähnlich *Ortmann* in Schwintowski/Brömmelmeyer/Ebers VVG § 169 Rn. 57; aA LG Dortmund BeckRS 2015, 16649.

[244] *Engeländer* VersR 2007, 1297 (1307). Für die aufsichtsrechtliche Stornohaftung des Vermittlers ist das ausdrücklich gesetzlich normiert, § 49 Abs. 1 S. 2 VAG.

[245] Hinweise zu einigen Auslegungsfragen zum VVG der BaFin v. 28.5.2008 (VA 21 – A – 2008/0033), Download unter www.bafin.de.

[246] Begr. zur Beschlussempfehlung zu Art. 1 (§ 169) RegE Gesetz zur Reform des Versicherungsvertragsrechts BT-Drs. 16/5862, 100.

[247] Begr. zu Art. 1 (§ 169) RegE Gesetz zur Reform des Versicherungsvertragsrechts, BT-Drs. 16/3945, 102.

[248] *Präve* FS Lorenz, 2004, 517 (524); *Präve* VersR 2007, 1047 (1048); *Lang* VW 2007, 176; *Bürkle* VersR 2006, 1042 (1047).

[249] Früher: Anh. III Abschn. A Ziff. a.9 der RL 2002/83/EG.

[250] Anders *Brambach* in HK-VVG § 169 Rn. 43.

die wörtlich an die Informationspflichten zum Rückkaufswert gem. Anh. III Abschn. A Ziff. a.9 der RL 2002/83/EG (= Art. 185 Abs. 3 f. der RL 2009/138/EG) angepasst worden ist,[251] lässt auch die Mitteilung zu, nach der das Ausmaß des garantierten Rückkaufswerts bei Vertragsschluss „Null" ist.[252]

b) Kein garantierter Rückkaufswert durch das Abstellen auf das mit den Rechnungsgrundlagen der Prämienkalkulation berechnete Deckungskapital. Die für die Berechnung des Deckungskapitals heranzuziehenden Rechnungsgrundlagen der Prämienkalkulation stehen bereits vor Vertragsschluss fest.[253] Bei Vertragsschluss ist eine betragsmäßige Bestimmung des Deckungskapitals[254] für künftigen Vertragsjahre regelmäßig dann möglich, wenn Rechnungsgrundlagen der Prämienkalkulation der traditionellen Versicherungsmathematik (Risiko, Kosten, Zinssatz) verwendet werden.[255] Bei Einsatz dieser traditionellen versicherungsmathematischen Methode steigt das Deckungskapital – vereinfacht und ohne die Berücksichtigung von Überschüssen – linear an und kann für jedes Vertragsjahr im Voraus bestimmt werden.[256] Lässt sich in diesen Fällen ein solches linear ansteigendes Deckungskapital errechnen, ist dieses grds. als das (mindestens) „garantierte Ausmaß" des Rückkaufswerts zu verstehen und als solches im Vertrag anzugeben. Damit stellt es einen garantierten (Mindest-)Rückkaufswert dar. 102

Werden indes „nicht traditionelle", moderne Methoden der Versicherungsmathematik zur Prämienberechnung eingesetzt, ist die gesetzliche Lage weniger klar. Bei Produkten, die mit nicht traditionellen Methoden kalkuliert werden, kann zur Berechnung des Rückkaufswerts nicht unbedingt bereits bei Vertragsschluss ein bezifferbares Deckungskapital für jedes Versicherungsjahr abgeleitet werden.[257] Dies betrifft insbes. – üblicherweise von ausländischen Versicherern angebotene – Versicherungsprodukte, die zB nur endfällige Garantien vorsehen.[258] Der Wert des Deckungskapitals kann bei solchen Produkten nicht völlig losgelöst von zB Kapitalmarktschwankungen berechnet werden. Insoweit behält das Deckungskapital iSd § 169 Abs. 3 notwendiger Weise weiterhin Elemente des nicht garantierten Zeitwerts des § 176 VVG 1994.[259] Ließe man ausschließlich Rechnungsgrundlagen der Prämienkalkulation iSd traditionellen Versicherungsmathematik im Rahmen von § 169 Abs. 3 zu und resultierte daraus (zumindest indirekt) ein Erfordernis, den Rückkaufswert für jedes Vertragsjahr im Voraus zu garantieren, hätte dies zur Folge, dass Produkte mit endfälligen Garantien in Deutschland nicht verkauft werden könnten.[260] 103

Ginge man davon aus, EU/EWR Versicherer wären – unbeschadet von S. 3[261] – verpflichtet, den Rückkaufswert mit den „Rechnungsgrundlagen der Prämienkalkulation" zu berechnen und müssten hierbei „traditionelle Rechnungsgrundlagen" verwenden, so wären sie daran gehindert, Produkte mit endfälligen Garantien zu verkaufen. Hierdurch wären sie mit großer Wahrscheinlichkeit in ihrem Recht auf **Niederlassungs-** (Art. 49 ff. AEUV[262]) und **Dienstleistungsfreiheit** (Art. 56 ff. AEUV) verletzt.[263] Art. 49, 56 AEUV erlauben Beschränkungen nur zum Schutz von Allgemeininte- 104

---

[251] Begr. zur Beschlussempfehlung zu Art. 1 (§ 169) RegE Gesetz zur Reform des Versicherungsvertragsrechts BT-Drs. 16/5862, 100.
[252] *Ortmann* in Schwintowski/Brömmelmeyer/Ebers VVG § 169 Rn. 39; *Schuhmacher* VersR-Schriftenreihe Bd. 48, 2012, S. 138.
[253] → Rn. 83 ff.
[254] Ohne die Zuweisung von Überschussanteilen.
[255] Zum Begriff ausf. → Rn. 83.
[256] *Führer/Grimmer* Lebensversicherungsmathematik S. 93 ff.
[257] *Engeländer* VersR 2007, 1297 (1305).
[258] Deutsche Versicherer bieten solche Produkte aus aufsichtsrechtlichen Gründen bislang idR nicht an; unabhängig von der Art und Weise der Prämienkalkulation wäre jedenfalls eine Deckungsrückstellung gem. § 341 f. HGB unter Berücksichtigung eines fixen Diskontierungszinssatzes (§ 2 DeckRV) und der weiteren aufsichtsrechtlichen und bilanziellen Vorgaben zu berechnen, so dass ein solches Produkt zwar rechtlich möglich wäre, aber nicht wirtschaftlich sinnvoll abgebildet werden könnte; zu dieser Problematik *Krause* in Looschelders/Pohlmann VVG § 169 Rn. 31; *Ortmann* in Schwintowski/Brömmelmeyer/Ebers VVG § 169 Rn. 37.
[259] *Ortmann* in Schwintowski/Brömmelmeyer/Ebers VVG § 169 Rn. 36 f. ff.
[260] Zu diesem Ergebnis gelangt *Engeländer* VersR 2007, 1297 (1304 f., 1312) unter der Prämisse, dass unter den Rechnungsgrundlagen der Prämienkalkulation, die zur Berechnung des Deckungskapitals heranzuziehen sind, lediglich die traditionellen Methoden der Versicherungsmathematik zu verstehen sind.
[261] → Rn. 106.
[262] Vertrag über die Arbeitsweise der EU, in Kraft getreten am 1.12.2009, ABl. 2008 C 115, S. 47.
[263] *Ortmann* in Schwintowski/Brömmelmeyer/Ebers VVG § 169 Rn. 39; *Schuhmacher* ZVersWiss 2012, 281 (283 f.) zur Dienstleistungsfreiheit allg. → Rn. 16; *Dreher* in Prölss/Dreher VAG Einl. Rn. 42; *Schwintowski* in Berliner Kommentar VVG Vor § 159 Rn. 27; *Hübner/Matusche-Beckmann* EuZW 1995, 263 (266); *Dickstein*, Die Merkmale der Lebensversicherung im Europäischen Binnenmarkt, 1996, S. 7 ff.

ressen.²⁶⁴ Ein Verbot, Produkte mit endfälliger Garantie in Deutschland zu verkaufen, wäre allerdings nicht durch das Allgemeininteresse zu rechtfertigen. Einerseits sind nämlich andere Finanzprodukte mit endfälliger Garantie in Deutschland erhältlich und üblich, bei denen der Anleger bei einem Verkauf vor Fälligkeit ebenfalls das Kapitalmarktrisiko trägt (festverzinsliche Wertpapiere wie zB Bundesobligation), andererseits sind Produkte mit endfälliger Garantie nicht generell nachteiliger für den Kunden als Produkte mit garantiertem Rückkaufswert.²⁶⁵

105 c) **Zwischenergebnis.** Weder die Pflicht, den Rückkaufwert anzugeben, noch das Erfordernis, das Deckungskapital mit den Rechnungsgrundlagen der Prämienkalkulation zu bestimmen, führen dazu, dass Produkte ohne garantierte Rückkaufswerte nicht in Deutschland verkauft werden dürfen.²⁶⁶ Allerdings wird unter dem Begriff „Rechnungsgrundlagen der Prämienkalkulation" teilweise ausschließlich die Rechnungsgrundlagen der Prämienkalkulation der traditionellen Versicherungsmathematik verstanden.²⁶⁷ Damit verbleibt es bei einer gewissen **Rechtsunsicherheit** hinsichtlich der Berechnung des Rückkaufswerts bei **Produkten mit endfälligen Garantien** wie auch bei anderen Produkten, bei denen Prämien auf der Grundlage moderner versicherungsmathematischer Annahmen kalkuliert worden sind.²⁶⁸

106 **5. Besonderheiten für EU/EWR-Versicherer (S. 3). a) Anknüpfung an mit Deckungskapital vergleichbaren Bezugswert.** EU/EWR-Versicherer sind befugt, ihre Produkte über eine deutsche Zweigniederlassung (Art. 49 AEUV) oder unmittelbar von ihrem Sitz aus (Art. 56 AEUV) in Deutschland zu vertreiben.²⁶⁹ Auf den Versicherungsvertrag ist regelmäßig deutsches Privatrecht, mithin das VVG anzuwenden.²⁷⁰ Aufsichtsrechtlich unterstehen EU/EWR-Versicherer jedoch dem Recht ihres Sitzlandes.²⁷¹ S. 3 soll gelten für EU/EWR-Versicherer in deren Heimatländern das Aufsichtsrecht ein Deckungskapital iSv Abs. 3 nicht kennt. Solchen Versicherern wird das Recht eingeräumt, den Rückkaufwert nach einem „Bezugswert zu berechnen, der mit dem Deckungskapital vergleichbar ist und im Wesentlichen zu entsprechenden Ergebnissen führt", um diese Versicherer nicht gegenüber einem Versicherer mit Sitz in Deutschland zu benachteiligen.²⁷² Hierbei sei zu berücksichtigen, dass Art. 20 der RL 2002/83/EG für die Bildung versicherungstechnischer Rückstellungen einheitliche Kriterien für die Gemeinschaft vorsehe.²⁷³

107 *Engeländer* weist darauf hin, dass unklar ist, was mit dem „vergleichbaren anderen Bezugswert" gemeint ist und wie der Rückkaufwert von EU/EWR-Versicherern im Detail zu berechnen ist. Das Deckungskapital sei nämlich als prospektive Formel, die den Wert zukünftiger Zahlungsströme beschreibt, im Prinzip universell.²⁷⁴ Tatsächlich waren alle EU/EWR-Versicherer aufgrund von Art. 20 der RL 2002/83/EG gehalten, eine prospektive versicherungstechnische Rückstellung²⁷⁵ zu bilden. Die Ableitung eines prospektiven Deckungskapitals dürfte daher Versicherern in allen EU/EWR Mitgliedstaaten möglich gewesen sein, unabhängig davon, ob es als solches bezeichnet wurde oder ob ihm nach dem nationalen Recht eine besondere Funktion zukam oder nicht.²⁷⁶ Vermutlich hatte der Gesetzgeber mit dem „vergleichbaren anderen Bezugswert" genau diese versicherungstechnischen Rückstellungen nach Art. 20 RL 2002/83/EG im Auge.

---

²⁶⁴ EFTA-Gerichtshof VersR 2006, 249 mAnm *Bürkle*; Mitteilung der Kommission zu Auslegungsfragen „Freier Dienstleistungsverkehr und Allgemeininteresse im Versicherungswesen", ABl. 2000 C 43 S. 3 (5); *Reiff* in Prölss/Martin VVG § 169 Rn. 43; *Wandt* VersR Rn. 1266.
²⁶⁵ *Ortmann* in Schwintowski/Brömmelmeyer/Ebers VVG § 169 Rn. 39; *Engeländer* VersR 2007, 1297 (1305).
²⁶⁶ Inzwischen hL, *Ortmann* in Schwintowski/Brömmelmeyer/Ebers VVG § 169 Rn. 40 f.; *Reiff* in Prölss/Martin VVG § 169 Rn. 43; *Winter* in Bruck/Möller VVG § 169 Rn. 103; *Krause* in Looschelders/Pohlmann VVG § 169 Rn. 60 ff; *Grote* in Langheid/Rixecker VVG § 169 Rn. 28. *Schuhmacher* ZVersWiss 2011, 281 (283 ff.); *Schuhmacher* VersR-Schriftenreihe Bd. 48, 2012, S. 135 f.; aA *Engeländer* VersR 2007, 1297 (1304 f.); *Gatschke* VuR 2007, 447 (449); *Präve* VersR 2008, 151 (154).
²⁶⁷ *Engeländer* VersR 2007, 1297 (1303, 1305); *Führer/Grimmer* Lebensversicherungsmathematik S. 41 ff.; zu den Konsequenzen für die Berechnung des Deckungskapitals → Rn. 102.
²⁶⁸ *Ortmann* in Schwintowski/Brömmelmeyer/Ebers VVG § 169 Rn. 40 f.; *Engeländer* VersR 2007, 1297 (1305).
²⁶⁹ Art. 145 f., 146 f. RL 2009/138/EG (Solvency II); *Mönnich* in Beckmann/Matusche-Beckmann VersR-HdB § 2 Rn. 49 ff.
²⁷⁰ Art. 7 Abs. 3 VO (EG) Nr. 593/2008 (Rom I-VO).
²⁷¹ *Mönnich* in Beckmann/Matusche-Beckmann VersR-HdB § 2 Rn. 49 f.
²⁷² Begr. zu Art. 1 (§ 169) RegE Gesetz zur Reform des Versicherungsvertragsrechts, BT-Drs. 16/3945, 103.
²⁷³ Begr. zu Art. 1 (§ 169) RegE Gesetz zur Reform des Versicherungsvertragsrechts, BT-Drs. 16/3945, 103.
²⁷⁴ *Engeländer* VersR 2007, 1297 (1302).
²⁷⁵ Der in Art. 20 der Lebensversicherungsrichtlinie verwendete Begriff lautet „versicherungstechnische Rückstellungen". Inhaltlich ist dieser Begriff mit der Deckungsrückstellung gem. § 341f HGB identisch.
²⁷⁶ *Engeländer* VersR 2007, 1297 (1302); ähnlich *Krause* in Looschelders/Pohlmann VVG § 169 Rn. 61; anders *Ortmann* in Schwintowski/Brömmelmeyer/Ebers VVG § 169 Rn. 83.

Problematischer dürfte es sich mit den „Rechnungsgrundlagen der Prämienkalkulation" im **108** EU/EWR-Ausland verhalten. Bereits im „nur" deutschen Kontext ist unklar, was darunter zu verstehen ist, bzw. ob es objektivierbare Rechnungsgrundlagen der Prämienkalkulation überhaupt gibt und welche Bedeutung sie für die Berechnung des Rückkaufswerts haben.[277] Jedenfalls aber „passen" die (traditionelle) Rechnungsgrundlagen der Prämienkalkulation überwiegend nicht für EU/EWR-Versicherer.[278] Auch der Wortlaut von S. 3 lässt nicht wirklich eindeutig erkennen, ob ein dem „Deckungskapital vergleichbarer Bezugswert" (seinerseits) mit den Rechnungsgrundlagen der Prämienkalkulation berechnet werden muss oder ob der Bezugswert dem mit den Rechnungsgrundlagen der Prämienkalkulation berechneten Deckungskapital vergleichbar sein muss. Es sollte daher als ausreichend erachtet werden, wenn ein EU/EWR-Versicherer die versicherungstechnischen Reserven nach den dafür in seinem Sitzland üblichen Rechnungsgrundlagen berechnet.[279]

Die europäischen Vorgaben betreffend die Berechnung der versicherungstechnischen Rückstel- **109** lungen sind mit Wirkung zum 1.1.2016 durch **Art. 76–88 RL 2009/138/EG (Solvency II)** grundlegend geändert worden. Der Wert der erforderlichen versicherungstechnischen Rückstellungen entspricht nunmehr dem aktuellen Betrag, den Versicherungsunternehmen zahlen müssten, wenn sie ihre Versicherungsverpflichtungen unverzüglich auf ein anderes Versicherungsunternehmen übertragen würden, Art. 76 Abs. 2 RL 2009/138/EG. Maßgeblich ist somit der aktuelle Marktwert, der nach dem „besten Schätzwert" sowie den in Art. 77 f. RL 2009/138/EG vorgegebener Methoden zu ermitteln ist.[280] Auch dieser nach den Art. 76 ff. RL 2009/138 ermittelte Wert der versicherungstechnischen Reserven kann jedenfalls als „vergleichbarer anderer Bezugswert" von EU/EWR Versicherern zur Bestimmung des Rückkaufswert herangezogen werden.

Zusammenfassend bedeutet dies, dass § 169 Abs. 3 S. 3 EU/EWR-Versicherer verpflichtet, den **109a** Gegenwert der versicherungstechnischen Rückstellung nach Art. 76 ff. RL 2009/138/EG (Solvency II) (früher: Art. 20 RL-Leben 2002/83/EG), berechnet nach den maßgeblichen Regeln des jeweiligen Heimatlandes, als Rückkaufswert an den Versicherungsnehmer zu zahlen. Dies lässt den Versicherern mehr Flexibilität als die zwingende Verwendung der Rechnungsgrundlagen der Prämienkalkulation.[281] Dennoch bringt diese Verpflichtung natürlich Einschränkungen bei der Produktgestaltungsfreiheit mit sich, so dass zweifelhaft ist, ob die Regelung mit europäischen Grundfreiheiten (Niederlassungsfreiheit, Art. 49 ff. AEUV und Dienstleistungsfreiheit, Art. 56 ff. AEUV) vereinbar ist.

b) Streckung der Abschlusskosten/keine Bindung an Höchstzillmersätze. § 169 Abs. 3 **110** S. 1 Hs. 2 verpflichtet EU/EWR-Versicherer ebenso wie deutsche Versicherer, die Abschlusskosten bei einer Kündigung des Vertrages auf einen Zeitraum von fünf Jahren zu strecken, soweit es sich nicht um Verträge mit Einmalprämie oder mit einer Prämienzahlungsdauer von weniger als fünf Jahren handelt.[282] Eine Beachtung des Höchstzillmersatzes kann allerdings von EU/EWR-Versicherern nicht verlangt werden. Dies hat der Gesetzgeber mit der Formulierung von Abs. 3 S. 1 letzter Teilsatz („die aufsichtsrechtlichen Regelungen über Höchstzillmersätze bleiben unberührt") ausdrücklich klargestellt. § 88 Abs. 3 VAG und § 4 DeckRV, die den Höchstzillmersatz festsetzen, finden auf EU/EWR Versicherer keine Anwendung.[283] Folglich können EU/EWR Versicherer bei Kündigung des Vertrages, vorbehaltlich etwaiger Restriktionen des Aufsichtsrechts des Herkunftsmitgliedstaates, die gesamten Abschlusskosten (also auch, wenn diese derzeit insgesamt 2,5 % der Prämiensumme übersteigen) auf die ersten 5 Jahre gestreckt in Abzug bringen.[284]

VIII. Berechnung des Rückkaufswerts bei der fondsgebundenen Lebensversicherung (Abs. 4)

1. Maßgebliche Bezugsgröße: Zeitwert (S. 1 Hs. 1). Für fondsgebundene Versicherungen **111** und andere in § 124 Abs. 2 VAG 2016 geregelte Verträge ist der Rückkaufswert der nach „anerkannten Grundsätzen der Versicherungsmathematik berechnete Zeitwert" zum Zeitpunkt des Wirksamwerdens

---

[277] → Rn. 83 f.; → Rn. 102 f.
[278] *Schuhmacher* VersR-Schriftenreihe Bd. 48, 2012, S. 158.
[279] *Ortmann* in Schwintowski/Brömmelmeyer/Ebers VVG § 169 Rn. 83; *Schuhmacher* VersR-Schriftenreihe Bd. 48, 2012, S. 158.
[280] *Haas/Ladreiter* ZVersWiss 2012, 283 (234).
[281] Jedenfalls wenn man hierunter traditionelle Methoden der Prämienkalkulation versteht, zu all dem → Rn. 102 f.
[282] → Rn. 98; mit Zweifeln an der Europarechtskonformität dieser Regelung: *Wandt* VersR Rn. 1267.
[283] *Krause* in Looschelders/Pohlmann VVG § 169 Rn. 61; *Ortmann* in Schwintowski/Brömmelmeyer/Ebers VVG § 169 Rn. 75; aA *Brambach* in HK-VVG § 169 Rn. 46; → Rn. 94 ff.
[284] *Krause* in Looschelders/Pohlmann VVG § 169 Rn. 61; *Ortmann* in Schwintowski/Brömmelmeyer/Ebers VVG § 169 Rn. 75; *Schuhmacher* VersR-Schriftenreihe Bd. 48, 2012, S. 179; aA *Brambach* in HK-VVG § 169 Rn. 46.

der Kündigung. Anders als bei Versicherungen mit garantierten Ablaufleistungen wird dieser Zeitwert bei fondsgebundenen Versicherungen bzw. bei Versicherungen, deren Ablaufleistung von der Entwicklung bestimmter Vermögenswerte oder Indices abhängt, nicht prospektiv als Differenz des Barwerts der garantierten Leistungen zum Barwert der noch ausstehenden Prämien bestimmt. Dies ist regelmäßig nicht möglich, da eben die Höhe der Ablaufleistung nicht feststeht.[285] Folglich wird der Zeitwert in der fondsgebundenen Versicherung retrospektiv bestimmt und entspricht regelmäßig dem aktuellen Fondsguthaben bzw. dem Wert der dem Vertrag zugrunde liegenden Vermögenswerte.[286]

112 **2. Besonderheiten bei Fondspolicen mit Garantien (S. 1 Hs. 2, erster Teilsatz).** Bei fondsgebundenen Lebensversicherungen, die eine **garantierte Mindestleistung** vorsehen, für die eine prospektive Deckungsrückstellung gebildet wird, ist der Rückkaufswert **insoweit** nach Abs. 3 zu bilden.[287] Eine prospektive Deckungsrückstellung ist für Verträge zu bilden, die als Mindestleistung zB eine bestimmte Garantieleistung als Todesfallleistung oder aber eine bestimmte Erlebensfallleistung vorsehen. Nicht entscheidend ist, ob diese garantierte Mindestleistung an die Summe der gezahlten Beiträge anknüpft (zB Beitragszusage mit Mindestleistung gem. § 1 Abs. 2 Nr. 2 BetrAVG[288]) oder ob von vornherein ein bestimmter zahlenmäßig festgesetzter Betrag vereinbart wurde (zB feststehende Todesfallleistung).[289] Bei Verträgen mit derart betragsmäßig garantierten Leistungen ist – unabhängig vom aktuellen Fondswert – mindestens das für die garantierten Leistungen nach Abs. 3 berechnete Deckungskapital als Rückkaufswert anzusetzen. Maßgeblich für den Rückkaufswert ist also der jeweils höhere Wert aus Fondsvermögen (= Zeitwert) und Deckungskapital für die garantierten Leistungen: Ist das aktuelle Fondsvermögen bereits höher als das Deckungskapital für die garantierten Leistungen, kommt lediglich das Fondsvermögen zur Auszahlung, das Deckungskapital für die garantierten Leistungen muss in diesem Fall nicht etwa zusätzlich ausgezahlt werden.[290]

113 Ist eine Mindestleistung in der fondsgebundenen Versicherung derart bestimmt, dass kein prospektives Deckungskapital gebildet werden kann (zB 110 % des Fondswerts als Todesfallleistung), ist auch der Mindestrückkaufswert insoweit auf der Basis des Zeitwerts zu berechnen.[291] Abs. 3 findet dann keine Anwendung.[292]

114 **3. Verweis auf Abs. 3 „im Übrigen".** Durch den Verweis auf Abs. 3 „im Übrigen" (S. 1 Hs. 2, zweiter Teilsatz) wird klargestellt, dass auch bei der fondsgebundenen Versicherung die Abschluss- und Vertriebskosten zur Sicherung eines Mindestrückkaufswerts bei Kündigung über einen Zeitraum von fünf Jahren gleichmäßig zu verteilen sind[293] und dass die Höchstzillmersätze zu beachten sind, soweit deutsches Aufsichtsrecht Anwendung findet.[294]

115 **4. Angabe der Grundsätze der Berechnung des Rückkaufswerts vor Vertragsschluss (S. 2).** Zusätzlich enthält S. 2 die Verpflichtung, bei der fondsgebundenen Lebensversicherung im Vertrag die „Grundsätze der Berechnung des Rückkaufswerts" vor Vertragsschluss anzugeben.[295] Welche Angaben der Gesetzgeber hierunter im Einzelnen versteht, ist allerdings weder dem Gesetz noch der Gesetzesbegründung zu entnehmen. Auch die VVG-InfoV enthält insoweit keine Konkretisierung.

IX. Stornoabzug (Abs. 5)

116 **1. Vereinbarung.** Ebenso wie nach altem Recht muss der Versicherer einen Stornoabschlag mit dem Versicherungsnehmer wirksam vereinbaren, um diesen im Falle der vorzeitigen Vertragsbe-

---

[285] Ebenso wenig ist bei der fondsgebundenen Lebensversicherung die Berechnung einer prospektiven Deckungsrückstellung möglich, so dass insoweit die Bildung einer retrospektiven Deckungsrückstellung zulässig ist, § 341 f. Abs. 2 HGB; vgl. *Brömmelmeyer* VersWissStud Bd. 14, S. 192; aA *Schick/Franz* VW 2007, 764 (765).
[286] *Reiff* in Prölss/Martin VVG § 169 Rn. 54; *Krause* in Looschelders/Pohlmann VVG § 169 Rn. 62; *Ortmann* in Schwintowski/Brömmelmeyer/Ebers VVG § 169 Rn. 88 f.; *Grote* in Marlow/Spuhl Neues VVG S. 237; *Römer* DB 2007, 2523 (2529); *Brömmelmeyer* VersWissStud Bd. 14, S. 192.
[287] Begr. zu Art. 1 (§ 169) RegE Gesetz zur Reform des Versicherungsvertragsrechts, BT-Drs. 16/3945, 103.
[288] Begr. zu Art. 1 (§ 169) RegE Gesetz zur Reform des Versicherungsvertragsrechts, BT-Drs. 16/3945, 103.
[289] *Ortmann* in Schwintowski/Brömmelmeyer/Ebers VVG § 169 Rn. 91 f.; anders: *Grote* in Marlow/Spuhl Neues VVG S. 237 f. danach soll unter „Garantie" iSd Abs. 4 nur eine solche zu verstehen sein, mit der im Rahmen einer Rentenversicherung eine bestimmte Mindestrente garantiert wird.
[290] Vgl. zur Berechnung der Deckungsrückstellung in der Aktienindexgebundenen Lebensversicherung *Herde* VW 1996, 1714.
[291] *Engeländer* VersR 2007, 1297 (1311); *Ortmann* in Schwintowski/Brömmelmeyer/Ebers VVG § 169 Rn. 91; ähnlich *Schick/Franz* VW 2007, 764.
[292] Begr. zu Art. 1 (§ 169) RegE Gesetz zur Reform des Versicherungsvertragsrechts, BT-Drs. 16/3945, 103 „die eine Mindestleistung vorsehen, für die eine prospektive Deckungsrückstellung gebildet wird".
[293] Begr. zu Art. 1 (§ 169) RegE Gesetz zur Reform des Versicherungsvertragsrechts, BT-Drs. 16/3945, 103.
[294] *Krause* in Looschelders/Pohlmann VVG § 169 Rn. 62.
[295] Begr. zu Art. 1 (§ 169) RegE Gesetz zur Reform des Versicherungsvertragsrechts, BT-Drs. 16/3945, 103.

endigung abziehen zu können. Eine solche Vereinbarung erfolgt regelmäßig im Rahmen von AVB und unterliegt damit der Klauselkontrolle nach §§ 307, 309 BGB.[296] Ist die Vereinbarung zB wegen eines Verstoßes gegen §§ 305 ff. BGB unwirksam, besteht kein Anspruch auf einen Abzug.[297] Die wirksame Vereinbarung eines Stornoabzugs setzt nach dem BGH im Hinblick auf das Transparenzgebot voraus, dass Rückkaufswert und Stornoabzug getrennt voneinander auszuweisen sind.[298] Andernfalls könne der irreführende Eindruck erweckt werden, der Stornoabzug fließe bereits nach Maßgabe gesetzlicher Bestimmungen in die Bestimmung des Rückkaufswerts nach § 176 Abs. 3 VVG 1994 ein.[299] Dieselben Erwägungen gelten auch für § 169,[300] wobei sich aus dem Erfordernis der Bezifferung des Stornoabzugs (Abs. 5 S. 1) nach neuem Recht ohnehin die Notwendigkeit eines separaten Ausweises ergibt.[301]

2. Bezifferung. Abs. 5 S. 1 enthält – neu gegenüber § 176 Abs. 4 VVG 1994 – das zusätzliche Erfordernis, den Stornoabzug zu **beziffern**.[302] Nach § 176 Abs. 4 VVG 1994 reichte es aus, wenn der Abzug im Vertrag **vereinbart** und **angemessen** war. Ausweislich der Begründung zum RegE war nach alter Rechtslage unklar, ob eine Bezifferung des Stornoabzugs bei Vertragsschluss erforderlich war.[303] Eine Storno-Klausel in einem Altvertrag ist jedenfalls dann wegen Intransparenz unwirksam, wenn sie in keiner Weise erkennen lässt, welche wirtschaftlichen Folgen der Versicherer im Falle der Kündigung des Vertrags der Klausel entnehmen will.[304]

Unklar ist nach dem Wortlaut von Abs. 5, ob eine hinreichende Bezifferung auch vorliegt, wenn der Versicherer (zB bei einer fondsgebundenen Lebensversicherung) den Stornoabzug als prozentualen Wert des Deckungskapitals bzw. des Fondsvermögens „beziffert" oder ob stets ein Ausweis in Euro erforderlich ist. Nach dem Zweck des Gesetzes dürfte für die Klärung dieser Frage weniger die exakte Wortbedeutung des Begriffs „beziffern" entscheidend sein als vielmehr, ob der Versicherungsnehmer aufgrund der Angaben zum Stornoabzug in der Lage ist, die „wirtschaftliche Bedeutung"[305] des Stornoabzugs, also dessen Gesamtbetrag zu erfassen.[306] Ob hiervon bei prozentualen Angaben zum Stornoabzug (zB 3 % des Fondsvermögens) ausgegangen werden kann, ist zweifelhaft. Im Zusammenhang mit vor Abschluss des Versicherungsvertrags zu erteilenden Informationen, nämlich dem Ausweis von Abschluss- und Vertriebskosten nach § 7 Abs. 2 Nr. 2 iVm § 2 Abs. 1 Nr. 1, Abs. 2 VVG-InfoV, erachtet der Verordnungsgeber eine solche prozentuale Angabe ausdrücklich als nicht ausreichend.[307] In der Lit. wird eine – nachvollziehbare – prozentuale Angabe überwiegend für zulässig erachtet.[308] Dem ist jedenfalls dann zuzustimmen, wenn der Versicherer zusätzlich zu solchen prozentualen Angaben tabellarisch Beispielswerte in absoluten Zahlen zu möglichen Stornoabzügen bei möglichen Wertentwicklungen des Vertrages angibt, da hierdurch gewährleistet ist, dass der Versicherungsnehmer die wirtschaftliche Bedeutung des Stornoabzugs erfasst.[309]

---

[296] BGHZ 147, 354 = VersR 2001, 841 (843) = NVersZ 2001, 308 (309 f.); BGHZ 147, 373 = VersR 2001, 839 (840) = NVersZ 2001, 313 (314).
[297] BGH VersR 2013, 1381 Rn. 69; BGHZ 164, 297 = VersR 2005, 1565 = NJW 2005, 3559 (3564); OLG Stuttgart VersR 2013, 218 (219); *Wandt* VersR 2001, 1449 (1458).
[298] BGH VersR 2012, 1149 Rn. 49; 2013, 213 Rn. 17.
[299] BGH VersR 2012, 1149 Rn. 49.
[300] BGH VersR 2012, 1149 Rn. 48.
[301] *Brömmelmeyer* VersR 2014, 133 f.
[302] Begr. zu Art. 1 (§ 169) RegE Gesetz zur Reform des Versicherungsvertragsrechts, BT-Drs. 16/3945, 103.
[303] Begr. zu Art. 1 (§ 169) RegE Gesetz zur Reform des Versicherungsvertragsrechts, BT-Drs. 16/3945, 103.
[304] OLG Stuttgart VersR 2013, 218 (219) zu einer Klausel betr. die sog. „Marktwertanpassung" im Falle der Kündigung bei einer englischen Lebensversicherung.
[305] Begr. zu Art. 1 (§ 169) RegE Gesetz zur Reform des Versicherungsvertragsrechts, BT-Drs. 16/3945, 103; BGHZ 147, 354 = VersR 2001, 841 (843) = NVersZ 2001, 308 (309 f.); BGHZ 147, 373 = VersR 2001, 839 (840) = NVersZ 2001, 313 (314); BGHZ 141, 137 (143) = NJW 1999, 2279 = NVersZ 1999, 360.
[306] BGHZ 141, 137 (143) = NJW 1999, 2279 = NVersZ 1999, 360.
[307] Begr. der VVG-InfoV, BAnz. 2008 Nr. 8, S. 98 ff., abgedr. in VersR 2008, 183 (188): „Die Verpflichtung gilt zunächst insbesondere für die Angabe der Abschluss- und Vertriebs- sowie der sonstigen Kosten […], die für den jeweiligen Vertrag konkret zu beziffern und nicht lediglich etwa als Vomhundertsatz eines Bezugswerts anzugeben sind […]."
[308] *Schwintowski* VersR 2010, 1126 (1132); *Krause* in Looschelders/Pohlmann VVG § 169 Rn. 63; *Brömmelmeyer* in Beckmann/Matusche-Beckmann VersR-HdB § 42 Rn. 175a; *Grote* in Langheid/Rixecker VVG § 169 Rn. 47; *Ortmann* in Schwintowski/Brömmelmeyer/Ebers VVG § 169 Rn. 95; aA *Gatschke* VuR 2007, 447 (450).
[309] IErg auch *Schick/Franz* VW 2007, 764 (766); wegen verbleibender Rechtsunsicherheit auf der Basis der hM empfiehlt auch *Brömmelmeyer* VersR 2014, 133 (135) einen entsprechenden tabellarischen Ausweis, sofern ein Ausweis in Euro nicht möglich ist; ähnlich *Baroch Castellví* VersR 2016, 1341 (1343); *Grote/Thiel* VersR 2013, 666 (667).

§ 169 119–121 Teil 2. Einzelne Versicherungszweige. Kap. 5. Lebensversicherung

119   **3. Angemessenheit.** Weiterhin muss der vereinbarte Stornoabzug angemessen sein. Er muss dem Grunde und der Höhe nach gerechtfertigt sein.[310] Als Gründe für einen Stornoabzug kamen nach altem Recht regelmäßig nur drei Umstände (**Bearbeitungskosten, Antiselektion, noch nicht getilgte Abschlusskosten**[311]) in Betracht. Abs. 2 S. 2 stellt für das heutige Recht ausdrücklich klar, dass die Vereinbarung eines Abzugs für noch nicht getilgte Abschlusskosten unwirksam ist.[312] Damit fällt der größte Teil des nach § 176 VVG 1994 zulässigen Stornoabzugs[313] ersatzlos fort. Als Gründe, die die Angemessenheit eines Stornoabzugs rechtfertigen, kommen also zunächst die **Bearbeitungskosten für die Kündigung** sowie die **Antiselektion** (= Risikoverschlechterung) in Betracht. Unter Antiselektion versteht man die Nachteile, die sich für den Versicherer daraus ergeben können, dass sich der Bestand maßgeblich verschlechtert, wenn – vor allem – gute Risiken, die damit rechnen, das sich das versicherte Risiko nicht realisiert, das Versichertenkollektiv vorzeitig verlassen und schlechte Risiken im Kollektiv verbleiben.[314] Als Antiselektionswirkung wird auch der Zinsverlust, der aus dem vorzeitigen Abgang längerfristig angelegten Kapitals resultiert, bezeichnet.[315] Gleichzusetzen ist der Wertverlust (im Niedrigzinsumfeld erworbener) langfristiger Anleihen bei einem plötzlichen Anstieg des Zinsniveaus, der bei einem vorzeitigen Verkauf der Papiere realisiert wird.[316] Im Interesse des Versicherers und der im Bestand verbleibenden Versicherungsnehmer ist allgemein anerkannt, dass dieser Nachteil eine Gegenwirkung durch einen Stornoabzug rechtfertigt.[317] Bei Lebensversicherungen gegen Einmalprämie, die aufgrund ihrer Produktgestaltung als kurzfristige Kapitalanlagen dienen könnten, fordert die BaFin mit Rundschreiben 08/2010 (VA) sogar ausdrücklich, dass angemessene (kapitalmarktreduzierte[318]) Stornoabzüge vereinbart werden (bzw. andere Maßnahmen getroffen werden), um eine **Spekulation gegen den Bestand** auszuschließen, die zu einer **unangemessenen Benachteiligung** der übrigen **Versichertengemeinschaft** führen würde.[319]

120   Neuerdings wird der Stornoabzug auch mit einer weiteren Überlegung gerechtfertigt.[320] Nach § 12 Abs. 2 GDV-Muster-ALB KLV 2019 soll auch der **Ausgleich für kollektiv gestelltes Risikokapital** den Abzug im Falle der vorzeiten Kündigung rechtfertigen. Dieser Abzug ist nach der Begründung in den ALB gerechtfertigt, weil der junge Vertrag in erhöhtem Maß an bereits vorhandenen Solvenzmitteln partizipiere und von der Fähigkeit des Kollektivs, Risiken zu tragen, profitiere.[321] Während der Laufzeit müsse der Vertrag daher Solvenzmittel zur Verfügung stellen. Bei Vertragskündigung gingen diese Solvenzmittel dem verbleibenden Bestand verloren und müssten deshalb im Rahmen des Abzugs ausgeglichen werden.[322] Ob dieser Ausgleich für kollektiv gestelltes Risikokapital einen angemessenen Grund für einen Stornoabzug darstellt, ist zweifelhaft.[323] Die Beweislast für die Angemessenheit des Stornoabzugs trägt der Versicherer.[324]

121   **4. Kein Abzug nicht getilgter Abschlusskosten.** Das Abzugsverbot für noch nicht getilgte Abschlusskosten nach Abs. 5 S. 2 wurde im Rahmen der VVG-Reform eingefügt. Nicht getilgte

---

[310] *Ortmann* in Schwintowski/Brömmelmeyer/Ebers VVG § 169 Rn. 96.
[311] *Ortmann* in Schwintowski/Brömmelmeyer/Ebers VVG § 169 Rn. 96; *Jaeger* VersR 2002, 133 (134); *Winter* in Bruck, Bd. 5, 2. Halbband, Kap. G Anm. 420, mwN aus der älteren Lit. zum Zweck des Stornoabzugs.
[312] → Rn. 121.
[313] Begr. zu Art. 1 (§ 169) RegE Gesetz zur Reform des Versicherungsvertragsrechts, BT-Drs. 16/3945, 103. *Krause* in Looschelders/Pohlmann VVG § 169 Rn. 63; *Ortmann* in Schwintowski/Brömmelmeyer/Ebers VVG § 169 Rn. 96; *Kleinlein* VuR 2008, 13 (16).
[314] Zum Begriff der Antiselektion *Schwintowski* VersR 2010, 1126 (1127); *Grote/Thiel* VersR 2013, 666 (669); *Raestrup* in HdV S. 1084.
[315] *Schwintowski* VersR 2010, 1126 (1127); *Reiff* ZVersWiss 2012, 477 (481); *Ortmann* in Schwintowski/Brömmelmeyer/Ebers VVG § 169 Rn. 97.
[316] Hierzu ausführlich *Baroch Castellvi* VersR 2016, 1341, 1344.
[317] Motive zu § 176 VVG 1908 S. 238; *Schwintowski* VersR 2010, 1126 (1127).
[318] Zum Begriff *Schwintowski* VersR 2010, 1126 (1128 ff.).
[319] BaFin-Rundschreiben 08/2010 v. 7.9.2010, VA 21-I 4209-2010/0002; iE *Schwintowski* VersR 2010, 1126 (1128 ff.); *Reiff* ZVersWiss 2012, 477 (480 f.).
[320] Begr. zu Art. 1 (§ 169) RegE Gesetz zur Reform des Versicherungsvertragsrechts, BT-Drs. 16/3945, 103.
[321] Anhang zur den GDV-Muster-ALB KLV 2008 zur Beitragsfreistellung und Kündigung (in den GDV Muster ALB 2014 ist diese Begr. nicht mehr ausdrücklich enthalten).
[322] Anhang zur den GDV-Muster-ALB KLV 2008 zur Beitragsfreistellung und Kündigung.
[323] *Schwintowski* VersR 2010, 1126 (1131); gegen Zulässigkeit des Abzugs *Brömmelmeyer* VersR 2014, 133 (137 f.); *Ortmann* in Schwintowski/Brömmelmeyer/Ebers VVG § 169 Rn. 92; *Brömmelmeyer* in Beckmann/Matusche-Beckmann VersR-HdB § 42 Rn. 178; keine Bedenken gegen die Zulässigkeit dieses Abzugs haben *Grote/Thiel* VersR 2013, 666 (669); *Schuhmacher*, VersR-Schriftenreihe Bd. 48, 2012, S. 217.
[324] Begr. zu Art. 1 (§ 169) RegE Gesetz zur Reform des Versicherungsvertragsrechts, BT-Drs. 16/3945, 104; → Rn. 122.

Abschlusskosten bildeten nach altem Recht regelmäßig die der Höhe nach größte Position innerhalb des Stornoabzugs.[325] Dieser Abzug beruhte auf der Überlegung, der Versicherer habe für den Vertrieb seiner Lebensversicherungen erhebliche Kosten, die er auf alle Verträge anteilig umlegt; Die Umlage erfolgte in den meisten Fällen, indem jeder Vertrag von Anfang an mit einem bestimmten Betrag für Abschlusskosten belastet wurde. Deshalb wurden mit den Prämien der ersten Jahre zunächst nur diese Abschlusskosten gedeckt; erst anschließend wurde mit den Sparanteilen der Prämie ein Deckungskapital aufgebaut („Zillmerung").[326] Soweit die Abschlusskosten den Höchstzillmersatz überstiegen oder soweit nicht oder nur in geringem Umfang gezillmert wurde, die nicht gedeckten Abschlusskosten als Amortisationsbeiträge in die laufenden Prämien einkalkuliert. Im Fall der Kündigung wurden dann die wegen der fehlenden Amortisationsbeiträge der nicht mehr eingehenden Prämien noch nicht getilgten Kosten als Stornoabzug geltend gemacht.[327] Dies verbietet das Gesetz nun ausdrücklich. Wenn der Versicherer Abschlusskosten als Amortisationsbeiträge beitragsproportional auf alle Prämien umlegt, hat er im Fall der Kündigung nur Anspruch auf diejenigen Prämien und auf die darin enthaltenen Amortisationsbeiträge, die bis zur Wirksamkeit der Kündigung fällig geworden sind. Die Belastung mit den Abschluss- und Vertriebskosten, die in den zukünftigen, nicht mehr geschuldeten Prämien enthalten sind, stellt nach Auffassung des Gesetzgebers eine Art unzulässige Vertragsstrafe für vertragsgemäßes Verhalten dar.[328]

5. Beweislast. Der Versicherer trägt die Beweislast dafür, dass der von ihm geltend gemachte 122 Stornoabzug den Voraussetzungen des Abs. 5 entspricht.[329] Nach § 9 GDV Muster-ALB KLV 2008 wurde demgegenüber dem Versicherungsnehmer, der mit der Höhe des Stornoabzugs nicht einverstanden ist, die Beweislast dafür auferlegt, dass die dem Abzug zugrunde liegenden Annahmen im Fall des Versicherungsnehmers „dem Grunde nach nicht zutreffen" oder dass der „Abzug wesentlich niedriger zu beziffern ist". Hierin liegt eine Umkehr der Beweislast bzw. dem Versicherungsnehmer wird fälschlich suggeriert, er sei insgesamt beweispflichtig für die Unangemessene Höhe des Stornoabzugs.[330] Insoweit ist die Klausel in der damaligen Fassung nicht mit § 309 Nr. 12a BGB vereinbar.[331] Tatsächlich besteht ein Regel-Ausnahme-Verhältnis, nach dem zunächst der Versicherer als Verwender darlegungs- und beweispflichtig für die generelle Angemessenheit der Höhe des Stornoabzugs ist und den Versicherungsnehmer erst in einem zweiten Schritt die Beweislast dafür trifft, dass in seinem konkreten Einzelfall ein Abzug überhaupt nicht oder nur in geringerer Höhe angemessen ist.[332] Die aktuelle Bestimmung zum Stornoabzug in § 12 Abs. 4 GDV-Muster-ALB 2016 versucht demgegenüber, „im Zweifel" eine Beweislast des Versicherers zum Ausdruck zu bringen.[333]

X. Herabsetzung des Rückkaufswerts (Abs. 6)

Nach Abs. 6 kann der Versicherer den Rückkaufswert angemessen herabsetzen, um eine Gefähr- 123 dung der Belange der Versicherungsnehmer, insbes. durch eine Gefährdung der dauernden Erfüllbarkeit der Verpflichtungen aus dem Lebensversicherungsvertrag, zu verhindern. Die Herabsetzung des Rückkaufswerts kann immer nur befristet auf ein Jahr ausgesprochen werden; ob weiterhin die Notwendigkeit der Herabsetzung gegeben ist, muss jeweils neu überprüft werden.[334] Für den während dieser Zeit gekündigten Vertrag ist die Herabsetzung allerdings endgültig. Für den kündigenden Versicherungsnehmer besteht also kein Nachforderungsrecht.[335]

---

[325] *Krause* in Looschelders/Pohlmann VVG § 169 Rn. 63; *Ortmann* in Schwintowski/Brömmelmeyer/Ebers VVG § 169 Rn. 96; *Kleinlein* VuR 2008, 13 (16).
[326] Begr. zu Art. 1 (§ 169) RegE Gesetz zur Reform des Versicherungsvertragsrechts, BT-Drs. 16/3945, 104.
[327] Begr. zu Art. 1 (§ 169) RegE Gesetz zur Reform des Versicherungsvertragsrechts, BT-Drs. 16/3945, 104.
[328] Begr. zu Art. 1 (§ 169) RegE Gesetz zur Reform des Versicherungsvertragsrechts, BT-Drs. 16/3945, 104; *Ortmann* in Schwintowski/Brömmelmeyer/Ebers VVG § 169 Rn. 104.
[329] Begr. zu Art. 1 (§ 169) RegE Gesetz zur Reform des Versicherungsvertragsrechts, BT-Drs. 16/3945, 104; BGH VersR 2012, 1149 Rn. 65; *Ortmann* in Schwintowski/Brömmelmeyer/Ebers VVG § 169 Rn. 135; *Brömmelmeyer* in Beckmann/Matusche-Beckmann VersR-HdB § 42 Rn. 179; *Wandt* VersR Rn. 1268; *Römer* DB 2007, 2523 (2529).
[330] BGH VersR 2012, 1149 Rn. 65.
[331] BGH VersR 2012, 1149 Rn. 63, zu einer sehr ähnlichen Klausel nach altem Recht; ebenso die Vorinstanz OLG Hamburg VersR 2010, 1631; *Brömmelmeyer* in Beckmann/Matusche-Beckmann VersR-HdB § 42 Rn. 179; für Zulässigkeit der Klausel demgegenüber noch *Schuhmacher* VersR-Schriftenreihe Bd. 48, 2012, S. 227.
[332] BGH VersR 2012, 1149 Rn. 65.
[333] Aber *Grote/Thiel* VersR 2013, 666 (672), für uneingeschränkte Beweislast des Versicherers.
[334] Begr. zum Begr. zu Art. 1 (§ 169) RegE Gesetz zur Reform des Versicherungsvertragsrechts, BT-Drs. 16/3945, 104.
[335] *Engeländer* VersR 2007, 1297 (1312).

124   **1. Hintergrund der Regelung.** Hintergrund der Regelung ist die Befürchtung des Gesetzgebers, dass die Umstellung der Rückkaufwertberechnung auf das Deckungskapital sowie die Sonderregelung für das Frühstorno und die Begrenzung der Stornoabzüge bei einem Versicherer **wirtschaftliche Schwierigkeiten** verursachen können.[336]

125   Das Deckungskapital iSd § 169 Abs. 3 ist nämlich regelmäßig höher als der nach § 176 VVG 1994 maßgebliche Zeitwert, da die zu verwendenden „Rechnungsgrundlagen der Prämienkalkulation" – anders als die zur Berechnung des Zeitwerts zu verwendenden Rechnungsgrundlagen – regelmäßig Sicherheitszuschläge enthalten.[337] Hinzu kommt, dass der Rückkaufwert durch die Verteilung der Abschlusskosten über einen Zeitraum von fünf Jahren bei Kündigung sowie durch das Verbot, noch nicht getilgte Abschlusskosten als Stornoabzug von dem Rückkaufwert abzuziehen, weiter gegenüber dem Rückkaufwert nach § 176 VVG 1994 erhöht wird. Es bestehe daher – so die Begründung zum RegE – die Gefahr, dass ein Versicherer von einer Welle von Kündigungen weit über die nach seiner bisherigen Erfahrung zu erwartende Quote hinaus überrascht werden könne.[338] Der Versicherer könne gezwungen sein, Vermögenswerte zur Unzeit, dh in einer ungünstigen Marktlage, unter Verlusten zu veräußern. Die Neuregelung könne auch die wirtschaftlichen Schwierigkeiten eines Versicherers über eine kritische Grenze hinaus vergrößern, wenn nämlich seine Vermögenswerte bei marktgerechter Bewertung die Verbindlichkeiten nicht mehr decken. In diesem Fall würde die Auszahlung des Deckungskapitals, das wirtschaftlich schon nicht mehr voll vorhanden ist, die kündigenden Versicherungsnehmer im Verhältnis zu den bleibenden begünstigen; letztere haben nämlich nur die Chance einer späteren Erholung der Vermögenswerte, behalten aber das Risiko einer Minderung ihrer Versicherungsansprüche bei tatsächlicher oder drohender Insolvenz.[339]

126   Diesem Problem soll in Abs. 6 dadurch Rechnung getragen werden, dass dem Versicherer unter bestimmten, begrenzten Voraussetzungen die Befugnis eingeräumt wird, den nach Abs. 3 berechneten Rückkaufwert zu kürzen. Damit räumt der Gesetzgeber dem Versicherer – in **Ausnahmesituationen** – die Möglichkeit ein, zB auf adverse Entwicklungen der Kapitalmarktsituation oder des Bestandes zu reagieren und damit Umstände zu berücksichtigen, die nach § 176 VVG 1994 bereits unmittelbar in die Berechnung des Zeitwerts einflossen.[340] Nach Einschätzung des Gesetzgebers werden sich Versicherer wegen der reputationsschädigenden Wirkung einer solchen Herabsetzung der Rückkaufwerte allerdings nur bei drohender Insolvenzgefahr zu einem solchen Schritt entscheiden.[341]

127   **2. Abwendung einer Gefährdung der Belange der Versicherungsnehmer.** Die Voraussetzungen, unter denen eine Herabsetzung des Rückkaufwerts durch den Versicherer zulässig ist, sind äußerst weit gefasst.[342] Das Gesetz erfordert allein, dass die Herabsetzung erforderlich sein muss, um eine **Gefährdung der Belange der Versicherungsnehmer** insbesondere die Gefährdung der **dauernden Erfüllbarkeit der vertraglichen Verpflichtungen** auszuschließen. Die „Belange des Versicherungsnehmer", sollen gemäß der Gesetzesbegründung im Sinn des VAG (Belange der Versicherten) beurteilt werden.[343] Die aufsichtsrechtliche Generalklausel, die die BaFin ermächtigte, zur „Wahrung der Belange der Versicherten" einzuschreiben, fand sich zum Zeitpunkt des Inkrafttretens des neuen VVG in § 81 Abs. 2 VAG a.F. und ist wortgleich in § 294 Abs. 2 S. 2 VAG übernommen worden. Die dauernde Erfüllbarkeit der vertraglichen Verpflichtungen wurde in der Praxis unter dem alten VAG als Untertatbestand der „Wahrung der Belange der Versicherten" verstanden.[344] Erwähnung fand die dauerhafte Erfüllbarkeit der Verpflichtungen zB in § 81 Abs. 1 S. 5 VAG aF.

128   Die Bezugnahme auf die aufsichtsrechtliche Generalklausel der dauernden Erfüllbarkeit der vertraglichen Verpflichtungen als Voraussetzung für ein einseitiges Leistungskürzungsrecht des Versi-

---

[336] Begr. zum Begr. zu Art. 1 (§ 169) RegE Gesetz zur Reform des Versicherungsvertragsrechts, BT-Drs. 16/3945, 104; *Krause* in Looschelders/Pohlmann VVG § 169 Rn. 66; *Wandt* VersR Rn. 1270.

[337] *Fiala/Schramm* VW 2006, 116 f.; *Engeländer* NVersZ 2001, 289 (294).

[338] Begr. zum Begr. zu Art. 1 (§ 169) RegE Gesetz zur Reform des Versicherungsvertragsrechts, BT-Drs. 16/3945, 104.

[339] Begr. zum RegE Art. 1 (§ 169), BT-Drs. 16/3945, 104; *Krause* in Looschelders/Pohlmann VVG § 169 Rn. 68; *Ortmann* in Schwintowski/Brömmelmeyer/Ebers VVG § 169 Rn. 115 ff.

[340] BT-Drs. 12/6959, 102.

[341] Begr. zum RegE Art. 1 (§ 169), BT-Drs. 16/3945, 104.

[342] *Engeländer* VersR 2007, 1297 (1313); *Brömmelmeyer* in Beckmann/Matusche-Beckmann VersR-HdB § 42 Rn. 181.

[343] Begr. zum Begr. zu Art. 1 (§ 169) RegE Gesetz zur Reform des Versicherungsvertragsrechts, BT-Drs. 16/3945, 104; zum Begriff „Belange der Versicherten" und dessen Verständnis unter Berücksichtig der RL 2009/138/EG: *Dreher* in Prölss/Dreher VAG § 294 Rn. 29 ff.

[344] *Kollhosser* in Prölss, 12. Aufl. 2005, VAG § 81 Rn. 35.

cherers ist **bedenklich**.³⁴⁵ Es sind einerseits Verstöße gegen **aufsichtsrechtliche Vorschriften** denkbar, die (auch) die dauernde Erfüllbarkeit der Verpflichtungen gefährden und damit ein Einschreiten der Aufsichtsbehörde rechtfertigen (zB Verstöße gegen die Kapitalanlageverordnung), die aber keine Herabsetzung des Rückkaufswerts rechtfertigen. Andererseits ist zu bedenken, dass der aufsichtsrechtliche Begriff der dauernden Erfüllbarkeit der Verpflichtungen keinerlei klare Konturen hat. Dieser Generalklausel kam schon nach altem VAG aufgrund zahlreicher Spezialregelungen im Bereich der Finanzaufsicht kaum noch eigenständige Bedeutung zu.³⁴⁶ Nach neuem VAG spricht einiges dafür, dass die „Wahrung der Belange der Versicherten" in § 294 Abs. 2 der Aufsichtsbehörde keine offene Generalklausel für ein Tätigwerden bietet,³⁴⁷ sondern dass ihr neben spezialgesetzlichen Eingriffsbefugnissen eher deklaratorische Bedeutung zukommt.³⁴⁸ Ähnliches gilt für die „dauerhafte Erfüllbarkeit der Verpflichtungen",³⁴⁹ deren eigenständige Bedeutung neben der gem. Solvency II detailliert geregelten Solvabilitätskontrolle nicht ersichtlich ist. Der Gesetzeswortlaut nimmt damit auf einen aufsichtsrechtlichen Begriff Bezug, dessen Bedeutung bereits in der Vergangenheit zweifelhaft war, und der mit Inkrafttreten des neuen VAG wohl keinen eigenen Anwendungsbereich mehr hat.

Die Herabsetzung des Rückkaufswerts nach § 169 Abs. 6 durch den Versicherer setzt weder voraus, dass der Versicherer die Herabsetzung des Rückkaufswerts bei der Aufsichtsbehörde beantragt hat, noch dass die Aufsichtsbehörde selbst Maßnahmen z.B. nach § 314 Abs. 2 VAG (Herabsetzung der Verpflichtungen der Leistungen eines Lebensversicherungsunternehmens) angeordnet hat.³⁵⁰ Unklar ist damit das Verhältnis von Abs. 6 zu aufsichtsrechtlichen Instrumenten.³⁵¹ Der Gesetzgeber vertraut offenbar darauf, dass Versicherer restriktiven Gebrauch von der Herabsetzung der Rückkaufswerte machen, da eine solche Maßnahme durchaus mit reputationsschädigender Wirkung verbunden ist.³⁵² Theoretisch ist aber eine Gefährdung der dauernden Erfüllbarkeit der Verpflichtungen nie völlig auszuschließen, so dass Abs. 6 bei extremer Auslegung im Grunde immer zur Anwendung kommen könnte.³⁵³ Trotz der in der Literatur gebildeten Fallgruppen³⁵⁴ zur möglichen Herabsetzung des Rückkaufswerts besteht aus Sicht des kündigenden Versicherungsnehmers eine gewisse Rechtsunsicherheit im Hinblick auf erworbene Vermögenspositionen bei Kündigung des Lebensversicherungsvertrages.³⁵⁵ Daher wäre das Nebeneinander der Möglichkeit der Herabsetzung von Leistungen durch die Aufsichtsbehörde nach § 314 VAG und durch den Versicherer nach § 169 Abs. 6 seitens des Gesetzgebers zu überdenken.³⁵⁶ Bis dahin ist eine restriktive Anwendung der Vorschrift geboten, die als vertragsrechtliche „*ultima ratio*"³⁵⁷ nur in Ausnahmefällen zur Anwendung kommen sollte.³⁵⁸

3. Angemessenheit der Herabsetzung. Abs. 6 erlaubt lediglich eine **angemessene** Herabsetzung des Rückkaufswerts. Angemessen soll die Herabsetzung sein, wenn sie den kündigenden Versicherungsnehmer mit den im Bestand verbleibenden Versicherungsnehmern gleich stellt, also

---

³⁴⁵ *Engeländer* VersR 2007, 1297 (1313); *Brömmelmeyer* in Beckmann/Matusche-Beckmann VersR-HdB § 42 Rn. 181.
³⁴⁶ *Kollhosser* in Prölss, 12. Auflage 2005, VAG § 81 Rn. 36.
³⁴⁷ *Dreher* in Prölss/Dreher VAG § 294 Rn. 29 ff. (34) zu europarechtlichen Bedenken an der Vorschrift im Hinblick auf Art 34 Solvency II (Legalitätsprinzip).
³⁴⁸ *Dreher* in Prölss/Dreher VAG § 294 Rn. 36.
³⁴⁹ Zum alten VAG *Kollhosser* in Prölss, 12. Aufl. 2005, VAG § 81 Rn. 35.
³⁵⁰ *Ortmann* in Schwintowski/Brömmelmeyer/Ebers VVG § 169 Rn. 114; ähnlich *Brömmelmeyer* in Beckmann/Matusche-Beckmann VersR-HdB § 42 Rn. 181, der im Hinblick auf BVerfG VersR 2006, 489 (493) die Vereinbarkeit der Regelung mit Art. 14 GG anzweifelt.
³⁵¹ *Rubin*, Das versicherungsrechtliche Ausgleichsprinzip, 2017, S. 286.
³⁵² Begr. zum RegE Art. 1 (§ 169), BT-Drs. 16/3945, 104.
³⁵³ *Engeländer* VersR 2007, 1297 (1312).
³⁵⁴ *Ortmann* in Brömmelmeyer/Schwintowski/Ebers VVG § 169 Rn. 119 hält eine Herabsetzung in z.B. folgenden Fällen für möglich: Kursverluste gefolgt von Panikkündigungen der VN; Massenkündigungen.
³⁵⁵ Woraus gleichsam verfassungsrechtliche Bedenken an Abs. 6 unter dem Gesichtspunkt von Art 14 GG resultieren. In diesem Sinne: *Brömmelmeyer* in Beckmann/Matusche-Beckmann VersR-HdB § 42 Rn. 181.
³⁵⁶ *Rubin*, Das versicherungsrechtliche Ausgleichsprinzip, 2017, S. 284 hält die Regelung des Abs. 6 im Vertragsrecht auch nicht für ideal, da so nicht sichergestellt werden könne, dass das Kürzung des Rückkaufswertes nur dann herabgesetzt werden, wenn auch RfB-Mittel zur Abwendung eines Notstandes gem. § 140 Abs. 1 S. 2 VAG herangezogen würden.
³⁵⁷ *Rubin*, Das versicherungsrechtliche Ausgleichsprinzip, 2017, S. 284; *Winter* in Bruck/Möller VVG § 169 Rn. 141.
³⁵⁸ *Rubin*, Das versicherungsrechtliche Ausgleichsprinzip, 2017, S. 284; *Reiff* in Prölss/Martin VVG § 169 Rn. 64; *Winter* in Bruck/Möller VVG § 169 Rn. 141.

beide Gruppen gleichmäßig an den Risiken bzw. Verlusten beteiligt.[359] Eine Schlechterstellung (nur) der ausscheidenden Versicherungsnehmer zur Sanierung des Bestandes wäre unangemessen.[360] Maßgeblich für die Beurteilung der Angemessenheit ist eine objektive Bewertung zum Zeitpunkt der Herabsetzung des Rückkaufswerts, die ggf. mithilfe eines Sachverständigengutachtens geklärt werden kann. Insgesamt verbleibt es hier, bei einer deutlichen Rechtsunsicherheit für den kündigenden Versicherungsnehmer.

131   **4. Beweislast.** Der Versicherer trägt nach allgemeinen Regeln in einem Prozess über die Höhe des Rückkaufswerts die Beweislast für das Vorliegen der Voraussetzungen und die Angemessenheit der Herabsetzung des Rückkaufswerts nach Abs. 6.[361]

XI. Erhöhung des Rückkaufswerts durch Zahlung von Überschussanteilen (Abs. 7)

132   Die Vorschrift stellt klar, dass bereits erworbene Ansprüche des Versicherungsnehmers aus einer vereinbarten Überschussbeteiligung durch die Kündigung nicht in Frage gestellt werden.[362] Diese Klarstellung hat Bedeutung für die während der Vertragszeit bereits zugeteilten laufenden Überschussanteile, die nach dem Vertrag angesammelt und zusammen mit der Versicherungsleistung ausgezahlt werden sollen.[363] Sind die zugeteilten Überschussanteile hingegen zur Erhöhung der Versicherungssumme verwendet worden, sind sie ohnehin Bestandteil des nach Abs. 3 auszuzahlenden Deckungskapitals.[364] Hinsichtlich des Schlussüberschussanteils soll sich der Auszahlungsanspruch des Versicherungsnehmers auf den Betrag, den der Versicherer für den Kündigungsfall unter Berücksichtigung der Bewertungsreserven nach § 153 Abs. 3 VVG zuletzt deklariert hat, beschränken,[365] womit offenbar den zum Zeitpunkt der Kündigung in der Rückstellung für Beitragsrückerstattung (RfB) passivierten Schlussüberschüsse nach Maßgabe der letzten Deklaration (§§ 139 VAG, 28 Abs. 6 RechVersV) gemeint sind.[366] Abs. 7 Hs. 2 stellt darüber hinaus klar, dass § 153 Abs. 3 unberührt bleibt, und bestätigt somit, dass der Versicherungsnehmer auch im Falle der Kündigung an den Bewertungsreserven zu beteiligen ist. Der Versicherungsnehmer soll also den Betrag erhalten, den er bei Fälligkeit des Vertrages zum Kündigungszeitpunkt erhalten hätte, abgesehen von zulässigen Abzügen wegen Kosten sowie des Stornoabzugs.[367]

XII. Altverträge

133   **1. Altverträge von 1994–2007.** Auf Verträge, die v. 29.7.1994[368] bis zum 31.12.2007 abgeschlossen wurden, findet § 176 VVG 1994 auch in der Zukunft Anwendung. Für die Berechnung des Rückkaufswerts ist also grds. der nach den anerkannten Regeln der Versicherungsmathematik berechnete **Zeitwert** iSd § 176 Abs. 3 S. 1 VVG 1994[369] maßgeblich, allerdings mit der Maßgabe der Modifikationen durch die BGH-Rechtsprechung.[370] Danach ist für den Mindestrückkaufswert ein Betrag maßgeblich, der bestimmt wird durch **die Hälfte des mit den Rechnungsgrundlagen der Prämienkalkulation berechneten ungezillmerten Deckungskapitals.**[371] Ist der vertraglich vereinbarte, garantierte Rückkaufswert höher als die Hälfte des ungezillmerten Deckungskapitals, so ist dieser auszuzahlen, und zwar bereinigt um den Stornoabzug, sofern die Stornoklausel – wie in den von der Rspr. behandelten Fällen – unwirksam ist.[372]

---

[359] *Krause* in Looschelders/Pohlmann VVG § 169 Rn. 69; *Ortmann* in Schwintowski/Brömmelmeyer/Ebers VVG § 169 Rn. 117; ähnlich *Brambach* in HK-VVG § 169 Rn. 73 f.
[360] *Ortmann* in Schwintowski/Brömmelmeyer/Ebers VVG § 169 Rn. 124.
[361] AA *Ortmann* in Schwintowski/Brömmelmeyer/Ebers VVG § 169 Rn. 134.
[362] Begr. zum RegE Art. 1 (§ 169), BT-Drs. 16/3945, 104.
[363] Begr. zum RegE Art. 1 (§ 169), BT-Drs. 16/3945, 104; Zur sog. „verzinslichen Ansammlung": *Führer/Grimmer* Lebensversicherungsmathematik S. 160 f.; zweifelnd dazu, ob es eine solche neben dem Deckungskapital überhaupt gibt: *Engeländer* VersR 2007, 1297 (1312); *Brömmelmeyer* in Beckmann/Matusche-Beckmann VersR-HdB § 42 Rn. 182; *Reiff* in Prölss/Martin VVG § 169 Rn. 69.
[364] Bei Überschussbeteiligung nach dem sog. „Bonussystem" werden die Überschüsse als Einmalprämie in eine Versicherung mit gleichem Leistungsspektrum und gleicher Restlaufzeit wie die bestehende Versicherung eingezahlt, *Führer/Grimmer* Lebensversicherungsmathematik S. 160. Für diese „neue" Versicherung mit Einmalprämie wird wiederum ein Deckungskapital iSd § 169 Abs. 3 gebildet.
[365] Begr. zum RegE Art. 1 (§ 169), BT-Drs. 16/3945, 104.
[366] *Brömmelmeyer* in Beckmann/Matusche-Beckmann VersR-HdB § 42 Rn. 182.
[367] *Ortmann* in Schwintowski/Brömmelmeyer/Ebers VVG § 169 Rn. 127 f.
[368] Zu Ausnahmen vgl. Art. 16 § 2 des 3. DurchfG/EWG zum VAG v. 21.7.1994, BGBl. 1994 I S. 1630 (1667).
[369] Zum Begriff des Zeitwerts, → Rn. 20 ff.
[370] Zur Entwicklung der Rspr. zu Rückkaufswerten in Altverträgen → Rn. 26 ff.
[371] BGH VersR 2013, 1429; 2013, 1381 (1429); 2005, 1565 (1571) = NJW 2005, 3559 (3565).
[372] BGH VersR 2013, 1381 Rn. 60; OLG München VersR 2009, 770.

Diese ergänzende Vertragsauslegung des BGH gilt auch für die **Rentenversicherung**,[373] die **fondsgebundene Lebensversicherung**[374] sowie für **Lebensversicherungsverträge bei einem VVaG**.[375]

Bei der **fondsgebundenen Lebensversicherung** ist das maßgebliche „ungezillmerte Fondsguthabens" zu ermitteln, indem der Versicherer die fiktiven (nicht durch Abschlusskosten belasteten) Prämien zu ermitteln hat und von diesen Prämien (fiktiv) Fondsanteile zum Zahlungszeitpunkt mit dem jeweiligen Kurswert zu erwerben hat. Die Hälfte des so berechneten Fondsguthabens zum Kündigungszeitpunkt ist danach als **Mindestrückkaufswert** auszuzahlen.[376]

Der vom BGH im Rahmen der ergänzenden Vertragsauslegung ermittelte Mindestrückkaufswert (Hälfte des ungezillmerten Deckungskapitals/Fondsvermögens) gilt sowohl für Verträge, deren Klauseln zum Rückkaufswert im Jahr 2001 vom BGH[377] wegen mangelnder Transparenz für unwirksam erklärt wurden, als auch für die vor 2008 abgeschlossenen Lebensversicherungsverträge, deren Klauseln zur Verrechnung der Abschlusskosten nach der BGH-Rechtsprechung seit 2012 unwirksam sind.[378] Eine entsprechende Anwendung des § 169 Abs. 3 S. 1 im Rahmen dieser ergänzenden Vertragsauslegung, die von Stimmen in der Lit. gefordert wird[379] lehnt der BGH unter Bezugnahme auf den mutmaßlichen Willen des Gesetzgebers ausdrücklich ab.[380] Offen lässt der BGH, ob Versicherer berechtigt oder gar verpflichtet sind, die unwirksamen Klauseln durch wirksame im Rahmen eines Klauselersetzungsverfahrens gem. § 164 zu ersetzen.[381]

2. Altbestand iSd § 336 VAG 2016 (Verträge bis Juli 1994). Für den Altbestand richtet sich die Berechnung des Rückkaufswerts – wie bisher – gem. § 176 Abs. 3 VVG 1908 nach dem genehmigten Geschäftsplan.[382] Die vom BVerfG in der erwähnten Entscheidung v. 15.2.2006 geäußerten Zweifel an der Verfassungsmäßigkeit der Vorschrift ändern hieran nichts. Das Gericht lehnt eine Sachentscheidung zu einer zum Entscheidungszeitpunkt bereits außer Kraft getretenen Norm mangels grundsätzlicher Bedeutung ab und stellt klar, dass sich die BGH-Entscheidung nur auf die „aktuelle Rechtslage", also auf Verträge, die unter Geltung des § 176-VVG 1994 abgeschlossen worden sind bezieht. Eine Übertragung der BGH-Rechtsprechung auf den Altbestand kommt damit nicht in Frage.[383] Sie wäre zudem nicht nötig, da seit 1986 geschäftsplanmäßige Mindestrückkaufswerte galten.[384]

3. Verjährung von Nachforderungsansprüchen. Für Nachforderungsansprüche des Versicherungsnehmers auf Zahlung eines erhöhten Rückkaufswerts infolge der BGH-Entscheidung v. 12.10.2005 galt hinsichtlich der Verjährung § 12 Abs. 1 S. 2 VVG aF. Die fünfjährige Verjährung begann am Ende des Jahres in dem der Lebensversicherungsvertrag gekündigt worden war.[385] Das Ende des Jahres 2005, also des Jahres, in dem der BGH den Anspruch auf einen (erhöhten) Mindestrückkaufswert anerkannt hat, war nicht maßgeblich, auch wenn der Versicherungsnehmer seinen Vertrag schon vorher gekündigt hatte und die Rspr. des BGH nicht kennen konnte.[386] Ebenso wenig ist das Jahr 2012[387] für solche Verträge maßgeblich, die vor 2008 abgeschlossen und bis

---

[373] BGH NJW-RR 2008, 188.
[374] BGH VersR 2013, 1381; 2007, 1547 = NJW RR 2008, 187.
[375] BGH VersR 2008, 337 = NJW-RR 2007, 1628; VersR 2013, 565.
[376] BGH VersR 2013, 1381; *Krause* in Looschelders/Pohlmann VVG § 169 Rn. 47; krit. *Grote* in Marlow/Spuhl Neues VVG S. 231 f.
[377] BGH VersR 2001, 839 (839 und 841).
[378] BGH VersR 2005, 1565 (1571), für die bis 2001 verwendeten Klauseln; BGH VersR 2013, 1429 Rn. 15, für die bis 2007 verwendeten Klauseln.
[379] Für eine entsprechende Anwendung von § 169 Abs. 3 S. 1: *Armbrüster* NJW 2012, 3001 (3002 f.); *Jacob* VersR 2013, 447 f.; *Reiff* VersR 2013, 785 (790 f.), im Rahmen der Bedingungsanpassung; *Reiff* in Prölss/Martin VVG § 169 Rn. 53c.
[380] BGH VersR 2013, 1429 Rn. 15 ff.; zust. *Brambach* r+s 2014, 1 ff.
[381] Eing. *Reiff* in Prölss/Martin VVG § 169 Rn. 53c.
[382] Hinweise zu einigen Auslegungsfragen zum VVG der BaFin v. 28.5.2008; abrufbar unter www.bafin.de; *Reiff* in Prölss/Martin VVG § 169 Rn. 46; *Grote* in Marlow/Spuhl Neues VVG S. 221.
[383] *Grote* VersR 2006, 957 (958); *Reiff* in Prölss/Martin VVG § 169 Rn. 46.
[384] → Rn. 15 so auch: *Krause* in Looschelders/Pohlmann VVG § 169 Rn. 46.
[385] BGH VersR 2010, 1067 (1069); OLG Köln BeckRS 2010, 4049; OLG München VersR 2009, 666; AG Hagen und AG Kenzingen VersR 2007, 526; *Ortmann* in Schwintowski/Brömmelmeyer/Ebers VVG § 169 Rn. 51 f.; *Brömmelmeyer* in Beckmann/Matusche-Beckmann VersR-HdB § 42 Rn. 154; *Winkens/Abel* Anm. zu AG Hagen und AG Kenzingen VersR 2007, 526 (527 f.) mwN zu unveröffentlichter Rspr. in Fn. 23; *Schwartze* VersR 2006, 1331 (1333).
[386] So aber *Schwintowski* DStR 2006, 429 (433); *Schwintowski* EWiR 2005, 875 (876).
[387] Im Jahr 2012 erklärte der BGH die Abschlusskostenverrechnungsklauseln als unangemessen nachteilig für den Versicherungsnehmer, BGH VersR 2012, 1147 (1149) Rn. 14 ff.

31.12.2007 gekündigt worden sind. Nach § 12 Abs. 1 S. 2 VVG aF kam es für den Beginn der Verjährung allein darauf an, wann die Leistung (= erhöhter Rückkaufswert) fällig wird. Der Anspruch auf Zahlung des Rückkaufswerts und damit auch des Nachforderungsanspruchs resultiert allein aus dem Versicherungsvertrag und wird folglich mit dessen Kündigung fällig. Dass der Versicherungsnehmer ggf. erst nach der Entscheidung des BGH v. 12.10.2005 wissen konnte, dass ein solcher Nachforderungsanspruch rechtlich besteht, ist unerheblich, da § 12 VVG aF allein die Kenntnis der die Fälligkeit begründenden Tatsachen voraussetzte.[388]

Für Nachforderungsansprüche infolge der BGH-Rechtsprechung seit 2012 gilt Folgendes: Für Ansprüche aus Verträgen, die bis zum 31.12.2007 gekündigt worden sind, galt gem. Art. 3 Abs. 3 EGVVG, die dreijährige Verjährungsfrist des Art. 195 BGB mit der Maßgabe, dass die Frist v. 1.1.2008 an berechnet wurde. Ansprüche waren damit spätestens bis zum 31.12.2011 verjährt.[389] Für danach gekündigte Verträge gilt die dreijährige Verjährungsfrist des § 195 BGB mit der Maßgabe, dass die Verjährung zum Schluss des Jahres zu laufen beginnt, in dem der Anspruch fällig wird (§ 199 Abs. 1 Nr. 1 BGB) und der Versicherungsnehmer von den anspruchsbegründenden Umständen Kenntnis erlangt oder grob fahrlässig nicht erlangt hat (§ 199 Abs. 1 Nr. 2 BGB). Ob und in welchem Ausmaß bei besonders unklarer Rechtslage (wie hier wohl vor der BGH-Entscheidung im Jahr 2012) auch rechtliche Zweifel geeignet sind, den Verjährungsbeginn aufzuschieben, ist nicht abschließend geklärt.[390] Die praktische Relevanz dieser Frage dürfte allerdings inzwischen auch gering sein.

D. Abdingbarkeit

139 § 169 ist halbzwingend. Von ihr darf nicht zum Nachteil des Versicherungsnehmers abgewichen werden. Abweichende Regelungen in Allgemeinen Versicherungsbedingungen können aber unter den Voraussetzungen des § 211 Abs. 1 Nr. 1–4 getroffen werden.[391] Vereinbarungen, die den Versicherungsnehmer besser stellen, als die gesetzliche Regelung sind zulässig.

§ 170 Eintrittsrecht

(1) ¹Wird in die Versicherungsforderung ein Arrest vollzogen oder eine Zwangsvollstreckung vorgenommen oder wird das Insolvenzverfahren über das Vermögen des Versicherungsnehmers eröffnet, kann der namentlich bezeichnete Bezugsberechtigte mit Zustimmung des Versicherungsnehmers an seiner Stelle in den Versicherungsvertrag eintreten. ²Tritt der Bezugsberechtigte ein, hat er die Forderungen der betreibenden Gläubiger oder der Insolvenzmasse bis zur Höhe des Betrags zu befriedigen, dessen Zahlung der Versicherungsnehmer im Fall der Kündigung des Versicherungsverhältnisses vom Versicherer verlangen könnte.

(2) Ist ein Bezugsberechtigter nicht oder nicht namentlich bezeichnet, steht das gleiche Recht dem Ehegatten oder Lebenspartner und den Kindern des Versicherungsnehmers zu.

(3) ¹Der Eintritt erfolgt durch Anzeige an den Versicherer. ²Die Anzeige kann nur innerhalb eines Monats erfolgen, nachdem der Eintrittsberechtigte von der Pfändung Kenntnis erlangt hat oder das Insolvenzverfahren eröffnet worden ist.

Übersicht

	Rn.			Rn.
A. Normzweck und Entstehungsgeschichte	1	I.	Voraussetzungen des Eintritts	3
B. Tatbestand	3	1.	Wirksamer Lebensversicherungsvertrag	3

---

[388] BGH VersR 2010, 1067 (1069); OLG München VersR 2009, 666 (667).
[389] Ähnlich *Reiff* in Prölss/Martin VVG § 169 Rn. 53d; *Winter* in Bruck/Möller VVG § 169 Rn. 179.
[390] Gegen einen Aufschub des Verjährungsbeginns bei unklarer Rechtslage: *Bitter/Alles* NJW 2011, 2081 ff. Für den Verjährungsbeginn von Bereicherungsansprüchen gegen eine Bank wegen unwirksamen formularmäßig vereinbarten Bearbeitungsentgelten in Verbraucherdarlehen hat der BGH kürzlich entschieden, dass die Verjährung erst zum Ende des Jahres beginnt, in dem sich eine gefestigte OLG-Rechtsprechung etabliert hat., BGH WM 2014, 2261 Rn. 42 ff.
[391] Begr. zum RegE Art. 1 (§ 211), BT-Drs. 16/3945, 116; *Ortmann* in Schwintowski/Brömmelmeyer/Ebers VVG § 168 Rn. 38.

Eintrittsrecht   § 170

	Rn.		Rn.
2. Arrest, Zwangsvollstreckung, Insolvenzeröffnung	6	4. Zustimmung des Versicherungsnehmers	17
3. Eintrittsrecht	7	5. Ausübung des Eintrittsrechts binnen Monatsfrist (Abs. 3)	19
a) Eintrittsrechtsberechtigte nach Abs. 1 und 2	7	II. Rechtsfolgen des Eintritts	21
b) Widerrufliches und unwiderrufliches Bezugsrecht	10	C. Abdingbarkeit	23

Stichwort- und Fundstellenverzeichnis

Stichwort	Rn.	Rspr.	Lit.
Abdingbarkeit	→ Rn. 23	–	*Reiff* in Prölss/Martin VVG § 170 Rn. 21; *Ortmann* in Schwintowski/Brömmelmeyer/Ebers VVG § 170 Rn. 21
Anfechtung der Bezugsrechtseinräumung durch Insolvenzverwalter, Gläubiger	→ Rn. 16	BGH VersR 2004, 93 (94)	*Hasse* VersR 2005, 15 (30 ff.); *Armbrüster/Pilz* KTS 2004, 481 (499)
Bezugsberechtigte	→ Rn. 7 ff.	–	*Patzer* in Looschelders/Pohlmann VVG § 170 Rn. 6; *Schwintowski* in Berliner Kommentar VVG § 170 Rn. 8
Ehegatte	→ Rn. 8	–	*Winter* in Bruck/Möller VVG § 170 Rn. 16
Informationspflicht	→ Rn. 20	–	*Reiff* in Prölss/Martin VVG § 170 Rn. 18; *Patzer* in Looschelders/Pohlmann VVG § 170 Rn. 10; *Eitelberg*, Lebensversicherung und Drittrechte, 2002, S. 148
Insolvenzeröffnung, Insolvenzverwalter	→ Rn. 13	OLG Brandenburg NZI 2003, 212 (213); OLG Düsseldorf VersR 1998, 1559 (1560)	*Armbrüster/Pilz* KTS 2004, 481 (483, 485); *Sieg* FS Klingmüller, 1974, 447 (459)
Kinder	→ Rn. 8	–	*Winter* in Bruck/Möller VVG § 170 Rn. 16
Lebenspartner	→ Rn. 8	–	*Winter* in Bruck/Möller VVG § 170 Rn. 16
Mehrere Bezugsberechtigte	→ Rn. 9	–	*Ortmann* in Schwintowski/Brömmelmeyer/Ebers VVG § 170 Rn. 11; *Reif* in Prölss/Martin VVG § 170 Rn. 7
Monatsfrist für Eintritt	→ Rn. 19 f.	BGH VersR 2012, 425	*Reiff* in Prölss/Martin VVG § 170 Rn. 14; *Hasse* VersR 2005, 15 (33)
Rückkaufswert, Zahlung an Gläubiger	→ Rn. 14, 22	AG München VersR 1960, 362 (363)	*Reiff* in Prölss/Martin VVG § 170 Rn. 10; *Patzer* in Looschelders/Pohlmann VVG § 170 Rn. 11; *Ortmann* in Schwintowski/Brömmelmeyer/Ebers VVG § 170 Rn. 17, 18; *Hasse* VersR 2005, 15 (34); *Schwintowski* in Berliner Kommentar VVG § 177 Rn. 14, 19; *Winter* in Bruck/Möller VVG § 170 Rn. 48; *Ehrenzweig* VersR 1951, 25 (26)
Unbedingte Leistungspflicht	→ Rn. 3 f.	AG München VersR 1960, 362 (363) mAnm *Binder*	*Prahl* VersR 2005, 1036 (1037); *Winter* in Bruck/Möller VVG § 170 Rn. 13; *Hasse* VersR 2005, 15 (33)

§ 170 1, 2   Teil 2. Einzelne Versicherungszweige. Kap. 5. Lebensversicherung

Stichwort	Rn.	Rspr.	Lit.
Unwiderrufliches Bezugsrecht	→ Rn. 12 ff.	BGHZ 45, 162 = VersR 1966, 359; OLG Düsseldorf VersR 2002, 86 (88); 1998, 1559 (1560)	*Reiff* in Prölss/Martin VVG § 170 Rn. 12; *Armbrüster/Pilz* KTS 2004, 481 (487); *Winter* in Bruck/Möller VVG § 70 Rn. 15; *Sieg* FS Klingmüller, 1974, 447 (458); *Ehrenzweig* VersR 1951, 25 (26); *Prahl* VersR 2005, 1036 (1040)
Vertragsfortsetzung durch unwiderruflich Bezugsberechtigten	→ Rn. 15	OLG Düsseldorf VersR 2002, 86 (88)	*Reiff* in Prölss/Martin VVG § 180 Rn. 12; *Schwintowski* in Berliner Kommentar VVG § 165 Rn. 16; *Sieg* FS Klingmüller, 1974, 447 (459); *Ehrenzweig* VersR 1951, 25 (26)
Vorpfändung	→ Rn. 6	–	*Ortmann* in Schwintowski/Brömmelmeyer/Ebers VVG § 170 Rn. 6
Widerrufliches Bezugsrecht	→ Rn. 11 → § 159 Rn. 70 ff.	BGH VersR 2004, 93 (94); 2003, 463; 1993, 689 (690); 1984, 632 (633)	*Ortmann* in Schwintowski/Brömmelmeyer/Ebers VVG § 159 Rn. 50;
Zustimmung des Versicherungsnehmers	→ Rn. 17 f.	–	*Prahl* VersR 2005, 1036 (1038); *Hasse* VersR 2005, 15 (33); *Armbrüster/Piltz* KTS 2004, 481 (503); *König* NVersZ 2002, 481 (484)
Zwangsvollstreckung	→ Rn. 6, 10	–	*Winter* in Bruck/Möller VVG § 170 Rn. 17 f.

Schrifttum: *Armbrüster/Pilz,* Schicksal des Lebensversicherungsvertrages in der Insolvenz des Versicherungsnehmers, KTS 2004, 481; *Binder,* Anm. zum Urteil des AG München v. 1.9.1959, VersR 1960, 362; *Ehrenzweig,* „Das Eintrittsrecht" in der Lebensversicherung, VersR 1951, 25; *Eitelberg,* Lebensversicherung und Drittrechte, Diss. 2002; *Hasse,* Zwangsvollstreckung in Kapitallebensversicherungen, VersR 2005, 15; *König,* Das Eintrittsrechtsrecht in den Lebensversicherungsvertrag (§ 177 öVVG/dVVG) im Konkurs des Versicherungsnehmers, NVersZ 2002, 481; *Mohr,* Vorpfändung von Lebensversicherungsansprüchen, VersR 1955, 376; *Prahl,* Eintrittsrecht und Anfechtung in der Kapitallebensversicherung, VersR 2005, 1036; *Stegmann/Lind,* Der Lebensversicherungsvertrag in der Insolvenz, NVersZ 2002, 193; *Sieg,* Kritische Betrachtungen zum Recht der Zwangsvollstreckung in Lebensversicherungsforderungen, in: FS Klingmüller 1974, 447.

A. Normzweck und Entstehungsgeschichte

1   § 170 entspricht § 177 VVG aF. Diese Vorschrift wurde durch die Verordnung zur Vereinheitlichung des Rechts der Vertragsversicherung v. 19.12.1939[1] in das VVG eingefügt. Vorbild der Regelung waren § 150 österreichischen VVG 1917[2] und Art. 81, 86 des schweizerischen VVG.[3]

2   Die Vorschrift gibt Bezugsberechtigten (Abs. 1) bzw. dem Ehegatten oder dem Lebenspartner[4] und Kindern (Abs. 2) das Recht, in einen bestehenden Lebensversicherungsvertrag einzutreten, wenn Zwangsvollstreckungsmaßnahmen in den Versicherungsvertrag vorgenommen werden oder wenn das Insolvenzverfahren über das Vermögen des Versicherungsnehmers eröffnet wird. Das Eintrittsrecht hat den Zweck, den Personen, denen nach dem ausdrücklichen (benannte Bezugsberechtigte, Abs. 1) oder vermuteten Willen (Ehegatte oder Lebenspartner und Kinder, Abs. 2) des Versicherungsnehmers die Versicherungsleistungen zugutekommen sollen, vor unnötigen Verlusten zu schützen: Bei der Einleitung von Zwangsvollstreckungsmaßnahmen bzw. der Eröffnung des Insolvenzverfahrens besteht nämlich die Gefahr, dass der Gläubiger/Insolvenzverwalter den Versicherungsvertrag zum Erlöschen bringt, mit der Folge, dass der Versicherer nur den (geringeren) Rück-

---

[1] RGBl. 1939 I 2443.
[2] Gesetz über den Versicherungsvertrag v. 23.12.1917, RGBl. (Österreich) S. 501.
[3] Bundesgesetz v. 2.1.1908, SR 221.229.1; zur Entstehungsgeschichte von § 177 VVG aF: *König* NVersZ 2002, 481 f.; *Ehrenzweig* VersR 1951, 25; *Schwintowski* in Berliner Kommentar VVG § 177 Rn. 1.
[4] Das Eintrittsrecht für Lebenspartner wurde mit Art. 3 § 38 des Gesetzes zur Beendigung der Diskriminierung von gleichgeschlechtlichen Gemeinschaften: Lebenspartnerschaften v. 16.2.2001, BGBl. I S. 266 in § 177 Abs. 2 VVG aF aufgenommen.

kaufswert auszahlen muss.[5] Durch Eintritt in den Versicherungsvertrag und die Weiterzahlung der Prämien kann sich der Berechtigte – gegen Zahlung des aktuellen Rückkaufswerts an den Gläubiger/Insolvenzverwalter – den werthaltigeren Anspruch auf die vereinbarte Versicherungsleistung sichern.[6]

B. Tatbestand

I. Voraussetzungen des Eintritts

1. Wirksamer Lebensversicherungsvertrag. Voraussetzung für den Eintritt in den Vertrag ist das Bestehen eines **wirksamen Lebensversicherungsvertrages** zum Zeitpunkt des Eintritts. Teils wird gefordert, dass es sich bei dem Lebensversicherungsvertrag um einen solchen mit **unbedingter Leistungspflicht** handelt.[7] Auf der Basis dieser Ansicht besteht ein Eintrittsrecht jedenfalls bei Lebensversicherungen bei denen § 169 Abs. 1 einen gesetzlichen Anspruch auf Zahlung des Rückkaufswerts gewährt. Darüber hinaus soll das Eintrittsrecht auch bei Risikoversicherungen bestehen, bei denen vertraglich ein Anspruch auf Rückkaufswert eingeräumt worden ist.[8] Nicht erforderlich ist nach hM, dass zum Zeitpunkt des Eintritts bereits tatsächlich ein positiver Rückkaufswert vorhanden ist.[9] Freilich dürfte der Frage nach dem Erfordernis eines positiven Rückkaufswerts künftig weniger Relevanz zukommen, da jedenfalls bei Lebensversicherungsverträgen iSd § 169 Abs. 1 im Falle der Kündigung stets ein positiver Rückkaufswert vorhanden sein muss, § 169 Abs. 3.

Kritisch ist gegenüber dem Erfordernis der unbedingten Leistungspflicht anzumerken, dass der Wortlaut des § 170 eine solche nicht voraussetzt. Zwar ist der oben genannten Ansicht zuzugeben, dass ein Gläubiger regelmäßig kein Interesse an der Vollstreckung in einen Lebensversicherungsvertrag ohne Rückkaufswert haben wird,[10] so dass mangels Zwangsvollstreckungsmaßnahme in den Versicherungsvertrag im Regelfall auch das Eintrittsrecht ausscheiden wird. *Ortmann* geht davon aus, dass eine Vollstreckung in eine reine Risikolebensversicherung generell ausgeschlossen sei, sofern nicht die versicherte Person in den Übergang der Versicherungsnehmerstellung auf den Insolvenzverwalter einwillige (analog § 150 Abs. 2 S. 1).[11] Das Argument der fehlenden Einwilligung der versicherten Person ist jedoch zweifelhaft, da man dann grundsätzlich auch die Zulässigkeit der Vollstreckung in eine Kapitallebensversicherung verneinen müsste.[12] Unbeschadet dessen wird hier nicht in Abrede gestellt, dass regelmäßig keine Zwangsvollstreckung in Risikoversicherungen stattfinden wird. Es ist lediglich hervorzuheben, dass wenn (ausnahmsweise) eine Zwangsvollstreckung in eine reine Risikoversicherung stattfindet oder der Insolvenzverwalter eine solche zur Masse zieht,[13] der Schutzzweck des § 170 dafür, dem Bezugsberechtigten – wie bei einer Versicherung, bei der **noch kein Rückkaufswert vorhanden ist** – das Eintrittsrecht zu gewähren, wobei dann in Kauf zu nehmen ist, dass die Pflicht zur Zahlung des Rückkaufswerts an den Gläubiger nach Abs. 1 S. 2 leer läuft.[14] Durch die Gewährung des Eintrittsrechts wird nämlich nicht nur verhindert, dass wie von *Ortmann* –

---

[5] Amtl. Begr. zur Verordnung v. 19.12.1939 in Motive zum VVG S. 646; *König* NVersZ 2002, 481; *Schwintowski* in Berliner Kommentar VVG § 170 Rn. 2; *Winter* in Bruck/Möller VVG § 170 Rn. 3.
[6] *König* NVersZ 2002, 481.
[7] *Prahl* VersR 2005, 1036 (1037); *Ortmann* in Schwintowski/Brömmelmeyer/Ebers VVG § 170 Rn. 4; *Reiff* in Prölss/Martin VVG § 170 Rn. 3; aA *Winter* in Bruck/Möller VVG § 170 Rn. 14; *Brambach* in HK-VVG § 170 Rn. 1; *Grote* in Langheid/Rixecker VVG § 170 Rn. 2.
[8] *Schwintowski* in Berliner Kommentar VVG § 177 Rn. 3.
[9] AG München VersR 1960, 362 (363) mit zust. Anm. *Binder*; *Reiff* in Prölss/Martin VVG § 170 Rn. 3; *Ortmann* in Schwintowski/Brömmelmeyer/Ebers VVG § 170 Rn. 5; *Schwintowski* in Berliner Kommentar VVG § 177 Rn. 3; aA *Hasse* VersR 2005, 15 (33).
[10] *Ortmann* in Schwintowski/Brömmelmeyer/Ebers VVG § 170 Rn. 5; *Reiff* in Prölss/Martin VVG § 170 Rn. 3.
[11] *Ortmann* in Schwintowski/Brömmelmeyer/Ebers VVG § 170 Rn. 4.
[12] Die Einwilligung der zu versichernden Person ist bei der Fremdlebensversicherung in allen Formen der Lebensversicherung zwingend → § 150 Rn. 7.
[13] In Ausnahmefällen mag aber auch der Gläubiger/Insolvenzverwalter ein Interesse daran haben, in eine reine Risikoversicherung zu vollstrecken, bzw. sie zu einer Masseverbindlichkeit zu machen; *König* NVersZ 2002, 481 (482); zur Vollstreckung in einen Lebensversicherungsvertrag (noch) ohne Rückkaufswert aber AG München VersR 1960, 362 (363) mit zust. Anm. *Binder*.
[14] AG München VersR 1960, 362 (364) mit zust. Anm. *Binder* im Hinblick auf eine Versicherung bei der noch kein positiver Rückkaufswert vorhanden ist; iErg wie hier *Brambach* in HK-VVG § 170 Rn. 1; *Winter* in Bruck/Möller VVG § 170 Rn. 14.

zu Recht – befürchtet vom Insolvenzverwalter auf das Leben des Versicherten spekuliert wird,[15] sondern es wird auch verhindert, dass der Insolvenzverwalter den Versicherungsvertrag erst zur Masse zieht und ihn dann möglicherweise aus Willkür gegenüber dem Bezugsberechtigten kündigt.

5 Der Vertrag darf nicht bereits vor Ausübung des Eintrittsrechts durch **Kündigung, Anfechtung oder Rücktritt** erloschen sein. **Unschädlich** ist aber eine seitens des Insolvenzverwalters oder Vollstreckungsgläubigers ausgesprochene Kündigung vor Ablauf der einmonatigen Eintrittsfrist des Abs. 3.[16] Das Eintrittsrecht wird auch dann nicht beeinträchtigt, wenn der Versicherer den **Rückkaufswert** infolge einer solchen Kündigung bereits ausgezahlt hat.[17] Sinn und Zweck des § 170 ist es, zu verhindern, dass der Versicherungsvertrag vorzeitig durch Gläubiger des Versicherungsnehmers aufgelöst wird; daher ist eine Kündigung durch einen Vollstreckungsgläubiger, die vor Ablauf der Monatsfrist des Abs. 3 erklärt wird, zunächst unwirksam. Ebenso ist ein **Widerruf des Bezugsrechts** durch den Gläubiger vor Ablauf der Monatsfrist unwirksam.[18] Kündigung und Widerruf des Bezugsrechts werden mit Ablauf der Monatsfrist wirksam, wenn der Berechtigte von seinem Eintrittsrecht keinen Gebrauch gemacht hat.[19] Vor Ablauf der Monatsfrist muss daher auch der Versicherer den Rückkaufswert nicht an den Gläubiger/die Insolvenzmasse auszahlen.[20] Eine dennoch vorgenommene Auszahlung des Rückkaufswerts führt im Verhältnis zum Berechtigten nicht zum Erlöschen des Versicherungsvertrags.

6 **2. Arrest, Zwangsvollstreckung, Insolvenzeröffnung.** Das Eintrittsrecht setzt den Vollzug des Arrests, die Vornahme einer Zwangsvollstreckungsmaßnahme in den Versicherungsanspruch oder die Eröffnung des Insolvenzverfahrens über das Vermögen des Versicherungsnehmers voraus. Unpfändbare Ansprüche aus Lebensversicherungsverträgen können nicht Gegenstand von Arrest oder Zwangsvollstreckungsmaßnahmen sein (§§ 850 ff. ZPO) und gehören daher auch nicht zur Insolvenzmasse (§ 36 InsO).[21] Soweit also Ansprüche unpfändbar sind, besteht kein Raum für das Eintrittsrecht nach § 170.[22] Das Eintrittsrecht besteht auch nicht bei einer bloßen **Vorpfändung** (§ 845 ZPO), da diese nur dann die Arrestwirkung entfaltet, wenn die Pfändung binnen eines Monats bewirkt wird (§ 845 Abs. 2 ZPO).[23] Ein Eintrittsrecht des Bezugsberechtigten besteht auch nicht, wenn der Zessionar oder Pfandgläubiger die abgetretene oder verpfändete Forderung verwerten will.

7 **3. Eintrittsrecht. a) Eintrittsrechtsberechtigte nach Abs. 1 und 2.** Der Eintritt in die Lebensversicherung kann nur von einem Berechtigten iSd Abs. 1 oder Abs. 2 ausgeübt werden. Nach Abs. 1 ist der „namentlich benannte" **Bezugsberechtigte** eintrittsberechtigt. Damit ist die namentlich bezeichnete Person, bzw. sind die namentlich bezeichneten Personen gemeint. Die bloße Bestimmbarkeit des oder der Bezugsberechtigten durch Bezeichnungen wie „meine Angehörigen", „meine Eltern", „meine Hinterbliebenen", „meine Erben" reicht nicht aus.[24]

8 Nach Abs. 2 sind **Ehegatten** oder **Lebenspartner** und **Kinder** eintrittsberechtigt, sofern kein Bezugsberechtigter namentlich bezeichnet ist.[25] **Kein** Eintrittsrecht nach Abs. 2 besteht hingegen,

---

[15] Der Bezugsberechtigte bleibt in diesem Fall derselbe wie vor der Insolvenz. Ist – wie regelmäßig – der Versicherungsnehmer auch die versicherte Person hat er den Bezugsberechtigten bestimmt, sofern ein Dritter versicherte Person ist, hat sie dem Vertrag und dem benannten Bezugsberechtigten bereits zuvor zugestimmt.

[16] *Brömmelmeyer* in Beckmann/Matusche-Beckmann VersR-HdB § 42 Rn. 239; *Ortmann* in Schwintowski/Brömmelmeyer/Ebers VVG § 170 Rn. 15 f.; *Prahl* VersR 2005, 1036 (1037); *Schwintowski* in Berliner Kommentar VVG § 177 Rn. 3; *Winter* in Bruck/Möller VVG § 170 Rn. 53; § 1.

[17] *Schwintowski* in Berliner Kommentar VVG § 177 Rn. 14; *Ortmann* in Schwintowski/Brömmelmeyer/Ebers VVG § 170 Rn. 15; *Winter* in Bruck/Möller VVG § 170 Rn. 54; *Hasse* VersR 2005, 15 (34), Zahlung des Rückkaufswerts aber wirksam, wenn mindestens einen Monat nach der ersten Pfändung erfolgt; aA *Reiff* in Prölss/Martin VVG § 170 Rn. 17; vermittelnd: *Patzer* in Looschelders/Pohlmann VVG § 170 Rn. 10.

[18] BGH VersR 2012, 425 Rn. 17.

[19] *Reiff* in Prölss/Martin VVG § 170 Rn. 19; *Hasse* VersR 2005, 15 (34); nach anderer Auffassung, *Schwintowski* in Berliner Kommentar VVG § 177 Rn. 6; *Kollhosser* in Prölss/Martin, 27. Aufl. 2004, VVG § 177 Rn. 8; ist eine Kündigung binnen Monatsfrist von vornherein unwirksam; offen gelassen BGH VersR 2012, 425.

[20] *Winter* in Bruck/Möller VVG § 170 Rn. 55, danach soll der Versicherer sogar **verpflichtet** sein, den Rückkaufswert nicht binnen eines Monats auszuzahlen, nachdem er von der Existenz von Berechtigten nach Abs. 1 oder Abs. 2 erfahren hat.

[21] OLG Brandenburg NZI 2003, 212 (213); *Armbrüster/Pilz* KTS 2004, 481 (483).

[22] *Schwintowski* in Berliner Kommentar VVG § 170 Rn. 4; *Ortmann* in Schwintowski/Brömmelmeyer/Ebers VVG § 170 Rn. 6.

[23] *Reiff* in Prölss/Martin VVG § 170 Rn. 4; *Ortmann* in Schwintowski/Brömmelmeyer/Ebers VVG § 170 Rn. 6.

[24] *Reiff* in Prölss/Martin VVG § 170 Rn. 5; *Patzer* in Looschelders/Pohlmann VVG § 170 Rn. 6; *Ortmann* in Schwintowski/Brömmelmeyer/Ebers VVG § 170 Rn. 8; *Schwintowski* in Berliner Kommentar VVG § 170 Rn. 8.

[25] *Patzer* in Looschelders/Pohlmann VVG § 170 Rn. 7.

wenn namentlich benannte Bezugsberechtigte zwar vorhanden sind, aber von ihrem Eintrittsrecht nicht Gebrauch machen wollen oder können oder die Eintrittsfrist des Abs. 3 versäumt haben.[26] Als Eintrittsberechtigt nach Abs. 2 kommt in Frage der in gültiger Ehe mit dem Versicherungsnehmer zusammenlebende Ehegatte,[27] bzw. der in gültiger Lebenspartnerschaft mit dem Versicherungsnehmer zusammenlebende Lebenspartner.[28] Kinder iSd Vorschrift sind leibliche sowie adoptierte Kinder des Versicherungsnehmers. Nicht eintrittsberechtigt iSd § 170 sind anstelle der Kinder tretende Nachfahren des Versicherungsnehmers (zB Enkel) sowie Kinder des Ehegatten/Lebenspartners aus einer anderen Beziehung. Das Alter und die Versorgungsbedürftigkeit der Kinder spielen keine Rolle.[29]

Sind **mehrere Bezugsberechtigte** namentlich benannt (Abs. 1) oder gibt es – bei Nichtvorhandensein eines namentlich Bezugsberechtigten – mehrere Eintrittsberechtigte (Abs. 2), können diese alle zusammen oder einzelne allein in den Versicherungsvertrag eintreten.[30] Die Bezugsberechtigungen der Nicht-Eintretenden bleiben trotz des Eintritts eines oder einzelner Bezugsberechtigter (zunächst) erhalten.[31] Der Eintretende kann aber nach seinem Eintritt (widerrufliche) Bezugsrechte der Nicht-Eintretenden widerrufen bzw. die Anteile der Bezugsrechte neu ordnen.[32] 9

b) Widerrufliches und unwiderrufliches Bezugsrecht. Abs. 1 differenziert nicht ausdrücklich zwischen einem widerruflichen und einem unwiderruflichen Bezugsberechtigten. Die Vorschrift erfasst also ihrem Wortlaut nach grds. beide Formen der Bezugsberechtigung. Allerdings setzt § 170 voraus, dass **Zwangsvollstreckungsmaßnahmen in die Versicherungsforderung** vorgenommen werden, bzw. ein **Arrestverfahren** in die Versicherungsforderung vollzogen wird, oder aber ein Insolvenzverfahren über das Vermögen des Versicherungsnehmers eröffnet wird (Abs. 1 S. 1). 10

Grundsätzlich setzen Zwangsvollstreckungsmaßnahmen bzw. die Verwertung einer Forderung im Rahmen der Insolvenz voraus, dass der Schuldner (Versicherungsnehmer) noch eine vermögensrechtliche Position an dem zu verwertenden Gegenstand hat.[33] Diese Voraussetzung ist beim **widerruflichen Bezugsrecht** erfüllt. Die vermögensrechtliche Position des Versicherungsnehmers an der Versicherungsforderung bleibt nämlich zunächst erhalten: Der widerruflich Bezugsberechtigte erwirbt den Anspruch auf die Versicherungsleistung erst mit Eintritt des Versicherungsfalls.[34] Zuvor hat er lediglich eine Erwerbsaussicht.[35] Die Gläubiger des Versicherungsnehmers können damit grds. auf die Versicherungsforderung zugreifen, den Vertrag durch Kündigung zum Erlöschen bringen und nach Widerruf des Bezugsrechts die Auszahlung des Rückkaufswerts an sich, bzw. der Insolvenzverwalter kann Zahlung an die Insolvenzmasse verlangen. In dieser Situation schützt § 170 den Bezugsberechtigten und gewährt ihm ein Eintrittsrecht. Durch das Eintrittsrecht wird dem Gläubiger/Insolvenzverwalter sowohl das Recht genommen, den Vertrag durch Kündigung zu verwerten, als auch das Bezugsrecht des Berechtigten zu widerrufen.[36] 11

Beim **unwiderruflichen Bezugsrecht** erwirbt der Berechtigte das Recht auf die Leistung unmittelbar mit Einräumung der Bezugsberechtigung.[37] Ihm allein stehen daher die vermögensrechtlichen Ansprüche aus dem Versicherungsvertrag zu.[38] In der **Einzelzwangsvollstreckung** gegen 12

---

[26] *Winter* in Bruck VVG § 170 Rn. 16; *Reiff* in Prölss/Martin VVG § 170 Rn. 6; *Brambach* in HK-VVG § 170 Rn. 8.
[27] *Winter* in Bruck/Möller VVG § 170 Rn. 24.
[28] Das Eintrittsrecht für Lebenspartner wurde mit Art. 3 § 38 des Gesetzes zur Beendigung der Diskriminierung von gleichgeschlechtlicher Gemeinschaften: Lebenspartnerschaften v. 16.2.2001, BGBl. 2001 I S. 266 in § 177 Abs. 2 aufgenommen.
[29] *Schwintowski* in Berliner Kommentar VVG § 177 Rn. 10.
[30] *Schwintowski* in Berliner Kommentar VVG § 177 Rn. 11; *Reiff* in Prölss/Martin VVG § 170 Rn. 7; *Winter* in Bruck/Möller VVG § 170 Rn. 25.
[31] *Patzer* in Looschelders/Pohlmann VVG § 170 Rn. 8; aA *Ortmann* in Schwintowski/Brömmelmeyer/Ebers VVG § 170 Rn. 11; *Reiff* in Prölss/Martin VVG § 170 Rn. 7, Bezugsrecht des Eintretenden wächst den anderen Bezugsberechtigten zu.
[32] *Schwintowski* in Berliner Kommentar VVG § 177 Rn. 11.
[33] *Winter* in Bruck/Möller VVG § 170 Rn. 15.
[34] → § 159 Rn. 70.
[35] BGH VersR 2004, 93 (94); 2003, 463; 1993, 689 (690); 1984, 632 (633); → § 159 Rn. 70; *Ortmann* in Schwintowski/Brömmelmeyer/Ebers VVG § 159 Rn. 50; *Armbrüster/Pilz* KTS 2004, 481 (485).
[36] *Reiff* in Prölss/Martin VVG § 170 Rn. 19.
[37] Dies folgt nunmehr aus § 159 Abs. 3. Nach § 166 VVG aF ergab sich der unmittelbare Rechtserwerb bei unwiderruflichem Bezugsrecht nicht unmittelbar aus dem Gesetz. Ein unmittelbarer Rechtserwerb konnte sich aber aus einer entsprechenden Vereinbarung im Versicherungsvertrag ergeben. Von einer solchen Vereinbarung war bei Verträgen auf der Grundlage der gängigen ALB (vgl. § 13 Abs. 2 ALB 86; § 13 Abs. 2 ALB 94) regelmäßig auszugehen; BGHZ 45, 162 = VersR 1966, 359; *Armbrüster/Pilz* KTS 2004, 481 (487).
[38] BGHZ 45, 162 = VersR 1966, 359.

den Versicherungsnehmer unterliegen diese Ansprüche aus dem Versicherungsvertrag grds. nicht dem Zugriff der Gläubiger des Versicherungsnehmers; es kann weder ein Arrestverfahren noch eine Zwangsvollstreckungsmaßnahme in die Versicherungsforderung eingeleitet werden. Ebenso wenig kann der Versicherungsvertrag durch die Gläubiger des Versicherungsnehmers gekündigt werden.[39] Es fehlt damit regelmäßig an einer Tatbestandsvoraussetzung des § 170 nämlich „Arrest oder Zwangsvollstreckungsmaßnahme in die Versicherungsforderung". Daher besteht entgegen der wohl hM auch kein Eintrittsrecht des unwiderruflich Bezugsberechtigten bei Einzelzwangsvollstreckungsmaßnahmen gegen den Versicherungsnehmer; Ansprüche des unwiderruflich Bezugsberechtigten werden ohnehin nicht berührt, des Schutzes durch § 170 bedarf es nicht.[40]

13   Anders stellt sich die Rechtsposition des unwiderruflich Bezugsberechtigten im Rahmen eines **Insolvenzverfahrens** über das Vermögen des Versicherungsnehmers dar. Zwar ändert auch das Insolvenzverfahren grds. nichts daran, dass der Anspruch auf die die Versicherungsleistung, bzw. auf den Rückkaufswert dem unwiderruflich Bezugsberechtigten zusteht.[41] Das Recht, den Versicherungsvertrag zu kündigen, geht allerdings auf den Insolvenzverwalter über.[42] Macht der Insolvenzverwalter von seinem Kündigungsrecht, bzw. Ablehnungsrecht (§ 103 Abs. 2 InsO) Gebrauch, ist (nur) der Rückkaufswert an den Bezugsberechtigten zur Auszahlung zu bringen. In dieser Situation kann der unwiderruflich Bezugsberechtigte ein Interesse daran haben, den Vertrag selbst prämienpflichtig fortzusetzen und später die volle Versicherungsleistung zu erhalten.[43] Je nach Restlaufzeit des Vertrages kann es nämlich wirtschaftlich günstiger sein, den Vertrag fortzuführen, als sich mit dem (geringeren) Rückkaufswert zum Zeitpunkt der Kündigung durch den Insolvenzverwalter zu begnügen.

14   Dem Wortlaut nach gibt § 170 dem unwiderruflich Bezugsberechtigten in der Insolvenz das Recht, in den Versicherungsvertrag einzutreten,[44] die Vorschrift setzt nämlich nicht voraus, dass die Versicherungsforderung in die Insolvenzmasse fällt.[45] Dennoch führt die Anwendung von § 170 bei Bestehen eines unwiderruflichen Bezugsrechts nicht zu einem interessengerechten Ergebnis: § 170 Abs. 1 S. 2 begründet die Pflicht des Eintretenden, den Gläubiger/die Insolvenzmasse bis zur Höhe des Rückkaufswerts zu befriedigen. Der unwiderruflich Bezugsberechtigte jedoch hat den **Anspruch auf den Rückkaufswert** bereits erworben, welcher ihm grds. im Insolvenzverfahren nicht mehr genommen werden kann.[46] Würde den unwiderruflich Bezugsberechtigten nun aber die Pflicht aus § 170 Abs. 1 S. 2 treffen, den Rückkaufswert an die Insolvenzmasse zu zahlen, stünde die Insolvenzmasse bei Eintritt des Berechtigten in den Versicherungsvertrag wirtschaftlich besser da, als wenn der unwiderruflich Bezugsberechtigte von seinem Eintrittsrecht keinen Gebrauch machen würde. Dann nämlich ist der Rückkaufswert des Vertrages nach der Kündigung des Insolvenzverwalters an den Bezugsberechtigten auszuzahlen. Eine solche Besserstellung ist durch Abs. 1 S. 2 nicht beabsichtigt. Die Anwendung des § 170 ist somit im Falle der Kündigung/Erfüllungsablehnung des Versicherungsvertrages durch den Insolvenzverwalter bei unwiderruflichem Bezugsrecht nicht interessengerecht.[47]

15   Unabhängig davon kann dem unwiderruflich Bezugsberechtigten ein Recht zustehen, den Versicherungsvertrag im Falle der Insolvenz des Versicherungsnehmers an dessen Stelle mit **eigener Prämienzahlung fortzusetzen.** Dieses Recht wird zum Teil aus § 267 Abs. 1 BGB[48] oder aus § 34[49] hergeleitet. Ein solches Recht kann sich auch unmittelbar aus dem Versicherungsvertrag ergeben, wenn dort vereinbart ist, dass der unwiderruflich Bezugsberechtigte im Falle der Insolvenz des Versicherungsnehmers berechtigt sein soll, den Vertrag mit eigenen Prämien fortzuführen.[50] Fehlt es an einer ausdrücklichen dahingehenden Vereinbarung, kann das Recht des unwiderruflich Bezugsberechtigten, den Vertrag mit eigenen Prämien fortzusetzen, im Wege der ergänzenden Ver-

---

[39] BGH VersR 2003, 1021 (1022); BGHZ 45, 162 = VersR 1966, 359.
[40] *Sieg* FS Klingmüller, 1974, 447 (458); *Ehrenzweig* VersR 1951, 25 (26); Zweifel am Eintrittsrecht *Prahl* VersR 2005, 1036 (1040); aA für Bestehen eines Eintrittsrechts OLG Düsseldorf VersR 1998, 1559 (1560); *Reiff* in Prölss/Martin VVG § 170 Rn. 12, aber: keine Pflicht zur Zahlung des Rückkaufswerts; *Eitelberg*, Lebensversicherung und Drittrechte, 2002, S. 144; *Schwintowski* in Berliner Kommentar VVG § 177 Rn. 8; *Winter* in Bruck/Möller VVG § 170 Rn. 15.
[41] *Sieg* FS Klingmüller, 1974, 447 (459).
[42] OLG Düsseldorf VersR 1998, 1559 (1560); *Hasse* VersR 2005, 15 (27); *Reiff* in Prölss/Martin, VVG § 170 Rn. 2.
[43] Zu einer solchen Fallgestaltung OLG Düsseldorf VersR 1998, 1559 (1560 f.).
[44] OLG Düsseldorf VersR 1998, 1559 (1560).
[45] *Prahl* VersR 2005, 1036 (1040).
[46] → § 159 Rn. 74 f.
[47] Ähnlich *Ehrenzweig* VersR 1951, 25 (26).
[48] *Schwintowski* in Berliner Kommentar VVG § 165 Rn. 16.
[49] *Ehrenzweig* VersR 1951, 25 (26) (§ 35a aF); im Ergebnis ähnlich *Sieg* FS Klingmüller, 1974, 447 (459).
[50] OLG Düsseldorf VersR 2002, 86 (88).

tragsauslegung hergeleitet werden, wenn der Vertrag Anhaltspunkte dafür enthält, dass eine solche Vereinbarung hätte getroffen werden sollen.[51] § 119 InsO steht einer solchen Vereinbarung nicht entgegen.[52]

Eigenständige Bedeutung kann das Eintrittsrecht gem. § 170 Abs. 1 allerdings – auch für den unwiderruflich Bezugsberechtigten – in dem Fall haben, dass eine **Anfechtung** der Einräumung des unwiderruflichen Bezugsrechts durch den Insolvenzverwalter (§ 134 InsO) bzw. Vollstreckungsgläubiger (§ 4 AnfG) droht.[53] Nach der wohl hM in der Lit. verdrängt der Eintritt nach § 170 eine Anfechtung der Einräumung des (unwiderruflichen) Bezugsrechts.[54] Gewährt man dem unwiderruflich Bezugsberechtigten bei (drohender) Anfechtung mit der hM ein Eintrittsrecht, ist auch die Rechtsfolge des Abs. 1 S. 2, nämlich die Pflicht, den Gläubiger bis zur Höhe des Rückkaufswerts zu befriedigen, angemessen. Bei erfolgreicher Anfechtung wäre der unwiderruflich Bezugsberechtigte ebenso in der Pflicht, die erlangte Versicherungsleistung, bzw. den Anspruch hierauf herauszugeben.[55]

4. Zustimmung des Versicherungsnehmers. Der Versicherungsnehmer muss dem Eintritt durch einseitige, empfangsbedürftige und formfreie Erklärung gegenüber dem Versicherer zustimmen. Die Befugnis, die Zustimmung zu erteilen oder zu verweigern, ist nicht pfändbar und geht daher auch im Falle der Insolvenz nicht auf den Insolvenzverwalter über,[56] sondern verbleibt beim Versicherungsnehmer. Die Zustimmung des Versicherungsnehmers unterliegt auch nicht der Gläubiger- bzw. Insolvenzanfechtung,[57] da sonst das Eintrittsrecht nach § 170 vereitelt würde.

Eine Pflicht des Versicherungsnehmers, dem Eintritt zuzustimmen, lässt sich aus der Vorschrift nicht herleiten. Der Versicherungsnehmer kann seine Zustimmung grds. ohne Grund verweigern oder unter mehreren Bezugsberechtigten seine Wahl treffen[58] Allerdings kann aus dem Innenverhältnis zwischen dem Versicherungsnehmer und dem Eintrittsberechtigten eine Zustimmungspflicht folgen.[59]

5. Ausübung des Eintrittsrechts binnen Monatsfrist (Abs. 3). Das Eintrittsrecht wird durch formlose Anzeige an den Versicherer ausgeübt. Die Anzeige muss binnen einer Frist von einem Monat ab **Kenntnis** des Eintrittsberechtigten von der **Pfändung** bzw. dem **Arrest** erfolgen,[60] dh dem Versicherer zugegangen sein. Im Falle der Insolvenz beginnt die Monatsfrist mit **Eröffnung des Insolvenzverfahrens.** Ob und zu welchem Zeitpunkt der Berechtigte von der Eröffnung des Insolvenzverfahrens Kenntnis erlangt, ist nicht relevant.[61] Die Zustimmung des Versicherungsnehmers ist konstitutiver Teil des Eintritts nach Abs. 1 bzw. Abs. 2 und muss daher ebenfalls innerhalb der Monatsfrist dem Versicherer zugegangen sein.[62] Übt der Berechtigte das Eintrittsrecht binnen Monatsfrist aus, löst dies die Rechtsfolgen des § 170 aus. Dies gilt selbst dann, wenn der Gläubiger/Insolvenzverwalter bereits zuvor (innerhalb der Sperrfrist des Abs. 3) die Kündigung des Vertrages ausgesprochen hatte und der Rückkaufswert innerhalb dieser Sperrfrist ausgezahlt wurde.[63]

---

[51] OLG Düsseldorf VersR 2002, 86 (88); ebenso allerdings nur für Versicherung im Rahmen der betrieblichen Altersvorsorge *Ortmann* in Schwintowski/Brömmelmeyer/Ebers VVG § 168 Rn. 19.
[52] OLG Düsseldorf VersR 2002, 86 (88).
[53] Grdl. zur Änderung der Rspr. zur Anfechtung der Bezugsberechtigung BGH VersR 2004, 93 (94). Zur Anfechtung des unwiderruflichen Bezugsrechts durch den Insolvenzverwalter *Hasse* VersR 2005, 15 (30 ff.); *Armbrüster/Pilz* KTS 2004, 481 (499).
[54] *Armbrüster/Pilz* KTS 2004, 481 (503); *Hasse* VersR 2005, 15 (36); aA *König* NVersZ 2002, 481 (484), Vorrang der Anfechtung außer bei Eintritt eines Berechtigten nach Abs. 2.
[55] BGH VersR 2004, 93 (96); *Reiff* in Prölss/Martin VVG § 170 Rn. 12.
[56] Eitelberg, Lebensversicherung und Drittrechte, 2002, S. 146; *Ortmann* in Schwintowski/Brömmelmeyer/Ebers VVG § 170 Rn. 7; *Winter* in Bruck/Möller VVG § 170 Rn. 30; BGH VersR 2012, 425 zum Pfändungspfandrecht; dort war allerdings das Recht auf Erteilung der Zustimmung nicht mitgepfändet worden.
[57] *Ortmann* in Schwintowski/Brömmelmeyer/Ebers VVG § 170 Rn. 7; *Kollhosser* in Prölss/Martin, 27. Aufl. 2004, VVG § 177 Rn. 8; *Prahl* VersR 2005, 1036 (1038); *Hasse* VersR 2005, 15 (33); *Armbrüster/Piltz* KTS 2004, 481 (503); *König* NVersZ 2002, 481 (484); *Schwintowski* in Berliner Kommentar VVG § 177 Rn. 6.
[58] *Winter* in Bruck VVG § 170 Rn. 33 f.; *Schwintowski* in Berliner Kommentar VVG § 177 Rn. 7 geht demgegenüber davon aus, dass die Verweigerung der Zustimmung jedenfalls nicht rechtsmissbräuchlich sein dürfe.
[59] Ausdrücklich *Grote in* Langheid/Rixecker VVG § 170 Rn. 4.
[60] *Ortmann* in Schwintowski/Brömmelmeyer/Ebers VVG § 170 Rn. 12; aA *Hasse* VersR 2005, 15 (34), Eintritt nach Ablauf eines Monats nach der ersten Pfändung ausgeschlossen.
[61] *Ortmann* in Schwintowski/Brömmelmeyer/Ebers VVG § 170 Rn. 12.
[62] *Reiff* in Prölss/Martin VVG § 170 Rn. 8; *Hasse* VersR 2005, 15 (33); aA *Ortmann* in Schwintowski/Brömmelmeyer/Ebers VVG § 170 Rn. 7; *Schwintowski* in Berliner Kommentar VVG § 177 Rn. 5.
[63] *Ortmann* in Schwintowski/Brömmelmeyer/Ebers VVG § 170 Rn. 15; *Patzer* in Looschelders/Pohlmann VVG § 170 Rn. 10; *Schwintowski* in Berliner Kommentar VVG § 177 Rn. 14; aA *Reiff* in Prölss/Martin VVG § 170 Rn. 17.

§ 171 Teil 2. Einzelne Versicherungszweige. Kap. 5. Lebensversicherung

20   Für den Versicherer – aber auch die Gläubiger – resultiert daraus, dass bei der Einzelzwangsvollstreckung für den Fristbeginn auf die Kenntnis des Berechtigten abzustellen ist, eine erhebliche **Rechtsunsicherheit**. Regelmäßig ist nämlich weder dem Versicherer noch den Gläubigern bekannt, ob bzw. wann der Berechtigte von der Einleitung von Zwangsvollstreckungsmaßnahmen erfahren hat. Teilweise wird daher angenommen, der Versicherer könne einen Monat nach der ersten Pfändungsmaßnahme[64] bzw. einen Monat nach Kenntnis des Versicherers vom Vorhandensein von Berechtigten[65] mit befreiender Wirkung an den Gläubiger leisten. Beide Ansichten sind allerdings abzulehnen. Abs. 3 stellt nämlich hinsichtlich der Sperrfrist ausdrücklich auf die **Kenntnis** des Berechtigten von der Pfändung ab und § 171 lässt ein Abweichen von § 170 zum Nachteil des Eintrittsberechtigten nicht zu. Zudem steht es dem Versicherer und/oder dem Gläubiger frei, die Kenntnis der Berechtigten von einer Pfändung durch entsprechende **Information** herbeizuführen, auch wenn eine diesbezügliche Pflicht des Versicherers/Gläubigers nach treffender hL aus der Vorschrift nicht herzuleiten ist.[66]

II. Rechtsfolgen des Eintritts

21   Tritt der Berechtigte in den Vertrag ein, übernimmt er endgültig die Rechtsposition des Versicherungsnehmers mit allen Rechten und Pflichten (Prämienzahlungspflicht, Recht, Bezugsberechtigungen zu ändern), kann Erklärungen in Bezug auf das Versicherungsverhältnis abgeben und empfangen. Mehrere Eintretende können nur gemeinsam über den Vertrag verfügen.[67]

22   Den Eintretenden trifft die Pflicht, den Gläubiger/Insolvenzverwalter bis zur Höhe „des Betrages zu befriedigen, dessen Zahlung der Versicherungsnehmer im Fall der Kündigung des Versicherungsverhältnisses verlangen könnte". Der Eintretende hat also den Rückkaufwert, der vom Versicherer bei Kündigung durch den Versicherungsnehmer zu zahlen wäre, an den Gläubiger/Insolvenzverwalter zu zahlen. Der Wortlaut von Abs. 1 spricht klar dafür, dass es sich bei der Pflicht zur Befriedigung der Gläubiger um eine **Wirkung** des Eintritts handelt.[68] Demgegenüber wird teilweise unter Bezugnahme auf § 150 öVVG 1917, dem die Vorschrift nachgebildet ist, vertreten, dass es sich bei der Befriedigung der Gläubiger um eine Wirksamkeitsvoraussetzung des Eintritts handle.[69] Dies ist – nicht nur wegen des entgegenstehenden Wortlauts – abzulehnen, da hierdurch der Eintritt unnötig erschwert würde.[70]

C. Abdingbarkeit

23   § 170 ist halbzwingend. Abweichungen zum Nachteil des Versicherungsnehmers oder des Eintrittsberechtigten sind nicht zulässig, § 171. Unzulässig wäre damit sowohl die Vereinbarung eines Schriftformerfordernisses für die Anzeige des Eintritts bzw. für die Zustimmung des Versicherungsnehmers als auch eine Verkürzung der Eintrittsfrist.[71] Eine Verlängerung der Eintrittsfrist ist hingegen mit Zustimmung des Gläubigers/des Insolvenzverwalters zulässig, da hierdurch die Position des Eintrittsberechtigten verbessert wird.[72]

§ 171 Abweichende Vereinbarungen

¹Von § 152 Abs. 1 und 2 und den §§ 153 bis 155, 157, 158, 161 und 163 bis 170 kann nicht zum Nachteil des Versicherungsnehmers, der versicherten Person oder des Eintrittsbe-

---

[64] *Hasse* VersR 2005, 15 (34).
[65] *Winter* in Bruck/Möller VVG § 170 Rn. 61.
[66] *Reiff* in Prölss/Martin VVG § 170 Rn. 18, keine Informationspflicht für den Gläubiger; *Patzer* in Looschelders/Pohlmann VVG § 170 Rn. 9; *Ortmann* in Schwintowski/Brömmelmeyer/Ebers VVG § 170 Rn. 14; diff. *Schwintowski* in Berliner Kommentar VVG § 177 Rn. 16; *Eitelberg*, Lebensversicherung und Drittrechte, 2002, S. 148.
[67] *Reiff* in Prölss/Martin VVG § 170 Rn. 15 f.; *Eitelberg*, Lebensversicherung und Drittrechte, 2002, S. 149.
[68] AG München VersR 1960, 362 (363); *Patzer* in Looschelders/Pohlmann VVG § 170 Rn. 11; *Ortmann* in Schwintowski/Brömmelmeyer/Ebers VVG § 170 Rn. 18; *Schwintowski* in Berliner Kommentar VVG § 177 Rn. 18.
[69] *Reiff* in Prölss/Martin VVG § 170 Rn. 10 f.; *Winter* in Bruck/Möller VVG § 170 Rn. 48; *Hasse* VersR 2005, 15 (33); *Ehrenzweig* VersR 1951, 25.
[70] *Patzer* in Looschelders/Pohlmann VVG § 170 Rn. 11.
[71] *Schwintowski* in Berliner Kommentar VVG § 177 Rn. 12, 14, 15.
[72] *Reiff* in Prölss/Martin VVG § 170 Rn. 14; *Ortmann* in Schwintowski/Brömmelmeyer/Ebers VVG § 170 Rn. 13; *Schwintowski* in Berliner Kommentar VVG § 177 Rn. 15; *Winter* in Bruck/Möller VVG § 170 Rn. 49.

rechtigten abgewichen werden. ²Für das Verlangen des Versicherungsnehmers auf Umwandlung nach § 165 und für seine Kündigung nach § 168 kann die Schrift- oder die Textform vereinbart werden.

Soweit die Vorschriften des VVG in seiner alten Fassung – wenn auch teilweise geändert – 1 beibehalten werden, bleiben sie in demselben Umfang wie nach § 178 VVG aF halbzwingend.

Im Hinblick auf die Vereinbarung von **Formvorschriften** erlaubt § 171 für das Beitragsfreistel- 2 lungsverlangen gem. § 165 (§ 174 VVG aF) § 171 die Vereinbarung der Schrift- oder Textform. § 178 VVG aF ließ einen solchen Schriftformvorbehalt für das Beitragsfreistellungsverlangen nicht zu. Für die Kündigung nach § 168 (§ 165 VVG aF) kann nunmehr neben der Schriftform (vgl. § 178 VVG aF) auch Textform (§ 126b BGB) vereinbart werden. Mit Inkrafttreten von § 309 Nr. 13 BGB (Form von Anzeigen und Erklärungen), wonach in AGB gegenüber Verbrauchern keine strengere Form als die Textform verlangt werden kann, dürfte es allerdings unzulässig geworden sein, Schriftform für Kündigung und Vertragsfreistellung, in AVB zu verlangen.¹

Nach § 171 sind auch §§ 163, 164 über die Prämien- und Leistungsänderung und die Bedin- 3 gungsanpassung halbzwingend, um den notwendigen Schutz der Versicherungsnehmer sicherzustellen.²

Im Hinblick auf §§ 157, 161 stellt § 171 klar, dass auch abweichende Vereinbarungen **zum** 4 **Nachteil der versicherten Person,** die nicht der Versicherungsnehmer ist, ausgeschlossen sind.³

Die Neufassung der Vorschrift spricht davon, dass „nicht zum Nachteil des Versicherungsneh- 5 mers, der Versicherten Person oder des Eintrittsberechtigten abgewichen werden kann". Demgegenüber war als Rechtsfolge in § 178 VVG aF lediglich vorgesehen, dass sich der Versicherer auf so eine Vereinbarung **„nicht berufen"** könne. Streitig ist, ob mit der Änderung der Formulierung zum Ausdruck gebracht werden sollte, dass nunmehr nachteilige Abweichungen generell unzulässig und damit unwirksam sind,⁴ oder ob der Gesetzgeber trotz sprachlicher Änderung der Vorschrift keine Inhaltsänderung beabsichtigte und es folglich bei den nach altem Recht bekannten Streitfragen⁵ bleibt, insbes. ob es darauf ankommt, ob die Klausel im Allgemeinen oder im konkreten Einzelfall für den individuellen Versicherungsnehmer nachteilige Auswirkungen hat.⁶ Die Abkehr von der unklaren, interpretationsbedürftigen Formulierung „kann nicht berufen" und die Wahl der eindeutigen Formulierung „kann nicht abgewichen werden" sprechen dafür, dass der Gesetzgeber nunmehr im Interesse der Rechtssicherheit klarstellen wollte, dass nachteilige Abweichungen generell unzulässig sind und damit unwirksam sind.⁷

§ 171 selbst ist **zwingend. Ausnahmen** ergeben sich aus § 211: Abweichende Vereinbarungen 6 im Hinblick auf §§ 165, 166, 168, 169 sind mit Zustimmung der Aufsichtsbehörde zulässig für regulierte Pensionskassen, kleinere Vereine iSd VAG 2016 sowie bei Lebens- und Unfallversicherungen mit kleinen Beiträgen.⁸ Für regulierte Pensionskassen gilt ferner § 153 nicht, soweit mit Genehmigung der Aufsichtsbehörde abweichende Vereinbarungen getroffen wurden.⁹

---

1   Wein → § 168 Rn. 42 ff.
2   Begr. zum RegE Art. 1 (§ 171), BT-Drs. 16/3945, 105.
3   Begr. zum RegE Art. 1 (§ 171), BT-Drs. 16/3945, 105.
4   *Brömmelmeyer* in Bruck/Möller VVG § 32 Rn. 2; *Ebers* in Schwintowski/Brömmelmeyer/Ebers VVG § 18 Rn. 1; *Schwintowski* in Schwintowski/Brömmelmeyer/Ebers VVG § 32 Rn. 5; *Ortmann* in Schwintowski/Brömmelmeyer/Ebers VVG § 171 Rn. 3.
5   Zur Streitfrage nach VVG aF *Prölss* in Prölss/Martin, 27. Aufl. 2004, VVG Vorb. I Rn. 4; *Knappmann* in Prölss/Martin, 27. Aufl. 2004, VVG § 42 Rn. 1; *Riedler* in Berliner Kommentar VVG § 42 Rn. 2; für generelle Unzulässigkeit einer für den Versicherungsnehmer nachteiligen Abbedingung von halbzwingenden Vorschriften im Bereich der Lebensversicherung *Schwintowski* in Berliner Kommentar VVG § 178 Rn. 1.
6   *Wandt* VersR Rn. 185.
7   Ausf. → § 18 Rn. 8, 31; → § 32 Rn. 17 ff.
8   → § 211 Rn. 2 ff.
9   → § 211 Rn. 16.

Kapitel 6. Berufsunfähigkeitsversicherung

Vorbemerkungen zu §§ 172–177

Übersicht

	Rn.		Rn.
A. Gesetzliche Grundlagen und Charakteristika	1	D. Private Berufsunfähigkeitsversicherung und gesetzliche Rentenversicherung	10
B. Anwendungsbereich der §§ 172–177	5		
C. Allgemeine Versicherungsbedingungen für die Berufsunfähigkeitsversicherung	8	E. Übergangsrecht	15

Schrifttum: *Benkel/Hirschberg*, Lebens- und Berufsunfähigkeitsversicherung. ALB- und BUZ-Kommentar, 2. Aufl. 2011; *Ernst/Rogler* (Hrsg.), Berufsunfähigkeitsversicherung (BUV 2017/BUZ 2017/BUV-AU/VVG/Steuern), 2018; *Landmann*, Handbuch der Berufsunfähigkeit. Die aktuellen staatlichen und privaten Regelungen im Vergleich, 2. Aufl. 2009; *Neuhaus*, Die Berufsunfähigkeitsversicherung – Neues VVG, Perspektiven, Prognosen, r+s 2008, 449; *Neuhaus*, Berufsunfähigkeitsversicherung, 4. Aufl. 2020; *Oster*, Entwicklungen und Trends in der privaten Berufsunfähigkeits-Zusatzversicherung in Deutschland, Österreich und der Schweiz, 1999; *Präve*, Die Berufsunfähigkeitsversicherung im Lichte des neuen VVG, VersR 2003, 1207; *Richter*, Private Berufsunfähigkeitsversicherung, 2. Aufl. 2020; *Richter*, Äußere Bezüge der privaten Berufsunfähigkeitsversicherung, in Liber amicorum für Gerrit Winter, 2007, 547; *Rixecker*, VVG 2008. Eine Einführung – Berufsunfähigkeitsversicherung, ZfS 2007, 669; *Rosensträter-Krumbach*, Die Berufsunfähigkeitsversicherung: Späte Ehre für ein Stiefkind, VersR 2004, 170; *Voit*, Aktuelle Rechtsfragen der Berufsunfähigkeitsversicherung, Münsteraner Reihe Bd. 6, 1990.

A. Gesetzliche Grundlagen und Charakteristika

1   **Bis zum Inkrafttreten des VVG-Reformgesetzes** war das Recht der Berufsunfähigkeitsversicherung **nicht kodifiziert.**[1] Die Rspr. hatte zwar aus einer in erster Linie aufsichtsrechtlich begründeten, sich wiederum aus der historischen Entwicklung ergebenden Einordnung der Berufsunfähigkeitsversicherung als Lebensversicherung den problematischen Schluss gezogen, dass damit im Zweifel – keinesfalls aber schematisch – auch vertragsrechtliche Vorschriften zur Lebensversicherung sowohl für die Berufsunfähigkeits- wie auch für die Berufsunfähigkeitszusatzversicherung (→ Rn. 5 f.) sollten übernommen werden können.[2] Abgesehen davon wurde der Inhalt der Verträge jedoch im Wesentlichen durch die jeweils zugrunde liegenden AVB bestimmt. Angesichts dieser Situation hatte sich die Kommission zur Reform des Versicherungsvertragsrechts auf den Standpunkt gestellt, dass die gesetzgeberische Abstinenz weder der Bedeutung[3] noch den praktischen Problemen der Sparte gerecht werde, zumal vor dem Hintergrund gesetzgeberischer Leistungskürzungen in der gesetzlichen Rentenversicherung mit einer künftig noch wachsenden Bedeutung der Versicherung zu rechnen sei.[4] Diese Position hat sich der Gesetzgeber zu Eigen gemacht[5] und infolgedessen die Berufsunfähigkeitsversicherung als einzige neue Sparte in einem **Kap. 6** des zweiten Teils des VVG (§§ 172–177) jedenfalls in wichtigen Punkten geregelt.[6]

2   **Gesetzliche Grundlage** der Berufsunfähigkeitsversicherung sind daher heute in erster Linie die **§§ 172–177**. Daneben gelten die für alle Versicherungszweige einschlägigen §§ 1–73. Ausgangsnorm ist § 172, der in Abs. 1 die Leistungspflicht des Versicherers präzisiert und in Abs. 2 den Begriff der Berufsunfähigkeit beschreibt. Aus Abs. 3 ergibt sich, dass die Voraussetzungen der Versichererleistung in Abs. 1 nicht abschließend festgelegt werden, weil der Versicherer als weitere Voraussetzung seiner Leistungspflicht soll vereinbaren können, dass der Versicherte keine seinem bisherigen Beruf

---
[1] Rechtsvergleichend *Oster*, Entwicklungen und Trends in der privaten Berufsunfähigkeits-Zusatzversicherung in Deutschland, Österreich und der Schweiz, 1999, S. 107 ff., 121 ff.
[2] BGH VersR 1988, 1233; 1991, 289.
[3] *Richter* Liber amicorum Winter, 2007, 554 ff.
[4] *Lorenz* (Hrsg.), Abschlussbericht der VVG-Kommission, VersR-Schriftenreihe Bd. 25, 2004, S. 130.
[5] Begr. RegE, BT-Drs. 16/3945, 54.
[6] Überblick bei *Rixecker* ZfS 2007, 669; *Neuhaus* r+s 2008, 449; zum Kommissionsentwurf *Präve* VersR 2003, 1207; *Rosensträter-Krumbach* VersR 2004, 170; zu den konzeptionellen Grundlagen der Berufsunfähigkeitsversicherung *Richter* Private Berufsunfähigkeitsversicherung S. 1 ff.

vergleichbare Tätigkeit ausübt oder ausüben kann. In der Tat sollen Voraussetzungen und Umfang der Versichererleistungen auch in Zukunft in erster Linie durch den Vertrag und die zugrunde gelegten AVB bestimmt werden, weil der Gesetzgeber die Freiheit der Versicherer zur Anbietung neuer Produkte nicht einschränken will.[7] Dagegen sind nach § 175 die Vorschriften der § 173 (Anerkenntnis des Versicherers) und § 174 (Lösung von einer Leistungszusage) als halbzwingende Vorschriften ausgestaltet. In § 176 wird die von der Rspr. bisher schon praktizierte (→ Rn. 1) analoge Anwendung der Vorschriften über die Lebensversicherung bestätigt, allerdings nur insoweit, als die Besonderheiten der Berufsunfähigkeitsversicherung nicht entgegenstehen. Nach § 177 Abs. 1 finden die §§ 173–176 entsprechende Anwendung auf Verträge, in denen eine dauerhafte Beeinträchtigung der Erwerbsunfähigkeit abgesichert wird.

Die beim Abschluss von Berufsunfähigkeitsversicherungen aufgeworfenen allgemeinen Fragen 3 der **Rechtsgeschäfts- und Vertragslehre** sind mit Hilfe der Vorschriften des Allgemeinen Teils sowie der ersten sieben Abschnitte des Zweiten Buchs (Allgemeines Schuldrecht) des **BGB** zu beantworten. Insbesondere unterliegen die einschlägigen AVB der in den §§ 305 ff. BGB geregelten **AGB-Kontrolle** (→ § 172 Rn. 52, 56, 183 f.; → § 173 Rn. 20; → § 177 Rn. 12). Angesprochen ist damit nicht nur eine inhaltliche Überprüfung der vom Versicherer verwandten AVB nach Maßgabe der § 307 Abs. 1 S. 1, Abs. 2 und §§ 308, 309 BGB,[8] wobei nach Auffassung des BGH iRd § 307 Abs. 3 BGB nur der Kernbereich der Risikobeschreibung kontrollfrei bleiben und „Klauseln, die das Hauptleistungsversprechen einschränken, verändern, ausgestalten oder modifizieren", durchaus der Inhaltskontrolle offenstehen sollen.[9] Immer größere Bedeutung gewinnt daneben die Transparenzkontrolle gem. § 307 Abs. 1 S. 2 BGB; der Versicherer muss Sorge tragen, dass die AVB die Rechte und Pflichten des Versicherungsnehmers klar und durchschaubar und die mit der Versicherung verbundenen wirtschaftlichen Nachteile und Belastungen soweit wie nach den Umständen erforderlich erkennen lassen.[10]

Die Berufsunfähigkeitsversicherung iSd §§ 172 ff. ist **Personenversicherung** (vgl. § 1 Abs. 1 4 S. 2 VVG aF); das versicherte Risiko bezieht sich also auf eine Person. Sie ist in ihrer derzeitigen Ausgestaltung (aber für die Zukunft nicht zwingend[11]) gleichzeitig **Summenversicherung.** Der Versicherer muss also keine Schäden oder konkreten Nachteile ausgleichen, sondern hat ohne Rücksicht auf den tatsächlich auftretenden Bedarf des Versicherungsnehmers bestimmte, im Versicherungsvertrag im Voraus fixierte Leistungen zu erbringen.[12]

B. Anwendungsbereich der §§ 172–177

Die §§ 172–177 finden Anwendung auf sämtliche Formen der Berufsunfähigkeitsversicherung, 5 und zwar insbes. auf die **selbständige Berufsunfähigkeitsversicherung** sowie auf die **Berufsunfähigkeitszusatzversicherung.**[13] Die selbständige Berufsunfähigkeitsversicherung wird erst seit 1974 angeboten und ermöglicht eine von einer Hauptversicherung unabhängige Deckung des Berufsunfähigkeitsrisikos.

Bei der – bereits Mitte der 30er Jahre des letzten Jahrhunderts entwickelten – **Berufsunfähig-** 6 **keitszusatzversicherung** wird der Versicherungsschutz für Berufsunfähigkeit idR mit einer Hauptversicherung in Gestalt einer Risikolebensversicherung, kapitalbildenden Lebensversicherung oder einer Rentenversicherung kombiniert (→ § 172 Rn. 42 f.).[14] Zu den Leistungen im Versicherungsfall gehört dann die Befreiung von der Beitragspflicht für die Hauptversicherung (→ § 172 Rn. 221). Die – seltenere – Berufsunfähigkeitszusatzversicherung zur Unfallversicherung erbringt Leistungen bei unfallbedingt eingetretener Berufsunfähigkeit.

Nach § 177 Abs. 1 sollen die §§ 173–176 iÜ entsprechend auch auf alle anderen Versicherungs- 7 verträge Anwendung finden, in denen der Versicherer für eine dauerhafte Beeinträchtigung der

---

[7] Begr. RegE, BT-Drs. 16/3945, 106; BGH VersR 2017, 868.
[8] Vgl. nur *Schmidt* in Ulmer/Brandner/Hensen, AGB-Recht, 13. Aufl. 2022, Teil 2 (Besondere Klauseln, Vertragstypen und AGB-Werke) unter (52) Allgemeine Versicherungsbedingungen (AVB) Rn. 6 ff.
[9] Vgl. nur BGHZ 123, 83 = VersR 1993, 957.
[10] Vgl. nur BGHZ 141, 137 (143) = VersR 1999, 710; insbes. zur Arbeitslosenversicherung EuGH VersR 2015, 605 – Van Hove/CNP Assurances SA; dazu *Armbrüster* NJW 2015, 1788.
[11] *Mertens* in HK-VVG § 172 Rn. 6.
[12] *Voit* Aktuelle Rechtsfragen der Berufsunfähigkeitsversicherung S. 8 ff.
[13] Begr. RegE, BT-Drs. 16/3945, 54.
[14] Vgl. *Neuhaus* Berufsunfähigkeitsversicherung Kap. 1 Rn. 9 ff.; zur geschichtlichen Entwicklung *Oster*, Entwicklungen und Trends in der privaten Berufsunfähigkeits-Zusatzversicherung in Deutschland, Österreich und der Schweiz, 1999, S. 3 ff.

Arbeitsfähigkeit eine Leistung verspricht. Damit sind insbes. Versicherungen angesprochen, mit deren Hilfe (gegen geringere Prämienzahlung) lediglich eine dauernde Beeinträchtigung der **Erwerbsfähigkeit** abgesichert wird (→ § 177 Rn. 4 ff.). Dagegen erfasst die Analogie gem. § 177 Abs. 2 keine Unfall- oder Krankenversicherungsverträge, die ebenfalls das Risiko der Arbeitsunfähigkeit absichern (→ § 177 Rn. 24).

C. Allgemeine Versicherungsbedingungen für die Berufsunfähigkeitsversicherung

8   Da die §§ 172–177 keineswegs eine durchgängige Normierung des Rechts der Berufsunfähigkeitsversicherung enthalten, sondern lediglich einige wenige Rahmenbedingungen festlegen, ergibt sich der Inhalt des konkreten Vertrages nach wie vor im Wesentlichen aus den jeweils verwandten AVB. Angesichts des langfristigen Charakters von Berufsunfähigkeitsversicherungen sind in der Praxis unterschiedliche AVB-Generationen anzutreffen. Die ursprünglichen Fassungen der **Musterbedingungen** sowohl für die **Berufsunfähigkeitszusatzversicherung (BUZ)** wie für die **selbständige Berufsunfähigkeitsversicherung (BU)** wurden in der Folgezeit weiterentwickelt. Nachdem das Dritte Gesetz zur Durchführung versicherungsrechtlicher Richtlinien des Rats der Europäischen Gemeinschaften v. 29.7.1994[15] die generelle aufsichtsbehördliche Präventivkontrolle von AVB nahezu vollständig beseitigt hat, weichen die Bedingungswerke der einzelnen Anbieter heute in vielen Details voneinander ab. Daher muss der Klauselinhalt in jedem konkreten Fall genau und sorgfältig ermittelt werden. Auch bei der Auslegung von Allgemeinen Versicherungsbedingungen ist vom Wortlaut einer Klausel auszugehen. Ihr Zweck und Sinnzusammenhang sind zu berücksichtigen, soweit sie für den Versicherungsnehmer erkennbar sind. AVB sind daher so zu verstehen, wie ein durchschnittlicher, um Verständnis bemühter Versicherungsnehmer sie bei verständiger Würdigung, aufmerksamer Durchsicht und unter Berücksichtigung des erkennbaren Sinnzusammenhangs versteht, wobei es auf die Verständnismöglichkeiten eines Versicherungsnehmers ohne versicherungsrechtliche Spezialkenntnisse und auf seine Interessen ankommt.[16] Zur nachfolgenden Klauselkontrolle oben → Rn. 3.

9   Allerdings hatte die EG-Kommission wiederholt durch sog. **„Gruppenfreistellungsverordnungen"** solche „Gruppen von Vereinbarungen, Entscheidungen und aufeinander abgestimmten Verhaltensweisen in der Versicherungswirtschaft" vom Kartellverbot des Art. 81 Abs. 1 EGV[17] freigestellt, die eine „Erstellung von Mustern" für allgemeine Versicherungsbedingungen zum Gegenstand haben. Von dieser Möglichkeit hatte der Gesamtverband der Deutschen Versicherungswirtschaft Gebrauch gemacht und unter Berücksichtigung der VVG-Reform Allgemeine Bedingungen sowohl für die Berufsunfähigkeitsversicherung (BU) als auch für die Berufsunfähigkeitszusatzversicherung (BUZ) vorgelegt.[18] Die derzeit letzten Versionen datieren vom November 2019. Auf diese Bedingungswerke bezieht sich, soweit nicht anders vermerkt, die nachfolgende Kommentierung.[19] Als Hauptversicherung, deren Bedingungen nach § 9 Abs. 10 BUZ auf die Zusatzversicherung entsprechende Anwendung finden sollen, werden die „Allgemeinen Bedingungen für die kapitalbildende Lebensversicherung" (ALB) in der Fassung v. 14.11.2019 zugrunde gelegt.[20] Nachdem die neue, am 1.4.2010 in Kraft getretene Verordnung über die Anwendung von Art. 101 Abs. 3 AEUV auf Gruppen von Vereinbarungen, Beschlüssen und abgestimmten Verhaltensweisen im Versicherungssektor v. 24.3.2010[21] keine Freistellung von Muster-AVB mehr vorsieht, ist die Aufstellung von Musterbedingungen durch die Verbände in Zukunft nur noch dem allgemeinen europäischen Kartellverbot des Art. 101 AEUV unterworfen.[22]

---

15 BGBl. 1994 I S. 1630.
16 BGH VersR 2021, 21; VersR 2021, 1158; OLG Jena VersR 2021, 239; st. Rspr.
17 Vgl. heute Art. 101 Abs. 1 des Vertrages über die Arbeitsweise der Europäischen Union (Konsolidierte Fassung), ABl. 2010 C 83, 47.
18 Veröffentlicht auf der Website des GDV (www.gdv.de).
19 Eine Kommentierung der Bedingungswerke selbst findet sich bei *Ernst/Rogler* (Hrsg.) Berufsunfähigkeitsversicherung, 2018 (BUV 2017, BUZ 2017, BUV-AU); *Lücke* in Prölss/Martin BU (Nr. 100) und BUZ (Nr. 105), der BUZ 2019 auch bei *Mertens* in HK-VVG S. 2237 ff.
20 Veröffentlicht auf der Website des GDV (www.gdv.de).
21 VO (EU) der Kommission v. 24.3.2010, ABl. L 83, S. 1; *Saller* VersR 2010, 417.
22 Vgl. *Armbrüster* Privatversicherungsrecht Rn. 57.

D. Private Berufsunfähigkeitsversicherung und gesetzliche Rentenversicherung

Eine Absicherung der wirtschaftlichen Existenzgrundlage für den Fall eines gesundheitsbedingten Verlustes der Arbeitskraft erfolgt auch im Rahmen der **gesetzlichen Rentenversicherung**[23] durch die Gewähr einer Rente wegen voller oder geminderter Erwerbsfähigkeit nach Maßgabe von § 43 des SGB VI v. 18.12.1989.[24] Das zugrunde liegende Sozialversicherungsverhältnis entsteht kraft Gesetzes nach Erfüllung der jeweiligen gesetzlichen Voraussetzungen. Versicherungspflichtig sind in erster Linie Personen, die gegen Entgelt oder zu ihrer Berufsausübung beschäftigt sind (vgl. § 1 Abs. 1 Nr. 1 SGB VI), daneben auch bestimmte selbständig Tätige (§ 2 SGB VI), nicht aber zB Beamte, Richter und Soldaten oder Personen, die bei öffentlich-rechtlichen Körperschaften, Anstalten oder Stiftungen beschäftigt sind und eine beamtenähnliche Versorgung genießen (§ 5 S. 1 SGB VI). Nicht versicherungspflichtige Personen (wie etwa nicht versicherungspflichtige Selbständige oder Hausfrauen) können sich für Zeiten von der Vollendung des 16. Lebensjahres an freiwillig versichern (§ 7 Abs. 1 S. 1 SGB VI).

Hinsichtlich der Anspruchsvoraussetzungen wird seit dem 1.1.2001 nicht mehr auf den Begriff der Berufsunfähigkeit abgestellt, sondern in § 43 SGB VI zwischen **teilweiser** und **vollständiger Erwerbsminderung** unterschieden. Ein Anspruch auf Rentenzahlung setzt – abgesehen von einer teilweisen bzw. vollständigen Erwerbsminderung – voraus, dass der Versicherte in den letzten fünf Jahren vor Eintritt der Erwerbsminderung drei Jahre Pflichtbeiträge für eine versicherte Beschäftigung oder Tätigkeit geleistet hat (§ 43 Abs. 1 S. 1 Nr. 2, Abs. 2 Nr. 2 SGB VI) und vor Eintritt der Erwerbsminderung eine Wartezeit von fünf bzw. 20 Jahren (vgl. § 50 Abs. 1 S. 1 Nr. 2, Abs. 2 SGB VI) erfüllt hat (§ 43 Abs. 1 S. 1 Nr. 3, Abs. 2 SGB VI). Der Rentenanspruch besteht jeweils bis zum Erreichen der Regelaltersgrenze.

Eine **teilweise Erwerbsminderung** besteht dann, wenn ein Versicherter wegen Krankheit oder Behinderung auf nicht absehbare Zeit außerstande ist, unter den üblichen Bedingungen des allgemeinen Arbeitsmarktes mindestens sechs Stunden täglich erwerbstätig zu sein; **voll erwerbsgemindert** sind Versicherte ua dann, wenn sie aus den genannten Gründen unter den üblichen Bedingungen des allgemeinen Arbeitsmarktes voraussichtlich nicht mindestens drei Stunden täglich erwerbstätig sein können (§ 43 Abs. 1 S. 2, Abs. 2 S. 2 SGB VI). Dagegen liegt keine Erwerbsminderung liegt vor, wenn der Versicherte unter den üblichen Bedingungen des allgemeinen Arbeitsmarktes sechs Stunden und länger täglich einer Erwerbstätigkeit nachgehen kann. Während die private Berufsunfähigkeitsversicherung einen gewissen Statusschutz gewährleistet, indem sie auf den zuletzt konkret ausgeübten Beruf abhebt und eine Verweisung auf andere Tätigkeiten nur unter Beachtung der bisherigen Lebensstellung zulässt (vgl. § 172 Abs. 1 und 3), kommt es bei der Feststellung einer Erwerbsminderung allein darauf an, ob der Anspruchsteller während der genannten Stundenzahl jeden Tag irgendeiner Tätigkeit nachgehen kann.

Im Gegensatz zur privaten Berufsunfähigkeitsversicherung, die risikobezogene **Prämien** erhebt und ihre **Leistungen** je nach Maßgabe der mit dem Versicherungsnehmer getroffenen Vereinbarungen erbringt, werden die Beiträge in der gesetzlichen Rentenversicherung im Umlageverfahren, und zwar im Wesentlichen von Arbeitnehmern und Arbeitgebern gemeinsam in Höhe eines bestimmten Prozentsatzes von der (bis zur Beitragsbemessungsgrenze zu berücksichtigenden) jährlich neu festgesetzten Beitragsbemessungsgrundlage sowie durch Steuermittel aufgebracht (§§ 157 ff. SGB VI). Die Höhe der Leistungen in der gesetzlichen Rentenversicherung bemisst sich zwar in erster Linie nach der Höhe der während des Versicherungslebens durch Beiträge versicherten Arbeitsentgelte (§§ 63 ff. SGB VI), wird aber durch sozialpolitische Komponenten (etwa: Kindererziehungszeiten) modifiziert. Während die private Berufsunfähigkeit demzufolge auf dem Gedanken einer Äquivalenz von Prämie und Risiko beruht, wird die Sozialversicherung darüber hinaus durch andere Prinzipien – Schutz sozial Schwacher, Eingliederung in eine Solidargemeinschaft, Gedanke des sozialen Ausgleichs – geprägt.

Angesichts dieser **markanten Unterschiede** zwischen privater Berufsunfähigkeits- und gesetzlicher Rentenversicherung lassen sich sozialversicherungsrechtliche Regelungen kaum für die Lösung von Zweifelsfragen im Bereich der Berufsunfähigkeit fruchtbar machen (→ § 172 Rn. 51). Die in

---

[23] *Reinhardt* (Hrsg.), SGB VI, 3. Aufl. 2014; *Kreikebohm*, SGB VI, 5. Aufl. 2017; zum Vergleich von privater Berufsunfähigkeits- und gesetzlicher Rente wegen verminderter Erwerbsfähigkeit *Landmann*, Handbuch der Berufsunfähigkeit. Die aktuellen staatlichen und privaten Regelungen im Vergleich, 2009, S. 64 ff.; vgl. auch *Richter* Private Berufsunfähigkeitsversicherung S. 39 ff.; *Oster*, Entwicklungen und Trends in der privaten Berufsunfähigkeits-Zusatzversicherung in Deutschland, Österreich und der Schweiz, 1999, S. 21 ff.

[24] BGBl. 1989 I 2261; 1990 I 1337, Neufassung durch Bek. v. 19.2.2002, BGBl. 2002 I 754 (1404, 3384).

§ 172 Teil 2. Einzelne Versicherungszweige. Kap. 6. Berufsunfähigkeitsversicherung

einem sozialgerichtlichen Verfahren getroffenen Feststellungen und Entscheidungen entfalten daher keinerlei Bindungswirkung.[25] Zwecks Vorbeugung von Irrtümer ist der Versicherer iÜ gehalten, den Versicherungsnehmer im Rahmen seiner **Informationspflichten** nach § 7 Abs. 1 VVG darauf hinzuweisen, dass der Begriff der Berufsunfähigkeit im Sinne des Vertrages nicht mit dem entsprechenden sozialrechtlichen Begriff der Berufsunfähigkeit bzw. Erwerbsminderung übereinstimmt (§ 2 Abs. 4 S. 2 VVG-InfoV). Entsprechend muss auch das Gericht einen medizinischen Sachverständigen instruieren.[26]

E. Übergangsrecht

15 Die VVG-Reform ist am **1.1.2008** in Kraft getreten und gilt für alle an und nach diesem Stichtag geschlossenen Versicherungsverträge. Vor diesem Datum abgeschlossene „Altverträge" unterlagen bis zum 31.12.2008 dem alten, danach grds. dem neuen Recht, soweit nicht bereits vor dem Stichtag ein Versicherungsfall eingetreten war (Art. 1 Abs. 1, 2 EGVVG). Dies gilt auch für Berufsunfähigkeitsversicherungen.

16 Von dieser Regelung sieht Art. 4 Abs. 3 EGVVG allerdings insoweit eine **Ausnahme** vor, als auf Altverträge über eine Berufsunfähigkeitsversicherung die §§ 172, 174–177 auch nach dem 31.12.2008 keine Anwendung finden sollen. Damit gilt insoweit der unkodifizierte Zustand (→ Rn. 1) fort mit der Folge, dass die von der Rspr. entwickelten Regeln und Grundsätze herangezogen werden müssen. Eine **Gegenausnahme** macht das Gesetz aber – „einem dringenden Bedürfnis der Praxis" entsprechend[27] – im Hinblick auf **§ 173**, der in Art. 4 Abs. 3 EGVVG gerade ausgespart wird. Infolgedessen findet diese Vorschrift über das Anerkenntnis des Versicherers auch auf die vor dem 1.1.2008 abgeschlossenen Berufsunfähigkeitsversicherungen seit Ablauf des 31.12.2008 Anwendung (arg. Art. 1 Abs. 1, 2 EGVVG), sofern der Versicherungsfall nicht vorher bereits eingetreten war (zu den Konsequenzen → § 173 Rn. 3). Da der Gesetzgeber ausweislich des Art. 4 Abs. 3 grds. dem § 173 zur Anwendung verhelfen möchte, weil diese Regelung – die eine zwar zunächst zeitlich begrenzte, aber immerhin schnelle Leistungserbringung ermöglicht – im Interesse beider Vertragspartner liegt,[28] trägt im Streitfall die Beweislast für einen Eintritt des Versicherungsfalls vor dem 1.1.2008 (mit der Folge einer Anwendung alten Rechts) diejenige Partei, welche sich darauf beruft.[29]

17 Durch Art. 1 Abs. 3 EGVVG war dem Versicherer bis zum **1.1.2009** gestattet, seine **AVB** für Altverträge mit Wirkung zu diesem Zeitpunkt zu ändern, soweit sie von den Vorschriften des neuen VVG abwichen; die Änderung musste dem Versicherungsnehmer unter Kenntlichmachung der Unterschiede bis spätestens zum 1.12.2008 in Textform (§ 126b BGB) mitgeteilt werden. Diese Möglichkeit stand auch dem Berufsunfähigkeitsversicherer offen, der ungeachtet der für Altverträge nicht anwendbaren neuen Vorschriften (→ Rn. 16) seine Bedingungen auf diese Weise an die auch für Berufsunfähigkeitsversicherungen geltenden allgemeinen Bestimmungen des VVG anpassen konnte.

§ 172 Leistung des Versicherers

(1) Bei der Berufsunfähigkeitsversicherung ist der Versicherer verpflichtet, für eine nach Beginn der Versicherung eingetretene Berufsunfähigkeit die vereinbarten Leistungen zu erbringen.

(2) Berufsunfähig ist, wer seinen zuletzt ausgeübten Beruf, so wie er ohne gesundheitliche Beeinträchtigung ausgestaltet war, infolge Krankheit, Körperverletzung oder mehr als altersentsprechendem Kräfteverfall ganz oder teilweise voraussichtlich auf Dauer nicht mehr ausüben kann.

(3) Als weitere Voraussetzung einer Leistungspflicht des Versicherers kann vereinbart werden, dass die versicherte Person auch keine andere Tätigkeit ausübt oder ausüben kann, die zu übernehmen sie auf Grund ihrer Ausbildung und Fähigkeiten in der Lage ist und die ihrer bisherigen Lebensstellung entspricht.

---

[25] OLG Karlsruhe VersR 1995, 86.
[26] BGH VersR 1996, 959.
[27] Beschlussempfehlung des Rechtsausschusses, BT-Drs. 16/5862, 101.
[28] Begr. RegE, BT-Drs. 16/3945, 106.
[29] Anders OLG Oldenburg VersR 2012, 1501: Beweislast des Versicherers; dem wohl zust. *Rixecker* in Beckmann/Matusche-Beckmann VersR-HdB § 46 Rn. 3.

Leistung des Versicherers § 172

Übersicht

	Rn.
A. Grundlagen	1
I. Inhalt und Zweck der Norm	1
II. Entstehungsgeschichte	4
B. Rechtsfragen zum Vertragsverhältnis	5
I. Abschluss und Beendigung des Versicherungsvertrages	5
1. Vertragsabschluss	5
2. Vertragsbeendigung	9
II. Verletzung der vorvertraglichen Anzeigeobliegenheit (§§ 19–22)	10
1. Allgemeine Grundsätze	10
2. Nachfrage in Textform (§ 19 Abs. 1)	11
3. Obliegenheit zur Anzeige gefahrerheblicher Umstände (§ 19 Abs. 1)	14
4. Rücktritt, Kündigung und Vertragsanpassung des Versicherers (§ 19 Abs. 2–5)	21
5. Leistungsfreiheit des Versicherers (§ 21 Abs. 2 S. 1)	28
6. Anfechtung des Versicherungsvertrages wegen arglistiger Täuschung (§ 123 BGB, § 22 VVG)	29
7. Darlegungs- und Beweislast	34
III. Inhalt des Versicherungsvertrages	37
1. Rechte und Pflichten der Vertragsparteien	37
a) Verpflichtung des Versicherers	37
b) Verpflichtungen des Versicherungsnehmers	39
2. Hauptversicherung und Zusatzversicherung	42
3. Dauer der Gefahrtragung	44
a) Beginn der Gefahrtragung	45
b) Ende der Gefahrtragung	48
C. Versicherungsfall: Berufsunfähigkeit (Abs. 2)	49
I. Gesetzliche Beschreibung und abweichende Vereinbarungen	49
1. Begriff der Berufsunfähigkeit iSd Abs. 2	49
2. Abweichende Vereinbarungen	52
3. Insbesondere: Berufsunfähigkeit infolge Pflegebedürftigkeit	59
II. Unfähigkeit zur Ausübung des zuletzt ausgeübten Berufs	62
1. Zuletzt ausgeübter Beruf	62
2. Rechtsfragen bei Berufswechsel	65
a) Berufswechsel ohne gesundheitliche Ursache vor Eintritt des Versicherungsfalles	66
b) Leidensbedingter Berufswechsel vor Eintritt des Versicherungsfalles	68
c) Leidensbedingter Berufswechsel vor Eintritt eines auf eigenständigen Ursachen beruhenden Versicherungsfalles	71

	Rn.
d) Eintritt des Versicherungsfalles vor Berufswechsel	72
3. Unfähigkeit zur weiteren Berufsausübung	73
a) Allgemeine Grundsätze	73
b) Selbständig, insbes. unternehmerisch Tätige	79
c) Beamte	88
d) Hausfrauen/Hausmänner	99
e) Aus dem Berufsleben Ausgeschiedene und Arbeitslose	101
f) Schüler, Auszubildende, Studierende	104
4. Grad der Berufsunfähigkeit	110
5. Prognose dauerhafter Berufsunfähigkeit	119
a) Voraussichtlich auf Dauer bestehende Berufsunfähigkeit	119
b) Verzicht auf Prognose bei fortdauernder Berufsunfähigkeit	123
6. Eintritt von Berufsunfähigkeit während der Dauer der Gefahrtragung	127
III. Ursachen der Berufsunfähigkeit	133
1. Krankheit, Körperverletzung und mehr als altersentsprechender Kräfteverfall	134
2. Kausalität zwischen gesundheitlicher Beeinträchtigung und Unfähigkeit der Berufsausübung	138
IV. Keine Verweisung auf vergleichbare Tätigkeit (Abs. 3)	141
1. Vereinbarung einer Verweisungsmöglichkeit	141
2. Stichtagsprinzip	144
3. Gesundheitliche Eignung zur Aufnahme des Verweisungsberufs (Abs. 3 Fall 2)	149
4. Existenter und auf dem Arbeitsmarkt nachgefragter Beruf	150
5. Der Ausbildung und den Fähigkeiten des Versicherten entsprechende Tätigkeit	156
6. Der bisherigen Lebensstellung des Versicherten entsprechende Tätigkeit	160
a) Keine geringeren Kenntnisse und Fähigkeiten	161
b) Keine spürbare Einkommenseinbuße	162
c) Spürbarer Verlust an Wertschätzung	172
7. Konkrete Verweisung auf den ausgeübten Beruf (Abs. 3 Fall 1)	176
V. Risikoausschlüsse	179
1. Überblick	179
a) Individualvertragliche Ausschlüsse	179
b) Ausschlüsse in AVB	181
c) Zusammentreffen versicherter und ausgeschlossener Ursachen	184
2. Vorsätzliche Ausführung oder Versuch einer Straftat (§ 5 S. 2 lit. a BU, § 3 S. 2 lit. a BUZ)	187
3. Innere Unruhen (§ 5 S. 2 lit. b BU, § 3 S. 2 lit. b BUZ)	190

Dörner

	Rn.
4. Absichtliche Herbeiführung des Versicherungsfalls durch den Versicherten (§ 5 S. 2 lit. c BU, § 3 S. 2 lit. c BUZ)	192
5. Vorsätzliche Herbeiführung der Berufsunfähigkeit durch den Versicherungsnehmer (§ 5 S. 2 lit. d BU, § 3 S. 2 lit. d BUZ)	194
6. Berufsunfähigkeit durch Strahlen infolge von Kernenergie (§ 5 S. 2 lit. e BU, § 3 S. 2 lit. e BUZ)	195
7. Kriegsereignisse (§ 5 S. 2 lit. f BU, § 3 S. 2 lit. f BUZ)	198
8. Atomare, biologische oder chemische Waffen oder Stoffe (§ 5 S. 2 lit. g BU, § 3 S. 2 lit. g BUZ)	202
9. Ausschlussklauseln in früheren AVB-Versionen	204
D. Obliegenheiten nach Vertragsschluss	**205**
I. Überblick	205
II. Insbesondere: Mitwirkungsobliegenheiten bei der Geltendmachung von Leistungen	209
1. Standardisierte Informationen und Dokumentenvorlage (§ 7 Abs. 1 S. 1 BU, § 4 Abs. 1 BUZ)	209
2. Ärztliche Untersuchungen (§ 7 Abs. 2 BU, § 4 Abs. 2 BUZ)	212
3. Individuelle Auskünfte und Belege (§ 31 Abs. 1 VVG, § 7 Abs. 2 BU, § 4 Abs. 2 BUZ)	212a
4. Informationen über wirtschaftlichen Verhältnisse (§ 31 Abs. 1, § 7 Abs. 2 BU, § 4 Abs. 2 BUZ)	213
III. Insbesondere: Mitwirkungsobliegenheiten bei der Nachprüfung	214
IV. Rechtsfolgen der Obliegenheitsverletzung	216
E. Erbringung der Leistungen durch den Versicherer	**220**
I. Anspruch auf die vereinbarten Leistungen	220
1. Inhalt und Entstehung des Anspruchs	220
2. Geltendmachung des Anspruchs	229

	Rn.
3. Abtretung und Pfändung	232
II. Erlöschen der Leistungsansprüche; Verjährung	234
F. Berufsunfähigkeitsversicherungen mit Auslandsbezug	**241**
I. Anwendbares Recht	242
1. Belegenheit des versicherten Risikos	242
2. Risikobelegenheit im Inland	243
3. Risikobelegenheit in einem anderen Mitgliedstaat	246
4. Risikobelegenheit in einem Drittstaat	249
5. Gesamtunwirksamkeit der Rechtswahlklauseln	250
II. Internationale Zuständigkeit	251
1. Prozessualer Sachverhalt mit Auslandsbezug	251
2. Internationale Zuständigkeit für Versicherungssachen	252
3. Gerichtsstandsvereinbarungen in den Musterbedingungen	255
a) Überblick	255
b) Klage des Versicherungsnehmers am Gericht des Versicherersitzes	256
c) Klage des Versicherungsnehmers an seinem Wohnsitzgericht	257
d) Klage des Versicherungsnehmers am Gericht seines gewöhnlichen Aufenthalts	258
e) Klage des Versicherers am Gericht des Wohnsitzes oder gewöhnlichen Aufenthalts des Versicherungsnehmers	259
f) Gerichtsstandsvereinbarung für den Fall einer nach Vertragsschluss erfolgenden Wohnsitzverlegung	260
G. Darlegungs- und Beweislast	**262**
I. Unfähigkeit zur weiteren Ausübung des bisherigen Berufs	262
II. Nichtbestehen einer Verweisungsmöglichkeit	267
III. Risikoausschlüsse	272
IV. Obliegenheitsverletzungen des Versicherungsnehmers	273

Schrifttum: *Armbrüster*, Ansprüche des Versicherungsnehmers auf Einsicht in Sachverständigengutachten, VersR 2013, 944; *Bellinghausen*, Die Verweisung in der Berufsunfähigkeitsversicherung, VersR 1995, 5; *Britz*, Die Verarbeitung personenbezogener Gesundheits- und Sozialdaten durch externe Dienstleister im Auftrag des Versicherers, VersR 2020, 1219; *Britz/Beyer*, Der datenschutzrechtliche Auskunftsanspruch in der Versicherungspraxis, VersR 2020, 65; *Brömmelmeyer*, Belohnungen für gesundheitsbewusstes Verhalten in der Lebens- und Berufsunfähigkeitsversicherung? Rechtliche Rahmenbedingungen für Vitalitäts-Tarife, r+s 2017, 225; *Bußmann*, Die Rechtsprechung des Bundesgerichtshofs zum Versicherungsrecht – Berufsunfähigkeitsversicherung und Rechtsschutzversicherung, r+s 2018, 453; *Egger*, Schweigepflichtentbindung in privater Berufsunfähigkeits- und Krankenversicherung, VersR 2007, 905; *Egger*, Auskunftspflicht und Schweigerecht in privater Berufsunfähigkeits- und Krankenkostenversicherung, VersR 2012, 810; *Egger*, Auskunftspflicht und Schweigerecht in privater Berufsunfähigkeitsversicherung, VersR 2014, 553; *Egger*, Auskunftspflicht und Fälligkeit in der Berufsunfähigkeitsversicherung, VersR 2014, 1304; *Egger*, Die vorvertragliche Anzeigepflicht in der Leistungsprüfung einer Lebensversicherung, Berufsunfähigkeitsversicherung und Krankheitskostenversicherung, VersR 2015, 1209;

Egger, Die Überprüfung der vorvertraglichen Anzeigepflicht im Rahmen der Leistungsprüfung anlässlich eines Versicherungsfalls – Divergenzen in der Rechtsprechung des IV. Zivilsenats des BGH, VersR 2017, 785; *Ernst/ Pruß*, Hausfrau/-mann als Beruf im Sinne der privaten Berufsunfähigkeitsversicherung, VersR 2021, 819; *Hollenborg*, Berufsunfähigkeit Selbständiger im Rahmen der Berufsunfähigkeitsversicherung, 2009; *Höra*, Materielle und prozessuale Klippen in der Berufsunfähigkeits- und Krankenversicherung, r+s 2008, 89; *Hörstel*, Verweisung von Versicherten auf andere Tätigkeiten in der Berufsunfähigkeitsversicherung, VersR 1994, 1023; *Leggewie*, Berücksichtigung des Familieneinkommens im Rahmen der zumutbaren Einkommenseinbuße bei Verweisungstätigkeiten, NVersZ 1998, 110; *Lensing*, Das „Arbeitsplatzrisiko" des Beamten, Der Personalrat 2006, 450; *Müller-Frank*, Aktuelle Rechtsprechung zur Berufsunfähigkeits-(Zusatz-)Versicherung, 7. Aufl. 2007; *Neuhaus*, Die Berufsunfähigkeitsversicherung – Neues VVG, Perspektiven, Prognosen, r+s 2008, 449; *Neuhaus*, Aktuelle Probleme in der Personenversicherung – unter besonderer Berücksichtigung der Berufsunfähigkeitsversicherung, r+s 2009, 309; *Neuhaus*, Kenntnis und Textform der Antragsfragen bei der vorvertraglichen Anzeigepflichtverletzung, VersR 2012, 1477; *Neuhaus*, Gesundheitsdaten, informelle Selbstbestimmung, Anzeigepflichtverletzung und der „gestufte Dialog" in der Leistungsprüfung von Personenversicherungen – Die neue Marschrichtung des BGH – zugleich Besprechung von BGH, Urt. v. 22.2.2017 – VI ZR 289/14, r+s 2017, 281; *Neuhaus*, Die Verjährung von Ansprüchen aus der Berufsunfähigkeitsversicherung, VersR 2018, 711; *Neuhaus*, Berufsunfähigkeitsversicherung: Konkrete Verweisung im Nachprüfungsverfahren unter Hochrechnen des früheren Einkommens? VersR 2019, 1464; *Neuhaus*, Berufsunfähigkeitsversicherung, 4. Aufl. 2020; *Neuhaus*, Berufsunfähigkeitsversicherung in Zeiten von Corona und Pandemien, 2020; *Neuhaus*, Auswirkungen der Corona-Pandemie auf die Berufsunfähigkeit, VersR 2021, 205; *Neuhaus*, Psychische Störungen in der Berufsunfähigkeitsversicherung – Die schwierige Schnittstelle von Medizin und Recht, VersR 2021, 1329; *Neuhaus/Mertens*, Aktuelle Entwicklungen in der Rechtsprechung zur Berufsunfähigkeits-(Zusatz-)Versicherung, ZfS 2001, 241; *Neuhaus/Manegold*, Die Rechtsprechung zur Berufsunfähigkeits-(Zusatz-)Versicherung in den Jahren 2002/2003, ZfS 2004, 341; *Neuhaus/ Kloth*, Die aktuelle Rechtsprechung zu Personenversicherungen, MDR 2007, 318; *Notthoff*, Die Zukunft genereller Schweigepflichtentbindungserklärungen in der Berufsunfähigkeitszusatzversicherung, ZfS 2008, 243; *Notthoff*, Die spontane Anzeigepflicht des VN vor dem Hintergrund der aktuellen obergerichtlichen Rspr. – eine Bestandsaufnahme, r+s 2018, 169; *Notthoff*, Die vorvertraglichen Anzeigepflichten im neuen VVG 2008, VersR 2007, 1313; *Notthoff*, Der Berufsunfähigkeitsversicherer hat das Recht, das Berufsbild des Versicherungsnehmers im Prozess mit Nichtwissen zu bestreiten, r+s 2020, 610; *Reusch*, Hat der Versicherungsnehmer trotz des Wegfalls der Nachmeldeobliegenheit wegen der Möglichkeit der Arglistanfechtung durch den Versicherer nach nach dem VVG 2008 eine spontane Anzeigepflicht vor und nach Abgabe seiner Vertragserklärung?, r+s 2018, 1179; *Richter*, Einige Bemerkungen und Hinweise zum Versicherungsfall Berufsunfähigkeit, VersR 1988, 1207; *Richter*, Berufsunfähigkeit – grundlegender Umbruch im Recht der gesetzlichen Erwerbsminderungsrenten durch das RRG 1999 und Bedeutungen für den Versicherungsfall Berufsunfähigkeit in der privaten Berufsunfähigkeitsversicherung, VersR 1998, 921; *Römer*, Grundprobleme der Berufsunfähigkeitszusatzversicherung, in Basedow/ Meyer/Rückle/Schwintowski (Hrsg.), Transparenz und Verständlichkeit. Berufsunfähigkeitsversicherung und Unfallversicherung. Reform des Versicherungsvertragsgesetzes, VersWissStud Bd. 15, 2000, 223; *Romahn*, Vorvertragliche Anzeigepflicht und Gesundheitsfragen – ein kritischer Blick auf die Gefahren des Antragsgesprächs für den Versicherungsnehmer unter Berücksichtigung der besonderen Rolle des Versicherungsvertreters, VersR 2015, 1481; *Rüther*, Berücksichtigung der Arbeitsmarktverhältnisse bei Verweisungen in der Berufsunfähigkeits-Zusatzversicherung?, NVersZ 1999, 497; *Schäfers*, Neue Entwicklungen zur spontanen Anzeigepflicht des Versicherungsnehmers, VersR 2017, 989; *Terno*, Die neuere Rechtsprechung des IV. Zivilsenats des Bundesgerichtshofs zur Berufsunfähigkeits-Zusatzversicherung, r+s 2008, 361; *Voit*, Berufsunfähigkeitsversicherung im Lichte der Rechtsprechung, VersR 1990, 22; *Wachholz*, Berücksichtigung des Arbeitsplatzrisikos in der Berufsunfähigkeits-Zusatzversicherung, NVersZ 1999, 507; *Waldkirch*, Die Verarbeitung von Gesundheitsdaten durch Versicherer, VersR 2020, 1141; *Wandt/Gal*, Gerichtsstandsvereinbarungen in Versicherungssachen im Anwendungsbereich des § 215 VVG, GS M. Wolf, 2011, 579; *Wandt*, Anlasslose Auskunftsverlangen des Versicherers zur Überprüfung der Erfüllung der vorvertraglichen Anzeigepflicht im Versicherungsfall, VersR 2017, 458; *Wermeckes/Seggewiße*, Darf sich der Berufsunfähigkeitsversicherer im Prozess zum Berufsbild des Versicherten mit Nichtwissen erklären?, VersR 2019, 271.

A. Grundlagen

I. Inhalt und Zweck der Norm

Mit Abschluss einer Berufsunfähigkeitsversicherung verspricht der Versicherer iRd abgeschlossenen Vertrages Schutz gegen wirtschaftliche Risiken, die infolge des **Eintritts von Berufsunfähigkeit** entstehen.[1] Zielsetzung des Vertrages ist letztlich, im Falle eines berufsunfähigkeitsbedingten Einkommenswegfalls die wirtschaftliche Existenzgrundlage und damit den sozialen Status zumindest partiell zu erhalten.[2] Vor diesem Hintergrund umschreibt **Abs. 1** die Voraussetzungen der Leistungs-

---

[1] *Neuhaus* Berufsunfähigkeitsversicherung Kap. 1 Rn. 5, 36 ff.; *Mertens* in HK-VVG § 172 Rn. 5.
[2] *Lorenz* (Hrsg.), Abschlussbericht der VVG-Kommission, VersR-Schriftenreihe Bd. 25, 2004, S. 130.

pflicht des Versicherers, der die vereinbarten Leistungen bei einer nach Versicherungsbeginn eingetretenen Berufsunfähigkeit zu erbringen hat.

2   **Abs. 2** enthält eine Beschreibung des **Versicherungsfalls der Berufsunfähigkeit**. Sie bezieht sich nicht auf den erlernten oder den zum Zeitpunkt des Vertragsschlusses ausgeübten Beruf, sondern auf die **zuletzt ausgeübte Tätigkeit**. Damit wird der beruflichen Entwicklung des Versicherten Rechnung getragen, auch soweit sie sich nach dem Vertragsschluss vollzogen hat, und der Umstand berücksichtigt, dass eine versicherte Person heute häufig nicht mehr bis zum Renteneintritt in ihrem erlernten Beruf arbeitet. Abgesichert werden Beeinträchtigungen der Berufsausübung, die durch **Krankheit, Unfall** oder **überdurchschnittlichen Kräfteverfall**, nicht aber solche, die durch das normale altersbedingte Nachlassen der Kräfte hervorgerufen werden. Vorausgesetzt wird schließlich, dass der Versicherte aufgrund einer Prognose seine Berufstätigkeit voraussichtlich vollständig oder zumindest teilweise auf Dauer nicht mehr wird ausüben können.[3]

3   Mit der Aufnahme der Berufsunfähigkeitsversicherung in das VVG will der Gesetzgeber die in diesem Versicherungszweig bestehende **Regelungsfreiheit** und **Produktvielfalt** nicht beschneiden. So bleibt es ungeachtet der Berufsunfähigkeitsdefinition des Abs. 2 bspw. von vornherein den Parteien überlassen, nach welchen Kriterien etwa Berufsunfähigkeit festzustellen sein und ob auch eine Beeinträchtigung der Berufsfähigkeit aus anderen als den im Gesetz angeführten Gründen berücksichtigt werden soll, unter welchen Voraussetzungen von einer dauerhaften Berufsunfähigkeit ausgegangen werden kann und von welchem Zeitpunkt an und für welche Dauer der Versicherer seine Leistungen erbringen muss.[4] Den Vertragsparteien wird darüber hinaus auch Freiheit bei der weiteren Ausgestaltung der Verträge zugestanden, die auch zusätzliche Vertragskomponenten (etwa: Versicherungsschutz bei vorübergehender Berufsunfähigkeit[5]) oder eine Fortentwicklung der Leistungsbeschreibungen (→ Rn. 220 ff.) zulässt. Insbesondere sollen mit der in Abs. 2 enthaltenen Definition der Berufsunfähigkeit solche Versicherungsverträge nicht verhindert werden, die Umschulungs- oder Rehabilitationsobliegenheiten festlegen oder konkrete oder abstrakte **Verweisungsmöglichkeiten (Abs. 3)** vorsehen,[6] dh eine Leistungspflicht des Versicherers davon abhängig machen, dass die versicherte Person keine andere Tätigkeit ausübt oder ausüben kann, die auszuüben ihr aufgrund ihrer Ausbildung oder Fähigkeiten möglich wäre und die ihrer bisherigen Lebensstellung entspricht.

II. Entstehungsgeschichte

4   Die **Kommission zur Reform des Versicherungsvertragsrechts** hatte sich in ihrem Abschlussbericht[7] v. 19.4.2004 unter Hinweis auf die Bedeutung der bis dahin unkodifizierten Berufsunfähigkeitsversicherung und die sich daraus ergebenden praktischen Probleme dafür ausgesprochen, spezifische Fragen dieser Versicherung im neuen VVG zu regeln (→ Vor § 172 Rn. 1).[8] Dazu hatte die Kommission in den §§ 164–169 ihres Entwurfs Formulierungsvorschläge unterbreitet,[9] die vom Gesetzgeber in § 172 und den übrigen Vorschriften des sechsten Kapitels mit vereinzelten und nur geringfügigen Abweichungen im Wortlaut übernommen worden sind. Sachliche Änderungen sind nicht erfolgt. Auch die Erläuterungen der Kommission finden sich – teilweise wörtlich – in der Gesetzesbegründung wieder. Zum **intertemporalen Anwendungsbereich** der neuen Vorschriften → Vor § 172 Rn. 15 f.

B. Rechtsfragen zum Vertragsverhältnis

I. Abschluss und Beendigung des Versicherungsvertrages

5   **1. Vertragsabschluss.** Für das **Zustandekommen** einer Berufsunfähigkeitsversicherung gelten die allgemeinen Regeln (Antrag und Annahme, vgl. §§ 145 ff. BGB). **Formeller Versicherungsbeginn** ist der Zeitpunkt des Vertragsabschlusses. Dem Versicherer steht es frei, einen Antrag auf Abschluss einer solchen Versicherung anzunehmen oder nicht.[10] Allerdings ist nach § 19 Abs. 1 Nr. 2 AGG bei der Begründung, Durchführung und Beendigung sämtlicher Versicherungsverträge

---

[3] Begr. RegE, BT-Drs. 16/3945, 105.
[4] *Mertens* in HK-VVG § 172 Rn. 13.
[5] *Lorenz* (Hrsg.), Abschlussbericht der VVG-Kommission, VersR-Schriftenreihe Bd. 25, 2004, S. 132.
[6] Begr. RegE, BT-Drs. 16/3945, 105.
[7] *Präve* VersR 2003, 1207.
[8] *Lorenz* (Hrsg.), Abschlussbericht der VVG-Kommission, VersR-Schriftenreihe Bd. 25, 2004, S. 130.
[9] *Lorenz* (Hrsg.), Abschlussbericht der VVG-Kommission, VersR-Schriftenreihe Bd. 25, 2004, S. 539 ff.
[10] OLG Karlsruhe VersR 2008, 522.

eine **Benachteiligung** aus den in dieser Vorschrift genannten Gründen (Geschlecht, Behinderung,[11] Alter usw) **unzulässig**. Diese Vorschrift findet aber nur Anwendung auf Versicherungsverträge, die nach dem 21.12.2007 begründet bzw. geändert wurden (§ 33 Abs. 4 AGG). Das Benachteiligungsverbot des § 19 AGG schließt eine unterschiedliche Behandlung im Rahmen der Tarife nicht aus, soweit diese aufgrund einer auf relevanten und genauen versicherungsmathematischen und statistischen Daten beruhenden Risikobewertung erfolgt (§ 20 Abs. 2 AGG). Eine rechtswidrige Benachteiligung kann Beseitigungs-, Unterlassungs- und Schadensersatzansprüche auslösen (§ 21 AGG).[12] Nach Vertragsabschluss stellt der Versicherer – falls gewünscht in Papierform und damit als Urkunde – einen **Versicherungsschein** aus, an dessen Inhaber er mit befreiender Wirkung leisten kann (§ 3 VVG, § 11 Abs. 1 u. 2 BU, § 9 Abs. 10 BUZ iVm zB § 8 Abs. 1 u. 2 ALB; → Rn. 230).

In Anbetracht der Komplexität des Produkts treffen den Versicherer bzw. Versicherungsvertreter **6** bei Vertragsabschluss ausgeprägte **Beratungspflichten** (§§ 6, 61). Im Mittelpunkt stehen dabei die Voraussetzungen für den Eintritt der Leistungspflicht; insbes. sind dem Versicherungsinteressenten die Unterschiede von abstrakter und konkreter Verweisung (→ Rn. 141 f.) und die Konsequenzen einer Verweisungsklausel vor Augen zu führen.[13] Bei der Erfüllung seiner **Informationspflichten** nach § 7 Abs. 1 muss der Versicherer, bevor der Versicherungsnehmer seine Vertragserklärung abgibt, außerdem über die für alle Versicherungszweige nach § 1 VVG-InfoV[14] geltenden Angaben hinaus gem. § 2 Abs. 4 S. 1, Abs. 1, 2 VVG-InfoV zusätzliche Informationen zur Verfügung stellen, so etwa über die Höhe der in die Prämie einkalkulierten Kosten, über Überschussermittlung, Überschussbeteiligung und ggf. Rückkaufswerte (§ 2 Abs. 1 Nr. 1–4 VVG-InfoV).[15] In § 16 der BU-Musterbedingungen finden sich entsprechende Details zu den Vertragskosten und deren Verrechnung, die freilich noch durch unternehmensindividuelle Angaben ergänzt werden müssen.

Außerdem muss der Versicherer darauf hinweisen, dass der in seinen AVB verwandte **Begriff 7 der Berufsunfähigkeit** nicht mit dem entsprechenden sozialrechtlichen Begriff der Berufsunfähigkeit bzw. Erwerbsminderung oder dem in der Krankentagegeldversicherung verwandten Berufsunfähigkeitsbegriff übereinstimmt (§ 2 Abs. 4 S. 2 VVG-InfoV). Da dem Versicherungsnehmer dadurch die unterschiedliche Reichweite des privat- und sozialversicherungsrechtlichen Schutzes sowie die Gefahr von Deckungslücken vor Augen geführt werden sollen,[16] darf sich der Hinweis nicht auf die Wiedergabe des Verordnungstextes beschränken, sondern muss eine inhaltliche Abgrenzung, zumindest einen allgemeinen Hinweis auf die Gefahr von Deckungslücken enthalten.[17]

Angesichts der Komplexität des Produkts, der Vielfalt seiner Erscheinungsformen und der **8** Langfristigkeit der eingegangen Bindung sind die dem Versicherungsnehmer mitzuteilenden Informationen nur dann „**rechtzeitig**" iSd § 7 Abs. 1 S. 1 übermittelt, wenn sie mehrere Tage vor Abgabe seiner Vertragserklärung vorliegen.[18] Eine Differenzierung nach individueller Schutzbedürftigkeit des Versicherungsnehmers ist der Rechtssicherheit nicht zuträglich und deswegen abzulehnen.[19] Die Frist für einen Widerruf des Versicherungsnehmers nach § 8 VVG beträgt abweichend von dessen Abs. 1 S. 1 nicht zwei Wochen, sondern 30 Tage gem. §§ 176, 152 Abs. 1 (→ § 176 Rn. 6 f.).

2. Vertragsbeendigung. Die Berufsunfähigkeitsversicherung **endet formell** mit dem vertrag- **9** lich vereinbarten Zeitpunkt, die Berufsunfähigkeitszusatzversicherung darüber hinaus auch mit der Beendigung der Hauptversicherung (vgl. § 9 Abs. 1 BUZ). Außerdem erlöschen die Vertragswirkungen, wenn der **Versicherer** von den ihm gesetzlich eingeräumten Gestaltungsrechten Gebrauch macht und den Vertrag bspw. durch Rücktritt nach § 19 Abs. 2 oder § 37 Abs. 1, Kündigung gem. § 19 Abs. 3 S. 2 oder § 38 Abs. 3 oder aufgrund einer Täuschungsanfechtung (§ 123 BGB, § 22 VVG) beendet. Dagegen steht dem Versicherer weder ein Recht zur ordentlichen noch einer zu einer außerordentlichen Kündigung wegen Wegfalls der Geschäftsgrundlage (vgl. § 313 Abs. 3 S. 2 BGB) zu, weil er sich andernfalls angesichts eines sich abzeichnenden Versicherungsfalls oder einer altersbedingten Risikoerhöhung seiner vertraglichen Verpflichtung entledigen könnte. Zur außerordentlichen Kündigung nach § 314 BGB → Rn. 22. Demgegenüber kann der **Versicherungsneh-**

---

[11] Zu den schadensersatzrechtlichen Folgen eines verweigerten Vertragsschlusses *vor* Inkrafttreten des AGG vgl. OLG Karlsruhe VersR 2008, 522.
[12] Näher *Wandt* VersR Rn. 229 ff.; *Armbrüster* VersR 2006, 1297; *Thüsing/von Hoff* VersR 2007, 1; → § 1 Rn. 69 ff.
[13] *Lücke* in Prölss/Martin VVG § 172 Rn. 74.
[14] BGBl. 2007 I S. 3004.
[15] Zur Verfassungsmäßigkeit dieser Regelung *Armbrüster* → VVG-InfoV § 2 Rn. 59.
[16] Vgl. die Begr. zu § 2 VVG-InfoV in VersR 2008, 183 (189).
[17] *Baroch Castellvi* in HK-VVG VVG-InfoV § 2 Rn. 61; → VVG-InfoV § 2 Rn. 61; *Neuhaus* r+s 2008, 449 (457).
[18] Vgl. auch *Schimikowski* r+s 2007, 133 (135); *Wandt* Rn. 284; zur Diskussion → § 7 Rn. 58 ff.
[19] Anders *Neuhaus* Berufsunfähigkeitsversicherung Kap. 23 Rn. 77.

mer nach §§ 176, 168 (→ § 176 Rn. 47) und den gängigen Bedingungswerken (vgl. § 15 Abs. 7 BU, § 9 Abs. 10 BUZ iVm § 12 Abs. 1 ALB) den Vertrag jederzeit zum Schluss der laufenden Versicherungsperiode kündigen. Zur Dauer der Gefahrtragung → Rn. 44 ff.; zur Dauer der Leistungserbringung → Rn. 234 ff.

II. Verletzung der vorvertraglichen Anzeigeobliegenheit (§§ 19–22)

10   1. **Allgemeine Grundsätze.** Die in den §§ 19–21 enthaltene **Neuregelung** der vorvertraglichen Anzeigeobliegenheit des Versicherungsnehmers sowie der Rechtsfolgen einer Obliegenheitsverletzung sind in die **Muster-AVB übernommen** worden, und zwar sowohl in die Bedingungen für die Berufsunfähigkeits- (vgl. § 6 BU) wie für die Berufsunfähigkeitszusatzversicherung (vgl. § 9 Abs. 10 BUZ iVm § 6 ALB). Da die gesetzlichen Vorschriften halbzwingend sind (§ 32 S. 1 VVG), tragen die Bestimmungen in den AVB insoweit lediglich bestätigenden Charakter. Bei einem Vertragsschluss durch Stellvertreter werden dem Versicherungsnehmer auch Kenntnis und Arglist des Vertreters zugerechnet (§ 20). Wird der Berufsunfähigkeitsversicherung auf die Person eines anderen genommen aus, muss der Versicherungsnehmer sich idR **Kenntnisse** und **Verhalten** der **Gefahrperson** (→ Rn. 38) **zurechnen** lassen (§§ 176, 156 VVG, § 6 Abs. 2 BU, § 9 Abs. 10 BUZ iVm § 6 Abs. 2 ALB, → § 176 Rn. 14 ff.). Nach Ausübung seiner Gestaltungsrechte (Rücktritt, Kündigung, Vertragsanpassung, Anfechtung) kann der Versicherer sich darauf auch gegenüber Drittberechtigten (Rechtsnachfolger, Bezugsberechtigte) berufen. Empfangszuständig für die Entgegennahme der Erklärungen des Versicherers ist aber grds. der Versicherungsnehmer (§ 6 Abs. 19 S. 1 BU, § 9 Abs. 10 BUZ iVm § 6 Abs. 19 S. 1 ALB). Die nachfolgenden Regeln über die Anzeigepflicht des Versicherungsnehmers gelten in entsprechender Anwendung auch bei einer die Leistungspflicht des Versicherers erweiternden und eine neue Risikoprüfung bedingenden Vertragsänderung oder einer Wiederherstellung der Versicherung (§ 6 Abs. 18 S. 1 BU, § 9 Abs. 10 BUZ iVm § 6 Abs. 18 S. 1 ALB). Im Ergebnis läuft die Neuregelung der vorvertraglichen Anzeigeobliegenheit in den §§ 19 ff. darauf hinaus, dass ein nicht arglistig handelnder Versicherungsnehmer, der die vom Versicherer erfragten gefahrerheblichen Umstände entweder korrekt anzeigt oder bei unvollständiger oder unklarer Beantwortung vom Versicherer nicht mit Rückfragen konfrontiert wird, im Grundsatz sicher sein kann, dass er bei Zustandekommen des Vertrages in dem vertraglich definierten Umfang Versicherungsschutz erhält (→ Rn. 14 ff.; → Rn. 21 ff.; → Rn. 27).

11   2. **Nachfrage in Textform (§ 19 Abs. 1).** Die **Obliegenheit** des Versicherungsnehmers, die ihm bekannten und für den Entschluss des Versicherers zur Eingehung des Vertrages erheblichen Gefahrumstände bis zur Abgabe seiner Vertragserklärung **anzuzeigen,** beschränkt sich nach der Reform auf solche Umstände, nach denen der Versicherer zuvor oder spätestens vor der Annahme des Versicherungsnehmerantrags in **Textform** (§ 126b BGB) **gefragt** hat (§ 19 Abs. 1 S. 2) und die idR durch Ausfüllung eines Antragsformulars beantwortet werden.[20] Ganz pauschale und nichts sagende Fragen begründen keine Anzeigepflicht,[21] objektiv unzutreffende Antworten stellen in einem solchen Fall keine Anzeigepflichtverletzung dar. Eine solche liegt ebenfalls nicht vor, wenn das Antragsformular von einem Vertreter oder einen vom Versicherer beauftragten Arzt ausgefüllt wird und diese bestimmte Fragen gar nicht stellen.[22] Ist das Antragsformular durch einen Vertreter ausgefüllt worden, muss der Versicherer nachweisen, dass die gesundheitsrelevanten Fragen überhaupt zur Kenntnis des Versicherungsnehmers gelangt sind (→ Rn. 19).[23] Gesundheitsfragen in einem Maklerfragebogen können als Fragen des Versicherers angesehen werden, wenn in dem Fragebogen darauf ausdrücklich hingewiesen wird.[24]

12   Die **Fragen** sind **eng** und nach dem Verständnis eines durchschnittlichen Antragstellers **auszulegen.**[25] Unklarheiten gehen zu Lasten des Versicherers (analog § 305c Abs. 2 BGB); eine Inhaltskontrolle (Verstoß gegen das Transparenzgebot) erfolgt aber nicht.[26] Beschränken sich die Fragen auf bereits stattgehabte und schließen bevorstehende Untersuchungen aus, muss der Versicherungsnehmer dazu keine Angaben machen.[27] Fragt der Versicherer zB nach „bestehenden anderweitigen Berufsunfähigkeitsversicherungen", kann ein durchschnittlicher Versicherungsnehmer daraus nicht entnehmen, dass er über den Wortlaut der Frage hinaus auch lediglich anderweit *beantragte* Berufsun-

---

[20] Einzelheiten bei *Neuhaus* VersR 2012, 1477; *Karczewski* r+s 2012, 521.
[21] *Looschelders* in Looschelders/Pohlmann VVG § 19 Rn. 23.
[22] BGH VersR 1993, 170; 1996, 1529.
[23] OLG Karlsruhe VersR 1993, 865.
[24] Vgl. KG VersR 2014, 1315 (Krankenversicherung).
[25] BGH VersR 1983, 850; *Looschelders* in Looschelders/Pohlmann VVG § 19 Rn. 24.
[26] OLG Saarbrücken VersR 2006, 1482.
[27] Anders OLG Karlsruhe VersR 2007, 385.

fähigkeitsversicherungen angeben muss.²⁸ Bezieht sich eine Frage auf die „ärztlichen oder anderen Behandlungen in den letzten fünf Jahren" und enthalten unmittelbar nachfolgende Gesundheitsfragen keinerlei zeitliche Eingrenzung, muss der Versicherungsnehmer annehmen, dass sich auch die weiteren Fragen nur auf den Fünfjahreszeitraum beziehen.²⁹ An die Verständlichkeit eines Fragebogens sind besonders hohe Anforderungen zu stellen, wenn sein Inhalt dem Versicherungsinteressenten vom Vertreter lediglich mündlich zur Kenntnis gebracht wird.³⁰

Entsprechende Regeln gelten auch bei **Vertragsänderungen,** auf welche der Versicherungsnehmer keinen Anspruch hat, so etwa bei einer Erhöhung der Versicherungssumme oder einer Verlängerung der Vertragsdauer,³¹ ferner auch dann, wenn der Versicherungsschutz nach einer zwischenzeitlichen Umwandlung in eine prämienfreie Versicherung (vgl. §§ 176, 165; → § 176 Rn. 36 ff.) ganz oder teilweise wiederhergestellt werden soll.³² **13**

3. Obliegenheit zur Anzeige gefahrerheblicher Umstände (§ 19 Abs. 1). Der Versicherungsnehmer ist verpflichtet, auf eine korrekte Nachfrage hin (→ Rn. 11) die ihm bekannten gefahrerheblichen Umstände dem Versicherer anzuzeigen (§ 19 Abs. 1 S. 1). Die Anzeige kann auch gegenüber einem (selbstständigen oder angestellten, vgl. § 73) **Versicherungsvertreter** erfolgen, da dieser nach § 69 Abs. 1 Nr. 1 eine gesetzliche (und durch AVB nicht beschränkbare, vgl. § 72) Vertretungsmacht zur Entgegennahme von Wissenserklärungen für den Versicherer innehat. Damit wurde die – gerade auch im Bereich der Berufsunfähigkeitsversicherung³³ entwickelte – Auge und Ohr-Rechtsprechung des BGH kodifiziert. Da die in Textform (§ 126b BGB) gestellten Fragen nicht unbedingt in gleicher Weise oder gar schriftlich beantwortet werden müssen, kann der Versicherungsnehmer seine Anzeigeobliegenheit auch mündlich gegenüber dem Vertreter erfüllen.³⁴ **14**

Gefahrerheblich iSd § 19 Abs. 1 S. 1 sind alle Umstände, deren Kenntnis dem Versicherer eine zutreffende Risikoeinschätzung ermöglicht und die daher für seine Entscheidung zum Abschluss des Vertrages von Bedeutung sind. Ob Gefahrerheblichkeit in diesem Sinne vorliegt, ist – unabhängig davon, ob der Versicherer nach diesen Umständen gefragt hatte oder nicht – in erster Linie nach **objektiven Kriterien** festzustellen und hängt davon ab, ob der erfragte Umstand die Vertragsentscheidung eines *verständigen Versicherers* beeinflussen kann.³⁵ Gesundheitliche Umstände können zB dann **nicht objektiv gefahrerheblich** sein, wenn sich die Nachfrage auf einen sehr lange zurückliegenden Zeitraum bezieht³⁶ oder wenn es sich um eine Gesundheitsstörung handelt, die offenkundig leichter Natur und nicht wiederholt aufgetreten ist und deshalb von vornherein keinen Anhaltspunkt dafür bietet, dass der Versicherer sie für die Risikoeinschätzung im Rahmen eines auf Dauer angelegten Versicherungsvertrages als bedeutsam ansehen könnte.³⁷ So hat die Rspr. bspw. eine gewöhnliche Sportverletzung wie etwa eine Lumbalgie nach einem Verhebetrauma³⁸ oder durch Massage beseitigte, erstmalig auftretende Schmerzen im Gesäß³⁹ als nicht gefahrerheblich angesehen. Als **objektiv gefahrerheblich** für den Abschluss einer Berufsunfähigkeitsversicherung wurden dagegen zB erachtet eine wiederholte ärztliche Behandlung einer vasovegetativen Migräne, vegetativer Störungen, vegetativer Labilität und eines Überforderungssyndroms,⁴⁰ eine (auf Überarbeitung zurückzuführende) psychotherapeutische Behandlung,⁴¹ ferner multiple Beschwerden des Bewegungsapparats,⁴² bereits das Vorliegen einer Verdachtsdiagnose eines Wirbelsäulenleidens,⁴³ durch einen Gentest bestätigte Anzeichen von Morbus Huntington⁴⁴ oder jahrelang erhöhte Leberwerte mit fortlaufender ärztlicher Kontrolle und Behandlung.⁴⁵ **15**

---

28   OLG Hamm VersR 1993, 1135.
29   OLG Oldenburg VersR 1998, 835.
30   OLG Stuttgart VersR 2008, 197.
31   BGH VersR 1993, 213.
32   BGH VersR 1994, 39.
33   Vgl. etwa BGHZ 102, 194 (197) = VersR 1988, 234; BGHZ 107, 322 = VersR 1989, 833; BGHZ 116, 387 (389) = VersR 1992, 217.
34   → § 19 Rn. 96.
35   *Looschelders* in Looschelders/Pohlmann VVG § 19 Rn. 26.
36   RegE BT-Drs. 16/3945, 64.
37   BGH VersR 2000, 1486.
38   BGH VersR 1991, 578.
39   BGH r+s 1993, 393.
40   BGH VersR 2000, 1486.
41   OLG Köln VersR 2013, 487.
42   OLG Celle r+s 2009, 73.
43   OLG Düsseldorf VersR 2001, 1408.
44   OLG Saarbrücken VersR 2012, 557.
45   BGH VersR 1994, 711.

16 Liegt die Gefahrerheblichkeit danach nicht bereits objektiv auf der Hand, so muss der Versicherer nachweisen, dass der Umstand jedenfalls gerade für ihn **subjektiv relevant** war, so dass er den Vertrag nicht oder jedenfalls nicht mit dem vereinbarten Inhalt geschlossen hätte.[46] Dazu muss er seine Risikoprüfungsgrundsätze offen legen.[47] Ergibt sich daraus, dass die betreffenden Umstände für den Entschluss des Versicherers zum Abschluss eines Vertrages von Bedeutung sind, so ist von einer subjektiven Relevanz auszugehen. Es kommt dabei nicht darauf an, ob der Versicherer die konkreten Umstände tatsächlich im Hinblick auf den Deckungsumfang oder die Prämienkalkulation auch berücksichtigt hätte.[48]

17 Der Versicherungsnehmer **verletzt** seine **Anzeigeobliegenheit**, wenn er über ihm bekannte gefahrerhebliche Umstände unzutreffende oder unvollständige Angaben macht. Dies gilt auch dann, wenn ein Arbeitgeber als Versicherungsnehmer für seine Mitarbeiter eine Gruppenversicherung abschließt und dabei über den Gesundheitszustand einer Gefahrperson (→ Rn. 38) wahrheitswidrig informiert.[49] Auch eine Verharmlosung des Gesundheitszustands stellt eine Obliegenheitsverletzung dar.[50] Lässt der Versicherungsnehmer eine Rubrik im Fragenkatalog vollständig unausgefüllt (und gibt er auch keine mündlichen Erläuterungen dazu ab), so hat er seine Anzeigeobliegenheit insoweit noch gar nicht erfüllt.[51] Es ist dann Sache des Versicherers, die offen gebliebene Frage durch Rückfrage aufzuklären (→ Rn. 27). Dagegen kann das Durchstreichen eines Antwortfeldes im konkreten Fall als Verneinung der Frage aufgefasst werden.[52] Unterbleibt eine Rückfrage des Versicherers und schließt er den Vertrag gleichwohl ab, kann er später auf die vom Versicherungsnehmer nicht mitgeteilten Umstände kein Rücktritts- oder Kündigungsrecht stützen (→ Rn. 27). Hat ein Versicherungsnehmer bei der Ausfüllung eines Antragsformulars auf Veranlassung eines Vertreters unvollständige Angaben gemacht und füllt er später einen neuen Antrag auf Abschluss einer Berufsunfähigkeitsversicherung selbständig aus, muss er bei dieser erneuten Antragstellung seiner Anzeigeobliegenheit zwar in eigener Verantwortung nachkommen. Allerdings handelt er nicht schuldhaft, wenn er vor Ausfüllung des neuen Antrags durch Angaben des Agenten über den Umfang seiner Anzeigeobliegenheit nachvollziehbar irregeführt worden war.[53] Der Versicherungsnehmer verletzt seine Anzeigeobliegenheit nicht, wenn er einen Umstand nicht angibt, der ihm aufgrund von Fahrlässigkeit unbekannt geblieben ist.[54]

18 Der Versicherer trägt die **Beweislast** für eine Verletzung der Anzeigepflicht durch den Versicherungsnehmer und damit auch für die Gefahrerheblichkeit des nicht korrekt mitgeteilten Umstands (vgl. § 69 Abs. 3 S. 2).[55] Im Gegensatz zu § 16 Abs. 1 S. 3 VVG aF wird die Gefahrerheblichkeit bei einer ausdrücklichen schriftlichen Frage des Versicherers aber nicht mehr vermutet; der Nachfrage in Textform kommt vielmehr lediglich indizielle Wirkung zu.[56] In Ermangelung einer objektiven muss der Versicherer zum Nachweis einer subjektiven Gefahrerheblichkeit substantiiert vortragen, von welchen Grundsätzen er sich bei der dem Vertragsschluss vorausgehenden Risikoprüfung üblicherweise leiten lässt.

19 Hat ein **Vertreter** das Anzeigeformular **ausgefüllt** und trägt der Versicherungsnehmer substantiiert vor, dass er diesen mündlich zutr. unterrichtet oder der Vertreter bei Ausfüllung des Formulars die Fragen zu schnell vorgetragen[57] hat, so ist der Beweis einer Obliegenheitsverletzung nicht bereits geführt, wenn die in dem Antragsformular enthaltenen Angaben nicht den Tatsachen entsprechen. Der Versicherer muss vielmehr (regelmäßig durch eine glaubwürdige Aussage des Vertreters) nachweisen, dass dieser dem Versicherungsnehmer alle schriftlich beantworteten Fragen zuvor zB durch (nicht zu flüchtiges) Vorlesen zur Kenntnis gebracht und die Antworten korrekt protokolliert hat.[58]

20 Bei **Kollusion** von Versicherungsnehmer und Vertreter ist der geschlossene Vertrag allerdings nach § 138 Abs. 1 BGB nichtig. Das ist bereits dann der Fall, wenn der Versicherungsnehmer den Auskünften des Vertreters keinen Glauben schenkt, sondern im Wissen um die Anzeigeobliegenheit

---

[46] Vgl. *Looschelders* in Looschelders/Pohlmann VVG § 19 Rn. 29.
[47] BGH VersR 1991, 578; 2000, 1486.
[48] OLG Saarbrücken VersR 1994, 847.
[49] OLG Hamm VersR 2009, 622.
[50] KG VersR 2008, 382.
[51] Näher → § 19 Rn. 111.
[52] OLG Koblenz VersR 2009, 53.
[53] OLG Saarbrücken VersR 2007, 826, OLG Saarbrücken VersR 2013, 1030.
[54] BGH VersR 2020, 18.
[55] Näher → § 19 Rn. 178 ff.
[56] RegE BT-Drs. 16/3945, 64.
[57] OLG Stuttgart r+s 2014, 137.
[58] BGHZ 107, 322 (325) = VersR 1989, 833; BGH VersR 2011, 337 (338); OLG Karlsruhe VersR 1993, 865; OLG Oldenburg VersR 1997, 1082; OLG München VersR 2011, 1254; OLG Saarbrücken VersR 2015, 91; ausf. *Romahn* VersR 2015, 1481.

erkennt und billigt, dass der Versicherer durch das Vorgehen des Agenten über den Gesundheitszustand getäuscht und dadurch in der Entscheidung über den Abschluss des Versicherungsvertrages beeinflusst werden soll.[59] Auch unterhalb der Schwelle einer Kollusion muss der Versicherer den durch einen Vertreter geschlossenen Vertrag nicht gegen sich gelten lassen, wenn ein **Vollmachtsmissbrauch** aufgrund massiver Verdachtsmomente objektiv evident ist.[60]

4. Rücktritt, Kündigung und Vertragsanpassung des Versicherers (§ 19 Abs. 2–5). 21
Wenn der Versicherungsnehmer seine Anzeigepflicht aus § 19 Abs. 1 vorsätzlich oder grob fahrlässig verletzt, kann der Versicherer grds. binnen Monatsfrist den **Rücktritt** vom Vertrag **erklären** (§ 19 Abs. 2, 3 S. 1). Nach Abschluss einer Berufsunfähigkeitszusatzversicherung kann er dabei den Rücktritt auf diese beschränken und eine als Hauptversicherung geschlossene Lebensversicherung fortführen,[61] während umgekehrt nach einem Rücktritt von der Hauptversicherung die Berufsunfähigkeitszusatzversicherung nicht separat fortbestehen kann (→ Rn. 42).[62] Ist die Anzeigepflichtverletzung nur leicht fahrlässig oder schuldlos erfolgt, steht dem Versicherer anstelle des Rücktritts- lediglich das Recht zu, den Vertrag unter Einhaltung einer Monatsfrist zu **kündigen** (§ 19 Abs. 3 S. 2). Erklärungsempfänger ist stets der Versicherungsnehmer, auch wenn die Anzeigepflichtverletzung von einer anderen Person begangen wurde (§§ 6 Abs. 19 S. 1 BU, § 9 Abs. 10 BUZ iVm zB § 6 Abs. 19 S. 1 ALB).

Abgesehen von der Kündigung nach § 19 Abs. 3 S. 2 kann der Versicherer ein Recht zur 22 fristlosen Kündigung auch auf § 314 Abs. 1 BGB stützen, der eine außerordentliche **Kündigung** von Dauerschuldverhältnissen aus **wichtigem Grund** dann gestattet, wenn dem Kündigenden unter Berücksichtigung der Umstände des Einzelfalls und unter Abwägung der beiderseitigen Interessen die Fortsetzung des Vertrages nicht mehr zugemutet werden kann, so etwa, wenn der Versicherungsnehmer sowohl gegenüber dem Versicherer wie gegenüber den begutachtenden Ärzten Beschwerden bewusst vortäuscht.[63] Nicht zur Kündigung berechtigt ein Prämienverzug.[64] Zu einer solchen Kündigung berechtigen auch Umstände aus der Zeit vor dem Vertragsschluss, die dem Kündigenden zunächst unbekannt geblieben waren.[65] Die in § 314 Abs. 2 S. 1 BGB vorgesehene Fristsetzung wird sich im Falle einer Anzeigepflichtverletzung gem. S. 2 dieses Absatzes iVm § 323 Abs. 2 Nr. 3 BGB (sofortige Kündigung aufgrund besonderer Umstände) idR erübrigen. Die Kündigung muss allerdings innerhalb einer angemessenen Frist von dem Zeitpunkt an ausgeübt werden, an welchem der Versicherer von der Anzeigepflichtverletzung Kenntnis erlangt hat (§ 314 Abs. 3 BGB). Die fristlose Kündigung tritt *neben* die Möglichkeiten eines Rücktritts oder einer Anfechtung.[66]

Der Rücktritt des Versicherers wegen einer grob fahrlässigen Verletzung der Anzeigepflicht 23 sowie eine Kündigung sind ausgeschlossen, wenn der Versicherer den Vertrag auch bei Kenntnis, wenngleich **zu anderen Bedingungen geschlossen** hätte (§ 19 Abs. 4 S. 1). Auf Verlangen des Versicherers werden dann diese anderen **Bedingungen rückwirkend,** bei einer vom Versicherungsnehmer nicht zu vertretenden Pflichtverletzung ab der laufenden Versicherungsperiode zum **Vertragsbestandteil** (§ 19 Abs. 4 S. 2).[67] Erhöht sich aufgrund der Vertragsanpassung der Beitrag um mehr als 10 % oder wird der Versicherungsschutz für den nicht angezeigten Umstand vom Versicherer ausgeschlossen, kann der Versicherungsnehmer innerhalb eines Monats nach Zugang der Anpassungsmitteilung fristlos kündigen. Der Versicherer hat den Versicherungsnehmer in der Mitteilung über die Änderung der Vertragsbedingungen auf diese Möglichkeit hinzuweisen (vgl. § 19 Abs. 6 S. 2 VVG, § 6 Abs. 12 BU, § 9 Abs. 10 BUZ iVm zB § 6 Abs. 12 ALB).

Rücktritt, Kündigung und Vertragsanpassung sind dem Versicherer nur dann möglich, wenn er 24 den Versicherungsnehmer durch gesonderte Mitteilung in Textform (§ 126b BGB) umfassend und unmissverständlich[68] zuvor auf diese **Rechtsfolge hingewiesen** hatte (§ 19 Abs. 5 S. 1). Eine solche Mitteilung muss nicht unbedingt in einem eigenständigen Dokument[69] erfolgen; die Rspr. lässt

---

[59] BGH VersR 2008, 765.
[60] BGH VersR 2008, 765; OLG Düsseldorf VersR 2001, 881; *Reiff* VersR 2001, 882.
[61] OLG Düsseldorf VersR 2001, 1408; OLG Koblenz VersR 2004, 228.
[62] OLG Koblenz VersR 2001, 887.
[63] OLG Saarbrücken VersR 2014, 1491, einschränkend aber für die BUZ OLG Saarbrücken r+s 2011, 399; vgl. auch BGH VersR 2012, 304 (306 – Unfallversicherung).
[64] BGH VersR 2012, 219 (Krankenversicherung).
[65] *Grüneberg* in Grüneberg BGB § 314 Rn. 7.
[66] Anders OLG Saarbrücken VersR 2009, 344 (idR kein Bedürfnis angesichts der übrigen Gestaltungsrechte).
[67] Zum Streit über die sich aus dieser Vorschrift ergebenden Konsequenzen (rückwirkende Änderung der Vertragsbedingungen, ggf. Wegfall des Versicherungsschutzes) → § 19 Rn. 145; *Lücke* in Prölss/Martin VVG § 172 Rn. 7, jeweils mwN.
[68] OLG Brandenburg VersR 2010, 1301; OLG Dresden VersR 2017, 1965.
[69] Vgl. aber BT-Drs. 16/1935.

auch zu, dass eine sich drucktechnisch deutlich abhebende und vom Versicherungsnehmer nicht zu übersehende Mitteilung in das Antragsformular selbst aufgenommen wird.[70] Die Erwähnung dieser Rechte in den AVB (wie etwa in § 6 BU) stellt jedenfalls keine besondere Mitteilung dar. Hat der Versicherungsnehmer arglistig getäuscht, kann er sich auf die Nichterfüllung der Hinweispflicht durch den Versicherer nicht berufen.[71] Alle **Rechte** sind ferner dann **ausgeschlossen,** wenn dem Versicherer die nicht angezeigte Gefahrenlage oder die Unrichtigkeit der Anzeige **bekannt war** (§ 19 Abs. 5 S. 2). Der Versicherer muss die ihm zustehenden Rechte innerhalb eines Monats von dem Zeitpunkt an geltend machen, zu welchem er von der Verletzung der Anzeigepflicht Kenntnis erlangt, und er hat dabei die Gründe anzugeben, welche seiner Rechtsausübung zugrunde liegen (§ 21 Abs. 1). Innerhalb der Monatsfrist kann er weitere Gründe nachschieben (§ 21 Abs. 1 S. 3 Hs. 2). Der Fristlauf beginnt mit dem Erhalt einer Information, aus der sich das Vorliegen einer objektiven Anzeigepflichtverletzung zweifelsfrei entnehmen lässt.[72] Zeigt sich später, dass die subjektiven Voraussetzungen des vom Versicherer konkret ausgeübten Gestaltungsrechts nicht vorliegen – Rücktritt erklärt, aber wirkungslos, weil Verletzung der Anzeigepflicht nur leicht fahrlässig –, ist die Erklärung des Versicherers in die passende Erklärung mit schwächerer Wirkung umzudeuten (§ 140 BGB). Maßgebend für den Fristlauf ist die Kenntnis des zuständigen Sachbearbeiters, von der mit dem Zugang der betreffenden Information beim Versicherer (analog § 130 BGB) auszugehen ist. Auf den Zeitpunkt der tatsächlichen Kenntniserlangung kommt es also nicht an.[73] Die Rechte des Versicherers erlöschen grds. nach Ablauf von fünf Jahren nach dem Vertragsschluss; dies gilt nicht für zwischenzeitlich eingetretene Versicherungsfälle. Bei vorsätzlicher oder arglistiger Anzeigepflichtverletzung beträgt die Frist zehn Jahren nach Vertragsschluss (§ 21 Abs. 3).

25   Dem Vertreter gegenüber abgegebene mündliche Erklärungen sind damit auch dem Versicherer zugegangen (§ 69 Abs. 1 Nr. 2 VVG, § 164 Abs. 3 BGB analog), so dass die **Kenntnis** des Vertreters in diesem Fall dem Versicherer nach Maßgabe des § 70 **zugerechnet** wird. Der Versicherer muss sich grds. auch das Wissen eines von ihm zur Abklärung des konkreten Falles mit einer Gesundheitsuntersuchung beauftragten **Arztes** („Erklärung vor dem Arzt")[74] zurechnen lassen, es sei denn, der Antragsteller hat bei Beantwortung der Gesundheitsfragen arglistig getäuscht.[75] Dagegen wird ein aus früheren Behandlungen erlangtes ärztliches Wissen nicht zugerechnet.[76]

26   Informationen, die in den **Datenbanken** des Versicherers über den Versicherungsnehmer gespeichert sind, muss der Versicherer sich als bekannt entgegenhalten lassen, sofern der Antragsteller bei der Beantwortung von Fragen deutlich auf das Vorhandensein des Datenbestandes hingewiesen hatte. Auch ein Hinweis auf die in den Datenbanken eines anderen Versicherers enthaltenen Angaben reicht aus, wenn sich der Versicherer im Antragsformular die Einwilligung des Antragstellers zur Sammlung von Daten im Verbund mit dem anderen Versicherer hat geben lassen.[77] Erfährt ein Versicherer, dass der Versicherungsnehmer in Bezug auf einen von mehreren Verträgen seine Anzeigepflicht verletzt hat, muss er seine Akten und Datenbanken daraufhin überprüfen, ob auch noch andere Verträge betroffen sind; unterbleibt diese Recherche, ist das „latente" als aktuelles Wissen zu berücksichtigen.[78]

27   Über diese gesetzlichen Beschränkungen hinaus sind dem Versicherer Rücktritt, Kündigung und Vertragsanpassung[79] aber auch dann verwehrt, wenn der Versicherungsnehmer bei Antragstellung ersichtlich unvollständige oder unklare Angaben macht und der Versicherer gleichwohl eine Rückfrage unterlässt.[80] Denn dem Versicherer obliegt die **ordnungsgemäße Risikoprüfung vor Vertragsabschluss,** damit von Anfang an klare Verhältnisse in Bezug auf den Versicherungsvertrag geschaffen werden. Er soll die ihm durch die gesetzlichen Anzeigeobliegenheiten des Versicherungsnehmers eingeräumte Risikoprüfungsmöglichkeit nicht nach Belieben zurückstellen und (unter zwischenzeitlicher Einziehung der Prämien) auf einen späteren Zeitpunkt, etwa den eines etwaigen

---

[70] OLG Dresden VersR 2017, 1065; OLG Stuttgart VersR 2014, 691; OLG Saarbrücken VersR 2015, 91; vgl. auch BGHZ 196, 67 = VersR 2013, 297 (zu dem gleichlautenden § 28 Abs. 4).
[71] BGHZ 200, 286 = VersR 2014, 565 mwN zur vorangehenden Diskussion.
[72] Anders *Lange* r+s 2008, 56 (58); *Neuhaus* r+s 2009, 309 (313): erst dann, wenn der Versicherer auch den Verschuldensgrad bestimmen kann.
[73] Anders die wohl hM (Kenntnis des Sachbearbeiters maßgebend), vgl. BGH VersR 1996, 742 (Krankenversicherung); dazu *Hövel* VersR 2008, 315 mwN.
[74] BGH VersR 1993, 170; vgl. auch OLG Frankfurt a. M. r+s 1994, 193.
[75] BGH VersR 2001, 620.
[76] BGH VersR 2009, 529; dazu *Wendt/Jularic* r+s 2009, 363.
[77] BGH VersR 1993, 1089; vgl. auch BGH r+s 2003, 468.
[78] BGH r+s 2003, 468.
[79] *Lücke* in Prölss/Martin VVG § 172 Rn. 12, 13; *Neuhaus* Berufsunfähigkeitsversicherung Kap. 21 Rn. 261.
[80] BGHZ 117, 385 (387 f.) = VersR 1992, 603; BGH VersR 1993, 871; 1995, 80; 2008, 668; OLG Saarbrücken VersR 2009, 99; krit. zu dieser Rspr. *Lorenz* VersR 1993, 513.

Versicherungsfalls verschieben dürfen. Da dem Versicherer das Wissen seines Vertreters zugerechnet wird, besteht diese Obliegenheit auch dann, wenn der Versicherungsnehmer gegenüber dem Vertreter mündlich unvollständige oder unwahre Angaben macht[81] und dieser eine Rückfrage unterlässt.[82] Der Versicherer hat seiner Obliegenheit aber zB dann genügt, wenn er bei dem vom Versicherungsnehmer benannten Hausarzt Nachfrage hält, von diesem aber nur unvollständig informiert wird.[83] Kommt der Versicherer dagegen seiner **Nachfrage- und Risikoprüfungsobliegenheit** bei Abschluss des Vertrages nicht nach, so kann er später in Anbetracht seines früheren Verhaltens auf die zuvor nicht hinreichend ermittelten Umstände keine Rechte mehr stützen. Allerdings wird die Nachfrageobliegenheit nicht durch jede Unklarheit ausgelöst, sondern besteht nur bei ernsthaften Anhaltspunkten für eine Unvollständigkeit oder Unrichtigkeit der vom potentiellen Versicherungsnehmer erteilten Auskünfte.[84] Bei arglistigem Verhalten des Versicherungsnehmers werden ein **Rücktritt** sowie eine **Anfechtung** wegen **arglistiger Täuschung** durch eine solche Verletzung der Nachfrage- und Risikoprüfungsobliegenheit jedoch **nicht ausgeschlossen**.[85]

5. Leistungsfreiheit des Versicherers (§ 21 Abs. 2 S. 1). Tritt der Versicherer wegen einer 28 Anzeigepflichtverletzung gem. § 19 Abs. 2 nach Eintritt des Versicherungsfalls zurück, ist er nach § 21 Abs. 2 S. 1 zur **Leistung nicht verpflichtet.** Seine Leistungspflicht bleibt aber bestehen, wenn der Versicherungsnehmer den Beweis fehlender Kausalität führen, dh nachweisen kann, dass die Verletzung der Anzeigepflicht sich nur auf einen Umstand bezieht, der weder für den Eintritt oder die Feststellung des Versicherungsfalls noch für die Feststellung oder den Umfang der Leistungspflicht kausal geworden ist. Behauptet ein Versicherungsnehmer, der über keine medizinische Sachkunde verfügt, dass die von ihm verschwiegenen Umstände in keinem Kausalzusammenhang mit dem Versicherungsfall der Berufsunfähigkeit stehen, so darf er sich zunächst auf den Vortrag nur vermuteter Tatsachen beschränken. Wird ein entsprechender Beweisantrag auf Einholung eines medizinischen Sachverständigengutachtens wegen Unwahrscheinlichkeit seines Vorbringens abgelehnt, führt dies gem. § 544 Abs. 7 ZPO zur Aufhebung des Urteils und zur Rückverweisung.[86]

6. Anfechtung des Versicherungsvertrages wegen arglistiger Täuschung (§ 123 BGB, 29 **§ 22 VVG).** Während im Hinblick auf gefahrerhebliche Umstände eine Anfechtung des Versicherers wegen Irrtums über verkehrswesentliche Eigenschaften (§ 119 Abs. 2 BGB) durch die Sonderregeln der §§ 19–21 ausgeschlossen wird, bleibt eine – in der Praxis bedeutsame und vom Versicherer zu beweisende – Anfechtung wegen **arglistiger Täuschung** (§ 123 BGB) stets möglich (§ 22), und zwar auch dann, wenn der Versicherer seine Nachfrage- und Risikoprüfungsobliegenheit verletzt (→ Rn. 27) oder nicht nach § 19 Abs. 5 auf die Rechtsfolgen einer Anzeigepflichtverletzung hingewiesen hat.[87] Bei täuschungsbedingtem Abschluss einer Lebens- sowie einer Berufsunfähigkeitszusatzversicherung kann diese separat angefochten werden.[88] Täuscht der Versicherungsnehmer bei einem Änderungs-, insbes. einem Verlängerungsvertrag, so kommt idR nur eine Anfechtung der Vertragsverlängerung in Betracht.[89] Hat eine Gefahrperson (→ Rn. 38) die Täuschung vorgenommen, wird diese dem Versicherungsnehmer zugerechnet (vgl. §§ 176, 156; → § 176 Rn. 14). Der Versicherungsvertrag kann vom Versicherer angefochten werden, wenn der Versicherungsnehmer seinen Makler zutreffend informiert, dieser jedoch die erhaltenen Informationen arglistig nicht in den Antrag aufgenommen hat.[90]

Eine **Täuschung** setzt voraus, dass der Versicherungsnehmer durch unrichtige oder unvoll- 30 ständige Erklärungen Tatsachen vorspiegelt oder entstellt, wie etwa, wenn er falsche Angaben über seinen Gesundheitszustand[91] oder den von ihm zuletzt ausgeübten Beruf macht,[92] diesen zB als „Hausmann" angibt, obwohl er in Wirklichkeit eine Freiheitsstrafe verbüßt,[93] oder ein überhöhtes Nettoeinkommen ansetzt.[94] Die Täuschung kann sich auf sämtliche – also nicht nur die gefahrer-

---

[81] OLG Hamm VersR 2009, 1649.
[82] OLG Hamm VersR 2012, 994.
[83] OLG Saarbrücken VersR 2006, 1482.
[84] BGH VersR 2011, 909; OLG Oldenburg VersR 2008, 1341.
[85] BGH VersR 2012, 909; 2011, 909; 2008, 668; vgl. auch bereits *Römer* VersWissStud Bd. 15, 2000, 223 (229); anders OLG Frankfurt a. M. r+s 2010, 523.
[86] BGH VersR 2008, 382.
[87] BGHZ 200, 286 = VersR 2014, 565.
[88] OLG Saarbrücken VersR 1996, 488; OLG Hamm VersR 2008, 106.
[89] OLG Saarbrücken VersR 2007, 1681.
[90] OLG Düsseldorf VersR 2017, 1449.
[91] OLG Köln VersR 2013, 487; OLG Saarbrücken VersR 2012, 557.
[92] OLG Saarbrücken VersR 2009, 344.
[93] OLG Hamm VersR 2008, 106.
[94] OLG Köln VersR 2004, 1587.

heblichen – Umstände beziehen. Während die Nichtbeantwortung einer in Textform nach einem gefahrerheblichen Umstand gestellten Frage (§ 19 Abs. 1 S. 1) noch keinerlei Erklärung enthält (→ Rn. 17), kommt bei einer unvollständigen Angabe gefahrerheblicher[95] sowie ganz allgemein im Hinblick auf nicht gefahrerhebliche Umstände auch eine Täuschung durch Verschweigen in Betracht. Dies setzt eine Aufklärungspflicht des Versicherungsnehmers voraus, die nach Treu und Glauben (§ 242 BGB) dann besteht, wenn ihm bewusst ist, dass der Versicherer bei richtiger Angabe oder Offenlegung einer Tatsache den Antrag möglicherweise nicht oder nur mit verändertem Inhalt annehmen wird.[96] Das bloße Verschweigen eines gefahrerheblichen Umstands, nach welchem der Versicherer *nicht oder nur mündlich* gefragt hatte, stellt allerdings – entgegen der Gesetzesbegründung[97] – keine Täuschung dar, weil der Versicherungsnehmer sich darauf verlässt, dass er mit einer korrekten Beantwortung der gestellten Fragen seine Anzeigepflicht erfüllt, und daher nach dem Schutzzweck des § 19 Abs. 1 keinerlei Rechtspflicht zu einer Mitteilung besteht.[98] Die hM will demgegenüber zumindest in engen Grenzen eine spontane Anzeigepflicht bejahen, so etwa in Bezug auf Umstände, die das Aufklärungsinteresse des Versicherers grundlegend berühren, oder auf solche, die einerseits offensichtlich gefahrerheblich, andererseits aber so selten sind, dass eine darauf abzielende Frage durch den Versicherer nicht erwartet werden kann.[99] Auf jeden Fall ist eine Täuschung aber zu bejahen, wenn der Versicherungsnehmer ungefragt oder auf eine mündliche Frage hin positiv falsche Angaben macht. Bedingter Vorsatz reicht aus. Ein solcher liegt auch vor, wenn sich der Versicherungsnehmer auf das Vergessen eines Umstands beruft, an welchen er sich bei zumutbarer Anstrengung seines Gedächtnisses hätte erinnern müssen.[100] Eine Täuschung liegt dagegen nicht vor, wenn der Versicherungsnehmer unklare Fragen des Versicherers (→ Rn. 12) anders als der Versicherer verstanden, von diesem Verständnis her aber zutr. beantwortet hat,[101] wenn er – mangels Einflussnahme auf den Vertragsabschlusswillen des Versicherers – der in einem „Policenbegleitschreiben" enthaltenen Aufforderung nicht nachkommt, etwa im Versicherungsschein enthaltene unrichtige Gesundheitsangaben zu korrigieren,[102] oder einfach nur widersprüchliche oder missverständliche Auskünfte gibt.

31 **Arglistig** handelt, wer die Unrichtigkeit seiner Angaben kennt oder zumindest für möglich hält[103] und sich bewusst ist, dass seine Täuschung die Entscheidungen des Versicherers *möglicherweise* beeinflussen kann.[104] Dies gilt auch für einen Versicherungsnehmer, der im Vertrauen auf die Richtigkeit seiner Angaben „ins Blaue hinein" objektiv unrichtige Angaben zum Gesundheitszustand der zu versichernden Person macht und dabei nicht offen legt, dass es ihm an einer zuverlässigen Beurteilungsgrundlage fehlt.[105] Eine betrügerische Absicht muss mit der Täuschung also nicht unbedingt verbunden sein.[106] Die Beweislast für Arglist trägt der Versicherer.[107] Zum Nachweis dieser inneren Tatsache kann er sich nur auf Indizien stützen, so etwa auf die Auswahl von mitgeteilten und verschwiegenen Arztkontakten,[108] die deutliche Verharmlosung eines angegebenen Krankheitsbildes,[109] das Verschweigen insbes. von schweren oder chronischen Erkrankungen, längeren Krankenhausaufenthalten[110] oder einer schon länger andauernden Krankschreibung,[111] schließlich auf die Angabe eines überhöhten Umsatzes, wenn im Antragsformular nach dem Bruttojahreseinkommens gefragt ist.[112] Allgemeine Erwägungen reichen hingegen nicht aus.[113] Einen allgemeinen

---

[95] OLG Köln VersR 2013, 487; OLG Saarbrücken VersR 2012, 557.
[96] OLG Saarbrücken VersR 2018, 667.
[97] RegE BT-Drs. 16/3945, 64; ebenso *Reusch* VersR 2008, 1179 (1183); → § 22 Rn. 6 f. mwN.
[98] *Marlow* in Marlow/Spuhl Neues VVG Rn. 168; *Härle* in Schwintowski/Brömmelmeyer/Ebers VVG § 22 Rn. 9.
[99] OLG Celle VersR 2017, 211; OLG Hamm VersR 2015, 1551; *Lücke* in Prölss/Martin § 172 Rn. 7; *Knappmann* in Beckmann/Matusche-Beckmann VersR-HdB § 14 Rn. 150; *Looschelders* in Looschelders/Pohlmann VVG § 22 Rn. 6 ff.; *Notthoff* r+s 2018, 169; *Schäfers* VersR 2017, 989.
[100] BGH VersR 2009, 529; OLG Karlsruhe VersR 2019, 608; OLG Hamm VersR 2018, 1065.
[101] OLG Frankfurt a. M. VersR 1992, 41 (Unfallversicherung).
[102] BGH VersR 2011, 337.
[103] BGH NJW 2007, 3057.
[104] BGH VersR 2014, 398.
[105] KG VersR 2007, 381.
[106] OLG Karlsruhe r+s 2016, 39.
[107] OLG München VersR 2000, 711; OLG Saarbrücken VersR 2003, 890.
[108] OLG Koblenz VersR 2013, 1113; OLG Frankfurt a. M. VersR 2011, 653; OLG Karlsruhe VersR 2006, 205.
[109] OLG München r+s 2013, 511; KG VersR 2008, 382; OLG Hamburg VersR 2008, 770.
[110] OLG Saarbrücken VersR 2006, 1482; OLG Hamm VersR 2008, 477.
[111] KG VersR 2006, 1628.
[112] KG VersR 2007, 234.
[113] BGH VersR 1986, 801.

Erfahrungssatz des Inhalts, dass die bewusst unrichtige Beantwortung einer vom Versicherer gestellten Frage stets zwecks Einwirkung auf den Willen des Versicherers erfolgt (Anscheinsbeweis), gibt es nicht.[114] So kann eine Indizwirkung im Einzelfall bspw. entfallen, wenn ein vereinzelter Arztbesuch nicht mitgeteilt wurde, der lediglich zur Erlangung eines Attests dienen sollte,[115] oder wenn unrichtige Angaben über den Gesundheitszustand auf falscher Scham, Gleichgültigkeit oder Trägheit beruhen.[116] Zur sekundären Darlegungslast des Versicherungsnehmers bei feststellbar falschen Angaben (→ Rn. 35).

Fraglich ist, ob eine **Täuschungsanfechtung rechtsmissbräuchlich** sein kann, wenn die **32** Leistungspflicht aus einem bereits eingetretenen Versicherungsfall mit den vom Versicherungsnehmer arglistig verschwiegenen Krankheiten in keinerlei Zusammenhang steht, bzw. ob die Nichtigkeitsfolge des § 142 Abs. 1 BGB in einem solchen Fall in der Weise zu beschränken ist, dass sie nur für die Zukunft wirkt, nicht aber einen bereits abgeschlossenen Versicherungsfall berührt.[117] Eine solche lediglich relative Nichtigkeit des Vertrages ist aber für den Regelfall abzulehnen, weil sie dem nicht schutzwürdigen Versicherungsnehmer zumindest partiellen Versicherungsschutz verschafft, so lange nur seine Täuschung unentdeckt bleibt.

Nach erfolgter Anfechtung sind die von beiden Seiten erbrachten Leistungen nach **§ 812 Abs. 1** **33** **S. 1 BGB** zurückzugewähren. Der **Versicherer** wird danach **leistungsfrei** (vgl. § 21 Abs. 2 S. 2) und kann die Rückzahlung etwa früher schon erbrachter Leistungen beanspruchen, und zwar auch dann, wenn die Täuschung weder für den Eintritt oder die Feststellung des Versicherungsfalls noch für die Feststellung oder den Umfang seiner Leistungspflicht kausal gewesen ist. Die Vorschrift des § 21 Abs. 2 S. 1 findet keine Anwendung. Auf den Wegfall der Bereicherung kann sich der Versicherungsnehmer in Anbetracht seiner Bösgläubigkeit nicht berufen (§§ 819 Abs. 1, 818 Abs. 4, 142 Abs. 2 BGB). Der seine Prämien zurückfordernde **Versicherungsnehmer** müsste sich im Wege der Saldierung eigentlich entgegenhalten lassen, dass der Versicherer bis zur Anfechtung das Risiko getragen hat und diese Leistung gem. § 818 Abs. 2 BGB mit ihrem Wert in Ansatz bringen kann. Jedoch sieht § 39 Abs. 1 S. 2 für diese Situation eine versicherungsrechtliche Sonderregelung vor. Danach kann der Versicherer im Falle einer arglistigen Täuschung die Prämie bis zum Wirksamwerden der Anfechtungserklärung beanspruchen. Verfassungsrechtliche Bedenken gegen diese Regelung bestehen nicht.[118] Soweit der Versicherer durch die arglistige Täuschung geschädigt worden ist, erhält er Schadensersatz nach §§ 826, 823 Abs. 2 BGB iVm § 263 StGB.[119]

7. Darlegungs- und Beweislast. Der **Versicherer** ist darlegungs- und beweispflichtig für **34** die **objektiven Voraussetzungen** der **Anzeigepflichtverletzung** iSd § 19 Abs. 1 S. 1 (vgl. § 69 Abs. 2 S. 2) sowie für das Vorliegen einer **arglistigen Täuschung** iSd § 123 BGB und § 22 VVG. Im **ersten Fall** weist der Versicherer nach, dass der Versicherungsnehmer Umstände nicht angezeigt hat, die ihm bekannt waren,[120] die vertragserheblich waren (→ Rn. 15 f.) und nach denen auch in Textform (§ 126b BGB) gefragt worden war (zur indiziellen Wirkung der Nachfrage in Textform → Rn. 18). Bei der Ausfüllung des Antragsformulars durch einen Vertreter trägt der Versicherer die Beweislast dafür, dass der Versicherungsnehmer Kenntnis von den gesundheitsrelevanten Fragen erhalten und sie falsch beantwortet hat (→ Rn. 19).[121] Ist der objektive Tatbestand der Anzeigepflichtverletzung erfüllt, wird ein schuldhaftes Verhalten des Versicherungsnehmers vermutet (vgl. § 280 Abs. 1 S. 2 BGB). Außerdem obliegt dem Versicherer zum Erhalt seiner Rechte aus § 19 Abs. 2–4 der Nachweis, dass er den Versicherungsnehmer durch gesonderte Mitteilung in Textform auf die Folgen einer Anzeigepflichtverletzung hingewiesen hatte (vgl. § 19 Abs. 5 S. 1). Kann der Versicherer nachweisen, dass der Versicherungsnehmer arglistig gehandelt hat, wird er nach § 21 Abs. 2 S. 2 auch dann leistungsfrei, wenn dem Versicherungsnehmer der Beweis mangelnder Kausalität iSd § 21 Abs. 2 S. 1 gelingt; außerdem verlängert sich bei Nachweis arglistigen oder vorsätzlichen Verhaltens des Versicherungsnehmers die Ausschlussfrist des § 21 Abs. 3 S. 2 auf zehn Jahre. Im **zweiten Fall (arglistige Täuschung)** trägt der Versicherer die Beweislast für sämtliche Anfechtungsvoraussetzungen (Kenntnis des Versicherungsnehmers von den gefahrerheblichen Umständen, Arglist des Versicherungsnehmers, Ausübung des Anfechtungsrechts). Zum Nachweis der inneren Tatsache „Arglist" kann der Versicherer sich auf Indizien stützen (→ Rn. 31). Sind feststellbar falsche Angaben

---

[114] BGH VersR 2009, 968 (Unfallversicherung).
[115] OLG Saarbrücken r+s 2019, 214.
[116] OLG Dresden VersR 2017, 1965; OLG Karlsruhe r+s 2016, 39.
[117] So in der Tat OLG Nürnberg VersR 1998, 217.
[118] BGHZ 163, 148 (153) = VersR 2005, 1065.
[119] BGH VersR 2007, 630.
[120] BGH VersR 2020, 18; vgl. auch *Reusch* VersR 2007, 1313 (1318).
[121] BGHZ 107, 322 (325) = VersR 1989, 833; BGH VersR 2018, 85.

gemacht worden, muss der Versicherungsnehmer plausibel darlegen, wie und weshalb es zu den falschen Angaben gekommen ist (→ Rn. 32).

35 Hat der Versicherungsnehmer **feststellbar falsche Angaben** gemacht, so trifft ihn – da der Versicherer die in der Sphäre des Versicherungsnehmers liegenden Umstände nicht kennen und nicht vortragen kann – eine **sekundäre Darlegungslast,** aufgrund derer er plausibel darlegen muss, wie und weshalb es zu den objektiv falschen Angaben gekommen ist.[122] Gelingt ihm dies nicht, besteht eine tatsächliche Vermutung für das Vorliegen einer arglistigen Täuschung. Eine Beweislastumkehr ist damit aber nicht verbunden.[123] Dass der Versicherungsnehmer die von ihm unterdrückte ärztliche Diagnose für unzutreffend hielt, schließt Arglist nicht aus, weil eine Schädigungsabsicht des Täuschenden nicht vorausgesetzt wird.[124] Andererseits spricht es gegen das Vorliegen von Arglist, wenn der Versicherungsnehmer im Vorgespräch mit dem Vertreter seine Erkrankung offenbart und bei späterer Antragstellung die mittlerweile ausgeheilte Krankheit verschweigt.[125] Stets ist eine Gesamtschau der Indizien vorzunehmen.[126] In zweifelhaften Fällen darf sich der Richter mit einem „für das praktische Leben brauchbaren Grad von Gewissheit" begnügen; dass keinerlei Zweifel mehr bestehen, ist dagegen nicht notwendig.[127]

36 Der **Versicherungsnehmer** trägt die **Darlegungs- und Beweislast** für Umstände, welche zum Ausschluss und zum Erlöschen der sich aus einer Obliegenheitsverletzung ergebenden Versichererrechte führen. Er muss also ggf. nachweisen, dass der Versicherer den Vertrag auch bei Kenntnis der nicht angezeigten Umstände – zu anderen Bedingungen – geschlossen hätte (§ 19 Abs. 4 S. 1) bzw. dass der nicht angezeigte Umstand oder die Unrichtigkeit der Anzeige bekannt war (§ 19 Abs. 5 S. 2). Steht fest, dass objektiv eine Anzeigepflichtverletzung vorliegt, muss der Versicherungsnehmer sich im Hinblick auf Vorsatz oder Fahrlässigkeit exkulpieren oder kann zumindest den Nachweis führen, dass er seine Verpflichtung weder vorsätzlich noch grob fahrlässig verletzt hat (§ 19 Abs. 3 S. 1).[128] Gelingt ihm dies, ist das Rücktrittsrecht des Versicherers ausgeschlossen. Beruft der Versicherer sich wegen der Anzeigepflichtverletzung auf Leistungsfreiheit, mag der Versicherungsnehmer nachweisen, dass seine Pflichtverletzung sich auf einen Umstand bezog, der für den Eintritt oder die Feststellung des Versicherungsfalls bzw. die Feststellung oder den Umfang der Leistungspflicht nicht kausal war (§ 21 Abs. 2 S. 1 Hs. 2, → Rn. 28). Dann bleibt die Leistungspflicht des Versicherers bestehen. Ferner obliegt dem Versicherungsnehmer der Nachweis, dass der Versicherer die ihm nach § 19 Abs. 2–4 zustehenden Rechte nicht oder nicht formgerecht innerhalb der Monatsfrist ab Kenntniserlangung (§ 21 Abs. 1 S. 1, zum Zeitpunkt der Kenntniserlangung → Rn. 24) oder innerhalb der Fünfjahresfrist ab Vertragsschluss (§ 21 Abs. 3 S. 1) geltend gemacht hat.

III. Inhalt des Versicherungsvertrages

37 **1. Rechte und Pflichten der Vertragsparteien. a) Verpflichtung des Versicherers.** Mit Abschluss des Vertrages ist der **Versicherer verpflichtet,** das **Risiko** der **Berufsunfähigkeit** des Versicherungsnehmers oder eines Dritten durch diejenigen Leistungen **abzusichern,** die er vertraglich bei Eintritt des Versicherungsfalls zu erbringen hat (vgl. §§ 1 Abs. 1, 172 Abs. 1). Versichert ist also die **Gefahr,** aufgrund einer gesundheitlichen Beeinträchtigung den zuletzt ausgeübten Beruf ganz oder teilweise voraussichtlich auf Dauer nicht mehr ausüben zu können (Abs. 2). Diese „primäre Risikoabgrenzung" wird in den Muster-AVB insoweit ausgeweitet, als auch ein näher beschriebener Eintritt von Pflegebedürftigkeit als vollständige oder teilweise Berufsunfähigkeit gilt („Risikoausweitung", vgl. §§ 2 Abs. 4–8 BU, 2 Abs. 4–8 BUZ → Rn. 59 ff.). Durch „Risikoausschlüsse" (§§ 5 BU, 3 BUZ → Rn. 179 ff.) wird die übernommene Gefahr wieder begrenzt. Einschränkungen dieser Ausschlüsse und damit einen „Wiedereinschluss" des Berufsunfähigkeitsrisikos enthalten zB § 5 S. 2 lit. c S. 2, lit. f S. 2 BU, § 3 S. 2 lit. c S. 2, lit. f S. 2 BUZ, wonach eine absichtliche Herbeiführung des Versicherungsfalls durch die versicherte Person ungeachtet eines grundsätzlichen Risikoausschlusses gleichwohl versichert ist, wenn die Person in einem die freie Willensbildung ausschließenden Zustand einer krankhaften Störung der Geistestätigkeit gehandelt hat (→ Rn. 192), oder der Versicherungsschutz auch eine durch Kriegsereignisse verursachte Berufsunfähigkeit erfasst, wenn die versicherte Person diesen Ereignissen während eines Auslandsaufenthalts ausgesetzt und sie an

---

[122] BGH VersR 2008, 242; OLG München VersR 2000, 711; OLG Saarbrücken VersR 2003, 890; OLG Frankfurt a. M. VersR 2010, 1357; 2011, 653.
[123] OLG Jena r+s 2018, 294.
[124] KG VersR 2007, 933; OLG Frankfurt a. M. VersR 2005, 1136, vgl. aber auch OLG Dresden VersR 2017, 1965.
[125] OLG Saarbrücken VersR 2013, 1030.
[126] KG VersR 2007, 234.
[127] KG VersR 2007, 234.
[128] Vgl. *Pohlmann* VersR 2008, 337 (442).

den Ereignissen nicht aktiv beteiligt war (→ Rn. 200). **Art und Höhe der Leistungen** des Versicherers sind dem jeweiligen Vertrag zu entnehmen. Dabei sind Klauseln, welche das Hauptleistungsversprechen des Versicherers lediglich einschränken, verändern, ausgestalten oder sonst modifizieren, der Einbeziehungs- und Inhaltskontrolle nach den §§ 305c, 307 BGB unterworfen.[129]

In der Regel wird der **Versicherungsnehmer** sein **eigenes Berufsunfähigkeitsrisiko** versichern wollen. Dies geschieht durch Abschluss eines Versicherungsvertrages, in dem er **selbst** als **versicherte Person** (vgl. § 172 Abs. 3) benannt wird. Nach §§ 176, 150 Abs. 1 (→ § 176 Rn. 3 ff.). ist es aber auch zulässig, für eigene Rechnung eine Berufsunfähigkeitsversicherung „auf die Person eines anderen" zu nehmen mit der Folge, dass der Versicherungsnehmer die Leistungen aus der Versicherung erhält, wenn diese „**Gefahrperson**"[130] berufsunfähig wird (zur Einwilligung der Gefahrperson → § 176 Rn. 4). Ein Anspruch der Gefahrperson als solcher auf die Versicherungsleistung besteht nicht (vgl. aber zu § 43 → Rn. 38a). In der Praxis wird man von dieser Möglichkeit Gebrauch machen, wenn sich etwa ein Arbeitgeber gegen den berufsunfähigkeitsbedingten Ausfall eines wichtigen Mitarbeiters schützen will,[131] oder bei Abschluss einer Restschuldversicherung (→ § 177 Rn. 21 ff.) dann, wenn sich der Kreditgeber gegen eine Berufsunfähigkeit des Kreditnehmers versichert.[132] In diesen Fällen werden, soweit es auf die Kenntnisse und das Verhalten des Versicherungsnehmers ankommt, diesem auch die Kenntnisse und das Verhalten der Gefahrperson zugerechnet (§§ 176, 156, → § 176 Rn. 13 ff.). 38

Der Versicherungsnehmer schließt in der Regel eine **Versicherung für eigene Rechnung** ab, aus der er selbst im Versicherungsfall etwaige Ansprüche gegen den Versicherer erwirbt. Möglich ist aber auch eine **Berufsunfähigkeitsversicherung für fremde Rechnung,** durch die ein **Dritter begünstigt** werden soll. Es handelt sich hier um einen Vertrag zugunsten Dritter iS der §§ 328 ff. BGB, der allerdings in den §§ 43 bis 48 eine von den BGB-Vorschriften stark abweichende Sonderregelung erfahren hat. Während der Versicherungsnehmer zur Prämienzahlung verpflichtet ist und im Hinblick auf eine Forderung gegen den Versicherer verfügungsbefugt bleibt (§ 45 Abs. 1), stehen die Rechte aus dem Versicherungsvertrag dem Dritten („Versicherten"[133]) zu (§ 44 Abs. 1 S. 1). Dass es sich um einen Versicherungsvertrag für fremde Rechnung handeln soll, muss sich allerdings aus den Umständen ergeben; ist dies nicht der Fall, gilt der Vertrag als für eigene Rechnung geschlossen (§ 43 Abs. 3). Während der Begriff der „Gefahrperson" zur Beschreibung des übernommenen Risikos dient, geht es hier also um die Frage, wem die sich aus der Versicherung etwa ergebenden Ansprüche zustehen. In der Regel wird aber die Gefahrperson mit dem Versicherten iS der §§ 43, 44 Abs. 1 identisch sein. Ob es sich bei einem Dritten um einen solchen durch eine Versicherung für fremde Rechnung Begünstigten oder lediglich um eine Gefahrperson handelt, auf welche die Versicherung genommen wurde (Rn. 38), ist durch Auslegung zu ermitteln (→ § 176 Rn. 3). 38a

Während eine Berufsunfähigkeitsversicherung für fremde Rechnung nur mit vertraglichem Einverständnis des Versicherers zustande kommt, kann der Versicherungsnehmer gem. §§ 176, 159 einen Dritten als **Bezugsberechtigten** im Zweifel ohne Zustimmung des Versicherers einsetzen 38b

---

[129] BGH VersR 2012, 48.
[130] Der Begriff der „Gefahrperson" findet keine einheitliche Verwendung (vgl. *Winter* in Bruck/Möller VVG § 159 Rn. 30). Teilweise wird darunter allgemein die Person verstanden, in welcher sich das versicherte Risiko realisieren kann, hier also diejenige, deren Berufsunfähigkeit versichert wird. Dabei kann es sich um den Versicherungsnehmer selbst oder um einen Dritten handeln. Gesetz und Musterbedingungen sprechen insoweit von einer „versicherten Person" (§§ 161, 172 Abs. 3) oder der „Person, auf deren Berufsunfähigkeit die Versicherung abgeschlossen ist" (§ 2 Abs. 1 BU, § 2 Abs. 1 BUZ), in Schrifttum und Rechtsprechung ist häufig auch vom „Versicherten" die Rede (vgl. aber → Rn. 38a). Der vorliegende Text trägt dagegen im Interesse einer klaren Begriffsbildung der in § 150 Abs. 1 angelegten Unterscheidung Rechnung und bezeichnet – enger – mit „Gefahrperson" lediglich einen im Rahmen einer „Versicherung auf die Person eines andern" (§ 156) den versicherten Dritten. Ob es sich dabei um eine für eigene oder eine solche für fremde Rechnung (→ Rn. 38a) geschlossene Versicherung handelt, ist ohne Belang. Im zweiten Fall wird der „Versicherte" iSd §§ 43, 44 Abs. 1 allerdings in der Regel – aber nicht zwingend – auch Gefahrperson sein.
[131] Vgl. etwa BGH VersR 2014, 59: Versicherung der Hauptdarstellerin durch den Filmproduzenten (Filmausfallversicherung).
[132] *Brand* in Bruck/Möller VVG § 43 Rn. 12.
[133] Auch der Begriff des „Versicherten" ist freilich mehrdeutig (vgl. auch *Winter* in Bruck/Möller § 159 Rn. 30). Wird er als Kurzform für die „versicherte Person" (§§ 161, 172 Abs. 3; → Rn. 38a) benutzt, kann es sich dabei auch um den Versicherungsnehmer handeln. Dementsprechend werden verbreitet „Versicherungsnehmer" und „Versicherter" als Synonyme verwandt, wobei tunlichst der erste Begriff auf die Rolle des Versicherungsnehmers als Vertragspartei und der zweite im Zusammenhang mit risikoaffinen Fragenstellungen verwandt werden sollte. „Versicherter" iSd §§ 43 ff. ist dagegen die Person, welche in einer Versicherung für fremde Rechnung begünstigt wird und der die Rechte aus dem Versicherungsvertrag zustehen (§ 44 Abs. 1).

(→ § 176 Rn. 21 ff.). Dieses Vorgehen wird in den AVB näher geregelt (vgl. § 12 Abs. 2 BU, § 9 Abs. 10 BUZ iVm zB § 9 Abs. 2 ALB). Der Versicherungsnehmer kann danach durch ausdrückliche Erklärung gegenüber dem Versicherer bestimmen, dass der Bezugsberechtigte die Ansprüche aus dem Vertrag sofort und unwiderruflich erhalten soll mit der Folge, dass das Bezugsrecht nur noch mit seiner Zustimmung aufgehoben werden kann (§ 12 Abs. 2 BU, § 9 Abs. 10 BUZ iVm zB § 9 Abs. 2 S. 4, 5 ALB). Eine widerrufliche Einsetzung kann dagegen vom Versicherungsnehmer bis zum Eintritt des Versicherungsfalls jederzeit rückgängig gemacht werden, wobei in der BU im Falle einer Rentenzahlung mit jeder Fälligkeit einer eigener Rente ein eigener Versicherungsfall eintritt (§ 12 Abs. 2 S. 2–4 BU, § 9 Abs. 10 BUZ iVm zB § 9 Abs. 2 S. 2, 3 ALB). Zur Auslegung der Einsetzung als Bezugsberechtigter → § 176 Rn. 23 ff. Die Einsetzung eines Bezugsberechtigten und ihr Widerruf sind dem Versicherer gegenüber nur wirksam, wenn sie in Textform (§ 126b BGB) angezeigt wurden (§ 12 Abs. 4 S. 1 BU, § 9 Abs. 10 BUZ iVm zB § 9 Abs. 4 S. 1 ALB). Bis zum Eintritt des Versicherungsfalls kann in der Berufsunfähigkeitsversicherung (zur BUZ → Rn. 232) das Recht auf Leistung – soweit gesetzlich zulässig (→ Rn. 232 ff.) – an Dritte abgetreten oder verpfändet werden (§ 12 Abs. 3 BU).

39 b) **Verpflichtungen des Versicherungsnehmers.** Der **Versicherungsnehmer** ist seinerseits zur **Prämienzahlung** verpflichtet (vgl. § 1 Abs. 2 VVG). Deren **Modalitäten** werden idR in den AVB näher bestimmt (vgl. § 13 BU, § 9 Abs. 10 BUZ iVm etwa § 11 ALB[134]). So kann nach § 13 Abs. 1 BU, § 9 Abs. 10 BUZ iVm zB § 10 Abs. 1 ALB der Beitrag in einem Einmalbetrag oder für bestimmte Versicherungsperioden entrichtet werden. Der **Einlösungsbeitrag** ist unverzüglich nach Vertragsabschluss, nicht aber vor dem im Versicherungsvertrag angegebenen (materiellen, → Rn. 45) Vertragsbeginn fällig; die **Folgebeiträge** jeweils zu Beginn der vereinbarten Versicherungsperiode (vgl. § 13 Abs. 2 BU, § 9 Abs. 10 BUZ iVm zB § 10 Abs. 2 ALB). Die unverzügliche Zahlung des Einlösungsbeitrages kann zur Folge haben, dass er – zulässigerweise[135] – vor Ablauf der 30-tägigen Widerrufsfrist (§§ 176, 152 Abs. 1, → § 176 Rn. 6 ff.) fällig wird. Einem Versicherungsnehmer, der die Widerrufsfrist ausschöpfen möchte, wird aber nicht einleuchten, dass er schon vorher durch Zahlung der Erstprämie vollendete Tatsachen schaffen soll. Der Versicherer muss daher auf die Fälligkeit der Zahlung vor Ablauf der Widerrufsfrist ausdrücklich hinweisen, andernfalls wird der Versicherungsnehmer eine verspätete, dh erst nach Ablauf der Widerrufsfrist erfolgende Zahlung idR nicht zu vertreten haben.[136] Dies hat etwa zur Folge, dass dem Versicherer seinerseits kein Rücktrittsrecht nach § 37 Abs. 1 Hs. 2 zusteht. Erfolgt der Widerruf fristgerecht, aber erst nach Zahlung der Prämie, richtet sich der Rückzahlungsanspruch nach § 9. Neben dem Versicherungsnehmer **zur Zahlung berechtigt** sind auch ein Versicherter iSd § 44 Abs 1 und ein Bezugsberechtigter (§ 34 Abs. 1).

40 Für die **Rechtzeitigkeit** der Zahlung genügt es, wenn der Versicherungsnehmer bis zum Fälligkeitstag alles für die Eingang des Beitrages beim Versicherer zum rechtzeitigen Eingang veranlasst hat. Im Rahmen des Lastschriftverfahrens gilt die Zahlung als rechtzeitig, wenn die Prämie bei Fälligkeit eingezogen werden kann und der Versicherungsnehmer einer rechtzeitigen Einziehung nicht widerspricht oder sie unverzüglich nach einer Zahlungsaufforderung entrichtet wird, nachdem der Beitrag bei Fälligkeit ohne Verschulden des Versicherungsnehmers nicht eingezogen werden konnte. Kann die Prämie wiederholt nicht eingezogen werden und hat der Versicherungsnehmer dies zu vertreten, kann der Versicherer eine Zahlung auf andere Weise verlangen (vgl. § 13 Abs. 3 BU, § 9 Abs. 10 BUZ iVm zB § 10 Abs. 3 S. 4 ALB). Die Zahlung erfolgt auf Gefahr und Kosten des Versicherungsnehmers (§ 36 Abs. 1 S. 2 VVG, § 13 Abs. 4 BU, § 9 Abs. 10 BUZ iVm zB § 10 Abs. 4 ALB). Bei Fälligkeit einer Versicherungsleistung kann der Versicherer mit Beitragsrückständen aufrechnen (§ 35 VVG, § 13 Abs. 5 BU, § 9 Abs. 10 BUZ iVm zB § 10 Abs. 5 ALB). Die Rechtsfolgen nicht rechtzeitiger Zahlung richten sich nach §§ 37, 38 VVG, § 14 BU, § 9 Abs. 10 BUZ iVm etwa § 11 ALB (→ Rn. 47).

41 Neben der Hauptpflicht zur Prämienzahlung treffen den Versicherungsnehmer regelmäßig nach Eintritt des Versicherungsfalls oder im Nachprüfungsverfahren **Mitwirkungsobliegenheiten**, die etwa in den §§ 7, 9, 10 BU bzw. §§ 4, 6, 7 BUZ näher festgelegt werden (→ Rn. 205 ff.).

42 2. **Hauptversicherung und Zusatzversicherung.** Wird eine Berufsunfähigkeitszusatzversicherung zusammen mit einer Lebens-, Renten- oder Unfallversicherung abgeschlossen (→ Vor § 172 Rn. 6), so handelt es sich im Ausgangspunkt um **zwei verschiedene Verträge**. Sie sind allerdings idR durch **Parteivereinbarung** (vgl. § 9 Abs. 1 BUZ) in der Weise **miteinander ver-**

---

[134] Zur Honorierung gesundheitsbewussten Verhaltens bei der Prämienberechnung *Brömmelmeyer* r+s 2017, 225.
[135] *Neuhaus* Berufsunfähigkeitsversicherung Kap. 2 Rn. 79 f.
[136] *Lücke* in Prölss/Martin BU § 13 Rn. 4.

bunden, dass die Zusatz- ohne die Hauptversicherung nicht fortgesetzt werden kann und spätestens dann erlischt, wenn der Versicherungsschutz aus der Hauptversicherung endet oder bei Rentenversicherungen die vereinbarten Rentenzahlung einsetzt.[137] Umgekehrt gilt dies ohne entsprechende Vereinbarung nicht, so dass eine Hauptversicherung auch dann weiter bestehen kann, wenn die Zusatzversicherung durch Rücktritt, Kündigung oder Anfechtung des Versicherers beendet wird.[138] Der Versicherer bleibt zur Erbringung der Leistungen aus der Zusatzversicherung auch bei Beendigung der Hauptversicherung verpflichtet, sofern nur der Versicherungsfall schon vorher eingetreten war (→ Rn. 237). Andererseits wird mit einer Erhöhung der Versicherungssumme in der Hauptversicherung nicht automatisch auch die Leistung aus der Berufsunfähigkeitszusatzversicherung erhöht. Eine solche Anpassung muss vielmehr ausdrücklich vereinbart werden.[139] Zur Möglichkeit einer Rückwärtsversicherung bei einer mit einer Lebensversicherung verbundenen Zusatzversicherung → Rn. 45.

Ansprüche aus der **Hauptversicherung** (etwa: auf Auszahlung einer Lebensversicherungssumme) können ungeachtet des Umstands wirksam **abgetreten** oder verpfändet werden, dass Ansprüche aus der Berufsunfähigkeitszusatzversicherung entweder bereits von vornherein einem Abtretungsausschluss iSd § 399 Fall 2 BGB unterliegen (vgl. § 9 Abs. 9 BUZ) oder aber – auch falls ein pactum de non cedendo nicht vereinbart wurde – nach § 850b Abs. 1 Nr. 1 ZPO unpfändbar und daher nach § 400 BGB auch unabtretbar sind (→ Rn. 233).[140] Eine Verbindungsklausel wie § 9 Abs. 1 BUZ enthält nicht etwa einen Abtretungsausschluss iSd § 399 Fall 2 BGB, da die Abtretung eines Anspruchs aus der Hauptversicherung das Fortbestehen der Zusatzversicherung nicht in Frage stellt. Auch durch § 400 BGB wird nur eine Abtretung der Ansprüche aus der Berufsunfähigkeitszusatz-, nicht dagegen aus der Hauptversicherung gehindert. Selbst eine gemeinsame Abtretung beider Ansprüche führt nicht etwa über § 139 BGB eine Unwirksamkeit der Abtretung insgesamt herbei, weil anzunehmen ist, dass nach dem hypothetischen Parteiwillen der Anspruch aus der Haupt- auch ohne den Anspruch aus der Zusatzversicherung abgetreten worden wäre. Denn der Versicherungsnehmer-Zedent kann auf diese Weise zumindest den Anspruch aus der Hauptversicherung zu Sicherungszwecken verwerten, während der Zessionar damit die erwünschte Sicherung erlangt.[141] Ein Verstoß gegen § 850b ZPO liegt auch dann nicht vor, wenn dem Zessionar zwecks Erhebung des Rückkaufswerts das Recht zur **Kündigung der Lebensversicherung** übertragen wurde. In diesem Fall könnte er zwar durch Kündigung der Lebensversicherung eine Beendigung auch der Zusatzversicherung herbeiführen. Durch das Pfändungsverbot des § 850b ZPO soll aber nur der Versicherungsnehmer-Zedent vor einem Zugriff seiner Gläubiger auf die Ansprüche aus der Zusatzversicherung geschützt werden; die Regelung will nicht verhindern, dass es durch eine selbst herbeigeführte Abtretung der Forderung aus der Hauptversicherung auch die Zusatzversicherung beendet.[142] **43**

3. Dauer der Gefahrtragung. Nach dem Wortlaut des Abs. 1 ist der Versicherer für eine nach Versicherungsbeginn, **während der Versicherungsdauer** eintretende (und somit nicht für eine bereits vorher bestehende) Berufsunfähigkeit leistungspflichtig. Die Beweislast für einen Eintritt der Berufsunfähigkeit nach Versicherungsbeginn trägt der Versicherungsnehmer.[143] Versicherungsdauer ist der Zeitraum, innerhalb dessen **Versicherungsschutz** besteht (vgl. §§ 1 Abs. 1 S. 2 BU/BUZ). Gemeint ist mithin nicht die Dauer des Vertrages, dessen Wirkungen mit dem Vertragsabschluss einsetzen und bis zu dem vereinbarten oder etwa durch Kündigung herbeigeführten Vertragsende andauern, sondern die „materielle Versicherungsdauer" oder „Haftungsdauer" (besser: Gefahrtragungsdauer), während der der Versicherer das Risiko des Eintritts von Berufsunfähigkeit übernimmt.[144] Beginn und Ende dieses Zeitraums werden in erster Linie durch die Vereinbarung der Parteien festgelegt. Die Vereinbarung **vorläufiger Deckung** (§§ 49 ff.) ist möglich.[145] Zur Leistungspflicht des Versicherers bei Eintritt des Versicherungsfalls vor Beginn der materiellen Versicherungsdauer → Rn. 127, 131. **44**

---

[137] Vgl. OLG Koblenz VersR 2001, 887.
[138] BGH VersR 1989, 1249; 2007, 484.
[139] OLG Hamm VersR 1996, 47.
[140] BGH VersR 2010, 237 (zust. *Armbrüster* in LMK 2010, 297030); BGH VersR 2010, 375; dazu auch *Neuhaus* r+s 2009, 309 (314).
[141] BGH VersR 2010, 237; vgl. auch bereits OLG Saarbrücken VersR 1995, 1227; OLG Köln VersR 1998, 222; anders etwa OLG Jena VersR 2000, 1005; KG VersR 2003, 490.
[142] BGH VersR 2010, 237; anders noch OLG Hamm ZInsO 2006, 878; OLG Frankfurt a. M. r+s 2008, 386.
[143] OLG Hamm VersR 2018, 666.
[144] Zu dieser Unterscheidung im allgemeinen *Wandt* VersR Rn. 434 ff.
[145] BGH VersR 1991, 1397; näher *Neuhaus* Berufsunfähigkeitsversicherung Kap. 3 Rn. 21 ff.; zur Unwirksamkeit eines Leistungsausschlusses für bestehende Erkrankungen bei Verzicht auf eine Risikoprüfung vgl. OLG Saarbrücken VersR 2008, 621.

45 **a) Beginn der Gefahrtragung.** Nach § 4 S. 1 BU, § 9 Abs. 10 BUZ iVm zB § 3 S. 1 ALB beginnt der Versicherungsschutz mit dem Vertragsabschluss, jedoch nicht vor dem **vereinbarten** und im Versicherungsschein angegebenen (materiellen) **Versicherungsbeginn**. Welche Bedeutung es hat, wenn die Parteien vertraglich einen vor dem Vertragsabschluss liegenden Zeitpunkt bestimmt haben, ist durch Auslegung zu ermitteln. Dabei ist regelmäßig nicht anzunehmen, dass dem Versicherungsnehmer in einem solchen Fall lediglich an einem früheren Beginn der Prämienzahlung (sog. technischer Versicherungsbeginn) gelegen ist; vielmehr ist sein Interesse gerade beim Abschluss einer Berufsunfähigkeitsversicherung auf einen möglichst frühzeitigen Beginn der Gefahrtragung gerichtet. Sofern dem Versicherer daher keine Umstände bekannt sind, die auf ein Interesse des Versicherungsnehmers gerade an einem frühen technischen Versicherungsbeginn hindeuten, muss auch er den Antrag in dieser Weise verstehen, so dass eine **Rückwärtsversicherung** iSd § 2 Abs. 1 abgeschlossen wird.[146]

46 Zwar hat der BGH die Auffassung vertreten, dass in der Berufsunfähigkeitszusatzversicherung eine Rückverlegung des Versicherungsschutzes auf einen **Zeitpunkt vor Antragstellung** nicht in Betracht kommen könne, weil sie mit der Lebensversicherung eine Einheit bilde und dort eine Rückwärtsversicherung des eigenen Lebens nicht möglich sei.[147] In welchem rechtlichen Verhältnis Haupt- und Berufsunfähigkeitszusatzversicherung zueinander stehen, ergibt sich in Ermangelung gesetzlicher Bestimmungen aber allein aus den AVB (→ Rn. 42). Sehen diese – wie etwa § 9 Abs. 1 BUZ – lediglich vor, dass Zusatz- und Hauptversicherung in der Weise eine Einheit bilden, dass jene ohne die Hauptversicherung nicht fortgesetzt werden kann, so ergibt sich daraus nicht, dass eine separat ohne weiteres mögliche Rückwärtsversicherung des Berufsunfähigkeitsrisikos nur deswegen ausgeschlossen sein soll, weil eine Rückwärtsversicherung im Rahmen einer vom Versicherungsnehmer selbst beantragten Lebensversicherung nicht möglich ist.[148]

47 Allerdings ist die Leistungspflicht des Versicherers von einer **pünktlichen Prämienzahlung** des Versicherungsnehmers abhängig (→ Rn. 40). Die Verpflichtung kann gem. § 4 S. 3 BU nach Maßgabe der § 37 Abs. 2, 38 VVG (bzw. § 4 S. 3 iVm § 13 Abs. 2, 3 sowie § 14 Abs. 1, 2 BU bzw. § 9 Abs. 10 BUZ iVm zB § 3 S. 3, § 11 Abs. 2, 3 sowie § 11 Abs. 1, 2 ALB) entfallen, wenn der Versicherungsnehmer die erste Prämie („Einlösungsbeitrag") in einer zu vertretenden Weise nicht rechtzeitig zahlt und der Versicherer zuvor durch gesonderte Mitteilung in Textform (§ 126b BGB) oder durch einen auffälligen Hinweis im Versicherungsschein auf diese Rechtsfolge hingewiesen hat (§ 37 Abs. 2 VVG, § 14 Abs. 2 S. 2 BU, § 9 Abs. 10 iVm § 11 Abs. 2 S. 2 ALB). Dieser „Einlösungsbeitrag" ist (abweichend von § 33) unverzüglich nach Vertragsabschluss, jedoch nicht vor dem vereinbarten materiellen Versicherungsbeginn fällig (vgl. § 13 Abs. 2 S. 1 BU, § 9 Abs. 10 BUZ iVm zB § 10 Abs. 2 S. 1 ALB).

48 **b) Ende der Gefahrtragung.** Die **Gefahrtragung** endet in der Berufsunfähigkeitsversicherung idR mit der vereinbarten formellen Vertragsdauer, in der Berufsunfähigkeitszusatzversicherung darüber hinaus auch mit der Beendigung der Hauptversicherung (vgl. § 9 Abs. 1 BUZ). Der Versicherer kann den Vertrag ferner durch Rücktritt, Kündigung oder Täuschungsanfechtung, nicht aber durch ordentliche Kündigung beenden (→ Rn. 9). Dem Versicherungsnehmer steht nach den §§ 176, 168 sowie den gängigen Bedingungswerken ein Recht zur jederzeitigen Kündigung zum Schluss der Versicherungsperiode zu (vgl. § 15 Abs. 7 BU, § 9 Abs. 10 BUZ iVm § 12 Abs. 1 ALB). Bei nicht pünktlicher Zahlung von Folgeprämien wird der Versicherer (ggf. teilweise) leistungsfrei, wenn er zuvor in Textform (§ 126b BGB) eine mindestens zweiwöchige Zahlungsfrist bestimmt, den Versicherungsnehmer auf diese Rechtsfolge hingewiesen hatte und dieser sich bei Eintritt des Versicherungsfalls im Verzug befand (§ 38 Abs. 1, 2 VVG, § 14 Abs. 3, 4 BU, § 9 Abs. 10 BUZ iVm zB § 11 Abs. 3, 4 ALB).

C. Versicherungsfall: Berufsunfähigkeit (Abs. 2)

I. Gesetzliche Beschreibung und abweichende Vereinbarungen

49 **1. Begriff der Berufsunfähigkeit iSd Abs. 2.** Mit der Einführung eines sechsten Kapitels über die Berufsunfähigkeitsversicherung hat der Gesetzgeber auch die Voraussetzungen der Berufsunfähigkeit in Abs. 2 und 3 beschrieben. Nach **Abs. 2** liegt **Berufsunfähigkeit** vor, wenn der Versi-

---

[146] BGHZ 111, 44 (49) = VersR 1990, 729; ferner BGH VersR 1991, 574; 1991, 986; OLG Karlsruhe VersR 2006, 350; dazu auch *Benkel* VersR 1991, 953.
[147] BGH VersR 1991, 986.
[148] OLG Karlsruhe VersR 2006, 350; zust. *Lücke* in Prölss/Martin VVG § 172 Rn. 23.

cherte seinen zuletzt ausgeübten Beruf (→ Rn. 62 ff.) infolge Krankheit, Körperverletzung oder mehr als altersbedingten Kräfteverfalls (→ Rn. 133 ff.) ganz oder teilweise (→ Rn. 109 ff.) voraussichtlich auf Dauer nicht mehr ausüben kann (→ Rn. 119 ff.). Die Rspr. hat klargestellt, dass der Eintritt des Versicherungsfalls damit nicht nur von der **Feststellung** einer bestimmten **gesundheitlichen Situation** und der dadurch verursachten **Unfähigkeit zur Berufsausübung** abhängt, sondern zusätzlich einen körperlich-geistigen Gesamtzustand der versicherten Person voraussetzt, der im Hinblick auf die Wiederherstellung der verloren gegangenen Fähigkeiten in einem überschaubaren Zeitraum **keine günstige Prognose** gestattet.[149] Es handelt sich somit um einen sog. gestreckten Tatbestand (zu den Konsequenzen → Rn. 127, 131): Eingetreten ist der Versicherungsfall erst zu dem Zeitpunkt, in dem – bei rückschauender Betrachtung – eine solche Prognose erstmals möglich ist. Weder kommt es auf den Beginn der zur Berufsunfähigkeit führenden Erkrankung[150] noch auf den Zeitpunkt der durch gesundheitliche Umstände herbeigeführten Unfähigkeit zur Berufsausübung an (zur vermuteten Berufsunfähigkeit → Rn. 123). Bei Ausübung mehrerer Berufe muss der Versicherte seine Unfähigkeit zur Berufsausübung für jeden dieser Berufe darlegen.[151] Der Versicherer kann nach **Abs. 3** seine Leistungspflicht insbes. zusätzlich davon abhängig machen, dass der Versicherungsnehmer keine bestimmten anderen Tätigkeiten ausübt oder auszuüben in der Lage ist (**Verweisungsklausel,** → Rn. 141 ff.).

Mit dieser Beschreibung hat sich der Gesetzgeber an den Kriterien orientiert, die in der Versicherungspraxis entwickelt worden waren und auch noch in der neuesten AVB-Generation enthalten sind. Daher kann auch die Rspr. zur Berufsunfähigkeitsversicherung aus der Zeit vor dem Inkrafttreten der VVG-Reform weitgehend übernommen werden. Nach **§ 2 Abs. 1 S. 1 BU** bzw. **§ 2 Abs. 1 S. 1 BUZ** liegt Berufsunfähigkeit vor, wenn die versicherte Person (→ Rn. 38a) unter den in § 172 Abs. 2 genannten Bedingungen ihren Beruf zu einem bestimmten (im konkreten Vertrag festgelegten) **Mindestprozentsatz** voraussichtlich **auf Dauer** (→ Rn. 121) oder für einen (im konkreten Vertrag festgelegten) Mindestzeitraum nicht mehr ausüben kann und auch keine andere, ihrer bisherigen Lebensstellung entsprechende Tätigkeit ausübt oder ausüben könnte (Alternativfassung). Darüber hinaus fingiert jeweils Abs. 2 der Klauseln unter Verzicht auf jegliche Prognose das Vorliegen von Berufsunfähigkeit für den Fall, dass die versicherte Person während eines festen Mindestzeitraums – in der Praxis idR sechs Monate – zu einem bestimmten Mindestprozentsatz zur weiteren Ausübung des zuletzt ausgeübten Berufs außerstande gewesen ist und während dieser Zeit auch keine andere, ihrer bisherigen Lebensstellung entsprechende Tätigkeit ausgeübt hatte und dieser Zustand fortdauert (→ Rn. 123 ff.). Zur Berufsunfähigkeit bei dauerhafter Pflegebedürftigkeit vgl. § 2 Abs. 4–8 BU, § 2 Abs. 4–8 BUZ; → Rn. 59 ff.

Bei der in den § 2 Abs. 1 S. 1 u. Abs. 2 BU/BUZ enthaltenen Umschreibung handelt es sich um einen **eigenständigen,** aus beruflichen und gesundheitlichen Komponenten zusammengesetzten **Begriff** der Berufsunfähigkeit, der sich weder mit dem in der Krankentagegeld-Versicherung verwandten Terminus (§ 15 lit. b MB/KT[152]) noch dem sozialversicherungsrechtlichen Konzept (§§ 43 Abs. 2, 240 Abs. 2 SGB VI) noch dem Begriff der Dienstunfähigkeit deckt (→ Vor § 172 Rn. 10 ff.).[153] Während sich die Feststellung von Berufsunfähigkeit in der Sozialversicherung abstrakt an der allgemeinen Erwerbsfähigkeit orientiert, kommt es in der privaten Berufsunfähigkeitsversicherung darauf an, ob der Versicherte seine Tätigkeit in dem zuvor konkret ausgeübten Beruf noch fortzusetzen vermag. Da die private Versicherung an die Feststellung des Grades der Berufsunfähigkeit höhere Anforderungen stellt, wird die Berufsunfähigkeit hier nicht dadurch indiziert, dass der Versicherte von der BfA eine Erwerbsunfähigkeitsrente (§ 43 Abs. 2 SGB VI) erhält.[154] Dementsprechend macht die bloße Vorlage eines Rentenbescheids einen Klagevortrag nicht schlüssig.[155] Der Versicherer wird auch durch § 2 Abs. 4 S. 2 VVG-InfoV verpflichtet, den Versicherungsnehmer vor Abgabe von dessen Vertragserklärung ausdrücklich auf diese sachlichen Unterschiede hinzuweisen. Einem zur Begutachtung der Berufsunfähigkeit hinzugezogenen medizinischen Sachverständigen muss das Gericht die unterschiedliche Begriffsbedeutung unmissverständlich vor Augen führen.[156]

2. Abweichende Vereinbarungen. Der Gesetzgeber hat die in Abs. 2 festgelegten Voraussetzungen des Versicherungsfalls nicht verbindlich festgeschrieben, weil er die **Produktgestaltungs-**

---

[149] BGHZ 111, 44 = VersR 1990, 729; BGH VersR 1984, 630; 2007, 383.
[150] OLG Bremen r+s 2012, 609 f.
[151] OLG Dresden r+s 2013, 584.
[152] BGH VersR 1989, 392; OLG Hamm VersR 1992, 862.
[153] BGH VersR 1996, 959; 2005, 676; 2007, 821; vgl. auch OLG Koblenz VersR 2000, 1224; *Mertens* in HK-VVG § 172 Rn. 17 f.; *Benkel/Hirschberg*, ALB- und BUZ-Kommentar, 2. Aufl. 2011, BUZ 2008 § 2 Rn. 22 ff.; *Richter* VersR 1998, 921.
[154] OLG Koblenz VersR 2000, 1224; OLG Hamm VersR 1993, 600.
[155] OLG Hamm VersR 1997, 217.
[156] BGH VersR 1996, 959.

freiheit der Versicherungsunternehmen bewusst nicht einschränken wollte.[157] In der Tat finden sich in der Vertragspraxis eine Reihe von Erweiterungen und Modifizierungen des typischen Modells der Berufsunfähigkeitsversicherung; die Grenzen zur Entwicklung neuer Produkte sind durchaus fließend. Angesichts der jetzt vorhandenen gesetzlichen Vorprägung des Begriffs ist bei einer vertraglichen Modifizierung aber stets sorgfältig zu prüfen, ob sie die **Abweichung** von den allgemeinen Kriterien der Berufsunfähigkeit auch **klar und verständlich** iSd § 307 Abs. 3 S. 2 iVm Abs. 1 S. 2 BGB (Transparenzgebot) zum Ausdruck bringt. Würde zB ein Produkt als Berufsunfähigkeitsversicherung vertrieben, das nur unter im Vergleich zu Abs. 2 erheblich eingeschränkten Voraussetzungen (etwa nur bei Erwerbsunfähigkeit, → Rn. 56) zu einer Leistungspflicht des Versicherers führt, kann die Leistungsbeschreibung unwirksam sein und würde dann durch die des Abs. 2 ersetzt.[158] Außerdem dürfte in einem solchen Fall idR ein Beratungsfehler (§§ 6 Abs. 1, 61 Abs. 1) vorliegen (→ Rn. 56). Auslegungszweifel gehen zu Lasten des die AVB verwendenden Versicherers.[159]

53 Zunächst können die Bedingungen der einzelnen Anbieter abweichende und **unterschiedliche Definitionen der Berufsunfähigkeit** enthalten.[160] Insbesondere können die Voraussetzungen für den Eintritt der Leistungspflicht des Versicherers im Hinblick auf bestimmte Berufsgruppen abweichend von Abs. 2 und 3 bestimmt werden. Derart spezifische **„Berufsklauseln"** berücksichtigen die besondere Risikosituation einzelner Berufe, lassen sich aber möglicherweise auch als Argument im Wettbewerb um bestimmte Berufsgruppen verwenden.[161]

54 So kann in einer **„Ärzteklausel"** die Berufsunfähigkeit nicht nur von der zuletzt konkret ausgeübten ärztlichen Tätigkeit (→ Rn. 64), sondern auch etwa von der Ausübung einer ärztlichen Tätigkeit im Allgemeinen abhängig gemacht werden. *Klauselbeispiel:*[162] „Vollständige Berufsunfähigkeit liegt vor, wenn der Versicherte infolge Krankheit, Körperverletzung oder Kräfteverfalls, die ärztlich nachzuweisen sind, voraussichtlich dauernd außerstande ist, eine für ihn zulässige Tätigkeit als Arzt, Zahnarzt, Tierarzt oder Apotheker auszuüben." Damit ist Berufsunfähigkeit nicht bereits dann anzunehmen, wenn ein Arzt keine praktische Heilkunde am Patienten mehr ausüben, ein Chirurg etwa nicht mehr operieren kann, so lange er etwa noch Tätigkeiten im administrativen Bereich (zB als angestellter Arzt im medizinischen Dienst eines Krankenversicherers) oder in Forschung und Lehre wahrnehmen kann, da der Beruf des Arztes auch diese Tätigkeiten umfasst.[163] Versicherungen für Ärzte und andere Heilberufe können besondere „Infektionsklauseln" enthalten, die den Begriff der „Berufsunfähigkeit" ausdrücklich (vgl. aber auch → Rn. 134) auf den Fall erweitern, dass dem Versicherten die Berufsausübung wegen einer von ihm ausgehenden Infektionsgefahr auch ohne eigene Erkrankung aus rechtlichen Gründen nicht möglich ist. Darunter fallen Tätigkeitsverbote und Quarantäneanordnungen. Die Reichweite einer solchen Zusatzklausel ist dem konkreten Vertrag zu entnehmen,[164] der zB regelt, ob Leistungen bereits bei einer Beschränkung oder erst bei einem vollständigen Verbot der Berufstätigkeit erbracht werden oder ob der Versicherer für die Dauer der „rechtlichen" Berufsunfähigkeit ohne Weiteres leistungspflichtig ist oder ob der Versicherte sich auf vergleichbare Tätigkeiten verweisen lassen muss (→ Rn. 141 ff.)

55 Bei **Luftfahrern** (Piloten, Navigatoren, Flugingenieuren oder Bordfunkern) kann Berufsunfähigkeit daran geknüpft werden, dass aufgrund einer fliegerärztlichen Untersuchung eine Flugtauglichkeit aus gesundheitlichen Gründen festgestellt oder die Erlaubnis als Luftfahrer entzogen, nicht verlängert oder für ruhend erklärt wird.[165] In ähnlicher Weise kann die Berufsfähigkeit von Kapitänen und Seeoffizieren von ihrer Seediensttauglichkeit abhängig gemacht werden.[166] Zur Verwendung von **Beamtenklauseln** → Rn. 91 ff.

56 **Selbständige Erwerbsunfähigkeitsversicherungen** bieten ebenso wie **„Erwerbsunfähigkeitsklauseln"** als Bestandteil von Berufsunfähigkeitsversicherungen nur einen reduzierten Versicherungsschutz, weil nicht bereits die Unfähigkeit zur Ausübung des früheren Berufs, sondern erst

---

[157] RegE BT-Drs. 16/3945, 106.
[158] Vgl. dazu *Mertens* in HK-VVG § 172 Rn. 10; *Neuhaus* Berufsunfähigkeitsversicherung Kap. 1 Rn. 26.
[159] Vgl. OLG Bremen VersR 1996, 223 (Schwangerschaft einer Stewardess als „Verlust der Flugtauglichkeit aus gesundheitlichen Gründen").
[160] BGH VersR 1989, 392; OLG Hamm VersR 1987, 899.
[161] *Rixecker* in Beckmann/Matusche-Beckmann VersR-HdB § 46 Rn. 50; näher *Benkel/Hirschberg*, ALB- und BUZ-Kommentar, 2. Aufl. 2011, BUZ 2008 Vorb. Rn. 17 ff.
[162] OLG Köln VersR 1995, 1081; LG München VersR 2006, 1246.
[163] OLG Köln VersR 1995, 1081; LG München VersR 2006, 1246.
[164] Beispiele bei *Neuhaus* Berufsunfähigkeitsversicherung in Zeiten von Corona und Pandemien S. 78 ff.; *Neuhaus* VersR 2021, 205 (209).
[165] OLG Bremen VersR 1996, 223; OLG Frankfurt a. M. VersR 2003, 979; OLG Schleswig VersR 2010, 143 („Loss of licence-Versicherung"); OLG Koblenz VersR 2013, 44; näher *Neuhaus* Berufsunfähigkeitsversicherung Kap. 5 Rn. 242 ff.
[166] *Neuhaus* Berufsunfähigkeitsversicherung Kap. 5 Rn. 253 ff.

die Unfähigkeit des Versicherten zur Aufnahme jeglicher Erwerbstätigkeit die Leistungspflicht des Versicherers auslöst (→ § 177 Rn. 5 ff., 11 ff.). Gegen die Wirksamkeit solcher Klauseln bestehen keine prinzipiellen Bedenken. Insbesondere verstoßen sie bei hinreichend klarer Formulierung weder gegen das Transparenzgebot des § 307 Abs. 1 S. 2 BGB noch benachteiligen sie den Versicherungsnehmer entgegen den Geboten von Treu und Glauben (§ 307 Abs. 1 S. 1 BGB).[167] Allerdings kann ein Beratungsverschulden (§§ 6, 61) vorliegen, wenn dem Versicherungsnehmer die rechtlichen Konsequenzen der Klausel nicht deutlich vor Augen geführt werden (→ § 177 Rn. 6, 12 f.).[168] Auf Erwerbsunfähigkeitsversicherungen finden gem. § 177 die Vorschriften über die Berufsunfähigkeitsversicherung entsprechende Anwendung.

Der Bereich der Berufsunfähigkeitsversicherung im engeren Sinne wird verlassen, soweit Leistungen des Versicherers durch eine spezifisch definierte **Pflegebedürftigkeit** des Versicherten ausgelöst werden. Dies ist in den Musterbedingungen des GDV vorgesehen, die in den §§ 1 Abs. 2 BU/BUZ festlegen, dass die Fortdauer von Pflegebedürftigkeit über einen bestimmten Zeitraum ohne Rücksicht auf das Vorliegen oder den Grad einer Berufsunfähigkeit iSd § 2 Abs. 1 S. 1 oder Abs. 2 BU/BUZ und einer prognostizierten Dauerhaftigkeit als Berufsunfähigkeit gilt (→ Rn. 59 ff.). 57

Im Rahmen ihrer Vertragsfreiheit können die Vertragsparteien schließlich über die Absicherung von Einkommenseinbußen bei nicht mehr möglicher Ausübung eines **Berufs im herkömmlichen Sinne** hinaus auch **andere Tätigkeiten** in den Versicherungsschutz einbeziehen. Dies gilt nicht nur für die Tätigkeit als Hausfrau oder Hausmann, die zwar ohne Erwerbserzielungsabsicht ausgeübt wird, bei weiter Definition aber noch als Beruf angesehen werden kann (→ Rn. 99 f.). Darüber hinaus werden auch Berufsunfähigkeitsversicherungen für Personen angeboten, die sich noch in Ausbildung befinden (Schüler, Studenten etc, → Rn. 104 ff.). 58

3. Insbesondere: Berufsunfähigkeit infolge Pflegebedürftigkeit. In den Musterbedingungen wird der Versicherungsfall der **Berufsunfähigkeit ieS** (§ 2 Abs. 1 S. 1, Abs. 2 BU/BUZ) durch den Sonderfall der **Berufsunfähigkeit infolge Pflegebedürftigkeit** ergänzt. Die praktische Bedeutung dieser Erweiterung scheint aber nicht sehr groß zu sein,[169] zumal bei Pflegebedürftigkeit idR auch Berufsunfähigkeit ieS vorliegen wird. Jedenfalls erbringt der Versicherer unter den Voraussetzungen der § 2 Abs. 4–8 BU/BUZ Rentenzahlungen, wenn die **versicherte Person** aufgrund von **Pflegebedürftigkeit** berufsunfähig wird.[170] Dies setzt voraus, dass der Versicherte – ärztlich nachgewiesen – infolge von Krankheit, Körperverletzung oder einem mehr als alterssprechenden Kräfteverfall voraussichtlich auf Dauer für bestimmte, im Tagesverlauf gewöhnliche und regelmäßig wiederkehrende Verrichtungen täglich der Hilfe einer anderen Person bedarf (§ 2 Abs. 4, 5 S. 2 BU/BUZ). Ist die versicherte Person eine bestimmte, unternehmensindividuell festzulegende Anzahl von Monaten ununterbrochen mindestens im Rahmen der Pflegestufe I in diesem Sinne pflegebedürftig gewesen (→ Rn. 60), wird die Fortdauer dieses Zustands als Berufsunfähigkeit infolge Pflegebedürftigkeit fingiert (§ 2 Abs. 5 S. 1 BU/BUZ). 59

Auf welche Verrichtungen des täglichen Lebens bei der Feststellung der Pflegebedürftigkeit abzustellen ist, regelt jeweils Abs. 6 (Fortbewegen im Zimmer, Aufstehen und Zubettgehen, An- und Auskleiden, Einnehmen von Mahlzeiten und Getränken etc), der diese Verrichtungen näher definiert und gleichzeitig in einem Punktesystem klassifiziert.[171] Eine Einteilung des Pflegefalls in die Pflegestufen I–III erfolgt nach der Anzahl der Punkte (§ 2 Abs. 7 BU/BUZ). Vorübergehende, dh nicht über einen unternehmensindividuell zu bestimmenden Zeitraum hinausgehende akute Erkrankungen führen zu keiner höheren, vorübergehende Besserungen des Gesundheitszustands zu keiner niedrigeren Einstufung (§ 2 Abs. 8 BU/BUZ). 60

Besteht eine solche spezifische „Berufsunfähigkeit infolge Pflegebedürftigkeit", ohne dass Berufsunfähigkeit iSd herkömmlichen Definition (§ 2 Abs. 1 S. 1, Abs. 2 BU/BUZ, → Rn. 50) vorliegt, zahlt der Versicherer je nach Pflegestufe einen bestimmten **Prozentsatz** der vereinbarten **Berufsunfähigkeitsrente**. Gleichzeitig wird der Versicherte von seiner Pflicht zur Beitragszahlung für die Berufsunfähigkeitsversicherung bzw. – in der Berufsunfähigkeitszusatzversicherung – für die Hauptversicherung und etwa eingeschlossene Zusatzversicherungen befreit (§ 1 Abs. 2 BU/BUZ). 61

II. Unfähigkeit zur Ausübung des zuletzt ausgeübten Berufs

1. Zuletzt ausgeübter Beruf. Unter „Beruf" iSd Berufsunfähigkeitsversicherung ist zunächst nach allgemeinem, auch in der Rspr. verwandtem Sprachgebrauch jede auf Dauer angelegte 62

---
[167] OLG Koblenz NJW-RR 2004, 30; OLG Saarbrücken VersR 2007, 235; OLG Celle VersR 2009, 914.
[168] OLG Saarbrücken VersR 2007, 235.
[169] Vgl. *Lücke* in Prölss/Martin BU § 2 Rn. 126.
[170] Näher *Neuhaus* Berufsunfähigkeitsversicherung Kap. 6 Rn. 31 ff.
[171] Näher *Lücke* in Prölss/Martin BU § 2 Rn. 126 ff.

(also nicht nur einmalige), der Schaffung oder Aufrechterhaltung einer Lebensgrundlage dienende, mithin auf Erwerb gerichtete Beschäftigung zu verstehen.[172] Der Kreis der von der Berufsunfähigkeitsversicherung umfassten Tätigkeiten ist weit gezogen und umfasst nicht nur die klassischen Berufsgruppen wie Arbeitnehmer, Unternehmer und Beamte, sondern bei entsprechender Vereinbarung (→ Rn. 58) auch nicht bezahlte, aber berufsähnliche Tätigkeiten wie etwa die einer Hausfrau oder eines Hausmanns (→ Rn. 99 f.).[173] Über die allgemeine Begriffsverwendung hinaus werden aber auch in Ausbildung befindliche und daher noch nicht zu Erwerbszwecken tätige Personen wie Schüler, Studenten, Referendare und Praktikanten von den Unternehmen versichert und auf diese Weise durch vertragliche Absprache Berufstätigen gleichgestellt (→ Rn. 104 ff.).[174]

63   Die **Ausübung eines Berufs** setzt dabei nicht voraus, dass eine Tätigkeit einem anerkannten Berufsbild entspricht oder gar mit einer gewissen werktäglichen Regelmäßigkeit verrichtet wird. Vielmehr liegt eine auf Erwerb gerichtete Beschäftigung auch dann vor, wenn sie nur in Teilzeit oder sogar nur hin und wieder, in zeitlichen Abständen oder sogar nur mit einer Stunde täglich ausgeübt wird.[175] Der Versicherte kann auch neue Berufe kreieren,[176] muss dann freilich spätestens im Versicherungsfall eine genaue Beschreibung der einzelnen Tätigkeiten beibringen, aus denen sich dieser Beruf zusammensetzt.[177] Die Versicherung einer Tätigkeit, die „zumindest zu 90 % als Schreibtischtätigkeit" ausgeübt wird („Schreibtischklausel"), ist mangels Transparenz unwirksam gemäß § 307 Abs. 1 S. 2 BGB.[178] Wer seine frühere Berufstätigkeit krankheitsbedingt abwickelt, übt damit in Ermangelung einer auf Dauer gerichteten Tätigkeit keinen neuen Beruf aus.[179] Auch rechtswidrige Tätigkeit ist kein Beruf (Schwarzarbeit).[180] Welchen Beruf ein Versicherter ausübt, der parallel zu der bislang ausgeübten Tätigkeit Vorbereitungen zu einem Wechsel trifft, ist eine Frage des Einzelfalls.[181]

64   **Referenzpunkt** für die Feststellung der Berufsunfähigkeit ist der **zuletzt ausgeübte Beruf**, „wie er ohne gesundheitliche Beeinträchtigung ausgestaltet war" (→ Rn. 74). Ist allerdings einem Arbeitnehmer ein bestimmter **Arbeitsplatz** von vornherein **nur befristet** zugewiesen worden, so kommt es für die Beurteilung einer kurz darauf eintretenden Berufsunfähigkeit nicht auf diese vorübergehende, sondern auf die vorausgehende „angestammte" Tätigkeit an.[182] Dem Gesetz liegt eine **dynamische Betrachtungsweise** zugrunde: Maßgebend ist nicht das allgemeine Berufsbild[183] oder die Berufsbezeichnung in Versicherungsantrag oder Versicherungsschein[184] oder die de facto verrichtete Tätigkeit des Versicherten zum Zeitpunkt des Vertragsschlusses, sondern allein, welchen Beruf der Versicherte **bei** dem von ihm behaupteten **Eintritt der Berufsunfähigkeit** (→ Rn. 49) ausgeübt hat, und zwar auch dann, wenn ihm zwischenzeitlich gekündigt worden ist.[185] Eine berufliche Veränderung zwischen Vertragsschluss und Eintritt des Versicherungsfalles wird demnach in den Versicherungsschutz mit einbezogen und stellt auch (vorbehaltlich einer abweichenden Individualvereinbarung) nicht etwa eine vertragsrelevante Gefahrerhöhung dar.[186] Entscheidend ist der zum maßgebenden Zeitpunkt bestehende berufliche Status des Versicherten (aber → Rn. 68 ff.), nicht dagegen eine geplante oder zukünftige, vielleicht bereits durch Abschluss eines Arbeitsvertrages näher ins Auge gefasste Tätigkeit, denn die Berufsunfähigkeitsversicherung ist keine „Karriere"-Versicherung, die das Risiko mit abdeckt, eine finanziell oder sozial bessere Stellung aus gesundheitlichen Gründen in Zukunft nicht erreichen zu können.[187] Andererseits kommt es auch nicht darauf an, zu welchem Zeitpunkt die Leistungen aus der Versicherung beansprucht werden. Dass der Versicherte zwischen dem von ihm behaupteten Zeitpunkt des Eintritts von Berufsunfähigkeit und dem Zeitpunkt der Geltendmachung seines Anspruchs eine andere Berufstätigkeit aufgenommen

---

[172] Vgl. etwa BVerfGE 97, 228 (252 ff.) = NJW 1998, 1627 f.; BVerfGE 7, 377 (397) = NJW 1958, 1035; BVerfGE 54, 301 (313) = NJW 1981, 33.
[173] *Rixecker* in Beckmann/Matusche-Beckmann VersR-HdB § 46 Rn. 14.
[174] *Neuhaus* Berufsunfähigkeitsversicherung Kap. 5 Rn. 183 ff.
[175] OLG Saarbrücken OLGR 2004, 263; OLG Köln VersR 2008, 950.
[176] *Rixecker* in Beckmann/Matusche-Beckmann VersR-HdB § 46 Rn. 14.
[177] OLG Saarbrücken OLGR 2004, 263.
[178] BGH VersR 2017, 538.
[179] OLG Hamm VersR 2007, 384.
[180] LG Bonn VersR 1997, 439.
[181] Vgl. BGH VersR 2019, 868.
[182] OLG Saarbrücken VersR 2021, 1481.
[183] BGH VersR 1996, 830.
[184] BGH VersR 1994, 587; 1996, 830; OLG Hamm VersR 1994, 417; OLG Brandenburg BeckRS 35289.
[185] OLG Hamm VersR 2009, 818.
[186] OLG Saarbrücken VersR 2004, 1401.
[187] OLG Köln VersR 2008, 950; OLG Hamm r+s 1990, 355.

hat, ist daher für die Ermittlung des zuletzt ausgeübten Berufs ohne Belang (aber → Rn. 72) und allenfalls im Rahmen einer Verweisungsprüfung (→ Rn. 141 ff.) von Bedeutung.[188]

2. Rechtsfragen bei Berufswechsel. Der Grundsatz, dass bei der Feststellung von Berufsunfähigkeit von dem bei Eintritt des Versicherungsfalls ausgeübten Beruf auszugehen ist, bedarf allerdings im Falle eines **Berufswechsels** für verschiedene Situationen einer **Präzisierung** bzw. **Modifizierung**. Dabei ist zu unterscheiden, ob der Versicherte seine berufliche Tätigkeit vor (→ Rn. 66–71) oder nach Eintritt der Berufsunfähigkeit (→ Rn. 72) geändert hat. 65

a) Berufswechsel ohne gesundheitliche Ursache vor Eintritt des Versicherungsfalles. Hat der Versicherte **vor Eintritt** der von ihm behaupteten **Berufsunfähigkeit** einen **Berufswechsel** vorgenommen, **ohne** dass **gesundheitliche Umstände** dafür ursächlich waren, so bleibt es bei dem Grundsatz, dass der neu gewählte Beruf als der zuletzt ausgeübte Beruf iSd Abs. 2 anzusehen ist (→ Rn. 64). Berufsunfähigkeit liegt daher in diesem Fall nicht vor, wenn der Versicherte aus gesundheitlichen Gründen zwar nicht mehr zur Ausübung des aufgegebenen, wohl aber gesundheitlich zur Ausübung des neu gewählten Berufes noch in der Lage ist.[189] Dies gilt auch dann, wenn sich der Versicherte aus anderen als gesundheitlichen Gründen dem neuen Beruf nicht gewachsen zeigt; denn dass ein Berufswechsel aus freien (dh nicht gesundheitsbedingten) Stücken Nachteile mit sich bringt, fällt allein in die Risikosphäre des Versicherten.[190] Die mit einer geringfügigen Tätigkeit verbundene Inanspruchnahme von Elternzeit stellt allerdings keinen Berufswechsel dar.[191] 66

Nach vollzogenem Berufswechsel ist vielmehr darauf abzustellen, ob der Versicherte durch gesundheitliche Umstände an der **Ausübung des neuen Berufes dauerhaft gehindert** wird. Ist das der Fall, wird er (vorbehaltlich etwaiger Verweisungsmöglichkeiten, → Rn. 141 ff.) auch dann berufsunfähig, wenn er in dem zuvor aufgegebenen Beruf durchaus hätte weiter tätig sein können. Das ist die Konsequenz des dynamischen Charakters der Berufsunfähigkeitsversicherung, deren Schutz auch einen Berufswechsel überdauert (→ Rn. 64). Uneinigkeit besteht allenfalls darüber, ob bereits die Aufnahme der neuen Berufstätigkeit alsbald eine versicherungsrechtliche Neuorientierung an den Erfordernissen des neuen Berufes auslöst[192] oder ob dies davon abhängig gemacht werden sollte, dass die neue Tätigkeit schon eine die Lebensstellung prägende Wirkung entfaltet hat (was idR eine Tätigkeit von sechs Monaten voraussetzen soll).[193] In Übereinstimmung mit dem Gesetzeswortlaut und aus Gründen der Rechtssicherheit ist der ersten Auffassung beizupflichten. Andernfalls würde dem Versicherten für den nicht präzise zu bestimmenden Zeitraum der „Prägung" eine Berufung auf den sich aus der neuen Tätigkeit ergebenden Status versagt. Im Übrigen liegt Berufsunfähigkeit allerdings nicht vor, wenn der Versicherte von seinem Arbeitgeber lediglich vorübergehend mit bestimmten Tätigkeiten betraut wird oder nur Gelegenheitsarbeiten übernimmt,[194] ebenfalls dann nicht, wenn ein selbständiger Unternehmer seinen Betrieb krankheitsbedingt einstellt, diesen jedoch trotz Erkrankung noch für die Dauer mehrere Monate abwickelt. Denn die notgedrungen erfolgende Abwicklung ist keine Tätigkeit, mit der ein Versicherter seine bisherige Lebensstellung aufrechterhalten könnte.[195] Wird der Versicherte berufsunfähig nach Aufgabe der alten, aber vor Antritt der neuen Tätigkeit, ist auf den aufgegebenen Beruf abzustellen.[196] 67

b) Leidensbedingter Berufswechsel vor Eintritt des Versicherungsfalles. Ist der Versicherte aufgrund von Erkrankungen oder wegen eines Abfalls der körperlichen oder geistigen Leistungsfähigkeit **vor Eintritt der Berufsunfähigkeit** (→ Rn. 49) freiwillig, aber „**leidensbedingt**" (und nicht etwa aus anderen Gründen) in einen anderen, seiner bisherigen Lebensstellung nicht mehr entsprechenden und im Zweifel schlechter bezahlten **Beruf gewechselt** und wird er danach aufgrund einer Verschlimmerung der bereits zuvor bestehenden gesundheitlichen Probleme voraussichtlich auf Dauer auch an der weiteren Ausübung des neuen, „leidensgerechteren" Berufes gehindert, so wäre nach dem Wortlaut des Abs. 2 auf diese zuletzt ausgeübte Tätigkeit abzustellen. Damit würde aber ein Versicherter benachteiligt, der versucht hatte, sich – durchaus im Interesse des Versicherers – einem frühzeitigen Eintritt von Berufsunfähigkeit durch Aufnahme einer anderen Tätigkeit entgegenzusteuern. Nach allgemeiner Auffassung soll dieser überobligationsmäßige Einsatz des Versicherten in der Weise mit einem „**Berufsschutz**" honoriert werden, dass die Leistungen 68

---

[188] BGH VersR 2000, 349.
[189] Vgl. auch OLG Saarbrücken VersR 2014, 1114.
[190] BGH VersR 1995, 159.
[191] OLG Saarbrücken VersR 2015, 226.
[192] *Rixecker* in Beckmann/Matusche-Beckmann VersR-HdB § 46 Rn. 22.
[193] *Neuhaus* Berufsunfähigkeitsversicherung Kap. 5 Rn. 69.
[194] *Neuhaus* Berufsunfähigkeitsversicherung Kap. 5 Rn. 35.
[195] OLG Hamm VersR 2007, 384.
[196] OLG Hamm r+s 1990, 355.

des Versicherers bei Eintritt einer Unfähigkeit zur Ausübung des neuen Berufs sich gleichwohl an dem früher ausgeübten (also vorletzten) Beruf orientieren.[197] Die bislang hM will diesen Schutz allerdings nicht auf Dauer gewähren, weil der Versicherte mit fortschreitendem Zeitablauf in dem Maße die Verantwortung für seine freiwillig getroffene und zur Aufnahme einer anderen Tätigkeit führende Entscheidung und ihre Risiken übernehmen müsse, wie seine Lebensstellung durch den neuen Beruf geprägt werde. Dazu sei jeweils nach den Umständen des Einzelfalls festzustellen, inwieweit sich die Lebensstellung des Versicherten inzwischen von dem sozialen Status gelöst habe, der durch den ursprünglich früheren Beruf vermittelt worden war.[198]

69 Demgegenüber hat sich der BGH[199] auf den Standpunkt gestellt, dass bei einem ausschließlich leidensbedingten Berufswechsel vor Eintritt des Versicherungsfalls weiterhin und **ohne zeitliche Beschränkung** auf den vor diesem Wechsel ausgeübten Beruf abzustellen sei. Nach dem Verständnis eines durchschnittlichen Versicherungsnehmers trete bedingungsgemäße Berufsunfähigkeit ein, wenn die „in gesunden Tagen" bestehende berufliche Leistungsfähigkeit eingeschränkt werde. Dass dieser Versicherungsschutz einer zeitlichen Grenze unterliegen könnte, sei den Vertragsbedingungen (im konkreten Fall) nicht zu entnehmen. Das Gericht gelangt zu diesem Ergebnis durch eine Auslegung der einschlägigen AVB-Klauseln (vgl. § 2 Abs. 1 S. 1 BU/BUZ). Die Interpretation gilt aber ebenso und sogar primär für das Verständnis des § 172 Abs. 2 („zuletzt ausgeübter Beruf"), dessen Inhalt die Versicherungsbedingungen in diesem Punkt lediglich wiedergeben. Dem lässt sich nicht entgegenhalten, der Versicherte selbst gehe nach einer gewissen zeitlichen Verfestigung seiner durch den Tätigkeitswechsel geschaffenen neuen Lebenssituation davon aus, dass die leidensbedingt aufgenommene auch die versicherte Tätigkeit sei,[200] weil dieser sich damit lediglich in einem – für ihn nachteiligen – Irrtum über den Gesetzesinhalt befindet.

70 Entsprechendes gilt für die Anwendung der **Verweisungsregeln.** Tritt Berufsunfähigkeit ein, nachdem der Versicherte seinen früheren Beruf leidensbedingt zugunsten einer anderen Tätigkeit aufgegeben hatte, kann er auf der Grundlage einer abstrakten Verweisung (→ Rn. 141) nur auf solche Tätigkeiten verwiesen werden, die derjenigen Lebensstellung entsprechen, welche er während seiner ursprünglichen Tätigkeit innehatte. Erfolgt die Aufnahme der neuen Tätigkeit im Rahmen einer konkreten Verweisung (→ Rn. 142), lässt die Aufgabe dieser Tätigkeit die Leistungspflicht des Versicherers neu aufleben, wenn der Versicherte zu diesem Zeitpunkt den ursprünglichen Beruf weiterhin gesundheitsbedingt nicht mehr ausüben kann. Die zeitweilige Ausübung einer Vergleichstätigkeit führt also nicht dazu, dass etwa das an dem ursprünglichen Beruf orientierte Leistungsniveau abgesenkt wird.[201] Dabei kommt es nicht darauf an, ob die Verweisungstätigkeit aus gesundheitlichen oder anderen, etwa wirtschaftlichen Gründen aufgegeben wurde (→ Rn. 178).[202]

71 **c) Leidensbedingter Berufswechsel vor Eintritt eines auf eigenständigen Ursachen beruhenden Versicherungsfalles.** Haben in der Fallgruppe b) (→ Rn. 68 ff.) zum Eintritt von Berufsunfähigkeit in dem neuen Beruf nicht gesundheitliche Beeinträchtigungen geführt, die auch ursächlich waren für die Aufgabe des früheren Berufs oder die zumindest mit diesen in einem medizinischen Zusammenhang stehen, sondern ist der Versicherungsfall im Hinblick auf den jetzt ausgeübten Beruf durch den **nachträglichen Eintritt völlig eigenständiger Ursachen** ausgelöst worden, so fehlt es an einem Zurechnungszusammenhang zwischen der früheren Berufstätigkeit, ihrer Ausübung und Aufgabe einerseits und dem Eintritt von Berufsunfähigkeit in dem neuen Beruf andererseits.[203] Das gilt erst recht, wenn es sich um gesundheitliche Einschränkungen handelt, in denen sich ein Risiko nur der neu übernommenen Tätigkeit verwirklicht hat (Bsp.: Der jetzt als Kurier tätige frühere Maurer kann gerade aufgrund eines Verkehrsunfalls seine Maurertätigkeit nicht mehr ausüben.[204]) In diesen Fällen ist zu prüfen, ob die aus der früheren Berufstätigkeit „mitgebrachten" Krankheiten und Gebrechen für sich betrachtet eine Unfähigkeit zur Ausübung des neuen Berufes (bzw. eines Verweisungsberufes) begründet oder wenigstens mit verursacht haben.[205] Ist beides nicht der Fall – die Berufsunfähigkeit also allein auf die nachträglich eintretenden selbständigen

---

[197] *Richter* VersR 1988, 1207 (1208); *Lücke* in Prölss/Martin, VVG § 172 Rn. 62; *Rixecker* in Beckmann/Matusche-Beckmann VersR-HdB § 46 Rn. 20; *Neuhaus* Berufsunfähigkeitsversicherung Kap. 5 Rn. 77 ff.
[198] OLG Saarbrücken VersR 2014, 1194 (Verfestigung in fachlicher, wirtschaftlicher und sozialer Hinsicht); *Rixecker* in Beckmann/Matusche-Beckmann VersR-HdB § 46 Rn. 19; ebenso Voraufl.
[199] BGH VersR 2017, 216; differenzierend *Neuhaus* Berufsunfähigkeitsversicherung Kap. 5 Rn. 77 ff.; distanziert auch *Mertens* in HK-VVG § 172 Rn. 22.
[200] *Neuhaus* Berufsunfähigkeitsversicherung Kap. 5 Rn. 77 ff.
[201] BGH VersR 2017, 216.
[202] BGH VersR 2017, 216.
[203] *Richter* VersR 1988, 1207 (1208).
[204] *Richter* VersR 1988, 1207 (1208).
[205] *Rixecker* in Beckmann/Matusche-Beckmann VersR-HdB § 46 Rn. 20 f.

Ursachen zurückzuführen – so müssen die Rechtsfolgen der Berufsunfähigkeit sich an dem neuen Beruf orientieren.

d) Eintritt des Versicherungsfalles vor Berufswechsel. War der **Versicherungsfall** bereits **vor** einer (leidensbedingten) **Aufgabe des alten** und Aufnahme eines neuen **Berufes eingetreten,** so ist gem. Abs. 2 und entsprechend dem zu → Rn. 64 Gesagten die früher ausgeübte und nicht die später aufgenommene Tätigkeit ausschlaggebend. Voraussetzung ist dann freilich nicht nur, dass die Ausübung des zuvor ausgeübten Berufes nicht mehr möglich war, sondern auch, dass – bei vereinbarter Verweisungsklausel (→ Rn. 141) – keine Verweisungsmöglichkeit bestand und insbes. der neue Beruf nicht etwa von einer solchen Verweisungsklausel umfasst wird. Allerdings wird die Auffassung vertreten, dass sich in einem solchen Fall ein bereits bei Berufswechsel bestehender Leistungsanspruch dann nicht mehr nach dem aufgegebenen, sondern nach dem neuen Beruf zu richten habe, wenn dieser Anspruch zum Zeitpunkt der späteren Geltendmachung bereits verjährt gewesen oder die Voraussetzungen der Berufsunfähigkeit im Hinblick auf den früheren Beruf beweisfällig geblieben sei.[206] Indessen ist die Frage hier anders zu stellen: Bestand bereits vor dem Berufswechsel ein Leistungsanspruch wegen Unfähigkeit zur Ausübung des früheren Berufes, so war es Sache des Versicherten, sich den ihm obliegenden Nachweis der Berufsunfähigkeit (→ Rn. 263 ff.) nicht selbst durch Zuwarten zu erschweren. Ist der Anspruch sogar verjährt, kann der Versicherer sich nach allgemeinen Regeln selbstverständlich darauf berufen, so dass er *überhaupt keine* (auch nicht eine etwa nur geringere, weil an den Maßstäben des neuen Berufes ausgerichtete) Leistung erbringen muss. Dies schließt bei fortbestehendem Versicherungsvertrag aber nicht aus, dass der Versicherte auch in seinem neuen Beruf berufsunfähig wird oder geworden ist und *deswegen* insoweit Leistungen beanspruchen kann.

3. Unfähigkeit zur weiteren Berufsausübung. a) Allgemeine Grundsätze. Der Versicherte ist zu einer weiteren Berufsausübung unfähig, wenn er diejenigen **konkreten Verrichtungen** (in einem vertragsrelevanten Ausmaß) voraussichtlich nicht mehr vornehmen kann, welche seine Berufstätigkeit in ihrer vor Eintritt der gesundheitlichen Beeinträchtigung gegebenen Ausgestaltung bestimmt haben.[207] Die Berufsunfähigkeit kann auch darauf beruhen, dass die weitere Ausübung des derzeitigen Berufs für den Versicherten oder Dritte unzumutbare Risiken mit sich bringen würde.[208] Der Versicherte muss substantiiert vortragen und erforderlichenfalls beweisen, wie sich seine gesundheitliche Situation auf die Berufsausübung konkret ausgewirkt hat. Zu diesem Zweck muss er eine genaue Arbeitsbeschreibung vorlegen und nachvollziehbar darlegen, wie sein Arbeitsplatz tatsächlich beschaffen war, welche Anforderungen er an ihn stellte und welche Tätigkeiten nach Art, Umfang und Häufigkeit davon umfasst wurden. Die Angabe von Berufstyp und Arbeitszeit allein genügt dazu nicht.[209] Bei unzureichendem Vortrag in diesem Punkt ist die Klage als unschlüssig abzuweisen.[210] Von einer derart detaillierten Darlegung kann allenfalls dann abgesehen werden, wenn die gesundheitlichen Einschränkungen den Versicherten an jeglicher Tätigkeit in seinen bisherigen Berufsfeldern hindern, so etwa, wenn ein bislang freiberuflich tätiger Unternehmensberater und Manager infolge eines Herzinfarkts keinerlei Aufgaben in diesen Bereichen mehr wahrnehmen kann.[211] Umfasst die Berufstätigkeit mehrere Verrichtungen mit zeitlich und qualitativ unterschiedlichem Gewicht, kommt es darauf an, ob der Versicherte seine Arbeit mit den sie prägenden Merkmalen noch in einem größeren als dem als Leistungsvoraussetzung vereinbarten Grad von Berufsfähigkeit wahrnehmen kann (näher → Rn. 112).[212]

Ob Berufsunfähigkeit (in dem vertraglich festgelegten Ausmaß) vorliegt, muss durch einen **Vergleich** des Gesundheitszustands zum Zeitpunkt ihres behaupteten Eintritts mit demjenigen **Zustand** ermittelt werden, wie er „ohne gesundheitliche Beeinträchtigung", dh also **„in gesunden Tagen"** bestand.[213] Dabei kommt es nicht darauf an, ob die bedingungsgemäße Berufsunfähigkeit mit einem Schlag eingetreten ist oder sich langsam fortschreitend entwickelt hat.[214] Im letzten Fall kann sich der Vergleich daher nicht an einem Zustand orientieren, wie er nach einem gesundheitsbedingt fortlaufend abgesunkenen Leistungsniveau des Versicherten besteht. Da die Leistungsfähigkeit

---

[206] *Richter* VersR 1988, 1207 (1208); krit. *Rixecker* in Beckmann/Matusche-Beckmann VersR-HdB § 46 Rn. 19.
[207] BGH VersR 1993, 1470; 1996, 830; 2003, 631; OLG Stuttgart VersR 2016, 1488.
[208] OLG Koblenz VersR 2012, 85 (epileptische Anfälle eines Schreiners).
[209] BGHZ 119, 263 (266) = VersR 1992, 1386; BGH VersR 1996, 1090; 2005, 676; OLG Koblenz VersR 2004, 989; VersR 2008, 669.
[210] *Lücke* in Prölss/Martin VVG § 172 Rn. 55.
[211] OLG Düsseldorf VersR 2004, 988.
[212] OLG Saarbrücken VersR 2018, 540.
[213] BGH VersR 2017, 216; OLG Saarbrücken VersR 2020, 678 u. VersR 2022, 28.
[214] BGH VersR 1993, 1470; 2003, 631.

idR nicht schlagartig, sondern alters- oder krankheitsbedingt allmählich reduziert wird, würde dann häufig Berufsunfähigkeit nicht eintreten, obwohl die gesundheitliche Beeinträchtigung des Versicherten – verglichen mit seiner Leistungsfähigkeit in gesunden Tagen – den vereinbarten Grad der Berufsunfähigkeit längst erreicht hat. Damit würde der Versicherungsschutz entwertet.[215] Hatte sich der Versicherte allerdings bereits vor Eintritt der Berufsunfähigkeit – also noch „in gesunden Tagen" – von bestimmten Tätigkeiten entlastet, kann eine nachträglich eingetretene Unfähigkeit zur Vornahme ebendieser Tätigkeiten nicht zur Berufsunfähigkeit führen.[216]

75 Berufsunfähigkeit setzt nicht voraus, dass der Versicherte eine Einkommenseinbuße erleidet[217] oder seinen **Beruf aufgibt**, sondern nur, dass ihm eine Fortsetzung seiner Tätigkeit aus Gesundheitsgründen vernünftigerweise und iRd Zumutbaren nicht mehr möglich ist.[218] Einem Gastwirt kann zB bei langjähriger Alkoholabhängigkeit die Fortführung seines Berufes wegen des damit verbundenen Gefährdungspotentials unzumutbar sein.[219] Übt der Versicherte seine bisherige Tätigkeit trotz behaupteter bedingungsgemäßer Berufsunfähigkeit (ggf. über den vertraglich festgelegten Grad hinaus) aus, so ändert dies nichts an einem Eintritt von Berufsunfähigkeit, wenn die Fortsetzung der Tätigkeit im Verhältnis zum Versicherer **überobligationsmäßig** erfolgt.[220] Das ist insbes. dann der Fall, wenn der Versicherte Raubbau an seiner Gesundheit betreibt, dh bei Fortdauer der Berufstätigkeit die rational begründbare Gefahr besteht, dass der Gesundheitszustand sich verschlechtern[221] oder eine medikamentöse Behandlung zu weiteren Gesundheitsschäden zu führen droht.;[222] Berufsunfähigkeit besteht dagegen nicht, wenn für den Eintritt weiterer Gesundheitsschäden ein bloß theoretisches Risiko besteht[223] oder ein solcher Eintritt völlig offen ist.[224] Allerdings liegt in der faktischen Ausübung des Berufs ein Indiz, das gegen den Eintritt von Berufsunfähigkeit spricht und durch eine überzeugende Darlegung entkräftet werden muss.[225] Ob und von welchem Punkt an die Bewältigung von Zeit zu Zeit auftretender Belastungsspitzen allgemein als überobligationsmäßige Kraftanstrengung angesehen werden kann, hängt von den Umständen des Einzelfalls ab. Die Beweislast für das Vorliegen unzumutbarkeitsbegründender Umstände trägt der Versicherungsnehmer.[226]

76 Auch **andere Umstände** können die Fortsetzung der Berufstätigkeit als überobligationsmäßig erscheinen lassen, so etwa, wenn der Versicherte sich teure Arbeitsgeräte beschaffen[227] oder Hilfe oder Wohlwollen anderer Personen in Anspruch nehmen muss[228] oder wenn er zur Schaffung einer Umorganisationsmöglichkeit (→ Rn. 79, 81) durch Kapitaleinsatz sein Unternehmen erweitern müsste.[229]

77 Bei der Entscheidung darüber, ob die Fortsetzung der Berufstätigkeit auf überobligationsmäßigen Anstrengungen beruht, kommt es auf eine **Gesamtbetrachtung** an. Während es bei gesundheitlichem Raubbau idR schon ausreicht, dass gesundheitliche Schäden eingetreten oder ernsthaft zu befürchten sind, kann sich darüber hinaus auch aus dem Zusammenwirken mehrerer anderer Faktoren, von denen jeder für sich noch nicht zur Unzumutbarkeit führen würde, in der Gesamtschau eine solche Unzumutbarkeit ergeben.[230]

78 Berufsunfähigkeit liegt nicht vor, wenn sich arbeitsbedingte Gesundheitsbeeinträchtigungen durch einfache und **zumutbare Hilfsmittel** (Schulbeispiel: Brille, Kontaktlinsen, Hörgerät) oder **Schutzmaßnahmen** vermeiden lassen. So kann etwa von dem Inhaber einer Lackiererei erwartet werden, dass er allergische Reaktionen durch Benutzung von Schutzhandschuhen verhindert, soweit deren Gebrauch die Qualität seiner Arbeit nicht beeinträchtigt,[231] oder von einem Koch, dass er Schutzhandschuhe trägt.[232] Dagegen kann einem selbständigen Landwirt das mehrstündige Tragen

---

[215] *Höra* in MAH VersR § 26 Rn. 73 f.
[216] BGH VersR 2003, 631.
[217] *Lücke* in Prölss/Martin VVG § 172 Rn. 49.
[218] BGH VersR 2012, 1547; OLG Koblenz r+s 2000, 301.
[219] OLG München VersR 2007, 1686.
[220] Vgl. auch zum Folgenden BGH VersR 2001, 89.
[221] BGH VersR 2012, 1547; VersR 1995, 159; OLG Karlsruhe VersR 1983, 281; OLG Frankfurt a. M. VersR 2003, 230; OLG Hamm VersR 2018, 1241.
[222] BGH VersR 1991, 450; OLG Saarbrücken VersR 2004, 1165; vgl. auch BGH VersR 2012, 1547.
[223] OLG Saarbrücken VersR 2011, 1166 (Blutungsgefahr bei Marcumar-Einnahme).
[224] BGH VersR 2001, 89.
[225] OLG Köln r+s 1987, 296.
[226] BGH VersR 2012, 1547.
[227] *Höra* in MAH VersR § 26 Rn. 165.
[228] OLG Karlsruhe VersR 1983, 281; OLG Oldenburg VersR 1996, 1485; einschränkend *Rixecker* in Beckmann/Matusche-Beckmann VersR-HdB § 46 Rn. 86.
[229] BGH VersR 1999, 958.
[230] BGH VersR 2001, 89.
[231] OLG Hamm r+s 1991, 178.
[232] OLG Saarbrücken VersR 2016, 1103.

einer speziellen, mit Zusatzgeräten 1,5–2 kg wiegenden Schutzmaske (Autoflow-Set)[233] oder dem Inhaber einer Pizzeria das Tragen einer Allergien fernhaltenden Staubmaske im Theken- und Servicebereich[234] nicht zugemutet werden.

b) Selbständig, insbes. unternehmerisch Tätige. Die Berufsunfähigkeit eines selbständig, insbes. unternehmerisch tätigen Versicherten ist im Ausgangspunkt anhand der in Abs. 2 (→ Rn. 73 ff.) angeführten Kriterien festzustellen.[235] Entscheidend ist also, ob er diejenigen konkreten Verrichtungen in dem vertraglich festgelegten Umfang weiterhin ausführen kann, die für seine Berufstätigkeit vor Eintritt der gesundheitlichen Beeinträchtigungen prägend waren.[236] Allerdings ist die berufliche Tätigkeit dieses Personenkreises dadurch charakterisiert, dass der (mitarbeitende) Betriebsinhaber nicht nur ein **bestimmtes betriebliches Arbeitsfeld** durch **eigene Tätigkeit** ausfüllt, sondern ihm daneben – und vor allem – aufgrund seiner **Organisationsgewalt** und insbes. seines Direktionsrechts gegenüber seinen Mitarbeitern die Möglichkeit eröffnet ist, die im Betrieb erforderlichen **Tätigkeiten** einschließlich seiner eigenen **neu zu organisieren**.[237] Seinen „Beruf" – nämlich die Leitung des Betriebes unter eigener Mitarbeit – übt ein solcher Versicherter daher auch dann noch aus, wenn er zwar eine von ihm bis dahin selbst vorgenommene Tätigkeit gesundheitsbedingt nicht mehr ausführen kann, durch Umverteilung der anfallenden Arbeiten aber eine andere betriebliche Tätigkeit ohne gesundheitliche Einschränkungen in dem erforderlichen Umfang wahrzunehmen vermag. Berufsunfähigkeit liegt daher in einem solchen Fall nur dann vor, wenn dem selbständig Tätigen auch eine zumutbare Umorganisation seines Betriebes nicht oder nur in einem solchen Maße möglich ist, dass seine Mitarbeit hinter dem vertraglich vereinbarten Grad beruflicher Tätigkeit zurückbleibt.[238] Ist dies der Fall, tritt Berufsunfähigkeit allerdings auch dann ein, wenn der Betrieb selbst ohne Mitarbeit des Inhabers und ohne Umorganisation weiterhin floriert.[239] Zur **Darlegungs- und Beweislast** → Rn. 265. 79

Einem Betriebsinhaber ist ein Versicherter gleich zu stellen, der **faktisch** einen **Betrieb leitet** und aufgrund seines Direktionsrechts auf die Organisation Einfluss nehmen kann. *Beispiele:* im elterlichen Betrieb arbeitender Bäckermeister,[240] Prokurist einer von seiner Ehefrau als Geschäftsführerin und Alleingesellschafterin geführten GmbH,[241] alleinvertretungsberechtigter Gesellschafter einer BGB-Gesellschaft, der faktisch wie ein Betriebsinhaber tätig ist.[242] 80

Bei der **Umorganisation** handelt es sich **nicht** um eine **Verweisung** auf andere Tätigkeiten iSd Abs. 3 bzw. der § 2 Abs. 1 S. 1 BU/BUZ (→ Rn. 141 ff.). Die Frage nach einer möglichen Verweisung stellt sich vielmehr erst dann, wenn der Betriebsinhaber trotz möglicher und zumutbarer Umorganisation seines Betriebes nicht mehr in einem Umfang mitarbeiten kann, der über dem vereinbarten Grad von Berufsunfähigkeit liegt.[243] Um dies festzustellen, ist eine spezifische **Gesamtbetrachtung** erforderlich,[244] bei welcher organisatorische (→ Rn. 82 ff.), finanzielle (→ Rn. 85) und soziale Aspekte (→ Rn. 86) zu berücksichtigen sind. Stellt sich nach einer (zumutbaren) Umorganisation heraus, dass der Betrieb aus Gründen, die nicht auf die angeschlagene Gesundheit des Versicherten zurückzuführen sind, nicht erfolgreich fortgeführt werden kann, besteht keine Leistungspflicht des Versicherers, weil das Risiko des Arbeitsplatzverlustes aus wirtschaftlichen Gründen von der Berufsunfähigkeitsversicherung nicht erfasst wird (→ Rn. 154).[245] 81

Von dem Betriebsinhaber kann grds. erwartet werden, dass er zwecks Vermeidung eigener Berufsunfähigkeit eine **Neuverteilung der Aufgaben** und **Umgestaltung der Betriebsabläufe** vornimmt.[246] Ist bspw. der Inhaber einer Kfz-Lackierwerkstatt gegen Lacke und Lösungsmittel in einem Maße allergisch, das zu einer Berufsaufgabe führen müsste, so liegt gleichwohl keine Berufsunfähigkeit 82

---

[233] OLG Oldenburg r+s 1997, 127.
[234] OLG Frankfurt a. M. VersR 2003, 230.
[235] Näher *Hollenborg*, Berufsunfähigkeit Selbständiger im Rahmen der Berufsunfähigkeitsversicherung, 2009, S. 23 ff.
[236] OLG Dresden VersR 2000, 1222.
[237] BGH VersR 1991, 1358; 1994, 205; 1996, 1090; OLG Hamm VersR 2011, 384.
[238] BGH VersR 1991, 1386; 1996, 1090; OLG Düsseldorf VersR 1991, 1359; OLG Köln r+s 1992, 248; r+s 1994, 35; OLG Karlsruhe VersR 1992, 1075; OLG Dresden VersR 2000, 1222; OLG Frankfurt a. M. r+s 2002, 82.
[239] OLG Karlsruhe VersR 1995, 86.
[240] OLG Koblenz r+s 2000, 301.
[241] OLG Koblenz VersR 2002, 344.
[242] OLG Hamm r+s 2003, 377.
[243] BGH VersR 1996, 1090.
[244] BGH VersR 1996, 1090; OLG Dresden VersR 2000, 1222 u. VersR 2022, 619.
[245] Vgl. OLG Hamm r+s 2003, 377.
[246] Vgl. etwa BGH VersR 1996, 1090; OLG Hamm VersR 2011, 384.

vor, wenn er durch eine Aufgabenumverteilung und Vermeidung von Kontakten mit Lacken und Lösungsmitteln allergische Reaktionen verhindern kann.[247] Ein an Höhenschwindel Leidender kann möglicherweise die handwerklichen Arbeiten seinen langjährig für ihn tätigen Arbeitnehmern überlassen und selbst kaufmännische, leitende und akquirierende Tätigkeiten übernehmen.[248] Allerdings sind eine Umorganisation des Betriebs und die Übernahme neuer Aufgaben durch den Versicherten von vornherein nur dann zumutbar, wenn er dadurch wieder einer mindestens halbschichtigen, auf dem Niveau eines Vergleichsberufs liegenden Tätigkeit nachgehen kann. Außerdem muss die Mehraufgaben des Betriebsinhabers nach sich ziehende Umschichtung der Arbeitsverteilung sinnvoll sein.[249]

83   Bei Ein-Person-Unternehmen ist eine Umorganisation von vorherein schwierig.[250] Die **Einstellung weiterer Mitarbeiter** kann (abgesehen von Aushilfs- und Teilzeitkräften im Einzelfall[251]) von dem Versicherten insbes. in Klein- oder Einmannbetrieben in Anbetracht der Kostenfolgen grds. nicht[252] und allenfalls insoweit erwartet werden, als er „Funktionsträger" austauscht, um selbst in andere Aufgabenbereiche wechseln zu können.[253] Dagegen ist eine Entlassung von Mitarbeitern nicht von vornherein unzumutbar.[254] Dies gilt aber nicht in Bezug auf den Ehepartner;[255] der Versicherte ist nach Treu und Glauben (§ 242 BGB) nicht gehalten, das Familieneinkommen durch eine Nichtinanspruchnahme des Versicherers zu reduzieren.

84   Eine wesentliche **Änderung des Betriebscharakters** kann von dem Versicherten nicht erwartet werden. Dies gilt bspw. für das Ansinnen an die in eigener Praxis tätige Masseurin und Krankengymnastin, ihre medizinische Einrichtung in eine der Freizeitgestaltung dienende Institution im Bereich von Körperpflege und Fitness umzuwandeln.[256] Auch eine Veräußerung oder Verpachtung ist keine Umorganisation, da dies die vollständige Aufgabe des Betriebes bedeuten würde.[257] Zum Erwerb eines anderen Unternehmens ist der Versicherte in der Regel nicht verpflichtet.[258]

85   In **finanzieller Hinsicht** erscheint eine Umorganisation dann unzumutbar, wenn sie auf Dauer mit spürbaren Einkommenseinbußen verbunden ist.[259] Wirtschaftlich unsinnige Maßnahmen dürfen dem Versicherten nicht angesonnen werden,[260] so bspw. hohe Investitionen, die sich angesichts des vorgerückten Alters des Betriebsinhabers nicht mehr amortisieren können.[261]

86   In **sozialer Hinsicht** kann der Versicherer keine Aufgabenumverteilung erwarten, die für den Betriebsinhaber lediglich zu einer „Verlegenheitsbeschäftigung" (etwa: Telefon- und Empfangsdienst,[262] Reinigungsarbeiten, Einkauf des Frühstücks für die Belegschaft) oder zur Vornahme von „Hilfsdiensten" führt.[263] Welche Tätigkeiten für einen Betriebsinhaber unangemessen und unzumutbar sind, hängt aber von der Art des Betriebes ab. Für den Inhaber einer Speisegaststätte soll die bloße Präsenz im Lokal, Aufsichtsführung, Begrüßen der Gäste wie auch der Einkauf von Lebensmittel keineswegs als „Verlegenheitsbeschäftigung" anzusehen sein.[264] Unzumutbar ist eine Umorganisation auch dann, wenn ein Ausfall des im Hinblick auf Kenntnisse und Fachwissen hoch spezialisierten Versicherten, durch welche der Betrieb sein Gepräge erhält, nicht durch andere Mitarbeiter ausgeglichen werden kann.[265]

87   Dass Berufsunfähigkeit bei selbständigen, insbes. unternehmerisch tätigen Versicherten nur eintritt, wenn eine betriebliche Umorganisation nicht möglich oder nicht zumutbar ist, ergibt sich bereits aus einer **historischen Interpretation** des Abs. 2, da die Gesetzesbegründung auf die Umorganisationsobliegenheit bei Unternehmern und Handwerkern ausdrücklich hinweist.[266] Die Frage,

---

[247] OLG Hamm r+s 1991, 178.
[248] OLG Köln VersR 1994, 1096.
[249] OLG Karlsruhe VersR 1995, 86.
[250] OLG Brandenburg BeckRS 2018, 35289.
[251] Vgl. OLG Köln r+s 1994, 35; OLG Celle VersR 1998, 441; vgl. aber auch OLG Düsseldorf r+s 1998, 478.
[252] Vgl. OLG Hamm VersR 1992, 1120; OLG Karlsruhe VersR 1995, 86; OLG Koblenz VersR 2002, 469; r+s 2015, 305; OLG Frankfurt a. M. r+s 2002, 82; OLG Saarbrücken VersR 2009, 99.
[253] OLG Karlsruhe VersR 1995, 86.
[254] OLG Hamm r+s 2006, 423.
[255] *Lücke* in Prölss/Martin VVG § 172 Rn. 71; anders OLG Frankfurt a.M. ZfS 2020, 161.
[256] OLG Karlsruhe VersR 1995, 86.
[257] OLG Karlsruhe VersR 1990, 608.
[258] OLG Karlsruhe VersR 2017, 474 (Erwerb eines Busunternehmens durch einen Transportunternehmer).
[259] BGH VersR 1989, 579; 1996, 1090; 2003, 631; OLG Karlsruhe VersR 1992, 1075; VersR 1995, 86; OLG Frankfurt a. M. r+s 2002, 82.
[260] OLG Karlsruhe VersR 1995, 86.
[261] OLG Frankfurt a. M. r+s 2002, 82; vgl. auch BGH VersR 1999, 958.
[262] OLG Dresden VersR 2022, 619.
[263] OLG Dresden VersR 2000, 1222; OLG Frankfurt a. M. r+s 2002, 82; KG VersR 2003, 491; OLG Saarbrücken VersR 2009, 99.
[264] OLG Hamm r+s 2006, 423.
[265] OLG Koblenz r+s 2004, 250.
[266] Begr. RegE, BT-Drs. 16/3945, 105.

ob AVB-Klauseln ohne Hinweis auf diese Obliegenheit einen Verstoß gegen das **Transparenzgebot** des § 307 Abs. 1 S. 2 BGB enthalten,[267] stellt sich damit nach Inkrafttreten des VVG-Reformgesetzes nicht mehr und ist zu verneinen.[268] Allerdings kann eine unzulängliche Beratung in diesem Punkt zu einem Schadensersatzanspruch nach § 6 Abs. 1, 5 führen.

c) **Beamte.** Bei der Berufsunfähigkeit von Beamten ist danach zu unterscheiden, ob ihr Vertrag eine sog. „**Beamtenklausel**" enthält oder nicht.[269] In einer solchen Klausel wird das Vorliegen von Berufsunfähigkeit typischerweise davon abhängig gemacht, dass ein Beamter vor Erreichen der gesetzlich vorgesehenen Altersgrenze aus Gesundheitsgründen wegen Dienstunfähigkeit entlassen oder pensioniert wird (Bsp.: „Als vollständige Berufsunfähigkeit gilt auch, wenn ein versicherter Beamter vor Erreichen der gesetzlichen Altersgrenze infolge seines Gesundheitszustandes wegen Dienstunfähigkeit aus dem öffentlichen Dienst entlassen oder in den Ruhestand versetzt wird"[270]). Beamtenklauseln müssen – wie alle anderen Berufsklauseln (→ Rn. 53 ff.) – ausdrücklich vereinbart werden. Dass der beamtete (geschweige denn der nicht beamtete) Antragsteller bei der Frage nach der beruflichen Stellung das Kästchen „Beamter" oder einen bestimmten Beruf („Gerichtsvollzieher") ankreuzt, reicht dazu nicht aus.[271] **88**

aa) **Verträge ohne „Beamtenklausel".** Bei Verträgen ohne „Beamtenklausel" ist nach allgemeinen Grundsätzen (→ Rn. 73 ff.) darauf abzustellen, ob der Beamte (vorbehaltlich der Ausübung eines Vergleichsberufs, → Rn. 141 ff.) aus gesundheitlichen Gründen außerstande ist, seine bisherige Erwerbstätigkeit in ihrer konkreten Ausgestaltung weiter auszuüben oder nicht.[272] Eine Versetzung in den Ruhestand allein erfüllt diese Voraussetzung nicht.[273] **89**

Allerdings ist weitergehend die Auffassung vertreten worden, dass Berufsunfähigkeit bei einem Lebenszeitbeamten ganz allgemein nicht bereits vorliegt, wenn er seine konkret ausgeübte Tätigkeit gesundheitsbedingt nicht fortsetzen kann, sondern erst dann, wenn eine **allgemeine Dienstunfähigkeit** besteht, dh auch eine statuswahrende Weiterverwendung in einen anderen gleichwertigen Amt oder sogar einer anderen Laufbahn durch den betreffenden Dienstherrn nicht in Frage kommt.[274] *Beispiel:* Ein im Feuerwehreinsatzdienst nicht mehr verwendbarer Oberbrandmeister wäre danach weiterhin berufsfähig (ohne dass es auf eine Verweisung iSd → Rn. 141 ff. ankäme), sofern er im Innendienst, etwa in einer Einsatzleitstelle, eingesetzt werden könnte. Der Versicherte trüge danach die Darlegungs- und Beweislast dafür, dass auch eine solche Weiterverwendung auf einem anderen Posten nicht möglich ist. Nach Inkrafttreten der VVG-Reform ist aber eine solche Interpretation der „Berufsunfähigkeit" des Beamten aber nicht mehr ohne weiteres vertretbar.[275] Abgesehen davon, dass damit dem Beamten letztlich wie einem Selbständigen (→ Rn. 79 ff.) die Obliegenheit zur Umorganisation seiner Tätigkeit aufgebürdet würde, obwohl die Entscheidung darüber nicht in seiner Macht steht,[276] müsste eine solche (den Versicherungsschutz deutlich entwertende) Abweichung von der in Abs. 2 enthaltenen gesetzlichen Definition in den konkreten Vertragsbedingungen klar und verständlich vereinbart werden. Ist eine Verweisungsklausel vereinbart, gelten die Ausführungen zu → Rn. 141 ff. **90**

bb) **Verträge mit „Beamtenklausel".** Enthält der Versicherungsvertrag eine „Beamtenklausel" wie etwa in → Rn. 88 zitiert, verzichtet der Versicherer sowohl auf die Durchführung einer eigenen Gesundheitsprüfung als auch auf die Möglichkeit einer (abstrakten und konkreten) Verweisung (→ Rn. 141 f.) und **knüpft** – auf der Grundlage einer unwiderleglichen Vermutung („gilt")[277] – seine **Einstandspflicht** an die vom **Dienstherrn getroffene Entscheidung** über die Dienstunfähigkeit. Der Versicherungsfall tritt dann mit Ablauf des Tages ein, an welchem die Entlassung oder der Versetzung in den Ruhestand wirksam wird, und nicht etwa bereits mit dem Erlass **91**

---

[267] Bejahend *Hollenborg*, Berufsunfähigkeit Selbständiger im Rahmen der Berufsunfähigkeitsversicherung, 2009, S. 131 ff.
[268] *Klenk* in Looschelders/Pohlmann VVG § 172 Rn. 29.
[269] Näher *Lensing* Der Personalrat 2006, 450.
[270] BGH VersR 1989, 903.
[271] BGH VersR 2001, 1502; OLG Düsseldorf r+s 2006, 339.
[272] BGH VersR 2007, 821; OLG Düsseldorf VersR 2001, 972; OLG Hamburg VersR 2002, 556; OLG Frankfurt a. M. VersR 2006, 916; *Rixecker* in Beckmann/Matusche-Beckmann VersR-HdB § 46 Rn. 24.
[273] OLG Koblenz VersR 1998, 1010.
[274] OLG Koblenz VersR 1999, 1399, vgl. auch bereits OLG Koblenz VersR 1998, 1010; zust. *Neuhaus* Berufsunfähigkeitsversicherung Kap. 5 Rn. 205.
[275] Bereits zum früheren Recht aA OLG Düsseldorf VersR 2001, 972; OLG Hamburg VersR 2002, 556; krit. auch *Lücke* in Prölss/Martin VVG § 172 Rn. 61.
[276] Vgl. auch *Rixecker* in Beckmann/Matusche-Beckmann VersR-HdB § 46 Rn. 25.
[277] BGH VersR 1989, 903; 1995, 1174; OLG Düsseldorf VersR 2001, 754 und 2004, 1033 (abweichende Klauselformulierung); OLG Karlsruhe VersR 2009, 388; OLG Nürnberg VersR 2011, 103; LG Mannheim VersR 2009, 386.

oder der Bekanntgabe einer entsprechenden Verfügung.[278] Da die „Beamtenklausel" nur eine Leistungserweiterung darstellt, wird eine nach allgemeinen Grundsätzen zu einem früheren Zeitpunkt eingetretene Berufsunfähigkeit nicht ausgeschlossen.[279]

92   Die **Selbstbindung** des Versicherers an den **Dienstunfähigkeitsbescheid** des Dienstherrn ist dann **prekär**, wenn dieser im Einzelfall versucht, auf diese Weise einen fachlich oder menschlich problematischen Mitarbeiter in den Ruhestand abzuschieben oder wenn gar – wie bei der Privatisierung der Deutschen Post oder der Bundesbahn – der Verdacht entsteht, dass beamtete Mitarbeiter ohne hinreichenden gesundheitlichen Anlass systematisch wegen Dienstunfähigkeit in den Ruhestand versetzt wurden. Ist die Versetzungsverfügung wirksam, kann sich der Versicherer nur schlecht gegen die Konsequenzen wehren. Haben Versicherter und Dienstherr bei der Schaffung der Voraussetzungen für eine in der Sache unzutreffende Feststellung der Dienstunfähigkeit kollusiv zusammengewirkt, so kann der Versicherer im Hinblick auf die darin liegende bewusste Herbeiführung des Versicherungsfalls[280] nach §§ 5 S. 2 lit. d BU, 3 S. 2 lit. d BUZ oder unter Berufung auf Treu und Glauben (§ 242 BGB) seine Leistung verweigern. Der Umstand, dass eine die Dienstunfähigkeit etwa feststellende Entscheidung tatsächlich auf (hinreichenden) gesundheitlichen Gründen beruht, bildet außerdem die Geschäftsgrundlage für den unter Einbeziehung einer „Beamtenklausel" geschlossenen Versicherungsvertrag.[281] Erweist sich diese Annahme als unzutreffend, steht dem Versicherer gegen den Versicherungsnehmer wegen des Wegfalls der Geschäftsgrundlage nach § 313 Abs. 1 BGB ein Anspruch auf Vertragsanpassung zu. Der Versicherer könnte dann bspw. vom Versicherungsnehmer dessen Einverständnis dazu verlangen, dass der Dienstunfähigkeitsbescheid keine unwiderlegliche, sondern lediglich eine widerlegliche Vermutung zugunsten der Dienst- und damit Berufsunfähigkeit begründen soll. Allerdings ist der Versicherer sowohl für das Vorliegen einer Kollusion wie auch für den Wegfall der Geschäftsgrundlage[282] beweispflichtig. Diesen Beweis wird er nur selten führen können.

93   Die „Beamtenklauseln" gelten für Personen mit **Beamtenstatus** im Sinne der einschlägigen Beamtengesetze,[283] und zwar auch dann, wenn sie (etwa nach Privatisierung der Deutschen Bundespost) für eine privatrechtliche Aktiengesellschaft tätig sind.[284] Sie finden dementsprechend Anwendung bei Beamten auf Probe[285] sowie bei Beamten, die unter Beibehaltung ihres Beamtenstatus beurlaubt worden sind,[286] nach der Rspr. des BGH jedoch – vorbehaltlich ausdrücklich anders lautender AVB – nicht für Richter, Soldaten oder Minister, weil ein durchschnittlicher Versicherungsnehmer ohne versicherungsrechtliche Spezialkenntnisse bei verständiger Würdigung und Berücksichtigung des erkennbaren Sinnzusammenhangs von einem engen Begriffsverständnis ausgehe.[287] Genau dies ist aber zweifelhaft; denn dem durchschnittlichen Versicherungsnehmer wird der Unterschied zwischen beamteten und nicht beamteten, aber beamtenähnlichen Staatsdienern kaum geläufig sein, so dass die Klausel allgemein auf Personen Anwendung finden sollte, die in einem öffentlich-rechtlichen Dienst- und Treueverhältnis stehen und aus ihrem Amt wegen Dienstunfähigkeit entlassen werden können.[288] Folgt man dem nicht, wird in aller Regel ein Beratungsverschulden (§§ 6, 61) vorliegen, wenn etwa ein Richter oder Soldat beim Abschluss einer Berufsunfähigkeitsversicherung nicht auf die Nichtgeltung der Beamtenklausel hingewiesen wird.

94   Wann eine **Entlassung** oder **Versetzung in den Ruhestand** wegen gesundheitsbedingter Dienstunfähigkeit vorliegt, ist idR der einschlägigen Beamtengesetzen zu entnehmen (vgl. §§ 30 Nr. 1, 44 ff. BBG). Eine – an geringere Voraussetzungen geknüpfte – Dienstunfähigkeit für **Sonderlaufbahnen** („Polizeidienstunfähigkeit", „Justizdienstunfähigkeit") reicht nicht aus,[289] sofern der Vertrag nicht auch eine solche spezielle Dienstunfähigkeit mit einbezieht.[290] Dies gilt auch dann, wenn eine Übernahme des polizeidienstunfähigen Versicherten in den allgemeinen Verwaltungs-

---

[278] BGH VersR 1994, 799 aE.; VersR 2017, 85.
[279] KG VersR 2004, 723.
[280] Vgl. *Rixecker* in Beckmann/Matusche-Beckmann VersR-HdB § 46 Rn. 57.
[281] Vgl. auch KG VersR 2003, 718.
[282] KG VersR 2003, 718.
[283] Vgl. BGH VersR 2001, 1502.
[284] KG VersR 2003, 718; OLG Nürnberg VersR 2003, 1028.
[285] OLG Frankfurt a. M. VersR 2001, 1543.
[286] OLG Frankfurt a. M. VersR 2004, 53.
[287] BGH VersR 2001, 1502.
[288] *Rixecker* in Beckmann/Matusche-Beckmann VersR-HdB § 46 Rn. 52.
[289] BGH VersR 1993, 1220; OLG Karlsruhe VersR 1997, 818; OLG Koblenz r+s 1998, 127; zust. *Müller-Frank*, Aktuelle Rechtsprechung zur Berufsunfähigkeits- (Zusatz-) Versicherung, 7. Aufl. 2007, S. 130 (mit Hinweisen zur Instanzrechtsprechung); anders OLG Saarbrücken VersR 1992, 1388.
[290] So etwa bei BGH VersR 1994, 799; OLG Bamberg VersR 1992, 1074; OLG Frankfurt a. M. VersR 2001, 1543.

dienst am Vorhandensein einer Planstelle scheitert.²⁹¹ Wird in diesen Fällen der speziellen Dienstunfähigkeit die Leistung zeitlich begrenzt, kann im Anschluss daran ein Leistungsanspruch wegen allgemeiner Dienstunfähigkeit begründet sein.²⁹²

Die Beamtenklauseln setzen in aller Regel voraus, dass der Versicherte **infolge seines Gesundheitszustands** entlassen oder in den Ruhestand versetzt wird. Ein Leistungsanspruch besteht dementsprechend nicht, wenn die Entlassung sich auf disziplinarisches Fehlverhalten,²⁹³ mangelnde Eignung oder unzureichende fachliche Leistungen stützt.²⁹⁴ 95

Ist der Versicherte infolge seines Gesundheitszustandes wegen **Dienstunfähigkeit** in den **Ruhestand** versetzt worden, kann der Versicherer die Berufsunfähigkeitsvermutung auch nicht unter Hinweis darauf widerlegen, dass der Versicherte gesundheitsbedingt lediglich zur Ausfüllung seines bisherigen Dienstpostens, nicht aber zur Wahrnehmung anderer Tätigkeitsbereiche außerstande sei, für die der Dienstherr lediglich keine Planstellen zur Verfügung habe (→ Rn. 94).²⁹⁵ Damit würde die vertraglich zugesagte, nicht widerlegliche (→ Rn. 91) Verknüpfung mit der dienstrechtlichen Entscheidung über die Dienstunfähigkeit wieder aufgehoben.²⁹⁶ Mit der Vereinbarung einer unwiderleglichen Vermutung wird – so lange keine Rückberufung in das aktive Beamtenverhältnis erfolgt – auch ein Nachprüfungsverfahren (vgl. § 174 und §§ 9 BU, 6 BUZ) ausgeschlossen;²⁹⁷ entgegenstehende Vereinbarungen werden aufgrund ihres überraschenden Charakters nicht zum Bestandteil des Vertrages (vgl. §§ 305c Abs. 1, 2 BGB).²⁹⁸ Verbessert sich der Gesundheitszustand des Versicherten, ist er (sofern der Versicherungsvertrag keine entsprechende Obliegenheit vorsieht) aber nicht verpflichtet, seine Wiedereinstellung das Beamtenverhältnis aktiv zu betreiben.²⁹⁹ Bei Fehlen entsprechender Vereinbarungen kann der Versicherer in diesem Fall den Versicherten auch nicht auf die Aufnahme eines Vergleichsberufes verweisen.³⁰⁰ 96

Setzt eine Beamtenklausel voraus, dass der Versicherte **krankheitsbedingt dienstunfähig** ist **und** wegen **Dienstunfähigkeit** in den **Ruhestand** versetzt oder entlassen wurde, so ist dies so auszulegen, dass nicht allein der formale Akt der Versetzung in den Ruhestand wegen Dienstunfähigkeit ausreicht, sondern die Voraussetzungen der Dienstunfähigkeit auch tatsächlich vorliegen müssen.³⁰¹ Der Versicherer ist dann – je nach Formulierung – hinsichtlich der Feststellung der Dienstunfähigkeit nicht an die Feststellungen des Dienstherrn gebunden; vielmehr besteht dafür nur eine widerlegliche Vermutung.³⁰² Dass eine krankheitsbedingte Dienstunfähigkeit vorliegt, muss der Versicherte beweisen.³⁰³ Dem Versicherer obliegt dann der Beweis dafür, dass die Versetzung in den Ruhestand gerade nicht auf einer Dienstunfähigkeit beruht. Die hier im Vergleich zu Abs. 2 abweichend formulierte Voraussetzung für den Eintritt von Berufsunfähigkeit wird von der Vertragsfreiheit gedeckt (→ Rn. 53). Die Klausel ist daher auch nicht etwa überraschend iSd § 305c Abs. 1 BGB.³⁰⁴ 97

Ist in einer Berufsunfähigkeitsversicherung mit einem Beamten, der gleichzeitig Mitglied eines Versorgungswerks ist, vereinbart worden, dass zum Nachweis der Berufsunfähigkeit die Vorlage eines **Bescheides** über eine nach den Bestimmungen der gesetzlichen Rentenversicherung zuerkannten **Berufs- oder Erwerbsunfähigkeitsrente** genügt, so wird die Vermutung der Berufsunfähigkeit unwiderleglich mit der Vorlage eines solchen Rentenbescheides verbunden. Die Vereinbarung kann dann nicht in eine Beamtenklausel umgedeutet oder – etwa nach den Grundsätzen der „falsa demonstratio" – durch eine solche Klausel ersetzt werden.³⁰⁵ 98

d) Hausfrauen/Hausmänner. Den Parteien des Versicherungsvertrages steht es aufgrund ihrer **Privatautonomie** frei, auch die Tätigkeit als Hausfrau/Hausmann durch eine Berufsunfähigkeitsversicherung abzusichern.³⁰⁶ Der zuletzt ausgeübte Beruf iSd Abs. 2 ist dann eben diese Tätigkeit 99

---

²⁹¹ BGH VersR 1993, 1220; zust. *Neuhaus* Berufsunfähigkeitsversicherung Kap. 5F Rn. 231; abl. *Rixecker* in Beckmann/Matusche-Beckmann VersR-HdB § 46 Rn. 55.
²⁹² *Rixecker* in Beckmann/Matusche-Beckmann VersR-HdB § 46 Rn. 53.
²⁹³ OLG Koblenz VersR 2009, 1062.
²⁹⁴ BGH VersR 1997, 1520.
²⁹⁵ So aber OLG Köln VersR 1998, 1272.
²⁹⁶ *Rixecker* in Beckmann/Matusche-Beckmann VersR-HdB § 46 Rn. 54.
²⁹⁷ BGH VersR 1989, 903.
²⁹⁸ Offen gelassen von BGH VersR 1995, 1174.
²⁹⁹ BGH VersR 1989, 903.
³⁰⁰ Anders wohl *Rixecker* in Beckmann/Matusche-Beckmann VersR-HdB § 46 Rn. 49.
³⁰¹ Vgl. OLG Frankfurt a. M. r+s 2008, 122.
³⁰² OLG Nürnberg VersR 2003, 1028; anders KG VersR 2003, 718.
³⁰³ *Mertens* in HK-VVG § 172 Rn. 39.
³⁰⁴ Anders *Rixecker* in Beckmann/Matusche-Beckmann VersR-HdB § 46 Rn. 56.
³⁰⁵ BGH VersR 2007, 821.
³⁰⁶ Vgl. das Bsp. von OLG Hamm VersR 2008, 106 f.; Überblick bei Ernst/Pruß VersR 2021, 819.

als Hausfrau oder Hausmann. Auch für die Verweisung (Abs. 3) gelten insoweit keine Besonderheiten; allerdings werden nur wenige Vergleichsberufe in Betracht kommen.[307]

100 Ohne eine solche **besondere vertragliche Absprache** ist die Tätigkeit als Hausfrau oder Hausmann dagegen in Ermangelung einer auf Erwerb gerichteten Tätigkeit (→ Rn. 62) nicht als Beruf iSd Berufsunfähigkeitsversicherung anzusehen. Dies gilt nicht nur bei einer vorübergehenden Unterbrechung der Erwerbstätigkeit aus familiären, gesundheitlichen oder arbeitsmarktbedingten Gründen, sondern auch dann, wenn die Übernahme dieser Aufgaben auf einer bewussten und langfristigen Entscheidung der versicherten Person beruht.[308] Tritt dann während der Hausfrauen-/ Hausmanntätigkeit Berufsunfähigkeit ein, ist als zuletzt ausgeübter Beruf die zugunsten häuslicher Aufgaben aufgegebene Tätigkeit anzusehen. Führt die Übernahme der häuslichen Tätigkeit dagegen zu einem Ausscheiden aus dem Berufsleben, sind die §§ 2 Abs. 3 BU/BUZ heranzuziehen. Danach kommt es bei der Prüfung der Berufsunfähigkeit nur darauf an, ob der Versicherte eine Tätigkeit ausüben kann, zu der er aufgrund seiner Ausbildung und Fähigkeiten in der Lage ist und die seiner bisherigen Lebensstellung entspricht (→ Rn. 101).

101 e) **Aus dem Berufsleben Ausgeschiedene und Arbeitslose.** Eine versicherte Person ist aus dem Berufsleben ausgeschieden, wenn sie (aufgrund ihrer eigenen Entscheidung,[309] so etwa bei Beendigung der Berufstätigkeit nach Eheschließung oder Geburt eines Kindes) bereits so lange Zeit keine Berufstätigkeit mehr ausübt, dass sie nur mit erheblichem Aufwand an ihre frühere Tätigkeit anknüpfen und nicht mehr auf ihre früheren Fähigkeiten und Kenntnisse zurückgreifen kann,[310] so bspw., wenn eine Fotolaborantin nach siebenjähriger Berufspause ihre früher erworbenen Kenntnisse nicht mehr zu nutzen vermag in Anbetracht des Umstands, dass die in diesem Beruf bisher übliche manuelle Tätigkeit durch die Einführung digitaler Methoden verdrängt wurde.[311] Für den Fall, dass später Leistungen aus der Berufsunfähigkeitsversicherung beantragt werden, sehen die Bedingungswerke Sonderregeln vor, in denen sich die Definition der Berufsunfähigkeit nicht mehr auf die Ausübung des zuletzt ausgeübten und dann aufgegebenen Berufes bezieht. Stattdessen wird etwa in § 2 Abs. 3 BU/BUZ darauf abgestellt, ob die versicherte Person noch eine Tätigkeit ausüben kann, zu der sie aufgrund ihrer Ausbildung und Fähigkeiten in der Lage ist und die ihrer bisherigen, vor dem Ausscheiden bestehenden[312] Lebensstellung entspricht (→ Rn. 160 ff.).

102 Hat der Versicherte dagegen längere Zeit (uU auch mehrere Jahre) etwa aus gesundheitlichen Gründen **keinen Beruf** mehr **ausgeübt**, **ohne aber** aus dem **Berufsleben ausgeschieden** zu sein, so besteht der Versicherungsschutz in dem bisherigen Rahmen gleichwohl fort. Tritt dann Berufsunfähigkeit ein, so ist auf die **zuletzt ausgeübte** Tätigkeit abzustellen.[313] Dies gilt auch dann, wenn der Versicherte **arbeitslos geworden** war, insbes. dann, wenn er krankheitsbedingt gekündigt wurde.[314] In diesem Fall liegt Berufsunfähigkeit dann vor, wenn er zur Ausübung der „in gesunden Tagen" ausgeführten Tätigkeiten nicht mehr in der Lage ist (→ Rn. 74).

103 Ein **Arbeitsloser**, der weiterhin dem **Arbeitsmarkt zur Verfügung** steht, ist damit nicht etwa iSd § 2 Abs. 3 BU/BUZ (→ Rn. 101) aus dem Berufsleben ausgeschieden. Etwas anderes wird allerdings für den Fall der Dauerarbeitslosigkeit vertreten, wenn in deren Verlauf die Qualifikationen der betreffenden Person so veralten, dass diese bei Wiederaufnahme des alten Berufes ohne Neuschulung nicht ohne weiteres an ihre früheren Kenntnisse und Fähigkeiten anknüpfen kann.[315] Dem ist aber nicht zuzustimmen. Zum einen beziehen sich die genannten AVB-Klauseln wohl nur auf den freiwilligen Rückzug aus dem Berufsleben (→ Rn. 101).[316] Zum andern hat der Versicherte im Verhältnis zum Versicherer durch seine Prämienzahlung eine Sicherung erworben, die sich am letzten ausgeübten Beruf orientiert. Es leuchtet nicht ein, wieso im Verhältnis der Vertragsparteien das nicht vom Versicherten beherrschbare Risiko einer arbeitsmarktbedingten Entwertung seiner beruflichen Qualifikationen dem Versicherer das Recht zu einer nicht mehr an der letzten Berufstätigkeit ausgerichteten Leistungserbringung verschaffen sollte.

---

[307] *Rixecker* in Beckmann/Matusche-Beckmann VersR-HdB § 46 Rn. 44.
[308] Insoweit anders OLG Saarbrücken VersR 2016, 1486; *Rixecker* in Beckmann/Matusche-Beckmann VersR-HdB § 46 Rn. 43.
[309] Vgl. *Mertens* in HK-VVG BUZ § 2 Rn. 9.
[310] Vgl. BGH VersR 1987, 753; VersR 2012, 213; LG Saarbrücken ZfS 2007, 101; *Neuhaus* Berufsunfähigkeitsversicherung Kap. 5 Rn. 108.
[311] LG Saarbrücken ZfS 2007, 101.
[312] Differenzierend aber *Rixecker* in Beckmann/Matusche-Beckmann VersR-HdB § 46 Rn. 48 f.
[313] OLG Karlsruhe VersR 1993, 873; OLG Düsseldorf VersR 2000, 1400.
[314] OLG Düsseldorf r+s 2002, 259.
[315] *Rixecker* in Beckmann/Matusche-Beckmann VersR-HdB § 46 Rn. 47.
[316] Vgl. auch *Höra* in MAH VersR § 26 Rn. 84.

f) Schüler, Auszubildende, Studierende. Da die Vertragsparteien aufgrund ihrer **Privatau-** 104
tonomie ihre Beziehungen innerhalb der Grenzen des zwingenden Rechts frei ausgestalten können und die Aufnahme der Berufsunfähigkeit in das VVG keinesfalls eine **Fortentwicklung der Versicherungsprodukte** behindern will,[317] bestehen gegen den Abschluss von Berufsunfähigkeitsversicherungen für Schüler, Auszubildende, Studierende oder in einer Umschulungsphase befindliche Personen keine prinzipiellen Bedenken, wenngleich es sich bei den Tätigkeiten dieser Personengruppen nur bei extensivem Verständnis um einen „Beruf" (→ Rn. 62) im Sinne einer der „Schaffung einer Lebensgrundlage dienenden" und allenfalls mittelbar und perspektivisch auf einen Erwerb gerichteten Beschäftigung handelt.[318] Folgt man dem nicht, sind die §§ 173–176 auf jeden Fall über den für „ähnliche Versicherungsverträge" geltenden § 177 Abs. 1 in entsprechender Anwendung heranzuziehen.

Die Angebote der Versicherer (etwa: „Schulunfähigkeitsversicherung") enthalten teilweise **Son-** 105
derklauseln, in denen der Versicherungsfall einer „Schulunfähigkeit" oder „Studierunfähigkeit" zB als eine dauerhaft gesundheitsbedingte Beeinträchtigung der körperlichen oder geistigen Leistungsfähigkeit definiert wird, welche zur Folge hat, dass der Versicherte eine Schulausbildung oder ein Studium (ggf. für einen vertraglich bestimmten Zeitraum) voraussichtlich nicht aufnehmen oder nicht fortsetzen kann.[319]

Bei Fehlen entsprechender Sonderbedingungen gelten dagegen die **allgemeinen Regeln:** 106
Schließt ein Versicherer bspw. eine Berufsunfähigkeitsversicherung ab, in welcher der Versicherungsnehmer im Antragsformular auf seinen gegenwärtigen Ausbildungsstatus hinweist (etwa: „Azubi Versicherungskauffrau"), dann ist diese Tätigkeit als „ausgeübter Beruf" iSd Abs. 2 vereinbart.[320] Das Berufsbild eines Auszubildenden entspricht grundsätzlich den Vorgaben der für diesen Lehrberuf gültigen Ausbildungsordnung; es besteht ein Beweis des ersten Anscheins dafür, dass die konkrete Ausgestaltung der Lehre im Ausbildungsbetrieb nicht hinter den Anforderungen der jeweiligen Ausbildungsordnung zurückbleibt.[321] In gleicher Weise kann der Berufsbegriff vertraglich auf die Tätigkeit von Schülern oder Studierenden erweitert werden. Der Versicherer gewährt in einem solchen Fall nicht lediglich Schutz gegen den Eintritt allgemeiner Erwerbsunfähigkeit, sondern vielmehr gegen den gesundheitsbedingten Wegfall der Möglichkeit, gerade die eingeschlagene, mit einem bestimmten Berufsziel ins Auge gefasste Ausbildung weiterzuführen.[322]

Berufsunfähigkeit tritt danach auf jeden Fall dann ein, wenn der Versicherte seine **Ausbil-** 107
dung nicht mehr fortsetzen kann;[323] es ist also nicht etwa auf die vor Ausbildungsbeginn ausgeübte Berufstätigkeit abzustellen.[324] Bei Studierenden dürfen die Anforderungen an die Darlegung der früheren Berufstätigkeit nicht überspannt werden. Zum Nachweis des Selbststudiums oder einer Prüfungsvorbereitung genügt idR die Aussage des Versicherten; zur Schlüssigkeit des Vorbringens ist die Vorlage die Vorlage eines exemplarischen Stundenplanes einer typischen Arbeitswoche (vgl. → Rn. 263) nicht erforderlich.[325] Ob der Versicherer darüber hinaus aber auch dann leisten muss, wenn der Versicherte zwar zur Vollendung der Ausbildung gesundheitlich in der Lage, den **Anforderungen** des **ins Auge gefassten Berufes** aber **gesundheitlich nicht gewachsen** ist, wird nicht einheitlich beurteilt. Nach einer in Rspr. und Lit. vertretenen Auffassung wird die (auch möglicherweise bereits durch einen Arbeitsvertrag konkretisierte) Aussicht auf Ausübung eines bestimmten Berufs – da es sich bei der Berufsunfähigkeitsversicherung nicht um eine „Karriere"-Versicherung handele (→ Rn. 64) – nicht geschützt.[326] Nach anderer Auffassung bezweckt der Abschluss einer Berufsunfähigkeitsversicherung in diesen Fällen weitergehend den Schutz der Möglichkeit, mit der begonnenen Ausbildung den beschrittenen beruflichen Lebensweg fortsetzen zu können.[327] Dementsprechend soll sich die Feststellung der Berufsunfähigkeit abhängig von den Umständen des Einzelfalles mit fortschreitender Ausbildungsdauer am **Ausbildungsziel** und damit an den Anforderungen des ins Auge gefassten Berufes orientieren.[328]

---

[317] Begr. RegE, BT-Drs. 16/3945, 106.
[318] Vgl. OLG Zweibrücken VersR 1998, 1364.
[319] Beispiel bei *Neuhaus* Berufsunfähigkeitsversicherung Kap. 5 Rn. 184.
[320] OLG Zweibrücken VersR 1998, 1364; OLG München VersR 2005, 966; OLG Dresden VersR 2008, 1251; (zust. *Hoenicke* r+s 2008, 205); OLG Köln VersR 2009, 1105.
[321] LG Kleve VersR 2019, 279.
[322] BGH VersR 2010, 619; OLG Dresden VersR 2008, 1251.
[323] OLG München VersR 2005, 966.
[324] OLG Zweibrücken VersR 1998, 1364.
[325] OLG Dresden NJW-RR 2019, 480.
[326] OLG München VersR 2005, 966; vgl. auch OLG Zweibrücken VersR 1998, 1364.
[327] OLG Köln VersR 2009, 1105.
[328] Vgl. *Neuhaus* Berufsunfähigkeitsversicherung Kap. 5 Rn. 192 ff.; auch OLG Koblenz r+s 1994, 195; OLG Köln VersR 2009, 1105.

108 Der **BGH** ist noch einen Schritt weiter gegangen, hat auch diese einzelfallbezogene, auf den jeweils bereits erreichten Ausbildungsstand abstellende Beurteilung abgelehnt und sich auf den Standpunkt gestellt, dass auch eine noch **in Ausbildung befindliche versicherte Person** den **angestrebten Beruf** – wenn auch in einem frühen Stadium – **bereits ausübe**.[329] Für den Versicherer werde bereits beim Abschluss einer Ausbildungsversicherung deutlich, dass der Versicherte die Ausbildung mit dem Ziel durchlaufe, diese erfolgreich abzuschließen und in dem angestrebten Beruf später tätig zu werden. Sein Leistungsversprechen werde für den Versicherer entwertet, wenn sich der Versicherungsschutz nur auf die Ausbildungsphase beschränke. Zeige sich der Auszubildende den Anforderungen des angestrebten Berufes später gesundheitlich nicht gewachsen – im konkreten Fall war die Versicherungsnehmerin als Kreissekretärsanwärterin versichert worden und später krankheitsbedingt nicht in der Lage, die Tätigkeit einer Kreissekretärin in dem erforderlichen Umfang auszuüben –, sei der Versicherer leistungspflichtig und könne nicht geltend machen, dass der Versicherte jetzt einen anderen Beruf ausübe, dem er „in gesunden Tagen" nie nachgegangen sei.[330] Eine solche Auslegung des Versicherungsvertrages kann allerdings nur dann Platz greifen, wenn die Ausbildung bereits auf ein **ganz bestimmtes Berufsziel** ausgerichtet ist.[331] Mangels eindeutiger Festlegung des ins Auge gefassten Berufsziels erscheint sie bei Schülern nicht, bei Studierenden nur bedingt praktikabel.

109 Schwierigkeiten bereitet in diesen Fällen die Ermittlung eines angemessenen **Verweisungsberufs** (→ Rn. 141 ff.). Gesichert ist, dass der Versicherer den Versicherten nicht unter Hinweis auf den Abbruch von Schulausbildung, Lehre oder Studium und das bislang fehlende Einkommen auf jede beliebige Erwerbstätigkeit verweisen darf, weil sich dadurch im Ergebnis die Berufs- in eine Erwerbsunfähigkeitsversicherung verwandeln und das Leistungsversprechen des Versicherers somit ausgehöhlt würde.[332] Im Übrigen dürfte zu unterscheiden sein: Ist eine abstrakte Verweisung (→ Rn. 141) vereinbart und bricht der Versicherte bereits die versicherte Ausbildung in einem Frühstadium gesundheitsbedingt ab, muss er sich auf eine gleichwertige Ausbildung – bspw. einen anderen Lehrberuf – verweisen lassen,[333] und zwar auch dann, wenn er dadurch die in die bisherige Ausbildung investierte Zeit ganz oder teilweise verliert.[334] Voraussetzung ist aber, dass der am Ende der neuen Ausbildung stehende Beruf nach allgemeinen Verweisungsregeln (→ Rn. 160 ff.) eine Lebensstellung gewährleistet, die derjenigen entspricht, welche der Versicherte mit der ursprünglich begonnenen Ausbildung zu erreichen trachtete. Mit fortschreitender Ausbildungsdauer erhält die Tätigkeit des Versicherten ihr Gepräge aber nicht mehr allein durch die bei Ausbildungsbeginn vorhandenen Kenntnisse und Fähigkeiten, sondern auch durch die mit dem Ausbildungsziel verbundene Lebensstellung. Daran muss sich dann auch ein etwaiger Vergleichsberuf ausrichten.[335] Führt der Versicherte seine Ausbildung ungeachtet seiner gesundheitlichen Einschränkungen erfolgreich zu Ende, ist dann aber zur Ausübung des angestrebten Berufs nicht im erforderlichen Umfang in der Lage, ist in der Frage der Verweisung auf den angestrebten Beruf abzustellen.

110 **4. Grad der Berufsunfähigkeit.** Ob der Versicherer nur bei Vorliegen **vollständiger** oder auch bereits **teilweiser Berufsunfähigkeit** leistungspflichtig wird und zu welchem Prozentsatz im letzten Fall Berufsunfähigkeit eingetreten sein muss, ist den jeweiligen Vertragsbedingungen zu entnehmen. In der Praxis wird häufig vereinbart, dass ein Leistungsanspruch (erst) besteht, wenn Berufsunfähigkeit iHv 50 % vorliegt, so dass der Versicherer bei einem unter diesem Prozentsatz bleibenden Grad leistungsfrei bleibt. Zulässig sind auch Staffelregelungen, welche die Höhe der Versichererleistung von dem Grad der Berufsunfähigkeit abhängig machen.[336] In einem solchen Fall erhöht sich die Leistung erst mit Erreichen der jeweils nächsten Stufe (25 %, 50 %, 75 % usw), nicht etwa findet im Rahmen der einzelnen Stufen eine lineare Erhöhung entsprechend dem konkreten Grad der Berufsunfähigkeit statt.[337] Bei der Ausgestaltung seiner Leistungsverpflichtung ist der Versicherer weitgehend frei. So liegt zB keine unangemessene Benachteiligung des Versicherungsnehmers iSd § 307 Abs. 1 BGB vor, wenn im Vertrag Leistungen für den Fall ausgeschlossen werden, dass der Versicherungsnehmer aus einer tatsächlich ausgeübten Erwerbstätigkeit noch 80 % seines bisherigen

---

[329] BGH VersR 2010, 619; OLG Hamm VersR 2018, 1177.
[330] BGH VersR 2010, 619.
[331] Vgl. OLG München VersR 2009, 1105.
[332] BGH VersR 1995, 1431.
[333] OLG Dresden VersR 2008, 1251; OLG München VersR 2009, 1105.
[334] OLG Koblenz r+s 1993, 356; OLG München VersR 1993, 1000; VersR 2005, 966; vgl. aber auch *Rixecker* in Beckmann/Matusche-Beckmann VersR-HdB § 46 Rn. 40 (Einzelfallbetrachtung).
[335] Vgl. BGH VersR 1995, 1431 (allerdings Sonderfall: in Ausbildung befindlicher, gleichzeitig aber voll besoldeter Offiziersanwärter); *Rixecker* in Beckmann/Matusche-Beckmann VersR-HdB § 46 Rn. 41.
[336] *Neuhaus* Berufsunfähigkeitsversicherung Kap. 4 Rn. 22.
[337] OLG Koblenz VersR 2013, 304.

Einkommens erzielt;[338] anders dagegen, wenn der Rentenanspruch eines Versicherungsvertreters davon abhängen soll, dass er seinen gesamten Versicherungsbestand aufgibt, weil dies de facto eine 100%ige Berufsaufgabe bedeuten würde (§ 307 Abs. 1 S. 1 BGB).[339] Ebenso wie bei der Feststellung vollständiger ist bei der Ermittlung teilweiser Berufsunfähigkeit auf die **konkreten Berufs- und Erwerbsverhältnisse** einzugehen und in jedem Einzelfall festzustellen, welche konkreten Arbeiten der Versicherte vor Eintritt der möglichen Berufsunfähigkeit ausgeführt hat und welche dieser Verrichtungen ihm jetzt noch möglich sind.[340] Pauschale Schätzungen[341] oder pauschale, etwa aus sozialversicherungsrechtlichen Handbüchern entnommene Bewertungen reichen nicht aus.[342] Ein überobligationsmäßiger Einsatz kann von dem Versicherten nicht erwartet werden (→ Rn. 75 ff.).

Teilweise Berufsunfähigkeit liegt ohne weiteres vor, wenn der Versicherte seinen Beruf nur noch zeitlich begrenzt ausüben kann. Dementsprechend richtet sich der **Grad der Berufsunfähigkeit** insbes. bei einem Arbeitnehmer in erster Linie danach, in welchem **zeitlichen Umfang** seiner regelmäßigen Arbeitszeit er seine bisherigen Tätigkeiten noch verrichten kann, so etwa, wenn die tägliche Arbeitszeit aufgrund ärztlicher Anordnung nicht eine bestimmte Stundenzahl überschreiten darf. Dieser Ansatz ist aber nur brauchbar, wenn der Versicherte entweder zur Vornahme sämtlicher Verrichtungen weiterhin uneingeschränkt, nur eben zeitlich begrenzt in der Lage ist oder wenn bei Unfähigkeit zur Ausübung bestimmter Tätigkeiten die Vornahme der übrigen Verrichtungen davon unberührt bleibt.[343]

Sind diese Voraussetzungen nicht gegeben, ist der Grad der Berufsunfähigkeit durch eine **wertende Gesamtbetrachtung** zu ermitteln, bei welcher nicht nur dem Zeitanteil der noch oder nicht mehr möglichen Einzelverrichtungen, sondern auch ihrer Bedeutung für die Berufstätigkeit insgesamt Rechnung getragen werden muss.[344] Berufsunfähigkeit kann deshalb vorliegen, wenn ein Arbeitnehmer bestimmte **notwendige** und seine bisherige Tätigkeit **prägende Tätigkeiten** nicht mehr verrichten kann, selbst wenn sie prozentual nur einen geringen Teil der Arbeitszeit in Anspruch nehmen.[345] Von einer prägenden Tätigkeit kann man sprechen, wenn sie nach der Verkehrsanschauung typischerweise zu dem betreffenden Berufsbild gehört, so etwa bei einem Lehrer die Unterrichtstätigkeit und die Beaufsichtigung von Klassenarbeiten, nicht dagegen unbedingt eine Aufsichtstätigkeit in den Pausen und auf Schulausflügen.[346] Gegenüber dem Umstand, dass der Versicherte zentrale Tätigkeiten seines Berufes nicht mehr verrichten kann, kommt der verbleibenden Fähigkeit zur Vornahme von Neben- und Begleittätigkeiten keine oder nur eine geringere Bedeutung zu.[347] Andererseits führt bspw. der Verlust des Geruchs- und Geschmackssinns um 10–20 % bei dem Betreiber einer Gaststätte mit Pension nicht zu einer Berufsunfähigkeit von über 50 % in Anbetracht der Tatsache, dass die Zubereitung von Gerichten, für die ein Abschmecken erforderlich war, nur einen geringen Teil seiner Tätigkeit ausmachte.[348] Stets muss dem Versicherten in dem vereinbarten Umfang ein adäquates Arbeitsfeld verbleiben.[349]

Insbesondere kann dann nicht allein auf den Arbeitszeitanteil abgestellt werden, wenn infolge einer krankheitsbedingten Unfähigkeit zur Vornahme einzelner berufsspezifischer Verrichtungen auch andere, davon untrennbare Tätigkeiten **nicht mehr ausgeführt** werden können oder **sinnlos werden**.[350] Hier hat die Unfähigkeit zur Vornahme einzelner Verrichtungen möglicherweise vollständige oder höhergradige Berufsunfähigkeit zur Folge. Kann zB ein selbständiger Automatenaufsteller die bei der Automatenleerung zum Einsatz kommende 20 kg schwere Geldmaschine nicht mehr tragen, ist bei der Feststellung des Grades der Berufsunfähigkeit nicht nur der auf das Tragen der Maschine entfallende Zeitanteil zu veranschlagen, vielmehr muss die für den gesamten Abrechnungsvorgang (An- und Abfahrt, Automatenleerung, Zählen des Hartgeldes mittels Geldzählmaschine, Abrechnung mit dem jeweiligen Gastwirt, Abtransport des eigenen Hartgeldanteils) anzuset-

---

[338] KG VersR 2012, 349.
[339] OLG Saarbrücken VersR 2015, 1365.
[340] BGH VersR 1984, 576; VersR 1993, 1470.
[341] OLG Saarbrücken VersR 2010, 799.
[342] *Lücke* in Prölss/Martin VVG § 172 Rn. 50.
[343] OLG Oldenburg VersR 1996, 1485.
[344] BGH VersR 2001, 89; OLG Karlsruhe VersR 2000, 1401; OLG Saarbrücken VersR 2004, 1401; OLG Koblenz VersR 2009, 1249; OLG Brandenburg BeckRS 2021, 6909; näher *Neuhaus* Berufsunfähigkeitsversicherung Kap. 6 Rn. 44 ff.
[345] *Rixecker* in Beckmann/Matusche-Beckmann VersR-HdB § 46 Rn. 23. – Rechtsprechungsübersicht bei *Wendt* in Ernst/Rogler, Berufsunfähigkeitsversicherung § 2 BUV Rn. 312.
[346] BGH VersR 2001, 89.
[347] OLG Karlsruhe VersR 2000, 1401.
[348] OLG Hamm r+s 2002, 346.
[349] OLG Hamm VersR 1998, 442.
[350] BGH VersR 2003, 631; VersR 2011, 552; VersR 2017, 1134; OLG Oldenburg VersR 1996, 1485.

zende Zeit zugrunde gelegt werden.[351] Entfielen bei der Tätigkeit eines Ingenieurs zuvor 40 % der Arbeitszeit auf praktische Arbeiten vor Ort (Arbeit mit Maschinen, Klettern auf Leitern und Dachstühlen) und 60 % auf Bürotätigkeit und kann er die praktische Tätigkeit gesundheitsbedingt nicht mehr durchführen, so liegt Berufsunfähigkeit nicht nur iHv 40 %, sondern von mindestens 50 % vor, wenn ein Anteil der Bürotätigkeit iHv mindestens 10 % darauf entfiel, die persönlich vor Ort gewonnenen Erkenntnisse auszuwerten.[352] Auch die Notwendigkeit zur Einlegung von Pausen kann bei einer Tätigkeit, die kontinuierlich eine hohe Konzentration erfordert, zu einem höheren als dem allein auf den zeitlichen Umfang abstellenden Grad an Berufsunfähigkeit führen.[353]

114 Gleiches gilt, wenn ein Arbeitnehmer gerade für die jetzt nicht mehr mögliche Tätigkeit eingestellt worden und er jetzt **nicht mehr vertragsgerecht einsetzbar** ist, so wenn eine als „Stuhlassistentin" eingestellte Zahnarzthelferin wegen Rückenproblemen nicht mehr bei der Behandlung von Patienten assistieren[354] oder eine auf einem Bildschirmarbeitsplatz tätige Angestellte zwar noch Texte auf dem Bildschirm lesen, jedoch krankheitsbedingt die Tastatur nicht mehr bedienen kann (obwohl die Tipptätigkeit zuvor weniger als 50 % der Gesamtarbeitszeit in Anspruch nahm).[355] Führen Verschleißerscheinungen an der Halswirbelsäule bei einer Stewardess zu einer Berufsunfähigkeit iHv 20 %, so ist ihr eine Tätigkeit in ihrem Beruf vollständig unmöglich, weil sie in Krisensituationen eine Belastbarkeit zu 100 % gewährleisten muss.[356]

115 Da ein Arbeitnehmer dem **Direktionsrecht seines Arbeitgebers** unterliegt, kann er allenfalls dann auf eine andere Tätigkeit in dessen Betrieb verwiesen werden, wenn dieser bereit ist, ihm eine solche Tätigkeit auf Dauer zuzuteilen. Ist das nicht der Fall oder dem Arbeitgeber von vornherein nicht zumutbar, kann die Möglichkeit einer Umorganisation einen Leistungsanspruch jedenfalls nicht auf Dauer ausschließen.[357] Ein Filialleiter in einem kleinen Baby-Markt, dessen Aufgabenbereich sich aus 30 % leitender Tätigkeit, 40 % kaufmännischer Tätigkeit mit leichter körperlicher Arbeit und 30 % körperlicher Tätigkeit wie dem Tragen schwerer Kartons und Kisten zusammengesetzt hatte, ist demzufolge (vollständig) berufsunfähig, wenn er die letztgenannten Tätigkeiten krankheitsbedingt nicht mehr ausführen kann und dieser Bereich bis dahin ausschließlich von ihm wahrgenommen worden ist und mangels geeigneter Mitarbeiter auch wahrgenommen werden muss.[358]

116 Dass ein selbständig tätiger Versicherter bei zwar wesentlich verminderter, aber über dem vereinbarten Grad von 50 % liegender Berufsunfähigkeit aufgrund dieser Minderung **keine Aufträge** mehr erhält, führt dagegen nicht zu vollständiger Berufsunfähigkeit (zum Arbeitsplatzrisiko → Rn. 154).[359]

117 Enthalten die Vertragsbedingungen eine **konkrete Verweisung** (→ Rn. 142), so kommt es darauf an, ob der Versicherte einen seiner Lebensstellung entsprechenden anderen Beruf nur in dem vereinbarten Mindestumfang ausübt (vgl. §§ 2 Abs. 1 BU/BUZ). Wurde eine **abstrakte Verweisung** (→ Rn. 141) vereinbart (vgl. § 2 Abs. 1 BU/BUZ – Alternativfassung), muss der Versicherte sich auch bei Vorliegen nur teilweiser Berufsunfähigkeit auf eine vergleichbare andere Tätigkeit **verweisen** lassen.[360] Er ist daher nicht berufsunfähig, wenn er in dem vereinbarten Umfang zwar nicht seine bisherige Tätigkeit, wohl aber eine vergleichbare andere Tätigkeit ausüben kann.[361] Ein Versicherter, dem die Ausübung seines bisherigen Berufs partiell noch möglich ist, kann aber nach Treu und Glauben nicht auf einen Vergleichsberuf verwiesen werden, in dem er zu zwar einem höheren Grad berufstätig sein könnte, dessen Anforderungsprofil (etwa: „uneingeschränkte Mobilität") er jedoch nicht entspricht, in dem praktisch keine Arbeitsplätze bereit stehen (→ Rn. 150 ff.)[362] oder in dem er infolge seiner gesundheitlichen Beeinträchtigung voraussichtlich auf Dauer keinen Arbeitsplatz finden kann.[363]

118 Auch der Eintritt von insbes. teilweiser Berufsfähigkeit setzt bedingungsgemäß **keine Berufsaufgabe** voraus (→ Rn. 75). Der Versicherer ist infolgedessen auch dann leistungspflichtig, wenn der in vertragsrelevantem Umfang teilweise berufsunfähige Versicherte – etwa bei einem Entgegenkommen des Arbeitgebers oder überobligationsmäßigem Einsatz – weiterhin berufstätig bleibt.[364]

---

[351] BGH VersR 2003, 631.
[352] OLG Oldenburg VersR 1996, 1485.
[353] OLG Koblenz VersR 2009, 1249.
[354] OLG Hamm VersR 1998, 442.
[355] OLG Hamm VersR 2006, 1481.
[356] LG Landshut r+s 2008, 79.
[357] OLG Hamm VersR 1998, 442.
[358] OLG Oldenburg r+s 1996, 505.
[359] OLG Hamm VersR 1994, 206.
[360] BGH VersR 1994, 205.
[361] BGH VersR 1994, 587; vgl. auch BGH VersR 1989, 903.
[362] OLG Saarbrücken VersR 2004, 1401.
[363] *Voit* VersR 1990, 22 (25); *Lücke* in Prölss/Martin VVG § 172 Rn. 52.
[364] OLG Karlsruhe VersR 1983, 281; vgl. aber auch OLG Köln r+s 1987, 296.

5. Prognose dauerhafter Berufsunfähigkeit. a) Voraussichtlich auf Dauer bestehende 119
Berufsunfähigkeit. Berufsunfähigkeit löst nur dann einen Anspruch gegen den Versicherer aus, wenn sie „voraussichtlich auf Dauer" besteht. Zu der Feststellung einer gesundheitlichen Beeinträchtigung und der sich daraus ergebenden Unfähigkeit der Berufsausübung (bloße „Arbeitsunfähigkeit") muss also die **Prognose** hinzutreten, dass angesichts des körperlich-geistigen Gesamtzustandes des Versicherten eine Wiederherstellung der verloren gegangenen Fähigkeiten (ggf. in einem vertraglich bestimmten Umfang) in einem überschaubaren Zeitraum nicht zu erwarten ist. Wann ein solcher, nach dem Stand der medizinischen Wissenschaft keine Aussicht auf Besserung bietender Zustand erstmals vorliegt, ist in der Rückschau auf der Grundlage der seinerzeit zur Verfügung stehenden Erkenntnismethoden festzustellen bzw. zu ermitteln. Möglicherweise ist dieser Zustand bereits unmittelbar mit der gesundheitlichen Beeinträchtigung verknüpft, so etwa dann, wenn ein Unfall zum Verlust von Gliedmaßen führt. Denkbar ist aber auch, dass eine solche Prognose erst zu einem späteren Zeitpunkt möglich ist, so etwa bei fortschreitenden Erkrankungen oder degenerativen Prozessen, die zunächst noch keine definitiven Feststellungen über Genesung und Rehabilitation zulassen, oder während einer länger andauernden Rekonvaleszenz. In jedem Fall setzt die Leistungspflicht des Versicherers erst zu dem Zeitpunkt ein, in welchem eine solche negative Prognose zum ersten Mal gestellt werden kann.[365] Ist eine Prognose unmöglich, liegt (derzeit noch) kein Versicherungsfall vor.[366] Verbesserte Prognosemöglichkeiten zu einem späteren Zeitpunkt müssen ebenso außer Betracht bleiben wie die Erkenntnis, dass die zu dem maßgebenden Zeitpunkt erstellte Prognose sich im Nachhinein als unzutreffend erwiesen hat: Weder kann sich der Versicherer zu einem späteren Zeitpunkt darauf berufen, dass jetzt neue medizinische Erkenntnismöglichkeiten bessere Heilungschancen versprechen, noch kann der Versicherte geltend machen, dass sein Gesundheitszustand sich entgegen der seinerzeit abgegebenen positiven Prognose nicht verbessert hat.[367]

Die **Beweislast** für die **Dauerhaftigkeit** der Gesundheitsbeeinträchtigung trägt der **Versi-** 120 **cherte.** Er wird diesen Beweis in aller Regel nur mit Hilfe eines medizinischen Sachverständigen führen können, der sich dabei auf eine nachträgliche Auswertung der Krankengeschichte stützt. Bei Krankheiten mit geringer Überlebenswahrscheinlichkeit kann für die Prognose die statistische Überlebensrate wesentlich sein, hinter die individuelle Feststellungen dann ggf. zurücktreten müssen.[368] So lange in der Rückschau die Möglichkeit einer Verbesserung des Gesundheitszustands gegeben war, liegen die bedingungsgemäßen Voraussetzungen einer Berufsunfähigkeit nicht vor. Auf den Kenntnisstand des Versicherten kommt es dabei ebenso wenig an wie auf die Prognose der seinerzeit behandelnden Ärzte.[369] Eine dauerhafte Feststellung der Berufsfähigkeit kann noch nicht getroffen werden, wenn der Versicherte sich zur baldigen Durchführung einer Operation entschlossen hat, die seine Berufsfähigkeit zumindest zu dem vertraglich vereinbarten Prozentsatz wiederherstellen würde. Dies gilt ungeachtet des Umstands, dass der Versicherte nicht verpflichtet ist, sich einem solchen Eingriff zu unterziehen (→ Rn. 206).[370] Auch phasenweise eintretende Gesundheitsstörungen könne die Prognose dauerhafter Berufsunfähigkeit rechtfertigen, wenn sie zB häufiger und unvorhersehbar eintreten.[371] Ist aufgrund einer entsprechenden Prognose von einer voraussichtlich dauerhaften gesundheitlichen Beeinträchtigung auszugehen, muss der Versicherer beweisen, dass eine Wiederherstellung der Berufsfähigkeit zu einem späteren Zeitpunkt möglich ist.[372]

Auf welchen **Zeitraum** sich die Prognose („voraussichtlich auf Dauer") beziehen muss, kann 121 in den AVB festgelegt werden.[373] In der Praxis ist, soweit eine solche Festlegung nicht erfolgt, verschiedentlich von einem Zeitraum von drei Jahren die Rede.[374] Der BGH hat sich ohne nähere Eingrenzung dieses Zeitraums auf den Standpunkt gestellt, dass jedenfalls von Berufsunfähigkeit auszugehen sei, wenn eine für die Wiederherstellung der beruflichen Fähigkeiten günstige Prognose „in einem überschaubaren Zeitraum bzw. in absehbarer Zeit" nicht gestellt werden könne.[375] Ist schon abzusehen, dass eine beeinträchtigte Person voraussichtlich für einen bestimmten Zeitraum (etwa: sechs Monate) zur Ausübung ihres zuletzt ausgeübten Berufs außerstande sein wird, so liegt bereits in diesem Zeitpunkt Berufsunfähigkeit vor.[376]

---

[365] BGHZ 111, 44 (47) = VersR 1990, 729; BGH VersR 1984, 630; 1996, 830; 2007, 383; OLG Saarbrücken VersR 1996, 488; OLG Bremen VersR 2010, 1481; dazu *Terno* r+s 2008, 361 (362).
[366] *Ernst* in Ernst/Rogler BUV § 2 Rn. 349.
[367] *Rixecker* in Beckmann/Matusche-Beckmann VersR-HdB § 46 Rn. 69.
[368] BGH VersR 2020, 1301; OLG Karlsruhe NJW-RR 2020, 1234.
[369] BGH VersR 1984, 630; VersR 1995, 1431; VersR 2007, 383.
[370] OLG Hamm VersR 1995, 1039.
[371] BGH VersR 2007, 777.
[372] BGH VersR 2020, 1301.
[373] Vgl. etwa OLG Saarbrücken VersR 2013, 1030: sechs Monate.
[374] OLG Hamm r+s 1988, 90 und VersR 1995, 84.
[375] BGH VersR 2007, 383.
[376] BGH VersR 2021, 1158; OLG Saarbrücken VersR 2013, 1030.

122 Gelingt dem Versicherten der Nachweis des Eintritts des Versicherungsfalls für einen bestimmten Zeitpunkt nicht, weil der Gutachter die Dauerhaftigkeit der Berufsunfähigkeit verneint, besteht kein Anspruch auf nachträgliche Leistungserbringung, wenn sich später die **Unrichtigkeit der Prognose** herausstellt. Erweist sich umgekehrt eine ursprünglich negative Gesundheitsprognose später als unzutreffend, weil sich der Gesundheitszustand des Versicherten verbessert und die Berufsunfähigkeit sich nicht als dauerhafte herausstellt, kann der Versicherer keine Rückzahlung der erbrachten Leistungen verlangen.[377]

123 **b) Verzicht auf Prognose bei fortdauernder Berufsunfähigkeit.** Da der Versicherte in Ermangelung einer gesicherten ärztlichen Prognose häufig nicht in der Lage sein wird, die voraussichtlich dauernde krankheitsbedingte Unfähigkeit einer Berufsausübung zu beweisen, **vermuten** die Musterbedingungen in seinem Interesse[378] den **Eintritt von Berufsunfähigkeit** auch ohne entsprechende Prognose für den Fall, dass er eine **bestimmte,** im jeweiligen Vertrag festgelegte **Anzahl von Monaten** aufgrund ärztlich nachzuweisender Umstände (Krankheit, Körperverletzung, Kräfteverfall) ununterbrochen vollständig oder teilweise zur Ausübung seines zuletzt ausgeübten Berufs oder einer Vergleichstätigkeit außerstande gewesen ist und dieser Zustand fortdauert (§ 2 Abs. 2 BU/BUZ). In der Regel wird dabei eine Sechsmonatsfrist vereinbart. Bei Fortdauer dieses Zustands über den vereinbarten Zeitraum hinaus wird die Dauerhaftigkeit der Berufsunfähigkeit, fingiert bzw. (genauer) unwiderleglich vermutet.[379] Der Versicherungsfall tritt grds. mit Ablauf der Sechsmonatsfrist ein,[380] Der Versicherer hat seine Leistungen dann gem. § 1 Abs. 3 S. 1 BU/BUZ mit Ablauf des Monats zu erbringen, in welchem die Sechsmonatsfrist abgelaufen ist.[381] Dies gilt auch dann, wenn die Berufsunfähigkeit nach Ablauf des Sechsmonatszeitraums nur noch für kurze Zeit andauert (zum Nachprüfungsverfahren vgl. § 174).[382] Den Parteien steht es aber frei, den Eintritt des Versicherungsfalls auf den Beginn der Sechsmonatsfrist rückzudatieren.[383]

124 Die Unfähigkeit zur Berufsausübung muss während des vereinbarten Zeitraums **ununterbrochen** bestehen, darf also nicht von Phasen der Besserung unterbrochen werden. Das ist zB der Fall, wenn – wie zT bei Coronaerkrankungen – zwischen der akuten Erkrankung und später auftretenden Folgeschäden eine Berufsausübung möglich ist.[384] Ohne Belang ist hingegen, ob während des gesamten Zeitraums ein einheitliches Krankheitsbild bestand oder wechselnde Beschwerden zu einer ständigen Berufsunfähigkeit führten.[385]

125 Die **Vermutung** bezieht sich **nur** auf die **Prognose ausbleibender Besserung.** Sie gilt dagegen nicht für die Unfähigkeit zur Ausübung des früheren Berufs in dem vertraglich vereinbarten Zeitraum, den Grad der Gesundheitsbeeinträchtigung, die Nichtausübbarkeit von Vergleichstätigkeiten und die Fortdauer der gesundheitlichen Beeinträchtigungen (zur Darlegungs- und Beweislast → Rn. 263).[386] Daher kann der Versicherer den Versicherten insbes. darauf verweisen, dass er während der Fristdauer eine Vergleichstätigkeit hätte ausüben können.[387] Hat der Versicherer nach Eintritt des Versicherungsfalls seine Leistungspflicht anerkannt, bleibt es ihm unbenommen, ein Nachprüfungsverfahren (vgl. § 174) durchzuführen. Der Anspruch auf Berufsunfähigkeitsrente entsteht mit Ablauf des Monats, in dem die sechs Monate verstrichen sind,[388] und endet bei Wegfall der Leistungsvoraussetzungen nach Maßgabe von § 174 Abs. 2.

126 Der **Gesetzgeber** hat auf eine Regelung der vermuteten Berufsunfähigkeit im VVG ausdrücklich verzichtet, weil dies in der Regulierungspraxis bei positiver Wiederherstellungsprognose den Versicherer von der Abgabe eines zeitlich begrenzten Anerkenntnisses abhalten könnte.[389] – Zum Verzicht auf eine Prognose bei Eintritt von Pflegebedürftigkeit → Rn. 59 ff.

127 **6. Eintritt von Berufsunfähigkeit während der Dauer der Gefahrtragung.** Der Versicherer ist nur dann leistungspflichtig, wenn sich die gesundheitsbedingte Berufsunfähigkeit (→ Rn. 49) nach Haftungsbeginn und damit **während der Dauer der Gefahrtragung** (→ Rn. 44 ff.) ver-

---

[377] Vgl. auch *Lücke* in Prölss/Martin VVG § 172 Rn. 47.
[378] OLG Celle VersR 2006, 1201.
[379] BGH VersR 1989, 903; 1989, 1182; 1992, 1118; 2007, 1398; OLG Celle VersR 2006, 1201.
[380] *Rixecker* in Beckmann/Matusche-Beckmann VersR-HdB § 46 Rn. 106; *Neuhaus* Berufsunfähigkeitsversicherung Kap. 4 Rn. 221; anders *Müller-Frank* VersR 1992, 1119.
[381] *Mertens* in HK-VVG BUZ § 2 Rn. 6.
[382] OLG Karlsruhe r+s 1995, 434.
[383] BGH VersR 2019, 276; KG VersR 2020, 1234; *Lücke* in Prölss/Martin VVG § 172 Rn. 28 (Rückwirkung).
[384] *Neuhaus* Berufsunfähigkeitsversicherung in Zeiten von Corona und Pandemien S. 122 ff.
[385] LG Karlsruhe r+s 1995, 434.
[386] BGH VersR 1989, 903.
[387] BGH VersR 1993, 562; *Rixecker* in Beckmann/Matusche-Beckmann VersR-HdB § 46 Rn. 103.
[388] OLG Düsseldorf r+s 1999, 431.
[389] RegE BT-Drs. 16/3945, 105.

wirklicht. Da der Versicherungsfall erst zu dem Zeitpunkt eintritt, in welchem erstmalig eine negative Prognose im Hinblick auf eine Wiedererlangung der verloren gegangenen Fähigkeiten gestellt werden kann (→ Rn. 49, 119), ist für die Leistungspflicht des Versicherers entscheidend, ob dieser Zeitpunkt nach dem materiellen Versicherungsbeginn (→ Rn. 45) anzusetzen ist, während die Erkrankung und selbst eine dadurch herbeigeführte Unfähigkeit zur Berufsausübung durchaus bereits vor diesem Zeitpunkt vorgelegen haben können.[390] Diese Konstellation ist freilich praktisch nicht bedeutsam, weil der Versicherer im Rahmen der vor Vertragsschluss durchgeführten Risikoprüfung von dem einen wie dem anderen Umstand erfahren und dann auf einen Vertragsabschluss verzichtet oder zumindest eine Risikobegrenzung vorgenommen haben wird. Nimmt der Versicherer zum Zeitpunkt des Vertragsschlusses – etwa bei Versicherung eines Arbeitnehmers im Rahmen eines bestehenden Gruppenvertrages – allerdings keinerlei Gesundheitsprüfung vor, begnügt er sich zB mit einer bloßen Arbeitsfähigkeitsbescheinigung oder verlässt sich auf die arbeitsmedizinische Einstellungsuntersuchung des Arbeitgebers und zieht nach Vertragsschluss die Prämien ein, so kann der nicht arglistig handelnde Versicherungsnehmer bzw. Versicherte davon ausgehen, dass ihm damit Versicherungsschutz ohne Einschränkungen zugesagt wurde (→ Rn. 10 aE, zur Datenerhebung im Versicherungsfall auch → Rn. 210).[391] Dauert der Zustand der Berufsunfähigkeit dann über den materiellen Versicherungsbeginn hinaus an, ist der Versicherer zur Leistung verpflichtet. An § 2 Abs. 2 S. 2 (Leistungsfreiheit des Versicherers bei Kenntnis des Versicherungsnehmers vom Versicherungsfall) dürfte dies idR nicht scheitern, weil diese Bestimmung nicht nur eine Kenntnis der tatsächlichen Umstände, sondern darüber hinaus eine zutreffende Qualifizierung dieser Umstände als Versicherungsfall voraussetzt.[392] Dazu wird ein Laie angesichts der Komplexität des Versicherungsfalls „Berufsunfähigkeit" (→ Rn. 49) nur selten in der Lage sein; falls aber doch, wird häufig auch ein arglistiges Verhalten des Versicherungsnehmers bzw. Versicherten vorliegen. Im Übrigen kann der Versicherer bestimmte, bei Vertragsschluss bereits bestehende Gesundheitsbeeinträchtigungen und eine sich möglicherweise daraus später ergebende Berufsunfähigkeit von der Deckung ausnehmen.[393] In einem solchen Fall bleibt die Leistungspflicht des Versicherers aber unberührt, soweit die Berufsunfähigkeit auf eine von dem Leistungsausschluss nicht erfasste andere Krankheit zurückgeht.[394]

Abgesehen von diesem Sonderfall fällt eine bereits bei Beginn der Gefahrtragung bestehende **128** („mitgebrachte") **Berufsunfähigkeit** dagegen nicht unter den Versicherungsschutz.[395] Dies gilt auch in dem (praktisch freilich kaum denkbaren) Fall, dass der Versicherte seinen Gesundheitszustand und die sich daraus ergebende Berufsunfähigkeit selbst nicht kennt.[396] Die bloße persönliche Anlage zu einer Erkrankung (etwa: Anlage zur Entwicklung einer Allergie) reicht aber (sofern keine entsprechende individualvertragliche Vereinbarung vorliegt) nicht aus, um den Versicherungsschutz auszuschließen.[397]

Ist – bei Vereinbarung einer abstrakten Verweisung (→ Rn. 141) – Berufsunfähigkeit auch **129** durch das Fehlen einer Verweisungsmöglichkeit (vgl. Abs. 3) definiert, so liegt eine „mitgebrachte Berufsunfähigkeit" aber nicht vor, wenn der Versicherte bereits **vor Beginn der Gefahrtragung** zwar nicht mehr zur Ausübung des konkreten Berufs in der Lage war, jedoch **Verweisungsmöglichkeiten** bestanden. Zwar wird in der Rspr. die Auffassung vertreten, dass allein eine schon vor Gefahrtragungsbeginn bestehende Unfähigkeit zur Ausübung des konkreten Berufs ausreiche, um eine Leistungspflicht des Versicherers auszuschließen (weil der Versicherte in diesem Fall seine Fähigkeit eben nicht erst während der Vertragsdauer verloren habe).[398] Dagegen spricht aber bereits die Definition der Berufsunfähigkeit in den einschlägigen Klauseln (§ 2 Abs. 1 S. 1 BU/BUZ). Wenn der Versicherer seine Leistungen wegen fortbestehender Fähigkeit zur Ausübung eines Berufs verweigern darf, solange (nach Beginn der Gefahrtragung) eine Verweisung auf eine vergleichbare Tätigkeit möglich ist, kann in vergleichbarer Situation *vor Beginn der Gefahrtragung* Berufsfähigkeit nicht verneint werden.[399] Allerdings muss in diesem Fall der Versicherte beweisen, dass vor Beginn der

---

[390] Missverständlich freilich BGH VersR 1993, 469.
[391] In der Begr. anders, iErg aber ebenso OLG Nürnberg NJW-RR 1992, 673; LG Hamburg VersR 2002, 427; *Lücke* in Prölss/Martin VVG § 172 Rn. 30; *Rixecker* in Beckmann/Matusche-Beckmann VersR-HdB § 46 Rn. 96 (konkludente Vereinbarung, dass Berufsfähigkeit zum Zeitpunkt des materiellen Versicherungsbeginns unwiderleglich vermutet sein soll).
[392] BGH VersR 2000, 1133; *Armbrüster* in Prölss/Martin VVG § 2 Rn. 25; *Brömmelmeyer* in HK-VVG § 2 Rn. 35; wohl übersehen von OLG Nürnberg VersR 2012, 50.
[393] BGH VersR 2012, 48.
[394] OLG Saarbrücken r+s 2017, 429.
[395] KG VersR 2004, 723; OLG München VersR 2007, 1686.
[396] *Rixecker* in Beckmann/Matusche-Beckmann VersR-HdB § 46 Rn. 98.
[397] LG Bielefeld VersR 1992, 949.
[398] BGH VersR 1993, 469; OLG Koblenz VersR 2000, 749.
[399] So zu Recht die hM im Schrifttum, vgl. *Lücke* in Prölss/Martin VVG § 172 Rn. 29; *Rixecker* in Beckmann/Matusche-Beckmann VersR-HdB § 46 Rn. 97.

Gefahrtragung eine Verweisungsmöglichkeit eröffnet war.[400] Die Möglichkeit des Versicherers, den Vertrag wegen Verletzung vorvertraglicher Anzeigeobliegenheiten durch Rücktritt, Kündigung oder Anfechtung zu beenden (→ Rn. 21 ff.; → Rn. 29), bleibt davon unberührt.[401]

130   Fraglich ist, ob eine „mitgebrachte Berufsunfähigkeit" auch dann anzunehmen ist, wenn der Versicherte bereits vor Beginn der Gefahrtragung in einer Weise gesundheitlich eingeschränkt war, dass alle Voraussetzungen der Berufsunfähigkeit (einschließlich der erforderlichen Prognose der Dauerhaftigkeit dieses Zustands → Rn. 119 ff.) vorlagen, er aber unter **übermäßigen Anstrengungen** und unter Inkaufnahme einer weiteren Verschlechterung seines Gesundheitszustands gleichwohl seine Berufstätigkeit fortgesetzt hat. Die Frage ist zu bejahen:[402] Wenn einerseits der Eintritt von Berufsunfähigkeit und damit die Leistungspflicht des Versicherers *nach Beginn der Gefahrtragung* nicht davon berührt wird, dass der Versicherte ungeachtet seiner gesundheitlichen Beschränkungen seine Tätigkeit überobligationsmäßig und insbes. unter Raubbau an seiner Gesundheit fortsetzt (→ Rn. 75), kann andererseits der Eintritt von Berufsunfähigkeit *vor Beginn der Gefahrtragung* unter den gleichen Bedingungen nicht verneint werden. Andernfalls könnte sich der Versicherte, obwohl die Voraussetzungen einer Berufsunfähigkeit objektiv vorliegen, unter Aufbietung aller Reserven in die Berufsunfähigkeitsversicherung „hineinretten", um dann nach Beginn der Gefahrtragung den Versicherer darauf zu verweisen, dass er zu ebendiesen überobligationsmäßigen Anstrengungen nicht länger verpflichtet sei. Die Problematik dürfte in der Praxis keine große Rolle spielen, weil sich der Versicherer in Fällen dieser Art in aller Regel wird auf eine Anzeigepflichtverletzung (→ Rn. 10 ff.) berufen können.

131   Bei **vermuteter Berufsunfähigkeit** iSv § 2 Abs. 2 BU/BUZ (→ Rn. 123 ff.) ist Berufsunfähigkeit bereits **vor Beginn** der **Gefahrtragung** eingetreten und damit nicht versichert, wenn der Versicherte schon vor diesem Zeitpunkt während der vertraglich vereinbarten Dauer (regelmäßig sechs Monate) gesundheitsbedingt zur Ausübung seines Berufs oder einer Vergleichstätigkeit außerstande gewesen ist. Da der gestreckte Versicherungsfall „Berufsunfähigkeit" aber erst mit Fristablauf verwirklicht ist, kommt es auch in diesem Zusammenhang (→ Rn. 127) entscheidend nur darauf an, ob die Frist nach dem Beginn der Gefahrtragung endet. Relevant ist mithin nicht, ob die Erkrankung schon vor oder erst nach dem materiellen Versicherungsbeginn aufgetreten ist[403] bzw. zur Berufsunfähigkeit geführt, die Sechsmonatsfrist also bereits vor Beginn der Gefahrtragung eingesetzt hat (zur geringen praktischen Bedeutung dieser Überlegungen → Rn. 127).[404] Sehen die Vertragsbedingungen vor, dass bei einer gesundheitsbedingten Unfähigkeit zur Berufsausübung über sechs Monate hinaus eine Berufsunfähigkeit bereits *vom Beginn* dieses Zustands zu vermuten sein soll (→ Rn. 123), tritt der Versicherungsfall gleichwohl erst mit einer Fortdauer des Zustands über den vereinbarten Zeitraum hinaus ein und wird damit bei zwischenzeitlichem Beginn der Gefahrtragung vom Versicherungsschutz gedeckt.[405] Für den Fall, dass der Versicherer auf eine Gesundheitsprüfung verzichtet, gilt das in → Rn. 127 Gesagte entsprechend.

132   Tritt der Versicherungsfall erst **nach Ende der Gefahrtragung** ein, ist der Versicherer natürlich nicht leistungspflichtig. Andererseits endet seine Leistungspflicht nicht unbedingt mit dem Ende der Gefahrtragung. Ist der Versicherte nämlich bereits während der Gefahrtragungsdauer berufsunfähig geworden, wird die Leistungspflicht des Versicherers nicht dadurch aufgehoben, dass zB durch Kündigung oder Vertragsumwandlung mit dem formellen Vertragsende auch das Ende der Gefahrtragung herbeigeführt wird (→ Rn. 237).

III. Ursachen der Berufsunfähigkeit

133   Der Versicherungsfall setzt nach **Abs. 2** voraus, dass der Versicherte seinen zuletzt ausgeübten Beruf „**infolge Krankheit, Körperverletzung oder mehr als altersentsprechendem Kräfteverfall**" voraussichtlich auf Dauer ganz oder teilweise nicht mehr ausüben kann. Diese gesundheitlichen Ursachen sind nach § 2 Abs. 1 S. 1 BU/BUZ – natürlich – **ärztlich nachzuweisen**. Eine Vereinheitlichung der Begutachtungsstandards soll dabei durch Leitlinien erreicht werden, die von

---

[400] *Rixecker* in Beckmann/Matusche-Beckmann VersR-HdB § 46 Rn. 97; vgl. auch *Lücke* in Prölss/Martin VVG § 172 Rn. 29.
[401] *Lücke* in Prölss/Martin VVG § 172 Rn. 30.
[402] *Neuhaus* Berufsunfähigkeitsversicherung Kap. G Rn. 190; *Rixecker* in Beckmann/Matusche-Beckmann VersR-HdB § 46 Rn. 89; OLG München VersR 2007, 1686; aA aber *Lücke* in Prölss/Martin VVG § 172 Rn. 31.
[403] Anders KG VersR 2004, 723.
[404] Vgl. *Rixecker* in Beckmann/Matusche-Beckmann VersR-HdB § 46 Rn. 104.
[405] OLG Celle VersR 2006, 1201; *Rixecker* in Langheid/Rixecker VVG § 172 Rn. 7; *Lücke* in Prölss/Martin VVG § 172 Rn. 28.

medizinischen Fachgesellschaften entwickelt worden sind.[406] Dieser Nachweis muss allerdings nicht durch Befunde der Apparatemedizin geführt werden (was in Teilbereichen der Psychiatrie ohnehin zu einer Nichtdiagnostizierbarkeit wissenschaftlich anerkannter Erkrankungen führen würde), sondern kann auch dadurch erfolgen, dass ein Arzt seine Diagnose auf die Beschwerdenschilderung des Patienten stützt.[407] Berufsunfähigkeit aus anderen Gründen (→ Rn. 138) ist nicht versichert. Auf welche der gesundheitlichen Beeinträchtigungen die Berufsunfähigkeit zurückgeht, ist ohne Belang. Zu Risikoausschlüssen → Rn. 179 ff.

1. Krankheit, Körperverletzung und mehr als altersentsprechender Kräfteverfall. 134
Unter **Krankheit** iSd Berufsunfähigkeitsversicherung wird allgemein jeder körperliche oder geistige Zustand verstanden, der vom normalen Gesundheitszustand so stark und so nachhaltig abweicht, dass er geeignet ist, die berufliche Leistungsfähigkeit oder die berufliche Einsatzmöglichkeit dauerhaft auszuschließen oder zu beeinträchtigen.[408] Dabei entscheiden nicht die subjektiven Empfindungen des Versicherten,[409] maßgebend ist allein, ob der regelwidrige physische oder psychische Zustand (nicht aber unbedingt eine konkrete Krankheit) ärztlich festgestellt wurde. Im Gegensatz zum Krankheitsbegriff der Krankenversicherung kommt es auf die Behandlungsbedürftigkeit nicht an.[410] Ob die Krankheit überhaupt behandelt werden kann, ist ebenfalls ohne Bedeutung. Die Erkrankung muss nicht unbedingt mit einer Verringerung der Leistungsfähigkeit verbunden sein, vielmehr können auch andere Umstände den erkrankten Versicherten an der Ausübung seines Berufes hindern, so zB ein abstoßendes Erscheinungsbild, die Gefahr einer Ansteckung Dritter,[411] gesetzliche bzw. behördliche Tätigkeitsverbote[412] oder Quarantäneanordnungen. In all diesen Fällen wird die Berufsunfähigkeit sich aber häufig auf bestimmte Berufe beschränken oder – wie bei Quarantänemaßnahmen – nicht von hinreichender Dauer sein (→ Rn. 119 ff.). Versichert sind aber dauerhafte Erkrankungen, die als Spätfolgen einer zurückliegenden und auf den ersten Blick überwundenen Infektion auftreten, wie dies gerade bei einer Coronaerkrankung häufiger der Fall ist.[413] Eine Ansteckungsfahr muss bei alltäglichen Kontakten bestehen, so dass bspw. eine diagnostizierte HIV-Infektion allein nicht ohne Weiteres schon zur Berufsunfähigkeit führt.[414] Die bloße Disposition zu einer Krankheit, noch nicht manifeste Erkrankungen, eine Infektiosität allein,[415] eine erhöhte Infektionsgefahr bestimmter Personengruppen[416] oder eine geringe persönliche Belastbarkeit reichen nicht aus.[417] Der Begriff der Krankheit kann vertraglich abweichend („psycho-physische Fitness") definiert werden.[418]

Auch **psychische Erkrankungen** können zu Berufsunfähigkeit führen, und zwar nicht nur, 135
wenn sie organisch bedingt sind (etwa: Demenz, Chorea Huntington), sondern auch dann, wenn sich – wie bei Depressionen oder „somatoformen" Schmerz- oder Funktionsstörungen – eine organische Störung objektiv nicht feststellen lässt.[419] In diesen Fällen wird dem Versicherten allerdings häufig der Nachweis schwerfallen, dass es sich um eine Erkrankung handelt und nicht lediglich um eine psychische Befindlichkeitsstörung (Stimmungsschwankungen, Unlust, Erschöpfungszustand, Schlaf- und Konzentrationsstörungen, Angstzustände etc). Es reicht dann nicht aus, dass der Versicherte lediglich auf solche psychischen Störungen hinweist; er muss vielmehr näher darlegen, welche

---

[406] *Rogler* in Ernst/Rogler BUV § 2 Rn. 285 ff.
[407] Vgl. BGH VersR 1999, 838.
[408] Vgl. etwa OLG Frankfurt a. M. VersR 2003, 979; *Rixecker* in Beckmann/Matusche-Beckmann VersR-HdB § 46 Rn. 67; *Neuhaus* Berufsunfähigkeitsversicherung Kap. 6 Rn. 9.
[409] OLG Köln BeckRS 2018, 40123 (sich krank fühlen; Erwartung einer Krankheit).
[410] OLG Frankfurt a. M. VersR 2003, 979.
[411] *Lücke* in Prölss/Martin VVG § 172 Rn. 38.
[412] *Lücke* in Prölss/Martin VVG § 172 Rn. 38; anders wohl *Rixecker* in Beckmann/Matusche-Beckmann VersR-HdB § 46 Rn. 70; ausführlich zu dieser Problematik *Neuhaus* Berufsunfähigkeitsversicherung in Zeiten von Corona und Pandemien S. 82 ff.; *Neuhaus* VersR 2021, 205, 209.
[413] *Neuhaus* Berufsunfähigkeitsversicherung in Zeiten von Corona und Pandemien S. 63.
[414] *Rixecker* in Beckmann/Matusche-Beckmann VersR-HdB § 46 Rn. 70.
[415] *Neuhaus* Berufsunfähigkeitsversicherung in Zeiten von Corona und Pandemien S. 62.
[416] *Neuhaus* Berufsunfähigkeitsversicherung in Zeiten von Corona und Pandemien S. 66 ff. (Ausnahmen bei Zusammentreffen mehrerer Risikofaktoren möglich).
[417] BGH VersR 1995, 1431.
[418] OLG Frankfurt a. M. VersR 2003, 979.
[419] Vgl. OLG Düsseldorf VersR 2000, 1400 (psychisch bedingte Allergie eines Kochs beim Anblick von Fett und tierischem Eiweiß); LG München I r+s 2008, 388 (schwere Persönlichkeitsstörung mit anankastischen und zwanghaften Zügen); LG Arnsberg BeckRS 2016, 124375 (Zwangsstörung des Inhabers eines Bestattungsunternehmens, dem Kontakte mit Verstorbenen und Kunden nicht mehr zumutbar sind). Zu psychischen Erkrankungen vgl. die ausführliche Darstellung bei *Neuhaus* Berufsunfähigkeitsversicherung Kap. 6 Rn. 70 ff.; *Neuhaus* VersR 2021; 1329.

gesundheitlichen Hindernisse ihn in welcher konkreten Weise daran hindern, seinen Beruf auszuüben (etwa: Art, Dauer und Intensität der Störungen, Dauerhaftigkeit des Zustands, Ausmaß der Beeinflussung der beruflichen Tätigkeit).[420] Ein psychiatrisches Gutachten muss eine eingehende Exploration und eine kritische Überprüfung der Beschwerdeschilderung enthalten und darf sich nicht allein auf ärztliche Zeugnisse stützen, die lediglich die Angaben des Versicherten referieren.[421] In der Praxis wird Störungen, die sich durch willentliche Anspannung überwinden lassen, häufig kein die Berufsunfähigkeit beeinträchtigender oder aufhebender Krankheitswert beigemessen.[422] Bei einer phasenweise auftretenden Störung der Fähigkeit zur Anpassung an belastende Lebensereignisse ist die Dauer der Krankheitsphasen entscheidend.[423] Da in der Psychiatrie Feststellungen nicht mit einer an Sicherheit grenzenden Wahrscheinlichkeit getroffen werden können, soll für die Feststellung somatoformer Beschwerden eine Wahrscheinlichkeitsquote von 80–90 % ausreichen.[424]

136 „**Körperverletzung**" ist eine physische Beeinträchtigung der körperlichen Unversehrtheit wie auch eine physisch oder psychisch bedingte Störung der inneren Lebensvorgänge.[425] Psychische Beeinträchtigungen sind auch ohne organische Störung als Körperverletzung anzusehen, soweit sie behandlungsbedürftig sind.[426]

137 „**Kräfteverfall**" bezeichnet das Nachlassen der körperlichen oder geistigen Kräfte oder eine Minderung der Belastbarkeit; als Ursache einer Berufsunfähigkeit müssen diese Erscheinungen über den altersentsprechenden, mehr oder weniger jeden treffenden Befund hinaus gehen.[427] Ob das der Fall ist, wird durch einen Vergleich mit der betreffenden Altersgruppe, nicht mit der betreffenden Berufsgruppe festgestellt.[428] Ein die Berufsunfähigkeit herbeiführender („normaler") altersbedingter Kräfteverfall ist infolgedessen nicht versichert, sofern die Parteien nicht eine abweichende vertragliche Regelung getroffen haben.[429]

138 **2. Kausalität zwischen gesundheitlicher Beeinträchtigung und Unfähigkeit der Berufsausübung.** Berufsunfähigkeit setzt voraus, dass der Versicherte **infolge** seiner gesundheitlichen Beeinträchtigungen an der Ausübung seines Berufes (und ggf. einer vergleichbaren Tätigkeit, → Rn. 141 ff.) gehindert wird. Die Einschränkung der Berufsausübung muss also **kausal** auf den gesundheitlichen Zustand des Versicherten zurückzuführen sein. Nicht versichert ist demzufolge eine Reduzierung oder Aufgabe der Berufstätigkeit aus anderen Gründen, so etwa wegen zu hoher Leistungsanforderungen oder veralteter Kenntnisse, mangels eines hinreichenden Angebots von Arbeitsplätzen (→ Rn. 154) oder wegen Verbots oder Unzulässigkeit der Berufsausübung (etwa: Entlassung einer Ärztin aus dem amtsärztlichen Dienst).[430] Dagegen ist die notwendige Kausalität zu bejahen, wenn Krankheit, Körperverletzung oder Kräfteverfall am Anfang einer Kausalkette stehen, die dann – über den Entzug etwa von Fahr- oder Gewerbeerlaubnis – zu einer Berufsunfähigkeit führt.[431] Ist die Einstellung der Berufstätigkeit auf zeitgleich eintretende gesundheitliche wie auch wirtschaftliche Gründe zurückzuführen, muss feststehen, dass der Versicherte auch ohne die ökonomische Entwicklung (etwa: Auflösung seines Arbeitsverhältnisses, Insolvenz seines Unternehmens) zur Fortführung seines Berufes gesundheitlich nicht mehr in der Lage gewesen wäre.[432]

139 **Reserveursachen** sind nach dem Vertragszweck **nicht zu berücksichtigen**. Wäre der Versicherte nach Eintritt der Berufsunfähigkeit aus anderen Gründen an einer Berufsausübung gehindert worden – etwa aufgrund einer Inhaftierung, eines Berufsverbots, eines mit der ursprünglichen Gesundheitsbeeinträchtigung nicht in Zusammenhang stehenden Unfalls –, so wird der Versicherer

---

[420] OLG Saarbrücken NJW-RR 2007, 755; ZfS 2018, 523; näher dazu *Rixecker* in Beckmann/Matusche-Beckmann VersR-HdB § 46 Rn. 72.
[421] OLG Dresden VersR 2020, 1124.
[422] OLG Köln VersR 2002, 1365 (chronisches Erschöpfungssyndrom); OLG Koblenz r+s 2003, 337 (somatoforme Schmerzstörung), OLG Koblenz ZfS 2005, 404 (durch Versorgungswunsch motivierte psychische Fehlverarbeitung eines Unfalls); OLG Saarbrücken VersR 2007, 974; OLG Koblenz VersR 2013, 1296; abwägend *Neuhaus* Berufsunfähigkeitsversicherung Kap. 6 Rn. 87.
[423] BGH VersR 2007, 777; vgl. auch OLG Saarbrücken r+s 2006, 293 (Vorinstanz).
[424] OLG Hamm VersR 1997, 817; zust. *Neuhaus* Berufsunfähigkeitsversicherung Kap. 6 Rn. 221; krit. *Rixecker* in Beckmann/Matusche-Beckmann VersR-HdB § 46 Rn. 71.
[425] Vgl. nur *Neuhaus* Berufsunfähigkeitsversicherung Kap. 6 Rn. 23; *Höra* in MAH VersR § 26 Rn. 88.
[426] *Rixecker* in Beckmann/Matusche-Beckmann VersR-HdB § 46 Rn. 68.
[427] *Neuhaus* Berufsunfähigkeitsversicherung Kap. 6 Rn. 24.
[428] *Neuhaus* Berufsunfähigkeitsversicherung Kap. 6 Rn. 25.
[429] Begr. RegE, BT-Drs. 16/3945, 105; *Lücke* in Prölss/Martin VVG § 172 Rn. 40.
[430] BGH VersR 2007, 821.
[431] OLG Hamm VersR 1995, 84 (Fahrverbot für Handelsvertreter aufgrund epileptischer Anfälle); *Rixecker* in Beckmann/Matusche-Beckmann VersR-HdB § 46 Rn. 77.
[432] OLG Saarbrücken VersR 2007, 96.

dadurch von seiner Leistungspflicht nicht befreit.⁴³³ Zwar hätte der Versicherte in diesen Beispielen seinen Beruf auch dann nicht ausüben können, wenn er gesund geblieben wäre. Dies ändert aber nichts daran, dass der Versicherer für die einmal eingetretene Berufsunfähigkeit seine Leistung versprochen hat und die Notwendigkeit einer existentiellen Absicherung im Versicherungsfall – für welche der Versicherungsnehmer schließlich seine Prämien entrichtet hatte – mit dem Eintritt der Reserveursache nicht entfällt. Ebenso ist zu entscheiden, wenn bei bereits bestehender Berufsunfähigkeit eine Kausalkette in Gang gesetzt wird, die auf einen vertraglich (vgl. §§ 5 S. 2 BU, 3 S. 2 BUZ, → Rn. 179 ff.) **vom Versicherungsschutz ausgeschlossenen Umstand** zurückzuführen ist (etwa: Schädigung durch innere Unruhen oder Strahlenunfall) und zu einer Gesundheitsbeeinträchtigung führt, die ihrerseits ebenfalls den vertragsgemäßen Grad an Berufsunfähigkeit verursacht hätte.

Ein ursächlicher Zusammenhang zwischen gesundheitlicher Beeinträchtigung und Berufsunfähigkeit liegt auch dann vor, wenn der Versicherte die Beeinträchtigung durch medizinische Maßnahmen beseitigen oder mildern könnte, sich aber **keiner Therapie unterzieht.** Eine dahingehende Obliegenheit ist idR nicht vereinbart; die in früheren Bedingungswerken enthaltene Verpflichtung des Versicherten, die von einem untersuchenden oder behandelnden Arzt nach gewissenhaftem Ermessen zwecks Heilung oder Minderung der Berufsunfähigkeit getroffenen Anordnungen zu befolgen, ist in den neueren Versionen der BU und BUZ nicht mehr enthalten.⁴³⁴ Allerdings besteht für den Versicherten im Rahmen der allgemeinen, jedem Vertragsverhältnis zugrunde liegenden Rücksichtnahmepflicht nach §§ 241 Abs. 2, 242 BGB eine **Kooperationsobliegenheit**, die ihn anhält, in freilich engen Grenzen bei der Geltendmachung seiner Rechte auch den Interessen der Gegenseite Rechnung zu tragen. Dieser Gesichtspunkt lässt die Berufung auf eine Berufsunfähigkeit dann nach Treu und Glauben als rechtsmissbräuchlich erscheinen, wenn der Versicherte ihre Voraussetzungen durch eine einfache, gefahrlose, nicht mit Schmerzen verbundene, sichere Aussicht auf Erfolg bietende oder eine wesentliche Besserung versprechende medizinische Maßnahme vermeiden kann⁴³⁵ und er sich einer solchen Behandlung (etwa: Physiotherapie⁴³⁶) ohne Bestehen einer Berufsunfähigkeitsversicherung auch ohne Weiteres unterziehen würde. Ein operativer Eingriff genügt diesen Kriterien in aller Regel nicht,⁴³⁷ ebenso wenig eine psychotherapeutische Behandlung, die dem Versicherten die Offenlegung intimer Details abnötigt.⁴³⁸ Außerdem sind auch etwa zu erwartende Nebenwirkungen von Medikamenten⁴³⁹ oder die mit einer bestimmten Therapie verbundene zeitliche, physische oder psychische Belastung zu berücksichtigen.⁴⁴⁰ Ob die Voraussetzungen einer Kooperationsobliegenheit bejaht werden können, ist nicht aus der Sicht eines verständigen Sachverständigen, sondern des eines verständigen Versicherten zu beurteilen. Dessen Leistungsanspruch entfällt nicht, wenn eine medizinische Behandlung aufgrund einer unzutreffenden ärztlichen Diagnose oder nicht sachgerechter therapeutischer Maßnahmen unterbleibt bzw. nicht zu dem erwarteten Erfolg führt.⁴⁴¹

IV. Keine Verweisung auf vergleichbare Tätigkeit (Abs. 3)

1. Vereinbarung einer Verweisungsmöglichkeit. Nach **Abs. 3** können die Parteien als zusätzliche **Voraussetzung** für eine Leistungspflicht des Versicherers **vereinbaren,** dass die versicherte Person, nachdem sie ihren bisherigen Beruf nicht mehr ausüben kann, de facto auch keine andere nach Fähigkeiten, Ausbildung und Lebensstellung vergleichbare Tätigkeit **ausübt** (Fall 1) oder eine solche Tätigkeit nicht einmal mehr **ausüben könnte** (Fall 2).⁴⁴² Nach der letzten, in der Praxis weit verbreiteten Alternative erhält der Versicherte mithin so lange keine Leistungen, wie ihm noch die Ausübung irgendeiner vergleichbaren Tätigkeit möglich ist (→ Rn. 149 ff.). Eine derartige „**abstrakte Verweisung**" enthalten auch die Musterbedingungen mit ihrer Formulierung,

---

⁴³³ Ebenso *Rixecker* in Beckmann/Matusche-Beckmann VersR-HdB § 46 Rn. 87; anders OLG Celle VersR 2006, 394.
⁴³⁴ Näher *Neuhaus* Berufsunfähigkeitsversicherung Kap. 10 Rn. 82 ff.
⁴³⁵ Vgl. OLG Saarbrücken VersR 2005, 63; OLG Hamm VersR 1992, 1120; iErg zust. die hM, *Rixecker* in Beckmann/Matusche-Beckmann VersR-HdB § 46 Rn. 79; *Lücke* in Prölss/Martin VVG § 172 Rn. 43; *Klenk* in Looschelders/Pohlmann VVG § 172 Rn. 24.
⁴³⁶ Vgl. OLG Saarbrücken VersR 2005, 63.
⁴³⁷ Vgl. etwa OLG Saarbrücken VersR 2004, 1401.
⁴³⁸ *Rixecker* in Beckmann/Matusche-Beckmann VersR-HdB § 46 Rn. 202.
⁴³⁹ Vgl. BGH VersR 1991, 450.
⁴⁴⁰ *Rixecker* in Beckmann/Matusche-Beckmann VersR-HdB § 46 Rn. 79.
⁴⁴¹ *Rixecker* in Beckmann/Matusche-Beckmann VersR-HdB § 46 Rn. 79.
⁴⁴² Rechtsprechungsüberblick bei *Hörste* VersR 1994, 1023; *Bellinghausen* VersR 1995, 5; krit. zur Möglichkeit, eine Negativbedingung zu vereinbaren *Bruns* PrivVersR § 27 Rn. 8.

dass bei einer versicherten Person nur dann Berufsunfähigkeit eintrete, wenn sie zur Ausübung einer anderen Tätigkeit außerstande sei, „zu der sie aufgrund ihrer Ausbildung und Fähigkeiten in der Lage ist und die ihrer bisherigen Lebensstellung entspricht" (§ 2 Abs. 1 BU/BUZ – Alternativfassung). Die Modalitäten einer Verweisung sind dabei stets den zugrunde liegenden AVB zu entnehmen.[443] Im Lichte einer EuGH-Entscheidung[444] zur Transparenz einer (französischen) Arbeitsunfähigkeitsversicherung wird dabei in Zukunft jeweils genau zu prüfen sein, ob das konkrete Regelwerk die Reichweite des bei einer „abstrakten Verweisung" (nur) gewährten Versicherungsschutzes wirklich so darstellt, dass der „betroffene Verbraucher in der Lage ist, die sich für ihn daraus ergebenden wirtschaftlichen Folgen auf der Grundlage genauer und nachvollziehbarer Kriterien einzuschätzen".[445] Zu den Beratungs- und Informationspflichten des Versicherers → Rn. 6 f. Zur Verweisung bei einer Ausbildungsversicherung → Rn. 109.

142 In der ersten, für den Versicherten günstigeren Alternative des Abs. 3 wird dagegen eine „**konkrete Verweisung**" formuliert: Nach den Musterbedingungen tritt hier Berufsunfähigkeit bereits dann ein, wenn die versicherte Person zur Ausübung ihres bisherigen Berufes außerstande ist und auch tatsächlich „keine andere Tätigkeit ausübt, die ihrer bisherigen Lebensstellung entspricht" (§ 2 Abs. 1 BU/BUZ). In der Praxis finden auch Mischformen Verwendung, so etwa in Gestalt von Klauseln, wonach sich die grds. vorgesehene abstrakte Verweisung auf eine nur noch konkrete Verweisung beschränkt, wenn der Versicherte nach Vollendung eines bestimmten Lebensjahres berufsunfähig wird und die Restlaufzeit des Vertrages eine bestimmte Anzahl von Jahren nicht überschreitet.[446]

143 Dem Versicherer steht es frei, Berufsunfähigkeitsversicherungen auch **ohne** jede **Verweisungsmöglichkeit** anzubieten, so dass seine Leistungspflicht bereits dann entsteht, wenn der Versicherte seinen zuletzt ausgeübten Beruf nicht mehr ausüben kann. Geht der Versicherungsnehmer bei Antragstellung aufgrund einer entsprechenden Beratung durch einen Vertreter davon aus, dass die ins Auge gefasste Versicherung keine Verweisungsklausel enthält, sieht aber der Versicherungsschein gleichwohl eine solche Klausel vor, ohne dass der Versicherer bei Übersendung auf diese Abweichung hinweist, gilt der Vertrag nach § 5 Abs. 3 als ohne Verweisungsklausel geschlossen.[447]

144 **2. Stichtagsprinzip.** Für die Beurteilung der Frage, ob der Versicherte nach seiner Ausbildung und seinen Fähigkeiten sowie unter Berücksichtigung seiner bisherigen Lebensstellung auf eine andere Tätigkeit verwiesen werden kann, ist auf den **Zeitpunkt** abzustellen, in welchem **Berufsunfähigkeit** (nach der Behauptung des Versicherten) im bisher ausgeübten Beruf **eingetreten** ist (→ Rn. 49),[448] und zwar auch dann, wenn der Versicherte die Leistungen aus der Versicherung erst von einem späteren Zeitpunkt an beansprucht oder wegen verzögerter Anspruchstellung erst beanspruchen kann.[449] Qualifikationen und Kompetenzen, die der Versicherte nach Vertragsschluss, aber vor Eintritt des Versicherungsfalls erworben hat, können also im Rahmen der Verweisung Berücksichtigung finden.[450] Dieses **Stichtagsprinzip** kann sich sowohl zugunsten wie auch zum Nachteil des Versicherten auswirken.

145 Existiert bei Eintritt der Berufsunfähigkeit ein bestimmtes Berufsbild noch nicht, ist eine Verweisung auch dann nicht möglich, wenn sich später ein entsprechender neuer Beruf herauskristallisiert.[451] Kenntnisse und Fähigkeiten, die der Versicherte erst **nach dem Stichtag erworben** hat oder (etwa durch Umschulungsmaßnahmen) hätte erwerben können, dürfen ihm bei der Frage nach etwaigen Verweisungsmöglichkeiten nicht entgegengehalten und daher vom Versicherer bei der Abgabe seines Anerkenntnisses (das sich zeitlich auf den Eintritt des Versicherungsfalls bezieht, → § 173 Rn. 9) nicht berücksichtigt werden.[452] Allerdings kann die erforderliche Prognose dauerhafter Berufsunfähigkeit (→ Rn. 119 ff.) daran scheitern, dass durch den absehbaren Erwerb neuer Qualifikationen mit der Möglichkeit der Aufnahme einer Vergleichstätigkeit zu rechnen ist.[453]

---

[443] OLG Karlsruhe VersR 2012, 1165.
[444] EuGH 23.4.2015 – C-96/14 (Van Hove/CNP Assurances SA), VersR 2015, 605; dazu *Armbrüster* NJW 2015, 1788.
[445] EuGH Urt. v. 23.4.2015 – C-96/14 (Van Hove/CNP Assurances SA) Rn. 50, VersR 2015, 605.
[446] Vgl. BGH VersR 2007, 821.
[447] LG Landshut r+s 2008, 79.
[448] BGH VersR 1987, 753; VersR 1995, 159; VersR 1999, 1134; VersR 2000, 349; VersR 2007, 631; OLG Saarbrücken NJW-RR 2007, 755.
[449] BGH VersR 1995, 159; VersR 2000, 349; OLG Köln VersR 2002, 345.
[450] BGH VersR 1986, 1113.
[451] *Rixecker* in Beckmann/Matusche-Beckmann VersR-HdB § 46 Rn. 111.
[452] BGH VersR 1987, 753; VersR 1995, 159.
[453] *Lücke* in Prölss/Martin VVG § 172 Rn. 80.

Ob der Versicherer **nach Abgabe eines Anerkenntnisses erworbene** Kenntnisse und Fähigkeiten im Zuge eines **Nachprüfungsverfahrens** (vgl. § 174) berücksichtigen darf, hängt von den getroffenen Vereinbarungen ab (→ § 174 Rn. 14).[454] In den §§ 9 Abs. 1 S. 2 BU, 6 Abs. 1 S. 2 BUZ ist eine entsprechende Möglichkeit vorgesehen.   146

Kann der Versicherte umgekehrt **bei Eintritt des Versicherungsfalls** auf einen **Vergleichsberuf** verwiesen werden (den er nicht ergreift), verliert er dann aber nach dem Stichtag den Anschluss an die berufliche Entwicklung, weil seine Kenntnisse und Fähigkeiten im Laufe der Zeit hinter den Anforderungen der beruflichen Praxis zurückbleiben, oder kann er später wegen der allgemeinen Situation auf dem Arbeitsmarkt in dem Vergleichsberuf keine Stelle mehr finden, liegt keine Berufsunfähigkeit vor. Diese kann allenfalls dann eintreten, wenn der Versicherte später den Vergleichsberuf aus gesundheitlichen Gründen nicht mehr aufnehmen kann.[455]   147

Dass der Versicherte **nach Eintritt des Versicherungsfalls** eine Tätigkeit ausübt, auf welche der Versicherer ihn nach Maßgabe der für die Verweisung einschlägigen Kriterien (→ Rn. 156–174) nicht verweisen dürfte, ändert nichts an seiner Berufsunfähigkeit. Der Versicherer darf keinen Vorteil daraus ziehen, dass der Versicherte von sich aus eine unzumutbare Tätigkeit übernimmt.[456]   148

3. Gesundheitliche Eignung zur Aufnahme des Verweisungsberufs (Abs. 3 Fall 2). Jede **abstrakte Verweisung** setzt zunächst voraus, dass der Versicherte die ihm angesonnene Tätigkeit bei Eintritt der Berufsunfähigkeit „ausüben kann". Dies ist – selbstverständlich – nicht der Fall, wenn die gesundheitlichen Beschränkungen den Versicherten nicht nur an der Weiterführung des zunächst ausgeübten, sondern (in dem vereinbarten Umfang) auch an der Aufnahme des Verweisungsberufs hindern. Ist der Versicherte dagegen zu dem maßgeblichen Zeitpunkt zur Ausübung des Verweisungsberufs in der Lage, kann auch noch zu einem späteren Zeitpunkt Berufsunfähigkeit eintreten, wenn diese Eignung aus gesundheitlichen Gründen verloren geht. Dabei spielt es keine Rolle, ob der Versicherte den Vergleichsberuf aufgenommen hatte oder nicht.[457] Zur Unmöglichkeit, trotz bestehender Verweisbarkeit einen *Arbeitsplatz* zu finden, → Rn. 154.   149

4. Existenter und auf dem Arbeitsmarkt nachgefragter Beruf. Der Versicherte „kann" außerdem eine ihm angetragene vergleichbare Tätigkeit nur dann ausüben, wenn das betreffende Berufsbild überhaupt existiert[458] und auf dem allgemeinen Arbeitsmarkt auch nachgefragt wird. Der Versicherer kann daher nicht auf einen Beruf verweisen, den es (jedenfalls in einem bestimmten Gebiet) nicht gibt[459] oder der doch nur so selten anzutreffen ist, dass von einem allgemeinen Arbeitsmarkt nicht die Rede sein kann.[460] Ein solcher Arbeitsmarkt existiert regelmäßig auch nicht für Arbeitsplätze, die von vornherein behindertengerecht ausgestattet sein müssen.[461] Auch auf eine Wiedereingliederungsmaßnahme kann der Versicherte nicht verwiesen werden.[462] Gesetzes- und sittenwidrige Tätigkeiten stellen keinen Beruf iSd Abs. 3 dar.[463]   150

Der Versicherte kann allerdings nicht nur auf solche Tätigkeiten verwiesen werden, die auszuüben ihm an seinem Wohnort möglich ist, sondern muss nach Treu und Glauben auch zu einer gewissen **räumlichen Mobilität** bereit sein. Ein tägliches Pendeln kann ihm in den Grenzen der Zumutbarkeit stets, eine Abwesenheit während der Arbeitswoche je nach Beruf und Üblichkeit, ein vollständiger Umzug dagegen nur ausnahmsweise[464] zugemutet werden. Maßgebend sind stets die Umstände des Einzelfalls, im Hinblick auf einen möglichen Umzug insbes. etwa das Alter des Versicherten, die Art der Berufstätigkeit sowie die familiäre Situation. So kann bspw. von einem Dachdecker mit Familie, der wegen eines polyallergischen Bronchialasthmas seine Tätigkeit im Binnenland nicht mehr ausüben kann, kein Umzug in allergenfreie Orte an der See oder im Hochge-   151

---

[454] BGH VersR 1987, 753; OLG Stuttgart MDR 2016, 274; *Lücke* in Prölss/Martin VVG § 172 Rn. 80.
[455] BGH VersR 2007, 631.
[456] OLG Düsseldorf r+s 1990, 215; OLG Frankfurt a. M. VersR 1999, 352; *Lücke* in Prölss/Martin VVG § 172 Rn. 97.
[457] BGH VersR 1993, 1220; 2007, 631.
[458] Vgl. etwa OLG Düsseldorf VersR 1996, 879: „Frisurendemonstrateurin".
[459] LG Saarbrücken VersR 1999, 1534 (angestellter Heilpraktiker in Rheinland-Pfalz/Saarland, da Beruf auf eine selbständige Ausübung angelegt).
[460] Vgl. BGH VersR 1999, 1134 („Hof- und Platzmeister"); OLG Düsseldorf VersR 2000, 1400 (Koch in einem vegetarischen Restaurant im ländlichen Raum); OLG Koblenz VersR 2002, 557 (Bilderrahmenmacher, Gehäusebauer); OLG Saarbrücken NJW-RR 2003, 528 (Telefonistin); ferner OLG Düsseldorf VersR 1996, 879; OLG Hamm VersR 2007, 384; OLG Nürnberg VersR 2015, 833.
[461] OLG Koblenz VersR 2002, 557.
[462] OLG Nürnberg VersR 2012, 843 f.
[463] Vgl. *Lücke* in Prölss/Martin VVG § 172 Rn. 106.
[464] Vgl. *Rüther* NVersZ 1999, 497.

birge erwartet werden.[465] Dagegen muss sich ein allein stehender Versicherter mit einem qualifizierten Beruf, welcher von vornherein nur regional begrenzt nachgefragt wird und von seinem Träger eine erhöhte Umzugsbereitschaft verlangt, auch im Verweisungsfall eher zu einem Ortswechsel bequemen.[466]

152 Die für Arbeitslose geltenden Regeln des **§ 140 Abs. 4 SGB III** (etwa: Zumutbarkeit von Pendelzeiten von weniger als zweieinhalb Stunden bei einer Arbeitszeit von mehr als sechs Stunden, sofern in der Region nicht längere Pendelzeiten üblich sind; regelmäßige Zumutbarkeit eines Umzugs zur Aufnahme einer Beschäftigung außerhalb des zumutbaren Pendelbereichs vom vierten Monat der Arbeitslosigkeit an) sind wegen der unterschiedlichen Interessenlage *nicht* in die Berufsunfähigkeitsversicherung – auch nicht als „Richtschnur" – zu übernehmen.[467] Während die Bestimmungen des SGB III sozialpolitische Ziele verfolgen (Verkürzung der Arbeitslosigkeit, insbes. Vermeidung von Dauerarbeitslosigkeit), geht es im vorliegenden Zusammenhang schlicht um die Frage, welche Gegenleistung für seine Prämienzahlung der Versicherte im Rahmen des privatrechtlichen Vertrages nach Treu und Glauben erwarten kann. In Ermangelung gegenteiliger Absprachen wird die Grenze der Zumutbarkeit für Pendeln und Umzug im Vergleich tendenziell eher als im Sozialversicherungsrecht erreicht sein.

153 Ein regulärer **Arbeitsmarkt existiert nicht** für Nischen- und Schonarbeitsplätze. Um einen **Nischenarbeitsplatz** handelt es sich bei Stellen, die in Einzelfällen nach den besonderen Anforderungen eines bestimmten Betriebes geschaffen oder auf spezielle Bedürfnisse eines bestimmten Mitarbeiters zugeschnitten sind.[468] **Schonarbeitsplätze** sind dadurch charakterisiert, dass sie aufgrund sozialer Verantwortung des Arbeitgebers an Mitarbeiter vergeben werden, deren Leistungsfähigkeit sich während ihrer Betriebszugehörigkeit gemindert hat.[469] In beiden Fällen hat ein externer Bewerber praktisch keine Chancen, einen solchen Arbeitsplatz zu erhalten, so dass eine abstrakte Verweisung darauf in aller Regel ausscheidet (zur konkreten Verweisung → Rn. 177); auf jeden Fall müsste der Versicherer im Einzelfall die Verweisungsvoraussetzungen darlegen und beweisen.[470] Ein Beamter kann dann nicht auf eine Tätigkeit in einer anderen Laufbahn verwiesen werden, wenn gar **keine Planstelle** zur Verfügung steht.[471] Ist es dem Versicherten aber wider Erwarten gelungen, einen Nischen- oder Schonarbeitsplatz zu besetzen, so ist er nicht berufsunfähig.

154 Bei funktionierendem Arbeitsmarkt – wenn also auch für Arbeitsuchende mit gesundheitlichen Beeinträchtigungen Arbeitsplätze vorhanden sind, für welche diese Einschränkungen nicht gelten – ist dagegen eine Verweisung stets möglich. Der Versicherer ist daher ein in einem solchen Fall nicht leistungspflichtig, wenn der Versicherte aus anderen als gesundheitlichen Gründen seinen Arbeitsplatz verliert oder – etwa weil freie Arbeitsplätze in dem Verweisungsberuf vorübergehend nicht zur Verfügung stehen oder die Anzahl der Bewerber die der freien Stellen übersteigt – keinen Arbeitsplatz findet.[472] Das „**Arbeitsplatzrisiko**" ist in der Berufsunfähigkeitsversicherung nicht mitversichert und muss infolgedessen vom Versicherten selbst getragen werden. Dies gilt auch dann, wenn der Versicherte zunächst einen Verweisungsberuf nicht antritt und dann zu einem späteren Zeitpunkt bei unverändertem Gesundheitszustand keine Arbeit mehr findet, weil die für den ursprünglichen oder die für den Verweisungsberuf erforderlichen beruflichen Kenntnisse und Fähigkeiten inzwischen verloren gegangen oder hinter dem allgemeinen Kenntnisstand zurückgeblieben sind. Hier geht die (auch den Verweisungsberuf erfassende) Berufsunfähigkeit nicht auf gesundheitliche Einschränkungen zurück.[473] Der Versuch, unter Hinweis auf Treu und Glauben und den Erwartungshorizont des durchschnittlichen Versicherungsnehmers das Vorliegen von Berufsunfähigkeit für den Fall zu begründen, dass der zur Ausübung seines früheren Beruf unfähig gewordene Versicherte aufgrund der Arbeitsmarktsituation einen Vergleichsberuf nicht ausüben kann,[474] wird vom Wortlaut der üblichen Bedingungswerke (Unfähigkeit zur Ausübung seines Vergleichsberufs aus *gesundheitlichen* Gründen) nicht gedeckt und hat in der Praxis dementsprechend keine Resonanz gefunden.

---

[465] OLG Saarbrücken VersR 2003, 50.
[466] *Rixecker* in Beckmann/Matusche-Beckmann VersR-HdB § 46 Rn. 130.
[467] Anders OLG Saarbrücken VersR 2003, 50; *Rixecker* in Beckmann/Matusche-Beckmann VersR-HdB § 46 Rn. 130 („mit aller Vorsicht"); *Lücke* in Prölss/Martin VVG § 172 Rn. 105.
[468] BGH VersR 1999, 1134; OLG Düsseldorf VersR 1996, 879; OLG Hamm VersR 2007, 384; OLG Frankfurt a. M. VersR 2007, 1358; *Rixecker* in Beckmann/Matusche-Beckmann VersR-HdB § 46 Rn. 135.
[469] OLG Frankfurt a. M. VersR 2007, 1358; OLG Hamm VersR 2008, 949 („Pförtner"); vgl. auch OLG Saarbrücken NJW-RR 1998, 949; OLG Düsseldorf VersR 2001, 972.
[470] *Lücke* in Prölss/Martin VVG § 172 Rn. 109.
[471] Vgl. aber OLG Frankfurt a. M. VersR 1996, 46.
[472] BGH VersR 1989, 579; 1997, 436; 1999, 1134; OLG Nürnberg VersR 2015, 833; OLG Hamm VersR 2016, 1361; dazu *Rüther* NVersZ 1999, 497.
[473] BGH VersR 2007, 631.
[474] Vgl. *Rüther* NVersZ 1999, 497 (504).

155 Anders ist aber die Rechtslage, wenn ein Versicherter, der zur Aufnahme einer Verweisungstätigkeit theoretisch durchaus noch in der Lage wäre, **wegen seiner gesundheitlichen Handicaps** von **keinem Arbeitgeber eingestellt** wird. In einer solchen Situation verwirklicht sich nicht das vom Versicherten zu tragende Arbeitsplatzrisiko, sondern das Risiko, aus gesundheitlichen Gründen de facto nicht mehr berufstätig sein zu können. Dieses Risiko wird aber von der Berufsunfähigkeitsversicherung gerade mit umfasst.[475] Maßgeblich ist dabei, welche konkreten Voraussetzungen in der Praxis von Arbeitgebern an einen bestimmten Beruf gestellt werden, nicht etwa, ob theoretisch eine Arbeitsmarktsituation denkbar ist, bei der angesichts weniger Bewerber und zahlreicher freier Stellen auch der gesundheitlich gehandicapte Versicherte noch einen Arbeitsplatz finden würde.[476] Kann der Versicherte dagegen bei gleich bleibendem Gesundheitszustand in einem Verweisungsberuf allein aus *Altersgründen* nicht Fuß fassen, gilt dies nicht, weil sich die Versicherung nur auf eine Berufsunfähigkeit aus gesundheitlichen Gründen bezieht.[477]

5. Der Ausbildung und den Fähigkeiten des Versicherten entsprechende Tätigkeit. Im **156** Rahmen einer abstrakten Verweisung (→ Rn. 141) muss eine Ausübung der Tätigkeit, auf welche der Versicherer den Versicherten verweisen will, diesem nach seiner **Ausbildung** und seinen **Fähigkeiten möglich** sein. Das ist zunächst dann nicht der Fall, wenn die eine Ausbildung abschließende **formale Qualifikation** (Studienabschluss, (Meister-) Prüfung,[478] abgeschlossene Ausbildung, Fahrerlaubnis) nicht gegeben ist[479] oder die erforderlichen Spezialkenntnisse nicht vorliegen[480] oder die Ausübung der Tätigkeit das Vorliegen anderer objektiver Kriterien wie Alter, Religionszugehörigkeit, Mitgliedschaft in einer Organisation, Wahl in ein Amt usw voraussetzt, die der Versicherte nicht erfüllen kann.[481] Ein fehlender formaler Abschluss kann allerdings uU durch Berufspraxis und -erfahrung ausgeglichen werden.[482]

Verfügt der Versicherte über eine solche für die Ausübung des Verweisungsberufs erforderliche **157** formale Qualifikation, heißt dies umgekehrt aber nicht zwingend, dass er damit (selbst bei angemessener Einarbeitung, → Rn. 159) auch zur Ausübung einer jeden Tätigkeit in der Lage ist, die auf der betreffenden Qualifikation aufbaut. Mit dem Berufsabschluss erworbene **Fähigkeiten** können nämlich inzwischen durch Spezialisierung des Versicherten, fehlende Berufspraxis in einem Teilbereich oder eine vom Versicherten nicht nachvollzogene Fortentwicklung des Berufsbildes **verloren gegangen** sein.[483] In einem solchen Fall ist darauf abzustellen, ob der Versicherte das konkrete Anforderungsprofil der ins Auge gefassten Verweisungstätigkeit (immer noch) bewältigen kann.[484] Nach entsprechender Darlegung dieses Anforderungsprofils durch den Versicherer trägt der Versicherte entsprechend den allgemeinen Regeln (→ Rn. 263) die Beweislast dafür, dass ihm die Ausübung der Tätigkeit nach seinen individuellen Kenntnissen und Fähigkeiten nicht möglich ist.[485]

Jenseits formaler Qualifikationen ist der Versicherte nur auf solche Tätigkeiten verweisbar, **158** deren Ausübung im Hinblick auf Kenntnisse (etwa: Fremdsprachen, Beherrschung der deutschen Sprache,[486] Umgang mit Computern), Fähigkeiten (etwa: persönliche Gewandtheit im Umgang, sicheres Auftreten, Kontaktfreudigkeit[487]) und Erfahrungen von ihm nach **Ausbildung** und **Berufspraxis** erwartet werden kann („Obergrenze").[488] Auf Aufstiegs- und Vorgesetztenpositionen kann ein Versicherter nicht verwiesen werden, wenn er weder bei der Führung von Mitarbeitern noch bei der Organisation von Arbeitsabläufen (etwa: bei der Disposition über größere Warenmengen)

---

[475] OLG Saarbrücken r+s 1998, 38; OLG Karlsruhe VersR 2000, 1401; vgl. auch OLG Hamm VersR 1997, 817; OLG Stuttgart r+s 1998, 432; *Lücke* in Prölss/Martin VVG § 172 Rn. 107; *Rüther* NVersZ 1999, 497; krit. *Wachholz* NVersZ 1999, 507.
[476] OLG Saarbrücken r+s 1998, 38.
[477] *Klenk* in Looschelders/Pohlmann VVG § 172 Rn. 48; wohl auch *Neuhaus* Berufsunfähigkeitsversicherung Kap. 8 Rn. 31; aA *Lücke* in Prölss/Martin VVG § 172 Rn. 108.
[478] Vgl. BGH VersR 1999, 1134; LG Saarbrücken VersR 1999, 1534.
[479] OLG Karlsruhe VersR 2009, 969.
[480] OLG Hamm VersR 1992, 1120 (1249).
[481] *Rixecker* in Beckmann/Matusche-Beckmann VersR-HdB § 46 Rn. 133.
[482] OLG Hamm VersR 1994, 417.
[483] Vgl. OLG Koblenz VersR 2013, 1296; *Lücke* in Prölss/Martin VVG § 172 Rn. 79.
[484] Vgl. dazu BGH VersR 1991, 450.
[485] Anders *Lücke* in Prölss/Martin VVG § 172 Rn. 79.
[486] Vgl. BGH VersR 1991, 1397.
[487] OLG Karlsruhe VersR 1995, 1341; anders wohl KG VersR 1995, 1473 (Umgangsformen und soziale Kompetenz „Allgemeingut" bzw. für einen Verkäufer nicht erforderlich).
[488] OLG Karlsruhe r+s 1995, 235 (keine Verweisung eines Gipsermeisters auf die Tätigkeit des Geschäftsführers einer Bauträgergesellschaft); OLG Karlsruhe VersR 2009, 969 (keine Verweisung eines Elektrohandwerksmeisters auf die Tätigkeit als Projektleiter in Großunternehmen); ferner OLG Karlsruhe VersR 1992, 1075 (1077).

Erfahrungen vorweisen kann.[489] Ob ein im Außendienst eingesetzter Versicherter auf eine Tätigkeit im Innendienst verwiesen werden kann, hängt davon ab, ob er nach vielleicht jahrzehntelanger Außendiensttätigkeit die im Innendienst anfallenden Verwaltungsvorgänge noch beherrscht.[490] Andererseits muss der Versicherte im Hinblick auf den Erhalt der bisherigen Lebensstellung (→ Rn. 161) solche Tätigkeiten nicht übernehmen, deren Ausübung deutlich geringere Erfahrungen und Fähigkeiten als der bisher ausgeübte Beruf erfordert („Untergrenze"). Berücksichtigungsfähig sind sämtliche Kenntnisse, Fähigkeiten und Erfahrungen, über die der Versicherte verfügt, auch wenn er sie bei seiner bisherigen Berufsausübung tatsächlich nicht einsetzen musste, und zwar ohne Rücksicht darauf, auf welchem Wege diese Kompetenzen erlangt worden sind.[491]

159 Eine Obliegenheit zur **Umschulung oder zum sonstigen Erwerb neuer beruflicher Kenntnisse** (wie zB zum Erwerb von PC-Grundkenntnissen[492]) trifft den Versicherten (vorbehaltlich abweichender Absprachen im Versicherungsvertrag) nicht,[493] wohl aber ergibt sich aus der vertraglich vereinbarten Verweisungsmöglichkeit als solcher, dass er zur Einarbeitung in die Verweisungstätigkeit mit einem Aufwand bereit sein muss, wie ihn der Antritt einer jeden neuen Stelle mit sich bringt.[494] Die Grenzen zwischen dem Erwerb neuer beruflicher Fähigkeiten und einer angemessenen Einarbeitung sind freilich fließend. Welcher Aufwand von dem Versicherten noch erwartet werden kann, ist unter Berücksichtigung seiner vorhandenen Qualifikationen einer- und dem konkret erforderlichen Zeitaufwand andererseits im Einzelfall zu ermitteln;[495] dementsprechend erscheint es wenig hilfreich, in diesem Zusammenhang auf eine feste Frist (wie etwa auf die im Sozialversicherungsrecht praktizierte Einarbeitungszeit von drei Monaten[496]) abzustellen.[497] So sind in der Praxis bspw. ein 14-tägigen Röntgenkurs für eine auf den Beruf der Arzthelferin verwiesene Pflegekrankenschwester[498] oder eine drei- bis sechsmonatige Einarbeitung in die PC-Bedienung einer in ihren früheren Beruf als Verwaltungsangestellte zurückkehrenden, jetzt aber als Berufskraftwagenfahrerin tätigen Versicherten[499] als zumutbare Einarbeitung, dagegen die neunmonatige Einweisung eines Gas- und Wasserinstallateurgesellen in den Beruf eines technischen Auftragssachbearbeiters in der Gas- und Wasserinstallation[500] oder die mehrmonatige Vorbereitung einer Krankenschwester auf die Tätigkeit einer Arzthelferin oder Hygienefachschwester[501] als umschulungsgleiche Maßnahmen und damit als unzumutbar angesehen worden. Die Schwelle zur Unzumutbarkeit ist tendenziell höher anzusetzen, wenn der Erwerb neuer Kenntnisse und Fähigkeiten unter **Wahrung von Status und Einkommen** durchgeführt werden kann, so etwa bei einem auf den mittleren Verwaltungsdienst verwiesenen Polizeibeamten, der zunächst in seiner beamtenrechtlichen Rechtsstellung verbleibt, während der Ausbildungszeit von seiner bisherigen Tätigkeit befreit ist und der das Ausbildungsziel in Anbetracht seiner bisherigen Ausbildung und Berufserfahrung mit aller Wahrscheinlichkeit erreichen kann (vgl. aber auch → Rn. 153 zum Erfordernis einer Planstelle).[502] Ein Auszubildender, der gesundheitsbedingt seine Lehre abbrechen muss, kann auf eine andere Ausbildung verwiesen werden,[503] sofern der neue Ausbildungsberuf eine dem ursprünglich ins Auge gefassten Beruf entsprechende Lebensstellung erwarten lässt.[504]

160 **6. Der bisherigen Lebensstellung des Versicherten entsprechende Tätigkeit.** Eine Verweisung ist nur dann zulässig, wenn die von dem Versicherten derzeit ausgeübte oder die angesonnene Tätigkeit seiner „bisherigen Lebensstellung entspricht". Das ist der Fall, wenn es sich um eine Tätigkeit handelt, die im Hinblick auf Vergütung und soziale Wertschätzung nicht spürbar unter dem Niveau der bisher ausgeübten Tätigkeit liegt (§ 2 Abs. 1 S. 2 BU/BUZ – Grundvorschrift und

---

[489] OLG Düsseldorf VersR 1996, 879.
[490] Vgl. dazu BGH VersR 1991, 450.
[491] BGH VersR 1993, 1472; OLG Köln VersR 1999, 1532.
[492] Vgl. OLG Saarbrücken NJW-RR 2003, 528.
[493] BGH VersR 1990, 885; VersR 1997, 436; VersR 2000, 171; offen lassend OLG Frankfurt a. M. r+s 1997, 82.
[494] BGH VersR 1995, 159; OLG Frankfurt a. M. r+s 1997, 82.
[495] So *Klenk* in Looschelders/Pohlmann VVG § 172 Rn. 47.
[496] Vgl. *Rüther* NVersZ 1999, 407 (501); *Richter* VersR 1988, 1207 (1212 Fn. 54).
[497] Krit. *Rixecker* in Beckmann/Matusche-Beckmann VersR-HdB § 46 Rn. 114.
[498] LG Düsseldorf r+s 2000, 171.
[499] OLG Saarbrücken VersR 2009, 971.
[500] OLG Hamm VersR 1997, 479.
[501] OLG Saarbrücken OLGR 2003, 353.
[502] OLG Frankfurt a. M. VersR 1996, 46; vgl. auch OLG München VersR 1986, 669; OLG Nürnberg VersR 1992, 1387; OLG Saarbrücken VersR 1992, 1388; OLG Karlsruhe r+s 1994, 436; krit. *Rixecker* in Beckmann/Matusche-Beckmann VersR-HdB § 46 Rn. 115; *Klenk* in Looschelders/Pohlmann VVG § 172 Rn. 47.
[503] BGH VersR 2011, 655; OLG Dresden VersR 2008, 1251.
[504] *Lücke* in Prölss/Martin VVG § 172 Rn. 78.

Alternativfassung). Die Verweisungstätigkeit darf also keine deutlich geringeren Kenntnisse und Fähigkeiten erfordern (→ Rn. 161) und in ihrer Vergütung (→ Rn. 162 ff.) wie in ihrer Wertschätzung (→ Rn. 172 ff.) nicht spürbar hinter dem bisher ausgeübten Beruf zurückbleiben.[505] Geringe Einbußen und Abweichungen von der bisherigen Arbeitszeit muss der Versicherte in zumutbarem Umfang hinnehmen.[506] Entscheidend ist, ob bei einer **Gesamtbetrachtung** aller Kriterien der **soziale Status** des Versicherten **erhalten** bleibt oder sich ein sozialer Abstieg feststellen lässt.[507] Berücksichtigung finden dabei auch hinreichend sichere Aufstiegschancen, nicht aber lediglich vage Zukunftsperspektiven.[508] Der soziale Status wird uU selbst dann nicht gewahrt, wenn der Versicherte in dem neuen Beruf ein höheres Einkommen erzielen kann.[509]

a) Keine geringeren Kenntnisse und Fähigkeiten. Da die bisherige Lebensstellung des **161** Versicherten vor allem durch die zuletzt von ihm ausgeübte Tätigkeit geprägt wird, kann der Versicherte nicht auf solche Tätigkeiten verwiesen werden, deren Ausübung ihn im Hinblick auf **Erfahrungen** und **Fähigkeiten** deutlich **unterfordert**.[510] Dieses Kriterium spricht in erster Linie Selbstverständnis und Selbstwertgefühl an. In der Regel – wenn auch nicht zwingend – wird damit gleichzeitig auch die Verweisung auf eine Tätigkeit mit geringerem Sozialprestige verbunden sein (→ Rn. 172 ff.). Bei dem in diesem Zusammenhang stets erforderlichen Vergleich zwischen dem ursprünglich ausgeübten und dem in Rede stehenden Verweisungsberuf ist darauf abzustellen, welche konkreten Tätigkeiten in beiden Berufen anfallen und welche konkreten Kenntnisse, Erfahrungen und Fähigkeiten in den zu vergleichenden Tätigkeitsbereichen jeweils benötigt werden.[511] Dass sich die zu vergleichenden Tätigkeiten in Bezug auf die Art und Weise der einzelnen Verrichtungen entsprechen oder ähneln, ist nicht erforderlich.[512]

b) Keine spürbare Einkommenseinbuße. aa) Einkommensvergleich. Ob der Versicherte **162** durch die Annahme der Verweisungstätigkeit eine spürbare Einkommenseinbuße erleiden würde, ist zu ermitteln durch einen **Vergleich des Einkommens** (einschließlich Arbeitslosengeld[513]), das er in seinem bisherigen Beruf ohne gesundheitliche Beeinträchtigung erzielen konnte, mit dem Einkommen, das er in dem Verweisungsberuf – ebenfalls ohne gesundheitliche Beeinträchtigung – erzielen könnte.[514] Maßgebend für die Berechnung des bisher erzielten Einkommens ist grds. der Zeitpunkt, in dem der Versicherungsfall eingetreten ist (→ Rn. 49). Eine fiktive Fortschreibung auf den Zeitpunkt der Verweisung wird grds. nicht vorgenommen, kann aber ausnahmsweise dann erfolgen, wenn aufgrund eines besonders langen Zeitraums[515] zwischen dem Eintritt der Berufsunfähigkeit und ihrer Nachprüfung eine objektive Vergleichbarkeit des Einkommens und der damit verbundenen Lebensstellung nicht mehr gewährleistet wäre.[516] In diesem Fall richtet sich die Fortschreibung nach der konkreten Lohnentwicklung im Ursprungsberuf und der allgemeinen Entwicklung der Lebenshaltungskosten.[517] Steht die Berufsunfähigkeit am Ende eines länger andauernden Krankheitsverlaufs und dadurch fortlaufend absinkenden Leistungsniveaus, ist darauf abzustellen, über welches Einkommen der Versicherte zu dem Zeitpunkt verfügte, an welchem seine Leistungsfähigkeit noch nicht beeinträchtigt war (→ Rn. 74)[518] Liegt dieser Zeitpunkt schon längere

---

[505] BGH VersR 1986, 1113; VersR 1997, 436; OLG Saarbrücken NJW-RR 1997, 791; KG VersR 2008, 105; OLG Celle NJW-RR 2020, 420.
[506] OLG Düsseldorf VersR 2018, 1497.
[507] BGH VersR 2010, 1023; VersR 2018, 152; OLG Hamm VersR 2001, 1411; OLG Koblenz VersR 2003, 1431; OLG Bremen VersR 2009, 1605; OLG Karlsruhe VersR 2012, 1419; 2013, 747. – Rechtsprechungsübersicht bei *Rogler* in Ernst/Rogler Berufsunfähigkeitsversicherung BUV § 2 Rn. 585.
[508] LG Nürnberg-Fürth r+s 2018, 209.
[509] BGH VersR 2018, 152.
[510] BGH VersR 1986, 1113; VersR 1993, 953; VersR 1992, 1073; VersR 1997, 436; VersR 2017, 147; OLG Düsseldorf VersR 1996, 879; OLG Saarbrücken NJW-RR 1997, 791; OLG Frankfurt a. M. r+s 1998, 480; OLG Oldenburg VersR 1998, 1010; OLG Köln VersR 2002, 345.
[511] BGH VersR 1997, 436; OLG Braunschweig VersR 2000, 620; OLG Karlsruhe VersR 2007, 1212; beispielhaft OLG Köln VersR 1999, 1532 ff.
[512] OLG Koblenz VersR 2003, 1431 (angestellter Schlosser kann auf Hausmeistertätigkeit verwiesen werden).
[513] BGH VersR 2012, 427 f.
[514] OLG Saarbrücken VersR 2009, 971; *Rixecker* in Beckmann/Matusche-Beckmann VersR-HdB § 46 Rn. 119; *Neuhaus* Berufsunfähigkeitsversicherung Kap. 8 Rn. 75; *Lücke* in Prölss/Martin VVG § 172 Rn. 85; *Neuhaus/Kloth* MDR 2017, 318.
[515] Vorschlag von *Neuhaus* VersR 2019, 1464: fünf Jahre.
[516] BGH VersR 2019, 1001 (mAnm. *Looschelders* NJW 2019, 2777; zT krit. *Neuhaus* VersR 2019, 1464); OLG Oldenburg VersR 2017, 606; OLG Celle VersR 2017, 870; r+s 2020, 285.
[517] OLG Oldenburg VersR 2017, 606.
[518] Vgl. BGH VersR 1993, 1470; OLG Saarbrücken VersR 2004, 54.

Zeit zurück, sind entsprechend der wirtschaftlichen Entwicklung zwischenzeitlich eingetretene Einkommenszuwächse fiktiv in Ansatz zu bringen.[519]

163 Von der Rspr. wird sowohl ein Vergleich des Brutto- wie auch des Nettoeinkommens zugelassen.[520] Vorzugswürdig ist allerdings ein Vergleich auf **Brutto-Basis,** weil nur er einen wirtschaftlichen Vergleich des Marktwerts einer Tätigkeit erlaubt, während das Nettoeinkommen vom Familienstand und verschiedenen, sich in steuerlichen Abzugsmöglichkeiten niederschlagenden externen Faktoren (→ Rn. 170) abhängt.[521] Allerdings sind vom Bruttobetrag die zur Erzielung der Einkünfte erforderlichen Werbungskosten in Abzug zu bringen.[522]

164 Während sich das (bisherige wie zukünftige) Monats- bzw. Jahreseinkommen bei abhängig Beschäftigten relativ einfach feststellen lässt (Monatsabrechnungen, Einkommensteuerbescheid),[523] müssen einem Vergleich bei Selbständigen und Freiberuflern, aber auch in anderen Fällen schwankenden Einkommens (häufiger Berufswechsel,[524] Arbeitslosigkeit) zwecks Vermeidung von Zufallsergebnissen sowohl bei der Feststellung des früheren wie auch bei der Einschätzung des zukünftig erzielbaren Einkommens **repräsentative Zeiträume** (etwa: ein bis zwei Jahre) zugrunde gelegt werden. Dies führt bspw. dazu, dass bei einem Versicherten, der kurz nach Antritt einer gut bezahlten Stelle, in einem befristeten Arbeitsverhältnis oder noch in der Probezeit berufsunfähig wird, nicht nur das zum Zeitpunkt des Versicherungsfalls erzielte Einkommen in Ansatz zu bringen ist, sondern für einen gewissen Zeitraum auch die zurückliegenden, von Arbeitslosigkeit oder geringerem Verdienst geprägten Phasen berücksichtigt werden müssen.[525] Die „bisherige Lebensstellung", auf welche Abs. 3 abstellt, wird dann eben nicht nur durch das letzte Einkommen, sondern auch durch die vorangehende Erwerbsbiographie charakterisiert.[526] Ähnliche Erwägungen sind anzustellen, wenn der Versicherte bei Eintritt des Versicherungsfalls einer relativ hoch bezahlten Tätigkeit nachging, diese aber vorhersehbar nur für einen bestimmten Zeitraum noch hätte ausüben können (etwa: Berufsfußballspieler, Model). Hier geht die in Zukunft nahezu sichere, von vornherein feststehende zeitliche Beschränkung der Berufsausübung in die Bewertung der „bisherigen Lebensstellung" ein.[527] In solchen Fällen kann der Versicherte schon unter diesem Aspekt auf Tätigkeiten verwiesen werden, die ihm nur ein geringeres Einkommen sichern.[528] Andererseits muss ein repräsentativer Zeitraum auch bei der Entscheidung darüber in Betracht gezogen werden, ob die im Verweisungsberuf zu erwartenden Einkommenseinbußen zumutbar sind. So ist etwa nach einer Betriebsgründung nicht auf das Einkommen in der Gründungsphase, sondern das langfristig erzielbare Durchschnittseinkommen abzustellen.[529]

165 Zum **Nachweis seiner Forderung** muss der Versicherte ggf. die notwendigen Angaben über die in den letzten Jahren erzielten Umsätze vorlegen und dazu Bilanzen, Gewinn- und Verlustrechnungen bzw. betriebswirtschaftliche Auswertungen beifügen. Eine entsprechende Obliegenheit ergibt sich etwa aus § 7 Abs. 1 S. 1 lit. d BU, § 4 Abs. 1 lit. d BUZ („Beschreibung des zuletzt ausgeübten Berufs der versicherten Person, deren Stellung und Tätigkeit im Zeitpunkt des Eintritts der Berufsunfähigkeit"). Gegen das Recht auf informationelle Selbstbestimmung (oder § 307 Abs. 1 BGB) verstößt diese Verpflichtung nicht.[530] Möglich ist auch, anstelle der Bilanzen oder einer Gewinn-Verlust-Rechnung die aus dem Unternehmen gezahlten Gehälter und sonstigen Entnahmen zugrunde zu legen.[531] Abschreibungen finden regelmäßig keine Berücksichtigung.[532] Schwarzgelder gehören nicht zum verfügbaren Einkommen.[533]

---

[519] Näher *Lücke* in Prölss/Martin VVG § 172 Rn. 85a.
[520] BGH VersR 1998, 42; 2012, 427 f. (Umstände des Einzelfalls); OLG Köln VersR 1993, 955; OLG Nürnberg VersR 1998, 1496.
[521] BGH VersR 1998, 42; OLG München VersR 1992, 1339; *Höra* in MAH VersR § 26 Rn. 196; für einen Vergleich des Nettoeinkommens dagegen OLG Saarbrücken OLGR 2006, 902; OLG Nürnberg VersR 1998, 1496 (jedenfalls bei abhängig Beschäftigten); *Rixecker* in Beckmann/Matusche-Beckmann VersR-HdB § 46 Rn. 122.
[522] OLG Saarbrücken OLGR 2006, 987.
[523] Vgl. dazu auch OLG Hamm r+s 1999, 432.
[524] OLG Oldenburg r+s 2011, 438.
[525] OLG Saarbrücken VersR 2004, 54; OLGR 2006, 987; OLG Oldenburg VersR 2010, 655.
[526] OLG Saarbrücken VersR 2004, 54; vgl. auch *Rixecker* in Beckmann/Matusche-Beckmann VersR-HdB § 46 Rn. 121.
[527] *Rixecker* in Beckmann/Matusche-Beckmann VersR-HdB § 46 Rn. 124.
[528] Einschränkend *Lücke* in Prölss/Martin VVG § 172 Rn. 94 f.
[529] BGH VersR 1998, 42; 2000, 171; OLG Saarbrücken VersR 2004, 54; vgl. auch *Lücke* in Prölss/Martin VVG § 172 Rn. 92.
[530] OLG Köln VersR 2008, 107.
[531] *Lücke* in Prölss/Martin VVG § 172 Rn. 93.
[532] *Lücke* in Prölss/Martin VVG § 172 Rn. 93; aA OLG Köln VersR 2004, 1587.
[533] OLG Köln VersR 2004, 1587.

bb) Spürbarkeit der Einkommenseinbuße. Bei der Beantwortung der Frage, ob eine spürbare Einkommenseinbuße vorliegt, sind – sofern die Parteien in diesem Punkt keine genauen Festlegungen getroffen haben[534] – keine absoluten Beträge oder feste Prozentsätze zugrunde zu legen; vielmehr muss im Einzelfall festgestellt werden, welche Konsequenzen die Aufnahme der Verweisungstätigkeit in concreto für die Lebensstellung des Versicherten hat, weil sich eine prozentuale Kürzung – je nachdem, ob das Einkommen vor Eintritt des Versicherungsfalls hoch oder niedrig war – unterschiedlich belastend auswirken kann.[535] Dementsprechend kann einem Gutverdiener tendenziell eine prozentual höhere Reduzierung zugemutet werden als einem Geringverdiener. Ob der Versicherte auf die Leistungen aus der Versicherung angewiesen ist oder seinen Lebensunterhalt aus anderen Quellen bestreiten kann, spielt bei der Festlegung der Spürbarkeitsgrenze keine Rolle.[536] 166

In Anbetracht der erforderlichen Einzelfallbetrachtung kann die Judikatur nur Anhaltspunkte liefern. Bei einem **relativ hohen Einkommen** (70.000 DM im Jahre 1998) konnte nach Auffassung des BGH nach einer Gehaltsminderung von fast einem Drittel die bisherige Lebensstellung nicht mehr aufrechterhalten werden, so dass eine Verweisung ausschied.[537] Ein versicherter Fußballspieler musste sich bei einem Ausgangsgehalt von 4.800 DM im Jahre 1998 und einer Einbuße iHv 21 % nicht auf die Tätigkeit etwa eines Disponenten verweisen lassen.[538] Andererseits sollte im selben Jahre bei einem Einkommen in vergleichbarer Größenordnung eine Einbuße iHv 23 % die Verweisung nicht unbedingt ausschließen.[539] Bei vorsichtiger Verallgemeinerung wird man annehmen können, dass **durchschnittliche Einkommensbezieher** eine Einbuße von 20–25 % akzeptieren müssen.[540] Nicht mehr akzeptabel war aber nach Auffassung des OLG Hamm bei einem Bruttomonatseinkommen von ca. 2.500 EUR im Jahre 2008 eine Verweisung mit einem um 28 % niedrigeren Einkommen.[541] 167

Bei **niedrigen Einkommen** können bereits geringere Prozentsätze zur Unzulässigkeit einer Verweisung führen.[542] Allerdings ist nach Auffassung des OLG Saarbrücken bei einem Jahreseinkommen von 20.000–25.000 EUR eine Einkommenseinbuße von unter 10% ohne weiteres hinzunehmen.[543] 168

Vorher erhaltene **variable Zuschläge** (Spesen, Zulagen, Boni, Tantiemen, Nebeneinkünfte) sind bei der Einkommensminderung in Ansatz zu bringen, sofern sie nicht zur Deckung zusätzlicher Kosten aufgewandt werden mussten[544] und zumindest mit hoher Wahrscheinlichkeit angenommen werden kann, dass sie auch in Zukunft in bisheriger oder jedenfalls nennenswerter Höhe angefallen wären.[545] 169

Fraglich ist, ob bei der Frage der Zumutbarkeit einer Einkommensminderung berücksichtigt werden kann, ob und ggf. in welchem Umfang der Versicherte **familienrechtliche Unterhaltspflichten** hat. Die Praxis zieht den Umstand, dass der Versicherte für den Lebensunterhalt der Familie allein aufkommen muss, jedenfalls als zusätzlichen Faktor in Betracht, um die Unzumutbarkeit einer Verweisung zu begründen,[546] andererseits die Tatsache, dass der Ehepartner ebenfalls 170

---

[534] Vgl. BGH VersR 2012, 427 (Einkommensverlust von 20 % und mehr unzumutbar).
[535] BGH VersR 1998, 42; VersR 1998, 1537; VersR 2017, 147; OLG Karlsruhe VersR 2007, 1212.
[536] *Lücke* in Prölss/Martin VVG § 172 Rn. 96.
[537] BGH VersR 1998, 1537; dazu auch OLG Nürnberg VersR 1989, 693 (keine Verweisung bei Einkommensverlust iHv 40 %); OLG Hamm VersR 2008, 949; VersR 1992, 1338 (28 % bzw. 26,5 % unzumutbar); OLG Köln VersR 1993, 955 (36 % unzumutbar); OLG München VersR 2011, 1254; r+s 2003, 166 (27,11 % bzw. 33 % unzumutbar); OLG Saarbrücken OLGR 2004, 9 (33 % unzumutbar); andererseits OLG Nürnberg VersR 1992, 1387 (Einkommensminderung iHv 30 % zumutbar).
[538] KG ZfS 2008, 163; vgl. aber auch LG Kaiserslautern VersR 1983, 172 (hauptamtlicher Jugendtrainer).
[539] BGH VersR 1998, 42.
[540] Vgl. dazu OLG Karlsruhe r+s 1994, 436 (20 % zumutbar); OLG Nürnberg VersR 1998, 1496 (18 % zumutbar); OLG Düsseldorf VersR 1998, 835 (15 % zumutbar); OLG Köln VersR 1999, 1532 (knapp 20 % zumutbar); vgl. aber auch OLG Hamm r+s 1999, 432 (23,6 % zumutbar).
[541] OLG Hamm VersR 2008, 949; vgl. aber auch OLG München r+s 2012, 89 (Kürzung um 21,53 % nicht hinnehmbar).
[542] OLG Karlsruhe VersR 2007, 1212 (Unzumutbarkeit einer Absenkung iHv 14 % bei einem Bruttomonatseinkommen von ca. 3.500 EUR im Jahre 2007); vgl. aber auch OLG Köln VersR 2001, 1225 (Einbuße iHv 15 % auf jeden Fall zumutbar); wie hier *Lücke* in Prölss/Martin VVG § 172 Rn. 86.
[543] OLG Saarbrücken VersR 2009, 971; OLG Celle VersR 2017, 870.
[544] OLG Hamm VersR 1992, 1358; OLG Karlsruhe VersR 2007, 1212.
[545] OLG Köln VersR 2001, 1225; OLG Saarbrücken VersR 2004, 54; OLG Düsseldorf VersR 2018, 1497; vgl. auch *Klenk* in Looschelders/Pohlmann VVG § 172 Rn. 55.
[546] OLG Karlsruhe VersR 2007, 1212 (alleinige Unterhaltspflicht eines verheirateten Versicherten mit zwei Kindern); vgl. auch OLG Hamm VersR 1992, 1338; r+s 1999, 432; OLG Köln VersR 1993, 955; KG ZfS 2008, 163.

verdient, um eine Zumutbarkeit zu bejahen.[547] Dies wird damit gerechtfertigt, dass die Lebensstellung des Versicherten in finanzieller Hinsicht eben gerade auch von seinem Familienstand und den sich daraus ergebenden Verpflichtungen abhänge.[548] Dagegen wird eingewandt, dass die Berücksichtigung von Unterhaltspflichten Manipulationsmöglichkeiten eröffne und auf diese Weise ein unterhaltspflichtiger Versicherter besser gestellt werde, weil er eher als berufsunfähig anzusehen sei.[549] In der Tat von der Überlegung auszugehen, dass das Ausmaß der Verweisungsmöglichkeit ein Bestandteil des vom Versicherer übernommenen Risikos darstellt[550] und sich dieses – um kalkulierbar zu bleiben – nur an den persönlichen Verhältnissen des Versicherten selbst und **nicht** an irgendwelchen **externen Faktoren** orientieren kann. So erscheint nicht einsichtig, dass bei gleicher Prämienzahlung ein Versicherter deswegen soll höhere Einkommenseinbußen hinnehmen müssen, weil zufällig sein Ehepartner ebenfalls berufstätig, oder nur niedrigere, weil sein studierendes Kind für einen längeren Zeitraum unterhaltsberechtigt ist. Außerdem können ebenso gut andere vorbestehende Verpflichtungen dazu führen, dass sich eine vormalige Lebensstellung bei Einkommenseinbußen in bestimmter Höhe nicht mehr halten lässt, so etwa, wenn der Versicherte aufgrund nur geringerer Einkünfte im Verweisungsberuf teure Hobbys nicht mehr finanzieren oder er seine Hypothekenzinsen nicht mehr zahlen kann und er oder daher sein Wohneigentum verkaufen muss. Es käme aber niemand auf die Idee, eine Verweisungsentscheidung von der Existenz derartiger Verpflichtungen abhängig zu machen. Externe Faktoren sollten daher generell nicht berücksichtigungsfähig sein.

171 Einkommenseinbußen lassen sich **nicht** durch **immaterielle Vorteile kompensieren,** so dass der Versicherer den Versicherten nicht auf eine deutlich schlechter bezahlte Tätigkeit mit der Begründung verweisen kann, dass dieser im Verweisungsberuf nicht mehr so hohen körperlichen Belastungen ausgesetzt ist,[551] mehr Freizeit oder eine geregeltere Arbeitszeit hat,[552] einen sicheren Arbeitsplatz zB im öffentlichen Dienst erlangt[553] oder über verbesserte Aufstiegschancen[554] verfügt. Im Versicherungsvertrag verspricht der Versicherer Schutz gegen gesundheitsbedingte Einkommenseinbußen in einem Beruf, für den der Versicherte sich im Bewusstsein aller Vor- und Nachteile frei entschieden hatte. Bei zulässiger Verweisung auf einen Vergleichsberuf muss er zwar Einbußen in einem gewissen Umfang akzeptieren. Er muss sich aber nicht Annehmlichkeiten aufdrängen (und als Kompensation einer Einkommensminderung anrechnen) lassen, auf die er bei seiner ursprünglichen Berufswahl verzichtet hatte und die ihm vielleicht gar nicht wichtig sind. Eine derart oktroyierte Kompensation als Begründung für einen Minderverdienst wird durch den geschlossenen Vertrag nicht gerechtfertigt.

172 c) **Spürbarer Verlust an Wertschätzung.** Da der soziale Status der versicherten Person durch die Verweisung nicht beeinträchtigt werden soll (→ Rn. 160) und dieser wiederum nicht nur von den Einkommensverhältnissen, sondern auch von dem mit der Ausübung eines bestimmten Berufs verbundenen Sozialprestige abhängt, darf eine Tätigkeit in dem Verweisungsberuf die soziale Wertschätzung des Versicherten **nicht spürbar verschlechtern.**[555] Es geht dabei nicht um das durch Leistung erworbene soziale Ansehen des einzelnen Berufsträgers, sondern um das Prestige, das der betreffende Beruf idR für jeden, der ihn ausübt, mit sich bringt.[556] Entscheidend dafür ist die Einschätzung des lokalen und sozialen Umfelds, in dem der Versicherte sich bewegt.[557] Indikatoren für das mit einem Beruf verbundene Sozialprestige sind die zu seiner Ausübung notwendige Ausbildung, eine besondere Vertrauenswürdigkeit, die Rolle des Vorgesetzten,[558] die Befugnis zu Entscheidungen über den Einsatz von Personen und Sachen, Planungs- und Gestaltungsfreiheit,[559] das mit

---

547 OLG Nürnberg VersR 1998, 1496 (erwerbstätige Ehefrau).
548 *Lücke* in Prölss/Martin VVG § 172 Rn. 88; *Klenk* in Looschelders/Pohlmann VVG § 172 Rn. 53.
549 *Leggewie* NVersZ 1998, 110; *Müller-Frank,* Aktuelle Rechtsprechung zur Berufsunfähigkeits- (Zusatz-) Versicherung, 7. Aufl. 2007, S. 94 f.
550 Vgl. auch *Leggewie* NVersZ 1998, 111: Veränderung des Familienstandes als Gefahrerhöhung?
551 OLG Karlsruhe VersR 2007, 1212; anders OLG Köln VersR 1999, 1532.
552 BGH VersR 2017, 147; OLG München r+s 2003, 166; anders aber OLG Nürnberg VersR 1992, 1387; LG Stuttgart VersR 1985, 254.
553 BGH VersR 1998, 1537; OLG Hamm VersR 2001, 1411 (soziale Absicherung bei früherer Scheinselbständigkeit); *Rixecker* in Beckmann/Matusche-Beckmann VersR-HdB § 46 Rn. 118; anders aber *Lücke* in Prölss/Martin VVG § 172 Rn. 89.
554 Jedenfalls zurückhaltend *Lücke* in Prölss/Martin VVG § 172 Rn. 90 (nur ausnahmsweise zu bejahen).
555 BGH VersR 2017, 216; OLG Saarbrücken VersR 2018, 540; zust. *Baumann* in Bruck/Möller VVG § 172 Rn. 221.
556 OLG Nürnberg VersR 1998, 1496; vgl. auch OLG Saarbrücken VersR 2007, 1212 („betriebliches Umfeld").
557 *Klenk* in Looschelders/Pohlmann VVG § 172 Rn. 57; wohl auch *Lücke* in Prölss/Martin VVG § 172 Rn. 101 f.
558 OLG Hamm VersR 1997, 817.
559 Vgl. LG Mannheim r+s 2013, 243 (kaufmännischer Niederlassungsleiter mit Gesamtprokura und Firmenkundenbetreuer).

der Tätigkeit verbundene Ausmaß von Selbständigkeit[560] sowie eine freie Einteilung der Arbeitszeit und verlängerte Urlaubszeiten.[561] In fehlenden **Weiterbildungs- und Aufstiegsmöglichkeiten** kann die geringere soziale Wertschätzung eines Berufs und des in ihm Tätigen zum Ausdruck kommen;[562] zu verbesserten Aufstiegschancen → Rn. 171. Ein Verlust an sozialer Wertschätzung verbunden mit geringeren Qualifikationsanforderungen in dem neuen Beruf kann durch ein höheres Einkommen und eine bessere soziale Absicherung nicht kompensiert werden.[563] Die Verweisung eines im Außendienst tätigen Versicherungsvermittlers auf die Innendiensttätigkeit eines Sachbearbeiters begegnet unter dem Aspekt der sozialen Wertschätzung aber zB keinen Bedenken.[564] Ebenso wenig ist der Beruf eines Dachdeckergesellen in der sozialen Wertschätzung der später ausgeübten Tätigkeit als kaufmännischer Angestellter[565] oder der Beruf eines Müllwerkers/Kraftfahrers der eines Lagerwarts[566] überlegen. Auch die Verweisung eines bislang als Vertreter des Chefarztes klinisch tätigen Facharztes für Frauenheilkunde auf eine Tätigkeit als niedergelassener Gynäkologe ist möglich.[567] Dagegen hat sich die Lebensstellung eines Versicherten verschlechtert, wenn er vor Eintritt des Versicherungsfalles auf einem sicheren, weil unbefristeten Arbeitsplatz beschäftigt war und nunmehr eine befristete Tätigkeit als wissenschaftlicher Mitarbeiter im Hochschulbereich ausübt.[568]

Signifikant für die soziale Bewertung eines Berufes ist vor allem seine Abhängigkeit von einem bestimmten **Ausbildungsniveau**, über die eine Verweisung sich nicht ohne weiteres hinwegsetzen darf. So braucht ein Versicherter mit Lehrberuf grds. keine Berufstätigkeit akzeptieren, für die keine Ausbildung erforderlich ist.[569] Andererseits muss sich ein ungelernter Versicherter idR mit einer Verweisung auf nahezu alle ungelernten und Anlerntätigkeiten abfinden;[570] etwas anderes kann aber gelten, wenn ein angelernter Arbeiter mit langjähriger Berufserfahrung und sich daraus ergebender Zusatzqualifikation auf die Tätigkeit eines ungelernten Arbeiters verwiesen werden soll.[571]

Die Verweisung eines **Selbständigen** auf eine abhängige Tätigkeit ist zwar nicht von vornherein ausgeschlossen.[572] Auch in diesem Fall sind aber die Vergleichsmaßstäbe dafür, ob die neue Tätigkeit der bisherigen Lebensstellung entspricht oder sich als sozialer Abstieg darstellt, der Berufsausübung vor Eintritt des Versicherungsfalls zu entnehmen. Es muss also ermittelt werden, welche konkreten Anforderungen (auch in organisatorischer und kaufmännischer Hinsicht) die bisherige Tätigkeit an den Versicherten stellte, welche Fähigkeiten dazu erforderlich waren, welches Einkommen mit ihr erzielt werden konnte und welche beruflichen Entwicklungsmöglichkeiten sie ihm konkret bot.[573] Maßgebend ist stets eine Bewertung des Einzelfalls. So kann es für den verantwortlichen Leiter und Mitinhaber einer Möbeltischlerei, der seine Arbeits- und Urlaubszeit frei bestimmen konnte, gegenüber seinen Mitarbeitern weisungsbefugt und für die Ausbildung von Lehrlingen verantwortlich war, selbst bei finanzieller Gleich- oder sogar Besserstellung einen nicht akzeptablen sozialen Abstieg bedeuten, wenn er in Zukunft weisungsunterworfen und mit festen Arbeitszeiten als Verkäufer arbeiten soll und dabei seine Fachkenntnisse nur teilweise einsetzen kann.[574] Andererseits ist entschieden worden, dass sich ein selbständiger Bäckermeister auf die Tätigkeit eines Filialleiters in der Lebensmittelbranche oder eine Vertretertätigkeit[575] oder auf eine Tätigkeit als städtischer Vollzugsbeamter[576] verweisen lassen muss. Auch wenn ein scheinselbständiger und de facto weisungsgebundener Subunternehmer in die Tätigkeit eines abhängig Beschäftigten wechselt, ist damit kein Verlust an öffentlichem Ansehen verbunden.[577]

---

[560] *Neuhaus* Berufsunfähigkeitsversicherung Kap. 8 Rn. 128 ff., *Lücke* in Prölss/Martin VVG § 172 Rn. 100; vgl. auch KG VersR 2011, 384.
[561] OLG Saarbrücken NJW-RR 2003, 528.
[562] BGH VersR 1990, 885; OLG Hamm VersR 1997, 817.
[563] Vgl. OLG Karlsruhe VersR 2013, 747.
[564] OLG Saarbrücken VersR 2004, 54.
[565] OLG Köln BeckRS 2021, 10673.
[566] OLG Brandenburg BeckRS 2021, 6917.
[567] OLG Saarbrücken NJW-RR 1997, 791.
[568] OLG Hamm VersR 2016, 452.
[569] OLG Braunschweig VersR 2000, 620; KG VersR 2008, 105; OLG Karlsruhe VersR 2012, 1419 (Stuckateur und Lagerist); *Baumann* in Bruck/Möller VVG § 172 Rn. 236; einschränkend aber BGH VersR 2010, 1023.
[570] OLG Köln VersR 1993, 600.
[571] BGH VersR 1993, 1472; VersR 1992, 1073; OLG Oldenburg VersR 1998, 1010.
[572] BGH VersR 1986, 278; VersR 1988, 234; NJW-RR 2017, 225; OLG Köln r+s 1991, 323; KG VersR 1993, 597; OLG Hamm VersR 2001, 1411; vgl. auch OLG Saarbrücken OLGR 2006, 987.
[573] BGH r+s 2003, 164.
[574] OLG Hamm VersR 1997, 817; vgl. auch OLG Celle r+s 2006, 513.
[575] KG VersR 1993, 597.
[576] OLG Köln VersR 1991, 1362.
[577] OLG Hamm VersR 2001, 1411.

175 Hatte der Versicherte bislang einen Betrieb gepachtet, kann er auf die **Gründung eines eigenen Betriebes** nur verwiesen werden, wenn dessen Gründung und Aufbau von ihm keinen unzumutbaren Aufwand und insbes. keinen nennenswert höheren Kapitalaufwand verlangt, als der gepachtete Betrieb erfordert.[578] Ähnlich setzt die – nicht von vornherein unzulässige[579] – Verweisung eines bislang unselbständig Tätigen auf eine selbständige Tätigkeit voraus, dass dem Versicherten der dazu erforderliche Einsatz von Kapital und die Übernahme des unternehmerischen Risikos zuzumuten sind. Das wird nur ausnahmsweise der Fall sein.[580] Unzumutbar ist auf jeden Fall die Verweisung auf eine abhängige Tätigkeit, wenn aufgrund einer schweren oder sogar tödlichen Erkrankung eine solche Tätigkeit voraussichtlich nur eine kurze Zeit wird ausgeübt werden können.[581]

176 **7. Konkrete Verweisung auf den ausgeübten Beruf (Abs. 3 Fall 1).** Enthält der Versicherungsvertrag eine „konkrete Verweisung" (→ Rn. 142), liegt Berufsunfähigkeit dann nicht vor, wenn der Versicherte de facto eine andere der bisherigen Vorbildung und Lebensstellung entsprechende Tätigkeit ausübt". Dies bedeutet praktisch, dass – soweit keine Obliegenheit zur Umschulung oder zur Aufnahme eines Verweisungsberufes vereinbart wurde – ein dauerhafter Leistungsanspruch entsteht, wenn der Versicherte nicht von sich aus eine den Kriterien des Abs. 3 entsprechende Tätigkeit aufnimmt.[582] Dies ist eine Konsequenz der konkreten Vertragsgestaltung, so dass bei Untätigbleiben des Versicherten eine Berufung auf Rechtsmissbrauch nicht möglich ist.[583]

177 Im Rahmen der Verweisung **beachtlich** sind aber nur **Tätigkeiten**, die den Kriterien des Abs. 3 (→ Rn. 156 ff.) entsprechen. Das ist zB nicht der Fall, wenn der Versicherte einen unzumutbaren Einkommensverlust hinnehmen muss. Nimmt der Versicherte überobligationsmäßige Belastungen auf sich (→ Rn. 75 ff.), schließt dies die Leistungspflicht des Versicherers nicht aus. Gelingt dem Versicherten wider Erwarten die Aufnahme einer Tätigkeit, obwohl er die vorausgesetzte formale Qualifikation nicht besitzt (→ Rn. 156), oder ist er auf einem Nischen- oder Schonarbeitsplatz (→ Rn. 153) eingestellt worden, kann er vom Versicherer keine Versicherungsleistung verlangen, wenn die Tätigkeit als solche von der Verweisung umfasst wird und die Schwierigkeit, einen solchen Arbeitsplatz zu erhalten, im konkreten Fall nicht verwirklicht hat.[584] Die tatsächliche Ausübung eines neuen Berufs indiziert grundsätzlich eine Wahrung der bisherigen Lebensstellung. Dass die Verweisungsvoraussetzungen in Wirklichkeit nicht vorliegen, muss der Versicherte darlegen und beweisen.[585]

178 Wird der ausgeübte **Beruf vom Versicherten wieder aufgegeben oder geht er auf andere Weise später wieder verloren,** setzt die Leistungspflicht des Versicherers wieder ein. Dabei kommt es nicht darauf an, ob die Beendigung der Tätigkeit auf gesundheitlichen oder anderen wie zB wirtschaftlichen Gründen beruht.[586]

V. Risikoausschlüsse

179 **1. Überblick. a) Individualvertragliche Ausschlüsse.** Grundsätzlich kommt es nicht darauf an, welche Umstände zu einer gesundheitlichen Beeinträchtigung (→ Rn. 133 ff.) und damit zur Berufsunfähigkeit geführt haben (vgl. § 5 S. 1 BU, § 3 S. 1 BUZ).[587] Allerdings können – etwa bei Vorliegen von Vorerkrankungen[588] – individualvertragliche Ausschlüsse vereinbart werden.[589] Derartige Risikoausschlüsse verfolgen das Ziel, nicht überschaubare und somit vom Versicherer nicht kalkulierbare Risiken vom Versicherungsschutz auszunehmen. Die Auslegung solcher Ausschlüsse erfolgt nicht unbedingt restriktiv,[590] sondern nach den allgemeinen Regeln der Vertragsauslegung. Sie sind also so zu interpretieren, wie der Erklärungsempfänger sie nach Treu und Glauben und unter Berücksichtigung des genannten Klauselzwecks verstehen durfte.[591] Hat – wie fast stets – der

---

[578] BGH VersR 1988, 234 (Pächter einer Waschstraße/selbständiger Waschstraßenbetreiber).
[579] Vgl. OLG Saarbrücken NJW-RR 1997, 791 (Oberarzt in Klinik/niedergelassener Gynäkologe).
[580] *Klenk* in Looschelders/Pohlmann VVG § 172 Rn. 59; *Rixecker* in Beckmann/Matusche-Beckmann VersR-HdB § 46 Rn. 129.
[581] OLG Karlsruhe VersR 2020, 1301.
[582] Vgl. OLG Dresden VersR 2008, 1251; *Lücke* in Prölss/Martin VVG § 172 Rn. 113.
[583] Einschränkend *Lücke* in Prölss/Martin VVG § 172 Rn. 113 („in krassen Fällen").
[584] OLG Frankfurt a. M. VersR 2007, 1358.
[585] OLG Hamm VersR 2016, 1361.
[586] BGH VersR 2017, 216.
[587] OLG Hamm VersR 2009, 818.
[588] OLG Koblenz VersR 1990, 768; LG Köln VersR 1990, 615; LG Bonn r+s 1997, 263.
[589] Beispiel BGH VersR 2012, 48: „Erkrankung des linken Auges".
[590] OLG Stuttgart VersR 2003, 1385; anders *Rixecker* in Beckmann/Matusche-Beckmann VersR-HdB § 46 Rn. 226.
[591] Vgl. LG Köln VersR 1990, 615; LG Bonn r+s 1997, 263.

gemäß § 242 BGB für ausgeschlossene Ursachen von „ganz untergeordneter Bedeutung" ist nicht zu machen,[598] schon weil dafür keine brauchbaren Abgrenzungskriterien zur Verfügung stehen.

185 **Reserveursachen** finden keine Beachtung (→ Rn. 139). Ist die versicherte Person daher aus vertraglich gedeckten Ursachen **vollständig berufsunfähig** geworden und hätten zu einem späteren Zeitpunkt andere, allerdings von einem Risikoausschluss erfasste Kausalfaktoren ebenfalls zur Berufsunfähigkeit geführt, so hat sich das vertraglich versicherte Risiko verwirklicht und der Versicherungsnehmer kann erwarten, dass der Versicherer die geschuldete Gegenleistung für die erhaltenen Prämien erbringt (Bsp.: Nach Eintritt von Berufsunfähigkeit fügt der Versicherte sich absichtlich selber Verletzungen zu, die auch – für sich betrachtet – eine Berufsunfähigkeit zur Folge gehabt hätten). Die Nichtbeachtlichkeit von Reserveursachen gilt allerdings auch im umgekehrten Fall, wenn vom Versicherungsschutz ausgeschlossene Kausalfaktoren (etwa: Selbstmordversuch) Berufsunfähigkeit (zumindest mit-) verursachen, eine später auftretende Erkrankung allerdings ebenfalls zum Eintritt des Versicherungsfalls geführt hätte. Hier ist mit dem Beginn dauerhafter Berufsunfähigkeit das versicherte Interesse entfallen und der Vertrag insoweit erloschen. Ein Anspruch auf Leistungen gegen den Versicherer – etwa von dem Zeitpunkt an, in welchem auch die spätere Erkrankung zur Berufsunfähigkeit geführt hätte – besteht daher nicht.[599]

186 Ist der Eintritt **teilweiser Berufsunfähigkeit** auf einen versicherten Umstand (zB Erkrankung) zurückzuführen und hat später eine von einem Ausschluss erfasste weitere Ursache (etwa: Teilnahme an inneren Unruhen) eine Erhöhung des Grades oder eine vollständige Berufsunfähigkeit zur Folge, besteht eine Leistungspflicht des Versicherers, soweit die zunächst eingetretene, vertraglich gedeckte Berufsunfähigkeit den vereinbarten Grad erreicht.[600] Eine Erhöhung der Versichererleistungen findet später jedoch nicht statt. Im umgekehrten Fall – nicht versicherte Ursache löst partielle Berufsunfähigkeit aus, später bringt eine vom Vertrag gedeckte Erkrankung vollständige Berufsunfähigkeit mit sich – kann der Versicherte Leistungen nur in dem Umfang beanspruchen, wie diese vollständige Berufsunfähigkeit auf die versicherte Ursache zurückzuführen ist.[601]

187 **2. Vorsätzliche Ausführung oder Versuch einer Straftat (§ 5 S. 2 lit. a BU, § 3 S. 2 lit. a BUZ).** Der Versicherer leistet in aller Regel nicht, wenn die versicherte Person – bei einer Versicherung auf die Person eines anderen also die Gefahrperson (→ Rn. 38) – ihre Berufsunfähigkeit durch die vorsätzliche Ausführung oder den Versuch einer **Straftat** verursacht hat (§§ 5 S. 2 lit. a BU, 3 S. 2 lit. a BUZ). Damit wird eine Gefahrtragung für selbstverschuldete Berufsunfähigkeit ausgeschlossen, deren Risiko mit der Ausführung einer Straftat häufig steigt und durch die Erregung und Furcht vor Entdeckung noch erhöht werden kann (→ § 178 Rn. 134). „Straftat" meint ein durch Kriminalstrafe sanktioniertes rechtswidriges Verhalten. Ebenso wie bei dem Parallelausschluss im Rahmen einer Unfallversicherung ist der strafrechtliche Vorsatzbegriff zu übernehmen (→ § 178 Rn. 136).[602] Der Leistungsausschluss greift auch ein, wenn der Versicherte durch die vorsätzliche Ausführung einer Straftat den Versicherungsfall Berufsunfähigkeit fahrlässig herbeigeführt hat.[603]

188 Zwischen der Straftat und dem Eintritt der Berufsunfähigkeit muss ein **Zurechnungszusammenhang** bestehen (→ § 178 Rn. 139 f.). Dies setzt voraus, dass die mit der Straftatbegehung typischerweise verbundene Gefahrerhöhung sich im Versicherungsfall realisiert hat. Der Zurechnungszusammenhang fehlt dagegen, wenn zwischen Straftat und Berufsunfähigkeit nur ein zufälliger Nexus existiert.[604] So ist bspw. ein solcher Zurechnungszusammenhang verneint worden, wenn die sozialen und familiären Folgen eines Betruges (§ 263 StGB) und seiner Aufdeckung bei dem versicherten Täter eine zur Berufsunfähigkeit führende Depression auslösen,[605] oder wenn der Versicherte durch Maßnahmen der Strafverfolgung (Hausdurchsuchung, Untersuchungshaft) seelische Schäden erleidet.[606]

189 Die **Voraussetzungen** des Ausschlusses, nämlich die Tatbestandsmerkmale der Straftat (einschließlich der Rechtswidrigkeit) und deren Ursächlichkeit für den Eintritt der Berufsunfähigkeit, muss der **Versicherer beweisen** (→ § 178 Rn. 141). Dazu gehören insbes. Vorsatz und Schuldfähigkeit des Versicherten, bei Jugendlichen (iSd § 1 Abs. 2 JGG) auch der Nachweis der Strafmündigkeit

---

[598] So aber *Neuhaus* Berufsunfähigkeitsversicherung Kap. 15 Rn. 110; *Wendt* in Ernst/Rogler Berufsunfähigkeitsversicherung BUV § 5 Rn. 5.
[599] Anders *Lücke* in Prölss/Martin BU § 5 Rn. 3; *Neuhaus* Berufsunfähigkeitsversicherung Kap. 15 Rn. 110.
[600] Zust. *Lücke* in Prölss/Martin BU § 5 Rn. 3.
[601] *Lücke* in Prölss/Martin BU § 5 Rn. 3.
[602] Einschränkend *Rixecker* in Beckmann/Matusche-Beckmann VersR-HdB § 46 Rn. 221.
[603] LG Karlsruhe VersR 1995, 691.
[604] OLG Celle VersR 2006, 394.
[605] OLG Celle VersR 2006, 394.
[606] OLG Karlsruhe VersR 2016, 839.

Versicherer und damit die versiertere und wirtschaftlich überlegene Partei den Ausschluss in den Vertrag gebracht, gehen Auslegungszweifel allerdings zu ihren Lasten.

Ist individuell vereinbart, dass eine durch eine frühere Krankheit oder Verletzung „hervorgerufene" Berufsunfähigkeit nicht mitversichert sein soll, ist dies so zu verstehen, dass jede durch die Vorerkrankung zumindest **mitverursachte** Berufsunfähigkeit ausgeschlossen ist.[592] Sollen aber lediglich die Vorerkrankung und deren „unmittelbare Folgen" keine Leistungspflicht begründen, reicht bloße Mitursächlichkeit dazu nicht aus; vielmehr muss der Eintritt des Versicherungsfalls dann unmittelbar, ohne Dazwischentreten weiterer Faktoren, auf den ausgeschlossenen Umstand zurückzuführen sein.[593]   180

b) Ausschlüsse in AVB. Darüber hinaus sehen die Bedingungswerke häufig **generell** eine Reihe von Ausschlüssen vor (vgl. § 5 S. 2 BU, § 3 S. 2 BUZ der hier zugrunde gelegten BU vom August 2014 sowie BUZ vom Oktober 2013.[594] So besteht nach den Musterbedingungen eine **Leistungspflicht** des Versicherers **nicht,** wenn die Berufsunfähigkeit durch die vorsätzliche Ausführung oder den Versuch einer von der versicherten Person begangenen **Straftat** verursacht wurde (lit. a → Rn. 187 ff.), wenn dafür **innere Unruhen** ursächlich waren, sofern die versicherte Person im letzten Fall auf Seiten der Unruhestifter daran teilgenommen hat (lit. b, → Rn. 190 ff.), wenn die Berufsunfähigkeit auf eine von der versicherten Person absichtlich herbeigeführte Krankheit oder einen mehr als altersentsprechenden **Kräfteverfall,** auf eine absichtliche **Selbstverletzung** oder eine **versuchte Selbsttötung** zurückzuführen ist, sofern diese Handlungen nicht in einem die freie Willensbestimmung ausschließenden Zustand krankhafter Störung der Geistestätigkeit begangen worden sind (lit. c, → Rn. 192), wenn der Versicherungsnehmer die Berufsunfähigkeit der **versicherten Person** widerrechtlich und vorsätzlich **herbeigeführt** hat (lit. d, → Rn. 194), bei Berufsunfähigkeit durch **Strahlen** infolge von **Kernenergie** (lit. e, → Rn. 195), bei Verursachung der Berufsunfähigkeit durch **Kriegsereignis**se, denen der Versicherte während eines Aufenthalts im Ausland ausgesetzt war, ohne selbst beteiligt zu sein (lit. f, → Rn. 198), schließlich nach vorsätzlichem **Einsatz von atomaren, biologischen** oder **chemischen Waffen** oder der vorsätzlichen Freisetzung solcher Stoffe, sofern dadurch das Leben oder die Gesundheit einer Vielzahl von Personen gefährdet werden sollte (lit. g, → Rn. 202 ff.). Zur **Darlegungs- und Beweislast** für die Voraussetzungen eines Risikoausschlusses → Rn. 251.   181

Bei der **Interpretation** dieser Ausschlussklauseln gilt der Grundsatz der **objektiven Auslegung.** Die Bedingungen sind also so zu verstehen, wie sie ein durchschnittlicher Versicherungsnehmer bei verständiger Würdigung, aufmerksamer Durchsicht und Berücksichtigung des erkennbaren Sinnzusammenhangs verstehen würde (→ § 178 Rn. 113).[595] Nach dem Restriktionsprinzip sind Ausschlussklauseln, da für den Vertragspartner des Verwenders nachteilig, eng auszulegen. Sie beschränken die Einstandspflicht des Versicherers nur im Rahmen ihres Wortlauts und erkennbaren Schutzzwecks. Auslegungszweifel gehen zulasten des Versicherers (§ 305c Abs. 2 BGB).[596]   182

Wenn ein Versicherer die in den Musterbedingungen enthaltenen Ausschlüsse übernimmt, schränkt er damit die in § 172 Abs. 2 gesetzlich vorgegebene, allerdings dispositive (arg. § 175) Leistungsbeschreibung ein. Eine solche **Einschränkung durch AVB** ist anhand der §§ 305 ff., 307 Abs. 1, 2 BGB zu kontrollieren (→ § 178 Rn. 112). Insbesondere stellt sich die Frage, ob sich aus der Natur des Vertrages (das heißt: der gesetzlichen Definition des Begriffs der Berufsunfähigkeit) ergebende Leistungspflicht des Versicherers durch die Ausschlussklausel in einer den Vertragszweck gefährdenden Weise (vgl. § 307 Abs. 1 und Abs. 2 Nr. 2 BGB) reduziert wird oder aber gegen das Transparenzgebot des § 307 Abs. 3 S. 2 iVm Abs. 1 S. 2 BGB) verstößt.   183

c) Zusammentreffen versicherter und ausgeschlossener Ursachen. Ist die Berufsunfähigkeit auf **mehrere Ursachen** zurückzuführen, von denen eine von einem Ausschluss der § 5 BU, § 3 BUZ erfasst wird und die andere nicht, so lässt sich bei Vereinbarung eines individuellen Ausschlusses möglicherweise aus der Formulierung des Ausschlusses entnehmen, wie im Falle von Multikausalität verfahren werden soll. Gibt der Vertragstext selbst keine Hinweise oder ist der Ausschluss in einer AVB-Klausel enthalten und hat erst das **Zusammenwirken** einer ausgeschlossenen und einer nicht ausgeschlossenen Ursache zum Eintritt des Versicherungsfalls geführt, so besteht kein Versicherungsschutz, weil die letztgenannte für sich allein dessen Voraussetzungen nicht erfüllt.[597] Eine Ausnahme   184

---

[592] OLG Frankfurt a. M. VersR 2003, 1384.
[593] OLG Koblenz VersR 1990, 768, vgl. auch OLG Hamburg VersR 1972, 753.
[594] Zu Klauseln aus älteren Bedingungswerken aber → Rn. 204.
[595] BGHZ 123, 83 (85) = VersR 1993, 957; BGH VersR 1988, 282; 1992, 349; 1998, 617 f.
[596] BGHZ 105, 140 (153) = VersR 1988, 1062; BGH VersR 1995, 162; 1998, 617; 1999, 748.
[597] Im Erg. ebenso OLG Stuttgart VersR 2003, 1385; *Neuhaus* Berufsunfähigkeitsversicherung Kap. 15 Rn. 109.

(§ 3 JGG).⁶⁰⁷ An die in einem Strafurteil getroffenen Feststellungen ist der Zivilrichter nicht gebunden.⁶⁰⁸

3. Innere Unruhen (§ 5 S. 2 lit. b BU, § 3 S. 2 lit. b BUZ). Der Versicherer ist nach §§ 5 S. 2 lit. b BU, 3 S. 2 lit. b BUZ dann nicht einstandspflichtig, wenn die Berufsunfähigkeit durch **innere Unruhen** verursacht wurde, an denen die versicherte Person – im Rahmen einer Versicherung auf die Person eines anderen also der Gefahrperson (→ Rn. 38) – auf Seiten der Unruhestifter teilgenommen hat. Hier soll eine Gefahrtragung für solche Personen ausgeschlossen werden, die durch ihr Verhalten das versicherte Risiko in zurechenbarer Weise aktiv vergrößern.

Innere Unruhen sind gewalttätige, gegen Personen und/oder Sachen gerichtete Angriffe auf die öffentliche Ordnung innerhalb eines Staates, die von einer größeren und idR nicht überschaubaren Menschenmenge vorgetragen werden und typischerweise in Zusammenrottungen, Sachbeschädigungen, Plünderung und Brandstiftung ihren Niederschlag finden. Einfache Demonstrationen oder Streiks werden von dem Begriff auch dann nicht umfasst, wenn es im Zusammenhang mit diesen Aktionen zu Gewalttätigkeiten kommt.⁶⁰⁹ Der Leistungsausschluss greift in diesem Fall nur dann ein, wenn die versicherte Person sich auf Seiten der Unruhestifter daran beteiligt hat. **Terroranschläge** oder gar Anschläge auf Einzelpersonen fallen dagegen **nicht** unter den Ausschluss (→ § 178 Rn. 144). Im Eintritt der Berufsunfähigkeit muss sich unmittelbar oder mittelbar die **spezifische Gefahr innerer Unruhen** verwirklicht haben (→ § 178 Rn. 145).

4. Absichtliche Herbeiführung des Versicherungsfalls durch den Versicherten (§ 5 S. 2 lit. c BU, § 3 S. 2 lit. c BUZ). Der Versicherer bleibt leistungsfrei, wenn die versicherte Person ihre Berufsunfähigkeit durch **absichtliche Herbeiführung** von Krankheit oder eines mehr als altersentsprechenden Kräfteverfalls, durch eine absichtliche Selbstverletzung oder eine versuchte Selbsttötung verursacht hat (§§ 5 S. 2 lit. c S. 1 BU, 3 S. 2 lit. c S. 1 BUZ; näher → § 176 Rn. 27 ff.). Durch diese Verhaltensweisen wird das Risiko signifikant erhöht, dass der Versicherungsfall eintritt. Die Absicht muss sich auf die Herbeiführung der gesundheitlichen Beeinträchtigung, nicht aber auf den Eintritt von Berufsunfähigkeit erstrecken (→ § 176 Rn. 21). Der Ausschluss greift selbst dann ein, wenn der Versicherte diese Folge nicht voraussehen konnte. Zur Anwendung der Klauseln neben §§ 176, 161 → § 176 Rn. 29. Trotz absichtlicher Herbeiführung einer gesundheitlichen Beeinträchtigung bleibt der Versicherungsschutz aufgrund eines Wiedereinschlusses erhalten, wenn die betreffenden Handlungen in einem die freie Willensbestimmung ausschließenden Zustand **krankhafter Störung der Geistestätigkeit** begangen worden sind (S. 2).

Der Versicherer trägt die **Darlegungs- und Beweislast** für das absichtliche Verhalten des Versicherten und die Herbeiführung einer gesundheitlichen Beeinträchtigung. Wenn ein hoch verschuldeter Versicherter einen zur Berufsunfähigkeit führenden Unfallhergang nicht plausibel zu erklären vermag, kann dies für eine absichtliche Herbeiführung des Versicherungsfalls sprechen.⁶¹⁰ Dagegen muss der Versicherte den Nachweis fehlender Schuldfähigkeit führen.

5. Vorsätzliche Herbeiführung der Berufsunfähigkeit durch den Versicherungsnehmer (§ 5 S. 2 lit. d BU, § 3 S. 2 lit. d BUZ). Der Versicherungsschutz ist ausgeschlossen, wenn der **Versicherungsnehmer** die **Berufsunfähigkeit des Versicherten** rechtswidrig und vorsätzlich herbeigeführt hat (§ 5 S. 2 lit. g BU, § 3 S. 2 lit. g BUZ). Dies ergibt sich auch aus §§ 176, 162 Abs. 1 (→ § 176 Rn. 30 f.). Dem Versicherer obliegt der Beweis für ein entsprechendes Verhalten des Versicherungsnehmers, wenn er sich auf den Ausschluss beruft.⁶¹¹ Der Vorsatz des Versicherungsnehmers muss die tatbestandsmäßige und rechtswidrige Herbeiführung des Versicherungsfalls umfassen (dolus malus). Der Versicherungsschutz bleibt also bestehen, wenn der Handelnde sich der Rechtswidrigkeit seines Tuns nicht bewusst, ebenso dann, wenn er unzurechnungsfähig war.

6. Berufsunfähigkeit durch Strahlen infolge von Kernenergie (§ 5 S. 2 lit. e BU, § 3 S. 2 lit. e BUZ). Vom Versicherungsschutz ausgeschlossen ist nach § 5 S. 2 lit. e BU, § 3 S. 2 lit. e BUZ der Eintritt von Berufsunfähigkeit, soweit sie auf eine **Schädigung durch Strahlen** infolge von **Kernenergie** (Kernspaltung) zurückgeht. Die Berufsunfähigkeit ist hier die Folge von Erkrankungen (etwa: Krebs, Leukämie), die durch die bei der Kernspaltung freigesetzte Radioaktivität

---

⁶⁰⁷ BGH VersR 2005, 1226; *Lücke* in Prölss/Martin BU § 5 Rn. 7; aA *Rixecker* in Beckmann/Matusche-Beckmann VersR-HdB § 46 Rn. 223 für die Schuldunfähigkeit unter Hinweis auf § 827 S. 1 BGB.
⁶⁰⁸ LG Karlsruhe VersR 1995, 691.
⁶⁰⁹ *Lücke* in Prölss/Martin BU § 5 Rn. 13.
⁶¹⁰ OLG Oldenburg r+s 1997, 522.
⁶¹¹ AA *Rixecker* in Beckmann/Matusche-Beckmann VersR-HdB § 46 Rn. 224 (Beweislast des Versicherungsnehmers für mangelndes Verschulden).

verursacht worden sind. Strahlenschäden durch Laser- oder Röntgenstrahlen werden von vornherein nicht erfasst.

196 Der Ausschluss setzt weiter voraus, dass durch den Einsatz der Kernenergie **Leben** oder **Gesundheit zahlreicher Menschen** gefährdet werden und infolgedessen zur Gefahrenabwehr Katastrophenschutz- oder vergleichbaren Behörden tätig geworden sind. Angesprochen sind damit insbes. Havarien in Atomkraftwerken oder etwa Terroranschläge, für deren – iÜ unkalkulierbare – Folgen ohnehin kein hinreichender Versicherungsschutz bereitstünde. Radioaktive Verstrahlungen etwa in Kliniken oder Forschungslaboren werden dementsprechend von dem Ausschluss nicht erfasst.

197 Dass die eingetretene Berufsunfähigkeit auf Strahlenschäden der beschriebenen Art zurückzuführen ist, hat der **Versicherer** darzulegen und zu **beweisen**. Der Nachweis eines konkreten (etwa durch einen Störfall hervorgerufenen) Strahlungsschadens ist dagegen nicht erforderlich.[612]

198 **7. Kriegsereignisse (§ 5 S. 2 lit. f BU, § 3 S. 2 lit. f BUZ).** Der Versicherer ist nach § 5 S. 2 lit. b BU, § 3 S. 2 lit. f BUZ dann nicht einstandspflichtig, wenn die Berufsunfähigkeit unmittelbar oder mittelbar durch **Kriegsereignisse** verursacht wurde. Auch hier wird das Berufsunfähigkeitsrisiko wegen dessen Unkalkulierbarkeit ausgeschlossen;[613] Gegen die Wirksamkeit dieser „Kriegsklauseln" bestehen im Hinblick auf § 307 BGB keine Bedenken, weil sie sich in der Sache nur als Anwendungsfall eines Wegfalls der Geschäftsgrundlage (vgl. § 313 BGB) darstellen.[614]

199 Ebenso wie in der Unfallversicherung ist auch hier von einem „versicherungsrechtlichen" **Begriff des Krieges** bzw. Kriegsereignisses auszugehen, der auf das Bestehen eines **tatsächlichen Gewaltzustandes** als Folge eines unter Waffen ausgetragenen Konflikts zwischen Kollektiven, insbes. Staaten, oder bewaffneten Parteien innerhalb eines Staates (Bürgerkrieg[615]) abstellt und einen vorangehenden völkerrechtlichen Akt nicht voraussetzt (→ § 178 Rn. 144). Im Eintritt der Berufsunfähigkeit muss sich unmittelbar oder mittelbar die **spezifische Kriegsgefahr** verwirklicht haben (→ § 178 Rn. 145).

200 Der **Ausschluss** greift nicht Platz, wenn die Berufsunfähigkeit in unmittelbarem oder mittelbarem Zusammenhang mit Kriegsereignissen steht und die versicherte Person diesen Ereignissen außerhalb der Bundesrepublik **ausgesetzt** und an ihnen **nicht aktiv** beteiligt war. Ausweislich der in der Klausel gewählten Passivkonstruktion („ausgesetzt war") geht es hier um Personen, die – wie etwa Touristen, Geschäftsreisende oder Entwicklungshelfer – im Ausland von Kriegs- oder Bürgerkriegsereignissen mehr oder weniger überraschend **betroffen** werden. Im Gegensatz zur Grundregel, welche darauf abzielt, das Risiko kriegsbedingt und damit massenhaft auftretender Versicherungsfälle mangels Kalkulierbarkeit auszuschließen, handelt es sich in diesen Fällen um eine jeweils vereinzelte, individuelle und damit letztlich kalkulierbar bleibende Risikoexposition. Wer an Kriegsaktivitäten aktiv teilnimmt, zu diesem Zweck gar das Kriegsgebiet erst aufsucht, wird an den dortigen Ereignissen nicht „ausgesetzt", sondern setzt sich der Gefahr selber aus. Der Wiederausschluss des Risikos bei aktiver Teilnahme hat mithin lediglich deklaratorischen Charakter. Zweifelhaft, aber aufgrund der gebotenen restriktiven Auslegung der Klausel wohl abzulehnen ist eine Heranziehung des Ausschlusses dann, wenn die versicherte Person das Kriegsgebiet zwar freiwillig, aber aus sachlichen, insbes. beruflichen Gründen aufsucht (Journalisten, Diplomaten, Ärzte, Rot-Kreuz-Helfer, aber auch militärische Beobachter). Allerdings wird man auch von einer dem Risiko „ausgesetzten" versicherten Person erwarten können, dass sie das Risiko eines Eintritts von Berufsunfähigkeit dadurch auf einem niedrigen Niveau hält, dass sie sich, soweit möglich und nach ihren persönlichen Verhältnissen zumutbar, innerhalb eines überschaubaren Zeitraums der Gefahrenlage entzieht. Bleibt der Versicherte dauerhaft in der Gefahrensituation, erhöht sich sein Berufsunfähigkeitsrisiko im Laufe der Zeit in einem Maße, das die Anwendung der Ausschlussklausel rechtfertigen würde. Tritt dann kriegsbedingte Berufsunfähigkeit ein, kann der Versicherer von einem bestimmten Zeitpunkt an einem Leistungsanspruch den Rechtsmissbrauchseinwand (§ 242 BGB) entgegenhalten.

201 Die **Darlegungs- und Beweislast** für die Verursachung der Berufsunfähigkeit durch ein Kriegsereignis trägt der Versicherer. Dagegen beweist der Versicherungsnehmer bzw. die versicherte Person, dass sie während eines Auslandsaufenthalts den dortigen Ereignissen „ausgesetzt" war. Den Wiederausschluss aufgrund aktiver Beteiligung hat wiederum der Versicherer zu beweisen.

202 **8. Atomare, biologische oder chemische Waffen oder Stoffe (§ 5 S. 2 lit. g BU, § 3 S. 2 lit. g BUZ).** Der Ausschluss der § 5 S. 2 lit. g BU, § 3 S. 2 lit. g BUZ greift ein, wenn die

---

[612] *Neuhaus* Berufsunfähigkeitsversicherung Kap. 15 Rn. 59.
[613] Vgl. *Fricke* VersR 1991, 1098.
[614] Anders jedenfalls für eine lediglich mittelbare Verursachung der Berufsunfähigkeit durch Kriegsereignisse *Lücke* in Prölss/Martin BU § 5 Rn. 20; vgl. auch *Neuhaus* Berufsunfähigkeitsversicherung Kap. 15 Rn. 78 (kein Ausschluss bei Berufsunfähigkeit durch Krankheiten, die auf kriegsbedingte Versorgungsmängel zB bei Lebensmitteln oder Medikamenten zurückgehen).
[615] Sehr str., vgl. *Lücke* in Prölss/Martin BU § 5 Rn. 24.

Berufsunfähigkeit unmittelbar oder mittelbar durch den vorsätzlichen Einsatz **atomarer, biologischer** oder **chemischer Waffen** oder den vorsätzlichen Einsatz oder die vorsätzliche **Freisetzung** ebensolcher **Stoffe** verursacht wurde, sofern der Einsatz oder das Freisetzen auf die Gefährdung des Lebens oder der Gesundheit einer Vielzahl von Personen gerichtet ist. Es handelt sich hierbei einerseits um eine Ergänzung der „Kriegsklausel" (→ Rn. 198), da der Einsatz der genannten Waffen nicht unbedingt in Zusammenhang mit Kriegshandlungen erfolgen muss, andererseits dürfte es sich bei dem vorsätzlichen Freisetzen der genannten Stoffe regelmäßig um eine besonders gefährliche Form eines terroristischen Anschlags handeln. Auch diese Klausel zielt auf den **Ausschluss unkalkulierbarer Risiken** ab.

Der Vorsatz muss sich lediglich auf den Waffeneinsatz bzw. die Gefährdung von Leben und **203** Gesundheit einer unbestimmten Anzahl von Personen, nicht dagegen auf den dadurch verursachten Eintritt von Berufsunfähigkeit beziehen. Ein gezielter Anschlag auf Einzelpersonen fällt nicht unter den Ausschluss, so dass der Versicherungsschutz sowohl für das oder die konkreten Opfer als auch für unbeteiligte Dritte in einem solchen Fall erhalten bleibt.[616] Auch hier ist das **Risiko** dann **nicht** ausgeschlossen, wenn ihm die versicherte Person im Ausland „ausgesetzt" und an denen sie nicht aktiv beteiligt war (S. 2, → Rn. 200). Die **Darlegungs- und Beweislast** für alle Voraussetzungen des Ausschlusses einschließlich der vorsätzlichen Handlungsweise des Täters trägt auch hier der Versicherer. Im Übrigen gilt das zu → Rn. 201 Gesagte.

9. Ausschlussklauseln in früheren AVB-Versionen. In früheren AVB-Versionen zur BU **204** bzw. BUZ – die aber noch auf Jahre hinaus für ältere Verträge ihre Bedeutung behalten werden – sind andere bzw. weitere Ausschlussklauseln enthalten. So finden sich etwa noch in den BU- bzw. BUZ-Bedingungen 2008 Ausschlüsse für Unfälle im Luftverkehr oder für die Teilnahme an Kraftfahrzeugrennen. Bei **Unfällen im Luftverkehr,** die der Versicherte als Luftfahrzeugführer (auch Luftsportgeräteführer) oder als Besatzungsmitglied eines Luftfahrzeugs, bei einer mit Hilfe eines Luftfahrzeugs auszuübenden Berufstätigkeit oder bei der Benutzung von Raumfahrzeugen erleidet, realisiert sich ein spezifisches und überdurchschnittlich hohes Risiko für den Eintritt von Berufsunfähigkeit. Dieses Risiko wird deswegen durch § 5 S. 2 lit. c BU 2008 bzw. § 3 S. 2 lit. c BUZ 2008 vom Versicherungsschutz ausgenommen. Der betroffene Personenkreis kann sich um Spezialpolicen bemühen. Der Ausschluss ist im Hinblick auf Voraussetzungen, Reichweite und Beweislast deckungsgleich mit einer entsprechenden Regelung in der Unfallversicherung, so dass ergänzend auf die dortige Kommentierung verwiesen werden kann (→ § 178 Rn. 149 ff.). Der Risikoausschluss nach § 5 S. 2 lit. d BU 2008, § 3 S. 2 lit. d BUZ 2008 bezieht sich auf Personen (Fahrer, Beifahrer, Insassen), die an **Rennveranstaltungen mit Kraftfahrzeugen** (Auto- und Motorradrennen, zum Begriff des Kraftfahrzeugs vgl. § 1 Abs. 2 StVG) bzw. dazu gehörigen Übungsfahrten teilnehmen, und versagt wegen des erhöhten Risikos den Versicherungsschutz für Berufsunfähigkeit, die durch eine solche Teilnahme verursacht wurde. Der Ausschluss ist ebenfalls aus dem Recht der Unfallversicherung übernommen (→ § 178 Rn. 154 ff.).

D. Obliegenheiten nach Vertragsschluss

I. Überblick

Spezifische Obliegenheiten für die Berufsunfähigkeitsversicherung enthält das VVG nicht, **205** jedoch kommt allgemeines Obliegenheitsrecht zur Anwendung[617] und somit auch **§ 31 (Auskunftsobliegenheit** → Rn. 212a). Außerdem sehen die **Musterbedingungen** eine Reihe solcher Verpflichtungen vor, die – wie insbes. die Obliegenheit zur Duldung weiterer ärztlicher Untersuchungen (→ Rn. 212) oder zur Erteilung von Auskünften im Nachprüfungsverfahren (→ Rn. 214) – über den Anwendungsbereich des § 31 Abs. 1 hinausgehen können. Dabei handelt es sich insbes. um **Mitwirkungspflichten,** die bei der Geltendmachung von Leistungen (vgl. § 7 BU, § 4 BUZ → Rn. 209 ff.) und im Rahmen des Nachprüfungsverfahrens (vgl. §§ 9 BU, 6 BUZ, → Rn. 214 f.) zu beachten sind. **Wer** zur **Erfüllung** dieser **Obliegenheiten verpflichtet** sein soll, ist nicht ganz klar. Die Pflicht zur Auskunftserteilung nach § 31 soll nicht nur den Versicherungsnehmer (Abs. 1), sondern auch anspruchsberechtigten Dritten wie den Versicherten iS des § 43 oder den Bezugsberechtigten (Abs. 2; → Rn. 205a). In den AVB ist im Zusammenhang mit der erstmaligen Geltendmachung des Leistungsanspruchs nur allgemein von einem „Anspruchserhebenden" die

---

[616] Anders offenbar *Neuhaus* Berufsunfähigkeitsversicherung Kap. 15 Rn. 87, der daraus eine Unbestimmtheit der Klausel und damit einen Verstoß gegen § 307 BGB ableiten will.
[617] Begr. RegE, BT-Drs. 16/3945, 105.

Rede, auf dessen Kosten bestimmte Auskünfte und Nachweise zu geben bzw. vorzulegen seien (§§ 7 Abs. 1 BU, 4 Abs. 1 BUZ). Um wen es sich dabei handelt, lässt sich den § 10 Abs. 1 S. 1 BU, § 7 Abs. 1 S. 1 BUZ entnehmen, die von der Mitwirkungspflicht des Versicherungsnehmers, der „versicherten Person" oder eines (sonstigen) „Anspruchserhebenden" sprechen.[618] „Versicherte Person" ist diejenige Person, „auf deren Berufsfähigkeit die Versicherung abgeschlossen" worden ist (§ 7 Abs. 1 lit. a, § 10 Abs. 1 S. 1 BU, § 4 Abs. 1 lit. a, § 7 Abs. 1 S. 1 BUZ). Dabei handelt es sich um den Versicherungsnehmer selbst oder aber um eine „Gefahrperson" (→ Rn. 38), wobei dieser als solcher freilich kein Anspruch gegen den Versicherer zusteht (zum Vertrag für fremde Rechnung → Rn. 205a). Sonstige Anspruchsteller können insbesondere Versicherte iSd §§ 43, 44 Abs. 1 S. 1 (→ Rn. 38a), Bezugsberechtigte (§ 12 BU, § 9 Abs. 10 BUZ iVm zB § 9 Abs. 2 ALB → Rn. 38b) oder Zessionare sein.

205a Im Anwendungsbereich des **§ 31 Abs. 1** besteht eine **gesetzliche Auskunftsobliegenheit** für Dritte, die einen Leistungsanspruch gegen den Versicherer haben (Abs. 2). Auskunftspflichtig sind danach – ohne dass die Auskunftspflicht des Versicherungsnehmers entfiele[619] – Bezugsberechtigte, Versicherte iSd §§ 43, 44 Abs. 1[620] und Zessionare. Allerdings dürften diese de facto häufig kaum in der Lage sein, sämtliche Mitwirkungsobliegenheiten in eigener Person zu erfüllen, am ehesten noch der Versicherte iSd §§ 43, 44 Abs. 1 S. 1, sofern er – wie in der Regel – gleichzeitig auch Gefahrperson ist (→ Rn. 38a, 205c). Abgesehen vom Versicherungsnehmer (→ Rn. 205b) ist zur Erfüllung der **vertraglichen Obliegenheiten keiner** der Genannten kraft Vertrages persönlich verpflichtet. Keinem von ihnen kann nämlich durch den Versicherungsvertrag eine eigene Obliegenheit auferlegt worden sein, weil es sich dabei um einen unzulässigen **Vertrag zu Lasten Dritter** handeln würde.[621] Alle drei „Anspruchserhebenden" (Bezugsberechtigter, Versicherter iSd § 43, Zessionar) haben jedoch ihren Anspruch auf Leistung des Versicherers durch ein **rechtsübertragendes Rechtsgeschäft** (Begünstigungserklärung, Vertrag zu Gunsten Dritter, Zession) erhalten und damit diejenige Rechtsposition erlangt, welche auch der Versicherungsnehmer innehatte.[622] Um einen in der Sache derivativen Erwerb handelt es sich auch bei einem Versicherungsvertrag auf fremde Rechnung (§§ 43 ff.), wo Rechtsbegründung und Rechtübertragung (getrennt durch eine logische Sekunde) in einem Rechtsakt zusammenfallen. In diesen Fällen geht eine Obliegenheit, deren Erfüllung eine Fälligkeitsvoraussetzung darstellt, zusammen mit der Übertragung des Rechts als Annexpflicht über.

205b Soweit es sich dabei um die **Erfüllung** von **Mitwirkungsobliegenheiten** wie etwa nach § 31 Abs. 1 oder den §§ 7 BU, § 4 BUZ oder § 9 BU, § 6 BUZ handelt, hat der **Versicherungsnehmer** diese Verpflichtungen im Versicherungsvertrag übernommen. Kommt er ihnen nicht nach, kann der Versicherer ihm wie auch einem **Bezugsberechtigten** die im Versicherungsvertrag vereinbarte Leistung verweigern (→ Rn. 216). Hat sich der Versicherungsnehmer gegen die Berufsunfähigkeit einer **Gefahrperson** versichert (→ Rn. 38), wird er seine Mitwirkungsobliegenheiten häufig nur mit Hilfe der Gefahrperson erfüllen können, weil diese allein über die geforderten Informationen verfügt. Eine persönliche Informationspflicht der Gefahrperson kann sich entgegen §§ 10 Abs. 1 S. 1 BU und 7 Abs. 1 S. 1 BUZ nicht aus dem Versicherungsvertrag ergeben, weil Versicherungsnehmer und Versicherer keinen Vertrag zu Lasten Dritter schließen können (→ Rn. 205a). Der Versicherungsnehmer muss sich jedoch nach §§ 176, 156 Kenntnisse und Verhalten der Gefahrperson entgegenhalten lassen (zum § 176 Rn. 14),[623] so dass er die Versichererleistung nicht erhält, wenn ihm die Gefahrperson zB die erforderlichen Arztbriefe nicht überlässt. Allerdings kann er in einem solchen Fall möglicherweise die Gefahrperson aus dem zwischen ihnen bestehenden Innenverhältnis auf Schadensersatz in Anspruch nehmen.

205c Beim Abschluss einer Berufsunfähigkeitsversicherung für **fremde Rechnung** (→ Rn. 38b) hat der **Versicherte** (§§ 43, 44 Abs. 1) seine Rechtsposition von vornherein nur abhängig von den zwischen Versicherungsnehmer und Versicherer vereinbarten Bedingungen, einen Leistungsanspruch aus § 44 Abs. 1 S 1 also nur unter der Voraussetzung erworben, dass er die in den § 31 Abs. 1, § 7 Abs. 1, 2 BU; § 4 Abs. 1, 2 BUZ geforderten Unterlagen vorlegen kann.[624] Ist er – wie regelmäßig – gleichzeitig auch Gefahrperson, wird ihm dies häufig möglich sein. Sollten Informationen oder Unterlagen angefordert werden, über die nur der Versicherungsnehmer verfügt, und verweigert

---

[618] Vgl. auch *Lücke* in Prölss/Martin BU § 7 Rn. 2.
[619] BT-Drs. 16/3945, 70.
[620] → § 31 Rn. 19.
[621] *Winter* in Bruck/Möller VVG § 156 Rn. 4; vgl. auch *Lücke* in Prölss/Martin BU § 10 Rn. 3.
[622] Vgl. *Egger* in Ernst/Rogler BUV § 10 Rn. 62 (Zessionar); nicht berücksichtigt von *Lücke* in Prölss/Martin BU § 10 Rn. 3.
[623] Ähnlich → § 156 Rn. 5.
[624] Ähnlich → § 156 Rn. 5.

dieser seinerseits jede Kooperation und kommt auch nicht der ihm selbst weiterhin dem Versicherer gegenüber bestehenden Verpflichtung nach (→ Rn. 205a), wird die Leistung des Versicherers nicht fällig (→ Rn. 216). Der Versicherte (§ 44 Abs. 1) kann dann wegen des Untätigbleibens des Versicherungsnehmers den Leistungsanspruch nicht erfolgreich geltend machen. Ihm bleibt hier nur die Möglichkeit, den Versicherungsnehmer ggf. aus dem zwischen ihnen bestehenden Innenverhältnis auf Schadensersatz in Anspruch zu nehmen. Keine Anwendung findet dagegen in diesem Zusammenhang § 47, der umgekehrt dem Versicherungsnehmer das Verhalten und Wissen des Versicherten zurechnet.

Ähnlich ist die Rechtslage nach einer **Abtretung:** Scheitert die Durchsetzung der abgetretenen Versicherungsforderung daran, dass der Versicherungsnehmer als Zedent nicht die notwendigen Informationen liefert, wird dem **Zessionar** regelmäßig ein Schadensersatzanspruch aus dem Kausalverhältnis zustehen. 205d

Über die Mitwirkungsobliegenheiten hinaus obliegt es dem Versicherungsnehmer, dem Versicherer eine **Änderung** von **Namen** und **Anschrift** unverzüglich mitzuteilen. Geschieht dies nicht, kann der Versicherer etwaige Erklärungen per Einschreiben an den zuletzt bekannten Namen bzw. an die zuletzt bekannte Anschrift richten mit der Folge, dass diese Erklärung drei Tage nach Absendung des Briefes als zugegangen gilt (§ 17 Abs. 1, 2 BU, § 9 Abs. 10 BUZ iVm zB § 15 ALB). Ist der Versicherer zur **Erhebung von Daten** insbes. von steuerrechtlicher Relevanz und zur Weitergabe an staatliche Stellen verpflichtet, trifft den Versicherungsnehmer die Verpflichtung, entsprechende Informationen bei Vertragsschluss, Vertragsänderung oder auf Nachfrage unverzüglich zur Verfügung zu stellen (§ 18 Abs. 1 und 2 BU, § 9 Abs. 10 BUZ iVm zB § 16 ALB). Kommt der Versicherungsnehmer dem nicht nach, leitet der Versicherer die steuerrelevanten Vertragsdaten an die zuständigen in- oder ausländischen Steuerbehörden weiter (§ 18 Abs. 3 BU) und kann seine Leistung verweigern (§ 18 Abs. 4 BU). Nach **§ 242 BGB** besteht ferner eine Verpflichtung der versicherten Person, zur Abwendung von Berufsunfähigkeit einfache Hilfsmittel einzusetzen und zumutbare Schutzmaßnahmen auf sich zu nehmen (→ Rn. 78) oder sich bei der Aufnahme eines Verweisungsberufs in zumutbarem Umfang mit den neuen Anforderungen vertraut zu machen (Einarbeitung → Rn. 159). Zur Obliegenheit eines Selbständigen, seinen Betrieb in zumutbarem Umfang umzuorganisieren → Rn. 79 ff.; zur (grds. nicht bestehenden) Obliegenheit, im Rahmen einer Verweisung das neue Berufsfeld durch Einsatz eigenen Kapitals zu erschließen → Rn. 175. 205e

Eine Obliegenheit zur **Beachtung ärztlicher Anordnungen** sehen die neuen Bedingungswerke (im Gegensatz etwa zu der BUZ 90[625]) nicht mehr vor. Die versicherte Person ist daher im Anwendungsbereich der neuen Bedingungen grds. nicht verpflichtet, sich einer ärztlichen Behandlung oder gar Operation zu unterziehen. Allerdings kann sich aus § 242 BGB eine Kooperationsobliegenheit ergeben, die eine Berufung auf Berufsunfähigkeit nach Treu und Glauben als rechtsmissbräuchlich erscheinen lässt, wenn sie sich durch einfache, gefahr- und schmerzlose, sichere Aussicht auf Erfolg bietende medizinische Maßnahmen vermeiden ließe (→ Rn. 140). 206

Auch die Teilnahme an **Umschulungs- oder Weiterbildungsmaßnahmen** über eine angemessene Einarbeitung hinaus (→ Rn. 205) kann der Versicherer von der versicherten Person (→ Rn. 205) nicht verlangen (→ Rn. 79 ff.). Ihm bleibt es aber unbenommen, im Rahmen der gesetzlichen Grenzen (vgl. insbes. § 307 BGB) weitere Obliegenheiten (Umschulung, Rehabilitation) zu schaffen.[626] 207

Im Fall einer Obliegenheitsverletzung wird die Leistung des Versicherers nicht fällig (§ 14 VVG, § 7 Abs. 4 BU, § 4 Abs. 4 BUZ) oder der Versicherer wird unter den Voraussetzungen des § 28 Abs. 2–5 VVG (befristet) **von der Leistung frei** (vgl. § 10 S. 1 BU, § 7 S. 1 BUZ, → Rn. 216 f.) bzw. er kann seine Leistung unter Berufung auf Treu und Glauben zurückhalten (→ Rn. 218). 208

II. Insbesondere: Mitwirkungsobliegenheiten bei der Geltendmachung von Leistungen

1. Standardisierte Informationen und Dokumentenvorlage (§ 7 Abs. 1 S. 1 BU, § 4 Abs. 1 BUZ). Wer aus der Berufsunfähigkeitsversicherung Ansprüche geltend macht, muss dem Versicherer auf eigene Kosten nach § 7 Abs. 1 S. 1 BU, § 4 Abs. 1 BUZ eine Reihe von **Unterlagen** vorlegen, mit deren Hilfe dieser einerseits den Gesundheitszustand des Versicherten und andererseits dessen berufliche Situation (bisherige Tätigkeit, Verweisungsmöglichkeit, bei selbständig Tätigen ggf. die Möglichkeit einer betrieblichen Umorganisation) beurteilen kann. Zumindest partiell ergibt sich ein solcher Anspruch auch bereits aus § 31 Abs. 1. Diese Vorlagepflicht trifft jeden Anspruchstel- 209

---

[625] Zur Obliegenheit der §§ 10 Abs. 4 BU 1990 bzw. § 4 Abs. 4 BUZ 1990, im Rahmen der Zumutbarkeit solchen Anordnungen Folge zu leisten, die der behandelnde Arzt zur Förderung der Heilung und Verhinderung der Berufsunfähigkeit nach gewissenhaftem Ermessen getroffen hat, vgl. näher *Rixecker* in Beckmann/Matusche-Beckmann VersR-HdB § 46 Rn. 201 f.

[626] Begr. RegE, BT-Drs. 16/3945, 105.

ler (→ Rn. 205), je nach Lage also den Versicherungsnehmer, Versicherten iSd § 44 (→ Rn. 38a), Bezugsberechtigten (→ Rn. 38b) oder Zessionar (→ Rn. 205). Die § 7 Abs. 1 S. 1, Abs. 2 BU bzw. § 4 Abs. 1, 2 BUZ geltend entsprechend, wenn eine Erhöhung der Berufsunfähigkeitsrente wegen einer erhöhten Pflegestufe gefordert wird (§ 7 Abs. 3 BU, § 4 Abs. 3 BUZ). Der Versicherer kann gemäß § 7 Abs. 1 S. 2 BU vor einer Leistung auch die in § 18 BU angeführten (zB steuerlich relevanten) Informationen verlangen (→ Rn. 205c). Unterbleibt eine Vorlage der erforderlichen Unterlagen, wird der Versicherer idR die zur Feststellung von Versicherungsfall und Leistungsumfang notwendigen Erhebungen nicht treffen können, so dass in diesem Fall der Leistungsanspruch ggf. nicht fällig wird (vgl. § 14 VVG, § 7 Abs. 4 BU, § 4 Abs. 4 BUZ).

210 **Vorzulegen ist** zunächst eine amtliche **Geburtsurkunde** der versicherten Person (§ 7 Abs. 1 S. 1 lit. a BU, § 4 Abs. 1 lit. a BUZ → Rn. 205a), damit der Versicherer bei einer vereinbarten Leistungsdauer bis zur Vollendung eines bestimmten (etwa: des 65.) Lebensjahres feststellen kann, wann seine Leistungen enden. Eine **Darstellung** der für den Eintritt der Berufsunfähigkeit maßgebenden **Ursachen** (lit. b) gibt Auskunft darüber, ob ein Risikoausschluss (→ Rn. 179 ff.) gegeben sein könnte. Der Anspruchsteller muss ausführliche **Berichte** der behandelnden bzw. untersuchenden **Ärzte** über Ursachen, Beginn, Art, Verlauf und voraussichtliche Dauer des Leidens sowie über den Grad der Berufsunfähigkeit bzw. über die Pflegestufe (lit. c, → Rn. 59 ff.) vorlegen, soweit er darüber verfügt; andernfalls muss er sie sich beschaffen.[627] Die Vorlage eines Rentenbescheides bietet dem Versicherer keine ausreichende Entscheidungsgrundlage.[628] **Unterlagen** über den **Beruf** der versicherten Person, ihre Stellung und Tätigkeit im Zeitpunkt des Eintritts der Berufsunfähigkeit sowie über eingetretene Veränderungen (lit. d) sowie das Einkommen aus beruflicher Tätigkeit (lit. e) ermöglichen dem Versicherer, den Eintritt von Berufsunfähigkeit sowie die Möglichkeit einer Verweisung (→ Rn. 141 ff.) zu prüfen. Bei Berufsunfähigkeit infolge **Pflegebedürftigkeit** ist zusätzlich eine Bescheinigung der pflegenden Person oder Einrichtung über Art und Umfang der Pflege erforderlich (lit. f). Nach lit. g ist der Anspruchsteller ebenfalls verpflichtet, eine **Aufstellung** der **Ärzte** und **Krankenhäuser** etc vorzulegen, ferner der möglicherweise ebenfalls leistungspflichtigen Versicherungsgesellschaften und Versorgungsträger sowie des derzeitigen und der früheren Arbeitgeber (vgl. auch → Rn. 212a). Für die Erhebung personenbezogener Gesundheitsdaten bei Dritten gilt § 213 (→ Rn. 212b).

211 Soweit sich aus den Unterlagen nicht (bei entsprechender Klausel) bereits ergibt, dass die Berufsunfähigkeit schon sechs Monate bestand und fortdauert (→ Rn. 123 ff.), muss die ärztliche Stellungnahme nach lit. c auch eine **Prognose** darüber enthalten, ob nach dem Stand der medizinischen Wissenschaft eine Verbesserung des Zustands noch erwartet werden kann.[629]

212 **2. Ärztliche Untersuchungen (§ 7 Abs. 2 BU, § 4 Abs. 2 BUZ).** Der Versicherer kann nach den § 7 Abs. 2 BU, § 4 Abs. 2 BUZ verlangen, dass sich die versicherte Person (→ Rn. 205a) **weiteren ärztlichen Untersuchungen** durch einen vom Versicherer beauftragten Arzt stellt. Einen durchsetzbaren Anspruch erwirbt der Versicherer damit freilich nicht (§§ 176, 151, → § 176 Rn. 5); der Anspruchsteller bleibt allerdings für die Voraussetzungen der Berufsunfähigkeit beweisfällig (→ Rn. 263 ff.), wenn sich die versicherte Person einer Untersuchung verweigert, so dass die Voraussetzungen für die Geltendmachung eines Zahlungsanspruchs gemäß § 14 Abs. 1 nicht vorliegen.[630] Die Kosten einer solchen Untersuchung trägt der Versicherer; er kann sie sich auch nicht als Kosten des späteren Rechtsstreits erstatten lassen.[631] Die Untersuchung muss der versicherten Person zumutbar sein; dies bedeutet, dass der Versicherer einen stationären Aufenthalt nicht verlangen kann, soweit die ins Auge gefasste Untersuchung auch ambulant möglich ist.[632] Die versicherte Person ist nicht verpflichtet, riskante oder schmerzhafte Untersuchungen zu erdulden. Kann aber Berufsunfähigkeit nur auf diese Weise festgestellt werden, bleibt ihm nur die Wahl, eine solche Untersuchung (spätestens im Prozess durch einen gerichtlich bestellten Sachverständigen) vornehmen zu lassen oder auf Ansprüche aus der Versicherung zu verzichten.[633] Eine Anreise zu dem vom Versicherer bestimmten Arzt muss er auf sich nehmen.[634] Er kann einen solchen Arzt nicht wegen der Befürchtung mangelnder Objektivität zurückweisen,[635] wohl aber dann, wenn anlässlich einer

---

[627] *Lücke* in Prölss/Martin BU § 7 Rn. 6.
[628] OLG Hamm VersR 1997, 217.
[629] Vgl. BGH VersR 1989, 1182.
[630] OLG Saarbrücken VersR 2019, 1546.
[631] OLG Stuttgart VersR 2001, 1535.
[632] Offen gelassen von OLG Hamm VersR 1983, 1177; anders OLG Bremen VersR 2003, 1429 (ausschließlich Wahl des Versicherers).
[633] *Lücke* in Prölss/Martin BU § 7 Rn. 9.
[634] OLG Karlsruhe VersR 1997, 439.
[635] OLG Karlsruhe VersR 1997, 439.

früheren Behandlung das Vertrauensverhältnis zu dem betreffenden Arzt gelitten hat. In diesem Fall ist der Versicherer berechtigt, einen anderen Arzt zu bestimmen.[636] Nach endgültiger Ablehnung der Leistungspflicht durch den Versicherer besteht nicht länger eine Obliegenheit der versicherten Person, in weitere ärztliche Untersuchungen einzuwilligen.[637]

3. Individuelle Auskünfte und Belege (§ 31 Abs. 1 VVG, § 7 Abs. 2 BU, § 4 Abs. 2 BUZ). Gemäß § 31 Abs. 1 kann der Versicherer vom Versicherungsnehmer nach Eintritt des Versicherungsfalls die Erteilung **weiterer Auskünfte** verlangen, soweit sie zur Feststellung der Voraussetzungen des Versicherungsfalls oder des Umfangs der Leistungspflicht erforderlich sind, sowie die Vorlage von Belegen, soweit die Beschaffung dem Versicherungsnehmer billigerweise zugemutet werden kann. Diese Auskunftspflicht wird in den § 7 Abs. 2 BU, § 4 Abs. 2 BUZ aufgenommen. In § 31 Abs. 2 wird die Verpflichtung zwar auf jeden Dritten erweitert, dem das Recht auf die vertragliche Leistung gegen den Versicherer zusteht, jedoch werden de facto zu ihrer Erfüllung ein Bezugsberechtigter oder ein Zessionar kaum, ein Versicherter iSd § 44 Abs. 1 nur sehr eingeschränkt in der Lage sein (zur persönlichen Auskunftsverpflichtung Dritter → Rn. 217). Bleibt der Versicherungsnehmer die erforderliche Auskunft schuldig, werden die Leistungen des Versicherers nicht fällig (§ 14 Abs. 1). Zweifelhaft ist, ob sich das Auskunftsbegehren des Versicherers und dementsprechend die Mitwirkungsobliegenheit des Versicherungsnehmers von vornherein auf die Frage beschränkt, ob die **Voraussetzungen eines Versicherungsfalls im engeren Sinne** vorliegen, oder ob der Versicherer auch Umstände erfragen darf, die nicht den Versicherungsfall unmittelbar, sondern auch die Erfüllung bzw. etwaige Verletzung **vorvertraglicher Anzeigeobliegenheiten** wie etwa eine eventuell unzutreffende Beantwortung von Gesundheitsfragen betreffen. Die hM[638] befürwortet diese zweite, weite Interpretation (→ Rn. 212f). Nach Auffassung des BGH gehört zu den über § 31 Abs. 1 zu klärenden Leistungsvoraussetzungen auch die Wirksamkeit des Vertrages; der Versicherer könne darauf bezogene Auskünfte selbst dann erfragen, wenn keine konkrete Verdachtslage für eine Obliegenheitsverletzung besteht.[639] In dieser Allgemeinheit ist der h.M. aber nicht zuzustimmen. Die Erhebung von Daten aus der Zeit vor Vertragsschluss zwecks Feststellung einer etwaigen Verletzung von vorvertraglicher Anzeigepflicht ist grundsätzlich nicht mehr zulässig, weil insoweit die §§ 19 ff. eine abschließende (und für den Versicherer zwingende, vgl. § 32) Regelung enthalten.[640] Diese Bestimmungen gehen nämlich davon aus, dass vor Vertragsbeginn eine Risikoprüfung durch den Versicherer stattfindet, an deren Ende sich der Versicherungsnehmer sicher sein kann, dass er Versicherungsschutz erhält, sofern er nur alle Fragen des Versicherers beantwortet und dieser sich damit zufrieden gibt oder – bei unvollständigen oder unklaren Angaben – sogar eine gebotene Rückfrage (→ Rn. 27) unterlassen hat (zum Absehen von jeglicher Gesundheitsprüfung → Rn. 127).[641] Mit dieser Regelung stünde im Widerspruch, wenn der Versicherer nach Eintritt des Versicherungsfalls (und uU langjähriger Prämienerhebung) die Frage der Risikoübernahme noch einmal aufgreifen könnte. Fragen des Versicherers zum eventuellen Vorliegen vorvertraglicher Anzeigepflichtverletzungen sollten daher nur dann zulässig sein, wenn ernsthafte Anhaltspunkte für ein arglistiges Verhalten des Versicherungsnehmers bestehen.

Im Hinblick auf **personenbezogene Daten** wird das Auskunftsrecht des Versicherers und damit sein zugrunde liegendes und unbestreitbares **Interesse** an einer **Vermeidung ungerechtfertigter Leistungen** allerdings durch das aus dem allgemeinen Persönlichkeitsrecht (Art. 2 Abs. 1 iVm Art. 1 Abs. 1 GG) abzuleitende **Grundrecht auf informationelle Selbstbestimmung** beschränkt, das die Befugnis des Einzelnen sichert, über die Weitergabe und Verwendung persönlicher Daten selbst zu entscheiden.[642] Zwecks Auflösung des sich daraus ergebenden Spannungsverhältnisses hat der BGH[643] keine materiellen Kriterien entwickelt (etwa mithilfe einer Fallgruppenbildung oder Abwägung vorgegebener Gesichtspunkte im Einzelfall), sondern will – einer Anregung des BVerfG[644] folgend – eine Austarierung der Interessen durch verfahrensrechtliche Vorgaben, nämlich

---

[636] *Rixecker* in Beckmann/Matusche-Beckmann VersR-HdB § 46 Rn. 205.
[637] OLG Koblenz r+s 1999, 258.
[638] BGHZ 214, 127 = VersR 2017, 469; OLG Hamburg VersR 2010, 749; OLG Köln VersR 2015, 305; *Armbrüster* in Prölss/Martin § 31 Rn. 8; aA *Egger* VersR 2014, 553; *Egger* VersR 2017, 785.
[639] BGHZ 214, 127 = VersR 2017, 469; ablehnend *Egger* VersR 2017, 785; zT krit. auch *Wandt* VersR 2017, 458.
[640] Im Erg. ebenso *Egger* VersR 2014, 1304; *Egger* VersR 2015, 1209; vgl. auch *Egger* VersR 2012, 810.
[641] Vgl. auch BGH VersR 1992, 603; 2008, 668.
[642] Grundlegend BVerfGE 65, 1 = NJW 1984, 419.
[643] BGHZ 214, 127 = VersR 2017, 469; zu den Konsequenzen aus der Sicht der Praxis: *Neuhaus* r+s 2017, 281.
[644] BVerfG VersR 2013, 1425 (dialogisches Verfahren).

eine (allerdings nicht scharf konturierte) **"gestufte Datenerhebung"**[645] erreichen. Danach besteht eine Auskunftsobliegenheit von vornherein nur in Bezug auf die im konkreten Fall für die Prüfung der Leistungsvoraussetzungen erforderlichen Informationen. Weiß der Versicherer noch nicht, welche Informationen genau er zur Überprüfung von Versicherungsfall und Leistungsumfang benötigen wird, ist der Versicherungsnehmer danach zunächst nur gehalten, solche Daten zu liefern, die dem Versicherer eine Präzisierung der Fragestellung ermöglichen. Es wird sich dabei um eher allgemeine und nur wenig sensible Informationen handeln wie zB darüber, ob und wann in einem bestimmten Zeitraum ärztliche Untersuchungen und Behandlungen bei welchem Arzt stattgefunden haben. Eine Konkretisierung dieser Obliegenheit ergibt sich insoweit aus § 7 Abs. 1 S. 1 lit. g BU, § 4 Abs. 1 lit. g BUZ (→ Rn. 210). Ausgehend von dieser Datengrundlage kann der Versicherer danach möglicherweise konkrete Auskünfte über Diagnosen, Therapien, Eingriffe oder Medikamente und in weiteren Schritten ggf. noch detailliertere Ergänzungen oder Erläuterungen zu Einzelfragen verlangen, wodurch sich die Auskunftsobliegenheit des Versicherungsnehmers dann Schritt für Schritt erweitert.[646] Der Übergang zu einer nächsthöheren Stufe setzt jeweils voraus, dass gerade auch diese Erweiterung i.S. des § 31 Abs. 1 S. 1 erforderlich ist. Dem Versicherer steht allerdings ein erheblicher Beurteilungsspielraum bei der Entscheidung darüber zu.[647] Fehlt es an der Erforderlichkeit, ist die Erhebung personenbezogener Gesundheitsdaten unzulässig (zu § 213 → Rn. 212c). Die Nichterfüllung ungerechtfertigter Auskunftsersuchen ist keine Obliegenheitsverletzung und berechtigt nicht zu einer Leistungsverweigerung nach § 14 Abs. 1.[648] Weil der Versicherer seine überlegene Sach- und Rechtskenntnis nicht zum Nachteil des Versicherungsnehmers ausnutzen darf,[649] trifft ihn nach § 242 BGB eine Nebenpflicht, den Versicherungsnehmer über die Funktionsweise der „gestuften Datenerhebung" zu unterrichten (→ Rn. 212d, 212g).

212c   Häufig wird der Versicherungsnehmer das Auskunftsverlangen des Versicherers – insbesondere in Bezug auf personenbezogene Gesundheitsdaten – nicht aus eigener Kenntnis beantworten können und seinerseits auf **Auskünfte Dritter** wie etwa von Ärzten, Krankenhäusern, Pflegediensten, aber auch von anderen Versicherungen, Berufsgenossenschaften, Behörden oder Arbeitgebern zurückgreifen müssen. In der Praxis werden solche Auskünfte von den Versicherern unmittelbar bei den Dritten eingeholt. Diese **Erhebung** personenbezogener Gesundheitsdaten bei **Dritten** ist näher in § 213 geregelt, der gerade dem Grundrecht auf informationelle Selbstbestimmung (→ Rn. 212b) Rechnung tragen soll. Sie darf danach nur erfolgen, wenn die Kenntnis der Daten für die Beurteilung des zu versichernden Risikos oder der Leistungspflicht **erforderlich** ist und die betroffene Person ihre **Einwilligung** erteilt hat (§ 213 Abs. 1 Hs. 2). Das Kriterium der **„Erforderlichkeit"** entspricht inhaltlich der entsprechenden Voraussetzung in § 31 Abs. 1 S. 1.[650] Die **Einwilligung** iSd § 213 Abs. 1 deckt also nur eine Erhebung von Daten ab, für welche der Versicherungsnehmer iSd § 31 Abs. 1 S. 1 auskunftspflichtig ist. Sie setzt zu ihrer Wirksamkeit voraus, dass die betroffene Person (Versicherungsnehmer oder Gefahrperson, → Rn. 38) einerseits dem auskunftbegehrenden Versicherer eine **Ermächtigung** zur Erhebung der erforderlichen Daten erteilt und andererseits den Dritten ggf. von dessen **Schweigepflicht entbunden** hat. Auch wenn sich Schweigepflichtentbindung und Ermächtigung zur Datenerhebung auf dieselben Vorgänge beziehen, handelt es sich doch um zwei Erklärungen mit unterschiedlichem Inhalt und verschiedenen Adressaten.[651] Auch die Aufhebung der Schweigepflicht bezieht sich also im Zweifel nur auf solche Daten, die zur Beurteilung von Versicherungsfall und Leistungsumfang erforderlich sind. Nach hM sollen dazu auch Daten gehören, die dem Versicherer die Prüfung einer vorvertraglichen Anzeigepflichtverletzung ermöglichen (vgl. aber → Rn. 212).[652] Die Entbindungserklärung wird dem Dritten entweder unmittelbar vom Versicherungsnehmer (vgl. auch → Rn. 212e) oder durch den anfragenden Versicherer als Bote übermittelt. In der Schweigepflichtentbindung wird häufig auch eine konkludente Ermächtigung zur Datenerhebung enthalten sein. Erteilt der Versicherungsnehmer umgekehrt eine solche Ermächtigung, besteht für ihn eine vertragliche Nebenpflicht aus § 242 BGB, auch die zur Ausübung erforderliche Entbindung von der Schweigepflicht zu erklären.

212d   Der Versicherer kann die erforderlichen Daten nach § 213 nur dann bei Dritten erheben, wenn die betroffene Person ihre **Einwilligung** dazu erteilt hat. Diese kann von Fall zu Fall jeweils für ein **konkretes Auskunftsersuchen** des Versicherers (Abs. 1) oder – sogar bereits vor Vertragsschluss –

---

[645] *Bußmann* r+s 2018, 453; *Baumann* in Bruck/Möller AVB BU § 7 Rn. 31 ff.
[646] BGHZ 214, 127 = VersR 2017, 469; dazu *Bußmann* r+s 2018, 453.
[647] BGHZ 214, 127 = VersR 2017, 469.
[648] BGHZ 214, 127 = VersR 2017, 469; *Wandt* VersR 2017, 458.
[649] BGH VersR 2017, 868.
[650] BGHZ 214, 127 = VersR 2017, 469; *Wandt* VersR 2017, 458.
[651] Vgl. auch *Voit* in Prölss/Martin VVG § 213 Rn. 33; → § 213 Rn. 95 f.
[652] *Voit* in Prölss/Martin VVG § 213 Rn. 30; *Eichelberg* in Looschelders/Pohlmann VVG § 213 Rn. 8.

generell (Abs. 2 S. 1) gegeben werden.[653] In beiden Fällen deckt die Einwilligung nur die Erhebung von Daten, die iSd § 31 Abs. 1 und § 213 Abs. 1 Hs. 2 erforderlich sind (→ Rn. 212c). Die **Einzelfalleinwilligung** bezieht sich daher im Zweifel nur auf eine „gestufte Datenerhebung" (→ Rn. 212b). Gleiches gilt für die korrespondierende Entbindung des Dritten von der Schweigepflicht. Der Versicherer handelt daher ohne die nach § 213 Abs. 1 Hs. 2 erforderliche Einwilligung und nicht gedeckt durch eine Aufhebung der Schweigepflicht, wenn er in das Recht auf informationelle Selbstbestimmung durch Erhebung nicht erforderlicher Daten eingreift (→ Rn. 212b). Eine **generelle Einwilligung** kann sich auf sämtliche bei einem bestimmten Dritten zu erhebenden Daten oder sogar auf die Erhebung von Daten bei sämtlichen Dritten beziehen, deren Befragung der Versicherer für erforderlich hält. Die versicherte Person kann ihre Einwilligung allerdings auf bestimmte Erkrankungen oder einen bestimmten Zeitraum beschränken. Die Vorabeinholung einer generellen Einwilligung ist für den Versicherer vorteilhaft, weil er auf dieser Grundlage die benötigten Informationen schneller und mit einem geringeren Verwaltungsaufwand erhält und dadurch außerdem nach Eintritt des Versicherungsfalls eine „gestufte Datenerhebung" vermeiden kann. Für die betroffene Person birgt sie Nachteile, weil sie in diesem Fall die Tragweite ihrer Erklärung nicht überschauen kann und dadurch ihr Recht auf informationelle Selbstbestimmung tangiert wird. Zu ihrem Schutz sieht daher zunächst § 213 Abs. 2 S. 2 vor, dass der Versicherer sie von einer konkret bevorstehenden Datenerhebung zu unterrichten hat und diese der Erhebung noch widersprechen kann (Abs. 2 S. 2). Auf diese Möglichkeit muss der Versicherer hinweisen (Abs. 4). Außerdem muss er die betroffene Person schon bei Vertragsschluss darüber informieren, dass sie jederzeit alternativ für die Abgabe von Einzelermächtigungen nach Abs. 1 optieren kann (Abs. 3) und dass in diesem Fall – anders als bei einer generellen Einwilligung – eine „gestufte Datenerhebung" praktiziert wird.[654] Angesichts der Optionsmöglichkeit des Versicherungsnehmers wird eine generelle Einwilligung demnach freiwillig erteilt. Die Auszahlung der Versicherungsleistung kann der Versicherer nicht von der Abgabe einer solchen Einwilligung abhängig machen.[655] Die generelle Einwilligung muss abstrakt angeben, welcher Personenkreis bzw. welche Institutionen als „Dritte" in Frage kommen, welcher Art die abgefragten Daten sein können und für welchen Zeitraum Vorgänge abgefragt werden (→ Rn. 212b).[656] Auch die dazu gehörige Schweigepflichtentbindung muss, wenn sie wirksam sein soll, alle diese Voraussetzungen erfüllen (vgl. auch → Rn. 212g). Klauseln, in denen der versicherten Person eine **Aufwandsentschädigung** in Höhe der bei einer Bearbeitung von Einzelfalleinwilligungen anfallenden Mehrkosten in Rechnung gestellt wird, sind unwirksam. Zwar hat das BVerfG bei der Konturierung des Grundrechts auf informationelle Selbstbestimmung verlauten lassen, dass im Rahmen einer Abwägung von Versicherer- und Versicherungsnehmerinteressen gegen eine Kostenbeteiligung des Versicherungsnehmers keine verfassungsrechtlichen Bedenken bestehen.[657] Jedoch enthalten entsprechende AVB-Klauseln eine unangemessene Benachteiligung iSd § 307 Abs. 1 S. 1 BGB, weil der Versicherungsnehmer durch die Auferlegung einer in ihrer Höhe nicht vorhersehbaren Zahlungsverpflichtung davon abgehalten werden könnte, von der Wahl des für ihn günstigeren und vom Gesetzgeber in § 213 Abs. 1 als Grundmodell vorgesehenen Einwilligungskonzepts Gebrauch zu machen.[658]

Die Einwilligung kann von Fall zu Fall jeweils für ein **konkretes Auskunftsersuchen** des Versicherers (Abs. 1) oder – sogar bereits vor Vertragsschluss – **generell** (Abs. 2 S. 1) erteilt werden.[659] In beiden Fällen deckt sie nur die Erhebung von Daten ab, die iSd §§ 31 Abs. 1 und 213 Abs. 1 Hs. 2 erforderlich sind (→ Rn. 212c). Die **Einzelfalleinwilligung** bezieht sich daher im Zweifel nur auf eine „gestufte Datenerhebung" (→ Rn. 212b). Gleiches gilt für die korrespondierende Entbindung des Dritten von der Schweigepflicht. Erteilt die versicherte Person ihre **Einwilligung** zur Erhebung erforderlicher Daten iSd § 213 Abs. 1 **nicht** oder widerspricht sie gemäß § 213 Abs. 2 S. 2 einer Datenerhebung nach einer zuvor erteilten generellen Einwilligung, so übt sie damit ihr Grundrecht auf informationelle Selbstbestimmung aus (→ Rn. 212b, 212c). Eine Verletzung der sich aus § 31 Abs. 1 ergebenden Auskunftsobliegenheit liegt in dieser Grundrechtsausübung nicht.[660] Der Versicherer kann dann im Wege des § 213 keine personenbezogenen Gesundheitsdaten erheben. Nicht ausgeschlossen wird aber durch diese Bestimmung, dass der Versicherungsnehmer den Dritten unmittelbar von dessen Schweigepflicht entbindet und ihn anweist, die Gesundheitsdaten dem Versi-

---

[653] BGH VersR 2017, 1129; *Bußmann* r+s 2018, 453 (hM).
[654] BGHZ 214, 127 = VersR 2017, 469; VersR 2017, 1129; *Bußmann* r+s 2018, 453.
[655] BGH VersR 2017, 1129.
[656] Anders wohl *Voit* in Prölss/Martin VVG § 213 Rn. 38.
[657] BVerfG VersR 2006, 1696.
[658] Einschränkend auch *Voit* in Prölss/Martin VVG § 213 Rn. 39.
[659] BGH VersR 2017, 1129; *Bußmann* r+s 2018, 453 (hM).
[660] BGHZ 214, 127 = VersR 2017, 469; dazu *Muschner* in HK-VVG VVG § 213 Rn. 55 ff.

cherer zukommen zu lassen, oder dass er sich selbst die erforderlichen Auskünfte von dem Dritten übermitteln lässt und seinerseits an den Versicherer weiterleitet.[661] Das Recht des Versicherungsnehmers auf informationelle Selbstbestimmung wird durch ein solches Vorgehen nicht berührt, weil er selber (natürlich) seine persönlichen Daten an Dritte weitergeben kann.[662] Damit bleibt es hier bei der sich aus § 31 Abs. 1 ergebenden Obliegenheit, jedenfalls auf diese Weise die erforderlichen Auskünfte zu erteilen. Kommt der Versicherungsnehmer seiner Auskunftsobliegenheit nicht nach, wird ein etwa bestehender Leistungsanspruch nicht fällig.

212f Geht man mit der hM davon aus (→ Rn. 212a), dass auch solche Auskünfte i.S. des § 31 Abs 1 S. 1 zur Feststellung des Versicherungsfalls erforderlich sind, die sich zwecks Aufdeckung etwaiger Anzeigeobliegenheitsverletzungen auf die **Gesundheitslage zum Zeitpunkt des Vertragsschlusses** beziehen, und hat der Versicherer bei einem Dritten Daten ohne Einwilligung der betroffenen Person und somit im Zweifel ohne Vorliegen einer Schweigepflichtentbindung erhoben und dadurch Kenntnis von Umständen wie etwa einer unzutreffenden Beantwortung von Gesundheitsfragen erhalten, stellt sich die Frage, ob er trotz rechtswidriger Kenntniserlangung ein Rücktritts-, Kündigungs- oder Anfechtungsrecht auf diese Umstände stützen kann. Hier gelten die allgemeinen Grundsätze des Rechtsmissbrauchs.[663] Danach ist eine Rechtsausübung nach einem unredlichen, insbesondere gesetzes- oder vertragswidrigen Erwerb der eigenen Rechtsstellung gemäß § 242 BGB jedenfalls dann in der Regel rechtsmissbräuchlich, wenn das treuwidrige Verhalten (hier des Versicherers) zielgerichtet war (exceptio doli specialis; Einwand der „unclean hands"). Andernfalls ist eine Abwägung der Gesamtumstände erforderlich. Zu Lasten des rechtskundigen Versicherers fällt dabei in die Waagschale, dass er sich auch ohne zielgerichtetes Handeln über die Unzulässigkeit seines Tuns im Klaren gewesen sein dürfte. Ein Rechtsmissbrauch ist in der Regel aber zu verneinen, wenn der Versicherungsnehmer seinerseits nachweislich arglistig gehandelt hat.[664]

212g Insbesondere ältere **AVB** enthalten häufig eine Klausel, die den Versicherungsnehmer verpflichtet, Ärzte, Krankenhäuser, Pflegepersonal und sonstige Dritte (→ Rn. 212c) von ihrer Schweigepflicht zu entbinden. Ob eine solche bereits in den AVB enthaltene **Verpflichtung zu einer Schweigepflichtentbindung** im Hinblick auf § 307 BGB wirksam ist, muss zum einen im Hinblick auf das **Recht auf informationelle Selbstbestimmung** geprüft werden.[665] Das BVerfG hat zu einschlägigen BUZ-Klauseln festgestellt, dass sie den verfassungsrechtlich gebotenen informationellen Selbstschutz des Versicherungsnehmers dann missachten, wenn der Vertragsinhalt de facto einseitig vom Versicherer bestimmt werde.[666] Diesem Bedenken kann aber nach allgemeiner Auffassung[667] durch den Hinweis des Versicherers Rechnung getragen werden, dass sich der Versicherungsnehmer alternativ auch lediglich zur Abgabe von Einzelfallermächtigungen verpflichten kann. Der Versicherer muss dabei klarstellen, dass die Ermächtigung in diesem Fall lediglich eine „gestufte Datenerhebung" gestattet. Zum andern können Verpflichtungen zur Abgabe von Entbindungserklärungen wegen **Unbestimmtheit** unangemessen[668] sein, wenn sie nicht klar zum Ausdruck bringen, ob die vereinbarte Schweigepflichtentbindung auch über den in § 213 Abs. 1 angeführten Personenkreis hinausgeht und im Verhältnis zu welchen Dritten genau die Schweigepflicht aufgehoben werden soll, ob und wie diese Aufhebung thematisch begrenzt sein soll und für welchen Zeitraum der Gesundheitszustand soll abgefragt werden können.[669] Unwirksam ist etwa eine Klausel, die eine Schweigepflichtentbindung in Bezug auf alle „sachdienlichen Hinweise"[670] oder im Hinblick auf alle Ärzte vorsieht, von denen der Versicherungsnehmer jemals behandelt worden ist oder behandelt werden wird.[671]

213 **4. Informationen über wirtschaftlichen Verhältnisse (§ 31 Abs. 1, § 7 Abs. 2 BU, § 4 Abs. 2 BUZ).** Außerdem ist der Versicherungsnehmer nach § 31 Abs. 1, §§ 7 Abs. 2 BU, 4 Abs. 2 BUZ verpflichtet, dem Versicherer auf Nachfrage zusätzliche **Informationen** auch über seine **wirtschaftlichen Verhältnisse** und deren Veränderungen zu übermitteln, so etwa Verdienst- und Steu-

---

[661] Vgl. *Neuhaus* Berufsunfähigkeitsversicherung Kap. 16 Rn. 24; *Lücke* in Prölss/Martin BU § 7 Rn. 6.
[662] BVerfG VersR 2013, 1425; BGH VersR 2017, 1129.
[663] BGH VersR 2010, 97; 2017, 1129. – Zum Rechtsmissbrauch durch unredlichen Erwerb statt aller *Grüneberg* in Grüneberg BGB § 242 BGB Rn. 43 ff.
[664] Wie bei BGH VersR 2010, 97; r+s 2011, 419.
[665] BGHZ 214, 127 = VersR 2017, 469.
[666] BVerfG VersR 2006, 1669 (dazu *Egger* VersR 2007, 905; *Notthoff* ZfS 2008, 243); BVerfG VersR 2013, 1425.
[667] BVerfG VersR 2006, 1669 Nr. 61; vgl. auch *Voit* in Prölss/Martin VVG § 213 Rn. 39.
[668] Vgl. etwa *Grüneberg* in Grüneberg BGB § 307 Rn. 26.
[669] BGHZ 214, 127 = VersR 2017, 469; vgl. auch BVerfG VersR 2013, 1425.
[670] Vgl. BVerfG VersR 2006, 1669.
[671] BGHZ 214, 127 = VersR 2017, 469.

erbescheinigungen, Bilanzen usw (→ Rn. 165). Eine entsprechende Verpflichtung trifft im Rahmen einer Versicherung für fremde Rechnung den Versicherten iS der §§ 43, 44 (§ 31 Abs. 2). Ein Verstoß gegen das Recht auf informationelle Selbstbestimmung liegt darin nicht.[672] Nach einer endgültigen Leistungsablehnung ist die versicherte Person nicht mehr gehalten, die Aufnahme einer (anderen) Tätigkeit anzuzeigen.[673]

III. Insbesondere: Mitwirkungsobliegenheiten bei der Nachprüfung

214 Führt der Versicherer ein **Nachprüfungsverfahren** (vgl. § 174) durch, um das Fortbestehen der Berufsunfähigkeit oder der Pflegestufe zu überprüfen, ist er auf Informationen der versicherten Person (Versicherungsnehmer oder Gefahrperson, → Rn. 38) angewiesen. Die Mitwirkungsobliegenheit des Versicherungsnehmers, die tendenziell ja auf eine Beendigung seines eigenen Anspruchs abzielt, wurzelt in dem Umstand, dass dem letztlich auf der Grundlage einer Prognose leistenden Versicherer (→ Rn. 119) die **Möglichkeit einer späteren Korrektur** eingeräumt werden muss.[674] Eine Auskunftsobliegenheit des Versicherungsnehmers ergibt sich hier allerdings **nicht** aus § 31 Abs. 1. Diese Bestimmung verpflichtet zu Auskünften darüber, ob und in welchem Umfang sich das vom Versicherer übernommene Risiko im Versicherungsfall verwirklicht hat, begründet aber keine darüber hinausgehenden Auskunftspflichten für die Dauer der gesamten Vertragslaufzeit.[675] Ebenso wie die Voraussetzungen einer Leistungseinstellung (→ § 174 Rn. 1) muss also vertraglich (in den AVB) bestimmt werden, welche Auskünfte der Versicherer zwecks Feststellung dieses Wegfalls vom Versicherungsnehmer erwarten kann.

214a In der Tat ist in § 9 Abs. 2 S. 1, 3 u. § 7 Abs. 2, 3 BU, § 6 Abs. 2 S. 1, 3 u. § 4 Abs. 2, 3 BUZ vorgesehen, dass der Versicherer jederzeit auf seine Kosten „**sachdienliche Auskünfte**" und einmal jährlich eine umfassende **ärztliche Untersuchung** der versicherten Person verlangen kann (→ § 174 Rn. 30). Die Überprüfung kann sich auf die Frage erstrecken, ob die versicherte Person – auch unter Berücksichtigung etwa neu erworbener Fähigkeiten – eine andere Tätigkeit, die ihrer bisherigen Lebensstellung entspricht, ausübt oder dazu in der Lage ist (§§ 9 Abs. 1 S. 2 BU, 6 Abs. 1 S. 2 BUZ). Sachdienlich sind jedenfalls alle Auskünfte, die der Versicherungsnehmer auch bei der vorausgehenden Feststellung einer Leistungspflicht hätte erteilen müssen.[676] Eine Verpflichtung des Versicherungsnehmers, behandelnde Ärzte von ihrer Schweigepflicht zu entbinden, lässt sich daraus aber jedenfalls nicht ableiten (vgl. aber auch → Rn. 212c aE).[677] Die versicherte Person muss ebenso wie bei der ursprünglichen Geltendmachung des Anspruchs (→ Rn. 212) medizinische Untersuchungen und Eingriffe lediglich im **Rahmen des Zumutbaren** akzeptieren, so dass nur die Verweigerung zumutbarer Behandlungen eine Obliegenheitsverletzung darstellt.[678] Einen durchsetzbaren Anspruch auf Duldung einer Untersuchung hat der Versicherer allerdings auf keinen Fall (§§ 176, 151; → § 176 Rn. 5). Eine Obliegenheit zur Einholung oder gar Befolgung medizinischer Ratschläge besteht nur, wenn dies im Versicherungsvertrag vereinbart wurde.[679] Eine Mitwirkungsobliegenheit soll gem. §§ 10 S. 1 BU, 7 S. 1 BUZ neben dem Versicherungsnehmer auch die „versicherte Person" (Gefahrperson, dazu aber → Rn. 205b), sowie andere „Anspruchserhebende" (Bezugsberechtigte, Versicherte iSd §§ 43, 44 Abs. 1, Zessionare; → Rn. 205a) treffen (dazu näher → Rn. 205a). Der Versicherungsnehmer muss sich Kenntnisse und das Verhalten der Gefahrperson gem. §§ 176, 156 entgegenhalten lassen (→ Rn. 205b).

215 Der Versicherungsnehmer ist außerdem verpflichtet, eine Minderung der Berufsunfähigkeit bzw. Pflegebedürftigkeit sowie eine Wiederaufnahme oder Änderung der beruflichen Tätigkeit der versicherten Person dem Versicherer unverzüglich (vgl. § 121 BGB) anzuzeigen (vgl. § 9 Abs. 3 BU, § 6 Abs. 3 BUZ). Ob sich die Berufsunfähigkeit – in der Regel aufgrund einer Verbesserung des Gesundheitszustands – gemindert hat, ist nicht immer leicht zu beurteilen. Der Versicherungsnehmer muss diese gesundheitliche Verbesserung kennen[680] und davon ausgehen, dass sie nicht nur vorübergehend ist bzw. nicht lediglich einen für die Berufsausübung nicht relevanten Bagatellcharakter hat.[681] Hingegen muss der Versicherungsnehmer nicht darüber hinaus wissen oder damit rechnen, dass die Gesundheitsverbesserung auch unbedingt zu einer Verminderung der Berufsunfähigkeit in

---

672 Vgl. OLG Köln VersR 2008, 107.
673 BGH VersR 1999, 1134.
674 Vgl. BGH VersR 1993, 470 und VersR 1993, 559.
675 *Rixecker* in Langheid/Rixecker VVG § 31 Rn. 2.
676 Mertens in HK-VVG BUZ § 6 Rn. 9.
677 *Rixecker* in Langheid/Rixecker VVG § 174 Rn. 6 gegen OLG Hamburg VersR 2010, 749.
678 OLG Köln VersR 2014, 487 (wiederholte Nichtwahrnehmung von Untersuchungsterminen).
679 OLG Saarbrücken VersR 2007, 635.
680 BGH VersR 2007, 389.
681 *Knechtel* in Ernst/Rogler BUV § 9 Rn. 85.

einem vertragsrelevanten Umfang führt;⁶⁸² dies ist eine Feststellung, die sich für alle Beteiligten erst aus dem Nachprüfungsverfahren ergeben wird. Ist versicherte Person ein Dritter (→ Rn. 38), reicht es qua Zurechnung aus, dass diese Gefahrperson zu der Einschätzung einer verminderten Berufsunfähigkeit gelangt (§§ 156, 177). Bezugsberechtigte, Versicherte iSd §§ 43 ff. und Zessionare haben sämtlich aufgrund ihres derivativen Erwerbs die Rechtsposition des Versicherungsnehmers einschließlich der Zurechnung der Kenntnis von Gefahrpersonen und belastet mit der Möglichkeit einer späteren Nachprüfung erhalten und müssen sich daher die Kenntnis sowohl des Versicherungsnehmers als auch ggf. einer Gefahrperson entgegenhalten lassen. Der Versicherer muss beweisen, dass die versicherte Person die erforderlichen Kenntnisse hatte.⁶⁸³

IV. Rechtsfolgen der Obliegenheitsverletzung

216   Während eine Nichtmitwirkung des Anspruchstellers bei der **Erstgeltendmachung** von Leistungen gem. § 14 Abs. 1 VVG sowie § 7 Abs. 4 BU, § 4 Abs. 4 BUZ schlicht zur Folge haben kann, dass der Anspruch gegen den Versicherer **nicht fällig wird** (→ Rn. 209), sind die Rechtsfolgen einer Verletzung der Mitwirkungsobliegenheiten im **Nachprüfungsverfahren** (→ Rn. 214 f.) in den §§ 10 BU, 7 BUZ in Anlehnung an § 28 Abs. 2–4 geregelt. Der Versicherer ist danach von seiner Verpflichtung zur Leistung zwar nicht endgültig, wohl aber **so lange** frei, wie der Versicherungsnehmer seine Mitwirkungsobliegenheiten **vorsätzlich nicht erfüllt** (§§ 10 S. 1, 7 BU, § 7 S. 1, 7 BUZ). Ist eine sich aus § 9 Abs. 2 S. 2 BU oder § 6 Abs. 2 S. 2 BUZ ergebende Obliegenheit vom Versicherungsnehmer nicht vorsätzlich, sondern nur **grob fahrlässig verletzt** worden, kann der Versicherer seine Leistung (vorübergehend, dh bis zur Vorlage der erforderlichen Nachweise) lediglich in einem der Schwere des Verschuldens entsprechenden Maßstab kürzen, sofern dem Anspruchsteller (→ Rn. 216) nicht der Nachweis gelingt, dass er nicht grob fahrlässig gehandelt hat (§ 10 S. 2, 4 BU, § 7 S. 2, § 4 BUZ). Die vollständige oder teilweise Leistungsfreiheit tritt aber nur dann ein, wenn der Versicherer durch gesonderte Mitteilung auf diese Rechtsfolgen in Textform (§ 126b BGB) hingewiesen hatte (§§ 10 S. 3 BU, 7 S. 3 BUZ). Außerdem bleibt die Leistungspflicht des Versicherers unberührt, wenn die Obliegenheitsverletzung ohne Einfluss auf die Feststellung oder den Umfang der Leistungspflicht geblieben ist. Bei arglistiger Verletzung der Mitwirkungspflicht gilt dies nicht (§ 10 S. 6 BU, § 7 S. 6 BUZ). Die Beweislast für die mangelnde Kausalität der Obliegenheitsverletzung trägt der Versicherungsnehmer (§ 10 S. 5 BU, § 7 S. 5 BUZ). Die Leistungsfreiheit endet ab Beginn des Monats, in welchem die ausstehenden Unterlagen und Informationen nachträglich vorgelegt werden (vgl. § 10 S. 7 BU, § 7 S. 7 BUZ). Diese Rechtsfolgen treten jedoch nur dann ein, wenn die Parteien im Versicherungsvertrag eine entsprechende Regelung für den Fall einer Obliegenheitsverletzung getroffen haben (vgl. § 28 Abs. 2).⁶⁸⁴

217   Darüber hinaus soll vorläufige Leistungsfreiheit aber auch dann eintreten, wenn die Mitwirkungsobliegenheit der § 9 BU, § 4 BUZ von der Gefahrperson als „versicherter Person" oder einem anderen „Anspruchserhebenden", also zB einem Bezugsberechtigten, Versicherten (§ 44 Abs. 1) oder Zessionar schuldhaft nicht erfüllt wird (§ 10 S. 1, 2 BU, § 4 S. 1, 2 BUZ). Diese Regelung ist aber zumindest missverständlich. Es besteht weder eine entsprechende gesetzliche Verpflichtung der Genannten noch ihnen eine eigene Obliegenheit durch den Versicherungsvertrag auferlegt worden sein (vgl. aber näher → Rn. 205a).

218   Soweit sich **Mitwirkungsobliegenheiten** aus § 242 BGB ergeben (→ Rn. 205), liegt keine vertragliche Obliegenheit iSd § 28 VVG, sondern eine gesetzliche Obliegenheit vor. Das Leistungsverlangen des Anspruchstellers ist bei einer Verletzung rechtsmissbräuchlich, der Versicherer kann dann nach Treu und Glauben seine Leistung zurückhalten. Kommt der Versicherungsnehmer später seiner Mitwirkungsobliegenheit nach, sind möglicherweise mit der Berufsunfähigkeit die Anspruchsvoraussetzungen entfallen, so etwa dann, wenn der Versicherte die gebotenen Hilfsmittel einsetzt oder Schutzmaßnahmen ergreift (→ Rn. 78) oder seinen Betrieb umorganisiert hat (→ Rn. 79 ff.). Führt die verspätete Mitwirkung dagegen nicht zum Wegfall der Berufsunfähigkeit – so etwa dann, wenn die zunächst verweigerte, aber zumutbare ärztliche Behandlung fehlschlägt (→ Rn. 140) – wird der Versicherer nicht etwa leistungsfrei, sondern ist jetzt ex nunc zur Leistung verpflichtet.

219   Auch die Verteilung der **Darlegungs- und Beweislast** orientiert sich am Vorbild des § 28 (→ § 28 Rn. 163 ff.).⁶⁸⁵ Den objektiven Tatbestand einer Verletzung der Mitwirkungs-, Anzeige- oder Auskunftsobliegenheiten iSd § 9 Abs. 2, 3 BU bzw. § 6 Abs. 2, 3 BUZ hat der Versicherer zu beweisen (vgl. § 69 Abs. 3 S. 2 VVG), ebenso die vorsätzliche Verletzung als Voraussetzung der

---
⁶⁸² Anders *Knechtel* in Ernst/Rogler BUV § 9 Rn. 85; *Lücke* in Prölss/Martin BU § 9 Rn. 16.
⁶⁸³ Vgl. BGH VersR 2007, 389 (Kaskoversicherung).
⁶⁸⁴ OLG Brandenburg BeckRS 2019, 8176 u. 2018, 52031.
⁶⁸⁵ *Pohlmann* in Looschelders/Pohlmann VVG § 28 Rn. 148 ff.

(vorübergehenden) Leistungsfreiheit nach § 10 S. 1 BU, § 7 S. 1 BUZ. Will der Anspruchsteller (→ Rn. 216) eine (vorübergehende) Anspruchskürzung vermeiden, muss er darlegen und nachweisen, dass er nicht grob fahrlässig gehandelt hat (vgl. § 10 S. 4 BU, § 7 S. 4 BUZ). Er trägt auch die Beweislast für den Nachweis, dass die Obliegenheitsverletzung für die Feststellung und den Umfang der Leistungspflicht nicht kausal geworden ist (§ 10 S. 5 BU, § 7 S. 5 BUZ). Außerdem beweist der Anspruchsteller, dass die Mitwirkungs- und Auskunftspflicht später erfüllt wurde, so dass die Leistungspflicht des Versicherers (wieder) einsetzt (vgl. § 10 S. 7 BU, § 7 S. 7 BUZ). Der Versicherer trägt demgegenüber die Beweislast dafür, dass der Versicherungsnehmer über die Rechtsfolgen einer Obliegenheitsverletzung ordnungsgemäß informiert wurde (vgl. § 10 S. 3 BU, § 7 S. 3 BUZ). Trotz fehlender Kausalität der Obliegenheitsverletzung entfällt die Leistungspflicht des Versicherers, wenn er eine arglistige Verletzung der Mitteilungspflicht nachweisen kann (§ 10 S. 6 BU, § 7 S. 6 BUZ).

E. Erbringung der Leistungen durch den Versicherer

I. Anspruch auf die vereinbarten Leistungen

1. Inhalt und Entstehung des Anspruchs. Welche **Leistungen der Versicherer** erbringen muss, wenn der Versicherte vollständig oder in den vereinbarten Umfang berufsunfähig (→ Rn. 49) wird, ist dem Versicherungsvertrag zu entnehmen. Dies gilt sowohl für die Art, Höhe und Dauer der Leistungen. 220

So ist in der Berufsunfähigkeitsversicherung regelmäßig vereinbart, dass der Versicherer im Versicherungsfall (Eintritt von Berufsunfähigkeit in dem vertraglich vereinbarten Ausmaß) die vereinbarte **Berufsunfähigkeitsrente** zahlt und den Versicherungsnehmer von der **Beitragspflicht befreit** (§ 1 Abs. 1 S. 1 BU/BUZ); in der Berufsunfähigkeitszusatzversicherung wird der Versicherungsnehmer auch von seiner Verpflichtung zu Zahlung der **Prämien** für die **Hauptversicherung entbunden**. Allerdings besteht die Verpflichtung zur Prämienzahlung bis zur Entscheidung über die Leistungspflicht fort; die Prämien werden vom Versicherer bei einer späteren Anerkennung der Leistungspflicht (vgl. § 173) zurückerstattet (§ 1 Abs. 5 BU/BUZ). Die Rückzahlung erfolgt zinslos,[686] sofern der Versicherer sich nicht mit der Abgabe seines Anerkenntnisses in Verzug befindet (→ § 173 Rn. 7). Außerdem erhält der Versicherungsnehmer abgesehen von den im Versicherungsschein ausgewiesenen garantierten Leistungen ggf. eine Beteiligung an den **Überschüssen** und Leistungsreserven (§§ 176, 153, → § 176 Rn. 8 f., ferner § 3 BU, § 1 Abs. 8 u. § 8 BUZ),[687] die freilich in der Berufsunfähigkeitsversicherung keine große Rolle spielen.[688] Geht der Versicherungsfall auf den Eintritt von Pflegebedürftigkeit zurück, so richtet sich die Rentenhöhe nach der Höhe der Pflegestufe (§ 1 Abs. 2, 2 Abs. 4–8 BU/BUZ, → Rn. 59 ff.). 221

Rentenzahlungen können vertraglich in der Weise **dynamisiert** werden, dass sich die Versicherungsleistung ohne erneute Gesundheitsüberprüfung erhöht.[689] Nach Eintritt der Berufsunfähigkeit findet aber ohne besondere Vereinbarung keine Rentendynamisierung mehr statt; nur in diesem Sinne kann ein verständiger Versicherungsnehmer eine Klausel verstehen, wonach im Rahmen einer Berufsunfähigkeitszusatzversicherung keine Erhöhungen erfolgen sollen, solange wegen Berufsunfähigkeit die Beitragspflicht ganz oder teilweise entfällt.[690] Eine solche Regelung ist weder überraschend iSd § 305c Abs. 1 BGB noch inhaltlich unangemessen iSd § 307 Abs. 1 S. 2, Abs. 2 BGB.[691] 222

Der **Anspruch** auf Rente und Beitragsbefreiung **entsteht** mit Ablauf des Monats, in dem Berufsunfähigkeit eintritt (→ Rn. 49, 123); der Eintritt ist dem Versicherer in Textform (vgl. § 126b BGB) mitzuteilen (§§ 1 Abs. 3 S. 1, 2 BU/BUZ). Erfolgt die Mitteilung erst nach Ablauf einer unternehmensindividuell zu bestimmenden Anzahl von (häufig: drei) Monaten nach Eintritt des Versicherungsfalls, entsteht der Anspruch allerdings erst mit dem Beginn des Monats der Mitteilung (§ 1 Abs. 3 S. 3 BU/BUZ). Dementsprechend setzt auch der Anspruch auf Erhöhung der Rente wegen Eintritts einer höheren Pflegestufe frühestens mit Beginn des Monats ein, in welchem dem Versicherer die Erhöhung der Pflegestufe mitgeteilt wird (§ 1 Abs. 3 S. 5 BU/BUZ). Die Mitteilung muss nicht unbedingt durch den Versicherungsnehmer bzw. Versicherten, sondern kann auch durch 223

---

[686] *Mertens* in HK-VVG BUZ § 1 Rn. 12.
[687] Vgl. dazu BGH VersR 2007, 1290 (Rechtskraft eines auf Zahlung der Rente beschränkten Urteils erstreckt sich nicht auf die Überschussbeteiligung).
[688] *Lücke* in Prölss/Martin BU § 3 Rn. 4.
[689] Näher *Neuhaus* Berufsunfähigkeitsversicherung Kap. 4 Rn. 26 ff.; *Höra* in MAH VersR § 26 Rn. 234.
[690] Vgl. OLG Koblenz VersR 2002, 1269; OLG Saarbrücken VersR 2010, 519; *Höra* in MAH VersR § 26 Rn. 234.
[691] OLG Saarbrücken VersR 2010, 519.

einen Dritten (Arzt, Angehöriger) erfolgen.[692] Die Rente wird – der vereinbarten Zahlungsweise entsprechend – idR im Voraus gezahlt (§ 1 Abs. 7 BU/BUZ). Wird in der Zeit zwischen dem Eintritt von Berufsunfähigkeit und dem aufgrund einer verspäteten Mitteilung hinausgeschobenen Leistungsbeginn aufgrund einer Dynamisierungsvereinbarung eine Leistungserhöhung wirksam, kann der Versicherungsnehmer die erhöhte Leistung verlangen.[693]

224 Bei der Frist der § 1 Abs. 3 S. 3 BU/BUZ handelt es sich um eine **Ausschlussfrist** (und nicht um eine Obliegenheit),[694] deren Versäumung für den Versicherungsnehmer einen Verlust derjenigen Ansprüche mit sich bringt, die zwischen dem Ablauf des Monats, in dem Berufsunfähigkeit eingetreten ist, und dem Beginn des Anzeigemonats entstanden sind. Dieser teilweise Leistungsausschluss soll den Versicherungsnehmer zu einer baldigen Mitteilung anhalten und dem Versicherer eine zeitnahe Überprüfung der Voraussetzungen des Versicherungsfalls ermöglichen. Im Hinblick auf diesen Vertragszweck erfolgt kein Leistungsausschluss, wenn die Verspätung nicht schuldhaft erfolgte (§ 1 Abs. 3 S. 4 BU/BUZ).[695] Die Beweislast für eine unverschuldete Säumnis trägt der Versicherungsnehmer. Angesichts der mit der Feststellung von Berufsunfähigkeit (→ Rn. 119) verbundenen praktischen Schwierigkeiten hat er eine verzögerte Mitteilung bereits dann nicht zu vertreten, wenn er über die gesundheitlichen Voraussetzungen seiner Berufsunfähigkeit noch keine hinreichenden Kenntnisse hatte oder ohne Verschulden angenommen hat, trotz gesundheitlicher Einschränkungen zur weiteren Ausübung seines bisherigen oder eines Vergleichsberufs noch in der Lage zu sein.[696] Der Versicherungsnehmer handelt aber nicht unverschuldet, wenn er mit der Mitteilung wartet, bis sein in der gesetzlichen Rentenversicherung gestellter Leistungsantrag beschieden ist.[697] Die Leistungsbeschränkung soll nach Auffassung der Rspr. weder eine überraschende Klausel nach § 305c Abs. 1 BGB noch eine unangemessene Benachteiligung iSv § 307 Abs. 1 S. 1 BGB darstellen.[698]

225 Die Mitteilung an den Versicherer ist nichts anderes als eine **Anzeige des Versicherungsfalls** iSv § 30 Abs. 1 S. 1 VVG, die nicht unbedingt vom Versicherungsnehmer oder Versicherten vorzunehmen ist, sondern auch durch einen Dritten erfolgen kann und nicht begründet werden muss. In der Sache reicht jede Benachrichtigung des Versicherers aus, mit welcher der Anspruchsteller zum Ausdruck bringt, dass ein Versicherungsfall – zumindest nach seiner eigenen Einschätzung – eingetreten ist. Ein bestimmter Anspruch muss aber nicht gleichzeitig erhoben werden; auch setzt die Wirksamkeit der Mitteilung nicht voraus, dass Versicherter oder Versicherungsnehmer gleichzeitig die Mitwirkungsobliegenheiten der § 7 BU, § 4 BUZ erfüllen.[699]

226 Die Mitteilung kann nach § 1 Abs. 3 BU/BUZ in **Textform** (§ 126b BGB) erfolgen. Eine entsprechende Formabrede lässt § 32 S. 2 VVG für eine Anzeige des Versicherungsfalls ausdrücklich zu.

227 Die **Versichererleistung** wird gem. **§ 14 VVG fällig.** Fälligkeit tritt ein, wenn dem Versicherer nach Erhalt aller Unterlagen, die zur Feststellung von Versicherungsfall und Leistungsumfang erforderlich sind, eine hinreichende Zeit zur Prüfung und Überlegung zur Verfügung gestanden hat.[700] Angesichts der häufig existentiellen Bedeutung, die der Rentenzahlung des Versicherers zukommt, ist davon auszugehen, dass die Leistung idR spätestens vier Wochen nach Vorliegen der erforderlichen Informationen fällig wird. Nach Fristablauf ist der Versicherer ebenfalls zur Abgabe einer Anerkenntniserklärung gem. § 173 verpflichtet (→ § 173 Rn. 4 ff.). Erkennt der Versicherer gegenüber dem Versicherten seine Leistungspflicht an, ohne diese Erklärung mit einer unverzüglichen Erbringung der geschuldeten Leistung zu verbinden, gerät er gem. § 286 Abs. 1 BGB in Verzug, ohne dass angesichts der in der Anerkenntniserklärung zu sehenden „Selbstmahnung"[701] eine Mahnung erforderlich wäre (§ 286 Abs. 2 Nr. 4 BGB). Infolgedessen muss er einen Verzugsschadens ersetzen und Verzugszinsen zahlen, wenn er das Ausbleiben der Leistung zu vertreten hat (§ 296 Abs. 4 BGB).

228 Lehnt der Versicherer seine **Leistungen unberechtigterweise** ab (→ § 173 Rn. 29), so gerät er bei Eintritt der Fälligkeit (→ Rn. 227) mit seiner Leistung unter den Voraussetzungen des § 286

---

[692] *Lücke* in Prölss/Martin BU § 1 Rn. 30.
[693] OLG Saarbrücken VersR 2010, 519.
[694] BGH VersR 1995, 82; 1999, 1266; OLG Saarbrücken VersR 2011, 1381; OLG Brandenburg r+s 2015, 513.
[695] Entsprechende Auslegung von Altverträgen (§ 242 BGB): OLG Saarbrücken VersR 2011, 1381.
[696] Vgl. – auch zum Vorstehenden – BGH VersR 1995, 82; OLG Celle VersR 2007, 1641; *Höra* in MAH VersR § 26 Rn. 241; *Neuhaus* Berufsunfähigkeitsversicherung Kap. 4 Rn. 184 ff.; einschränkend OLG Koblenz VersR 2016, 717 (über sechs Monate andauernde, ununterbrochene Arbeitsunfähigkeit).
[697] OLG Karlsruhe VersR 2010, 751.
[698] BGH VersR 1995, 82; 1999, 1266; OLG Karlsruhe VersR 2006, 637; 2010, 751; r+s 2008, 520; OLG Celle VersR 2007, 1641; OLG Brandenburg r+s 2015, 513.
[699] OLG Saarbrücken r+s 2009, 203.
[700] BGH VersR 1974, 639; *Armbrüster* in Prölss/Martin VVG § 14 Rn. 9 mwN.
[701] Vgl. nur *Grüneberg* in Grüneberg BGB § 286 Rn. 25.

Abs. 1 BGB ebenfalls in **Verzug.** Einer Mahnung bedarf es angesichts der Leistungsablehnung durch den Versicherer auch hier nicht (§ 286 Abs. 2 Nr. 3 BGB[702]). Der Versicherer hat die Nichtleistung zu vertreten (§ 286 Abs. 4 BGB), wenn der zuständige Sachbearbeiter aufgrund der ihm vorliegenden Unterlagen damit rechnen musste, dass eine Berufsunfähigkeit möglicherweise vorliegt und der Anspruchsteller in einem Rechtsstreit deshalb obsiegen könnte (§ 278 BGB).[703] Der Versicherer muss sich auch Fehler eines Gutachters zurechnen lassen, so etwa, wenn seine Ablehnung auf einem von ihm eingeholten und erhebliche Widersprüche aufweisenden medizinischen Sachverständigengutachten beruht.[704] An einen die Verzugsfolgen ausschließenden entschuldigenden Rechts- oder Tatsachenirrtum sind strenge Anforderungen zu stellen. Ein Verschulden des Versicherers wird nicht bereits dadurch ausgeschlossen, dass er sich seine Rechtsauffassung nach sorgfältiger Prüfung und sachgemäßer Beratung gebildet hat, sondern allenfalls dann, wenn er nach sorgfältiger Prüfung der Sach- und Rechtslage im Einzelfall mit einem Unterliegen im Rechtsstreit nicht zu rechnen braucht, weil die Leistungspflicht etwa von der Beantwortung schwieriger und umstrittener Rechtsfragen abhängt.[705] Im Verzugsfall ist der Versicherer zum Ersatz des Verzugsschadens und zur Zahlung von Verzugszinsen verpflichtet (§§ 280 Abs. 1, 2, 288 BGB). Gleiches gilt, wenn der Versicherer den Leistungsantrag des Versicherten **zögerlich bearbeitet** oder völlig **untätig bleibt,** obwohl eine Leistungspflicht bestand. In diesem Fall tritt Fälligkeit zu dem Zeitpunkt ein, in welchem bei ordnungsgemäßem Vorgehen die Feststellungen nach § 14 Abs. 1 VVG plus Überlegungsfrist abgeschlossen gewesen wären.[706] Hier setzt Verzugseintritt allerdings eine Mahnung voraus.

2. Geltendmachung des Anspruchs. Der Versicherer erbringt nach den Musterbedingungen seine Leistung an den **Versicherungsnehmer** oder dessen Erben, bei entsprechender Vereinbarung auch an einen wirksam eingesetzten Bezugsberechtigten (vgl. § 12 Abs. 2 S. 1 BU, § 9 Abs. 10 BUZ iVm zB § 9 Abs. 2 S. 1 ALB). Zur Möglichkeit einer Verfügung über den Anspruch durch Abtretung oder Verpfändung → Rn. 232 ff. 229

Eine Vorlage des **Versicherungsscheins** ist nach den Musterbedingungen zur Erhebung der Leistungen nicht mehr erforderlich. Allerdings kommt ihm **Legitimationswirkung** zu, so dass der Versicherer sich auch durch Leistung an einen materiell nicht berechtigten Inhaber des Versicherungsscheins befreien kann (vgl. § 11 Abs. 2 S. 1 BU, § 9 Abs. 10 BUZ iVm zB § 8 Abs. 2 S. 1 ALB). Dies gilt sowohl, wenn der Versicherer den Rückkaufswert an einen Nichtberechtigten auszahlt, der den Vertrag im eigenen Namen unter Vorlage des Versicherungsscheins gekündigt hat,[707] als auch dann, wenn ein Nichtberechtigter den Vertrag im Namen des Versicherungsnehmers kündigt und dabei dessen Unterschrift fälscht.[708] Leistungsbefreiung tritt aber nicht ein, wenn der Versicherer die fehlende Verfügungsbefugnis des Scheininhabers positiv kennt, grob fahrlässig nicht kennt oder mit seiner Leistung in anderer Weise gegen Treu und Glauben verstößt.[709] Der Versicherer ist allerdings zur Leistung an den Inhaber des Versicherungsscheins nicht verpflichtet, sondern kann sich von diesem dessen Berechtigung nachweisen lassen (vgl. § 808 BGB: qualifiziertes Legitimationspapier, vgl. § 11 Abs. 2 S. 2 BU, § 9 Abs. 10 BUZ iVm etwa § 8 Abs. 2 S. 2 ALB). Dies gilt insbes. bei Einsetzung eines Bezugsberechtigten (→ Rn. 38). 230

Der Versicherer erbringt seine Leistung idR in der Weise, dass er den geschuldeten **Betrag** an den Empfangsberechtigten auf dessen Kosten **überweist.** Bei Überweisungen in Länder **außerhalb des Europäischen Wirtschaftsraums** soll der Empfangsberechtigte aber die damit verbundene **Gefahr tragen** (vgl. § 7 Abs. 5 BU, § 4 Abs. 5 BUZ). Im Schrifttum ist vereinzelt die Auffassung vertreten worden, dass diese Kosten- und Gefahrtragungsregelungen unwirksam seien, weil sie gegen das Transparenzverbot des § 307 Abs. 1 S. 2 BGB verstießen. Es sei nämlich weder der Begriff des „Europäischen Wirtschaftsraums" wie auch derjenige der „Gefahr" klar und verständlich.[710] Dem ist aber nicht zuzustimmen. Gerade bei der Verwendung von Rechtsbegriffen dürfen die Anforderungen an das Transparenzgebot nicht überspannt werden. Der „Europäische Wirtschaftsraum" (EWR) wird nun aber präzise definiert durch das Abkommen über den Europäischen Wirtschaftsraum v. 2.5.1992.[711] Nach der Präambel dieses Abkommens umfasst er die Mitgliedstaaten der 231

---

[702] Dazu *Armbrüster* in Prölss/Martin VVG § 14 Rn. 29.
[703] OLG Koblenz VersR 2008, 1381.
[704] OLG Koblenz VersR 2008, 1381.
[705] BGH VersR 1990, 153; vgl. auch OLG Düsseldorf VersR 2001, 885.
[706] *Armbrüster* in Prölss/Martin VVG § 14 Rn. 21 mwN; vgl. auch → § 14 Rn. 11.
[707] BGH VersR 2009, 1061.
[708] BGH VersR 2009, 1061; aA KG r+s 2008, 253 (Vorinstanz); *Lücke* in Prölss/Martin BU § 11 Rn. 3.
[709] BGH VersR 2000, 709; 2009, 1061; OLG Koblenz VersR 2002, 873 (für grobe Fahrlässigkeit allerdings jeweils offen gelassen).
[710] *Lücke* in Prölss/Martin BU § 7 Rn. 19.
[711] ABl. 1994 L 1, S. 3.

Europäischen Union sowie Island, Liechtenstein und Norwegen (nicht aber die Schweiz). Der Gefahrenbegriff bezieht sich offensichtlich auf § 270 Abs. 1 BGB und erhält von dort seine Konturen. Es geht um die Überbürdung der Verlust- und der Verzögerungsgefahr, dh um das Risiko einer von keiner Seite zu vertretenden Störung der Geldübermittlung. Allerdings haftet der Versicherer auf jeden Fall für die nicht sorgsame Auswahl des Übermittlungsweges und muss ggf. nachweisen, dass er einen Auswahlfehler nicht zu vertreten hat (§ 280 Abs. 1 S. 2 BGB). Dass die von § 270 Abs. 1 dem Schuldner zugewiesenen Risiken grds. durch Parteivereinbarung dem Gläubiger überbürdet werden können, ergibt sich bereits aus dem Wortlaut der Bestimmung („im Zweifel").

232 **3. Abtretung und Pfändung.** Während die Musterbedingungen für Verfügungen über Ansprüche aus einer Berufsunfähigkeitsversicherung keinen Ausschluss (vgl. § 399 Fall 2 BGB) vorsehen, sondern lediglich die Wirksamkeit einer Abtretung oder Verpfändung (soweit sie „überhaupt rechtlich möglich sind") von einer Anzeige in Textform (§ 126b BGB) an den Versicherer abhängig machen (vgl. § 12 Abs. 3, 4 S. 1 BU), ist in der Berufsunfähigkeitszusatzversicherung (§ 9 Abs. 9 BUZ) die Abtretung und Verpfändung von Ansprüchen ausdrücklich ausgeschlossen. Ansprüche aus der Hauptversicherung können aber ungeachtet dieses Abtretungsausschlusses auf einen Zessionar oder Pfandgläubiger übertragen werden (→ Rn. 43).

233 Neben einem möglicherweise vereinbarten Abtretungsausschluss sind die Vorschriften über den Pfändungsschutz von Arbeitseinkommen zu beachten. Dazu gehören nach § 850 Abs. 1 und 3 lit. b ZPO auch zu Versorgungszwecken dienende versicherungsvertragliche **Rentenansprüche von Arbeitnehmer und Beamten,** nicht dagegen entsprechende Ansprüche von freiberuflich oder selbständig tätigen Personen.[712] Dagegen findet § 850b ZPO nicht nur Anwendung auf die Einkünfte von Arbeitnehmern und Beamten, sondern auch auf die sonstiger Personen, insbes. von Selbständigen.[713] Renten, die wegen einer Körper- oder Gesundheitsverletzung gezahlt werden, sind gem. § 850b Abs. 1 Nr. 1 ZPO grds. unpfändbar und nach Abs. 2 der Vorschrift einer Pfändung nach den für Arbeitseinkommen geltenden Vorschriften (vgl. §§ 850a–850i ZPO) nur ausnahmsweise dann unterworfen, wenn die Vollstreckung in das sonstige bewegliche Vermögen des Schuldners (voraussichtlich) zu keiner vollständigen Befriedigung führt und eine Pfändung angesichts der konkreten Umstände der Billigkeit entspricht.[714] Da auch Berufsunfähigkeitsrenten die durch gesundheitliche Beeinträchtigung gefährdeten materiellen Lebensbedingungen des Versicherten sichern sollen und § 850b Abs. 1 Nr. 1 ZPO nicht zuletzt im öffentlichen Interesse verhindern will, dass der Vollstreckungsschuldner in einem solchen Fall seine Existenzgrundlage verliert, werden auch Ansprüche aus einer Berufsunfähigkeitsversicherung von dieser Pfändungsschutzvorschrift erfasst.[715] Soweit die Unpfändbarkeit reicht, sind nach §§ 400, 1274 Abs. 2 BGB auch eine Abtretung und Verpfändung nicht zulässig. Außerdem fällt ein derart geschützter Anspruch grds. auch nicht in die Insolvenzmasse (§ 36 Abs. 1 InsO), sondern nur insoweit, als nach § 850b Abs. 1 Nr. 1, Abs. 2 ZPO eine Pfändung nach den für Arbeitseinkommen geltenden Vorschriften möglich ist.[716] Pfändungsverbot und Abtretungsausschluss erstrecken sich nicht nur auf fällige, sondern auch auf zukünftige Ansprüche, so dass es nicht darauf ankommt, ob zum Zeitpunkt der Abtretung Berufsunfähigkeit bereits eingetreten war oder nicht.[717] Die Abtretung eines Anspruchs auf Beitragsbefreiung ist schon durch § 399 Fall 1 BGB ausgeschlossen.[718] Zur Anwendbarkeit des § 851c ZPO auf Berufsunfähigkeitsrenten → § 176 Rn. 43 ff.

II. Erlöschen der Leistungsansprüche; Verjährung

234 Die **Leistungspflicht** bzw. der **Anspruch auf Leistungserbringung** endet mit Ablauf der vertraglich vereinbarten **Leistungsdauer** (vgl. § 1 Abs. 4 sowie Abs. 1 S. 3 BU/BUZ), also dem Zeitpunkt, bis zu dem „eine während der Vertragsdauer anerkannte Leistung längstens erbracht wird". Das ist idR der Zeitpunkt der Vollendung des 60. oder des 65. Lebensjahres des Leistungsempfängers. Zu diesem Zeitpunkt kann der Versicherer dann trotz fortbestehender Berufsunfähigkeit seine Leistungen einstellen.[719] Eine solche zeitliche Beschränkung der Leistungspflicht stellt keine überraschende Klausel iSv § 305c Abs. 1 BGB dar.[720] Die Parteien können auch nachträglich Verein-

---

712 BGH VersR 2008, 843; OLG Hamm VersR 2010, 100; OLG Köln VersR 2013, 1248.
713 BGH VersR 2011, 1252 (1254).
714 Vgl. BGH VersR 2018, 1213.
715 BGH VersR 2010, 237; OLG Saarbrücken VersR 1995, 1227; OLG Jena VersR 2000, 1005; KG VersR 2003, 490.
716 BGH VersR 2010, 953.
717 BGH VersR 2010, 237; KG VersR 2003, 490.
718 OLG Köln VersR 1998, 222.
719 OLG Karlsruhe VersR 2002, 1013.
720 OLG Karlsruhe VersR 2002, 1013.

barungen über die Leistungsdauer treffen, also etwa vereinbaren, dass der Versicherer (zB bei Zweifeln über das Vorliegen von Berufsunfähigkeit) für eine Übergangszeit (Umschulung) Versicherungsleistungen erbringt und damit alle weiteren Ansprüche abgegolten sein sollen.[721]

Nach dem Wortlaut von § 1 Abs. 4 BU/BUZ besteht außerdem dann kein Anspruch auf Rentenzahlung und Leistungsbefreiung mehr, wenn eine **Berufsunfähigkeit im Sinne der AVB nicht mehr vorliegt**, insbes. der tatsächliche unter der vereinbarten Grad der Berufsunfähigkeit (→ Rn. 109 ff.) oder – falls es sich um Berufsunfähigkeit infolge von Pflegebedürftigkeit handelt (→ Rn. 59 ff.) – die Pflegebedürftigkeit unter das Ausmaß der Pflegestufe I absinkt. Gegen § 307 BGB verstößt eine solche Klausel nicht.[722] Damit sind allerdings nur die materiellen Voraussetzungen eines Wegfalls der Leistungspflicht angesprochen. In formaler Hinsicht setzt die Leistungseinstellung durch den Versicherer voraus, dass dieser ein korrektes **Nachprüfungsverfahren** durchführt, dh dem Versicherungsnehmer die eingetretenen Änderungen in Textform (§ 126b BGB) mitteilt (§ 174 Abs. 1 VVG, § 9 Abs. 4 S. 1 BU, § 6 Abs. 4 S. 1 BUZ).[723] Die Leistungseinstellung wird dann mit Ablauf des dritten Monats nach Zugang der Einstellungserklärung wirksam (§ 172 Abs. 2 VVG, § 9 Abs. 4 S. 2 BU, § 6 Abs. 4 S. 2 BUZ), so dass nach diesem Zeitpunkt auch die Beitragszahlung wieder aufgenommen werden muss (§§ 9 Abs. 4 S. 3 BU, 6 Abs. 4 S. 3 BUZ). Ist in der Berufsunfähigkeitszusatzversicherung eine Berufsunfähigkeitsrente nicht mitversichert, muss die Beitragszahlung für Haupt- und Zusatzversicherung zu Beginn des darauffolgenden Beitragszahlungsabschnitts wieder aufgenommen werden (§ 6 Abs. 4 S. 4 BUZ). 235

Die Leistungspflicht des Versicherers endet schließlich, wenn die **versicherte Person stirbt** (vgl. § 1 Abs. 4 BU/BUZ). Eine entsprechende Anwendung des § 174 Abs. 2 kommt nicht in Betracht, weil sich die dort vorgesehene Hinausschiebung des Leistungsendes in § 174 Abs. 2 auf Umstände bezieht, aus denen sich gerade Änderungen im Hinblick auf die Berufsunfähigkeit des Versicherten ergeben (→ § 174 Rn. 8). Ein völliger Wegfall der Leistungspflicht durch Tod des Versicherten ist damit nicht angesprochen. Auch die Ratio des § 174 Abs. 2– der Leistungsempfänger soll sich auf den Wegfall der Versichererleistungen einstellen können (→ § 174 Rn. 2) – deckt eine solche Ausweitung der Regelung nicht. 236

Dagegen endet die Leistungspflicht des Versicherers **nicht unbedingt** mit dem **formellen Vertragsende** (→ Rn. 9). Da die Bedingungen idR Leistungen vorsehen, wenn die versicherte Person „während der Versicherungsdauer" berufsunfähig wird (vgl. § 1 Abs. 1 S. 1 BU/BUZ), und es bei der Auslegung von AVB darauf ankommt, wie ein durchschnittlicher Versicherungsnehmer sie bei verständiger Würdigung, aufmerksamer Durchsicht und Berücksichtigung des erkennbaren Sinnzusammenhangs verstehen musste,[724] kann der Versicherungsnehmer davon ausgehen, dass lediglich Ablauf der Leistungsdauer, Wegfall der Berufsunfähigkeit und Tod des Versicherten (→ Rn. 234–236) die Leistungspflicht entfallen lassen, nicht jedoch zB eine Kündigung des Vertrages durch den Versicherungsnehmer[725] oder dessen Gläubiger, die Umwandlung der Berufsunfähigkeitsversicherung in eine beitragsfreie Versicherung[726] oder das Erlöschen einer Berufsunfähigkeitszusatzversicherung als Folge einer Beendigung[727] oder Umwandlung der Hauptversicherung in eine beitragsfreie Versicherung,[728] sofern jeweils nur der Versicherungsfall bereits vor dem Wirksamwerden der Kündigung, Umwandlung oder vor der Beendigung der Hauptversicherung eingetreten ist (vgl. § 9 Abs. 8 BUZ). Der Versicherer muss in einem solchen Fall nach Vertrags- oder Gefahrtragungsende die Überprüfung des Versicherungsfalls fortführen und bei positivem Ergebnis seine Leistungspflicht anerkennen,[729] andererseits steht ihm bei Änderung der gesundheitlichen oder beruflichen Verhältnisse auch nach Vertragsende ein Nachprüfungsrecht (vgl. § 174) zu.[730] Auch eine missverständliche Eintragung im Versicherungsschein („zehn Jahre Leistungsdauer") kann im Einzelfall so zu verstehen sein, dass die Leistungsverpflichtung des Versicherers über die formelle Vertragsdauer (und auch über die Gefahrtragungsdauer; → Rn. 234) hinausgeht.[731] 237

Äußerst problematisch sind in diesem Zusammenhang die in älteren Bedingungswerken (zB BU 2008) enthaltenen Klauseln, nach denen bei einer Kündigung der Berufsunfähigkeitsversicherung 238

---

[721] LG Saarbrücken NVersZ 2000, 271.
[722] OLG Saarbrücken BeckRS 2018, 24108.
[723] *Mertens* in HK-VVG BUZ § 1 Rn. 17.
[724] BGHZ 123, 83 (85) = VersR 1993, 957.
[725] Vgl. *Lücke* in Prölss/Martin VVG § 172 Rn. 33.
[726] OLG Karlsruhe VersR 1995, 1341; 2007, 1359; OLG Saarbrücken VersR 2007, 780.
[727] BGH VersR 2012, 1190.
[728] BGHZ 186, 171 = VersR 2010, 1025 (Unwirksamkeit entgegenstehender Klausel nach § 307 Abs. 1 S. 1 BGB); OLG Karlsruhe VersR 2009, 1104; 2007, 1359; 2006, 1348; zust. *Terno* r+s 2008, 361 (371).
[729] Vgl. *Lücke* in Prölss/Martin VVG § 172 Rn. 33.
[730] *Rixecker* in Beckmann/Matusche-Beckmann VersR-HdB § 46 Rn. 99.
[731] OLG Karlsruhe VersR 2009, 1104.

durch den Versicherungsnehmer oder bei einer Beendigung der Hauptversicherung durch Rückkauf oder Umwandlung in eine beitragsfreie Versicherung lediglich **anerkannte** oder **festgestellte Leistungsansprüche** unberührt bleiben. Damit wird dem Versicherten suggeriert, dass nicht anerkannte bzw. nicht festgestellte Ansprüche in diesen Fällen nicht zu Leistung verpflichten. Eine solche Einschränkung sieht das generelle Leistungsversprechen (vgl. § 1 Abs. 1 BU/BUZ; → Rn. 37) aber in aller Regel gerade nicht vor. Sie wäre auch kaum sachlich zu rechtfertigen, weil der zwischen Eintritt des Versicherungsfalls und der Anerkennung bzw. Feststellung der Ansprüche verstreichende Zeitraum häufig vom Versicherer nicht beeinflusst werden kann und dem Versicherer auch keine Anreize geboten werden dürfen, vor dem Hintergrund einer sich abzeichnenden Kündigung des Vertrages durch den Versicherungsnehmer eine Anerkennung hinauszuzögern. Eine solche Klausel ist daher wegen Verstoßes gegen § 307 Abs. 1 S. 1 unwirksam.[732] Mit der Einführung derartiger, zur Täuschung des Versicherungsnehmers geeigneter Klauseln verstößt der Versicherer gegen das Transparenzgebot des § 307 Abs. 1 S. 2 BGB und macht sich wegen Verletzung einer Rücksichtnahmepflicht nach §§ 280 Abs. 1, 241 Abs. 2, 311 Abs. 2 BGB aus culpa in contrahendo schadensersatzpflichtig, wenn der Versicherte sich zB zunächst von der Geltendmachung eines Anspruchs abhalten lässt oder Beratungskosten anfallen. Den **gleichen Bedenken** ist die in den letzten AVB-Versionen enthaltene **Definition der Leistungsdauer** (§§ 1 Abs. 1 S. 3 BU/BUZ) ausgesetzt, wonach es sich dabei um den Zeitraum handeln soll, bis zu dessen Ablauf eine während der Versicherungsdauer *anerkannte* Leistung längstens erbracht wird, obwohl § 1 Abs. 1 S. 1 dieser Bedingungswerke eine Deckung für jeden – auch nicht anerkannten – während der Versicherungsdauer eingetretenen Versicherungsfall verspricht. Reicht in einem Vertrag die Leistungs- über die Versicherungsdauer hinaus, ist auch diese Klausel widersprüchlich und damit intransparent.

239 Ist der Versicherungsfall **vor Ablauf** einer Berufsunfähigkeitszusatzversicherung **eingetreten** und hat der Versicherer sich (bei verständiger Würdigung der einschlägigen Klausel aus der Perspektive eines durchschnittlichen Versicherungsnehmers) zur **Leistungserbringung** bis zum **Ablauf** der über die Laufzeit der Zusatzversicherung zeitlich hinausgehenden **Hauptversicherung** verpflichtet, ist er für die Dauer der Hauptversicherung leistungspflichtig (→ Rn. 234).[733]

240 Der Anspruch gegen den Versicherer auf (auch zukünftige) Leistungen aus der BU-Versicherung (sog. „Stammrecht") **verjährt** nach allgemeinen Regeln drei Jahre vom Schluss des Jahres an, in dem der Anspruch entstanden ist und der Gläubiger Kenntnis von den anspruchsbegründenden Tatsachen erlangt hat (§§ 195, 199 Abs. 1 BGB). Der Anspruch entsteht (nicht bereits mit Eintritt des Versicherungsfalls, sondern erst) mit Abschluss des Leistungsprüfungsverfahrens (Fälligkeit, vgl. § 14; → Rn. 227).[734] Nach Eintritt der Verjährung sind auch die daraus entspringenden Teilansprüche auf die einzelne Rentenleistung nicht mehr durchsetzbar.[735] Abgesehen davon verjähren diese Einzelansprüche unabhängig vom Stammrecht.[736]

F. Berufsunfähigkeitsversicherungen mit Auslandsbezug

241 Weist eine von einem Versicherer mit Sitz oder Niederlassung im Inland geschlossene Berufsunfähigkeitsversicherung einen Auslandsbezug auf, weil zB der Versicherungsnehmer eine ausländische Staatsangehörigkeit besitzt, seinen gewöhnlichen Aufenthalt („Lebensmittelpunkt") im Ausland hat oder sich das Risiko im Ausland verwirklicht, so stellt sich die Frage nach dem **anwendbaren Recht** sowie nach dem maßgebenden **Gerichtsstand**. Die Muster-AVB enthalten dazu in den § 20 BU, § 9 Abs. 10 BUZ iVm § 18 ALB eine Rechtswahlklausel zugunsten des deutschen Rechts und in den § 21 BU, § 9 Abs. 10 BUZ iVm § 19 ALB eine Gerichtsstandsklausel, die im Wesentlichen eine Wiedergabe des § 215 enthält.

I. Anwendbares Recht

242 **1. Belegenheit des versicherten Risikos.** In Fällen mit **Auslandsbezug** (→ Rn. 241) sind die §§ 172–177 nur dann maßgebend, wenn deutsches Recht überhaupt zur Anwendung berufen ist. Darüber befinden die einschlägigen Vorschriften des Internationalen Vertragsrechts, das in der Verordnung (EG) Nr. 593/2008 des Europäischen Parlaments und des Rates über das auf vertragliche

---

[732] BGH VersR 2010, 1025.
[733] OLG Hamm VersR 2004, 1587.
[734] OLG Saarbrücken VersR 20, 678.
[735] BGH VersR 2019, 669; OLG Stuttgart VersR 2014, 1115 (1117); OLG Hamm VersR 2015, 705; *Neuhaus* VersR 2018, 711; anders noch OLG Jena VersR 2018, 723.
[736] Vgl. OLG Saarbrücken VersR 2018, 1243.

Leistung des Versicherers

Schuldverhältnisse anwendbare Recht (sog. „Rom I-VO")[737] geregelt wird. Die versicherungsvertragsrechtlichen Kollisionsnormen der VO differenzieren in erster Linie danach, ob das Risiko des Vertrages innerhalb oder außerhalb eines Mitgliedstaates der EU (vgl. Art. 1 Abs. 4 S. 2 Rom I-VO) belegen ist (Art. 7 Abs. 1 S. 1 Rom I-VO).[738] „**Risikobelegenheit**" ist ein abstrakter kollisionsrechtlicher Terminus, hinter dem sich für verschiedene Typen von Versicherungsverträgen ganz unterschiedliche Anknüpfungen verbergen. Diese Differenzierung trägt dem Umstand Rechnung, dass der kollisionsrechtliche Schwerpunkt von Versicherungsverträgen je nach versicherter Gefahr auf unterschiedliche Weise zu bestimmen ist. Näher bestimmt wird der Begriff gem. Art. 7 Abs. 6 Rom I-VO in Art. 2 lit. d der Zweiten Schadenversicherungsrichtlinie 88/357/EG v. 22.6.1988[739] und in Art. 1 Abs. 1 lit. g der RL 2002/83/EG über Lebensversicherungen.[740] Abgesehen von einigen Sonderfällen befindet sich danach der Ort der Risikobelegenheit bei den meisten Versicherungsvertragstypen wie gerade auch bei der Berufsunfähigkeitsversicherung ebenso wie bei der Lebensversicherung in dem Mitgliedstaat, in welchem der **Versicherungsnehmer** seinen **gewöhnlichen Aufenthalt**. Zu den Lebensversicherungen gehören in diesem Kontext auch die zusammen mit einer Lebensversicherung abgeschlossenen Zusatzversicherungen wie etwa eine Berufsunfähigkeitszusatzversicherung (Art. 2 Abs. 1 Nr. 1 lit. a, c der RL 2002/83/EG).[741]

2. Risikobelegenheit im Inland. Haben die Parteien in einem Versicherungsvertrag (über ein Nicht-Großrisiko, vgl. Art. 7 Abs. 2 Rom I-VO) keine Rechtswahl vorgenommen, unterliegt der Vertrag dem Recht des Mitgliedstaates, in dem zum Zeitpunkt des Vertragsschlusses das **Risiko belegen** ist (Art. 7 Abs. 3 UAbs. 3 Rom I-VO). Zur Anwendung gelangt daher auf Berufsunfähigkeits- und Berufsunfähigkeitszusatzversicherungen deutsches Recht, soweit sich der gewöhnliche Aufenthalt des Versicherungsnehmers (sofern natürliche Person) zum Zeitpunkt des Vertragsschlusses in Deutschland befindet. Ein späterer Umzug ins Ausland ändert daran nichts (vgl. Art. 19 Abs. 3 Rom I-VO). Die in den **Musterbedingungen** vorgesehenen **Rechtswahlklauseln** zugunsten des deutschen Recht (§ 20 BU, § 9 Abs. 10 BUZ iVm etwa § 18 ALB) haben bei Übernahme in die Praxis also allenfalls deklaratorischen Charakter (zur Wirksamkeit unten → Rn. 250). Die Wahl eines ausländischen Rechts etwa in einer Individualabrede ist nur im Rahmen des Art. 7 Abs. 3 UAbs. 1 lit. c Rom I-VO möglich; danach kann für Lebensversicherungsverträge sowie für eine damit etwa verbundene Berufsunfähigkeitszusatzversicherung (→ Rn. 242 aE) das Heimatrecht des Versicherungsnehmers zur Anwendung berufen werden.

Findet danach deutsches Recht Anwendung, sind für Sachverhalte mit Auslandsbezug auf **materiellrechtlicher** Ebene bestimmte **Sonderregeln** zu beachten. Einzelne Bedingungswerke enthalten sog. „Inlandsklauseln", nach denen Versicherungsschutz und Verpflichtung zur Prämienzahlung nur so lange bestehen sollen, wie der (deutsche oder ausländische) Versicherte seinen ständigen **Wohnsitz im Inland** hat und sich allenfalls für einen befristeten Zeitraum vorübergehend im Ausland aufhält. Eine solche Ruhensvereinbarung[742] erscheint grds. zulässig, muss dem Versicherungsnehmer aber im Lichte der EuGH-Rspr.[743] zur Transparenz von Risikobeschreibungen (→ Vor § 172 Rn. 3) klar und verständlich dargestellt werden (vgl. § 307 Abs. 1 S. 2 BGB). Je nach erkennbarer persönlicher Situation des Versicherungsnehmers treffen den Versicherer hier uU auch gesteigerte Beratungspflichten (→ Rn. 6).

Gemäß § 1 Abs. 6 BU/BUZ besteht (für deutsche wie ausländische Versicherungsnehmer) der **Versicherungsschutz weltweit,** so dass der Versicherer seine Leistungen auch dann erbringt, wenn die Berufsunfähigkeit im Ausland eintritt oder sich die zur Berufsunfähigkeit führenden Faktoren im Ausland verwirklichen. Eine Beschränkung des Schutzes nur auf Sachverhalte, in denen der Versicherungsfall sich ganz oder teilweise im Inland realisiert hat, dürfte angesichts der gestiegenen internationalen Mobilität als überraschend iSd § 305c BGB anzusehen sein;[744] dies gilt erst recht

---

[737] ABl. 2008 L 177, S. 6.
[738] Näher zB *Dörner* in Bruck/Möller Rom I-VO Art. 7 Rn. 27 ff.; *Armbrüster* in Prölss/Martin Rom I-VO Vor Art. 1 Rn. 45 f., 5 ff.
[739] ABl. 1988 L 172, S. 1.
[740] ABl. 2002 L 345, S. 1; beide Richtlinien sind durch Art. 310 UAbs. 1 der Solvabilität II-Richtlinie v. 25.11.2009 (ABl. 2009 L 335, S. 1) iVm Art. 1 Nr. 2 der Richtlinie zur Umsetzung und Änderung von Solvabilität II v. 11.12.2013 (ABl. 2013 L 341, S. 1) mit Wirkung zum 1.1.2016 aufgehoben worden; Verweisungen auf beide Richtlinien sind von diesem Zeitpunkt an gem. UAbs. 2 des Art. 310 der Solvabilitätsrichtlinie als Verweisung auf diese Richtlinie zu verstehen sind. In der Sache sind ab dem 1.1.2016 aber keine Änderungen eingetreten.
[741] Bzw. Art. 2 Abs. 3 lit. a i und iii Solvabilität II-RL.
[742] *Neuhaus* Berufsunfähigkeitsversicherung Kap. 15 Rn. 120 ff.
[743] EuGH VersR 2015, 605 – Van Hove/CNP Assurances SA.
[744] Anders *Neuhaus* Berufsunfähigkeitsversicherung Kap. 15 Rn. 126.

für Klauseln, wonach ärztliche Untersuchungen zwingend in Deutschland durchzuführen sind oder eine Schadensregulierung nur im Inland stattfindet.[745] Hat der Versicherer seine Leistungen in ein Land außerhalb des Europäischen Wirtschaftsraums zu überweisen, trägt die empfangsberechtigte Person die **Transportgefahr** (§ 7 Abs. 5 BU, § 4 Abs. 5 BUZ; zur Wirksamkeit → Rn. 250).

246　**3. Risikobelegenheit in einem anderen Mitgliedstaat.** Befindet sich der gewöhnliche Aufenthalt des Versicherungsnehmers zum Zeitpunkt des Vertragsschlusses in einem anderen Mitgliedstaat, so führt zu diesem Staat der Risikobelegenheit (→ Rn. 242) auch die objektive Anknüpfung des Art. 7 Abs. 3 UAbs. 3 Rom I-VO. Demgegenüber sollen die in den Musterbedingungen enthaltenen Rechtswahlklauseln (→ Rn. 243) die Anwendbarkeit deutschen Rechts sicherstellen. Allerdings lässt die Verordnung für Versicherungsverträge über Nicht-Großrisiken, die in einem Mitgliedstaat belegene Risiken decken, nur eine sehr **eingeschränkte Rechtswahl** zu. Gemäß Art. 7 Abs. 3 UAbs. 1 Rom I-VO können die Parteien – soweit hier von Interesse – grds. nur das Recht der Risikobelegenheit (lit. a), das Recht des gewöhnlichen Aufenthalts des Versicherungsnehmers bei Vertragsschluss (lit. b) sowie bei Lebensversicherungsverträgen dessen Heimatrecht (lit. c) wählen. Zwar könnte hier die in den § 20 BU, § 9 Abs. 10 BUZ iVm § 18 ALB vorgesehene Wahl deutschen Rechts beim Abschluss einer mit einer Lebensversicherung verbundenen Berufsunfähigkeitszusatzversicherung (→ Rn. 241) bei einem Versicherungsnehmer mit deutscher Staatsangehörigkeit noch als Berufung des deutschen Heimatrechts (lit. c) verstanden werden. Darüber hinaus führen aber die beiden anderen Wahlmöglichkeiten in der vorliegenden Situation übereinstimmend nur zum ausländischen Aufenthaltsrecht des Versicherungsnehmers, das auch bereits kraft objektiver Anknüpfung zur Anwendung gelangt. Beim Abschluss einer Berufsunfähigkeitsversicherung sowie einer Berufsunfähigkeitszusatzversicherung mit einem Versicherungsnehmer ausländischer Staatsangehörigkeit verstößt die in den Musterbedingungen jeweils vorgesehene **Rechtswahl** daher, sollte sie in die Praxis übernommen werden, gegen die Rechtswahlschranken der Verordnung und ist insoweit **unwirksam**.

247　Gleichzeitig beurteilen sich der Abschluss des Rechtswahlvertrages sowie insbes. die **Wirksamkeit einer in AVB enthaltenen Rechtswahlklausel** gem. Art. 3 Abs. 5, Art. 10 Abs. 1 Rom I-VO im Vorgriff nach dem gewählten – hier also deutschen – Recht. Die Rechtswahlklausel muss sich daher an § 307 Abs. 1 S. 2 BGB messen lassen.[746] Die in den Musterbedingungen enthaltenen Klauseln sind geeignet, bei einem die Rechtslage nicht durchschauenden Versicherungsnehmer mit gewöhnlichem Aufenthalt in einem anderen Mitgliedstaat den Eindruck zu erwecken, dass er an die Anwendung deutschen Rechts auf den Versicherungsvertrag gebunden sei, so dass er sich infolgedessen mit dieser Rechtsfolge abfindet. Bei einer Übernahme in die Praxis kommt es also zu einer irrtumsbedingten „Kapitulation vor den Schein-Rechten des Verwenders";[747] darin liegt ein **Verstoß gegen das Transparenzgebot** des § 307 Abs. 1 S. 2 BGB, so dass der Rechtswahlklausel auch aus diesem Grund die Wirksamkeit zu versagen ist.

248　Wird demnach im Wege objektiver Anknüpfung (→ Rn. 246) das **Recht des ausländischen Mitgliedstaates** berufen, ist die abgeschlossene Berufsunfähigkeitsversicherung dem betreffenden Versicherungsvertragsrecht unterstellt. Dem Recht dieses Staates sind dann nicht nur die gesetzlichen Rahmenbedingungen für Berufsunfähigkeitsversicherungen zu entnehmen; es müssen sich auch das materielle Zustandekommen, Inhalt, Auslegung und Wirksamkeit des Vertrages und insbes. die Einbeziehung und materielle Wirksamkeit der ihm zugrunde liegenden AVB an den Vorgaben dieses Rechts messen lassen.

249　**4. Risikobelegenheit in einem Drittstaat.** Falls der inländische Versicherer auch Berufsunfähigkeitsversicherungen mit Versicherungsnehmern abschließt, die zum Zeitpunkt des Vertragsschlusses ihren **gewöhnlichen Aufenthalt** in einem **Drittstaat** (etwa: Schweiz, Großbritannien) haben, ist das versicherte Risiko nicht im Gebiet eines Mitgliedstaates belegen (vgl. Art. 7 Abs. 1 S. 1, Abs. 6 Rom I-VO, → Rn. 242). Infolgedessen ist das maßgebliche Versicherungsvertragsstatut nicht nach den Spezialregeln des Art. 7 Rom I-VO, sondern anhand der allgemeinen Anknüpfungsregeln insbes. der Art. 3, 4, 6 Rom I-VO zu bestimmen. Objektiv ist jetzt gem. Art. 4 Abs. 1 lit. b Rom I-VO an den gewöhnlichen Aufenthalt des Dienstleisters,[748] dh an den Ort der Hauptverwaltung (Art. 19 Abs. 1 UAbs. 1 Rom I-VO) des Versicherers anzuknüpfen. Darüber hinaus steht den Parteien grds. eine Rechtswahl frei (Art. 3 Rom I-VO). Handelt es sich bei dem Vertragspartner des

---

[745] *Neuhaus* Berufsunfähigkeitsversicherung Kap. 15 Rn. 124, 126.
[746] Statt aller *Schmidt* in Ulmer/Brandner/Hensen, AGB-Recht, 13. Aufl. 2022, Teil 2 unter (36) Rn. 10 ff.
[747] Vgl. statt aller *Wendland* in Staudinger, 2019, BGB § 307 Rn. 178.
[748] Zur Einordnung der Versicherungs- als Dienstleistungsverträge iSd Art. 4 Abs. 1 lit. b Rom I-VO vgl. nur *Dörner* in Bruck/Möller Rom I-VO Art. 4 Rn. 4 ff.; *Martiny* in MüKoBGB, Bd. 13, Internationales Privatrecht II, 8. Aufl. 2021, Rom I-VO Art. 4 Rn. 51.

Dienstleisters allerdings – wie regelmäßig beim Abschluss von Berufsunfähigkeitsversicherungen – um einen Verbraucher (zum Begriff Art. 6 Abs. 1 Rom I-VO), werden diese Regeln durch Art. 6 Abs. 1, 2 Rom I-VO für den Fall modifiziert, dass der Anbieter im Aufenthaltsstaat des Verbrauchers bestimmte geschäftliche Aktivitäten entfaltet. Ohne Rechtswahl unterliegt der Vertrag dann dem Recht dieses Aufenthaltsstaates (Abs. 1; zu den Konsequenzen für den geschlossenen Vertrag → Rn. 248). Eine Rechtswahl bleibt zwar nach wie vor zulässig, kann dem Verbraucher jedoch nicht den Schutz nehmen, welchen er durch die zwingenden Verbraucherschutzvorschriften seines Aufenthaltsstaates genießt (Abs. 2). Durch diese Maßgabe wären die in den Musterbedingungen enthaltenen Rechtswahlklauseln (§ 20 BU, § 9 Abs. 10 BUZ iVm § 18 ALB) bei einer Aufnahme in konkrete AVB hier von vornherein in ihrer Wirksamkeit beschränkt. Dass die vertraglichen Rechtswahlklauseln nicht auf derartige, sich etwa aus fremdem Recht ergebende Einschränkungen der Rechtswahlfreiheit aufmerksam machen, hat nach Auffassung des BGH[749] zwar (noch) nicht grds. die Unwirksamkeit dieser Klauseln zur Folge, führt aber (wiederum unter Vorgriff auf das gewählte deutsche Recht, → Rn. 247) sehr wohl dann zur Intransparenz iSd § 307 Abs. 1 S. 2 BGB, wenn sie – wie hier aufgrund der mangelnden Information über die Grenzen einer Rechtswahl zugunsten des deutschen Rechts – dem Verbraucher ein unzutreffendes Bild von den ihm zustehenden Rechtsschutzmöglichkeiten vermitteln.[750]

5. Gesamtunwirksamkeit der Rechtswahlklauseln. Nach allem kann ein Versicherer, der die in den Musterbedingungen enthaltene Rechtswahlklausel übernimmt, das damit verfolgte Ziel – nämlich die Anwendung deutschen Rechts bei Sachverhalten mit Auslandsberührung sicherzustellen – gerade in der bedeutsamsten Konstellation eines Vertragsschlusses zwischen einem inländischen Versicherer und einem Versicherungsnehmer mit zum Zeitpunkt des Vertragsschlusses gewöhnlichen Aufenthalt im Ausland nicht erreichen. Die Rechtswahlklausel zugunsten des deutschen Rechts ist hier unwirksam, weil sie die in Art. 7 Abs. 3 UAbs. 1 Rom I-VO vorgesehenen Beschränkungen der Parteiautonomie nicht beachtet (→ Rn. 246) und die in den Muster-AVB enthaltenen Klauseln angesichts des ihnen innewohnenden Täuschungspotentials auch intransparent sind iSd § 307 Abs. 1 S. 2 BGB. Da der Wortlaut der Klauseln keine Differenzierung nach dem Ort des gewöhnlichen Aufenthalts des Versicherungsnehmers erlaubt und eine geltungserhaltende Reduktion nicht statthaft ist,[751] sind die **Rechtswahlklauseln** bei Übernahme in die Praxis **uneingeschränkt unwirksam**, so dass in allen Situationen auf die Regeln der objektiven Anknüpfung (→ Rn. 243, 246, 249) zurückgegriffen werden muss. Selbst wenn der Versicherungsnehmer nach Vertragsschluss seinen gewöhnlichen Aufenthalt ins Inland verlegt, führt dies keineswegs zur Validation der unwirksamen Rechtswahl, vielmehr müsste dazu eine neue Rechtswahlvereinbarung getroffen werden (vgl. Art. 3 Abs. 2 S. 1 Rom I-VO).

II. Internationale Zuständigkeit

1. Prozessualer Sachverhalt mit Auslandsbezug. Unter welchen Voraussetzungen die deutschen Gerichte in Versicherungsprozessen international zuständig sind, ergibt sich in erster Linie aus den Bestimmungen des **Europäischen Gerichtsstands- und Vollstreckungsübereinkommens** (EuGVVO) in der seit dem 10.1.2015 in Geltung stehenden revidierten Fassung,[752] sofern der jeweils Beklagte seinen Wohnsitz im Hoheitsgebiet eines EU-Mitgliedstaates (Art. 4 Abs. 1 EuGVVO) oder ein beklagter Versicherer dort zumindest eine Niederlassung hat (Art. 11 Abs. 2 EuGVVO). Außerdem setzt die Anwendbarkeit der Verordnung nach völlig hM voraus, dass es sich nicht um einen „reinen Binnensachverhalt", sondern um einen **prozessualen Sachverhalt mit Auslandsbezug** handelt,[753] zu dessen Begründung allerdings ein Bezug zu mehr als einem Mitgliedstaat nicht erforderlich ist[754] und etwa bereits ein ausländischer (Wohn-) Sitz[755] oder eine ausländische Staatsangehörigkeit eines Beteiligten[756] genügt. Im Lichte dieses weiten Verständnisses von „Auslandsbezug" sollte es auch ausreichen, wenn die im Inland ansässigen deutschen Parteien in einer bei Vertragsschluss getroffenen Gerichtsstandsabrede die Zuständigkeit eines ausländischen Gerichts de- und die Zuständigkeit eines deutschen Gerichts prophylaktisch für den Fall prorogieren, dass der Versicherungsneh-

---

[749] BGH IPRax 2013, 557 (561) = RIW 2013, 309; insoweit zust. *Roth* IPRax 2013, 515 (524).
[750] BGH IPRax 2013, 557 (562); *Roth* IPRax 2013, 515 (522 ff.).
[751] Statt aller *Schmidt* in Ulmer/Brandner/Hensen, AGB-Recht, 19. Aufl. 2022, BGB § 306 Rn. 14 ff.
[752] VO (EU) Nr. 1215/2012 über die gerichtliche Zuständigkeit und die Anerkennung und Vollstreckung von Entscheidungen in Zivil- und Handelssachen, ABl. 2012 L 351, S. 1.
[753] EuGH NJW 2014, 530.
[754] Vgl. EuGH EuZW 2005, 345.
[755] Vgl. EuGH NJW 2014, 530; RIW 2020, 453.
[756] Vgl. EuGH NJW 2012, 1199.

mer zu einem späteren Zeitpunkt seinen Wohnsitz ins Ausland verlegt (→ Rn. 260). Diese Sicht wird nachdrücklich gestützt durch Art. 19 Nr. 3 EuGVVO, der für eine solche Situation in *Verbrauchersachen* grds. eine Absicherung des gegenwärtigen inländischen Gerichtsstands gegen einen Wohnsitzwechsel gestattet, sowie Art. 15 Nr. 3 EuGVVO, der *Versicherer und Versicherungsnehmer* mit Sitz bzw. Wohnsitz im Inland die vorausschauende Begründung einer ausschließlichen Inlandszuständigkeit für den Fall eines späteren schädigenden Ereignisses im Ausland (vgl. Art. 12 EuGVVO) erlaubt.[757]

252 **2. Internationale Zuständigkeit für Versicherungssachen.** Eine **gesetzliche internationale Zuständigkeit** für Streitigkeiten aus Berufsunfähigkeitsversicherungen ergibt sich in erster Linie aus den Art. 11, 14 EuGVVO.[758] Die zuständigkeitsbegründenden Umstände müssen zum Zeitpunkt der Anrufung des Gerichts (Art. 32 EuGVVO) vorliegen). Ein **Versicherer** mit Wohnsitz in einem Mitgliedstaat (zur Bestimmung des Wohnsitzes von juristischen Personen vgl. Art. 63 EuGVVO) kann zunächst nach Art. 11 Abs. 1 lit. a EuGVVO vor den Gerichten seines Wohnsitzstaates, ein Versicherer mit inländischem Sitz mithin vor deutschen Gerichten **verklagt** werden. Insoweit wird durch die Verordnung lediglich die internationale Zuständigkeit festgelegt. Welches Gericht örtlich zuständig sein soll, entscheidet dagegen jeweils das nationale deutsche Verfahrensrecht. Wird der Vertrag mit einer inländischen Niederlassung (Zweigniederlassung, Agentur) eines Versicherers geschlossen, der seinen Wohnsitz in einem anderen Mitgliedstaat hat, sind zusätzlich die Gerichte des inländischen Niederlassungsortes international und örtlich zuständig (Art. 10 iVm Art. 7 Nr. 5 EuGVVO). Darüber hinaus gewährt Art. 11 Abs. 1 lit. b EuGVVO **Versicherungsnehmern,** Versicherten wie auch Begünstigten, die ihren Wohnsitz in einem anderen Mitgliedstaat als dem Staat des Versichererwohnsitzes (Deutschland) haben, eine internationale wie örtliche **Klagezuständigkeit** an ihrem **Wohnsitzgericht.** Für einen Versicherer ohne Wohnsitz in einem Mitgliedstaat (dh in einem Drittstaat), der aber über eine Niederlassung (Zweigniederlassung, Agentur) in einem Mitgliedstaat verfügt, gelten diese Regeln ebenso, wie wenn er einen Wohnsitz in einem Mitgliedstaat hätte (Art. 11 Abs. 2 EuGVVO).

253 Umgekehrt besteht für **Klagen des Versicherers gegen** den **Versicherungsnehmer,** Versicherten oder Begünstigten gem. Art. 14 Abs. 1 EuGVVO eine internationale Zuständigkeit der Gerichte im Mitgliedstaat des Beklagtenwohnsitzes (vgl. Art. 62 EuGVVO). Die Bestimmung der örtlichen Zuständigkeit wird auch hier wiederum von den nationalen Verfahrensvorschriften dieses Wohnsitzstaates übernommen.

254 **Gerichtsstandsvereinbarungen in Versicherungssachen** können nach Art. 15 EuGVVO nur unter sehr eingeschränkten inhaltlichen Voraussetzungen[759] vorgenommen werden. Eine Absprache, die sich über diese Schranken hinwegsetzt, ist unwirksam (Art. 25 Abs. 4 EuGVVO). Im Zusammenhang mit Berufsunfähigkeitsversicherungen kommt in Betracht eine Vereinbarung, die erst nach Entstehung der Streitigkeit getroffen wird (Art. 15 Nr. 1 EuGVVO), sowie eine zuvor getroffene, soweit sie dem Versicherungsnehmer (bzw. Versicherten oder Begünstigten) zusätzliche Gerichtsstände einräumt (Nr. 2). Zulässig sind ferner unter bestimmten Voraussetzungen Vereinbarungen zwischen einem inländischen Versicherer und einem Versicherungsnehmer mit Wohnsitz in einem Nicht-Mitgliedstaat (Nr. 4). Lässt sich ein Beklagter rügelos in der Sache ein, begründet dies auch in versicherungsrechtlichen Streitigkeiten grds. eine internationale wie örtliche Zuständigkeit bei einem zunächst unzuständigen Mitgliedstaatengericht (Art. 26 Abs. 1 EuGVVO), allerdings in Verfahren gegen einen Versicherungsnehmer (bzw. Versicherten oder Begünstigten) nur dann, wenn dieser über sein Recht zur Unzuständigkeitsrüge sowie die Folgen einer Einlassung oder Nichteinlassung zuvor belehrt worden ist (Art. 26 Abs. 2 EuGVVO).

255 **3. Gerichtsstandsvereinbarungen in den Musterbedingungen. a) Überblick.** Die neueren Versionen der **Musterbedingungen** (vgl. zB § 21 BU, § 9 Abs. 10 BUZ iVm § 19 ALB) enthalten **Gerichtsstandsklauseln,** in denen bei Klagen des Versicherungsnehmers gegen den Versicherer und umgekehrt zwischen örtlicher und internationaler Zuständigkeit nicht exakt differenziert

---

[757] Nicht dagegen eine Derogation des Gerichtsstands am späteren Versicherungsnehmerwohnsitz im Ausland, *Staudinger* in Rauscher EuZPR/EuIPR, Europäisches Zivilprozessrecht, Bd. 1, 5. Aufl. 2021, EuGVVO Art. 15 Rn. 6; *Wandt/Gal* GS Wolf, 2011, 579 (593 f.).

[758] Entsprechende Regelungen finden sich in den Art. 8–14 des Luganer Übereinkommens über die gerichtliche Zuständigkeit und die Anerkennung und Vollstreckung von Entscheidungen in Zivil- und Handelssachen v. 30.10.2007, ABl. 2009 L 147, S. 5, Geltung im Verhältnis der EU zu Dänemark, Norwegen, der Schweiz und Island, nicht aber im Verhältnis zu Großbritannien nach dem Brexit, vgl. HK-ZPO/*Dörner,* 9. Aufl. 2021) Vor EuGVVO Rn. 7.3.

[759] Zur Formgültigkeit s. Art. 25 Abs. 1 S. 3, Abs. 2 EuGVVO; dazu etwa *Dörner* in *Saenger,* HK-ZPO, 9. Aufl. 2021, EuGVVO Art. 15 Rn. 1, EuGVVO Art. 25 Rn. 23 ff.

wird, die Klauseln daher beide Ebenen betreffen und dementsprechend sowohl den Vorgaben des nationalen wie des europäischen Prozessrechts genügen müssen. Allerdings werden in den AVB-Klauseln partiell die gesetzlichen Zuständigkeiten in Versicherungssachen wiederholt; diese Regelungen haben daher lediglich deklaratorischen Charakter. Im Einzelnen ist von Klausel zu Klausel zu unterscheiden:

b) Klage des Versicherungsnehmers am Gericht des Versicherersitzes. Soweit die § 21 Abs. 1 S. 1 BU, § 9 Abs. 10 BUZ iVm § 19 Abs. 1 S. 1 ALB vorsehen, dass für **Klagen gegen den Versicherer** das Gericht zuständig sein soll, in dessen Bezirk der **Sitz** oder die zuständige **Niederlassung** des Versicherers liegen, geben diese Klauseln nur die gesetzliche Regelung der §§ 17, 21 ZPO wieder. Gleichzeitig enthalten sie eine die örtliche Zuständigkeit festlegende Ergänzung der in Art. 11 Abs. 1 lit. a EuGVVO in gleicher Weise geregelten internationalen Zuständigkeit (Sitzstaat des Versicherers, → Rn. 252).

c) Klage des Versicherungsnehmers an seinem Wohnsitzgericht. In den § 21 Abs. 1 S. 2, 4 BU, § 9 Abs. 10 BUZ iVm § 19 Abs. 1 S. 2, 4 ALB, die dem **Versicherungsnehmer** eine zusätzlich Klagemöglichkeit am **eigenen Wohnsitz** bzw. bei juristischen Personen am Sitz oder der Niederlassung zum Zeitpunkt der Klageerhebung gewähren, wird aus europäischer Perspektive im Hinblick auf die internationale wie örtliche Zuständigkeit in der Konstellation „inländischer Versicherer/Versicherungsnehmer mit Wohnsitz in einem anderen Mitgliedstaat" die Regelung des Art. 11 Abs. 1 lit. b EuGVVO (→ Rn. 252), bei juristischen Personen (wie zB bei Abschluss einer Berufsunfähigkeits-Gruppenversicherung) iVm der Wohnsitzdefinition des Art. 63 Abs. 1 EuGVVO übernommen. In reinen Binnensachverhalten wiederholt die Klausel im Wesentlichen[760] die in § 215 Abs. 1 S. 1 Fall 1 getroffene Regelung.

d) Klage des Versicherungsnehmers am Gericht seines gewöhnlichen Aufenthalts. Für **Versicherungsnehmer** (soweit natürliche Personen) **ohne Wohnsitz** stellen die § 21 Abs. 1 S. 3 BU, § 9 Abs. 10 BUZ iVm § 19 Abs. 1 S. 3 ALB eine internationale wie örtliche Zuständigkeit am Ort ihres gewöhnlichen Aufenthalts zur Verfügung. Diese Klausel nimmt die in § 215 Abs. 1 S. 1 Fall 2 getroffene Regelung auf. Die EuGVVO sieht zwar im Hinblick auf die internationale Zuständigkeit für Klagen wohnsitzloser Versicherungsnehmer ausdrücklich keinen derartigen Ersatzgerichtsstand vor. Da aber gem. Art. 62 Abs. 1 EuGVVO jedes angerufene Mitgliedstaatengericht nach eigenem Recht darüber entscheidet, ob eine natürliche Person im Gerichtsstaat ihren Wohnsitz (und damit einen Gerichtsstand) hat, erscheint es angängig, dass ein Mitgliedstaat die Zuständigkeit seiner Gerichte bei (jedenfalls in allen Mitgliedstaaten) wohnsitzlosen Klägern auch mit einem gewöhnlichen Aufenthalt („Lebensmittelpunkt") im Inland verbindet,[761] so dass die Aufenthaltszuständigkeit des § 215 Abs. 1 S. 1 Fall 2 sich im Ergebnis auch auf internationaler Ebene im Rahmen der EuGVVO fortsetzt. Praktische Bedeutung erhält diese Regelung freilich nur in dem hier nicht interessierenden Fall, dass ein Versicherungsnehmer mit gewöhnlichem Aufenthalt im Inland einen Versicherer mit ausländischem Sitz im Inland unter Rückgriff auf Art. 11 Abs. 1 lit. b EuGVVO verklagen will. Wenn dagegen ein Versicherungsnehmer mit gewöhnlichem Aufenthalt in einem anderen Mitgliedstaat in seinem Aufenthaltsstaat Klage gegen einen deutschen Versicherer erhebt, entscheidet über das Vorhandensein eines Wohnsitzes oder gewöhnlichen Aufenthalts im Gerichtsstaat das angerufene ausländische Gericht.

e) Klage des Versicherers am Gericht des Wohnsitzes oder gewöhnlichen Aufenthalts des Versicherungsnehmers. Zuständig für **Klagen des Versicherers** gegen den Versicherungsnehmer sollen nach den § 21 Abs. 2 S. 1, 3 BU, § 9 Abs. 10 BUZ iVm § 19 Abs. 2 S. 1, 3 ALB diejenigen Gerichte sein, in deren Bezirk sich der Wohnsitz oder – bei juristischen Personen – der Sitz oder die Niederlassung des Versicherungsnehmers, in Ermangelung eines Wohnsitzes (jeweils nach Abs. 2 S. 2) dessen gewöhnlicher Aufenthalt befindet. Auch diese Klausel übernimmt bzgl. der internationalen Wohnsitzzuständigkeit des beklagten Versicherungsnehmers die in den Art. 14 Abs. 1 EuGVVO, ggf. für juristische Personen iVm Art. 63 Abs. 1 EuGVVO getroffene und hinsichtlich der örtlichen Zuständigkeit die in § 215 Abs. 1 S. 2 Fall 1 vorgesehene Regelung. Für die Gerichtszuständigkeit am gewöhnlichen Aufenthalt des Versicherungsnehmers nach Abs. 2 S. 2 der Klausel gilt das zu → Rn. 258 Gesagte.

f) Gerichtsstandsvereinbarung für den Fall einer nach Vertragsschluss erfolgenden Wohnsitzverlegung. Nach den § 21 Abs. 3 BU, § 9 Abs. 10 BUZ iVm § 19 Abs. 3 ALB sollen für

---

[760] Zur analogen Anwendung des § 215 Abs. 1 S. 1 VVG auf juristische Personen vgl. etwa *Klimke* in Prölss/Martin VVG § 215 Rn. 11.
[761] Vgl. dazu auch Kropholler/von Hein, Europäisches Zivilprozessrecht, 9. Aufl. 2011, EuGVVO Art. 59 Rn. 9 (zum negativen Kompetenzkonflikt).

den Fall, dass der **Versicherungsnehmer** nach Vertragsschluss seinen Wohnsitz oder den Ort seines gewöhnlichen Aufenthalts **ins Ausland verlegt,** die Gerichte des Staates zuständig sein, in dem sich der **Versicherersitz** befindet, was bei einer Wohnsitz- oder Aufenthaltsverlegung des Versicherungsnehmers aus dem In- in das Ausland zur Zuständigkeit des (nach Abs. 1 der Klausel, → Rn. 256) örtlich zuständigen deutschen Gerichts führt. Diese Regelung hat zur Folge, dass dem Versicherungsnehmer bei **Klagen gegen den Versicherer** die Zuständigkeit seines Wohnsitzgerichts (vgl. Abs. 1 S. 2 der Klausel, → Rn. 257) entzogen und dem Versicherer bei **Klagen gegen den Versicherungsnehmer** (in Ergänzung des Abs. 2, → Rn. 259) eine zusätzliche Zuständigkeit am Gericht seines eigenen Sitzes gewährt wird. Durch diese in den AVB getroffene Vereinbarung scheint der Versicherer auf den ersten Blick problemlos von der den Vertragsparteien durch § 215 Abs. 3 gewährten Möglichkeit Gebrauch zu machen, die sich ebenfalls sowohl auf Klagen des Versicherungsnehmers wie auch auf solche des Versicherers bezieht[762] und insbes. im Falle einer solchen Wohnsitzverlegung ins Ausland (ebenso wie bei einer erschwerten Rechtsverfolgung wegen Unbekanntheit des Versicherungsnehmerwohnsitzes) eine Gerichtsstandsvereinbarung gestattet, welche dem Versicherungsnehmer eine ihm gem. § 215 Abs. 1 S. 1 zustehende Klagemöglichkeit an seinem dann ausländischen Wohnsitz- oder Aufenthaltsgericht abschneidet.

261 Dabei bliebe allerdings außer Betracht, dass es sich hier angesichts der auslösenden Situation – Vereinbarung für den Fall einer eventuell späteren Wohnsitz- oder Aufenthaltsverlagerung ins Ausland – um einen **prozessualen Sachverhalt mit Auslandsbezug** handelt (→ Rn. 251), der die Vorschriften der EuGVVO zur Anwendung bringt.[763] Gerichtsstandsvereinbarungen in Versicherungssachen sind aber gem. Art. 15 EuGVVO nur sehr eingeschränkt möglich. Im vorliegenden Zusammenhang kann eine solche Vereinbarung weder auf Art. 15 Nr. 1 EuGVVO gestützt werden, weil die Vereinbarung nicht nach, sondern vor Entstehung der Streitigkeit getroffen wird, noch auf Art. 15 Nr. 2 EuGVVO, weil sie dem Versicherungsnehmer nicht einen weiteren, sondern nur den ihm bereits gem. Art. 11 Abs. 1 lit. a EuGVVO möglichen Gerichtsstand am Versicherersitz zugesteht. Im Gegenteil wird entgegen der ratio legis die Rechtsstellung des Versicherungsnehmers durch die Rechtswahlklausel massiv beeinträchtigt, weil sie ihm einerseits die durch Art. 11 Abs. 1 lit. b EuGVVO zugestandene Wohnsitzzuständigkeit nimmt (→ Rn. 252) und ihm andererseits den durch Art. 14 Abs. 1 EuGVVO gewährten Schutz (Verklagung nur am eigenen Wohnsitz, → Rn. 259) entzieht. Zulässig nach Art. 15 Nr. 4 EuGVVO wäre zwar eine Gerichtsstandsabrede, wenn der Versicherungsnehmer seinen Wohnsitz in einem Nichtmitgliedstaat der EU gehabt hat.[764] Jedoch wird weder in § 215 Abs. 3 noch in der in den § 21 Abs. 3 BU, § 9 Abs. 10 BUZ iVm § 19 Abs. 3 ALB enthaltenen Kopie dieser Bestimmung zwischen einem Wohnsitz des Versicherungsnehmers in einem Nichtmitglied- und einem Mitgliedstaat unterschieden, mithin auch der zweite Fall ohne weiteres erfasst. Dass europäisches Recht die vorgesehene Gerichtsstandsabrede somit in toto nicht zulässt, hat Konsequenzen: Angesichts des Anwendungsvorrangs europäischer Normen (vgl. Art. 288 UAbs. 2 AEUV) kann § 215 Abs. 3 eine von § 215 Abs. 1 abweichende Abrede nur im Anwendungsbereich des Art. 15 EuGVVO gestatten; die VVG-Vorschrift ist daher nahezu[765] bedeutungslos. Die in den Musterbedingungen vorgesehene Kopie des § 215 Abs. 3 würde – falls in die Praxis übernommen – zu unwirksamen Klauseln führen. Daneben würde sich die Unwirksamkeit dieser Klauseln auch, soweit über Art. 25 Abs. 1 S. 1 EuGVVO aE die materielle Nichtigkeit nach deutschem Recht zu beurteilen ist,[766] gem. § 307 Abs. 1 S. 2 BGB aus einem Verstoß gegen das Transparenzgebot ergeben, weil der Versicherer unter Verweis auf die in Wahrheit unwirksamen Klauseln möglicherweise in der Lage wäre, einen Versicherungsnehmer nach Wohnsitzverlegung in einen anderen Mitgliedstaat von einer Klageerhebung an dem neuen Wohnsitzgericht (Art. 11 Abs. 1 lit. b EuGVVO) abzuhalten (→ Rn. 248, 249).

---

[762] Vgl. *Brand* in Bruck/Möller VVG § 215 Rn. 42 mwN; *Klimke* in Prölss/Martin VVG § 215 Rn. 29a.
[763] Vgl. auch *Klimke* in Prölss/Martin VVG § 215 Rn. 30d.
[764] Bei einer Klage gegen den Versicherungsnehmer allerdings unter Beachtung des Art. 6 Abs. 1 EuGVVO, *Staudinger* in Rauscher EuZPR/EuIPR, Europäisches Zivilprozessrecht, Bd. 1, 5. Aufl. 2021, EuGVVO Art. 15 Rn. 8.
[765] Vgl. immerhin *Wandt/Gal* GS Wolf, 2011, 579 (589): Weder Versicherer noch Versicherungsnehmer haben bei Klageerhebung Wohnsitz in Mitgliedstaat.
[766] Bei Wahl eines deutschen Gerichtsstands richtet sich die materielle Wirksamkeit der Gerichtsstandsabrede nach dem Sachrecht, welches die deutschen Kollisionsnormen berufen (dazu die Erwägungsgründe 20 zur Neufassung der EuGVVO). Aus der Sicht des deutschen Rechts entscheiden die nationalen Kollisionsnormen, da die Rom I-VO nach ihrem Art. 1 Abs. 2 lit. e auf Gerichtsstandsabreden keine Anwendung findet. Es erscheint dann sinnvoll, die materielle Wirksamkeit solcher Abreden nicht analog Art. 3 ff. Rom I-VO anzuknüpfen (so die hM, zB *Thorn* in Palandt Rom I-VO Art. 1 Rn. 11), sondern verfahrensrechtlich zu qualifizieren und damit nach der deutschen lex fori zu beurteilen (*Dörner* in HK-ZPO, 9. Aufl. 2021, EuGVVO Art. 25 Rn. 15).

G. Darlegungs- und Beweislast

I. Unfähigkeit zur weiteren Ausübung des bisherigen Berufs

Wer aus der Berufsunfähigkeitsversicherung Leistungen beansprucht (vgl. § 12 Abs. 1 BU, § 9 Abs. 10 BUZ iVm § 9 Abs. 1 ALB, → Rn. 229) – idR der Versicherungsnehmer – hat darzulegen und im Bestreitensfall zu beweisen, dass die **Voraussetzungen** der **Berufsunfähigkeit** iSd Abs. 2 (→ Rn. 49) vorliegen.[767] Insbesondere muss er – idR mit Hilfe eines medizinischen Sachverständigen – nachweisen, dass seine Berufsunfähigkeit **voraussichtlich auf Dauer** besteht (→ Rn. 120).[768] Da die Berufsunfähigkeit nach Haftungsbeginn und damit während der **Dauer der Gefahrtragung** (→ Rn. 127 ff.) eingetreten sein muss, trägt der Anspruchsteller bzw. Kläger auch die Darlegungs- und Beweislast dafür, dass er nicht bereits bei Beginn der Haftungsdauer berufsunfähig gewesen ist.[769]

Zum **Nachweis der Berufsunfähigkeit** muss der Anspruchsteller substantiiert vortragen, wie die Tätigkeit der versicherten Person bis zum Eintritt des Versicherungsfalls ausgestaltet war und welche gesundheitlichen Hindernisse einer Fortführung der Berufstätigkeit in quantitativer wie qualitativer Hinsicht entgegenstehen.[770] Er kann sich dabei nicht auf die Angabe von Berufstyp und Arbeitszeit beschränken, sondern muss eine konkrete Arbeitsbeschreibung vorlegen, durch welche die anfallenden Einzeltätigkeiten nach Art, Umfang und Häufigkeit und unter Angabe der jeweiligen zeitlichen Anteile an der Gesamtarbeitszeit in Gestalt eines „Stundenplans" konkretisiert und für einen Außenstehenden nachvollziehbar werden.[771] Die Anforderungen an die Darlegung derartiger Details werden mit Zeitablauf geringer.[772] Auf eine detaillierte Darstellung der zuletzt ausgeübten Tätigkeit kann aber dann verzichtet werden, wenn die gesundheitlichen Beeinträchtigungen des zuvor freiberuflich tätigen Anspruchstellers ihm keinerlei Möglichkeit mehr lassen, auf seinen früheren Berufsfeldern tätig zu werden.[773] Die Vorlage eines Rentenbescheids der BfA reicht wegen der sachlichen Unterschiede zwischen einer Erwerbsunfähigkeit in der gesetzlichen Rentenversicherung und der Berufsunfähigkeit in der privaten Versicherung für einen schlüssigen Klagevortrag nicht aus (→ Vor § 172 Rn. 14).[774] Bei widersprüchlichen Angaben des Anspruchstellers über den Umfang der zuletzt ausgeübten Tätigkeit liegt kein schlüssiger Sachvortrag vor, so dass einem medizinischen Sachverständigen keine klaren Vorgaben für die Erstellung eines Berufsunfähigkeitsgutachtens vorgelegt werden können; in diesem Fall stellt ein gleichwohl erstattetes Gutachten keine tragfähige Grundlage für eine Entscheidung dar.[775] Eine Berufsunfähigkeit ist nicht bewiesen, wenn der Versicherte Freizeitaktivitäten entwickelt, die mit dem geschilderten Krankheitsbild unvereinbar sind.[776] Auf einen nicht hinreichenden Sachvortrag hat das Gericht den Kläger hinzuweisen (§ 139 ZPO). Lässt sich eine zur Berufsunfähigkeit führende Krankheit nicht mittels objektiver Befunde nachweisen, kann der Nachweis auch durch eine (allerdings durch Einsatz von bekannten Prüfungs- und Testverfahren unterstützte) sachverständige Begutachtung der Beschwerdeschilderung erfolgen.[777] Der Versicherer kann die Angaben des Klägers über ein bestimmtes Berufsbild mit Nichtwissen bestreiten.[778] Zum Nachweis der Dauerhaftigkeit einer Gesundheitsbeeinträchtigung vgl. → Rn. 120.

Beruft sich der Anspruchsteller auf **vermutete Berufsunfähigkeit** iSd § 2 Abs. 2 BU/BUZ (→ Rn. 123 ff.), muss er mit Hilfe eines ärztlichen Attestes nachweisen, dass und in welchem Ausmaß er ununterbrochen in dem vertraglich vereinbarten Zeitraum (etwa: sechs Monate lang) gesundheitsbedingt ganz oder teilweise zur Ausübung seines Berufs außerstande war und dass dieser Zustand

---

[767] Dazu praktische Hinweise bei *Dunkel* in van Bühren VersR-HdB § 15 Rn. 69 ff.; *Lücke* in Prölss/Martin VVG § 172 Rn. 116.
[768] StRspr, vgl. etwa BGH VersR 2012, 1547.
[769] OLG Hamm VersR 2018, 666.
[770] Vgl. OLG Sachsen-Anhalt VersR 2019, 533.
[771] BGHZ 119, 263 (266) = VersR 1992, 1386; BGH NJW-RR 1996, 345; VersR 2005, 676; OLG Koblenz VersR 2004, 989; OLG Saarbrücken VersR 2007, 96; OLG Köln VersR 2009, 667; Klagemuster bei *Dunkel* in van Bühren VersR-HdB § 15 Rn. 511; praktische Hinweise bei *Höra* in MAH VersR § 26 Rn. 78.
[772] Vgl. BGH VersR 2010, 1206 (acht Jahre nach Beendigung der Tätigkeit).
[773] OLG Düsseldorf VersR 2004, 988.
[774] OLG Hamm VersR 1997, 217.
[775] OLG Köln VersR 2009, 667. – Zu den beweisrechtlichen Folgen einer Simulation von gesundheitlichen Beschwerden vgl. OLG Saarbrücken BeckRS 2016, 10266.
[776] OLG Saarbrücken VersR 2014, 1491 (1492).
[777] OLG Saarbrücken VersR 2011, 249.
[778] *Notthoff* r+s 2020, 610; aA *Wermeckes/Seggewiße* VersR 2019, 271 (Beschränkung des Vorbringens durch stillschweigenden Prozessvertrag).

unverändert andauert.⁷⁷⁹ Gelingt ihm dies, wird zu seinen Gunsten unwiderleglich vermutet, dass seine Unfähigkeit zur Berufsausübung dauerhaft fortbesteht.

265 Geht es um die Berufsunfähigkeit eines **Selbständigen**, muss dieser nicht nur darlegen und beweisen, wie sein Betrieb vor Eintritt seiner gesundheitlichen Beeinträchtigung organisiert gewesen ist und in welcher Art und in welchem Umfang er bis dahin mitgearbeitet hat (weil die konkrete Ausgestaltung der zuvor ausgeübten Tätigkeit nach Abs. 2 den Ausgangspunkt für die Beurteilung der Berufsunfähigkeit darstellt), sondern auch, dass die ihm in Anbetracht seiner gesundheitlichen Beeinträchtigung verbleibenden Tätigkeitsfelder keine hinreichende Betätigung mehr zulassen und auch eine zumutbare Betriebsumorganisation keine von ihm gesundheitlich noch zu bewältigenden Betätigungsmöglichkeiten eröffnet.⁷⁸⁰

266 Zur Darlegung des **medizinischen Befundes** reicht eine laienhafte Darstellung unter Beifügung der ärztlichen Diagnose aus.⁷⁸¹ Pauschale Behauptungen („Tätigkeit nicht mehr möglich") genügen aber – insbes. bei psychischen Befindlichkeitsstörungen unklarer Herkunft – für den Sachvortrag nicht.⁷⁸² Die Schlüssigkeit der Klage setzt andererseits nicht voraus, dass der Leistungen beanspruchende Kläger bereits den medizinischen Nachweis der Berufsunfähigkeit erbringt; dieser ist nicht Voraussetzung für eine Beweiserhebung, sondern für den Erfolg der Klage.⁷⁸³ Um beurteilen zu können, wie sich ärztlich festgestellte Gesundheitsbeeinträchtigungen auf die zuletzt konkret ausgeübte Berufstätigkeit des Versicherten auswirken, sind ggf. Zeugen und ein berufskundlicher Sachverständiger zu hören.⁷⁸⁴ Ist das Tätigkeitsbild des Versicherten streitig, erscheint im Hinblick auf eine außerprozessuale Streitbeilegung die Durchführung eines selbständigen Beweisverfahrens (§ 485 Abs. 2 S. 2 ZPO) nicht geeignet.⁷⁸⁵

II. Nichtbestehen einer Verweisungsmöglichkeit

267 Enthält der Vertrag eine Klausel mit **abstrakter Verweisung** (→ Rn. 141), trägt der Versicherungsnehmer mit der Beweislast für den Eintritt der Berufsunfähigkeit auch die Beweislast dafür, dass der Versicherte in einem die Berufsunfähigkeit ausschließenden Umfang **keine andere Erwerbstätigkeit** iSd Abs. 3 **ausüben** kann, weil entweder ein seiner Ausbildung und seinen Fähigkeiten entsprechender und seine Lebensstellung wahrender Verweisungsberuf nicht existiert oder von ihm aus gesundheitlichen Gründen nicht wahrgenommen werden kann.⁷⁸⁶ Dazu muss er zunächst nur summarisch darlegen, dass dieser zur Ausübung der Vergleichstätigkeit nicht in der Lage ist. Übt der Versicherte – insbes. bei Vereinbarung einer konkreten Verweisung – den Verweisungsberuf allerdings bereits aus, muss der Anspruchsteller weitergehend darlegen und beweisen, warum es sich dabei nicht um einen in Frage kommenden Verweisungsberuf handelt.⁷⁸⁷

268 Damit der Anspruchsteller den vollen Negativbeweis führen kann, muss im Rahmen einer abstrakten Verweisung der **Versicherer** zunächst die in Frage kommenden **Vergleichsberufe nennen** und deren prägende Merkmale (erforderliche Vorbildung, übliche Arbeitsbedingungen wie zB Arbeitsplatzverhältnisse, Arbeitszeiten, übliche Entlohnung, etwa erforderliche Fähigkeiten oder körperliche Kräfte, Einsatz technischer Hilfsmittel) aufzeigen („Aufzeigelast").⁷⁸⁸ Die dazu erforderlichen Informationen kann er sich vom Anspruchsteller beschaffen, der idR aufgrund einer Obliegenheit (vgl. §§ 7 Abs. 1 S. 1 lit. d BU, 4 Abs. 1 lit. d BUZ) gehalten ist, dem Versicherer bei Geltendmachung eines Anspruchs Unterlagen über seinen Beruf, Stellung und Tätigkeit zum Zeitpunkt des Versicherungsfalls sowie über die eingetretenen Veränderungen zur Verfügung zu stellen. Nur wenn der Versicherer seiner Darlegungslast genügt, kann der Anspruchsteller mit einem substantiierten Beweisangebot vortragen, dass er zur Ausübung des Verweisungsberufes nicht in der Lage ist oder dieser seiner bisherigen Lebensstellung nicht entspricht.⁷⁸⁹ Zeigt der Versicherer keine konkreten Berufsbilder auf, kann das Gericht keine Feststellungen zur Frage der Zumutbarkeit einer Vergleichs-

---

⁷⁷⁹ BGH VersR 1989, 1182; 1992, 1118.
⁷⁸⁰ BGH VersR 1989, 579; 1991, 1358; 1994, 205; 1996, 1090; 2003, 631; OLG Dresden VersR 2000, 1222; KG VersR 2003, 491; OLG Hamm r+s 2006, 423; OLG Saarbrücken VersR 2010, 799; ZfS 2012, 161; praktische Hinweise bei *Höra* in MAH VersR § 26 Rn. 152.
⁷⁸¹ OLG Saarbrücken VersR 2007, 96; *Lücke* in Prölss/Martin VVG § 172 Rn. 118.
⁷⁸² OLG Saarbrücken VersR 2007, 96.
⁷⁸³ OLG Hamm NJW-RR 1997, 793.
⁷⁸⁴ BGH VersR 2008, 770.
⁷⁸⁵ OLG Köln VersR 2008, 1340; LG Marburg VersR 2009, 201.
⁷⁸⁶ BGH VersR 1988, 234; 2005, 676; *Höra* in MAH VersR § 26 Rn. 171.
⁷⁸⁷ BGH VersR 1999, 1134; OLG Bremen VersR 2009, 1605.
⁷⁸⁸ BGH VersR 2000, 349; OLG Hamm VersR 2018, 1052.
⁷⁸⁹ BGHZ 102, 194 = VersR 1988, 234; BGH VersR 1993, 953; 1994, 1095; 2000, 349; 2005, 676; 2008, 479; OLG Hamm VersR 2007, 384.

tätigkeit im Hinblick auf Verdienstmöglichkeit und soziale Wertschätzung treffen.[790] Von sich aus darf das Gericht nicht auf eine von dem Versicherer nicht vorgetragene Vergleichstätigkeit hinweisen (§ 139 ZPO).[791]

Der Umfang der **Darlegungslast des Versicherers** zu den prägenden Merkmalen des Vergleichsberufs hängt dabei jeweils davon ab, was er beim Kläger in diesem Punkt an Kenntnissen voraussetzen darf. Wenn der Versicherte die als Vergleichsberuf ins Spiel gebrachte Tätigkeit bereits ausübt (oder gerade gekündigt hat), sind ihm die sich daraus ergebenden Anforderungen besser bekannt als dem Versicherer mit der Folge, dass er die Vergleichbarkeit der Verweisungstätigkeit nicht nur einfach summarisch bestreiten kann, sondern vielmehr von Anfang an vortragen und ggf. beweisen muss, dass und warum er dieser Tätigkeit nicht gewachsen ist oder warum sie den Anforderungen an eine vergleichbare Tätigkeit iSd Abs. 3 nicht entspricht.[792] Das Gericht muss den Kläger nach § 139 ZPO auf diese Reichweite seiner Darlegungs- und Beweislast hinweisen.[793]

Erst wenn (ggf. nach einer Beweisaufnahme) die konkrete Ausgestaltung des Verweisungsberufs eindeutig feststeht, ist einem medizinischen Sachverständigen das Ergebnis zur Begutachtung der Frage vorzulegen, ob der Versicherte zur Ausübung dieses Berufes **gesundheitlich in der Lage** ist.[794] Dabei muss das Gericht diesem unmissverständlich verdeutlichen, dass der privatrechtliche Begriff der Berufsunfähigkeit als eigenständiger Rechtsbegriff nicht mit Berufsunfähigkeit oder gar Erwerbsunfähigkeit im Sinne des gesetzlichen Rentenversicherungsrechts gleichgesetzt werden darf.[795]

Bei Vorlage eines **Parteigutachtens**, das dem des gerichtlichen Sachverständigen widerspricht, muss der Tatrichter den Widersprüchen nachgehen und den Sachverhalt durch Einholung einer schriftlichen Ergänzung des Gutachtens, Befragung des Sachverständigen oder Einholung eines weiteren Gutachtens aufklären.[796] Er darf sich nicht ohne einleuchtende und logisch nachvollziehbare Begründung für eines der beiden Gutachten entscheiden.[797]

III. Risikoausschlüsse

Ein **Versicherer**, der sich auf einen (individualvertraglichen oder in einer AVB-Klausel enthaltenen) Risikoausschluss beruft, muss die Voraussetzungen dieses Ausschlusses und ihre Ursächlichkeit für den Eintritt von Berufsunfähigkeit **darlegen** und **beweisen** (Einzelheiten zB in → Rn. 189, 193, 197, 201). Demgegenüber ist der Anspruchsteller beweispflichtig für die Voraussetzungen eines **Wiedereinschlusses**, so bspw. dafür, dass die zur Berufsunfähigkeit führende gesundheitliche Beeinträchtigung zwar durch die versicherte Person absichtlich (vgl. §§ 5 S. 2 lit. c BU, 3 S. 2 lit. c BUZ), jedoch im Zustand krankhafter Störung der Geistestätigkeit herbeigeführt wurde (→ Rn. 192).

IV. Obliegenheitsverletzungen des Versicherungsnehmers

Entsprechend dem System von Regel, Ausnahme und Gegenausnahme, das dem neuen Recht der **Anzeigeobliegenheiten** und ihrer Sanktionen in den §§ 19, 21, 22 zugrunde liegt, ist auch die Darlegungs- und Beweislast in diesem dogmatischen Komplex differenziert verteilt. Der **Versicherer** muss die **objektiven Voraussetzungen** der **Anzeigepflichtverletzung** iSd § 19 Abs. 1 S. 1 darlegen und beweisen, ebenso sämtliche Voraussetzungen einer arglistigen Täuschung iSd § 22. Der Versicherer weist auch nach, dass er den Versicherungsnehmer durch gesonderte Mitteilung in Textform (§ 126b BGB) auf die Folgen einer Anzeigepflichtverletzung hingewiesen hat (§ 19 Abs. 5 S. 1), sowie ggf. dessen Arglist bzw. Vorsatz als Voraussetzung für den Erhalt seiner Leistungsfreiheit nach § 21 Abs. 2 S. 2 sowie einer Verlängerung der Ausschlussfrist für die Geltendmachung seiner Rechte nach § 21 Abs. 3 S. 2. Dem **Versicherungsnehmer** obliegt demgegenüber der Nachweis derjenigen Umstände, welche zum **Ausschluss** und zum **Erlöschen** der sich aus einer Obliegenheitsverletzung ergebenden **Versichererrechte** führen (vgl. § 19 Abs. 4 S. 1, Abs. 5 S 1, § 21 Abs. 2 S. 1 Hs. 2). Steht fest, dass eine Anzeigeobliegenheit objektiv verletzt worden ist, kann der Versicherungsnehmer darlegen und beweisen, dass er nicht schuldhaft gehandelt hat (vgl. § 19 Abs. 3 S. 1). Zu den Einzelheiten → Rn. 35, 36.

---

[790] OLG Hamm r+s 1990, 356.
[791] BGH VersR 1990, 885; *Lücke* in Prölss/Martin VVG § 172 Rn. 121.
[792] BGH VersR 1995, 159; 1999, 1134; 2000, 349; OLG Bremen VersR 2009, 1605; OLG Koblenz VersR 1997, 688.
[793] BGH VersR 2000, 349.
[794] BGHZ 119, 263 (266) = VersR 1992, 1386; BGH VersR 2005, 676; 2008, 479; OLG Koblenz VersR 2008, 669.
[795] BGH VersR 1996, 959.
[796] BGH VersR 1992, 722; 2005, 676; 2008, 479.
[797] BGH VersR 2009, 817.

274   Im Hinblick auf eine **Verletzung der Mitwirkungs-, Anzeige-** und **Auskunftsobliegenheiten** iSd §§ 7, 9 Abs. 2, 3 BU bzw. §§ 4, 6 Abs. 2, 3 BUZ trägt der Versicherer die Darlegungs- und Beweislast für den objektiven Tatbestand sowie die vorsätzliche Begehung einer Obliegenheitsverletzung, ferner dafür, dass er den Versicherungsnehmer auf die Rechtsfolgen einer solchen Verletzung in Textform (§ 126b BGB) hingewiesen hatte. Demgegenüber hat der Anspruchsteller (zwecks Abwendung von Leistungsfreiheit oder zumindest einer Leistungskürzung) darzulegen und zu beweisen, dass er nicht grob fahrlässig gehandelt hat bzw. die Obliegenheitsverletzung für die Feststellung und den Umfang der Leistungspflicht nicht kausal geworden ist. Der Anspruchsteller beweist auch die nachträgliche Erfüllung einer Obliegenheit mit der Folge, dass die Leistungspflicht des Versicherers (wieder) einsetzt (→ Rn. 219).

§ 173 Anerkenntnis

(1) Der Versicherer hat nach einem Leistungsantrag bei Fälligkeit in Textform zu erklären, ob er seine Leistungspflicht anerkennt.

(2) ¹Das Anerkenntnis darf nur einmal zeitlich begrenzt werden. ²Es ist bis zum Ablauf der Frist bindend.

Übersicht

	Rn.			Rn.
A. Inhalt, Zweck und Anwendungsbereich der Norm	1	3.	Unzulässigkeit eines bedingten Anerkenntnisses	14
B. Anspruch des Versicherungsnehmers auf Abgabe eines Anerkenntnisses (Abs. 1)	4	4.	Abgabe eines befristeten Anerkenntnisses (Abs. 2)	17
		III.	Anfechtung des Anerkenntnisses	22
C. Anerkennung der Leistungspflicht	8	D.	Wirkungen eines Anerkenntnisses	23
I. Rechtsnatur des Anerkenntnisses	8	I.	Unbefristetes Anerkenntnis	23
II. Inhalt der Anerkenntniserklärung	9	II.	Befristetes Anerkenntnis (Abs. 2)	25
1. Auslegung	9	E.	Ablehnung der Leistungspflicht	29
2. Erklärung zu Leistungsdauer und Umfang der Leistungspflicht	13	F.	Vereinbarungen über Bestehen, Dauer und Höhe der Leistungen nach Eintritt des Versicherungsfalls	33

Schrifttum: *Glauber,* „Subjektive Kulanz" in der Berufsunfähigkeitszusatzversicherung, VersR 1994, 1405; *Neuhaus,* Berufsunfähigkeitsversicherung: Wann darf der Versicherer ein Anerkenntnis befristen?, VersR 2020, 12; *Wachholz,* Anwendungsbereiche und Rechtswirkungen befristeter Anerkenntnisformen in der Berufsunfähigkeitszusatzversicherung, VersR 2003, 161; vgl. iÜ die Angaben bei § 172.

A. Inhalt, Zweck und Anwendungsbereich der Norm

1   Die Vorschrift ist neu.[1] Sie trägt dem **Interesse des Versicherungsnehmers** Rechnung, der bei Eintritt von Berufsunfähigkeit häufig auf die Leistungen des Versicherers zwecks Deckung des Lebensunterhalts oder zur Einstellung einer Ersatzkraft angewiesen ist und daher Planungssicherheit benötigt.[2] Aus diesem Grunde wird der Versicherer verpflichtet, sich bei Fälligkeit seiner Leistungen (→ Rn. 5) verbindlich darüber zu erklären, ob und ggf. in welchem Umfang eine Leistungspflicht besteht (**Abs. 1** → Rn. 13). Diese Erklärung kann nach Abgabe nicht mehr korrigiert werden (zur Anfechtung aber → Rn. 21). Bei einem unbefristet abgegebenen Anerkenntnis kann sich der Versicherer allerdings von seiner Leistungspflicht durch ein Nachprüfungsverfahren gem. § 174 wieder befreien. Darüber hinaus darf der Versicherer nach der VVG-Reform sein Anerkenntnis jetzt einmal befristen (**Abs. 2** → Rn. 17 ff.). In diesem Fall bleibt er während des Fristablaufs (ohne Möglichkeit eines Nachprüfungsverfahrens) an sein Anerkenntnis gebunden. Danach entscheidet der Versicherer nach Erstprüfungsgrundsätzen, so dass die materiellen Voraussetzungen einer Nachprüfung wiederum nicht zur Anwendung kommen (→ Rn. 25 ff.). Weitergehende Vorbehalte oder

---

[1] Zur früheren Rechtslage *Wachholz* VersR 2003, 161.
[2] Begr. RegE, BT-Drs. 16/3945, 105 f.

Bedingungen sind dagegen nicht zulässig (→ Rn. 13 ff.). Zur Entstehungsgeschichte → § 172 Rn. 4.

Die Vorschrift ist **halbzwingend** (vgl. § 175), lässt also nur abweichende Vereinbarungen zum **2** Vorteil des Versicherungsnehmers zu. Sie schließt aber (insbes. vergleichsweise getroffene) Vereinbarungen über den Umfang der Leistungspflicht des Versicherers nicht aus (→ Rn. 33 ff.). In den einschlägigen Bedingungswerken (vgl. §§ 8 BU, 5 BUZ) wird die Verpflichtung zur Abgabe eines Anerkenntnisses aufgenommen und präzisiert.

Während die neuen Vorschriften des sechsten Kapitels über die Berufsunfähigkeit nach Art. 4 **3** Abs. 3 EGVVG auf **Altverträge** grds. keine Anwendung finden (→ Vor § 172 Rn. 16), gilt dieser Ausschluss für § 173 gerade nicht. Dies wird mit einem „dringenden Bedürfnis der Rechtspraxis" gerechtfertigt,[3] nachdem sich in der Rspr.[4] Zweifel an der Zulässigkeit befristeter Leistungszusagen ergeben hatten. Daher findet die Vorschrift auch auf die vor dem 1.1.2008 geschlossenen Verträge gem. Art. 1 Abs. 1 EGVVG mit Ablauf des 31.12.2008 Anwendung, sofern nicht der Versicherungsfall vor diesem Zeitpunkt eingetreten ist (Art. 1 Abs. 2 EGVVG). Sie ist auch insoweit halbzwingend (→ § 175 Rn. 2). Praktisch bedeutet dies insbes., dass der Versicherer heute auch in Altverträgen sein Anerkenntnis nach Abs. 2 S. 1 zeitlich einmal befristen kann, selbst wenn der Altvertrag diese Möglichkeit nicht vorsieht. Anders ist die Rechtslage nur, wenn im Altvertrag eine Befristung des Anerkenntnisses ausdrücklich ausgeschlossen worden ist. Gegenüber einer solchen, den Abs. 2 einschränkenden vertraglichen Regelung setzt sich der nur halbzwingende, dh eine Besserstellung des Versicherungsnehmers zulassende Abs. 2 nicht durch. Auch wenn sich der Altvertrag auf bestimmte Befristungsgründe beschränkt, ist dies unter der Herrschaft des neuen VVG wirksam, sofern der Versicherer nicht ein Bedingungsanpassungsverfahren nach Art. 1 Abs. 3 EGVVG mit dem Ziel durchgeführt hat, den Kreis der Rechtfertigungsgründe für eine Befristung auszuweiten. Da die einmalige Befristungsmöglichkeit nach der Reform bereits kraft Gesetzes besteht,[5] war insoweit eine Bedingungsanpassung nach Art. 1 Abs. 3 EGVVG nicht erforderlich,[6] wäre aber möglich gewesen.[7] Durch Anwendung des neuen § 173 Abs. 2 auch auf Altverträge hat sich daher die bis zum 31.12.2008 bestehende Rechtsposition eines Versicherungsnehmers möglicherweise verschlechtert, wenn sein Vertrag eine Befristung weder vorsah noch ausschloss. Bei Dauerschuldverhältnissen wie gerade etwa Versicherungsverträgen existiert aber kein Vertrauensschutz in der Weise, dass ein Vertragsverhältnis nach Inkrafttreten neuen Rechts in vollem Umfang nach den bis zum Stichtag geltenden alten Vorschriften abgewickelt werden müsste.[8]

B. Anspruch des Versicherungsnehmers auf Abgabe eines Anerkenntnisses (Abs. 1)

Die Vorschrift gewährt dem Versicherungsnehmer gegen den Versicherer einen **Anspruch** auf **4** Abgabe einer Erklärung über das Bestehen der Leistungspflicht. Diesen Anspruch erfüllt der Versicherer dadurch, dass er entweder ein unbefristetes (→ Rn. 9, 23) oder ein befristetes (→ Rn. 6 ff.; → Rn. 25 ff.) Anerkenntnis abgibt. Zur Ablehnung der Leistungspflicht → Rn. 29 ff.

Der Versicherer muss diese Erklärung „**bei Fälligkeit**" abgeben. Damit nimmt die Vorschrift **5** Bezug auf § 14 Abs. 1, der Geldleistungen des Versicherers fällig werden lässt, wenn seine Erhebungen zum Versicherungsfall und zum Umfang der Leistungspflicht abgeschlossen sind (→ § 172 Rn. 227). Dementsprechend sehen die Musterbedingungen vor, dass der Versicherer nach „Prüfung der uns eingereichten sowie der von uns beigezogenen Unterlagen" erklären muss, „ob und in welchem Umfang" eine Leistungspflicht anerkannt wird (vgl. §§ 8 Abs. 1 BU, 5 Abs. 1 BUZ).

Die Erklärung ist in **Textform** abzugeben, dh unter Nennung des Erklärenden in lesbarer **6** Form auf einem dauerhaften Datenträger, der es dem Empfänger ermöglicht, eine an ihn gerichtete Erklärung zumindest für einen angemessenen Zeitraum für ihn zugänglich und mit der Möglichkeit einer unveränderten Wiedergabe aufzubewahren oder zu speichern (§ 126b BGB). Ein Anerkenntnis kann daher auch durch E-Mail abgegeben werden.

---

[3] Vgl. Rechtsausschuss, BT-Drs. 16/5862, 101.
[4] Vgl. BGHZ 121, 284 (290) = VersR 1993, 562; BGH VersR 2004, 96; 2007, 777.
[5] AA LG Berlin VersR 2014, 1196.
[6] Anders wohl *Klenk* in Looschelders/Pohlmann VVG § 173 Rn. 6.
[7] *Rixecker* in Beckmann/Matusche-Beckmann VersR-HdB § 46 Rn. 170; Zweifel an der Zulässigkeit einer nachträglichen Bedingungsänderung dagegen bei *Höra* r+s 2008, 89 (94); *Terno* r+s 2008, 361 (365).
[8] *Brand* in Looschelders/Pohlmann EGVVG Art. 1 Rn. 2.

7 Unterbleibt eine **Erklärung** bei Fälligkeit oder wird sie nur mit Verzögerung abgegeben, kommt der Versicherer zwar gem. § 286 Abs. 1 BGB nach Mahnung in Verzug und hat bei Vorliegen der übrigen Voraussetzungen einen etwa durch die Verzögerung entstehenden Schaden zu ersetzen. Diesem Umstand kommt aber keine große Bedeutung zu, weil der Versicherte im Zweifel nicht auf Abgabe der Erklärung klagen,[9] sondern sogleich den ebenfalls fällig gewordenen (→ Rn. 5) Leistungsanspruch selbst geltend machen und einen durch die Nichtabgabe der Erklärung entstandenen Verzögerungsschaden (etwa: Anwaltskosten) als Folge der ausgebliebenen Leistung in Ansatz bringen wird. Wird ein gebotenes Anerkenntnis nicht abgegeben und später Berufsunfähigkeit festgestellt, kann der Versicherer sich daneben gem. **§ 242 BGB** nach **Treu und Glauben** nicht auf das **Nichtvorliegen** eines Anerkenntnisses **berufen** (venire contra factum proprium).[10] In Rspr.[11] und Schrifttum[12] ist in diesem Zusammenhang häufiger von einem „fingierten Anerkenntnis" die Rede. Der Versicherer muss sich dann so behandeln lassen, als sei eine Abgabe erfolgt. Er wird infolgedessen von seiner Leistungspflicht grds. nur nach Durchführung eines Nachprüfungsverfahrens (vgl. § 174) wieder frei.[13] Zum Wegfall der Berufsunfähigkeitsvoraussetzungen bereits während des Leistungsprozesses → § 174 Rn. 8.

C. Anerkennung der Leistungspflicht

I. Rechtsnatur des Anerkenntnisses

8 Die Erklärung des Versicherers über das Bestehen einer Leistungspflicht wird nach allgemeiner Auffassung[14] als Anerkenntnis sui generis angesehen. In der Tat handelt es sich weder um ein konstitutives Schuldanerkenntnis iSd § 781 BGB (weil der Versicherer nicht unabhängig von der bestehenden Verpflichtung aus dem Versicherungsvertrag eine neue, abstrakte Verpflichtung begründen will) noch lediglich um eine bloße Auskunft des Versicherers über seine Zahlungsbereitschaft (weil er bei zu Unrecht erfolgter Anerkennung seine Leistungen nicht ohne Weiteres auf bereicherungsrechtlichem Wege zurückverlangen kann). Vielmehr dürfte es sich um eine **Spielart eines deklaratorischen Schuldanerkenntnisses** handeln,[15] das durch Bestätigung der aus dem Versicherungsvertrag bestehenden Verpflichtung die Ungewissheit des Versicherungsnehmers in diesem Punkt beseitigen und (ggf. im Rahmen der zeitlichen Reichweite der Erklärung) eine inhaltliche Bindung des Versicherers herbeiführen will (→ Rn. 23). Besteht in Wirklichkeit eine Leistungspflicht des Versicherers nicht, kommt dem Anerkenntnis insoweit potentiell konstitutive Wirkung zu (→ Rn. 22). Ist der *Versicherungsvertrag* unwirksam oder angefochten, ist auch das Anerkenntnis unwirksam. Im Gegensatz zu dem klassischen Schuldanerkenntnis des BGB handelt es sich bei dem Anerkenntnis des § 173 (bzw. der §§ 8 BU, 5 BUZ) allerdings nicht um einen Schuldbestätigungs*vertrag*, sondern um ein einseitiges Rechtsgeschäft. Die Möglichkeit, ein konstitutives Schuldanerkenntnis nach § 780 BGB zu vereinbaren oder ein Prozessanerkenntnis nach § 307 ZPO abzugeben, bleibt dadurch unberührt.[16]

II. Inhalt der Anerkenntniserklärung

9 **1. Auslegung.** Ein Anerkenntnis beinhaltet die verbindliche Erklärung des Versicherers, dass er seine Leistungspflicht von einem bestimmten Zeitpunkt an (nämlich dem Eintritt des Versicherungsfalls, → § 172 Rn. 49) anerkennt und seine Leistungen bedingungsgemäß – ganz oder teilweise, dauerhaft oder befristet – erbringen werde. Ob der Versicherer seine Leistungspflicht anerkennt, weil die versicherte Person iSd § 172 Abs. 2 bzw. der §§ 2 Abs. 1 S. 1 BU/BUZ berufsunfähig geworden ist oder aber die Voraussetzungen einer gem. §§ 2 Abs. 2 BU/BUZ vermuteten Berufsunfähigkeit (→ § 172 Rn. 123 ff.) vorliegen, ist ohne Belang.[17] Welche **Inhalt** die **Erklärung** des

---

[9] Anders *Neuhaus* Berufsunfähigkeitsversicherung Kap. 12 Rn. 20: nicht klagbare Obliegenheit.
[10] Vgl. *Lücke* in Prölss/Martin VVG § 173 Rn. 13.
[11] Etwa: OLG Karlsruhe r+s 2013, 34.
[12] Vgl. etwa *Rixecker* in Langheid/Rixecker VVG § 173 Rn. 5; *Neuhaus* Berufsunfähigkeitsversicherung Kap. 12 Rn. 22.
[13] BGH VersR 1989, 1182; 1997, 436; VersR 2019, 1134; *Rixecker* in Beckmann/Matusche-Beckmann VersR-HdB § 46 Rn. 163 f.
[14] Vgl. etwa *Lücke* in Prölss/Martin VVG § 173 Rn. 2; *Klenk* in Looschelders/Pohlmann VVG § 173 Rn. 2; *Höra* in MAH VersR § 26 Rn. 264; näher *Rixecker* in Beckmann/Matusche-Beckmann VersR-HdB § 46 Rn. 158.
[15] AA *Rixecker* in Langheid/Rixecker VVG § 173 Rn. 1; *Bruns* PrivVersR § 27 Rn. 11 f.
[16] *Lücke* in Prölss/Martin VVG § 173 Rn. 2.
[17] Vgl. BGHZ 121, 284 (290) = VersR 1993, 562.

Versicherers genau hat und ob sie unter Vorbehalt (→ Rn. 13) oder befristet (→ Rn. 16) abgegeben wird, ist durch **Auslegung** (§§ 133, 157 BGB) zu ermitteln.[18]

Ein Anerkenntnis kann auch **konkludent** erfolgen. Erbringt der Versicherer über einen **länge-** **10** **ren Zeitraum vorbehaltlos Leistungen,** zu denen er bei Abgabe eines Anerkenntnisses verpflichtet gewesen wäre, so wird sich dieses Verhalten aus der Sicht des Versicherungsnehmers (§§ 133, 157 BGB) in der Regel als stillschweigendes Anerkenntnis darstellen.[19] Das ist etwa denkbar, wenn sich der Versicherer nach Mitteilung des Versicherungsnehmers vom Eintritt der Berufsunfähigkeit zu seiner Leistungsverpflichtung äußert, jedoch Zahlungen aufnimmt, oder wenn er ein befristetes Anerkenntnis abgibt und nach Fristablauf die vollen Versichererleistungen weiterhin auszahlt.[20] Dies gilt nicht, wenn der Versicherer deutlich macht, dass die Leistungen aus Kulanz erfolgen sollen (→ Rn. 11). Die vom Gesetz geforderte Textform (→ Rn. 6) wird durch die Kontoauszüge erfüllt.

Eine befristete Leistungszusage, die eindeutig als **Kulanzentscheidung** bezeichnet ist, stellt kein **11** Anerkenntnis dar.[21] Sie bindet den Versicherer nicht über den zugesagten Zeitraum hinaus, so dass er seine Zahlungen auch ohne Nachprüfungsverfahren (→ Rn. 23) einstellen kann. Der Versicherer muss dabei aber den Kulanz- bzw. vorläufigen Charakter seiner Leistungen so deutlich zum Ausdruck bringen, dass weder für den Versicherungsnehmer noch für einen Dritten Zweifel daran entstehen können. Andernfalls ist von einem bindenden Anerkenntnis auszugehen.[22] Ein Versicherer kann sich also nicht mehr[23] bei der Rechtfertigung einer späteren Verweisungsprüfung darauf berufen, dass bei der Abgabe des Anerkenntnisses seinerzeit eine Prüfung der Verweisbarkeit aus „überobligationsmäßiger Rücksichtnahme" unterblieben sei. Eine Kulanzzusage kann angezeigt sein, wenn der Versicherer die Berufsunfähigkeit oder den dazu erforderlichen Grad noch nicht als hinreichend ermittelt und bewiesen ansieht.[24] In dieser Situation bietet sich aber heute die Möglichkeit eines befristeten Anerkenntnisses nach Abs. 2 S. 1 an. Seiner Verpflichtung aus Abs. 1 genügt der Versicherer mit einer Kulanzentscheidung natürlich nicht. Zu den Konsequenzen bei bestehender Leistungspflicht → Rn. 7.

Ein Anerkenntnis liegt ebenfalls nicht vor, wenn der Versicherer eine abschließende **Leistungs-** **12** **prüfung** ausdrücklich immer wieder hinausschiebt. Auch in einem solchen Fall kann der Versicherungsnehmer nicht annehmen, dass der Versicherer von einer seine Leistungspflicht begründenden Berufsunfähigkeit ausgeht, selbst wenn er die für den Fall der Berufsunfähigkeit vereinbarten Leistungen über einen mehrjährigen Zeitraum erbringt.[25] Zur vorbehaltlosen Leistungserbringung ohne Anerkenntnis aber → Rn. 10.

2. Erklärung zu Leistungsdauer und Umfang der Leistungspflicht. Ein ordnungsgemä- **13** ßes Anerkenntnis der Leistungspflicht setzt voraus, dass der Versicherer den Versicherungsnehmer über das Bestehen einer Leistungspflicht und deren Umfang (insbes. auch den **Grad der Berufsunfähigkeit**[26] sowie den **Leistungsbeginn**) in Kenntnis setzt.[27] Dies sehen auch §§ 8 Abs. 1 BU, 5 Abs. 1 BUZ vor. In dem Anerkenntnis bringt der Versicherer zum Ausdruck, ob er eine prognostiziert auf Dauer bestehende (§ 2 Abs. 1 S. 1 BU/BUZ, → Rn. 119) oder eine Berufsunfähigkeit aufgrund unwiderleglich vermuteter Dauerhaftigkeit (§ 2 Abs. 2 BU/BUZ, → Rn. 120) handelt.[28] Das Anerkenntnis kann sich sowohl auf in der Vergangenheit bereits entstandene wie auch auf erst künftig zur Entstehung gelangende Ansprüche des Versicherungsnehmers beziehen.[29] Da der Versicherer seine Leistungsverpflichtung stets durch ein Nachprüfungsverfahren (§ 174) wieder beseitigen kann, muss er sich – von der Abgabe eines befristeten Anerkenntnisses (→ Rn. 16) einmal abgesehen – zum **Ende des Leistungszeitraums nicht** erklären.[30] Die zwischen den Parteien vereinbarte maximal Leistungsdauer ist iÜ dem Versicherungsvertrag zu entnehmen.

3. Unzulässigkeit eines bedingten Anerkenntnisses. Die Abgabe eines bedingten Aner- **14** kenntnisses ist **unzulässig** (arg. Abs. 2 S. 1e contrario),[31] so bspw., wenn ein Anerkenntnis (zeitlich

---

[18] OLG Brandenburg BeckRS 2020, 17753.
[19] OLG Karlsruhe VersR 2016, 978.
[20] OLG Düsseldorf VersR 2001, 1370; OLG Karlsruhe VersR 2006, 59; im konkreten Fall abl. BGH VersR 2007, 777.
[21] BGH VersR 2004, 96; *Glauber* VersR 1994, 1405f.; anders OLG Karlsruhe r+s 2013, 34.
[22] OLG Hamm VersR 2001, 1098; OLG Saarbrücken VersR 2002, 877; OLG Karlsruhe VersR 2006, 59; *Glauber* VersR 1994, 1405f.
[23] So aber noch BGH VersR 1986, 1113; OLG Karlsruhe VersR 1990, 765.
[24] Vgl. OLG Köln VersR 2002, 1365.
[25] BGH VersR 2007, 777.
[26] Anders OLG Saarbrücken VersR 2000, 621; *Baumann* in Bruck/Möller VVG § 173 Rn. 13.
[27] *Lücke* in Prölss/Martin VVG § 173 Rn. 6.
[28] Vgl. auch BGH VersR 1988, 281.
[29] BGHZ 137, 178 (183) = VersR 1998, 173.
[30] Vgl. BGH VersR 1988, 281.
[31] Vgl. auch *Höra* in MAH VersR § 26 Rn. 272; *Klenk* in Looschelders/Pohlmann VVG § 173 Rn. 11.

unbefristet, aber) „unter einstweiliger Zurückstellung der Frage der Verweisung" erklärt wird.[32] Dadurch könnte sich nämlich der Versicherer die Möglichkeit offenhalten, bei späterer Bejahung einer Verweisungsmöglichkeit seine Zahlungen ohne Durchführung eines Nachprüfungsverfahrens einzustellen. Die Auswirkungen einer unzulässigen Bedingung auf das Anerkenntnis als solches richten sich nach § 139 BGB. Dabei ist für die Beantwortung der Frage, ob eine Teil- zu einer Gesamtnichtigkeit führt, nach heute herrschender Auffassung nicht auf den tatsächlichen, sondern auf den hypothetischen Parteiwillen abzustellen.[33] War sich danach der Erklärende der Nichtigkeit eines Erklärungsteils bewusst – wie dies vor dem Hintergrund des neuen § 173 Abs. 2 bei der Abgabe eines bedingten Anerkenntnisses durch den Versicherer regelmäßig der Fall sein dürfte –, so fehlt es insoweit bereits an einem Rechtsfolgewillen,[34] so dass der Erklärungsrest (Anerkenntnis ohne Bedingung) Bestand hat. Aber auch bei Unkenntnis des Versicherers von der Unzulässigkeit der Bedingung führt die Berücksichtigung des mutmaßlichen Parteiwillens zur Annahme eines bedingungslos abgegebenen Anerkenntnisses, weil anzunehmen ist, dass der Versicherer auf jeden Fall seiner Verpflichtung aus Abs. 1 nachkommen wollte. Im Übrigen müsste er sich auch den Einwand unzulässiger Rechtsausübung entgegenhalten lassen, wenn er, weil durch den Wegfall der Bedingung benachteiligt, die Gesamtnichtigkeit des Anerkenntnisses ins Feld führt, um dessen Rechtswirkungen insgesamt zu beseitigen (→ Rn. 20).

15 Wird dagegen – wie in älteren AVB (zB BU/BUZ 2008) – ein *befristetes* Anerkenntnis (→ Rn. 17 ff.) ausgesprochen „unter einstweiliger Zurückstellung der Frage ..., ob die versicherte Person eine andere Tätigkeit ... ausüben kann", so ist dies insoweit zulässig, als der Versicherer hier lediglich zum Ausdruck bringt, dass nach Fristablauf nur noch der Verweisungsaspekt zu klären sein soll.[35] Ein solcher Vorbehalt liegt auch im Interesse des Versicherungsnehmers, dem auf diese Weise nach Verlust seiner Fähigkeit zur Fortführung seiner bisherigen Tätigkeit eine Übergangszeit gewährt werden kann.[36] Von einer Begründung (→ Rn. 19 f.) wird der Versicherer auch in diesem Fall freilich nicht dispensiert.

16 **AVB-Klauseln**, in denen der Versicherer sich vorbehält, sein Anerkenntnis unter bestimmten sachlichen Vorbehalten abzugeben, sind mit dem Grundgedanken des § 173 nicht vereinbar und demzufolge nach § 307 Abs. 1 S. 1, Abs. 2 Nr. 1 BGB unwirksam.

17 **4. Abgabe eines befristeten Anerkenntnisses (Abs. 2).** Nach Abs. 2 S. 1 darf der Versicherer sein Anerkenntnis (nur) ein **einziges Mal befristen**. Diese gesetzgeberische Entscheidung trifft einen angemessenen Ausgleich zwischen Versicherer- und Versicherungsnehmerinteressen. Sie ermöglicht „in zweifelhaften Fällen"[37] einerseits eine vorläufige Zusage und damit einen raschen Leistungsbeginn, ohne dem Versicherer eine abschließende Klärung von Leistungsvoraussetzungen und -umfang sowie die Feststellung einer Verweisungsmöglichkeit abzuschneiden. Nach Fristablauf gelten dann die Grundsätze über die Erstprüfung, so dass – anders als im Nachprüfungsverfahren – eine Leistungsverweigerung nicht voraussetzt, dass sich die Verhältnisse seit Abgabe des befristeten Anerkenntnisses geändert haben (→ § 174 Rn. 8).[38] Andererseits kann sich der Versicherer nicht durch mehrere aufeinander folgende, jeweils zeitlich begrenzte Zusagen einem endgültigen Anerkenntnis entziehen.[39] Eine Befristung ist nicht mehr möglich, wenn – wie bei vermuteter Berufsunfähigkeit nach Maßgabe der § 2 Abs. 2 BU/BUZ) – eine unbefristete Leistungsverpflichtung nach den zugrunde liegenden AVB bereits entstanden ist.[40] Die Regelung ist halbzwingend (§ 175). Da sich – anders als nach früherem Recht – die Befristungsmöglichkeit jetzt **unmittelbar aus dem Gesetz** ergibt, bedarf es einer entsprechenden Vereinbarung in den AVB nicht mehr.[41] Wird in den Vertragsbedingungen andererseits eine Befristung ausgeschlossen, so ist eine solche – die Rechtsstellung des Versicherungsnehmers verbessernde – Absprache wirksam.

18 Abs. 2 S. 1 betrifft aber nur **einseitige Anerkenntniserklärungen** des Versicherers und schließt nicht aus, dass die Vertragsparteien wiederholte Befristungen vertraglich vereinbaren (→ Rn. 33 ff.),[42] so bspw., wenn eine Diagnose noch streitig oder der Erfolg einer eingeleiteten Behandlung noch nicht

---

[32] *Neuhaus* Berufsunfähigkeitsversicherung Kap. 12 Rn. 51, 57.
[33] Vgl. etwa BGH NJW-RR 1997, 684.
[34] Vgl. dazu BGHZ 45, 376 (379) = NJW 1966, 1747.
[35] Vgl. *Neuhaus* Berufsunfähigkeitsversicherung Kap. 12 Rn. 56.
[36] *Rixecker* in Beckmann/Matusche-Beckmann VersR-HdB § 46 Rn. 169.
[37] Begr. RegE, BT-Drs. 16/3945, 106.
[38] OLG Karlsruhe VersR 2006, 59.
[39] Begr. RegE, BT-Drs. 16/3945, 106.
[40] LG Dortmund ZfSch 2015, 343; *Rixecker* in Langheid/Rixecker VVG § 173 Rn. 8.
[41] So noch BGHZ 121, 284 (290) = VersR 1993, 562; BGH VersR 2004, 96; anders auch nach neuem Recht LG Berlin VersR 2014, 1196.
[42] OLG Frankfurt a. M. VersR 2004, 1121.

absehbar ist.⁴³ Will der Versicherungsnehmer sich darauf nicht einlassen, kann er seine Zustimmung zu einer erneuten zeitlich begrenzten Leistungsvereinbarung verweigern und auf einer unbefristeten Erklärung des Versicherers bestehen (→ Rn. 4) oder auf Zahlung klagen.⁴⁴

Auch nach neuem Recht bedarf eine Befristung nach Abs. 2 S. 1 stets eines **sachlichen Grundes** (so auch §§ 8 Abs. 2 S. 1 BU, 5 Abs. 2 S. 1 BUZ).⁴⁵ Der Versicherer kann also nicht nach Belieben, möglicherweise routinemäßig zunächst nur befristete Anerkenntnisse abgeben. Eine dies ermöglichende Klausel in den AVB wäre unwirksam (§ 307 Abs. 1 S. 1, Abs. 2 Nr. 1 BGB).⁴⁶ Während nämlich bei Abgabe eines unbefristeten Anerkenntnis der Versicherer im Nachprüfungsverfahrens (→ § 174 Rn. 8) beweisen muss, dass die Voraussetzungen seiner Leistungspflicht entfallen sind (→ § 173 Rn. 8), hat im Falle eines befristeten Anerkenntnis den Beweis für ein Fortbestehen der Leistungspflicht nach Fristablauf der Versicherungsnehmer nach den Grundsätzen der Erstprüfung zu führen.⁴⁷ Die Notwendigkeit eines Sachgrundes lässt sich zwar nicht dem Gesetzeswortlaut, wohl aber auf der Grundlage einer historischen bzw. teleologischen Gesetzesinterpretation der Gesetzesbegründung entnehmen, die eben gerade (nur) bei zweifelhafter Sach- oder Rechtslage eine vorläufige Zusage ermöglichen will (→ Rn. 17).⁴⁸ Ein Anerkenntnis kann bspw. wegen unklarer Verweisungsmöglichkeiten, nicht eindeutiger Prognose oder mangelnder Entscheidungsreife mit einer Befristung versehen werden.⁴⁹ Ein auf die Vergangenheit bezogenes Anerkenntnis kann unter Hinweis darauf befristet werden, dass die Voraussetzungen der Berufsunfähigkeit inzwischen wieder entfallen sind (→ Rn. 27). Soweit einem Vertrag frühere Musterbedingungen (etwa die BU/BUZ 2008) zugrunde liegen, welche Befristungen von vornherein auf den Fall einer noch nicht geklärten Verweisungsmöglichkeit beschränken, kann der Versicherer die Befristung nicht auf andere Erwägungen stützen.⁵⁰ Ein Verstoß gegen § 175 (halbzwingender Charakter) liegt in dieser Selbstbeschränkung nicht, weil durch die Einschränkung der Befristungsmöglichkeit die Rechtsstellung des Versicherungsnehmers lediglich verbessert wird.⁵¹ Die neuesten Versionen der Musterbedingungen (→ Vor Art. 172 Rn. 9) sehen allerdings in ihren § 8 Abs. 2 S. 1 BU bzw. § 5 Abs. 2 S. 1 BUZ vor, dass eine einmalige zeitliche Beschränkung ganz allgemein bei Vorliegen eines sachlichen Grundes (dazu s. oben) möglich ist.

Damit der Versicherungsnehmer die Möglichkeit erhält, die Angemessenheit einer Befristung zu überprüfen, muss der Versicherer bei Abgabe des Anerkenntnisses den **Befristungsgrund darlegen** (vgl. §§ 8 Abs. 2 S. 1 BU, 5 Abs. 2 S. 1 BUZ) eine spätere Information genügt nicht.⁵² Fehlt eine Begründung oder rechtfertigt sie die Notwendigkeit einer Befristung nicht oder wird sie nicht von den in den AVB etwa vorgesehenen Befristungsgründen gedeckt, ist die Befristung nicht wirksam erfolgt. Das Anerkenntnis ist dann insoweit als teilweise unwirksam anzusehen. Die Rechtsfolgen für die Erklärung insgesamt ergeben sich wiederum aus § 139 BGB (→ Rn. 14). Unter Berücksichtigung des hypothetischen Parteiwillens ist auch in diesem Zusammenhang davon auszugehen, dass das Anerkenntnis iÜ wirksam bleibt,⁵³ weil der Versicherer im Zweifel seiner Verpflichtung aus Abs. 1 nachkommen wollte und er sich andernfalls mit dem Einwand unzulässiger Rechtsausübung konfrontiert sähe (→ Rn. 14).⁵⁴

Die **Dauer der Befristung** wird vom Versicherer bestimmt. Der Gesetzgeber hat auf eine Festlegung bewusst verzichtet, weil es im Interesse des Versicherers liegen werde, die nach Abs. 2 S. 2 bindende Leistungszusage nicht für einen unangemessen langen Zeitraum abzugeben.⁵⁵ Allerdings muss die Dauer der Befristung mit der dafür gegebenen Begründung (→ Rn. 19) korrespondieren.⁵⁶

---

43 OLG Saarbrücken r+s 2006, 293.
44 Begr. RegE, BT-Drs. 16/3945, 106.
45 BGH VersR 2020, 25; *Lücke* in Prölss/Martin VVG § 173 Rn. 22; *Neuhaus* VersR 2020, 1; anders zB *Mertens* in HK-VVG § 173 Rn. 9; wohl offen lassend *Hoenicke* in Ernst/Rogler BUV § 8 Rn. 33.
46 *Klenk* in Looschelders/Pohlmann VVG Rn. 15; zum früheren Recht OLG Frankfurt a. M. VersR 2003, 358; OLG Köln VersR 2006, 351.
47 BGH VersR 2020, 25.
48 *Höra* r+s 2008, 94; *Höra* in MAH VersR § 26 Rn. 273; *Neuhaus* r+s 2008, 453; *Neuhaus* Berufsunfähigkeitsversicherung Kap. 12 Rn. 38; *Lücke* in Prölss/Martin VVG § 173 Rn. 22; *Klenk* in Looschelders/Pohlmann VVG § 173 Rn. 15.
49 Vgl. etwa *Neuhaus* Berufsunfähigkeitsversicherung Kap. 12 Rn. 38.
50 OLG Hamm VersR 2001, 1098; *Wachholz* Vers 2003, 161 (166).
51 *Lücke* in Prölss/Martin VVG § 173 Rn. 23.
52 BGH VersR 2020, 25; OLG Jena VersR 2021, 828.
53 OLG Jena BeckRS 2021, 46194; iErg ebenso OLG Hamm VersR 2001, 1098 (zur unzulässigen Befristung nach altem Recht).
54 IErg ebenso *Neuhaus* Berufsunfähigkeitsversicherung Kap. 12 Rn. 39; *Klenk* in Looschelders/Pohlmann VVG § 173 Rn. 15.
55 Begr. RegE, BT-Drs. 16/3945, 106.
56 *Höra* in MAH VersR § 26 Rn. 273.

Eine unangemessen lange Dauer (mit der Folge, dass die für den Versicherungsnehmer existentiell wichtige Entscheidung über eine unbefristete Leistungserbringung hinausgeschoben wird) kann als rechtsmissbräuchlich (§ 242 BGB) und damit als unzulässig erscheinen, so dass auch in einem solchen Fall die Befristung entfällt.[57] Zur vorbehaltlosen Leistungserbringung nach Fristablauf → Rn. 10.

III. Anfechtung des Anerkenntnisses

22 Hatte der Versicherungsnehmer das Anerkenntnis durch arglistige Täuschung bewirkt, kann der Versicherer seine Erklärung nach §§ 142 Abs. 1, 123 BGB **anfechten** mit der Folge, dass der Versicherer an seine Erklärung nicht mehr gebunden ist, sondern eine Leistung verweigern oder ein erneutes Anerkenntnis mit ggf. geändertem Inhalt abgeben kann. Auch eine Irrtumsanfechtung gem. § 119 Abs. 1 oder Abs. 2 BGB ist grds. möglich, so etwa bei einem Erklärungsirrtum des Versicherers (§ 119 Abs. 1 Fall 2 BGB: Verschreiben) oder bei einem Irrtum über eine verkehrswesentliche Eigenschaft des Versicherungsnehmers (§ 119 Abs. 2 BGB).[58] Eine Anfechtung mit der Begründung, dass er sich über die Voraussetzungen der Berufsunfähigkeit (Vorliegen gesundheitlicher Beeinträchtigungen, Dauer der prognostizierten Berufsunfähigkeit, Grad der Berufsunfähigkeit, Einsatzfähigkeit in Verweisungsberuf usw) geirrt habe, ist dem Versicherer aber nicht gestattet (unbeachtlicher Motivirrtum).[59] Insoweit gelten Sonderregeln, weil bei unbefristeten Anerkenntnissen eine Anfechtung durch die Möglichkeit eines Nachprüfungsverfahrens (§ 174), bei befristeten durch die gesetzlich in Abs. 2 S. 2 angeordnete Bindungswirkung ausgeschlossen wird. Hat der Versicherer durch Anfechtung sein Anerkenntnis mit ex tunc-Wirkung beseitigt, lebt der zunächst erfüllte Anspruch des Versicherungsnehmers auf Abgabe einer Erklärung zur Leistungspflicht (→ Rn. 4) wieder auf.[60] Zur Anfechtung des Versicherungsvertrages sowie zum Rücktritt → § 174 Rn. 7.

D. Wirkungen eines Anerkenntnisses

I. Unbefristetes Anerkenntnis

23 Erkennt der Versicherer seine **Leistungsverpflichtung unbefristet** an (Abs. 1), steht die Berufsunfähigkeit im Verhältnis der Parteien zunächst für die vertraglich vereinbarte Leistungsdauer verbindlich fest, so dass eine tatsächliche Überprüfung von deren tatsächlichen Voraussetzungen ausscheidet. Auch eine spätere (konkrete oder abstrakte) Verweisung auf eine andere Tätigkeit ist dann nicht mehr möglich, soweit diese Möglichkeit bereits zum Zeitpunkt der Anerkennung bestand.[61] Der Versicherer kann daher seine Leistungen jetzt nur nach Durchführung eines förmlichen Nachprüfungsverfahrens (§ 174 sowie §§ 9 BU, 6 BUZ) wieder einstellen.[62] Abgesehen von diesem Vorbehalt genießt der Versicherungsnehmer Bestandsschutz (→ § 174 Rn. 5 ff.). Eine Berufung des Versicherungsnehmers auf eine solche Bindung ist auch dann nicht treuwidrig, wenn der Versicherer seine Erklärung etwa nur aus „überobligationsmäßiger Rücksichtnahme" abgegeben hatte (→ Rn. 10). Ein einmal unbefristet abgegebenes Anerkenntnis kann nachträglich nicht mehr befristet werden.[63]

24 Ein Nachprüfungsverfahren muss der Versicherer gleichfalls durchführen, wenn er seine Leistungspflicht zunächst rückwirkend von einem in der **Vergangenheit liegenden Zeitpunkt** an (unbefristet) anerkennt und später im Hinblick auf zukünftige Leistungen seine Verpflichtung ablehnen will. Es fragt sich, wie zu verfahren ist, wenn der Versicherer rückwirkend ein unbefristetes Anerkenntnis abgibt, weil zu einem Zeitpunkt in der Vergangenheit die Voraussetzungen eines solchen Anerkenntnisses vorlagen, gleichzeitig seine Leistungsverpflichtung aber für die Zukunft wieder beseitigen will, weil die Berufsunfähigkeit zum Zeitpunkt der Abgabe schon wieder entfallen ist. Hier erfolgen Leistungsanerkenntnis und Ablehnung weiterer Leistungen gemeinsam in einer Erklärung. Der BGH hat sich in einer Entscheidung zum alten Recht auf den Standpunkt gestellt, dass der Versicherer auch in einem solchen Fall an die in seinen Bedingungen vorgesehenen Kriterien für eine Nachprüfung gebunden sei und demzufolge dem Versicherungsnehmer eine nachvollzieh-

---

[57] *Rixecker* in Beckmann/Matusche-Beckmann VersR-HdB § 46 Rn. 167; *Klenk* in Looschelders/Pohlmann VVG § 173 Rn. 16; vgl. auch OLG Karlsruhe VersR 2006, 59; dagegen aber wohl *Neuhaus* Berufsunfähigkeitsversicherung Kap. L Rn. 32.
[58] Vgl. dazu Begr. RegE, BT-Drs. 16/3945, 106; *Rixecker* in Langheid/Rixecker VVG § 173 Rn. 2.
[59] Vgl. *Lücke* in Prölss/Martin VVG § 173 Rn. 4, § 174 Rn. 7 f.; *Höra* in MAH VersR § 26 Rn. 264; *Klenk* in Looschelders/Pohlmann VVG § 173 Rn. 22.
[60] Vgl. *Lücke* in Prölss/Martin VVG § 174 Rn. 6.
[61] Vgl. BGHZ 121, 284 ff. = VersR 1993, 562; OLG Karlsruhe VersR 2012, 1419.
[62] BGH VersR 2008, 521; OLG Karlsruhe VersR 2008, 1252; 2010, 653.
[63] *Rixecker* in Beckmann/Matusche-Beckmann VersR-HdB § 46 Rn. 165.

bare Begründung für das Entfallen der Leistungsverpflichtung liefern müsse.[64] Dies gilt grds. auch nach Inkrafttreten des § 173. Da Berufsunfähigkeit einmal vorgelegen hat und vom Versicherungsnehmer dargelegt und ggf. nachgewiesen worden ist, muss hier ebenfalls Bestandsschutz gewährt werden, der Versicherer mithin an die in seinen Bedingungen vorgesehenen Kriterien für eine Nachprüfung gebunden bleiben. Weil § 173 jetzt aber ein befristetes Anerkenntnis gestattet, wird zuvor zu prüfen sein, ob eine solche Erklärung des Versicherers nicht als ein auf die Vergangenheit bezogenes *befristetes* Anerkenntnis iSd Abs. 2 S. 1 zu verstehen ist, für welches dann die Regeln über befristete Anerkenntnisse (→ Rn. 16 ff.; → Rn. 23 ff.) gelten.

II. Befristetes Anerkenntnis (Abs. 2)

Gibt der Versicherer ein befristetes Anerkenntnis nach Abs. 2 S. 1 ab, ist er gem. Abs. 2 S. 2 25 daran bis zum Fristablauf **gebunden.** Die Durchführung eines Nachprüfungsverfahrens (vgl. § 174) während des Befristungszeitraums ist ausgeschlossen.[65] Der Versicherer kann also unter den Voraussetzungen der Rn. 17 ff. wählen, ob er ein zeitlich begrenztes und für den festgelegten Zeitraum bindendes oder aber ein endgültiges, dann aber unter dem Vorbehalt eines Nachprüfungsverfahrens stehendes Anerkenntnis abgeben will.

Nach **Ablauf der Frist** holt der Versicherer die zunächst unterbliebene abschließende Prüfung der 26 Berufsunfähigkeitsvoraussetzungen nach. Da ihm eine weitere Befristung nicht möglich ist, muss er sich entscheiden, ob er nunmehr ein unbefristetes Anerkenntnis abgeben (→ Rn. 23) oder eine Leistungserbringung ablehnen will. Für die Beurteilung der Berufsunfähigkeitsvoraussetzungen maßgebend ist jetzt der Zeitpunkt des Fristablaufs, so dass sowohl im Hinblick auf die gesundheitliche Situation wie auch hinsichtlich der Verweisungsmöglichkeiten zwischenzeitlich eingetretene Veränderungen zum Vor- wie zum Nachteil des Versicherungsnehmers zu berücksichtigen sind.[66] Dementsprechend muss der Versicherungsnehmer die Voraussetzungen einer Berufsunfähigkeit darlegen und beweisen.[67] Die Prüfung hat sich allerdings auf diejenigen Vorbehalte zu beschränken, die entweder in den AVB enthalten oder in der Begründung des Anerkenntnisses selbst zum Ausdruck gekommen sind. Beruft der Versicherer sich auf eine Änderung von Leistungsvoraussetzungen, deren Überprüfung er sich nicht vorbehalten hatte (→ Rn. 19), muss er ein Nachprüfungsverfahren nach § 174 durchführen.[68]

Der Versicherer kann ein befristetes Anerkenntnis auch für einen bestimmten **Zeitraum der** 27 **Vergangenheit** abgeben und gleichzeitig seine Leistungspflicht für die Zukunft verneinen (→ Rn. 22).[69] *Beispiel:* Eine Operation hat nach Eintritt des Versicherungsfalls, aber vor Abgabe des Anerkenntnisses zur Wiederherstellung der Berufsfähigkeit geführt oder es sind dadurch die Voraussetzungen für eine Verweisung eingetreten.[70] In diesem Fall gelten dann mit Bezug auf die nach Fristablauf in Rede stehenden Leistungen ebenfalls die Grundsätze über die Erstprüfung, so dass der Versicherungsnehmer insoweit wiederum die Voraussetzungen der Berufsunfähigkeit zu beweisen hat (→ § 172 Rn. 263 ff.). Allerdings muss der Versicherer auch in diesem Fall begründen, warum er sein Anerkenntnis nicht befristet abgibt (→ Rn. 19 f.), und die Befristung ist nur dann wirksam, wenn sie ordnungsgemäß begründet bzw. ihre Begründung von einer in den Vertragsbedingungen etwa enthaltenen Nachprüfungsklausel gedeckt wird (→ Rn. 20).

Die Durchführung eines Nachprüfungsverfahrens erübrigt sich nach Auffassung des OLG Karls- 28 ruhe[71] auch dann, wenn der Versicherungsnehmer eine bedingungsgemäße Berufsunfähigkeit überhaupt erst zu einem Zeitpunkt geltend macht, zu welchem diese **Berufsunfähigkeit bereits wieder entfallen** ist, und der Versicherer – der überhaupt kein Anerkenntnis abgegeben hatte – für die Zukunft eine Leistung ablehnt. Andernfalls habe es der Versicherungsnehmer in der Hand, durch Geltendmachung der Berufsunfähigkeit erst nach ihrem Wegfall eine Zahlungsverpflichtung des Versicherers bis zum Abschluss eines Nachprüfungsverfahrens zu verlängern. Hier soll es dem Versicherer also freistehen, Leistungen für die Vergangenheit zu erbringen und Zahlungen für die Zukunft mit sofortiger Wirkung einzustellen. Dagegen spricht zwar, dass bei einmal bestehender Berufsunfähigkeit ein Bestandsschutz nicht nur bei Abgabe eines auf einen vergangenen Zeitraum bezogenen

---

[64] BGHZ 137, 178 (182) = VersR 1998, 173 (zu einem unzulässig befristeten Anerkenntnis nach altem Recht); OLG Hamm r+s 1999, 294; *Lücke* in Prölss/Martin VVG § 173 Rn. 10; vgl. auch OLG Saarbrücken VersR 2013, 1030; einschränkend OLG Karlsruhe VersR 2007, 344.
[65] Begr. RegE, BT-Drs. 16/3945, 106.
[66] *Rixecker* in Beckmann/Matusche-Beckmann VersR-HdB § 46 Rn. 168; *Klenk* in Looschelders/Pohlmann VVG § 173 Rn. 21; vgl. auch *Wachholz* VersR 2003, 161 (167).
[67] OLG Düsseldorf r+s 2011, 524.
[68] *Höra* r+s 2008, 89 (94), *Klenk* in Looschelders/Pohlmann VVG § 173 Rn. 21.
[69] OLG Hamm VersR 1990, 732; LG Dortmund r+s 2010, 524.
[70] *Voit* VersR 1990, 22 (27).
[71] OLG Karlsruhe VersR 2007, 344.

ausdrücklichen (→ Rn. 9), sondern auch eines (ggf. in einer Leistungserbringung zum Ausdruck kommenden stillschweigenden (→ Rn. 10) oder eines „fingierten" Anerkenntnisses (→ Rn. 7) gewährt werden sollte.[72] Nach Inkrafttreten des § 173 lässt sich das vom OLG Karlsruhe für richtig gehaltene Ergebnis jedenfalls dadurch herbeiführen, dass der Versicherer lediglich ein auf einen vergangenen Zeitraum bezogenes befristetes Anerkenntnis abgibt (→ Rn. 17, 19).

E. Ablehnung der Leistungspflicht

29 Will der Versicherer die Erbringung von Leistungen (auch im Rahmen einer BUZ) ablehnen, muss er diese negative Entscheidung spätestens zu dem Zeitpunkt abgeben, in welchem die positive Entscheidung fällig geworden wäre (→ Rn. 5; → § 172 Rn. 227). Die Ablehnung ist zu **begründen**.[73] Sie muss erkennbar eine abschließende Stellungnahme des Versicherers enthalten und eindeutig zum Ausdruck bringen, dass er seine Eintrittspflicht ablehnt.[74] Fälligkeitszeitpunkt und Begründungspflicht finden ihre Grundlage in einer sich aus § 242 BGB ergebenden vertraglichen Nebenpflicht, da der Versicherungsnehmer frühzeitig die Möglichkeit erhalten muss, sein weiteres Vorgehen zu bedenken und insbes. das Risiko eines Prozesses abzuschätzen.[75] Die Erklärung über die Ablehnung der Leistung ist in Textform (§ 126b BGB) abzugeben (Abs. 1 analog, → Rn. 6). Verweigert der Versicherer eine Begründung, ist er dem Versicherungsnehmer nach § 280 Abs. 1 BGB zum Ersatz eines daraus etwa entstehenden Schadens verpflichtet. Der Versicherer ist allerdings an die zunächst gegebene Begründung im Prozess nicht gebunden und kann eine Leistungsablehnung auch auf andere Gesichtspunkte stützen.[76]

30 Im Falle einer Leistungsablehnung kann der Versicherungsnehmer nach § 258 ZPO **Klage auf künftige Zahlung wiederkehrender Leistungen** erheben; dabei ist der Endzeitpunkt der Rentenzahlungen im Antrag (und später im Tenor) zu bezeichnen.[77] Eine (grds. subsidiäre) Feststellungsklage gem. § 256 ZPO kommt etwa in Betracht, wenn der Versicherer unter Hinweis auf Kündigung, Rücktritt oder Anfechtung den Fortbestand der Berufsunfähigkeitsversicherung und damit seine Einstandspflicht für zukünftige Versicherungsfälle bestreitet[78] oder wenn eine vereinbarte dynamisierte Leistung oder eine Überschussbeteiligung nicht beziffert werden kann.[79] Ist ein Leistungsantrag rechts- oder bestandskräftig abgelehnt, kann der Versicherungsnehmer zu einem späteren Zeitpunkt nur noch Ansprüche geltend machen, wenn seine gesundheitliche Situation sich verschlechtert hat.[80]

31 Nach Wegfall des § 12 Abs. 3 VVG aF hat der Versicherer nicht länger die Möglichkeit, den Versicherungsnehmer durch Fristsetzung zu einer alsbaldigen gerichtlichen Geltendmachung anzuhalten. Die vertragliche Vereinbarung einer Klageausschlussfrist würde gegen § 307 Abs. 1, Abs. 2 Nr. 1 BGB verstoßen, weil der Gesetzgeber dem Versicherer gezielt die Möglichkeit nehmen wollte, die Verjährungsfrist des gegen ihn bestehenden Anspruchs zu verkürzen.[81]

32 Bei ungerechtfertigter Leistungsverweigerung nach Fälligkeit kommt der Versicherer angesichts seiner Leistungsablehnung auch ohne Mahnung in **Verzug** (§ 286 Abs. 1, 2 Nr. 3 BGB). Zu den Einzelheiten → § 172 Rn. 228.

F. Vereinbarungen über Bestehen, Dauer und Höhe der Leistungen nach Eintritt des Versicherungsfalls

33 Abs. 2 der Vorschrift schließt nicht aus, dass die Vertragsparteien kraft ihrer Vertragsfreiheit nach Eintritt des Versicherungsfalls Vereinbarungen über Voraussetzungen und Umfang der Leistungspflicht des Versicherers treffen.[82] Soweit diese von der objektiven Rechtslage abweichen, sind sie aber nur in

---

[72] Vgl. iErg auch *Lücke* in Prölss/Martin VVG § 173 Rn. 11.
[73] Anders OLG Hamm VersR 2011, 384.
[74] OLG Saarbrücken VersR 2019, 1546.
[75] *Klenk* in Looschelders/Pohlmann VVG § 173 Rn. 10.
[76] *Klenk* in Looschelders/Pohlmann VVG § 173 Rn. 10; vgl. auch OLG Hamm VersR 2011, 384.
[77] *Neuhaus* Berufsunfähigkeitsversicherung Kap. 18 Rn. 51; vgl. auch BGH VersR 1987, 808.
[78] OLG Düsseldorf VersR 1995, 35.
[79] *Neuhaus* Berufsunfähigkeitsversicherung Kap. 18 Rn. 631.
[80] OLG Köln VersR 2013, 1557.
[81] HM, *Spuhl* in Marlow/Spuhl Neues VVG Rn. 19; *Uyanik* VersR 2008, 468; *Neuhaus* r+s 2007, 177 (180).
[82] Begr. RegE, BT-Drs. 16/3945, 106 f., zu § 175; BGH VersR 2004, 96; BGH VersR 2017, 868; OLG Saarbrücken r+s 2006, 293.

engen Grenzen möglich und setzen eine unklare Sach- und Rechtslage voraus.[83] Sind für den Versicherungsnehmer nachteilige Absprachen in vorformulierten Texten enthalten, liegt ein Verstoß gegen § 307 Abs. 1, 2 Nr. 1 BGB vor.[84] In jedem Fall obliegen dem Versicherer auch jenseits der allgemeinen zivilrechtlichen Schranken (§§ 138, 123 BGB) **besondere Treuepflichten** (§ 242 BGB), die sich aus der häufig existentiellen Bedeutung der Versichererleistungen für den Versicherungsnehmer einerseits und der nur schweren Durchschaubarkeit der einschlägigen Gesetzes- und AVB-Regeln andererseits ergeben. Der Versicherer ist danach gehalten, seine überlegene Sach- und Rechtskenntnis nicht zum Nachteil des Versicherungsnehmers auszunutzen und eine beiderseits interessengerechte Vereinbarung zu treffen.[85] Insbesondere muss er den Versicherungsnehmer über die Rechtsfolgen der Vereinbarung hinreichend aufklären und ihn klar und unmissverständlich darauf hinweisen, wie sich seine vertragliche Rechtsposition darstellt und in welcher Weise sie durch den Abschluss der Vereinbarung verändert oder eingeschränkt wird.[86] Dies gilt insbes. auch dann, wenn eine vergleichsweise Regelung des gesamten Versicherungsfalls angestrebt wird[87] oder es sich um einen gerichtlichen Vergleich handelt.[88]

Ein Indiz für das Vorliegen eines **Verstoßes gegen Treu und Glauben** liegt vor, wenn die 34 getroffene Vereinbarung die nach dem Vertrag bestehende Rechtslage zum Nachteil des Versicherungsnehmers **ins Gewicht fallend verschlechtert,** so etwa, wenn der Versicherer bei nahe liegender Berufsunfähigkeit die Prüfung seiner Leistungspflicht durch das Angebot einer befristeten Kulanzleistung hinausschiebt, dadurch das gebotene Anerkenntnis vermeidet, auf diese Weise die Prüfung der Berufsunfähigkeit auf einen Zeitpunkt nach Ablauf der jeweils befristet geschlossenen Vereinbarungen verschiebt und dem Versicherungsnehmer dadurch letztlich die Möglichkeit nimmt oder erschwert, den Eintritt des Versicherungsfalles gem. § 2 Abs. 1 S. 1 BU/BUZ zu dem von ihm behaupteten Zeitpunkt nachzuweisen.[89]

Derart nachteilige Vereinbarungen sind idR **rechtsmissbräuchlich** mit der Folge, dass der Versi- 35 cherer sich auf sie nicht berufen kann. Er kann zB nicht geltend machen, es komme für die Beurteilung der Berufsunfähigkeit auf den Zeitpunkt des neuen, nach Ablauf der Kulanzzusage zu stellenden Antrags an. Wird dem Versicherungsnehmer in einem solchen Fall der Beweis der Berufsunfähigkeit vereitelt oder erschwert, kann dies als fahrlässige Beweisvereitelung bei der Beweiswürdigung bis hin zu einer Umkehr der Beweislast zu Lasten des Versicherers berücksichtigt werden.[90]

Vereinbarungen über die Leistungspflicht sind dem Rechtsmissbrauchseinwand daher nur dann 36 nicht ausgesetzt, wenn einerseits die **Sach- und Rechtslage** – bei verständiger Betrachtung – noch **unklar** ist und andererseits der Versicherer dem Versicherungsnehmer klare, unmissverständliche und konkrete Hinweise darauf gibt, wie sich dessen Vertragsposition durch den Abschluss der Vereinbarung verändert, insbes. ggf. verschlechtert.[91]

§ 174 Leistungsfreiheit

(1) Stellt der Versicherer fest, dass die Voraussetzungen der Leistungspflicht entfallen sind, wird er nur leistungsfrei, wenn er dem Versicherungsnehmer diese Veränderung in Textform dargelegt hat.

(2) Der Versicherer wird frühestens mit dem Ablauf des dritten Monats nach Zugang der Erklärung nach Absatz 1 beim Versicherungsnehmer leistungsfrei.

Übersicht

	Rn.			Rn.
A. Inhalt und Zweck der Norm	1	I.	Materielle Voraussetzung: Entfallen der Leistungspflicht (Abs. 1)	8
B. Voraussetzungen und Reichweite des Bestandsschutzes	5	1.	Veränderungen im Gesundheitszustand	10
C. Durchführung des Nachprüfungsverfahrens	8	2.	Vorliegen einer neuen Verweisungsmöglichkeit	13

---

[83] BGH VersR 2017, 868.
[84] *Rixecker* in Langheid/Rixecker VVG § 173 Rn. 12.
[85] BGH VersR 2004, 96; 2007, 777; OLG Koblenz VersR 2012, 85 f.
[86] BGH VersR 2017, 868; OLG Koblenz VersR 2012, 85 f.
[87] Vgl. insoweit einschränkend *Lücke* in Prölss/Martin VVG § 173 Rn. 20.
[88] *Rixecker* in Langheid/Rixecker VVG § 173 Rn. 15.
[89] BGH VersR 2007, 633; 2007, 777; BGH VersR 2017, 868; OLG Koblenz VersR 2012, 85; OLG Saarbrücken BeckRS 2016, 11115; LG Dortmund VersR 2016, 980.
[90] BGH VersR 2007, 777 mwN.
[91] BGH VersR 2007, 633; 2007, 777; OLG Koblenz VersR 2012, 85.

	Rn.		Rn.
II. Mitteilung der Veränderungen	18	III. Obliegenheiten des Versicherungsnehmers	30
1. Veränderung im Gesundheitszustand	19	IV. Titulierung des Leistungsanspruchs und Nachprüfungsverfahren	32
2. Vorliegen einer neuen Verweisungsmöglichkeit	25	D. Eintritt der Leistungsfreiheit (Abs. 2)	33
3. Textform und Zugang	28	E. Darlegungs- und Beweislast	37

Schrifttum: *Geuking,* Das Nachprüfungsverfahren in der Berufsunfähigkeitsversicherung, 1998; *Wandt,* Zur Aufrechterhaltung einer vertraglichen Obliegenheitsregelung bei Unwirksamkeit der Rechtsfolgenvereinbarung, VersR 2021, 79. – Vgl. iÜ die Angaben bei § 172.

A. Inhalt und Zweck der Norm

1   Die Vorschrift ist neu[1] und regelt einige Aspekte des sog. „Nachprüfungsverfahrens", durch welches sich der Versicherer von seiner Leistungsverpflichtung wieder lösen kann. Die Durchführung eines solchen Verfahrens setzt zwingend weder ein ausdrückliches Anerkenntnis iSd § 173 noch eine vorherige gerichtliche Feststellung der Leistungspflicht, sondern nur voraus, dass die Voraussetzungen dieser Leistungspflicht zu irgendeinem Zeitpunkt de facto vorgelegen haben.[2] Unter welchen Voraussetzungen ein Versicherer seine Leistungen einstellen kann, ergibt sich aus den jeweiligen AVB. So sehen bspw. die §§ 9 Abs. 1, Abs. 4 BU, 6 Abs. 1, Abs. 4 BUZ vor, dass der Versicherer nach Anerkennung oder Feststellung seiner Leistungspflicht berechtigt sein soll, das Fortbestehen der Berufsunfähigkeit oder die Pflegestufe sowie das Bestehen einer Verweisungsmöglichkeit erneut zu überprüfen mit der Folge, dass er bei Wegfall der Berufsunfähigkeit oder Verringerung ihres Grades von seiner Leistung frei wird. Eine solche Befreiungsmöglichkeit erscheint angezeigt, weil der Versicherer seine Leistungen idR aufgrund einer Prognose (→ § 172 Rn. 119) erbringt und eine einmal eingetretene Berufsunfähigkeit nicht zwingend dauerhaft fortbestehen muss. Andererseits erfordert der Schutz des Versicherungsnehmers, dass dem Versicherer nach einem einmal erfolgten Anerkenntnis (§ 173) eine Rücknahme seiner Leistungszusage nur unter eingeschränkten Voraussetzungen möglich ist.[3] Die Durchführung eines Nachprüfungsverfahrens unterliegt keiner zeitlichen Beschränkung.[4]

2   In **formaler Hinsicht** wird vorausgesetzt, dass der Versicherer dem Versicherungsnehmer die Voraussetzungen des Wegfalls seiner Leistungsverpflichtung in **Textform dargelegt** hat (**Abs. 1**, → Rn. 18 ff.). Die Leistungsfreiheit tritt dann frühestens nach Ablauf des **dritten Monats nach Zugang** dieser Erklärung beim Versicherungsnehmer ein (**Abs. 2**, → Rn. 33 ff.). Die Frist gewährleistet für den Versicherungsnehmer einen gewissen Vertrauensschutz, damit er sich auf den Wegfall der normalerweise als Rente gezahlten Versichererleistungen einstellen kann.[5]

3   Die **inhaltlichen Voraussetzungen** für einen Wegfall der Leistungsverpflichtung regelt die Vorschrift nicht. Sie ergeben sich aus dem zwischen den Parteien geschlossenen Versicherungsvertrag,[6] so zB aus den § 9 Abs. 4 BU oder § 6 Abs. 4 BUZ (→ Rn. 8 ff.).

4   Die Vorschrift ist **halbzwingend** (§ 175); sie kann also auch nicht durch Individualvereinbarung zu Lasten des Versicherungsnehmers abbedungen werden. Auf die vor dem 1.1.2008 geschlossenen **Altverträge** findet sie nach Art. 4 Abs. 3 EGVVG keine Anwendung (→ Vor § 172 Rn. 16), sofern die Parteien nicht die Anwendung des neuen Rechts auch auf Altverträge ausdrücklich vereinbaren.[7] Zur Entstehungsgeschichte → § 172 Rn. 4.

B. Voraussetzungen und Reichweite des Bestandsschutzes

5   Hat der Versicherer seine Leistungspflicht gem. § 173 Abs. 1 anerkannt (→ § 173 Rn. 23 ff.) oder kann er sich nach Treu und Glauben auf die Nichtabgabe eines Anerkenntnisses nicht berufen

---

[1] Bestandsaufnahme zum alten Recht bei *Geuking,* Das Nachprüfungsverfahren in der Berufsunfähigkeitsversicherung, 1998, S. 35 ff.
[2] OLG Karlsruhe r+s 2015, 81.
[3] Begr. RegE, BT-Drs. 16/3945, 106.
[4] *Rixecker* in Langheid/Rixecker VVG § 174 Rn. 5.
[5] Begr. RegE, BT-Drs. 16/3945, 106.
[6] OLG Karlsruhe VersR 2011, 1165.
[7] Begr. RegE, BT-Drs. 16/3945, 119; OLG Saarbrücken VersR 2016, 1297.

("fingiertes Anerkenntnis", → § 173 Rn. 7), so genießt der Versicherungsnehmer insoweit **Bestandsschutz**, als der Versicherer sich nur aufgrund eines Nachprüfungsverfahrens wieder von seiner Leistungszusage befreien kann.[8] Auf diese Weise muss der Versicherungsnehmer nicht damit rechnen, dass der Versicherer unvermittelt seine Leistungen einstellt, und wird bei seinen Bemühungen um eine Wiedereingliederung in das Berufsleben vor finanziellen Engpässen bewahrt. Entsprechendes gilt auch bei einem Prozessanerkenntnis (→ § 173 Rn. 8),[9] ferner dann, wenn die Leistungspflicht des Versicherers nach streitigem Verfahren durch Urteil oder Vergleich festgestellt worden ist[10] oder wenn der Versicherer über einen längeren Zeitraum Leistungen erbringt und daher so behandeln lassen muss, als habe er ein Anerkenntnis abgegeben (→ § 173 Rn. 7). Bei Abgabe eines befristeten Anerkenntnisses iSv § 173 Abs. 2 ist dagegen während des Befristungszeitraums ein Nachprüfungsverfahren von vornherein ausgeschlossen (→ § 173 Rn. 25). Zur Anerkennung einer Leistungspflicht für die Vergangenheit → § 173 Rn. 24, 27. Der Bestandsschutz endet nicht bereits mit dem Wegfall der Berufsunfähigkeit, sondern erst mit dem Ende des Nachprüfungsverfahrens nach Abs. 2 (→ Rn. 33 ff.). Bei Ablauf der vertraglich vereinbarten Leistungsdauer (→ § 172 Rn. 234) erlischt die Leistungspflicht des Versicherers automatisch und ohne besonderes Verfahren (vgl. §§ 9 Abs. 4 BU, 6 Abs. 4 BUZ).

Der Bestandsschutz entfällt allerdings ohne Weiteres, wenn das **Anerkenntnis** wegen arglistiger Täuschung oder wegen Irrtums **angefochten** (→ § 173 Rn. 22) und damit ex tunc nichtig wird (§ 142 Abs. 1 BGB). Eine Anfechtung durch den Versicherer mit der Begründung, dass er sich in einem Irrtum über die Voraussetzungen der Berufsunfähigkeit befunden habe, ist jedoch nicht möglich (→ § 173 Rn. 22). Dementsprechend bleibt der Versicherer (vorbehaltlich einer Nachprüfung) an sein Anerkenntnis gebunden, wenn es von Anfang an auf einer unzutreffenden rechtlichen oder tatsächlichen Grundlage, bspw. auf nachlässigen Recherchen eines Sachbearbeiters oder unrichtigen Informationen von Auskunftspersonen beruhte.[11]

Angesichts seines kausalen Charakters (→ § 173 Rn. 8) wird das Anerkenntnis auch dann hinfällig, wenn der Versicherer den **Versicherungsvertrag** unter den Voraussetzungen der § 123 Abs. 1 BGB, § 22 VVG bzw. § 119 BGB **anficht** oder bei einer Verletzung der vorvertraglichen Anzeigepflicht durch den Versicherungsnehmer nach den §§ 19 ff. **zurücktritt**. Einer besonderen Beseitigung des Anerkenntnisses bedarf es dann nicht mehr. Übt der Versicherer eines dieser Gestaltungsrechte aus, entfällt seine Leistungspflicht daher auch ohne Nachprüfungsverfahren.[12]

C. Durchführung des Nachprüfungsverfahrens

I. Materielle Voraussetzung: Entfallen der Leistungspflicht (Abs. 1)

Der Versicherer kann – eine entsprechende Vertragsklausel vorausgesetzt – im Wege eines **Nachprüfungsverfahrens** seine bereits anerkannte oder gerichtlich festgestellte Leistungspflicht nur dann wieder beseitigen, wenn deren **Voraussetzungen** zwischenzeitlich wieder **entfallen** sind, so dass nunmehr keine bedingungsgemäße (dh vollständige oder zu einem bestimmten Prozentsatz bestehende) Berufsunfähigkeit mehr vorliegt (vgl. §§ 9 Abs. 4 BU, 6 Abs. 4 BUZ). Bei einer Berufsunfähigkeit infolge Pflegebedürftigkeit gilt dies, wenn sich die Art des Pflegefalls oder sein Umfang gemindert hat (§§ 9 Abs. 5 BU, 6 Abs. 5 BUZ). Ein Wegfall der Leistungspflicht kann aber auch schon in einem vom Versicherten angestrengten **Rechtsstreit** über die **Leistungspflicht** des Versicherers geltend gemacht werden, wenn der Versicherte zunächst den Beweis bedingungsgemäßer Berufsunfähigkeit erbracht hat und der Versicherer seinerseits darlegt und nachweist, dass und ab welchem Zeitpunkt die Voraussetzungen für eine Herabsetzung oder Einstellung der Leistungen wieder entfallen sind. Der Versicherer muss in diesem Fall also kein besonderes Nachprüfungsverfahren einleiten,[13] wohl aber eine Änderungsmitteilung abgeben, die allerdings auch in einem während des Prozesses eingereichten Schriftsatz des Versicherers enthalten sein kann.[14] Voraussetzung ist jeweils, dass sich der Gesundheitszustand des Versicherten in einem bedingungsgemäß relevanten Ausmaß gebessert (→ Rn. 10 ff.) oder sich nachträglich eine bedingungsgemäß relevante Verwei-

---

[8] BGHZ 121, 284 (292) = VersR 1993, 562; BGHZ 137, 178 (182) = VersR 1998, 173; BGH VersR 1987, 808; 1988, 281.
[9] OLG Koblenz VersR 2002, 831.
[10] *Neuhaus* Berufsunfähigkeitsversicherung Kap. 12 Rn. 9; *Klenk* in Looschelders/Pohlmann VVG § 174 Rn. 2.
[11] OLG Celle OLGR 2007, 320; *Lücke* in Prölss/Martin VVG § 174 Rn. 10.
[12] Begr. RegE, BT-Drs. 16/3945, 106; *Lücke* in Prölss/Martin VVG § 174 Rn. 9 f.
[13] BGH r+s 2010, 251; 2017, 202; VersR 2019, 1134.
[14] BGH VersR 2019, 1134; 2020, 276.

sungsmöglichkeit ergeben hat (→ Rn. 13 ff.). Damit beschränkt sich das Verfahren auf Umstände, die zum Zeitpunkt des Anerkenntnisses eine Berufsunfähigkeit begründet haben und bei denen seitdem eine **Veränderung** eingetreten ist.[15] Das Verfahren ermöglicht also nicht etwa eine erneute Prüfung der Berufsunfähigkeit unabhängig vom vorausgegangenen Leistungsanerkenntnis.[16] Zukünftige, selbst mit einiger Sicherheit zu erwartende Ereignisse können eine Leistungseinstellung vorab nicht rechtfertigen.[17] Angesichts des möglichen medizinischen Fortschritts kann der Versicherer ein Nachprüfungsverfahren aber auch dann durchführen, wenn die der Berufsunfähigkeit zugrunde liegende Krankheit nach dem derzeitigen Stand der medizinischen Wissenschaft unheilbar ist; allerdings kann es in diesem Fall an der von § 31 Abs. 1 S. 1 vorausgesetzten Erforderlichkeit (und Zumutbarkeit) fehlen.[18] Eine entsprechende AVB-Klausel verstößt nicht gegen § 307 Abs. 1 BGB.[19]

9   Die Leistungspflicht kann nur erlöschen, wenn sich **tatsächliche,** für die Beurteilung der Leistungspflicht maßgebliche **Umstände** geändert haben. An die dem Leistungsanerkenntnis bereits zugrunde liegenden Tatsachen bleibt der Versicherer dagegen gebunden. Eine von der ursprünglichen Einschätzung abweichende Beurteilung und **Bewertung** dieser Tatsachen genügt hingegen nicht (→ Rn. 6),[20] so dass insbes. eine Neubewertung der tatsächlichen Verhältnisse im Hinblick auf den Grad der Berufsunfähigkeit, die Voraussetzungen einer bereits bei Abgabe des Anerkenntnisses vorliegenden Verweisungsmöglichkeit[21] oder das zugrunde gelegte Berufsbild[22] nicht erfolgen kann. Haben sich gegenüber der zum Zeitpunkt des Anerkenntnisses bestehenden Situation zwar gesundheitliche Verbesserungen, jedoch in einem nicht vertragsrelevanten Ausmaß ergeben, bleibt die Leistungsverpflichtung des Versicherers daher auch dann bestehen, wenn aufgrund veränderter Wertmaßstäbe zB in der Gutachtenpraxis jetzt eine Berufsunfähigkeit zu verneinen wäre.[23] Der Versicherer bleibt auch dann an seine ursprüngliche Einschätzung gebunden, wenn diese auf einem Irrtum beruhte.[24] Hat der Versicherer von einer bereits bei Abgabe des Anerkenntnisses bestehenden Verweisungsmöglichkeit keinen Gebrauch gemacht, kann er sich auch in Zukunft nicht darauf berufen.[25]

10   **1. Veränderungen im Gesundheitszustand.** Der Versicherer kann sich nur auf solche **Verbesserungen im Gesundheitszustand** des Versicherten stützen, die zum Zeitpunkt der Leistungseinstellungsentscheidung bereits eingetreten, nicht dagegen auf solche, die erst zukünftig zu erwarten sind.[26] In einem Rechtsstreit um den Fortbestand der Leistungspflicht muss die maßgebende Änderung spätestens bei Schluss der mündlichen Verhandlung in der Tatsacheninstanz vorliegen.[27] Zu berücksichtigen sind auch durch eine Operation bewirkte Gesundheitsverbesserungen, selbst wenn der Versicherer einen solchen Eingriff nicht hätte verlangen können.[28]

11   Sind die gesundheitlichen Voraussetzungen der Berufsunfähigkeit entfallen, kann der Versicherte aber gleichwohl seine **frühere Berufstätigkeit nicht wieder aufnehmen,** so ist danach zu **differenzieren,** ob ihm die Rückkehr in den zuletzt ausgeübten Beruf aus Gründen verschlossen ist, die bei wertender Betrachtung zu den vom Versicherungsvertrag gedeckten Risiken gehören oder nicht. Da die Berufsunfähigkeitsversicherung vor dem Risiko schützt, die Fähigkeit zur Ausübung der bisherigen oder ggf. einer vergleichbaren Erwerbstätigkeit und damit die wirtschaftliche Existenzgrundlage aus gesundheitlichen Gründen zu verlieren (→ § 172 Rn. 1), besteht die Leistungsverpflichtung fort, wenn der gesundheitliche Zustand des Versicherten zwar in hinreichendem Maße wieder hergestellt wird, er aber in der Zwischenzeit „den Anschluss verpasst hat", ihm jetzt also krankheitsbedingt Kenntnisse oder Erfahrungen fehlen, die zur Ausübung des früheren Berufes erforderlich wären, und er sich diese Fähigkeiten auch nicht im Zuge einer Einarbeitung oder auch

---

[15] BGH VersR 2012, 654; 2000, 171; OLG Karlsruhe VersR 2012, 1419; OLG München v. 30.11.2018, 25 U 2202/17, juris; anders *Baumann* in Bruck/Möller VVG § 174 Rn. 39 f.
[16] BGH VersR 1996, 958; OLG Koblenz VersR 2008, 1254; 2007, 824, *Rixecker* in Langheid/Rixecker VVG § 174 Rn. 13.
[17] BGH VersR 1997, 436.
[18] OLG Bremen r+s 2012, 88.
[19] OLG Bremen r+s 2012, 88.
[20] Begr. RegE, BT-Drs. 16/3945, 106; BGH VersR 2010, 619; OLG Koblenz VersR 2007, 824; *Lücke* in Prölss/Martin VVG § 174 Rn. 3.
[21] BGH VersR 2011, 655.
[22] OLG Köln r+s 2012, 452.
[23] *Lücke* in Prölss/Martin VVG § 174 Rn. 4.
[24] Vgl. OLG Saarbrücken VersR 2000, 621; *Lücke* in Prölss/Martin VVG § 174 Rn. 10.
[25] BGHZ 121, 284 (292) = VersR 1993, 562; BGH VersR 1996, 958; 2000, 171; 2011, 655; OLG Koblenz VersR 2008, 1254.
[26] KG VersR 2008, 105.
[27] BGH VersR 1997, 436.
[28] *Lücke* in Prölss/Martin VVG § 174 Rn. 13.

zumutbarer Weiterbildungsmaßnahme wieder verschaffen kann.[29] Dies folgt aus einer Auslegung des Begriffs „Berufsunfähigkeit" im Sinne der AVB und ist auch dann anzunehmen, wenn die einschlägigen Bedingungen (vgl. §§ 9 Abs. 4 S. 1 BU, 6 Abs. 4 S. 1 BUZ) für den gesundheitsbedingten Ausschluss einer Rückkehr in den früheren Beruf keine besondere Regelung enthalten.

Das Risiko, aus **anderen** als **gesundheitlichen Gründen** den Arbeitsplatz zu verlieren, deckt **12** die Berufsunfähigkeitsversicherung dagegen nicht (→ § 172 Rn. 154). Ist der Versicherte daher gesundheitlich zwar wieder hergestellt, vermag er aber in seinem früheren Beruf keinen Fuß zu fassen, weil sich inzwischen die Arbeitsmarktsituation verschlechtert hat, so kann der Versicherer sich im Zuge des Nachprüfungsverfahrens auf den Wegfall der Berufsunfähigkeit berufen. Dies gilt auch dann, wenn der Arbeitgeber den Versicherten ohne dessen vorübergehende Berufsunfähigkeit nicht entlassen hätte.[30]

2. Vorliegen einer neuen Verweisungsmöglichkeit. Die Voraussetzungen der Leistungs- **13** pflicht sind ebenfalls dann entfallen, wenn der Versicherte infolge veränderter Umstände – etwa aufgrund neu erworbener beruflicher Fähigkeiten (aber → Rn. 14)[31] – jetzt auf die **Ausübung** einer **anderen**, seiner früheren **Lebensstellung entsprechende Tätigkeit** verwiesen werden kann (→ § 172 Rn. 160 ff.). Der Versicherer kann ausnahmsweise sogar auf einen Beruf verweisen, der vom Versicherten bei Abgabe des Anerkenntnisses bereits tatsächlich ausgeübt wurde, wenn zu diesem Zeitpunkt eine Verweisungsmöglichkeit nur infolge eines zu geringen Verdienstes des Versicherten verneint worden war, inzwischen in dem Verweisungsberuf aber wieder ein Einkommen erzielt wird, das dem früheren Einkommen vergleichbar ist.[32] Auch die Voraussetzungen dieser neu entstandenen Verweisungsmöglichkeit müssen grds. zum Zeitpunkt der Leistungseinstellungsentscheidung, im Rechtsstreit spätestens bei Schluss der letzten mündlichen Verhandlung in der Tatsacheninstanz vorliegen (→ Rn. 10).[33] Dass entsprechende Fähigkeiten lediglich in Zukunft erworben werden können, reicht wiederum nicht aus. Gleiches gilt für die weitere Voraussetzung, dass die Tätigkeit der bisherigen Lebensstellung des Versicherten entspricht. Diese Voraussetzung ist nicht erfüllt, wenn eine solche Gleichstellung erst nach einer betrieblichen Praxis von bestimmter Dauer (regelmäßig) eintritt, die Frist im konkreten Fall aber noch nicht abgelaufen ist.[34] Dies gilt auch dann, wenn der Erwerb einer beruflichen oder betrieblichen Praxis an den Bedingungen des Arbeitsmarktes scheitert.[35]

Ob allerdings der **Erwerb neuer beruflicher Fähigkeiten** bei der Verweisung berücksichtigt **14** werden kann, ergibt sich aus den Vertragsbedingungen.[36] Eine entsprechende Regelung findet sich in den §§ 9 Abs. 1 S. 2 BU, 6 Abs. 1 S. 2 BUZ. Vereinbarungen dieser Art sind wirksam.[37] Fehlt dagegen ein entsprechender Vorbehalt und sehen die AVB auch keine Obliegenheit des Versicherten zu Umschulungsmaßnahmen oder einem Erwerb neuer beruflicher Fähigkeiten auf andere Weise vor, kann der Versicherer sich im Nachprüfungsverfahren bei der Verweisungsprüfung nicht auf neu erworbene Fähigkeiten berufen.[38]

Auch wenn nach den zugrunde liegenden AVB im Rahmen des Nachprüfungsverfahrens neu **15** erworbene berufliche Fähigkeiten zu berücksichtigen sind, ergibt sich aus einer entsprechenden Klausel für den Versicherten **keine Umschulungs-** oder **Fortbildungsobliegenheit**.[39] Eine solche Verpflichtung müsste vielmehr ausdrücklich vereinbart werden. Der Versicherte kann demzufolge davon ausgehen, dass er die Leistungen des Versicherers auch ohne Fortbildungsanstrengungen bis zu einer vertragsrelevanten Verbesserung seines Gesundheitszustands weiter erhält. Allerdings kann von ihm nach Treu und Glauben erwartet werden, dass er sich zu einer angemessenen Einarbeitung, wie sie jeder Wechsel des Arbeitsplatzes mit sich bringt, und darüber hinaus auch zum Erwerb zusätzlicher Qualifikationen bereitfindet, sofern er sie mit Leichtigkeit erwerben kann (vgl. die Parallelproblematik bei der Verweisungsprüfung in → § 172 Rn. 159). *Beispiel:* Ein zwar nicht mehr, wie bisher, im Güterfernverkehr, wohl aber in seinem Heimatort als Taxichauffeur einsetzbarer Berufskraftfahrer darf sich nicht weigern, die für den Personenbeförderungsschein verlangte Ortskun-

---

[29] *Rixecker* in Beckmann/Matusche-Beckmann VersR-HdB § 46 Rn. 195; *Lücke* in Prölss/Martin VVG § 174 Rn. 15.
[30] *Rixecker* in Beckmann/Matusche-Beckmann VersR-HdB § 46 Rn. 195.
[31] BGH VersR 1997, 436.
[32] OLG Brandenburg BeckRS 2021, 6917; OLG Hamm r+s 2008, 250.
[33] BGH VersR 1997, 436; OLG Koblenz VersR 2008, 1254.
[34] BGH VersR 1997, 436.
[35] BGH VersR 1997, 436.
[36] OLG Karlsruhe VersR 2011, 1165; OLG München BeckRS 2016, 925.
[37] OLG Saarbrücken r+s 2010, 521.
[38] BGH VersR 1987, 753; OLG Köln VersR 2002, 345; vgl. auch LG Hannover VersR 1992, 303.
[39] BGH VersR 1987, 753; 1990, 885; 1997, 436; 2000, 171.

deprüfung abzulegen.[40] Umstände, aus denen sich nach dem Grundsatz von Treu und Glauben eine derartige Kooperationsverpflichtung des Versicherten ergibt, muss der Versicherer beweisen.[41]

16 Hat der Versicherte danach – ohne dass eine entsprechende Obliegenheit besteht – neue berufliche Fähigkeiten erworben, ist es ihm aber trotz zumutbarer Anstrengungen nicht gelungen, in dem neuen Beruf dauerhaft Fuß zu fassen, kann der Versicherer sich im Nachprüfungsverfahren nicht auf die Möglichkeit zur Ausübung dieser anderen Tätigkeit stützen.[42] Er würde sich damit seiner Verpflichtung zur Erbringung von Leistungen entziehen, auf welche der Versicherte vertragsgemäß und ohne die unternommen **überobligationsmäßigen Anstrengungen** einen Anspruch hätte. Das Arbeitsplatzrisiko (→ Rn. 154) trägt in dieser Situation also der Versicherer. Daher ist eine Verweisung auch nicht ohne weiteres zulässig, wenn der Versicherte in seinem neuen Beruf einstweilen nur einen befristeten Arbeitsvertrag erhalten hat.[43] Eine Verweisung ist erst dann wieder möglich, wenn der Versicherte in dem neuen Beruf dauerhaft einen Arbeitsplatz erlangt hat oder sich um einen solchen nicht oder nicht mehr in zumutbarer Weise bemüht.[44] Dabei ist aber immer vorauszusetzen, dass der Vergleichsberuf den Kriterien der § 172 Abs. 2 VVG, §§ 2 Abs. 1 BU/BUZ entspricht (→ § 172 Rn. 160 ff.).[45] Hat der Versicherte allerdings den neuen Beruf eine gewisse Zeit ausgeübt, ist der Versicherer nicht an einer Verweisung gehindert, selbst wenn der Versicherte zwischenzeitlich arbeitslos geworden ist. In diesem Fall gilt wieder der Grundsatz, dass das Risiko, aus anderen als gesundheitlichen Gründen den Arbeitsplatz zu verlieren, von der Berufsunfähigkeitsversicherung nicht gedeckt wird.[46]

17 Ähnliche Überlegungen greifen Platz, wenn ein **Betriebsinhaber** seinen Betrieb erweitert und sich dadurch nachträglich eine **Umorganisationsmöglichkeit** (→ § 172 Rn. 79 ff.) ergeben hat.[47] Ist diese Umorganisationsmöglichkeit durch Anstrengungen entstanden, zu denen er aufgrund keiner Obliegenheit verpflichtet war (Kapitalersatz zwecks Unternehmenserweiterung), braucht er sich diese Möglichkeit nicht zu seinem Nachteil anrechnen lassen, weil der Versicherer in diesem Fall nach Treu und Glauben nicht von der Verweisungsmöglichkeit profitieren soll, obwohl er am unternehmerischen Risiko des Versicherten nicht beteiligt ist.[48] Darüber hinaus muss – wie stets – die durch die Umorganisation eröffnete Tätigkeit nach Art und Umfang für den Versicherten zumutbar sein.[49]

II. Mitteilung der Veränderungen

18 Damit der Anspruchsberechtigte in die Lage versetzt wird, die Entscheidung des Versicherers über die Einstellung seiner Leistungen nachzuprüfen, muss der Versicherer die Veränderungen **darlegen** und ggf. die zur Überprüfung erforderlichen **Unterlagen** zur Verfügung stellen.[50] Bei dieser Mitteilung handelt es sich um eine rechtsgestaltende Willenserklärung.[51] Sie ist unerlässlicher Bestandteil des Nachprüfungsverfahrens[52] und wird dem Versicherer „im Gegenzug" zu den weit reichenden Mitwirkungsobliegenheiten des Versicherungsnehmers (→ Rn. 30 f.) auferlegt.[53] Sie soll insbes. ermöglichen, ein etwaiges Prozessrisiko einzuschätzen. Eine nicht hinreichende Mitteilung kann nachgeholt werden[54] und auch schriftsätzlich in einem Rechtsstreit über den Fortbestand der Leistungspflicht durch einen entsprechend bevollmächtigten Anwalt erfolgen.[55] Sind dem Versicherer nach Absendung der Mitteilung weitere für das Fortbestehen der Leistungspflicht relevante Umstände bekannt geworden, muss er sie dem Versicherungsnehmer in einer neuen Mitteilung zur Kenntnis bringen.[56] Nach dem Sinn und Zweck des Nachprüfungsverfahrens ist die Mitteilung nur dann rechtswirksam, wenn der Versicherer darin den Wegfall seiner einmal entstandenen Leis-

---

[40] *Voit* VersR 1990, 22 (24).
[41] *Voit* VersR 1990, 22 (24).
[42] BGH VersR 2001, 171; OLG Karlsruhe VersR 2013, 747.
[43] Anders OLG Saarbrücken r+s 2010, 521.
[44] BGH VersR 2000, 171; OLG Karlsruhe VersR 2013, 747; OLG Stuttgart r+s 1998, 432.
[45] OLG Köln VersR 1991, 1362.
[46] OLG Düsseldorf VersR 2003, 1383.
[47] OLG Karlsruhe VersR 2017, 474.
[48] BGH VersR 1999, 958; *Lücke* in Prölss/Martin VVG § 174 Rn. 20.
[49] BGH VersR 1999, 958.
[50] Begr. RegE, BT-Drs. 16/3945, 106. Einzelheiten bei OLG Saarbrücken BeckRS 2017, 114710.
[51] Zutr. *Rixecker* in Beckmann/Matusche-Beckmann VersR-HdB § 46 Rn. 183; anders *Bruns* PrivVersR § 27 Rn. 17 (geschäftsähnliche Handlung).
[52] BGH VersR 1996, 958.
[53] BGHZ 121, 284 (294) = VersR 1993, 562; BGH VersR 1993, 470; 1993, 559.
[54] KG BeckRS 2015, 119346.
[55] BGH VersR 2000, 171; 1996, 958; OLG Karlsruhe r+s 2015, 81.
[56] *Lücke* in Prölss/Martin VVG § 174 Rn. 26.

tungsverpflichtung **nachvollziehbar begründet** hat.[57] Eine korrekte Änderungsmitteilung muss der Versicherer auch dann machen, wenn er zuvor kein Leistungsanerkenntnis abgegeben hatte;[58] seine Leistungspflicht endet dann mit dem Wirksamwerden dieser Änderungsmitteilung.[59]

1. Veränderung im Gesundheitszustand. Soweit nach Auffassung des Versicherers bei dem Versicherten eine **gesundheitliche Verbesserung** eingetreten ist, muss der Gesundheitszustand zu dem Zeitpunkt, den der Versicherer in seinem Anerkenntnis zugrunde gelegt hat, mit dem zwischenzeitlich eingetretenen Gesundheitszustand **verglichen werden**.[60] Die Änderungsmitteilung ist daher unwirksam, wenn sich nicht auf die in gesunden Tagen ausgeübte Berufstätigkeit, sondern auf den Zeitpunkt einer unzulässigen Kulanzvereinbarung (→ § 173 Rn. 33 ff.) abstellt.[61] Bei vertragswidrig unterlassenem Anerkenntnis (→ § 173 Rn. 7) kommt es auf den Zeitpunkt an, an welchem der Versicherer sein Anerkenntnis – nämlich bei Fälligkeit des Anspruchs (→ § 173 Rn. 5, 7) – hätte abgeben müssen. 19

Der Versicherer muss dem Versicherten idR diese **Vergleichsbetrachtung** und die daraus abgeleiteten Schlussfolgerungen zur Kenntnis bringen.[62] Aufgrund des Vertrages (§ 242 BGB) bzw. einer analogen Anwendung des § 202[63] muss der Versicherers ein seiner Entscheidung zugrunde liegendes ärztliches Gutachten dem Versicherten ungekürzt und ohne Schwärzungen zugänglich machen, sofern es sich nicht bereits in dessen Händen befindet.[64] Nimmt das Gutachten lediglich zu dem gegenwärtigen Gesundheitszustand Stellung, hat der Versicherer dazulegen, dass und in welchen Punkten sich dieser im Vergleich zu dem Zeitpunkt, auf welchen das Anerkenntnis abstellt, verbessert hat.[65] Entschließt sich der Versicherer, trotz nachträglichen Wegfalls der Berufsunfähigkeitsvoraussetzungen zunächst auf die Durchführung eines Nachprüfungsverfahrens zu verzichten, ist im Rahmen einer später durchzuführenden Vergleichsbetrachtung weiterhin auf den ursprünglich dem Anerkenntnis zugrunde gelegten Zeitpunkt abzustellen; nicht etwa ist der Zeitpunkt maßgeblich, zu dem sich der Versicherer zur vorläufigen Weiterzahlung entschlossen hat (etwa mit der Folge, dass der Versicherer die zu diesem Zeitpunkt bereits bekannt gewordenen Umstände nicht mehr berücksichtigen dürfte).[66] 20

Eine **nachvollziehbare Vergleichsbetrachtung** liegt nicht vor, wenn der Versicherer lediglich darauf verweist, dass ein später eingeholtes Gutachten zu einem geringeren Berufsunfähigkeitsgrad gelangt als das dem Anerkenntnis zugrunde liegende Erstgutachten. Eine solche Differenz muss nämlich nicht unbedingt auf einer inzwischen erfolgten Verbesserung des Gesundheitszustands des Versicherten beruhen, sondern kann ihre Ursache auch in dem Ärzten zuzubilligenden Beurteilungsspielraum und somit schlicht darin haben, dass die subjektiven Maßstäbe der Gutachter voneinander abweichen,[67] sich also lediglich die *Bewertung* des Gesundheitszustands geändert hat (→ Rn. 9). Bestehen Zweifel darüber, ob ein jetzt angenommener Grad der Berufsunfähigkeit auf eine tatsächliche Verbesserung des Gesundheitszustands oder eine veränderte Bewertung zurückzuführen ist, so gehen sie zu Lasten des beweispflichtigen (→ Rn. 37) Versicherers.[68] 21

Hat sich der Gesundheitszustand zwar im Hinblick auf die zum Zeitpunkt der Leistungszusage vorhandenen Beschwerden gebessert, sind aber zwischenzeitlich **neue, seinerzeit noch nicht erkennbare Erkrankungen** aufgetreten, soll nach Auffassung des OLG Karlsruhe[69] nur dann eine ordnungsgemäß begründete Änderungsmitteilung vorliegen, wenn der Versicherer diesen Hinweis nachgeht und ggf. durch ein weiteres Sachverständigengutachten klären lässt, ob Berufsunfähigkeit nunmehr aus anderen Gründen fortbesteht. Im konkreten Fall hatte der Versicherer die Berufsunfähigkeit aus orthopädischen Gründen anerkannt; im Zuge der Nachprüfung waren neuropsychologische Störungen diagnostiziert worden. Diese Entscheidung ist nicht unproblematisch, weil sie dem 22

---

57 BGHZ 121, 284 (294) = VersR 1993, 562; BGH VersR 1993, 559; 1996, 958; 2006, 102.
58 BGH VersR 2019, 1134; 2020, 276.
59 BGH VersR 2020, 276.
60 BGHZ 121, 284 (294) = VersR 1993, 562; BGHZ 137, 178 (181) = VersR 1998, 173; BGH VersR 1999, 958; 2010, 1023; OLG Saarbrücken VersR 2020, 1169.
61 OLG Saarbrücken VersR 2020, 1169.
62 BGH VersR 1996, 958; 2006, 102; OLG Hamm NJW-RR 1996, 1053; OLG Koblenz VersR 2007, 824; OLG Karlsruhe VersR 2008, 1252; 2010, 653.
63 Vgl. *Armbrüster* VersR 2013, 944.
64 BGHZ 121, 284 = VersR 1993, 562; BGH VersR 1993, 559; OLG Hamm VersR 2018, 215.
65 BGH VersR 1993, 470; 1996, 958; OLG Düsseldorf r+s 2000, 125; OLG Frankfurt a. M. VersR 2003, 358.
66 BGH VersR 2008, 521.
67 BGH VersR 1999, 958.
68 *Lücke* in Prölss/Martin VVG § 174 Rn. 4.
69 OLG Karlsruhe VersR 2010, 653; OLG Brandenburg BeckRS 2020, 17753.

Versicherungsnehmer gestattet, nach einmal festgestellter Berufsunfähigkeit im Zuge einer späteren Nachprüfung neue Erkrankungen nachzuschieben und insoweit den ihm in einem Erstprüfungsverfahren eigentlich obliegenden Beweis für die sich daraus ergebende Berufsunfähigkeit zu vermeiden. Gleichwohl ist der Entscheidung zuzustimmen,[70] da sich das Anerkenntnis von vornherein nur zu den Leistungsmodalitäten und den Grad der Berufsunfähigkeit (→ § 173 Rn. 12), nicht dagegen zu ihren gesundheitlichen Ursachen verhält und andernfalls der Versicherer versucht sein könnte, in komplexen Krankheitsbildern neu aufgetretene Symptome als Neuerkrankung zu deklarieren und den Versicherungsnehmer insoweit auf ein Erstprüfungsverfahren zu verweisen.

23   Eine **Vergleichsbetrachtung erübrigt sich,** wenn sich aus einem beigefügten Attest ergibt, dass der Versicherungsnehmer wieder vollständig genesen ist.[71] Der Versicherer muss in seiner Nachprüfungsmitteilung auch nicht iE darlegen, welche *konkreten* Tätigkeiten der Versicherte ursprünglich nicht ausführen konnte und jetzt wieder ausführen kann.[72]

24   Unklare oder nicht nachvollziehbare Begründungen oder die unterlassene oder unvollständige Übersendung eines ärztlichen Gutachtens machen die Mitteilung **unwirksam**,[73] so dass die Leistungspflicht des Versicherers fortbesteht.[74] Es bleibt dem Versicherer aber unbenommen, zu einem späteren Zeitpunkt – auch noch während eines Rechtsstreits um den Fortbestand seiner Leistungspflicht – an den Versicherungsnehmer eine neuerliche – korrekte – Änderungsmitteilung zu richten, die auch in einem während des Prozesses übermittelten Schriftsatz enthalten sein kann.[75] Dabei ist davon auszugehen, dass der Prozessbevollmächtigte des Versicherungsnehmers im Leistungsprozess auch eine Vollmacht zur Empfangnahme einer solchen rechtsgestaltenden Änderungsmitteilung des Versicherers besitzt.[76] Allerdings kann ein im Rechtsstreit eingeholtes Sachverständigengutachten iVm dem Klagabweisungsantrag des Versicherers das Nachprüfungsverfahren nicht ersetzen.[77] Zum Fristlauf nach Abs. 2 bei nachgeholter Begründung → Rn. 35.

25   **2. Vorliegen einer neuen Verweisungsmöglichkeit.** Eine nachvollziehbare Begründung des Versicherers ist auch insoweit erforderlich, als der Versicherer seine Leistungseinstellung darauf stützen will, dass der Versicherungsnehmer insbes. aufgrund **neu erworbener Kenntnisse** oder **Fähigkeiten**[78] jetzt zur Ausübung einer anderen Vergleichstätigkeit in der Lage sei (vgl. §§ 9 Abs. 1 S. 2 BU, 6 Abs. 1 S. 2 BUZ, → Rn. 13 ff.). Der Versicherer muss hier solche Tätigkeiten und deren prägende Merkmale (→ § 172 Rn. 269) aufzeigen, die der Versicherungsnehmer unter Einsatz der neuen Qualifikationen ausüben und mit denen er seine Lebensstellung wahren kann. Dazu ist im Hinblick auf die Anforderungen einer solchen Tätigkeit und der damit erreichbaren Lebensstellung ebenfalls ein Vergleich durchzuführen, nämlich zwischen den Tätigkeiten, zu welchen der Versicherungsnehmer nach Maßgabe seines im Anerkenntnis zugrunde gelegten Gesundheitszustands in der Lage war, und denjenigen, auf welche jetzt verwiesen werden soll.[79] Nur auf der Grundlage eines solchen Vergleichs dann kann der Versicherungsnehmer beurteilen, ob die vom Versicherer behauptete Verweisungsmöglichkeit besteht.[80]

26   Eine solche tätigkeitsbezogene Vergleichsbetrachtung ist dann **nicht notwendig,** wenn der Versicherungsnehmer die Charakteristika der vom Versicherer benannten Tätigkeit kennt, weil er sie konkret ausübt. In diesem Fall kann er aufgrund eigener Einsicht die Vergleichbarkeit der früheren und der jetzt vom Versicherer ins Spiel gebrachten Tätigkeit beurteilen.[81]

27   Die **Mitteilung** ist ebenfalls dann **unwirksam,** wenn der Versicherer die in Frage kommenden Vergleichstätigkeiten nicht präzise benennt oder die gebotene Vergleichsbetrachtung nicht vorlegt. Ein allgemeiner Hinweis („deutliche Gesundheitsbesserung") genügt nicht.[82] Zur Nachholung einer korrekten Änderungsmitteilung gilt das zu → Rn. 24 Gesagte.

28   **3. Textform und Zugang.** Bei der Darlegung der Veränderungen muss der Versicherer die **Textform** (§ 126b BGB) einhalten (→ § 173 Rn. 6; §§ 9 Abs. 4 S. 1 BU, 6 Abs. 4 S. 1 BUZ); mündliche Erläuterungen genügen also nicht. Zur Nachholung von Erklärungen → Rn. 35.

---

[70] Abl. aber *Neuhaus* Berufsunfähigkeitsversicherung Kap. 14 Rn. 148.
[71] *Rixecker* in Beckmann/Matusche-Beckmann VersR-HdB § 46 Rn. 187a.
[72] OLG Koblenz VersR 2008, 1254.
[73] BGH VersR 1993, 470; 1999, 958; OLG Karlsruhe VersR 2008, 1252.
[74] OLG Saarbrücken VersR 2013, 1033 f.
[75] BGH VersR 2000, 171; OLG Düsseldorf VersR 2003, 1383; OLG Koblenz VersR 2008, 1254; OLG Karlsruhe VersR 2010, 653.
[76] Offen gelassen von OLG Karlsruhe VersR 2010, 653.
[77] OLG Oldenburg r+s 1994, 354.
[78] OLG Koblenz r+s 2013, 86.
[79] BGH VersR 2008, 521; r+s 2010, 294; OLG Düsseldorf VersR 2003, 1383.
[80] Vgl. auch BGH VersR 2000, 171; *Lücke* in Prölss/Martin VVG § 174 Rn. 25.
[81] BGH VersR 2000, 171; OLG Saarbrücken VersR 2009, 917.
[82] OLG Karlsruhe r+s 2015, 81 (83).

Die inhaltlich und formell den Anforderungen der → Rn. 8 ff.; → Rn. 18 ff. entsprechende **29**
Erklärung muss dem Versicherungsnehmer vgl. § 174 Abs. 1, §§ 9 Abs. 4 S. 1 BU, 6 Abs. 4 S. 1
BUZ) **zugehen** (§§ 130 ff. BGB). Da sich aber auch der Bezugsberechtigte auf das Ende der Zahlungen muss einstellen können, ist der Versicherer nach §§ 242, 311 Abs. 2 Nr. 3 BGB gehalten, dieses Ergebnis auch dem Berechtigten mitzuteilen. Zum Beweis → Rn. 37.

III. Obliegenheiten des Versicherungsnehmers

Nach den AVB ist der Versicherer idR berechtigt, jederzeit auf eigene Kosten sachdienliche **30**
Auskünfte und einmal jährlich eine umfassende Untersuchung der versicherten Person durch von ihm beauftragte Ärzte zu verlangen (§§ 9 Abs. 2 S. 1 BU, 6 Abs. 2 S. 1 BUZ; näher → § 172 Rn. 214 f.), darüber hinaus auch Auskünfte und Nachweise über den gesundheitlichen Zustand wie auch über die wirtschaftlichen Verhältnisse des Versicherten (§ 9 Abs. 2 S. 2 iVm § 7 Abs. 2, 3 BU, § 6 Abs. 2 S. 3 iVm § 4 Abs. 2, 3 BUZ). Dem entspricht jeweils eine **Mitwirkungsobliegenheit** des Versicherungsnehmers, der sich das Verhalten einer Gefahrperson (→ § 172 Rn. 38) nach §§ 176, 156 zurechnen lassen muss. Da der Versicherer bei der Überprüfung des Gesundheitszustands insbesondere dann, wenn bildgebende Methoden nicht zur Verfügung stehen und die Diagnose maßgeblich auf einer Schilderung der Beschwerden durch den Versicherten beruht, in besonderem Maße auf die Loyalität des Versicherten angewiesen ist, muss sich dieser der ärztlichen Untersuchung offen und redlich unterziehen.[83] Verweigert der Versicherte eine ärztliche Untersuchung, kann dem Versicherer ein Leistungsverweigerungsrecht aus § 242 BGB zustehen.[84] Der Versicherungsnehmer ist außerdem verpflichtet, dem Versicherer jede Minderung der Berufsunfähigkeit oder Pflegebedürftigkeit und die Aufnahme oder Änderung der beruflichen Tätigkeit mitzuteilen (§§ 9 Abs. 3 BU, 6 Abs. 3 BUZ; → § 172 Rn. 214 f.).

Die **Rechtsfolgen** einer **Verletzung von Mitwirkungspflichten** ergeben sich nach den Mus- **31**
terbedingungen aus § 10 BU und § 7 BUZ in Übereinstimmung mit § 28 Abs. 2–4 (→ § 172 Rn. 216 f.). Danach wird der Versicherer bei vorsätzlicher Obliegenheitsverletzung von seiner Leistungspflicht frei, bis der Versicherungsnehmer seiner Verpflichtung nachkommt. Bei grob fahrlässigem Handeln kann der Versicherer bis zur Erfüllung der Obliegenheit die Leistung kürzen, sofern nicht der Nachweis geführt wird, dass die Mitwirkungspflicht nicht grob fahrlässig verletzt wurde. Die Versicherungsansprüche bleiben insoweit bestehen, als die Verletzung ohne Einfluss auf die Feststellung oder den Umfang der Leistungspflicht geblieben ist. Bei verspäteter Erfüllung der Mitwirkungspflichten ist der Versicherer ab Beginn des laufenden Monats zur Leistung verpflichtet. Vollständige oder teilweise Leistungsfreiheit in dem genannten Umfang tritt nur ein, soweit der Versicherer auf diese Rechtsfolge durch gesonderte Mitteilung in Textform (§ 126b BGB) hingewiesen hat.

IV. Titulierung des Leistungsanspruchs und Nachprüfungsverfahren

Hat der Versicherungsnehmer einen Titel auf Zahlung einer Berufsunfähigkeitsrente erstritten, **32**
kann der Versicherer im Rahmen einer **Vollstreckungsgegenklage** (§ 767 Abs. 1 ZPO) einwenden, dass die Voraussetzungen seiner Leistungspflicht entfallen sind, der Versicherte sich zB aufgrund neu erworbener beruflicher Fähigkeiten auf einen Alternativberuf verweisen lassen müsse.[85] Da es dem Versicherer regelmäßig nach seinen AVB freigestellt ist, zu welchem Zeitpunkt er ein Nachprüfungsverfahren durchführen will, ist dieser Einwand nicht deswegen präkludiert, weil der Versicherer die Verweisung bereits im Vorprozess hätte vortragen können.[86] Allerdings setzt eine so begründete Vollstreckungsgegenklage voraus, dass der Versicherer zuvor die Voraussetzungen des § 174 erfüllt hat.

D. Eintritt der Leistungsfreiheit (Abs. 2)

Leistungsfreiheit des Versicherers (dh Einstellung oder Herabsetzung der bis dahin erbrachten Leis- **33**
tungen) tritt nach Abs. 2 zu dem vertraglich festgelegten Zeitpunkt, frühestens mit **Ablauf des dritten Monats** ein, nachdem eine den inhaltlichen und formellen Voraussetzungen des Abs. 1 (→ Rn. 8 ff., 18 ff.) entsprechende Erklärung des Versicherers dem Versicherungsnehmer zugegangen ist; mit Eintritt

---

[83] OLG Saarbrücken VersR 2018, 598.
[84] OLG Hamm VersR 2021, 92.
[85] BGH VersR 1987, 808.
[86] OLG Düsseldorf VersR 2003, 1383; anders OLG Karlsruhe OLGR 2005, 36.

der Leistungsfreiheit müssen auch die Beitragszahlungen für die Berufsunfähigkeitsversicherung wieder aufgenommen werden (vgl. § 9 Abs. 4 BU, § 6 Abs. 4 BUZ). Eine vertragliche Verlängerung der Dreimonatsfrist ist möglich („frühestens"). Ist in der Berufsunfähigkeitszusatzversicherung keine Berufsunfähigkeitsrente mitversichert, setzt die Verpflichtung zur Beitragszahlung zu Beginn des darauffolgenden Beitragszahlungsabschnitts wieder ein (§ 6 Abs. 4 S. 4 BUZ).

34 Entsprechend der Ratio der Vorschrift (→ Rn. 1) gilt die **Dreimonatsfrist nicht,** wenn der die versicherte Person vor Fristablauf **stirbt.**[87] Aus dem Umstand, dass ein Versicherer nach älteren Bedingungswerken (BU/BUZ 2008) berechtigt sein soll, das Fortleben der versicherten Person nachzuprüfen, ist nur ein Nachprüfungsrecht des Versicherers zu entnehmen, nicht aber, dass aufgrund dieser Einbeziehung in das Nachprüfungsverfahren die Frist des Abs. 2 auch beim Tode der versicherten Person eingehalten werden soll.

35 Der **Fristlauf** setzt nicht ein, wenn die Erklärung des Versicherers den Anforderungen des Abs. 1 nicht genügt, zB die Textform (§ 126b BGB) nicht einhält, oder wenn sie dem Anspruchsteller nicht zugegangen ist. In diesem Fall **besteht** seine zuvor anerkannte **Leistungspflicht** selbst dann **fort,** wenn sich die relevanten Umstände in einem solchen Maße geändert haben, dass er zur Einstellung seiner Leistung berechtigt gewesen wäre.[88] Eine Verpflichtung zur Beitragszahlung entfällt weiterhin. **Holt der Versicherer** später eine zunächst nicht hinreichend begründete oder nicht formgerechte Erklärung **nach** oder stützt er später die Ablehnung der Leistungspflicht auf neue Gesichtspunkte, beginnt der Fristlauf erst mit Zugang der späteren Erklärung. Wird diese erst während eines Rechtsstreits über den Fortbestand der Leistungspflicht übermittelt, bleibt dem Versicherungsnehmer also hinreichend Zeit, sein Prozessverhalten daran auszurichten.

36 Nach Einstellung der Versichererleistungen muss der Versicherungsnehmer seine **Leistungsklage** darauf stützen, dass die Nachprüfungsentscheidung nicht zutreffe und der Versicherer daher aufgrund seines Anerkenntnisses weiterhin leistungspflichtig sei.[89] Macht der Versicherungsnehmer (im Berufungsverfahren) gleichzeitig geltend, dass der Versicherer einen neuen, auf eine Verschlechterung seines Gesundheitszustands gegründeten Leistungsantrag abgelehnt hat, handelt es sich um einen neuen Streitgegenstand.[90] Bei einer Leistungseinstellung kann der Versicherte grds. im Wege einer **einstweiligen Verfügung** (§ 940 ZPO) die vorläufige Fortsetzung der Zahlungen verlangen, wenn er einen Verfügungsanspruch und als Verfügungsgrund seine durch die Zahlungseinstellung drohende Existenzgefährdung darlegt und glaubhaft macht. Der Versicherungsnehmer ist nicht gehalten, zuvor Sozialleistungen zu beantragen und zunächst das Ergebnis des Verwaltungsverfahrens abzuwarten.[91]

E. Darlegungs- und Beweislast

37 Der **Versicherer** trägt die Darlegungs- und Beweislast dafür, dass die **Berufsunfähigkeit** (sei es durch eine Verbesserung des Gesundheitszustandes, sei es durch eine neu entstandene Verweisungsmöglichkeit) **entfallen** ist oder sich in einem nach den Vertragsbedingungen leistungsrelevanten Ausmaß verringert hat.[92] Grundlage ist § 286 ZPO (freie Beweiswürdigung).[93] Er trägt ebenfalls die Beweislast für den **Zugang** einer korrekten Erklärung nach Abs. 1. Beruft der Versicherungsnehmer sich darauf, dass die neu ausgeübte Tätigkeit seiner bisherigen Lebensstellung nicht entspricht, muss er die fehlende Vergleichbarkeit anhand konkreter Umstände darlegen, so etwa unter Bezugnahme auf die konkrete Ausgestaltung seiner früheren Tätigkeit, die früheren Arbeitsbedingungen, seine Stellung im Betrieb und die konkreten Entwicklungsmöglichkeiten.[94]

§ 175 Abweichende Vereinbarungen

Von den §§ 173 und 174 kann nicht zum Nachteil des Versicherungsnehmers abgewichen werden.

Schrifttum: Vgl. die Angaben bei → § 172.

---

[87] Begr. RegE, BT-Drs. 16/3945, 106; *Neuhaus* Berufsunfähigkeitsversicherung Kap. 14 Rn. 174.
[88] BGHZ 121, 284 (293 f.) = VersR 1993, 562; BGH VersR 1996, 958; OLG Karlsruhe VersR 2008, 1252.
[89] OLG Karlsruhe VersR 2007, 934.
[90] OLG Karlsruhe VersR 2007, 934.
[91] OLG Saarbrücken VersR 2007, 935; OLG Karlsruhe VersR 2008, 1252.
[92] BGH VersR 1987, 808; 2000, 171; 2007, 1398; 2010, 619; 2017, 147; OLG Koblenz VersR 2007, 824.
[93] OLG Hamm v. 24.11.2017 – 20 U 194/16, juris.
[94] BGH VersR 2010, 1023; 2017, 147.

A. Inhalt, Zweck und Anwendungsbereich der Norm

Die mit der Reform neu in das VVG aufgenommene Vorschrift erklärt die § 173 (Leistungsaner- 1
kenntnis) und § 174 (Nachprüfungsverfahren) wegen ihrer **Schutzfunktion** für den Versicherungsnehmer für **halbzwingend** (→ Rn. 3). Dagegen steht der die Leistungspflicht des Versicherers umschreibende § 172 zur Disposition der Parteien, weil der Gesetzgeber in die Produktgestaltungsfreiheit der Versicherer[1] nicht eingreifen wollte (aber → Rn. 8).

Auf vor dem 1.1.2008 geschlossene **Altverträge** (vgl. Art. 1 Abs. 1 EGVVG) findet die Vorschrift 2
nach Art. 4 Abs. 3 EGVVG auf den ersten Blick keine Anwendung, vielmehr sollen insoweit bis zum Ablauf der Altverträge die Bestimmungen des VVG aF sowie die seinerzeit vereinbarten AVB maßgebend sein (→ Vor § 172 Rn. 16). Damit ist die Rechtslage aber nicht vollständig wiedergegeben. Denn da die in § 173 enthaltenen Regeln über das Leistungsanerkenntnis gem. Art. 1 Abs. 1 EGVVG auch im Hinblick auf Altverträge Beachtung finden, sofern der Versicherungsfall nicht vor dem 1.1.2009 eingetreten ist (→ § 173 Rn. 3), nimmt § 175, soweit er sich auf § 173 bezieht, an dieser rückwirkenden Anwendung teil. Der in § 175 normierte halbzwingende Charakter der Vorschriften über das Leistungsanerkenntnis ist in den § 173 hineinzulesen. Dass der Gesetzgeber die Nichtabdingbarkeit des § 173 aus redaktionellen Gründen in eine eigene Vorschrift aufgenommen hat, rechtfertigt es nicht, bei Altverträgen von einer Abdingbarkeit des § 173 zu Lasten des Versicherungsnehmers auszugehen.

B. Halbzwingender Charakter der §§ 173, 174

Von den Vorschriften der §§ 173, 174 kann nicht – auch nicht durch individuelle Vereinbarung – 3
zum Nachteil des **Versicherungsnehmers** abgewichen werden. Während nach altem Recht eine von einer halbzwingenden Vorschrift zum Nachteil des Versicherungsnehmers abweichende Klausel oder Absprache zwar wirksam blieb, der Versicherer sich aber lediglich (im Gegensatz zum Versicherungsnehmer, wenn ihm dies günstig erschien) nicht darauf berufen konnte,[2] sind nach Inkrafttreten der VVG-Reform derart abweichende Vereinbarungen als unwirksam anzusehen.[3] Die Unwirksamkeit einer nachteilig abweichenden AVB-Klausel ergibt sich iÜ auch daraus, dass eine solche Klausel mit den wesentlichen Grundgedanken, auf denen die jeweilige halbzwingende Vorschrift beruht, nicht zu vereinbaren ist und daher einer – parallel durchzuführenden[4] – Inhaltskontrolle nach § 307 Abs. 1 S. 1, Abs. 2 Nr. 1 BGB in keinem Fall standhält. Ist eine abweichende Vereinbarung nach § 175 unwirksam, treten an ihre Stelle, soweit es sich um eine AVB-Klausel handelt, die gesetzlichen Vorschriften (arg. § 306 Abs. 2 BGB). Bei Unwirksamkeit einer Individualvereinbarung ist die Lücke durch eine (ggf. ergänzende) Vertragsauslegung zu schließen.

Als **nachteilig** ist eine jede (in AVB oder individuell) getroffene Vereinbarung anzusehen, die 4
eine im Vergleich mit der gesetzlichen Regelung abstrakte Verschlechterung der Rechtsposition des Versicherten herbeiführt. Der Vorschlag, bei einer *auch* mit Vorteilen für den Versicherten verbundenen Abweichung eine (abstrakte oder auf den konkreten Versicherten abstellende) Gesamtabwägung entscheiden zu lassen,[5] schafft Rechtsunsicherheit, weil sie die Entscheidung über die Wirksamkeit der Vereinbarung bei unklaren Kriterien auf den Richter verlagert.

Im Hinblick auf § 173 kann daher bspw. nicht im Versicherungsvertrag vereinbart werden, dass der 5
Versicherer eine Erklärung über die Leistungspflicht erst zu einem späteren Zeitpunkt als bei Fälligkeit abgeben muss oder dass er sein Anerkenntnis mehr als einmal befristen darf. Dagegen sind **nach Eintritt des Versicherungsfalls** (insbes. vergleichsweise) getroffene **Vereinbarungen** über das Bestehen oder den Umfang der Leistungspflicht des Versicherers oder über eine nochmalige Befristung des Anerkenntnisses nach wie vor möglich, allerdings an strenge Voraussetzungen gebunden (→ § 173 Rn. 33 ff.).[6]

Keine Bedenken bestehen andererseits gegen Vereinbarungen, die eine für den Versicherungs- 6
nehmer **vorteilhafte Abweichung** von den genannten Bestimmungen vorsehen. So kann sich der Versicherer bspw. abweichend von § 173 Abs. 2 in seinen AVB in der Weise beschränken, dass er

---
[1] Vgl. Begr. RegE, BT-Drs. 16/3945, 106.
[2] Vgl. nur *Wandt* VersR Rn. 159.
[3] Vgl. etwa *Wandt* VersR Rn. 159 mwN; *Klenk* in Looschelders/Pohlmann VVG § 175 Rn. 4; *Mertens* in HK-VVG § 175 Rn. 1.
[4] *Fuchs* in Ulmer/Brandner/Hensen AGB-Recht, 13. Aufl. 2022, BGB Vor § 307 Rn. 57.
[5] So *Klenk* in Looschelders/Pohlmann VVG § 175 Rn. 3.
[6] Begr. RegE, BT-Drs. 16/3945, 106; hM, *Lücke* in Prölss/Martin VVG § 175 Rn. 1; *Neuhaus/Schwintowski* in Schwintowski/Brömmelmeyer/Ebers VVG § 175 Rn. 4; aA *Klenk* in Looschelders/Pohlmann VVG § 175 Rn. 2 mwN.

eine Befristung nur auf ganz bestimmte Gründe (etwa: ungeklärte Verweisungsmöglichkeit) stützen will (→ § 173 Rn. 18).[7]

C. Freiheit der Produktgestaltung nach § 172

7 Um die Freiheit der Produktgestaltung nicht zu beeinträchtigen, hat der Gesetzgeber davon abgesehen, auch dem § 172 einen halbzwingenden Charakter beizulegen. So kann ein Vertrag bspw. vorsehen, dass der Versicherer nur dann leisten muss, wenn die Berufsunfähigkeit einen bestimmten Prozentsatz übersteigt (→ § 172 Rn. 52ff.).[8]

8 Allerdings bleiben die sich aus **allgemeinen** Bestimmungen ergebenden **Schranken der Vertragsfreiheit** von dieser gesetzgeberischen Entscheidung unberührt. So unterliegt die Ausgestaltung des Produkts „Berufsunfähigkeitsversicherung" insbes. der AGB-Kontrolle nach Maßgabe der §§ 305ff. BGB. Zwar sind Leistungsbeschreibungen im engeren Sinne grds. nur im Hinblick auf ihre Transparenz und nicht inhaltlich zu überprüfen (arg. § 307 Abs. 3 S. 1, 2 BGB), weil durch eine Inhaltskontrolle schon mangels eines brauchbaren Kontrollmaßstabes keine Überprüfung des Preis-Leistungs-Verhältnisses erfolgen soll. Kontrollfrei bleiben aber gerade bei „Rechtsprodukten" wie etwa Versicherungen im Wesentlichen nur die essentialia negotii bzw. die „identitätsstiftenden" und „wettbewerbsrelevanten" Produktmerkmale. Modifikationen der so konkretisierten Leistungsversprechens bleiben dagegen einer Inhaltskontrolle unterworfen, so dass eine Überprüfung von Klauseln stattfindet, die das Hauptleistungsversprechen einschränken, verändern oder aushöhlen.[9]

§ 176 Anzuwendende Vorschriften

Die §§ 150 bis 170 sind auf die Berufsunfähigkeitsversicherung entsprechend anzuwenden, soweit die Besonderheiten dieser Versicherung nicht entgegenstehen.

Übersicht

		Rn.			Rn.
A.	Inhalt und Zweck der Norm	1	XI.	Herbeiführung des Versicherungsfalls durch den Leistungsberechtigten (§ 162)	30
B.	Analoge Anwendung der §§ 150–170	2			
I.	Versicherte Person (§ 150)	3	XII.	Prämien- und Leistungsänderung (§ 163)	32
II.	Ärztliche Untersuchung (§ 151)	5			
III.	Widerruf des Versicherungsnehmers (§ 152)	6	XIII.	Bedingungsanpassung (§ 164)	35
			XIV.	Prämienfreie Versicherung (§ 165)	36
IV.	Überschussbeteiligung (§ 153)	8	XV.	Kündigung des Versicherers (§ 166)	41
V.	Modellrechnung zur Ablaufleistung und jährliche Benachrichtigung (§§ 154, 155)	10	XVI.	Umwandlung zur Erlangung eines Pfändungsschutzes (§ 167)	43
VI.	Zurechnung von Kenntnis und Verhalten eines versicherten Dritten (§ 156)	13	XVII.	Kündigung des Versicherungsnehmers (§ 168)	47
			XVIII.	Rückkaufswert (§ 169)	51
VII.	Unrichtige Altersangabe (§ 157)	17	XIX.	Eintrittsrecht (§ 170)	55
VIII.	Gefahränderung (§ 158)	19	C.	Entgegenstehende Besonderheiten der Berufsunfähigkeitsversicherung	56
IX.	Bestimmung eines Bezugsberechtigten (§§ 159, 160)	21	I.	Im Rahmen der Verweisung des § 176	56
			II.	Analoge Anwendung von § 212?	57
X.	Herbeiführung des Versicherungsfalls durch die versicherte Person (§ 161)	26	D.	Abdingbarkeit der Verweisungen	60

Schrifttum: Vgl. die Angaben bei → § 172.

---

[7] *Baumann* in Bruck/Möller § 175 Rn. 10.
[8] Begr. RegE, BT-Drs. 16/3945, 106.
[9] *Fuchs* in Ulmer/Brandner/Hensen AGB-Recht, 13. Aufl. 2022, BGB § 307 Rn. 14, 18ff., 40ff., 55ff.; vgl. aus der Rspr. etwa BGHZ 137, 174 (175) = VersR 1998, 175.

A. Inhalt und Zweck der Norm

Die durch die VVG-Reform eingeführte Norm soll deutlich machen, dass die nach altem 1 Recht praktizierte Anwendung von Vorschriften aus dem Recht der Lebensversicherung deswegen obsolet wird, weil das neue VVG nunmehr zentrale Fragen der Berufsunfähigkeitsversicherung ausdrücklich regelt. Daher sollen die **Gesetzesbestimmungen** zur **Lebensversicherung** weiterhin **entsprechend anwendbar** sein (→ Rn. 2 ff.), soweit nicht Besonderheiten der Berufsunfähigkeitsversicherung dem entgegenstehen (→ Rn. 55 f.).[1] Insbesondere bleibt eine Verweisung auf § 171 ausgespart, der eine Reihe lebensversicherungsrechtlicher Vorschriften für halbzwingend erklärt (→ Rn. 60). Für Altverträge gilt § 176 nicht (vgl. Art. 4 Abs. 3 EGBGB). Zur Entstehungsgeschichte → § 172 Rn. 4.

B. Analoge Anwendung der §§ 150–170

Auch unter der Herrschaft des alten VVG hatte die Rspr. bei der rechtlichen Behandlung der 2 gesetzlich nicht geregelten Berufsunfähigkeitsversicherung die Vorschriften über die Lebensversicherung in den §§ 159–178 VVG aF unter Hinweis darauf herangezogen, dass „die unselbständige wie auch die selbständige Berufsunfähigkeitsversicherung der Lebensversicherung zuzurechnen" sei.[2] Diese Rspr. findet in Zukunft ihre **normative Grundlage** in der vorliegenden Bestimmung. Auch die Muster-AVB zur selbständigen Berufsunfähigkeitsversicherung (BU, → Vor § 172 Rn. 8) haben teilweise die Regelungen aus den Versicherungsbedingungen zur Lebensversicherung (etwa ALB) übernommen. In den AVB der Berufsunfähigkeitszusatzversicherung (BUZ) wird von vornherein bestimmt, dass auf dort nicht geregelte Fragen die Bedingungen der Hauptversicherung (zB Lebens- oder Rentenversicherung) sinngemäße Anwendung finden sollen (§ 9 Abs. 10 BUZ).

I. Versicherte Person (§ 150)

Nach § 150 Abs. 1 kann eine Lebensversicherung sowohl auf die **Person des Versicherungs-** 3 **nehmers** wie auf die **Person eines Dritten** genommen werden. Dies gilt auch für die Berufsunfähigkeitsversicherung (→ § 172 Rn. 38). Bei der Versicherung eines Dritten tritt der Versicherungsfall ein, wenn dieser Dritte (die Gefahrperson) berufsunfähig wird. Ob der Dritte dabei (im Rahmen einer Versicherung für eigene Rechnung) lediglich die Rolle einer Gefahrperson ohne eigenen Anspruch einnimmt oder diese Rechtsstellung durch Abschluss einer Versicherung für fremde Rechnung zu der eines „Versicherten" iS der §§ 43 Abs. 1, 44 aufgewertet wird (→ § 172 Rn. 38a), ist durch Auslegung des Versicherungsvertrages zu ermitteln.[3] Dieser zweite Fall liegt vor, wenn ausschließlich oder jedenfalls neben dem Eigeninteresse des Versicherungsnehmers dem Interesse des Versicherten Rechnung getragen wird. Das ist in der Regel beim Abschluss einer Berufsunfähigkeitsversicherung der Fall, wenn dadurch Familienmitglieder gegen die Folgen gesundheitlicher Beeinträchtigungen geschützt werden sollen, und zwar unbeschadet des Umstands, dass der Versicherungsnehmer sich dadurch gleichzeitig gegen die unterhaltsrechtlichen Folgen einer Berufsunfähigkeit absichert.[4]

In der Frage, ob bei Abschluss einer Berufsunfähigkeitsfremdversicherung analog § 150 Abs. 2 4 S. 1 Hs. 1 die **schriftliche Einwilligung** der Gefahrperson (→ § 172 Rn. 38) erforderlich ist, besteht keine Einigkeit. Im Schrifttum wird die entsprechende Anwendung ohne nähere Begründung[5] oder unter Hinweis auf einen aus den § 150 Abs. 2 S. 1, § 179 Abs. 2 S. 1 abzuleitenden allgemeinen Rechtssatz (keine Spekulation mit der Gesundheit eines anderen) bejaht,[6] teilweise aber auch wegen der praktisch nur geringen Gefahr einer Spekulation mit der Gesundheit eines Dritten in Zweifel gezogen.[7] In der Tat fehlt es bereits im Ausgangspunkt an der rechtlichen Basis für eine Analogiebildung, weil Normzweck und Interessenlage des § 150 Abs. 2 S. 1 nicht auf die Berufsunfähigkeitsversicherung übertragbar sind. Denn bereits nach ihrem Wortlaut beschränkt sich

---

[1] RegE BT-Drs. 16/3945, 107.
[2] BGH VersR 1988, 1233; 1991, 289.
[3] BGH VersR 2020, 1097.
[4] BGH VersR 2020, 1097.
[5] *Lücke* in Prölss/Martin VVG § 176 Rn. 5; *Mertens* in HK-VVG § 166 Rn. 1; wohl auch *Ortmann* in Schwintowski/Brömmelmeyer/Ebers VVG § 150 Rn. 7.
[6] *Neuhaus* Berufsunfähigkeitsversicherung Kap. 4 Rn. 71; *Klenk* in Looschelders/Pohlmann VVG § 176 Rn. 3.
[7] *Rixecker* in Beckmann/Matusche-Beckmann VersR-HdB § 46 Rn. 11.

diese Vorschrift darauf, dass die Lebensversicherung auf den Tod eines anderen genommen wird; für reine Erlebensfallversicherungen gilt sie gerade nicht.[8] Versicherungsfall ist im vorliegenden Zusammenhang mit der Berufsunfähigkeit einer Person aber ebenfalls ein zu **Lebzeiten** eintretendes Ereignis,[9] dessen bewusste Herbeiführung aus spekulativen Erwägungen außerdem in der Praxis in der Tat wohl kaum zu befürchten steht.[10] Für die im Bereich der **betrieblichen Altersversorgung** geschlossenen Kollektivverträge besteht das Einwilligungserfordernis ohnehin nicht (§ 150 Abs. 2 S. 1 Hs. 2), weil es insofern an einem Schutzbedürfnis mangelt.[11] Beim Abschluss einer **Berufsunfähigkeitszusatzversicherung** zu einer auf den Todesfall abgeschlossenen Fremdversicherung wird die zur Hauptversicherung erteilte Zustimmung der Gefahrperson regelmäßig auch den Abschluss der Zusatzversicherung umfassen.[12] Fehlt es an der Einwilligung zur Hauptversicherung, kommt regelmäßig auch die Zusatzversicherung nicht zustande (§ 9 Abs. 1 S. 1 BUZ).

II. Ärztliche Untersuchung (§ 151)

5   Nach § 151 besteht **kein durchsetzbarer Anspruch** des Lebensversicherers auf Durchführung einer ärztlichen Untersuchung, so dass auch für den Fall der Weigerung des Versicherten keine Vertragsstrafe vereinbart werden kann.[13] Die Ratio der Vorschrift – Schutz des allgemeinen Persönlichkeitsrechts des Versicherten – trifft auch für die Berufsunfähigkeitsversicherung zu. Allerdings schließt die Bestimmung nicht aus, dass der Leistungsanspruch nur bei Vorlage ausführlicher Arztberichte fällig wird (→ § 172 Rn. 209 f.) und der Anspruchsteller de facto die Leistungen des Versicherers nur erhält, wenn er – mit Hilfe ärztlicher Gutachten – seine dauernde Berufsunfähigkeit nachweisen kann.[14] Zulässig ist auch die Vereinbarung vertraglicher Untersuchungsobliegenheiten (so in den §§ 7 Abs. 2, 9 Abs. 2 BU, 4 Abs. 2, 6 Abs. 2 BUZ), deren vorsätzliche Nichterfüllung zu einer (einstweiligen) Leistungsfreiheit des Versicherers führt (§§ 10 S. 1 BU, 7 S. 1 BUZ; → § 172 Rn. 216 f.; → § 174 Rn. 30).[15]

III. Widerruf des Versicherungsnehmers (§ 152)

6   Die im Vergleich zu § 8 Abs. 1 S. 1 deutliche **Verlängerung der Widerrufsfrist** für Lebensversicherungsverträge in § 152 Abs. 1 geht auf eine gemeinschaftsrechtliche Vorgabe zurück.[16] Sie gilt ohne Weiteres auch für Lebensversicherungsverträge mit einer Berufsunfähigkeitszusatzversicherung, weil auch diese Verträge in den Anwendungsbereich der lebensversicherungsrechtlichen Richtlinien fallen.[17] Ob sich die Verlängerung auch auf selbständige Berufsunfähigkeitsversicherungen übertragen lässt,[18] erscheint dagegen zweifelhaft, weil deren Inhalt gerade nicht europarechtlich vorgeprägt ist. Immerhin lässt sich eine entsprechende Anwendung mit der hinter der Fristverlängerung aufscheinenden Erwägung rechtfertigen, dass die (selbständige) Berufsunfähigkeits- ebenso wie die Lebensversicherung für den Versicherungsnehmer wirtschaftlich von beträchtlicher Bedeutung ist und die komplexen Vertragsbedingungen es nahe legen, ihm eine längere Prüfungszeit einzuräumen.[19] Diese Überlegung spricht in der Tat dafür, in entsprechender Anwendung des § 152 Abs. 1 und abweichend von § 8 Abs. 1 S. 1 von einer **Widerrufsfrist von 30 Tagen** ab Zugang der erforderlichen Unterlagen beim Versicherungsnehmer (vgl. § 8 Abs. 2) auszugehen.[20]

7   Als Konsequenz dieser Fristverlängerung schiebt § 152 Abs. 3 abweichend von § 33 Abs. 1 auch die **Fälligkeit des Einlösungsbetrages** hinaus und bestimmt, dass die Erstprämie erst unverzüglich nach Ablauf von 30 Tagen nach Eingang des Versicherungsscheins entrichtet werden muss. Da es

---

[8]   Vgl. etwa *Patzer* in Looschelders/Pohlmann VVG § 150 Rn. 4; *Ortmann* in Schwintowski/Brömmelmeyer/Ebers VVG § 150 Rn. 7.
[9]   *Brambach* in HK-VVG § 150 Rn. 5.
[10] AA *Baumann* in Bruck/Möller VVG § 176 Rn. 7.
[11] Vgl. Begr. RegE, BT-Drs. 16/3945, 95.
[12] *Neuhaus* Berufsunfähigkeitsversicherung Kap. 4 Rn. 70.
[13] *Neuhaus* Berufsunfähigkeitsversicherung Kap. 4 Rn. 72.
[14] OLG Saarbrücken VersR 2019, 1546.
[15] *Lücke* in Prölss/Martin VVG § 176 Rn. 5.
[16] Vgl. Art. 15 Abs. 1 UAbs. 1 der RL 90/619/EWG v. 8.11.1990, ABl. 1990 L 330, S. 50 (Zweite Lebensversicherungsrichtlinie), geändert durch Art. 17 der RL 2002/65/EG v. 23.9.2002, ABl. 2002 L 271, S. 15 (Richtlinie über den Fernabsatz von Finanzdienstleistungen).
[17] Vgl. Art. 1 Nr. 1 lit. c der RL 79/267/EWG v. 5.3.1979, ABl. 1979 63, S. 1 (Erste Lebensversicherungsrichtlinie).
[18] Dafür *Lücke* in Prölss/Martin VVG § 176 Rn. 5; *Klenk* in Looschelders/Pohlmann VVG § 176 Rn. 3.
[19] Vgl. *Patzer* in Looschelders/Pohlmann VVG § 152 Rn. 3.
[20] *Neuhaus* Berufsunfähigkeitsversicherung Kap. 2 Rn. 72.

Anzuwendende Vorschriften 8–10 § 176

sich bei § 152 Abs. 3 aber (arg. § 171 S. 1) um dispositives Recht handelt[21] und der halbzwingende Charakter der Vorschrift ohnehin nicht mit in die Berufsunfähigkeit übernommen wird (→ Rn. 60), können die Parteien im Rahmen der allgemeinen gesetzlichen Vorschriften vertraglich abweichende Regelungen treffen. Dementsprechend sehen § 13 Abs. 2 S. 1 BU, § 9 Abs. 10 BUZ iVm zB § 10 Abs. 2 S. 1 ALB zulässigerweise vor, dass der Einlösungsbeitrag unverzüglich nach Vertragsabschluss, jedoch nicht vor dem vereinbarten und im Versicherungsschein angegebenen Versicherungsbeginn gezahlt werden muss. Dies bedeutet, dass der Versicherungsnehmer möglicherweise zur Zahlung der Erstprämie bereits vor Ablauf der Widerrufsfrist verpflichtet ist. Zahlt der Versicherungsnehmer den vorher fälligen Einlösungsbeitrag aber erst nach Ablauf der Widerrufsfrist, wird er ohne ein gesonderten Hinweis des Versicherers idR diese verspätete Zahlung nicht zu vertreten haben (→ § 172 Rn. 39).[22] Widerruft er nach Zahlung der Prämie, ergibt sich der Rückzahlungsanspruch aus einer entsprechenden Anwendung von § 9 Abs. 1. Dagegen geht die Verweisung auf § 152 Abs. 2 und damit auf § 169 (Zahlung eines **Rückkaufswerts**) insoweit ins Leere, als die Berufsunfähigkeitsversicherung – anders als von § 169 Abs. 1 vorausgesetzt – idR keinen Schutz für ein Risiko bietet, „bei dem der Eintritt der Verpflichtung des Versicherers gewiss ist" (vgl. aber auch → § 176 Rn. 52).[23] Etwas anderes gilt für Sonderformen (etwa: Berufsunfähigkeitsversicherung mit Beitragsrückgewähr bei Ablauf).[24] Hier kann der Versicherungsnehmer in entsprechender Anwendung des § 152 Abs. 2 auch einen Anspruch auf Auszahlung des Rückkaufswerts einschließlich der Überschussanteile (vgl. § 169) geltend machen.

IV. Überschussbeteiligung (§ 153)

In der Lebensversicherung steht dem Versicherungsnehmer nach § 153 Abs. 1 eine **Über-** 8 **schussbeteiligung** zu. Diese Regelung findet in der Berufsunfähigkeitsversicherung entsprechende Anwendung.[25] Der Versicherungsnehmer wird also an dem sich aus dem Jahresabschluss ergebenden Überschuss sowie an den Bewertungsreserven beteiligt,[26] sofern die Überschussbeteiligung nicht durch eine ausdrückliche Vereinbarung ausgeschlossen wurde.

Jedenfalls die Musterbedingungen sehen **keinen** derartigen **Ausschluss,** sondern in ihren §§ 3 9 BU, 8 BUZ im Gegenteil ausdrücklich vor, dass der Versicherungsnehmer nach § 153 eine solche Überschussbeteiligung erhalten soll. In § 3 BU werden die Grundsätze und Maßstäbe für die Überschussbeteiligung der Versicherungsnehmer detailliert dargestellt.[27] Nach einem Überblick über die Regelung insgesamt (Abs. 1) werden dazu die allgemeinen Grundsätze zur Ermittlung einer solchen Beteiligung (Abs. 2), deren Ermittlung für den einzelnen Vertrag (Abs. 3, 4) sowie, die Entstehung und Zuordnung von Bewertungsreserven (Abs. 5, 6) erläutert und dargelegt, warum die Höhe der Überschussbeteiligung nicht garantiert werden kann (Abs. 7) und wie der Versicherungsnehmer über den Stand der Überschussbeteiligung informiert wird (Abs. 8, 9). In § 8 BUZ werden die sich in einer Zusatzversicherung ergebenden Besonderheiten einer Überschussbeteiligung erläutert.

V. Modellrechnung zur Ablaufleistung und jährliche Benachrichtigung (§§ 154, 155)

Ein Lebensversicherer, der mit dem Angebot oder dem Abschluss einer Lebensversicherung 10 bezifferte Angaben zur Höhe einer Überschussbeteiligung macht, ist nach § 154 Abs. 1 S. 1 zur Übermittlung einer **Modellrechnung** verpflichtet, bei der die vertragliche Ablaufleistung unter Zugrundelegung der Rechnungsgrundlagen für die Prämienkalkulation mit drei verschiedenen Zinssätzen dargestellt wird. Dabei muss er klarstellen, dass es sich nur um ein Rechenmodell auf fiktiver Grundlage handelt (Abs. 2). Modellrechnungen kommen nur in Betracht bei Lebensversicherungsverträgen, bei denen die Überschussbeteiligung ein „erhebliches wirtschaftliches Gewicht" hat.[28] Daher ist eine solche Rechnung beim Abschluss von Risikolebensversicherungen und fondsgebundenen Lebensversicherungen nicht erforderlich (Abs. 1 S. 2). Darüber hinaus hat der Versicherer den Versicherungsnehmer nach dem Abschluss einer Lebensversicherung mit Überschussbeteiligung **jährlich** in Textform (§ 126b BGB) über die Entwicklung seiner Ansprüche unter Einbeziehung der Überschussbeteiligung zu **unterrichten** (§ 155). Diese Verpflichtung besteht auch zB beim Abschluss einer Risikolebensversicherung.

---

[21] Vgl. auch Begr. RegE, BT-Drs. 16/3945, 95.
[22] *Lücke* in Prölss/Martin BU § 13 Rn. 4.
[23] *Lücke* in Prölss/Martin VVG § 176 Rn. 5; vgl. auch *Neuhaus* Berufsunfähigkeitsversicherung Kap. 2 Rn. 72.
[24] RegE BT-Drs. 16/3945 S. 107; vgl. aber auch *Neuhaus* Berufsunfähigkeitsversicherung Kap. 17 Rn. 17.
[25] *Lücke* in Prölss/Martin VVG § 176 Rn. 5 und BU § 3 Rn. 2; *Neuhaus* Berufsunfähigkeitsversicherung Kap. 15 Rn. 18; *Höra* r+s 2008, 89 (94 f.).
[26] Dazu *Engeländer* VersR 2007, 155.
[27] Dazu *Neuhaus* Berufsunfähigkeitsversicherung Kap. 4 Rn. 54.
[28] Begr. RegE, BT-Drs. 16/3945, 97.

11 Auf Berufsunfähigkeitsversicherungen mit Überschussbeteiligung finden §§ 154, 155 grds. **entsprechende Anwendung.**[29] In Anbetracht der Tatsache, dass Überschussbeteiligungen im Rahmen der Berufsunfähigkeitsversicherung keine große wirtschaftliche Bedeutung haben dürften, erscheint es aber angezeigt, neben dem § 154 Abs. 1 S. 1 auch den Grundgedanken des Abs. 1 S. 2 zu übernehmen und den Versicherer – ebenso wie beim Abschluss von Risiko- und fondsgebundenen Lebensversicherungen – von der Verpflichtung zur Vorlage einer Modellrechnung zu befreien.[30]

12 Zweifelhaft ist, ob bei Berufsunfähigkeitsversicherungen auch auf die in § 155 vorgeschriebene **jährliche Mitteilung** verzichtet werden kann. Man könnte einen solchen Verzicht mit der Überlegung begründen, dass der Versicherungsnehmer durch die jährliche Information in die Lage versetzt werden soll, frühzeitig einen Nachfinanzierungsbedarf zu erkennen, und dieser Gedanke eine analoge Heranziehung nicht rechtfertigt, weil die Berufsunfähigkeitsversicherung nicht zum Vermögensaufbau dient.[31] Da sich die Überschussbeteiligung aber zB aus den gegenüber der Tarifkalkulation geringeren Aufwendungen sowie den Erträgen von Kapitalanlagen zusammensetzt, besteht – auch ohne Vorliegen eines Nachfinanzierungsbedarfs – ein allgemeines Informationsbedürfnis des Versicherungsnehmers, dem durch eine jährliche Information auch in der Berufsunfähigkeitsversicherung Rechnung getragen werden sollte.

VI. Zurechnung von Kenntnis und Verhalten eines versicherten Dritten (§ 156)

13 Für die Lebensversicherung sieht § 156 vor, dass bei Versicherungen auf die Person eines anderen (vgl. § 150 Abs. 1) **Kenntnis und Verhalten der Gefahrperson** (→ § 172 Rn. 38), soweit rechtlich relevant, denen des Versicherungsnehmers gleichgestellt („zu berücksichtigen") sind. Die Vorschrift ist auf Berufsunfähigkeitsversicherungen analog anzuwenden.[32] Es handelt sich hier um eine Zurechnungsnorm eigener Art, so dass dadurch nicht etwa zwischen Versicherer und Gefahrperson ein eigenes gesetzliches Schuldverhältnis geschaffen wird. Die Zurechnungsnormen der §§ 156 (Versicherung auf die Person eines anderen) und 47 (Versicherung für fremde Rechnung) überschneiden sich und finden dann parallele Anwendung,[33] wenn der Versicherte iSd § 43 gleichzeitig auch die Gefahrperson ist (→ § 172 Rn. 38).

14 Die Analogie findet ihren Niederschlag zunächst in § 6 Abs. 2 BU, § 9 Abs. 10 BUZ iVm zB § 6 Abs. 2 ALB, wonach bei Versicherung einer anderen Person auch diese Gefahrperson – neben dem Versicherungsnehmer – für die wahrheitsgemäße und vollständige Beantwortung der Fragen des Versicherers verantwortlich ist, so dass die Rechtsfolgen der **Anzeigepflichtverletzung** (Rücktritt, Kündigung, Vertragsanpassung, Anfechtung, vgl. § 6 Abs. 4 BU, § 9 Abs. 10 BUZ iVm § 6 Abs. 4 ALB) auch bei einer Pflichtverletzung der Gefahrperson eintreten. Die Formulierung dieser Klausel ist freilich missverständlich. Da die Gefahrperson nicht zum Vertragspartner wird und nicht in einem gesetzlichen Schuldverhältnis zum Versicherer steht (→ Rn. 13), können auch eigene vorvertragliche Anzeigepflichten sie persönlich nicht treffen. Gemeint ist vielmehr, dass sich der Versicherungsnehmer unzutreffende und unvollständige Antworten der Gefahrperson zurechnen lassen muss (→ § 172 Rn. 38). In den § 6 Abs. 17 S. 2 BU, § 9 Abs. 10 BUZ iVm § 6 Abs. 17 S. 2 ALB wird der Versicherungsnehmer darauf hingewiesen, dass auch im Falle einer Täuschung durch die Gefahrperson die Anfechtung ihm gegenüber selbst dann erklärt werden kann, wenn er von der „Anzeigepflichtverletzung" (genauer: Täuschung) keine Kenntnis hatte. Die Gefahrperson ist also nicht „Dritter" iSd § 123 Abs. 2 S. 1 BGB.

15 Eine Zurechnung des Verhaltens der versicherten Person erfolgt weiter im Zusammenhang mit **Risikoausschlüssen.** Die § 5 S. 2 lit. a, c BU, § 3 S. 2 lit. a, c BUZ schließen eine Leistungspflicht des Versicherers bei Eintritt von Berufsunfähigkeit aus, die auf die vorsätzliche Ausführung oder den Versuch einer Straftat oder auf eine absichtliche Herbeiführung von Krankheit oder Kräfteverfall, absichtliche Selbstverletzung oder versuchte Selbsttötung der versicherten Person zurückzuführen ist (→ Rn. 27 ff.). Der Versicherer ist ebenfalls nicht einstandspflichtig, wenn die Berufsunfähigkeit der versicherten Person durch Kriegsereignisse verursacht wurde. Dies gilt nicht, wenn die versicherte Person in Zusammenhang mit Kriegsereignissen berufsunfähig wird, denen sie während eines Aufenthalts im Ausland ohne eigene aktive Beteiligung ausgesetzt war (vgl. § 5 S. 2 lit. f BU, § 3 S. 2 lit. f BUZ).

16 Gemäß § 10 S. 1, 2 BU, § 7 S. 1, 2 BUZ soll auch eine Gefahrperson (→ § 172 Rn. 38) zur Erfüllung der sich aus § 9 Abs. 2 BU bzw. § 6 Abs. 2 BUZ ergebenden **Mitwirkungsobliegenhei-**

---

[29] *Lücke* in Prölss/Martin VVG § 176 Rn. 5; *Klenk* in Looschelders/Pohlmann VVG § 176 Rn. 3.
[30] *Neuhaus* Berufsunfähigkeitsversicherung Kap. 1 Rn. 18; *Ortmann* in Schwintowski/Brömmelmeyer/Ebers VVG § 154 Rn. 5; aA *Klenk* in Looschelders/Pohlmann VVG § 176 Rn. 3.
[31] Für Unanwendbarkeit des § 155: *Neuhaus* Berufsunfähigkeitsversicherung Kap. 1 Rn. 8.
[32] *Lücke* in Prölss/Martin VVG § 176 Rn. 6; *Klenk* in Looschelders/Pohlmann VVG § 176 Rn. 3.
[33] Anders BT-Drs. 16/3945, S. 98; *Patzer* in Looschelders/Pohlmann VVG § 156 Rn. 1.

ten verpflichtet sein. Auch in diesem Zusammenhang gilt aber, dass eine persönliche Verpflichtung der Gefahrpersonen nicht besteht, ihr Verhalten vielmehr dem Versicherungsnehmer zugerechnet wird (→ Rn. 14). Vorsätzliches bzw. grob fahrlässiges Verhalten ist dann anzunehmen, wenn das Verhalten der Gefahrperson, als Verhalten des Versicherungsnehmers gedacht, die Kriterien der jeweiligen Schuldform erfüllt hätte. Eine Obliegenheit der Gefahrperson zur Beibringung der in den § 7 Abs. 1 BU, § 4 Abs. 1 BUZ aufgeführten Unterlagen und Informationen besteht schon deswegen nicht, weil sie (bei einer Versicherung für eigene Rechnung) keine Leistung aus dem Versicherungsvertrag beanspruchen kann (→ § 172 Rn. 38).

VII. Unrichtige Altersangabe (§ 157)

Bei Angabe eines **unrichtigen Alters** der versicherten Person ist der Lebensversicherer entgegen § 19 Abs. 2 nicht zum Rücktritt berechtigt. In einem solchen Fall erfolgt vielmehr eine Leistungsanpassung in dem Verhältnis, in welchem die dem wirklichen Alter entsprechende Prämie zu der vereinbarten Prämie steht (§ 157 S. 1). 17

Soweit sich das Alter der versicherten Person in der Berufsunfähigkeitsversicherung bei der **Prämienberechnung** niederschlägt, gilt dieser Grundsatz auch hier entsprechend (vgl. §§ 7 Abs. 1 S. 1 lit. a BU, 4 Abs. 1 lit. a BUZ, wonach bei Anspruchserhebung zum Nachweis des Versicherungsfalls eine Geburtsurkunde der versicherten Person vorzulegen ist).[34] Dem Versicherer steht aber auch in der Berufsunfähigkeitsversicherung analog § 157 S. 2 dann ein Rücktrittsrecht zu, wenn er den Vertrag bei richtiger Altersangabe überhaupt nicht geschlossen hätte. Dafür ist der Versicherer beweispflichtig.[35] Maßgebend sind insoweit seine Abschlussregeln, die er aufdecken muss. 18

VIII. Gefahränderung (§ 158)

Für den Lebensversicherungsvertrag sieht § 158 Sonderregeln zu den §§ 23 ff., 41 vor. Danach gelten in der Lebensversicherung nur solche **Änderungen der Gefahrstände** als Gefahrerhöhung, die nach einer ausdrücklichen Vereinbarung in Textform (§ 126b BGB) als eine Gefahrerhöhung angesehen werden sollen (§ 158 Abs. 1). Auf die Rechtsfolgen einer ohne Zustimmung des Versicherers erfolgten Gefahrerhöhung kann sich der Versicherer gem. § 158 Abs. 2 nach Ablauf von fünf Jahren seit der Erhöhung nicht mehr berufen, es sei denn, der Versicherungsnehmer hat seine Verpflichtungen aus § 23 (Einholung einer Einwilligung bzw. Anzeige der Gefahrerhöhung) vorsätzlich oder arglistig verletzt. In diesem Fall wird die Frist auf zehn Jahre verlängert. Im Gegenzug ist abweichend von § 41 auch die Minderung der Gefahrumstände nur dann prämienwirksam, wenn die betreffenden Umstände durch ausdrückliche Vereinbarung als Gefahrminderung anerkannt worden sind. Die Regelung soll angesichts einer in der Lebensversicherung mit Unsicherheiten behafteten Abgrenzung von Gefahrerhöhung und Gefahrminderung Klarheit schaffen.[36] 19

Diese Regeln sind in analoger Anwendung grds. auch für die Berufsunfähigkeitsversicherung maßgeblich, deren Bedingungen allerdings idR **keine besonderen Vereinbarungen** über eine Erhöhung oder Minderung der Gefahrumstände vorsehen,[37] so dass ein Versicherter zB nicht verpflichtet ist, seinen bei Vertragsabschluss ausgeübten Beruf beizubehalten und damit eine „Gefahrerhöhung" zu unterlassen.[38] Dem Versicherer steht deshalb in solchen Fällen gerade kein Kündigungsrecht zu. Auch der Abschluss weiterer Berufsunfähigkeitsversicherungen stellt keine Gefahrerhöhung dar.[39] 20

IX. Bestimmung eines Bezugsberechtigten (§§ 159, 160)

Für die Lebensversicherung sieht § 159 Abs. 1 vor, dass der Versicherungsnehmer im Zweifel berechtigt ist, ohne Zustimmung des Versicherers einen Dritten als **Bezugsberechtigten** einzusetzen bzw. diese Einsetzung nachträglich zu ändern. Ein widerruflich eingesetzter Bezugsberechtigter erwirbt den Anspruch gegen den Versicherer erst mit Eintritt des Versicherungsfalls (§ 159 Abs. 2), bei unwiderruflicher Einsetzung entsteht das Bezugsrecht bereits mit der Bezeichnung des Berechtigten (§ 159 Abs. 3). Ergänzende Auslegungsregeln enthält § 160 für den Fall, dass zB mehrere Personen ohne nähere Bestimmung als Bezugsberechtigte bezeichnet werden (§ 160 Abs. 1) oder die Leistung 21

---

[34] Vgl. *Neuhaus* Berufsunfähigkeitsversicherung Kap. 21 Rn. 87.
[35] Insoweit anders *Neuhaus* Berufsunfähigkeitsversicherung Kap. 21 Rn. 88 (sekundäre Darlegungslast hinsichtlich der Abschlussgrundsätze).
[36] Begr. RegE, BT-Drs. 16/3945, 98.
[37] *Neuhaus* Berufsunfähigkeitsversicherung Kap. 1 Rn. 18.
[38] OLG Saarbrücken VersR 2004, 1401.
[39] OLG Hamm VersR 1993, 1135.

des Versicherers nach dem Tod des Versicherungsnehmers an dessen Erben erfolgen soll (§ 160 Abs. 2).

22 In der Berufsunfähigkeitsversicherung gelten diese Vorschriften entsprechend, sie werden in den **AVB teilweise aufgenommen.** So sieht § 12 Abs. 1 S. 1 u. Abs. 2 S. 1 BU in Übereinstimmung mit § 159 Abs. 1 (analog) vor, dass die Leistung aus dem Versicherungsvertrag zwar grds. an den Versicherungsnehmer erbracht wird, der Versicherungsnehmer jedoch berechtigt sein soll, einen **Bezugsberechtigten zu benennen,** der dann im Versicherungsfall die Ansprüche aus dem Versicherungsvertrag erwirbt. Einer Mitwirkung des Bezugsberechtigten bedarf es nicht; er muss von seiner Einsetzung nicht einmal Kenntnis haben.[40] Die Einsetzung des Dritten ist bis zum Eintritt des Versicherungsfalls jederzeit widerruflich (§ 12 Abs. 2 S. 2 u. 3 BU); danach kann ihm diese Rechtsposition – auch im Hinblick auf die erst später fällig werdenden Zahlungen – nicht mehr entzogen werden.[41] Der Versicherungsnehmer kann aber auch durch eine an den Versicherer gerichtete ausdrückliche Erklärung bestimmen, dass der Bezugsberechtigte diese Ansprüche sofort und unwiderruflich erhalten soll (§ 12 Abs. 2 S. 5 BU). In diesem Fall kann das Bezugsrecht in Übereinstimmung mit § 159 Abs. 3 (analog) nach Zugang der Erklärung vom Versicherungsnehmer nur noch mit Zustimmung der von ihm benannten Person aufgehoben werden (§ 12 Abs. 2 S. 6 BU). Eine Bestätigung durch den Versicherer ist nicht erforderlich. Durch die Benennung eines Bezugsberechtigten wird der Vertrag zu einer Berufsunfähigkeitsversicherung zugunsten Dritter, für welche – soweit nicht die §§ 159, 160 in entsprechender Anwendung gelten – die §§ 328–335 BGB heranzuziehen sind. Die Einräumung eines widerruflichen Bezugsrechts und ihr Widerruf sind nur formgültig, wenn sie in Textform (§ 126b BGB) angezeigt worden sind (§ 12 Abs. 4 S. 1 BU).

23 Die **Auslegungsregeln** des § 160 Abs. 1 S. 1, Abs. 2 gelten entsprechend. Bei Einsetzung mehrerer Berechtigter ohne nähere Bestimmung ihrer Anteile entsteht eine Bezugsberechtigung zu gleichen Teilen (§ 160 Abs. 1 S. 1 analog). Hat der Versicherungsnehmer ohne nähere Bezeichnung seine Erben *als Bezugsberechtigte* eingesetzt, so sind im Zweifel die zum *Zeitpunkt des Todes* erbberechtigten Personen gemeint, und zwar nicht zu gleichen Teilen (vgl. § 160 Abs. 1 S. 1), sondern *ihren Erbteilen entsprechend* (§ 160 Abs. 2 S. 1). Der Anspruch auf Leistungen aus der Berufsunfähigkeitsversicherung geht dann aber nicht im Wege der Universalsukzession (§ 1922 Abs. 1 BGB), sondern durch Singularsukzession nach § 328 BGB auf die Erben über, so dass eine Ausschlagung der Erbschaft folgerichtig auf die Bezugsberechtigung keinen Einfluss hat (§ 160 Abs. 2 S. 2 analog). Erbt der Fiskus, entsteht eine Bezugsberechtigung iSd § 160 Abs. 2 S. 1 analog nicht (vgl. § 160 Abs. 4 analog); allerdings kann der Fiskus Ansprüche aus der Berufsunfähigkeitsversicherung, falls diese in den Nachlass fallen, in seiner Eigenschaft als gesetzlicher Erbe geltend machen.[42] Ist der Versicherungsnehmer auch die versicherte Gefahrperson, kann den Erben – da der Anspruch auf Rentenzahlung und Beitragsbefreiung mit dem Tode des Versicherten erlischt (§§ 1 Abs. 4 BU/BUZ) – nur noch ein Anspruch auf rückständige Leistungen aus der Berufsunfähigkeitsversicherung zustehen.[43] Hat der Versicherungsnehmer dagegen keinen Bezugsberechtigten benannt, fallen diese Ansprüche in den Nachlass.[44]

24 Ist nur ein einziger Bezugsberechtigter eingesetzt, so steht das Recht auf Leistung dem Versicherungsnehmer zu, wenn der Dritte (zB durch Tod oder Zurückweisung nach § 333 BGB) das Recht nicht erwirbt (vgl. § 160 Abs. 3 analog); bei Vorhandensein mehrerer Bezugsberechtigter wächst in einem solchen Fall der Anteil des ausgeschiedenen Bezugsberechtigten den übrigen zu (§ 160 Abs. 1 S. 2 analog).

25 In den Musterbedingungen zur **Berufsunfähigkeitszusatzversicherung** wird für diese Fragen auf die für die Hauptversicherung maßgebenden Bestimmungen verwiesen (§ 9 Abs. 10 BUZ), so dass etwa der – wiederum mit § 12 BU textgleiche – § 9 ALB Anwendung findet.

X. Herbeiführung des Versicherungsfalls durch die versicherte Person (§ 161)

26 Nach § 161 Abs. 1 S. 1 ist ein Versicherer bei Abschluss einer Lebensversicherung für den Todesfall zur Leistung nicht verpflichtet, wenn sich die versicherte Person vor Ablauf von drei Jahren nach Vertragsabschluss vorsätzlich **selbst getötet** hat (zur Tötung einer Gefahrperson durch den Versicherungsnehmer vgl. § 162 u. → § 172 Rn. 62). Die Vorschrift soll verhindern, dass nach Abschuss eines Lebensversicherungsvertrages alsbald die Voraussetzungen für den Eintritt des Versicherungsfalls geschaffen werden. Nachdem in § 169 VVG aF noch ein unbefristeter Leistungsaus-

---

[40] *Neuhaus* Berufsunfähigkeitsversicherung Kap. 4 Rn. 91.
[41] BGH VersR 2020, 1097.
[42] Vgl. *Patzer* in Looschelders/Pohlmann VVG § 160 Rn. 10.
[43] *Neuhaus* Berufsunfähigkeitsversicherung Kap. 4 Rn. 116.
[44] *Neuhaus* Berufsunfähigkeitsversicherung Kap. 4 Rn. 120.

schluss bei Selbsttötung vorgesehen war, wurde die Dreijahresfrist durch die VVG-Reform zum Schutze der Hinterbliebenen eingeführt.[45]

Unklar ist, ob die Vorschrift im Rahmen einer Berufsunfähigkeitsversicherung in der Weise 27 analoge Anwendung finden kann, dass die Leistungspflicht des Versicherers entfällt, wenn die versicherte Person (Versicherungsnehmer oder Gefahrperson; → § 172 Rn. 38) vorsätzlich ihre **Berufsunfähigkeit** herbeigeführt hat. In der Tat sehen die **Musterbedingungen** einen Leistungsausschluss vor, wenn die Berufsunfähigkeit „durch absichtliche Herbeiführung von Krankheit oder von mehr als alterssentsprechendem Kräfteverfall, absichtliche Selbstverletzung oder versuchte Selbsttötung" (§ 5 Abs. 1 S. 2 lit. c BU, § 3 Abs. 1 S. 2 lit. c BUZ) verursacht ist, wobei der Versicherer im letzten Fall (in Übereinstimmung mit § 161 Abs. 1 S. 2) gleichwohl seine Leistung verspricht, wenn diese Handlungen nachweislich in einem die freie Willensbestimmung ausschließenden Zustand krankhafter Störung der Geistestätigkeit begangen wurden. Eine Beschränkung des Leistungsausschlusses auf einen bestimmten Zeitraum nach Eingehung des Vertrages findet sich also in der Klausel nicht. Gleichwohl wäre, sofern man die angesprochene Analogie zu § 161 Abs. 1 bejaht, ein zeitlich unbefristeter Ausschluss etwa im Hinblick auf § 171 nicht von vornherein unzulässig, weil der im Lebensversicherungsrecht vorgesehene halbzwingende Charakter des § 161 von der in § 176 enthaltenen Verweisung nicht übernommen wird (→ Rn. 60). Aus demselben Grund schadet es auch nichts, dass § 161 Abs. 1 nur eine *vorsätzliche Herbeiführung* des Versicherungsfalls (Tod des Versicherten) erfasst, während die genannte Ausschlussklausel auch eine (durch absichtliche Herbeiführung von Krankheit usw verursachte) *fahrlässige Verursachung* des Versicherungsfalls Berufsunfähigkeit genügen lässt. Der BGH hat bereits zu § 169 VVG aF festgestellt, dass es zwar bei einer Selbsttötung ohne Vorsatz im Interesse der Hinterbliebenen nicht gerechtfertigt erscheint, den Versicherer von der Leistung in der Lebensversicherung freizustellen, wohingegen dieser Regelungssinn auf die Berufsunfähigkeitsversicherung nicht übertragbar sei, weil dort der Versicherte selbst in den Genuss der Leistung komme. Daher sei in der Berufsunfähigkeitsversicherung ein Leistungsausschluss auch bei fahrlässiger Verursachung der Berufsunfähigkeit zulässig.[46]

Unabhängig davon, ob die in § 5 Abs. 1 S. 2 lit. c BU, § 3 Abs. 1 S. 2 lit. c BUZ enthaltene 28 Ausschlussklausel im konkreten Vertrag vereinbart worden ist oder nicht, spricht nichts dagegen, über § 176 auf jeden Fall auch den **§ 161 in analoger Anwendung** heranzuziehen.[47] Die Vorschrift ist Ausdruck des allgemeinen Rechtsgedankens (vgl. § 162 Abs. 2 BGB; zur Schadenversicherung § 81 Abs. 1), dass niemand aus einem treuwidrig herbeigeführten Ereignis soll Vorteile herleiten können. Dieser Gedanke trägt aber ebenfalls einen Leistungsausschluss in der Berufsunfähigkeitsversicherung. Die zum Schutz der Hinterbliebenen eingeführte (→ Rn. 26) Beschränkung auf den Dreijahreszeitraum ist allerdings im Zuge der Analogie nicht zu übernehmen, da die Leistungen des Versicherers idR der versicherten Person selbst zugutekommen. Damit ist der Versicherer analog § 161 Abs. 1 S. 1 leistungsfrei, wenn diese die Berufsunfähigkeit (auch *nach* Ablauf eines Zeitraums von drei Jahren nach Vertragsabschluss) vorsätzlich selbst herbeigeführt hat. Dies gilt nach § 161 Abs. 1 S. 2 nicht, wenn die Tat in einem die freie Willensbildung ausschließenden Zustand krankhafter Störung der Geistestätigkeit begangen wurde. Da die zeitliche Beschränkung des § 161 Abs. 1 entfällt, kommt dem § 161 Abs. 2 in der Berufsunfähigkeitsversicherung keine Bedeutung zu. Einen etwaigen Rückkaufswert (→ Rn. 51) hat der Versicherer nach §§ 161 Abs. 3, 169 analog zu erstatten.

Im Ergebnis können daher die § 5 Abs. 1 S. 2 lit. f BU, § 3 Abs. 1 S. 2 lit. c BUZ einerseits und 29 § 161 Abs. 1 (analog) parallele Anwendung finden. Während die AVB-Klauseln eine „absichtliche Herbeiführung" von Krankheit usw voraussetzen, aber es bereits genügen lassen, dass die – dadurch verursachte – Berufsunfähigkeit auf Fahrlässigkeit beruht, geht § 161 Abs. 1 in analoger Anwendung davon aus, dass die Berufsunfähigkeit selbst vorsätzlich herbeigeführt wurde. Durch den Verweis auf § 161 Abs. 1 ist eine Leistung des Versicherers daher in einem solchen Fall von Gesetzes wegen auch dann ausgeschlossen, wenn der Versicherungsvertrag die erörterten Ausschlussklauseln nicht enthält.

XI. Herbeiführung des Versicherungsfalls durch den Leistungsberechtigten (§ 162)

In § 162 Abs. 1 ist vorgesehen, dass der Versicherer (dem Versicherungsnehmer oder dem 30 Versicherten iS der §§ 43, 44 Abs. 1) nicht zur Leistung verpflichtet ist, wenn bei einer Todesfallversicherung auf fremdes Leben der **Versicherungsnehmer** den Tod der Gefahrperson (→ § 172 Rn. 38) durch eine rechtswidrige und vorsätzliche Handlung herbeigeführt hat. Dies gilt in analoger

---

45 Begr. RegE, BT-Drs. 16/3945, 99.
46 BGH VersR 1991, 289.
47 So iErg auch *Klenk* in Looschelders/Pohlmann VVG § 176 Rn. 4; aA die hM, → § 161 Rn. 3; *Lücke* in Prölss/Martin VVG § 176 Rn. 7; *Neuhaus* Berufsunfähigkeitsversicherung Kap. 1 Rn. 18; *Ortmann* in Schwintowski/Brömmelmeyer/Ebers VVG § 161 Rn. 3; *Brambach* in HK-VVG § 161 Rn. 4.

Anwendung auch in der Berufsunfähigkeitsversicherung für den Fall, dass der **Versicherungsnehmer** die **Berufsunfähigkeit** der **Gefahrperson** in dieser Weise verursacht, und hat seinen Niederschlag in den §§ 5 S. 2 lit. d BU, 3 S. 2 lit. d BUZ gefunden (→ § 172 Rn. 194).

31 Nach § 162 Abs. 2 gilt die Einsetzung eines **Bezugsberechtigten** durch den Versicherungsnehmer (→ Rn. 21 ff.) als nicht erfolgt, wenn der Tod der versicherten Person auf dessen rechtswidrige und vorsätzliche Handlung zurückgeht. Auch diese Vorschrift findet – wiederum bezogen auf die Herbeiführung der Berufsunfähigkeit – in der Berufsunfähigkeitsversicherung entsprechende Anwendung.[48] Wird die Einsetzung eines Bezugsberechtigten danach als nicht erfolgt fingiert, muss der Versicherer seine Leistung an den Versicherungsnehmer erbringen.

XII. Prämien- und Leistungsänderung (§ 163)

32 Ein Lebensversicherer hat die Möglichkeit, nach Maßgabe von § 163 im Rahmen bestehender Vertragsverhältnisse unter bestimmten Voraussetzungen Prämien- bzw. -Leistungsänderungen vorzunehmen. Diese Bestimmung findet in der Berufsunfähigkeitsversicherung entsprechende Anwendung.[49]

33 Danach ist der Berufsunfähigkeitsversicherer kraft Gesetzes zur **Neufestsetzung der Prämie** berechtigt (vgl. § 163 Abs. 1 S. 1), wenn sich der Leistungsbedarf gegenüber den Rechnungsgrundlagen der vereinbarten Prämie unvorhersehbar und nicht nur vorübergehend geändert hat (Nr. 1), wenn die nach den berichtigten Rechnungsgrundlagen neu festgesetzte Prämie zur Gewährleistung der dauernden Erfüllbarkeit der Versichererleistung angemessen und erforderlich ist (Nr. 2) und ein unabhängiger Treuhänder die Rechnungsgrundlagen sowie die Voraussetzungen der Nr. 1 und 2 überprüft und bestätigt hat (Nr. 3). Bei unzureichender Erst- oder Neukalkulation ist eine Neufestsetzung der Prämie insoweit ausgeschlossen, als ein ordentlicher und gewissenhafter Aktuar dies insbes. anhand der zum ursprünglichen Kalkulationszeitpunkt verfügbaren statistischen Kalkulationsgrundlagen hätte erkennen müssen (vgl. § 163 Abs. 1 S. 2).

34 Der Versicherungsnehmer kann die Prämienerhöhung nach Abs. 1 durch ein Verlangen nach entsprechender **Herabsetzung der Versicherungsleistung** abwenden (vgl. § 163 Abs. 2 S. 1). Auf diese Möglichkeit hat der Versicherer nach § 6 Abs. 1 u. 4 VVG hinzuweisen. Sowohl die Neufestsetzung der Prämie wie auch die Herabsetzung der Versicherungsleistung werden wirksam zu Beginn des zweiten Monats, der auf die Mitteilung der Neufestsetzung oder Leistungsherabsetzung und der hierfür maßgeblichen Gründe an den Versicherungsnehmer folgt (§ 163 Abs. 3). Da sich die Befugnis des Berufsunfähigkeitsversicherers zur Vornahme einer Prämien- oder Leistungsänderung unmittelbar aus dem Gesetz (§§ 176, 163) ergibt, bedarf es keiner gesonderten Anpassungsklausel in den AVB.[50]

XIII. Bedingungsanpassung (§ 164)

35 Die für Lebensversicherungsverträge in § 164 vorgesehene **Bedingungsanpassung** kann in analoger Anwendung auch in die Berufsunfähigkeitsversicherung übernommen werden.[51] Die Vorschrift gestattet danach auch dem Berufsunfähigkeitsversicherer, eine AVB-Klausel durch eine Neuregelung zu ersetzen, wenn die alte Bestimmung durch eine höchstrichterlichen Entscheidung oder durch einen bestandskräftigen Verwaltungsakt für unwirksam erklärt wurde und entweder die Ersetzung zur Fortführung des Vertrages notwendig ist oder ein Festhalten an dem Vertrag ohne Neuregelung für eine Vertragspartei (unter Berücksichtigung der Interessen der anderen) eine unzumutbare Härte darstellen würde (vgl. § 164 Abs. 1 S. 1). Die Neuregelung ist nur wirksam, wenn sie unter Wahrung des Vertragsziels die Belange des Versicherungsnehmers angemessen berücksichtigt (vgl. § 164 Abs. 1 S. 2). Die Neuregelung wird auch in der Berufsunfähigkeitsversicherung zwei Wochen, nachdem die Neuregelung und die hierfür maßgeblichen Gründe dem Versicherungsnehmer mitgeteilt worden sind, zum Vertragsbestandteil (§ 164 Abs. 2). Will der Berufsunfähigkeitsversicherer von der Möglichkeit des § 164 keinen Gebrauch machen, kann er versuchen, mit dem Versicherungsnehmer eine Vertragsänderung zu vereinbaren.[52]

---

[48] *Lücke* in Prölss/Martin VVG § 176 Rn. 6; *Klenk* in Looschelders/Pohlmann VVG § 176 Rn. 5; aA *Neuhaus* Berufsunfähigkeitsversicherung Kap. 1 Rn. 18.
[49] Begr. RegE, BT-Drs. 16/3945, 107; *Neuhaus* Berufsunfähigkeitsversicherung Kap. 2 Rn. 95; *Klenk* in Looschelders/Pohlmann VVG § 176 Rn. 3.
[50] *Neuhaus* Berufsunfähigkeitsversicherung Kap. 2 Rn. 95.
[51] Begr. RegE, BT-Drs. 16/3945, 107; *Neuhaus* Berufsunfähigkeitsversicherung Kap. 1 Rn. 82 ff.; *Klenk* in Looschelders/Pohlmann VVG § 176 Rn. 3.
[52] *Neuhaus* Berufsunfähigkeitsversicherung Kap. 1 Rn. 86.

XIV. Prämienfreie Versicherung (§ 165)

Der Versicherungsnehmer kann in der Lebensversicherung nach § 165 S. 1 jederzeit zum Schluss 36
der laufenden Versicherungsperiode den Vertrag durch einseitige Erklärung in eine **prämienfreie Versicherung** umwandeln mit der Folge, dass die Versicherungssumme auf eine prämienfreie Summe herabgesetzt wird. Voraussetzung ist allerdings, dass eine ggf. vereinbarte Mindestversicherungssumme (vgl. § 12 Abs. 1 S. 2 ALB) erreicht ist (zur Berechnung der prämienfreien Leistung in diesem Fall vgl. § 165 Abs. 2, 3). Der Vorbehalt einer Mindestversicherungssumme soll dem Umstand Rechnung tragen, dass kleine Versicherungssummen nicht wirtschaftlich verwaltet werden können und überproportional hohe Verwaltungskosten verursachen.[53] Weist der Vertrag die erforderliche Mindestversicherungssumme noch nicht auf, endet das Versicherungsverhältnis und der Versicherungsnehmer erhält den auf seine Versicherung entfallenden Rückkaufswert einschließlich der Überschussanteile nach § 169 ausbezahlt (§ 165 Abs. 1 S. 2).

Auch diese Vorschrift findet in der Berufsunfähigkeitsversicherung **entsprechende Anwen-** 37
dung[54] und wird in den Muster-AVB in der Weise aufgegriffen, dass der Versicherungsnehmer jederzeit in Textform (§ 126b BGB) verlangen kann, zum Schluss der Versicherungsperiode ganz oder teilweise von seiner Beitragszahlungspflicht befreit zu werden (§ 15 Abs. 1 S. 1 BU).[55] In diesem Fall wird die Versicherung in eine beitragsfreie Versicherung umgewandelt und die Berufsunfähigkeitsrente ganz oder teilweise auf eine beitragsfreie, nach anerkannten Regeln der Versicherungsmathematik für den Schluss der laufenden Versicherungsperiode errechnete Rente herabgesetzt (S. 2). Der zur Bildung der beitragsfreien Berufsunfähigkeitsrente zur Verfügung stehende Betrag vermindert sich um einen im Einzelfall zu bestimmenden Abzug (der die veränderte Risikolage der verbleibenden Versicherungsbestandes ausgleichen und einen Ausgleich für kollektiv gestelltes Risikokapital vornehmen soll, → Rn. 53) sowie um rückständige Beiträge (Abs. 2 S. 1–4, 6). Dieser Abzug wird herabgesetzt oder entfällt, wenn der Versicherungsnehmer nachweist, dass die dem Abzug zugrunde liegenden Annahmen in seinem Fall nicht zutreffen oder der Abzug wesentlich geringer zu beziffern ist (Abs. 2 S. 7, 8; → Rn. 54). In den BU wird darauf hingewiesen, dass die Beitragsfreistellung für den Versicherungsnehmer insbes. deswegen mit Nachteilen verbunden ist, weil in der Anfangszeit der Versicherung ebenso wie in den Folgejahren wegen der Verrechnung von Abschluss- und Vertriebskosten sowie angesichts der benötigten Risikobeiträge nur geringe Beträge zur Bildung einer beitragsfreien Berufsunfähigkeitsrente zur Verfügung stehen (§ 15 Abs. 3 BU). Für den Fall, dass der Versicherungsnehmer die vollständige Befreiung von der Beitragspflicht verlangt, die zu berechnende beitragsfreie Berufsunfähigkeitsrente aber einen individuell vereinbarten Mindestbetrag nicht erreicht, zahlt der Versicherer einen etwa vorhandenen Rückkaufswert (vgl. §§ 176, 165, 169) aus (§ 15 Abs. 4 S. 1 BU). Eine Beitragsrückzahlung erfolgt nicht (§ 15 Abs. 10 BU). Der Versicherungsnehmer kann, falls er laufende Beiträge (also keinen Einmalbetrag) zahlt, den Vertrag in Übereinstimmung mit den §§ 176, 168 auch jederzeit zum Schluss der laufenden Versicherungsperiode kündigen (§ 15 Abs. 7 BU, zu Besonderheiten einer Teilkündigung vgl. Abs. 8). Mit der (Voll- oder Teil-)Kündigung wird die Berufsunfähigkeitsversicherung in eine beitragsfreie Versicherung nach § 15 Abs. 1–3 BU umgewandelt (→ Rn. 41 f.).

In der **Berufsunfähigkeitszusatzversicherung** muss die **Umwandlung** etwa einer **Lebens-** 38
versicherung nicht stets zwingend zum Erlöschen der Zusatzversicherung führen, sondern nur dann, wenn die Versicherungsleistung ausschließlich in der Befreiung von der Beitragspflicht in der Lebensversicherung besteht (vgl. § 1 Abs. 1 lit. a BUZ).[56] Ist dagegen zusätzlich die Zahlung einer Berufsunfähigkeitsrente vereinbart (vgl. § 1 Abs. 1 lit. b BUZ), kann dieser weitergehende Versicherungsschutz grds. bestehen bleiben.[57] Allerdings sehen die Musterbedingungen (vgl. § 9 Abs. 4 BUZ) vor, dass der Versicherungsnehmer die Zusatzversicherung nur zusammen mit der Hauptversicherung in eine beitragsfreie Versicherung umwandeln kann, und zwar auch nur dann, wenn eine beitragsfreie Mindestrente in dem vereinbarten Umfang erreicht wird (S. 1). Das Verhältnis zwischen der Berufsunfähigkeitsrente und der Leistung aus der Hauptversicherung wird durch diese Prämienfreistellung in beiden Versicherungen nicht verändert (S. 2). Die Berechnung der beitragsfreien Berufsunfähigkeitsrente, die Minderung des dafür zur Verfügung stehenden Betrages um einen Abzug sowie die Herabsetzung des Abzuges bei entsprechendem Nachweis des Versicherungsnehmers sind wie in der selbständigen Berufsunfähigkeitsversicherung geregelt (→ Rn. 37). Wird die Mindestrente in der

---
[53] Vgl. RegE BT-Drs. 12/6959, 102.
[54] *Lücke* in Prölss/Martin VVG § 176 Rn. 7; *Klenk* in Looschelders/Pohlmann VVG § 176 Rn. 3.
[55] Näher *Neuhaus* Berufsunfähigkeitsversicherung Kap. 3 Rn. 37 ff.
[56] *Krause* in Looschelders/Pohlmann VVG § 165 Rn. 11.
[57] *Krause* in Looschelders/Pohlmann VVG § 165 Rn. 11.

Zusatzversicherung nicht erreicht, wird der Betrag zur Erhöhung der beitragsfreien Leistung in der Hauptversicherung eingesetzt (§ 9 Abs. 4 S. 4 BUZ).

39 Wegen der mit der Umwandlung für ihn verbundenen Nachteile (→ Rn. 37) ist ein entsprechendes Verlangen des Versicherungsnehmers nur dann als wirksam anzusehen, wenn sich aus seiner Erklärung ein **Umwandlungswille** klar und eindeutig ergibt.[58] Die Bitte, eine Lebensversicherung mit Zusatzversicherung wegen einer vorübergehenden Einkommenslosigkeit auf zehn Monate beitragsfrei zu stellen, ist nicht als ein solcher Umwandlungsantrag, sondern als Antrag auf Abschluss einer **Ruhensvereinbarung** aufzufassen.[59] Will der Versicherer diesen Antrag nicht annehmen, darf er die Versicherung nicht einfach in eine beitragsfreie Versicherung umwandeln, sondern muss den Versicherungsnehmer auf die nachteiligen Folgen – Verlust der Absicherung gegen Berufsunfähigkeit – hinweisen. Geschieht dies nicht, haftet der Versicherer auf Schadensersatz aus § 280 Abs. 1 BGB.[60] Nach einer Beratung durch einen Versicherungsvertreter ist der Versicherer selbst aber nicht mehr zu Rückfragen und eigener Beratung verpflichtet.[61] Verlangt der Versicherungsnehmer die Rückumwandlung in eine Versicherung mit Prämienzahlung, ist dies wie ein Neuabschluss anzusehen, zu dem der Versicherer nicht verpflichtet ist und den er von einer neuerlichen Gesundheitsprüfung abhängig machen kann.[62]

40 Nach § 2 Abs. 4 S. 1 iVm Abs. 1 Nr. 5 **VVG-InfoV** hat der Versicherer rechtzeitig vor der Vertragserklärung des Versicherungsnehmers den für die Umwandlung in eine prämienfreie oder prämienreduzierte Versicherung erforderlichen Mindestversicherungsbetrag und die von ihm aus einer prämienfreien oder prämienreduzierten Versicherung zu erbringenden Leistungen anzugeben.

XV. Kündigung des Versicherers (§ 166)

41 Kündigt der Versicherer eine Lebensversicherung (etwa wegen Zahlungsverzuges nach § 38 Abs. 3, wegen nicht vorsätzlicher und nicht grob fahrlässiger Anzeigepflichtverletzung nach § 19 Abs. 3 S. 2, bei Verletzung vertraglicher Obliegenheiten nach § 28 Abs. 1 oder nach Vornahme einer Gefahrerhöhung gem. §§ 24, 158 Abs. 1), so wandelt sie sich mit der Kündigung nach Maßgabe des § 165 in eine prämienfreie Versicherung um (§ 166 Abs. 1, → Rn. 36). Im Anwendungsbereich des § 38 Abs. 2 – der Versicherungsfall ist eingetreten, nachdem der Versicherer dem Versicherungsnehmer für die nicht rechtzeitige Zahlung einer Folgeprämie eine Frist gesetzt hatte – wird der Versicherer entgegen § 38 Abs. 2 nicht leistungsfrei, sondern bleibt zu derjenigen Leistung verpflichtet, die er erbringen müsste, wenn sich mit Eintritt des Versicherungsfalls die Versicherung in eine prämienfreie Versicherung umgewandelt hätte (§ 166 Abs. 2). Auf diese Rechtsfolge muss der Lebensversicherer bei Bestimmung einer Zahlungsfrist hinweisen (§ 166 Abs. 3). Im Rahmen der betrieblichen Altersversorgung trifft den Versicherer eine besondere Informationspflicht (§ 166 Abs. 4).

42 Diese Regelungen gelten in analoger Anwendung auch in der Berufsunfähigkeitsversicherung.[63] Auf sie wird etwa in den § 6 Abs. 10 BU und § 9 Abs. 10 BUZ iVm § 6 Abs. 10 ALB Bezug genommen, wonach die Versicherung bei Kündigung durch den Versicherer in eine beitragsfreie Versicherung nach § 15 Abs. 1–6 BU bzw. § 9 Abs. 10 BUZ iVm § 13 ALB (→ Rn. 37 f.) umgewandelt wird.

XVI. Umwandlung zur Erlangung eines Pfändungsschutzes (§ 167)

43 In § 167 ist vorgesehen, dass der Versicherungsnehmer zum Schluss der laufenden Versicherungsperiode jederzeit (auf seine Kosten) die Umwandlung einer Lebensversicherung in eine dem **Pfändungsschutz** des § 851c Abs. 1 ZPO unterliegende Versicherung verlangen kann (zur Pfändbarkeit im Allgemeinen → § 172 Rn. 233). Diese durch das Gesetz zum Pfändungsschutz der Altersvorsorge v. 26.3.2007[64] als § 173 VVG aF eingeführte Regelung ermöglicht dem (insbes. selbständigen, freiberuflich arbeitenden oder nicht berufstätigen) Versicherungsnehmer, für das in der Lebensversicherung angesammelte Kapital einen Pfändungsschutz sicherzustellen, der im Wesentlichen dem für Arbeitseinkommen gewährten gesetzlichen Schutz entspricht. Auf diese Weise werden – zu Lasten der Gläubiger – die Altersvorsorgeanstrengungen des erwähnten Personenkreises

---

[58] Vgl. BGH WM 1975, 1160.
[59] Vgl. OLG Köln r+s 1992, 138; OLG Stuttgart VersR 2002, 301.
[60] Vgl. OLG Köln r+s 1992, 138.
[61] OLG Saarbrücken r+s 2004, 33.
[62] OLG Karlsruhe VersR 1992, 1250; OLG Saarbrücken r+s 2004, 33.
[63] *Lücke* in Prölss/Martin VVG § 176 Rn. 7; aA *Klenk* in Looschelders/Pohlmann VVG § 176 Rn. 6 (für die selbständige Berufsunfähigkeitsversicherung).
[64] BGBl. 2007 I S. 368 ff.

honoriert und mittelbar eine spätere Belastung der Allgemeinheit durch Inanspruchnahme von Sozialleistungen vermieden.

Der Pfändungsschutz wird allerdings nach (dem in der Insolvenz nach § 36 Abs. 1 S. 2 InsO **44** entsprechend anwendbaren) § 851c ZPO nur unter **engen Voraussetzungen** gewährt, da die Zurücksetzung eines Gläubigers nur insoweit gerechtfertigt erscheint, als Kapital und Renten tatsächlich auch unwiderruflich zur Altersvorsorge bestimmt sind. Daher sieht § 851c Abs. 1 ZPO vor, dass Leistungen nach Eintritt des Versicherungsfalls dem für Arbeitseinkommen geltenden Schutz nur dann unterliegen, wenn sie in regelmäßigen Zeitabständen lebenslang und nicht vor Vollendung des 60. Lebensjahres oder aber lebenslang nur bei Eintritt der Berufsunfähigkeit gewährt werden (Nr. 1), über die Ansprüche aus dem Vertrag nicht verfügt werden darf (Nr. 2), die Einsetzung von Dritten als Berechtigte – mit Ausnahme von Hinterbliebenen – ausgeschlossen ist (Nr. 3) und die Zahlung einer Kapitalleistung – mit Ausnahme einer Todesfallleistung – nicht vereinbart wurde (Nr. 4). Darüber hinaus wird in Abs. 2 auch das angesammelte Deckungskapital insoweit geschützt, als der Versicherungsnehmer gestaffelt nach Alter jährlich einen bestimmten Betrag unpfändbar auf einen den Kriterien des Abs. 1 entsprechenden Lebensversicherungsvertrag einzahlen darf.

Grundsätzlich spricht nichts dagegen, diese für Lebensversicherungen vorgesehene Umwand- **45** lungsmöglichkeit über § 176 auch bei Berufsunfähigkeitsversicherungen zuzulassen. Zwar zielt die Berufsunfähigkeitsversicherung nicht unmittelbar auf Altersvorsorge, gleichwohl wird von der mit ihr bezweckten Existenzsicherung grds. auch der Erhalt existenzsichernder Einkünfte im Alter mit umfasst. Im Übrigen ist sowohl dem Wortlaut des § 851c Abs. 1 Nr. 1 ZPO als auch der Gesetzesbegründung[65] zu entnehmen, dass die Vorschrift auch Berufsunfähigkeitsrenten einbezieht.[66]

Allerdings können Ansprüche aus den heute angebotenen Berufsunfähigkeits- und Berufsunfä- **46** higkeitszusatzversicherungen die strengen Voraussetzungen des § 851c ZPO häufig nicht erfüllen, weil das dort genannte Tatbestandsmerkmal einer lebenslangen Leistung auch für die bei Eintritt von Berufsunfähigkeit erbrachten Leistungen gilt. Soweit diese daher – wie üblich – vertragsgemäß nur zeitlich beschränkt (nämlich bis zur Vollendung des 65. oder 60. Lebensjahres) und nicht lebenslang erbracht werden, verfehlen sie die Voraussetzung des § 851c Abs. 1 Nr. 1 ZPO. Allerdings reicht im Hinblick auf die Zielsetzung der Vorschrift (→ Rn. 44) für eine Anwendbarkeit aus, dass eine lebenslange Leistung zunächst als Berufsunfähigkeits- und unmittelbar anschließend als Altersrente erbracht, im Ergebnis also lediglich – unter den Voraussetzungen einer Berufsunfähigkeit – der Leistungsbeginn vorverlegt wird.[67] Im Gegensatz zu Abs. 1 Nr. 2 dieser Vorschrift sind nach den BU-Musterbedingungen Verfügungen über Versicherungsansprüche grds. möglich (vgl. § 12 Abs. 3 BU, nicht dagegen nach § 9 Abs. 9 BUZ). Die Einsetzung Dritter als Bezugsberechtigte ist schließlich – anders als von § 851c Abs. 1 Nr. 3 ZPO gefordert – nicht ausgeschlossen (§ 12 Abs. 1, 2 S. 1 BU, § 9 Abs. 10 BUZ iVm § 9 Abs. 1, 2 ALB). Ist für den Fall der Berufsunfähigkeit ein Kapitalwahlrecht vorgesehen, scheitert eine Anwendung der Bestimmung auch an § 851c Abs. 1 Nr. 4 ZPO.[68] Vor diesem Hintergrund sind die Ansprüche daher idR pfändbar und im Falle der Insolvenz auch verwertbar (vgl. § 36 Abs. 1 InsO).[69] Es bleibt abzuwarten, ob die Branche in Zukunft Produkte auf den Markt bringen wird, welche den von § 851c Abs. 1 ZPO vorausgesetzten Kriterien gerecht werden können.

XVII. Kündigung des Versicherungsnehmers (§ 168)

Eine Lebensversicherung mit laufender Prämienzahlung kann der **Versicherungsnehmer** nach **47** § 168 Abs. 1 jederzeit zum **Schluss der laufenden Versicherungsperiode kündigen.** Dabei handelt es sich um eine lex specialis zu dem in § 11 Abs. 2–4 geregelten ordentlichen Kündigungsrecht. Sonderregeln enthalten § 168 Abs. 2 für Verträge, die ein mit Sicherheit eintretendes Risiko decken (Kündigungsrecht auch bei Einmalzahlung), sowie § 168 Abs. 3 für Altersvorsorgeverträge (kein Sonderkündigungsrecht, wenn die Parteien eine Verwertung vor Eintritt in den Ruhestand ausgeschlossen haben).

Während Abs. 3 aufgrund seiner Voraussetzungen einer entsprechenden Anwendung auf die **48** Berufsunfähigkeitsversicherung entgegensteht und Abs. 2 (Kündigungsrecht auch bei Einmalzahlung) in der Berufsunfähigkeitsversicherung nur relevant werden kann, wenn der Eintritt der Leistungspflicht des Versicherers ausnahmsweise einmal gewiss ist (→ Rn. 52), findet **Abs. 1** hier ohne

---

[65] BT-Drs. 16/886, 7.
[66] Vgl. auch *Herget* in Zöller, 33. Aufl. 2020, ZPO § 851c Rn. 2.
[67] BGH VersR 2011, 1252 (1253); vgl. bereits OLG Hamm VersR 2010, 100; zust. *Rixecker* in Beckmann/Matusche-Beckmann VersR-HdB § 46 Rn. 234.
[68] BGH VersR 2011, 1252 (1253 f.).
[69] OLG Hamm VersR 2010, 100.

Weiteres **entsprechende Anwendung**.[70] Demzufolge ist die Berufsunfähigkeitsversicherung regelmäßig zum Abschluss der laufenden, regelmäßig den Zeitraum eines Jahres umfassenden (vgl. § 12) Versicherungsperiode kündbar.

49 Die **Musterbedingungen nehmen** diese **Regelung auf**. So sieht § 15 Abs. 7 u. 8 BU vor, dass die Versicherung grds. zum Schluss der Versicherungsperiode jederzeit ganz oder teilweise in Textform (§ 126b BGB) gekündigt werden kann. Mit Wirksamwerden der Kündigung erlischt die Verpflichtung des Versicherungsnehmers zur Prämienzahlung. Gleichzeitig wird mit einer Voll- oder Teilkündigung die Versicherung entweder ganz oder teilweise in eine beitragsfreie Versicherung umgewandelt (§ 15 Abs. 9 BU) und die vereinbarte Rente auf eine beitragsfreie Rente herabgesetzt (§ 15 Abs. 1 BU, → Rn. 42). Hat der Versicherungsnehmer eine vollständige Befreiung von der Beitragspflicht verlangt und erreicht die beitragsfreie Rente nicht einen unternehmensindividuell festzusetzenden Mindestbetrag, erhält der Versicherungsnehmer den Rückkaufswert ausgezahlt (§ 15 Abs. 4 BU). Ein Anspruch auf Beitragsrückzahlung besteht nicht (§ 9 Abs. 10 BU).

50 Eine **Zusatzversicherung mit laufender Prämienzahlung** kann der Versicherungsnehmer gem. § 9 Abs. 2 S. 1 BUZ grds. auch selbständig kündigen, obwohl Zusatz- und Hauptversicherung nach § 9 Abs. 1 BUZ grds. eine Einheit bilden. Allerdings ist in einem bestimmten, vertraglich festgelegten Zeitraum vor Ablauf der Hauptversicherung bzw. bei Rentenversicherungen vor dem vereinbarten Rentenbeginn sowie bei beitragsfreien Zusatzversicherungen nur eine einheitliche Kündigung von Haupt- und Zusatzversicherung möglich (§ 9 Abs. 2 S. 2, Abs. 3 BUZ). Einen etwa vorhandenen, auf jeden Fall um einen bestimmten Abzug (§ 9 Abs. 5 BUZ, → Rn. 37) und rückständige Prämien geminderten Rückkaufswert aus der Zusatzversicherung erhält der Versicherungsnehmer nur dann, wenn er die Zusatz- zusammen mit der Hauptversicherung kündigt (§ 9 Abs. 2 S. 3 BUZ). Auch insoweit bleibt dem Versicherungsnehmer der Nachweis unbenommen, dass die dem Abzug zugrunde liegenden Annahmen dem Grunde nach nicht zutreffen oder der Abzug wesentlich niedriger zu beziffern ist (§ 9 Abs. 5 S. 7, 8 BUZ; → Rn. 37).

XVIII. Rückkaufswert (§ 169)

51 Nach § 169 Abs. 1 muss der Versicherer den Rückkaufswert auszahlen, wenn ein Lebensversicherungsvertrag durch Kündigung des Versicherungsnehmers oder durch Rücktritt oder Anfechtung des Versicherers aufgehoben wird und die Versicherung ein Risiko deckt, bei dem der Eintritt der Verpflichtung des Versicherers gewiss ist. Im Falle einer Kündigung wird der Rückkaufswert durch § 169 Abs. 2 auf die im Versicherungsfall zu zahlende Leistung begrenzt. Einzelheiten zur Berechnung des Rückkaufswerts regelt Abs. 3; als Rückkaufswert ist danach grds. das nach anerkannten Regeln der Versicherungsmathematik mit den Rechnungsgrundlagen der Prämienkalkulation zum Schluss der laufenden Versicherungsperiode berechnete Deckungskapital anzusetzen. Ein Abzug von dem so berechneten Betrag muss vereinbart, beziffert und angemessen sein (§ 169 Abs. 5 S. 1). Für noch nicht getilgte Abschluss- und Vertriebskosten darf kein Abzug vereinbart werden (§ 169 Abs. 5 S. 2). Der Versicherer darf den Betrag nach Abs. 3 angemessen und befristet herabsetzen, soweit dies erforderlich ist, um eine Gefährdung der Belange der Versicherungsnehmer auszuschließen (Abs. 6).

52 Da sich die Bestimmung auf Versicherungen bezieht, bei denen der **Eintritt der Leistungspflicht** des Versicherers **gewiss** ist, findet sie in der (selbständigen) Berufsunfähigkeitsversicherung grds. **keine Anwendung**, so dass der Versicherer im Regelfall zur Zahlung eines Rückkaufswerts nicht verpflichtet ist. Etwas anderes gilt etwa dann, wenn neben Leistungen bei – ungewissem – Eintritt der Berufsunfähigkeit zum Ablauf des Vertrages eine unbedingte Beitragsrückgewähr vereinbart wurde.[71] In den Musterbedingungen wird eine solche Beitragsrückgewähr für den Fall des Rücktritts des Versicherers wegen Verletzung der vorvertraglichen Anzeigepflicht sowie bei Kündigung des Vertrages (vgl. § 15 Abs. 10 BU) allerdings ausdrücklich ausgeschlossen (vgl. § 6 Abs. 7 S. 2 BU). Der Versicherungsvertrag kann aber darüber hinaus auch die Zahlung eines Rückkaufswerts vorsehen,[72] so etwa in § 6 Abs. 7 S. 1 BU unter Verweis auf § 15 Abs. 5 BU (Abzug von rückständigen Beiträgen sowie einer Pauschale wegen Veränderung der Risikolage) für den Fall des Rücktritts bei Anzeigepflichtverletzung sowie in § 15 Abs. 4 BU, wenn bei einer Umwandlung in eine beitragsfreie Versicherung ein vereinbarter Mindestbetrag für eine Berufsunfähigkeitsrente nicht erreicht wird. In diesem Fall mindert sich der Rückkaufswert um rückständige Beiträge und einen pauschalen Stornoabzug (§ 15 Abs. 5 BU, → Rn. 53 f.).

---

[70] LG Dortmund BeckRS 2018, 30012; *Lücke* in Prölss/Martin VVG § 176 Rn. 7; *Neuhaus* Berufsunfähigkeitsversicherung Kap. 17 Rn. 1; *Patzer* in Looschelders/Pohlmann VVG § 168 Rn. 1.
[71] Begr. RegE, BT-Drs. 16/3945, 107; vgl. aber auch *Neuhaus* Berufsunfähigkeitsversicherung Kap. 17 Rn. 17.
[72] Vgl. *Neuhaus* Berufsunfähigkeitsversicherung Kap. 17 Rn. 16.

Nach den für die **Berufsunfähigkeitszusatzversicherung** geltenden Musterbedingungen 53
wird ein Rückkaufswert (soweit vorhanden) ausgezahlt, wenn eine Kündigung der Zusatz- zusammen mit der Hauptversicherung erfolgt (§ 9 Abs. 2 S. 3 BUZ). In diesem Fall finden auch die Grundsätze des § 169 analoge Anwendung.[73] So mindert sich der Rückkaufswert um rückständige Beiträge sowie einen unternehmensindividuell (nicht vertragsindividuell[74]) festzusetzenden Abzug (§ 9 Abs. 5 BUZ), welcher der veränderten Risikolage des verbleibenden Versichertenbestandes Rechnung tragen sowie einen Ausgleich für kollektiv gestelltes Risikokapital enthalten soll. Der erstgenannte Aspekt bezieht sich darauf, dass sich das kollektive Risiko durch die Kündigung im Zweifel verschlechtert, weil tendenziell eher Personen mit geringem Risiko das Kollektiv verlassen werden, der zweite soll einen Ausgleich dafür schaffen, dass intern aufgebautes und zur Finanzierung von Garantien und Optionen bestimmtes Risikokapital bei einer Kündigung dem verbleibenden Bestand verloren geht, obwohl der gekündigte Vertrag zuvor an den bereits vorhandenen Mitteln partizipiert hatte.[75] Der vereinbarte Abzug muss analog § 169 Abs. 5 beziffert und angemessen, darf also zB nicht so hoch sein, dass er eine Kündigung de facto verhindert. Außerdem unterliegt die Vereinbarung des Abzugs einer AGB-Kontrolle nach Maßgabe des § 308 Nr. 7 BGB (Verbot einer unangemessen hohen Vergütung für erbrachte Leistungen bei Rücktritt einer Vertragspartei vom Vertrag bzw. Kündigung) sowie § 309 Nr. 5 BGB (Verbot einer unangemessen hohen Pauschalierung von Schadensersatzansprüchen ohne Zulässigkeit eines Gegenbeweises).[76]

Die **Beweislast** dafür, dass die Kriterien des § 169 Abs. 5 S. 1 erfüllt sind, trägt der **Versiche-** 54
rer.[77] Dementsprechend hat der Versicherer insbes. die Angemessenheit des Abzugs nachzuweisen (§ 15 Abs. 5 S. 4 BU, § 9 Abs. 5 S. 4 BUZ). Angesichts dieser ausdrücklichen Beweislastregelung lassen sich die gegen frühere AVB-Versionen (BU/BUZ 2008) erhobenen Bedenken (Intransparenz!)[78] nicht mehr uneingeschränkt aufrechterhalten. Allerdings fragt es sich nach wie vor, welche Bedeutung dem in § 15 Abs. 5 S. 7, 8 BU, § 9 Abs. 5 S. 7, 8 BUZ zugelassene Gegenbeweis des Versicherungsnehmers – dass nämlich (im konkreten Fall) ein Abzug nicht gerechtfertigt sei oder wesentlich niedriger liegen müsse – überhaupt noch soll zukommen können. Abgesehen davon, dass der Versicherungsnehmer die für die Beurteilung der Angemessenheit maßgebenden Kriterien kaum kennt bzw. selbst bei Kenntnis einen Beweis ohne Einblick in unternehmensinterne Kalkulationsgrundlagen nicht führen könnte, obliegt dem Versicherer im Lichte des § 310 Abs. 3 Nr. 3 BGB (Berücksichtigung der Begleitumstände) jedenfalls im Verhältnis zu Verbraucherkunden auch der Nachweis, dass die unternehmensbezogenen Berechnungsfaktoren (Risikoverschlechterung, Ausgleich des gestellten Risikokapitals) *im konkreten Fall* zutreffend angesetzt worden sind. Durch die jeweils in den § 15 Abs. 5 S. 7, § 8 BU, § 9 Abs. 5 S. 7, 8 BUZ enthaltene Regelung könnte ein Versicherungsnehmer aber den Eindruck erhalten, insoweit seinerseits zum Nachweis verpflichtet zu sein. In dieser Irreführung liegt nach wie vor ein Verstoß gegen das Transparenzgebot des § 307 Abs. 1 S. 2 BGB, der – bei Übernahme in die Praxis – zur Unwirksamkeit der beiden Vorschriften führen würde.

XIX. Eintrittsrecht (§ 170)

Für die Lebensversicherung sieht § 170 Abs. 1 S. 1 vor, dass ein namentlich benannter Bezugsbe- 55
rechtigter mit Zustimmung des Versicherungsnehmers in den **Versicherungsvertrag eintreten** kann, wenn in die Versicherungsforderung ein Arrest vollzogen oder eine Zwangsvollstreckung vorgenommen oder das Insolvenzverfahren über das Versicherungsnehmervermögen eröffnet wird. Nach dem Eintritt muss er die vollstreckenden Gläubiger bzw. die Insolvenzmasse bis zur Höhe des Betrages befriedigen, den der Versicherungsnehmer bei Kündigung des Versicherungsvertrages vom Versicherer verlangen könnte (§ 170 Abs. 1 S. 2). Hat der Versicherungsnehmer keinen Bezugsberechtigten (namentlich) benannt, steht das Eintrittsrecht auch Ehe- oder Lebenspartnern oder den Kindern des Versicherungsnehmers zu (§ 170 Abs. 2). Der Eintritt erfolgt durch Anzeige an den Versicherer innerhalb eines Monats, nachdem der Bezugsberechtigte von der Pfändung Kenntnis erlangt oder das Insolvenzverfahren eröffnet wurde (§ 170 Abs. 3). Diese Regeln können zwar grds.

---

[73] *Neuhaus* Berufsunfähigkeitsversicherung Kap. 17 Rn. 17.
[74] *Neuhaus* Berufsunfähigkeitsversicherung Kap. 17 Rn. 18.
[75] Vgl. dazu – und zur Begr. des Stornoabzugs mit dem Gesichtspunkt des „kollektiv gestellten Risikokapitals" – krit. *Brömmelmeyer* in Beckmann/Matusche-Beckmann VersR-HdB § 42 Rn. 177 f.; ferner *Ortmann* in Schwintowski/Brömmelmeyer/Ebers VVG § 169 Rn. 98.
[76] *Neuhaus* Berufsunfähigkeitsversicherung Kap. 17 Rn. 18.
[77] Begr. RegE, BT-Drs. 16/3945, 104; *Römer* DB 2007, 2523 (2529); *Neuhaus* Berufsunfähigkeitsversicherung Kap. 17 Rn. 19.
[78] *Neuhaus* Berufsunfähigkeitsversicherung Kap. 17 Rn. 196.

auch in **analoger Anwendung** für die Berufsunfähigkeitsversicherung herangezogen werden.[79] Ihre praktische Bedeutung dürfte aber nur gering sein, da zum einen Rentenansprüche von Arbeitnehmern und Beamten weitgehend der Pfändung nicht unterworfen sind (→ § 172 Rn. 233) und andererseits die in § 170 Abs. 1 S. 2 vorgesehene Verpflichtung zur Auszahlung des Rückkaufswerts für Gläubiger bzw. Insolvenzmasse nicht sehr attraktiv ist angesichts des Umstands, dass ein Rückkaufswert in der selbständigen Berufsunfähigkeitsversicherung regelmäßig nicht und allenfalls in beschränktem Umfang in der Zusatzversicherung anfällt (→ Rn. 52 f.).

C. Entgegenstehende Besonderheiten der Berufsunfähigkeitsversicherung

I. Im Rahmen der Verweisung des § 176

56   Nach einer Detailüberprüfung der in § 176 vorgesehenen einzelnen Verweisungen zeigt sich, dass die **Besonderheiten der Berufsunfähigkeitsversicherung** nur in geringem Umfang einer analogen Anwendung der §§ 150–170 entgegenstehen. **Keine Anwendung** findet danach § 150 Abs. 2 (**schriftliche Einwilligung der Gefahrperson** bei Abschluss einer Fremdversicherung), weil dieses Erfordernis nur bei Versicherungen auf den Todesfall und dann nicht greift, wenn der Versicherungsfall – wie im Falle der Berufsunfähigkeitsversicherung – zu Lebzeiten des Versicherten eintritt (→ Rn. 4). Da der **Eintritt des Versicherungsfalls** in der (selbständigen) Berufsunfähigkeitsversicherung außerdem **ungewiss** ist, kommt eine entsprechende Anwendung des § 169 im Regelfall nicht, sondern nur dann in Betracht, wenn eine Versicherung mit fest vereinbarter Beitragsrückgewähr abgeschlossen wurde (→ Rn. 52 f.). Vor dem Hintergrund einer grds. zu bejahenden analogen Anwendung der §§ 154, 155 sollte der Versicherer in Anbetracht des Umstands, dass Überschussbeteiligungen im Rahmen der Berufsunfähigkeitsversicherung keine große wirtschaftliche Bedeutung haben, analog § 154 Abs. 1 S. 2 von der Verpflichtung zur **Vorlage einer Modellrechnung** bei Vertragsabschluss, nicht aber von der Pflicht zur jährlichen Unterrichtung entsprechend § 155 befreit werden (→ Rn. 11 f.). Dagegen stehen die Besonderheiten der Berufsunfähigkeit einer analogen Anwendung des § 161 (keine Leistungspflicht bei **vorsätzlicher Herbeiführung** des **Versicherungsfalls**) entgegen der hM **nicht entgegen** (→ Rn. 28 f.).

II. Analoge Anwendung von § 212?

57   Fraglich ist, ob auch § 212 in der Berufsunfähigkeitsversicherung entsprechende Anwendung finden kann. Diese Vorschrift ergänzt die mit der Einführung der Elternzeit bezweckte Familienförderung in der Weise, dass sie dem Arbeitnehmer einen **Anspruch** auf **Fortsetzung einer Lebensversicherung** gewährt, wenn während der Elternzeit zwar ein Arbeitsverhältnis ohne Entgelt besteht, eine vom Arbeitgeber zugunsten seiner Arbeitnehmerin bzw. seines Arbeitnehmers abgeschlossene Lebensversicherung wegen Nichtzahlung der während der Elternzeit fälligen Prämien aber gem. § 166 Abs. 1 durch Kündigung des Versicherers in eine prämienfreie Versicherung umgewandelt worden ist. Bei Erhebung des Anspruchs innerhalb von drei Monaten nach Beendigung der Elternzeit wird die Versicherung zum bisherigen Tarif und ohne neue Gesundheitsprüfung weitergeführt.[80]

58   Nach **Normzweck** und **Interessenlage** sollte diese Regelung auch für die Berufsunfähigkeit gelten. Der Elternzeit in Anspruch nehmenden Gefahrperson muss nicht nur daran gelegen sein, eine zuvor bestehende Lebensversicherung, sondern auch, eine selbständige Berufsunfähigkeitsversicherung bzw. erst recht eine mit dieser Lebensversicherung verbundene Zusatzversicherung im status quo ante wieder aufnehmen zu können. Vom Normzweck – Förderung der Familien – würde dies ohne Weiteres gedeckt. Die hM sieht sich aber an einer analogen Anwendung der Vorschrift dadurch gehindert, dass § 212 von der Verweisung des § 176 gerade nicht umfasst wird und die Gesetzesbegründung aus diesem Umstand ausdrücklich die Nichtanwendbarkeit in der Berufsunfähigkeitsversicherung folgert.[81] Damit fehle es an der für eine Analogie erforderlichen **Gesetzeslücke**.[82]

59   Auszugehen ist jedoch von der Überlegung, dass der Gesetzgeber die bereits vor Inkrafttreten der Reform praktizierte grundsätzliche Anwendung lebensversicherungsrechtlicher Vorschriften auf die Berufsunfähigkeitsversicherung fortsetzen wollte, soweit nicht in der Sache Besonderheiten dieses

---

[79] *Mertens* in HK-VVG § 176 Rn. 1; aA *Klenk* in Looschelders/Pohlmann VVG § 176 Rn. 6 für die selbständige Berufsunfähigkeitsversicherung.

[80] RegE BT-Drs. 16/3945, 116.

[81] RegE BT-Drs. 16/3945, 116; ebenso *Eichelberg* in Looschelders/Pohlmann VVG § 212 Rn. 2; *Klenk* in Looschelders/Pohlmann VVG § 176 Rn. 6; *Heyers* in Schwintowski/Brömmelmeyer/Ebers VVG § 212 Rn. 4.

[82] *Klenk* in Looschelders/Pohlmann VVG § 176 Rn. 6.

letztgenannten Versicherungstyps entgegenstehen (→ Rn. 1 f.). Man kann daher getrost davon ausgehen, dass sich die Verweisung des § 176 auch auf die in § 212 enthaltene Regelung erstreckt hätte, wenn diese Vorschrift nicht in den Schlussvorschriften, sondern ihrer systematischen Funktion entsprechend als Ausnahmevorschrift zu § 166 – etwa als dessen Abs. 5 – im Kap. 5 angesiedelt worden wäre. Angesichts des gesetzgeberischen Gesamtkonzepts sollte eine beiläufige Bemerkung des die Gesetzesbegründung verfassenden Ministerialen den Weg zu einer interessengerechten Analogie nicht verbauen, zumal in dieser Bemerkung die Nichtanwendbarkeit des § 212 in der Berufsunfähigkeitsversicherung *nicht sachlich begründet*, sondern lediglich auf den Wortlaut § 176 verwiesen wird. *Warum* dies im Umkehrschluss zur Ablehnung einer Analogie führen soll, bleibt aber völlig offen. Im Ergebnis sollte daher – parallel zu § 176 – auch der dort nicht erwähnte § 212 in der **Berufsunfähigkeitsversicherung entsprechende Anwendung** finden.[83]

D. Abdingbarkeit der Verweisungen

Während in der Lebensversicherung die § 152 Abs. 1, 2 (→ Rn. 6 f.), §§ 153–155 (→ Rn. 8 f., 10 ff.), § 157 (→ Rn. 17 f.), § 158 (→ Rn. 19 f.), § 161 (→ Rn. 26 ff.), §§ 163–170 (→ Rn. 32–55) gem. **§ 171 S. 1 halbzwingend** ausgestaltet sind, so dass von ihnen nicht zum Nachteil des Versicherungsnehmers, des Versicherten oder des Eintrittsberechtigten abgewichen werden darf, hat § 176 diese Vorschrift von der Verweisung ausgenommen. Der Gesetzgeber wollte damit einerseits die Produktgestaltungsfreiheit für ein noch in der Entwicklung befindliches Produkt wie die Berufsunfähigkeitsversicherung nicht einschränken, und schreckte andererseits davon zurück, Vorschriften für halbzwingend zu erklären, deren analoge Anwendung nur unter dem Vorbehalt nicht entgegenstehender Besonderheiten (→ Rn. 1, 56) angeordnet wird.[84] In der Tat legt die noch nicht vollständig geklärte Reichweite der in § 176 angeordneten Verweisungen aus Gründen der Rechtssicherheit eine Zurückhaltung in diesem Punkt nahe. Der Schutz des Versicherungsnehmers vor unangemessenen Abweichungen von den §§ 150–170 wird in der Berufsunfähigkeitsversicherung durch die allgemeinen Beschränkungen der Privatautonomie, insbes. durch Anwendung der §§ 307 ff. BGB sichergestellt.[85]

60

§ 177 Ähnliche Versicherungsverträge

(1) Die §§ 173 bis 176 sind auf alle Versicherungsverträge, bei denen der Versicherer für eine dauerhafte Beeinträchtigung der Arbeitsfähigkeit eine Leistung verspricht, entsprechend anzuwenden.

(2) Auf die Unfallversicherung sowie auf Krankenversicherungsverträge, die das Risiko der Beeinträchtigung der Arbeitsfähigkeit zum Gegenstand haben, ist Absatz 1 nicht anzuwenden.

Übersicht

		Rn.			Rn.
A.	Normzweck und Inhalt	1	III.	Erwerbsunfähigkeitsklauseln in der Berufsunfähigkeitsversicherung	11
B.	Analoge Anwendung auf Erwerbsunfähigkeitsversicherungen (Abs. 1)	4	IV.	Arbeitsunfähigkeitsklauseln in der Berufsunfähigkeitsversicherung	14
I.	Erscheinungsformen der Erwerbs- und Arbeitsunfähigkeitsversicherung	4	V.	Arbeitsunfähigkeitsklauseln in der Restschuldversicherung	21
II.	Selbständige Erwerbsunfähigkeitsversicherung	5	C.	Keine analoge Anwendung auf Unfall- und Krankenversicherungsverträge (Abs. 2)	24

Schrifttum: *Neuhaus,* Arbeitsunfähigkeitsklauseln in der Berufsunfähigkeitsversicherung – Zugleich Besprechung der AB-BUV-AU 17 (GDV), VersR 2018, 587; *Schneider,* Auf der Suche nach Kredit – Zu praktischen Fragen der Restschuldversicherung, VersR 2014, 1295. – Vgl. iÜ die Angaben bei → § 172.

---

[83] IErg ebenso *Neuhaus* Berufsunfähigkeitsversicherung Kap. 1 Rn. 23; *Neuhaus* r+s 2008, 449 (455).
[84] Vgl. RegE BT-Drs. 16/3945, 107.
[85] RegE BT-Drs. 16/3945, 107.

A. Normzweck und Inhalt

1   Die durch die VVG-Reform eingeführte Vorschrift regelt die Anwendung der §§ 173–176 über den Bereich der eigentlichen Berufsunfähigkeitsversicherung hinaus. Die Vorschriften sollen nach **Abs. 1** in analoger Anwendung auch für Versicherungsverträge gelten, in denen der Versicherer Leistungen bei dauerhafter **„Beeinträchtigung der Arbeitsfähigkeit"** verspricht und somit dann leistungspflichtig wird, wenn der Versicherungsnehmer – so die Gesetzesbegründung – **„erwerbsunfähig"** geworden ist („kleine Berufsunfähigkeitsversicherung", → Rn. 4 ff.).[1] Der Gesetzgeber setzt hier offenbar „Arbeits-" mit „Erwerbsunfähigkeit" gleich; auch in der Praxis werden beide Begriffe häufig nicht klar voneinander abgegrenzt. Gemeint ist jedenfalls, dass ein Versicherungsnehmer nicht schon Leistungen erhält, wenn er nicht mehr in seinem bisherigen Beruf tätig werden, sondern erst dann, wenn er keinerlei Erwerbstätigkeit mehr nachgehen kann. Soweit eine dauernde Beeinträchtigung der Arbeits- bzw. Erwerbstätigkeit auf **gesundheitlichen Gründen** beruht, bestehe – so die Gesetzesbegründung – eine mit der Berufsunfähigkeitsversicherung vergleichbare Interessenlage. Der Gesetzgeber wollte hier vorausschauend tätig werden, weil die „bisher kaum angebotene Versicherungsform" der „Arbeitsunfähigkeitsversicherung" (besser, weil umfassender und daher im Folgenden: **„Erwerbsunfähigkeitsversicherung"**) wegen niedrigerer Prämien in Zukunft größere Bedeutung erlangen könnte.[2]

2   Die ausdrückliche Beschränkung des Abs. 1 auf Arbeits- bzw. Erwerbsunfähigkeitsversicherungen besagt allerdings nicht, dass eine entsprechende Anwendung einzelner Vorschriften dieses Kapitels auf **andere Versicherungsarten** wie etwa die **Einkommensausfallversicherung** ausgeschlossen sein soll.[3]

3   Demgegenüber finden die §§ 173–175 keine Anwendung auf **Unfall-** oder **Krankenversicherungen**, die letztlich ebenfalls das Risiko einer Beeinträchtigung der Arbeitsfähigkeit mit absichern (**Abs. 2,** → Rn. 24). Insoweit gehen die §§ 178 ff. bzw. §§ 192 ff. als leges speciales vor.[4]

B. Analoge Anwendung auf Erwerbsunfähigkeitsversicherungen (Abs. 1)

I. Erscheinungsformen der Erwerbs- und Arbeitsunfähigkeitsversicherung

4   **Selbständige Erwerbsunfähigkeitsversicherungen** (→ Rn. 5 ff.) scheinen in jüngerer Zeit in der Praxis an Boden zu gewinnen; damit bestätigt sich die in der Gesetzesbegründung zur Rechtfertigung des § 177 Abs. 1 vorgetragene Annahme (→ Rn. 1). Daneben finden sich **Erwerbsunfähigkeitsversicherungen** als Zusatzversicherungen[5] oder Erwerbsunfähigkeitsklauseln in Berufsunfähigkeitsversicherungsverträgen, wodurch ein gewisser Basisschutz für den Fall gewährleistet werden soll, dass eine Berufsunfähigkeitsversicherung nicht möglich ist oder nicht zustande kommt (→ Rn. 11 ff.). Berufsunfähigkeitsversicherungen können auch spezifische **Arbeitsunfähigkeitsklauseln** enthalten, die – ebenso wie Krankentagegeldversicherungen – darauf abzielen, insbesondere im Krankheitsfall für einen beschränkten Zeitraum das Risiko eines Verdienstausfalls zu übernehmen (→ Rn. 14 ff.).[6] Zu dieser kombinierten Berufs- und **Arbeitsunfähigkeitsversicherung** hat der GDV Musterbedingungen vorgelegt (BU-AU; → Rn. 14). Schließlich werden Arbeitsunfähigkeitsversicherungen auch als Bestandteil von Restschuld- oder Ratenversicherungen abgeschlossen, welche die Tilgung eines Kredits für den Fall sicherstellen sollen, dass der Kreditnehmer erwerbsunfähig wird (→ Rn. 21 ff.).[7]

II. Selbständige Erwerbsunfähigkeitsversicherung

5   Wenn Angehörige seltener oder risikoreicher Berufe oder auch Personen ohne Berufsausbildung oder mit unklarem Berufsbild ihre berufliche Leistungsfähigkeit absichern wollen, sind Versicherer möglicherweise nicht zum Abschluss einer Berufsunfähigkeitsversicherung zu den üblichen Bedin-

---

[1] Vgl. Begr. RegE, BT-Drs. 16/3945, 107.
[2] Begr. RegE, BT-Drs. 16/3945, 107.
[3] Begr. RegE, BT-Drs. 16/3945, 107.
[4] Begr. RegE, BT-Drs. 16/3945, 107.
[5] OLG Saarbrücken VersR 2020, 1434 (Risikolebensversicherung).
[6] *Neuhaus* VersR 2018, 587.
[7] Vgl. etwa BGH VersR 2013, 1397; OLG Hamm VersR 2013, 358; OLG Köln VersR 2011, 201; OLG Dresden VersR 2010, 760; OLG Stuttgart VersR 2008, 1343; OLG Karlsruhe VersR 2008, 524; OLG Koblenz VersR 2008, 383; OLG Celle VersR 2007, 1641; OLG Oldenburg 1996, 1400.

gungen bereit, sondern bieten den Abschluss einer „Erwerbsunfähigkeitsversicherung" an, die vor den **wirtschaftlichen Folgen** einer Erwerbsunfähigkeit schützt. Im Versicherungsfall erhält der Versicherte einen Anspruch auf Zahlung einer Erwerbsunfähigkeitsrente, ggf. auch einer Wiedereingliederungs- oder Rehabilitationshilfe. Außerdem wird er von seiner Verpflichtung zur Zahlung der Versicherungsprämie befreit. Die Leistungen werden in der Praxis oft nur für einen bestimmten Zeitraum erbracht. Die Leistungspflicht des Versicherers endet bei Wegfall der Erwerbsunfähigkeit oder mit Ablauf der Vertragsdauer.

Versicherungsfall ist der Eintritt von Erwerbsunfähigkeit (oder – in der Terminologie des Abs. 1 und hier in der Sache identisch – „Arbeitsunfähigkeit", vgl. → Rn. 1). Als erwerbsunfähig wird typischerweise – mit Modifizierungen in den einzelnen Bedingungswerken – ein Versicherter angesehen, der aus gesundheitlichen Gründen[8] (nämlich regelmäßig infolge einer ärztlich nachzuweisenden Krankheit, Körperverletzung oder eines Kräfteverfalls) voraussichtlich dauernd irgendeine (ggf. auch selbständige) Erwerbstätigkeit in gewisser Regelmäßigkeit nicht mehr ausüben oder durch Erwerbstätigkeit nicht mehr als nur geringfügige Einkünfte erzielen kann,[9] ferner etwa dann, wenn der Versicherte aus den genannten gesundheitlichen Gründen mindestens sechs Monate ununterbrochen außerstande gewesen ist, eine solche Erwerbstätigkeit auszuüben oder mehr als geringfügige Einkünfte zu erzielen, und dieser Zustand im Zeitpunkt der Feststellung fortbesteht.[10] Anders als in der Berufsunfähigkeitsversicherung ist der Versicherer daher nicht bereits leistungspflichtig, wenn der Versicherungsnehmer bzw. die Gefahrperson ihrem zuletzt ausgeübten Beruf oder einer ihrer bisherigen Lebensstellung entsprechenden Tätigkeit nicht mehr nachgehen können (vgl. § 172 Abs. 2, 3), sondern erst dann, wenn ihm gesundheitsbedingt jedwede regelmäßige Arbeit nicht mehr möglich und er de facto auch nicht erwerbsfähig ist.[11] Diese Voraussetzungen liegen aber nicht vor, wenn dem Versicherten zwar keine außerhäusliche Berufstätigkeit zugemutet werden kann, ihm jedoch die Möglichkeit bleibt, einer regelmäßigen Tätigkeit zu Hause nachzugehen.[12] Diese Verschärfung der Leistungsvoraussetzungen gegenüber der Berufsunfähigkeitsversicherung muss der Versicherer dem Versicherungsnehmer bei Vertragsschluss deutlich vor Augen führen, wenn er eine Haftung wegen Beratungsverschuldens (§ 6 Abs. 1 u. 5 VVG) vermeiden will (vgl. auch → Rn. 12 f.).[13]

In einzelnen Bedingungswerken werden die Voraussetzungen der Erwerbsunfähigkeit zum Teil in der Weise präzisiert, dass die „voraussichtlich dauernde" Unfähigkeit mindestens sechs oder zwölf Monate anhalten muss und eine „gewisse Regelmäßigkeit" dann angenommen wird, wenn der Versicherte nicht mehr als zwei oder drei Stunden täglich erwerbstätig sein kann.[14] In Ermangelung vertraglicher Vorgaben können die „geringfügigen Einkünfte" in vorsichtiger Ausrichtung an den sozialrechtlichen Vorgaben des § 8 Abs. 1 Nr. 1 SGB IV bestimmt werden, der für die Annahme einer „geringfügigen Beschäftigung" voraussetzt, dass das Arbeitsentgelt aus dieser Beschäftigung regelmäßig 450 EUR monatlich nicht übersteigt.[15]

Die Praxis kennt auch **Mischformen** von Berufs- und Erwerbsunfähigkeitsversicherung. In diesen Fällen kommt es nicht auf die Bezeichnung der Versicherung, sondern darauf an, ob der Versicherte einen Berufsschutz genießt oder nicht. Wird die Erwerbsunfähigkeit in der Weise definiert, dass der Versicherungsnehmer „einen Beruf, der seiner Ausbildung als diplomierter Sportlehrer entspricht, in gewisser Regelmäßigkeit nicht mehr ausüben kann oder in einem Beruf, den er aufgrund seiner Ausbildung als diplomierter Sportlehrer ausüben kann, nicht mehr als nur geringfügige Einkünfte erzielen kann",[16] so dürfte es sich ungeachtet der Bezeichnung um eine Berufsunfähigkeitsversicherung handeln, auf welche die §§ 173 ff. nicht entsprechende, sondern unmittelbare Anwendung finden.

Nach Abs. 1 finden auf Erwerbsunfähigkeitsversicherungen die §§ 173–176 analoge Anwendung. Damit gelten auch hier die Vorschriften über die **Anerkennung der Leistungspflicht** durch den Versicherer (§ 173 Abs. 1) und die Voraussetzungen seiner **Leistungsfreiheit** bei Wegfall der Voraussetzungen im Rahmen eines **Nachprüfungsverfahrens** (§ 174). Diese Regeln sind wie-

---

[8] BT-Drs.16/3947 S. 107; *Lücke* in Prölss/Martin VVG § 177 Rn. 5.
[9] Vgl. OLG Saarbrücken VersR 2020, 1434.
[10] Vgl. BAV in VerBAV 1984, 128; *Neuhaus* Berufsunfähigkeitsversicherung Kap. 22 Rn. 30.
[11] Vgl. BGH VersR 1991, 451 („Arbeitsunfähigkeitsversicherung"); zur Transparenz einer Arbeitsunfähigkeitsversicherung, die eine Leistungszusage nur für den Fall einer vollständigen und nicht einer lediglich teilweisen Arbeitsunfähigkeit enthält, vgl. EuGH VersR 2015, 605 – Van Hove/CNP Assurances SA.
[12] OLG Saarbrücken VersR 2020, 1434.
[13] *Lücke* in Prölss/Martin VVG § 177 Rn. 3.
[14] *Neuhaus* Berufsunfähigkeitsversicherung Kap. 22 Rn. 3.
[15] OLG Saarbrücken VersR 2020, 1434; *Rixecker* in Beckmann/Matusche-Beckmann VersR-HdB § 46 Rn. 64.
[16] OLG Saarbrücken VersR 2002, 964; OLG Karlsruhe r+s 1995, 278.

derum halbzwingend (§ 175). Soweit nicht Besonderheiten der Erwerbsunfähigkeit entgegenstehen, greift auch die in § 176 enthaltene Verweisung auf die lebensversicherungsrechtlichen Bestimmungen Platz.

10   Bei entsprechender Anwendung der **Verweisungsregeln** (→ § 172 Rn. 141 ff.) kann der Versicherer den Versicherten grds. auf jede Art von Erwerbstätigkeit verweisen.[17] Zwar mag aus Treu und Glauben zu folgern sein, dass eine Verweisung auf unzumutbare oder den Versicherten überfordernde Tätigkeiten nicht zulässig ist.[18] Doch abgesehen davon, dass der Versicherte eine ihn überfordernde Tätigkeit wohl kaum mit einer vorausgesetzten „gewissen Regelmäßigkeit" wird ausüben können, kann eine solche Unzumutbarkeit jedenfalls nicht unter Hinweis darauf geltend gemacht werden, dass die angesonnene Tätigkeit nicht dem früheren Beruf, der Ausbildung und Lebensstellung des Versicherungsnehmers bzw. der Gefahrperson entspricht.[19] Denkbar erscheint allenfalls, dass ein Versicherter die Tätigkeit aus höchstpersönlichen, etwa moralischen oder religiösen Gründen verweigern kann.

III. Erwerbsunfähigkeitsklauseln in der Berufsunfähigkeitsversicherung

11   Zwecks Absicherung spezifischer Risiken (→ Rn. 5) können auch in einer Berufsunfähigkeitsversicherung „Erwerbsunfähigkeitsklauseln" enthalten sein.[20] Die in § 177 Abs. 1 vorgesehene Verweisung auf eine analoge Anwendung der §§ 173– 76 gilt auch in einem solchen Fall (→ Rn. 9).

12   Bei hinreichend klarer Formulierung verstoßen derartige Klauseln weder gegen das Transparenzgebot des § 307 Abs. 1 S. 2 BGB noch benachteiligen sie den Versicherungsnehmer entgegen den Geboten von Treu und Glauben iSd § 307 Abs. 1 S. 1 BGB.[21] Allerdings müssen Versicherer (§ 6) oder Versicherungsvermittler (§ 61) dem Versicherungsnehmer darüber hinaus **deutlich vor Augen führen**, dass zwischen einer Berufsunfähigkeits- und einer Erwerbsunfähigkeitsversicherung markante Unterschiede bestehen und er auf der Grundlage einer Erwerbsunfähigkeitsklausel **nur einen Basisschutz** erwirbt.[22] Dass der Vermittler den versicherungsrechtlich nicht bewanderten Versicherungsnehmer eine Erwerbsunfähigkeitsklausel unterzeichnen lässt, ohne ihm den Unterschied zur Berufsunfähigkeitsversicherung zu erklären, reicht nicht aus.[23] Dies gilt auch dann, wenn der Abschluss einer Berufsunfähigkeitsversicherung aus Versicherersicht gar nicht in Betracht kommt oder bereits abgelehnt worden ist,[24] weil in einem solchen Fall der Versicherungsnehmer bei Kenntnis der Umstände möglicherweise auch auf den Abschluss einer Erwerbsunfähigkeitsversicherung verzichten würde.

13   Wenn eine Arbeits- bzw. Erwerbsunfähigkeitsversicherung im Vertrag in irreführender Weise als Berufsunfähigkeitsversicherung bezeichnet wird oder wenn eine die Unterschiede klarstellende Beratung unterbleibt, haften Versicherer und Vermittler – sofern nicht die Leistungsbeschreibung über § 307 Abs. 1, Abs. 2 Nr. 2 BGB von vornherein durch die Klausel des § 172 Abs. 2 ersetzt wird (→ § 172 Rn. 52) – nach §§ 6 Abs. 5, 63 auf **Ersatz desjenigen Schadens**, der kausal auf die Verletzung der Beratungspflicht zurückgeht.[25] Hätte der Versicherungsnehmer die Erwerbsunfähigkeit bei ordentlicher Beratung überhaupt nicht versichert, erhält er im Wege der Naturalrestitution die gezahlten Versicherungsprämien zurück und kann Ersatz für etwa entstandene Aufwendungen verlangen. Hätte der Versicherungsnehmer bei korrekter Beratung (oder korrekter Vertragsbezeichnung) eine Berufsunfähigkeitsversicherung abgeschlossen, ist er so zu stellen, wie er bei ordnungsgemäßer Beratung und Empfehlung jetzt stünde. Dabei wird vermutet, dass der Versicherungsnehmer sich bei korrekter Beratung auch beratungsgemäß verhalten, dh sein Berufsunfähigkeitsrisiko abgedeckt hätte. Auf eine gewohnheitsrechtliche Erfüllungshaftung lässt sich dagegen ein solcher Anspruch nicht mehr stützen,[26] da an dieser Lehre nach Inkrafttreten des neuen VVG und angesichts der dort erfolgten umfassenden Regelung der Beratungs- und Informationspflichten von Versicherer und Versicherungsvertreter richtigerweise nicht mehr festgehalten werden sollte.[27]

---

[17] OLG Saarbrücken VersR 2020, 1434.
[18] *Neuhaus* Berufsunfähigkeitsversicherung Kap. 22 Rn. 32.
[19] *Rixecker* in Beckmann/Matusche-Beckmann VersR-HdB § 46 Rn. 63.
[20] *Neuhaus* Berufsunfähigkeitsversicherung Kap. 22 Rn. 27.
[21] OLG Koblenz NJW-RR 2004, 30; OLG Saarbrücken VersR 2007, 235; OLG Celle VersR 2009, 914.
[22] AA *Ernst* in Ernst/Rogler VVG § 177 Rn. 20.
[23] Vgl. aber OLG Saarbrücken VersR 2007, 235.
[24] Anders *Lücke* in Prölss/Martin VVG § 172 Rn. 126.
[25] *Ernst* in Ernst/Rogler VVG § 177 Rn. 20.
[26] AA *Lücke* in Prölss/Martin VVG § 177 Rn. 3.
[27] *Lorenz* FS Canaris, 2007, 767 (772 ff.); zust. *Münkel* in HK-VVG § 6 Rn. 47; anders aber *Ebers* in Schwintowski/Brömmelmeyer/Ebers VVG § 6 Rn. 83 ff.

IV. Arbeitsunfähigkeitsklauseln in der Berufsunfähigkeitsversicherung

In den letzten Jahren scheinen verstärkt auch Berufsunfähigkeitsversicherungen mit **integrierter Arbeitsunfähigkeitsklausel** angeboten zu werden. Dem hat der GDV durch Veröffentlichung von **Musterbedingungen** für diesen Vertragstyp Rechnung getragen (BU-AU);[28] auf diese bezieht sich die nachfolgende Erläuterung. Die in den BU-AU vorgesehene Arbeitsunfähigkeitsklausel ergänzt die von den Parteien abgeschlossene Berufsunfähigkeitsversicherung und ist mit dieser inhaltlich verknüpft (→ Rn. 18). Von der Berufs- und Erwerbsunfähigkeits- unterscheidet sich die Arbeitsunfähigkeitsversicherung in ihrer Funktion (→ Rn. 19) und dadurch, dass die Leistungsvoraussetzungen von vornherein nur für einen bestimmten Zeitraum festgestellt sein müssen (→ Rn. 18).

Der **Versicherungsfall** tritt ein, wenn der Versicherte für eine vertraglich bestimmte Anzahl von Monaten ununterbrochen als **vollständig arbeitsunfähig** krankgeschrieben (→ Rn. 16) worden ist. Maßgebend ist also, ob der Betreffende seine **zuletzt ausgeführte Tätigkeit** aus Krankheitsgründen in vollem Umfang **nicht mehr ausüben kann.** Arbeitsunfähigkeit liegt dann vom Beginn der (ersten) Krankschreibung an vor (§ 2 Abs. 9 S. 1 BU-AU). Erlangt der Versicherte seine Arbeitsfähigkeit zurück und wird er danach innerhalb einer festgelegten Anzahl von Monaten wegen derselben Erkrankung erneut arbeitsunfähig geschrieben, werden die Zeiten der Krankschreibung zu einem einzigen Arbeitsunfähigkeitszeitraum zusammengezogen (§ 2 Abs. 9 S. 3 BU-AU). Während der Eintritt von Berufs- und Erwerbsunfähigkeit die Prognose einer *dauerhaften* Einschränkung voraussetzt (→ § 172 Rn. 119 ff.), spielt es im vorliegenden Zusammenhang keine Rolle, ob die Arbeitsunfähigkeit vermutlich dauerhaft oder nur vorübergehend sein wird.[29] Charakteristisch und für die Auslegung der BU-AU (→ Rn. 20) von Bedeutung ist vielmehr, dass sich die **Feststellung** von **Arbeitsunfähigkeit** von vornherein auf einen nur **begrenzten Zeitraum** bezieht, wobei der Versicherer eine Prognose bezüglich der Arbeitsunfähigkeitsdauer nur für eine vereinbarte Anzahl von Wochen akzeptiert (§ 2 Abs. 10 S. 2 BU-AU). Er erbringt seine Leistungen (→ Rn. 17) dann für den Zeitraum, während dessen nach ärztlicher Bescheinigung Arbeitsunfähigkeit vorliegt (§ 2 Abs. 10 S. 1 BU-AU).

Die Arbeitsunfähigkeit muss **ärztlich bescheinigt** werden (§ 2 Abs. 9 BU-AU). Die Bescheinigung ist von einem in Deutschland ansässigen Arzt oder (je nach Versicherer) Facharzt, bei Vorliegen mehrerer Bescheinigungen zumindest *auch* von einem im Inland ansässigen Arzt auszustellen (§ 2 Abs. 9 S. 2 BU-AU). Bei gesetzlich versicherten Arbeitnehmern erfolgt die Bescheinigung durch eine „Krankschreibung" (Ausfüllung des sog. „Gelben Scheins"), in anderen Fällen (Privatversicherte, Selbständige) kann der behandelnde Arzt das Vorliegen von Arbeitsunfähigkeit in einer frei formulierten schriftlichen Erklärung bestätigen, in welcher Beginn und voraussichtliche Dauer der Arbeitsunfähigkeit angegeben werden müssen. Der Nachweis des Versicherungsfalls erfolgt also einfach und unkompliziert durch die bloße Vorlage der ärztlichen Bescheinigung, die keine Diagnose enthalten muss.[30] Das sich daraus ergebende Risiko des Versicherers ist überschaubar, weil er seine Leistungsdauer von vornherein auf eine bestimmte Anzahl von Monaten beschränkt (vgl. § 1 Abs. 3 S. 1 BU-AU). Unbenommen bleibt dem Versicherer der Nachweis, dass der Versicherte die Bescheinigung durch Täuschung oder kollusives Zusammenwirken mit dem Arzt erlangt hat.[31]

Für die Dauer der Arbeitsunfähigkeit, aber nicht über eine vereinbarte Anzahl von Monaten hinaus zahlt der Versicherer eine **Arbeitsunfähigkeitsrente** in Höhe der vereinbarten Berufsunfähigkeitsrente und gewährt für diesen Zeitraum **Befreiung** von der **Verpflichtung,** den **Beitrag** für die Berufsunfähigkeitsversicherung zu entrichten (§ 1 Abs. 3 S. 1 BU-AU). Der Anspruch entsteht mit Ablauf des Monats, in dem Arbeitsunfähigkeit eingetreten ist (§ 1 Abs. 7 S. 1 BU-AU). Er wird gemäß § 1 Abs. 8 BU-AU auf mehrfache Weise beschränkt und endet, wenn keine Arbeitsunfähigkeit i.S. der Bedingungen mehr vorliegt, d.h. sie durch eine ärztliche Bescheinigung nicht mehr belegt werden kann (§ 2 Abs. 10 S. 1 BU-AU), wenn – wie eben erwähnt – die vereinbarte Maximalanzahl der Leistungsmonate erreicht ist, ferner dann, wenn der Gesamtvertrag endet oder daraus Leistungen wegen Berufsunfähigkeit erbracht werden (→ Rn. 18) sowie schließlich auch, wenn die versicherte Person stirbt.

---

[28] Allgemeine Bedingungen für die Berufsunfähigkeits-Versicherung mit zusätzlicher Absicherung bei Arbeitsunfähigkeit Musterbedingungen (AB-BUV-AU 17; Stand: 28.4.2021); abrufbar unter https://www.gdv.de/resource/blob/29838/f566f0cfec3156a70a837fca5256f8b2/allgemeine-bedingungen-fuer-die-berufsunfaehigkeits-versicherung-mit-zusaetzlicher-absicherung-bei-arbeitsunfaehigkeit1-data.pdf; dazu *Neuhaus* VersR 2018, 587 u. *Neuhaus* Berufsunfähigkeitsversicherung Kap. 22 Rn. 4 ff.

[29] Anders OLG Koblenz VersR 2012, 1516.

[30] *Mertens* in HK-VVG BUV-AU § 2 Rn. 3.

[31] Anders *Neuhaus* VersR 2008, 587, 588 f.

18 In Bezug auf die Berufsunfähigkeitsversicherung ist die Arbeitsunfähigkeitsklausel insofern akzessorisch, als die darin zugesagten Leistungen gemäß § 1 Abs. 3 S. 1 BU-AU nur dann erbracht werden, wenn Arbeitsunfähigkeit während des Zeitraums eintritt, in dem Versicherungsschutz für Berufsunfähigkeit besteht (§ 1 Abs. 3 S. 1 u. Abs. 1 S. 2 BU-AU).[32] Dieser beginnt mit Vertragsschluss, jedoch nicht vor dem im Versicherungsschein genannten Zeitraum (§ 4 S. 1 u. 2 BA-AU). Außerdem setzt ein Anspruch wegen Arbeitsunfähigkeit – vorbehaltlich unternehmensindividueller Abweichungen – voraus, dass auch ein Antrag auf Leistungen wegen Berufsunfähigkeit gestellt worden ist (§ 1 Abs. 3 S. 2 u. Abs. 7 S. 2 BU-AU). Versicherungsschutz wird also nicht ohne weiteres bei Arbeitsunfähigkeit, sondern nur insoweit gewährt, als diese als Vorphase einer möglichen Berufsunfähigkeit anzusehen ist (vgl. auch → Rn. 19).[33] Eine derart massive Einschränkung in einer „Berufsunfähigkeits-Versicherung mit zusätzlicher Absicherung bei Einschränkung" ist nur dann „klar und verständlich" und damit im Hinblick auf § 307 Abs. 1 S. 2 BGB wirksam, wenn der Umfang des Versicherungsschutzes hinreichend erkennbar gemacht wird (vgl. auch → Rn. 23); in den hier zugrunde gelegten Musterbedingungen ist dies nicht der Fall. Der Anspruch aus der Arbeitsunfähigkeitsversicherung erlischt nach Ablauf des Zeitraums, für den Leistungen aus dem Gesamtvertrag vereinbarungsgemäß längstens erbracht werden sollen (§ 1 Abs. 8 Gliederungspunkt 2 u. Abs. 1 S. 3 BU-AU).

19 Die **Voraussetzungen** von Berufs- und Arbeitsunfähigkeit werden dagegen **unabhängig voneinander geprüft** und ggf. bewilligt;[34] ein Bezug von Leistungen aus der Arbeitsunfähigkeits- bedeutet daher nicht automatisch, dass auch ein Leistungsanspruch aus einer Berufs- oder Erwerbsunfähigkeitsversicherung besteht (§ 1 Abs. 3 S. 3 u. 4 BU-AU). Ist dies aber der Fall, werden keine Parallelleistungen aus der Arbeitsunfähigkeitsversicherung erbracht (§ 1 Abs. 11 BU-AU). Infolgedessen endet ein entsprechender Anspruch auf Beitragsbefreiung und Zahlung einer Arbeitsunfähigkeitsrente, wenn der Versicherer seine Leistungspflicht aus der Berufsunfähigkeitsversicherung anerkennt und darauf Leistungen erbringt (§ 1 Abs. 8 Gliederungspunkt 4 BU-AU), und zwar auch dann, wenn weiterhin Arbeitsunfähigkeit besteht.[35] Eine solche Regelung ist weder i.S. des § 307 Abs. 1 S. 2 BGB intransparent noch stellt sie eine unangemessene Benachteiligung i.S. des § 307 Abs. 1 S. 1 BGB dar (vgl. auch → Rn. 23).[36] Durch eine negative Entscheidung über das Vorliegen von Berufsunfähigkeit wird ein Anspruch auf Leistungen aus der Arbeitsunfähigkeitsversicherung dagegen nicht prinzipiell berührt. Ein solcher Anspruch erlischt daher ggf. erst dann, wenn der zB nach einer bestimmten Anzahl von Monaten bestimmte Zeitraum abgelaufen ist, für den der Versicherer Leistungen speziell aus der Arbeitsunfähigkeitsversicherung zugesagt hatte (§ 1 Abs. 3 u. § 2 Abs. 9 S. 4 BU-AU). Während Berufs- und Erwerbsunfähigkeitsversicherungen Schutz gegen wirtschaftliche Risiken bieten, die sich aus einer voraussichtlich auf Dauer bestehenden gesundheitlichen Beeinträchtigung ergeben, zielt die Arbeitsunfähigkeitsklausel danach in erster Linie lediglich darauf ab, den Lebensunterhalt des Versicherten vorübergehend, nämlich für den Zeitraum zwischen Beantragung einer Berufsunfähigkeitsrente (→ Rn. 18) und der Entscheidung darüber zu sichern.

20 Die in **Abs. 1** vorgesehene **Verweisung** auf die §§ 173–176 VVG scheitert nicht daran, dass eine analoge Anwendung dieser Vorschriften nur für Versicherungsverträge angeordnet wird, bei denen der Versicherer eine Leistung für den Fall einer *dauerhaften Beeinträchtigung* der Arbeitsfähigkeit verspricht.[37] Abgesehen davon, dass die hier in Rede stehende Arbeitsunfähigkeitsklausel nicht zwischen dauerhafter und vorübergehender Arbeitsunfähigkeit unterscheidet (→ Rn. 15), könnte eine solche Analogie, wenn deren allgemeine Voraussetzungen (Vergleichbarkeit von Normzweck und Interessenlage) vorliegen, auch ohne Rückgriff auf § 177 Abs. 1 VVG geboten sein. Eine entsprechende Anwendung der genannten Vorschriften auf die Arbeitsunfähigkeitsversicherung kommt aber deswegen nicht in Betracht, weil angesichts deren Überbrückungscharakters und des vereinfachten Versicherungsfallnachweises eine einerseits schnelle und andererseits zeitlich begrenzte Leistung erbracht werden soll, so dass die umständlicheren und auf eine dauerhafte Leistungserbringung angelegten §§ 173, 174 VVG (Anerkenntnis, Nachprüfungsverfahren) weder dem Regelungszweck der Arbeitsunfähigkeitsklausel noch der zugrunde liegenden Interessenlage entsprechen.[38]

---

[32] Vgl. OLG Hamm VersR 2007, 1271.
[33] Anders *Neuhaus* VersR 2008, 587, 589 (Redaktionsversehen).
[34] Vgl. bereits BGH Vers 1991, 451.
[35] Anders *Neuhaus* VersR 2018, 587 (Alternativverhältnis).
[36] BGH VersR 2013, 1397 (zur Restschuld- bzw. Ratenschutzversicherung).
[37] Vgl. aber *Neuhaus* VersR 2018, 587, 588; *Mertens* in HK-VVG BUV-AU § 1 Rn. 3.
[38] Im Ergebnis ebenso *Neuhaus* VersR 2018, 588.

V. Arbeitsunfähigkeitsklauseln in der Restschuldversicherung

Restschuldversicherungen sichern die **Rückzahlung eines Kredits** bei Eintritt bestimmter 21 persönlicher Risiken wie etwa beim Eintritt einer unfall- oder **krankheitsbedingen Arbeitsunfähigkeit** des Kreditnehmers. Sie werden in der Praxis häufig zwischen Kreditgeber (Bank) und Versicherer als Versicherungen für fremde Rechnung (§§ 43 ff.) geschlossen;[39] daneben zwischen diesen Beteiligten aber auch als Gruppenversicherungsvertrag, dem der Kreditnehmer dann bereits im Kreditvertrag als Versicherungsnehmer beitritt. Der Versicherungsschutz ergibt sich dann entweder aus einer integrierten Arbeitsunfähigkeitsklausel oder ist Gegenstand einer separaten Arbeitsunfähigkeitszusatzversicherung (AUZ).[40] Zur Einbeziehung des Kreditnehmers als Gefahrperson → § 172 Rn. 38).

Die in der Praxis verwandten AVB sehen als **Versicherungsfall** häufig den Tod des Versicherten, 22 dessen Arbeitslosigkeit oder dessen Arbeitsunfähigkeit vor. Diese soll dann vorliegen, wenn er infolge (durch ärztliches Zeugnis nachzuweisender) Gesundheitsstörungen vorübergehend außerstande ist, seine bisherige Tätigkeit auszuüben. Eine damit verbundene abstrakte Verweisung dergestalt, dass der Versicherte auch nicht in der Lage sein darf, eine andere Tätigkeit auszuüben, „die aufgrund ihrer Ausbildung und Erfahrung ausgeübt werden kann und ihrer bisherigen Lebensstellung entspricht", enthält eine unangemessene Benachteiligung i.S. des § 307 Abs. 1 S. 1 BGB.[41] Angesichts der nur vorübergehend bestehenden Arbeitsunfähigkeit im konkret ausgeübten Beruf wäre für den Versicherten ein Arbeitsplatzwechsel unzumutbar. Der Versicherer kann aber nicht auf eine Tätigkeit verweisen, die aufzunehmen dem Versicherten nicht zugemutet werden kann. **Leistungsausschlüsse** wegen Vorerkrankungen sind grds. wirksam.[42]

Eine Klausel, wonach der **Anspruch** auf Leistungen wegen Arbeitsunfähigkeit **erlischt,** wenn 23 Berufs- oder Erwerbsunfähigkeit eintritt, stellt weder eine unangemessene Benachteiligung i.S. des § 307 Abs. 1 S. 1 BGB dar noch ist sie i.S. des § 307 Abs. 1 S. 2 BGB intransparent, sofern in den Bedingungen unmissverständlich deutlich gemacht wird, dass nur im Fall der Arbeitsunfähigkeit, nicht aber bei Berufs- oder Erwerbsunfähigkeit Versicherungsschutz besteht.[43] Der Anspruch lebt ggf. wieder auf, wenn die Leistungen aus der Berufsunfähigkeitsversicherung später wieder eingestellt werden.[44]

C. Keine analoge Anwendung auf Unfall- und Krankenversicherungsverträge (Abs. 2)

Das **Risiko der Arbeitsunfähigkeit** wird in gewissem Umfang auch durch die **Unfall-** und 24 die **Krankenversicherung** abgesichert. So kann bspw. in der Unfallversicherung ein Tagegeld vereinbart werden, das bei einer unfallbedingten Beeinträchtigung der Arbeitsfähigkeit des Versicherten gezahlt wird (Ziff. 2.4.1. AUB 2014). Auch die Zahlung einer Übergangsleistung wird daran geknüpft, dass die normale körperliche und geistige Leistungsfähigkeit der versicherten Person ua im beruflichen Bereich unfallbedingt nach Ablauf von sechs Monaten vom Unfalltag an noch um mindestens 50 % beeinträchtigt ist (Ziff. 2.3.1.1. AUB 2014). In der **Krankentagegeldversicherung** wird nach § 1 Abs. 1 S. 1 MB/KT 2009 Versicherungsschutz gegen krankheits- oder unfallbedingten Verdienstausfall angeboten, soweit die Beeinträchtigung der Arbeitsfähigkeit zur Folge hat. Soll bei einer Krankenhaustagegeldversicherung das Versicherungsverhältnis enden, wenn der Versicherte berufsunfähig wird, sind dafür die Kriterien des § 172 Abs. 2 u. 3 (vgl. Rn. 49 ff.) zugrunde zu legen.[45]

Abs. 2 stellt klar, dass Abs. 1 für diese Versicherungsverträge **nicht gilt,** vielmehr die einschlägi- 25 gen Bestimmungen über die Unfall- (§§ 178 ff.) und Krankenversicherung (§§ 192 ff.) maßgebend sind.

---

[39] Vgl. etwa OLG Celle VersR 2007, 1641; OLG Karlsruhe VersR 2006, 637; *Brand* in Bruck/Möller Vor §§ 43–48 Rn. 38, 40, § 43 Rn. 12.
[40] Vgl. etwa *Schneider* VersR 2014, 1295.
[41] OLG Hamm VersR 2013, 358; *Schneider* VersR 2014, 1295; *Neuhaus* Berufsunfähigkeitsversicherung Kap. 22 Rn. 25; offenbar keine Bedenken bei BGH VersR 2013, 1397.
[42] OLG Koblenz VersR 2008, 383; OLG Karlsruhe VersR 2008, 524 u. OLG Köln VersR 2011, 201 (psych. Erkrankung).
[43] BGH VersR 2013, 1397; OLG Dresden VersR 2010, 760; OLG Saarbrücken VersR 2014, 232.
[44] BGH VersR 2013, 1397.
[45] OLG Frankfurt v. 14.9.2017 – Az. 3 U 98/17 – juris; vgl. auch BGH NJW-RR 2017, 543.

Kapitel 7. Unfallversicherung

Vorbemerkungen zu §§ 178–191

Übersicht

		Rn.			Rn.
A.	Gesetzliche Grundlagen und Charakteristika	1	C.	Allgemeine Unfallversicherungs-Bedingungen (AUB)	8
			D.	Private und gesetzliche Unfallversicherung	9
B.	Erscheinungsformen der Unfallversicherung	5	E.	Übergangsrecht	12

Schrifttum: *Grimm/Kloth*, Unfallversicherung, AUB, 6. Aufl. 2021; *Jacob*, Unfallversicherung – AUB 2014, 2. Aufl. 2017; *Kloth*, Private Unfallversicherung, 2. Aufl. 2014; *Leverenz*, in Bruck/Möller, Versicherungsvertragsgesetz, 9. Aufl. 2008; *Schubach/Jannsen*, Private Unfallversicherung, 2010; *Steinmetz*, Unfallversicherung, 2020; *Stockmeier/Huppenbauer*, Motive und Erläuterungen zu den Allgemeinen Unfallversicherungs-Bedingungen (AUB 1999), 2000; *Weiße*, Wieder ein Schritt in Richtung Transparenz: Die neuen Muster-AUB 2014, VersR 2015, 297.

A. Gesetzliche Grundlagen und Charakteristika

1   Gesetzliche Grundlage der (privaten) Unfallversicherung sind in erster Linie die im Kap. 7 des zweiten Teils des VVG enthaltenen §§ 178–191; daneben finden die für alle Versicherungszweige geltenden §§ 1–73 Anwendung. Zur Beantwortung allgemeiner Fragen aus der Rechtsgeschäfts- und inbes. Vertragslehre ist auf die Vorschriften des Allgemeinen Teils sowie der ersten sieben Abschnitte des Zweiten Buches des BGB (Allgemeines Schuldrecht) zurückzugreifen. Insbesondere unterliegen die einschlägigen AUB (→ Rn. 8) der in den §§ 305 ff. BGB geregelten AGB-Kontrolle.

2   In der als „Rahmenvorschrift" apostrophierten Ausgangsnorm des § 178 hat der Gesetzgeber eine ohne nähere Präzisierung angesprochene Leistungspflicht des Versicherers allgemein an die Voraussetzungen eines **„Unfalls"** geknüpft, weil er einer näheren Produktausgestaltung offensichtlich nicht im Wege stehen wollte. Die Merkmale eines „Unfalls" werden in § 178 Abs. 2 S. 1 beschrieben. Die § 178 Abs. 2 S. 2 (Vermutung der Unfreiwilligkeit einer Gesundheitsschädigung), § 181 (Notwendigkeit einer ausdrücklichen Beschreibung der Gefahrerhöhung), § 186 (Verpflichtung des Versicherers zum Hinweis auf Anspruchs- und Fälligkeitsvoraussetzungen), § 187 (fristgebundene Erklärung des Versicherers zu seiner Leistungspflicht) und § 188 (Neubemessung des Invaliditätsgrads innerhalb einer Dreijahresfrist) sind aber zum Schutze des Versicherungsnehmers bzw. der versicherten Person (→ § 179 Rn. 3) als **halbzwingende Vorschriften** ausgestaltet worden (§ 191). Die §§ 179, 183–185, 189–191 gehen im Wesentlichen auf Vorschriften aus dem VVG aF zurück. Bei ihrer Auslegung kann daher auf die zum früheren Recht ergangene Judikatur zurückgegriffen werden.

3   Unfallversicherung iSd §§ 178 ff. ist **Personenversicherung** (vgl. § 1 Abs. 1 S. 2 VVG aF); das versicherte Risiko bezieht sich also auf eine Person. Vor den wirtschaftlichen Folgen unfallbedingter Gesundheitsschäden geschützt wird der Versicherungsnehmer oder ein im Versicherungsvertrag benannter Dritter (vgl. § 179 Abs. 1 S. 1). Eine Unfallversicherung als Sachversicherung findet sich dagegen in den AKB, wo bei Vereinbarung eines Vollkaskoschutzes der Wiederbeschaffungswert eines Kfz oder im Rahmen eines „Autoschutzbriefs" etwa Versand-, Transport- oder Verschrottungskosten ersetzt werden.

4   Unfallversicherung ist gleichzeitig **Summenversicherung.** Dies bedeutet, dass der Versicherer grds. keinen eingetretenen Schaden ausgleichen muss, sondern ohne Rücksicht auf die konkrete Schadenshöhe eine bestimmte, im Versicherungsvertrag im Voraus fixierte Versicherungssumme zu zahlen hat. Die Summenversicherung kann aber mit **Elementen der Schadensversicherung** verbunden werden, so etwa in den „BB Hilfe und Pflege 2016" (→ Rn. 7), wo eine Zusatzversicherung den aufgrund unfallbedingter Hilfsbedürftigkeit entstandenen individuellen Pflegebedarf durch die Organisation von Hilfs- und Pflegeleistungen deckt, oder in älteren Vertragswerken, in denen etwa Ersatz von Heilkosten (vgl. § 8 Abs. 6 AUB 1961), der Kosten kosmetischer Operationen oder von Bergungseinsätzen versprochen wurden.

---

[1] Begr. RegE, BT-Drs. 16/3945, 107.

B. Erscheinungsformen der Unfallversicherung

Die §§ 178–191 finden vor allem Anwendung auf Verträge über eine selbständige **Allgemeine** 5 **Unfallversicherung,** wie sie in den AUB (→ Rn. 8) näher geregelt ist;[2] zu Gruppen-Unfallversicherungen → § 179 Rn. 4, 14. Sie gelten ferner für sog. **Ausschnittsversicherungen,** die den Unfall-Versicherungsschutz auf bestimmte Tätigkeiten und Gefahrenbereiche beschränken.[3] Dazu gehören insbes. die im Abschnitt A. 4 der AKB geregelte Kfz-Unfallversicherung (Insassen-Unfallversicherung),[4] daneben aber auch zB Versicherungen für Luftfahrt- oder Tauchunfälle.[5] Außerdem finden die Vorschriften Anwendung beim Abschluss von **Unfallzusatzversicherungen** (vgl. die AUB-Z[6]), die bspw. zusammen mit Lebensversicherungen abgeschlossen werden und zu einer Erhöhung der Versicherungsleistung bei Unfalltod führen.

Während sich bei einer Unfallversicherung auf der Grundlage der AUB die Prämie ausschließlich 6 als Gegenleistung für den gewährten Unfallversicherungsschutz darstellt, wird bei einer **Unfallversicherung mit garantierter Beitragsrückzahlung**[7] durch die Beiträge eine Kapitalversicherung mit Rückzahlungsanspruch zum vereinbarten Ablauftermin oder im Todesfall finanziert. Diese Rückzahlung erfolgt unabhängig davon, ob Leistungen aus der Unfallversicherung in Anspruch genommen worden sind oder nicht.

Über die in Ziff. 2 AUB vorgesehenen **Leistungsarten** hinaus können etwa nach den Besonde- 7 ren Bedingungen für die Versicherung von Hilfs- und Pflegeleistungen (BB Hilfe- und Pflege/ Senioren)[8] **zusätzlich** auch die Kosten von Hilfsleistungen (etwa: Menüservice, Einkäufe und Besorgungen, Begleitung bei Arzt- und Behördengängen, Wohnungsreinigungs- und Wäscheservice) und Pflegeleistungen zusätzlich versichert werden.

C. Allgemeine Unfallversicherungs-Bedingungen (AUB)

Da Unfallversicherungen häufig langfristig abgeschlossen werden, können den in der Praxis zu 8 beurteilenden Verträgen **unterschiedliche AUB-Versionen** zugrunde liegen. Von 1961 bis 1988 wurden Unfallversicherungsverträge auf der Grundlage der **AUB 1961** geschlossen. Diese wurden von den **AUB 1988** abgelöst. Nachdem das Dritte Gesetz zur Durchführung versicherungsrechtlicher Richtlinien des Rats der Europäischen Gemeinschaften v. 29.7.1994[9] die generelle aufsichtsbehördliche Präventivkontrolle von AVB nahezu vollständig abgeschafft hat, kann heute grds. jedes Versicherungsunternehmen eigene Unfall-AVB auflegen. Allerdings hatte die EG-Kommission wiederholt durch sog. „Gruppenfreistellungsverordnungen" solche „Gruppen von Vereinbarungen, Entscheidungen und aufeinander abgestimmten Verhaltensweisen in der Versicherungswirtschaft" vom Kartellverbot des Art. 81 Abs. 1 EGV[10] freigestellt, die eine „Erstellung von Mustern" für allgemeine Versicherungsbedingungen zum Gegenstand haben. Von dieser Möglichkeit hatte der Gesamtverband der Deutschen Versicherungswirtschaft Gebrauch gemacht, die AUB 1988 zunächst als Musterbedingungen **AUB 1994** fortgeführt und diese dann später ohne wesentliche sachliche Änderungen in verschiedenen Versionen aktualisiert. Als neueste Version liegen heute die AUB 2014 v. 25.3.2014[11] vor, die Verständlichkeit und Transparenz des Bedingungswerks erklärtermaßen verbessern wollen.[12]

---

[2] Zu Fragen der praktischen Handhabung (etwa: Risikoprüfung, Portfoliomanagement) *Steinmetz*, Unfallversicherung (2020).
[3] *Kloth* Unfallversicherung Kap. A Rn. 12; vgl. auch *Ingenerf* Begriff des Unfalls S. 119 ff.
[4] Abdruck bei *Dörner*, Allgemeine Versicherungsbedingungen, 7. Aufl. 2015, Nr. 12 (AKB 2008 unter A 4).
[5] Vgl. GdV Unsere Services/Musterbedingungen/Unfallversicherung/Besondere und Zusatzbedingungen für die Unfallversicherung; *Kloth* Unfallversicherung Kap. A Rn. 12.
[6] Allgemeine Bedingungen für die Unfall-Zusatzversicherung, Kommentierung bei *Benkel/Hirschberg,* ALB- und BUZ-Kommentar, 2. Aufl. 2011, Kap. C.
[7] AB UBR 2016, Abdruck unter https://www.gdv.de/resource/blob/6208/020a14f8139f2197728602612f2 982c0/02-allgemeine-bedingungen-fuer-die-unfallversicherung-mit-garantierter-beitragsrueckzahlung--ab -ubr--data.pdf.
[8] Abdruck bei *Grimm/Kloth*, Teil 3, B. Musterbedingungen X. Besondere Bedingungen für die Versicherung von Hilfs- und Pflegeleistungen in der Unfallversicherung (BB Hilfe und Pflege 2016).
[9] BGBl. 1994 I S. 1630.
[10] Vgl. heute Art. 101 Abs. 1 des Vertrages über die Arbeitsweise der Europäischen Union (Konsolidierte Fassung), ABl. 2010 C 83, S. 49.
[11] Abdruck z.B. bei *Dörner*, Allgemeine Versicherungsbedingungen, 7. Aufl. 2015, Nr. 23; Erläuterungen bei *Steinmetz,* Unfallversicherung S. 45 ff.
[12] *Weiße* VersR 2015, 297.

Auf diese derzeit **neueste Version** bezieht sich, soweit nicht anders vermerkt, die **nachfolgende Kommentierung**. Nachdem die neue, am 1.4.2010 in Kraft getretene Verordnung über die Anwendung von Art. 101 Abs. 3 AEUV auf Gruppen von Vereinbarungen, Beschlüssen und abgestimmten Verhaltensweisen im Versicherungssektor v. 24.3.2010[13] keine Freistellung von Muster-AVB mehr vorsieht, ist die Aufstellung von Musterbedingungen durch die Verbände in Zukunft nur noch dem allgemeinen europäischen Kartellverbot des Art. 101 AEUV unterworfen.[14]

D. Private und gesetzliche Unfallversicherung

9   Während die in §§ 178 ff. geregelte Unfallversicherung durch einen privatrechtlichen Vertrag zwischen Versicherungsnehmer und dem von ihm frei gewählten Versicherer begründet und dementsprechend als privatrechtliches, jedenfalls im Prinzip frei ausgestaltbares Rechtsverhältnis nach den Bestimmungen des Bürgerlichen Rechts sowie des privaten Versicherungsrechts beurteilt wird, unterliegt die im SGB VII v. 7.8.1996[15] geregelte **gesetzliche Unfallversicherung** dem Sozialversicherungs- und damit dem **öffentlichen Recht**.[16] Das im Rahmen der gesetzlichen Unfallversicherung begründete und inhaltlich im Wesentlichen festgelegte Sozialversicherungsverhältnis entsteht idR (vgl. aber § 6 SGB VII) ipso iure mit der Erfüllung der gesetzlichen Voraussetzungen, insbes. mit der Aufnahme einer versicherten Tätigkeit wie zB mit Eingehung eines Beschäftigungsverhältnisses (vgl. § 2 Abs. 1 Nr. 1 SGB VII). Bei Streitigkeiten ist dementsprechend dort der Weg zu den Zivil- und hier zu den Sozialgerichten eröffnet. Die **Beiträge** in der gesetzlichen Unfallversicherung werden im Umlageverfahren erhoben (§ 152 Abs. 1 S. 1 SGB VII). Beitragspflichtig sind insbes. Unternehmer, für deren Unternehmen Versicherte tätig sind (§ 150 Abs. 1 S. 1 SGB VII).

10   Im Gegensatz zur privaten Unfallversicherung, die allgemein Schutz vor den wirtschaftlich nachteiligen Folgen einer unfallbedingten Gesundheitsschädigung bieten will, ist es **Aufgabe** der **gesetzlichen Unfallversicherung,** Arbeitsunfälle (§ 8 Abs. 1 SGB VII) und Berufskrankheiten (§ 9 Abs. 1 SGB VII) sowie arbeitsbedingte Gesundheitsgefahren zu verhüten und nach Eintritt von Arbeitsunfällen oder Berufskrankheiten die Gesundheit und die Leistungsfähigkeit der Versicherten wiederherzustellen und sie oder ihre Hinterbliebenen durch Geldleistungen zu entschädigen (§ 1 SGB VII). Wegen dieser nur begrenzten Übereinstimmung der Schutzzwecke können Erkenntnisse aus sozialgerichtlichen Verfahren (zB Feststellungen zum Grad einer Behinderung) nicht ohne weiteres auf Fragestellungen der privaten Unfallversicherung übertragen werden.[17]

11   **Träger der gesetzlichen Unfallversicherung** sind in erster Linie die Berufsgenossenschaften. Sie erbringen Präventionsleistungen (§§ 14 ff. SGB VII) und nach Eintritt des Versicherungsfalls Leistungen zur Heilbehandlung (§§ 27 ff. SGB VII), Leistungen zur Teilhabe am Arbeitsleben (§ 35 SGB VII), Leistungen zur Teilhabe am Leben in der Gemeinschaft wie etwa Kraftfahrzeughilfe (§§ 39 Abs. 1 Nr. 1, 40 SGB VII) oder Wohnungshilfe (§ 41 SGB VII), Pflege (§ 44 SGB VI), Geldleistungen wie Verletzten- (§§ 45 ff. SGB VII) und Übergangsgeld (§§ 49 ff. SGB VII), ferner Leistungen zur Betriebs- und Haushaltshilfe (§§ 54 ff. SGB VII), Renten an Versicherte und Hinterbliebene (§§ 56 ff. SGB VII) sowie schließlich Abfindungen (§§ 75 ff. SGB VII).

E. Übergangsrecht

12   Die VVG-Reform ist am **1.1.2008** in Kraft getreten. Die Übergangsvorschriften weisen im Hinblick auf die Unfallversicherung **keine Besonderheiten** auf. Vor dem Stichtag geschlossene „Altverträge" unterlagen bis zum 31.12.2008 dem alten, danach grds. dem neuen Recht, soweit nicht bereits vor dem Stichtag ein Versicherungsfall eingetreten war (Art. 1 Abs. 1, 2 EGVVG). Dies gilt auch für Unfallversicherungsverträge.

13   Durch Art. 1 Abs. 3 EGVVG war dem Versicherer bis zum **1.1.2009** gestattet, seine **AVB** für Altverträge mit Wirkung zu diesem Zeitpunkt zu ändern, soweit sie von den Vorschriften des neuen

---

[13] VO (EU) der Kommission v. 24.3.2010, ABl. L 83, S. 1; *Saller* VersR 2010, 417.
[14] Vgl. *Armbrüster* Privatversicherungsrecht Rn. 57.
[15] BGBl. 1996 I S. 1354.
[16] Vgl. dazu *Plagemann/Radtke-Schwenzer*, Gesetzliche Unfallversicherung, 2. Aufl. 2007; *Schmitt*, SGB VII, Gesetzliche Unfallversicherung, 4. Aufl. 2009.
[17] *Mangen* in Beckmann/Matusche-Beckmann VersR-HdB § 47 Rn. 1; Systemvergleich bei *Leverenz* in Bruck/Möller VVG § 178 Rn. 58 ff.

VVG abwichen. Die Änderung musste dem Versicherungsnehmer unter Kenntlichmachung der Unterschiede bis spätestens zum 1.12.2008 in Textform (§ 126b BGB) mitgeteilt werden. Von dieser Möglichkeit konnte auch ein Unfallversicherer Gebrauch machen. Hat der Versicherer eine solche Anpassung unterlassen, bleibt die Verletzung in Altverträgen enthaltener (insbes. vertraglicher) Obliegenheiten nach hM sanktionslos, soweit die nach altem Recht vereinbarten Sanktionen gegen zwingende Vorschriften des neuen Rechts verstoßen; nicht etwa werden die seinerzeit vereinbarten und jetzt unwirksamen Sanktionen durch § 28 VVG nF ersetzt.[18]

§ 178 Leistung des Versicherers

(1) Bei der Unfallversicherung ist der Versicherer verpflichtet, bei einem Unfall der versicherten Person oder einem vertraglich dem Unfall gleich gestellten Ereignis die vereinbarten Leistungen zu erbringen.

(2) Ein Unfall liegt vor, wenn die versicherte Person durch ein plötzlich von außen auf ihren Körper wirkendes Ereignis unfreiwillig eine Gesundheitsschädigung erleidet. Die Unfreiwilligkeit wird bis zum Beweis des Gegenteils vermutet.

Übersicht

		Rn.			Rn.
A.	Grundlagen	1	I.	Gesetzlicher Unfallbegriff und AUB	49
I.	Inhalt und Zweck der Norm	1	II.	Ereignis	53
II.	Entstehungsgeschichte	3	III.	Einwirkung von außen	55
B.	Rechtsfragen zum Vertragsverhältnis	5	1.	Funktion des Abgrenzungskriteriums	55
I.	Abschluss und Beendigung des Vertrages	5	2.	Typische Unfallereignisse	56
1.	Vertragsabschluss	5	3.	Einschränkungen der körperlichen Bewegungsfreiheit	62
2.	Vertragsbeendigung	8	4.	Psychisch vermittelte Reaktionen	63
II.	Verletzung der vorvertraglichen Anzeigeobliegenheit (§§ 19–22)	13	5.	Eigenbewegungen der versicherten Person	66
1.	Nachfrage in Textform (§ 19 Abs. 1)	15	IV.	Plötzlichkeit des Ereignisses	72
2.	Obliegenheit zur Anzeige gefahrerheblicher Umstände (§ 19 Abs. 1)	16	1.	Funktion des Abgrenzungskriteriums	72
3.	Rücktritt, Kündigung und Vertragsanpassung durch den Versicherer (§ 19 Abs. 2–5)	19	2.	Objektives oder subjektives Begriffsverständnis?	74
			3.	Unerwartete und überraschende Einwirkung	77
4.	Leistungsfreiheit des Versicherers (§ 21 Abs. 2 S. 1)	24	4.	Erwartete Einwirkung von unerwarteter Intensität	81
5.	Anfechtung des Versicherungsvertrages durch den Versicherer wegen arglistiger Täuschung (§ 123 BGB, § 22 VVG)	26	5.	Plötzliche Einwirkung und Gesundheitsschädigung	86
6.	Darlegungs- und Beweislast	30	V.	Unfreiwillige Gesundheitsschädigung	87
III.	Inhalt des Versicherungsvertrages	32	1.	Gesundheitsschädigung	88
1.	Rechte und Pflichten der Vertragsparteien	32	2.	Unfreiwilligkeit	89
	a) Verpflichtung des Versicherers	32	3.	Adäquat-kausale Verursachung	93
	b) Verpflichtungen des Versicherungsnehmers	35	4.	Schutzzweck der Risikoübernahme	97
2.	Dauer der Gefahrtragung	38	5.	Darlegungs- und Beweislast (Abs. 2 S. 2)	101
3.	Kinderunfallversicherung (Ziff. 6.1 AUB)	42	VI.	**Vertraglich dem Unfall gleichgestellte Ereignisse (Abs. 1 und Ziff. 1.4 AUB)**	102
4.	Änderung des Vertragsinhalts durch Änderung der AUB	45	1.	Erhöhte Kraftanstrengung	104
C.	**Versicherungsfall: Unfall oder dem Unfall gleichgestelltes Ereignis (Abs. 1 und Abs. 2 S. 1)**	49	2.	Gesundheitsschäden an Gliedmaßen oder Wirbelsäule	108
			VII.	Risikoausschlüsse	111

---

[18] BGHZ 191, 159 = VersR 2011, 1550, zur intensiven Diskussion *Armbrüster* in Prölss/Martin EGVVG Art. 1 Rn. 34 ff. mwN.

§ 178
Teil 2. Einzelne Versicherungszweige. Kap. 7. Unfallversicherung

	Rn.
1. Risikoausschlüsse (Ziff. 5 AUB)	111
2. Risikoausschlüsse und AGB-Kontrolle	112
3. Bewusstseinsstörungen und Anfälle (Ziff. 5.1.1 AUB)	114
a) Voraussetzungen und Grund des Ausschlusses	114
b) Krankheitsbedingte Bewusstseinsstörungen	116
c) Bewusstseinsstörungen aufgrund von Medikamenten und Rauschmitteln	118
d) Schlag- und Krampfanfälle	127
e) Wiedereinschluss bei unfallbedingten Störungen und Anfällen (Ziff. 5.1.1 – Ausnahme AUB)	128
f) Darlegungs- und Beweislast	129
4. Vorsätzliche Ausführung oder Versuch einer Straftat (Ziff. 5.1.2 AUB)	134
a) Grund des Ausschlusses	134
b) Vorsätzliche Ausführung einer Straftat	135
c) Zurechenzusammenhang zwischen Straftat und Unfall	139
d) Darlegungs- und Beweislast	141
5. Kriegs- oder Bürgerkriegsereignisse (Ziff. 5.1.3 AUB)	143
a) Grund des Ausschlusses	143
b) Ausschluss des Kriegs- und Bürgerkriegsrisikos	144
c) Wiedereinschluss bei überraschendem Kriegsausbruch (Ziff. 5.1.3 – Ausnahme AUB)	146
d) Darlegungs- und Beweislast	148
6. Unfälle im Luftverkehr (Ziff. 5.1.4 AUB)	149
a) Grund des Ausschlusses	149
b) Reichweite des Ausschlusses	150
c) Darlegungs- und Beweislast	153
7. Teilnahme an Motorfahrzeugrennen (Ziff. 5.1.5 AUB)	154
a) Grund und Inhalt des Ausschlusses	154
b) Darlegungs- und Beweislast	156
8. Durch Kernenergie verursachte Unfälle (Ziff. 5.1.6 AUB)	157
a) Grund und Inhalt des Ausschlusses	157
b) Darlegungs- und Beweislast	159
9. Schäden an Bandscheiben und Blutungen aus inneren Organen (Ziff. 5.2.1 AUB)	160
a) Grund und Inhalt des Ausschlusses	160
b) Wiedereinschluss unfallbedingter Schäden (Ausnahme)	161
c) Wirksamkeit der Klausel	163
d) Darlegungs- und Beweislast	164
10. Gesundheitsschäden durch Strahlen (Ziff. 5.2.2 AUB)	165
a) Grund des Ausschlusses	165
b) Reichweite des Ausschlusses	167
c) Darlegungs- und Beweislast	170
11. Gesundheitsschäden durch Heilmaßnahmen oder körperliche Eingriffe (Ziff. 5.2.3 AUB)	171
a) Grund des Ausschlusses	171
b) Heilmaßnahmen	172
c) Eingriffe am Körper der versicherten Person	175

	Rn.
d) Wiedereinschluss durch Unfall veranlasster Heilmaßnahmen oder Eingriffe	178
e) Darlegungs- und Beweislast	179
12. Infektionen (Ziff. 5.2.4 AUB)	180
a) Grund und Wirksamkeit des Ausschlusses	180
b) Reichweite des Ausschlusses	182
c) Wiedereinschluss für Infektionen durch Tollwut, Wundstarrkrampf, und unfallbedingte Heilmaßnahmen oder Eingriffe (Ziff. 5.2.4 – Ausnahme AUB)	185
d) Darlegungs- und Beweislast	187
13. Vergiftungen (Ziff. 5.2.5 AUB)	188
a) Grund des Ausschlusses	188
b) Reichweite des Ausschlusses	189
c) Wiedereinschluss: Vergiftungen bei Kindern (Abs. 2)	193
d) Darlegungs- und Beweislast	194
14. Krankhafte Störungen infolge psychischer Reaktionen (Ziff. 5.2.6 AUB)	195
a) Grund des Ausschlusses	195
b) Wirksamkeit der Klausel	196
c) Erscheinungsformen und Abgrenzungen	197
d) Darlegungs- und Beweislast	205
15. Bauch- oder Unterleibsbrüche (Ziff. 5.2.7 AUB)	206
a) Reichweite und Grund des Ausschlusses	206
b) Wiedereinschluss: Gewaltsame äußere Einwirkung	207
c) Darlegungs- und Beweislast	208
D. Unfallfolgen und Leistungsarten	**209**
I. Überblick	**209**
II. Invaliditätsleistung (Ziff. 2.1 AUB)	**211**
1. Leistungsvoraussetzungen (Ziff. 2.1 AUB)	211
a) Invalidität (Ziff. 2.1.1.1 AUB)	211
b) Kein unfallbedingter Tod innerhalb eines Jahres nach dem Unfall (Ziff. 2.1.1.4 AUB)	212
c) Eintritt der Invalidität innerhalb von 15 Monaten nach dem Unfall (Ziff. 2.1.1.2 S. 1, 1. Spiegelstrich AUB)	214
d) Feststellung der Invalidität innerhalb von 15 Monaten nach dem Unfall (Ziff. 2.1.1.2 Abs. 1, 2. Spiegelstrich AUB)	217
e) Geltendmachung der Invalidität innerhalb von 15 Monaten nach dem Unfall (Ziff. 2.1.1.3 AUB)	225
2. Art und Höhe der Leistung (Ziff. 2.1.2 AUB)	230
a) Kapitalleistung	230
b) Berechnungsgrundlagen	231
c) Vorinvalidität (Ziff. 2.1.2.2.3 AUB)	239
d) Mehrfachschäden (Ziff. 2.1.2.2.4 AUB)	245
3. Darlegungs- und Beweislast	246
III. Unfallrente (Ziff. 2.2 AUB)	**247**

§ 178 Leistung des Versicherers

		Rn.
1.	Leistungsvoraussetzungen (Ziff. 2.2.1 AUB)	247
2.	Art, Höhe und Dauer der Leistung (Ziff. 2.2.2 AUB)	248
3.	Darlegungs- und Beweislast	250
IV.	**Übergangsleistung (Ziff. 2.3 AUB)**	**251**
1.	Leistungsvoraussetzungen (Ziff. 2.3 AUB)	252
	a) Beeinträchtigung der Leistungsfähigkeit	252
	b) Geltendmachung	254
2.	Art und Höhe der Leistung (Ziff. 2.3.2 AUB)	256
3.	Darlegungs- und Beweislast	257
V.	**Tagegeld (Ziff. 2.4 AUB)**	**258**
1.	Leistungsvoraussetzungen (Ziff. 2.4.1 AUB)	259
2.	Dauer und Höhe der Leistung (Ziff. 2.4.2 AUB)	261
3.	Darlegungs- und Beweislast	263
VI.	**Krankenhaustagegeld (Ziff. 2.5 AUB)**	**264**
1.	Leistungsvoraussetzungen (Ziff. 2.5.1 AUB)	265
	a) Vollstationäre Behandlung	265
	b) Ambulante Operationen	268
2.	Höhe und Dauer der Leistung (Ziff. 2.5.2 AUB)	270
3.	Darlegungs- und Beweislast	272
VII.	**Todesfallleistung (Ziff. 2.6 AUB)**	**273**
1.	Leistungsvoraussetzungen (Ziff. 2.6.1 AUB)	273
2.	Höhe der Leistung (Ziff. 2.6.2 AUB)	276
3.	Darlegungs- und Beweislast	277
VIII.	**Kosten für kosmetische Operationen (Ziff. 2.7 AUB)**	**278**
1.	Leistungsvoraussetzungen (Ziff. 2.7.1 AUB)	278
2.	Art und Höhe der Leistung (Ziff. 2.7.2 AUB)	279
3.	Darlegungs- und Beweislast	280
IX.	**Kosten für Such-, Bergungs- und Rettungseinsätze (Ziff. 2.8 AUB)**	**281**
1.	Leistungsvoraussetzungen (Ziff. 2.8.1 AUB)	281
2.	Art und Höhe der Leistung (Ziff. 2.8.2 AUB)	282
3.	Darlegungs- und Beweislast	283
X.	**Mitwirkende Krankheiten und Gebrechen (Ziff. 3 AUB)**	**284**
1.	Krankheiten und Gebrechen	285
2.	Mitwirkung von Vorerkrankungen	288
3.	Minderung von Invaliditätsgrad und Leistung	291

		Rn.
4.	Darlegungs- und Beweislast	293
E.	**Obliegenheiten des Versicherungsnehmers nach Vertragsschluss**	**294**
I.	**Überblick**	**294**
II.	**Anzeige einer Adressen- und Namensänderung (Ziff. 17.2 AUB, § 13 Abs. 1 VVG)**	**299**
III.	**Anzeige bei Änderung der Berufstätigkeit oder Beschäftigung (Ziff. 6.2.1 AUB)**	**300**
IV.	**Hinzuziehung eines Arztes und Unterrichtung des Versicherers (Ziff. 7.1 AUB)**	**301**
V.	**Erteilung von Informationen zum Unfallgeschehen (Ziff. 7.2 AUB)**	**304**
VI.	**Duldung einer ärztlichen Untersuchung (Ziff. 7.3 und Ziff. 9.4 Abs. 2 AUB)**	**307**
VII.	**Ermächtigung zur Auskunftserteilung (Ziff. 7.4 AUB)**	**310**
VIII.	**Todesfallanzeige und Obduktion (Ziff. 7.5 AUB)**	**312**
IX.	**Vorlage von Lebensbescheinigungen (Ziff. 2.2.3.2. Abs. 2 AUB)**	**316**
X.	**Rechtsfolgen einer Obliegenheitsverletzung (Ziff. 8 AUB)**	**317**
1.	Vorsätzliche Obliegenheitsverletzung	318
2.	Fahrlässige Obliegenheitsverletzung	320
3.	Darlegungs- und Beweislast	323
F.	**Erbringung der Leistungen durch den Versicherer**	**325**
G.	**Unfallversicherungen mit Auslandsbezug**	**331**
I.	**Anwendbares Recht**	**332**
1.	Belegenheit des versicherten Risikos	332
2.	Risikobelegenheit im Inland	333
3.	Risikobelegenheit in einem anderen Mitgliedstaat	335
4.	Risikobelegenheit in einem Drittstaat	336
5.	Gesamtunwirksamkeit der Rechtswahlklauseln	337
II.	**Internationale Zuständigkeit**	**338**
1.	Anwendung des Europäischen Gerichtsstands- und Vollstreckungsübereinkommens	338
2.	Klage des Versicherungsnehmers, Versicherten oder Begünstigten gegen den Versicherer	339
3.	Klage des Versicherers gegen den Versicherungsnehmer, Versicherten oder Begünstigten	341
H.	**Darlegungs- und Beweislast**	**342**

§ 178

Teil 2. Einzelne Versicherungszweige. Kap. 7. Unfallversicherung

		Rn.			Rn.
I.	Voraussetzungen eines Unfalls (Abs. 2 S. 1)	342	III.	Risikoausschlüsse	346
			IV.	Unfallfolgen und Leistungsarten	348
II.	Unfreiwilligkeit der Gesundheitsschädigung (Abs. 2 S. 2)	343	V.	Obliegenheitsverletzungen des Versicherungsnehmers	350

Schrifttum: *Abel/Ernst,* Bemessungszeitpunkt für die gerichtliche Überprüfung der Erstfeststellung des Versicherers zur unfallbedingten Invalidität und deren Maß, VersR 2015, 545; *Abel/Winkens,* Die Invaliditätsleistung bei krankhaften Störungen infolge psychischer Reaktionen, VersR 2009, 30; *Abel/Winkens,* Die Versicherung von Infektionen in der privaten Unfallversicherung am Beispiel Borreliose durch Zecken – Anmerkungen aus rechtlicher Sicht, r+s 2011, 45; *Appl/Müller,* Rotatorenmanschettenruptur – Degeneration oder Unfallfolge, VersR 2000, 427; *Armbrüster,* Ansprüche des Versicherungsnehmers auf Einsicht in Sachverständigengutachten, VersR 2013, 944; *Borchert,* Zur Unwirksamkeit der Schweigepflichtentbindungserklärung in Versicherungsanträgen, NVersZ 2001, 1; *Brockmöller,* Die Rechtsprechung des Bundesgerichtshofs zur Unfallversicherung, r+s 2012, 313; *Burmann/Heß,* Psychische Erkrankungen in der Unfallversicherung, r+s 2010, 403; *Dörner,* Rechtsfragen der Unfallversicherung, in Basedow/Meyer/Rückle/Schwintowski (Hrsg.), Transparenz und Verständlichkeit. Berufsunfähigkeitsversicherung und Unfallversicherung. Reform des Versicherungsvertragsgesetzes, VersWissStud Bd. 15, 2000, 243; *Dümichen,* Die einjährige Ausschlussfrist bei Invaliditätsleistungen gem. § 7 Abs. 1 S. 3 AUB 1988/1994 und die Einbindung des Arztes, ZVersWiss 2003, 783; *Eichelmann,* Der Tod beim Baden im Rahmen der Unfallversicherung, VersR 1972, 411; *Ernestus/Gärtner,* Isolierte traumatische Bandscheibenvorfälle in der privaten Unfallversicherung, VersR 1996, 419; *Gundlach* Viel Lärm um die Schulter: Schulterverletzungen und mitwirkende Gebrechen in der privaten Unfallversicherung, VersR 2017, 733; *Heermann,* Sportverletzungen und Unfallversicherungsschutz, NJW 2012, 3400; *Hoenicke,* Die Regulierung des Rotatorenmanschetten-Schadens in der privaten Unfallversicherung. Anmerkungen aus rechtlicher Sicht, r+s 2009, 489; *Ingenerf,* Der Begriff des Unfalls, 2019; *Jacob,* Die Feststellung der Invalidität in der Unfallversicherung – eine Betrachtung zum maßgeblichen Zeitpunkt der Invaliditätsbemessung, VersR 2005, 1341; *Jacob,* Treu und Glauben in der privaten Unfallversicherung, VersR 2007, 456; *Jacob,* Rückforderung von Versicherungsleistungen in der privaten Unfallversicherung, VersR 2010, 39; *Jacob,* Irrungen und Wirrungen zum „richtigen" Zeitpunkt der Invaliditätsbemessung in der Unfallversicherung, VersR 2014, 291; *Jacob,* BGH-Rechtsprechung zur Unfallversicherung – ein Praxistest, r+s 2015, 330; *Janssen,* Allgemeine Grundsätze über den Umgang mit medizinischen Gutachten in der Tatsacheninstanz, r+s 2015, 161; *Jungermann,* Private Unfallversicherung – ausgewählte Probleme bei der Erstbemessung der Invaliditätseinmalleistung, r+s 2021, 181; *Kessal-Wulf,* Aus der neueren Rechtsprechung des Bundesgerichtshofes zur privaten Unfallversicherung, r+s 2008, 313; *Kessal-Wulf,* Die neuere Rechtsprechung des BGH zum Versicherungsrecht – Unfallversicherung und Krankenversicherung, r+s 2010, 353; *Klimke,* Die Hinweispflicht des Versicherers bei Einführung neuer AVB, NVersZ 1999, 449; *Klimke,* Vertragliche Ausschlussfristen für die Geltendmachung des Versicherungsanspruchs nach der VVG-Reform – Entschuldigungsmöglichkeit, Hinweispflicht und Transparenz, VersR 2010, 290; *Kloth,* Private Unfallversicherung, 2. Aufl. 2014; *Kloth,* Stürze aus großer Höhe in der privaten Unfallversicherung, r+s 2015, 1; *Kloth/Tschersich,* Die private Unfallversicherung – Aktuelles aus Rechtsprechung und Praxis, r+s 2005, 276; r+s 2015, 321; *Knappmann,* Wirkung von Progressionsvereinbarungen in der Unfallversicherung bei Leistungseinschränkungen, NVersZ 1999, 351; *Knappmann,* Verpflichtung zur Befreiung von der ärztlichen Schweigepflicht nach dem Tod des Versicherten, NVersZ 1999, 511; *Knappmann,* Alkoholbeeinträchtigung und Versicherungsschutz, VersR 2000, 11; *Knappmann,* Unfallversicherung – Kausalitäts- und Beweisfragen, NVersZ 2002, 1; *Knappmann,* Zur Invaliditätsbemessung in der Unfallversicherung: Funktionsfähigkeit gleich Verlust?, VersR 2003, 430; *Knappmann,* Unfallversicherungsschutz bei medizinischen Behandlungen?, FS Schirmer, 2005, 269; *Knappmann,* Privatversicherungsrecht und Sozialrecht (Kranken- und Unfallversicherung): Unterschiede und Übereinstimmungen – Privatversicherungsrecht, r+s 2007, 47; *Knappmann,* Der Ausschluss psychischer Reaktionen in der Unfallversicherung, VersR 2011, 324; *Knappmann,* Psychische Erkrankungen und psychische Einwirkungen in der privaten Unfallversicherung, FS E. Lorenz, 2014, 175; *Manthey,* Versicherungsschutz in der privaten Unfallversicherung bei fehlgeschlagenen oder missglückten Selbstverletzungen, NVersZ 2000, 161; *Manthey,* Wann ist dem Unfallversicherer die Berufung auf die formellen Voraussetzungen des § 7 Abs. 1 AUB 1988 (§ 8 Abs. 2 AUB 1961) verwehrt?, NVersZ 2001, 55; *Marlow,* Aktuelle Rechtsprechung zur privaten Unfallversicherung, r+s 2004, 353 und r+s 2005, 367; *Marlow,* Aktuelles aus Rechtsprechung und Praxis zur privaten Unfallversicherung, r+s 2006, 362 und 397; *Marlow,* Die private Unfallversicherung – Aktuelles aus Rechtsprechung, Praxis und VVG-Reform, r+s 2007, 353; *Marlow/Tschersich,* Die private Unfallversicherung – Aktuelles aus Rechtsprechung, Praxis und VVG-Reform, r+s 2009, 442; *Marlow/Tschersich,* Die private Unfallversicherung – Aktuelles aus Rechtsprechung, Praxis und VVG-Reform, r+s 2011, 367; r+s 2011, 453; *Marlow/Tschersich,* Die private Unfallversicherung – Aktuelles aus Rechtsprechung und Praxis, r+s 2013, 157; r+s 2013, 365; *Mergner,* Der (unfallkausale) Tinnitus – Plausibilitätskriterien, VersR 2010, 1566; *Naumann/Brinkmann,* Zur Auslegung des Kriegsausschlusses in der privaten Unfallversicherung, r+s 2012, 469; *Naumann/Brinkmann,* Die Dreijahresfrist und das Neubemessungsrecht des Versicherungsnehmers nach § 188 Abs. 1 VVG, Nr. 9.4 AUB 10/08, VersR 2013, 674; *Naumann/Brinkmann,* Zur Regulierung von Schulterschäden im Rahmen der privaten Unfallversicherung im Lichte der aktuellen Rechtsprechung des BGH, VersR 2015, 1350; *Pohar,* Auslegung der Ausschlusstatbestände der AUB unter Berücksichtigung der Verwerflichkeit des Versichertenverhaltens und am Maßstab von Treu und Glauben, in *Dörner* (Hrsg.) Forum Versicherungsrecht 2012, 183; *Prahl*, Das informationelle Interesse des Versicherten einer Versicherung für fremde Rechnung in der privaten Unfallversicherung, VersR 2020, 267; *Pürckhauer*, Das Merkmal der „Plötzlichkeit" im Unfallbegriff, VersR 1983, 11; *Römer*, Aktuelle Fragen aus der Personenversicherung, in Homburger Tage 1992. Arbeitstagung der Arbeitsgemeinschaft Verkehrsrecht im DAV 1998, 53; *Rüther*, Die Gefährdung des Versicherungsschutzes durch Alkohol im Straßenverkehr, NZV 1994, 457; *Schubach*, Politische Risiken und Krieg in der Personenversicherung, r+s 2002, 177; *Schubach/Jannsen*, Private Unfallversicherung, 2010; *Schwintowski*, Ausschluss krankhafter Störungen infolge psychischer Reaktionen in den AUB, NVersZ 2002, 395; *Steinmetz/Röser*, Bandscheibenschäden in der privaten Unfallversicherung: Leitfaden für die Bewertung, VersR 2014, 38; *Stockmeier/Huppenbauer*, Motive und Erläuterungen zu den Allgemeinen Unfallversicherungs-Bedingungen (AUB 1999), 2000; *Suermann*, Die Versicherung von Infektionen in der privaten Unfallversicherung am Beispiel Borreliose durch Zecken – Anmerkungen aus medizinischer Sicht, r+s 2011, 50; *Terno*, Die Rechtsprechung des BGH zur (Kraftfahrt-)Unfallversicherung, DAR 2005, 314; *Trompetter*, Der Unfall im Rahmen einer (auto)erotischen Handlung, VersR 1998, 685; *Wagner*, Sportliche Betätigung als „erhöhte Kraftanstrengung" in der Unfallversicherung, r+s 2013, 421; *Wandt/Gal*, Gerichtsstandsvereinbarungen in Versicherungssachen im Anwendungsbereich des § 215 VVG, GS M. Wolf, 2011, 579; *Wussow*, Der Leistungsausschluss bei psychischen Beeinträchtigungen in der privaten Unfallversicherung, VersR 2000, 1183; *Wussow*, Obliegenheiten in der privaten Unfallversicherung, VersR 2003, 1481.

A. Grundlagen

I. Inhalt und Zweck der Norm

Die Vorschrift umschreibt in ihrem **Abs. 1** ganz allgemein die sich aus einer Unfallversicherung ergebende **Verpflichtung des Versicherers,** bei einem Unfall (Abs. 2 S. 1) oder einem „vertraglich dem Unfall gleich gestellten Ereignis" die versprochene **Versicherungsleistung** zu **erbringen.** Welche Leistungsarten vereinbart werden können (etwa: Kapitalleistung, Tagegeld), sagt die Bestimmung nicht (→ Rn. 209 ff.). Mit der zweiten Alternative will der Gesetzgeber deutlich machen, dass über den in Abs. 2 S. 1 definierten allgemeinen Unfallbegriff hinaus auch andere Ereignisse vertraglich als Versicherungsfall vorgesehen werden können, so etwa Verrenkungen und Zerrungen, die „durch eine erhöhte Kraftanstrengung" eintreten, oder zB Muskel- oder Sehnenrisse oder Zerrungen (Ziff. 1.4 AUB, → Rn. 102 ff.).[1] 1

Abs. 2 S. 1 definiert den „**Unfall**" durch Übernahme der traditionell in den AUB und der Rspr. verwandten Begriffsbestimmung (→ Rn. 49). Daher kann bei der Auslegung auch auf die zum früheren Recht ergangene Judikatur und das dazu publizierte Schrifttum zurückgegriffen werden. Ein Unfall iSd Gesetzes ist danach dadurch charakterisiert, dass die versicherte Person durch ein plötzlich von außen auf ihren Körper wirkendes Ereignis unfreiwillig eine Gesundheitsschädigung erleidet (→ Rn. 53 ff.). Der Gesetzgeber will dieser Definition einen „Rahmencharakter" beigelegt wissen, der es erlaube, in den AVB oder in dem jeweiligen Individualvertrag ergänzende Risikoausschlussklauseln vorzusehen.[2] Die in **Abs. 2 S. 2** enthaltene **Vermutung der Unfreiwilligkeit** einer Gesundheitsschädigung (→ Rn. 87 ff.) entspricht in der Sache dem § 180a Abs. 1 VVG aF. 2

II. Entstehungsgeschichte

Abgesehen von dieser Übernahme des § 180a Abs. 1 VVG aF in Abs. 2 S. 2 ist die Vorschrift durch das VVG-Reformgesetz **neu eingeführt** worden. Eine Legaldefinition des „Unfalls" enthielt das frühere VVG nicht, weil der Gesetzgeber von 1908 die Beschreibung der in der Unfallversicherung versicherten Gefahr weder für ausführbar noch erforderlich hielt und daher den jeweiligen Versicherungsbedingungen glaubte überlassen zu können.[3] Diese fehlende Ausbildung eines gesetzlichen Unfallbegriffs führte zu praktischen Schwierigkeiten, weil auch Risikobeschreibungen in AVB einer Missbrauchskontrolle nach § 307 Abs. 1, 2 Nr. 2 BGB unterliegen und als unangemessen anzusehen sind, soweit sie das Deckungsversprechen in einer Weise einschränken, verändern oder ausgestalten, die sich mit den berechtigten Erwartungen des Versicherungsnehmers nicht mehr vereinbaren lässt (→ Rn. 50). Um eine solche Kontrolle vornehmen zu können, ist jedoch eine außerhalb des Vertrages liegende Leistungsbeschreibung durch einen eigenständigen gesetzlichen Unfallbegriff erforderlich.[4] 3

Die **Kommission** zur Reform des Versicherungsvertragsrechts hatte dazu festgestellt, dass diese gesetzgeberische Abstinenz der praktischen Bedeutung der privaten Unfallversicherung nicht gerecht 4

---
[1] Begr. RegE, BT-Drs. 16/3945, 107.
[2] Begr. RegE, BT-Drs. 16/3945, 107.
[3] Motive zum VVG, Nachdruck 1963, S. 241 f.; zur Begriffsgeschichte *Ingenerf* Begriff des Unfalls S. 7 ff.
[4] *Dörner* in Basedow u.a., VersWissStud Bd. 15, 2000, 243 (245); krit. *Ingenerf* Begriff des Unfalls S. 97 ff.

werde und in der gerichtlichen Praxis immer wieder zu Streitigkeiten über die Interpretation und Anwendung der Unfallversicherungs-AVB geführt habe.[5] Sie hat daher in ihrem Abschlussbericht v. 19.4.2004 vorgeschlagen, zwar kein gesetzliches Leitbild der Unfallversicherung verbindlich festzulegen, um die Produktgestaltung nicht unangemessen einzuschränken, wohl aber „zum leichteren Verständnis des Kunden" mit dem Unfallbegriff den Kernbereich des versicherten Risikos in Übereinstimmung mit den AUB und der Rspr. zu umschreiben.[6] Diese Anregung hat der Reformgesetzgeber aufgenommen und in Abs. 1 und Abs. 2 S. 1 umgesetzt.

B. Rechtsfragen zum Vertragsverhältnis

I. Abschluss und Beendigung des Vertrages

5 **1. Vertragsabschluss.** Für den **Abschluss eines Unfallversicherungsvertrages** gelten keine Sonderregeln. Er kommt nach §§ 145 ff. BGB formell zustande durch die Abgabe eines Antrags und dessen Annahme. **Formeller Versicherungsbeginn** ist der Zeitpunkt des Vertragsabschlusses. Ob sie eine Unfallversicherung schließen wollen oder nicht, bleibt grds. den Parteien überlassen; allerdings kann der Versicherungsnehmer durch Vertrag mit einem Dritten oder aufgrund gesetzlicher Anordnung zum Abschluss einer Unfallversicherung verpflichtet sein (vgl. § 190; → § 190 Rn. 3). Weichen Versicherungsantrag und Police voneinander ab, so ist, sofern nicht § 5 Abs. 1 zur Anwendung kommt, der Inhalt des Antrags maßgebend.[7]

6 Den Versicherer bzw. Versicherungsvertreter treffen die **Beratungspflichten** nach §§ 6, 61. Daraus wird sich idR eine Verpflichtung zum Hinweis auf berufsspezifische Ausschlüsse (Ziff. 5.1.4 AUB, Luftfahrtunfälle) und die Möglichkeit eventueller Spezialdeckungen ergeben, wenn dem Versicherer bekannt ist, dass die zu versichernde Person zu dem fraglichen Personenkreis gehört (→ Rn. 149). Der Versicherer hat dem Versicherungsnehmer außerdem gem. § 7 Abs. 1 rechtzeitig vor Abgabe von dessen Vertragserklärung die Vertragsbestimmungen einschließlich der AUB zu übermitteln und die in § 7 Abs. 2 iVm der VVG-Informationspflichtenverordnung v. 18.12.2007[8] bestimmten **Informationen** in Textform mitzuteilen. Über die in § 1 VVG-InfoV vorgesehenen allgemeinen Angaben hinaus (zur Übermittlung eines Berufsgruppenverzeichnisses gem. § 1 Nr. 6a VVG-InfoV → § 181 Rn. 6) muss der Versicherer beim Abschluss einer Unfallversicherung mit Prämienrückgewähr den Versicherungsnehmer nach § 2 Abs. 5 iVm Abs. 1 Nr. 3–8, Abs. 2 VVG-InfoV zusätzlich über die für die Überschussermittlung und Überschussbeteiligung geltenden Berechnungsgrundsätze, die in Betracht kommenden Rückkaufswerte, über den Mindestversicherungsbetrag für eine Umwandlung in eine prämienfreie oder prämienreduzierte Versicherung, das Ausmaß der Garantie für Rückkaufswerte und Leistungen aus einer solchen prämienfreien bzw. prämienreduzierten Versicherung, bei fondsgebundenen Versicherungen über die zugrunde liegenden Fonds und die darin enthaltenen Vermögenswerte sowie allgemein über die für diese Versicherungsart geltende steuerrechtliche Regelung unterrichten.

7 Der Versicherungsnehmer kann den Vertrag nach allgemeinen Regeln (§ 8 Abs. 1, 2) innerhalb von 14 Tagen nach Zugang des Versicherungsscheins, der Vertragsbestimmungen einschließlich der AUB, der in der VVG-InfoV vorgeschriebenen Informationen sowie einer Belehrung über das Widerrufsrecht in Textform (§ 126b BGB) mit der Rechtsfolge des § 9 (Prämienerstattung) **widerrufen**.

8 **2. Vertragsbeendigung.** Die formelle Vertragsdauer ist dem jeweiligen Versicherungsschein zu entnehmen (zur Dauer der Gefahrtragung → Rn. 38 ff.). Mit dem vereinbarten **Zeitpunkt** endet der Vertrag **ipso iure** (Ziff. 10.2.1 AUB), ohne dass es bei Verträgen mit einer Dauer von weniger als einem Jahr einer Kündigung bedarf (Ziff. 10.2.3 Abs. 1 AUB). Für Verträge mit einer Vertragsdauer von mindestens einem Jahr sehen die Musterbedingungen in Ziff. 10.2.2 AUB eine Verlängerungsklausel vor: Danach verlängert sich die Vertragsdauer in diesem Fall – entsprechend der in § 11 Abs. 1 enthaltenen Vorgabe – jeweils um ein Jahr, wenn er vom Versicherer oder Versicherungsnehmer nicht gekündigt worden und diese Kündigung nicht spätestens drei Monate vor Ablauf des jeweiligen Versicherungsjahres der Gegenseite zugegangen ist (vgl. § 130 BGB).

9 Ist der Vertrag auf eine **Dauer** von **mehr als drei Jahren** geschlossen, soll er nach Ziff. 10.2.3 Abs. 2 AUB vom Versicherungsnehmer zum Ablauf des dritten oder jedes darauf folgenden Jahres

---

[5] Lorenz, Abschlussbericht der VVG-Kommission, VersR-Schriftenreihe Bd. 25, 2004, S. 135.
[6] Lorenz, Abschlussbericht der VVG-Kommission, VersR-Schriftenreihe Bd. 25, 2004, S. 136.
[7] OLG Brandenburg v. 9.8.2019 – 11 U 192, 15, juris.
[8] BGBl. 2007 I S. 3004.

mit einer Dreimonatsfrist gekündigt werden können. Der Fristlauf setzt mit dem Vertragsabschluss ein. Im Gegensatz zu früheren AVB-Versionen (vgl. AUB 2008) sehen die AUB 2014 ein entsprechendes Kündigungsrecht für den Versicherer nicht mehr vor (zur Unwirksamkeit der früheren Klauseln wegen ihrer Unvereinbarkeit mit den §§ 11 Abs. 4, 18, → 1. Aufl. 2011, § 178 Rn. 9).

Eine **Kündigung nach Eintritt** eines (zumindest vom Versicherungsnehmer behaupteten) **10** **Versicherungsfalles** wird beiden Parteien durch Ziff. 10.3 AUB ermöglicht. Der Versicherungsnehmer soll sich vom Vertrag lösen können, wenn er mit der Regulierungspraxis des Versicherers nicht zufrieden ist, der Versicherer umgekehrt dann, wenn er Anlass hat, an der Redlichkeit des Versicherungsnehmers zu zweifeln, oder für die Zukunft weitere Schadensfälle erwartet. Danach kann jede Partei den Vertrag durch Kündigung beenden, wenn der Versicherer seine erste Leistung (zumindest teilweise[9]) erbracht[10] oder der Versicherungsnehmer Leistungsklage (vgl. § 261 ZPO, auch: Zustellung eines Mahnbescheids, nicht: Antrag auf Bewilligung von Prozesskostenhilfe[11]) erhoben hat (Ziff. 10.3 Abs. 1 AUB). Das **Kündigungsrecht nach Leistungserbringung** hat sein Vorbild in den in §§ 92, 111 vorgesehenen Regelungen und ist auch unter Berücksichtigung des mit einer Unfallversicherung verbundenen Vorsorgecharakters nicht nach § 307 Abs. 2 Nr. 2 BGB unwirksam.[12] Das **Kündigungsrecht nach Klageerhebung** steht mangels klarer Abgrenzungskriterien dem Versicherungsnehmer grds. auch bei einer mutwilligen Klageerhebung zu,[13] in den Fällen des AG Hamburg[14] (Geltendmachung von 23 Pfennigen für ein Telefonat als „Bergungskosten") oder des AG Wuppertal[15] (Telefonkosten einer nicht veranlassten Suchaktion wegen eines befürchteten Unfalls) dürfte aber die Grenze zum Rechtsmissbrauch (§ 242 BGB) überschritten gewesen sein.

Die **Kündigung** muss der jeweils anderen Vertragspartei spätestens einen Monat nach Leistung **11** oder nach Beendigung des Rechtsstreits (durch Klagerücknahme, Anerkenntnis, Vergleich oder Rechtskraft eines Urteils **zugegangen** sein (Ziff. 10.3 Abs. 2 AUB). Im ersten Fall beginnt die Frist mit dem Eingang der vom Versicherer erbrachten Zahlung auf dem Konto des Versicherungsnehmers[16] oder dem Erhalt eines Schecks, im zweiten mit der Rechtskraft eines Urteils oder dem Zeitpunkt, in welchem der Versicherer von der verfahrensbeendenden Prozesshandlung erfährt. Es handelt sich um Ausschlussfristen, eine Berufung auf mangelndes Verschulden an der Säumnis ist nicht möglich. Ein besonderes Formerfordernis für die Kündigung ist in den AUB 2014 nicht mehr vorgesehen. Die Kündigung des Versicherungsnehmers wird mit Zugang (§ 130 BGB) wirksam, sofern dieser nicht einen späteren Zeitpunkt – spätestens das Ende des laufenden Versicherungsjahres – bestimmt (Ziff. 10.3 Abs. 3 AUB). Das Versicherungsjahr dauert zwölf Monate. Wenn die vereinbarte Vertragsdauer nicht aus ganzen Jahren besteht, wird das erste Versicherungsjahr entsprechend verkürzt (Ziff. 10.4 AUB), so dass zB bei einer Vertragsdauer von 15 Monaten das erste Versicherungsjahr aus drei und das folgende aus zwölf Monaten besteht (Originalbeispiel in Ziff. 10.4 AUB). Die Kündigung des Versicherers wird wirksam einen Monat nach Zugang (§ 130 BGB) beim Versicherungsnehmer (Ziff. 10.3 Abs. 3 S. 3 AUB). Bei Abschluss einer Fremdversicherung steht das Kündigungsrecht gem. Ziff. 12.1 Abs. 1 S. 1 u. 2 AUB nicht der Gefahrperson, sondern dem Versicherungsnehmer zu. Die Beweislast für die Kündigung und ihren rechtzeitigen Zugang trägt diejenige Partei, welche sich darauf beruft.

Die **Vertragswirkungen erlöschen,** wenn der Versicherer den Vertrag durch Rücktritt (vgl. **12** §§ 19 Abs. 2, 37 Abs. 1), Kündigung (etwa § 19 Abs. 3 S. 2, § 38 Abs. 3) oder Täuschungsanfechtung (§ 123 BGB, § 22 VVG) beendet (→ Rn. 19 ff.; → Rn. 26 ff.). Darüber hinaus steht jeder Vertragspartei das Recht zu, den Unfallversicherungsvertrag aus **wichtigem Grund** nach § 314 BGB zu **kündigen,** so etwa dem Versicherer bei einem Betrugsversuch des Versicherungsnehmers oder dem Versicherungsnehmer bei einer unberechtigten Versagung der Leistung durch den Versicherer.

II. Verletzung der vorvertraglichen Anzeigeobliegenheit (§§ 19–22)

Die vorvertragliche Anzeigeobliegenheit des Versicherungsnehmers ist in Ziff. 13 AUB in **13** Anlehnung an §§ 19–22 ausführlich geregelt. Die noch in den AUB 1988/1994 vorgesehene einfache Verweisung auf die Gesetzesbestimmungen wurde nicht mehr als ausreichend angesehen, weil der Verbraucher einerseits möglicherweise Schwierigkeiten habe, den Gesetzestext zu verstehen, anderer-

---

[9] Vgl. LG München VersR 1981, 249; *Mangen* in Beckmann/Matusche-Beckmann VersR-HdB § 47 Rn. 123.
[10] BGH VersR 2017, 1386.
[11] *Jannsen* in Schubach/Jannsen AUB Nr. 10 Rn. 20.
[12] Vgl. OLG Nürnberg NJW-RR 1993, 1373; LG Dortmund r+s 2007, 469.
[13] AA *Mangen* in Beckmann/Matusche-Beckmann VersR-HdB § 47 Rn. 123.
[14] AG Hamburg NJW-RR 1989, 678.
[15] AG Wuppertal ZfS 1990, 100.
[16] Anders *Jannsen* in Schubach/Jannsen AUB Nr. 10 Rn. 22, der auf die *Kenntnis* von der Leistung abstellen will und daher für Versicherer und Versicherungsnehmer zu unterschiedlichen Fristen gelangt.

seits aber eine Information über die Rechtsfolgen einer Pflichtverletzung erforderlich sei, um ihm die Bedeutung einer Einhaltung dieser Pflichten vor Augen zu führen.[17] Die gesetzlichen Vorschriften sind halbzwingend (§ 32 S. 1), daher kommt den AVB-Bestimmungen im Wesentlichen nur eine deklaratorische Bedeutung zu. Die Regeln über die vorvertragliche Anzeigeobliegenheit gelten nach Ziff. 13.5 AUB auch dann, wenn der Versicherungsschutz nachträglich erweitert und deswegen eine erneute Risikoprüfung erforderlich wird.

14   Für den Abschluss einer **Fremdversicherung** sieht Ziff. 13.1 Abs. 3 AUB vor, dass die Gefahrperson neben dem Versicherungsnehmer für eine wahrheitsgemäße und vollständige Anzeige der gefahrerheblichen Umstände verantwortlich sein soll. Eine persönliche Verpflichtung mit diesem Inhalt besteht freilich nicht (→ § 179 Rn. 12). Bei Vertragsschluss durch einen **Vertreter** werden dessen Kenntnisse bzw. dessen arglistiges Verhalten dem Versicherungsnehmer zugerechnet (Ziff. 13.1 Abs. 4, vgl. § 20 S. 1). Ob es in diesem Fall nur auf die Kenntnis des Vertreters ankommen oder ob daneben auch die Kenntnis des Versicherungsnehmers schädlich sein soll, geht aus der AUB-Klausel nicht deutlich hervor. Es ist aber anzunehmen, dass Ziff. 13.1 Abs. 4 AUB einen Rückgriff auf die § 20 S. 1 VVG und § 166 Abs. 2 S. 1 BGB nicht ausschließen will.

15   **1. Nachfrage in Textform (§ 19 Abs. 1).** Damit der Versicherer das versicherte Risiko zutreffend einschätzen kann, ist der Versicherungsnehmer nach § 19 Abs. 1 VVG sowie Ziff. 13.1 Abs. 1 AUB verpflichtet, alle ihm bekannten gefahrerheblichen Umstände anzuzeigen, soweit der Versicherer in Textform (§ 126b BGB) **danach gefragt** hat. Der Versicherungsnehmer muss also weder ungefragt informieren noch dem Vertreter auf dessen mündlich gestellte Fragen hin gefahrerhebliche Umstände mitteilen. Fragt der Versicherer im Unfallversicherungsantrag nach den in einem Katalog auf der Antragsrückseite iE aufgeführten Krankheiten, muss der Versicherungsnehmer dementsprechend keine weiteren angeben.[18] Pauschale und nichts sagende Fragen begründen keine Anzeigepflicht,[19] die Fragen sind eng und nach dem Verständnis eines durchschnittlichen Antragstellers auszulegen.[20] Hat der Versicherer seine Fragen zu unspezifisch oder ungenau formuliert, gehen Missverständnisse des Versicherungsnehmers zu Lasten des Versicherers[21] (zu den Einzelheiten → Rn. 18; → § 172 Rn. 11 f.).

16   **2. Obliegenheit zur Anzeige gefahrerheblicher Umstände (§ 19 Abs. 1).** Der Versicherungsnehmer ist auf eine korrekte Nachfrage hin (→ Rn. 15) zur **Angabe aller ihm bekannten** gefahrerheblichen Umstände verpflichtet (§ 19 Abs. 1 S. 1 VVG, Ziff. 13.1. Abs. 1 S. 1 AUB). Die Angabe kann auch gegenüber einem Versicherungsvertreter erfolgen (→ § 172 Rn. 14). Die Anzeigeobliegenheit besteht zunächst bis zu dem **Zeitpunkt,** in dem der Versicherungsnehmer seine Vertragserklärung abgibt; danach bis zur Vertragsannahme durch den Versicherer nur dann, wenn der Versicherer in Textform eine Rückfrage stellt (§ 19 Abs. 1 S. 2 VVG, Ziff. 13.1 Abs. 2 AUB). AVB-Klauseln, die – in Übereinstimmung mit früheren Musterbedingungen wie etwa den AUB 2008/2010 – für die Anzeige des Versicherungsnehmers die Textform (§ 126b BGB) vorschreiben, sind unwirksam, weil die halbzwingende Bestimmung (§ 32) des § 19 Abs. 1 S. 1 keinerlei Form vorsieht. Der Versicherungsnehmer kommt daher seiner Anzeigepflicht auch dann nach, wenn er den Vertreter des Versicherers mündlich über gefahrerhebliche Umstände informiert (→ § 172 Rn. 14; zur Kollusion zwischen Versicherungsnehmer und Vertreter → § 172 Rn. 20).

17   **Gefahrerheblich** sind alle Umstände, die Einfluss ausüben können auf den Entschluss des Versicherers, den Vertrag überhaupt oder jedenfalls mit diesem Inhalt zu schließen (§ 19 Abs. 1 S. 1 VVG, Ziff. 13.1 Abs. 1 S. 2 AUB). In der Unfallversicherung werden sich die Fragen des Versicherers etwa auf die Berufstätigkeit des Versicherungsnehmers und seine Hobbys, seine wirtschaftlichen Verhältnisse, auf bestehende oder frühere Krankheiten und Unfälle[22] sowie auf den Abschluss weiterer oder früherer Unfallversicherungsverträge[23] beziehen.[24] Die Gefahrerheblichkeit ist in erster Linie nach **objektiven Kriterien** festzustellen und hängt davon ab, ob der erfragte Umstand die Vertragsentscheidung eines *verständigen Versicherers* beeinflussen kann.[25] Ist dies – wie etwa bei bereits

---

[17] *Stockmeier/Huppenbauer* AUB 1999 S. 108.
[18] Vgl. OLG Düsseldorf VersR 2000, 310.
[19] *Looschelders* in Looschelders/Pohlmann VVG § 19 Rn. 23.
[20] *Looschelders* in Looschelders/Pohlmann VVG § 19 Rn. 24.
[21] *Kloth* Unfallversicherung Kap. D Rn. 19.
[22] OLG Karlsruhe r+s 1992, 140.
[23] OLG Koblenz VersR 1992, 229.
[24] *Mangen* in Beckmann/Matusche-Beckmann VersR-HdB § 47 Rn. 116; *Kloth* Unfallversicherung Kap. D Rn. 10.
[25] *Looschelders* in Looschelders/Pohlmann VVG § 19 Rn. 26.

lange zurückliegenden oder Bagatellerkrankungen[26] – nicht der Fall, kann der Versicherer später unter Offenlegung seiner Geschäftsgrundsätze[27] nachweisen, dass der Umstand jedenfalls gerade für ihn **subjektiv relevant** war, so dass er den Vertrag nicht oder jedenfalls nicht mit dem vereinbarten Inhalt geschlossen hätte[28] (→ § 172 Rn. 15).

Eine **Verletzung der Anzeigeobliegenheit** liegt vor, wenn der Versicherungsnehmer über **18** ihm bekannte gefahrerhebliche Umstände unzutreffende oder unvollständige Angaben macht (→ § 172 Rn. 17). Bei unklaren und mehrdeutigen Fragen reicht es aus, wenn der Versicherungsnehmer die Frage nachvollziehbar in einem anderen Sinn als der Versicherer verstanden und insoweit zutreffend beantwortet hat; das ist zB der Fall, wenn der Versicherungsnehmer die Frage: „Wurden gleichzeitig bei anderen Gesellschaften Unfallanträge gestellt?" nicht als Frage nach gestellten Unfall*versicherungs*anträgen, sondern nach gestellten Unfall*entschädigungs*anträgen auffasst.[29] Ist nach „Erkrankungen und Gebrechen" gefragt, liegt keine Anzeigepflichtverletzung vor, wenn der Versicherungsnehmer Beschwerden und Schmerzen nicht angibt.[30] Eine Verletzung der vorvertraglichen Anzeigepflicht ist dagegen anzunehmen, wenn der Versicherungsnehmer einen Vorunfall nicht mitteilt,[31] und zwar auch dann, wenn er sich nicht mehr daran erinnern konnte, aber von Ärzten darauf hingewiesen worden war,[32] oder wenn er die Kündigung eines früheren Unfallversicherers verschweigt.[33]

3. Rücktritt, Kündigung und Vertragsanpassung durch den Versicherer (§ 19 Abs. 2– 19 5). Macht der Versicherungsnehmer zu den gefahrerheblichen Umständen **unvollständige** oder **unrichtige Angaben,** kann der Versicherer durch Erklärung gegenüber dem Versicherungsnehmer von dem Versicherungsvertrag nur zurücktreten, wenn er durch gesonderte Mitteilung in Textform (§ 126b BGB) auf diese Rechtsfolge hingewiesen hatte (vgl. § 19 Abs. 2, 5 S. 1 VVG, Ziff. 13.2, 13.2.1 Abs. 1 und Ziff. 13.3 Abs. 1 AUB). Eine solche Mitteilung muss nicht unbedingt in einem eigenständigen Dokument[34] erfolgen; die Rechtsprechung hält es für ausreichend, dass eine sich drucktechnisch deutlich abhebende und vom Versicherungsnehmer nicht zu übersehende Mitteilung in das Antragsformular selbst aufgenommen wird.[35] Bei arglistigem Verhalten des Versicherungsnehmers steht dem Versicherer das Rücktrittsrecht auch ohne eine solche Belehrung zu.[36] Zur Erklärung gegenüber Vertretern und Ärzten → § 172 Rn. 25. Das Rücktrittsrecht muss vom Versicherer innerhalb eines Monats nach Kenntniserlangung von der Anzeigepflichtverletzung (nicht unbedingt vom Grad des Verschuldens,[37] → § 172 Rn. 24) schriftlich (§ 126 BGB) ausgeübt und dabei begründet werden (Ziff. 13.3 Abs. 4 S. 1 AUB, vgl. § 21 Abs. 1 S. 1, 3). Der Versicherer kann innerhalb der Monatsfrist auch noch weitere Umstände zur Begründung des Rücktritts nachschieben (Ziff. 13.3 Abs. 4 S. 2 AUB, vgl. § 21 Abs. 1 S. 3). Maßgebend für die Fristberechnung ist die Kenntnis des zuständigen Sachbearbeiters, von der mit dem Zugang der betreffenden Information beim Versicherer (analog § 130 BGB) auszugehen ist. Auf den Zeitpunkt der tatsächlichen Kenntnisnahme kommt es also nicht an.[38]

Der Rücktritt des Versicherers ist jedoch ausgeschlossen, wenn er den nicht angezeigten gefahr- **20** erheblichen Umstand oder die Unrichtigkeit der Anzeige **kannte** (Ziff. 13.3 Abs. 2 AUB, vgl. § 19 Abs. 5 S. 2; zur Kenntnis des Versicherers bei Vorhandensein einschlägiger Informationen in seinen Datenbanken → § 172 Rn. 26) oder der Versicherungsnehmer bzw. sein Vertreter die unzutreffenden Angaben **weder vorsätzlich noch grob fahrlässig** gemacht haben (Ziff. 13.2.1 Abs. 2 AUB, vgl. § 19 Abs. 3 S. 1). Selbst bei grob fahrlässiger Verletzung der Anzeigepflicht besteht kein Rücktrittsrecht, wenn der Versicherer den **Vertrag auch bei Kenntnis** der nicht angezeigten Umstände zu anderen Bedingungen **geschlossen hätte** (Ziff. 13.2.1 Abs. 3 AUB, vgl. § 19 Abs. 4 S. 1). Darü-

---

[26] RegE BT-Drs. 16/3945, 64.
[27] *Kloth* Unfallversicherung Kap. D Rn. 8.
[28] *Looschelders* in Looschelders/Pohlmann VVG § 19 Rn. 29.
[29] OLG Frankfurt a. M. VersR 1992, 41 f.
[30] OLG Koblenz VersR 2001, 1550.
[31] OLG Köln VersR 1996, 1531.
[32] OLG Hamm ZfS 2001, 26.
[33] OLG Frankfurt a. M. VersR 1993, 568.
[34] Vgl. aber BT-Drs. 16/1935, 24.
[35] OLG Stuttgart VersR 2014, 691; OLG Saarbrücken VersR 2015, 91; vgl. auch BGHZ 196, 67 = VersR 2013, 297 (zu dem gleichlautenden § 28 Abs. 4 VVG).
[36] BGH VersR 2014, 565.
[37] Weitergehend *Lange* r+s 2008, 56 (58); *Kloth* Unfallversicherung Kap. D Rn. 39; *Neuhaus* r+ s 2009, 309 (313), erst dann, wenn der Versicherer auch den Verschuldensgrad bestimmen kann.
[38] Anders die hM (tatsächliche Kenntnis des Sachbearbeiters maßgebend), vgl. BGH VersR 1996, 742 (Krankenversicherung); *Kloth* Unfallversicherung Kap. D Rn. 39 Fn. 60; auch *Hövel* VersR 2008, 315 mwN.

ber hinaus kann der Versicherer sich nach Treu und Glauben auch dann nicht auf eine Anzeigepflichtverletzung des Versicherungsnehmers berufen, wenn dieser bei Antragstellung ersichtlich unvollständige oder unklare Angaben macht und der Versicherer gleichwohl eine Rückfrage unterlässt (zu den Einzelheiten → § 172 Rn. 27).[39] Die **Beweislast** für sämtliche Ausschlussgründe trägt der **Versicherungsnehmer.**

21 Steht dem Versicherer kein Rücktrittsrecht zu, weil die Verletzung der Anzeigepflicht weder auf Vorsatz noch grober Fahrlässigkeit beruhte (→ Rn. 20), kann er den Versicherungsvertrag mit einmonatiger Kündigungsfrist schriftlich (§ 126 BGB, vgl. § 21 Abs. 1 S. 1) **kündigen,** sofern er den Versicherungsnehmer zuvor durch gesonderte Mitteilung in Textform (§ 126b BGB) auch auf diese Folge der Anzeigepflichtverletzung hingewiesen hatte (Ziff. 13.3 Abs. 1 AUB, vgl. § 19 Abs. 5 S. 1). Der Versicherer muss die Kündigung begründen und kann innerhalb eines Monats weitere Gründe nachschieben (Ziff. 13.3 Abs. 4 AUB). Auch diese Frist beginnt mit dem Zeitpunkt, in dem der Versicherer von der Anzeigepflichtverletzung erfahren hat (Nr. 13.3 Abs. 3 S. 2 AUB, → Rn. 19). Auch das Kündigungsrecht ist ausgeschlossen, wenn der Versicherer den nicht angegebenen gefahrerheblichen Umstand oder die Unrichtigkeit der Anzeige kannte (Ziff. 13.3 Abs. 2 AUB) oder den Vertrag auch bei Kenntnis der nicht angegebenen Umstände – möglicherweise zu anderen Bedingungen – abgeschlossen hätte (Ziff. 13.2.2 Abs. 2 AUB). Zur ebenfalls zulässigen **Kündigung** des Vertrages aus **wichtigem Grund** nach § 314 BGB → Rn. 12.

22 Hätte der Versicherer den Vertrag zu anderen Bedingungen geschlossen, steht dem Versicherer – wiederum nach einem vorangehenden Hinweis in Textform (Ziff. 13.3 Abs. 1 AUB) – anstelle des Rücktritts- oder des Kündigungsrechts ein **Recht zur Vertragsanpassung** zu, bei dessen Ausübung die anderen Bedingungen rückwirkend ab Vertragsbeginn, bei einer vom Versicherungsnehmer nicht zu vertretenden Anzeigepflichtverletzung ab der laufenden Versicherungsperiode (vgl. § 12) Vertragsbestandteil werden (vgl. § 19 Abs. 4 S. 2 VVG, Ziff. 13.2.3 Abs. 1, 2 AUB). Die Vertragsanpassung muss innerhalb eines Monats, nachdem der Versicherer von der Anzeigepflichtverletzung erfahren hat, schriftlich und begründet geltend gemacht werden (vgl. § 21 Abs. 1 S. 1; Ziff. 13.3 Abs. 3, 4 AUB). Erhöht sich aufgrund der Vertragsanpassung der Beitrag um mehr als 10 % oder wird der Versicherungsschutz für den nicht angezeigten Umstand ausgeschlossen, kann der Versicherungsnehmer innerhalb eines Monats nach Zugang der Anpassungsmitteilung gem. Ziff. 13.2.3 Abs. 3 (vgl. § 19 Abs. 6) fristlos kündigen. Auf diese Möglichkeit hat der Versicherer in seiner Änderungsmitteilung hinzuweisen (§ 19 Abs. 6 S. 2 VVG und Ziff. 13.2 Abs. 4 AUB). Den Nachweis, dass der Versicherer den Vertrag auch bei Kenntnis der gefahrerheblichen Umstände geschlossen hätte, muss der Versicherungsnehmer führen. Weil er dazu aber die Risikoprüfungsgrundsätze des Versicherers kennen muss, hat dieser bei einem entsprechenden Vortrag des Versicherungsnehmers diese Grundsätze detailliert offen zu legen.[40]

23 Sämtliche Rechte des Versicherers **erlöschen** nach Ablauf von fünf Jahren, bei vorsätzlicher oder arglistiger Anzeigepflichtverletzung nach Ablauf von zehn Jahren ab Vertragsschluss (§ 21 Abs. 3 VVG und Ziff. 13.3 Abs. 5, 6 AUB). Rücktritt, Kündigung und Vertragsanpassung können auch nach Ablauf der Fünfjahresfrist ausgesprochen werden, wenn der Versicherungsfall vor Fristablauf eingetreten ist (§ 21 Abs. 3 S. 1 Hs. 2, Ziff. 13.3 Abs. 5 S. 2 AUB).

24 **4. Leistungsfreiheit des Versicherers (§ 21 Abs. 2 S. 1).** Im Falle eines Rücktritts besteht nach § 21 Abs. 2 S. 1 bzw. Ziff. 13.2.1 Abs. 4 AUB **kein Versicherungsschutz,** und zwar grds. auch dann nicht, wenn der Rücktritt erst nach Eintritt des Versicherungsfalls erfolgt (Ziff. 13.2.1 Abs. 5 AUB). Ist der Versicherungsfall aber eingetreten, bleibt der Versicherer trotz Rücktritts leistungspflichtig, wenn die Verletzung der Anzeigepflicht weder für die Feststellung oder den Eintritt des Versicherungsfalls noch für die Feststellung der Leistung oder ihres Umfangs ursächlich war (Ziff. 13.2.1 Abs. 5 AUB, vgl. § 21 Abs. 2 S. 1). Die Beweislast dafür trägt der Versicherungsnehmer. Eine Leistungspflicht des Versicherers besteht aber auch in diesem Fall nicht, wenn die Anzeigepflicht vom Versicherungsnehmer arglistig verletzt worden ist (Ziff. 13.2.1 Abs. 6 AUB, vgl. § 21 Abs. 2 S. 2).

25 Ein in früheren AVB-Versionen (zB AUB 2008) ausdrücklich vorgesehenes Recht des Versicherers, ungeachtet der Leistungsfreiheit bei einem Rücktritt als **anteilige Versicherungsprämie** den Betrag zu verlangen, der der bis zum Wirksamwerden der Rücktrittserklärung (dh bis zu ihrem Zugang, vgl. § 130 Abs. 1 BGB) abgelaufenen Vertragszeit entsprach, ist in den AUB 2014 nicht mehr vorgesehen (vgl. allenfalls Ziff. 11.5 AUB). Diese Rechtsfolge ergibt sich aber auch aus § 39 Abs. 1 S. 2.

---

[39] Näher BGH VersR 2008, 668 (Berufsunfähigkeitsversicherung); *Kloth* Unfallversicherung Kap. D Rn. 28.
[40] *Kloth* Unfallversicherung Kap. D Rn. 70.

5. Anfechtung des Versicherungsvertrages durch den Versicherer wegen arglistiger 26
Täuschung (§ 123 BGB, § 22 VVG). Erfüllt die Anzeigepflichtverletzung gleichzeitig den Tatbestand des § 123 BGB, kann der Versicherer, anstatt zurückzutreten oder zu kündigen, den Vertrag mit ex tunc-Wirkung (§ 142 Abs. 1 BGB) wegen **arglistiger Täuschung anfechten** (vgl. § 22 VVG und Ziff. 13.4 Abs. 1 AUB). Eine Täuschung durch die Gefahrperson wird dem Versicherungsnehmer zugerechnet (→ § 179 Rn. 11, 17). Sind mehrere Personen versichert, erfasst die Anfechtung zunächst lediglich das Verhältnis zwischen Versicherer und täuschendem Versicherten und den Gesamtvertrag nur unter den Voraussetzungen des § 139 BGB.[41]

Eine **Täuschung** setzt voraus, dass der Versicherungsnehmer durch unrichtige oder unvollstän- 27
dige Erklärungen zB über Vorerkrankungen[42] Tatsachen vorspiegelt oder entstellt. **Arglistig** handelt, wer die Unrichtigkeit seiner Angaben kennt oder zumindest für möglich hält (zu den Einzelheiten der arglistigen Täuschung und ihres Nachweises → § 172 Rn. 30 ff.). Eine arglistige Täuschung ist zB anzunehmen, wenn der Versicherungsnehmer beim Abschluss der Unfallversicherung einen früheren, mit ärztlicher Behandlung verbundenen Treppensturz[43] oder auf die Frage nach „Gebrechen oder erheblichen Krankheiten" in den letzten Jahren regelmäßig auftretende Anfälle kurzzeitiger Bewusstlosigkeit verschweigt[44] oder auf die Frage nach früher erhaltenen Versicherungsleistungen nicht angibt, dass er in den letzten fünf Jahren bei drei Unfällen von fünf verschiedenen Unfallversicherern Leistungen erhalten hat.[45] Dagegen hat der BGH nicht ohne weiteres eine Täuschung annehmen wollen, wenn der Versicherungsnehmer im Antrag auf Abschluss einer Unfallversicherung nicht auf den kurz zuvor abgeschlossenen (und ebenfalls Unfallschutz gewährenden) ADAC-Schutzbrief hinweist.[46] Eine Täuschung liegt auch nicht vor, wenn der Versicherungsnehmer unklare Fragen des Versicherers (→ Rn. 18) anders als der Versicherer verstanden, von diesem Verständnis her aber zutreffend beantwortet hat.[47] Arglistiges Verhalten setzt voraus, dass der Versicherungsnehmer die mitteilungsbedürftigen Tatsachen zu seinem Gesundheitszustand kennt. Das muss der Versicherer beweisen.[48] An einer Täuschung fehlt es, wenn dem Versicherer die maßgeblichen Umstände bereits bekannt waren; allerdings reicht die private Kenntniserlangung eines mit dem konkreten Vertragsschluss nicht befassten Vorstandsmitglieds nicht aus.[49]

Nach einer Anfechtung wegen arglistiger Täuschung des Versicherungsnehmers bleibt der Versi- 28
cherer auf jeden Fall **leistungsfrei** (vgl. § 21 Abs. 2 S. 2). Er kann darüber hinaus etwa schon früher erbrachte Versicherungsleistungen nach § 812 Abs. 1 S. 1 BGB zurückverlangen. Dabei spielt es keine Rolle, ob die Täuschung für den Eintritt oder die Feststellung des Versicherungsfalls oder für die Feststellung oder den Umfang seiner Leistungspflicht kausal gewesen ist oder nicht. Die Vorschrift des § 21 Abs. 2 S. 1 findet also keine Anwendung. Auf den Wegfall der Bereicherung kann sich der Versicherungsnehmer in Anbetracht seiner Bösgläubigkeit nicht berufen (§§ 819 Abs. 1, 818 Abs. 4, 142 Abs. 2 BGB).

Dem Versicherer gebührt ein **Anteil an der Prämie**, welcher der bis zum Wirksamwerden 29
der Anfechtungserklärung (§ 130 BGB) abgelaufenen Vertragszeit entspricht (Ziff. 13.4 Abs. 2 AUB). Diese Klausel gibt den § 39 Abs. 1 S. 2 wieder und trägt als versicherungsrechtliche Sonderregelung dem Umstand Rechnung, dass der Versicherer einem Anspruch des Versicherungsnehmers auf Rückzahlung der Prämien im Wege der Saldierung entgegenhalten könnte, bis zur Anfechtung ebenfalls eine Leistung – nämlich die jetzt nach § 818 Abs. 2 BGB mit ihrem Wert in Ansatz zu bringenden Risikotragung – übernommen zu haben. Verfassungsrechtliche Bedenken gegen die Klausel bestehen daher nicht.[50]

6. Darlegungs- und Beweislast. Die Darlegungs- und Beweislast für eine **Verletzung der** 30
Anzeigepflicht (Nichtanzeige trotz Kenntnis) und damit auch für die Gefahrerheblichkeit des nicht korrekt mitgeteilten Umstands (vgl. § 69 Abs. 3 S. 2)[51] sowie für die von § 19 Abs. 1 S. 1 geforderte Nachfrage in Textform trägt der **Versicherer** (zu den Einzelheiten → § 172 Rn. 35). Während nach § 16 Abs. 1 S. 3 VVG aF die Gefahrerheblichkeit angesichts einer ausdrücklichen schriftlichen

---

[41] OLG Saarbrücken VersR 2012, 429.
[42] Vgl. nur OLG Oldenburg VersR 2011, 387; OLG Saarbrücken VersR 2011, 659 (langjähriger Alkoholmissbrauch); OLG Oldenburg r+s 2012, 38 (Diabetes mellitus).
[43] OLG Hamm r+s 1992, 358.
[44] OLG Saarbrücken VersR 2005, 929.
[45] OLG Karlsruhe r+s 1992, 140.
[46] BGH VersR 2007, 785.
[47] Vgl. OLG Frankfurt a. M. VersR 1992, 41.
[48] OLG Hamm VersR 1994, 1333.
[49] OLG Oldenburg r+s 2012, 38.
[50] BGHZ 163, 148 (153) = VersR 2005, 1065.
[51] → § 19 Rn. 178 ff.

Frage des Versicherers vermutet wurde, kommt der Nachfrage in Textform heute nur noch indizielle Wirkung zu.[52] Weist der Versicherer nach, dass der Versicherungsnehmer arglistig gehandelt hat, wird er nach § 21 Abs. 2 S. 2 auch dann von seiner Leistung frei, wenn dem Versicherungsnehmer der Beweis mangelnder Kausalität iSd § 21 Abs. 2 S. 1 gelingt; außerdem verlängert sich bei einem Nachweis arglistigen oder vorsätzlichen Verhaltens des Versicherungsnehmers die Ausschlussfrist des § 21 Abs. 3 S. 1 auf zehn Jahre (S. 2). Beruft sich der Versicherer auf eine vom Versicherungsnehmer verübte **arglistige Täuschung** (§ 123 BGB → Rn. 22), trägt er die Beweislast für sämtliche Anfechtungsvoraussetzungen (Kenntnis des Versicherungsnehmers von den gefahrerheblichen Umständen, Arglist des Versicherungsnehmers, Ausübung des Anfechtungsrechts). Zum Nachweis der inneren Tatsache „Arglist" kann der Versicherer sich auf Indizien stützen (zu den Einzelheiten → § 172 Rn. 32).

31   Der **Versicherungsnehmer** trägt die Darlegungs- und Beweislast für Umstände, welche zum **Ausschluss** und zum **Erlöschen** der sich aus einer Obliegenheitsverletzung ergebenden Rechte des Versicherers führen (vgl. § 19 Abs. 4 S. 1: Vertragsabschluss zu anderen Bedingungen; § 19 Abs. 5 S. 2: Kenntnis des Versicherers von Gefahrumstand bzw. Unrichtigkeit der Anzeige; § 21 Abs. 2 S. 1 Hs. 2: keine Kausalität des nicht angezeigten Umstand für Versicherungsfall oder Leistungspflicht; § 21 Abs. 1 S. 1, Abs. 3 S. 1: keine fristgerechte Ausübung der Rechte durch den Versicherer, Einzelheiten bei → § 172 Rn. 36). Hat der Versicherer den Beweis für das Vorliegen einer objektiven Anzeigepflichtverletzung erbracht, steht dem Versicherungsnehmer der Nachweis offen, dass er nicht schuldhaft, auf jeden Fall aber weder vorsätzlich noch grob fahrlässig (vgl. § 19 Abs. 3 S. 1) gehandelt hat.[53]

III. Inhalt des Versicherungsvertrages

32   **1. Rechte und Pflichten der Vertragsparteien. a) Verpflichtung des Versicherers.** Der Versicherer verpflichtet sich mit Abschluss eines Unfallversicherungsvertrages, das Unfallrisiko des Versicherungsnehmers oder eines Dritten durch diejenigen Leistungen abzusichern, die er nach dem Inhalt des Vertrages bei Eintritt des Versicherungsfalls zu erbringen hat (vgl. § 1 Abs. 1). Mit dem Abschluss einer Unfallversicherung verfolgt der Versicherungsnehmer den Zweck, sich vor dem Risiko einer durch einen Schicksalsschlag herbeigeführten Gesundheitsschädigung zu schützen. **Versicherte Gefahr** ist demnach das Risiko, durch einen Unfall oder ein dem Unfall gleichgestelltes Ereignis (Abs. 1) eine Gesundheitsschädigung zu erleiden. Die „primäre Risikoabgrenzung" erfolgt durch eine Beschreibung der Unfallvoraussetzungen in Abs. 2 (vgl. auch Ziff. 1.3 AUB; dazu → Rn. 53 ff.). Im Wege einer **„Risikoausweitung"** werden dem Unfall gleichgestellte Ereignisse (vgl. Ziff. 1.4 AUB: Verrenkungen, Zerrungen, Risse, dazu → Rn. 102 ff.) in den Versicherungsschutz einbezogen. Die übernommene Gefahr wird durch **„Risikoausschlüsse"** wieder begrenzt; danach besteht kein Versicherungsschutz für bestimmte Arten von Unfällen und körperlichen Beeinträchtigungen (vgl. Ziff. 5 AUB, dazu → Rn. 111 ff.). In Gestalt von **„Wiedereinschlüssen"** werden die Ausnahmen eingeschränkt und die Risikoausschlüsse partiell zurückgenommen, soweit nicht durch Unterausnahmen **Wiederausschlüsse** vereinbart worden sind, vgl. etwa Ziff. 5.1.1 AUB (kein Versicherungsschutz für Unfälle aufgrund von Bewusstseinsstörungen und Anfällen; Ausnahme: durch versicherte Unfälle verursachte Bewusstseinsstörungen und Anfälle); Ziff. 5.1.3 AUB (kein Versicherungsschutz für die durch Kriegsereignisse verursachten Unfälle; Ausnahme: Kriegsrisiko versichert, wenn versicherte Person auf Reisen überrascht wird; Wiederausschluss durch Unterausnahme: Einreise in Kriegsgebiete), Ziff. 5.2.4 AUB (kein Versicherungsschutz für Unfälle aufgrund von Infektionen; Ausnahme: Krankheitserreger durch Unfallverletzungen in den Körper gelangt); Ziff. 5.2.5 AUB (kein Versicherungsschutz bei Vergiftungen; Ausnahme: Vergiftungen bei Kindern; Wiederausschluss durch Unterausnahme: Vergiftung durch Nahrungsmittel); Ziff. 5.2.7 AUB (kein Versicherungsschutz bei Bauch- und Unterleibsbrüchen; Ausnahme: Brüche aufgrund von außen kommenden Einwirkungen).

33   Als **Versicherungsfall** und damit als Verwirklichung des versicherten Risikos ist der Unfall oder das mit dem Unfall gleichgestellte Ereignis (Ziff. 1.3 AUB: „Unfallereignis") anzusehen. Versicherungsfall sind also nicht erst die sich aus dem Unfall ergebenden gesundheitlichen Folgen.[54] Andererseits löst der Versicherungsfall allein die Leistungspflicht des Versicherers noch nicht aus; diese hängt vielmehr davon ab, ob bestimmte Unfallfolgen (Ziff. 2 AUB, → Rn. 209 ff.) eingetreten sind.

---

[52] RegE BT-Drs. 16/3945, 64.
[53] Vgl. *Pohlmann* VersR 2008, 337 (442).
[54] BGHZ 16, 37 (42 f.) = NJW 1955, 419; BGHZ 32, 44 (48) = VersR 1960, 339.

Der Versicherungsnehmer kann entweder sein eigenes Unfallrisiko versichern oder auch (durch Abschluss einer Fremdversicherung für eigene oder für fremde Rechnung) einen Dritten als **Gefahrperson** bestimmen (→ § 179 Rn. 3 ff.). Er kann auch einen Bezugsberechtigten einsetzen (§§ 185, 159; → § 185 Rn. 2 ff.). **Art und Höhe der Leistungen** des Versicherers sind dem jeweiligen Vertrag zu entnehmen (→ Rn. 209 ff.). 34

b) Verpflichtungen des Versicherungsnehmers. Der **Versicherungsnehmer** ist seinerseits in erster Linie zur **Prämienzahlung** verpflichtet (vgl. § 1 Abs. 2 VVG), deren **Modalitäten** idR in den AVB näher bestimmt werden. Die Parteien können nach den Musterbedingungen bspw. Zahlung in bestimmten Raten (jährlich, monatlich usw) vereinbaren (Ziff. 11.1.1 AUB). Nach Ziff. 11.2.1 AUB wird der erste Versicherungsbeitrag (einschließlich Versicherungssteuer, vgl. Ziff. 11.1.2 AUB) in Übereinstimmung mit § 33 Abs. 1 VVG unverzüglich (§ 121 Abs. 1 BGB) zwei Wochen nach Zugang des Versicherungsscheins fällig. Bei einer vom Versicherungsnehmer zu vertretenden verspäteten Zahlung des Erstbeitrages beginnt der Versicherungsschutz erst ab Zahlungseingang, sofern der Versicherer auf diese Rechtsfolge durch gesonderte Mitteilung in Textform (§ 126b BGB) oder einen auffälligen Hinweis im Versicherungsschein hingewiesen hat (vgl. § 37 Abs. 2 VVG und Ziff. 11.2.2 AUB). Hat der Versicherungsnehmer die nicht rechtzeitige Zahlung zu vertreten, steht dem Versicherer, so lange die Zahlung nicht erfolgt ist, ein Rücktrittsrecht zu (vgl. § 37 Abs. 1 VVG und Ziff. 11.2.3 AUB). Folgebeiträge werden zu dem jeweils vereinbarten Zeitpunkt fällig (Ziff. 11.3.1 AUB). Der Versicherungsnehmer gerät ohne Mahnung in Verzug (vgl. § 286 Abs. 1, 2 Nr. 1 VVG und Abs. 4 BGB), sofern er die verspätete Zahlung verschuldet hat (Ziff. 11.3.2 Abs. 1, 2 AUB), und muss dem Versicherer in diesem Fall einen eingetretenen Verzugsschaden ersetzen (Ziff. 11.3.2 Abs. 3 AUB). Außerdem kann der Versicherer bei nicht rechtzeitiger Zahlung eines Folgebeitrages dem Versicherungsnehmer eine mindestens zweiwöchige Zahlungsfrist setzen (Einzelheiten in § 38 Abs. 1 VVG und Ziff. 11.3.3 AUB) und den Versicherungsvertrag bei erfolgloser Fristsetzung fristlos kündigen (näher § 38 Abs. 3 VVG und Ziff. 11.3.4, 2. Spiegelstrich AUB). Gleichzeitig geht mit Ablauf der Zahlungsfrist der Versicherungsschutz verloren (vgl. § 38 Abs. 2 VVG und Ziff. 11.3.4, 1. Spiegelstrich AUB). Neben dem Versicherungsnehmer **zur Zahlung berechtigt** ist auch ein Versicherter oder Bezugsberechtigter (§ 34 Abs. 1). 35

Bei Erteilung einer Lastschriftermächtigung durch den Versicherungsnehmer gilt die **Zahlung** als **rechtzeitig**, wenn der Beitrag pünktlich eingezogen werden kann und der Versicherungsnehmer einer berechtigten Einziehung nicht widerspricht (Ziff. 11.4 Abs. 1 AUB). Konnte eine fällige Prämie nicht eingezogen werden, ohne dass der Versicherungsnehmer dies zu vertreten hat, ist die Zahlung noch rechtzeitig, wenn sie unverzüglich nach einer in Textform (§ 126b BGB) abgegebenen Zahlungsaufforderung des Versicherers erfolgt (Ziff. 11.4 Abs. 2 AUB). Sollte der Versicherungsnehmer die Unmöglichkeit des Einzugs (etwa: keine Deckung) dagegen zu vertreten haben, kann der Versicherer für die Zukunft eine andere Zahlungsweise (etwa: Einmalprämie statt Raten) verlangen (Ziff. 11.4 Abs. 4 AUB). Dazu muss er den Versicherungsnehmer allerdings in Textform auffordern (Ziff. 11.4 Abs. 4 AUB, vgl. § 33 Abs. 2 VVG). Bei vorzeitiger Beendigung des Vertrages (hier: durch Kündigung) kann der Versicherer den Anteil der Prämie verlangen, welcher dem Zeitraum des Versicherungsschutzes entspricht (vgl. § 39 Abs. 1 S. 1 VVG und Ziff. 11.5 AUB). Zu Sonderregeln für die **Kinderunfallversicherung** → Rn. 42. 36

Neben der Hauptpflicht zur Prämienzahlung treffen den Versicherungsnehmer regelmäßig nach Eintritt des Versicherungsfalles oder im Nachprüfungsverfahren **Mitwirkungsobliegenheiten**, die insbes. in Ziff. 7 AUB aufgeführt sind und für deren Verletzung Ziff. 8 AUB Sanktionen vorsieht (→ Rn. 294 ff.). 37

2. Dauer der Gefahrtragung. Für die Dauer der Gefahrtragung gelten die allgemeinen Grundsätze und Vorschriften (§§ 10, 11), die in Ziff. 10 AUB teilweise aufgenommen und ergänzt werden. Danach wird **Versicherungsschutz** von dem im Versicherungsschein bestimmten Zeitpunkt an gewährt, sofern der Versicherungsnehmer den ersten Beitrag unverzüglich (vgl. § 121 Abs. 1 BGB) nach Fälligkeit zahlt (Ziff. 10.1 AUB). Die Fälligkeit tritt ein mit Ablauf von 14 Tagen nach Zugang des Versicherungsscheins (Ziff. 11.2.1 AUB, → Rn. 35). Abweichend davon beginnt der Versicherungsschutz im Falle nicht rechtzeitiger Zahlung erst mit Eingang der späteren Zahlung, sofern der Versicherungsnehmer durch gesonderten Hinweis in Textform oder durch einen auffälligen Hinweis im Versicherungsschein auf diese Rechtsfolge aufmerksam gemacht worden ist (Ziff. 11.2.2 Abs. 1 AUB). Kann der Versicherungsnehmer aber nachweisen, dass er die Nichtzahlung nicht zu vertreten hat, setzt der Versicherungsschutz mit dem vereinbarten Zeitpunkt ein (Ziff. 11.2.2 Abs. 2 AUB). Enthält der Versicherungsschein keinen Hinweis auf den Beginn der Gefahrtragung, beginnt diese mit dem Vertragsschluss. Wird der Beginn der Gefahrtragung auf einen Zeitpunkt vor 38 dem formellen Vertragsbeginn festgelegt, liegt eine Rückwärtsversicherung vor (vgl. § 2 Abs. 1). Die Vereinbarung **vorläufiger Deckung** (§§ 49 ff. VVG) ist möglich.

39 Die **Gefahrtragung endet** mit dem formellen Ende des Versicherungsverhältnisses (→ Rn. 8 ff.), dh **ipso iure** mit Ablauf der im Versicherungsschein angegebenen Zeit (Ziff. 10.2.1 AUB), ggf. nach stillschweigender Verlängerung (Ziff. 10.2.2 AUB), iÜ mit Kündigung durch eine der Vertragsparteien, insbes. nach Eintritt des Versicherungsfalls (Ziff. 10.3 AUB) oder bei nicht rechtzeitiger Zahlung einer Folgeprämie (§ 38 Abs. 2, vgl. Ziff. 11.3.4, 2. Spiegelstrich AUB), ferner nach einem Rücktritt (vgl. §§ 19 Abs. 2, 37 Abs. 1) oder einer Täuschungsanfechtung (§ 123 BGB, § 22 VVG) durch den Versicherer.

40 Der Versicherer ist außerdem leistungsfrei, wenn der Versicherungsnehmer mit der Zahlung eines **Folgebeitrags** in **Verzug** gerät und erfolglos in Textform unter Setzung einer mindestens zweiwöchigen Frist zur Zahlung aufgefordert worden ist; in der Zahlungsaufforderung muss der Versicherungsnehmer auf diese Rechtsfolge hingewiesen worden sein (vgl. § 38 Abs. 1, 2, vgl. Ziff. 11.3.3, 11.3.4, 1. Spiegelstrich AUB, → Rn. 36).

41 Die in früheren AUB-Versionen (Ziff. 10.4 AUB 2008) vorgesehene **Unterbrechung des Versicherungsschutzes** für den Fall, dass die versicherte Person in einer militärischen Formation Dienst leistet, die an kriegerischen Auseinandersetzungen zwischen den Großmächten teilnimmt, ist in den AUB 2014 nicht mehr vorgesehen. Zum weitergehenden Ausschluss von kriegsbedingten Unfällen in Ziff. 5.1.3 AUB → Rn. 143 ff.).

42 **3. Kinderunfallversicherung (Ziff. 6.1 AUB).** Ist auf der Grundlage der AUB eine Kinderunfallversicherung für eine bestimmte Zeitdauer (Vollendung eines im jeweiligen Vertrag festgelegten Lebensjahres der versicherten Person) abgeschlossen worden, besteht nach Ziff. 6.1.1 AUB **Versicherungsschutz** bis zum Ablauf des Versicherungsjahres, in dem das nach Kindertarif versicherte Kind das betreffende (häufig: sein 18.) **Lebensjahr vollendet** (Ziff. 6.1 Abs. 1 AUB). Danach erlischt der Vertrag nicht, sondern wird automatisch auf den zu diesem Zeitpunkt gültigen Erwachsenentarif umgestellt (Ziff. 6.1.1 Abs. 1 AUB). Dabei kann der Versicherungsnehmer zwischen der Möglichkeit einer Weiterzahlung der bisherigen Beiträge verbunden mit einer dementsprechenden Herabsetzung der Versicherungssumme und der Möglichkeit einer Beibehaltung der bisherigen Versicherungssumme mit einer dementsprechenden Heraufsetzung des Beitrags wählen (Ziff. 6.1.1 AUB). Der Versicherer verpflichtet sich in Ziff. 6.1.2 AUB, den Versicherungsnehmer rechtzeitig (dh vor Ablauf des letzten Versicherungsjahres) über diese **Wahlmöglichkeit** zu informieren. Falls der Versicherungsnehmer sein Wahlrecht bis zum Ablauf von zwei Monaten nach Ablauf des Versicherungsjahres nicht ausübt, gilt nach Ziff. 6.1.2 AUB die erste Option (Beibehaltung des Beitrags und Herabsetzung der Versicherungssumme). Ohne rechtzeitige Benachrichtigung durch den Versicherer besteht das Wahlrecht auch über die vertraglich vorgesehene Zweimonatsfrist fort.[55] Abweichende Vereinbarungen (etwa: Einräumung eines Kündigungsrecht für den Zeitpunkt der Volljährigkeit, Erlöschen des Vertrages mit Volljährigkeit ohne Möglichkeit der Umwandlung) sind möglich.[56] **Stirbt der Versicherungsnehmer** während der Vertragsdauer, wird die Versicherung unter bestimmten Voraussetzungen mit den zu diesem Zeitpunkt geltenden Versicherungssummen bis zu einem bestimmten Alter des Kindes (idR bis zur Volljährigkeit) fortgeführt (näher Ziff. 11.6, 11.6.1 AUB). Neuer Versicherungsnehmer wird dann der gesetzliche Vertreter des Kindes, soweit keine abweichende Vereinbarung getroffen worden ist (Ziff. 11.6.2 AUB).

43 In der Kinderunfallversicherung (bzw. Kinderinvaliditätszusatzversicherung[57]) kann der Versicherungsfall durch Bescheid des Versorgungsamtes bzw. Vorlage eines Schwerbehindertenausweises nachgewiesen werden, wenn die Versicherungsbedingungen dies vorsehen.[58] Für Kinder bis zur Vollendung eines bestimmten, im Vertrag festgelegten Lebensjahres gilt der in Ziff. 5.2.5 AUB enthaltene **Risikoausschluss** für Vergiftungen nicht, vgl. Ziff. 5.2.5 (Ausnahme) AUB. Dieser Wiedereinschluss bezieht sich aber nicht auf Vergiftungen durch Nahrungsmittel (→ Rn. 153). Der in manchen AVB für die Kinderunfallversicherung vorgesehene Ausschluss psychischer Erkrankungen (Neurosen, Persönlichkeits- und Verhaltensstörungen, Psychosen usw) ist hinreichend transparent (§ 307 Abs. 1 S. 2 BGB) und wirksam.[59]

44 Nach § 188 Abs. 1 S. 2 kann in der Kinderunfallversicherung die **Neubemessungsfrist** verlängert werden. Von dieser Möglichkeit macht Ziff. 9.4 Abs. 3 S. 2 AUB Gebrauch (→ § 188 Rn. 3).

---

[55] *Knappmann* in Prölss/Martin AUB Ziff. 6 Rn. 3.
[56] *Knappmann* in Prölss/Martin AUB Ziff. 6 Rn. 2.
[57] Text bei *Grimm/Kloth*, Teil 3, B. Musterbedingungen XII. Allgemeine Versicherungsbedingungen für die Kinder-Invaliditätsversicherung bei Krankheit und Unfall (KIV 2014); zur allgemeinen Kinderinvaliditätsversicherung (Dauerschädigung durch Verletzung oder Erkrankung) vgl. OLG München VersR 2013, 1302.
[58] OLG Karlsruhe VersR 2009, 668.
[59] OLG Jena r+s 2012, 351.

Welche Verlängerungsfrist gelten soll und bis zur Vollendung welchen Lebensjahres eine solche Verlängerung möglich sein soll, ist dem jeweiligen Vertrag zu entnehmen.

4. Änderung des Vertragsinhalts durch Änderung der AUB. Da der Gesetzgeber in den §§ 178 ff. für die Unfallversicherung lediglich weitgehend dispositive Rahmenbestimmungen[60] aufgestellt hat, ergibt sich ihr Inhalt im konkreten Fall im Wesentlichen aus den jeweils zugrunde liegenden Vertragsbedingungen. Der GDV hat dazu in Gestalt der AUB Musterbedingungen vorgelegt. Allerdings sind in der Praxis verschiedene AUB-Versionen aus den letzten 50 Jahren anzutreffen; außerdem kann nach dem Wegfall der aufsichtsbehördlichen Präventivkontrolle jedes Versicherungsunternehmen seinen Verträgen eigene Bedingungen zugrunde legen oder die Musterbedingungen nach eigenen Bedürfnissen abwandeln (→ Vor § 178 Rn. 8). Angesichts dessen wird für die **anwaltliche Praxis** empfohlen, den Mandanten um die Vorlage des dem Vertrag konkret zugrunde liegenden Bedingungswerks zu bitten bzw. ihn anzuhalten, diese beim Versicherer nach § 3 Abs. 3 oder Abs. 4 anzufordern.[61]   45

Die **Auswechslung** der einen AVB-Version gegen eine andere im Rahmen eines bestehenden Vertrages setzt nach allgemeinen Vertragsgrundsätzen eine entsprechende Vereinbarung zwischen Versicherer und Versicherungsnehmer voraus.[62] Dies gilt auch dann, wenn das neue Bedingungswerk für den Kunden insgesamt vorteilhafter sein sollte. Eine **Verpflichtung** des Versicherers, dem Kunden eine Umstellung der Altverträge auf den neuen Bedingungsstand anzubieten, besteht aber **nicht**.[63] Will der Versicherer eine vom Kunden gewünschte Änderung des Vertrages allerdings zum Anlass nehmen, um dem Vertrag neue Bedingungen zugrunde zu legen, muss er den Versicherungsnehmer auf hierin enthaltene, gegenüber dem bisherigen Rechtszustand wesentlich nachteiligere Bedingungen nach Treu und Glauben ausdrücklich hinweisen.[64] Werden im Rahmen eines bestehenden Vertrages alte AVB einverständlich durch neue ersetzt, ist in Ermangelung einer ausdrücklichen Vereinbarung nicht von einer rückwirkenden Geltung auszugehen.[65]   46

Eine andere Frage ist, ob der Versicherer von sich aus auf die **Existenz geänderter,** für den Kunden günstigerer **AVB** bzw. die Möglichkeit einer einvernehmlichen Bedingungsanpassung **aufmerksam machen** muss. Dies wurde vom BGH für den Fall angenommen, dass zwischen den Parteien konkrete **Verhandlungen** über eine Vertragsverlängerung oder -änderung geführt werden.[66] Eine darüber hinausgehende **spontane Hinweispflicht** hat die Rspr. bisher jedenfalls im Grundsatz überwiegend abgelehnt,[67] während im Schrifttum die Auffassung vertreten wurde, dass eine solche Verpflichtung des Versicherers jedenfalls bei Einführung eines völlig neuen Klauselwerkes bestehe und der Versicherer darüber hinaus auch bei einer konkreten Kontaktaufnahme im Vertragsverlauf zu einem Hinweis, und zwar nicht nur auf ausschließlich günstige, sondern auch auf teils günstige, teils nachteilige Änderungen verpflichtet sei.[68]   47

Nach Inkrafttreten des neuen VVG ist die Antwort auf diese Frage in **§ 6 Abs. 4 S. 1** zu suchen. Danach besteht im Rahmen bestehender Vertragsbeziehungen eine **Hinweis- und Beratungspflicht** des Versicherers, wenn für diesen während der Vertragslaufzeit ein Anlass zur Nachfrage und Beratung des Versicherungsnehmers erkennbar wird.[69] Das ist ohne Frage auch dann der Fall, wenn der Versicherer für das Neugeschäft sachliche und über redaktionelle Korrekturen hinausgehende Änderungen seiner AVB vorsieht und er die Übernahme der neuen Bestimmungen prinzipiell auch Altkunden ermöglicht.[70] Ein Beratungsbedürfnis besteht in diesem Fall nicht nur dann, wenn die Änderungen der AVB für den Versicherungsnehmer ausschließlich vorteilhaft sind, weil dieser die Möglichkeit erhalten sollte, sich nach Abwägung der Vor- *und* Nachteile für die neue Version zu zu entscheiden.[71] Da allerdings der in § 6 Abs. 4 S. 1 vorgesehene Verweis auf Abs. 1 S. 1 dieser   48

---

[60] Begr. RegE, BT-Drs. 16/3945, 107.
[61] *Kloth* Unfallversicherung Kap. B Rn. 28; *Hormuth* in MAH VersR § 24 Rn. 4.
[62] OLG Saarbrücken VersR 1989, 245; vgl. auch OLG Hamm r+s 2002, 525; *Hormuth* in MAH VersR § 24 Rn. 4.
[63] Vgl. OLG Saarbrücken VersR 1989, 245 mkritAnm *Voit;* OLG Hamm VersR 1994, 37; OLG Düsseldorf VersR 1997, 1134; OLG Bamberg VersR 1998, 833; *Knappmann* in Prölss/Martin AUB Vor Ziff. 1 Rn. 2.
[64] BGH VersR 1973, 176 (zur Krankenversicherung).
[65] OLG Düsseldorf r+s 2010, 297.
[66] BGHZ 81, 345 (348) = VersR 1982, 37 (Maschinen-Betriebsunterbrechungsversicherung); OLG Düsseldorf VersR 2008, 1480.
[67] OLG Saarbrücken VersR 1989, 245; OLG Bamberg VersR 1998, 833; OLG Düsseldorf r+s 2010, 297.
[68] Ausf. *Klimke* NVersZ 1992, 449.
[69] Begr. RegE, BT-Drs. 16/3945, 59.
[70] Abl. aber *Münkel* in HK-VVG § 6 Rn. 39; *Franz* VersR 2008, 298 (299); diff. *Armbrüster* FS Schirmer, 2005, 1 (7 ff.).
[71] Einschränkend *Ebers* in Schwintowski/Brömmelmeyer/Ebers VVG § 6 Rn. 63 (bei teils günstigeren, teils ungünstigeren Änderungen keine Information im Detail).

Vorschrift eine Beziehung zwischen Beratungsaufwand und Prämienhöhe herstellt, muss auch in diesem Zusammenhang dem Gesichtspunkt der Informationskosten Rechnung getragen werden: Je bedeutsamer die AVB-Änderung für den Kunden, desto eher ist danach dem Versicherer eine spontane Benachrichtigung zumutbar. Hinweise auf AVB-Änderungen, bei denen keine Zusatzkosten anfallen (weil sie zB zusammen mit der nächsten Prämienrechnung verschickt werden oder in der turnusmäßig versandten Kundenzeitschrift enthalten sind), kann der Versicherungsnehmer ohne weiteres erwarten. Auch vor automatischen Vertragsverlängerungen (Ziff. 10.2.2 AUB) ist der Versicherer zu einem Hinweis verpflichtet, da er sich in diesem Fall eine Neuakquise erspart. Werden mit dem Versicherungsnehmer besondere Verhandlungen über einen neuen Vertrag geführt, ergibt sich eine entsprechende Beratungspflicht dagegen bereits aus § 6 Abs. 1 S. 1.[72]

C. Versicherungsfall: Unfall oder dem Unfall gleichgestelltes Ereignis (Abs. 1 und Abs. 2 S. 1)

I. Gesetzlicher Unfallbegriff und AUB

49 Nach **Abs. 2 S. 1** liegt ein **Unfall** vor, wenn die versicherte Person durch ein plötzlich von außen auf ihren Körper wirkendes Ereignis unfreiwillig eine Gesundheitsschädigung erleidet. Diese gesetzliche Umschreibung wiederholt auf den ersten Blick nur die traditionelle Unfalldefinition der AUB (Ziff. 1.3 AUB). Allerdings ist der Gesetzesbegründung[73] zu entnehmen, dass der gesetzliche Unfallbegriff in einem ganz bestimmten Sinn verstanden werden soll. Dort heißt es nämlich, dass das

„Merkmal der plötzlichen Einwirkung ... in Übereinstimmung mit der bisherigen höchstrichterlichen Rechtsprechung [verdeutlicht], dass das den Versicherungsschutz auslösende Ereignis für die versicherte Person unerwartet, überraschend und deshalb unentrinnbar eingetreten sein muss. Damit wird dem zeitlichen Element keine vorrangige oder ausschlaggebende Bedeutung beigemessen. Darüber hinaus muss es sich um eine unfreiwillig erlittene Gesundheitsbeschädigung handeln. Das bedeutet, dass die versicherte Person gegen oder ohne ihren Willen zwar nicht notwendigerweise von dem von außen wirkenden Ereignis, wohl aber von der dadurch verursachten physischen oder psychischen Einbuße getroffen worden sein muss."

Danach soll eine „plötzliche Einwirkung" dann vorliegen, wenn sie den Versicherten unerwartet und dadurch unentrinnbar betrifft, während dem „zeitlichen Element", dh der Vorstellung einer schlagartigen oder augenblicklichen Einwirkung, keine ausschlaggebende Bedeutung zukommen soll; zu den Konsequenzen → Rn. 72 ff.

50 Die gesetzliche Unfallbeschreibung ist **dispositiv** (arg. § 191), so dass die Vertragsparteien in AVB grds. eine abweichende Definition vorsehen können. Allerdings müsste sich eine vertragliche Festlegung des Unfallbegriffs einer **Einbeziehungs-** und **Inhaltskontrolle** nach Maßgabe der §§ 305c, 307 BGB unterwerfen. Zwar unterliegen Leistungsbeschreibungen in AGB nach § 307 Abs. 3 S. 1 BGB (e contrario) zunächst insoweit keiner Missbrauchskontrolle, als sie lediglich „Art, Umfang und Güte der geschuldeten Leistung" festlegen;[74] jedoch sind auch solche Klauseln durchaus kontrollfähig, wenn sie das Hauptleistungsversprechen einschränken, verändern oder ausgestalten.[75] Derart modifizierende Klauseln sind dann als unangemessen iSd § 307 Abs. 1 S. 1, Abs. 2 Nr. 2 BGB anzusehen, wenn sich die Beschränkung des Leistungsversprechens mit dem Schutzzweck der §§ 305 ff. BGB und mit den berechtigten Erwartungen eines Versicherungsnehmers nicht mehr vereinbaren lässt.[76] Bei primären Risikoabgrenzungen ist dies der Fall, wenn solche Risiken vom Deckungsschutz ausgeschlossen werden, die nach Treu und Glauben und der Verkehrssitte in den Deckungsumfang der Versicherung fallen und deren Deckung der Versicherungsnehmer daher nach Gegenstand und Zweck des Vertrages erwarten darf.[77] An diese Vorgaben wäre auch eine Modifizierung des gesetzlichen Unfallbegriffs gebunden (→ Rn. 112 f.).

---

[72] *Münkel* in HK-VVG § 6 Rn. 39; *Franz* VersR 2008, 298 (299).
[73] Begr. RegE, BT-Drs. 16/3945, 107.
[74] BGHZ 123, 83 (84) = VersR 1993, 957; BGHZ 124, 254 (256) = NJW 1994, 318; OLG Hamburg VersR 1998, 627.
[75] BGHZ 100, 158 (173) = VersR 1987, 712; BGHZ 123, 83 (84) = VersR 1993, 957; BGHZ 128, 54 (59) = VersR 1995, 77; BGH VersR 1993, 830; aus dem Schrifttum etwa *Kieninger* VersR 1998, 1071; *Römer* NVersZ 1999, 97 (99).
[76] Vgl. BGHZ 100, 158 (173) = VersR 1987, 712; *Fuchs* in Ulmer/Brandner/Hensen, AGB-Recht, 13. Aufl. 2022, BGB § 307 Rn. 55 ff., 58.
[77] *Fuchs* in Ulmer/Brandner/Hensen, AGB-Recht, 13. Aufl. 2022, BGB § 307 Rn. 58.

Keine Bedenken bestehen dagegen, den Unfallversicherungsschutz auf **bestimmte Personenkreise** oder **Situationen** zu beschränken, wie dies etwa in der Insassenunfall- oder Reiseunfallversicherung geschieht.[78] Außerdem ist die Definition des Unfalls in Abs. 2 lediglich für die Unfallversicherung maßgebend, nicht dagegen für die Versicherung eines Unfalls in anderen Sparten (Kfz-Unfall, Transportmittelunfall, Schifffahrtsunfall etc).[79] 51

Der Unfall muss nach den maßgebenden Vertragsbedingungen zeitlich während der Dauer der Gefahrtragung eingetreten sein (Ziff. 1.2 AUB, → Rn. 38 ff.). Eine territoriale Begrenzung besteht nach den Musterbedingungen dagegen nicht, da die Versicherungsschutz Unfälle in der ganzen Welt (Ziff. 1.2 AUB) zu Lande, im Wasser und in der Luft (zu Luftfahrtrisiken aber Ziff. 5.1.4. AUB, → Rn. 149 ff.) umfasst.[80] Zur Darlegungs- und Beweislast des Versicherungsnehmers → Rn. 342. 52

II. Ereignis

Der Begriff des **Ereignisses** ist kaum in der Lage, zur Konturierung des in Abs. 2 enthaltenen Unfallbegriffs beizutragen. Gemeint ist ein tatsächliches Geschehen im weitesten Sinne,[81] also etwa die Handlung eines Dritten, aber auch das Verhalten des Unfallopfers selbst (→ Rn. 66 ff., etwa bei Ausübung einer Sportart[82]), ein Naturgeschehen (etwa: Wettersturz[83]), die Reaktion eines Tieres oder schlicht die Verkettung unglücklicher Umstände. Es kann sich um einen mechanischen, chemischen, thermischen oder elektrischen Vorgang handeln.[84] Die Zuführung einer lebensfeindlichen Substanz kann ebenso gut ein Ereignis sein wie der Entzug eines lebensnotwendigen Stoffes (etwa: Sauerstoff).[85] Eine körperliche Berührung ist daher nicht erforderlich. 53

Ein Unfall iSd §§ 178 ff. liegt nur vor, wenn das Ereignis auf den **Körper** der versicherten Person gesundheitsschädigend einwirkt. Eine Einwirkung auf Sachen erfüllt daher nicht den Unfallbegriff des siebten Kapitels. 54

III. Einwirkung von außen

1. Funktion des Abgrenzungskriteriums. Versicherungsschutz besteht nur für Ereignisse, die **von außen** auf den Körper einwirken, typischerweise also Körperverletzungen, die auf einen Sturz der versicherten Person,[86] auf Einwirkungen durch Dritte oder durch den Versicherten selbst (Beispiele in → Rn. 67) oder auf Naturvorgänge zurückgehen. Auch die Ausübung des Geschlechtsverkehrs stellt für jeden der Partner eine äußere Einwirkung dar.[87] Mit diesem Kriterium sollen **rein körperinterne Vorgänge** (Erkrankungen, degenerative Vorgänge, → Rn. 160) ausgeschlossen werden, selbst wenn sie – wie ein Herzinfarkt, Schlaganfall oder Spontanbruch – plötzlich auftreten und dadurch zu einer Gesundheitsschädigung oder zum Tod führen.[88] Das Versagen künstlicher Körperteile wird demjenigen natürlicher Organe gleichgestellt; daher liegt keine äußerliche Einwirkung vor, wenn eine implantierte Herzklappe bricht.[89] Unfallereignisse, die ihrerseits auf organische Ursachen zurückzuführen sind, werden vom Unfallbegriff aber erfasst (Sturz infolge Ohnmacht oder tumorbedingter Koordinationsstörungen).[90] Dass bereits vorher bestehende Erkrankungen oder Gebrechen gem. Ziff. 3 AUB zu einer Leistungskürzung führen können, wenn sie mitkausal sind für die *Unfallfolgen* (Gesundheitsschädigung, → Rn. 284 ff.), ist für den *Unfalleintritt* daher ohne Belang.[91] 55

2. Typische Unfallereignisse. Judikatur zu den **klassischen Unfallereignissen** (Verkehrsunfall, Sturz beim Skifahren,[92] Steinwurf oder Schussverletzung durch Dritte, vom Dach fallender Ziegel oder vom Balkon fallender Blumentopf) existiert kaum, weil diese Situationen in der Regulie- 56

---

[78] *Knappmann* in Prölss/Martin VVG § 178 Rn. 2.
[79] *Knappmann* in Prölss/Martin VVG § 178 Rn. 36, 38 ff.
[80] *Mangen* in Beckmann/Matusche-Beckmann VersR-HdB § 47 Rn. 120.
[81] BGHZ 79, 76 (79) = VersR 1981, 173 (Haftpflichtversicherung).
[82] Vgl. den Überblick bei *Heermann* NJW 2012, 3400.
[83] BGH VersR 1962, 341; OLG Karlsruhe VersR 1995, 36.
[84] OLG Köln r+s 1990, 33 (34); *Kloth* Unfallversicherung Kap. E Rn. 14.
[85] OLG Köln r+s 1990, 33 (34); vgl. auch OLG München VersR 83, 127.
[86] Näher *Kloth* r+s 2015, 1.
[87] OLG Düsseldorf VersR 2000, 961.
[88] Vgl. OLG Hamm r+s 2014, 93 (Lungenentzündung durch Einatmen von Erbrochenem).
[89] OLG Stuttgart VersR 1987, 355; offen gelassen von BGH VersR 1988, 1148.
[90] *Knappmann* in Prölss/Martin VVG § 178 Rn. 3; *Kloth* Unfallversicherung Kap. E Rn. 14; vgl. auch OLG Saarbrücken VersR 2011, 659.
[91] Vgl. nur BGH VersR 2000, 444.
[92] BGH VersR 2011, 1135 (Sturz nach Erschrecken); zu Recht krit. zur Vorinstanz (OLG Celle VersR 2009, 1252): *Knappmann* VersR 2009, 1252; *Hoenicker* r+s 2009, 344; *Marlow/Tschersich* r+s 2009, 441 (442).

rungspraxis keine Schwierigkeiten bereiten. Auf den Körper von außen wirkende Ereignisse sind zB auch Verbrennungen, Verbrühungen,[93] Vergiftungen (vgl. aber Ziff. 5.2.5 AUB; → Rn. 188 ff.),[94] Wärmestau bei Brandeinsatz in schwerer Feuerschutzkleidung[95] oder Verstümmelungen.

57   Bei **Verletzungen durch Tiere** handelt es sich um Unfälle iSd Abs. 2 und der Ziff. 1.3 AUB, so bei einem Biss von Hund, Katze, Schlange oder Zecke;[96] beim Tritt eines Pferdes oder dem Stich eines Skorpions.[97] Gleiches gilt für Bisse oder Stiche durch Insekten,[98] so etwa bei einem Stich in Hals oder Rachen mit Anschwellen der Rachen- oder Kehlkopfschleimhaut oder einer Verursachung allergischer Reaktionen.

58   **Tod durch Ertrinken** stellt regelmäßig ein Unfallereignis dar.[99] Die Ursache des Todes liegt hier darin, dass Wasser in die Atemwege dringt.[100] Auf die Ursachen des Ertrinkens (etwa: Erschöpfung, Herzversagen, Wadenkrämpfe, erhöhte Blutalkoholkonzentration,[101] Bewusstseinsstörung durch Einnahme eines Beruhigungsmittels,[102] Wellengang oder Strudel) kommt es nicht an,[103] allerdings ist die bestimmte Unfallursachen ausschließende Ziff. 5.1.1 S. 1 AUB zu beachten (Bewusstseinsstörung,[104] → Rn. 114 ff.). Ist der Tod nicht durch das Eindringen des Wassers, sondern durch ein plötzliches Herzversagen oder eine Hirnblutung[105] verursacht worden, liegt ein körperinterner Vorgang und kein Unfall vor (→ Rn. 55). Versicherungsschutz besteht aber wiederum, wenn dem Herzversagen bereits ein Unfall etwa durch einen ungewollten Sturz ins Wasser vorausgegangen war[106] oder wenn der Herzschlag dadurch verursacht wurde, dass der Versicherte in erhitztem Zustand in kaltes Wasser gesprungen ist. In diesem letzten Fall ist das Unfallereignis nämlich darin zu sehen, dass das kalte Wasser zu einer Verengung der Blutgefäße führt.[107] Ob der Tod durch Ertrinken auf einem Unfall oder körperinternen Vorgang beruht, ist idR durch Obduktion festzustellen.[108] Charakteristisch für einen Ertrinkungstod ist ein Schaumpilz vor dem Mund, falls mögliche Alternativursachen (hochgradige Alkoholisierung, Erwürgen, Erdrosseln) zuverlässig ausgeschlossen werden können.[109]

59   Beim **Einatmen giftiger Gase** (mit Erstickungs- oder Lähmungsfolgen) oder von **Rauch,** der zu einer Sauerstoffverknappung führt,[110] liegt die äußere Einwirkung in der Schädigung der inneren Organe nach dem Einatmen.[111] Entsprechendes gilt für das **Verschlucken** giftiger Stoffe (Säuren, Laugen) oder dem (insbes. versehentlichen) Verschlucken zu großer Nahrungsmittel mit der Folge von Bolustod[112] oder Darmverschluss.[113] Ein Unfallereignis liegt auch vor, wenn die versicherte Person beim Verzehren einer Roulade einen Zahnstocher verschluckt und dieser einige Tage später die Darmwand durchbohrt.[114] Auch der Verzehr verunreinigter, zersetzter oder vergifteter Lebensmittel stellt einen Unfall dar;[115] allerdings enthält Ziff. 5.2.5. AUB für Vergiftungen einen Risikoausschluss (→ Rn. 189 ff.). Einen Unfalltod erleidet auch, wer beim Essen verschluckt und **erstickt,** weil Speiseteile (Gräte, Obstkern, Bonbon) in die Luftröhre geraten,[116] oder wer durch Verzehr bestimmter Lebensmittel an einer allergischen Reaktion verstirbt.[117]

60   Ein von außen wirkendes Ereignis liegt auch bei **Tauchvorgängen** im Falle der Caissonerkrankung vor, wenn ein in der Umgebung des Körpers vorhandener Unterdruck infolge zu schnellen

---

[93] OLG Saarbrücken VersR 1997, 956.
[94] Vgl. OLG München VersR 2012, 895.
[95] LG Bremen VersR 2013, 893.
[96] OLG Hamm VersR 1981, 673; OLG Düsseldorf VersR 2010, 61.
[97] OLG Hamm VersR 1987, 253.
[98] OLG Hamm VersR 1981, 673; OLG Braunschweig VersR 1995, 823.
[99] BGH VersR 2012, 249.
[100] Vgl. den Überblick bei *Eichelmann* VersR 1972, 411; *Leverenz* in Bruck/Möller VVG Anh. § 178 Rn. 46 ff.
[101] OLG Hamm VersR 1989, 242.
[102] OLG Köln r+s 1988, 348; LG Berlin r+s 2003, 75.
[103] BGH VersR 1977, 736; OLG Stuttgart VersR 2007, 1363.
[104] Dazu BGH VersR 2012, 249.
[105] LG Berlin r+s 2003, 75.
[106] *Leverenz* in Bruck/Möller VVG Anh. § 178 Rn. 55.
[107] *Leverenz* in Bruck/Möller VVG Anh. § 178 Rn. 55.
[108] OLG Hamm VersR 1989, 242.
[109] OLG Stuttgart VersR 2007, 1363.
[110] OLG Düsseldorf VersR 1997, 174.
[111] *Mangen* in Beckmann/Matusche-Beckmann VersR-HdB § 47 Rn. 17.
[112] *Knappmann* in Prölss/Martin VVG § 178 Rn. 9 ff.; iE unzutr. LG Freiburg VersR 1990, 39.
[113] LG Lüneburg VersR 1991, 916.
[114] OLG München VersR 2000, 93.
[115] *Stockmeier/Huppenbauer* AUB 1999 S. 68.
[116] Einschränkend LG Flensburg VersR 2005, 1418 (nicht bei Aspiration von Mageninhalt).
[117] BGH VersR 2013, 1570.

Auftauchens bei nicht gehöriger zeitlicher Anpassung zu körperinneren Veränderungen führt.[118] Gleiches gilt, wenn es durch Sauerstoffmangel bei einem Taucher zu Herzrhythmusstörungen[119] oder bei einem **Segelflieger** aufgrund der sauerstoffarmen Höhenluft zu Bewusstseinsstörungen[120] kommt.

Ein Unfallereignis ist ferner zu bejahen, wenn auf den Körper der versicherten Person durch **elektrischen Strom** eingewirkt wird (Berührung von Stromleitungen, Benutzung defekter elektrischer Geräte). Auch ein den Versicherten treffender Blitzschlag ist als Unfall anzusehen. 61

3. Einschränkungen der körperlichen Bewegungsfreiheit. Die äußere Einwirkung muss allerdings **nicht** unbedingt so beschaffen sein, dass sie den Körper der versicherten Person **unmittelbar in Mitleidenschaft** zieht, vielmehr reicht eine Einschränkung der körperlichen Bewegungsfreiheit aus. Das ist der Fall, wenn sich während einer Bergtour der in ein Kletterseil geschlagene Knoten dergestalt in einem Haken „verhängt", dass der Bergsteiger in eine völlig hilflose Lage versetzt wird,[121] ein Bergsteiger während einer Tour von einer nachhaltigen Verschlechterung der Wetter- und Sichtverhältnisse überrascht wird, so dass er nicht mehr zu einem Abstieg in der Lage ist,[122] oder ein nächtlicher Fußgänger in einen tiefen und steilen Graben stürzt, aus dem er sich nicht selbst befreien kann, und der Tod in diesen Fällen dann durch Erfrieren oder Erschöpfung eintritt.[123] 62

4. Psychisch vermittelte Reaktionen. Das auf den Körper des Versicherten einwirkenden Ereignis muss auch nicht unbedingt physischer Natur sein. Vielmehr ist eine äußere Einwirkung auch dann gegeben, wenn die zu einer Verletzung führende **körperliche Reaktion** auf eine **sinnliche Wahrnehmung** zurückgeht und psychisch vermittelt wird,[124] so etwa, wenn sich ein Bergmann aufgrund eines Gebirgsschlags erschrickt und durch eine reflexhafte Bewegung einen Knieschaden erleidet,[125] wenn eine Person erschrocken vom Fahrrad abspringt, weil ein Auto ihr Hinterrad touchiert hat, und sich dabei verletzt[126] oder das Zerspringen einer Windschutzscheibe einen Schock des Fahrers und im weiteren Verlauf einen Herzinfarkt zur Folge hat.[127] Auch akute Blutdrucksteigerungen durch Schreck oder Zorn können Folgen einer äußeren körperlichen Einwirkung sein[128] (vgl. dazu aber auch → Rn. 195 ff. zu einem möglichen Risikoausschluss bei psychischen Reaktionen gem. Ziff. 5.2.6 AUB). 63

Fraglich ist, ob dieses Ergebnis auch auf Situationen übertragen werden kann, in denen eine seelische Erschütterung (mit psychischen oder organischen Folgen) durch die sinnliche **Wahrnehmung psychisch belastender Umstände** (Anblick einer Katastrophe) oder die **Kenntnisnahme belastender Informationen** (Mitteilung vom Tod eines Angehörigen) ausgelöst wird. Eine Differenzierung in der Weise, dass zB der durch den Anblick eines Unfalls ausgelöste Schock als „Einwirkung von außen" zu verstehen sein, während bei einer Todesnachricht oder beim Erhalt eines Toten der äußere Anlass in den Hintergrund treten und die psychische Verarbeitung dominieren soll mit der Folge, dass es sich in diesen Fällen um lediglich körperinterne Vorgänge handelt,[129] wirft schwierige Abgrenzungsprobleme auf. Es lässt sich nicht leugnen, dass sämtliche in solchen Fällen etwa auftretenden Schockreaktionen als Folgen einer äußeren Einwirkung erscheinen.[130] Dies müsste allerdings konsequenterweise zur Folge haben, dass alle psychosomatischen Auswirkungen von einigem Gewicht nach Erhalt einer schlechten Nachricht – etwa eines unangenehmen Vermieterbriefs – als Unfall anzusehen sind.[131] 64

Richtigerweise ist bei der Bewältigung dieser Problematik von einer **Auslegung** des Unfallversicherungsvertrages auszugehen. Darin will der Versicherer zwar grds. Deckung für die durch äußere 65

---

[118] OLG Karlsruhe VersR 1996, 364.
[119] OLG Köln r+s 1990, 33.
[120] OLG München VersR 1983, 127.
[121] BGH VersR 1962, 341.
[122] OLG Karlsruhe VersR 1995, 36; OLG Stuttgart VersR 1997, 176 (177): sturmbedingter Verlust der Fortbewegungsmöglichkeit – in casu allerdings Beweisfälligkeit.
[123] OLG Karlsruhe VersR 2000, 446.
[124] OLG Saarbrücken VersR 2005, 1276; *Knappmann* VersR 2009, 1652; 2011, 324; *Rüffer* in HK-VVG § 178 Rn. 4; *Mangen* in Beckmann/Matusche-Beckmann VersR-HdB § 47 Rn. 15; anders OLG Celle VersR 2009, 1252.
[125] OLG Saarbrücken VersR 2005, 1276.
[126] Vgl. dazu OLG Hamm VersR 1995, 1181.
[127] BGH VersR 1972, 582; krit. zu dieser Rspr. *Ingenerf* Begriff des Unfalls S. 192 ff.
[128] BGH VersR 2003, 634; vgl. aber auch OLG Stuttgart VersR 1999, 1228; LG Köln r+s 2001, 218 (keine „plötzliche" Einwirkung).
[129] *Mangen* in Beckmann/Matusche-Beckmann VersR-HdB § 47 Rn. 15.
[130] Anders *Stockmeier/Huppenbauer* AUB 1999 S. 71; *Abel/Winkens* VersR 2009, 30 (32).
[131] IErg zu Recht abl. LG München I VersR 1994, 589.

Einwirkungen verursachten Gesundheitsbeeinträchtigungen übernehmen. Dem verständigen Versicherungsnehmer (→ Rn. 113) ist aber klar, dass ihm damit das mit einer besonderen psychischen Labilität verbundene „allgemeine Lebensrisiko" nicht abgenommen werden soll (→ Rn. 97 ff.). Es liegt nahe, zur Bestimmung dieses vom Versicherungsschutz nicht mehr gedeckten Lebensrisikos auf die von der Rspr. im Schadensersatzrecht für die Ersatzfähigkeit von Schockschäden praktizierte Eingrenzung zurückzugreifen.[132] Danach setzt ein Schadensersatzanspruch voraus, dass der Eintritt einer (nach Art und Schwere über das übliche Maß hinausgehenden) gesundheitlichen Beeinträchtigung für einen Betroffenen mit durchschnittlicher Empfindsamkeit im Hinblick auf den **Anlass verständlich** erscheint. Nur unter dieser (restriktiv zu handhabenden) Voraussetzung werden dann auch durch Wahrnehmung oder Mitteilungen ausgelöste Gesundheitsschäden vom Versicherungsschutz erfasst,[133] so etwa dann, wenn der Schock durch die Nachricht vom Tode eines nahen Angehörigen oder das Miterleben von dessen Todeskampf ausgelöst wird. Praktische Bedeutung hat diese Unterscheidung freilich dann nicht, wenn eine Ausschlussregel wie etwa Ziff. 5.2.6 AUB eingreift. Danach besteht kein Versicherungsschutz, wenn eine (auch durch einen Unfall verursachte) psychische Reaktion zu krankhaften Störungen führt (→ Rn. 198, aber → Rn. 203).

66 **5. Eigenbewegungen der versicherten Person.** Beträchtliche Schwierigkeiten bereitet die Beurteilung von Vorgängen, an denen **nur** die **versicherte Person** allein beteiligt war und bei denen es an einer **von außen kommenden Körpereinwirkung fehlt.** Wenn jemand wegen einer Bodenunebenheit beim Fußballspielen[134] oder beim Aussteigen aus dem Auto[135] mit dem Fuß umknickt, fehlt es bei unbefangener Betrachtung jeweils an einer *von außen* kommenden Körpereinwirkung, sofern man nicht in diesen Fällen den willentlichen Kontakt mit dem Erdball als eine solche ansehen will. Dann müsste allerdings in diesen Beispielen ein Unfallereignis verneint werden. Andererseits wird ein Umknicken des Fußes auf unebenem Untergrund nach allgemeinem Sprachgebrauch als „Unfall" angesehen, so dass hier eine Bejahung von Versicherungsschutz nahe liegt. Rspr. und Schrifttum haben infolgedessen für die Beurteilung von **Gesundheitsschädigungen** infolge von **Eigenbewegungen Sonderregeln** entwickelt. In der Sache geht es dabei um eine durch Normzweck und Interessenlage gebotene **analoge Anwendung** des § 178 Abs. 2 S. 1 auf Fälle, die vom Wortlaut der Vorschrift nicht mehr gedeckt werden. Im Zweifel ist davon auszugehen, dass der nach seinem Wortlaut mit dem Gesetz übereinstimmende Unfallbegriff in Ziff. 1.3 AUB diese Analogie durch eine weite, an der gesetzlichen Vorgabe orientierte Auslegung nachvollzieht.

67 Ausgangspunkt ist zunächst die Überlegung, dass eine von außen kommende Körpereinwirkung keinesfalls die Beteiligung einer anderen Person voraussetzt. Vielmehr kann die **Einwirkung** auch **von der versicherten Person** selbst ausgehen, sei es, dass diese ungewollt die Einwirkung herbeiführt (→ Rn. 62: „Verhängen" des Kletterseils, ferner: Kollision mit einem auf der Straße liegenden und nicht erkannten Hindernis), sei es, dass die Einwirkung sogar bewusst vorgenommen wird wie beim Abschlag des Fußballtorwarts das Aufeinandertreffen von Fuß und Ball,[136] aber auch etwa dann, wenn jemand zwecks Vornahme autoerotischer Manipulationen durch Strangulation seine Luftröhre verengt[137] oder aus denselben Gründen ein Gasgemisch aus einem Gefrierbeutel einatmet[138] oder an sich eine Rauschgiftinjektion vornimmt[139] (zur Frage der „plötzlichen Einwirkung" in diesen Fällen aber → Rn. 83 f.). Dies gilt erst recht, wenn eine **Sache,** mit welcher der Versicherte umgeht, **außer Kontrolle** gerät und aufgrund ihrer Eigendynamik auf den Körper einwirkt, wie etwa dann, wenn ein von zwei Personen angehobenes Motorrad[140] (oder ein Grabstein[141]) infolge ungleicher Kraftanstrengung aus dem Gleichgewicht gerät und der Versicherte beim Auffangen der Kippbewegung einen Bandscheibenvorfall bzw. eine Kompressionsfraktur erleidet oder wenn eine Leiter umfällt und von dem Versicherten abgefangen wird.[142]

68 Liegt dagegen eine solche Einwirkung von außen nicht vor, sondern erleidet der Versicherte einen Gesundheitsschaden während einer **lebensüblichen Eigenbewegung,** die allein auf seinem **eigenen, willensgesteuerten** (wenn auch möglicherweise ungeschickten) **Verhalten** beruht, sind die Voraussetzungen der **Unfalldefinition nicht erfüllt.** Rspr. und Schrifttum bejahen aber gleich-

---

[132] Grüneberg in Grüneberg BGB Vorb. § 249 Rn. 40.
[133] Krit. *Knappmann* FS Lorenz, 2014, 175 (179), *Knappmann* in Prölss/Martin VVG § 178 Rn. 3.
[134] OLG Hamm VersR 2008, 249.
[135] OLG Düsseldorf r+s 1999, 296 (im konkreten Fall aber nur einfaches Aussteigen); KG VersR 2015, 61.
[136] OLG München VersR 2012, 613; ähnlich OLG Karlsruhe r+s 2012, 615.
[137] OLG Zweibrücken VersR 1988, 287.
[138] OLG Oldenburg VersR 1997, 1128.
[139] OLG Karlsruhe VersR 2005, 678.
[140] OLG Nürnberg r+s 2001, 217.
[141] OLG Hamm r+s 1996, 330.
[142] OLG Frankfurt a. M. VersR 1991, 213; unzutr. AG Stuttgart VersR 1984, 841.

wohl (richtigerweise: in analoger Anwendung des Abs. 2 S. 1, → Rn. 66) Versicherungsschutz, wenn die Eigenbewegung **nicht programmgemäß** und regulär verläuft[143] und dadurch ein Gesundheitsschaden ausgelöst wird. Außerdem wird der Versicherungsschutz durch Ziff. 1.4 AUB auf bestimmte Eigenbewegungen (Verrenkung eines Gelenks, Zerrung und Zerreißen von Muskeln, Sehnen, Bändern und Kapseln, → Rn. 102 ff.) ausgeweitet.

Danach bleibt es bei einer **nicht versicherten Eigenbewegung,** wenn jemand zB durch Anheben eines Rasenmähers,[144] eines Sommerreifens[145] oder eines schweren Gegenstandes einen Bandscheibenvorfall,[146] eine Rotatorenmanschettenruptur[147] (Ziff. 1.4 AUB, → Rn. 108, 110) oder eine Gehirnblutung[148] oder durch Umbettung eines Kranken ein Verhebetrauma[149] erleidet, wenn ein Bandscheibenvorfall beim Ansetzen eines Spatens eintritt,[150] das Anziehen einer Bremse zu einem Kompressionsbruch[151] oder der Versuch, einen Strauch aus dem Boden zu ziehen,[152] oder das Nachziehen einer Schraube[153] wiederum zu einem Bandscheibenvorfall führt. Gleiches gilt, wenn ein Tennisspieler aufgrund einer Fehlbewegung mit dem Fuß umknickt[154] oder sich streckt, um einen Ball zurückzuschlagen,[155] wenn jemand aus knieender Stellung aufsteht oder eine Körperdrehung vornimmt und dadurch einen Meniskusriss davonträgt,[156] wenn es durch ruckartiges Abwenden des Kopfes infolge plötzlichen Einfalls von Sonnenlicht zu einer Aortendissektion kommt[157] oder bei einer Sehnenverletzung, die durch das Reinigen einer Windschutzscheibe eintritt.[158] Auch Schäden, die durch tanztypische Schritte und Drehungen[159] oder einen schnellen Antritt etwa beim Badmintonspiel[160] verursacht werden, beruhen auf willensgesteuertem Eigenverhalten.

Dagegen wurden **„irreguläre Verläufe"** und damit jeweils das Vorliegen eines Unfalls angenommen, wenn jemand auf nassem oder glattem Untergrund ausrutscht[161] oder an einer Bordsteinkante[162] oder infolge einer Bodenvertiefung[163] oder Bodenunebenheit[164] mit dem Fuß umknickt (*nicht* dagegen beim Umknicken eines Fußes auf normalem Boden[165]), wenn ein Tritt in eine Vertiefung zu einer unerwarteten Ausweichbewegung mit nachfolgendem Straucheln führt,[166] wenn ein Handballspieler an einem stumpfen Hallenboden hängen bleibt,[167] wenn ein herauszureißendes Kabel nachgibt und der Betreffende dadurch stürzt,[168] wenn ein Bandscheibenvorfall eintritt, weil bei einer Gymnastikübung ein Seil reißt[169] oder bei einem Reifenwechsel das Verlängerungsrohr vom Radschlüssel rutscht und der Versicherte daher hochschnellt.[170] Zum Risikoausschluss bei

---

[143] Zutr. *Marlow* r+s 2004, 353 (354).
[144] OLG Koblenz r+s 2000, 303.
[145] OLG Karlsruhe r+s 1995, 159.
[146] BGH VersR 1989, 73 (Mörtelwanne); vgl. auch OLG München VersR 1991, 802; ähnlich OLG Hamm VersR 1995, 774; OLG Frankfurt a. M. r+s 2001, 345; OLG Koblenz VersR 2004, 504; OLG Düsseldorf r+s 2012, 509; OLG Saarbrücken r+s 2015, 306; zur Problematik des Bandscheibenvorfalls *Ernestus/Gärtner* VersR 1996, 419.
[147] OLG Dresden r+s 2008, 432 (Anheben eines Mineralwasserkastens).
[148] OLG Hamm VersR 2013, 575.
[149] OLG Naumburg VersR 2013, 229 (231).
[150] OLG Frankfurt a. M. VersR 1996, 1355; OLG Jena VersR 2020, 220.
[151] OLG Hamm VersR 1988, 242.
[152] OLG Hamm VersR 1999, 44.
[153] OLG Karlsruhe r+s 1999, 525.
[154] KG VersR 2015, 61.
[155] LG Berlin r+s 1990, 431; LG Köln r+s 1997, 435; OLG Hamm VersR 2015, 1416 (Ausholbewegung mit dem Golfschläger).
[156] OLG Hamm VersR 1998, 708; OLG Karlsruhe VersR 2019, 745; LG Köln VersR 1988, 462.
[157] OLG Saarbrücken VersR 2014, 1202; vgl. auch OLG Karlsruhe r+s 2013, 141 (Milzruptur durch ruckartiges Aufheben eines Gegenstandes).
[158] OLG Hamm VersR 2003, 496.
[159] LG Köln r+s 2002, 350; vgl. auch OLG Köln r+s 2002, 482.
[160] LG Dortmund NJW-RR 2009, 389.
[161] OLG Köln VersR 2007, 1689.
[162] OLG Hamm VersR 1976, 336.
[163] LG Göttingen VersR 1990, 1347.
[164] OLG Hamm VersR 2008, 249.
[165] OLG Düsseldorf r+s 1999, 296; OLG Jena r+s 2022, 41; LG Freiburg r+s 2003, 254.
[166] BGH VersR 2009, 492; OLG Saarbrücken r+s 2015, 306.
[167] OLG München r+s 2000, 39.
[168] OLG Frankfurt a. M. r+s 2009, 32.
[169] AG Norderstedt VersR 1987, 304.
[170] LG Nürnberg-Fürth r+s 1988, 243.

Bandscheibenschäden nach Ziff. 5.2.1 AUB → Rn. 160 ff.; zur Anspruchsminderung bei Vorschädigung der Bandscheibe nach Ziff. 3.2.1 AUB → Rn. 288 ff.

71 Um einen **Grenzfall** handelt es sich, wenn der BGH[171] ein Unfallereignis in einem Fall bejaht, in welchem jemand zum Schließen eines Fensters auf eine ca. 50 cm hohe Bank gestiegen und anschließend hinunter gesprungen war und sich dabei einen Bandscheibenvorfall zugezogen hatte. Die erforderliche Einwirkung von außen soll hier nach Auffassung des Gerichts in der stoßartigen Belastung beim Aufprall liegen. Dieser war allerdings als Resultat einer willensgesteuerten Eigenbewegung anzusehen und als solcher keineswegs „unprogrammgemäß" verlaufen: Die versicherte Person war genau an der vorgesehenen Stelle aufgekommen; sie hatte auch nicht etwa die Härte oder Elastizität des Bodens falsch eingeschätzt. In einer späteren Entscheidung hat das Gericht daher diesen Gesichtspunkt in der Weise präzisiert, dass auch eine vom Willen des Versicherten getragene Bewegung als plötzliche Einwirkung von außen angesehen werden könne, so etwa, wenn der Betroffene nach einem Sprung ungeschickt aufkomme oder unerwartet hart aufpralle.[172] Eine solche Fehleinschätzung der *Konsequenzen* willensgesteuerten Eigenverhaltens liegt aber in allen in → Rn. 69 angeführten Beispielsfällen vor. In Übereinstimmung mit den Vorinstanzen hätte das Gericht ein Unfallereignis daher besser verneint (zum Risikoausschluss der Ziff. 5.2.1 für Bandscheibenschäden → Rn. 160).

IV. Plötzlichkeit des Ereignisses

72 **1. Funktion des Abgrenzungskriteriums.** Der seit Jahrzehnten in wechselnden AUB zur Charakterisierung des Unfallereignisses verwandte Begriff der „**Plötzlichkeit**" sollte zum Ausdruck bringen, dass sich das betreffende Ereignis tendenziell jählings, schlagartig, innerhalb eines Augenblicks vollzogen haben muss. Dies stimmt insofern mit dem allgemeinen Sprachgebrauch überein, als sich ein „Unfall"-Geschehen innerhalb eines sehr begrenzten Zeitraums („unglücklicher Fall") ereignet. Gesundheitsschädigungen, die sich infolge einer permanenten körperlichen Einwirkung oder infolge wiederholter Einwirkungen erst „allmählich" entwickeln, werden dementsprechend nicht als Folgen eines „Unfalls" angesehen und vom Versicherungsschutz nicht erfasst. Wer zB nach jahrelanger Arbeit im Bergwerk an Staublunge oder nach jahrelanger Arbeit im Zementwerk an Asbestose erkrankt, ist nicht Opfer eines Unfalls (sondern einer Berufskrankheit) geworden.

73 Ungeachtet dessen ist diese Charakterisierung eines Unfalls durch die „Plötzlichkeit" eines Geschehens **nicht zwingend,** wenn man auf das **allgemein übliche Begriffsverständnis** abstellt. Auch wenn jemand nicht schlagartig, sondern infolge einer 40minütigen Röntgenbestrahlung Verbrennungen erleidet[173] oder durch mehrstündiges Einatmen von Gasen[174] gesundheitliche Schäden davonträgt, handelt es sich um Vorfälle, die nach allgemeinem Sprachgebrauch noch als „Unfälle" angesehen werden.[175] Diese Diskrepanz zwischen dem allgemeinen Begriffsverständnis einer- und der in den AUB traditionell enthaltenen Definition andererseits hatte in der Praxis bei der Bewältigung bestimmter Fallgruppen immer wieder Schwierigkeiten bereitet.

74 **2. Objektives oder subjektives Begriffsverständnis?** Da das VVG aF keine gesetzliche Unfalldefinition enthielt, anhand derer man die Angemessenheit der in den AUB vorgesehenen Einschränkung auf ein „plötzliches" Ereignis hätte inhaltlich überprüfen können, stand die **Rspr.** bei der Auslegung der AUB insofern vor einem **Dilemma,**[176] als in den angeführten Beispielsfällen das Unfallereignis zwar nicht „plötzlich" – im Sinne von „schlagartig" – eingetreten war[177] (so dass ein Deckungsschutz hätte eigentlich versagt werden müssen), es aber andererseits nach dem Sinn und Zweck von Unfallversicherungen (nämlich: Schutz vor unglücklichen Zufällen) geboten erschien, auch bei derart verzögert eintretenden, sich erst langsam aufbauenden Schädigungen, soweit sie sich innerhalb eines bestimmten Zeitrahmens vollziehen, Deckungsschutz zu gewähren. Dies führte schon in der reichsgerichtlichen Rspr. zu einer **Ausweitung des Konzepts der „plötzlichen Einwirkung".** Das RG[178] stellte sich nämlich auf den Standpunkt, dass eine „plötzliche" Einwirkung nicht nur vorliege, wenn das schädigende Ereignis augenblicklich oder momentan eingetreten

---

[171] BGH VersR 1985, 177; zust. *Knappmann* in Prölss/Martin VVG § 178 Rn. 4.
[172] BGH VersR 1989, 73; *Mangen* in Beckmann/Matusche-Beckmann VersR-HdB § 47 Rn. 19.
[173] RGZ 97, 189 ff.; einen Risikoausschluss für Fälle dieser Art enthält heute Ziff. 5.2.2 AUB (→ Rn. 165).
[174] RGZ 120, 18 (19); BGH VersR 1988, 951; OLG Zweibrücken VersR 1988, 287.
[175] A.A. *Ingeneef* Begriff des Unfalls S. 243.
[176] Beispielhaft OLG Koblenz VersR 1999, 436.
[177] OLG München VersR 1983, 127 (Einatmen sauerstoffarmer Luft „über einen gewissen Zeitraum"); zust. OLG Karlsruhe VersR 1996, 364; offen gelassen von BGH VersR 1988, 951; richtig dagegen OLG Koblenz VersR 1999, 436.
[178] RGZ 97, 189 (190).

sei, sondern auch dann, wenn die Einwirkung „erst in ihrer einen verhältnismäßig kurzen Zeitraum umfassenden Fortsetzung", jedoch für den Verletzten „überraschend, unerwartet, unvorhergesehen" auf den Körper eingewirkt habe. Der Begriff der Plötzlichkeit erschöpfe sich keineswegs in dem Begriff der Schnelligkeit, sondern schließe „als wesentliches Merkmal das des Unerwarteten, Unvorhergesehenen, Unentrinnbaren ein". Mit dieser Begründung hat das Gericht dann bei einem Gesundheitsschaden durch überlange Röntgenstrahlung eine plötzliche Einwirkung und somit einen Unfall bejaht. Spätestens seit dieser Entscheidung haben beide Interpretationsansätze – eine **objektiv-zeitliche** („plötzlich" im Sinne von „in einem Moment" oder allenfalls „innerhalb eines kurzen Zeitraums") und eine **subjektiv-prognostische** Auslegung („plötzlich" im Sinne von „überraschend und unerwartet") – sowohl in der Rspr.[179] wie auch im Schrifttum[180] Verwendung gefunden, ohne dass es gelungen wäre, über das Verhältnis beider Übereinstimmung zu erzielen.[181]

In der **Begründung des RegE**[182] wird nunmehr klargestellt, dass das Unfallereignis für die 75 versicherte Person „in Übereinstimmung mit der bisherigen höchstrichterlichen Rechtsprechung … unerwartet, überraschend und deshalb unentrinnbar" eingetreten sein muss und somit dem „zeitlichen Element des Geschehens keine vorrangige oder ausschlaggebende Bedeutung" beizumessen sei (→ Rn. 49). Die Entwurfsbegründung rückt also den **subjektiv-prognostischen Ansatz** (→ Rn. 74) in den Vordergrund und lehnt damit die Vorstellung ab, dass ein „plötzliches" Ereignis sich *notwendig* innerhalb eines kurzen Zeitraums verwirklicht haben muss.[183] Diese Aussage der Regierungsbegründung ist keineswegs unzutreffend,[184] sondern allenfalls insofern missverständlich, als in der Vergangenheit in der höchstrichterlichen Rspr. *beide* Auslegungsansätze nebeneinander anzutreffen waren (→ Rn. 74).

Die Gesetzesbegründung bezieht sich allein auf den im neuen VVG zugrunde gelegten **gesetzli-** 76 **chen Unfallbegriff** und lässt also den der AUB unberührt. Zwar ist davon auszugehen, dass sich eine Auslegung der derzeit in Gebrauch befindlichen AUB in diesem Punkt an der gesetzlichen Vorgabe orientieren wird. Zwingend ist eine solche Übereinstimmung zwischen dem Unfallbegriff der AUB und dem des Gesetzes jedoch nicht. Da es sich bei § 178 Abs. 1 und Abs. 2 S. 1 um dispositives Recht handelt, könnte ein Versicherer in seinen AVB den Versicherungsfall „Unfall" durchaus abweichend von den gesetzlichen Vorgaben definieren, den Versicherungsschutz also bspw. auf die Fälle eines Augenblicksvorgangs beschränken. Ob eine solche Einschränkung des gesetzlichen Unfallbegriffs in AVB freilich einer Inhaltskontrolle nach § 307 Abs. 1, 2 Nr. 2 BGB standhalten würde (→ Rn. 50), steht auf einem anderen Blatt und dürfte zu verneinen sein,[185] so dass in einem solchen Fall über § 306 Abs. 1, 2 BGB wieder der Unfallbegriff des Abs. 2 zum Zuge käme.

3. Unerwartete und überraschende Einwirkung. Danach wirkt ein Ereignis „plötzlich" 77 auf einen Körper ein, wenn die Einwirkung für die betreffende Person unerwartet und überraschend erfolgt (→ Rn. 49, 74 ff.). Das ist der Fall, wenn sie[186] mit dieser **konkreten Einwirkung** (bzw. deren Intensität → Rn. 81 ff.) **faktisch nicht gerechnet** hatte. Dass ein solches Ereignis vermutungsweise „theoretisch" oder „irgendwann einmal" würde eintreten können, ändert nichts an der „Plötzlichkeit", weil es in diesem Zusammenhang nicht auf die abstrakte Vorhersehbarkeit einer mehr oder minder wahrscheinlichen Entwicklung, sondern allein darauf ankommt, ob die versicherte Person das konkrete Unfallereignis tatsächlich auf sich zukommen sah. Dementsprechend kann ein Unfallgeschehen auch dann nicht als „nicht überraschend" verneint werden, wenn bestimmte Tätigkeiten oder Situationen typischerweise mit bestimmten Risiken verbunden sind, selbst wenn die versicherte Person diese Risiken sogar fahrlässig eingegangen ist.[187] Andernfalls wären einerseits mit typischen Risiken behaftete Lebensbereiche (viele Sportarten, Autofahren, Umgang mit Maschi-

---

[179] BGH VersR 1954, 113 f. (kumulative Heranziehung beider Kriterien); BGH VersR 1985, 177; 1988, 951 f.; 2014, 59 (63: primär objektive Betrachtung); OLG Karlsruhe VersR 1995, 36 (alternative Heranziehung beider Kriterien); OLG Koblenz VersR 1997, 1136; 1999, 436 (objektive Betrachtung); unklar OLG München VersR 1983, 127.
[180] Ausf. *Leverenz* in Bruck/Möller VVG § 178 Rn. 87; *Knappmann* in Prölss/Martin VVG § 178 Rn. 13 ff.; *Jacob* in HK-AUB 2014 Ziff. 1 Rn. 3 ff.; *Rüffer* in HK-VVG § 178 Rn. 8 f.; *Brömmelmeyer* in Schwintowski/Brömmelmeyer/Ebers VVG § 178 Rn. 6 ff.
[181] Krit. bereits *Pürckhauer* VersR 1983, 11 f.; *Dörner* in Basedow u.a., VersWissStud Bd. 15, 2000, 243 (248).
[182] Begr. RegE, BT-Drs. 16/3945, 107.
[183] Zum VVG aF bereits *Dörner* in Basedow u.a., VersWissStud Bd. 15, 2000, 243 (249).
[184] Vgl. aber *Brömmelmeyer* in Schwintowski/Brömmelmeyer/Ebers VVG § 178 Rn. 8; *Knappmann* in Prölss/Martin VVG § 178 Rn. 13; *Grimm/Kloth* AUB 2014 Ziff. 1 Rn. 23; *Ingenerf* Begriff des Unfalls S. 234.
[185] Vgl. bereits *Dörner* in Basedow u.a., VersWissStud Bd. 15, 2000, 243 (249).
[186] Anders die hM, vgl. nur BGH VersR 2014, 59 (63) m. umfangr. N.; so etwa *Rüffer* in HK-VVG § 178 Rn. 9 (objektive Kriterien).
[187] Vgl. *Knappmann* in Prölss/Martin VVG § 178 Rn. 14.

nen) praktisch von vornherein vom Unfallversicherungsschutz ausgenommen, obwohl häufig gerade derartige Risiken durch die Versicherung abgedeckt werden sollen, und andererseits würde der Versicherungsschutz davon abhängen, ob der Versicherungsnehmer ein schädigendes Ereignis hätte voraussehen müssen, obwohl die Frage der schuldhaften Verursachung für die Frage des Unfalleintritts keine Rolle spielen soll.[188]

78 Versteht man daher mit der Gesetzesbegründung unter einer „plötzlichen" eine „unerwartete und überraschende" Einwirkung, so entfällt auf den ersten Blick (vgl. aber → Rn. 79) die **Notwendigkeit,** zwischen **Augenblicksereignissen** – deren Einwirkung sich innerhalb eines so kurzen Zeitraums vollzieht, dass die Person ihr weder ausweichen noch wirksam begegnen kann – und **Vorgängen von längerer Dauer unterscheiden** zu müssen. „Plötzlich" kann danach die überlange Röntgenbestrahlung sein (→ Rn. 73, zum Risikoausschluss der Ziff. 5.2.2 → Rn. 165),[189] die „verhältnismäßig kurze Zeit" dauernde Einatmung von Kohlenoxydgas,[190] die „über wenige Stunden" erfolgende Einatmung von Lösemitteldämpfen[191] oder in Farbe aufgelösten Tetrachlorkohlenstoffs[192] oder die sich „über einen gewissen Zeitraum hinweg vollziehende" Einwirkung sauerstoffarmer Höhenluft auf den Segelflieger.[193] Eine plötzliche Körpereinwirkung ist auch dann zu bejahen, wenn ein Bergsteiger aufgrund einer sich nachmittags ergebenden nachhaltigen Wetter- und Sichtverschlechterung an einem Abstieg vor Dunkelwerden gehindert wird (→ Rn. 62),[194] ebenso dann, wenn jemand ohne Schutzkleidung anderthalb Stunden in frischem Beton arbeitet und aufgrund der damit einhergehenden chemischen Einwirkungen Verätzungen erleidet.[195] Auch ein sich im Laufe eines Gesprächs aufbauender Erregungszustand mit Blutdruckanstieg (mit der Folge einer Gehirnblutung) kann in diesem Sinne noch plötzlich sein.[196] Eine plötzliche im Sinne einer überraschenden Einwirkung liegt dagegen nicht vor, wenn der Versicherte sich zu lange der Sonneneinwirkung aussetzt und dadurch Kreislaufstörungen auftreten.[197]

79 Ein solches zeitlich extensives Verständnis des Unfallgeschehens enthebt freilich nicht der Notwendigkeit, zwischen **„Unfällen"** einerseits und zwar unerwarteten und überraschenden, sich aber nur **allmählich vollziehenden,** schleichend eintretenden **Schadensverläufen** (zB durch „Krankheiten", → Rn. 72) andererseits zu unterscheiden. Diese Abgrenzung kann im Einzelfall durchaus Schwierigkeiten bereiten. Sicher ist jedenfalls, dass wochen- oder gar monatelange Einwirkungen bereits nach allgemeinem Sprachgebrauch nicht als „Unfall" angesehen werden können. Hier wird daher vorgeschlagen, für die Annahme eines Unfalls zu verlangen, dass sich der Vorgang innerhalb eines **begrenzten** und **zusammenhängenden Zeitrahmens** – etwa im Verlaufe einer Arbeitsschicht, einer bestimmten ärztlichen Diagnose- oder Therapiemaßnahme oder einer konkreten sportlichen Betätigung – vollzogen haben muss. Ein Unfallereignis liegt daher dann nicht vor, wenn während einer Trekkingtour im Hochgebirge während des sich über mehrere Tage hinziehenden Aufstiegs Sauerstoffmangel auf den Versicherten einwirkt und die sich allmählich entwickelnde Höhenkrankheit zu einem Schlaganfall führt, obwohl der Versicherte während dieses Einwirkens den Gesundheitsschaden durch längere Akklimatisation oder einen Abstieg hätte vermeiden können.[198]

80 Außerdem liegt dann kein Unfall iSd Abs. 2 vor, wenn die Einwirkung nicht überraschend eintritt, weil die versicherte Person durch **konkrete Anzeichen** bereits **gewarnt** war. Die Problematik lässt sich an einem vom BGH[199] entschiedenen Fall verdeutlichen, in dem ein gegen Unfall versicherter Tierarzt in einer Woche an drei nicht unmittelbar aufeinander folgenden Tagen in einem Viehstall gearbeitet hatte. Dort kam es in Auffangbehältern unter dem Stallboden zur Entwicklung von Jauchegas mit der Folge, dass sich giftiger Schwefelwasserstoff unmittelbar über dem Stallboden ablagerte. Bereits am Abend der ersten beiden Tage hatte sich der Versicherte unwohl gefühlt und es waren erste Vergiftungssymptome aufgetreten. Am dritten Tag wurde er während der Arbeit ohnmächtig und erlitt in der Nacht darauf einen Herzinfarkt. Da sich der Ohnmachtsanfall ereignet hatte, weil der Arzt sich zur Geburtshilfe bei einer Kuh „kurzzeitig" mit dem Kopf ca. 20 cm über

---

[188] BGH VersR 1985, 177; OLG Frankfurt a. M. VersR 1991, 213; OLG Karlsruhe VersR 1996, 364; unzutr. LG Heidelberg VersR 1997, 99 (Strangulation bei autoerotischer Fesselung).
[189] RGZ 97, 189 (190).
[190] RGZ 120, 18.
[191] Anders OLG Koblenz VersR 1999, 436.
[192] Anders LG Karlsruhe VersR 1981, 1152.
[193] OLG München VersR 1983, 127.
[194] OLG Karlsruhe VersR 1995, 36.
[195] LG Bayreuth VersR 2006, 1252; abl. *Marlow* r+s 2007, 353 (354); *Brömmelmeyer* in Schwintowski/Brömmelmeyer/Ebers VVG § 178 Rn. 10; *Knappmann* in Prölss/Martin VVG § 178 Rn. 15.
[196] Anders OLG Stuttgart VersR 1999, 1228; LG Köln r+s 2001, 218.
[197] BGH VersR 2008, 1683; *Kessal-Wulf* r+s 2010, 353.
[198] OLG Koblenz VersR 1997, 1136.
[199] BGH VersR 1988, 951.

dem Abdeckgitter auf den Boden legen musste, hatte das Gericht keine Mühe, eine „plötzliche" (dh sich innerhalb eines kurzen Zeitraums verwirklichende) Einwirkung zu bejahen. Hätte sich die Vergiftung des Körpers aber von Tag zu Tag intensiviert, um dann nach Überschreiten eines Grenzwerts am dritten Tag den Infarkt auszulösen, würde man einen Unfall verneinen müssen: zum einen, weil sich der Vorgang der Einwirkung angesichts des wiederholten Stallbesuchs nicht als zeitlich zusammenhängender Verlauf begreifen lässt, zum andern, weil hier angesichts der vom Körper ausgesandten Warnsignale am Abend der ersten Tage die Einwirkung nicht mehr als unerwartet und überraschend erscheinen konnte.

4. Erwartete Einwirkung von unerwarteter Intensität. Ist das in Rede stehende **Ereignis** 81 (unter Zugrundelegung der objektiv-zeitlichen Interpretation, → Rn. 74) „**augenblicklich**" oder „innerhalb eines kurzen Zeitraums" eingetreten, liegt idR, allerdings nicht in sämtlichen Fällen, auch eine unerwartete und überraschende Einwirkung vor. An einer derart unerwarteten Einwirkung fehlt es dann, wenn die Einwirkung von der versicherte Person selbst ausgeht oder sie daran mitwirkt, so zB in den Fällen einer autoerotischen Strangulation,[200] bei einer willentlich vorgenommenen Rauschgiftinjektion,[201] beim geplanten Sprung von einem Schemel auf den Boden[202] (→ Rn. 71), aber auch bei vielen Sportverletzungen: Wenn ein Torwart den scharf geschossenen Elfmeter mit der flachen Hand abwehrt und sich dabei das Handgelenk bricht, kam die körperliche Einwirkung als solche für ihn keineswegs überraschend. Unerwartet ist hier allenfalls die „Auswirkung der Einwirkung", dh ihre vom Versicherten nicht oder so nicht erwartete Intensität. Dass sich nach allgemeinem Sprachgebrauch jedenfalls in dem Torwart-Beispiel ein Unfall ereignet hat, kann man kaum leugnen. Daher sollte man in den Fällen einer zwar augenblicklich, aber vorsehbar eintretenden Einwirkung eine für den Versicherten *überraschende Intensität*[203] der Einwirkung genügen lassen und auch in diesem Zusammenhang (→ Rn. 66 ff.) unter Berücksichtigung von Sinn und Zweck der Unfallversicherung (Schutz vor unglücklichen Zufällen) in analoger Anwendung des § 178 Abs. 2 einen Unfall bejahen. Folgt man dem, so besteht Versicherungsschutz, wenn eine zwar absehbare Einwirkung den Körper mit unvorhergesehener Intensität trifft. Ein Vorgang, bei dem sowohl die körperliche Einwirkung als solche wie auch ihre unmittelbare körperliche Auswirkung für den Versicherten zu erwarten stand, wird dagegen vom Versicherungsvertrag auch dann nicht gedeckt, wenn mit bestimmten *gesundheitlichen Folgen* der körperlichen Einwirkung nicht oder so nicht zu rechnen war. Da die Vertragsparteien die Unfalldefinition der AUB im Zweifel an dem gesetzlichen Begriffsumfang ausrichten wollen, ist auch diese Erweiterung der gesetzlichen Unfalldefinition in die Bedingungswerke zu übernehmen.

Eine **Operation** oder medizinische Manipulation, zu denen der Versicherte sich bereitgefunden 82 hat, stellt daher (übrigens auch nach allgemeinem Sprachgebrauch) **keinen Unfall** dar, weil der körperliche Eingriff als solcher (etwa: Aufschneiden der Bauchdecke) nicht unerwartet kommt und er auch nicht von überraschender Intensität ist.[204] Dies gilt auch dann, wenn der Eingriff nachfolgend zu unerwarteten Gesundheitsschäden führt. Ein ärztlicher **Kunstfehler** (Verletzung der Venenwand bei Herzkatheteruntersuchung,[205] Nichtentfernen von Drahtresten[206]) lässt sich dagegen je nach Umständen als eigenständiger – unerwarteter – Eingriff und damit als Unfall iSd Abs. 2 verstehen[207] (zum Ausschluss für Gesundheitsschäden durch Heilmaßnahmen oder körperliche Eingriffe nach Ziff. 5.2.3 AUB aber → Rn. 172 ff.).

Bei einer zum Tode durch Ersticken oder Genickbruch führenden **autoerotischen Strangula-** 83 **tion** wird der Versicherte zwar den Eingriff (Verengung der Luftröhre), nicht aber dessen unmittelbar-intensive Auswirkungen auf seinen Körper vorausgesehen haben, so dass hier ein Unfall zu bejahen ist.[208] Gleiches gilt beim Einatmen eines Gasgemischs aus ähnlichen Motiven, das zum Erstickungstod wegen akuten Sauerstoffmangels führt.[209]

Wer sich **selbst** ein **Rauschmittel injiziert,** nimmt dagegen keinen unerwarteten Eingriff 84 vor; auch die Intensität des Eingriffs (Stich in die Vene) kommt nicht überraschend. Ein Unfall ist

---

[200] OLG Zweibrücken VersR 1988, 287; OLG Oldenburg VersR 1997, 1128.
[201] Vgl. OLG Karlsruhe VersR 2005, 678.
[202] BGH VersR 1985, 177.
[203] Vgl. auch *Rüffer* in HK-VVG § 178 Rn. 9.
[204] Vgl. OLG München VersR 2005, 261; LG Köln VersR 2003, 848; krit. *Marlow* r+s 2004, 354; 2006, 362 (363); *Knappmann* in Prölss/Martin VVG § 178 Rn. 13; *Knappmann* FS Schirmer, 2011, 269 (270).
[205] OLG Schleswig VersR 2003, 587.
[206] LG Hamburg VersR 1976, 455.
[207] Vgl. auch *Marlow* r+s 2006, 363.
[208] OLG Zweibrücken VersR 1988, 287.
[209] OLG Oldenburg VersR 1997, 1128.

hier zu verneinen,[210] auch wenn die weiteren Folgen der Injektion zu einer Gesundheitsschädigung (Heroinintoxikation) und infolgedessen zum Tode führen. Auch ein Selbstmordversuch wird regelmäßig bereits am Vorliegen einer plötzlichen im Sinne einer unerwarteten Einwirkung und nicht erst an der Unfreiwilligkeit der Gesundheitsschädigung[211] scheitern.

85   Für den Teilnehmer an einer **Sportart**, die – wie der Boxkampf – **zwangsläufig** mit der **Hinnahme körperlicher Einwirkungen** verbunden ist, kommen zwar nicht diese Einwirkungen überraschend, wohl aber möglicherweise Verletzungen von einer bestimmten Intensität. Daher ist ein Unfall insoweit zu bejahen, wenn ein Boxer während eines Boxkampfs eine (zum Tode führende) Hirnverletzung erleidet.[212] Entsprechendes gilt wohl auch für gravierende Verletzungen eines Teilnehmers an einer studentischen Mensur[213] (zur Unfreiwilligkeit der Gesundheitsschädigung in diesen Fällen aber → Rn. 91).

86   **5. Plötzliche Einwirkung und Gesundheitsschädigung.** Der Unfallbegriff setzt lediglich eine plötzliche, dh **unerwartete Körpereinwirkung** voraus. Dagegen kommt es nicht darauf an, ob die dadurch verursachte **Gesundheitsschädigung** etwa schlagartig eintritt oder sich allmählich entwickelt bzw. ob diese für die versicherte Person überraschend kommt oder nicht (sofern nur keine Freiwilligkeit vorliegt, → Rn. 87, 89).[214] Daher liegen die Voraussetzungen eines Unfalls auch dann vor, wenn bei dem durch einen Wettersturz überraschten Bergsteiger (→ Rn. 62) der Tod erst in der darauf folgenden Nacht oder sogar Tage später durch Erschöpfung oder Erfrieren verursacht wird.[215]

V. Unfreiwillige Gesundheitsschädigung

87   Das Unfallereignis muss für eine **unfreiwillige Gesundheitsschädigung kausal geworden sein.** Für bestimmte Gesundheitsschädigungen wird aber in Ziff. 5.2 AUB der Versicherungsschutz ausgeschlossen (→ Rn. 111 ff.). Führt eine zumindest in dieser Intensität nicht erwartete körperliche Einwirkung (→ Rn. 77, 81) zu einer Gesundheitsschädigung, wird diese im Zweifel unfreiwillig erlitten sein (→ Rn. 89). Sieht die versicherte Person dagegen den konkreten, zu einer körperlichen Einwirkung von absehbarer Intensität *und* einem bestimmten Gesundheitsschaden führenden Kausalverlauf mit Sicherheit voraus und weicht sie dem Ergebnis nicht aus, obwohl ihr dies möglich gewesen wäre, liegt weder eine plötzliche (im Sinne von unerwartete) Einwirkung (→ Rn. 77) noch eine unfreiwillige Gesundheitsschädigung[216] vor, so dass aus beiden Gründen kein Versicherungsschutz besteht. Zur Darlegungs- und Beweislast des Versicherungsnehmers → Rn. 342, aber → Rn. 101.

88   **1. Gesundheitsschädigung.** Eine Gesundheitsschädigung liegt vor, wenn das Unfallereignis entweder zu einer physischen (äußeren oder inneren) Beeinträchtigung der körperlichen Unversehrtheit (bzw. sogar zum Tod) oder aber zu einem pathologischen seelischen Zustand (so etwa zu psychischen oder nervösen Störungen,[217] vgl. aber zum Ausschluss in Ziff. 5.2.6 AUB, → Rn. 196 ff.) führt.[218] Im letzten Fall entscheidet darüber nicht die subjektive Befindlichkeit des Versicherten, sondern eine nach den Regeln der ärztlichen Kunst gestellte Diagnose.[219] Leichte Verletzungen reichen aus.[220] Die Beschädigung künstlicher Körperteile (wie zB Prothesen) stellt keine Gesundheitsschädigung dar.[221]

89   **2. Unfreiwilligkeit.** Eine **Gesundheitsschädigung** tritt **freiwillig** ein, wenn die versicherte Person sie entweder bewusst und gewollt herbeigeführt hat oder ihr nicht ausgewichen ist, obwohl sie den bevorstehenden Eintritt erkannt hat und ein Ausweichen möglich gewesen wäre. Sie ist unfreiwillig, wenn keine dieser beiden Alternativen gegeben ist. Unfreiwillig ist eine Gesundheitsschädigung auch dann, wenn die versicherte Person einen Vorgang nicht beherrscht und Risiken

---

[210] OLG Karlsruhe VersR 2005, 678; aA die hM, vgl. nur BGH VersR 2014, 59 (63) mwN; *Marlow* r+s 2006, 363 (363); *Knappmann* in Prölss/Martin VVG § 178 Rn. 13; *Brömmelmeyer* in Schwintowski/Brömmelmeyer/Ebers VVG § 178 Rn. 12.
[211] Vgl. aber OLG Frankfurt a. M. VersR 1987, 759; OLG Hamm r+s 1996, 117.
[212] Anders LG Köln VersR 1974, 542.
[213] LG Frankfurt a. M. r+s 2004, 473.
[214] BGH VersR 1988, 951; OLG Karlsruhe VersR 1995, 36; *Knappmann* in Prölss/Martin VVG § 178 Rn. 16.
[215] Etwa BGH VersR 1962, 341; OLG Karlsruhe VersR 2000, 446.
[216] Vgl. *Rüffer* in HK-VVG § 178 Rn. 11.
[217] Vgl. OLG Celle VersR 1979, 51.
[218] Vgl. Begr. RegE, BT-Drs. 16/3945, 107.
[219] *Mangen* in Beckmann/Matusche-Beckmann VersR-HdB § 47 Rn. 21.
[220] *Knappmann* in Prölss/Martin VVG § 178 Rn. 17.
[221] *Mangen* in Beckmann/Matusche-Beckmann VersR-HdB § 47 Rn. 21.

oder Gefahren falsch einschätzt[222] oder sich bewusst einem hohen gesundheitlichen Risiko aussetzt im Vertrauen darauf, dass dieses Verhalten nicht zu einem gesundheitlichen Schaden führen werde.[223] Gesundheitsschädigungen, die ein geistig gestörter Versicherter durch eigenes Verhalten erleidet, sind stets unfreiwillig[224] (vgl. aber den bei Bewusstseinsstörungen eingreifenden Risikoausschluss der Ziff. 5.1.1 AUB, → Rn. 115 ff.).

Die Unfreiwilligkeit muss sich – wie schon der Wortlaut der Vorschrift deutlich macht – auf die Gesundheitsschädigung, nicht dagegen auf das ihr vorausgehende Unfallereignis beziehen.[225] Daher kann eine unfreiwillige Gesundheitsschädigung auch dann vorliegen, wenn der Versicherte sich fahrlässig oder leichtsinnig **einer potentiell gefährlichen oder lebensbedrohenden Situation aussetzt** oder sogar ein Unfallereignis bewusst herbeiführt (vgl. die Beispiele in → Rn. 81 ff.), sofern er nur davon ausgeht, dass das Ereignis nicht eine solche Gesundheitsschädigung zur Folge haben werde.[226] Dies kann bspw. der Fall sein, wenn er autoerotische oder sadomasochistische Handlungen vornimmt oder an sich vornehmen lässt (aber deren Intensität und gesundheitliche Folgen falsch einschätzt),[227] eine Selbstmorddemonstration beabsichtigt (die dann tödlich verläuft),[228] sich Rauschgift injiziert[229] oder an gefährlichen Sportarten beteiligt.[230] Durch Rettungsaktionen oder Notwehrhandlungen verursachte Schädigungen werden aufgrund einer geschäftsplanmäßigen Erklärung der Versicherer auch dann vom Versicherungsschutz erfasst, wenn der Versicherte das Risiko mit bedingtem Vorsatz eingeht.[231] 90

Sportverletzungen sind allerdings dann nicht mehr unfreiwillig, wenn der Teilnehmer – wie bei einer Teilnahme an Boxmeisterschaften – zwangsläufig damit rechnen muss, dass er Verletzungen mit Gesundheitsschäden davonträgt. Wer im Wissen um diese Zwangsläufigkeit den Sport ausübt, führt die Gesundheitsschädigung bewusst und gewollt, nämlich zumindest im Bewusstsein ihres möglichen Eintretens herbei.[232] Dies kann im Einzelfall auch für den Teilnehmer an der Mensur einer schlagenden Verbindung gelten.[233] 91

Auch Verletzungen, die auf eine **Selbstverstümmelung**[234] oder einen **fehlgeschlagenen Selbstmordversuch** zurückzuführen sind, werden nicht unfreiwillig erlitten.[235] Dies gilt auch dann, wenn der Versicherte seine Selbstmordabsicht zu einem Zeitpunkt aufgibt, in dem er die Verletzungen nicht mehr verhindern kann.[236] Allerdings wird in diesen Fällen regelmäßig bereits eine Plötzlichkeit (im Sinne einer Unvorhersehbarkeit) der körperlichen Einwirkung zu verneinen sein (→ Rn. 77, 81). 92

3. Adäquat-kausale Verursachung. Die Gesundheitsschädigung muss adäquat-kausal auf das Unfallereignis zurückgehen. Das ist der Fall, wenn das Ereignis im allgemeinen und nicht nur unter besonders eigenartigen, unwahrscheinlichen und nach dem gewöhnlichen Verlauf der Dinge außer Betracht zu lassenden Umständen geeignet ist, einen solchen Gesundheitsschaden auszulösen.[237] Die Beweislast dafür trägt der Versicherungsnehmer (→ Rn. 342). Mitursächlichkeit genügt (vgl. aber Ziff. 3 AUB; → Rn. 284 ff.). Zur unfallbedingten Entstehung eines Tinnitus *Mergner* VersR 2010, 1566. 93

---

[222] Etwa BGH VersR 1985, 177; OLG Saarbrücken VersR 1997, 949; OLG Oldenburg VersR 1997, 1128.
[223] OLG München VuR 2016, 239.
[224] *Knappmann* in Prölss/Martin VVG § 178 Rn. 21b.
[225] BGH VersR 1985, 177; 1998, 1231; OLG Karlsruhe VersR 2005, 678; OLG München r+s 2012, 613.
[226] OLG Zweibrücken VersR 1988, 287; *Rixecker* in Langheid/Rixecker VVG § 178 Rn. 12; *Rüffer* in HK-VVG § 178 Rn. 12 f.
[227] OLG Zweibrücken VersR 1988, 287; OLG Saarbrücken VersR 1997, 949; OLG Oldenburg VersR 1997, 1128; *Trompetter* VersR 1998, 685; *Rixecker* in Langheid/Rixecker VVG § 178 Rn. 12; vgl. aber auch *Manthey* NVersZ 2000, 161 (163).
[228] OLG Hamm VersR 1989, 690.
[229] BGH VersR 2014, 59 (63 f.).
[230] Vgl. OLG München VersR 1983, 127 (Aufstieg eines Segelfliegers in sauerstoffarme Höhenluft); OLG Köln r+s 1990, 33 (Tiefseetaucher).
[231] VerBAV 1990, 34; *Leverenz* in Bruck/Möller VVG § 178 Rn. 141; *Knappmann* in Prölss/Martin VVG § 178 Rn. 23a; LG Bremen VersR 2013, 893.
[232] LG Köln VersR 1974, 542; anders jetzt *Knappmann* in Prölss/Martin VVG § 178 Rn. 21a; abl. auch *Rüffer* in HK-VVG § 178 Rn. 13.
[233] LG Frankfurt a. M. r+s 2004, 473.
[234] Vgl. *Manthey* NVersZ 2000, 161 (162).
[235] OLG Hamm r+s 1999, 524; KG VersR 2001, 1416.
[236] OLG Frankfurt a. M. NVersZ 1999, 325; *Manthey* NVersZ 2000, 161 (162).
[237] StRspr, zum Kausalitätsbegriff BGHZ 57, 137 (141) = VersR 1972, 64; zuletzt BGH VersR 2016, 1492; NJW 2005, 1420.

94 **Ärztliche Kunstfehler** bei der Behandlung unfallbedingter Gesundheitsschäden treten immer wieder ein und sind ohne Frage adäquat-kausal verursacht; durch sie wird der Kausalzusammenhang zwischen Unfallereignis und (erneuter oder erweiterter) Gesundheitsschädigung nicht unterbrochen. Zwar gilt im Schadensersatzrecht, dass ein Erstschädiger für die Folgen eines ärztlichen Kunstfehlers dann nicht einzustehen hat, wenn der die Zweitschädigung herbeiführende Arzt die an ein gewissenhaftes ärztliches Verhalten zu stellenden Anforderungen „in außergewöhnlich hohem Maße außer Acht gelassen" oder „derart gegen alle ärztlichen Regeln und Erfahrungen verstoßen hat, dass der eingetretene Schaden seinem Handeln haftungsrechtlich-wertend allein zugeordnet werden muss."[238] Dieser Gedanke lässt sich aber nicht auf die Einstandspflicht des Unfallversicherers übertragen,[239] da es hier nicht um eine *wertende Aufteilung* der Haftung zwischen Erst- und Zweitschädiger, sondern schlicht darum geht, dass der Versicherte nach seinem Vertrag mit dem Versicherer Deckung für sämtliche adäquat-kausal verursachten Folgen eines Unfalls erwarten kann. Abgesehen davon müsste auch aus der Sicht der Gegenmeinung geprüft werden, ob der Kunstfehler sich nicht in jedem Fall als neues Unfallereignis darstellt (→ Rn. 82). Der Risikoausschluss der Ziff. 5.2.3 AUB greift in diesen Fällen nicht ein (→ Rn. 178).

95 Eine Verursachung liegt nicht nur vor, wenn der anormale Körperzustand durch eine **unmittelbare körperliche Verletzung** herbeigeführt wurde, vielmehr reicht es aus, dass **sinnliche Wahrnehmungen** oder seelische Eindrücke (Schock) zu der Schädigung geführt haben. Das ist etwa der Fall, wenn Erregung oder Erschrecken (etwa über das Zerspringen der Windschutzscheibe,[240] über ein lautes Geräusch oder einen Beinahe-Unfall) Ursache der Beeinträchtigung war (vgl. aber → Rn. 197 ff.).

96 Lässt sich die **Reihenfolge** von **Unfallereignis** und **Gesundheitsschädigung** nicht feststellen, bleibt also bspw. ungeklärt, ob ein Unfall (Bsp.: Abkommen von der Straße) durch eine Hirnblutung oder Lungenembolie oder eine dieser Gesundheitsschädigungen erst durch den Unfall ausgelöst wurde, ist der Kausalzusammenhang zwischen Unfall und Gesundheitsschädigung nicht vom Versicherten nachgewiesen, so dass keine Leistungspflicht des Versicherers besteht.[241]

97 **4. Schutzzweck der Risikoübernahme.** Auch eine adäquat-kausal verursachte Gesundheitsschädigung wird vom Versicherungsschutz nicht umfasst, wenn sie außerhalb des vom Unfallversicherer übernommenen Risikos steht. Der Gedanke einer Haftungsbegrenzung nach dem **Schutzzweck** einer gesetzlichen Bestimmung oder vertraglichen Verpflichtung stammt zwar aus dem Schadensersatzrecht und bezieht sich demzufolge in erster Linie auf Schadensersatzansprüche, kann aber – da es sich in der Sache um nichts anderes handelt als um eine teleologische und damit an den Interessen der Beteiligten ausgerichtete Interpretation gesetzlicher oder vertraglicher Verpflichtungen[242] – mit gewissen Einschränkungen auch auf die Beschreibung der Risikoübernahme des Versicherers übertragen werden.[243] Der Schutzzweckgedanke besagt, dass ein Versicherer nur diejenigen Risiken zu tragen hat, die von der Zwecksetzung des Unfallversicherungsvertrages gedeckt sind. Diese ergeben sich zwar primär aus dem Inhalt der konkret zugrunde gelegten Vertragsbedingungen. Soweit sich daraus aber keine Rückschlüsse über den Umfang des übernommenen Risikos ableiten lassen, ist auf die gesetzliche Unfalldefinition und die damit verbundenen, sich aus dem Gesetzeszweck ergebenden Festlegungen zurückzugreifen.

98 In § 178 Abs. 2 liefert der Gesetzgeber die zentralen Konturen für eine Versicherung, mit deren Abschluss der Versicherungsnehmer das Risiko von Schicksalsschlägen absichern kann, die zu Gesundheitsschädigungen führen (→ Rn. 32). Eine **Absicherung** von **Alltagsrisiken,** denen Personen mit schwacher gesundheitlicher Konstitution ausgesetzt sind, ist dagegen nicht bezweckt. Zwar spielen bei jedem gesundheitsschädigenden Unfallereignis äußerer Geschehensablauf und gesundheitliche Disposition des Unfallopfers in einer letztlich untrennbaren Weise zusammen. Es wäre auch weder rechtspolitisch erstrebenswert noch praktisch sinnvoll, die Gewähr von Versicherungsschutz für bestimmte Gesundheitsschädigungen davon abhängig zu machen, ob dazu in erster Linie der äußere Vorgang oder die gesundheitliche Situation des Betroffenen beigetragen hat; deswegen wird bei der Feststellung des Kausalablaufs zu Recht eine Mitursächlichkeit des Unfallereignisses als ausreichend angesehen (→ Rn. 93). Schäden aufgrund einer besonders schadensgeneigten Kons-

---

[238] BGH VersR 1988, 1273; 2003, 1128.
[239] AA *Knappmann* in Prölss/Martin VVG § 178 Rn. 19; *Mangen* in Beckmann/Matusche-Beckmann VersR-HdB § 47 Rn. 30; wie hier wohl *Bruns* PrivVersR § 28 Rn. 11.
[240] BGH VersR 1972, 582.
[241] OLG Hamm r+s 1991, 286; OLG Schleswig VersR 1991, 916; OLG Köln VersR 1996, 620; OLG Celle r+s 2011, 306.
[242] *Schiemann* in Staudinger, 2005, BGB § 249 Rn. 27.
[243] *Wandt* VersR Rn. 892; insbes. zur Unfallversicherung *Mangen* in Beckmann/Matusche-Beckmann VersR-HdB § 47 Rn. 29.

titution oder Nervenschwäche liegen daher in aller Regel nicht außerhalb des Schutzzwecks. Gleichwohl werden vom Versicherungsschutz solche Gesundheitsschädigungen nicht mehr erfasst, die ihre Prägung *nahezu ausschließlich* durch die gesundheitliche Verfassung des Versicherten erhalten. Um eine Entwertung des Unfallversicherungsschutzes zu vermeiden, ist dies nur in Ausnahmefällen anzunehmen.

Nach dem Schutzzweckgedanken sind etwa Gesundheitsschäden vom Versicherungsschutz 99 nicht mehr gedeckt, wenn aufgrund einer **extremen psychischen Labilität** des Versicherten harmlose Bagatellereignisse gravierende Gesundheitsbeeinträchtigungen zur Folge haben, bspw. Alltagsvorgänge (Lärm, sinnliche Wahrnehmungen) eine Unfallneurose auslösen[244] oder nichtige Anlässe (Nachricht von einem unbedeutenden Sachschaden) einen Schockschaden verursachen (→ Rn. 64 f.).

Eine weitere Einschränkung der Risikoübernahme aus Schutzwecküberlegungen wird unter 100 dem Stichwort der **„Gelegenheitsursache"** diskutiert. Gemeint ist damit, dass die durch das Unfallereignis zu Tage tretende Schädigung auf eine gesundheitliche Vorbelastung (etwa: Aneurysma, Vorschädigungen oder Degeneration von Bandscheiben, Achilles- und Meniskussehnen) zurückgeht, die über kurz oder lang auch bei jeder anderen – banalen – Ursache zu Tage getreten wäre. In diesem Fall sei es nicht gerechtfertigt, den Unfallversicherer als einstandspflichtig anzusehen.[245] Das ist aber nicht zuzugeben.[246] *Wenn* es sich in diesen Fällen wirklich um einen Unfall und nicht um eine nicht versicherte Eigenbewegung handelt (→ Rn. 66 f.), besteht keine Veranlassung, die Zurechnung der Gesundheitsschädigung *zum jetzigen Zeitpunkt* zu verneinen (und Versicherungsleistungen wie Übergangsleistung oder Tagegeld zu verweigern), weil der Schaden auch ohne Unfall früher oder später mit großer Wahrscheinlichkeit ebenfalls eingetreten wäre. Hypothetisch gebliebene Reserveursachen bleiben unbeachtlich und führen nicht zu einer Entlastung des Versicherers.[247] Allerdings wird die Leistungspflicht des Versicherers durch Ziff. 5.2.1 AUB im Hinblick auf Schäden an Bandscheiben sowie Blutungen aus inneren Organen und Gehirnblutungen ausgeschlossen, soweit nicht ein versichertes Unfallereignis „die überwiegende Ursache" darstellt (→ Rn. 160 ff.).

5. Darlegungs- und Beweislast (Abs. 2 S. 2). Nach der – halbzwingenden (vgl. § 191) – 101 Beweislastregelung des Abs. 2 S. 2 wird die **Unfreiwilligkeit** der Gesundheitsschädigung bis zum Beweis des Gegenteils **vermutet.** Der **Versicherer** muss also **beweisen,** dass die versicherte Person die Schädigung freiwillig erlitten hat (→ Rn. 343 ff.). Auf diese Beweisregel können sich sowohl der Versicherungsnehmer wie auch die versicherte Person berufen (vgl. § 191).[248] Dabei ist ein Indizienbeweis möglich (→ näher Rn. 343 ff.). Der Beweis ist erbracht, wenn feststeht, dass eine mehrfach geänderte Unfallschilderung nicht mit der Realität oder den ärztlichen Befunden übereinstimmen kann.[249] Weitere Indizien sind etwa finanzielle Probleme des Handelnden, fehlende Abwehrhandlungen, Abschluss mehrerer Unfallversicherungen, insbes. bei zeitnahem Abschluss und mit hohen Versicherungssummen sowie vorgeblich fehlende Erinnerungen an das Unfallgeschehen.[250]

VI. Vertraglich dem Unfall gleichgestellte Ereignisse (Abs. 1 und Ziff. 1.4 AUB)

Nach Abs. 1 besteht die Leistungspflicht des Versicherers nicht nur bei einem Unfall, sondern 102 auch bei einem **vertraglich dem Unfall gleichgestellten Ereignis.** Eine solche Gleichstellung haben die AUB in ihrer Ziff. 1.4 vorgenommen. Danach gilt als Unfall auch, wenn „sich die versicherte Person durch eine erhöhte Kraftanstrengung
– ein Gelenk an Gliedmaßen oder der Wirbelsäule verrenkt
oder
– Muskeln, Sehnen, Bänder oder Kapseln an Gliedmaßen oder der Wirbelsäule zerrt oder zerreißt."
Mit dieser Erweiterung des Unfallbegriffs (→ Rn. 32) werden in den Versicherungsschutz **willens-** 103 **gesteuerte Eigenbewegungen** des Versicherten einbezogen, die in Ermangelung einer Einwirkung von außen nicht als Unfall anzusehen sind (→ Rn. 68 f.). Versicherungsfall ist nach Ziff. 1.4 AUB

---

[244] IE auch *Knappmann* in Prölss/Martin VVG § 178 Rn. 18 (fehlende Adäquanz).
[245] OLG Köln VersR 2007, 1689; OLG Dresden r+s 2008, 432; zust. (allerdings unter nur strengen Voraussetzungen) *Mangen* in Beckmann/Matusche-Beckmann VersR-HdB § 47 Rn. 29; vgl. auch *Rüffer* in HK-VVG § 178 Rn. 18.
[246] BGH VersR 2016, 1492.
[247] Vgl. auch *Knappmann* NVersZ 2002, 1 (3); *Jannsen* in Schubach/Jannsen AUB Nr. 1 Rn. 28.
[248] *Knappmann* in Prölss/Martin VVG § 178 Rn. 37.
[249] OLG Hamm VersR 2012, 1549.
[250] *Kloth* Unfallversicherung Kap. E Rn. 65; zum Nachweis der Freiwilligkeit insbes. bei Sturzgeschehen vgl. *Kloth* r+s 2015, 1.

daher eine für bestimmte Gesundheitsschäden kausale erhöhte Kraftanstrengung an Gliedmaßen oder Wirbelsäule.

104 **1. Erhöhte Kraftanstrengung.** Eine erhöhte Kraftanstrengung bedingt einen Einsatz an Muskelkraft, der über diejenigen Anstrengungen hinausgeht, welche üblicherweise bei alltäglicher körperlicher Tätigkeit für den Bewegungsablauf erforderlich sind (Ziff. 1.4 Abs. 3 S. 1 AUB),[251] und kann sich auch aus einer Dauerbelastung ergeben.[252] Dagegen fällt eine zur normalen Eigenbewegung notwendige Kraftanstrengung nicht unter den Versicherungsschutz, auch wenn sie zu den in Ziff. 1.4 AUB angeführten Verrenkungen oder Zerrungen führt.[253] Bei der Entscheidung darüber, ob eine *erhöhte* Kraftanstrengung vorliegt, ist nach heute hM auf die körperliche Konstitution des konkreten Versicherten und somit auf einen **subjektiven Maßstab** abzustellen, was zur Folge hat, dass die gleiche Verrichtung (etwa: Aufheben einer Sache) für einen jungen und gesunden Versicherten nur eine geringe Kraftanstrengung bedeutet, während sie für eine ältere oder behinderte Person als erhöhte Kraftanstrengung anzusehen sein kann (Ziff. 1.4 Abs. 3 S. 2 AUB).[254] Bereits nach dem Wortlaut der AUB-Klausel setzt der Vorgang weder voraus, dass der Versicherungsnehmer bei dieser Kraftanstrengung plötzlich durch ein weiteres, äußeres Ereignis irregulär beeinflusst worden ist, noch kann die Klausel einschränkend so verstanden werden, dass die Körperkräfte zur Bewegung anderer Massen als der des eigenen Körpers (etwa: zum Hantieren mit schweren Gegenständen) eingesetzt worden sein müssen.[255] Der hier wiedergegebene Begriffsinhalt wird auch dem nicht juristisch vorgebildeten Leser hinreichend erkennbar, so dass die Klausel nicht gegen das Transparenzgebot des § 307 Abs. 1 S. 2 BGB verstößt.[256]

105 Eine erhöhte Kraftanstrengung wird in aller Regel mit **Sportausübung** verbunden sein,[257] so mit schnellem Lauf[258] oder einem schnellen Antritt beim Badmintonspiel,[259] mit körperbetontem Einsatz bei Mannschaftsspielen (Fußball, Handball, Hockey usw), mit dem Absprung eines Hoch- oder Weitspringers, aber auch mit einem Ausholen vor dem Wurf beim Sportkegeln[260] oder mit der Vorführung einer Kräftigungsübung – Heben des Rumpfes bei Abstützung auf gestreckten Armen und Beinen – durch einen Sportlehrer.[261] Als **normaler Bewegungsablauf** ist es dagegen angesehen worden, wenn ein Tennisspieler durch eine Drehbewegung beim Wechsel von der Vorhand- in die Hinterhandposition einen Achillessehnenriss erleidet.[262] Dieses Ergebnis erscheint zweifelhaft;[263] auf jeden Fall muss stets muss geprüft werden, bei welcher körperlichen Bewegung die Gesundheitsschädigung eingetreten ist.[264] Tanztypische Schritte und Drehungen sowie auch das gelegentliche Abfangen der Partnerin beim Gesellschaftstanz setzen keine erhöhte Kraftanstrengung voraus; etwas anderes mag gelten bei Tänzen (Eiskunst, Rock'n Roll), zu denen ein Hochstemmen der Partnerin gehört.[265] Auch mit einer normalen Ski-Abfahrt ist keine erhöhte Kraftanstrengung verbunden.[266]

106 Beim **Anheben und Transport von Sachen** stellt sich die Frage, an welchem Punkt sich eine normale Alltagsbelastung in eine erhöhte Kraftanstrengung verwandelt. So ist bspw. der Transport eines 3 m hohen Weihnachtsbaumes mit einem Gewicht von 50–60 kg (zu Recht) als erhöhte Kraftanstrengung gewertet worden,[267] während diese Voraussetzung fehlen soll, wenn jemand einen 10–20 kg schweren Gegenstand im Kofferraum eines Autos verstaut.[268]

---

[251] OLG Hamm VersR 1998, 708; OLG Nürnberg r+s 2001, 302; OLG Saarbrücken VersR 2002, 1096.
[252] *Knappmann* in Prölss/Martin AUB Ziff. 1 Rn. 10.
[253] OLG Hamm VersR 1998, 708 und VersR 2003, 496; OLG Köln r+s 2002, 482.
[254] OLG Frankfurt a. M. VersR 1996, 363; OLG Hamm VersR 2011, 1136; LG Potsdam r+s 2015, 411; OLG Nürnberg r+s 2001, 302; OLG Dresden r+s 2008, 432; *Knappmann* in Prölss/Martin AUB Ziff. 1 Rn. 8; *Rüffer* in HK-VVG AUB 2014 Ziff. 1 Rn. 3; *Jacob* in HK-AUB 2014 Ziff. 1 Rn. 25.
[255] OLG Saarbrücken VersR 2002, 1096; insoweit daher abzulehnen OLG Celle VersR 1991, 1165; OLG Düsseldorf r+s 1999, 296.
[256] BGH VersR 2020, 95; *Knappmann* in Prölss/Martin AUB Ziff. 1 Rn. 11; *Grimm/Kloth* AUB 2014 Ziff. 1 Rn. 86; *Kloth* Unfallversicherung Kap. E Rn. 10; Bedenken bei *Marlow/Tschersich* r+s 2011, 367 (369).
[257] Einschränkend *Knappmann* in Prölss/Martin AUB Ziff. 1 Rn. 9; zur Uneinheitlichkeit der Rspr. *Wagner* r+s 2013, 421.
[258] OLG Celle r+s 1996, 200; *Mangen* in Beckmann/Matusche-Beckmann VersR-HdB § 47 Rn. 34.
[259] LG Dortmund NJW-RR 2009, 389.
[260] OLG Nürnberg r+s 2001, 302.
[261] OLG Saarbrücken VersR 2002, 1096.
[262] OLG Frankfurt a. M. VersR 1996, 363; anders LG Frankfurt a. M. VersR 2011, 104.
[263] Krit. *Mangen* in Beckmann/Matusche-Beckmann VersR-HdB § 47 Rn. 34..
[264] *Mangen* in Beckmann/Matusche-Beckmann VersR-HdB § 47 Rn. 35.
[265] OLG Köln r+s 2002, 482; LG Köln r+s 2002, 350.
[266] OLG Celle VersR 2009, 1252.
[267] OLG Düsseldorf r+s 2005, 168.
[268] OLG Hamm VersR 2011, 1136; LG Berlin VersR 1990, 374; zu Recht zweifelnd *Rüffer* in HK-VVG AUB 2014 Ziff. 1 Rn. 4 Fn. 12.

Eine erhöhte **Kraftanstrengung** wurde dagegen zu Recht verneint für das Aussteigen aus 107
einem Auto,[269] das Halten eines Koffers,[270] das schnelle Erheben aus einer Hocke[271] oder für die
zur Reinigung einer Windschutzscheibe erforderlichen Wischbewegungen.[272]

2. Gesundheitsschäden an Gliedmaßen oder Wirbelsäule. Die Ausweitung des Unfallbe- 108
griffs in Ziff. 1.4 AUB beschränkt sich auf Verletzungen an **bestimmten Körperteilen** sowie auf
bestimmte **Arten von Verletzungen.** Die Kraftanstrengung muss zunächst eine Verletzung der
Gliedmaßen (Arme und Beine) oder der **Wirbelsäule** herbeigeführt haben; eine Muskelzerrung
an der Schulter – die nicht zu den Armen, sondern zum Rumpf gehört – fällt daher nicht unter
den erweiterten Unfallbegriff,[273] wohl aber eine Ruptur der Rotatorenmanschette.[274]

Versicherungsschutz besteht, wenn die erhöhte Kraftanstrengung die **Verrenkung** eines Gelenks 109
oder die **Zerrung** oder **Zerreißung** von Muskeln, Sehnen, Bändern oder Kapseln zur Folge hat.
Verrenkung bezeichnet die Verschiebung zweier durch ein Gelenk verschobener Knochenenden.[275]
Unter einer Zerrung wird nach allgemeinem Sprachgebrauch die Schädigung durch Überdehnung
oder Überstreckung von Gewebesubstanzen verstanden. Anders als bei einer Zerreißung, dh einer
Trennung von Gewebesubstanzen[276] (wobei aber eine völlige Abtrennung von Teilen nicht erforderlich ist, vielmehr auch ein Einriss ausreicht[277]), liegt bei einer Zerrung meist ein revisibeler Vorgang
vor.[278] Eine „Zerrung" ist nicht gegeben bei einem „funktionalen Kompartment-Syndrom", bei
dem es durch übermäßige körperliche Belastung (zB beim Tennisspiel) ohne Hinzutreten eines
Muskelrisses zu einer Zunahme des Gesamtmuskelvolumens, infolgedessen zu einer Drucksteigerung
und schließlich zum Untergang der Muskulatur und zu Druckschäden an Blutgefäßen und Nerven
kommt.[279]

Meniskusverletzungen[280] und **Bandscheibenvorfälle**[281] werden von der Erweiterung des 110
Unfallbegriffs nicht umfasst, da es sich in beiden Fällen um Knorpelschäden und nicht um eine
Verletzung der in Ziff. 1.4 Abs. 1 AUB aufgeführten Muskeln, Sehnen, Bänder oder Kapseln handelt
(Ziff. 1.4 Abs. 2 AUB). Hier besteht Versicherungsschutz nur insoweit, als diese Schädigungen auf
einen Unfall iSd Abs. 2 zurückzuführen sind (→ Rn. 69, zum Ausschluss nach Ziff. 5.2.1 AUB
→ Rn. 160). Auch ein Brustfellriss wird durch die Erweiterung der Ziff. 1.4 nicht gedeckt.[282]

VII. Risikoausschlüsse

1. Risikoausschlüsse (Ziff. 5 AUB). Die Musterbedingungen sehen in Ziff. 5 AUB eine 111
Reihe von Risikoausschlüssen vor. Sie betreffen Unfälle, die sich aus **bestimmten Gefahren** ergeben (Ziff. 5.1 AUB: „Gefahrumstandsklauseln"), und beziehen sich auf bestimmte **Gesundheitsbeeinträchtigungen** (Ziff. 5.2 AUB). Derartige Klauseln mit sekundären Risikobeschränkungen
(→ Rn. 32) verfolgen insbes. den Zweck, ein für den Versicherer nicht überschaubares und nicht
berechenbares Risiko auszuklammern, das eine wirtschaftliche Prämienkalkulation erschweren und
allgemein zu einer erhöhten Prämie führen müsste.[283] Durch die Ausschlussklauseln wird das vom
Versicherer übernommene Risiko objektiv eingeschränkt. Sie gelten auch dann, wenn der Versicherte den Ausschluss nicht kennt und die in den Klauseln beschriebenen Tatbestände nicht zu
vertreten hat.[284]

---

[269] OLG Düsseldorf r+s 1999, 296.
[270] OLG Celle VersR 1991, 1165.
[271] OLG Hamm VersR 1998, 708.
[272] OLG Hamm VersR 2003, 496.
[273] LG Berlin ZfS 1991, 317; *Mangen* in Beckmann/Matusche-Beckmann VersR-HdB § 47 Rn. 31 Fn. 100.
[274] BGH VersR 2020, 414 (Ruptur der Supraspinatussehne); OLG Saarbrücken r+s 2013, 618; *Hoenicke* r+s 2009, 489; anders noch OLG Dresden r+s 2008, 432; LG Heidelberg r+s 2009, 517; aus medizinischer Sicht *Appl/Müller* VersR 2000, 427; *Visé* r+s 2009, 485.
[275] *Mangen* in Beckmann/Matusche-Beckmann VersR-HdB § 47 Rn. 35.
[276] Vgl. OLG Hamm VersR 1988, 242 (nicht bei Kompressionsbruch, dh Stauchung eines Wirbelkörpers).
[277] BGH VersR 1989, 73.
[278] OLG Oldenburg VersR 1995, 694.
[279] OLG Oldenburg VersR 1995, 694.
[280] OLG Saarbrücken VersR 2005, 1276.
[281] OLG Hamm VersR 1995, 774; OLG Karlsruhe r+s 1995, 159; OLG Köln VersR 1997, 443; OLG Koblenz r+s 2000, 303; dazu *Ernestus/Gärtner* VersR 1996, 419.
[282] LG Bayreuth VersR 2009, 58.
[283] BGHZ 65, 142 (144) = VersR 1975, 1093 (Krankheitskostenversicherung); zur Unfallversicherung vgl. insbes. BGH VersR 1961, 341.
[284] *Knappmann* in Prölss/Martin AUB Ziff. 5 Rn. 2.

112 **2. Risikoausschlüsse und AGB-Kontrolle.** Mit der Übernahme der Musterbedingungen macht der Versicherer von der Möglichkeit Gebrauch, den dispositiven § 178 Abs. 2 S. 1 (arg. § 191) zu modifizieren. Da es sich bei den AUB um **Allgemeine Geschäftsbedingungen** handelt, ist die Wirksamkeit einer jeden Abweichung von der gesetzlichen Vorgabe aber anhand der §§ 305c, 307 Abs. 1, 2 BGB zu kontrollieren. Überraschende Klauseln iSd § 305c Abs. 1 BGB werden nicht Vertragsbestandteil (→ Rn. 192). Nachdem jetzt der VVG-Reformgesetzgeber einen gesetzlichen Unfallbegriff geschaffen hat, stellt sich insbes. die Frage, ob darauf bezogene Einschränkungen mit § 307 Abs. 2 Nr. 2 BGB konform gehen, wonach eine unangemessene Benachteiligung des Vertragspartners im Zweifel anzunehmen ist, wenn eine Klausel die sich aus der Natur des Vertrages (hier: der gesetzlichen Definition des Unfallbegriffs) ergebende Leistungspflicht des Versicherers in einer den Vertragszweck (→ Rn. 32) gefährdenden Weise einschränkt. Zwar enthalten die in den AUB vorgesehenen Ausschlüsse eine Festlegung des versicherten Risikos und konkretisieren damit die Hauptleistungspflicht des Versicherers. Klauseln, die das Hauptleistungsversprechen des Verwenders in Abweichung von gesetzlichen Vorgaben einschränken, verändern, ausgestalten oder modifizieren, sind jedoch ungeachtet des § 307 Abs. 3 S. 1 BGB ohne weiteres einer Inhaltskontrolle unterworfen.[285] Außerdem kann sich die Unwirksamkeit einer Risikoausschlussklausel auch aus einem Verstoß gegen das Transparenzgebot (§ 307 Abs. 3 S. 2 iVm Abs. 1 S. 2 BGB) ergeben, wenn sie nicht klar und verständlich ist. Da die Rspr. die in Ziff. 5 AUB enthaltenen Ausschlüsse allerdings größtenteils in der Sache schon jahrzehntelang akzeptiert hat, dürften idR keine Bedenken bestehen (→ Rn. 177, 192). Ein näheres Zusehen ist aber insbes. dann veranlasst, wenn einzelne Versicherer in ihren „Hausbedingungen" über die Ausschlüsse der Ziff. 5 AUB hinausgehen.

113 Die **Auslegung** von **Ziff. 5 AUB** richtet sich nach den Regeln, die bei der Auslegung von AGB im Allgemeinen zu beachten sind.[286] Nach dem Grundsatz der **objektiven Auslegung** sind AUB demnach so zu verstehen, wie sie ein durchschnittlicher Versicherungsnehmer bei verständiger Würdigung, aufmerksamer Durchsicht und Berücksichtigung des erkennbaren Sinnzusammenhangs verstehen würde.[287] Abzustellen ist dabei auf die Verständnismöglichkeiten und Interessen eines Versicherungsnehmers ohne versicherungsrechtliche Spezialkenntnisse.[288] Individuelle Umstände finden keine Berücksichtigung. Die Vorstellungen der AUB-Verfasser bleiben bei der Auslegung außer Betracht, ebenso die Entstehungsgeschichte der Bedingungen,[289] und zwar auch dann, wenn deren Berücksichtigung zu einem dem Versicherungsnehmer günstigen Ergebnis führen würde.[290] Versicherungsrechtliche Überlegungen können allenfalls insoweit berücksichtigt werden, wie sie sich aus dem Wortlaut der Bedingungen für den verständigen Versicherungsnehmer unmittelbar erschließen.[291] Auslegungszweifel gehen zu Lasten des Versicherers (§ 305c Abs. 2 BGB). Nach dem Restriktionsprinzip sind Ausschlussklauseln eng auszulegen.[292] Das Interesse des Versicherungsnehmers geht hier dahin, dass der Versicherungsschutz nur insoweit beschränkt wird, als Wortlaut und erkennbarer Zweck der Klausel dies gebieten. Der Versicherungsnehmer muss nicht mit Lücken im Versicherungsschutz rechnen, die ihm durch die Ausschlussklausel nicht hinreichend verdeutlicht worden sind.[293]

114 **3. Bewusstseinsstörungen und Anfälle (Ziff. 5.1.1 AUB). a) Voraussetzungen und Grund des Ausschlusses.** Versicherungsschutz besteht nicht für Unfälle, die **adäquat-kausal** durch **krankheitsbedingte** (→ Rn. 116) oder auf **Alkohol** oder andere Mittel zurückgehende (→ Rn. 118) **Bewusstseinsstörungen des Versicherten oder** durch bestimmte, den ganzen Körper ergreifende **Anfälle** (→ Rn. 127) hervorgerufen werden **(Abs. 1).**[294] Dabei reicht eine Mitursächlichkeit der gesundheitlichen Störung aus.[295] In diesen Situationen gehen die Unfallrisiken über das normale Maß hinaus, da die versicherte Person nicht in der Lage ist, eine drohende Unfallgefahr

---

[285] BGHZ 100, 158 (174) = VersR 1987, 712; BGHZ 123, 83 (84) = VersR 1993, 957; BGHZ 137, 174 (175) = VersR 1998, 175.
[286] Näher z.B. *Ulmer* in Ulmer/Brandner/Hensen BGB § 305c Rn. 44 ff.; Dazu näher *Schäfer* in Ulmer/Brandner/Hensen, AGB-Recht, 13. Aufl. 2022, BGB § 305c Rn. 57 ff.
[287] BGHZ 123, 83 = VersR 1993, 957; BGH VersR 1988, 282; 1992, 349; 1998, 617 f.
[288] BGHZ 84, 268 (272) = VersR 1982, 841; BGHZ 123, 83 (85) = VersR 1993, 957; BGH VersR 2000, 1090; OLG Hamm VersR 2009, 349.
[289] BGH VersR 1996, 622.
[290] BGH VersR 2000, 1090; krit. *Pohar* Forum Versicherungsrecht 2012, 183 (186 ff.).
[291] BGH VersR 1992, 349.
[292] BGHZ 105, 140 (153) = VersR 1988, 1062; BGH VersR 1995, 162; VersR 1998, 617; 1999, 748; OLG Hamm VersR 2009, 349.
[293] BGHZ 153, 182 = VersR 2003, 236; BGH VersR 1999, 748.
[294] OLG Braunschweig VersR 1997, 1343.
[295] OLG Köln VersR 2006, 255; OLG Saarbrücken VersR 2009, 1109.

zu erkennen und ihr rechtzeitig auszuweichen.[296] Für eine solche bereits vor dem Unfall bestehende Gefahrerhöhung will der Versicherer nicht einstehen.[297] Der **Zurechnungszusammenhang** zwischen Bewusstseinsstörung und Unfall wird nicht unterbrochen, wenn der Unfall unmittelbar von einem Dritten verursacht, dessen Handeln aber durch die Bewusstseinsstörung des Versicherten herausgefordert wurde.[298] Dagegen besteht nach Ziff. 5.1.1 (Ausnahme) AUB Versicherungsschutz, wenn die Störungen und Anfälle ihrerseits auf ein unter den Vertrag fallendes Unfallereignis zurückgehen (→ Rn. 128).

Während sich der Ausschlusstatbestand in früheren Bedingungswerken (etwa: AUB 2008/2010) auf „Geistes- und Bewusstseinsstörungen" bezog, haben die AUB 2014 auf die erstgenannte Fallgruppe verzichtet. In der Rspr. ist unter einer **Geistesstörung** ein Zustand verstanden worden, in welchem die normalerweise vorhandene Fähigkeit gestört oder zumindest erheblich gemindert ist, Sinneseindrücke schnell und genau zu erfassen, diese geistig zu verarbeiten und darauf richtig zu reagieren (etwa: Verfolgungswahn).[299] Legt man ein solches Verständnis zugrunde, geht der Begriff in dem der Bewusstseinsstörung (→ Rn. 116) auf.

b) Krankheitsbedingte Bewusstseinsstörungen. Eine **Bewusstseinsstörung** ist anzunehmen, wenn „die versicherte Person in ihrer Aufnahme- und Reaktionsfähigkeit so beeinträchtigt ist, dass sie den Anforderungen der konkreten Gefahrenlage nicht mehr gewachsen ist" (Ziff. 5.1.1 Abs. 2 AUB).[300] Völlige Bewusstlosigkeit wird also nicht vorausgesetzt. Die Bewusstseinsstörung wird häufig auf einer **gesundheitlichen Beeinträchtigung** beruhen, so etwa im Falle einer Bewusstseinseinschränkung infolge von Herzrhythmusstörungen, Kreislaufschwäche, eines Gehirntumors, Herzinfarkts oder einer Schlafapnoe. Der Zustand ist nicht mit einer völligen Bewusstlosigkeit gleichzusetzen, sondern liegt bereits vor, wenn die normale Fähigkeit zur Erfassung und Verarbeitung sinnlicher Eindrücke und zur angemessenen Reaktion darauf ernstlich beeinträchtigt ist, eine Gefahrenlage also nicht mehr beherrscht werden kann.[301] Das Vorliegen einer Bewusstseinsstörung in diesem Sinne hängt sowohl vom Ausmaß der gesundheitlichen Beeinträchtigung der Aufnahme- und Reaktionsfähigkeit als auch von der konkreten Gefahrenlage ab, in welcher sich der Versicherte befindet. Daraus ergibt sich die Notwendigkeit einer einzelfallbezogenen Betrachtung.[302]

Vor diesem Hintergrund ist es nicht ausgeschlossen, auch **kurzfristig eintretende** und nur **kurzzeitig** (etwa: mehrere Sekunden) **andauernde** Bewusstseinsstörungen als Risikoausschluss anzuerkennen, sofern nur der versicherten Person aufgrund dessen bei einzelfallbezogener Betrachtung eine Beherrschung der Gefahrenlage nicht möglich war.[303] Damit können auch nur für kurze Zeit andauernde Ohnmachten, Kreislaufstörungen[304] oder Schwindelanfälle[305] („schwarz vor den Augen werden") zum Risikoausschluss führen. Um eine Bewusstseinsstörung handelt es sich dagegen nicht, wenn ein Schmerzanfall die Aufmerksamkeit des Versicherten vorübergehend ablenkt[306] (anders bei einem sog. Vernichtungsschmerz infolge Herzinfarkts[307]). Somnambulismus (Schlafwandeln) stellt eine Bewusstseinsstörung dar,[308] nicht dagegen die natürliche Übermüdung[309] oder eine Einschränkung der Sinnesorgane (Schwerhörigkeit, Sehschwäche, Blendempfindlichkeit[310]).

c) Bewusstseinsstörungen aufgrund von Medikamenten und Rauschmitteln. Bewusstseinsstörungen können auch infolge **Alkoholgenusses** oder nach Einnahme von **Drogen** (Cannabis,

---

[296] *Stockmeier/Huppenbauer* AUB 1999 S. 46; *Knappmann* in Prölss/Martin AUB Ziff. 5 Rn. 4.
[297] BGH VersR 2000, 1090.
[298] OLG Köln VersR 1987, 97 (Polizeibeamter stoppt Flucht des alkoholisierten Fahrers mit einem Schuss).
[299] OLG Hamm r+s 2003, 341.
[300] Vgl. auch BGH VersR 2008, 1683; enger OLG Zweibrücken r+s 2015, 149 (krankhafte oder unnatürliche Beeinträchtigung der Sinnestätigkeit).
[301] BGH VersR 1985, 583; VersR 1989, 902; VersR 2000, 1090.
[302] BGH VersR 1990, 1343; VersR 2000, 1090; abl. *Schubach* in Schubach/Jannsen AUB Nr. 5 Rn. 6.
[303] BGH VersR 2000, 1090 (1092); OLG Düsseldorf r+s 2013, 36; *Mangen* in Beckmann/Matusche-Beckmann VersR-HdB § 47 Rn. 42.
[304] BGH VersR 2008, 1683; zust. *Abel* ZfS 2010, 160.
[305] OLG Stuttgart VersR 1992, 1219; OLG Hamburg r+s 2007, 386.
[306] BGH VersR 1989, 902.
[307] OLG Saarbrücken VersR 1998, 310.
[308] OLG Hamm VersR 2009, 349; OLG Bamberg VersR 2011, 1172; LG Memmingen VersR 2003, 1525; LG Paderborn r+s 1993, 396; abl. *Marlow* r+s 2004, 353 (356).
[309] BGHZ 23, 76 (85) = NJW 1957, 381; OLG Düsseldorf VersR 2004, 1041; OLG Zweibrücken r+s 2015, 149, anders *Rixecker* in Langheid/Rixecker VVG § 178 Rn. 14.
[310] BGH VersR 1986, 141.

Heroin, Morphin, Kokain, Amphetamin usw[311]) oder **Medikamenten** (etwa Schlaf- oder Beruhigungsmittel) auftreten. Ob eine bedingungsgemäße Bewusstseinsstörung vorliegt, ist grds. (vgl. aber → Rn. 119 ff.) durch eine **Betrachtung** der **konkreten Umstände** und nicht etwa – bei vorangegangenem Alkoholgenuss – zwingend unter Bezugnahme auf einen bestimmten Blutalkoholgehalt zu ermitteln.[312] Vielmehr ist in jedem Einzelfall festzustellen, ob der Versicherte in seiner Aufnahme- und Reaktionsfähigkeit so reduziert war, dass er der konkreten Gefahrenlage nicht mehr angemessen begegnen konnte.[313] Dabei lassen sich möglicherweise selbst ohne Einholung eines Gutachtens zum Blutalkoholgehalt aus dem Gesamtverhalten des Versicherten Schlüsse auf eine alkoholbedingte Bewusstseinsstörung ziehen, so etwa bei einem Fenstersturz.[314] Andererseits kann man sich – je nach den Umständen des Einzelfalls – bei Unfällen außerhalb des Straßenverkehrs immerhin an den für den Straßenverkehr entwickelten Richtwerten (→ Rn. 120 f.) orientieren, so bspw. bei einem Absturz auf einem Gebirgspfad den für Fußgänger geltenden Grenzwert von 2,0 ‰ (→ Rn. 121)[315] oder bei einem Reitunfall den für Fahrradfahrer (→ Rn. 120) geltenden Wert von 1,7 ‰ (im Sinne einer „absoluten Reituntauglichkeit") übernehmen.[316]

119 **Sonderregeln** hat die Rspr. für Unfälle im Straßenverkehr entwickelt, die auf einer **trunkenheitsbedingten Bewusstseinsstörung** zum Zeitpunkt des Unfalls beruhen.[317] Hier werden die Voraussetzungen des Risikoausschlusses in Anlehnung an den Blutalkoholgehalt[318] des Versicherten bestimmt (zum Sturztrunk → Rn. 130). Obwohl die Frage, ob ein Kraftfahrer trotz Alkoholeinwirkung sein Fahrzeug noch sicher führen kann, im Grundsatz von Fall zu Fall geklärt werden müsste, soll in diesem Punkt „in gewissem Umfang" eine allgemein gültige Beantwortung unter Rückgriff auf feste Grenzwerte möglich sein.[319]

120 Die Gerichte bejahen daher die Voraussetzungen des Risikoausschlusses, wenn der Verkehrsteilnehmer **absolut fahruntüchtig** ist. Ein Gegenbeweis wird in diesem Fall nicht zugelassen. Eine absolute Fahruntüchtigkeit und damit eine Bewusstseinsstörung iSv Ziff. 5.1.1 AUB wird angenommen bei Überschreiten eines Grenzwert von
– einer Blutalkoholkonzentration (BAK) von 1,1 ‰ bei Autofahrern;[320]
– einer BAK von ebenfalls 1,1 ‰ bei Fahrern von Motorrädern, Mopeds und Mofas;[321]
– einer BAK von 1,7 ‰[322] bzw. (nach neuer OLG-Rechtsprechung) von 1,6 ‰[323] bei Radfahrern.

121 Für **Fußgänger** wird überwiegend ein Grenzwert von 2,0 ‰ zugrunde gelegt.[324] Bei einer niedrigeren BAK kann eine Bewusstseinsstörung aber dann bereits bejaht werden, wenn sich aus weiteren Anhaltspunkten ergibt, dass der Fußgänger infolge einer gestörten Aufnahme- und Reaktionsfähigkeit der Gefahrenlage nicht mehr gewachsen war (Fortbewegung in der Straßenmitte, Überquerung einer Autobahn oder einer Straße trotz herannahenden Pkw, → Rn. 124).[325]

122 Der Versicherer ist auch dann leistungsfrei, wenn der Versicherte aufgrund einer alkoholbedingten Bewusstseinsstörung als **Mitfahrer** in einem Kraftfahrzeug oder als Sozius eines Motorradfahrers in einen Unfall verwickelt wird. Eine Ursächlichkeit der Bewusstseinsstörung ist dann zu bejahen, wenn der Mitfahrer infolge des Alkoholgenusses nicht in der Lage ist zu erkennen, welche Gefahren ihm dadurch drohen, dass er sich einem ebenfalls alkoholisierten Fahrer anvertraut. Da der Umfang der durch die Bewusstseinsstörung bewirkten Gefahrerhöhung aber von der konkreten Lebenssituation des Versicherten abhängt, können an den Mitfahrer im Hinblick auf das Maß der BAK nicht die gleichen Anforderungen gestellt werden wie an den Kraftfahrer, für den im Hinblick auf Konzent-

---

[311] Vgl. insbes. die Anlage zu § 24a StVG, BGBl. 2007 I S. 1045.
[312] BGH VersR 1982, 463; OLG Oldenburg r+s 2000, 304; OLG Nürnberg r+s 2000, 437; OLG Rostock ZfS 2006, 222; OLG Celle r+s 2010, 340.
[313] OLG Hamm VersR 1989, 242; OLG Schleswig VersR 1992, 436; OLG Koblenz r+s 1992, 179; OLG Nürnberg NJW-RR 2000, 107.
[314] OLG Schleswig VersR 1992, 436; KG r+s 2003, 428; OLG Celle VersR 2009, 1215.
[315] OLG Köln VersR 2006, 255.
[316] OLG Celle VersR 2002, 1411.
[317] Dazu *Rüther* NVZ 1994, 457 (463).
[318] Näher *Mangen* in Beckmann/Matusche-Beckmann VersR-HdB § 47 Rn. 44.
[319] BGH VersR 1991, 1367.
[320] BGH VersR 1991, 1367; OLG Frankfurt a. M. VersR 1992, 993; OLG Hamm VersR 1997, 1344.
[321] Vgl. BGH St 30, 251 = NJW 1982, 588.
[322] BGH VersR 1987, 1006.
[323] OLG Celle NJW 1992, 2169; OLG Schleswig VersR 1993, 347; OLG Hamm r+s 1998, 216; OLG Karlsruhe VersR 1999, 634.
[324] BGH VersR 1957, 509; OLG Frankfurt a. M. VersR 1999, 1403; OLG Oldenburg r+s 2000, 304; strenger OLG Hamm r+s 2003, 167 (1,8 ‰).
[325] OLG Braunschweig VersR 1997, 1343 (1,71 ‰); OLG Hamm VersR 2013, 1166 (1,9 ‰); LG Kassel VersR 2006, 1529 (1,41 ‰).

rations- und Reaktionsfähigkeit besondere Anforderungen gelten. Bei einer in einem Kraftwagen mitfahrende Person wird daher eine zum Risikoausschluss führende Bewusstseinsstörung erst bei einer BAK von 2,0 ‰ angenommen. Allerdings kann auch ein geringerer Grad für einen Ausschluss ausreichen, wenn der Versicherte – wie bei einer Zechtour – von vornherein damit rechnen musste, von einem angetrunkenen Fahrer mitgenommen zu werden.[326]

Gegen diese Rspr. sind **Bedenken** angebracht. Abgesehen davon, dass sich eine solche Schematisierung kaum mit der vom BGH grds. geforderten einzelfallbezogenen Betrachtung (→ Rn. 118) in Einklang bringen lässt, nehmen die Gerichte hier mit der Gleichsetzung von „Bewusstseinsstörung" und „Fahruntüchtigkeit" aus Gründen der Praktikabilität eine Auslegung vor, die sich bei unbefangener Lektüre dem durchschnittlichen Versicherungsnehmer nicht erschließt und sich daher auch zu den allgemein beachteten Auslegungsregeln (→ Rn. 113) in Widerspruch setzt.[327] Die Rspr. sollte daher aufgegeben werden. Eine Klarstellung kann ein Versicherer dadurch erreichen, dass er in seinen AUB an dieser Stelle entweder die Fahruntüchtigkeit ausdrücklich nennt oder sich auf einen bestimmten Blutalkoholgehalt bezieht.[328] 123

Bleibt die BAK **unterhalb** der für die absolute Fahruntüchtigkeit der einzelnen Verkehrsteilnehmer maßgebenden Grenzwerte, muss jeweils **konkret geprüft** werden, ob die Voraussetzungen einer alkoholbedingten Bewusstseinsstörung gegeben sind (**relative Fahruntüchtigkeit; zur relative Fahruntüchtigkeit;** zur Beweislast → Rn. 129 ff.). Das ist – entgegen einer früher geäußerten Auffassung des BGH[329] – auch noch bei einer BAK bei Kraftfahrern von unter 0,8 ‰ möglich, da wissenschaftlich gesichert selbst bei einer BAK von 0,3 ‰ bereits die Fahrsicherheit beeinträchtigende Bewegungs- und Koordinationsstörungen der Augen oder geistig-seelische Störungen auftreten können.[330] Die Notwendigkeit einer fallbezogenen Feststellung gilt für Kraftfahrer ebenso wie für Motorrad- oder Radfahrer oder Fußgänger. Dazu müssen äußere Anzeichen einer alkoholbedingten (relativen) Fahrunfähigkeit festgestellt werden;[331] Indizien sind auffällige Verhaltensweisen jeder Art, insbes. Ausfallerscheinungen oder Fahrfehler, die auf Unaufmerksamkeit,[332] Fehleinschätzungen oder erhöhter Risikobereitschaft[333] beruhen. Dabei ist allerdings zu berücksichtigen, dass auch nüchternen Fahrern häufig Fehler unterlaufen, so dass zB ein Abkommen von der Straße aufgrund erhöhter Geschwindigkeit[334] oder ein Bremsen bei Glatteis[335] nicht unbedingt als Anzeichen einer alkoholbedingten Fahruntüchtigkeit angesehen werden muss. Eine Alkoholfahne ist nicht aussagekräftig, da sie bereits bei ganz geringem Alkoholgenuss auftreten kann.[336] Bei Fußgängern spricht für eine Bewusstseinsstörung unverständliches, insbes. selbstgefährdendes Verhalten, so zB das Überqueren einer Straße mit Richtung auf einen nahenden Pkw hin,[337] torkelnder Gang in der Nähe der Straßenmitte[338] oder das Betreten einer Autobahn bei Dunkelheit.[339] Auch bei Beifahrern mit einem Alkoholgehalt von unter 2 ‰ kann eine Bewusstseinsstörung angenommen werden, wenn Ausfallerscheinungen einen entsprechenden Schluss zulassen; ein schwankender Gang und leichtes Lallen reichen dazu aber nicht aus.[340] 124

In der Praxis finden sich Klauseln, die weitergehend auch Unfälle versichern, die auf eine durch Trunkenheit verursachte Bewusstseinsstörung zurückgehen (**„erweiterte Alkoholklausel"**), wobei beim „Führen von Kraftfahrzeugen" nur eine bestimmte Promille-Grenze (etwa 1,3 ‰) toleriert wird.[341] Das OLG Saarbrücken hat diese Formulierung in der Weise weit ausgelegt, dass eine versicherte Person mit einem über dem vereinbarten Grenzwert liegenden Blutalkoholgehalt auch 125

---

[326] BGHZ 66, 88 (90) = VersR 1976, 484; BGH VersR 1985, 583; OLG Frankfurt a. M. VersR 1999, 1403; OLG Oldenburg r+s 2000, 304.
[327] *Knappmann* VersR 2000, 11 (15); *Knappmann* in Prölss/Martin AUB Ziff. 5 Rn. 19; *Schubach* in Schubach/Jannsen AUB Nr. 5 Rn. 12; vgl. aber auch *Mangen* in Beckmann/Matusche-Beckmann VersR-HdB § 47 Rn. 45 Fn. 156.
[328] *Knappmann* VersR 2000, 15.
[329] BGH VersR 1988, 950; krit. *Knappmann* VersR 2000, 11 (15); *Mangen* in Beckmann/Matusche-Beckmann VersR-HdB § 47 Rn. 47.
[330] OLG Celle VersR 1997, 820; *Knappmann* in Prölss/Martin AUB Ziff. 5 Rn. 18.
[331] BGH VersR 1985, 779.
[332] OLG Hamburg r+s 1999, 88; OLG Hamm r+s 1999, 263; OLG Koblenz r+s 2002, 128.
[333] OLG Koblenz VersR 2002, 43.
[334] BGH VersR 1985, 779.
[335] OLG Frankfurt a. M. VersR 1985, 941.
[336] OLG Schleswig r+s 1992, 394.
[337] OLG Hamm r+s 2003, 167.
[338] OLG Braunschweig VersR 1997, 1343.
[339] LG Kassel VersR 2006, 1529.
[340] OLG Köln r+s 1989, 414.
[341] Vgl. dazu *Knappmann* in Prölss/Martin AUB Ziff. 5 Rn. 22.

dann keinen Versicherungsschutz genießt, wenn sie nach einer Kollision mit einer Leitplanke das Fahrzeug leicht verletzt verlässt und erst jetzt von einem anderen Fahrzeug erfasst wird und schwere Verletzungen erleidet.[342]

126 Ein allgemein gesicherter Grenzwert, jenseits dessen nach **Drogenkonsum** eine absolute Fahruntüchtigkeit angenommen werden kann, lässt sich nach dem derzeitigen Stand der Wissenschaft nicht festlegen. Daher kommt ein Leistungsausschluss nur dann in Betracht, wenn konkret feststellbare Ausfallerscheinungen oder Fahrfehler den Schluss auf eine drogenbedingte Fahruntauglichkeit zum Unfallzeitpunkt zulassen,[343] so etwa beim Abkommen von einer geraden, steigungs- und gefällefreien, regennassen Fahrbahn ohne Spuren eines Brems- oder Lenkmanövers.[344]

127 **d) Schlag- und Krampfanfälle.** Kein Versicherungsschutz besteht für Unfälle, die durch Schlaganfälle (Apoplexie), epileptische oder andere **den ganzen Körper ergreifende Anfälle** ausgelöst werden, so etwa, wenn der Versicherte anfallbedingt stürzt oder mit einem anderen Verkehrsteilnehmer kollidiert. Eine ihrerseits durch einen Sturz bedingte Gehirnblutung ist dagegen versichert.[345] Auch Unfälle, die auf Waden- oder ähnliche Teilkrämpfe zurückzuführen sind, werden vom Versicherungsschutz erfasst.[346] Der Ausschluss bezieht sich nur auf einen durch den konkreten Anfall ausgelösten Unfall, greift aber nicht ein, wenn später anfallbedingte Spätfolgen (Behinderungen, Vergesslichkeit) ihrerseits kausal für weitere Unfälle werden.[347] Zu Beweisfragen → Rn. 133.

128 **e) Wiedereinschluss bei unfallbedingten Störungen und Anfällen (Ziff. 5.1.1 – Ausnahme AUB).** Soweit die Störungen und Anfälle iSd → Rn. 115–117 **ihrerseits** auf ein **Unfallereignis** zurückgehen, für das der Versicherer aufgrund des jetzigen oder eines seinerzeit geltenden Vertrages[348] leistungspflichtig gewesen wäre, greift der Versicherungsschutz wieder ein (Ziff. 5.1.1, Ausnahme AUB), so etwa, wenn die versicherte Person infolge eines versicherten Unfalls eine Hirnschädigung erlitten hat und aufgrund dieser Schädigung ein epileptischer Anfall und infolgedessen ein zweiter Unfall verursacht wird (Originalbeispiel der AUB). Auf die Dauer des zwischen Erst- und Zweitunfall verstrichenen Zeitraums kommt es nicht an, so dass der Versicherer für die adäquat-kausal auf den Vorunfall zurückzuführenden Störungen und Anfälle ohne zeitliche Begrenzung einstehen muss.[349] Welche Leistungen der Versicherer zu erbringen hat, richtet sich nach den Bedingungen des zum Zeitpunkt des zweiten Unfalls gültigen Vertrages.[350]

129 **f) Darlegungs- und Beweislast.** Der **Versicherer** trägt die Darlegungs- und **Beweislast** für die in Ziff. 5.1.1 AUB aufgeführten **Voraussetzungen des Risikoausschlusses**,[351] dh für eine Geistes- oder Bewusstseinsstörung bzw. für den Eintritt eines Anfalls sowie dafür, dass der Unfall adäquat-kausal auf eine solche Ursache zurückzuführen ist (Strengbeweis, vgl. § 286 ZPO). Bei der Feststellung einer **Bewusstseinsstörung** kommt es auf das Verhalten des Versicherten vor dem Unfall, seine allgemeine konstitutionellen Veranlagung, den Unfallhergang selbst und ggf. die Ergebnisse einer nachträglichen Blut- oder Urinuntersuchung an.[352] Häufig werden Ausfallerscheinungen und Verhaltensauffälligkeiten auf eine Störung hindeuten. Wenn der Versicherer das Vorliegen einer Geistes- oder Bewusstseinsstörung behauptet, muss der Versicherte sich dazu erklären; er trägt eine sekundäre Darlegungslast.[353] Macht er keine näheren Angaben und bleibt als plausibler Grund für den Unfall (in concreto: Fenstersturz) nur eine solche Störung, ist diese als Unfallursache anzusehen.[354] Ein Anscheinsbeweis zum Nachweis der Bewusstseinsstörung ist dagegen nicht zulässig, weil es jeweils auf die individuellen Umstände ankommt und insoweit an einem allgemeinen Satz der Lebenserfahrung fehlt.[355] Der Versicherer muss in diesem Fall daher den Strengbeweis führen.

---

[342] OLG Saarbrücken VersR 2009, 1109.
[343] OLG Köln VersR 1997, 482; OLG Naumburg VersR 2005, 1573; ebenso die Strafgerichte in stRspr zu § 316 StGB, vgl. etwa OLG Frankfurt a. M. NStZ-RR 2002, 17.
[344] OLG Köln VersR 1997, 482.
[345] OLG Hamm VersR 1984, 931.
[346] *Stockmeier/Huppenbauer* AUB 1999 S. 47.
[347] *Knappmann* in Prölss/Martin AUB Ziff. 5 Rn. 26.
[348] *Knappmann* in Prölss/Martin AUB Ziff. 5 Rn. 29.
[349] *Knappmann* in Prölss/Martin AUB Ziff. 5 Rn. 29.
[350] *Knappmann* in Prölss/Martin AUB Ziff. 5 Rn. 29.
[351] OLG Rostock ZfS 2006, 222; OLG Saarbrücken VersR 2011, 659.
[352] OLG Hamburg r+s 2007, 386; OLG Düsseldorf r+s 2013, 36; *Knappmann* in Prölss/Martin AUB Ziff. 5 Rn. 9.
[353] OLG Hamburg r+s 2007, 386; OLG Celle r+s 2010, 476.
[354] OLG Hamm VersR 2009, 349.
[355] Vgl. dazu BGH VersR 1988, 733.

Wird nach **Alkoholgenuss** eine **absolute Fahruntüchtigkeit** (→ Rn. 120) festgestellt (deren 130 Voraussetzungen der Versicherer beweisen muss), so geht die Rspr. allerdings vom Vorliegen einer Bewusstseinsstörung aus, ohne dass es einer einzelfallbezogenen Aufklärung bedarf. Ein **Gegenbeweis** des Versicherten wird insoweit **nicht zugelassen**.³⁵⁶ Allerdings kann eine Feststellung der absoluten Fahrtüchtigkeit nur für den Zeitpunkt der nach dem Unfallzeitpunkt vorgenommenen Blutentnahme getroffen werden. Behauptet der Versicherte einen Nachtrunk oder Sturztrunk, so bestreitet er mit dem auf den Zeitpunkt des Unfalls festgestellten Promillegehalt die Voraussetzungen des Risikoausschlusses, so dass der Versicherer diese Behauptung zu widerlegen hat.³⁵⁷ Voraussetzung dafür ist allerdings, dass der Versicherte substantiierte Angaben etwa zu Trinkmenge, Trinkzeit und Begleitumstände macht.³⁵⁸ Wenn der Alkoholisierungsgrad **unter** den für eine absolute Fahruntüchtigkeit angenommenen **Grenzwerten** liegt, trifft den Versicherer für das Vorliegen einer Bewusstseinsstörung die volle Beweislast, die er durch den Nachweis alkoholtypischer Ausfallerscheinungen oder Fahrfehler erbringt (→ Rn. 124).³⁵⁹

Zum Nachweis eines ursächlichen Zusammenhangs zwischen der gesundheitlichen Störung 131 und dem Unfall kann sich der Versicherer dagegen auf einen Anscheinsbeweis stützen, und zwar auch und gerade bei Unfällen im Straßenverkehr, die auf absoluter oder relativer Fahruntüchtigkeit beruhen. Bei einem Überschreiten des maßgebenden Grenzwertes (→ Rn. 120) spricht der Beweis des ersten Anscheins für einen ursächlichen Zusammenhang zwischen Fahruntüchtigkeit bzw. Bewusstseinsstörung und Unfall.³⁶⁰ Die für die Annahme einer gesundheitlichen Störung relevanten Ausfallerscheinungen deuten dabei nach der Lebenserfahrung auf einen Ursachenzusammenhang zwischen Bewusstseinsstörung und Unfall hin,³⁶¹ soweit nicht der Unfall wiederum auf andere Gründe als eine alkoholbedingte Unachtsamkeit zurückgeführt werden kann.³⁶² Da dies aber keine Umkehr der Beweislast bewirkt, muss der Versicherte nicht etwa das Fehlen eines Kausalzusammenhangs nachweisen; vielmehr kann der Beweis des ersten Anscheins dadurch entkräftet werden, dass der Versicherte Umstände darlegt und nachweist, aus denen sich die ernsthafte („reale") Möglichkeit eines abweichenden Geschehensverlaufs ergibt.³⁶³ Die – stets vorhandene – rein theoretische („denkgesetzliche") Möglichkeit eines abweichenden Kausalverlaufs reicht dagegen zur Erschütterung des Anscheinsbeweises nicht aus.³⁶⁴ Eine Kausalität zwischen Bewusstseinsstörung und Unfall ist dementsprechend nicht nachgewiesen, wenn sich der Unfall auch ohne Alkoholkonsum des Versicherten oder auch bei einem niedrigeren, keine Bewusstseinsstörung begründeten Grad alkoholischer Beeinflussung ereignet hätte.³⁶⁵

Der **Versicherungsnehmer** ist darlegungs- und beweispflichtig für die Voraussetzungen des 132 **Ausnahmetatbestandes** nach Ziff. 5.1.1 AUB (→ Rn. 128) und somit dafür, dass die den Unfall verursachenden Störungen und Anfälle ihrerseits auf einen **Vorunfall** zurückzuführen sind.³⁶⁶

Nach allem stellen sich die **Beweisregeln** folgendermaßen dar: Lässt sich nicht klären, ob ein 133 Unfallereignis zu einer Bewusstseinsstörung bzw. zu einem Anfall und damit zu einer Gesundheitsschädigung iSd § 178 Abs. 2 geführt hat oder ob Bewusstseinsstörung bzw. Anfall ihrerseits kausal für den Unfall gewesen sind, ist der Versicherer für die Voraussetzungen des Ausschlusses nach Ziff. 5.1.1 Abs. 1 AUB *nicht* beweispflichtig. Denn in dieser Situation ist es Sache des Versicherten, mit dem Kausalzusammenhang zwischen Unfall und Gesundheitsschädigung auch die Voraussetzungen eines Versicherungsfalles nachzuweisen (→ Rn. 93, 342).³⁶⁷ Gelingt ihm dies nicht, besteht überhaupt keine Leistungspflicht des Versicherers, so dass es auf den Ausschluss überhaupt nicht ankommt (→ Rn. 96).³⁶⁸ Hat der Versicherte dagegen den Nachweis geführt, dass ein Unfall für eine Gesundheitsschädigung kausal war bzw. sind die Voraussetzungen des Versicherungsfall unstreitig, kann der Versicherer geltend machen, dass der Unfall seinerseits von einem vorangehenden

---

³⁵⁶ BGH VersR 1985, 779; OLG Köln VersR 2006, 255; *Knappmann* in Prölss/Martin AUB Ziff. 5 Rn. 15; *Mangen* in Beckmann/Matusche-Beckmann VersR-HdB § 47 Rn. 46a.
³⁵⁷ So zutr. *Knappmann* r+s 1999, 128 gegen KG r+s 1998, 525; *Knappmann* VersR 2013, 1521 gegen OLG Köln VersR 2013, 1166, *Knappmann* in Prölss/Martin AUB Ziff. 5 Rn. 8; *Jacob* in HK-AUB 2014 Ziff. 5.1.1 Rn. 26.
³⁵⁸ OLG Hamm r+s 2014, 142; *Knappmann* r+s 1999, 128; VersR 2013, 1521.
³⁵⁹ BGH VersR 1990, 1343; OLG Braunschweig VersR 1997, 1343; OLG Rostock ZfS 2006, 222.
³⁶⁰ BGHZ 18, 311 (315) = NJW 1956, 21; BGH VersR 1985, 779; 1991, 1367.
³⁶¹ *Mangen* in Beckmann/Matusche-Beckmann VersR-HdB § 47 Rn. 48.
³⁶² BGH VersR 1985, 779; OLG Karlsruhe NJW-RR 1987, 803; VersR 2000, 446.
³⁶³ BGH VersR 1986, 141; 1991, 1367.
³⁶⁴ BGH VersR 1978, 945; 1986, 141.
³⁶⁵ OLG Hamm r+s 1987, 207.
³⁶⁶ *Knappmann* in Prölss/Martin AUB Ziff. 5 Rn. 30.
³⁶⁷ Näher *Kloth* Unfallversicherung Kap. K Rn. 60; *Leverenz* in Bruck/Möller AUB 2008 Ziff. 5.21.1 Rn. 150.
³⁶⁸ Ungenau OLG Celle r+s 2011, 306.

Ereignis (Bewusstseinsstörung oder Anfall) verursacht worden ist. Den dafür erforderlichen Nachweis führt er nach den in → Rn. 129 ff. skizzierten Regeln. Bleibt der Versicherer beweisfällig, ist er zur Leistung verpflichtet,[369] andernfalls greift der Ausschluss der Ziff. 5.1.1 Abs. 1 AUB ein. In diesem Fall bleibt dem Versicherten aber der Nachweis nach Ziff. 5.1.1 Abs. 2 AUB, dass Anfall bzw. Gesundheitsstörung ihrerseits wiederum durch ein vertraglich gedecktes Unfallereignis verursacht worden waren. Gelingt ihm dieser Nachweis, kann er vom Versicherer die vertraglich zugesagten Leistungen verlangen.

134   **4. Vorsätzliche Ausführung oder Versuch einer Straftat (Ziff. 5.1.2 AUB). a) Grund des Ausschlusses.** Der Ausschluss für Unfälle, die der versicherten Person bei der **Ausführung** oder dem Versuch einer **vorsätzlichen Straftat** zustoßen, will die Einstandspflicht des Versicherers für ein selbstverschuldetes besonderes Unfallrisiko ausschalten, das mit der Ausführung einer strafbaren Handlung (vgl. § 12 StGB: Verbrechen und Vergehen) gewöhnlich verbunden ist und durch das Risiko gewaltsamer Reaktionen des Opfers oder dritter Personen[370] sowie durch die Erregung und Furcht vor Entdeckung noch gesteigert wird.[371] Auch ein Verstoß gegen § 315c StGB (Gefährdung des Straßenverkehrs) wird von dem Ausschluss erfasst.[372] Die Begehung einer Ordnungswidrigkeit führt dagegen nicht zum Ausschluss des Versicherungsschutzes. Diese Risikobegrenzung stellt keine unangemessene Benachteiligung des Versicherungsnehmers iSd § 307 Abs. 1 BGB dar.[373]

135   **b) Vorsätzliche Ausführung einer Straftat.** Unter welchen Voraussetzungen der Risikoausschluss greift, ist durch **Auslegung** aus der Sicht eines durchschnittlichen Versicherungsnehmers (→ Rn. 113) zu ermitteln. Dieser wird annehmen, dass sich die Klausel in erster Linie auf die **im Inland verwirklichten Straftatbestände des deutschen Rechts** bezieht. Strafrechtlich relevantes Verhalten im Ausland kann demzufolge nur dann einen Risikoausschluss zur Folge haben, wenn und soweit die Straftatbestände des Tatortrechts nach einer Parallelwertung in der Laiensphäre denen des deutschen Strafrechts entsprechen. Ob dagegen deutsches Strafrecht nach Maßgabe der §§ 5–7 StGB auf diese Auslandstaten Anwendung findet, ist bedeutungslos.[374] Ist ein bestimmtes Verhalten im Inland, nicht aber am Tatort strafbar, besteht für den Versicherungsnehmer kein erhöhtes Unfallrisiko (→ Rn. 134), so dass ein damit in Zusammenhang stehender Unfall vom Versicherungsschutz gedeckt wird.[375] Umgekehrt kann nicht angenommen werden, dass jede am Tatort (aber nicht im Inland) strafbare Handlung den Risikoausschluss herbeiführt. Der Wortlaut der Klausel deckt diese weite Interpretation nicht; ist in diesem Punkt eng auszulegen (§ 305c Abs. 2 BGB).

136   Mit der Verweisung auf die „vorsätzliche Ausführung einer Straftat" werden die Voraussetzungen eines versicherungsrechtlichen Risikoausschlusses jedenfalls im Grundsatz an den Begriffen und Wertungen des **Strafrechts** ausgerichtet.[376] Der Unfall muss sich also im Zusammenhang mit einer rechtswidrigen und schuldhaften Verwirklichung eines Straftatbestandes zugetragen haben. Maßgebend ist daher der **strafrechtliche Vorsatzbegriff** (vgl. § 16 StGB: Wissen und Wollen der Tatbestandsverwirklichung).[377] Ein vermeidbarer Verbotsirrtum schließt den Vorsatz also nicht aus.[378] Ebenso richtet sich die Frage der Schuldfähigkeit nach strafrechtlichen Kriterien (vgl. §§ 20, 21 StGB). Der Versicherer muss Tatsachen aufzeigen, die einen Schluss auf ein vorsätzliches Verhalten des Versicherungsnehmers zulassen. Auf Beweiserleichterungen (hier: für vorsätzliches Fahren ohne Fahrerlaubnis) kann der Versicherer sich auch dann nicht berufen, wenn der Versicherte bei dem Unfall tödlich verunglückt ist.[379] Bestehen nicht behebbare Zweifel an der Schuldfähigkeit des Täters/Versicherten, greift der Risikoausschluss nicht ein.[380] Versicherungsschutz besteht aber nicht, wenn eine strafrechtliche Verfolgung aufgrund eines fehlenden Strafantrags[381] oder aus anderen Gründen (Strafausschließungsgründe, Amnestie, Begnadigung)[382] unterbleibt.

---

[369] OLG Koblenz r+s 1992, 179.
[370] BGH VersR 1998, 1410.
[371] BGHZ 23, 76 (87) = NJW 1957, 381; BGH VersR 1998, 1410.
[372] OLG Bamberg VersR 2010, 1029.
[373] BGH VersR 1998, 1410 unter Bezugnahme auf BGH VersR 1991, 289.
[374] Vgl. aber OLG Saarbrücken VersR 1989, 1184; OLG München VersR 1999, 881; *Mangen* in Beckmann/Matusche-Beckmann VersR-HdB § 47 Rn. 59.
[375] *Knappmann* in Prölss/Martin AUB Ziff. 5 Rn. 32; aA *Rüffer* in HK-VVG AUB 2014 Ziff. 5 Rn. 20; *Jacob* in HK-AUB Ziff. 5.1.2 Rn. 5.
[376] BGH VersR 2005, 1226.
[377] OLG Hamm VersR 2006, 399.
[378] OLG Saarbrücken VersR 1989, 1184; OLG Hamm VersR 2006, 399.
[379] OLG Koblenz VersR 1998, 709.
[380] BGH VersR 1998, 1410; 2005, 1226; OLG Hamm VersR 1978, 1137; OLG Koblenz VersR 1998, 709.
[381] OLG Düsseldorf VersR 2001, 361.
[382] *Mangen* in Beckmann/Matusche-Beckmann VersR-HdB § 47 Rn. 60.

Für die Erhöhung der Unfallgefahr (→ Rn. 134) spielt es keine Rolle, ob der Versicherte sich **137** als Mittäter, Gehilfe oder Anstifter an einer Straftat beteiligt, so dass der Risikoausschluss auch dann greift, wenn ein **Teilnehmer** einen Unfall erleidet.[383] Da nach dem Wortlaut der Klausel bereits der **Versuch** (nicht dagegen die bloße Vorbereitung) einer (beliebigen) Straftat zum Ausschluss führt, kommt es weder darauf an, ob dieser Versuch iSd § 23 StGB mit Strafe bedroht,[384] noch darauf, ob der Versicherte von dem Versuch (strafbefreiend) zurückgetreten ist.[385]

Die **Ausführung der Straftat** ist nicht mit der Verwirklichung des Tatbestand im engeren **138** Sinne abgeschlossen, sondern umfasst nach dem Sinn und Zweck des Risikoausschlusses auch noch die Rückfahrt[386] oder Flucht[387] vom Tatort oder die Bergung der Beute bis zu dem Zeitpunkt, in dem der Täter in seine Ausgangslage zurückgekehrt ist und die Gefahrerhöhung (→ Rn. 134) nicht mehr wirksam wird.[388] Der Ausschluss greift daher nicht ein, wenn der an einem Einbruch beteiligte Versicherungsnehmer nur zufällig an demselben Tag in einen Unfall verwickelt wird, ohne dass diese Fahrt in einem räumlichen oder zeitlichen Zusammenhang mit der Tat stand.[389] Unfälle, die der Versicherte im Zuge eines strafbefreienden Rücktritts erleidet, werden ebenfalls vom Ausschluss erfasst.[390]

c) **Zurechnungszusammenhang zwischen Straftat und Unfall.** Die notwendige **Adä- 139 quanz** zwischen der Ausführung der Straftat und dem Unfall liegt bereits dann vor, wenn die Ausführung der Straftat eine erhöhte Gefahrenlage schafft, die generell zur Herbeiführung von Unfällen der eingetretenen Art geeignet ist („deliktstypische Gefahrenlage"[391]). So sind bspw. Fahren ohne Fahrerlaubnis[392] oder unerlaubter Waffenbesitz[393] typischerweise mit dem Risiko verbunden, dass es durch Fahrfehler oder Fehleinschätzungen des Fahrers bzw. durch einen nicht sachgerechten Umgang mit einer Schusswaffe zu einem Unfall kommt. Wer eine gefährliche Körperverletzung begeht, setzt sich typischerweise dem Risiko aus, dass der Angegriffene sich wehrt und den Angreifer verletzt oder auch – fahrlässig oder sogar in Notwehrüberschreitung auch vorsätzlich – tötet.[394] Ein Versicherungsnehmer, der einem anderen Drogen überlässt und dadurch vorsätzlich gegen das Betäubungsmittelgesetz verstößt, erhöht die Gefahr, dass der Empfänger nach dem Konsum sein Verhalten nicht mehr kontrolliert und auch gegenüber dem Versicherungsnehmer gewalttätig wird.[395] Wer durch den Erwerb explosionsgefährlicher Stoffe gegen das Sprenggesetz verstößt, ist nicht versichert, wenn er beim Herstellen einer Bombe einen Unfall erleidet.[396] Eine spezifische Gefahrenlage kann sich auch noch nach Vollendung einer Straftat verwirklichen, wenn der Unfall adäquat-kausal auf die Straftat zurückgeht und beide noch in einem unmittelbaren zeitlichen Zusammenhang stehen (Flucht des Versicherten und Verletzung durch polizeilichen Schusswaffengebrauch).[397]

Dagegen **fehlt** es an dem vorausgesetzten **Zurechnungszusammenhang,** wenn zwischen der **140** Straftat und dem Unfall nur eine zufällige Verbindung besteht und eine straftatspezifische Gefahrerhöhung (→ Rn. 134) für den eingetretenen Unfall nicht ursächlich gewesen ist (Beispiele: Versicherter verunglückt mit einem gepfändeten Fahrzeug, das er im Wege eines Verstrickungsbruchs iSd § 137 StGB an sich gebracht hatte;[398] Versicherter wird von einem Fahrzeug erfasst, nachdem er seinen zu nah auffahrenden Hintermann zum Halten gebracht und beleidigt hatte[399]). Ein Zurechnungszusammenhang besteht insbes. dann nicht, wenn sich der Unfall zwar ereignet, während der Versicherte eine Straftat begeht (Fahren ohne Führerschein), jedoch allein auf das Verhalten eines

---

[383] OLG Düsseldorf VersR 2001, 361.
[384] *Mangen* in Beckmann/Matusche-Beckmann VersR-HdB § 47 Rn. 60.
[385] OLG Hamm VersR 2006, 399.
[386] OLG Frankfurt a. M. VersR 1986, 1100.
[387] OLG Hamm VersR 2008, 65.
[388] *Knappmann* in Prölss/Martin AUB Ziff. 5 Rn. 34.
[389] OLG Celle VersR 1999, 1403.
[390] Einschränkend *Pohar* Forum Versicherungsrecht 2012, 183 (209 ff.: kein Ausschluss bei sittlich gebotener Rettungs- oder Rücktrittshandlung).
[391] *Rixecker* in Langheid/Rixecker VVG § 178 Rn. 19.
[392] BGH VersR 1982, 465; OLG Saarbrücken VersR 1989, 1184.
[393] BGH VersR 1990, 1268.
[394] BGH VersR 1998, 1410.
[395] IErg anders OLG Saarbrücken VersR 1997, 949 (Gefahrerhöhung nicht durch Verstoß gegen BtMG, sondern aufgrund sado-masochistischer Prägung des Tatgeschehens).
[396] KG r+s 2006, 80.
[397] OLG Hamm VersR 2008, 65.
[398] BGHZ 23, 76 (82) = NJW 1957, 381.
[399] OLG Hamm VersR 2009, 388.

Dritten zurückzuführen und durch die Straftat des Versicherten nicht (mit-) veranlasst worden ist.[400] Dass der Versicherte eine im Inland nicht gültige ausländische Fahrerlaubnis besitzt, schließt dagegen den Zurechnungszusammenhang nicht ohne weiteres aus, weil keine Gewähr dafür besteht, dass der Erwerb im Ausland den Sicherheitsstandards des deutschen Rechts genügt.[401]

141   d) **Darlegungs- und Beweislast.** Will der **Versicherer** sich auf den Ausschluss berufen, muss er dessen Voraussetzungen und damit die tatbestandlichen **Voraussetzungen der Straftat,** insbes. Vorsatz und Schuldfähigkeit des Versicherten, darlegen und **beweisen.**[402] Bei Jugendlichen (iSd § 1 Abs. 2 JGG) gehört dazu auch der Nachweis der Strafmündigkeit (§ 3 JGG).[403] Für die Ursächlichkeit zwischen Straftat und Unfallgeschehen kann der Beweis des ersten Anscheins sprechen.[404]

142   Demgegenüber trägt der **Versicherungsnehmer** die **Beweislast** für einen **fehlenden Zurechnungszusammenhang,** also zB dafür, dass eine mit einer gesetzlich verbotenen Fahrt verbundene Gefahrerhöhung sich nicht auf den Unfall ausgewirkt haben kann, weil dieser allein durch die Schuld eines Dritten verursacht worden ist und ein Fahrfehler des Versicherten ausscheidet.[405]

143   **5. Kriegs- oder Bürgerkriegsereignisse (Ziff. 5.1.3 AUB).**[406] **a) Grund des Ausschlusses.** Aufgrund der „**Kriegsklausel**" der Ziff. 5.1.3 AUB entfällt der Versicherungsschutz für Unfälle, die unmittelbar oder mittelbar durch Kriegs- oder Bürgerkriegsereignisse verursacht worden sind, weil dieses Risiko von dem Versicherer von vornherein nicht überblickt und kalkuliert werden kann.[407] Die in früheren AVB für aktiven Militärdienst einer versicherten Person vorgesehene Versicherungsunterbrechung ist in den AUB 2014 nicht mehr enthalten (→ Rn. 41), so dass insoweit nur noch der Ausschluss greift. Das passive Kriegsrisiko kann dagegen auf der Grundlage von Sonderbedingungen wieder in den Versicherungsschutz einbezogen werden.[408]

144   **b) Ausschluss des Kriegs- und Bürgerkriegsrisikos. Kriegsereignisse** sind Vorgänge, die ursächlich auf einen Krieg (auch Bürgerkrieg) zurückzuführen sind und in denen sich eine durch den Krieg bedingte Gefahrerhöhung realisiert. Unter einem „**Krieg**" ist ein planmäßig unter Einsatz von Waffen und Gewalt ausgetragener Konflikt zwischen Kollektiven, insbes. zwischen Staaten oder zwischen Parteien innerhalb eines Staates (Bürgerkrieg) zu verstehen. Es gilt ein „versicherungsrechtlicher Kriegsbegriff", der nur das Bestehen eines tatsächlichen Gewaltzustandes, nicht aber eine Kriegserklärung oder einen anderen vorangehenden völkerrechtlich relevanten Akt voraussetzt.[409] In diesem Sinne wird auch der verständige Versicherungsnehmer (→ Rn. 113) den Begriff verstehen. Terroranschläge Einzelner oder einzelner Gruppen,[410] militärische Einzelaktionen, Tumulte und erst recht kriminelle Angriffe auf Einzelpersonen erfüllen diese Kriterien nicht,[411] sofern sich diese Akte nicht als Bestandteil einer kriegerischen Auseinandersetzung darstellen.[412] Ein lediglich Schutzzwecken dienender Einsatz bewaffneter Streitkräfte wird von dem Ausschluss erfasst, wenn eine große Wahrscheinlichkeit besteht, in kriegerische Auseinandersetzungen zwischen Staaten oder Bürgerkriegsparteien verwickelt zu werden.

145   Ausgeschlossen ist das Risiko von **Unfällen,** die entweder **unmittelbar** (Tod oder Verletzung bei Kampfhandlungen) oder **mittelbar** (Tod durch Unfall in Gefangenschaft) durch Kriegs- oder Bürgerkriegsereignisse verursacht wurden. Stets muss sich aber die spezifische Kriegsgefahr verwirklicht haben, so dass zB ein sich zufällig während eines Krieges ereignender Verkehrsunfall ohne Beteiligung von Militärfahrzeugen nicht unter den Ausschluss fällt.[413] Auch nach Kriegsende können Unfälle noch auf die Kriegsereignisse zurückzuführen sein, so etwa bei Verletzungen durch Minen oder Blindgänger. Mit wachsendem zeitlichen Abstand verblasst allerdings in der Bevölkerung die Vorstellung von einem solchen Kausalzusammenhang, so dass ein verständiger Versicherungsnehmer

---

[400] BGH VersR 1963, 133; weitergehend *Mangen* in Beckmann/Matusche-Beckmann VersR-HdB § 47 Rn. 63 (uU kein Zurechnungszusammenhang, wenn Fahrerlaubnis besteht, aber für das konkret gefahrene Fahrzeug nicht gilt).
[401] Anders *Mangen* in Beckmann/Matusche-Beckmann VersR-HdB § 47 Rn. 63.
[402] BGH VersR 2005, 1226; OLG Koblenz VersR 1998, 709; OLG Düsseldorf VersR 2000, 309.
[403] BGH VersR 2005, 1226.
[404] OLG Hamburg VersR 1982, 873.
[405] BGH VersR 1982, 465.
[406] Überblick bei *Naumann/Brinkmann* r+s 2012, 469.
[407] Vgl. *Fricke* VersR 1991, 1098.
[408] Vgl. *Kloth* Unfallversicherung Kap. K Rn. 114 f.
[409] RGZ 90, 378 (380); *Fricke* VersR 1991, 1098; 2002, 6 (7); *Naumann/Brinkmann* r+s 2012, 469 (471).
[410] *Naumann/Brinkmann* r+s 2012, 469 (471).
[411] *Mangen* in Beckmann/Matusche-Beckmann VersR-HdB § 47 Rn. 65; aber *Fricke* VersR 2002, 7 f.
[412] *Knappmann* in Prölss/Martin AUB Ziff. 5 Rn. 40; *Naumann/Brinkmann* r+s 2012, 469 (474).
[413] Vgl. *Schubach* r+s 2002, 177 (178); *Knappmann* in Prölss/Martin AUB Ziff. 5 Rn. 42.

(→ Rn. 113) von einem bestimmten Zeitpunkt an ein Unfallgeschehen (etwa: Explosion einer Fliegerbombe bei Entschärfung Jahrzehnte nach Kriegsende) nicht mehr mit den Kriegsereignissen in Verbindung bringen wird. In einem solchen Fall greift der Ausschluss nicht mehr ein.[414]

c) Wiedereinschluss bei überraschendem Kriegsausbruch (Ziff. 5.1.3 – Ausnahme AUB). Der Ausschluss greift nicht ein (Wiedereinschluss), wenn die versicherte Person auf einer Auslandsreise überraschend von Kriegs- oder Bürgerkriegsereignissen betroffen wird (Abs. 1, 2). Der Schutz erlischt in diesem Fall allerdings am Ende des siebten Tages nach Kriegsbeginn auf dem Gebiet des Staates, auf dem sich die versicherte Person aufhält (Abs. 3). Diese „Überraschungsklausel" soll demjenigen Versicherungsschutz verschaffen, der unerwartet und kurzfristig in Kriegsereignisse gerät.[415] Gedacht ist in erster Linie an Touristen, jedoch profitieren von der Erweiterung auch etwa Geschäftsreisende oder Journalisten, für deren Zwecke freilich die Siebentagefrist oft nicht ausreichen wird und die sich deswegen eine Zusatzdeckung gegen Mehrprämie verschaffen sollten.[416] „Überraschend" sind Kriegs- oder Bürgerkriegsereignisse dann, wenn mit dem *konkreten* Ausbruch aus der Sicht des jeweiligen Versicherungsnehmers und auf der Grundlage der ihm zur Verfügung stehenden Informationen nicht zu rechnen war.[417] Bereits vorher bestehende Verschärfungen der politischen Lage, Putschgerüchte, politische Drohungen schließen einen „überraschenden" Kriegsausbruch nicht aus,[418] wohl aber Ultimaten oder Truppenkonzentrationen. Vor dem Hintergrund des versicherungsrechtlichen Kriegsbegriffs (→ Rn. 144) und angesichts des Umstands, dass sich kriegerische Auseinandersetzungen heute häufig erst nach und nach entwickeln, dürfte eine Fixierung des genauen Kriegsbeginns häufig schwerfallen (aktuelle Beispiele: Ukraine, Syrien, Afghanistan). Entscheidend ist der Zeitpunkt, in welchem genau der Waffeneinsatz einzelner Gruppen in eine Auseinandersetzung zwischen organisierten Kriegsparteien umschlägt. Nach Kriegsbeginn erlischt dann der Versicherungsschutz auf dem gesamten Staatsgebiet,[419] so dass bspw. auch ein Aufenthalt in der vom (Bürger-) Krieg derzeit nicht berührten Westukraine nach Fristablauf unversichert bleibt.

In drei Situationen soll dieser **Wiedereinschluss nicht** gelten, so dass wiederum die „**Kriegsklausel**" (→ Rn. 143) **zum Zuge kommt** (Ziff. 5.1.3 AUB – Gegenausnahme). Danach bleibt es beim Ausschluss des Versicherungsschutzes, wenn die versicherte Person in oder durch Staaten reist, auf deren Gebiet bereits Krieg oder Bürgerkrieg herrscht (1. Spiegelstrich). Das versteht sich aber von selbst, weil der Versicherte in diesem Fall von vornherein überhaupt nicht an Ort und Stelle durch den Ausbruch von Krieg oder Bürgerkrieg überrascht wird. Der Versicherungsschutz ist ausgeschlossen, wenn jemand zwar von den Ereignissen in einem ausländischen Staat überrascht wird, aber aktiv an den Kriegs- oder Bürgerkriegshandlungen teilnimmt (2. Spiegelstrich), und schließlich, wenn es zu einem Unfall durch ABC-Waffen kommt (3. Spiegelstrich).

d) Darlegungs- und Beweislast. Der Versicherer muss die Voraussetzungen der Ziff. 5.1.3 und somit darlegen und beweisen, dass der Unfall mittelbar oder unmittelbar durch ein (Bürger-) Kriegsereignis verursacht wurde. Demgegenüber trägt der Versicherungsnehmer die Beweislast dafür, dass die Voraussetzungen der „Überraschungsklausel" (→ Rn. 146) gegeben sind. Der Versicherer ist schließlich wiederum für die Einschränkungen dieser Klausel und somit insbes. dafür beweispflichtig, dass der Versicherungsschutz nach Ablauf der Siebentagefrist wieder erloschen ist oder der Unfall sich etwa nach einer Einreise in einen Kriegs- oder Bürgerkriegsstaat oder im Zuge einer aktiven Teilnahme an Kriegshandlungen ereignet hat.

6. Unfälle im Luftverkehr (Ziff. 5.1.4 AUB). a) Grund des Ausschlusses. Vom Versicherungsschutz ausgenommen sind nach Ziff. 5.1.4 **Luftfahrtunfälle**, die der Versicherte als Luftfahrzeugführer (auch Luftsportgeräteführer), als Besatzungsmitglied eines Luftfahrzeugs (→ Rn. 150) oder bei einer mit Hilfe eines Luftfahrzeugs auszuübenden **Berufstätigkeit** (→ Rn. 152) erleidet. Der Ausschluss betrifft Tätigkeiten und Berufe mit einem spezifischen und überdurchschnittlich hohen Berufsrisiko. Er gilt daher nach seinem Sinn und Zweck nicht für Unfälle, die sich vor dem Start oder nach der Landung, etwa bei Kontroll- oder Ladevorgängen ereignen, weil während dieser Zeiträume das Unfallrisiko nicht signifikant erhöht ist.[420] Auf Zuschauer einer Flugschau bezieht sich der Ausschluss daher nicht.[421] Ist dem Versicherer bekannt, dass die zu versichernde Person zu

---

[414] Vgl. auch *Schubach* r+s 2002, 177 (179); *Knappmann* in Prölss/Martin AUB Ziff. 5 Rn. 39.
[415] *Stockmeier/Huppenbauer* AUB 1999 S. 51.
[416] *Stockmeier/Huppenbauer* AUB 1999 S. 51.
[417] Vgl. auch *Naumann/Brinkmann* r+s 2012, 469 (476).
[418] Anders wohl *Mangen* in Beckmann/Matusche-Beckmann VersR-HdB § 47 Rn. 67.
[419] Zurückhaltend *Marlow/Tschersich* r+r 2011, 357 (371).
[420] *Knappmann* in Prölss/Martin AUB Ziff. 5 Rn. 50; anders *Schubach* in Schubach/Janssen AUB Nr. 5 Rn. 52.
[421] *Knappmann* in Prölss/Martin AUB Ziff. 5 Rn. 51.

dem angesprochenen Personenkreis gehört, muss er zwecks Vermeidung eines Beratungsverschuldens (§§ 6 Abs. 1, 61 Abs. 1) auf den Ausschluss und die Möglichkeit einer Spezialdeckung hinweisen.[422]

150 **b) Reichweite des Ausschlusses.** Als **Luftfahrzeuge** sind nach dem hier zu übernehmenden § 1 Abs. 2 LuftVG Flugzeuge, Hubschrauber, Luftschiffe, Segelflugzeuge, Frei- und Fesselballone sowie Drachen[423] und Rettungsfallschirme anzusehen. Zu der Untergruppe der **Luftsportgeräte** (§ 1 Abs. 2 Nr. 10 LuftVG) gehören ua Gleitflugzeuge, Hängegleiter, Luftschirme,[424] Gleitsegel oder Sprungfallschirme.[425] Der Ausschluss bezieht sich auf die für die Durchführung des Fluges verantwortlichen **Luftfahrzeug- oder Luftsportgeräteführer** (zB Pilot, Copilot), soweit sie nach deutschem Recht dafür eine Erlaubnis benötigen (vgl. §§ § 4 iVm § 1 Abs. 2 LuftVG). Sonstige **Besatzungsmitglieder** sind Personen, die den verantwortlichen Luftfahrzeugführer zu unterstützen (Funker, Bordmechaniker, Stewards und Stewardessen) oder (wie etwa Sicherheitsbeauftragte) auftragsgemäß sonstige Dienste im Flugzeug zu verrichten haben.[426]

151 **Fluggäste** werden von dem Ausschluss gerade nicht erfasst. Fluggast ist jedoch nicht, wer von Flugbeginn an ersatzweise als Flugzeugführer oder Besatzungsmitglied vorgesehen ist, auch wenn er dann während des Fluges nicht zum Einsatz kommt.[427] Wenn andererseits ein Passagier während des Fluges in einer Notlage spontan Aufgaben – etwa die Rolle des ausgefallenen Piloten – übernimmt, bleibt der Fahrgastversicherungsschutz bestehen, weil bereits diese Notlage sich als Beginn der Verwirklichung seines Fluggastrisikos darstellt.[428]

152 Der Risikoausschluss erstreckt sich auf weitere Personen, die mit Hilfe eines Luftfahrzeugs eine **berufliche Tätigkeit** ausüben und dabei einen Unfall erleiden (etwa: Pilot und Crew von Verkehrsüberwachungs- oder Rettungshubschraubern, Fahrer eines Wetterballons, Pilot eines Schädlingsbekämpfungsflugzeugs, Luftbildfotograf, Arzt bei Bergwachtübung[429]). Flugschüler bei Ausbildungs- und Prüfungsflügen werden zwar nicht als Luftfahrzeugführer,[430] wohl aber als Personen von dem Ausschluss erfasst, die mit Hilfe eines Luftfahrzeugs eine berufliche Tätigkeit ausüben.

153 **c) Darlegungs- und Beweislast.** Der **Versicherer** trägt die Beweislast dafür, dass die verunglückte Person zu dem in der Klausel angesprochenen Personenkreis gehört (also bspw. kein Fluggast gewesen ist[431]) und den Unfall bei der Ausübung der in der Klausel beschriebenen Tätigkeiten erlitten hat.

154 **7. Teilnahme an Motorfahrzeugrennen (Ziff. 5.1.5 AUB). a) Grund und Inhalt des Ausschlusses.** Teilnehmer an **Motorfahrzeugrennen** (Kraftfahrzeuge einschließlich Motorräder (vgl. § 1 Abs. 2 StVG), Motorboote[432]) genießen wegen des mit diesen Veranstaltungen verbundenen erhöhten Risikos keinen Versicherungsschutz. Der Ausschluss betrifft versicherte Personen, die sich als Fahrer, Beifahrer oder Insassen eines Motorfahrzeugs an Fahrveranstaltungen bzw. Übungsfahrten[433] beteiligen, welche auf die Erzielung von Höchstgeschwindigkeiten abzielen. Zuschauer, Streckenposten und Mechaniker werden nicht erfasst.[434] Waghalsige Fahrmanöver einzelner Straßenverkehrsteilnehmer sind dagegen keine „Veranstaltung" iSd Klausel.[435]

155 Dabei spielt es keine Rolle, ob das Rennen von einem **Veranstalter** organisiert wurde oder als vorher von den Teilnehmern verabredetes (ggf. illegales) **Straßenrennen** stattfindet. Auch die von einem Fahrer allein durchgeführte und auf Erzielung einer Höchstgeschwindigkeit gerichtete Testfahrt fällt unter den Ausschluss, nicht dagegen eine Veranstaltung, bei der es nur auf die Zuverlässigkeit oder Geschicklichkeit der Fahrweise ankommt, so wenn zB bei einem als „Zuverlässigkeitsfahrt" ausgeschriebenen Motorradrennen eine Durchschnittsgeschwindigkeit von 40 km/h vorgeschrieben ist und sowohl bei Unterschreitung als auch bei Überschreitung der hiernach bemessenen Soll-Ankunftszeiten an den Zeitkontrollen Strafzeiten verhängt werden.[436] Werden einzelne Teilstrecken

---

[422] Vgl. *Schubach* in Schubach/Jannsen AUB Nr. 5 Rn. 54.
[423] OLG Nürnberg VersR 1980, 233.
[424] BGH VersR 1988, 714.
[425] LG Oldenburg VersR 1989, 178.
[426] BGH VersR 1984, 155; OLG Oldenburg NJW-RR 1986, 1474; OLG Koblenz VersR 1998, 1146.
[427] BGH VersR 1984, 155; OLG Koblenz VersR 1998, 1146 (Abgrenzung zwischen Fluggast und Copilot).
[428] BGH VersR 1984, 155.
[429] LG München II VersR 1990, 40; aA *Knappmann* in Prölss/Martin AUB Ziff. 5 Rn. 48.
[430] *Schubach* in Schubach/Jannsen AUB Nr. 5 Rn. 47.
[431] BGH VersR 1999, 1224; aA OLG Oldenburg NJW-RR 1986, 1474.
[432] *Knappmann* in Prölss/Martin AUB Ziff. 5 Rn. 53.
[433] Vgl. OLG Celle VersR 2005, 778 („ Pflichttrainingsfahrt").
[434] *Knappmann* in Prölss/Martin AUB Ziff. 5 Rn. 53.
[435] OLG Bamberg VersR 2010, 1029.
[436] OLG Celle r+s 2004, 164; OLG Düsseldorf VersR 1998, 224.

auf Höchstgeschwindigkeit gefahren, so greift der Risikoausschluss nur für Unfälle auf dieser Teilstrecke ein.[437]

b) Darlegungs- und Beweislast. Der **Versicherer** muss darlegen und **beweisen,** dass der Unfall einer Person zugestoßen ist, die sich in der beschriebenen Weise an einem Motorfahrzeugrennen bzw. einer dazu gehörigen Übungsfahrt beteiligt hat. 156

8. Durch Kernenergie verursachte Unfälle (Ziff. 5.1.6 AUB). a) Grund und Inhalt des Ausschlusses. Der Versicherungsschutz ist ausgeschlossen bei Unfällen, die **unmittelbar** oder **mittelbar** durch Kernenergie verursacht worden sind. Der Ausschluss soll der besonderen Gefährlichkeit dieser Technologie Rechnung tragen. Er betrifft Unfälle, die unmittelbar auf eine Reaktorexplosion (Druckwelle, Hitzeentwicklung, Feuer, Gas, Verstrahlungen, aber Ziff. 5.2.2 AUB, → Rn. 165 ff.) oder mittelbar auf den Einsatz von Kernenergie (etwa: Austritt radioaktiver Flüssigkeiten aus einem Kraftwerk) zurückgehen, greift dagegen nicht ein, wenn ein Unfallgeschehen nicht spezifisch auf eine Kernreaktion zurückzuführen ist, so bspw., wenn es bei Transporten von spaltbarem Material zu Verkehrsunfällen kommt oder wenn sich Unfälle ereignen bei der Nutzung von Strom, der durch Kernenergie gewonnen wurde.[438] 157

Die hM will den Versicherungsschutz darüber auch dann ausschließen, wenn sich infolge einer durch einen Störfall ausgelösten Panik Unfälle ereignen.[439] In der Tat lassen sich derartige Unfälle adäquat-kausal auf den Einsatz von Kernenergie zurückführen; aus der Sicht eines verständigen Versicherungsnehmers (→ Rn. 113) wäre aber ein panikbedingter Zusammenstoß zweier Fahrzeuge nicht (auch nicht mittelbar) „durch Kernenergie" verursacht, so dass der Ausschluss nicht Platz greift. 158

b) Darlegungs- und Beweislast. Der **Versicherer** trägt die Beweislast dafür, dass ein Unfall unmittelbar oder mittelbar durch Kernenergie verursacht wurde. 159

9. Schäden an Bandscheiben und Blutungen aus inneren Organen (Ziff. 5.2.1 AUB). a) Grund und Inhalt des Ausschlusses. Vom Versicherungsschutz ausgenommen sind **Schäden an Bandscheiben**[440] (auf die sich die Erweiterung der Ziff. 1.4 AUB nicht erstreckt, → Rn. 110) sowie **Blutungen aus inneren Organen** (etwa: Aortenblutung[441]) sowie **Gehirnblutungen** (etwa: Blutung aus Aneurysma[442]). Der Begriff des Bandscheibenvorfalls ist weit auszulegen und erfasst alle degenerativen und traumatischen Veränderungen im Bandscheibenbereich sowie deren Folgezustände.[443] Der Ausschluss bezieht sich daher auch auf die durch die Gesundheitsschädigung herbeigeführten weiteren Gesundheitsstörungen, wie zB auf Lähmungserscheinungen, die durch Bandscheibenschäden ausgelöst werden.[444] Der Ausschluss hat weitgehend deklaratorischen Charakter, weil die angeführten Gesundheitsschäden idR aufgrund anlagebedingter Abnutzungserscheinungen oder degenerativer Körpervorgänge, dh gerade ohne äußere Einwirkungen entstehen und somit nicht die Voraussetzungen des Unfallbegriffs (→ Rn. 55) erfüllen. Es handelt sich um Krankheiten, die von einer Krankenversicherung abzudecken sind.[445] 160

b) Wiedereinschluss unfallbedingter Schäden (Ausnahme). Einen **Wiedereinschluss** sieht eine Ausnahmeregelung vor für den Fall, dass ein unter diesen Vertrag fallendes Unfallereignis (Art. 178 Abs. 2 VVG und Ziff. 1.3. AUB) die **„überwiegende Ursache"** (dh zu mehr als 50 %) einer Gesundheitsschädigung darstellt. Ist sie zu über 50 % auf eine Vorschädigung oder einen anderen Vorgang als den Unfall zurückzuführen, bleibt es daher bei dem Risikoausschluss. Das ist zB der Fall, wenn eine Gehirnblutung ganz überwiegend durch die Einnahme eines Medikaments ausgelöst wurde. Um diese Feststellung treffen zu können, sind Verlauf der Blutung, Blutungsdauer und der Menge des ausgetretenen Blutes in einer Gesamtschau wertend zu betrachten.[446] 161

Da **Bandscheibenvorfälle** aus Anlass eines Unfalls in aller Regel degenerativ mitbedingt sind, wird in der Praxis regelmäßig eine überwiegende Vorschädigung angenommen und ein Versiche- 162

---

[437] LG Wiesbaden VersR 1975, 630; aA LG Braunschweig VersR 1966, 729.
[438] *Knappmann* in Prölss/Martin AUB Ziff. 5 Rn. 56; *Mangen* in Beckmann/Matusche-Beckmann VersR-HdB § 47 Rn. 78.
[439] *Knappmann* in Prölss/Martin AUB Ziff. 5 Rn. 56; *Mangen* in Beckmann/Matusche-Beckmann VersR-HdB § 47 Rn. 78 *Schubach* in Schubach/Jannsen AUB Nr. 5 Rn. 62.
[440] Näher *Steinmetz/Röser* VersR 2014, 38.
[441] BGH VersR 1991, 916.
[442] OLG Koblenz VersR 2000, 218; OLG Hamm VersR 2002, 883.
[443] OLG Köln VersR 2017, 150.
[444] OLG Hamburg r+s 2008, 32.
[445] OLG Oldenburg VersR 1997, 821; *Stockmeier/Huppenbauer* AUB 1999 S. 55.
[446] OLG Koblenz VersR 2008, 67.

rungsschutz daher verneint, wenn eine anlagebedingte Vorschädigung bestand und ein gesunder Versicherter bei Vornahme der konkreten Handlungen den jetzt eingetretenen Schaden nicht erlitten hätte.[447] Dies gilt insbes. dann, wenn bei einem Unfallereignis (Stoß, Sturz) keinerlei erkennbare knöcherne Verletzungen an der Wirbelsäule, einem Wirbelkörper oder an Weichteilen aufgetreten sind.[448] Dass sich degenerative Veränderungen an der Wirbelsäule bei subjektiv beschwerdefreien Patienten anlässlich einer beliebigen Bewegung manifestieren und die dadurch auftretenden Beschwerden subjektiv als Unfall erfahren werden, reicht zur Begründung des Wiedereinschlusses nicht aus.[449] Ist die Schädigung ausnahmsweise einmal überwiegend auf das Unfallereignis zurückzuführen, ist bei der Berechnung der Versicherungsleistungen Ziff. 2.1.2.2.3 AUB (→ Rn. 239) und Ziff. 3 AUB (→ Rn. 284 ff.) zu beachten. Bei der nach Ziff. 3 AUB vorzunehmenden Minderung sind allerdings nur vorbestehende Krankheiten und Gebrechen und nicht (wie nach Ziff. 5.2.1) auch sonstige unfallfremde Ursachen in Ansatz zu bringen.[450]

163   c) **Wirksamkeit der Klausel.** Der Ausschluss **hält** nach allgemeiner Auffassung einer **Inhaltskontrolle** nach § 307 Abs. 1, 2 Nr. 2 BGB **stand**, weil der Unfallversicherer ein berechtigtes Interesse daran hat, als Krankheit anzusehende Gesundheitsschädigungen vom Versicherungsschutz auszuschließen. Auch liegt kein Verstoß gegen das Transparenzgebot des § 307 Abs. 1 S. 2 BGB vor, da ein verständiger Versicherungsnehmer dem Wortlaut der Klausel ohne weiteres entnehmen kann, dass angesichts bestehender Vorschädigungen Versicherungsschutz grds. nicht und nur ausnahmsweise nach Vornahme einer Abwägung der Kausalfaktoren gewährt werden soll.[451]

164   d) **Darlegungs- und Beweislast.** Die Beweislage ist schwierig, weil häufig nicht geklärt werden kann, ob der Versicherte aufgrund einer (zB durch Hypertonie ausgelösten) Gehirnblutung einen Unfall erlitten oder ein Unfall zu einer traumatischen Gehirnblutung geführt hat. In einem solchen Fall ist nach Beweislastregeln zu entscheiden.[452] Der Versicherungsnehmer ist beweispflichtig dafür, dass die Blutung kausal auf einen Unfall zurückgeht; lässt sich der Kausalverlauf nicht klären, geht dies zu seinen Lasten.[453] Nachdem die Voraussetzungen eines Unfalls (→ Rn. 160) feststehen oder vom Versicherungsnehmer nachgewiesen wurden, muss der **Versicherer** darlegen und beweisen, dass es sich um **Gesundheitsschäden** iSd Klausel (Bandscheibenschäden, innere Blutungen) handelt.[454] Die Beweislast dafür, dass die betreffende Gesundheitsschädigung **überwiegend** durch ein **Unfallereignis** verursacht worden ist, trägt dann wiederum der **Versicherungsnehmer**.[455] Angesichts der unter → Rn. 162 angeführten Voraussetzungen wird der Beweis in der Praxis regelmäßig scheitern.[456]

165   **10. Gesundheitsschäden durch Strahlen (Ziff. 5.2.2 AUB). a) Grund des Ausschlusses.** Gesundheitsschädigungen durch **Strahlen** sind nicht versichert. Der Zweck dieses Ausschlusses – Ausgrenzung von Risiken, die sich durch die Unschärfen der Abgrenzung zwischen „plötzlichen" und „nicht plötzlichen" Unfallereignissen ergeben könnten (→ Rn. 73, 78)[457] – gewinnt noch erhöhte Bedeutung, wenn man mit der Gesetzesbegründung das „plötzliche" als „unerwartetes" Geschehen auffasst und damit die mehr oder minder strenge Beschränkung des Unfalls auf schlagartig einsetzende Ereignisse aufhebt (→ Rn. 75).

166   Eine **Einbeziehung von Strahlenschäden** ist durch Vereinbarung von Besonderen Versicherungsbedingungen möglich, so der „Besonderen Bedingungen für den Einschluss von Gesundheits-

---

[447] OLG Frankfurt a. M. VersR 1994, 1055; OLG Schleswig VersR 1995, 825; OLG Köln VersR 2003, 1120; OLG Hamm r+s 2006, 467; VersR 2015, 1416.
[448] OLG Nürnberg r+s 2001, 217; OLG Köln VersR 2003, 1120; OLG Koblenz VersR 2004, 462; im konkreten Fall aber anders OLG Koblenz VersR 2008, 1684.
[449] OLG Oldenburg VersR 1997, 821; OLG Hamm r+s 2003, 255.
[450] *Schubach* in Schubach/Jannsen AUB Nr. 3 Rn. 3.
[451] OLG Oldenburg VersR 1997, 821; OLG Köln VersR 2003, 1120; OLG Hamm r+s 2003, 255; OLG Karlsruhe VersR 2005, 969; OLG Frankfurt a. M. r+s 2011, 173; OLG Köln r+s 2014, 249; *Rüffer* in HK-VVG AUB 2014 Ziff. 5 Rn. 33.
[452] Vgl. etwa OLG Frankfurt a. M. r+s 2014, 248.
[453] OLG Schleswig VersR 1991, 916; OLG Köln VersR 1996, 620.
[454] BGH VersR 2009, 492; OLG Frankfurt a. M. r+s 2014, 248.
[455] BGH VersR 2009, 492; OLG Oldenburg VersR 1997, 821; OLG Hamm r+s 2001, 439 und 2003, 255; OLG Köln VersR 2003, 1120 und r+s 2014, 249; OLG Karlsruhe VersR 2005, 969; OLG Koblenz VersR 2005, 1425; 2008, 1684; OLG Frankfurt a. M. VersR 2006, 1118; *Knappmann* NVersZ 2002, 1 (3).
[456] *Marlow* r+s 2007, 353 (356); *Janssen* in Schubach/Jannsen AUB Nr. 5 Rn. 68 f.; zu den medizinischen Aspekten *Ernesto/Gärtner* VersR 1996, 419.
[457] *Mangen* in Beckmann/Matusche-Beckmann VersR-HdB § 47 Rn. 79.

schäden durch Röntgen- oder Laserstrahlen" oder der „Allgemeinen Strahlenunfallversicherungs-Bedingungen".⁴⁵⁸

b) Reichweite des Ausschlusses. Der Ausschluss erfasst Strahlen in **sämtlichen Entstehungs- und** Erscheinungsformen, also nicht nur radioaktive oder Röntgenstrahlen (vgl. insoweit Ziff. 5.1.6 AUB, → Rn. 157), sondern auch elektromagnetische Strahlenfelder⁴⁵⁹ oder in Diskotheken eingesetzte Laserstrahlen⁴⁶⁰ (von deren Existenz vermutungsweise auch ein durchschnittlicher Versicherungsnehmer ohne technische Vorbildung Kenntnis haben wird). Auf eine besondere Gefährlichkeit der Strahlen kommt es daher nicht an; die Möglichkeit einer Gesundheitsschädigung durch Strahlen reicht aus.⁴⁶¹ Einen (durch Sonnenstrahlen verursachten) Sonnenbrand wird man üblicherweise nicht als Strahlenschaden begreifen, so dass in diesem Punkt eine enge Auslegung des Ausschlusses angezeigt ist.⁴⁶² Allerdings wird die Sonneneinwirkung idR nicht „plötzlich" im Sinne von „unerwartet" (vgl. Abs. 2, → Rn. 78) erfolgen, so dass es bereits an einem Unfallmerkmal fehlt. 167

Von dem Ausschluss erfasst sind nur Gesundheitsschädigungen, **nicht** dagegen allgemein **Unfälle,** die durch Strahlen hervorgerufen werden, so dass ein Verkehrsunfall, den ein von den Strahlen der tief stehenden Sonne geblendeter Kraftfahrer verursacht, versichert bleibt.⁴⁶³ 168

Versicherungsschutz besteht aber nach Ziff. 5.2.3 S. 2 AUB (→ Rn. 178), soweit die **strahlendiagnostischen** oder **-therapeutischen Heilmaßnahmen** oder Eingriffe durch einen unter den Versicherungsschutz fallenden Unfall veranlasst waren. Diese auf einen Wiedereinschluss von unfallbedingten Heilmaßnahmen zielende Vertragsbestimmung schränkt als Sonderregel auch den allgemein auf Strahlen bezogenen Ausschluss in Ziff. 5.2.2 AUB ein.⁴⁶⁴ 169

c) Darlegungs- und Beweislast. Der **Versicherer** trägt die Beweislast dafür, dass der **Unfall** durch **Straleneinwirkung** verursacht wurde; der Versicherungsnehmer beweist, dass es sich dabei um eine unfallbedingt vorgenommene strahlendiagnostische oder -therapeutische Heilmaßnahme gehandelt hat. 170

11. Gesundheitsschäden durch Heilmaßnahmen oder körperliche Eingriffe (Ziff. 5.2.3 AUB). a) Grund des Ausschlusses. Nicht unter den Versicherungsschutz fallen Gesundheitsschäden, die durch Heilmaßnahmen oder Eingriffe am Körper der versicherten Person verursacht werden (S. 1, → Rn. 172 ff.). Damit sollen die mit einer (gewollten) Behandlung des menschlichen Körpers verbundenen erhöhten Gefahren vom Versicherungsschutz ausgenommen werden.⁴⁶⁵ Ein **Wiedereinschluss** erfolgt in Bezug auf solche Maßnahmen, die durch einen unter den Vertrag fallenden Unfall veranlasst worden sind (**Ausnahme,** → Rn. 178). Einzelne Bedingungswerke beziehen auch die durch Schutzimpfungen verursachen Impfschäden in den Versicherungsschutz ein; dazu gehören dann aber nicht solche Schäden, die durch eine zwecks Verhinderung von Krankheitsschüben vorgenommene Immuntherapie hervorgerufen worden sind.⁴⁶⁶ 171

b) Heilmaßnahmen. Heilmaßnahmen sind alle zu therapeutischen Zwecken erfolgenden Maßnahmen oder Handlungen (insbes. die Verabreichung von Medikamenten⁴⁶⁷ oder Operationen,⁴⁶⁸ aber auch das Einsetzen eines Herzkatheters⁴⁶⁹ oder Einführung einer Sonde zwecks künstlicher Ernährung⁴⁷⁰), die an der versicherten Person von ihr selbst oder einem Dritten vorgenommen werden.⁴⁷¹ Auch strahlendiagnostische (etwa: Röntgen, Ultraschall, Computer- und Magnetresonanztomographie) oder strahlentherapeutische Maßnahmen werden von dem Ausschluss erfasst (**S. 2**). Der Dritte muss nicht unbedingt ein Arzt sein, so dass unter den Ausschluss auch Behandlungen durch einen Krankengymnasten,⁴⁷² Vorbereitungsmaßnahmen eines Pflegers vor einer Opera- 172

---

⁴⁵⁸ *Mangen* in Beckmann/Matusche-Beckmann VersR-HdB § 47 Rn. 79.
⁴⁵⁹ *Stockmeier/Huppenbauer* AUB 1999 S. 59.
⁴⁶⁰ BGH VersR 1998, 617.
⁴⁶¹ BGH VersR 1998, 617.
⁴⁶² Anders *Knappmann* in Prölss/Martin AUB Ziff. 5 Rn. 61; *Stockmeier/Huppenbauer* AUB 1999 S. 58.
⁴⁶³ *Stockmeier/Huppenbauer* AUB 1999 S. 59.
⁴⁶⁴ *Rüffer* in HK-VVG AUB 2014 Ziff. 5 Rn. 37.
⁴⁶⁵ OLG Stuttgart VersR 2007, 786.
⁴⁶⁶ OLG Zweibrücken zfS 2020, 400; näher *Grimm/Kloth* AUB 2014 Ziff. 5 Rn. 155.
⁴⁶⁷ OLG Zweibrücken VersR 2020, 531.
⁴⁶⁸ LG Dortmund VersR 2012, 475.
⁴⁶⁹ OLG Schleswig VersR 2003, 587.
⁴⁷⁰ OLG Hamm r+s 2014, 93.
⁴⁷¹ OLG Stuttgart VersR 2007, 786.
⁴⁷² OLG Karlsruhe VersR 2002, 562.

tion,[473] die Verabreichung von Medikamenten[474] etwa durch eine Krankenschwester oder die Durchführung von medizinisch angeordneten Bestrahlungen, Massagen oder Bädern[475] fallen. Diagnosemaßnahmen werden von dem Ausschluss nur dann erfasst, wenn sie im Rahmen einer konkreten Behandlung erfolgen, nicht dagegen, wenn es sich um reine Vorsorgemaßnahmen (wie zB bei einer Reihenuntersuchung) handelt.[476] Dabei kommt es nicht darauf an, ob die konkrete Maßnahme medizinisch indiziert war, ob sie Erfolg hatte oder nach den Regeln der medizinischen Kunst vorgenommen wurde.[477] Auch ärztliche Kunstfehler sind vom Versicherungsschutz ausgeschlossen.[478]

173   Ob die Klausel voraussetzt, dass die Heilmaßnahme mit **Wissen und Einverständnis** des Versicherten vorgenommen wurde, ist durchaus zweifelhaft. Nach früheren AUB-Fassungen (AUB 1988/1994) bezog sich der Ausschluss nur auf Gesundheitsschäden aufgrund solcher Heilmaßnahmen, die der Versicherte „an seinem Körper vornimmt oder vornehmen lässt". Daraus wurde gefolgert, dass der Versicherte über die beabsichtigte Heilmaßnahme informiert und mit ihren Folgen und Risiken jedenfalls bei laienhafter Bewertung einverstanden gewesen sein musste.[479] Diese Einschränkung wurde aber ab der Version AUB 1999 aufgegeben. Damit sollte dem Versicherten der Einwand abgeschnitten werden, dass die Heilmaßnahme nicht planvoll verlaufen oder in ihrem Umfang nicht mit ihm abgestimmt worden sei und deswegen nicht unter den Ausschluss falle; der Ausschluss sollte in Zukunft sämtliche mit einer Heilbehandlung verbundenen Risiken erfassen.[480] Aus der Sicht eines verständigen Versicherungsnehmers (→ Rn. 113) könnte die heute maßgebende Formulierung daher auf den ersten Blick in der Tat so zu verstehen sein, dass es auf Wissen und Einverständnis der versicherten Person nicht ankommen soll. Jedoch ist aus dem Begriff der „Heilmaßnahme" zu erschließen, dass die therapeutische Maßnahme von dem Einverständnis (oder zumindest einem zu vermutenden Einverständnis[481]) des Versicherten gedeckt sein muss, weil es sich andernfalls nicht um eine Heilmaßnahme, sondern idR um eine rechtswidrige Körperverletzung handeln würde. Die Klausel ist daher so zu verstehen, dass der Versicherte de facto mit der Vornahme der Maßnahme (nicht aber mit ihrem Ergebnis) einverstanden gewesen sein muss;[482] eine förmliche (mit einer Aufklärung verbundene) rechtfertigende Einwilligung im arztrechtlichen Sinne ist aber nicht erforderlich.[483]

174   Der Ausschluss greift stets Platz, wenn die **Gesundheitsschädigung** als **adäquate Folge** einer **Heilmaßnahme** eintritt, so etwa, wenn eine künstliche Herzklappe bricht.[484] Allerdings muss es sich dabei stets um eine der Heilmaßnahme spezifisch verbundene Gefahr handeln, nicht etwa um eine Schädigung handeln, die nur zufällig aus Anlass einer Heilbehandlung eingetreten ist und zu den Risiken des täglichen Lebens zählt (Umstoßen einer Schüssel mit heißem Wasser beim Inhalieren,[485] Sturz in Arztpraxis oder auf dem Nachhauseweg von der Praxis; anders: Sturz als Nachwirkung einer Narkose[486] oder Sturz beim Umbetten während der Narkoseeinleitung durch Nachlässigkeit des Pflegepersonals[487]).

175   **c) Eingriffe am Körper der versicherten Person.** Was unter „Eingriffen" am Körper der versicherten Person zu verstehen sein soll, ist unklar. Nicht umsonst haben sich Rspr. und Schrifttum immer wieder darum bemüht, den völlig konturenlosen Begriff zu konkretisieren.[488] Wortlaut und Sinnzusammenhang der Ziff. 5.2.3 AUB – insbes. die in beiden Sätzen anzutreffende Verbindung von „Heilmaßnahme" und „Eingriff" sowie Einbeziehung strahlendiagnostischer bzw. strahlentherapeutischer Maßnahmen – deuten stark darauf hin, dass sich auch der Terminus „Eingriff" auf medizinische Behandlungen bezieht und damit solche körperlichen Einwirkungen anspricht, die entweder

---

[473] OLG Celle VersR 2010, 803.
[474] OLG Stuttgart VersR 2007, 786.
[475] *Rüffer* in HK-VVG AUB 2014 Ziff. 5 Rn. 39.
[476] *Knappmann* in Prölss/Martin AUB Ziff. 5 Rn. 62; *Knappmann* FS Schirmer, 2011, 269 (272).
[477] OLG Karlsruhe VersR 2002, 562.
[478] OLG Hamm VersR 1979, 1100; OLG Schleswig VersR 2003, 587; OLG München VersR 2005, 261; OLG Saarbrücken VersR 2015, 1417; vgl. auch *Stockmeier/Huppenbauer* AUB 1999 S. 62.
[479] *Stockmeier/Huppenbauer* AUB 1999 S. 61 f.
[480] *Stockmeier/Huppenbauer* AUB 1999 S. 61 f.
[481] *Mangen* in Beckmann/Matusche-Beckmann VersR-HdB § 47 Rn. 85.
[482] IErg ebenso *Knappmann* in Prölss/Martin AUB Ziff. 5 Rn. 65.
[483] OLG Schleswig VersR 2003, 587.
[484] BGH VersR 1988, 1148.
[485] OLG Saarbrücken VersR 1997, 956.
[486] LG Berlin VersR 2003, 54.
[487] OLG Celle VersR 2010, 803.
[488] Vgl. zB BGH VersR 2001, 227; *Stockmeier/Huppenbauer* AUB 1999 S. 60 f.

zu rein diagnostischen Zwecken vorgenommen werden (→ Rn. 172) oder – wie Schönheitsoperationen – keine Heilmaßnahmen darstellen. In diesem Sinne hat zB das OLG Oldenburg[489] erwogen, den „Eingriff" als Synonym zu „Operation" und damit als eine medizinisch indizierte Einwirkung auf den Körper zu verstehen, die final auf die Besserung eines bestehenden pathologischen Zustands gerichtet ist. Praktisch würde dies bedeuten, dass nicht medizinisch indizierte Eingriffe wie Tätowierungen, Piercings, uU auch autoerotische Handlungen nicht unter den Ausschluss fallen.

176 Demgegenüber hat sich der BGH in einer allerdings zu den AUB 1961 ergangenen Entscheidung eine **extensivere Interpretation** des Begriffs zu eigen gemacht und unter einem Eingriff „entsprechend dem allgemeinen Sprachgebrauch" eine gezielt vorgenommene und auf einen bestimmten Zweck gerichtete Handlung verstanden, die zu einer Substanzverletzung des Körpers der versicherten Person führe oder sich als Einwirkung darstelle, die eine Beeinträchtigung körperlicher Funktionen bezwecke. Für eine Reduktion allein auf medizinische oder kosmetische Behandlungen biete der Wortlaut aus der Sicht eines durchschnittlichen Versicherungsnehmers keinen hinreichenden Anlass.[490] Diese Interpretation erlaubt es, auch nicht medizinisch indizierte Eingriffe (im konkreten Fall: die autoerotische Strangulierung mit letalem Ausgang) in den Risikoausschluss einzubeziehen. Diese Auslegung ist im Schrifttum auch für die Ziff. 5.2.3 AUB 2014 übernommen worden.[491]

177 Indessen kann das vom BGH praktizierte **weite Verständnis** des „Eingriffs" **keinesfalls** für die Auslegung der Ziff. 5.2.3 AUB **zugrunde gelegt** werden. Im Vergleich zu den älteren Bedingungswerken (AUB 1961, AUB 1988/1994) weisen die neueren AUB (wie etwa die Version 2014) nämlich insofern einen entscheidenden Unterschied auf, als es dort um Eingriffe ging, die der Versicherte an seinem Körper vornimmt oder vornehmen lässt, während in Ziff. 5.2.3 AUB heute nur noch schlicht von „Eingriffen am Körper der versicherten Person" die Rede ist (→ Rn. 173). Versteht man nun mit dem BGH unter einem „Eingriff" jede gezielte und zweckgerichtete Einwirkung auf den Körper des Versicherten, werden davon ohne weiteres auch alle *ohne oder gegen den Willen des Versicherten* vorgenommene Eingriffe erfasst. Es liegt auf der Hand, dass ein so weit gefasster Ausschluss die primäre Risikobeschreibung in § 178 Abs. 2 VVG und Ziff. 1.3 AUB entwerten würde. Eine solche Abweichung von der gesetzlichen Unfalldefinition enthielte eine **unangemessene Benachteiligung** des Versicherungsnehmers und wäre folglich gem. § 307 Abs. 1, 2 Nr. 2 BGB unwirksam. Andererseits: Wenn man auf eine Übernahme der BGH-Definition verzichtet, lässt der Terminus „Eingriff" vor dem Hintergrund der in der Vergangenheit vorgenommenen zahlreichen Präzisierungsversuche jede klare Kontur vermissen. In diesem Fall ergäbe sich die unangemessene Benachteiligung des Versicherungsnehmers und damit die Unwirksamkeit der Klausel aus einem Verstoß gegen das dem **Transparenzgebot** innewohnende Bestimmtheitsgebot (§ 307 Abs. 1 S. 2 BGB). Dieses besagt nämlich, dass die Vertragspartner Gewissheit über den Inhalt und Umfang seiner Rechte und Pflichten erhalten muss und der Verwender sich durch eine unpräzise Formulierung keine ungerechtfertigten Beurteilungsspielräume eröffnen darf.[492] Genau dies würde im vorliegenden Zusammenhang aber geschehen; eine präzisere Formulierung wäre, wie die Diskussion um die Neufassung der Klausel zeigt,[493] ohne weiteres möglich. Damit bliebe als letzte Möglichkeit nur der Versuch, den Eingriff evtl. in dem oben (→ Rn. 175) beschriebenen Sinne als eine medizinisch indizierte Einwirkung auf den Körper zu verstehen. Dies wäre freilich der Versuch, eine unklare bzw. mit einer unangemessenen Benachteiligung für den Versicherungsnehmer verbundene Klausel in einem noch angemessenen Kernbereich im Wege einer **geltungserhaltenden Reduktion** durch Auslegung aufrecht zu erhalten. Das aber ist nicht zulässig, weil dem AGB-Verwender das mit einer unangemessenen AGB-Bestimmung verbundene Risiko der Gesamtunwirksamkeit abgenommen würde.[494] Als Ergebnis steht damit fest, dass **Ziff. 5.2.3 AUB 2014** insoweit **unwirksam** ist, als Gesundheitsschäden „durch Eingriffe am Körper der versicherten Person" vom Versicherungsschutz ausgenommen werden.[495] Der Ausschluss der durch Heilmaßnahmen hervorgerufenen Gesundheitsschäden bleibt aber wirksam, weil nach Wegstreichen der unwirksamen Teilregelung ein aus sich heraus verständlicher Klauselrest verbleibt.[496]

---

[489] OLG Oldenburg r+s 1998, 40 = VersR 1997, 1128 (zitierte Passage nicht mit abgedruckt).
[490] BGH VersR 2001, 227.
[491] *Rüffer* in HK-VVG AUB 2014 Ziff. 5 Rn. 41; *Knappmann* in Prölss/Martin AUB Ziff. 5 Rn. 64.
[492] *Fuchs* in Ulmer/Brandner/Hensen, AGB-Recht, 13. Aufl. 2022, BGB § 307 Rn. 338.
[493] *Stockmeier/Huppenbauer* AUB 1999 S. 60 f.
[494] BGHZ 84, 109 (114 ff.) = NJW 1982, 2309; zuletzt BGHZ 153, 311 (324) = NJW 2003, 1805; dazu *Schmidt* in Ulmer/Brandner/Hensen, AGB-Recht, 13. Aufl. 2022, BGB § 306 Rn. 14.
[495] Anders OLG Celle VersR 2010, 803 (allerdings ohne Differenzierung zwischen „Heilmaßnahme" und „Eingriff").
[496] BGHZ 145, 203 (212) = NJW 2001, 292; zuletzt BGH NJW 2006, 1059 f.; *Grüneberg* in Grüneberg BGB § 306 Rn. 7 mwN.

178 **d) Wiedereinschluss durch Unfall veranlasster Heilmaßnahmen oder Eingriffe.** Ein Wiedereinschluss ist für den Fall vorgesehen, dass die (auch strahlendiagnostischen oder -therapeutischen) Heilmaßnahmen oder Eingriffe durch einen unter den Vertrag fallenden **Unfall veranlasst** worden waren (**Ausnahme**). Dahinter steht die Überlegung, dass der Versicherungsnehmer davon ausgehen kann, gegen sämtliche adäquat-kausal auf einen Unfall zurückgehenden Gesundheitsschäden abgesichert zu sein. Dementsprechend ist jede durch einen Unfall veranlasste Operation vom Versicherungsschutz gedeckt.[497] Die Frist für die ärztliche Feststellung des durch den Unfall bereits eingetretenen Gesundheitsschadens (Ziff. 2.1.1.2 AUB) wird durch den Wiedereinschluss nicht verlängert.[498] Die fehlerhaft durchgeführte und nicht durch einen Unfall verursachte Operation selbst stellt dagegen keinen Unfall iSd Ausnahmeregelung 2 dar (→ Rn. 172).[499] Der Wiedereinschluss gilt auch für die nach Ziff. 5.2.2 AUB grds. nicht gedeckten Strahlenschäden (→ Rn. 169). Nach der hier vertretenen Auffassung (→ Rn. 177) läuft der Wiedereinschluss im Hinblick auf „Eingriffe" leer, weil dem in der S. 1 vorgesehenen Ausschluss insoweit keine Wirksamkeit zukommt.

179 **e) Darlegungs- und Beweislast.** Während der Versicherer beweisen muss, dass eine Gesundheitsschädigung auf **Heilmaßnahmen** oder körperliche Eingriffe an der versicherten Person **zurückzuführen** sind, trägt der Versicherte die Beweislast dafür, dass die Heilmaßnahme durch einen von dem Vertrag gedeckten Unfall veranlasst war.[500]

180 **12. Infektionen (Ziff. 5.2.4 AUB). a) Grund und Wirksamkeit des Ausschlusses.** Für Infektionen (→ Rn. 182) besteht **kein Versicherungsschutz,** weil sie als Krankheiten nicht zu den von der Unfallversicherung abgedeckten Lebensrisiken gehören.[501] Allerdings ist Deckungsschutz aufgrund der „Besonderen Bedingungen für den Einschluss von Infektionen" möglich.[502]

181 Der Ausschluss ist **wirksam.** Angesicht der Tatsache, dass im Rahmen einer Unfallversicherung ein Schutz gegen Infektionskrankheiten grds. nicht erwartet werden kann, verstößt eine solche Klausel weder gegen das Transparenzgebot des § 307 Abs. 1 S. 2 BGB noch enthält sie eine unangemessene Benachteiligung des Versicherungsnehmers iSd § 307 Abs. 1, 2 Nr. 2 BGB.[503]

182 **b) Reichweite des Ausschlusses.** Infektionen werden definiert als das „Eindringen eines selbständig vermehrungsfähigen tierischen oder pflanzlichen Krankheitserregers in den Körper, der durch seine Lebensfähigkeit örtlich begrenzte oder allgemeine Störungen hervorruft."[504] Versicherungsschutz besteht nicht für Infektionen, die entweder nicht unfallbedingt oder aber durch Krankheitserreger verursacht worden sind, die durch eine nur geringfügige Unfallverletzung (→ Rn. 184) sofort oder später in den Körper eingedrungen waren. Das Tatbestandsmerkmal der Geringfügigkeit ergibt sich im Umkehrschluss aus dem 2. Spiegelstrich der zu diesem Ausschluss gehörenden Ausnahmeregelung (→ Rn. 186).

183 Eine nur geringfügige Unfallverletzung liegt dann vor, wenn diese für sich betrachtet und ohne die Infektion und ihre Folgen keinen Krankheitswert hat und daher keiner ärztlichen Behandlung bedarf (Ziff. 5.2.4, 2. Spiegelstrich S. 2 der Ausnahmeregelung),[505] so etwa bei einer kleinen Schnittverletzung anlässlich der Reinigung eines Operationsbestecks.[506]

184 Auch **Insektenstiche** oder -bisse sind zwar grds. als **Unfall** anzusehen und mit den dadurch verursachten Gesundheitsschäden vom Versicherungsschutz gedeckt (vgl. die Beispiele in → Rn. 57), aufgrund ihrer Geringfügigkeit aber idR insoweit nicht, als der Stich oder Biss nur die Infektion zur Folge hat (etwa: Malaria auslösender Mückenstich,[507] Borreliose[508] verursachender Zeckenbiss[509]).

---

[497] OLG München VersR 2005, 261; *Marlow* r+s 2006, 397 (398).
[498] OLG Stuttgart r+s 2013, 38.
[499] *Rüffer* in HK-VVG AUB 2014 Ziff. 5 Rn. 42.
[500] *Kessal-Wulf* r+s 2008, 313 (317).
[501] OLG Hamm VersR 2008, 342.
[502] *Mangen* in Beckmann/Matusche-Beckmann VersR-HdB § 47 Rn. 87.
[503] OLG Hamm VersR 2008, 342; OLG Köln r+s 2008, 345.
[504] Allg. *Leverenz* in Bruck/Möller AUB 2008 Ziff. 5.2.4 Rn. 20 mwN.
[505] OLG Hamm VersR 2008, 342; OLG Düsseldorf VersR 2001, 449.
[506] OLG Düsseldorf VersR 2001, 449.
[507] LG Köln r+s 2004, 298.
[508] Zur Feststellung OLG München VersR 2013, 1433 (Leitlinien der Deutschen Borreliose Gesellschaft ohne entscheidende Bedeutung).
[509] OLG Köln r+s 2008, 345; OLG Hamm VersR 2008, 342; OLG Koblenz VersR 2005, 493; OLG Düsseldorf VersR 2010, 61; näher *Abel/Winkens* r+s 2011, 45; *Suermann* r+s 2011, 51. Ein Wiedereinschluss kann aufgrund von Sonderbedingungen vereinbart, aber wirksam auf eine Erstinfektion beschränkt werden, vgl. OLG Koblenz r+s 2015, 562.

c) Wiedereinschluss für Infektionen durch Tollwut, Wundstarrkrampf, und unfallbe- 185
dingte Heilmaßnahmen oder Eingriffe (Ziff. 5.2.4 – Ausnahme AUB). In Ziff. 5.2.4 AUB
ist ein Wiedereinschluss vorgesehen für Tollwut und Wundstarrkrampf sowie für Infektionen, bei
denen die Krankheitserreger durch nicht nur geringfügige Unfallverletzungen in den Körper eindringen. Ob eine Unfallverletzung geringfügig ist, beurteilt sich nicht nach der Tiefe oder Ausbrei-
tung der Verletzung, sondern danach, ob das Verletzungsbild objektive Veranlassung gibt, sich in
ärztliche Behandlung zu begeben.[510]

Ein Wiedereinschluss erfolgt auch für die durch Heilmaßnahmen oder Eingriffe verursachten 186
Infektionen, soweit auf diese in Ziff. 5.2.3 AUB Bezug genommen wird. Sie müssen also durch
einen Unfall veranlasst worden sein, für den Unfallversicherungsschutz bestand (Ziff. 5.2.4, 3. Spiegelstrich der Ausnahme AUB). Da es hier um den *Wiedereinschluss* und nicht um einen Ausschluss
der durch unfallbedingte Eingriffe verursachten Gesundheitsschäden geht, bestehen keine Bedenken,
in *diesem* Zusammenhang mit dem BGH (→ Rn. 176) den „Eingriff" extensiv als eine gezielt
vorgenommene und auf ein bestimmten Zweck gerichtete, zu einer körperlichen Verletzung
führende Handlung zu verstehen.

d) Darlegungs- und Beweislast. Während der **Versicherer** darlegen und den Nachweis 187
führen muss, dass die geltend gemachte Gesundheitsschädigung durch eine Infektion verursacht
wurde,[511] ist der **Versicherungsnehmer** beweisbelastet für den Wiedereinschluss in Ziff. 5.2.4 –
Ausnahme AUB (Tollwut und Wundstarrkrampf, unfallbedingte Infektion infolge einer nicht mehr
nur geringfügigen Verletzung, unfallbedingter Heileingriff). Dabei gilt der Beweismaßstab des § 286
ZPO (Vollbeweis des Haftungsgrundes) und nicht der des § 287 ZPO (überwiegende Wahrscheinlichkeit der haftungsausfüllenden Kausalität).[512]

13. Vergiftungen (Ziff. 5.2.5 AUB). a) Grund des Ausschlusses. Nicht versichert sind 188
nach Ziff. 5.2.5 AUB Vergiftungen durch **Einnahme** fester oder flüssiger Stoffe. Versehentliche,
nicht in Selbstmordabsicht vorgenommene Vergiftungen sind aufgrund strengerer Kennzeichnungs-
pflichten seltener geworden, so dass bereits bei der Einführung der AUB 1999 über eine Streichung
dieses Ausschlusses nachgedacht wurde.[513] Er wurde aber beibehalten, weil bei einer Streichung
insbes. der Hauptanwendungsfall der Nahrungsmittelvergiftung für die Versicherer zu großen
Beweisschwierigkeiten geführt hätte. Da Lebensmittelvergiftungen sowohl durch den Verzehr
verunreinigter, giftiger und zersetzter Lebensmittel (Unfall) als auch durch die Aufnahme bakteriell
infizierter Lebensmittel (nicht dem Unfallversicherungsschutz unterliegende Krankheit, → Rn. 180)
erfolgen können, wäre ein Versicherer – insbes. bei Auslandsaufenthalten – kaum in der Lage, eine
Vergiftung durch Verzehr bakteriell verseuchter Lebensmittel nachzuweisen.[514]

b) Reichweite des Ausschlusses. Nicht versichert sind **Vergiftungen,** soweit sie darauf 189
zurückgehen, dass feste oder flüssige Stoffe durch den **Schlund** (dh Eingang der Speiseröhre) eingenommen und dann (in aller Regel) resorbiert werden. Erfasst werden damit Giftstoffe aller Art, auch
zB überdosierte Medikamente oder verdorbene oder verunreinigte Lebensmittel (Fleischvergiftung,
Pilze).[515]

„Einnahme" meint willentliche Zuführung. Ob der Versicherte die Schädlichkeit des einge- 190
nommenen Stoffes erkannt hat oder nicht, ist ohne Belang. Eine gewaltsame Zuführung fällt dagegen
nicht unter den Ausschluss, ebenso wenig werden vom Ausschluss Vergiftungen durch Einatmen
von Gas, durch Einspritzen giftiger Substanzen, durch Bisse von Schlangen oder Stiche von Insekten[516] oder Spinnen (Skorpione) oder durch Hautberührung erfasst. Unter Versicherungsschutz steht
ebenfalls eine Verätzung des Mundes und der Speiseröhre durch versehentliches Trinken von Säure
oder Lauge.[517]

Der Ausschluss der Ziff. 5.2.5 erscheint in **zwei Fallgruppen problematisch.** Zum einen 191
umfasst er auch Situationen, in denen die versicherte Person **von einem Dritten** bewusst und
gewollt zur Einnahme einer vergifteten Substanz veranlasst wird, ohne dass sie die Giftigkeit

---
[510] OLG Köln VersR 2013, 992.
[511] Anders OLG Karlsruhe VersR 2014, 237 zur Geringfügigkeit der Unfallverletzung (allerdings zu AUB 1994).
[512] OLG Hamm r+s 2007, 164.
[513] *Stockmeier/Huppenbauer* AUB 1999 S. 68.
[514] *Stockmeier/Huppenbauer* AUB 1999 S. 68.
[515] *Knappmann* in Prölss/Martin AUB 2010 Ziff. 5 Rn. 66.
[516] *Rüffer* in HK-VVG AUB 2014 Ziff. 5 Rn. 46.
[517] *Knappmann* in Prölss/Martin AUB Ziff. 5 Rn. 72.

erkennt.[518] Im Falle einer solchen täuschungsbedingten Selbsteinnahme besteht von der Interessenlage her kein Unterschied zu einer (mit Gewalt oder Drohung) *erzwungenen* Verabreichung, die der Ausschluss mangels „Einnahme" nicht deckt.[519] Hier lässt sich aber mit einer restriktiven Interpretation des Begriffs der „Einnahme" helfen: Eine freiwillige Zuführung eines Stoffes ist dann nicht anzunehmen, wenn ein Dritter die versicherte Person ohne deren Wissen vorsätzlich als Instrument einer Eigenschädigung benutzt.[520]

192 Zum andern bezieht der Ausschluss auch solche Vergiftungen mit ein, in denen sich die Einnahme giftiger Stoffe als adäquat-kausale **Folge eines Unfallereignisses** darstellt, so etwa, wenn der Versicherte eine Gesundheitsschädigung erleidet, weil während der nachfolgenden Heilbehandlung Medikamente verwechselt oder falsch dosiert werden.[521] Für vergleichbare Fälle sehen Ziff. 5.2.3 (Ausnahme, → Rn. 178) und Ziff. 5.2.4 AUB (→ Rn. 186) einen Wiedereinschluss des Risikos vor. Da der gesetzliche Unfallbegriff in § 178 Abs. 2 auf eine Deckung grds. *aller* durch einen Unfall adäquat-kausal verursachter Gesundheitsschädigungen abzielt, erscheint diese sich aus dem Ausschluss der Ziff. 5.2.5 AUB ergebende Einschränkung des Deckungsschutzes als ungewöhnliche und somit überraschende Einschränkung iSd § 305c Abs. 1 BGB und aufgrund einer Gefährdung des Vertragszwecks auch unangemessen iSd § 307 Abs. 2 Nr. 2 BGB.[522] Dass der Ausschluss sich nur auf den Fall bezieht, dass die Vergiftung sich als selbständiges Unfallereignis darstellt,[523] lässt sich dem Wortlaut nicht entnehmen. Zweifel am Bedeutungsgehalt der Vorschrift bestehen nicht; abgesehen davon müsste in einem solchen Fall zunächst der *kundenfeindlichsten* Deutung der Vorrang gegeben werden, soweit diese – wie hier – zur Unwirksamkeit der Vorschrift führt.[524] Da im Rahmen einer AGB-Kontrolle keine geltungserhaltende Reduktion stattfindet,[525] ist damit die Ausschlussklausel insgesamt unwirksam.[526]

193 **c) Wiedereinschluss: Vergiftungen bei Kindern (Abs. 2).** Unabhängig von seiner Wirksamkeit (→ Rn. 192) bezieht sich der Ausschluss jedenfalls nicht auf **Kinder,** die zum Zeitpunkt des Unfalls ein bestimmtes, in den jeweiligen AUB festgesetztes **Lebensjahr noch nicht vollendet** haben, sofern es sich nicht um Vergiftungen durch **Nahrungsmittel** handelt (S. 2). Dieser Wiedereinschluss ist aufgenommen, weil die Sonderbedingungen der Kinderunfallversicherung aufgegeben und in die AUB integriert worden sind.[527] Als Nahrungsmittel sind in diesem Zusammenhang nur solche Stoffe anzusehen, die zur Nahrung des Kindes in der Form bestimmt sind, wie es sie zu sich genommen hat. Der Ausschluss greift also nicht ein, wenn das Kind rohe Lebensmittel isst, die nur in gekochtem Zustand genießbar sind, oder wenn es wilde Beeren oder Pilze verzehrt.[528]

194 **d) Darlegungs- und Beweislast.** Der **Versicherer** trägt – unbeschadet der Zweifel an der Wirksamkeit der Klausel (→ Rn. 192) – die Darlegungs- und Beweislast für die Voraussetzungen des Ausschlusses, nämlich dafür, dass eine Vergiftung durch Einnahme fester oder flüssiger Stoffe durch den Schlund erfolgte, ferner im Rahmen des Wiedereinschlusses von versicherten Kindern dafür, dass es sich um eine Vergiftung durch Nahrungsmittel handelte. Der **Versicherungsnehmer** muss bei Anwendung der Grundregel nachweisen, dass ein vergiftetes Kind zum Zeitpunkt des Unfalls das im Vertrag festgelegte Lebensjahr noch nicht vollendet hatte.

195 **14. Krankhafte Störungen infolge psychischer Reaktionen (Ziff. 5.2.6 AUB).
a) Grund des Ausschlusses.** Die Unfallversicherung deckt nach Ziff. 5.2.6 AUB keine **krankhaften Störungen** infolge **psychischer Reaktionen,** und zwar selbst dann nicht, wenn diese ihrerseits auf einen Unfall zurückgehen. Der Versicherer will danach keinen Versicherungsschutz gewähren, wenn es an körperlichen Traumata fehlt oder die krankhafte Störung des Körpers nur mit ihrer

---

[518] *Knappmann* in Prölss/Martin AUB Ziff. 5 Rn. 72 („nur durch Kulanzregelung zu vermeiden"); *Jannsen* in Schubach/Jannsen AUB Nr. 5 Rn. 95.
[519] *Stockmeier/Huppenbauer* AUB 1999 S. 68.
[520] Ebenso *Kloth* Unfallversicherung Kap. K Rn. 169.
[521] Vgl. *Knappmann* in Prölss/Martin AUB Ziff. 5 Rn. 73.
[522] Hinweise bereits bei *Knappmann* in Prölss/Martin AUB Ziff. 5 Rn. 73; *Mangen* in Beckmann/Matusche-Beckmann VersR-HdB § 47 Rn. 93; *Rüffer* in HK-VVG AUB 2014 Ziff. 5 Rn. 47.
[523] Vgl. aber *Knappmann* in Prölss/Martin AUB Ziff. 5 Rn. 73.
[524] Vgl. zuletzt BGHZ 176, 244 = BGH NJW 2008, 2172; verkannt von *Jannsen* in Schubach/Jannsen AUB Nr. 5 Rn. 96.
[525] BGHZ 84, 109 (114 ff.) = NJW 1982, 2309; zuletzt BGHZ 153, 311 (324) = NJW 2003, 1805; dazu *Schmidt* in Ulmer/Brandner/Hensen, AGB-Recht, 13. Aufl. 2022, BGB § 306 Rn. 14.
[526] Ebso *Rüffer* in HK-VVG AUB 2014 Ziff. 5 Rn. 47.
[527] *Stockmeier/Huppenbauer* AUB 1999 S. 67.
[528] *Stockmeier/Huppenbauer* AUB 1999 S. 67 f.

psychogenen Natur erklärt werden kann. Dahinter steht die Überlegung, dass eine Beschränkung der Entschädigung von Unfallschäden auf objektiv fassbare Vorgänge sowohl dem Interesse des Versicherers (zuverlässige Tarifkalkulation und zeitnahe, mit vertretbarem Kostenaufwand ergehende Entscheidung über die Entschädigung) als auch dem des Versicherungsnehmers (zügige und kostengünstige Regulierung) entspricht. Da psychogene Schäden stark von der persönlichen Disposition eines Versicherungsnehmers abhängen, würden zur Feststellung ihrer Unfallbedingtheit außerdem regelmäßig langwierige Untersuchungen erforderlich sein.[529] Dagegen verwirklicht eine organische Schädigung, auch soweit sie zu einem psychischen Leiden führt, den Ausschlusstatbestand nicht, da diese seelischen Beschwerden dann nicht, wie vom Wortlaut der Klausel verlangt, ihrerseits auf psychischen Reaktionen, sondern organischen Veränderungen beruhen.[530]

b) Wirksamkeit der Klausel. Die Klausel ist nicht **intransparent** und damit nach § 307 Abs. 1 S. 2 BGB unwirksam, weil aus der Sicht des vernünftigen Versicherungsnehmers klar und unmissverständlich erkennbar ist, dass alle durch psychische Reaktionen hervorgerufenen Schäden ausgeschlossen werden sollen, er also keine Leistungen erhalten soll, wenn und soweit sich psychische Reaktionen auf seinen Zustand nach dem Unfall auswirken.[531] Zwar ist die Klausel auch **inhaltlich kontrollfähig**, weil sie das Hauptleistungsversprechen des Unfallversicherers (Ersatz unfallbedingter Gesundheitsschäden) beschränkt, indem sie die auf psychische Reaktionen zurückgehenden krankhaften Störungen von der Leistungspflicht ausschließt. Diese Begrenzung gefährdet aber weder den Vertragszweck iSd § 307 Abs. 2 Nr. 2 BGB (weil sie den Unfallversicherungsvertrag keineswegs bis zur Zwecklosigkeit aushöhlt) noch enthält sie eine **unangemessene Benachteiligung** des Versicherungsnehmers iSd § 307 Abs. 1, Abs. 2 Nr. 1 (weil sie die Interessen beider Vertragsparteien nach dem in → Rn. 195 Gesagten angemessen berücksichtigt).[532]

c) Erscheinungsformen und Abgrenzungen. Der Ausschluss macht in der Praxis allerdings subtile Unterscheidungen[533] erforderlich: (1) Vom Versicherungsschutz ausgeschlossen sind Gesundheitsschädigungen, die auf eine sich als Unfallereignis darstellende **psychische Reaktion** auf ein äußerliches Ereignis zurückzuführen sind. *Beispiel:* Weil ein von einem entgegenkommenden Lkw aufgewirbelter Stein seine Windschutzscheibe zertrümmert, gerät der Versicherungsnehmer am Steuer seines Fahrzeugs vor Schreck in einen Schockzustand (akute Belastungsreaktion). Wenn dieser Schock (Unfall, → Rn. 63) bei der Weiterfahrt zu einem akuten Herzversagen (krankhafte Störung) führt, steht der Versicherer dafür nicht ein (vgl. aber auch → Rn. 203).[534]

(2) Der Ausschluss greift auch dann ein, wenn es sich um eine **psychische Reaktion** (Schock, Angstzustand) auf einen im Allgemeinen nicht belastenden **Vorgang des täglichen Lebens** (Wahrnehmung eines Geschehens, Erhalt einer Nachricht) handelt. Hier stellt sich aber die logisch vorrangige Frage, ob die einer gesundheitlichen Schädigung vorausgehende Einwirkung überhaupt als Unfall anzusehen ist oder zum allgemeinen Lebensrisiko gehört; im letztgenannten Fall bedarf es überhaupt keines Risikoausschlusses mehr (→ § 178 Rn. 64 f.).[535] *Beispiel:* Die Nachricht vom Tod des eigenen Kindes löst bei der versicherten Person Depressionen aus. Bejaht man hier ein Unfallgeschehen,[536] kommt die Ausschlussklausel zur Anwendung (vgl. aber auch → Rn. 203).

(3) Ebenfalls ausgeschlossen sind parallel zur 1. Fallgruppe solche Gesundheitsschäden, denen überhaupt kein körperliches Trauma vorausgegangen ist oder die nur mit ihrer psychogenen Natur erklärt werden können. Es geht hier um **psychische Fehlverarbeitungen des Unfalls** (traumatische Neurosen), die nicht durch eine organische Erkrankung des Nervensystems, sondern allein durch komplex ablaufende mittelbare Prozesse der Psyche und des Gehirns ausgelöst werden und die nicht im Sinne einer medizinischen Wertung als Folge dieses Unfallereignisses angesehen werden können (etwa: posttraumatische Depression, somatoforme Schmerzsymptome, Somatisierungsstö-

---

[529] BGHZ 159, 360 (367) = VersR 2004, 1039.
[530] BGHZ 159, 360 (364) = VersR 2004, 1039; BGH VersR 2004, 1449.
[531] BGHZ 159, 360 (368) = VersR 2004, 1039; OLG Köln VersR 2013, 349; anders OLG Jena VersR 2002, 1019; *Schwintowski* NVersZ 2002, 395.
[532] BGHZ 159, 360 (366 f.) = VersR 2004, 1039; BGH VersR 2004, 1449; OLG Saarbrücken NJW-RR 2003, 602.
[533] Vgl. auch *Stockmeier/Huppenbauer* AUB 1999 S. 71 f.; *Abel/Winkens* VersR 2009, 30 (31); *Burmann/Heß* r+s 2010, 403.
[534] *Stockmeier/Huppenbauer* AUB 1999 S. 71; BGH VersR 1972, 582 (zu AUB 1961 anders entschieden); aA *Knappmann* FS Lorenz, 2014, 175 (181)).
[535] *Stockmeier/Huppenbauer* AUB 1999 S. 71.
[536] Anders *Knappmann* in Prölss/Martin VVG § 178 Rn. 3; *Knappmann* FS Lorenz, 2014, 175 (178); *Stockmeier/Huppenbauer* AUB 1999 S. 71; *Abel/Winkens* VersR 2009, 32 (mangels äußerer Einwirkung bereits kein Unfall).

rungen, → Rn. 204).⁵³⁷ Ist eine psychische Reaktion in Anbetracht der Schwere der erlittenen körperlichen Beeinträchtigung medizinisch nicht nachvollziehbar, liegt die Annahme einer psychischen Fehlverarbeitung nahe.⁵³⁸

200 (4) Versicherungsschutz besteht dagegen, wenn ein Unfall zu **organischen Veränderungen** führt und diese dann eine krankhafte Veränderung der Psyche des Versicherungsnehmers und dadurch weitere Gesundheitsbeeinträchtigungen zur Folge haben,⁵³⁹ soweit sie nicht allein durch ihre psychogene Natur erklärt werden können, sondern in Anbetracht der Schwere des Unfalls und der eingetretenen Körperschäden „gleichsam verständlich und nachvollziehbar" sind.⁵⁴⁰ In diesem Fall beruhen die seelischen Beschwerden nicht, wie von Ziff. 5.2.6 AUB vorausgesetzt, ihrerseits auf psychischen Reaktionen, sondern sind letztlich *physisch hervorgerufen* worden. Dies gilt auch dann, wenn im Einzelfall das Ausmaß der Auswirkungen von der Art und Weise der psychischen Verarbeitung durch den Versicherten abhängt. *Beispiel:* Durch einen in unmittelbare Nähe abgegebenen Schuss erleidet der Versicherungsnehmer eine knalltraumatische Schädigung der Haarzellen im Innenohr, die über einen Tinnitus zu Schlafstörungen, Antriebslosigkeit, Depressionen und aufgrund dessen zu einer dauerhaften Beeinträchtigung der körperlichen und geistigen Leistungsfähigkeit führt.⁵⁴¹ In diesem Fall werden die krankhaften Störungen von der Unfallversicherung gedeckt.

201 (5) Eine **psychische Reaktion** iSd Klausel liegt dagegen **überhaupt nicht vor,** wenn ein Schreck über eine Ausschüttung von Stresshormonen und unwillkürliche muskuläre Reaktionen **unmittelbar** zu **physiologischen Veränderungen** des Organismus führt und dadurch eine Gesundheitsschädigung hervorruft. *Beispiel:* Nach einem Verkehrsunfall kommt es bei einem Versicherungsnehmer aufgrund der Ausschüttung von Stresshormonen und muskulärer Reaktionen zu einem Blutdruckanstieg, der eine Aortendissektion zur Folge hat.⁵⁴² Hier ist die das Geschehen begleitende Schreckreaktion selbst zunächst normal und nicht krankhaft.⁵⁴³ Die dadurch verursachte blutdrucksteigernde Hormonausschüttung erscheint als physischer – nicht psychischer – Vorgang, so dass die Voraussetzungen des Ausschlusses nicht erfüllt sind.

202 (6) Versicherungsschutz nach allgemeinen Regeln besteht auch dann, wenn der Versicherte aufgrund einer (normalen, keinen Krankheitswert erreichenden) **psychischen Reaktion** auf einen äußeren Vorgang zu einem **Verhalten veranlasst** wird, das dann seinerseits eine **weitere äußerliche Einwirkung** auf den Körper zur Folge hat. Das ist nach allgemeiner Auffassung etwa der Fall, wenn der Versicherte am Steuer seines Fahrzeugs aufgrund eines Wildwechsels erschrickt und von der Straße abkommt, wobei er einen körperlichen Schaden davonträgt,⁵⁴⁴ vor Schreck auf einer Skipiste stürzt, weil ein anderer Fahrer (ohne Körperberührung) zu nahe an ihm vorbeigefahren ist,⁵⁴⁵ oder nach Berührung seines Fahrrades durch ein Auto irritiert vom Rad abspringt und dabei mit dem Kopf aufprallt.⁵⁴⁶ Zweifelhaft erscheint auf den ersten Blick, ob dies auch dann gilt, wenn der Versicherte schreckbedingt eine unwillkürliche Bewegung macht und sich dadurch ohne weitere äußere Einwirkung eine Verletzung zuzieht, so etwa, wenn ein Bergmann auf einen Gebirgsschlag unter Tage reflexhaft mit einer zu einer Meniskusverletzung führenden Ausweichbewegung reagiert.⁵⁴⁷ Im Gegensatz zu den vorgenannten Beispielen war es hier zu keinem neuerlichen Außenkontakt gekommen. Auch in dieser Situation hat jedoch – ebenso wie in Fallgruppe (5) – ein psychischer Vorgang (Vernehmen des Gebirgsschlags) zu einer nicht kontrollierbaren *körperlichen Reaktion* (reflexhafte Ausweichbewegung) geführt, die dann ihrerseits erst die gesundheitliche Schädigung ausgelöst hat. Auch in diesem Fall greift der Ausschluss daher nicht ein.

---

⁵³⁷ BGHZ 131, 15 = VersR 1995, 1433; BGH VersR 2010, 60 mAnm *Abel*; OLG Oldenburg r+s 2004, 34; OLG Rostock VersR 2006, 105; OLG Hamm VersR 2006, 1352 (1352 und 1394); OLG Düsseldorf VersR 2006, 1487; OLG Brandenburg VersR 2006, 1251; OLG Köln VersR 2007, 976; OLG Celle r+s 2008, 389; OLG Köln VersR 2013, 349; OLG Hamm r+s 2013, 88; OLG Koblenz VersR 2014, 366; *Knappmann* VersR 2011, 324.

⁵³⁸ OLG Oldenburg VersR 2011, 520.

⁵³⁹ BGHZ 159, 360 (364) = VersR 2004, 1039; BGH VersR 2004, 1449; 2009, 1213; OLG Hamm r+s 2013, 88; *Knappmann* VersR 2011, 324.

⁵⁴⁰ OLG Hamm VersR 2006, 1394; OLG Celle VersR 2015, 1499; abl. OLG Koblenz r+s 2013, 89.

⁵⁴¹ BGH VersR 2004, 1449; zust. *Knappmann* r+s 2007, 47 (49).

⁵⁴² BGH VersR 2003, 634; *Knappmann* VersR 2002, 1230.

⁵⁴³ BGH VersR 2003, 634; *Knappmann* VersR 2002, 1230 (Anm. zu OLG Jena VersR 2002, 1019); *Terno* DAR 2005, 134 (319); *Kessal-Wulf* r+s 2008, 313 (314).

⁵⁴⁴ *Stockmeier/Huppenbauer* AUB 1999 S. 71; *Knappmann* in Prölss/Martin AUB Ziff. 5 Rn. 75.

⁵⁴⁵ Unzutr. OLG Celle VersR 2009, 1252; zu Recht krit. *Knappmann* VersR 2009, 1652; *Hoenicke* r+s 2009, 344.

⁵⁴⁶ OLG Hamm VersR 1995, 1181.

⁵⁴⁷ Unfall bejaht von OLG Saarbrücken VersR 2005, 1276 (allerdings zu AUB 1988); krit. *Knappmann* r+s 2007, 47 (49); *Knappmann* VersR 2009, 1652; 2011, 324.

203 Praktische Schwierigkeiten ergeben sich zunächst bei der **Unterscheidung** zwischen den **Fallgruppen (1) bzw. (2) und (5)**. Ob die gesundheitlichen Beeinträchtigungen nach einer „normalen", sich binnen kurzem von selber wieder verflüchtigenden Schreckreaktion auf organische Veränderungen (Fallgruppe 5: Versicherungsschutz) oder aber auf eine möglicherweise länger anhaltende psychische Belastungsreaktion (Schock, Angstzustand) zurückzuführen sind (Fallgruppe 1 und 2: Risikoausschluss), wird sich nur mit sachverständiger Hilfe klären lassen. In der Fallgruppe (2) werden aber psychische Einwirkungen, die unmittelbar organische Folgen auslösen, nicht vom Versicherungsschutz gedeckt, soweit die Vorgänge zum Bereich des allgemeinen Lebensrisikos gehören (→ Rn. 65). Dass die gesundheitlichen Beeinträchtigungen durch psychische Reaktionen hervorgerufen wurden, muss der Versicherer beweisen (→ Rn. 205). Kann er diesen Nachweis nicht erbringen oder gehen die gesundheitlichen Schäden sowohl auf psychische wie auch auf organische Folgen der Einwirkung zurück, besteht Versicherungsschutz.

204 Zweifelhaft ist aber auch eine **Abgrenzung** der **Fallgruppen (3) und (4)**. In der Praxis wird teilweise unterschieden zwischen psychischen Folgen eines unfallbedingten Körperschadens, die in Anbetracht der Schwere des Unfalls oder der eingetretenen Körperschäden gleichsam verständlich oder nachvollziehbar sind und deshalb nicht allein durch ihre psychogene Natur erklärt werden können (kein Ausschluss), und solchen, bei denen der Unfall und seine psychischen Auswirkungen nur Auslöser einer (evtl. auch latent schon vorhandenen) psychischen Erkrankung sind.[548] Diese Abgrenzung erscheint aber nur schwer handhabbar[549] und lässt sich iÜ aus dem Wortlaut der Klausel nicht ableiten.[550] Stattdessen sollte zunächst gefragt werden, ob sich fortdauernde organische Schäden des Versicherten nachweisen lassen. Ist das nicht der Fall, kann davon ausgegangen werden, dass die Beschwerden allein auf psychischen Störungen beruhen[551] und der Versicherer nicht einstandspflichtig ist. Dagegen besteht Versicherungsschutz, wenn psychische Folgeerscheinungen auf organische Beeinträchtigungen zurückgeführt werden können.[552] Hat ein Unfall organische Dauerschäden und gleichzeitig und unabhängig davon auch psychische Beeinträchtigungen (etwa Depressionen) des Versicherten verursacht, ist anzunehmen, dass die dauerhafte organische Schädigung für die psychischen Beschwerden zumindest mitursächlich ist mit der Folge, dass der Risikoausschluss wiederum nicht eingreift.[553]

205 **d) Darlegungs- und Beweislast.** Da der **Versicherer** die Darlegungs- und Beweislast für die Voraussetzungen der Ausschlussklausel trägt, obliegt ihm der Nachweis, ob und in welchem Umfang krankhafte Störungen auf psychische Reaktionen zurückgehen.[554] Allerdings muss der Versicherungsnehmer zuvor hinreichend substantiiert Symptome einer organischen Ursache vortragen.[555] In den Fällen der → Rn. 197 f. muss der Versicherer nachweisen, dass eine über das normale Schreckerlebnis hinausgehende psychische Belastungsreaktion vorliegt. In den Fällen der → Rn. 199 beweist er, dass die vorliegenden Beschwerden ausschließlich auf psychische Störungen zurück zu führen sind.[556] Diesen Beweis hat der Versicherer dann geführt, wenn nachweislich keinerlei Anhaltspunkte festgestellt werden können, die für eine physische Verursachung der aufgetretenen Beeinträchtigungen sprechen.[557] Bleiben Unklarheiten über Beitrag und Gewicht etwaiger psychischer Reaktionen, geht dies zu Lasten des Versicherers.[558]

206 **15. Bauch- oder Unterleibsbrüche (Ziff. 5.2.7 AUB). a) Reichweite und Grund des Ausschlusses.** Bauch- oder Unterleibsbrüche (ua Zwerchfellbruch,[559] Leistenbruch,[560] ferner auch Bauchdecken-, Schenkel- und Beckenbrüche[561]) sind vom Versicherungsschutz grds. ausgeschlossen **(Abs. 1)**, weil sie zumeist auf anlage- oder krankheitsbedingte Bindegewebsschwächen zurückgehen.[562]

---

[548] OLG Hamm VersR 2006, 1394.
[549] Krit. *Abel/Winkens* VersR 2009, 30 (32).
[550] *Mangen* in Beckmann/Matusche-Beckmann VersR-HdB § 47 Rn. 107.
[551] OLG Köln VersR 2007, 976; *Mangen* in Beckmann/Matusche-Beckmann VersR-HdB § 47 Rn. 107.
[552] *Mangen* in Beckmann/Matusche-Beckmann VersR-HdB § 47 Rn. 107.
[553] *Mangen* in Beckmann/Matusche-Beckmann VersR-HdB § 47 Rn. 107; aA *Wussow* VersR 2000, 1183 (1186), (Mitursächlichkeit führt zum Ausschluss).
[554] BGHZ 131, 15 (21) = VersR 1995, 1433; BGHZ 159, 360 (369) = VersR 2004, 1039.
[555] OLG Köln r+s 2011, 129.
[556] *Mangen* in Beckmann/Matusche-Beckmann VersR-HdB § 47 Rn. 107.
[557] OLG Rostock VersR 2006, 105; OLG Köln VersR 2007, 976.
[558] BGHZ 159, 360 (369) = VersR 2004, 1039.
[559] LG Frankfurt a. M. r+s 1993, 396.
[560] OLG Hamburg r+s 1990, 102.
[561] *Mangen* in Beckmann/Matusche-Beckmann VersR-HdB § 47 Rn. 95.
[562] *Stockmeier/Huppenbauer* AUB 1999 S. 75; *Knappmann* in Prölss/Martin AUB Ziff. 5 Rn. 78.

207 **b) Wiedereinschluss: Gewaltsame äußere Einwirkung.** Versicherungsschutz besteht aber, wenn der Bruch durch eine unter den Vertrag fallende gewaltsam **von außen kommende Einwirkung** (etwa: Stoß, Tritt) entstanden ist, die aber nicht unmittelbar auf Bauch oder Unterleib gerichtet sein muss.[563] Diese Voraussetzung ist mangels äußerer Einwirkung nicht erfüllt, wenn ein Bruch durch inneren Druck, etwa durch eine ruckartige, plötzliche Anspannung der Bauchmuskulatur und eine Pressung des Unterbauches bei schwerem Heben entstanden ist (Pressbruch).[564]

208 **c) Darlegungs- und Beweislast.** Der **Versicherer** legt dar und beweist, dass es sich um einen Bruch iSd Ausschlusses handelt. Die Beweislast für das Vorliegen einer äußeren Einwirkung – zB durch den Nachweis äußerer Verletzungen im Bauchbereich – obliegt dem **Versicherungsnehmer**.[565] Er hat den Beweis nicht erbracht, wenn objektive Hinweise auf eine traumatische Einwirkung (Ödeme, Blutungen, Zerreißungen) oder deren Folgen (Schock, starke Schmerzen) nicht feststellbar sind.[566]

D. Unfallfolgen und Leistungsarten

I. Überblick

209 Die Unfallversicherung ist keine Schadensversicherung (→ Vor § 178 Rn. 4), so dass der Versicherer nicht etwa die durch einen Unfall verursachten Vermögensschäden übernimmt. Seine Verpflichtung im Versicherungsfall (→ Rn. 49) beschränkt sich vielmehr auf den finanziellen Ausgleich für **bestimmte Unfallfolgen** im Rahmen **vertraglich vereinbarter Leistungsarten,** wobei die Vertragsbedingungen für jede Leistungsart spezifische Voraussetzungen enthalten. Aus dem Umstand, dass der Versicherer bspw. einen Anspruch auf Krankenhaustage- und Genesungsgeld anerkannt hat, ergeben sich daher keine Konsequenzen im Hinblick auf Bestehen und Beweis eines Anspruchs auf Invaliditätsleistungen.[567] Welche einzelnen Leistungen ein Versicherer erbringt und welchen Umfang seine Leistungspflicht hat, ergibt sich aus dem **jeweiligen Versicherungsvertrag.** Eine in einem Gesamtbedingungswerk aufgeführte, aber im konkreten Versicherungsschein nicht ausdrücklich genannte Leistungsart wird nicht zum Vertragsbestandteil, wenn die Verweisung auf das Gesamtbedingungswerk nicht hinreichend deutlich macht, dass die dort genannten Leistungsarten im konkreten Vertrag ausdrücklich vereinbart werden müssen.[568] Die AUB sehen als Leistung die Zahlung eines Kapitalbetrages bei Invalidität (Ziff. 2.1, → Rn. 211 ff.), die Zahlung einer Unfallrente (Ziff. 2.2, → Rn. 247 ff.) die Zahlung eines Übergangsgeldes (Ziff. 2.3, → Rn. 251 ff.), Tagesgeldes (Ziff. 2.4, → Rn. 258 ff.), Krankenhaustagegeldes (Ziff. 2.5, → Rn. 264 ff.) sowie einer Todesfallleistung (Ziff. 2.6, → Rn. 273 ff.), die Zahlung der Kosten für kosmetische Operationen (Ziff. 2.7, → Rn. 278 ff.) sowie der Kosten für Such-, Bergungs- oder Rettungseinsätze (Ziff. 2.8, → Rn. 281 ff.) vor.

210 In der Praxis finden sich darüber hinaus auch Verträge (zT mit Elementen einer Schadensversicherung), in denen **zusätzliche Leistungen** vereinbart werden, so etwa eine Sofortleistung bei bestimmten Schwerverletzungen, Heilkosten (vgl. § 8 Abs. 6 AUB 1961), die Zahlung eines Genesungsgeldes („Reha-Geld") nach Entlassung aus vollstationärer Behandlung (vgl. Art. 2.5 AUB 2010), Beihilfe zu Kurkosten[569] oder eine Leistung im Schmerzensgeld. Die konkreten Bedingungen können die **Leistungen** einzelner Versicherer im Vergleich zu den Musterbedingungen aber auch **beschränken,** indem sie etwa für die Zahlung eines Kapitalbetrages bei unfallbedingter Invalidität einen bestimmten Invaliditätsgrad vorsehen[570] oder von dem Totalverlust eines Gliedes bzw. von Ganzinvalidität abhängig machen.[571] Bei entsprechend deutlicher Formulierung dieser Einschränkungen in den AVB liegt kein Verstoß gegen das Transparenzgebot des § 307 Abs. 1 S. 2 BGB vor. Die Einschränkungen sind auch weder überraschend (§ 305c Abs. 1 BGB) noch enthalten sie eine unangemessene Benachteiligung des Versicherungsnehmers iSd § 307 Abs. 1 S. 1 und Abs. 2 BGB, da ein vernünftiger Versicherungsnehmer – sofern die betreffende Einschränkung das Leistungsver-

---

[563] LG Berlin VersR 1989, 1186; *Knappmann* in Prölss/Martin AUB Ziff. 5 Rn. 78; aA *Mangen* in Beckmann/Matusche-Beckmann VersR-HdB § 47 Rn. 95, 96.
[564] OLG Hamburg r+s 1990, 102; *Jannsen* in Schubach/Jannsen AUB Nr. 5 Rn. 108 mwN.
[565] OLG Hamm r+s 2006, 340; OLG Hamburg r+s 1990, 102; LG Frankfurt a. M. r+s 1993, 396; *Marlow* r+s 2007, 353 (357).
[566] OLG Hamm r+s 2006, 340.
[567] OLG Köln r+s 2014, 362.
[568] LG Hamburg VersR 2009, 389; vgl. auch LG Dortmund r+s 2014, 520.
[569] *Kloth* Unfallversicherung Kap. H Rn. 45 ff.
[570] LG Hamburg r+s 2009, 384.
[571] OLG Frankfurt a. M. VersR 2001, 451; OLG Karlsruhe VersR 2015, 837.

sprechen des Versicherers nicht insgesamt aushöhlt und damit entwertet – mit einer individuellen Ausgestaltung der Leistungsvoraussetzungen rechnen muss.⁵⁷²

II. Invaliditätsleistung (Ziff. 2.1 AUB)

1. Leistungsvoraussetzungen (Ziff. 2.1.1 AUB). a) Invalidität (Ziff. 2.1.1.1 AUB). Inva- 211
liditätsleistungen werden gezahlt, wenn **Invalidität** eingetreten, dh die körperliche oder geistige Leistungsfähigkeit der versicherten Person (→ § 179 Rn. 1) unfallbedingt dauerhaft beeinträchtigt ist. Diese Formulierung in Ziff. 2.1.1.1 Abs. 1 AUB stimmt mit der gesetzlichen Beschreibung in § 180 S. 1 überein; zu den Voraussetzungen der Beeinträchtigung, Dauerhaftigkeit und des Kausalzusammenhangs zwischen unfallbedingter Gesundheitsschädigung und dauerhafter Beeinträchtigung vgl. daher → § 180 Rn. 2 ff. Bei der Bestimmung des Invaliditätsgrades ist von dem Gesundheitszustand auszugehen, wie er spätestens am Ende der Dreijahresfrist des § 188 Abs. 1 S. 1 (Ziff. 2.1.2.2 Abs. 2 AUB) besteht; die Verwertung später gewonnener Befunde bzw. eine darauf gestützte Prognose sind unzulässig (→ § 188 Rn. 9 VVG).⁵⁷³

b) Kein unfallbedingter Tod innerhalb eines Jahres nach dem Unfall (Ziff. 2.1.1.4 212
AUB). Ein Anspruch auf Invaliditätsleistung besteht nach Ziff. 2.1.1.4 AUB nicht, wenn die versicherte Person **unfallbedingt** (→ § 180 Rn. 8) **innerhalb eines Jahres** nach dem Unfall **verstirbt**. Dies setzt voraus, dass der Unfall nicht nur eine conditio sine qua non für den Tod darstellt, sondern dieser adäquat-kausal auf den Unfall zurückzuführen ist.⁵⁷⁴ Das ist auch dann der Fall, wenn die zum Tode führenden Ereignisse und Entwicklungen sich als zwar nicht zwingende, wohl aber typische medizinische Komplikationen der unfallbedingten Verletzung darstellen.⁵⁷⁵ Aufgrund dieser Bestimmung entfällt der Rechtsgrund für die Invaliditätsleistung, dafür kann der Bezugsberechtigte (§§ 185, 159, 160) oder Erbe, sofern vereinbart, eine Todesfallleistung (Ziff. 2.6 AHB) beanspruchen (→ Rn. 273). Soweit der Versicherer bereits eine Invaliditätsleistung erbracht hat, ist er berechtigt, sie gem. § 812 Abs. 1 S. 2 Fall 1 BGB zurückzufordern oder mit der Todesfallleistung aufzurechnen.⁵⁷⁶ Der Versicherer ist allerdings nach Treu und Glauben (§ 242 BGB) zur Zahlung einer die Todesfallsumme übersteigende Invaliditätsleistung bereits dann verpflichtet, wenn ein Tod des Versicherten innerhalb der Jahresfrist unwahrscheinlich ist.⁵⁷⁷

Verstirbt die versicherte Person dagegen vor Bemessung der Invalidität binnen Jahresfrist nach 213
dem Unfall, **ohne** dass der **Tod** auf das **Unfallereignis zurückzuführen** ist, so bleibt der Versicherer gem. Ziff. 2.1.2.3 Abs. 1 AUB leistungspflichtig, soweit die Voraussetzungen für eine Erhebung des Leistungsanspruchs (→ Rn. 214 ff.) bereits erfüllt sind oder noch fristgerecht nachgeholt werden können.⁵⁷⁸ Grundlage für eine Bemessung des Invaliditätsgrades ist in diesem Fall eine Prognose über den zu erwartenden Dauerschaden, die auf der Grundlage der zuletzt erhobenen ärztlichen Befunde abzugeben ist (Ziff. 2.1.2.3 Abs. 2 AUB).⁵⁷⁹

c) Eintritt der Invalidität innerhalb von 15 Monaten nach dem Unfall (Ziff. 2.1.1.2 214
S. 1, 1. Spiegelstrich AUB). Der Versicherer ist gem. Ziff. 2.1.1 S. 1, 2, 1. Spiegelstrich AUB nur dann zu einer Invaliditätsleistung verpflichtet, wenn die **Invalidität innerhalb von 15 Monaten** nach dem Unfall **eingetreten** ist (Ablauf der sog. „Invaliditätseintrittsfrist"⁵⁸⁰). Im Gegensatz zu früheren Versionen der AUB (etwa: AUB 2008), in denen ein Invaliditätseintritt binnen eines Jahres eingetreten sein und nur eine ärztliche Feststellung innerhalb von 15 Monate erfolgt sein musste, hält die neue AUB-Version beide Fristen gleich lang. Dadurch gewinnt der Versicherte mehr Flexibilität; er kann nämlich in Zukunft Versicherungsleistungen auch noch für eine nach Jahresablauf eingetretene Invalidität beanspruchen, sofern es ihm nur gelingt, in der ihm dann noch verbleibenden Zeit eine ärztliche Feststellung zu erreichen. Zur Hinweispflicht des Versicherers nach Erhalt der Schadensanzeige → § 186 Rn. 4 ff.

Bei der Frist handelt es sich nach stRspr um eine die Entschädigungspflicht des Versicherers 215
begrenzende **Anspruchsvoraussetzung**, so dass es auf die Frage, ob den Versicherungsnehmer an

---

⁵⁷² Vgl. OLG Frankfurt a. M. VersR 2001, 451; LG Hamburg r+s 2009, 384.
⁵⁷³ BGHZ 137, 247 (252) = VersR 1998, 308; BGH VersR 1981, 1151; 2001, 1547; 2005, 927; OLG Frankfurt a. M. r+s 2004, 388.
⁵⁷⁴ OLG Koblenz VersR 2017, 89.
⁵⁷⁵ OLG Koblenz VersR 2017, 89.
⁵⁷⁶ Mangen in Beckmann/Matusche-Beckmann VersR-HdB § 47 Rn. 198.
⁵⁷⁷ Vgl. OLG Karlsruhe VersR 2005, 68.
⁵⁷⁸ Vgl. Knappmann in Prölss/Martin AUB Ziff. 2 Rn. 7.
⁵⁷⁹ Knappmann in Prölss/Martin AUB Ziff. 2 Rn. 7; Mangen in Beckmann/Matusche-Beckmann VersR-HdB § 47 Rn. 199.
⁵⁸⁰ BGH VersR 2017, 1386.

einer Fristversäumnis ein Verschulden trifft, nicht ankommt.[581] Die Regelung verfolgt den Zweck, eine Einstandspflicht des Versicherers für regelmäßig nur schwer aufklärbare und in ihrem Ausmaß unübersehbare **Spätschäden** zu **vermeiden**.[582] Unfallbedingte Invalidität, die erst nach Ablauf der 15-Monatsfrist eintritt, wird damit von vornherein vom Versicherungsschutz ausgenommen,[583] und zwar auch dann, wenn eine Gesundheitsschädigung regelmäßig erst nach Fristablauf eintritt (im konkreten Fall: Borreliose bei Zeckenbiss).[584] Bei der gebotenen engen Auslegung des Ausschlusses reicht es aber aus, dass zum Ende des Unfalljahres Unfallfolgen verblieben sind und diese mit hoher Wahrscheinlichkeit voraussichtlich andauern werden.[585] Da der Versicherungsschutz grds. alle adäquat-kausal verursachten Schäden erfasst, ist der Versicherer auch für die Folgen eines zweiten Unfalls einstandspflichtig, sofern dieser ursächlich auf den ersten Unfall zurückzuführen ist und sich innerhalb von 15 Monaten nach dem Erstunfall ereignet hat.[586]

216   Der BGH hat sich (zu Recht) auf den Standpunkt gestellt, dass in diesem Ausschluss von Spätschäden weder eine inhaltliche Benachteiligung des Versicherungsnehmers iSd § 307 Abs. 1 S. 1, Abs. 2 Nr. 2 BGB zu sehen sei (weil eine Leistungsbegrenzung nur bei – hier nicht vorliegender – Aushöhlung des Vertrages den Vertragszweck gefährde)[587] noch eine solche Regelung gegen das Transparenzgebot des § 307 Abs. 1 S. 2 BGB verstoße (weil die Fristenregelung aus sich heraus weder unklar noch schwer verständlich sei).[588]

217   **d) Feststellung der Invalidität innerhalb von 15 Monaten nach dem Unfall (Ziff. 2.1.1.2 Abs. 1, 2. Spiegelstrich AUB).** Die innerhalb von 15 Monaten nach dem Unfall aufgetretene Invalidität muss ebenfalls innerhalb von 15 Monaten nach dem Unfallereignis von einem **Arzt**[589] **festgestellt** worden sein. Die Klausel sieht eine **schriftliche Feststellung** vor, die grds. nicht durch eine Zeugenaussage des Arztes ersetzt werden kann.[590] Von einer Verwendung der Schriftform iSd § 126 BGB kann allerdings – da es sich hier um eine rechtsgeschäftlich vereinbarte Form handelt – von den Parteien stillschweigend abgesehen werden (vgl. § 125 S. 2, § 127 Abs. 1 BGB). Außerdem ist nach § 127 Abs. 2 BGB ohnehin eine telekommunikative Übermittlung (Fernschreiben, Fax, E-Mail) ausreichend.[591] Die Einhaltung auch dieser Frist erscheint als **Anspruchsvoraussetzung** (→ Rn. 215), so dass der Versicherungsnehmer sich nicht etwa darauf berufen kann, dass die Feststellung der Invalidität ohne sein Verschulden unterblieben sei.[592] Die Frist verfolgt ebenfalls den Zweck, Spätschäden vom Versicherungsschutz auszunehmen und dadurch die Abwicklung zu erleichtern. Liegen **mehrere,** das Ausmaß der Invalidität beeinflussende **körperliche Beeinträchtigungen** vor, ist jede von ihnen innerhalb dieser Frist gesondert festzustellen und bei der Leistungsbemessung nur die fristgemäß festgestellten Beeinträchtigungen zu berücksichtigen.[593] Dabei können nur die in der ärztlichen Invaliditätsfeststellung angesprochenen Dauerschäden einen Anspruch auf eine Invaliditätsleistung begründen,[594] nicht aber solche, die in den fristgerecht erstellten ärztlichen Bescheinigungen nicht aufgeführt sind und daher dem Versicherer keine Veranlassung bieten, nach Erhalt der ärztlichen Stellungnahme weitergehende Beeinträchtigungen abzuklären.[595] Zu dem für die Erstbemessung maßgebenden Zeitpunkt unfallbedingter Invalidität → § 180 Rn. 5 ff.

---

[581] Grdl. BGH VersR 1978, 1036; stRspr, vgl. nur BGHZ 137, 174 (176) = VersR 1998, 175 (176); BGH VersR 2007, 1114; OLG Saarbrücken VersR 2008, 199.
[582] BGHZ 137, 174 (176) = VersR 1998, 175; BGHZ 162, 210 (214 f.) = VersR 2005, 639.
[583] OLG Frankfurt a. M. r+s 1987, 355.
[584] OLG Düsseldorf VersR 2010, 61.
[585] OLG Karlsruhe VersR 2006, 1396.
[586] BGH VersR 1998, 308; OLG Frankfurt a. M. r+s 2001, 216.
[587] BGHZ 137, 174 (177) = VersR 1998, 175; vgl. auch OLG Frankfurt a. M. r+s 2003, 519.
[588] BGHZ 162, 210 (214) = VersR 2005, 639; vgl. auch OLG Celle r+s 2011, 346; KG r+s 2012, 352; zust. *Mangen* in Beckmann/Matusche-Beckmann VersR-HdB § 47 Rn. 164; aA wohl *Schwintowski* NVersZ 1998, 97 (99).
[589] Vgl. OLG Koblenz VersR 2012, 1381 (Gutachten eines Neuropsychologen nicht ausreichend).
[590] OLG Jena r+s 2022, 162.
[591] Im Hinblick auf die Dokumentationsfunktion der ärztlichen Invaliditätsfeststellung gilt dies auch für frühere AVB-Fassungen, die ausdrücklich kein Formerfordernis vorsehen, OLG Hamm VersR 2012, 195.
[592] BGHZ 137, 174 (176) = VersR 1998, 175; BGHZ 162, 210 (217) = VersR 2005, 639; BGH VersR 2007, 1114; OLG Frankfurt a.M. VersR 2022, 691; *Jacob* VersR 2007, 456.
[593] OLG Frankfurt a. M. VersR 1993, 1139; OLG Oldenburg r+s 2004, 34; OLG Köln VersR 2013, 349.
[594] BGH VersR 2007, 1114; OLG Frankfurt a. M. VersR 2008, 248 (jeweils zu organischen Verletzungen und Depressionen).
[595] OLG Hamm VersR 2007, 1216 (Hüftgelenksverletzungen und sexuelle Störungen); OLG Frankfurt a. M. VersR 2008, 248 (organische Verletzungen und Depressionen); OLG Karlsruhe VersR 2009, 538, (Beinverletzung und Blasenentleerungsstörung bzw. erektile Disfunktion); OLG Celle r+s 2014, 519, (Beinamputation und psychische Belastung).

218 Da es sich bei der fristgemäßen ärztlichen Feststellung um eine Anspruchsvoraussetzung handelt, muss der Versicherte die Invalidität auch dann innerhalb der Frist ärztlich feststellen lassen, wenn er – nachdem der Versicherer seine Einstandspflicht **endgültig abgelehnt** hat – seine Forderung weiter verfolgen und ggf. im Klagewege durchsetzen will.[596] Da die Ablehnung sich idR darauf stützen wird, dass die sachlichen Anspruchsvoraussetzungen nicht gegeben sind, kann der Versicherte in diesem Fall nicht darauf vertrauen, dass der Versicherer sich in einem Prozess nicht auch auf eine etwaige Fristversäumnis berufen wird.

219 Die ärztliche Stellungnahme muss sich zu den **Voraussetzungen der Invalidität** verhalten, also dazu Stellung nehmen, ob und in welchem Bereich die körperliche oder geistige Leistungsfähigkeit dauerhaft beeinträchtigt und diese Beeinträchtigung kausal auf einen Unfall zurückzuführen ist.[597] Die Stellungnahme soll den Versicherer vor der Geltendmachung völlig anderer Gebrechen und Invaliditätsursachen schützen; er muss ihr entnehmen können, auf welche medizinischen Fragen sich seine Leistungsprüfung erstrecken muss.[598] Dementsprechend reicht es nicht aus, wenn der Gutachter lediglich Gesundheitsschäden diagnostiziert, aber keine Feststellung zu ihrer Dauerhaftigkeit trifft,[599] oder offen lässt, ob sie auf ein bestimmtes Unfallereignis zurückgehen.[600] Die Aussage, dass „der Eintritt eines Dauerschadens ... noch nicht abschätzbar" sei, reicht bspw. nicht aus,[601] wohl aber, dass „mit einem Dauerschaden zu rechnen" sei.[602] Die Feststellung kann nicht von dem selbst als Arzt tätigen Versicherungsnehmer, sondern muss nach dem Sinn und Zweck der Klausel von einem unabhängigen und neutralen Gutachter getroffen werden.[603]

220 Darüber hinaus sind allerdings an die ärztlichen Feststellungen **keine hohen Anforderungen** zu stellen.[604] Die ärztliche Stellungnahme muss weder den einem Unfall zugrunde liegenden Lebenssachverhalt wiedergeben[605] noch abschließend zu einem bestimmten Invaliditätsgrad äußern[606] noch unbedingt zutreffend sein, da sie dem Versicherer lediglich die Gelegenheit geben soll, der Sache nachzugehen.[607] Sie muss dem Versicherer auch nicht innerhalb der Frist zugehen, sofern sie nur fristgerecht getroffen worden ist.[608] Ausreichend sind ein Arztbericht oder eine sonstige schriftliche Bescheinigung bzw. schriftliche oder elektronisch gespeicherte Dokumentation (Krankenunterlagen, Patientenkartei), die allerdings über eine bloße Befunderhebung hinaus die ärztliche Feststellung einer unfallbedingten Invalidität enthalten müssen,[609] nicht dagegen ein Bescheid des Versorgungsamtes über den Behinderungsgrad.[610] Der Versicherte kann sich allerdings nicht darauf berufen, dass der behandelnde Arzt seiner mehrfach geäußerten Bitte zur Erstellung eines entsprechenden Berichts nicht nachgekommen sei; es hätte ihm freigestanden, sich zwecks fristgerechter Invaliditätsfeststellung an einen anderen Arzt zu wenden.[611] Dagegen kann sich der Versicherer auf ein Fristversäumnis nach Treu und Glauben (§ 242 BGB) nicht berufen, wenn sich aus dem Befund auch ohne ausdrückliche Feststellung einer Invalidität – ein unfallbedingter irreversibler Dauergesundheitsschaden ergibt (etwa: Verlust eines Körpergliedes oder Organs)[612] oder er (zB nach selbst eingeholten ärztlichen Auskünften) eine Invalidität für möglich hält und den Versicherungsnehmer nicht darauf hinweist, dass das vorgelegte ärztliche Zeugnis nicht den Anforderungen entspricht.[613]

221 Nach § 186 S. 1 muss der Versicherer den **Versicherten** auf die Anspruchsvoraussetzung und Notwendigkeit einer fristgerechten Invaliditätsfeststellung nach dem Unfall **hinweisen** (→ § 186

---

[596] BGH VersR 2002, 1578; 2007, 1114; OLG Frankfurt a. M. r+s 2000, 216; OLG Saarbrücken VersR 2007, 487; *Mangen* in Beckmann/Matusche-Beckmann VersR-HdB Rn. 172; aA OLG Köln r+s 1992, 105 (obiter dictum); OLG Hamm VersR 1995, 1181.
[597] BGH VersR 2007, 1114; OLG Bremen NVersZ 2001, 75; OLG Frankfurt a. M. r+s 2003, 29; OLG Hamm VersR 2007, 1216; 2007, 1361; OLG Saarbrücken r+s 2010, 388.
[598] BGH VersR 2015, 617; OLG Brandenburg v. 4.3.2019, 11 U 107/16, juris.
[599] OLG Hamm VersR 2000, 38; OLG Celle r+s 2002, 260; 2010, 976; OLG Düsseldorf VersR 2010, 61.
[600] OLG Koblenz VersR 2001, 1417; OLG Düsseldorf r+s 2010, 297.
[601] OLG Köln r+s 1992, 105; 2014, 299; vgl. auch OLG Zweibrücken r+s 2008, 125.
[602] *Knappmann* in Prölss/Martin AUB Ziff. 2 Rn. 15; *Rüffer* in HK-VVG AUB 2014 Ziff. 2 Rn. 9; vgl. auch OLG Düsseldorf r+s 2006, 518; OLG Celle r+s 2014, 518; aA OLG Naumburg VersR 2005, 970.
[603] OLG Koblenz VersR 1999, 1227; aA *Rüffer* in HK-VVG AUB 2014 Ziff. 2 Rn. 7; zust. *Knappmann* in Prölss/Martin AUB 2010 Ziff. 2 Rn. 12.
[604] BGH VersR 2007, 1114.
[605] ThürOLG r+s 2019, 39.
[606] BGH VersR 1997, 442; OLG Saarbrücken VersR 2004, 856; OLG Jena r+s 2022, 162.
[607] BGH VersR 1988, 286; 1997, 442.
[608] BGH VersR 1988, 286; 1990, 732.
[609] OLG Saarbrücken VersR 2008, 199; OLG Dresden r+s 2021, 470.
[610] OLG Düsseldorf VersR 2006, 1487.
[611] OLG Koblenz r+s 2000, 129.
[612] BGHZ 130, 171 (173 f.) = VersR 1995, 1179.
[613] OLG Naumburg VersR 2013, 229 unter Berufung auf BGHZ 162, 210 = VersR 2005, 639.

Rn. 4 ff.). Unterbleibt dieser Hinweis, kann sich der Versicherer auf eine Fristversäumnis des Versicherungsnehmers nicht berufen (§ 186 S. 2, → § 186 Rn. 10). Darüber hinaus kann es dem Versicherer selbst bei Erfüllung der Hinweisobliegenheit nach **Treu und Glauben** (§ 242 BGB) verwehrt sein, das Fristversäumnis geltend zu machen (→ § 186 Rn. 13 ff.).

222 Ist die Frist zur ärztlichen Feststellung verstrichen und der Versicherer eigentlich leistungsfrei, kann er die Sachprüfung aus **Kulanz** auch von **Voraussetzungen** (etwa: Vorlage eines fachärztlichen Zeugnisses) abhängig machen, die in den AVB nicht vorgesehen sind.[614]

223 Nach Auffassung des BGH[615] soll auch dieses Fristerfordernis **keine unangemessene Benachteiligung** des Versicherungsnehmers iSd § 307 Abs. 1 S. 1, Abs. 2 Nr. 2 BGB darstellen, weil die Rspr. dem Versicherungsnehmer bei der Einhaltung der Frist Erleichterungen gewähre, zB keine hohen Anforderungen an die ärztliche Feststellung der Invalidität stelle (→ Rn. 220) oder dem Versicherer unter bestimmten Voraussetzungen eine Berufung auf die Frist wegen Rechtsmissbrauchs versage (→ Rn. 221). Auch ein Verstoß gegen das Transparenzgebot des § 307 Abs. 1 S. 2 BGB liege darin angesichts der klaren Fristbestimmung nicht.[616] Nach anderer Ansicht ist ein Verstoß gegen das Transparenzgebot darin zu sehen, dass in den AUB die Notwendigkeit, Invalidität ärztlich feststellen zu lassen, unter den Leistungsarten und nicht in Zusammenhang mit den Obliegenheiten bei Ziff. 7 AUB geregelt werde.[617] Angesichts der jetzt in § 186 vorgesehenen Hinweispflicht könne sich die Intransparenz aber nicht zum Nachteil des Versicherungsnehmers auswirken, so dass die Klausel letztlich doch als wirksam anzusehen sei.[618]

224 Diese **Argumentation** – insbes. des BGH – **überzeugt aber nicht**.[619] Wird der Anspruch auf Leistung abgeschnitten, weil die Invalidität nicht innerhalb von 15 Monaten nach dem Unfall festgestellt worden ist, so liegt darin dann eine unangemessene Benachteiligung des Versicherungsnehmers iSv § 307 Abs. 1 S. 1 und Abs. 2 Nr. 2 BGB, wenn die substantiellen Bedingungen des Versicherungsfalls – Eintritt von Invalidität innerhalb einer Frist von 15 Monaten – erfüllt sind und es somit lediglich an der Erfüllung formeller Voraussetzungen mangelt. Zum einen deuten Hinweise aus der Praxis darauf hin, dass innerhalb der 15-Monatsfrist Dauerschäden häufig nicht abschließend beurteilt werden können, so dass bei einer nicht unerheblichen Anzahl von Unfallverletzten ein zukünftiger Entschädigungsanspruch ausgeschlossen wird.[620] Zum anderen fällt das Interesse des Versicherers an einer endgültigen, weil arbeits- und kostensparenden Abwicklung innerhalb der Frist demgegenüber nicht allzu sehr ins Gewicht, zumal dem Versicherten stets die Beweislast dafür bleibt, dass die Invalidität unfallbedingt und fristgerecht eingetreten ist. Der Hinweis des Gerichts auf die dem Versicherungsnehmer bei der Feststellung und Geltendmachung der Invalidität gewährten Erleichterungen verfängt nicht. Gerade weil dieser durch die in der 15-Monatsfrist liegende rigide Beschränkung der Leistungspflicht unangemessen benachteiligt wird, hat die Rspr. offenbar diese Leistungsbegrenzung aufgeweicht. Eine unangemessene Benachteiligung des Versicherungsnehmers entfällt aber nicht dadurch, dass die Gerichte unter Berufung auf Treu und Glauben einer Klausel von Fall zu Fall ihre Schärfe nehmen. Denn wenn eine solche Klausel in den AUB unverändert bleibt, kommt diese Rspr. nur *dem* Versicherten zugute, der rechtskundig oder gut beraten oder zumindest bereit ist, sich zu wehren. Den ahnungslosen Versicherungsnehmer, der nach einer Lektüre der Klausel auf seine Rechte verzichtet oder sich durch einen Hinweis auf den Wortlaut der Klausel von der Geltendmachung seiner Rechte abhalten lässt, schützt diese Rspr. nicht. Außerdem gibt die Klausel das geltende Recht nicht korrekt wieder, indem sie nur die Ausgangsregel (15-Monatsfrist für ärztliche Feststellung und Geltendmachung) formuliert und deren vielfältige Einschränkungen (→ § 186 Rn. 13 ff.) verschweigt.[621] Dieses Manko gleicht auch die noch dazu thematisch eingeschränkte (→ § 186 Rn. 5) Hinweispflicht nach § 186 nicht aus. Klauseln, die dem Verwender aber die Möglichkeit einräumen, aufgrund einer unvollständigen Darstellung der Rechtslage zB begründete Ansprüche des Verbrauchers abzuwehren, verstoßen gegen das Transparenzgebot des § 307 Abs. 1 S. 2 BGB (Täuschungsverbot).[622] Die besseren Gründe sprechen daher dafür, die Klausel insoweit als **unwirksam** anzusehen.

---

[614] OLG Hamm VersR 2002, 49.
[615] BGHZ 137, 174 (177) = VersR 1998, 175; ebenso zuletzt OLG Celle VersR 2010, 803; OLG Düsseldorf VersR 2010, 805; KG r+s 2012, 352; zust. *Leverenz* in Bruck/Möller AUB 2008 Ziff. 2.1 Rn. 163 ff.
[616] BGHZ 162, 210 (214) = VersR 2005, 639; BGH VersR 2012, 1115; OLG Karlsruhe VersR 2005, 1384; OLG Düsseldorf VersR 2006, 1487 und r+s 2009, 424; OLG Karlsruhe VersR 2009, 538 mAnm *Knappmann*; OLG Köln VersR 2009, 1484; OLG Bremen r+s 2010, 210; OLG Celle r+s 2011, 346.
[617] *Knappmann* VersR 2009, 775 (776); Bedenken auch bei *Klimke* VersR 2010, 290 (295).
[618] *Knappmann* VersR 2009, 775 (776).
[619] *Dörner* in Basedow u.a., VersWissStud Bd. 15, 2000, 243 (252 ff.); *Dümichen* ZVersWiss 2003, 783 (802); iErg ebenso *Schwintowski* NVersZ 1998, 97 (99); offen gelassen OLG Hamm VersR 2008, 811.
[620] *Dümichen* ZVersWiss 2003, 783 (789).
[621] Ebenso *Klimke* VersR 2010, 290 (295).
[622] BGHZ 104, 82 (88 ff.) = NJW 1988, 1726; BGHZ 128, 54 (60) = VersR 1995, 77.

e) **Geltendmachung der Invalidität innerhalb von 15 Monaten nach dem Unfall** 225
(Ziff. 2.1.1.3 AUB). Die Invalidität muss schließlich gem. Ziff. 2.1.1.3 Abs. 1 AUB ebenfalls innerhalb der 15-Monatsfrist bei dem Versicherer **geltend gemacht** werden. Ausreichend ist eine Erklärung des Versicherten, dass er von einer Invalidität ausgehe (Abs. 1 S. 2). Sie muss dem Versicherer zugegangen sein (§ 130 Abs. 1 BGB), was der Versicherungsnehmer beweisen muss.[623] In der von Ziff. 7.1 AUB vorgeschriebenen Unfallanzeige kann eine Geltendmachung der Invalidität nur dann gesehen werden, wenn in ihr Verletzungsfolgen genannt werden, die notwendiger Weise Invalidität bedeuten (im konkreten Fall: Ganzkörperverbrennungen 3. Grades).[624]

An die Geltendmachung selbst sind **keine hohen Anforderungen** zu stellen. Zur Fristwahrung 226 genügt es, dass der Versicherungsnehmer unter Hinweis auf bestimmte, unfallbedingte Dauerschäden[625] den Eintritt von Invalidität schlicht behauptet,[626] indem er zB eine Kopie der im Haftpflichtprozess erhobenen Klage überreicht[627] oder ein medizinisches Gutachten unmittelbar vom Gutachter an den Versicherer weiterleiten lässt.[628] Die Bezeichnung eines bestimmten Anspruchs oder Benennung eines bestimmten Invaliditätsgrades ist nicht erforderlich.[629] Andererseits reicht die Angabe allein der Verletzungen grds. nicht aus, weil diese ja nicht unbedingt zu Invalidität führen müssen.[630] Etwas anderes gilt nur dann, wenn die Art der Verletzung notwendig Invalidität bedeutet. Auch eine bestimmte Form ist nicht vorgeschrieben, so dass die Geltendmachung auch telefonisch oder in Textform (E-Mail) erfolgen kann. Der ärztliche Bericht muss nicht innerhalb der Frist beigefügt, sondern kann auch nachgereicht werden.[631] Zur Entgegennahme der Erklärung ist auch ein Versicherungsvertreter befugt (§ 69 Abs. 1 Nr. 2).

Diese Frist stellt aber keine Anspruchsvoraussetzung dar (→ Rn. 215, 217), sondern wird als 227 **Ausschlussfrist**[632] angesehen, deren Versäumung keine Folgen hat, wenn den Versicherungsnehmer daran kein Verschulden trifft.[633] Darauf weist auch Ziff. 2.1.1.3 Abs. 3 AUB hin, wonach eine Fristversäumnis „in besonderen Ausnahmefällen" entschuldigt werden kann.[634] Das kann zB der Fall sein, wenn der Versicherungsnehmer seit dem Unfall geschäftsunfähig war,[635] sich aufgrund eines unfallbedingten Gedächtnisverlustes nicht mehr an die Unfallversicherung erinnert hat,[636] sich auf Erklärungen seines Ehepartners verlässt[637] oder infolge schwerer Kopfverletzungen zur Kontaktaufnahme mit dem Versicherer nicht in der Lage war (Originalbeispiel AUB). Dass der Versicherungsnehmer die Frist schlicht vergessen[638] oder geglaubt hat, er müsse die Invalidität bereits bei Geltendmachung durch ein ärztliches Attest belegen,[639] reicht aber nicht aus. Der Versicherungsnehmer ist auch dann entschuldigt, wenn er zwar nicht den Zugang, wohl aber die Absendung seines die Geltendmachung der Invalidität enthaltenen Schreibens nachweisen kann.[640] Bei entschuldbarer Fristversäumung beginnt allerdings kein neuer Fristlauf; vielmehr muss der Versicherungsnehmer nach Wegfall des Entschuldigungsgrundes die Geltendmachung unverzüglich, dh ohne schuldhaftes Zögern (§ 121 Abs. 1 BGB) nachholen.[641] Dem Versicherungsnehmer muss dabei die Zeit bleiben, die notwendigen Unterlagen zusammen zu stellen. Dafür werden im Regelfall zwei bis drei Wochen ausreichen.[642] In der Rspr. ist in einem Ausnahmefall eine Geltendmachung nach zwei Monaten

---

[623] OLG Hamm VersR 1992, 1255 und VersR 1993, 300.
[624] OLG Stuttgart VersR 2009, 1065; wohl strenger OLG Frankfurt a. M. VersR 2014, 1495.
[625] OLG Oldenburg VersR 2011, 387.
[626] OLG Oldenburg r+s 2000, 349; OLG Koblenz r+s 2002, 524.
[627] BGH VersR 1990, 732.
[628] OLG Koblenz VersR 2010, 62.
[629] BGH VersR 1990, 732.
[630] BGH VersR 1987, 1235; OLG Frankfurt a. M. r+s 1987, 355.
[631] BGH r+s 1988, 120.
[632] Krit. zu dieser dogmatischen Kategorie zuletzt *Klimke* VersR 2010, 290.
[633] BGHZ 130, 171 (173) = VersR 1995, 1171; OLG Karlsruhe r+s 2002, 129; OLG Koblenz r+s 2011, 348, (Fristüberschreitung von vier Tagen); eingehend *Klimke* VersR 2010, 290.
[634] Anderer Ansatz bei *Klimke* VersR 2010, 290 (293): wegen der dogmatischen Nähe zu Obliegenheitsverletzungen entschuldige Fristversäumnis nur bei leichter Fahrlässigkeit; iErg ebenso *Knappmann* in Prölss/Martin AUB Ziff. 2 Rn. 22.
[635] BGH VersR 2002, 698.
[636] OLG Karlsruhe r+s 1996, 331.
[637] BGHZ 130, 171 (173) = VersR 1995, 1171.
[638] Vgl. OLG Koblenz r+s 2002, 524; OLG Frankfurt a. M. VersR 2014, 1495 (häufige Arztbesuche).
[639] OLG Karlsruhe r+s 2002, 129.
[640] OLG Hamm VersR 1992, 1255; 1993, 300.
[641] BGHZ 130, 171 (175) = VersR 1995, 1171; OLG Frankfurt a. M. VersR 2014, 1495.
[642] BGHZ 130, 171 (175) = VersR 1995, 1171; *Mangen* in Beckmann/Matusche-Beckmann VersR-HdB § 47 Rn. 178, zwei Wochen.

noch als unverzüglich angesehen worden, weil sich ein Betreuer zunächst in die Betreuungsakten einarbeiten musste.[643]

228 Der BGH hat auch dieses Fristerfordernis **nicht als unangemessene Benachteiligung** des Versicherungsnehmers (§ 307 Abs. 1, Abs. 2 Nr. 2 BGB) angesehen, weil die Rspr. Härtefälle dadurch vermeide, dass eine Fristversäumnis entschuldigt werden kann (→ Rn. 227) und zur Wahrung der Frist die bloße Behauptung der Invalidität ausreiche (→ Rn. 226).[644] Den dagegen zu erhebenden Bedenken (→ Rn. 224) haben die Musterbedingungen jetzt immerhin durch eine Generalklausel („besondere Ausnahmefälle") Rechnung getragen.

229 Nach § 186 S. 1 (→ § 186 Rn. 4 ff.) ist der Versicherer verpflichtet, den Versicherungsnehmer auch auf die Frist zur Geltendmachung der Invalidität **hinzuweisen**. Erfolgt kein Hinweis, bleibt auch eine vom Versicherungsnehmer zu verantwortende Fristversäumnis folgenlos (vgl. § 186 S. 2, → § 186 Rn. 10). Darüber hinaus kann dem Versicherer selbst nach einem Hinweis eine Berufung auf die versäumte Frist nach Treu und Glauben verwehrt sein (→ § 186 Rn. 13 ff.).

230 **2. Art und Höhe der Leistung (Ziff. 2.1.2 AUB). a) Kapitalleistung.** Die Invaliditätsleistung wird nach Ziff. 2.1.2.1 AUB durch Auszahlung eines **Kapitalbetrages** erbracht;[645] zur Leistung einer Unfallrente → Rn. 247 ff. Auf der Grundlage der „Besonderen Bedingungen für die Unfallversicherung mit progressiver Invaliditätsstaffel"[646] werden zwecks Absicherung hoher Invaliditätsgrade Verträge geschlossen, die bei Überschreiten eines bestimmten Grades der Invalidität die zusätzliche Zahlung eines bestimmten Prozentsatzes der Versicherungssumme vorsehen.[647]

231 **b) Berechnungsgrundlagen.** Berechnungsgrundlage für die Invaliditätsleistung sind die vertraglich vereinbarte **Versicherungssumme** und der **Grad** der unfallbedingten **Invalidität** (Ziff. 2.1.2.1 AUB). Die volle Versicherungssumme wird danach bei einem Invaliditätsgrad von 100 % fällig. Ist teilweise Invalidität eingetreten, ist die Leistung des Versicherers entsprechend herabzusetzen.

232 Nach § 180 S. 1 VVG und Ziff. 2.1.1.1 Abs. 1 AUB ist **Invalidität** gegeben, wenn die körperliche oder geistige Leistungsfähigkeit der versicherten Person unfallbedingt dauerhaft beeinträchtigt ist (→ § 180 Rn. 2 ff.). Auf diese allgemeine Begriffsbestimmung (→ Rn. 237) kann aber insoweit nicht zurückgegriffen werden, als die AUB **vorrangige Sonderregeln** enthalten, die eine Invaliditätsbemessung nach allgemeinen Grundsätzen ausschließen.[648] In der Tat werden für den Verlust oder die vollständiger Funktionsunfähigkeit bestimmter Körperteile oder Sinnesorgane (wiederum vorbehaltlich einer abweichenden individualvertraglichen Absprache) regelmäßig in einer **Gliedertaxe** (→ Rn. 233 ff.) nach einem abstrakten und generellen Maßstab und ohne Berücksichtigung individueller Umstände feste Invaliditätsgrade vereinbart (Ziff. 2.1.2.2.1 Abs. 1 AUB).[649] So ist bspw. der Verlust eines Armes mit 70 % oder der Verlust eines Auges mit 50 % einer Vollinvalidität zu bewerten. Ist nur ein **Teilverlust** oder eine teilweise Funktionsunfähigkeit eingetreten, wird ein entsprechender Anteil des in der Gliedertaxe bestimmten Prozentsatzes zugrunde gelegt (Ziff. 2.1.2.2.1 Abs. 2 AUB).

233 Das **Bewertungssystem** der **Gliedertaxe** (Ziff. 2.1.2.2.1 Abs. 1 AUB) beschreibt zunächst abgegrenzte Teilbereiche eines Armes oder Beines und ordnet jedem Teilbereich einen festen Invaliditätsgrad zu, der mit Rumpfnähe des Teilgliedes steigt;[650] auf die individuellen Umstände kommt es bei der Bewertung von Gliedverlust und Verlust der Funktionsfähigkeit also nicht an. Etwa: Der Verlust eines Armes wird mit 70 %, der einer Hand mit 55 % und der eines Zeigefingers mit 10 % der Vollinvalidität veranschlagt. Für die Höhe der Invaliditätsentschädigung wird abgestellt auf die **rumpfnächste Stelle,** an der sich die Verletzung auswirkt. Der dafür festgesetzte Prozentsatz ist dann insgesamt zugrunde zu legen, so dass die Beeinträchtigung eines körperferneren Gliedes davon umfasst wird; eine Addition der Werte aus der Gliedertaxe findet also nicht statt.[651] Bei einem Speichentrümmerbruch kommt es danach auf die Funktionsfähigkeit des „Armes unterhalb des Ellenbogengelenks", bei dem Verlust eines Beines auf die Funkti-

---

[643] BGHZ 130, 171 (175) = VersR 1995, 1171.
[644] BGHZ 137, 174 (177 f.) = VersR 1998, 175; BGHZ 162, 210 (214) = VersR 2005, 639.
[645] Zur Bemessung *Jungermann* r+s 2021, 181.
[646] Vgl. dazu *Stockmeier/Huppenbauer* AUB 1999 S. 135.
[647] *Hormuth* in MAH VersR § 24 Rn. 83 ff.; zur Wirksamkeit entsprechender Klauseln vgl. OLG Saarbrücken VersR 2010, 661.
[648] OLG Celle r+s 1991, 179.
[649] BGH VersR 2006, 1117.
[650] BGH VersR 2001, 360.
[651] BGH VersR 1990, 964; 2012, 351 mkritAnm *Hennemann*; OLG Brandenburg r+s 2006, 207; vgl. auch OLG Hamm VersR 2021, 112.

onsfähigkeit „eines Beines über der Mitte des Oberschenkels" an; damit sind dann im ersten Fall auch Funktionsbeeinträchtigungen der Hand[652] und im zweiten der Verlust eines Fußes oder der Zehen[653] abgegolten. Allerdings darf die für das maßgebliche körpernähere Glied ermittelte Funktionsbeeinträchtigung nicht hinter derjenigen zurückbleiben, die für das körperfernere Glied ermittelt wird.[654] Ist also die Funktionsbeeinträchtigung der Hand für sich genommen größer ist als die des Unterarmes, ist der Handwert maßgeblich. Ausschlaggebend ist dasjenige Glied, an welchem die Verletzung lokalisiert werden kann („Sitz der Verletzung"); die Auswirkungen auf die Gebrauchsfähigkeit eines verbliebenen, nicht durch Unfall verlorenen oder selbst dauergeschädigten Restglieds oder Teilbereichs eines Glieds oder die in diese Bereiche ausstrahlenden Schmerzen sind durch die Prozentsätze der Taxe dagegen bereits mit abgegolten.[655] Dass der Verlust mehrerer Finger stets mehr oder weniger auch zur Gebrauchsbeeinträchtigung der Hand oder des Armens führt, findet daher keine Berücksichtigung. Dies soll aber nach Auffassung des OLG Karlsruhe nicht gelten, wenn solche Auswirkungen im Bereich des übrigen Körpers zu einem weiteren Gesundheitsschaden führen, der ebenfalls dauerhafte Auswirkungen auf die Leistungsfähigkeit des Betroffenen nach sich zieht (Bsp.: unfallbedingte Beinverletzung führt zu Beckenschiefstand und Wirbelsäulenkrümmung). Dieser weitere Schaden sei dann bei der Feststellung der Gesamtinvalidität zusätzlich in Ansatz zu bringen.[656] Bei einem **Teilverlust** einzelner Glieder oder einer teilweisen Funktionsbeeinträchtigung werden die in der Taxe aufgeführten Invaliditätsgrade entsprechend herabgesetzt (Ziff. 2.1.2.2.1 Abs. 2 AUB). Originalbeispiel der AUB: Die vollständige Funktionsunfähigkeit eines Armes ergibt einen Invaliditätsgrad von 70 %; ist er in seiner Funktionsfähigkeit zu $\frac{1}{10}$ eingeschränkt, folgt daraus ein Invaliditätsgrad von 7 %.

Bei einer unfallbedingten Beeinträchtigung paariger Körperteile (Arme, Beine) oder Sinnesorgane (Augen, Ohren) wird für **jeden Körperteil** der Invaliditätsgrad **selbständig ermittelt,** bei der Bestimmung der Gesamtinvalidität sind die einzelnen Invaliditätsgrade zu addieren.[657] Der für einen vollständigen Hörverlust auf einem Ohr angesetzte Invaliditätsgrad deckt nicht gleichzeitig einen Tinnitus auf dem anderen Ohr und dadurch dauerhaft verursachte Gleichgewichtsstörungen ab.[658] Sind mehrere Finger gebrauchsunfähig geworden, ist der Invaliditätsgrad nicht nach dem Wert für den Teilverlust der Hand, sondern nach den addierten Sätzen für die einzelnen Finger zu berücksichtigen. Die Auswirkung auf die Gebrauchsfähigkeit anderer Gliedmaßen wie etwa der Hand bleibt dann nach der Systematik der Gliedertaxe außer Betracht.[659]

Die **Gliedertaxen früherer AUB-Versionen** (Ziff. 2.1.2.2.1 AUB 1999) enthielten auch die Positionen einer Funktionsunfähigkeit der „Hand im Handgelenk", des „Arms im Schultergelenk" oder des „Fußes im Fußgelenk"[660]. Daraus ergaben sich **Auslegungszweifel,** weil diese Beschreibungen nicht deutlich machen, ob darunter jeweils allein die Funktionsunfähigkeit des Gelenks selbst (bei fortbestehender Funktionsfähigkeit der Finger, des Armes oder der Zehen) oder aber die Funktionsunfähigkeit des Hand-, Schulter- oder Fußgelenks einschließlich der restlichen Hand, des Armes oder Fußes verstanden werden, es also auf die Funktionsunfähigkeit von Hand, Arm oder Fuß insgesamt ankommen soll. Der BGH hat sich auf den Standpunkt gestellt, dass angesichts der unklaren Formulierungen Auslegungszweifel nach AGB-Recht (§ 305c Abs. 2 BGB) zu Lasten des Versicherers gehen müssen und daher die dem Versicherungsnehmer jeweils günstigere Auslegung zugrunde zu legen sei.[661] Danach liege eine „Funktionsunfähigkeit einer Hand im Handgelenk" bereits vor, wenn nur das Handgelenk, eine „Funktionsunfähigkeit eines Arms im Schultergelenk", wenn nur das Schultergelenk funktionsunfähig sei. Die neueren AUB-Versionen (wie gerade auch

---

[652] OLG Köln r+s 2003, 472; vgl. auch OLG Hamm VersR 2011, 1433: bei Funktionsunfähigkeit des „Arms im Schultergelenk" sind auch Ausstrahlungen auf den Arm mit abgegolten; ebenso OLG Frankfurt a. M. r+s 2011, 487.
[653] OLG Köln r+s 1994, 439.
[654] BGH VersR 2001, 360 f.; 2012, 351.
[655] StRspr, vgl. nur BGH VersR 1991, 413; 2001, 360 f.; 2003, 1163; 2006, 1117; OLG Karlsruhe VersR 2005, 1070; OLG München VersR 2006, 1528; OLG Koblenz VersR 2010, 659; OLG Köln VersR 2011, 789; anders OLG Frankfurt a. M. VersR 2006, 964; krit. auch *Knappmann* in Prölss/Martin AUB Ziff. 2 Rn. 37 (Transparenzgebot!).
[656] OLG Karlsruhe VersR 2005, 1070.
[657] OLG Köln VersR 2005, 679.
[658] OLG Köln VersR 2000, 1489.
[659] BGH VersR 1990, 964; 1991, 413; 2001, 360.
[660] Vgl. dazu BGH VersR 2001, 360; 2003, 1163; 2006, 1117; 2012, 351; OLG Koblenz VersR 2010, 659.
[661] BGH VersR 2003, 1163 („Hand im Handgelenk"); BGH VersR 2006, 1117 („Arm im Schultergelenk"); vgl. auch BGH VersR 2008, 483; 2009, 975; krit. *Mangen* in Beckmann/Matusche-Beckmann VersR-HdB § 47 Rn. 190; anders *Knappmann* VersR 2003, 430 (431).

die AUB 2014) haben demgegenüber diese Positionen nicht mehr aufgenommen und stellen nur noch eine Taxe für die Funktionsunfähigkeit von Hand, Arm oder Fuß zur Verfügung.[662] Ist danach zB – unabhängig von der Funktionsfähigkeit des Armes – das Schultergelenk funktionsunfähig geworden, wird diese Verletzung des Schultergelenks von der für den Verlust des Armes angesetzten Taxe nicht erfasst und ist daher gem. Ziff. 2.1.2.2.2 (→ Rn. 237) außerhalb der Gliedertaxe zu bewerten.[663]

236 Wenn Einschränkungen der Leistungsfähigkeit durch **technische Hilfsmittel** (Brillen, Hörgeräte, Prothesen, künstliche Gelenke) ganz oder teilweise beseitigt werden können, ist zu unterscheiden: Kann die Gebrauchsfähigkeit eines Auges durch eine **Brille** verbessert werden, wird das Sinnesorgan Auge grds. seiner Zweckbestimmung entsprechend gebraucht. Bei der Beurteilung der Invalidität ist dann von der durch die Brille korrigierten Sehkraft auszugehen.[664] Erreicht der Brillenträger mit der Sehhilfe volle Sehkraft, liegt allenfalls eine geringfügige Invalidität vor, die sich eben aus den mit dem Tragen einer Brille generell verbundenen Belastungen (reduzierte Sehkraft nach Absetzen, psychische Belastung durch Abhängigkeit von der Sehhilfe) ergibt. War der Versicherungsnehmer schon an das Tragen einer Brille gewöhnt und stellt eine unfallbedingt notwendige geringfügige Änderung der Brillengläser für ihn keine nennenswerte neue Belastung dar, wird die Gebrauchsfähigkeit des Auges sogar nur in einem kaum bewertbaren Maße beeinträchtigt.[665] Für **Hörgeräte** gelten entsprechende Überlegungen. Auch bei einer gelungenen Implantation eines **künstlichen Gelenks** ist die dadurch wieder hergestellte Gebrauchsfähigkeit des unfallgeschädigten Gliedes zugrunde zu legen, wobei auch hier stets eine Minderung der Gebrauchsfähigkeit durch die generell mit der Tatsache der Implantation eines künstlichen Gelenks verbundenen Belastungen zu berücksichtigen ist.[666] Dies gilt allerdings nur, wenn die Implantation innerhalb des dreijährigen Prognosezeitraums vorgenommen wurde, da später erfolgte Veränderungen nicht zu berücksichtigen sind (→ § 188 Rn. 8 ff.).[667] Dagegen kann durch Einsetzung einer körperfremden, nicht implantierten (zB Bein-)**Prothese** der Totalverlust eines Körperteils und die darin liegende Invalidität nicht kompensiert werden.[668]

237 Bei Körperteilen und Sinnesorganen, die in der **Gliedertaxe nicht enthalten** sind, richtet sich der Grad der Invalidität danach, inwieweit die normale **körperliche** oder **geistige Leistungsfähigkeit** iSd § 180 insgesamt dauerhaft **beeinträchtigt** ist (Ziff. 2.1.2.2.2 Abs. 1 S. 1 AUB). Diese Bestimmung bezieht sich vor allem auf Kopf- und Gehirnverletzungen sowie Verletzungen der Wirbelsäule,[669] ferner auf Verletzungen der inneren Organe des Brust- oder Bauchraums, der Harn- und Geschlechtsorgane.[670]

238 Die Bestimmung des Invaliditätsgrades orientiert sich in diesen Fällen an der normalen **körperlichen oder geistigen Leistungsfähigkeit** eines durchschnittlichen Versicherungsnehmers gleichen Alters und Geschlechtes unter Berücksichtigung ausschließlich medizinischer Gesichtspunkte (Ziff. 2.1.2.2.2 Abs. 1 S. 2, Abs. 2 AUB), sodass nicht-medizinische Aspekte wie Beruf, Beschäftigung, spezielle Fähigkeiten keine Rolle spielen (→ § 180 Rn. 2).[671] Der Invaliditätsgrad ist für den konkreten Fall durch einen Sachverständigen zu ermitteln.[672] Die Bemessung des Invaliditätsgrades außerhalb der Gliedertaxen darf aber nicht zu einem Wertungswiderspruch mit diesen führen, was durch eine Kontrollüberlegung dahingehend überprüft werden kann, ob der ermittelte Invaliditätsgrad sich in das System und in die Wertungen der Gliedertaxe einfügt oder ggf. zu erhöhen ist.[673] Beispielsweise liegt etwa eine 100%ige Invalidität nicht nur bei einem völligen Verlust der Leistungsfähigkeit vor, weil auch nach der Gliedertaxe schon der Verlust einzelner Glieder oder Sinne zu einer 100%igen Invalidität führen kann.[674] Bei Verlust einer Niere (oder eines Lungenflügels) kommt eine Invaliditätsentschädigung nicht in Betracht, wenn dadurch die körperliche oder geistige Leistungsfä-

---

[662] LG München II r+s 2013, 191; Rechtsprechungsübersicht bei *Hoenicke* r+s 2013, 194.
[663] BGH VersR 2015, 617 mAnm *Dörrenbächer*; krit. *Jacob* r+s 2015, 330; *Naumann/Brinkmann* VersR 2015, 1350.
[664] BGHZ 87, 206 (211) = VersR 1983, 581; dazu *Burggraf* VersR 1983, 799.
[665] BGHZ 87, 206 (211) = VersR 1983, 581.
[666] BGH VersR 1990, 478.
[667] OLG Frankfurt a. M. VersR 2006, 1488.
[668] BGH VersR 1990, 478.
[669] Vgl. OLG Hamm VersR 2008, 389.
[670] *Mangen* in Beckmann/Matusche-Beckmann VersR-HdB § 47 Rn. 192.
[671] OLG Hamm VersR 2003, 586; 2008, 389; OLG Celle VersR 2007, 1688; krit. *Knappmann* in Prölss/Martin VVG § 180 Rn. 3.
[672] BGH VersR 2009, 492.
[673] OLG Hamm VersR 2008, 389; OLG Karlsruhe VersR 2017, 747; dazu *Gundlach* VersR 2017, 733.
[674] OLG Hamm VersR 2008, 389.

higkeit aus medizinischer Sicht (innerhalb der 15-Monatsfrist nach dem Unfall) nicht beeinträchtigt ist, weil der Verlust der einen Niere durch die andere vollständig kompensiert wird.[675]

c) Vorinvalidität (Ziff. 2.1.2.2.3 AUB). Wenn ein von dem Unfall betroffener Körperteil oder ein Sinnesorgan bereits **vor dem Unfall** dauernd beeinträchtigt war, wird der Invaliditätsgrad um den Grad der Vorinvalidität gemindert (Ziff. 2.1.2.2.3 Abs. 2 AUB). Diese kann auf einen seinerseits bedingungsgemäß versicherten Unfall oder aber auf Krankheit oder Gebrechen zurückzuführen sein. Eine Minderung des Invaliditätsgrades kommt aber nicht in Betracht, wenn sich zwar eine vorbestehende Veränderung der Wirbelsäule röntgenologisch nachweisen lässt, der Versicherte vor dem Unfall aber völlig beschwerdefrei war.[676] Eine Minderung ist ferner nur dann gerechtfertigt, wenn genau die durch den Unfall beeinträchtigten Körperfunktionen bereits vorher beeinträchtigt waren, so dass Dauerschäden außer Betracht bleiben, die sich auf andere, vom Unfall nicht betroffene Funktionen beziehen.[677]

Der **Grad der Vorinvalidität** wird auf der Grundlage der Gliedertaxe (→ Rn. 233 ff.) bzw., soweit nicht von der Gliedertaxe erfasste Körperteile oder Sinnesorgane betroffen sind, durch eine Gesamtbeurteilung (→ Rn. 232 f.) ermittelt (Ziff. 2.1.2.2.3 Abs. 1 AUB), so dass es im letzten Fall darauf ankommt, ob unter Berücksichtigung ausschließlich medizinischer Gesichtspunkte die normale körperliche oder geistige Leistungsfähigkeit der durch den Unfall betroffenen Körperteile oder Sinnesorgane beeinträchtigt ist. Als Vergleichsmaßstab ist die Leistungsfähigkeit eines Durchschnittsbürgers gleichen Alters und Geschlechts zugrunde zu legen, so dass alterstypische Beeinträchtigungen der Leistungsfähigkeit den Tatbestand der Vorinvalidität nicht erfüllen[678] (etwa bei altersbedingter Weitsichtigkeit,[679] anders bei Übersichtigkeit [Hyperopie][680]). War der Versicherte bereits Brillenträger, so ergibt sich die bestehende Vorinvalidität aus den mit dem Tragen einer Brille generell verbundenen Belastungen (→ Rn. 236) und ist grds. in Form eines Brillenabschlags in Ansatz zu bringen.[681] Dies gilt auch dann, wenn die mangelnde Sehfähigkeit durch einen chirurgischen Eingriff hätte beseitigt werden können.[682] Ein Abzug ist nicht veranlasst, wenn die Brille ausschließlich zur Behebung der Gebrauchsminderung des anderen, vom späteren Unfall nicht betroffenen Auges diente oder wenn die Sehkraft des später geschädigten Auges nur so geringfügig gemindert war, dass sie bei isolierter Betrachtung die Verordnung einer Sehhilfe nicht gerechtfertigt hätte.[683]

Besteht eine Vorinvalidität iSd Ziff. 2.1.2.2.3 AUB, kann der Versicherungsnehmer demzufolge nach Maßgabe dieser Klausel eine Entschädigungsleistung nur für die unfallbedingt hinzutretende Invalidität erwarten. Dies gilt auch dann, wenn **gleichzeitig** die **Voraussetzungen der Ziff. 3.2 AUB** (→ Rn. 284) erfüllt sind, dh bestehende Krankheiten oder Gebrechen bei der unfallbedingten Gesundheitsschädigung (mit einem Prozentsatz von mehr als 25 %) mitgewirkt haben. Zunächst ist nämlich nach Ziff. 2.1.2.2.3 AUB das Ausmaß der versicherten Invalidität festzustellen, bevor im Anschluss daran der Kürzungstatbestand der Ziff. 3.2 AUB eingreifen kann, so dass der erstgenannten Klausel Vorrang zukommt. Greift sie ein, kommt eine Kürzung der Leistung nach Ziff. 3.2 AUB nicht mehr in Betracht.[684]

Fraglich ist, wie eine Vorinvalidität in Ansatz gebracht werden soll, wenn der Vertrag eine **progressive Invaliditätsstaffel**[685] enthält, dh wenn vereinbart wurde, dass sich mit steigendem Invaliditätsgrad die Invaliditätsleistung um einen bestimmten Prozentsatz über die vereinbarte Versicherungssumme hinaus erhöht. Denkbar ist entweder, dass die Progression von vornherein nur auf der Grundlage des unfallbedingten Invaliditätsgrads berechnet, die Gesamtinvalidität also vor Anwendung der Progressionsstaffel um die vorhandene Vorinvalidität gekürzt wird, oder aber, dass die Berechnung der Versichererleistung ausgehend von dem festgestellten Grad der Gesamtinvalidität erfolgt und erst im Anschluss daran diese Leistung um den Prozentsatz gekürzt wird, welcher der Vorinvalidität im Verhältnis zur Gesamtinvalidität zukommt.

---

[675] OLG Celle VersR 2007, 1688; zu Recht krit. *Leverenz* in Bruck/Möller AUB 2008 Ziff. 2.1 Rn. 231 mwN; anders OLG Koblenz VersR 2009, 1348 (unfallbedingte Entfernung der Milz wegen deren Bedeutung bei zukünftigen Erkrankungen mit einem Invaliditätsgrad von 5 % veranschlagt).
[676] OLG Frankfurt a. M. VersR 2006, 828; aA OLG Karlsruhe VersR 2003, 1524.
[677] OLG Düsseldorf VersR 2000, 310; 2005, 109.
[678] OLG Karlsruhe VersR 2003, 1524.
[679] OLG München VersR 2006, 1397.
[680] BGH VersR 2009, 1651.
[681] OLG Düsseldorf VersR 2005, 109; OLG Brandenburg VersR 2007, 347; OLG Hamm r+s 2018, 34.
[682] OLG Düsseldorf VersR 2009, 774.
[683] OLG Düsseldorf VersR 2005, 109.
[684] OLG Karlsruhe VersR 2003, 1524.
[685] Einzelheiten bei *Kloth* Unfallversicherung Kap. G Rn. 248 ff.

243   **Beispiel:**[686] Abschluss einer Unfallversicherung mit einer Versicherungssumme für Invalidität von 50.000 EUR. Es gelten die Besonderen Bedingungen für die Unfallversicherung mit erhöhter progressiver Invaliditätsstaffel, die folgende Vereinbarung enthalten: „Im Invaliditätsfall werden der Berechnung der Entschädigung folgende Versicherungssummen zugrunde gelegt: a) für den 25% nicht übersteigenden Teil des Invaliditätsgrades die im Versicherungsschein festgelegte Invaliditätsfallsumme, b) für den 25%, nicht aber 50%, übersteigenden Teil des Invaliditätsgrades die 3-fache Invaliditätsfallsumme, c) für den 50% übersteigenden Teil des Invaliditätsgrades die 4-fache Invaliditätsfallsumme." Der Versicherte erleidet bei einem Unfall eine Schenkelhalsfraktur, die iVm einer Vorschädigung zu einer Gesamtinvalidität von 50 % führt. Die unfallbedingte Invalidität beträgt 30 %. Berechnet man hier die Versichererleistung nach der Progressionsvereinbarung ausgehend von einer Gesamtinvalidität von 50 % und nimmt erst danach die aufgrund der Vorinvalidität erforderliche Kürzung vor, so errechnet sich zunächst eine maßgebliche Versicherungssumme iHv 50.000 EUR (25 % von 50.000 EUR = 12.500 EUR plus 25 % von 3 × 50.000 EUR = 150.000 EUR = 37.500 EUR), die sodann um den auf die Vorinvalidität fallenden Prozentsatz (40 %) gekürzt werden muss. Der Versicherte hat dann einen Anspruch auf eine Invaliditätsleistung iHv 30.000 EUR. Setzt man dagegen umgekehrt den Grad der Invalidität um den auf die Vorinvalidität entfallenden Prozentsatz herab (50 % minus 20 % Vorinvalidität), so setzt die Progression bei einem deutlich niedrigen Prozentsatz der Invalidität (nämlich 30 %) ein. Sie führt dann zu einer Versicherungssumme von 20.000 EUR (25 % von 50.000 EUR = 12.500 EUR plus 5 % von 3 × 50.000 EUR = 150.000 EUR = 7.500 EUR).

244   Nach welcher Rechenmethode zu verfahren ist, wenn eine progressive Invaliditätsstaffel vereinbart wurde, ergibt sich in erster Linie aus einer Auslegung der einschlägigen AVB-Klausel. Nach Ziff. 2.1.2.2.3 AUB will der Versicherer beim Zusammentreffen eines unfallunabhängigen und eines unfallabhängigen Invaliditätsanteils nur für den zweitgenannten Anteil einstehen. Dementsprechend ist die für die Berechnung relevante Invalidität in diesem Fall in der Weise zu ermitteln, dass zunächst der für die Vorinvalidität maßgebende Grad bestimmt und vom Grad der Gesamtinvalidität abgezogen wird. Auf der Grundlage dieses reduzierten Invaliditätsgrades ist dann erst die Progressionsvereinbarung heranzuziehen,[687] so dass in dem oben angeführten Beispiel der Versicherte lediglich eine Invaliditätsleistung von 20.000 EUR beanspruchen kann. In den Besonderen Bedingungen für die Unfallversicherung mit progressiver Invaliditätsstaffel muss auf diese Berechnungsweise auch nicht gesondert hingewiesen werden.[688]

245   **d) Mehrfachschäden (Ziff. 2.1.2.2.4 AUB).** Wenn durch den Unfall **mehrere Körperteile** oder **Sinnesorgane** beeinträchtigt werden, sind die jeweils separat durch Anwendung der Gliedertaxe (→ Rn. 233) bzw. Gesamtbeurteilung (→ Rn. 237) sowie etwaigen Berücksichtigung einer Vorinvalidität (→ Rn. 239) ermittelten Invaliditätsgrade zu addieren.[689] Eine Addition nach den Festlegungen der Gliedertaxe erfolgt auch bei einer Beeinträchtigung von paarigen Körperteilen oder Sinnesorganen, auch wenn eine wertende Gesamtbetrachtung auch hier nicht zu einem höheren Invaliditätsgrad führen kann.[690] Maximal kann eine Invalidität von 100 % berücksichtigt werden. Originalbeispiel der AUB: Ein Unfall führt zur vollständigen Funktionsunfähigkeit eines Armes (Invalidität von 70 %) sowie zur halben Funktionsunfähigkeit eines Beines (35 %). Die Invalidität beträgt 100 %, obwohl die Addition der Invaliditätsgrade zur Summe von 105 % führt.

246   **3. Darlegungs- und Beweislast.** Über die Voraussetzungen und den Grad der Invalidität hinaus (→ § 180 Rn. 10) muss der Versicherungsnehmer – da es sich insoweit um **Anspruchsvoraussetzungen** handelt (→ Rn. 215, 217) – dartun und beweisen, dass die **Invalidität** innerhalb von 15 Monaten nach dem Unfall **eingetreten,** und ärztlich **festgestellt** worden ist (Ziff. 2.1.1.2 Abs. 1 AUB).[691] Ist die Frist zur Invaliditätsfeststellung bereits verstrichen, bleibt der Leistungsanspruch schlüssig, wenn der Versicherungsnehmer vorträgt, dass der Versicherer der Hinweisobliegenheit des § 186 S. 2 nicht nachgekommen ist (→ § 186 Rn. 9) oder sich treuwidrig verhalten hat (→ § 186 Rn. 16). Während der Versicherungsnehmer für die tatbestandlichen Voraussetzungen treuwidrigen Verhaltens beweispflichtig bleibt (→ § 186 Rn. 17), muss der Versicherer beweisen, dass die **Hinweispflicht** des § 186 Abs. 1 von ihm ordnungsgemäß **erfüllt** wurde (Beweislastumkehr, → § 186 Rn. 11). Der Versicherungsnehmer weist wie-

---
[686] Nach BGH VersR 1988, 461.
[687] BGH VersR 1988, 461; 2011, 202 (Zusammentreffen zweier versicherter Unfälle); *Knappmann* NVersZ 1999, 352 (353); *Mangen* in Beckmann/Matusche-Beckmann VersR-HdB § 47 Rn. 197.
[688] *Mangen* in Beckmann/Matusche-Beckmann VersR-HdB § 47 Rn. 197.
[689] *Stockmeier/Huppenbauer* AUB 1999 S. 21.
[690] OLG Köln VersR 2005, 679.
[691] OLG Hamm VersR 2002, 49.

derum nach, dass er die **Invalidität** beim Versicherer **geltend gemacht** hat (Ziff. 2.1.1.3 Abs. 1 AUB). Den **Ablauf der 15-Monatsfrist** (in diesem Zusammenhang Ausschlussfrist und somit Einwendung, → Rn. 227) beweist dagegen im Streitfall der Versicherer. Der Versicherungsnehmer kann aber darlegen, dass diese Säumnis entweder nicht auf sein Verschulden zurückzuführen ist (→ Rn. 227) oder der Versicherer nicht ordnungsgemäß nach § 186 S. 2 belehrt hat (→ § 186 Rn. 9) oder dieser sich treuwidrig auf den Fristablauf beruft (→ § 186 Rn. 15). Mangelndes Verschulden an der Versäumung der Frist sowie die tatbestandlichen Voraussetzungen treuwidrigen Verhaltens (→ § 186 Rn. 16) beweist der Versicherungsnehmer; der Nachweis, dass die Hinweispflicht des § 186 S. 1 erfüllt wurde, obliegt dem Versicherer (Beweislastumkehr, → § 186 Rn. 11). Der Versicherer ist ferner beweispflichtig für den **Leistungsausschluss** der Ziff. 2.1.1.2 (unfallbedingter Tod des Versicherten binnen Jahresfrist, → Rn. 212)[692] sowie nach § 182 (→ § 182 Rn. 2, 4) für das Bestehen einer **Vorinvalidität**.[693]

III. Unfallrente (Ziff. 2.2 AUB)

1. Leistungsvoraussetzungen (Ziff. 2.2.1 AUB). Im Gegensatz zu den AUB 2008 enthalten 247 die neuen AUB 2014 wieder einen Regelungsvorschlag für die Vereinbarung einer **Unfallrente**, nachdem viele Anbieter diese Leistung ohnehin – insbes. für die nach Eintritt des 65. Lebensjahres des Versicherten eintretenden Unfälle – nach wie vor angeboten hatten.[694] Zahlungspflichtig ist der Versicherer bei Eintritt eines unternehmensindividuell zu bestimmenden Invaliditätsgrades (idR 50 %, vgl. dazu Ziff. 2.2.1 Abs. 1 AUB). Für die Voraussetzungen und die Bemessung des Invaliditätsgrades sind die entsprechenden Vorgaben zur Einmalzahlung zugrunde zu legen, vgl. Ziff. 2.2.1. Abs. 2 iVm Ziff. 2.1.1 (→ Rn. 211, 213 ff.) und 2.1.2.2 AUB (→ Rn. 231 ff.).[695] Wenn der Versicherte vor Bemessung der Invalidität verstirbt, gelten die für die Kapitalleistung maßgebenden Bestimmungen in Ziff. 2.1.2.3 AUB (→ Rn. 213).

2. Art, Höhe und Dauer der Leistung (Ziff. 2.2.2 AUB). Der Versicherer zahlt eine 248 monatliche Unfallrente in Höhe der **vereinbarten Versicherungssumme** (Ziff. 2.2.2 AUB), wobei nach den Muster-AVB das Lebensalter des Versicherten keine Rolle spielt. Die Zahlung setzt rückwirkend ab dem Beginn des Monates ein, in dem sich der Unfall ereignet hat; danach wird sie monatlich im Voraus gezahlt (Ziff. 2.2.3.1 AUB). Vorbehaltlich einer abweichenden Vereinbarung erfolgt die Zahlung **lebenslang**; sie endet am Ende des Monats, in welchem die versicherte Person stirbt oder aber der Versicherer mitteilt, dass infolge einer Neubemessung (vgl. § 188) der tatsächlich neu festgestellte unter den vereinbarten Invaliditätsgrad abgesunken ist (Ziff. 2.2.3.2 Abs. 1 AUB).

Zur Überprüfung der **fortbestehenden Bezugsberechtigung** kann der Versicherer **Lebens-** 249 **bescheinigungen** anfordern. Wird eine solche Bescheinigung nicht nach Anforderung unverzüglich (§ 121 BGB) zugesandt, ruht die Rentenzahlung ab der nächsten Fälligkeit (Ziff. 2.2.3.2 Abs. 2 AUB, → Rn. 316).

3. Darlegungs- und Beweislast. Für die Darlegungs- und Beweislast gilt das zu → Rn. 246 250 Gesagte. Der Versicherer weist iÜ nach, dass er zur Prüfung der fortbestehenden Bezugsvoraussetzungen eine Lebensbescheinigung angefordert, der Versicherte, dass er sie unverzüglich zugesandt hat.[696]

IV. Übergangsleistung (Ziff. 2.3 AUB)

Die Übergangsleistungsversicherung ist eine Summenversicherung, die dazu dienen soll, bei 251 schweren Verletzungen die Zeit zwischen dem Ende der stationären Behandlung (mit Zahlung von Krankenhaustagegeld, → Rn. 264) und der Zahlung von Invaliditätsvorschüssen zu überbrücken.[697]

1. Leistungsvoraussetzungen (Ziff. 2.3 AUB). a) Beeinträchtigung der Leistungsfähig- 252 **keit.** Der Versicherer zahlt nach Ziff. 2.3.1.1 Abs. 1 AUB eine **Übergangsleistung,** wenn die normale körperliche oder geistige Leistungsfähigkeit (→ § 180 Rn. 2) der versicherten Person (→ § 179 Rn. 1) im beruflichen oder außerberuflichen Bereich unfallbedingt nach Ablauf von sechs Monaten vom Unfalltag an und ohne Berücksichtigung anderweitiger Krankheiten oder Gebrechen

---

[692] *Knappmann* in Prölss/Martin AUB Ziff. 2 Rn. 6.
[693] Vgl. bereits zum früheren Rechtszustand OLG Düsseldorf VersR 2005, 109; OLG Frankfurt a. M. VersR 2006, 828.
[694] *Mangen* in Beckmann/Matusche-Beckmann VersR-HdB § 47 Rn. 182.
[695] OLG Koblenz VersR 2012, 1381.
[696] Anders *Knappmann* in Prölss/Martin AUB 2014 Ziff. 2 Rn. 52 (schlüssige Darlegung des Versicherungsnehmers, welche der Versicherer widerlegen muss).
[697] *Stockmeier/Huppenbauer* AUB 1999 S. 24.

(zu den Begriffen → Rn. 285) noch um mindestens 50 % beeinträchtigt ist. Eine Prognose ist hier nicht erforderlich. Ausreichend ist eine Einschränkung der Leistungsfähigkeit im beruflichen *oder* außerberuflichen Bereich; so dass bspw. ein körperlich tätiger Versicherer mit einer Armfraktur den Anspruch geltend machen kann, obwohl er nur im beruflichen, nicht aber im außerberuflichen Bereich eine Beeinträchtigung erfährt.[698] Ob eine Herabsetzung der beruflichen Leistungsfähigkeit zu mindestens 50 % vorliegt, richtet sich bei verständiger Würdigung der Klausel nach dem konkret ausgeübten Beruf des Versicherten; es kommt also nicht darauf an, ob er überhaupt zur Ausübung irgendeines Berufes in der Lage ist.[699]

253 Der Grad der **50%igen Beeinträchtigung** muss unfallbedingt (→ § 180 Rn. 7 f.) und darf nicht auf die Mitwirkung von Krankheiten oder Gebrechen (→ Rn. 284) zurückzuführen sein, so dass die Mitursächlichkeit dieser anderen Faktoren bereits bei den Leistungsvoraussetzungen und nicht erst (wie nach Ziff. 3.2 AUB, → Rn. 284 ff.) bei der Höhe der zu erbringenden Leistung zu berücksichtigen ist.[700] Die Beeinträchtigung der Leistungsfähigkeit muss innerhalb der sechs Monate ab dem Unfall **ununterbrochen** bestanden haben (Ziff. 2.3.1.1 Abs. 2 AUB); sie muss also in einem unmittelbaren zeitlichen Zusammenhang mit dem Unfall eingetreten sein.[701] Handelt es sich bei dem Unfallgeschehen um einen aus mehreren Vorgängen bestehenden gestreckten Tatbestand (Bsp.: Verschlucken eines Holzzahnstochers und Darmperforation elf Tage später), so ist auf den letzten Teilakt abzustellen.[702] Der Anspruch ist nicht begründet, wenn eine nicht sofort als behandlungsbedürftig erkannte Unfallverletzung erst später zu einer mehr als 50%igen Beeinträchtigung über einen Zeitraum von sechs Monaten führt.[703]

254 b) Geltendmachung. Dem Versicherungsnehmer obliegt es, die Beeinträchtigung der Leistungsfähigkeit spätestens **sieben Monate** nach Unfalleintritt und Vorlage eines Attestes beim Versicherer **geltend** zu machen (Ziff. 2.3.1.2 Abs. 1 AUB). Ob es sich bei dieser Frist um eine Anspruchsvoraussetzung (→ Rn. 215, 217)[704] oder um eine Ausschlussfrist[705] (→ Rn. 227) handelt, erscheint zweifelhaft. In Ermangelung gegenteiliger Hinweise im Text der Klausel liegt es nahe, das Erfordernis der fristgebundenen Geltendmachung ebenso wie in Ziff. 2.1.1.3 AUB als Ausschlussfrist zu verstehen mit der Folge, dass der Versicherungsnehmer sich bei Fristversäumnis entschuldigen kann (Einzelheiten bei → Rn. 227). Dem trägt Ziff. 2.3.1.2 Abs. 2 AUB durch eine Generalklausel Rechnung (zur Wirksamkeit vgl. → Rn. 228, 224).

255 Der **Versicherer** muss den Versicherungsnehmer nach Anzeige des Versicherungsfalls gem. § 186 S. 1 auf die Siebenmonatsfrist **hinweisen** (→ § 186 Rn. 4 ff.). Unterbleibt der Hinweis, kann der Versicherer sich auf eine Fristversäumung nicht berufen (→ § 186 Rn. 9 f.). Gleiches gilt, wenn der Versicherer mit einer Berufung auf die verstrichene Ausschlussfrist gegen Treu und Glauben (§ 242 BGB) verstößt (→ § 186 Rn. 13).

256 2. Art und Höhe der Leistung (Ziff. 2.3.2 AUB). Die Übergangsleistung wird in Höhe der vereinbarten Versicherungssumme gezahlt. Liegen die Voraussetzungen vor, entsteht der Anspruch in voller Höhe. Nachdem es bereits zu den Anspruchsvoraussetzungen gehört, dass der Gesundheitszustand nicht durch Krankheiten oder Gebrechen mitverursacht wurde, kann eine Herabsetzung nach Ziff. 3 (→ Rn. 284) nicht mehr erfolgen.

257 3. Darlegungs- und Beweislast. Der **Versicherungsnehmer** muss die **Anspruchsvoraussetzungen** (unfallbedingte ununterbrochene Beeinträchtigung der Leistungsfähigkeit, fristgerechte Geltendmachung, aber → Rn. 254) darlegen und **beweisen**, ggf. auch, dass ein objektiv vorliegendes Fristversäumnis entschuldigt werden kann.[706] Der Versicherer beweist, dass die mehr als 50%ige Beeinträchtigung der normalen Leistungsfähigkeit nur unter Mitwirkung von Krankheiten und Gebrechen zustande kommt (§ 182; → § 182 Rn. 2, 4),[707] ferner, dass er seine Hinweispflicht aus § 186 S. 1 ordnungsgemäß erfüllt hat.

---

[698] *Stockmeier/Huppenbauer* AUB 1999 S. 24.
[699] LG Berlin VersR 2003, 725 mzustAnm *Lehmann*.
[700] *Stockmeier/Huppenbauer* AUB 1999 S. 25.
[701] OLG Hamm VersR 1994, 166.
[702] OLG München VersR 2000, 93.
[703] LG München VersR 1992, 437.
[704] So *Stockmeier/Huppenbauer* AUB 1999 S. 25; *Kloth* Unfallversicherung Kap. H Rn. 6; *Rüffer* in HK-VVG AUB 2014 Ziff. 2 Rn. 42.
[705] *Knappmann* in Prölss/Martin AUB Ziff. 2 Rn. 58; *Mangen* in Beckmann/Matusche-Beckmann VersR-HdB § 47 Rn. 203.
[706] OLG Oldenburg VersR 1988, 461.
[707] *Knappmann* in Prölss/Martin AUB Ziff. 2 Rn. 55; *Schepers* VersR 2019, 1341.

V. Tagegeld (Ziff. 2.4 AUB)

Die Unfalltagegeldversicherung ist eine Summenversicherung und soll unfallbedingt erlittene **Einkommensverluste ausgleichen.**[708]

1. Leistungsvoraussetzungen (Ziff. 2.4.1 AUB). Tagegeld wird gezahlt, wenn der Versicherte unfallbedingt in seiner Arbeitsfähigkeit beeinträchtigt und in ärztlicher Behandlung ist. Eine **Beeinträchtigung** der **Arbeitsfähigkeit** liegt vor, wenn der Versicherte seinen beruflichen Anforderungen nicht mehr nachkommen, dh wenn er aufgrund der unfallbedingten Gesundheitsschädigung seinen Beruf nicht oder nicht mehr vollständig ausüben oder seiner Beschäftigung nicht oder nicht mehr vollständig nachgehen kann.[709] Teilweise Arbeitsfähigkeit schließt den Anspruch daher nicht aus (→ Rn. 261). Abzustellen ist auf den Beruf oder die Beschäftigung, die von der versicherten Person zum Zeitpunkt des Unfalls ausgeübt wurde.[710] Auf eine dauerhafte Beeinträchtigung der körperlichen oder geistigen Leistungsfähigkeit kommt es hier also – dem Zweck der Leistung entsprechend (→ Rn. 258) – nicht an. Der Anspruch entfällt auch nicht, wenn der Versicherte arbeitslos wird oder in Rente geht. In diesem Fall ist zu fragen, ob er den zuletzt ausgeübten Beruf noch ausüben könnte.[711]

Unter einer **ärztlichen Behandlung** ist jede ärztliche Tätigkeit eines Dritten (keine Eigenbehandlung[712]) zu verstehen, die zur medizinisch notwendigen Krankenpflege gehört und auf Heilung, Besserung, Linderung oder Verhinderung einer Verschlimmerung einer Krankheit abzielt.[713] Die Behandlung durch einen Heilpraktiker reicht nicht aus.[714] Die ärztliche Behandlung muss in einem professionellen Rahmen erfolgen, so dass diese Voraussetzung nicht erfüllt ist, wenn dem Versicherten anlässlich einer privaten Begegnung ein ärztlicher Rat erteilt wird.[715]

2. Dauer und Höhe der Leistung (Ziff. 2.4.2 AUB). Das Tagegeld wird (im Gegensatz zum Krankenhaustagegeld, Genesungsgeld und zur Todesfallleistung) nicht in Höhe der vereinbarten **Versicherungssumme** gezahlt, sondern lediglich nach dieser Summe **berechnet** (Ziff. 2.4.2 Abs. 1 AUB) und nach dem festgestellten **Grad der Beeinträchtigung** der Berufstätigkeit oder Beschäftigung abgestuft ausgezahlt (Ziff. 2.4.2 Abs. 3 AUB), so dass bei einem ärztlich festgestellten Beeinträchtigungsgrad von 50 % die Hälfte des Tagegeldes zu zahlen ist (Originalbeispiel AUB). Maßgebend ist das konkrete Ausmaß, in dem die versicherte Person nicht in der Lage ist, ihrem bis zu dem Unfall ausgeübten Beruf weiter nachzugehen;[716] war sie zum Zeitpunkt des Unfalls nicht berufstätig, kommt es auf ihre allgemeine Arbeitsfähigkeit an (Ziff. 2.4.2 Abs. 2 AUB). Das Tagegeld wird aber auch dann gezahlt, wenn dieser trotz Beeinträchtigung seinen Beruf weiterhin ausübt oder überhaupt keine unfallbedingten Einkommenseinbußen erlitten hat.

Das Tagegeld wird gezahlt für die **Dauer** der ärztlichen Behandlung, längstens für die Dauer eines Jahres vom **Unfalltag** an (Ziff. 2.4.2 Abs. 4 AUB). Mit der Dauer der Behandlung ist der Zeitraum zwischen Behandlungsbeginn (erste Konsultation des Arztes) und Behandlungsende (Entlassung des Patienten aus der ärztlichen Verantwortung) gemeint.[717] Ab wann die Arbeitsfähigkeit beeinträchtigt war bzw. eine ärztliche Behandlung begonnen hat, ist für die Jahresfrist ohne Belang.

3. Darlegungs- und Beweislast. Die **Voraussetzungen des Anspruchs auf Tagegeld** – Grad der Beeinträchtigung der Berufstätigkeit oder Beschäftigung, ärztliche Behandlung und ihre Dauer – muss der **Versicherte** darlegen und beweisen.

VI. Krankenhaustagegeld (Ziff. 2.5 AUB)

Die Krankenhaustagegeldversicherung ist ebenfalls keine Schadens-, sondern eine **Summenversicherung.** Sie dient nicht der konkreten, sondern der abstrakten Bedarfsdeckung, bezweckt also nicht einen Ersatz der Krankenhauskosten, sondern soll es dem Versicherten ermöglichen, damit

---

[708] *Mangen* in Beckmann/Matusche-Beckmann VersR-HdB § 47 Rn. 204.
[709] Vgl. *Mangen* in Beckmann/Matusche-Beckmann VersR-HdB § 47 Rn. 205; *Rüffer* in HK-VVG AUB 2014 Ziff. 2 Rn. 44; enger *Stockmeier/Huppenbauer* AUB 1999 S. 26 (keine Fähigkeit zur Ausübung eines bestimmten Berufs, sondern die „abstrakt jedem Menschen innewohnende Fähigkeit Arbeit zu leisten").
[710] OLG Koblenz r+s 2003, 30 f. (Abstellen auf früheren Beruf unschädlich, wenn es sich in beiden Fällen um eine verwaltende und nicht um eine körperliche Tätigkeit handelt).
[711] *Knappmann* in Prölss/Martin AUB Ziff. 2 Rn. 60.
[712] AG Wuppertal r+s 1998, 526.
[713] BGHZ 133, 208 (211) = VersR 1996, 1224.
[714] OLG Düsseldorf VersR 1997, 1387.
[715] LG Frankfurt a. M. r+s 1999, 168.
[716] Vgl. *Stockmeier/Huppenbauer* AUB 1999 S. 27.
[717] LG Frankfurt a. M. r+s 1999, 168; *Mangen* in Beckmann/Matusche-Beckmann VersR-HdB § 47 Rn. 205.

für die Dauer eines Krankenhausaufenthalts oder für den Fall einer ambulanten Operation über die Behandlungs- und Krankenhauskosten hinaus anfallende, durch den Krankenhausaufenthalt oder die Operation veranlasste Mehrkosten (Zusatzaufwendungen für Familienbetreuung, Fahrtkosten für Besucher, Unterbringung einer Begleitperson im Krankenhaus, Verdienstausfall usw) zu bestreiten.[718] Der Anspruch auf Zahlung von Tagegeld besteht aber auch dann, wenn entsprechende Mehrkosten gar nicht anfallen.

265 **1. Leistungsvoraussetzungen (Ziff. 2.5.1 AUB). a) Vollstationäre Behandlung.** Krankenhaustagegeld wird zum einen gezahlt, wenn sich die versicherte Person wegen eines Unfalls (→ § 178 Rn. 49 ff.) in **medizinisch notwendiger vollstationärer Behandlung** befindet (Ziff. 2.5.1 Abs. 1, 1. Spiegelstrich AUB). „Teilstationäre" Therapien in Tages- oder Nachtkliniken sind damit ausgeschlossen.[719]

266 Ob die **medizinische Notwendigkeit** einer stationären Heilbehandlung besteht, ist mit Hilfe eines Sachverständigen nach den objektiven medizinischen Befunden und Erkenntnissen im Zeitpunkt der ärztlichen Behandlung zu ermitteln. Eine stationäre Behandlung erscheint bereits dann notwendig, wenn sie medizinisch vertretbar ist;[720] das ist der Fall, wenn eine Behandlungsmethode angewandt wird, die einen stationären Aufenthalt notwendig macht und geeignet ist, die Krankheit zu heilen, zu lindern oder ihrer Verschlimmerung entgegenzuwirken.[721] Eine notwendige Behandlung liegt auch dann vor, wenn ein Krankenhaus zu diagnostischen Zwecken aufgesucht wird, weil sich aus der Sicht des Versicherungsnehmers diagnostische Maßnahmen als Bestandteil der Behandlung darstellen.[722] Dagegen besteht eine medizinische Notwendigkeit nicht, wenn sich der Heilerfolg auch durch eine ambulante Behandlung erreichen ließe.[723]

267 Kuren oder Aufenthalte in **Sanatorien** oder **Erholungsheimen** gelten nicht als medizinisch notwendige Heilbehandlung (Ziff. 2.5.1 Abs. 2 AUB). Die Abgrenzung zwischen Krankenhaus und Sanatorium ist nach dem Gesamtbild der Einrichtung und der angebotenen Behandlung vorzunehmen.[724] Während in Krankenhäusern eine wesentlich intensivere medizinische Betreuung der – idR bettlägerigen – Patienten stattfindet und der Heilungsverlauf einer ständigen ärztlichen Überwachung unterliegt, versteht man unter einem Sanatorium nach der Umschreibung des BGH[725] „eine unter (fach-)ärztlicher Leitung stehende, klimatisch günstig gelegene, meist einer speziellen Zielrichtung gemäß ausgestattete stationäre Einrichtung zur Behandlung und Betreuung Genesender und/oder chronisch Kranker, bei denen kein Krankenhausaufenthalt (mehr) erforderlich ist". Bei sog. „gemischten Anstalten", die sowohl medizinisch notwendige Heimbehandlungen vornehmen als auch Kuren und Sanatoriumsbehandlungen durchführen (vgl. § 4 Abs. 5 MB/KK 2009), kommt es nicht auf den Zweck des Aufenthalts an (Heilung oder aber nur Festigung der Gesundheit?), sondern auf die Intensität der medizinischen Betreuung.[726] Dies macht eine Bewertung der Gesamtumstände erforderlich. Eine intensive ärztliche Überwachung (zB tägliche Arztvisiten) und Behandlung insbes. durch physikalische oder chemische Mittel sprechen für einen Krankenhaus-, ein geringerer Einsatz medizinischen Fachpersonals insbes. bei Heilanwendungen wie Bewegungs-, Bäder- und Ernährungstherapien, eine vergleichsweise freie Zeiteinteilung sowie eingeschränkte Anwesenheitspflicht für eine Sanatoriumsbehandlung.[727]

268 **b) Ambulante Operationen.** Ein Anspruch auf Krankenhaustagegeld besteht außerdem dann, wenn die versicherte Person sich wegen eines Unfalls (→ § 178 Rn. 49 ff.) einer **ambulanten chirurgischen Operation** unterziehen muss (Ziff. 2.5.1 Abs. 1, 2. Spiegelstrich AUB).

269 Bei Vornahme einer ambulanten Operation muss hinzukommen, dass die versicherte Person wegen dieser Behandlung für mindestens eine bestimmte, im individuellen Vertrag vereinbarte Anzahl von Tagen ununterbrochen **vollständig arbeitsunfähig** oder (soweit nicht berufstätig) vollständig in ihrem allgemeinen Aufgaben- und Tätigkeitsbereich nicht einsatzfähig ist (→ Rn. 259).

270 **2. Höhe und Dauer der Leistung (Ziff. 2.5.2 AUB).** Die Leistung des Versicherers besteht in der Zahlung einer vereinbarten Versicherungssumme für **jeden Kalendertag** der vollstationären

---

[718] BGHZ 91, 98 (102) = VersR 1984, 677.
[719] *Knappmann* in Prölss/Martin AUB Ziff. 2 Rn. 63.
[720] OLG Köln r+s 1986, 163 und r+s 1992, 211.
[721] OLG Koblenz VersR 2001, 1417 unter Bezugnahme auf BGHZ 133, 208 (211) = VersR 1996, 1224.
[722] AA OLG Hamm VersR 1987, 555; *Mangen* in Beckmann/Matusche-Beckmann VersR-HdB § 47 Rn. 208.
[723] OLG Köln r+s 1986, 163; *Mangen* in Beckmann/Matusche-Beckmann VersR-HdB § 47 Rn. 208.
[724] OLG Düsseldorf VersR 1993, 41.
[725] BGHZ 87, 215 (224) = VersR 1983, 677; BGH VersR 1995, 1041; vgl. auch die in r+s 2007, 73 veröffentlichte Entscheidung des Versicherungsombudsmannes.
[726] *Knappmann* in Prölss/Martin AUB Ziff. 2 Rn. 63.
[727] OLG Köln r+s 2015, 84; *VersOmbudsmann* r+s 2007, 73 (zur Krankenversicherung).

Behandlung oder für eine vertraglich vereinbarte Anzahl von Tagen bei ambulanten chirurgischen Operationen. Im ersten Fall ist die Zahlungsdauer auf eine vom Unfalltag an berechnete und im Vertrag festgelegte Anzahl von Jahren, im zweiten auf eine vertraglich bestimmte Anzahl von Tagen beschränkt (Ziff. 2.5.2 AUB). Denkbar (und in ihrer Wirksamkeit im Hinblick auf § 307 Abs. 1 S. 1 BGB unbedenklich) sind auch Klauseln, welche eine Zahlung für einen erst nach einer bestimmten Zeit (konkret: 90 Tage) nach dem Unfall beginnenden Krankenhausaufenthalt ausschließen.[728] Ist der Krankenhausaufenthalt durch Krankheiten oder Gebrechen mitverursacht worden, erfolgt eine Leistungsminderung nach Ziff. 3.2.1, 2. Spiegelstrich AUB (→ Rn. 291).

Dem Zweck der Krankenhaustagegeldversicherung entsprechend (→ Rn. 264) ist das Tagegeld nur für solche Tage zu zahlen, während derer sich der Versicherungsnehmer **tatsächlich im Krankenhaus befindet**, so dass im Falle einer ärztlichen Beurlaubung kein Anspruch besteht.[729] Nach dem Wortlaut der Klausel ist aber unklar, was für Tage gelten soll, an denen der Patient sich teilweise im Krankenhaus aufgehalten hat (so etwa am Tag der Aufnahme oder Entlassung). Da Auslegungszweifel nach § 305c Abs. 2 BGB zu Lasten des Verwenders gehen, ist von der für den Versicherten günstigsten Lösung auszugehen und ihm auch für Tage mit nur teilweiser Anwesenheit der volle Tagessatz zu gewähren.[730] 271

3. Darlegungs- und Beweislast. Der **Versicherungsnehmer** muss die Leistungsvoraussetzungen, insbes. die **medizinische Notwendigkeit** der vollstationären Heilbehandlung darlegen und beweisen. Spricht der Entlassungsbericht der Klinik eindeutig gegen die Notwendigkeit einer stationären Heilbehandlung, muss der Versicherte substantiiert unter entsprechendem Beweisantritt konkrete Tatsachen vortragen, die eine dem Entlassungsbericht zuwiderlaufende Beurteilung rechtfertigen könnten.[731] Der Nachweis einer medizinisch notwendige Heilbehandlung ist nicht geführt, wenn sich aus den vom Versicherungsnehmer vorgelegten Krankenunterlagen, Arztschreiben und Arztrechnungen nur ein diffuses Krankheitsbild ergibt, aus dem sich weder die genaue Art noch das Ausmaß der Erkrankung noch eine Behandlungsbedürftigkeit erkennen lässt.[732] 272

VII. Todesfallleistung (Ziff. 2.6 AUB)

1. Leistungsvoraussetzungen (Ziff. 2.6.1 AUB). Der Versicherer zahlt eine Todesfallleistung, wenn der Versicherte **infolge eines Unfalls** (→ Rn. 49 ff.) innerhalb eines Jahres **nach dem Unfallereignis verstorben** ist. In einem solchen Fall besteht andererseits kein Anspruch auf Erbringung einer Invaliditätsleistung nach Ziff. 2.1.1.4 AUB (→ Rn. 212 f.). Die Jahresfrist setzt auch dann mit dem Unfallereignis ein, wenn der Tod erst durch einen ärztlichen Kunstfehler nach dem Unfallereignis oder durch eine im Zuge der Heilbehandlung auftretende Infektion verursacht wurde (es sei denn, der Kunstfehler stellt selbst ein Unfallereignis dar, → § 178 Rn. 82, 94).[733] Bei der Frist handelt es sich um eine Anspruchsvoraussetzung (→ Rn. 217), auf die sich der Versicherer berufen kann, ohne rechtsmissbräuchlich oder treuwidrig zu handeln.[734] Auch eine unangemessene Benachteiligung iSd § 307 Abs. 1 S. 1, Abs. 2 BGB enthält die Klausel nicht.[735] 273

Verstirbt der Versicherte erst nach Ablauf der Jahresfrist, besteht keine Einstandspflicht des Versicherers, und zwar auch dann nicht, wenn sich aufgrund einer vor Jahresfrist gestellten Diagnose ein baldiger Todeseintritt absehen ließ.[736] Eine Verpflichtung des Versicherers besteht ebenfalls nicht, wenn der Tod innerhalb eines Jahres nach dem Unfall, jedoch nicht unfallbedingt eingetreten ist. In diesen beiden Fällen erbringt der Versicherer aber die Invaliditätsleistung (Ziff. 2.1.1.4 AUB), wenn ein Anspruch darauf bereits entstanden war (→ Rn. 213). 274

Versicherungsnehmer, ggf. Erben des Versicherten oder Bezugsberechtigte (Ziff. 12.1, 12.2 AUB, aber → Rn. 298) sind nach Ziff. 7.5 AUB verpflichtet, den Todesfall innerhalb von 48 Stunden **anzuzeigen** und die Zustimmung zu einer Obduktion zu erteilen (→ Rn. 312 ff.). 275

2. Höhe der Leistung (Ziff. 2.6.2 AUB). Die Todesfallleistung wird in Höhe der vereinbarten **Versicherungssumme** gezahlt (Ziff. 2.6.2 AUB). Soweit der Tod sowohl durch den Unfall wie auch gleichzeitig durch Krankheit oder Gebrechen verursacht wurde, mindert sich die Leistung in 276

---

[728] OLG Köln VersR 2013, 575.
[729] BGHZ 91, 98 (103) = VersR 1984, 677.
[730] BGHZ 91, 98 (104) = VersR 1984, 677.
[731] OLG Köln r+s 1986, 163.
[732] OLG Köln r+s 1992, 211.
[733] *Stockmeier/Huppenbauer* AUB 1999 S. 33.
[734] OLG Düsseldorf VersR 1997, 566.
[735] OLG Düsseldorf VersR 1997, 566.
[736] OLG Düsseldorf VersR 1997, 566; *Mangen* in Beckmann/Matusche-Beckmann VersR-HdB Rn. 210.

dem Maße, wie diese Faktoren für den Tod mitursächlich waren;[737] eine Minderung unterbleibt aber, soweit der Mitwirkungsanteil weniger als 25 % beträgt (Ziff. 3 AUB, → Rn. 284 ff.).

277 **3. Darlegungs- und Beweislast.** Die **Darlegungs- und Beweislast** für die Anspruchsvoraussetzungen (Unfall kausal für den Tod des Versicherten innerhalb eines Jahres) trägt, wer die Todesfallleistung geltend macht, dh der Rechtsnachfolger (zB Erbe) des Versicherten, der Bezugsberechtigte oder – bei einer Versicherung für fremde Rechnung – der Versicherungsnehmer.

VIII. Kosten für kosmetische Operationen (Ziff. 2.7 AUB)

278 **1. Leistungsvoraussetzungen (Ziff. 2.7.1 AUB).** Die Leistung von **Kostenersatz** nach Ziff. 2.7.1 Abs. 1 der Muster-AUB setzt voraus, dass die versicherte Person sich einer **kosmetischen Operation** unterzieht, um eine unfallbedingte Beeinträchtigung ihres äußeren Erscheinungsbildes beheben zu lassen. Es muss also keinerlei medizinische Indikation gegeben sein. Sollen Zahnkorrekturen vorgenommen werden, so sind nur Eingriffe ersatzfähig, die sich auf die Schneide- oder Eckzähne beziehen (Ziff. 2.7.1 Abs. 2 AUB). Die Operation muss nach Abschluss der Heilbehandlung durch einen Arzt, und zwar bei Erwachsenen innerhalb von drei Jahren nach dem Unfall und bei Minderjährigen vor Vollendung des 21. Lebensjahres vorgenommen werden (Ziff. 2.7.1 Abs. 3 AUB). Der private Unfallversicherer ist iÜ zur Übernahme der Kosten eines kosmetischen Eingriffs nur **subsidiär verpflichtet.** Seine Leistungszusage gilt nur für den Fall, dass ein Dritter – etwa ein (privater oder gesetzlicher) Kranken- oder Haftpflichtversicherer – nicht seinerseits leisten muss oder dieser Dritte seine Leistungspflicht bestreitet (Ziff. 2.7.1 Abs. 3 AUB). Die Kosten einer Heilbehandlung, die also zumindest auch) auf Heilung, Besserung oder Linderung eines bestehenden Zustands oder auf die Vermeidung einer Zustandsverschlechterung abzielt, werden von der Leistungszusage von vornherein nicht erfasst.[738]

279 **2. Art und Höhe der Leistung (Ziff. 2.7.2 AUB).** Der Unfallversicherer erstattet insgesamt bis zur **Höhe der vereinbarten Versicherungssumme** folgende nachgewiesene und nicht von Dritten erstattete **Kosten:** Arzthonorare und sonstige Operationskosten, notwendige Kosten für die Unterbringung und Verpflegung in einem Krankenhaus, Zahnbehandlungs- und Zahnersatzkosten (Ziff. 2.7.2 AUB).

280 **3. Darlegungs- und Beweislast.** Der **Versicherte** ist beweispflichtig für die Voraussetzungen seines Leistungsanspruchs (durch den Unfall verursachte Beeinträchtigung des äußeren Erscheinungsbildes, nach Abschluss der Heilbehandlung von einem Arzt vorgenommene kosmetische Operation; fristgemäße Durchführung des Eingriffs, Kostennachweis). Dagegen muss der **Versicherer** den Nachweis führen, dass die Ersatzpflicht nicht einen Dritten trifft; allerdings hat der Versicherte die in diesem Zusammenhang maßgebenden Einzelheiten seiner versicherungsrechtlichen Situation darzulegen (sekundäre Darlegungslast). Der **Versicherte** dagegen legt dar und weist nach, dass der möglicherweise für eine Haftung in Frage kommende Dritte seine Leistungspflicht bestreitet.

IX. Kosten für Such-, Bergungs- und Rettungseinsätze (Ziff. 2.8 AUB)

281 **1. Leistungsvoraussetzungen (Ziff. 2.8.1 AUB).** Versichert werden können je nach Angebot des Versicherers auch die Kosten, welche nach einem Unfall durch die **Such-, Bergungs- und Rettungseinsätze** öffentlich-rechtlicher oder privater Rettungsdienste oder durch den ärztlich angeordneten **Transport** zu einem Krankenhaus oder einer Spezialklinik entstehen (Ziff. 2.8.1 Abs. 1 AUB). Aufwendungen privater Retter oder des Unfallopfers selbst fallen nicht darunter.[739] Der Versicherungsschutz gilt auch, wenn der jeweilige Einsatz bzw. Krankentransport durch einen unmittelbar drohenden oder einen nach den konkreten Umständen (etwa: kein Kontakt, Naturkatastrophen, extreme Wetterlagen) zu vermutenden Unfall ausgelöst wird (Ziff. 2.8.1 Abs. 2 AUB). Im ersten Fall muss die Gefahr bestanden haben, dass sich ohne den in Rede stehenden Rettungseinsatz ein Unfallgeschehen mit großer Wahrscheinlichkeit verwirklicht haben würde, im zweiten hat ein objektiver Betrachter anhand der konkreten Umstände davon ausgehen müssen, dass sich ein Unfallgeschehen bereits verwirklicht hatte. Das Risiko einer Fehlbeurteilung des tatsächlichen Sachverhalts trägt also bis zu einem gewissen Grad der Versicherer. Der Versicherungsschutz ist allerdings subsidiär; er greift nur ein, wenn ein Dritter wie etwa eine Krankenkasse oder Haftpflichtversicherer zu einer Kostenerstattung nicht verpflichtet ist oder seine Leistungspflicht bestreitet (Ziff. 2.8.1. Abs. 3 AUB).

---

[737] *Knappmann* in Prölss/Martin AUB Ziff. 2 Rn. 69; *Leverenz* in Bruck/Möller AUB 2008 Ziff. 2.6 Rn. 14.
[738] Vgl. *Kloth* Unfallversicherung Kap. H Rn. 42.
[739] *Knappmann* in Prölss/Martin AUB Ziff. 2 Rn. 76.

2. Art und Höhe der Leistung (Ziff. 2.8.2 AUB). Der Versicherer ersetzt die im Rahmen 282 einer Rettungsaktion erfolgenden,[740] nachgewiesenen und nicht von Dritten übernommenen Einsatz- und Transportkosten bis zur Höhe der vereinbarten Versicherungssumme (Ziff. 2.8.2 AUB).

3. Darlegungs- und Beweislast. Der Versicherte muss darlegen und beweisen, dass ein kausal 283 auf einen tatsächlichen, bevorstehenden oder vermuteten Unfall zurückgehender Rettungseinsatz oder Krankentransport die geltend gemachten Kosten verursacht hat.

X. Mitwirkende Krankheiten und Gebrechen (Ziff. 3 AUB)

Die Unfallversicherung deckt nur Unfallfolgen, dh durch einen Unfall verursachte Gesundheits- 284 beschädigungen und ihre Folgen (Ziff. 3.1 Abs. 1 AUB). Wenn daher Krankheiten oder Gebrechen bei der durch das Unfallereignis verursachten Gesundheitsschädigung oder deren Folgen **mitgewirkt** haben, soll nach Ziff. 3.2.1 AUB im Falle einer Invalidität im Hinblick auf **Invaliditätsleistung** und **Unfallrente** der Prozentsatz des Invaliditätsgrades entsprechend dem Anteil, der auf die Krankheit bzw. das Gebrechen entfällt, gemindert werden. Der Mitwirkungsanteil ist also nicht im Rahmen der Kausalität zu berücksichtigen, sondern führt nach Feststellung des Invaliditätsgrades zu einer Leistungskürzung.[741] Originalbeispiel der AUB: Nach einer Beinverletzung besteht ein Invaliditätsgrad von 10 %, an der eine Rheumaerkrankung zu 50 % mitgewirkt hat. Hier beträgt der unfallbedingte Invaliditätsanteil 5 %. Bei der **Todesfallleistung** sowie allen **anderen Leistungsarten** erfolgt unmittelbar eine Kürzung der Leistung selbst. Diese Kürzungen unterbleiben aber, wenn der Mitwirkungsanteil weniger als 25 % beträgt (Ziff. 3.2.2 AUB). Eine Übergangsleistung entfällt nach Ziff. 2.3 AUB völlig, wenn die geforderte Leistungsfähigkeit iHv 50 % nur durch Mitwirkung vorbestehender Krankheiten oder Gebrechen erreicht wird (→ Rn. 252). Von § 182 werden Klauseln dieser Art vorausgesetzt.

1. Krankheiten und Gebrechen. Die Einschränkung bezieht sich auf eine Mitkausalität von 285 vorbestehenden Krankheiten oder Gebrechen. **Krankheit** im Sinne dieser Vorschrift ist ein regelwidriger Körperzustand, der eine ärztliche Behandlung erfordert; **Gebrechen** sind dauernde abnorme Gesundheitszustände, die eine einwandfreie Ausübung der normalen Körperfunktion nicht mehr zulassen,[742] so etwa eine angeborene Gehbehinderung. Dabei kommt es nicht darauf an, ob der Versicherungsnehmer beschwerdefrei war bzw. keiner Behandlung bedurfte, sofern die Vorschädigung nur zur Verstärkung der gesundheitlichen Folgen des jetzt eingetretenen Unfalls beigetragen hat.[743] Degenerative Veränderungen (insbes. Bandscheibenschäden), die einem altersgerechten Zustand entsprechen[744] oder selbst das altersübliche Maß übersteigen, aber noch keinen Krankheitswert erreicht haben,[745] und somit weder eine Behandlungsbedürftigkeit aufweisen[746] noch zu einer Funktionsbeeinträchtigung geführt haben,[747] sind dagegen in diesem Zusammenhang nicht als Gebrechen anzusehen, ebenso wenig ein schlechter Trainingszustand infolge einer gerade überstandenen Krankheit.[748] Kein „Gebrechen" ist die Einnahme blutverdünnender Mittel (Marcumar-Therapie),[749] ebenso wenig eine bloße Krankheitsdisposition,[750] jedoch ist die Grenze zu einem behandlungsbedürftigen Krankheitszustand oder Gebrechen dann überschritten, wenn die degenerative Veränderung deutlich über das altersentsprechende Maß hinausgeht[751] oder wenn bei dem Versicherten eine außergewöhnliche und individuell geprägte Disposition vorhanden ist, er etwa bei Insektenstichen oder Verzehr bestimmter Lebensmittel so überempfindlich reagiert, dass eine allergische Reaktion zum Tode führen kann.[752] Eine Schwangerschaft ist weder als Erkrankung noch als Gebrechen anzusehen.[753]

---

[740] *Knappmann* in Prölss/Martin AUB 2014 Ziff. 2 Rn. 25.
[741] OLG Saarbrücken VersR 2020, 285.
[742] BGH VersR 2009, 1525 (1526); OLG Braunschweig VersR 1995, 823; OLG Düsseldorf r+s 2005, 300; OLG Köln r+s 2014, 192 (Verlust beider körpereigener Nieren vor dem Unfall); *Knappmann* in Prölss/Martin AUB Ziff. 3 Rn. 6; *Kessal-Wulf* r+s 2010, 353.
[743] BGH VersR 2009, 1525 (1526); OLG Schleswig VersR 2014, 1074.
[744] Vgl. auch OLG Braunschweig VersR 1995, 823; OLG Schleswig VersR 1995, 825; OLG Hamm VersR 2002, 180; OLG Celle VersR 2010, 205; OLG Saarbrücken r+s 2013, 618.
[745] OLG Hamm NJW-RR 2010, 764; aA OLG Schleswig VersR 1995, 825.
[746] OLG Düsseldorf r+s 2005, 300; OLG Hamm NJW-RR 2010, 764; aA OLG Schleswig VersR 1995, 825.
[747] OLG Stuttgart VersR 2015, 99.
[748] OLG Saarbrücken VersR 2002, 1096.
[749] OLG Köln VersR 2019, 1357.
[750] BGH VersR 2009, 1525.
[751] OLG Köln r+s 2013, 619.
[752] BGH VersR 2013, 1570; OLG Braunschweig VersR 1995, 823; anders OLG Nürnberg VersR 1995, 825 mkritAnm *Manthey*.
[753] *Knappmann* in Prölss/Martin AUB Ziff. 3 Rn. 7a.

286 Die Klausel beschränkt sich auf eine Mitwirkung vorhandener **Vorschädigungen,** sie erfasst bereits nach ihrem Wortlaut nicht den Fall, dass die Gesundheitsschädigung auch auf die Einnahme krankheitsbedingter Medikamente (Bsp.: „Marcumar") zurückgeht.[754] Auf Erkrankungen, die ihrerseits durch den Versicherungsfall ausgelöst wurden (Bsp.: Tod durch Herzrhythmusstörungen, nachdem Herzschwäche aufgrund unfallbedingter Bettlägerigkeit zugenommen hat), bezieht sich die Klausel nur dann, wenn auch diese Erkrankungen gleichzeitig durch Vorschädigungen verursacht worden waren.[755]

287 Eine Leistungsminderung ist auch dann vorzunehmen, wenn die Krankheit oder das Gebrechen auf einen **früheren** (während der Versicherungsdauer oder vorher eingetretenen) **Unfall** zurückzuführen ist, aus dem der Versicherungsnehmer aber wegen Fristablaufs keine Rechte mehr herleiten kann oder dessen Invaliditätsfolgen vorher nicht festgestellt worden sind.[756]

288 **2. Mitwirkung von Vorerkrankungen.** Krankheiten oder Gebrechen führen nur dann zu einer Einschränkung der Leistungspflicht, wenn sie an der **Gesundheitsschädigung**[757] oder deren Folgen **mitgewirkt** haben, nicht aber, wenn sie nur für den Unfall selbst ursächlich waren (Bsp.: tumorbedingter Schmerzanfall führt zu Autounfall).[758] Eine **Mitwirkung** von Vorschädigungen setzt voraus, dass weder Vorerkrankung noch Unfall die Gesundheitsschädigung allein verursacht hat. Es müssen vielmehr Krankheiten oder Gebrechen zusammen mit dem Unfallereignis entweder die Gesundheitsschädigung oder aber deren Folgen ausgelöst oder beeinflusst haben.[759] Dies ist bei Bandscheibenschäden idR anzunehmen.[760] Krankheiten oder Gebrechen, die sich der Versicherungsnehmer aufgrund seiner altersbedingten Konstitution während der durch den Unfall verursachten Liegezeit zuzieht, führen nicht zu einer Kürzung von Invaliditätssatz oder Leistungen.[761]

289 War ein Unfallgeschehen kausal für den Eintritt der konkreten Gesundheitsschädigung, liegt auch dann eine „Mitwirkung" des Unfalls im Sinne der Klausel vor, wenn die Schädigung durch jede andere – banale – Bewegung ebenfalls hätte ausgelöst werden können. Dieser Umstand ist bei der Bemessung des Kürzungssatzes zu berücksichtigen, jedoch kann unter Hinweis auf eine hypothetische Kausalität schon nach dem Wortlaut der Klausel eine Leistungspflicht nicht völlig ausgeschlossen werden.[762] Ein Abzug wegen Vorschädigung kann auch vorgenommen werden, wenn es im Rahmen der **Risikoerweiterung** der **Ziff. 1.4 AUB** (→ Rn. 102 ff.) zu einem Muskel- oder Sehnenriss kommt. Darauf weist Ziff. 1.5 Abs. 2 AUB hin. Bei der Vorschädigung muss es sich dann aber um eine Krankheit oder ein Gebrechen (→ Rn. 288) handeln. Alterstypische aber noch im Rahmen der medizinischen Norm liegende Abnutzungs-, Verschleiß- oder Schwächeerscheinungen sind keine Gebrechen. Die Abgrenzung erfolgt im Einzelfall im Zweifel durch Sachverständigengutachten.[763]

290 Wenn bereits **vor dem Unfall (Teil-)Invalidität** bestand, wird nach Ziff. 2.1.2.2.3 AUB von vornherein ein um die Vorinvalidität geminderter Invaliditätsgrad zugrunde gelegt (→ Rn. 239 ff.). Zusätzlich kann ein Abzug aufgrund mitwirkender Krankheiten oder Gebrechen erfolgen.[764]

291 **3. Minderung von Invaliditätsgrad und Leistung.** Die Vorerkrankung führt bei Invaliditätsleistungen und Unfallrente zu einer **Herabsetzung** des **Invaliditätsgrades,** bei allen anderen Leistungsarten grds. zu einer **Leistungsminderung** entsprechend dem Anteil der Vorerkrankung an der Gesundheitsschädigung, sofern deren Mitwirkungsanteil 25 % übersteigt. Eine Übergangsleistung wird nach Ziff. 2.3.1.1 Abs. 1, 3. Spiegelstrich AUB aber von vornherein nur gezahlt, wenn die dauerhafte Beeinträchtigung der Leistungsfähigkeit *ohne Mitwirkung* vorbestehender Krankheiten oder Gebrechen mindestens 50 % beträgt (→ Rn. 253).[765] Außerdem entfällt eine Leistung des Versicherers bei Schäden an Bandscheiben und inneren Blutungen gem. Ziff. 5.2.1 AUB dann in vollem Umfang, wenn der Versicherungsnehmer die Voraussetzungen eines Wiedereinschlusses (Ausnahme) nicht nachweisen kann, weil die genannten Schäden angesichts vorbestehender Vorer-

---

[754] *Brömmelmeyer* in Schwintowski/Brömmelmeyer/Ebers VVG § 182 Rn. 8; *Knappmann* in Prölss/Martin AUB Ziff. 3 Rn. 7; anders OLG Koblenz VersR 2008, 67.
[755] LG Köln VersR 1986, 84; *Knappmann* in Prölss/Martin AUB Ziff. 3 Rn. 7b.
[756] BGH VersR 2009, 1525.
[757] Dazu BGH VersR 2000, 444.
[758] BGH VersR 1989, 902.
[759] OLG Schleswig VersR 1995, 825.
[760] OLG Schleswig VersR 1995, 825.
[761] LG Köln VersR 1986, 84.
[762] Vgl. aber OLG Köln VersR 2007, 1689.
[763] BGH VersR 2020, 414.
[764] BGH VersR 2000, 444; VersR 2017, 476.
[765] LG Dortmund: Mitwirkungsanteil von 100 % bei Wundheilungsstörungen aufgrund Diabetes mellitus.

krankungen nicht überwiegend durch ein unter den Vertrag fallendes Unfallereignis verursacht worden ist (→ Rn. 161 f.).

Haben die Parteien eine **Progressionsvereinbarung** getroffen, wonach bei einem höheren 292 Invaliditätsgrad auch die Versicherungssumme und damit die Invaliditätsleistung ansteigen soll, so stellt sich die Frage, ob eine in den AUB vereinbarte Minderung wegen einer Vorerkrankung vor oder nach Anwendung der Progression vorzunehmen ist (→ Rn. 243). Dies hängt in erster Linie von der Formulierung der einschlägigen AUB-Klausel ab.[766] Da sich nach Ziff. 3.2.1, 1. Spiegelstrich AUB bei einer Vorerkrankung der Prozentsatz des *Invaliditätsgrades* mindert, ist davon auszugehen, dass die vorerkrankungsbedinge Kürzung nicht erst nach Berechnung der endgültigen Leistung, sondern bereits vor Anwendung der Progression erfolgen soll,[767] dh nach einem Umfall de facto bestehende Invaliditätsgrad zunächst um den Vorerkrankungsanteil gekürzt und die Progressionssätze erst auf den so gekürzten Invaliditätsgrad zur Anwendung gebracht werden sollen.

4. Darlegungs- und Beweislast. Beweispflichtig für die Voraussetzungen der Leistungsminde- 293 rung ist nach § 182 der Versicherer (Vollbeweis iSd § 286 Abs. 1 S. 1 ZPO, erst dann Schätzung des anzurechnenden Mitwirkungsanteils nach § 287 Abs. 1 S. 1 ZPO, → § 182 Rn. 2, 4).[768] Diese Regelung ist freilich abdingbar (vgl. § 191). Der Versicherer muss auch darlegen und beweisen, dass der Anteil der Vorerkrankung 25 % übersteigt. Verbleiben Zweifel, hat eine Leistungskürzung zu unterbleiben.[769] Der Richter hat iRd § 287 ZPO abschätzen, zu welchem Anteil Krankheiten oder Gebrechen bei den Unfallfolgen mitgewirkt haben und dabei die Schwere des Unfalls einerseits und die Schwere des Vorschadens andererseits abwägen.[770]

E. Obliegenheiten des Versicherungsnehmers nach Vertragsschluss

I. Überblick

Obliegenheiten sind nach hM nicht einklagbare Nebenpflichten des Versicherungsnehmers, 294 deren Verletzung spezifisch versicherungsrechtliche Sanktionen auslöst.[771] **Gesetzliche Obliegenheiten** für den Versicherungsnehmer sieht das Recht der Unfallversicherung **nicht** vor. Im Gegenteil bestimmt § 184, dass die in den §§ 82, 83 für die Schadensversicherung enthaltenen Regeln über die Schadensabwendungs- und Schadensminderungsobliegenheit in der Unfallversicherung keine Anwendung finden. Die Vereinbarung entsprechender vertraglicher Obliegenheiten wird dadurch aber nicht ausgeschlossen.[772]

In der Tat verpflichten die **AUB** idR den Versicherungsnehmer, den Versicherer **nach Eintritt** 295 **eines Versicherungsfalls** zu informieren, Auskünfte zu erteilen und sich ggf. ärztlich untersuchen zu lassen.[773] Entsprechende Regelungen sind in Ziff. 7 AUB enthalten (→ Rn. 301 ff.). Die **Rechtsfolgen** einer solchen Obliegenheitsverletzung werden in Ziff. 8 AUB in Übereinstimmung mit § 28 Abs. 2–4 präzisiert (→ Rn. 317). **Vor Eintritt des Versicherungsfalls** ist der Versicherungsnehmer nach Ziff. 6.2.1 AUB gehalten, eine sich aus einer Berufs- oder Beschäftigungsänderung ergebende Gefahrerhöhung anzuzeigen (→ Rn. 300; zu den Rechtsfolgen einer Verletzung dieser Anzeigepflicht → § 181 Rn. 8 ff.; → § 181 Rn. 12 ff.). Eine allgemeine Obliegenheit zur Mitteilung von Namens- und Adressenänderungen ergibt sich für die **Gesamtdauer des Vertrages** aus Ziff. 17.2 AUB (→ Rn. 299). **Leistungsfreiheit** als Rechtsfolge einer Obliegenheitsverletzung tritt nach hM nicht ipso iure, sondern nur dann ein, wenn sich der Versicherer darauf gegenüber dem Versicherungsnehmer beruft; sie wird im Prozess also nicht von Amts wegen berücksichtigt. Es handelt sich dabei um eine allein im Interesse des Versicherers geschaffene und deswegen zu seiner Disposition stehende Einrede, auf deren Erhebung er verzichten kann.[774] Zur Darlegungs- und Beweislast → Rn. 350 f.

In Ziff. 7 Vor 1 Abs. 2 AUB werden Obliegenheiten allerdings charakterisiert als „Verhaltensre- 296 geln", die nach einem Unfall vom Versicherungsnehmer oder der versicherten Person zu beachten sind, weil der Versicherer ohne diese Mitwirkung die Versicherungsleistung nicht erbringen könne..

---

[766] *Knappmann* NVersZ 1999, 352.
[767] *Knappmann* NVersZ 1999, 352; *Knappmann* in Prölss/Martin AUB Ziff. 3 Rn. 11.
[768] BGH VersR 2012, 92.
[769] OLG Koblenz VersR 2011, 1508.
[770] OLG Düsseldorf VersR 1994, 1218.
[771] Vgl. etwa *Wandt* VersR Rn. 531.
[772] Begr. RegE, BT-Drs. 16/3945, 108.
[773] Überblick bei *Wussow* VersR 2003, 1481.
[774] BGH VersR 2005, 493 (AKB); aus dem Schrifttum statt aller *Wandt* VersR Rn. 626 f. mwN zum Streitstand.

Diese Formulierung ist insoweit ungenau, als eine vertragliche Nebenpflicht wie die Obliegenheit nur den Versicherungsnehmer und nicht eine Gefahrperson treffen kann (→ § 179 Rn. 12).

297 Soweit daher die Ziff. 7.1–7.4 bestimmen, dass auch **versicherte Personen** bestimmte Handlungen vornehmen und bestimmte Maßnahmen dulden müssen, besagt dies nur, dass sich der Versicherungsnehmer das unkooperative Verhalten der Gefahrperson über § 179 Abs. 3 zurechnen lassen muss (→ §§ § 179 Rn. 11).

298 Soweit Ziff. 12.2 AUB bestimmt, dass alle für den Versicherungsnehmer geltenden Bestimmungen auch für dessen etwaige Rechtsnachfolger (Zessionar, Pfandgläubiger, Erbe) und sonstige Anspruchsteller (etwa Bezugsberechtigte, vgl. § 30 Abs. 1 S. 2, § 31 Abs. 2) gelten sollen, besagt dies im vorliegenden Zusammenhang, dass auch diese ihre Ansprüche nur sollen geltend machen können, wenn zB die in Ziff. 7 genannten Voraussetzungen erfüllt sind. Die genannten Personen haben gem. §§ 398, 328 Abs. 1 BGB vom Versicherungsnehmer eben von vornherein nur einen Anspruch erworben, dessen Geltendmachung an bestimmte, ggf. von Dritten zu erfüllende Voraussetzungen geknüpft ist. Es bedeutet dies aber nicht, dass diese Personen persönlich zur Erfüllung der Mitwirkungsobliegenheiten verpflichtet wären. Dazu dürften sie – abgesehen von der Meldepflicht im Todesfall nach Ziff. 7.5 Abs. 1 AUB – in eigener Person überhaupt nicht in der Lage sein. Zum höchstpersönlichen Charakter der Schweigepflichtentbindung → Rn. 310; zur Einwilligung in eine Obduktion durch den Inhaber der Totensorge → Rn. 314.

II. Anzeige einer Adressen- und Namensänderung (Ziff. 17.2 AUB, § 13 Abs. 1 VVG)

299 Nach Ziff. 17.2 AUB ist der Versicherungsnehmer verpflichtet, **Adressen-** und **Namensänderungen** dem Versicherer (Ziff. 17.1 AUB: Hauptverwaltung oder zuständige Geschäftsstelle) mitzuteilen. Unterbleibt eine solche Mitteilung, **gilt** eine per Einschreiben an die letzte bekannte Anschrift des Versicherungsnehmers vom Versicherer übersandte **Erklärung** drei Tage nach der Absendung als **zugegangen**. Diese Vorschrift übernimmt die gesetzliche Obliegenheit[775] des § 13 Abs. 1.

III. Anzeige bei Änderung der Berufstätigkeit oder Beschäftigung (Ziff. 6.2.1 AUB)

300 Nach § 181 gilt als **Gefahrerhöhung** nur eine solche Änderung der gefahrerheblichen Umstände, die nach einer in Textform (§ 126b BGB) geschlossenen Vereinbarung als Gefahrerhöhung angesehen werden soll. Eine entsprechende Vereinbarung ist in Ziff. 6.2.1 S. 1 AUB vorgesehen, der den Versicherungsnehmer verpflichtet, eine Änderung der Berufstätigkeit oder Beschäftigung unverzüglich anzuzeigen. Zu den Einzelheiten der Anzeigepflicht → § 181 Rn. 5 ff., zu den Folgen einer Anzeigepflichtverletzung → § 181 Rn. 8 ff.; → Rn. 12 ff.

IV. Hinzuziehung eines Arztes und Unterrichtung des Versicherers (Ziff. 7.1 AUB)

301 Nach einem Unfall mit voraussichtlicher Leistungsverpflichtung des Versicherers **obliegt** es dem **Versicherungsnehmer** (zu versicherten Personen → Rn. 297), unverzüglich (also ohne schuldhaftes Zögern, vgl. § 121 Abs. 1 BGB) einen **Arzt** (seiner Wahl) **beizuziehen,** dessen „Anordnungen" (gemeint sind: Ratschlägen[776]) zu befolgen und den **Versicherer** davon zu **unterrichten** (vgl. § 30 Abs. 1 S. 1). Diese Obliegenheiten sollen zur Geringhaltung des Schadens beitragen und den Versicherer instand setzen, die Einzelheiten des Vorgangs zu erfragen und sich frühzeitig in die zwecks Heilbehandlung erforderlichen Maßnahmen einzuschalten. Die Verpflichtung besteht nur, wenn der Unfall voraussichtlich zu einer Leistungspflicht führt, dh ein vernünftiger Versicherungsnehmer zu dem Schluss kommen muss, dass der Versicherer Leistungen zu erbringen haben wird.[777] Geht es um Invaliditätsleistungen, muss der Versicherungsnehmer mit einem Dauerschaden rechnen.[778] In der Wahl seines Arztes ist der Versicherte frei; er muss nicht unbedingt einen Fach-, sondern kann auch seinen Hausarzt konsultieren.[779]

302 Der Versicherte ist verpflichtet, den **ärztlichen Ratschlägen,** soweit sie dem Stand der Wissenschaft entsprechen, iRd **Zumutbaren**[780] Folge zu leisten und die Behandlung bis zu ihrem Abschluss fortzusetzen. Danach kann er auch zu einem Krankenhausaufenthalt verpflichtet sein, sofern nicht dringende persönliche oder wirtschaftliche Gründe – jedenfalls im Moment – dagegen sprechen.[781]

---

[775] Zum Streit um die Rechtsnatur des § 13 → § 13 Rn. 12 ff.
[776] *Rixecker* in Langheid/Rixecker VVG § 184 Rn. 2.
[777] *Mangen* in Beckmann/Matusche-Beckmann VersR-HdB § 47 Rn. 138.
[778] OLG Hamm r+s 1998, 302.
[779] *Schubach* in Schubach/Jannsen AUB Nr. 7 Rn. 4.
[780] Begr. RegE, BT-Drs. 16/3945, 108; *Rixecker* in Langheid/Rixecker VVG § 184 Rn. 2.
[781] *Knappmann* in Prölss/Martin AUB Ziff. 7 Rn. 4; weitergehend *Mangen* in Beckmann/Matusche-Beckmann VersR-HdB § 47 Rn. 136.

Einer Operation muss sich der Versicherte unterziehen, wenn sie einfach, gefahrlos und nicht mit besonderen Schmerzen verbunden ist sowie sichere Aussicht auf Heilung oder wesentliche Besserung bieten,[782] ein vernünftiger Mensch sich ihr also unter Abwägung aller Umstände unterziehen würde.[783] Bei dieser Abwägung ist insbes. dem Narkoserisiko Rechnung zu tragen.[784] Einem als nicht gering, sondern allenfalls „vertretbar" eingestuften Risiko muss sich der Versicherte nicht aussetzen.[785] Einer Therapie, von der andere Ärzte abraten bzw. die sie nicht für erforderlich halten, muss der Versicherte sich nicht unterziehen.[786]

Die Unterrichtung des Versicherers muss nicht alle erheblichen Einzelheiten erhalten, es reicht die **Angabe von Zeitpunkt und Art des Unfalls** aus.[787] Weitere Angaben hat der Versicherungsnehmer dann in der Unfallanzeige nach Ziff. 7.2 AUB zu machen.[788] Unverzüglich ist die Unterrichtung des Versicherers nicht mehr, wenn der Versicherungsnehmer den Unfall erst nach andauernden Schmerzen und monatelangen Behandlungen dem Versicherer zur Kenntnis bringt.[789]

V. Erteilung von Informationen zum Unfallgeschehen (Ziff. 7.2 AUB)

Nach Ziff. 7.2 AUB müssen sämtliche **Angaben,** um welche der Versicherer den Versicherungsnehmer oder Versicherten (→ Rn. 297) bittet, **wahrheitsgemäß, vollständig** und **unverzüglich** (vgl. § 121 Abs. 1 BGB) erteilt werden;[790] soweit die Informationen von Dritten eingeholt werden müssen, sprechen die AUB in ihrer Ziff. 7.4 AUB von Auskünften, die zur „Prüfung unserer Leistungspflicht" erforderlich sind (→ Rn. 310). Die Informationsobliegenheit betrifft in erster Linie die vom Versicherer übersandte **Unfallanzeige,** daneben aber auch weitere Auskünfte, die der Versicherer zusätzlich anfordert. Zu darüber hinausgehenden eigenständigen Mitteilungen nicht erfragter Umstände ist der Versicherer nicht verpflichtet. Bei Unklarheiten – insbes. im Falle einer unklaren Fragestellung – ist der Versicherer verpflichtet rückzufragen.[791] Auf einen verspäteten Zugang einer von ihm angeforderten Unfallanzeige kann er sich nach Treu und Glauben nicht berufen, wenn er später nochmals eine Unfallanzeige anfordert und diese zweite ihm unverzüglich zugeht.[792] Unterschreibt der Versicherungsnehmer die Schadenanzeige blanko und lässt er sie anschließend durch einen Dritten ausfüllen, muss er sich dessen wahrheitswidrige Angaben als die seines Wissenserklärungsvertreters zurechnen lassen.[793] Eine Zurechnung erfolgt dagegen nicht, wenn ein Dritter für den im Koma liegenden Versicherungsnehmer die Schadenanzeige als Vertreter ohne Vertretungsmacht ausfüllt.[794]

In Nr. 7.2 AUB 2008 war diese Auskunftspflicht ausdrücklich auf **„sachdienliche",** dh für die Feststellung und Abwicklung des Unfalls bedeutsame[795] Auskünfte beschränkt. Diese Einschränkung ist zwar in der Version 2014 auf den ersten Blick entfallen, besteht aber aufgrund einer systematischen und im Zweifel zu Lasten des Versicherers gehenden (vgl. § 305c Abs. 2 BGB) Interpretation auch weiterhin in Anbetracht des Umstands, dass es sich nicht um Auskünfte aller Art, sondern nur um solche handeln kann, ohne deren Erteilung es dem Versicherer nicht möglich ist, seine Leistung zu erbringen (Ziff. 7 Vor 1; → Rn. 296). Eine Obliegenheit zur Beantwortung nicht sachdienlicher **Fragen** besteht nicht.[796] Sachdienliche Auskünfte betreffen etwa frühere Krankheiten, Verletzungen oder Unfälle[797] oder vorangegangenen Alkoholkonsum.[798] Die Auskunftsobliegenheit erstreckt sich aber nicht auf Krankheiten und Unfälle, die Jahrzehnte zurückliegen und

---

[782] OLG Hamm VersR 1992, 1120 (Berufsunfähigkeitsversicherung); *Knappmann* in Prölss/Martin AUB Ziff. 7 Rn. 5.
[783] OLG Frankfurt a. M. VersR 2006, 828.
[784] Weitergehend OLG Hamm VersR 2000, 962 (keine Verpflichtung zur Duldung einer Operation in Vollnarkose).
[785] OLG Frankfurt a. M. VersR 2006, 828.
[786] OLG Nürnberg VersR 1998, 43 (Berufsunfähigkeitsversicherung).
[787] Weitergehend *Knappmann* in Prölss/Martin AUB Ziff. 7 Rn. 2.
[788] OLG Frankfurt a. M. VersR 1992, 1458.
[789] OLG Koblenz VersR 1997, 868; OLG Köln r+s 2009, 75; LG Köln VersR 2008, 953.
[790] Vgl. OLG Köln r+s 2009, 75 (nicht unverzüglich, wenn Unfallmeldung erst nach einem Jahr und zwischenzeitlicher ärztlicher Behandlung der Unfallschäden erfolgt).
[791] BGH VersR 1997, 442.
[792] OLG Frankfurt a. M. VersR 1992, 1458.
[793] OLG Saarbrücken VersR 2007, 532; vgl. auch OLG Frankfurt a. M. r+s 2002, 37.
[794] OLG Düsseldorf VersR 2000, 310.
[795] OLG Köln VersR 1995, 1435.
[796] *Knappmann* in Prölss/Martin AUB Ziff. 7 Rn. 8.
[797] OLG Düsseldorf VersR 2000, 310; OLG Hamm VersR 2001, 709; KG VersR 2003, 1119.
[798] OLG Frankfurt a. M. VersR 2002, 302; OLG Saarbrücken VersR 2007, 532.

folgenlos ausgeheilt sind,⁷⁹⁹ oder geringfügige Bagatellunfälle (Abschürfungen, Prellungen).⁸⁰⁰ Sachdienlich sind auch Fragen nach dem Bestehen weiterer Unfallversicherungsverträge⁸⁰¹ (auch: Schutzbrief mit Auslandsunfallversicherung⁸⁰²), weil eine unzutreffende Antwort darauf die Interessen des Versicherers ernsthaft gefährden kann. Denn da der Versicherer die Vermutung der Unfreiwilligkeit in § 178 Abs. 2 S. 2 widerlegen muss, besteht für ihn beim Bestehen mehrerer Unfallversicherungen regelmäßig Anlass für weitere Aufklärungen und Ermittlungen, weil in diesem Fall der Anreiz zur Abgabe fingierter Unfallanzeigen besonders hoch ist.⁸⁰³ Die Frage nach dem Bestehen weiterer Unfallversicherungsverträge ist auch dann sachdienlich, wenn der Versicherer bereits im Versicherungsantrag danach gefragt hatte, weil er wissen will, ob zum Zeitpunkt des Vertragsschlusses bestehende Verträge zum Zeitpunkt des Versicherungsfalles noch fortbestanden.⁸⁰⁴ Dies gilt auch dann, wenn der Versicherer das Unfallereignis zunächst nicht bestritten und bereits Leistungen erbracht hat.⁸⁰⁵

306   Im Übrigen kann der Versicherer nur um Angaben bitten, die sich auf Eintritt, Ausmaß und Wirkungen eines **Versicherungsfalls, nicht** aber auf **Vorgänge** aus der Zeit **vor dem Vertragsschluss** beziehen und den Zweck verfolgen, eine etwaige Verletzung einer vorvertraglichen Anzeigepflicht festzustellen.⁸⁰⁶ Insoweit enthalten die §§ 19 ff. VVG eine abschließende und für den Versicherer zwingende (vgl. § 32 VVG) Regelung. Diese Bestimmungen gehen davon aus, dass vor Vertragsbeginn eine Risikoprüfung durch den Versicherer stattfindet, an deren Ende sich der (nicht arglistig handelnde) Versicherungsnehmer sicher sein kann, dass er Versicherungsschutz erhält, sofern er nur alle Fragen des Versicherers zutreffend beantwortet bzw. dieser – bei unvollständigen oder unklaren Angaben – die gebotene Rückfrage unterlassen hat. Mit dieser Regelung stünde im Widerspruch, wenn der Versicherer nach Eintritt des Versicherungsfalls (und uU langjähriger Prämienerhebung) die Frage der Risikoübernahme noch einmal aufgreifen könnte (→ § 172 Rn. 210).

VI. Duldung einer ärztlichen Untersuchung (Ziff. 7.3 und Ziff. 9.4 Abs. 2 AUB)

307   Damit der Versicherer sich über die Voraussetzungen seiner Leistungspflicht Klarheit verschaffen kann, muss die versicherte Person (Versicherungsnehmer oder Dritter, → Rn. 297) sich nach Ziff. 7.3 Abs. 1, 2 AUB von den Ärzten **untersuchen lassen**, die der Versicherer beauftragt hat.⁸⁰⁷ Ein im Klagewege durchsetzbarer Anspruch auf Duldung besteht aber nicht; dies würde eine Verletzung des allgemeinen Persönlichkeitsrechts des Versicherten darstellen (→ § 176 Rn. 5). Daher kann für den Fall einer Weigerung auch keine Vertragsstrafe vereinbart werden. Die Vereinbarung einer vertraglichen Untersuchungsobliegenheit wird aber dadurch nicht ausgeschlossen mit der Folge, dass eine vorsätzliche Verletzung der Untersuchungsobliegenheit zur Leistungsfreiheit des Versicherers führt (Ziff. 8 Abs. 1 AUB). Darauf hat der Versicherer die versicherte Person nach Treu und Glauben hinzuweisen.⁸⁰⁸ Mangels eines berechtigten Interesses des Versicherers entfällt die Obliegenheit, wenn der Versicherer die Leistung ablehnt (→ § 187 Rn. 2).⁸⁰⁹ Eine entsprechende Obliegenheit besteht ebenfalls – wenn auch nicht ausdrücklich als Obliegenheit formuliert – im Neubemessungsverfahren nach Ziff. 9.4 Abs. 2 AUB (→ § 187 Rn. 2). Nach Ablauf der dort in Abs. 3 S. 1 vorgesehenen Dreijahrespflicht besteht keine Untersuchungsobliegenheit mehr.⁸¹⁰ Zum Verschulden des Versicherten → Rn. 297.

308   Die Obliegenheit deckt nur solche Untersuchungen, die zur Feststellung der Leistungsvoraussetzungen und des Leistungsumfangs **erforderlich** sind.⁸¹¹ Sie besteht auch nur in den Grenzen der **Zumutbarkeit** (→ Rn. 302). Schmerzhafte oder riskante körperliche Eingriffe sind davon nicht gedeckt.⁸¹²

---

⁷⁹⁹   OLG Frankfurt a. M. VersR 2001, 1149 (Knochenbruch im Kindesalter).
⁸⁰⁰   *Schubach* in Schubach/Jannsen AUB Nr. 7 Rn. 12.
⁸⁰¹   OLG Köln VersR 1995, 1435.
⁸⁰²   BGH VersR 2007, 785.
⁸⁰³   BGH VersR 1982, 182; OLG Frankfurt a. M. r+s 2002, 37; OLG Koblenz VersR 2005, 1524; OLG Saarbrücken VersR 2007, 977; stRspr.
⁸⁰⁴   OLG Saarbrücken VersR 2009, 1254.
⁸⁰⁵   OLG Saarbrücken VersR 2007, 977.
⁸⁰⁶   Anders die hM. vgl. BGHZ 214, 127 = VersR 2017, 469; *Knappmann* in Prölss/Martin AUB Ziff. 7 Rn. 19.
⁸⁰⁷   Vgl. LG Lübeck r+s 2014, 193.
⁸⁰⁸   *Knappmann* in Prölss/Martin AUB Ziff. 7 Rn. 10.
⁸⁰⁹   BGH VersR 2010, 243 (245).
⁸¹⁰   BGH VersR 2003, 1165; anders bei nachträglicher Erstbemessung: OLG Koblenz VersR 2013, 1528 (1520).
⁸¹¹   *Mangen* in Beckmann/Matusche-Beckmann VersR-HdB § 47 Rn. 144.
⁸¹²   *Knappmann* in Prölss/Martin AUB Ziff. 7 Rn. 10.

Die **Kosten** der Untersuchung, etwa: Reisekosten sowie einen etwa entstandenen Verdienstausfall trägt der Versicherer (Ziff. 7.3 Abs. 3 AUB, §§ 189, 85 Abs. 1 VVG). Er ist aufgrund des Versicherungsvertrages (§ 242 BGB) ebenso wie gem. § 202 VVG analog[813] verpflichtet, dem Versicherungsnehmer **Einsicht** in ärztliche Gutachten und Auskünfte zu gewähren. 309

VII. Ermächtigung zur Auskunftserteilung (Ziff. 7.4 AUB)

Damit der Versicherer seine Leistungspflicht überprüfen kann,[814] soll die versicherte Person (Versicherungsnehmer oder Dritter) gem. Ziff. 7.4 Abs. 1, 2 AUB ermöglichen, dass der Versicherer von den behandelnden Ärzten sowie anderen Versicherern, Versicherungsträgern oder Behörden die dazu „**erforderlichen Auskünfte**" erhält. Es handelt sich hier in der Sache um – allerdings von Dritten zu erhebende – Angaben iSd Ziff. 7.2 AUB (→ Rn. 304), so dass davon solche Informationen nicht erfasst werden, mit deren Hilfe die Richtigkeit vorvertraglicher Angaben des Versicherungsnehmers überprüft werden sollen (→ Rn. 306).[815] Zu diesem Zweck wird der Versicherte verpflichtet, entweder die Ärzte bzw. die genannten Stellen zur direkten Auskunftserteilung zu ermächtigen (und damit von ihrer Schweigepflicht zu entbinden) oder aber selbst die Auskünfte einzuholen und dem Versicherer zur Verfügung zu stellen (Ziff. 7.4 Abs. 3 AUB). Die Klausel enthält also eine Obliegenheit zur Bereitstellung der erforderlichen Daten. Eine Ermächtigung bzw. Schweigepflichtenbindung selbst liegt darin nicht,[816] sondern ist in einer § 213 Abs. 2–4 entsprechenden Weise (→ Rn. 311) vorzunehmen. Bei der Einwilligungserklärung handelt es sich um eine höchstpersönliche Befugnis des Versicherten, die mit seinem Tode nicht auf seine Erben übergeht.[817] Daher kann auch keine Obliegenheitsverletzung vorliegen, wenn ein Erbe die Abgabe einer solchen Schweigepflichtentbindungserklärung verweigert. 310

Darüber hinaus stellt sich allerdings die grundsätzliche Frage nach der Klauselwirksamkeit.[818] Nachdem das BVerfG[819] eine der Ziff. 7.4 AUB entsprechende Klausel in der Berufsunfähigkeitsversicherung wegen eines darin liegenden Verstoßes gegen das Recht auf informationelle Selbstbestimmung als zu weitgehend angesehen hatte[820] und der Reformgesetzgeber daraufhin in § 213 die Erhebung personenbezogener Daten bei Dritten unter enge Voraussetzungen gestellt hat,[821] darf die Datenerhebung nur noch erfolgen, wenn die betroffene Person in die Weitergabe der zur Beurteilung des versicherten Risikos oder der Leistungspflicht erforderlichen Daten eingewilligt hat und sie von einer Datenerhebung über dieses Vorhaben unterrichtet worden war und keinen Widerspruch erklärt hat (§ 213 Abs. 1, 2 S. 2). Außerdem muss sie auf dieses Widerspruchsrecht sowie ihr Recht hingewiesen worden sein, eine etwa zuvor bereits erteilte Generaleinwilligung in eine auf die jeweilige Datenerhebung beschränkte Einwilligung umzuwandeln (§ 213 Abs. 3, 4). Setzt sich der Versicherer über diese Beschränkungen hinweg, indem er zB die betroffene Person nicht von einer bevorstehenden Datenerhebung in Kenntnis gesetzt (§ 213 Abs. 2 S. 2) oder diese nicht über ihr Widerspruchsrecht oder ihr Recht zur Beschränkung der Datenerhebung auf eine konkrete Anfrage (§ 213 Abs. 3) unterrichtet hat (§ 213 Abs. 4), ist eine Verwertung der gleichwohl erhobenen Daten unzulässig.[822] Dementsprechend liegt auch keine Obliegenheitsverletzung vor, wenn der Versicherte in einer solchen Situation keine Angaben macht.[823] Da sich diese Einschränkungen der in Ziff. 7.4 AUB enthaltenen Pflicht zur Schweigepflichtbindung nicht entnehmen lassen, verstößt die Klausel gegen das Transparenzgebot des § 307 Abs. 1 S. 2 BGB und ist somit unwirksam,[824] weil sie dem Versicherungsnehmer suggeriert, dass er aufgrund der Klausel ganz allgemein (und nicht nur unter den engen Voraussetzungen des § 213) seine Zustimmung zur Erhebung personenbezogener Gesundheitsdaten geben müsse (Verletzung des Täuschungsverbots[825]). Allerdings wird die Leistung des Versicherers nicht fällig, sofern er die Angaben des Dritten zur Feststellung des Versicherungsfalls 311

---

[813] Vgl. *Armbrüster* VersR 2013, 944 (946).
[814] Vgl. BGHZ 165, 167 (170) = VersR 2006, 352.
[815] Anders *Knappmann* in Prölss/Martin AUB Ziff. 7 Rn. 19; *Muschner* in HK-VVG § 213 Rn. 97.
[816] Vgl. näher → § 172 Rn. 212c.
[817] OLG Zweibrücken r+s 2015, 149.
[818] Näher dazu → § 172 Rn. 212g.
[819] BVerfG VersR 2006, 1669; dazu *Egger* VersR 2007, 905; *Notthoff* ZfS 2008, 243.
[820] Näher → § 172 Rn. 212b; dazu auch *Fricke* VersR 2009, 297.
[821] Näher → § 172 Rn. 212c ff.
[822] Str., zum Streitstand *Voit* in Prölss/Martin VVG § 213 Rn. 49.
[823] *Knappmann* in Prölss/Martin AUB Ziff. 7 Rn. 15.
[824] IErg ebenso *Voit* in Prölss/Martin VVG § 213 Rn. 53; *Knappmann* in Prölss/Martin AUB Ziff. 7 Rn. 14; aA *Grimm/Kloth* AUB Ziff. 7 Rn. 30. Vgl. im Übrigen auch → § 172 Rn. 212g.
[825] BGHZ 104, 82 (88 ff.) = NJW 1998, 1726; BGHZ 128, 54 (60) = VersR 1995, 77; BGH VersR 1999, 697; *Fuchs* in Ulmer/Brandner/Hensen, AGB-Recht, 13. Aufl. 2022, BGB § 307 Rn. 342.

und des Umfangs seiner Leistungspflicht benötigt und daher ohne die angeforderten Auskünfte seine Prüfung nicht abschließen kann (Ziff. 9 Vor 1 AUB; → § 187 Rn. 10).[826] Im Übrigen bleibt dem Versicherer die umständlichere und kostenträchtigere Möglichkeit, die versicherte Person von einem von ihm ausgewählten Arzt (Ziff. 7.3 AUB) untersuchen zu lassen.[827]

VIII. Todesfallanzeige und Obduktion (Ziff. 7.5 AUB)

312 Verstirbt die versicherte Person infolge des Unfalls, muss der Tod dem Versicherer innerhalb von 48 Stunden **angezeigt** werden (Ziff. 7.5 Abs. 1 AUB), damit dieser zwecks Beweissicherung eine Obduktion vornehmen lassen kann. Dies gilt auch dann, wenn der Unfall dem Versicherer zuvor schon mitgeteilt worden war. Anzeigepflichtig ist bei einer Fremdversicherung der Versicherungsnehmer, bei einer Eigenversicherung sind es im Zweifel die Erben als Rechtsnachfolger (Ziff. 12.2 AUB, aber → Rn. 298). Voraussetzung ist, dass dem Anzeigepflichtigen der Eintritt des Todes bekannt war. Zur Hinweispflicht des Versicherers → § 186 Rn. 8.

313 In Ziff. 7.5 Abs. 2 AUB bedingt der Versicherer sich das Recht aus, durch einen von ihm beauftragten Arzt eine **Obduktion** der versicherten Person vornehmen zu lassen, die auch eine Blutentnahme und ggf. eine Exhumierung soll umfassen können.[828] Die Zustimmung kann bereits vor ihrem Tod von der versicherten Person selbst erteilt werden, allerdings nicht in AVB.[829] Ein Verzicht auf die Durchführung einer Obduktion führt nicht zu einer Umkehr der Beweislast beim Nachweis der Unfallbedingtheit eines Todesfalls.[830]

314 Ist eine solche Einwilligung durch den Versicherten nicht erteilt worden, kann die Durchführung der Obduktion Schwierigkeiten bereiten, weil in diesem Fall das Zustimmungsrecht nicht den Erben, sondern in erster Linie derjenigen Person obliegt, welcher der Verstorbene die **Totensorge** übertragen hat.[831] Hilfsweise wird diese Fürsorge kraft Gewohnheitsrechts von den nächsten Angehörigen (in erster Linie Ehegatte, dann Kinder, ersatzweise Eltern oder Seitenverwandte) wahrgenommen.[832] Alle Genannten können dabei in ihrer Eigenschaft *als Totensorgeberechtigte* nicht als Rechtsnachfolger oder Anspruchsteller iSd Ziff. 12.2 AUB (→ Rn. 326) angesehen werden. Daraus folgt, dass sie zur Abgabe einer Zustimmungserklärung nicht verpflichtet sind. Dem Anspruchsberechtigten (Versicherungsnehmer bei einer Fremdversicherung, Bezugsberechtigter, Erbe) ist die verweigerte Zustimmung nicht als Obliegenheitsverletzung zuzurechnen.[833] Dagegen ergibt sich eine Zustimmungspflicht aus Ziff. 7.5 Abs. 2 oder Ziff. 12.2 AUB, wenn die Totensorge dem Versicherungsnehmer (bei einer Fremdversicherung) oder einem Bezugsberechtigten obliegt.[834]

315 Selbst wenn eine solche Verpflichtung der totensorgeberechtigten Person besteht, kann eine Verweigerung der Zustimmung zu Obduktion oder Blutentnahme von vornherein nur dann als Obliegenheitsverletzung angesehen werden, wenn die jeweilige **Maßnahme zweckdienlich** war, etwa für den Versicherer die einzige Möglichkeit bot, einen bestimmten, ihm obliegenden Beweis zu führen.[835]

IX. Vorlage von Lebensbescheinigungen (Ziff. 2.2.3.2. Abs. 2 AUB)

316 Ist bei unfallbedingter Invalidität die Zahlung einer **Unfallrente** (Ziff. 2.2 AUB; → Rn. 247 ff.) vorgesehen,[836] kann der Versicherer nach Ziff. 2.2.3.2. Abs. 2 S. 1 AUB (allerdings nur in angemessenen Abständen[837]) die Vorlage von Lebensbescheinigungen verlangen. Bei nicht unverzüglicher Übersendung ruht die Rentenzahlung ab der nächsten Fälligkeit (Ziff. 2.2.3.2. Abs. 2 S. 2 AUB). Der einbehaltene Betrag ist aber bei Einreichung der angeforderten Bescheinigung nachträglich auszuzahlen.[838]

X. Rechtsfolgen einer Obliegenheitsverletzung (Ziff. 8 AUB)

317 Ziff. 8 AUB regelt die Rechtsfolgen einer **Verletzung** der in **Ziff. 7 AUB** vertraglich vereinbarten Obliegenheiten unter Bezugnahme auf die (zwingenden) Bestimmungen des § 28 Abs. 2–4. Auf

---

[826] *Knappmann* in Prölss/Martin AUB Ziff. 7 Rn. 15; aA *Grimm/Kloth* AUB Ziff. 7 Rn. 31.
[827] *Knappmann* in Prölss/Martin AUB Ziff. 7 Rn. 16.
[828] So *Knappmann* in Prölss/Martin AUB Ziff. 7 Rn. 19.
[829] *Knappmann* in Prölss/Martin AUB Ziff. 7 Rn. 19; offen gelassen von OLG Hamm VersR 1983, 1131.
[830] OLG München r+s 2016, 258.
[831] BGH VersR 1991, 870; vgl. auch OLG Hamm VersR 1983, 1131.
[832] *Edenhofer* in Grüneberg BGB Vor § 1922 Rn. 9 ff.
[833] Vgl. *Knappmann* in Prölss/Martin AUB Ziff. 7 Rn. 19.
[834] *Knappmann* in Prölss/Martin AUB Ziff. 7 Rn. 19.
[835] BGH VersR 1992, 730.
[836] Näher *Kloth* Unfallversicherung Kap. G Rn. 266.
[837] *Knappmann* in Prölss/Martin AUB Ziff. 2 Rn. 52.
[838] *Knappmann* in Prölss/Martin AUB Ziff. 2 Rn. 52.

die Obliegenheit zur Duldung einer ärztlichen Untersuchung nach Ziff. 9.4 Abs. 2 AUB bezieht sich die Vorschrift nicht (→ § 188 Rn. 2). Die Klausel wendet sich an den Versicherungsnehmer (zur Zurechnung des Verhaltens eines Versicherten → Rn. 297). Im Übrigen ist zu unterscheiden:

1. Vorsätzliche Obliegenheitsverletzung. Hat der Versicherungsnehmer **eine der in Ziff. 7 AUB enthaltenen Obliegenheiten vorsätzlich verletzt**, entfällt grds. der Versicherungsschutz (Ziff. 8 Abs. 1 AUB, vgl. § 28 Abs. 2 S. 1 VVG; → Rn. 295). Der hier in Bezug genommene zivilrechtliche Vorsatzbegriff setzt ein Wissen und Wollen des pflichtwidrigen Erfolges, dh auch das Bewusstsein rechtswidrigen Handelns voraus,[839] so dass der Versicherte Kenntnis vom Bestehen eines Unfallversicherungsvertrages gehabt haben muss.[840] Der Versicherungsschutz bleibt nur ausnahmsweise bestehen, wenn die Obliegenheitsverletzung weder die Feststellung des Versicherungsfalls noch die Feststellung oder den Umfang der Leistung beeinflusst hat (Ziff. 8 Abs. 5 AUB und § 28 Abs. 3 S. 1 VVG).[841] Trotz fehlender Kausalität muss der Versicherer aber nicht leisten, wenn der Versicherungsnehmer oder die versicherte Person arglistig gehandelt hat (Ziff. 8 Abs. 6 AUB, vgl. § 28 Abs. 3 S. 2 VVG).[842] Das ist der Fall, wenn der Betreffende um die Unrichtigkeit seiner Angaben weiß oder sie zumindest für möglich hält und er sich darüber im Klaren ist, dass der Versicherer in seinem Regulierungsverhalten durch die unzutreffenden Angaben beeinflusst wird, dh bei Erhalt zutreffender Informationen nicht oder nur in einem anderen Umfang leisten würde. Ein Versicherungsnehmer, der seiner Untersuchungsobliegenheit nach Ziff. 7.3 AUB auf Anraten seines Anwalts nicht nachkommt, soll nach Auffassung des OLG Hamm[843] nicht schuldhaft handeln.

Leistungsfreiheit tritt außerdem nur dann ein, wenn der Versicherer den Versicherungsnehmer durch eine gesonderte Mitteilung in Textform (§ 126b BGB) auf diese **Rechtsfolge hingewiesen** hatte (Ziff. 8 Abs. 3 AUB, vgl. § 28 Abs. 4 S. 1 VVG). Diese Belehrung muss nicht in einem eigenständigen Dokument erfolgen, vielmehr reicht es aus, wenn sie in einem Schreiben des Versicherers (etwa: Schadenmeldebogen) enthalten ist und durch Platzierung und drucktechnische Gestaltung vom übrigen Text in einer vom Versicherungsnehmer nicht zu übersehenden Weise **hervorgehoben** wird.[844] Gem. § 126b S. 2 BGB muss sie auf einem dauerhaften Datenträger und kann daher – bei entsprechender Gestaltung – auch in elektronischer Form (Übermittlung durch eine speicher- und ausdruckbare E-Mail) abgegeben werden. Die Belehrung muss grds. anlässlich des konkreten Versicherungsfalles vorgenommen werden und kann daher nicht im Voraus im Versicherungsschein oder den AVB erfolgen.[845] Allenfalls im Hinblick auf die Anzeigeobliegenheit der Ziff. 7.1 AUB, auf welche andernfalls nicht hingewiesen werden könnte, ist – in deutlicher Hervorhebung – ein solcher Vorabhinweis gestattet.[846] Bei arglistigem Verhalten des Versicherungsnehmers wird der Versicherer auch dann leistungsfrei, wenn er nicht (ordnungsgemäß) belehrt hatte.[847] Will sich der Versicherer bei einer Fremdversicherung für fremde Rechnung (→ Rn. 297) gegenüber der versicherten Person auf Leistungsfreiheit berufen, setzt dies analog § 28 Abs. 4 auch eine entsprechende Unterrichtung des Versicherten voraus.[848]

2. Fahrlässige Obliegenheitsverletzung. Bei einer **grob fahrlässigen** Obliegenheitsverletzung des Versicherungsnehmers (also dann, wenn er die erforderliche Sorgfalt in besonders grobem Maße verletzt und nicht beachtet, was jedermann einleuchten muss) ist der Versicherer berechtigt, seine Leistung im Verhältnis zur Schwere des Verschuldens zu kürzen (Ziff. 8 Abs. 3 AUB, vgl. § 28 Abs. 2 S. 2 VVG). Nähere Vereinbarungen über die Durchführung einer solchen „Quotelung" enthalten die AUB nicht. Daher sind zur Ermittlung der Schwere des Verschuldens verschuldensbezogene Kriterien abzuwägen und zu bewerten (etwa: Schwere und Dauer der Sorgfaltspflichtverletzung, Motive des Versicherungsnehmers, Schwere und Wahrscheinlichkeit der Verletzungsfolgen

---

[839] *Grüneberg* in Grüneberg BGB § 276 Rn. 10 f.
[840] OLG Hamm VersR 1997, 1341.
[841] Entgegen dem Wortlaut der Ziff. 8 Abs. 5 AUB (vgl. § 28 Abs. 3 S. 1 VVG) kann eine Verletzung der in Ziff. 7 AUB aufgeführten Obliegenheiten keinen Einfluss auf den Eintritt des Versicherungsfalles gehabt haben, da es sich hier um solche handelt, die erst nach Eintritt des Versicherungsfalles zu erfüllen sind, vgl. *Knappmann* in Prölss/Martin AUB Ziff. 8 Rn. 5.
[842] Hat der Versicherer in einem Altfall die Rechtsfolge einer Obliegenheitsverletzung nicht dem § 28 VVG nF angepasst und ist die entsprechende Klausel daher heute unwirksam, kann sich der Versicherer gegenüber dem Leistungsverlangen eines bei der Schadensanzeige arglistig handelnden Versicherten auf Verwirkung (§ 242 BGB) berufen, vgl. OLG Köln r+s 2015, 150.
[843] OLG Hamm r+s 2012, 253 (Ergebnis zweifelhaft).
[844] BGH VersR 2013, 297 mit umfangr. Nachw.
[845] *Grimm/Kloth* AUB 2014 Ziff. 8 Rn. 22.
[846] Vgl. dazu auch *Knappmann* in Prölss/Martin AUB 2010 Ziff. 8 Rn. 1.
[847] BGHZ 200, 286 = VersR2024, 565.
[848] *Wandt* VersR Rn. 583; *Marlow* VersR 2007, 43 (47).

usw).⁸⁴⁹ Auch eine Quotelung setzt nach Ziff. 8 Abs. 3 eine durch gesonderte Mitteilung in Textform vorangegangene Belehrung voraus (→ Rn. 319). Das Vorliegen grober Fahrlässigkeit wird vermutet (vgl. § 28 Abs. 2 S. 2 Hs. 2 VVG).

321   Der **Versicherungsschutz** bleibt auch im Falle einer grob fahrlässigen Obliegenheitsverletzung wiederum **ausnahmsweise** in vollem Umfang **erhalten,** wenn die Verletzung weder für den Eintritt oder die Feststellung des Versicherungsfalls noch für die Feststellung oder den Umfang der Leistung ursächlich war (Ziff. 8 Abs. 5 AUB, vgl. § 28 Abs. 3 S. 1 VVG).

322   Bei einer lediglich **leicht fahrlässigen** (und erst recht einer schuldlos begangenen) Obliegenheitsverletzung besteht der Versicherungsschutz ohne Kürzung fort (arg. Ziff. 8 Abs. 4 AUB).

323   **3. Darlegungs- und Beweislast.** Die Verteilung der Darlegungs- und Beweislast bei Obliegenheitsverletzungen orientiert sich am Vorbild des § 28.⁸⁵⁰ Der **Versicherer** trägt die **Beweislast** dafür, dass der Versicherungsnehmer eine Obliegenheit iSd Ziff. 7 AUB objektiv verletzt hat, ferner, dass dieser vorsätzlich und ggf. arglistig gehandelt hat. Im Hinblick auf Ziff. 7.1 AUB bedeutet dies den Nachweis, dass der Versicherungsnehmer mit einer Leistungspflicht des Versicherers rechnen musste,⁸⁵¹ im Hinblick auf Ziff. 7.5, dass dem Anzeigepflichtigen der Eintritt des Todes bekannt war. Der Versicherer muss ferner darlegen und beweisen, dass die Unterrichtung des Versicherungsnehmers über die Rechtsfolgen vorsätzlichen oder grob fahrlässigen Verhaltens nach Ziff. 8 Abs. 3 AUB in ordentlicher Weise (gesonderte Erklärung, Textform) vorgenommen worden ist. Die Kausalität zwischen Obliegenheitsverletzung und Versicherungsfall bzw. Feststellung und Umfang der Versichererleistung wird vermutet. Der Beweis mangelnder Kausalität (Kausalitätsgegenbeweis, vgl. Ziff. 8 Abs. 5 AUB) obliegt dann dem Versicherungsnehmer.

324   Der **Versicherungsnehmer** muss nachweisen, dass sein Verhalten **nicht (grob) fahrlässig** (Ziff. 8 Abs. 4 AUB, vgl. § 28 Abs. 2 S. 2 Hs. 2 VVG) bzw. dass es für die Feststellung des Versicherungsfalls bzw. die Feststellung und den Umfang der Leistungspflicht **nicht ursächlich** war (Kausalitätsgegenbeweis, Ziff. 8 Abs. 5 S. 1 AUB). Allerdings wird der Kausalitätsgegenbeweis bei erheblich verspäteter Unfallanzeige idR misslingen, weil jede längere Verzögerung die Möglichkeit verringert, das Unfallgeschehen näher festzustellen.⁸⁵² Bei **arglistigem Verhalten** des Versicherungsnehmers ist dieser Kausalitätsgegenbeweis ausgeschlossen (Ziff. 8 Abs. 5 AUB, vgl. § 28 Abs. 3 S. 2 VVG).

F. Erbringung der Leistungen durch den Versicherer

325   **Welche Leistungen** der Versicherer bei Eintritt des Versicherungsfalls (→ Rn. 49 ff.) zu erbringen hat, ergibt sich aus dem Versicherungsvertrag und hängt von der Höhe der Versicherungssumme und den im konkreten Vertrag vorgesehenen Leistungsarten (→ Rn. 209 ff.) und ihren spezifischen Voraussetzungen ab.⁸⁵³ Neben den in den AUB aufgeführten kann der Versicherer auch andere oder zusätzliche Leistungen erbringen (→ Rn. 210). Nach Ziff. 2.1.2.1 AUB wird insbes. als Invaliditätsleistung ein Kapitalbetrag gezahlt (→ Rn. 211 ff.). Dauer und Höhe der übrigen Geldzahlungen sind in den Vertragsbedingungen jeweils gesondert geregelt (→ Rn. 247 ff.).

326   **Anspruchsberechtigt** ist grds. der Versicherungsnehmer, ggf. ein Bezugsberechtigter (→ § 185 Rn. 2 ff.) und – im Hinblick auf eine Todesfallleistung – möglicherweise ein Erbe des Versicherungsnehmers (Ziff. 12.2 AUB). Eine **Übertragung** oder **Verpfändung** der Ansprüche ist nach Ziff. 12.3 AUB vor Eintritt der Fälligkeit (→ Rn. 340) nur mit Zustimmung des Versicherers möglich (§ 399 Fall 2, § 1274 Abs. 2 BGB). Dies gilt auch für die Einsetzung eines Bezugsberechtigten. Dagegen bleibt eine Pfändung in den Grenzen des § 851 Abs. 2 ZPO zulässig.

327   Nach **Eingang** der **Unfallanzeige** ist der Versicherer verpflichtet, den Versicherungsnehmer auf die vertraglichen Anspruchs- und Fälligkeitsvoraussetzungen sowie die bei der Geltendmachung des Leistungsanspruchs einzuhaltenden Fristen **hinzuweisen** (→ § 186 Rn. 4 ff.). Der Versicherungsnehmer seinerseits muss mit der Geltendmachung des Anspruchs **Nachweise** über Unfallhergang und Unfallfolgen sowie – falls er Invaliditätsleistungen beansprucht – einen ärztlichen Nachweis über den zur Ermittlung des Invaliditätsgrades erforderlichen Abschluss des Heilverfahrens beibringen (Ziff. 9.1 Abs. 2 AUB, → § 187 Rn. 6). Die für die Begründung des Leistungsanspruchs anfallenden ärztlichen Gebühren übernimmt der Versicherer zu einem bestimmten Prozentsatz;

---
⁸⁴⁹ Näher → § 28 Rn. 239 ff.; *Wandt* VersR Rn. 606.
⁸⁵⁰ → § 28 Rn. 167 ff.; *Knappmann* in Prölss/Martin AUB Ziff. 8 Rn. 1, 9.
⁸⁵¹ *Schubach* in Schubach/Jannsen AUB Nr. 7 Rn. 3.
⁸⁵² OLG Köln VersR 2008, 528.
⁸⁵³ Muster von Klagen gegen den Unfallversicherer bei *Naumann* in van Bühren VersR-HdB § 16 Rn. 280; *Hormuth* in MAH VersR § 24 Rn. 203.

sonstige Kosten werden nicht erstattet (Ziff. 9.1 Abs. 4, 5 AUB; zur Wirksamkeit dieser Klausel aber → § 189 Rn. 8).

Der Versicherer muss innerhalb eines Monats bzw. – bei Geltendmachung von Invaliditätsleistungen – innerhalb von drei Monaten nach Eingang des Leistungsantrags und der zur dessen Beurteilung erforderlichen Unterlagen erklären, ob und ggf. in welchem Umfang er seine Leistungspflicht **anerkennt oder nicht** (→ § 187 Rn. 2 ff.). Im Falle einer für den Versicherungsnehmer positiven Entscheidung bzw. bei einer nachfolgenden Einigung über Grund und Höhe des Anspruchs wird die Leistung gem. § 187 Abs. 2 S. 1 innerhalb von **zwei Wochen fällig**, andernfalls verbleibt es bei der allgemeinen Fälligkeitsregelung des § 14 (→ § 187 Rn. 10 f.). Zur Verpflichtung des Versicherers zur Zahlung eines Vorschusses vgl. § 187 Abs. 2 S. 2 VVG und Ziff. 9.3 AUB (→ § 187 Rn. 12). Sind Invaliditätsleistungen vereinbart, können beide Vertragsparteien nach § 188 Abs. 1 bis zum Ablauf von drei Jahren nach Eintritt des Unfalls jährlich eine Neubemessung des Invaliditätsgrades verlangen (vgl. § 188 Abs. 1 S. 1 VVG und Ziff. 9.4 AUB, → § 188 Rn. 2 ff.). 328

Die Ansprüche gegen den Versicherer aus dem Versicherungsvertrag **verjähren** nach allgemeinen Regeln (Ziff. 15.1 AUB). Die Verjährungsfrist beträgt also drei Jahre und setzt mit dem Schluss des Jahres ein, in dem der Anspruch entstanden ist (→ § 187 Rn. 10 f.) und der Versicherungsnehmer Kenntnis von den anspruchsbegründenden Tatsachen erlangt hat (§§ 195, 199 Abs. 1 BGB). Nach Anmeldung des Anspruchs beim Versicherer ist die Verjährung bis zu dem Zeitpunkt gehemmt, in welchem dem Versicherungsnehmer die Entscheidung des Versicherers in Textform zugeht (vgl. § 15 VVG und Ziff. 15.2 AUB). Die Hemmungswirkung kann aber ausnahmsweise nach § 242 BGB entfallen, wenn der Versicherer davon ausgehen durfte, dass der Versicherungsnehmer die von ihm zunächst angemeldeten Ansprüche nicht mehr weiterverfolgt, so etwa, wenn er sich erst sechs Jahre nach einem unvollständig ausgefüllten Unfallbericht wieder an den Versicherer wendet.[854] Eine Verjährungshemmung durch Erhebung einer Leistungsklage (§ 204 Abs. 1 Nr. 1 BGB) wirkt nur im Umfang des bezifferten Antrags, und zwar auch dann, wenn sich aufgrund der Beweiserhebung ein höherer als der geltend gemachte Invaliditätsgrad ergibt.[855] Dagegen tritt eine Hemmung (etwa nach § 203 BGB) nicht ein, wenn der Versicherer sich nach Ablehnung einer Entschädigungsleistung zu einer Kulanzprüfung bereit erklärt.[856] Zur Hinweispflicht des Versicherers → § 186 Rn. 8. 329

Haben sich Versicherungsnehmer und Versicherer über die von diesem zu erbringenden Leistungen **verglichen (§ 779 BGB),** so fällt eine spätere Verschlechterung des Gesundheitszustands des Versicherungsnehmers in dessen eigenen Risikobereich. Eine Nachforderung kann er dann nur bei einem Wegfall der Geschäftsgrundlage erheben (§ 313 Abs. 1 BGB), so etwa, wenn nachträglich eine erhebliche und für ihn unzumutbare Störung des Äquivalenzverhältnisses zwischen den beiderseitigen Leistungen eingetreten ist.[857] 330

G. Unfallversicherungen mit Auslandsbezug

Weist eine von einem Versicherer mit Sitz oder Niederlassung im Inland geschlossene Unfallversicherung einen Auslandsbezug auf, weil zB der Versicherungsnehmer eine ausländische Staatsangehörigkeit besitzt, seinen gewöhnlichen Aufenthalt im Ausland hat oder sich das Risiko im Ausland verwirklicht, so stellt sich die Frage nach dem **anwendbaren Recht** (→ Rn. 332 ff.) sowie nach dem maßgebenden **Gerichtsstand** (→ Rn. 338 ff.). Die Muster-AVB 2014 enthalten dazu in ihrer Ziff. 18 Muster-AVB 2014 eine Rechtswahlklausel zugunsten des deutschen Rechts und in ihrer Ziff. 16 Muster-AVB 2014 eine Gerichtsstandsklausel, die sich an § 215 anlehnt. 331

I. Anwendbares Recht

1. Belegenheit des versicherten Risikos. Die §§ 178–191 kommen nur zur Anwendung, wenn die einschlägigen Vorschriften des in der sog. Verordnung „Rom I-VO"[858] geregelten Internationalen Vertragsrechts auf deutsches Recht verweisen. Das hängt in erster Linie vom **Ort der Risikobelegenheit** ab (Art. 7 Abs. 1 S. 1 Rom I-VO, → § 172 Rn. 242).[859] Bei der Unfallversiche- 332

---

[854] OLG Saarbrücken VersR 2009, 105.
[855] BGH VersR 2009, 772; Kessal-Wulf r+s 2010, 353.
[856] OLG Saarbrücken VersR 2009, 976.
[857] OLG Jena r+s 2012, 147.
[858] VO (EG) Nr. 593/2008 des Europäischen Parlaments und des Rates über das auf vertragliche Schuldverhältnisse anwendbare Recht, ABl. 2008 L 177, S. 6.
[859] Vgl. zB *Dörner* in Bruck/Möller VVG Rom I-VO Art. 7 Rn. 27 ff.

rung befindet sich der Ort der Risikobelegenheit – wie bei den meisten anderen Versicherungsvertragstypen auch – in dem Staat, in welchem der **Versicherungsnehmer** seinen **gewöhnlichen Aufenthalt** („Lebensmittelpunkt") hat (vgl. Art. 7 Abs. 6 Rom I-VO iVm Art. 2 lit. d der Zweiten Schadenversicherungsrichtlinie 88/357/EG v. 22.6.1988).[860]

333   **2. Risikobelegenheit im Inland.** Haben die Parteien bei Abschluss einer Unfallversicherung keine Rechtswahl vorgenommen und befinden sich der gewöhnliche Aufenthalt des Versicherungsnehmers (sofern natürliche Person) und damit der Ort der Risikobelegenheit zum Zeitpunkt des Vertragsschlusses im Inland, unterliegt der Vertrag deutschem Recht (vgl. Art. 7 Abs. 3 UAbs. 3 Rom I-VO). Ein späterer Umzug ins Ausland ändert daran nichts (Art. 19 Abs. 3 Rom I-VO). Die in Ziff. 18 AUB enthaltene Rechtswahlklausel hat bei Übernahme in die Praxis also nur deklaratorischen Charakter (zur Wirksamkeit aber → Rn. 337).

334   Soweit den AUB 2014 entsprechende Bedingungen zur Anwendung gelangen, wird entsprechend Ziff. 1.2, 1. Spiegelstrich AUB unabhängig von der Staatsangehörigkeit und vom Wohnsitz oder gewöhnlichen Aufenthaltsort des Versicherungsnehmers oder Versicherten **weltweiter Versicherungsschutz** gewährt. Gemeint sind damit Unfälle zu Lande, zu Wasser und in der Luft.[861] Der in früheren Bedingungswerken enthaltene Ausschluss für Unfälle bei der Benutzung von Raumfahrzeugen findet sich in den AUB 2014 nicht mehr. Der Versicherer kann sich also insbes. nicht darauf berufen, dass sich das Unfallgeschehen ganz oder teilweise im Ausland verwirklicht hat (zur Wirksamkeit einer solchen AVB-Regelung → § 172 Rn. 245). Zum Risikoausschluss bei Straftaten, die im Ausland begangen werden, → § 178 Rn. 135.

335   **3. Risikobelegenheit in einem anderen Mitgliedstaat.** Befinden sich der gewöhnliche Aufenthalt des Versicherungsnehmers und somit der Ort der Risikobelegenheit zum Zeitpunkt des Vertragsschlusses in einem anderen Mitgliedstaat, so führt die objektive Anknüpfung des Art. 7 Abs. 3 UAbs. 3 Rom I-VO zum Recht dieses Mitgliedstaates. Angesichts der sehr beschränkten Rechtswahlmöglichkeiten des Art. 7 Abs. 3 Rom I-VO können die Parteien gem. Art. 7 Abs. 3 UAbs. 1 Rom I-VO im vorliegenden Zusammenhang nur das Recht der Risikobelegenheit (lit. a) oder das Recht des gewöhnlichen Aufenthalts des Versicherungsnehmers bei Vertragsschluss (lit. b) wählen; beide Wahlmöglichkeiten führen aber ebenfalls zu dem bereits aufgrund objektiver Anknüpfung geltenden ausländischen Aufenthaltsrecht des Versicherungsnehmers. Eine der Ziff. 18 AUB entsprechende Rechtswahlklausel **verstößt** daher, sollte sie in die Praxis übernommen werden, gegen die **Rechtswahlschranken** der Verordnung und ist insoweit **unwirksam** (→ § 172 Rn. 246).[862] Außerdem verstößt die Regelung gegen das Transparenzgebot des § 307 Abs. 1 S. 2 BGB, weil sie bei einem die Rechtslage nicht durchschauenden Versicherungsnehmer mit gewöhnlichem Aufenthalt in einem anderen Mitgliedstaat den Eindruck erweckt, an die Anwendung deutschen Versicherungsvertragsrechts gebunden zu sein (vgl. – insbes. zur Anwendbarkeit deutschen Rechts – → § 172 Rn. 247). Dies gilt insbes. dann, wenn der Versicherer aufgrund seiner sich aus § 7 Abs. 1 S. 1 VVG und § 1 Nr. 17 VVG-InfoVO ergebenden Informationspflicht dem Versicherungsnehmer insoweit eines unrichtige Auskunft erteilt hatte. Im Ergebnis bleibt es damit aufgrund objektiver Anknüpfung bei der Anwendung des **Rechts des ausländischen Aufenthaltsmitgliedstaates** (→ § 172 Rn. 248).

336   **4. Risikobelegenheit in einem Drittstaat.** Hat der Versicherungsnehmer zum Zeitpunkt des Vertragsschlusses seinen **gewöhnlichen Aufenthalt** nicht in einem Mitglied-, sondern einem **Drittstaat,** ist das versicherte Risiko nicht im Gebiet eines Mitgliedstaates belegen (vgl. Art. 7 Abs. 1 S. 1, Abs. 6 Rom I-VO, → Rn. 332), so dass sich das maßgebliche Versicherungsvertragsstatut nicht nach den Spezialregeln des Art. 7 Rom I-VO, sondern anhand der allgemeinen Anknüpfungsregeln und insbes. der Art. 3, 4 und 6 Rom I-VO bestimmt. Objektiv ist jetzt gem. Art. 4 Abs. 1 lit. b Rom I-VO an den gewöhnlichen Aufenthalt des Dienstleisters,[863] dh an den Ort der Hauptver-

---

[860] ABl. 1988 L 172, S. 1. – Die Richtlinie ist durch Art. 310 UAbs. 1 der Solvabilität II-Richtlinie (v. 25.11.2009, ABl. 2009 L 335, S. 1) iVmArt. 1 Nr. 2 der Richtlinie zur Umsetzung und Änderung von Solvabilität II (v. 11.12.2013, ABl. 2013 L 341, S. 1) mit Wirkung zum 1.1.2016 aufgehoben worden; Verweisungen sind von diesem Zeitpunkt an gem. UAbs. 2 des Art. 310 der Solvabilitätsrichtlinie als Verweisung auf diese Richtlinie zu verstehen.
[861] *Grimm/Kloth* AUB 2014 Ziff. 1 Rn. 16.
[862] Auf die kollisionsrechtliche Reichweite derartiger Rechtswahlklauseln gehen die Darstellungen der AUB nicht oder nur unzulänglich ein, *Knappmann* in Prölss/Martin AUB Ziff. 18; *Grimm/Kloth* AUB 2014 Ziff. 18 Rn. 1.
[863] Zur Einordnung der Versicherungs- als Dienstleistungsverträge iSd Art. 4 Abs. 1 lit. b Rom I-VO vgl. nur *Dörner* in Bruck/Möller VVG Rom I-VO Art. 4 Rn. 4 ff.; *Martiny* in MüKoBGB, Internationales Privatrecht I, 6. Aufl. 2015, Rom I-VO Art. 4 Rn. 48.

waltung (Art. 19 Abs. 1 UAbs. 1 Rom I-VO) des Versicherers anzuknüpfen. Darüber hinaus ist den Parteien grds. eine Rechtswahl möglich (Art. 3 Rom I-VO). Handelt es sich bei dem Vertragspartner des Dienstleisters allerdings – wie regelmäßig beim Abschluss von Unfallversicherungen – um einen Verbraucher (zum Begriff Art. 6 Abs. 1 Rom I-VO), werden diese Regeln durch Art. 6 Abs. 1, 2 Rom I-VO für den Fall modifiziert, dass der Anbieter im Aufenthaltsstaat des Verbrauchers bestimmte geschäftliche Aktivitäten entfaltet (zu den Einzelheiten → § 172 Rn. 249).

5. Gesamtunwirksamkeit der Rechtswahlklauseln. Im Ergebnis sind **Rechtswahlklauseln** 337 wie in Ziff. 18 AUB **unwirksam,** weil sie die in Art. 7 Abs. 3 UAbs. 1 Rom I-VO vorgesehenen Beschränkungen der Parteiautonomie nicht beachten (→ Rn. 246) und angesichts des ihnen innewohnenden Täuschungspotentials auch intransparent sind iSd § 307 Abs. 1 S. 2 BGB (→ § 172 Rn. 247, 249). Da der Wortlaut der Klauseln keine Differenzierung nach dem Ort des gewöhnlichen Aufenthalts des Versicherungsnehmers erlaubt und eine geltungserhaltende Reduktion nicht statthaft ist,[864] ist die Unwirksamkeit uneingeschränkt, so dass in allen Situationen auf die Regeln der objektiven Anknüpfung (→ Rn. 333, 335) zurückgegriffen werden muss (→ § 172 Rn. 250).

II. Internationale Zuständigkeit

1. Anwendung des Europäischen Gerichtsstands- und Vollstreckungsübereinkom- 338 **mens.** Die internationale Zuständigkeit der deutschen Gerichte in Versicherungssachen ergibt sich in erster Linie aus den Art. 11 und 14 des **Europäischen Gerichtsstands- und Vollstreckungsübereinkommens** (EuGVVO) in der seit dem 10.1.2015 geltenden revidierten Fassung (→ § 172 Rn. 252).[865] Die Anwendung dieser Verordnung setzt voraus, dass der jeweils Beklagte seinen Wohnsitz im Hoheitsgebiet eines EU-Mitgliedstaates (Art. 4 Abs. 1 EuGVVO) oder ein beklagter Versicherer dort zumindest eine Niederlassung hat (Art. 11 Abs. 2 EuGVVO). Außerdem darf es sich nicht nur um einen „reinen Binnensachverhalt", sondern es muss sich nach hM um einen **prozessualen Sachverhalt mit Auslandsbezug** handeln (→ § 172 Rn. 251). Zu den allgemeinen Voraussetzungen von internationalen Gerichtsstandsvereinbarungen in Versicherungssachen → § 172 Rn. 254, 260 f.

2. Klage des Versicherungsnehmers, Versicherten oder Begünstigten gegen den Versi- 339 **cherer.** Ein **Versicherer** mit Wohnsitz in einem Mitgliedstaat (zum Wohnsitz von juristischen Personen vgl. Art. 63 EuGVVO) kann zunächst nach Art. 11 Abs. 1 lit. a EuGVVO vor den Gerichten seines Wohnsitzstaates, ein Versicherer mit inländischem Sitz mithin vor deutschen Gerichten **verklagt** werden. Außerdem besteht für den Versicherungsnehmer, Versicherten oder Begünstigten, die ihren Wohnsitz in einem anderen Mitgliedstaat als dem Staat des Versichererwohnsitzes haben, nach Art. 11 Abs. 1 lit. b EuGVVO ein Klägergerichtsstand jeweils an ihrem eigenen Wohnsitz.

Durch Art. 11 Abs. 1 lit. a EuGVVO wird durch die Verordnung lediglich die **internatio-** 340 **nale Zuständigkeit** festgelegt, während für die Frage der **örtlichen Zuständigkeit** nationales deutsches Verfahrensrecht (vgl. §§ 17, 21 ZPO, übernommen in Ziff. 16.1, 1. Spiegelstrich AUB) gilt (→ § 172 Rn. 252, 255 f.). Dagegen regelt Art. 11 Abs. 1 lit. b EuGVVO (Klägergerichtsstand) sowohl die **internationale wie auch** die **örtliche Zuständigkeit.** Diese Regelung wird in Ziff. 16.1, 2. Spiegelstrich AUB wiederholt. In reinen Binnensachverhalten kommt die sachlich im Wesentlichen entsprechende Regelung in § 215 Abs. 1 S. 1 zum Zuge (→ § 172 Rn. 257). Zur Klage des Versicherungsnehmers am Gericht seines gewöhnlichen Aufenthalts → § 172 Rn. 258.

3. Klage des Versicherers gegen den Versicherungsnehmer, Versicherten oder Begüns- 341 **tigten.** Für **Klagen des Versicherers gegen** den **Versicherungsnehmer, Versicherten oder Begünstigten** besteht nach Art. 14 Abs. 1 EuGVVO eine internationale Zuständigkeit der Gerichte im Mitgliedstaat des Beklagtenwohnsitzes (vgl. Art. 62 EuGVVO). Die Bestimmung der örtlichen Zuständigkeit richtet sich nach nationalen Verfahrensvorschriften, im vorliegenden Zusammenhang gilt § 215 Abs. 1 S. 1, 2. Dem entspricht Ziff. 16.2 AUB (→ § 172 Rn. 259).

---

[864] Statt aller *Schmidt* in Ulmer/Brandner/Hensen, AGB-Recht, 13. Aufl. 2022, BGB § 306 Rn. 14.
[865] VO (EU) Nr. 1215/2012 über die gerichtliche Zuständigkeit und die Anerkennung und Vollstreckung von Entscheidungen in Zivil- und Handelssachen, ABl. 2012 L 351, S. 1. – Entsprechende Regelungen finden sich in den Art. 8–14 des Luganer Übereinkommens über die gerichtliche Zuständigkeit und die Anerkennung und Vollstreckung von Entscheidungen in Zivil- und Handelssachen v. 30.10.2007, ABl. 2009 L 147, S. 5 (Geltung im Verhältnis der EU zu Dänemark, Norwegen, der Schweiz und Island).

H. Darlegungs- und Beweislast

I. Voraussetzungen eines Unfalls (Abs. 2 S. 1)

342 Der die Versicherungsleistung fordernde **Versicherungsnehmer** hat darzulegen und zu beweisen, dass der Versicherungsfall während der Dauer der Gefahrtragung (→ Rn. 38 ff.) eingetreten ist.[866] Daher muss der Versicherungsnehmer (abgesehen von der Unfreiwilligkeit der Gesundheitsschädigung, → Rn. 343 ff.) den Vollbeweis (§ 286 ZPO) führen, dass ein **Unfallereignis** iSd § 178 Abs. 2 S. 1 für eine **Gesundheitsschädigung** der versicherten Person **kausal** geworden ist.[867] Ein wechselnder Vortrag kann gegen die Glaubhaftigkeit einer Unfallschilderung sprechen.[868] Der Beweis kann im Einzelfall als geführt angesehen werden, wenn nach Beratung durch den Sachverständigen keine Anhaltspunkte dafür bestehen, dass allein innere Ursachen kausal geworden sind.[869] Lässt sich eine Verletzung zwingend auf eine äußere Einwirkung zurückführen, muss der Hergang iE nicht näher bewiesen werden.[870] Die Kausalität zwischen Unfallereignis und Gesundheitsbeeinträchtigung kann der Versicherungsnehmer auch durch ein Sachverständigengutachten beweisen, in dem festgestellt wird, dass andere als unfallbedingte Ursachen für die eingetretene Gesundheitsbeeinträchtigung ausscheiden.[871] Privatgutachten sind allerdings wie ein substantiierter Parteivortrag anzusehen und nur bei Einverständnis beider Parteien als Beweismittel heranzuziehen.[872] Zum Nachweis der **haftungsausfüllenden Kausalität** zwischen Gesundheitsschädigung und dauerhafter Beeinträchtigung der Leistungsfähigkeit kann sich der Versicherungsnehmer auf die Beweiserleichterung des § 287 ZPO stützen (→ § 180 Rn. 10). Zur Beweislast bei rechtswidriger und vorsätzlicher Herbeiführung des Versicherungsfalls → § 183 Rn. 11. Der Versicherer muss nachweisen, dass er seine Hinweispflichten aus § 186 S. 2 VVG und ggf. § 242 BGB erfüllt hat (→ § 186 Rn. 11, 17).[873] Bei Vorliegen **mehrerer Atteste** verschiedener Ärzte kann sich eine Invalidität auch aus der Zusammenschau dieser Atteste ergeben; dies gilt aber nicht, wenn sich die Atteste nicht ergänzen, sondern einander widersprechen.[874] Bezieht sich bei zwei aufeinanderfolgenden Unfällen eine Invaliditätsbescheinigung eindeutig nur auf das erste Unfallereignis, so liegt darin keine Invaliditätsfeststellung in Bezug auf die aus dem zweiten Unfall resultierenden Schäden, auch wenn die Bescheinigung Angaben zu diesem zweiten Unfall enthält.[875]

II. Unfreiwilligkeit der Gesundheitsschädigung (Abs. 2 S. 2)

343 Nach Abs. 2 S. 2 wird bis zum Beweis des Gegenteils **vermutet,** dass der Versicherte die durch den Unfall verursachte Gesundheitsschädigung unfreiwillig erlitten hat. Das Gegenteil muss der Versicherer (nach § 286 ZPO) beweisen.[876] Dabei kann er sich zwar eines Indizienbeweises bedienen[877] und zwecks freier richterlicher Beweiswürdigung Erfahrungssätze und Hilfstatsachen vortragen.[878] Er kann sich jedoch nicht – auch nicht im Falle einer Selbsttötung oder Selbstverstümmelung – auf die Grundsätze des Anscheinsbeweises stützen, da dieser nur bei Vorliegen eines typischen Geschehensablaufes in Frage kommt, der nach der Lebenserfahrung auf eine bestimmte Ursache hinweist. Im vorliegenden Zusammenhang geht es dagegen stets um den Nachweis individueller menschlicher Verhaltensweisen in bestimmten Situationen, für die sich keinerlei Typizität feststellen lässt.[879]

344 Zum **Nachweis der Freiwilligkeit** einer Gesundheitsschädigung ist nicht erforderlich, dass diese mit absoluter oder unumstößlicher Gewissheit oder mit an Sicherheit grenzender Wahrscheinlichkeit feststeht. Erforderlich ist nur der Nachweis eines für das **„praktische Leben brauchbaren**

---

[866] Vgl. *Knappmann* NVersZ 2002, 1 ff.
[867] BGH VersR 1987, 1007; 2009, 1213; *Kessal-Wulf* r+s 2008, 314.
[868] OLG Frankfurt a. M. r+s 2011, 173 u. r+s 2021, 648; OLG Naumburg VersR 2013, 229 (231).
[869] OLG Hamm VersR 2008, 249.
[870] BGH VersR 1977, 736; *Knappmann* NVersZ 2002, 1.
[871] OLG Hamm VersR 1995, 1181.
[872] OLG Koblenz VersR 2013, 1513.
[873] Allgemeine Grundsätze für den Umgang mit medizinischen Sachverständigengutachten bei *Jannsen* r+s 2015, 161.
[874] OLG Saarbrücken VersR 2022, 625.
[875] OLG Frankfurt a.M. VersR 2022, 365.
[876] Einzelheiten für Unfälle durch Sturz bei *Kloth* r+s 2015, 1.
[877] Bsp. bei OLG München VersR 2011, 1305; OLG Stuttgart VersR 2011, 1309 (Indizien für die Freiwilligkeit einer Selbstamputation).
[878] OLG Saarbrücken zfS 1988, 24; OLG Koblenz VersR 2008, 67.
[879] Vgl. BGHZ 100, 214 (216) = VersR 1987, 503; OLG Frankfurt a. M. VersR 1984, 757; OLG Hamm VersR 1989, 690; *Kessal-Wulf* r+s 2008, 314.

Grades von Gewissheit", der „Zweifeln Schweigen gebietet, ohne diese völlig auszuschließen".[880] Das Gericht kann die Freiwilligkeit der Gesundheitsschädigung als erwiesen ansehen, wenn sich für eine unfreiwillige Verursachung eine Erklärung nicht finden lässt oder diese sich nur als Häufung theoretischer und fern liegender Ungereimtheiten erklären ließe.[881]

Lässt sich kein direkter Beweis für die Freiwilligkeit der Gesundheitsschädigung führen, ist die Frage in einer „abwägenden **umfassenden Gesamtschau** aller objektiven und erkennbaren subjektiven Momente"[882] zu prüfen, in deren Rahmen die äußeren Umstände (etwa: finanzielle Situation des Anspruchstellers, Bestehen mehrerer Unfallversicherungen) und der Geschehensablauf[883] sowie das Verhalten des Versicherten vor und nach dem Unfall (etwa: Äußerungen gegenüber Dritten),[884] insbes. die von ihm gegebene Unfallschilderung zu berücksichtigen sind.[885] Widersprechen die objektiven Befunde der Unfallschilderung oder sind sie mit dieser nur bei einem Zusammentreffen mehrerer unwahrscheinlicher Umstände zu vereinbaren, kann das Gericht die Vermutung der Unfreiwilligkeit als widerlegt ansehen.[886] Eine vage und immer wieder veränderte Darstellung des Unfallhergangs spricht dafür, dass der Anspruchsteller die Sachverhaltsaufklärung erschweren will.[887] Das Gericht kann seine Überzeugung von einer willentlich herbeigeführten Gesundheitsschädigung auch auf das Zusammentreffen mehrerer Umstände stützen (etwa: Unmöglichkeit des geschilderten Hergangs, fehlende Erinnerung des Verletzten, Unglaubwürdigkeit einer Zeugenaussage, Bestehen mehrerer Unfallversicherungen, insbes. bei zeitnahem Abschluss und hohen Versicherungssummen).[888] Eine einfache Lücke oder Ungenauigkeit in der Schilderung des Geschehens reicht aber nicht aus.[889] Kommen mehrere Unfallverläufe in Betracht, muss der Versicherer nachweisen, dass die Unfallschilderung von allen möglichen Abläufen abweicht.[890] Kann die Gesundheitsschädigung sowohl freiwillig als auch unfreiwillig verursacht worden sein und kann der Versicherer die Möglichkeit einer unfreiwilligen Schädigung nicht widerlegen, bleibt er leistungspflichtig.[891]

III. Risikoausschlüsse

Ein Versicherer, der sich auf einen Risikoausschluss beruft, muss die **Voraussetzungen** dieses Ausschlusses **darlegen** und **beweisen**. Dazu gehört auch der Nachweis, dass der Unfall adäquatkausal auf bestimmte, nicht gedeckte Gefahren oder Risiken (etwa: Bewusstseinsstörung, Begehung einer Straftat, Kriegs- oder Bürgerkriegsereignisse, Benutzung von Luftfahrzeugen, Motorfahrzeugrennen, Kernenergie, zu den Einzelheiten → Rn. 114 ff.) zurückzuführen ist oder es sich um Gesundheitsschädigungen handelt, deren Ursachen nicht vom Versicherungsschutz gedeckt werden (etwa: Schäden an Bandscheiben und innere Blutungen, Strahlenschäden, durch Heilmaßnahmen verursachte Schäden, Infektionen, Vergiftungen, Gesundheitsstörungen infolge psychischer Reaktionen, Bauch- und Unterleibsbrüche, zu den Einzelheiten → Rn. 160 ff.). Sind die Voraussetzungen eines Ausschlusses unstreitig oder bewiesen, sind sie vom Amts wegen zu berücksichtigen; allerdings kann der Versicherer auf die Geltendmachung des Ausschlusses verzichten.[892]

Demgegenüber obliegt dem **Versicherungsnehmer** der Beweis für die Voraussetzungen von **Wiedereinschlüssen**, so insbes. für den Wiedereinschluss von Bewusstseinsstörungen und Anfällen (→ Rn. 132), Bandscheibenschäden und Blutungen (→ Rn. 162), Heilmaßnahmen und Eingriffen (→ Rn. 178) sowie Infektionen (→ Rn. 186), soweit diese Schädigungen gerade auf vertraglich gedeckte Unfallereignisse zurückzuführen sind.

IV. Unfallfolgen und Leistungsarten

Über das Unfallereignis und die dadurch verursachte Gesundheitsschädigung hinaus (→ Rn. 342) ist der **Versicherungsnehmer** auch beweispflichtig für sämtliche Unfallfolgen, die –

---

[880] BGH VersR 2008, 1126; 2012, 849; OLG Hamm VersR 1990, 966; OLG Köln VersR 2004, 1042; OLG Koblenz VersR 2008, 67; LG Hannover r+s 2011, 130.
[881] OLG Koblenz VersR 1993, 874 und VersR 2008, 67.
[882] OLG Koblenz VersR 2008, 67; vgl. bereits BGH VersR 1994, 1054.
[883] OLG Koblenz VersR 2008, 67.
[884] *Knappmann* in Prölss/Martin VVG § 178 Rn. 28.
[885] OLG Köln VersR 2004, 1042.
[886] BGH VersR 1985, 940; OLG Karlsruhe VersR 1990, 967; OLG Düsseldorf VersR 2001, 974; OLG Hamm VersR 2012, 1549.
[887] OLG Köln VersR 2004, 1042.
[888] OLG Düsseldorf VersR 2000, 1227; OLG Karlsruhe VersR 1990, 967; OLG Hamburg VersR 1991, 763.
[889] BGH r+s 1991, 285.
[890] BGH r+s 1991, 285.
[891] Vgl. OLG Hamm VersR 1989, 690.
[892] *Knappmann* in Prölss/Martin AUB Ziff. 5 Rn. 3; *Karczewski* r+s 2010, 489 (495); aA *Leverenz* in Bruck/Möller AUB 2008 Ziff. 5 Rn. 31.

wie zB Invalidität oder Tod – als Voraussetzungen bestimmter Leistungsarten vertraglich vereinbart sind (Ziff. 2 AUB). Dabei gilt für den Nachweis der haftungsausfüllenden Kausalität zwischen dem primären Gesundheitsschaden und den weiteren Unfallfolgen der Maßstab des § 287 ZPO, so dass insoweit das Gericht unter Würdigung aller Umstände und nach freier Überzeugung entscheidet und es für die tatrichterliche Überzeugungsbildung ausreicht, dass die festgestellte Invalidität aufgrund einer überwiegenden, auf gesicherter Grundlage beruhenden Wahrscheinlichkeit gegenüber anderen Geschehensabläufen durch das Unfallereignis und die sich daraus ergebende Gesundheitsschädigung verursacht worden ist (→ § 180 Rn. 10).[893] Entzieht sich der Versicherungsnehmer einer (zumutbaren) Untersuchung und Begutachtung, bleibt er im Hinblick auf die Leistungsvoraussetzungen **beweisfällig**.[894] Auch der Beweismaßstab für die Ermittlung des Invaliditätsgrades ist dem § 287 ZPO zu entnehmen.[895] Wenn bereits vorher bestehende und für die unfallbedingte Gesundheitsschädigung mitursächlich gewordene Krankheiten oder Gebrechen einen Wegfall oder eine Minderung des Leistungsanspruchs zur Folge haben sollen, trägt der Versicherer die Beweislast für die Voraussetzungen von Wegfall und Minderung (§ 182). Zur Darlegungs- und Beweislast für die Feststellung und Geltendmachung der Invalidität → Rn. 246, für die Voraussetzungen einer Neubemessung → § 188 Rn. 17.

349   Auf den für die haftungsausfüllende Kausalität geltenden Maßstab des § 287 ZPO muss das Gericht den **Sachverständigen hinweisen.** Geschieht dies nicht und verkennt dieser das Beweismaß, so hat dies eine Unvollständigkeit des Gutachtens zur Folge und führt zu Zweifeln an der Richtigkeit des Ergebnisses, so dass zwingend eine erneute Beweisaufnahme zu erfolgen hat.[896] Auch im Anwendungsbereich des § 287 ZPO kann der Tatrichter auf die Einholung eines Sachverständigengutachtens nur verzichten und sich über die Ergebnisse eines solchen Gutachtens nur hinwegsetzen, wenn er über eigene medizinische Sachkunde verfügt.[897] Dem Antrag einer Partei auf Anhörung des gerichtlichen Sachverständigen muss das Gericht auch dann stattgeben, wenn es selbst keinen weiteren Erläuterungsbedarf mehr sieht und auch nicht damit rechnet, dass der Gutachter seine Auffassung ändert.[898] Liegen zwei sich widersprechende Gutachten gerichtlich bestellter Sachverständiger vor oder bringt eine Partei ein medizinisches Gutachten bei, das von dem eines gerichtlich bestellten Sachverständigen abweicht, darf das Gericht den Gutachterstreit nicht ohne eine einleuchtende und logisch nachvollziehbare Begründung entscheiden, sondern muss durch Bitte um schriftliche Ergänzung oder mündliche Anhörung und ggf. Gegenüberstellung beider Sachverständiger den Sachverhalt weiter aufklären. Notfalls muss ein weiteres Gutachten eingeholt werden (§ 412 ZPO).[899] Ein Sachverständigengutachten, das bei der Feststellung des Invaliditätsgrades die Vorgaben der höchstrichterlichen Rspr. etwa zur Auslegung der Gliedertaxe nicht beachtet, enthält einen schwerwiegenden Fehler und ist nicht verwertbar.[900]

V. Obliegenheitsverletzungen des Versicherungsnehmers

350   Entsprechend dem System von Regel, Ausnahme und Gegenausnahme, das dem neuen Recht der **Anzeigeobliegenheiten** und ihrer Sanktionen in den §§ 19, 21, 22 zugrunde liegt, ist auch die Darlegungs- und Beweislast in diesem dogmatischen Komplex differenziert verteilt. Der **Versicherer** muss die **objektiven Voraussetzungen** der **Anzeigepflichtverletzung** iSd § 19 Abs. 1 S. 1 darlegen und beweisen, ebenso sämtliche Voraussetzungen einer arglistigen Täuschung iSd § 22. Der Versicherer weist auch nach, dass er den Versicherungsnehmer durch gesonderte Mitteilung in Textform auf die Folgen einer Anzeigepflichtverletzung hingewiesen hat (§ 19 Abs. 5 S. 1), sowie ggf. Arglist bzw. Vorsatz des Versicherungsnehmers als Voraussetzungen für den Erhalt seiner Leistungsfreiheit nach § 21 Abs. 2 S. 2 sowie einer Verlängerung der Ausschlussfrist für die Geltendmachung seiner Rechte nach § 21 Abs. 3 S. 2. Dem **Versicherungsnehmer** obliegt demgegenüber der Nachweis derjenigen Umstände, welche zum **Ausschluss** und zum **Erlöschen** der sich aus einer Obliegenheitsverletzung ergebenden **Versicherrechte** führen (vgl. § 19 Abs. 4 S. 1 und Abs. 5 S. 1, § 21 Abs. 2 S. 1 Hs. 2). Steht fest, dass eine Anzeigeobliegenheit objektiv verletzt worden ist, kann der Versicherungsnehmer darlegen und beweisen, dass er nicht schuldhaft gehandelt hat (vgl. § 19 Abs. 3 S. 1). Zu den Einzelheiten → Rn. 30 f.

---

[893] BGHZ 159, 360 (368) = VersR 2004, 1039; BGH VersR 2001, 1547; 2009, 1213; 2011, 1171.
[894] OLG Düsseldorf VersR 2003, 1294.
[895] BGH VersR 2006, 1117.
[896] BGH VersR 2009, 1213.
[897] BGH VersR 2001, 1547.
[898] BGH VersR 2009, 1213.
[899] BGH VersR 2009, 975.
[900] BGH VersR 2014, 365.

Im Hinblick auf die **Verletzung** einer **Mitwirkungs-, Anzeige-** oder **Untersuchungsobliegenheit** iSd Ziff. 7 AUB (→ Rn. 294 ff.) trägt der Versicherer die Darlegungs- und Beweislast für den objektiven Tatbestand sowie die vorsätzliche oder arglistige Begehung einer Obliegenheitsverletzung (Ziff. 8 Abs. 1 Nr. 1 u. 2 AUB), ferner dafür, dass er den Versicherungsnehmer auf die Rechtsfolgen einer solchen Verletzung in Textform hingewiesen hatte (Ziff. 8 Abs. 1 Abs. 3 AUB). Demgegenüber hat der Versicherte bzw. Anspruchsteller (zwecks Abwendung von Leistungsfreiheit oder zumindest einer Leistungskürzung) darzulegen und zu beweisen, dass er nicht (grob) fahrlässig gehandelt hat bzw. die Obliegenheitsverletzung für die Feststellung und den Umfang der Leistungspflicht nicht kausal geworden ist (Ziff. 8 Abs. 4, 5 AUB). Bei arglistigem Verhalten des Versicherungsnehmers ist ein solcher Kausalitätsgegenbeweis nicht möglich (Ziff. 8 Abs. 6 AUB). Zu den Einzelheiten → Rn. 323 f. 351

§ 179 Versicherte Person

(1) ¹Die Unfallversicherung kann für den Eintritt eines Unfalles des Versicherungsnehmers oder eines anderen genommen werden. ²Eine Versicherung gegen Unfälle eines anderen gilt im Zweifel als für Rechnung eines anderen genommen.

(2) ¹Wird die Versicherung gegen Unfälle eines anderen von dem Versicherungsnehmer für eigene Rechnung genommen, ist zur Wirksamkeit des Vertrags die schriftliche Einwilligung des anderen erforderlich. ²Ist der andere geschäftsunfähig oder in der Geschäftsfähigkeit beschränkt oder ist für ihn ein Betreuer bestellt und steht die Vertretung in den seine Person betreffenden Angelegenheiten dem Versicherungsnehmer zu, kann dieser den anderen bei der Erteilung der Einwilligung nicht vertreten.

(3) Soweit im Fall des Absatzes 2 nach diesem Gesetz die Kenntnis und das Verhalten des Versicherungsnehmers von rechtlicher Bedeutung sind, sind auch die Kenntnis und das Verhalten des anderen zu berücksichtigen.

Übersicht

	Rn.			Rn.
A. Inhalt und Normzweck	1	3.	Vertretung der Gefahrperson durch Versicherungsnehmer	9
B. Entstehungsgeschichte	2	4.	Zurechnung von Kenntnis und Verhalten der Gefahrperson (Abs. 3)	11
C. Fremdversicherung für eigene und für fremde Rechnung (Abs. 1)	3	5.	Zwingende Vorschrift	13
I. Fremdversicherung für eigene Rechnung	4	II.	Fremdversicherung für fremde Rechnung	14
1. Deckung eigener Interessen	4	1.	Begünstigung eines Dritten	14
2. Vertragsabschluss und Einwilligung der Gefahrperson (Abs. 2)	5	2.	Zurechnungsfragen	17
		3.	Rechtsverhältnis zwischen Versicherungsnehmer und Versichertem	19

Schrifttum: Vgl. die Angaben bei § 178.

A. Inhalt und Normzweck

Der Versicherungsnehmer kann eine Versicherung gegen Unfälle abschließen, die ihm selbst oder die einem anderen (Gefahrperson) zustoßen **(Abs. 1 S. 1)**. Die Vorschrift regelt einige Rechtsfragen für den zweiten Fall, den Ziff. 12.1 AUB als **Fremdversicherung** bezeichnet. Wird eine solche Fremdversicherung genommen, soll es sich im Zweifel um eine Fremdversicherung für fremde Rechnung handeln **(Abs. 1 S. 2**, → Rn. 3, 14 ff.**)**. Wird die Fremdversicherung als Versicherung für eigene Rechnung des Versicherungsnehmers eingegangen, ist zur Wirksamkeit eines solchen Vertrages die schriftliche (§ 126 BGB) Einwilligung der versicherten **„Gefahrperson"** erforderlich, weil niemand hinter dem Rücken eines anderen dessen Unfallrisiko soll versichern (und auf diese Weise damit spekulieren) können **(Abs. 2 S. 1**, → Rn. 4 ff.**)**. Ist der Versicherungsnehmer gesetzlicher oder gerichtlich bestellter Vertreter der Gefahrperson, kann er diese 1

Einwilligung selbst nicht erteilen (**Abs. 2 S. 2,** → Rn. 10). Beim Abschluss einer Fremdversicherung für eigene Rechnung ist im Interesse des Versicherers nicht nur auf die vertragsrelevanten Kenntnisse und das Verhalten des Versicherungsnehmers, sondern auch der Gefahrperson abzustellen (**Abs. 3,** → Rn. 11 f.).

B. Entstehungsgeschichte

2   Abs. 1 übernimmt in der Sache unverändert den bisherigen § 179 Abs. 1, 2 S. 1 VVG aF. Die **Abs. 2 und 3** entsprechen den früheren § 179 Abs. 3, 4 VVG aF. Die in § 179 Abs. 2 S. 2 VVG aF enthaltene Bestimmung über die analoge Anwendung der Bestimmungen über die Fremdversicherung (§§ 75–79 VVG aF) ist entfallen, weil die einschlägigen Vorschriften (vgl. §§ 44 ff.) in Zukunft für alle Versicherungszweige unmittelbar gelten.[1]

C. Fremdversicherung für eigene und für fremde Rechnung (Abs. 1)

3   Versichert der Versicherungsnehmer nicht (wie im Regelfall) sich selbst, sondern einen Dritten (Gefahrperson) gegen Unfall **(Abs. 1 S. 1),** kann eine solche **Fremdversicherung** entweder für **eigene** oder für **fremde Rechnung** genommen werden. Im ersten Fall sollen die Rechte aus dem Versicherungsvertrag dem Versicherungsnehmer verbleiben, im zweiten einem im Vertrag bezeichneten „Versicherten" (§§ 43 ff.; → Rn. 5) zustehen. Dieser Versicherte wird regelmäßig auch die Gefahrperson sein (→ § 172 Rn. 38a). Welche Variante der Fremdversicherung die Parteien gewollt haben, ist durch Auslegung des Versicherungsvertrages (§§ 133, 157 BGB) zu ermitteln. Ein Indiz für den Abschluss einer Versicherung für fremde Rechnung soll sein, dass die nach Abs. 2 erforderliche Einwilligung für den Abschluss einer Versicherung für eigene Rechnung nicht eingeholt wurde.[2] Lässt sich nach dem Vertragsinhalt keine Klärung herbeiführen, gilt nach der gesetzlichen Auslegungsregel des **Abs. 1 S. 2** die Fremdversicherung als für fremde Rechnung genommen.

I. Fremdversicherung für eigene Rechnung

4   **1. Deckung eigener Interessen.** Mit der **Fremdversicherung für eigene Rechnung** versichert der **Versicherungsnehmer** einen Dritten gegen dessen Unfallrisiko in der Weise, dass die Rechte aus dem Versicherungsvertrag und insbes. die Leistung des Versicherers bei Eintritt des Versicherungsfalls ihm selber zustehen. Das versicherte Risiko liegt demnach zwar in der Person des Dritten als „Gefahrperson". Der Versicherungsnehmer deckt aber **wirtschaftlich eigene Interessen** ab (Beispiele: Filmproduktionsfirma versichert in einer Filmausfallversicherung das Unfallrisiko des Hauptdarstellers; Arbeitgeber schließt Gruppenunfallversicherung für seine Arbeitnehmer zur Deckung des Ausfallrisikos).

5   **2. Vertragsabschluss und Einwilligung der Gefahrperson (Abs. 2).** Für den Abschluss des Versicherungsvertrages zwischen Versicherer und Versicherungsnehmer gelten keine Besonderheiten mit Ausnahme des Umstands, dass zur Wirksamkeit des Vertrages die **Einwilligung,** dh die vorherige Zustimmung (§ 183 S. 1 BGB) **des versicherten Dritten** erforderlich ist (**Abs. 2 S. 1,** zur Parallelvorschrift in der Lebensversicherung vgl. § 150 Abs. 2). Das Einwilligungserfordernis soll die Möglichkeit einer Spekulation mit dem Leben oder der Gesundheit anderer unterbinden.[3] Es gilt auch bei einer Gruppenunfallversicherung;[4] in diesem Fall ist die Einwilligung aller Gruppenmitglieder einzuholen. Eine Einwilligung ist in entsprechender Anwendung des Abs. 2 S. 1 auch dann erforderlich, wenn beim Abschluss einer Versicherung für fremde Rechnung (§§ 43 ff.) Versicherter und Gefahrperson nicht identisch sind (→ Rn. 3) oder der Versicherungsnehmer einem anderen ein Bezugsrecht einräumt oder ein Anspruch gegen den Versicherer vom Versicherungsnehmer bzw. Bezugsberechtigten *vor* Eintritt des Versicherungsfalls abgetreten wird.[5] Die Einwilligung kann sowohl dem Versicherungsnehmer wie auch dem Versicherer gegenüber erklärt werden (§ 182 Abs. 1 BGB). Eine vorab erteilte Blankounterschrift genügt nicht.[6] Die Einwilligung kann grds. bis

---

[1] Begr. RegE, BT-Drs. 16/3945, 107.
[2] OLG Hamm VersR 1977, 1124.
[3] BGHZ 140, 167 (170) = VersR 1999, 347; BGH VersR 1997, 1213.
[4] OLG Hamm VersR 1977, 1124.
[5] Vgl. *Knappmann* in Prölss/Martin VVG § 179 Rn. 13.
[6] BGHZ 140, 167 (170) = VersR 1999, 347.

zum Abschluss des Versicherungsvertrages gegenüber jeder Vertragspartei widerrufen werden (§ 183 BGB). Eine spätere Genehmigung des ohne Einwilligung geschlossenen Vertrages durch die Gefahrperson nach § 184 Abs. 1 BGB ist in Anbetracht des von der Vorschrift verfolgten Warn- und Schutzzwecks nicht möglich.[7]

Die Einwilligung muss **schriftlich** (allerdings nicht unbedingt auf dem Vertragsantrag) erfolgen, also von dem Dritten eigenhändig durch Namensunterschrift oder mittels beglaubigten Handzeichens unterzeichnet werden (§ 126 Abs. 1 BGB). Die Schriftform kann durch die elektronische Form ersetzt werden (§§ 126 Abs. 3, 126a BGB).[8] Diese Möglichkeit ist freilich kaum praktisch, weil die Infrastruktur zur Abgabe der dort geforderten „qualifizierten elektronischen Signatur" kaum verbreitet ist. Eine bloße Abgabe der Einwilligungserklärung per Internet genügt nicht.[9] **6**

Bei **Fehlen der schriftlichen Einwilligung** ist ein als Fremdversicherung für eigene Rechnung gewollter Vertrag **nichtig**.[10] Er kann allerdings nach § 140 BGB in eine Versicherung für fremde Rechnung umgedeutet werden, wenn anzunehmen ist, dass die Vertragsparteien bei Kenntnis der Nichtigkeit einen solchen Vertrag hätten abschließen wollen. **7**

Durch die Zustimmung zum Vertragsschluss übernimmt die Gefahrperson **keine Vertragspflichten,** sie wird also nicht mit Obliegenheiten, geschweige denn mit einer Verpflichtung zur Prämienzahlung belastet (→ § 178 Rn. 296 f.).[11] Geht es um Obliegenheitsverletzungen, muss sich der Versicherungsnehmer allerdings das Verhalten der Gefahrperson nach **Abs. 3** zurechnen lassen (→ Rn. 11 f.). **8**

3. Vertretung der Gefahrperson durch Versicherungsnehmer. Erteilt die Gefahrperson dem Versicherungsnehmer eine **Vollmacht** zur Abgabe der Einwilligungserklärung, muss dies in Form einer Spezialvollmacht geschehen; eine Generalvollmacht reicht dazu nicht aus. Die Vollmacht muss (entgegen § 167 Abs. 2 BGB) schriftlich und in Kenntnis der Einzelheiten (Art der Versicherung, Höhe der Versicherungssumme) erfolgen.[12] **9**

Bei einer **gesetzlichen Vertretung** der Gefahrperson führt **Abs. 2 S. 2** den Schutz des S. 1 fort. Ist die zu versichernde Person geschäftsunfähig (§ 104 BGB), in der Geschäftsfähigkeit beschränkt (§ 106 BGB) oder steht sie unter rechtlicher Betreuung (§§ 1896 ff. BGB, so kann der Versicherungsnehmer, auch wenn ihm als gesetzlicher Vertreter oder Betreuer die Vertretung der Gefahrperson in persönlichen Angelegenheiten zusteht, diese bei der Abgabe der Einwilligungserklärung **nicht vertreten**. Es muss vielmehr ein **Ergänzungspfleger** (§ 1909 Abs. 1 BGB) oder **Ersatzbetreuer** (§ 1899 Abs. 4 BGB) bestellt werden. Diese Regelung gilt entsprechend, wenn die Eltern als Vertreter ihres minderjährigen Kindes in dessen Namen einen Unfallversicherungsvertrag schließen, in dem das Kind versichert, den Eltern aber das Bezugsrecht (vgl. § 185) eingeräumt wird.[13] Zum Abschluss einer Kinderunfallversicherung → § 178 Rn. 42 ff.[14] **10**

4. Zurechnung von Kenntnis und Verhalten der Gefahrperson (Abs. 3). Soweit nach dem VVG Kenntnis und Verhalten des Versicherungsnehmers von Bedeutung sind, müssen nach **Abs. 3** auch Kenntnis und Verhalten der Gefahrperson „berücksichtigt werden" (zur Parallelregelung bei der Lebens- bzw. Berufsunfähigkeitsversicherung vgl. §§ 156, 176; → § 176 Rn. 13). Durch diese Regelung wird die Gefahrperson aber nicht etwa mit Obliegenheiten belastet; bei mangelnder Kooperation drohen ihr im Verhältnis zum Versicherer keine Rechtsnachteile. Vielmehr handelt es sich bei Abs. 3 um eine **Zurechnungsnorm** eigener Art nach dem Vorbild der §§ 166, 278 BGB;[15] die Wissens- und Verhaltenszurechnung beruht auf dem Umstand, dass der Versicherer solche Risiken einer Fremdversicherung für eigene Rechnung nicht tragen soll, die sich aus Aufspaltung der Versicherungsnehmerposition in Vertragspartner und Gefahrperson ergeben.[16] **11**

---

[7] BGHZ 140, 167 (170) = VersR 1999, 347; *Götz* in Looschelders/Pohlmann VVG § 179 Rn. 6.
[8] Vgl. auch *Götz* in Looschelders/Pohlmann VVG § 179 Rn. 7; *Kloth* Unfallversicherung Kap. C Rn. 28 Fn. 20; anders *Rüffer* in HK-VVG § 179 Rn. 5.
[9] *Fricke* VersR 2001, 925 (929).
[10] *Leverenz* in Bruck/Möller VVG § 179 Rn. 226 mwN; *Grimm/Kloth* AUB 2014 Ziff. 1 Rn. 12; aA die hM (Abschluss eines Vertrages für fremde Rechnung), vgl. BGHZ 32, 44 (49) = VersR 60, 339; BGH VersR 1963, 913; OLG Hamm VersR 1977, 1124; *Brömmelmeyer* in Schwintowski/Brömmelmeyer/Ebers VVG § 179 Rn. 10; *Knappmann* in Prölss/Martin VVG § 179 Rn. 15.
[11] *Leverenz* in Bruck/Möller VVG § 179 Rn. 236.
[12] Näher *Leverenz* in Bruck/Möller VVG § 179 Rn. 208; *Hülsmann* NVersZ 1999, 550 (551; zur Lebensversicherung).
[13] *Knappmann* in Prölss/Martin VVG § 179 Rn. 7.
[14] Zum Abschluss eines Versicherungsvertrages durch Minderjährige vgl. *Knappmann* in Prölss/Martin VVG § 179 Rn. 4.
[15] Zust. *Knappmann* in Prölss/Martin VVG § 179 Rn. 19.
[16] *Leverenz* in Bruck/Möller VVG § 179 Rn. 236 mit Fn. 676. Zur analogen Anwendung in der Filmausfallversicherung vgl. BGH VersR 2014, 59 (62).

12 Auf die **Rechtsstellung der Gefahrperson** gehen die **AUB** an verschiedenen Stellen ein. In deren Ziff. 7 Vor 1 Abs. 2 S. 2 wird bestimmt, dass einzelne Obliegenheiten vom Versicherungsnehmer *oder* der versicherten Person beachtet werden müssen (zum Begriff der „versicherten Person" vgl. vor Ziff. 1, 2. Spiegelstrich AUB). In Ziff. 12.1 Abs. 3 AUB heißt es, dass der Versicherungsnehmer bei Abschluss einer Fremdversicherung „neben der versicherten Person für die Erfüllung der Obliegenheiten verantwortlich" sei. Auch zur wahrheitsgemäßen und vollständigen Angabe von gefahrerheblichen Umständen bei Vertragsschluss soll nach Ziff. 13.1 Abs. 3 AUB neben dem Versicherungsnehmer auch die Gefahrperson verantwortlich sein. Alle dieser Klauseln beruhen auf der Prämisse, dass die Parteien des Versicherungsvertrages einem vertragsfremden Dritten – der Gefahrperson – persönliche (vertragliche wie vorvertragliche) Pflichten auferlegen können. Das ist aber nicht der Fall, weil es sich dabei um einen unzulässigen **Vertrag zu Lasten Dritter** handeln würde. Ein eigenes Schuldverhältnis zwischen dem Versicherer und der Gefahrperson als solcher besteht auch im Übrigen nicht. Mit ihrer nach § 179 Abs. 2 S. 1 erklärten Einwilligung tritt die Gefahrperson dem Versicherungsvertrag ebenfalls nicht bei (→ Rn. 8). **Richtig** ist nach dem in Rn. 11 Gesagten **vielmehr**, dass sich der Versicherungsnehmer bei der Geltendmachung seines Anspruchs **kraft Zurechnung** (§ 179 Abs. 3) Versäumnisse der Gefahrperson etwa im Zusammenhang mit einer Hinzuziehung eines Arztes, der Ausfüllung der Unfallanzeige oder der Duldung einer ärztlichen Untersuchung (Ziff. 7.1–7.4 AUB) entgegenhalten lassen muss. Entsprechendes gilt nach Ziff. 13.1 Abs. 3 AUB für eine unzutreffende Anzeige gefahrerheblicher Umstände. Dass das hier in Rede stehende Verhalten eventuell de facto nur der Gefahrperson möglich ist, besagt ja nicht zwingend, dass dieses Verhalten auch Gegenstand einer sie treffenden Obliegenheit sein muss. Zur Zurechnung bei Abschluss einer Versicherung für fremde Rechnung → Rn. 17 f.

13 **5. Zwingende Vorschrift.** Da die Bestimmungen des Abs. 2 den **Schutz der Gefahrperson** im Auge haben, kann durch den Versicherungsvertrag dieser Schutz **nicht abbedungen** werden. Da die Einwilligung nach der ratio legis die Einzelheiten des Vertrages (Person des Versicherungsnehmers und des Versicherers, ggf. des Bezugsberechtigten, Höhe der Versicherungssumme, Dauer der Versicherung) umfassen muss,[17] ist auch ein Verzicht der Gefahrperson auf das Einwilligungserfordernis ausgeschlossen. Die Vorschrift ist daher zwingend.[18]

II. Fremdversicherung für fremde Rechnung

14 **1. Begünstigung eines Dritten.** Wird die Fremdversicherung für fremde Rechnung genommen (was durch Auslegung zu ermitteln ist und von Abs. 1 S. 2 vermutet wird, → Rn. 3), so versichert der Versicherungsnehmer das Unfallrisiko einer Gefahrperson in der Weise, dass der Anspruch auf die Versicherungsleistung nicht ihm selbst, sondern einem anderen – dem „Versicherten" – zustehen soll (§ 43 Abs. 1). In der Regel, aber nicht zwingend wird die Gefahrperson auch der Versicherte sein. Zweck eines solchen Versicherungsvertrages ist also der Schutz und die Begünstigung eines Dritten (Beispiele: Versicherung von Familienmitgliedern in einer Familienunfallversicherung, Versicherung von Vereinsmitgliedern oder Arbeitnehmern in einer Gruppenunfallversicherung). Die Person des Dritten muss bei Vertragsschluss nicht unbedingt bereits feststehen; so stellt sich etwa bei einer mit dem Erwerb von Kreditkarten, Fahrkarten oder Eintrittskarten verbundenen und für bestimmte Situationen oder Tätigkeiten geltenden[19] allgemeinen Unfallversicherung[20] oder bei einer Insassenunfallversicherung[21] die Identität der versicherten Person erst mit Eintritt des Versicherungsfalles heraus.

15 Bei der Versicherung für fremde Rechnung handelt es sich um einen **Vertrag zugunsten Dritter**, auf den die §§ 328 ff. BGB sowie – als vorrangige Sonderregeln – die §§ 43 ff. Anwendung finden. Nach § 44 Abs. 1 S. 1 stehen die **Rechte** aus dem Vertrag zwar dem **Versicherten** zu. Allerdings kann dieser darüber nur dann verfügen und sie gerichtlich geltend machen, wenn er im Besitz des Versicherungsscheins ist (§ 44 Abs. 2), dessen Übermittlung wiederum nur der Versicherungsnehmer beanspruchen kann (§ 44 Abs. 1 S. 2). Der Versicherungsnehmer seinerseits kann über die dem Versicherten aus dem Vertrag zustehenden Rechte im eigenen Namen verfügen (§ 45 Abs. 1). Nach Ausstellung eines Versicherungsscheines darf der Versicherungsnehmer die Leistung des Versicherers aber nur dann ohne Zustimmung des Versicherten einziehen, wenn er sich im Besitz des Scheines befindet (§ 45 Abs. 2).

---

[17] BGH VersR 1999, 347.
[18] *Brömmelmeyer* in Schwintowski/Brömmelmeyer/Ebers VVG § 179 Rn. 16; *Knappmann* in Prölss/Martin VVG § 179 Rn. 20.
[19] OLG Frankfurt a. M. ZfS 2004, 374 mAnm *Rixecker*.
[20] *Knappmann* in Prölss/Martin VVG § 179 Rn. 12.
[21] BGHZ 19, 94 (99) = NJW 56, 222; BGHZ 32, 44 (50) = VersR 60, 339; BGH VersR 1963, 913.

In den **AUB** wird diese Regelung in der Weise **aufgenommen,** dass auch bei Abschluss einer 16 Fremdversicherung die Ausübung der Rechte aus dem Vertrag ausschließlich dem Versicherungsnehmer zustehen soll (Ziff. 12.1 Abs. 1 AUB). Da aber eine Gefahrperson als solche ohnehin keine Ansprüche auf Erbringung der Versicherungsleistung hat, wird man aus der Formulierung folgern dürfen, dass die Bestimmung eigentlich auf das Verhältnis des Versicherungsnehmers zu einem Versicherten iS des § 43 Abs. 1 abzielt und insofern natürlich auch den Fall betrifft, dass es sich bei der Gefahrperson und den Versicherten um ein und dieselbe Person handelt. Die Bestimmung trägt dem Interesse des Versicherers Rechnung, der sich bei der Vertragsdurchführung und Leistungsabwicklung nur mit dem Versicherungsnehmer und nicht – möglicherweise gleichzeitig – mit dem Versicherten oder vielleicht gar mit einer unbestimmten Vielzahl unbekannter Personen (→ Rn. 12) will auseinandersetzen müssen.[22] Damit werden die §§ 44 Abs. 1 S. 1, 45 Abs. 2 wirksam abbedungen,[23] so dass z.B. nur der Versicherungsnehmer und nicht der Versicherte den Anspruch gerichtlich geltend machen kann. Eine Geltendmachung durch den Versicherten ist dann nur möglich, wenn ihm der Anspruch – vor Fälligkeit gemäß Ziff. 12.3 AUB nur mit Zustimmung des Versicherers – wirksam abgetreten worden ist.[24] Eine Berufung des Versicherers auf Ziff. 12.1 Abs. 1 AUB ist nach Treu und Glauben ausgeschlossen, wenn er sich ausdrücklich oder konkludent (etwa durch vorprozessuale Verhandlungen mit dem Versicherten) mit einer Geltendmachung durch den Versicherten einverstanden erklärt hat,[25] oder auch dann, wenn der Versicherungsnehmer nach Leistungsablehnung durch den Versicherer zu erkennen gibt, dass er den Anspruch nicht weiterverfolgen will.[26]

2. Zurechnungsfragen. Beim Abschluss einer Fremdversicherung für fremde Rechnung sind 17 **mehrere Zurechnungsaspekte** auseinanderzuhalten. Zunächst erhält der **Versicherte** als Begünstigter eines Vertrages zugunsten Dritter grds. diejenige Rechtsstellung, welche der Versicherungsnehmer ohne Drittbegünstigungsabrede erlangt hätte. Er muss sich daher vom Versicherer nicht nur etwaige Mängel des Vertragsschlusses (Nichtigkeit, Anfechtbarkeit, Widerruflichkeit) entgegenhalten lassen, sondern übernimmt auch alle Obliegenheiten, die den Versicherungsnehmer im weiteren Vertragsablauf und insbesondere bei der Geltendmachung des Leistungsanspruchs treffen würden (→ § 172 Rn. 205a). In der Sache liegt darin eine **Zurechnung des Versicherungsnehmerverhaltens.** Im Rahmen dessen findet auch **§ 179 Abs. 3** Anwendung, so dass Kenntnisse und Verhalten einer **Gefahrperson** hier ebenfalls zu berücksichtigen sind (→ Rn. 11 f.). Dies gilt z.B. für Falschangaben bei Vertragsschluss oder mangelnde Kooperationsbereitschaft bei der Geltendmachung von Leistungsansprüchen. Ist der Versicherte – wie regelmäßig – selbst Gefahrperson, treffen ihn die sich daraus ergebenden Rechtsfolgen daher als Konsequenzen seines eigenen Verhaltens.

Soweit dem **Versicherungsnehmer** im Rahmen einer Versicherung für fremde Rechnung 18 eigene Rechte verblieben sind (→ Rn. 15 f.), werden ihm nach Maßgabe des § 47 Abs. 1, 2 **Kenntnis** und **Verhalten** des **Versicherten** zugerechnet. Die Zurechnungsnormen der §§ 47 (Versicherung für fremde Rechnung) und 179 Abs. 3 (Versicherung auf die Person eines anderen) überschneiden sich und finden dann parallele Anwendung,[27] wenn der Versicherte iS der §§ 43 ff. gleichzeitig auch Gefahrperson ist (→ Rn. 3).

3. Rechtsverhältnis zwischen Versicherungsnehmer und Versichertem. Welche Rechts- 19 beziehungen zwischen dem Versicherungsnehmer und dem Versicherten bestehen, ergibt sich in erster Linie aus einem zwischen ihnen bestehenden Vertragsverhältnis (etwa: Arbeitsvertrag). In Ermangelung besonderer Absprachen ist im Hinblick auf die dem Versicherungsnehmer zustehende Verfügungsmacht über die materiell dem Versicherten gebührende Entschädigungsforderung (vgl. § 45 Abs. 1 S. 1) ein **gesetzliches Treuhandverhältnis** anzunehmen, aus dem jener verpflichtet ist, die Entschädigung einzuziehen und an den Versicherten auszukehren,[28] sofern sich beide Beteiligten nicht *nach* Eintritt des Unfalls mündlich oder in schlüssiger Weise darüber verständigen, dass der Versicherungsnehmer die Entschädigungsleistungen für sich behalten soll.[29] Aus dem Innenverhältnis ergibt sich auch, ob der Versicherte vom Versicherungsnehmer Schadensersatz verlangen kann, wenn dieser eine Einziehung der Forderung unterlässt oder die Voraussetzungen für eine Geltendmachung der Forderung z.B. durch mangelnde Kooperationsbereitschaft bei der Beschaffung der notwendigen

---

[22] OLG Köln VersR 1995, 525.
[23] OLG Köln r+s 2008, 391.
[24] OLG Köln r+s 2008, 391.
[25] *Knappmann* in Prölss/Martin AUB Ziff. 12 Rn. 3.
[26] OLG Frankfurt a. M. VersR 1993, 1517.
[27] Anders BT-Drs. 16/3945, S. 98; *Patzer* in Looschelders/Pohlmann VVG § 156 Rn. 1.
[28] BGH VersR 1975, 703; 1994, 1101; OLG Hamm VersR 1977, 1124; OLG Saarbrücken VersR 2005, 832.
[29] OLG Hamm VersR 1977, 1124.

Dokumente nicht erfüllt. Der Versicherte kann vom Versicherungsnehmer Auskunft über den Inhalt des Versicherungsvertrages und den Stand der Regulierung verlangen.[30] Lehnt der Versicherungsnehmer die Einziehung und Auskehr der Entschädigungssumme ab, kann der Versicherte eine Abtretung der sich aus dem Versicherungsvertrag ergebenden Rechte verlangen.[31] In Anbetracht des in den AUB (Ziff. 12.3 AUB) vorgesehenen Abtretungsverbots hängt die Abtretung selbst zwar von der Zustimmung des Versicherers ab.[32] Allerdings dürfte dieser in einer solchen Situation in aller Regel nach Treu und Glauben verpflichtet sein, diese Zustimmung zu erteilen. Stehen dem Versicherungsnehmer zB gegen den durch eine Insassenunfallversicherung Versicherten Schadensersatzansprüche (etwa aus demselben Unfall) zu, kann er gegen den Anspruch des Versicherten aufrechnen.[33]

§ 180 Invalidität

¹Der Versicherer schuldet die für den Fall der Invalidität versprochenen Leistungen im vereinbarten Umfang, wenn die körperliche oder geistige Leistungsfähigkeit der versicherten Person unfallbedingt dauerhaft beeinträchtigt ist. ²Eine Beeinträchtigung ist dauerhaft, wenn sie voraussichtlich länger als drei Jahre bestehen wird und eine Änderung dieses Zustands nicht erwartet werden kann.

Schrifttum: *Abel/Ernst*, Bemessungszeitpunkt für die gerichtliche Überprüfung der Erstfeststellung des Versicherers zur unfallbedingten Invalidität und deren Maß, VersR 2015, 545; *Jacob*, Die Feststellung der Invalidität in der Unfallversicherung – eine Betrachtung zum maßgeblichen Zeitpunkt der Invaliditätsbemessung, VersR 2005, 1341; *Jacob*, Irrungen und Wirrungen zum „richtigen" Zeitpunkt der Invaliditätsbemessung in der Unfallversicherung, VersR 2014, 291; *Völker/Wolf*, Der Zeitpunkt für die Erstbemessung der Invalidität in der privaten Unfallversicherung, VersR 2015, 1358; *Wagner*, Zur Ermittlung der Invalidität in der privaten Unfallversicherung, VersR 1985, 1017. Vgl. iÜ die Angaben bei § 178.

A. Inhalt und Normzweck

1   Die Vorschrift versteht sich als **„Auslegungsregel"**, die dann eingreift, wenn der Versicherer für den Fall der **„Invalidität"** Leistungen verspricht und der Versicherungsvertrag dazu keine näheren Festlegungen enthält.[1] Das ist allerdings idR der Fall (→ Rn. 2). Sowohl die Legaldefinition von „Invalidität" in S. 1 als auch die der „dauerhaften Beeinträchtigung" in S. 2 sind in der Sache den einschlägigen AUB (vgl. heute etwa Ziff. 2.1.1.1 AUB 2014) bzw. der früheren Rspr. entnommen. Die Vorschrift ist **neu** in das VVG **eingefügt** worden. Sie entspricht einem Vorschlag der VVG-Reformkommission.[2]

B. Begriff der Invalidität

I. Dauerhafte Beeinträchtigung der körperlichen oder geistigen Leistungsfähigkeit

2   Unter **Invalidität** versteht das Gesetz eine unfallbedingt dauerhafte (→ Rn. 3) Beeinträchtigung der körperlichen oder geistigen Leistungsfähigkeit der versicherten Person (→ § 179 Rn. 1). Der Begriff der Invalidität stellt also nicht mehr – wie etwa § 8 Abs. 2 (1) AUB 1961 – auf die Beeinträchtigung der Arbeitsfähigkeit, sondern auf die körperliche wie geistige **Funktionsfähigkeit des Organismus** insgesamt ab. Maßstab für Vorliegen und Grad einer Beeinträchtigung ist die normale Leistungsfähigkeit eines durchschnittlichen Versicherungsnehmers gleichen Alters und Geschlechts unter Berücksichtigung ausschließlich medizinischer Gesichtspunkte (Ziff. 2.1.2.2.2 Abs. 1 S. 2, Abs. 2 AUB, → § 178 Rn. 238), so dass nicht-medizinische Aspekte wie Beruf, Beschäftigung, Arbeitsmarktsituation,[3] spezielle Fähigkeiten keine Rolle spielen.[4] Grundlage der vom Versi-

---

[30] *Knappmann* in Prölss/Martin VVG § 179 Rn. 18d.
[31] OLG Hamm VersR 1977, 1124.
[32] OLG Hamm VersR 1977, 1124.
[33] BGH VersR 1973, 634; 1974, 125.
[1] RegE BT-Drs. 16/3945, 108.
[2] *Lorenz*, Abschlussbericht der VVG-Kommission, VersR-Schriftenreihe Bd. 25, 2004, S. 403 f.
[3] Vgl. aber BGH VersR 1984, 576; krit. *Wagner* VersR 1985, 1017.
[4] OLG Hamm VersR 2003, 586 und VersR 2008, 389; OLG Celle VersR 2007, 1688; krit. *Knappmann* in Prölss/Martin VVG § 180 Rn. 3.

cherer für den Invaliditätsfall versprochenen Leistungen (→ § 178 Rn. 230 ff.) bilden dann die Versicherungssumme und der Invaliditätsgrad (Ziff. 2.1.2.2.1 Abs. 2 AUB), so dass der Versicherte bei einer Versicherungssumme von 100.000 EUR und einem unfallbedingten Invaliditätsgrad von 20 % einen Einmalbetrag von 20.000 EUR erhält (Originalbeispiel AUB). Zu den Voraussetzungen der Geltendmachung von Invaliditätsleistungen → § 178 Rn. 225 ff.

Invalidität setzt voraus, dass die Leistungsfähigkeit des Versicherten **dauerhaft beeinträchtigt** ist. Nach der sich an der früheren Rspr. orientierenden[5] gesetzlichen **(S. 2)** sowie der heute in Ziff. 2.1.1.1 Abs. 3 AUB enthaltenen Definition ist eine dauerhafte Beeinträchtigung anzunehmen, wenn sie voraussichtlich länger als drei Jahre besteht und eine Änderung des Zustands nicht erwartet werden kann. Auch ohne objektiv feststellbare Beeinträchtigung kann sich eine verbleibende Invalidität daraus ergeben, dass glaubhaft und nach den erlittenen Verletzungen nachvollziehbar weiterhin erhebliche Schmerzen mit bestimmten Bewegungen verbunden bleiben[6] Die Feststellung der Dauerhaftigkeit ist idR mit Hilfe einer in einem medizinischen Gutachten getroffenen Prognose zu klären (→ Rn. 5 ff.). Bei der Erstellung der Prognose reicht die Möglichkeit oder sogar Wahrscheinlichkeit einer Dauerhaftigkeit allein nicht aus.[7] Andererseits ist bei einer heute zu prognostizierenden Dauerhaftigkeit ohne Bedeutung, dass sich nach Ablauf der Dreijahresfrist eine Änderung ergeben könnte.[8] Eine fehlerhafte Prognose hat nicht zur Folge, dass der Versicherte bereits erhaltene Leistungen zurückerstatten muss.[9] Der Versicherer wird in diesem Fall aber ggf. ein Neubemessungsverfahren nach § 188 (→ § 188 Rn. 2 ff.) einleiten, soweit dessen Voraussetzungen gegeben sind. 3

Die gesetzliche Umschreibung von Invalidität ist **abdingbar**,[10] so dass abweichende Definitionen in AVB vorgehen. Dies zeigt sich etwa bei Unfallversicherungsverträgen, die Leistungen erst für einen bestimmten Grad der Behinderung vorsehen oder die Dauerhaftigkeit der Beeinträchtigung abweichend definieren, oder bei solchen Verträgen, die (wie die AUB 1961) zur Definition von Invalidität auf eine dauerhafte Beeinträchtigung der Arbeitsfähigkeit abstellen. Auch im Anwendungsbereich der sog. „Gliedertaxe" (Ziff. 2.1.2.2.1 AUB, → § 178 Rn. 233 ff.), in der für den Fall eines Verlustes oder einer Funktionsunfähigkeit bestimmter Körperteile oder Sinnesorgane feste Invaliditätsgrade bestimmt werden, kommt die allgemeine Invaliditätsdefinition nicht zum Zuge. Dementsprechend ändert § 180 auch die Leistungsvoraussetzungen bereits bestehender Verträge nicht ab.[11] Seine unmittelbare praktische Bedeutung ist daher gering, da die in der Praxis verwandten Vertragsbedingungen idR eine Beschreibung von Invalidität enthalten. Allerdings schränkt Abs. 1 die Vertragsfreiheit insoweit mittelbar ein, als sich gravierende **Abweichungen** von der **gesetzlichen Invaliditätsdefinition** über § 307 Abs. 1, 2 Nr. 1 BGB als unangemessene Benachteiligung des Versicherungsnehmers herausstellen könnten. In einem solchen Fall oder dann, wenn eine vertragliche Definition gegen das Transparenzgebot des § 307 Abs. 1 S. 2 BGB verstößt, ist daher auf den Invaliditätsbegriff des Abs. 1 zurückzugreifen.[12] 4

II. Zeitpunkt des Eintritts der Invalidität

In Ziff. 2.1.1.2 Abs. 1, 1. Spiegelstrich AUB ist vorgesehen, dass eine Leistungspflicht des Versicherers nur dann besteht, wenn die Invalidität **innerhalb von 15 Monaten nach dem Unfall** eingetreten ist (Ablauf der „Invaliditätseintrittsfrist"; → § 178 Rn. 214 ff.). Zu welchem **Zeitpunkt genau** der **Invaliditätseintritt** erfolgte, ist durch das regelmäßig einzuholende ärztliche Gutachten zu klären. Dieser Zeitpunkt ist auch für die **Erstfeststellung** des Invaliditätsgrades maßgebend. Der Invaliditätseintritt fällt mit dem Unfallereignis zusammen, wenn sich eine dauerhafte Leistungsbeeinträchtigung bereits zu diesem Zeitpunkt feststellen lässt – etwa dann, wenn der Unfall irreparabel zu einem Verlust von Gliedmaßen geführt hat. Ist dies nicht der Fall, muss der Eintritt von Invalidität zumindest auf einen Zeitpunkt vor Ablauf von 15 Monaten nach dem Unfallereignis fixiert werden können.[13] Die Feststellung dieses Zeitpunkts mag einfach sein (etwa bei einer später erfolgenden, 5

---

[5] RegE BT-Drs. 16/3945, 108.
[6] OLG Koblenz VersR 2014, 1497.
[7] OLG Hamm r+s 2000, 38 und VersR 2008, 1102; *Mangen* in Beckmann/Matusche-Beckmann VersR-HdB § 47 Rn. 157.
[8] *Knappmann* in Prölss/Martin VVG § 180 Rn. 5.
[9] *Knappmann* in Prölss/Martin VVG § 180 Rn. 7.
[10] RegE BT-Drs. 16/3945, 108.
[11] RegE BT-Drs. 16/3945, 108.
[12] Vgl. *Brömmelmeyer* in Schwintowski/Brömmelmeyer/Ebers VVG § 180 Rn. 2.
[13] Vgl. auch *Jacob* HK-AUB Ziff. 2 Rn. 64 ff. Der BGH will demgegenüber generell auf den Ablauf der „Invaliditätseintrittsfrist" abstellen (BGHZ 208, 9 = VersR 2016, 183 Rn. 19; BGH VersR 2017, 1386 Rn. 18); dem folgend OLG Dresden r+s 2021, 103.

aber unfallbedingten Amputation), kann jedoch bei schleichenden oder komplikationsbehafteten Krankheitsverläufen auch zu beträchtlichen Schwierigkeiten führen. Kommt der Gutachter hinsichtlich der Invaliditätsfeststellung zu einem für den Versicherten negativen Ergebnis, so dass der Versicherer eine Regulierung ablehnt oder nur einen geringeren Invaliditätsgrad anerkennen will, kann jener innerhalb der 15-Monatsfrist einen erneuten Leistungsantrag stellen mit der Begründung, dass Invalidität (ggf. zu einem höheren Grad) dann eben zu einem späteren Zeitpunkt eingetreten sei.[14] Er kann aber auch sofort eine Leistungsklage erheben. In diesem Fall können etwa nach dem Invaliditätseintritt eingetretene Veränderungen im Gesundheitszustand grds. bis zum Schluss der mündlichen Verhandlung in der Tatsacheninstanz berücksichtigt werden,[15] so dass es dann insoweit keines Neubemessungsverfahrens nach § 188 bedarf.[16] Zieht sich der Prozess über die Erstbemessung allerdings länger als drei Jahre ab dem Unfallereignis hin, dh dauert er länger als die Neubemessungsfrist des § 188 Abs. 1 S. 1, können Umstände aus der Zeit nach Ablauf der Neubemessungsfrist auch bei der Erstbemessung keine Berücksichtigung mehr finden. Dies ergibt sich aus der Ratio des § 188 Abs. 1 (Rechtssicherheit und Parteiinteresse, → § 188 Rn. 1, 5), die sogar im Neubemessungsverfahren eine Berücksichtigung späterer Befunde nicht zulässt (→ § 188 Rn. 9).[17] Der Einholung eines (weiteren) Sachverständigengutachtens kann sich der Versicherte auch nach Fristablauf nicht widersetzen, sofern allein die vor Fristablauf vorliegenden oder absehbaren Tatsachen berücksichtigt werden.[18]

6 In der Praxis scheinen die Versicherer allerdings in ihren Gutachtenaufträgen nicht den Zeitpunkt des Invaliditätseintritts zu erfragen, sondern den Gesundheitszustand und ggf. Invaliditätsgrad zum Zeitpunkt der Begutachtung ermitteln zu lassen, so dass sich der Versicherer bei seiner Entscheidung auf diesen **Untersuchungs- bzw. Begutachtungs-**[19] oder auf den folgenden **Regulierungszeitpunkt**[20] bezieht.[21] Lässt der Versicherte sich darauf ein, haben die Parteien möglicherweise[22] eine konkludente Vereinbarung über den Zeitpunkt des Invaliditätseintritts getroffen (was angesichts der Abdingbarkeit der Invaliditätskriterien zulässig ist, → Rn. 3).[23] Hat sich die gesundheitliche Situation des Versicherten zwischen dem „realen" und dem vereinbarten Zeitpunkt des Invaliditätseintritts verschlechtert, ist die Wahl des späteren Zeitpunkts für ihn vorteilhaft, weil dies möglicherweise zu einem höheren Invaliditätsgrad führt. Im umgekehrten Fall – Verbesserung des Gesundheitszustands – wäre es für den Versicherten zwar vorteilhaft gewesen, wäre der Invaliditätsgrad nach dem früheren Zeitpunkt bemessen worden wäre. Im Ergebnis hätte ihm dies freilich nicht viel genützt, weil der Versicherer dann entweder seine Leistung partiell verweigert und im Leistungsprozess bis zum Ende der mündlichen Verhandlung die Änderungen eingeführt oder aber sich sofort eine Neubemessung nach § 188 vorbehalten und durchgeführt hätte.[24]

7 Unklar ist, auf welchen **Zeitraum** genau sich die von S. 2 für die Dauerhaftigkeit der Beeinträchtigung geforderte **Prognose** beziehen, dh zu welchem Zeitpunkt eine Vorhersage getroffen werden muss, ob die festgestellte Beeinträchtigung voraussichtlich länger als drei Jahre und ohne Aussicht auf Änderung bestehen wird. Nach hM – die sich zT auf eine frühere, zu den Bedingungswerken ergangene Judikatur bezieht – soll es darauf ankommen, welcher Zustand für das Ende des dritten Jahres nach dem Unfall mit hinreichender Sicherheit prognostiziert werden kann.[25] Die Dreijahresfrist soll danach mit dem Unfall beginnen. Das ist aber zumindest missverständlich. Bereits dem Wortlaut der Vorschrift ist zu entnehmen, dass die Prognose einer dauerhaften (eigentlich lebenslangen, aus praktischen Gründen auf den Zeitraum von mindestens drei Jahren begrenzten)

---

[14] Vgl. *Jacob* VersR 2005, 1341 (1342).
[15] Vgl. BGH VersR 2009, 920; OLG Düsseldorf VersR 2013, 1573.
[16] OLG München VersR 2005, 1275.
[17] *Kloth* Unfallversicherung Kap. G Rn. 142; *Jacob* VersR 2014, 291; r+s 2015, 330; *Abel/Ernst* VersR 2015, 545; aA BGH VersR 2015, 617; OLG Düsseldorf VersR 2013, 1573 mzustAnm *Naumann/Brinkmann* VersR 2013, 1575 (dagegen ausdrücklich OLG Hamm VersR 2015, 881; *Brockmöller* r+s 2012, 313; zusammenfassend *Völker/Wolf* VersR 2015, 1358.
[18] OLG Koblenz r+s 2015, 206.
[19] So möglicherweise BGH VersR 1994, 971; OLG Hamm VersR 2015, 881.
[20] OLG Hamm VersR 1998, 1273; 2001, 1549.
[21] *Jacob* VersR 2005, 1341 (1342); vgl. auch *Abel/Ernst* VersR 2015, 545 (546 f.).
[22] Zu Recht zurückhaltend OLG Dresden r+s 2021, 103: Wer sich auf Veranlassung des Versicherers einer ärztlichen Untersuchung unterzieht, bringt damit nicht konkludent zum Ausdruck, mit einer Verschiebung des Bewertungszeitpunkts einverstanden zu sein.
[23] *Jacob* HK-AUB 2014 Ziff. 2 Rn. 65.
[24] *Jacob* VersR 2005, 1341 (1342 f.).
[25] BGH VersR 2017, 1386 mwN; ebso *Leverenz* in Bruck/Möller VVG § 180 Rn. 23; *Knappmann* in Prölss/Martin VVG § 180 Rn. 5; *Grimm/Kloth* AUB 2014 Ziff. 2 Rn. 11.

Beeinträchtigung der Leistungsfähigkeit einen Bestandteil der Invaliditätsfeststellung bildet, dh zeitgleich mit der Feststellung einer Gesundheitsbeeinträchtigung getroffen werden muss. Der früheste Zeitpunkt für die Abgabe der Prognose ist daher das Unfallereignis. Invalidität zu diesem Zeitpunkt liegt vor, wenn sich bereits jetzt absehen lässt, dass die Beeinträchtigung ohne Aussicht auf Besserung länger als drei Jahre fortbestehen wird. In diesem Fall bezieht sich der Prognosezeitraum in der Tat auf drei Jahre ab dem Unfalltag.[26] Kommt dagegen Invalidität erst für einen späteren Zeitpunkt in Betracht (wobei sowohl der Eintritt wie auch die Feststellung innerhalb der vertraglich dafür vorgesehenen Fristen erfolgt sein müssen, vgl. Ziff. 2.1.1.2 AUB; → § 178 Rn. 214 ff.; → § 178 Rn. 217 ff.), ist die Dreijahresfrist auf den Zeitpunkt zu beziehen, auf welchen der Eintritt von Invalidität datiert wird.[27] Von einem ärztlichen Gutachter muss dann erwartet werden, dass er ggf. rückschauend den Zeitpunkt festlegt, zu dem nach dem Gesundheitszustand des Versicherten erstmals mit einer länger als dreijährigen Beeinträchtigung der Leistungsfähigkeit ohne Aussicht auf Besserung zu rechnen war. Haben sich die Parteien darauf verständigt, dass der Begutachtungs- oder Regulierungszeitpunkt als Stichtag für die Beurteilung des Invaliditätseintritts zugrunde gelegt werden soll (→ Rn. 6), ist die Prognose für einen von diesem Zeitpunkt an zu berechnenden Dreijahreszeitraum zu stellen.[28] Entsprechendes gilt, wenn eine Vertragspartei später von der Möglichkeit zur Neubemessung innerhalb von drei Jahren nach Eintritt des Unfalls gem. § 188 Gebrauch macht und eine (in Übereinstimmung mit § 180 S. 2 abzugebende) Prognose zur Dauerhaftigkeit des neuen Invaliditätsgrades erforderlich ist (→ § 188 Rn. 8). Es liegt auf der Hand, dass der dreijährige Prognosezeitraum des § 180 S. 2 in einem solchen Fall weit über die Neubemessungsfrist des § 188 Abs. 1 S. 1 hinausreichen kann. Diese dreijährige Neubemessungsfrist ist dann für den dreijährigen Prognosezeitraum nur insofern von Bedeutung, als Prognosefehler allein innerhalb der Dreijahresfrist des § 188 Abs. 1 S. 1 im Rahmen einer Neubemessung korrigiert werden können (→ § 188 Rn. 5) und Befunde aus der Zeit nach Ablauf der Neubemessungsfrist bei der Stellung einer Invaliditätsprognose keine Berücksichtigung mehr finden dürfen (→ § 188 Rn. 9).[29]

III. Unfallbedingte Beeinträchtigung

Die dauerhafte Beeinträchtigung muss unfallbedingt, dh adäquat-kausal auf die durch den Unfall verursachte Gesundheitsschädigung (→ § 178 Rn. 87 ff.) zurückzuführen sein. Da die AUB idR bei einer Mitwirkung von Krankheiten oder Gebrechen keinen Ausschluss, sondern nur eine Anspruchsminderung vorsehen (→ § 182 Rn. 2), reicht die **Mitursächlichkeit** des Unfalls grds. aus.[30] War der Versicherte vor dem Unfall beschwerdefrei (was auch durch Zeugenbeweis oder Parteivernehmung nach § 287 Abs. 1 S. 3 ZPO bewiesen werden kann) und traten die gesundheitlichen Beschwerden unmittelbar oder kurz danach auf, besteht für die Kausalität des Unfalls eine tatsächliche Vermutung.[31] 8

Ist es zu **mehreren Unfällen** gekommen, so muss grds. jeder Unfall mit seinen konkreten Folgen getrennt beurteilt und abgerechnet werden,[32] so dass eine Zusammenrechnung verschiedener Invaliditätsgrade aus mehreren Unfällen nicht stattfindet.[33] Hat ein (mit Dauerschäden oder vorübergehenden Beeinträchtigungen verbundener) Unfall adäquat-kausal einen **Zweitunfall** und dadurch (ggf. weitere) Invalidität **verursacht,** so ist nach der Rspr.[34] danach zu unterscheiden, ob der zweite Unfall ebenfalls innerhalb der für den Invaliditätseintritt vereinbarten Frist (Ziff. 2.1.1.2 Abs. 1 AUB) eingetreten und auch innerhalb der in dieser Bestimmung festgelegten 15-Monatsfrist nach dem ersten Unfallereignis ärztlich festgestellt worden ist oder nicht (zur Wirksamkeit dieser Fristbestimmung aber → § 178 Rn. 224). Im ersten Fall ist der für den ersten Unfall leistungspflichtige Versicherer auch einstandspflichtig für den zweiten. Macht der Versicherte geltend, dass sich durch den zweiten Unfall der Grad der nach dem ersten Unfall eingetretenen Invalidität erhöht hat, ist dieser Umstand dem Erstunfall zuzurechnen, wenn in sachlicher und zeitlicher Hinsicht noch eine Neubemessung (vgl. § 188) möglich ist. Im zweiten Fall – Unfallereignis bzw. ärztliche Feststellung erfolgen 9

---

26 Vgl. etwa OLG Frankfurt a. M. NVersZ 2002, 403.
27 So wohl BGH VersR 2010, 243 aE; vgl. iÜ OLG München VersR 2015, 482; OLG Hamm VersR 2015, 881; *Brömmelmeyer* in Schwintowski/Brömmelmeyer/Ebers VVG § 180 Rn. 4.
28 OLG Oldenburg VersR 2015, 883.
29 BGHZ 137, 247 (252) = VersR 1998, 308; BGH VersR 2001, 1547; 2005, 927; OLG Frankfurt a. M. r+s 2004, 388; anders wohl *Brockmöller* r+s 2012, 313 (315).
30 *Knappmann* NVersZ 2002, 1 (2).
31 *Knappmann* NVersZ 2002, 1 (2).
32 OLG Köln VersR 1989, 1036.
33 KG r+s 2007, 208.
34 BGHZ 137, 247 (252) = VersR 1998, 308, zu AUB 1961.

erst nach Ablauf der genannten Fristen – ist der Versicherer des Erstunfalls dagegen nicht einstandspflichtig.

IV. Darlegungs- und Beweislast

10 Der **Versicherungsnehmer** muss darlegen und beweisen, dass **durch** den **Unfall** eine **dauerhafte Beeinträchtigung** der körperlichen oder geistigen Leistungsfähigkeit **eingetreten** ist, ebenso ist er für den Grad der eingetretenen Invalidität beweispflichtig.[35] Während dabei für die haftungsbegründende Kausalität zwischen Unfall und Gesundheitsschädigung (vgl. § 178 Abs. 2 S. 1) sowie die Dauerhaftigkeit der Beeinträchtigung uneingeschränkt das Beweismaß des § 286 Abs. 1 ZPO zugrunde zu legen ist (→ § 178 Rn. 342), kommt dem Versicherungsnehmer beim Nachweis der haftungsausfüllenden Kausalität zwischen Gesundheitsschädigung und dauerhafter Beeinträchtigung sowie Grad der Invalidität der Leistungsfähigkeit die Beweiserleichterung des § 287 Abs. 1 ZPO zugute. Danach muss das Gericht keine volle Überzeugung von einem zwischen Unfallereignis und Dauerschaden bestehenden Kausalzusammenhang gewinnen; ausreichend ist vielmehr eine überwiegende, auf gesicherter Grundlage beruhende Wahrscheinlichkeit gegenüber anderen Geschehensabläufen.[36] Die „Wahrheitsüberzeugung des § 286 ZPO" wird also „durch ein Wahrscheinlichkeitsurteil ersetzt."[37] Darauf muss das Gericht den Gutachter hinweisen; geschieht dies nicht, ist das Gutachten unvollständig und eine neue Beweisaufnahme zwingend geboten.[38] Die bloße Möglichkeit eines Ursachenzusammenhangs reicht zum Nachweis der Kausalität aber nicht aus.[39] Zur Beurteilung einer medizinischen Fachfrage muss das Gericht auch im Rahmen der freien Überzeugungsbildung nach § 287 ZPO ein Sachverständigengutachten einholen, sofern es nicht über eigene Sachkunde verfügt.[40] Erklärt sich der Versicherer zunächst zu einer Regulierung bereit, hindert ihn dies idR nicht, sich in einem nachfolgenden Prozess, in dem der Versicherte einen höheren Invaliditätsgrad geltend macht, den Kausalzusammenhang zwischen Unfallereignis und Gesundheitsschädigung zu bestreiten, es sei denn, aus der Regulierungsentscheidung ergibt sich, dass der Versicherer auf die Geltendmachung von Einwänden gegenüber einer weitergehenden Forderung verzichten wollte.[41]

§ 181 Gefahrerhöhung

(1) Als Erhöhung der Gefahr gilt nur eine solche Änderung der Umstände, die nach ausdrücklicher Vereinbarung als Gefahrerhöhung angesehen werden soll; die Vereinbarung bedarf der Textform.

(2) ¹Ergeben sich im Fall einer erhöhten Gefahr nach dem geltenden Tarif des Versicherers bei unveränderter Prämie niedrigere Versicherungsleistungen, gelten diese mit Ablauf eines Monats nach Eintritt der Gefahrerhöhung als vereinbart. ²Weitergehende Rechte kann der Versicherer nur geltend machen, wenn der Versicherungsnehmer die Gefahrerhöhung arglistig nicht angezeigt hat.

Übersicht

		Rn.			Rn.
A.	Inhalt und Normzweck	1	C.	Rechtsfolgen einer Gefahrerhöhung und einer Gefahrminderung	8
B.	Vornahme einer Gefahrerhöhung (Abs. 1)	4	I.	Gefahrerhöhung (Abs. 2 S. 1)	8
I.	Ausdrückliche Vereinbarung	4	II.	Gefahrminderung	11
II.	Anzeigepflicht des Versicherungsnehmers	7	D.	Weitergehende Rechte (Abs. 2 S. 2)	12

Schrifttum: Vgl. die Angaben bei § 178.

---

[35] OLG Frankfurt a. M. NVersZ 2001, 165; OLG Düsseldorf r+s 2008, 80; OLG Celle VersR 2010, 205.
[36] BGH VersR 2001, 1547; 2009, 1213; 2011, 1171.
[37] *Knappmann* NVersZ 2002, 1 (2).
[38] BGH VersR 2009, 1213.
[39] OLG Koblenz VersR 2001, 1417.
[40] BGH VersR 2001, 1547.
[41] OLG Oldenburg VersR 2009, 247.

A. Inhalt und Normzweck

Die Vorschrift bestimmt im Wege einer Fiktion, dass in der Unfallversicherung nur eine Veränderung solcher Umstände als Gefahrerhöhung angesehen werden soll, die von den Parteien in einer in Textform getroffenen Vereinbarung **ausdrücklich** als **gefahrerhöhend ausgewiesen** worden ist (Abs. 1 → Rn. 4 ff.). Sie zwingt also den Versicherer, die Bedingungen vorab zu beschreiben, unter denen er aus einer Änderung der Gefahrenlage Rechtsfolgen ableiten will. Dem Versicherungsnehmer wird anderseits abschließend vor Augen geführt, bei Eintritt welcher Umstände er mit Konsequenzen für Inhalt und ggf. Bestand des Vertrages rechnen muss. 1

Abs. 2 S. 1 sieht bei Gefahrerhöhung eine **gesetzliche Vertragsanpassung** (nur) für den Fall vor, dass nach dem Tarif des Versicherers bei Gefahrerhöhung die Prämie unverändert bleiben und die Versicherungsleistungen sich vermindern sollen. In diesem Fall gelten die niedrigeren Leistungen als mit Ablauf eines Monats nach Gefahrerhöhung als vereinbart (→ Rn. 8 ff.). Über den Abs. 2 S. 1 hinausgehende Rechte kann der Versicherer nur geltend machen, wenn der Versicherungsnehmer die Gefahrerhöhung arglistig nicht angezeigt hat (**Abs. 2 S. 2** → Rn. 12 ff.). 2

Die Vorschrift ist neu in das VVG eingefügt worden und entspricht den Vorschlägen der Reformkommission.[1] Sie lehnt sich an die Parallelvorschrift im Recht der Lebensversicherung (§ 158 Abs. 1, vgl. § 164 VVG aF) an und modifiziert teilweise die allgemeinen Vorschriften über Gefahrerhöhung in den §§ 23–25, 27.[2] Die Vorschrift ist **halbzwingend** (§ 191). Die AUB enthalten in ihrer Ziff. 6.2 ergänzende Regeln für den Fall, dass sich Berufstätigkeit oder Beschäftigung des Versicherten ändern. 3

B. Vornahme einer Gefahrerhöhung (Abs. 1)

I. Ausdrückliche Vereinbarung

Eine Änderung der Gefahrenlage kann im Recht der Unfallversicherung nur relevant werden, wenn die Vertragsparteien sich über die risikoändernden Umstände **vorher** ausdrücklich verständigt haben. Die Vereinbarung muss in Textform erfolgen (§ 126b BGB) und kann daher auch in AVB enthalten sein. Der Versicherer kann allerdings nicht beliebige Veränderungen als Gefahrerhöhung deklarieren. Vielmehr müssen stets die allgemeinen Merkmale einer Gefahrerhöhung vorliegen, die vom BGH umschrieben werden als Gefährdungsvorgang, der „einen neuen Zustand erhöhter Gefahr" schafft, wobei dieser „von so langer Dauer sein muß, daß er die Grundlage eines neuen natürlichen Gefahrenverlaufs bilden und damit den Eintritt des Versicherungsfalls generell fördern kann"[3]. In Betracht kommen etwa die Aufnahme bestimmter Sportarten[4] oder insbes. ein Berufswechsel. Es kann sich dabei sowohl um eine subjektive (vom Versicherungsnehmer vorgenommene oder gestattete, vgl. § 23 Abs. 1) wie auch um eine objektive (unabhängig vom Willen des Versicherungsnehmers eintretende, vgl. § 23 Abs. 3) Gefahrerhöhung handeln. 4

Für den Fall eines **Berufs- oder Beschäftigungswechsels** nach Vertragsabschluss sieht Ziff. 6.2 AUB in der Tat Anpassungsregeln vor. Beruf und Beschäftigung (die beide eine idR gegen Entgelt für Dritte vorgenommene Tätigkeit bezeichnen und sich allenfalls durch das Ausmaß der erforderlichen Ausbildung und eine Prägung durch mehr oder wenig fest umrissene Tätigkeitsfelder unterscheiden) setzen eine über einen gewissen Zeitraum ausgeübte planmäßige Tätigkeit voraus. Vorübergehende Aushilfen (gelegentliche Mitarbeit einer Ehefrau im landwirtschaftlichen Betrieb ihres Ehemannes) sind nicht auf Dauer angelegt.[5] Pflichtwehrdienst, Zivildienst und militärische Reserveübungen stellen nach Ziff. 6.2.1 S. 2 AUB keinen Berufs oder Beschäftigungswechsel iSd Bedingungen dar. Die Aufnahme einer neuen sportlichen Betätigung kann bereits nach dem Wortlaut der Klausel aus der Sicht eines verständigen Versicherungsnehmers (→ § 178 Rn. 113) nicht als „Änderung der Beschäftigung" verstanden werden.[6] 5

Ziff. 6.2 Abs. 2 AUB nimmt dabei Bezug auf das in dem jeweiligen Unternehmen verwandte **Berufsgruppenverzeichnis.**[7] Eine ausdrückliche Vereinbarung iSd Abs. 1 setzt aber voraus, dass ein solches dem Versicherungsnehmer mit Vertragsschluss ausgehändigt und dadurch – in Textform – 6

---

[1] *Lorenz*, Abschlussbericht der VVG-Kommission, VersR-Schriftenreihe Bd. 25, 2004, S. 136.
[2] RegE BT-Drs. 16/3945, 108.
[3] BGHZ 7, 311 (317) = VersR 1952, 387; BGH VersR 1999, 484; → § 23 Rn. 22 f.
[4] *Knappmann* in Prölss/Martin VVG § 181 Rn. 2; *Rüffer* in HK-VVG AUB 2014 Ziff. 6 Rn. 3.
[5] OLG Nürnberg r+s 1989, 202.
[6] Anders *Janssen* in Schubach/Jannssen AUB Nr. 6 Rn. 7.
[7] Zum Aufbau eines solchen Verzeichnisses *Janssen* in Schubach/Jannssen AUB Nr. 6 Rn. 2.

in den Vertrag einbezogen wird.⁸ Dazu ist der Versicherer nach § 7 iVm § 1 Nr. 6a VVG-InfoV auch verpflichtet. Der Verweis auf eine externe Fundstelle (zB im Internet) erfüllt diese Voraussetzung nicht.⁹ Auch eine lediglich beispielhafte Berufsaufzählung in „Gefahrengruppen" ist nicht ausreichend; der Versicherungsnehmer muss seinen Beruf bzw. seine Beschäftigung schon konkret in dem Verzeichnis wiederfinden. Der Versicherer muss sodann in Textform deutlich machen, welche Änderungen in Beruf oder Beschäftigung als Gefahrerhöhung angesehen werden sollen.

II. Anzeigepflicht des Versicherungsnehmers

7   Aus dem Regelungszusammenhang der Abs. 1und Abs. 2 S. 1 ergibt sich (ebenso wie aus Ziff. 6.2.1 S. 1 AUB), dass der Versicherungsnehmer eine Gefahrerhöhung insbes. durch eigenen Berufs- oder Beschäftigungswechsel oder den einer versicherten Person **ohne Zustimmung des Versicherers** vornehmen darf.¹⁰ Die generelle Regelung der Gefahrerhöhung in § 23 Abs. 1 wird insoweit verdrängt. Allerdings ist er (arg. Abs. 2 S. 2 kraft Gesetzes und auch nach Ziff. 6.2.1 S. 1 AUB) zu einer (nach der AUB-Klausel: unverzüglichen, vgl. § 121 Abs. 1 BGB) **Anzeige bzw. Mitteilung verpflichtet.** Diese Verpflichtung besteht auch, wenn die geänderte Tätigkeit in die gleiche Gefahrengruppe fällt wie die vorher ausgeübte Tätigkeit.¹¹ Eine Verletzung dieser Anzeigeobliegenheit bleibt freilich (bis auf Abs. 2 S. 1) folgenlos, sofern sie nicht auf Arglist beruht (→ Rn. 12). Die Ziff. 8 AUB betrifft demgegenüber lediglich Obliegenheitsverletzungen *nach* Eintritt des Versicherungsfalls (→ § 178 Rn. 317 ff.). Das Rücktrittsrecht nach Ziff. 13.2 AUB besteht nur im Falle einer *vorvertraglichen* Anzeigepflichtverletzung (→ § 178 Rn. 19).¹²

C. Rechtsfolgen einer Gefahrerhöhung und einer Gefahrminderung

I. Gefahrerhöhung (Abs. 2 S. 1)

8   Sieht der zum Zeitpunkt der Gefahrerhöhung¹³ maßgebende Tarif des Versicherers vor, dass in einem solchen Fall die **Prämie unverändert** bleiben, aber **niedrigere Versicherungsleistungen** geschuldet sein sollen, so wird der Vertrag kraft gesetzlicher Fiktion mit Ablauf eines Monats vom Eintritt der Gefahrerhöhung an (§§ 187 Abs. 1, 188 Abs. 2 Fall 1 BGB) in dieser Weise angepasst. Eine entsprechende Regelung enthält auch Ziff. 6.2.2 Abs. 1 AUB (wo allerdings von „Versicherungssummen" die Rede ist). Diese Vertragsanpassung tritt ein ohne Rücksicht darauf, ob der Versicherungsnehmer seiner Mitteilungsobliegenheit (→ Rn. 7) nachgekommen ist oder nicht.¹⁴ Die neue Versicherungssumme gilt für berufliche wie für außerberufliche Unfälle (Ziff. 6.2.2 Abs. 3 AUB).

9   Der Versicherungsnehmer kann nach Ziff. 6.2.2 Abs. 4 AUB stattdessen aber auch **wählen**, den Vertrag ab Zugang seiner Erklärung beim Versicherer mit den **bisherigen Versicherungsleistungen** zu einem **erhöhten Beitrag** fortzuführen. Diese Option liegt in seinem Interesse, weil er dadurch die Möglichkeit erhält, den Vertrag seinen Bedürfnissen anzupassen. Daher bestehen im Hinblick auf den halbzwingenden Charakter des Abs. 2 (vgl. § 191) keine Bedenken.¹⁵

10   Wechselt der Versicherungsnehmer in gefahrerhöhender Weise in einen bei diesem Versicherer **nicht versicherbaren Beruf** (etwa: Artisten, Tierbändiger, Berufssportler, Taucher, Spreng- und Räumungspersonal für explosives Material¹⁶), findet Abs. 2 S. 1 keine Anwendung. Die Gesetzesbegründung zieht daraus den Schluss, dass in einem solchen Fall mit dem Wechsel jeglicher Versicherungsschutz entfalle.¹⁷ Das ist aber nicht sachgerecht. Abgesehen davon, dass eine derart drakonische Rechtsfolge von den Interessen des Versicherers nicht gefordert und dem Versicherungsnehmer die Nichtversicherbarkeit seines neuen Berufes oft gar nicht bewusst sein wird, weist *Brömmelmeyer*¹⁸ zu Recht darauf hin, dass in § 6 Abs. 3 lit. a AUB 1988/1994 für diesen Fall ein Kündigungsrecht des Versicherers vorgesehen gewesen sei, auf welches dann bei Formulierung der AUB 1999/2008

---

8   Vgl. RegE BT-Drs. 16/3945, 108.
9   *Jannsen* in Schubach/Jannsen AUB Nr. 6 Rn. 3.
10 *Brömmelmeyer* in Schwintowski/Brömmelmeyer/Ebers VVG § 181 Rn. 5 mwN.
11 OLG Nürnberg r+s 1989, 202.
12 Verkannt von *Jannsen* in Schubach/Jannsen AUB Nr. 6 Rn. 4.
13 *Leverenz* in Bruck/Möller VVG § 181 Rn. 12.
14 Vgl. RegE BT-Drs. 16/3945, 108.
15 RegE BT-Drs. 16/3945, 108.
16 *Stockmeier/Huppenbauer* AUB 1999 S. 83.
17 RegE BT-Drs. 16/3945, 108; zust. *Leverenz* in Bruck/Möller VVG § 181 Rn. 13.
18 *Brömmelmeyer* in Schwintowski/Brömmelmeyer/Ebers VVG § 181 Rn. 7.

bewusst verzichtet wurde unter Hinweis darauf, dass es kaum noch nicht versicherbare Berufe gebe und die Problematik bei Annahme (dh durch Nichtannahme) solcher Risiken geregelt werden müsse.[19] Angesichts dieser Genese der AUB erscheint es sachgerecht, dem Versicherer allenfalls wieder eine Kündigung des Vertrages mit Monatsfrist analog § 24 Abs. 1 S. 2 oder nach § 313 Abs. 2 S. 2 BGB[20] zu gestatten. Voraussetzung ist aber auch in diesem Fall, dass der Wechsel in einen nicht versicherbaren Beruf ausdrücklich in einer Vereinbarung als Gefahrerhöhung beschrieben worden ist (Abs. 1) und der Versicherer auf die Unanwendbarkeit des Abs. 2 S. 1 hingewiesen hatte (Informationspflicht nach § 242 BGB). Ist kein Hinweis auf die Nichtversicherbarkeit des neuen Berufs erfolgt, kann der Versicherer sein Kündigungsrecht nicht ausüben. In diesem Fall ist dann eine Anpassung der Versicherungssumme auf der Grundlage der höchsteingestuften Gefahrengruppe vorzunehmen.[21]

II. Gefahrminderung

Da das Recht der Unfallversicherung keine Sonderregeln zu einer Gefahrminderung enthält, gilt insoweit die allgemeine Regelung des **§ 41** (angemessene Prämienherabsetzung auf Verlangen des Versicherungsnehmers). Die AUB sehen dagegen in ihrer Ziff. 6.2 Abs. 2 vor, dass sich auch in einem solchen Fall nicht die Prämie ändert, sondern stattdessen die Versicherungssumme erhöht. Auch diese Anpassung erfolgt automatisch und gilt ab Zugang einer entsprechenden Mitteilung des Versicherungsnehmers, spätestens nach Ablauf eines Monats ab der Gefahrminderung. Auch eine solche Erhöhung der Versicherungssumme tritt bei beruflichen wie außerberuflichen Unfällen ein (Ziff. 6.2.2 Abs. 3 AUB). Auf Wunsch des Versicherungsnehmers wird der Vertrag aber auch mit der bisherigen Versicherungssumme und abgesenktem Prämienbeitrag fortgeführt (Ziff. 6.2 Abs. 4 AUB). Da die AUB dem Versicherungsnehmer die Wahl zwischen den verschiedenen Anpassungsmöglichkeiten belassen und damit dem Versicherungsnehmer insoweit eine seinen individuellen Bedürfnissen entsprechende Vertragsgestaltung ermöglichen, ist die Regelung ungeachtet des halbzwingenden Charakters von § 41 (vgl. § 42) zulässig.

11

D. Weitergehende Rechte (Abs. 2 S. 2)

Aus einer Verletzung der Anzeigeobliegenheit des Versicherungsnehmers (→ Rn. 8) kann der Versicherer über den Abs. 2 S. 1 hinausgehende Rechte nur herleiten, wenn der Versicherungsnehmer **arglistig gehandelt** hat (Abs. 2 S. 2). Das ist der Fall, wenn dieser eine Gefahrerhöhung und insbes. einen Berufswechsel bewusst deswegen nicht anzeigt, weil er vermeiden will, dass dem Versicherer die sich daraus kraft Gesetzes ergebende Herabsetzung der Versicherungsleistungen zur Kenntnis gelangt. Für das Vorliegen von Arglist ist der Versicherer beweispflichtig.

12

Bei arglistigem Handeln des Versicherungsnehmers gelten die **allgemeinen Regeln** über Gefahrerhöhung nach den §§ 23 ff. Der Versicherer kann daher gem. § 24 Abs. 2 den Unfallversicherungsvertrag unter Einhaltung einer Monatsfrist **kündigen**.[22] Dieses Recht erlischt allerdings, wenn der Versicherer nicht innerhalb eines Monats ab Kenntnis von der Gefahrerhöhung davon Gebrauch macht oder der Versicherungsnehmer den früheren Gefahrenzustand wiederherstellt, insbes. also in seinen alten Beruf zurückkehrt (§ 24 Abs. 3).

13

Aufgrund der Anzeigepflichtverletzung ist der Versicherer außerdem **leistungsfrei**,[23] wenn der Versicherungsfall später als einen Monat nach dem Zeitpunkt eintritt, zu dem die Anzeige des Versicherungsnehmers ihm hätte zugehen müssen, sofern ihm zu diesem Zeitpunkt die Gefahrerhöhung nicht anderweitig bekannt war (§ 26 Abs. 2 S. 1). Zur Leistung verpflichtet ist er außerdem gem. § 26 Abs. 3, wenn die Gefahrerhöhung (also etwa der Berufswechsel) für den Eintritt des Versicherungsfalls oder den Umfang der Leistungspflicht nicht ursächlich (§ 26 Abs. 3 Nr. 1) oder zum Zeitpunkt des Versicherungsfalls die Kündigungsfrist des Versicherers (§ 24 Abs. 2, 3) ohne Vornahme einer Kündigung abgelaufen war (§ 26 Abs. 3 Nr. 2).

14

§ 182 Mitwirkende Ursachen

Ist vereinbart, dass der Anspruch auf die vereinbarten Leistungen entfällt oder sich mindert, wenn Krankheiten oder Gebrechen bei der durch den Versicherungsfall verursachten

---

[19] *Stockmeier/Huppenbauer* AUB 1999 S. 83.
[20] Vgl. *Knappmann* in Prölss/Martin VVG § 181 Rn. 4; *Grimm/Kloth* AUB 2014 Ziff. 6 Rn. 9.
[21] *Knappmann* in Prölss/Martin VVG § 181 Rn. 4.
[22] RegE BT-Drs. 16/3945, 108.
[23] Vgl. *Brömmelmeyer* in Schwintowski/Brömmelmeyer/Ebers VVG § 181 Rn. 9.

Gesundheitsschädigung oder deren Folgen mitgewirkt haben, hat der Versicherer die Voraussetzungen des Wegfalls oder der Minderung des Anspruchs nachzuweisen.

Schrifttum: *Schepers,* Die Beweislast für mitwirkende Ursachen bei der Übergangsleistung in der Unfallversicherung, VersR 2019, 1341. – Vgl. im Übrigen die Nachweise zu → § 178.

A. Inhalt und Normzweck

1 Die Vorschrift enthält eine **gesetzliche Beweislastumkehr** und bezieht sich auf AVB-Klauseln, in denen ein Wegfall oder eine Minderung der Leistungen des Unfallversicherers für den Fall vorgesehen ist, dass die **unfallbedingte Gesundheitsschädigung** oder deren Folgen durch bereits vor dem Unfall bestehende gesundheitliche Beeinträchtigungen **mit verursacht** wurden. Nach allgemeinen Regeln müsste der Versicherungsnehmer darlegen und beweisen, dass die konkrete Gesundheitsschädigung durch das versicherte Unfallereignis eingetreten ist und nicht oder nicht in vollem Ausmaß auf etwaige Vorschädigungen zurückgeht. Dieser Beweis wird aber in aller Regel nur schwer zu führen sein. Es besteht somit die Gefahr, dass angesichts einer zu erwartenden Beweisfälligkeit des Versicherungsnehmers sein **Unfallversicherungsschutz entwertet** würde. Um dies zu verhindern, erscheint es sachgerecht, die Beweislast für das Vorhandensein mitwirkender Krankheiten oder Gebrechen dem Versicherer aufzubürden.[1] Die Vorschrift hat **kein Vorbild** im VVG aF. Allerdings hatte bereits die frühere Rspr. die Beweislast für das Vorhandensein mitwirkender Vorerkrankungen dem Versicherer auferlegt.[2]

B. Beweislastumkehr für mitwirkende Ursachen

I. Vereinbarungen über das Entfallen oder die Minderung der Versichererleistung bei mitwirkender Vorschädigung

2 Die Vorschrift bezieht sich auf die in **AVB** üblicherweise (aber nicht immer[3]) enthaltenen Einschränkungen der Versichererleistung für den Fall, dass gesundheitliche Vorschäden für die unfallbedingt eingetretene **Gesundheitsschädigung** oder **deren Folgen mitursächlich** waren. So liegt etwa ein mitwirkendes Gebrechen vor, wenn bei der Gesundheitsbeschädigung oder den sich daraus ergebenden Folgen ein bereits bestehender Zustand mitgewirkt hat, der über einen normalen Verschleiß hinausgeht; dabei kommt es nicht darauf an, ob vor dem Unfall eine akute Behandlungsbedürftigkeit bestand.[4] Eine entsprechende Regelung enthält insbes. Ziff. 3 AUB, der eine Leistungskürzung für den Fall vorsieht, dass Krankheiten oder Gebrechen (zu den Begriffen → § 178 Rn. 285) an der unfallbedingten Gesundheitsschädigung oder deren Folgen mitgewirkt haben (→ § 178 Rn. 288 ff.), sofern der Mitwirkungsanteil 25 % überschreitet. Ferner entfällt nach Ziff. 2.3.1.1 Abs. 1 AUB von vornherein die Zahlung einer Übergangsleistung vollständig, wenn die Leistungsfähigkeit nur unter Berücksichtigung nicht unfallbedingter Krankheiten oder Gebrechen zu mehr als 50 % beeinträchtigt ist (→ § 178 Rn. 253). Besteht bereits Vorinvalidität, weil die durch den Unfall geschädigten Körperteile oder Sinnesorgane schon vorher dauerhaft beeinträchtigt waren, wird gem. Ziff. 2.1.2.2.3 AUB vom Gesamtgrad der Invalidität der Anteil der Vorinvalidität abgezogen (→ § 178 Rn. 239 ff.). Der Fall, dass Krankheiten oder Gebrechen das Unfallereignis selbst mitverursacht haben, wird dagegen von diesen Regelungen (wie iÜ auch von § 182 selbst) nicht erfasst.[5]

3 Eine analoge Anwendung der Beweislastregel auf **andere Tatbestände**, die zu einer Verminderung oder einem Wegfall der Versichererleistung führen, kommt nicht in Betracht.[6] Sie bezieht sich auch nicht etwa auf eine Klausel wie die **Ziff. 5.2.1 AUB** (→ § 178 Rn. 160 ff.), welche einen Versicherungsschutz für Schäden an Bandscheiben vollständig ausschließt, jedoch einen Wiedereinschluss vornimmt, wenn ein unter den Vertrag fallendes Unfallereignis die überwiegende Ursache der gesundheitlichen Beeinträchtigung darstellt.[7] Zwar treffen beim Eintritt von Schäden dieser Art

---
[1] RegE BT-Drs. 16/3945, 108.
[2] OLG Köln r+s 1989, 415; OLG Koblenz VersR 2002, 473; OLG Düsseldorf r+s 2005, 300.
[3] Vgl. OLG Nürnberg VersR 1987, 249.
[4] BGH VersR 2016, 1492; OLG Karlsruhe VersR 2017, 747.
[5] Vgl. dazu auch BGH VersR 2000, 444.
[6] RegE BT-Drs. 16/3945, 108.
[7] Vgl. *Knappmann* in Prölss/Martin VVG § 182 Rn. 3.

häufig Unfallursache und Vorerkrankung zusammen. Die Klausel sieht jedoch nicht – wie in § 182 vorausgesetzt – vor, dass ein grds. bestehender Anspruch entfällt oder gemindert wird. Vielmehr wird darin ein Deckungsschutz – zulässigerweise (→ § 178 Rn. 163) – von vornherein *vollständig ausgeschlossen*. Um einen Wiedereinschluss zu erreichen, muss in dieser Situation der Versicherungsnehmer den Nachweis führen, dass für die Gesundheitsschädigung ein unter den Versicherungsschutz fallendes Unfallereignis die überwiegende Ursache ist (→ § 178 Rn. 164).[8]

II. Beweislast des Versicherers

Sehen die AVB eine entsprechende Einschränkung der Leistung des Versicherers vor, trägt dieser die **Darlegungs- und Beweislast** dafür, dass die Voraussetzungen einer Leistungsminderung oder einer Leistungskürzung gegeben sind. Es muss also feststehen (Vollbeweis nach § 286 Abs. 1 S. 1 ZPO), dass eine Vorschädigung bestand, diese die unfallbedingte Gesundheitsschädigung oder deren Folgen beeinflusst hat und – bei Anwendung der Ziff. 3 AUB – der Mitwirkungsanteil 25 % überschreitet (→ § 178 Rn. 293).[9]   4

Die in § 182 vorgeschriebene **Beweislastumkehr** ist zwar **nicht als halbzwingend** ausgestaltet (vgl. § 191). Eine in AVB enthaltene Abweichung ist aber wegen des darin liegenden Verstoßes gegen § 309 Nr. 12 BGB **unwirksam**.[10]   5

§ 183 Herbeiführung des Versicherungsfalls

(1) Der Versicherer ist nicht zur Leistung verpflichtet, wenn im Fall des § 179 Abs. 2 der Versicherungsnehmer vorsätzlich durch eine widerrechtliche Handlung den Versicherungsfall herbeiführt.

(2) Ist ein Dritter als Bezugsberechtigter bezeichnet, gilt die Bezeichnung als nicht erfolgt, wenn der Dritte vorsätzlich durch eine widerrechtliche Handlung den Versicherungsfall herbeiführt.

Übersicht

		Rn.			Rn.
A.	Inhalt und Normzweck	1	C.	Bezeichnung eines Bezugsberechtigten (Abs. 2)	7
B.	Abschluss einer Fremdversicherung	2			
I.	Fremdversicherung für eigene Rechnung (Abs. 1)	3	D.	Verwandte Fälle	8
II.	Fremdversicherung für fremde Rechnung	6	E.	Beweislast	11

Schrifttum: *Manthey,* Kann ein Versicherungsnehmer dem „Dritten" iSd § 181 Abs. 2 VVG im Wege der analogen Anwendung dieser Vorschrift gleichgestellt werden?, VersR 1973, 803. Vgl. iÜ die Angaben bei § 178.

A. Inhalt und Normzweck

Die Vorschrift sucht für zwei Situationen zu verhindern, dass vom **Eintritt des Versicherungsfalls profitiert,** wer ihn rechtswidrig und vorsätzlich **herbeigeführt** hat. Abs. 1 betrifft die Herbeiführung des Versicherungsfalls durch den **Versicherungsnehmer,** wenn eine Fremdversicherung für eigene Rechnung abgeschlossen wurde (→ Rn. 3 ff.). Abs. 2 bezieht sich auf die Herbeiführung des Versicherungsfalls durch einen vom Versicherungsnehmer eingesetzten **Bezugsberechtigten.**   1

B. Abschluss einer Fremdversicherung

Führt der Versicherungsnehmer nach Abschluss einer **Fremdversicherung** (→ § 179 Rn. 1) durch eigenes Verhalten den Versicherungsfall herbei, kommt es darauf an, ob es sich um eine Fremdversicherung für eigene oder für fremde Rechnung handelt (→ § 179 Rn. 3).   2

---

[8] Vgl. BGH VersR 2009, 492.
[9] BGH VersR 2012, 92; 2014, 1244; OLG Karlsruhe VersR 2014, 1244.
[10] Vgl. allg. *Habersack* in Ulmer/Brandner/Hensen, AGB-Recht, 13. Aufl. 2022, BGB § 309 Nr. 12 Rn. 8.

I. Fremdversicherung für eigene Rechnung (Abs. 1)

3   Nach **Abs. 1** besteht bei einer Fremdversicherung für eigene Rechnung keine Leistungspflicht des Versicherers, wenn der Versicherungsnehmer den **Unfall** widerrechtlich und vorsätzlich **herbeigeführt** hat. Andernfalls bestünde nämlich ein Anreiz für den Versicherungsnehmer, den Unfall zu Lasten der Gefahrperson zu verursachen und die Leistung zu einfordern. Es handelt sich um eine Sonderregelung zu § 81, der auf die Unfallversicherung – auch soweit sie als Schadensversicherung abgeschlossen wird – keine Anwendung findet.[1] Eine entsprechende Regelung enthält § 162 Abs. 1 für die Lebensversicherung.

4   Die Herbeiführung des Unfalls ist in aller Regel mit einer Verletzung von Körper, Gesundheit oder Leben der versicherten Person verbunden. **Rechtswidrigkeit** setzt voraus, dass nicht ausnahmsweise die Voraussetzungen eines Rechtfertigungsgrundes (vgl. §§ 227–229 BGB; §§ 32, 34 StGB) vorliegen. „**Vorsatz**" meint den zivilrechtlichen Vorsatzbegriff, der ein Wissen und Wollen des pflichtwidrigen Erfolges, dh auch das Bewusstsein rechtswidrigen Handelns voraussetzt (Vorsatztheorie).[2] Ausreichend ist, dass der Versicherungsnehmer mit bedingtem Vorsatz handelt, dh den als möglich erkannten pflichtwidrigen Erfolg billigend in Kauf nimmt.[3]

5   Da die Vorschrift den Versicherten schützt, kann sie nach ihrer Ratio nicht durch die Vertragsparteien abbedungen werden; sie ist daher **zwingend**.[4]

II. Fremdversicherung für fremde Rechnung

6   **Abs. 1** findet nach seiner ratio legis **keine** (entsprechende) **Anwendung**, wenn der Versicherungsnehmer den Versicherungsfall nach Abschluss einer **Fremdversicherung für fremde Rechnung** (vgl. § 179 Abs. 1 S. 2, → § 179 Rn. 3, 14 ff.) herbeiführt.[5] In diesem Fall stehen die Rechte aus der Versicherung dem Versicherten (§ 43 Abs. 1) zu, so dass nicht zu befürchten steht, dass der Versicherungsnehmer aus Habgier den Versicherungsfall verursacht. Infolgedessen bleibt der Versicherer leistungspflichtig.

C. Bezeichnung eines Bezugsberechtigten (Abs. 2)

7   Hat der Versicherungsnehmer nach § 185 einen Bezugsberechtigten eingesetzt und führt dieser den Unfall durch rechtswidrig-vorsätzliches Verhalten (→ Rn. 5) herbei, so bleibt der Versicherer zwar leistungspflichtig, jedoch gilt die **Einsetzung** des Bezugsberechtigten als **nicht erfolgt**. Auf diese Weise kann auch der Bezugsberechtigte aus seinem Verhalten keine Vorteile ziehen. Ein Ausgleich wird hier nicht erst iRd zwischen Versicherungsnehmer und Bezugsberechtigtem bestehenden Valutaverhältnisses entwickelt, sondern einfach und pragmatisch bereits auf der Ebene des Versicherungsvertrages (Deckungsverhältnis) vollzogen. Die Leistung steht dann bei einer Eigenversicherung und einer Fremdversicherung für eigene Rechnung dem Versicherungsnehmer oder dessen Erben, bei einer Fremdversicherung für fremde Rechnung dem Versicherten bzw. dessen Erben zu. Gehört zu den Erben auch der Bezugsberechtigte, kann von den Anfechtungsberechtigten Erbunwürdigkeitsklage (§ 2339 Abs. 1 Nr. 1, § 2341 BGB) erhoben werden.[6] Zur Abdingbarkeit gilt das zu → Rn. 5 Gesagte; die Vorschrift ist zwingend. Eine entsprechende Regelung enthält § 162 Abs. 2 für die Lebensversicherung.

D. Verwandte Fälle

8   Wird der Versicherungsfall im Rahmen einer Fremdversicherung von der **Gefahrperson** vorsätzlich herbeigeführt, handelt es sich von vornherein nicht um einen vom Versicherungsschutz umfassten Unfall, weil es an einer unfreiwillig erlittenen Gesundheitsbeeinträchtigung fehlt (→ § 178 Rn. 89 ff.). Der Versicherer bleibt also leistungsfrei.

---

[1]   Begr. RegE, BT-Drs. 16/3945, 108.
[2]   Vgl. nur *Grüneberg* in Grüneberg BGB § 276 Rn. 10 f.
[3]   *Grüneberg* in Grüneberg BGB § 276 Rn. 10 f.
[4]   Vgl. auch *Brömmelmeyer* in Schwintowski/Brömmelmeyer/Ebers VVG § 183 Rn. 9.
[5]   *Brömmelmeyer* in Schwintowski/Brömmelmeyer/Ebers VVG § 183 Rn. 4; *Knappmann* in Prölss/Martin VVG § 183 Rn. 2.
[6]   OLG Hamm VersR 1988, 458; *Rüffer* in HK-VVG § 183 Rn. 2.

Ist der Unfall rechtswidrig und vorsätzlich von dem (späteren) **Erben der Gefahrperson** 9
verursacht worden, findet Abs. 1 keine analoge Anwendung, weil der Erbe durch den Unfall des
Versicherten (abgesehen vom Fall einer Tötung) nicht unmittelbar begünstigt wird.[7] Hier können
später die Anfechtungsberechtigten (§ 2341 BGB) jedoch Erbunwürdigkeitsklage (§ 2339 Abs. 1
Nr. 1 BGB) erheben.

Die Rechtsstellung eines **Zessionars** oder **Pfandgläubigers** beruht zwar, anders als die eines 10
Bezugsberechtigten, nicht auf dem Versicherungsvertrag selbst, sondern auf einem eigenständigen
Rechtsakt (Abtretung, Verpfändung, Pfändung). Bei Herbeiführung des Versicherungsfalls durch
einen dieser Rechtsnachfolger bietet es sich gleichwohl an, auch in diesem Fall die einfache und
„schneidige" Lösung des Abs. 2 (→ Rn. 7) im Wege einer Analogie heranzuziehen, um den jeweiligen Unfallverursacher nicht von seinem rechtswidrig-schuldhaften Verhalten profitieren zu lassen.[8]
Zu den Rechtsfolgen → Rn. 7.

E. Beweislast

Die Beweislast für die Voraussetzungen des Abs. 1 und 2 trägt der **Versicherer**. Er muss also 11
nachweisen, dass der Versicherungsnehmer bzw. Bezugsberechtigte den Versicherungsfall rechtswidrig und vorsätzlich herbeigeführt hat.

§ 184 Abwendung und Minderung des Schadens
Die §§ 82 und 83 sind auf die Unfallversicherung nicht anzuwenden.

Schrifttum: Vgl. die Angaben bei § 178.

A. Inhalt und Normzweck

Die Vorschrift **schließt,** soweit es sich bei der Unfallversicherung um eine Schadensversi- 1
cherung handelt (→ Vor § 178 Rn. 4, zB Bergungskostenversicherung) die Anwendbarkeit der
für die Schadensversicherung geltenden **Vorschriften** über die **Abwendung und Minderung
des Schadens** sowie **Aufwendungsersatz** in den §§ 82 und 83 **aus,** weil die allgemeinen
Vorschriften über die Rettungsobliegenheiten (Aufwendungsersatzanspruch des Versicherungsnehmers) in der Unfallversicherung als nicht angemessen erscheinen[1] angesichts des Umstands,
dass hier eine Leistungspflicht des Versicherers nicht ohne weiteres, sondern nur bei Eintritt
zusätzlicher Voraussetzungen (etwa: Invalidität) eintritt.[2] Auf die (idR) als Summenversicherung
abgeschlossene Unfallversicherung sind diese Bestimmungen ohnehin nicht anwendbar. Der Versicherer ist allerdings nicht gehindert, im Rahmen der Zumutbarkeit Obliegenheiten für die Zeit
nach Eintritt des Versicherungsfalls vertraglich zu vereinbaren (→ Rn. 3).[3] Vor dem Inkrafttreten
der Reform hatte der Versicherungsnehmer aufgrund der halbzwingenden Vorschrift des § 183
VVG aF nach Eintritt des Unfalls für die Abwendung und Minderung der Unfallfolgen zu
sorgen. Diese Regelung wurde gestrichen und durch die in der vorliegenden Bestimmung enthaltene Klarstellung ersetzt.

B. Keine Anwendung der §§ 82, 83

In § 82 Abs. 1, 2 werden die in der Schadensversicherung bestehenden Schadensabwendungs- 2
und Schadensminderungsobliegenheiten des Versicherungsnehmers geregelt (Abwendung, Minderung, Pflicht zur Einholung von Weisungen des Versicherers) und die Folgen einer Obliegenheitsverletzung (§ 82 Abs. 3, 4) bestimmt. Unter welchen Voraussetzungen der Versicherer dem Versiche-

---

[7] *Knappmann* in Prölss/Martin VVG § 183 Rn. 3.
[8] Vgl. *Leverenz* in Bruck/Möller VVG § 183 Rn. 11, 12; *Knappmann* in Prölss/Martin VVG § 183 Rn. 3.
[1] Begr. RegE, BT-Drs. 16/3945, 108.
[2] *Knappmann* in Prölss/Martin VVG § 184 Rn. 1.
[3] Begr. RegE, BT-Drs. 16/3945, 108.

rungsnehmer Aufwendungen für Maßnahmen der Schadensabwendung und -minderung erstatten muss, regelt § 83. Diese Bestimmungen **gelten** in der Unfallversicherung **nicht**.

C. Vertragliche Obliegenheiten nach Eintritt des Versicherungsfalls

3   Da die Vorschrift die Vereinbarung vertraglicher Obliegenheiten nicht ausschließt (→ Rn. 1), verpflichten die AUB in ihrer Ziff. 7 AUB den Versicherungsnehmer bzw. Versicherten, nach Eintritt eines Unfalls Vorkehrungen zur Geringhaltung des Schadens und zur reibungslosen Abwicklung des Versicherungsfalls zu treffen (Beiziehung eines Arztes, wahrheitsgemäße Angaben zum Versicherungsfall). Zur Kostentragungspflicht des Versicherers in diesem Fall vgl. etwa Ziff. 7.3 Abs. 3 AUB. Die Folgen einer Obliegenheitsverletzung regelt Ziff. 8 AUB. Zu den Einzelheiten → § 178 Rn. 294 ff.

§ 185 Bezugsberechtigung

Ist als Leistung des Versicherers die Zahlung eines Kapitals vereinbart, sind die §§ 159 und 160 entsprechend anzuwenden.

Übersicht

	Rn.		Rn.
A. Inhalt und Normzweck	1	II. Bezeichnung eines Bezugsberechtigten (§§ 185, 159)	3
B. Bezeichnung eines Bezugsberechtigten in der Unfallversicherung	2	III. Rechtsfolgen der Einsetzung	7
I. Funktion des Rechtsinstituts	2	C. Auslegung der Bezugsberechtigung (§§ 185, 160)	8

Schrifttum: Vgl. die Angaben bei § 178.

A. Inhalt und Normzweck

1   Die (abdingbare) Vorschrift erlaubt dem Versicherungsnehmer, auch in der Unfallversicherung einen **Bezugsberechtigten einzusetzen,** wenn als Leistung des Versicherers die Zahlung eines Kapitals vereinbart ist. Dazu sieht die Bestimmung eine **analoge Anwendung** der einschlägigen Vorschriften aus der Lebensversicherung (§§ 159, 160) über die Art und Weise der Einsetzung eines Bezugsberechtigten, die Wirkungen der Einsetzung und die Auslegung der Bezugsberechtigung vor. Eine partiell deckungsgleiche Verweisung enthielt § 180 VVG aF.

B. Bezeichnung eines Bezugsberechtigten in der Unfallversicherung

I. Funktion des Rechtsinstituts

2   Ist in der Unfallversicherung die **Zahlung** eines **Kapitals** vereinbart worden, kann der Vertrag in der Weise als **Vertrag zugunsten Dritter** iSd §§ 328 ff. BGB geschlossen werden, dass dem Versicherungsnehmer das Recht eingeräumt wird, sofort mit Abschluss des Vertrages oder durch nachträgliche Ausübung einen Dritten als Bezugsberechtigten einzusetzen (§§ 185, 159 Abs. 1). Praktisch geschieht dies in erster Linie mit Blick auf die versprochene Todesfallleistung (Ziff. 2.6 AUB), so dass der Versicherungsnehmer diese Vertragsgestaltung zB zum **Zwecke** der **Angehörigenversorgung** einsetzen kann.[1] Die an den Begünstigten ausgezahlte Versicherungssumme fällt nämlich nicht in den Nachlass und unterliegt daher nicht dem Zugriff der Nachlassgläubiger. Daneben könnte das Recht auf Bezug einer Kapitalzahlung aber auch im Rahmen einer Unfallversicherung mit Prämienrückgewähr[2] oder – jedenfalls theoretisch – im Hinblick auf die Invaliditätsleistung

---

[1] Vgl. *Sieg* FS Klingmüller, 1974, 447 (462).
[2] Vgl. *Leverenz* in Bruck/Möller VVG § 184 Rn. 6.

selbst (Ziff. 2.1.2.1, → § 178 Rn. 230) oder eine Übergangsleistung (Ziff. 2.3.2 AUB, → § 178 Rn. 251 ff.) vereinbart werden.

II. Bezeichnung eines Bezugsberechtigten (§§ 185, 159)

Ob der Versicherungsvertrag die Einsetzung eines Bezugsberechtigten gestattet, ist durch Auslegung (§§ 133, 157 BGB) zu ermitteln. In Ziff. 12.3 AUB wird die Übertragung eines Versicherungsanspruchs – und damit auch die Bezeichnung eines Bezugsberechtigten – vor Fälligkeit von der Zustimmung des Versicherers abhängig gemacht.[3] Enthält der Versicherungsvertrag aber keine klare Aussage, ist nach der Auslegungsregel des § 159 Abs. 1 davon auszugehen, dass dem Versicherungsnehmer **im Zweifel** ein solches Recht **zustehen** soll. Die Einsetzung des Bezugsberechtigten erfolgt dann durch eine an den Versicherer gerichtete einseitige empfangsbedürftige Erklärung, die keiner Annahme oder Bestätigung bedarf (arg. § 159 Abs. 1 iVm § 332 BGB). Die Einsetzung ist von Gesetzes wegen formlos möglich, soweit nicht AVB eine Abgabe in Schrift- oder Textform vorschreiben. Eine Vereinbarung über die Einsetzung des Dritten allein im Verhältnis zwischen diesem und dem Versicherungsnehmer stellt im Verhältnis zum Versicherer keine wirksame Ausübung des Bezeichnungsrechts dar.[4] Handelt es sich um eine Fremdversicherung für eigene Rechnung (→ § 179 Rn. 4 ff.), bedarf es iÜ zu ihrer Wirksamkeit einer schriftlichen Einwilligung der Gefahrperson (vgl. § 179 Abs. 2 S. 1).[5] Dagegen ist eine Zustimmung des Bezugsberechtigten nicht erforderlich, allerdings kann dieser den Erwerb zurückweisen (§ 333 BGB). Die Einsetzung kann auch wirksam vorgenommen werden, ohne dass der Bezugsberechtigte davon Kenntnis erhält.

Wird das Recht auf die Leistung des Versicherers von dem Bezugsberechtigten nicht erworben, weil dieser etwa das Recht nach § 333 BGB zurückweist oder vorverstorben ist, steht es gem. §§ 185, 160 Abs. 3 dem Versicherungsnehmer zu. Ohne Einsetzung eines Bezugsberechtigten fällt die Versicherungsleistung beim Tod des Versicherungsnehmers in dessen Nachlass.[6]

Nach § 159 Abs. 1 ist der Versicherungsnehmer nicht nur zur **Bezeichnung** eines Bezugsberechtigten, sondern im Zweifel auch zu dessen **Auswechslung** befugt. Daraus lässt sich schließen, dass die Einsetzung des Dritten vermutungsweise **als widerruflich** anzusehen sein soll. Ein Dritter, der auf diese Weise zum Bezugsberechtigten eingesetzt wurde, erwirbt das Recht auf die Leistung des Versicherers erst mit Eintritt des Versicherungsfalls (§§ 185, 159 Abs. 2). Soweit es um die Todesfallleistung geht, ist dies aber nicht bereits der Unfall, sondern erst der Eintritt des Todes.[7] Bis dahin steht dem Bezugsberechtigten kein Recht auf die Leistung, sondern nur eine Chance auf deren Erhalt zu.[8] Widerruf bzw. Auswechslung erfolgen in gleicher Weise wie die Einsetzung durch Erklärung gegenüber dem Versicherer und können auch in einer Verfügung von Todes wegen vorgenommen werden (§ 332 BGB), soweit sich aus den AVB nicht etwas anderes ergibt. Auch dieser Vorgang wird aber durch Ziff. 12.3 AUB erfasst und somit, soweit diese Bedingungen Anwendung finden, von der Zustimmung des Versicherers abhängig gemacht. Hat ein Arbeitgeber eine Gruppenversicherung für seine Mitarbeiter abgeschlossen, müssen ein Wechsel der Bezugsberechtigung dem Versicherer mitgeteilt werden. Eine Erklärung gegenüber dem Arbeitgeber genügt grds. nicht und nur dann, wenn der Versicherer diesen als Stellvertreter oder Empfangsboten eingesetzt hat.[9]

Ist ein Dritter **unwiderruflich** zum **Bezugsberechtigten** bestimmt worden, erwirbt er das Recht auf Leistung sofort mit seiner Einsetzung (§§ 185, 159 Abs. 3). Es kann aber natürlich erst bei Eintritt des Versicherungsfalls geltend gemacht werden, bei einer Todesfallleistung also dann, wenn der Versicherte unfallbedingt verstirbt. Da eine unwiderrufliche Bezugsberechtigung nach § 159 Abs. 1 die Ausnahme darstellt, muss der Versicherungsnehmer eine solche Einsetzung deutlich zum Ausdruck bringen.

III. Rechtsfolgen der Einsetzung

Mit Eintritt des Versicherungsfalls erhält der Bezugsberechtigte nach § 331 BGB einen Leistungsanspruch gegen den Versicherer, dessen **Inhalt** sich aus dem **Versicherungsvertrag** ergibt.[10]

---

[3] Anders *Jannsen* in Schubach/Jannsen AUB Nr. 12 Rn. 19.
[4] Vgl. BGH VersR 1996, 1089.
[5] BGHZ 32, 44 (49) = VersR 1963, 913; *Rüffer* in HK-VVG § 185 Rn. 1.
[6] BGHZ 32, 44 (47 f.) = VersR 1963, 913.
[7] *Knappmann* in Prölss/Martin VVG § 185 Rn. 1; *Brömmelmeyer* in Schwintowski/Brömmelmeyer/Ebers VVG § 185 Rn. 1.
[8] BGH VersR 1993, 689.
[9] BGH VersR 2013, 1121.
[10] BGHZ 128, 125 (132) = VersR 1995, 282.

§ 186 Teil 2. Einzelne Versicherungszweige. Kap. 7. Unfallversicherung

Allerdings kann im Verhältnis zu den Erben des Versicherungsnehmers der Rechtsgrund für die Erlangung der Versicherungssumme entfallen, wenn diese das zwischen dem verstorbenen Versicherungsnehmer und dem Bezugsberechtigten bestehende Valutaverhältnis rückabwickeln können (Bsp.: Bezugsberechtigung der mittlerweile geschiedenen Ehefrau; Rückabwicklung nach den Grundsätzen über den Wegfall der Geschäftsgrundlage nach § 313 BGB).[11] Liegt im Valutaverhältnis zwischen Versicherungsnehmer-Erblasser und Bezugsberechtigtem eine Schenkung vor, ist die Versicherungssumme außerdem im Rahmen der §§ 2325, 2329 BGB bei der Berechnung der Pflichtteilsergänzungsansprüche zu berücksichtigen.[12]

C. Auslegung der Bezugsberechtigung (§§ 185, 160)

8   Macht der Versicherungsnehmer von seinem Recht zur Einsetzung eines Bezugsberechtigten Gebrauch, ist die Einsetzungserklärung zunächst nach §§ 133, 157 BGB **auszulegen**. Dabei kommt es darauf an, wie sich der Wille des Versicherungsnehmers in seiner Erklärung gegenüber dem Versicherer aus dessen Sicht darstellt.[13] Für bestimmte Zweifelsfälle stellt § 160 Abs. 1, 2 Auslegungsregeln zur Verfügung.

9   Hat der Versicherungsnehmer **mehrere Personen** ohne Bestimmung ihrer Anteile als Bezugsberechtigte bezeichnet, so sind sie nach **§§ 185, 160 Abs. 1 S. 1** zu gleichen Teilen berechtigt. Der von einem Bezugsberechtigten – etwa aufgrund einer Zurückweisung nach § 333 BGB – nicht erworbene Anteil wächst dann den übrigen Berechtigten zu (§ 160 Abs. 1 S. 2).

10 Soll die Leistung des Versicherers nach dem Tod des Versicherungsnehmers an dessen **Erben** erfolgen, sind gem. §§ 185, 160 Abs. 2 S. 1 im Zweifel die zum Zeitpunkt des Todes (gesetzlich oder aufgrund einer Verfügung von Todes wegen) zur Erbfolge berufenen Person **im Verhältnis ihrer Erbteile** (also nicht zu gleichen Teilen) bezugsberechtigt. Diese Einsetzung behält auch dann ihre Wirksamkeit, wenn einer der bezugsberechtigten Erben die Erbschaft ausschlägt (§ 160 Abs. 2 S. 2). Hat der Versicherungsnehmer einen „Erben laut Testament" zum Bezugsberechtigten eingesetzt, wird dadurch aber die Bezugsberechtigung nicht nach Abs. 2 mit der Erbenstellung verbunden.[14] Dem **Fiskus** steht ein Erbrecht nach Abs. 2 S. 1 nicht zu (§ 160 Abs. 4).

11 Die Einsetzung der **„Ehefrau"** ist nicht ohne weiteres auflösend bedingt durch die Scheidung der Ehe, selbst wenn der Versicherungsnehmer den vollen Namen angeführt hatte.[15] In diesem Fall findet auch § 2077 Abs. 1 BGB (Unwirksamkeit letztwilliger Verfügungen bei Auflösung der Ehe) keine analoge Anwendung.[16]

§ 186 Hinweispflicht des Versicherers

Zeigt der Versicherungsnehmer einen Versicherungsfall an, hat der Versicherer ihn auf vertragliche Anspruchs- und Fälligkeitsvoraussetzungen sowie einzuhaltende Fristen in Textform hinzuweisen. Unterbleibt dieser Hinweis, kann sich der Versicherer auf Fristversäumnis nicht berufen.

Übersicht

	Rn.		Rn.
A. Inhalt und Normzweck	1	III. Fristen	8
B. Entstehungsgeschichte	3	D. Rechtsfolgen einer Verletzung der Hinweispflicht (S. 2)	9
C. Hinweis auf Anspruchsvoraussetzungen und Fristen (S. 1)	4		
I. Hinweispflicht des Versicherers	4	E. Darlegungs- und Beweislast	11
II. Vertragliche Anspruchs- und Fälligkeitsvoraussetzungen	6	F. Treuwidriges Verhalten durch Berufung auf Fristversäumnis	13

---

[11] BGHZ 128, 125 (132) = VersR 1995, 282.
[12] Einzelheiten bei *Edenhofer* in Grüneberg BGB § 2325 Rn. 13.
[13] BGH VersR 1975, 1020.
[14] BayObLG VersR 1995, 649.
[15] BGH VersR 1975, 1020.
[16] BGH VersR 1975, 1020.

Schrifttum: *Jacob,* Treu und Glauben in der privaten Unfallversicherung, VersR 2007, 456; *Kloth,* Wie weist der Unfallversicherer zukünftig den Weg? – Ein kritischer Beitrag zur neuen Hinweispflicht des Unfallversicherers nach § 186 VVGE, r+s 2007, 397; *Manthey,* Wann ist dem Unfallversicherer die Berufung auf die formellen Voraussetzungen des § 7 Abs. 1 AUB 1988 (§ 8 Abs. 2 AUB 1961) verwehrt?, NVersZ 2001, 55. Vgl. iÜ die Angaben bei § 178.

A. Inhalt und Normzweck

Die Vorschrift verpflichtet den Versicherer, den **Versicherungsnehmer** nach Anzeige eines Versicherungsfalls über vertraglich vereinbarte Anspruchs- und Fälligkeitsvoraussetzungen sowie Fristabläufe zu **informieren** (S. 1 → Rn. 4 ff.). Unterbleiben diese Hinweise, kann der Versicherer sich auf die vereinbarten Folgen einer Fristversäumnis nicht berufen (S. 2 → Rn. 10 f.). Dies gilt insbes. für die in Ziff. 2.1.1.2, 2.1.1.3 AUB enthaltene (hier allerdings partiell für unwirksam angesehene, → § 178 Rn. 224) Regelung, dass eine Invalidität innerhalb eines Jahres nach dem Unfall eingetreten sein und innerhalb von fünfzehn Monaten nach dem Unfall ärztlich festgestellt und beim Versicherer geltend gemacht worden sein muss.[1] Eine Parallelregelung enthält § 188 Abs. 2. 1

Der Gesetzgeber verfolgte mit der Hinweisobliegenheit zwei Ziele. Er wollte zum einen mit der Begründung einer solchen Informationsobliegenheit die **Rechtsstellung** des **Versicherungsnehmers** verbessern, der derartige zeitliche Beschränkungen seines Anspruchs nicht unbedingt erwartet, zumal sich ärztliche Untersuchungen oder Behandlungen nach einem Unfall längere Zeit hinziehen können, ohne dass dem Versicherten die ärztliche Prognose erkennbar wird. Zum andern sollten aber auch **unnötige Rechtsstreitigkeiten vermieden** werden, weil die Nichtbeachtung der Fristen in der Praxis eine Reihe von Streitfragen aufwirft.[2] Die Vorschrift ist **halbzwingend** (§ 191 BGB). 2

B. Entstehungsgeschichte

Die Vorschrift ist in das VVG **neu eingefügt** worden und hat kein Vorbild in der früheren Gesetzesfassung. Der Gesetzgeber folgt hier einem Vorschlag der Reformkommission.[3] Mit seiner Entscheidung für eine generelle Hinweispflicht des Versicherers beseitigt er die zuvor in der Rspr. entstandene Unsicherheit darüber, ob der Versicherer überhaupt nicht oder doch wenigstens in Ausnahmefällen[4] gehalten ist, den Versicherungsnehmer über einzuhaltende Fristen zu informieren. 3

C. Hinweis auf Anspruchsvoraussetzungen und Fristen (S. 1)

I. Hinweispflicht des Versicherers

Nach einer (schriftlichen oder mündlichen) Anzeige des Versicherungsfalls durch den Versicherungsnehmer oder Versicherten (vgl. § 30 Abs. 1) muss der Versicherer den Versicherungsnehmer in Textform (§ 126b BGB) auf bestimmte **fristgebundene Voraussetzungen** seines Anspruchs **hinweisen**. Dies gilt auch dann, wenn der Versicherungsnehmer anwaltlich vertreten wird.[5] Die Hinweise sollten im eigenen Interesse des Versicherers (→ Rn. 9) möglichst unverzüglich erfolgen.[6] Sie können in das dem Versicherungsnehmer übersandte Schadensanzeigeformular aufgenommen werden,[7] erfüllen die Hinweispflicht des S. 1 aber nur, wenn sie für den durchschnittlichen Versicherungsnehmer verständlich formuliert und in dem Formular ohne Schwierigkeiten auffindbar sind. Eine besondere drucktechnische Hervorhebung wird vom Gesetz aber gerade nicht verlangt.[8] 4

---

[1] Vgl. RegE BT-Drs. 16/3945, 109.
[2] RegE BT-Drs. 16/3945, 109; krit. *Leverenz* in Bruck/Möller VVG § 186 Rn. 5 ff.
[3] *Lorenz,* Abschlussbericht der VVG-Kommission, VersR-Schriftenreihe Bd. 25, 2004, S. 137.
[4] BGHZ 162, 210 (218) = VersR 2005, 639; BGHZ 165, 167 (169 f.) = VersR 2006, 352; OLG Hamm VersR 2005, 1069; OLG Saarbrücken VersR 2007, 487 und r+s 2008, 30; dazu auch *Jacob* VersR 2007, 456.
[5] Vgl. dazu BGHZ 165, 167 (170) = VersR 2006, 352.
[6] Vgl. auch *Kloth* r+s 2007, 397 (398).
[7] *Langheid* NJW 2007, 3745 (3748); *Brömmelmeyer* in Schwintowski/Brömmelmeyer/Ebers VVG § 186 Rn. 7.
[8] *Knappmann* in Prölss/Martin VVG § 186 Rn. 3.

4.1 Die heftig umstrittene Frage, ob die **Hinweispflicht** des Versicherers nicht nur gegenüber dem Versicherungsnehmer, sondern analog S. 1 auch **gegenüber** einem **versicherten Dritten** besteht,[9] hat der BGH aufgrund einer historischen, systematischen und teleologischen Interpretation bei einer Fremdversicherung für fremde Rechnung verneint,[10] und zwar auch für den Fall, dass der Versicherungsfall von dem Versicherten angezeigt wird.[11] Das Gericht begründet seinen Standpunkt damit, dass ungeachtet des sich aus § 44 Abs. 1 ergebenden Zahlungsanspruchs des Versicherten dem Versicherungsnehmer die „formell-materielle Befugnis" zur Geltendmachung der Vertragsrechte verbleibe und das Risiko einer Fristversäumnis eben der Versicherte tragen müsse, da sich dessen Rechtsstellung von der des (natürlich zu informierenden) Versicherungsnehmers ableite. Diese Argumentation greift aber zu kurz. Die Fremdversicherung für fremde Rechnung ist ein (echter) Vertrag zugunsten Dritter i.S. der §§ 328 ff. BGB (→ § 179 Rn. 15),[12] bei dem sich nach allgemeiner Auffassung aus dem zwischen Schuldner und Drittem bestehenden gesetzlichen Vertrauensverhältnis Schutz- und Hinweispflichten und bei deren Verletzung ggf. auch Schadensersatzansprüche aus culpa in contrahendo ergeben können.[13] Um derartige Nebenpflichten geht es hier. Zeigt der Versicherte einen Versicherungsfall an, bedarf in der Regel auch er eines Hinweises auf Anspruchs- und Fälligkeitsvoraussetzungen. Die Interessenlage für den Versicherten und den auf eigene Rechnung handelnden Versicherungsnehmer ist also deckungsgleich. Dem sollte durch eine analoge Anwendung des § 186 Rechnung getragen werden. Zutreffend ist die Auffassung des BGB aber für den Fall einer Fremdversicherung für eigene Rechnung (→ § 179 Rn. 4 ff., 14 f.), da in diesem Fall die Rechte aus dem Versicherungsvertrag allein dem Versicherungsnehmer und nicht dem Versicherten zustehen.[14]

5 Dass die Hinweise des Versicherers auf fristgebundene **Voraussetzungen** eines Anspruchs (etwa auf die Länge der in Ziff. 2.1.1.2 bzw. Ziff. 2.1.1.3 AUB genannten Fristen[15]) **vollständig** und **zutreffend** sein müssen, um der Obliegenheit zu genügen, versteht sich von selbst. Nach Treu und Glauben kann ein mehrfacher Hinweis geboten sein.[16] Um die Notwendigkeit der Fristeinhaltung zutreffend beurteilen zu können, müssen dem Versicherungsnehmer aber auch die **Rechtsfolgen einer Fristverletzung** vor Augen geführt werden,[17] nicht jedoch, unter welchen Voraussetzungen er dem Einwand der Fristversäumnis Gegenrechte entgegenhalten kann.[18] Fraglich ist darüber hinaus, ob der Versicherer zusätzlich noch Informationen über **Form** und **Inhalt** der vom Versicherungsnehmer zu erwartenden Erklärungen geben, diesen etwa darüber informieren muss, dass die fristgebundene ärztliche Invaliditätsfeststellung schriftlich zu erfolgen hat (Ziff. 2.1.1.2, Abs. 1, 2. Spiegelstrich AUB) und welchen Inhalt sie nach der Rspr. aufweisen muss (→ § 178 Rn. 219).[19] Während der Wortlaut des Abs. 1 („Anspruchsvoraussetzungen") eine derart extensive Interpretation zulässt, ist in der Gesetzesbegründung allein von zeitlichen Voraussetzungen (Frist, Fälligkeit) eines Anspruchs die Rede.[20] In Anbetracht des Umstands, dass die Bestimmung (auch) auf eine Prozessprophylaxe abzielt (→ Rn. 2), liegt es in der Tat nahe, vom Versicherer auch Informationen zum Inhalt der vom Versicherungsnehmer beizubringenden Erklärungen zu verlangen.[21] Eine solche Offenheit hilft Prozesse zu vermeiden und belastet den Versicherer kaum. Allerdings müssen knappe, den Versicherungsnehmer auf die Probleme stoßende Hinweise reichen. Ausführliche Erläuterungen zum Stand der Rspr. können vom Versicherer nicht erwartet werden. Eine Verpflichtung des Versicherers zu einem Hinweis auch auf die Fallgruppen, in denen er sich nach Treu und Glauben nicht auf eine Fristversäumnis des Versicherungsnehmers berufen darf (→ Rn. 13 ff.), wird vom Wortlaut der Vorschrift nicht mehr gedeckt.[22]

---

[9] Vgl. *Knappmann* in Prölss/Martin VVG § 186 Rn. 9 (bei Anzeige durch den Versicherten); *Götz* in Looschelders/Pohlmann § 186 Rn. 5; ebenso Voraufl.

[10] BGH VersR 2019, 931; ebenso bereits OLG Saarbrücken r+s 2017, 432; OLG Karlsruhe VersR 2018, 544; zu Recht krit. *Prahl* VersR 2020, 267.

[11] Insoweit anders *Rüffer* in HK-VVG § 186 Rn. 3.

[12] Vgl. nur *Klimke* in Prölss/Martin VVG Vor § 43 Rn. 14; *Koch* in Looschelders/Pohlmann § 43 VVG Rn. 10.

[13] Vgl. etwa *Grüneberg* in Grüneberg Einf. Vor §§ 328 ff. BGB Rn. 5; *Gottwald* in MüKo BGB § 328 Rn. 31; dazu kritisch *Prahl* VersR 2020, 267.

[14] Vgl. auch OLG Oldenburg VersR 2018, 405.

[15] Vgl. OLG Saarbrücken r+s 2015, 306.

[16] OLG Naumburg r+s 2015, 307.

[17] *Rüffer* in HK-VVG § 186 Rn. 5; *Knappmann* in Prölss/Martin VVG § 186 Rn. 2.

[18] OLG Dresden VersR 2019, 1280.

[19] Näher dazu *Kloth* r+s 2007, 398 f.

[20] Vgl. RegE BT-Drs. 16/3945, 109.

[21] Zu dieser Lösung neigt das Schrifttum, vgl. etwa *Kloth* r+s 2007, 397 (398 f.); *Brömmelmeyer* in Schwintowski/Brömmelmeyer/Ebers VVG § 186 Rn. 14 f.; anders aber OLG Dresden VersR 2019, 1280.

[22] Ebenso *Klimke* VersR 2010, 290 (293); vgl. aber auch *Kloth* Unfallversicherung Kap. G Rn. 88 ff., 91 (Hinweise vorsichtshalber).

II. Vertragliche Anspruchs- und Fälligkeitsvoraussetzungen

Nach dem Wortlaut der Vorschrift hat der Versicherer auf „vertragliche Anspruchsvoraussetzun- 6
gen" hinzuweisen. Damit ist aber keineswegs gemeint, dass der Versicherer den Versicherungsnehmer etwa auf allgemeine Voraussetzungen eines Leistungsanspruchs (wirksamer Vertragsabschluss, Eintritt eines Unfalls etc) aufmerksam machen müsste. Aus der Gesetzesbegründung ergibt sich ganz klar, dass die Vorschrift allein auf „zeitliche", also **fristgebundene Voraussetzungen der Leistungsansprüche** abzielt. Mit den „vertraglichen Anspruchsvoraussetzungen" nimmt die Gesetzesbegründung[23] auf die stRspr des BGH zu den Voraussetzungen einer Invaliditätsleistung Bezug (Ziff. 2.1.1.2 AUB; zur Wirksamkeit dieser Klausel → § 178 Rn. 216, 224, 228), in der die rechtzeitige ärztliche Feststellung der Invalidität als Anspruchsvoraussetzung verstanden wird (→ § 178 Rn. 217).[24] Die Hinweispflicht gilt aber auch für alle anderen Fälle, in denen ein Versicherer ähnliche Voraussetzungen für seine Leistungsverpflichtung aufstellt.[25] So ist bspw. auch eine Information über die 15-Monatsfrist im Hinblick auf den Eintritt der Invalidität in Ziff. 2.1.1.2 Abs. 1, 1. Spiegelstrich AUB keineswegs überflüssig.[26] Zwar kann der Versicherungsnehmer die Frist streng genommen nicht „einhalten", weil der Invaliditätseintritt sich seiner Einflussnahme entzieht. Immerhin wird ihm durch einen Hinweis darauf vor Augen geführt, dass er seinen körperlichen oder geistigen Zustand innerhalb des ersten Jahres nach dem Unfall besonders sorgfältig kontrollieren muss. Unterbleibt ein solcher Hinweis des Versicherers, kann – da dies Versäumnis nicht für einen verspäteten Eintritt der Invalidität kausal sein kann – die Rechtsfolge des S. 2 allerdings nicht eintreten.

„**Vertragliche Fälligkeitsvoraussetzungen**" sehen zB die AUB in ihrer Ziff. 9 Vor 1 AUB 7
vor, wonach die Leistungen des Versicherers nur dann fällig werden, wenn der Versicherungsnehmer zuvor die erforderlichen Nachweise zu Unfall und Invalidität beigebracht hat.[27] Ein entsprechender Hinweis macht dem Versicherungsnehmer deutlich, dass eine nachlässige Beschaffung der Unterlagen eine Verzögerung der Leistung zur Folge haben kann. Ein Hinweis auf die in § 14 enthaltenen *gesetzlichen* Fälligkeitsvoraussetzungen (Abschluss der zur Feststellung des Versicherungsfalls und des Umfangs der Leistungspflicht notwendigen Erhebungen) ist dagegen nicht erforderlich.[28]

III. Fristen

Daneben hat der Versicherer auf die vom Versicherungsnehmer einzuhaltenden Fristen aufmerk- 8
sam zu machen, so bspw. auf die Ausschlussfristen (→ § 178 Rn. 227) zur Geltendmachung eines Anspruchs auf Erbringung einer Invaliditätsleistung nach Ziff. 2.1.1.3 AUB oder auf Zahlung eines Übergangsgeldes (→ § 178 Rn. 254) nach Ziff. 2.3.1.2 AUB. Entsprechendes gilt für die in Ziff. 7.5 Abs. 1 AUB vorgesehene Frist zur Anzeige eines Todesfalls innerhalb von 48 Stunden (→ § 178 Rn. 312). Im Hinblick auf die Dreijahresfrist für die Neubemessung des Invaliditätsgrades nach § 188 Abs. 1 bzw. Ziff. 9.4 Abs. 3 AUB enthält § 188 Abs. 2 (→ § 188 Rn. 15) eine Sonderregelung. Ferner ist ein Hinweis auf die „Unverzüglichkeit" einer Obliegenheitserfüllung nach Ziff. 7.1, 2 AUB (→ § 178 Rn. 301, 304) erforderlich. Da sich die Gesetzesformulierung nicht auf vertragliche Fristen beschränkt, muss der Versicherer auch auf die dreijährige Verjährungsfrist für die Leistungsansprüche hinweisen (§ 195 BGB).[29]

D. Rechtsfolgen einer Verletzung der Hinweispflicht (S. 2)

Ist der Versicherer seiner Hinweispflicht nicht oder nicht ordnungsgemäß (→ Rn. 5) nachge- 9
kommen, kann er sich nach **S. 2** auf die **Folgen einer Fristversäumnis nicht berufen**. Gleiches gilt, wenn der Hinweis an den Versicherungsnehmer zu spät erfolgt, so dass dieser bspw. die sich aus Ziff. 7.5 Abs. 1 AUB ergebende Verpflichtung zur Anzeige des Todeseintritts innerhalb von 48 Stunden nicht mehr erfüllen kann. Die gesetzliche Formulierung passt allerdings nur für solche Anwendungsfälle, in denen eine Fristversäumnis des Versicherungsnehmers **Einwendungen** oder **Einreden** des **Versicherers** begründet, ihm bspw. grds. erlaubt, sich auf Leistungsfreiheit wegen

---

[23] RegE BT-Drs. 16/3945, 109.
[24] BGHZ 130, 171 (173 f.) = VersR 1995, 1179; BGH VersR 1998, 175; 2007, 1114.
[25] RegE BT-Drs. 16/3945, 109.
[26] Die hM verneint eine Hinweispflicht, vgl. OLG Dresden *Kloth* r+s 2007, 397 (398); Knappmann in Prölss/Martin VVG § 186 Rn. 1; im Grundsatz ebenso *Brömmelmeyer* in Schwintowski/Brömmelmeyer/Ebers VVG § 186 Rn. 11 f., der aber gleichwohl einen Hinweis empfiehlt.
[27] *Kloth* r+s 2007, 397.
[28] *Kloth* r+s 2007, 397.
[29] Anders *Knappmann* in Prölss/Martin VVG § 186 Rn. 1; *Rixecker* in Langheid/Rixecker VVG § 186 Rn. 2.

vorsätzlicher Verletzung einer befristeten Obliegenheit (Ziff. 7.5, 8 Abs. 1 AUB) oder auf die Ausschlussfrist der Ziff. 2.1.1.3 AUB wegen nicht rechtzeitiger Geltendmachung der Invalidität (→ § 178 Rn. 227) zu berufen oder die Verjährungseinrede (§ 214 Abs. 1 BGB) zu erheben. Dagegen ist der Gesetzeswortlaut nicht weiterführend im Hinblick auf die in Ziff. 2.1.1.2, 2. Spiegelstrich AUB vorgesehene 15-Monatsfrist zur ärztlichen Invaliditätsfeststellung, weil diese von der Rspr. als **Anspruchsvoraussetzung** angesehen wird (→ § 178 Rn. 215) mit der Folge, dass eine Klage des Versicherungsnehmers nur dann schlüssig begründet ist, wenn er auch die Einhaltung der Feststellungsfrist darlegt.[30] Dass der Versicherer sich in diesem Fall seinerseits auf die Nichteinhaltung der Frist beruft, ist hingegen gar nicht erforderlich.[31] Vor diesem dogmatischen Hintergrund muss die Aussage des S. 2 teleologisch korrigiert und in der Weise verstanden werden, dass der Gesetzgeber dem Versicherungsnehmer bei fehlender Belehrung eine alternative Möglichkeit zur schlüssigen Begründung seines Anspruchs zur Verfügung stellen will. Der Versicherungsnehmer kann danach seinen Leistungsanspruch entweder darauf stützen, dass die Invaliditätsvoraussetzungen fristgerecht ärztlich festgestellt worden sind, oder aber vortragen, dass eine verspätete Invaliditätsfeststellung nicht schädlich sei, weil der Versicherer über die Feststellungsfrist nicht ordnungsgemäß belehrt habe.[32]

10 Hat der Versicherer über die Notwendigkeit einer fristgerechten Invaliditätsfeststellung nicht informiert und ist daraufhin zunächst eine ärztliche Feststellung unterblieben, kann der Versicherungsnehmer aber nicht etwa ohne Weiteres die Invaliditätsleistung verlangen; vielmehr muss die **ärztliche Feststellung** einer innerhalb der 15-Monatsfrist (Ziff. 2.1.1.2 Abs. 1, 1. Spiegelstrich AUB) eingetretenen Invalidität innerhalb einer angemessenen Frist außergerichtlich **nachgeholt**[33] und in einem etwaigen Rechtsstreit spätestens in der letzten mündlichen Verhandlung vorgelegt[34] oder im Prozess mittels Sachverständigengutachtens[35] festgestellt werden.

E. Darlegungs- und Beweislast

11 Nach den Ausführungen in → Rn. 9 kann dem Umstand, dass der Versicherer über die fristgebundenen Anspruchsvoraussetzungen nicht ordnungsgemäß informiert hat, dogmatisch eine doppelte Funktion zukommen. Soweit eine Fristversäumnis des Versicherungsnehmers eigentlich Gegenrechte des Versicherers auslöst, hat die unterbliebene Belehrung **anspruchserhaltenden Charakter,** da sie eine Berufung des Versicherers auf Gegennormen verhindert. Soweit die Nichtbelehrung dem Versicherungsnehmer die Gelegenheit bietet, seinen Leistungsanspruch alternativ auch für den Fall zu begründen, dass eine fristgerechte Invaliditätsfeststellung als Anspruchsvoraussetzung nicht dargetan ist, hat sie **anspruchsbegründende Funktion.** Nach allgemeinen Beweislastregeln (→ § 178 Rn. 246) müsste in beiden Fällen der anspruchsberechtigte Versicherungsnehmer den Nachweis führen, dass der Versicherer seiner Belehrungspflicht nicht nachgekommen ist (ggf. unterstützt durch die Annahme einer sekundären Darlegungslast des Versicherers mit Bezug auf die Art und Weise seiner Pflichterfüllung). Da aber der Nachweis einer Nichterfüllung der Hinweispflicht dem Versicherungsnehmer beträchtliche Schwierigkeiten bereiten würde und die Bestimmung gerade auch auf Prozessprophylaxe abzielt (→ Rn. 2), ist davon auszugehen, dass die Bestimmung zwar die Darlegungslast des Versicherungsnehmers unberührt lässt, er sich also auf die Nichtbelehrung berufen muss, iÜ aber eine **Beweislastumkehr** zu Lasten des Versicherers enthält.

12 Mit der völlig hM ist der Versicherer daher als **darlegungs-** und **beweispflichtig** dafür anzusehen, dass er seiner Hinweispflicht ordnungsgemäß nachgekommen ist.[36] Der Nachweis einer Absendung des Hinweisschreibens reicht dazu nicht aus; vielmehr muss der Versicherer nach der Ratio der Vorschrift (→ Rn. 2) auch den Nachweis des Zugangs führen.[37] Dies bereitet keine Schwierigkeiten, wenn die Hinweise in die Schadensanzeige selbst aufgenommen werden.

---

[30] OLG Karlsruhe r+s 2017, 205.
[31] *Kloth* Unfallversicherung Kap. G Rn. 121 ff.; *Brömmelmeyer* in Schwintowski/Brömmelmeyer/Ebers VVG § 186 Rn. 18; OLG Naumburg VersR 2005, 970; OLG Saarbrücken VersR 2007, 487.
[32] *Knappmann* in Prölss/Martin VVG § 186 Rn. 4.
[33] *Kloth* r+s 2007, 397 (398); *Brömmelmeyer* in Schwintowski/Brömmelmeyer/Ebers VVG § 186 Rn. 16; *Knappmann* in Prölss/Martin VVG § 185 Rn. 5.
[34] Vgl. *Knappmann* in Prölss/Martin VVG § 186 Rn. 4.
[35] OLG Saarbrücken r+s 2015, 306; *Rixecker* in Langheid/Rixecker VVG § 186 Rn. 11.
[36] *Knappmann* in Prölss/Martin VVG § 186 Rn. 10; *Brömmelmeyer* Schwintowski/Brömmelmeyer/Ebers VVG § 186 Rn. 17; *Götz* in Looschelders/Pohlmann VVG § 186 Rn. 17; aA *Rixecker* in Langheid/Rixecker VVG § 186 Rn. 3.
[37] Ebenso *Knappmann* in Prölss/Martin VVG § 186 Rn. 10; anders *Mangen* in Beckmann/Matusche-Beckmann VersR-HdB § 47 Rn. 173.

F. Treuwidriges Verhalten durch Berufung auf Fristversäumnis

Selbst bei **Einhaltung der Hinweispflicht** aus § 186 kann es – in Fortführung der bisherigen 13
Rspr.[38] – im Einzelfall als Verstoß gegen Treu und Glauben (§ 242 BGB) angesehen werden, wenn
der Versicherer aus einer Fristversäumnis des Versicherungsnehmers Rechtsvorteile herleiten will.
Das ist bspw. der Fall bei Versäumung der Frist zur rechtzeitigen ärztlichen Invaliditätsfeststellung
(Ziff. 2.1.1.2 Abs. 1, 2. Spiegelstrich AUB), wenn der Eintritt einer dauerhaften Gesundheitsschädigung innerhalb der Frist in einem Arztbericht festgestellt wird oder die ärztlichen Befunde einen
solchen Eintritt nahe legen, es aber noch an einer ausdrücklichen Feststellung der Invalidität fehlt,[39]
wenn der Versicherer den Versicherungsnehmer nicht auf die Unzulänglichkeit des vorgelegten
ärztlichen Zeugnisses hinweist[40] oder der Versicherer ohne erneuten Hinweis noch einmal die
Sachprüfung aufnimmt.[41] In diesen Fällen muss der **Versicherer nicht mehr** – wie durch die
Vereinbarung einer solchen Frist bezweckt – vor dem überraschenden Eintritt unkalkulierbarer
Spätschäden **geschützt** werden (zum Zweck der Frist → § 178 Rn. 217).

Dass der Versicherer aus dem Ablauf der in Ziff. 2.1.1.2, 2.1.1.3 AUB vorgesehenen Fristen 14
zur Feststellung und Geltendmachung der Invalidität Rechtsvorteile herleitet, kann weiterhin **treuwidrig** sein, wenn der Versicherer innerhalb der Frist zur Invaliditätsfeststellung von sich aus ein
ärztliches Gutachten einholt oder ankündigt und dadurch bei dem Versicherungsnehmer die Vorstellung erweckt, nicht mehr für eine eigene fristgerechte Invaliditätsfeststellung sorgen zu müssen.[42]
Entsprechendes gilt, wenn der Versicherer nach Ablauf der 15-Monatsfrist (Ziff. 2.1.1.2 Abs. 1,
2. Spiegelstrich) eine für den Versicherungsnehmer mit erheblichen Unannehmlichkeiten verbundene Untersuchung veranlasst[43] oder sich bereit erklärt, zu einem späteren Zeitpunkt ein Gutachten
anzufordern und dabei nicht deutlich macht, dass er nur aus Kulanz handelt,[44] oder wenn der
Versicherer dem Versicherungsnehmer gegenüber den Eindruck erweckt, dass es auf die Einhaltung
der Frist zur Invaliditätsfeststellung oder zur Geltendmachung der Invalidität nicht ankomme und
er ihn dadurch von rechtzeitigen Feststellungen abhält.[45] Auch die Zahlung eines Vorschusses[46] oder
die Unterbreitung eines Vergleichsvorschlags[47] können einen späteren Hinweis auf die Fristversäumnis als treuwidrig erscheinen lassen, wenn der Versicherer nicht klar stellt, dass er nur unter Vorbehalt
so verfährt. In Fällen dieser Art konnte der Versicherungsnehmer ein gewisses **Vertrauen** darauf
entwickeln, dass der Versicherer auch **bei Fristversäumnis regulieren** werde.[48]

Eine Geltendmachung der Fristversäumnis erscheint dagegen **nicht als treuwidrig**, wenn der 15
Versicherer klar stellt, dass eine Sachprüfung allein im Wege der Kulanz stattfinden soll oder ein
Vorschuss nur unter Vorbehalt gezahlt wird.[49] Teilt er etwa dem Versicherungsnehmer mit, dass
wegen einer nicht fristgerechten Geltendmachung der Fristversäumung kein Leistungsanspruch
bestehe, der Fall aber noch bearbeitet werde, so kann dieser daraus nicht entnehmen, dass der
Versicherer auf die Fristeinhaltung verzichten (oder die Forderung gar dem Grunde nach anerkennen
will); näher liegt die Annahme, dass der Versicherer zur Erbringung von Leistungen im Vergleichswege oder kulanzhalber bereit ist.[50] Ein Verstoß gegen Treu und Glauben ist auch dann nicht
anzunehmen, wenn der Versicherer erstmals im Prozess die Nichteinhaltung der Frist zur Sprache
bringt,[51] selbst wenn er zuvor versucht hat, den Sachverhalt durch Einholung ärztlicher Gutachten

---

[38] *Mangen* in Beckmann/Matusche-Beckmann VersR-HdB § 47 Rn. 171, 176; zur dogmatischen Begr. der bisherigen Rspr. krit. *Jacob* VersR 2007, 456 ff.
[39] BGHZ 130, 171 (178); OLG Hamm r+s 1999, 347; OLG Frankfurt a. M. VersR 2003, 361; OLG Düsseldorf VersR 2008, 672.
[40] BGHZ 162, 210 = VersR 2005, 639; OLG Naumburg VersR 2013, 229 (230).
[41] OLG Naumburg r+s 2015, 307.
[42] BGHZ 165, 167 (170) = VersR 2006, 352, zust. *Looschelders/Bruns* JR 2007, 107 f.; OLG Saarbrücken VersR 1997, 956; OLG Nürnberg VersR 2003, 846; OLG Karlsruhe VersR 2015, 443; OLG Koblenz r+s 2017, 207.
[43] BGH VersR 1978, 1036; OLG Hamm VersR 1992, 1255; OLG Frankfurt a. M. VersR 2003, 361; dazu aber auch BGH VersR 2012, 1113: Berufung auf Treuwidrigkeit insoweit nur Ausnahmefall.
[44] OLG Hamm VersR 2000, 962; OLG Saarbrücken VersR 2005, 929.
[45] OLG Saarbrücken VersR 2005, 929; *Manthey* NVersZ 2001, 55 (60); *Mangen* in Beckmann/Matusche-Beckmann VersR-HdB § 47 Rn. 171.
[46] Zweifelhaft daher OLG München VersR 1995, 565.
[47] OLG Köln VersR 1994, 1220.
[48] Enger wohl *Götz* in Looschelders/Pohlmann VVG § 180 Rn. 13.
[49] Vgl. aber OLG München VersR 1995, 565.
[50] OLG Koblenz r+s 2002, 524.
[51] OLG Celle VersR 2004, 1258.

aufzuklären,[52] ebenso dann nicht, wenn der Versicherer zuvor während der 15-Monatsfrist eine Regulierung mangels Vorliegens der sachlichen Voraussetzungen bereits endgültig abgelehnt hatte. Dem Versicherten bleibt es in diesem Fall unbenommen, eine ärztliche Feststellung der Invalidität zu veranlassen und seinen Anspruch weiter zu verfolgen; er kann nicht darauf vertrauen, dass der Versicherer sich in einem Prozess nicht (auch) auf die Versäumung der Frist beruft.[53]

16 Ist ein Verstoß gegen Treu und Glauben anzunehmen, handelt der Versicherer nach stRspr rechtsmissbräuchlich, wenn er aus einer Fristversäumnis des Versicherungsnehmers Rechtsvorteile herleiten will.[54] Dabei lassen sich aus dem **Rechtsmissbrauchsgedanken** (ebenso wie aus § 186 S. 2, → Rn. 9) für die in Ziff. 2.1.1.2 Abs. 1, 2. Spiegelstrich AUB und Ziff. 2.1.1.3 AUB vorgesehenen 15-Monatsfristen **zwei** unterschiedliche **dogmatische Konsequenzen** ableiten: Aus dem Ablauf der **Ausschlussfrist** zur Geltendmachung der Invalidität (→ § 178 Rn. 227) erwächst dem Versicherer regelmäßig eine rechtsvernichtende Einwendung. Bei treuwidrigem Verhalten kann er sich darauf aber **nicht berufen.** Die Einhaltung der Frist zur ärztlichen Invaliditätsfeststellung stellt dagegen nach völlig hM (→ § 178 Rn. 217) eine **Anspruchsvoraussetzung** dar, deren Voraussetzungen der Versicherungsnehmer im Streitfall schlüssig darlegen muss, ohne dass es einer Berufung des Versicherers auf die Fristversäumnis bedarf.[55] Insoweit wird dem Versicherungsnehmer gestattet, seinen Leistungsanspruch damit zu begründen, dass bei treuwidrigem Verhalten des Versicherers eine Fristversäumung nicht schadet. Die Invaliditätsfeststellung muss allerdings nachgeholt und im Rechtsstreit spätestens in der letzten mündlichen Verhandlung vorgelegt werden (→ Rn. 10).

17 Im Hinblick auf die **Darlegungs- und Beweislast** bleibt es in diesem Fall aber – im Gegensatz zur Rechtslage im Anwendungsbereich von § 186 S. 2 (→ Rn. 11) – bei den allgemeinen Regeln. Die tatbestandlichen Voraussetzungen treuwidrigen Verhaltens muss – wie stets – die Partei dartun, welche sich darauf beruft. Dementsprechend ist der Versicherungsnehmer gehalten, darzulegen und ggf. zu beweisen, welches Verhalten des Versicherers als treuwidrig anzusehen und damit geeignet ist, die in → Rn. 16 dargestellten Rechtsfolgen auszulösen (→ § 178 Rn. 246).

§ 187 Anerkenntnis

(1) ¹**Der Versicherer hat nach einem Leistungsantrag innerhalb eines Monats nach Vorlage der zu dessen Beurteilung erforderlichen Unterlagen in Textform zu erklären, ob und in welchem Umfang er seine Leistungspflicht anerkennt.** ²**Wird eine Invaliditätsleistung beantragt, beträgt die Frist drei Monate.**

(2) ¹**Erkennt der Versicherer den Anspruch an oder haben sich Versicherungsnehmer und Versicherer über Grund und Höhe des Anspruchs geeinigt, wird die Leistung innerhalb von zwei Wochen fällig.** ²**Steht die Leistungspflicht nur dem Grunde nach fest, hat der Versicherer auf Verlangen des Versicherungsnehmers einen angemessenen Vorschuss zu leisten.**

Übersicht

		Rn.			Rn.
A.	Inhalt und Normzweck	1	III.	Fristbeginn und Fristablauf	6
B.	Erklärung des Versicherers über seine Leistungspflicht (Abs. 1)	2	IV.	Rechtsfolgen einer Verletzung der Erklärungspflicht	9
I.	Erklärung nach Ablauf von einem bzw. drei Monaten	2	C.	Fälligkeit der Versichererleistung (Abs. 2 S. 1)	10
II.	Bedeutung des Anerkenntnisses	3	D.	Anspruch des Versicherungsnehmers auf Vorschuss (Abs. 2 S. 2)	12

Schrifttum: *Jacob,* Rückforderung von Versicherungsleistungen in der privaten Unfallversicherung, VersR 2010, 39; *Jungermann,* Die Rückforderung von Invaliditäts(einmal)zahlungen des Unfallversicherers infolge Neubemessung oder fehlerhafter Erstbemessung der Invalidität, r+s 2019, 369. Vgl. iÜ die Angaben bei § 178.

---

[52] OLG Frankfurt a. M. VersR 1996, 618; OLG Karlruhe VersR 1998, 882; OLG Düsseldorf VersR 2008, 672.
[53] BGH VersR 2007, 1114.
[54] Vgl. etwa BGHZ 130, 171 ff. = VersR 1995, 1179; BGHZ 165, 167 ff. = VersR 2006, 902; grdl. BGH VersR 1978, 1036.
[55] Ausf. *Jacob* VersR 2007, 456 ff.

A. Inhalt und Normzweck

Die Vorschrift berücksichtigt das Interesse des Versicherungsnehmers an einer **schnellen Klärung** der Rechtslage sowie einer **zügigen Leistungserbringung. Abs. 1** setzt dem Versicherer eine Bearbeitungsfrist von einem, bei Beantragung einer Invaliditätsleistung von drei Monaten gerechnet ab Eingang des Leistungsantrags und der zu seiner Bearbeitung erforderlichen Unterlagen. Innerhalb dieser Frist muss der Versicherer sich dazu erklären, ob er den Anspruch des Versicherungsnehmers für berechtigt ansieht oder nicht (→ Rn. 2). Steht der Anspruch des Versicherungsnehmers fest – sei es, weil der Versicherer ihn als berechtigt anerkennt, sei es, weil die Vertragsparteien über Grund und Höhe eine Einigung erzielt haben –, wird die Leistung des Versicherers innerhalb von zwei Wochen fällig (**Abs. 2 S. 1** → Rn. 10). Besteht die Leistungsverpflichtung des Versicherers immerhin dem Grunde nach, kann der Versicherungsnehmer einen angemessenen Vorschuss verlangen (**Abs. 2 S. 2** → Rn. 12). Das VVG aF enthielt eine entsprechende Vorschrift nicht; allerdings sahen einzelne **AVB** (vgl. jetzt etwa Ziff. 9.1–9.3 AUB) sowohl dem Abs. 1 wie auch dem Abs. 2 entsprechende Regelungen vor.[1]

1

B. Erklärung des Versicherers über seine Leistungspflicht (Abs. 1)

I. Erklärung nach Ablauf von einem bzw. drei Monaten

Nach Eingang des Leistungsantrags (zur Hinweispflicht des Versicherers auf die vom Versicherungsnehmer zu beachtenden Fristen vgl. § 186) benötigt einerseits der Versicherer einen angemessenen Bearbeitungszeitraum, andererseits muss der Versicherungsnehmer davor geschützt werden, dass sich die Bearbeitung seines Antrages unangemessen in die Länge zieht. Die Festlegung einer **Frist von einem Monat** bzw. von **drei Monaten** bei Antrag auf Invaliditätsleistungen (vgl. §§ 187 Abs. 1, 188 Abs. 2 Fall 1 BGB) ab Eingang des Leistungsantrags und Vorlage der zu dessen Beurteilung erforderlichen Unterlagen soll den Interessen beider Parteien Rechnung tragen.[2] Innerhalb dieser Fristen hat der Versicherer sich zumindest in Textform (§ 126b BGB) **substantiiert** dazu zu **erklären,** ob und ggf. in welcher Höhe er seine Leistungspflicht anerkennt oder ob und weshalb er die Leistung ablehnen will. Im letzten Fall muss er dem Versicherungsnehmer die rechtlichen und tatsächlichen Grundlagen seiner Entscheidung mitteilen.[3] Mit Fristablauf wird die Erklärung fällig. Die Vorschrift ist **halbzwingend** (vgl. § 191) und kann daher nicht zum Nachteil des Versicherungsnehmers geändert werden. Eine vertragliche Verlängerung der Bearbeitungsfrist ist mithin nicht möglich. Eine ausdrücklich als „Vorschuss" bezeichnete Leistung enthält kein Anerkenntnis dem Grunde nach.[4]

2

II. Bedeutung des Anerkenntnisses

Welche Bedeutung eine positive Entscheidung des Versicherers („Anerkenntnis") hat, ist durch **Auslegung** zu ermitteln. Neben einem abstrakten Schuldanerkenntnis iSd § 781 BGB (das neben einem bereits bestehenden Schuldgrund etwa aus dem Versicherungsvertrag eine zusätzliche und eigenständige Verpflichtung schafft) und einem (gesetzlich nicht geregelten) sog. „deklaratorischen Schuldanerkenntnis" (das keine neue Schuld begründen, sondern eine bestehende Schuld bestätigen und auf diese Weise Streit oder Unsicherheit unter den Parteien über das Bestehen des Vertrages oder andere rechtserhebliche Punkte beseitigen will) kann mit der Erklärung des Versicherers auch als eine **ohne besonderen Verpflichtungswillen abgegebene Erklärung** gemeint sein, mit welcher ein Schuldner seinem Gläubiger eine prinzipielle Erfüllungsbereitschaft mitteilt, um diesen von einem gerichtlichen Vorgehen abzuhalten. Ein solches Anerkenntnis ist nicht mit materiellrechtlichen Wirkungen ausgestattet und führt auch nicht zu einer Beweislastumkehr,[5] sondern stellt als „Zeugnis des Anerkennenden gegen sich selbst" allenfalls im Prozess ein Indiz dar, das der Richter bei seiner Beweiswürdigung verwerten kann. Der Anerkennende kann gleichwohl den Beweis führen, dass eine Leistungspflicht nicht besteht, das Anerkenntnis mithin unzutreffend ist,[6] oder in einem nachfolgenden Prozess den Ursachenzusammenhang zwischen Unfallereignis und Gesund-

3

---

[1] Vgl. RegE BT-Drs. 16/3945, 109.
[2] BGHZ 66, 250 (256 f.) = VersR 1977, 471.
[3] *Schubach* in Schubach/Jannsen AUB Nr. 9 Rn. 1.
[4] LG Gera r+s 2014, 363.
[5] OLG Saarbrücken VersR 2014, 456.
[6] BGHZ 66, 250 (256 f.) = VersR 1977, 471.

heitsschädigung bestreiten, obwohl er sich zuvor zu einer Regulierung unter Anerkennung eines bestimmten Invaliditätsgrades bereit erklärt hatte.[7]

4   Zwar ist nicht ausgeschlossen, dass die Erklärung des Versicherers im Einzelfall als deklaratorisches Schuldanerkenntnis gemeint ist. Dies würde allerdings voraussetzen, dass zwischen den Parteien zuvor Streit oder Ungewissheit über Grund oder Höhe der Leistungspflicht des Versicherers bestanden hat und das Anerkenntnis erkennbar zu dem Zweck abgegeben worden ist, diese Situation zu bereinigen.[8] Im Regelfall will der Versicherer jedoch lediglich zum Ausdruck bringen, dass er die **Bearbeitung** des Antrags **abgeschlossen** hat, so dass sein „Anerkenntnis" lediglich als eine ohne materielle Wirkungen abgegebene **„Erklärung des Versicherers über die Leistungspflicht"** iSd § 188 Abs. 2 S. 1 zu verstehen sein wird.[9] Eine Bindung des Versicherers an die von ihm vorgenommene Erstbemessung der Invalidität tritt auch nicht dadurch ein, dass der Versicherer sein Recht auf Neubemessung nicht ausgeübt bzw. er sich dieses Recht nicht bei Abgabe seines Anerkenntnisses vorbehalten hat.[10] Rechtsgrund für die Leistungen des Versicherers ist demnach nicht das Anerkenntnis, sondern der Versicherungsvertrag.[11]

5   Da das Anerkenntnis idR keine Verpflichtung des Versicherers begründet, kann der Versicherer selbst eine vorbehaltlos erbrachte Leistung aus **ungerechtfertigter Bereicherung** (§ 812 Abs. 1 S. 1 Fall 1 BGB) zurückfordern, wenn von Anfang an keine Invalidität oder nur eine solche zu einem geringeren Grad bestand oder sie nicht auf den Unfall zurückgeführt werden kann.[12] Dies muss der Versicherer beweisen.[13] Auch eine Rückforderung setzt nicht voraus, dass zugunsten des Versicherers ein Neubemessungsvorbehalt vereinbart worden ist.[14] Führt allerdings ein allein vom Versicherungsnehmer ausgehendes Neubemessungsverlangen zu einem geringeren Invaliditätsgrad als bisher angenommen, kann der Versicherer eine Überzahlung allenfalls dann kondizieren, wenn der Versicherungsnehmer im Vertrag unmissverständlich darauf hingewiesen worden ist, dass sein Neubemessungsverlangen auch zu einer Leistungsabsenkung führen kann.[15] Abgesehen davon kann dem Rückforderungsverlangen des Versicherers auch der Einwand unzulässiger Rechtsausübung entgegengehalten werden, wenn er in seinem Anerkenntnis den Eindruck erweckt hatte, dass es bei der einmal vorgenommen Festsetzung der Versichererleistung endgültig verbleiben solle.[16] Hat der Versicherungsnehmer im Vertrauen auf die Richtigkeit des Anerkenntnisses die ausgezahlte Versicherungssumme verbraucht oder etwa zukunftssichernde Dispositionen getroffen, kann er sich unter den Voraussetzungen des § 818 Abs. 3 BGB auf den Wegfall der Bereicherung berufen.[17]

III. Fristbeginn und Fristablauf

6   Der Lauf der Monats- bzw. Dreimonatsfrist beginnt, wenn der Versicherungsnehmer mit oder nach dem Leistungsantrag die zur **Beurteilung** seines Antrags **erforderlichen Unterlagen vorgelegt** hat. Diese Voraussetzung wird in Ziff. 9.1 Abs. 2 AUB präzisiert, die einen „Nachweis des Unfallhergangs und der Unfallfolgen" durch Unfallschilderung und ärztliche Bescheinigungen sowie bei Geltendmachung eines Invaliditätsanspruchs zusätzlich einen „Nachweis über den Abschluss des Heilverfahrens" verlangt, „soweit dies für die Bemessung der Invalidität notwendig ist" (so dass der Invaliditätsgrad bestimmt werden kann[18]). Zur Erstattung der bei der Begründung des Leistungsanspruchs entstehenden ärztlichen Gebühren → § 178 Rn. 328; → § 189 Rn. 8. Bestehen Zweifel an der Bezugsberechtigung des Anspruchstellers, kann der Versicherer aufgrund einer vertraglichen

---

[7]   OLG Oldenburg VersR 2009, 247.
[8]   BGHZ 66, 250 (256f.) = VersR 1977, 471; OLG Frankfurt a. M. r+s 2008, 523; *Grimm/Kloth* AUB 2014 Ziff. 9 Rn. 8.
[9]   BGH VersR 2019, 1412; OLG Frankfurt a. M. r+s 2002, 85; OLG Karlsruhe VersR 2002, 1549; OLG Hamm VersR 2005, 346; OLG Oldenburg VersR 2009, 247; OLG Saarbrücken VersR 2014, 456; OLG Düsseldorf VersR 2019, 610; *Grimm/Kloth* AUB 2014 Ziff. 9.1. Rn. 4 AUB; *Mangen* in Beckmann/Matusche-Beckmann VersR-HdB § 47 Rn. 217; anders *Schubach* in Schubach/Jannsen AUB Nr. 9 Rn. 2; *Jungermann* r+s 2019, 369 (deklaratorisches Schuldanerkenntnis); *Bruns* PrivVersR § 28 Rn. 16 (abstraktes Schuldanerkenntnis).
[10] BGH VersR 2019, 1412; OLG Saarbrücken VersR 2022, 692.
[11] BGH VersR 2019, 1412.
[12] BGHZ 66, 250 (256f.) = VersR 1977, 471; VersR 2019, 1412; OLG Oldenburg r+s 1998, 349; OLG Frankfurt a. M. r+s 2002, 85; 2008, 522; OLG Hamm VersR 2006, 1674; näher *Jungermann* r+s 2019, 369.
[13] OLG Hamm VersR 2006, 1674; *Jacob* VersR 2010, 39.
[14] BGH VersR 2022, 692.
[15] Vgl. dazu OLG Düsseldorf VersR 2019, 87; insoweit aA OLG Brandenburg VersR 2018, 89; vom BGH offengelassen (VersR 2019, 1412).
[16] BGH VersR 2019, 1412.
[17] BGHZ 66, 250 = VersR 1977, 471.
[18] *Stockmeier/Huppenbauer* AUB 1999 S. 91.

Nebenpflicht (§ 242 BGB) vom Versicherungsnehmer bzw. Bezugsberechtigten verlangen, dass ihm die Legitimation zur Geltendmachung des Anspruchs in geeigneter Weise (im Todesfall durch Sterbeurkunde, ggf. auch durch öffentliches Testament oder Erbschein) nachgewiesen wird.[19] Zur Beibringung von Ermittlungsunterlagen ist der Versicherungsnehmer aber nicht verpflichtet.[20] Der Fristlauf setzt nach Ziff. 9.1 Abs. 2 AUB ein mit Eingang der erforderlichen Unterlagen (Nachweis von Unfallhergang, Unfallfolgen und ggf. Abschluss des Heilverfahrens zur Beurteilung einer etwaigen Invalidität), wobei es nicht darauf ankommt, ob diese vom Versicherungsnehmer eingereicht oder vom Versicherer selbst beschafft werden.[21] Durch eigene Erhebungen oder die Vergabe eines eigenen Gutachtens kann der Versicherer diese Frist nicht verlängern.[22]

Entgegen einer verbreiteten Meinung[23] wird der Fristablauf des Abs. 1 durch die allgemeine Bestimmung des **§ 14 Abs. 1 S. 1** (wonach Geldleistungen des Versicherers mit Abschluss der notwendigen Erhebungen fällig werden) **nicht modifiziert.** Liegen dem Versicherer die Nachweise über Unfallhergang und Unfallfolgen vor und ist der Invaliditätsgrad ärztlich festgestellt, so sind die zur Beurteilung des Leistungsantrags erforderlichen Unterlagen iSd Abs. 1 präsent. Der Versicherer verfügt dann über eine Bearbeitungszeit von einem bzw. drei Monaten, innerhalb derer er dann noch etwaige zusätzliche ärztliche Untersuchungen (Ziff. 7.3 AUB, → § 178 Rn. 307) durchführen lassen und die Resultate intern bewerten kann. Danach muss er eine Erklärung zu seiner Leistungspflicht abgeben und kann sich nicht etwa darauf berufen, dass die „notwendigen Erhebungen" iSd § 14 noch nicht abgeschlossen seien.[24] Andernfalls blieben die Fristen des Abs. 1 wirkungslos; der Zweck der Vorschrift würde verfehlt.[25] Ist der **Leistungsantrag** dagegen bereits zu einem **früheren Zeitpunkt entscheidungsreif,** kann der Versicherer gleichwohl die Monats- bzw. Dreimonatsfrist des Abs. 1 S. 1, 2 ausschöpfen.[26] Selbst wenn man den Versicherer nach Treu und Glauben für verpflichtet halten wollte, seine Ermittlungen so zügig wie möglich abzuschließen und seine Erklärung abzugeben,[27] würde ein Verstoß gegen diese Verpflichtung jedoch angesichts des Abs. 1 keinerlei Sanktionen auslösen. Erklärt sich der Versicherer allerdings bereits vor Fristablauf, gelten die Ausführungen zu → Rn. 10 ff. Mit der – positiven oder negativen – Entscheidung über den Leistungsantrag hat der Versicherer seine Erklärungspflicht aus Abs. 1 erfüllt.

Bringt der **Versicherungsnehmer** die nach § 187 Abs. 1 S. 1 bzw. Ziff. 9.1 Abs. 2 AUB erforderlichen Unterlagen nicht bei und erhält der Versicherer die notwendigen Informationen auch nicht auf andere Weise, wird der Fristlauf des Abs. 1 nicht in Gang gesetzt. Das ist für den Versicherer insofern misslich, als mit der Anmeldung des Anspruchs (etwa durch Anzeige des Versicherungsfalls und Erhebung eines bestimmten Leistungsanspruchs[28]) gleichzeitig die Verjährung nach § 15 gehemmt wird. Der Versicherer kann in diesem Fall aber seine Leistung unter Hinweis auf die nicht vollständig zur Verfügung gestellten Unterlagen versagen und damit die Verjährungshemmung beseitigen.[29]

IV. Rechtsfolgen einer Verletzung der Erklärungspflicht

Gibt der Versicherer seine Erklärung nach Abs. 1 S. 1, 2 nicht, nicht formgemäß oder fristgerecht ab, gerät er gem. § 286 Abs. 1, 2 Nr. 2, Abs. 4 BGB mit der Erfüllung seiner **Erklärungspflicht** in **Verzug,** soweit er die nicht rechtzeitige Abgabe der Erklärung zu vertreten hat.[30] Das die Leistungszeit in Gang setzende Ereignis iSd § 286 Abs. 2 Nr. 2 BGB ist der Eingang der in Ziff. 9.1 Abs. 2 AUB angeführten Unterlagen (→ Rn. 6).[31] Das Vertretenmüssen wird vermutet (arg. § 286 Abs. 4 BGB). Verzögerungen durch Sachbearbeiter oder auch externe Gutachter muss der Versicherer sich nach § 278 Abs. 1 BGB zurechnen lassen. Entsteht dem Versicherungsnehmer durch die

---

[19] OLG Karlsruhe VersR 1979, 564; einschränkend OLG Bremen VersR 1965, 653.
[20] OLG Hamburg VersR 1982, 543.
[21] OLG Hamm VersR 1991, 686.
[22] OLG Koblenz r+s 2010, 341.
[23] RegE BT-Drs. 16/3945, 109; *Rüffer* in HK-VVG § 187 Rn. 1; *Götz* in Looschelders/Pohlmann VVG § 187 Rn. 4.
[24] Ebenso *Knappmann* in Prölss/Martin VVG § 187 Rn. 2; anders die in der vorigen Fn. Genannten.
[25] Vgl. auch → § 14 Rn. 61.
[26] Wie hier *Knappmann* in Prölss/Martin VVG § 187 Rn. 2 u. AUB Ziff. 9 Rn. 1; *Schubach* in Schubach/Jannsen AUB Nr. 9 Rn. 1; anders *Rüffer* in HK-VVG § 187 Rn. 1.
[27] *Mangen* in Beckmann/Matusche-Beckmann VersR-HdB § 47 Rn. 220.
[28] OLG Hamm VersR 1993, 1473.
[29] Vgl. nur *Ebers* in Schwintowski/Brömmelmeyer/Ebers VVG § 15 Rn. 37 mwN.
[30] Zust. *Knappmann* in Prölss/Martin VVG § 187 Rn. 2.
[31] OLG Köln r+s 2012, 90 mzustAnm *Jacob*; anders OLG Hamburg r+s 2012, 91 für den Fall, dass die vorzulegenden Unterlagen in den AVB nicht hinreichend spezifiziert sind.

verzögerte Erklärung ein Schaden, weil bei pünktlicher Erfüllung der Erklärungspflicht die Leistung selbst nach zwei Wochen fällig geworden wäre (Abs. 2 S. 1), weil der Versicherungsnehmer bei rechtzeitiger Erklärung (mit Erfolg) den Klageweg früher beschritten hätte oder Beratungskosten nicht angefallen wären, schuldet der Versicherer nach Maßgabe von §§ 280 Abs. 1, 2, 286 BGB den Ersatz des Verzögerungsschadens.

C. Fälligkeit der Versichererleistung (Abs. 2 S. 1)

10 Hat der Versicherer in seiner Erklärung nach Abs. 1 den **Anspruch anerkannt,** wird die Leistung (anders als nach § 14 Abs. 1) gem. Abs. 2 S. 1 spätestens **zwei Wochen** nach Eingang dieser Erklärung beim Versicherungsnehmer (§§ 187 Abs. 1, 188 Abs. 2 Fall 1 BGB) **fällig** (Ziff. 9.2 AUB), und zwar auch dann, wenn der Versicherer in demselben Schreiben die Vorlage noch eines weiteren Attests verlangt.[32] Fälligkeit nach Ablauf von zwei Wochen tritt auch ein, wenn sich die Vertragsparteien über **Grund und Höhe des Anspruchs geeinigt** haben. Eine Fristüberschreitung bei der Erfüllungsleistung bringt den Versicherer in Verzug und verpflichtet ihn zur Zahlung von Verzugszinsen nach § 288 BGB sowie zum Ersatz des Verzögerungsschadens nach §§ 280 Abs. 1, 2, 286 Abs. 1 Nr. 2, Abs. 4 BGB.[33] Auch die Vorschrift des Abs. 2 S. 1 ist **halbzwingend** (vgl. § 191), so dass die Fälligkeit nicht durch Vereinbarung hinausgeschoben werden kann.

11 Hat der Versicherer zwar seine Erklärung innerhalb der Fristen des Abs. 1 abgegeben, darin aber seine **Leistungspflicht** ganz oder teilweise **zu Unrecht verneint,** tritt damit hinsichtlich einer entstandenen Leistungsverpflichtung Fälligkeit gem. § 14 Abs. 1 sofort nach Abschluss der notwendigen Erhebungen und damit praktisch spätestens mit Zugang der Leistungsablehnung[34] ein, weil § 187 Abs. 2 S. 1 VVG und Ziff. 9.2 AUB sich lediglich auf den Fall beziehen, dass der Versicherer positiv über den Antrag entscheidet.[35] Gleiches gilt auch dann, wenn der Versicherer überhaupt keine Erklärung abgibt[36] oder anstelle einer Anerkennung seiner Leistungspflicht einen Abfindungsvergleich anbietet[37] oder nur eine Vorauszahlung leistet.[38] Erbringt der Versicherer eine bestimmte vertraglich vereinbarte Leistung (etwa: Krankenhaustage- und Genesungsgeld), so liegt darin keine konkludente Anerkennung einer anderen Leistung, etwa eines Invaliditätsanspruchs.[39] Durch seine ernsthafte und endgültige, zu Unrecht erfolgte Leistungsablehnung gerät der Versicherer ebenfalls nach § 286 Abs. 1, 2 Nr. 3 BGB ohne Mahnung[40] in Verzug (→ Rn. 10), so dass er gem. § 280 Abs. 1 BGB Ersatz des Verzögerungsschadens leisten muss und Verzugszinsen anfallen.[41] Für Ansprüche auf Erbringung einer Invaliditätsleistung, deren Voraussetzungen nach Ziff. 2.1.1.1 AUB noch nicht vorliegen, gilt dies aber nicht.[42]

D. Anspruch des Versicherungsnehmers auf Vorschuss (Abs. 2 S. 2)

12 Steht die Leistungspflicht des Versicherers nur dem Grunde, nicht aber der Höhe nach fest, kann der Versicherungsnehmer die **Zahlung** eines **angemessenen Vorschusses** verlangen (Ziff. 9.3 Abs. 1 AUB). Eine Feststellung dem Grunde nach wird getroffen, wenn der Versicherer eine entsprechende Erklärung abgibt oder die Feststellung Gegenstand einer gerichtlichen Entscheidung ist.[43] Zahlt der Versicherer einen Vorschuss ausdrücklich „ohne Anerkennung einer Leistungspflicht", erbringt er seine Leistung lediglich unter Vorbehalt. In einer Zahlung ohne Vorbehalt dürfte dagegen regelmäßig ein Anerkenntnis dem Grunde nach zu sehen sein.[44] **Angemessen** ist ein Betrag, den

---
[32] OLG Karlsruhe VersR 2012, 1295.
[33] Ausf. *Jacob* in HK-AUB 2014 Ziff. 9 Rn. 49 ff.
[34] BGH VersR 2000, 753; 2002, 472.
[35] BGH VersR 2000, 753.
[36] LG Dortmund r+s 2009, 165.
[37] OLG Düsseldorf r+s 2001, 524.
[38] OLG Hamm r+s 1998, 302.
[39] OLG Düsseldorf VersR 2001, 449.
[40] *Knappmann* in Prölss/Martin VVG § 187 Rn. 9.
[41] Vgl. OLG Saarbrücken VersR 2014, 1246 (Altfall).
[42] BGH VersR 2002, 472.
[43] *Brömmelmeyer* in Schwintowski/Brömmelmeyer/Ebers VVG § 187 Rn. 10.
[44] *Mangen* in Beckmann/Matusche-Beckmann VersR-HdB § 47 Rn. 226.

der Versicherer nach der zu diesem Zeitpunkt bestehenden Sach- und Rechtslage mit Sicherheit zu leisten hätte.[45] Auch die Vorschrift des Abs. 2 S. 2 ist **halbzwingend** (§ 191).

Da nach Ziff. 2.1.1.1.4 AUB kein Anspruch auf eine Invaliditätsleistung besteht, wenn der Versicherte unfallbedingt innerhalb eines Jahres nach dem Unfall verstirbt, soll bis zum Ablauf dieses Zeitraums nach Ziff. 9.3 Abs. 2 AUB eine solche Leistung nur bis zur Höhe der vereinbarten Todesfallsumme beansprucht werden, wenn das Heilverfahren zur Feststellung des Invaliditätsgrades noch nicht abgeschlossen ist. Dies gilt aber nach Treu und Glauben (§ 242 BGB) nicht, wenn der Versicherer bereits vor Abschluss des Heilverfahrens anhand der ihm vorliegenden Unterlagen die Invalidität innerhalb eines gewissen Rahmens einschätzen kann und ein Tod des Versicherten unwahrscheinlich ist.[46] In einem solchen Fall ist ein Vorschuss angemessen, der sich an dem nach Abschluss der Heilbehandlung zumindest verbleibenden Invaliditätsgrad orientiert. Nach Ablauf der Jahresfrist seit dem Unfall fällt die Beschränkung weg. 13

§ 188 Neubemessung der Invalidität

(1) ¹Sind Leistungen für den Fall der Invalidität vereinbart, ist jede Vertragspartei berechtigt, den Grad der Invalidität jährlich, längstens bis zu drei Jahre nach Eintritt des Unfalls, neu bemessen zu lassen. ²In der Kinderunfallversicherung kann die Frist, innerhalb derer eine Neubemessung verlangt werden kann, verlängert werden.

(2) Mit der Erklärung des Versicherers über die Leistungspflicht ist der Versicherungsnehmer über sein Recht zu unterrichten, den Grad der Invalidität neu bemessen zu lassen. Unterbleibt diese Unterrichtung, kann sich der Versicherer auf eine Verspätung des Verlangens des Versicherungsnehmers, den Grad der Invalidität neu zu bemessen, nicht berufen.

Übersicht

	Rn.		Rn.
A. Inhalt und Normzweck	1	III. Rechtsfolgen einer Neubemessung	12
B. Anspruch auf Neubemessung des Invaliditätsgrades (Abs. 1)	2	C. Unterrichtung des Versicherungsnehmers (Abs. 2)	15
I. Anspruchsvoraussetzungen	2		
II. Beurteilungszeitpunkt und Befristung der Neubemessung	8	D. Darlegungs- und Beweislast	17

Schrifttum: *Jacob*, Die Feststellung der Invalidität in der Unfallversicherung, VersR 2005, 1341; *Jacob*, Rückforderung von Versicherungsleistungen in der privaten Unfallversicherung, VersR 2010, 39; *Jungermann*, Die Rückforderung von Invaliditäts(einmal)zahlungen des Unfallversicherers infolge Neubemessung oder fehlerhafter Erstbemessung der Invalidität, r+s 2019, 369; *Naumann/Brinkmann*, Die Dreijahresfrist und das Neubemessungsrecht des Versicherungsnehmers nach § 188 Abs. 1 VVG, Nr. 9.4 AUB 10/08, VersR 2013, 674. Vgl. iÜ die Angaben bei § 178.

A. Inhalt und Normzweck

Die Vorschrift trägt dem Umstand Rechnung, dass ein Versicherungsnehmer einerseits daran 1 interessiert ist, möglichst schnell eine Invaliditätsleistung zu erhalten, sich andererseits aber die **Einschätzung des Grades** einer **gesundheitlichen Beeinträchtigung** jedenfalls innerhalb eines bestimmten Zeitraums nach dem Unfall noch **ändern** kann.[1] Daher räumt **Abs. 1 S. 1** sowohl dem Versicherer wie auch dem Versicherungsnehmer das Recht ein, den Invaliditätsgrad der versicherten Person bis zu drei Jahre nach dem Unfallereignis in jährlichen Abständen neu ermitteln zu lassen (→ Rn. 2 ff.). Diese Frist kann nach **Abs. 1 S. 2** in der **Kinderunfallversicherung** (→ § 178 Rn. 42 ff.) vertraglich verlängert werden, weil die körperliche Entwicklung von Kindern altersabhängig erst längere Zeit nach dem Unfallereignis abgeschlossen ist. Über die Möglichkeit einer solchen Neubemessung muss der Versicherer den Versicherungsnehmer unterrichten, wenn er sich zu seiner Leistungspflicht erklärt (**Abs. 2 S. 1** iVm § 187 Abs. 1). Erfüllt der Versicherer diese Obliegenheit

---

[45] RegE BT-Drs. 16/3945, 109.
[46] OLG Düsseldorf VersR 1994, 1460; OLG Karlsruhe VersR 2005, 68; abl. *Rüffer* in HK-VVG AUB 2014 Ziff. 9 Rn. 10.
[1] RegE BT-Drs. 16/3945, 109.

nicht und macht der Versicherungsnehmer erst nach Ablauf der Dreijahresfrist seinen Anspruch auf Neubemessung geltend, kann sich der Versicherer auf die Nichteinhaltung der Frist nicht berufen (**Abs. 2 S. 2** → Rn. 15). Die Vorschrift ist **neu** in das VVG **eingefügt** worden, geht aber auf vergleichbare Bestimmungen in AVB-Klauseln (Ziff. 9.4 AUB) zurück. Eine Parallelregelung enthält § 186.

B. Anspruch auf Neubemessung des Invaliditätsgrades (Abs. 1)

I. Anspruchsvoraussetzungen

2   Hat der Versicherer Leistungen für den **Fall der unfallbedingten Invalidität** (vgl. § 180, → Rn. 3) versprochen und der Versicherungsnehmer einen Leistungsantrag gestellt, muss der Versicherer nach § 187 Abs. 2 S. 1 innerhalb von drei Monaten nach Vorlage der zu dessen Beurteilung erforderlichen Unterlagen erklären, ob er die bedingungsgemäß, dh innerhalb von 15 Monaten nach dem Unfall eingetretene, festgestellte und geltend gemachte (Ziff. 2.1.1.2, 2.1.1.3 AUB, → § 178 Rn. 214 ff.; → § 178 Rn. 217 ff.; → § 178 Rn. 225 ff.) Invalidität dem Grunde nach bzw. zu welchem Grade er sie ggf. anerkennt. Durch ein solches Anerkenntnis (bzw. durch eine ein Anerkenntnis ersetzende gerichtliche Entscheidung[2]) wird die Leistungsverpflichtung des Versicherers aber nicht unabänderlich festgelegt. Vielmehr steht sie unter einem **Neubemessungsvorbehalt**. Sowohl der Versicherer wie auch der Versicherungsnehmer können unter den Voraussetzungen des **Abs. 1** verlangen, dass der **Grad** einer dem Grunde nach feststehenden Invalidität[3] durch eine **weitere ärztliche Überprüfung** (Ziff. 9.4 Abs. 2 AUB) neu bestimmt wird. Eine Begründung des Neubemessungsverlangens muss von keiner Seite gegeben werden.[4] Grundlage der Neubemessung sind Veränderungen im Gesundheitszustand des Versicherten, die sich im Vergleich zu demjenigen Zustand ergeben haben, welcher der Erstbemessung zugrunde lag.[5] Lehnt der Versicherer eine Neubegutachtung ab, kann der Versicherungsnehmer seinen Neubemessungsanspruch durch gesonderte Klage geltend machen. Dafür besteht ein Rechtsschutzbedürfnis, weil es ihm nicht zuzumuten ist, ohne vorherige Begutachtung das Risiko einer unmittelbaren Zahlungsklage zu übernehmen.[6] Der Versicherer kann seinerseits eine erneute ärztliche Untersuchung aber nicht im Klagewege erzwingen (→ § 178 Rn. 307). Verlangt der Versicherer eine Neubemessung und kommt der Versicherte seiner im Rahmen der Zumutbarkeit bestehenden Untersuchungsobliegenheit (Ziff. 9.4 Abs. 2 AUB) nicht nach, kann das Gericht dies beweisrechtlich würdigen. Eine weitergehende Sanktion (etwa: partielle Leistungsfreiheit im Hinblick auf den nach Auffassung des Versicherers zu Unrecht fortbestehenden erhöhten Invaliditätsgrad) ist jedenfalls in den AUB nicht vorgesehen,[7] da sich die eine solche Rechtsfolge vorsehende Ziff. 8 Abs. 1 AUB nur auf die Obliegenheiten der Ziff. 7 (→ § 178 Rn. 312 ff.), nicht dagegen auf Ziff. 9.4 Abs. 2 AUB bezieht. Um eine Neubemessung handelt es sich nicht, wenn durch ein – auch nach Ablauf von drei Jahren eingeholtes – Gerichtsgutachten die ursprünglichen Unfallfolgen selbst geklärt werden sollen; allerdings dürfen in einem solchen Gutachten nur Tatsachen verwertet werden, die bis zum Ablauf der Dreijahresfrist nach dem Unfalleintritt eingetreten oder absehbar waren.[8] Dem Anspruch des Versicherers auf Neubemessung kann der Versicherungsnehmer den Einwand unzulässiger Rechtsausübung (§ 242 BGB) entgegenhalten, wenn der Versicherer im Zusammenhang mit der Erstbemessung den Eindruck erweckt hat, die Höhe seiner Leistung endgültig klären zu wollen.[9]

3   Der Anspruch auf Neubemessung kann von jeder Partei jährlich, spätestens bis zum **Ablauf von drei Jahren** nach Unfalleintritt geltend gemacht werden (Abs. 1 S. 1). Für die **Kinderunfallversicherung** (→ § 178 Rn. 42 ff.) gestattet **Abs. 1 S. 2** aus dem in → Rn. 1 genannten Grund eine vertragliche Verlängerung der Neubemessungsfrist, wie dies etwa in Ziff. 9.4 Abs. 3 S. 2 AUB vorgesehen ist. Danach können Versicherer wie Versicherungsnehmer für Kinder bis zu einem im konkreten Vertrag festgelegten Alter eine Neubemessung bis zum Ablauf einer im konkreten Vertrag festzulegenden Jahresfrist verlangen.

---

[2] BGH VersR 2008, 527; 2009, 920; OLG Hamm VersR 2011, 657.
[3] *Kessal-Wulf* r+s 2008, 313 (319); *Hormuth* in MAH VersR § 24 Rn. 97.
[4] OLG Frankfurt a. M. VersR 2009, 1483; *Kloth* Unfallversicherung Kap. G Rn. 230.
[5] BGH VersR 2009, 920; OLG Hamm VersR 2008, 913.
[6] OLG Frankfurt a. M. VersR 2009, 1482.
[7] Allerdings offen gelassen von BGH VersR 2010, 243.
[8] OLG Koblenz VersR 2013, 1513.
[9] BGH VersR 2019, 1412.

Ergänzend sieht Ziff. 9.4 Abs. 3 S. 3 (= 1. Spiegelstrich) AUB vor, dass der **Versicherer**, sofern 4
er von der Möglichkeit einer Neubemessung Gebrauch machen will, dies dem Versicherungsnehmer
zusammen mit seiner Erklärung über die Leistungspflicht (vgl. § 187 Abs. 1 VVG und Ziff. 9.1
AUB) **mitteilt**. Dies ist so zu verstehen, dass der Versicherer sich das Neubemessungsrecht vorbehalten muss. Abs. 1 S. 1 wird dadurch *zugunsten* des Versicherungsnehmers (vgl. § 191) modifiziert.
Wenn ein solcher Vorbehalt im Zuge einer konkreten Regulierung unterbleibt, hat der Versicherer
konkludent auf seinen Neubemessungsanspruch verzichtet. Eine spätere Geltendmachung ist dann
ausgeschlossen.[10] Der Versicherer kann auch trotz Vorbehalts später von einer Ausübung des Neubemessungsrechts Abstand nehmen. Demgegenüber ist der **Versicherungsnehmer** nur gehalten, den
Anspruch auf Neubemessung entsprechend Abs. 1 S. 1 jeweils vor Ablauf der Ein-, Zwei- oder
Dreijahresfrist ab dem Unfall zu erheben (Ziff. 9.4 Abs. 3 S. 3 2. Spiegelstrich AUB). Er muss sich
im Vorhinein nicht festlegen, ob er sein Recht auf Neubemessung einmal oder mehrfach ausüben
will. Hat eine Partei die Ein- bzw. Zweijahresfrist ab dem Unfall verstreichen lassen, kann sie ihren
Anspruch für den abgelaufenen Zeitraum nicht mehr geltend machen.[11] Nach Abs. 1 reicht es aus,
dass jede Partei ihren Anspruch auf Neubemessung vor Ablauf der Dreijahresfrist erhebt; es ist also
nach neuem Recht keinesfalls erforderlich, dass der Versicherungsnehmer etwa einen Anspruch so
frühzeitig geltend macht, dass vor Fristablauf noch eine Begutachtung erfolgen kann.[12]

Nach **Ablauf der Dreijahresfrist** ist eine (erstmalige oder weitere) Geltendmachung des Neu- 5
bemessungsanspruchs für beide Seiten (für den Versicherungsnehmer vorbehaltlich des § 188 Abs. 2
S. 2) ausgeschlossen.[13] Es handelt sich um eine Ausschlussfrist, die auch bei unverschuldeter Säumnis
Beachtung findet. Darin liegt **keine unangemessene Benachteiligung** des Versicherungsnehmers
iSd § 307 Abs. 1 S. 1 VVG und Abs. 2 Nr. 2 BGB, weil die Klausel beiden Vertragsparteien gleichermaßen das Recht auf Neubemessung nimmt und damit den Interessen beider Parteien an einem
endgültigen Abschluss des Versicherungsfalles Rechnung trägt. Der Versicherer muss dann nicht
mehr für unabsehbare Zeit mit Nachforderungen, der Versicherungsnehmer nicht mehr mit einer
Rückforderung bereits ausgezahlter Leistungen rechnen. Der Versicherer bleibt auf diese Weise
an den während dieses Zeitraumes festgestellten Invaliditätsgrad gebunden, selbst wenn sich der
Gesundheitszustand des Versicherungsnehmers später wieder verbessert.[14] Nach Fristablauf muss sich
der Versicherungsnehmer nicht mehr – auch nicht aufgrund seiner Obliegenheit aus Ziff. 7.3 AUB
(→ § 178 Rn. 310 ff.) – auf Verlangen des Versicherers einer nochmaligen ärztlichen Untersuchung
und Begutachtung unterwerfen.[15]

Die Vorschrift ist **halbzwingend** (§ 191). Der Versicherer kann daher weder mit dem Versiche- 6
rungsnehmer vor Ablauf der Dreijahresfrist eine die Neubemessung ausschließende endgültige Vereinbarung über den Invaliditätsgrad treffen[16] noch den Anspruch des Versicherungsnehmers auf
Neubemessung von der Einhaltung besonderer Fristen oder von der Einlegung eines Vorbehalts
abhängig machen.[17] Die Dreijahresfrist kann zu Lasten des Versicherers verkürzt werden.[18]

Dem **Versicherungsnehmer steht es frei**, ob er die **Erstbemessung gerichtlich angreifen** 7
und dadurch einen höheren Invaliditätsgrad durchsetzen oder von seinem Recht Gebrauch machen
will, eine **Neubemessung** der Invalidität zu verlangen.[19] Auch ein vom Versicherungsnehmer
erstrittenes rechtskräftiges Leistungsurteil schließt einen Antrag auf Neubemessung (sofern fristgerecht, → Rn. 3 f.) nur dann aus, wenn die Parteien nachweislich eine abschließende Invaliditätsfeststellung gewollt oder auf eine Neufestsetzung verzichtet haben.[20] Umgekehrt wird das Recht des
Versicherungsnehmers, gegen die Erstfestsetzung der Invalidität im Klagewege vorzugehen, nicht
dadurch beschränkt, dass er selber[21] oder aber der *Versicherer*[22] das Recht auf Neubemessung ausübt.

---

[10] Vgl. auch OLG Frankfurt a. M. VersR 2009, 1653.
[11] Vgl. auch *Rüffer* in HK-VVG § 188 Rn. 2.
[12] *Rüffer* in HK-VVG AUB 2014 Ziff. 9 Rn. 15; zust. *Knappmann* in Prölss/Martin VVG § 188 Rn. 4 u. AUB Ziff. 9 Rn. 13; *Brömmelmeyer* in Schwintowski/Brömmelmeyer/Ebers VVG § 188 Rn. 3 f.; zum früheren Recht vgl. BGH VersR 1994, 971; OLG Hamm VersR 1996, 1402.
[13] BGH VersR 2010, 243.
[14] OLG Hamm VersR 1990, 965.
[15] BGH VersR 1994, 971; 2003, 1165; 2010, 243.
[16] *Brömmelmeyer* in Schwintowski/Brömmelmeyer/Ebers VVG § 188 Rn. 15.
[17] *Mangen* in Beckmann/Matusche-Beckmann VersR-HdB § 47 Rn. 228.
[18] *Brömmelmeyer* in Schwintowski/Brömmelmeyer/Ebers VVG § 188 Rn. 15.
[19] BGH VersR 2009, 920; 2010, 243; *Jacob* VersR 2005, 1341 (1343); *Kessal-Wulf* r+s 2010, 353.
[20] OLG Hamm VersR 1996, 1402; aA OLG Köln r+s 1989, 134 (bei Leistungsklage des Versicherungsnehmers ausdrücklicher Vorbehalt erforderlich); OLG München VersR 2005, 1275 (Klage innerhalb der Dreijahresfrist ist als Antrag auf Neubemessung anzusehen).
[21] BGH VersR 2010, 243.
[22] OLG Hamm VersR 1993, 472.

Allerdings ist eine Neubemessung ausgeschlossen, so lange (durch Anerkenntnis oder gerichtliche Entscheidung) noch keine Erstfestsetzung vorgenommen wurde.[23] Auch der Versicherungsnehmer kann auf eine Neubemessung verzichten; ein solcher Verzicht wird regelmäßig vorliegen, wenn er zunächst Neubemessung begehrt, sich dann aber weigert, einen vom Versicherer benannten Arzt aufzusuchen[24] (zu den Rechtsfolgen einer Weigerung des Versicherten, wenn der *Versicherer* Neubemessung verlangt; → Rn. 2).

II. Beurteilungszeitpunkt und Befristung der Neubemessung

8 Hat sich der Gesundheitszustand seit der Erstfeststellung (→ § 180 Rn. 5 ff.) in einem relevanten Ausmaß geändert, ist im Rahmen einer Neubemessung auf den **Zeitpunkt** abzustellen, für den der neu ermittelte Invaliditätsgrad sich **zum ersten Mal nachweisen** lässt. Die Parteien können aber einvernehmlich (auch konkludent) stattdessen zB den Zeitpunkt der Neubegutachtung (→ § 180 Rn. 6) oder aber den letztmöglichen Stichtag vor Ablauf der Dreijahresfrist zugrunde legen.[25] Auf den jeweils gewählten Zeitpunkt ist dann auch die für die Dauerhaftigkeit des Invaliditätsgrades ausschlaggebende Dreijahresprognose (vgl. § 180 S. 2) zu beziehen (→ § 180 Rn. 7). Grundlage für die **endgültige Feststellung** des **Invaliditätsgrades** und die sich daraus ergebende Leistungsberechnung ist die letzte vor Ablauf der Dreijahresfrist seit dem Unfallereignis (Abs. 1 S. 1) vorgenommene Neubemessung. Dies gilt grds. auch dann, wenn sie zum Nachteil derjenigen Vertragspartei von einer vorhergehenden Feststellung abweicht, welche die Neubemessung gefordert hatte.[26] Voraussetzung ist allerdings, dass der Anspruch auf Neubemessung beiden Vertragsparteien noch zustand. Hatte der Versicherer sich eine Neubemessung – obwohl nach dem Vertrag erforderlich – nicht vorbehalten (→ Rn. 4), ist das Ergebnis der Erstbemessung für ihn bindend geworden. Übt in einem solchen Fall der Versicherungsnehmer sein Recht auf Neubemessung aus, steht dies unter der Einschränkung, dass das Verfahren zu einem für ihn günstigen Ergebnis führt, so dass eine Verminderung des Invaliditätsgrades unberücksichtigt bleibt.[27]

9 Hat eine Partei ihren Anspruch auf Neubemessung rechtzeitig innerhalb von drei Jahren nach dem Eintritt des Unfalls erhoben, sind aber die notwendigen Untersuchungen bzw. die Begutachtung (zB im Zuge eines gerichtlichen Verfahrens) erst nach Ablauf dieser Frist erfolgt, dürfen nur **vor Ablauf** der **Dreijahresfrist** erhobene **Befunde** berücksichtigt und es darf eine Gesundheitsprognose nur auf der Grundlage ebendieser Befunde abgegeben werden. Maßgeblich ist damit (spätestens) der Gesundheitszustand zum Fristende. Eine Verwertung später gewonnener (für den Versicherungsnehmer positiver wie negativer) Erkenntnisse ist unzulässig,[28] so dass danach eingetretene gesundheitliche Spätschäden vom Versicherungsnehmer nicht mehr geltend gemacht werden können, auch wenn sie zu einer Erhöhung des Invaliditätsgrades führen würden.[29] Der Versicherer ist in diesem Zusammenhang nicht verpflichtet, dem Versicherungsnehmer das letzte vor Ablauf der Dreijahresfrist erstellte ärztliche Gutachten unaufgefordert zukommen zu lassen; vielmehr ist es Sache des Versicherungsnehmers, von den begutachtenden Ärzten oder vom Versicherer eine Kopie anzufordern.[30]

10 Ist vor Ablauf der Dreijahresfrist eine **Heilbehandlung eingeleitet**, aber noch nicht abgeschlossen worden, bleibt ein nur zeitweise eingetretener oder nach ärztlichem Urteil nicht hinreichend sicher als dauerhaft prognostizierbarer Erfolg bei der Bewertung der Invalidität außer Betracht.[31] Dagegen sind durch die Heilbehandlung selbst geschaffenen negativen Veränderungen (etwa: Verlust des körpereigenen Knies im Rahmen einer Knietransplantation) zu berücksichtigen.[32]

11 Hat **keine Vertragspartei** von der **Möglichkeit einer Neubemessung** Gebrauch gemacht, kann auch keine von ihnen gegen den Willen der anderen für die Invaliditätsbemessung auf den letzten Tag des dritten Jahres nach dem Unfalltag abstellen. Allerdings steht es den Parteien frei, sich auf die Durchführung einer auf diesen Zeitpunkt bezogenen Nachuntersuchung zu einigen. Geschieht dies nicht, bleibt für die Entschädigungspflicht derjenige Invaliditätsgrad maßgebend, der

---

23 BGH VersR 2008, 527.
24 BGH VersR 2010, 243.
25 Vgl. dazu OLG Koblenz VersR 2013, 1518 (1520).
26 OLG Oldenburg r+s 1998, 349; LG Bonn VersR 2014, 323; *Jacob* VersR 2010, 39; anders OLG Frankfurt a. M. VersR 2009, 1653.
27 OLG Frankfurt a. M. VersR 2009, 1653; abl. *Jacob* VersR 2010, 39 (40 f.).
28 BGHZ 137, 247 (252) = VersR 1998, 308; BGH VersR 1981, 1151; 2001, 1547; OLG Hamm VersR 2008, 1102; anders *Naumann/Brinkmann* VersR 2014, 674 (677).
29 OLG Koblenz r+s 2001, 524.
30 LG Karlsruhe VersR 2002, 1549.
31 BGHZ 110, 305 (306) = VersR 1990, 478; BGH VersR 1991, 57; 2005, 927.
32 BGH VersR 2005, 927.

sich aus den Befunden einer innerhalb der Frist vorgenommenen ersten Invaliditätsfeststellung ergibt.[33] Wenn eine der Parteien dann geltend macht, dass diese nicht dem tatsächlichen Gesundheitszustand des Versicherten entsprach oder keine zutreffende Beurteilung des Invaliditätsgrades ermöglichte, muss sie den seinerzeit tatsächlich bestehenden Gesundheitszustand bzw. Invaliditätsgrad beweisen.[34]

III. Rechtsfolgen einer Neubemessung

Haben sich **zwischen der Erst- und der Neubemessung Veränderungen** im **Gesundheitszustand** des Versicherten ergeben, die sich in einer Herauf- oder Herabsetzung des in der Erstbemessung angesetzten Invaliditätsgrads niederschlagen, **ändert** sich auch die **Leistungspflicht** des Versicherers von dem Zeitpunkt an, für welchen der neu ermittelte Invaliditätsgrad erstmalig festgestellt werden kann bzw. den die Parteien als maßgeblichen Zeitpunkt einvernehmlich zugrunde gelegt haben (→ Rn. 8). Hat der Versicherer – bei einer Verbesserung des Gesundheitszustands – für die Zeit *nach diesem Zeitpunkt* erhöhte, weil an dem früheren Invaliditätsgrad orientierte Leistungen erbracht, kann er insoweit seine Leistungen partiell zurückfordern. Da sich aus der gesetzlich und vertraglich vorgesehenen Möglichkeit einer Neubemessung aber nicht ohne weiteres (dh ohne ausdrückliche Vereinbarung eines entsprechenden Anspruchs) ein vertraglicher Rückzahlungsanspruch ableiten lässt,[35] ergibt sich dieser Anspruch wegen (teilweisen) Wegfalls eines zunächst bestehenden Rechtsgrundes – wie auch sonst – aus § 812 Abs. 1 S. 2 Fall 1 BGB. Der Versicherungsnehmer kann sich daher iRd § 818 Abs. 3 BGB auf einen Bereicherungswegfall berufen. Eine Haftungsverschärfung nach §§ 819 Abs. 1, 818 Abs. 4 BGB wegen Kenntnis des fehlenden Rechtsgrunds tritt erst ein, wenn der Versicherer dem Versicherungsnehmer von der konkreten Änderung des Invaliditätsgrades Mitteilung macht; dass zuvor die theoretische Möglichkeit einer Neubemessung auf Verlangen des Versicherers bestand, stellt noch keine Kenntniserlangung iSd § 819 Abs. 1 BGB dar.[36] Eine Rückforderung durch den Versicherer ist dagegen ausgeschlossen, wenn die Erstbemessung für ihn bindend geworden war und ein im Vergleich dazu geringerer Invaliditätsgrad sich als Resultat einer (nur) vom Versicherungsnehmer beanspruchten Neubemessung ergibt (→ Rn. 8).[37] Hat der Versicherer in der Zeit zwischen Erst- und Neubemessung auf der Grundlage eines zunächst festgestellten und somit für diesen Zeitraum maßgeblichen Invaliditätsgrades bis zum Eintritt der Gesundheitsverbesserung höhere Leistungen erbracht, sind diese nicht ohne Rechtsgrund erfolgt. Daher kommt insoweit eine Rückforderung nach Bereicherungsrecht nicht in Betracht.[38] 12

Führen gesundheitliche Verschlechterungen, die zwischen der Erst- und der Neubemessung eingetreten sind, zu einer **höheren Invaliditätsleistung,** als der Versicherer sie nach dem für die Neubemessung maßgebenden Zeitpunkt erbracht hat, ist er aufgrund des Vertrages verpflichtet, rückwirkend von diesem Zeitpunkt an (→ Rn. 8) die Differenz nachzuzahlen. Außerdem sieht Ziff. 9.4 Abs. 4 AUB eine mit diesem Zeitpunkt einsetzende **Verzinsung** des noch ausstehenden **Mehrbetrages** vor. Bereits gezahlte Vorschüsse sind abzuziehen. Die Zinsregelung der AUB bezieht sich nur auf den Sonderfall der späteren Neubemessung des Invaliditätsgrades; ein allgemeiner Zinsanspruch ergibt sich daraus nicht.[39] Eine Verzinsungspflicht besteht auch dann nicht, wenn die Invalidität nur dem Grunde nach festgestellt worden ist.[40] Entsprechend dem in → Rn. 12 Gesagten besteht dagegen kein Nachzahlungsanspruch des Versicherungsnehmers für denjenigen Zeitraum zwischen Erst- und Neubemessung, in welchem der Versicherer – vor dem für die Neubemessung zugrunde gelegten Zeitpunkt – seine Leistungen auf der Grundlage des für diesen Zeitraum zutreffend zugrunde gelegten niedrigeren Invaliditätsgrades erbracht hat. 13

In der Praxis wird nicht immer hinreichend deutlich zwischen dem Rückforderungsanspruch des Versicherers aufgrund einer nach der (zutreffenden) Erstbemessung eingetretenen und im Verfahren der Neubemessung festgestellten gesundheitlichen Veränderung (→ Rn. 12 f.) und seinem Rückforderungsanspruch für den Fall unterschieden, dass die **Erstbemessung unzutreffend** war, weil zu diesem Zeitpunkt keine Invalidität (oder jedenfalls nicht in dem angenommenen Grad) und damit auch kein **Anspruch auf Invaliditätsleistungen in dem erbrachten Ausmaß** existierte. 14

---

[33] BGH VersR 1995, 902.
[34] BGH VersR 1995, 902.
[35] Anders *Jacob* VersR 2010, 39.
[36] Wie hier *Knappmann* in Prölss/Martin VVG § 188 Rn. 2e; anders *Schubach* in Schubach/Jannsen AUB Nr. 9 Rn. 17.
[37] OLG Frankfurt a. M. VersR 2009, 1653; abl. *Jacob* VersR 2010, 39 (40 f.); *Kloth* Unfallversicherung Kap. G Rn. 236.
[38] *Jungermann* r+s 2019, 369; wohl anders *Jacob* VersR 2005, 1341 (1343); *Kloth* Unfallversicherung Kap. G Rn. 236.
[39] *Stockmeier/Huppenbauer* AUB 1999 S. 94.
[40] OLG Nürnberg VersR 1998, 446.

Kann der Versicherer nachweisen, dass bereits bei der Erstbemessung keine Invalidität bestand, sie nicht auf den Unfall zurückzuführen oder von vornherein zu hoch angesetzt war, gilt das in → § 187 Rn. 5 Gesagte: In diesem Fall steht dem Versicherer ungeachtet eines Anerkenntnisses ein Anspruch auf (ggf. teilweise) Rückzahlung der erbrachten Leistungen aus § 812 Abs. 1 S. 1 Fall 1 BGB zu.[41] Dieser Anspruch kann innerhalb oder außerhalb eines Neubemessungsverfahrens geltend gemacht werden; dementsprechend kommt es dabei auch nicht darauf an, ob die Neubemessung vom Versicherer oder Versicherungsnehmer gefordert worden ist.[42] Der Versicherer trägt die Beweislast dafür, dass ein Anspruch auf Entschädigungsleistung nicht bestand oder die Invalidität geringer ist als bei Zahlung zugrunde gelegt.[43] Der Bereicherungsschuldner muss allerdings die Umstände darlegen, aus denen er ein Recht zum Behaltendürfen der ihm erbrachten Leistungen ableitet (sekundäre Darlegungslast).[44]

C. Unterrichtung des Versicherungsnehmers (Abs. 2)

15   Nach **Abs. 2 S. 1** muss der Versicherer zusammen mit seiner Erklärung über das Bestehen einer Leistungspflicht (§ 187 Abs. 1) den **Versicherungsnehmer** über die Möglichkeit **unterrichten,** dass dieser jährlich innerhalb von drei Jahren das Recht auf Neubemessung ausüben kann. Aus der Bezugnahme auf § 187 Abs. 1 S. 1 ist zu schließen, dass auch diese Unterrichtung in Textform (§ 126b BGB) zu erfolgen hat.[45] Kommt der Versicherer seiner Obliegenheit nicht (ordnungsgemäß) nach, kann er sich auf eine Fristversäumnis des Versicherungsnehmers **nicht berufen (Abs. 2 S. 2),** so dass dieser seinen Anspruch auf Neubemessung auch noch nach Fristablauf und grds. ohne zeitliche Beschränkung geltend machen kann. Der Beurteilungszeitpunkt für die Neubemessung (→ Rn. 8 ff.) ändert sich dadurch aber nicht.[46]

16   Hat der Versicherer eine Unterrichtung des Versicherungsnehmers nach Abs. 2 S. 1 **versäumt** und verlangt der Versicherungsnehmer daraufhin gem. Abs. 2 S. 2 erst nach Ablauf der Dreijahresfrist eine Neubemessung, ist dabei gleichwohl der Gesundheitszustand am Ende dieser Frist zugrunde zu legen.[47]

D. Darlegungs- und Beweislast

17   Diejenige Partei, welche Neubemessung begehrt, ist darlegungs- und beweispflichtig dafür, dass sich seit der Erstbemessung der seinerzeit festgestellte **Invaliditätsgrad verändert** hat (Abs. 1). Der jeweilige Anspruchsgegner muss dann ggf. nachweisen, dass die dreijährige **Ausschlussfrist verstrichen** ist. Wendet der Versicherer Fristablauf ein, kann der Versicherungsnehmer demgegenüber geltend machen, dass der Versicherer versäumt hat, ihn auf die Möglichkeit einer Neubemessung hinzuweisen (Abs. 2 S. 2). Nach allgemeinen Beweislastregeln steht diese rechtserhaltende Tatsache eigentlich zum Beweise desjenigen, welcher sich darauf zwecks Erhaltung seines Rechts beruft, hier also des Versicherungsnehmers. Aus den in → § 186 Rn. 11 genannten Gründen ist im vorliegenden Zusammenhang jedoch ebenso wie dort von einer **Beweislastumkehr** auszugehen, so dass der Versicherer darlegen und beweisen muss, dass er seiner Unterrichtungspflicht nach Abs. 2 S. 1 nachgekommen ist.[48]

§ 189 Sachverständigenverfahren, Schadensermittlungskosten

Die §§ 84 und 85 Abs. 1 und 3 sind entsprechend anzuwenden.

Schrifttum: Vgl. die Angaben bei § 178.

---

[41]   OLG Hamm VersR 2006, 1674.
[42]   OLG Oldenburg r+s 1998, 349.
[43]   OLG Hamm VersR 2006, 1674.
[44]   OLG Hamm VersR 2012, 228.
[45]   Zutr. *Brömmelmeyer* in Schwintowski/Brömmelmeyer/Ebers VVG § 188 Rn. 11.
[46]   *Knappmann* in Prölss/Martin VVG § 188 Rn. 7 mwN.
[47]   *Mangen* in Beckmann/Matusche-Beckmann VersR-HdB § 47 Rn. 228.
[48]   IErg ebenso *Knappmann* in Prölss/Martin VVG § 188 Rn. 7.

A. Inhalt und Normzweck

Die Vorschrift enthält eine **Verweisung** auf die allgemeinen Vorschriften der Schadensversicherung über die Durchführung von Sachverständigenverfahren (§ 84) und die Verteilung der Schadensermittlungskosten (§ 85 Abs. 1, 3). Für die im Wesentlichen als Summenversicherung ausgestaltete Unfallversicherung gelten diese Vorschriften entsprechend. Soweit es sich bei der Unfallversicherung um eine Schadensversicherung handelt (→ Vor § 178 Rn. 4), finden sie unmittelbare Anwendung.[1] Von der Verweisung ausgenommen ist § 85 Abs. 2, der jedenfalls im Prinzip eine Verpflichtung des Versicherers zur Erstattung von Sachverständigen- und Beistandskosten ausschließt. Diese Einschränkung der Kostenerstattung gilt also für die Unfallversicherung nicht,[2] und zwar – da der Gesetzgeber den früheren Rechtszustand nicht ändern wollte[3] – auch insoweit nicht, als diese als Schadensversicherung betrieben wird.

B. Entstehungsgeschichte

Die §§ 184, 185 Abs. 1 VVG aF enthielten für die Unfallversicherung Bestimmungen über die Durchführung von Sachverständigenverfahren und den Ersatz von Ermittlungskosten, die im Wesentlichen den in §§ 64, 66 VVG aF enthaltenen allgemeinen Vorschriften zur Schadensversicherung entsprachen. Diese Normenverdoppelung hat der Reformgesetzgeber jetzt durch den Hinweis auf eine analoge Heranziehung der Vorschriften aus der Schadensversicherung elegant vermieden. In der Sache sind keine wesentlichen Änderungen eingetreten.

C. Verweisung auf die §§ 84, 85 Abs. 1, 3

I. Sachverständigenverfahren (§ 84)

In § 84 Abs. 1 S. 1 wird vorausgesetzt, dass der **Versicherungsvertrag** eine **Einschaltung von Sachverständigen** (wie zB eines Ärzteausschusses) für die Feststellung einzelner Anspruchsvoraussetzungen oder der Schadenshöhe **vorsieht**. In den neueren Fassungen der AUB ist dies nicht mehr der Fall. Abgesehen davon ist es den Vertragsparteien unbenommen, die Durchführung eines Sachverständigenverfahrens (Schiedsgutachterverfahrens) **individualvertraglich** – auch ad hoc – zu **vereinbaren**. Soll danach die Ernennung eines Schiedsgutachters durch ein Gericht erfolgen, gelten in entsprechender Anwendung die Zuständigkeitsregeln des § 84 Abs. 2, so dass mangels abweichender ausdrücklicher Vereinbarung die Ernennung durch das Amtsgericht erfolgt, in dessen Bezirk der Unfall stattgefunden hat (Abs. 2 S. 1, 2 analog).

Die durch Sachverständige getroffene Feststellung ist **unverbindlich**, wenn sie **offenbar** von der wirklichen Sachlage **erheblich** abweicht, dh die Feststellung für jeden fachkundigen und unbefangenen Dritten bei gewissenhafter Prüfung offenbare Unrichtigkeiten enthält (§ 84 Abs. 1 S. 1).[4] In diesem Fall wird die Entscheidung durch ein Gericht getroffen, ebenso dann, wenn der Sachverständige eine Feststellung nicht treffen kann oder will oder verzögert (§ 84 Abs. 1 S. 2, 3).

Zwar ist § 189 auf den ersten Blick abdingbar (vgl. § 191).[5] Da es sich aber bei § 84 Abs. 1 S. 1 seinerseits aber um eine **halbzwingende Norm** handelt (vgl. § 87), wird deren halbzwingender Charakter von der in § 189 vorgesehenen Verweisung mit umfasst. Eine Vereinbarung des Inhalts, dass die getroffene Bestimmung trotz einer offenbar erheblichen Abweichung von der Sachlage für den Versicherungsnehmer verbindlich sein soll, ist daher unwirksam (→ § 191 Rn. 4). Auch eine Absprache, durch welche die Anrufung eines Gerichts ausgeschlossen wird, kann jedenfalls **in AVB nicht** wirksam getroffen werden (§ 307 Abs. 1, 2 Nr. 1 BGB, § 84 Abs. 1 S. 2, 3 VVG).[6] Eine unangemessene Benachteiligung ist bereits dann anzunehmen, wenn der in einer Klausel vorgesehene Schiedsgutachter aus der Sicht eines verständigen Versicherungsnehmers dem Versicherer wirtschaftlich oder aufgrund einer rechtlichen Verbindung nahe steht oder sogar von ihm abhängig ist, so dass

---

[1] Begr. RegE, BT-Drs. 16/3945, 109.
[2] Begr. RegE, BT-Drs. 16/3945, 109.
[3] Begr. RegE, BT-Drs. 16/3945, 109.
[4] BGHZ 9, 195 (198 f.) = NJW 1953, 939.
[5] Vgl. Begr. RegE, BT-Drs. 16/3945, 110.
[6] BVerwGE 11, 245 (247).

jenem nicht zugemutet werden kann, sich der Entscheidung des Gutachters zu unterwerfen.[7] Diese Kontrolle der Schiedsgutachterklausel anhand der §§ 305 ff. BGB wird nicht dadurch ausgeschlossen, dass die Feststellung des Sachverständigen selbst ebenfalls gerichtlich überprüft werden kann.[8]

6   **Darlegungs- und beweispflichtig** dafür, dass die Feststellungen eines Sachverständigen (zB eines Ärzteausschusses) offenbar von der Sachlage erheblich abweichen, ist diejenige Partei, welche sich auf die ausnahmsweise Unverbindlichkeit der gutachterlichen Feststellungen beruft.[9] Sie muss dazu substantiiert darlegen, in welchen Punkten die Feststellungen von der wirklichen Sachlage abweichen; ein Antrag auf Einholung eines Gutachtens zur Frage der offenkundigen Unrichtigkeit reicht nicht aus.[10]

II. Erstattung der Schadensermittlungskosten (§ 85 Abs. 1, 3)

7   Aufgrund der Verweisung auf § 85 Abs. 1 muss der Unfallversicherer dem Versicherungsnehmer die den Umständen nach gebotenen **Kosten** der Schadensermittlung und -feststellung ersetzen, und zwar auch insoweit, als sie zusammen mit der sonstigen Entschädigung die Versicherungssumme übersteigen. Die Verpflichtung zur Kostenerstattung umfasst (in der gesamten Unfallversicherung) auch die für die Zuziehung eines Sachverständigen oder Beistands entstehenden Kosten, weil die Verweisung des § 189 den § 85 Abs. 2 gerade nicht einbezieht (→ Rn. 1). Kann der Versicherer (zB bei einer Obliegenheitsverletzung oder Gefahrerhöhung) seine Leistung kürzen, ist ihm auch eine entsprechende Kürzung des Kostenersatzes möglich (§ 85 Abs. 3). Für die Kürzung wegen Vorinvalidität nach Ziff. 2.1.2.2.3 AUB (→ § 178 Rn. 239 ff.) oder die Minderung wegen vorbestehender Krankheiten oder Gebrechen nach Ziff. 3 AUB (→ § 178 Rn. 284 ff.) gilt dies aber nicht.[11]

8   Die Anwendung der § 85 Abs. 3 ist **abdingbar** (arg. § 191). Eine **Beschränkung** des **Anspruchsumfangs** ist in der Tat in Ziff. 9.1 Abs. 4, 5 AUB enthalten, wonach der Versicherer die ärztlichen Gebühren, die bei der Begründung des Leistungsanspruchs anfallen, nur in einer bestimmten, im Vertrag für die einzelnen Leistungsarten (Invalidität, Übergangsleistung, Tagegeld, Krankenhaustagegeld) differenzierenden und sich nach der Versicherungssumme bzw. dem Tagesgeldsatz richtenden Höhe und darüber hinaus keinerlei Kosten übernimmt. Diese Klausel betrifft nur die Gebühren einer vom Versicherungsnehmer veranlassten Untersuchung („Ihnen zur Begründung ...entstehen"). Ihre Wirksamkeit ist aber im Lichte des § 307 Abs. 1 S. 2 (Transparenzgebot) sowie des Abs. 1 S. 1, Abs. 2 Nr. 1 BGB zweifelhaft. Zum einen bleibt unklar, welche Kosten mit dem Begriff „Gebühr" erfasst werden sollen (Sachverständigenhonorar oder nur eine Vergütung für die Ausstellung von Attesten?), zum andern wirkt sich diese Beschränkung der Kostenerstattung als Abzug von der Versichererleistung und damit als „verhüllter Selbstbehalt" aus,[12] obschon der Versicherungsnehmer nach §§ 189, 85 Abs. 1 grds. eine Erstattung der gesamten Feststellungs- und Ermittlungskosten erwarten darf. Damit liegt die Annahme einer unangemessenen Benachteiligung des Versicherungsnehmers iSd § 307 Abs. 1, 2 Nr. 1 BGB nahe.[13] Die Abdingbarkeit des § 85 Abs. 1 ändert daran nichts,[14] weil dies noch nicht besagt, dass eine abweichende Regelung gerade auch in AVB getroffen werden kann.

9   Die Kosten einer **vom Versicherer veranlassten ärztlichen Untersuchung** (einschließlich des dadurch entstandenen Verdienstausfalls des Versicherten) hat dieser ohnehin selbst zu tragen. Dies wird in Ziff. 7.3 Abs. 3 AUB bestätigt. Kommt es dabei zu einer Schädigung der Gesundheit des Versicherungsnehmers, handelt es sich um einen Unfall iSd § 178 Abs. 2 bzw. Ziff. 1.3 AUB, für den nach diesen Bestimmungen (und nicht erst nach Ziff. 5.2.3 Abs. 3 AUB, → § 178 Rn. 178) Versicherungsschutz besteht.

§ 190 Pflichtversicherung

Besteht für den Abschluss einer Unfallversicherung eine Verpflichtung durch Rechtsvorschrift, hat der Versicherer dem Versicherungsnehmer unter Angabe der Versicherungs-

---

[7] *Schmidt* in Ulmer/Brandner/Hensen, AGB-Recht, 13. Aufl. 2022, Anh. BGB § 310 Nr. (39) Rn. 1.
[8] Anders *Sieg* NJW 1992, 2992 (2993).
[9] OLG Köln r+s 1993, 318.
[10] OLG Köln r+s 1993, 318.
[11] *Knappmann* in Prölss/Martin AUB Ziff. 9 Rn. 3.
[12] BGH VersR 1982, 482.
[13] Vgl. auch *Knappmann* in Prölss/Martin AUB Ziff. 9 Rn. 2 (Ausschluss von Fahrtkosten und Verdienstausfall unwirksam); einschränkend auch *Brömmelmeyer* in Schwintowski/Brömmelmeyer/Ebers VVG § 189 Rn. 7 (nur übermäßige Einschränkung der Kostenerstattung verstößt gegen § 307 Abs. 2 Nr. 2 BGB); ähnlich *Götz* in Looschelders/Pohlmann VVG § 189 Rn. 6.).
[14] Vgl. aber *Rüffer* in HK-VVG AUB 2014 Ziff. 9 Rn. 4.

summe zu bescheinigen, dass eine der zu bezeichnenden Rechtsvorschrift entsprechende Unfallversicherung existiert.

Schrifttum: Vgl. die Nachweise bei → § 178.

A. Inhalt und Zweck der Norm

Die Vorschrift verpflichtet den Versicherer, dem Versicherungsnehmer eine **Bestätigung** über 1
die Existenz einer Unfallversicherung und die Höhe der abgeschlossenen Versicherungssumme auszustellen, wenn es sich dabei um eine **Pflichtunfallversicherung** handelt. Dem Versicherungsnehmer wird dadurch der Nachweis ermöglicht, dass er seiner Versicherungspflicht nachgekommen ist. Die Vorschrift ist **zwingend**.[1]

B. Entstehungsgeschichte

Die Bestimmung übernimmt **ohne inhaltliche Veränderungen** die bisherigen §§ 185 Abs. 2 2
VVG iVm 158b Abs. 2 VVG aF. Diese Vorschriften waren durch das Gesetz zur Durchführung versicherungsrechtlicher Richtlinien des Rates der Europäischen Gemeinschaften v. 28.6.1990 (2. DurchfG/EWG zum VAG)[2] in das frühere VVG eingefügt worden.

C. Ausstellung einer Versicherungsbescheinigung

Soweit in Rechtsvorschriften die Aufnahme bestimmter risikobehafteter Tätigkeiten vom 3
Abschluss einer Unfallversicherung abhängig gemacht wird, muss der Versicherungsnehmer in aller Regel den Abschluss einer solchen Versicherung nachweisen, wenn er eine Genehmigung zur Aufnahme dieser Tätigkeiten beantragt. So bedarf bspw. die klinische Prüfung eines Arzneimittels bei Menschen nach **§ 40 Abs. 1 S. 3 Nr. 8, Abs. 3 AMG**[3] einer Genehmigung, die ua davon abhängt, dass für den Fall des Todes oder einer Körper- oder Gesundheitsverletzung eine Versicherung iHv mindestens 500.000 EUR besteht, die auch dann Leistungen gewährt, wenn kein anderer für den Schaden haftet. Nach **§ 27 Abs. 1 S. 1, 2 WaffG**[4] setzt der Betrieb einer Schießstätte eine Erlaubnis voraus, die ua nur dann erteilt wird, wenn ein Unfallversicherungsschutz für die an der Organisation der Schießstätte mitwirkenden Personen iHv mindestens 10.000 EUR für den Todesfall und 100.000 EUR für den Invaliditätsfall nachgewiesen wird. Den Nachweis führt der Versicherungsnehmer jeweils unter Vorlage einer vom Versicherer ausgestellten Bestätigung.

Die Formulierung der Vorschrift (Verpflichtung durch Rechtsvorschrift) soll klar stellen, dass 4
die Verpflichtung zum Abschluss einer Unfallversicherung sich nicht nur aus einem formellen Gesetz, sondern auch aus **sonstigen Rechtsvorschriften** ergeben kann.[5]

Der Versicherer kann die ihm obliegende Nachweispflicht selbstverständlich auch dadurch erfül- 5
len, dass er eine entsprechende Bestätigung dem Versicherungsschein beifügt.[6] Angesichts des zwingenden Charakters der Vorschrift kann der Versicherer die Ausstellung (abweichend von § 3 Abs. 5) nicht von einer Gebühr oder Kostenerstattung abhängig machen.

§ 191 Abweichende Vereinbarungen

Von § 178 Abs. 2 Satz 2 und den §§ 181, 186 bis 188 kann nicht zum Nachteil des Versicherungsnehmers oder der versicherten Person abgewichen werden.

Schrifttum: Vgl. die Angaben bei § 178.

---

[1] Begr. RegE, BT-Drs. 16/3945, 110; *Knappmann* in Prölss/Martin VVG § 190 Rn. 2.
[2] BGBl. 1990 I S. 1249.
[3] Arzneimittelgesetz v. 12.12.2005, BGBl. I S. 3394.
[4] Waffengesetz v. 11.10.2002, BGBl. 2002 I S. 3970 (4592).
[5] Begr. RegE, BT-Drs. 16/3945, 110.
[6] Begr. RegE, BT-Drs. 16/3945, 87.

A. Inhalt und Normzweck

1 Die Vorschrift erklärt eine Reihe von Bestimmungen des Kap. 7 für **halbzwingend**. Sie stellt im Hinblick auf § 178 Abs. 2 ausdrücklich klar, dass Vereinbarungen zu Lasten einer versicherten Person, die nicht der Versicherungsnehmer ist, ebenfalls nicht wirksam getroffen werden können.[1] Dies war nämlich in Bezug auf die entsprechende Regelung in § 180a Abs. 1 VVG aF umstritten.

B. Entstehungsgeschichte

2 In § 180a Abs. 2 VVG aF war vorgesehen, dass sich der Versicherer auf eine Vereinbarung, die von der in Abs. 1 dieser Vorschrift vorgesehenen Vermutung der Unfreiwilligkeit einer Gesundheitsschädigung (vgl. heute § 178 Abs. 2 S. 2, → § 178 Rn. 343 ff.) abwich, nicht berufen konnte. Diese Regelung wird hier **aufgenommen** und im Hinblick auf die §§ 181, 186–188 **erweitert**.

C. Halbzwingende Vorschriften im Recht der Unfallversicherung

3 Im Ausgangspunkt sind die Vertragsparteien beim Abschluss einer Unfallversicherung – wie bei allen Versicherungsverträgen – in der Gestaltung ihrer Beziehungen frei. Insbesondere steht der Unfallbegriff des § 178 Abs. 2 S. 1 zu ihrer Disposition und kann durch Individualvereinbarungen oder auf der Grundlage von AVB (AUB) präzisiert und verändert werden (→ § 178 Rn. 50). Eine Einschränkung der Vertragsfreiheit zum Schutze des Versicherungsnehmers erfolgt aber durch die in dieser Vorschrift aufgeführten Bestimmungen, von denen **nicht zum Nachteil, wohl aber zum Vorteil** des Versicherungsnehmers oder der versicherten Person (vgl. § 179 Abs. 1 S. 1; → § 179 Rn. 3) abgewichen werden kann (sog. halbzwingende Vorschriften). Während sich die AGB-Kontrolle der §§ 305 ff. BGB lediglich auf vorformulierte Vertragsbedingungen bezieht, lassen halbzwingende Vorschriften auch keine Abweichung durch Individualvereinbarungen zu.

4 Während nach früherem Recht zum Nachteil des Versicherungsnehmers abweichende Vereinbarungen wirksam blieben und der Versicherer sich lediglich nicht darauf berufen konnte, sind nach Inkrafttreten der VVG-Reform derartige Vereinbarungen als **unwirksam** anzusehen.[2] Soweit die Abweichung in AVB-Klauseln enthalten ist, ergibt sich diese Unwirksamkeit außerdem aus § 307 Abs. 1 S. 1, Abs. 2 Nr. 1 BGB (→ § 175 Rn. 3 f.). An die Stelle einer nach § 191 unwirksamen Vereinbarung treten, soweit es sich um eine AVB-Klausel handelt, die gesetzlichen Vorschriften (arg. § 306 Abs. 2 BGB). Bei Unwirksamkeit einer Individualvereinbarung ist die Lücke durch eine (ggf. ergänzende) Vertragsauslegung zu schließen.

5 In diesem Sinne halbzwingend sind folgende Regelungen: (1) Die in **§ 178 Abs. 1 S. 2** enthaltene Beweisregel, wonach die **Unfreiwilligkeit** einer von einer äußerlichen körperlichen Einwirkung hervorgerufenen **Gesundheitsschädigung** zu Gunsten des Versicherungsnehmers bzw., der versicherten Person **vermutet** wird, so dass der Versicherer für das Gegenteil beweispflichtig ist (→ § 178 Rn. 101343 ff.).

6 (2) Die in **§ 181 Abs.** 1 enthaltene **Beschränkung** einer **Gefahrerhöhung** auf solche Umstände, die nach einer in Textform getroffenen Vereinbarung als Gefahrerhöhung gelten sollen (→ § 181 Rn. 4 ff.), ferner, dass niedrigere Versicherungsleistungen gem. **§ 181 Abs. 2 S. 1** mit Ablauf eines Monats nach Gefahrerhöhung als vereinbart gelten, wenn der Vertrag eine entsprechende Vertragsanpassung vorsieht (→ § 181 Rn. 8 ff.), und dass der Versicherer gem. **§ 181 Abs. 2 S. 1** weitergehende Rechte nur bei arglistigem Verschweigen des Versicherungsnehmers geltend machen kann (→ § 181 Rn. 12 ff.).

7 (3) Die in **§ 186** vorgesehene Verpflichtung des Versicherers, bei **Anzeige des Versicherungsfalls** den Versicherungsnehmer bzw. ggf. auch die versicherte Person auf vertragliche Anspruchs- und Fälligkeitsvoraussetzungen sowie einzuhaltende Fristen in Textform **hinzuweisen** (→ § 186 Rn. 4 ff.), widrigenfalls der Versicherer sich nicht auf eine Fristversäumnis berufen kann.

8 (4) Die sich aus **§ 187 Abs. 1** ergebende Verpflichtung des Versicherers, nach Vorlage der zur Beurteilung eines Leistungsantrags erforderlichen Unterlagen innerhalb einer Ein- bzw. Dreimonatsfrist zu erklären, ob und in welchem Umfang er seine **Leistungspflicht anerkennt** (→ § 187

---

[1] Begr. RegE, BT-Drs. 16/3945, 110.
[2] *Wandt* VersR Rn. 159; *Brömmelmeyer* in Schwintowski/Brömmelmeyer/Ebers VVG § 191 Rn. 1; *Götz* in Looschelders/Pohlmann VVG § 191 Rn. 2.

Rn. 2 ff.), ferner dessen Verpflichtung zur **Leistungserbringung innerhalb von zwei Wochen** nach Feststellung des Anspruchs durch Anerkenntnis oder Einigung **(Abs. 2 S. 1)** sowie die Verpflichtung des Versicherers zur Leistung eines angemessenen **Vorschusses,** wenn die Leistungspflicht des Versicherers dem Grunde nach feststeht **(Abs. 2 S. 2;** → § 187 Rn. 10 f.; → § 187 Rn. 12 f.).

(5) Das Recht des Versicherungsnehmers nach **§ 188,** den **Grad der Invalidität** längstens bis zum Ablauf von drei Jahren nach Eintritt des Unfalls jährlich **neu bemessen** zu lassen **(Abs. 1 S. 1),** sowie die Verpflichtung des Versicherers, den Versicherungsnehmer auf dieses Recht hinzuweisen **(Abs. 2;** → § 188 Rn. 2 ff.; → § 188 Rn. 15 f.).

Kapitel 8. Krankenversicherung

Vorbemerkungen zu §§ 192–208

Übersicht

	Rn.			Rn.
A. Geschichtliche Entwicklung der Krankenversicherung in Deutschland	1		e) Unselbständige Versicherungsformen	92a
I. Die ersten Anfänge	1	4.	Versicherungsleistungen	93
II. Kodifikationen	3		a) Grundsatz	93
			b) Krankenversicherung	94
III. Privatversicherungsrecht	9		c) Pflegeversicherung	97
IV. Grenze zwischen GKV und PKV	14		d) Managed Care	98
		5.	Vertrags- und Kalkulationsgrundlagen	100
B. GKV und PKV	18	**IV.**	**Gesetzliche Pflegeversicherung**	106
I. Überblick	18	1.	Überblick	106
1. Krankenversicherungssysteme	18	2.	Allgemeine Grundsätze	109
a) Grundsatz	18	3.	Private Pflege-Pflichtversicherung (PPV)	112
b) Sozialversicherung	23	4.	Verfassungsrecht	116
c) Individualversicherung	25		a) Überblick	116
2. Rahmenbedingungen und Systemunterschiede	27		b) Ausschluss bestimmter Personengruppen von der gesetzlichen Pflegeversicherung	117
a) Grundsatz	27			
b) Systemunterschiede	29		c) Gleicher Beitrag für Eltern und Kinderlose in der SPV	118
c) Konstitutive und nicht konstitutive Systemmerkmale	35		d) Unterschiedliche Beiträge in der SPV und in der PPV	119
3. Marktverteilung	41		e) Verfassungsmäßigkeit der PPV	122
a) Entwicklung der GKV	41		f) Pflegeversicherungspflicht für Beamte	123
b) Bevölkerungsstruktur	43	**V.**	**Wettbewerb zwischen GKV und PKV**	124
c) Marktanteile	45	1.	Grundsatz	124
II. Gesetzliche Krankenversicherung (GKV)	46	2.	Systemwettbewerb	125
1. Versichertenkreis	46	3.	Unternehmenswettbewerb	126
2. Organisation der GKV	50	4.	Vermittlerwettbewerb	132
3. Funktionen der GKV	52	5.	Wettbewerbsrecht	135
4. Beitragsgestaltung	57	**VI.**	**Sozialpolitische Grundsatzfragen**	136
5. Demographische Entwicklung	61	1.	Versicherungspflichtgrenze und Bürgerversicherung	136
6. Finanzierungsgrundlagen	65			
a) Beitragssatz, Beitragsbemessung und Beitragsentwicklung	65	2.	Kapitaldeckung in der GKV	145
b) Arbeitseinkommen und Arbeitslosigkeit	68	3.	Risikostrukturausgleich zwischen den Krankenversicherungssystemen	152
c) Lohnquote	73	4.	Einsparpotentiale in der GKV	156
7. Typologie der GKV-Leistungen	75	5.	Ergänzungsversicherungen durch GKV	165
8. Kassenwettbewerb, Risikostrukturausgleich, Gesundheitsfonds	78		a) Ausgangslage	165
a) Wettbewerbsziel	78		b) Finanzierungsverfahren	166
			c) Versicherungspflicht	168
b) Risikostrukturausgleich, Gesundheitsfonds	80		d) Ausgliederung als Sozialversicherung	169
c) Einheitskasse	82		e) Ausgliederung als Individualversicherung	172
III. Private Krankenversicherung (PKV)	83		f) Wahltarife nach dem GKV-WSG	173
1. Versichertenkreis	83		g) Wahlleistungen	177a
2. Versicherungsunternehmen	85	6.	Kapitaldeckungsmodell für Nachhaltigkeit im Gesundheitswesen	178
3. Versicherungsformen	87			
a) Krankheitskosten-Vollversicherung	88	**VII.**	**Versicherungsverbände**	187
b) Pflege-Pflichtversicherung	89	1.	GDV und PKV-Verband	187
c) Ergänzungsversicherung	90		a) Verbandsstruktur	187
d) Besondere Versicherungsformen	92			

		Rn.				Rn.
	b) Ombudsmann	189	15.	Schweden		309
2.	PKV-Verband	192		a) Staatliches Sicherungssystem		309
	a) Überblick	192		b) Private Krankenversicherung		314
	b) Sozial- und gesundheitspolitische Aufgaben	195	16.	Norwegen		316
				a) Staatliches Sicherungssystem		316
	c) Versicherungstechnische Aufgaben	201		b) Private Krankenversicherung		321
	d) Verbandsorgane	211	17.	Australien		323
3.	Verbandsnahe Unternehmen	212		a) Staatliches Sicherungssystem		323
C.	Krankenversicherungssysteme im Ausland	217		b) Private Krankenversicherung		326
			18.	Japan		328
I.	Weltmarkt Gesundheit	217		a) Staatliches Sicherungssystem		328
II.	Sicherungssysteme	222		b) Private Krankenversicherung		331
1.	Überblick	222	19.	China		332
				a) Staatliches Sicherungssystem		332
				b) Krankenversicherung in den Städten		333
2.	Typische Beispiele	227		c) Krankenversicherung auf dem Lande		337
III.	Einzelne Länder	228		d) Private Krankenversicherung		341
1.	Großbritannien	228	D.	Rechtsgrundlagen		342
	a) Staatliches Sicherungssystem	228	I.	Rechtsentwicklung der PKV		342
	b) Private Krankenversicherung	233	1.	Zeit vor 1994		342
2.	Irland	234		a) Versicherungsvertragsrecht		342
	a) Staatliches Sicherungssystem	234		b) Versicherungsaufsichtsrecht		343
	b) Private Krankenversicherung	238	2.	Zeit ab 1994		348
3.	Belgien	239		a) Europäisches Unionsrecht		348
	a) Staatliches Sicherungssystem	239		b) Versicherungsaufsichtsrecht		350
	b) Private Krankenversicherung	242		c) Versicherungsvertragsrecht		354
4.	Niederlande	243		d) Sozialversicherungsrecht		356
	a) Staatliches Sicherungssystem	243		e) Pflegeversicherung		357
	b) Private Krankenversicherung	247		f) Weitere Rechtsänderungen		358
5.	Luxemburg	249	II.	Deutsches und europäisches Kompetenzrecht		361
	a) Staatliches Sicherungssystem	249				
	b) Private Krankenversicherung	253	1.	Deutsches Verfassungsrecht		361
6.	Frankreich	254		a) Grundsatz		361
	a) Staatliches Sicherungssystem	254		b) Ausgegliederte GKV-Leistungen		362
	b) Private Krankenversicherung	257	2.	Europäisches Unionsrecht		368
7.	Spanien	258		a) Sozialversicherung und Individualversicherung		368
	a) Staatliches Sicherungssystem	258				
	b) Private Krankenversicherung	263		b) Versicherungsrichtlinien		371
8.	Portugal	266		c) Strukturelemente der Sozialversicherung		374
	a) Staatliches Sicherungssystem	266				
	b) Private Krankenversicherung	270		d) Ausgegliederte GKV-Leistungen		375
				e) Nicht-substitutive Krankenversicherung		376
9.	Italien	271	III.	Versicherungsaufsichtsrecht		383
	a) Staatliches Sicherungssystem	271	1.	Überblick		383
	b) Private Krankenversicherung	276	2.	Aufsichtspflichtige Unternehmen		384
10.	Griechenland	278	3.	Verbraucherinformation		387
	a) Staatliches Sicherungssystem	278	4.	Substitutive Krankenversicherung		388
	b) Private Krankenversicherung	283		a) Begriff		388
11.	Schweiz	285		b) Basistarif		390
	a) Staatliches Sicherungssystem	285		c) Verantwortlicher Aktuar		391
	b) Private Krankenversicherung	289		d) Gleichbehandlungsgrundsatz		395
12.	Österreich	292		e) Gesetzlicher Beitragszuschlag		396
	a) Staatliches Sicherungssystem	292		f) Überzinszuschreibung		399
	b) Private Krankenversicherung	296		g) Prämienänderung, Bedingungsänderung, Treuhänder		400
13.	Ungarn	298				
14.	Dänemark	302		h) Rechtsverordnungen		402
	a) Staatliches Sicherungssystem	302	5.	Nicht-substitutive Krankenversicherung		403
	b) Private Krankenversicherung	307	6.	Pflegeversicherung		404

		Rn.
7.	Sicherungsvermögen	405
8.	Missstandsaufsicht	406
9.	Ausländische Versicherungsunternehmen	407
IV.	**Versicherungsvertragsrecht**	**409**
1.	Überblick	409
2.	VVG-Vorschriften für alle Versicherungszweige	413
3.	VVG-Vorschriften für die Schadensversicherung	418
4.	VVG-Vorschriften für die Krankenversicherung	421
5.	Krankenversicherungsvertragsrecht im VAG	449
6.	Übergangsrecht für die Krankenversicherung	455
7.	AVB für die Krankenversicherung	462
	a) Musterbedingungen	462
	b) Unternehmenseigene Bedingungen	464
V.	**Sozialversicherungsrecht**	**466**
1.	Überblick	466
2.	Krankenversicherung	468
	a) Versicherungspflicht	468
	b) Beitragszuschuss	471
3.	Gesetzliche Pflegeversicherung	477
	a) Versicherungspflicht	477
	b) Freiwillige Versicherung	482
	c) Inhalt der Pflegeversicherung	483
	d) Kontrahierungszwang, Kündigungsverbot, Risikoausgleich	488
4.	Verfahrensrecht	491
VI.	**Kartellrecht**	**497**
1.	Rechtsgrundlagen	497
2.	Sachverhalte innerhalb der GKV	501
	a) Grundsatz	501
	b) Unternehmensbegriff	502
	c) Sachverhalte	504
3.	Sachverhalte im Verhältnis GKV/PKV	505
	a) Grundsatz	505
	b) Unternehmensbegriff	506
	c) Sachverhalte	507
4.	Sachverhalte innerhalb der PKV	510
	a) Grundsatz	510
	b) Verbandsaufgaben	511
	c) Besondere Sachverhalte	512
VII.	**Wettbewerbsrecht**	**518**
1.	Allgemeine Grundsätze	518
2.	Wettbewerb zwischen GKV und PKV	523
	a) Wettbewerbsverhältnis	524
	b) Unternehmensbegriff	535
3.	Typische Sachverhalte im Wettbewerb zwischen GKV und PKV	541
	a) Vertriebskooperationen	542
	b) Managed Care	546
	c) Steuervergünstigungen	547

		Rn.
VIII.	**Steuerrecht**	**549**
1.	Einkommensteuer	549
	a) Versicherungsbeiträge	550
	b) Zuschüsse zu Krankenversicherungsbeiträgen	552
	c) Krankheitskosten	554
	d) Versicherungsleistungen	555
2.	Umsatzsteuer und Versicherungssteuer	556
IX.	**Bilanzrecht**	**560**
1.	Handelsbilanzrecht	560
	a) RL 91/674/EWG (VersBilRL)	560
	b) RL 92/49/EWG (Dritte SchadenRL), RL 2009/138 EG (Solvabilität II-RL)	563
	c) Deutsche Transformationsgesetze	566
	d) Handelsrecht	568
	e) Versicherungsaufsichtsrecht	577
	f) Sozialversicherungsrecht	581
2.	Steuerbilanzrecht	583
	a) Maßgeblichkeitsgrundsatz	583
	b) Einzelne Rückstellungen	586
X.	**Konkurrenzrecht**	**590**
1.	VVG und VAG	590
2.	VVG und SGB	593
3.	VVG und AVB	596
	a) Grundsatz	596
	b) Zwingende und halbzwingende Vorschriften	598
	c) Dispositive Vorschriften	600
	d) Subsidiaritätsklauseln	603
4.	VAG und SGB	605
E.	**Erscheinungsformen und Arten der privaten Krankenversicherung**	**608**
I.	**Begriffe und Gliederungssystematik**	**608**
1.	Gesetzliche Begriffe	608
	a) Europarecht	609
	b) Versicherungsvertragsrecht	611
	c) Versicherungsaufsichtsrecht	615
	d) Sozialversicherungsrecht	617
2.	Unterscheidungsmerkmale	619
	a) Keine einheitliche Terminologie	619
	b) Gliederungsmerkmale	620
3.	Gliederungssystematik	626
II.	**Substitutive und nicht-substitutive Krankenversicherung**	**629**
1.	Begriffe	629
	a) Substitutiv	629
	b) Nicht-substitutiv	630
	c) Krankenversicherung	631
2.	Substitutive Krankenversicherung	634
	a) Krankheitskostenversicherung	634
	b) Private Pflege-Pflichtversicherung (PPV)	638
	c) Pflichtversicherung	639
3.	Nicht-substitutive Krankenversicherung	642
	a) Ergänzungsversicherung	642
	b) Besondere Versicherungsformen	644
	c) Unselbständige Versicherungsformen	650a

Vorbemerkungen zu §§ 192–208   **Vor § 192**

		Rn.			Rn.
III.	Krankenversicherung und Unfallversicherung	651	IV.	Tragweite der Systemvorgaben	735
1.	Grundsatz	651	1.	Dauerhaftigkeitsgrundsatz	735
2.	Unfall-Krankenversicherung	655		a) Fortsetzungsschutz	735
IV.	Nach Art der Lebensversicherung und nach Art der Schadenversicherung	663		b) Schutz der Funktionsfähigkeit	740
				c) Soziale Sicherung	744
			2.	Vorrang des Unionsrechts	745
1.	Nach Art der Lebensversicherung	663		a) Unmittelbare Bindung	745
2.	Nach Art der Schadenversicherung	666		b) Verfassungsrechtliche Konsequenzen	748
V.	Schadensversicherung und Summenversicherung	668		c) Gesundheitssystem	753
			3.	Gleichrangigkeit von GKV und substitutiver PKV	755
1.	Begriff	668	4.	Differenzierungszwang	756
2.	Anwendungsgebiet	670	5.	Grundrechtskonkretisierung	758
VI.	Einzelversicherung und Gruppenversicherung	672	G.	Ergebnisentstehung und Ergebnisverwendung	762
			I.	Überblick	762
1.	Begriff	672	II.	Ergebnisquellen	766
2.	Anwendungsgebiet	674	1.	Rechnungslegung und Kalkulation	766
3.	Rechtsbeziehungen in der Gruppenversicherung	675	2.	Versicherungsgeschäftliches Ergebnis	769
			3.	Kapitalanlageergebnis	776
4.	Betriebliche Krankenversicherung (bKV)	678	4.	Sonstiges Ergebnis	778
VII.	Anwartschaftsversicherung und Ruhensvereinbarung	685	III.	Ergebnisverwendung	779
			IV.	Kennzahlen	782
1.	Begriff	685	1.	Kennzahlensystem	782
2.	Anwartschaftsversicherung	689	2.	Sicherheit und Finanzierbarkeit	784
3.	Ruhensvereinbarung	693	3.	Erfolg und Leistung	790
F.	Rechtliche Systemvorgaben für die substitutive Krankenversicherung	694	4.	Sonstige Kennzahlen	796
			H.	Kalkulationsgrundsätze, Vertragsgrundsätze und Versicherungsmathematik	797
I.	Rechtsentwicklung	694			
II.	Europäisches Unionsrecht	697	I.	Kalkulationsgrundsätze	797
1.	Rechtsgrundlagen	697	1.	Prinzip des Wagnisausgleichs	797
2.	Dauernde Erfüllbarkeit	700	2.	Versicherungstechnisches Risiko	799
3.	Abschließender Voraussetzungskatalog	703	3.	Äquivalenzprinzip	803
4.	Systemprinzipien der substitutiven Krankenversicherung	705	4.	Allgemeines Alterungsrisiko	805
			5.	Demographisches Alterungsrisiko	806
5.	Gleichrangigkeit von GKV und substitutiver PKV	708	6.	Versteilerung der Kostenprofile	811
			7.	Anwartschaftsdeckungsverfahren	814
III.	Deutsches Versicherungsrecht	711	II.	Vertragsgrundsätze	818
1.	Rechtsgrundlagen	711	1.	Beschränkungen der Vertragsfreiheit	818
2.	Dauernde Erfüllbarkeit	712	2.	Beitragsanpassung	825
3.	Gleichrangigkeit von GKV und substitutiver PKV	713	3.	Bedingungsänderung	826
			4.	Treuhänder	827
4.	Systemprinzipien der substitutiven Krankenversicherung	716	III.	Versicherungsmathematik	828
5.	Sozialbindung der substitutiven Krankenversicherung	722	1.	Begriff	828
	a) Kündigungsausschluss	723	2.	Aktuarielle Grundsätze	830
	b) Dauernde Erfüllbarkeit	724	3.	Rechtsqualität der Versicherungsmathematik	836
	c) Tarifwechselrecht	726			
	d) Brancheneinheitliche Tarife auf GKV-Niveau	728			
6.	Vollfunktionalität	732			

		Rn.
4.	Verhältnis zum Unionsrecht	839
	a) Geschlechtsneutralität	839
	b) Altersabhängigkeit	842
J.	**Alterungsrückstellung**	846
I.	**Funktion und Bedeutung der Alterungsrückstellung**	846
1.	Grundgedanke	846
2.	Lebenserwartung	847
3.	Künftig entstehende Krankheiten	850
4.	Latenzzeiten von Krankheiten	851
5.	Begriff des Versicherungsfalles und Spätschäden	852
6.	Prognostizierbarkeit von Krankheiten	853a
7.	Individualisierbarkeit der Alterungsrückstellung	860
	a) Bisheriger Meinungsstand	861
	b) Neuer Meinungsstand	866
II.	**Versicherungstechnische Grundsätze der Lebens- und Krankenversicherung**	867
1.	Kollektiver Risiko- und Sparprozess	867
2.	Anwendungsprobleme	873a
3.	Grundrechtsschutz der Kapitalbildung	874
III.	**Finanzierungsquellen der Alterungsrückstellung**	877
1.	Grundsatz	877
2.	Tarifbeiträge	878
3.	Limitierung von Beitragsanpassungen	881
4.	Direkte Zuschreibungen	882
	a) Gesetzlicher Beitragszuschlag	883
	b) Überzinszuschreibung	888
IV.	**Rechtlicher Charakter der Alterungsrückstellung**	892
1.	Rechtsinstitut des Zivilrechts und verfassungsrechtlicher Eigentumsbegriff	892
2.	Bilanzierung	894
3.	Finanzierungsquelle „Tarifbeitrag"	896
	a) Sparanteil und Rückkaufswert	896
	b) Überschussbeteiligung	901
	c) Verwendung der Alterungsrückstellung	906
	d) Tarifwechselrecht	908
	e) Versichererwechselrecht	909
4.	Finanzierungsquelle „Limitierung von Beitragsanpassungen/RfB"	910
5.	Finanzierungsquelle „Direkte Zuschreibungen"	913
V.	**Übertragbarkeit der Alterungsrückstellung**	916
1.	Ausgangssituation	916
2.	Rechtslage bis zur VVG-Reform	917
3.	Rechtslage nach der VVG-Reform	919
VI.	**Gesetzlicher Beitragszuschlag**	923

		Rn.
1.	Entstehungsgeschichte	923
	a) Überblick	923
	b) Kalkulatorischer Wert	924
	c) Rechtsnatur	927
2.	Übertragbarkeit	929
3.	Verwendung	930
K.	**Übertragbarkeit der Alterungsrückstellung als Systemänderung?**	931
I.	**Sachverständigenkommissionen**	931
1.	Expertenkommission	932
2.	Monopolkommission	933
3.	Sachverständigenrat	934
4.	Rürup-Kommission	935
5.	ifo-Institut	936
6.	VVG-Kommission	942
II.	**Übertragungsmodelle**	944
1.	Grundmodelle	944
2.	Kalkulierte Alterungsrückstellung	948
	a) Auf- und Abbau der Alterungsrückstellung	948
	b) Umverteilungselemente	951
	c) Berücksichtigung in der Kalkulation	958
	d) Kein Anspruch auf Auszahlung des rechnerischen Durchschnittswerts	960
	e) Risikoselektion	962
	f) Herbeiführung des Versicherungsfalles	966
	g) Eigentumsgrundrecht	967
	h) Verhältnismäßigkeitsprinzip	968
3.	Vollständig individuelle Alterungsrückstellung	969
4.	Individuelle prospektive Alterungsrückstellung	970
	a) Sachverständigenkommissionen	970
	b) Medizinische Prognose	972
	c) Versicherungstechnik	973
	d) Teilkollektive	974
	e) Virtuelle Sofortabwicklung des Versicherungsvertrags	977
5.	Wirtschaftstheoretisches Modell	980
6.	Umsetzungsprobleme	981
III.	**Aufsichts- und Bilanzierungsgrundsätze**	982
1.	Grundprinzip	982
2.	Dauernde Erfüllbarkeit	986
3.	Unterdeckung	989
4.	Konsequenzen	992
IV.	**Spartentrennung**	994
1.	Systemscheidung des Gesetzgebers	994
2.	Konsequenzen der Systemscheidung	996
	a) Rückkaufswert	996a
	b) Gesetzlicher Beitragszuschlag	997
V.	**Weitergehende Systemveränderung**	1000
1.	Ausgangslage	1000

Vorbemerkungen zu §§ 192–208   Vor § 192

		Rn.			Rn.
2.	Politische Aspekte	1001	V.	**Arbeitgeberzuschuss**	1121
3.	Freier Versichererwechsel	1007	1.	Gesetzliche Regelung	1121
	a) Voraussetzungen	1007	2.	Konsequenzen nach höherrangigem Recht	1124
	b) Notwendige Systemänderungen	1008		a) Spartentrennung	1124
VI.	**Gesetzlicher Beitragszuschlag**	1010		b) Basistarif	1126
1.	Problematik	1010		c) Verfassungsverstoß	1128
2.	Lösungsmodelle zur Werterhaltung beim Versichererwechsel	1012	**VI.**	**Bundesverfassungsgericht**	1129
	a) Übertragung auf das neue PKV-Unternehmen	1012	**M.**	**Brancheneinheitliche Produkte der Kranken- und Pflegeversicherung**	1140
	b) Fortführung durch das bisherige PKV-Unternehmen	1015	**I.**	**Überblick**	1140
	c) Fortgeltung der ursprünglichen Rechtslage	1018	1.	Grundsatz	1140
3.	Rechtslage nach der VVG-Reform	1023	2.	Ausnahmen	1141
	a) VVG-Kommission	1023	**II.**	**Standardtarif für ältere Versicherte**	1143
	b) VVG-Reform	1024	1.	Grundsatz	1143
	c) Gesundheitsreform	1025	2.	Geschichtliche Entwicklung und Bedeutung	1144
L.	**Gesundheitsreform (GKV-WSG)**	1031		a) Zeit bis zum GKV-WSG	1144
I.	**Überblick**	1031		b) Zeit nach dem GKV-WSG	1148
II.	**Basistarif**	1035	3.	Rechtsgrundlagen und Tarifstufen	1153
1.	Gesetzliche Regelung	1035	4.	Versicherbare Personen	1155
	a) Einheitsprodukt	1035	5.	Vorversicherung	1158
	b) Kontrahierungszwang	1040	6.	Versicherungsleistungen	1160
	c) Höchstbeitrag und Sozialgrenze	1049	7.	Versicherungsbeiträge	1161
	d) Kalkulation und Risikoausgleich	1053	8.	Änderung des Standardtarifs	1162
2.	Zerstörung des Äquivalenzprinzips	1054	9.	Zusatzversicherungen	1163
	a) Grundsatz	1054	10.	Risikoausgleich	1164
	b) Kontrahierungszwang	1056		a) Arbeitsgemeinschaft Standardtarif	1164
	c) Beitrag bei Hilfebedürftigkeit	1060		b) Beitragskalkulation	1166
	d) Umlage	1063		c) Durchführung des Ausgleichs	1167
	e) Höchstbeitrag	1064	**III.**	**Private Pflege-Pflichtversicherung (PPV)**	1168
	f) Konsequenzen nach höherrangigem Recht	1065	1.	Grundsatz	1168
3.	Ausländische Versicherungsunternehmen	1070	2.	Besondere Regelungen	1169
	a) Einbeziehung in den Basistarif	1070	3.	Versicherungsleistungen	1171
	b) Kontrahierungszwang	1081	4.	Versicherungsbeiträge	1172
4.	Inländische Versicherungsunternehmen	1086	5.	Pflegeversicherungspool	1175
	a) Inländerdiskriminierung	1086	6.	Risikoausgleich	1176
	b) Kontrahierungszwang	1087	7.	Rechtsweg	1182a
III.	**Versicherungspflicht und Kündigungsverbot**	1088	**IV.**	**Basistarif**	1183
1.	Gesetzliche Regelung	1088	1.	Grundsatz	1183
	a) Versicherungspflicht	1088	2.	Rechtsgrundlagen	1184
	b) Kündigungsverbot	1095	3.	Versicherbare Personen	1188
2.	Konsequenzen nach höherrangigem Recht	1099	4.	Versicherungsleistungen	1191
	a) Versicherungspflicht	1099	5.	Versicherungsbeiträge	1200
	b) Kündigungsverbot	1103	6.	Änderung des Basistarifs	1205
IV.	**Übertragung der Alterungsrückstellung**	1108		a) Beitragsanpassung	1205
1.	Gesetzliche Regelung	1108		b) Bedingungsänderung	1207
	a) Versichererwechsel	1108	7.	Zusatzversicherungen	1209
	b) Ergänzungsversicherung	1110			
2.	Konsequenzen nach höherrangigem Recht	1111			
	a) Versichererwechsel	1111			
	b) Ergänzungsversicherung	1120			

Boetius

		Rn.
8.	Risikoausgleich	1212
V.	**Geförderte private Pflegevorsorge**	1219
VI.	**Notlagentarif**	1231
1.	Rechtsentwicklung	1231
2.	Rechtsgrundlagen	1233
	a) Grundsatz	1233
	b) AVB	1239
3.	Rechtsnatur des Notlagentarifs	1242
4.	Versicherungsleistungen	1246
	a) Grundsatz	1246
	b) Leistungserweiterungen	1250
	c) Leistungsmaßstab	1253
5.	Versicherungsbeiträge	1261
6.	Aufrechnungs- und Zurückbehaltungsrechte	1262a
7.	Kalkulation	1263
	a) Grundsatz	1263
	b) Einzelfragen	1270
	c) Kritische Würdigung	1276
8.	Änderung des Notlagentarifs	1278
	a) Beitragsanpassung	1278
	b) Bedingungsänderung	1280
9.	Zusatzversicherungen	1282
10.	Risikoausgleich	1284
11.	Übergangsrecht	1285
	a) Grundsatz	1285
	b) Zeitlicher Anwendungsbereich	1287
VII.	**Systemgerechter Basistarif für einen freien PKV-Wechsel**	1288
1.	Grundgedanke	1288
2.	Tarifmerkmale	1289
3.	Bewertung	1295
N.	**Reformansätze: Neue Geschäftsmodelle, Entwicklungen und Anforderungen an die Krankenversicherung**	1297
I.	**Managed Care**	1297
1.	Ausgangslage	1297
2.	Begriff „Managed Care"	1300
II.	**Notwendigkeitsgebot**	1303
1.	Ausgangslage	1303
	a) Kostenentwicklung	1303
	b) Kostensteuerung im Gesundheitswesen	1308
	c) Kostensteuerungsmaßstab	1311
	d) Übermaßbehandlung und Übermaßvergütung	1312
2.	Medizinische Notwendigkeit der Leistungserbringung	1315
	a) Bedeutung und Begriff	1315
	b) Geltung in der PKV	1324
	c) Geltung in der GKV	1325
3.	Wirtschaftliche Notwendigkeit der Leistungserbringung	1326
	a) Bedeutung und Begriff	1326
	b) Geltung in der GKV	1329

		Rn.
	c) Geltung in der PKV	1330
	d) VVG-Reform	1332
	e) Gesundheitsreform	1337
	f) Ergebnis	1339
III.	**Neuer Krankheitsbegriff**	1345a
1.	Systematische Zusammenhänge	1345a
	a) Krankheit und Versicherungsfall	1345b
	b) Versicherungsfall und anzeigepflichtige gefahrerhebliche Umstände	1345h
2.	Tradierter Krankheitsbegriff	1345i
	a) Grundsatz	1345i
	b) Rechtsprechung	1345l
	c) Begriffliche Systematik	1345o
3.	Dynamischer Krankheitsbegriff	1345t
IV.	**Vollfunktionalität**	1346
V.	**Freier Versichererwechsel in der PKV**	1350
1.	Grundsatz	1350
2.	Gesundheitsreform (GKV – WSG)	1351
VI.	**Grenzüberschreitende Portabilität der Krankenversicherung**	1352
1.	Ausgangssituation	1352
2.	Portabilität	1354
O.	**Insolvenz des Versicherungsunternehmens**	1357
I.	**Überblick**	1357
1.	Grundsatz	1357
2.	Krankenversicherung	1359
	a) Allgemeine Folgen der Insolvenz	1359
	b) Krankenversicherung nach Art der Lebensversicherung	1361
II.	**Insolvenzsicherung**	1365
1.	Europäische Rechtsentwicklung	1365
2.	Insolvenzsicherung für die Krankenversicherung	1367
	a) Versicherungsaufsichtsrecht	1367
	b) Sicherungsfonds	1368
	c) Sicherungsmaßnahmen	1370
	d) Träger des Sicherungsfonds	1372
	e) Medicator AG	1374
P.	**Eckpunkte der VVG-Reform unter Berücksichtigung der Gesundheitsreform (GKV-WSG)**	1377
I.	**Überblick**	1377
1.	VVG-Reform und GKV-WSG	1377
2.	Versicherungsvertragsrecht	1381
	a) VVG-Reform	1381
	b) Gesundheitsreform	1383
II.	**Alterungsrückstellung**	1384
1.	VVG-Reform	1384
2.	Gesundheitsreform	1385
III.	**Gesetzlicher Beitragszuschlag**	1389
1.	VVG-Reform	1389
2.	Gesundheitsreform	1392

Vorbemerkungen zu §§ 192–208 Vor § 192

	Rn.
IV. Managed Care	1393
1. Grundsatz	1393
2. Einzelne Regelungen	1394
V. Beitragsanpassung	1395
1. Ausgangslage	1395
2. Gesetzesänderung	1396
VI. Weitere Themen der VVG-Reform	1398
1. Terminologie	1398
a) Anwendungsbereich Krankenversicherung	1398
b) Einheitliche Begriffe	1399
2. Vorschriften des Allgemeinen Teils	1400
a) Rettungskosten	1400
b) Versicherung für fremde Rechnung	1402
3. Wirtschaftlichkeitsgebot	1405
4. Befristung von Krankenversicherungsverträgen	1407
a) Grundsatz	1407
b) Befristete Aufenthaltserlaubnis	1409
c) Krankentagegeldversicherung	1410
d) Beihilfetarife	1413
e) Nicht-substitutive Krankenversicherung	1415
5. Kindernachversicherung	1416
6. Bereicherungsverbot	1418
7. Nachweis der Versicherungspflicht in der GKV	1419
8. Vertragsfortführung bei Wegzug in das EU-Ausland	1421
9. Rechtssystematische Bereinigungen	1422
a) Versicherungsaufsichtsrecht	1422
b) Sozialrecht	1423
c) Gerichtsverfahrensrecht	1424
VII. Weitere Themen der Gesundheitsreform	1426
1. Basistarif	1426
2. Versicherungspflicht	1427
3. Kündigungsverbot	1428
4. Tarifwechsel	1429
VIII. Übergangsrecht	1431
1. Grundsatz	1431
2. Sonderfälle	1434
3. Bedingungsänderung	1438
a) Allgemeine Bedingungsänderung	1438
b) Bedingungsänderung in der Krankenversicherung	1443
Q. Digitalisierung im Gesundheitswesen	1447
I. Einleitung	1447
II. Versicherungsrechtliche Rahmenbedingungen	1452
1. Kalkulation nach Art der Lebensversicherung	1453
a) Preisliche Differenzierung	1454
b) Leistungsdifferenzierung innerhalb eines Tarifs	1465
c) Verwendung von RfB-Mitteln im Rahmen der Beitragsrückerstattung	1466
2. Kalkulation nach Art der Schadenversicherung	1467
3. Fazit und Ausblick	1468

Stichwort- und Fundstellenverzeichnis

Stichwort	Rn.	Rspr.
Altersdiskriminierung	→ Rn. 844	EuGH Slg. 2010, I-11869 = EuZW 2011, 116
Alterungsrückstellung (Eigentumsschutz)	→ Rn. 892 ff.	BVerfGE 123, 186 = VersR 2009, 957 = NJW 2009, 2033
Alterungsrückstellung (Übertragbarkeit)	→ Rn. 917, 922	BVerfG r+s 2013, 442; BGHZ 141, 214 = VersR 1999, 877 = NJW 1999, 2741; BGH VersR 2006, 1072; r+s 2013, 238; VersR 2013, 612 = r+s 2013, 239
Ausländische Versicherungsunternehmen (Basistarif, Kontrahierungszwang, Versicherungspflicht, Sicherungsfonds)	→ Rn. 1074, 1083, 1101, 1369	BVerwGE 139, 246 = VersR 2011, 781
Beitragsentlastungsversicherung	→ 650a ff.	OLG Celle VersR 2022, 357 = r+s 2022, 155; OLG Karlsruhe BeckRS 2022, 13667
Bundesbahnbeamte	→ Rn. 21	BSG NZS 2011, 856
Dauernde Erfüllbarkeit	→ Rn. 712, 743, 985	BVerwGE 109, 87 = VersR 1999, 1001
Eigentumsschutz (Programmiertes werdendes Eigentum)	→ Rn. 874 ff., 967, 979, 1114	BVerfGE 114, 1 = VersR 2005, 1109 = NJW 2005, 2363

Stichwort	Rn.	Rspr.
GKV als Unternehmen (Wettbewerbsrecht)	→ Rn. 503, 537, 539 f.; → Rn. 710	EuGH Slg. 1993, I-637 = NJW 1993, 2597 – Poucet und Pistre/AGF ua; EuGH Slg. 2004, I-2493 = EuZW 2004, 241 – AOK/Ichthyol und andere; EuGH 3.10.2013 – C-59/12 = VersR 2013, 1593 = GRUR 2013, 1159 = NJW 2014, 288 – BKK Mobil Oil/Wettbewerbszentrale; BGH GRUR 2014, 1120; NJW 2014, 2282 = GRUR 2014, 682 = VersR 2014, 976
GKV (Wahlleistungen/ Wahltarif)	→ Rn. 177a	BSGE 129, 10 = BeckRS 2019, 17050 = MedR 2020, 406
GKV-WSG	→ Rn. 892	BVerfGE 123, 186 = VersR 2009, 957 = NJW 2009, 2033
Gesetzliche Pflegeversicherung (Ausschluss bestimmter Personengruppen)	→ Rn. 117	BVerfGE 103, 225 = VersR 2001, 920 = NJW 2001, 1716
Gesetzliche Pflegeversicherung (Leistungen im Ausland)	→ Rn. 708	EuGH Slg. 2004, I-6483 = EuZW 2004, 573 – Gaumin-Cerri und Barth/Kaufmännische Krankenkasse und Landesversicherungsanstalt
Gesetzliche Pflegeversicherung (Pflegegeld im Ausland)	→ Rn. 708	EuGH Slg. 1998, I-843 = NJW 1998, 1767 – Molenaar/AOK
Gesetzliche Pflegeversicherung (Unterschiedliche Beiträge in SPV und PPV)	→ Rn. 119 ff.	BVerfGE 103, 271 = VersR 2001, 623 = NJW 2001, 1707
Krankheit (Begriff)	→ Rn. 1345l ff.	BGHZ 99, 228 = VersR 1987, 278 = NJW 1987, 703; BGHZ 164, 122 = VersR 2005, 1673 = NJW 2005, 3783; BSG NZS 2015, 662; BVerwGE 160, 71 = NVwZ 2018, 173; BVerwGE 148, 106 = NVwZ-RR 2014, 240
Kündigung aus wichtigem Grund	→ Rn. 447, 822	BGHZ 192, 67 = VersR 2012, 304 = NJW 2012, 1365; BGH VersR 2012, 219 = NJW 2012, 376; VersR 1985, 54; 2007, 1260
Mehrfachversicherung GKV/PKV	→ Rn. 593	BSGE 126, 277 = r+s 2019, 193
Mindestversorgung	→ Rn. 1348a ff.	BVerfGE 115, 25 = NJW 2006, 891
Notlagentarif	→ Rn. 1287	BGH VersR 2016, 1107
Notlagentarif (Aufrechnung)	→ Rn. 1262b	BGH VersR 2019, 152 = NJW 2019, 359
Notwendige Heilbehandlung (Medizinische Notwendigkeit)	→ Rn. 1316 ff.	BGHZ 133, 208 = VersR 1996, 1224 = NJW 1996, 3074; BGHZ 164, 122 = VersR 2005, 1673 = NJW 2005, 3783; BGH VersR 2013, 1558; 2015, 706 = r+s 2015, 297
Notwendige Heilbehandlung (Wirtschaftliche Notwendigkeit)	→ Rn. 602, 1330	BGHZ 154, 154 = VersR 2003, 581 = NJW 2003, 1596
Private Pflege-Pflichtversicherung (Rechtsweg)	→ Rn. 491	BSGE 79, 80 = VersR 1998, 486; BGH VersR 2019, 59 = r+s 2018, 682
Private Pflege-Pflichtversicherung (Verfassungsmäßigkeit)	→ Rn. 122, 167, 363, 366, 595, 1061	BVerfGE 103, 197 = VersR 2001, 627 = NJW 2001, 1709
Sicherungsfonds	→ Rn. 1369	BVerwGE 139, 246 = VersR 2011, 781
Soziale Pflegeversicherung (Gleicher Beitrag für Eltern und Kinderlose)	→ Rn. 118	BVerfGE 103, 242 = VersR 2001, 916 = NJW 2001, 1712
Soziale Pflegeversicherung (Körperschaftsteuerpflicht)	→ Rn. 548a	BFH BStBl. II 2017, 863

Stichwort	Rn.	Rspr.
Sozialversicherung (Begriff)	→ Rn. 167, 169, 1054	BVerfGE 76, 256 = NJW 1988, 1015; BVerfGE 103, 197 = VersR 2001, 627 = NJW 2001, 1709
Systeme der sozialen Sicherheit (Europarecht; Grundfreiheiten)	→ Rn. 368, 745, 753	EuGH Slg. 1998, I-1831 = NJW 1998, 1769 – Decker/Caisse de maladie; EuGH Slg. 1998, I-1931 = NJW 1998, 1771 – Kohll/Union des caisses de maladie; EuGH Slg. 2001, I-5473 = NJW 2001, 3391 – Smits und Peerbooms/Stichting Ziekenfonds
Übergangsrecht (Gerichtsstand)	→ Rn. 1437a	BGHZ 214, 160 = VersR 2017, 779 = r+s 2017, 389
Unisex	→ Rn. 359, 839	EuGH Slg. 2011, I-733 = VersR 2011, 377 = NJW 2011, 907 – Test-Achats
Versicherungsvermittlung durch GKV	→ Rn. 133	BGH GRUR 2013, 1250; BFH BStBl. II 2010 S. 502
Volksversicherung	→ Rn. 1135	BVerfGE 123, 186 = VersR 2009, 957 = NJW 2009, 2033
Vollfunktionalität der PKV	→ Rn. 1135	BVerfGE 123, 186 = VersR 2009, 957 = NJW 2009, 2033
Wechselsperre GKV/PKV	→ Rn. 143	BVerfGE 123, 186 = VersR 2009, 957 = NJW 2009, 2033

Schrifttum: *Baroch Castellví*, Rechtsweg in der privaten Pflegeversicherung, VersR 1997, 661; *Bauermeister/Bohn*, Krankenversicherungsmathematik in HdV Handwörterbuch der Versicherung, 1988, S. 401; *Bethge/v. Coelln*, Die gesetzliche Erhöhung der Versicherungspflichtgrenze in der Gesetzlichen Krankenversicherung als möglicher Verstoß gegen die Grundrechte privater Krankenversicherungsunternehmen, VSSR 2004, 199 ff.; *Bieback/Brockmann/Goertz*, Rechtsnatur und Zuordnung der Alterungsrückstellungen in der PKV, ZVersWiss 2006, 471; *Boetius*, Der Begriff „Ausübung öffentlicher Gewalt (Hoheitsbetrieb)" im Steuerrecht – Grenzen der Steuerfreiheit am Beispiel der gesetzlichen Krankenversicherung, DB-Beilage Heft 17/1996; *Boetius*, Neue Wege zur Kostensteuerung im Gesundheitswesen – eine Aufgabe für die private Krankenversicherung, Münsteraner Reihe Heft 37, 1996; *Boetius*, Einsparpotentiale in der Gesetzlichen Krankenversicherung (GKV), 1999; *Boetius*, Alterungsrückstellung und Versicherungswechsel in der privaten Krankenversicherung, VersR 2001, 661; *Boetius*, Die Pflicht zu wirtschaftlichem Verhalten des Versicherungsnehmers bei Kostenversicherungen – Konsequenzen des BGH-Urteils v. 12.3.2003 – IV ZR 278/01 – für die PKV, Münsteraner Reihe Heft 92, 2004; *Boetius*, Substitutive private Krankenversicherung – Die Systemvorgaben des europäischen Gemeinschaftsrechts sowie des deutschen Versicherungsrechts und ihre Relevanz für das Verfassungsrecht, VersR 2005, 297; *Boetius*, Zur Ausgliederung von Krankenversicherungsleistungen aus dem Leistungskatalog der gesetzlichen Krankenversicherung – Konsequenzen nach deutschem und europäischem Recht, FS Kollhosser, 2004, 39; *Boetius*, Die Nicht-Individualisierbarkeit der Alterungsrückstellung in der privaten Krankenversicherung, FS Schirmer 2005, 29; *Boetius*, Bilanz- und europarechtliche Grenzen für Reformen in der privaten Krankenversicherung, FS Raupach, 2006, 213; *Boetius*, „Gegen die Wand" – Der Basistarif der Gesundheitsreform bricht Europa- und Verfassungsrecht, VersR 2007, 431; *Boetius*, Prämienkalkulation und Alterungsrückstellung – Konsequenzen für Aktuare und Prämientreuhänder nach der Gesundheits- und VVG-Reform, VersR 2007, 1589; *Boetius*, Notwendige Heilbehandlung und Bedingungsanpassung in der privaten Krankenversicherung, VersR 2008, 1431; *Boetius*, Die Systemveränderung der privaten Krankenversicherung (PKV) durch die Gesundheitsreform, Münsteraner Reihe Heft 109, 2008; *Boetius*, Aufbau und rechtliche Struktur der Alterungsrückstellung – zur Diskussion um den Eigentumscharakter der Alterungsrückstellung in der privaten Krankenversicherung (PKV), VersR 2014, 140; *Boetius*, Beitragsanpassung in der privaten Krankenversicherung – Überblick über die neuere Rechtsprechung, r+s 2022, 248; *Boetius*, Der dynamische Krankheitsbegriff in der (privaten) Krankenversicherung, FS Langheid, 2022, 29 ff.; *Boetius/Wiesemann*, Die Finanzierungsgrundlagen in der Krankenversicherung – Zur Grenzziehung zwischen GKV und PKV (PKV-Dokumentation 22), 1998; *Bohn*, Gedanken zur Alterungsrückstellung bei der „nach Art der Lebensversicherung" betriebenen Krankenversicherung, ZfV 1996, 166; *Both*, Die Versicherungspflicht in der privaten Krankenversicherung, VersR 2011, 302; *Brand*, Problemfelder des Übergangsrechts vom neuen VVG, VersR 2011, 557; *Brand*, Systembrüche in der privaten Krankenversicherung, VersR 2011, 1337; *Brand*, Demographiefestigkeit und Reformfähigkeit der privaten Krankenversicherung, in: Das Sozialrecht für ein längeres Leben, Schriftenreihe des Deutschen Sozialrechtsverbandes e.V. (SDSRV), Band 63, 2013, S. 127; *Brünjes*, Technische Methoden der privaten Krankenversicherung in Deutschland, Schriftenreihe Angewandte Versicherungsmathematik Heft 23, 1990, S. 44; *Buchner/Wasem*, Versteilerung der alters- und geschlechtsspezifischen Ausgabenprofile von Krankenversicherern, ZVersWiss 2000, 357; *Dreher*, Krankenversicherung und Spartentrennung, VersR 1993, 288; *Dreher*, Die Vollharmonisierung der Versicherungsaufsicht durch Solvency II, VersR 2011, 825; *Egger*, Medizinische Notwendigkeit und Kostengesichtspunkte in der privaten Krankenversicherung, r+s 2006, 309; *Engeländer*, Überschussbeteiligung nach dem Regierungsentwurf zum VVG, VersR 2007, 155; *Erbsland/Wille*, Bevölkerungsentwicklung und Finanzierung der gesetzlichen Krankenversicherung, ZVersWiss 1995, 661; *Fetzer/Moog/Raffelhüschen*, Zur Nachhaltigkeit der Generationenverträge: Eine Diagnose der Kranken- und Pflegeversicherung, ZVersWiss 2002, 279; *Fricke*, Eckdaten einer künftigen europäischen Insolvenzsicherungsrichtlinie für die Versicherungswirtschaft, VersR 2006, 1149; *Führer/Grimmer*, Einführung in die Lebensversicherungsmathematik,

2. Aufl. 2010; *Göbel/Köther,* Neue Rechtsprechung zum Basistarif und Folgen der Einführung des Notlagentarifs, VersR 2014, 537; *Grote,* Die Rechtsstellung der Prämien-, Bedingungs- und Deckungsstocktreuhänder nach dem VVG und dem VAG, ZVersWiss 2002, 621; *Grote/Bronkars,* Gesundheitsreform und private Krankenversicherung – wirtschaftliche Konsequenzen für Versicherer und Versicherte, VersR 2008, 580; *Hauck,* Erkrankungsrisiko als Krankheit im Sinne der gesetzlichen Krankenversicherung?, NJW 2016, 2695; *Helbig,* Personenversicherungsmathematik in Handwörterbuch der Versicherung, 1988, S. 501; *Helten,* Versicherungsmathematik, in Handwörterbuch der Versicherung, 1988, S. 1077; *Hersch,* Die Aufrechnung mit offenen Prämienforderungen im Notlagentarif, VersR 2020, 331; *Heyers,* Effiziente Prüfung und Bestimmung des Leistungsumfangs der Krankenversicherung vor Beginn medizinischer Diagnostik und Therapie, VersR 2016, 421; *Höpfner/Schaffer/Warmuth,* Die Versicherungsmathematik erhält Einzug in die GKV, VW 2012, 200; *Huster,* Die Leistungspflicht der GKV für Maßnahmen der künstlichen Befruchtung und der Krankheitsbegriff, NJW 2009, 1713; *Huster,* Die Bedeutung des Krankheitsbegriffs für das Krankenversicherungsrecht, in: *Beck,* Krankheit und Recht, 2017, S. 41 (Schriftenreihe Medizinrecht); *Jansen,* Die Bestimmung des Leistungsumfangs der privaten Krankenversicherung: zum Begriff der „medizinischen Notwendigkeit" von Heilbehandlungen, VersR 2022, 671; *Kalis,* Mitgabe der Alterungsrückstellung in der privaten Krankenversicherung, VersR 2001, 11; *Kartte/Neumann,* Weltweite Gesundheitswirtschaft – Chancen für Deutschland, Studie Roland Berger Strategy Consultants, 2011; *Katzenmeier,* Big Data, E-Health, M-Health, KI und Robotik in der Medizin, MedR 2019, 259; *Kirchhof,* Verfassungsrechtliche Probleme einer umfassenden Kranken- und Renten-„Bürgerversicherung", NZS 2004, 1; *Koch/Uleer,* Entwicklungslinien eines Versicherungszweigs von den Anfängen bis zur Gegenwart (Verband der privaten Krankenversicherung), 1997; *Leisner,* Zur Abgrenzung von gesetzlicher und privater Krankenversicherung (PKV-Dokumentation 3), 1974; *Looschelders,* Fragmentierung der Kollektive in der Privatversicherung – juristische Implikationen, ZVersWiss 2015, 481; *Marlow/Gramse,* Lasik, Brustimplantate und Alter – Neues zum VersFall in der Privaten Krankheitskostenversicherung, r+s 2017, 518; *Mandler,* Der Notlagentarif, VersR 2014, 167; *Mandler,* Rückwirkende Umstellung in den Notlagentarif bei abgeschlossenen Ruhenszeiten, VersR 2015, 818; *Marlow/Spuhl,* Aktuelles aus Rechtsprechung und VVG-Reform zum Begriff der medizinischen Notwendigkeit in der Privaten Krankenversicherung, VersR 2006, 1334; *Maunz/Dürig,* GG-Kommentar, 89. EL 2019; *Milbrodt/Röhrs,* Aktuarielle Methoden der deutschen Privaten Krankenversicherung, 2016; *Niehaus,* Zukünftige Entwicklung der sozialen Pflegeversicherung, WIP-Diskussionspapier 1/10; *Mönnich,* Unisex – Die EuGH-Entscheidung vom 1.3.2011 und die möglichen Folgen, VersR 2011, 1092; *Noftz,* SGB V, Gesetzliche Krankenversicherung, Bd. 4; *Papier,* Verfassungsrechtliche Rahmenbedingungen der PKV (PKV-Dokumentation 16), 1992; *Papier,* Die verfassungsrechtlichen Rahmenbedingungen der Pflegeversicherung, FS v. Maydell, 2002, 507; *Papier/Schröder,* Verfassungsrechtlicher Schutz der Alterungsrückstellungen in der privaten Krankenversicherung, VersR 2013, 1201; *Pauly,* Medizinisch notwendige Heilbehandlung in der privaten Krankenversicherung nach dem Urteil des BGH v. 23.6.1993 zur „Wissenschaftlichkeitsklausel", VersR 1996, 1323; *Peters,* Handbuch der Krankenversicherung, Teil II – SGB V, Bd. 4, 19. Aufl. 2013; *Präve,* Der Arbeitgeberzuschuss zur privaten Krankenversicherung und das aufsichtsrechtliche Testat gem. § 257 Abs. 2a SGB V, VersR 1997, 1301; *Pschyrembel,* Klinisches Wörterbuch 2013, 264. Aufl. 2012; *Reichel,* Lebensversicherungsmathematik in HdV Handwörterbuch der Versicherung, 1988, S. 431; *Renger,* Diskussionsentwurf zur gesetzlichen Regelung der privaten Krankenversicherung in Deutschland, VersR 1993, 678; *Renger,* Die Lebens- und Krankenversicherung im Spannungsfeld zwischen Versicherungsvertragsrecht und Versicherungsaufsichtsrecht, VersR 1995, 866; *Reufels,* Zur EG-rechtlichen Beurteilung der Erhöhung der Versicherungspflichtgrenze, VersR 2003, 1065; *Rodrig/Wiesemann,* Der Einfluss des demographischen Wandels auf die Ausgaben der Krankenversicherung, ZVersWiss 2004, 17; *Römer,* Der Rechtsweg für Streitigkeiten aus der privaten Pflegeversicherung, VersR 1996, 562; *Rogler,* Die Wiederentdeckung des Übermaßverbots in der privaten Krankenversicherung – § 192 Abs. 2 VVG, VersR 2009, 573; *Sahmer,* Strukturen und Probleme der substitutiven Krankenversicherung, ZfV 1996, 483, 524; *Schenke,* Die AOK-Bundesverband-Entscheidung des EuGH und die Reform der gesetzlichen Krankenversicherung, VersR 2004, 1360; *Schneider,* Individuelle Alterungsrückstellungen in der privaten Krankenversicherung?, ZfV 1994, 665; *Schölkopf,* Das Gesundheitswesen im internationalen Vergleich, 2010; *Schöffski,* Gendiagnostik: Versicherung und Gesundheitswesen, 2000 (Versicherungswissenschaft Hannover, Hannoveraner Reihe Band 10); *Schoenfeldt/Kalis,* Rechtliche Rahmenbedingungen des Gesundheitsmanagements in der Privaten Krankenversicherung, VersR 2001, 1325; *Scholz,* Zur Wettbewerbsgleichheit von gesetzlicher und privater Krankenversicherung (PKV-Dokumentation 14), 1991; *Scholz,* Zur Alterungsrückstellung in der privaten Krankenversicherung: „Mitgabe" beim Versicherungswechsel?, FS v. Maydell, 2002, 633; *Sodan,* Gesetzliche und private Krankenversicherung – Zur Bipolarität der Versicherungsverfassung, FS Schirmer, 2005, 569; *Sodan,* Private Krankenversicherung und Gesundheitsreform 2007, 2. Aufl. 2007; *Sommer,* Die Entwicklung der Mathematik der privaten Krankenversicherung, in 100 Jahre materielle Versicherungsaufsicht in Deutschland, 2001; *Spickhoff,* Der Krankheitsbegriff im (Privat-) Versicherungsrecht, in Beck (Hrsg.), Krankheit und Recht, 2017, S. 215; *Timmer,* Vergleichende Übersicht über die Marktverhältnisse und die technischen Methoden der privaten Krankenversicherung in 14 europäischen Ländern, Schriftenreihe Angewandte Versicherungsmathematik Heft 23, 1990, S. 19; *Werber,* Krankenversicherungen „nach Art der Schadensversicherung", VersR 2011, 1346; *Wiesner,* Die Pflegeversicherung, VersR 1995, 134; *Züchner,* Die Mitgabe der Alterungsrückstellung bei Wechsel innerhalb der privaten Krankenversicherung, VW 1995, 705.

Digitalisierung: *Bitter/Uphues,* Big Data und die Versichertengemeinschaft – „Entsolidarisierung" durch Digitalisierung? ABIDA-Dossier September 2017; *Brömmelmeier,* Belohnung für gesundheitsbewusstes Verhalten in der Lebens- und Berufsunfähigkeitsversicherung? Rechtliche Rahmenbedingungen für Vitalitätstarife, r+s 2017, 225; *Eiopa,* Big Data Analytics in motor and health insurance: Fact sheet; *Brand,* Zulässigkeit und Ausgestaltung von

Telematiktarifen, VersR 2019, 725; *Genett,* Entsolidarisierung des Kollektivs? Digitale Gesundheitsdaten und Beitragskalkulation in der PKV, gpk Gesellschaftspolitische Kommentare 3-4/2016, 23 ff.; *Jahrenberg/Kramer,* Die Fitnesspolice, Der Tagesspiegel v. 24.6.2016, 6; *König,* Kein Geschäft mit Sportler Daten, Wirtschaftswoche 3.7.2015, 6; *Präve,* Das Verbot versicherungsfremder Geschäfte, FS Schirmer, 2005, S. 489; *Schlingensiepen,* Big Data – Moderne Goldgräber, Versicherungsmonitor Mai 2015, 22 ff.; *Weber,* PKV-Tarife in Appsdistan. Die unglaubliche Geschichte eines perfekten Fakes, ZfV 2016, 144.

A. Geschichtliche Entwicklung der Krankenversicherung in Deutschland

I. Die ersten Anfänge

GKV und PKV lassen sich in Deutschland auf die gleichen **Ursprünge** zurückführen, die in den genossenschaftlich organisierten Selbsthilfeeinrichtungen der Handwerkszünfte und Bergbaubruderschaften zu sehen sind. Mitte des 19. Jahrhunderts bestanden in Preußen außer örtlichen Zwangskassen auch freie Hilfskassen, die als Vorläufer sowohl der späteren Ersatzkassen als auch privater Versicherungsvereine auf Gegenseitigkeit (VVaG) anzusehen sind.[1] 1

Die Kassen alter Prägung verfolgten ursprünglich den Zweck, den Mitgliedern das im Falle von Krankheit drohende Existenzrisiko des **Verdienstausfalls** zu nehmen. Dementsprechend stand die Zahlung von Krankentagegeld als Versicherungsleistung im Vordergrund, die Versicherung von Krankheitskosten kam zögernd erst in der zweiten Hälfte des 19. Jahrhunderts auf. 2

II. Kodifikationen

Nachdem zunächst die freien Hilfskassen 1876 unter staatliche Aufsicht gestellt wurden, kündigte die Kaiserliche Botschaft v. 17.11.1881 die Einführung einer umfassenden staatlichen Sozialversicherung an, die in die **Bismarck'sche Sozialreform** von 1883 mündete. Das Gesetz betreffend die Krankenversicherung der Arbeiter v. 15.6.1883 begründete den Versicherungszwang für gewerbliche Arbeiter bestimmter Betriebe und sah als Leistungen insbes. freie ärztliche Behandlung und Arzneimittel, Krankengeld iHv 50 % des Lohns ab dem dritten Tag der Arbeitsunfähigkeit sowie ein Sterbegeld vor. Familienangehörige waren nicht mitversichert. Als Träger dieser gesetzlichen Krankenversicherung wurden Betriebs-, Bau- und Ortskrankenkassen neu geschaffen, die neben die bestehenden Innungs- und Knappschaftskrankenkassen traten. Mitglieder der eingeschriebenen freien Hilfskassen wurden von der Versicherungspflicht befreit. 3

Das Gesetz über die privaten Versicherungs-Unternehmen v. 12.5.1901 führte die **staatliche Versicherungsaufsicht** über die privaten Versicherungsunternehmen und damit auch über die PKV ein. Wurden auch diese Krankenversicherungsunternehmen zunächst noch als „Krankenkassen" bezeichnet, so schuf das Kaiserliche Aufsichtsamt für Privatversicherung den Begriff „private Krankenversicherung" erstmals in seinem Geschäftsbericht 1903 zur Abgrenzung vom Begriff der gesetzlichen „Krankenkasse". Gleichwohl hat sich der Ausdruck „Privatkasse" – vor allem in der Ärzteschaft – bis heute hartnäckig gehalten. 4

Die **Reichsversicherungsordnung** (RVO) v. 19.7.1911 fasste das gesamte Sozialversicherungsrecht zusammen. Gleichzeitig wurde der Bereich der eingeschriebenen Hilfskassen neu geordnet. Hilfskassen, die bereits vor 1909 als die gesetzlichen Krankenkassen ersetzende Kassen anerkannt worden waren, wurden nun offizielle Träger der gesetzlichen Krankenversicherung mit der Bezeichnung „Ersatzkasse". Alle übrigen Hilfskassen wurden als VVaG der staatlichen Aufsicht über die privaten Versicherungsunternehmen unterstellt. 5

Die Einführung der GKV folgte zunächst strikt den Prinzipien der **Schutzbedürftigkeit und Subsidiarität.** Nur wer die finanziellen Folgen von Krankheit nicht selbst tragen konnte, wurde zwangsversichert. Dies weckte zugleich das Bewusstsein der nicht vom Versicherungszwang erfassten Bevölkerungsschichten um die Bedeutung des Lebensrisikos „Krankheit". Insbesondere nach dem Ende der Inflation 1924 wuchs das Geschäft mit der PKV. Gleichzeitig wurde aber auch erkennbar, dass die Abhängigkeit des Krankheitsrisikos von den biologischen Faktoren der Alterung und der Morbidität neue Anforderungen an die Kalkulationstechnik stellten. Dies war einerseits der Beginn hoher staatlicher Reglementierung der Tarifgestaltung – begleitet von der Einführung der Spartentrennung – und führte andererseits zur Entwicklung versicherungsmathematischer Kalkulationsmodelle. 6

---

[1] Vgl. zur geschichtlichen Entwicklung ausf. *Rudolph* in Bach/Moser VVG Einl. Rn. 159 ff.; *Brand* in Bruck/Möller VVG Einl. vor § 192 Rn. 6 ff.; *Koch/Uleer,* Entwicklungslinien eines Versicherungszweigs von den Anfängen bis zur Gegenwart, 1997, S. 19 ff.; *Milbrodt/Röhrs* Aktuarielle Methoden der deutschen Privaten Krankenversicherung, 2016, S. 29 ff.; *Sodan* in Sodan KrankenVersR-HdB § 1 Rn. 1 ff.

7 Die „Aufbaugesetzgebung" mit der 12. Verordnung zum Aufbau der Sozialversicherung v. 24.12.1935 und weiteren Folgegesetzen beendete die letzten Überschneidungen zwischen GKV und PKV. Die bisher in den **Ersatzkassen** versicherten sozialversicherungsfremden Mitglieder mussten dort ausscheiden und konnten sich nur noch in der PKV versichern. Soweit Ersatzkassen als Träger der GKV fungierten, aber noch in der Rechtsform des VVaG dem Reichsaufsichtsamt für Privatversicherung unterstanden, wurden sie nunmehr als Körperschaften des öffentlichen Rechts der Staatsaufsicht für private Versicherungsunternehmen entzogen. In unmittelbarer Konsequenz bildeten sich im Umfeld dieser Ersatzkassen neue VVaG als Nachfolgevereine, um die ausgeschiedenen Mitglieder privat weiter zu versichern.

8 In den Jahren 1934–1942 eingeleitete Bestrebungen, das **private Krankenversicherungsvertragsrecht** gesetzlich zu regeln, kamen über Entwürfe nicht hinaus.[2]

III. Privatversicherungsrecht

9 Parallel zum Aufbau der privaten Krankenversicherungswirtschaft vollzog sich deren verbandsmäßige Organisation. Wichtigstes Ziel war die Schaffung gemeinsamer Rahmenbedingungen in Form von Wettbewerbsrichtlinien, Versicherungsbedingungen und Grundlagen für die Tarifkalkulation. Die von der PKV entwickelten gemeinsamen **Musterbedingungen** kodifizierten das Versicherungsvertragsrecht und schufen so ein gesetzesähnliches Regelwerk (→ Rn. 342).

10 Auf der Grundlage der Musterbedingungen der PKV erfolgte durch das **3. DurchfG/EWG zum VAG** v. 21.7.1994 (BGBl. I S. 1630) die gesetzesförmliche Kodifikation in den §§ 178a–178o VVG aF, als zur Transformation der EG-weiten Niederlassungs- und Dienstleistungsfreiheit in nationales Recht die staatliche Bedingungsaufsicht mit ihrem Erfordernis der vorherigen aufsichtsbehördlichen Genehmigung fortfiel. Zugleich wurden mit den §§ 12 ff. VAG aF die Systemanforderungen umgesetzt, die das europäische Unionsrecht für den Betrieb der substitutiven Krankenversicherung geschaffen hatte (→ Rn. 350, 371 ff.; → Rn. 697 ff.). Die gesetzliche Neuregelung bewirkte keine inhaltliche Reform des Krankenversicherungsvertragsrechts, sondern bewahrte dessen status quo und sicherte einen branchenweit einheitlichen Mindeststandard.[3]

11 Zur Vorbereitung einer allgemeinen Reform des VVG legte die vom BMJ im Jahre 2000 eingesetzte Kommission zur Reform des Versicherungsvertragsrechts **(VVG-Kommission)** am 19.4.2004 ihren Abschlussbericht[4] mit dem Entwurf für ein neues VVG vor, der die bisherigen Vorschriften des VVG zur Krankenversicherung im Wesentlichen übernahm bzw. in einigen Einzelfragen modernisierte, um sie an neuere Entwicklungen der Krankenversicherung systemgerecht anzupassen.

12 Der Abschlussbericht der VVG-Kommission bildete die Grundlage für den **RegE** des Gesetzes zur Reform des Versicherungsvertragsrechts.[5] Das Gesetz zur Reform des Versicherungsvertragsrechts (VVG-ReformG) v. 23.11.2007 (BGBl. I S. 2631) trat am 1.1.2008 in Kraft.

13 Noch vor Abschluss des Gesetzgebungsverfahrens zur VVG-Reform führte im Rahmen einer umfangreichen **Gesundheitsreform** das GKV-Wettbewerbsstärkungsgesetz (GKV-WSG) v. 26.3.2007 (BGBl. I S. 378) tiefgreifende Veränderungen im PKV-System mit entsprechenden Änderungen des VVG und des VAG ein. Die wichtigsten Änderungen betrafen
– die Einführung einer allgemeinen Versicherungspflicht in der PKV für bisher nicht krankenversicherte Personen,
– die Verpflichtung für alle Versicherungsunternehmen mit Sitz im Inland zur Einführung eines neuen brancheneinheitlichen Basistarifs mit Kontrahierungszwang der Versicherungsunternehmen, Ausschluss von Risikoprüfungen und Begrenzung der Beitragshöhe,
– die Einführung eines weitgehenden Kündigungsverbots der Versicherungsunternehmen für alle Krankenversicherungen, mit denen die Versicherungspflicht erfüllt wird,
– die teilweise Übertragung der kalkulierten Alterungsrückstellung bei einem Versichererwechsel,
– die Einführung einer dreijährigen Wechselsperre für den Übertritt von der GKV in die PKV.
Die durch das GKV-WSG herbeigeführten Änderungen des VVG traten am 1.1.2009 in Kraft (Art. 11, 12 Abs. 2 VVG-ReformG). Gegen die Gesundheitsreform hatten Versicherungsunternehmen und Versicherte Verfassungsbeschwerden eingelegt, die das BVerfG durch Urteil v. 10.6.2009 zurückgewiesen hatte (→ Rn. 1129 ff.).[6]

---

[2] *Renger* VersR 1993, 678 (680).
[3] *Renger* VersR 1993, 678 (680).
[4] *Lorenz*, Abschlussbericht der VVG-Kommission, VersR-Schriftenreihe Bd. 25, 2004.
[5] BT-Drs. 16/3945.
[6] BVerfGE 123, 186 = VersR 2009, 957 = NJW 2009, 2033.

IV. Grenze zwischen GKV und PKV

Die Entwicklung der PKV ist untrennbar mit derjenigen der GKV verbunden. Die **Abhängigkeit von der Sozialpolitik** hat sich stets in zwei Ebenen vollzogen: 14
- Auf der Ebene der **versicherten Personen** geht es um den Personenkreis, der für eine substitutive Krankenversicherung in Betracht kommt. Dieser Personenkreis ist für die PKV in mehrfacher Hinsicht eingeschränkt worden: Durch Ausdehnung der Versicherungspflicht auf nicht abhängig Beschäftigte (zB Landwirte, Künstler, Publizisten) mit der drohenden Ausdehnung auf die gesamte Bevölkerung im Sinne einer allgemeinen Volksversicherung (→ Rn. 136 f.); durch Erhöhung der Versicherungspflichtgrenze, dh der für die Versicherungspflicht maßgebenden Lohn- und Gehaltsgrenze (→ Rn. 138); durch die beitragsfreie Mitversicherung von Familienangehörigen; durch die freiwillige Weiterversicherung von Personen, die der Versicherungspflicht nicht mehr unterliegen. 15
- Auf der Ebene der **Versicherungsleistungen** geht es um den GKV-Leistungskatalog, dh um das Leistungsniveau, oberhalb dessen freiwillige Ergänzungsversicherungen durch die PKV erst sinnvoll werden (zB stationäre Ergänzungsversicherung für Chefarztbehandlung und Unterbringung im Ein- oder Zweibettzimmer). 16

Das **Tätigkeitsfeld der PKV** wurde vor allem auf der Ebene der versicherten Personen laufend eingeschränkt (→ Rn. 42, 138). Entlang diesen Grenzen zwischen GKV und PKV vollzog sich im Jahre 1994 auch die Einführung der gesetzlichen Pflegeversicherung (→ Rn. 106 ff.). 17

B. GKV und PKV

I. Überblick

1. Krankenversicherungssysteme. a) Grundsatz. Staatliche Gesundheitssysteme wollen die Bevölkerung vor den Folgen von Krankheit und krankheitsbedingter Arbeitsunfähigkeit sichern. Die **international gängigen Sicherungssysteme** reichen von steuerfinanzierten staatlichen Gesundheitsdiensten über beitragsfinanzierte Sozialversicherungsformen bis zu privatwirtschaftlich organisierten Systemen der Individualversicherung. Häufig sind auch Mischformen zwischen Sozialversicherung und Individualversicherung anzutreffen. In neuerer Zeit haben verschiedene Länder ihre Krankenversicherungssysteme ergänzt durch entsprechende Sicherungssysteme für den Fall der Pflegebedürftigkeit. 18

In Deutschland ist ein **duales Krankenversicherungssystem** aus Sozialversicherung und Individualversicherung verwirklicht. Zwei Krankenversicherungssysteme bestehen nebeneinander, die sich hinsichtlich ihrer Organisation und Finanzierung grdl. unterscheiden: Die GKV und die PKV. Das BVerfG charakterisiert die Krankenversicherung als Volksversicherung, die aus „zwei Versicherungssäulen" besteht.[7] 19

Neben den Krankenversicherungssystemen von GKV und PKV existieren in Deutschland noch **Sondersysteme**, die eine Absicherung im Krankheitsfall vorsehen. Hierzu zählen ua 20
- die freie Heilfürsorge insbes. für Angehörige von Polizei, Feuerwehr und Bundeswehr (→ Rn. 42),
- die Krankenversorgung für die ehemaligen Beamten der Deutschen Bundesbahn (→ Rn. 21) und der Deutschen Bundespost (→ Rn. 22).

Hierbei handelt es sich um „dritte Sicherungssysteme", die eine Versicherungspflicht in der PKV ausschließen (→ Rn. 1088).

Die **Krankenversorgung der Bundesbahnbeamten** ist ein öffentlich-rechtliches Krankenversorgungssystem, das weder der GKV noch der PKV zuzurechnen ist.[8] Ihre Versicherungspflicht in der PPV gilt daher auch nur *entsprechend* (§ 23 Abs. 4 SGB XI). 21

Auch die **Postbeamtenkrankenkasse** ist ein öffentlich-rechtliches Krankenversorgungssystem, das weder der GKV noch der PKV zuzurechnen ist.[9] 22

b) Sozialversicherung. In der Sozialversicherung bilden die **GKV** und die **SPV** eigenständige Zweige. Ihre Träger sind die Krankenkassen und die Pflegekassen, wobei die Aufgaben der Pflegekassen von den Krankenkassen wahrgenommen werden. Die GKV wird durch Körperschaften des öffentlichen Rechts in mittelbarer Staatsverwaltung betrieben. Ihre Organisation, Leistungen und Beiträge werden direkt durch Gesetz geregelt und durch Satzungsrecht der öffentlich-rechtlichen 23

---
[7] BVerfGE 123, 186 = VersR 2009, 957 = NJW 2009, 2033 Rn. 175.
[8] BSGE 107, 177 Rn. 19 ff. = NZS 2011, 856; BGH VersR 2004, 58.
[9] SG Marburg BeckRS 2014, 71392.

Krankenkassen ergänzt. Die Beiträge werden nach der individuellen wirtschaftlichen Leistungsfähigkeit der Mitglieder erhoben, während die Leistungen sich an deren medizinischem Bedarf orientieren. Die Rechtsbeziehungen zwischen den Trägern des Kranken- und Pflegeversicherungsrisikos einerseits und ihren Mitgliedern bzw. Versicherten andererseits sind öffentlich-rechtlicher Natur und unterliegen der Sozialgerichtsbarkeit. Die GKV und die mit ihr verbundene SPV sind Teil der staatlichen Sozialversicherung. Das Recht der Sozialversicherung ist im SGB geregelt; für die GKV gilt das SGB V, für die SPV das SGB XI. Die Gesetzgebungskompetenz des Bundes gründet sich auf Art. 74 Abs. 1 Nr. 12 GG („Sozialversicherung einschließlich der Arbeitslosenversicherung").

24 **Europarechtlich** wird die Sozialversicherung nicht eigenständig geregelt (→ Rn. 368 ff.). Die RL 2009/138/EG (Solvabilität II-RL) zur Aufnahme und Ausübung der Versicherungs- und der Rückversicherungstätigkeit erklärt sich für unanwendbar in Bezug auf die „unter ein gesetzliches System der sozialen Sicherheit fallenden Versicherungen" (Art. 3 RL 2009/138/EG).

25 c) **Individualversicherung.** In der Individualversicherung sind Versicherungsunternehmen Träger sowohl der Krankenversicherung als auch der Pflegeversicherung. Die **PKV** kann durch Versicherungsunternehmen in der Rechtsform privatrechtlicher Kapitalgesellschaften, Versicherungsvereine auf Gegenseitigkeit oder öffentlich-rechtlicher Körperschaften betrieben werden. Der Betrieb des Krankenversicherungsgeschäfts unterliegt auf der Grundlage des Normenwerks des europäischen Unionsrechts (→ Rn. 371 ff.; → Rn. 697 ff.) der staatlichen Versicherungsaufsicht. In der PKV gilt ein kollektiv getragenes Individualprinzip. Der Beitrag wird nach dem Äquivalenzprinzip ermittelt und entspricht den aus dem gewählten Tarif zu erwartenden Leistungen unter Berücksichtigung des individuellen Risikos. Die Versicherten einer Risikogruppe tragen kollektiv das Gesamtrisiko ihrer Gruppe. Die Rechtsbeziehungen zwischen den Trägern des Krankheits- und Pflegeversicherungsrisikos einerseits und ihren Versicherungsnehmern bzw. Versicherten andererseits beruhen auf bürgerlich-rechtlichen Versicherungsverträgen und unterliegen der ordentlichen Zivilgerichtsbarkeit. Die PKV und die private Pflegeversicherung sind Teil der Individualversicherung. Die Gesetzgebungskompetenz des Bundes gründet sich auf Art. 74 Abs. 1 Nr. 11 GG („privatrechtliches Versicherungswesen").

26 Europarechtlich ist für die Individualversicherung der Binnenmarkt hergestellt mit den besonderen Ausprägungen der Niederlassungs- und der Dienstleistungsfreiheit. Rechtsgrundlage waren zunächst die verschiedenen **Versicherungsrichtlinien** gewesen, die von den Mitgliedstaaten umzusetzen waren. Für die PKV galten vor allem die sog. Schadenversicherungsrichtlinien (vgl. Erste SchadenRL, Zweite SchadenRL, Dritte SchadenRL). Diese Richtlinien sind abgelöst durch die 2009 erlassene RL 2009/138/EG (Solvabilität II-RL).

27 **2. Rahmenbedingungen und Systemunterschiede. a) Grundsatz.** Generell funktioniert jedes Versicherungssystem nur unter bestimmten **Rahmenbedingungen,** die aufeinander abgestimmt sind, miteinander zusammenhängen und sich gegenseitig bedingen. Dies gilt in besonderem Maß, wenn Systeme der Sozialversicherung und der Individualversicherung miteinander verglichen werden und wenn Elemente eines Systems auf das andere System übertragen werden sollen. Jedes Krankenversicherungssystem funktioniert wie ein Organismus nur als Ganzes, so dass die substantielle Veränderung eines systemprägenden Elements stets die Anpassung des gesamten Systems erfordert.

28 Die PKV ist Individualversicherung und Teil des privatrechtlichen Versicherungswesens. Sie unterscheidet sich von der GKV als Sozialversicherung grds. im Kalkulations- und Finanzierungsverfahren. In der Ausgestaltung von GKV und PKV lassen sich zwar vielfältige weitere Unterschiede feststellen, die häufig als **Systemunterschiede** bezeichnet werden (zB Sachleistungsprinzip, Kontrahierungszwang, einheitlicher Leistungskatalog); diese Merkmale sind jedoch nicht stets systemimmanent, sondern teilweise wechselseitig austauschbar (→ Rn. 35 ff.). Der einzige für das Krankenversicherungssystem von GKV und PKV konstitutive Unterschied besteht ausschließlich im jeweiligen Finanzierungs- und Kalkulationsverfahren. Dieser Unterschied stellt die auch verfassungsrechtlich relevante Grenze für Eingriffe in das System der PKV dar.

29 b) **Systemunterschiede.** Die Unterschiede zwischen GKV- und PKV-System beruhen auf den verschiedenen **Rahmenbedingungen** und Zielen von Sozialversicherung und Individualversicherung. Diese Unterschiede finden ihre Ausprägung in folgenden Merkmalen:

30 – Die **Geschäftsbeziehung** zwischen Versichertem und seiner Versicherung hat ihre Grundlage in der GKV sowie in der SPV unmittelbar im Gesetz (SGB V und SGB XI) und in der PKV in einem Vertrag.

31 – Hinsichtlich der **Aufnahmebedingungen** für diese Geschäftsbeziehung herrschen in der GKV und SPV Versicherungspflicht und dementsprechend Kontrahierungszwang. In der PKV herrscht grds. Vertragsfreiheit; im Rahmen der seit 1.1.2009 geltenden Änderungen des PKV-Systems (→ Rn. 1031 ff.) gelten teilweise jedoch ebenfalls Versicherungspflicht und Kontrahierungszwang.

- Der **Beitrag** hängt in der GKV und SPV von der Höhe des Einkommens und von dem sozialen 32
  Erwerbsstatus des Versicherten ab, in der PKV von der Höhe des Risikos.
- Die **Versicherungsleistung** ist in der GKV durch Gesetz einheitlich, in der PKV nach Tarifen 33
  individualisiert.
- Eine **Zukunftsvorsorge** für die alterungs- und demographiebedingt steigenden Krankheitskosten 34
  in höheren Lebensaltern fehlt im Umlageverfahren von GKV sowie SPV und ist im Anwartschaftsdeckungsverfahren der PKV vorhanden.

c) Konstitutive und nicht konstitutive Systemmerkmale. Nicht alle der vorstehenden 35
Unterschiede sind systemprägend, einige von ihnen sind nicht systemimmanent und damit nicht
konstitutiv, sondern wechselseitig austauschbar. Dies gilt ua für folgende Merkmale:
- **Sachleistungs- oder Kostenerstattungsprinzip:** Beim Sachleistungsprinzip übernimmt der 36
  Risikoträger die Verpflichtung, den Schaden bzw. Versicherungsfall und seine direkten Folgen
  selbst zu beseitigen (→ Rn. 51). Beim Kostenerstattungsprinzip ersetzt er dem Versicherungsneh-
  mer oder Versicherten den versicherten Schaden – dh die entstandenen Kosten der medizinischen
  Leistungen – lediglich in Geld. Einerseits ist Kostenerstattung auch in der GKV denkbar; so wurde
  den Versicherten der GKV grds. die Möglichkeit eingeräumt, Kostenerstattung zu wählen (§ 13
  Abs. 2 SGB V). Umgekehrt ist Sachleistung ebenso in der PKV möglich, wie es etwa bei Managed
  Care-Modellen – zB den in den USA eingeführten Health Maintenance Organisations (HMO)
  oder Preferred Provider Organisations (PPO) – praktiziert wird (→ Rn. 1302). Hinzu kommt,
  dass die Individualversicherung seit alters her Versicherungszweige mit Sachleistungsprinzip kennt:
  So verhält es sich zB beim Naturalersatz in der Glasversicherung, wenn der Versicherer die zerstörte
  Glasscheibe bedingungsgemäß aufgrund eines eigenen Reparaturauftrags durch einen Glaser ersetzen lässt, oder in allen Haftpflichtversicherungssparten, wenn der Versicherer unbegründete Haftpflichtansprüche gegenüber dem Anspruchsteller bedingungsgemäß selbst abwehrt.
- **Versicherungspflicht:** Unter Versicherungspflicht ist die gesetzliche Verpflichtung einer Person 37
  zu verstehen, eine bestimmte Versicherung abzuschließen. Diese Versicherung heißt **Pflichtversicherung.** Pflichtversicherungen existieren in weiten Bereichen der Individualversicherung. Die
  wichtigsten Beispiele sind die Kraftfahrzeug-Haftpflichtversicherung, Berufshaftpflichtversicherung für wirtschafts- und rechtsberatende Berufe, Haftpflicht- und Unfallversicherung für Luftfahrtunternehmen, Arzneimittel-Haftpflichtversicherung oder die Haftpflichtversicherung für
  Kernkraftwerke. Dementsprechend konnte der Gesetzgeber auch für die privat Krankenversicherten die Versicherungspflicht für die gesetzliche Pflegeversicherung in Form der privaten Pflege-
  Pflichtversicherung einführen (→ Rn. 106, 112).[10] In neuester Zeit führte das GKV-WSG für
  bestimmte Personenkreise eine Versicherungspflicht auch in der PKV ein (→ Rn. 1088 ff.).
- **Kontrahierungszwang:** Unter Kontrahierungszwang ist die gesetzliche Verpflichtung eines 38
  Anbieters von Leistungen zu verstehen, mit einem Nachfrager nach dieser Leistung einen Vertrag
  über die Erbringung der Leistung abzuschließen. Derartiger Kontrahierungszwang existiert in
  weiten Bereichen der Privatwirtschaft, zB für Energieversorgungsunternehmen, Beförderungsun-
  ternehmen oder Telekommunikationsunternehmen. Darüber hinaus ist Kontrahierungszwang des
  Leistungsanbieters das logische Korrelat der Versicherungspflicht des Leistungsnachfragers, weil
  ohne Kontrahierungszwang die Versicherungspflicht ins Leere ginge. Daher muss Kontrahierungszwang grds. in allen Fällen vorgeschrieben werden, in denen eine Versicherungspflicht angeordnet
  ist. Dies gilt zwar nicht völlig ohne Einschränkungen, insbes. wenn eine Abwägung der Interessen
  von Anbieter und Nachfrager solche Einschränkungen erfordern. Der Grundsatz gilt aber in
  jedem Fall stets dann, wenn die Versicherungspflicht dazu dient, ein essentielles Lebensrisiko einer
  natürlichen Person zu decken.
- **Gesetzeseinheitliche Leistung:** In allen Fällen, in denen Versicherungspflicht oder Kontrahie- 39
  rungszwang gesetzlich vorgeschrieben wird, muss das Gesetz auch den Umfang des Versicherungsschutzes einheitlich festlegen; denn sowohl der Versicherungsnehmer als auch der Versicherer
  müssen wissen, für welchen Leistungsumfang die Rechtspflicht zum Vertragsschluss besteht.
  Gesetzlicher Kontrahierungszwang zu einem gesetzlich nicht definierten Vertragsinhalt ist rechtlich unmöglich. Eine solche gesetzeseinheitliche Leistung sieht zB die gesetzliche Pflegeversicherung auch mit Wirkung für die private Pflege-Pflichtversicherung vor. Das gleiche gilt für den
  seit 1.1.2009 verbindlichen brancheneinheitlichen Basistarif (→ Rn. 1035 ff.). Die gesetzeseinheitliche Leistung beschreibt dabei stets nur den gesetzlichen **Mindest-Versicherungsschutz.**
- Der einzige für das Krankenversicherungssystem von GKV und PKV konstitutive und unverzicht- 40
  bare Unterschied besteht somit ausschließlich im jeweiligen **Finanzierungs- und Kalkulationsverfahren.**

---

[10] BVerfGE 103, 197 = VersR 2001, 627 = NJW 2001, 1709.

41 **3. Marktverteilung. a) Entwicklung der GKV.** Die Geschichte der GKV ist dadurch gekennzeichnet, dass der Gesetzgeber ihr **Tätigkeitsgebiet** bei gleichzeitiger Einschränkung desjenigen der PKV ständig erweitert hat, indem er einerseits die Versicherungspflicht in der GKV auf immer neue Bevölkerungskreise ausdehnte und andererseits den nicht mehr Versicherungspflichtigen die Möglichkeit zur freiwilligen Weiterversicherung in der GKV eröffnete. Die zur Versicherungspflicht führende Einkommensgrenze wurde laufend erhöht sowie schließlich dynamisiert; seit 1971 betrug sie 75 % der Beitragsbemessungsgrenze der gesetzlichen Rentenversicherung (→ Rn. 138).

42 Während bei Einführung der GKV im Jahre 1885 mit 4,3 Mio. Personen rund 9 % der Bevölkerung Deutschlands in der GKV versichert waren, stieg diese Zahl 1914 bereits auf 12,3 Mio. Versicherte (= 18 % der Bevölkerung). 1932 waren mit 18,7 Mio. Personen rund 30 % der Bevölkerung in der GKV versichert, 1938 belief sich die **Zahl der GKV-Versicherten** auf 30 Mio. (= 45 % der Bevölkerung). Von der gesamten Bevölkerung Deutschlands waren im Jahre 2019 88,2 % in der GKV versichert, und zwar 63,1 % als Pflichtversicherte, 4,8 % als freiwillig Versicherte, 20,5 % als mitversicherte Familienangehörige. Weitere 0,2 % Personen mit spezifischem Sonderstatus genießen direkte staatliche Gesundheitsfürsorge: Die Angehörigen von Polizei und Bundeswehr sowie die Zivildienstleistenden erhalten von ihrem Dienstherrn freie Heilfürsorge; Sozialhilfeempfänger, Kriegsschadenrentner und Empfänger von Unterhaltshilfe aus dem Lastenausgleich beziehen entsprechende Leistungen bei Krankheit. Für etwa 0,4 % der Gesamtbevölkerung ist nach den Erhebungen im Mikrozensus ein bestimmter Krankenversicherungs- oder ähnlicher Status nicht bekannt – ganz überwiegend deswegen, weil keine amtlichen Informationen über diese Personen vorliegen (ua nicht gemeldete Personen; Personen ohne festen Wohnsitz). Insgesamt verbleiben der PKV[11] 11,2 % der Bevölkerung als Vollversicherte; von diesen sind indessen 50 % Beihilfeempfänger, deren Hauptrisikoträger der Staat ist, so dass lediglich 5,6 % der Bevölkerung ihren Krankenversicherungsschutz ausschließlich von der PKV beziehen.

43 **b) Bevölkerungsstruktur.** Von der **Gesamtbevölkerung** befinden sich 16,4 % im Kindheits- und Ausbildungsalter (0–17 Jahre), 55,5 % im erwerbsfähigen Alter (18–59 Jahre) und 28,1 % im nicht mehr erwerbstätigen Alter (60 Jahre und älter);[12] die Zuordnung des Ausbildungs- und Erwerbstätigkeitsstatus zu den Altersgruppen hat hier typisierenden Charakter. Die Altersstruktur in der GKV unterscheidet sich von derjenigen der Gesamtbevölkerung nicht signifikant.

44 Von 1991–2015 veränderten sich laut Mikrozensus mehrfach die Anteile der in der **PKV** voll versicherten Arbeitnehmer und der selbständig Beschäftigten. Damit korreliert, dass von allen Selbständigen der Anteil der PKV-Versicherten im gleichen Zeitraum von 35 % auf 42 % stieg. Dass deutlich mehr als die Hälfte aller Selbständigen in der GKV versichert ist, verwundert; denn für die selbständig Erwerbstätigen ist die GKV weder geschaffen worden noch bestimmt. Die Einzelheiten ergeben sich aus nachstehender Tabelle:[13]

	1991	1995	1999	2003	2011	2019
Von allen PKV-versicherten Arbeitnehmern und Selbständigen entfallen auf						
– Arbeitnehmer	48 %	43 %	41 %	43 %	45 %	50 %
– Selbständige	52 %	57 %	59 %	57 %	55 %	50 %
Von allen Selbständigen[14] sind versichert in der						
– PKV	35 %	37 %	41 %	44 %	43 %	40 %
– GKV	65 %	63 %	59 %	56 %	57 %	60 %

45 **c) Marktanteile.** Bezogen auf die Zahl der Versicherten – worunter in der PKV nur die Krankheitskosten-Vollversicherten zu verstehen sind – verteilt sich der **Krankenversicherungsmarkt** auf die Unternehmen von GKV und PKV sehr ungleichmäßig wie folgt:[15]
(1) Allgemeine Ortskrankenkassen (AOK)   33,6 %
(2) Ersatzkassen   33,9 %
(3) Betriebskrankenkassen (BKK)   12,4 %
(4) PKV-Unternehmen   11,2 %

---
[11] Zahlen für das Jahr 2019, Statistisches Bundesamt, Fachserie 13 Reihe 1.1, Tab. 4.1, 2019.
[12] Zahlen für 2018, Statistisches Bundesamt, GENESIS-Online Hauptdatenbank, Statistik 12411-0005.
[13] Statistisches Bundesamt, Fachserie 13, Reihe 1.1, Tab. 4.1, 2019.
[14] Einschließlich der mithelfenden Familienangehörigen.
[15] Statistisches Bundesamt, Fachserie 13, Reihe 1.1, Tab. 4.1, 2019.

(5) Innungskrankenkassen (IKK)   5,5 %
(6) Sonstige GKV-Kassen   2,5 %
Die Marktanteile spiegeln die vom Gesetzgeber vorgegebene erdrückende Marktmacht der GKV-Unternehmen gegenüber den PKV-Unternehmen wider.

II. Gesetzliche Krankenversicherung (GKV)

1. Versichertenkreis. In der GKV sind Pflichtversicherte, freiwillig Versicherte und Familienangehörige versichert.

Zu den **Pflichtversicherten** zählen insbes. Arbeitnehmer mit einem Arbeitseinkommen bis zur Krankenversicherungspflichtgrenze (→ Rn. 138), Rentner (unter bestimmten Voraussetzungen), Studenten, Künstler, Publizisten, Landwirte, Wehr- und Zivildienstleistende sowie – mit Einschränkungen – Arbeitslose (§ 5 iVm § 6 SGB V). Seit Inkrafttreten des GKV-WSG werden Arbeitslose dann nicht in der GKV, sondern in der PKV versicherungspflichtig, wenn sie zuletzt privat krankenversichert oder überhaupt nicht krankenversichert waren (§ 5 Abs. 5a SGB V).

Freiwillig Versicherte können ua sein: Bisher Pflichtversicherte (nach Erlöschen der Versicherungspflicht), Spätaussiedler, befristet bis zum 30.6.2005 Sozialhilfeberechtigte (wenn sie vorher zu keinem Zeitpunkt gesetzlich oder privat krankenversichert waren) sowie früher in der GKV versicherte Arbeitnehmer nach Rückkehr aus dem Ausland (§ 9 SGB V).

Als **Familienangehörige** sind Ehegatten, Lebenspartner und Kinder von Pflichtversicherten und freiwillig Versicherten beitragsfrei mitversichert, sofern die Angehörigen nicht eigenes Einkommen oberhalb einer bestimmten Grenze erzielen (§ 10 SGB V).

Pflichtversicherte können sich unter bestimmten Voraussetzungen von der **Versicherungspflicht befreien** lassen. Sie können sich dann nur noch in der PKV versichern (→ Rn. 83).

2. Organisation der GKV. Träger der GKV sind die Krankenkassen, die sich in sechs **Kassenarten** gliedern (§ 4 Abs. 2 SGB V): Allgemeine Ortskrankenkassen (AOK), Betriebskrankenkassen (BKK), Innungskrankenkassen (IKK), Sozialversicherung für Landwirtschaft, Forsten und Gartenbau, Deutsche Rentenversicherung Knappschaft-Bahn-See und Ersatzkassen. Die Krankenkassen sind öffentlich-rechtliche Körperschaften, die sich durch ihre Organe selbst verwalten. Zur Marktverteilung → Rn. 45, 80.

Die GKV erbringt ihre Versicherungsleistung primär als Sachleistung, indem sie die Erbringung der medizinischen Leistung organisiert. Hierfür schließt sie mit den Gruppen der medizinischen **Leistungserbringer** Verträge. Im Bereich der ärztlichen ambulanten Versorgung sind Vertragspartner die kassenärztlichen und kassenzahnärztlichen Vereinigungen, die als Körperschaften öffentlichen Rechts durch ihre Mitglieder – die niedergelassenen Ärzte – die ihnen gesetzlich auferlegte Versorgung sicherstellen (Sicherstellungsauftrag). In der stationären Versorgung sind Vertragspartner die zugelassenen Krankenhäuser (§ 108 SGB V). In der Versorgung mit Heil- und Hilfsmitteln sind Vertragspartner die jeweiligen zugelassenen Leistungserbringer oder deren Verbände.

3. Funktionen der GKV. Es ist in der Tradition der deutschen Sozialversicherung begründet, dass sie in ein und demselben System zwei ganz **unterschiedliche Funktionen** vermischt, die keine sachlogische Abhängigkeit untereinander aufweisen: Die Sicherungsfunktion und die Umverteilungsfunktion. Dies gilt auch für die GKV. Dementsprechend hat der in diesem Zusammenhang häufig verwandte Begriff der „solidarischen" GKV unterschiedliche Bedeutungen.

In der **Sicherungsfunktion** schützt die GKV die Versicherten vor den finanziellen Folgen von Krankheit. Diese Funktion ist Wesensmerkmal einer jeden Krankenversicherung, gleichgültig, ob die Risikotragung öffentlich-rechtlich oder privatrechtlich organisiert ist. Es liegt im Prinzip jeder Versicherung, dass sie Gefährdete und Ungefährdete in einer kollektiven Risikogemeinschaft zusammenführt und die Risiken der Gefährdeten von den Ungefährdeten mittragen lassen. Wenn daher davon gesprochen wird, in der GKV trügen die Gesunden Solidarität für die Kranken, so ist die PKV im gleichen Sinne solidarisch. Solidarität in der Risikotragung ist Funktionsprinzip einer Versicherung schlechthin.

In der **Umverteilungsfunktion** erfüllt die GKV die staatliche Aufgabe der Einkommensumverteilung, indem die Höhe der Krankenversicherungsbeiträge nicht vom versicherungstechnisch kalkulierten Risiko, sondern von risikofremden Merkmalen der finanziellen Leistungsfähigkeit (Einkommenshöhe; Angehörigenstatus; Berufsstatus als abhängig Beschäftigter, Student, Rentner usw) abhängt (vgl. §§ 223–256 SGB V). Hier versteht man Solidarität in der Unterstützung der finanziell Schutzbedürftigen durch die finanziell Leistungsfähigen.

Neben der **Solidarität** der Gesunden mit den Kranken (= Sicherungsfunktion) und der Solidarität der Reichen mit den Armen (= Umverteilungsfunktion) wird häufig noch eine Solidarität der Jungen mit den Alten genannt. Dies ist jedoch keine zusätzliche dritte Solidaritätsform, vielmehr lässt sie sich den beiden anderen Solidaritätsformen zuordnen: Soweit das Begriffspaar „jung/alt" wegen der strikten Altersabhängigkeit der Krankheitskosten mit dem risikorelevanten Begriffspaar „gesund/krank" korreliert, wird es durch die Solidarität der Sicherungsfunktion abgedeckt. Soweit mit „alt" die geringere finanzielle Leistungsfähigkeit im Rentenalter gemeint ist, ist die Solidarität im Sinne der Umverteilungsfunktion einschlägig.

56 Neben diesen Solidaritätsbegriffen wird auch noch von der **solidarischen Finanzierung** der GKV **durch Arbeitnehmer und Arbeitgeber** gesprochen (§ 3 SGB V). Damit ist eine völlig andere Betrachtungsebene gemeint, die die Teilung finanzieller Lasten eines essentiellen Sozialschutzes zwischen den Hauptpartnern des Arbeitslebens postuliert. Die solidarische Mitfinanzierung der Krankenversicherung durch den Arbeitgeber ist wiederum kein prägendes Merkmal der Sozialversicherung; denn sie ist – wie in der Altersversorgung – nicht nur für die GKV (§§ 3, 249 SGB V: Arbeitgeberanteil am Beitrag für die Pflichtversicherten; § 257 Abs. 1 SGB V: Beitragszuschuss des Arbeitgebers für die freiwillig Versicherten), sondern auch für die PKV vorgeschrieben (§ 257 Abs. 2 SGB V: Beitragszuschuss des Arbeitgebers für die substitutiv Versicherten).

57 **4. Beitragsgestaltung.** In der GKV gibt es **keine Beitragskalkulation** im versicherungstechnischen Sinn. Die Beitragsfinanzierung, die sowohl auf eine einheitliche medizinische Versorgung aller Versicherten als auch auf eine Umverteilung der monetären Mittel abstellt, orientiert sich ausschließlich an der wirtschaftlichen Leistungsfähigkeit bzw. einem bestimmten sozialen Erwerbsstatus der Mitglieder.

58 Zwischen den voraussichtlichen Leistungsansprüchen der Versicherten und ihrer Beitragsbelastung besteht kein Zusammenhang. Zwischen Beitrag und Leistung besteht **Inkongruenz.** Im Gegensatz zur einkommensabhängigen und damit unterschiedlichen Beitragsbelastung steht allen Versicherten in der GKV nämlich nur das gleiche Leistungsspektrum zur Verfügung. Der Leistungskatalog ist im SGB V geregelt. Hinzu kommen noch geringfügige Erweiterungen im Rahmen der Satzung der jeweiligen Krankenkasse.

59 Wenn in der GKV von **Umlageverfahren** gesprochen wird, so ist damit lediglich gemeint, dass die Ausgaben einer Wirtschaftsperiode durch entsprechende Beiträge derselben Periode aufgebracht, dh „umgelegt" werden. Der Begriff „Umlageverfahren" sagt indessen – was häufig verkannt wird – nichts darüber aus, an welche Bezugsgröße die Umlage geknüpft wird. Deshalb ist das Umlageverfahren an sich auch kein Wesensmerkmal der Sozialversicherung. In der (privaten) Individualversicherung gibt es ebenfalls Umlageverfahren im skizzierten Sinn, früher waren es dort sogar die vorherrschenden Beitragssysteme.[16] In der Sozialversicherung wird die Umlage an umverteilungserhebliche Merkmale geknüpft, in der Individualversicherung an risikoerhebliche Merkmale.

60 Die Beitragsgestaltung in der GKV erfolgt unabhängig von versicherungstechnischen Risikomerkmalen der Versicherten, deren wichtigste die Zahl und das Geschlecht der versicherten Personen, der Umfang der versicherten Leistung sowie das Alter und der Gesundheitszustand bei Vertragsbeginn sind. Indem die Beiträge der GKV keinen Bezug zum versicherten Risiko, dh zur wahrscheinlichen durchschnittlichen Leistung haben, gewinnen sie den Charakter **öffentlicher Abgaben.** Das Finanzierungsverfahren ist zwar nicht formell, wohl aber materiell ein staatliches Abgabensystem mit Sondervermögen und Zweckbindung der „Abgaben". Der Versicherte hat keinen Einfluss auf seine Beitragsbelastung, weil weder das Alter noch das Geschlecht oder der Gesundheitszustand berücksichtigt werden. Damit stellt sich der GKV ein Legitimationsproblem mit möglicherweise verfassungsrechtlichen Auswirkungen: Einerseits verbietet der materielle Abgabencharakter und das dementsprechend anzuwendende Prinzip der Gleichmäßigkeit der Besteuerung (Art. 3 Abs. 1 GG), unterschiedliche Einkommensbezugsgrößen bei derselben Versichertengruppe anzuwenden.[17] Andererseits verbietet die prinzipielle Risikounabhängigkeit des Beitrags die Einführung risikorelevanter Beitragsdifferenzierungen zB in Form von preislich differenzierten Wahlleistungen oder Beitragsnachlässen für Selbstbeteiligungen.

61 **5. Demographische Entwicklung.** Ein intakter Bevölkerungsaufbau bildet die Grundlage für das Umlageverfahren der Sozialversicherung im klassischen Sinn. Der Altersaufbau der deutschen Bevölkerung befindet sich allerdings in einem dramatischen Umbruch. Dieser Umstand bleibt in der GKV aufgrund seines Umlageverfahrens unberücksichtigt.[18] Die bisherige Alterspyramide wird sich in den nächsten Jahrzehnten umkehren. Deutlich wird diese Entwicklung durch den **steigenden**

---

[16] *J. Boetius* in Boetius/Boetius/Kölschbach, Handbuch der versicherungstechnischen Rückstellungen, 2. Aufl., 2021, § 1 Rn. 56 ff., § 11 Rn. 2.

[17] Für den Unterschied zwischen pflichtversicherten und freiwillig versicherten Rentnern BVerfGE 102, 68 = NJW 2000, 2730 (2732).

[18] *Fetzer/Moog/Raffelhüschen* ZVersWiss 2002, 279 ff.

Altenquotienten – auch „Alterslastquote" genannt –, der das zahlenmäßige Verhältnis der typischerweise nicht mehr im Berufsleben stehenden (60 Jahre und älter) zu den typischerweise im Berufsleben stehenden Personen (20 bis 59 Jahre) abbildet. Im Jahr 1900 betrug der Altenquotient noch 16,7 %; er stieg von 26,5 % im Jahr 1950 auf 53,6 % im Jahr 2019 und wird bis 2060 – bei vorsichtigen Annahmen – auf ca. 85 % anwachsen.[19] Immer weniger Junge müssen immer mehr Ältere finanzieren. Die daraus resultierenden Finanzierungsprobleme für die Rentenversicherung sind bekannt. Für die gleichfalls umlagefinanzierte GKV verschärfen sich aber die Probleme, weil zwei Effekte hinzutreten, die in der Rentenversicherung keine Rolle spielen: Zum einen sind die Gesundheitskosten hochgradig altersabhängig; so benötigt eine Person ab Alter 85 durchschnittlich das knapp Zwölffache der Gesundheitskosten einer Person zwischen 15 und 30 Jahren (→ Rn. 805).[20] Zum anderen steigt dieser Faktor aber auch noch im Zeitablauf, was zu einer sog. **dynamischen Profilversteilerung** führt; verursachte nämlich eine 80-jährige Person im Jahr 1972 das 5,5-fache der Gesundheitskosten einer 30-jährigen Person, so waren dies im Jahr 2002 bereits das 8-fache und werden es 30 Jahre später wohl das 12-fache sein (→ Rn. 813).

Aufgrund der demographischen Entwicklung werden immer mehr Versicherte in den mit Krankheitskosten besonders belasteten höheren Altern immer weniger Beitragszahlern in jungen Jahren mit geringen Krankheitskosten gegenüberstehen. Die daraus steigende finanzielle Belastung der Versicherten wird in der GKV voll auf die Beiträge der künftigen Aktivengeneration umgelegt, weil eine Vorfinanzierung der altersbedingt später steigenden Krankheitskosten nicht stattfindet. Würde man die Altersstruktur des Jahres 2060 auf das Jahr 2008 projizieren, ergäbe sich allein dadurch eine **demographisch bedingte Finanzierungslücke** in der GKV, dh zur Finanzierung des Ausgabenvolumens würden höhere Beiträge benötigt. Dies ergibt sich aus folgenden Tatsachen: 2008 betrug der Anteil der über 64-Jährigen an der Gesamtbevölkerung 20,6 %; sie verursachten 48,4 % aller Krankheitskosten. Im Jahr 2060 wird der Anteil der über 64-Jährigen an der Gesamtbevölkerung 32 % betragen;[21] sie verursachen wegen der hohen Besetzung der oberen Altersklassen dann etwa 67 % aller Krankheitskosten. Dabei sind zusätzliche Preiseffekte durch Gesundheitskosteninflation, medizinisch-technischen Fortschritt usw noch nicht berücksichtigt.

Dass die **Verlängerung der Lebenserwartung** zu einem Anstieg der künftigen Krankheitskosten führt und damit die fehlende Vorfinanzierung der demographischen Entwicklung im GKV-System weiter verschärft, wird von Sozialpolitik und GKV häufig bestritten. Sie begründen dies mit der These, dass der größte Teil der Krankheitskosten in den letzten zwei Jahren vor dem Tod anfalle und es daher für die Gesamthöhe aller Krankheitskosten im Lebenszyklus auf den Todeszeitpunkt nicht ankomme; verlängere sich die Lebenserwartung, fielen diese Kosten nur später an (Kompressionsthese). Um diese These zu belegen, wären Längsschnittanalysen notwendig, die die Krankheitskosten der Versicherten im Lebenszyklus abbilden. Die GKV verfügt jedoch nicht über solche Längsschnittanalysen, weil sie die Krankheitskosten ihrer einzelnen Versicherten zum großen Teil nicht kennt und außerdem nicht zusammenführen kann: Alle Krankheitskostendaten zur ambulanten Behandlung gehen zu den kassenärztlichen Vereinigungen, die ihrerseits mit der einzelnen Krankenkasse nur Salden zu allen Versicherten abrechnen; die Kosten der Medikamentenversorgung rechnen die Apotheken dagegen direkt mit der einzelnen Krankenkasse ab, das gleiche gilt für die Kosten der Krankenhausbehandlung. Im Falle eines Kassenwechsels werden die der Kasse bekannten Daten nicht der neuen Kasse mitgeteilt. Aufgrund der völligen Datenfragmentierung kann die GKV die Richtigkeit ihrer These daher nicht belegen. Die PKV – und zwar jedes einzelne Versicherungsunternehmen – verfügt dagegen aufgrund ihres Kostenerstattungsprinzips und der praktisch lebenslangen Vertragsdauer über sämtliche Krankheitskostendaten im Längsschnitt, dh im Lebenszyklus ihrer Versicherten. Anhand der konkreten Daten repräsentativer Versichertenbestände ist nachgewiesen worden, dass gestorbene Versicherte nicht nur in den beiden letzten Lebensjahren, sondern schon vorher über viele Jahre hinweg signifikante Krankheitskosten durch stationäre Behandlung verursachten (→ Rn. 806 ff.).[22] Statistisch prägt sich dies mit großer Eindeutigkeit in den Kalkulationsgrundlagen der PKV aus, die bei jeder Einführung einer neuen Sterbetafel zu einem höheren Alterungsrückstellungsbedarf führen.

---

[19] Statistisches Bundesamt, 14. koordinierte Bevölkerungsvorausberechnung, 2019, Variante V12 – G1L2W1.
[20] Statistisches Bundesamt, Statistisches Jahrbuch 2019, Krankheitskosten 2015, Tab. 4.3.5 iVm GENESIS-Online Datenbank, Tab. 12411-0005 und 23631-0002 (Abruf 25.2.2020).
[21] Statistisches Bundesamt, 14. koordinierte Bevölkerungsvorausberechnung, 2019, Variante V12 – G1L2W1 iVm Statistisches Jahrbuch 2019, Krankheitskosten 2015, Tab. 4.3.5.
[22] *Rodrig/Wiesemann* ZVersWiss 2004, 17 ff.

64 Noch weitaus dramatischer sind die Konsequenzen der demographischen Entwicklung in der **sozialen Pflegeversicherung (SPV)**. Während das Pflegerisiko in den ersten Lebensjahrzehnten konstant niedrig ist, nimmt es in den hohen Altersklassen sprunghaft zu (vgl. folgendes Schaubild).[23]

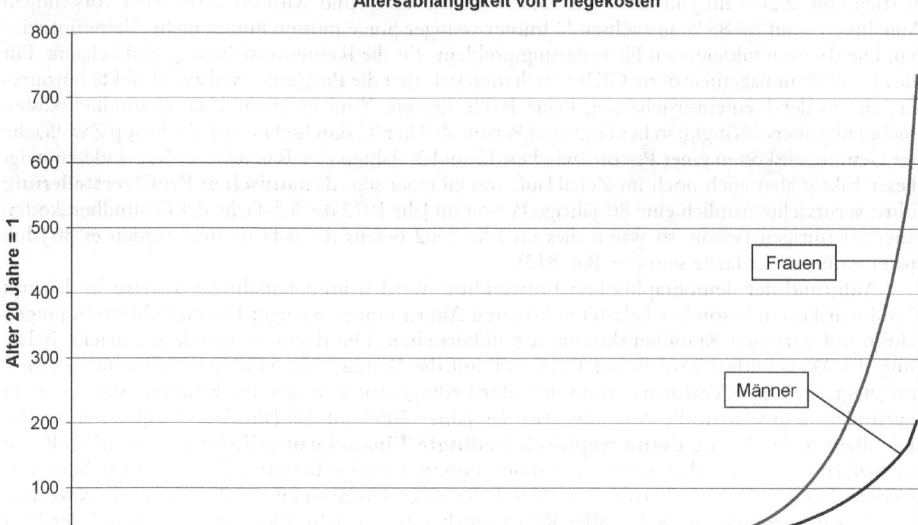

Die demographisch bedingte Finanzierungslücke fällt in der SPV noch erheblich größer aus als in der GKV, weil die Pflegewahrscheinlichkeit erst ab Alter 70 bis 75 signifikant einsetzt, die durchschnittlichen Leistungsausgaben je älterem Versicherten auf das Zehn- bis Hundertfache derjenigen für einen jüngeren Versicherten ansteigen und die oberen Altersklassen zahlenmäßig wesentlich höher besetzt sein werden. Der durch das Erste Pflegestärkungsgesetz (PSG I) v. 17.12.2014[24] eingeführte „Pflegevorsorgefonds" (§§ 131 ff. SGB XI) beseitigt die demographische Finanzierungslücke nicht, weil er nur eine *befristete* Stabilisierung der Beitragsentwicklung in der SPV bezweckt (§ 132 S. 1 SGB XI) und mit vollständiger Auszahlung endet (§ 139 SGB XI).

65 **6. Finanzierungsgrundlagen. a) Beitragssatz, Beitragsbemessung und Beitragsentwicklung.** Die Veränderung der Altersstruktur der Bevölkerung wird zu höheren Gesundheitsausgaben führen, weil die durchschnittlichen Gesundheitsausgaben mit zunehmendem Alter steigen. So ist nach früheren Untersuchungen mit einer Steigerung der **Pro-Kopf-Behandlungsausgaben** in der GKV bis 2040 allein durch demographische Effekte um 19,8 % bis 22,6 % zu rechnen. Die Spannbreite ergibt sich aus der Anwendung der verschiedenen Varianten der demographischen Entwicklung nach den koordinierten Bevölkerungsvorausberechnungen.[25] Auf der Einnahmenseite dagegen führt die demographische Entwicklung ceteris paribus von einem durchschnittlichen Beitragssatz von 12,9 % im Jahr 1995 auf einen Satz von 15,3 % bis 15,8 % im Jahr 2040.[26] Dass diese Prognosen aus dem Jahr 1995 eher zu niedrig angesetzt waren, zeigt der bereits im Jahr 2010 erreichte allgemeine Beitragssatz von 15,5 % (§ 241 SGB V).

66 Der durchschnittliche bzw. allgemeine **Beitragssatz** in der GKV stieg von 8,2 % im Jahr 1970 auf 15,7 % im Jahr 2020 (einschließlich des individuellen Zusatzbeitragssatzes von durchschnittlich 1,1 %); das ist eine Steigerung um 91 %. Zahlreiche Reformversuche des Gesetzgebers, die im Übrigen stets mit Leistungseinschränkungen zulasten der Versicherten verbunden waren, konnten den Anstieg allenfalls kurzfristig aufhalten (vgl. folgendes Schaubild). Würde man außerdem den Wert der Leistungseinschränkungen in die Rechnung einbeziehen, ergäbe sich ein noch ungünstigeres Bild, das die wirkliche Entwertung der GKV zutr. darstellte.

---

[23] Vgl. die ähnlichen Ergebnisse bei *Niehaus*, Zukünftige Entwicklung der sozialen Pflegeversicherung, WIP-Diskussionspapier 1/2010, S. 18.
[24] BGBl. 2014 I 2222.
[25] *Erbsland/Wille* ZVersWiss 1995, 661 (673).
[26] *Erbsland/Wille* ZVersWiss 1995, 661 (676).

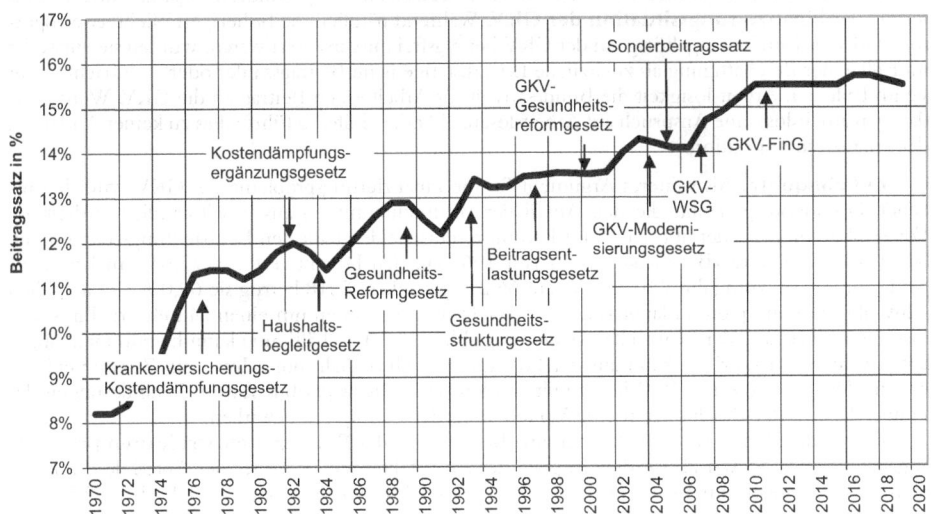

Darüber hinaus stieg die monatliche **Beitragsbemessungsgrenze** (BBG) von 1970 bis 2020 von 1.200 DM (613,55 EUR) auf 4.687,50 EUR an; das ist eine Steigerung um 664 %. Aus dem Beitragssatz und der Beitragsbemessungsgrenze ergibt sich als Produkt der GKV-Höchstbeitrag, der von 50,30 EUR (1970) auf 735,94 EUR (2020), dh um 1.463 % angestiegen ist. **67**

b) Arbeitseinkommen und Arbeitslosigkeit. Neben Beitragssatz und Beitragsbemessungsgrenze sind die Arbeitseinkommen ein wesentlicher Faktor der Finanzierung der GKV. Die häufig gebrauchte Argumentation, das Finanzierungsproblem der GKV sei vorrangig auf der Einnahmenseite zu suchen und durch eine Anhebung von Versicherungspflicht- und Beitragsbemessungsgrenze zu beheben, greift auf verschiedene Hypothesen zurück. Eine Hypothese lautet, durch die gestiegene Arbeitslosigkeit werde die Finanzierungsbasis vermindert, weil Erwerbstätige – sofern sie gesetzlich krankenversichert sind – auch Beitragszahler seien. Langfristig betrachtet erweist sich diese These jedoch nicht als richtig:[27] **68**

Bei der Betrachtung des Arbeitsmarktes sind die **Erwerbspersonen** von den **Nichterwerbspersonen** zu unterscheiden. Die Erwerbspersonen wiederum gliedern sich in Arbeitslose und Erwerbstätige. Die Arbeitslosenquote wird nur unter den Erwerbspersonen gemessen und bildet das Verhältnis von Arbeitslosen zu Erwerbstätigen ab. Die Nichterwerbspersonen bleiben unberücksichtigt; es handelt sich bei ihnen um Personen, die nicht am Arbeitsmarkt teilnehmen wollen oder können (Kinder, Rentner sowie Personen im erwerbsfähigen Alter, die nicht arbeiten und auch keine Arbeit suchen wie zB Hausfrauen). **69**

Eine steigende **Arbeitslosenquote** führt nur dann zu einer kleineren Finanzierungsbasis der GKV, wenn bisher Erwerbstätige arbeitslos werden oder aus dem Erwerbsleben ausscheiden. Dies galt lediglich für die atypische Zeit nach der deutschen Wiedervereinigung. In den Jahren 1989 und 1990 war zunächst ein – vor allem durch die hohe Erwerbsbeteiligung von Frauen in der ehemaligen DDR – rapides Absinken der Nichterwerbspersonen festzustellen. Danach bewegte sich dieser Anteil langsam wieder auf das Niveau kurz vor der Wiedervereinigung zu. Gleichzeitig stieg auch die Zahl der Arbeitslosen an, ebenfalls gespeist aus den bisher Erwerbstätigen. Es ergaben sich also insgesamt weniger Beitragszahler, so dass die Einnahmen der GKV sanken. Diese Entwicklung war aber nur als vorübergehend anzusehen. **70**

Tatsächlich hat in Deutschland in den vergangenen Jahrzehnten überwiegend eine andere Entwicklung – nämlich die **wachsende Erwerbsbeteiligung** – zu höherer Arbeitslosigkeit geführt. Wachsende Erwerbsbeteiligung bedeutet, dass immer mehr Personen auf den Arbeitsmarkt drängen, die früher zu den Nichterwerbspersonen zählten (zB zunehmende Erwerbsbeteiligung von Frauen). Das Angebot an Arbeitsplätzen wuchs aber nicht in gleichem Maße mit, so dass nur ein Teil der zusätzlich auf den Arbeitsmarkt Drängenden auch tatsächlich eine Beschäftigung fand und der andere Teil zu den Arbeitslosen zählte. Es war also die Zahl der Arbeitslosen stärker gestiegen als die Zahl der Erwerbstätigen. **71**

---

[27] *Wiesemann*, Bedroht Arbeitslosigkeit die Finanzlage der Sozialversicherung?, unveröffentlichte Studie, 1998, S. 4.

72 Diese Entwicklung führte aber nicht zu einer Verschlechterung, sondern sogar zu einer Verbesserung der **Finanzierungssituation der GKV**. Während nämlich die bisherigen Nichterwerbspersonen idR als Familienangehörige in der GKV beitragsfrei mitversichert waren, wurden sie entweder im Falle einer Beschäftigung als zusätzliche Erwerbstätige neue Beitragszahler oder es entrichtete für sie im Falle von Arbeitslosigkeit die Bundesanstalt für Arbeit einen Beitrag an die GKV. Wurden sie dagegen arbeitslos ohne Anspruch auf Arbeitslosengeld oder -hilfe, so führte dies zu keiner Änderung der Finanzierungsposition.

73 c) **Lohnquote.** Als weiteres Argument für die Finanzierungsprobleme der GKV wird die sinkende Lohnquote genannt, die den Anteil der Bruttoeinkommen aus unselbständiger Arbeit am Volkseinkommen wiedergibt. Zunächst kommt es entscheidend auf den Beobachtungszeitraum an. So ist die Lohnquote zB von 60,1 % im Jahr 1960 auf den Höchstwert von 73,6 % im Jahr 1981 gestiegen und bis zum Jahr 2007 wieder auf 66,2 % gesunken, 2018 betrug sie 69,0 %.[28] Tatsächlich schwankt die Lohnquote in langfristigen Beobachtungszeiträumen um einen Mittelwert. Ein systematischer Rückgang der finanziellen Bedeutung abhängiger Beschäftigung kann hieraus nicht abgeleitet werden. Im Übrigen kann aus der Lohnquote auch deshalb nur schwer ein Zusammenhang mit der Finanzierung der GKV hergestellt werden, weil ceteris paribus sowohl Veränderungen der Löhne als auch der Beschäftigten eine Veränderung der Lohnquote bewirken.

74 Eine andere Frage ist, ob nicht eher eine Betrachtung der **Einkommensstrukturen pro Kopf** angebracht wäre. So war zB für die Gruppen der Angestellten und Arbeiter der Anteil des Einkommens aus Vermögen am Bruttoeinkommen von 1963 bis 1993 um das 2,8-fache bzw. 2,5-fache gestiegen, während der Anteil aus unselbständiger Arbeit abgenommen hatte.[29] Es müssten daher folgerichtig neben den Bruttoarbeitsentgelten die Vermögenseinkommen bei der Bemessung des GKV-Beitrags berücksichtigt werden, die einen zunehmend steigenden Anteil des Bruttoeinkommens der Angestellten und Arbeiter ausmachen, der von 8,1 % im Jahr 2008 auf 17,9 % im Jahr 2013 angestiegen ist.[30] Dass dies aber andere Probleme aufwirft, haben die mehrfachen Börsenkrisen und die globale Finanzkrise deutlich gemacht.

75 **7. Typologie der GKV-Leistungen.** Die GKV-Leistungen lassen sich in krankenversicherungsfremde und krankenversicherungstypische Leistungen gliedern. Diese **Typisierung** ist wichtig, wenn darüber diskutiert wird, bestimmte Leistungen aus dem gesetzlichen Leistungskatalog auszugliedern und in eine andere Finanzierungsform zu überführen (→ Rn. 165 ff.); denn von der Typologie hängt ab, welche Leistungen für eine Ausgliederung überhaupt in Betracht kommen.

76 **Krankenversicherungsfremde Leistungen** sind solche Leistungen der GKV, die keinen inneren Bezug zu Krankheit und Morbidität haben, sondern der GKV – idR zur Entlastung anderer Sozialsysteme oder des Steuersystems – aus allgemeinen sozialpolitischen Erwägungen aufgebürdet wurden. Hierzu zählen Mutterschaftsgeld und sonstige Leistungen bei Schwangerschaft und Mutterschaft (§§ 195 ff. RVO), Vorsorgeuntersuchungen, Empfängnisverhütung und Schwangerschaftsabbruch (§§ 11 Abs. 1 Nr. 2, 20–24b SGB V), Sterbegeld, Haushaltshilfe, Krankengeld bei Erkrankung eines Kindes sowie die Beitragsfreiheit beim Bezug von Erziehungsgeld, Mutterschaftsgeld oder Inanspruchnahme von Elternzeit. Krankenversicherungsfremde Leistungen sind allgemeine Sozialleistungen, die über das Steuersystem als das generelle Transfersystem der sozialen Umverteilung zu finanzieren sind. Weil sie keinen inneren Bezug zu dem Lebensrisiko „Krankheit" aufweisen, kommen sie auch nicht für eine systematische Verlagerung in die PKV in Betracht, obwohl durchaus die eine oder andere Leistung individualversicherungsrechtlich versicherbar wäre.

77 **Krankenversicherungstypische Leistungen** sind solche Leistungen der GKV, die einen inneren Bezug zu Krankheit und Morbidität haben. Sie kommen ohne Einschränkung für eine systematische Verlagerung in die Individualversicherung in Betracht. Hierunter fallen zB folgende Leistungen (§ 11 Abs. 1 Nr. 3, 4 SGB V):
– Untersuchungen zur Früherkennung von Krankheiten (§§ 25 f. SGB V),
– Ambulante ärztliche Behandlung (§ 28 Abs. 1 SGB V),
– zahnärztliche Behandlung, kieferorthopädische Behandlung und Zahnersatz (§§ 28 Abs. 2, 29, 55 SGB V),
– psychotherapeutische Behandlung (§ 28 Abs. 3 SGB V),
– Arznei- und Verbandmittel (§§ 31, 34 SGB V),
– Heil- und Hilfsmittel (§§ 32–34 SGB V),

---

[28] Statistisches Bundesamt, Statistisches Jahrbuch 2019, S. 333.
[29] *Boetius/Wiesemann*, Die Finanzierungsgrundlagen in der Krankenversicherung – Zur Grenzziehung zwischen GKV und PKV, 1998, S. 28 Fn. 21.
[30] Statistisches Bundesamt, Einkommens- und Verbrauchsstichprobe 2008 (2012), Fachserie 15, Heft 6, Tab. 1.1, S. 32 sowie 2013 (2017), Fachserie 15, Heft 4, Tab. 1.1, S. 22.

– häusliche Krankenpflege (§ 37 SGB V),
– Krankenhausbehandlung (§ 39 SGB V),
– Krankengeld als Verdienstausfall (§§ 44 ff. SGB V).

8. Kassenwettbewerb, Risikostrukturausgleich, Gesundheitsfonds. a) Wettbewerbsziel. Bis zum Gesundheitsstrukturgesetz (GSG) v. 21.12.1992 (BGBl. I S. 2266) konnte der einzelne GKV-Versicherte seine Krankenkasse grds. nicht frei wählen, Ausnahmen galten nur in begrenztem Umfang. Das GSG führte demgegenüber eine grundsätzliche **Wahlfreiheit** ein. Offizielles Ziel der staatlichen Gesundheitspolitik war es, durch Einführung von Wettbewerb zwischen den Kassen und Kassenarten die Effizienz des Gesundheitssystems zu steigern und Rationalisierungsreserven auszuschöpfen. Die Wahlfreiheit hat zum Inhalt, dass jeder in der GKV Versicherte – freiwillig Versicherte ab 1.1.1996, Pflichtversicherte ab 1.1.1997 – seine Krankenkasse grds. frei wählen und von einer Kasse in die andere wechseln kann; die Wahlfreiheit entfällt nur ausnahmsweise in bestimmten Fällen. Im Wesentlichen gilt Folgendes (§ 173 SGB V):
– Frei wählbar sind die für den Beschäftigungs- oder Wohnort zuständige(n) AOK und Ersatzkassen, die Deutsche Rentenversicherung Knappschaft-Bahn-See, die Krankenkasse des Ehegatten sowie diejenigen BKK und IKK, die sich satzungsgemäß auch für Betriebs- bzw. Innungsfremde geöffnet haben.
– Mitglieder von BKK und IKK, die sich satzungsgemäß nicht geöffnet haben, können in jede andere Kassenart frei wechseln.

Wettbewerb setzt die freie Entschluss- und Handlungsfähigkeit der am Wirtschaftsprozess beteiligten Personen voraus. In einem System mittelbarer Staatsverwaltung zwischen den mit Monopolrechten ausgestatteten Trägern der Staatsverwaltung Wettbewerb einzuführen, ist daher ein Widerspruch in sich. Wettbewerb funktioniert nur unter Freiheit. Freiheit ist aber wegen des gesetzlich vorgeschriebenen Finanzierungsverfahrens der Sozialversicherung nicht gegeben. Weil die Beitragsgestaltung der GKV keinen Bezug zum versicherten Risiko aufweist, sondern sich ausschließlich am Arbeitseinkommen der Mitglieder orientiert, hätte die Wahl- und Wechselfreiheit dazu geführt, dass die AOK-Kassen wegen ihrer einkommens- und risikomäßig ungünstigen Mitgliederstrukturen gegenüber den insoweit deutlich besser strukturierten anderen Kassenarten erheblich benachteiligt worden wären. Um diesen systemischen Wettbewerbsnachteil zu beseitigen, bedurfte es weiterer gesetzgeberischer Eingriffe in Form des Risikostrukturausgleichs und schließlich des Gesundheitsfonds.

b) Risikostrukturausgleich, Gesundheitsfonds. Der kassenartenübergreifende Risikostrukturausgleich (RSA) bezweckte ursprünglich, die **Beitragssatzunterschiede** auszugleichen, die sich aus den geschichtlich entwickelten, unterschiedlichen Mitgliederstrukturen der einzelnen Kassenarten ergaben. Wegen der Einkommensbezogenheit des GKV-Beitrags musste der RSA sowohl auf der Risikoseite die strukturellen Unterschiede als auch auf der Einkommensseite die unterschiedlichen Mitgliederstrukturen zwischen den Kassen beseitigen (§ 266 SGB V aF). Damit wurde die Regulierungsintensität der GKV noch weiter erhöht. Als unmittelbare Folge des RSA ergaben sich erhebliche Zahlungsströme von den BKK und Ersatzkassen zur AOK. Diese Zahlungen erhöhten die Beitragssätze der BKK und Ersatzkassen und reduzierten diejenigen der AOK, so dass sich die Beitragssätze zwischen allen Kassen anglichen, was politisch gewollt war. Als weitere Folge dieser Regelung ging die Zahl der Kassen erheblich zurück. Während es bei Erlass des GSG im Jahre 1992 noch insgesamt 1.223 einzelne Kassen (davon 271 AOK, 741 BKK, 173 IKK und 15 Ersatzkassen) gab, waren es 2019 nur noch 109 Kassen (davon 11 AOK, 84 BKK, sechs IKK und sechs Ersatzkassen). Auch dies war politisch gewollt.

Im GKV-System des prinzipiell einheitlichen Leistungskatalogs kann der Kassenwettbewerb um den Kunden sinnvoll nur über unterschiedliche Beitragssätze geführt werden. Daher versuchten die einzelnen Kassenarten bzw. Kassen, ihre Mitgliederstrukturen in RSA-unschädlicher Form zu verbessern, was ihnen bei entsprechenden Vertriebsanstrengungen trotz des Kontrahierungszwangs häufig auch gelang und wieder zu einer größeren Differenzierung der Beitragssätze führte. Weil dies aber den politischen Intentionen widersprach, führte das GKV-WSG mit dem **Gesundheitsfonds** eine zusätzliche Regulierung ein, die auf die Herstellung gleicher Beitragssätze abzielte. Der Gesundheitsfonds gleicht die unterschiedliche Finanzkraft der einzelnen Krankenkassen und Kassenarten aus.[31] Er wird gespeist aus den Beitragseinnahmen der GKV (mit Ausnahme der kassenindividuellen Zusatzbeiträge) und aus Bundesmitteln (§ 271 Abs. 1 SGB V). Die Krankenkassen erhalten zur Deckung ihrer Ausgaben Zuweisungen aus dem Gesundheitsfonds. Die Zuweisungen bestehen aus einer Grundpauschale, alters-, geschlechts- und risikoadjustierten Zu- und Abschlägen zum Ausgleich der unterschiedlichen Risikostrukturen und Zuweisungen für sonstige Ausgaben (§ 266 Abs. 1 S. 1 SGB V); mit den Zu- und Abschlägen wird der geänderte RSA durchgeführt, der die Unter-

---

[31] Vgl. ua *Schmehl* in Sodan KrankenVersR-HdB § 39 Rn. 1 ff.

schiede in der Risikoverteilung finanziell ausgleichen soll (§ 266 Abs. 1 S. 2 SGB V). Der allgemeine Beitragssatz ist für alle Krankenkassen einheitlich durch Gesetz festgelegt (§ 241 SGB V) und beträgt 14,6 %. Wenn eine Krankenkasse ihren Finanzbedarf nicht durch die Zuweisungen aus dem Gesundheitsfonds decken kann, muss sie kassenindividuell einkommensabhängige Zusatzbeiträge erheben (§ 242 SGB V). Der Wettbewerb zwischen den Krankenkassen und Krankenkassenarten wird stets darauf abzielen, Mitglieder mit hohem Einkommen und niedriger Morbidität zu gewinnen. Diese Versicherten reagieren signifikant auf Beitragsunterschiede, die durch Zusatzbeiträge und Prämienausschüttungen entstehen. Der Zwang zur Erhebung von Zusatzbeiträgen fördert unerwünschte Risikoselektionen und Unterschreitungen von Leistungsstandards.[32] Um dies zu vermeiden, sind weitere Regulierungen unvermeidlich, die den Konzentrationsprozess unter den Krankenkassen weiter verstärken werden.

82   c) **Einheitskasse.** Die durch Kassenwettbewerb, Risikostrukturausgleich und Gesundheitsfonds herbeigeführte Vereinheitlichung der Beitragssätze und die Reduzierung der Kassenzahl weisen den Weg in die Einheitskasse. Mit der Einheitskasse wäre der ursprüngliche „Wettbewerb" wieder beseitigt und wäre die Staatsverwaltung in reiner Form eingeführt. Damit bestätigt sich, dass Staatsverwaltung und Wettbewerb sich gegenseitig ausschließen.

III. Private Krankenversicherung (PKV)

83   **1. Versichertenkreis.** In der PKV können sich gegen das Lebensrisiko „Krankheit" prinzipiell zwar alle Bevölkerungskreise versichern. Tatsächlich besteht jedoch eine **Abhängigkeit von der GKV** (→ Rn. 46 ff.): Ausschließlich in der PKV können sich nur solche Personen versichern, die nicht in der GKV pflichtversichert sind oder die sich von der Krankenversicherungspflicht in der GKV befreien lassen können. Nicht in der GKV pflichtversichert sind insbes. Arbeitnehmer mit einem Arbeitseinkommen oberhalb der Krankenversicherungspflichtgrenze, Beamte und Angehörige gleichgestellter Berufe, Angehörige der freien Berufe, Selbständige und Gewerbetreibende, geringfügig Beschäftigte, Nichterwerbstätige – zB Hausfrauen –, wenn sie nicht als Familienangehörige in der GKV mitversichert sind, sowie Personen, die nach dem 55. Lebensjahr versicherungspflichtig werden und in den letzten fünf Jahren davor nicht gesetzlich versichert waren. Von der Krankenversicherungspflicht können sich ua befreien lassen Arbeitnehmer, deren Arbeitseinkommen wieder unter die Krankenversicherungspflichtgrenze sinkt, Rentner, Studenten und Ärzte im Praktikum (vgl. §§ 6–8 SGB V).

84   Das GKV-Wettbewerbsstärkungsgesetz (GKV-WSG) v. 26.3.2007[33] hat darüber hinaus ab 1.1.2009 eine **Versicherungspflicht** in der PKV eingeführt, der alle Personen unterliegen, die nicht in der GKV versichert sind und keine Sozialhilfe- oder ähnliche Leistungen beziehen (→ Rn. 1088 ff.).

85   **2. Versicherungsunternehmen.** Risikoträger der PKV sind Versicherungsunternehmen, die in der **Rechtsform** der AG einschließlich der SE, des VVaG oder der Körperschaft oder Anstalt des öffentlichen Rechts betrieben werden (§ 8 Abs. 2 VAG). Im Jahr 2018 waren 48 Versicherungsunternehmen zum Betrieb der Krankenversicherung zugelassen. Davon entfielen auf die Rechtsform der AG 32 Versicherungsunternehmen und des VVaG 16 Versicherungsunternehmen.

86   Gemessen an der Beitragseinnahme hielt die Gruppe der AG einen **Marktanteil** von 59 % und der VVaG von 41 %. Gemessen an der Zahl der Vollversicherten ergibt sich eine andere Marktverteilung, nämlich von 48 % der AG und 52 % der VVaG. Der Unterschied zwischen Beitrags- und Versichertenmarktanteilen wird noch deutlicher auf der Ebene der Marktanteile der einzelnen Versicherungsunternehmen. Die Unterschiede sind in den abweichenden Markt- und Produktstrukturen begründet: Versicherungsunternehmen, die ihren Schwerpunkt in der substitutiven Krankenversicherung haben, weisen einen hohen Durchschnittsbeitrag je Versicherten auf; dementsprechend ist ihr Beitragsmarktanteil höher als ihr Versichertenmarktanteil. Dieser Effekt wird noch verstärkt, wenn ein Versicherungsunternehmen in der substitutiven Krankenversicherung vorwiegend mit naturgemäß teureren Produkten des Hochleistungssegments vertreten ist und weniger mit Produkten im GKV-nahen Basisleistungsbereich. Für Versicherungsunternehmen, die ihren Schwerpunkt in der substitutiven Krankenversicherung im Niedrigleistungsbereich oder in der Ergänzungsversicherung mit entsprechend niedrigeren Durchschnittsbeiträgen haben, gilt die Umkehrung; ihr Versichertenmarktanteil ist höher als ihr Beitragsmarktanteil. Ein Sondereffekt ergibt sich für Versicherungsunternehmen, deren Schwerpunkt in der Versicherung von Beihilfeempfängern liegt („Beamtenversicherer"). Da der Beihilfeempfänger zwischen 50 % und 80 % seiner Krankheitskosten

---

[32] *Schmehl* in Sodan KrankenVersR-HdB § 39 Rn. 52.
[33] BGBl. 2007 I 378.

von seinem öffentlich-rechtlichen Dienstherren erhält – der damit der Hauptrisikoträger ist –, braucht er nur die Differenz von 20 % bis 50 % in der Form der substitutiven Krankenversicherung beim PKV-Unternehmen abzudecken. Dies ist die Erklärung dafür, dass Beamtenversicherer in der substitutiven Krankenversicherung einen erheblich niedrigeren Durchschnittsbeitrag je Versichertem aufweisen als „Normalversicherer" und deshalb einen gegenüber ihrem Beitragsmarktanteil deutlich höheren Versichertenmarktanteil haben.

3. Versicherungsformen. Im **Sprachgebrauch** der PKV wird zwischen Krankheitskosten-Vollversicherung, Pflege-Pflichtversicherung, Ergänzungsversicherung und besonderen Versicherungsformen unterschieden (→ Rn. 629 ff.; → Rn. 642 ff.). **87**

a) Krankheitskosten-Vollversicherung. Krankheitskosten-Vollversicherungen (KKV) sehen Versicherungsleistungen für die Behandlung von Krankheiten vor. Ihr Kernbereich umfasst die ambulante ärztliche Behandlung, die zahnärztliche Behandlung einschließlich der Versorgung mit Zahnersatz, die Versorgung mit Arznei-, Heil- und Hilfsmitteln und die Krankenhausbehandlung. Die Leistungen der KKV entsprechen der Art nach den GKV-Leistungen des SGB V (vgl. § 257 Abs. 2 S. 1 SGB V). Die KKV ist iSd § 195 Abs. 1 S. 1, § 146 Abs. 1 VAG **substitutive Krankenversicherung** (→ Rn. 629 ff.; → Rn. 705 ff.; → Rn. 716 ff.), weil sie geeignet ist, die GKV ganz oder teilweise zu ersetzen. KKV können Personen abschließen, die nicht in der GKV – als Pflichtversicherte, freiwillig Versicherte oder mitversicherte Familienangehörige – versichert sind. **88**

b) Pflege-Pflichtversicherung. Die Pflege-Pflichtversicherung **(PPV)** ist die nach §§ 1 Abs. 2 S. 2, 23, 110 SGB XI abzuschließende private Pflegeversicherung der Personen, die in der PKV gegen Krankheitskosten versichert sind oder die sich als freiwillig in der GKV Versicherte für die PPV entscheiden (→ Rn. 106 ff.). **89**

c) Ergänzungsversicherung. Ergänzungsversicherungen sind solche Krankenversicherungen, die über den Versicherungsschutz aus einer Krankheitskosten-Vollversicherung der PKV hinausgehen (→ Rn. 642 ff.). Auch als Pflichtmitglieder oder als freiwillige Mitglieder in der GKV versicherte Personen – einschließlich ihrer mitversicherten Familienangehörigen – können in der PKV Ergänzungsversicherungen abschließen, die einen über den Leistungsumfang der GKV hinausgehenden Versicherungsschutz sicherstellen. Zu den Ergänzungsversicherungen zählen nach der aufsichtsrechtlichen Begriffsbildung ua folgende **Versicherungsformen:** Krankentagegeldversicherung, selbständige Krankenhaustagegeldversicherung, sonstige selbständige Teilversicherungen. **90**

Sonstige selbständige Teilversicherungen sind Tarife, mit denen einzelne Leistungsarten unabhängig von der gleichzeitigen Versicherung anderer Leistungsarten oder Tarife – dh selbständig – versichert werden. Dazu zählen die meisten Einzeltarife über ambulante ärztliche Behandlung, zahnärztliche Behandlung einschließlich Zahnersatz, Zusatztarife über die Krankenhausbehandlung (zB für Chefarztbehandlung, Unterbringung im Ein- oder Zweibettzimmer), spezielle Ergänzungsversicherungen für GKV-Versicherte und ergänzende Pflegekosten- und Pflegetagegeldversicherungen. **91**

d) Besondere Versicherungsformen. Besondere Versicherungsformen sind zB die Beihilfeablöseversicherung, die Restschuld- und Lohnfortzahlungsversicherung, die Reisekrankenversicherung und die Auslandskrankenversicherung (→ Rn. 644 ff.). **92**

e) Unselbständige Versicherungsformen. Einen Sonderfall stellen solche Krankenversicherungen dar, die nicht isoliert, sondern nur zusammen mit einer anderen (selbständigen) Krankenversicherung abgeschlossen werden können. Wegen dieser Abhängigkeit von einer anderen Hauptversicherung handelt es sich um – zumindest bedingt – akzessorische Versicherungen. Hierzu zählen vor allem die **Beitragsentlastungstarife** (→ Rn. 650a ff.). **92a**

4. Versicherungsleistungen. a) Grundsatz. Die PKV-Unternehmen erbringen ihren Versicherten in Abhängigkeit von den vereinbarten Produkten („Tarifen") auf der Grundlage der AVB differenzierte Leistungen in Form der Kostenerstattung (Kostenversicherungen) oder in Form von Tagegeld (Summenversicherungen). Art und Höhe sowie – im Falle von Krankentagegeldversicherungen – Dauer der Versicherungsleistungen ergeben sich aus den jeweils versicherten Tarifen einschließlich Tarifbedingungen. **93**

b) Krankenversicherung. Die **Krankheitskostenversicherung** erstattet Kosten der ambulanten Behandlung, der Zahnbehandlung sowie der Behandlung und Unterbringung im Krankenhaus, und zwar in Form der Vollversicherung grds. umfassend und in Form der Ergänzungsversicherung unter Beschränkung auf die Mehrkosten, die durch privatärztliche ambulante Behandlung und Zahnbehandlung, durch Wahl eines Ein- oder Zweibettzimmers im Krankenhaus oder durch **94**

chefärztliche Behandlung entstehen. Die **Krankentagegeldversicherung** sichert den durch Krankheit entstehenden Verdienstausfall ab. In der **Krankenhaustagegeldversicherung** wird bei Behandlung im Krankenhaus eine in bestimmter Höhe vereinbarte, von den tatsächlich anfallenden Kosten unabhängige Geldsumme je Krankenhaustag gezahlt.

95   Als **Versicherungsfall** gelten außer der medizinisch notwendigen Heilbehandlung wegen Krankheit oder Unfallfolgen nach den AVB (§ 1 Abs. 2 MB/KK 2013) auch
– die Untersuchung und medizinisch notwendige Behandlung wegen Schwangerschaft und die Entbindung,
– ambulante Untersuchungen zur Früherkennung von Krankheiten nach gesetzlich eingeführten Programmen.
Vertragliche Pflichtleistung einiger PKV-Unternehmen ist auch die Versorgung in einem stationären Hospiz.

96   Weil Versicherungsfall nicht die Krankheit, sondern ihre Behandlung ist, deren Beginn der Versicherte steuern und beeinflussen kann, beginnt der Versicherungsschutz idR erst nach Ablauf bestimmter **Wartezeiten** (§ 3 MB/KK 2013). Damit wird verhindert, dass der Versicherungsnehmer sich kurz vor einer im Voraus geplanten Behandlung den hierfür optimalen Versicherungsschutz besorgt, was eine negative Risikoselektion zur Folge hätte. Die allgemeine Wartezeit beträgt drei Monate; besondere Wartezeiten von acht Monaten gelten für Entbindungen, Psychotherapie, Zahnbehandlung und -ersatz sowie Kieferorthopädie (§ 197 Abs. 1). In bestimmten Fällen – insbes. beim Übertritt von der GKV in die PKV (vgl. § 197 Abs. 2) – sind auf die Wartezeiten die in einer Vorversicherung zurückgelegten Versicherungszeiten anzurechnen.

97   c) **Pflegeversicherung.** In der **privaten Pflege-Pflichtversicherung (PPV)** sind die Leistungen durch das SGB XI gesetzlich festgelegt. Sie entsprechen nach Art und Umfang den Leistungen der SPV.

In der **freiwilligen Pflege-Ergänzungsversicherung** („Pflegekrankenversicherung" iSv § 192 Abs. 6 S. 1) können Pflegekosten und Pflegetagegeld versichert werden.

98   d) **Managed Care.** Das Leitbild der PKV ist zukunftsbezogen nicht nur auf die reine Kostenerstattung medizinischer Leistungen begrenzt, sondern erstreckt sich auch auf Managed Care-Ansätze (→ Rn. 1297 ff.). Zunehmend entsteht das Bedürfnis der Versicherungsnehmer für weitere Leistungen der Versicherungsunternehmen. Hierzu zählen insbes. vertraglich vereinbarte Nebenleistungen, die mit der VVG-Reform auch Eingang in das VVG gefunden haben (→ Rn. 1394), nämlich
– die Abwehr unberechtigter Entgeltansprüche von Leistungserbringern gegenüber Versicherten,
– die Unterstützung des Versicherten bei der Durchsetzung von Haftungsansprüchen gegenüber Leistungserbringern,
– die Beratung des Versicherten über die Berechtigung von Honoraransprüchen,
– die Beratung über medizinische Leistungen und über Leistungserbringer.

99   Unter den Begriff „Managed Care" fallen auch Produkte von PKV-Unternehmen, die einen vertraglichen Anspruch der Versicherten auf Zugang zu bestimmten medizinischen Leistungserbringern einräumen. Vertragsinhalt eines solchen Produkts (zB das Produkt der Marke **Best Care®**) ist das Versprechen des Versicherungsunternehmens, dem Versicherten bei Verdacht oder Indikation auf bestimmte lebensbedrohliche Erkrankungen innerhalb einer festgelegten kurzen Frist einen Untersuchungs-, Behandlungs- oder Operationstermin bei bestimmten Spitzenmedizinern zu verschaffen, die die ersten Kapazitäten in ihrem Fach sind und mit denen das Versicherungsunternehmen entsprechende Netzwerk-Verträge abgeschlossen hat.

100   5. **Vertrags- und Kalkulationsgrundlagen.** Von Ausnahmen abgesehen werden Krankenversicherungsverträge unbefristet und zu prinzipiell festen Prämien abgeschlossen. Die Kündigung durch den Versicherungsnehmer ist stets vorbehalten. Das **ordentliche Kündigungsrecht** des Versicherers ist gesetzlich ausgeschlossen (→ Rn. 723, 817). Er kann die Prämie auch nicht dem mit dem Alter des Versicherten steigenden Schadenbedarf anpassen; nur bei geänderten Verhältnissen – zB steigendes Krankheitskostenniveau, Veränderung der Rechnungsgrundlagen – sind Beitragsanpassungen möglich. Die PKV gilt damit praktisch für die gesamte Lebensdauer der versicherten Person. Ihre durchschnittliche Vertragsdauer beim einzelnen Versicherungsunternehmen beträgt in Abhängigkeit vom Lebensalter der Versicherten zwischen 20 und 30 Jahre.

101   Nach dem **Äquivalenzprinzip** (→ Rn. 803 f.; → Rn. 868) entspricht über die gesamte Vertragsdauer hinweg der Barwert aller Beitragszahlungen dem Barwert aller Leistungsausgaben, und zwar für jede Gruppe von Versicherten, die durch gemeinsame Risikomerkmale und Leistungsinhalte ein zusammengehöriges Kollektiv bilden. Die Äquivalenz bezieht sich auf den Zeitpunkt der Risikoübernahme und damit der Kalkulation.

102 Mit zunehmendem Lebensalter steigt das Krankheitskostenwagnis; eine Person ab Alter 85 verursacht im Durchschnitt ca. elfmal so hohe Krankheitskosten wie eine Person unter 15 Jahren (→ Rn. 61). In einem System reiner Risikobeiträge würde dies dazu führen, dass der Krankenversicherungsbeitrag ceteris paribus in jungen Jahren außergewöhnlich niedrig wäre, um später anzusteigen und im hohen Alter ein Vielfaches des ursprünglichen Beitrags zu erreichen. Damit dieser Fall nicht eintritt, schreibt das Gesetz für die Beitragskalkulation in der substitutiven Krankenversicherung und in der nach Art der Lebensversicherung betriebenen nicht-substitutiven Krankenversicherung das **Anwartschaftsdeckungsverfahren** (→ Rn. 814 ff.) vor. Versicherungstechnisch wird so kalkuliert, dass der Beitrag außer dem zur Deckung der laufenden Leistungen und der Kosten des Versicherungsbetriebs erforderlichen Teil einen gleichfalls kollektiven Sparanteil enthält, der die mit steigendem Alter wachsenden Krankheitsaufwendungen vorfinanziert. Dieser überschießende Teil fließt in die kollektive Alterungsrückstellung (→ Rn. 846 ff.) und wird dort verzinslich angesammelt.

103 Steigen die Leistungsausgaben aufgrund des höheren Alters der Versicherten, werden Teile der **Alterungsrückstellung** aufgelöst und für die erforderlichen Leistungen an die Versicherten verwendet. Dadurch wird erreicht, dass der Beitrag allein aufgrund des Älterwerdens nicht angepasst wird, dh im Zeitablauf ceteris paribus konstant bleibt. Weil mit zunehmendem Alter das Krankheitsrisiko steigt und Versicherte dann aufgrund der höheren Beitragsbelastung und der notwendigen Risikoprüfung keinen neuen Krankenversicherungsschutz mehr finden würden, bedürfen sie eines besonderen Schutzes vor einer von ihnen nicht zu verantwortenden Vertragsbeendigung. Deshalb ist das ordentliche Kündigungsrecht des Versicherers gesetzlich ausgeschlossen (→ Rn. 100).

104 Der Ausdruck Alterungsrückstellung ist ein **Begriff des Bilanzrechts** (→ Rn. 721). Die Alterungsrückstellung soll bilanziell den Umstand berücksichtigen, dass einerseits die Beiträge für die Zukunft gebunden sind, andererseits das Krankheitskostenrisiko sich mit zunehmendem Alter der Versicherten erhöht und dem dadurch bedingten steigenden Schadenaufwand ein entsprechendes Beitragsaufkommen nicht mehr gegenübersteht.

105 Für die **Kalkulation** gelten detaillierte aufsichtsrechtliche Vorschriften, die in der Krankenversicherungsaufsichtsverordnung (KVAV) v. 18.4.2016 (BGBl. I S. 780) festgelegt sind (→ Rn. 828 ff.). Dazu zählt insbes., dass die Alterungsrückstellung unter Berücksichtigung der jeweils aktuellen Sterbetafeln, des Rechnungszinses und der Stornowahrscheinlichkeit zu kalkulieren ist. Die Stornowahrscheinlichkeit wird rückstellungs- und damit beitragsmindernd eingerechnet, weil die Alterungsrückstellung bei Ausscheiden des Versicherten (zB durch Tod, Übertritt in die GKV oder Kündigung aus anderem Grund) im Versichertenkollektiv verbleibt (sog. „Vererben" der Alterungsrückstellung).

IV. Gesetzliche Pflegeversicherung

106 **1. Überblick.** Das Pflege-Versicherungsgesetz (PflegeVG) v. 26.5.1994 (BGBl. I S. 1014) führte eine allgemeine **Versicherungspflicht** zur Absicherung des Risikos der Pflegebedürftigkeit für alle diejenigen ein, die in der GKV oder in der PKV gegen Krankheitskosten versichert sind.[34] Die in der GKV Versicherten sind kraft Gesetzes in die SPV einbezogen (§§ 1 Abs. 2 S. 1, 20 ff. SGB XI); die in der PKV substitutiv Krankenversicherten müssen eine private Pflege-Pflichtversicherung (PPV) abschließen (§§ 1 Abs. 2 S. 2, 23, 110 SGB XI). Freiwillige Mitglieder der GKV können sich anstelle der SPV für eine PPV entscheiden (§§ 20 Abs. 3, 22 SGB XI).

106a Das Recht der Pflegeversicherung befindet sich in stetiger Fortentwicklung, weil infolge der steigenden Lebenserwartung immer weitere Bevölkerungskreise in den Risikobereich der Pflegebedürftigkeit hineinwachsen (→ Rn. 64) und die Pflegeversicherung unverändert **keine Vollabsicherung** zur Verfügung stellen kann. Dementsprechend änderten auch die Pflegestärkungsgesetze PSG I, PSG II und PSG III nichts am System der gesetzlich festgesetzten Höchstbeträge (Teilleistungssystem).[35]

106b Mit einer besonderen **Begriffsverwirrung** wartet das SGB XI auf. Das Gesetz nennt sich in seiner Überschrift „Soziale Pflegeversicherung", woraus teilweise offenbar abgeleitet wird, dass auch die im SGB XI mit geregelte Pflege-Pflichtversicherung (PPV) als „soziale Pflegeversicherung" zu bezeichnen sei.[36] Maßgebend ist insoweit jedoch der eigentliche Gesetzestext, der den Begriff der sozialen Pflegeversicherung (SPV) eindeutig auf die der GKV zugeordnete Pflegeversicherung beschränkt (§ 1 Abs. 2 S. 1 SGB XI) und im Gegensatz dazu die PPV als „private Pflegeversicherung" bezeichnet (§ 1 Abs. 2 S. 2 SGB XI). Das entspricht auch dem Willen des Gesetzgebers[37] und

---

[34] Ausf. *Wiesner* VersR 1995, 134 ff.
[35] Begr. Abschn. A I zu RegE PSG III, BT-Drs. 18/9518, S. 43.
[36] Vgl. zB *v. Koppenfels-Spies* in Boetius/Rogler/Schäfer § 4 Rn. 3.
[37] Begr. Abschn. A VII 7, Art. 1 (§ 1 SGB XI) Entwurf PflegeVG, BT-Drs. 12/5262, S. 79, 89.

findet im SGG seine Fortsetzung (§ 51 Abs. 1 Nr. 2 SGG). Auch das BVerfG bezieht den Begriff der „sozialen Pflegeversicherung" eindeutig nur auf den neuen Zweig der Sozialversicherung mit der Kompetenznorm des Art. 74 Abs. 1 Nr. 12 GG und stellt sie der „privaten Pflege-Pflichtversicherung" mit der Kompetenznorm des Art. 74 Abs. 1 Nr. 11 GG gegenüber.[38] Beide Formen der Pflegeversicherung fasst das BVerfG unter dem gemeinsamen Oberbegriff „gesetzliche Pflegeversicherung" zusammen.[39] Dass die Pflegeversicherung in Form von SPV und PPV eine *soziale* Funktion hat, macht die PPV noch nicht zur sozialen Pflegeversicherung.

107   In der **SPV** nehmen die Krankenkassen die Aufgaben der Pflegekassen wahr; die Finanzierung erfolgt auch hier nach den GKV-Prinzipien unabhängig vom Risiko des Versicherten. Träger der **PPV** sind die Versicherungsunternehmen der PKV. Die Finanzierung erfolgt prinzipiell nach dem Äquivalenzprinzip über risikogerechte Beiträge; sie sieht jedoch wegen der besonderen sozialen Komponenten der PPV einen an der SPV ausgerichteten Höchstbeitrag mit einem PKV-internen Risikoausgleich vor (§ 111 SGB XI).

108   Da die gesetzliche Pflegeversicherung – und zwar sowohl in Form der SPV als auch der PPV – nur einen Teil des im Falle der Pflegebedürftigkeit anfallenden Aufwands abdeckt (→ Rn. 106a), ergibt sich für alle Gruppen der Pflegeversicherten ein erheblicher Bedarf an **ergänzenden Pflegeversicherungen**, deren ausschließliche Träger die privaten PKV-Unternehmen sind. Ergänzende Pflegeversicherungen sind wie Krankenversicherungen nach dem strengen Äquivalenzprinzip kalkuliert und werden wie diese als Kostenversicherungen oder Tagegeldversicherungen angeboten.

109   **2. Allgemeine Grundsätze.** Nach dem politischen Willen des Gesetzgebers sollte die gesetzliche Pflegeversicherung möglichst eng mit der jeweiligen Krankenversicherung verbunden sein (**„Pflege folgt Kranken"**). Der einzelne Versicherte sollte Kranken- und Pflegeversicherung aus einer Hand erhalten. Dadurch sollte Streit darüber, ob eine Leistung von der Kranken- oder von der Pflegeversicherung zu erbringen ist, im Interesse der Versicherten vermieden werden. Auch wenn dieses Prinzip wegen der Wahlfreiheit der PKV-Versicherten und der freiwillig in der GKV Versicherten nicht makellos gilt, hat es sich doch insgesamt als vernünftig erwiesen und bewährt.

110   Pflegeversicherungsleistungen erhalten Personen, die pflegebedürftig sind. Der ursprüngliche Begriff der **Pflegebedürftigkeit** hing von der Fähigkeit des Versicherten ab, die üblichen Verrichtungen im Ablauf des täglichen Lebens dauerhaft durchführen zu können (§ 14 SGB XI aF). Der Grad der Pflegebedürftigkeit wurde in mehreren Stufen ausgedrückt. Dieser Pflegebedürftigkeitsbegriff war auf Kritik gestoßen, weil er kognitive und kommunikative Fähigkeiten nicht ausreichend berücksichtigte. Das PSG II änderte dies. An die Stelle der bisher geltenden drei Pflegestufen traten ab 1.1.2017 fünf Pflegegrade. Der Grad der Selbständigkeit der Pflegebedürftigen wird nun unabhängig davon erfasst, ob sie vorrangig körperlich, kognitiv oder psychisch beeinträchtigt sind (§ 14 Abs. 1 S. 1 SGB XI).[40] Die Pflegebedürftigkeit wird einheitlich für die SPV vom Medizinischen Dienst der Krankenversicherung (§ 18 SGB XI) und für die PPV von der entsprechenden privaten Trägergesellschaft MEDICPROOF GmbH (→ Rn. 214) festgestellt. Die Gutachten von MEDICPROOF stehen hinsichtlich ihrer rechtlichen Verbindlichkeit und gerichtlichen Überprüfbarkeit denjenigen des medizinischen Dienstes der GKV gleich.[41]

111   Die **Pflegeleistungen** gliedern sich in häusliche Pflege (§§ 36 ff. SGB XI), teilstationäre Pflege (§ 41 SGB XI), Kurzzeitpflege (§ 42 SGB XI), vollstationäre Pflege (§ 43 SGB XI), Pauschalleistung für die Pflege von Menschen mit Behinderungen (§ 43a SGB XI), zusätzliche Betreuung und Aktivierung in stationären Pflegeeinrichtungen (§ 43b SGB XI), Angebote zur Unterstützung im Alltag (§ 45a SGB XI) und Förderung neuer Wohnformen (§ 45e f. SGB XI). Die Pflegeleistungen sind für SPV und PPV einheitlich (vgl. § 23 Abs. 1 S. 2 SGB XI).

112   **3. Private Pflege-Pflichtversicherung (PPV).** In der PKV substitutiv Krankenversicherte müssen nach den § 1 Abs. 2 S. 2, § 23 Abs. 1 SGB XI eine private Pflegeversicherung abschließen (→ Rn. 477 ff.; → Rn. 1168 ff.). Die PKV-Unternehmen unterliegen dabei weitgehenden **Einschränkungen der Vertragsfreiheit** wie zB einem Kontrahierungszwang und dem Verbot, Vorerkrankungen vom Versicherungsschutz auszuschließen (§ 110 Abs. 1 Nr. 1, 2 lit. a, Abs. 3 SGB XI). Die Versicherungspflicht ist verfassungsgemäß (→ Rn. 122).

113   Die **Pflegeleistungen** der PPV sind nach Art und Umfang den Leistungen der SPV gleichwertig (§ 23 Abs. 1 S. 2 SGB XI). Für die Feststellung der Pflegebedürftigkeit und die Zuordnung zu den Pflegegraden gelten dieselben Maßstäbe wie in der SPV (§ 23 Abs. 6 Nr. 1 SGB XI).

---

[38] BVerfGE 103, 197 = VersR 2001, 627 (630) = NJW 2001, 1709 (1710), Abschn. B I 1 a. Ebenso BVerfGE 103, 225 = VersR 2001, 920 = NJW 2001, 1716 (1717) Abschn. B I 2.
[39] BVerfGE 103, 271 = VersR 2001, 623 (625) = NJW 2001, 1707 Abschn. I 2.
[40] Begr. Abschn. A I, II 1 zu RegE PSG II, BT-Drs. 18/5926, S. 60 f.
[41] BSGE 118, 239 = BeckRS 2015, 71043.

Die **Beitragskalkulation** folgt den Grundsätzen der PKV. Jedoch ist die Beitragshöhe begrenzt 114
auf den Höchstbeitrag der SPV (§ 110 Abs. 1 Nr. 2 lit. e SGB XI), bei Ehegatten auf 150 % des
Höchstbeitrags der SPV (§ 110 Abs. 1 Nr. 2 lit. g SGB XI).

Weil die PKV-Unternehmen erheblichen Einschränkungen der Vertragsfreiheit unterliegen 115
(→ Rn. 112) und damit der Gefahr der negativen Risikoauslese ausgesetzt sind, bedarf es zur Funktionsfähigkeit der PPV eines institutionalisierten Risikoausgleichssystems (§ 111 SGB XI), was durch
den brancheneinheitlichen **Pflegeversicherungspool** sichergestellt wird (→ Rn. 490).

4. Verfassungsrecht. a) Überblick. Die gesetzliche Pflegeversicherung ist Gegenstand mehre- 116
rer **Grundsatzentscheidungen des BVerfG** geworden.[42] Die Entscheidungen betreffen den Ausschluss bestimmter Personengruppen von der gesetzlichen Pflegeversicherung (→ Rn. 117), den für
Eltern und Kinderlose gleichen Beitrag in der SPV (→ Rn. 118), die unterschiedlichen Beiträge in
der SPV und in der PPV (→ Rn. 119 ff.) und die Verfassungsmäßigkeit der PPV (→ Rn. 122).

b) Ausschluss bestimmter Personengruppen von der gesetzlichen Pflegeversicherung. 117
Das Urteil des BVerfG 1 BvR 81/98[43] enthält folgende Kernaussagen (Abschnittsbezeichnungen der
Urteilsgründe):
– Die Pflege(pflicht)versicherung deckt ein existentielles Risiko ab; die Einbeziehung der gesamten
  Bevölkerung konnte erfolgen, weil ein Schutzbedarf bei allen besteht (Abschn. B I 1).
– Wenn die gesamte Bevölkerung wegen des Pflegerisikos schutzbedürftig ist, dürfen bestimmte
  Personengruppen vom Zugang zur Pflegeversicherung nicht ausgeschlossen werden (Verstoß
  gegen Art. 3 Abs. 1 GG).
– Das Zugangsrecht dieser Personengruppen muss nicht durch Versicherungspflicht hergestellt werden (Abschn. B I 3). Aber das Zugangsrecht muss dann auf andere Weise gesichert werden
  (Abschn. B I 4).
– Das Zugangsrecht kann nicht versagt werden wegen der Vermeidung negativer Risikoselektion;
  negative Risikoselektion rechtfertigt die Einschränkung des Zugangsrechts nur, wenn die gesetzliche Pflichtversicherung nur einen *Teil* der Bevölkerung erfassen soll, der allein schutzbedürftig ist
  (Abschn. B I 3b, aa). Das Zugangsrecht kann auch nicht versagt werden wegen des Vorhandenseins
  eigenen Einkommens oder Vermögens (Abschn. B I 3b, cc).
– Das Zugangsrecht muss zur *gesetzlichen* Pflegeversicherung eingeräumt werden; dh dafür kommt
  die soziale *oder* private Pflegeversicherung in Betracht.

c) Gleicher Beitrag für Eltern und Kinderlose in der SPV. Das Urteil des BVerfG 1 BvR 118
1629/94[44] enthält folgende Kernaussagen (Abschnittsbezeichnungen der Urteilsgründe):
– Es besteht ein großer Spielraum des Gesetzgebers bei der Gestaltung sozialer Sicherungssysteme.
  Die Erziehungsleistung von Eltern braucht daher auf der *Leistungs*seite nicht berücksichtigt zu
  werden (Abschn. C III 3).
– Gegen Art. 3 Abs. 1 und Art. 6 Abs. 1 GG wird verstoßen, wenn die Erziehungsleistung in einem
  umlagefinanzierten Sozialsystem auf der *Beitrags*seite nicht berücksichtigt wird (Abschn. C IV).
  Dafür sind folgende Gründe maßgebend: Entscheidend ist, dass der finanzielle Pflegebedarf überproportional häufig in der Großelterngeneration (> 60 Jahre) auftritt (Abschn. C IV 1). Dann
  hat die Erziehungsleistung konstitutive Bedeutung für das Umlageverfahren (Abschn. C IV 2).
  Auszugehen ist hier von einem „Dreigenerationenvertrag" (Abschn. C IV 3).
– Eltern sind gegenüber Kinderlosen in der SPV ab dem ersten Kind in der Erwerbsphase (der
  Eltern) relativ zu entlasten (Abschn. D II).

d) Unterschiedliche Beiträge in der SPV und in der PPV. Das Urteil des BVerfG 1 BvR 119
1681/94, 1 BvR 2491/94, 24/95[45] enthält folgende Kernaussagen (Abschnittsbezeichnungen der
Urteilsgründe), wobei auch die im Verfahren abgegebene Stellungnahme der Bundesregierung
(BMAuS und BMG) aufschlussreich ist:
  Stellungnahme der Bundesregierung: 120
– Gegen eine umfassende Versicherungspflicht aller Bürger in der SPV sprachen verfassungsrechtliche und ordnungspolitische Bedenken; die PKV hätte mittelbare Wettbewerbsnachteile gehabt,
  wenn Krankenversicherung und Pflegeversicherung nicht aus einer Hand geboten werden könnten
  (Abschn. A III 1a, bb).
– Für die meisten PPV-Versicherten sind einkommensabhängige Prämien weder notwendig noch
  gerechtfertigt. Wer sich für die PKV entscheidet, verzichtet bewusst auf soziale Aspekte, die er

---

[42] *Papier* FS v. Maydell, 2002, 507.
[43] BVerfGE 103, 225 = VersR 2001, 920 = NJW 2001, 1716.
[44] BVerfGE 103, 242 = VersR 2001, 916 = NJW 2001, 1712.
[45] BVerfGE 103, 271 = VersR 2001, 623 = NJW 2001, 1707.

bei Fortsetzung in der GKV haben könnte. Die private Absicherungsform wird von den Betroffenen immer erst dann in Frage gestellt, wenn sie teurer als die Sozialversicherung ist. Ein PKV-Versicherter muss in Kauf nehmen, dass spätere Nachteile seine früheren Vorteile evtl. kompensieren (Abschn. A III 1b, bb).
– Für die zurückgehende finanzielle Leistungsfähigkeit der PKV-Versicherten im Rentenalter muss die erhebliche Entlastung durch den Standardtarif berücksichtigt werden. Die Erfahrungen mit dem Standardtarif belegen, dass die Einschätzung des Gesetzgebers über die Leistungsfähigkeit der PKV-Versicherten richtig ist; denn die geringe Zahl Standardtarifversicherter lässt den Schluss zu, dass selbst bei älteren Versicherten der finanzielle Druck nicht allzu groß sein kann (Abschn. A III 1b, cc).
– In der Unabhängigkeit von der demographischen Entwicklung liegen die mit dem Kapitaldeckungsverfahren verbundenen Vorteile. Bei einer Prämienbemessung der PPV nach der wirtschaftlichen Leistungsfähigkeit der Versicherten wäre die PPV nicht mehr von der SPV zu unterscheiden („Sozialversicherung in privater Hand"). Eine finanzielle Überforderung der PPV-Versicherten wird durch § 110 SGB XI vermieden. Mehr gesetzliche Vorgaben wären ordnungspolitisch bedenklich und hätte Zusagen der PKV in Frage gestellt, die PPV trotz der gesetzlichen Vorgaben durchzuführen (Abschn. A III 1b, cc).

121 Begründung des BVerfG:
– Es liegt keine unzulässige Rückwirkung vor. Etwas anderes gilt, wenn der Gesetzgeber auf die Rechte aus abgeschlossenen Krankenversicherungsverträgen nachteilig für die Zukunft einwirkt (Abschn. C I 1).
– Der Gesetzgeber hat die Gestaltungsfreiheit, die gesetzliche Pflegeversicherung in soziale und private Pflegeversicherung aufzuteilen und die Abgrenzung zu ziehen, welcher Personenkreis zur Bildung der Solidargemeinschaft erforderlich ist und welche Personen deren Schutz benötigen. PKV-Versicherte sind überwiegend Personen, die zumindest zum Zeitpunkt des Vertragsbeginns über höhere Einkommen verfügen und sich bewusst gegen die ihnen offen stehende Möglichkeit der GKV entschieden haben. Die Schutzbedürftigkeitsgrenze ist für Krankenversicherung und Pflegeversicherung identisch (Abschn. C I 2).
– Wenn die Zuordnung der Krankenversicherten zur PKV und PPV unbedenklich ist, ist auch eine unterschiedliche Beitragslast unbedenklich (Abschn. C II 2a).
– Die Förderverpflichtung nach Art. 6 Abs. 1 GG (Schutz der Familie) wirkt auf die gesamte Rechtsordnung und damit auch auf das Privatversicherungsrecht. Trotzdem ist es unbedenklich, wenn in der PPV die Erziehungsleistung bei der Prämiengestaltung nicht berücksichtigt wird; die prämienfreie Mitversicherung der Kinder nach § 110 SGB XI genügt den Anforderungen des Art. 6 Abs. 1 GG (Abschn. C III 1).
– Die PPV ist wegen des Anwartschaftsdeckungsverfahrens nicht in gleicher Weise auf Prämienzahlungen der nachwachsenden Generationen angewiesen wie die SPV; daher ist derzeit kein Verfassungsverstoß feststellbar. Aber die Umlageelemente nach § 110 SGB XI und die Ausgestaltung der PPV als Pflichtversicherung können angesichts der demographischen Entwicklung dazu führen, dass auch die PPV in seiner Finanzierung immer stärker von Umlageelementen geprägt wird und sich insoweit der SPV angleichen könnte. Der Gesetzgeber hat daher zu prüfen, ob nicht auch die Funktionsfähigkeit der PPV auf längere Sicht entscheidend davon abhängt, dass in ausreichendem Maß Prämienzahler nachwachsen. Wenn die PPV-Versicherten mit Kindern zusätzlich zur Prämie einen erheblichen generativen Beitrag zur Aufrechterhaltung des Versicherungssystems beitragen, darf dieser Beitrag bei der Prämienfestsetzung nicht unberücksichtigt bleiben. Dem muss der Gesetzgeber Rechnung tragen, „sofern nicht die private Versicherungswirtschaft von sich aus die gebotenen Folgerungen für die Prämiengestaltung zieht" (Abschn. C III 2).

122 e) **Verfassungsmäßigkeit der PPV.** Das Urteil des BVerfG 1 BvR 2014/95[46] enthält folgende Kernaussagen (Abschnittsbezeichnungen der Urteilsgründe):
– Die gesetzliche Pflegeversicherung besteht aus der sozialen Pflegeversicherung und der privaten Pflege-Pflichtversicherung (Abschn. A I 1).
– Die Kompetenznorm des Art. 74 Abs. 1 Nr. 11 GG ist jedenfalls dann einschlägig, wenn die Regelung sich auf Versicherungsunternehmen (gleichgültig welcher Rechtsform) bezieht, die im Wettbewerb durch privatrechtliche Verträge Risiken versichern, die Prämien grds. am individuellen Risiko und nicht am Erwerbseinkommen des Versicherungsnehmers orientieren und die vertraglichen Leistungen aufgrund eines kapitalgedeckten Finanzierungssystems erbringen. Die Kompetenznorm ist entwicklungsfähig; so kann ein neu geschaffener Typ privatrechtlicher Versi-

---

[46] BVerfGE 103, 197 = VersR 2001, 627 = NJW 2001, 1709.

cherung auch Regelungen des sozialen Ausgleichs vorsehen und insbes. während einer Übergangszeit Privatversicherungsmerkmale nur begrenzt wirken lassen (Abschn. B I 1a).
— Die Absicherung existentieller Risiken ist keineswegs der Sozialversicherung vorbehalten. Private Versicherungsunternehmen versichern seit langem auch solche Risiken, wie zB Krankheit (Abschn. B I 1b, aa).
— Eine gesetzliche Versicherungspflicht stellt die Privatversicherung nicht in Frage. Dem Privatversicherungsrecht ist Versicherungspflicht des Versicherungsnehmers bei freier Wahl des Versicherungsunternehmens nicht fremd, wie die Kfz-Haftpflichtversicherung zeigt (Abschn. B I 1b, bb).
— Kontrahierungszwang widerspricht nicht dem privatrechtlichen Versicherungswesen. Auch das Privatrecht kennt Kontrahierungszwänge (Abschn. B I 1b, cc).
— Eine erhebliche Einschränkung der privatautonomen Gestaltung des Inhalts des PPV-Vertrages steht dem Charakter als Privatversicherung nicht entgegen (Abschn. B I 1b, dd):
  – Die PPV ist Mindestversicherung. Dem privaten Versicherungsrecht sind Mindestversicherungen nicht fremd, wie die Mindestdeckungssumme in der Kfz-Haftpflichtversicherung zeigt (Abschn. B I 1b, dd 1).
  – Die Einbeziehung bereits Pflegebedürftiger ist unschädlich. Zwar besteht insoweit ein wesentlicher Unterschied zum allgemeinen Versicherungsvertragsrecht (§ 2 Abs. 2 S. 2 VVG aF: Leistungsfreiheit, wenn Versicherungsnehmer bei Vertragsschluss weiß, dass Versicherungsfall bereits eingetreten ist), aber jedenfalls ist dieser Unterschied als Übergangslösung von der Gesetzgebungskompetenz erfasst (Abschn. B I 1b, dd 2).
  – Die Prämiengestaltung weicht vom herkömmlichen Bild der Privatversicherung ab (§ 110 SGB XI). Trotzdem hat dies wegen der grundsätzlichen Altersabhängigkeit der Beiträge keine Nivellierung der Prämien zur Folge. Die Kalkulation bestimmt die gesamte Tarifgestaltung so maßgeblich, dass die PPV trotz der Umlageanteile ihren Charakter als Individualversicherung nicht verliert. Bei einer Gesamtbetrachtung ergibt sich eine insgesamt risikoorientierte Berechnung der Nettoprämie; die Umlageelemente nach § 110 SGB XI schwächen sich nach einer Übergangszeit ab, so dass die privatversicherungstypischen Merkmale der Prämiengestaltung noch deutlicher hervortreten werden (Abschn. B I 1b, dd 3).
— Es ist legitim, die für die Pflegebedürftigkeit notwendigen Mittel über eine Pflichtversicherung sicherzustellen, die grds. alle Bürger als Volksversicherung erfasst (Abschn. B I 2a).
— Eine hinreichende Absicherung des Pflegerisikos gab es nicht; große Teile der Bevölkerung waren nicht bereit, sich alsbald freiwillig gegen das Pflegerisiko abzusichern. Das rechtfertigte es, nicht länger auf eine breite Absicherung des Pflegerisikos auf freiwilliger Grundlage zu vertrauen. Aus der mangelnden Bereitschaft zur entsprechenden Eigenvorsorge durfte der Gesetzgeber „den Schluss ziehen, dass es der Bevölkerung am gebotenen Risikobewusstsein fehlte und sie – anders als bei der Versicherung des Risikos Krankheit – keinen ‚Versicherungsdruck' verspürte" (Abschn. B I 2b, bb).

f) Pflegeversicherungspflicht für Beamte. In einem Nichtannahmebeschluss hat das BVerfG entschieden, dass die Pflegeversicherungspflicht für Beamte verfassungskonform ist und weder gegen das Alimentationsprinzip noch gegen den Grundsatz der Vorsorgefreiheit verstößt.[47] **123**

V. Wettbewerb zwischen GKV und PKV

1. Grundsatz. Zwischen GKV und PKV findet ein **mehrdimensionaler Wettbewerb** statt, **124** und zwar sowohl ein kollektiver Systemwettbewerb als auch ein individueller Unternehmenswettbewerb. Hinzu kommt neuerdings auch ein Vermittlerwettbewerb.

2. Systemwettbewerb. Unter Systemwettbewerb ist der Wettbewerb der beiden unterschiedlichen Krankenversicherungssysteme, dh der Sozialversicherung und der Individualversicherung zu **125** verstehen. Substantielles und unverzichtbares **Unterscheidungsmerkmal** beider Systeme ist nur das jeweilige Finanzierungs- und Kalkulationsverfahren. Alle anderen in der GKV bzw. PKV üblicherweise anzutreffenden Merkmale sind nicht wesensnotwendig, sondern sowohl im einen wie im anderen System vorstellbar (→ Rn. 35 ff.).

3. Unternehmenswettbewerb. Unter Unternehmenswettbewerb ist der Wettbewerb der einzelnen **126** **PKV-Unternehmen und Krankenkassen** um den jeweiligen Versicherten zu verstehen. Dieser Wettbewerb findet insbes. in folgenden Bereichen statt (→ Rn. 524 ff.):
— Personen, die das Recht zur **freiwilligen Weiterversicherung** in der GKV haben, können **127** sich stattdessen auch in der PKV versichern. Dies betrifft über 10 % der gesamten Bevölkerung (→ Rn. 42).

---
[47] BVerfG VersR 2002, 1094.

128 – Personen, die sich von der Krankenversicherungspflicht **befreien** lassen können, haben die freie Wahl zwischen dem Verbleib in der GKV und dem Wechsel in die PKV.

129 – Freiwillig in der GKV Versicherte sind zunächst kraft Gesetzes auch in der sozialen Pflegeversicherung pflichtversichert. Sie können stattdessen ihre **Pflegeversicherung** auch bei einem PKV-Unternehmen abschließen, ohne mit ihrer Krankenversicherung in die PKV wechseln zu müssen (§§ 20 Abs. 3, 22 SGB XI).

130 – Politisches Ziel der Krankenkassen ist es darüber hinaus, auch in den der PKV vorbehaltenen Markt der über den GKV-Schutz hinausgehenden **Ergänzungsversicherungen** einzutreten. Das GKV-Modernisierungsgesetz (GMG) v. 14.11.2003[48] führte den § 194 Abs. 1a SGB V ein, der den Krankenkassen die Möglichkeit eröffnet, ihren Mitgliedern Ergänzungsversicherungen von PKV-Unternehmen zu vermitteln. Darunter fallen auch ergänzende Kostenerstattungstarife,[49] was der durch Art. 1 Nr. 12a GKV-FinG geänderte § 194 Abs. 1a S. 2 SGB V klarstellt.[50] Die meisten Krankenkassen haben entsprechende Vertriebsabkommen mit PKV-Unternehmen abgeschlossen und vermitteln deren Produkte unter der eigenen Markenoberfläche der Krankenkasse. Damit soll deutlich gemacht werden, dass diese Ergänzungsversicherungen auf den spezifischen Versicherungsbedarf der Mitglieder dieser Krankenkasse zugeschnitten und folglich marketingmäßig Kassenprodukte sind. Dies wird durch die politisch gewollte Zielsetzung unterstrichen, dass die jeweilige Krankenkasse für ihre Mitglieder besonders günstige Gruppenversicherungsbedingungen mit dem kooperierenden PKV-Unternehmen aushandelt.[51] Damit wird für diejenigen GKV-Mitglieder, die in die PKV wechseln könnten, ein solcher Wechsel unattraktiv; denn sie erhalten jetzt auf preiswertere Weise den vollen Schutz der PKV. Für alle anderen GKV-Versicherten wird ein Wechsel zu einer anderen Krankenkasse unattraktiv; denn dieser hätte gleichzeitig auch einen Wechsel des kooperierenden PKV-Unternehmens zur Folge. Damit wird für rund 70 Mio. GKV-Versicherte (→ Rn. 42) ein flächendeckender Wettbewerb zwischen GKV- und PKV-Unternehmen eröffnet, der wegen der dadurch entstehenden Wettbewerbsverzerrungen ordnungspolitisch und wettbewerbsrechtlich problematisch ist (→ Rn. 534).

131 Die **Wettbewerbsverzerrungen** ergeben sich aus folgenden Tatbeständen (→ Rn. 548): Die GKV besitzt für die bei ihr Versicherten, dh für 85 % der gesamten Bevölkerung das Adressenmonopol, das ihr gegenüber den PKV-Unternehmen einen strategischen und kostenmäßigen Vertriebsvorteil von Gesetzes wegen einräumt. Die GKV ist gegenüber der PKV mit besonderen gesetzlichen Fiskalprivilegien ausgestattet (ua Körperschaftsteuerfreiheit, keine Notwendigkeit zur Eigenkapitalbildung, kostenloser Beitragseinzug durch den Arbeitgeber), die ihr beträchtliche wirtschaftliche Vorteile einräumen. Die GKV hat vielfältige Möglichkeiten zur offenen oder verdeckten Quersubventionierung der Ergänzungsversicherung durch die Pflichtversicherung, was faktisch nicht zu verhindern oder zu kontrollieren ist.

132 **4. Vermittlerwettbewerb.** § 194 Abs. 1a SGB V eröffnet den Krankenkassen die Möglichkeit, den Abschluss privater Zusatzversicherungsverträge zwischen ihren Versicherten und PKV-Unternehmen zu vermitteln (→ Rn. 130). Bei dieser **Vermittlungstätigkeit** erfüllen die Krankenkassen nicht ihren öffentlich rechtlichen Versorgungsauftrag.[52] Dementsprechend gelten für diese Vermittlungstätigkeit alle auch sonst für die Individualversicherung geltenden rechtlichen Rahmenbedingungen, insbes. des Wettbewerbs- und Kartellrechts,[53] aber auch des Vermittlerrechts.

133 Für das Recht der **Versicherungsvermittlung** hat das europäische Unionsrecht mit der Versicherungsvermittler-RL eine einheitliche Rechtsgrundlage geschaffen, die durch das Gesetz zur Neuregelung des Vermittlerrechts v. 19.12.2006[54] in deutsches Recht umgesetzt worden ist. Die der GKV durch § 194 Abs. 1a SGB V eingeräumte Vermittlungstätigkeit erfüllt den Begriff der Versicherungsvermittlung nach Art. 2 Nr. 3 Versicherungsvermittler-RL. Die Krankenkassen, die von der

---

[48] BGBl. 2003 I 2190.
[49] *Boetius* SGB V § 194 Rn. 6.
[50] Beschlussempfehlung und Bericht Gesundheitsausschuss zu Art. 1 Nr. 12a RegE GKV-FinG, BT-Drs. 17/3696, 47.
[51] Ausdrücklich Begr. zu Art. 1 Nr. 136 (§ 194 Abs. 1a SGB V) Fraktionsentwurf GMG, BT-Drs. 15/1525, 138.
[52] Ausdrücklich Begr. zu Art. 1 Nr. 136 (§ 194 Abs. 1a SGB V) Fraktionsentwurf GMG, BT-Drs. 15/1525, 138; BGH VersR 2013, 1578 Rn. 16 = GRUR 2013, 1250.
[53] Nur diese erwähnt die Begr. zu Art. 1 Nr. 136 (§ 194 Abs. 1a SGB V) Fraktionsentwurf GMG, BT-Drs. 15/1525, 138 ausdrücklich.
[54] BGBl. 2006 I 3232.

Möglichkeit zur Versicherungsvermittlung nach § 194 Abs. 1a SGB V Gebrauch machen, müssen demnach alle Anforderungen und Pflichten erfüllen, die entsprechend der Versicherungsvermittler-RL aufgestellt werden. Dazu gehört auch die Erlaubnispflicht nach § 34d GewO.[55] Die GKV unterhält mit der Versicherungsvermittlung einen gewerblichen Betrieb und unterliegt insoweit der Körperschaftsteuerpflicht (→ Rn. 548).[56]

Mit ihrer Vermittlungstätigkeit nach § 194 Abs. 1a SGB V stehen die Krankenkassen im Wettbewerb mit allen anderen privatrechtlich organisierten **Versicherungsvermittlern**. Auch dieser Vermittlerwettbewerb begegnet wegen der entstehenden Wettbewerbsverzerrungen den gleichen wettbewerbsrechtlichen Problemen wie der Unternehmenswettbewerb (→ Rn. 130, 534). **134**

5. Wettbewerbsrecht. Das Wettbewerbsrecht gilt auf der Ebene der Unternehmen. Daher unterliegt der **Unternehmenswettbewerb** (→ Rn. 126 ff.) den Regeln des europäischen und nationalen Wettbewerbsrechts (→ Rn. 518 ff.). **135**

VI. Sozialpolitische Grundsatzfragen

1. Versicherungspflichtgrenze und Bürgerversicherung. Die über Jahrzehnte hinweg zu beobachtende **Ausweitung der GKV** (→ Rn. 41 f.) hat immer wieder die Frage nach den verfassungsrechtlichen Grenzen einer weiteren Ausdehnung der GKV und einer entsprechenden Zurückdrängung der PKV aufgeworfen. Unter den Aspekten des Subsidiaritätsprinzips und des Übermaßverbots sowie des Existenz- und Funktionsrechts der PKV-Unternehmen (Art. 12 Abs. 1, Art. 14 Abs. 1 GG) wird eine Ausdehnung der GKV als Pflichtversicherung auf die gesamte Bevölkerung im Sinne einer allgemeinen Volksversicherung als unzulässig angesehen.[57] **136**

Die von der Bundesministerin für Gesundheit und Soziale Sicherung eingesetzte Kommission für die Nachhaltigkeit in der Finanzierung der Sozialen Sicherungssysteme – nach ihrem Vorsitzenden auch „Rürup-Kommission" genannt – stellte mit ihrem im Herbst 2003 vorgelegten Bericht zwei **alternative Finanzierungsmodelle** für die GKV vor, die sich in ihrem Verhältnis zur PKV grdl. unterscheiden. Während das „Gesundheitsprämienmodell" im bestehenden dualen Nebeneinander von GKV und PKV die Einkommensbezogenheit der GKV-Beiträge aufgibt und durch eine einheitliche Pauschalprämie ersetzt, dehnt das „Bürgerversicherungsmodell" die Pflichtversicherung der GKV im Sinne einer allgemeinen Volksversicherung auf die gesamte Bevölkerung aus, womit die PKV als dauerhafte Trägerin der Krankheitskosten-Vollversicherung beseitigt würde. **137**

Die **Versicherungspflichtgrenze** in der GKV betrug seit 1971 75 % der jeweiligen Beitragsbemessungsgrenze der gesetzlichen Rentenversicherung. Diese Grenze war dynamisiert und veränderte sich von Jahr zu Jahr entsprechend der Lohn- und Gehaltsentwicklung. Das Beitragssatzsicherungsgesetz (BSSichG) v. 23.12.2002 (BGBl. I S. 4637) löste diese feste Abhängigkeit und erhöhte die Versicherungspflichtgrenze in der GKV einmalig um 13,33 % von jährlich 40.500 EUR auf 45.900 EUR.[58] Hiergegen hatten zwei PKV-Unternehmen Verfassungsbeschwerde zum BVerfG eingelegt, die von der zweiten Kammer des Ersten Senats nach § 93a Abs. 2 BVerfGG nicht zur Entscheidung angenommen worden war, weil weder Fragen von grundsätzlicher verfassungsrechtlicher Bedeutung aufgeworfen würden noch Grundrechte der Beschwerdeführer verletzt seien.[59] Der Kammerbeschluss begegnet schwerwiegenden Bedenken.[60] **138**

Eine systematische, mit zunehmendem Zeitablauf sich steigernde und unumkehrbare **Vergreisung** träte ein, wenn der Sozialgesetzgeber durch überproportionale Anhebungen der Versicherungspflichtgrenze oder gar durch die Einführung eines „Bürgerversicherungsmodells" den Zugang neuer Versicherter erschweren oder völlig ausschließen würde.[61] Das BVerfG hat in seinem Kammerbeschluss über die Nichtannahme der Verfassungsbeschwerde für den Fall der Erhöhung der Versicherungspflichtgrenze ausgeführt, auch zukünftig seien Neuversicherungen nicht ausgeschlossen, es trete **139**

---

[55] BGH VersR 2013, 1578 Rn. 10 ff. = GRUR 2013, 1250 unter Aufhebung von OLG Brandenburg NZS 2013, 100.
[56] BFH BStBl. II 2010 S. 502.
[57] Vgl. ua Bethge/v. Coelln VSSR 2004, 199 ff.; Boetius/Wiesemann, Die Finanzierungsgrundlagen in der Krankenversicherung – Zur Grenzziehung zwischen GKV und PKV, 1998, S. 31 ff.; Kirchhof NZS 2004, 1 (3 ff.); Leisner, Zur Abgrenzung von gesetzlicher und privater Krankenversicherung, S. 22 f.; Papier, Verfassungsrechtliche Rahmenbedingungen der PKV, 1992, S. 13, 22; Scholz, Zur Wettbewerbsgleichheit von gesetzlicher und privater Krankenversicherung, 1991, S. 20 f.; Sodan FS Schirmer, 2005, 569 (571 ff.); Sodan in Sodan KrankenVersR-HdB § 2 Rn. 107, § 43 Rn. 163 ff.
[58] Zur europarechtlichen Beurteilung der Erhöhung Reufels VersR 2003, 1065.
[59] BVerfGK 2, 283 = VersR 2004, 898; BVerfG BeckRS 2005, 25913.
[60] Ausf. Boetius VersR 2005, 297; Boetius, Münsteraner Reihe Heft 109, 2008, S. 55, 59.
[61] Zur „Bürgerversicherung" vgl. Brand in Bruck/Möller VVG Einl. vor § 192 Rn. 60 ff.

lediglich eine vorübergehende Verzögerung bei den Neuzugängen ein.[62] Diese Auffassung ist schon in tatsächlicher Hinsicht unzutreffend: Das durchschnittliche Eintrittsalter von Neuversicherten in der substitutiven Krankenversicherung betrug bisher 35,2 Jahre. Die mit der Verfassungsbeschwerde angegriffene Erhöhung der Versicherungspflichtgrenze um 13,33 % führt wegen der auch vom BVerfG gesehenen Zeitverzögerung dazu, dass dieses durchschnittliche Eintrittsalter sich für die von der Erhöhung konkret betroffenen Personen um ca. fünf Jahre auf rund 40 Jahre erhöht. Die Tarifprämie für einen 40-Jährigen ist wegen des gestiegenen Risikos und der verkürzten Ansparzeit für die Alterungsrückstellung höher als für einen 35-Jährigen. Hinzu kommt, dass unter den gewandelten gesellschaftlichen Verhältnissen die Familienbildung sich in diese Altersspanne verlagert hat, so dass der Interessent nicht nur sich selbst, sondern ggf. auch seine Frau und Kinder mitzuversichern hat. Und schließlich kann sich in der Zeit, in der ein Wechsel in die PKV ausgeschlossen war, das Krankheitsrisiko individuell erhöht haben, so dass eine Aufnahme uU nur noch mit Erschwerungen oder überhaupt nicht mehr in Frage kommt. Die Neuzugänge werden daher nicht nur vorübergehend verzögert, sondern dauerhaft verhindert. Die gesetzliche Beitragsanpassung müsste hier also für einen vom Sozialgesetzgeber verursachten Vorgang und damit für einen Zweck eingesetzt werden, für den sie nicht geschaffen worden war.

140 Würde aufgrund der absehbaren, weit überproportionalen Beitragserhöhungen für ein immer älter werdendes Versichertenkollektiv wegen des darin liegenden sozialpolitischen Konflikts den Versicherungsunternehmen die Möglichkeit der Beitragsanpassung eingeschränkt, käme es daneben zu dem bilanziellen Effekt, dass die Alterungsrückstellung nicht mehr ausreicht, um die Verpflichtungen aus dem immer älter werdenden Versicherungsbestand dauerhaft zu erfüllen. Damit würde der Gesetzgeber selbst die **Funktionsfähigkeit der PKV** beseitigen.

141 Besonders eklatant stellt sich die Situation in der neu geschaffenen **Pflegeversicherung** dar. Wird der Neuzugang junger Risiken infolge Erhöhung der Versicherungspflichtgrenze oder gar der Einführung eines „Bürgerversicherungsmodells" von der PKV zur GKV umgelenkt, so sorgt der Gesetzgeber selbst dafür, dass der PKV vergreisungsbedingt für die überproportional steigenden Pflegeaufwendungen immer weniger Beitragsmittel für die Finanzierung zur Verfügung stehen; denn durch die gesetzliche Beitragsobergrenze – die mit der Umlenkung der jungen Risiken zur GKV tendenziell sogar noch sinken würde – wäre die PKV kraft Gesetzes gehindert, die Deckungslücken durch Beitragserhöhungen aufzufangen. Diese Beurteilung wird noch weiter durch die Tatsache verschärft, dass die PKV vom Gesetzgeber auch verpflichtet worden war, die überalterten Bestände der Bediensteten von Bahn und Post gleichsam „umsonst" in ihre Versichertenkollektive mit aufzunehmen.

142 Der Gesetzgeber, der eine Prüfungspflicht hat, *ob* die **Funktionsfähigkeit der privaten Pflege-Pflichtversicherung** auf Dauer vom Nachwuchs neuer Prämienzahler abhängt,[63] würde selbst dafür sorgen, *dass* dieser Fall eintritt. Wegen der Abhängigkeit der privaten Pflege-Pflichtversicherung von der Krankenversicherung („Pflege folgt Kranken") würde der Gesetzgeber durch seine Eingriffe in die substitutive Krankenversicherung die Funktionsfähigkeit der privaten Pflege-Pflichtversicherung beseitigen.

143 Hinzutritt ein anderes Problem: Der Sozialgesetzgeber ist immer bestrebt, die einzelnen Eingriffe in das PKV-System stets knapp unter der Verfassungswidrigkeitsgrenze zu halten, so dass die Versicherungsunternehmen wegen der einjährigen Ausschlussfrist für Verfassungsbeschwerden keine Möglichkeit haben, gegen mehrere zeitlich aufeinander folgende Gesetzeseingriffe vorzugehen, die erst in ihrer Summe die Verfassungswidrigkeitsgrenze überschreiten. Dermaßen nach Art der Salamitaktik **portionierten Gesetzeseingriffe** nahm der Gesetzgeber mit dem GKV-Wettbewerbsstärkungsgesetz (GKV-WSG) v. 26.3.2007[64] vor, indem er der Erhöhung der Versicherungspflichtgrenze aufgrund des BSSichG (→ Rn. 138 f.) nun noch eine dreijährige Wechselsperre folgen ließ. Danach konnte ein Arbeitnehmer erst dann von der GKV in die PKV wechseln, wenn die Jahresarbeitsentgeltgrenze in drei aufeinander folgenden Kalenderjahren überschritten wurde (§ 6 Abs. 4 S. 1 SGB V idF von Art. 1 Nr. 3c GKV-WSG). Da nur volle Kalenderjahre zählten, betrug die tatsächliche Wechselsperre zwischen drei und vier Jahren, im rechnerischen Mittel also dreieinhalb Jahre. Zusammen mit der Verzögerung aufgrund des BSSichG um fünf Jahre (→ Rn. 139) ergab sich eine Gesamtverzögerung um achteinhalb Jahre. Damit wurde das vom BVerfG benutzte Argument der nur vorübergehenden Verzögerung bei den Neuzugängen (→ Rn. 139) ad absurdum geführt.[65] Auch in der Entscheidung zum GKV-WSG stellte das BVerfG wieder nur auf die isolierte

---

[62] BVerfGK 2, 283 = VersR 2004, 898 (901).
[63] BVerfGE 103, 271 (292 f.) = VersR 2001, 623 (627) = NJW 2001, 1707.
[64] BGBl. 2007 I 378.
[65] Zur verfassungsrechtlichen Bewertung der kumulativen Grundrechtseingriffe ausf. *Boetius*, Münsteraner Reihe Heft 109, 2008, S. 47 ff.

Zeitverzögerung infolge der dreijährigen Wechselsperre ab, ohne den vorangegangenen Gesetzeseingriff aufgrund des BSSichG zu berücksichtigen.[66] Die dreijährige Wechselsperre wurde nach dem 2009 erfolgten Regierungswechsel durch Art. 1 Nr. 2 lit. a GKV-FinG v. 22.12.2010[67] ab dem 31.12.2010 (Art. 15 Abs. 5 GKV-FinG) wieder aufgehoben.

144 Zu der **verfassungs- und europarechtlichen Bewertung** des GKV-WSG und der Entscheidung des BVerfG ausf. → Rn. 1031 ff.

145 **2. Kapitaldeckung in der GKV.** Durch die Überalterung der Bevölkerung entsteht für die GKV ein demographisches Problem, das die Finanzierbarkeit dieses Sozialversicherungszweigs bedroht (→ Rn. 61 ff.). In der Bevölkerungs- und Versicherungswissenschaft ist allgemein anerkannt, dass nur der Aufbau eines Kapitalstocks mit seiner langfristigen Verzinsungskraft das **Demographieproblem** lösen kann. Mit dem kontinuierlichen Aufbau des Kapitalstocks in der Gegenwart werden die demographiebedingt steigenden Versicherungsleistungen der Zukunft vorfinanziert.

146 Gesicherte Kapitaldeckung ist nur unter bestimmten **Systemvoraussetzungen** möglich:

147 – In der Krankenversicherung hat die Kapitaldeckung – auch Anwartschaftsdeckung genannt – die Aufgabe, die im hohen Alter überproportional steigenden Krankheitskosten innerhalb des Versichertenkollektivs vorzufinanzieren (→ Rn. 102 ff.). Die Kapitaldeckung dient dem künftigen **Risikoausgleich**. Weil sie eine Funktion des versicherungstechnischen Risikos ist, kann Kapitaldeckung in der Krankenversicherung nach Art der Lebensversicherung nur kollektiv betrieben werden (→ Rn. 860 ff.). Darin unterscheidet sie sich nicht von der Lebensversicherung, deren Leistungen gleichfalls auf einem kollektiven Risiko- und Sparprozess beruhen. Die gegenteilige Annahme des BVerfG[68] ist sachlich unzutreffend (→ Rn. 892 ff.).

148 – In der GKV gibt es keinen **versicherungstechnischen Zusammenhang** zwischen dem Versicherungsbeitrag und der Versicherungsleistung (→ Rn. 57 ff.). Weil ein Versichertenkollektiv im versicherungstechnischen Sinn fehlt, kann ein Kapitalstock nicht die Aufgaben einer Alterungsrückstellung erfüllen.

149 – Kollektive Kapitaldeckung in öffentlich-rechtlichen Sozialversicherungssystemen unterliegt der Disposition des einfachen Gesetzgebers und genießt nur bei Begründung konkreter Anwartschaften einen **verfassungsrechtlichen Eingriffsschutz** nach Art. 14 GG. Deshalb konnte 1957 die kapitalgedeckte gesetzliche Rentenversicherung durch das Umlageverfahren ersetzt werden. Die Beitragszahlung in der Sozialversicherung erzeugt eine eigentumsrechtlich geschützte Anwartschaft auf Sozialversicherungsleistungen stets nur innerhalb des jeweils gültigen gesetzlichen Leistungsrahmens. Das Aufbrauchen von Kapitalreserven in der Sozialversicherung begegnet keinen verfassungsrechtlichen Schranken, weil kein individualisierter Eigentumsschutz des Sozialversicherten dahingehend besteht, dass die über den Umlagebedarf hinausgehenden eingezahlten Beiträge erst zu einem bestimmten Zeitpunkt ausgezahlt werden. Damit ist verfassungsrechtlich nicht geschützt, ob und in welchem Umfang der Versicherte konkret am Kapitalstock partizipiert.

150 – **Kollektive Kapitaldeckung** ist verfassungsrechtlich eingriffsgeschützt nur in der Individualversicherung möglich, weil der Privatrechtsvertrag individualrechtliche Rechtspositionen begründet.

151 Diskutiert wird auch der Aufbau einer **Demographiereserve** für GKV-Versicherte, die durch Beiträge der gesamten Bevölkerung – einschließlich der in der PKV Versicherten und der Beamten – finanziert werden soll. Der Aufbau einer solchen zweckgebundenen Reserve durch *Beiträge* wäre nur dann möglich, wenn dem ein – mindestens kollektiver – Nutzen der Beitragsverpflichteten gegenüberstünde. Da dies auf die nicht in der GKV Versicherten nicht zuträfe, würde ein derartiger „Beitrag" finanzverfassungsrechtlich eine *Steuer* darstellen, die wiederum nicht in dieser Form zweckgebunden werden kann, sondern in den öffentlich-rechtlichen Haushalt als Einnahme eingestellt werden muss. Damit würde das Ziel verfehlt, eine Reserve für die Zukunft aufzubauen. Keine echte Demographiereserve stellt der in der SPV eingeführte Pflegevorsorgefonds dar, weil er nur befristet die Beitragsentwicklung stabilisieren soll (→ Rn. 64).

152 **3. Risikostrukturausgleich zwischen den Krankenversicherungssystemen.** In der sozialpolitischen Diskussion wird immer wieder gefordert, die PKV in den Risikostrukturausgleich (RSA) der GKV (→ Rn. 80 f.) einzubeziehen, um die durch die Risikoselektion entstehenden günstigeren Risikostrukturen der PKV zu beseitigen. Damit verbunden ist die Forderung, bei einem Wechsel eines PKV-Versicherten in die GKV die **Alterungsrückstellung** auf diese zu übertragen (zur Übertragungsthematik allg. → Rn. 944 ff.).

---

[66] BVerfGE 123, 186 = VersR 2009, 957 = NJW 2009, 2033 Rn. 230 ff.
[67] BGBl. 2010 I 2309.
[68] BVerfGE 123, 186 = VersR 2009, 957 = NJW 2009, 2033 Rn. 202.

153 Zwischen GKV und PKV bestehen **konstitutive Systemunterschiede** im Finanzierungs- und Kalkulationsverfahren (→ Rn. 35 ff.). Dies verbietet schon vom theoretischen Ansatz her, die öffentlich-rechtlich organisierte GKV und die privatrechtlich organisierte PKV auf dem Gebiet der Beitragsfinanzierung und -kalkulation miteinander zu verknüpfen. Ihre unterschiedlichen Finanzierungs- und Kalkulationsverfahren schließen sich methodisch und in Bezug auf die ihnen zugrunde liegenden Rechtssysteme gegenseitig aus. Umgekehrt stünden beim Wechsel eines Versicherten von der GKV in die PKV übertragbare Alterungsrückstellungen nicht zur Verfügung, weil die GKV-Beiträge nicht risikoorientiert sind und keine Vorfinanzierungskomponente enthalten (→ Rn. 57 ff.; → Rn. 61 ff.). Eine verfassungsrechtlich geschützte Demographiereserve ist in der GKV nicht möglich (→ Rn. 149 ff.). Eine in die GKV übertragene Alterungsrückstellung der PKV könnte dort ihre Vorfinanzierungsfunktion für alterungsbedingt steigende künftige Krankheitskosten nicht erfüllen, weil sie im Haushalt der GKV – einer mittelbaren Staatsverwaltung – für laufende Ausgaben des Haushaltsjahres verwendet würde.

154 Darüber hinaus wäre die Übertragung von Alterungsrückstellungen in das GKV-System wegen Verstoßes gegen das **Eigentumsgrundrecht** (Art. 14 Abs. 1 GG) verfassungsrechtlich unzulässig.[69] Auf diese Alterungsrückstellungen haben die Versichertenkollektive der PKV – weil sie aus ihren Beiträgen finanziert worden sind – eine verfassungsrechtlich geschützte Anwartschaft (→ Rn. 892 ff.).

155 Die Verknüpfung der Finanzierungsverfahren von GKV und PKV verlässt auf Seiten der GKV den Boden der Sozialversicherung und auf Seiten der PKV denjenigen der Individualversicherung. Dies hat kompetenzrechtliche Auswirkungen: Soweit in das PKV-System eingegriffen würde, handelte es sich nicht mehr um „Sozialversicherung" iSd Kompetenztitels nach Art. 74 Abs. 1 Nr. 12 GG. Soweit die PKV mit der GKV verknüpft würde, würde auch die Zuständigkeit für das „privatrechtliche Versicherungswesen" iSv Art. 74 Abs. 1 Nr. 11 GG überschritten. Dem Bund fehlt für eine solche Verknüpfung insgesamt die **Gesetzgebungskompetenz** (→ Rn. 361 ff.).

156 **4. Einsparpotentiale in der GKV.** Deutschland unterhält eines der teuersten Gesundheitssysteme weltweit, ohne deshalb eine Bevölkerung aufzuweisen, die gesünder ist oder eine längere Lebenserwartung hat (→ Rn. 220 f.). Das deutsche Gesundheitssystem leidet damit unter hoher **Ineffizienz,** dh schlechter Kosten-/Nutzen-Relation. Da der Nutzen – bessere Gesundheit und längere Lebenserwartung – weder unmittelbar noch sofort noch beliebig erhöht werden kann, lässt sich eine Effizienzverbesserung nur durch Reduktion der Gesundheitskosten, dh durch Einsparungen erreichen. Schlichte Einnahmeerhöhungen, wie sie in Zeiten knapper öffentlicher Kassen gefordert werden, können die Effizienz oder Produktivität nicht erhöhen.

157 Die theoretischen **Einsparpotentiale**[70] gliedern sich in:
158 – **Versicherungsfremde Leistungen** und Fremdlasten. Darunter sind solche Leistungen zu verstehen, die keinen Bezug zum Phänomen „Krankheit" aufweisen (→ Rn. 76).
159 – **Substitutionspotentiale.** Dazu zählen Versorgungsalternativen, die die tatsächlich gewählte Versorgung bei gleicher oder besserer Qualität ersetzen (zB ambulantes statt stationäres Operieren).
160 – Begrenzung auf das **medizinisch und wirtschaftlich Notwendige** bzw. Sinnvolle.
161 – Einführung von Leistungsausschlüssen.
162 – Einführung von **Selbstbehalten** der Versicherten. Dies ist wegen der Steuerungswirkung nur in der ambulanten Versorgung sinnvoll, weil eine stationäre Versorgung vom Versicherten dem Grunde nach nur in Ausnahmefällen beeinflusst werden kann.
163 Mit Ausnahme der Kategorie „Begrenzung auf das medizinisch und wirtschaftlich Notwendige bzw. Sinnvolle" lässt sich das theoretische **Einsparungsvolumen** einigermaßen sicher berechnen. Es beläuft sich insgesamt auf rund ein Drittel aller bisherigen Gesundheitskosten.
164 Für die Kategorie „Begrenzung auf das medizinisch und wirtschaftlich Notwendige bzw. Sinnvolle" gibt es für **einzelne Versorgungsbereiche** und Diagnosen plakative Anhaltspunkte. So geht man davon aus, dass ca. 50 % aller Röntgenuntersuchungen überflüssig sind. Gesicherte Erkenntnis ist, dass allein im Falle der Volkskrankheit Diabetes ein Einsparungspotential von mindestens 20 % besteht – bei zugleich erheblich größerem medizinischem Erfolg.[71]

165 **5. Ergänzungsversicherungen durch GKV. a) Ausgangslage.** Um die GKV von den wachsenden Krankheitskosten zu entlasten, wird diskutiert, aus dem gesetzlichen Leistungskatalog der GKV bestimmte Leistungen auszugliedern und in eine andere Finanzierungsform zu überführen.

---

[69] Sodan, Private Krankenversicherung und Gesundheitsreform 2007, 2. Aufl. 2007, S. 71 f.
[70] Boetius, Einsparpotentiale in der Gesetzlichen Krankenversicherung (GKV), 1999, S. 3 ff.
[71] Boetius, Einsparpotentiale in der Gesetzlichen Krankenversicherung (GKV), 1999, S. 10.

Eine solche **Ausgliederung von GKV-Leistungen** würde zu Konsequenzen nach europäischem und deutschem Versicherungsrecht führen (→ Rn. 362 ff.; → Rn. 375).[72]

b) Finanzierungsverfahren. Von einer Ausgliederung von GKV-Leistungen aus dem GKV-Leistungskatalog kann nur dann gesprochen werden, wenn auch das Finanzierungs- und Kalkulationsverfahren geändert wird. Wenn GKV-Leistungen nur aus dem gesetzlichen Pflichtleistungskatalog herausgenommen werden, ohne dass sich ihre Finanzierungsform ändert, läge keine eigentliche Ausgliederung vor. Dies wäre der Fall, wenn es sich um freiwillige **Wahlleistungen** oder um **Satzungsleistungen** (→ Rn. 170) einzelner Kassen handelte, die durch einkommensbezogene Beiträge finanziert würden. Eine Ausgliederung von GKV-Leistungen im hier interessierenden Sinn läge immer dann vor, wenn die Finanzierung dieser Versicherungsleistungen nicht mehr ausschließlich einkommensabhängig gestaltet würde. 166

Das Finanzierungsverfahren entscheidet gleichzeitig über die **versicherungssystemische Einordnung**. Solange die Finanzierung der ausgegliederten GKV-Leistungen ausschließlich durch einkommensbezogene und sozialstatusabhängige Beiträge erfolgt, handelt es sich um Sozialversicherung; denn nach stRspr des BVerfG ist es Wesensmerkmal der deutschen Sozialversicherung, die Risikotragung durch einkommensabhängige Beiträge zu finanzieren (→ Rn. 169).[73] Sobald die Finanzierung und Beitragsgestaltung einer aus dem Pflichtleistungskatalog der GKV herausgelösten Versicherungsleistung auf Risikobezogenheit umgestellt wird, verliert die Versicherung insoweit ihren Charakter als Sozialversicherung und wird materiell zur Individualversicherung. Dass sie durch Unternehmen in öffentlich-rechtlicher Rechtsform betrieben wird, ist insoweit rechtlich ohne Belang.[74] Ob in Bezug auf die ausgegliederte Versicherungsleistung das Versicherungsverhältnis öffentlich-rechtlicher oder privatrechtlicher Natur ist,[75] ist hingegen keine *Tatbestandsvoraussetzung* für die Einordnung als Sozial- oder Individualversicherung, sondern ergibt sich als *Rechtsfolge* des jeweiligen Versicherungssystems; dies ist vor allem auch vor dem Hintergrund des europäischen Unionsrechts bedeutsam (→ Rn. 368 ff.). 167

c) Versicherungspflicht. Wird für eine ausgegliederte GKV-Leistung gleichzeitig eine Versicherungspflicht festgelegt, so sagt diese gesetzgeberische Entscheidung für sich allein noch nichts über den Charakter der künftigen Versicherung als **Sozialversicherung oder Individualversicherung** aus. Denn es ist anerkannt, dass selbst die Absicherung existentieller Risiken wie der Krankheit oder Pflege nicht der Sozialversicherung vorbehalten ist und seit langem von privaten Versicherungsunternehmen vorgenommen wird und dass mit wichtigen Bereichen der Privatversicherung – zB Pflegeversicherung, Kfz-Haftpflichtversicherung – eine Versicherungspflicht verbunden ist (→ Rn. 37).[76] Die Anordnung einer Versicherungspflicht macht eine Versicherung nicht zur Sozialversicherung. 168

d) Ausgliederung als Sozialversicherung. Die GKV könnte die Versicherung der aus dem Pflichtleistungskatalog ausgegliederten Leistungen nach den Grundsätzen der Sozialversicherung anbieten. Nach der Rspr. des BVerfG ist der **Begriff Sozialversicherung** als weit gefasster „verfassungsrechtlicher Gattungsbegriff" zu verstehen, der voraussetzt, dass die Sozialleistungen „in ihren wesentlichen Strukturelementen, insbes. in der organisatorischen Durchführung und hinsichtlich der abzudeckenden Risiken, dem Bild entsprechen, das durch die ‚klassische' Sozialversicherung geprägt ist".[77] Als prägende Prinzipien gehören hierzu „die Grundsätze der Solidarität, des sozialen Ausgleichs und des Generationenvertrags".[78] Entscheidendes Merkmal ist das sozialversicherungs*spezifische* Umlageverfahren; es ist ua dadurch charakterisiert, dass der Beitrag sich mit seiner Einkommensbezogenheit nach der individuellen finanziellen Leistungsfähigkeit und nicht nach dem Risiko richtet.[79] Der Begriff der Sozialversicherung setzt dagegen nicht voraus, dass es sich um die Absicherung von Existenzrisiken oder Notlagen handelt.[80] Unschädlich wäre auch ein Finanzierungsverfah- 169

---

[72] Ausf. *Boetius* FS Kollhosser, 2004, 39.
[73] BVerfGE 76, 256 Abschn. C II 4d; BVerfGE 103, 197 = VersR 2001, 627 (631) = NJW 2001, 1709.
[74] BVerfGE 103, 197 = VersR 2001, 627 (630) = NJW 2001, 1709.
[75] BVerfGE 103, 197 = VersR 2001, 627 (630) = NJW 2001, 1709: „... sofern das Unternehmen jedenfalls private Versicherungsverträge abschließt und insoweit mit privatrechtlich verfassten Unternehmen im Wettbewerb steht".
[76] BVerfGE 103, 197 = VersR 2001, 627 (630) = NJW 2001, 1709.
[77] BVerfGE 75, 108 = NJW 1987, 3115; BVerfGE 87, 1 = NJW 1992, 2213.
[78] BVerfGE 76, 256 Abschn. C II 4a.
[79] BVerfGE 103, 197 = VersR 2001, 627 (631) = NJW 2001, 1709.
[80] BVerfGE 75, 108 = NJW 1987, 3115 (3116); BVerfGE 103, 197 = VersR 2001, 627 (630 re. Sp.) = NJW 2001, 1709.

ren nach Art des Anwartschaftsdeckungsverfahrens, wie es bis 1957 in der gesetzlichen Rentenversicherung gegolten hatte.

170 Innerhalb der GKV könnte die Versicherung der ausgegliederten GKV-Leistungen typologisch in zwei Grundformen ausgestaltet sein: Als Wahlleistung oder als Satzungsleistung (→ Rn. 166). Eine **Wahlleistung** in diesem Sinne liegt dann vor, wenn die einzelne Kasse bestimmte Leistungen außerhalb des Pflichtleistungskatalogs ihren Mitgliedern als frei wählbar anbietet (→ Rn. 177a); dabei kann die Wählbarkeit im Sinne der Zu- oder Abwahl ausgestaltet sein: Im ersten Fall wird die Zusatzleistung zur Pflichtleistung aktiv hinzugewählt; im zweiten Fall wäre sie zunächst satzungsmäßig und damit automatisch in der Kassenleistung enthalten und könnte bei Nichtbedarf abgewählt werden. Eine **Satzungsleistung** liegt vor, wenn die einzelne Kasse eine bestimmte Leistung außerhalb des Pflichtleistungskatalogs für alle Mitglieder satzungsmäßig vorsieht. Im Unterschied zur reinen Wahlleistung kann das Mitglied die zusätzliche Satzungsleistung nicht individuell abwählen; es hat bei Nichtbedarf nur die Möglichkeit, in eine andere Kasse ohne solche Satzungsleistung zu wechseln.

171 Den **Charakter als Sozialversicherung** könnte die Wahl- oder Satzungsleistung der GKV nur behalten, wenn sie wie die GKV-Pflichtleistung nach den Grundsätzen der Solidarität, des sozialen Ausgleichs und des Generationenvertrags mit einkommensabhängigen Beiträgen organisiert würde (zum Kompetenzrecht → Rn. 362 ff.). Die Grundsätze der Solidarität, des sozialen Ausgleichs und des Generationenvertrags lassen sich indessen nur in einem Pflichtversicherungssystem verwirklichen; denn sobald dem einzelnen Mitglied die Disposition über den Umfang des Versicherungsschutzes und damit über die Höhe des einkommensabhängigen Beitrags eröffnet wird, verletzt es das Solidaritätsprinzip und damit den Lebensnerv der Sozialversicherung: Ist die nicht risikoabhängig finanzierte Zusatzversicherung über die ausgegliederte GKV-Leistung frei wählbar, so werden sich typischerweise die gesunden und jüngeren Mitglieder für den niedrigeren Beitrag und gegen die Zusatzleistung entscheiden, weil sie für letztere keinen Bedarf haben; das hat zur Folge, dass den kranken und älteren Mitgliedern der Solidarbeitrag der anderen Mitglieder fehlt, der für die Gesamtfinanzierung der Zusatzleistung notwendig ist. Die Abwahl der Zusatzleistung ist für die gesunden und jüngeren Mitglieder aufgrund der Strukturprinzipien der Sozialversicherung auch folgenlos; denn wenn bei ihnen später krankheits- oder altersbedingt der Bedarf für die Inanspruchnahme der Zusatzleistungen entsteht, können sie sich rechtzeitig in das höhere Leistungsniveau hineinwählen. Die Folge sind „Tarif- und Kassen-Hopping" sowie unverändert hohe Gesamtleistungen bei niedrigerem mittlerem Beitragsaufkommen in der GKV. In die Disposition des Einzelnen gestellte Wahl- oder Satzungsleistungen erfüllen daher der Sache nach nicht mehr die Kriterien der Sozialversicherung, auch wenn sie in die äußere Form der GKV gekleidet werden.

172 e) **Ausgliederung als Individualversicherung.** Wenn die GKV die Versicherung ausgegliederter Leistungen nach den Grundsätzen der Individualversicherung anbieten soll, kommen hierfür theoretisch zwei Gestaltungsmöglichkeiten in Betracht: Die Individualversicherung durch die einzelne Kasse selbst in ihrer Eigenschaft als öffentlich-rechtlicher Körperschaft oder durch ein der Kasse gehörendes privates Versicherungsunternehmen. Beide Gestaltungsmöglichkeiten werfen grundsätzliche Fragen des Verfassungs- und des Europarechts auf. Werden aus dem gesetzlichen Pflichtleistungskatalog der GKV Leistungen ausgegliedert und wird der GKV gestattet, ihren Mitgliedern die Versicherung dieser Leistungen in solidarisch finanzierter Form (dh als Wahl- oder Satzungsleistung) anzubieten, verliert eine solche Versicherung den Charakter als Sozialversicherung (→ Rn. 166, 171). Für ein solches Gesetz fehlt dem Bundesgesetzgeber die **Gesetzgebungszuständigkeit** (→ Rn. 364 ff.). Europarechtlich unterliegt eine derartige Versicherung den für die Individualversicherung geltenden Versicherungsrichtlinien und damit dem deutschen Versicherungsvertrags- und Versicherungsaufsichtsrecht (→ Rn. 375). Wird der GKV gestattet, die Versicherung der ausgegliederten Leistungen in nicht solidarisch finanzierter Form anzubieten, fehlt dem Gesetzgeber gleichfalls die Gesetzgebungszuständigkeit (→ Rn. 366).

173 f) **Wahltarife nach dem GKV-WSG.** Das GKV-WSG hat den Krankenkassen die Möglichkeit eingeräumt, in ihren Satzungen **Wahltarife** einzuführen (§ 53 SGB V). Diese Wahltarife können sich beziehen auf
– einen Selbstbehalt, durch den die Kassenmitglieder einen Teil der von der Krankenkasse zu tragenden Kosten übernehmen und dafür von der Krankenkasse eine „Prämienzahlung" erhalten (§ 53 Abs. 1 SGB V);[81]
– eine Beitragsrückerstattung („Prämienzahlung") von höchstens einem Zwölftel der jährlichen Beiträge an Kassenmitglieder, die für sich und ihre mitversicherten Angehörigen im Kalenderjahr

---

[81] Zu Selbstbehaltswahltarifen vgl. BSGE 109, 230 = NZS 2012, 263.

keine Kassenleistungen in Anspruch genommen haben (§ 53 Abs. 2 SGB V). Darunter ist nur die völlige Nichtinanspruchnahme von Leistungen zu verstehen, bei lediglich teilweiser Nichtinanspruchnahme können keine Teilprämienzahlungen versprochen werden;[82]
— spezielle Versorgungsformen — zB hausarztzentrierte Versorgung oder integrierte Versorgung —, an denen die Kassenmitglieder teilnehmen und für die sie „Prämienzahlungen" oder Zuzahlungsermäßigungen erhalten (§ 53 Abs. 3 SGB V);
— die Wahl einer in ihrer Höhe variablen Kostenerstattung („Tarife für Kostenerstattung") gegen „spezielle Prämienzahlungen" der Versicherten (§ 53 Abs. 4 SGB V); darunter fallen nur rein quantitative Regelungen der Kostenerstattung, aber keine Tarife, durch die der GKV-Leistungskatalog erweitert wird (→ Rn. 177a);[83]
— die Übernahme der Kosten für Arzneimittel besonderer Therapierichtungen, die von der Versorgung grds. ausgeschlossen sind, gegen „spezielle Prämienzahlungen" der Versicherten (§ 53 Abs. 5 SGB V);
— individuelle Krankengeldansprüche von Mitgliedern, die sonst keinen Krankengeld- oder Lohnfortzahlungsanspruch haben, gegen „Prämienzahlungen" der Mitglieder (§ 53 Abs. 6 SGB V);
— Leistungsbeschränkungen für bestimmte Mitgliedergruppen gegen entsprechende „Prämienzahlung" der Krankenkasse (§ 53 Abs. 7 SGB V).

Die ursprünglich dreijährige **Mindestbindungsfrist** des Mitglieds für solche Wahltarife hat Art. 1 **174** Nr. 3c lit. b GKV-FinG auf grds. ein Jahr reduziert, um „die Wahlfreiheit der Versicherten" zu stärken (§ 53 Abs. 8 S. 1 SGB V).[84] Prämienzahlungen der Krankenkasse an ihre Mitglieder sind auf 20 bis 30 % der jährlichen Beiträge beschränkt (§ 53 Abs. 8 S. 4 SGB V). Die Aufwendungen für jeden Wahltarif müssen aus Einnahmen, Einsparungen und Effizienzsteigerungen, die durch diese Maßnahmen erzielt werden, finanziert werden (§ 53 Abs. 9 S. 1 SGB V). Damit ist eine Quersubventionierung der Wahltarife aus den allgemeinen Krankenversicherungsbeiträgen verboten. Über die Berechnungen müssen die Krankenkassen alle drei Jahre Rechenschaft ablegen (§ 53 Abs. 9 S. 3 SGB V). Die Berechnungen müssen versicherungsmathematisch belegt sein; für Wahltarife müssen versicherungstechnische Rückstellungen gebildet werden (§ 53 Abs. 9 S. 4 SGB V); dazu gehören auch Schwankungsrückstellungen.[85]

Der rechtliche Charakter dieser Wahltarife wird entscheidend durch den Zwang zur Anwendung **175** versicherungsmathematischer Methoden (→ Rn. 173) geprägt. Soweit die Wahltarife **Leistungseinschränkungen** vorsehen, für die die Mitglieder von der Krankenkasse als „Gegenleistung" eine Prämienzahlung oder Zuzahlungsermäßigung erhalten, bleibt der Krankenkassenbeitrag zwar in seinem Kern einkommensbezogen (→ Rn. 167, 169). Jedoch müssen die Prämienzahlungen an die Wahltarif-Versicherten durch deren gegenüber den nicht Wahltarif-Versicherten geringere Leistungsinanspruchnahme versicherungstechnisch gedeckt sein.[86] Die Prämienzahlung ist somit eine Beitragsreduktion, die nicht einkommens-, sondern risikoabhängig ist. Damit verlieren diese Tarife ihren Charakter als Sozialversicherung.

Soweit die Wahltarife **Leistungserhöhungen** vorsehen, werden diese durch Prämienzahlungen **176** der Mitglieder finanziert. Dass im Fall von Krankengeldtarifen die zu zahlende Prämie „unabhängig von Alter, Geschlecht oder Krankheitsrisiko des Mitglieds" ist (§ 53 Abs. 6 S. 4 SGB V), nimmt der Prämie nicht die Risikobezogenheit. Es handelt sich versicherungstechnisch lediglich um eine Einheitsprämie ohne Risikodifferenzierung, aber auch ohne Einkommensabhängigkeit. Es handelt sich um typische Versicherungsprämien, die versicherungstechnisch kalkuliert werden müssen.[87] Damit wird die Einkommensbezogenheit der Mitgliedsbeiträge verlassen. Diese Tarife verlieren ihren Charakter als Sozialversicherung, es handelt sich bei ihnen um Tarife der Individualversicherung (→ Rn. 167).

Soweit die Wahltarife als Individualversicherung einzustufen sind, hat dies **kompetenzrechtli- 177 che Konsequenzen,** weil sich die Gesetzgebungszuständigkeit nach Art. 74 Abs. 1 Nr. 12 GG darauf nicht erstreckt (→ Rn. 366).[88] Diesen Aspekt vernachlässigt die Rspr. der Sozialgerichte, soweit sie die Wahltarife für zulässig halten.[89]

---

[82] BSGE 106, 199 = NZS 2011, 426 Rn. 14 ff.
[83] BSGE 129, 10 = BeckRS 2019, 17050 Rn. 21 ff. = MedR 2020, 406 (409 ff.).
[84] Beschlussempfehlung und Bericht Gesundheitsausschuss zu Art. 1 Nr. 3c lit. b RegE GKV-FinG, BT-Drs. 17/3696, 45.
[85] *Höpfner/Schaffer/Warmuth* VW 2012, 200 ff.
[86] *Höpfner/Schaffer/Warmuth* VW 2012, 200 (201).
[87] *Höpfner/Schaffer/Warmuth* VW 2012, 200 (201).
[88] *Boetius* GG Art. 74 Rn. 55 ff.
[89] So vor allem SG Dortmund BeckRS 2014, 68035, aufgehoben durch BSGE 129, 10 = BeckRS 2019, 17050 = MedR 2020, 406.

177a g) **Wahlleistungen.** Im Angebot von Wahlleistungen ist die GKV nicht frei. Die Krankenkassen haben nicht die Möglichkeit, ihren Tätigkeitskreis durch satzungsmäßige Gestaltungsleistungen zu erweitern, ohne hierzu gesetzlich ermächtigt zu sein. Ihnen ist es daher verwehrt, in „Wahltarifen" den Zugang zu Leistungen zu eröffnen, die über den durch den GKV-Leistungskatalog vorgegebenen Rahmen hinausgehen. Eine solche Möglichkeit eröffnet auch nicht § 53 Abs. 4 SGB V (→ Rn. 173). Diese Abgrenzung dient dem **wettbewerblichen Schutz der PKV.**[90]

178 **6. Kapitaldeckungsmodell für Nachhaltigkeit im Gesundheitswesen.** Wirklich nachhaltige Finanzierbarkeit im Gesundheitswesen erfordert einen grundsätzlichen Umbau der Krankenversicherungssysteme unter Einschluss der PKV. Das Modell setzt auf der Analyse auf, die als übergeordnetes Problem die Bedrohung durch die demographische Entwicklung identifiziert hat. Nur verstärkte Kapitaldeckung kann die Aufgabe lösen, künftige alterungsbedingt steigende Gesundheitskosten durch heutige Beitragsleistungen vorzufinanzieren. Die demographische Hypothek der GKV kann nur dadurch gemindert werden, dass eher weniger als mehr Versicherte und eher weniger als mehr Leistungen in der GKV versichert sind. Ein **Nachhaltigkeitsmodell** muss daher aus folgenden Elementen bestehen, die als zusammenhängende Einheit insgesamt verwirklicht sein müssen und nicht nur in Teilen umgesetzt werden können:

179 – Einführung einer **obligatorischen Wechselgrenze** für Arbeiter und Angestellte zwischen einer Pflichtmitgliedschaft im Umlageverfahren GKV und einer Pflichtmitgliedschaft im Kapitaldeckungsverfahren PKV in Abhängigkeit vom Überschreiten bzw. Unterschreiten eines bestimmten Arbeitseinkommens. Zur Vermeidung häufigen Wechsels zwischen GKV und PKV bei schwankenden Einkommen um die Wechselgrenze gibt es einen Schwankungskorridor. Die Pflicht von PKV-Versicherten zur Zahlung von – durch die Vorfinanzierung bedingt – höheren Beiträgen trägt ihrer größeren finanziellen Leistungsfähigkeit Rechnung.

180 – **Selbständige** werden einkommensunabhängig nur in der PKV versichert.

181 – Die Versicherung von **Kindern** und Jugendlichen (bis 20 Jahre) folgt der Versicherung des Wechslers und wird steuerfinanziert.

182 – Aufgrund des Pflichtwechsels unterliegt die PKV für einen am GKV-Niveau orientierten **Basistarif** einem Kontrahierungszwang ohne Gesundheitsprüfung. Der Basistarif hat geschlechtsunabhängige, aber vom Eintrittsalter abhängige Beiträge.

183 – Im Rahmen der Pflichtversicherung kann jeder PKV-Versicherte zwischen den PKV-Unternehmen unter Erhalt der Werte aus der Alterungsrückstellung und ohne Risikoerschwernisse **frei wechseln.**

184 – GKV-Versicherte zahlen eine **Einheitsprämie,** die konjunkturunabhängig ist und die Lohnnebenkosten entlastet. Wegen der Einkommensunabhängigkeit der Beiträge wird die GKV durch den Wechsel von Gutverdienern nicht belastet.

184a – Für GKV- und PKV-Versicherte gibt es einen einheitlichen **sozialen Ausgleich** durch das allgemeine Steuer- und Transfersystem bei Überschreiten bestimmter Belastungsgrenzen.

185 Das Kapitaldeckungsmodell für Nachhaltigkeit im Gesundheitswesen weist der **privatwirtschaftlichen Vorsorge** – entsprechend allen Forderungen von Wissenschaft und Politik – eine deutlich größere Rolle zu. Die PKV als Teil des Systems der sozialen Sicherheit muss hierzu verstärkt beitragen.

186 Die durch das **GKV-Wettbewerbsstärkungsgesetz** (GKV-WSG) v. 26.3.2007[91] eingeführten Änderungen im PKV-System erfüllen die an das Nachhaltigkeitsmodell zu stellenden Voraussetzungen nicht, weil das GKV-WSG einseitig nur solche Elemente des Nachhaltigkeitsmodells verwirklicht, die die PKV benachteiligen, wie zB den Basistarif.

VII. Versicherungsverbände

187 **1. GDV und PKV-Verband. a) Verbandsstruktur.** Zwei Verbände vertreten die fachlichen Interessen der Versicherungswirtschaft. Der **Gesamtverband der Deutschen Versicherungswirtschaft (GDV)** mit Sitz in Berlin vertritt die Interessen der deutschen Versicherungswirtschaft gegenüber Politik und anderen gesellschaftlichen Gruppen, den Gremien der EU sowie anderen nationalen und internationalen Institutionen und Organisationen. Dem GDV gehören 459 Versicherungsunternehmen an. Seine Organe sind das Präsidium und die Mitgliederversammlung.

188 Neben dem GDV besteht der **PKV-Verband** (→ Rn. 192 ff.). Er vertritt die Sonderinteressen der PKV-Unternehmen in ihrer Eigenschaft als sozialpolitisch institutionalisierte Träger im deutschen

---

[90] BSGE 129, 10 = BeckRS 2019, 17050 Rn. 13, 16 ff., 21 ff. = MedR 2020, 406 ff.
[91] BGBl. 2007 I 378.

Krankenversicherungssystem. Seine rechtliche Selbständigkeit gegenüber dem GDV ergibt sich aus den vom Gesetzgeber der PKV übertragenen sozial- und gesundheitspolitischen sowie versicherungstechnischen Aufgaben (→ Rn. 195 ff.; → Rn. 201 ff.). Wegen der Vertretung der allgemeinen Interessen der Versicherungswirtschaft durch den GDV sind die PKV-Unternehmen stets auch Mitglied des GDV.

b) Ombudsmann. Der GDV hat für die Versicherungswirtschaft den Versicherungs-Ombudsmann als unabhängige und für Verbraucher kostenfrei arbeitende Schlichtungsstelle für Auseinandersetzungen zwischen Versicherungsnehmer und Versicherungsunternehmen eingerichtet. Die Schlichtungsstelle ist als eV organisiert. Mitglieder sind die dem Versicherungs-Ombudsmann angeschlossenen Mitglieder und der GDV. **189**

Der **PKV-Verband** hat parallel dazu den PKV-Ombudsmann eingerichtet, der für die PKV der zuständige außergerichtliche Streitschlichter ist. Dies erscheint vor dem Hintergrund des Systemwettbewerbs zwischen PKV und GKV zunächst nicht selbstverständlich. Die GKV kennt keinen Ombudsmann, so dass insofern eine Verbraucherschutz-Asymmetrie besteht, die auch in der Außenkommunikation und in der politischen Wahrnehmung Konsequenzen hat. Während für die Individualversicherung – durch die Versicherungsaufsicht und durch den Ombudsmann von GDV und PKV-Verband – eine ausführliche Berichterstattung über Beschwerdefälle und Versichererverhalten stattfindet, fehlt für die GKV eine vergleichbare institutionalisierte und strukturierte Information. Das lässt den unzutreffenden – der Sozialpolitik aber nicht unwillkommenen – Eindruck entstehen, allein in der PKV gebe es Anlass zu Beschwerden, was das Ausmaß der Wettbewerbsverzerrungen zugunsten der GKV noch einmal vergrößert (→ Rn. 131). Trotzdem ist die Einrichtung des PKV-Ombudsmannes vernünftig, weil hoher Verbraucherschutz gerade auch gegenüber der GKV ein zusätzliches Qualitätsmerkmal darstellt. **190**

Das Nebeneinander von Versicherungs-Ombudsmann und PKV-Ombudsmann ist in den gesetzlichen **Besonderheiten der PKV** gegenüber den anderen Versicherungszweigen begründet. Der Versicherungs-Ombudsmann des GDV kann Streitfälle bis 10.000 EUR gegen das Versicherungsunternehmen verbindlich entscheiden. Dies wäre aber gerade in den wichtigsten Beschwerdegruppen der PKV rechtlich nicht möglich oder hoch problematisch, so dass eine Zuständigkeit des Versicherungs-Ombudsmannes keinen materiellen Gehalt hätte. Die wichtigsten Beschwerdegruppen in der PKV betreffen die Beitragsanpassung und die Leistungserstattung. Die Zulässigkeit einer **Beitragsanpassung** folgt stringenten Vorschriften des VVG und des VAG. Beitragsanpassungen werden stets für Versichertenkollektive (Tarife) kalkuliert. Ein Verstoß gegen die entsprechenden Vorschriften führt im Falle eines Rechtsstreits zur Unwirksamkeit der Beitragsanpassung faktisch für das gesamte Kollektiv; eine etwaige Unwirksamkeit nur im Verhältnis zum streitenden Versicherungsnehmer würde die kollektive Kalkulationsbasis zerstören. Eine so weitgehende Rechtsfolge wie die Unwirksamkeit einer Beitragsanpassung für das gesamte Kollektiv bedarf aber – wegen der damit verbundenen Sachverständigenfragen – eines formalen, mit Rechtsweggarantie (Art. 19 Abs. 4 GG) versehenen, staatlichen Verfahrens. Die **Leistungserstattung** hat typischerweise Fragen der medizinischen Notwendigkeit und der Zulässigkeit von Gebührenabrechnungen zum Gegenstand. Auch hier handelt es sich um eine Materie, die Sachverständigenwissen einschließlich der Kenntnis der in der GKV häufig parallelen Sachverhalte voraussetzt und die wegen ihrer Breitenwirkung stets Präjudizwirkung für ganze Krankenversicherungsbestände hat. **191**

2. PKV-Verband. a) Überblick. Die PKV ist **Trägerin der privaten Krankenversicherung** im deutschen dualen Krankenversicherungssystem. In der Zusammenarbeit mit den am Gesundheitssystem beteiligten Institutionen wird die PKV durch den Verband der privaten Krankenversicherung (PKV-Verband) vertreten. Gesprächs- und Verhandlungspartner der PKV im Gesundheitswesen sind vor allem das Bundesministerium für Gesundheit, der Spitzenverband Bund der Krankenkassen, die Bundesverbände der GKV (AOK; BKK; IKK; Ersatzkassen), die Bundesverbände der Leistungserbringer (Kassenärztliche und Kassenzahnärztliche Bundesvereinigungen, Bundesärztekammer, Bundeszahnärztekammer, Deutsche Krankenhausgesellschaft, Bundesvereinigung Deutscher Apothekerverbände (ABDA), Bundesapothekerkammer). Dementsprechend sind dem PKV-Verband vom Gesetzgeber Aufgaben zur Wahrnehmung der Interessen der Patienten als Verbraucher von Gesundheitsleistungen und der Versicherungsunternehmen sowie Aufgaben der Gesundheitspolitik zugewiesen. **192**

Die **rechtliche Selbständigkeit** des PKV-Verbandes ist – ähnlich wie im Falle des Arbeitgeberverbandes der Versicherungsunternehmen – notwendige Voraussetzung, um als angemessener Gesprächs- und Verhandlungspartner in den gesetzlichen Aufgaben zu fungieren. **193**

194 Die **organisatorische Selbständigkeit** innerhalb der Verbände der Versicherungswirtschaft ergibt sich aus den krankenversicherungsspezifischen Fachfunktionen des PKV-Verbandes und seinen eigenständigen Aufgaben in der Gesundheitsversorgung.

195 **b) Sozial- und gesundheitspolitische Aufgaben.** Der PKV-Verband vertritt gegenüber den Leistungserbringern im Gesundheitswesen das Interesse der privat Krankenversicherten, nur angemessene Vergütungen zu zahlen. Der PKV-Verband wird damit nicht nur als Vertreter der gewerblichen Interessen der Krankenversicherer, sondern auch als „mittelbarer Verbraucherschützer" tätig:

196 – Der PKV-Verband vertritt die Interessen der Mitgliedsunternehmen in **Gesetzgebungsverfahren**, die das Gesundheitswesen betreffen (zB Gebührenordnung für Ärzte – GOÄ –; Gebührenordnung für Zahnärzte – GOZ –; Bundespflegesatzverordnung – BPflV).

197 – Die PKV ist über den Verband und seine Landesausschüsse nach dem Krankenhausfinanzierungsgesetz (KHG) v. 10.4.1991[92] bundesweiter Verhandlungspartner bei den **Pflegesatzverhandlungen** im Krankenhaussektor. Bei Nichteinigung muss eine Schiedsstelle angerufen werden, in der der PKV-Verband einen Sitz hat. Darüber hinaus ist der PKV-Verband gemeinsam mit dem GKV-Spitzenverband nach § 9 BPflV Verhandlungspartner gegenüber der Deutschen Krankenhausgesellschaft bei der Vereinbarung der Detailfragen des Pflegesatzrechts und seiner praktischen Anwendung.

198 – Der PKV-Verband, nicht ein einzelnes PKV-Unternehmen, hat ein Klagerecht gegen unangemessen hohe nichtärztliche Wahlleistungen (§ 16 S. 1 Nr. 8 KHG).

199 – Der PKV-Verband kann mit den Kassenärztlichen Vereinigungen und Kassenärztlichen Bundesvereinigungen Verträge über die Vergütung ärztlicher Leistungen für die im **Basistarif**, Standardtarif oder Notlagentarif Versicherten mit Wirkung für die Versicherungsunternehmen abschließen (§ 75 Abs. 3b SGB V).

200 – Der PKV-Verband ist in den nach § 76 SGB XI zu bildenden **Landesschiedsstellen** vertreten, die über ihr nach diesem Gesetz zugewiesenen Angelegenheiten (wie zB allgemeine Vergütungs- und Versorgungsfragen) entscheiden.

201 **c) Versicherungstechnische Aufgaben.** Dem PKV-Verband sind durch Gesetz folgende versicherungstechnische Aufgaben übertragen:

202 – Durchführung des **Spitzenausgleichs** zwischen den einzelnen Versicherungsunternehmen beim brancheneinheitlichen Standardtarif für ältere Versicherte, bei dem die PKV eine gesetzlich festgelegte Höchstbeitragsgarantie gibt (→ Rn. 1164 ff.).

203 – Durchführung des **Spitzenausgleichs** zwischen den einzelnen Versicherungsunternehmen beim brancheneinheitlichen Standardtarif für Beihilfeberechtigte, bei dem die PKV eine gesetzlich festgelegte Höchstbeitragsgarantie gibt. Durchführung des Überschadenausgleichs im Standardtarif für Beihilfeberechtigte zwischen den einzelnen Versicherungsunternehmen, bei dem die unterschiedliche Risikostruktur ausgeglichen wird.

204 – Geschäftsführung des **Poolvertrags** für die Private Pflege-Pflichtversicherung, über den die finanziellen Auswirkungen der zahlreichen in den §§ 110 f. SGB XI festgelegten Sonderregelungen finanziell ausgeglichen werden (→ Rn. 1175 ff.).

205 – Durchführung der Privaten Pflege-Pflichtversicherung für **Bahn- und Postbeamte**.

206 – Überwachung der einheitlichen Vertragsbedingungen beim brancheneinheitlichen Krankenversicherungstarif für **Studenten**.

207 – Festlegung der Leistungen des durch das GKV-WSG eingeführten neuen **Basistarifs** als beliehener Unternehmer unter der Fachaufsicht des BMF (→ Rn. 1039).

208 – Festlegung der Leistungen des durch das KVBeitragsschulden-ÜberforderungsG eingeführten **Notlagentarifs** als beliehener Unternehmer unter der Fachaufsicht des BMF (→ Rn. 1231 ff.).

209 – Festlegung der Vertragsmuster für die **geförderte Pflegevorsorge** (→ Rn. 1221) und Durchführung des Überschadenausgleichs (→ Rn. 1222).

210 – Organisation – dh Errichtung, Ausgestaltung, Änderung und Durchführung – des **Risikoausgleichs** iRd neuen Basistarifs nach § 154 Abs. 1 VAG. Zwar nennt diese Vorschrift den PKV-Verband im Gegensatz zu dem vergleichbaren Spitzenausgleich des Standardtarifs (§ 257 Abs. 2b S. 1 SGB V aF, § 403 Abs. 2 S. 1 SGB V nF) nicht ausdrücklich. Da indessen der Risikoausgleich ein brancheneinheitliches Ausgleichssystem ist, das der einheitlichen Aufsicht durch die BaFin unterliegt (§ 154 Abs. 2 VAG), kann diese Aufgabe nur von allen Versicherungsunternehmen und für alle Versicherungsunternehmen gemeinsam und einheit-

---

[92] BGBl. 1991 I 886.

lich durchgeführt werden, was ein verbandsmäßiges Zusammenwirken zwingend voraussetzt (→ Rn. 1212 ff.).

d) Verbandsorgane. Verbandsorgane des PKV-Verbands sind der von der Mitgliederversammlung gewählte Hauptausschuss, der vom Hauptausschuss gewählte Vorstand sowie verschiedene Sonderausschüsse zur Wahrnehmung spezieller Fachaufgaben. 211

3. Verbandsnahe Unternehmen. Als neben der GKV gleichberechtigter Träger der deutschen Krankenversicherung hat die PKV entweder direkt durch ihre Versicherungsunternehmen oder durch den PKV-Verband verschiedene Unternehmen gegründet, deren Tätigkeitsfeld Geschäftsgebiete im Gesundheitsmarkt bilden, bei denen beispielhaft hohe medizinische Qualität mit ausgeprägter Wirtschaftlichkeit verbunden wird. 212

Die **Sana Kliniken** AG ist eine private Krankenhauskette, die Patienten als Kunden versteht und dabei hohe medizinische sowie pflegerische Leistungen mit wirtschaftlicher Betriebsführung verbindet. Den Anlass zur Gründung im Jahr 1976 durch zahlreiche PKV-Unternehmen bildeten die damaligen – inzwischen wieder verworfenen – sozialpolitischen Ideen des klassenlosen Krankenhauses, mit deren Umsetzung wichtige Leistungen der PKV gegenstandslos geworden wären. Sana betreibt die Kliniken entweder in eigener Trägerschaft oder durch Management-Verträge in fremder Trägerschaft (Staat, Kommunen). Anteilseigner der Sana sind 26 PKV-Unternehmen. 213

Die **MEDICPROOF** GmbH nimmt die Aufgaben des medizinischen Dienstes für die privaten Pflegeversicherungen (einschließlich der Pflegeversicherung der Bundesbahnbeamten und der Postbeamtenkrankenkasse) wahr. MEDICPROOF führt Begutachtungen im Rahmen der gesetzlichen Pflegeversicherung durch und sichert den vorgeschriebenen Finanzausgleich (§ 111 SGB XI) durch eine gleichartige Feststellung der Pflegebedürftigkeit ab. Dabei werden die gleichen Maßstäbe angelegt wie vom medizinischen Dienst der sozialen Pflegeversicherung (§ 23 Abs. 6 SGB XI). MEDICPROOF ist organisatorisch und fachlich unabhängig. Anteilseigner ist zu 100 % der PKV-Verband. 214

Die **MEDCOM** GmbH ist eine privatärztliche Verrechnungsstelle, die auf die Privatliquidation für niedergelassene Ärzte und liquidationsberechtigte Chefärzte spezialisiert ist. Da MEDCOM-Abrechnungen wegen ihrer strikt an den Gebührenordnungen ausgerichteten Abrechnungspraxis von den PKV-Unternehmen stets akzeptiert werden, werden Auseinandersetzungen zwischen Ärzten und Kostenträgern über die Berechtigung von Liquidationen vermieden. MEDCOM ist eine Tochtergesellschaft des PKV-Verbandes. 215

Die **COMPASS Private Pflegeberatung GmbH** bietet den in der Privaten Pflege-Pflichtversicherung Versicherten eine qualitativ hochwertige Pflegeberatung mit einem eigenständigen Beratungskonzept, das hohe fachliche Standards das Case- und Care-Managements umsetzt. Einen Anspruch auf Pflegeberatung hat das Pflege-Weiterentwicklungsgesetz v. 28.5.2008 (BGBl. I S. 874) mit Wirkung ab 1.1.2009 begründet. 216

Die **ZESAR** GmbH fungiert als zentrale Stelle iSv § 2 des Gesetzes über Rabatte für Arzneimittel (AMRabG) v. 22.12.2010[93] und zieht für die abschlagsberechtigten Stellen (PKV-Unternehmen und Träger der Beihilfe) die Abschläge nach dem AMRabG gegenüber den pharmazeutischen Unternehmen ein. 216a

Zur **Medicator AG** → Rn. 1374 ff. 216b

C. Krankenversicherungssysteme im Ausland

I. Weltmarkt Gesundheit

Das **Volumen** des weltweiten Gesundheitsmarkts[94] wächst jährlich um ca. 6 % und belief sich im Jahr 2017 auf ca. 7.800 Mrd. USD. Die über der volkswirtschaftlichen Entwicklung liegenden Wachstumsraten sind auf steigende Wirtschaftskraft, Bevölkerungswachstum, demographische Entwicklungen und medizinischen Fortschritt zurückzuführen. Nach der Finanzierungsform entfallen vom Gesamtvolumen ca. 60 % auf Systeme der öffentlichen Absicherung und je 20 % auf Systeme der privaten Absicherung sowie auf direkte Privatausgaben („out of pocket"). Nach Versorgungsstufen entfallen vom Gesamtvolumen etwa 40 % auf ambulante Versorgung einschließlich Prävention und 217

---

[93] BGBl. 2010 I 2262 (2275).
[94] *WHO*, Global Spending on Health: A World in Transition, 2019; *Kartte/Neumann*, Weltweite Gesundheitswirtschaft – Chancen für Deutschland, Studie Roland Berger Strategy Consultants, 2011, S. 4 ff.

Arzneimittel, 35 % auf stationäre Versorgung, 10 % auf Rehabilitation und Pflege sowie 15 % auf Heil- und Hilfsmittel und sonstige Dienstleistungen.

218 Im **Krankenversicherungsmarkt** hängt der Handlungsspielraum privater Anbieter von Finanzdienstleistungen im Geschäftsfeld Gesundheit vom jeweiligen landesspezifischen regulatorischen Umfeld und von den Defiziten der einzelnen staatlichen Systeme ab. Daher schwanken im internationalen Vergleich die jahresdurchschnittlichen Krankenversicherungsprämien je Versicherten auf der Basis von Standardprodukten zwischen 10 USD und 3.000 USD. Nach der Durchdringung der Märkte mit Krankenversicherung lassen sich folgende Gruppen bilden:
- Summenversicherung im Krankheitsfall (zB Japan).
- „Top-up"-Zusatzversicherungen (zB Frankreich, Südkorea, China).
- Zusatzversicherungen für alternative Versorgungsangebote (zB Österreich, Italien, Griechenland, Russland).
- Zusatz- und Vollversicherungen parallel zu gesetzlichen Systemen (zB Spanien, Portugal, Türkei, Indien).
- Vollversicherungen substitutiv zu gesetzlichen Systemen sowie Zusatzversicherungen (zB Deutschland, Niederlande, USA, Südafrika).
- Dominanz privater Risikoträger (zB Schweiz).

In der vorstehenden Reihenfolge steigt der Anteil der privaten Absicherung an der Finanzierung der Gesundheitsausgaben deutlich.

219 Die gesamte **Wertschöpfungskette** im Gesundheitsmarkt umfasst die finanzielle Absicherung von Krankheitskosten, die Erbringung von versorgungssteuernden Dienstleistungen und die Krankheitsversorgung selbst. Die finanzielle Absicherung reicht von der klassischen Kapazitätsrückversicherung bis zur klassischen Erstversicherung. Die versorgungssteuernden Dienstleistungen betreffen insbes. Informations- und Demand-Management, medizinisches Gesundheitsmanagement sowie Netzwerkmanagement. Weltweit ist die Tendenz zu beobachten, dass sich die Rolle des finanziellen Absicherers vom reinen Kostenerstatter zum Gesundheitsleistungsanbieter wandelt, der in Abhängigkeit von den jeweiligen Marktgegebenheiten Dienstleistungs- und Versorgungselemente zur Unterstützung der finanziellen Absicherung integriert.

220 Im **internationalen Vergleich der Gesundheitskosten** weist Deutschland innerhalb der EU die höchsten Gesundheitsausgaben je Einwohner auf (folgendes Schaubild):[95]

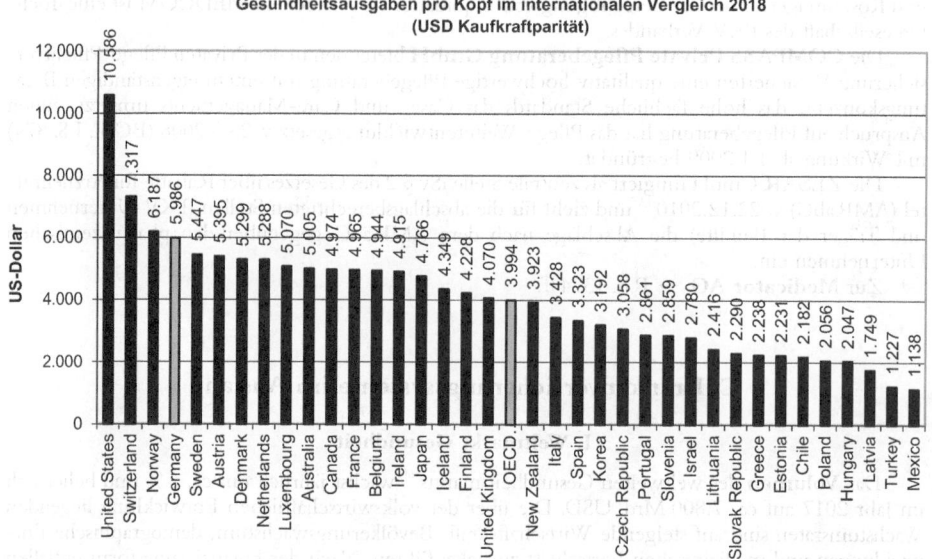

Innerhalb der OECD liegt Deutschland bereits an vierter Stelle, im Jahr 2011 belegte es noch den siebten Rang. Die Gesundheitskosten in Deutschland stiegen international also weit überproportional.

---

[95] OECD Health Statistics 2019.

Der Anteil der Gesundheitsausgaben am **Bruttoinlandsprodukt** (BIP) betrug in Deutschland 221 im Jahr 2018 11,2 %. Das ist OECD-weit der dritthöchste Wert (folgendes Schaubild):[96]

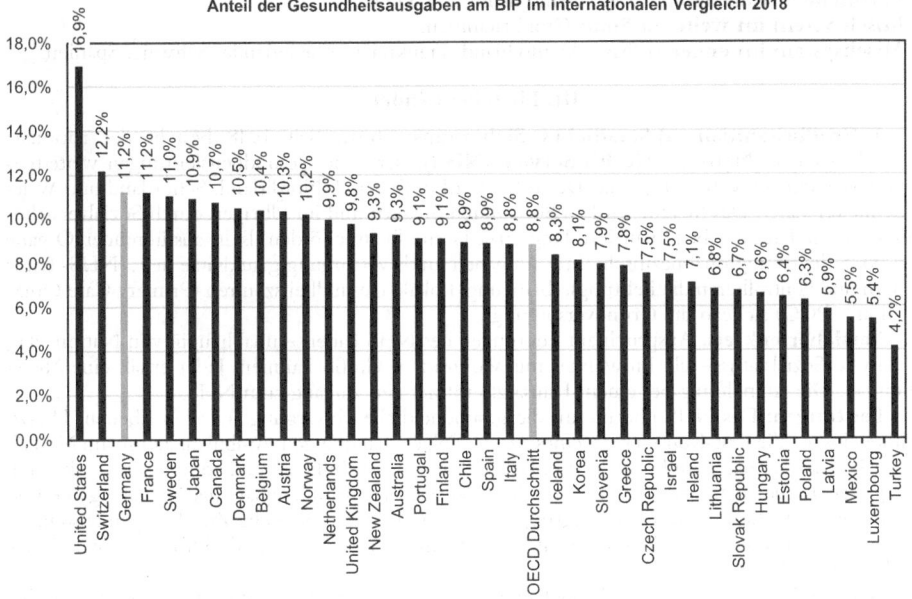

II. Sicherungssysteme

1. Überblick. Sicherung der Bevölkerung gegen die – idR finanziellen – Folgen von Krankheit 222 gehört unabhängig von den jeweiligen Gesellschafts- und Staatsformen zu den Kernaufgaben der Staaten. In jüngerer Zeit kommt als Folge der deutlich gestiegenen Lebenserwartung und der veränderten Familien- und Haushaltsstrukturen auch die Sicherung gegen die finanziellen Folgen von Pflegebedürftigkeit hinzu. Die **Sicherungssysteme** lassen sich in folgende Grundtypen gliedern:
- **Staatlicher Gesundheitsdienst:** Der Staat stellt die Krankenversorgung durch eigene Dienstleis- 223 tungen und Institutionen sicher, die idR durch allgemeine Steuern finanziert werden.
- **Staatliche Sozialversicherung:** Die Bürger sind Pflichtmitglied einer staatlichen Versicherung, 224 die im Falle von Krankheit die notwendigen Versicherungsleistungen – als Sachleistung oder im Wege der Kostenerstattung – erbringt. Die medizinischen Leistungserbringer (Ärzte, Krankenhäuser, Apotheken etc) sind nicht Teil der Staatsverwaltung. Staatliche Sozialversicherungen werden idR durch Beiträge ihrer Mitglieder finanziert, was aus Steuern finanzierte staatliche Zuschüsse nicht ausschließt.
- **Private Individualversicherung:** Die Bürger versichern sich – freiwillig oder aufgrund einer 225 gesetzlichen Verpflichtung – gegen die finanziellen Folgen von Krankheit bei privaten Versicherungsunternehmen, die ihre Versicherungsleistungen idR im Wege der Kostenerstattung erbringen. Private Individualversicherungen werden durch risikoäquivalente Beiträge der Versicherten finanziert.
- **Mischsysteme:** In den meisten Ländern gelten Mischsysteme unterschiedlicher Art In Ländern 226 mit staatlichem Gesundheitsdienst können sich die Bürger idR zusätzlich privat versichern, um Leistungen zu erhalten, die der staatliche Gesundheitsdienst nicht vorsieht **(Mischsystem im weiteren Sinne).** In Ländern mit staatlicher Sozialversicherung sind unterschiedliche Varianten anzutreffen: Wenn alle Bürger in die staatliche Sozialversicherung einbezogen sind, können auch sie sich zusätzlich privat versichern, um Leistungen zu erhalten, die die Sozialversicherung nicht vorsieht (Mischsystem im weiteren Sinne). Soweit nicht alle Bürger in die Sozialversicherung einbezogen sind, können sich diese in vollem Umfang privat versichern **(Mischsystem im engeren Sinne).**

---

[96] OECD Health Statistics 2019.

227 **2. Typische Beispiele.** Für die Grundtypen der Sicherungssysteme finden sich folgende typische Beispiele:
– **Staatlicher Gesundheitsdienst:** Großbritannien, Spanien.
– **Staatliche Sozialversicherung:** Deutschland, Frankreich.
– **Mischsystem im weiteren Sinn:** Großbritannien.
– **Mischsystem im engeren Sinn:** Deutschland, Frankreich, Niederlande, Schweiz, Spanien.

III. Einzelne Länder[97]

228 **1. Großbritannien. a) Staatliches Sicherungssystem.** Seit 1948 besteht der nationale Gesundheitsdienst **National Health Service (NHS),** der seine Gesundheitsleistungen weitestgehend kostenfrei zur Verfügung stellt. Der NHS wird in England, Nordirland, Schottland und Wales getrennt verwaltet. Das System wird zu 80 % durch Steuern und im Übrigen durch Sozialversicherungs- und andere Abgaben finanziert. Regionale Gesundheitsbehörden als die ausführenden Organe des NHS legen regionalspezifisch ihre Aufgaben und Versorgungsgrundsätze fest. NHS-Trusts sichern und kontrollieren die Leistungserbringung. Lokale Gesundheitszentren (Primary Care Organisation – PCO) sichern die Grundversorgung.

229 **Versichertenkreis:** Anspruch auf Leistungen des NHS haben – unabhängig von Nationalität, Beruf und Sozialstatus – alle Einwohner mit Wohnsitz in Großbritannien. Jeder erhält eine NHS-Nummer. Die Anmeldung bei einem Hausarzt eröffnet den Zugang zum NHS.

230 **Leistungen:** Das NHS übernimmt die gesundheitliche Versorgung auf allen Ebenen. Hierzu gehören insbes. die Erst-Konsultation eines Arztes, Folgebehandlungen, Ambulanzdienste im Notfall, stationäre Behandlungen im Krankenhaus, Behandlung ungewöhnlicher und komplexer Krankheiten in regionalen oder nationalen Zentren sowie Leistungen zur Familienplanung, Sexualhygiene und bei Mutterschaft. Bestimmte Personengruppen müssen für einige Bereiche Zuzahlungen leisten, zB für Zahnarztbehandlungen, Verordnungen, Sehtests und Brillen, Heil- und Hilfsmittel sowie Rollstühle und Prothesen.

231 **Arztwahl:** Die Arztwahl ist erheblich eingeschränkt, sie bedarf der Zustimmung des ausgewählten Arztes innerhalb des Einzugsgebiets; findet der Patient keinen Arzt, setzt die betreffende PCO ihn auf die Liste eines von ihr bestimmten Arztes. Zu Fachärzten hat der Patient keinen direkten Zugang, der Hausarzt muss ihn dorthin überweisen. Es besteht auch keine freie **Krankenhauswahl,** der Hausarzt wählt idR das geeignete Krankenhaus aus.

232 **Hauptprobleme:** Es bestehen Wartezeiten bei den Leistungserbringern und eingeschränkte Leistungskataloge. Selbst für Standardoperationen gelten längere Wartezeiten. Häufig sind Arztpraxen überfüllt und Arzttermine – außer langen Wartezeiten – nicht frei wählbar.

233 **b) Private Krankenversicherung.** Krankenversicherungen können nicht anstelle der Sicherung durch das NHS, sondern nur zusätzlich abgeschlossen werden. Der Vorteil einer privaten Krankenversicherung besteht vor allem darin, dass der Versicherte lange Wartezeiten für Behandlungen und Operationen vermeidet und die Untersuchungstermine selbst bestimmen kann. Zwischen 10 % und 15 % der Bevölkerung haben eine PKV abgeschlossen, davon wird über die Hälfte durch den Arbeitgeber über Gruppenversicherungen finanziert. Die Beiträge werden auf Risikobasis – dh ohne Alterungsrückstellungen – kalkuliert und können angepasst werden.

234 **2. Irland. a) Staatliches Sicherungssystem.** Es besteht eine staatliche Krankenversicherung, die durch Steuern und Sozialversicherungsbeiträge finanziert wird. Selbständige, Arbeitnehmer und Arbeitgeber zahlen einkommensabhängige globale Sozialversicherungsbeiträge.

235 **Versichertenkreis:** Es besteht Versicherungspflicht für alle Einwohner mit gewöhnlichem Aufenthalt in Irland. Eine Befreiungsmöglichkeit besteht nicht.

236 **Leistungen:** Geringverdiener (ca. ein Drittel der Bevölkerung) haben volle Anspruchsberechtigung („full eligibility"); sie erhalten einen Behandlungsausweis („Medical Card"), der kostenlosen Zugang zu den öffentlichen ambulanten und stationären Leistungen einschließlich Medikamentenverschreibung ohne Selbstbeteiligung einräumt (Sachleistung). Alle übrigen Versicherten haben begrenzte Anspruchsberechtigung („limited eligibility"); sie erhalten ohne Selbstbeteiligung fachärztliche Leistungen in öffentlichen Krankenhäusern, bei privater Behandlung im Krankenhaus tragen sie Facharzthonorar und Krankenhauskosten selbst. Im Übrigen haben sie mit Selbstbehalten Zugang zu allen öffentlichen Leistungen.

237 **Arztwahl:** Versicherte mit „full eligibility" müssen den Arzt aus der Liste der örtlichen Allgemeinmediziner wählen, die am öffentlichen Auswahlverfahren für Ärzte teilnehmen; die Ärzte erhal-

---

[97] Diverse Quellen, ua: Missoc-Datenbank (Update 1.7.2019); *BMAS,* Sozialkompass Europa, www.sozialkompass.eu/vergleich (Abruf 19.12.2013); *Schölkopf,* Das Gesundheitswesen im internationalen Vergleich, 2010, S. 16 ff.

ten von der örtlichen Gesundheitsbehörde als Honorar eine Pro-Kopf-Gebühr. Versicherte mit „limited eligibility" haben freie Arztwahl.

b) Private Krankenversicherung. Private Krankenversicherungen können nur als Zusatzversicherungen für solche Leistungen abgeschlossen werden, für die der Versicherte von der staatlichen Krankenversicherung keinen Ausgleich erhält. Dies betrifft vor allem Versicherte mit „limited eligibility", die sich für private Behandlungen entscheiden.

3. Belgien. a) Staatliches Sicherungssystem. Es besteht eine staatliche Krankenversicherung, die durch staatliche Krankenkassen und durch private Versicherungsvereine auf Gegenseitigkeit („Mutuelle") wahrgenommen wird. Die Krankenversicherungsträger finanzieren sich durch Mitgliedsbeiträge und erhalten staatliche Zuschüsse.

Versichertenkreis: Es besteht Versicherungspflicht für die gesamte Bevölkerung. Die Versicherten können den Versicherungsträger frei wählen. Selbständige sind mit ihren Familien in einem eigenen Versicherungssystem versichert.

Leistungen: Es gilt das Kostenerstattungsprinzip. Die Ärzte liquidieren direkt beim Patienten. Die Krankenversicherungsträger erstatten mit einem Regelselbstbehalt des Versicherten von 25 – 40 %. Für Krankenhausaufenthalte gelten pauschale Selbstbehalte, die mit zunehmender Krankenhausdauer abnehmen. Für Medikamente gelten listenmäßig unterschiedliche Selbstbehalte zwischen 0 % und 80 %.

Arztwahl: Es besteht freie Arztwahl und freier Zugang zu Fachärzten. Geringere Behandlungskosten, wenn der Allgemeinarzt (oder Hausarzt) den Patienten an den Facharzt überweist.

b) Private Krankenversicherung. Private Krankenversicherungen können nur als Zusatzversicherungen für solche Leistungen abgeschlossen werden, die die staatliche Krankenversicherung nicht erstattet. Hierzu zählen allgemein die Selbstbehalte sowie bei Selbständigen die ambulanten ärztlichen und zahnärztlichen Behandlungen einschließlich der Arzneimittel. Bei Krankenhausaufenthalten kann die Wahl eines Ein- oder Zweibettzimmers und die privatärztliche Behandlung versichert werden.

4. Niederlande. a) Staatliches Sicherungssystem. Die staatliche Krankenversicherung besteht nach der grundlegenden Reform von 2006 weiterhin aus zwei Säulen. Nach dem 2015 eingeführten Langzeitpflegegesetz (Wet langdurige zorg (WLZ) sind Langzeitbehandlungen im Krankenhaus, Pflege und Behandlungen bei geistigen Erkrankungen versichert. Nach der ab 1.1.2009 geltenden neuen Krankenversicherung (**Zorgverzekeringswet**) sind alle übrigen allgemeinen ambulanten und stationären Krankheitsbehandlungen versichert. Diese Krankenversicherung ist privatwirtschaftlich organisiert, aber mit erheblichen sozialversicherungsrechtlichen Vorgaben (Kontrahierungszwang, einheitliche Versicherungsleistungen, keine Prämiendifferenzierung nach Alter, Geschlecht oder Gesundheitszustand) versehen. Die Zorgverzekeringswet finanziert sich aus einer nominalen Prämie (Kopfpauschale), die der Versicherte trägt, einem vom Arbeitgeber zu tragenden einkommensabhängigen Beitrag und öffentlichen Mitteln. Selbständige und Rentner zahlen einen einkommensabhängigen Beitrag. Die Krankenversicherung der Kinder finanziert der Staat.

Versichertenkreis: In der WLZ ist praktisch die gesamte Bevölkerung pflichtversichert. In der Zorgverzekeringswet besteht eine deckungsgleiche Versicherungspflicht. Die Einhaltung der Versicherungspflicht wird nicht überprüft, allerdings wird die Nichteinhaltung mit Bußgeldern belegt.

Leistungen: Die Zorgverzekeringswet erbringt einen Basiskatalog an medizinisch notwendigen Leistungen. Die Versicherer können die Zorgverzekeringswet als Sachleistung oder durch Kostenerstattung erbringen. Zahnärztliche Leistungen sind für Erwachsene auf Zahnchirurgie und Zahnersatz (mit Selbstbeteiligung von 25 %) beschränkt. Versicherte können gegen Vereinbarung eines freiwilligen Selbstbehalts zwischen 100 und 500 EUR einen Nachlass auf ihre Gesundheitsprämie erhalten.

Arztwahl: Es besteht freie Arztwahl durch Registrierung bei einem vertraglich zugelassenen Kassenarzt und freie Krankenhauswahl, soweit das Krankenhaus in der Nähe des Wohnortes liegt. Die Überweisung an den Facharzt erfolgt durch den Allgemeinmediziner. Will der Versicherte Leistungen von einem nicht an seinen Versicherer gebunden Leistungserbringer in Anspruch nehmen, setzt der Versicherer die Höhe seiner Kostenübernahme fest.

b) Private Krankenversicherung. Alle in der Zorgverzekeringswet Pflichtversicherten können Zusatzversicherungen für Leistungen außerhalb des gesetzlichen Leistungskatalogs abschließen. Zusatzversicherungsbedarf besteht insbes. für zahnärztliche Leistungen und Physiotherapie.

Versicherungsformen: Für Zusatzversicherungen gibt es ein nach dem jeweiligen Bedarf differenziertes Tarifangebot. Die Zusatzversicherungen werden überwiegend nicht mit Alterungsrückstellung, sondern als Risikotarife kalkuliert.

249 **5. Luxemburg. a) Staatliches Sicherungssystem.** Die staatliche Krankenversicherung ist in Krankenkassen organisiert, die von der „Union des Caisses de Maladie" koordiniert werden. Die Zuständigkeit der Krankenkasse richtet sich nach der jeweiligen Berufsgruppe. Die Krankenkassen finanzieren sich durch Beiträge, an denen sich auch die Arbeitgeber beteiligen, und durch staatliche Zuschüsse. Der Staat trägt 40 % der Beiträge.

250 **Versichertenkreis:** Es besteht Versicherungspflicht für alle Erwerbstätigen (Arbeitnehmer und Selbständige) und Empfänger von Sozialleistungen (insbes. Rentner).

251 **Leistungen:** Es gilt sowohl das Sachleistungs-, als auch das Kostenerstattungsprinzip. Geleistet wird für alle medizinischen Behandlungen und Vorsorgeuntersuchungen. Es gibt umfangreiche prozentuale Selbstbeteiligungen für ambulante ärztliche und zahnärztliche Behandlung. Bei Krankenhausaufenthalten erfolgt eine Selbstbeteiligung an den Verpflegungskosten.

252 **Arztwahl:** Es besteht freie Arzt- und Krankenhauswahl.

253 **b) Private Krankenversicherung.** Von der Versicherungspflicht kann nicht befreit werden. Nicht Versicherungspflichtige können sich bei privaten Versicherungsunternehmen freiwillig versichern. Alle medizinischen Leistungen, die von der staatlichen Krankenversicherung nicht erstattet werden, können durch Zusatzversicherungen bei privaten Versicherungsunternehmen versichert werden.

254 **6. Frankreich. a) Staatliches Sicherungssystem.** Es besteht eine staatliche Krankenversicherung, die in einem komplizierten Aufbau und hoch reglementiert durch Krankenkassen und Versicherungsvereine auf Gegenseitigkeit (Mutuelles) wahrgenommen wird. Die Versicherungsträger finanzieren sich durch (überwiegend vom Arbeitgeber getragene) Beiträge und eine steuerähnliche zweckgebundene Abgabe.

255 **Versichertenkreis:** Der Sozialversicherungspflicht unterliegen alle Personen, die in Frankreich erwerbstätig sind oder (subsidiär) dort ihren Wohnsitz haben. Eine Befreiungsmöglichkeit besteht nicht.

256 **Leistungen:** Es gilt das Kostenerstattungsprinzip. Für die medizinischen Leistungen gelten hohe Selbstbeteiligungen von 30 % für ambulante Arzt- und Zahnarztkosten, 20 % für Krankenhausaufenthalt und -behandlung, zwischen 0 % und 85 % für Medikamente und 40 % für andere medizinische Leistungen

256a **Arztwahl:** Es gilt freie Arztwahl. Zugang zu Fachärzten durch Überweisung des behandelnden Arztes, anderenfalls muss der Patient eine höhere Selbstbeteiligung tragen.

257 **b) Private Krankenversicherung.** Aufgrund der umfassenden Sozialversicherungspflicht besteht nur die Möglichkeit von Zusatzversicherungen bei privaten Versicherungsunternehmen. Wegen der hohen Selbstbeteiligungen haben 50 % der Bevölkerung solche Zusatzversicherungen abgeschlossen. Der Zusatzversicherungsmarkt wird von Mutuelles dominiert.

258 **7. Spanien. a) Staatliches Sicherungssystem.** Der nationale Gesundheitsdienst **Sistema Nacional de Salud** stellt seine Gesundheitsleistungen kostenfrei zur Verfügung. Er wird seit dem Jahr 2000 in vollem Umfang durch Steuern finanziert. Anfang 2002 wurde die operative Verantwortung für das Gesundheitswesen – mit dem Instituto Nacional de la Salud (Insalud) als zentraler Verwaltungsbehörde – weitgehend auf die autonomen Regionen übertragen.

259 **Versichertenkreis:** Anspruch auf staatliche Gesundheitsleistungen haben alle gegen Entgelt und nicht nur geringfügig beschäftigte Arbeitnehmer sowie diesen Gleichgestellte, Rentenempfänger und im Haushalt des Versicherten lebende Angehörige. 98 % der Bevölkerung sind auf diese Weise gesetzlich krankenversichert.

260 **Leistungen:** Der Leistungsumfang umfasst grds. die gesamte medizinische Behandlung und Krankenhausunterbringung durch Sozialversicherungsärzte und -krankenhäuser. Für größere Zahnbehandlungen und psychiatrische Behandlungen gibt es Einschränkungen. Für Arzneimittel sind Zuzahlungen zwischen 40 und 60 % zu leisten.

261 **Arztwahl:** Die freie Arztwahl beschränkt sich auf die ortsansässigen Allgemeinmediziner, Kinderärzte und verschiedene Fachärzte, soweit das Listenkontingent des Arztes noch nicht erschöpft ist.

262 **Hauptprobleme:** Es bestehen zum einen teilweise sehr lange Wartezeiten in den Gesundheitszentren und längere Wartelisten in den öffentlichen Krankenhäusern. Zum anderen ist die allgemeinmedizinische mit der fachärztlichen und stationären Versorgung nicht ausreichend verzahnt.

263 **b) Private Krankenversicherung.** Für die durch das staatliche Gesundheitssystem Versorgten besteht nicht die Freiheit, sich stattdessen privat zu versichern; sie können sich zusätzlich privat versichern, wovon 15 % der Bevölkerung Gebrauch machen. Ausschließlich privat können sich

dementsprechend die nicht vom nationalen Gesundheitsdienst erfassten Personen versichern (2 % der Bevölkerung); dies sind vor allem die Beamten und die Angehörigen freier Berufe.

Versicherungsformen: Private Krankenversicherung („seguro de salud") wird hauptsächlich in drei Formen angeboten. Policen **ohne Kostenerstattung** („asistencia sanitaria") sehen Sachleistungen vor; der Versicherte kann unter Ärzten und Krankenhäusern auswählen, mit denen das Versicherungsunternehmen entsprechende Versorgungsverträge abgeschlossen hat. Bei Policen **mit Kostenerstattung** („seguro de reembolso" oder „seguro de enfermedad") hat der Versicherte unbeschränkte Arzt- und Krankenhauswahl; erstattet werden zwischen 80 % und 90 % der Kosten. Es gibt auch Policen, die dem Versicherten die Option zwischen Sachleistung und Kostenerstattung bieten. Dritte Versicherungsform bilden die Tagegeldversicherungen („subsidios e indemnizaciones"). Die Beiträge werden risikoäquivalent, jedoch ohne Altersrückstellung kalkuliert.

Managed Care: Die spanische PKV weist hoch entwickelte Managed Care-Lösungen auf. Die großen Versicherungsunternehmen unterhalten im Zusammenhang mit den Policen ohne Kostenerstattung (→ Rn. 264) umfangreiche **Verträge mit medizinischen Leistungserbringern** und haben teilweise eigene Kliniken. Einige Regionalregierungen gehen aufgrund der ihnen zugewiesenen dezentralen Verantwortung dazu über, die **vollständige Gesundheitsversorgung** und -versicherung bestimmter Regionen in die Hände privater Krankenversicherer zu geben. So stellt der fünftgrößte spanische Krankenversicherer seit 2009 die vollständige Gesundheitsversorgung des Distriktes Denia an der Mittelmeerküste sicher, wofür das Versicherungsunternehmen von der Regionalregierung eine Kopfpauschale je Einwohner erhält, aus der es sämtliche Gesundheitskosten einschließlich der Investition in den Neubau eines Krankenhauses bestreiten muss; die Kopfpauschale wird jährlich den Kostensteigerungen im spanischen Gesundheitswesen angepasst.

8. Portugal. a) Staatliches Sicherungssystem. Ein Nationaler Gesundheitsdienst (SNS) stellt seine Gesundheitsleistungen kostenfrei zur Verfügung. Das Gesundheitssystem wird durch Steuern finanziert.

Versichertenkreis: Anspruch auf die staatlichen Gesundheitsleistungen haben alle Einwohner, einschließlich illegaler Migranten, EU-Bürger und Staatsbürger aus nichteuropäischen Ländern. Portugiesische und europäische Staatsbürger sowie rechtmäßige Migranten zahlen Beiträge, um die Dienste des SNS zu einem günstigeren Preis in Anspruch nehmen zu können.

Leistungen: Die ambulante ärztliche Behandlung wird durch den staatlichen Gesundheitsdienst erbracht. Für Krankenhausbehandlung gibt es bei Unterbringung im gemeinschaftlichen Krankensaal keine Selbstbeteiligung. Für Zahnbehandlung werden die staatlich festgelegten Gebührensätze erstattet; für Zahnersatz gilt eine Selbstbeteiligung von 25 %. Für in einer amtlichen Positivliste aufgeführte Medikamente gelten je nach Erkrankung Selbstbeteiligungen zwischen 0 % und 85 %. Die Selbstbeteiligung für Prothesen beträgt 20 % und für Sehhilfen 25 %.

Arztwahl: Es besteht freie Arztwahl innerhalb des SNS, bei dem die Ärzte angestellt sind, die gleichzeitig Gatekeeper für die Fachärzte sind.

b) Private Krankenversicherung. Krankenversicherungen können nicht anstelle der Sicherung durch den nationalen Gesundheitsdienst, sondern nur zusätzlich abgeschlossen werden. Zusatzversicherungen bei privaten Versicherungsunternehmen decken vor allem Selbstbeteiligungen ab.

9. Italien. a) Staatliches Sicherungssystem. Es besteht ein staatlicher Gesundheitsdienst, der durch die örtlichen Gesundheitsdienste **USL** („Unità Sanitarie Locali") wahrgenommen wird. Das Gesundheitssystem wird überwiegend durch Steuern und im Übrigen durch Arbeitgeberbeiträge finanziert.

Versichertenkreis: Anspruch auf Leistungen des staatlichen Gesundheitsdienstes haben alle Staatsbürger Italiens sowie alle Staatsbürger der übrigen EU-Staaten mit Wohnsitz oder Erwerbstätigkeit in Italien sowie Angehörige von Drittstaaten aufgrund von Sozialversicherungsabkommen. Die Möglichkeit der freiwilligen Versicherung haben Ausländer mit einer Aufenthaltsgenehmigung für mehr als drei Monate sowie Ausländer, die in Italien studieren oder eine Au-pair-Tätigkeit ausüben, unabhängig von der Dauer der Aufenthaltsgenehmigung.

Leistungen: USL bietet nur eine Grundversorgung im Wege der Sachleistung. Der Arzt erhält vom staatlichen Bezirk eine Pro-Kopf-Pauschale. Zahnbehandlung ist kostenlos nur für wirtschaftlich schlecht gestellte Versicherte und erfolgt in speziellen Zentren des Nationalen Gesundheitsdienstes oder bei Vertragsärzten. Zahnersatz müssen die Patienten vollständig selbst bezahlen. Die Krankenhausbehandlung erfolgt in Mehrbettzimmern.

Arztwahl: Unter den Vertragsärzten der jeweiligen Region besteht freie Arztwahl. Für Fachärzte ist eine Überweisung des praktischen Arztes oder eines beim Nationalen Gesundheitsdienst (SSN) beschäftigten Facharztes notwendig; es müssen Fachärzte der lokalen Gesundheitsdienste aufgesucht werden. Es besteht freie Krankenhauswahl.

275 **Hauptprobleme:** Die Grundversorgung ist unbefriedigend. Der Anteil der eigenfinanzierten Gesundheitsausgaben wächst ständig.

276 **b) Private Krankenversicherung.** Aufgrund des hohen Eigenfinanzierungsanteils steigt der Bedarf für Zusatzversicherungen, die bei privaten Versicherungsunternehmen abgeschlossen werden. Der private Krankenversicherungsmarkt stieg in den letzten zehn Jahren um durchschnittlich über 10 %.

277 **Versicherungsformen:** Zusatzversicherungen gibt es hauptsächlich für Krankenhausaufenthalte in Form von Kostenversicherungen und Krankenhaustagegeldversicherungen sowie für Zahnbehandlung und Zahnersatz.

278 **10. Griechenland. a) Staatliches Sicherungssystem.** Es gibt eine staatlich finanzierte nationale Organisation zur Bereitstellung von Gesundheitsdienstleistungen (EOPYY) sowie eine vereinheitlichte Sozialversicherung (EFKA) für Geldleistungen. 95 % der Bevölkerung sind gesetzlich versichert. Ein Drittel der Gesundheitsausgaben ist steuerfinanziert, 45 % sind aus Sozialbeiträgen finanziert, der Rest wird durch Patientenzuschläge finanziert.

279 **Versichertenkreis:** Pflichtversichert sind alle abhängig Beschäftigten und diesen gleichgestellte Rentner und Arbeitslose. Freiwillig können sich in der staatlichen Krankenversicherung alle Selbständigen versichern sowie Arbeitnehmer, die ihre Arbeit aufgeben.

280 **Leistungen:** Es gilt ein Sachleistungssystem. Geleistet wird für ärztliche und zahnärztliche Behandlung sowie für Pflege im öffentlichen Krankenhaus. Für Medikamente und Zahnersatz gilt eine Selbstbeteiligung von 25 %. Die medizinischen Leistungen werden von den Ärzten und Fachärzten des nationalen Gesundheitsnetzwerks der Grundversorgung (PEDY) erbracht.

281 **Arztwahl:** Es besteht keine freie Arztwahl. Der örtliche Hausarzt ist für die Grundversorgung zuständig; zu Privatärzten, die bei EOPYY unter Vertrag stehen, besteht ein eingeschränkter Zugang. Zugang zu Fachärzten ist nur eingeschränkt möglich. Bei Inanspruchnahme von Privatärzten gibt es keine Kostenerstattung durch EOPYY.

282 **Hauptprobleme:** Die Gesundheitsversorgung ist sehr unterschiedlich; sie ist in den Großstädten ausreichend, in den ländlichen Gebieten dagegen unbefriedigend. Hohe Zentralisierung, Fragmentierung des Leistungsumfangs und ungleichmäßige Verteilung der Ressourcen wirken sich negativ aus. Staatliche Krankenhäuser haben Bettenmangel, niedrigen Standard, Personalprobleme. Für Operationen bestehen lange Wartezeiten, die teilweise nur durch Schmiergeldzahlungen verkürzt werden können. Medizinische Einrichtungen sind um Athen zentralisiert und fehlen in anderen Gebieten. Der medizinische Standard ist nicht hoch.

283 **b) Private Krankenversicherung.** Wegen des hohen Durchdringungsgrades der staatlichen Krankenversicherung liegt das Schwergewicht auf Zusatzversicherungen bei privaten Versicherungsunternehmen. Wichtigste Kundengruppen sind Selbständige und höher verdienende Angestellte in den Ballungsgebieten. Etwa 5–8 % der Bevölkerung haben eine PKV.

284 **Versicherungsformen:** Versichert werden medizinische Leistungen im Rahmen der Selbstbeteiligungen der staatlichen Krankenversicherung und zusätzliche Leistungen bei Krankenhausbehandlung. Es handelt sich stets um reine Risikotarife.

285 **11. Schweiz. a) Staatliches Sicherungssystem.** Nach dem Krankenversicherungsgesetz (KVG) besteht Versicherungspflicht für eine Grundversicherung. Versicherungsträger sind außer öffentlich-rechtlichen Krankenkassen auch private Krankenversicherungsunternehmen. Die Wahl des Versicherungsträgers ist frei. Die Versicherungsträger finanzieren sich durch nicht einkommensabhängige Beiträge; für jede versicherte Person – auch Familienangehörige – ist ein eigener Beitrag zu zahlen.

286 **Versichertenkreis:** Der Versicherungspflicht für die Grundversicherung unterliegen alle Personen mit Wohnsitz in der Schweiz und für Personen mit einer Aufenthaltsbewilligung für mindestens drei Monate.

287 **Leistungen:** Es gilt das Kostenerstattungsprinzip. Die Grundversicherung umfasst Leistungen für ambulante und stationäre Krankheitsbehandlung. Im Rahmen der zahnärztlichen Versorgung werden nur bestimmte – vor allem chirurgische – Leistungen erstattet, dagegen nicht präventive und konservierende Leistungen. Arzneien gem. einer Positivliste werden bis auf eine Selbstbeteiligung von 10 % erstattet.

288 **Arztwahl:** Es besteht freie Arzt- und Krankenhauswahl nur innerhalb des Wohnkantons.

289 **b) Private Krankenversicherung.** Alle über die Grundversicherung hinaus gehenden medizinischen Leistungen können durch Zusatzversicherungen der Krankenkassen und der privaten Versicherungsunternehmen versichert werden.

Versicherungsformen: Die Zusatzversicherungen entsprechen in ihrem Leistungsspektrum den in Deutschland üblichen Tarifen. Die Tarife werden grds. mit Alterungsrückstellung kalkuliert.

Managed Care: Managed Care-Ansätze sind in der Schweiz bereits weit entwickelt. Verschiedene Versicherungsträger haben bereits Strukturen zur qualitativ hochwertigen Versorgung ihrer Versicherten und zur Vergütungssteuerung entwickelt.

12. Österreich. a) Staatliches Sicherungssystem. Es besteht eine staatliche Krankenversicherung, die von öffentlich-rechtlichen Körperschaften mit Selbstverwaltung durchgeführt wird. Die Zugehörigkeit zur jeweiligen Krankenkasse ist berufsständisch und regional geregelt. Die Versicherungsträger finanzieren sich durch einkommensabhängige Beiträge.

Versichertenkreis: Es besteht eine allgemeine Versicherungspflicht für alle Arbeitnehmer, Selbständigen (mit Ausnahme bestimmter freier Berufe), Rentner und Arbeitslosen ohne Einkommenshöchstgrenzen. Eine Möglichkeit zur Befreiung besteht nicht.

Leistungen: Es gilt das Sachleistungsprinzip für Personen bis zu einer bestimmten Einkommenshöhe und das Kostenerstattungsprinzip für alle übrigen Personen. Je Krankenschein, Praxisbesuch und Rezept sind Selbstbeteiligungen zu zahlen. Die Selbstbeteiligung bei Zahnbehandlung und -ersatz beträgt 25–30 %.

Arztwahl: Es gilt freie Arzt- und Krankenhauswahl. Für den Facharzt ist grundsätzlich Überweisung durch den praktischen Arzt notwendig.

b) Private Krankenversicherung. Versicherungspflichtige können für nicht erstattungsfähige Leistungen Zusatzversicherungen bei privaten Versicherungsunternehmen abschließen. Krankheitskosten-Vollversicherungen stehen den – wenigen – nicht versicherungspflichtigen Personenkreisen offen.

Versicherungsformen: Die Tarife ähneln in ihrem Leistungsspektrum den in Deutschland üblichen. Die privaten Krankenversicherungen werden überwiegend mit Alterungsrückstellung kalkuliert.

13. Ungarn. Es besteht eine staatliche Krankenversicherung mit allgemeiner Versicherungspflicht für Arbeitnehmer und Selbständige. Die Krankenversicherung finanziert sich durch einkommensabhängige Beiträge der Arbeitnehmer und Arbeitgeber.

Versichertenkreis: Der Versicherungspflicht unterliegen alle in Ungarn erwerbstätigen oder dauerhaft wohnhaften Personen mit Ausnahme bestimmter Personen, die von ausländischen Arbeitgebern oder von Unternehmen mit ausländischer Beteiligung beschäftigt werden.

Leistungen: Es gilt das Sachleistungsprinzip. Die Leistungen sind kostenlos. Selbstbeteiligungen gelten bei bestimmten Medikamenten, bei Zahnersatz, beim Besuch eines Facharztes ohne Überweisung, bei Hilfsmitteln und bei „Hotelleistungen" im Krankenhaus.

Arztwahl: Es gilt freie Arztwahl. Für den Facharzt ist eine Überweisung notwendig.

14. Dänemark. a) Staatliches Sicherungssystem. Der staatliche Gesundheitsdienst bietet der gesamten Bevölkerung einen umfassenden Schutz. Das System ist steuerfinanziert. Die Patienten tragen nur einen sehr geringen Teil der Kosten.

Versichertenkreis: Alle Einwohner haben Anspruch auf die staatlichen Leistungen.

Leistungen: Der Leistungsumfang umfasst grds. die gesamte medizinische Behandlung und Krankenhausunterbringung. Die Leistungen werden durch Vertragsärzte des Gesundheitsdienstes und öffentliche Krankenhäuser erbracht. Leistungen für Zahnersatz werden vom Staat nicht getragen. An den Arzneimittelkosten müssen sich die Versicherten mit 15–100 % beteiligen.

Arztwahl: Die Versicherten können sich jährlich zwischen einem Hausarztmodell und einem freien Modell entscheiden. Beim Hausarztmodell gibt es keine freie Arztwahl und keine Selbstbeteiligung. Beim freien Modell besteht freie Arztwahl bei Zahlung der dadurch entstehenden höheren Kosten.

Hauptprobleme: Hauptprobleme sind die hohen Gesundheitskosten, lange Wartezeiten und die Überalterung der Bevölkerung. Es ist absehbar, dass dies zu Änderungen im System führen wird.

b) Private Krankenversicherung. Einen Markt für private Krankenversicherungen gibt es seit 1970, der allerdings erst seit ca. 1995 eine zunehmende Rolle spielt. Bislang besitzen erst ca. 10 % der Bevölkerung eine PKV. Ca. 50 % der Unternehmen in Dänemark haben Gruppenversicherungsverträge für ihre Angestellten über einen privaten Krankenversicherungsschutz abgeschlossen. Zweck dieser Zusatzversicherung ist idR die Abdeckung der Beteiligung an den Arzneimittelkosten, die Übernahme der zahnärztlichen Honorare sowie der Kosten für Physiotherapie.

Versicherungsformen: Private Krankenversicherungsprodukte sind Zusatzversicherungen zur Ergänzung der staatlichen Gesundheitsversorgung. Sie decken die privatärztliche ambulante und Krankenhausbehandlung ab, den Zahnersatz und Selbstbeteiligungen bei Arzneimittelkosten.

309   **15. Schweden. a) Staatliches Sicherungssystem.** Der staatliche Gesundheitsdienst bietet der gesamten Bevölkerung einen umfassenden Krankenversicherungsschutz. Es ist steuerfinanziert. Die Patienten müssen lediglich begrenzte Selbstbehalte übernehmen. Die Gesundheitsversorgung hat ein grds. hohes Niveau, doch auch in Schweden haben volkswirtschaftliche Probleme zu Leistungskürzungen geführt.

310   **Versichertenkreis:** Alle Einwohner haben Anspruch auf die staatlichen Versicherungsleistungen.

311   **Leistungen:** Der Leistungsumfang umfasst grds. die gesamte medizinische Behandlung und Krankenhausunterbringung. Sachleistungen werden durch Ärzte und Krankenhäuser der Behörden bzw. Regionen erbracht. Zahnärztliche Versorgung der Erwachsenen erfolgt durch eine staatliche Sozialversicherungskasse. Für Arzneimittel bestehen Selbstbeteiligungen.

312   **Arztwahl:** Freie Arztwahl besteht im öffentlichen Gesundheitswesen und unter privaten Vertragsärzten. Direkter Zugang zum Facharzt ist diagnoseabhängig.

313   **Hauptprobleme:** Es bestehen teilweise sehr lange Wartezeiten in den öffentlichen Krankenhäusern.

314   **b) Private Krankenversicherung.** Der private Krankenversicherungsmarkt in Schweden ist noch relativ klein. Bislang besitzen erst ca. 5 % der Bevölkerung eine PKV, die Tendenz ist jedoch steigend.

315   **Versicherungsformen:** Private Krankenversicherungsprodukte sind Zusatzversicherungen zur Ergänzung der staatlichen Gesundheitsversorgung. Sie decken die privatärztliche ambulante und Krankenhausbehandlung sowie die Zahnbehandlung ab. Aufgrund langer Wartezeiten bei Krankenhausbehandlungen beginnen Kommunen private Krankenversicherungen für ihre Einwohner abzuschließen, um diesem Problem zu begegnen.

316   **16. Norwegen. a) Staatliches Sicherungssystem.** Der staatliche Gesundheitsdienst bietet der gesamten Bevölkerung einen umfassenden Sozialversicherungsschutz für medizinische Kosten und Verdienstausfall für unbegrenzte Zeit. Das System ist steuerfinanziert. Die Patienten tragen nur einen sehr geringen Teil der Kosten. Das System ist in drei Verwaltungsebenen gegliedert, in die nationale, die regionale und die lokale Ebene.

317   **Versichertenkreis:** Alle Einwohner haben Anspruch auf die staatlichen Versicherungsleistungen.

318   **Leistungen:** Der Leistungsumfang umfasst grds. die gesamte medizinische Behandlung und Krankenhausunterbringung. Die Leistungen werden durch Ärzte des Gesundheitsdienstes oder Vertragsärzte und durch öffentliche Krankenhäuser erbracht. Leistungen für Zahnbehandlung und Zahnersatz werden vom Staat nicht getragen.

319   **Arztwahl:** Die freie Arztwahl beschränkt sich auf die ortsansässigen Allgemeinmediziner, Kinderärzte und verschiedene Fachärzte, soweit das Listenkontingent des Arztes noch nicht erschöpft ist.

320   **Hauptprobleme:** Es bestehen teilweise sehr lange Wartezeiten in den öffentlichen Krankenhäusern. Außerdem ist die allgemeinmedizinische mit der fachärztlichen und stationären Versorgung nicht ausreichend verzahnt. Es gibt besonders in den ländlichen Regionen einen Ärztemangel.

321   **b) Private Krankenversicherung.** Mit ca. 2 % der Bevölkerung ist der Markt der privaten Krankenversicherung noch sehr klein, doch in rascher Entwicklung begriffen.

322   **Versicherungsformen:** Private Krankenversicherungsprodukte sind Zusatzversicherungen zur Ergänzung der staatlichen Gesundheitsversorgung. Sie decken die privatärztliche ambulante und Krankenhausbehandlung sowie die Zahnbehandlung ab.

Private Krankenversicherung wird hauptsächlich ohne Kostenerstattung angeboten. Der Versicherte bekommt die Behandlung bei einem Spezialisten oder in einem Krankenhaus innerhalb weniger Tage garantiert. Der Versicherte hat im Normalfall die Wahl zwischen mehreren Leistungserbringern, die das Versicherungsunternehmen vorschlägt.

323   **17. Australien. a) Staatliches Sicherungssystem.** Der nationale Gesundheitsdienst **Medicare** gleicht einer staatlichen Sozialversicherung. Das System wird überwiegend durch Steuern und im Übrigen durch Abgaben auf die Gehälter finanziert. Höherverdiener, die sich nicht als Privatpatienten zusätzlich privat versichern, zahlen eine zusätzliche Abgabe von 1 % ihrer Einkünfte.

324   **Versichertenkreis:** Versichert sind alle australischen Bürger und Personen, die eine Daueraufenthaltsgenehmigung haben. Personen mit zeitlich begrenztem Visum sind nicht versichert.

325   **Leistungen:** Erstattet werden 100 % der stationären und ambulanten Behandlung in öffentlichen Krankenhäusern, 85 % der übrigen ärztlichen und zahnärztlichen Leistungen. Für Rezepte muss eine Grundgebühr gezahlt werden. Privatpatienten in öffentlichen und privaten Krankenhäusern erhalten von Medicare 75 % der ärztlichen Kosten erstattet.

b) Private Krankenversicherung. Von der Versicherungspflicht kann nicht befreit werden. Die über Medicare Versicherten können sich zusätzlich privat versichern, um die Zuzahlungen von 15 % der ärztlichen und zahnärztlichen Leistungen abzusichern. Wer als Privatpatient behandelt werden will, benötigt eine private Zusatzversicherung für 25 % der ärztlichen Kosten und für die Krankenhauskosten. Wer nicht über Medicare versichert ist, benötigt eine PKV für sämtliche Krankheitskosten.

Der Sektor der privaten Krankenversicherung spielt eine bedeutende Rolle auch bei der Bereitstellung von Gesundheitsservice und Altenpflegeheimen. Die Mehrzahl der Versicherungsunternehmen sind als „Not-for-profit"-Unternehmen (Stiftungen) organisiert.

18. Japan. a) Staatliches Sicherungssystem. Es besteht eine **gesetzliche Pflichtversicherung.** Die gesetzlichen Versicherer sind nach Betrieben und Wohnorten der Versicherten gegliedert, die ihren jeweiligen Versicherern gesetzlich fest zugewiesen sind. Der Versicherte kann nicht zwischen verschiedenen Versicherern wählen. Die Risikostrukturen der Versicherer unterscheiden sich nach Alter und Einkommen der Versicherten zum Teil erheblich, die Unterschiede werden durch beträchtlichen Einsatz von Steuermitteln zugunsten der Versicherer mit ungünstigen Risikostrukturen ausgeglichen. Damit erhalten alle Einwohner medizinische Leistungen unter nahezu gleichen Bedingungen.

Seit 1983 wurde die **altersbedingte Risikostruktur** stufenweise angeglichen. Die Arbeitnehmer-Krankenversicherung unterstützt durch ihre Beiträge die kommunal verwaltete Krankenversicherung, bei der Rentner nach Ausscheiden aus dem Berufsleben versichert sind. Diese Regelung funktionierte zwar anfangs, führte aber infolge der schweren Rezession in den 1990er Jahren und der zunehmenden Überalterung zu Problemen, weil die Arbeitnehmer-Krankenversicherung unter der zunehmenden Belastung der Beiträge zum Ausgleichssystem für ältere Personen litt und Arbeitnehmer sowie Arbeitgeber weitere Belastungen ablehnen.

Versichertenkreis: Mit Ausnahme der Sozialhilfeempfänger sind alle Einwohner gesetzlich pflichtversichert.

b) Private Krankenversicherung. Private Versicherer spielen nur eine untergeordnete Rolle. Sie beschränken sich aufgrund der Ausdehnung der gesetzlichen Pflichtversicherung nur auf Summenversicherungen.

19. China. a) Staatliches Sicherungssystem. China kennt kein einheitliches und gemeinsames Krankenversicherungssystem. Die gesamte Gesundheitsversorgung befindet sich in einem teilweise jahrzehntelangen **permanenten Reformprozess,** der für die Bevölkerung in den Städten einerseits und auf dem Lande andererseits zu unterschiedlichen Lösungen gelangt. Dabei spielen vor allem auch regional begrenzte Reformmodelle eine erhebliche Bedeutung. Die Verteilung des staatlichen Budgets für die medizinische Versorgung ist zwischen Stadt und Land extrem ungleich. Der Anteil der ländlichen Bevölkerung an der Gesamtbevölkerung beträgt 60–70 %; für sie wird nur ca. ein Drittel der gesamten Ausgaben für die medizinische Versorgung aufgewendet.

b) Krankenversicherung in den Städten. 1952 war ein System der kostenlosen medizinischen Versorgung eingeführt worden, das seit Anfang der 1980er Jahre dem Reformprozess unterliegt. Seit 1988 wurde in einzelnen Betrieben und Regionen mit verschiedenen Reformmodellen und Pilotprojekten – teilweise auch auf der Basis des Kapitaldeckungsverfahrens – experimentiert. Aufgrund der gemachten Erfahrungen wurde 1998 die Einführung einer Basiskrankenversicherung für Arbeiter und Angestellte in den Städten beschlossen. Aufgrund der unterschiedlichen Verhältnisse in den Regionen und Betrieben haben die jeweiligen Provinzen die konkreten Bestimmungen auszuarbeiten. Die medizinische Versorgung ist nach wie vor stark regional, branchen-, betriebs- und beschäftigungsbezogen aufgebaut.

Versichertenkreis: In der städtischen Krankenversicherung versichert sind alle in Betrieben beschäftigten Arbeiter sowie in Partei- und Staatsinstitutionen tätige Beamte und Angestellte. Sie zahlen 2 % ihres Lohnes in die Krankenversicherung auf ein „individuelles Konto". Der Arbeitgeber zahlt 6 % des Lohnes, wovon 30 % auf das „individuelle Konto" und 70 % auf das „Solidarkonto" fließen.

Leistungen: Schwere Krankheiten – insbes. Krankenhausaufenthalte – sollen aus dem „Solidarkonto", ambulante Behandlungen kleinerer Krankheiten sollen aus dem „individuellen Konto" finanziert werden. Für Leistungen aus dem „Solidarkonto" werden Unter- und Höchstgrenzen festgelegt. Die Höchstgrenzen übersteigende Kosten sollen durch individuelle oder betriebliche Zusatzkrankenversicherungen gedeckt werden.

Boetius

336 **Hauptprobleme:** Der Versuch, für bestimmte Leistungen Preisgrenzen festzusetzen, war wenig erfolgreich. Ärzte und Pharmaindustrie legen gleichwohl die Preise eigenständig fest. Anreize zur Ausgabenkontrolle fehlen. Korruption in der Ärzteschaft und im Pharmabereich gehören zu den gravierendsten Problemen.

337 **c) Krankenversicherung auf dem Lande.** 1968 war ein ländliches kooperatives medizinisches Versorgungssystem eingeführt worden, bestehend aus „Barfußärzten" und kooperativem Gesundheitsdienst. Es bestand ein dreistufiges Netz mit Krankenhäusern auf der Kreisebene, Gesundheitsstationen auf der Gemeindeebene und solchen auf der Dorfebene. Die medizinische Versorgung auf Gemeinde- und Dorfebene war finanziell und personell ausschließlich auf kollektive lokale Ressourcen angewiesen. Das System brach mit der Dekollektivierung der Landwirtschaft seit Anfang der 1980er Jahre zusammen, Gesundheitsstationen auf der Dorfebene wurden teilweise privatisiert. Von 2003 an soll schrittweise ein neues kooperatives medizinisches Versorgungssystem mit einer Versicherung für schwere Krankheitsfälle aufgebaut werden.

338 **Versichertenkreis:** Jeder Bauer soll eine primäre medizinische Versorgung erhalten. Der Beitrag für die aufzubauende Versicherung für schwere Krankheitsfälle muss überwiegend von den Versicherten aufgebracht werden. Zentralregierung und die lokalen Regierungen sollen Zuschüsse zahlen.

339 **Ärztliche Versorgung:** Jede Gemeinde soll eine Gesundheitsstation besitzen und der überwiegende Teil der Dorfärzte soll durch Ausbildung qualifiziert sein. Jede mittlere oder große städtische medizinische Einrichtung muss eine bestimmte ländliche medizinische Einrichtung mit Sachmitteln (Abgabe gebrauchter Geräte) und durch Ausbildung von Personal unterstützen. Jeder Kreis muss ein Fahrzeug zur ambulanten medizinischen Behandlung organisieren.

340 **Hauptprobleme:** Zahlreiche Lokalregierungen sind nicht bereit oder in der Lage, die neue Initiative umzusetzen und die Zuschüsse für die Versicherten zu zahlen.

341 **d) Private Krankenversicherung.** Ungeachtet des gewaltigen Reformbedarfs besteht aus finanziellen Gründen nur in den Städten Raum für die Entwicklung einer privaten Krankenversicherung. Aufgrund der teilweise ungestümen Wirtschaftsentwicklung in einigen Regionen befinden sich private Krankenversicherungsunternehmen im Aufbruch. Zielgruppen sind Selbständige, die in der Basiskrankenversicherung nicht versichert sind, und Angestellte für Krankheitskosten, die durch die Basiskrankenversicherung nicht gedeckt sind.

D. Rechtsgrundlagen

I. Rechtsentwicklung der PKV

342 **1. Zeit vor 1994. a) Versicherungsvertragsrecht.** Vor 1994 gab es für die PKV keine speziellen Vorschriften des Versicherungsvertragsrechts. Es galten nur die allgemeinen Vorschriften des VVG, das für einzelne Versicherungszweige besondere Vorschriften enthielt, nicht jedoch für die Krankenversicherung. Das besondere Versicherungsvertragsrecht der Krankenversicherung spiegelte sich ausschließlich in den AVB wider, die als Teil des Geschäftsplans von der Versicherungsaufsichtsbehörde vorab genehmigt werden mussten und damit eine Art staatliches Gütesiegel als Gesetzesersatz erhielten. Eine besondere Bedeutung kam den von der PKV entwickelten **Musterbedingungen** zu, die zu einer Vereinheitlichung und Standardisierung der AVB führten und so ein gesetzesähnliches Regelwerk darstellten (→ Rn. 9).

343 **b) Versicherungsaufsichtsrecht.**[98] Wie es für die PKV vor 1994 keine speziellen gesetzlichen Vorschriften des Versicherungsvertragsrechts gab (→ Rn. 342), so gab es bis zu diesem Zeitpunkt für die PKV auch keine besonderen Vorschriften des Versicherungsaufsichtsrechts. Die PKV-Unternehmen wurden nach dem für alle Versicherungsunternehmen geltenden VAG beaufsichtigt. Die ersten Musterbedingungen (AVB) für die Krankenversicherung wurden 1932 veröffentlicht.[99] Im Jahr 1936 genehmigte das Reichsaufsichtsamt den ersten Tarif, der die Bildung einer **Deckungsrückstellung** vorsah.[100] Die von der Reichsregierung erlassene Verordnung über das Verbot von Preiserhöhungen v. 26.11.1936 galt auch für die PKV. Beabsichtigte Prämienerhöhungen musste das Reichsaufsichtsamt dem Reichskommissar für die Preisbildung zur Genehmigung vorlegen.

---

[98] Ausf. *Sommer* Die Entwicklung der Mathematik der privaten Krankenversicherung, in 100 Jahre materielle Versicherungsaufsicht in Deutschland, 2001, S. 221 ff.
[99] VerAfP 1932, 151.
[100] VerAfP 1937, 59.

Im Jahr 1949 legte das Zonenamt des Reichsaufsichtsamtes i. Abw. (Zonenamt) für die Krankenversicherung die Grundsätze für die Berechnung der **Alterungsrückstellung** fest. Als Rechnungsgrundlagen wurden ua die Sterbetafel 1924/26, eine Stornotafel und ein Rechnungszins von 3,5 % vorgegeben. Von grundlegender Bedeutung für die Abzugsfähigkeit der Alterungsrückstellung im Rahmen der steuerlichen Gewinnermittlung war das Urteil des OFH v. 22.6.1949.[101] 344

1951 veröffentlichte das Zonenamt erstmals Richtlinien für die Aufstellung technischer **Geschäftspläne** in der Krankenversicherung.[102] Diese Richtlinien galten im Wesentlichen bis zum Erlass der früheren Kalkulationsverordnung (KalV) 1996. 345

Mit Rundschreiben R 12/58[103] regelte das BAV die Prämienberechnung bei Höherstufungen, dh bei einem Wechsel in einen Tarif mit höheren Leistungen. Die Beitragsberechnung bei **Umstufungen** wurde später in § 178f Abs. 1 VVG aF geregelt. 346

Bis zum Jahr 1970 enthielten die AVB der PKV keine **Beitragsanpassungsklauseln**. Der einzig mögliche Weg bestand darin, die Änderung des technischen Geschäftsplans und die Genehmigung neuer Beiträge mit Wirkung für bestehende Versicherungsverhältnisse zu beantragen. Dieses Verfahren setzte die vorherige Erstellung des gesamten Jahresabschlusses voraus und ermöglichte keine zeitnahe Beitragsänderung. Nach mehrjähriger Vorarbeit konnte erst 1974 eine Beitragsanpassungsklausel in den AVB eingeführt werden. 347

2. Zeit ab 1994. a) Europäisches Unionsrecht. Zur Herstellung des vollständigen europäischen Binnenmarkts für Finanzdienstleistungen einschließlich Direktversicherung wurde die unbeschränkte Niederlassungs- und Dienstleistungsfreiheit eingeführt (→ Rn. 371, 697). Die **Dienstleistungsfreiheit** erforderte eine umfangreiche Deregulierung, die ua den Fortfall der versicherungsaufsichtsrechtlichen Genehmigungspflicht von AVB zur Folge hatte. Für die Krankenversicherung erfolgte dies durch Art. 2 Abs. 1, 29, 39 RL 92/49/EWG (Dritte SchadenRL). Diese Richtlinienvorgabe wurde durch das 3. DurchfG/EWG zum VAG v. 21.7.1994 (BGBl. I S. 1630) in deutsches Recht umgesetzt und führte zu Änderungen des Versicherungsaufsichts- und des Versicherungsvertragsrechts.[104] Um einen einheitlichen Rechtsrahmen für die Ausübung des Versicherungsgeschäfts im gesamten Binnenmarkt zu schaffen, erging die RL 2009/138/EG des Europäischen Parlaments und des Rates v. 25.11.2009 über die Aufnahme und Ausübung der Versicherungs- und der Rückversicherungstätigkeit (Solvabilität II) – Solvabilität II-RL –, die an die Stelle der bisherigen Versicherungsrichtlinien trat.[105] Mehrfache Änderungen der Solvabilität II-RL – zuletzt durch die Omnibus II-Vorabrichtlinie – verschoben das Inkrafttreten der Solvabilität II-RL auf den 1.1.2016. 348

Von zentraler Bedeutung für die PKV ist Art. 54 RL 92/49/EWG (= Art. 206 RL 2009/138/EG), der auf Betreiben der deutschen Politik ein Mitgliedstaatenwahlrecht für den Betrieb der privaten Krankenversicherung vorsieht, die ganz oder teilweise den im gesetzlichen Sozialversicherungssystem vorgesehenen Krankenversicherungsschutz ersetzen kann. Der deutsche Gesetzgeber hat von diesem Mitgliedstaatenwahlrecht Gebrauch gemacht und für diese Krankenversicherung den Begriff der **substitutiven Krankenversicherung** (→ Rn. 634 ff.; → Rn. 705 ff.; → Rn. 716 ff.) geprägt (§ 146 Abs. 1 VAG). 349

b) Versicherungsaufsichtsrecht. Das europäische Unionsrecht hat für den Betrieb der substitutiven Krankenversicherung umfangreiche **Systemanforderungen** geschaffen (→ Rn. 697 ff.), die durch das 3. DurchfG/EWG zum VAG v. 21.7.1994 (BGBl. I S. 1630) mit den §§ 12 ff. VAG aF in deutsches Aufsichtsrecht umgesetzt worden sind. Im Zentrum steht hierbei der Fortfall der Tarif- und Bedingungsaufsicht. 350

Im Verlauf dieser Transformationsgesetzgebung wurde auch nach Lösungen für die steigende Beitragslast älterer Versicherter gesucht. Wegen des unter Zeitnot stehenden Gesetzgebungsverfahrens wurde die Unabhängige **Expertenkommission** zur Untersuchung der Problematik steigender Beiträge der privat Krankenversicherten im Alter eingesetzt, die in ihrem Gutachten von 1996[106] insbes. die Einführung eines gesetzlichen Beitragszuschlags von 10 % in der substitutiven Krankenversicherung und eine erhöhte Überzinszuschreibung vorschlug. Diese Vorschläge wurden durch das – eigentlich sachfremde – GKV-Gesundheitsreformgesetz 2000 v. 22.12.1999 (BGBl. I S. 2626) in den §§ 12 Abs. 4a, 12a, 12e VAG aF (= §§ 149, 150 VAG) umgesetzt (→ Rn. 923). 351

---

[101] OFHE 54, 347; *J. Boetius* in Boetius/Boetius/Kölschbach, Handbuch der versicherungstechnischen Rückstellungen, 2. Aufl. 2021, § 10 Rn. 128 ff..
[102] VerZA 1951, 129.
[103] VerBAV 1958, 192.
[104] Zu den Umsetzungszielen *Renger* VersR 1995, 866 (871 f.).
[105] *Dreher* VersR 2011, 825 ff.
[106] BT-Drs. 13/4945.

352 Das **FinMoG** v. 1.4.2015[107] setzte die RL 2009/138/EG in deutsches Recht um. Wegen der grundlegenden Neuerungen der RL 2009/138/EG wurde das VAG aF vollständig überarbeitet, so dass es wieder eine klarere Systematik erhielt. Das Gesetz nahm allerdings keine über die Richtlinienumsetzung hinausgehende grundsätzliche Reform der Versicherungsaufsicht vor.[108] Weil die RL 2009/138/EG keine Vollharmonisierung des Versicherungsaufsichtsrechts vorsieht, behält das neue VAG bisher bestehende strengere Regelungen – soweit sie nicht der RL 2009/138/EG widersprechen – bei.[109]

353 Die bisher in den §§ 12 ff. VAG aF enthaltenen aufsichtsrechtlichen Regelungen der Krankenversicherung übernahm das **FinMoG** inhaltsgleich in die neuen Vorschriften der §§ 146 ff. VAG nF.[110]

354 **c) Versicherungsvertragsrecht.** Mit dem durch die Dienstleistungsfreiheit vorgegebenen Fortfall der aufsichtsrechtlichen Bedingungsgenehmigung (→ Rn. 350) wurde es unabweisbar, das spezielle Versicherungsvertragsrecht der Krankenversicherung nicht mehr ausschließlich den AVB zu überlassen, sondern hierfür im VVG **spartenspezifische Vorschriften** vorzusehen. Dies erfolgte gleichfalls durch das 3. DurchfG/EWG zum VAG v. 21.7.1994[111] mit der Einfügung der §§ 178a–178o VVG aF.

355 Im Zuge der **VVG-Reform** wurden auch die Vorschriften über die Krankenversicherung überarbeitet (→ Rn. 1381 ff.; → Rn. 1398). Grundsätzlicher Reformbedarf ergab sich jedoch nicht. Aufgrund der Vorschläge der VVG-Kommission wurden Elemente des Managed Care-Gedankens zur wirksameren Kostensteuerung eingefügt und die Beitragsanpassungsmechanik verfeinert.

356 **d) Sozialversicherungsrecht.** Die durch das europäische Unionsrecht angestoßene Regelung der substitutiven Krankenversicherung (→ Rn. 348) erforderte auch Anpassungen in § 257 SGB V, soweit es um die Gleichrangigkeit von GKV und substitutiver PKV in der Behandlung des **Arbeitgeberanteils zum Krankenversicherungsbeitrag** geht (→ Rn. 713 f.; → Rn. 728 f.).

357 **e) Pflegeversicherung.** Das Pflege-Versicherungsgesetz (PflegeVG) v. 26.5.1994[112] führte eine allgemeine **Versicherungspflicht** zur Absicherung des Risikos der Pflegebedürftigkeit für alle diejenigen ein, die in der GKV oder in der PKV gegen Krankheitskosten versichert sind (→ Rn. 106 ff.; → Rn. 112 ff.). Nach dem Grundsatz „Pflege folgt Kranken" müssen die in der PKV substitutiv Krankenversicherten eine private Pflege-Pflichtversicherung (PPV) abschließen (§§ 1 Abs. 2 S. 2, 23, 110 SGB XI). Freiwillige Mitglieder der GKV können sich anstelle der SPV für eine PPV entscheiden (§§ 20 Abs. 3, 22 SGB XI).

358 **f) Weitere Rechtsänderungen.** Noch vor Verabschiedung der VVG-Reform führte das GKV-Wettbewerbsstärkungsgesetz (GKV-WSG) v. 26.3.2007[113] im Zuge der **Gesundheitsreform** grundlegende Veränderungen des PKV-Systems herbei, was grundsätzliche Änderungen der §§ 12 ff. VAG aF und der §§ 178a ff. VVG aF zur Folge hatte (→ Rn. 1031 ff.). Diese Änderungen übernahm die VVG-Reform inhaltsgleich. Weitere Rechtsänderungen betreffen folgende Themen:

359 – Unisex: Der EuGH entschied mit Urteil v. 1.3.2011, dass ab 21.12.2012 Versicherungsprämien geschlechtsneutral kalkuliert werden müssen.[114] Das hatte eine Umstellung aller Krankenversicherungstarife zur Folge (→ § 203 Rn. 172 ff.).

360 – Notlagentarif: Wenn Versicherungsnehmer ihre Beiträge zur Krankheitskosten-Vollversicherung nicht bezahlen, werden sie nach dem durch das Gesetz v. 15.7.2013[115] eingefügten § 193 Abs. 7 VVG in einen Notlagentarif überführt, der nur reduzierten Versicherungsschutz bietet (→ Rn. 1231 ff.).

II. Deutsches und europäisches Kompetenzrecht

361 **1. Deutsches Verfassungsrecht. a) Grundsatz.** Die maßgebenden Kompetenznormen für die GKV und die PKV enthält Art. 74 Abs. 1 GG. Der Bund hat nach Art. 74 Abs. 1 Nr. 11 GG die **Gesetzgebungskompetenz** für das privatrechtliche Versicherungswesen, dh die Individualversicherung und damit für die Gesamtheit der versicherungsaufsichts- und versicherungsvertragsrechtli-

---

[107] BGBl. 2015 I 434.
[108] Begr. Abschn. A I RegE FinMoG, BT-Drs. 18/2956, 227.
[109] Begr. Abschn. A I RegE FinMoG, BT-Drs. 18/2956, 227.
[110] Begr. zu Abschn. 2 und zu §§ 146 ff. RegE FinMoG, BT-Drs. 18/2956, 271.
[111] BGBl. 1994 I 1630.
[112] BGBl. 1994 I 1014.
[113] BGBl. 2007 I 378.
[114] EuGH Slg. 2011, I-733 = VersR 2011, 377 = NJW 2011, 907 – Test-Achats.
[115] BGBl. 2013 I 2423.

chen Vorschriften der PKV. Nach Art. 74 Abs. 1 Nr. 12 GG hat der Bund die Gesetzgebungskompetenz für die Gesamtheit der Sozialversicherung und damit für die GKV sowie die SPV.

b) Ausgegliederte GKV-Leistungen. Das Kompetenzrecht spielt eine besondere Rolle, wenn 362
der Bundesgesetzgeber GKV-Leistungen ausgliedert und in eine andere Finanzierungsform überführt
(→ Rn. 165 ff.).

Wenn der Bundesgesetzgeber den Pflichtleistungskatalog der GKV durch schlichte **Heraus-** 363
nahme bestimmter Leistungen reduziert, ohne dass die ausgegliederten Leistungen einem anderen Risikoträger zur Aufgabenwahrnehmung gesetzlich zugewiesen werden, kann er sich auf den Kompetenztitel aus Art. 74 Abs. 1 Nr. 12 GG stützen; denn die Sozialversicherung ist betroffen. Ordnet der Gesetzgeber für die ausgegliederten Leistungen gleichzeitig eine allgemeine Versicherungspflicht an und weist er die Durchführung der entsprechenden Pflicht-Zusatzversicherungen ausschließlich der PKV zu, so ist dies – wie im Falle der privaten Pflege-Pflichtversicherung[116] – durch die Gesetzgebungskompetenz des Bundes für das privatrechtliche Versicherungswesen nach Art. 74 Abs. 1 Nr. 11 GG gedeckt.

Anders beurteilt sich die Gesetzgebungskompetenz, wenn der Gesetzgeber die **Versicherung** 364
der ausgegliederten Leistungen ausschließlich oder auch der **GKV** zuweist:
– Würde der GKV die Möglichkeit eröffnet, die ausgegliederten Leistungen als **solidarisch finan-** 365
zierte Leistungen zu versichern (→ Rn. 169 ff.), ohne dass gleichzeitig eine Versicherungspflicht für die Kassenmitglieder begründet würde – denn die Frage einer gleichzeitigen Versicherungspflicht stellt sich logischerweise nicht, weil dies keine Änderung gegenüber der geltenden Lage wäre –, so könnte sich der Gesetzgeber nicht auf die Kompetenzvorschrift des Art. 74 Abs. 1 Nr. 12 GG stützen; denn es würde sich in diesem Fall der Sache nach nicht mehr um Sozialversicherung handeln (→ Rn. 171). Nur solche gesetzlichen Aufgabenzuweisungen sind durch die Gesetzgebungskompetenz für die Sozialversicherung gedeckt, die sich materiell als Sozialversicherung darstellen. Die Übertragung einer Aufgabe auf einen Sozialversicherungsträger macht diese Aufgabe nur dann materiell zur Sozialversicherung, wenn sie in ihren wesentlichen Strukturprinzipien dem Bild der überkommenen, „klassischen" Sozialversicherung entspricht. Dies wäre nicht der Fall. Ein solches Gesetz wäre schon deshalb nichtig, weil dem Bund die Gesetzgebungszuständigkeit hierfür fehlte.
– Würde der GKV andererseits die Möglichkeit eröffnet, die ausgegliederten Leistungen als **nicht** 366
solidarisch finanzierte Leistungen nach den Grundsätzen der Individualversicherung zu versichern (→ Rn. 172), so ist für die Frage der Gesetzgebungskompetenz zu unterscheiden: Wenn die gesetzliche Krankenkasse selbst als öffentlich-rechtlicher Risikoträger auftreten soll, stünde hierfür gleichfalls nicht die Kompetenznorm des Art. 74 Abs. 1 Nr. 12 GG zur Verfügung; denn diese Zusatzversicherung wäre formal und materiell keine Sozialversicherung mehr. Materiell kann es sich nur um „privatrechtliches Versicherungswesen" iSd Art. 74 Abs. 1 Nr. 11 GG handeln. Dass der Risikoträger eine öffentlich-rechtliche Rechtsform hat, ist für die Inanspruchnahme einer darauf gegründeten Zuständigkeit unschädlich, wenn das öffentlich-rechtliche Versicherungsunternehmen jedenfalls private Versicherungsverträge abschließt und insoweit mit privatrechtlich verfassten Unternehmen im Wettbewerb steht.[117] Zweifelhaft bliebe dann aber immer noch, ob dieser Kompetenztitel auch dann in Anspruch genommen werden kann, wenn es sich bei dem öffentlich-rechtlichen Unternehmen nicht um ein Versicherungsunternehmen handelt, das ausschließlich privatrechtliche Versicherungsverträge auf der Basis des VVG und unter der Versicherungsaufsicht nach dem VAG abschließt, sondern um einen Träger der Sozialversicherung, dessen Hauptaufgabe als Träger mittelbarer Staatsverwaltung es ist, das Recht der Sozialversicherung umzusetzen.[118] Die Tätigkeit eines Trägers mittelbarer Staatsverwaltung insgesamt kann nicht dem „Recht der Wirtschaft" iSv Art. 74 Abs. 1 Nr. 11 GG zugeordnet werden, auch wenn dieser Träger formal instand gesetzt würde, neben seiner Staatsaufgabe Tätigkeiten eines Wirtschaftsunternehmens wahrzunehmen. Daher könnte für die Versicherung nicht solidarisch finanzierter Leistungen durch die GKV nicht die Zuständigkeit aus Art. 74 Abs. 1 Nr. 11 GG in Anspruch genommen werden.
– Eine ähnliche Betrachtung ist für den Fall angezeigt, dass der GKV erlaubt würde, privatrechtliche 367
Versicherungsunternehmen zu gründen oder zu erwerben, um durch diese Versicherungsunternehmen private Krankenversicherungsverträge über ausgegliederte GKV-Leistungen anzubieten.

2. Europäisches Unionsrecht. a) Sozialversicherung und Individualversicherung. Die 368
rechtsdogmatische Grenze zwischen Sozialversicherung und Individualversicherung im europarecht-

---
[116] BVerfGE 103, 197 = VersR 2001, 627 (630 li. Sp.) = NJW 2001, 1709.
[117] BVerfGE 103, 197 = VersR 2001, 627 (630 li. Sp.) = NJW 2001, 1709.
[118] BVerfGE 39, 302 Abschn. B II 2a, b.

lichen Sinn mit den daraus sich ergebenden Konsequenzen ist bisher weitgehend unbeachtet geblieben. Unstreitiger Ausgangspunkt ist zunächst, dass das Europarecht kein eigenes Sozialversicherungsrecht im Sinne eines Rechtssystems kennt und keine Regelungen trifft, um ein bestimmtes Sozialversicherungssystem einzuführen oder die nationalen Sozialsysteme zu harmonisieren (→ Rn. 24). Die **Systeme der sozialen Sicherheit** und ihre Ausgestaltung bleiben grds. der nationalen Zuständigkeit der Mitgliedstaaten überlassen (Art. 153 Abs. 4 AEUV).[119] Der Koordinierungsvorbehalt nach Art. 48 AEUV bezieht sich nur auf Maßnahmen zur Herstellung der Freizügigkeit der Arbeitnehmer.

369 In terminologischer Hinsicht werden die **Sozialversicherungssysteme** stets umschrieben als „Systeme der sozialen Sicherheit" (Art. 153 Abs. 4 AEUV).[120] Wegen der Zuständigkeit der Mitgliedstaaten zur Ausgestaltung ihrer Systeme der sozialen Sicherheit gibt es für diese keinen europarechtlich einheitlichen, eigenständigen Begriff; vielmehr definieren die einzelnen Mitgliedstaaten den Begriff für ihren jeweiligen Geltungsbereich selbst; dies ergibt sich aus dem Wortlaut von Art. 153 Abs. 4 AEUV, wonach nicht berührt wird die anerkannte Befugnis der Mitgliedstaaten, die Grundprinzipien *ihres* Systems der sozialen Sicherheit festzulegen. Demnach ist das Europarecht stets darauf angewiesen, zur Bestimmung von Umfang und Grenzen des nationalen Systems der sozialen Sicherheit auf die inhaltliche Festlegung des einzelnen Mitgliedstaats zurückzugreifen, dh auf diesen Begriff zu verweisen und ihn zu übernehmen.

370 Dieses **Verweisungsprinzip** hat erhebliche rechtliche Konsequenzen: Eine Versicherung, die nach nationalem Recht die von diesem selbst aufgestellten Kriterien eines Sozialversicherungssystems nicht erfüllt, ist auch europarechtlich nicht Teil des nationalen „Systems der sozialen Sicherheit". Eine Versicherung, die nicht Teil des Systems der sozialen Sicherheit ist, ist automatisch Individualversicherung – bzw. in der Sprache des Europarechts: „Direktversicherung" (Art. 1 Nr. 1 RL 2009/138/EG). Nach nationalem Recht und nach Europarecht kann Versicherung stets nur *entweder* Sozialversicherung *oder* Individualversicherung (Direktversicherung) sein. Eine dritte Form von Versicherung gibt es nicht.

371 b) **Versicherungsrichtlinien.** Versicherungen erfüllen im Sinne des Europarechts den Begriff der Dienstleistungen (Art. 57 Abs. 1 S. 1 AEUV). Für die **Direktversicherung** hat die Europäische Union ein umfangreiches Regelwerk aufgestellt (→ Rn. 348, 697), um in Erfüllung der mit den Europäischen Verträgen verfolgten Ziele die unbeschränkte Niederlassungs- und Dienstleistungsfreiheit und den vollständigen Binnenmarkt für alle Dienstleistungen herzustellen. Der Binnenmarkt in diesem Sinne beseitigt jegliche zwischenstaatliche Grenzen, er ist ein „Raum ohne Binnengrenzen" (Art. 26 Abs. 2 AEUV). Dies war mit den sog. drei Richtliniengenerationen geschehen, die in die einheitliche RL 2009/138/EG überführt worden sind.

372 Die **Versicherungsrichtlinien** gelten EU-weit einheitlich und sind für die Mitgliedstaaten – mit etwaigen Mitgliedstaatenwahlrechten – verbindlich; sie waren innerhalb bestimmter Fristen in nationales Recht umzusetzen, was geschehen ist. Setzt ein Mitgliedstaat derartige Richtlinien nicht um, leitet die EU Vertragsverletzungsverfahren gegen diesen Mitgliedstaat ein. Damit wäre selbst der deutsche Verfassungsgesetzgeber gehindert, richtlinienwidriges Verfassungsrecht zu schaffen.

373 Die RL 2009/138/EG regelt die **gesamte Direktversicherung und Rückversicherung**. Sie gilt nicht für die „unter ein gesetzliches System der sozialen Sicherheit fallenden Versicherungen" (Art. 3 RL 2009/138/EG). Umgekehrt gilt sie zwingend für alle Versicherungen, die nicht Teil des „gesetzlichen Systems der sozialen Sicherheit" sind. Auch hier zeigt das Verweisungsprinzip Konsequenzen: Was nach den materiellen Kriterien des Mitgliedstaats nach nationalem Recht nicht als Sozialversicherung ausgestaltet ist, ist auch europarechtlich nicht Teil des „Systems der sozialen Sicherheit" und unterliegt den europarechtlichen Versicherungsrichtlinien.

374 c) **Strukturelemente der Sozialversicherung.** Entscheidend ist, ob eine Versicherung die materiellen Kriterien erfüllt, die der Mitgliedstaat als wesentliche Strukturelemente seiner Sozialversicherung festlegt. Hat er diese Strukturelemente in ihrem materiellen Kern definiert, kann er im Rahmen seiner prinzipiellen Gestaltungsfreiheit diese Strukturelemente für die Sozialversicherung insgesamt zwar modifizieren und ändern. Er kann aber nicht die bisherigen Strukturelemente der

---

[119] Vgl. ua EuGH Slg. 1993, I-637 = NJW 1993, 2597 – Poucet und Pistre/AGF und andere; EuGH Slg. 1998, I-1831 = NJW 1998, 1769 – Decker/Caisse de maladie; EuGH Slg. 1998, I-1931 = NJW 1998, 1771 – Kohll/Union des caisses de maladie; EuGH Slg. 2001, I-5473 = NJW 2001, 3391 – Smits und Peerbooms/Stichting Ziekenfonds.

[120] Vgl. ua EuGH Slg. 1993, I-637 = NJW 1993, 2597 – Poucet und Pistre/AGF und andere; EuGH Slg. 1998, I-1831 = NJW 1998, 1769 – Decker/Caisse de maladie; EuGH Slg. 1998, I-1931 = NJW 1998, 1771 – Kohll/Union des caisses de maladie; EuGH Slg. 2001, I-5473 = NJW 2001, 3391 – Smits und Peerbooms/Stichting Ziekenfonds.

Sozialversicherung beibehalten und sie gleichzeitig für bestimmte Teilgebiete außer Kraft setzen. Tut er dies gleichwohl, verlieren solche Teilgebiete, die die **materiellen Kriterien der Sozialversicherung** nicht mehr erfüllen, ihren Charakter als Sozialversicherung, auch wenn ein solches Teilgebiet unter öffentlich-rechtlichem Dach organisiert wird. Der Gesetzgeber kann weder durch die formale Wahl der Rechtsform der Unternehmen (öffentlich-rechtliche Körperschaft oder privatrechtliche Gesellschaft) noch durch die formale Wahl des Rechtsgebiets der Versicherungsverhältnisse (öffentliches Recht, Sozialversicherungsrecht oder Privatrecht) die materielle Geltung der europäischen Versicherungsrichtlinien beeinflussen; denn auch dies ist nicht Tatbestandsvoraussetzung, sondern Rechtsfolge des jeweiligen Versicherungssystems.

d) Ausgegliederte GKV-Leistungen. Wenn der deutsche Gesetzgeber Leistungen aus der GKV ausgliedert und die Versicherung der ausgegliederten Leistungen nach deutschen Rechtsnormen ihren Charakter als Sozialversicherung verliert (→ Rn. 172, 364 ff.), kann sie auch europarechtlich nicht als Versicherung im Rahmen des „gesetzlichen Systems der sozialen Sicherheit" angesehen werden. Damit gilt für die Versicherung der solchermaßen ausgegliederten GKV-Leistungen automatisch und zwingend die RL 2009/138/EG, deren Vorgängerrichtlinien der deutsche Gesetzgeber im VAG und VVG umgesetzt hatte. Für diese Versicherungen gilt somit das gesamte Regelwerk des privaten Versicherungswesens, insbs. das Versicherungsvertragsrecht (VVG), das Versicherungsaufsichtsrecht (VAG) sowie das Handels- und Steuerbilanzrecht für Versicherungsunternehmen (→ Rn. 384). 375

e) Nicht-substitutive Krankenversicherung. Für den Betrieb der substitutiven Krankenversicherung räumt Art. 206 Abs. 2 S. 1 RL 2009/138/EG ein Mitgliedstaatenwahlrecht ein, von dem Deutschland Gebrauch gemacht hat. Darüber hinaus schreibt § 147 VAG vor, dass die meisten der für die substitutive Krankenversicherung geltenden Vorschriften auch auf die nicht-substitutive Krankenversicherung anzuwenden sind, wenn diese nach Art der Lebensversicherung betrieben wird. Es kann zweifelhaft sein, ob diese Regelung noch durch das Mitgliedstaatenwahlrecht gedeckt und damit **europarechtskonform** ist. 376

Der deutsche Transformationsgesetzgeber hatte in der Regelung des § 12 Abs. 5 VAG aF (= § 147 VAG) keinen Verstoß gegen die Vorgängerregelung Art. 54 Abs. 2 S. 1 RL 92/49/EWG gesehen. Nach der **Gesetzesbegründung** zum 3. DurchfG/EWG zum VAG v. 21.7.1994 (BGBl. I S. 1630) erlaube das Mitgliedstaatenwahlrecht lediglich vorzuschreiben, dass die substitutive Krankenversicherung nach Art der Lebensversicherung zu betreiben sei. § 12 Abs. 5 VAG aF schreibe aber nicht vor, *dass* die nicht-substitutive Krankenversicherung nach Art der Lebensversicherung betrieben werden müsse. Die Vorschrift lege lediglich fest, dass wesentliche Bestimmungen zur substitutiven Krankenversicherung auch für die nicht-substitutive Krankenversicherung entsprechend gelten, *wenn* diese nach Art der Lebensversicherung betrieben werde. Damit solle der Qualitätsstandard der nach Art der Lebensversicherung betriebenen Krankenversicherung gesichert werden.[121] Diese Auffassung ist von der Lit. teilweise übernommen worden.[122] 377

Die Auffassung der Gesetzesbegründung und die darauf aufbauenden Literaturmeinungen begegnen **Bedenken**. Das von der Dritten SchadenRL bzw. RL 2009/138/EG eingeräumte Mitgliedstaatenwahlrecht bezieht sich ausschließlich auf die Krankenversicherung, welche die im gesetzlichen Krankenversicherungssystem vorgesehene Krankenversicherung ganz oder teilweise ersetzen kann, also auf die substitutive Krankenversicherung. Damit soll deren Besonderheiten Rechnung getragen werden. Ersichtlich nur für diese besondere Form der Krankenversicherung sind Sondervorschriften zum „Schutz des Allgemeininteresses" gedacht (Erwgr. 84, 85 RL 2009/138/EG). Deshalb erlaubt Art. 206 Abs. 1 RL 2009/138/EG nur solche „spezifischen Rechtsvorschriften zum Schutz des Allgemeininteresses in Bezug auf diesen Versicherungszweig". Auch Art. 206 Abs. 2 RL 2009/138/EG bezieht sich ausdrücklich auf „die Krankenversicherung iSv Abs. 1". Anlässlich der Verabschiedung der Dritten SchadenRL gab der Rat der Europäischen Gemeinschaften zu Art. 54 ua folgende Protokollerklärung ab:[123] 378

„Artikel 54 gilt nicht für Zusatzversicherungsverträge in den Fällen, in denen die gesetzliche Sozialversicherung keinerlei Deckung gewährt."

Damit wird dem Mitgliedstaat verwehrt, für die nicht-substitutive Krankenversicherung überhaupt etwas vorzuschreiben, weil die RL 92/49/EWG bzw. RL 2009/138/EG für die nicht-substitutive Krankenversicherung eine Berufung auf den Schutz des Allgemeininteresses nicht vorsieht.

---

[121] Begr. zu Art. 1 Nr. 11 (§ 12 VAG) RegE 3. DurchfG/EWG zum VAG, BT-Drs. 12/6959, 61.
[122] Prölss in Prölss/Martin, 27. Aufl., VVG § 178g Rn. 1; Präve in Prölss/Dreher, VAG, 13. Aufl. 2018, § 147 Rn. 5.
[123] Zit. bei *Sahmer* ZfV 1996, 483 (484).

Ebenso wenig, wie für die nicht-substitutive Krankenversicherung die Kalkulation nach Art der Lebensversicherung vorgeschrieben werden kann, kann für sie vorgeschrieben werden, dass sie in bestimmter Weise zu kalkulieren ist, wenn sie nach Art der Lebensversicherung betrieben wird.

379 Dies deckt sich auch mit den **Zielen der Deregulierung.** Die dritte Richtliniengeneration wollte die unbeschränkte Niederlassungs- und Dienstleistungsfreiheit durch Abbau der versicherungsaufsichtsrechtlichen Hürden herbeiführen (→ Rn. 371, 697). Damit sind solche den Betrieb der Krankenversicherung einengenden Vorschriften des Versicherungsaufsichtsrechts unvereinbar, die nicht durch ein Mitgliedstaatenwahlrecht der Dritten SchadenRL bzw. RL 2009/138/EG ausdrücklich zugelassen sind. Die aufsichtsrechtliche Vorschrift des § 147 VAG ist durch das Europarecht daher nicht gedeckt. § 146 Abs. 1 Nr. 1–4 VAG ist somit auf die nicht-substitutive Krankenversicherung nicht anzuwenden. Das Gleiche gilt für alle weiteren aufsichtsrechtlichen Vorschriften, die lediglich die Kalkulation nach Art der Lebensversicherung voraussetzen (§§ 150, 155 VAG).

380 Von der versicherungsaufsichtsrechtlichen Zulässigkeit zu unterscheiden sind jedoch die Vorschriften des **Versicherungsvertragsrechts,** das von der RL 2009/138/EG nicht erfasst wird und von jedem Mitgliedstaat frei gestaltet werden kann, soweit das europäische Unionsrecht nicht durch Sonderregelungen eine Harmonisierung herbeigeführt hat, was für den generellen Bereich des VVG nicht der Fall ist. Soweit § 203 Abs. 1 und Abs. 2 S. 4 VVG auf die §§ 146, 149, 150, 152, 154, 155, 160 VAG verweisen, nehmen sie die Vorschriften des VAG in das VVG auf und transformieren sie die aufsichtsrechtlichen Bestimmungen ohne Verstoß gegen europäisches Unionsrecht in materielles Versicherungsvertragsrecht. Damit werden sie verbindliches Versicherungsvertragsrecht, dessen Einhaltung die Versicherungsaufsichtsbehörde wiederum nach § 294 Abs. 2 S. 1, 2, Abs. 3 VAG zu überwachen hat.

381 Die wirksame Transformation der aufsichtsrechtlichen Vorschriften in Versicherungsvertragsrecht scheitert nicht daran, dass § 147 VAG selbst gegen Europarecht verstößt. Der Europarechtsverstoß begründet nämlich **keine Nichtigkeit** der Vorschrift, sondern kann nur über ein Vorlageverfahren oder ein Vertragsverletzungsverfahren der Europäischen Kommission durch den EuGH festgestellt werden. Ein solches Verfahren könnte außerdem nur das Ergebnis haben, dass § 147 VAG sowie die weiteren aufsichtsrechtlichen Vorschriften, soweit sie auch für die nicht-substitutive Krankenversicherung die Kalkulation nach Art der Lebensversicherung voraussetzen (§§ 150, 155, 160 VAG), als aufsichtsrechtliche Vorschriften unwirksam sind. Die übrigen VAG-Vorschriften blieben davon unberührt.

382 Wenn § 147 VAG für unwirksam erklärt würde, müssten die in § 203 aufgeführten Vorschriften des VAG **mit ihrem wesentlichen Inhalt** in das VVG selbst aufgenommen werden. Hierfür würde es genügen, wenn in § 203 Abs. 1 ein weiterer Satz angefügt würde mit folgendem Inhalt: „Satz 1 gilt auch für eine nicht-substitutive Krankenversicherung, soweit bei ihr die Prämie nach Art der Lebensversicherung berechnet wird."

III. Versicherungsaufsichtsrecht

383 **1. Überblick.** Das Versicherungsaufsichtsrecht ist für alle Versicherungsunternehmen im Gesetz über die Beaufsichtigung der Versicherungsunternehmen **(Versicherungsaufsichtsgesetz – VAG)** sowie in mehreren zu seiner Durchführung erlassenen Rechtsverordnungen geregelt. Spezielle Vorschriften des VAG und seiner Rechtsverordnungen gelten für die Krankenversicherung und betreffen insbes. die Erlaubnis zum Geschäftsbetrieb, eine Ergänzung der Verbraucherinformationen, den Betrieb der substitutiven und der nach Art der Lebensversicherung betriebenen nicht-substitutiven Krankenversicherung, die Pflegeversicherung, das Sicherungsvermögen, spezielle Fälle der Missstandsaufsicht sowie ausländische Versicherungsunternehmen.

384 **2. Aufsichtspflichtige Unternehmen.** Der Versicherungsaufsicht unterliegen alle Versicherungsunternehmen. Versicherungsunternehmen sind gesetzlich definiert als Unternehmen, die den Betrieb von Versicherungsgeschäften zum Gegenstand haben und nicht Träger der Sozialversicherung sind (§ 1 Abs. 1 Nr. 1, § 7 Nr. 33 VAG). Die Unternehmen der **GKV** und der SPV unterliegen damit nicht der Aufsicht nach dem VAG; dies gilt allerdings nur, *soweit* sie als Träger der Sozialversicherung tätig sind. Sollte die GKV ausgegliederte GKV-Leistungen in Form der Individualversicherung betreiben, würde sie insoweit der Aufsicht nach dem VAG unterliegen (→ Rn. 375).

385 Zusätzlich zum Geschäftsplan, der mit dem Antrag auf Erlaubnis zum Geschäftsbetrieb einzureichen ist (§ 9 Abs. 1 VAG), sind für den **Betrieb der substitutiven Krankenversicherung** vorzulegen die AVB (§ 9 Abs. 4 Nr. 5 lit. b VAG) sowie die Grundsätze für die Berechnung der Prämien und der versicherungstechnischen Rückstellungen einschließlich der verwendeten Rechnungsgrundlagen, mathematischen Formeln, kalkulatorischen Herleitungen und statistischen Nachweise (§ 9 Abs. 4 Nr. 5 lit. a VAG).

Für den Betrieb der substitutiven Krankenversicherung gilt strikte **Spartentrennung** (§ 8 386
Abs. 4 S. 2 Hs. 2 VAG); das gleiche gilt für die nicht-substitutive Krankenversicherung, sofern sie
nach Art der Lebensversicherung betrieben wird (§ 8 Abs. 4 S. 2 iVm §§ 147, 146 Abs. 1 VAG).[124]

3. Verbraucherinformation. Vor Abschluss eines Krankenversicherungsvertrags ist dem Versi- 387
cherungsinteressenten ergänzend zu den nach § 7 zu erteilenden Informationen ein **amtliches
Informationsblatt** der Aufsichtsbehörde auszuhändigen, das über die unterschiedlichen Prinzipien
von GKV und PKV aufklärt (§ 146 Abs. 1 Nr. 6 VAG).

4. Substitutive Krankenversicherung. a) Begriff. § 146 Abs. 1 VAG und § 195 Abs. 1 S. 1 388
enthalten übereinstimmend eine **Legaldefinition** der substitutiven Krankenversicherung
(→ Rn. 629 ff.; → Rn. 705 ff.; → Rn. 716 ff.). Die Übereinstimmung der Legaldefinition wurde
erst im Rahmen der VVG-Reform durch Änderung des § 12 Abs. 1 VAG aF (= § 146 Abs. 1 VAG)
herbeigeführt. Bis zum Inkrafttreten der VVG-Reform war es gesetzestechnisch unbefriedigend
gewesen, dass § 178a Abs. 4 S. 1 VVG aF den gleichen Tatbestand der substitutiven Krankenversicherung mit abweichendem Wortlaut umschrieb, obwohl beide Vorschriften durch dasselbe Gesetz
(3. DurchfG/EWG zum VAG v. 21.7.1994, BGBl. I S. 1630) eingefügt worden waren.

§ 146 Abs. 1 VAG umschreibt die für das Inland geltenden qualitativen **Voraussetzungen** der 389
substitutiven Krankenversicherung. Die Voraussetzungen müssen kumulativ erfüllt sein und lauten:
– Betrieb nach Art der Lebensversicherung (§ 146 Abs. 1 VAG).
– Berechnung der Prämie auf versicherungsmathematischer Grundlage (§ 146 Abs. 1 Nr. 1 VAG).
– Bildung der Alterungsrückstellung nach § 341f HGB (§ 146 Abs. 1 Nr. 2 VAG).
– Ausschluss des ordentlichen Kündigungsrechts des Versicherungsunternehmens (§ 146 Abs. 1
 Nr. 3 VAG).
– Recht des Versicherungsnehmers auf Wechsel in andere Tarife mit gleichartigem Versicherungsschutz unter Anrechnung der erworbenen Rechte und der Alterungsrückstellung (§ 146 Abs. 1
 Nr. 4 VAG).
– Mitgabe des dem Basistarif entsprechenden Teils der Alterungsrückstellung beim Wechsel des
 Versicherungsnehmers zu einem anderen Versicherungsunternehmen (§ 146 Abs. 1 Nr. 5 VAG).

b) Basistarif. Das GKV-Wettbewerbsstärkungsgesetz (GKV-WSG) v. 26.3.2007 (BGBl. I 390
S. 378) führte für alle **inländischen Versicherungsunternehmen** die aufsichtsrechtliche Verpflichtung ein, beim Betrieb der substitutiven Krankenversicherung den brancheneinheitlichen Basistarif
anzubieten (§ 152 Abs. 1 VAG), für den Kontrahierungszwang gilt und der Voraussetzung für den
Arbeitgeberzuschuss ist (→ Rn. 1035 ff.; → Rn. 1183 ff.).

c) Verantwortlicher Aktuar. Der Betrieb der substitutiven Krankenversicherung verpflichtet 391
das Versicherungsunternehmen, einen Verantwortlichen Aktuar **(VA)** zu bestellen (§ 156 Abs. 1
VAG). Der VA in der Krankenversicherung unterliegt den gleichen Voraussetzungen wie der VA in
der Lebensversicherung (§ 156 Abs. 1 S. 2 iVm § 141 VAG): Er muss bestimmte Qualifikationen
aufweisen, muss vor seiner Bestellung der Aufsichtsbehörde benannt werden und wird vom Aufsichtsrat bestellt und entlassen. Der VA in der Krankenversicherung hat folgende Aufgaben (→ § 203
Rn. 442 ff.):
– Er muss **sicherstellen,** dass die versicherungsmathematischen Methoden eingehalten werden, 392
 und er muss die **Finanzlage des Versicherungsunternehmens überprüfen,** ob die dauernde
 Erfüllbarkeit der Verträge jederzeit gewährleistet ist und das Versicherungsunternehmen die notwendige Solvabilität aufweist (§ 156 Abs. 2 S. 1 Nr. 1 VAG).
– Er muss die zutreffende **Berechnung der Alterungsrückstellung** unter der Bilanz bestätigen 393
 (§ 156 Abs. 2 S. 1 Nr. 2 VAG).
– Er hat bei Erfüllung seiner Aufgabe weitreichende **Informationsrechte** gegenüber dem Versiche- 394
 rungsunternehmen und **Informationspflichten** gegenüber der Aufsichtsbehörde (§ 156 Abs. 2
 S. 2 VAG).

d) Gleichbehandlungsgrundsatz. Bei gleichen Voraussetzungen dürfen Prämien und Leis- 395
tungen nur nach gleichen Grundsätzen bemessen werden (§ 146 Abs. 2 S. 1 iVm § 138 Abs. 2 VAG).
Der Gleichbehandlungsgrundsatz des § 146 Abs. 2 VAG gilt nur für die substitutive Krankenversicherung iSv § 146 Abs. 1 VAG und für die nicht-substitutive Krankenversicherung, sofern sie nach Art
der Lebensversicherung betrieben wird (§ 147 VAG); er gilt damit nicht unmittelbar für die nach
Art der Schadenversicherung betriebene Krankenversicherung. Zugunsten des Altbestandes gilt ein
einseitiges Verbot der Prämiendifferenzierung: Die Prämien im Neugeschäft dürfen nicht

---
[124] *Rudolph* in Bach/Moser VVG Einl. Rn. 9.

niedriger sein als für gleichartige Risiken im Altbestand (§ 146 Abs. 2 S. 2 VAG); ausf. → § 203 Rn. 156 ff.

396 **e) Gesetzlicher Beitragszuschlag.** In der substitutiven Krankenversicherung muss für versicherte Personen zwischen dem 21. und dem 60. Lebensjahr ein Zuschlag von 10 % der Bruttoprämie erhoben, der Alterungsrückstellung zugeführt und zur Prämienermäßigung im Alter verwendet werden (§ 149 S. 1, 2 VAG). Die Vorschrift wurde auf Empfehlung der Expertenkommission durch das GKV-Gesundheitsreformgesetz 2000 v. 22.12.1999 eingefügt (→ Rn. 923). **Obligatorisch** galt der gesetzliche Beitragszuschlag nur für das ab dem 1.1.2000 abgeschlossene Neugeschäft; Bestandskunden konnten dem stufenweise sich aufbauenden Beitragszuschlag (§ 338 Nr. 2 VAG) widersprechen (§ 338 Nr. 4 VAG); ausf. → § 203 Rn. 341 ff.

397 Der gesetzliche Beitragszuschlag gilt nicht für **bestimmte Formen** der substitutiven Krankenversicherung. Das sind solche Verträge, auf die der vom Gesetzgeber gewollte besondere Schutz älterer Versicherter vor existentiell bedrohenden Prämienerhöhungen ihrer Hauptversicherung nicht zutrifft. Hierbei handelt es sich um Krankenversicherungen, die entweder ohne ihre Art nicht mit Alterungsrückstellung kalkuliert werden (Ausbildungs-, Auslands- und Reisekrankenversicherungen) oder die regelmäßig mit Vollendung des 65. Lebensjahres enden (§ 149 S. 3 VAG). Der gesetzliche Beitragszuschlag ist auch nicht auf den Notlagentarif nach § 153 VAG anzuwenden, weil für diesen keine Alterungsrückstellung aufgebaut wird (§ 149 S. 3 VAG).[125]

398 Der gesetzliche Beitragszuschlag dient der **Prämienermäßigung im Alter.** Ab dem 65. Lebensjahr ist er zur Limitierung von Prämienerhöhungen und ab dem 80. Lebensjahr zur Prämiensenkung zu verwenden (§ 150 Abs. 3 VAG).

399 **f) Überzinszuschreibung.** Bei der Berechnung der Prämie und der Alterungsrückstellung wird eine rechnungsmäßige Verzinsung von höchstens 3,5 % zugrunde gelegt (§ 160 S. 1 Nr. 1 VAG, § 4 KVAV). Wenn Versicherungsunternehmen auf ihre Kapitalanlagen, die der Bedeckung der Alterungsrückstellung dienen, eine höhere Verzinsung erwirtschaften, erzielen sie in Höhe der Differenz zum Rechnungszins einen Überzins (vgl. die Legaldefinition in § 150 Abs. 1 S. 2 VAG). Von diesem Überzins sind 90 % als **Direktgutschrift** für die Versicherten zu verwenden (§ 150 Abs. 1 VAG); ausf. → § 203 Rn. 372 ff.

400 **g) Prämienänderung, Bedingungsänderung, Treuhänder.** Das Versicherungsunternehmen kann unter bestimmten Voraussetzungen einseitig den Krankenversicherungsvertrag ändern, indem es die Prämien dem geänderten Schadenbedarf oder den veränderten Sterbewahrscheinlichkeiten anpasst (§ 203 Abs. 2) oder die AVB und Tarifbestimmungen den geänderten Verhältnissen im Gesundheitswesen angleicht (§ 203 Abs. 3). Wirksam werden diese Änderungen erst, wenn ein unabhängiger Treuhänder dem zugestimmt hat (§ 203 Abs. 2 S. 1, Abs. 3). Das VAG legt für die **Prämienanpassung** von nach Art der Lebensversicherung betriebenen Krankenversicherungen den vom Treuhänder zu beachtenden Prüfungsmaßstab fest (§ 155 Abs. 1, 2 VAG) und verpflichtet das Versicherungsunternehmen unter bestimmten Voraussetzungen zur Prämienänderung (§ 155 Abs. 3 S. 2 VAG).

401 Für den **Treuhänder** (→ Rn. 827 ff.) gelten ähnliche Qualifikationsanforderungen wie für den Verantwortlichen Aktuar (§ 157 Abs. 1, 2 VAG). Man unterscheidet den für Prämienänderungen zuständigen **Prämientreuhänder** und den für Bedingungsänderungen zuständigen **Bedingungstreuhänder** (vgl. § 157 Abs. 3 VAG); ausf. → § 203 Rn. 494 ff.

402 **h) Rechtsverordnungen.** Das VAG enthält für die nach Art der Lebensversicherung betriebene Krankenversicherung zahlreiche Vorschriften, die zur näheren Durchführung einer Rechtsverordnung bedürfen. Die **Ermächtigungsgrundlage** hierfür enthält § 160 VAG.

402a Die aufgrund der **früheren Ermächtigungsgrundlage des § 12c VAG aF** erlassenen Rechtsverordnungen wurden mWv 1.1.2016 aufgehoben (Art. 1 Nr. 3, 4, Art. 6 Abs. 1 der Verordnung zur Aufhebung von Verordnungen nach dem Versicherungsaufsichtsgesetz v. 16.12.2015 (BGBl. I S. 2345). An deren Stelle sollten neue Rechtsverordnungen aufgrund der neuen Ermächtigungsgrundlagen des VAG nF treten. Damit sollte Rechtsunsicherheit vermieden werden, auch wenn sich die Ermächtigungsgrundlagen materiell nicht verändert hatten.[126]

402b Die **neuen Rechtsverordnungen** aufgrund des VAG nF wurden mit einheitlichem Datum v. 18.4.2016 erlassen und am 21.4.2016 verkündet. Die meisten Verordnungen traten am 22.4.2016 in Kraft.

---

[125] Begr. zu Art. 4 Nr. 2 lit. b (§ 12 VAG), Fraktionsentwurf KVBeitragsschulden-ÜberforderungsG, BT-Drs. 17/13079, 10.
[126] Begr. Abschn. A I RefE BMF Verordnung zur Aufhebung von Verordnungen nach dem Versicherungsaufsichtsgesetz (Stand 23.9.2015).

Die für die Krankenversicherung bisher geltenden Rechtsverordnungen KalV und ÜbschV **402c** wurden zusammengefasst und durch die neue **Krankenversicherungsaufsichtsverordnung (KVAV)** v. 18.4.2016 (BGBl. I S. 780) ersetzt.

Zwischen der Aufhebung der alten Rechtsverordnungen ab 1.1.2016 und dem Inkrafttreten **402d** der neuen Rechtsverordnungen entstand trotz des zeitlichen Auseinanderfallens beider Vorgänge **kein rechtsfreier Raum.** Einige der neuen Rechtsverordnungen enthalten Übergangsvorschriften, welche die erstmalige Anwendung für das Geschäftsjahr vorschreiben, „das nach dem 31.12.2015 beginnt" (vgl. § 7 S. 1 AktuarV nF).

Die **KVAV** enthält eine solche Übergangsvorschrift nur für diejenigen Regelungen, die bisher **402e** in der ÜbschV aF enthalten waren (§ 28 Abs. 6 KVAV). Weshalb die KVAV für die bisher in der KalV aF enthaltenen Regelungen keine entsprechende Übergangsvorschrift vorsieht, erschließt sich nicht. Der RefE BMF v. 23.9.2015 schweigt dazu.[127] Materiell-rechtlich bleibt dies letztlich folgenlos, weil die Vorschriften der KalV aF weitgehend aktuarielle Grundsätze wiedergeben, die auch unabhängig von ihrer Kodifizierung gelten und zu beachten sind (→ Rn. 830 ff.; → Rn. 837; → § 203 Rn. 115).

5. Nicht-substitutive Krankenversicherung. Die nicht-substitutive Krankenversicherung **403** kann nach Art der Schadenversicherung oder nach Art der Lebensversicherung betrieben werden (→ Rn. 663 ff.). Wird sie **nach Art der Lebensversicherung** betrieben, gelten die Vorschriften für die substitutive Krankenversicherung entsprechend; lediglich die Vorschriften über den gesetzlichen Beitragszuschlag gelten nicht (§ 147 VAG).

6. Pflegeversicherung. Die Vorschriften für die substitutive Krankenversicherung nach § 146 **404** Abs. 1 Nr. 1–4, Abs. 2 VAG sowie für die Prämien- und Bedingungsänderung nach §§ 155–157 VAG gelten für die private Pflegeversicherung entsprechend (§ 148 VAG). Gemeint ist hier – wie aus der Verweisung auf die §§ 110, 111 SGB XI hervorgeht – die **private Pflege-Pflichtversicherung (PPV)** iSd SGB XI. Diese erst im Jahr 2000 eingefügte Klarstellung ist eigentlich überflüssig, weil die PPV schon durch § 195 Abs. 1 S. 1 unter den Begriff der Krankenversicherung subsumiert wird. Die freiwillige Pflege-Ergänzungsversicherung iSv § 192 Abs. 6 S. 1 ist ohnehin eine Unterart der Krankenversicherung iSd §§ 192 ff. (→ Rn. 632).

7. Sicherungsvermögen. Zum Sicherungsvermögen zählen diejenigen Kapitalanlagen des **405** Versicherungsunternehmens, die bestimmte Passiva des Versicherungsunternehmens – insbes. die **Deckungsrückstellung** – zu bedecken haben (§ 125 Abs. 2 VAG). Für die Anlage und Überprüfung des Sicherungsvermögens gelten besonders strenge Bestimmungen (§§ 124 ff. VAG).

8. Missstandsaufsicht. § 298 VAG enthält Vorschriften für die Missstandsaufsicht über alle **406** Versicherungsunternehmen.[128] Für die **nach Art der Lebensversicherung** betriebene Krankenversicherung wird die allgemeine Missstandsaufsicht für den Fall konkretisiert, dass keine angemessene Zuführung zur Rückstellung für erfolgsabhängige Beitragsrückerstattung erfolgt (§ 151 Abs. 2 VAG).

9. Ausländische Versicherungsunternehmen. Ein Versicherungsunternehmen mit Sitz im **407** **EU-Ausland,** dh in einem anderen Mitgliedstaat der EU oder einem anderen Vertragsstaat des EWR-Abkommens darf – abgesehen von den allgemeinen Tätigkeitsvoraussetzungen (§ 61 VAG) – den Betrieb der substitutiven Krankenversicherung erst aufnehmen, wenn das Versicherungsunternehmen der Aufsichtsbehörde die AVB eingereicht hat (§ 61 Abs. 4 VAG). Das gleiche gilt sinngemäß für die Aufnahme der nach Art der Lebensversicherung betriebenen nicht-substitutiven Krankenversicherung (→ Rn. 403).

Drittstaaten sind Staaten, die nicht Mitgliedstaat der EU und nicht Vertragsstaat des EWR- **408** Abkommens sind (§ 67 ff. VAG). Versicherungsunternehmen von Drittstaaten bedürfen für die Aufnahme des Dienstleistungsgeschäfts der **Erlaubnis** (§ 67 Abs. 1 VAG). Diesen Versicherungsunternehmen darf die Erlaubnis zum Betrieb der substitutiven Krankenversicherung in Deutschland nicht erteilt werden, wenn sie die Krankenversicherung zugleich mit anderen Versicherungssparten betreiben (§ 67 Abs. 3 S. 2 VAG). Das gleiche gilt für den Betrieb der nach Art der Lebensversicherung betriebenen nicht-substitutiven Krankenversicherung (→ Rn. 403).

IV. Versicherungsvertragsrecht

1. Überblick. Das Versicherungsvertragsrecht hat **mehrere Rechtsgrundlagen:** Das Geset- **409** zesrecht ist überwiegend im Versicherungsvertragsgesetz (VVG) kodifiziert, das teilweise auch auf

---

[127] RefE BMF Verordnung zum Erlass von Verordnungen nach dem Versicherungsaufsichtsgesetz (Stand 23.9.2015).
[128] Zur Missstandsaufsicht grundsätzlich BVerwG VersR 2021, 1214 Rn. 20 ff.

aufsichtsrechtliche Vorschriften verweist und diese insoweit in materielles Vertragsrecht überführt. Daneben gilt je nach getroffener Vereinbarung Bedingungsrecht, das in AVB festgelegt ist. Schließlich gelten etwaige Einzelvereinbarungen.

410 Die Vorschriften des **Gesetzesrechts** können zwingender, halbzwingender oder dispositiver Natur sein. Zwingende Vorschriften können überhaupt nicht abbedungen werden, von halbzwingenden Vorschriften kann nur zugunsten des Versicherungsnehmers abgewichen werden, dispositive Vorschriften sind grds. frei abdingbar.

411 Das **Bedingungsrecht** ist in der Krankenversicherung weitgehend in verbandseinheitlichen Musterbedingungen enthalten (→ Rn. 462 f.), die durch unternehmensindividuelle Tarifbedingungen und Tarifbestimmungen ergänzt werden.

412 Das **VVG** enthält in seinem ersten Teil Vorschriften für alle Versicherungszweige (→ Rn. 413 ff.) und ergänzende Vorschriften für die Schadensversicherung (→ Rn. 420 ff.). In seinem zweiten Teil regelt das VVG insgesamt acht einzelne Versicherungszweige, darunter die Krankenversicherung.

413 **2. VVG-Vorschriften für alle Versicherungszweige.** Die §§ 1–73 enthalten die Vorschriften für alle Versicherungszweige. Sie gelten mit wenigen Ausnahmen für die **Krankenversicherung**. Die Ausnahmen regelt § 194.

414 Die **Allgemeinen Vorschriften** der §§ 1–18 sowie die Vorschriften der §§ 49–73 zur vorläufigen Deckung, laufenden Versicherung und zum Versicherungsvermittlerrecht gelten für die Krankenversicherung ohne Ausnahme.

415 Von den Vorschriften der §§ 19–32 über Anzeigepflichten, Gefahrerhöhung und andere Obliegenheiten gelten diejenigen über die **Gefahrerhöhung** (§§ 23–27) sowie über Teilrücktritt (§ 29) für die Krankenversicherung nicht (§ 194 Abs. 1 S. 2). Darüber hinaus sind im Falle einer Anzeigepflichtverletzung des Versicherungsnehmers die Rechte des Versicherungsunternehmens aufgrund der §§ 19 Abs. 3, 4, 21 Abs. 3 weitergehend eingeschränkt (§ 194 Abs. 1 S. 3, 4).

416 Die Vorschriften der §§ 33–42 über die **Prämie** gelten auch für die Krankenversicherung.[129]

417 Die Vorschriften der §§ 43–48 über die **Fremdversicherung** werden für die Krankenversicherung wesentlich vereinfacht. Ausschließlicher Gläubiger der Forderung auf die Versicherungsleistung ist die versicherte Person, wenn der Versicherungsnehmer diese gegenüber dem Versicherungsunternehmen als Empfangsberechtigten benannt hat, und im Übrigen der Versicherungsnehmer selbst. Einer Vorlage des Versicherungsscheins bedarf es in keinem Fall (§ 194 Abs. 3).

418 **3. VVG-Vorschriften für die Schadensversicherung.** Die versicherten **Leistungen** der Krankenversicherung können fest vereinbarte Geldbeträge (Summenversicherung) oder der Ersatz von Krankheitskosten, dh Schäden (Schadensversicherung) sein. Zur Terminologie → Rn. 626 f.; → Rn. 629 ff.

419 Soweit der **Ersatz von Krankheitskosten** versichert ist, handelt es sich in der Sprache des VVG um Versicherungsschutz „nach den Grundsätzen der Schadensversicherung" (§ 194 Abs. 1 S. 1).

420 Für die Krankenversicherung in Form der **Schadensversicherung** gelten die §§ 74–80, 82–87 (§ 194 Abs. 1 S. 1).

421 **4. VVG-Vorschriften für die Krankenversicherung.** Die §§ 192–208 regeln wichtige Einzelfragen der Krankenversicherung. Hierbei handelt es sich nicht ausschließlich, aber doch überwiegend um solche Fragen, die dem **Schutz des Versicherungsnehmers** dienen und daher nicht zu seinem Nachteil verändert werden dürfen (§ 208). Diese Vorschriften begründen daher einen inhaltlichen Mindeststandard.

422 § 192 beschreibt die **vertragstypischen Leistungen** der wichtigsten Formen der Krankenversicherung, nämlich der Krankheitskosten-, Krankenhaustagegeld-, Krankentagegeld- und Pflegeversicherung. Die Vorschrift ist abdingbar (§ 208), um die Freiheit der Produktgestaltung nicht einzuschränken.[130] Einen Fremdkörper in dieser Vorschrift bildet der erst durch Art. 11 Abs. 1 VVG-ReformG mit Wirkung ab 1.1.2009 eingefügte § 192 Abs. 7, der dem Leistungserbringer beim Basistarif einen Direktanspruch gegen das Versicherungsunternehmen einräumt. Der durch Art. 1 Nr. 2 VersÄndG v. 24.4.2013 (BGBl. I S. 932) eingefügte § 192 Abs. 8 räumt dem Versicherungsunternehmen einen Auskunftsanspruch über den Umfang des Versicherungsschutzes für eine geplante Heilbehandlung ein.

---

[129] Zu der aufgrund des § 194 Abs. 2 VVG 2008 v. 1.1. bis 31.12.2008 geltenden Rechtslage *Boetius* Private Krankenversicherung nach der Gesundheitsreform und der VVG-Reform, 2008, S. 9; *Boetius* VVG § 194 Rn. 66 ff.

[130] Begr. zu Art. 1 (§ 192) RegE VVG-ReformG, BT-Drs. 16/3945, 110.

Vorbemerkungen zu §§ 192–208   423–438 **Vor § 192**

§ 193 Abs. 1, 2 stellt in abdingbarer Form (§ 208) die Möglichkeit der **Fremdversicherung** 423
klar.
§ 193 Abs. 3 regelt mit Wirkung ab 1.1.2009 die **Versicherungspflicht** in der PKV. Diese im 424
Rahmen der Gesundheitsreform geschaffene Vorschrift wurde aus dem GKV-WSG inhaltsgleich in
das neue VVG übernommen (Art. 11 Abs. 1 VVG-ReformG). § 193 Abs. 4 enthält eine Sanktionsregelung, wenn der Versicherungsnehmer seiner Versicherungspflicht nicht rechtzeitig nachkommt.
§ 193 Abs. 6–10 ordnet die Einschränkung des Versicherungsschutzes für den Fall längeren Prämienverzugs an; die Vorschriften fügte Art. 3 Nr. 1 KVBeitragsschulden-ÜberforderungsG v. 15.7.2013
(BGBl. I S. 2423) ein.
§ 193 Abs. 5, 11 VVG 2009 regelt mit Wirkung ab 1.1.2009 die Verpflichtung der Versiche- 425
rungsunternehmen, allen Personen, die in der PKV versichert sind oder versichert sein wollen, den
brancheneinheitlichen **Basistarif mit Kontrahierungszwang** anzubieten. Diese im Rahmen der
Gesundheitsreform geschaffene Vorschrift wurde aus dem GKV-WSG inhaltsgleich in das neue VVG
übernommen (Art. 11 Abs. 1 VVG-ReformG).
§ 194 bestimmt den **Geltungsbereich** der Vorschriften des Allgemeinen Teils (→ Rn. 413 ff.). 426
§ 195 regelt die **Versicherungsdauer** der verschiedenen Formen der Krankenversicherung. 427
Die substitutive und die nach Art der Lebensversicherung betriebene nicht-substitutive Krankenversicherung können grds. nicht befristet werden (§ 195 Abs. 1). Ausnahmen gelten für bestimmte Formen der Krankenversicherung, nämlich für
– Ausbildungs-, Auslands-, Reise- und Restschuldversicherungen (§ 195 Abs. 2);
– Krankenversicherungen von Personen mit befristeter Aufenthaltserlaubnis (§ 195 Abs. 3);
– Krankentagegeldversicherungen (§ 196);
– Krankenversicherungen von Beihilfeempfängern in bestimmten Fällen (§ 199 Abs. 1).
§ 197 regelt die Höchstdauer von **Wartezeiten** (§ 197 Abs. 1) und deren Anrechnung im Falle eines 428
Übertritts von der GKV in die PKV (§ 197 Abs. 2). § 197 Abs. 2 erstreckt die Anrechnung der
Wartezeit mit Wirkung ab 1.1.2009 auf den Versichererwechsel innerhalb der PKV; diese im Rahmen
der Gesundheitsreform geschaffene Vorschrift wurde aus dem GKV-WSG inhaltsgleich in das neue
VVG übernommen (Art. 11 Abs. 1 VVG-ReformG).
§ 198 begründet für einen in der PKV krankenversicherten Elternteil den Anspruch, ein neuge- 429
borenes Kind rückwirkend ab der Geburt ohne Einschränkungen und ohne Risikoprüfung zum
gleichen Tarif zu versichern **(Kindernachversicherung).**
§ 199 Abs. 2 regelt das Recht von **Beihilfeempfängern,** ihren Versicherungsschutz einem sich 430
ändernden Beihilfebemessungssatz anzupassen. Nach § 199 Abs. 3 gilt dies nicht für den Basistarif.
§ 200 führt ein krankenversicherungsspezifisches **Bereicherungsverbot** für diejenigen Fälle 431
ein, in denen die versicherte Person wegen desselben Versicherungsfalles Leistungsansprüche nicht
nur gegen das Versicherungsunternehmen, sondern auch gegen andere Erstattungsverpflichtete –
insbes. die GKV oder einen Beihilfeträger – hat.
§ 201 begründet die Leistungsfreiheit des Versicherungsunternehmens bei **vorsätzlicher Her-** 432
beiführung des Versicherungsfalles. Grob fahrlässige Herbeiführung des Versicherungsfalles
beeinträchtigt in Abweichung von § 81 Abs. 2 die Leistungspflicht des Versicherungsunternehmens
dagegen nicht, weil § 81 auf die Krankenversicherung nicht anzuwenden ist (§ 194 Abs. 1 S. 1).
§ 202 verpflichtet das Versicherungsunternehmen zur **Auskunft** über medizinische Gutachten, 433
die es im Rahmen seiner Leistungspflichtprüfung eingeholt hat.
§ 203 ist die Grundsatzvorschrift für das **Prämien-, Prämienanpassungs- und Bedingungs-** 434
änderungsrecht:
– Für die **Prämienberechnung** bei der nach Art der Lebensversicherung betriebenen Krankenver- 435
  sicherung werden die entsprechenden aufsichtsrechtlichen Kalkulationsvorschriften in das Versicherungsvertragsrecht inkorporiert (§ 203 Abs. 1 S. 1).
– § 203 Abs. 1 S. 2 behält die Möglichkeit vor, für **erhöhte Risiken** Risikozuschläge oder Leistungs- 436
  ausschlüsse zu vereinbaren. Die Vorschrift nimmt von dieser Möglichkeit den Basistarif aus, bei
  dem eine Risikoprüfung nach § 203 Abs. 1 S. 3 nur für Zwecke des Risikoausgleichs zwischen
  den PKV-Unternehmen oder für spätere Tarifwechsel zulässig ist. Diese im Rahmen der Gesundheitsreform geschaffene Vorschrift wurde aus dem GKV-WSG inhaltsgleich in das neue VVG
  übernommen (Art. 11 Abs. 1 VVG-ReformG).
– Für Krankenversicherungen, bei denen das ordentliche Kündigungsrecht ausgeschlossen ist, wird 437
  dem Versicherungsunternehmen das Recht zur **Prämienanpassung** eingeräumt, wenn die Versicherungsleistungen oder die Sterbewahrscheinlichkeiten sich nicht nur vorübergehend verändern.
  Die Prämienanpassung wird an die Zustimmung eines unabhängigen Treuhänders geknüpft (§ 203
  Abs. 2).
– Für nach Art der Lebensversicherung betriebene Krankenversicherungen räumt § 203 Abs. 3 dem 438
  Versicherungsunternehmen das Recht zur **Bedingungsänderung** ein, wenn die Verhältnisse des

Gesundheitswesens sich nicht nur vorübergehend verändern. Die Bedingungsänderung wird an die Zustimmung eines unabhängigen Treuhänders geknüpft.

439 – § 203 Abs. 4 gibt dem Versicherungsunternehmen die Möglichkeit zur **Klauselersetzung,** wenn eine AVB-Bestimmung für unwirksam erklärt worden ist.

440 – § 203 Abs. 5 regelt den **Zeitpunkt des Inkrafttretens** von Prämienanpassungen und Bedingungsänderungen.

441 § 204 Abs. 1 S. 1 Nr. 1 Hs. 1–3 begründet für den Versicherungsnehmer das Recht auf **Tarifwechsel** unter Anrechnung seiner aus dem Vertrag bisher erworbenen Rechtspositionen. § 204 Abs. 1 S. 1 Nr. 1 Hs. 4, 5 regelt Einzelfragen des Tarifwechsels in den Basistarif.

442 § 204 Abs. 1 S. 1 Nr. 2 schreibt für den Fall eines Versichererwechsels die **Übertragung der kalkulierten Alterungsrückstellung** vor. Diese im Rahmen der Gesundheitsreform geschaffene Vorschrift wurde aus dem GKV-WSG inhaltsgleich in das neue VVG übernommen (Art. 11 Abs. 1 VVG-ReformG).

443 Nach § 204 Abs. 1 S. 2 kann der Versicherungsnehmer beim Wechsel aus einem Hochleistungstarif in den Basistarif einen **Zusatztarif** verlangen, auf den die über den Basistarif hinausgehende Alterungsrückstellung anzurechnen ist. Diese im Rahmen der Gesundheitsreform geschaffene Vorschrift wurde aus dem GKV-WSG inhaltsgleich in das neue VVG übernommen (Art. 11 Abs. 1 VVG-ReformG).

444 § 204 Abs. 4 räumt dem Versicherungsnehmer und dem Versicherten einer nach Art der Lebensversicherung betriebenen Krankenversicherung das Recht ein, einen gekündigten Vertrag als **Anwartschaftsversicherung** fortzuführen. Diese im Rahmen der Gesundheitsreform geschaffene Vorschrift wurde aus dem GKV-WSG inhaltsgleich in das neue VVG übernommen (Art. 11 Abs. 1 VVG-ReformG).

445 § 205 regelt iE die **Kündigungsrechte des Versicherungsnehmers.**

446 § 206 schließt für die substitutive und die nach Art der Lebensversicherung betriebene nichtsubstitutive Krankenversicherung das **ordentliche Kündigungsrechts des Versicherungsunternehmens** aus (§ 206 Abs. 1, 2). Das durch Art. 1 VVG-ReformG eingefügte Verbot der ordentlichen Kündigung einer nicht-substitutiven Krankenversicherung (§ 206 Abs. 2 VVG 2008) hob Art. 11 Abs. 1 VVG-ReformG mit Wirkung ab 1.1.2009 unmotiviert wieder auf.[131]

447 § 206 Abs. 1 S. 1 schließt für alle Krankheitskostenversicherungen, die der Erfüllung der Versicherungspflicht genügen, „jede Kündigung" aus. Diese im Rahmen der Gesundheitsreform geschaffene Vorschrift wurde aus dem GKV-WSG inhaltsgleich in das neue VVG übernommen (Art. 11 Abs. 1 VVG-ReformG). Die Vorschrift bezieht sich entgegen ihrem Wortlaut nicht auf jede **außerordentliche Kündigung aus wichtigem Grund,** sondern nur auf außerordentliche Kündigungen wegen Prämienverzugs.[132]

448 Im Falle der Fremdversicherung haben die versicherten Personen ein Interesse an der **Fortsetzung des Versicherungsverhältnisses,** wenn dieses aus von ihnen nicht beeinflussbaren Gründen endet. Entsprechende Fortsetzungsrechte gelten im Falle einer zulässigen Kündigung durch das Versicherungsunternehmen (§ 206 Abs. 3, 4) oder durch den Versicherungsnehmer (§ 207 Abs. 2) oder im Falle des Todes des Versicherungsnehmers (§ 207 Abs. 1). Eine spezielle Fortsetzungsvorschrift gilt ferner für den Fall des Fortzugs in das EU-Ausland (§ 207 Abs. 3).

449 **5. Krankenversicherungsvertragsrecht im VAG.** Außer dem VVG enthält auch das VAG Vorschriften mit vertragsrechtlichen Inhalten. Hierzu gehören Vorschriften zur Berechnung und zur Anpassung der **Prämie,** zum Basistarif sowie zum Notlagentarif. Im Interesse vertragsrechtlicher Klarheit und Verbindlichkeit sind beide Rechtsgebiete miteinander verzahnt.

450 Die §§ 146 Abs. 1, 149, 150 VAG enthalten Regelungen zur **Berechnung der Prämie** und zur Erhebung des gesetzlichen Beitragszuschlags. § 160 S. 1 Nr. 1, 5 VAG ermächtigt das BMF, die Methoden zur Prämienberechnung sowie die Überzinsermittlung und -verteilung durch Rechtsverordnung festzulegen. Über § 203 Abs. 1 S. 1 VVG werden diese Bestimmungen versicherungsvertragsrechtlich wirksam.

451 § 155 VAG regelt die Voraussetzungen für eine **Beitragsanpassung** und für die Zustimmung des unabhängigen Treuhänders (→ Rn. 827). Die Beitragsanpassung ist materiell-rechtlich in § 203 Abs. 2 geregelt. Dort ist gleichfalls festgelegt, nach welchen Kriterien der Treuhänder die Beitragsanpassung zu prüfen und zu genehmigen hat. Dies ist vertragsrechtlich relevant. Insofern war es notwendig, den materiellen Kern des § 155 einschließlich der Ermächtigungsnorm des § 160 VAG in § 203 Abs. 2 S. 4 abzubilden.

---

[131] *Boetius*, Private Krankenversicherung nach der Gesundheitsreform und der VVG-Reform, 2008, S. 10.
[132] BGHZ 192, 67 = VersR 2012, 304 = NJW 2012, 1365; BGH VersR 2012, 219 = NJW 2012, 376; *Boetius* VVG § 206 Rn. 90 ff.

§ 160 S. 1 Nr. 2 VAG ermächtigt zu einer Rechtsverordnung zur Bestimmung der Gleichartig- 452
keit der Tarife und der Anrechnung der Alterungsrückstellung bei einem **Tarifwechsel** nach § 146
Abs. 1 Nr. 4 VAG. Dies entfaltete durch die Verweisung in § 204 S. 1 VVG 2008 auch materiell-
rechtliche Wirkung – allerdings nur bis 31.12.2008. Mit Wirkung ab 1.1.2009 ersetzte Art. 11 Abs. 1
VVG-ReformG den § 204 VVG 2008 durch diejenige Fassung, die sich aus der inhaltsgleichen
Übernahme des § 178f VVG idF des GKV-WSG ergab.[133]

Nach § 160 S. 3 Hs. 2 VAG bedürfen die **Rechtsverordnungen** nach S. 1 und 2 auch des 453
Einvernehmens mit dem BMJ. Dies ist notwendig, weil diese Rechtsverordnungen materielles Vertragsrecht erzeugen.

Das GKV-WSG fügte in das VAG mit Wirkung ab 1.1.2009 Vorschriften über den **Basistarif** 454
ein, die in weiten Teilen auch in das VVG aufgenommen wurden (§§ 152, 154, 158 Abs. 2, VAG).
§ 160 S. 1 Nr. 3, 4 VAG erweitert insoweit die Verordnungsermächtigungen. Das gleiche gilt für
den durch Art. 4 KVBeitragsschulden-ÜberforderungsG geschaffenen Notlagentarif (§ 153 VAG).

6. Übergangsrecht für die Krankenversicherung. Die VVG-Reform ist insgesamt am 455
1.1.2008 in Kraft getreten (Art. 12 Abs. 1 S. 2 VVG-ReformG). Von diesem Zeitpunkt an gilt es
uneingeschränkt für **neu abgeschlossene Verträge**.

Für Versicherungsverhältnisse, die vor Inkrafttreten der VVG-Reform entstanden sind (**Altver-** 456
träge) enthält das ebenfalls geänderte EGVVG entsprechende Übergangsbestimmungen:
- Auf bis zum 31.12.2008 eingetretene **Versicherungsfälle** ist generell und unbefristet das bisherige 457
  VVG anzuwenden (Art. 1 Abs. 2 EGVVG).
- Im Übrigen war das bisherige VVG nur **bis zum 31.12.2008** anzuwenden (Art. 1 Abs. 1 458
  EGVVG).
- Soweit die **AVB** von den Vorschriften des neuen VVG abwichen, konnte das Versicherungsunter- 459
  nehmen sie zum 1.1.2009 einseitig ändern (Art. 1 Abs. 3 EGVVG).
- In der **Krankenversicherung** waren die neuen §§ 192–208 bereits ab 1.1.2008 anzuwenden, 460
  wenn das Versicherungsunternehmen die aufgrund dieser Bestimmungen geänderten AVB dem
  Versicherungsnehmer rechtzeitig vorher mitgeteilt hatte (Art. 2 Nr. 2 EGVVG).

Der ab 1.8.2013 eingeführte **Notlagentarif** galt rückwirkend für die zu diesem Zeitpunkt bestehen- 461
den Ruhensfälle (Art. 7 EGVVG).

7. AVB für die Krankenversicherung. a) Musterbedingungen. Die PKV-Unternehmen 462
verwenden für die Krankheitskosten-, Krankenhaustagegeld- und Krankentagegeldversicherung
weitgehend – als unverbindliche Empfehlung des PKV-Verbands herausgegebene – **Musterbedingungen** (insbes. MB/KK 2013, MB/KT 2013). Die Musterbedingungen werden durch unternehmenseigene Bedingungen ergänzt (→ Rn. 464 f.).

Die Musterbedingungen regeln ua 463
- den **Versicherungsfall,**
- den räumlichen **Geltungsbereich der Krankenversicherung,**
- den **Beginn** des Versicherungsschutzes,
- die **Wartezeiten,**
- Umfang und Art der **Versicherungsleistungen,**
- **Einschränkungen** der Leistungspflicht,
- die **Auszahlungsmodalitäten,**
- die Modalitäten der **Beitragszahlung,**
- die **Beitragsanpassung,**
- die **Beitragsrückerstattung,**
- die **Obliegenheiten,**
- die **Beendigung** des Versicherungsvertrages,
- einzuhaltende **Fristen,**
- **Änderungen** der AVB,
- den Wechsel in den **Standardtarif.**

b) Unternehmenseigene Bedingungen. Der **Begriff der AVB** umfasst – unabhängig von 464
ihrer Bezeichnung – alle Vertragsbestimmungen, die einer unbestimmten Vielzahl von Versicherungsverträgen zugrunde gelegt werden bzw. werden sollen. Auf die Zahl der tatsächlich abgeschlossenen Versicherungsverträge kommt es nicht an.

In der Krankenversicherung liegen einem Versicherungsvertrag typischerweise außer den Mus- 465
terbedingungen (→ Rn. 462 f.) der spezielle **Tarif** sowie die unternehmenseigenen **Tarifbestimmungen** und **Tarifbedingungen** zugrunde. Die Bezeichnung ist in der Praxis nicht einheitlich.

---

[133] *Boetius* Private Krankenversicherung nach der Gesundheitsreform und der VVG-Reform, 2008, S. 7.

Im Tarif bzw. in den Tarifbestimmungen oder Tarifbedingungen werden üblicherweise die konkreten tariflichen Leistungen des Versicherungsunternehmens bzw. die tarifliche Prämie festgelegt. Häufig findet sich in den Tarifdruckstücken des Versicherungsunternehmens folgender ausdrücklicher Hinweis:

„Die AVB umfassen diesen Tarif sowie die Musterbedingungen (Bezeichnung der Musterbedingung) des Verbandes der privaten Krankenversicherung und die Tarifbedingungen der (Bezeichnung des Versicherungsunternehmens)."

Der Tarif und die unternehmenseigenen Tarifbestimmungen bzw. Tarifbedingungen sind daher rechtlich als AVB anzusehen.[134]

V. Sozialversicherungsrecht

1. Überblick. Das Sozialversicherungsrecht beschäftigt sich mit dem Recht der privaten Krankenversicherung überall dort, wo es selbst rechtliche **Schnittstellen zur PKV** schafft. Dies geschieht indessen nicht immer systematisch. Das Sozialrecht enthält mehrfach Vorschriften, die dort systematisch falsch angesiedelt sind, weil es sich materiell um Versicherungsvertrags-, Versicherungsaufsichts- oder Zivilprozessrecht handelt. Die falsche Ansiedlung findet ihre Ursache überwiegend in dem Umstand, dass es sich um sozialpolitisch motivierte Gesetzesänderungen handelte, deren Federführung in den Bundesministerien für Arbeit und Gesundheit lag. Wenn daher unter Federführung des BMJ das Versicherungs(vertrags)recht vollständig reformiert wurde, so wäre es rechtssystematisch unabweisbar unabweisbar gewesen, die im Sozialrecht fälschlich angesiedelten Vorschriften in die richtigen Rechtsgebiete zu überführen bzw. ihre inhaltlich parallele Regelung dort sicherzustellen. Entsprechende Vorschläge hatte die VVG-Kommission gemacht, die der RegE zur VVG-Reform jedoch ohne nähere Begründung nicht übernommen hatte.

Rechtliche Schnittstellen sind im Recht der **GKV** (SGB V), der **SPV** (SGB XI) und im **Verfahrensrecht** (SGG) festzustellen.

2. Krankenversicherung. a) Versicherungspflicht. § 5 Abs. 9 S. 1 SGB V aF räumte einem PKV-Versicherten, der versicherungspflichtig wird, ein **Kündigungsrecht** mit Wirkung vom Eintritt der Versicherungspflicht ein. Die Vorschrift war mit § 178h Abs. 2 S. 1–3 VVG aF nicht konsistent gewesen, weil sie materiell-rechtlich überflüssig und teilweise falsch war. Art. 9 Abs. 21 Nr. 1 VVG-ReformG hob die Vorschrift des § 5 Abs. 9 SGB V aF folgerichtig auf.[135]

Auch § 5 Abs. 9 S. 2 SGB V aF war wegen des Bestehens von § 178h Abs. 2 S. 4 VVG aF überflüssig und teilweise falsch. Es gilt das vorstehend Gesagte.

Bei § 5 Abs. 10 SGB V aF bzw. § 5 Abs. 9 SGB V nF (idF von Art. 9 Abs. 21 Nr. 2 VVG-ReformG) handelt sich um **Versicherungsvertragsrecht,** das unter Fortfall dieser Vorschrift vollständig in das VVG zu überführen ist. Dabei ist die Rechtssystematik des Versicherungsvertragsrechts zu berücksichtigen. Das Versicherungsunternehmen soll verpflichtet sein, den gekündigten Versicherungsvertrag wieder aufleben zu lassen (keine Risikoprüfung, gleiche Tarifbedingungen, Anrechnung der bisherigen Alterungsrückstellung). Dafür eignet sich am besten die Konstruktion der „Fortsetzung des Versicherungsverhältnisses" (vergleichbar dem § 207). Damit das Versicherungsunternehmen Klarheit gewinnt, ob das Versicherungsverhältnis wieder auflebt, muss der Versicherte eine rechtsgestaltende Erklärung abgeben. Hierfür muss aus Gründen der Rechtssicherheit und -klarheit eine Frist gesetzt werden; letzteres fehlt in § 5 Abs. 9 SGB V nF. Insgesamt sollte die Neuregelung de lege ferenda in einem eigenen Paragraphen im Anschluss an § 205 erfolgen.

b) Beitragszuschuss. § 257 Abs. 2 SGB V verpflichtet die Arbeitgeber, den bei ihnen beschäftigten in der PKV versicherten Arbeitnehmern einen Beitragszuschuss zur Krankenversicherung zu zahlen. Die Zahlung des Beitragszuschusses ist nach § 257 Abs. 2a SGB V an bestimmte vom Versicherungsunternehmen zu erfüllende Voraussetzungen geknüpft, die die sozialpolitische Bedeutung der **substitutiven Krankenversicherung** (→ Rn. 629 ff.; → Rn. 705 ff.; → Rn. 716 ff.) festschreiben. Diese Voraussetzungen hat das GKV-WSG v. 26.3.2007 (BGBl. I S. 378) mit Einführung des Basistarifs teilweise geändert. Die Erfüllung der in § 257 Abs. 2a SGB V genannten Mindestvoraussetzungen muss die Versicherungsaufsichtsbehörde in einem Testat bestätigen.[136]

Die Verpflichtung zur Zahlung des Beitragszuschusses war nach dem ursprünglichen Wortlaut des § 257 Abs. 2a Nr. 5 SGB V aF (= § 257 Abs. 2a Nr. 6 SGB V) auch an die Voraussetzung geknüpft, dass das Versicherungsunternehmen die Krankenversicherung nicht zusammen mit anderen Versicherungssparten betreibt (**Spartentrennung**). Diese Voraussetzung verstieß gegen europäisches

---

[134] BGH VersR 1995, 328 = NJW 1995, 784.
[135] Begr. zu Art. 9 Abs. 21 RegE VVG-ReformG, BT-Drs. 16/3945, 123.
[136] Präve VersR 1997, 1301.

Unionsrecht, weil nicht spartengetrennt arbeitende Versicherungsunternehmen aus dem EU-/ EWR-Raum aufgrund Nichterfüllung dieser Voraussetzung vom Markt der substitutiven Krankenversicherung praktisch ausgeschlossen wurden (Ausländerdiskriminierung).[137] Die EG-Kommission strengte deswegen vor dem EuGH ein Vertragsverletzungsverfahren gegen die Bundesrepublik Deutschland an. Um es nicht auf eine Verurteilung ankommen zu lassen, wurde § 257 Abs. 2a Nr. 5 SGB V aF durch den am 1.7.2002 in Kraft getretenen Art. 7 Hüttenknappschaftliches Zusatzversicherungs-Neuregelungs-Gesetz (HZvNG) dahingehend geändert, dass sich das Spartentrennungsgebot nur auf inländische Versicherungsunternehmen bezieht.[138]

473 § 257 Abs. 2b SGB V aF regelte die Pflicht der Versicherungsunternehmen, im Rahmen des Standardtarifs – der für die substitutive Krankenversicherung Voraussetzung für die Arbeitgeberzuschussfähigkeit ist (→ Rn. 471) – an einem finanziellen Spitzenausgleich (**Pool**) teilzunehmen. Diese Vorschrift wird nach Inkrafttreten des GKV-WSG inhaltlich durch § 314 Abs. 2 SGB V fortgeführt. Bei der Vorschrift handelt es sich materiell um Versicherungsaufsichtsrecht. Um dies auch rechtlich zu verankern, sollte eine darauf Bezug nehmende Vorschrift de lege ferenda in das VAG aufgenommen werden. § 257 Abs. 2b SGB V aF bzw. § 403 Abs. 2 SGB V aF selbst muss wegen des Zusammenhangs mit dem Arbeitgeberzuschuss erhalten bleiben; auch hier sollte eine Bezugnahme auf das VAG erfolgen.

474 Nach § 257 Abs. 2b S. 1 SGB V aF bzw. § 403 Abs. 2 SGB V aF sind die Einzelheiten des Standardtarifs zwischen der BaFin und dem PKV-Verband mit Wirkung für die beteiligten PKV-Unternehmen zu vereinbaren. Nach dem gleichen Verfahren können die AVB des Standardtarifs für ältere Versicherte geändert werden (→ Rn. 1143 ff.). Hierbei handelt es sich um eine **spezialgesetzliche Bedingungsänderung,** die dem § 203 Abs. 3 vorgeht. Da es sich jedoch materiell um Versicherungsvertragsrecht handelt, muss die Vorschrift rechtssystematisch richtigerweise ihren Standort im VVG haben.

475 § 257 Abs. 2c SGB V aF räumte dem Versicherungsnehmer ein **Kündigungsrecht** für den Fall ein, dass das Versicherungsunternehmen nicht die Voraussetzungen für die Zahlung eines Beitragszuschusses nach § 257 Abs. 2a SGB V erfüllte. Die Vorschrift enthielt Versicherungsvertragsrecht und wäre daher de lege ferenda unter Fortfall des § 257 Abs. 2c SGB V aF in das VVG zu überführen gewesen, und zwar in § 205 als neuer Abs. nach Abs. 2. Das Kündigungsrecht hat – nachdem der frühere Termin 1.7.1994 jetzt keine Bedeutung mehr hat – noch für den Fall Sinn, dass ein Versicherungsunternehmen künftig die Voraussetzungen des § 257 Abs. 2c SGB V aF verliert oder (im Falle einer Neugründung) von vornherein nicht erfüllt. Insofern unterlag der Gesetzgeber des GKV-WSG einem Irrtum, wenn er den § 257 Abs. 2c SGB V aF mit der Begründung aufhob, die Vorschrift sei durch Zeitablauf obsolet geworden.[139] Das Beendigungsrecht sollte als echtes Kündigungsrecht mit Wirkung ex nunc ausgestaltet werden, sobald der Versicherungsnehmer davon erfährt bzw. Gebrauch machen will, und nicht als Beendigungsrecht, das auf den Zeitpunkt des Entfalls der Voraussetzungen zurückwirkt.

476 Das GKV-WSG hat den Standardtarif als Voraussetzung für die Zahlung des Arbeitgeberzuschusses mit Wirkung ab 1.1.2009 durch den **Basistarif** ersetzt. Diese Änderung hat weitreichende Konsequenzen (→ Rn. 1035 ff.; → Rn. 1183 ff.). Die gesamte Materie des Basistarifs ist nunmehr in das Versicherungsaufsichtsrecht und teilweise in das Versicherungsvertragsrecht verlagert worden.

477 **3. Gesetzliche Pflegeversicherung. a) Versicherungspflicht.** § 1 Abs. 2 S. 2 SGB XI begründet die Versicherungspflicht für die **private Pflege-Pflichtversicherung (PPV)**. Es gilt die generelle Regel, dass die Begründung einer Versicherungspflicht in der Privatversicherung grds. in dem Gesetz anzusiedeln ist, in dem die Hauptmaterie geregelt wird; dagegen sind die versicherungsvertragsrechtlichen Ausformungen und Rechtsfolgen im VVG zu regeln. Die Vorschrift des § 1 Abs. 2 S. 2 SGB XI hat im SGB XI daher ihren richtigen Standort und ist nicht in das VVG zu überführen.

478 Nach § 22 Abs. 1 S. 1 SGB XI können in der GKV **freiwillig Versicherte** sich von der Versicherungspflicht in der SPV befreien lassen, wenn sie eine Versicherung in der PPV nachweisen. Nach § 22 Abs. 1 S. 2 SGB XI müssen sie die Versicherung in der PPV aufrechterhalten. Für die Pflicht zur Aufrechterhaltung der PPV gilt das vorstehend Gesagte (→ Rn. 477).

479 § 23 SGB XI konkretisiert die Versicherungspflicht in der gesetzlichen Pflegeversicherung für die **PKV-Versicherten.** Für § 23 Abs. 1 S. 1 SGB XI gilt das vorstehend Gesagte (→ Rn. 477).

---

[137] *Dreher* VersR 1993, 288 ff.; *Präve* VersR 1997, 1301 (1304).
[138] Bericht des Ausschusses für Arbeit und Sozialordnung zu Art. 6 Nr. 3 (§ 257 Abs. 2a SGB V) RegE HZvNG, BT-Drs. 14/9442, 49.
[139] Begr. zu Art. 1 Nr. 174d (§ 257 SGB V) Fraktionsentwurf GKV-WSG, BT-Drs. 16/3100, 167.

480   Nach § 23 Abs. 2 SGB XI kann die PPV auch bei einem anderen Versicherungsunternehmen als demjenigen abgeschlossen werden, bei dem die Krankenversicherung besteht. Die Vorschrift lockert den **Grundsatz „Pflege folgt Kranken"** (→ Rn. 109). Wegen des Zusammenhangs mit der Begründung der Versicherungspflicht gilt bzgl. des § 23 Abs. 2 S. 1 SGB XI das vorstehend Gesagte (→ Rn. 477). Das gleiche ist auch für die S. 2 und 3 anzunehmen; denn die zivilrechtliche Wirksamkeit des Versicherungsvertrags kann nicht davon abhängig gemacht werden, ob der Versicherungsnehmer die dort genannten Fristen einhält oder nicht.

481   Unbeschadet der Versicherungspflicht des Versicherungsnehmers und des Kontrahierungszwangs des Versicherungsunternehmens (→ Rn. 488 ff.) kommt das Pflegeversicherungsverhältnis nicht kraft Gesetzes, sondern erst durch **Abschluss eines Vertrags** zustande.[140]

482   **b) Freiwillige Versicherung.** Für bestimmte Personenkreise, die bei Einführung der gesetzlichen Pflegeversicherung nicht der Versicherungspflicht unterworfen waren oder die später als Zuwanderer oder Auslandsrückkehrer nicht versicherungspflichtig werden, eröffnet § 26a SGB XI ein **Beitrittsrecht** zur SPV oder PPV. Für die Wahlfreiheit zwischen SPV oder PPV gilt das vorstehend Gesagte (→ Rn. 477). Das Beitrittsrecht zur PPV mit dem „Bewirken des Versicherungsbeginns" zum 1.4.2001 bzw. 1.1.2002 (§ 26a Abs. 1 S. 3, Abs. 2 S. 4 SGB XI) ist an sich Vertragsrecht. Da indessen die Sachverhalte abgeschlossen sind, erübrigt sich eine Übernahme in das VVG für die Zukunft.

483   **c) Inhalt der Pflegeversicherung.** § 23 Abs. 1 S. 2, 3 SGB XI regeln den **Inhalt der Versicherungsleistungen;** diese Vorschriften sind damit vertragsrechtliche Materie. Durch die Verweisung in § 192 Abs. 6 S. 3 werden sie in das VVG integriert.

484   § 23 Abs. 6 Nr. 1 SGB XI schreibt vor, dass für die Feststellung der **Pflegebedürftigkeit** und die Zuordnung zu einem **Pflegegrad** dieselben Maßstäbe wie in der SPV anzulegen sind (→ Rn. 110). Es handelt sich in beiden Fällen um die inhaltliche Ausformung des Pflegeversicherungsverhältnisses und damit um Versicherungsvertragsrecht. Durch die Verweisung in § 192 Abs. 6 S. 3 wird die Regelung in das VVG integriert.

485   § 23 Abs. 6 Nr. 2 SGB XI regelt die Anrechnung der in der SPV zurückgelegten Versicherungszeit auf die **Wartezeit** in der PPV. Dieser Grundsatz findet sich für die GKV bereits in § 197 Abs. 2, so dass diese Vorschrift de lege ferenda lediglich zu ergänzen ist.

486   Nach § 37 Abs. 3 SGB XI müssen Pflegebedürftige, die Pflegegeld beziehen, eine regelmäßige **Beratung** durch eine zugelassene Pflegeeinrichtung abrufen, um die Qualität der häuslichen Pflege sicherzustellen. § 37 Abs. 3 S. 3 SGB XI regelt die vom PKV-Unternehmen zu tragende Beratungsvergütung; § 37 Abs. 6 SGB XI regelt die Kürzung oder den Entzug des Pflegegeldes, wenn diese Pflicht-Beratung nicht abgerufen wird. Beide Bestimmungen betreffen die PPV-Leistung und sind damit Versicherungsvertragsrecht (→ Rn. 483).

487   Für Pflegebedürftige mit erheblichem allgemeinem Betreuungsbedarf (insbes. Demenzkranke) sehen die §§ 45a ff. SGB XI **zusätzliche Leistungen** vor. Hierfür sind die Versorgungsstrukturen weiterzuentwickeln, an deren Förderung sich die PKV-Unternehmen zu beteiligen haben (§ 45c Abs. 1 S. 2, Abs. 5 SGB XI).

488   **d) Kontrahierungszwang, Kündigungsverbot, Risikoausgleich.** Die §§ 110, 111 SGB XI enthalten für die **Ausgestaltung der PPV** Sondervorschriften.

§ 110 SGB XI regelt den **Kontrahierungszwang** in der PPV und gewisse Pflichtinhalte; es handelt sich somit um (Pflicht-)Vertragsrecht. Versicherungspflicht des Versicherungsnehmers und Kontrahierungszwang des Versicherungsunternehmens bedingen sich gegenseitig. Deshalb ist es systematisch richtig, den Kontrahierungszwang im gleichen Gesetz zu regeln, in dem die Versicherungspflicht begründet wird (→ Rn. 477). Versicherungspflicht und Kontrahierungszwang bedingen gleichzeitig die Regelung der **Pflichtinhalte;** denn Versicherungsnehmer und Versicherungsunternehmen müssen wissen, wozu sie konkret verpflichtet sind. Es ist daher richtig, § 110 SGB nicht in das VVG zu überführen. Die gleiche Logik liegt zB der Pflichtversicherung in der Kfz-Haftpflichtversicherung zugrunde (vgl. PflVG).

489   Etwas anderes galt für § 110 Abs. 4 S. 2 SGB XI aF. Die Vorschrift regelte die **Kündigungsmöglichkeit** einer Person, die nicht pflegeversicherungspflichtig ist und nach § 26a SGB XI eine freiwillige private Pflegeversicherung im Leistungsumfang des SGB abgeschlossen hat (→ Rn. 482). Während die zum Vertragsabschluss führenden Sachverhalte der Vergangenheit angehörten (→ Rn. 482), blieben die Kündigungsmöglichkeiten für die Zukunft aktuell. Insofern hätte diese Vorschrift de lege ferenda in das VVG überführt werden müssen. Art. 1 Nr. 67 lit. c PflegeWEG

---

[140] SG Koblenz VersR 1998, 1097.

v. 28.5.2008 (BGBl. I S. 874) hob die Vorschrift jedoch auf, weil ein Prämienverzug nicht mehr zur Beendigung des Versicherungsschutzes führen sollte.[141]

§ 110 Abs. 4 SGB XI schließt **Rücktritts- und Kündigungsrechte** der Versicherungsunternehmen aus, solange der Kontrahierungszwang besteht. Das Kündigungsverbot gilt nicht nur für den Prämienverzug, sondern auch bei Vertragsverletzungen des Versicherungsnehmers. Dem Versicherungsnehmer sollte „nicht ermöglicht werden, durch vertragswidriges Verhalten seine Versicherungspflicht zu unterlaufen"[142]. Damit ist auch eine außerordentliche Kündigung aus wichtigem Grund ausgeschlossen.[143] 489a

§ 111 SGB XI regelt die Pflicht der Versicherungsunternehmen, im Rahmen der PPV ein Ausgleichssystem (**Pool**) zu schaffen und aufrechtzuerhalten. Bei der Vorschrift handelt es sich – wie im Fall des Basistarifs (§ 154 VAG) – materiell um Versicherungsaufsichtsrecht. Um dies auch rechtlich zu verankern, sollte eine darauf Bezug nehmende Vorschrift de lege ferenda in das VAG aufgenommen werden. Auch hier sollte eine Bezugnahme auf das VAG erfolgen durch Ergänzung des § 111 Abs. 2 SGB XI. 490

4. Verfahrensrecht. Nach § 51 Abs. 2 S. 2 SGG sind die Sozialgerichte auch zuständig für privatrechtliche Streitigkeiten in Angelegenheiten der PPV.[144] Für die **Rechtswegzuweisung** ist entscheidend, ob die für die Klärung der streitigen Rechtsfragen anzuwendenden Vorschriften zumindest im Grundsatz im SGB XI geregelt sind.[145] Diese Voraussetzung sieht die Rspr. als erfüllt an bei einem Rechtsstreit 491
– über den *Fortbestand* eines PPV-Vertrages, und zwar unabhängig davon, ob eine Kündigung, ein Rücktritt oder eine Anfechtung in Rede steht;[146]
– über die Rechtmäßigkeit einer *Beitragsanpassung* in der PPV nach § 203 VVG.[147]

Diese Zuweisung bürgerlich-rechtlicher Rechtsstreitigkeiten zu den Sozialgerichten ist als Ausnahmeregelung[148] eng auszulegen. Sie strahlt nicht auf neben einer PPV abgeschlossene **private Pflegezusatzversicherungen** aus.[149] 491a

Diese Rechtswegzuweisung ist systemwidrig[150] und führt rechtspolitisch und praktisch zu problematischen Ergebnissen.[151] Der Gesetzgeber hat materiell-rechtlich den Grundsatz „**Pflege folgt Kranken**" verwirklicht (→ Rn. 109). Pflegeversicherung und Krankenversicherung sollen dem Grundsatz nach bei derselben Versicherung liegen, weil es sich wegen der mitunter fließenden Übergänge zwischen Krankheit und Pflege um einheitliche Lebenssachverhalte handelt und weil möglichst wenig Streitstoff bei Grenzfragen zwischen Kranken- und Pflegeversicherung aufkommen soll. Dem widerspricht es, den einheitlichen Lebenssachverhalt aufzuspalten und prozessual getrennte Wege zu gehen. Versicherungsvertragsrechtliche Streitigkeiten gehören ausschließlich vor die ordentlichen Gerichte: 492
– Das Versicherungsunternehmen zieht die **Beiträge** für die Kranken- und Pflegeversicherung zusammen ein. Wenn der Versicherungsnehmer in Verzug gerät, dann wegen der Beiträge aus der Krankenversicherung *und* der Pflegeversicherung. Klagt das Versicherungsunternehmen die rückständigen Beiträge ein, muss der Versicherungsnehmer wegen desselben Sachverhalts zwei getrennte Prämienprozesse vor unterschiedlichen Gerichtsbarkeiten an unterschiedlichen Orten und möglicherweise durch mehrere Rechtsanwälte führen. Das benachteiligt den prozessunerfahrenen Versicherungsnehmer unvertretbar und widerspricht auch den Grundsätzen der Prozessökonomie. 493
– Der **Prämienprozess** vor den Sozialgerichten ist für den Versicherungsnehmer kostenlos (§ 183 SGG),[152] während das Versicherungsunternehmen Pauschalgebühren zu zahlen hat (§ 184 SGG); das obsiegende Versicherungsunternehmen kann auch keine Erstattung der Anwaltskosten verlan- 494

---

[141] Begr. zu Art. 1 Nr. 67 lit. c (§ 110 SGB XI) RegE PflegeWEG, BT-Drs. 16/7439, 80.
[142] Bericht des Ausschusses für Arbeit und Sozialordnung zu Art. 1 (§ 119 SGB XI) Gesetzentwurf PflegeVG, BT-Drs. 12/5952, 49.
[143] LSG Baden-Württemberg BeckRS 2019, 33195 Rn. 23.
[144] BSGE 79, 80 = VersR 1998, 486; BGH VersR 2019, 59 Rn. 5 mwN = r+s 2018, 682. Vgl. dazu ausführlich *Rogler* in Boetius/Rogler/Schäfer, Rechtshandbuch PKV, 2020, § 64 Rn. 3 ff.
[145] BSG NZS 2007, 34 Rn. 4.
[146] BGH VersR 2019, 59 Rn. 9 = r+s 2018, 682; OLG Stuttgart r+2 2017, 111 Rn. 14.
[147] OLG Celle BeckRS 2018, 14916 Rn. 5 ff., 14; LG Stuttgart r+s 2019, 642 Rn. 7.
[148] Vgl. LSG Baden-Württemberg r+s 2021, 645 Rn. 14.
[149] LSG Baden-Württemberg r+s 2021, 645 Rn. 19 ff.
[150] So auch OLG Celle BeckRS 2018, 14916 Rn. 5.
[151] Vgl. *Rogler* in Boetius/Rogler/Schäfer, Rechtshandbuch PKV, 2020, § 64 Rn. 9 ff.; *Römer* VersR 1996, 562 (563); *Baroch Castellví* VersR 1997, 661 ff.
[152] BSGE 79, 80 = VersR 1998, 488.

gen.[153] Praktisch läuft dies darauf hinaus, dass das Versicherungsunternehmen aus Wirtschaftlichkeitsgründen keine Prämienprozesse führen kann, weil es aus einem gewonnenen Prämienprozess keinen wirtschaftlichen Vorteil hat. Der Versicherungsnehmer kann ohne wirtschaftliche Sanktion die Zahlung von fünf Monatsbeiträgen verweigern.

495 – Die vom Sozialgesetzgeber offenbar gewollte prozessuale Gleichstellung von sozialer und privater Pflegeversicherung berücksichtigt nicht den unterschiedlichen **Rechtsstatus von GKV und PKV:** Die GKV zieht die fälligen Beiträge über den Arbeitgeber *als Schuldner* ein; fehlt ein Arbeitgeber als Beitragsschuldner (zB bei Selbständigen), können die Kassen als öffentlich-rechtliche Körperschaften den Beitrag sofort über den Gerichtsvollzieher eintreiben. Die Prozesslast ist umgekehrt verteilt: Die PKV muss mahnen und bei Widerspruch des Versicherungsnehmers klagen, während in der GKV stets der Versicherte sich gegen Verwaltungsakte mit Rechtsmitteln wehren muss.

496 – Der Gesetzgeber schützt die **Beitragsinteressen der PPV** nicht in gleicher Weise wie diejenigen der SPV. Um die notwendige Symmetrie herzustellen und den privatrechtlich einheitlichen Lebenssachverhalt der privaten Kranken- und Pflegeversicherung nicht zulasten des Versicherungsnehmers zu zerreißen, sollte daher die Rechtswegzuweisung zur Sozialgerichtsbarkeit für privatrechtliche Streitigkeiten in der privaten Pflegeversicherung de lege ferenda aufgehoben werden.

VI. Kartellrecht

497   1. **Rechtsgrundlagen.** Sachverhalte, die den Wettbewerb beschränken, können gegen **europäisches und nationales Kartellrecht** verstoßen.

Das **europäische Kartellrecht** ist in Art. 101, 102 AEUV kodifiziert. Es greift ein, wenn eine Wettbewerbsbeschränkung geeignet ist, den Handel zwischen den Mitgliedstaaten zu beeinträchtigen. Hierfür genügt es, dass eine Wettbewerbsbeschränkung sich auf einen wesentlichen Teil des EU-Binnenmarktes auswirkt. Da Deutschland ein wesentlicher Teil dieses Binnenmarktes ist, werden Wettbewerbsbeschränkungen unter den Trägern der deutschen Krankenversicherung regelmäßig nach europäischem Kartellrecht zu beurteilen sein. Fallen europäisches und deutsches Kartellrecht auseinander, verdrängt grds. das europäische Kartellrecht das deutsche Recht (§ 22 GWB).

498   Das **deutsche Kartellrecht** ist im GWB kodifiziert. Es gilt uneingeschränkt für Wettbewerbsbeschränkungen, die sich regional auf Deutschland beschränkt auswirken. Das deutsche Kartellrecht ist für den Bereich der wettbewerbsbeschränkenden Vereinbarungen und abgestimmten Verhaltensweisen an das europäische Kartellrecht weitgehend angeglichen.

499   Nach europäischem und deutschem Kartellrecht sind vom grundsätzlichen **Kartellverbot** folgende Tatbestände betroffen:
– Vereinbarungen zwischen Unternehmen,
– aufeinander abgestimmte Verhaltensweisen,
– Beschlüsse von Unternehmensvereinigungen,

die eine spürbare Verhinderung, Einschränkung oder Verfälschung des Wettbewerbs bezwecken oder bewirken (§ 1 GWB).

500   Verboten ist ferner der **Missbrauch einer marktbeherrschenden Stellung** (§ 19 GWB).

501   2. **Sachverhalte innerhalb der GKV. a) Grundsatz.** Das Kartellrecht gilt nur für Sachverhalte, an denen ein **Unternehmen** beteiligt ist. Es kann daher auf Sachverhalte innerhalb der GKV nur angewendet werden, wenn die Träger der GKV den kartellrechtlichen Unternehmensbegriff erfüllen. Träger der GKV in diesem Sinne sind die Krankenkassen und die medizinischen Leistungserbringer (§ 69 Abs. 1 S. 1 SGB V). Sind sie als Unternehmen einzustufen, werden vom Kartellrecht auch ihre Vereinigungen erfasst. Vereinigungen in diesem Sinne sind die Verbände der Krankenkassen, die kassenärztlichen und kassenzahnärztlichen Vereinigungen, die Krankenhausgesellschaften und die Verbände der sonstigen Leistungserbringer.

502   b) **Unternehmensbegriff.** In der Anwendung der Vorschriften des Kartellrechts auf Träger der Sozialversicherung bietet die Rspr. des **EuGH** kein einheitliches Bild (→ Rn. 535 ff.). In gefestigter Rspr. legt der EuGH dem europäischen Wettbewerbs- und Kartellrecht keinen formalen, sondern einen funktionalen Unternehmensbegriff zugrunde (→ Rn. 536).

503   Für die deutschen **Krankenkassen der GKV** hat der EuGH in einem Verfahren, in dem es um die Zulässigkeit der Festsetzung von Festbeträgen für Arzneimittel durch die GKV-Verbände ging, die Unternehmenseigenschaft verneint, weil sie mit der Festsetzung der Festbeträge nur einer gesetzlichen Pflicht nachkämen, um den Fortbestand des deutschen Systems der sozialen Sicherheit sicherzustellen (→ Rn. 539 f.). Dagegen hat der EuGH eine BKK als Unternehmen iSd RL 2005/

---

[153] BSG NJW-RR 2002, 1652.

29/EG v. 11.5.2005 über unlautere Geschäftspraktiken[154] angesehen (→ Rn. 540).[155] Inzwischen regelt § 69 Abs. 2 SGB V die Anwendung des GWB auf die GKV. Danach sind die wichtigsten Vorschriften des GWB auf die GKV anzuwenden, soweit sie zu ihren Handlungen nicht gesetzlich verpflichtet ist.

c) Sachverhalte. Die wichtigsten Sachverhalte innerhalb der GKV bilden die **Versorgungs-** 504
verträge, mit deren Hilfe der gesetzliche Sicherstellungsauftrag erfüllt wird. Diese Verträge unterliegen nicht dem Kartellrecht, weil die Träger der GKV insoweit nicht den Unternehmensbegriff erfüllen (→ Rn. 503).

3. Sachverhalte im Verhältnis GKV/PKV. a) Grundsatz. Die Anwendung des Kartell- 505
rechts auf Sachverhalte im Verhältnis zwischen GKV und PKV hängt davon ab, ob der Sachverhalt den **Wettbewerb** zwischen beiden Krankenversicherungssystemen betrifft. Werden Fragen geregelt, die das SGB V betreffen, gelten die gleichen Grundsätze wie für die GKV allein (→ Rn. 501 ff.). In allen übrigen Fragen kommt die Unternehmenseigenschaft der GKV in Betracht.

b) Unternehmensbegriff. In seiner Entscheidung zur Unternehmenseigenschaft der GKV 506
(→ Rn. 503, 539 f.) hat der EuGH eine **wirtschaftliche Tätigkeit der Krankenkassen** nicht ausgeschlossen, wenn die Krankenkassen „außerhalb ihrer Aufgaben rein sozialer Art im Rahmen der Verwaltung des deutschen Systems der sozialen Sicherheit Geschäftstätigkeiten ausüben, die keinen sozialen, sondern einen wirtschaftlichen Zweck haben" (→ Rn. 540). Diese Voraussetzung ist erfüllt, wenn zwischen einem Träger der GKV und der PKV Sachverhalte geregelt werden, die sich im Wettbewerb dieser Träger – sowohl innerhalb der GKV als auch innerhalb der PKV wie auch zwischen GKV und PKV – auswirken können.

c) Sachverhalte. Die PKV ist über ihren Verband nach dem Krankenhausfinanzierungsgesetz 507
(KHG) bundesweiter Verhandlungspartner bei den Pflegesatzverhandlungen im **Krankenhaussektor** (→ Rn. 197). Der PKV-Verband ist gemeinsam mit der Deutschen Krankenhausgesellschaft als Empfehlungsgeber zur Bemessung der Entgelte für nichtärztliche Wahlleistungen im Krankenhaus vorgesehen (→ Rn. 197). Diese Sachverhalte betreffen Fragen, die nur einheitlich für den Krankenhausmarkt und damit für GKV und PKV gemeinsam geregelt werden können. Sie sind damit dem wettbewerbsfreien Sektor des SGB V zuzuordnen.

Eine wirtschaftliche Tätigkeit der GKV liegt dagegen vor, wenn sie auf Gebieten außerhalb des 508
SGB V **Kooperationen** mit der PKV vereinbart. Dies kann zB die Vermittlung von Krankenversicherungen (→ Rn. 132 ff.; → Rn. 543 ff.) oder die Bildung von Managed Care-Netzwerken betreffen (→ Rn. 546).

Eine wirtschaftliche Tätigkeit der GKV liegt auch vor, wenn die GKV nach dem GKV-WSG 509
Wahltarife anbietet, die sich materiell als Individualversicherung darstellen (→ Rn. 173 ff.).

4. Sachverhalte innerhalb der PKV. a) Grundsatz. Für Sachverhalte innerhalb der PKV 510
gibt es zunächst **keine systematischen Ausnahmen** vom Kartellrecht. Soweit jedoch der PKV als der privaten Säule im dualen Krankenversicherungssystem (→ Rn. 1135) bestimmte Aufgaben und Verhaltensweisen gesetzlich vorgeschrieben oder zugewiesen sind, kann auf sie das Kartellrecht nicht angewandt werden. Das gebietet der verfassungsrechtlich zu beachtende Grundsatz der Einheit der Rechtsordnung.

b) Verbandsaufgaben. Vom Kartellrecht ausgenommen sind der PKV vom Gesetz selbst aufer- 511
legte Verhaltensweisen (→ Rn. 510). Dies ist – außer den Aufgaben der PKV im Anwendungsbereich des SGB V (→ Rn. 507) – insbes. dann der Fall, wenn die PKV **brancheneinheitliche Regelungen** zwingend benötigt, um – idR sozialpolitisch begründete – umfassende Versicherungslösungen zu verwirklichen, die es erfordern, dass wesentliche Rahmenbedingungen der PKV aufgegeben werden müssen. Diese Aufgaben werden weitgehend vom PKV-Verband für seine Mitglieder wahrgenommen. Die der PKV auferlegten gesetzlichen Aufgaben finden sich dementsprechend im Sozialrecht und im Versicherungsaufsichtsrecht. Beispiele sind
– der brancheneinheitliche Standardtarif für ältere Versicherte (→ Rn. 1143 ff.),
– die private Pflege-Pflichtversicherung (→ Rn. 1168 ff.),
– der durch das GKV-WSG eingeführte neue Basistarif (→ Rn. 1183 ff.),
– der durch das KVBeitragsschulden-ÜberforderungsG eingeführte Notlagentarif (→ Rn. 1231 ff.).
Zu den vom PKV-Verband wahrgenommenen Aufgaben gehören vor allem die Erarbeitung von 511a
Versicherungsbedingungen und die Erstellung von **Verbandsstatistiken:**

---

[154] ABl. 2005 L 149, 22.
[155] EuGH VersR 2013, 1593 = GRUR 2013, 1159 = NJW 2014, 288.

- Für die gesetzlich vorgeschriebenen brancheneinheitlichen Tarife (→ Rn. 511) gibt es *einheitliche Bedingungswerke*, die von den PKV-Unternehmen aufgrund gesetzlicher Vorschriften verwendet werden müssen und daher dem Kartellrecht nicht unterliegen.
- Für andere Tarife der Kranken- und Pflegeversicherung entwickelt der PKV-Verband *Musterbedingungen*, die den Mitgliedsunternehmen zur Verfügung gestellt werden. Diese sind kartellrechtlich unbedenklich, wenn sie sich nicht auf die Beitragskalkulation auswirken, ihre Anwendung unverbindlich ist und allen Marktteilnehmern uneingeschränkt zur Verfügung steht und die Mitgliedsunternehmen an der Erarbeitung beteiligt werden.
- *Verbandsstatistiken* erleichtern den Marktzutritt vor allem kleinerer Unternehmen. Damit sie kartellrechtlich unbedenklich sind, müssen die an der Erstellung beteiligten PKV-Unternehmen anonym bleiben; außerdem müssen die Statistiken unverbindlich sein und dürfen keinen Hinweis auf die Höhe von Bruttoprämien enthalten.

512 c) **Besondere Sachverhalte.** Eine besondere Gruppe von zunächst dem Kartellrecht unterliegenden Sachverhalten betrifft alle Maßnahmen, die im Bereich von **Managed Care** (→ Rn. 1297 ff.) anzusiedeln sind. Hierbei geht es stets darum, die Hauptursache für steigende Kranken- und Pflegeversicherungsbeiträge – nämlich die Entwicklung der Krankheits- und Pflegekosten – zu beeinflussen. Im Zentrum der kartellrechtlich relevanten Betrachtung stehen Maßnahmen iRd Gesundheitsmanagements (→ Rn. 1302).

513 Unter **Gesundheitsmanagement** werden Instrumente zur Kosten- und Qualitätssteuerung zusammengefasst, die vor oder unmittelbar bei der Erbringung der medizinischen Leistung wirken. Um Kosten und Qualität direkt zu steuern, muss das Versicherungsunternehmen Vereinbarungen mit Leistungserbringern schließen. Diese Vereinbarungen regeln die finanziellen und qualitativen Voraussetzungen, unter denen die Versicherten des Versicherungsunternehmens vom Leistungserbringer medizinisch versorgt werden. Dazu zählen ua folgende Fallgestaltungen:

514 - Bildung eines **Ärztenetzwerks.** Unter einem Ärztenetzwerk ist ein Verbund mehrerer Ärzte – meistens unterschiedlicher Fachrichtungen – zu verstehen, die sich gegenüber dem Versicherungsunternehmen verpflichten, dessen Versicherte unter Einhaltung bestimmter Qualitätsstandards (Disease Management Programme) zu bestimmten Höchstsätzen der amtlichen Gebührenordnungen zu behandeln.

515 - Organisation von **Einkaufs- und Verteilungsmanagement.** Hierunter sind Vereinbarungen zwischen einem oder mehreren Versicherungsunternehmen und Lieferanten von Heil-, Hilfs-, Arznei- oder Pflegehilfsmitteln zu verstehen, in denen sich die Lieferanten verpflichten, die Versicherten des Versicherungsunternehmens mit definierten Produkten zu festgelegten Preisen zu beliefern.

516 - **Einzelverträge** zwischen einem Versicherungsunternehmens und einem medizinischen Leistungserbringer, in dem sich dieser verpflichtet, den Versicherten des Versicherungsunternehmens definierte Leistungen zu bestimmten Höchstsätzen der amtlichen Gebührenordnung zu erbringen.

517 Die Besonderheit dieser Anwendungsfälle des Gesundheitsmanagements besteht darin, dass im wirtschaftlichen Sinne **Nachfrager** der medizinischen Leistungen nicht der Versicherte, sondern das PKV-Unternehmen ist. Denn dieses trägt aufgrund seiner versicherungsvertraglichen Erstattungspflicht gegenüber dem Versicherten die wirtschaftliche Last der Nachfrage. Die Krankenversicherungsleistung kann nämlich entweder nach dem Kostenerstattungsprinzip oder nach dem Sachleistungsprinzip erfolgen. Diese beiden Leistungsprinzipien sind keine konstitutiven Systemmerkmale von GKV oder PKV (→ Rn. 36). Schon nach dem früheren VVG konnte auch die PKV ihre Versicherungsleistungen in Form der Sachleistung erbringen; denn § 49 VVG aF war dispositiv (§ 68a VVG aF). Nach dem neuen VVG bleibt der Vertragsinhalt grds. frei (§ 1). Wählt sie die Form der Sachleistung, ist sie gezwungen, entsprechende Versorgungsverträge abzuschließen, um ihre versicherungsvertraglichen Verpflichtungen zu erfüllen. Dann befindet sie sich in der gleichen Rolle wie die GKV, die kraft ausdrücklicher Gesetzesvorschrift Versorgungsverträge abschließen kann (→ Rn. 504). Die zu den Krankenkassen ergangene Rspr. des BGH[156] ist insoweit daher auch auf die PKV anzuwenden.[157]

VII. Wettbewerbsrecht

518 1. **Allgemeine Grundsätze.** Im Markt der Krankenversicherung – einschließlich der Pflegeversicherung – sind mehrere **Wettbewerbsebenen** zu unterscheiden:
- Wettbewerb zwischen PKV-Unternehmen (→ Rn. 519).
- Wettbewerb zwischen Krankenkassen der GKV (→ Rn. 520).

---

[156] BGH VersR 2000, 1256 = NJW 2000, 3426.
[157] *Schoenfeldt/Kalis* VersR 2001, 1325 (1331).

— Wettbewerb zwischen Krankenkassen der GKV bzw. ihren Verbänden und PKV-Unternehmen (→ Rn. 523 ff.).
Die rechtliche Beurteilung wettbewerblichen Verhaltens richtet sich nach deutschem Wettbewerbsrecht und europäischem Unionsrecht.

519 Im **Wettbewerb zwischen den PKV-Unternehmen** unterliegt das Wettbewerbsverhalten dem allgemeinen Wettbewerbsrecht, wie es insbes. im UWG und seinen wettbewerbsrechtlichen Nebengesetzen kodifiziert ist.

520 Auch im **Wettbewerb zwischen den Krankenkassen** kann es zu wettbewerblichem Verhalten kommen, insbes. im Bereich von Maßnahmen der Mitgliederwerbung. Grundsätzlich finden Rechtsstreitigkeiten der Krankenkassen untereinander vor den Sozialgerichten statt,[158] die das wettbewerbliche Verhalten von Krankenkassen allerdings ausschließlich nach den Normen des Sozialrechts beurteilen, obwohl dieses keine wettbewerbsrechtlichen Regelungen enthält. Die Geltung des Sozialrechts und die Zuständigkeit der Sozialgerichte sind rechtssystematisch nicht zu begründen; denn wenn das gleiche Wettbewerbsverhalten von einem PKV-Unternehmen angegriffen wird, ist der ordentliche Rechtsweg gegeben und ist das UWG anzuwenden.[159]

521 Die Rechtsgrundlagen für das **Wettbewerbsverhalten zwischen Krankenkassen und PKV-Unternehmen** finden sich im deutschen und im europäischen Wettbewerbsrecht. Für das deutsche Wettbewerbsrecht ist in erster Linie das UWG einschlägig.

522 Das **europäische Wettbewerbsrecht** ist nur dann heranzuziehen, wenn das Wettbewerbsverhalten grenzüberschreitende Wirkungen entfaltet. Maßnahmen und Verhaltensweisen, deren Auswirkungen sich auf das Gebiet des Mitgliedstaats beschränken, dem die relevanten Marktteilnehmer angehören, unterliegen nur den innerstaatlichen Normen dieses Mitgliedstaats. Soweit grenzüberschreitende Verhaltensweisen nach europäischem Recht zu beurteilen sind, gelten die Art. 56 ff., 101 ff. AEUV.

523 **2. Wettbewerb zwischen GKV und PKV.** Eine der zentralen Fragen im **Unternehmenswettbewerb** zwischen GKV und PKV lautet, ob zwischen einer Krankenkasse der GKV und einem Unternehmen der PKV ein Wettbewerbsverhältnis besteht. Im europäischen Wettbewerbsrecht wird gefragt, ob eine Krankenkasse überhaupt als im Wettbewerb stehendes Unternehmen angesehen werden kann.

524 **a) Wettbewerbsverhältnis.** Soweit die **gesetzliche Versicherungspflicht** eingreift (→ Rn. 46), können die Pflichtversicherten lediglich zwischen den einzelnen Krankenkassen wählen; sie haben jedoch nicht die Möglichkeit, sich statt bei einer Krankenkasse bei einem PKV-Unternehmen zu versichern. In diesem Bereich findet daher zwischen GKV und PKV kein Unternehmenswettbewerb statt, so dass insoweit kein Wettbewerbsverhältnis besteht.

525 Anders verhält es sich **außerhalb der Versicherungspflicht** im Bereich derjenigen Personen, die der Versicherungspflicht nicht unterliegen, die ein Befreiungsrecht haben oder die als GKV-Versicherte einen Bedarf für private Ergänzungsversicherungen haben, die von den Krankenkassen in Kooperation mit PKV-Unternehmen angeboten werden (→ Rn. 130). Hierbei handelt es sich insbes. um folgende Gruppen (→ Rn. 83, 130):

526 — **Abhängig Beschäftigte** mit einem Gehalt oberhalb der Versicherungspflichtgrenze. Sie haben – sofern sie bereits in der GKV versichert sind – die Möglichkeit, sich in der GKV freiwillig weiter zu versichern oder in die PKV zu wechseln, wobei ihnen in der PKV zurückgelegte Versicherungszeiten auf die Wartezeit anzurechnen sind (§ 197 Abs. 2).

527 — **Selbständig Erwerbstätige** unabhängig vom Einkommen. Sind sie aus früherer Zeit in der GKV versichert, können sie sich dort freiwillig weiter versichern oder in die PKV wechseln. Sind sie nicht in der GKV versichert, können sie nicht mehr in die GKV wechseln.

528 — Freiwillig in der GKV Versicherte sind zunächst kraft Gesetzes auch in der sozialen **Pflegeversicherung** pflichtversichert. Sie können stattdessen ihre Pflegeversicherung auch bei einem PKV-Unternehmen abschließen, ohne mit ihrer Krankenversicherung in die PKV wechseln zu müssen (§§ 20 Abs. 3, 22 SGB XI).

529 — Wenn abhängig Beschäftigte in der PKV versichert sind und **wieder versicherungspflichtig** werden, weil ihr Gehalt die Versicherungspflichtgrenze nicht mehr übersteigt, haben sie die Möglichkeit, sich von der Versicherungspflicht befreien zu lassen und in der PKV versichert zu bleiben (→ Rn. 83).

530 — In der GKV Pflichtversicherte oder freiwillig Versicherte haben – insbes. durch die Leistungseinschränkungen der GKV – einen zunehmenden Bedarf für **Ergänzungsversicherungen.** Weil die Krankenkassen solche Ergänzungsversicherungen einerseits nicht in eigener Risikoträgerschaft

---

[158] GmS-OGB NJW 1990, 1527.
[159] Köhler in Hefermehl/Köhler/Bornkamm UWG § 12 Rn. 2.3.

anbieten können (→ Rn. 165 ff.; → Rn. 362 ff.; → Rn. 375) und weil sie andererseits durch § 30 Abs. 1 SGB IV gehindert waren, Ergänzungsversicherungen von PKV-Unternehmen bei ihren Mitgliedern zu vertreiben, eröffnete der Gesetzgeber durch § 194 Abs. 1a SGB V ihnen die Möglichkeit zur Vermittlung von Ergänzungsversicherungen (→ Rn. 130).

531 In Bezug auf die nicht der Versicherungspflicht unterliegenden Personengruppen besteht ein dem Wettbewerb ausgesetzter **Markt für Krankenversicherungen** in Form von Krankheitskosten-Vollversicherungen und gesetzlichen Pflegeversicherungen. Im Bereich der substitutiven Versicherungen sind die beiderseitigen Produkte – die GKV der Krankenkasse nach SGB V und die substitutive Krankenversicherung der PKV nach VVG und VAG – gegenseitig austauschbar. Die Austauschbarkeit oder Substituierbarkeit ist gerade begriffliches Wesensmerkmal der *substitutiven* privaten Krankenversicherung und der ihr folgenden privaten Pflege-Pflichtversicherung. Maßgebend ist stets der jeweils relevante Markt, der sich durch „einen hinreichenden Grad von Austauschbarkeit zwischen allen zum gleichen Markt gehörenden Erzeugnissen im Hinblick auf die gleiche Verwendung" definiert.[160] Der Markt umfasst rund 8 Mio. freiwillig in der GKV versicherte Personen (→ Rn. 42) und darüber hinaus ein unbekanntes Potential von in der PKV versicherten Personen, die wieder von der Versicherungspflicht erfasst werden und sich von der Versicherungspflicht befreien lassen können. Der relevante „Krankenversicherungsmarkt" besteht in der finanziellen Absicherung des Krankheitsrisikos durch Risikotransfer entweder in Form der GKV-Kassenmitgliedschaft oder der substitutiven Krankenversicherung der PKV.

532 Dass hinsichtlich der nicht krankenversicherungspflichtigen Personen zwischen GKV und PKV ein dem Wettbewerb ausgesetzter Markt besteht, hat auch der Gesetzgeber unterstellt, wenn er mehrfach den **Wechsel von der GKV in die PKV** erschwert hat. Sowohl die außerordentliche Erhöhung der Versicherungspflichtgrenze durch das Beitragssatzsicherungsgesetz (BSSichG) v. 23.12.2002[161] als auch die Einführung der dreijährigen Wechselsperre nach § 6 Abs. 1 Nr. 1 SGB V durch die Gesundheitsreform nach dem GKV-WSG verfolgten nach den Gesetzesmaterialen ausdrücklich den Zweck, den Wechsel freiwillig Versicherter von der GKV in die PKV zu erschweren.[162]

533 Besonders augenfällig wird der Marktcharakter im Bereich der **gesetzlichen Pflegeversicherung**; denn die Versicherungsleistungen von SPV und PPV sind kraft Gesetzes identisch (→ Rn. 113).

534 Zu voller Breite entwickelt sich der Krankenversicherungsmarkt von GKV und PKV im Bereich der **Ergänzungsversicherungen.** Indem die Krankenkassen nach § 194 Abs. 1a SGB V für alle Mitglieder Ergänzungsversicherungen vermitteln und nach § 53 SGB V Wahltarife mit Individualversicherungscharakter anbieten dürfen (→ Rn. 130, 173 ff.), treten sie in einen mehrdimensionalen Wettbewerb mit der PKV ein: Zum einen konkurrieren die unter ihrer Markenoberfläche vertriebenen PKV-Produkte mit den entsprechenden Markenprodukten der anderen Krankenkassen. Zum anderen konkurriert ihr jeweiliges – aus dem GKV-Schutz und dem ergänzenden PKV-Schutz bestehendes – Leistungspaket mit der Krankheitskosten-Vollversicherung der PKV-Unternehmen. Und schließlich konkurrieren die Krankenkassen nicht nur mit den PKV-Unternehmen, sondern zusätzlich mit den Versicherungsvermittlern (Versicherungsvertretern und Versicherungsmaklern); denn die Krankenkassen unterliegen mit dieser Vermittlungstätigkeit der unionsrechtlichen Versicherungsvermittler-RL (→ Rn. 132 ff.).

535 b) Unternehmensbegriff. Im Zentrum des europäischen Wettbewerbsrechts steht der Unternehmensbegriff (Art. 101, 106 AEUV). Die Rspr. des **EuGH** gibt in der Anwendung dieser Vorschriften auf Träger der Sozialversicherung kein einheitliches Bild (→ Rn. 502 ff.).

536 Nach stRspr des EuGH unterliegen **staatliche Dienstleistungsmonopole** grds. den Art. 56 ff. AEUV. Für solche Monopole gelten die unionsrechtlichen Wettbewerbsregeln, soweit deren Anwendung nicht die Erfüllung der den Monopolen übertragenen besonderen Aufgabe verhindert (Art. 106 Abs. 2 S. 1 AEUV). Der EuGH legt dem europäischen Wettbewerbsrecht in stRspr keinen formalen, sondern einen funktionalen Unternehmensbegriff zugrunde. Danach umfasst „der Begriff des Unternehmens jede eine wirtschaftliche Tätigkeit ausübende Einheit, unabhängig von ihrer Rechtsform und der Art ihrer Finanzierung". Mit dieser Begründung hat der EuGH die Tätigkeit der Bundesanstalt für Arbeit als wirtschaftliche Tätigkeit eingestuft.[163] Im Sinne des Vergaberechts hat der EuGH die GKV wiederum als öffentlichen Auftraggeber eingestuft.[164]

---

[160] EuGH Slg. 1979, I-461 (Ls. 3), Rn. 28 – Hoffmann-La Roche/Kommission.
[161] BGBl. 2002 I 4637.
[162] Begr. Abschn. A II b und zu Art. 1 Nr. 1c (§ 6 SGB V) Fraktionsentwurf BSSichG, BT-Drs. 15/28, 12, 14; Begr. zu Art. 1 Nr. 3a, Abs. 1 (§ 6 SGB V) Fraktionsentwurf GKV-WSG, BT-Drs. 16/3100, 95.
[163] EuGH Slg. 1991, I-1979 = NJW 1991, 2891 – Höfner-Elser/Macrotron.
[164] EuGH Slg. 2009, I-4803 = NJW 2009, 2427 = EuZW 2009, 612 – Oymanns GbR/AOK Rheinland.

Den **französischen Krankenkassen** hat der EuGH die Unternehmenseigenschaft abgespro- 537
chen, weil das französische System einem sozialen Zweck dient, auf dem Grundsatz der Solidarität
und der Versicherungspflicht beruht, mit einkommensabhängigen Beiträgen zum Zweck der Einkommensumverteilung finanziert und ohne Gewinnzweck ausgeübt wird. Die Kassen würden bei
der Wahrnehmung ihrer Aufgaben die Gesetze anwenden und hätten daher keine Möglichkeit, auf
die Höhe der Beiträge, die Verwendung der Mittel oder die Bestimmung des Leistungsumfangs
Einfluss zu nehmen.[165]

Ein französisches **Zusatzrentensystem** hat der EuGH als Unternehmen qualifiziert, weil die 538
Mitgliedschaft freiwillig ist, das System nach dem Kapitalisierungsprinzip arbeitet und die Grundsätze
der Solidarität – ua in Form risikounabhängiger Beiträge – nur begrenzt wirken.[166]

Für die deutschen **Krankenkassen der GKV** hat der EuGH in einem Verfahren, in dem es 539
um die Zulässigkeit der Festsetzung von Festbeträgen für Arzneimittel durch die GKV-Verbände
ging, die Unternehmenseigenschaft verneint, weil sie mit der Festsetzung der Festbeträge nur einer
gesetzlichen Pflicht nachkämen, um den Fortbestand des deutschen Systems der sozialen Sicherheit
sicherzustellen, und iÜ die gleichen Merkmale aufwiesen wie im Falle der Rechtssache „Poucet/
Pistre".[167] Die Krankenkassen würden „weder miteinander noch mit den privaten Einrichtungen
hinsichtlich der Erbringung der im Bereich der Behandlung oder der Arzneimittel gesetzlich vorgeschriebenen Leistungen" konkurrieren.[168] Diese Rspr. wendet das BSG auch auf das Verhältnis
zwischen den Krankenkassen bei der Beurteilung von Wahltarifen an.[169]

Die Feststellung des EuGH in der vorgenannten Entscheidung, die Krankenkassen würden 540
nicht miteinander konkurrieren, ist objektiv falsch. Eine der Hauptzielsetzungen deutscher Gesundheits- und Sozialpolitik besteht gerade darin, Wettbewerb zwischen den Krankenkassen herzustellen
und zu erhöhen.[170] Der EuGH schließt indessen eine **wirtschaftliche Tätigkeit der Krankenkassen** nicht aus, wenn die Krankenkassen „außerhalb ihrer Aufgaben rein sozialer Art im Rahmen
der Verwaltung des deutschen Systems der sozialen Sicherheit Geschäftstätigkeiten ausüben, die
keinen sozialen, sondern einen wirtschaftlichen Zweck haben".[171] Dieser Fall ist spätestens mit der
Einfügung des § 194 Abs. 1a SGB V eingetreten (→ Rn. 130).[172] Dies ist auch die Auffassung des
Gesetzgebers, der in der Gesetzesbegründung ausführt: „Da die Krankenkassen hierbei nicht wie bei
den im Vierten Kapitel geregelten Rechtsbeziehungen zu den Leistungserbringern ihren öffentlich-rechtlichen Versorgungsauftrag erfüllen, finden die Vorschriften des Wettbewerbs- und Kartellrechts
iÜ Anwendung."[173] Soweit die GKV im selben relevanten Krankenversicherungsmarkt mit der PKV
offen konkurriert und dies allgemein als direkter Wettbewerb bezeichnet wird, ist die Charakterisierung der Kassentätigkeit als solche nicht wirtschaftlicher Art seitens des EuGH daher nicht einschlägig. Zutreffenderweise hat der EuGH eine BKK als „Gewerbetreibenden" und „Unternehmen" iSd
RL 2005/29/EG v. 11.5.2005 über unlautere Geschäftspraktiken (ABl. 2005 L 149, S. 22) angesehen.[174] Der EuGH folgte damit dem BGH in seinem Vorlagebeschluss.[175] Wenn die Krankenkassen
von den ihnen eingeräumten wettbewerblichen Handlungsmöglichkeiten Gebrauch machen und
mit anderen Krankenkassen in einen Wettbewerb um Mitglieder eintreten, handeln sie insoweit
unternehmerisch.[176]

3. Typische Sachverhalte im Wettbewerb zwischen GKV und PKV. Wettbewerbsrecht- 541
lich relevant im Unternehmenswettbewerb zwischen GKV und PKV (→ Rn. 126 ff.) sind insbes.
folgende Sachverhalte:
– Vertriebskooperationen (→ Rn. 542 ff.).
– Kooperationen auf dem Gebiet von Managed Care (→ Rn. 546).
– Steuervergünstigungen (→ Rn. 547 f.).

a) Vertriebskooperationen. Nach § 30 Abs. 1 SGB IV dürfen die Krankenkassen nur 542
Geschäfte zur Erfüllung ihrer gesetzlich vorgeschriebenen oder zugelassenen Aufgaben führen und

---
[165] EuGH Slg. 1993, I-637 = NJW 1993, 2597 – Poucet und Pistre/AGF und andere.
[166] EuGH Slg. 1995, I-4013 = EuZW 1996, 277 – Fédération Française und andere/Ministère de l'Agriculture.
[167] EuGH Slg. 2004, I-2493 Rn. 51–55, 61 = EuZW 2004, 241 – AOK/Ichthyol und andere.
[168] EuGH Slg. 2004, I-2493 Rn. 54 = EuZW 2004, 241 – AOK/Ichthyol und andere.
[169] BSGE 106, 199 = NZS 2011, 426 Rn. 22 ff.
[170] BGH GRUR 2014, 1120 Rn. 26.
[171] EuGH Slg. 2004, I-2493 Rn. 58 = EuZW 2004, 241 – AOK/Ichthyol und andere.
[172] Krit. zu der Entscheidung des EuGH *Schenke* VersR 2004, 1360 (1364 f.).
[173] Begr. zu Art. 1 Nr. 136 (§ 194 Abs. 1a SGB V) Fraktionsentwurf GMG, BT-Drs. 15/1525, 138.
[174] EuGH GRUR Int. 2013, 1155 = VersR 2013, 1593 = GRUR 2013, 1159 = NJW 2014, 288 – BKK Mobil Oil/Wettbewerbszentrale.
[175] BGH VersR 2012, 378 = GRUR 2012, 288 Rn. 15 f.
[176] BGH GRUR 2014, 1120 Rn. 27; BGH NJW 2014, 2282 Rn. 17.

ihre Mittel nur für diese Aufgaben sowie die Verwaltungskosten verwenden. Daraus wurde stets abgeleitet, dass die Krankenkassen ihren Mitgliedern keine Versicherungsverträge mit privaten Versicherungsunternehmen vermitteln dürfen. Verstöße hiergegen wurden als **wettbewerbswidrig** eingestuft.[177] Ebenso ist es unzulässig, wenn eine Krankenkasse mit einem PKV-Unternehmen einen Gruppenversicherungsvertrag über eine Auslandsreisekrankenversicherung zu Gunsten ihrer Mitglieder abschließt.[178]

543 Inzwischen eröffnet jedoch § 194 Abs. 1a SGB V den Krankenkassen die Möglichkeit, mit PKV-Unternehmen Kooperationen zur **Vermittlung von Krankenversicherungen** einzugehen (→ Rn. 130).

544 Zweifelhaft ist, ob Krankenkassen Kooperationsverträge mit privaten Versicherungsunternehmen zur **Vermittlung anderer Versicherungsverträge** abschließen können. Nach § 194 Abs. 1a SGB V können nur Zusatzversicherungsverträge zwischen den GKV-Versicherten und PKV-Unternehmen vermittelt werden. Aufgrund der Spartentrennung (§ 8 Abs. 4 S. 2 Hs. 2 VAG) können PKV-Unternehmen andere Versicherungszweige nicht betreiben, so dass in der Tat nur Krankenversicherungsverträge iSd §§ 192 ff. vermittelt werden können. Die Vermittlung anderer Versicherungsverträge würde danach unverändert von § 30 Abs. 1 SGB IV erfasst und wäre wettbewerbswidrig; davon geht auch die amtliche Gesetzesbegründung aus.[179]

545 Die Sterbegeldentscheidung des BGH (→ Rn. 542) war zum früheren Wettbewerbsrecht ergangen. Inzwischen hat der Gesetzgeber den Rechtsbruchtatbestand des § 4 Nr. 11 UWG auf der Grundlage einer neueren Rspr. des BGH geändert. Daraus wird im wettbewerbsrechtlichen Schrifttum abgeleitet, dass die Sterbegeldentscheidung des BGH nunmehr überholt sei.[180] Der Verstoß gegen § 30 Abs. 1 SGB IV begründe keinen Wettbewerbsverstoß, weil diese Vorschrift lediglich die gesetzmäßige Verwendung von Mitteln im Interesse der Sozialversicherten sicherstellen wolle und daher keine **Marktverhaltensregelung** enthalte.[181] Gegen diese Auffassung spricht auch nicht der inzwischen eingefügte § 194 Abs. 1a SGB V. Indem diese Vorschrift nur die Vermittlung von Krankenversicherungsverträgen ermöglicht (→ Rn. 544), enthält sie für die Vermittlung von Krankenversicherungsverträgen eine positive und für die Vermittlung anderer Versicherungsverträge eine negative **Marktzutrittsregelung**. Die Verletzung reiner Marktzutrittsregelungen begründet für sich allein aber noch keinen Wettbewerbsverstoß.[182]

546 b) **Managed Care.** In das Leitbild der PKV finden zunehmend auch Managed Care-Ansätze Eingang (→ Rn. 98 ff.; → Rn. 1297 ff.), von denen einige auch für die GKV von Interesse sind. Das gilt vor allem in den Fällen, in denen eine Krankenkasse nach dem Kostenerstattungsprinzip arbeitet. ZB können PKV-Unternehmen mit internationalen Netzwerken im Rahmen einer **Kooperation** über Auslandsreisekrankenversicherungen (vgl. § 194 Abs. 1a S. 2 SGB V) gegenüber dem Versicherten die gesamte Schadenabwicklung zugleich auch für den von der Krankenkasse zu ersetzenden Teil übernehmen und mit dieser intern abrechnen. Solche Kooperationen zur Durchführung von Managed Care begründen für sich allein keinen Wettbewerbsverstoß, weil § 30 Abs. 1 SGB IV insofern nicht einschlägig ist (→ Rn. 545).

546a Allerdings setzt das Sozialrecht den Krankenkassen in Bezug auf Managed Care-Kooperationen auch Grenzen. So ist es nicht zulässig, dass eine Krankenkasse in Dienstleistungsverträgen mit externen Unternehmen vereinbart, dass diese für Versicherte mit bestimmten schwerwiegenden Erkrankungen das **Versorgungsmanagement** durchführen; denn die Versorgung muss die Krankenkasse selbst übernehmen. Zulässig wäre lediglich, sich von privaten Unternehmen Versorgungsmodelle für bestimmte Patientengruppen entwickeln zu lassen.[183]

547 c) **Steuervergünstigungen.** Im europäischen Wettbewerbsrecht spielen **staatliche Beihilfen** eine hervorgehobene Rolle. Nach Art. 107 Abs. 1 AEUV sind staatliche Beihilfen gleich welcher Art, die durch die Begünstigung bestimmter Unternehmen oder Produktionszweige den Wettbewerb verfälschen können, unzulässig, soweit sie den Handel zwischen den Mitgliedstaaten beeinträchtigen. Zu den staatlichen Beihilfen können insbes. Steuervergünstigungen zählen. Als Beihilfen gelten vor allem „Maßnahmen, die in verschiedener Form die Belastungen vermindern, die ein Unternehmen normalerweise zu tragen hat, und die somit zwar keine Subventionen im strengen Sinne des Wortes

---

[177] Zur Sterbegeldversicherung BGH VersR 1995, 596 = NJW 1995, 2352.
[178] BSGE 121, 179 Rn. 12 ff. = VersR 2016, 1011 = BeckRS 2016, 70373; LSG Niedersachsen-Bremen NZS 2015, 187; LSG Hessen BeckRS 2015, 69388.
[179] Begr. zu Art. 1 Nr. 136 (§ 194 Abs. 1a) Fraktionsentwurf GMG, BT-Drs. 15/1525, 138.
[180] *Köhler* in Hefermehl/Köhler/Bornkamm UWG § 4 Rn. 13.14, 13.52, 13.58.
[181] *Köhler* in Hefermehl/Köhler/Bornkamm UWG § 4 Rn. 13.58.
[182] *Köhler* in Hefermehl/Köhler/Bornkamm UWG § 4 Rn. 13.58.
[183] BSGE 129, 156 = BeckRS 2019, 34377 Rn. 17 ff., 30.

darstellen, diesen aber nach Art und Weise gleichstehen."[184] Wenn eine staatliche Beihilfe die Stellung eines Unternehmens gegenüber anderen Wettbewerbern im innergemeinschaftlichen Handel verstärkt, muss dieser Vorteil als von der Beihilfe beeinflusst angesehen werden.[185]

Die Art. 56 ff. AEUV verbieten **Beschränkungen des freien Dienstleistungsverkehrs**. Ein solcher Fall ist gegeben, wenn unterschiedliche steuerliche Behandlungen sich auf den Preis eines Produkts auswirken und damit den grenzüberschreitenden Verkehr beeinträchtigen. Hierfür genügen indirekte Beeinträchtigungen, die von unterschiedlichen steuerlichen Belastungen ausgehen.[186] Dieser Tatbestand ist im Fall der **gesetzlichen Pflegeversicherung** insoweit erfüllt, wie freiwillig in der GKV Versicherte die Möglichkeit haben, anstelle der SPV die PPV zu wählen (→ Rn. 126). SPV und PPV haben den gleichen gesetzlich vorgeschriebenen Inhalt, sie sind damit produktmäßig gleich. Die Körperschaftsteuerpflicht der PPV-Unternehmen führt zu einer Produktbesteuerung der PPV, weil die steuerpflichtige Eigenkapitalbildung aus den Versichertenbeiträgen der Pflegeversicherten finanziert werden muss. Die Träger der GKV/SPV werden von Finanzverwaltung und -rechtsprechung als Hoheitsbetriebe iSv § 4 Abs. 5 KStG angesehen und sind damit von der Körperschaftsteuer und der Pflicht zur Eigenkapitalbildung befreit.[187] Die körperschaftsteuerbefreiten Träger der SPV können damit den freiwillig GKV-Versicherten einen um die Steuervergünstigung ermäßigten Endpreis anbieten, während die körperschaftsteuerpflichtigen PKV-Unternehmen diese Möglichkeit nicht haben. Diese Körperschaftsteuerbefreiung knüpft auch nicht an die Art des Produkts an – denn SPV und PPV stimmen nach ihrem Leistungsinhalt überein –, sondern die Steuerbefreiung unterscheidet danach, um welche Art von Anbieter es sich handelt. Ausländische Anbieter aber wären nie imstande, die Rechtsform einer Krankenkasse anzunehmen und damit die Voraussetzungen für die Körperschaftsteuerbefreiung zu erfüllen. Dies beschränkt unzulässigerweise den grenzüberschreitenden Dienstleistungsverkehr.

Die europarechtlich unzulässige Steuervergünstigung kann nur dadurch beseitigt werden, dass die für freiwillig GKV-Versicherte bestehenden Pflegeversicherungen in der SPV der Körperschaftsteuerpflicht unterworfen werden. Das wäre ohne Gesetzesänderung möglich, weil es sich aus den de lege lata geltenden Grundsätzen für die steuerliche Behandlung von Hoheitsbetrieben ergibt. Denn nach der Rspr. des BFH kann die öffentliche Hand das ihr von § 4 Abs. 5 S. 1 KStG eingeräumte Besteuerungsprivileg nicht in Anspruch nehmen, „wenn sie – wenn auch nur ungewollt – in Wettbewerb zur privaten Wirtschaft tritt"; in diesem Fall übt sie **keine hoheitliche Tätigkeit** aus.[188]

VIII. Steuerrecht

1. Einkommensteuer. Das **Einkommensteuerrecht** befasst sich mit der steuerrechtlichen Behandlung der Kranken- und Pflegeversicherungsbeiträge, der Zuschüsse Dritter zu solchen Versicherungsbeiträgen, der Krankheitskosten und der Leistungen aus einer Kranken- und Pflegeversicherung.

a) Versicherungsbeiträge. Beiträge zu Kranken- und Pflegeversicherungen sind als Vorsorgeaufwendungen (§ 10 Abs. 2 S. 1 EStG) beschränkt abzugsfähige **Sonderausgaben** (§ 10 Abs. 1 Nr. 3, 3a, Abs. 4 EStG).[189]

Kranken- und Pflegeversicherungsbeiträge sind nicht als **außergewöhnliche Belastungen** iSv § 33 Abs. 1 EStG anzusehen. Dagegen sind sie Teil von **Unterhaltsaufwendungen**, die als außergewöhnliche Belastung in besonderen Fällen nach § 33a Abs. 1 EStG abgezogen werden können.

b) Zuschüsse zu Krankenversicherungsbeiträgen. Ausgaben des Arbeitgebers für die **Zukunftssicherung** des Arbeitnehmers sind steuerfrei (§ 3 Nr. 62 EStG). Hierzu zählen die Beitragsanteile des Arbeitgebers zur gesetzlichen Sozialversicherung. Das gleiche gilt, soweit der Arbeitgeber für freiwillig GKV-Versicherte und PKV-Versicherte zur Zuschussleistung nach § 257 Abs. 1, 2 SGB V, § 61 Abs. 1, 2 SGB XI verpflichtet ist.

---

[184] EuGH Slg. 2000, I-6857 = BStBl. II 2001 S. 47 = EuZW 2000, 723 – Bundesrepublik Deutschland/Kommission.
[185] EuGH Slg. 2000, I-6857 = BStBl. II 2001 S. 47 = EuZW 2000, 723 – Bundesrepublik Deutschland/Kommission.
[186] EuGH Slg. 1999, I-7447 = BStBl. II 1999 S. 851 (854) – Eurowings; *Saß* DB 2000, 176 (177).
[187] Zum Begriff des Hoheitsbetriebs iSd steuerlichen Befreiungsvorschriften ausf. *Boetius* DB-Beilage Heft 17/1996.
[188] BFH BStBl. II 2017, 863 Rn. 43, 46.
[189] Zum Umfang des Sonderausgabenabzugs vgl. *Boetius* in Boetius/Rogler/Schäfer, Rechtshandbuch PKV, 2020, § 36 Rn. 5 ff.; zur Behandlung von Beitragserstattungen vgl. *Boetius* in Boetius/Rogler/Schäfer, Rechtshandbuch PKV, 2020, § 36 Rn. 11.

553 Steuerfrei sind auch die Zuschüsse eines Trägers der **gesetzlichen Rentenversicherung** zur Krankenversicherung (§ 3 Nr. 14 EStG).

553a Die Zuschüsse zu Kranken- und Pflegeversicherungsbeiträgen von **Abgeordneten** aufgrund des Abgeordnetengesetzes sind steuerpflichtige sonstige Einkünfte (§ 22 Nr. 4 S. 1 EStG).

554 **c) Krankheitskosten.** Krankheitskosten sind abzugsfähige **außergewöhnliche Belastungen** nach § 33 Abs. 1 EStG; die Krankheitskosten sind zu mindern um die erhaltenen oder zu erwartenden Erstattungsleistungen.

555 **d) Versicherungsleistungen.** Die Leistungen des Krankenversicherers aus einer Krankenversicherung und einer Pflegeversicherung sind **steuerfrei** (§ 3 Nr. 1 lit. a EStG).

556 **2. Umsatzsteuer und Versicherungssteuer.** Nicht alle Umsätze unterliegen der Umsatzsteuer (USt). Von der USt befreit sind ua die **Leistungen aufgrund eines Versicherungsverhältnisses** iSd Versicherungssteuergesetzes (§ 4 Nr. 10 lit. a UStG). Unter „Leistungen aufgrund eines Versicherungsverhältnisses" im Sinne dieser Vorschrift ist nur die Beitragszahlung an das Versicherungsunternehmen, nicht aber dessen Versicherungsleistung an den Versicherten zu verstehen. Dies ergibt sich aus dem Verweis auf das VersStG, das die Steuerpflicht lediglich an die Zahlung des Versicherungsentgelts knüpft (§ 1 Abs. 1 VersStG), sowie aus dem entsprechenden Hinweis in § 4 Nr. 10 lit. a S. 2 UStG.

557 Versicherungsverhältnis iSd VersStG ist auch die **Sozialversicherung.** Nach § 1 Abs. 1 VersStG genügt, dass das Versicherungsverhältnis durch Vertrag oder auf sonstige Weise entstanden ist. Die Sozialversicherung wird erst aufgrund der besonderen Ausnahmevorschriften des § 4 Nr. 3–5 VersStG von der Versicherungssteuerpflicht wieder ausgenommen.

557a Für die GKV und die PKV – jeweils einschließlich der Pflegeversicherung – gilt einheitlich die **Versicherungssteuerfreiheit** aufgrund § 4 Nr. 5 S. 1 VersStG und damit über § 4 Nr. 10 lit. a UStG auch die Umsatzsteuerfreiheit. Die Versicherungssteuerfreiheit für die Krankenversicherung gilt bei Reiseversicherungspaketen nur dann, wenn das auf den Krankenversicherungsteil entfallende Versicherungsentgelt im Vertrag gesondert ausgewiesen ist.[190]

558 Die Umsatzsteuerfreiheit der gesetzlichen und privaten Krankenversicherung bezieht ihre innere Logik aus der grundsätzlichen **Umsatzsteuerfreiheit der Gesundheitsleistungen** von Ärzten, Krankenhäusern und sonstigen Leistungserbringern (§ 4 Nr. 14, 16, 17 UStG). Da Gesundheitsleistungen umsatzsteuerfrei sind, müssen auch die Beitragszahlungen der Krankenversicherten an die jeweiligen Versicherungsträger umsatzsteuerfrei bleiben; denn diese Beitragszahlungen sind lediglich das Spiegelbild der Gesundheitsleistungen. Aus der Grundentscheidung des Gesetzgebers, den Empfänger von Gesundheitsleistungen nicht mit USt zu belasten, folgt notwendigerweise, dass der Empfänger von Gesundheitsleistungen auch nicht über den Umweg des Krankenversicherungsbeitrags für die Absicherung und Erstattung dieser Gesundheitsleistungen mit USt belastet werden darf; denn sonst würde der erstgenannte Zweck vereitelt.[191]

559 Die Umsatzsteuerfreiheit – und damit auch die Versicherungssteuerfreiheit – der GKV und PKV ist daher **systemkonform.**

IX. Bilanzrecht

560 **1. Handelsbilanzrecht. a) RL 91/674/EWG (VersBilRL).** Die RL 91/674/EWG (VersBilRL) trifft zu den **versicherungstechnischen Rückstellungen** zahlreiche Regelungen.[192] Sie enthält Vorschriften über die Beitragsüberträge (Art. 25 Abs. 1 S. 1 RL 91/674/EWG), die Rückstellung für Beitragsrückerstattung (Art. 29, 39 RL 91/674/EWG), die Deckungsrückstellung (Art. 27 RL 91/674/EWG), die Rückstellung für noch nicht abgewickelte Versicherungsfälle (Art. 28 RL 91/674/EWG), die Schwankungsrückstellung (Art. 30 Abs. 1 RL 91/674/EWG) und über sonstige versicherungstechnische Rückstellungen, insbes. die Rückstellung für drohende Verluste (Art. 26 Abs. 1 RL 91/674/EWG). Die RL 91/674/EWG entspricht mit ihren Vorschriften über die versicherungstechnischen Rückstellungen im Wesentlichen der bis dahin geltenden deutschen Rechtslage. Auf eine Definition und abschließende Aufzählung zulässiger versicherungstechnischer Rückstellungen wird verzichtet.

561 Der materielle Schwerpunkt der RL 91/674/EWG liegt – soweit versicherungstechnische Rückstellungen angesprochen sind – in den **Bewertungsregeln** für versicherungstechnische Rückstellungen allgemein (Art. 56 RL 91/674/EWG), für Beitragsüberträge (Art. 57 RL 91/674/EWG),

---

[190] BFH DStR 2012, 406 Rn. 14 ff.
[191] BFH BStBl. II 2000 S. 13 (14); DB 2000, 2048 (2049).
[192] Ausf. *J. Boetius* in Boetius/Boetius/Kölschbach, Handbuch der versicherungstechnischen Rückstellungen, 2. Aufl. 2021, § 4 Rn. 34 ff.

Vorbemerkungen zu §§ 192–208

für die Deckungsrückstellung in der Lebensversicherung (Art. 59 Abs. 1 RL 91/674/EWG), für die Rückstellung für drohende Verluste (Art. 58 RL 91/674/EWG), für die Rückstellung für noch nicht abgewickelte Versicherungsfälle (Art. 60 RL 91/674/EWG) und für die Schwankungsrückstellung (Art. 62 RL 91/674/EWG).

Von zentraler Bedeutung ist Art. 56 RL 91/674/EWG, der mit dem Prinzip der **dauernden** 562 **Erfüllbarkeit** einen übergeordneten Bilanzierungsgrundsatz aufstellt. Danach müssen versicherungstechnische Rückstellungen „jederzeit gewährleisten, dass das Versicherungsunternehmen alle seine aus Versicherungsverträgen resultierenden Verpflichtungen im Rahmen dessen, was bei vernünftiger Betrachtungsweise vorhersehbar ist, erfüllen kann."

b) RL 92/49/EWG (Dritte SchadenRL), RL 2009/138 EG (Solvabilität II-RL). Die 563 RL 92/49/EWG (Dritte SchadenRL) schrieb noch vor, dass jedes Versicherungsunternehmens „**ausreichende versicherungstechnische Rückstellungen**" für seine gesamte Geschäftstätigkeit zu bilden" hat (Art. 17 Abs. 1 S. 1 RL 92/49/EWG) und verwies für deren Höhe auf die RL 91/674/ EWG – VersBilRL (Art. 17 Abs. 1 S. 2 RL 92/49/EWG). Die RL 2009/138/EG, die die RL 92/ 49/EWG abgelöst hat, enthält zwar auch Vorschriften für versicherungstechnische Rückstellungen (Art. 76 ff. RL 2009/138/EG); diese gelten jedoch nur noch für das Versicherungsaufsichtsrecht und nicht mehr für das Handelsbilanzrecht, das in der RL 91/674/EWG unverändert kodifiziert bleibt (vgl. Art. 310 Abs. 1 RL 2009/138/EG).

Art. 206 RL 2009/138/EG räumt für die **substitutive Krankenversicherung** (→ Rn. 629 ff.; 564 → Rn. 705 f.; → Rn. 716 ff.) ein weitgehendes Mitgliedstaatenwahlrecht ein, von dem die Bundesrepublik Deutschland Gebrauch gemacht hat. Von materieller Bedeutung ist hier vor allem das Recht, die substitutive Krankenversicherung „in technischer Hinsicht nach Art der Lebensversicherung zu betreiben" (Art. 206 Abs. 2 S. 1 RL 2009/138/EG). Dies setzt allerdings zwingend voraus (Art. 206 Abs. 2 S. 1 RL 2009/138/EG: „... zu betreiben ist, wenn ..."), dass die Beiträge „entsprechend der versicherungsmethodischen Methode berechnet" werden, „eine Alterungsrückstellung gebildet" wird, das Versicherungsunternehmen den Versicherungsvertrag nur innerhalb bestimmter Fristen kündigen kann, „in dem Vertrag die Möglichkeit einer Beitragserhöhung ... selbst bei laufenden Verträgen vorgesehen" ist und die Versicherungsnehmer ihren Vertrag in einen neuen Vertrag der substitutiven Krankenversicherung bei demselben Versicherungsunternehmen „unter Berücksichtigung ihrer erworbenen Rechte" umwandeln können, wobei der Alterungsrückstellung Rechnung getragen" wird und eine erneute ärztliche Untersuchung „nur bei einer Erhöhung des Versicherungsschutzes verlangt werden" kann (Art. 206 Abs. 2 UAbs. 1, 2 RL 2009/138/EG).

Art. 206 Abs. 2 UAbs. 4 RL 2009/138/EG verankert für die substitutive Krankenversicherung 565 noch einmal gesondert den **Grundsatz der dauernden Erfüllbarkeit;** danach müssen die Beiträge „ausgehend von angemessenen versicherungsmathematischen Hypothesen hoch genug sein, damit die Versicherungsunternehmen all ihren Verpflichtungen unter Berücksichtigung sämtlicher Aspekte ihrer Finanzlage nachkommen können." (→ Rn. 700 ff.; → Rn. 986 ff.).

c) Deutsche Transformationsgesetze. Die **RL 91/674/EWG** ist durch das Versicherungsbi- 566 lanzrichtliniengesetz v. 24.6.1994 (BGBl. I S. 1377) in deutsches Recht umgesetzt worden. Die Transformation findet schwerpunktmäßig im HGB statt (→ Rn. 568 ff.).

Die **RL 92/49/EWG** als Vorgängerregelung der RL 2009/138/EG war durch das 3. DurchfG/ 567 EWG zum VAG v. 21.7.1994 (BGBl. I S. 1630) in deutsches Recht umgesetzt worden. Die Transformation fand schwerpunktmäßig im VAG, VVG, SGB V und HGB statt (→ Rn. 711 ff.).

d) Handelsrecht. Das Versicherungsbilanzrichtliniengesetz führte unter gleichzeitiger Aufhe- 568 bung der bisher für die Bildung versicherungstechnischer Rückstellungen maßgebenden Vorschrift des § 56 VAG aF mit den §§ 341e–341h HGB zusammenhängende Vorschriften über die **Bilanzierung versicherungstechnischer Rückstellungen** ein.[193]

§ 341e Abs. 1 HGB formuliert als Grundsatzvorschrift **allgemeine Bilanzierungsgrundsätze** 569 für die Bildung versicherungstechnischer Rückstellungen. § 341e Abs. 1 S. 1 HGB stellt klar, dass eine Passivierungspflicht besteht und dass diese Spezialvorschrift die allgemeinen Rückstellungsvorschriften dem Grunde und der Höhe nach erweitert. Die „dauernde Erfüllbarkeit der Verpflichtungen aus den Versicherungsverträgen sicherzustellen", ist oberster Bilanzierungsgrundsatz. Bei der Bildung versicherungstechnischer Rückstellungen sind die aufsichtsrechtlichen Vorschriften über die bei der Rückstellungsberechnung zu verwendenden Rechnungsgrundlagen zu berücksichtigen (§ 341e Abs. 1 S. 2 HGB).

---

[193] Ausf. *J. Boetius* in Boetius/Boetius/Kölschbach, Handbuch der versicherungstechnischen Rückstellungen, 2. Aufl. 2021, § 4 Rn. 10 ff., 84 ff.

570 § 341e Abs. 2 HGB umschreibt entsprechend dem von der RL 91/674/EWG vorgegebenen Katalog **einzelne versicherungstechnische Rückstellungen,** nämlich Beitragsüberträge (Nr. 1), Rückstellungen für Beitragsrückerstattung (Nr. 2) und Rückstellungen für drohende Verluste aus dem Versicherungsgeschäft (Nr. 3). Mit der Formulierung „insbesondere" in § 341e Abs. 2 HGB wird klargestellt, dass der Katalog versicherungstechnischer Rückstellungen nicht abschließend ist.

571 § 341e Abs. 3 HGB regelt die Anwendung von **Näherungsverfahren,** wenn eine Einzelbewertung nicht möglich ist.

572 § 341f Abs. 1, 2 HGB behandelt zunächst allgemein die **Deckungsrückstellung** für das Lebensversicherungs- und das nach Art der Lebensversicherung betriebene Versicherungsgeschäft.

573 § 341f Abs. 3 HGB enthält für die nach Art der Lebensversicherung betriebene Versicherung ergänzende Vorschriften. Die Deckungsrückstellung heißt hier **Alterungsrückstellung.** Der gesetzlichen Einbettung der PKV in das System der Gesundheits- und Pflegeversorgung trägt § 341f Abs. 3 S. 1 Hs. 2 HGB Rechnung, indem Einmalbeiträge aus der Rückstellung für Beitragsrückerstattung und Zuschreibungen zur Alterungsrückstellung für den Aufbau von Anwartschaften auf Beitragsermäßigung im Alter der Alterungsrückstellung zugeordnet werden.

574 § 341g HGB regelt die Rückstellung für noch nicht abgewickelte Versicherungsfälle (**Schadenrückstellung**) im Einklang mit dem bisherigen Recht. Dabei sind die gesamten Schadenregulierungsaufwendungen zu berücksichtigen (§ 341g Abs. 1 S. 2 HGB). Rückstellungen für bis zur Bilanzaufstellung noch nicht gemeldete Versicherungsfälle (Spätschäden) sind pauschal zu bewerten (§ 341g Abs. 2 HGB). In der Krankenversicherung ist die Schadenrückstellung nach bestimmten Näherungsverfahren zu ermitteln (§ 341g Abs. 3 HGB).

575 § 341h Abs. 1 HGB regelt die **Schwankungsrückstellung.** Selbst in einer sehr großen und homogenen Gefahrengemeinschaft lässt sich kein vollständiger Risikoausgleich dergestalt erzielen, dass das Versicherungsunternehmen mit jährlich wiederkehrenden, betragsmäßig gleich bleibenden Schadenaufwendungen rechnen könnte. Die Schadenbelastung wird vielmehr mit mehr oder weniger großen Abweichungen um einen bestimmten Mittelwert streuen. Der Versicherungsbeitrag ist andererseits in aller Regel für die gesamte Dauer des Versicherungsvertrags fest vereinbart und folgt nicht dem jährlich schwankenden Schadenbedarf. Die Schwankungsrückstellung soll diese Schwankungen im jährlichen Schadenbedarf ausgleichen.

576 § 341h Abs. 2 HGB behandelt der Schwankungsrückstellung „**ähnliche Rückstellungen**" für Risiken, bei denen der Ausgleich von Leistung und Gegenleistung nicht im Geschäftsjahr, sondern nur in einem längeren Zeitraum gefunden werden kann. Damit werden insbes. die Großrisikenrückstellungen beschrieben.

577 e) **Versicherungsaufsichtsrecht.** § 146 Abs. 1 VAG verlangt für die nach Art der Lebensversicherung betriebene **Krankenversicherung,** dass die Prämien auf versicherungsmathematischer Grundlage unter Berücksichtigung der üblichen Rechnungsgrundlagen berechnet werden (Nr. 1) und dass die Alterungsrückstellung nach § 341f HGB zu bilden ist (Nr. 2). § 160 S. 1 Nr. 1 VAG ermächtigt das BMF, für die nach Art der Lebensversicherung betriebene Krankenversicherung die versicherungsmathematischen Methoden zur Berechnung der Prämien und der mathematischen Rückstellungen (insbes. der Alterungsrückstellung) durch Rechtsverordnung festzulegen. Die aufgrund dieser Ermächtigung erlassene Krankenversicherungsaufsichtsverordnung (KVAV) bestimmt, dass für die Berechnung der Prämie und der Alterungsrückstellung die gleichen Rechnungsgrundlagen zu verwenden sind (§ 3 KVAV).

578 § 149 VAG schreibt vor, dass der **gesetzliche Beitragszuschlag** der Alterungsrückstellung nach § 341f Abs. 3 HGB direkt zuzuführen ist.

579 § 150 VAG regelt zusätzliche **Zuführungen zur Alterungsrückstellung** sowie sonstige Maßnahmen zur Begrenzung von Beitragserhöhungen.

580 § 148 VAG legt fest, dass die meisten der für die substitutive Krankenversicherung geltenden Vorschriften (§§ 146 Abs. 1 Nr. 1–4, Abs. 2, 155–157, 160 VAG) für die **PPV** entsprechend gelten.

581 f) **Sozialversicherungsrecht.** Nach § 257 Abs. 2a S. 1 Nr. 1 SGB V wird der Zuschuss des Arbeitgebers für eine PKV nur gezahlt, wenn das Versicherungsunternehmen „diese Krankenversicherung **nach Art der Lebensversicherung** betreibt". Damit wird auf das gesamte für die PKV geltende Regelwerk des Versicherungsaufsichtsrechts verwiesen.

582 § 110 Abs. 1 SGB XI schreibt für die PPV die Einhaltung bestimmter Vertragsinhalte vor, ua um sicherzustellen, „dass die Verträge auf Dauer erfüllbar bleiben". Das **Prinzip der dauernden Erfüllbarkeit** wird damit in der privaten Alternative der gesetzlichen Pflegeversicherung noch einmal ausdrücklich verankert.

583 **2. Steuerbilanzrecht. a) Maßgeblichkeitsgrundsatz.** Das körperschaftsteuerpflichtige Einkommen wird nach den Vorschriften des EStG und KStG ermittelt (§ 8 Abs. 1 S. 1 KStG). Die

Vorschriften des EStG erklären die handelsrechtlichen **Grundsätze ordnungsmäßiger Buchführung** (GoB) für maßgeblich (§§ 5 Abs. 1 S. 1 EStG). Diese Maßgeblichkeit galt lange Zeit uneingeschränkt für die Frage, ob und welche Bilanzposten dem Grunde nach anzusetzen sind. Inzwischen hat das Steuerrecht den Maßgeblichkeitsgrundsatz aus fiskalischen Gründen zunehmend durchbrochen. So dürfen Rückstellungen für drohende Verluste in der Steuerbilanz nicht mehr gebildet werden (§ 5 Abs. 4a EStG), während sie in der Handelsbilanz gebildet werden müssen.

Soweit handels- oder aufsichtsrechtliche Vorschriften bewertungsrechtlichen Inhalt haben, binden sie das Steuerrecht in dem Umfang nicht, wie es eigene **Bewertungsvorschriften** enthält; denn steuerrechtliche Bewertungsvorschriften gehen allen übrigen vor (§ 5 Abs. 6 EStG). 584

Wegen des Maßgeblichkeitsgrundsatzes enthält das KStG **keine selbständigen Vorschriften** mehr über die Bilanzierung von versicherungstechnischen Rückstellungen. Das Versicherungsbilanzrichtliniengesetz hatte den früheren § 20 Abs. 1 KStG 1977, der noch eine allgemeine Bilanzierungsvorschrift enthielt, aufgehoben, weil die Grundsatzvorschrift für die Bildung versicherungstechnischer Rückstellungen nunmehr in das HGB selbst aufgenommen worden war (§ 341e Abs. 1 S. 1 HGB).[194] 585

b) Einzelne Rückstellungen. § 20 Abs. 1 KStG regelt bestimmte Voraussetzungen für die Bildung einer **Schwankungsrückstellung**. Die Vorschrift stimmt inhaltlich weitgehend mit § 341h Abs. 1 HGB überein.[195] 586

§ 20 Abs. 2 KStG enthält für die Bewertung von **Schadenrückstellungen** Sondervorschriften, die darauf abzielen, Bewertungsreserven zu vermeiden bzw. zu reduzieren. 587

§ 21 KStG enthält zur Abziehbarkeit von Beitragsrückerstattungen und zur Bildung von **Rückstellungen für Beitragsrückerstattung** besondere Vorschriften, die die Grundsatzvorschrift des § 341e Abs. 1 S. 1, Abs. 2 Nr. 2 HGB konkretisieren. 588

§ 21a KStG regelt, mit welchem Zinssatz die **Deckungsrückstellungen** im Rahmen der steuerlichen Gewinnermittlung abzuzinsen sind. 589

X. Konkurrenzrecht

1. VVG und VAG. VVG und VAG regeln **verschiedene Rechtsgebiete** und richten sich an unterschiedliche Adressaten. Die Vorschriften des VVG entfalten ausschließlich privatrechtliche Wirkungen im Verhältnis zwischen dem Versicherungsunternehmen und seinen Versicherungsnehmer bzw. Versicherten. Die Vorschriften des VAG entfalten nur öffentlich-rechtliche Wirkungen im Verhältnis zwischen dem Versicherungsunternehmen und der staatlichen Versicherungsaufsicht. 590

Die Vorschriften des **Versicherungsaufsichtsrechts** gelten – auch wenn sie Rechtspositionen der Versicherungsnehmer bzw. Versicherten zum Gegenstand haben – nicht automatisch im Vertragsverhältnis zwischen Versicherungsunternehmen und Versicherungsnehmer. Um vertragsrechtlich relevant zu werden, müssen sie in das gesetzliche Versicherungsvertragsrecht inkorporiert werden. Dies geschieht für die Krankenversicherung zB in § 203 Abs. 1 S. 1, Abs. 2 S. 4. 591

Die Vorschriften des **Versicherungsvertragsrechts** gehören umgekehrt zu den Gesetzen, die das Versicherungsunternehmen auch aufsichtsrechtlich zu befolgen hat. Die Versicherungsaufsicht erstreckt sich nämlich insbes. auf die „Einhaltung der Gesetze, die für den Betrieb des Versicherungsgeschäfts gelten" (§ 294 Abs. 2 S. 2 VAG). 592

2. VVG und SGB. Grundsätzlich regeln VVG und SGB **unterschiedliche Rechtsgebiete**. Das VVG regelt die privatrechtliche Individualversicherung, das SGB die öffentlich-rechtliche Sozialversicherung. Für beide Rechtsgebiete gelten verfassungsrechtlich unterschiedliche Kompetenznormen (→ Rn. 361). Daraus folgt, dass die Vorschriften von VVG und SGB unabhängig voneinander gelten und nicht auf das jeweils andere Rechtsgebiet übertragen werden können. Wenn daher für denselben Sachverhalt Leistungsansprüche sowohl gegen eine Krankenkasse als auch gegen ein PKV-Unternehmen bestehen, kann der Versicherte wählen, von welchem der beiden Schuldner er Leistung verlangen will.[196] Weder der Krankenkasse noch dem PKV-Unternehmen kann den Versicherten auf die Leistungspflicht des jeweils anderen Versicherungsträgers verweisen.[197] Es liegt **keine Mehrfachversicherung** iSv § 78 VVG und keine Gesamtschuldnerschaft iSv § 421 BGB vor.[198] Unabhängig davon kann im *privatrechtlichen Versicherungsvertrag* eine Subsidiaritätsvereinbarung des Inhalts 593

---

[194] *J. Boetius* in Boetius/Boetius/Kölschbach, Handbuch der versicherungstechnischen Rückstellungen, 2. Aufl. 2021, § 5 Rn. 32 ff.
[195] *J. Boetius* in Boetius/Boetius/Kölschbach, Handbuch der versicherungstechnischen Rückstellungen, 2. Aufl. 2021, § 18 Rn. 19 f.
[196] BSGE 126, 277 Rn. 33 = r+s 2019, 193.
[197] BSGE 126, 277 Rn. 32 = r+s 2019, 193; von BGH VersR 2004, 588 Abschn. 2c nicht entschieden.
[198] BSGE 126, 277 Rn. 31 = r+s 2019, 193.

geschlossen werden, dass das PKV-Unternehmen erst nach Vorleistung der GKV leistungspflichtig wird. Solche Vorleistungsvereinbarungen finden sich üblicherweise in klassischen Ergänzungstarifen zur GKV.

594 Aus der Unterschiedlichkeit der grundgesetzlichen **Kompetenznormen** folgt, dass unter dem Kompetenztitel des für die Sozialversicherung maßgebenden Art. 74 Abs. 1 Nr. 12 GG keine Vorschriften des Versicherungsvertragsrechts erlassen werden können. Soweit das SGB gleichwohl versicherungsvertragsrechtliche Vorschriften enthält, entfalten sie keine materiell-rechtliche Wirkung im Vertragsverhältnis zwischen Versicherungsunternehmen und Versicherungsnehmer. Solche Fälle enthält § 5 Abs. 9 SGB V (→ Rn. 468 ff.).

595 Die Frage, ob eine versicherungsvertragsrechtliche Vorschrift unter dem Kompetenztitel des für die Sozialversicherung maßgebenden Art. 74 Abs. 1 Nr. 12 GG erlassen ist oder unter dem für die Individualversicherung maßgebenden Art. 74 Abs. 1 Nr. 11 GG, entscheidet sich nicht nach der Stellung im Gesetz, sondern nach der **Kompetenzbegründung des Gesetzgebers**. Das durch das Pflege-Versicherungsgesetz v. 26.5.1994 (BGBl. I S. 1014) eingefügte SGB XI konnte daher auch die der Individualversicherung zugehörige private Pflege-Pflichtversicherung regeln.[199]

596 **3. VVG und AVB. a) Grundsatz.** Zwischen gesetzlichem und vereinbartem Versicherungsvertragsrecht kann es zu rechtlicher Konkurrenz in der Frage kommen, welchem der **materiell-rechtliche Vorrang** gebührt. Für den Bereich der zwingenden und der halbzwingenden Vorschriften des VVG ist dies eindeutig: Zwingende Vorschriften des VVG sind unabdingbar und haben daher immer unbedingten Vorrang. Halbzwingende Vorschriften des VVG können nur zum Nachteil des Versicherungsnehmers oder Versicherten nicht abbedungen werden und haben insoweit unbedingten Vorrang.

597 Vom materiell-rechtlichen Vorrang ist die Frage der formalrechtlichen **Subsidiarität** zu unterscheiden. Darunter ist zu verstehen, ob ein Sachverhalt, der sowohl durch Gesetz wie durch vertragliche Vereinbarung geregelt ist, primär nach der gesetzlichen Vorschrift und subsidiär nach der vertraglichen Vereinbarung oder umgekehrt zu beurteilen ist. Dies kann – insbes. bei der Anwendung von Auslegungsgrundsätzen – durchaus zu unterschiedlichen rechtlichen Ergebnissen führen. Hierbei ist zu unterscheiden, ob die fragliche Gesetzesvorschrift zwingend, halbzwingend oder vollständig dispositiv ist.

598 **b) Zwingende und halbzwingende Vorschriften.** Da von **zwingenden Gesetzesvorschriften** überhaupt nicht abgewichen werden kann, haben diese unbedingte Priorität. Die gleiche Materie regelnde vertragliche Vereinbarungen sind überflüssig und können höchstens die Gesetzeslage verbal wiederholen. Sie gelten nicht einmal subsidiär, sondern haben vielmehr keine eigenständige rechtliche Relevanz.

599 **Halbzwingende Gesetzesvorschriften** sind zwingend, soweit eine vertragliche Vereinbarung zum Nachteil des Versicherungsnehmers oder Versicherten von ihnen abweicht, und sind dispositiv, soweit eine vertragliche Vereinbarung zum Vorteil des Versicherungsnehmers oder Versicherten von ihnen abweicht. Dementsprechend beurteilt sich ihre Priorität oder Subsidiarität nach den für zwingende oder dispositive Vorschriften geltenden Grundsätzen (→ Rn. 598, 600 ff.). Das bedeutet, dass AVB-Bestimmungen ein eigenständiger Regelungsbedarf nur insoweit zukommt, als sie vom Gesetz zugunsten des Versicherungsnehmers abweichen.[200]

600 **c) Dispositive Vorschriften.** Wenn eine bestimmte Materie von einer dispositiven Gesetzesvorschrift geregelt wird und eine vertragliche Vereinbarung hiervon **abweicht,** hat diese insoweit die formalrechtliche Priorität. In Zweifelsfragen gelten dann die Grundsätze der Vertragsauslegung.

601 Wenn eine bestimmte Materie von einer dispositiven Gesetzesvorschrift geregelt wird und in einem Vertrag überhaupt nicht, entsteht **keine Rechtskonkurrenz.** Es ist ausschließlich das Gesetz mit den geltenden Auslegungsgrundsätzen heranzuziehen.

602 Wenn eine vertragliche Vereinbarung den Wortlaut einer dispositiven Gesetzesvorschrift **wiederholt,** soll erkennbar die gesetzliche Regelung mit ihrem bisher durch Auslegung ermittelten Inhalt Gegenstand des Vertrages werden. In einem solchen Fall soll nach dem Parteiwillen materiell keine Rechtskonkurrenz entstehen und soll die gesetzliche Regelung mit ihren Auslegungsgrundsätzen gelten. Deshalb sind AVB, soweit sie dispositive Gesetzesvorschriften wiederholen, wie die gesetzliche Vorschrift selbst, also „gesetzesähnlich", auszulegen. Damit verträgt sich nicht die zum Wirtschaftlichkeitsgebot ergangene Entscheidung des BGH,[201] der zum wortgleich in den Musterbedingungen verwendeten Begriff der „medizinisch notwendigen Heilbehandlung" (§ 192 Abs. 1)

---

[199] BVerfGE 103, 197 = VersR 2001, 627 (630 li. Sp.) = NJW 2001, 1709.
[200] BGHZ 159, 323 = VersR 2004, 991 (992) = NJW 2004, 2679.
[201] BGHZ 154, 154 = VersR 2003, 581 = NJW 2003, 1596.

entschieden hatte, er sei nicht „gesetzesähnlich" auszulegen.[202] Würden die AVB insoweit überhaupt nichts regeln, wäre § 192 Abs. 1 unmittelbar anzuwenden und entfiele das Argument der „Nicht-Gesetzesähnlichkeit" von selbst.

d) Subsidiaritätsklauseln. In der Schadensversicherung kann es typischerweise dazu kommen, dass ein Ereignis durch unterschiedliche Versicherungsverträge mehrfach gedeckt ist, was zu einer **Mehrfachversicherung** führt (§ 78). Mehrfachversicherungen können durch Subsidiaritätsklauseln vermieden werden.

Subsidiaritätsklauseln sind in der **Auslandsreisekrankenversicherung** weithin üblich. Vor der Deregulierung hatte das BAV sie als unerwünscht bezeichnet und häufig nicht genehmigt.[203] Gleichwohl halten sie der Inhaltskontrolle stand;[204] denn mit der (Auslands-)Reisekrankenversicherung soll primär ein schneller und unkompliziert abzuwickelnder Versicherungsschutz erreicht werden, der nach Art der Schadensversicherung kalkuliert und dementsprechend billig ist und der nicht die Funktion der klassischen Krankheitskosten-Vollversicherung haben soll.

4. VAG und SGB. Auch VAG und SGB regeln **unterschiedliche Rechtsgebiete.** Das VAG regelt die aufsichtsrechtlichen Fragen der privatrechtlichen Individualversicherung, das SGB die öffentlich-rechtliche Sozialversicherung. Für beide Rechtsgebiete gelten verfassungsrechtlich unterschiedliche Kompetenznormen (→ Rn. 361).

Aus der Unterschiedlichkeit der grundgesetzlichen **Kompetenznormen** folgt, dass unter dem Kompetenztitel des für die Sozialversicherung maßgebenden Art. 74 Abs. 1 Nr. 12 GG keine Vorschriften des Versicherungsaufsichtsrechts erlassen werden können. Soweit das SGB gleichwohl versicherungsaufsichtsrechtliche Vorschriften enthält, entfalten sie keine materiell-rechtliche Wirkung im Verhältnis zwischen Versicherungsunternehmen und Versicherungsaufsicht.

Wie im Falle des Verhältnisses zwischen VVG und SGB entscheidet sich auch hier die Frage, ob eine versicherungsaufsichtsrechtliche Vorschrift unter dem Kompetenztitel des für die Sozialversicherung maßgebenden Art. 74 Abs. 1 Nr. 12 GG erlassen ist oder unter dem für die Individualversicherung maßgebenden Art. 74 Abs. 1 Nr. 11 GG, nicht nach der Stellung im Gesetz, sondern nach der **Kompetenzbegründung des Gesetzgebers** (→ Rn. 595).

E. Erscheinungsformen und Arten der privaten Krankenversicherung

I. Begriffe und Gliederungssystematik

1. Gesetzliche Begriffe. Die das **Individualversicherungsrecht** regelnden Rechtsgebiete verwenden für die verschiedenen Teilgebiete der Individualversicherung teilweise unterschiedliche und nicht immer überschneidungsfreie Termini.

a) Europarecht. Die RL 2009/138/EG spricht von Lebensversicherung (Art. 2 Abs. 1, 3, Art. 9f., 73f., 182, 185f. RL 2009/138/EG) und Nichtlebensversicherung (Art. 2 Abs. 1, Art. 5ff., 73f., 181, 183f., 208f. RL 2009/138/EG). Dies entspricht der angloamerikanischen **Terminologie** „Life/Non-Life". Nichtlebensversicherung meint sprachlich alle Versicherungszweige außerhalb der Lebensversicherung.

In Bezug auf die **Krankenversicherung** ist die Rede von Verträgen, die „die im gesetzlichen Sozialversicherungssystem vorgesehene Krankenversicherung ganz oder teilweise ersetzen können" (Art. 206 Abs. 1 RL 2009/138/EG). Die Krankenversicherung werde „in technischer Hinsicht nach Art der Lebensversicherung" betrieben (Art. 206 Abs. 2 UAbs. 1 RL 2009/138/EG).

b) Versicherungsvertragsrecht. Das **frühere VVG** unterschied zwischen Schadensversicherung (§ 1 Abs. 1 S. 1 VVG aF) und verschiedenen Arten der Personenversicherung (§ 1 Abs. 1 S. 2 VVG aF). Daneben war – in Anlehnung an diese Begriffe – auch die Unterscheidung in Schadensversicherung iSd §§ 49–158o VVG aF und Summenversicherung üblich. Zur Summenversicherung zählten – worauf der Wortlaut von § 1 Abs. 1 S. 2 VVG aF hindeutete – die Lebensversicherung und Unfallversicherung sowie von der Krankenversicherung die Krankenhaus- und Pflegetagegeldversicherung. Im Sinne dieser Unterscheidung zählt die übrige Krankenversicherung zur Schadensversicherung (vgl. § 178a Abs. 2 S. 1 VVG aF = § 194 Abs. 1 S. 1).

Das **neue VVG** vermeidet die Gegenüberstellung der Begriffe Personenversicherung und Schadensversicherung als sachlich nicht zutreffend, weil – wie die Krankenversicherung zeige – eine Perso-

---
[202] Krit. *Prölss* VersR 2003, 981; *Hütt* VersR 2003, 982.
[203] VerBAV 1990, 220.
[204] BGH VersR 2004, 994.

nenversicherung auch eine Schadensversicherung zum Inhalt haben könne.[205] Diese Begründung ist nur teilweise richtig, weil der Begriff der Schadensversicherung bzw. Schadenversicherung (zur unterschiedlichen Schreibweise → Rn. 628) in Abhängigkeit von der Betrachtungsdimension unterschiedliche Inhalte hat und dementsprechend auch unterschiedliche Gegensatzpaare kennt (→ Rn. 620 ff.). Soweit nämlich nach den versicherten Objekten zu fragen ist, steht die Schadensversicherung der Personenversicherung gegenüber; soweit dagegen nach den versicherten Leistungen gefragt wird, bildet die Schadensversicherung den Gegensatz zur Summenversicherung (→ Rn. 622).

613 Innerhalb der **Krankenversicherung** unterscheidet das VVG noch diejenige Krankenversicherung, die „ganz oder teilweise den im gesetzlichen Sozialversicherungssystem vorgesehenen Kranken- oder Pflegeversicherungsschutz ersetzen kann (substitutive Krankenversicherung)" (§ 195 Abs. 1 S. 1), von denjenigen Krankenversicherungen, die diese Voraussetzung nicht erfüllen; letztere bezeichnet das VVG in Übereinstimmung mit § 147 VAG als „nicht-substitutive Krankenversicherung" (§ 195 Abs. 1 S. 2).

614 Außerdem unterscheidet das VVG in Übereinstimmung mit § 147 VAG danach, ob die (nichtsubstitutive) Krankenversicherung **nach Art der Lebensversicherung** betrieben wird (§§ 195 Abs. 1 S. 2, 203 Abs. 1 S. 1, § 206 Abs. 2 VVG 2008).

615 c) **Versicherungsaufsichtsrecht.** Das Versicherungsaufsichtsrecht unterscheidet – vorwiegend unter dem Aspekt der Spartentrennung (vgl. § 8 Abs. 4 S. 2 Hs. 2 VAG) – zwischen den **Versicherungszweigen** der Schaden- und Unfallversicherung, der Lebensversicherung und der Krankenversicherung. Das VAG selbst verwendet zwar nicht den Ausdruck „Schadenversicherung", setzt ihn aber als feststehenden Begriff voraus. Dies ergibt sich aus den zur Durchführung des VAG erlassenen Rechtsverordnungen – insbes. der RechVersV und der BerVersV –, die die Ausdrücke „Schadenund Unfallversicherung" bzw. „Schaden- und Unfallversicherungsunternehmen" verwenden (vgl. zB §§ 25 Abs. 6 S. 1, 38 Abs. 1 S. 1 Nr. 3, 42 Abs. 2 RechVersV, § 13 Abs. 1 BerVersV).

616 Innerhalb der **Krankenversicherung** wird einmal zwischen der substitutiven und der nichtsubstitutiven Krankenversicherung (§§ 146, 147 VAG) unterschieden, wobei § 146 Abs. 1 VAG als Legaldefinition – insoweit mit § 195 Abs. 1 S. 1 übereinstimmend – formuliert: „Soweit die Krankenversicherung ganz oder teilweise den im gesetzlichen Sozialversicherungssystem vorgesehenen Kranken- oder Pflegeversicherungsschutz ersetzen kann (substitutive Krankenversicherung)" (→ Rn. 629 ff.; → Rn. 705 ff.; → Rn. 716 ff.). Außerdem wird danach unterschieden, ob die Krankenversicherung „nach Art der Lebensversicherung betrieben" wird (§§ 146 Abs. 1, 147 VAG).

617 d) **Sozialversicherungsrecht.** Den **Arbeitgeberzuschuss** erhalten nicht versicherungspflichtige Beschäftigte, die „bei einem privaten Krankenversicherungsunternehmen versichert sind" und „Vertragsleistungen beanspruchen können, die der Art nach den Leistungen dieses Buches entsprechen" (§ 257 Abs. 2 S. 1 SGB V).

618 Dieser Zuschuss setzt voraus, dass „diese Krankenversicherung **nach Art der Lebensversicherung** betrieben wird (§ 257 Abs. 2a S. 1 Nr. 1 SGB V).

619 2. **Unterscheidungsmerkmale. a) Keine einheitliche Terminologie.** Die jeweiligen **Begriffswelten** in den einzelnen Rechtsgebieten überschneiden sich und lassen keine einheitliche und durchgängige Terminologie zu. Das europäische Unionsrecht folgt der Terminologie des angloamerikanischen Rechtskreises und unterscheidet zwischen „Lebensversicherung" (Life) und „Nichtlebensversicherung" (Non-Life). Der Begriff der „Schadensversicherung" im deutschen Versicherungsrecht wird einerseits als Gegensatz zur Personenversicherung und andererseits als Gegensatz zur Summenversicherung verwandt. Die Krankenversicherung kann darüber hinaus „nach Art der Lebensversicherung" betrieben werden, was indessen nicht auf die substitutive Krankenversicherung beschränkt ist, sondern auch für die nicht-substitutive Krankenversicherung möglich ist. Den Gegensatzbegriff dazu „nach Art der Schadensversicherung" verwendet im Wesentlichen nur die Versicherungspraxis; dass das Gesetz diesen Begriff aber kennt, macht seine ausdrückliche Nennung in § 13 Abs. 2 S. 2 BerVersV deutlich.

620 b) **Gliederungsmerkmale.** Die Unterscheidungen müssen nach Merkmalen getroffen werden, in denen sich die verschiedenen Betrachtungsebenen (Dimensionen) widerspiegeln:

621 – Dimension **Versicherungszweige/Sparten:** Für das Versicherungsvertrags- und das Versicherungsaufsichtsrecht gelten die Begriffe „Schadenversicherung, Unfallversicherung, Lebensversicherung, Krankenversicherung". Den in den früheren drei Richtliniengenerationen verwandten europarechtlichen Begriff „Schadenversicherung" hat die RL 2009/138/EG inzwischen richtigerweise durch „Nichtlebensversicherung" ersetzt (→ Rn. 609).

---

[205] Begr. zu Art. 1 (§ 1 VVG) RegE VVG-ReformG, BT-Drs. 16/3945, 56.

- Dimension **Leistungsinhalt**: Innerhalb des Versicherungsvertragsrechts gelten die Begriffe „Schadensversicherung, Summenversicherung".
- Dimension **Kalkulationsarten**: Der Begriff „nach Art der Lebensversicherung" gilt einheitlich in allen Rechtsgebieten. Die Bezeichnung „nach Art der Schadenversicherung" meint – ebenfalls einheitlich für alle Rechtsgebiete – die reine Risikokalkulation, dh Tarife ohne Anwartschafts- oder Kapitaldeckungsverfahren.
- Dimension **Sozialschutz**: Der Begriff „substitutiv" gilt – im Wesentlichen einheitlich – in allen Rechtsgebieten. Für die Bezeichnung „nicht-substitutiv" gilt als Umkehrung sinngemäß das Gleiche.
- Zwischen den Dimensionen „Kalkulationsart" und „Sozialschutz" gibt es **Überschneidungen:** Substitutive Krankenversicherung ist immer nach Art der Lebensversicherung betrieben; nicht-substitutive Krankenversicherung kann nach Art der Lebensversicherung oder nach Art der Schadenversicherung betrieben sein.

3. **Gliederungssystematik.** Da jeweils unterschiedliche Betrachtungsebenen angesprochen werden, muss im Interesse einer konsistenten Gliederungssystematik für die Zuordnung und Gliederung auf folgende **Merkmale** abgestellt werden:
- Versicherungssparte,
- Vorhandensein eines besonderen gesetzlichen Sozialschutzes,
- Art des Kalkulationsverfahrens,
- Art der versicherten Objekte,
- Art der versicherten Leistungen.

Einen zusammenfassenden Überblick anhand dieser **Gliederungsmerkmale** gibt die nachstehende Übersicht:

Gliederungsmerkmale		Versicherungszweig					Rechtsgebiet
		Leben	Nichtleben				Europarecht
Sparte			Schadenversicherung	Unfallversicherung	Krankenversicherung		VVG VAG
Sozialschutz					substitutiv	nicht substitutiv	Europarecht
Kalkulationsart				1)	nach Art Lebensversicherung	nach Art Lebensversicherung	nach Art Schadenversicherung	VVG VAG SGB
Versicherte Objekte	Personenversicherung Personen	X		X	X	X	X	
	Schadensversicherung Gegenstände, Unternehmen, Vermögensinteressen		X					VVG
Versicherte Leistungen	Schadensversicherung Schäden, Kosten		X	X²⁾	X	X	X	VVG VAG
	Summenversicherung Vereinbarte Beträge	X		X	X	X	X	

1) In der Unfallversicherung mit Prämienrückgewähr ist die Unfall-Leistung normale Unfallversicherung. Nur die Prämienrückgewährleistung folgt den Grundsätzen der Lebensversicherung (§ 161 Abs. 1 VAG).
2) Möglich, aber selten.

Aus der Gliederungssystematik ist auch die **unterschiedliche Schreibweise „Schaden(s)versicherung"** abzuleiten:
- Die Schreibweise *Schadenversicherung* wird stets dann gewählt, wenn die Gliederungsmerkmale „Versicherungssparte", „Kalkulationsart" oder „versicherte Objekte" betroffen sind (zB Dritte

Richtlinie Schadenversicherung, nach Art der Schadenversicherung, Schaden- und Unfallversicherung).
– Die Schreibweise *Schadensversicherung* wird dagegen nur dann gewählt, wenn auf das Gliederungsmerkmal „versicherte Leistungen" abzustellen ist und der Gegensatz zur Summenversicherung gemeint ist (zB Überschrift Teil 1 Kap. 2, § 194 Abs. 1 S. 1).

II. Substitutive und nicht-substitutive Krankenversicherung

629   **1. Begriffe. a) Substitutiv.** Als Legaldefinition wird der Begriff „substitutive Krankenversicherung" übereinstimmend in § 146 Abs. 1 VAG und § 195 Abs. 1 S. 1 gebraucht. Inhaltlich wird der damit gemeinte Sachverhalt auch in anderen Normenwerken – allerdings mit unterschiedlichem Wortlaut – erwähnt. Es finden sich folgende **Umschreibungen**:
– Verträge, welche „die im gesetzlichen Sozialversicherungssystem vorgesehene Krankenversicherung ganz oder teilweise ersetzen können" (Art. 206 Abs. 1 RL 2009/138/EG).
– „Soweit die Krankenversicherung ganz oder teilweise den im gesetzlichen Sozialversicherungssystem vorgesehenen Kranken- oder Pflegeversicherungsschutz ersetzen kann (substitutive Krankenversicherung)" (§ 146 Abs. 1 VAG). Beim gesetzlichen Beitragszuschlag spricht das VAG dann wieder nur von der „substitutiven Krankheitskostenversicherung" (§ 149 S. 1 VAG).
– „Die Krankenversicherung, die ganz oder teilweise den im gesetzlichen Sozialversicherungssystem vorgesehenen Kranken- oder Pflegeversicherungsschutz ersetzen kann (substitutive Krankenversicherung)" (§ 195 Abs. 1 S. 1; vgl. auch § 206 Abs. 1 S. 2). Beim Ausschluss des ordentlichen Kündigungsrechts sprach das VVG idF von Art. 1 VVG-ReformG von der „substitutiven Krankheitskosten-, Krankentagegeld- oder Pflegekrankenversicherung" (§ 206 Abs. 1 S. 1 VVG 2008).
– „Krankheitskosten-Vollversicherung" (§ 206 Abs. 1 S. 3).
– Beschäftigte, die „Vertragsleistungen beanspruchen können, die der Art nach den Leistungen dieses Buches entsprechen" (§ 257 Abs. 2 S. 1 SGB V).
– Der Vertrag muss „Vertragsleistungen vorsehen, die nach Art und Umfang den Leistungen des Vierten Kapitels gleichwertig sind." (§ 23 Abs. 1 S. 2 SGB XI; ähnlich § 61 Abs. 2 S. 1 SGB XI).

630   **b) Nicht-substitutiv.** Die „nicht-substitutive Krankenversicherung" wird express verbis in § 147 VAG sowie in § 195 Abs. 1 S. 2, § 206 Abs. 2 VVG 2008 erwähnt. Sie bezieht ihren Begriff aus der **Umkehrung der Legaldefinition** der substitutiven Krankenversicherung nach § 146 Abs. 1 VAG, § 195 Abs. 1 S. 1. Danach ist jede Krankenversicherung nicht-substitutiv, die nicht die Legaldefinition erfüllt.

631   **c) Krankenversicherung.** Unter Krankenversicherung sind **alle Versicherungsformen** zu verstehen, die Versicherungsschutz gegen das Risiko von Krankheit oder Pflegebedürftigkeit bieten. Hierbei handelt es sich zum einen um diejenigen Versicherungen, die nach dem Grundsatz der Spartentrennung (§ 8 Abs. 4 S. 2 Hs. 2 VAG) von einem zum Betrieb der substitutiven Krankenversicherung zugelassenen Versicherungsunternehmen (PKV-Unternehmen) angeboten werden dürfen; dazu zählt auch die nach Art der Lebensversicherung betriebene nicht-substitutive Krankenversicherung, weil auf sie der in § 8 Abs. 2 S. 2 Hs. 2 VAG genannte § 146 Abs. 1 VAG weitgehend anzuwenden ist (§ 147 VAG). Aber auch wenn die nicht-substitutive Krankenversicherung nach Art der Schadenversicherung nicht spartengetrennt betrieben werden muss, handelt es sich bei ihr um Krankenversicherung.

632   Zur Krankenversicherung zählt auch die **Pflegeversicherung,** und zwar nicht nur die freiwillige Pflege-Ergänzungsversicherung, sondern auch die private Pflege-Pflichtversicherung (PPV); beide nennt das Gesetz nicht sehr glücklich „Pflegekrankenversicherung" (§ 192 Abs. 6 S. 1), wie sich aus § 206 Abs. 1 S. 2 ergibt. Die Überschrift „Krankenversicherung" in Teil 2 Kap. 8 des VVG sowie die ausdrückliche Erwähnung in den §§ 192 Abs. 6 S. 3, 195 Abs. 1 S. 1 sowie in § 206 Abs. 1 S. 2 stellen dies klar (→ Rn. 404).

633   Im Falle der **PPV** ist die gesetzliche Systematik nicht einheitlich. Der durch das 3. DurchfG/EWG zum VAG v. 21.7.1994 (BGBl. I S. 1630) eingeführte § 178a Abs. 4 S. 1 VVG aF und mit der VVG-Reform fortgeführte § 195 Abs. 1 S. 1 definiert die PPV ausdrücklich *als Krankenversicherung* („Die Krankenversicherung, die ... den Pflegeversicherungsschutz ersetzen kann ..."). Dagegen schreibt der erst durch das VAGÄndG 2000 v. 27.12.2000 (BGBl. I S. 1857) eingeführte § 12f VAG aF (= § 148 VAG) vor, dass die für die substitutive Krankenversicherung geltenden Vorschriften des VAG auf die private Pflegeversicherung – gemeint ist die PPV – *entsprechend* anzuwenden sind. Der Grund für die unterschiedliche Systematik ist darin zu sehen, dass für die jeweiligen Artikelgesetze unterschiedliche Ressorts die Federführung hatten und eine Abstimmung der Systematik nicht stattfand.

2. Substitutive Krankenversicherung. a) Krankheitskostenversicherung. Kernstück der **634** substitutiven Krankenversicherung ist die **Krankheitskosten-Vollversicherung (KKV)**, die vom Gesetz nur eher beiläufig mit diesem Begriff ausdrücklich genannt wird (§ 206 Abs. 1 S. 3). Eine KKV liegt vor, wenn die Leistungsarten ambulante und stationäre Heilbehandlung sowie Zahnbehandlung und Zahnersatz kumulativ versichert sind. In der KKV erschöpft sich der Anwendungsbereich der substitutiven Krankenversicherung jedoch nicht (→ Rn. 635 f.).

Die substitutive Krankenversicherung muss den Krankenversicherungsschutz der GKV ganz oder **635** teilweise ersetzen. Hierfür ist erforderlich, aber auch ausreichend, dass eine Leistungsart versichert ist, die Gegenstand des Pflichtleistungskatalogs der GKV ist. Dies ist der Fall, wenn ambulante Krankheitskosten, stationäre Krankheitskosten, Zahnarztkosten oder Krankentagegeld versichert sind. Der **Begriff** der substitutiven Krankenversicherung setzt nicht voraus, dass alle vorgenannten Leistungsarten kumulativ versichert sind. Schon die Versicherung nur einer einzigen Leistungsart, die auch Gegenstand der GKV-Pflichtleistungen ist, macht sie zur substitutiven Krankenversicherung.[206] Dies ergibt sich schon aus dem Wortlaut „oder teilweise". Auch der Zweck der Vorschriften über die substitutive Krankenversicherung lässt keine andere Auslegung zu. Die Vorschriften wollen nämlich sicherstellen, dass jedes GKV-Substitut die vom Gesetz geforderten qualitativen Voraussetzungen erfüllt. Anderenfalls bestünde die Möglichkeit, durch Aufspaltung des Vollversicherungsschutzes und Verteilung auf mehrere Tarife oder Versicherungsunternehmen, die dem Schutz der Versicherten dienenden Vorschriften, zu umgehen. Wenn der einzelne Tarif für ambulante, stationäre oder zahnärztliche Behandlung nicht als substitutive Krankenversicherung gelten würde, könnte er nämlich als nicht-substitutive Krankenversicherung ohne die Beschränkungen der §§ 146 Abs. 1 Nr. 1–4, Abs. 2, 156 VAG gestaltet werden (vgl. § 147 VAG). Den Gesetzesmaterialien ist keine andere Auslegung zu entnehmen. Zwar heißt es in der Begründung zum RegE des 3. DurchfG/EWG zum VAG, der GKV vergleichbar sei „im allgemeinen eine Versicherung für ambulante, stationäre und zahnärztliche Heilbehandlung".[207] Dem Zusammenhang der Gesetzesbegründung ist jedoch nicht zu entnehmen, dass mit dem Wort „und" die Voraussetzung eines kumulativen Vollversicherungsschutzes formuliert werden sollte. § 206 Abs. 1 S. 1 VVG 2008 sprach daher zutr. von der „substitutiven ... Krankentagegeldversicherung".

Die Einordnung eines Tarifs als substitutive Krankenversicherung hängt nicht davon ab, ob er **635a** einziger Gegenstand eines Versicherungsvertrags ist oder ob noch andere Tarife im selben Versicherungsvertrag versichert sind (→ Rn. 650b). So ist es möglich, dass im selben Versicherungsvertrag substitutive *und* nicht-substitutive Krankenversicherungen vereinbart sind. Der **Substitutiv-Charakter ist tarifbezogen** und nicht vertragsbezogen;[208] denn maßgebend ist, ob der Tarif Leistungsarten des GKV-Pflichtleistungskatalogs versichert (→ Rn. 635).

Für den Begriff der substitutiven Krankenversicherung genügt es, wenn die versicherte **Leistung 636** als solche Gegenstand des Pflichtleistungskatalogs der GKV ist. Die versicherte Leistung muss sich dagegen nicht auch in ihrem *Umfang* mit derjenigen der GKV decken. Daher ist es unschädlich, wenn – wie es häufig der Fall ist – der Versicherungsschutz in den genannten Leistungsarten deutlich über das Leistungsniveau der GKV hinausgeht (→ Rn. 706). Ebenso ist unschädlich, wenn – zB durch hohe Selbstbehalte – der Versicherungsschutz in einzelnen Leistungsarten unter dem regelmäßigen Leistungsniveau der GKV liegt.[209] Allerdings wird der Anwendungsbereich der substitutiven Krankenversicherung verlassen, wenn die PKV-Leistung überhaupt erst oberhalb der GKV-Pflichtleistung beginnt; dies ist zB bei Tarifen in der Ergänzungsversicherung der Fall, wenn nur die Zuschläge für Wahlleistungen im Krankenhaus versichert sind (→ Rn. 642).

Dem Begriff der substitutiven Krankenversicherung entspricht aus systematischer Sicht die **637** sozialrechtliche Vorschrift über den Anspruch der unselbständig Beschäftigten auf den **Beitragszuschuss des Arbeitgebers** für die PKV, die Vertragsleistungen vorsehen muss, „die der Art nach den Leistungen dieses Buches entsprechen" (§ 257 Abs. 2 S. 1 SGB V). Gesetzeshistorisch stand diese Vorschrift allerdings in keinem Zusammenhang mit dem erst im Zuge der Deregulierung geschaffenen Rechtsinstitut der substitutiven Krankenversicherung; denn sie ist auf den früheren § 405 RVO zurückzuführen, der bereits ab 1.1.1971 durch das 2. Krankenversicherungsänderungsgesetz

---

[206] Ähnlich *Kaulbach* in Fahr/Kaulbach/Bähr/Pohlmann, 5. Aufl. 2012, VAG § 12 Rn. 2; *Görtz* in Kaulbach/Bähr/Pohlmann, 6. Aufl. 2019, VAG § 146 Rn. 2; *Präve* in Prölss/Dreher, VAG, 13. Aufl. 2018, § 146 Rn. 6; wohl auch *Sahmer* ZfV 1996, 483 (484 f.).
[207] Begr. zu Art. 1 Nr. 11 (§ 12 VAG) RegE 3. DurchfG/EWG zum VAG, BT-Drs. 12/6959, 60.
[208] Unzutreffend daher OLG Karlsruhe BeckRS 2022, 13667 Rn. 36, das einen Beitragsentlastungstarif allein deshalb als substitutiv einstufte, weil er Bestandteil eines Versicherungsvertrags über eine substitutive Krankenversicherung war.
[209] *Prölss* in Prölss/Martin, 27. Aufl. 2004, VVG § 178a Rn. 11; *Präve* VersR 1997, 1301 (1307); *Sahmer* ZfV 1996, 483 (484).

(2. KVÄG) v. 21.12.1970 (BGBl. I S. 1770) eingefügt worden war. Nach dieser Vorschrift musste die PKV einen umfassenden und den GKV-Leistungen vollständig entsprechenden Versicherungsschutz vorsehen.[210] Diese Voraussetzung entfiel mit der Schaffung des SGB V durch das Gesundheits-Reformgesetz (GRG) v. 20.12.1988 (BGBl. I S. 2477). Während im Gesetzentwurf zum ursprünglichen § 266 Abs. 2 S. 1 Nr. 1 SGB V noch vorgesehen war, dass die Vertragsleistungen der PKV „der Art nach den Leistungen dieses Buches bei Krankheit entsprechen",[211] wurden die Worte „bei Krankheit" in den Ausschussberatungen gestrichen.[212] Damit sollte nach der Ausschussbegründung[213] sichergestellt werden, dass

„Aufwendungen für private Krankenversicherungen zuschussfähig sind, soweit diese Leistungen gewähren, die das SGB V vorsieht. Eine Absicherung des gesamten Leistungskatalogs nach dem SGB V ist also nicht erforderlich; dem Beschäftigten bleibt es vielmehr überlassen, welche Leistungen er im Einzelnen absichern will."

Ob der Fortfall der Worte „bei Krankheit" nach deren sprachlichem Sinn diese weitreichende Bedeutung hat, mag vielleicht zweifelhaft sein. Unzweifelhaft ist jedoch, dass der Gesetzgeber des GRG mit der redaktionellen Änderung den Beitragszuschuss auch für solche privaten Krankenversicherungen gewähren wollte, die nur teilweise den GKV-Leistungen entsprechen.[214] Ein Missbrauch war nicht zu befürchten, weil ein derart reduzierter PKV-Schutz auch nur zu einem entsprechend niedrigen Krankenversicherungsbeitrag führt und der Beitragszuschuss des Arbeitgebers auf die Hälfte dieses niedrigen Beitrags begrenzt blieb. Im Ergebnis ist somit der Begriff der substitutiven Krankenversicherung mit dem Begriff der beitragszuschussfähigen privaten Krankenversicherung iSd § 257 Abs. 2 S. 1 SGB V identisch.

638 b) **Private Pflege-Pflichtversicherung (PPV).** Analog zur KKV ist die **PPV** unter den Begriff der substitutiven Krankenversicherung zu subsumieren. Kraft Gesetzes entsprechen die in der PPV versicherten Pflegeleistungen den Leistungen der SPV (§ 23 Abs. 1 S. 2, 3, Abs. 6 Nr. 1 SGB XI). Die Einbeziehung der Pflegekrankenversicherung entspricht einer Protokollerklärung zu Art. 54 RL 92/49/EWG (= Art. 206 RL 2009/138/EG), wonach die Pflegeversicherung unter die Krankenversicherung fällt.[215] Die damals in den §§ 53 ff. SGB V geregelten Leistungen der GKV für Schwerpflegebedürftigkeit wurden mit Einführung der gesetzlichen Pflegeversicherung in das SGB XI überführt.

639 c) **Pflichtversicherung.** Die Versicherungspflicht nach § 193 Abs. 3 S. 1 wird durch eine Krankheitskostenversicherung erfüllt, die „mindestens eine Kostenerstattung für ambulante und stationäre Heilbehandlung umfasst" und bei der ein Selbstbehalt auf 5.000 EUR je Kalenderjahr begrenzt ist. Die Begriffe „ambulante und stationäre Heilbehandlung" sind im Sinne der aufsichtsrechtlichen Definition der Leistungsbereiche gem. § 12 Abs. 1 S. 2 Nr. 1, 2 KVAV zu verstehen und umfassen nicht auch die **zahnärztliche Behandlung** (→ Rn. 1092).

640 Auch wenn der private Krankenversicherungsschutz die zahnärztliche Behandlung nicht umfasst, handelt es sich um **substitutive Krankenversicherung;** denn der Begriff der substitutiven Krankenversicherung setzt nicht voraus, dass alle Leistungsarten der GKV versichert sind (→ Rn. 635 f.). Damit ist jede in Erfüllung der Versicherungspflicht abgeschlossene Krankenversicherung zugleich substitutive Krankenversicherung. Damit deckt sich, dass der Gesundheitsausschuss die Vorschriften der KalV aF (= jetzt KVAV) vor Augen hatte,[216] die nur für die nach Art der Lebensversicherung betriebene Krankenversicherung gelten (§ 160 S. 1 VAG).

641 Die der Erfüllung der Versicherungspflicht genügende Krankenversicherung erfüllt auch die Voraussetzungen für den **Beitragszuschuss des Arbeitgebers** nach § 257 Abs. 2 S. 1 SGB V; denn auch der Arbeitgeberzuschuss setzt nicht voraus, dass alle Leistungsarten der GKV privat versichert sind (→ Rn. 637).

642 3. **Nicht-substitutive Krankenversicherung. a) Ergänzungsversicherung.** Ergänzungsversicherungen sind solche Krankenversicherungen, die über den Versicherungsschutz aus einer

---

[210] Gerlach in Hauck/Noftz SGB V § 257 Rn. 11, 26a.
[211] Art. 1 (SGB V) Fraktionsentwurf GRG, BT-Drs. 11/2237, 72.
[212] Empfehlung des Ausschusses für Arbeit und Sozialordnung zu Art. 1 (§ 266 SGB V) Fraktionsentwurf GRG, BT-Drs. 11/3320, 140.
[213] Bericht des Ausschusses für Arbeit und Sozialordnung zu Art. 1 (§ 266 SGB V) Fraktionsentwurf GRG, BT-Drs. 11/3480, 65.
[214] Gerlach in Hauck/Noftz SGB V § 257 Rn. 26a; Knispel in Peters, Handbuch der Krankenversicherung, Teil II – SGB V, Bd. 4, 19. Aufl. 2013, § 257 Rn. 18.
[215] Begr. zu Art. 1 Nr. 11 (§ 12 VAG) RegE 3. DurchfG/EWG zum VAG, BT-Drs. 12/6959, 60.
[216] Bericht Gesundheitsausschuss zu Art. 43 Nr. 1 (§ 178a Abs. 5 VVG), Fraktionsentwurf GKV-WSG, BT-Drs. 16/4247, 67.

Krankheitskosten-Vollversicherung der PKV bzw. über den Pflichtleistungskatalog der GKV hinausgehen (→ Rn. 90 f.). Sie werden häufig auch als **Zusatzversicherungen** bezeichnet.[217] Ergänzungsversicherungen sind – mit Ausnahme der im Rahmen einer KKV abgeschlossenen Krankentagegeldversicherung – nicht-substitutive Krankenversicherungen. Hierzu zählt auch die Krankenhaustagegeldversicherung, die § 206 Abs. 1 S. 2 VVG 2008 folgerichtig neben der in § 206 Abs. 1 S. 1 VVG 2008 geregelten substitutiven Krankenversicherung genannt hatte.

Zu den Ergänzungsversicherungen zählen auch alle **freiwilligen Pflegeversicherungen**, die es üblicherweise in Form der Pflegekostenversicherung oder der Pflegetagegeldversicherung gibt. Das VVG bezeichnet beide Formen als „Pflegekrankenversicherung" (§ 192 Abs. 6 S. 1). 643

b) Besondere Versicherungsformen. Eine Zwitterstellung nehmen die **Ausbildungs-, Auslands-, Reise- und Restschuldkrankenversicherung** ein (§ 195 Abs. 2). 644

Auf der einen Seite handelt es sich materiell um **Krankheitskosten-Vollversicherung;** denn das volle Spektrum von Krankheitskosten wird versichert. Dementsprechend erweckt auch die formale Gesetzessystematik von VVG und VAG den Anschein, als handele es sich um *substitutive* Krankenversicherung: 645

– Die frühere **VVG-Vorschrift** des § 178a Abs. 4 VVG aF, die sich mit der substitutiven Krankenversicherung befasste, ließ für diese besonderen Versicherungsformen Vertragslaufzeiten zu (§ 178a Abs. 4 S. 3 VVG aF). In der neuen Vorschrift des § 195 Abs. 2 wird dieser Zusammenhang gelöst, weil der vorangehende Abs. 1 die substitutive und die nicht-substitutive Krankenversicherung behandelt. 646

– Das **VAG** ordnet die besonderen Versicherungsformen in systematischer Hinsicht der substitutiven Krankenversicherung zu.[218] In der Vorschrift des § 149 VAG, der den gesetzlichen Beitragszuschlag in der substitutiven Krankenversicherung regelt, werden diese besonderen Versicherungsformen nämlich davon ausgenommen (§ 149 S. 3 VAG). § 146 Abs. 3 VAG bezeichnet diese Versicherungsformen sogar ausdrücklich als „substitutive Krankenversicherungen". 647

Auf der anderen Seite ist in der Versicherungsunternehmens- und Versicherungsaufsichtspraxis unstreitig, dass diese besonderen Versicherungsformen als **nicht-substitutive Krankenversicherung** anzusehen sind; denn sie werden seit jeher nicht nach Art der Lebensversicherung betrieben und ihre Beiträge werden ohne Alterungsrückstellungen kalkuliert. Beides wäre nach § 146 Abs. 1 VAG unzulässig, wenn es sich rechtlich um substitutive Krankenversicherung handeln würde. 648

Auch die VVG-Reform beseitigte die **fehlerhafte Systematik** nicht. Zwar nimmt § 146 Abs. 3 VAG die besonderen Versicherungsformen von der Pflicht zur Kalkulation mit Alterungsrückstellungen aus. Aus dem Verweis in § 146 Abs. 1 VAG „vorbehaltlich des Absatzes 3" ergibt sich, dass diese Versicherungsformen nicht nach Art der Lebensversicherung betrieben werden müssen. Indessen unterlag der Gesetzgeber der VVG-Reform mit diesem Verweis dem auch sonst gelegentlich anzutreffenden Irrtum, dass die Kalkulation mit Alterungsrückstellungen ein Wesensmerkmal des Betriebs nach Art der Lebensversicherung sei. Dies ist jedoch bei systematischer Betrachtung nicht der Fall (→ Rn. 664). 649

In **sachlicher Hinsicht** sind die besonderen Versicherungsformen als nicht-substitutive Krankenversicherung einzuordnen. Zwar wird mit diesen besonderen Versicherungsformen das volle Spektrum von Krankheitskosten versichert. Dies beschränkt sich aber nur auf bestimmte Lebenssituationen, nämlich auf die Ausbildung, auf einen Auslandsaufenthalt oder auf eine Reise. Damit erfüllen die besonderen Versicherungsformen nicht die sozialpolitisch motivierte Anforderung, dass die Krankenversicherung den Versicherungsschutz der GKV ersetzen kann; denn der zeitlich unlimitierte Krankenversicherungsschutz im Inland wird mit diesen besonderen Versicherungsformen nicht erreicht. 650

c) Unselbständige Versicherungsformen. Unselbständige Krankenversicherungen können nicht isoliert, sondern nur zusammen mit einer anderen (selbständigen) Krankenversicherung abgeschlossen werden (→ Rn. 92a). Wichtigstes Beispiel ist die **Beitragsentlastungsversicherung,** die in Form eines besonderen Tarifs das Ziel verfolgt, den Beitrag aus der Hauptversicherung zu einem späteren Zeitpunkt zu reduzieren.[219] 650a

Die **rechtliche Einordnung** der Beitragsentlastungsversicherung als substitutive oder nicht-substitutive Krankenversicherung ist nicht nur rechtssystematisch von Interesse, sondern auch wegen der rechtlichen Konsequenzen einer Beitragsanpassung nach § 203 Abs. 2 (→ § 203 Rn. 765b): 650b

– Das OLG Celle ordnet den Beitragsentlastungstarif als *nicht eigenständigen akzessorischen Bestandteil der Hauptversicherung* ein, der die gleiche rechtliche Qualität als substitutive oder nicht-substitutive

---

[217] Begr. zu Art. 1 Nr. 11 (§ 12 VAG) RegE 3. DurchfG/EWG zum VAG, BT-Drs. 12/6959, 60.
[218] *Werber* VersR 2011, 1346 (1349).
[219] Zur Typologie ausführlich *Boetius* r+s 2022, 248 (251 ff.).

Krankenversicherung wie die Hauptversicherung hat.[220] Dieser Auffassung kann aufgrund der Legaldefinition der substitutiven Krankenversicherung (→ Rn. 629) nicht gefolgt werden, weil der Beitragsentlastungstarif keine Leistungen verspricht, die den gesetzlichen Versicherungsschutz ersetzen können. Die Leistungen des Beitragsentlastungstarifs bestehen vielmehr in einer rentenähnlichen Geldzahlung, die gegen den Beitrag der Hauptversicherung verrechnet wird. Die Beitragsentlastungsversicherung kann damit nur nicht-substitutive Krankenversicherung sein.[221]

– Das OLG Karlsruhe ordnet den Beitragsentlastungstarif als substitutive Krankenversicherung ein,[222] weil der Versicherungsvertrag insgesamt und nicht isoliert nach Einzeltarifen zu betrachten sei. Das OLG Karlsruhe beruft sich dabei unzutreffenderweise auf das Schrifttum,[223] das jedoch insoweit nur diejenigen Tarife behandelt, in denen *Leistungsarten des GKV-Pflichtleistungskatalogs* versichert sind. Das gilt natürlich nicht für Tarife, die Leistungen außerhalb des GKV-Pflichtleistungskatalogs versichern. Wenn im selben Versicherungsvertrag Tarife der substitutiven *und* der nicht-substitutiven Krankenversicherung versichert sind, verändern letztere dadurch nicht ihren nicht-substitutiven Charakter (→ Rn. 635a).

650c Weil mit der Beitragsentlastungsversicherung ein bestimmter Geldbetrag als Leistung des Versicherers vereinbart wird, ist sie stets **Summenversicherung** (→ Rn. 668).[224]

III. Krankenversicherung und Unfallversicherung

651 **1. Grundsatz.** Unfallversicherung und Krankenversicherung sind zwei unterschiedliche Versicherungssparten, für die der aufsichtsrechtliche Grundsatz der **Spartentrennung** gilt, wenn die Krankenversicherung nach Art der Lebensversicherung betrieben wird (§ 8 Abs. 4 S. 2 Hs. 2 VAG iVm § 147 VAG).

652 Beide Sparten unterscheiden sich nach ihrer **Zielsetzung,** was sich auf den jeweiligen Begriff des Versicherungsfalls und auf die Art der Versicherungsleistungen auswirkt. Hauptziel der Unfallversicherung ist, die als Folge eines Unfalls eintretenden Dauerfolgen (Invalidität, Tod) zu kompensieren. Hauptziel der Krankenversicherung ist, die als Folge einer Krankheit entstehenden Kosten zu kompensieren.

653 Wichtigste **Versicherungsleistungen** sind dementsprechend in der Unfallversicherung Kapitalleistungen für Invalidität oder Tod, es dominiert die Summenversicherung (→ Rn. 670). Wichtigste Versicherungsleistung in der Krankenversicherung ist die Erstattung von Kosten. Dass beide Sparten auch andere Nebenleistungen versichern, ändert nicht den dominierenden Charakter der Hauptversicherungsleistung.

654 **Versicherungsfall** in der Unfallversicherung ist der Unfall, der zu den versicherten Dauerfolgen führt. Versicherungsfall in der Krankenversicherung ist dagegen nicht die zu den Behandlungskosten führende Krankheit, sondern erst die medizinische Leistung, die aufgrund einer Krankheit oder eines Krankheitsverdachts erbracht wird.

655 **2. Unfall-Krankenversicherung.** Im Rahmen der Diskussion um die **Ausgliederung von GKV-Leistungen** (→ Rn. 165 ff.) wird ua erörtert, die medizinische Behandlung aufgrund von privaten Unfällen aus dem GKV-Leistungskatalog herauszunehmen und – ggf. als Pflichtversicherung – privat zu versichern. Entsprechende Ergänzungsversicherungen sind versicherungsaufsichts- und versicherungsvertragsrechtlich nicht der Unfallversicherung, sondern der Krankenversicherung zuzuordnen. Die maßgeblichen Gründe lauten:

656 – Es handelt sich um medizinisches Behandlungsgeschehen, das sowohl in der heutigen Krankheitskosten-Vollversicherung der PKV als auch in der (heutigen) GKV **Krankenversicherung** ist.

657 – Gegenstand des Versicherungsschutzes und **Versicherungsfall** ist die medizinisch notwendige Heilbehandlung; Unfall oder Krankheit sind lediglich die auslösenden Ursachen. Dagegen ist in der Unfallversicherung iSd §§ 178 ff. der Unfall selbst der Versicherungsfall.

658 – Obwohl das Verletzungsgeschehen einerseits und das Morbiditätsgeschehen andererseits idR medizinisch klar auseinander zu halten sind, können bei den **Unfallfolgen** durchaus Fragen dahingehend entstehen, ob sie primär unfall- oder morbiditätsbedingt sind; diese Schnittstellenproblematik gebietet die Zuordnung zu einem einzigen Versicherungszweig.

659 – Auch das unfallbedingte Behandlungsgeschehen hängt in seiner Kostenentwicklung sehr ausgeprägt vom steigenden Alter ab, so dass – wie schon bisher in der PKV – die Kalkulation nach Art der Lebensversicherung und mit **Alterungsrückstellungen** zwingend ist.

---

[220] OLG Celle VersR 2022, 357 (360 ff.) = r+s 2022, 155 mit zustimmender Anm. *Voit* r+s 2022, 215 (216).
[221] Ausführlich *Boetius* r+s 2022, 248 (252 f.).
[222] OLG Karlsruhe BeckRS 2022, 13667 Rn. 36.
[223] Das gilt auch für den Hinweis des Gerichts auf → Vor § 192 Rn. 635.
[224] *Boetius* r+s 2022, 248 (253); *Voit* in Anm. zu OLG Celle VersR 2022, 215.

- Die umfangreichen **Schutzvorschriften** in der substitutiven Krankenversicherung zugunsten der Versicherten müssen gerade auch bei der Ausgliederung bisher „klassischer" GKV-Leistungen gelten. 660
- Nach **§ 192 Abs. 1** zählt die Versicherung der medizinisch notwendigen Heilbehandlung „wegen Krankheit oder Unfallfolgen" bereits nach geltendem Recht ausdrücklich zur Krankenversicherung. 661
- Dem gleichzeitigen Betrieb einer wie die substitutive Krankenversicherung ausgestalteten Unfall-Krankenversicherung mit der Unfallversicherung steht der Grundsatz der **Spartentrennung** entgegen (§ 8 Abs. 4 S. 2 Hs. 2, § 67 Abs. 3 S. 2 VAG). 662

IV. Nach Art der Lebensversicherung und nach Art der Schadenversicherung

1. Nach Art der Lebensversicherung. Der **Begriff** wird in den unterschiedlichen Normenwerken einheitlich gebraucht (Art. 206 Abs. 2 UAbs. 1 RL 2009/138/EG; §§ 146 Abs. 1, 147, 150 Abs. 1 S. 1, § 155 Abs. 1 S. 1 VAG; § 195 Abs. 1 S. 2, § 203 Abs. 1 S. 1 VVG; § 257 Abs. 2a S. 1 Nr. 1 SGB V). Nach Art der Lebensversicherung bedeutet, dass die Krankenversicherung in Rückstellungsbildung, Kalkulation und Überschussbeteiligung die versicherungstechnischen und -mathematischen Methoden der kapitalbildenden Lebensversicherung übernimmt und insbes. – wie die Lebensversicherung – versicherungstechnisch mit biometrischen Rechnungsgrundlagen zu kalkulieren ist (→ Rn. 717). So ist auch die von den europäischen Richtlinien gebrauchte Umschreibung „in versicherungstechnischer bzw. technischer Hinsicht" wie die Lebensversicherung oder nach Art der Lebensversicherung zu verstehen (Erwgr. 85 S. 5, Art. 206 Abs. 2 UAbs. 1 RL 2009/138/EG). Diese Bedeutung des Begriffs „nach Art der Lebensversicherung" wird in der verfassungsrechtlichen Judikatur und Lit. noch immer nicht verstanden (→ Rn. 892 ff.). Die Kalkulation nach Art der Lebensversicherung macht die Krankenversicherung jedoch nicht als Versicherungszweig *zur* Lebensversicherung, was auch darin zum Ausdruck kommt, dass die Krankenversicherung im Sinne der Richtlinienterminologie *Nichtlebensversicherung* ist. 663

Zum Begriffsmerkmal „nach Art der Lebensversicherung" gehört nicht, dass die Beiträge mit **Alterungsrückstellung**, dh nach dem Kapitaldeckungs- oder Anwartschaftsdeckungsverfahren kalkuliert werden.[225] Wenn daher das Aufsichtsrecht in Übereinstimmung mit dem europäischen Richtlinienrecht (Art. 206 Abs. 2 UAbs. 1 lit. b RL 2009/138/EG) verlangt, dass nach Art der Lebensversicherung betriebene Krankenversicherungen stets mit Alterungsrückstellungen zu kalkulieren sind (§ 146 Abs. 1 Nr. 2 VAG), so handelt es sich um eine zusätzliche Voraussetzung für den Betrieb der (substitutiven) Krankenversicherung. So wie Lebensversicherungen als reine Risikoversicherungen ohne Kapitaldeckung kalkuliert werden können, ist dies vom systematischen Ansatz her auch bei Krankenversicherungen möglich. Insofern ist es missverständlich, wenn die Begr. zum RegE 3. DurchfG/EWG zum VAG formuliert: „... nach Art der Lebensversicherung, d.h. unter Berücksichtigung des mit dem Alter steigenden Risikos durch Bildung von Alterungsrückstellungen ...".[226] Der gleiche Fehler in der systematischen Einordnung unterlief dem Gesetzgeber der VVG-Reform, indem er in § 12 Abs. 1 VAG aF (= 146 Abs. 1 VAG) bestimmte – von ihm als substitutiv eingestufte – Krankenversicherungsformen von der Pflicht zum Betrieb nach Art der Lebensversicherung durch Verweis auf § 12 Abs. 6 VAG aF (= § 146 Abs. 3 VAG) ausnehmen wollte, der für diese Versicherungsformen aber nur die Möglichkeit zur Kalkulation ohne Alterungsrückstellung vorsah (→ Rn. 649). 664

Unabhängig von der rechtssystematischen Frage des Begriffs „nach Art der Lebensversicherung" verlangt jedoch das **Aufsichtsrecht** in Übereinstimmung mit dem europäischen Richtlinienrecht (Art. 206 Abs. 2 UAbs. 1 lit. b RL 2009/138/EG), dass nach Art der Lebensversicherung betriebene substitutive und nicht-substitutive Krankenversicherungen stets mit Alterungsrückstellungen zu kalkulieren sind (§ 146 Abs. 1 Nr. 2, § 147 VAG). 665

2. Nach Art der Schadenversicherung. Den **Begriff** „nach Art der Schadenversicherung" verwenden die Normenwerke als solchen nicht bzw. nur versteckt (→ Rn. 619). Gemeint sind damit alle Versicherungen, die als reine Risikoversicherungen ohne vorgegebene Bindung an bestimmte Rechnungsgrundlagen – dh insbes. in der Personenversicherung ohne Bindung an biometrische Rechnungsgrundlagen – kalkuliert werden. 666

---

[225] Missverständlich *Präve* in Prölss/Dreher, VAG, 13. Aufl. 2018, § 146 Rn. 14, die Bildung einer Alterungsrückstellung sei „einer nach Art der Lebensversicherung betriebenen Krankenversicherung immanent"; auch *Grote* Die Rechtsstellung der Prämien-, Bedingungs- und Deckungsstocktreuhänder nach dem VVG und dem VAG (Münsteraner Reihe Heft 75), 2002, S. 249 f. behandelt die Bildung der Alterungsrückstellung als Merkmal des Begriffs „nach Art der Lebensversicherung".

[226] Begr. Abschn. A III 4 zum RegE 3. DurchfG/EWG zum VAG, BT-Drs. 12/6959, 45.

667 In der Krankenversicherung können – soweit das Aufsichtsrecht dem nicht entgegensteht (§§ 146 Abs. 1, 147 VAG) – gleichfalls **Tarife nach Art der Schadenversicherung** kalkuliert werden.[227] Solche Versicherungen unterliegen nicht der Spartentrennung (§ 8 Abs. 4 S. 2 Hs. 2 VAG) und können daher auch von Schaden- und Unfallversicherungsunternehmen angeboten werden.

V. Schadensversicherung und Summenversicherung

668 **1. Begriff.** Das Begriffspaar unterscheidet zwischen den Arten versicherter Leistungen. Das frühere VVG verwandte den Begriff **Summenversicherung** als solchen nicht, nannte aber mehrfach den zugrunde liegenden Sachverhalt. Eine Summenversicherung lag vor, wenn bei Eintritt des Versicherungsfalls ein bestimmter „Betrag an Kapital oder Rente" zu zahlen ist, was vorwiegend in der Personenversicherung der Fall ist (vgl. § 1 Abs. 1 S. 2, §§ 166 Abs. 1, 180 VVG aF). Das neue VVG verwendet weder den Begriff der Summenversicherung noch benennt es die zugrunde liegenden Sachverhalte; nur in der Krankenversicherung beschreibt es den Sachverhalt der Tagegeldversicherung (§ 192 Abs. 4, 5, Abs. 6 S. 1). Maßstab für die Höhe der Versicherungsleistung ist bei der Summenversicherung ausschließlich die vereinbarte Versicherungssumme und nicht der Umfang eines etwaigen Schadens.

669 Soweit in dem genannten Begriffspaar die **Schadensversicherung** gemeint ist, besteht die versicherte Leistung in dem Ersatz von Schäden oder Kosten, die dem Versicherten durch den vereinbarten Versicherungsfall entstanden sind. Hierfür gelten die Vorschriften der §§ 74 ff.

670 **2. Anwendungsgebiet.** Schwerpunkt der **Summenversicherung** sind die Lebens- und die Unfallversicherung. In der Krankenversicherung werden überwiegend die Tagegeldversicherungen (Krankentagegeld-, Krankenhaustagegeld-, Pflegetagegeldversicherung) in der Form der Summenversicherung angeboten.[228] Auch die Beitragsentlastungsversicherung ist Summenversicherung (→ Rn. 650c).

671 Schwerpunkt der **Schadensversicherung** ist außer den Sparten der Sach-, Haftpflicht- und Rechtsschutzversicherung auch die Krankenversicherung mit ihren Krankheits- und Pflegekostentarifen.

VI. Einzelversicherung und Gruppenversicherung

672 **1. Begriff.** Unter einer **Einzelversicherung** ist zunächst die Versicherung eines einzelnen von vornherein bestimmten Versicherten oder Risikos durch einen einzelnen Versicherungsnehmer zu verstehen, wobei das Wort „einzeln" nicht eng zu verstehen ist. Auch eine Rechtsgesamtheit (GbR, Erbengemeinschaft, Miteigentümerschaft etc) erfüllt dieses Merkmal. Entscheidend für den Begriff der Einzelversicherung ist, dass die Versicherten von vornherein bestimmt sind. Der Begriff „Einzelversicherung" bezieht seinen Gehalt überwiegend als Gegenstück zur Gruppenversicherung.

673 Eine **Gruppenversicherung** liegt vor, wenn ein Versicherungsnehmer einen Versicherungsvertrag für eine idR unbestimmte Vielzahl versicherter Personen abschließt, die dieser Versicherung zu den festgelegten Konditionen durch ein vereinfachtes Verfahren beitreten können. Anders als im Falle der Einzelversicherung kommt das Versicherungsverhältnis mit dem Versicherten häufig durch einseitige Beitrittserklärung des Versicherten zustande.

674 **2. Anwendungsgebiet.** In der **Krankenversicherung** sind sowohl Einzel- wie Gruppenversicherungen verbreitet. Wegen der besonderen Sozialbindung der Krankenversicherung ist für die Gruppenversicherung die ordentliche Kündigung durch das Versicherungsunternehmen nur zulässig, wenn der Versicherte das Versicherungsverhältnis ohne Nachteile als Einzelversicherung fortsetzen kann (§ 206 Abs. 4 S. 1). Ein zusätzliches Anwendungsgebiet für die Gruppenversicherung hat sich mit der betrieblichen Krankenversicherung (bKV) ergeben (→ Rn. 678 ff.).

675 **3. Rechtsbeziehungen in der Gruppenversicherung.** Gruppenversicherungen werden idR von Arbeitgebern für ihre Beschäftigten oder von Verbänden für ihre Verbandsmitglieder abgeschlossen. Demnach ist zu unterscheiden zwischen dem Versicherungsnehmer und den Versicherten. Versicherungsnehmer ist stets die **Gruppenspitze**; dies kann zB ein Verband, ein Verein, ein Arbeitgeber oder eine Körperschaft sein. Versicherte sind die Arbeitnehmer oder die Verbands- bzw. Vereinsmitglieder.

676 Die Gruppenversicherung ist der Sache nach **Versicherung für fremde Rechnung**,[229] allerdings eine Sonderform, die zu Modifikationen der Vorschriften über die Fremdversicherung

---

[227] *Werber* VersR 2011, 1346 ff.
[228] BGH VersR 2001, 1100 ff.
[229] *Prölss* in Prölss/Martin, 27. Aufl. 2004, VVG § 178i Rn. 4.

(§§ 43 ff., 194 Abs. 3) führt. Grundsätzlich stehen bei einer Fremdversicherung die Rechte aus dem Versicherungsvertrag dem Versicherten zu (§ 44 Abs. 1 S. 1). Für den Anspruch auf die Versicherungsleistung modifiziert § 194 Abs. 3 die allgemeinen Vorschriften über die Fremdversicherung.

Weitere Modifikationen für die Fremdversicherung ergeben sich aus der **Terminologie** der Vorschriften über die Krankenversicherung. Wo das VVG von der versicherten Person spricht, meint es auch nur diese.

4. Betriebliche Krankenversicherung (bKV). Mit der betrieblichen Krankenversicherung schließt ein Arbeitgeber für seine Arbeitnehmer eine Krankenversicherung ab, die sich auf unterschiedliche Leistungsbereiche erstrecken kann. Die bKV ist ein **Instrument der Personalpolitik**, um die Attraktivität eines Unternehmens als Arbeitgeber auf einem enger werdenden Arbeitsmarkt für gut ausgebildete Fachkräfte zu erhöhen. Damit dieses Instrument für Arbeitgeber und Arbeitnehmer gleichermaßen interessant ist, ist die bKV mit versicherungsspezifischen und steuerlichen Vorteilen ausgestattet.

In der Durchführungsform ist die bKV idR eine **Gruppenversicherung** mit dem Arbeitgeber als Versicherungsnehmer und seinen Arbeitnehmern als Versicherten. Die bKV kann sich auf alle Arbeitnehmer oder auf bestimmte Gruppen von Arbeitnehmern beziehen; sie kann sich auch auf deren Familienangehörige erstrecken. Die bKV kann die einbezogenen Arbeitnehmer unmittelbar versichern, ohne dass diese hierbei mitzuwirken haben; in diesem Fall ist Beitragsschuldner zwangsläufig der Arbeitgeber (→ Rn. 681). Die bKV kann die Versicherung der Arbeitnehmer auch von deren Beitritt abhängig machen.

Gegenstand der bKV kann prinzipiell jeder Tarif sein. Tarife der substitutiven Krankenversicherung, mit denen die Versicherungspflicht erfüllt wird, werden jedoch in der Praxis nicht vereinbart werden, weil sie wegen der Beitragshöhe nicht attraktiv sind und häufig einen Versichererwechsel voraussetzen, der zu einem teilweisen Verlust der Alterungsrückstellung führen würde. Nach ihrem typischen Erscheinungsbild ist die bKV daher **nicht-substitutive Krankenversicherung**.

Beitragsschuldner kann der Arbeitgeber oder der Arbeitnehmer sein. Die Übernahme der Beiträge durch den Arbeitgeber ist bei ihm als Betriebsausgabe steuerlich abzugsfähig und beim Arbeitnehmer innerhalb bestimmter Grenzen steuer- und sozialabgabenfrei.

Die Versicherung der Arbeitnehmer erfolgt idR ohne **Gesundheitsprüfung und Wartezeiten**. Damit sind Vorerkrankungen ab Versicherungsbeginn eingeschlossen.

Die Beiträge sind idR – was aber begrifflich nicht zwingend ist – ohne **Alterungsrückstellung** kalkuliert, was als nicht-substitutive Krankenversicherung (→ Rn. 680) zulässig ist (§ 147 VAG). Als Krankenversicherung nach Art der Schadenversicherung ist die bKV nur für die Dauer der aktiven Berufstätigkeit attraktiv, weil ihr Beitrag in hohem Lebensalter überproportional ansteigt (→ Rn. 814). Das vermindert das Interesse an einer Fortsetzung nach der Pensionierung (→ Rn. 684).

Die versicherten Arbeitnehmer haben bei Pensionierung oder Ende des Arbeitsverhältnisses idR das Recht zur **Fortsetzung des Vertrags** als Einzelversicherung. Sinnvoll ist dies wegen der Steigerung der Beiträge in hohem Alter (→ Rn. 683) nur, wenn der Arbeitnehmer gleichzeitig eine Anwartschaftsversicherung abgeschlossen hat (→ Rn. 685 ff.).

VII. Anwartschaftsversicherung und Ruhensvereinbarung

1. Begriff. Die **Anwartschaftsversicherung** verfolgt den Zweck, latente Rechte aufzubauen und erworbene Rechte zu erhalten. Der Versicherte erwirbt bzw. behält eine Anwartschaft auf die Rechte aus der Versicherung mit Ausnahme der Leistungsansprüche aus Versicherungsfällen, die während der Dauer der Anwartschaftsversicherung eintreten. Während der Anwartschaft laufen bereits etwaige Wartezeiten und wird – im Falle einer „großen" Anwartschaft (→ Rn. 690) – die Alterungsrückstellung aufgebaut. Die Anwartschaftsversicherung begründet den vollen Versicherungsschutz des jeweiligen Tarifs mit Ausnahme der laufenden Leistungsansprüche. Demzufolge ist der Beitrag erheblich reduziert.[230]

Eine **Ruhensvereinbarung** liegt vor, wenn die Vertragsparteien vereinbaren, dass *alle* Rechte aus dem Versicherungsverhältnis ruhen sollen, der Vertrag somit sistiert wird.

Die **Terminologie** ist nicht einheitlich. Teilweise wird die Anwartschaftsversicherung als Ruhensversicherung[231] oder auch die Ruhensvereinbarung als Ruhensversicherung bezeichnet.[232] Da eine auf Anwartschaft gesetzte Krankenversicherung materiell – wenn auch eingeschränkten – Versicherungsschutz bietet, handelt es sich um echte Versicherung. Die Anwartschaftsversicherung

---

[230] *Rudolph* in Bach/Moser MB/KK § 8 Rn. 63 ff.
[231] *Rudolph* in Bach/Moser MB/KK § 8 Rn. 63.
[232] *Hohlfeld* in Berliner Kommentar VVG § 178f Rn. 5.

stellt daher eine besondere Versicherungsform dar. Die Ruhensvereinbarung führt dagegen zur vollständigen Sistierung des Versicherungsschutzes; sie hat selbst nicht Versicherungscharakter und sollte daher auch nicht als Versicherung bezeichnet werden.

688 Einen völlig **anderen Begriff des Ruhens** verwendet der ursprünglich durch das GKV-WSG eingeführte § 178a Abs. 8 S. 2 VVG aF und durch Art. 11 Abs. 1 VVG-ReformG inhaltsgleich übernommene § 193 Abs. 6 S. 2 VVG aF, den das KVBeitragsschulden-ÜberforderungsG v. 15.7.2013 (BGBl. I S. 2423) mit der Einführung des Notlagentarifs neu gefasst hat (§ 193 Abs. 6 S. 4, Abs. 7–9). Das hier geregelte Ruhen bezieht sich nach dem ausdrücklichen Wortlaut nur auf die Leistungen des Versicherungsunternehmens.

689 **2. Anwartschaftsversicherung.** Anwartschaftsversicherungen werden idR abgeschlossen, wenn für eine begrenzte Zeit kein oder noch **kein Bedarf für Leistungsansprüche** des Versicherten besteht. Dies kann zB der Fall sein[233] für die Dauer
– eines längeren, aber vorübergehenden Auslandsaufenthalts, während dessen der Versicherte anderweitigen Krankenversicherungsschutz genießt,
– des Grundwehrdienstes oder Zivildienstes oder der Tätigkeit als Zeitsoldat, während dessen der Versicherte Anspruch auf freie Heilfürsorge hat,
– einer Berufsausbildung, während deren der Versicherte anderweitigen Krankenversicherungsschutz genießt.
Anwartschaftsversicherungen werden aber auch abgeschlossen, wenn ein Kunde – weil er im Zeitpunkt des Versicherungsabschlusses noch anderweit krankenversichert ist – vollen Versicherungsschutz mit Leistungsansprüchen erst später benötigt, sich aber die aus seinem gegenwärtigen Lebensalter ergebende niedrigere Prämie bereits jetzt sichern will. Dies kann insbes. für solche Tarife interessant sein, die nicht nach Einzelaltern, sondern nach Altersgruppen kalkuliert sind und deswegen bei den Altersgruppenstufen zu Beitragssprüngen führen.

690 In der Praxis wird zwischen „**großer**" und „**kleiner**" **Anwartschaft** unterschieden.[234] Im Falle einer „großen" Anwartschaft wird während der Dauer der Anwartschaftsversicherung auch die Alterungsrückstellung aufgebaut; damit wird erreicht, dass der nach Ablauf der Anwartschaftsversicherung zu zahlende Beitrag sich nach dem bei Abschluss der Krankenversicherung erreichten ursprünglichen Lebensalter des Versicherten richtet. Im Falle einer „kleinen" Anwartschaft wird während der Dauer der Anwartschaftsversicherung aus dem – dann auch niedrigeren – Anwartschaftsbeitrag keine Alterungsrückstellung aufgebaut; der nach Ablauf der Anwartschaftsversicherung zu zahlende Beitrag richtet sich infolgedessen nach dem beim Ende der Anwartschaftsversicherung erreichten höheren Lebensalter des Versicherten.

691 Jeder mit **Alterungsrückstellung** kalkulierte Tarif kann als Anwartschaftsversicherung geführt werden.

692 § 204 Abs. 4 räumt dem Versicherungsnehmer und dem Versicherten einer nach Art der Lebensversicherung betriebenen Krankenversicherung das Recht ein, den Vertrag im Fall einer **Kündigung** in Form einer Anwartschaftsversicherung fortzuführen. Das Gesetz lässt offen, ob es sich um eine große oder kleine Anwartschaft handelt (→ § 204 Rn. 541 ff.).

693 **3. Ruhensvereinbarung.** Ruhensvereinbarungen dienen vor allem dazu, **finanzielle Engpässe** des Versicherten – zB infolge von Arbeitslosigkeit – vorübergehend zu überbrücken. Da der Krankenversicherungsschutz des Versicherten vollständig sistiert wird, sind sie für diesen nicht ungefährlich; denn die Behandlungskosten für eine während des Ruhens eintretende Erkrankung muss der Versicherte dann vollständig selbst bezahlen. Soll der Versicherungsschutz nach der Beendigung der Ruhensvereinbarung wieder in vollem Umfang aufleben, müssen die für den unterbrochenen Aufbau der Alterungsrückstellung fehlenden Beitragsteile wie im Falle einer „großen" Anwartschaftsversicherung (→ Rn. 690) nachgezahlt werden.[235] Anderenfalls müsste der laufende Beitrag erhöht werden.

F. Rechtliche Systemvorgaben für die substitutive Krankenversicherung

I. Rechtsentwicklung

694 Bis zum Jahr 1994 wurde das **Vertragsrecht** der PKV im Wesentlichen durch die aufsichtsbehördlichen Musterbedingungen gestaltet (→ Rn. 342). Durch Art. 54 RL 92/49/EWG und durch

---

[233] *Rudolph* in Bach/Moser MB/KK § 8 Rn. 66; *Hohlfeld* in Berliner Kommentar VVG § 178f Rn. 5.
[234] *Rudolph* in Bach/Moser MB/KK § 8 Rn. 66.
[235] *Hohlfeld* in Berliner Kommentar VVG § 178f Rn. 5.

den damit einhergehenden Wegfall der Tarif- und Bedingungsgenehmigung war der Gesetzgeber gezwungen worden, jedenfalls für die substitutive Krankenversicherung in den §§ 178a–178o VVG aF gesetzliche Regelungen einzuführen. Er hatte dabei das Ziel, sich auf die zur Sicherstellung eines einheitlichen Mindeststandards des PKV-Schutzes notwendigen gesetzlichen Mindestregelungen zu beschränken und das bislang auf Basis genehmigter Bedingungen und Tarifbestimmungen geltende Krankenversicherungsrecht zu kodifizieren.[236]

Neben den vertragsrechtlichen Regelungen existiert eine Reihe weit reichender **aufsichtsrechtlicher Bestimmungen,** die vor allem die Prämienkalkulation und die Alterungsrückstellung zum Gegenstand haben.

Von nicht zu unterschätzender Bedeutung sind die Konsequenzen, die sich aus dem GKV-WSG für die PKV ergeben. Insbesondere die aus diesem Gesetz abgeleitete **Vollfunktionalität** (→ Rn. 1135) beeinflusst wesentliche Rechtsgrundsätze der PKV (→ Rn. 732 ff.).

II. Europäisches Unionsrecht

1. Rechtsgrundlagen. Der Rat der Europäischen Gemeinschaften hatte zunächst mit seinen Richtlinien für Versicherungsunternehmen ein **gemeinschaftliches Normenwerk** geschaffen (→ Rn. 348, 371 ff.), das Basis für die Harmonisierung grundsätzlicher Fragen des Versicherungsrechts auf nationaler Ebene darstellt und als höherrangiges Recht den nationalen Gesetzgeber bindet. Das europäische Unionsrecht schafft damit Systemvorgaben für das nationale Versicherungsgeschäft. Das „gemeinschaftliche Normenwerk" wurde insbes. von der dritten Richtliniengeneration hervorgehoben (Erwgr. 4 RL 92/49/EWG; Erwgr. 6 RL-Leben).

Wesentliche Teile des gemeinschaftlichen Normenwerks sind jetzt in der RL 2009/138/EG geregelt. Dabei ist zu berücksichtigen, dass die RL 2009/138/EG auf dem Gebiet der Bilanzierung einen Bedeutungswandel vollzogen hat. Während das Aufsichtsrecht bisher auf der handelsrechtlichen Bilanzierung aufsetzte, vollzieht die RL 2009/138/EG insoweit die Trennung von Aufsichtsrecht und Handelsrecht. Zwischen dem VAG unter Solvency II einerseits und dem HGB sowie EStG/KStG andererseits gibt es keine systematische Verknüpfung mehr. Die Regeln des VAG zur Bildung versicherungstechnischer Rückstellungen haben nur noch eine unvollständige Verbindung zum HGB, dessen Rechnungslegungsvorschriften unberührt bleiben (§ 74 Abs. 1 S. 2 VAG). Diese Verbindung beschränkt sich auf folgende Fälle:
– Für die Deckungsrückstellung, Renten-Deckungsrückstellung und Alterungsrückstellung verweist das VAG auf § 341f HGB (§§ 88 Abs. 3 S. 1 Nr. 2, 141 Abs. 5 Nr. 1, 146 Abs. 1 Nr. 2, 161 VAG).
– § 341e Abs. 1 S. 2 HGB seinerseits enthält wieder einen generellen Rückverweis auf die aufsichtsrechtlichen Vorschriften über die bei der Berechnung der versicherungstechnischen Rückstellungen zu verwendenden Rechnungsgrundlagen einschließlich des Rechnungszinses.

Im Übrigen enthält das VAG entsprechend der RL 2009/138/EG Vorschriften zur Berechnung der versicherungstechnischen Rückstellungen, die ausschließlich für die aufsichtsrechtliche Solvabilitätsübersicht und nicht für die Handelsbilanz gelten.

Zum gemeinschaftlichen Normenwerk gehört andererseits weiterhin die RL 91/674/EWG **(VersBilRL),** die von der RL 2009/138/EG nicht aufgehoben wurde (Art. 310 RL 2009/138/EG). Die RL 91/674/EWG bildet unverändert die europarechtliche Grundlage für die handelsrechtliche Bilanzierung.

2. Dauernde Erfüllbarkeit. Art. 56 RL 91/674/EWG verfügt europarechtlich den Grundsatz der dauernden Erfüllbarkeit der Verpflichtungen aus den Versicherungsverträgen (→ Rn. 986 ff.). Der nationale Gesetzgeber ist damit gehindert, Regelungen einzuführen, die dieses **Dauerhaftigkeitsprinzip** aufheben, einschränken oder gefährden. Dies wird für die PKV zusätzlich verstärkt:
– Art. 206 Abs. 2 RL 2009/138/EG schreibt für die nach Art der Lebensversicherung betriebene Krankenversicherung die Bildung von **Alterungsrückstellungen** vor, die die Anforderungen von Art. 56 RL 91/674/EWG erfüllen müssen.
– Wenn die Krankenversicherung nach Art der Lebensversicherung betrieben wird, müssen die Beiträge „ausgehend von angemessenen versicherungsmathematischen Hypothesen hoch genug sein, damit die Versicherungsunternehmen all ihren Verpflichtungen unter Berücksichtigung sämtlicher Aspekte ihrer Finanzlage nachkommen können" (Art. 206 Abs. 2 UAbs. 4 S. 1 RL 2009/138/EG). Damit wird europarechtlich für die Krankenversicherung ein **eigenständiges Prinzip** der dauernden Erfüllbarkeit verankert (→ Rn. 565).

3. Abschließender Voraussetzungskatalog. Art. 206 RL 2009/138/EG knüpft das Mitgliedstaatenwahlrecht für den Betrieb der Krankenversicherung nach Art der Lebensversicherung an

---

[236] Begr. zu Art. 2 Nr. 15 (§§ 178a–178o) RegE 3. DurchfG/EWG zum VAG, BT-Drs. 12/6959, 103 f.

enge Voraussetzungen. Der nationale Gesetzgeber ist gehindert, diese obligatorischen Voraussetzungen zu erweitern oder zu verändern. Der Voraussetzungskatalog des Art. 206 Abs. 2 UAbs. 1, 2 RL 2009/138/EG hat abschließenden Charakter. Der nationale Gesetzgeber hätte nur die Möglichkeit, den Versicherungsunternehmen weitere Ausgestaltungsformen der PKV als fakultative Optionen an die Hand zu geben, ohne ihnen dies zur Pflicht zu machen. Solche fakultativen Optionen stehen hier jedoch nicht zur Diskussion.

704 Dass der Voraussetzungskatalog des Art. 206 Abs. 2 RL 2009/138/EG abschließenden Charakter hat, ergibt sich aus dem Zweck des Mitgliedstaatenwahlrechts. Art. 206 RL 2009/138/EG ermächtigt die Mitgliedstaaten, spezifische Rechtsvorschriften zum **Schutz des Allgemeininteresses** zu schaffen und insoweit die Niederlassungs- und Dienstleistungsfreiheit einzuschränken (Erwgr. 85 RL 2009/138/EG). Darüber hinausgehende Regelungen sind mit der Niederlassungs- und Dienstleistungsfreiheit nicht vereinbar, so dass die Ermächtigung des Art. 206 Abs. 2 RL 2009/138/EG den höchstzulässigen Regelungsinhalt beschreibt.

705 **4. Systemprinzipien der substitutiven Krankenversicherung.** Mit Inkrafttreten der Dienstleistungsfreiheit im Zuge der Herstellung des europäischen Binnenmarkts und der Transformation der dritten Richtliniengeneration in deutsches Recht wurde die PKV für die substitutive Krankenversicherung als gleichberechtigter Träger im gegliederten System der deutschen Krankenversicherung verankert. Die RL 2009/138/EG akzeptiert in den Erwgr. 84 und 85, dass die PKV den durch ein Sozialversicherungssystem gebotenen Schutz in vollem Umfang ersetzen kann. Art. 206 RL 2009/138/EG formuliert die Qualitätskriterien, die erfüllt sein müssen, damit die in Form der Individualversicherung betriebene Krankenversicherung die im gesetzlichen Sozialversicherungssystem vorgesehene Krankenversicherung ganz oder teilweise ersetzen kann. Mit der so geschaffenen **Gleichrangigkeit von PKV und GKV** (→ Rn. 708) hat das Unionsrecht verbindlich anerkannt, dass Krankenversicherung keine Aufgabe ist, die nur durch den Staat ausgeübt werden kann.

706 Substitutive Krankenversicherung ist diejenige Krankenversicherung, die ganz oder teilweise den im gesetzlichen Sozialversicherungssystem vorgesehenen Kranken- oder Pflegeversicherungsschutz ersetzen kann (Art. 206 Abs. 1 RL 2009/138/EG; § 146 Abs. 1 VAG; § 195 Abs. 1 S. 1). Für die **Ersetzungsfunktion** kommt es nicht auf die einzelne Leistungsart (ambulante Behandlung, stationäre Behandlung, Zahnbehandlung, Heil- und Hilfsmittel, Krankengeld), sondern auf die Gesamtheit des Krankenversicherungsschutzes an: Die von einem GKV-Mitglied abgeschlossene stationäre Ergänzungsversicherung für Ein- und Zweibettzimmer sowie Chefarztbehandlung bspw. *ersetzt* nicht den GKV-Schutz, sondern *ergänzt* ihn lediglich; die Krankheitskosten-Vollversicherung des Privatversicherten *ersetzt* dagegen insgesamt den GKV-Schutz, auch soweit sie leistungsmäßig über diesen hinaus geht (→ Rn. 635).

707 Wesentliches Systemelement der substitutiven Krankenversicherung ist der **Zwang zur versicherungsmathematischen Kalkulation** (→ Rn. 828 ff.). Nach Art. 206 Abs. 2 UAbs. 1 lit. a RL 2009/138/EG darf die Krankenversicherung nur dann nach Art der Lebensversicherung betrieben werden, wenn die Beiträge „unter Zugrundelegung von Wahrscheinlichkeitstafeln und anderen einschlägigen statistischen Daten ... entsprechend der versicherungsmathematischen Methode berechnet" werden. Eine andere als versicherungsmathematisch begründete Beitragskalkulation ist nach dem höherrangigen Europarecht unzulässig. Für die versicherungsmathematische Kalkulation gelten anerkannte aktuarielle Grundsätze, die nicht zur Disposition der einzelnen Versicherungsunternehmen oder des Gesetzgebers stehen.[237]

708 **5. Gleichrangigkeit von GKV und substitutiver PKV.** Die von den Versicherungsrichtlinien geschaffene Gleichrangigkeit von GKV und substitutiver PKV (→ Rn. 705) hat inzwischen eine **weitere unionsrechtliche Ausprägung** erfahren: Die VO (EG) 883/2004 unterscheidet mittlerweile zwischen dem „allgemeinen System der sozialen Sicherheit" und „jedem System der sozialen Sicherheit". Dies ergibt sich aus Art. 1 lit. e VO (EG) 883/2004; danach bezeichnet der Ausdruck ‚Sondersystem für Beamte' jedes System der sozialen Sicherheit, das sich von dem allgemeinen System der sozialen Sicherheit ... unterscheidet und das für alle oder bestimmte Gruppen von Beamten unmittelbar gilt". Insbesondere für den Fall der freiwilligen Versicherung unterstellt die Verordnung die Möglichkeit, dass es für die Zweige der sozialen Sicherheit nach Art. 3 Abs. 1 VO (EG) 883/2004 *mehrere* Systeme der freiwilligen Versicherung gibt.[238] Das bedeutet, dass auch die substitutive Krankenversicherung und die private Pflege-Pflichtversicherung unionsrechtlich zu den

---

[237] *Boetius* FS Raupach, 2006, 221; *Boetius* VersR 2007, 1589 (1592).
[238] Vgl. Art. 14 Abs. 1 VO (EG) 883/2004: „Die Artikel 11 bis 13 gelten nicht für die freiwillige Versicherung oder die freiwillige Weiterversicherung, es sei denn, in einem Mitgliedstaat gibt es für einen der in Artikel 3 Absatz 1 genannten Zweige nur ein System der freiwilligen Versicherung."

„Systemen der sozialen Sicherheit" gehören. Zur VO (EWG) 1408/71[239] hat der EuGH entschieden, die Pflegeversicherung werde nicht dadurch dem Anwendungsbereich der Wanderarbeitnehmer-Verordnung entzogen, dass sie „ganz oder teilweise von einem privaten Versicherer auf der Grundlage eines privaten Vertrags erbracht wird".[240] Der EuGH hat ferner entschieden, dass Leistungen der Pflegeversicherung „Leistungen bei Krankheit" iSv Art. 4 Abs. 1a VO (EWG) 1408/71[241] darstellen;[242] denn „Leistungen dieser Art bezwecken ... im Wesentlichen eine Ergänzung der Leistungen der Krankenversicherung, mit der sie auch organisatorisch verknüpft sind, um den Gesundheitszustand und die Lebensbedingungen der Pflegebedürftigen zu verbessern;"[243] die Pflegeversicherungsleistung gehöre somit „zum Zweig der Krankenversicherung".[244]

Nach stRspr des EuGH unterliegen **staatliche Dienstleistungsmonopole** grds. den Art. 56 ff. AEUV. Für solche Monopole gelten die unionsrechtlichen Wettbewerbsregeln, soweit deren Anwendung nicht die Erfüllung der den Monopolen übertragenen besonderen Aufgabe verhindert (Art. 106 Abs. 2 S. 1 AEUV). Der EuGH legt dem europäischen Wettbewerbsrecht in stRspr keinen formalen, sondern einen funktionalen Unternehmensbegriff zugrunde. Maßgebend ist außerdem stets der jeweils relevante Markt, der sich durch „einen hinreichenden Grad von Austauschbarkeit zwischen allen zum gleichen Markt gehörenden Erzeugnissen im Hinblick auf die gleiche Verwendung" definiert.[245] Die Austauschbarkeit oder Substituierbarkeit ist indessen gerade begriffliches Wesensmerkmal der *substitutiven* privaten Krankenversicherung und der ihr folgenden privaten Pflege-Pflichtversicherung. **709**

Jedenfalls im Anwendungsbereich der nicht der Krankenversicherungspflicht unterliegenden freiwillig in der GKV Versicherten – immerhin ebenso vielen Personen wie in der PKV substitutiv krankenversicherten Personen (→ Rn. 42) – sind die **gesetzlichen Krankenkassen** auf dem relevanten Markt der finanziellen Absicherung des Krankheitsrisikos durch Risikotransfer (= „Krankenversicherungsmarkt") als **Unternehmen** iSd europäischen Wettbewerbsrechts einzustufen.[246] Zwar hat der EuGH in seinem Urteil v. 16.3.2004, das zur Zulässigkeit der Festsetzung von Festbeträgen für Arzneimittel durch die Krankenkassenverbände erging, festgestellt, die deutschen Krankenkassen seien keine Unternehmen iSd Art. 101, 102 AEUV, weil sie mit der Festsetzung der Festbeträge nur einer gesetzlichen Pflicht nachkämen, um den Fortbestand des deutschen Systems der sozialen Sicherheit sicherzustellen.[247] Gleichzeitig schließt der EuGH jedoch nicht aus, dass die gesetzlichen Krankenkassen „außerhalb ihrer Aufgaben rein sozialer Art im Rahmen der Verwaltung des deutschen Systems der sozialen Sicherheit Geschäftstätigkeiten ausüben, die keinen sozialen, sondern einen wirtschaftlichen Zweck haben".[248] Soweit die GKV im selben relevanten Markt der nicht versicherungspflichtigen Personen mit der PKV offen konkurriert und dies allgemein als direkter Wettbewerb bezeichnet wird, ist die Charakterisierung der Kassentätigkeit als solche nicht wirtschaftlicher Art seitens des EuGH daher nicht einschlägig (→ Rn. 540). **710**

III. Deutsches Versicherungsrecht

1. Rechtsgrundlagen. Entsprechend den Vorgaben des Unionsrechts hat der deutsche Gesetzgeber die substitutive Krankenversicherung in einem untereinander vernetzten **Regelwerk** des Versicherungsaufsichts-, Versicherungsvertrags-, Sozial- und Bilanzrechts ausgestaltet, deren Vorschriften in einem interdependenten, sich wechselseitig bedingenden Zusammenhang stehen. Maßgebende Rechtsgrundlagen sind die folgenden Vorschriften: § 8 Abs. 4 S. 2 Hs. 2, § 9 Abs. 4 Nr. 5, §§ 146 ff., 294 ff. VAG einschließlich der zugehörigen Verordnung KVAV; §§ 192–208 VVG; § 5 Abs. 9, § 257 Abs. 2–4, 314 f. SGB V; § 1 Abs. 2 S. 2, §§ 22, 23, 26a, 37 Abs. 3 S. 3, 6, §§ 110, 111 SGB XI; §§ 249, 341e, 341f HGB und das nach dem Maßgeblichkeitsgrundsatz auf dem Handelsbilanzrecht aufbauende Steuerbilanzrecht des EStG und KStG.[249] **711**

---

[239] Verordnung über die Anwendung der Systeme der sozialen Sicherheit auf Arbeitnehmer und Selbständige sowie deren Familienangehörige, die innerhalb der Gemeinschaft zu- und abwandern (Wanderarbeitnehmer-Verordnung).
[240] EuGH Slg. 2004, I-6483 Rn. 22 = EuZW 2004, 573 – Gaumin-Cerri/Barth.
[241] Nunmehr ersetzt durch Art. 3 Abs. 1a VO (EG) 883/2004.
[242] EuGH Slg. 1998, I-843 Rn. 25 = NJW 1998, 1767 – Molenaar/AOK; EuGH Slg. 2004, I-6483 Rn. 20 = EuZW 2004, 573 – Gaumin-Cerri/Barth.
[243] EuGH Slg. 1998, I-843 Rn. 24 = NJW 1998, 1767 – Molenaar/AOK.
[244] EuGH Slg. 2004, I-6483 Rn. 21 = EuZW 2004, 573 – Gaumin-Cerri/Barth.
[245] EuGH Slg. 1979, I-461 (Ls. 3), Rn. 28 – Hoffmann-La Roche/Kommission.
[246] *Reufels* VersR 2003, 1065 (1066 f.).
[247] EuGH Slg. 2004, I-2493 Rn. 61 = EuZW 2004, 241 – AOK/Ichthyol und andere.
[248] EuGH Slg. 2004, I-2493 Rn. 58 = EuZW 2004, 241 – AOK/Ichthyol und andere.
[249] *J. Boetius* in Boetius/Boetius/Kölschbach, Handbuch der versicherungstechnischen Rückstellungen, 2. Aufl. 2021, § 3 Rn. 26 ff.

712 **2. Dauernde Erfüllbarkeit.** In langer Tradition gilt für die deutsche Individualversicherung der Grundsatz der dauernden Erfüllbarkeit der Verpflichtungen aus den Versicherungsverträgen (§§ 9 Abs. 1, 11 Abs. 1 Nr. 1 VAG), der mit europarechtlichem Vorrang für die Krankenversicherung zu einem übergeordneten **Dauerhaftigkeitsgrundsatz** fortentwickelt worden ist (→ Rn. 700 ff.; → Rn. 986; § 156 Abs. 2 Nr. 1 VAG). Im Bereich der substitutiven Krankenversicherung handelt es sich um ein „Schutzgut von erhöhter Bedeutung".[250]

713 **3. Gleichrangigkeit von GKV und substitutiver PKV.** Die Gesetze zur **Transformation des Unionsrechts** in deutsches Recht stellen die substitutive Krankenversicherung in den wesentlichen Funktionen der GKV gleich. Indem die Bundesrepublik Deutschland von ihrem Mitgliedstaatenwahlrecht Gebrauch gemacht hat, hat sie im Vollzug des Unionsrechts der PKV den gleichen Rang wie der GKV eingeräumt (→ Rn. 705, 708).

714 Besonders deutlich wird die völlige Gleichstellung von GKV und PKV im Falle der **gesetzlichen Pflegeversicherung** (→ Rn. 106 ff.). Nach dem Grundsatz „Pflege folgt Kranken" (→ Rn. 109) hat Deutschland eine obligatorische Pflegeversicherung eingeführt für alle Personen, die in der GKV oder in der PKV krankenversichert sind. Die in der GKV Versicherten sind kraft Gesetzes bei ihrer gesetzlichen Pflegekasse pflegeversichert; die in der PKV Versicherten sind verpflichtet, bei einem PKV-Unternehmen (idR dasjenige, bei dem sie krankenversichert sind) eine private Pflegeversicherung abzuschließen und aufrechtzuerhalten (§ 1 Abs. 2 S. 2, § 23 SGB XI). In der GKV freiwillig versicherte Mitglieder können sich von der Versicherungspflicht in der sozialen Pflegeversicherung befreien lassen, wenn sie eine private Pflege-Pflichtversicherung bei einem PKV-Unternehmen abschließen (§ 22 SGB XI). Das Leistungsniveau der privaten Pflege-Pflichtversicherung ist kraft Gesetzes gleichwertig mit demjenigen der sozialen Pflegeversicherung (§ 23 Abs. 1 S. 2 SGB XI). Unterschiedlich bleiben die Methoden der Beitragsberechnung. Beide Zweige bilden zusammen die gesetzliche Pflegeversicherung im Sinne eines zusammenhängenden gesetzgeberischen Konzepts einer Pflegevolksversicherung.[251] Mit diesen Grundentscheidungen hat der Gesetzgeber die volle funktionale Gleichheit von sozialer und privater Pflegeversicherung statuiert[252] und zugleich für den Bereich der freiwillig GKV-Versicherten den Wettbewerb der beiden Systeme eröffnet.

715 In seinem Urteil zum GKV-WSG hat das BVerfG die Gleichrangigkeit bestätigt, indem es die PKV als zweite Säule der Krankenversicherung bezeichnet, die **Vollfunktionalität** erhalten solle (→ Rn. 1135).

716 **4. Systemprinzipien der substitutiven Krankenversicherung.** Entsprechend der unionsrechtlichen Vorgabe (Art. 206 Abs. 2 RL 2009/138/EG) folgt das Finanzierungs- und Kalkulationsverfahren der substitutiven Krankenversicherung drei großen **Grundsätzen**:
– Betrieb nach Art der Lebensversicherung (→ Rn. 717).
– Beitragskalkulation auf versicherungsmathematischer Grundlage (→ Rn. 718).
– Bildung von Alterungsrückstellungen (→ Rn. 719 ff.).

717 Die substitutive Krankenversicherung darf nur **nach Art der Lebensversicherung** betrieben werden (§ 146 Abs. 1 VAG, § 257 Abs. 2a S. 1 Nr. 1 SGB V); das bedeutet, dass die Krankenversicherung die versicherungstechnischen und -mathematischen Methoden der Lebensversicherung übernimmt und dass insbes. biometrische Rechnungsgrundlagen (zB Rechnungsgrundlagen zur Sterbewahrscheinlichkeit) zugrunde zu legen sind (→ Rn. 663).

718 Die Beiträge sind auf **versicherungsmathematischer Grundlage** (→ Rn. 828 ff.) zu berechnen (§ 146 Abs. 1 Nr. 1 VAG); die versicherungsmathematischen Methoden basieren auf anerkannten aktuariellen Grundsätzen, die unter Berücksichtigung internationaler Standards von Fachgesellschaften (Deutsche Aktuarvereinigung eV – DAV) entwickelt werden und den „state of the art" wiedergeben. Auch das Versicherungsaufsichtsrecht kann die versicherungsmathematischen Methoden nicht selbst definieren, sondern nur auf die „anerkannten Regeln der Versicherungsmathematik" verweisen, die einzuhalten sind (§ 160 S. 1 Nr. 1 VAG iVm § 1 KVAV). Insofern formuliert § 160 S. 1 Nr. 1 VAG ungenau, wonach das BMF „die versicherungsmathematischen Methoden ... festzulegen" ermächtigt ist. Tatsächlich kann nur festgelegt werden, *dass* die anerkannten Regeln der Versicherungsmathematik einzuhalten sind, was durch § 1 KVAV geschieht. Die aktuariellen Grundsätze stehen nicht zur Disposition des Gesetzgebers.[253]

719 Es sind **Alterungsrückstellungen** zu bilden (§ 146 Abs. 1 Nr. 2 VAG), die den alterungsbedingten Beitragsanstieg verhindern sollen (→ Rn. 846 ff.). Mit zunehmendem Lebensalter steigt das

---
[250] BVerwGE 109, 87 = VersR 1999, 1001 (1003).
[251] BVerfGE 103, 197 = VersR 2001, 627 = NJW 2001, 1709 Abschn. A I 1, Abschn. B I 2b, cc; BVerfGE 103, 271 = VersR 2001, 623 = NJW 2001, 1707 (1709).
[252] BSGE 79, 80 = VersR 1998, 486 = DB 1996, 2287.
[253] *Boetius* FS Raupach, 2006, 221; *Boetius* VersR 2007, 1589 (1592).

Krankheitskostenwagnis (→ Rn. 102, 814). In einem System reiner Risikobeiträge würde dies dazu führen, dass der Krankenversicherungsbeitrag ceteris paribus in jungen Jahren außergewöhnlich niedrig wäre, um später anzusteigen und im hohen Alter ein Vielfaches des ursprünglichen Beitrags zu erreichen.

Damit dieser Fall nicht eintritt, schreibt das Gesetz für die Beitragskalkulation in der substitutiven Krankenversicherung und in der nach Art der Lebensversicherung betriebenen nicht-substitutiven Krankenversicherung (§ 147 VAG) das **Anwartschaftsdeckungsverfahren** (→ Rn. 102f.; → Rn. 814ff.) vor; letzteres wird in Übereinstimmung mit dem Sprachgebrauch der Lebensversicherung häufig auch „Kapitaldeckungsverfahren" genannt, was indessen für die Krankenversicherung als Zweig der Schadenversicherung aktuariell ungenau ist. Versicherungstechnisch wird danach so kalkuliert, dass der Beitrag außer zur Deckung der laufenden Leistungen und der Kosten des Versicherungsbetriebs erforderlichen Teil einen gleichfalls kollektiven Sparanteil enthält, der die mit steigendem Alter wachsenden Krankheitsaufwendungen der Zukunft vorfinanziert. Dieser überschießende Teil fließt in die kollektive Alterungsrückstellung und wird dort verzinslich angesammelt. Steigen die Leistungsausgaben aufgrund des höheren Alters der Versicherten – dh *alterungs*bedingt –, werden Teile der Alterungsrückstellung aufgelöst und für die erforderlichen Leistungen an die Versicherten verwendet. Dadurch wird erreicht, dass der Beitrag allein aufgrund des Älterwerdens nicht anzupassen ist. 720

Der Ausdruck „Alterungsrückstellung" ist ein Begriff des **Bilanzrechts** (§ 341f Abs. 3 HGB), auf den § 146 Abs. 1 Nr. 2 VAG verweist. Die Alterungsrückstellung soll bilanziell den Umstand berücksichtigen, dass einerseits die Beiträge für die Zukunft gebunden sind, andererseits das Krankheitskostenrisiko sich mit zunehmendem Alter der Versicherten erhöht und dem dadurch bedingten steigenden Schadenaufwand ein entsprechendes Beitragsaufkommen nicht mehr gegenübersteht. Der Sache nach ist die Alterungsrückstellung eine versicherungstechnische Rückstellung.[254] 721

5. Sozialbindung der substitutiven Krankenversicherung. Entsprechend ihrer Zielsetzung, die GKV zu ersetzen, unterliegt die substitutive Krankenversicherung einer hohen Sozialbindung (→ Rn. 744, 817), die sich insbes. in folgenden **Elementen** ausprägt: 722
– Ausschluss des ordentlichen Kündigungsrechts und Ausschluss des außerordentlichen Kündigungsrechts bei Prämienverzug des Versicherungsnehmers (→ Rn. 723).
– Sicherstellung der dauernden Erfüllbarkeit (→ Rn. 724 f.).
– Recht zum Wechsel in gleichartige Tarife (→ Rn. 726 f.).
– Angebot von brancheneinheitlichen Tarifen auf GKV-Niveau (→ Rn. 728 ff.).

a) Kündigungsausschluss. Weil mit zunehmendem Alter das Krankheitsrisiko steigt und Versicherte dann aufgrund der höheren Beitragsbelastung und der notwendigen Risikoprüfung keinen neuen Krankenversicherungsschutz mehr finden würden, bedürfen sie eines besonderen Schutzes vor einer von ihnen nicht zu verantwortenden Vertragsbeendigung. Deshalb ist das **ordentliche Kündigungsrecht des Versicherers** gesetzlich **ausgeschlossen** (§ 146 Abs. 1 Nr. 3 VAG, § 206 Abs. 1 S. 2 VVG, § 257 Abs. 2a S. 1 Nr. 5 SGB V), so dass der Versicherungsnehmer unabhängig von seinem späteren Gesundheitszustand dauerhaften Versicherungsschutz genießt (→ Rn. 100, 820). Der Versicherer kann die Prämie auch nicht dem mit dem Alter des Versicherten steigenden Schadenbedarf anpassen; nur bei geänderten Verhältnissen (zB steigendes Krankheitskostenniveau, Veränderung der Rechnungsgrundlagen) sind Beitragsanpassungen möglich (§ 203 Abs. 2, § 155 VAG) und zugleich obligatorisch (§ 155 Abs. 3 S. 2 VAG). Das absolute Kündigungsverbot bei Prämienverzug des Versicherungsnehmers (→ Rn. 447) ist Konsequenz der Versicherungspflicht in der PKV und gibt ihren Versicherten die gleiche Absicherung wie in der GKV.[255] 723

b) Dauernde Erfüllbarkeit. Tragendes Prinzip der PKV in der Beitragskalkulation ist das **Äquivalenzprinzip** (→ Rn. 803). Indem über die gesamte Vertragsdauer hinweg der Barwert aller Beitragszahlungen dem Barwert aller Leistungsausgaben entspricht, stellt es die dauernde Erfüllbarkeit der Verträge sicher. Um Äquivalenz auch über längere Zeiträume sicherzustellen, bedarf es regelmäßiger Beitragsanpassungen, die den geänderten Verhältnissen Rechnung tragen. 724

Weil der Versicherer an den idR lebenslangen Krankenversicherungsvertrag gebunden ist und somit die vereinbarten Leistungen dauerhaft nicht verändern kann, ist die **Beitragsanpassung aufgrund geänderter Verhältnisse** zwingend notwendig, um die dauernde Erfüllbarkeit der nicht änderbaren Verpflichtungen aus dem Krankenversicherungsvertrag im Interesse der Versicherten 725

---

[254] J. Boetius in Boetius/Boetius/Kölschbach, Handbuch der versicherungstechnischen Rückstellungen, 2. Aufl. 2021, § 10 Rn. 136 ff.
[255] BVerfGE 123, 186 = VersR 2009, 957 = NJW 2009, 2033 Rn. 188 ff.

sicherzustellen. Die dauernde Erfüllbarkeit und ihre Sicherstellung mit Hilfe der Beitragsanpassung sind ein Element der Sozialbindung. Ein Vergleich mit der GKV macht dies deutlich: Die GKV kennt keinen vergleichbaren „Vertragsschutz", weil der Sozialgesetzgeber jederzeit mit sofortiger Wirkung für alle Versicherten die Leistungen reduzieren kann, wovon er bei Finanzierungsproblemen der GKV auch Gebrauch macht; sie arbeitet nach dem Umlageverfahren – also ohne eigenes Risiko – und kann damit jederzeit die Beitragssätze verändern; und ihre Beiträge sind gesetzlich dynamisiert, weil die maßgebende Bemessungsgrundlage der durchschnittlichen Lohn- und Gehaltsentwicklung automatisch folgt.

726 c) **Tarifwechselrecht.** Aufgrund unionsrechtlicher Vorgabe (Art. 206 Abs. 2 UAbs. 1 lit. e RL 2009/138/EG) hat der **substitutiv Krankenversicherte** das Recht, jederzeit in andere Tarife des PKV-Unternehmens mit gleichartigem Versicherungsschutz und unter Anrechnung der erworbenen Rechte sowie der Alterungsrückstellung zu wechseln (§ 146 Abs. 1 Nr. 4 VAG); § 204 Abs. 1 VVG dehnt dieses Tarifwechselrecht auf alle Krankenversicherungstarife aus.

727 Das Tarifwechselrecht hat **sozialen Schutzcharakter.** Es will den Versicherten davor schützen, dass er in einem Tarif gefangen bleibt, der wegen fehlenden Neuzugangs „vergreist" und der den Versicherten infolgedessen von der auch im Kalkulationsprinzip der PKV notwendigen intergenerativen Umverteilung abschneidet.[256] Von dieser „Gefangenschaft" befreit ihn das Tarifwechselrecht, wenn sein Versicherer gleichzeitig einen anderen gleichartigen – meist neuen – Tarif mit aktuelleren Rechnungsgrundlagen und günstigerer Kalkulation anbietet, der wegen seines besseren Preis-Leistungsverhältnisses wettbewerbsfähiger ist. Die Ursachen fehlenden Neuzugangs können vielfältig sein: Sie können in der Sphäre des Versicherers liegen; sie können aber ebenso darauf beruhen, dass Wettbewerber mit neuartigen Produktkonzepten oder günstigeren Kostenstrukturen (zB Direktvertrieb) und dementsprechend attraktiverem Preis-Leistungsverhältnis auftreten und den Markt erobern; nicht zuletzt kann auch der Sozialgesetzgeber mit Maßnahmen zugunsten der GKV dafür sorgen, dass der Neuzugang in Tarife der substitutiven Krankenversicherung ausbleibt – wie etwa bei einer außerordentlichen Erhöhung der Versicherungspflichtgrenze oder der Einführung eines „Bürgerversicherungsmodells".

728 d) **Brancheneinheitliche Tarife auf GKV-Niveau.** Die Beiträge der in der GKV pflichtversicherten Beschäftigten tragen Arbeitnehmer und Arbeitgeber je zur Hälfte (§ 249 Abs. 1 SGB V). Freiwillig in der GKV versicherte Beschäftigte erhalten von ihrem Arbeitgeber einen entsprechenden **Beitragszuschuss** (§ 257 Abs. 1 S. 1 SGB V). Beschäftigte, die anstelle einer freiwilligen Versicherung in der GKV eine private substitutive Krankenversicherung abgeschlossen haben, erhalten von ihrem Arbeitgeber gleichfalls einen Beitragszuschuss (§ 257 Abs. 2 SGB V).

729 Der Beitragszuschuss für die substitutiv krankenversicherten Beschäftigten wird nur gezahlt, wenn das PKV-Unternehmen bestimmte von der RL 2009/138/EG bzw. dem Versicherungsaufsichtsrecht vorgegebene Voraussetzungen erfüllt (§ 257 Abs. 2a S. 1 SGB V) und wenn es sich dem Konzept des brancheneinheitlichen **Standardtarifs für ältere Versicherte** (→ Rn. 1143 ff.) angeschlossen hat (§ 257 Abs. 2a S. 1 Nr. 2–2c SGB V aF; vgl. § 403 SGB V), das ab 1.1.2009 durch das Konzept des Basistarifs abgelöst worden ist (→ Rn. 731). Das Konzept des Standardtarifs sah vor, dass substitutiv krankenversicherte Personen mit typischerweise herausgehobener sozialer Schutzbedürftigkeit (ältere Versicherte ab Alter 65 und Versicherte unterhalb der Versicherungspflichtgrenze ab Alter 55 (§ 257 Abs. 2a S. 1 Nr. 2 SGB V aF) einschließlich der Beihilfeempfänger (§ 257 Abs. 2a S. 1 Nr. 2b SGB V aF), der Ruhegehaltsempfänger unabhängig vom Alter (§ 257 Abs. 2a S. 1 Nr. 2a SGB V aF) und der behinderten und sonst unversicherbaren oder schwer versicherbaren Beihilfeempfänger unabhängig von Vorversicherungszeit, Alter, Einkommen und Krankheitsrisiko (§ 257 Abs. 2a S. 1 Nr. 2c SGB V aF) nach idR zehnjähriger Vorversicherungszeit mit dem Standardtarif einen Krankenversicherungsvertrag wählen konnten, der im Leistungsniveau der GKV entsprach und dessen Beitrag nicht über den durchschnittlichen Höchstbeitrag der GKV hinausging (§ 257 Abs. 2a S. 1 Nr. 2 SGB V aF). Der Standardtarif ist brancheneinheitlich kalkuliert und mit einem obligatorischen Poolausgleich versehen (§ 257 Abs. 2b SGB V aF). Substitutiv Krankenversicherte, die die vorgenannten Voraussetzungen erfüllten, konnten jederzeit ihren umfangreicheren Versicherungsschutz unter Anrechnung der erworbenen Rechte und der Alterungsrückstellung in den Standardtarif umwandeln (§ 204). Mit dem Standardtarif wurde für die substitutive Krankenversicherung der soziale Schutz sichergestellt, in typischen Fällen besonderer sozialer Schutzbedürftigkeit innerhalb der PKV das Leistungs- und Beitragsniveau der GKV als Auffangnetz zu erhalten.

730 Das Angebot des Standardtarifs war für die PKV-Unternehmen zwar nicht im formalen Rechtssinne, wohl aber faktisch **obligatorisch:** Dadurch, dass es Voraussetzung für den

---
[256] Zu den Umverteilungselementen in der PKV Boetius VersR 2001, 661 (669).

Anspruch des Arbeitnehmers auf einen Beitragszuschuss war, konnte kein PKV-Unternehmen, das Tarife der substitutiven Krankenversicherung anbot, auf den Beitritt zum Standardtarifkonzept verzichten, weil dieser zwingende Voraussetzung im Wettbewerb war. Nicht beitragszuschussfähige Tarife waren wegen der um den fehlenden Beitragszuschuss höheren Netto-Beitragsbelastung des Versicherten nicht verkäuflich. Selbst wenn ein PKV-Unternehmen seine Tarife vorwiegend an selbständig Erwerbstätige verkaufte, die keinen anderen als Arbeitgeber und deshalb auch keinen Anspruch auf Beitragszuschuss hatten, war es aus zwei Gründen darauf angewiesen, den Standardtarif anzubieten: Zum einen hatte auch der selbständig Erwerbstätige das Tarifwechselrecht nach § 178f Abs. 1 VVG aF, so dass auch er – um sich die spätere Option für einen Wechsel in den GKV-nahen Standardtarif zu sichern – nur ein solches PKV-Unternehmen wählte, das den Standardtarif anbot. Zum anderen musste das PKV-Unternehmen in der Lage sein, den selbständig Erwerbstätigen im Falle eines Wechsels in den Beruf eines unselbständig Beschäftigten mit Beitragszuschuss des Arbeitgebers und folglich mit der Möglichkeit des Standardtarifs weiter zu versichern; anderenfalls hätte der Versicherte den Krankenversicherungsvertrag fristlos kündigen können (§ 257 Abs. 2c SGB V aF) bzw. hätte er – falls er im Zeitpunkt des Berufswechsels wegen inzwischen eingetretener Krankheiten nur mit hohen Erschwerniszuschlägen (Risikozuschlag, Leistungsausschluss) oder überhaupt nicht mehr versicherbar gewesen wäre – als unselbständig Beschäftigter an einem nicht beitragszuschussfähigen Krankenversicherungsvertrag festhalten müssen, was sozialpolitisch unzumutbar gewesen wäre und seine Freiheit zum Berufswechsel bedenklich eingeschränkt hätte.

731 Das GKV-WSG löste mit Wirkung ab 1.1.2009 den Standardtarif für ältere Versicherte durch den altersunabhängigen **Basistarif** als Voraussetzung für die Zahlung des Beitragszuschusses ab (§ 257 Abs. 2a S. 1 Nr. 2 SGB V). Auch der Basistarif ist brancheneinheitlich kalkuliert und mit einem obligatorischen Poolausgleich versehen. Während der Standardtarif ausschließlich im SGB V geregelt war, hat das GKV-WSG die Vorschriften über den Basistarif in vollem Umfang in das VAG verlagert (§§ 152, 154 VAG). Die versicherungsvertragsrechtlichen Regelungen finden sich im VVG. Zum Basistarif ausf. → Rn. 1035 ff.; → Rn. 1183 ff.

732 **6. Vollfunktionalität.** Die neueren Rechtsentwicklungen insbes. zur Einführung der gesetzlichen Pflegeversicherung, der allgemeinen Versicherungspflicht in der Krankenversicherung, des Basistarifs und des Notlagentarifs haben zu einem Bedeutungswandel der PKV geführt, der in einer grundsätzlichen **Funktionsveränderung** der PKV besteht.

733 In seinem Urteil zum GKV-WSG hat das BVerfG festgestellt, dass die PKV als zweite Säule im dualen Krankenversorgungssystem den **Grundsatz der Vollfunktionalität** erfüllen müsse (→ Rn. 1135). Dieser Grundsatz soll sicherstellen, dass die Versicherten „ausreichenden Versicherungsschutz" finden,[257] „in gleicher Weise wie die öffentlich-rechtliche Versicherung umfassend, rechtssicher und dauerhaft" abgesichert werden[258] und „eine Absicherung ohne Inanspruchnahme des staatlichen Fürsorgesystems" erhalten.[259]

734 Aus dem Vollfunktionalitätsprinzip leiten sich auch konkrete rechtliche Konsequenzen ab, die in einer **Zweckerweiterung** gesetzlicher Vorschriften bestehen (→ Rn. 1348 ff.).

IV. Tragweite der Systemvorgaben

735 **1. Dauerhaftigkeitsgrundsatz. a) Fortsetzungsschutz.** In langer Tradition hat der deutsche Gesetzgeber sich für ein grds. bipolar angelegtes Nebeneinander von staatlicher und privatwirtschaftlicher Trägerschaft in der Krankheitskosten-Vollversicherung entschieden. Im Mittelpunkt der Entscheidung des BVerfG zum GKV-WSG stehen die Anerkennung des aus GKV und PKV bestehenden dualen Krankenversicherungssystems und der neue Begriff der Vollfunktionalität der PKV (→ Rn. 732 ff.). Der Gesetzgeber hat diese prinzipielle Ausrichtung durch zwei **auf Dauer angelegte Rechtsinstitute** für die Zukunft verfestigt:

736 – Im Zuge der Herstellung des europäischen Binnenmarkts hat Deutschland in den EG-Richtlinien der dritten Generation und in den entsprechenden deutschen Transformationsgesetzen den Fortbestand des gegliederten Systems von GKV und PKV durchgesetzt und die **substitutive Krankenversicherung** als die GKV ersetzende Krankenversicherung verankert (→ Rn. 349).

737 – Bei Einführung der **Pflegeversicherung** im Jahr 1995 (→ Rn. 106 ff.) hat der deutsche Gesetzgeber die PKV-Unternehmen zu Trägern der Pflege-Pflichtversicherung für die ihnen zugewiese-

---
[257] BVerfGE 123, 186 = VersR 2009, 957 = NJW 2009, 2033 Rn. 187.
[258] BVerfGE 123, 186 = VersR 2009, 957 = NJW 2009, 2033 Rn. 190.
[259] BVerfGE 123, 186 = VersR 2009, 957 = NJW 2009, 2033 Rn. 194.

nen Personenkreise erklärt und den Versicherungsunternehmen wegen der besonderen sozialen Komponente der Pflegeversicherung zusätzliche Verpflichtungen auferlegt, die der Individualversicherung eigentlich wesensfremd sind und nur wegen der auf Dauer angelegten privaten Pflege-Pflichtversicherung sachlich gerechtfertigt werden können (→ Rn. 112 ff.).

738 Indem der Gesetzgeber die Dauerhaftigkeit in besonders ausgeprägter Weise zum zwingenden Prinzip der substitutiven Krankenversicherung und der privaten Pflege-Pflichtversicherung erhoben hat (→ Rn. 700 ff.; → Rn. 986 ff.), hat er gleichzeitig den der PKV traditionell zugewiesenen Teil des Kranken- und Pflegeversicherungsmarkts unter **dauerhaften Fortsetzungsschutz** gestellt. Ohne einen solchen gleichzeitigen Fortsetzungsschutz könnten die PKV-Unternehmen die gesetzliche Forderung nach Dauerhaftigkeit nicht erfüllen: Würden ihnen nämlich Teile des substitutiven Krankenversicherungsbestandes genommen oder würde der unverminderte Neuzugang mit der Folge der dann nicht mehr möglichen Erneuerung der Versicherungsbestände gesetzlich abgeschnitten, so würden diese Versicherungsbestände unaufhaltsam vergreisen. Der Gesetzgeber würde mit einer solchen Veränderung der Rahmenbedingungen selbst verhindern, dass PKV-Unternehmen ihren unter dem Schutz des Allgemeininteresses stehenden gesetzlichen Auftrag erfüllen könnten. Dies verstieße gegen das Verfassungsgebot der Widerspruchsfreiheit von Gesetzen. Wenn der Gesetzgeber der PKV die Aufgabe zuweist, „im Rahmen eines privatwirtschaftlich organisierten Marktes für den bei ihr versicherten Personenkreis einen Basisschutz bereitzustellen, muss er auch im Interesse der Versicherung darauf achten, dass dies keine unzumutbaren Folgen" für Versicherungsunternehmen und Versicherte hat.[260]

739 Mit dem Dauerhaftigkeitsanspruch hat sich der Gesetzgeber eine **Selbstbindung** auferlegt, die ihn verfassungsrechtlich an einer Beschränkung der substitutiven Krankenversicherung hindert. Damit hat sich das nach Art. 12 Abs. 1, 14 Abs. 1 GG bestehende eigenständige Existenz- und Funktionsrecht der PKV-Unternehmen in jedem Fall für die der PKV bisher zugewiesene substitutive Kranken- sowie Pflege-Pflichtversicherung verfestigt. In diesen verfassungsrechtlich unangreifbar gewordenen Rechtsbestand kann der Gesetzgeber nicht mehr eingreifen.[261]

740 **b) Schutz der Funktionsfähigkeit.** Die Abhängigkeit der Morbidität vom Alter ist ein Wesensmerkmal der gesamten Kranken- und Pflegeversicherung; dies gilt für GKV und PKV gleichermaßen. Mit zunehmendem Alter steigt das Krankheits- und Pflegekostenwagnis – insbes. unter den Gesichtspunkten Krankheitshäufigkeit, -schwere und -dauer – nicht linear, sondern progressiv. Für die Funktionsfähigkeit aller Kranken- und Pflegeversicherungssysteme hat dies zur Folge, dass die kollektiven Versicherungsbestände eines jeden Systems sich durch dauerhaften **Neuzugang junger Risiken** laufend erneuern müssen, um die steigenden Alterslasten auszugleichen. Ist der Neuzugang dauerhaft abgeschnitten, vergreisen die kollektiven Versicherungsbestände. Die im Kollektiv zu erbringenden Beiträge steigen in unbezahlbare Größenordnungen und führen zum finanziellen Zusammenbruch des Systems.

741 Jedes Kranken- und Pflegeversicherungssystem benötigt daher geeignete Instrumente, um die Versicherten vor solchen Entwicklungen zu schützen. Für das GKV-System wird die Sicherung der finanziellen Stabilität und der Funktionsfähigkeit als **wichtiger Gemeinwohlbelang** und überragend wichtiges Gemeinschaftsgut angesehen; deshalb erhält im Umlageverfahren der GKV die Notwendigkeit einen herausgehobenen Stellenwert, dass junge Generationen nachrücken, ohne die die als Generationenvertrag ausgestaltete Sozialversicherung nicht aufrechtzuerhalten ist.[262]

742 Auch das System der substitutiven Krankenversicherung sowie der Pflege-Pflichtversicherung innerhalb des PKV-Systems sind auf die **dauerhafte Sicherung ihrer Funktionsfähigkeit** angewiesen. Der Gesetzgeber, der in Ausfüllung des europäischen Unionsrechts die Rahmenbedingungen für die substitutive Krankenversicherung schafft, muss deren Versichertenkollektive in gleicher Weise vor Entwicklungen schützen, die die Funktionsfähigkeit der substitutiven Krankenversicherung systematisch bedrohen. Die PKV-Unternehmen könnten die vom Sozialgesetzgeber veranlasste Vergreisung ihrer Versichertenkollektive auch nicht abwenden, weil sie wegen der auf Langfristigkeit angelegten sozialen Funktion der substitutiven Krankenversicherung gleichzeitig daran gehindert sind, sich durch Kündigung der Versicherungsverträge von den Lasten der älteren Versicherten zu trennen. Derselbe Gesetzgeber verpflichtet die PKV zu ihrem sozialen Auftrag und würde sie zugleich an dessen Erfüllung hindern.

743 Die **dauernde Erfüllbarkeit** (→ Rn. 700 ff.; → Rn. 986 ff.) ist daher auch ein sozialpolitisches Schutzprinzip für die substitutiv Krankenversicherten. Sie ist „im Bereich der substitutiven

---

[260] BVerfGE 123, 186 = VersR 2009, 957 = NJW 2009, 2033 Rn. 241.
[261] *Kalis* VersR 2001, 11 (15).
[262] Für die Rentenversicherung BVerfGE 87, 1 = NJW 1992, 2213 (2214 li. Sp.).

Krankenversicherung ein Schutzgut von erhöhter Bedeutung".[263] Mit knapp 11 % ist ein nicht völlig untergeordneter Teil der Gesamtbevölkerung in der PKV substitutiv krankenversichert. Auch deren Schutz ist ein wichtiger Gemeinwohlbelang.

c) Soziale Sicherung. Die Mitglieder der substitutiven Krankenversicherungs- und der Pflege-Pflichtversicherungskollektive haben wegen der oben dargestellten Zusammenhänge praktisch keine Möglichkeit, ihre Kranken- und Pflegeversicherungssituation zu verändern. Ihnen droht eine systematische Verschlechterung ihrer Versorgungssituation, weil die Folgen der Bestandsverschlechterung nur durch für diesen Zweck nicht gedachte Beitragserhöhungen aufgefangen werden können. Der Gesetzgeber würde dieses Versichertenkollektiv einer **finanzierbaren Krankenversicherung** und damit des sozialen Schutzes berauben. Die Aushöhlung des Existenz- und Funktionsrechts der Versicherungsunternehmen findet ihre Entsprechung bei deren substitutiv Krankenversicherten: In dem Umfang, in dem das PKV-Unternehmen seine soziale Sicherungsfunktion durch gesetzliche Eingriffe des Staates nicht mehr wahrnehmen kann, verlieren die dort Versicherten ihre im Allgemeininteresse notwendige soziale Sicherung (→ Rn. 723 ff.; → Rn. 817 ff.). Dies verstößt gegen das Sozialstaatsprinzip (Art. 20 Abs. 1 GG) und verletzt die Eigentumsgarantie (Art. 14 Abs. 1 GG) dieser Versicherten, weil die kollektiv gebildeten Alterungsrückstellungen und Anwartschaften dieser Personen systematisch entwertet werden (→ Rn. 892 ff.). 744

2. Vorrang des Unionsrechts. a) Unmittelbare Bindung. Das **Unionsrecht** wirkt sich in sublimer Weise auf das Nebeneinander von gesetzlicher und substitutiver privater Krankenversicherung aus. Zunächst einmal überlässt es den Mitgliedstaaten, ihre jeweiligen Systeme der sozialen Sicherheit in eigener Zuständigkeit auszugestalten (Art. 153 Abs. 4 AEUV).[264] Gleichzeitig begrenzt das Unionsrecht diese Zuständigkeit aber durch seine Vorschriften über den Binnenmarkt (Art. 4 Abs. 2 lit. a, Art. 26 ff. AEUV[265] sowie zum Wettbewerbs- und Kartellrecht (Art. 3 Abs. 1 lit. b, 101–106 AEUV). 745

Soweit das europäische Unionsrecht Rechtswirkungen entfaltet, bindet es die Mitgliedstaaten. Die **Bindung** tritt unmittelbar ein, wenn die unionsrechtliche Norm keiner weiteren Umsetzung in nationales Recht bedarf; sie tritt mittelbar ein, wenn die Mitgliedstaaten verpflichtet werden, die unionsrechtliche Norm in nationales Recht umzusetzen. 746

Das unmittelbar geltende Unionsrecht geht unmittelbar jeder nationalen Rechtsnorm vor, es hat auch Vorrang gegenüber dem nationalen Verfassungsrecht. Solange das mittelbar geltende Unionsrecht nicht in nationales Recht umgesetzt ist, entfaltet es diese vorrangige Wirkung zunächst nicht; kommt ein Mitgliedstaat seiner Pflicht zur Umsetzung solchen Unionsrechts in nationales Recht nicht nach, verletzt er den AEUV mit der Folge, dass erst nach Durchführung eines Vertragsverletzungsverfahrens Sanktionen ergriffen werden können. Hat ein Mitgliedstaat das mittelbar geltende Unionsrecht einmal in nationales Recht umgesetzt, entfaltet dieses dann im Umfang seiner Übereinstimmung mit dem Unionsrecht die gleiche **Vorrangwirkung** wie das unmittelbar geltende Unionsrecht. Der nationale Transformationsgesetzgeber erfüllt mit der unionsrechtskonformen Umsetzung seine Vertragspflicht als Mitgliedstaat endgültig. Ein einmal richtig und vollständig erfüllter Vertrag kann einseitig durch einen Vertragspartner nicht wieder in den Zustand der Nichterfüllung zurückversetzt werden. Damit ist der nationale Gesetzgeber gehindert, das unionsrechtskonforme nationale Umsetzungsgesetz später wieder rückgängig zu machen oder unionsrechtswidrig zu ändern. Daran ist auch das nationale Verfassungsrecht gebunden. 747

b) Verfassungsrechtliche Konsequenzen. Aus der Bindungskraft des höherrangigen Unionsrechts ergibt sich eine wichtige Konsequenz für die verfassungsrechtliche Auslegung des im Grundgesetz verwandten **Begriffs des privatrechtlichen Versicherungswesens** (Art. 74 Abs. 1 Nr. 11 GG). Dieser Begriff kann aufgrund der Transformation der Dritten SchadenRL bzw. RL 2009/138/EG in deutsches Recht nur noch entsprechend dem umgesetzten Unionsrecht, dh unionsrechtskonform ausgelegt werden. Für den Bereich der PKV hat der verfassungsrechtliche Begriff des privatrechtlichen Versicherungswesens nach Art. 74 Abs. 1 Nr. 11 GG danach denjenigen Inhalt 748

---

[263] BVerwGE 109, 87 = VersR 1999, 1001 (1003).
[264] EuGH Slg. 1993, I-637 Rn. 6 = NJW 1993, 2597 – Poucet und Pistre/AGF und andere; EuGH Slg. 1998, I-1831 Rn. 21 = NJW 1998, 1769 – Decker/Caisse de maladie; EuGH Slg. 1998, I-1931 Rn. 17 = NJW 1998, 1771 – Kohll/Union des caisses de maladie; EuGH Slg. 2001, I-5473 Rn. 44 = NJW 2001, 3391 – Smits und Peerbooms/Stichting Ziekenfonds.
[265] Freier Warenverkehr (Art. 28 ff. AEUV), Freizügigkeit der Arbeitnehmer (Art. 45 ff. AEUV), Niederlassungsfreiheit (Art. 49 ff. AEUV), Dienstleistungsfreiheit (Art. 56 ff. AEUV), freier Kapital- und Zahlungsverkehr (Art. 63 ff. AEUV).

erhalten, den das 3. DurchfG/EWG zum VAG v. 21.7.1994[266] ihm in Übereinstimmung mit der Dritten SchadenRL gegeben hat.

749 Dass Art. 206 RL 2009/138/EG für den Betrieb der substitutiven Krankenversicherung lediglich ein **Mitgliedstaatenwahlrecht** einräumt, ist rechtlich ohne Belang. Zwar liegt es im Wesen eines Wahlrechts, dass der Mitgliedstaat davon keinen Gebrauch machen muss. Wenn der Mitgliedstaat aber von dem Wahlrecht Gebrauch macht, ist er an die inhaltlichen Vorgaben gebunden, die das Unionsrecht damit konkret verknüpft. Dem Mitgliedstaat ist es verwehrt, von dem in Art. 206 RL 2009/138/EG geregelten Wahlrecht nur teilweise Gebrauch zu machen. Wenn der Mitgliedstaat das Wahlrecht in Anspruch nehmen will, muss er es vollständig umsetzen. Dies gilt in hervorgehobenem Maße für die Bundesrepublik Deutschland, auf deren Bestreben das Mitgliedstaatenwahlrecht des Art. 54 RL 92/49/EWG (= Art. 206 RL 2009/138/EG) mit dem Ziel eingeführt worden war, in Deutschland die traditionelle private substitutive Krankenversicherung dauerhaft – und dh: unionsrechtsfest – zu erhalten.[267] Insofern ist die Bundesrepublik Deutschland auch die Selbstbindung eingegangen, dafür Sorge zu tragen, dass die Systemprinzipien und Funktionsfähigkeit der privaten substitutiven Krankenversicherung dauerhaft gesichert werden. Wenn der Mitgliedstaat von dem Wahlrecht Gebrauch macht, muss er für die substitutive Krankenversicherung gewisse einheitliche Mindeststandards gesetzlich vorschreiben; dies ist der Sinn von Art. 206 RL 2009/138/EG.[268]

750 Die Umsetzung der Dritten SchadenRL bzw. RL 2009/138/EG in nationales Recht hat zur Folge, dass der Inhalt des 3. DurchfG/EWG zum VAG materiell in den Begriff des privatrechtlichen Versicherungswesens nach Art. 74 Abs. 1 Nr. 11 GG inkorporiert worden ist. Diese Rechtsfolge beruht auf dem Umstand, dass das nationale Gesetz mit der unionsrechtskonformen Umsetzung qualitativ den Vorrang des Unionsrechts erhält (→ Rn. 747). Für den Bereich der PKV formuliert somit das 3. DurchfG/EWG zum VAG das verfassungsrechtlich über Art. 74 Abs. 1 Nr. 11 GG geschützte und verbindliche **Leitbild der substitutiven Krankenversicherung.** Spätere nationale Gesetze können dieses Leitbild ohne Verfassungsverstoß solange nicht mehr verändern, wie die unionsrechtliche Grundlage fortbesteht (→ Rn. 747). Dieses Leitbild bildet gleichzeitig die verfassungsrechtliche Grenze im Verhältnis zur Sozialversicherung, insbes. gegenüber der Ausdehnung der GKV.

751 Diese materiell-rechtliche Konsequenz hat darüber hinaus eine weitere **verfahrensrechtliche Konsequenz:** Wenn ein deutsches Gericht den verfassungsrechtlichen Begriff des privatrechtlichen Versicherungswesens iSv Art. 74 Abs. 1 Nr. 11 GG im zuvor beschriebenen Sinn unionsrechtskonform auslegt, braucht es diese Auslegungsfrage nicht dem EuGH vorzulegen; denn es geht hier ausschließlich um die Auslegung von Normen des nationalen Rechts. Anders verhält es sich erst, wenn das Gericht den Begriff des privatrechtlichen Versicherungswesens iSv Art. 74 Abs. 1 Nr. 11 GG davon abw. auslegen will; denn in einem solchen Fall ginge es materiell darum, ob das deutsche Transformationsgesetz das Unionsrecht richtig umgesetzt hat. In diesem Fall kommt es auf die Auslegung des Unionsrechts an, was dem EuGH vorbehalten ist (Art. 267 AEUV).

752 Die gleichen rechtlichen Konsequenzen ergeben sich für die unionsrechtskonforme Umsetzung des Grundsatzes der **dauernden Erfüllbarkeit** (→ Rn. 700 ff.; → Rn. 712, 724). Auch dieser Grundsatz gehört mit seiner Umsetzung zum verfassungsrechtlich über Art. 74 Abs. 1 Nr. 11 GG geschützten und verbindlichen Leitbild der substitutiven Krankenversicherung. Weil dieser Grundsatz durch das höherrangige europäische Unionsrecht vorgeschrieben ist, kann ihn der deutsche Gesetzgeber nicht mehr beseitigen. Das ist auch der innere Grund dafür, dass es sich bei diesem Grundsatz um ein „Schutzgut von erhöhter Bedeutung" handelt (→ Rn. 712).

753 **c) Gesundheitssystem.** Unbeschadet ihrer grundsätzlichen Zuständigkeit zur Ausgestaltung ihrer nationalen Systeme der sozialen Sicherheit sind die Mitgliedstaaten gehindert, ihr Gesundheitssystem unter **Verstoß gegen das Unionsrecht** zu regeln. So unterliegt der Absatz medizinischer Erzeugnisse den unionsrechtlichen Grundsätzen des freien Warenverkehrs[269] und werden die medizinischen Tätigkeiten von den Vorschriften zur Dienstleistungsfreiheit nach Art. 57 AEUV erfasst.[270] Zwar können die Mitgliedstaaten den freien Dienstleistungsverkehr aus Gründen der öffentlichen Gesundheit beschränken; indessen erlaubt dies ihnen nicht, den Gesundheitssektor als Wirtschaftssek-

---

[266] BGBl. 1994 I 1639.
[267] Begr. Abschn. A III 4 RegE 3. DurchfG/EWG zum VAG, BT-Drs. 12/6959, 45.
[268] *Renger* VersR 1993, 678 (680).
[269] EuGH Slg. 1998, I-1831 Rn. 24 = NJW 1998, 1769 – Decker/Caisse de maladie.
[270] EuGH Slg. 2001, I-5473 Rn. 53 = NJW 2001, 3391 – Smits und Peerbooms/Stichting Ziekenfonds.

tor hinsichtlich des freien Dienstleistungsverkehrs vom elementaren Grundsatz des freien Warenverkehrs auszunehmen.[271]

Unternehmen im Gesundheitssystem sind alle Unternehmen, die in Bezug auf Gesundheits- oder Pflegeleistungen in die Kette „Nachfrager – Leistungserbringer – Risikoträger" eingeschaltet sind. Diese Kette umfasst alle Unternehmen und Institutionen, die solche Leistungen herstellen, erbringen, beziehen, anbieten, nachfragen oder organisieren oder die deren Finanzierung tragen oder organisieren. Zu den „Unternehmen im Gesundheitssystem" gehören somit insbes. die Hersteller von Arznei-, Heil- und Hilfsmitteln, die Handelsunternehmen für solche Leistungen (zB Apotheken), die sog. Leistungserbringer (zB Ärzte, Physiotherapeuten, Pflegeberufe, Krankenhäuser, Pflegeeinrichtungen, Hospize), die Nachfrager von Gesundheits- oder Pflegeleistungen (zB im Rahmen von Managed Care-Konzepten) und die Risikoträger (zB gesetzliche Krankenkassen und kassenärztliche Vereinigungen, soziale Pflegekassen, private Krankenversicherungsunternehmen). Es verstößt gegen den unionsrechtlichen Grundsatz der Dienstleistungsfreiheit, wenn für bestimmte Wirtschaftszweige – wie etwa für „Unternehmen im Gesundheitssystem" – nationalrechtlich ein diese Unternehmen belastendes verfassungsrechtliches Sonderrecht geschaffen wird. 754

3. Gleichrangigkeit von GKV und substitutiver PKV. Die vom Unionsrecht hergestellte Gleichrangigkeit von GKV und substitutiver PKV (→ Rn. 705, 708) sowie die Tatsache, dass die europäischen Versicherungsrichtlinien den **Schutz des Allgemeininteresses** in Bezug auf die PKV ausdrücklich fordern (→ Rn. 704), haben Konsequenzen für die Beurteilung von Grundrechtsverletzungen im Bereich der substitutiven Krankenversicherung. Das Unionsrecht gibt damit nämlich zu erkennen, dass der Schutz der substitutiv Krankenversicherten und die dauerhafte Funktionsfähigkeit der substitutiven Krankenversicherung den gleichen Rang haben wie der Schutz der in der GKV Versicherten. Die unionsrechtliche Gleichrangigkeit von GKV und substitutiver PKV hat zur Folge, dass die Funktionsfähigkeit beider Systeme auch nach einzelstaatlichem Recht gleichermaßen einen wichtigen Gemeinwohlbelang darstellt. Damit verbieten sich unionsrechtlich ein mit Gemeinwohlbelang begründeter Vorrang der GKV vor der substitutiven Krankenversicherung sowie ein daraus abgeleiteter reduzierter Grundrechtsschutz der substitutiven PKV. 755

4. Differenzierungszwang. Unionsrechtliche Systemvorgabe für die substitutive Krankenversicherung ist der Zwang zur **versicherungsmathematischen Kalkulation** (→ Rn. 707). Maßgebend sind die anerkannten Regeln der Versicherungsmathematik, die mit ihrer Inkorporierung durch das Unionsrecht gleichfalls den Rang von Unionsrecht erhalten und damit auch dem nationalen Verfassungsrecht vorgehen. Zu den anerkannten Regeln der Versicherungsmathematik gehört ua der Zwang zur getrennten Kalkulation jedes einzelnen Tarifs (→ Rn. 831, 833). Daraus folgt ein aktuariell begründeter und mit Unionsrechtsvorrang versehener Zwang zur Differenzierung zwischen den einzelnen Tarifen und sogar Beobachtungseinheiten. Dies hat inzwischen auch der BGH für die Frage zulässiger Beitragsanpassungen anerkannt.[272] 756

Wegen der **Höherrangigkeit des Unionsrechts** gegenüber jedem nationalen Recht ist der unionsrechtlich vorgegebene Differenzierungszwang auch verfassungsrechtlich zu beachten. Das bedeutet, dass auch für die verfassungsrechtlichen Fragen zwischen substitutiver und nichtsubstitutiver Krankenversicherung, zwischen privater Pflege-Pflichtversicherung und sonstigen ergänzenden Pflegeversicherungen sowie zwischen den nach aktuariellen Grundsätzen getrennt zu kalkulierenden Tarifen unterschieden werden muss. Gegen das Unionsrecht verstoßen Betrachtungsweisen, die diese Differenzierung nicht vornehmen. Unzulässig ist es insbes., die Krankenversicherung insgesamt als Einheit anzusehen, mehrere versicherungsmathematisch unterschiedliche Tarife zusammenzufassen oder zwischen den unterschiedlichen Segmenten zu saldieren. Da die PKV-Unternehmen unionsrechtlich gehindert sind, solche Zusammenfassungen mit entsprechenden Ausgleichseffekten vorzunehmen, kann das Verfassungsrecht bei der Beurteilung des Gewichts von Grundrechtsbeschränkungen nicht von der Existenz derartiger Ausgleichsmöglichkeiten ausgehen. 757

5. Grundrechtskonkretisierung. Um die Verletzung von Grundrechten nach dem Grundgesetz unter Beachtung der unionsrechtlichen Vorgaben zutr. zu beurteilen, bedarf es einer konkretisierten und damit differenzierten Betrachtung der zur Diskussion stehenden **Geschäftssegmente**. Dabei sind folgende Differenzierungen und Konkretisierungen im Rahmen der Art. 12 Abs. 1 und Art. 14 Abs. 1 GG vorzunehmen: 758

---

[271] EuGH Slg. 1998, I-1931 Rn. 46 = NJW 1998, 1771 – Kohll/Union des caisses de maladie.
[272] BGHZ 159, 323 = VersR 2004, 991 (992) = NJW 2004, 2679 (2681).

759 – Die **Segmente** der substitutiven und der nicht-substitutiven Krankenversicherung sowie die entsprechenden Segmente in der Pflegeversicherung sind getrennt zu betrachten. Eine Grundrechtsverletzung in der substitutiven Krankenversicherung wird nicht durch Geschäftsmöglichkeiten in der nicht-substitutiven Krankenversicherung kompensiert. Ebenso wenig, wie ein Industrie- oder Handelsunternehmen im Falle einer grundrechtswidrigen Beschränkung eines bestimmten Produktbereichs auf die Möglichkeit zum Ausweichen auf andere – und seien es verwandte – Produktbereiche verwiesen werden kann, kann ein PKV-Unternehmen bei Eingriffen in die substitutive Krankenversicherung auf die Geschäftsfelder der nicht-substitutiven Krankenversicherung verwiesen werden. Das BVerfG nimmt in seiner Entscheidung zum GKV-WSG eine solche Segmentbetrachtung gleichfalls vor, wenn es auf die mögliche „Auszehrung des eigentlichen Hauptgeschäfts" der PKV hinweist, die der Gesetzgeber zu verhindern habe.[273]

760 – Auch innerhalb des Segments der substitutiven Krankenversicherung sind bis auf Tarifebene weitere Differenzierungen notwendig. Wichtigste **Differenzierungsmerkmale** sind – was sich auch in der versicherungsmathematisch vorgegebenen Kalkulation niederschlägt – die Berufsgruppen der Arbeitnehmer, der Selbständigen und der Beamten, das Geschlecht, die Altersgruppen und die Produktlinien (Produkte mit niedrigem, mittlerem und hohem Leistungsniveau). So kann zB ein PKV-Unternehmen, das keinen vertriebsmäßigen Zugang zum spezialisierten Beamtengeschäft hat oder dieses Geschäft aus sonstigen Gründen nicht oder nicht substantiell betreibt, bei Eingriffen in das Arbeitnehmer-Geschäft nicht auf die fortbestehende Krankenversicherung der Beamten verwiesen werden. Das gleiche gilt sinngemäß für alle übrigen Teilsegmente.

761 – Verfassungsrechtliche Eingriffsrelevanz kann sich unionsrechtskonform nur auf den jeweils **relevanten Markt** beziehen. Dies hat im Rahmen der Art. 12 Abs. 1, 14 Abs. 1 GG Konsequenzen für die Definition des Berufs, in den eingegriffen wird. So wenig, wie es den einheitlichen Beruf des „Unternehmens" gibt, gibt es den einheitlichen Beruf des „Versicherungsunternehmens" oder des „Krankenversicherungsunternehmens".[274] Wegen der Systemvorgaben des Unionsrechts kann es eine Identität des verfassungsrechtlichen Berufsbegriffes nur innerhalb desselben relevanten Marktes geben. Derselbe relevante Markt setzt voraus, dass Produkte und Kunden austauschbar sind. Sind Produkte oder Kunden nicht austauschbar, handelt es sich um unterschiedliche Märkte und hinsichtlich der Eingriffsrelevanz folglich um unterschiedliche Berufe. Die substitutive Krankenversicherung kann nicht durch eine ergänzende Krankenversicherung ausgetauscht werden, weil das Kundenbedürfnis nach vollem Krankenversicherungsschutz damit nicht erfüllt wird; der Gesetzgeber selbst nimmt schon diese Differenzierung vor, indem er abhängig Beschäftigten einen Anspruch auf den Arbeitgeberzuschuss nur für eine substitutive Krankenversicherung einräumt (§ 257 Abs. 2 SGB V). Die Austauschbarkeit fehlt ebenso im Verhältnis zwischen substitutiver Krankenversicherung und privater Pflege-Pflichtversicherung, zwischen der substitutiven Krankenversicherung für Beamte und derjenigen für Arbeitnehmer oder zwischen der substitutiven Krankenversicherung für Arbeitnehmer und derjenigen für Selbständige.

G. Ergebnisentstehung und Ergebnisverwendung

I. Überblick

762 Das zentrale **Ziel des Versicherungsaufsichtsrechts** besteht darin, die dauernde Erfüllbarkeit der Verpflichtungen aus den Versicherungsverträgen sicherzustellen. Dementsprechend sind für den Verbraucher drei Fragen wichtig:
– Wie sicher wirtschaftet das Versicherungsunternehmen?
– Wie gut ist das Versicherungsunternehmen in der Lage, für den Versicherten wichtige Maßnahmen zu finanzieren?
– Wie wird das erwirtschaftete Ergebnis verwendet?

763 Um diese Fragen beurteilen zu können, muss man die **Ergebnis- und Verwendungsstruktur** im Krankenversicherungsgeschäft verstehen, die sich folgendermaßen darstellt:

---
[273] BVerfGE 123, 186 = VersR 2009, 957 = NJW 2009, 2033 Rn. 241.
[274] Insofern kann *Papier*, Verfassungsrechtliche Rahmenbedingungen der PKV, 1992, S. 23 nicht gefolgt werden, wenn er ausführt, die Eingriffswirkungen würden an Schwere und Tragweite verlieren, wenn es zur Aufgabe der Spartentrennung käme und die Tätigkeit der Krankenversicherung nur noch ein Ausschnitt der umfassenderen wirtschaftlichen Betätigung privater Unternehmen wäre.

Ergebnisentstehung und -verwendung in der Krankenversicherung

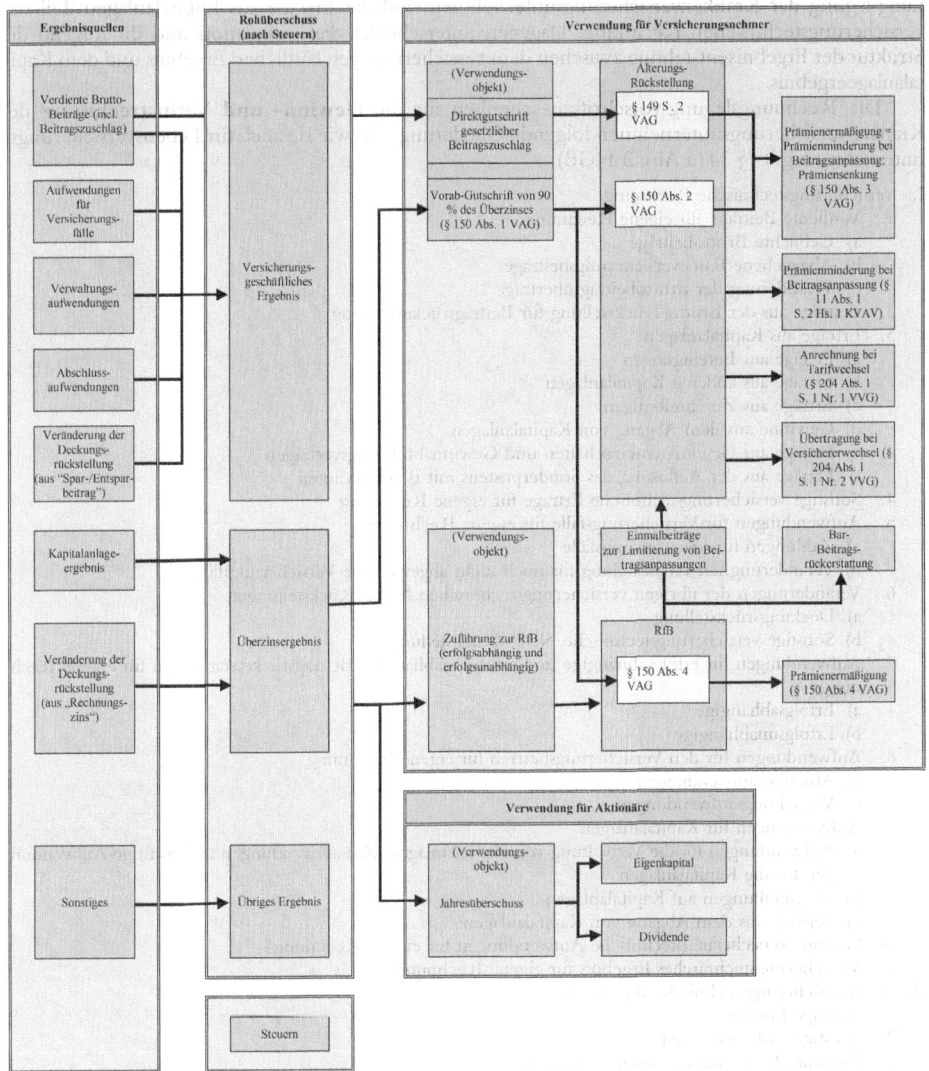

764 Die wirtschaftliche Tätigkeit eines Versicherungsunternehmens besteht aus einem Primärteil und einem Sekundärteil.[275] Der Primärteil besteht aus dem eigentlichen Versicherungsgeschäft. Der Sekundärteil besteht aus Folgetätigkeiten, insbes. der Kapitalanlage- und Dienstleistungstätigkeiten. Das Ergebnis des Krankenversicherungsunternehmens wird dementsprechend aus folgenden **Quellen** gespeist: Aus dem Versicherungsgeschäft, den Kapitalanlagen und sonstigen Quellen einschließlich der Steuern.

765 Die **Verwendung** des Ergebnisses ist zweigeteilt: Sie gliedert sich in die Verwendung für die Versicherten und in diejenige für das Versicherungsunternehmen bzw. seine Anteilseigner in Form der Verwendung des Jahresüberschusses.

II. Ergebnisquellen

766 **1. Rechnungslegung und Kalkulation.** Für die Bezeichnung der Ergebnisquellen existieren in der externen Rechnungslegung und in der Kalkulation teilweise **unterschiedliche Begriffe.**

---

[275] Ausf. *J. Boetius* in Boetius/Boetius/Kölschbach, Handbuch der versicherungstechnischen Rückstellungen, 2. Aufl. 2021, § 1 Rn. 8 ff.

Der wichtigste Unterschied betrifft die Definition des Versicherungsgeschäfts: In der externen Rechnungslegung der Krankenversicherungsunternehmen sind die Erträge aus Kapitalanlagen Teil der versicherungstechnischen Rechnung. Dagegen unterscheidet die Kalkulation und ihr folgend die Struktur der Ergebnisentstehung zwischen dem versicherungsgeschäftlichen Ergebnis und dem Kapitalanlageergebnis.

767 Die Rechnungslegungsvorschriften schreiben für die **Gewinn- und Verlustrechnung** des Krankenversicherungsunternehmen folgende Gliederung vor, wie sie auch für Lebensversicherungsunternehmen gilt (§ 341a Abs. 3 HGB):

I. Versicherungstechnische Rechnung
1. Verdiente Beiträge für eigene Rechnung
   a) Gebuchte Bruttobeiträge
   b) Abgegebene Rückversicherungsbeiträge
   c) Veränderung der Bruttobeitragsüberträge
2. Beiträge aus der Brutto-Rückstellung für Beitragsrückerstattung
3. Erträge aus Kapitalanlagen
   a) Erträge aus Beteiligungen
   b) Erträge aus anderen Kapitalanlagen
   c) Erträge aus Zuschreibungen
   d) Gewinne aus dem Abgang von Kapitalanlagen
   e) Erträge aus Gewinngemeinschaften und Gewinnabführungsverträgen
   f) Erträge aus der Auflösung des Sonderpostens mit Rücklageanteil
4. Sonstige versicherungstechnische Erträge für eigene Rechnung
5. Aufwendungen für Versicherungsfälle für eigene Rechnung
   a) Zahlungen für Versicherungsfälle
   b) Veränderung der Rückstellung für noch nicht abgewickelte Versicherungsfälle
6. Veränderungen der übrigen versicherungstechnischen Netto-Rückstellungen
   a) Deckungsrückstellung
   b) Sonstige versicherungstechnische Netto-Rückstellungen
7. Aufwendungen für erfolgsabhängige und erfolgsunabhängige Beitragsrückerstattungen für eigene Rechnung
   a) Erfolgsabhängige
   b) Erfolgsunabhängige
8. Aufwendungen für den Versicherungsbetrieb für eigene Rechnung
   a) Abschlussaufwendungen
   b) Verwaltungsaufwendungen
9. Aufwendungen für Kapitalanlagen
   a) Aufwendungen für die Verwaltung von Kapitalanlagen, Zinsaufwendungen und sonstige Aufwendungen für die Kapitalanlagen
   b) Abschreibungen auf Kapitalanlagen
   c) Verluste aus dem Abgang von Kapitalanlagen
10. Sonstige versicherungstechnische Aufwendungen für eigene Rechnung
11. Versicherungstechnisches Ergebnis für eigene Rechnung
II. Nichtversicherungstechnische Rechnung
1. Sonstige Erträge
2. Sonstige Aufwendungen
3. Ergebnis der normalen Geschäftstätigkeit
4. Außerordentliche Erträge
5. Außerordentliche Aufwendungen
6. Steuern
7. Ergebnisabführungen
8. Jahresüberschuss
9. Einstellung in Gewinnrücklagen
10. Bilanzgewinn

768 Daraus leiten sich folgende **Ergebnisebenen** ab:
Versicherungstechnisches Ergebnis (Saldo der Pos. I 1–10)
./. Sonstige Erträge und Aufwendungen
= Ergebnis der normalen Geschäftstätigkeit
./. Außerordentliche Erträge und Aufwendungen
./. Steuern und Ergebnisabführungen
= Jahresüberschuss

769 **2. Versicherungsgeschäftliches Ergebnis.** Um die Leistung eines Krankenversicherungsunternehmens zutr. zu beurteilen, ist die Gliederung der externen Rechnungslegung weniger geeignet. Versicherungsgeschäft und Kapitalanlagegeschäft sind vielmehr getrennt zu betrachten. Ergebnisfak-

toren des **Versicherungsgeschäfts** sind die Beiträge, die Veränderung der Deckungsrückstellung (Alterungsrückstellung), die Aufwendungen für Versicherungsfälle (Schadenaufwand) und die Aufwendungen für den Versicherungsbetrieb (Verwaltungsaufwendungen und Abschlussaufwendungen). Diese Ergebnisfaktoren führen zum versicherungsgeschäftlichen Ergebnis.

Unter **Beiträgen** sind die verdienten Bruttobeiträge – einschließlich des gesetzlichen Beitragszuschlags nach § 149 VAG – zu verstehen. Der Ausdruck „Brutto" besagt, dass es sich um die von den Versicherungsnehmern geschuldeten (= gebuchten) Beiträge handelt ohne Abzug der an den Rückversicherer abgegebenen Beiträge. Der Ausdruck „verdient" besagt, dass die Beiträge durch Beitragsüberträge auf die einzelnen Geschäftsjahre periodengerecht abgegrenzt sind.

Die Veränderung der **Alterungsrückstellung** ist ein Saldo aus erfolgswirksamen Zuführungen zur und Entnahmen aus dieser Rückstellung. Der Alterungsrückstellung werden – außer den laufenden Zuführungen und Entnahmen – direkt zugeführt der in den Beiträgen enthaltene gesetzliche Beitragszuschlag nach § 149 VAG, der Rechnungszins von 3,5 % auf die Alterungsrückstellung, 90 % des Überzinses auf die Alterungsrückstellung gem. § 150 Abs. 2 VAG sowie die aus der RfB entnommenen Einmalbeiträge zur Limitierung von Beitragsanpassungen.

Im **Schadenaufwand** werden die Zahlungen für Versicherungsfälle und die Veränderung der Schadenrückstellung (= Rückstellung für noch nicht abgewickelte Versicherungsfälle) zusammengefasst. Es handelt sich um den Bruttobetrag, dh vor Belastung des Rückversicherers.

Die **Aufwendungen für den Versicherungsbetrieb** gliedern sich zunächst in Verwaltungsaufwendungen und Abschlussaufwendungen, die nicht durch Rückversicherungsprovisionen gemindert sind:
- Die **Verwaltungsaufwendungen** (vgl. § 8 Abs. 1 KVAV) bestehen aus den Aufwendungen für die Regulierung von Versicherungsfällen (Schadenregulierungskosten) und den sonstigen Verwaltungskosten ohne die Kosten für die Verwaltung von Kapitalanlagen. Zu den sonstigen Verwaltungskosten gehören insbes. (§ 43 Abs. 3 RechVersV) die Aufwendungen für den Beitragseinzug, die Bestandsverwaltung, die Schadenverhütung und -bekämpfung, die Gesundheitsfürsorge zu Gunsten der Versicherungsnehmer und die Bearbeitung der Beitragsrückerstattung sowie der aktiven und passiven Rückversicherung.
- Die **Abschlussaufwendungen** bestehen aus den unmittelbaren und den mittelbaren Abschlusskosten (vgl. § 8 Abs. 1 KVAV). Zu den unmittelbaren Abschlusskosten gehören insbes. (vgl. § 43 Abs. 2 S. 2 Nr. 1 RechVersV) die Abschlussprovisionen bzw. Maklercourtagen sowie die Aufwendungen für die Anlegung der Versicherungsakte, für die Aufnahme des Versicherungsvertrags in den Bestand und für die ärztlichen Untersuchungen im Zusammenhang mit dem Abschluss des Versicherungsvertrags. Zu den mittelbaren Abschlusskosten gehören zB (vgl. § 43 Abs. 2 S. 2 Nr. 2 RechVersV) die allgemeinen Werbeaufwendungen sowie die Sachaufwendungen im Zusammenhang mit der Antragsbearbeitung und Policierung.

3. Kapitalanlageergebnis. Ergebnisfaktoren des **Kapitalanlagegeschäfts** sind die Erträge aus den Kapitalanlagen und die Aufwendungen für Kapitalanlagen, die zum Kapitalanlageergebnis führen. Zu den Erträgen aus Kapitalanlagen gehören auch Erträge aus dem Abgang von Kapitalanlagen (Realisierungsgewinne). Zu den Aufwendungen für Kapitalanlagen gehören außer den Aufwendungen für die Verwaltung von Kapitalanlagen die Abschreibungen auf Kapitalanlagen und die Verluste aus dem Abgang von Kapitalanlagen (Realisierungsverluste).

Da die rechnungsmäßige Verzinsung der die Alterungsrückstellung bedeckenden Kapitalanlagen der Alterungsrückstellung zugeführt werden muss, geht in das Rohergebnis nur der nach Abzug der rechnungsmäßigen Verzinsung verbleibende Teil des Kapitalanlageergebnisses **(Überzinsergebnis)** ein.

4. Sonstiges Ergebnis. In das sonstige Ergebnis fließen alle Ergebnisfaktoren ein, die weder dem Versicherungsgeschäft noch dem Kapitalanlagegeschäft zugeordnet werden können. Dies sind insbes. Ergebnisse aus **Dienstleistungsgeschäften** und Steuern.

III. Ergebnisverwendung

Für die Verwendung des Rohergebnisses ist eine bestimmte **Reihenfolge** einzuhalten.

In einem ersten Schritt sind die **Verwendungen für die Versicherten** vorzunehmen, und zwar zunächst die Zuschreibungen nach § 150 VAG und anschließend die Zuführungen zur Rückstellung für erfolgsabhängige Beitragsrückerstattung (RfB). Nach Zuführung zur RfB stehen die dort gebundenen Mittel für Prämienlimitierungen und Bar-Beitragsrückerstattungen zur Verfügung.

Anschließend ist der verbleibende **Jahresüberschuss** zu verwenden, und zwar in Form von Einstellungen in die Gewinnrücklagen für die Bildung von Eigenkapital und durch Verteilung des Bilanzgewinns an die Aktionäre (Dividenden).

781 Die relative Höhe der **Dividendenausschüttung** an die Aktionäre wird häufig überschätzt. Sie bewegt sich selbst in außergewöhnlich guten Geschäftsjahren nur in einer Größenordnung von ca. 2 % der Beitragseinnahme.

IV. Kennzahlen

782 **1. Kennzahlensystem.** Um die verschiedenen Faktoren für die Entstehung und Verwendung des Ergebnisses besser beurteilen zu können und um die unterschiedliche Leistungsfähigkeit der einzelnen Versicherungsunternehmen im **Marktvergleich** zu analysieren, hat sich im PKV-Markt ein Standard von Kennzahlen entwickelt, der in folgendem Kennzahlensystem seinen Niederschlag gefunden hat:

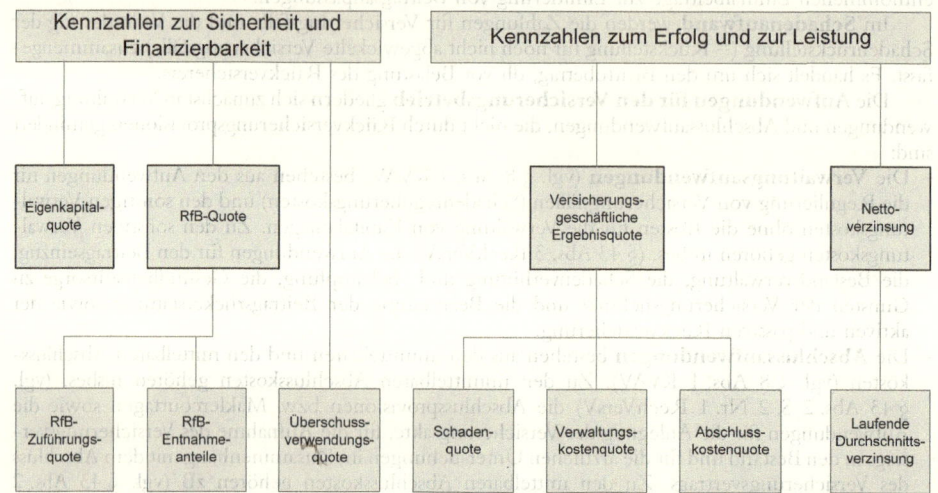

783 Außer diesen Kennzahlen zur Sicherheit und Finanzierbarkeit sowie zum Erfolg und zur Leistung sind noch Kennzahlen zum Bestand und zur Bestandsentwicklung sowie zum Vergleich mit der GKV gebräuchlich.

784 **2. Sicherheit und Finanzierbarkeit.** Hinter den Kennzahlen zur Sicherheit und Finanzierbarkeit verbergen sich folgende **Formeln**:

785 – Die **Eigenkapitalquote** misst das Eigenkapital in Prozent der verdienten Bruttobeiträge. Eigenkapital ist gesetzlich vorgeschrieben. Es besteht bei Aktiengesellschaften aus dem gezeichneten Kapital, den Kapital- und Gewinnrücklagen sowie dem Jahresüberschuss. Das Eigenkapital dient bei Versicherungsunternehmen der Risiko- und Solvabilitätsabsicherung und steht zum Ausgleich kurzfristiger Verluste zur Verfügung. Der Marktdurchschnitt aller PKV-Unternehmen bewegt sich zwischen 13 % und 15 % Eigenkapitalquote.

786 – Die **RfB-Quote** misst die RfB in Prozent der verdienten Bruttobeiträge. Die RfB-Quote zeigt an, in welchem Umfang das Versicherungsunternehmen zusätzliche Mittel zurückstellt, um die Versicherten durch Prämienlimitierungen (→ § 203 Rn. 419) oder Bar-Beitragsrückerstattung (→ § 203 Rn. 420 ff.) am Unternehmenserfolg zu beteiligen und so aktiv für eine möglichst stabile Beitragsentwicklung zu sorgen. Der Marktdurchschnitt aller PKV-Unternehmen bewegt sich zwischen 20 % und 30 % RfB-Quote.

787 – Die **RfB-Zuführungsquote** gibt an, wie viel Prozent der verdienten Bruttobeiträge der erfolgsabhängigen RfB zugeführt wird.

788 – Die **RfB-Entnahmeanteile** geben die Verteilung der Gesamtentnahme aus der RfB auf Prämienlimitierungen (→ § 203 Rn. 419) und Bar-Beitragsrückerstattungen (→ § 203 Rn. 420 ff.) an.

789 – Die **Überschussverwendungsquote** gibt an, wie viel Prozent des Rohergebnisses (nach Steuern) für die Versicherten verwandt wird. Der bloße Anteilsprozentsatz ist von nur geringer Aussagekraft, weil er keinen Rückschluss auf den absoluten Betrag erlaubt, mit dem die RfB zugunsten der Versicherten dotiert wird. Materiell kommt es entscheidend darauf an, von welchem absoluten

Betrag des Überschusses der Zuführungssatz berechnet wird: 80 % von 1 Mio. EUR sind mehr als 100 % von 100.000 EUR.

3. Erfolg und Leistung. Die Kennzahlen zu Erfolg und Leistung verwenden folgende **Formeln:**

– Die **versicherungsgeschäftliche Ergebnisquote** misst das Ergebnis aus dem Versicherungsgeschäft in Prozent der verdienten Bruttobeiträge. Die Ergebnisquote lässt erkennen, ob die Summe der kalkulierten Beiträge und die rechnungsmäßige Verzinsung insgesamt ausreichend waren, um alle Aufwendungen zu decken. Aussagen hinsichtlich der Solidität der Kalkulation ermöglicht erst ein längerer Betrachtungszeitraum der Ergebnisquote. Der Marktdurchschnitt aller PKV-Unternehmen bewegt sich zwischen 5 % und 12 %. Die versicherungsgeschäftliche Ergebnisquote lässt sich in mehrere Teilquoten zerlegen, und zwar in die Schaden-, Verwaltungskosten- und Abschlusskostenquote.

– Die **Schadenquote** misst den Schadenaufwand in Prozent der verdienten Bruttobeiträge. Die Quote zeigt an, wie die Leistungsausgaben hinsichtlich gegenwärtiger und für das Alter zurückgestellter Erstattungsleistungen zu beurteilen sind.

– Die **Verwaltungskostenquote** misst die Aufwendungen des Versicherungsbetriebs – ohne die Abschlussaufwendungen – in Prozent der verdienten Bruttobeiträge. Die Quote wird durch die Qualität der Kundenberatung und -betreuung sowie durch Investitionen in die Datenverarbeitung beeinflusst.

– Die **Abschlusskostenquote** misst die unmittelbaren und mittelbaren Abschlussaufwendungen in Prozent der verdienten Bruttobeiträge. Die Quote ist abhängig vom Umfang des Neu- und Veränderungsgeschäfts; hohes Neugeschäft führt zu hohen Abschlusskostenquoten. Dabei sind allerdings auch Unterschiede in den Zugangswegen und Vertriebsstrukturen der Versicherungsunternehmen zu beachten.

– Die **Nettoverzinsung** zeigt das gesamte Kapitalanlageergebnis in Prozent zum jahresdurchschnittlichen Kapitalanlagebestand (→ § 203 Rn. 269). Die Quote verdeutlicht, wie erfolgreich das Versicherungsunternehmen mit den Kapitalanlagen wirtschaftet. Die Nettoverzinsung bildet die Grundlage für die Überzinsverwendung nach § 150 VAG.

4. Sonstige Kennzahlen. Außer diesen für den PKV-Markt einheitlichen Kennzahlen ist noch die **Vorsorgequote** von Interesse, die angibt, wie hoch die für das erhöhte Krankheitskostenrisiko im Alter gebildeten Mittel in Prozent der verdienten Bruttobeiträge sind. Diese Kennzahl zeigt die durch das Anwartschaftsdeckungsverfahren der PKV gegebene Vorfinanzierungskraft eines PKV-Unternehmens gegenüber der GKV. Aufgrund des Umlageverfahrens der GKV ist deren Vorsorgequote definitionsgemäß Null.

H. Kalkulationsgrundsätze, Vertragsgrundsätze und Versicherungsmathematik

I. Kalkulationsgrundsätze

1. Prinzip des Wagnisausgleichs. Der Wagnisausgleich ist tragendes Element des Versicherungsgedankens; er besagt, dass die Summe der innerhalb einer definierten Risikogruppe während eines bestimmten Zeitraums auftretenden Einzelschäden auf alle Risiken dieser Risikogruppe verteilt wird und durch Beitragsleistungen derselben Risikogruppe gedeckt werden muss. Der Wagnisausgleich hängt von zwei Faktoren ab: Von Art und Größe der **Gefahrengemeinschaft** („Kollektiv") und von der durchschnittlichen **Dauer der Risikotragung.** Zwischen beiden Faktoren besteht ein versicherungstechnischer Zusammenhang. Sind nämlich die in einer Gefahrengemeinschaft zusammenfassbaren Risiken zahlreich und homogen, so kann den versicherungstechnisch notwendigen Ausgleich von Beiträgen und Schäden schon innerhalb eines relativ kurzen Zeitraums allein das Kollektiv herstellen, wenn die Schadenbelastung des Versicherungsbestandes auch über einen längeren Zeitraum hinweg keinen außergewöhnlichen Schwankungen unterworfen ist. Ist die Zahl der zusammenfassbaren Risiken dagegen sehr gering oder sind die Einzelrisiken in ihren Schadenpotentialen extrem inhomogen oder ist die Schadenbelastung der Risiken des Kollektivs über einen längeren Zeitraum hinweg außergewöhnlichen Schwankungen unterworfen, so lässt sich der versicherungstechnisch notwendige Ausgleich innerhalb eines begrenzten Kollektivs nur über entsprechend längere

Zeiträume sicherstellen. Der Ausgleich im Kollektiv und der Ausgleich in der Zeit sind die beiden elementaren Funktionsgesetze der Versicherung.[276]

798 Die in der Gefahrengemeinschaft zusammengefassten Risiken müssen homogen sein, dh gleichartige Risikoprofile und ähnliche Schadenpotentiale aufweisen. Daneben muss in der Gefahrengemeinschaft eine ausreichend große Zahl von (homogenen) Risiken zusammengefasst sein. Für die **Homogenität** eines Versicherungsbestandes oder -teilbestandes gibt es keine festen Maßstäbe. Die Verhältnisse differieren von Versicherungszweig zu Versicherungszweig, von Versicherer zu Versicherer sowie innerhalb desselben Versicherers und unterliegen im Zeitablauf ständigen Veränderungen. Was im Einzelfall als maßgebliche Gefahrengemeinschaft iSd versicherungstechnisch notwendigen Wagnisausgleichs anzusehen ist, bestimmt sich insbes. nach der Bestandsgröße, der Segmentierung der Risiken und den aktuariellen Erfordernissen.

799 **2. Versicherungstechnisches Risiko.** Folgende **Faktoren** bestimmen das Risiko in der Krankenversicherung:
– Alter und Geschlecht der versicherten Person einschließlich der damit zusammenhängenden Alterungsvorgänge und Entwicklung der Lebenserwartung.
– Versicherte Leistungsart (zB ambulante Heilbehandlung, zahnärztliche Behandlung, stationäre Leistungen, Krankentagegeld).
– Ausgeübter Beruf.
– Vorerkrankungen der versicherten Person.
– Genetische Eigenschaften der versicherten Person.
– Subjektive Risikomerkmale, insbes. individuelle Einstellung der versicherten Person zur Krankheit sowie Änderung ihres Risikoverhaltens im Hinblick auf das Bestehen des Krankenversicherungsvertrags („moral hazard").
– Dauer des Versicherungsvertrags (→ Rn. 800).
– Trend der Leistungsinanspruchnahme (→ Rn. 801).

800 Der durchschnittliche Schadenaufwand je Versichertem nimmt unabhängig vom alterungsbedingten Anstieg zusätzlich auch mit der **Dauer des Versicherungsvertrags** zu. Dies beruht einerseits auf der positiven Selektionswirkung von Gesundheitsprüfungen zu Beginn der Versicherung sowie auf Wartezeiten und andererseits auf der statistisch belegten Tatsache, dass im Versicherungsbestand eines PKV-Unternehmens die ungünstigen Risiken länger verbleiben als die günstigen; denn diese können wegen ihres günstigeren Krankheitsrisikos leichter den Versicherer wechseln als jene. Die Abhängigkeit des Krankheitskostenrisikos von der Bestandsdauer wird nach dem Mathematiker Mählmann als „Mählmann-Effekt" bezeichnet (→ Rn. 955).[277]

801 Sich ändernde Schadenhäufigkeiten und die Rahmenbedingungen des Gesundheitssystems beeinflussen erheblich den **Trend der Leistungsinanspruchnahme.** Kostendämpfungsgesetze in der GKV führen idR zu höheren Belastungen der PKV, weil Leistungserbringer ihre Einkommensverluste bei Kassenpatienten durch angepasstes Behandlungs- und Liquidationsverhalten bei Privatpatienten kompensieren.

802 Jeder dieser Faktoren beeinflusst den Aufwand des Versicherers und muss durch Beiträge der Versicherungsnehmer finanziert werden, um die **Äquivalenz** von Leistung und Gegenleistung sicherzustellen.

803 **3. Äquivalenzprinzip.** Tragendes Prinzip der PKV in der Beitragskalkulation ist das Äquivalenzprinzip (→ Rn. 101, 868). Es besagt, dass über die gesamte Vertragsdauer hinweg der **Barwert** aller Beitragszahlungen dem Barwert aller Leistungsausgaben entspricht, und zwar für jede Gruppe von Versicherten, die durch gemeinsame Risikomerkmale und Leistungsinhalte ein zusammengehöriges Kollektiv bilden (vgl. §§ 1, 6, 10 KVAV sowie das amtliche Informationsblatt der BaFin gem. § 146 Abs. 1 Nr. 6 VAG). Die Äquivalenz bezieht sich stets auf den Zeitpunkt der Risikoübernahme und damit der Kalkulation; das Äquivalenzprinzip ist insofern zunächst statisch. Um Äquivalenz auch über längere Zeiträume sicherzustellen, bedarf es regelmäßiger Beitragsanpassungen, die den geänderten Verhältnissen Rechnung tragen.

804 Der Wagnisausgleich im Kollektiv der Gefahrengemeinschaft und der Wagnisausgleich in der Zeit der Risikotragung sind die beiden elementaren **Funktionsgesetze** des Versicherungsgeschäfts (→ Rn. 797). Dementsprechend hat das Äquivalenzprinzip eine kollektive und eine zeitliche Dimension.

---

[276] Ausf. *J. Boetius* in Boetius/Boetius/Kölschbach, Handbuch der versicherungstechnischen Rückstellungen, 2. Aufl. 2021, § 1 Rn. 14 ff.
[277] *Boetius* VersR 2001, 661 (669).

4. Allgemeines Alterungsrisiko. Zwischen Alter und Geschlecht einerseits sowie dem Krankheitskostenwagnis andererseits besteht ein enger Zusammenhang. Mit zunehmendem Alter steigt das **Krankheitskostenwagnis,** insbes. unter den Gesichtspunkten der Häufigkeit, Schwere und Dauer der Krankheit. So verursacht eine Person ab Alter 85 Jahren durchschnittlich knapp zwölfmal so hohe Krankheitskosten wie eine Person zwischen 15 und 30 Jahren (→ Rn. 61; vgl. nachfolgendes Schaubild). 805

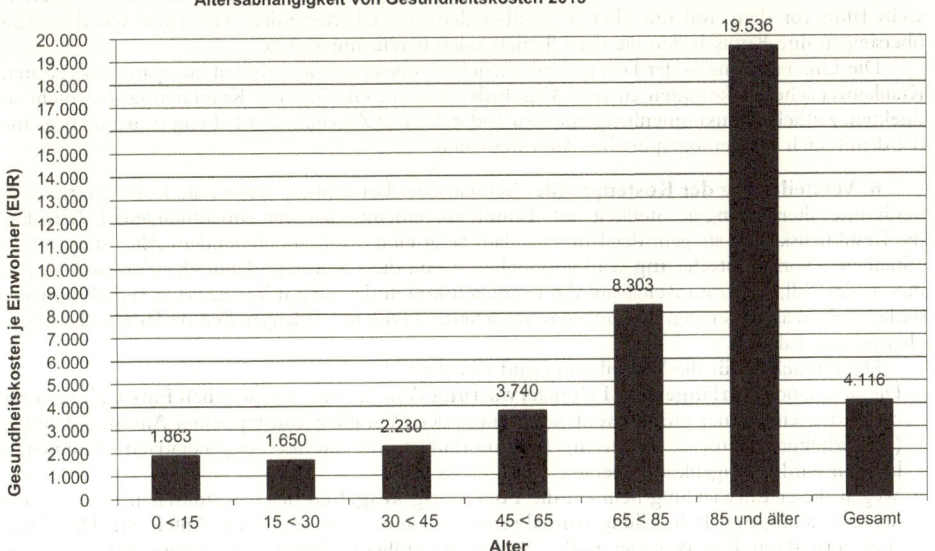

Altersabhängigkeit von Gesundheitskosten 2015

5. Demographisches Alterungsrisiko. Ob das Krankenversicherungssystem durch die zunehmende Lebenserwartung einer demographischen Herausforderung gegenübersteht, hängt auch davon ab, ob der **Anstieg der Krankheitskosten** überwiegend durch das Alter oder durch die zeitliche Nähe zum Tod verursacht wird. Hängt nämlich der Anstieg der Krankheitskosten überwiegend vom Lebensalter der Versicherten ab, werden mit steigender Lebenserwartung auch die Kosten spürbar zunehmen. Ist dagegen die zeitliche Nähe zum Tod ausschlaggebend für die Kostensteigerung, so wird die zunehmende Lebenserwartung die Kosten nur geringfügig beeinflussen. Diese Frage wird unterschiedlich beurteilt (→ Rn. 63). 806

Die **Kompressionsthese** geht davon aus, dass die meisten Krankheitskosten in den letzten Lebensjahren anfallen.[278] Der größte Anteil der im Lebenszyklus verursachten Krankheitskosten entsteht danach kurz vor dem Tod. Die durch die steigende Lebenserwartung hinzugewonnenen Lebensjahre werden nach dieser These überwiegend in Gesundheit und frei von chronischen Krankheiten verbracht. Der Zeitraum der Krankheit, die letztlich den Tod verursacht, verkürzt sich. Mit dem Gewinn an Lebensjahren nehmen die Krankheitsbelastungen und damit verbundene Kosten insgesamt ab. 807

Die **Medikalisierungsthese** hingegen besagt, dass mit zunehmender Lebenserwartung auch mehr Krankheitskosten anfallen.[279] Die hinzugewonnenen Lebensjahre werden danach überwiegend in Krankheit verbracht. Denn: Krankheiten können immer früher festgestellt und behandelt werden; chronische Krankheiten nehmen weiter zu, können aber auch besser therapiert werden, was wieder Kosten generiert. Der Gewinn an Lebensjahren führt danach insgesamt zu steigenden Krankheitsbelastungen mit der Folge überproportional steigender Gesundheitskosten. 808

Im Gegensatz zur GKV ist die PKV in der Lage, **Längsschnittanalysen** über die im Lebenszyklus anfallenden Krankheitskosten ihrer Versicherten durchzuführen (→ Rn. 63). In zwei Untersuchungen aus den Jahren 1994 und 2001 wurden die Daten repräsentativer Versichertenbestände des größten europäischen privaten Krankenversicherers analysiert, wobei neben dem Schadenverlauf im Todesjahr auch der Schadenverlauf in den Jahren zuvor betrachtet wurde.[280] In der ersten Untersuchung, die den am stärksten besetzten stationären Ergänzungsversicherungstarif dieses Versicherungsunternehmens betraf, stellte sich folgendes heraus: Obwohl die Kosten eines verstorbenen Versicher- 809

---

[278] Rodrig/Wiesemann ZVersWiss 2004, 17 (19 ff.).
[279] Rodrig/Wiesemann ZVersWiss 2004, 17 (19 ff.).
[280] Rodrig/Wiesemann ZVersWiss 2004, 17 ff.

ten dieses Tarifs im Jahr seines Todes überproportional hoch sind, sind sie bereits viele Jahre vor seinem Tod höher als das durchschnittliche Risiko aller Versicherten. Bereits acht Jahre vor dem Tod liegen die Schäden der Verstorbenen 10 %, vier Jahre vor dem Tod knapp 50 % über diesem Durchschnittsrisiko. In der zweiten Untersuchung wurden eine ambulante und eine stationäre Krankheitskosten-Vollversicherung untersucht. Auch hier zeigte sich, dass die Verstorbenen bereits einige Jahre vor ihrem Tod in beiden Versicherungsformen ein deutlich höheres Risiko aufweisen als die Überlebenden: In der stationären Versicherung liegt der Kopfschaden der Verstorbenen bereits sechs Jahre vor dem Tod um über 30 % über dem der Überlebenden; vier Jahre vor dem Tod übersteigen ihre Kopfschäden der Überlebenden bereits um 160 %.

810 Die Untersuchungen der Daten- und Versichertenbestände des größten europäischen privaten Krankenversicherers kommen zu dem **Ergebnis,** dass ein Großteil der Krankheitskosten nicht in direktem zeitlichen Zusammenhang mit dem Tod steht. Die Zunahme der Lebenserwartung begründet damit auch ein demographisches Alterungsrisiko.

811   **6. Versteilerung der Kostenprofile.** Bei statischer Betrachtung weisen die Kostenprofile eine bestimmte altersabhängige Steilheit auf. Damit ist gemeint, dass mit zunehmendem Lebensalter die Krankheitskosten steigen; der Kurvenverlauf zeigt eine – mit zunehmendem Alter steigende – „Steilheit". Von **Versteilerung** wird gesprochen, wenn diese Kurve im Laufe der Zeit steiler wird; dies ist der Fall, wenn im Zeitablauf die Krankheitskosten der älteren Versicherten verhältnismäßig stärker steigen als diejenigen der jüngeren Versicherten. Dies ist seit langer Zeit in der Krankenversicherung der Fall.

812   Die **Ursachen** für die Versteilerung sind vielfältig:[281]
– Die sich ständig **verlängernde Lebenserwartung** iVm der demographischen Entwicklung sorgt dafür, dass ein immer größer werdender Anteil der Menschen von typischen Alterskrankheiten (zB Alzheimer, Demenz, Parkinson), Multimorbidität und chronisch-degenerativen Krankheiten befallen wird (Mengenkomponente).
– Wegen dieser Entwicklung nehmen die **Forschungsausgaben** der medizinischen Industrie für die Erkennung und Behandlung von Alterskrankheiten einen steigenden Anteil ein. Dies führt zum verstärkten Einsatz neuer und – wegen der höheren Forschungsinvestitionen – teurer Diagnose- und Behandlungsmethoden (Preiskomponente).

813 Daraus ergibt sich als **Konsequenz,** dass die Altersabhängigkeit der Krankheitskosten nicht konstant oder statisch ist, sondern im Zeitablauf steigt und damit dynamisch ist. Dies belegen eindrucksvoll die Daten repräsentativer Versichertenbestände des größten europäischen Krankenversicherers: Bezogen auf die Krankheitskosten eines 30-Jährigen betrugen im Jahre 1972 die Krankheitskosten eines 60-Jährigen das Zweifache, eines 70-Jährigen das Dreieinhalbfache und eines 80-Jährigen das Fünfeinhalbfache. Im Jahre 2002 betrugen die Krankheitskosten eines 60-Jährigen bereits das Dreifache, eines 70-Jährigen das Fünffache und eines 80-Jährigen das Achtfache. Die für diese Dynamik verantwortlichen Faktoren werden dafür sorgen, dass die Versteilerung der Kostenprofile in Zukunft weiter voranschreitet (→ Rn. 61).

814   **7. Anwartschaftsdeckungsverfahren.** In einem System reiner **Risikobeiträge** würde das mit steigendem Alter progressiv steigende Krankheitskostenrisiko (→ Rn. 102) dazu führen, dass der Krankenversicherungsbeitrag allein in Abhängigkeit vom jeweils erreichten Alter in jungen Jahren außergewöhnlich niedrig wäre, um später anzusteigen und ab Alter 60 ein Vielfaches des ursprünglichen Beitrags zu erreichen. Das hätte zur Konsequenz, dass die Krankenversicherung in hohem Alter nicht mehr bezahlbar wäre, wenn die Betroffenen sie alters- und krankheitsbedingt ganz besonders benötigten.

815   Damit dieser Fall nicht eintritt, schreibt das Gesetz für die Beitragskalkulation in der substitutiven Krankenversicherung und in der nach Art der Lebensversicherung betriebenen nicht-substitutiven Krankenversicherung das **Anwartschaftsdeckungsverfahren** (→ Rn. 102, 720) vor. Beim Anwartschaftsdeckungsverfahren wird versicherungstechnisch so kalkuliert, dass der Beitrag außer dem zur Deckung der laufenden Leistungen und der Kosten des Versicherungsbetriebs erforderlichen Teil einen gleichfalls kollektiven Sparanteil enthält, der die mit steigendem Alter wachsenden Krankheitsaufwendungen der Zukunft vorfinanziert, soweit sie zum Zeitpunkt der Risikoübernahme bzw. der Kalkulation erkennbar und damit einrechenbar waren. Dieser überschießende Teil fließt in die kollektive Alterungsrückstellung und wird dort verzinslich angesammelt.

816–817   Steigen die Leistungsausgaben aufgrund des höheren Alters der Versicherten – dh *alterungs*bedingt –, werden Teile der Alterungsrückstellung aufgelöst und für die erforderlichen Leistungen an die Versicherten verwendet. Dadurch wird erreicht, dass der Beitrag allein aufgrund des Älterwerdens

---

[281] *Buchner/Wasem* ZVersWiss 2000, 357 ff.; *Rodrig/Wiesemann* ZVersWiss 2004, 17 (21).

nicht anzupassen ist. So ist die prinzipielle **Alterungsunabhängigkeit** des Krankenversicherungsbeitrags trotz altersbedingt steigenden Krankheitsrisikos der tragende Grundsatz der deutschen PKV.

II. Vertragsgrundsätze

1. Beschränkungen der Vertragsfreiheit. Für privatrechtliche Verträge gilt grds. Vertragsfreiheit. Abgesehen von den im VVG vorgesehenen allgemeinen Beschränkungen der Vertragsfreiheit unterliegt das Krankenversicherungsvertragsrecht wegen der sozialen Funktion (→ Rn. 723 ff.; → Rn. 774, 817) dieses Versicherungszweigs **besonderen Beschränkungen der Vertragsfreiheit.** Dies gilt insbes. für das Kündigungsrecht des Versicherungsunternehmens (→ Rn. 820). Zum Ausgleich sind dem Versicherungsunternehmen Möglichkeiten zur einseitigen Vertragsänderung eingeräumt (→ Rn. 821). 818

Die Vertragsgrundsätze beziehen sich auf die PKV allgemein. Außerhalb dieser Vertragsgrundsätze bewegen sich die künftigen gesetzlichen Vorschriften zum **Basistarif**, die zusf. gesondert dargestellt werden (→ Rn. 1035 ff.; → Rn. 1183 ff.). 819

In der substitutiven Krankenversicherung und in der privaten Pflege-Pflichtversicherung sowie in der neben einer Krankheitskosten-Vollversicherung bestehenden Krankenhaustagegeldversicherung ist die **ordentliche Kündigung** des Versicherungsunternehmens kraft Gesetzes ausgeschlossen (§ 206 Abs. 1 S. 2, 3 VVG, § 257 Abs. 2a S. 1 Nr. 5 SGB V). Das Gleiche galt bis zum 31.12.2008 für die substitutive Krankenversicherung, sofern sie nach Art der Lebensversicherung betrieben wird (§ 206 Abs. 2 VVG 2008).[282] Wenig systematisch verlangt das Versicherungsaufsichtsrecht, dass das ordentliche Kündigungsrecht des Versicherungsunternehmens im *Versicherungsvertrag* ausgeschlossen wird (§ 146 Abs. 1 Nr. 3, § 147 VAG). Dies ist zumindest für die substitutive Krankenversicherung wegen des gesetzlichen Kündigungsverbots überflüssig. 820

Der Ausschluss des Kündigungsrechts bindet das Versicherungsunternehmen an einen Vertrag, auch wenn die objektive Geschäftsgrundlage für diesen Vertrag sich gravierend verändert. Dies ist zB der Fall, wenn die der Kalkulation zugrunde gelegten Annahmen oder die Verhältnisse des Gesundheitswesens sich entscheidend ändern. Dies würde die **Äquivalenz von Leistung und Gegenleistung** in dem auf Gegenseitigkeit angelegten Versicherungsvertrag mit der Folge zerstören, dass die dauernde Erfüllbarkeit der Verpflichtungen aus dem Versicherungsvertrag nicht mehr gewährleistet wäre, ohne dass das Versicherungsunternehmen dies beeinflussen könnte. Um die notwendige Äquivalenz von Leistung und Gegenleistung dauerhaft zu gewährleisten, räumt das Gesetz dem Versicherungsunternehmen das Recht ein, den Versicherungsvertrag in konkret bestimmten Fällen einseitig zu ändern, indem es die Prämien und die AVB einschließlich der Tarifbestimmungen anpassen kann. 821

Die **außerordentliche Kündigung aus wichtigem Grund** ist dagegen auch in der substitutiven Krankenversicherung nicht grds. ausgeschlossen (→ Rn. 824). Rechtsgrundlage hierfür ist § 314 Abs. 1 BGB.[283] Ganz allgemein setzt ein wichtiger Grund voraus, dass Tatsachen vorliegen, die dem kündigenden Vertragspartner die Fortsetzung des Vertrags unzumutbar machen. Wegen der sozialen Funktion der PKV ist nach stRspr ein wichtiger Grund zur Kündigung erst dann gegeben, „wenn der Versicherungsnehmer in besonders schwerwiegender Weise die Belange des Versicherers seinem Eigennutz hintanstellt", was vor allem der Fall ist, wenn er sich Versicherungsleistungen erschleicht oder zu erschleichen versucht.[284] 822

Einen gesetzlich geregelten Fall der außerordentlichen Kündigung aus wichtigem Grund stellt die **fristlose Kündigung wegen Zahlungsverzugs** mit der Folgeprämie nach § 38 Abs. 3 dar. Diese Vorschrift gilt – soweit das Kündigungsrecht des Versicherungsunternehmens wegen Folgeprämienzahlungsverzugs nicht aus anderen Gründen ausgeschlossen ist[285] – für alle Formen der Krankenversicherung, wobei die ursprüngliche Verlängerung der Zahlungsfrist auf zwei Monate (§ 194 Abs. 2 S. 1 VVG 2008) ab 1.1.2009 durch Art. 11 Abs. 1 VVG-ReformG wieder aufgehoben wurde.[286] 823

Im Zusammenhang mit der Einführung der Versicherungspflicht in PKV schrieb das GKV-WSG ab 1.1.2009 ein **weitgehendes Kündigungsverbot** für alle in Erfüllung der Versicherungspflicht abgeschlossenen Krankenversicherungsverträge vor, das Art. 11 Abs. 1 VVG-ReformG inhaltsgleich in § 206 Abs. 1 S. 1 übernahm (→ Rn. 1095 ff.). Dieses weitgehende Kündigungsverbot beschränkt sich auf Kündigungen wegen Prämienverzugs (→ Rn. 1103 ff.). 824

---

[282] *Boetius* VVG § 206 Rn. 130 ff.
[283] BGH VersR 2007, 1260 = r+s 2007, 460.
[284] BGH VersR 2007, 1260 (1261) = r+s 2007, 460 im Anschluss an BGH VersR 1985, 54.
[285] *Boetius* VVG § 194 Rn. 67 f.
[286] *Boetius*, Private Krankenversicherung nach der Gesundheitsreform und der VVG-Reform, 2008, S. 9.

825 **2. Beitragsanpassung.** Ist in Versicherungsverträgen das ordentliche Kündigungsrecht des Versicherungsunternehmens gesetzlich (§ 206 Abs. 1) oder vertraglich (vgl. § 146 Abs. 1 Nr. 3, § 147 VAG) ausgeschlossen, kann das Versicherungsunternehmen bei einer nicht nur vorübergehenden Veränderung einer für die Prämienkalkulation **maßgeblichen Rechnungsgrundlage** die Prämie anpassen, wenn ein unabhängiger Treuhänder dem zugestimmt hat (§ 203 Abs. 2). Als maßgebliche Rechnungsgrundlage in diesem Sinn gelten die Versicherungsleistungen und die Sterbewahrscheinlichkeiten (§ 203 Abs. 2 S. 3). Beträgt die Abweichung des tatsächlichen Schadenbedarfs gegenüber dem kalkulierten Schadenbedarf mehr als 10 % oder beträgt die Veränderung der Sterbewahrscheinlichkeit mehr als 5 %, ist das Versicherungsunternehmen nicht nur berechtigt, sondern verpflichtet, die Prämien anzupassen (§ 155 Abs. 3 S. 2 VAG).

826 **3. Bedingungsänderung.** In nach Art der Lebensversicherung betriebenen Versicherungsverhältnissen, in denen das ordentliche Kündigungsrecht ausgeschlossen ist, kann das Versicherungsunternehmen bei nicht nur vorübergehenden Veränderungen der **Verhältnisse des Gesundheitswesens** die AVB und die Tarifbestimmungen den veränderten Verhältnissen anpassen, wenn dies zur Wahrung der Versichertenbelange erforderlich ist und ein unabhängiger Treuhänder die Voraussetzungen für die Änderungen überprüft und ihre Angemessenheit bestätigt hat (§ 203 Abs. 3).

827 **4. Treuhänder.** Die **Wirksamkeit einer Beitragsanpassung und einer Bedingungsänderung** hängt von der Zustimmung eines unabhängigen Treuhänders ab. Es handelt sich nach der Aufgabenstellung um zwei unterschiedliche Treuhänder, die bei entsprechender Qualifikation allerdings auch in einer Person tätig werden können. Dementsprechend spricht man vom Prämientreuhänder und vom Bedingungstreuhänder.[287]
Zu **Aufgaben, Qualifikation und Bedeutung** des unabhängigen Treuhänders ausf. → § 203 Rn. 494 ff.

III. Versicherungsmathematik

828 **1. Begriff.** Unter dem Begriff „Versicherungsmathematik" werden die mathematischen **Modelle und Methoden** zusammengefasst, die quantifizierbare Sachverhalte der Versicherung beschreiben und erklären.[288] Mit Hilfe der Versicherungsmathematik werden Prognose- und Entscheidungsprobleme der Versicherungswirtschaft gelöst. Die Modelle und Methoden werden entweder originär für Fragestellungen der Versicherung entwickelt oder aus der reinen Mathematik, vor allem der Wahrscheinlichkeitstheorie und der mathematischen Statistik, adaptiert.[289]

829 Unter den **mathematischen Verfahren** unterscheidet man Deterministische und Stochastische Modelle. Deterministische Modelle werden vorwiegend bei großen Kollektiven mit relativ stabilen Verhältnissen eingesetzt und unterstellen das weitgehende Fehlen von Zufallsgesetzmäßigkeiten (zB Sterbetafeln). Immer dann jedoch, wenn Vorgänge vom Zufall abhängen, wenn durch die Inhomogenität der Risiken im Versicherungsbestand kein eindeutiger Ursachen-Wirkungszusammenhang bestimmbar ist, wenn Schadenverteilungen nur unvollständig bekannt oder durch Großschäden beeinflusst sind, werden die Gesetzmäßigkeiten mit Stochastischen Modellen beschrieben; sie finden vor allem Anwendung in der Schadenversicherung und der Rückversicherung.

830 **2. Aktuarielle Grundsätze.** Die Beitragskalkulation muss den nachprüfbaren anerkannten aktuariellen Grundsätzen entsprechen. Was aktuariell anerkannt ist (§ 1 KVAV: „anerkannte Regeln der Versicherungsmathematik"), ist versicherungsaufsichtsrechtlich und damit auch versicherungsvertragsrechtlich bindend (§ 146 Abs. 1 Nr. 1 VAG, § 1 KVAV, § 203 Abs. 1 S. 1 VVG). Zu den anerkannten aktuariellen Regeln gehören ua folgende **Grundsätze:**

831 – Jeder **Tarif** muss für sich – dh unabhängig vom Kalkulationsbedarf anderer Tarife – kalkuliert werden (vgl. § 6 Abs. 1 S. 1, § 10 Abs. 1 S. 1 KVAV). Der Tarif wird durch das konkrete Leistungsversprechen, wie es sich aus den im Versicherungsvertrag vereinbarten Tarifbestimmungen ergibt, definiert. Jeder einzelne Tarif hat ein dem Grunde und der Höhe nach einheitliches Leistungsversprechen (vgl. § 10 Abs. 1 S. 1 KVAV). Unterschiedliche Leistungsversprechen führen zu verschiedenen Tarifen.

832 – Die Kalkulation muss **risikogerecht** sein (vgl. § 10 Abs. 1 S. 3 KVAV), dh dem Äquivalenzprinzip entsprechen.

---

[287] Zum Treuhänder ausf. *Renger*, Münsteraner Reihe Heft 39, 1997, S. 1 ff.; *Grote* Die Rechtsstellung der Prämien-, Bedingungs- und Deckungsstocktreuhänder nach dem VVG und dem VAG (Münsteraner Reihe Heft 75), 2002, S. 1 ff.

[288] Dazu ausführlich *F. Boetius/J. Boetius* in Boetius/Boetius/Kölschbach, Handbuch der versicherungstechnischen Rückstellungen, 2. Aufl. 2021, § 1 Rn. 61 ff.

[289] Ausf. *Helten* in HdV S. 1077 ff.

– Ein Tarif kann aus unterschiedlichen Beobachtungseinheiten bestehen. **Unterschiedliche** 833
Beobachtungseinheiten können zB verschiedene Altersgruppen (zB Kinder/Jugendliche) oder
Geschlechter sein. Es verstößt nicht generell gegen aktuarielle Grundsätze, alters- oder geschlechtsunabhängige Prämien zu verlangen. Dabei ist zwischen der *Vertragsebene* und der *Kalkulationsebene*
zu unterscheiden (→ § 203 Rn. 149). Die Anforderungen an die Kalkulation hängen vom jeweiligen Leistungsversprechen und der jeweiligen Beobachtungseinheit ab. Der Verstoß gegen aktuarielle Grundsätze in der Kalkulation beginnt, wenn die Zusammenfassung mehrerer Beobachtungseinheiten in der Kalkulation zu einer einzigen die dauerhafte Äquivalenz erheblich gefährdet.
Wenn mehrere Beobachtungseinheiten mit unterschiedlichem Risikoprofil für die Kalkulation
zusammengefasst werden, führt dies insoweit zu einer einheitlichen Durchschnittsprämie. Je größer
die Spreizung der Risikoprofile der zusammengefassten Beobachtungseinheiten ist, umso stärker
wird die Äquivalenz gefährdet. Da die einheitliche Durchschnittsprämie für die geringer exponierten Risiken tendenziell zu hoch und für die stärker exponierten Risiken tendenziell zu niedrig
ist, besteht die Gefahr der negativen Risikoselektion („Antiselektion"): Die „guten" Risiken
bleiben wegen zu hoher Prämie aus und überwiegend „schlechte" Risiken werden von der für
sie attraktiv niedrigen Prämie angezogen. Das hat in der Krankenversicherung wieder zur Folge,
dass die zu niedrige Durchschnittsprämie gegenüber dem wirklichen Bedarf eine zu geringe
Alterungsrückstellung generiert, was die dauernde Erfüllbarkeit der Verpflichtungen aus den Versicherungsverträgen und damit die Belange der Versicherten gefährdet. Unterschiedliche Beobachtungseinheiten innerhalb eines Tarifs sind also zum Zweck der aktuariell notwendigen Risikodifferenzierung und Risikogerechtigkeit zu bilden und deshalb getrennt zu kalkulieren (§ 10 Abs. 1
S. 2, § 15 Abs. 1 S. 1 KVAV).

– Zu den anerkannten aktuariellen Methoden gehört der Grundsatz, dass **jede einzelne Rech-** 834
nungsgrundlage sich selbst tragen, dh in sich auskalkuliert sein muss; eine Saldierung der Kalku-
lationsergebnisse mehrerer Rechnungsgrundlagen ist unzulässig.

– Jede einzelne Rechnungsgrundlage ist für sich mit **ausreichenden Sicherheiten** zu versehen 835
(§ 2 Abs. 3 KVAV). Dies dient dem Schutz der Versicherten, um spätere überproportionale Prämiensteigerungen zu verhindern, soweit sie darauf beruhen, dass die Anfangsprämien nicht ausreichend bemessen waren.[290] Es ist nicht zulässig, über mehrere Rechnungsgrundlagen hinweg
pauschale Sicherheiten einzurechnen. Auch der Sicherheitszuschlag selbst hat nicht diese Funktion.

3. Rechtsqualität der Versicherungsmathematik. Wesentliches Systemelement der substi- 836
tutiven Krankenversicherung ist der **Zwang zur versicherungsmathematischen Kalkulation**
(→ Rn. 707). Nach Art. 206 Abs. 2 UAbs. 1 lit. a RL 2009/138/EG darf die Krankenversicherung
nur dann nach Art der Lebensversicherung betrieben werden, wenn „die Prämien ... entsprechend
der versicherungsmathematischen Methode berechnet" werden. Der nationale Gesetzgeber ist gehindert, diese obligatorischen Voraussetzungen zu erweitern oder zu verändern.[291]

Eine andere als die versicherungsmathematisch begründete Beitragskalkulation ist unzulässig. 837
Für die versicherungsmathematische Kalkulation gelten anerkannte aktuarielle Grundsätze, die nicht
zur Disposition der einzelnen Versicherungsunternehmen oder des Gesetzgebers stehen. Bei den
anerkannten Grundsätzen und Regeln der Versicherungsmathematik handelt es sich nämlich um der
Rechtssetzung vorgelagerte **Erkenntnisse der Wissenschaft**[292] – ähnlich den wissenschaftlichen
Erkenntnissen der Gesetze von Natur und Physik. Eine Beitragsberechnung, die sich zB nicht
am Äquivalenzprinzip orientiert, verstößt gegen den Grundsatz der versicherungsmathematischen
Kalkulation. Dies ist bedeutsam vor allem für eine Beitragsberechnung, die sich wie in der Sozialversicherung nach der wirtschaftlichen Leistungsfähigkeit des Versicherungsnehmers bemisst;[293] das ist
bei der Beitragshalbierung im Basistarif von Sozialhilfeempfängern der Fall (→ Rn. 1060).

Der deutsche Gesetzgeber hat die unionsrechtlichen Vorgaben der Dritten SchadenRL bzw. 838
RL 2009/138/EG mit dem 3. DurchfG/EWG zum VAG in **nationales Recht** umgesetzt. Die
unbedingte und uneingeschränkte Geltung der versicherungsmathematischen Methoden ist in § 146
Abs. 1 Nr. 1, § 156 Abs. 2 S. 1 Nr. 1 VAG festgeschrieben.

4. Verhältnis zum Unionsrecht. a) Geschlechtsneutralität. Der EuGH hatte mit Urt. 839
v. 1.3.2011 entschieden, dass keine nach Geschlecht unterschiedlichen Versicherungsprämien verlangt werden dürfen (→ § 203 Rn. 172 ff.).[294] Der EuGH stützte seine Entscheidung darauf, dass
Art. 5 Abs. 2 Gender-RL wegen Verstoßes gegen Art. 21 Abs. 1, Art. 23 **Grundrechte-Charta**

---

[290] Begr. zu § 2 Abs. 3 KalV, BR-Drs. 414/96, 20.
[291] Ausf. *Boetius* VersR 2005, 297 ff. (300).
[292] *Boetius* VersR 2007, 1589 (1592).
[293] *Boetius* VersR 2005, 297 (300).
[294] EuGH Slg. 2011, I-733 = VersR 2011, 377 = NJW 2011, 907 – Test-Achats.

ungültig sei. Hierfür war ua entscheidend, dass die Gender-RL ausdrücklich auf Art. 21, 23 Grundrechte-Charta verweist. Art. 21 Abs. 1 Grundrechte-Charta verbietet allgemein Diskriminierungen ua wegen des Geschlechts. Art. 23 Abs. 1 Grundrechte-Charta fordert, dass die Gleichheit von Mann und Frau sicherzustellen ist.

840 Die Gender-RL ist nach Art. 19 Abs. 1 AEUV erlassen, der den Rat *ermächtigt*, Regelungen zur Bekämpfung von **Diskriminierung** ua wegen des Geschlechts zu erlassen. *Wenn* der Rat von dieser Ermächtigung Gebrauch macht, muss er diejenigen Vorschriften des EUV und AEUV beachten, die die Gleichstellung von Mann und Frau fordern.[295]

841 Auch wenn der EuGH seine Entscheidung auf den Gleichbehandlungsgrundsatz der Grundrechte-Charta gestützt hat, war die Entscheidung nur deshalb rechtlich problemlos möglich, weil geschlechtsunabhängige Prämien nicht gegen **zwingende aktuarielle Grundsätze** verstoßen (→ Rn. 833). Allerdings war dem EuGH diese mögliche Problematik offenbar nicht bewusst gewesen.

842 **b) Altersabhängigkeit.** Anders verhält es sich mit der Altersabhängigkeit der Prämienkalkulation. Das **Alter** ist zwar auch ein personengebundenes Merkmal, das jedoch im Gegensatz zum Geschlecht natürlichen Veränderungen unterworfen ist. Weil jeder Mensch verschiedene Altersstufen durchläuft, wird er bei altersabhängigen Prämien nicht ungerechtfertigt benachteiligt.[296]

843 Zwar verbietet Art. 21 Abs. 1 Grundrechte-Charta auch die **Altersdiskriminierung.** Solange der EU-Gesetzgeber jedoch von seiner Ermächtigung nach Art. 19 Abs. 1 AEUV keinen Gebrauch macht, folgt aus dem Verbot der Altersdiskriminierung kein konkretes Gleichbehandlungsgebot bei der Prämienkalkulation.

844 Selbst wenn der EU-Gesetzgeber eine allgemeine Richtlinie gegen Altersdiskriminierung beabsichtigen sollte, ermöglicht dies immer noch Ausnahmen, wenn es dafür „legitime Gründe" gibt.[297] Letzteres ergibt sich aus dem Urteil des EuGH v. 18.11.2010, das sich mit der Altersdiskriminierung durch **Befristung des Arbeitsverhältnisses zum 65. Lebensjahr** befasst.[298] Mit diesem Urteil hat der EuGH Art. 6 der RL 2000/78/EG für wirksam erklärt, der die Beschäftigung und Beruf die „gerechtfertigte Ungleichbehandlung wegen des Alters" regelt. Hier hat der EuGH sich nicht auf Art. 21 Abs. 1 Grundrechte-Charta bezogen, obwohl der EU-Gesetzgeber von seiner Ermächtigung nach Art. 19 Abs. 1 AEUV Gebrauch gemacht hat (→ § 203 Rn. 190).

845 Die **altersabhängige Prämienkalkulation** ist Wesensmerkmal der Lebensversicherung und der nach Art der Lebensversicherung betriebenen Krankenversicherung. Die prognostizierte Lebenserwartung ist zentraler Risikofaktor[299] und vom Eintrittsalter abhängig. Ein Verbot dieses Kalkulationsprinzips würde den Betrieb dieser Versicherungszweige unmöglich machen und sie faktisch beseitigen.[300]

J. Alterungsrückstellung

I. Funktion und Bedeutung der Alterungsrückstellung

846 **1. Grundgedanke.** Der Grundgedanke der Alterungsrückstellung besteht darin, für das Versichertenkollektiv über die gesamte Dauer der Versicherungsverhältnisse einen vom Altersanstieg unabhängigen **konstanten Beitrag** lebenslang unter der Annahme sicherzustellen, dass alle übrigen Einflussfaktoren für die Krankheitskostenentwicklung sich nicht ändern. Über den Lebenszyklus der Versicherten hinweg sind unterschiedliche Faktoren für den altersbedingten Anstieg der Krankheitskosten verantwortlich:
– Die Lebenserwartung verlängert sich (→ Rn. 847 ff.).
– Krankheiten entstehen im späteren Alter (→ Rn. 850).
– Bereits entstandene Krankheiten brechen aufgrund langer Latenzzeiten im späteren Alter aus (→ Rn. 851).

847 **2. Lebenserwartung.** Die Alterungsrückstellung ist nur dann ausreichend gebildet, wenn sie die **Sterbewahrscheinlichkeit** zutr. zugrunde legt. Zu hoch angesetzte Sterbewahrscheinlichkeiten, dh zu niedrig angesetzte Lebenserwartungen ziehen unzureichend dotierte Alterungsrückstellungen

---

[295] EuGH Slg. 2011, I-733 = VersR 2011, 377 = NJW 2011, 907 Rn. 19 – Test-Achats.
[296] Schlussanträge der Generalanwältin Juliane Kokott VersR 2010, 1571 Rn. 50 Fn. 37 – Test-Achats.
[297] Im Ergebnis ebenso *Looschelders* Z.VersWiss 2015, 481 (490 f.).
[298] EuGH Slg. 2010, I-11869 = EuZW 2011, 116.
[299] Schlussanträge der Generalanwältin Juliane Kokott VersR 2010, 1571 Rn. 85 – Test-Achats.
[300] *Mönnich* VersR 2011, 1092 (1102).

nach sich. Aufgrund der ständigen Zunahme der Lebenserwartung und des Primats der dauernden Erfüllbarkeit der Verpflichtungen aus den Versicherungsverträgen (→ Rn. 700 ff.; → Rn. 712) ist eine Sterbewahrscheinlichkeit nur dann ausreichend vorsichtig berechnet, wenn sie nicht allein retrospektiv die Vergangenheit widerspiegelt, sondern auch absehbare Zukunftsentwicklungen einbezieht. Für die Deckungsrückstellung im Lebensversicherungs- und dem nach Art der Lebensversicherung betriebenen Versicherungsgeschäft, zu dem die substitutive Krankenversicherung gehört, ist die prospektive Methode gesetzlich festgelegt (§ 341f Abs. 1 S. 1 HGB).[301]

Die Verlängerung der Lebenserwartung hat zur Folge, dass die Versicherten die medizinische Versorgung länger in Anspruch nehmen. Gleichzeitig wachsen die Menschen mit dem Erreichen höherer Lebensalter in Krankheiten und Krankheitsbilder hinein, die sie früher nicht „erlebt" hätten. Vor allem das gleichzeitige Auftreten mehrerer Krankheiten (**Multimorbidität**) steigt mit dem Alter und verursacht einen besonders komplexen, kostenintensiven Behandlungsbedarf. Deshalb führt die Verlängerung der Lebenserwartung zu einem weiteren Anstieg der künftigen Krankheitskosten. Dies hat zur Folge, dass die bisher gebildeten Alterungsrückstellungen nicht mehr ausreichend bemessen sind. Daraus entsteht zusätzlicher Vorfinanzierungsbedarf, sodass bei Einführung neuer Sterbetafeln die Beiträge entsprechend anzupassen sind. Da dies in regelmäßigen Abständen geschieht, sind im System der PKV die aktuellen Lebenserwartungen stets zutr. in den Alterungsrückstellungen abgebildet. 848

Die Verlängerung der Lebenserwartung ist nur im statistischen Durchschnitt, dh für Versichertenkollektive und nie individuell für einzelne Versicherte nachweisbar. Das gleiche gilt für die prospektive Abschätzung künftiger Entwicklungen. Die künftige Entwicklung ist Teil des Änderungsrisikos. Das **Änderungsrisiko** beschreibt den Wandel der Risikofaktoren im Zeitablauf. Es ist von besonderer Bedeutung bei der zutreffenden Bildung aller kollektiven Rückstellungsformen wie zB der Spätschadenrückstellung oder der Alterungsrückstellung.[302] 849

3. Künftig entstehende Krankheiten. Es liegt im biologischen Prozess, dass für den einzelnen individuellen Versicherten bei Versicherungsbeginn idR unsicher ist, ob, wann und welche Krankheiten auftreten und wann er stirbt (zur Nichtprognostizierbarkeit → Rn. 854 ff.). Auch weitere Fortschritte auf dem Gebiet der **Genomanalysen** beseitigen diese Unsicherheit nicht grundsätzlich; denn Krankheiten haben ihre Ursache zu 50 % im individuellen Verhalten, 30 % sind genetisch bedingt, 10 % beruhen auf Arbeits- und Umweltfaktoren und 10 % sind auf die medizinische Versorgung selbst zurückzuführen. 850

Allerdings gibt es bestimmte vererbliche Krankheiten (zB Chorea Huntington), deren künftiger Eintritt aufgrund des ursächlichen Gendefekts mit hoher Wahrscheinlichkeit – teilweise mit absoluter Sicherheit – prognostiziert werden kann. Das führt sogar dazu, bereits das **Bestehen des Erkrankungsrisikos als Beginn der Krankheit** zu definieren (dazu ausführlich → Rn. 1345t ff.). 850a

4. Latenzzeiten von Krankheiten. Zwischen dem Entstehen der Krankheit und ihrer medizinischen Behandlung kann ein zum Teil sehr langer Zeitraum liegen.[303] Eindrucksvolle Beispiele für **jahrzehntelange Latenzzeiten** zwischen Beginn der Exposition und Beginn der Krankheit liefern die beruflich bedingten Krebserkrankungen (Berufskrebs). Bei den zehn wichtigsten berufsbedingten Krebserkrankungen liegen die Latenzzeiten zwischen 23 und 42 Jahren.[304] Weitere Beispiele gibt es im Bereich von Pharmaschäden, wenn Arzneimittel schädliche Nebenwirkungen herbeiführen, die ihrerseits Krankheitskosten verursachen. Zwischen Markteinführung eines Arzneimittels, dem Beginn einer darauf zurückzuführenden Krankheit und dem ersten Verdacht, dass dies möglicherweise auf das Arzneimittel zurückzuführen ist, liegen außerordentlich lange Latenzzeiten von teilweise über 20 bis zu fast 40 Jahren.[305] 851

5. Begriff des Versicherungsfalles und Spätschäden. Der **Versicherungsfall** in der Krankenversicherung beginnt noch nicht mit der Verursachung oder dem Entstehen der Krankheit, dem Auftreten der ersten Krankheitssymptome oder dem Erkennen der Krankheit durch den Versicherten. Der Versicherungsfall beginnt erst mit dem während der Vertragsdauer einsetzenden tatsächli- 852

---

[301] *J. Boetius* in Boetius/Boetius/Kölschbach, Handbuch der versicherungstechnischen Rückstellungen, 2. Aufl. 2021, § 10 Rn. 58.

[302] *J. Boetius* in Boetius/Boetius/Kölschbach, Handbuch der versicherungstechnischen Rückstellungen, 2. Aufl. 2021, § 1 Rn. 46.

[303] *J. Boetius* in Boetius/Boetius/Kölschbach, Handbuch der versicherungstechnischen Rückstellungen, 2. Aufl. 2021, § 10 Rn. 154 ff.

[304] Vgl. die Beispiele iE bei *J. Boetius* in Boetius/Boetius/Kölschbach, Handbuch der versicherungstechnischen Rückstellungen, 2. Aufl. 2021, § 17 Rn. 186.

[305] Vgl. die Beispiele iE bei *J. Boetius* in Boetius/Boetius/Kölschbach, Handbuch der versicherungstechnischen Rückstellungen, 2. Aufl. 2021, § 15 Rn. 63 ff.

chen Beginn der medizinisch notwendigen Heilbehandlung bzw. diagnostischen Untersuchung (→ Rn. 1345 ff.). Versicherungsfall und Schadenereignis sind hier nicht identisch: Das Entstehen der Krankheit ist das (Schaden-)Ereignis, das nach Erkennen der Krankheit zur medizinischen Behandlung als dem versicherten Schaden oder Versicherungsfall führt.

853 Soweit am jeweiligen Bilanzstichtag des Versicherers derartige Krankheiten bereits verursacht sind, aber noch nicht zu einer medizinischen Behandlung und damit zu einem Versicherungsfall geführt haben, handelt es sich im versicherungstechnischen Sinn um echte **Spätschäden**.[306] Auch diese Spätschäden werden in der Alterungsrückstellung mit abgebildet, weil es praktisch nicht möglich ist, den Zeitpunkt des eigentlichen Beginns einer Erkrankung exakt zu erkennen. Damit erfüllt die Alterungsrückstellung auch die Funktion einer echten Spätschadenrückstellung.

853a **6. Prognostizierbarkeit von Krankheiten.** Ob Krankheiten prognostiziert werden können, lässt sich **nicht einheitlich beantworten.** Der Eintritt bestimmter vererblicher Krankheiten kann aufgrund des ursächlichen Gendefekts mit teilweise sehr hoher Wahrscheinlichkeit oder sogar Sicherheit vorhergesagt werden (→ Rn. 1345 t ff.). Es ist damit zu rechnen, dass mit fortschreitenden Erkenntnissen auf gentechnischem Gebiet die Prognostizierbarkeit genetisch bedingter Erkrankungen zunimmt.

854 Der weitaus größte Teil der bekannten Krankheiten hat jedoch keine genetischen Ursachen (→ Rn. 850) und entzieht sich insoweit der Prognostizierbarkeit. Zwischen Diagnose, Behandlung und Verlauf einer solchen Krankheit gibt es keine gesetzmäßigen Zusammenhänge. Dies gilt sogar für **„Volkskrankheiten":**

855 – Von allen an **Hypertonie** (Bluthochdruck) Erkrankten wird ein Drittel nicht, ein Drittel nicht ausreichend und ein Drittel richtig behandelt; diese Situation ist trotz unzähliger Initiativen der Hochdruckliga seit 25 Jahren unverändert.

856 – Seit über 35 Jahren unverändert ist die Situation der im medizinischen Sinne **Schwerhörigen:** 80 % sind ohne Hörgerät, 10 % haben ein nicht befriedigend eingestelltes und 10 % haben ein befriedigend eingestelltes Hörgerät.

857 – Bei 7–8 % der gesamten deutschen Bevölkerung (= 5–6 Mio. Menschen) ist **Diabetes** Typ 2 diagnostiziert; weitere 2–3 % sind noch nicht erkannte Diabetiker. Man kann daher davon ausgehen, dass insgesamt ca. 10 % der deutschen Bevölkerung (= 8 Mio. Menschen) an Diabetes Typ 2 erkrankt sind. Ein Diabetiker hat ein fünfzehnfach erhöhtes Risiko zu erblinden oder amputiert zu werden; jährlich werden 40.000 Amputationen an Diabetikern vorgenommen. Hinzu kommen die Risiken von aus Diabetes sich ergebenden schweren Folgeerkrankungen. Ein Diabetiker verursacht im Jahresdurchschnitt ca. 6.200 EUR Krankheitskosten; dahinter verbirgt sich aber eine erhebliche Spannbreite: Ein gut eingestellter Diabetiker „kostet" jährlich ca. 1.800 EUR; ein schlecht eingestellter über 10.000 EUR. Von den diagnostizierten Diabetikern haben ca. 30–50 % das Potential, durch richtige Behandlung einen positiven Einfluss auf den Krankheitsverlauf zu erleben; von diesen bringt aber nur weniger als die Hälfte die Bereitschaft mit („Compliance"), sich entsprechend zu verhalten.

858 – Eines der abschreckendsten Beispiele für die Nichtprognostizierbarkeit von individuellen Krankheitsverläufen ist der **Lungenkrebs,** woran auch die von den EU-Gesundheitsministern vorgeschriebenen naiven Warnpflichten nichts ändern. 25 % der Bevölkerung über 15 Jahre sind regelmäßige Raucher. Als Hochrisikoraucher gilt, wer zehn Jahre lang täglich zehn Zigaretten raucht. Das Lungenkrebsrisiko ist bei einem täglichen Konsum von einer Packung Zigaretten um mehr als das 25-fache größer als bei Nichtrauchern. Vom Tag der Diagnose an beträgt die durchschnittliche Lebensdauer nur noch ein Jahr und beläuft sich die Überlebensrate mit Therapie auf knapp 15 %. Von 30.000 jährlichen Todesfällen infolge Lungenkrebses beruhen 87 % auf Zigarettenkonsum. Lungenkrebs entwickelt sich symptomlos und nicht diagnostizierbar über mehrere Jahrzehnte; die Diagnosen setzen typischerweise erst im mittleren bis höheren Lebensalter ein.

859 Mit der Nichtprognostizierbarkeit von Krankheiten und der individuellen medizinischen Risikoverläufe hängt der Umstand zusammen, dass die **Schadenstruktur** der Leistungsfälle stark asymmetrisch angelegt ist: Im langfristigen Durchschnitt entfallen auf nur 8,6 % aller Vollversicherten über 59 % aller Leistungen. Die Asymmetrie steigt progressiv mit der Schadenhöhe. Während rund 8 % der Vollversicherten in der Schadenklasse 5.000–25.000 EUR ca. 41 % aller Leistungsausgaben bestreiten (= Faktor 5,1[307]), verursachen 0,5 % der Vollversicherten in der Schadenklasse 25.000–50.000 EUR

---

[306] *J. Boetius* in Boetius/Boetius/Kölschbach, Handbuch der versicherungstechnischen Rückstellungen, 2. Aufl. 2021, § 17 Rn. 170 ff.

[307] Der Faktor setzt den Anteil der Versicherten an den Leistungsausgaben ins Verhältnis zum Anteil dieser Versicherten an allen Versicherten: 41 : 8 = 5,1.

etwa 10 % der Leistungen (Faktor 20[308]) und entfallen auf nur 0,2 % der Vollversicherten in der Schadenklasse >50.000 EUR knapp 8 % aller Leistungsausgaben (Faktor 40[309]). Dementsprechend extrem gestalten sich die Leistungsausgaben der verhältnismäßig geringen Zahl an Hochkostenfällen (>200.000 EUR).

7. Individualisierbarkeit der Alterungsrückstellung. Im Zusammenhang mit der rechts- und sozialpolitischen Streitfrage einer **Übertragbarkeit der Alterungsrückstellung** (→ Rn. 931 ff.) steht die theoretische Grundsatzfrage, ob die Alterungsrückstellung überhaupt individualisiert werden kann. Diese Frage war im Schrifttum bisher überwiegend verneint worden (→ Rn. 861 ff.). Die neuere versicherungsmathematische Fachliteratur kommt inzwischen jedoch zu anderen Ergebnissen (→ Rn. 867 ff.). Hinsichtlich der Konsequenzen muss jedoch zwischen mehreren Betrachtungsebenen unterschieden werden (→ Rn. 866a). 860

a) Bisheriger Meinungsstand. Die bisherige – vor allem auch vom Verf.[310] – vertretene Meinung führte die Nicht-Individualisierbarkeit der Alterungsrückstellung auf den **Kollektivcharakter** der Risikotragung zurück, mit dem eine Individualisierung von Schadenerwartungen nicht vereinbar sei: Es widerspreche dem kollektiven System der Risikotragung, dem einzelnen Mitglied des Kollektivs individuelle und höchstpersönliche künftige Schadenerwartungswerte zuzuordnen.[311] Die wesentlichen Argumente der bisherigen Meinung lassen sich wie folgt zusammenfassen: 861

– Die Alterungsrückstellung unterliege der **versicherungsmathematischen Kalkulation.** Kalkuliert werden könne nur ein durchschnittlicher Schadenverlauf, individuelle Schadenverläufe seien prospektiv unbekannt. Auch die Gesundheitsprüfung könne nur dem Offenlegen vorhandener und bekannter Krankheiten dienen. Prospektive Fragen seien immer Probleme der versicherungsmathematischen Genauigkeit zur Ermittlung des bestmöglichen Durchschnittswerts. Die Statistik verarbeite nur Erfahrungen, dh Ist-Werte der Vergangenheit. Ist-Werte der Zukunft seien denklogisch unmöglich. Die Zukunft könne nur durch Schätzungen abgebildet werden, die ausnahmslos Durchschnitts- und Wahrscheinlichkeitscharakter hätten. 862

– Die Alterungsrückstellung bilde bilanzrechtlich Sachverhalte im **Stadium der Gefahrtragung** ab. In diesem Stadium sei Maßstab für die zu bildende Rückstellung stets nur das auf die Gefahrengemeinschaft zu beziehende durchschnittliche Gesamtrisiko. Rückstellungen in diesem Stadium könnten daher ausnahmslos nur für Versichertenkollektive, nie für den einzelnen Versicherten oder Versicherungsfall gebildet werden und seien per definitionem nicht individualisierbar. Die Alterungsrückstellung sei nicht die Summe einzelbewerteter Schadenrückstellungen je Versicherungsnehmer, sondern eine durchschnittsbewertete Pauschalrückstellung. 863

– Das **Äquivalenzprinzip** (→ Rn. 101, 803 f.) durchdringe in besonderem Maße den Versicherungsvertrag. Das Äquivalenzprinzip im Versicherungsgeschäft beziehe sich auf Risiken. Risiken bildeten sich in künftigen Durchschnittserwartungswerten ab. Die Äquivalenz von Leistung und Gegenleistung im Versicherungsvertrag beziehe sich dabei stets auf ein Kollektiv gleichartiger Risiken. Das in der Alterungsrückstellung abgebildete spezielle Spätschadenrisiko (→ Rn. 852 f.) könne nur für Kollektive, nie für den einzelnen Versicherten ermittelt werden. Damit fehle der Alterungsrückstellung systemlogisch die Individualisierbarkeit. Die Auskehrung von kollektiven Rückstellungswerten an ein Individuum, dh an einen Teil des Kollektivs würde das Äquivalenzprinzip für den Rest des Kollektivs zerstören. 864

– Würde bei Vertragsende die Alterungsrückstellung an den Versicherungsnehmer übertragen, so würde die Rückstellung für künftige Versicherungsfälle faktisch an den Versicherungsnehmer ausgekehrt. Dies würde einen **anderen Begriff des Versicherungsfalls** voraussetzen: Versicherungsfall müsste dann bereits das Entstehen, die Manifestation, das Erkennen oder der Ausbruch einer zu späterer Behandlungsbedürftigkeit führenden Krankheit sein. Eine Krankenversicherung mit einem solchen Versicherungsfallbegriff gebe es weltweit nicht, weil ein solches Risiko wegen der Nicht-Prognostizierbarkeit nicht kalkulierbar und damit nicht versicherbar sei. 865

b) Neuer Meinungsstand. Die neuere versicherungsmathematische Fachliteratur bezeichnet es als populären Irrtum, die Alterungsrückstellung als nicht individualisierbar anzusehen, weil sie vom mathematischen Modell her „kollektiven Charakter" habe. Dies sei eine irrige Sichtweise, die sogar bei Krankenversicherungsmathematikern weit verbreitet sei und von Nichtmathematikern dann 866

---

[308] 10 : 0,5 = 20.
[309] 8 : 0,2 = 40.
[310] Vgl. *Boetius* Voraufl. Vor § 192 Rn. 861 ff., 945; *Boetius* VersR 2001, 661 (667 ff.).
[311] *Prölss* in Prölss/Martin, 27. Aufl. 2004, VVG § 178g Rn. 5; *Bohn* ZfV 1996, 166; *Kalis* VersR 2001, 11 (12 ff.); *Schneider* ZfV 1994, 665; *Züchner* VW 1995, 705.

auch häufig aufgegriffen werde.³¹² Diese „irrigen" Sichtweisen haben ihren Ursprung darin, dass die mit Alterungsrückstellung kalkulierte Krankenversicherung (nach Art der Lebensversicherung) mit der (eigentlichen) kapitalgedeckten Lebensversicherung verglichen wird und Unterschiede im Kalkulationsmodell gesehen werden, die auf einem laienhaften **Verständnis der versicherungsmathematischen Zusammenhänge** beruhen. Wegen der offensichtlichen Probleme im Verständnis der versicherungstechnischen Zusammenhänge ist daher ein tiefer gehender Vergleich zwischen kapitalbildender Lebensversicherung und nach Art der Lebensversicherung betriebener substitutiver Krankenversicherung in Bezug auf ihre versicherungstechnischen Instrumente notwendig. Insbesondere müssen die versicherungstechnischen Sachverhalte eindeutig definiert und kategorisiert werden, um sie rechtlich differenziert einzuordnen. Das erfordert vor allem, die versicherungstechnischen Grundsätze und den kollektiven Risiko- und Sparprozess in den kapitalbildenden Versicherungszweigen genau zu analysieren (→ Rn. 867 ff.).³¹³

866a Hinsichtlich der **rechtlichen Konsequenzen** muss unterschieden werden zwischen der Individualisierung der Alterungsrückstellung im Sinne eines individuellen Erwartungswerts des Risikos (→ Rn. 869) einerseits und der Übertragung der Einzel-Alterungsrückstellung andererseits. Die Individualisierung ist ein Vorgang der *versicherungsmathematischen Methodik*, der den Erwartungswert erklärt. Die Übertragung ist dagegen ein Vorgang der *Rechtsanwendung*, der unabhängig vom Zustandekommen des zu übertragenden Werts zu beurteilen ist. Die versicherungsmathematische Individualisierung impliziert also nicht gleichzeitig die rechtliche Übertragbarkeit.

II. Versicherungstechnische Grundsätze der Lebens- und Krankenversicherung

867 **1. Kollektiver Risiko- und Sparprozess.** Die Prämie in der kapitalbildenden **Lebensversicherung** setzt sich – vereinfacht betrachtet und unter Außerachtlassen anderer Einflussgrößen (zB Kosten) – logisch aus mehreren Komponenten zusammen:
– Einem Risikoteil für das Hauptrisiko (zB Todesfall oder Berufsunfähigkeit),
– einem Risikoteil für das Rückkaufsrisiko (Kündigung des Versicherungsnehmers),
– einem Sparteil zur Finanzierung der Erlebensfallleistung, womit gleichzeitig die Auffüllung der Deckungsrückstellung zur Vorfinanzierung von Risikoleistungen beschrieben wird.³¹⁴
Die Risikoteile werden benötigt, um bei Risikoverwirklichung vor Vertragsablauf die bis dahin aufgebauten Sparteile auf die Versicherungssumme bzw. den Rückkaufswert aufzufüllen. Auch der Sparvorgang ist in das Kalkulationsmodell eingebettet, weil die zugesagte Versicherungssumme bzw. der Rückkaufswert wegen des während der Vertragslaufzeit ungewissen Auszahlungszeitpunkts aktuariell als Erwartungswert betrachtet werden muss.

868 Entsprechend setzt sich die Prämie in der mit Alterungsrückstellung kalkulierten **Krankheitskostenversicherung** logisch aus mehreren Komponenten zusammen:
– Einem Risikoteil für das Hauptrisiko (laufende Krankheitskosten der jeweiligen Versicherungsperiode),
– einem Risikoteil für das Übertragungsrisiko (Versicherwechsel),³¹⁵
– einem Sparteil zur Vorfinanzierung des alterungsbedingten Krankheitskostenanstiegs.

869 Die Risikoprämie einer Person ergibt sich aus dem **individuellen Erwartungswert** ihres Risikos.³¹⁶ Erwartungswerte sind begrifflich aus geeigneten Kollektiven abgeleitete Berechnungen des individuellen Risikos. Im tatsächlichen Risikoverlauf eintretende Abweichungen vom individuellen Erwartungswert werden durch unterschiedliche versicherungstechnische bzw. risikopolitische Instrumente (zB Sicherheitszuschläge, mehrjährige Rückstellungen, Rückversicherung) ausgeglichen. Der individuelle Erwartungswert bestimmt in der Lebens- und Krankenversicherung zum überwiegenden Teil die für den einzelnen Vertrag zu bildende Deckungsrückstellung.

870 Die kapitalbildenden Versicherungszweige wie die Lebensversicherung und die mit Alterungsrückstellung kalkulierte Krankenversicherung kombinieren die Versicherung eines Lebensrisikos (insbesondere Todesfall, Berufsunfähigkeit, Erlebensfall, Krankheit, Pflegebedürftigkeit) mit einem versicherungsmäßigen Ansparvorgang. Risiko- und Sparprozess bilden deshalb einen rechtlich und versicherungstechnisch **einheitlichen Vorgang,** der nicht in einen Risikoteil und einen Kapitalteil

---

³¹² *Milbrodt/Röhrs* S. 277. Dieser „irrigen Sichtweise" unterlag in früheren Publikationen bisher auch der Verfasser: Vgl. *Boetius* VersR 2001, 661 (667 ff.) und in Langheid/Wandt, 2. Aufl., Vor § 192 Rn. 862 f., 945.
³¹³ Dazu ausf. *Boetius* in Boetius/Rogler/Schäfer, Rechtshandbuch PKV, 2020, § 9.
³¹⁴ *Führer/Grimmer*, Einführung in die Lebensversicherungsmathematik, 2. Aufl., 2010, S. 113.
³¹⁵ In der aktuariellen Praxis wird das Übertragungsrisiko durch Absenkung der Stornowahrscheinlichkeit berücksichtigt, so dass der Beitrag wegen des dadurch beschränkten Stornogewinns steigt.
³¹⁶ Vgl. *Milbrodt/Röhrs*, Aktuarielle Methoden der deutschen Privaten Krankenversicherung, 2016, S. 86 für den in der Krankenversicherungskalkulation verwendeten Begriff des Kopfschadens.

aufgespalten werden kann.³¹⁷ Der Kapitalteil lässt sich nicht vom Risikoteil trennen und isoliert betrachten. Der Ansparvorgang für den Kapitalteil verläuft nicht nach Art bankmäßigen Sparens. Das „angesparte Kapital" ist eine versicherungsmathematisch zu verstehende Größe, die nicht die Qualität eines Bankspraguthabens hat.³¹⁸

Der **versicherungsmäßige Sparvorgang** unterscheidet sich von einem rein bankmäßigen 871 Sparvorgang durch seine Verknüpfung mit einem versicherten Risiko:
- Beim *bankmäßigen Sparvorgang* speist sich das Guthaben direkt und ausschließlich aus den individuellen Einzahlungen zuzüglich Zinsen, es bestehen keine risikomäßigen Abhängigkeiten.
- Der *versicherungsmäßige Sparvorgang* beruht auf einem in ein Kalkulationsmodell eingebetteten Prozess, der Wahrscheinlichkeiten kalkulatorisch berücksichtigen muss und zu individuellen Erwartungswerten für den einzelnen Versicherten führt. Die Wahrscheinlichkeiten beziehen sich auf den Eintritt des versicherten Ereignisses, den Zins und die Kosten. Der „angesparte Betrag" ist nicht die Addition einzelner Einzahlungen, sondern setzt sich aus Sparteilen der Prämie und versicherungsmathematisch ermittelten Komponenten zusammen.

Dass in den kapitalbildenden Versicherungszweigen der Risikoprozess und der Sparprozess einen 872 versicherungstechnisch und rechtlich unteilbaren Vorgang bilden, ergibt sich aus den gemeinsamen Grundsätzen der versicherungsmathematischen Kalkulation (→ Rn. 873). Übergeordneter Kalkulationsgrundsatz ist das **Äquivalenzprinzip**. Danach entspricht der Barwert der zu erwartenden Versicherungsleistungen dem Barwert der zu zahlenden Prämien,³¹⁹ wobei in den Barwertberechnungen nicht zwischen Risikoanteil und Sparanteil getrennt wird. Bei den Barwerten im Rahmen der Äquivalenzgleichung handelt es sich stets um *Erwartungswerte*.³²⁰ Das Äquivalenzprinzip beherrscht alle wesentlichen versicherungsmathematischen Berechnungen, insbesondere
- der Prämien und der Deckungsrückstellung in allen kapitalbildenden Versicherungszweigen (§§ 138 Abs. 1 S. 1, 146 Abs. 1 Nr. 1, 161 Abs. 1 VAG),
- des Rückkaufswerts in der Lebensversicherung (§ 169 Abs. 3 S. 1 VVG),
- des Übertragungswerts in der substitutiven Krankenversicherung (§ 146 Abs. 1 Nr. 5 VAG, § 204 Abs. 1 S. 1 Nr. 2 VVG).

Die Leistungen in den kapitalbildenden Versicherungszweigen beruhen auf einem aus **Kollektiven** 872a abgeleiteten Prozess der versicherungsmathematischen Kalkulation. Nur dies wird dem „auch für die Lebensversicherung typischen Gedanken einer Risikogemeinschaft" gerecht.³²¹ Auch die versicherungsmathematische Kalkulation in der Krankenversicherung aufgrund rechnungsmäßiger Kopfschäden ist die Kalkulation nach dem versicherungsmathematischen Modell der Lebensversicherung.³²² Diese Berechnungsgrundsätze gelten in der Lebensversicherung für die Deckungsrückstellung (§ 341f Abs. 1 S. 1 HGB, § 25 Abs. 4 RechVersV, §§ 125 Abs. 2 S. 1 Nr. 2, 138 Abs. 1 S. 1, 141 Abs. 5 VAG, § 5 DeckRV) ebenso wie für den Rückkaufswert³²³ und die Überschussbeteiligung.³²⁴

Wegen der gemeinsamen Abhängigkeit von den biometrischen Lebensfaktoren liegen der typi- 873 schen (kapitalbildenden) Lebensversicherung und der typischen (substitutiven) Krankenversicherung einander ähnliche **Kalkulationsgrundsätze** zugrunde. Die substitutive Krankenversicherung übernimmt in Rückstellungsbildung, Kalkulation und Überschussbeteiligung die versicherungstechnischen und -mathematischen Methoden der kapitalbildenden Lebensversicherung (vgl. Erwgr. 85 S. 5 RL 2009/138/EG – Solvabilität II-RL: „... in versicherungstechnischer Hinsicht ähnlich zu betreiben ist wie die Lebensversicherung"). Die Kalkulation entspricht weitgehend dem versicherungsmathematischen Modell der Lebensversicherung,³²⁵ die Alterungsrückstellung wird mit einer aus der Lebensversicherungsmathematik abgeleiteten Formel berechnet.³²⁶ Die Alterungsrückstellung in der nach Art der Lebensversicherung betriebenen Krankenversicherung ist „genau das prospektive Deckungskapital der Lebensversicherung"³²⁷. Deshalb heißt der Betrieb der substitutiven Krankenversicherung „nach Art der Lebensversicherung" (→ Rn. 663 ff.).

---

[317] So für die Lebensversicherung BGHZ 164, 297 Rn. 22 = VersR 2005, 1565 = NJW 2005, 3559.
[318] *Führer/Grimmer*, Einführung in die Lebensversicherungsmathematik, 2. Aufl., 2010, S. 113.
[319] Vgl. *Bauermeister/Bohn*, Krankenversicherungsmathematik, HdV, 1988, S. 401; *Helbig*, Lebensversicherungsmathematik, HdV, 1988 S. 501 (503); *Reichel*, Krankenversicherungsmathematik, HdV, 1988 S. 431 (432).
[320] *Milbrodt/Röhrs*, Aktuarielle Methoden der deutschen Privaten Krankenversicherung, 2016, S. 181.
[321] BGHZ 164, 297 Rn. 60 = VersR 2005, 1565 = NJW 2005, 3559.
[322] *Milbrodt/Röhrs*, Aktuarielle Methoden der deutschen Privaten Krankenversicherung, 2016, S. 276 f.
[323] *Boetius* in Boetius/Rogler/Schäfer, Rechtshandbuch PKV, 2020, § 9 Rn. 71.
[324] *Boetius* in Boetius/Rogler/Schäfer, Rechtshandbuch PKV, 2020, § 9 Rn. 31.
[325] *Brünjes* S. 44 (49).
[326] *Timmer* S. 19 (33).
[327] *Milbrodt/Röhrs*, Aktuarielle Methoden der deutschen Privaten Krankenversicherung, 2016, S. 277.

873a **2. Anwendungsprobleme.** Die versicherungstechnischen Zusammenhänge zwischen Risiko- und Sparprozess werden in der Rechtsanwendung häufig nicht verstanden. Das **BVerfG** lehnt den Eigentumscharakter der Alterungsrückstellung in seiner zum GKV-WSG ergangenen Entscheidung v. 10.6.2009 mit folgender Begründung ab:[328]

„Die Alterungsrückstellung hat in der privaten Krankenversicherung nicht den Charakter eines konkreten, dem Inhaber nach Art eines Ausschließlichkeitsrechts zugeordneten Eigentumsrechts. Bei der Bildung von Alterungsrückstellungen handelt es sich nicht um einen individuellen Sparvorgang, sondern um eine auf kollektiver Risikokalkulation beruhende Kapitalsicherstellung zur Finanzierung des Risikos einer altersbedingten Verschlechterung des Gesundheitszustandes und erhöhter Krankheitskosten (vgl. BGH, Urteil vom 11. Mai 2006 – III ZR 228/05, VersR 2006, S. 1072, 1073 mwN). Während bei der Überschussbeteiligung und beim Rückkaufswert von kapitalbildenden Lebensversicherungen neben dem Risikoanteil ein beständig wachsender, individueller Sparanteil aufgebaut wird, der während der gesamten Vertragslaufzeit in konkreter Höhe beziffert werden kann und zum Abschluss der Vertragslaufzeit ausgezahlt wird (vgl. BVerfGE 114, 1 ff.; 73 ff.), stellt die Alterungsrückstellung lediglich einen Kalkulationsposten dar (vgl. Scholz, in: Festschrift für Maydell, 2002, S. 636, 643; Bieback/Brockmann/Goertz ZVersWiss 2006, S. 471, 477)."

873b Diese Begründung enthält mehrere **fachlich unzutreffende Aussagen:**
– **Aussage 1:** Das „Ansparen" in der Lebensversicherung sei ein individueller Sparvorgang, der in einen Gegensatz zu dem auf „kollektiver Risikokalkulation" beruhenden Ansparen in der Krankenversicherung gestellt wird. Damit wird letztlich gesagt, dass das Ansparen in der Lebensversicherung mit Risikotragung und Kalkulation nichts zu tun habe. Aussage 1 interpretiert die Lebensversicherung versicherungstechnisch und aktuariell unzutreffend, weil das Ansparen in der Lebensversicherung durch die Verknüpfung von Risiko- und Sparprozess (→ Rn. 867 ff.) auch kollektive Komponenten hat. Die Deckungskapitalbildung in der Lebensversicherung beruht nicht auf einem bestimmten Sparziel, das erreicht werden soll, sondern wie in der Krankenversicherung auf dem Unterschied zwischen Risikoprämie („natürlicher Prämie") und zeitlich konstanter Prämie.[329]
– **Aussage 2:** Überschussbeteiligung und Rückkaufswert in der Lebensversicherung könnten stets in konkreter Höhe beziffert werden und würden ausgezahlt. In der Krankenversicherung sei das nicht der Fall, weil die Alterungsrückstellung nur einen Kalkulationsposten darstelle. Aussage 2 ist hinsichtlich der Krankenversicherung versicherungstechnisch und rechtlich unzutreffend, weil sie die detaillierten Rechtsgrundlagen nicht berücksichtigt, die das Entstehen, die Zweckbindung und die Verwendung der Alterungsrückstellungen regeln (→ Rn. 877 ff.). Ähnliche unzutreffende Annahmen liegen der Literatur zugrunde, die das BVerfG zitiert.[330]

873c In seiner Entscheidung v. 10.6.2009 (→ Rn. 874) stützt sich das BVerfG ua auf den **BGH,** der den Schadenersatzanspruch gegen einen Versicherungsmakler wegen eines Beratungsverschuldens beim Versichererwechsel mit der Begründung verneint hatte, bei der Alterungsrückstellung handele es sich „anders als bei der Lebensversicherung mit ihrem jeweils auf den einzelnen Vertrag bezogenen Rückkaufswert (vgl. hierzu jetzt BGHZ 164, 297; BVerfG VersR 2006, 489) nicht um einen individuellen Sparvorgang".[331] Abgesehen davon, dass diese Aussage der III. Senat und nicht der für Versicherungen zuständige IV. Senat getroffen hatte, ist der zum Rückkaufswert gegebene Verweis auf BGHZ 164, 297 und BVerfG VersR 2006, 489 irreführend, weil diese Entscheidungen sich nur allgemein mit der Berechnung des Rückkaufswerts, nicht aber mit seinem versicherungstechnischen und rechtlichen Charakter befassen. Die BGH-Entscheidung v. 11.5.2006 ist daher nicht einschlägig, um die Argumentation in der Entscheidung des BVerfG v. 10.6.2009 zu stützen. Darüber hinaus war die BGH-Entscheidung v. 11.5.2006 im Zeitpunkt der Entscheidung des BVerfG am 10.6.2009 überholt: Sie betraf einen Streitstoff aus dem Jahr 1994 und konnte insbesondere nicht die **Rechtsänderungen** des Jahres 2007 aufgrund des GKV-WSG und des VVG-ReformG berücksichtigen, die neue Rechtsansprüche der Versicherten auf die Alterungsrückstellung begründet hatten (→ Rn. 909). Das war dem BVerfG entgangen.

874 **3. Grundrechtsschutz der Kapitalbildung.** In seiner Entscheidung zur **Bestandsübertragung von Lebensversicherungsverträgen** hat das BVerfG das Eigentumsgrundrecht aus Art. 14 Abs. 1 GG erheblich ausgeweitet.[332] Danach erstreckt sich der Schutz aus Art. 14 Abs. 1 GG auch

---
[328] BVerfGE 123, 186 Rn. 202 = VersR 2009, 957 = NJW 2009, 2033. Ähnlich *Papier/Schröder* VersR 2013, 1201 (1202).
[329] *Milbrodt/Röhrs*, Aktuarielle Methoden der deutschen Privaten Krankenversicherung, 2016, S. 190, 277.
[330] *Bieback/Brockmann/Goertz* ZVersWiss 2006, 471 (477); *Scholz* FS v. Maydell S. 633 (645 f.).
[331] BGH VersR 2006, 1072 Rn. 10.
[332] BVerfGE 114, 1 = VersR 2005, 1109 = NJW 2005, 2363.

auf wirtschaftliche Positionen, die sich noch nicht zu zivilrechtlichen Individualansprüchen verdichtet haben. Der Eigentumsgrundrechtsschutz ist auch gegeben, wenn „die Entstehung solcher Ansprüche ... durch die rechtlichen Vorgaben des Versicherungsvertrags- und des Versicherungsaufsichtsrechts so vorgezeichnet ist, dass es sich ... um mehr als eine bloße Chance handelt."[333] Der Gesetzgeber muss als Ausfluss des Eigentumsgrundrechts „Vorkehrungen zum Schutz auch der im Werden begriffenen Position hinsichtlich der Überschussbeteiligung treffen"; denn diese „stellt nicht nur eine potentielle Erwerbsaussicht dar."[334] Auch wenn die Lebensversicherten noch keine zivilrechtlichen Ansprüche auf eine konkrete Überschussbeteiligung haben, so verfügen sie jedoch „über eine vertrags- und aufsichtsrechtlich abgesicherte, bei planmäßigem Verlauf auch wirtschaftlich gehaltvolle Position. Auch wenn sie noch nicht zu einem subjektiven Recht verstärkt ist, wird sie als gesetzlich programmiertes werdendes Eigentum schon vom Schutzbereich des Art. 14 Abs. 1 GG erfasst."[335]

Die vom BVerfG entwickelten Grundsätze sind auf die **substitutive Krankenversicherung** zu übertragen Das BVerfG stellt maßgeblich darauf ab, dass Lebensversicherungsverträge auf die Sicherung der wirtschaftlichen Existenz zielen und der Versicherungsnehmer sich einem gesetzlich ausgestalteten System der privaten Zukunftssicherung anvertraut.[336] Infolge des objektivrechtlichen Charakters der Eigentumsgarantie des Art. 14 Abs. 1 GG sei der Gesetzgeber „verpflichtet, insbes. vorzusorgen, dass die durch die Prämienzahlungen ... geschaffenen Vermögenswerte, die der Erfüllung der Ansprüche der Versicherten dienen, diesen erhalten bleiben. Dazu gehören nicht nur die Ansprüche auf Zahlung der Versicherungssumme".[337] Das BVerfG stellt weiter darauf ab, dass die Versicherungsunternehmen wegen des Grundsatzes der dauernden Erfüllbarkeit die Prämien vorsichtig kalkulieren müssen, so dass es regelmäßig zu überhobenen Prämien und bei den Versicherungsunternehmen zu Überschüssen kommt,[338] und dass den durch die laufenden Prämienzahlungen angesammelten Vermögenswerten im Laufe der Vertragszeit auf unterschiedliche Weise herausgebildete vermögensrechtliche Positionen entsprechen.[339] Die vom BVerfG für die Lebensversicherung entwickelten Grundsätze gelten unmittelbar auch für die substitutive Krankenversicherung, weil sie *nach Art der Lebensversicherung* betrieben werden muss (→ Rn. 892 ff.). 875–876

III. Finanzierungsquellen der Alterungsrückstellung

1. Grundsatz. Der Aufbau der Alterungsrückstellung wird aus verschiedenen **Quellen** gespeist, und zwar aus (vgl. § 341f Abs. 3 HGB) 877
– den kalkulierten Tarifbeiträgen (→ Rn. 878 ff.),
– der Limitierung von Beitragsanpassungen (→ Rn. 881),
– direkten Zuschreibungen (→ Rn. 882 ff.).

2. Tarifbeiträge. Hauptquelle der Alterungsrückstellung sind die Tarifbeiträge. Sie werden unter Berücksichtigung der **Krankheitskosten** kalkuliert, die für das jeweilige Versichertenkollektiv über die gesamte wahrscheinliche Vertragsdauer hinweg künftig zu erwarten sind. Mit dem gleichen kalkulatorischen Ansatz wird die für die künftigen Leistungsverpflichtungen erforderliche Alterungsrückstellung berechnet (vgl. § 341f Abs. 3 S. 2 HGB, § 3 KVAV). 878

Der **Prämienzuschlag** bei Nichterfüllung der Versicherungspflicht nach § 193 Abs. 4 bildet keine Finanzierungsquelle für die Alterungsrückstellung; er wird sofort erfolgswirksam in der GuV unter den „sonstigen Erträgen" verbucht. 879

Wirtschaftlicher Hintergrund der Alterungsrückstellung ist somit der versicherungsmathematisch kalkulierte Tarifbeitrag. Unabhängig davon muss jedoch der systematische Unterschied von Prämienkalkulation und Alterungsrückstellung beachtet werden. Rechtlich ist die Alterungsrückstellung nicht deswegen zu bilden, weil sie in den Beitrag einkalkuliert wurde, sondern weil die Versicherungsunternehmen aufgrund des Versicherungsvertrags **Verpflichtungen zu künftigen Leistungen** (vgl. den Wortlaut von § 341f Abs. 1 HGB) eingegangen ist (→ Rn. 864 ff.). 880

3. Limitierung von Beitragsanpassungen. Die Limitierung von Beitragsanpassungen verfolgt den Zweck, an sich notwendige Beitragsanpassungen durch Einsatz von Mitteln aus der **Rückstellung für** – erfolgsabhängige oder erfolgsunabhängige – **Beitragsrückerstattung** zu begrenzen. Die Limitierung soll nicht nur für ein Jahr, sondern dauerhaft für die gesamte Restlaufzeit des Versicherungsvertrags wirksam sein und führt so zu einem dauerhaften Beitragsnachlass. Dies wird 881

---

[333] BVerfGE 114, 1 = VersR 2005, 1109 = NJW 2005, 2363 (2366 Abschn. C I 1 b aa).
[334] BVerfGE 114, 1 = VersR 2005, 1109 = NJW 2005, 2363 (2367 Abschn. C I 1 b bb [2]).
[335] BVerfGE 114, 1 = VersR 2005, 1109 = NJW 2005, 2363 (2367 Abschn. C I 1 b bb [2] [a]).
[336] BVerfGE 114, 1 = VersR 2005, 1109 = NJW 2005, 2363 (2366 Abschn. C I 1 a bb [2]).
[337] BVerfGE 114, 1 = VersR 2005, 1109 = NJW 2005, 2363 (2366 Abschn. C I 1 b aa).
[338] BVerfGE 114, 1 = VersR 2005, 1109 = NJW 2005, 2363 (2367 Abschn. C I 1 b bb [1]).
[339] BVerfGE 114, 1 = VersR 2005, 1109 = NJW 2005, 2363 (2367 Abschn. C I 1 b bb [2]).

erreicht, indem der Barwert des lebenslangen Beitragsnachlasses in Form eines Einmalbeitrags der RfB erfolgsneutral entnommen und der Alterungsrückstellung zugeführt wird (§ 341f Abs. 3 S. 1 Hs. 2 HGB). Auch hier handelt es sich um einen kalkulierten Beitrag, der nach den allgemeinen Kalkulationsvorschriften zu ermitteln ist (vgl. § 341f Abs. 3 S. 2 HGB), jedem begünstigten Versicherten zugeordnet und in dessen Alterungsrückstellung abgebildet wird.

882 **4. Direkte Zuschreibungen.** Zur Beitragsentlastung älterer Versicherter sieht das Gesetz verschiedene direkte Zuschreibungen (**„Direktgutschriften"**) zur Alterungsrückstellung vor: Den gesetzlichen Beitragszuschlag (→ Rn. 883 ff.) und die Überzinszuschreibung (→ Rn. 888 ff.).

883 a) **Gesetzlicher Beitragszuschlag.** Der gesetzliche Beitragszuschlag nach § 149 VAG scheint zunächst keinen inneren Zusammenhang mit der Kalkulation zu haben. Entscheidend ist jedoch, dass er mit einem festen Prozentsatz aus der Bruttoprämie abgeleitet wird, die ihrerseits einen kalkulierten Wert darstellt. Damit ist zwangsläufig auch der prozentuale Beitragszuschlag ein **kalkulatorischer Wert.** Der Beitragszuschlag wird in der Gewinn- und Verlustrechnung (GuV) unter den „gebuchten Beiträgen" ausgewiesen[340] und jeder Einzelalterungsrückstellung direkt zugeführt (§ 149 S. 2 VAG).

884 Dass es sich um eine kalkulatorische Größe handelt, ergibt sich auch aus der **Entstehungsgeschichte.** Die Expertenkommission hatte die Einführung des gesetzlichen Beitragszuschlags vorgeschlagen. Sie bezweckte damit, „zur Finanzierung der speziellen Kostensteigerungen im Gesundheitswesen das bisherige Kalkulationsmodell" zu verändern.[341] Damit wird der Beitragszuschlag der *Kalkulation* zugeordnet. Bei der Prüfung neuer Kalkulationsmodelle hatte die Expertenkommission sich der Alternative zugewandt, dass „jede Versichertengruppe ... je für sich höhere Beiträge in der Jugend Vorsorge" zur Beitragsverstetigung im Alter betreibt, was als „konsequente Weiterentwicklung des schon geltenden Äquivalenzprinzips" bezeichnet wird.[342] Damit wird klargestellt, dass der Beitragszuschlag ein auf Versichertenkollektive bezogener kalkulatorischer Wert sein soll.

885 **Hauptziel** des Gesetzgebers war es gewesen, die spezielle Dynamik der Kostenentwicklung im Gesundheitswesen mit ihren Auswirkungen vor allem auf die Beiträge der älteren Versicherten aufzufangen. Der ursprüngliche Gedanke, mit einem „Dynamikmodell" in die Kalkulation einen dynamischen Inflationsfaktor einzubauen, musste letztlich verworfen werden.[343] Auch dies verdeutlicht den kalkulatorischen Ansatz. Der kollektive Charakter wird durch die Zielsetzung betont, „die Steigerung der Gesundheitskosten im Alter" aufzufangen,[344] was nur in Bezug auf Versichertenkollektive denkbar ist.

886 Die Expertenkommission empfahl für das Problem den prozentualen Beitragszuschlag, dessen Ziel es zusammen mit den weiteren Vorschlägen war, der durch die Kostenentwicklung drohenden Gefahr einer wachsenden **Unterdeckung der Alterungsrückstellung** zu begegnen. So empfahl sie auch, die Beträge aus dem Beitragszuschlag mit denjenigen aus der Direktgutschrift der Überzinsen „zusammenzufassen und beide Beträge einheitlich zu verwenden",[345] den Beitragszuschlag der Alterungsrückstellung nach § 341f Abs. 3 HGB zuzuführen „und wie die bisherige Alterungsrückstellung" zu behandeln.[346]

887 Damit teilt auch dieser Teil der Alterungsrückstellung das **gleiche rechtliche Schicksal** wie die bisherige Alterungsrückstellung. In Konsequenz dieser Betrachtungsweise hatte die Expertenkommission bei ihren Modellrechnungen deshalb auch unterstellt, dass die Mittel aus dem gesetzlichen Beitragszuschlag bei den Versichertenkollektiven verbleiben. Die Begründung zum RegE GKV-Gesundheitsreformgesetz 2000, durch das der Beitragszuschlag eingeführt wurde, spricht demgemäß auch nur davon, dass der Beitragszuschlag „der Aufstockung der Alterungsrückstellung dient".[347]

888 b) **Überzinszuschreibung.** Die Überzinszuschreibung nach § 150 VAG verfolgt ähnliche Zwecke wie der gesetzliche Beitragszuschlag. Sie dient der „Realwertsicherung der Alterungsrückstellung",[348] so dass sie als **akzessorische Größe** den gleichen rechtlichen und wirtschaftlichen Charakter wie diese hat und deren Schicksal teilt.

---

[340] VerBAV 2000, 87.
[341] Expertenkommission, Gutachten Abschn. 1.2.1, BT-Drs. 13/4945, 6 f.
[342] Expertenkommission, Gutachten Abschn. 8.3, BT-Drs. 13/4945, 27.
[343] Expertenkommission, Gutachten Abschn. 5.4.1, 8.3.6, BT-Drs. 13/4945, 17, 31.
[344] Expertenkommission, Gutachten Abschn. 8.3.7, BT-Drs. 13/4945, 32.
[345] Expertenkommission, Gutachten Abschn. 1.2.1, BT-Drs. 13/4945, 7.
[346] Expertenkommission, Gutachten Abschn. 8.3.7, BT-Drs. 13/4945, 32.
[347] Begr. zu Art. 15 Nr. 1 (§ 12 VAG) Fraktionsentwurf GKV-Gesundheitsreform 2000, BT-Drs. 14/1721 Anl. 1 iVm BT-Drs. 14/1245, 119.
[348] Expertenkommission, Gutachten Abschn. 1.2.1, 7.1, BT-Drs. 13/4945, 6, 21.

889 Auch unter einem anderen Blickwinkel schlägt der **kollektive Charakter** der Alterungsrückstellung auf die Überzinszuschreibung durch. Zinsträger für die Erwirtschaftung der Überzinsen ist die Alterungsrückstellung (§ 150 Abs. 1 S. 1 VAG), die ihrerseits für das Versichertenkollektiv gebildet ist. Ihre Höhe – und damit auch die Höhe der Überzinsen – hängt von kollektiv kalkulierten Werten ab. Damit haben auch die Überzinsen kollektiven Charakter.

890 Darüber hinaus können nichtversicherungstechnische Erträge prinzipiell **nicht individualisiert** einzelnen Versicherungsverträgen oder Versicherungsnehmern zugeordnet werden. Eine solche Zuordnung scheitert schon daran, dass die jeweiligen Vermögensmassen aus zahlreichen einzelnen Aktivwerten der unterschiedlichen Kapitalanlagearten bestehen und die Gesamtheit der jeweiligen Vermögensmasse die Gesamtheit bestimmter Passiva zu bedecken hat.[349] Als Vermögensmassen unterscheidet man das Sicherungsvermögen und das freie Vermögen.[350]

891 Die in § 124 Abs. 1 Nr. 2, 7 VAG normierten allgemeinen **Kapitalanlagegrundsätze** einer möglichst großen Sicherheit, Qualität, Liquidität und Rentabilität unter Wahrung einer angemessenen Mischung und Streuung beziehen sich auf das Portfolio „als Ganzes (§ 124 Abs. 1 Nr. 2 VAG) und nicht auf den einzelnen Aktivwert (das Grundstück A, die Aktie B etc). Dementsprechend kann auch der Ertrag aus dem einzelnen Aktivwert nur der Vermögensgesamtheit zugeordnet werden, die die Summe der jeweiligen Passiva – zB der Alterungsrückstellung insgesamt – zu bedecken hat.

IV. Rechtlicher Charakter der Alterungsrückstellung

1. Rechtsinstitut des Zivilrechts und verfassungsrechtlicher Eigentumsbegriff.

892 In der Diskussion um den verfassungsrechtlichen Schutz der Alterungsrückstellungen kommt es ua auf die Frage an, ob diese als schutzfähige Eigentumsposition iSv Art. 14 Abs. 1 GG anzusehen sind und wer ggf. als ihr Eigentümer zu gelten hat.[351] Das **BVerfG** geht in seiner zum GKV-WSG ergangenen Entscheidung v. 10.6.2009[352] (→ Rn. 1129 ff.) von der These aus, dass „die Alterungsrückstellung lediglich einen Kalkulationsposten" darstelle, und setzt sie mit dieser Charakterisierung gezielt in einen Gegensatz zur Überschussbeteiligung und zum Rückkaufwert in der kapitalbildenden Lebensversicherung, bei der ein „beständig wachsender, individueller Sparanteil aufgebaut wird, der während der gesamten Vertragslaufzeit in konkreter Höhe beziffert werden kann und zum Abschluss der Vertragslaufzeit ausgezahlt wird".[353] Diese Charakterisierung stützt sich zum einen auf die Annahme wesentlicher Unterschiede zwischen Lebens- und Krankenversicherung, die versicherungstechnisch und rechtlich nicht zutreffen (→ Rn. 867 ff.).[354] Zum anderen werden die detaillierten Rechtsgrundlagen nicht berücksichtigt, die das Entstehen, die Zweckbindung und die Verwendung der Alterungsrückstellungen regeln (→ Rn. 894–915).

893 Eine differenzierte Betrachtung zeigt, dass „die Alterungsrückstellung" kein rechtlich unteilbarer und einheitlicher Monolith ist, sondern sich aus unterschiedlichen Bestandteilen zusammensetzt, die jeweils eine eigene rechtliche Charakteristik haben.[355] Jeder dieser einzelnen Bestandteile ist für sich daraufhin zu untersuchen, ob er eine **vermögenswerte Rechtsposition** mit rechtlich gesichertem Anspruch darstellt[356] und wer ggf. als Rechtsinhaber anzusehen ist.[357] Hierbei handelt es sich um eine Rechtsfrage des Zivilrechts, die der Auslegung durch die Fachgerichtsbarkeit den ordentlichen Gerichte vorbehalten, dh als einfachgesetzliche Vorfrage der verfassungsrechtlichen Beurteilung nach Art. 14 Abs. 1 GG vorgeschaltet ist und vom BVerfG nur darauf hin überprüft werden kann, ob die Auslegung durch die ordentlichen Gerichte gegen Verfassungsrecht verstößt.[358] Die obigen Ausführungen des BVerfG zur Rechtsnatur der Alterungsrückstellung betreffen lediglich die Auslegung einfachen Rechts und entfalten deshalb keine verfassungsrechtliche Bindungswirkung.[359]

---

[349] *J. Boetius* in Boetius/Boetius/Kölschbach, Handbuch der versicherungstechnischen Rückstellungen, 2. Aufl. 2021, § 1 Rn. 109.

[350] *J. Boetius* in Boetius/Boetius/Kölschbach, Handbuch der versicherungstechnischen Rückstellungen, 2. Aufl. 2021, § 1 Rn. 102 f.

[351] *Papier/Schröder* VersR 2013, 1201 (1202 f.).

[352] BVerfGE 123, 186 = VersR 2009, 957 = NJW 2009, 2033.

[353] BVerfGE 123, 186 = VersR 2009, 957 = NJW 2009, 2033 Rn. 202; ähnlich *Papier/Schröder* VersR 2013, 1201 (1202).

[354] Ähnliche unzutreffende Annahmen liegen der Lit. zugrunde, die das BVerfG zit.: *Bieback/Brockmann/Goertz* ZVersWiss 2006, 471 (477); *Scholz* FS v. Maydell, 2002, 633 (645 f.).

[355] Ausf. *Boetius* VersR 2014, 140 ff.

[356] So die gängigen Umschreibungen für den verfassungsrechtlichen Eigentumsbegriff: Vgl. *Papier/Shirvani* in Maunz/Dürig Art. 14 Rn. 160 mwN.

[357] Zum folgenden ausf. *Boetius* in Boetius/Rogler/Schäfer, Rechtshandbuch PKV, 2020 § 9 Rn. 83 ff.

[358] Ausf. *Boetius* in Boetius/Rogler/Schäfer, Rechtshandbuch PKV, 2020 § 9 Rn. 45 f., 95.

[359] Ebenso für die Auslegung von § 206 Abs. 1 S. 1 VVG als „absolutes Kündigungsverbot" durch das BVerfG: BGHZ 192, 67 = VersR 2012, 304 = NJW 2012, 1365 Rn. 25 f.; *Boetius* VVG § 206 Rn. 91 ff.; *Brand* VersR 2011, 1337 (1344).

893a Zu den der Zivilgerichtsbarkeit vorbehaltenen Rechtsfragen gehört auch, wer **Rechtsinhaber der anteiligen Alterungsrückstellung** ist. Die Diskussion hierzu wird überwiegend mit der Gegenüberstellung „Versicherer oder Versicherter" geführt.[360] Diese Betrachtungsweise differenziert nicht ausreichend. Ähnlich wie im Zivilrecht zwischen dinglichen Rechten an der Sache und schuldrechtlichen Ansprüchen auf die Sache zu unterscheiden ist, muss zwischen den Bilanzpositionen im Rechenwerk des Versicherers einerseits und den Ansprüchen anderer auf Anteile an diesen Bilanzpositionen andererseits unterschieden werden. Das führt dazu, dass sowohl der Versicherer als auch die Versicherungsnehmer jeweils Inhaber ihrer spezifischen Eigentumsrechte sind:

893b – Bei den **Bilanzpositionen des Versicherers** geht es auf der Passivseite um die Alterungsrückstellung und die Rückstellung für Beitragsrückerstattung sowie auf der Aktivseite um das Sicherungsvermögen. Die Bilanzpositionen sind idR summenmäßige Positionen, die aus Einzelpositionen bestehen (Einzel-Alterungsrückstellungen, einzelne Vermögensgegenstände). Dinglicher Rechtsinhaber in Bezug auf die Bilanzpositionen und ihre einzelnen Bestandteile ist natürlicherweise der Versicherer.

893c – Soweit die **Versicherungsnehmer zivilrechtliche Ansprüche** auf Anteile an der Alterungsrückstellung oder RfB haben, die sich in Ansprüchen auf Prämienminderung, Erhöhung der Versicherungsleistung, Übertragung auf den neuen Versicherer oder Geldzahlung niederschlagen, sind sie selbst die „geborenen" Rechtsinhaber. Das gleiche gilt in der Insolvenz des Versicherers für ihren Anspruch auf Anteile am Sicherungsvermögen (→ Rn. 899, 1363).

894 **2. Bilanzierung.** Die **Rechtsgrundlagen** für die handelsrechtliche Bilanzierung der Alterungsrückstellung ergeben sich aus § 341f Abs. 1 S. 1, Abs. 3, § 330 Abs. 3 S. 4 HGB iVm § 25 Abs. 5 S. 1 RechVersV und aus den aufsichtsrechtlichen Vorschriften, die nach § 160 S. 1 Nr. 1 VAG in der Krankenversicherungsaufsichtsverordnung (KVAV) abgebildet sind.

895 Für den Ansatz von Aktiva und Passiva in der Bilanz gilt der Grundsatz der **Einzelbewertung** (§ 252 Abs. 1 Nr. 3 HGB). Dieser Grundsatz gilt für alle versicherungstechnischen Rückstellungen[361] und damit auch für die Bilanzierung und Bewertung der Alterungsrückstellung. Das bedeutet, dass die Alterungsrückstellung für jeden Versicherungsvertrag einzeln zu berechnen ist. Das gilt europarechtlich außer für die Lebensversicherung (Art. 59 Abs. 1 S. 1 RL 91/674/EWG) auch für die nach Art der Lebensversicherung betriebene Krankenversicherung (Art. 3 Abs. 1 RL 91/674/EWG). Nach dem Grundsatz der Einzelbewertung werden jedem einzelnen Versicherten die für ihn unter Berücksichtigung seines Alters am Bilanzstichtag konkret zu bildende Einzelalterungsrückstellung in Höhe des auf ihn entfallenden Bruchteils der rechnerischen Alterungsrückstellung der zugehörigen Risikogemeinschaft zugeordnet und damit individualisiert. Erst die Addition aller Einzelalterungsrückstellungen ergibt den Ansatz der Bilanzposition nach § 341f Abs. 3 HGB, die sich damit als reiner Summenwert darstellt (§ 18 S. 1 KVAV).[362] Somit gilt auch für jede Einzelalterungsrückstellung, dass sie sich wie die Deckungsrückstellung und das Deckungskapital in der Lebensversicherung als individueller Sparanteil aufbaut, „der während der gesamten Vertragslaufzeit in konkreter Höhe beziffert werden kann".[363]

896 **3. Finanzierungsquelle „Tarifbeitrag". a) Sparanteil und Rückkaufswert.** Das BVerfG geht von der Annahme aus, dass das „Ansparen" in der Lebensversicherung – im Gegensatz zum Aufbau der Alterungsrückstellung in der Krankenversicherung – mit Risikotragung und Kalkulation nichts zu tun habe und deshalb individuell sei. Diese Annahme trifft sachlich nicht zu (→ Rn. 867 ff.). Auch die kapitalbildende Lebens- und Rentenversicherung mit Überschussbeteiligung beruht hinsichtlich sämtlicher Leistungsbestandteile auf einem **kollektiven Risiko- und Sparprozess**. Sowohl der Rückkaufswert als auch die Überschussbeteiligung in der Lebensversicherung werden mit Methoden der versicherungsmathematischen Kalkulation ermittelt und haben kollektiven Charakter, was nach der Rspr. des BVerfG[364] der Begründung von Schutzrechten nach Art. 14 Abs. 1 GG nicht im Wege steht. Auch die Deckungsrückstellung in der Lebensversicherung wird einzelvertragsweise mit Methoden der versicherungsmathematischen Kalkulation ermittelt (§ 341f Abs. 1 S. 1 HGB, § 25 Abs. 4 RechVersV, § 125 Abs. 2 S. 1 Nr. 2, § 138 Abs. 1 S. 1, § 141 Abs. 5 VAG, § 5 DeckRV). Weil die substitutive Krankenversicherung in Rückstellungsbildung, Kalkulation und Überschussbeteiligung die versicherungstechnischen und -mathematischen Methoden der kapitalbildenden Lebensversicherung übernimmt (vgl. Erwgr. 85 S. 5 RL 2009/138/EG: „… in versiche-

---

[360] *Bieback/Brockmann/Goertz* ZVersWiss 2006, 471 (489); *Papier/Schröder* VersR 2013, 1201 (1202).
[361] *J. Boetius* in Boetius/Boetius/Kölschbach, Handbuch der versicherungstechnischen Rückstellungen, 2. Aufl. 2021, § 4 Rn. 199.
[362] Unzutr. daher *Scholz* FS v. Maydell, 2002, 633 (644).
[363] Für die Lebensversicherung BVerfGE 123, 186 = VersR 2009, 957 = NJW 2009, 2033 Rn. 202.
[364] BVerfGE 114, 1 = VersR 2005, 1109 (1119) = NJW 2005, 2363 (2367 Abschn. C I 1 b bb [2]).

rungstechnischer Hinsicht ähnlich zu betreiben ist wie die Lebensversicherung"), heißt sie Krankenversicherung nach Art der Lebensversicherung (Art. 206 Abs. 2 RL 2009/138/EG, § 146 Abs. 1 VAG, § 203 Abs. 1 S. 1 VVG). Mit anderen Worten: Versicherungstechnisch besteht gerade kein Unterschied zwischen kapitalbildender Lebensversicherung und der Krankenversicherung nach Art der Lebensversicherung.

Der **Rückkaufswert** in der Lebensversicherung ist keine kalkulationsunabhängige Größe, sondern ein Wert des Deckungskapitals, das versicherungsmathematisch „mit den Rechnungsgrundlagen der Prämienkalkulation" ermittelt wird (§ 169 Abs. 3 S. 1). Das Deckungskapital ist eine kalkulatorische Größe, die sich aus dem versicherungsmathematisch geschätzten Barwert der zukünftigen Leistungen und Kosten sowie dem Barwert der zukünftigen Beiträge und Zinsen ergibt (→ § 169 Rn. 65 ff.; → § 169 Rn. 81). Das deckt sich im Wesentlichen mit der Berechnung der Alterungsrückstellung. 897

Rückkaufswert und kalkulierte Alterungsrückstellung unterscheiden sich nicht in der Entstehung und Berechnung. In beiden Fällen wird ein Sparanteil aufgebaut, dessen Höhe sich kalkulatorisch aus dem jeweiligen Versichertenkollektiv ableitet, dem der Versicherte mit dem abgeschlossenen Tarif angehört. In beiden Fällen handelt es sich um einen auf den einzelnen Versicherten bezogenen, konkret bezifferbaren und damit **individualisierten Sparvorgang**. 898

Rückkaufswert und Alterungsrückstellung unterscheiden sich ausschließlich im **Anspruchsinhalt:** 899
– Der Rückkaufswert baut sich bis zum Vertragsende kontinuierlich auf und löst nur bei vorzeitigem Vertragsende einen *Zahlungsanspruch* aus (§ 169).
– Die kalkulierte Alterungsrückstellung wird bei einem nicht vorzeitig endenden Vertrag für den Versicherungsnehmer verbraucht, um die sonst alterungsbedingt notwendigen Prämienerhöhungen zu finanzieren. Der Versicherungsnehmer erwirbt für diesen Fall keinen Zahlungsanspruch, sondern einen Verrechnungsanspruch (→ Rn. 906). Beim Tarifwechsel erwirbt der Versicherungsnehmer einen Anrechnungsanspruch (→ Rn. 908). Bei vorzeitigem Vertragsende wegen Versichererwechsels erwirbt der Versicherungsnehmer einen Übertragungsanspruch, den das Versicherungsunternehmen durch Geldzahlung an das neue Versicherungsunternehmen erfüllt (→ Rn. 909). Bei vorzeitigem Vertragsende wegen Insolvenz des Versicherungsunternehmens erwirbt der Versicherungsnehmer einen Zahlungsanspruch auf seinen Anteil am Sicherungsvermögen (→ Rn. 1363).
Diese Unterschiede reichen nicht aus, beide Rechtsinstitute in der Frage der Qualifizierung als vermögenswerte Rechtsposition unterschiedlich zu beurteilen. In den Schutzbereich des Art. 14 Abs. 1 GG fallen grds. alle Arten von vermögenswerten Rechtspositionen.[365] Dazu gehören alle einen Wertausgleich betreffenden, dh bewertbaren zivilrechtlichen Ansprüche unabhängig davon, ob sie auf Zahlung oder sonstige Leistung (zB Aufrechnung, Verrechnung oder andere Wertübertragungen) gerichtet sind. § 204 Abs. 1 S. 3 qualifiziert die Rechte des Versicherungsnehmers im Fall des Tarif- und Versichererwechsels ausdrücklich als „Ansprüche". § 316 S. 2 VAG spricht von „Anspruchsberechtigten", die ihren Anteil am Sicherungsvermögen „fordern" können.

Die Qualifizierung als vermögenswerte Rechtsposition hängt auch nicht von der Zuordnung zu bestimmten **Versicherungszweigen oder Versicherungsformen** ab.[366] Die Krankenversicherung wird sowohl bilanz- und aufsichtsrechtlich als auch versicherungstechnisch der Lebensversicherung gleichgestellt. Sie ist wie die Lebensversicherung ein gesetzlich ausgestaltetes System der privaten Zukunftssicherung. Sie kennt auch die Form der Summenversicherung. Die Alterungsrückstellung ist eine Deckungsrückstellung, die wie in der Lebensversicherung aus Beitragsteilen gebildet wird. 900

b) Überschussbeteiligung. Das **Verfahren** der Überschussbeteiligung in der Lebens- und Krankenversicherung ist identisch und besteht aus den drei Schritten: Ermittlung des Überschusses, Teilung des Überschusses zwischen Versicherungsunternehmen und Versicherungsnehmer, Verteilung des auf die Versicherungsnehmer entfallenden Anteils.[367] 901

Für die Überschussverteilung innerhalb der Versichertengemeinschaft stellt das Aufsichtsrecht nur ein allgemeines Angemessenheitserfordernis auf, das der Verantwortliche Aktuar bzw. der unabhängige Treuhänder überwachen müssen (§ 141 Abs. 5 Nr. 4, § 155 Abs. 2 S. 1 Nr. 2 VAG). § 153 Abs. 2 S. 1 VVG verlangt für die Lebensversicherung ein verursachungsorientiertes Verfahren. Die Überschussverteilung erfolgt „nach anerkannten Regeln der Versicherungsmathematik",[368] dh unter 902

---

[365] *Papier/Shirvani* in Maunz/Dürig GG Art. 14 Rn. 160; *Jarass* in Jarass/Pieroth GG Art. 14 Rn. 7, 22.
[366] *Boetius* VersR 2014, 140 (145 f.); *Boetius* in Boetius/Rogler/Schäfer, Rechtshandbuch PKV, 2020, § 9 Rn. 3 ff.
[367] *Boetius* VersR 2014, 140 (144).
[368] Begr. zu Art. 1 (§ 153 Abs. 2 VVG) RegE VVG-ReformG, BT-Drs. 16/3945, 96.

Anwendung kalkulatorischer Grundsätze. Die Überschussbeteiligung hat folgich **kollektiven Charakter**.[369] Das BVerfG selbst hat in seiner Entscheidung zur Berücksichtigung der Bewertungsreserven im Rahmen der Überschussbeteiligung klargestellt, dass der Gesetzgeber die Feststellung des Schlussüberschusses nicht ausschließlich am Interesse einzelner Versicherter ausrichten dürfe, weil dies „dem für das Versicherungsrecht typischen Grundgedanken einer Risikogemeinschaft" widerspräche.[370] Damit hat das BVerfG den kollektiven Charakter der Überschussbeteiligung als zwingendes Erfordernis betont, dass der Gesetzgeber auch nicht beseitigen könne.

903 Die Überschussverteilung kann unmittelbar erfolgen (§§ 139 Abs. 1, 151 Abs. 1 VAG), indem der Überschussbetrag sofort der Deckungsrückstellung bzw. Alterungsrückstellung zu- bzw. gutgeschrieben wird (**„Direktgutschrift"**). Mit der Direktgutschrift werden die Versicherungsnehmer bereits im Jahr der Entstehung des Überschusses an diesem beteiligt.

904 Die Verteilung kann mittelbar erfolgen, indem der nach Abzug der Direktgutschrift verbleibende Rest des an die Versicherungsnehmer zu verteilenden Überschusses zunächst in die **RfB** eingestellt wird (§§ 139 Abs. 1, 151 Abs. 1 VAG). Die individuelle Zuteilung an die jeweiligen Versicherungsbestände bzw. -verträge im Rahmen der Überschussverwendung erfolgt zeitversetzt in den Folgejahren innerhalb der von § 21 Abs. 2 S. 2 Nr. 1 KStG vorgegebenen Verwendungsfristen.

905 Solange über die konkrete Verwendung nicht entschieden ist, erwerben die Versicherungsnehmer noch keine individuellen zivilrechtlichen Ansprüche auf in der RfB zurückgestellte Beträge (→ § 153 Rn. 30).[371] Die Überschussbeteiligung wird lediglich den „nach anerkannten versicherungsmathematischen Grundsätzen" zusammengefassten Gruppen von Versicherungsverträgen zugeordnet, so dass dem einzelnen Vertrag nur dessen *rechnerischer* Anteil an dem Betrag der Gruppe zugeschrieben wird.[372] Gleichwohl haben sie in diesem Stadium bereits „**gesetzlich programmiertes werdendes Eigentum**" erworben, das vom Schutzbereich des Art. 14 Abs. 1 GG erfasst wird.[373]

906 **c) Verwendung der Alterungsrückstellung.** Die primäre Funktion der aus Tarifbeiträgen finanzierten Alterungsrückstellung besteht in der Vorfinanzierung der durch zunehmende Alterung in Zukunft steigenden Krankheitskosten.[374] Dieser Kostenanstieg wird durch Entnahme aus der Alterungsrückstellung der jeweiligen Versicherten gedeckt, statt ihn durch eine Prämienerhöhung zu finanzieren. Der Versicherungsnehmer erwirbt die Frucht der Vorfinanzierung einen **Verrechnungsanspruch** (§ 11 Abs. 1 S. 2 Hs. 1 KVAV), der die zwei logisch getrennten Zahlungsvorgänge (Auszahlung an den Versicherungsnehmer und Einzahlung durch den Versicherungsnehmer) ersetzt. Der Verrechnungsanspruch ist ein zivilrechtlicher Anspruch, der durch § 203 Abs. 2 S. 4 begründet wird; denn diese Vorschrift inkorporiert das Aufsichtsrecht in das Versicherungsvertragsrecht („ausgelagertes Vertragsrecht").[375]

907 Die Eigenschaft als Vermögenswert kann nicht mit dem Hinweis verneint werden, die Alterungsrückstellung sei nur ein „Kalkulationsposten" und lasse sich nicht konkret beziffern.[376] Auch in der Lebensversicherung sind Rückkaufswert und Überschussbeteiligung kollektive Größen (→ Rn. 897 f.; → Rn. 901 ff.). Ihre konkrete Bezifferung gründet sich auf Durchschnittswerte des jeweiligen Versichertenkollektivs. Der in der Alterungsrückstellung gebundene Sparanteil ist für jeden Versicherten **konkret bezifferbar** (→ Rn. 908).

908 **d) Tarifwechselrecht.** Die Werthaltigkeit der Alterungsrückstellung zeigt sich konkret in den Konsequenzen, die sich aus dem normalen Tarifwechselrecht ergeben, das dem Versicherten einen zivilrechtlichen **Anspruch auf Anrechnung der Alterungsrückstellung** einräumt (§ 204 Abs. 1 S. 1 Nr. 1). Anrechnung bedeutet, dass der relevante Wert der Alterungsrückstellung aus dem Herkunftstarif („Anrechnungsbetrag") bei der Prämienberechnung im neuen Tarif berücksichtigt wird. Der Anrechnungsbetrag baut sich aus den Prämienzahlungen des Versicherungsnehmers auf und ist zu jedem Zeitpunkt des Versicherungsverhältnisses genau bezifferbar (§ 13 KVAV) und individualisierbar; er wird bei jeder Prämienanpassung in den Versicherungsnachträgen unter verschiedenen Bezeichnungen (zB „Beitragsminderung aus der Alterungsrückstellung" oder „Anrechnungsbetrag")

---

[369] *Brömmelmeyer* in Beckmann/Matusche-Beckmann VersR-HdB § 42 Rn. 290 mwN; *Engeländer* VersR 2007, 155 (157).
[370] BVerfGE 114, 73 = VersR 2005, 1127 (1134) = NJW 2005, 2376 (2381 Abschn. C I 3 c).
[371] Begr. zu Art. 1 (§ 153 Abs. 2 VVG) RegE VVG-ReformG, BT-Drs. 16/3945, 96.
[372] Begr. zu Art. 1 (§ 153 Abs. 2 VVG) RegE VVG-ReformG, BT-Drs. 16/3945, 96; *Reiff* in Prölss/Martin VVG § 153 Rn. 15.
[373] BVerfGE 114, 1 = VersR 2005, 1109 (1119) = NJW 2005, 2363 (2367 Abschn. C I 1 b bb [2] [a]).
[374] Zum folgenden ausf. *Boetius* in Boetius/Rogler/Schäfer, Rechtshandbuch PKV, 2020, § 9 Rn. 52 ff.
[375] *Renger* VersR 1995, 866 (872); BGHZ 159, 323 = VersR 2004, 991 = NJW 2004, 2679 Abschn. II 1a, aa.
[376] BVerfGE 123, 186 = VersR 2009, 957 = NJW 2009, 2033 Rn. 202; *Papier/Schröder* VersR 2013, 1201 (1202); *Bieback/Brockmann/Goertz* ZVersWiss 2006, 471 (477).

mit exakten Beträgen ausgewiesen. Der Anspruch auf den Anrechnungsbetrag besteht während der gesamten Dauer des Versicherungsverhältnisses latent, seine Erstarkung zum gerichtlich einklagbaren Vollrecht hängt nur von dem Antrag auf den Tarifwechsel ab. Auch bedingte Ansprüche sind rechtlich gesicherte Ansprüche; das gilt insbes. dann, wenn der Versicherungsnehmer den Bedingungseintritt jederzeit selbst herbeiführen kann.

e) Versichererwechselrecht. Der Versicherte hat bei einem Versichererwechsel einen zivilrechtlichen Anspruch auf Übertragung des am Basistarif orientierten Teils der Alterungsrückstellung seines Tarifs (§ 204 Abs. 1 S. 1 Nr. 2). Dieser **„Übertragungswert"** genannte Teil (§ 146 Abs. 1 Nr. 5 VAG) lässt sich zu jedem Zeitpunkt des Versicherungsvertrags betragsmäßig beziffern (§ 14 KVAV) und ist Gegenstand eines konkreten Übertragungsanspruchs des Versicherten für den Fall des Versichererwechsels. Dass der Anspruch auf Übertragung an das neue Versicherungsunternehmen und nicht auf Auszahlung an den Versicherungsnehmer gerichtet ist, nimmt ihm weder seinen individuellen Charakter noch seine Werthaltigkeit. Der Vorversicherer muss Aktivwerte in Form einer Geldzahlung (→ § 204 Rn. 478)[377] auf das neue Versicherungsunternehmen übertragen. Jeder in einem bestimmten Tarif Versicherte hat einen solchen latenten und genau bezifferbaren Übertragungsanspruch, der sich bei einem Versicherwechsel zum konkreten einklagbaren Anspruch verdichtet. 909

4. Finanzierungsquelle „Limitierung von Beitragsanpassungen/RfB". Die Limitierung von Beitragsanpassungen wird aus Mitteln finanziert, die im Zuge der **Überschussverteilung** in die erfolgsabhängige RfB eingestellt worden sind.[378] Damit sind die Überschüsse in den grundsätzlichen Schutzbereich des Art. 14 Abs. 1 GG gelangt. Dieser grundrechtliche Schutz verstärkt sich, sobald das Versicherungsunternehmen die hierfür vorgesehenen Beträge verbindlich mit dem Zweck festgelegt hat, sie zur Ermäßigung von Beitragserhöhungen im folgenden Geschäftsjahr zu verwenden (§ 21 Abs. 2 S. 2 Nr. 3 KStG aF); diese Situation ist mit derjenigen in der Lebensversicherung identisch (§ 21 Abs. 2 S. 2 Nr. 2 KStG aF). Eine nähere Konkretisierung ist nicht erforderlich. Das deckt sich mit der Lebensversicherung, wo es gleichfalls genügt, dass der begünstigte Personenkreis bestimmbar ist.[379] 910

Die **konkrete Verwendung** der für Beitragslimitierungen festgelegten RfB-Mittel besteht in der Zuordnung zu den einzelnen Versicherungsverträgen anlässlich einer Beitragsanpassung. Damit haben die Überschussmittel die Versicherungsnehmer endgültig erreicht. Der Vertrag zugeteilte Überschuss führt in der Lebensversicherung bei Vertragsende zu einer Auszahlung und in der Krankenversicherung sofort zu einer Beitragsermäßigung, die mit der Beitragserhöhung verrechnet wird. Beides sind geldwerte Leistungen des Versicherungsunternehmens an den Versicherungsnehmer. Ihr einziger Unterschied besteht darin, dass es sich in der Lebensversicherung um eine *einmalige* Auszahlung bei Vertragsende und in der Krankenversicherung um eine *dauernde* Beitragsermäßigung bis zum Vertragsende handelt. 911

Auch in der **rückstellungsmäßigen Behandlung** besteht kein Unterschied. In der Lebensversicherung werden die individuellen Ansprüche der Versicherungsnehmer auf die bereits zugeteilten, künftig fälligen Überschussanteile bis zum Vertragsende in der Deckungsrückstellung bilanziert (§ 341f Abs. 1 S. 1 HGB), die dann mit durchgeführter Auszahlung insoweit aufgelöst wird. In der Krankenversicherung werden die individuellen Ansprüche auf die dauernde Beitragsermäßigung gleichfalls in der Deckungsrückstellung bilanziert (§ 341f Abs. 3 S. 1 Hs. 2 HGB), die sukzessive bis zum Vertragsende in Höhe des jährlichen Ermäßigungsbetrags abgebaut wird. Beide versicherungstechnischen Rückstellungen sind insoweit für zum Vollrecht erstarkte individuelle Ansprüche der Versicherungsnehmer gebildet. 912

5. Finanzierungsquelle „Direkte Zuschreibungen". Der **gesetzliche Beitragszuschlag** nach § 149 VAG wird der Alterungsrückstellung direkt zugeführt. Hierbei handelt es sich um die auf den jeweiligen Versicherungsvertrag entfallende Einzelalterungsrückstellung, weil der Beitragszuschlag selbst sich auf den Einzelvertrag bezieht. Der Beitragszuschlag ist „zur Prämienermäßigung im Alter" zu verwenden, und zwar ebenso wie der auf diesen Teil der Alterungsrückstellung nach § 150 Abs. 2 VAG entfallende Überzins. Dieser Teil der Alterungsrückstellung speist sich aus dem individuellen Beitrag jedes einzelnen Versicherungsvertrags und ist auch nur für den oder die Versicherten dieses Vertrags zu verwenden.[380] 913

---

[377] BVerfGE 123, 186 = VersR 2009, 957 = NJW 2009, 2033 Rn. 216; *Grote/Bronkars* VersR 2008, 580 (586).
[378] Zum folgenden ausf. *Boetius* in Boetius/Rogler/Schäfer, Rechtshandbuch PKV, 2020, § 9 Rn. 57 ff.
[379] *Boetius* VersR 2014, 140 (146).
[380] *Boetius* VersR 2014, 140 (147).

914 Nach § 150 Abs. 1 VAG muss das Versicherungsunternehmen den Versicherten den größten Teil des erzielten **Überzinses** direkt gutschreiben (Direktgutschrift). Damit soll der Versicherte, aus dessen Beiträgen die Alterungsrückstellung aufgebaut wird, zum größten Teil Nutznießer der Erträge sein, die auf die Kapitalanlagen entfallen, welche die Alterungsrückstellung bedecken. § 150 Abs. 3 VAG regelt die Verwendung der gutgeschriebenen Überzinsbeträge und der in der Alterungsrückstellung gebildeten Mittel aus dem gesetzlichen Beitragszuschlag. Die Beträge, die allen Versicherten nach § 150 Abs. 2 S. 1 oder S. 2 VAG gutgeschrieben werden, sind ab Vollendung des 65. Lebensjahres des Versicherten für die Limitierung von Prämienerhöhungen zu verwenden (§ 150 Abs. 3 S. 1 VAG). Durch die vorstehenden Prämienlimitierungen nach § 150 Abs. 3 S. 1 VAG nicht verbrauchte Beträge sind ab Vollendung des 80. Lebensjahres des Versicherten für die Senkung der Prämien zu verwenden (§ 150 Abs. 3 S. 2 VAG). Das gleiche gilt für den Fall, dass den Versicherten noch nach ihrem 80. Lebensjahr gem. § 150 Abs. 2 VAG Überzinsbeträge gutzuschreiben sind. Auch diese müssen zur sofortigen Prämiensenkung eingesetzt werden (§ 150 Abs. 3 S. 3 VAG). Die Sonderverwendungsmöglichkeit für die freiwillige Pflegetagegeldversicherung nach § 150 Abs. 3 S. 4 VAG sieht eine Leistungserhöhung durch Erhöhung des Pflegetagegeldes vor, die an die Stelle einer Prämiensenkung tritt und deren rechtliche Qualität teilt. Die einer erfolgsunabhängigen RfB zugeführten Beträge sind innerhalb von drei Jahren zugunsten der älteren Versicherten für Prämienlimitierungen oder Prämiensenkungen zu verwenden (§ 150 Abs. 4 S. 1 VAG).

915 In allen Fällen der „direkten Zuschreibungen" erhält der Versicherungsnehmer **vermögenswerte Leistungen**,[381] auf die er nach § 203 Abs. 1 S. 1 iVm §§ 146, 150 VAG einen zivilrechtlichen Anspruch hat (→ Rn. 906).

V. Übertragbarkeit der Alterungsrückstellung

916 **1. Ausgangssituation.** Das **Kalkulationsprinzip** der PKV hat zur Folge, dass der Wechsel zu einem anderen Krankenversicherungsunternehmen mit längerer Vertragsdauer sowie steigendem Alter zunehmend erschwert oder praktisch unmöglich wird. Wenn die aus den Beiträgen gebildete Alterungsrückstellung im Versichertenkollektiv des bisherigen Versicherers verbleibt, muss der wechselwillige Kunde für den gleichen Versicherungsumfang beim neuen Versicherer wegen des höheren Eintrittsalters einen idR höheren Beitrag zahlen. Außerdem unterliegt der wechselnde Kunde beim neuen Versicherer einer neuen Gesundheitsprüfung, was bei inzwischen eingetretener Gesundheitsverschlechterung zu Risikozuschlägen, Leistungsausschlüssen oder gänzlicher Unversicherbarkeit führen kann. In der öffentlichen Diskussion wird diese Situation teilweise als unbefriedigend bezeichnet und gefordert, dass dem Versicherten die Alterungsrückstellung mitgegeben werden müsse, damit er ohne finanzielle Nachteile seinen Krankenversicherer wechseln könne (→ Rn. 931 ff.).

917 **2. Rechtslage bis zur VVG-Reform.** Das bis zum Inkrafttreten der VVG-Reform geltende Recht enthielt zur Übertragung der Alterungsrückstellung bei einem Versichererwechsel keine Regelung. Der **BGH** hatte mit Urteil v. 21.4.1999 – IV ZR 192/98 unter ausführlicher Würdigung der Gesetzesmotive zu § 178f VVG aF und des Gutachtens der Expertenkommission (→ Rn. 932) entschieden, dass nach der geltenden Rechtslage kein Anspruch auf Übertragung der Alterungsrückstellung besteht.[382] Dies entsprach auch der herrschenden Meinung im aktuariellen und juristischen Schrifttum.[383] Der III. Senat des BGH hatte sich dem mit Urteil v. 11.5.2006 – III ZR 228/05 angeschlossen.[384]

918 Eine andere Betrachtungsweise ergab sich auch nicht aus den Entscheidungen des **BVerfG** zur Überschussbeteiligung der Versicherten und zur Bestandsübertragung in der Lebensversicherung.[385] Denn das BVerfG ist in beiden Entscheidungen davon ausgegangen, dass es für die Lebensversicherten keine zumutbare Alternative sei, ihre Belange durch Kündigung des Versicherungsvertrags durchzusetzen, „da die Auflösung des Vertrags regelmäßig mit erheblichen Nachteilen für die Versicherten verbunden ist."[386] Das BVerfG hat damit zum Ausdruck gebracht, dass diese vertragsrechtlichen Nachteile geltendes und verfassungsrechtlich nicht zu beanstandendes Recht sind.

---

[381] Boetius VersR 2014, 140 (147).
[382] BGHZ 141, 214 = VersR 1999, 877 = NJW 1999, 2741.
[383] Vgl. ua Boetius VersR 2001, 661 ff.; Boetius FS Schirmer, 2005, 29 ff.; Bohn ZfV 1996, 166 ff.; Kalis VersR 2001, 11 ff.; Schneider ZfV 1994, 665 ff.; Scholz FS v. Maydell, 2002, 633 ff.; Züchner VW 1995, 705 ff.
[384] BGH VersR 2006, 1072 = r+s 2006, 351.
[385] BVerfGE 114, 1 = VersR 2005, 1109 = NJW 2005, 2363; BVerfGE 114, 73 = VersR 2005, 1127 = NJW 2005, 2376.
[386] BVerfGE 114, 1 = VersR 2005, 1109 = NJW 2005, 2363 (2366 Abschn. C I 1 a bb [2]); BVerfGE 114, 73 = VersR 2005, 1127 = NJW 2005, 2376 (2379 Abschn. C I 2 b cc [2]).

3. Rechtslage nach der VVG-Reform. Die zur Vorbereitung eines neuen VVG eingesetzte 919
VVG-Kommission hatte die mit einer Übertragung der Alterungsrückstellung verbundenen Fragen eingehend untersucht, die unterschiedlichen theoretischen Übertragungsmodelle ausf. geprüft und die von verschiedenen Sachverständigenkommissionen ausgesprochenen Empfehlungen gewürdigt. Sie kam zu dem Ergebnis, dass ein wirklich freier Wechsel des Krankenversicherers grundsätzliche, in das Rechts- und Kalkulationsgefüge des PKV-Systems elementar eingreifende Systemänderungen voraussetze, die den Rahmen einer bloßen VVG-Reform überschreiten.[387]

Der **RegE zur Reform des Versicherungsvertragsrechts** verzichtete angesichts der von der 920
VVG-Kommission festgestellten Probleme darauf, einen vertraglichen Anspruch zur Übertragung der Alterungsrückstellungen vorzusehen und verwies stattdessen auf die laufenden Beratungen über eine Gesamtreform des Gesundheitswesens und der Versicherungssysteme.[388] Nach der VVG-Reform sollte damit die Rechtslage aus der Zeit des früheren VVG unverändert fortgelten.

Im Zuge der von der großen Koalition der 16. Legislaturperiode eingeleiteten **Gesundheitsre-** 921
form führte das GKV-Wettbewerbsstärkungsgesetz (GKV-WSG) v. 26.3.2007 (BGBl. I S. 378), das insoweit von der VVG-Reform inhaltsgleich übernommen wurde (Art. 11 Abs. 1 VVG-ReformG) tiefgreifende Veränderungen des PKV-Systems herbei (→ Rn. 1031 ff.; → Rn. 1183 ff.). In diesem Zusammenhang wurde auch die Übertragung der kalkulierten Alterungsrückstellung bei einem Versichererwechsel vorgesehen. Wenn künftig der Versicherungsnehmer einen Krankenversicherungsvertrag kündigt und bei einem anderen Versicherungsunternehmen eine substitutive Krankenversicherung abschließt, muss nach dem neu eingefügten § 204 Abs. 1 S. 1 Nr. 2 VVG 2009 die kalkulierte Alterungsrückstellung in Höhe eines an dem neuen Basistarif orientierten fiktiven Werts vom bisherigen Versicherungsunternehmen auf das neue Versicherungsunternehmen übertragen werden. Diese Übertragung begegnet erheblichen Bedenken (→ Rn. 1111 ff.).[389]

§ 204 Abs. 1 S. 1 S. 1 Nr. 2 sieht die teilweise Übertragung der kalkulierten Alterungsrückstel- 922
lung nur beim Wechsel einer substitutiven Krankenversicherung vor, die entweder nach dem 1.1.2009 abgeschlossen oder – wenn vor dem 1.1.2009 abgeschlossen (Altvertrag) – vor dem 1.7.2009 gekündigt wurde. In allen übrigen Fällen bleibt es bei der **Nichtübertragbarkeit der Alterungs-**
rückstellung,[390] was verfassungsrechtlich Bestand hat.[391]

VI. Gesetzlicher Beitragszuschlag

1. Entstehungsgeschichte. a) Überblick. Die Expertenkommission hatte sich in ihrem Gut- 923
achten von 1996[392] mit einem weiteren Hauptproblem der Beitragssteigerung im Alter, nämlich mit den Auswirkungen der speziellen **Kostensteigerungen im Gesundheitswesen** befasst und versucht, hierfür Lösungen zu finden. Sie empfahl die Erhebung eines pauschalen Zuschlags von 10 % auf den jeweiligen Beitrag in der substitutiven Krankenversicherung. Dieser Zuschlag reiche iVm den weiteren Vorschlägen aus, „um die Steigerung der Gesundheitskosten im Alter so weit aufzufangen, dass die langfristige Beitragsentwicklung für die Versicherungsnehmer im Alter erträglich bleibt, ohne sie in jüngeren Jahren unzumutbar zu belasten".[393] Im Rahmen der Verwendungsalternativen hatte die Expertenkommission weiter festgestellt, es sei sachgerecht, das Beitragsniveau ab Alter 65 für längere Zeit absolut stabil zu halten, und sinnvoll, eine „Situation mit Alter dann wieder stark ansteigender Krankenversicherungsbeiträge möglichst zu vermeiden".[394] Das GKV-Gesundheitsreformgesetz 2000 setzte die Empfehlung der Expertenkommission mit § 149 VAG um.

b) Kalkulatorischer Wert. Der gesetzliche Beitragszuschlag nach § 149 VAG wird mit einem 924
festen **Prozentsatz aus der Bruttoprämie** abgeleitet und ist damit ein kalkulatorischer Wert (→ Rn. 883).

Dass es sich um eine kalkulatorische Größe handeln sollte, ergibt sich aus der **Entstehungsge-** 925
schichte (→ Rn. 884).

Hauptziel des Gesetzgebers war es gewesen, die spezielle **Dynamik der Kostenentwicklung** 926
im Gesundheitswesen mit ihren Auswirkungen vor allem auf die Beiträge der älteren Versicherten aufzufangen (→ Rn. 885).

---

[387] *Lorenz,* Abschlussbericht der VVG-Kommission, VersR-Schriftenreihe Bd. 25, 2004, S. 155, Abschn. 1.3.2.4.2.3.5.
[388] Begr. Abschn. A II 10 zum RegE VVG-ReformG, BT-Drs. 16/3945, 55.
[389] *Boetius* VersR 2007, 431 (437 f.); *Boetius* Münsteraner Reihe Heft 109, 2008, S. 33 ff.
[390] BGH r+s 2013, 238; VersR 2013, 612 = r+s 2013, 239.
[391] BVerfG r+s 2013, 442.
[392] Expertenkommission, Gutachten, BT-Drs. 13/4945.
[393] Expertenkommission, Gutachten Abschn. 8.3.7 Abs. 4, BT-Drs. 13/4945, 32.
[394] Expertenkommission, Gutachten Abschn. 9 Abs. 7, BT-Drs. 13/4945, 35.

927 **c) Rechtsnatur.** Die Expertenkommission empfahl für das Problem den prozentualen Beitragszuschlag, dessen Ziel es war, der durch die Kostenentwicklung drohenden Gefahr einer wachsenden Unterdeckung der Alterungsrückstellung zu begegnen (→ Rn. 886). Hinsichtlich der **versicherungstechnischen Behandlung** stellte die Expertenkommission fest:[395] „Der Beitragszuschlag wird der Alterungsrückstellung des § 341f Abs. 3 HGB zugeschrieben und wie die bisherige Alterungsrückstellung behandelt." Damit sollte nach den Vorstellungen der Expertenkommission, die der Gesetzgeber für sich so übernahm, auch dieser Teil der Alterungsrückstellung das gleiche rechtliche Schicksal wie die bisherige Alterungsrückstellung teilen (→ Rn. 887).

928 In der Frage der für den Versicherungsnehmer obligatorischen oder fakultativen Geltung hatte sich die Expertenkommission für das Modell 1 „Ergänzung der bisherigen Beitragskalkulation durch den obligatorischen Beitragszuschlag für alle Neuverträge" entschieden.[396] Hierzu sah sich die Expertenkommission durch Art. 54 Abs. 2 **RL 92/49/EWG** (jetzt Art. 206 Abs. 2 RL 2009/138/EG) veranlasst, wonach „die Mitgliedstaaten für diese substitutive Krankenversicherung nur dann vorschreiben" können, „dass sie in technischer Hinsicht nach Art der Lebensversicherung betrieben wird, wenn die in Abs. 2 genannten Voraussetzungen erfüllt sind. Zu diesen zwingenden Voraussetzungen gehört auch, dass ‚eine Alterungsrückstellung' gebildet wird." Dementsprechend hatten die Modellrechnungen der Expertenkommission zur Grundlage, dass der Beitragszuschlag nach den Grundsätzen der Alterungsrückstellung behandelt, dh unter anderem an das Kollektiv vererbt und im Falle eines PKV-Wechsels nicht übertragen wird. Infolgedessen werden nach geltendem Recht die in der Alterungsrückstellung aus dem Beitragszuschlag angesammelten Beträge bei Ausscheiden des Versicherten an die jeweilige Gefahrengemeinschaft „vererbt". Die Begründung zum Fraktionsentwurf GKV-Gesundheitsreformgesetz 2000 führt daher folgerichtig aus, dass der Beitragszuschlag „der Aufstockung der Alterungsrückstellung dient".[397]

929 **2. Übertragbarkeit.** Aus der Entstehungsgeschichte und aus der rechtstechnischen Konstruktion ergibt sich, dass der gesetzliche Beitragszuschlag **Teil der Alterungsrückstellung** ist. Er ist es formal, weil er der Alterungsrückstellung nach § 341f HGB zugeschrieben und bilanzrechtlich wie diese behandelt wird (§ 149 S. 2 VAG). Er ist es auch materiell, weil er nicht als eigenständige Rechnungsgrundlage kalkuliert, sondern lediglich als fester prozentualer Wert aus der Bruttoprämie ermittelt wird, in der die Alterungsrückstellung ihren kalkulatorischen Niederschlag findet. Der gesetzliche Beitragszuschlag befindet sich somit in streng akzessorischer Abhängigkeit zur Alterungsrückstellung und teilt folglich in vollem Umfang deren Schicksal. Deshalb kann bei einem Wechsel des PKV-Unternehmens der gesetzliche Beitragszuschlag immer nur im gleichen Umfang auf den neuen Versicherer übertragen werden wie die „eigentliche" Alterungsrückstellung selbst.

930 **3. Verwendung.** Nach § 150 Abs. 3 VAG ist der angesammelte Beitragszuschlag ab Alter 65 zur **Limitierung von Prämienerhöhungen** und ab Alter 80 zur **Prämiensenkung** zu verwenden. Diese Verwendungsmechanik kann bei durchaus nicht untypischen Fallgestaltungen dazu führen, dass nach entsprechend langer Versicherungszeit die Krankenversicherungsprämie ab Alter 80 fast bis auf Null abgesenkt wird. Dies ist ein wirtschaftlich nicht vernünftiges Ergebnis. Im Versicherteninteresse sehr viel sinnvoller wäre es, die Limitierung von Prämienerhöhungen bereits früher (ungefähr ab Alter 60) einsetzen zu lassen und ggf. im höheren Alter zu verstärken, so dass über eine sehr viel längere Lebenszeit im Alter eine dauerhafte Beitragsdämpfung erreicht wird, die zB dazu führen könnte, dass die Beiträge nicht stärker steigen als die normale Inflationsrate. Damit würde dem Rückgang des Arbeitseinkommens infolge Pensionierung dauerhaft Rechnung getragen. Eine solche andersartige Verwendung lässt sich indessen nur de lege ferenda erreichen.

K. Übertragbarkeit der Alterungsrückstellung als Systemänderung?

I. Sachverständigenkommissionen

931 Ob die **Alterungsrückstellung übertragen** werden kann und soll, ist immer wieder Thema unterschiedlichster Sachverständigenkommissionen gewesen.

---

[395] Expertenkommission, Gutachten Abschn. 8.3.7 Abs. 3, BT-Drs. 13/4945, 32.
[396] Expertenkommission, Gutachten Abschn. 8.3.7.1 Abs. 2, BT-Drs. 13/4945, 32.
[397] Begr. zu Art. 15 Nr. 1 (§ 12 VAG) Fraktionsentwurf GKV-GesundheitsreformG 2000, BT-Drs. 14/1721 Anl. 1 iVm BT-Drs. 14/1245, 119.

1. Expertenkommission. Die Unabhängige Expertenkommission zur Untersuchung der 932 Problematik steigender Beiträge der privat Krankenversicherten im Alter (Expertenkommission) war in ihrem **Gutachten von 1996**[398] zu dem Ergebnis gekommen, dass die Übertragung der kalkulierten Alterungsrückstellung nicht empfohlen werden kann.[399] Für die Übertragung einer individuellen Alterungsrückstellung, mit der die speziell bei dem wechselnden Versicherten zu erwartenden künftigen Versicherungsleistungen finanziert werden können, hat die Expertenkommission festgestellt, dass ein solches Modell einen theoretisch attraktiven und weiterführenden Ansatz darstelle, jedoch theoretische Fragen offen seien und es in praktischer Hinsicht erhebliche Probleme aufweise, so dass es dem Gesetzgeber derzeit nicht empfohlen werden könne; insbes. erscheine es zum gegenwärtigen Zeitpunkt nicht realisierbar, die mitzugebende individuelle Alterungsrückstellung mit der erforderlichen Sicherheit zu bestimmen.[400]

2. Monopolkommission. Die Monopolkommission hatte in ihrem **12. Hauptgutachten** 933 **1996/97**[401] bei den Ausführungen zur marktwirtschaftlichen Ausrichtung des deutschen Gesundheitswesens im Zusammenhang mit einem privaten Versicherungspflichtsystem die Mitgabe von Alterungsrückstellungen empfohlen, welche „die individuellen Kostenprospekte widerspiegeln".[402] Die Berechnungsprobleme bezeichnet die Monopolkommission als vorübergehend und überwindbar[403] und die zu erwartenden Transaktionskosten als nicht so hoch, dass von der Mitgabe Abstand genommen werden müsse. Die Bundesregierung hat in ihrer Stellungnahme dazu ausgeführt, die bei einer Mitgabe von Alterungsrückstellungen entstehenden Umsetzungsprobleme seien gravierend.[404]

3. Sachverständigenrat. Der Sachverständigenrat zur Beurteilung der gesamtwirtschaftlichen 934 Entwicklung hatte in seinem **Jahresgutachten 2000/2001**[405] im Zusammenhang mit der wettbewerbsorientierten Weiterentwicklung des Gesundheitssystems ausgeführt, es müsse ein Weg gefunden werden, der es erlaube, die für jeden Versicherten gebildeten Alterungsrückstellungen bei einem Wechsel der Versicherung mitzunehmen; ein solcher Rückstellungstransfer werde zwar von Experten für möglich gehalten, ein gangbarer Weg sei bisher aber noch nicht aufgezeigt worden.[406]

4. Rürup-Kommission. Die Kommission für die Nachhaltigkeit in der Finanzierung der 935 Sozialen Sicherungssysteme (Rürup-Kommission) hatte in ihrem **Bericht von 2003**[407] ausgeführt, als Voraussetzung für einen effizienz-orientierten Wettbewerb müsse der Versicherungswechsel zu jedem Zeitpunkt ermöglicht werden; dazu sei die Portabilität von Alterungsrückstellungen zu gewährleisten.[408] So wie ein funktionierender Risikostrukturausgleich die notwendige Voraussetzung eines funktionsfähigen Wettbewerbs zwischen den gesetzlichen Krankenversicherungen sei, seien portable und individualisiert bemessene Alterungsrückstellungen die notwendige Voraussetzung eines funktionsfähigen Wettbewerbs in der privaten Krankenversicherung.[409]

5. ifo-Institut. Das vom Bundesministerium der Finanzen (BMF) mit der Überprüfung von 936 Übertragungsmodellen beauftragte ifo Institut für Wirtschaftsforschung kommt in seinem **Gutachten von 2003** zu folgenden Ergebnissen:[410]
– Die Übertragung kalkulatorischer Alterungsrückstellungen zerstöre eine Grundfunktion der 937 lebenslangen Krankenversicherungsverträge, nämlich die Absicherung gegen Prämienänderungen auf Grund dauerhafter Verschlechterungen des Gesundheitszustandes – sog. Prämienversicherungsfunktion.[411]

---

[398] Expertenkommission, Gutachten, BT-Drs. 13/4945.
[399] Expertenkommission, Gutachten Abschn. 14.4.1, BT-Drs. 13/4945, 43.
[400] Expertenkommission, Gutachten Abschn. 14.4.3.4, BT-Drs. 13/4945, 47.
[401] 12. Hauptgutachten der Monopolkommission, BT-Drs. 13/11291.
[402] 12. Hauptgutachten der Monopolkommission Nr. 676, BT-Drs. 13/11291, 342.
[403] 12. Hauptgutachten der Monopolkommission Nr. 677, BT-Drs. 13/11291, 343.
[404] Stellungnahme der BReg Ziff. 75, BT-Drs. 14/1274, 17.
[405] Jahresgutachten des Sachverständigenrates, BT-Drs. 14/4792.
[406] Jahresgutachten des Sachverständigenrates Nr. 478, BT-Drs. 14/4792, 246.
[407] Bericht der Kommission Abschn. 4.3.2.2, S. 167 ff.
[408] Bericht der Kommission Abschn. 4.3.2.2, S. 170.
[409] Bericht der Kommission Abschn. 4.3.2.2, S. 168.
[410] ifo Institut für Wirtschaftsforschung, Modelle zur Übertragung individueller Altersrückstellungen beim Wechsel privater Krankenversicherer, ifo Beiträge zur Wirtschaftsforschung Heft 14, München 2004.
[411] ifo Institut, Gutachten Teil D Kap. 13, S. 303.

Vor § 192 938–943   Teil 2. Einzelne Versicherungszweige. Kap. 8. Krankenversicherung

938 – Die aus wirtschaftstheoretischer Sicht ideale individualisierte Mitgabe der Alterungsrückstellung erscheine als sehr problematisch, wenn der aktuelle Gesundheitszustand nicht kostengünstig gerichtlich verifiziert werden könne.[412]

939 – Da die Implementierung von Rückstellungstransfers, die nach dem Gesundheitszustand differenziert sind, sich als hochgradig problematisch erweise, liege der Schwerpunkt der wirtschaftstheoretischen Studie auf der Untersuchung von Transfers, die vom Gesundheitszustand unabhängig sind.[413] Im Hauptszenario wechseln ausschließlich gute Risiken und werden schlechte Risiken durch die entstehenden Wechselverluste abgeschreckt; dem Interesse schlechter Risiken werde insoweit gedient, als sie keine Prämienerhöhungen aufgrund der Risikoentmischung durch die Abwanderung guter Risiken erlitten.[414] Letztlich führe das Modell zur Übertragung der kalkulatorischen Alterungsrückstellung abzgl. eines Abschlags.[415]

940 – In einem weiteren Modell wird die Alterungsrückstellung in eine „Prämienversicherung" und eine „Rentenversicherung" zerlegt, letztere soll übertragbar gestaltet sein. Die Höhe des übertragbaren Teils hänge hier von unterstellten Wahrscheinlichkeiten ab, mit denen gute Risiken im Zeitablauf ihren Status verlören und zu schlechten Risiken würden.[416] Zur Umsetzung seien Datengrundlagen erforderlich, die bisher nicht existierten.[417] Außerdem ergebe sich das Problem unvorhergesehener Kostensteigerungen im Gesundheitswesen, die allerdings durch den gesetzlichen Beitragszuschlag neutralisiert werden sollten. Hierbei werde unterstellt, dass der Kapitalstock, der aus dem gesetzlichen Zuschlag gebildet wurde, genau wie die Alterungsrückstellung gleichzeitig der Prämienversicherung und der Rentenversicherung diene, also einen übertragungsfähigen und einen nicht übertragungsfähigen Anteil besitze.[418]

941 – Die Untersuchung alternativer institutioneller Arrangements der Vorfinanzierung der Krankheitskosten im Alter komme zu keinem positiven Ergebnis.[419]

942 **6. VVG-Kommission.** Die vom BMJ eingesetzte Kommission zur Reform des Versicherungsvertragsrechts (VVG-Kommission) hatte sich in ihrem **Abschlussbericht** v. 19.4.2004 eingehend mit der Problematik der Alterungsrückstellung befasst. Weil der Versicherte bei einem Wechsel des Versicherers die von ihm bisher geleistete Vorfinanzierung der künftigen altersbedingt höheren Krankheitskosten – die als eine Art „Vorsorge für das Alter" einen erheblichen Vermögenswert darstelle – verliere und bei dem neuen Versicherer einen völlig neuen Ansparvorgang beginnen müsse, solle die bisherige Regelung nur bei unüberwindbaren Schwierigkeiten oder bei untragbaren Folgen einer jeden anderen Neuregelung aufrechterhalten werden. Allerdings habe der wechselnde Versicherte auch den Vorteil genossen, dass ihm die sog. Vererbung prämienmindernd zugute gekommen sei. Es dürften auch keine grundlegenden Nachteile für diejenigen Versicherten entstehen, die letztlich von einer neu geschaffenen Wechselmöglichkeit keinen Gebrauch machen wollten oder könnten.[420] Die VVG-Kommission hat vor diesem Hintergrund die Voraussetzungen und Grenzen einer Übertragbarkeit von Alterungsrückstellungen ausf. untersucht und iErg alle bisher diskutierten Übertragungsmodelle verworfen.[421]

943 Ein wirklich freier PKV-Wechsel würde nach Auffassung der VVG-Kommission **weitergehende Gesetzesänderungen** voraussetzen, die elementar in das Rechts- und Kalkulationsgefüge des PKV-Systems eingriffen. Außer dem Versicherungsvertragsrecht wären insbs. auch das Versicherungsaufsichtsrecht sowie das öffentlich-rechtliche Gesundheits- und Sozialrecht betroffen. Es überschreite den Kompetenzrahmen und den Auftrag der VVG-Kommission, ein solchermaßen komplexes, in das Sozialrecht und das Versicherungsaufsichtsrecht eingreifendes Regelwerk zu entwickeln. Die VVG-Kommission hatte sich damit eines eigenen Änderungsvorschlags enthalten.[422]

---

[412] ifo Institut, Gutachten Teil D Kap. 13, S. 304.
[413] ifo Institut, Gutachten Teil D Kap. 13, S. 304.
[414] ifo Institut, Gutachten Teil D Kap. 13, S. 305.
[415] ifo Institut, Gutachten Teil D Kap. 13, S. 306.
[416] ifo Institut, Gutachten Teil D Kap. 13, S. 306.
[417] ifo Institut, Gutachten Teil D Kap. 13, S. 307.
[418] ifo Institut, Gutachten Teil D Kap. 13, S. 307 f.
[419] ifo Institut, Gutachten Teil D Kap. 13, S. 308.
[420] *Lorenz*, Abschlussbericht der VVG-Kommission, VersR-Schriftenreihe Bd. 25, 2004, S. 146 f., Abschn. 1.3.2.4.2.2.4.
[421] *Lorenz*, Abschlussbericht der VVG-Kommission, VersR-Schriftenreihe Bd. 25, 2004, S. 147 ff., Abschn. 1.3.2.4.2.3.
[422] *Lorenz*, Abschlussbericht der VVG-Kommission, VersR-Schriftenreihe Bd. 25, 2004, S. 153 ff., Abschn. 1.3.2.4.2.3.5.

II. Übertragungsmodelle

1. Grundmodelle. In der Diskussion um die Übertragbarkeit der Alterungsrückstellung lassen sich drei theoretische Grundmodelle oder Darstellungsformen auseinanderhalten, soweit es um die **Funktion der Alterungsrückstellung** geht, das mit dem Lebensalter künftig steigende Krankheitskostenwagnis abzubilden.[423] Das vom ifo-Institut vorgestellte wirtschaftstheoretische Modell lässt sich letztlich auch auf diese Grundmodelle zurückführen. 944

Die **kalkulierte** (oder kalkulatorische) **Alterungsrückstellung** ist diejenige Alterungsrückstellung, die für alle Versicherten der gleichen Gefahrengemeinschaft kollektiv in die Beiträge einkalkuliert wird. Da alle Versicherten desselben Versichertenkollektivs mit denselben Wahrscheinlichkeiten kalkuliert werden, ist der durchschnittliche Wert der kalkulierten Alterungsrückstellung für alle Versicherten desselben Versichertenkollektivs gleich hoch. Ob der Durchschnittswert der Alterungsrückstellung dem tatsächlichen künftigen Krankheitskostenbedarf des einzelnen Versicherten entspricht, ist nicht ermittelbar; denn dies würde die vollständige Information über seinen Gesundheitsverlauf bis zum Tode und damit auch über seinen individuellen Todeszeitpunkt voraussetzen. 945

Den Gegensatz zur kalkulierten Alterungsrückstellung bildet das theoretische Modell einer **vollständig individuellen Alterungsrückstellung**. Darunter soll eine Alterungsrückstellung verstanden werden, welche die Gesamtheit aller bis zum konkreten Todeszeitpunkt *tatsächlich anfallenden Krankheitskosten* einer einzelnen individuellen Person abbildet. Diese „vollständig individuelle Alterungsrückstellung" ist nicht zu verwechseln mit der individualisierten Einzel-Alterungsrückstellung iSd individuellen Erwartungswerts des Einzelrisikos (→ Rn. 869): Erstere will die künftigen Krankheitskosten in ihrem *tatsächlichen* Umfang abbilden, letztere in ihrem *kalkulatorischen* Umfang. 946

Unter einer **individuellen prospektiven Alterungsrückstellung** versteht die Expertenkommission (→ Rn. 932) denjenigen Teil der gesamten Alterungsrückstellung einer bestimmten Gefahrengemeinschaft, der „für den einzelnen Versicherten aufgrund seines Gesundheitszustandes erforderlich ist, um unter Hinzunahme der für ihn kalkulierten künftigen Beiträge die speziell bei ihm zu erwartenden Versicherungsleistungen finanzieren zu können".[424] Weil die zu Versicherungsbeginn durchschnittlich gleichen Risiken eines Versichertenkollektivs sich nach einer gewissen Versicherungsdauer auf natürliche Weise – infolge des unterschiedlichen Auftretens von Krankheiten – in Gruppen schlechterer und besserer Risiken differenzierten, benötigten die Gruppen schlechterer Risiken im Falle eines Versicherungswechsels einen größeren Teil der Alterungsrückstellung als die Gruppen besserer Risiken. Demgemäß solle die mitzugebende Alterungsrückstellung bei guten Risiken gering und bei schlechten Risiken hoch sein. Im Gegensatz zur vollständig individuellen Alterungsrückstellung (→ Rn. 946) differenziert das Modell der individuellen prospektiven Alterungsrückstellung die Alterungsrückstellung nach Gruppen, setzt aber innerhalb derselben Gruppe einheitliche Durchschnittswerte an. 947

2. Kalkulierte Alterungsrückstellung. a) Auf- und Abbau der Alterungsrückstellung. Für jedes einzelne durch gemeinsame Risikomerkmale verbundene Versichertenkollektiv gilt als Kalkulationsansatz, dass der **Barwert** der künftig zu erwartenden Krankheitskosten über die gesamte wahrscheinliche Vertragsdauer hinweg dem Barwert aller künftigen Beitragseinnahmen entspricht. In gleicher Weise ist der Barwert der künftigen Leistungsverpflichtungen abzgl. des Barwerts der künftigen Beitragseinnahmen Basis für die Bildung der Alterungsrückstellung.[425] Das einzelne Versichertenkollektiv wird bei Versicherungsbeginn definiert durch die Gleichheit von Tarif und Eintrittsalter der versicherten Personen; bis 21.12.2012 war auch das Geschlecht Tarifierungsmerkmal (vgl. § 27 Abs. 3 KVAV). Der unterschiedliche Gesundheitszustand bei Versicherungsbeginn gehört nicht zu den Merkmalen, die ein bestimmtes Kollektiv definieren. Die im Gesundheitszustand zum Ausdruck kommenden Risikounterschiede werden durch entsprechende Risikozuschläge oder Leistungsausschlüsse berücksichtigt und damit auf ein homogenes Risikoniveau im Kollektiv normiert. 948

Den **Auf- und Abbau** dieser kalkulierten und rechnungsmäßig verzinsten Alterungsrückstellung über die gesamte statistische Versicherungsdauer hinweg zeigt für einen typischen Tarif der Krankheitskosten-Vollversicherung das folgende Schaubild: 949

---

[423] *Boetius* VersR 2001, 661 (668 ff.).
[424] Expertenkommission, Gutachten Abschn. 14.4.3, BT-Drs. 13/4945, 44.
[425] *Züchner* VW 1995, 705 (707).

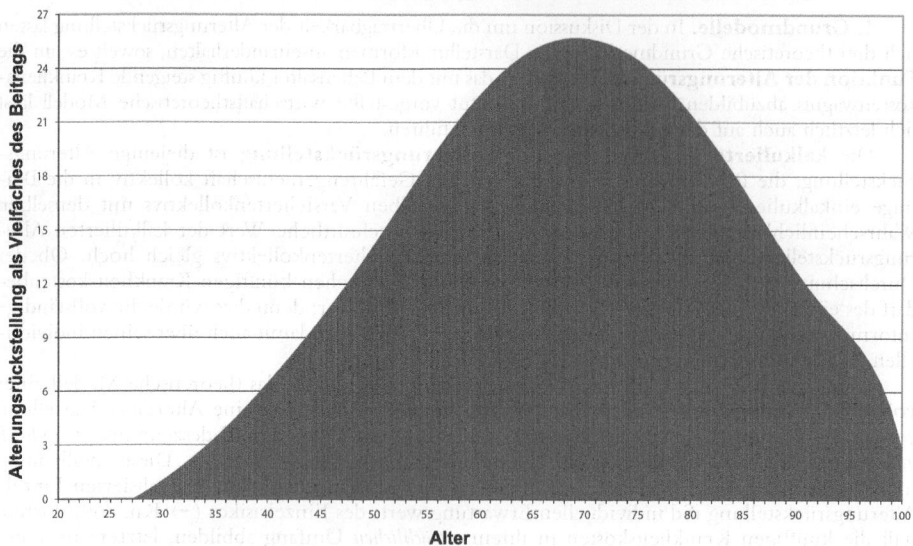

Auf- und Abbau der kalkulatorischen Alterungsrückstellung (Alter 27 bei Eintritt)

950 Man bezeichnet den Aufbau auch als **Sparphase** und den Abbau als **Entsparphase**. Die Entsparphase setzt ein, wenn die Sparanteile im Nettobeitrag negativ werden, dh wenn der Nettobeitrag nicht mehr zur Deckung der laufenden Leistungen ausreicht. Dieser Zeitpunkt liegt erheblich vor dem Erreichen des Gipfelpunktes der Alterungsrückstellung, weil allein die Verzinsung – sowie die Vererbung durch Tod und sonstiges Storno – erheblich höher ist als die bereits einsetzende Entnahme, so dass die gesamte Alterungsrückstellung noch lange Zeit weiter aufgebaut wird, bis schließlich auch ihr Gesamtbetrag sinkt.

951 **b) Umverteilungselemente.** Das Kalkulationsprinzip für die Alterungsrückstellung legt die Annahme nahe, dass jedes bei Versicherungsbeginn definierte Versichertenkollektiv seine sämtlichen künftigen Krankheitskosten selbst durchfinanzieren kann und es keines intergenerativen Ausgleichs zwischen jungen und alten Versicherten bedarf. Diese Annahme trifft jedoch nicht zu, weil es über die gesamte Versicherungsdauer hinweg zahlreiche Umverteilungselemente in der Kalkulation gibt. Dies ist auch notwendig, um das zunächst **statische Äquivalenzprinzip** (→ Rn. 803) der dynamischen Kostenentwicklung anzupassen. Eine solche Umverteilung zu Lasten der jungen und zu Gunsten der alten Versicherten findet sich insbes. in folgenden Elementen des Kalkulationsmodells:
– Beitragsanpassungen (→ Rn. 952).
– RfB-Mittel (→ Rn. 953).
– Überzinsverwendung (→ Rn. 954).
– Mählmann-Effekt (→ Rn. 955).
– Private Pflege-Pflichtversicherung (→ Rn. 956).

952 Werden infolge der Entwicklung der Krankheitskosten **Beitragsanpassungen** notwendig, so wird der Anpassungsbedarf für einen Tarif nach den jeweiligen Altersgruppen ermittelt, woraus sich Änderungen in den Kopfschadenprofilen ergeben können. Die Altersgruppen werden jedoch nicht nach den ursprünglichen Eintrittsaltern, sondern nach den tatsächlich erreichten Lebensaltern gebildet. Da das Eintrittsalter und damit die Bestandsdauer des einzelnen Vertrags bei Beitragsanpassungen keine Rolle mehr spielt, kommt es bei gleichem tatsächlichen Lebensalter zu einer Umverteilung von kurzen Bestandsaltern zu langen Bestandsaltern. So erhält zB der erst seit einem Jahr versicherte 40-Jährige die gleiche prozentuale Beitragsanpassung wie der bereits seit zehn Jahren versicherte 40-Jährige.

953 Durch den Einsatz von Mitteln aus der **Rückstellung für Beitragsrückerstattung** (RfB-Mittel) zur Limitierung der Beitragsanpassung können die unterschiedlichen prozentualen Beitragserhöhungen wieder etwas ausgeglichen werden. In diesem Fall erhalten die Älteren bzw. die schon langjährig Versicherten verhältnismäßig mehr RfB-Mittel als diejenigen Versicherten, die erst seit kurzer Zeit versichert sind.

954 Eine gesetzlich vorgeschriebene Umverteilung ergibt sich aus § 150 Abs. 4 VAG. Danach wird ein Teil des **Überzinses** aller betroffenen Versicherten den Versicherten zugeführt, die am jeweiligen Bilanzstichtag das 65. Lebensjahr vollendet haben.

Als Tarifbeiträge werden die nach Eintrittsalter gestaffelten Beiträge bei Neuabschluss der Versicherung bezeichnet. Die Tarifbeiträge werden kalkuliert nach dem Schadenbedarf aller Versicherten des jeweiligen Tarifs mit dem gleichen tatsächlichen Lebensalter. So ist der Tarifbeitrag für einen 40-jährigen Neuversicherten das Ergebnis des Schadenbedarfs aller 40-jährigen Versicherten dieses Tarifs – unabhängig davon, wie lange diese 40-Jährigen in diesem Tarif jeweils bereits versichert sind. Auch hier spielt das unterschiedlich lange Bestandsalter für die Kalkulation keine Rolle. Dies hat eine erhebliche Umverteilungswirkung zur Folge, weil der Schadenbedarf nicht nur vom tatsächlichen Lebensalter, sondern auch vom Bestandsalter, dh von der Dauer der Zugehörigkeit zum Versichertenkollektiv abhängt: Neue Versicherte verursachen bei gleichem Lebensalter erheblich geringere Krankheitskosten als langjährig Versicherte. Diese Selektionseffekte aufgrund der Bestandsdauer halten bis zu 15 Jahre an. Man bezeichnet diesen Effekt nach dem Mathematiker Mählmann, der ihn entdeckt hat, als **Mählmann-Effekt** (→ Rn. 800). Die Folge dieses Effekts ist, dass Versicherte mit langer Zugehörigkeit zum Kollektiv durch gleichaltrige Versicherte mit kurzer Zugehörigkeit zum Kollektiv im Tarifbeitrag subventioniert werden. 955

Spezielle Umverteilungseffekte finden sich darüber hinaus in den Regelungen für die **private Pflege-Pflichtversicherung** (§§ 110, 111 SGB XI). Dies gilt insbes. für die Begrenzung der Prämien auf den Höchstbeitrag bzw. bei Ehegatten auf 150 % des Höchstbeitrags der sozialen Pflegeversicherung (§ 110 Abs. 1 Nr. 2 lit. e, g, Abs. 3 Nr. 5 SGB XI), für die beitragsfreie Mitversicherung der Kinder des Versicherungsnehmers (§ 110 Abs. 1 Nr. 2 lit. f, Abs. 3 Nr. 6 SGB XI) und für den Risikoausgleich zwischen den Versicherungsunternehmen (§ 111 SGB XI). 956

Aufgrund der vorstehenden Umverteilungseffekte bedarf jedes Versichertenkollektiv auch eines ständigen **Zugangs neuer Versicherter.** In seinen Entscheidungen zur Verfassungsmäßigkeit der privaten Pflege-Pflichtversicherung (PPV) hat das BVerfG hervorgehoben, dass auch die PPV immer stärker von „Umlageelementen" – im Sinne der hiesigen Terminologie handelt es sich um „Umverteilungselemente" – und der demographischen Entwicklung geprägt wird. Dies könne zu einer Prüfungspflicht des Gesetzgebers führen, ob die Funktionsfähigkeit auch der PPV auf Dauer vom Nachwachsen neuer Prämienzahler abhängt. Damit erkennt das BVerfG an, dass Umverteilungselemente mit dem System der privaten Individualversicherung durchaus vereinbar sind und dass zwischen der Funktionsfähigkeit der Individualversicherung einerseits sowie dem dauerhaften Nachwachsen neuer Prämienzahler, dh Versicherter andererseits ein gesicherter Zusammenhang bestehen kann.[426] 957

c) Berücksichtigung in der Kalkulation. Das **Kalkulationsprinzip** der Alterungsrückstellung gilt unabhängig davon, in welcher Höhe und mit welchen Wahrscheinlichkeiten die einzelnen Rechnungsgrundlagen (vgl. § 2 KVAV) angesetzt worden sind. Rein rechnerisch kann der Versicherungswechsel durch eine entsprechende Gestaltung der Rechnungsgrundlagen in die Beitragskalkulation einfließen. Dies gilt sowohl für den direkten Effekt der Mitgabe der kalkulierten Alterungsrückstellung als auch für die indirekten Effekte, die sich aus der Risikoverschlechterung des zurückbleibenden Kollektivs ergeben. Eine solche Rechnungsgrundlage für die Übertrittswahrscheinlichkeit wurde mit Einführung des Versichererwechselrechts nach § 204 Abs. 1 S. 1 Nr. 2 notwendig (§ 146 Abs. 1 Nr. 5, § 160 S. 1 Nr. 3 VAG, § 2 Abs. 1 Nr. 6, § 14 KVAV). 958

Selbst wenn diese Entmischungseffekte durch einen **Antiselektionszuschlag** in die Beiträge einkalkuliert und dadurch die Alterungsrückstellungen entsprechend erhöht würden, würde es sich immer um kalkulierte Durchschnittswerte handeln. Denn auch insoweit gilt für dasselbe Versichertenkollektiv, dass alle Versicherten dieses Kollektivs mit denselben Wahrscheinlichkeiten kalkuliert sind. Insofern macht es für die versicherungstechnische und rechtliche Beurteilung auch keinen Unterschied, ob die Übertragung der Alterungsrückstellung einkalkuliert wird oder nicht und ob dies als obligatorisch vom Gesetzgeber festgelegt wird oder den Versicherungsunternehmen im Rahmen ihrer Tarifgestaltung überlassen bleibt (→ Rn. 991). 959

d) Kein Anspruch auf Auszahlung des rechnerischen Durchschnittswerts. Zu jedem Zeitpunkt des Spar- und Entsparprozesses (→ Rn. 950) kann ermittelt werden, welcher **durchschnittliche Anteil** der kalkulierten Alterungsrückstellung auf jeden Versicherten des Kollektivs rechnerisch entfällt. Dieser Wert ist für alle Versicherten desselben Kollektivs gleich hoch. Dabei handelt es sich um einen fiktiven Wert, der keine Aussage darüber erlaubt, welchen Betrag aus der Alterungsrückstellung ein bestimmter Versicherter des Kollektivs tatsächlich benötigen wird, um die Summe seiner künftigen, alterungsbedingt höheren Krankheitskosten bis zum Tode zu decken. Würde einem Versicherten im Falle seines Ausscheidens aus dem Kollektiv der durchschnittliche Wert der gemeinsamen Alterungsrückstellung mitgegeben, so wäre nicht ermittelbar, ob dieser Wert seinem tatsächlichen künftigen Krankheitskostenbedarf entspricht; denn dies würde die vollständige 960

---

[426] BVerfGE 103, 271 = VersR 2001, 623 (627) = NJW 2001, 1707.

Information über seinen Gesundheitsverlauf bis zum Tode und damit auch über seinen individuellen Todeszeitpunkt voraussetzen.

961 Die kalkulierte Alterungsrückstellung bezieht sich nur auf das **Kollektiv** als Ganzes. Auch wenn sich daraus Durchschnittswerte errechnen lassen, so lässt sich doch rechtsdogmatisch nicht begründen, aus einem solchen kollektiven Durchschnittswert individuelle zivilrechtliche *Zahlungs*ansprüche abzuleiten. Damit steht nicht in Widerspruch, dass der Versicherungsnehmer gleichwohl in Höhe des Durchschnittswerts eine vermögenswerte Rechtsposition besitzt, die ihm generell einen latenten Verrechnungsanspruch, beim Tarifwechsel einen Anrechnungsanspruch und beim Versichererwechsel einen Übertragungsanspruch einräumt (→ Rn. 899, 906 ff.).

962 e) **Risikoselektion.** Die generelle Übertragung der kalkulierten Alterungsrückstellung würde zu unvertretbarer Risikoselektion und **Entmischung** führen. Denn im Wege der Kündigung könnten nur die Gesunden aus dem Kollektiv ausscheiden.[427] Die schlechteren Risiken hätten aufgrund der erneuten Risiko- und Gesundheitsprüfung des neuen Versicherungsunternehmens keine Aussicht, zu normalen Konditionen dort aufgenommen zu werden; sie müssten mit Risikozuschlägen, Leistungsausschlüssen oder gänzlicher Ablehnung rechnen.[428] Für die guten Risiken wäre der durchschnittliche Wert der Alterungsrückstellung jedoch stets zu hoch; sie würden mehr an Alterungsrückstellung erhalten, als sie – aus der Sicht des Kündigungszeitpunktes – tatsächlich an Krankheitskosten bis zum Tode verbrauchen würden. Diese Entmischung vollzieht sich in mehreren Wellen und verstärkt sich mit jeder Welle.[429]

963 Jeder **finanzielle Anreiz zum Wechsel** des Versicherungsunternehmens verstärkt die Antiselektion des zurückbleibenden Versichertenkollektivs. Ein finanzieller Anreiz würde schon allein dadurch geschaffen, dass dem Versicherten beim Wechsel zu einem anderen Versicherungsunternehmen die Direktgutschriften aus dem gesetzlichen Beitragszuschlag oder den Überzinsen erhalten blieben und später für ihn zu verwenden wären (→ Rn. 930). Die von einem systematischen Wechsel guter Risiken ausgehende Selektionswirkung führt zu einem selbständigen Verbot an den Gesetzgeber, finanzielle Anreize zu einem solchen Wechsel zu schaffen.

964 Selbst in der **GKV** sind die von einer systematischen Antiselektion ausgehenden Gefahren erkannt worden. Der freie Kassenwechsel führte zu einer erheblichen Wanderung guter Risiken von den Traditionskassen (AOK, Ersatzkassen) zu den günstigeren BKK (→ Rn. 80). Um die Traditionskassen vor der damit einhergehenden Entmischung, insbes. Überalterung ihrer Versichertenkollektive zu schützen, wurde eine bestimmte Mindestzeit eingeführt, während der ein Versicherter an seine neue Krankenkasse gebunden bleibt (§ 175 Abs. 4 S. 1 SGB V).

965 Abgesehen von der bilanzrechtlichen Unzulässigkeit einer Rückstellungsübertragung würde sich die **Bestandsmischung** des Versichertenkollektivs systematisch verschlechtern. Das Versicherungsunternehmen kann dem auch nicht ausweichen, weil sein Kündigungsrecht ausgeschlossen ist (§ 206 Abs. 1, § 146 Abs. 1 Nr. 3 VAG, § 257 Abs. 2a S. 1 Nr. 5 SGB V). Somit wären zusätzliche Beitragserhöhungen die Folge, die zu einem weiteren Abwandern besserer Risiken führen, bis schließlich im Versichertenkollektiv nur noch Schwerstrisiken verblieben, deren Versicherungsschutz nicht mehr bezahlbar wäre. Hinzu kommt, dass die gesetzliche Beitragsanpassung dann für einen Zweck eingesetzt werden müsste, für den sie nicht geschaffen worden war. Die vom Aufsichts-, Bilanz-, Sozial- und Europarecht geforderte dauernde Erfüllbarkeit der Verpflichtungen aus den Versicherungsverträgen wäre nicht mehr gegeben. Wegen dieser zwangsläufigen Selektionswirkung hatte die Expertenkommission die Mitgabe der kalkulierten Alterungsrückstellung abgelehnt.[430]

966 f) **Herbeiführung des Versicherungsfalles.** Die Übertragung der Alterungsrückstellung würde durch die Kündigung des Versicherungsnehmers und seinen anschließenden Wechsel zu einem anderen Versicherungsunternehmen ausgelöst werden. Der Eintritt des Übertragungsfalles hinge damit ausschließlich vom Willen des Versicherungsnehmers ab. Damit verlöre ein wesentliches Element der Versicherungsleistung ihren **Zufalls- und Risikocharakter**. Materiell handelt es sich um die vorsätzliche Herbeiführung des Versicherungsfalles durch den Versicherungsnehmer, der wegen Unversicherbarkeit zu keinen Leistungsansprüchen des Versicherungsnehmers führen kann. Dass der Versicherungsnehmer hierzu durch die Angebote anderer Versicherungsunternehmen – sozusagen durch externe Zufallsereignisse – veranlasst wird, stellt lediglich ein in diesem Zusammenhang rechtlich unbeachtliches Motiv für das eigene vorsätzliche Handeln dar.

967 g) **Eigentumsgrundrecht.** In seiner Entscheidung zur Bestandsübertragung von Lebensversicherungsverträgen hat das BVerfG den Grundrechtsschutz aus Art. 14 Abs. 1 GG auf wirtschaftliche

---
[427] *Züchner* VW 1995, 705 (707 f.).
[428] Expertenkommission, Gutachten Abschn. 14.4.1, BT-Drs. 13/4945, 43.
[429] *Boetius* VersR 2007, 1589 (1593).
[430] Expertenkommission, Gutachten Abschn. 14.4.1, BT-Drs. 13/4945, 43.

Positionen ausgedehnt, die als **gesetzlich programmiertes werdendes Eigentum** zu werten sind.[431] Hierzu zählt die Alterungsrückstellung, die jeden einzelnen Versicherten den finanziellen Schutz vor dem aufgrund der Alterung steigenden Krankheitsrisiko gibt. Dieser aus Art. 14 Abs. 1 GG folgende Schutz steht der Übertragung einer durchschnittlichen Alterungsrückstellung zugunsten eines einzelnen Versicherten entgegen, weil eine solche Übertragung die Alterungsrückstellung für die verbleibenden Versicherten entwerten würde (→ Rn. 874f.; → Rn. 1113ff.). Weil die Alterungsrückstellung mit ihren sämtlichen Bestandteilen dem Versicherungsnehmer vermögenswerte Rechtspositionen einräumt (→ Rn. 892ff.), hat sie verfassungsrechtlich Eigentumscharakter.

h) Verhältnismäßigkeitsprinzip. Unter allen Sachverständigen und von der BReg eingesetzten Sachverständigenkommissionen besteht einhellige Übereinstimmung, dass eine Übertragung der kalkulierten Alterungsrückstellung wegen der damit verbundenen systematischen negativen Risikoselektion ausgeschlossen sei. Dies ist inzwischen ganz allgemeine wissenschaftliche Erkenntnis.[432] Wenn sich der Gesetzgeber der Gesundheitsreform mit der Übertragung der kalkulierten Alterungsrückstellung genau für diejenige Lösung entschieden hat, die von allen Seiten wegen der Zerstörung der Funktionsfähigkeit der PKV als unvertretbar bezeichnet wird, hat er eine Lösung gewählt, die durch keine irgendwie geartete sachliche Erwägung gerechtfertigt werden kann und deshalb als willkürlich einzustufen ist. **Gesetzgeberische Willkür** aber verstößt gegen den verfassungsrechtlichen Grundsatz der Verhältnismäßigkeit.[433]

3. Vollständig individuelle Alterungsrückstellung. Eine vollständig individuelle Alterungsrückstellung soll definitionsgemäß den Barwert aller **tatsächlichen Kosten** wiedergeben, die eine ganz bestimmte Einzelperson individuell bis zu ihrem tatsächlichen Todeszeitpunkt für künftig zu behandelnde Krankheiten verursacht (→ Rn. 946). Weil eine solche Prognose nicht möglich ist, sind vollständig individuelle Alterungsrückstellungen begrifflich ausgeschlossen (→ Rn. 854ff.).

4. Individuelle prospektive Alterungsrückstellung. a) Sachverständigenkommissionen. Immer wieder ist versucht worden zu begründen, dass eine individuelle prospektive Alterungsrückstellung die mit der Übertragung der kalkulierten Alterungsrückstellung verbundenen unlösbaren Probleme (→ Rn. 948ff.) vermeiden kann. Dabei wird auch darauf hingewiesen, dass es den Versicherungsunternehmen unter Zuhilfenahme verbesserter statistischer Daten möglich sei, im Rahmen der Gesundheitsprüfung eines Neukunden bei Vorhandensein bestimmter Krankheitsbilder die dafür erforderlichen **Risikozuschläge** genauer zu kalkulieren.

Das in der **Expertenkommission** und in der **VVG-Kommission** erörterte Modell zerlegt das ursprünglich einheitliche Versichertenkollektiv nachträglich in mehrere Teilkollektive, die sich durch ihre im Laufe der Versicherungsdauer auseinander fallenden Risikoexpositionen unterscheiden. So mag es innerhalb des Gesamtkollektivs nach einer gewissen Zeit die Teilkollektive der identifizierten Herzkranken, Krebskranken, Diabetiker, Asthmatiker etc geben. Den unterschiedlichen Teilkollektiven der inzwischen erkrankten Versicherten würden entsprechend höhere Alterungsrückstellungen zugeordnet als den Teilkollektiven der gesunden oder weniger kranken Versicherten.

b) Medizinische Prognose. Bezogen auf den einzelnen Versicherten sind derartige individuelle Verlaufsprognosen medizinisch nicht begründbar (→ Rn. 854ff.). Hinzu kommt, dass die Einteilung in derartige Teilkollektive eindimensional ist und die komplexe Wirklichkeit der verschiedensten Krankheitsbilder in ihren unterschiedlichen Schwerestadien nicht abbilden kann. Dies gilt insbes. für Folgeerkrankungen oder das Phänomen gleichzeitig auftretender weiterer Krankheiten (**Multimorbidität**). Dementsprechend fehlen die Grundlagen für die statistische Erfassung, um derartige Teilkollektive überhaupt darstellen zu können.

c) Versicherungstechnik. Es widerspricht den elementaren versicherungstechnischen Grundsätzen der Individualversicherung, ein zunächst einheitliches Kollektiv gleichartiger Risiken, das sich durch bestimmte gemeinsame Risikomerkmale definiert (→ Rn. 803), später entsprechend dem tatsächlichen Schadenverlauf in risikomäßig unterschiedliche Teilkollektive zu zerlegen. Die Kalkulation bezieht sich stets auf den **Zeitpunkt der Risikoübernahme.** Der Kalkulation des Krankenversicherungsbeitrags und der Alterungsrückstellung sind die gleichen Rechnungsgrundlagen zugrunde zu legen (vgl. § 3 KVAV). Deshalb verbietet sich, die einheitliche Kalkulation zu einem späteren Zeitpunkt aufzuspalten und die Alterungsrückstellung nach anderen Rechnungsgrundlagen und Regeln auf neue Teilkollektive zu verteilen als den Beitrag. Hinzu kommt, dass ein solches Vertei-

---

[431] BVerfGE 114, 1 = VersR 2005, 1109 = NJW 2005, 2363 (2367 Abschn. C I 1 b bb [2] [a]).
[432] Ausf. *Boetius* VersR 2007, 1589 (1594).
[433] *Boetius* VersR 2007, 1589 (1594).

lungsmodell im Zeitablauf dynamisch sein müsste, weil sich die theoretischen Teilkollektive durch künftig hinzutretende Erkrankungen laufend veränderten. In letzter Konsequenz führte das Modell dazu, nach Beendigung des Kollektivs – also ex post – die Lasten entsprechend den tatsächlichen Schäden auf die Versicherten zu verteilen. Dies wäre nicht mehr Versicherung.

974 **d) Teilkollektive.** Der Modellansatz steht zwischen den Modellen der kalkulierten (→ Rn. 948 ff.) und der individualisierten (→ Rn. 969) Alterungsrückstellung. Damit **kumulieren** sich auch die Probleme beider Modelle.

975 Unabhängig von den fortbestehenden Problemen bei der Ermittlung der erforderlichen Daten verbleibt ein **methodisches Problem.** Grundlage dieses Übertragungsmodells wäre der Durchschnittswert aller künftigen Versicherungsleistungen für einen Versicherten unter Berücksichtigung seines zu erwartenden Todeszeitpunktes. Das Modell geht davon aus, dass dieser Wert aus hinreichend großen Datenbeständen als Erwartungswert berechenbar sei. Prospektive Erwartungswerte basieren auf der statistischen Verarbeitung von Erfahrungswerten der Vergangenheit. Prognosewerte gründen sich auf Schätzverfahren, deren Ergebnisse Durchschnitts- und Wahrscheinlichkeitscharakter haben; einen individuellen Wert können sie nie zutr. abbilden. Die Erforschung des künftigen individuellen Krankheits- und Todesfallrisikos ist daher kein versicherungsmathematisches oder statistisches, sondern ein medizinisches Problem.

976 Würde man die tatsächlich vorhandene Alterungsrückstellung des Versichertenkollektivs zu einem gegebenen Zeitpunkt entsprechend dem unterschiedlichen Gesundheitszustand der Versicherten auf entsprechend verschiedene Teilkollektive verteilen, so ergäben sich auch hier innerhalb jeden Teilkollektivs stets **kalkulatorische Durchschnittswerte.** Das Modell der individuellen prospektiven Alterungsrückstellung muss also letztlich doch wieder auf durchschnittliche Erwartungswerte zurückgreifen, so dass die Probleme der Risikoselektion und Entmischung gleichfalls auftreten. Gegen die Übertragung solcher Durchschnittswerte gelten die gleichen Argumente wie im Modell der kalkulierten Alterungsrückstellung (→ Rn. 948 ff.). Insbesondere gilt auch hier der Eigentumsgrundrechtsschutz aus Art. 14 Abs. 1 GG (→ Rn. 876, 967).

977 **e) Virtuelle Sofortabwicklung des Versicherungsvertrags.** In diesem Zusammenhang entsteht ein weiteres Problem, das bei der Diskussion um die Übertragung von individuellen Alterungsrückstellungen bisher nicht beleuchtet worden ist und an einem theoretischen Grenzfall deutlich wird:

> Kurz nach Versicherungsbeginn wird der Versicherte von einer unabwendbar zum schnellen Tod führenden Krankheit befallen; nach der sicheren und übereinstimmenden Prognose aller Ärzte stehen der genaue Todeszeitpunkt und die bis dahin anfallenden Behandlungen mit ihren Kosten definitiv fest.

In diesem theoretischen Grenzfall könnte offenbar ein **individueller Barwert** aller künftigen Krankheitskosten abzgl. des Barwerts der noch zu zahlenden Beiträge und damit offenbar eine übertragungsfähige „vollständig individuelle Alterungsrückstellung" ausgerechnet werden. Eine solche „vollständig individuelle Alterungsrückstellung" wäre begrifflich in Wirklichkeit keine Alterungsrückstellung. Dem Versicherten würde nämlich nicht übertragen, was er durch seinen Versicherungsbeitrag zum Aufbau der kollektiven Alterungsrückstellung beigetragen hat, sondern ihm würde abgezinst der künftige Kostenerstattungsanspruch – abzgl. der ersparten Beiträge – ausgezahlt. Dies würde zu einer virtuellen Sofortabwicklung des Versicherungsvertrags führen.

978 Ist im vorgenannten theoretischen Grenzfall dieser eine Versicherte das kleinste denkbare Teilkollektiv, so gilt nichts anderes für zahlenmäßig etwas größere Teilkollektive von gleichartig Schwersterkrankten (zB Bluter, Aids-Erkrankte in der letzten Lebensphase etc). Zur Grundlage des geforderten Anspruchs auf Übertragung der Alterungsrückstellung würde nicht die aus den Beiträgen dieser Versicherten aufgebaute Alterungsrückstellung gemacht, sondern der Barwert der künftigen Versicherungsansprüche ihres Teilkollektivs. Im Modell der individuellen prospektiven Alterungsrückstellung würde infolge der Orientierung des Übertragungsbetrags an den künftigen Versicherungsleistungen ein Wert übertragen, der keinerlei Bezug zu der aus den Beiträgen des wechselwilligen Versicherten bzw. seines Teilkollektivs aufgebauten Alterungsrückstellung hätte. Dies wird in dem nicht nur theoretischen Fall deutlich, dass ein Versicherter kurz nach Abschluss des Krankenversicherungsvertrags schwer erkrankt und nun nach nur kurzer Versicherungsdauer den Versicherer wechseln will. Einer aus seinen wenigen Beiträgen aufgebauten Alterungsrückstellung von vielleicht 1.000 EUR stünden prognostizierte künftige Versicherungsleistungen von mehreren 100.000 EUR oder gar in Millionenhöhe gegenüber. Insofern würde wie im obigen Falle (→ Rn. 977) eine **virtuelle Sofortabwicklung** des einzelnen Versicherungsvertrags erfolgen.

979 Das BVerfG hat in seiner zur Lebensversicherung ergangenen Entscheidung zum **Schutz des gesetzlich programmierten werdenden Eigentums** darauf abgestellt, dass den „durch die laufenden Prämienzahlungen angesammelten Vermögenswerten ... im Laufe der Vertragszeit auf unter-

schiedliche Weise herausgebildete vermögensrechtliche Positionen" entsprechen.[434] Wenn einem einzelnen Versicherten im Falle seines Ausscheidens aus dem Versichertenkollektiv – zB durch Wechsel des Versicherungsunternehmens – ein Wert übertragen wird, der sich nicht an den von ihm selbst gezahlten Beiträgen orientiert, werden notwendigerweise die wirtschaftlichen Positionen aller derjenigen Versicherten nachteilig betroffen, die im Versichertenkollektiv verbleiben. Dies aber beeinträchtigt deren Grundrechtsschutz aus Art. 14 Abs. 1 GG, weil diese wirtschaftlichen Positionen aus ihren laufenden Prämienzahlungen aufgebaut worden sind (→ Rn. 876, 967, 976).

5. Wirtschaftstheoretisches Modell. Für die Umsetzung des vom **ifo-Institut** vorgestellten und nach eigener Einschätzung so bezeichneten wirtschaftstheoretischen Modells (→ Rn. 936 ff.) sind die erforderlichen Datengrundlagen nicht vorhanden. Damit bleibt die für die versicherungstechnische Durchführbarkeit entscheidende Frage unbeantwortet, ob in ausreichender Weise die aktuariell erforderlichen medizinischen Daten generierbar sind und ob damit die notwendigen Kalkulationsgrundlagen geschaffen werden können, um die Grundsätze des lebenslangen Krankenversicherungsvertrags und seiner dauernden Erfüllbarkeit sicherzustellen. Bei den Alternativmodellen des ifo-Instituts, die im Wesentlichen auf einer Zerlegung der Alterungsrückstellung in eine „Prämienversicherung" (nicht übertragbar) und eine „Rentenversicherung" (übertragbar) basieren, muss berücksichtigt werden, dass der dort angenommene übertragungsfähige Anteil der Alterungsrückstellung mit zunehmendem Alter der Versicherungskohorte sinkt. Damit wird in diesem Modell älteren Versicherten ein geringerer Anteil ihrer Alterungsrückstellung mitgegeben als jüngeren Versicherten, was ebenfalls problematisch erscheint und zu Selektionseffekten führen wird. 980

6. Umsetzungsprobleme. Zur Realisierung der Modelle, die auf eine Individualisierung hinauslaufen, müsste zunächst eine große Anzahl homogener Risikogruppen gebildet werden. Jeder dieser Gruppen müsste anschließend die „richtige" prospektive Alterungsrückstellung zugeordnet werden, deren Übertragung an den neuen Versicherer in Frage kommt. Im Kündigungsfall müsste der einzelne Versicherte aufgrund seiner Gesundheitssituation, die im Einzelfall festzustellen wäre, einer dieser Risikogruppen zugeordnet werden, um dem mitzugebenden Betrag zu ermitteln. Da in jedem Einzelfall ein natürlicher Interessengegensatz zwischen dem bisherigen Versicherer und dem neuen Versicherer ebenso besteht wie zwischen Versicherer und Versicherungsnehmer, müsste auch eine **verbindliche Streitregelung** vorgesehen werden. Erst nach der Streitbeilegung kann nämlich der Wechsel tatsächlich vollzogen werden, weil vorher der zur Übertragung verfügbare Betrag nicht feststeht. Eine solche verbindliche Streitregelung kann weder durch eine staatliche Behörde noch durch eine gesetzlich vorgeschriebene Schiedsstelle erfolgen, selbst wenn diese mit fachkundigen neutralen Sachverständigen besetzt ist; denn wegen der verfassungsrechtlichen Rechtsweggarantie (Art. 19 Abs. 4 S. 1 GG) kann der Rechtsweg zu den Gerichten nicht ausgeschlossen werden. Da eine staatliche Behörde oder eine gesetzlich vorgeschriebene Schiedsstelle nicht die verfassungsrechtlichen Voraussetzungen eines Gerichts erfüllen, wäre auch ein Schiedsstellenspruch stets gerichtlich überprüfbar. Ein Gericht wäre an die Feststellungen der Behörde oder der Schiedsstelle nicht gebunden und müsste wegen der komplexen medizinischen und versicherungsmathematischen Fragen Sachverständigengutachten einholen. Erst das unter Umständen nach vielen Jahren in mehreren Instanzen erstrittene rechtskräftige Gerichtsurteil würde den Weg für den PKV-Wechsel frei machen. Eine Wechselmöglichkeit unter diesen rechtlich zwingenden Rahmenbedingungen ist praktisch wertlos; denn der Versicherungsnehmer erhält zum Wechselzeitpunkt keine Rechtsklarheit und Rechtssicherheit über die endgültigen Wechselbedingungen, die entscheidendes Motiv für seinen Wechsel sind. 981

III. Aufsichts- und Bilanzierungsgrundsätze

1. Grundprinzip. Tragendes Prinzip der Individualversicherung in Deutschland ist die Fähigkeit der Versicherungsunternehmen, ihre Verpflichtungen aus den Versicherungsverträgen dauerhaft erfüllen zu können. Seit Beginn der einheitlichen staatlichen Versicherungsaufsicht im Jahre 1901 verlangt der Gesetzgeber von den Versicherungsunternehmen, die **dauernde Erfüllbarkeit** der Verpflichtungen aus den Versicherungsverträgen sicherzustellen, und setzt er dieses Verlangen mit staatlichen Zwangsmitteln des Versicherungsaufsichtsrechts durch (§§ 9 Abs. 1, 11 Abs. 1 Nr. 1, § 156 Abs. 2 S. 1 Nr. 1 VAG). 982

Die dauernde Erfüllbarkeit der Verpflichtungen aus den Versicherungsverträgen kann von den Versicherungsunternehmen nur dann sichergestellt werden, wenn sie gleichzeitig verpflichtet werden, in Höhe dieser künftigen Verpflichtungen **ausreichende Rückstellungen** zu bilden. Deshalb ist Maßstab für die handels- und steuerbilanzielle Bildung der versicherungstechnischen Rückstellungen 983

---

[434] BVerfGE 114, 1 = VersR 2005, 1109 = NJW 2005, 2363 (23676 Abschn. C I 1 b bb [2]).

gleichfalls die dauernde Erfüllbarkeit der Verpflichtungen aus den Versicherungsverträgen (§ 341e Abs. 1 S. 1 HGB).[435]

984 Für die **Krankenversicherung** gilt der Grundsatz der dauernden Erfüllbarkeit in hervorgehobener Weise, weil sie eine besondere soziale Sicherungsfunktion zu erfüllen hat, die eines gesteigerten Schutzes bedarf. Nicht zuletzt auf Betreiben der Bundesrepublik Deutschland selbst verankern dies auch die europarechtlichen Richtlinien, indem sie den Schutz des Allgemeininteresses in Bezug auf die PKV dezidiert postulieren (vgl. Erwgr. 84, 85, Art. 206 Abs. 1 RL 2009/138/EG). Konsequenterweise übernimmt daher auch das Sozialrecht für die private Pflege-Pflichtversicherung den Grundsatz der dauernden Erfüllbarkeit (§ 110 Abs. 1 SGB XI).

985 Wegen der sozialen Bedeutung der substitutiven Krankenversicherung handelt es sich bei dem Grundsatz der dauernden Erfüllbarkeit um ein **„Schutzgut von erhöhter Bedeutung"**.[436]

986 **2. Dauernde Erfüllbarkeit.** Der Grundsatz der dauernden Erfüllbarkeit der Versicherungsverträge besagt, dass das Versicherungsunternehmen dauerhaft in der Lage sein muss, alle aus den Versicherungsverträgen erwachsenden Verpflichtungen in Zukunft zu erfüllen. Diesem Zweck dienen vor allem die **versicherungstechnischen Rückstellungen**.[437] Der Verantwortliche Aktuar muss die Finanzlage des Versicherungsunternehmens insbes. darauf überprüfen, ob die dauernde Erfüllbarkeit der sich aus den Versicherungsverträgen ergebenden Verpflichtungen jederzeit gewährleistet ist (§ 156 Abs. 2 S. 1 Nr. 1 VAG).

987 Das Prinzip der dauernden Erfüllbarkeit formuliert in großer Deutlichkeit **Art. 56 RL 91/674/EWG** (→ Rn. 700 ff.). Wichtig sind vor allem folgende Anforderungen:
– Die künftige Erfüllbarkeit muss **„jederzeit"**, dh zu jedem Zeitpunkt während der gesamten Dauer der Versicherungsverhältnisse gewährleistet sein.
– Die dauernde Erfüllbarkeit bezieht sich auf **„alle"** Verpflichtungen aus den Versicherungsverträgen, gleichgültig, zu welchem Zeitpunkt sie während der Vertragslaufzeit entstehen, dh sowohl auf alle gegenwärtigen als auch künftigen Verpflichtungen.

988 In der Alterungsrückstellung werden diejenigen Mittel gebunden, die in Zukunft für die infolge **Alterung** steigenden Krankheitskosten erforderlich sind. Die zutreffende Bildung der Alterungsrückstellung ist daher für die dauernde Erfüllbarkeit von herausragender Bedeutung.

989 **3. Unterdeckung.** Wegen der im Falle eines Versicherungswechsels notwendigen erneuten Risikoprüfung und wegen der Abhängigkeit des Beitrags vom Eintrittsalter könnten von einer Wechseloption typischerweise nur junge und gesunde Versicherte Gebrauch machen. Da dem künftigen Krankheitsgeschehen des einzelnen Versicherten entsprechende individualisierte Alterungsrückstellungen nicht ermittelbar sind (→ Rn. 969), käme für eine Übertragung ausnahmslos nur ein **kalkulatorischer Durchschnittswert** der Alterungsrückstellung in Betracht.

990 In einem Versichertenkollektiv mit einer gegebenen Bestandsmischung guter und schlechter Risiken ist der Durchschnittswert aller Risiken stets höher als der für überdurchschnittlich gute Risiken eigentlich erforderliche Wert. Jeder Wechsel eines gesünderen Versicherten unter Übertragung einer durchschnittlichen Alterungsrückstellung würde daher sofort zu einer **Unterdeckung** der Alterungsrückstellung führen, die dem zurückbleibenden Kollektiv der dann im Durchschnitt immer älter und kränker werdenden Versicherten noch zur Verfügung stünde. Damit aber würde die Alterungsrückstellung nicht mehr ausreichen, um die Verpflichtungen aus den verbleibenden Versicherungsverträgen dauerhaft zu erfüllen.[438]

991 Dieser Effekt träte bei Mitgabe jeder durchschnittlichen und damit jeder kalkulierten Alterungsrückstellung ein. Deshalb spielt es für die die bilanzrechtliche Beurteilung des Vorgangs auch keine Rolle, ob und in welchem Umfang die durchschnittliche Abgangs-, dh **Stornowahrscheinlichkeit** in der Kalkulation berücksichtigt worden ist (→ Rn. 958 f.). Zwar gelten für die Berechnung, dh die Kalkulation der Beiträge einerseits und der Alterungsrückstellung andererseits die gleichen versicherungsmathematischen bzw. aktuariellen Grundsätze (§ 341f Abs. 3 S. 2 HGB, § 156 Abs. 2 S. 1 Nr. 1 Hs. 1 VAG, §§ 1, 3 KVAV). Indessen besteht zwischen Kalkulation und Rückstellungsbildung keine gegenseitige Abhängigkeit, vielmehr muss deren systematischer Unterschied beachtet werden. Rechtlich ist die Alterungsrückstellung nicht deswegen zu bilden, weil sie in den Beitrag einkalkuliert wurde, sondern weil mit entsprechenden – gegenwärtigen oder zukünftigen – Ver-

---

[435] *J. Boetius* in Boetius/Boetius/Kölschbach, Handbuch der versicherungstechnischen Rückstellungen, 2. Aufl., 2021, § 4 Rn. 109 ff.
[436] BVerwGE 109, 87 = VersR 1999, 1001, (1003); BGHZ 220, 297 Rn. 44 = VersR 2019, 283 = NJW 2019, 919.
[437] *J. Boetius* in Boetius/Boetius/Kölschbach, Handbuch der versicherungstechnischen Rückstellungen, 2. Aufl., 2021, § 4 Rn. 109 ff.
[438] Zu den Auswirkungen vgl. *Kalis* VersR 2001, 11 (14); *Züchner* VW 1995, 705.

pflichtungen aus den Versicherungsverträgen zu rechnen ist (vgl. den Wortlaut von § 341f Abs. 1 HGB). Dies ist unabhängig davon, ob das Versicherungsunternehmen diese Verpflichtungen in der Beitragskalkulation ausreichend berücksichtigt hat. Die gelegentlich angestellte Überlegung, die Übertragung einer durchschnittlichen Alterungsrückstellung ließe sich finanzieren, wenn sie bei der Rechnungsgrundlage „Ausscheideordnung" kalkulatorisch berücksichtigt würde, übersieht dies. Wegen Verletzung des Prinzips der dauernden Erfüllbarkeit sind daher auch alle Versuche unzulässig, die darauf hinauslaufen, die Versicherten zwischen Tarifen mit und ohne Übertragung der Alterungsrückstellung wählen zu lassen.

4. Konsequenzen. Die Übertragung einer Alterungsrückstellung, die in irgendeiner Form aus Durchschnittswerten ermittelt wird, verstößt wegen der damit einhergehenden – und sei es nur partiellen – Unterdeckung der dann verbleibenden Alterungsrückstellung für das nicht zu einem anderen Versicherungsunternehmen wechselnde Teilkollektiv der Versicherten gegen den Grundsatz der dauernden Erfüllbarkeit der Versicherungsverträge. Weil dieser Grundsatz durch das **höherrangige europäische Unionsrecht** vorgeschrieben ist, kann ihn der deutsche Gesetzgeber nicht beseitigen.

Der Grundsatz der dauernden Erfüllbarkeit wäre nur dann nicht berührt, wenn zusätzliche gesetzliche Regelungen die negative Risikoselektion (Entmischung) wirksam verhindern würden. Dies wäre dann der Fall, wenn nicht nur den – bezogen auf das jeweilige Teilkollektiv – gesünderen, sondern allen Versicherten ein entsprechendes Wechselrecht eingeräumt würde. Dies würde die Einführung eines gesetzlichen Kontrahierungszwanges, den Fortfall der Risikoprüfung, einen entsprechenden einheitlichen Versicherungstarif und die Einrichtung eines Risikoausgleichssystems (Pool) voraussetzen. Eine solche **weitergehende Systemveränderung** ist grds. möglich, wenn bestimmte Rahmenbedingungen eingehalten werden, die für die Funktionsfähigkeit des PKV-Systems unerlässlich sind (→ Rn. 1000 ff.; → Rn. 1288 ff.; → Rn. 1350 f.).

IV. Spartentrennung

1. Systementscheidung des Gesetzgebers. Zu den grundlegenden Systementscheidungen des deutschen Versicherungsaufsichtsrechts gehört die **Spartentrennung** in der Lebens- und Krankenversicherung. Weder die Lebensversicherung noch die Krankenversicherung darf zusammen mit anderen Sparten betrieben werden (§§ 8 Abs. 4, 67 Abs. 3 VAG). Damit darf auch die Lebensversicherung nicht zusammen mit der Krankenversicherung betrieben werden. Der Grundsatz der Spartentrennung ist auch europarechtlich verankert (Art. 73 Abs. 1 RL 2009/138/EG).

Diese grundsätzliche Systementscheidung führt gleichzeitig zu einer **Systembindung** des deutschen Gesetzgebers. Die Systembindung hat zur Folge, dass die Krankenversicherung ausschließlich den für sie geltenden Gestaltungsprinzipien und nicht zusätzlich den für die Lebensversicherung geltenden Grundsätzen unterworfen ist; das gleiche gilt sinngemäß für die Lebensversicherung. Wegen der im höherrangigen Europarecht verankerten Systemtrennung ist der deutsche Gesetzgeber gehindert, für die Krankenversicherung Regelungen einzuführen, die typischerweise nur für die Lebensversicherung gelten. Was der Gesetzgeber im System der Krankenversicherung regelt, gilt unwiderleglich als Krankenversicherungsrecht auch mit Wirkung für andere Rechtsgebiete, zB das Steuerrecht.

2. Konsequenzen der Systementscheidung. Die **Systembindung** hat verschiedene konkrete Konsequenzen.

a) Rückkaufswert. Ein Rückkaufswert ist traditionell nur in der **Lebensversicherung** bekannt (§ 169). Abgesehen von den versicherungstechnischen Gründen (→ Rn. 846 ff.), hindert auch die Systembindung den Gesetzgeber, einen Rückkaufswert oder einen ähnlichen Anspruch des Versicherungsnehmers in der Krankenversicherung einzuführen.

b) Gesetzlicher Beitragszuschlag. Der gesetzliche Beitragszuschlag nach § 149 VAG entfaltet für den Versicherten eine ähnliche wirtschaftliche Wirkung wie eine **Rentenversicherung.** Der Gesetzgeber hat gleichwohl in Kenntnis der jahrzehntelang eingeführten Kalkulationsgrundsätze der Krankenversicherungsmathematik die mit dem Beitragszuschlag bezweckte Vorsorge im System der Krankenversicherung und nicht als Rentenversicherung im System der Lebensversicherung geregelt. Damit ist der Gesetzgeber auch an die Systemprinzipien der Krankenversicherung gebunden, die das kollektive Vererben der Alterungsrückstellung – unabhängig von ihren Finanzierungsquellen (→ Rn. 877 ff.) – bei Ausscheiden des Versicherten aus dem Kollektiv zur Grundlage haben. Wollte der Gesetzgeber diese Konsequenz vermeiden, müsste er insoweit Regelungen im System der Lebensversicherung einführen.

998 Wenn der Gesetzgeber beabsichtigen sollte, dem Krankenversicherten einen obligatorischen Sparprozess mit der Zielrichtung des gesetzlichen Beitragszuschlags aufzuerlegen und ihm zugleich die Anwartschaften über sein Ausscheiden aus dem Versichertenkollektiv hinaus zu erhalten, müsste die Regelung als Rentenversicherung in der Lebensversicherung ausgestaltet werden. Risikoträger könnten dann nur Lebensversicherungsunternehmen sein. Dagegen würde es eine systemmissbräuchliche und europarechtswidrige **Umgehung der Spartentrennung** darstellen, wenn Lebensversicherungssachverhalte mit den materiell-rechtlichen Konsequenzen der Lebensversicherung nur formal im System der Krankenversicherung angesiedelt würden. Das Europarecht würde umgangen, weil die Anwendung der Spartentrennung aufgrund der RL 2009/138/EG verhindert würde.

999 Dem Gesetzgeber des GKV-Gesundheitsreformgesetzes 2000 war diese Konsequenz durchaus bewusst. Für die vor dem 1.1.2000 abgeschlossenen Krankenversicherungsverträge sieht nämlich § 12e Nr. 4 VAG aF (= § 338 VAG) das Recht des Versicherungsnehmers vor, der Erhebung des Beitragszuschlags zu widersprechen. Das **Widerspruchsrecht** wurde eingeführt, weil ein Teil der Versicherungsnehmer „bereits auf andere Weise, etwa durch Zusatzvereinbarungen im Bereich der privaten Krankenversicherung, Abschluss von Lebensversicherungsverträgen oder auch im Bereich der Vermögensanlage (zB Investmentfonds, Sparprogramme, Wohnungseigentum), Vorsorge für die Finanzierung der im Alter überproportional steigenden Prämien getroffen hat".[439] Damit erkennt der Gesetzgeber die ganz unterschiedlichen Vorsorgekonzepte und -prinzipien in den einzelnen Versicherungs- und Vermögenssystemen an und er unternimmt richtigerweise nicht den Versuch, sie rechtlich und wirtschaftlich unter Aufhebung der Systemunterschiede gleichzuschalten.

V. Weitergehende Systemveränderung

1000 **1. Ausgangslage.** Das politisch erwünschte Ziel, den freien Wechsel des Versicherers zu ermöglichen, kann ohne einschneidende Veränderungen der Grundlagen des PKV-Systems mit seinem speziellen Finanzierungs- und Kalkulationsverfahren nicht erreicht werden; denn die bisherigen Übertragungsmodelle gehen davon aus, dass die **Kernelemente** der Individualversicherung – nämlich die Vertragsfreiheit und risikoäquivalente Kalkulation – für die PKV im Wesentlichen unverändert fort gelten. Diese Kernelemente haben zur Konsequenz, dass keine Verpflichtung des Versicherers zum Abschluss einer Krankenversicherung (Kontrahierungszwang) besteht, dass der Versicherer den Vertragsabschluss von einer vorherigen Risikoprüfung (Gesundheitsprüfung) abhängig machen kann und dass die Beitragshöhe vom Eintrittsalter (bis 21.12.2012 auch vom Geschlecht) abhängt.

1001 **2. Politische Aspekte.** Aus politischer Sicht wird das Ergebnis der **erschwerten Wechselmöglichkeit** aufgrund der Nichtübertragbarkeit der Alterungsrückstellung als unbefriedigend empfunden:

1002 – Die Tatsache, dass der Wechsel des Versicherers nur eingeschränkt möglich ist, führt zu einer faktischen **Beschränkung des Wettbewerbs**. Es läge im Interesse einer Stärkung der freien Wettbewerbsordnung, wenn die vorhandenen Wechselhürden so weit wie möglich beseitigt werden könnten.

1003 – Auch wenn jeder PKV-Versicherte durch die kalkulatorische Berücksichtigung der Stornowahrscheinlichkeiten an der dadurch bewirkten Prämienminderung partizipiert, wird es als **Gerechtigkeitsproblem** empfunden, dass er im Falle eines Versichererwechsels diesen Wechsel aufgrund des höheren Eintrittsalters und der damit verbundenen höheren Prämie letztlich alleine zu finanzieren hat.

1004 – Eine **Ungleichbehandlung** innerhalb der Versicherungsgemeinschaft wird andererseits darin gesehen, dass in dem geltenden PKV-System praktisch nur junge und gesunde Versicherte die Chance zum Versichererwechsel haben, Versicherte in höherem Alter oder mit möglicherweise erheblichen Vorerkrankungen dagegen nicht.

1005 – Ungeachtet aller fachlich begründeten Erwägungen ist es der Öffentlichkeit kaum mehr überzeugend zu vermitteln, dass GKV-Versicherte ihre Krankenkasse frei wechseln können, PKV-Versicherte ihre Krankenversicherung – die die GKV zu *ersetzen* hat (substitutive Krankenversicherung) – jedoch nur unter teilweise unüberwindbaren Hindernissen. Hier einen Gleichklang zwischen der GKV und der substitutiven Krankenversicherung der PKV herzustellen, ist angesichts der betont sozialen Funktion der substitutiven Krankenversicherung ein **sozialpolitisches Bedürfnis**.

1006 – Die aktuellen sozialpolitischen Entwicklungen im Gesundheitswesen deuten darauf hin, dass sich die GKV und die SPV vor einem **Paradigmenwechsel** befinden, der auch auf das künftige Verhältnis von GKV und PKV abstrahlt. Das GKV-Modernisierungsgesetz (GMG) v. 14.11.2003

---

[439] Begr. zu Art. 15 Nr. 4 (§ 12e VAG) Fraktionsentwurf GKV-GesundheitsreformG 2000, BT-Drs. 14/1721 Anl. 1 iVm BT-Drs. 14/1245, 122.

(BGBl. I S. 2190) hatte mit ersten Einschnitten in den Leistungskatalog der GKV begonnen, denen nach verbreiteter Einschätzung weitere folgen könnten. Begleitet wird diese Entwicklung von prinzipiellen Vorschlägen – insbes. der „Kommission zur Nachhaltigkeit in der Finanzierung der sozialen Sicherungssysteme" (sog. Rürup-Kommission) –, die Finanzierung der GKV auf grds. neue Grundlagen zu stellen und damit das Verhältnis zwischen GKV und PKV neu zu justieren (→ Rn. 137). In diesem Zusammenhang wird auch die Notwendigkeit angemahnt, den freien Versichererwechsel zu jedem Zeitpunkt zu ermöglichen.

3. Freier Versichererwechsel. a) Voraussetzungen. Soweit die bisher diskutierten Wechselmodelle an den Systemprinzipien der individualversicherungsrechtlich geprägten PKV festhalten, sehen sie sich den praktischen Schwierigkeiten ausgesetzt, auf rein marktwirtschaftlicher Grundlage Transferleistungen zwischen unterschiedlichen Vertragssubjekten herbeizuführen, die von jeweils gegensätzlichen Interessen geleitet sind (→ Rn. 981). Wenn daher ein freier Versichererwechsel in der PKV eingeführt werden soll, erscheint eine **zusätzliche gesetzliche Regulierung** unabweisbar, die wesentliche Elemente der geltenden Vertragsfreiheit noch tiefgreifender beschränkt. Auf freiwillige Lösungen durch einvernehmliche Spielregeln, die die PKV-Unternehmen untereinander vereinbaren, kann nicht gesetzt werden; sie wären auch kartellrechtlich unzulässig.

b) Notwendige Systemänderungen. Ein wirklich **freier PKV-Wechsel** wäre erst dann verwirklicht, wenn er nicht nur gesunden und jungen Versicherten offen stünde, sondern wenn auch Menschen in höherem Alter oder mit möglicherweise erheblichen Vorerkrankungen einen Rechtsanspruch darauf erhielten, ohne gravierende Nachteile ihren Versicherer zu wechseln. Dies würde einerseits den gesetzlichen Verzicht auf eine erneute Risikoprüfung im Falle des Versichererwechsels und damit uneingeschränkten Kontrahierungszwang sowie andererseits die Nichtberücksichtigung des inzwischen höheren Eintrittsalters bei der Beitragsbemessung zum Wechselzeitpunkt voraussetzen. Kontrahierungszwang ohne Risikodifferenzierung setzt gleichzeitig einen gesetzlich festgelegten und damit brancheneinheitlichen Versicherungsschutzumfang voraus, weil sowohl der Versicherungsnehmer wie der Versicherer wissen müssen, für welchen Leistungsumfang die Rechtspflicht zum Vertragsschluss besteht; gesetzlicher Kontrahierungszwang zu einem gesetzlich nicht definierten Vertragsinhalt ist rechtlich unmöglich. Gleichzeitig ist ein unternehmensübergreifendes Schadenausgleichssystem erforderlich, weil zufallsbedingt sich bei einzelnen Versicherern überdurchschnittlich viele Schwerstrisiken ansammeln können, was das Versicherungsunternehmen wegen des Kontrahierungszwangs nicht verhindern kann und auch nicht verhindern soll; dies aber würde die Kalkulationsbasis des PKV-Unternehmens zerstören. Ein systemgerechtes Modell für einen freien Versichererwechsel haben die PKV-Unternehmen entwickelt (→ Rn. 1288 ff.).

Systemänderungen solcher Art greifen elementar in das **Rechts- und Kalkulationsgefüge des PKV-Systems** ein. Hiervon ist nicht nur das Versicherungsvertragsrecht betroffen, sondern insbes. auch das Versicherungsaufsichtsrecht, das – auf europarechtlicher Grundlage (Art. 206 Abs. 2 RL 2009/138/EG) – die Rahmenbedingungen für den Betrieb der substitutiven Krankenversicherung schafft (§§ 146 ff. VAG). Die Ausgestaltung unternehmensübergreifender Schadenausgleichssysteme iVm einem Kontrahierungszwang erfordert spezielle Kalkulationsgrundsätze; das entsprechende Regelwerk ist materiell Versicherungsaufsichtsrecht. Da die substitutive Krankenversicherung in einem direkten sozialpolitischen Zusammenhang mit der GKV steht – was sich auch in dem für die PKV-Leistungen verbindlichen Gebührenrecht der medizinischen Leistungserbringer niederschlägt –, wird auch das öffentlich-rechtliche Gesundheits- und Sozialrecht tangiert. Auf diese engen Zusammenhänge ist zurückzuführen, dass ähnliche die PKV direkt betreffende Gesetzesregulierungen – nämlich der Standardtarif für ältere Versicherte und die private Pflege-Pflichtversicherung – im Sozialrecht geregelt und mit entsprechenden Zuständigkeiten der Versicherungsaufsichtsbehörde versehen sind (§ 257 Abs. 2b SGB V aF, § 257 Abs. 2a S. 1 Nr. 2 SGB V nF; §§ 110, 111 SGB XI). Mit diesen sozialpolitischen Grundentscheidungen zusammenhängende versicherungsvertragsrechtliche Regelungen sind notwendiges Folgerecht.

VI. Gesetzlicher Beitragszuschlag

1. Problematik. Mit dem gesetzlichen Beitragszuschlag sollte der **Zweck** verfolgt werden, die Steigerung der Gesundheitskosten im Alter aufzufangen (→ Rn. 923). Dieser Zweck wird für den einzelnen Versicherten dann zumindest teilweise verfehlt, wenn er das PKV-Unternehmen nach längerer Versicherungsdauer wechselt; denn die uU auf ein beträchtliches Volumen angewachsenen Beitragszuschläge gehen ihm in diesem Fall – soweit sie nicht nach § 204 Abs. 1 S. 1 Nr. 2 zu übertragen sind (→ § 204 Rn. 462) – verloren.

Diese Konsequenz kann als unbefriedigend empfunden werden, so dass sich die Frage stellt, ob unter Abwägung der Einzelinteressen des wechselnden Versicherten einerseits und der Kollektivinte-

ressen der nicht wechselnden Versicherten andererseits gesetzliche Möglichkeiten eröffnet werden können, dem zu einem anderen PKV-Unternehmen wechselnden Versicherten die bisherigen Beitragszuschläge einschließlich Verzinsung wertmäßig zu erhalten, damit sie seine Beitragslast im Alter vermindern. Als **prinzipielle Lösungsmodelle** kommen in Betracht:
– Die Übertragung der angesammelten Mittel aus den Beitragszuschlägen auf das neue PKV-Unternehmen zugunsten des Versicherten.
– Die Fortführung dieser Mittel durch das bisherige PKV-Unternehmen zugunsten des Versicherten.
– Die Fortgeltung der bisherigen Rechtslage.

1012 2. **Lösungsmodelle zur Werterhaltung beim Versichererwechsel. a) Übertragung auf das neue PKV-Unternehmen.** Für den wertmäßigen Erhalt der aus den Beiträgen angesammelten Beitragszuschläge und ihre Übertragung im Falle eines Versicherungswechsels spricht der ursprünglich verfolgte Gesetzeszweck, mit Hilfe der Mittel aus dem Beitragszuschlag eine Beitragsentlastung im Alter zu bewirken. Letztlich stellt der Beitragszuschlag eine **Hybridkonstruktion** dar: Er wird mit einem pauschalen Prozentsatz des kollektiv kalkulierten Beitrags berechnet und dementsprechend der kollektiven Alterungsrückstellung zugeführt; gleichzeitig erhält er jedoch insoweit einen individuellen Charakter, als seine Mittel – solange sich der Versicherte im Kollektiv des PKV-Unternehmens befindet – im Alter ausschließlich für denjenigen Versicherten zu verwenden sind, aus dessen Beiträgen er gebildet wurde. Erst bei Ausscheiden des Versicherten aus der Gefahrengemeinschaft – etwa durch Tod oder Kündigung – wird er für das verbleibende Kollektiv verwendet, indem er für die nicht wechselnden älteren Versicherten beitragsentlastend eingesetzt wird. Da bei entsprechend langer Versicherungszeit sich aus den angesammelten Beitragszuschlägen zzgl. der Verzinsung erhebliche Wertpositionen aufbauen, erscheint deren Erhaltung zugunsten des einzelnen Versicherten gerechtfertigt. Im Falle eines Versicherungswechsels nach langer Vorversicherungszeit müsste der Versicherte einen vollkommen neuen Sparprozess beginnen mit der Folge, dass die verbleibende Restversicherungszeit bis zum Alter 60 sich deutlich verkürzen und nicht ausreichen würde, um das für eine wirksame Beitragsentlastung erforderliche Gesamtvolumen an Beitragszuschlagsmitteln zu erreichen.

1013 Das Übertragungsmodell müsste jedoch die Anforderung erfüllen, nur die **Beitragsentlastung im PKV-System** zu bewirken, dh solange der Versicherte die Krankheitskosten-Vollversicherung, aus welcher der Beitragszuschlag gebildet wurde, bei einem PKV-Unternehmen führt (PKV-Wechsel). In allen übrigen Fällen, in denen der Versicherte mit dieser Versicherung das PKV-System verlässt (insbes. Tod; Wechsel in die GKV; sonstige Aufgabe der Versicherung zB bei Auswanderung oder Wegzug ins Ausland), müssten die Beträge aus dem gesetzlichen Beitragszuschlag entsprechend der geltenden Rechtslage weiterhin an das bisherige Versichertenkollektiv vererbt werden; denn dies sichert dort die bezweckte nicht unerhebliche Beitragsentlastung im Alter.

1014 Das Übertragungsmodell müsste ferner die Tatsache berücksichtigen, dass eine solche gesetzliche Änderung bei den beteiligten PKV-Unternehmen zu **Verwaltungsaufwand** führt, der in den Tarifen nicht einkalkuliert ist und aus dem vorhandenen Beitragszuschlag gedeckt werden müsste; dies gilt insbes. für die Kosten der Übertragung vom bisherigen auf das neue PKV-Unternehmen. Um unwirtschaftliche Übertragungsvorgänge zu vermeiden, dürfte ein Anspruch des Versicherten auf Übertragung erst ab bestimmten Betragsgrößen oder zurückgelegten Versicherungsjahren entstehen.

1015 **b) Fortführung durch das bisherige PKV-Unternehmen.** Das Übertragungsmodell hätte zur Folge, dass im Falle eines PKV-Wechsels und eines – möglicherweise schon kurze Zeit danach – anschließenden dauerhaften Ausscheidens des Versicherten aus dem neuen PKV-Unternehmen durch Tod oder Wechsel in die GKV die Versichertenkollektive des neuen PKV-Unternehmens Mittel übertragen bekommen, die diese sich wirtschaftlich nicht zurechnen lassen können; denn diese Mittel stammen nicht aus den Tarifen des neuen PKV-Unternehmens und stünden ohne einen solchen PKV-Wechsel zweifelsfrei den Versichertenkollektiven des alten PKV-Unternehmens zur Verfügung. Diese systematische **Benachteiligung der Kollektive** der nicht wechselnden Versicherten des alten PKV-Unternehmens würde nur dann vermieden, wenn sie selbst die „Erben" derjenigen Beitragszuschläge blieben, die während der Zugehörigkeit des Versicherten zu ihren Kollektiven angesammelt wurden. Dieses Ergebnis würde dann erreicht, wenn die bisher angesammelten Mittel aus dem Beitragszuschlag im bisherigen PKV-Unternehmen fortgeführt und von diesem zugunsten des inzwischen gewechselten Versicherten dergestalt verwendet werden, dass diesem im Alter eine rentenähnliche Geldleistung ausgezahlt wird, die seine Beitragslast im gleichen Umfang reduziert, wie wenn er das PKV-Unternehmen nicht gewechselt hätte.

1016 Eine weitere Überlegung aus der **Gesetzesgeschichte** bestätigt die Sinnhaftigkeit der prinzipiellen Vererbung im Kollektiv des bisherigen PKV-Unternehmens: Der Beitragszuschlag wurde deshalb eingeführt, weil die ursprünglich angedachte Lösung – nämlich zur Beitragsverstetigung im

Alter einen Inflationsfaktor in die Kalkulation einzubauen – aus währungsrechtlichen Gründen nicht verwirklicht werden konnte. Der aus dem Inflationsfaktor resultierende höhere Beitrag wäre aber in jedem Fall in die normale Alterungsrückstellung eingegangen und damit im Falle eines PKV-Wechsels im bisherigen PKV-Unternehmen verblieben. Das gleiche hätte gegolten, wenn die ebenfalls als Alternative diskutierte Absenkung des Rechnungszinses verwirklicht worden wäre.

Das Fortführungsmodell müsste gleichfalls die schon für das Übertragungsmodell festgestellten **Anforderungen und Rahmenbedingungen** erfüllen. Insbesondere wäre die Fortführung der aus den Beitragszuschlägen angesammelten Mittel durch das bisherige PKV-Unternehmen mit der Verpflichtung zur Zahlung einer rentenähnlichen Leistung an den Versicherten aus wirtschaftlichen Gründen nur zu rechtfertigen, wenn diese Beträge eine Mindestgrößenordnung erreichen; denn es wäre nicht zu vertreten, wenn wesentliche Teile der angesammelten Beitragszuschläge durch Verwaltungsaufwand aufgezehrt würden. 1017

c) **Fortgeltung der ursprünglichen Rechtslage.** Das Übertragungsmodell und das Fortführungsmodell verfolgen den Zweck, aus Wettbewerbsgründen die Möglichkeit zum PKV-Wechsel zu erleichtern, indem die aus dem obligatorischen Beitragszuschlag angesammelten Mittel dem wechselnden Versicherten wertmäßig erhalten bleiben. Da unter den notwendigen Rahmenbedingungen des geltenden PKV-Systems ein PKV-Wechsel zwingend mit einer erneuten Risiko- und Gesundheitsprüfung verbunden ist, können von der Erhöhung der Wechselmöglichkeit letztlich nur Gesunde Gebrauch machen. Dies würde die systematische **Entmischung** der Versichertenkollektive fördern, was nach allgemeiner Auffassung vermieden werden muss. 1018

Die Expertenkommission hatte bei der Festlegung der Höhe des erforderlichen Beitragszuschlags die **Vererbung** zugunsten des nicht wechselnden Versichertenkollektivs eingerechnet, indem der Beitragszuschlag wie die bisherige Alterungsrückstellung behandelt wurde;[440] ohne Vererbung hätte der Beitragszuschlag, um die gleiche Entlastungswirkung zu erzielen, deutlich höher ausfallen müssen. Würde der Vererbungseffekt durch Gesetzesänderung nachträglich fortfallen, so würden die aus dem Beitragszuschlag der Alterungsrückstellung zugeführten Mittel nur für einen kürzeren Zeitraum, als er im Gutachten der Expertenkommission angegeben ist, ausreichen, um die Prämien nach Vollendung des 65. Lebensjahres konstant zu halten. Nach Berechnungen der Deutschen Aktuarvereinigung eV (DAV) würden im Falle der Übertragung des Beitragszuschlags den Versicherten 25 bis 33 % weniger Mittel zur Stabilisierung der Beiträge im Alter zur Verfügung stehen als nach der geltenden Regelung;[441] die Bundesanstalt für Finanzdienstleistungsaufsicht (BaFin) hat die erheblichen Auswirkungen für die dann noch zur Beitragsdämpfung im Alter zur Verfügung stehenden Mittel bestätigt.[442] Die nur den Gesunden zugutekommende Übertragbarkeit des Beitragszuschlags hätte demnach zur Folge, dass der ganz überwiegenden Zahl der nicht wechselbereiten oder wegen Morbidität nicht wechselfähigen Versicherten erhebliche Teile der durch ihr Kollektiv finanzierten Beitragszuschläge entzogen würden, die ihnen für die notwendige und von der Expertenkommission festgestellte Beitragsstabilisierung im Alter fehlen. Dies stünde im Widerspruch zu den eigentlichen Vorstellungen und Vorschlägen der Expertenkommission. 1019

Problematisch erscheint auch, dass der Versicherungsnehmer sich der vorgenannten Konsequenzen nicht entziehen könnte; denn der Beitragszuschlag ist für Neuverträge obligatorisch. Der Versicherungsnehmer hätte auch nicht die Wahl, anstelle des gesetzlichen Beitragszuschlags mit Übertragbarkeit einen dem gleichen Zweck dienenden Vorsorgetarif abzuschließen, wie er im PKV-Markt üblich ist und angeboten wird und dessen Alterungsrückstellung voll kollektiviert, dh nicht übertragbar ist. Diese **Wahlmöglichkeit** war aber – auf Vorschlag der Expertenkommission – den Versicherten für bestehende Versicherungsverträge eingeräumt worden. 1020

Die nachträgliche Einführung der Übertragbarkeit des Beitragszuschlags für bestehende Versicherungsverträge erschiene möglicherweise auch **verfassungsrechtlich problematisch**. Denn wer sich für den Beitragszuschlag entschieden hatte, hatte seine Entscheidung auf der Grundlage der Nichtübertragbarkeit und damit der vollen Stabilisierungswirkung des Beitragszuschlags getroffen. 1021

Eine Übertragung des Beitragszuschlags wirft auch **europarechtliche Probleme** auf. Nach Art. 206 Abs. 2 UAbs. 1 lit. a, b RL 2009/138/EG darf die substitutive Krankenversicherung nur dann nach Art der Lebensversicherung betrieben werden, wenn „die Prämien ... unter Zugrundelegung von Wahrscheinlichkeitstafeln und anderen einschlägigen statistischen Daten ... entsprechend der versicherungsmathematischen Methode berechnet" werden und „eine Alterungsrückstellung gebildet" wird (→ Rn. 707). Eine andere als versicherungsmathematisch begründete, dh kollektive Beitragskalkulation und ihre entsprechende Abbildung in der kollektiven Alterungsrückstellung ist 1022

---

[440] Expertenkommission, Gutachten Abschn. 8.3.7, BT-Drs. 13/4995, 32.
[441] *DAV,* mündliche Anhörung zum Zwischenbericht der VVG-Kommission am 6.2.2003.
[442] *Sommer* (BaFin), mündliche Anhörung zum Zwischenbericht der VVG-Kommission am 6.2.2003.

nach dem höherrangigem Europarecht unzulässig. Die Individualisierung des Beitragszuschlags dergestalt, dass die in der Alterungsrückstellung enthaltenen Beträge des Beitragszuschlags entgegen den Prinzipien der kollektiven Alterungsrückstellung im Falle eines PKV-Wechsels auf den neuen Versicherer übertragen werden, kann europarechtliche Konsequenzen für den Beitragszuschlag insgesamt zur Folge haben; denn ein solcher Beitragszuschlag hätte materiell nicht mehr uneingeschränkt die Eigenschaft der kollektiven Alterungsrückstellung.

1023 **3. Rechtslage nach der VVG-Reform. a) VVG-Kommission.** Eine knappe **Mehrheit** VVG-Kommission hatte sich für die Übertragung des Beitragszuschlags auf das neue PKV-Unternehmen (→ Rn. 1012 ff.) ausgesprochen. Einen konkreten Gesetzesvorschlag legte die VVG-Kommission jedoch nicht vor, weil es sich hierbei um eine Frage des Versicherungsaufsichtsrechts handele, die vom hierfür federführenden BMF zu verfolgen sei. Auch die Vereinbarkeit mit dem europäischen Unionsrecht falle in die Zuständigkeit des BMF.[443]

1024 **b) VVG-Reform.** Der **RegE zum VVG-ReformG** befasste sich weder mit der Problematik des gesetzlichen Beitragszuschlags noch mit den Vorschlägen der VVG-Kommission. Ob die Übertragung des Beitragszuschlags im Zusammenhang mit der vom RegE angesprochenen Übertragung der Alterungsrückstellung (→ Rn. 920) gesehen werden sollte, lässt sich der Begründung des RegE nicht entnehmen.

1025 **c) Gesundheitsreform.** Das GKV-Wettbewerbsstärkungsgesetz **(GKV-WSG)** v. 26.3.2007 (BGBl. I S. 378), das insoweit vom VVG-ReformG inhaltsgleich übernommen wurde (Art. 11 Abs. 1 VVG-ReformG), sieht die Übertragung der Alterungsrückstellung bei einem Versichererwechsel vor (→ Rn. 921). Wenn der Versicherungsnehmer einen Krankenversicherungsvertrag kündigt und bei einem anderen Versicherungsunternehmen eine substitutive Krankenversicherung abschließt, muss nach dem neu eingefügten § 204 Abs. 1 S. 1 Nr. 2 die kalkulierte Alterungsrückstellung in Höhe eines an dem – ebenfalls neu geschaffenen – Basistarif orientierten fiktiven Werts vom bisherigen Versicherungsunternehmen auf das neue Versicherungsunternehmen übertragen werden.

1026 Nach § 204 Abs. 1 S. 1 Nr. 2 ist die **kalkulierte Alterungsrückstellung** zu übertragen. Die Vorschrift definiert nicht, was unter der kalkulierten Alterungsrückstellung verstanden werden soll.

1027 Im strengen Wortsinn ist unter der kalkulierten Alterungsrückstellung derjenige Teil der Alterungsrückstellung zu verstehen, der in die **Tarifbeiträge** einkalkuliert wird (→ Rn. 878). Diesen Teil der Alterungsrückstellung meint auch § 3 KVAV, wenn dort die Verwendung der gleichen Rechnungsgrundlagen für die Berechnung der Prämie und der Alterungsrückstellung vorgeschrieben wird.

1028 Die Gesetzesmaterialien zum GKV-WSG gehen demgegenüber von einem **erweiterten Begriff** der Alterungsrückstellung aus. Danach sollte sich das Recht auf Mitnahme der Alterungsrückstellung auch auf die Rückstellungen nach den §§ 12 Abs. 4a, 12a Abs. 2 VAG aF (= §§ 149, 150 Abs. 2 VAG) erstrecken.[444]

1029 Wieder einmal erweist sich das **Fehlen klarer Systematik** in der Gesetzgebung zum Versicherungsrecht (→ Rn. 1048, 1123). Der gesetzliche Beitragszuschlag ist zwar ein *kalkulatorischer* Wert (→ Rn. 883 ff.), gleichwohl ist er kein *kalkulierter* Wert.

1030 Die Übertragung der Alterungsrückstellung verfolgt den **Zweck**, den Versichererwechsel unter Erhalt der bisherigen Rechtspositionen zu erleichtern. Vor diesem Hintergrund ist unter der zu übertragenden Alterungsrückstellung die kalkulatorische Alterungsrückstellung im bilanziellen Sinn des § 341f Abs. 3 HGB zu verstehen, die den gesetzlichen Beitragszuschlag mit umfasst (→ Rn. 883 ff.). Der vom GKV-WSG gewählte Wortlaut „kalkulierte Alterungsrückstellung" will – obwohl die Gesetzesmaterialien hierzu schweigen – offenbar nur zum Ausdruck bringen, dass nicht die von der Expertenkommission und der VVG-Kommission diskutierte *individuelle prospektive* Alterungsrückstellung, sondern eben die durchschnittliche Alterungsrückstellung übertragen werden soll (→ Rn. 940 ff.).

L. Gesundheitsreform (GKV-WSG)

I. Überblick

1031 Das GKV-Wettbewerbsstärkungsgesetz (GKV-WSG) v. 26.3.2007 (BGBl. I S. 378) führte grundlegende Veränderungen des PKV-Systems herbei, die in ihrer Radikalität ohne Beispiel sind,

---

[443] Lorenz, Abschlussbericht der VVG-Kommission, VersR-Schriftenreihe Bd. 25, 2004, S. 162 f., Abschn. 1.3.2.4.3.1.5.
[444] Begr. zu Art. 43 Nr. 4a (§ 178f VVG) Fraktionsentwurf GKV-WSG, BT-Drs. 16/3100, 206.

die **Funktionsgesetze der Individualversicherung** außer Kraft setzen und in mehrfacher Hinsicht gegen vorrangiges Europarecht und Verfassungsrecht verstoßen.[445]

Die wichtigsten **Inhalte** des GKV-WSG – soweit es Vorschriften zur PKV enthält – bestanden in 1032
- der für alle Versicherungsunternehmen mit Sitz im Inland obligatorischen Einführung eines neuen brancheneinheitlichen Basistarifs als aufsichtsrechtliche Voraussetzung für den Betrieb der substitutiven Krankenversicherung mit Kontrahierungszwang der Versicherungsunternehmen, Ausschluss von Gesundheitsprüfungen und Höchstbeiträgen (→ Rn. 1035 ff.);
- der Einführung einer allgemeinen Versicherungspflicht von bisher nicht krankenversicherten Personen in der PKV und einem weitgehenden Kündigungsverbot der Versicherungsunternehmen (→ Rn. 1088 ff.);
- der Übertragung der kalkulierten Alterungsrückstellung bei einem Versicherwechsel (→ Rn. 1108 ff.);
- der Zahlung des Arbeitgeberzuschusses für die substitutive Krankenversicherung von unselbständig Beschäftigten nur unter der Voraussetzung, dass das Versicherungsunternehmen den aufsichtsrechtlich vorgeschriebenen Basistarif anbietet (→ Rn. 1121 ff.);
- der Einführung einer dreijährigen Wechselsperre für den Übertritt von der GKV in die PKV.

Gegen die Gesundheitsreform hatten Versicherungsunternehmen und Versicherte **Verfassungsbeschwerden** eingelegt, die das BVerfG durch Urteil v. 10.6.2009 zurückgewiesen hatte.[446] Diese Entscheidung wird im Zusammenhang dargestellt (→ Rn. 892 ff.; → Rn. 1129 ff.). 1033

In der Folge kam es zu verschiedenen **Änderungen** der durch das GKV-WSG geschaffenen Rechtslage. Diese Änderungen hatten ua folgendes zum Inhalt: 1034
- Aufhebung der dreijährigen Wechselsperre und Wiedereinführung der Wechselmöglichkeit von der GKV in die PKV nach einmaligem Überschreiten der Jahresarbeitsentgeltgrenze (§ 6 Abs. 1 Nr. 1 SGB V idF von Art. 1 Nr. 2 lit. a GKV-FinG v. 22.12.2010, BGBl. I S. 2309).
- Berechnungsmethode zur Bestimmung des zu berücksichtigenden Zusatzbeitrags bei der Ermittlung des GKV-Höchstbeitrags im Basistarif (§ 152 Abs. 3 S. 2 VAG = § 12 Abs. 1c S. 2 VAG aF idF von Art. 9 GKV-FinG v. 22.12.2010, BGBl. I S. 2309).
- Jederzeitige Umstellung eines mit Selbstbehalt abgeschlossenen Basistarifs in den Basistarif ohne Selbstbehalt (§ 152 Abs. 1 S. 4 Hs. 2 VAG = § 12 Abs. 1 S. 4 Hs. 2 VAG aF idF von Art. 2 Nr. 2 des Gesetzes zur Änderung versicherungsrechtlicher Vorschriften v. 24.4.2013, BGBl. I S. 932).
- Befristete Aufhebung des Prämienzuschlags für Versicherte, die ihrer Pflicht zum Abschluss einer privaten Krankenversicherung noch bis zum 31.12.2013 nachgekommen sind (§ 193 Abs. 4 S. 7 VVG idF von Art. 3 Nr. 0 lit. b des Gesetzes zur Beseitigung sozialer Überforderung bei Beitragsschulden in der Krankenversicherung v. 15.7.2013, BGBl. I S. 2423).
- Einführung eines Notlagentarifs für Versicherte, die ihrer Beitragszahlungspflicht nicht nachkommen (§ 193 Abs. 6–10 VVG, § 153 VAG = § 12h VAG aF idF von Art. 3 Nr. 1, Art. 4 des Gesetzes zur Beseitigung sozialer Überforderung bei Beitragsschulden in der Krankenversicherung v. 15.7.2013, BGBl. I S. 2423).

II. Basistarif

1. Gesetzliche Regelung. a) Einheitsprodukt. Versicherungsunternehmen mit Sitz im Inland, die die substitutive Krankenversicherung betreiben, müssen einen branchenweit einheitlichen Basistarif anbieten, dessen Vertragsleistungen nach Art, Umfang und Höhe den **GKV-Leistungen** vergleichbar sind (§ 152 Abs. 1 S. 1 VAG). 1035

Der Basistarif muss **Varianten** vorsehen (§ 152 Abs. 1 S. 2 VAG) für 1036
- Kinder und Jugendliche;
- Beihilfeberechtigte.

Die Versicherten müssen die Möglichkeit haben, **Selbstbehalte** von 300, 600, 900 EUR oder 1.200 EUR zu vereinbaren, die sich für Beihilfeberechtigte entsprechend ihrem Beihilfesatz verändern (§ 152 Abs. 1 S. 3, 5 VAG). Für die Selbstbehaltsstufen können Mindestbindungsfristen von drei Jahren vereinbart werden (§ 152 Abs. 1 S. 4 VAG). 1037

Zum Basistarif können **Ergänzungsversicherungen** abgeschlossen werden (§ 152 Abs. 1 S. 6 VAG). 1038

---

[445] Ausf. *Boetius* VersR 2007, 431 ff.; *Boetius*, Die Systemveränderung der privaten Krankenversicherung (PKV) durch die Gesundheitsreform, Münsteraner Reihe Heft 109, 2008, S. 7 ff.; *Sodan*, Private Krankenversicherung und Gesundheitsreform 2007, 2. Aufl. 2007.
[446] BVerfGE 123, 186 = VersR 2009, 957 = NJW 2009, 2033.

1039 Der Verband der privaten Krankenversicherung (**PKV-Verband**) legt als beliehener Unternehmer Art, Umfang und Höhe der Leistungen im Basistarif nach Maßgabe der gesetzlichen Produktvorgaben fest. Mit der Beleihung ist eine umfassende staatliche Rechts- und Fachaufsicht verbunden,[447] auch wenn § 158 Abs. 2 VAG nur die Fachaufsicht nennt. Aufsichtsführende Behörde ist das BMF (§ 158 Abs. 2 S. 2 VAG). Das BMF wird im Rahmen der Versicherungsaufsicht tätig, wie der Gesundheitsausschuss ausdrücklich feststellt.[448]

1040 b) **Kontrahierungszwang.** Die Versicherungsunternehmen unterliegen im Basistarif einem Kontrahierungszwang. Der Kontrahierungszwang besteht nur gegenüber **bestimmten Personengruppen.** Diese Personengruppen sind:

1041 – Alle **freiwillig GKV-Versicherten,** wenn sie die Aufnahme in den Basistarif innerhalb bestimmter Fristen beantragen. Die Frist beträgt sechs Monate nach Einführung des Basistarifs bzw. nach Beginn der im SGB V vorgesehenen Möglichkeit, in die PKV zu wechseln (§ 152 Abs. 2 S. 1 Nr. 1 VAG, § 193 Abs. 5 S. 1 Nr. 1 VVG).

1042 – Alle **nicht krankenversicherten Personen** mit Wohnsitz in Deutschland. Es handelt sich um Personen, die in der GKV weder pflicht- noch freiwillig versichert sind und auch nicht bereits eine der Erfüllung der Versicherungspflicht (→ Rn. 1088 ff.) genügende private Krankheitskostenversicherung bei einem in Deutschland zum Geschäftsbetrieb zugelassenen Versicherungsunternehmen abgeschlossen haben. Asylbewerber und Empfänger laufender Leistungen nach dem SGB XII sind hiervon ausgenommen (§ 152 Abs. 2 S. 1 Nr. 2 VAG, § 193 Abs. 5 S. 1 Nr. 2 iVm § 193 Abs. 3 S. 2 Nr. 3, 4); soweit für diese Personengruppen keine Versicherungspflicht besteht (→ Rn. 1088), entfällt auch der Kontrahierungszwang.

1043 – Alle **Beihilfeberechtigten** und Personen mit vergleichbaren Ansprüchen (§ 152 Abs. 2 S. 1 Nr. 3 VAG, § 193 Abs. 5 S. 1 Nr. 3 VVG).

1044 – Alle in der PKV bereits **substitutiv Krankenversicherten.** Es handelt sich um Personen mit Wohnsitz in Deutschland, die bereits eine der Erfüllung der Versicherungspflicht genügende private Krankheitskostenversicherung bei einem in Deutschland zum Geschäftsbetrieb zugelassenen Versicherungsunternehmen nach dem 31.12.2008 abgeschlossen haben (§ 152 Abs. 2 S. 1 Nr. 4 VAG, § 193 Abs. 5 S. 1 Nr. 4 VVG). Wenn die Krankheitskostenversicherung vor dem 1.1.2009 abgeschlossen worden war, konnte bis zum 30.6.2009 der Wechsel in den Basistarif desselben oder jedes anderen Versicherungsunternehmens verlangt werden (§ 152 Abs. 2 S. 2 VAG, § 193 Abs. 5 S. 2 VVG); nach dem 30.6.2009 kann der Wechsel in den Basistarif desselben Versicherungsunternehmens nur noch dann verlangt werden, wenn der Versicherte das 55. Lebensjahr vollendet oder Anspruch auf gesetzliche Rente hat oder Beamtenruhegehalt bezieht oder hilfebedürftig ist (§ 204 Abs. 1 S. 1 Nr. 1 Hs. 5 lit. b).

1045 Soweit der Kontrahierungszwang gilt, darf das Versicherungsunternehmen im Falle eines **erhöhten Risikos** weder einen Risikozuschlag noch einen Leistungsausschluss verlangen (§ 203 Abs. 1 S. 2). Der Antrag auf Versicherung im Basistarif darf den vorgenannten Personengruppen gegenüber nur abgelehnt werden, wenn der Antragsteller bereits bei dem Versicherungsunternehmen versichert war und das Versicherungsunternehmen den Versicherungsvertrag wegen Drohung oder arglistiger Täuschung angefochten hat oder vom Versicherungsvertrag wegen Verletzung der vorvertraglichen Anzeigepflicht zurückgetreten war (§ 152 Abs. 2 S. 4 VAG, § 193 Abs. 5 S. 4 VVG).

1046 Gleichwohl darf das Versicherungsunternehmen die Aufnahme in den Basistarif von einer vorherigen **Risikoprüfung** abhängig machen, die den Zweck hat,
– die Mehraufwendungen für das Überrisiko zu ermitteln, die durch einen Zuschlag auf alle im Basistarif Versicherten zu verteilen sind (§ 154 Abs. 1 S. 3 VAG, § 8 Abs. 1 Nr. 7 KVAV);
– im Falle eines Tarifwechsels aus dem Basistarif in einen anderen Tarif den dann möglichen Risikozuschlag festzusetzen (§ 204 Abs. 1 S. 1 Nr. 1 Hs. 4).

1047 Wenn der Antragsteller die für die Risiko- und Gesundheitsprüfung erforderliche Mitwirkung verweigert oder die benötigten Informationen nicht erteilt (→ § 203 Rn. 720), fehlt eine **notwendige Voraussetzung** für den Abschluss der Versicherung im Basistarif, so dass der Kontrahierungszwang nicht ausgelöst wird.[449]

1048 Das GKV-WSG und ihm folgend Art. 11 Abs. 1 VVG-ReformG regelt den Kontrahierungszwang mit gleich lautenden Vorschriften doppelt, nämlich im **VVG und VAG** (§ 193 Abs. 5 VVG, § 152 Abs. 2 VAG). Damit setzt sich das Fehlen klarer Systematik fort (→ Rn. 1029, 1123). Der

---

[447] Bericht des Gesundheitsausschusses zu Art. 44 Nr. 5c (§ 12 Abs. 1d VAG) Fraktionsentwurf GKV-WSG, BT-Drs. 16/4247, 69.
[448] Bericht des Gesundheitsausschusses zu Art. 44 Nr. 5c (§ 12 Abs. 1d VAG) Fraktionsentwurf GKV-WSG, BT-Drs. 16/4247, 69.
[449] IErg ebenso OLG Köln VersR 2013, 490 mit dem Argument, es liege kein annahmefähiges Angebot des Antragstellers vor.

Kontrahierungszwang erzeugt Rechte und Pflichten zwischen Versicherungsnehmer und Versicherungsunternehmen, er gehört damit rechtssystematisch dem Versicherungsvertragsrecht an und ist richtigerweise nur im VVG zu regeln.

c) Höchstbeitrag und Sozialgrenze. Der Beitrag für den Basistarif darf den **GKV-Höchstbeitrag** nicht übersteigen (§ 152 Abs. 3 S. 1 VAG). Der GKV-Höchstbeitrag gilt auch für alle **Selbstbehaltsstufen** des Basistarifs (§ 152 Abs. 3 S. 1 VAG). 1049

Für **Beihilfeberechtigte** tritt an die Stelle des GKV-Höchstbeitrags ein dem prozentualen Beihilfetarif entsprechender Anteil des GKV-Höchstbeitrags (§ 152 Abs. 3 S. 3 VAG). 1050

Wenn allein durch die Zahlung des Beitrags für den Basistarif **Hilfebedürftigkeit** iSd SGB II oder SGB XII entstehen würde, vermindert sich der Beitrag für die Dauer der Hilfebedürftigkeit um die Hälfte (§ 152 Abs. 4 S. 1 VAG). Die vom Hilfebedürftigen nicht zu zahlende andere Hälfte des Beitrags muss auf alle Versicherungsunternehmen bzw. deren Krankenversicherte umgelegt werden (§ 154 Abs. 1 S. 3 Hs. 2 VAG). Besteht Hilfebedürftigkeit auch für den vom Versicherungsnehmer zu zahlenden halben Beitrag fort, beteiligt sich der zuständige Sozialhilfeträger hieran in Höhe des für Arbeitslosengeldbezieher maßgebenden Betrages nur insoweit, als dadurch Hilfebedürftigkeit vermieden wird (§ 152 Abs. 4 S. 2 VAG). 1051

Das GKV-WSG regelt den Höchstbeitrag ausschließlich im **VAG**. Dies entspricht der Logik der RL 2009/138/EG, die für „Standardverträge" einen „vorgeschriebenen Höchstsatz" erlaubt (Erwgr. 85 S. 4 RL 2009/138/EG). Unter den nationalen Rechtsvorschriften im Sinne der RL 2009/138/EG sind solche des Versicherungsaufsichtsrechts zu verstehen, weil das Versicherungsvertragsrecht unionsrechtlich ohnehin nicht harmonisiert ist (→ Rn. 1048). Weil aber die zulässige Beitragshöhe eine Frage des Vertragsinhalts ist, muss sie im Versicherungsvertragsrecht geregelt werden. § 203 Abs. 1 S. bedient sich hierfür der Verweisung auf das VAG. 1052

d) Kalkulation und Risikoausgleich. Die **Nettobeiträge** für den Basistarif werden mit gemeinsamen Kalkulationsgrundlagen einheitlich für alle beteiligten PKV-Unternehmen ermittelt (§ 152 Abs. 5 VAG). 1053

Die Versicherungsunternehmen, die den Basistarif anbieten, müssen sich an einem **Ausgleichssystem** beteiligen, das die unterschiedlichen Belastungen der Versicherungsunternehmen ausgleicht (§ 154 Abs. 1 S. 1 VAG).

Mehraufwendungen, die aufgrund von **Vorerkrankungen** entstehen, müssen auf alle im Basistarif Versicherten verteilt werden (§ 154 Abs. 1 S. 3 Hs. 1 VAG).

Mehraufwendungen, die aufgrund der **Beitragsbegrenzungen** entstehen (→ Rn. 1049 ff.), müssen auf alle beteiligten Versicherungsunternehmen so verteilt werden, dass diese gleichmäßig belastet werden (§ 154 Abs. 1 S. 3 Hs. 2 VAG).

Errichtung, Ausgestaltung, Änderung und Durchführung des Risikoausgleichs unterliegen der **Aufsicht** der BaFin (§ 154 Abs. 2 VAG).

2. Zerstörung des Äquivalenzprinzips. a) Grundsatz. Die PKV ist Individualversicherung und Teil des privatrechtlichen Versicherungswesens iSv Art. 74 Abs. 1 Nr. 11 GG. Sie unterscheidet sich von der GKV als Sozialversicherung grds. im Kalkulations- und Finanzierungsverfahren. Während es das Wesensmerkmal der Sozialversicherung ist, die Risikotragung durch einkommensabhängige Beiträge zu finanzieren,[450] ist für die Individualversicherung das Prinzip der Äquivalenz von Risiko und Beitrag (**Äquivalenzprinzip**) unabdingbar.[451] Das BVerfG drückt dies mit der Wendung aus, die Prämien würden sich grds. am individuellen Risiko und nicht am Erwerbseinkommen des Versicherungsnehmers orientieren.[452] Dabei ist unter dem vom BVerfG benutzten Ausdruck „individuelles Risiko" entsprechend dem Grundgedanken des Versicherungsprinzips nicht das *Einzel*risiko, sondern das Risiko des einzelnen Versicherungsnehmers als Teil des Versichertenkollektivs zu verstehen. 1054

Das **GKV-WSG** zerstört das Äquivalenzprinzip in vierfacher Weise:[453] Durch den Kontrahierungszwang für den Basistarif (→ Rn. 1056 ff.), durch die Halbierung des Beitrags bei Hilfebedürftigkeit (→ Rn. 1060 ff.), durch die Umlage des halben Beitrags der Hilfebedürftigen auf die übrigen Versicherten (→ Rn. 1063) und durch die Kappungsgrenze des GKV-Höchstbeitrags (→ Rn. 1064). 1055

---

[450] BVerfGE 76, 256 Abschn. C II 4d; BVerfGE 103, 197 = VersR 2001, 627 (630 f.) = NJW 2001, 1709.
[451] Vgl. Stellungnahme des Nationalen Ethikrates v. 1.2.2007, Abschn. G Nr. 3 ff., 23 f., VersR 2007, 472 ff.
[452] BVerfGE 103, 197 = VersR 2001, 627 (630 li. Sp.) = NJW 2001, 1709.
[453] Ähnlich *Brand* VersR 2011, 1337 (1340); *Brand*, Demographiefestigkeit und Reformfähigkeit der privaten Krankenversicherung, in: Das Sozialrecht für ein längeres Leben, Schriftenreihe des Deutschen Sozialrechtsverbandes e.V. (SDSRV), Band 63, 2013, S. 127 (145 ff.).

1056 **b) Kontrahierungszwang.** Aufgrund des Kontrahierungszwangs können sich ua alle nicht in der GKV Pflichtversicherten ohne Gesundheitsprüfung und ohne Beitragszuschläge für erhöhte Risiken im Basistarif in der PKV versichern. Damit können sich vor allem diejenigen in den Basistarif einwählen, für die dies im Vergleich zu ihrem bisherigen Versicherungsstatus (wegen ihres schlechten Gesundheitsrisikos) vorteilhaft ist. Das gilt insbes. für diejenigen Personen, die bisher weder in der GKV pflicht- oder freiwillig noch in der PKV versichert waren; hierbei handelt es sich typischerweise um Personen, die nicht einmal von der Sozialhilfe erfasst wurden. Das führt zu einer systematischen **negativen Risikoselektion** in der gesamten PKV, deren prämienmäßigen Ausgleich das Gesetz verbietet.

1057 Die negative Risikoselektion begann nicht erst mit Inkrafttreten der Vorschriften über den Basistarif ab 1.1.2009, sondern bereits ab 1.7.2007 mit Inkrafttreten des **modifizierten Standardtarifs** nach § 315 SGB V, in dem sich vom 1.7.2007 bis 31.12.2008 ohne Risikoprüfung alle Personen versichern konnten, die keinen Krankenversicherungsschutz besaßen (→ Rn. 1150). Der modifizierte Standardtarif wurde zum 1.1.2009 kraft Gesetzes auf den Basistarif umgestellt (§ 315 Abs. 4 SGB V); als unmittelbarer rechtlicher Vorläufer des Basistarifs verlegte er dessen zeitlichen Beginn somit auf den 1.7.2007 vor. Die Erfahrungen der Praxis bestätigen, dass fast ausschließlich solche Personen den modifizierten Standardtarif beantragt haben, die als „Hochkostenfälle" erhebliche Überrisiken darstellen, für die fiktive Risikozuschläge von durchschnittlich 600 % bis 1000 % zu erheben wären und die unter Normalbedingungen als nicht versicherbare Risiken gälten.

1058 Zwar widerspricht ein Kontrahierungszwang nicht grds. dem privatrechtlichen Versicherungswesen, zumal ganz allgemein auch das Privatrecht Kontrahierungszwänge kennt.[454] Indessen müssen bei einem Kontrahierungszwang in der Individualversicherung **rechtliche Vorkehrungen** getroffen werden, um eine systematische negative Risikoselektion zu verhindern und das unabdingbare Äquivalenzprinzip zu erhalten. Diese Vorkehrungen bestehen entweder in einer mit dem Kontrahierungszwang korrelierenden Versicherungspflicht oder im Zwang zu risikoäquivalenten Beiträgen.[455]

1059 Wenn Kontrahierungszwang ohne korrespondierende, symmetrisch angelegte Versicherungspflicht eingeführt werden soll, müssen für erhöhte Risiken zwingend **risikoäquivalente Beiträge** (Risikozuschläge), Wartezeiten oder Leistungseinschränkungen verlangt werden können.[456] Anders könnte das Äquivalenzprinzip nicht eingehalten werden.

1060 **c) Beitrag bei Hilfebedürftigkeit.** Wenn der im Basistarif Versicherte allein durch die Zahlung des Tarifbeitrags hilfebedürftig iSd SGB II und SGB XII würde, vermindert sich der Beitrag um die Hälfte (→ Rn. 1051). Indem auf diese Weise die Höhe des Beitrags von Hilfebedürftigen an ihre **wirtschaftliche Leistungsfähigkeit** geknüpft wird, wird der Boden der Individualversicherung verlassen.[457] Die Privatversicherung wird damit gezwungen, die Umverteilung der Sozialversicherung zu übernehmen. Unterstützung bei Hilfebedürftigkeit ist eine allgemeine Staatsaufgabe, die aus Steuern zu finanzieren ist und nicht auf Wirtschaftsunternehmen und ihre Kunden verlagert werden kann. Diese Problematik war schon im Gesetzgebungsverfahren zur Sprache gekommen. Der Bundesrat hatte in seiner Stellungnahme zum RegE des GKV-WSG darauf hingewiesen, dass die Reduzierung von Versichertenprämien bei Hilfebedürftigkeit „eine Verlagerung der gesamtgesellschaftlichen Aufgabe des Schutzes bei Bedürftigkeit auf ein Versichertenkollektiv" beinhalte und „diese Belastung ohnehin schon problematisch" sei.[458]

1061 Zwar hatte das **BVerfG** zur PPV ausgeführt, dass ein neu geschaffener Typ privatrechtlicher Versicherung auch Regelungen des sozialen Ausgleichs vorsehen und insbes. während einer Übergangszeit Privatversicherungsmerkmale nur begrenzt wirken lassen kann.[459] Indessen muss nach Auffassung des BVerfG die Kalkulation die gesamte Tarifgestaltung so maßgeblich bestimmen, dass die PPV trotz der Umlageanteile ihren Charakter als Individualversicherung nicht verliert. Es muss sich auch bei einer Gesamtbetrachtung eine insgesamt risikoorientierte Berechnung der Nettoprämie ergeben. Dabei war auch zu berücksichtigen, dass sich die in § 110 SGB XI geregelten Umlageelemente nach einer Übergangszeit abschwächen, so dass die privatversicherungstypischen Merkmale der Prämiengestaltung noch deutlicher hervortreten.[460]

1062 Diese vom BVerfG genannten Voraussetzungen liegen beim **Basistarif** nicht vor. Der Basistarif stellt keinen neu geschaffenen Typ privatrechtlicher Versicherung dar, wie es die PPV tat; denn der

---

[454] BVerfGE 103, 197 = VersR 2001, 627 (630 re. Sp.) = NJW 2001, 1709.
[455] Ausf. *Boetius* VersR 2007, 431 (433).
[456] Vgl. Stellungnahme des Nationalen Ethikrates v. 1.2.2007, Abschn. G Nr. 23 f., VersR 2007, 472 (474).
[457] *Lorenz* VersR 2007, 471 f.
[458] Stellungnahme des Bundesrates Nr. 102b zu Art. 44 Nr. 7 (§ 12g Abs. 1 S. 3 VAG) RegE GKV-WSG, BR-Drs. 755/06, 126 = BT-Drs. 16/3950 Anl. 2, 45.
[459] BVerfGE 103, 197 = VersR 2001, 627 (630 li. Sp.) = NJW 2001, 1709.
[460] BVerfGE 103, 197 = VersR 2001, 627 (631 li. Sp.) = NJW 2001, 1709.

Basistarif ist typmäßig substitutive Krankenversicherung und lediglich die Fortsetzung des bisherigen Standardtarifs. Außerdem verlässt die an die sozialversicherungsrechtliche Hilfebedürftigkeit geknüpfte Halbierung des Beitrags den Boden der risikoorientierten Kalkulation.

d) Umlage. Der von den Hilfebedürftigen nicht zu zahlende halbe Beitrag (→ Rn. 1060) muss über einen obligatorischen Risikoausgleich von **allen Versicherungsunternehmen**, die den Basistarif anzubieten haben, getragen werden. Durch diese Umlage, mit der nur substitutive Krankenversicherungen belastet werden (§ 8 Abs. 1 Nr. 6 KVAV), müssen alle außerhalb des Basistarifs substitutiv Krankenversicherten den Krankenversicherungsbeitrag des Hilfebedürftigen alimentieren. Das bedeutet, dass sie für ihre eigene Krankenversicherung einen Beitrag zahlen müssen, der über den für ihr Risiko äquivalenten Beitrag hinausgeht. Damit wird das ihrem Schutz dienende Äquivalenzprinzip verlassen.[461] **1063**

e) Höchstbeitrag. Der Beitrag für den Basistarif wird auf den Höchstbeitrag der GKV gekappt. Aufgrund der **Kappung** zahlt der Versicherungsnehmer nicht den risikoäquivalenten Beitrag und finanzieren die substitutiv Krankenversicherten aller Versicherungsunternehmen, die den Basistarif anzubieten haben, die Differenz. Dies ist beim bisherigen Standardtarif für ältere Versicherte hinnehmbar, weil die Mitfinanzierung nur die Versicherten desselben Versicherungsunternehmens betraf. Auch in der privaten Pflege-Pflichtversicherung (PPV) ist dies hinnehmbar, weil der Kontrahierungszwang mit einer symmetrischen Versicherungspflicht aller PKV-Versicherten einhergeht, die eine negative Risikoselektion ausschließt (→ Rn. 1058 f.).[462] **1064**

f) Konsequenzen nach höherrangigem Recht. Art. 206 RL 2009/138/EG knüpft das Mitgliedstaatenwahlrecht für den Betrieb der Krankenversicherung nach Art der Lebensversicherung an enge Voraussetzungen. Der nationale Gesetzgeber ist gehindert, diese **obligatorischen Voraussetzungen** zu erweitern oder zu verändern (→ Rn. 703 f.).[463] **1065**

Wesentliches Systemelement der substitutiven Krankenversicherung ist der Zwang zur **versicherungsmathematischen Kalkulation.** Eine andere als versicherungsmathematisch begründete Beitragskalkulation ist nach dem höherrangigen Europarecht unzulässig (→ Rn. 707). Für die versicherungsmathematische Kalkulation gelten anerkannte aktuarielle Grundsätze, die nicht zur Disposition der einzelnen Versicherungsunternehmen oder des Gesetzgebers stehen.[464] **1066**

Eine Beitragsberechnung, die sich nicht am Äquivalenzprinzip orientiert, verstößt gegen den Grundsatz der versicherungsmathematischen Kalkulation. Dies gilt vor allem für eine Beitragsberechnung, die sich wie in der Sozialversicherung nach der wirtschaftlichen Leistungsfähigkeit des Versicherungsnehmers bemisst.[465] Die Halbierung des Beitrags im Basistarif für **Hilfebedürftige** und die Umlage der anderen Beitragshälfte auf die übrigen Krankenversicherten außerhalb des Basistarifs verstoßen damit gegen die Grundsätze der versicherungsmathematischen Kalkulation und sind wegen der unionsrechtlichen Vorgaben auch verfassungsrechtlich unzulässig (→ Rn. 748 ff.).[466] **1067**

Mit den Grundsätzen der versicherungsmathematischen Kalkulation sind auch die weiteren Einschränkungen des Äquivalenzprinzips nicht zu vereinbaren. Dies betrifft insbes. das Verbot, für **erhöhte Risiken** risikoäquivalente Beiträge zu verlangen, ohne dass dies durch eine korrespondierende Versicherungspflicht ausgeglichen wird. **1068**

Das **Grundgesetz** schützt über Art. 12 Abs. 1 S. 1 GG die Freiheit der Berufswahl, als privatrechtliches Versicherungsunternehmen den Betrieb von Versicherungsgeschäft aufzunehmen. In Verbindung mit der Kompetenzvorschrift des Art. 74 Abs. 1 Nr. 11 GG für das privatrechtliche Versicherungswesen folgt aus der Berufswahlfreiheit eine materielle Institutsgarantie für das privatrechtliche Versicherungswesen, die es verbietet, dessen Funktions- und Systemprinzipien außer Kraft zu setzen. Weil die Kalkulation nach dem Äquivalenzprinzip den Kernbereich des privatrechtlichen Versicherungswesens darstellt und ihm damit systemimmanent ist, genießen die privatrechtlichen Versicherungsunternehmen insoweit einen System- und Bestandsschutz, in den die Zerstörung des Äquivalenzprinzips unter Verstoß gegen Art. 12 Abs. 1 S. 1 GG eingreift. Auch das BVerfG hat diesen Grundsatz im Kern akzeptiert, wenn es auf die verfassungsrechtliche Problematik abstellt, dass der Basistarif aufgrund gesetzlicher Vorgaben nicht kostendeckend wäre und wegen eines attraktiven Preis-Leistungs-Verhältnisses einen Wechsel von den Normaltarifen in den Basistarif in größerem Umfang auslösen würde (→ Rn. 1136). **1069**

---

461 Zu weiteren Aspekten vgl. *Boetius* VersR 2007, 431 (434).
462 Zu weiteren Aspekten vgl. *Boetius* VersR 2007, 431 (434).
463 Ausf. *Boetius* VersR 2005, 297 (300).
464 *Boetius* FS Raupach, 2006, 213 (221).
465 *Boetius* VersR 2005, 297 (300).
466 *Boetius*, Münsteraner Reihe Heft 109, 2008, S. 15 ff.

1070   **3. Ausländische Versicherungsunternehmen. a) Einbeziehung in den Basistarif.** Die Verpflichtung, den Basistarif anzubieten, haben nach dem ausdrücklichen Gesetzeswortlaut nur **Versicherungsunternehmen mit Sitz im Inland** zu erfüllen (§ 152 Abs. 1 S. 1 VAG). In der Terminologie des VAG bedeutet „Sitz" stets Hauptsitz. Ausländische Versicherungsunternehmen mit einer Niederlassung im Inland haben ihren Sitz im Ausland (vgl. Überschriften von Teil 2 Kap. 1 Abschn. 7 UAbschn 2, 3 und §§ 61 ff. VAG). Das gleiche gilt für ausländische Versicherungsunternehmen aus EU-/EWR-Staaten, die im Dienstleistungsverkehr im Inland arbeiten (§ 61 Abs. 1 VAG). Versicherungsunternehmen mit Sitz im EU-/EWR-Ausland brauchen den Basistarif daher nicht anzubieten.

1071   Eine andere Frage ist, ob ein **Versicherungsunternehmen mit Sitz im EU-/EWR-Ausland** durch den deutschen Gesetzgeber überhaupt verpflichtet oder auch nur berechtigt werden könnte, den Basistarif anzubieten, zB um die zwingende Voraussetzung für die Arbeitgeberzuschussfähigkeit zu erfüllen (→ Rn. 1126 ff.). Dies erscheint zweifelhaft. Das gleiche gilt für die Frage, ob ein solches Versicherungsunternehmen den Basistarif zumindest freiwillig anbieten kann:

1072   – Nach Erwgr. 85 S. 4 RL 2009/138/EG können die Mitgliedstaaten vorschreiben, dass die Versicherungsunternehmen **Standardverträge** anbieten und „sich an einem Verlustausgleichssystem" beteiligen. Nach Art. 206 Abs. 1 RL 2009/138/EG können die Mitgliedstaaten für die substitutive Krankenversicherung verlangen, dass „der Vertrag den von diesem Mitgliedstaat erlassenen spezifischen Rechtsvorschriften zum Schutz des Allgemeininteresses" entspricht. Dies scheint für die grundsätzliche Möglichkeit zu sprechen, ausländische Versicherungsunternehmen aus EU-/EWR-Staaten in das System eines Basistarifs einzubeziehen, der die Kriterien von Erwgr. 85 S. 4 RL 2009/138/EG erfüllt.

1073   – Zwingende Voraussetzung für die Einbeziehung ausländischer Versicherungsunternehmen aus EU-/EWR-Staaten in ein mitgliedstaatenrechtliches Standardvertragssystem ist jedoch, dass die übrigen unionsrechtlichen Vorgaben eingehalten werden. Dies ist nicht der Fall: Indem die Einzelheiten des Basistarifs unter der **Fachaufsicht des BMF** durch den PKV-Verband festgelegt werden (§ 158 Abs. 2 VAG) und indem das Ausgleichssystem in vollem Umfang der Aufsicht durch die BaFin unterliegt (§ 154 Abs. 2 VAG), werden die teilnehmenden Versicherungsunternehmen in besonderer Weise der deutschen Versicherungsaufsicht unterworfen. Dass die Aufsicht über den Basistarif ihrem Charakter nach materielle Versicherungsaufsicht ist, ist in den parlamentarischen Beratungen klargestellt worden (→ Rn. 1039).

1074   – Bei Einführung des Basistarifs durch das GKV-WSG unterlagen ausländische Versicherungsunternehmen aus EU-/EWR-Staaten der deutschen Versicherungsaufsicht nur nach Maßgabe des § 110a Abs. 4 VAG aF, der insoweit nur auf § 12 Abs. 1, 4–5 VAG aF verwies (§ 110a Abs. 4 Nr. 2 VAG aF), aber nicht auf die zum Basistarif neu eingefügten §§ 12 Abs. 1a–1d, 12g VAG aF. Das GKV-WSG hatte keine Änderungen der §§ 110a ff. VAG aF vorgenommen. Dies konnte nicht auf einem Redaktionsversehen beruht haben. Das Regelungswerk zum Basistarif betrifft nämlich in weiten Teilen Fragen der **Finanzaufsicht**. Die Finanzaufsicht obliegt aber entsprechend den europarechtlichen Vorgaben (Art. 30 Abs. 1 RL 2009/138/EG) „allein der Aufsichtsbehörde des Herkunftsmitgliedstaats" (§ 110a Abs. 3 S. 1 VAG aF = § 62 Abs. 1 S. 1 VAG). Die Finanzaufsicht umfasst die gesamte Geschäftstätigkeit des Versicherungsunternehmens (Art. 30 Abs. 2 RL 2009/138/EG). Daraus folgt, dass die Aufsicht über den Basistarif nach § 12 Abs. 1a–1d VAG aF und über das Ausgleichssystem nach § 12g Abs. 2 VAG aF sich nicht auf ausländische Versicherungsunternehmen aus EU-/EWR-Staaten erstrecken konnte. Die Regelung der Finanzaufsicht unterliegt keinem Mitgliedstaatenwahlrecht. Ausländische Versicherungsunternehmen aus EU-/EWR-Staaten konnten damit vom deutschen Gesetzgeber weder verpflichtet noch berechtigt werden, dem System des Basistarifs beizutreten. Es gilt insoweit das gleiche wie für die Mitgliedschaft im Sicherungsfonds nach § 221 Abs. 1 VAG (→ Rn. 1369).[467]

1075   – Abweichend von § 110a Abs. 4 VAG aF verweist § 62 Abs. 1 Nr. 5 VAG nun auch auf Vorschriften über den Basistarif, allerdings lediglich auf § 152 Abs. 1–4 VAG. **Nicht verwiesen** wird auf § 152 Abs. 5 und § 154 sowie generell auf die Verordnungsermächtigung des § 160 VAG (§ 62 Abs. 1 Nr. 5 VAG). Nach der Gesetzesbegründung erfolgte dies „wegen der Neugliederung der Regelungen für die Krankenversicherung"; davon ausgenommen wurde „§ 152 Abs. 5, der die Finanzaufsicht betrifft"[468]. Diese schon im RegE 10. VAGÄndG enthaltene Begründung[469] ist nicht plausibel und führt nicht dazu, die Vorschriften über den Basistarif auf Versicherungsunternehmen mit Sitz im EU-/EWR-Ausland anzuwenden; denn der Basistarif kann nur entweder vollständig oder überhaupt nicht angewandt werden (→ Rn. 1076 ff.).

---

[467]   So zu § 124 Abs. 1 VAG aF: BVerwGE 139, 246 = VersR 2011, 781 Rn. 21 f.
[468]   Begr. zu Art. 1 § 62 Abs. 1 VAG RegE FinMoG, BT-Drs. 18/2956, 255.
[469]   Begr. zu Art. 1 § 57 VAG RegE 10. VAGÄndG, BT-Drs. 17/9342, 153.

– Die Vorschriften über den Basistarif bilden rechtlich eine **Systemeinheit,** deren sich gegenseitig 1076
   bedingende Merkmale bestehen aus
   – Brancheneinheitlichkeit (§§ 152 Abs. 1 S. 1, 158 Abs. 2 VAG),
   – Kontrahierungszwang (§ 152 Abs. 2 VAG),
   – Höchstbeitrag (§ 152 Abs. 3, 4 VAG),
   – brancheneinheitliche gemeinsame Kalkulation (§ 152 Abs. 5 VAG),
   – Risikoausgleich (§ 154 VAG).
– Eine **Teilanwendung** nur des § 152 Abs. 1–4 VAG auf ausländische Versicherungsunternehmen 1077
   aus dem EU-/EWR-Raum ohne die §§ 152 Abs. 5, 154, 158 Abs. 2 VAG ist rechtssystematisch
   und sachlich unmöglich:
   – Die Brancheneinheitlichkeit nach § 152 Abs. 1 VAG kann ohne Anwendung des § 158 Abs. 2
      VAG nicht hergestellt werden.
   – Die Höchstbeitragsgarantie nach § 152 Abs. 3, 4 VAG ist ohne Risikoausgleich nach § 154
      VAG versicherungstechnisch unmöglich.
– Damit kommt stets nur eine **Vollanwendung** der Vorschriften über den Basistarif in Betracht, 1078
   der die §§ 152 Abs. 5, 154, 158 Abs. 2 VAG einschließt. Weil diese Vorschriften aber zu einer
   unzulässigen Finanzaufsicht durch die BaFin führen würden, bleibt es bei der generellen Nichtanwendung der Vorschriften über den Basistarif auf ausländische Versicherungsunternehmen aus
   dem EU-/EWR-Raum. Die Verweisung auf § 152 Abs. 1–4 VAG in § 62 Abs. 1 Nr. 5 VAG ist
   insoweit unwirksam.
– Unionsrechtlich unbedenklich wäre es nur gewesen, wenn die Einzelheiten der brancheneinheitlichen Kalkulation unter Beachtung der von Art. 206 Abs. 2 RL 2009/138/EG erlaubten Kalkulationsvorschriften und wenn die Gestaltung des Risikoausgleichs den am Basistarif teilnehmenden 1079
   Versicherungsunternehmen bzw. dem PKV-Verband in Eigenverantwortung überlassen worden
   wären. Zwar sieht auch der **Standardtarif** für ältere Versicherte einen finanziellen Spitzenausgleich vor. Dessen Ausgestaltung ist jedoch einschließlich der Einzelheiten des Standardtarifs vom
   PKV-Verband mit der Aufsichtsbehörde lediglich „zu vereinbaren" (§ 257 Abs. 2b SGB V aF,
   § 403 Abs. 2 S. 1 SGB V nF). Das GKV-WSG verändert demgegenüber mit dem Basistarif die
   unionsrechtliche Qualität entscheidend, indem es den Basistarif einschließlich des Ausgleichssystems in vollem Umfang gesetzlich regelt und der vollen materiellen Versicherungsaufsicht unterwirft. Mit dieser Qualitätsänderung überschreitet der deutsche Gesetzgeber die vom Unionsrecht
   gezogenen zwingenden Grenzen.

Die gleichen Rechtsfragen in Bezug auf ausländische Versicherungsunternehmen stellen sich für die 1080
Mitgliedschaft im **Sicherungsfonds.** Auch dort gelten die §§ 221 ff. VAG nur für Versicherungsunternehmen mit Sitz im Inland und können ausländische Versicherungsunternehmen dem Sicherungsfonds auch nicht freiwillig beitreten (→ Rn. 1369).

b) Kontrahierungszwang. Der Kontrahierungszwang für den Basistarif in der Alternative der 1081
§ 152 Abs. 2 S. 1 Nr. 4 VAG, § 193 Abs. 5 S. 1 Nr. 4 VVG (→ Rn. 1044) bezieht sich auf Personen,
die nach dem 31.12.2008 bei einem **in Deutschland zum Geschäftsbetrieb zugelassenen Versicherungsunternehmen** ihre substitutive Krankenversicherung abgeschlossen haben. In der aufsichtsrechtlichen Begriffswelt ist ein Versicherungsunternehmen in Deutschland zum Geschäftsbetrieb zugelassen, wenn die deutsche Aufsichtsbehörde ihm die Erlaubnis zum Geschäftsbetrieb erteilt
hat (§§ 8 Abs. 1, 67 Abs. 1 S. 1 VAG). Ausländische Versicherungsunternehmen aus dem EU-/
EWR-Raum benötigen in Deutschland keine Zulassung zum Geschäftsbetrieb, sondern können
ohne Zulassung ihre Tätigkeit im freien Niederlassungs- und Dienstleistungsverkehr ausüben (§ 61
VAG). Damit stellt sich die Frage, ob ein Versicherungsunternehmen mit Sitz im EU-/EWR-
Ausland als ein iSd § 152 Abs. 2 S. 1 Nr. 4 VAG, § 193 Abs. 5 S. 1 Nr. 4 VVG in Deutschland zum
Geschäftsbetrieb zugelassenes Versicherungsunternehmen anzusehen ist.

Nach dem reinen **Wortsinn** wäre eine Auslegung denkbar, ausländische Versicherungsunternehmen aus EU-/EWR-Staaten, die in ihrem Herkunftsland zum Betrieb des Versicherungsgeschäfts 1082
zugelassen sind, auch als in Deutschland zum Geschäftsbetrieb zugelassene Versicherungsunternehmen iSd § 152 Abs. 2 S. 1 Nr. 4 VAG, § 193 Abs. 5 S. 1 Nr. 4 VVG anzusehen. Diese Auslegung
könnte sich darauf stützen, dass die Zulassung zum Geschäftsbetrieb durch den Herkunftsmitgliedstaat für die gesamte Union gilt (Art. 15 Abs. 1 S. 1 RL 2009/138/EG).[470]

Andererseits legt der **Sinnzusammenhang der Vorschriften** die gegenteilige Auslegung nahe, 1083
dass ausländische Versicherungsunternehmen aus EU-/EWR-Staaten – jedenfalls für die Anwendung der § 152 Abs. 2 S. 1 Nr. 4 VAG, § 193 Abs. 5 S. 1 Nr. 4 VVG – nicht als in Deutschland zum
Geschäftsbetrieb zugelassene Versicherungsunternehmen zu verstehen sind (→ Rn. 1070 ff.;

---

[470] *Both* VersR 2011, 302 (303).

→ Rn. 1099 ff.; → Rn. 1369). § 152 Abs. 2 VAG und § 193 Abs. 5 VVG beziehen sich nämlich nach ihrem ausdrücklichen Wortlaut auf solche Versicherungsunternehmen, die den Basistarif nach § 152 Abs. 1 VAG anzubieten haben, also auf Versicherungsunternehmen mit Sitz im Inland (→ Rn. 1070). § 152 Abs. 2 S. 1 Nr. 4 VAG und § 193 Abs. 5 S. 1 Nr. 4 VVG iVm § 204 Abs. 1 S. 1 Nr. 1 Hs. 5 VVG wiederum garantieren den Versicherten den Zugang zum Basistarif desjenigen Versicherungsunternehmens, bei dem sie die Krankheitskostenversicherung abgeschlossen haben; nur wenn die Krankheitskostenversicherung vor dem 1.1.2009 abgeschlossen wurde, können die Versicherungsnehmer den Basistarif unter Übertragung der kalkulierten Alterungsrückstellung bis zum 30.6.2009 auch bei „einem anderen" Versicherungsunternehmen abschließen (§ 152 Abs. 2 S. 2 VAG, § 193 Abs. 5 S. 2, § 204 Abs. 1 S. 1 Nr. 2 lit. b VVG). Nach diesen Vorschriften sind also für die nach dem 31.12.2008 abgeschlossenen Krankheitskostenversicherungen das Versicherungsunternehmen des Herkunftstarifs („in Deutschland zum Geschäftsbetrieb zugelassen") und dasjenige des Basistarifs als des Zieltarifs („mit Sitz im Inland") stets identisch. Das aber setzt für die Anwendung dieser Vorschriften zwingend auch Identität der Begriffe „in Deutschland zum Geschäftsbetrieb zugelassen" und „mit Sitz im Inland" voraus.

1084 Die dem Sinnzusammenhang folgende Auslegung (→ Rn. 1083) könnte auch erklären, weshalb das GKV-WSG mit seiner Wortwahl „in Deutschland zum Geschäftsbetrieb *zugelassenes* Versicherungsunternehmen" vom **Wortlaut anderer Gesetze** abweicht, die eine Versicherungspflicht mit Kontrahierungszwang unter Einbeziehung von Versicherungsunternehmen aus dem EU-/EWR-Ausland regeln; dann formuliert der Gesetzgeber nämlich üblicherweise „bei einem im Inland zum Geschäftsbetrieb *befugten* Versicherungsunternehmen".[471]

1085 **Kein Kontrahierungszwang** gilt danach für Personen, die in Deutschland bei einem ausländischen Versicherungsunternehmen aus EU-/EWR-Staaten substitutiv krankenversichert sind und die sich im Basistarif eines inländischen Versicherungsunternehmens versichern wollen.

1086 **4. Inländische Versicherungsunternehmen. a) Inländerdiskriminierung.** Wenn ausländische Versicherungsunternehmen im Wege der Niederlassungs- und Dienstleistungsfreiheit die substitutive Krankenversicherung in Deutschland betreiben können, ohne den Basistarif anbieten zu müssen (→ Rn. 1070 ff.), können sie ihre Krankenversicherungstarife frei von den Belastungen kalkulieren, die sich aus den umverteilungspolitisch motivierten Beitragsbegrenzungen und Umlagen des Basistarifs ergeben (→ Rn. 1049, 1063 f.). Die inländischen Versicherungsunternehmen müssen dagegen in ihre Krankenversicherungstarife die Mehraufwendungen einkalkulieren, die aufgrund der Beitragsbegrenzungen des Basistarifs entstehen. Dies führt zu einer **Ungleichbehandlung** von inländischen und ausländischen Versicherungsunternehmen.[472]

1087 **b) Kontrahierungszwang.** Wenn Personen, die in Deutschland bei einem ausländischen Versicherungsunternehmen aus EU-/EWR-Staaten substitutiv krankenversichert sind, sich im Basistarif eines inländischen Versicherungsunternehmens versichern wollen, gilt insoweit **kein Kontrahierungszwang** (→ Rn. 1081 ff.). Dagegen gilt Kontrahierungszwang, wenn Personen bei einem inländischen Versicherungsunternehmen substitutiv krankenversichert sind. Für diesen Unterschied gibt es keinen sachlich gerechtfertigten Grund. Er verstößt gleichfalls gegen den verfassungsrechtlichen Gleichheitssatz (Art. 3 Abs. 1 GG).

III. Versicherungspflicht und Kündigungsverbot

1088 **1. Gesetzliche Regelung. a) Versicherungspflicht.** Das GKV-WSG – und ihm inhaltsgleich folgend die VVG-Reform (Art. 11 Abs. 1 VVG-ReformG) – führte mit Wirkung ab 1.1.2009 eine **allgemeine Krankenversicherungspflicht in der PKV** ein (§ 193 Abs. 3 S. 1). Der Krankenversicherungspflicht unterliegen alle Personen, die nicht einen der Ausnahmetatbestände nach § 193 Abs. 3 S. 2 erfüllen. Danach erstreckt sich die Versicherungspflicht nicht auf Personen, die
– in der GKV versichert oder versicherungspflichtig sind,
– Anspruch auf freie Heilfürsorge, Beihilfe oder vergleichbare Leistungen haben im Umfang dieser Ansprüche,
– als Asylbewerber Leistungsansprüche haben,
– Empfänger laufender Leistungen nach dem SGB XII sind für die Dauer des Leistungsbezugs.

---

[471] Vgl. § 5 Abs. 1 PflVG, § 94 Abs. 1 S. 3 Nr. 1 AMG, § 17 Abs. 1 Nr. 4 BJagdG, § 6 Abs. 1 BewachV, § 2 Abs. 3 Nr. 1 MaBV, § 19a Abs. 1 S. 2 BNotO, § 51 Abs. 4 DVStB, § 19 Abs. 2 Nr. 1 UmweltHG, § 1 Abs. 2 WPBHV, § 51 Abs. 1 S. 2 BRAO, § 45 Abs. 1 S. 2 PatAnwO, § 1 Abs. 1 Eisenbahnhaftpflichtversicherungsverordnung, § 36 Abs. 2 S. 1 Nr. 1 GenTG.
[472] Ausf. *Boetius* VersR 2007, 431 (435 f.).

Die Versicherungspflicht in der PKV greift somit nur ein, wenn die Person weder in der GKV versichert ist noch „einem dritten Sicherungssystem" angehört.[473]

Die Versicherungspflicht besteht bei einem in **Deutschland zum Geschäftsbetrieb zugelassenen** Versicherungsunternehmen.

Wer von der Versicherungspflicht in der GKV ausgeschlossen ist, unterliegt nicht automatisch der Versicherungspflicht in der PKV; Versicherungspflichten in der GKV und in der PKV sind nicht vollständig komplementär. Für die finanzielle Absicherung des Krankheitsrisikos gibt es als 3. Säule noch die **Sozialhilfe,** die der Versicherungspflicht in GKV und PKV jeweils vorgelagert ist. Das ergibt sich aus § 193 Abs. 3 S. 2 Nr. 4. Diese Vorschrift erfasst über ihren Wortlaut hinaus auch solche Sozialhilfeempfänger, deren Leistungsbezug nach dem 1.1.2009 begonnen hat.[474] Auch Ausländer mit befristetem Aufenthaltstitel unterliegen weder in der GKV noch in der PKV der Krankenversicherungspflicht.[475]

Ein solcher Fall **fehlender Komplementarität** tritt nicht ein, wenn ein ursprünglich freiwillig in der GKV Versicherter dort seine Mitgliedschaft kündigt, anschließend in der PKV eine Krankheitskosten-Vollversicherung abschließt und der Versicherer diese wegen arglistiger Täuschung wirksam anficht. Diesem Versicherten ist dann zwar die Wiederaufnahme in der GKV verschlossen.[476] Jedoch kann er bei einem anderen Versicherer als dem, der den Vertrag angefochten hatte, den Abschluss im Basistarif verlangen (§ 193 Abs. 5 S. 1, 4 VVG).[477]

Es besteht Versicherungspflicht für eine **Krankheitskostenversicherung,** die mindestens Kostenerstattung für ambulante und stationäre Heilbehandlung umfasst und bei der eine vereinbarte absolute oder prozentuale Selbstbeteiligung für jede versicherte Person auf 5.000 EUR je Kalenderjahr begrenzt ist. Für Beihilfeberechtigte gilt ein dem prozentualen Beihilfetarif entsprechend reduzierter Selbstbehalt. Vor dem 1.4.2007 abgeschlossene Krankheitskostenversicherungen genügen in jedem Fall den Anforderungen an die Versicherungspflicht (§ 193 Abs. 3 S. 3).

Leistungen für **Zahnbehandlung und Zahnersatz** gehören nicht zum geforderten Mindestumfang der Krankheitskostenversicherung. Dies ergibt sich aus der gewählten Terminologie (→ Rn. 639), die unter „ambulanter Heilbehandlung" nicht die zahnärztliche Behandlung subsumiert (vgl. § 12 Abs. 1 S. 2 Nr. 1, 3 KVAV). Der Gesetzgeber hat bewusst die in der Versicherungswirtschaft seit Jahrzehnten eingeführte Begriffswelt und die in der KVAV definierten Leistungsbereiche mit ihrer Unterscheidung der Tarife für ambulante, stationäre und zahnärztliche Behandlung zugrunde gelegt.[478]

Folgt man dem bloßen Wortlaut von § 193 Abs. 3, so scheint diese Vorschrift an die Qualität der geforderten Krankheitskostenversicherung iÜ keine weiteren Anforderungen zu knüpfen. Das täuscht jedoch: Notwendig ist in jedem Fall, dass die Krankheitskostenversicherung die materiellen Voraussetzungen einer **substitutiven Krankenversicherung** iSv § 146 VAG erfüllt (→ Rn. 640),[479] die für den unselbständig Beschäftigten den Anspruch auf den Beitragszuschuss des Arbeitgebers begründet (→ Rn. 641). Dazu gehört ua, dass sie mit Alterungsrückstellung kalkuliert und das ordentliche Kündigungsrecht des Versicherers ausgeschlossen ist. An diesen Voraussetzungen sind insbesondere auch Krankenversicherungen zu messen, die bei zum Geschäftsbetrieb in Deutschland zugelassenen ausländischen Versicherern abgeschlossen werden.[480]

Die Erfüllung der Versicherungspflicht soll finanzielle **Sanktionen** sichern. Die Sanktion besteht in einem einmaligen Prämienzuschlag, dessen Höhe sich nach der Dauer der Nichtversicherung richtet (§ 193 Abs. 4). Weil nicht alle Personen ihrer Versicherungspflicht nachgekommen waren und der aufgelaufene Prämienzuschlag von diesen häufig nicht beglichen werden konnte, modifizierte das Gesetz zur Beseitigung sozialer Überforderung bei Beitragsschulden in der Krankenversicherung v. 15.7.2013 (BGBl. I S. 2423) die Sanktionsregelung. Danach kann der Prämienzuschlag nur noch verlangt werden, wenn der Vertragsabschluss nach dem 31.12.2013 beantragt wurde (§ 193 Abs. 4 S. 7).

b) Kündigungsverbot. Das Versicherungsunternehmen unterliegt hinsichtlich des in Erfüllung der Versicherungspflicht abgeschlossenen Krankenversicherungsvertrags einem **weitgehenden Kün-**

---
[473] BVerfGE 123, 186 = VersR 2009, 957 = NJW 2009, 2033 Rn. 14.
[474] BGH VersR 2014, 989; OLG Köln VersR 2014, 454; LG Berlin VersR 2014, 455; *Göbel/Köther* VersR 2014, 537 ff.
[475] LG Köln VersR 2017, 282 (283).
[476] BSG r+s 2017, 29 (Ls.) = BeckRS 2016, 7405 Rn. 24 ff.
[477] BGHZ 192, 67 Rn. 23 = VersR 2012, 304 = NJW 2012, 1365; BSG BeckRS 2016, 7405 Rn. 27.
[478] Bericht des Gesundheitsausschusses zu Art. 43 Nr. 1 (§ 178a Abs. 5 VVG) Fraktionsentwurf GKV-WSG, BT-Drs. 16/4247, 67.
[479] *Boetius* in Boetius/Rogler/Schäfer, Rechtshandbuch PKV, 2020, § 5 Rn. 28.
[480] Vgl. LG Nürnberg-Fürth r+s 2017, 311 und OLG Nürnberg r+2 2018, 79.

digungsverbot (§ 206 Abs. 1 S. 1). Außerordentliche Kündigungen wegen Prämienverzugs sind ausnahmslos ausgeschlossen, während solche wegen sonstiger schwerer Vertragsverletzungen nach § 314 BGB wie bisher möglich bleiben.[481]

1096 Im Falle eines trotz Mahnung andauernden **Prämienrückstands** zu einer der Versicherungspflicht genügenden Krankenversicherung tritt das Ruhen der Versicherung ein (§ 193 Abs. 6 S. 4). Die Versicherung ruht nicht bei Hilfebedürftigkeit des Versicherungsnehmers oder der versicherten Person (§ 193 Abs. 6 S. 5).

1097 Das **Ruhen der Versicherung** hat entgegen seinem Wortlaut nicht zur Folge, dass während der Ruhenszeit die Leistungspflicht des Versicherungsunternehmens ausgeschlossen ist. Sie besteht vielmehr durch Fortsetzung der Versicherung im Notlagentarif fort (§ 193 Abs. 7–10) und ist lediglich geringfügig beschränkt auf Aufwendungen, die „zur Behandlung von akuten Erkrankungen und Schmerzzuständen sowie bei Schwangerschaft und Mutterschaft erforderlich sind" (§ 153 Abs. 1 S. 2 VAG).

1098 Das Kündigungsverbot gilt nicht nur für die nach Inkrafttreten des GKV-WSG abgeschlossenen Krankenversicherungsverträge, sondern auch für alle bereits **bestehenden Krankheitskostenversicherungen**. Diese genügen nämlich der Erfüllung der Versicherungspflicht (§ 193 Abs. 3 S. 3) und werden damit vom Kündigungsverbot des § 206 Abs. 1 S. 1 erfasst.

1099 **2. Konsequenzen nach höherrangigem Recht. a) Versicherungspflicht.** Die in § 193 Abs. 3 S. 1 geregelte allgemeine Versicherungspflicht kann nur durch den Abschluss einer Krankheitskostenversicherung bei einem in **Deutschland zum Geschäftsbetrieb zugelassenen Versicherungsunternehmen** erfüllt werden. Auch hier stellt sich die Frage, ob hierunter nur inländische Versicherungsunternehmen oder auch ausländische Versicherungsunternehmen aus anderen EU-/EWR-Staaten zu verstehen sind (→ Rn. 1070 ff.; → Rn. 1081 ff.).

1100 Der Versicherungspflicht des Versicherungsnehmers entspricht ein **Kontrahierungszwang** des Versicherungsunternehmens. Den Kontrahierungszwang regeln die § 152 Abs. 2 S. 1 VAG, § 193 Abs. 5 S. 1 VVG dahingehend, dass das Versicherungsunternehmen zum Abschluss des Basistarifs nach § 152 Abs. 1 VAG verpflichtet ist. Den Basistarif nach § 152 Abs. 1 VAG kann nur ein Versicherungsunternehmen mit Sitz im Inland anbieten (→ Rn. 1070 ff.).

1101 Aus dem **systematischen Zusammenhang** der Vorschriften, die die Versicherungspflicht und den mit dieser korrespondierenden Kontrahierungszwang regeln, folgt, dass nur bei solchen Versicherungsunternehmen der Versicherungspflicht erfüllt werden kann, die auch dem Kontrahierungszwang im Basistarif unterliegen. Die im Dienstleistungsverkehr oder durch eine Niederlassung im Inland arbeitenden Versicherungsunternehmen aus dem EU-/EWR-Ausland erfüllen diese begriffliche Voraussetzung nicht (→ Rn. 1070 ff.; → Rn. 1081 ff.).[482]

1102 Versicherungsunternehmen aus dem EU-/EWR-Ausland sind mit ihrem Ausschluss vom Basistarif insoweit auch von der substitutiven Krankenversicherung für diejenigen Personen ausgeschlossen, die versicherungspflichtig sind und ihre Versicherungspflicht durch Abschluss des Basistarifs erfüllen wollen. Dies sind vor allem die unselbständig Beschäftigten, die selbständig Beschäftigten und die Beihilfeberechtigten außerhalb ihres Beihilfeanspruchs. Für die in der GKV Versicherten besteht dagegen keine Versicherungspflicht (§ 193 Abs. 3 S. 2 Nr. 1). Der Ausschluss vom Markt der unselbständig und der selbständig Beschäftigten sowie der Beihilfeberechtigten führt zur **Ausländerdiskriminierung**, die gegen die Dienstleistungs- und Niederlassungsfreiheit des europäischen Unionsrechts verstößt.[483]

1103 **b) Kündigungsverbot.** Das für den Fall des Prämienverzugs geltende **absolute Kündigungsverbot** nach § 206 Abs. 1 S. 1 gilt für alle Krankenversicherungen, die der Erfüllung der Versicherungspflicht dienen. Zwar sieht § 110 Abs. 4 SGB XI für die private Pflege-Pflichtversicherung (PPV) gleichfalls einen allgemeinen Kündigungsausschluss vor. Indessen handelt es sich bei der PPV – wie im Falle des Basistarifs – um einen brancheneinheitlichen Versicherungsschutz mit einem unternehmensübergreifenden Risikoausgleich (§ 111 SGB XI), der auch das Risiko grober Vertragsverstöße des Versicherungsnehmers auf alle Versicherungsunternehmen und deren Versicherungsnehmer verteilt. § 206 Abs. 1 S. 1 beschränkt das Kündigungsverbot aber nicht auf den insoweit vergleichbaren Basistarif, sondern erstreckt es auf jeden anderen Tarif der Krankenversicherung, den

---

[481] BGH VersR 2012, 219 = NJW 2012, 376; BGHZ 192, 67 = VersR 2012, 304 = NJW 2012, 1365; *Boetius* VVG § 206 Rn. 90 ff.; anders noch → 1. Aufl. 2011, Vor § 192 Rn. 978, 986 ff.; *Boetius* VersR 2007, 431 (436).

[482] Für die Mitgliedschaft im Sicherungsfonds nach § 124 Abs. 1 VAG aF = § 221 VAG (→ Rn. 1369): BVerwGE 139, 246 = VersR 2011, 781 Rn. 21 f.; aM *Both* VersR 2011, 302 (303).

[483] *Boetius* VersR 2007, 431 (434 ff.).

das Versicherungsunternehmen im freien Wettbewerb ohne unternehmensübergreifenden Risikoausgleich zur Erfüllung der Versicherungspflicht anbietet.

Das Kündigungsverbot war im ursprünglichen Fraktionsentwurf des GKV-WSG nicht vorgesehen, sondern wurde erst während der parlamentarischen Beratungen eingefügt. Der federführende Gesundheitsausschuss führte zur **Begründung** an,[484] das Versicherungsunternehmen werde ua deswegen nur gering belastet, weil der Leistungsanspruch des Versicherten nach § 178a Abs. 8 VVG aF weitgehend ruhe. Diese Begründung ging an der vom GKV-WSG geschaffenen Rechtslage vorbei.[485]

Der Gesundheitsausschuss verfolgte mit dem Kündigungsverbot ausweislich der von ihm gegebenen Begründung einen anderen Zweck, nämlich letztlich nur den **Erhalt der Alterungsrückstellung**.[486] Um diesen Zweck zu erfüllen, war es erforderlich, bei dauerhaftem Prämienverzug den Versicherungsschutz – und sei es nur teilweise – aufrechtzuerhalten.[487]

Das für den Fall des Prämienverzugs geltende absolute Kündigungsverbot steht auch im Widerspruch zur **Rspr. des BVerfG**. Das BVerfG hatte zur Verfassungsmäßigkeit der Liefersperre von Stromversorgungsunternehmen festgestellt, dass die Sozialbindung des Eigentums nicht dazu führe, Strom „ohne jede Einschränkung, also auch bei Zahlungsverzug zur Verfügung zu stellen". Die Liefersperre sei zur Ausübung des Zurückbehaltungsrechts notwendig. Aus dem Sozialstaatsprinzip (Art. 20 Abs. 1 GG) könne kein Anspruch auf uneingeschränkte Lieferung von Strom hergeleitet werden. Vielmehr verlange das Sozialstaatsprinzip in einem solchen Fall, dass die staatlichen Sozialleistungen und -hilfen „für die Erfüllung der finanziellen Verpflichtungen aus dem Energielieferungsvertrag einzusetzen" sind.[488]

Diese zu einer Leistung der **Daseinsvorsorge** entwickelten Grundsätze gelten in gleichem Maße für andere lebensnotwendige Leistungen wie die Krankenversicherung.[489]

IV. Übertragung der Alterungsrückstellung

1. Gesetzliche Regelung. a) Versichererwechsel. Wenn der Versicherungsnehmer einen **nach dem 1.1.2009** abgeschlossenen Krankenversicherungsvertrag kündigt und gleichzeitig bei einem anderen Versicherungsunternehmen einen substitutive Krankenversicherungsvertrag abschließt, muss die kalkulierte Alterungsrückstellung in Höhe eines am Basistarif orientierten fiktiven Werts vom bisherigen Versicherungsunternehmen auf das neue Versicherungsunternehmen übertragen werden (§ 146 Abs. 1 Nr. 5 VAG, § 204 Abs. 1 S. 1 Nr. 2 lit. a VVG).

Im Fall der Kündigung eines **vor dem 1.1.2009** abgeschlossenen Krankenversicherungsvertrags musste die kalkulierte Alterungsrückstellung in Höhe eines am Basistarif orientierten fiktiven Werts vom bisherigen Versicherungsunternehmen auf das neue Versicherungsunternehmen nur dann übertragen werden, wenn vor dem 1.7.2009 die Kündigung beim bisherigen Versicherungsunternehmen erfolgte und beim neuen Versicherungsunternehmen der Basistarif abgeschlossen worden war (§ 152 Abs. 2 S. 2 VAG, § 204 Abs. 1 S. 1 Nr. 2 lit. b VVG).

b) Ergänzungsversicherung. Wenn der Versicherungsnehmer aus einem Krankenversicherungsvertrag (Herkunftstarif), der höhere oder umfassendere Leistungen als der Basistarif vorsieht, in den Basistarif wechselt, kann er vom Versicherungsunternehmen des Herkunftstarifs einen **Zusatztarif** verlangen, in dem die über den Basistarif hinausgehende Alterungsrückstellung anzurechnen ist (§ 204 Abs. 1 S. 2).

2. Konsequenzen nach höherrangigem Recht. a) Versichererwechsel. Nach § 204 Abs. 1 S. 1 Nr. 2 soll die **kalkulierte Alterungsrückstellung** in Höhe eines am Basistarif orientierten fiktiven Werts bei einem Wechsel des Versicherers auf das neue Versicherungsunternehmen übertragen werden (→ Rn. 945, 948 ff.). Die Übertragung der kalkulierten Alterungsrückstellung beim Wechsel des Versicherungsunternehmens zerstört die Versichertenkollektive.[490] Wenn ein Versicherungsnehmer zu einem anderen Versicherungsunternehmen in allgemeine Tarife der substitutiven Krankenversicherung wechseln will, besteht kein Kontrahierungszwang des anderen Versicherungsunternehmens. Der wechselnde Versicherungsnehmer unterliegt einer Gesundheitsprüfung, so

---

[484] Bericht des Gesundheitsausschusses zu Art. 43 Nr. 7 (§ 178i VVG) Fraktionsentwurf GKV-WSG, BT-Drs. 16/4247, 68.
[485] Ausf. *Boetius* VersR 2007, 431 (436).
[486] Bericht des Gesundheitsausschusses zu Art. 43 Nr. 7 (§ 178i VVG) Fraktionsentwurf GKV-WSG, BT-Drs. 16/4247, 68.
[487] Ausf. *Boetius* VersR 2007, 431 (436).
[488] BVerfG NJW 1982, 1511 f.
[489] Ausf. *Boetius* VersR 2007, 431 (436).
[490] Ausf. *Boetius* VersR 2001, 661 (668 ff.).

dass für einen Wechsel nur gesunde Risiken in Betracht kommen. Die kalkulierte Alterungsrückstellung ist ein bloßer Durchschnittswert. Der durchschnittliche Wert der Alterungsrückstellung ist aber für den gesunden Versicherungsnehmer stets zu hoch[491] und für den kranken Versicherungsnehmer stets zu niedrig. Die Übertragung der kalkulierten Alterungsrückstellung führt daher zu einer systematischen Entmischung der Versichertenkollektive.[492]

1112   Die Übertragung der kalkulierten Alterungsrückstellung bei einem Versichererwechsel verstößt in mehrfacher Hinsicht gegen **Europarecht**.[493]

1113   Die Übertragung der kalkulierten Alterungsrückstellung bei einem Versichererwechsel verstößt darüber hinaus auch gegen deutsches **Verfassungsrecht**:

1114   – In seiner Entscheidung zur Bestandsübertragung von Lebensversicherungsverträgen hat das **BVerfG** das Eigentumsgrundrecht aus Art. 14 Abs. 1 GG auf wirtschaftliche Positionen ausgeweitet, die sich noch nicht zu zivilrechtlichen Individualansprüchen verdichtet haben, aber „als gesetzlich programmiertes werdendes Eigentum schon vom Schutzbereich des Art. 14 Abs. 1 GG erfasst" werden (→ Rn. 874). Diese vom BVerfG für die Lebensversicherung entwickelten Grundsätze gelten unmittelbar auch für die substitutive Krankenversicherung; denn sie muss *nach Art der Lebensversicherung* betrieben werden.[494]

1115   – Für den grundrechtlichen Eigentumsschutz nach Art. 14 Abs. 1 GG hat das BVerfG stets den **Unterschied zur Sozialversicherung** hervorgehoben. In Anwartschaften der gesetzlichen Rentenversicherung kann der Gesetzgeber eingreifen, weil es „im Unterschied zum Privatversicherungsverhältnis von Anfang an nicht auf dem reinen Versicherungsprinzip, sondern wesentlich auch auf dem Gedanken der Solidarität und des sozialen Ausgleichs beruht".[495] In Anwartschaften, die durch ein Privatversicherungsverhältnis begründet sind, kann der Gesetzgeber folglich nicht eingreifen.

1116   – Selbst in der gesetzlichen Rentenversicherung verengt sich die Gestaltungsfreiheit des Gesetzgebers in dem Maß, in dem Rentenanwartschaften durch den personalen **Anteil eigener Leistungen,** dh Beitragszahlungen der Versicherten geprägt sind, so dass durch eigene Leistungen des Versicherten begründete Anwartschaften einen höheren Schutz gegen staatliche Eingriffe genießen als Anwartschaften, die nicht auf Beitragsleistungen beruhen.[496] Auch dieser Aspekt steht einer Übertragung der Alterungsrückstellung zusätzlich entgegen; denn sie gründet sich ausschließlich auf die Beitragszahlungen der Versicherten.

1117   – Die Entwertung der durchschnittlichen Alterungsrückstellung verletzt zugleich den Grundsatz der **dauernden Erfüllbarkeit** der Verträge (→ Rn. 992 f.). Im Bereich der substitutiven Krankenversicherung handelt es sich bei diesem Grundsatz um ein „Schutzgut von erhöhter Bedeutung".[497]

1118   – Ein weiterer Verfassungsverstoß ergibt sich aus der Verletzung des **Verhältnismäßigkeitsprinzips**. Weil der Gesetzgeber eine Lösung gewählt hat, die nach einhelliger Überzeugung aller Experten und Sachverständigengremien die Funktionsfähigkeit der PKV zerstört und damit durch keine sachliche Erwägung gerechtfertigt werden kann, ist diese Lösung willkürlich und verstößt gegen den Grundsatz der Verhältnismäßigkeit (→ Rn. 968).

1119   In seiner **Entscheidung zum GKV-WSG** v. 10.6.2009 (→ Rn. 892) ist das BVerfG von der Verfassungsmäßigkeit der Übertragung der Alterungsrückstellung ausgegangen, weil es der Alterungsrückstellung – im Gegensatz zum Rückkaufswert und zur Überschussbeteiligung und damit zur Deckungsrückstellung in der Lebensversicherung – die Eigentumsqualität absprach. Dabei ließ sich das BVerfG maßgeblich von versicherungstechnischen und rechtlichen Annahmen leiten, die sachlich nicht zutreffen. Insbesondere untersuchte das BVerfG nicht die verschiedenen Bestandteile der Alterungsrückstellung darauf hin, welche Rechtspositionen sie dem Versicherungsnehmer einräumen. Weil die Feststellung einer vermögenswerten Rechtsposition eine den ordentlichen Gerichten vorbehaltene Frage des Zivilrechts ist, entfaltet die Entscheidung des BVerfG insoweit keine Bindungswirkung (→ Rn. 892 ff.).

1120   **b) Ergänzungsversicherung.** Beim **Wechsel aus einem Hochleistungstarif** – dh einem Tarif mit höheren oder umfasenderen Leistungen, als sie der Basistarif vorsieht – (Herkunftstarif) in den Basistarif soll der Versicherungsnehmer vom Versicherungsunternehmen des Herkunftstarifs die Vereinbarung eines Zusatztarifs verlangen können, auf den Teile der Alterungsrückstellung des

---

[491] BGH VersR 2006, 1072 (1073 li. Sp.).
[492] Ausf. *Boetius* VersR 2007, 431 (437).
[493] Ausf. *Boetius* VersR 2007, 431 (437 f.).
[494] Ausf. *Boetius* VersR 2007, 431 (438).
[495] BVerfGE 117, 272 = NJW 2007, 1577 (1578).
[496] BVerfGE 117, 272 = NJW 2007, 1577 (1578).
[497] BVerwGE 109, 87 = VersR 1999, 1001 (1003).

Herkunftstarifs zu übertragen sind (→ Rn. 1110). Dies setzt eine Verpflichtung des Versicherungsunternehmens voraus, entsprechende Zusatztarife zu führen. Eine solche Verpflichtung kann im System des deutschen Versicherungsrechts nur aufsichtsrechtlich begründet werden. Eine aufsichtsrechtliche Verpflichtung zur Führung solcher Zusatztarife begründet das GKV-WSG jedoch nicht. Die Vorschrift des § 204 Abs. 1 S. 2 verstößt daher gegen den verfassungsrechtlichen Grundsatz der Widerspruchsfreiheit von Gesetzen und führt inhaltlich ins Leere.[498]

V. Arbeitgeberzuschuss

1. Gesetzliche Regelung. Schon bisher war die Zahlung des Arbeitgeberzuschusses für eine private substitutive Krankenversicherung eines Arbeitnehmers an die Voraussetzung geknüpft, dass das Versicherungsunternehmen den brancheneinheitlichen **Standardtarif** für ältere Versicherte anbietet (§ 257 Abs. 2a S. 1 Nr. 2 SGB V aF). 1121

Das GKV-WSG ersetzte den Standardtarif durch den neuen **Basistarif**. Dementsprechend wird der Arbeitgeberzuschuss seit 1.1.2009 für eine private substitutive Krankenversicherung ua nur dann gezahlt, wenn das Versicherungsunternehmen 1122
– einen Basistarif iSd § 152 Abs. 1 VAG anbietet (§ 257 Abs. 2a S. 1 Nr. 2 SGB V nF),
– die Krankenversicherung nicht zusammen mit anderen Versicherungssparten betreibt (Grundsatz der Spartentrennung), sofern das Versicherungsunternehmen seinen Sitz im Geltungsbereich dieses Gesetzes hat (§ 257 Abs. 2a S. 1 Nr. 6 SGB V nF).

Indem § 257 Abs. 2a S. 1 Nr. 2 SGB V nF das Angebot des Basistarifs zur Voraussetzung für den Arbeitgeberzuschuss einer substitutiven Krankenversicherung macht, formuliert das SGB V etwas, was schon das VAG von allen inländischen Versicherungsunternehmen verlangt (§ 152 Abs. 1 VAG). Diese vom GKV-WSG geschaffene **Redundanz** beweist nicht nur ein weiteres Mal das Fehlen von Systematik (→ Rn. 1029, 1048), sondern hat darüber hinaus die rechtliche Konsequenz, dass § 257 Abs. 2a S. 1 Nr. 2 SGB V nF *wegen* seiner Bezugnahme auf die VAG-Regelung gegen europäisches Unionsrecht verstößt (→ Rn. 1126 ff.). Wenn das GKV-WSG sich darauf beschränkt hätte, die Pflicht zum Angebot des Basistarifs nur im VAG zu regeln, wären Versicherungsunternehmen aus dem EU-/EWR-Ausland nicht von der substitutiven Krankenversicherung für Arbeitnehmer ausgeschlossen worden. Der Gesetzgeber des GKV-WSG hat übersehen, dass die für den bisherigen Standardtarif geltende vergleichbare Vorgängerregelung nur im SGB V und nicht auch im VAG geregelt war und damit keine ausdrückliche Beschränkung auf inländische Versicherungsunternehmen enthielt. 1123

2. Konsequenzen nach höherrangigem Recht. a) Spartentrennung. Ausländische **Versicherungsunternehmen mit Sitz in einem EU-/EWR-Staat** können das Direktversicherungsgeschäft im Inland durch eine Niederlassung oder im Dienstleistungsverkehr betreiben, ohne zum Geschäftsbetrieb im Inland gesondert zugelassen zu sein (§ 61 VAG). Der Betrieb der substitutiven Krankenversicherung erfordert über die Angaben hinaus, die allgemein bei Aufnahme der grenzüberschreitenden Geschäftstätigkeit zu machen sind, lediglich die Einreichung der AVB bei der BaFin (§ 61 Abs. 4 VAG). 1124

Der **Arbeitgeberzuschuss** nach § 257 Abs. 2 SGB V nF muss grds. auch für eine substitutive Krankenversicherung gezahlt werden, die ein ausländisches Versicherungsunternehmen mit Sitz in einem EU-/EWR-Staat anbietet. Dies ergibt sich im Umkehrschluss aus § 257 Abs. 2a S. 1 Nr. 6 SGB V nF, wonach die zusätzliche Voraussetzung der Spartentrennung nur für Versicherungsunternehmen mit Sitz im Inland gilt. Diese Vorschrift hatte ihre jetzige Fassung durch den am 1.7.2002 in Kraft getretenen Art. 7 HZvNG erhalten und war die Reaktion auf eine vor dem EuGH erhobene Klage der EG-Kommission gegen die Bundesrepublik Deutschland wegen Verletzung der Dritten SchadenRL gewesen. Die Klage hatte sich darauf gestützt, dass den Versicherungsunternehmen aus der EU der Zugang zum deutschen Markt der substitutiven Krankenversicherung verschlossen werde (→ Rn. 472). 1125

b) Basistarif. Die weitere Voraussetzung für die Zahlung des Arbeitgeberzuschusses, dass das Versicherungsunternehmen einen Basistarif iSd § 152 Abs. 1 VAG anbietet, kann das **ausländische Versicherungsunternehmen** dagegen nicht erfüllen: Die Verpflichtung zur Einführung des Basistarifs gilt nach dem ausdrücklichen Wortlaut des § 152 Abs. 1 VAG nur für Versicherungsunternehmen mit Sitz im Inland. Auch ein freiwilliger Beitritt zu diesem Basistarifsystem kommt nicht in Betracht, weil damit die Finanzaufsicht durch die BaFin verbunden wäre, was unionsrechtlich unzulässig ist (→ Rn. 1073). Auch ein vom ausländischen Versicherungsunternehmen freiwillig angebotener 1126

---
[498] Ausf. *Boetius* VersR 2007, 431 (438).

„Quasi-Basistarif" würde nicht ausreichen; denn dies wäre kein „Basistarif iSd § 152 Abs. 1 VAG", was § 257 Abs. 2a S. 1 Nr. 2 SGB V nF voraussetzt.

1127 Weil ausländische Versicherungsunternehmen aus EU-/EWR-Staaten den für inländische Versicherungsunternehmen obligatorischen Basistarif nicht anbieten können, können nach dem Wortlaut des § 257 Abs. 2a S. 1 Nr. 2 SGB V nF bei diesen ausländischen Versicherungsunternehmen substitutiv Krankenversicherte den Arbeitgeberzuschuss nicht beanspruchen. Dies würde dazu führen, dass ausländische Versicherungsunternehmen im Markt der substitutiven Krankenversicherung für unselbständig Beschäftigte keine Absatzchance hätten. Das führt zu einer drastischen Beschränkung der Niederlassungs- und Dienstleistungsfreiheit und zu einer europarechtlich verbotenen **Ausländerdiskriminierung**.[499]

1128 c) **Verfassungsverstoß**. Während die Vorschrift zur Spartentrennung (→ Rn. 1124 f.) den EU-ausländischen Versicherungsunternehmen den Zugang zum Markt der substitutiven Krankenversicherung öffnet, verschließt die Vorschrift zum Basistarif den Zugang wieder (→ Rn. 1126 f.). Das verstößt gegen den verfassungsrechtlichen Grundsatz der Widerspruchsfreiheit von Gesetzen.[500] Im Verhältnis der widersprüchlichen Vorschriften des § 257 Abs. 2a S. 1 Nr. 2, 6 SGB V nF hat die Nr. 6 den Vorrang, weil diese Vorschrift älter ist und aufgrund des höherrangigen Europarechts eingefügt worden war. Damit ist § 257 Abs. 2a S. 1 Nr. 2 SGB V nF auf EU-ausländische Versicherungsunternehmen nicht anwendbar. Dies wiederum führt zu einer gegen Art. 3 Abs. 1 GG verstoßenden Inländerdiskriminierung.[501]

VI. Bundesverfassungsgericht

1129 Das BVerfG hatte mit Urteil v. 10.6.2009 (→ Rn. 892) die gegen die Gesundheitsreform eingelegten **Verfassungsbeschwerden** zurückgewiesen. Die Eckpunkte der Entscheidung lauten:[502]

1130 – Der **Basistarif** mit seinen Kalkulationsbeschränkungen beeinträchtigt die Berufsausübung der PKV-Unternehmen nicht schwerwiegend. Denn er ist aufgrund seiner hohen Prämie und eingeschränkten Leistungen so unattraktiv, dass sich nur wenige in ihm versichern werden.[503]

1131 – Das **absolute Kündigungsverbot** für Krankheitskosten-Vollversicherungen ist natürliche Konsequenz der Versicherungspflicht in der PKV und gibt deren Versicherten die gleiche Absicherung wie in der GKV.[504]

1132 – Die **Übertragung der Alterungsrückstellungen** beim Versichererwechsel gefährdet die PKV-Unternehmen nicht, weil nicht die volle Alterungsrückstellung übertragen wird, sondern nur der dem Basistarif entsprechende Teil. Die PKV-Unternehmen werden angehalten, sich mehr um ihre Bestandskunden zu kümmern. Verstärkte Kundenorientierung und Wettbewerb werden zumutbar gefördert.[505]

1133 – Die dreijährige **Wechselsperre** für den Übertritt von der GKV in die PKV ist zulässig, weil sie den Kreis der Pflichtversicherten nicht auf Dauer erweitert. Das Überschreiten der Versicherungspflichtgrenze darf von einer gewissen Dauerhaftigkeit abhängig gemacht werden.[506]

1134 In einem weiteren Beschluss v. 10.6.2009[507] entschied das BVerfG, dass bei **kleineren VVaG** der Kontrahierungszwang im Basistarif in verfassungskonformer Auslegung nur gegenüber Antragstellern aus ihrem nach der Satzung vorgesehenen Mitgliederkreis bestehe. Der Tenor dieser Entscheidung hat Gesetzeskraft (BGBl. 2009 I S. 2127).

1135 Im Mittelpunkt der Entscheidung stehen die Anerkennung des aus GKV und PKV bestehenden **dualen Krankenversicherungssystems** und der neue Begriff der **Vollfunktionalität der PKV**.[508] Das BVerfG charakterisiert die Krankenversicherung als Volksversicherung, die aus „zwei Versicherungssäulen" besteht.[509] Der Gesetzgeber will die Versicherungssysteme von GKV und PKV „dauerhaft voneinander abgrenzen" und „das duale Krankenversicherungssystem erhalten und stärken; dabei soll auch die private Säule zur Vollfunktionalität gelangen" und ihre Versicherten in gleicher Weise wie die GKV „umfassend, rechtssicher und dauerhaft absichern".[510] Dem dient ua das absolute

---

[499] Ausf. *Boetius* VersR 2007, 431 (439).
[500] Ausf. *Boetius*, Münsteraner Reihe Heft 109, 2008, S. 28 f.
[501] *Boetius*, Münsteraner Reihe Heft 109, 2008, S. 29.
[502] *Sodan* in Sodan KrankenVersR-HdB § 2 Rn. 75 ff.
[503] BVerfGE 123, 186 = VersR 2009, 957 = NJW 2009, 2033 Rn. 161–187.
[504] BVerfGE 123, 186 = VersR 2009, 957 = NJW 2009, 2033 Rn. 188–190.
[505] BVerfGE 123, 186 = VersR 2009, 957 = NJW 2009, 2033 Rn. 196–224.
[506] BVerfGE 123, 186 = VersR 2009, 957 = NJW 2009, 2033 Rn. 225–237.
[507] BVerfG VersR 2009, 1057.
[508] BVerfGE 123, 186 = VersR 2009, 957 = NJW 2009, 2033 Rn. 187, 190, 194.
[509] BVerfGE 123, 186 = VersR 2009, 957 = NJW 2009, 2033 Rn. 175.
[510] BVerfGE 123, 186 = VersR 2009, 957 = NJW 2009, 2033 Rn. 190.

Kündigungsverbot, das der BGH später allerdings relativiert hat (→ Rn. 447). Ebenso ist die Notversorgung im Fall des Zahlungsverzugs nach § 193 Abs. 6 S. 6 VVG aF (= § 193 Abs. 7 S. 1 VVG, § 153 Abs. 1 S. 2 VAG) eine Konsequenz der Vollfunktionalität der PKV.[511] Die Öffnung des Basistarifs für in der GKV zur freiwilligen Krankenversicherung berechtigte Personen ist ua deshalb gerechtfertigt, weil sie „den dualen Aufbau der Krankenversicherung aus gesetzlichen und privaten Trägern festigt und die Lasten zwischen ihnen gerecht verteilt".[512] Die Vollfunktionalität der PKV im dualen Krankenversicherungssystem bildet mit dieser Entscheidung des BVerfG die verfassungsrechtliche Grundlage für ihr Existenzrecht und für ihr Geschäftsmodell der Krankheitskosten-Vollversicherung. Der Grundsatz der Vollfunktionalität erweitert die rechtlichen Systemvorgaben der PKV (→ Rn. 732 ff.) mit konkreten Konsequenzen für die Gesetzesanwendung zB im Bereich der Bedingungsanpassung (→ § 203 Rn. 955 f.; → § 203 Rn. 1015 ff.).

Zum **Basistarif** lässt sich das BVerfG vor allem von der Feststellung leiten, es könne „jedenfalls derzeit ausgeschlossen werden, dass viele Versicherte in den Basistarif wechseln werden".[513] Es sei nicht erkennbar, dass der Gesetzgeber bei seiner Prognose der Auswirkungen auf die PKV von unvertretbaren Annahmen ausgegangen wäre. Wenn sich diese Annahmen allerdings später als Irrtum erwiesen, wäre der Gesetzgeber ggf. „zur Korrektur verpflichtet".[514] Verfassungsrechtlich problematisch kann es sein, wenn der Basistarif aufgrund gesetzlicher Vorgaben im Vergleich zu den Normaltarifen der PKV für eine große Kundenzahl attraktiv würde, jedoch nicht kostendeckend wäre. Wenn dann „der Basistarif wegen eines veränderten Preis-Leistungs-Verhältnisses einen Wechsel von den Normaltarifen in den Basistarif in großem Umfang auslösen" würde, stellte sich die Frage eines Grundrechtsverstoßes erneut „und auf anderer Faktengrundlage".[515] Insgesamt ist der Basistarif eine „zulässige, sozialstaatliche Indienstnahme" der PKV zum gemeinen Wohl, deren Zweck in der Vollfunktionalität der PKV für alle ihr zugewiesenen Versicherten liegt.[516] **1136**

In der **Alterungsrückstellung** sieht das BVerfG kein individuelles Eigentumsrecht (→ Rn. 892 ff.), weil es sich nicht um einen individuellen Sparvorgang handelt, sondern um einen auf kollektiver Risikokalkulation beruhenden Posten, so dass das Eigentumsgrundrecht nicht berührt ist.[517] Die Portabilität der Alterungsrückstellung ist kein unzumutbarer Eingriff, weil beim Versichererwechsel nicht die volle kalkulierte Alterungsrückstellung übertragen wird und deshalb die Auswirkungen auf die Risikoselektion vertretbar sind. Der Wettbewerb zwischen den Versicherungsunternehmen werde „auf verträgliche Weise gefördert".[518] Das Gericht argumentiert letztlich rechtspolitisch, wenn es feststellt, dass die Neuregelung mehr Kundenorientierung fördert, „zu mehr Vertragsparität" führt und „die Selbstbestimmung der gegenüber den Versicherern strukturell benachteiligten" Versicherungsnehmer in einer den Versicherungsunternehmen zumutbaren Weise stärkt.[519] Auf der anderen Seite betont das Gericht, dass die dauerhafte Erfüllbarkeit der Krankenversicherungsverträge jedenfalls im Grundsatz voraussetzt, dass sich unter den Versicherungsnehmern „in ausreichendem Maße solche mit guten Risiken befinden".[520] **1137**

Zur dreijährigen **Wechselsperre** lässt sich das BVerfG davon leiten, dass die Versicherungspflichtgrenze nicht weiter angehoben und der Kreis der Pflichtversicherten nicht auf Dauer erweitert wurde. Eine „gewisse zeitliche Ausweitung des Solidarausgleichs" zwischen GKV-Mitgliedern mit höherem und niedrigerem Einkommen sei gerechtfertigt.[521] **1138**

Das BVerfG versieht seine Entscheidung mit einer alles umfassenden Klammer: Den Gesetzgeber trifft eine **Beobachtungspflicht,** weil die Vorschriften über den Basistarif, die Portabilität und die Wechselsperre zu „Prämiensteigerungen für Versicherte in den Normaltarifen und dadurch zu erheblichen Wechselbewegungen in den Basistarif mit seinen begrenzten Prämien führen" können. „Der Vorteil der Versicherungsnehmer im Basistarif könnte zum Nachteil der übrigen Versicherungsnehmer in den Normaltarifen werden". Das könnte eine „Auszehrung des eigentlichen Hauptgeschäfts" der PKV bewirken. Wenn der Gesetzgeber der PKV die Aufgabe zuweist, „im Rahmen eines privatwirtschaftlich organisierten Marktes für den bei ihr versicherten Personenkreis einen Basisschutz bereitzustellen, muss er auch im Interesse der Versicherten darauf achten, dass dies keine unzumutbaren Folgen" für Versicherungsunternehmen und Versicherte hat.[522] **1139**

---

[511] BVerfGE 123, 186 = VersR 2009, 957 = NJW 2009, 2033 Rn. 194.
[512] BVerfGE 123, 186 = VersR 2009, 957 = NJW 2009, 2033 Rn. 178.
[513] BVerfGE 123, 186 = VersR 2009, 957 = NJW 2009, 2033 Rn. 168.
[514] BVerfGE 123, 186 = VersR 2009, 957 = NJW 2009, 2033 Rn. 170.
[515] BVerfGE 123, 186 = VersR 2009, 957 = NJW 2009, 2033 Rn. 186.
[516] BVerfGE 123, 186 = VersR 2009, 957 = NJW 2009, 2033 Rn. 187.
[517] BVerfGE 123, 186 = VersR 2009, 957 = NJW 2009, 2033 Rn. 202.
[518] BVerfGE 123, 186 = VersR 2009, 957 = NJW 2009, 2033 Rn. 206.
[519] BVerfGE 123, 186 = VersR 2009, 957 = NJW 2009, 2033 Rn. 210.
[520] BVerfGE 123, 186 = VersR 2009, 957 = NJW 2009, 2033 Rn. 207.
[521] BVerfGE 123, 186 = VersR 2009, 957 = NJW 2009, 2033 Rn. 231.
[522] BVerfGE 123, 186 = VersR 2009, 957 = NJW 2009, 2033 Rn. 241.

M. Brancheneinheitliche Produkte der Kranken- und Pflegeversicherung

I. Überblick

1140 **1. Grundsatz.** Es gehört zu den **Grundsätzen der Individualversicherung**, dass jedes Versicherungsunternehmen seine Versicherungsprodukte selbständig entwickelt, kalkuliert und anbietet. Versicherungsprodukte, die für unterschiedliche und konzernmäßig nicht verbundene Versicherungsunternehmen einheitliche Leistungsinhalte und Beiträge vorsehen, widersprechen dem heutigen Selbstverständnis der Individualversicherung und sind als kartellrechtswidrige Wettbewerbsbeschränkung unzulässig. Von diesem Grundsatz gibt es einige durch Gesetz ausdrücklich geregelte Ausnahmen. Solche Ausnahmen werden erforderlich, wenn aus übergeordneten – häufig sozialpolitisch motivierten – Gründen ein einheitlich definierter Versicherungsschutz und ggf. eine brancheneinheitliche Kalkulation notwendig ist.

1141 **2. Ausnahmen.** In der Krankenversicherung hat der Gesetzgeber mehrfach **brancheneinheitliche Versicherungsprodukte** vorgeschrieben, und zwar
– den Standardtarif für ältere Versicherte (→ Rn. 1143 ff.),
– die private Pflege-Pflichtversicherung (→ Rn. 1168 ff.),
– den Basistarif (→ Rn. 1183 ff.),
– die geförderte private Pflegevorsorge (→ Rn. 1219 ff.),
– den Notlagentarif (→ Rn. 1231 ff.).

1142 Ein brancheneinheitliches Produkt würde auch erforderlich werden, wenn die PKV systemimmanente Voraussetzungen für einen freien **PKV-Wechsel** schaffen will, die die Europa- und Verfassungsrechtsverstöße des vom GKV-WSG eingeführten Basistarifs vermeiden (→ Rn. 1288 ff.).

II. Standardtarif für ältere Versicherte

1143 **1. Grundsatz.** Der Beitragszuschuss für die substitutiv krankenversicherten Beschäftigten (→ Rn. 728 ff.) wird nur gezahlt, wenn das PKV-Unternehmen bestimmte von der RL 2009/138/EG bzw. dem Versicherungsaufsichtsrecht vorgegebene Voraussetzungen erfüllt (§ 257 Abs. 2a S. 1 Nr. 1, 3–5 SGB V aF) und wenn es sich dem Konzept des **brancheneinheitlichen Standardtarifs für ältere Versicherte** angeschlossen hat (§ 257 Abs. 2a S. 1 Nr. 2–2c SGB V aF).

1144 **2. Geschichtliche Entwicklung und Bedeutung. a) Zeit bis zum GKV-WSG.** Der Standardtarif wurde mit der unbeschränkten **Niederlassungs- und Dienstleistungsfreiheit** im Rahmen der Herstellung des europäischen Binnenmarkts für Finanzdienstleistungen durch die deutsche Transformationsgesetzgebung des 3. DurchfG/EWG zum VAG eingeführt (→ Rn. 348 f.). In jener Zeit gab es eine lebhafte Diskussion um die steigenden Beiträge älterer Versicherter der PKV, die ua dadurch verursacht wurden, dass nach damaliger Rechtslage Krankenversicherungstarife für den Neuzugang geschlossen und durch mit anderen Rechnungsgrundlagen kalkulierte neue Tarife ersetzt werden konnten. Dies führte zu einer „Vergreisung" der geschlossenen Tarife, ohne dass die dort Versicherten die Möglichkeit hatten, in die neuen Tarife mit niedrigeren Beiträgen zu wechseln. Um dies zu ändern, wurde das Tarifwechselrecht nach § 178f VVG aF eingeführt und aufgrund des Mitgliedstaatenwahlrechts nach Art. 54 Abs. 2 S. 1 RL 92/49/EWG zur Voraussetzung des Betriebs der substitutiven Krankenversicherung gemacht (§ 12 Abs. 1 Nr. 4 VAG aF). Dem gleichen Zweck, die Beitragsbelastung älterer privat Versicherter zu begrenzen, diente der Standardtarif. Er stand faktisch allen substitutiv Krankenversicherten offen. Dieses faktische Obligatorium wurde erreicht, indem das Sozialversicherungsrecht in § 257 Abs. 2a SGB V aF den Anspruch des Arbeitnehmers auf einen Beitragszuschuss an die Voraussetzung knüpfte, dass das PKV-Unternehmen den brancheneinheitlichen Standardtarif anbietet (→ Rn. 730).

1145 Hatte der Standardtarif ursprünglich nur den Sinn, älteren Versicherten ein finanzielles Sicherungsnetz für den Verbleib in der PKV zur Verfügung zu stellen, so wurde dies Instrument des Standardtarifs in der Folgezeit zunehmend für **andere sozialpolitische Zwecke** eingesetzt, insbes. für den Zweck, die GKV von der Pflicht zur Aufnahme älterer Versicherter zu befreien und so ihre Wettbewerbsfähigkeit gegenüber der PKV zu verbessern. So beseitigte die Gesundheitsreform 2000 weitestgehend die Möglichkeit, dass Personen, die nach dem 55. Lebensjahr versicherungspflichtig werden, in der GKV versichert werden; sie sind vielmehr grds. versicherungsfrei, wenn sie in den letzten fünf Jahren vor Eintritt der Versicherungspflicht nicht gesetzlich versichert waren (§ 6 Abs. 3a SGB V). Damit diese Personen nicht ohne Krankenversicherungsschutz bleiben, hatten sie Anspruch auf Aufnahme in den Standardtarif (§ 257 Abs. 2a S. 1 Nr. 2 SGB V aF). Sinngemäßes galt für Personen vor dem 55. Lebensjahr, wenn sie die Voraussetzungen für eine Rente aus der gesetzlichen Rentenversicherung erfüllten (§ 257 Abs. 2a S. 1 Nr. 2a SGB V aF).

Darüber hinaus wurde das Instrument des Standardtarifs auch für **haushaltspolitische Zwecke** 1146
eingesetzt. Die öffentlichen Haushalte werden zunehmend nicht nur durch die Verschuldungspolitik der öffentlichen Hände, sondern auch durch die demographische Entwicklung belastet. Dies äußert sich in den steigenden Pensions- und Beihilfeaufwendungen. Während die Altersversorgung der Beamten aufgrund des Alimentationsprinzips vor finanzieller Auszehrung weitgehend verfassungsrechtlich geschützt ist, steht der Umfang der Beihilfeleistungen prinzipiell zur Disposition des Gesetzgebers. Je mehr der Gesetzgeber davon Gebrauch macht, desto existenzieller wird für den Angehörigen des öffentlichen Dienstes die ergänzende Krankenversicherung in der PKV. Um auch hier finanzielle Belastungsobergrenzen zu schaffen, erhielten die Beihilfeberechtigten weitergehende Möglichkeiten zum Abschluss des Standardtarifs (§ 257 Abs. 2a S. 1 Nr. 2b, 2c SGB V aF).

Der Standardtarif sollte ein äußerstes Sicherungsnetz für den Fall existenzieller Finanznot der 1147
Versicherten sein. Er sollte dagegen kein Instrument zur beliebigen Optimierung von Versicherungsbeiträgen und -leistungen sein. Dementsprechend war die **Zahl der im Standardtarif Versicherten** relativ gering. Im Jahre 2012 waren insgesamt 43.500 Personen im Standardtarif versichert (ohne die Versicherten im modifizierten Standardtarif, → Rn. 1151).[523] Dies sind 0,4 % aller in der PKV vollversicherten Personen. Das Konzept des äußersten Sicherungsnetzes ist damit erfüllt. Denn gerade in höherem Alter benötigen die Menschen aufgrund der steigenden Krankheits- und Altersbelastungen den von ihnen gewählten hohen Versicherungsschutz der PKV, so dass sie ihn auch nur im äußersten Notfall zugunsten des auf dem Leistungsniveau der GKV angesiedelten Standardtarifs aufgeben möchten.

b) Zeit nach dem GKV-WSG. Das GKV-Wettbewerbsstärkungsgesetz (GKV-WSG) 1148
v. 26.3.2007 (BGBl. I S. 378) veränderte mit Einführung des Basistarifs (→ Rn. 1031 ff.; → Rn. 1183 ff.) auch die **Konzeption des Standardtarifs**.

Wenn der Standardtarif nach § 257 Abs. 2a SGB V aF in der bis zum 31.12.2008 geltenden 1149
Fassung vereinbart worden ist, können die Versicherten die **Umstellung in den Basistarif** verlangen (§ 403 Abs. 1 SGB V). Für Versicherte, die keine Umstellung in den Basistarif verlangen, gelten die bisherigen gesetzlichen Vorschriften zum Standardtarif fort (§ 403 Abs. 2 SGB V).

Personen, die **keinen Krankenversicherungsschutz** besaßen, konnten vom 1.7.2007 bis 1150
31.12.2008 erstmaligen Versicherungsschutz im Standardtarif verlangen. Die Versicherungsunternehmen unterlagen einem unbedingten Kontrahierungszwang und durften keine Risikozuschläge erheben (§ 315 Abs. 1 SGB V). Diese Verträge wurden zum 1.1.2009 kraft Gesetzes auf den Basistarif umgestellt (§ 315 Abs. 4 SGB V).

Der nur für den Zeitraum vom 1.7.2007 bis 31.12.2008 geltende Standardtarif iSv § 315 SGB V 1151
(→ Rn. 1150) ist mit dem bisherigen Standardtarif für ältere Versicherte (→ Rn. 1143 ff.) nicht identisch und wird in der Praxis daher „**modifizierter Standardtarif (mST)**" genannt. Um ihn durchführen zu können, bedurfte es eines gesonderten Gesellschaftsvertrags der PKV-Unternehmen (→ Rn. 1165).

Der Standardtarif hat auch für die **Zukunft** Bedeutung. Das gilt zunächst für diejenigen Versi- 1152
cherten, die ihn bis zum 31.12.2008 vereinbart hatten und keine Umstellung in den Basistarif verlangen (→ Rn. 1149). Darüber hinaus kann der Standardtarif auch weiterhin ab 1.1.2009 wirksam abgeschlossen werden (→ § 204 Rn. 94).

3. Rechtsgrundlagen und Tarifstufen. Gesetzliche Grundlage für den Standardtarif ist § 257 1153
Abs. 2a und 2b SGB V aF. Materiell handelt es sich hierbei um in das Sozialrecht ausgelagertes Versicherungsaufsichtsrecht (→ Rn. 473). Nach § 257 Abs. 2b S. 1 SGB V aF sind die Einzelheiten des Standardtarifs zwischen der BaFin und dem PKV-Verband mit Wirkung für die beteiligten PKV-Unternehmen zu vereinbaren. Der Standardtarif beruht auf AVB und ist in Form der für alle PKV-Unternehmen geltenden **Musterbedingungen (MB/ST)** festgehalten.

Der Standardtarif wird in zwei **Tarifstufen** angeboten: Tarifstufe STN gilt für Personen, die 1154
keinen Beihilfeanspruch nach beamtenrechtlichen Vorschriften oder Grundsätzen haben. Tarifstufe STB gilt für Personen mit Beihilfeanspruch. Der Standardtarif sieht kein Höchstaufnahmealter vor.

4. Versicherbare Personen. Den Kreis der im Standardtarif versicherbaren Personen legt § 257 1155
Abs. 2a S. 1 SGB V aF fest. Danach sind versicherbar:

In **Tarifstufe STN** (→ Rn. 1154): Personen, die über eine Vorversicherungszeit von mindes- 1156
tens zehn Jahren in einem substitutiven Krankenversicherungsschutz verfügen, wenn sie
– entweder das 65. Lebensjahr vollendet haben,
– oder das 55. Lebensjahr vollendet haben und ihr jährliches Gesamteinkommen die Jahresarbeitsentgeltgrenze nach § 6 Abs. 6, 7 SGB V nicht übersteigt,

---

[523] Zahlenbericht der Privaten Krankenversicherung 2012, S. 29.

– oder vor Vollendung des 55. Lebensjahres eine Rente der gesetzlichen Rentenversicherung beziehen oder mit Anspruch hierauf beantragt haben und ihr jährliches Gesamteinkommen die Jahresarbeitsentgeltgrenze nach § 6 Abs. 6, 7 SGB V nicht übersteigt. Versicherbar sind auch deren Familienangehörige, wenn sie bei Versicherungspflicht des Standardtarifversicherten in der GKV nach § 10 SGB V familienversichert wären.

1157 In **Tarifstufe STB** (→ Rn. 1154): Personen und deren berücksichtigungsfähige Angehörige, die nach beamtenrechtlichen Vorschriften oder Grundsätzen bei Krankheit Anspruch auf Beihilfe haben, wenn sie
– entweder über eine Vorversicherungszeit von mindestens zehn Jahren in einem substitutiven Krankenversicherungsschutz verfügen und eine der Voraussetzungen für die Tarifstufe STN entsprechend erfüllen,
– oder nach allgemeinen Annahmeregeln aus Risikogründen nicht oder nur zu ungünstigen Konditionen (dh mit Risikozuschlägen oder Leistungsausschlüssen) versichert werden könnten und wenn sie die Aufnahme in den Standardtarif innerhalb von sechs Monaten nach Feststellung einer Behinderung gem. § 69 Abs. 1 SGB IX oder nach Berufung in das Beamtenverhältnis beantragen.

Im Rahmen einer allgemeinen Öffnungsaktion konnten außerdem alle Beamten mit erhöhtem Risiko, die noch in der GKV versichert waren, befristet vom 1.7. bis zum 31.12.2000 in den Standardtarif wechseln.

1158 **5. Vorversicherung.** Soweit die Aufnahme in den Standardtarif vom Bestehen einer vorherigen substitutiven Krankenversicherung abhängt, bildet das **Tarifwechselrecht** nach § 204 die versicherungsvertragsrechtliche Grundlage. Damit werden die im bisherigen Tarif erworbenen Rechte und die Alterungsrückstellung in vollem Umfang angerechnet. Bei der Vorversicherung muss es sich um eine substitutive Krankenversicherung handeln. Diese Voraussetzung ergibt sich aus dem Wortlaut von § 257 Abs. 2a S. 1 Nr. 2 SGB V aF. Das gleiche ergibt sich versicherungsvertragsrechtlich aus § 204 Abs. 1 S. 1 Nr. 1 Hs. 1, wonach die Gleichartigkeit des Versicherungsschutzes von bisherigem und neuem Tarif erforderlich ist. Gleichartigkeit ist gegeben, wenn die gleichen Leistungsbereiche versichert sind (§ 12 Abs. 1 KVAV). Keine Gleichartigkeit besteht zwischen einer bloßen Ergänzungsversicherung zu einem GKV-Schutz und einer substitutiven Krankenversicherung (§ 12 Abs. 3 KVAV). Aus einer solchen Ergänzungsversicherung kann daher kein Recht auf Wechsel in den Standardtarif abgeleitet werden.

1159 Zwischen Vorversicherung und Aufnahme in den Standardtarif darf **keine zeitliche Lücke** bestehen; beide Versicherungen müssen zeitlich nahtlos aneinander anschließen. Dies ergibt sich aus dem Schutzzweck des Standardtarifs (→ Rn. 1144 ff.). Wenn ein zunächst substitutiv Krankenversicherter in die GKV wechselt – während dieser Zeit sich möglicherweise in der PKV noch zusätzlich versichert hat – und später nach uU vielen Jahren sich wieder in der PKV substitutiv versichern will, kann er nach der Unterbrechung des früheren substitutiven Krankenversicherungsschutzes nicht die Aufnahme in den Standardtarif verlangen. Mit dem Wechsel in die GKV hat er nämlich seinen Schutzbedarf in der PKV verloren. Dies ergibt sich auch im Umkehrschluss daraus, dass das SGB V die Aufnahme in den Standardtarif ohne Berücksichtigung der Vorversicherungszeit unter engen zusätzlichen Voraussetzungen vorsieht (§ 257 Abs. 2a S. 1 Nr. 2c SGB V aF). Die Notwendigkeit des unmittelbaren zeitlichen Anschlusses zwischen Vorversicherung und Standardtarif ergibt sich versicherungsvertragsrechtlich aus § 204 Abs. 1 S. 1 Nr. 1 Hs. 1.

1160 **6. Versicherungsleistungen.** Nach § 257 Abs. 2a S. 1 Nr. 2 SGB V aF müssen die Versicherungsleistungen des Standardtarifs den **Leistungen des SGB V** bei Krankheit jeweils vergleichbar sein. Das bedeutet, dass die Leistungen des Standardtarifs mit denjenigen der GKV weitgehend übereinstimmen müssen, ohne mit ihnen völlig identisch zu sein. So bietet der Standardtarif einerseits im Unterschied zur GKV uneingeschränkte Europageltung und sieht er andererseits für Arznei-, Heil- und Hilfsmittel eine jährliche Selbstbeteiligung von 306 EUR vor. Damit die vom Gesetz vorgeschriebene Höchstbeitragsgarantie (→ Rn. 1161) kalkulatorisch verwirklicht werden kann, sind die ärztlichen Vergütungen nach den Gebührenordnungen (GOÄ, GOZ) höchstens auf das 1,7-fache begrenzt.

1161 **7. Versicherungsbeiträge.** § 257 Abs. 2a S. 1 Nr. 2 SGB V aF schreibt für den Standardtarif einen **Höchstbeitrag** vor. Danach darf der Beitrag den durchschnittlichen Höchstbeitrag der GKV bzw. für Ehegatten und Lebenspartner insgesamt 150 % des durchschnittlichen Höchstbeitrags nicht übersteigen. Inwieweit diese gesetzliche Höchstbeitragsgarantie zu einer tatsächlichen Begrenzung des kalkulatorisch notwendigen Beitrags führt, hängt maßgeblich von der Dauer und vom Tarifniveau der jeweiligen Vorversicherung ab. Je länger die Vorversicherungszeit und je höher das bisherige Leistungs- und Beitragsniveau der Vorversicherung ist, umso mehr reduziert sich der tatsächliche Beitrag aufgrund der nach § 204 Abs. 1 S. 1 Nr. 1 Hs. 1 anzurechnenden Alterungsrückstellung.

Außerdem kann in denjenigen Tarifen, die zum Wechsel in den Standardtarif berechtigen, vereinbart werden, dass ein gesonderter Zuschlag zur Gewährleistung der Beitragsgarantie im Standardtarif und des unternehmensübergreifenden Ausgleichs (→ Rn. 1164) einkalkuliert wird (§ 8 Abs. 5 KVAV). In dem Gesellschaftsvertrag zur Durchführung des Spitzenausgleichs (→ Rn. 1164 ff.) haben sich die PKV-Unternehmen verpflichtet, diesen Zuschlag zu erheben; damit soll eine Benachteiligung einzelner Versicherungsunternehmen verhindert werden.

8. Änderung des Standardtarifs. Der Standardtarif ist nach § 257 Abs. 2b S. 1 SGB V aF **1162** zwischen der BaFin und dem PKV-Verband zu vereinbaren (→ Rn. 1153). Im gleichen Verfahren können die AVB für den Standardtarif mit Wirkung für bestehende Versicherungsverhältnisse geändert werden, soweit sie Bestimmungen über Versicherungsschutz, Pflichten des Versicherungsnehmers, sonstige Beendigungsgründe, Willenserklärungen, Anzeigen und Gerichtsstand betreffen (§ 18 Abs. 1 MB/ST 2009). Da § 257 Abs. 2b S. 1 SGB V aF die Rechtsgrundlage für die Bedingungsänderung bildet, handelt es sich um eine **lex specialis** gegenüber § 203 Abs. 3, die allerdings rechtssystematisch richtigerweise im VVG zu regeln wäre, weil es sich materiell um Versicherungsvertragsrecht handelt (→ Rn. 474).

9. Zusatzversicherungen. Neben dem Standardtarif darf keine weitere Krankheitskosten- **1163** Teil- oder -Vollversicherung abgeschlossen werden. Insbesondere dürfen neben dem Standardtarif **keine Ergänzungsversicherungen** bestehen, wie sie üblicherweise in Verbindung mit einem GKV-Versicherungsschutz abgeschlossen werden. Dies schreiben die Tarifbedingungen für den Standardtarif (TB/ST) vor (Nr. 9 TB/ST 2009). Wenn gleichwohl eine solche weitere Krankenversicherung besteht, entfällt für die Dauer dieser Versicherung die Begrenzung des Beitrags auf den Höchstbeitrag der GKV (Nr. 9 TB/ST 2009). Der Grund für diese Regelung leuchtet ein: Der Standardtarif bildet das äußerste Sicherheitsnetz für finanzielle Notlagen substitutiv Krankenversicherter (→ Rn. 1143 ff.). Wer sich außer dem Standardtarif noch Ergänzungsversicherungen leisten kann, gibt zu erkennen, dass er dieses finanziellen Schutzes nicht bedarf.

10. Risikoausgleich. a) Arbeitsgemeinschaft Standardtarif. Um die mit dem Standardtarif **1164** verbundenen **Beschränkungen der Vertragsfreiheit** (insbes. Höchstbeitragsgarantie, Kontrahierungszwang, Ausschluss von Risikoprüfungen) mit den Systemanforderungen und Kalkulationsgrundsätzen der PKV in Einklang zu bringen, bedarf es eines unternehmensübergreifenden Risikoausgleichssystems, das § 257 Abs. 2b S. 1 SGB V aF und § 403 Abs. 2 S. 1 SGB V nF unter der Bezeichnung „finanzieller Spitzenausgleich" vorschreiben. Zur Durchführung des Risikoausgleichs haben die PKV-Unternehmen 1994 eine „Arbeitsgemeinschaft Standardtarif" in der Rechtsform einer GbR mit Sitz in Köln gegründet, deren Geschäfte der PKV-Verband führt. Zweck der Gesellschaft sind die Beitragskalkulation des Standardtarifs, die Durchführung des finanziellen Spitzenausgleichs und die Führung einer Gemeinschaftsstatistik für den Standardtarif.

Das GKV-WSG führte als zeitlich begrenzte Vorstufe des Basistarifs mit § 315 SGB V den **1165** **modifizierten Standardtarif** ein, der mit dem bisherigen Standardtarif für ältere Versicherte nicht identisch ist (→ Rn. 1150 f.). Um den modifizierten Standardtarif durchführen zu können, haben die PKV-Unternehmen im Jahr 2007 die „Arbeitsgemeinschaft Standardtarif mST" in der Rechtsform einer GbR mit Sitz in Köln gegründet, deren Geschäfte der PKV-Verband führt. Zweck der Gesellschaft sind auch hier die Beitragskalkulation des modifizierten Standardtarifs, die Durchführung des finanziellen Spitzenausgleichs und die Führung einer Gemeinschaftsstatistik für den modifizierten Standardtarif.

b) Beitragskalkulation. Die von § 257 Abs. 2a Nr. 2 SGB V aF vorgeschriebene Branchen- **1166** einheitlichkeit des Standardtarifs bedingt einheitliche AVB und einen **einheitlichen Nettobeitrag.** Die Kostenzuschläge setzt jedes Versicherungsunternehmen selbst fest, wobei der gesetzliche Höchstbeitrag nicht überschritten werden darf. Für die Berechnung des Ausgleichs werden zusätzlich durchschnittliche Stückkosten und durchschnittliche Anrechnungsbeträge je Alter zur Berücksichtigung der mindestens zehnjährigen Vorversicherungszeit ermittelt. Der für den Ausgleich maßgebliche Beitrag einer im Standardtarif versicherten Person berechnet sich aus dem Nettobeitrag zzgl. durchschnittlicher Stückkosten und eines Sicherheitszuschlags und abzgl. des durchschnittlichen Anrechnungsbetrags (= Bruttobeitrag des Verbandstarifs).

c) Durchführung des Ausgleichs. Ausgeglichen werden die bei den im Standardtarif Versi- **1167** cherten notwendigen **Kappungsbeträge,** dh die über den durchschnittlichen GKV-Höchstbeitrag hinausgehenden Teile des maßgeblichen Beitrags. In einem ersten Schritt wird der Überschaden eines Versicherungsunternehmens ermittelt. Der Überschaden ist die Summe aller Kappungsbeiträge für den Bestand dieses Versicherungsunternehmens im Standardtarif bzgl. der Bruttobeiträge des Verbandstarifs abzgl. eines Selbstbehalts von 10 % des durchschnittlichen GKV-Höchstbeitrags. In einem zweiten Schritt wird der Ausgleichssaldo eines Versicherungsunternehmens unter Berücksichtigung der Bruttobeiträge aus zuschussberechtigten Tarifen sowie seinem Bestand im Standardtarif mit bzw. ohne Kappung bestimmt. In einem dritten Schritt wird für jedes Versicherungsunternehmen die Differenz aus Überschaden und Ausgleichssaldo gebildet und in entsprechende Ausgleichsansprüche und -verpflichtungen umgerechnet.

III. Private Pflege-Pflichtversicherung (PPV)

1168 **1. Grundsatz.** Nach § 1 Abs. 2 S. 2 SGB XI muss jeder in der PKV substitutiv Krankenversicherte eine private Pflegeversicherung abschließen (→ Rn. 112, 477). Die Einführung einer allgemeinen **Versicherungspflicht** in der Individualversicherung und – mit der Versicherungspflicht korrespondierend – eines Kontrahierungszwangs bedingte notwendigerweise die Schaffung eines brancheneinheitlichen PPV-Produkts. Sowohl der Versicherungsnehmer wie auch das Versicherungsunternehmen müssen nämlich wissen, für welchen Vertragsinhalt, insbes. für welchen Leistungsumfang die Rechtspflicht zum Abschluss des Versicherungsvertrags besteht. Versicherungspflicht und gesetzlicher Kontrahierungszwang zu einem gesetzlich nicht definierten, dh unbekannten Vertragsinhalt sind nicht durchsetzbar und daher rechtlich unmöglich.

1169 **2. Besondere Regelungen.** § 110 SGB XI enthält spezielle **Beschränkungen der Vertragsfreiheit:**
– Es besteht Annahmezwang für die Versicherungsunternehmen (Kontrahierungszwang).
– Vorerkrankungen dürfen nicht ausgeschlossen werden.
– Die Wartezeiten dürfen nicht länger als in der SPV sein.
– Die Beiträge müssen geschlechtsunabhängig sein.
– Kinder werden unter den Voraussetzungen des § 25 SGB XI beitragsfrei mitversichert.
– Nach fünfjähriger Versicherungszeit in der PPV darf der Beitrag nicht höher sein als der Höchstbeitrag der SPV.

1170 Zusätzlich gelten für Versicherte, die bei Inkrafttreten des PflegeVG am 1.1.1995 in der PPV versicherungspflichtig wurden, weitere **gesetzliche Vorgaben:**
– Eine Staffelung der Beiträge nach dem Gesundheitszustand durfte nicht erfolgen, dh Risikozuschläge durften nicht erhoben werden.
– Bereits pflegebedürftige Personen mussten versichert werden.
– Der Beitrag durfte von Beginn an nicht höher sein als der Höchstbeitrag in der SPV.

1171 **3. Versicherungsleistungen.** Mit der gesetzlichen Pflegeversicherung wurde eine **einheitliche Mindestabsicherung** für den Fall der Pflegebedürftigkeit bezweckt. Deshalb sind für SPV und PPV gleiche Leistungen und Leistungsvoraussetzungen vorgesehen (→ Rn. 113, 483 ff.). Das SGB XI beschränkt sich darauf, für die PPV lediglich den Grundsatz der Leistungsgleichheit vorzuschreiben. Weil es sich in der PPV um privatrechtliche Versicherungsverträge handelt und das SGB XI Sozialversicherungsrecht regelt, mussten die dem SGB XI entsprechenden Leistungsinhalte in AVB formuliert werden. Dies ist in den brancheneinheitlichen Musterbedingungen MB/PPV geschehen.

1172 **4. Versicherungsbeiträge.** In der PPV werden auf der Basis der einheitlichen AVB brancheneinheitliche **Nettobeiträge** kalkuliert. Hierfür werden nach dem in der PKV üblichen Anwartschaftsdeckungsverfahren zunächst die kalkulatorisch erforderlichen Nettobeiträge getrennt nach Alter und Geschlecht ermittelt. Mit Hilfe der Anzahl männlicher und weiblicher PPV-versicherter Personen je Einzelalter wird für jedes Alter ein Geschlechterausgleich durchgeführt, deren Ergebnis die vom Gesetz geforderten geschlechtsunabhängigen Nettobeiträge sind. Die durch die weiteren gesetzlichen Rahmenbedingungen – zB Beitragsfreiheit der Kinder, Begrenzung auf den Höchstbeitrag der SPV – verursachten Beitragsausfälle werden durch einen Beitragszuschlag auf die gesamte Versichertengemeinschaft umgelegt. Für die PPV insgesamt bleibt damit die Äquivalenz von Beitrag und Versicherungsleistung erhalten. Das Ergebnis sind einheitliche nach Einzelaltern gestaffelte geschlechtsunabhängige Nettobeiträge, die für alle Versicherungsunternehmen verbindlich sind. Die Kostenzuschläge setzt jedes Versicherungsunternehmen selbst fest, wobei der gesetzlich vorgeschriebene Höchstbeitrag nicht überschritten werden darf. Nettobeitrag zzgl. Kostenzuschlag ergeben den Bruttobeitrag des jeweiligen Versicherungsunternehmens. Für das Neugeschäft nach dem 1.1.1995 dürfen die einzelnen Versicherungsunternehmen Risikozuschläge festlegen. Gruppenversicherungsverträge als eigene Abrechnungsverbände sind jedoch nicht möglich.

1173 Der Bruttobeitrag ist der Höhe nach begrenzt und darf im Normaltarif den **Höchstbeitrag** bzw. im Beihilfetarif den halben Höchstbeitrag in der SPV nicht übersteigen (§ 110 Abs. 1 Nr. 2

lit. e SGB XI). Für Ehegatten oder Lebenspartner nach § 1 LPartG beträgt die Höchstbeitragsgrenze im Normaltarif 150 % und im Beihilfetarif 75 % des Höchstbeitrags der SPV.

Nicht erwerbstätige **Kinder** des Versicherungsnehmers sind mit bestimmten Ausnahmen und zu bestimmten Höchstaltern beitragsfrei versichert (§ 8 MB/PPV 2013). **1174**

5. Pflegeversicherungspool. Um die **Funktionsfähigkeit der PPV** zu gewährleisten, verlangt § 111 SGB XI die Einrichtung eines institutionalisierten Risikoausgleichssystems, das durch den Pflegeversicherungspool sichergestellt wird (→ Rn. 115, 488 ff.). Der Pflegeversicherungspool ist eine GbR, deren Zweck darin besteht, die Beitragskalkulation gem. den §§ 23, 110, 111 SGB XI sowie den finanziellen Ausgleich nach § 111 Abs. 1 SGB XI durchzuführen, eine Gemeinschaftsstatistik zu führen und die Risikoprüfung sowie die Schadenregulierung bei den einzelnen Versicherungsunternehmen durch Revisionen zu überprüfen. Der Pool-Vertrag bedarf der Zustimmung der BaFin. **1175**

6. Risikoausgleich. Im Rahmen des Risikoausgleichs werden die Unterschiede zwischen Nettobedarfs- und Nettosollbeiträgen ausgeglichen. Diese Unterschiede können ihre Ursache sowohl auf der Beitragsseite als auch auf der Schadenseite haben. Dementsprechend finden ein **Beitragsausgleich** und ein **Schadenausgleich** statt. **1176**

Der **Beitragsausgleich** gleicht zwischen den Versicherungsunternehmen die Unterschiede aus, die sich aus **1177**
– den unterschiedlichen Altersstrukturen der bei den einzelnen Versicherungsunternehmen versicherten Personen,
– den unterschiedlichen Geschlechtszusammensetzungen und
– den unterschiedlichen Belastungen aus der beitragsfreien Mitversicherung der Kinder, der Limitierung der Ehegattenbeiträge und der Höchstbeitragsgarantie

ergeben. Dabei wird zunächst für jedes Versicherungsunternehmen die Differenz aus tatsächlich beim Versicherungsunternehmen eingegangenen und kalkulatorisch erforderlichen Nettobeiträgen ermittelt. Die Summe der negativen Ergebnisse wird der Summe der positiven Ergebnisse gegenübergestellt. Ist die Summe der positiven Salden größer als die der negativen Salden, gleichen die Versicherungsunternehmen mit positivem Saldo anteilig die negativen Salden aus und umgekehrt.

Der **Schadenausgleich** gleicht zwischen den Versicherungsunternehmen die unterschiedlichen Risikostrukturen der bei den einzelnen Versicherungsunternehmen versicherten Personen aus. Dabei wird für jedes Versicherungsunternehmen die Differenz aus der Summe der rechnungsmäßigen und der tatsächlich gezahlten Schäden gebildet. Rechnungsmäßige Schäden – auch Kopfschäden genannt – sind die kalkulatorischen Schadenerwartungswerte je Person, Einzelalter und Geschlecht. Anschließend werden bei Versicherungsunternehmen mit negativem Saldo der Sicherheitszuschlag und die überrechnungsmäßigen Zinsen auf die Alterungsrückstellung einbezogen, wodurch sich der negative Saldo verringert. Die verbleibenden negativen Salden werden wie beim Beitragsausgleich (→ Rn. 1177) durch die Summe der positiven Salden ausgeglichen; auch hierbei werden bei Bedarf die Sicherheitszuschläge und die überrechnungsmäßigen Zinsen auf die Alterungsrückstellung der Versicherungsunternehmen mit positivem Saldo herangezogen. Übersteigt die Summe der negativen Ergebnisse zzgl. Sicherheitszuschlag und überrechnungsmäßiger Zinsen auf die Alterungsrückstellung die Summe der positiven Ergebnisse zzgl. Sicherheitszuschlag und überrechnungsmäßiger Zinsen auf die Alterungsrückstellung, so erfolgt die Erstattung an die Versicherungsunternehmen mit Defizit nur anteilig. **1178**

Für nach dem 1.1.1995 versicherungspflichtig werdende Personen wird iRd Ausgleichs eine rechnungsmäßige **Abschlussvergütung** von insgesamt zwei Bruttomonatsbeiträgen berücksichtigt. **1179**

Risikozuschläge werden nicht in den Ausgleich einbezogen. Risikozuschläge können für nach dem 1.1.1995 versicherungspflichtig werdende Personen berechnet werden. **1180**

Separate **Beitragsreduzierungen** werden im Rahmen der Ausgleichsberechnung nicht berücksichtigt. Zu solchen Beitragsreduzierungen zählen idR **1181**
– die Anrechnung von Deckungsrückstellungen aus Tarifen außerhalb der PPV,
– Beitragsreduzierungen aus Anwartschaften für Beitragsermäßigung,
– Beitragsreduzierungen aus Einmalbeiträgen.

Der Risikoausgleich wird für Versicherte des **Normaltarifs** und für Versicherte des **Beihilfetarifs** getrennt durchgeführt. **1182**

7. Rechtsweg. Für privatrechtliche Streitigkeiten in Angelegenheiten der PPV sind nicht die ordentlichen Gerichte, sondern die **Sozialgerichte** zuständig, soweit die für die Klärung der streitigen Rechtsfragen anzuwendenden Vorschriften im SGB XI geregelt sind. Das gilt nicht nur für Leistungsfragen, sondern auch zB für Fragen über den Fortbestand eines PPV-Vertrages oder über die Rechtmäßigkeit einer Beitragsanpassung nach § 203 VVG (→ Rn. 491 ff.). **1182a**

IV. Basistarif

1183 **1. Grundsatz.** Der vom GKV-WSG geschaffene Basistarif hat zu umfassenden **Änderungen des PKV-Systems** geführt. Zu den wichtigsten Inhalten und Rechtsproblemen ausf. → Rn. 1035 ff.

1184 **2. Rechtsgrundlagen.** Gesetzliche Grundlage für den Basistarif sind in erster Linie §§ 152, 154 VAG, § 193 Abs. 5 VVG. Nach § 158 Abs. 2 VAG hat der PKV-Verband als **beliehener Unternehmer** die öffentlich-rechtliche Aufgabe, Art, Umfang und Höhe der Leistungen im Basistarif nach Maßgabe der gesetzlichen Vorgaben festzulegen. In dieser Aufgabe unterliegt der PKV-Verband der Fachaufsicht des BMF.

1185 Auf der Grundlage der gesetzlich vorgegebenen Rahmenbedingungen regeln die **Musterbedingungen** 2009 für den Basistarif (MB/BT 2009) die Einzelheiten des Versicherungsverhältnisses.

1186 Der Basistarif wird in zwei **Tarifstufen** angeboten: Tarifstufe BTN gilt für Personen, die keinen Beihilfeanspruch nach beamtenrechtlichen Vorschriften oder Grundsätzen haben. Tarifstufe BTB gilt für Personen mit Beihilfeanspruch.

1187 Beide Tarifstufen werden ohne **Selbstbehalt** und mit Selbstbehalten von 300, 600, 900 EUR oder 1.200 EUR angeboten.

1188 **3. Versicherbare Personen.** Den Kreis der im Basistarif versicherbaren Personen legen § 152 Abs. 2 VAG, § 193 Abs. 5 VVG fest. Die Versicherungsunternehmen unterliegen diesen Personen gegenüber einem **Kontrahierungszwang** (→ Rn. 1040 ff.).

1189 In **Tarifstufe BTN** (→ Rn. 1186) sind versicherbar nicht beihilfeberechtigte Personen mit Wohnsitz in Deutschland, die die gesetzlich vorgegebenen und in Abschn. A Abs. 2 MB/BT 2009 iE aufgeführten Voraussetzungen erfüllen.

1190 In **Tarifstufe BTB** (→ Rn. 1186) sind versicherbar beihilfeberechtigte Personen mit Wohnsitz in Deutschland, die die gesetzlich vorgegebenen Voraussetzungen erfüllen und ergänzenden Versicherungsschutz zur Erfüllung der Versicherungspflicht benötigen (Abschn. A Abs. 3 MB/BT 2009).

1191 **4. Versicherungsleistungen.** Nach § 152 Abs. 1 S. 1 VAG müssen die Versicherungsleistungen des Basistarifs – das Gesetz verwendet den Ausdruck „Vertragsleistungen" – in Art, Umfang und Höhe den **Leistungen des SGB V**, soweit auf diese ein Anspruch besteht, jeweils vergleichbar sein. „Vergleichbar" bedeutet wie im Falle des Standardtarifs (→ Rn. 1160), dass die Leistungen des Basistarifs mit denjenigen der GKV weitgehend übereinstimmen müssen, ohne mit ihnen völlig identisch zu sein. Im Gegensatz zum Standardtarif muss auch der *Umfang* der Versicherungsleistungen des Basistarifs den GKV-Leistungen entsprechen. Der Basistarif muss die GKV-Leistungen also weitgehend nachbilden. Damit muss der Basistarif auch den Einschluss von Krankentagegeld ermöglichen, und zwar ausschließlich mit einer Karenzzeit von 42 Tagen und maximal für den GKV-Höchsttagessatz. Der Versicherungsschutz erstreckt sich auf die Heilbehandlung in Deutschland sowie – mit den für die GKV geltenden Einschränkungen – im Ausland (§ 1 Abs. 7 MB/BT 2009).

1192 Der Vergleichbarkeit der Leistungen steht die Vereinbarung von **Selbstbehalten** nicht entgegen; denn der Basistarif muss Selbstbehaltsvarianten von 300, 600, 900 EUR oder 1.200 EUR vorsehen (§ 152 Abs. 1 S. 3 VAG). Die Selbstbehalte gelten für alle Leistungsarten. Die gesetzliche Festschreibung der in absoluten Beträgen ausgedrückten Selbstbehaltsstufen ist jedoch versicherungstechnisch problematisch und nicht durchdacht:

1193 – Unterschiedliche Selbstbehalte einerseits und der **einheitliche Höchstbeitrag** in allen Selbstbehaltsstufen (→ Rn. 1200) andererseits sind miteinander nicht vereinbar; denn Versicherte, deren Beiträge durch den GKV-Höchstbeitrag begrenzt werden, werden dann stets in die Selbstbehaltsstufe mit dem geringsten Selbstbehalt wechseln, was zur Folge hat, dass die Selbstbehaltsstufen ihren Sinn verlieren. Daran ändert auch die dreijährige Mindestbindungsfrist nach § 152 Abs. 1 S. 4 VAG nichts.

1194 – Die dreijährige **Mindestbindungsfrist** hat das Versicherungsrechtsänderungsgesetz v. 24.4.2013 (BGBl. I S. 932) dadurch entwertet, dass der Versicherungsnehmer seit 1.5.2013 jederzeit eine Umstellung des Vertrags in den Basistarif ohne Selbstbehalt verlangen kann, wenn der vereinbarte Selbstbehalt nicht zu einer angemessenen Reduzierung der Prämie führt (§ 152 Abs. 1 S. 4 Hs. 2 VAG). Dieser Fall kann vor allem bei älteren Versicherten eintreten, wenn auch die Beiträge mit Selbstbehalt im Laufe der Zeit so ansteigen, dass sie durch den GKV-Höchstbeitrag begrenzt werden müssen. Dann hat der Versicherungsnehmer mit der Vereinbarung des Selbstbehalts keinen Beitragsvorteil mehr, so dass die dreijährige Bindung an den Selbstbehalt ungereimt erscheint. Eine Reduzierung des Beitrags um 2–3 % dürfte noch angemessen sein.

1195 – Die Selbstbehalte können – weil sie gesetzlich festgeschrieben sind – bei späteren **Beitragsanpassungen** abw. von § 203 Abs. 2 S. 2 nicht mit angepasst werden, was in den höheren Selbstbehaltsstufen überproportionale Beitragsanpassungen zur Folge haben wird. Der Selbstbehaltseffekt wird damit vorhersehbar kontinuierlich entwertet. Sinnvoller wäre es gewesen, den Selbstbehalt als Prozentsatz etwa der Beitragsbemessungsgrenze auszudrücken.

Damit die vom Gesetz vorgeschriebene Höchstbeitragsgarantie (→ Rn. 1049) kalkulatorisch verwirklicht werden kann, sind die **ärztlichen Vergütungen begrenzt**. Sie betragen – mit Modifikationen für bestimmte Sonderfälle – höchstens das 1,8-fache der GOÄ und das 2,0-fache der GOZ (§ 75 Abs. 3a S. 2 SGB V). Die Vergütung kann davon abw. zwischen dem PKV-Verband und den Kassenärztlichen Vereinigungen oder den Kassenärztlichen Bundesvereinigungen im Einvernehmen mit den Beihilfeträgern vereinbart werden (§ 75 Abs. 3b S. 1 SGB V). PKV-Unternehmen und der PKV-Verband können mit Arzneimittelherstellern für verschreibungspflichtige Medikamente Preisnachlässe auf den einheitlichen Abgabepreis vereinbaren (§ 78 Abs. 3 S. 2 AMG). 1196

Im Basistarif für **Beihilfeberechtigte** gelten die Leistungsbeschränkungen der Versicherungsunternehmen unabhängig davon, ob das Beihilferecht die Begrenzung der ärztlichen Vergütung auch auf den Beihilfeanspruch überträgt; letzteres hat das BVerwG für unzulässig erachtet.[524] 1197

Der gesetzliche **Sicherstellungsauftrag** der Kassenärztlichen Vereinigungen und der Kassenärztlichen Bundesvereinigungen erstreckt sich auch auf die im Basistarif Versicherten (§ 75 Abs. 3a S. 1 SGB V). 1198

Die medizinischen Leistungserbringer können ihren Vergütungsanspruch gegenüber den im Basistarif Versicherten auch im Wege des **Direktanspruchs** gegen das Versicherungsunternehmen geltend machen, soweit dieses versicherungsvertragsrechtlich zur Leistung verpflichtet ist (§ 192 Abs. 7 S. 1). Soweit das Versicherungsunternehmen aus dem Versicherungsverhältnis zur Leistung verpflichtet ist, haftet es mit dem Versicherungsnehmer gesamtschuldnerisch (§ 192 Abs. 7 S. 2). Damit soll sichergestellt werden, dass das Versicherungsunternehmen durch Zahlung an den Leistungserbringer von seiner Leistungspflicht gegenüber dem Versicherungsnehmer befreit wird.[525] 1199

5. Versicherungsbeiträge. § 152 Abs. 3 VAG schreibt für den Basistarif – und zwar einschließlich des Basistarif-Krankentagegeldes (→ Rn. 1191) – einen **Höchstbeitrag** vor. Danach darf der Beitrag ohne Selbstbehalt und in allen Selbstbehaltsstufen den Höchstbeitrag der GKV nicht übersteigen (→ § 203 Rn. 244 ff.). Für Beihilfeberechtigte tritt an die Stelle des GKV-Höchstbeitrags der prozentuale Anteil entsprechend dem gewählten Quotentarif. 1200

Entsteht allein durch die Zahlung des Beitrags **Hilfebedürftigkeit** iSd SGB II oder XII, vermindert sich der Beitrag für die Dauer der Hilfebedürftigkeit um die Hälfte (§ 152 Abs. 4 S. 1 VAG). Zweifel könnten in der Frage bestehen, welcher Beitrag in § 152 Abs. 4 S. 1 VAG gemeint ist: Der – ggf. auf den Höchstbeitrag gekappte – tatsächliche Tarifbeitrag oder nur der Höchstbeitrag. Nach der inneren Systematik des § 152 Abs. 3, 4 VAG kann nur der Höchstbeitrag gemeint sein. § 152 Abs. 4 S. 1 VAG bezieht sich nämlich auf den Beitrag „nach Abs. 3 S. 1 oder 3". Beide Vorschriften regeln materiell nicht den Tarifbeitrag, sondern dessen Begrenzung auf den Höchstbeitrag. § 152 Abs. 4 S. 3 VAG regelt den Fall, dass „unabhängig von der Höhe des zu zahlenden Beitrags" Hilfebedürftigkeit besteht. Daraus ist zu entnehmen, dass die Beitragshalbierung den Höchstbeitrag meint. Die Halbierung auf den GKV-Höchstbeitrag greift also stets dann ein, wenn der Versicherte ohne diese Halbierung – dh ohne die Kappung auf den halben GKV-Höchstbeitrag – hilfebedürftig würde. Versicherte, deren Tarifbeitrag ohnehin schon niedriger ist als der halbe GKV-Höchstbeitrag, können bei Hilfebedürftigkeit daher keine Halbierung ihres Tarifbeitrags nach § 152 Abs. 4 S. 1 VAG verlangen. 1201

Inwieweit die gesetzliche Höchstbeitragsgarantie zu einer tatsächlichen Begrenzung des kalkulatorisch notwendigen Beitrags führt, hängt im Falle eines **Tarifwechsels in den Basistarif** maßgeblich von der Dauer und vom Tarifniveau der jeweiligen Vorversicherung ab. Je länger die Vorversicherungszeit und je höher das bisherige Leistungs- und Beitragsniveau der Vorversicherung ist, umso mehr reduziert sich der tatsächliche Beitrag aufgrund der nach § 204 Abs. 1 S. 1 anzurechnenden Alterungsrückstellung. Auf der anderen Seite muss in die Beiträge für den Basistarif zusätzlich ein Zuschlag einkalkuliert werden, um diejenigen Mehraufwendungen auf alle Basistarifversicherten umzulegen, die durch Vorerkrankungen entstehen und die das Versicherungsunternehmen wegen des Kontrahierungszwangs weder ausschließen noch durch einen Risikozuschlag ausgleichen kann (§ 8 Abs. 1 Nr. 7 KVAV). 1202

Der **gesetzliche Beitragszuschlag** nach § 149 S. 1 VAG ist auch im Basistarif einschließlich eines versicherten Basistarif-Krankentagegeldes zu zahlen. Der gesetzliche Beitragszuschlag kann allerdings durch den gesetzlichen Höchstbeitrag (→ Rn. 1200) begrenzt sein. Soweit dies der Fall 1203

---

[524] BVerwG BeckRS 2014, 52287.
[525] Gegenäußerung der BReg zur Stellungnahme des BR zu Art. 43 Nr. 1 (§ 178b Abs. 1a VVG) Fraktionsentwurf GKV-WSG, BT-Drs. 16/4020, 11.

ist und der gesetzliche Beitragszuschlag nicht oder nicht in voller Höhe gezahlt wird, wird auch nur eine entsprechend verringerte Alterungsrückstellung gebildet; denn dieser Teil der Alterungsrückstellung wird stets nur aus dem tatsächlich gezahlten Beitragszuschlag und damit außerhalb des Risikoausgleichs nach § 154 VAG finanziert (§ 149 S. 1 VAG).

1204 Die **Verwendung** der Mittel aus dem gesetzlichen Beitragszuschlag durch Prämienlimitierung ab Alter 65 oder Prämiensenkung ab Alter 80 (→ Rn. 930) erfolgt stets vor der Kappung des Beitrags auf den GKV-Höchstbeitrag und damit außerhalb des Risikoausgleichs nach § 154 VAG; denn der gesetzliche Beitragszuschlag hat trotz seiner Zuführung zur Alterungsrückstellung den Charakter einer individuellen Sparleistung.

1205 **6. Änderung des Basistarifs. a) Beitragsanpassung.** Auf den Basistarif sind die gesetzlichen Vorschriften über die Beitragsanpassung nach § 203 Abs. 2, 5 grds. anzuwenden. Die **Musterbedingungen** regeln die Einzelheiten (§ 8b MB/BT 2009).

1206 Wenn die Beiträge des Basistarifs aufgrund der Kappung durch den **GKV-Höchstbeitrag** begrenzt sind, können sie über die allgemeine Beitragsanpassung nach § 203 Abs. 2 hinaus auch dann angepasst werden, wenn sich der GKV-Höchstbeitrag verändert (§ 8b Abs. 2 MB/BT 2009).

1207 **b) Bedingungsänderung.** Auf den Basistarif sind die gesetzlichen Vorschriften über die Bedingungsänderung und Klauselersetzung nach § 203 Abs. 3–5 grds. anzuwenden. Allerdings ändert § 158 Abs. 2 VAG das Verfahren: An die Stelle des Treuhänders tritt die Fachaufsicht des BMF (→ § 203 Rn. 963b). Die **Musterbedingungen** regeln die Einzelheiten (§ 18 MB/BT 2009).

1208 Wenn sich die **leistungsbezogenen Vorschriften des SGB V** ändern, können die Leistungen des Basistarifs dem angepasst werden (§ 18 Abs. 3 MB/BT 2009).

1209 **7. Zusatzversicherungen.** Anders als im Falle des Standardtarifs (→ Rn. 1163) können aufgrund ausdrücklicher Gesetzesvorschrift (§ 152 Abs. 1 S. 6 VAG) neben dem Basistarif **ergänzende Krankheitskostenversicherungen** abgeschlossen werden.

1210 Wenn eine solche Zusatzversicherung besteht und der Versicherte wegen **Hilfebedürftigkeit** nur den halben Beitrag zahlt (→ Rn. 1201), kann das Versicherungsunternehmen verlangen, dass die Zusatzversicherung für die Dauer dieser Beitragsreduktion ruht (§ 193 Abs. 11).

1211 Wenn der Versicherungsnehmer aus einem Krankenversicherungsvertrag (Herkunftstarif), der höhere oder umfassendere Leistungen als der Basistarif vorsieht, in den Basistarif wechselt, kann er vom Versicherungsunternehmen des Herkunftstarifs einen Zusatztarif verlangen, in dem die über den Basistarif hinausgehende **Alterungsrückstellung** anzurechnen ist (§ 204 Abs. 1 S. 2).

1212 **8. Risikoausgleich.** Nach § 154 Abs. 1 S. 1 VAG müssen sich diejenigen Versicherungsunternehmen, die einen Basistarif anbieten, am Ausgleich der Risiken im Basistarif beteiligen und hierfür ein **Ausgleichssystem** schaffen und erhalten.

1213 Das Ausgleichssystem verfolgt den **Zweck**, die unterschiedlichen Belastungen der Versicherungsunternehmen, die sich aus dem Basistarifsystem ergeben, dauerhaft und wirksam auszugleichen (§ 154 Abs. 1 S. 2 VAG).

1214 Der Ausgleichsbedarf unterscheidet nach der **Ursache der Mehraufwendungen:**
1215 – Mehraufwendungen, die im Basistarif entstehen, weil **keine Risikoprüfung** durchgeführt werden darf und deshalb vorhandene Vorerkrankungen nicht risikoäquivalent ausgeglichen werden dürfen, sind auf alle im Basistarif Versicherten gleichmäßig zu verteilen (§ 154 Abs. 1 S. 3 Hs. 1 VAG).
1216 – Mehraufwendungen, die durch die gesetzliche **Höchstbeitragsgarantie** (→ Rn. 1200 ff.) entstehen, sind auf alle Versicherungsunternehmen zu verteilen, das die Versicherungsunternehmen gleichmäßig belastet werden (§ 154 Abs. 1 S. 3 Hs. 2 VAG). Mit der Umlage werden nur substitutive Krankenversicherungen belastet (§ 8 Abs. 1 Nr. 6 KVAV).

1217 Wenn die zu verteilenden Mehraufwendungen aufgrund nicht zu berücksichtigender Vorerkrankungen (→ Rn. 1215) so hoch sind, dass sie zu einer Überschreitung des GKV-Höchstbeitrags führen würden (→ Rn. 1200), entsteht eine **Gesetzeskollision** zwischen der gesetzlichen Beitragsbegrenzung und der gesetzlichen Verteilungspflicht. Diese Gesetzeskollision löst das Gesetz iErg durch die Verteilung der Mehraufwendungen, die zur Gewährleistung der Höchstbeitragsgarantie entstehen (→ Rn. 1216). Damit sind auch Vorerkrankungsspitzen erfasst, die im Basistarif wegen der Höchstbeitragsgarantie nicht verteilt werden dürfen.

1218 Errichtung, Ausgestaltung, Änderung und Durchführung des Risikoausgleichs unterliegen der vollen materiellen **Versicherungsaufsicht** der BaFin (§ 154 Abs. 2 VAG).

V. Geförderte private Pflegevorsorge

1219 Das Pflege-Neuausrichtungs-Gesetz (PNG) v. 23.10.2012 (BGBl. I S. 2246) führte mit Wirkung v. 1.1.2013 die staatliche Förderung von privaten Pflege-Zusatzversicherungen ein (**"Pflege-**

Riester", "Pflege-Bahr"), wenn diese bestimmte gesetzlich vorgeschriebene Voraussetzungen erfüllten (§§ 126 ff. SGB XI). Das PNG weist zahlreiche fachliche und handwerkliche Mängel auf, die immer wieder und typischerweise eintreten, wenn unter der Federführung eines fachfremden Ressorts (BMG) Regelungen für die PKV geschaffen werden.

Voraussetzungen der Förderfähigkeit sind insbes. 1220
– die Kalkulation nach Art der Lebensversicherung und mit Alterungsrückstellung (§ 127 Abs. 2 S. 1 Nr. 1 SGB XI);
– Kontrahierungszwang (§ 127 Abs. 2 S. 1 Nr. 2 SGB XI);
– Verzicht auf das ordentliche Kündigungsrecht, auf Risikoprüfung, Risikozuschläge und Leistungsausschlüsse (§ 127 Abs. 2 S. 1 Nr. 3 SGB XI);
– Anspruch auf Geldleistungen bei Pflegebedürftigkeit in allen Pflegestufen, bei Pflegestufe III mindestens 600 EUR (§ 127 Abs. 2 S. 1 Nr. 4 SGB XI);
– Folgepflicht in Bezug auf die Feststellung des Versicherungsfalls und die Festsetzung der Pflegestufe (§ 127 Abs. 2 S. 1 Nr. 5 SGB XI);
– Beschränkung der Wartezeit auf höchstens fünf Jahre (§ 127 Abs. 2 S. 1 Nr. 6 SGB XI);
– Anspruch der Versicherungsnehmer, bei Hilfebedürftigkeit den Vertrag mindestens drei Jahre ohne Versicherungsschutz ruhen zu lassen oder rückwirkend zu kündigen (§ 127 Abs. 2 S. 1 Nr. 7 SGB XI);
– Begrenzung der Verwaltungs- und Abschlusskosten (§ 127 Abs. 2 S. 1 Nr. 8 SGB XI).

Die Versicherungsunternehmen müssen für die förderfähigen privaten Pflege-Zusatzversicherungen 1221 **brancheneinheitliche Vertragsmuster** verwenden. Diese Vertragsmuster legt der PKV-Verband als beliehener Unternehmer fest (§ 127 Abs. 2 S. 2 SGB XI). Die Vertragsmuster sind Teil der AVB.

Wegen des Kontrahierungszwangs kann es bei einzelnen Versicherungsunternehmen zu einer 1222 negativen Risiken-Auslese mit der Folge finanzieller Überforderung kommen. Um dies zu vermeiden, kann der PKV-Verband als beliehener Unternehmer einen **Überschadenausgleich** schaffen und unterhalten (§ 127 Abs. 2 S. 3 SGB XI). Zweifelhaft ist, ob dieser Überschadenausgleich zwingend ist und die Versicherungsunternehmen ihm beitreten müssen oder ob ihnen dies freigestellt ist. Einerseits ist § 111 Abs. 1 S. 1, 2 SGB XI entsprechend anzuwenden (§ 127 Abs. 2 S. 3 Hs. 2 SGB XI); die dortige Regelung ist obligatorisch. Andererseits spricht § 127 Abs. 2 S. 3 Hs. 1 SGB XI nur von der „Befugnis" und nicht von der Verpflichtung des PKV-Verbands, einen Überschadenausgleich einzuführen. Noch unverbindlicher sprechen die Gesetzesmaterialien davon, dass dem Ausgleich, „so er eingerichtet wird, jene" Versicherungsunternehmen beitreten „können", die diese förderfähigen Pflege-Zusatzversicherungen anbieten.[526] Daraus ist abzuleiten, dass entgegen der entsprechenden Anwendung von § 111 Abs. 1 S. 1 SGB XI die Einrichtung des Überschadenausgleichs nicht zwingend ist. Das ist auch gerechtfertigt, weil die geförderte private Pflegevorsorge im Unterschied zur PPV keine Pflichtversicherung ist, sondern freiwillig abgeschlossen wird. Kontrahierungszwang für sich allein begründet nicht die versicherungstechnische Notwendigkeit für einen obligatorischen Überschadenausgleich.

Missglückt ist die gesetzliche Regelung der **Fachaufsicht.** Nach § 127 Abs. 2 S. 4 SGB XI soll 1223 das BMG die Fachaufsicht über den PKV-Verband bei der Wahrnehmung seiner Aufgaben als beliehener Unternehmer (Festlegung der Vertragsmuster; Überschadenausgleich) ausüben. Nach dem entsprechend anzuwendenden § 111 Abs. 2 SGB XI unterliegt der Überschadenausgleich jedoch der Aufsicht durch die BaFin. Das ist auch die sachlich allein vertretbare Lösung; denn dabei geht es um versicherungstechnische Fragen, in denen das BMG keine Fachkompetenz besitzt. Wegen des sachlichen Widerspruchs zwischen § 127 Abs. 2 S. 3 Hs. 2 iVm § 111 Abs. 2 SGB XI und § 127 Abs. 2 S. 4 SGB XI bleibt die letztere Vorschrift ohne rechtlichen Gehalt.

Das PNG erweiterte die Anwendung des § 12f S. 1 VAG aF (= § 148 S. 1 VAG) auf die 1224 geförderte Pflegevorsorge, damit die in § 127 Abs. 2 S. 1 Nr. 1 SGB XI in Bezug genommenen aufsichtsrechtlichen Vorschriften über die **Prämienkalkulation** „nach Art der Lebensversicherung" auf die geförderte Pflegevorsorge angewendet werden.[527]

Nach den Gesetzesmaterialien sollte ein **Tarifwechsel** zwischen den nach §§ 126 ff. SGB XI 1225 geförderten Tarifen und anderen nicht geförderten Tarifen ausgeschlossen sein.[528] Das PNG selbst sah hierzu keine gesetzlichen Vorschriften vor. Erst Art. 1 Nr. 2 Vierte KalVÄndV erweiterte § 12 Abs. 3 Nr. 2 KalV aF (= § 12 Abs. 3 Nr. 2 KVAV) dahingehend, dass zwischen den Pflege-Zusatzversicherungen mit und ohne Pflegezulage-Berechtigung keine Gleichartigkeit bestehen solle. Nach der Verordnungsbegründung sollte damit „die Vorgabe des Gesetzgebers", dass zwischen diesen Tarifen „keine Gleichartigkeit iSd § 204 Abs. 1 Nr. 1 VVG besteht, umgesetzt (vgl. BT-Drs. 17/

---

[526] Bericht des Gesundheitsausschusses zu Art. 1 Nr. 49 (§ 127 SGB XII) RegE PNG, BT-Drs. 17/10170, 21.
[527] Bericht des Gesundheitsausschusses zu Art. 15 Nr. 1 (§ 12f VAG) RegE PNG, BT-Drs. 17/10170, 28.
[528] Bericht des Gesundheitsausschusses zu Art. 1 Nr. 49 (§ 127 SGB XII) RegE PNG, BT-Drs. 17/10170, 21.

10170, S. 27[529])" werden.[530] Diese Verordnungsbegründung ist schon für sich allein sachlich unzutreffend, weil nur Gesetzesvorschriften Vorgaben des Gesetzgebers enthalten können. Die angeblichen „Vorgaben" finden sich jedoch ausschließlich in den Gesetzesmaterialien, die lediglich zur Auslegung einer *vorhandenen* Gesetzesvorschrift herangezogen werden, aber nicht eine fehlende Gesetzesvorschrift ersetzen können.

1226 Auch die weitere Begründung der 4. KalVÄndV, mit dem Ausschluss der Gleichartigkeit werde dem Umstand Rechnung getragen, dass das Versicherungsunternehmen in den geförderten Tarifen anders als in den nicht geförderten Tarifen einem **Kontrahierungszwang** unterliege,[531] liegt neben der Sache. Kontrahierungszwang ist kein Merkmal der Gleichartigkeit (→ § 204 Rn. 214a), weshalb das Tarifwechselrecht grds. auch zwischen Basistarif und anderen substitutiven Krankheitskosten-Vollversicherungen besteht (→ § 204 Rn. 100 f.).

1227 Unabhängig von den falschen Sachgründen (→ Rn. 1225 f.) konnten in die KalV aF formalrechtlich Vorschriften zur Gleichartigkeit in Bezug auf die Tarife der geförderten privaten Pflegevorsorge eingefügt werden (§ 148 S. 1 iVm § 160 S. 1 Nr. 2 VAG). Damit werden diese Vorschriften aber nicht schon iSv § 204 materiell-rechtlich wirksamer **Inhalt des Versicherungsvertrags** (→ § 204 Rn. 201a ff.).

1228 Unabhängig von der versicherungsvertragsrechtlichen Unwirksamkeit entfaltet der Ausschluss des Tarifwechselrechts keinen Sinn, weil es für ihn **keinen sachlichen Grund** gibt. Insbesondere sind Missbrauchsmöglichkeiten ausgeschlossen:

1229 – Der **Wechsel von einer geförderten Pflege-Zusatzversicherung** in einen nicht geförderten Tarif hat nur zur Folge, dass der Versicherungsnehmer die Voraussetzungen für die Zulage verliert. Auch aus anderen Gründen kann der Zulageanspruch entfallen (vgl. § 128 Abs. 1 S. 5, 6 SGB XI). Anspruch auf die Zulage entsteht nur, wenn und solange die Voraussetzungen nach § 127 Abs. 1, 2 SGB XI erfüllt sind (§ 127 Abs. 3 SGB XI). Der Versicherungsnehmer ist auch nicht gehindert, die geförderte Pflege-Zusatzversicherung zu kündigen und eine neue nicht geförderte Pflege-Zusatzversicherung abzuschließen. Der Tarifwechsel nach § 204 Abs. 1 S. 1 Nr. 1 Hs. 1 löst in Bezug auf die Zulage keine anderen Rechtsfolgen aus.

1230 – Auch der **Wechsel von einer nicht geförderten Pflege-Zusatzversicherung** in einen geförderten Tarif hat lediglich zur Folge, dass Versicherungsnehmer und Versicherungsunternehmen im Zieltarif alle gesetzlichen Voraussetzungen der §§ 126 ff. SGB XI erfüllen müssen, wenn der Versicherungsnehmer einen Zulageanspruch erwerben will. Nichts anderes gilt, wenn bei Inkrafttreten des PNG bereits bestehende Pflege-Zusatzversicherungen die Voraussetzungen der Förderfähigkeit erfüllen und in die Förderung einbezogen werden.[532] Zwischen diesem Fall und dem Tarifwechsel in einen geförderten Tarif besteht kein sachlicher Unterschied.

VI. Notlagentarif

1231 **1. Rechtsentwicklung.** Die Einführung der Versicherungspflicht durch das GKV-WSG machte Regelungen für den Fall des **Prämienverzugs** erforderlich, weil dem Versicherungsunternehmen die Möglichkeit genommen war, den Vertrag wegen des Prämienverzugs aus wichtigem Grund zu kündigen (§ 206 Abs. 1 S. 1). Als Sanktion konnte das Versicherungsunternehmen das Ruhen der Leistungen feststellen (§ 193 Abs. 6 S. 2 VVG aF). Wenn die Außenstände innerhalb eines Jahres nach Beginn des Ruhens nicht vollständig bezahlt waren, wurde der Vertrag im Basistarif fortgesetzt (§ 193 Abs. 6 S. 9 VVG aF).

1232 Diese **Sanktionsregelung** erwies sich als unzweckmäßig und löste vor allem das Problem der beitragssäumigen Versicherungsnehmer nicht, die häufig auch die Beiträge des Basistarifs nicht bezahlen konnten, was ihre Überschuldungssituation verschärfte. Um sie vor weiterer Überschuldung zu schützen, ihre Notfallversorgung aber trotzdem zu gewährleisten und die Versichertenkollektive nicht weiter mit den Beitragsaußenständen zu belasten,[533] änderte das Gesetz zur Beseitigung sozialer Überforderung bei Beitragsschulden in der Krankenversicherung v. 15.7.2013 (BGBl. I S. 2423) die Regelung durch Einführung eines neuen Notlagentarifs.[534]

---

[529] In der lektorierten Fassung der BT-Drs. 17/10170 handelt es sich um die S. 21.
[530] Begr. zu Art. 1 Nr. 2 (§ 12 KalV) 4. KalVÄndV, BaFin Konsultation 7/2012 v. 16.7.2012, www.bafin.de (Aufruf 20.1.2013).
[531] Begr. zu Art. 1 Nr. 2 (§ 12 KalV) 4. KalVÄndV, BaFin Konsultation 7/2012 v. 16.7.2012, www.bafin.de (Aufruf 20.1.2013).
[532] Bericht des Gesundheitsausschusses zu Art. 1 Nr. 49 (§ 127 SGB XII) RegE PNG, BT-Drs. 17/10170, 21.
[533] Begr. Abschn. A I und zu Art. 3 (VVG) Fraktionsentwurf KVBeitragsschulden-ÜberforderungsG BT-Drs. 17/13079, 6, 9.
[534] Ausf. *Mandler* VersR 2014, 167 ff.; *Hersch* VersR 2020, 331 ff.

2. Rechtsgrundlagen. a) Grundsatz. Gesetzliche Grundlage für den Notlagentarif sind in erster Linie § 193 Abs. 6–10 VVG, Art. 7 EGVVG und § 153 VAG. Nach § 158 Abs. 2 VAG hat der PKV-Verband als **beliehener Unternehmer** die öffentlich-rechtliche Aufgabe, Art, Umfang und Höhe der Leistungen im Notlagentarif nach Maßgabe von § 153 VAG festzulegen. In dieser Aufgabe unterliegt der PKV-Verband der Fachaufsicht des BMF. 1233

§ 193 Abs. 6 regelt die Voraussetzungen für das **Ruhen des Vertrags**. § 193 Abs. 7 regelt iVm dem neuen § 153 VAG den materiell-rechtlichen Inhalt des Notlagentarifs. § 193 Abs. 8 regelt bestimmte Informationspflichten des Versicherungsunternehmens. § 193 Abs. 9 regelt die Rückkehr in den Ursprungstarif. § 193 Abs. 10 wendet die Vorschriften auf die Versicherung für fremde Rechnung an. Art. 7 EGVVG regelt die am 1.8.2013 bereits bestehenden Ruhensfälle. 1234

Die Versicherungsleistungen des Notlagentarifs ergeben sich aus § 153 Abs. 1 S. 2, 3 VAG. Die Vorschrift wird durch die Verweisung in § 193 Abs. 7 S. 1 **versicherungsvertragsrechtlich** wirksam (→ § 203 Rn. 43). 1235

Auf der Grundlage der gesetzlich vorgegebenen Rahmenbedingungen regeln die **Musterbedingungen** für den Notlagentarif (MB/NLT 2013) die Einzelheiten des Versicherungsverhältnisses. 1236

Der Notlagentarif wird in zwei **Tarifstufen** angeboten: Tarifstufe NLTN gilt für Personen, die keinen Beihilfeanspruch nach beamtenrechtlichen Vorschriften oder Grundsätzen haben. Tarifstufe NLTB gilt für Personen mit Beihilfeanspruch, wobei Varianten vorgesehen sind mit einer Erstattung der Behandlungskosten zu 20, 30 % oder 50 %. 1237

Im Notlagentarif **versicherungsfähig** sind Versicherte, deren Versicherung nach § 193 Abs. 6 ruht oder am 1.8.2013 gem. § 193 Abs. 6 VVG aF ruhend gestellt war (Abschn. A Abs. 2–4 MB/NLT 2013). Das Gesetz bezeichnet die im Notlagentarif Versicherten als „Nichtzahler" (§ 153 Abs. 1 S. 1 VAG). 1238

b) AVB. Einzelheiten des Notlagentarifs regeln die verbandseinheitlichen Musterbedingungen MB/NLT 2013. Für ihr Verhältnis zum Gesetzesrecht gelten die allgemeinen Grundsätze des **Konkurrenzrechts** (→ Rn. 596 ff.). 1239

Soweit die MB/NLT 2013 **zugunsten der Versicherten** von halbzwingenden Gesetzesvorschriften abweichen, haben sie Vorrang vor der gesetzlichen Regelung (§ 208). Das gilt auch für Leistungserweiterungen, obwohl § 153 Abs. 1 VAG die versicherten Leistungen abschließend definieren sollte (→ Rn. 1246). Solche Leistungserweiterungen sieht § 1 Abs. 2 lit. a MB/NLT 2013 vor (→ Rn. 1252). 1240

Rechtlich problematisch ist, ob die AVB von den nach § 153 Abs. 1 VAG versicherten Leistungen auch **zuungunsten der Versicherten** abweichen könnten. Weil § 153 Abs. 1 VAG nur über § 193 Abs. 7 S. 1 versicherungsvertragsrechtlich wirksam wird (→ Rn. 1235) und § 208 sich nicht auf § 193 erstreckt, erscheint eine dem Versicherten nachteilige Abweichung möglich. Auch hier zeigen sich die handwerklichen Mängel des Gesetzgebers (→ Rn. 1264 ff.; → § 203 Rn. 31). Weil der Notlagentarif eine Notfallregelung für beitragssäumige Versicherungsnehmer bereitstellen soll, kann sein in § 153 Abs. 1 VAG über § 193 Abs. 7 S. 1 definierter Versicherungsumfang nur als absolute Mindestdeckung verstanden werden, die nicht unterschritten werden darf. Insoweit liegt eine planwidrige Regelungslücke vor, wenn § 208 den neuen § 193 Abs. 7 S. 1 nicht aufführt. § 208 ist daher auf § 193 Abs. 7 S. 1 zu erstrecken. 1241

3. Rechtsnatur des Notlagentarifs. Sobald nach § 193 Abs. 6 S. 4 die Voraussetzungen für das Ruhen des ursprünglich abgeschlossenen Vertrags (**„Ursprungsvertrag"**) eingetreten sind, „gilt" der Versicherte „als im Notlagentarif ... versichert" (§ 193 Abs. 7 S. 1). Nach den gesetzgeberischen Vorstellungen soll es sich bei dem Notlagentarif „um eine gesetzliche Fiktion" handeln.[535] Diese Betrachtungsweise ist missverständlich: Eine gesetzliche Fiktion ist nicht der *Notlagentarif* (→ Rn. 1243) sondern das *Versichertsein* in diesem Tarif. 1242

Der Notlagentarif ist ein gesetzlicher **Zwangstarif**, in dem Nichtzahler während des Ruhens ihres Ursprungsvertrags versichert sind. Er ist keine gesetzliche Fiktion, sondern ein realer Tarif, der Sonderregelungen unterliegt. Der Notlagentarif wird kraft Gesetzes und nicht durch Parteivereinbarung wirksam; er kann auch nicht freiwillig vertraglich vereinbart werden. 1243

Weil der Notlagentarif nicht vertraglich vereinbart werden kann, kann er auch nicht Gegenstand eines **Tarifwechsels** sein; denn ein Tarifwechsel bedarf stets einer Vereinbarung (→ § 204 Rn. 192 f.). § 193 Abs. 7 S. 4 schließt den Wechsel in den oder aus dem Notlagentarif ausdrücklich aus. Dieser Klarstellung[536] hätte es nicht bedurft (→ § 204 Rn. 73a ff.; → Rn. 144a ff.). 1244

---

[535] Begr. zu Art. 3 (§ 193 Abs. 7 VVG) Fraktionsentwurf KVBeitragsschulden-ÜberforderungsG BT-Drs. 17/13079, 9.
[536] Begr. zu Art. 3 (§ 193 Abs. 7 VVG) Fraktionsentwurf KVBeitragsschulden-ÜberforderungsG BT-Drs. 17/13079, 9.

1245 Zwischen dem Ursprungsvertrag und dem Notlagentarif besteht **kein rechtlicher Zusammenhang**. Beide sind voneinander formal und materiell unabhängig.

1246 **4. Versicherungsleistungen. a) Grundsatz.** Die **Hauptleistungen** bestehen – abgesehen von der erweiterten Leistungspflicht für Kinder und Jugendliche nach § 153 Abs. 1 S. 3 VAG (→ Rn. 1249) – „ausschließlich" in der Erstattung von Aufwendungen für Leistungen, „die zur Behandlung von akuten Erkrankungen und Schmerzzuständen sowie bei Schwangerschaft und Mutterschaft erforderlich sind" (§ 153 Abs. 1 S. 2 VAG). Die versicherten Leistungen sind abschließend definiert.[537]

1247 Die Vorschrift übernimmt im Wesentlichen die Terminologie von § 192 Abs. 1 („Erstattung", „Aufwendungen", „Behandlung"). Daraus folgt, dass auch für den Notlagentarif die **Begriffswelt** des Krankenversicherungsrechts gilt, also insbes. der Begriff des Versicherungsfalls und seine Voraussetzungen (vgl. § 1 Abs. 2 MB/NLT 2013).

1248 Im Übrigen gelten in Bezug auf die Hauptleistungen (→ Rn. 1246) für den **Umfang des Versicherungsschutzes** im Notlagentarif die gleichen Grundsätze wie für die Vorgängerregelung des § 193 Abs. 6 S. 6 VVG aF.[538]

1249 Weitergehend als nach der Vorgängerregelung sind für im Notlagentarif versicherte Kinder und Jugendliche auch **Vorsorgeuntersuchungen und Schutzimpfungen** zu erstatten (§ 153 Abs. 1 S. 3 VAG). Die Vorschrift ist unpräzise formuliert, indem sie diese Leistungserweiterung mit dem Wort „insbesondere" einleitet, was in der Gesetzessprache bedeutet, dass es sich bei den ausdrücklich genannten Sachverhalten nur um Beispielsfälle einer iÜ nicht abschließenden Regelung handelt. Das kann hier aber nicht gemeint sein, weil es sich um eine abschließende Regelung handeln sollte (→ Rn. 1246). Die Vorschrift war im Zuge der parlamentarischen Beratungen eingefügt worden,[539] was die zivilrechtlich unpräzise Ausdrucksweise erklärt.

1250 **b) Leistungserweiterungen.** Eine wesentliche Erweiterung des Versicherungsschutzes gegenüber der Vorgängerregelung kann sich ergeben, wenn der Ursprungsvertrag keine **Leistungen für Zahnbehandlung** vorsieht, was zulässig ist.[540] Nach der Vorgängerregelung ruhten die im vereinbarten Tarif versicherten Leistungen, so dass sich die fortbestehende Haftung für akute Erkrankungen und Schmerzzustände auch nur auf diejenigen Leistungen beziehen konnte, die im Tarif versichert waren. Wenn Leistungen für Zahnbehandlung nicht versichert waren, entfiel auch die Haftung für Schmerzzustände im Zahnbereich. Nach der Neuregelung handelt es sich jedoch bei dem Notlagentarif um einen eigenständigen Tarif (→ Rn. 1243, 1245). Das hat zur Folge, dass die nach § 153 Abs. 1 S. 2 VAG versicherten Leistungen *alle* Schmerzzustände umfassen, auch soweit sie im Ursprungstarif nicht versichert sind.

1251 Anders als nach der Vorgängerregelung gelten während der Versicherung im Notlagentarif **keine Leistungsausschlüsse und Selbstbehalte** (§ 193 Abs. 7 S. 2). Auch darin liegt eine erhebliche Leistungserweiterung, wenn für den Ursprungstarif Leistungsausschlüsse und – in den Grenzen des § 193 Abs. 3 S. 1 – Selbstbehalte vereinbart worden waren.

1252 Auch wenn die nach § 153 Abs. 1 VAG versicherten Leistungen abschließend definiert sind (→ Rn. 1246), können die AVB darüber hinausgehende Leistungserweiterungen vorsehen (→ Rn. 1239). Solche Leistungserweiterungen sind für **Hospiz- und Palliativversorgung** sowie für **chronische Erkrankungen** vorgesehen (§ 1 Abs. 2 lit. a MB/NLT 2013), denen das Merkmal des *akuten* Anlasses fehlt.

1253 **c) Leistungsmaßstab.** Für den Basistarif verweist § 152 Abs. 1 S. 1 VAG als Leistungsmaßstab auf die **vergleichbaren Leistungen des SGB V;** dieser Leistungsmaßstab bildet nach § 158 Abs. 2 S. 1 iVm § 152 Abs. 1 VAG auch die materiell-rechtliche Grundlage für die vom PKV-Verband festzulegenden AVB. Für die AVB des Notlagentarifs verweist § 158 Abs. 2 S. 1 jedoch nur auf § 153 Abs. 1 VAG, der keine Bezugnahme auf das SGB V enthält.

1254 Obwohl § 153 VAG nicht den Leistungsmaßstab des SGB V vorschreibt, übernimmt § 1 Abs. 1 S. 2 MB/NLT 2013 vom Basistarif die am SGB V orientierte Anforderung, dass die Erstattungspflicht sich nach Grund und Höhe auf „ausreichende, zweckmäßige und wirtschaftliche Leistungen" beschränkt (→ Rn. 1329, 1338). Die Übernahme des **Wirtschaftlichkeitsgebots** aus dem SGB V in den Notlagentarif kann zu rechtlichen Problemen führen, weil § 153 VAG nach seinem Wortlaut

---

[537] Begr. zu Art. 4 Nr. 3 (§ 12h Abs. 1 VAG) Fraktionsentwurf KVBeitragsschulden-ÜberforderungsG BT-Drs. 17/13079, 10.
[538] *Boetius* VVG § 193 Rn. 146 ff.
[539] Beschlussempfehlung und Bericht des Gesundheitsausschusses zu Art. 4 Nr. 3 (§ 12h VAG) Fraktionsentwurf KVBeitragsschulden-ÜberforderungsG BT-Drs. 17/13947, 31.
[540] *Kalis* in Bach/Moser VVG § 193 Rn. 10; *Boetius* VVG § 193 Rn. 101; *Muschner* in Langheid/Rixecker VVG § 193 Rn. 29.

hierfür keine Rechtsgrundlage bietet und auf die Versicherungsleistungen des Notlagentarifs prinzipiell die Begriffswelt des VVG anzuwenden ist (→ Rn. 1247).

Den Gesetzesmaterialien lässt sich nicht eindeutig entnehmen, ob das Fehlen einer Bezugnahme auf das SGB V lediglich auf einem **Versehen des Gesetzgebers** beruht, das durch Auslegung korrigiert werden kann. Einerseits soll § 153 Abs. 1 VAG die Leistungen des Notlagentarifs „abschließend" definieren,[541] was für eine eng am Wortlaut des § 153 Abs. 1 VAG orientierte Auslegung spricht und eine „stillschweigende" Bezugnahme auf das SGB V auszuschließen scheint. Andererseits sollte der Notlagentarif für den beitragssäumigen Versicherungsnehmer an die Stelle des Basistarifs treten (→ Rn. 1231) treten. 1255

Der Gesetzgeber des KVBeitragsschulden-ÜberforderungsG knüpfte an das GKV-WSG an und wollte bestimmte Folgen korrigieren, die sich aus der Einführung der allgemeinen Krankenversicherungspflicht für beitragssäumige Versicherungsnehmer in der GKV und in der PKV ergeben hatten.[542] Aus der Verknüpfung mit dem GKV-WSG ist abzuleiten, dass der Notlagentarif eine dem Basistarif ähnliche Qualität haben sollte. Deshalb ist wie beim Basistarif in § 153 VAG von einer „**stillschweigenden**" **Bezugnahme auf das SGB V** auszugehen. 1256

Die dem **Basistarif ähnliche Qualität** drückt sich insbes. in folgenden Regelungen aus: 1257
– Der **Sicherstellungsauftrag** der Kassenärztlichen Vereinigungen und der Kassenärztlichen Bundesvereinigungen nach § 75 Abs. 3a S. 1 SGB V erstreckt sich auch auf die im Notlagentarif Versicherten. 1258
– Die **ärztlichen Vergütungen** werden auf die gleichen GOÄ- und GOZ-Sätze begrenzt wie beim Basistarif (§ 75 Abs. 3a S. 2, Abs. 3b S. 1 SGB V). 1259

Andererseits waren ursprünglich auf den Notlagentarif nicht alle Regelungen anzuwenden, die für den Basistarif gelten. So war der **Direktanspruch** der medizinischen Leistungserbringer gegen das Versicherungsunternehmen nach § 192 Abs. 7 S. 1 aF nicht auf den Notlagentarif ausgedehnt worden.[543] Diese Lücke beseitigte Art. 4 Nr. 1 GVWG mit Wirkung ab 20.7.2021, sodass der Direktanspruch auch im Notlagentarif gilt (§ 192 Abs. 7 S. 1 nF). Der Versicherer wird im Umfang seiner an den Leistungserbringer oder den Versicherungsnehmer erbrachten Leistung von seiner Leistungspflicht gegenüber dem Leistungserbringer befreit (§ 192 Abs. 7 S. 3 nF). 1260

5. Versicherungsbeiträge. Nach § 153 Abs. 2 S. 3 iVm § 152 Abs. 3 S. 1–3 VAG darf der Beitrag im Notlagentarif den **Höchstbeitrag der GKV** nicht übersteigen. 1261

Bei **Hilfebedürftigkeit** des Versicherungsnehmers treten keine Beitragsreduktionen wie beim Basistarif ein (→ Rn. 1201). In diesem Fall wechselt der Versicherte nicht in den Notlagentarif, weil das Ruhen des Ursprungsvertrags nicht eintritt (§ 193 Abs. 6 S. 5). 1262

6. Aufrechnungs- und Zurückbehaltungsrechte. Der Notlagentarif will den Beitragsschuldner vor weiterer Überschuldung schützen und gleichzeitig eine Notfallversorgung sicherstellen (→ Rn. 1232). Ziel des Notlagentarifs war es ursprünglich jedoch nicht, ihm bedingungslose Rechtspositionen zu verschaffen und dem Versicherer eigene Rechtspositionen vollständig zu verwehren; denn es gehört auch zu den Gesetzeszielen, das Kollektiv der Versichertengemeinschaft zu entlasten.[544] Daher blieben dem Versicherer bestimmte **Abwehrrechte** erhalten. 1262a

Zu den zulässigen Abwehrrechten des Versicherers gehört grundsätzlich die **Aufrechnung**. Sie kommt in Betracht, wenn der Versicherer Forderungen gegen den Versicherungsnehmer auf rückständige Beiträge hat, denen Ansprüche des Versicherungsnehmers gegenüberstehen: 1262b
– Wenn der Versicherungsnehmer Ansprüche auf *Kostenerstattung* gegen den Versicherer geltend macht, kann dieser mit seiner Forderung auf rückständige Beiträge dagegen aufrechnen.[545]
– Eine Aufrechnung ist ferner möglich, wenn der Versicherungsnehmer bei einem Versichererwechsel Ansprüche auf den Übertragungswert geltend macht (→ § 204 Rn. 481c).

Zu den Abwehrrechten des Versicherers gehört auch das allgemeine **Zurückbehaltungsrecht** nach § 273 Abs. 1 BGB, das insbesondere im Fall eines Versichererwechsels geltend gemacht werden kann (→ § 204 Rn. 481b). 1262c

Diese Regelung änderte Art. 4 Nr. 2 GVWG mit Wirkung ab 20.7.2021 durch Einfügung von § 192 Abs. 7 S. 4, 5 VVG. Danach ist nunmehr die **Aufrechnung** mit einer aus der Krankheitskos- 1262d

---

[541] Begr. zu Art. 4 Nr. 3 (§ 12h Abs. 1 VAG) Fraktionsentwurf KVBeitragsschulden-ÜberforderungsG, BT-Drs. 17/13079, 10.
[542] Begr. Abschn. A I Fraktionsentwurf KVBeitragsschulden-ÜberforderungsG, BT-Drs. 17/13079, 6.
[543] Kritisch dazu *Hersch* VersR 2020, 331 (338).
[544] Begr. Abschn. A I und zu Art. 3 (VVG) Fraktionsentwurf KVBeitragsschulden-ÜberforderungsG BT-Drs. 17/13079, 6, 9.
[545] BGH VersR 2019, 152 Rn. 12 ff. mwN = NJW 2019, 359; BGH VersR 2021, 1484 = NJW 2021, 3783 Rn. 14 ff.; OLG Jena VersR 2016, 1242. Zustimmend *Hersch* VersR 2020, 331 (337).

tenversicherung *oder* der privaten Pflege-Pflichtversicherung zustehenden Prämienforderung gegen eine Forderung des Versicherungsnehmers aus diesen Versicherungen ausgeschlossen. Das allgemeine **Zurückbehaltungsrecht** (→ Rn. 1262c) bleibt davon jedoch unberührt.

1262e Zu den **Abwehrrechten des Versicherungsnehmers** gehört grundsätzlich die Aufrechnung mit Kostenerstattungsansprüchen gegen Beitragsforderungen des Versicherers. Wie § 12 S. 1 MB/KK beschränkt § 12 S. 1 MB/NLT 2013 die Aufrechnung jedoch auf unbestrittene oder rechtskräftig festgestellte Forderungen des Versicherungsnehmers (vgl. § 309 Nr. 3 BGB). Ein absolutes Aufrechnungsverbot gilt darüber hinaus gegen Beitragsforderungen eines *VVaG* (§ 12 S. 2 MB/KK und MB/NLT), was auf § 181 VAG beruht.[546]

1263 **7. Kalkulation. a) Grundsatz.** Nach § 153 Abs. 2 S. 1 VAG ist für alle im Notlagentarif Versicherten „eine einheitliche Prämie zu kalkulieren". Daraus folgt zunächst nur das Prinzip einer vom Alter unabhängigen **Einheitsprämie** (→ § 203 Rn. 133).

1264 Die Gesetzesmaterialien leiten aus dem Grundsatz der Einheitsprämie als Konsequenz zusätzlich ab, dass im Notlagentarif **keine Alterungsrückstellung** aufgebaut werde und daher auch nicht einzukalkulieren sei.[547] Diese Begründung ist problematisch:

1265 – Die Kalkulation einer Einheitsprämie hat **rechtssystematisch und versicherungstechnisch** nichts mit der Kalkulation einer Alterungsrückstellung zu tun. Einheitsprämie bedeutet nur, dass die Prämienhöhe nicht von bestimmten Risikomerkmalen (zB Alter, Geschlecht) abhängt. Auch eine Alterungsrückstellung kann unabhängig von derartigen Risikomerkmalen kalkuliert werden.

1266 – Nach § 153 Abs. 2 S. 1 VAG soll „im Übrigen" § 146 Abs. 1 Nr. 1, 2 VAG gelten. § 146 Abs. 1 Nr. 2 VAG schreibt die Bildung der Alterungsrückstellung nach § 341f HGB vor. Die durch § 153 Abs. 2 S. 1 VAG vorgeschriebene Anwendung von § 146 Abs. 1 Nr. 2 VAG steht in direktem **Widerspruch** zu dem vom Gesetzgeber verfolgten Ziel, den Notlagentarif ohne Alterungsrückstellung zu kalkulieren. Die Gesetzesmaterialien geben keinen Anhaltspunkt, um den Widerspruch aufzuklären. Auch die Bedeutung der Worte „im Übrigen" erschließt sich nicht. Zwar soll die im Ursprungstarif aufgebaute Alterungsrückstellung nicht „verfallen".[548] Auf den Ursprungstarif bezieht sich aber § 153 VAG nicht.

1267 Die Schaffung des Notlagentarifs verfolgt das Ziel, den beitragssäumigen Versicherungsnehmer finanziell zu entlasten und ihm gleichwohl eine Notfallversorgung zur Verfügung zu stellen. Der Basistarif erwies sich hierfür als nicht geeignet, weil er aufgrund seiner Beitragshöhe den Nichtzahler aus seiner Überschuldung häufig nicht befreien konnte. Der Notlagentarif soll eine erhebliche Beitragsreduktion zur Folge haben, die sich sowohl aus der reduzierten Versicherungsleistung als auch aus der Nichtberücksichtigung einer Alterungsrückstellung ergeben soll.[549] Die Kalkulation des Notlagentarifs ohne Alterungsrückstellung war ausdrücklich gewollter **Gesetzeszweck**, dessen Umsetzung jedoch rechtstechnisch misslungen ist. § 153 Abs. 2 S. 1 VAG hätte die Anwendung von § 146 Abs. 1 Nr. 2 VAG nicht anordnen, sondern *ausschließen* müssen.

1268 Dass der Notlagentarif ohne Alterungsrückstellung kalkuliert werden soll, ergibt sich mittelbar auch aus der gleichzeitigen Änderung von § 12 Abs. 4a S. 2 VAG aF (= § 149 S. 3 VAG), wonach der **gesetzliche Beitragszuschlag,** der der Alterungsrückstellung direkt zugeführt wird, im Notlagentarif nicht zu erheben ist.[550]

1269 Wegen des eindeutigen Gesetzesziels ist eine **teleologische Reduktion** von § 153 Abs. 2 S. 1 VAG notwendig, weil anderenfalls der mit dem Notlagentarif verfolgte Gesetzeszweck vereitelt würde.

1270 **b) Einzelfragen.** Mehraufwendungen, die durch die **Höchstbeitragsgarantie** (→ Rn. 1261) entstehen, müssen innerhalb jedes einzelnen Versicherungsunternehmens für alle Versicherungen, die der Erfüllung der Versicherungspflicht genügen, gleichmäßig verteilt werden (§ 153 Abs. 2 S. 5 VAG). Eine dem § 8 Abs. 1 Nr. 6 KVAV entsprechende Ergänzung der KVAV fehlt.

1271 Nach § 153 Abs. 2 S. 4 VAG dürfen die kalkulierten Prämien nicht höher sein als „zur Deckung der Aufwendungen für Versicherungsfälle" erforderlich. Den damit zum Ausdruck gebrachten Grundsatz der **Kostendeckung** begründen die Gesetzesmaterialien damit, dass „anders als" nach § 41 RechVersV „alle tatsächlich entstandenen Kosten im Zusammenhang mit der Leistungserbringung" erfasst

---

[546] Das hat LG Wiesbaden r+s 2022, 402 f. möglicherweise nicht gesehen.
[547] Begr. zu Art. 4 Nr. 3 (§ 12h Abs. 2 VAG) Fraktionsentwurf KVBeitragsschulden-ÜberforderungsG, BT-Drs. 17/13079, 10.
[548] Begr. zu Art. 4 Nr. 3 (§ 12h Abs. 2 VAG) Fraktionsentwurf KVBeitragsschulden-ÜberforderungsG, BT-Drs. 17/13079, 10.
[549] Begr. zu Art. 4 Nr. 3 (§ 12h Abs. 2 VAG) Fraktionsentwurf KVBeitragsschulden-ÜberforderungsG, BT-Drs. 17/13079, 10.
[550] Begr. zu Art. 4 Nr. 2 (§ 12 VAG) Fraktionsentwurf KVBeitragsschulden-ÜberforderungsG, BT-Drs. 17/13079, 10.

werden sollen.⁵⁵¹ Dieser Hinweis ist unsinnig, weil § 41 RechVersV eine *Bilanzierungs*vorschrift für die GuV ist, während in § 153 Abs. 2 VAG die *Kalkulation* geregelt wird. Bilanzierung und Kalkulation sind aber systematisch unterschiedliche und voneinander unabhängige Vorgänge (→ Rn. 991).⁵⁵² Die Vorschrift ist darüber hinaus überflüssig, weil nach § 153 Abs. 2 S. 1 iVm § 146 Abs. 1 Nr. 1, § 160 S. 1 Nr. 1 VAG für die Kalkulation ohnehin das Regelwerk der KVAV gilt.

Nach § 153 Abs. 2 S. 6 VAG ist auf die Prämie des Notlagentarifs die Alterungsrückstellung aus dem Ursprungstarif teilweise anzurechnen; höchstens 25 % der Notlagentarifprämie ist durch Entnahme aus der **Alterungsrückstellung des Ursprungstarifs** zu finanzieren, um „den Aufbau weiterer Beitragsschulden zu dämpfen".⁵⁵³ Im Regelfall führt das zu einem Abbau der Alterungsrückstellung, was bei Rückkehr in den Ursprungstarif nachteilig ist (→ Rn. 1276a). 1272

In bestimmten Konstellationen kann die Alterungsrückstellung bei **Rückkehr in den Ursprungstarif** jedoch unverändert oder sogar höher sein als vor der Umstellung in den Notlagentarif: 1273

– Bei **unterjähriger Umstellung** in den Notlagentarif und noch im gleichen Kalenderjahr erfolgender Rückkehr in den Ursprungstarif wird für die kurze Zeit der Versicherung im Notlagentarif die Alterungsrückstellung nicht gekürzt. Dieser Effekt hat seine Ursache darin, dass das klassische Kalkulationsmodell nur eine Betrachtung in vollen Kalenderjahren vorsieht, so dass die Alterungsrückstellung sich idR nur an den Jahreswechseln ändert. 1274

– Bei Umstellung in den Notlagentarif während der **Entsparphase** des Ursprungstarifs kann es dazu kommen, dass der im Notlagentarif nicht zur Beitragsminderung benötigte Rest der dort geparkten Alterungsrückstellung aufgrund Verzinsung und Vererbung im Saldo geringer sinkt als im vergleichbaren Ursprungstarif, in dem stärker entspart wurde. Wenn der Verzinsungs- und Vererbungseffekt des im Notlagentarif geparkten Anteils größer ist als der Abbau der beitragswirksamen Alterungsrückstellung, kann die Alterungsrückstellung im Saldo sogar steigen. 1275

c) Kritische Würdigung. Dass für überschuldete Versicherungsnehmer der Krankenversicherungsbeitrag im Notlagentarif nur durch Verzicht auf den Aufbau einer Alterungsrückstellung auf ein möglichst niedriges Niveau reduziert werden kann, ist einsichtig. Weil die Alterungsrückstellung im ruhenden Ursprungstarif gleichzeitig nicht weiter aufgebaut wird, wird der Versicherungsnehmer nach **Rückkehr in den Ursprungstarif** eine zu niedrige Alterungsrückstellung haben, die für den alterungsbedingten Kostenanstieg nicht ausreichen wird. Infolgedessen werden künftige Beitragsanpassungen für den Versicherungsnehmer höher ausfallen, als wenn der Ursprungstarif nicht geruht hätte. 1276

Dieser Effekt verstärkt sich noch dadurch, dass die **Alterungsrückstellung des Ursprungstarifs** zur Finanzierung der Prämie des Notlagentarifs herangezogen wird (→ Rn. 1272). Die Alterungsrückstellung des Ursprungstarifs wird im Regelfall nicht nur nicht weiter aufgebaut, sondern sogar abgebaut (aber → Rn. 1273 ff.). 1276a

Diese Konstruktion des Notlagentarifs ist in kurzsichtiger Betrachtungsweise verständlich, jedoch bei langfristiger Betrachtung **sozialpolitisch und versicherungstechnisch** problematisch. Sozialpolitisch wird dem überschuldeten Versicherungsnehmer die Zukunft verbaut, indem eine spätere Rückkehr in einen Normaltarif erschwert wird.⁵⁵⁴ Versicherungstechnisch werden Grundprinzipien des Geschäftsmodells der PKV aufgegeben. Es wäre überzeugender gewesen, die Außenstände von beitragssäumigen Versicherungsnehmern in den jeweiligen Versichertenkollektiven zu belassen. 1277

8. Änderung des Notlagentarifs. a) Beitragsanpassung. Auf den Notlagentarif sind die gesetzlichen Vorschriften über die Beitragsanpassung nach § 203 Abs. 2, 5 grds. anzuwenden. Die **Musterbedingungen** regeln die Einzelheiten (§ 8b MB/NLT 2013). Nach § 153 Abs. 1 S. 1 VAG ist der Notlagentarif ein Tarif iSv § 155 Abs. 3 S. 1 VAG. Dieser Vorschrift hätte es nicht bedurft; denn nach § 203 Abs. 2 S. 4 ist § 155 VAG ohnehin anzuwenden. 1278

Wenn die Beiträge des Notlagentarifs aufgrund der Kappung durch den **GKV-Höchstbeitrag** begrenzt sind, können sie über die allgemeine Beitragsanpassung nach § 203 Abs. 2 hinaus auch dann angepasst werden, wenn sich der GKV-Höchstbeitrag verändert (§ 8b Abs. 2 MB/NLT 2013). 1279

b) Bedingungsänderung. Auf den Notlagentarif sind die gesetzlichen Vorschriften über die Bedingungsänderung und Klauselersetzung nach § 203 Abs. 3–5 grds. anzuwenden. Allerdings ändert § 158 Abs. 2 VAG das Verfahren: An die Stelle des Treuhänders tritt die Fachaufsicht des BMF (→ § 203 Rn. 963b). Die **Musterbedingungen** regeln die Einzelheiten (§ 18 MB/NLT 2013). 1280

---

⁵⁵¹ Begr. zu Art. 4 Nr. 3 (§ 12h Abs. 2 VAG) Fraktionsentwurf KVBeitragsschulden-ÜberforderungsG, BT-Drs. 17/13079, 10.
⁵⁵² *Boetius* VersR 2014, 140 (141) re. Sp.
⁵⁵³ Begr. zu Art. 4 Nr. 3 (§ 12h Abs. 2 VAG) Fraktionsentwurf KVBeitragsschulden-ÜberforderungsG, BT-Drs. 17/13079, 10.
⁵⁵⁴ *Hersch* VersR 2020, 331 (334).

1281 Wenn sich die **erstattungsfähigen Gebührensätze** ändern, können die Leistungen des Notlagentarifs dem angepasst werden (§ 18 Abs. 3 MB/NLT 2013).

1282 **9. Zusatzversicherungen.** Das Versicherungsunternehmen kann verlangen, dass für die Dauer der Versicherung im Notlagentarif Zusatzversicherungen ruhen (§ 193 Abs. 7 S. 3). Das Ruhen der Zusatzversicherungen tritt mit Abgabe der Verlangenserklärung des Versicherungsunternehmens ein und bedarf zu seiner Wirksamkeit keiner Mitwirkung des Versicherungsnehmers. Es handelt sich um ein **Gestaltungsrecht.**

1283 Das Ruhen der Zusatzversicherung endet automatisch mit dem **Ende der Versicherung im Notlagentarif** und der Fortsetzung der Versicherung im Ursprungstarif nach § 193 Abs. 9 S. 1; das ergibt sich aus § 193 Abs. 7 S. 3 („…solange die Versicherung nach § 153 … besteht."). Es bedarf hierzu keiner weiteren Willenserklärungen.

1284 **10. Risikoausgleich.** Der Notlagentarif wird von jedem Versicherungsunternehmen eigenständig kalkuliert. Es gibt **keine unternehmensübergreifende gemeinsame Kalkulation** aller Versicherungsunternehmen. Dementsprechend bedarf es auch keines Risikoausgleichssystems wie im Falle des Basistarifs und des Standardtarifs.

1285 **11. Übergangsrecht. a) Grundsatz.** Die Vorschriften über den Notlagentarif waren am 1.8.2013 in Kraft getreten. Für Verträge, deren Ruhen nach § 193 Abs. 6 VVG aF bereits festgestellt worden war (**Altruhensfälle**), hätte zweifelhaft sein können, ob das Versicherungsunternehmen den Ruhensvorgang nach § 193 Abs. 3 VVG nF erneut hätte einleiten müssen, um die Rechtsfolgen nach neuem Recht herbeizuführen. Art. 7 S. 1 EGVVG bestimmt für die Altruhensfälle, dass diese Versicherungsnehmer bereits ab 1.8.2013 als im Notlagentarif versichert gelten.

1285a Darüber hinaus begründet Art. 7 S. 2 EGVVG eine **rückwirkende Versicherung im Notlagentarif** ab den Zeitpunkt, zu dem die Leistungen aus dem Vertrag ruhend gestellt worden waren. Damit verringern sich wegen der niedrigeren Prämie im Notlagentarif die Beitragsschulden der säumigen Versicherungsnehmer deutlich.[555] Für die Versicherungsunternehmen trat an die Stelle nicht mehr beitreibbarer Beitragsforderungen die niedrigere Forderung aus dem Notlagentarif, die insgesamt in dessen Beitragskalkulation Eingang finden. Die Versicherungsunternehmen brauchen damit ohne entsprechende Beitragszahlung rückwirkend keine Alterungsrückstellungen zu bilden.[556] Allerdings werden bereits gebildete Alterungsrückstellungen nicht nach § 153 Abs. 2 S. 6 VAG rückwirkend auf die zu zahlenden Prämien angerechnet (Art. 7 S. 4 EGVVG).

1286 Der Versicherungsnehmer konnte in den Altruhensfällen der rückwirkenden Versicherung im Notlagentarif **widersprechen** (Art. 7 S. 5 EGVVG). Das Versicherungsunternehmen musste ihn über die Versicherung im Notlagentarif und über sein Widerspruchsrecht unterrichten (Art. 7 S. 6 EGVVG).

1287 **b) Zeitlicher Anwendungsbereich.** Die in Art. 7 S. 2 EGVVG normierte **Rückwirkung** gilt nur für Versicherungsverträge, die bei Inkrafttreten der Vorschriften über den Notlagentarif am 1.8.2013 noch bestanden hatten. Die Vorschrift gilt nicht für Krankenversicherungen, deren Leistungen am 1.8.2013 noch ruhend gestellt waren oder die zu diesem Zeitpunkt rechtlich bereits beendet worden waren.[557] Jedoch ergibt sich die Rechtsfolge aus dem Wortlaut und dem Normzusammenhang: Art. 7 S. 1 EGVVG betrifft die Geltung des Notlagentarifs für die ruhend gestellten Leistungen „ab" dem 1.8.2013; Art. 7 S. 2 EGVVG dehnt diese Geltung auf die Zeit davor aus, so dass ein zusammenhängender Geltungszeitraum entsteht. Dass der Geltungszeitraum zusammenhängend sein muss, drückt Art. 7 S. 2 EGVVG mit dem Präsens des Verbs „gelten" aus. Auch Art. 7 S. 3 EGVVG setzt einen am 1.8.2013 bestehenden Versicherungsvertrag voraus, indem die „Rechte und Alterungsrückstellungen erhalten bleiben" sollen. Die Hinweispflicht der Versicherungsunternehmen „auf die Versicherung im Notlagentarif" (Art. 7 S. 6 EGVVG) ist schließlich nur sinnvoll, wenn die Versicherung noch besteht. Eine rückwirkende Geltung auch für am 1.8.2013 nicht mehr ruhend gestellte oder nicht mehr bestehende Versicherungsverhältnisse kann auch den Gesetzesmaterialien nicht entnommen werden.[558]

---

[555] Beschlussempfehlung und Bericht des Gesundheitsausschusses zu Art. 5 Fraktionsentwurf KVBeitragsschulden-ÜberforderungsG, BT-Drs. 17/13947, 31.

[556] Beschlussempfehlung und Bericht des Gesundheitsausschusses zu Art. 5 Fraktionsentwurf KVBeitragsschulden-ÜberforderungsG, BT-Drs. 17/13947, 31.

[557] BGH VersR 2016, 1107 Rn. 18 ff. = r+s 2016, 471; OLG Hamm 2016, 136 Rn. 12 f.; LG Dortmund r+s 2014, 85; LG Berlin VersR 2015, 1015; *Göbel/Köther* VersR 2014, 537 (544); *Mandler* VersR 2015, 818 ff.; anders KG VersR 2015, 440; OLG Köln r+s 2015, 454.

[558] Beschlussempfehlung und Bericht des Gesundheitsausschusses zu Art. 5 Fraktionsentwurf KVBeitragsschulden-ÜberforderungsG, BT-Drs. 17/13947, 31.

VII. Systemgerechter Basistarif für einen freien PKV-Wechsel

1. Grundgedanke. Der Verband der privaten Krankenversicherungsunternehmen (PKV-Verband) hatte anlässlich seiner Mitgliederversammlung am 3.6.2004 die Eckpunkte für ein **Zukunftsmodell** der privaten Krankenversicherung vorgestellt, das zukunftsweisende Vorschläge zum Systemwettbewerb zwischen GKV und PKV sowie für einen erleichterten Versichererwechsel innerhalb der PKV enthält. Zum letztgenannten Themenkreis war vorgeschlagen worden, zusätzlich zu der fortbestehenden Produktwelt unternehmensindividueller Tarife ein neues brancheneinheitliches Basisprodukt zu schaffen, das von allen PKV-Unternehmen einheitlich angeboten wird.

2. Tarifmerkmale. Das Basisprodukt zeichnet sich durch folgende **Kernelemente** aus:
– Der **Leistungsumfang** orientiert sich – nach Art des heutigen brancheneinheitlichen Standardtarifs für ältere Versicherte – am Leistungsniveau der GKV, ohne mit ihm völlig identisch zu sein.
– Die **Netto-Kalkulation** ist für alle PKV-Unternehmen identisch.
– Für alle, die nach Einführung des PKV-Zukunftsmodells erstmals eine substitutive Krankenversicherung abschließen, besteht im Falle eines späteren Versicherungswechsels im Umfang des Basistarifs eine **Aufnahmegarantie**; sie besagt, dass in Höhe des Basisschutzes für jeden Vollversicherungstarif Kontrahierungszwang der PKV-Unternehmen besteht und eine Gesundheitsprüfung nicht stattfindet, so dass insoweit weder Risikozuschläge noch Leistungsausschlüsse anfallen.
– Im Falle eines solchen Versichererwechsels bleiben die aufgrund des ursprünglichen Eintrittsalters beim bisherigen Versicherer erworbenen Rechte an der **Alterungsrückstellung** erhalten.
– Zwischen den PKV-Unternehmen wird ein unternehmensübergreifender **Poolausgleich** durchgeführt.

3. Bewertung. Dieses Zukunftsmodell verändert auf der Grundlage früherer Überlegungen[559] im Basisschutz mit der branchenweiten Einführung von Kontrahierungszwang, einem einheitlichen Leistungsversprechen und einem unternehmensübergreifenden Schadenausgleichssystem (Pool) wesentliche Rahmenbedingungen der PKV und schafft erst dadurch die **Systemvoraussetzungen für einen freien Wechsel** des Versicherers. Das Zukunftsmodell verwirklicht jedoch keines der bisher diskutierten Modelle zur Übertragung einer durchschnittlichen oder individuellen Alterungsrückstellung (→ Rn. 944 ff.). Die Wechselmöglichkeit unter Erhalt der bisher erworbenen Rechte wird vielmehr dadurch erreicht, dass auf der Grundlage der genannten früheren Überlegungen die gesamten Rahmenbedingungen der PKV verändert werden und dass die Wechselwahrscheinlichkeit selbst bereits in der brancheneinheitlichen Kalkulation beitragsmäßig berücksichtigt und damit systemgerecht kollektiviert wird.

Das vom PKV-Verband vorgeschlagene Modell eines Basistarifs ist **systemgerecht**, weil es die zwingenden Systemvoraussetzungen der PKV als Individualversicherung einhält und die Systembrüche sowie Verstöße gegen höherrangiges Recht, die den Basistarif des GKV-WSG kennzeichnen, vermeidet. Deshalb stellt es eine Verdrehung der Tatsachen dar, wenn die BReg in einer gemeinsamen Stellungnahme von BMI und BMJ gegenüber dem mitberatenden Rechtsausschuss des Bundestags zum Fraktionsentwurf des GKV-WSG anführt, der von der PKV selbst im Jahr 2004 gemachte Vorschlag eines Basistarifs mit Kontrahierungszwang spreche dafür, „dass die privaten Versicherungsunternehmen nicht unzumutbar belastet sein werden".[560]

N. Reformansätze: Neue Geschäftsmodelle, Entwicklungen und Anforderungen an die Krankenversicherung

I. Managed Care

1. Ausgangslage. In der GKV sind durch das gesetzliche **Sachleistungsprinzip** direkte Vertragsbeziehungen zwischen den Risikoträgern (Krankenkassen) und den medizinischen Leistungserbringern (insbes. Kassenärztliche Vereinigungen mit ihren Bundesverbänden) vorgeschrieben, durch die auch die Qualität der medizinischen Versorgung und die Vergütungen geregelt werden. Die PKV wird dagegen bisher von einem dualen Vertragsmodell beherrscht (→ Rn. 1309).

Das PKV-Unternehmen hat im Regelfall **keine direkten Vertragsbeziehungen** mit dem Leistungserbringer und kann demnach auf Qualität oder Menge der medizinischen Leistungen keinen Einfluss nehmen (→ Rn. 1309).

---

[559] *Boetius* VersR 2001, 661 (664 f.).
[560] Zusammenfassende Stellungnahme des BMI und BMJ zur Verfassungsmäßigkeit des Fraktionsentwurfs GKV-WSG (BR-Drs. 755/06), S. 3 (vgl. Bericht des Gesundheitsausschusses zum Fraktionsentwurf GKV-WSG Abschn. IV A, BT-Drs. 16/4247, 9).

1299 Weil die Ausgabenentwicklung die Hauptursache für steigende Beiträge darstellt, hatte die **Expertenkommission** empfohlen, der PKV rechtliche Möglichkeiten an die Hand zu geben, um die Kostenentwicklung wirksamer steuern zu können. Insbesondere hatte die Expertenkommission in ihrem Gutachten empfohlen, die Aufnahme vertraglicher Beziehungen zwischen Krankenversicherern und Leistungserbringern zum Zweck ihrer Verknüpfung mit entsprechenden Tarifangeboten zu ermöglichen.[561]

1300 **2. Begriff „Managed Care".** Unter den Begriff „Managed Care" wird häufig eine Vielzahl unterschiedlichster Arten von Maßnahmen zur **Kostensteuerung** subsumiert (→ Rn. 512 ff.). Sachlich sind zwei Hauptgruppen zu unterscheiden: Leistungsmanagement (→ Rn. 1301) und Gesundheitsmanagement (→ Rn. 1302).[562]

1301 Unter **Leistungsmanagement** werden alle Maßnahmen des Versicherers verstanden, die mit der Erbringung der von ihm tariflich geschuldeten Leistungen gegenüber dem Versicherungsnehmer zusammenhängen. Dazu gehören ua die Feststellung der medizinischen Notwendigkeit der erbrachten Behandlungsleistungen nach Grund und Umfang sowie die Prüfung, ob die zugrunde liegenden Gebührenordnungen korrekt angewandt worden sind.

1302 Unter **Gesundheitsmanagement** (Managed Care im engeren Sinn) werden Instrumente zur Kosten- und Qualitätssteuerung zusammengefasst, die vor oder unmittelbar bei der Erbringung der medizinischen Leistung wirken.[563] Eine Vielzahl unterschiedlicher Ansätze ist bekannt, wie zB: Disease Management (Behandlung schwerer chronischer Erkrankungen anhand von evidenzbasierten medizinischen Leitlinien), Case Management (umfassende Betreuung und Therapie schwerer Einzelfallerkrankungen), Drug Utilisation Review (System zur Identifikation von Kontraindikationen von Arzneimitteln), IT-basierte Kartensysteme, Versorgungsstrukturen (Health Maintenance Organisations, Prefered Provider Organisations), Pharmaceutical Benefit Management (Einkaufs- und Verteilungsmanagement von Arzneimitteln), Klinikketten in Trägerschaft von Versicherungsunternehmen (→ Rn. 98 f.; → Rn. 513).

II. Notwendigkeitsgebot

1303 **1. Ausgangslage. a) Kostenentwicklung.** Das deutsche Gesundheitswesen steht insgesamt unter einem enormen **Kostendruck**. Dies gilt sowohl für die GKV wie für die PKV. Die Entwicklung der vergangenen Jahre verdeutlicht folgendes Schaubild:[564]

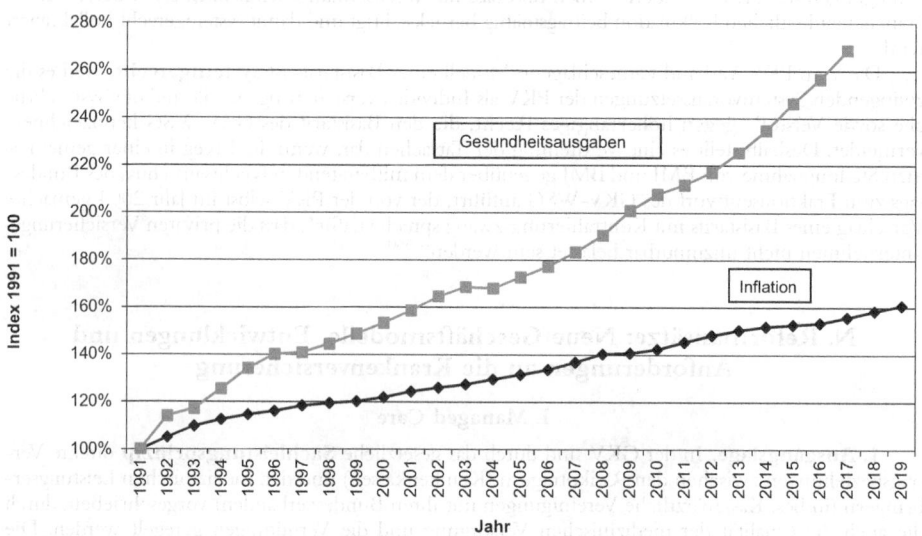

Gesundheitsausgaben und Inflationsrate 1991 - 2017

1304 Die Kostenentwicklung im Gesundheitswesen umfasst alle **öffentlichen und privaten Gesundheitskosten** unabhängig vom Träger ihrer Finanzierung. Der Index zeigt die Entwicklung der

---
[561] Expertenkommission, Gutachten Abschn. 18.3, BT-Drs. 13/4995, 54.
[562] Ausf. *Boetius*, Münsteraner Reihe Heft 37, 1996, S. 19 ff.; *Schoenfeldt/Kalis* VersR 2001, 1325 (1326 ff.).
[563] Ausf. *Boetius* in Boetius/Rogler/Schäfer, Rechtshandbuch PKV, 2020, § 42 Rn. 14 ff.
[564] Statistisches Bundesamt, Fachserie 12, Reihe 7.1.2; Verbraucherpreisindizes für Deutschland – Lange Reihen ab 1948, März 2014; Destatis 2020 (Stand: 25.2.2020).

Gesundheitskosten im Vergleich zur Inflationsrate. Im Zeitraum von 1991–2011 stiegen die Gesamtgesundheitsausgaben mit 113 % zweieinhalbmal so stark wie die allgemeine Inflationsrate; diese stieg lediglich um 45 %.

Der **Höchstbeitrag in der GKV** stieg im selben Zeitraum in ähnlicher Größenordnung wie die Gesundheitsausgaben. Auch die PKV konnte sich dem Anstieg der Gesundheitskosten nicht entziehen und musste ihre Prämien dem laufend anpassen. Die Beitragsentwicklungen von GKV und PKV sind gleichwohl nicht miteinander vergleichbar. Zum einen enthalten Prämienanpassungen in der PKV stets auch einen Sparanteil zum weiteren Aufbau der Alterungsrückstellung, die im Umlageverfahren der GKV fehlt. Zum anderen ist zu berücksichtigen, dass in der GKV im gleichen Zeitraum durch eine Vielzahl von Reformgesetzen vielfältige Einschnitte in den Leistungskatalog vorgenommen wurden, die sich beitragsdämpfend auswirkten. Beispielhaft seien die Bereiche Zahnersatz, Arznei- und Hilfsmittel oder der Kur- und Sanatoriumsbehandlungen genannt.[565] Die zum 1.1.2004 in Kraft getretene Gesundheitsreform sah neben der Einführung einer Praxisgebühr ua weitere Zuzahlungen beim Bezug von Arzneimitteln, eines Krankenhausaufenthaltes oder den grundsätzlichen Entfall des Leistungsanspruchs auf Sehhilfen vor (vgl. §§ 28 Abs. 4, 31, 33, 34, 38 SGB V idF des GMG). 1305

Dagegen kann das vertragliche **Leistungsversprechen der PKV** nach geltendem Versicherungsvertragsrecht nicht eingeschränkt werden, es blieb somit über den gesamten Zeitraum unverändert. Außerdem führte die PKV im Betrachtungszeitraum mehrfach die aktuellsten Sterbetafeln ein; die dadurch bewirkte zusätzliche Vorfinanzierung der durch die verlängerte Lebenserwartung höheren Zukunftskosten ist im Gegensatz zur GKV in den gestiegenen PKV-Beiträgen auch mit enthalten. 1306

Gleichwohl muss trotz der Überlegenheit des kapitalgedeckten PKV-Systems konstatiert werden, dass nicht nur die GKV, sondern **beide Zweige des dualen Krankenversicherungssystems** einen immensen finanziellen Druck aushalten müssen. 1307

b) Kostensteuerung im Gesundheitswesen. In der **GKV** gilt das Sachleistungsprinzip (§ 2 Abs. 2 SGB V). Die Versicherten erhalten die Leistungen grds. als Sach- und Dienstleistungen. Auf die Abrechnung der von ihnen in Anspruch genommenen Leistungen können sie – bislang jedenfalls – keinen Einfluss nehmen. Vergütung und Qualität der medizinischen Versorgung werden zwischen den gesetzlichen Krankenkassen als Risikoträgern einerseits und den Kassenärztlichen Vereinigungen mit ihren Bundesverbänden auf Seiten der Leistungserbringer andererseits geregelt. Zwischen Risikoträgern und Leistungserbringern bestehen in der GKV daher direkte Vertragsbeziehungen, die gesetzlich geregelt sind (vgl. Kap. 4 SGB V). 1308

Die **PKV** wird dagegen von einem dualen Vertragsmodell beherrscht: Der Einzelne schließt als Patient einen Behandlungsvertrag mit dem Leistungserbringer über die medizinische Versorgung. Unabhängig davon schließt er als Versicherungsnehmer einen Versicherungsvertrag mit einer privaten Krankenversicherung zur Erstattung der Behandlungskosten. Der Versicherer hat also – anders als in der GKV – keine direkte Vertragsbeziehung zum Leistungserbringer. Auf Qualität oder Menge der medizinischen Versorgung kann er unmittelbar keinen Einfluss nehmen. Auch die mengenorientierten Vergütungssysteme kann er nicht durch Verträge mit den Leistungserbringern ändern, weil die entsprechenden Gebührenordnungen (GOÄ, GOZ, KHEntgG) weitgehend unabdingbar sind. Im Gegensatz zur GKV stehen der PKV damit grds. keine vom Gesetzgeber eingeräumten Instrumentarien zur Verfügung, um auf die Kostensteigerungen Einfluss zu nehmen. 1309

Damit ist die PKV darauf angewiesen, weitgehend ohne Gesetzesunterstützung eigene Wege zu finden und anzuwenden, um der gerade auch im Kundeninteresse liegenden Begrenzung des Kostenanstiegs wirkungsvoll entgegentreten zu können; denn dies ist unabdingbare Voraussetzung für die auch von der Politik geforderte Beitragsstabilität. Die Möglichkeiten der PKV bestehen vor allem in **Leistungsmanagement** und **Gesundheitsmanagement** (→ Rn. 1297 ff.). 1310

c) Kostensteuerungsmaßstab. Die Kostensteuerung sowohl in der GKV als auch in der PKV bedarf eines übergeordneten und objektiven Maßstabs, der es erlaubt, zwischen versicherten und nicht versicherten Leistungen zu differenzieren. Diesen Differenzierungsmaßstab liefert das **Notwendigkeitsgebot,** das sich in die Gebote der medizinischen und der wirtschaftlichen Notwendigkeit der Leistungserbringung untergliedert. Das Notwendigkeitsgebot in der Krankenversicherung ist Ausdruck des allgemeinen Verhältnismäßigkeitsprinzips. Der Grundsatz der Verhältnismäßigkeit von 1311

---

[565] Vgl. zB Gesundheits-Reformgesetz (GRG) v. 20.12.1988 (BGBl. 1988 I S. 2477), Gesundheitsstrukturgesetz (GSG) v. 21.12.1992 (BGBl. 1992 I S. 2266), Beitragsentlastungsgesetz v. 1.11.1996 (BGBl. 1996 I S. 1631), 2. GKV-Neuordnungsgesetz (2. GKV-NOG) v. 23.6.1997 (BGBl. 1997 I S. 1520).

Mittel und Zweck verlangt, dass zwischen dem Zweck einer Maßnahme und den zur Erreichung dieses Zwecks eingesetzten Mitteln kein Missverhältnis bestehen darf.

1312 **d) Übermaßbehandlung und Übermaßvergütung.** Die mit den Begriffen der Übermaßbehandlung und Übermaßvergütung bezeichneten Sachverhalte beziehen sich auf die medizinische Leistungserbringung und Leistungsabrechnung. Sie betreffen gleichzeitig Fragen der **medizinischen und wirtschaftlichen Notwendigkeit,** wobei die Übermaßvergütung ausschließlich Fragen der wirtschaftlichen Notwendigkeit aufwirft, während die Übermaßbehandlung sowohl die medizinische als auch die wirtschaftliche Notwendigkeit berühren kann. Diese Unterscheidung ist wichtig, weil die bekannte Entscheidung des BGH v. 12.3.2003[566] sich auch in Bezug auf die Übermaßbehandlung nur mit dem Fall der *wirtschaftlichen* Notwendigkeit befasst.

1313 Eine **Übermaßbehandlung** liegt vor, wenn im Sinne einer Bedarfsüberschreitung ein über die Diagnose oder Therapie hinausgehender Zweck verfolgt oder der hierfür erforderliche Umfang überstiegen wird. Die Beantwortung dieser Frage setzt die Abgrenzung zu anderen, medizinisch weniger umfangreichen Behandlungsformen voraus, die zur Erreichung desselben Ziels ebenso geeignet sind (→ Rn. 1322). Der Begriff der Übermaßbehandlung umfasst nicht nur Heilbehandlungen, sondern auch sonstige medizinische Versorgungsmaßnahmen wie zB die Versorgung mit Heil- und Hilfsmitteln; es ist daher als „Übermaßversorgung" zu verstehen.[567]

1314 Von **Übermaßvergütung** spricht man, wenn der Leistungserbringer eine im Verhältnis zum medizinischen Behandlungsumfang überhöhte Vergütung ansetzt. Die Übermaßvergütung betrifft nicht den Umfang der konkret durchgeführten medizinischen Behandlung, der nicht zu beanstanden ist, sondern die Höhe des dafür verlangten Entgelts und damit ausschließlich die wirtschaftliche Notwendigkeit. Diesen Fall regelt § 192 Abs. 2.

1315 **2. Medizinische Notwendigkeit der Leistungserbringung. a) Bedeutung und Begriff.** Hauptzweck jeder Krankenversicherung ist, die wirtschaftlichen Folgen von **Krankheit** oder Unfallfolgen zu versichern. Die versicherten medizinischen Leistungen müssen daher darauf gerichtet sein, Krankheiten bzw. Unfallfolgen entweder zu erkennen (Diagnostik) oder zu behandeln (Therapie). Dabei ist der Bereich der Therapie weit zu fassen: Er umfasst nicht nur die Beseitigung der Krankheit (Heilung), sondern auch das Aufhalten oder Verlangsamen ihres Fortschreitens sowie das schlichte Beseitigen oder Lindern von Schmerzen (Palliativmedizin). Vor diesem Hintergrund ist der Begriff der medizinischen Notwendigkeit zu verstehen. Andere medizinische Leistungen als solche zur Diagnose oder Therapie von Krankheiten bzw. Unfallfolgen sind nur versichert, wenn dies vereinbart ist; dies betrifft insbes. Leistungen bei Schwangerschaft und Entbindung sowie Leistungen zur Vorbeugung oder Vorsorge.

1316 **Medizinisch notwendig** ist eine konkret durchgeführte Maßnahme oder Leistung nur dann, wenn sie *erforderlich* war, um eine Krankheit im beschriebenen Sinn zu erkennen oder zu behandeln. Es genügt nicht, wenn die Maßnahme lediglich sinnvoll oder nützlich ist oder wenn sie für den Patienten nur bequemer oder praktikabler als andere gleichermaßen geeignete Behandlungsformen ist. Die medizinische Notwendigkeit wird nach hM bereits dann angenommen, wenn es nach den objektiven medizinischen Befunden und medizinischen Erkenntnissen im Zeitpunkt der ärztlichen Behandlungsmaßnahme *vertretbar* war, diese als notwendig anzusehen; der Erfolg muss nicht sicher vorhersehbar sein.[568] Mit dieser Umschreibung allein lassen sich die versicherten von den unversicherten Behandlungsmaßnahmen jedoch nicht hinreichend abgrenzen.

1317 Um die versicherten von unversicherten medizinischen Leistungen abzugrenzen, verwendet die Rspr. das Merkmal der **Geeignetheit.** Danach ist die medizinische Notwendigkeit im Allgemeinen dann anzunehmen, wenn eine Behandlungsmethode angewandt wird, die geeignet ist, die Krankheit zu heilen, zu lindern oder ihrer Verschlimmerung entgegenzuwirken.[569] Dies setzt eine entsprechende Prognose der Geeignetheit voraus, die nach objektiven Maßstäben vorzunehmen ist. Für vital lebensnotwendige Behandlungen – dh Behandlungen von schweren, lebensbedrohenden oder lebenszerstörenden Erkrankungen – soll eine nicht nur ganz geringe Erfolgswahrscheinlichkeit genügen,[570] während für nicht vital lebensnotwendige Behandlungen eine individuelle Erfolgswahrscheinlichkeit von (mindestens) 15 % gefordert wird.[571] Ungeachtet der Schwierigkeit, den Begriff

---

[566] BGHZ 154, 154 = VersR 2003, 581 = NJW 2003, 1596.
[567] BGH VersR 2015, 706 Rn. 13 ff.
[568] BGHZ 164, 122 = VersR 2005, 1673 (1674 li. Sp.) = NJW 2005, 3783; *Marlow/Spuhl* VersR 2006, 1334; Zum Begriff der „medizinischen Notwendigkeit" insgesamt: Jansen VersR 2022, 671.
[569] BGHZ 133, 208 = VersR 1996, 1224 (1226 li. Sp.) = NJW 1996, 3074.
[570] BGHZ 133, 208 = VersR 1996, 1224 (1226) = NJW 1996, 3074; BGHZ 164, 122 = VersR 2005, 1673 (1674 li. Sp.) = NJW 2005, 3783.
[571] BGHZ 164, 122 = VersR 2005, 1673 (1674 re. Sp.) = NJW 2005, 3783.

der medizinischen Notwendigkeit mit objektiv greifbaren und gleichzeitig praktikablen Merkmalen auszufüllen, vermag dieser Lösungsansatz insofern nicht zu befriedigen, als sich die Festlegung fester Größen – wie es die 15 %-Grenze darstellt – logisch nicht begründen lässt: Warum sind gerade 15 % richtig und nicht 10 %, 20 % oder 33,33 %? Und warum soll für vital lebensnotwendige Behandlungen lediglich eine „nicht nur ganz geringe" Erfolgswahrscheinlichkeit genügen, die offenbar oberhalb von 0 % und unterhalb von 15 % anzusiedeln ist?[572] Gleichwohl ist der Gedanke iErg zutreffend, hinsichtlich des zu fordernden Grades der Erfolgswahrscheinlichkeit zwischen vital lebensnotwendigen und nicht vital lebensnotwendigen Behandlungen zu unterscheiden und für letztere einen signifikant höheren Wahrscheinlichkeitsgrad als für erstere zu verlangen. Letztlich wird damit ein Maßstab eingeführt, der eine Beziehung zwischen der Behandlungsmaßnahme und ihrem Nutzen für die Lebensqualität herstellt. Zwingend erforderlich ist bei dieser Vorgehensweise allerdings, dass der Begriff der vital lebensnotwendigen Behandlung auf diejenigen Behandlungen beschränkt bleibt, die auf eine „schwere, lebensbedrohende oder lebenszerstörende Erkrankung"[573] zielen.

Das Merkmal der Geeignetheit versagt, wenn bei einer unheilbaren lebenszerstörenden Erkrankung **keine geeignete Behandlungsmethode zur Verfügung** steht, die in der Praxis auch angewandt wird. Dann kann der Nachweis der medizinischen Eignung nicht geführt werden, so dass jede Behandlung zwangsläufig Versuchscharakter hat. In einem solchen Fall genügt die medizinisch begründbare, dh aufgrund medizinischer Erkenntnisse nachvollziehbare „Aussicht auf Heilung oder Linderung".[574] **1318**

Der Begriff der medizinischen Notwendigkeit ist in einem **mehrstufigen Prüfungsprozess** auszufüllen: **1319**

– **Erste Prüfungsschritt:** Zunächst ist zu prüfen, ob die Behandlungsmaßnahme nach objektiven Kriterien sowohl abstrakt (dh generell) als auch konkret (dh individuell) geeignet ist, den bezweckten Behandlungserfolg – dh die Krankheit heilen, lindern oder ihrer Verschlimmerung entgegenwirken – herbeizuführen. Bei objektiver Ungeeignetheit fehlt die medizinische Notwendigkeit. Ist die Geeignetheit nach dem zu fordernden Grad der Erfolgswahrscheinlichkeit anzunehmen (→ Rn. 1317), muss der zweite Prüfungsschritt durchgeführt werden. **1320**

– **Zweite Prüfungsschritt:** Stehen keine anderen geeigneten Behandlungsmaßnahmen zur Verfügung, so erübrigen sich weitere Prüfungsschritte; dann ist nur die eine geeignete Behandlungsmaßnahme medizinisch notwendig. Stehen andere geeignete Behandlungsmaßnahmen zur Verfügung, ist die fragliche Behandlungsmaßnahme mit den anderen gleichfalls geeigneten Behandlungsmaßnahmen in Bezug auf ihre Erfolgswahrscheinlichkeit zu vergleichen. Wenn die verschiedenen Behandlungsmaßnahmen unterschiedliche Erfolgswahrscheinlichkeiten aufweisen, ist nur die Behandlungsmaßnahme mit dem höheren Grad an Erfolgswahrscheinlichkeit medizinisch notwendig. **1321**

– **Dritte Prüfungsschritt:** Wenn mehrere Behandlungsmaßnahmen zur Verfügung stehen, die im Vergleich den gleichen Grad an Erfolgswahrscheinlichkeit – dh die gleiche Geeignetheit – aufweisen, ist nur diejenige Behandlungsmaßnahme medizinisch notwendig, die mit dem geringeren Eingriff oder Behandlungsumfang verbunden ist. Jeder medizinische Eingriff ist zwar so umfangreich wie nötig, jedoch in einem so geringen Umfang wie möglich durchzuführen. Stellt bspw. die ambulante Diagnostik oder Behandlung eine medizinisch gleichwertige Variante dar, ist die Durchführung des stationären Aufenthalts auch medizinisch betrachtet nicht mehr notwendig.[575] Darin prägt sich das Verhältnismäßigkeitsprinzip aus (→ Rn. 1311). Eine Maßnahme ist dann nicht verhältnismäßig, wenn im Sinne einer Bedarfsüberschreitung ein über die Diagnose oder Therapie hinausgehender Zweck verfolgt oder der hierfür erforderliche Umfang überstiegen wird (Übermaßbehandlung, → Rn. 1313). Sind die mehreren gleichermaßen geeigneten Behandlungsmaßnahmen mit dem gleichen oder ähnlichen Behandlungsumfang verbunden, sind sie auch gleichermaßen medizinisch notwendig. **1322**

Dieser mehrstufige Prüfungsprozess macht deutlich, dass der Begriff der medizinischen Notwendigkeit **nicht durch Kostenüberlegungen** beeinflusst wird; diese spielen erst bei der wirtschaftlichen Notwendigkeit eine Rolle (→ Rn. 1326 ff.). Wenn in Rspr. und Schrifttum gleichwohl diskutiert wurde, Kostengesichtspunkte – zumindest in Grenzen – zu berücksichtigen,[576] so beruhte das letztlich auf der Überlegung, dass die Versichertengemeinschaft mit den Kosten überzogener Behand- **1323**

---

[572] Marlow/Spuhl VersR 2006, 1334 f.
[573] BGHZ 133, 208 = VersR 1996, 1224 (1226 li. Sp.) = NJW 1996, 3074.
[574] BGHZ 133, 208 = VersR 1996, 1224 (1226 li. Sp.) = NJW 1996, 3074; BGH VersR 2013, 1558 (1559 f.).
[575] OLG Zweibrücken VersR 2007, 1505.
[576] BGHZ 154, 154 = VersR 2003, 581 (584) = NJW 2003, 1596; OLG Bamberg VersR 2005, 926; OLG Düsseldorf VersR 2004, 1546; OLG Köln VersR 1998, 88; OLG Karlsruhe VersR 1997, 562; r+s 1996, 370; OLG Köln VersR 1995, 1177; Egger r+s 2006, 309 (314 ff.); Pauly VersR 1996, 1323 (1326 f.).

lungsmethoden nicht belastet werden dürfe. Das wird häufig verbrämt ausgedrückt, etwa dergestalt, der Versicherungsnehmer müsse „bei der Inanspruchnahme der besonders kostenträchtigen und nicht vital lebensnotwendigen Kinderwunschbehandlung in angemessener Weise Rücksicht auf den Versicherer und die Versichertengemeinschaft nehmen", der Versicherer brauche „jedenfalls ganz unverhältnismäßige Kosten für eine solche Behandlung nicht zu erstatten".[577] Auch die Entscheidung des BGH zur Wissenschaftlichkeitsklausel stellt darauf ab, dass die alternative Methode „keine höheren Kosten verursacht".[578] Indessen hätte der methodische Ansatz anders gewählt werden müssen (→ Rn. 1339 ff.).

1324 **b) Geltung in der PKV.** Den Grundsatz der medizinischen Notwendigkeit verankert § 192 Abs. 1, 4 VVG. Die medizinische Notwendigkeit ist wesentliches Merkmal des **Versicherungsfallbegriffs** der Krankenversicherung.[579]

1325 **c) Geltung in der GKV.** Der Grundsatz der medizinischen Notwendigkeit ist im SGB V mehrfach verankert (§§ 23 Abs. 1, 27 Abs. 1 S. 1, § 39 Abs. 1 S. 3 SGB V).

1326 **3. Wirtschaftliche Notwendigkeit der Leistungserbringung. a) Bedeutung und Begriff.** Ausgangspunkt ist auch hier der **Hauptzweck der Krankenversicherung** (→ Rn. 1315). Das Erfordernis der wirtschaftlichen Notwendigkeit fragt nicht danach, *ob* bei gegebener Indikation oder einem begründeten Verdacht eine medizinische Maßnahme sich überhaupt „lohnt". Dies würde nämlich voraussetzen, dass der beabsichtigte Erfolg der medizinischen Maßnahme (Heilung, Lebensverlängerung, Schmerzlinderung etc) im Sinne eines Lebensnutzens bewertet und den Kosten der medizinischen Maßnahme gegenübergestellt werden müsste. Eine solche Abwägung von Lebensnutzen gegenüber wirtschaftlichem Aufwand ist ethisch nicht vertretbar und widerspricht auch der verfassungsrechtlichen Grundnorm der Unantastbarkeit der Menschenwürde.

1327 Das Erfordernis der wirtschaftlichen Notwendigkeit betrifft vielmehr das **Wie einer Maßnahme.** Wenn bei gegebener Indikation mehrere medizinisch gleichwertige – dh gleichermaßen geeignete und mit gleichem Behandlungsumfang verbundene (→ Rn. 1322) – Behandlungs- bzw. Diagnosemöglichkeiten zur Verfügung stehen, die sich kostenmäßig erheblich unterscheiden, und wenn die deutlich teurere Behandlungsvariante gewählt wird, spricht man gleichfalls von Übermaßbehandlung. In diesem Fall fehlt die *wirtschaftliche Notwendigkeit*, weil der gleiche medizinische Erfolg auch mit der preiswerteren Behandlung erzielt worden wäre.[580] Ein typischer Anwendungsfall ist die Verordnung bzw. der Bezug eines teuren Medikaments, wenn als Alternative ein – erheblich preiswerteres – Generikum mit identischem Wirkstoff, gleicher Verträglichkeit und ohne zusätzliche Nebenwirkungen zur Verfügung steht. Darüber hinaus ist auch ein im Verhältnis zum medizinischen Behandlungs- oder Diagnoseumfang überhöhter Vergütungsansatz (Übermaßvergütung) stets wirtschaftlich nicht notwendig (→ Rn. 1314).

1328 Dieses Wirtschaftlichkeitsgebot ist kein Spezifikum der Krankenversicherung, sondern Ausdruck eines allgemeinen Rechtsgedankens, der letztlich den Verhältnismäßigkeitsgrundsatz (→ Rn. 1311) konkretisiert. Der allgemeine Rechtsgedanke prägt sich insbes. in der **allgemeinen Schadenminderungspflicht** (§ 82) näher aus. Dem Grundgedanken der Schadenversicherung, dass der Versicherte den Schaden gering halten muss, entspricht bei Kostenversicherungen das allgemeine Wirtschaftlichkeitsgebot, die zu ersetzenden Kosten niedrig zu halten;[581] denn das Wirtschaftlichkeitsprinzip stellt im Interesse der Versichertengemeinschaft ein ausgewogenes Verhältnis zwischen Versicherungsnehmer und Versicherungsunternehmen sicher.[582] Deshalb kann der Auffassung nicht gefolgt werden, der Versicherungsnehmer sei nicht verpflichtet, die Kosten einer medizinischen Behandlung möglichst gering zu halten.[583]

---

[577] OLG Koblenz VersR 2016, 1554 (1556).
[578] BGHZ 123, 83 = VersR 1993, 957 (960) = NJW 1993, 2369.
[579] BGHZ 133, 208 = VersR 1996, 1224 (1225) = NJW 1996, 3074; BGHZ 164, 122 = VersR 2005, 1673 = NJW 2005, 3783.
[580] *Heyers* VersR 2016, 421 (422, 424).
[581] Auch *Brand,* Demographiefestigkeit und Reformfähigkeit der privaten Krankenversicherung, in: Das Sozialrecht für ein längeres Leben, Schriftenreihe des Deutschen Sozialrechtsverbandes e.V. (SDSRV), Bd. 63, 2013, S. 127 (144) sieht in § 82 VVG die Rechtsgrundlage für eine Verpflichtung des Versicherungsnehmers, zwischen zwei gleichwertigen Behandlungsmethoden oder Medikamenten auch Kostengesichtspunkte zu berücksichtigen.
[582] OLG Köln VersR 2006, 1113. Ähnlich LG Mannheim VersR 2021, 106 (108 unter I 1 b v) = r+s 2020, 586, wenn zum Vorrang der ambulanten vor der stationären Heilbehandlung auf den in §§ 241 Abs. 2, 254 BGB zum Ausdruck gebrachten Rechtsgedanken hingewiesen wird.
[583] OLG Karlsruhe VersR 1997, 562; r+s 1996, 370.

b) Geltung in der GKV. Der Grundsatz der wirtschaftlichen Notwendigkeit ist im SGB V 1329
ausdrücklich angesprochen. Nach § 12 Abs. 1 S. 1 SGB V müssen die Leistungen „ausreichend,
zweckmäßig und wirtschaftlich sein; sie dürfen das Maß des Notwendigen nicht überschreiten."
Nach § 12 Abs. 1 S. 2 SGB V dürfen „Leistungen, die nicht notwendig oder unwirtschaftlich sind",
weder beansprucht noch bewirkt noch bewilligt werden.

c) Geltung in der PKV.[584] Wenn bei gegebener Indikation mehrere medizinisch gleichwertige 1330
Behandlungsmöglichkeiten zur Verfügung stehen, die sich kostenmäßig aber erheblich unterscheiden
(Übermaßbehandlung), bestand nach früher **herrschender Meinung** eine Leistungspflicht des
Krankenversicherers nur für die kostenmäßig günstigere Behandlung. Gesicherte Rechtslage aufgrund früherer BGH-Rechtsprechung war ferner gewesen, dass ein im Verhältnis zum medizinischen
Behandlungsumfang überhöhter Vergütungsansatz (Übermaßvergütung) vom Versicherer nicht zu
ersetzen ist. Beide Rechtspositionen hatte der BGH überraschend aufgegeben.[585] Er lehnte zur
erstgenannten Frage die hM ab und gab zur zweiten Frage seine bisherige Rspr. auf. Die VVG-
Kommission griff das Thema wieder auf, um im Sinne der Klarstellung die bisherige Rechtslage
wiederherzustellen (→ Rn. 1332).

Die Entscheidung des BGH hat bereits unter rechtsdogmatischen Gesichtspunkten Kritik erfah- 1331
ren.[586] Darüber hinaus begegnet es Bedenken, dass der BGH sich ausschließlich mit der Auslegung
der jeweils einschlägigen **AVB** (§ 1 Abs. 2 S. 1, § 5 Abs. 2 MB/KK 1976) befasst hat, ohne zuvor
zu prüfen, ob es auf diese AVB-Vorschriften wegen des halbzwingenden Charakters von § 178b
Abs. 1, 2 VVG aF überhaupt ankommt. Wenn nämlich die Auslegung der fraglichen AVB-Vorschriften dazu führen würde, dass diese zum Nachteil des Versicherungsnehmers von § 178b Abs. 1, 2
VVG aF abweichen, so wären sie insoweit unwirksam (§ 178o VVG aF) und Rechtsgrundlage wäre
unmittelbar § 178b Abs. 1, 2 VVG aF. Dann aber wäre das Argument des BGH von der „nicht-
gesetzesähnlichen" Auslegung (von AVB) von vornherein entfallen. Den AVB kommt im Bereich
halbzwingender Vorschriften des VVG nur dann ein eigenständiger Regelungsgehalt zu, wenn sie
vom Gesetz zugunsten des Versicherungsnehmers abweichen.[587]

d) VVG-Reform. Die **VVG-Kommission** hatte vorgeschlagen, die bis zur Entscheidung 1332
des BGH v. 12.3.2003 (→ Rn. 1330) anerkannte Rechtslage durch Aufnahme eines allgemeinen
Wirtschaftlichkeitsgebots wiederherzustellen.[588] Hierfür schlug die VVG-Kommission in § 186
Abs. 3 ihres Entwurfs folgenden Text vor:

§ 186 Leistung des Versicherers

(...)

(3) ¹Der Versicherer ist nach den Absätzen 1 und 2 nur insoweit zur Leistung verpflichtet, als die Heilbehandlung oder sonstige Leistung sowie die Aufwendungen hierfür auch nach wirtschaftlichen Maßstäben notwendig sind. ²Die wirtschaftliche Notwendigkeit fehlt nur, wenn unter mehreren in gleicher Weise geeigneten Maßnahmen der Heilbehandlung oder sonstigen Leistungen nicht diejenige gewählt wird, welche die geringeren Kosten verursacht, oder wenn die Aufwendungen für die Heilbehandlung oder sonstigen Leistungen in einem unangemessenen Verhältnis zu den erbrachten Leistungen stehen.

Der **RegE zum VVG-ReformG** nahm zu dieser Frage eine unklare Position ein: 1333
– Zum einen nahm er das BGH-Urteil v. 12.3.2003 (→ Rn. 1330) zum Anlass, den § 192 Abs. 2 1334
einzufügen; damit sollte der Ausschluss von Aufwendungen *klargestellt* werden, die in einem
auffälligen Missverhältnis zu den erbrachten medizinischen Leistungen stehen (**Übermaßvergütung**). Gleichzeitig sagt die Begründung zum RegE, die neue Vorschrift gebe die geltende
Rechtslage wieder.[589] Letzteres trifft aber eigentlich nicht zu, weil der BGH diese Rechtslage mit
seinem Urteil v. 12.3.2003 gerade nicht bestätigt hatte.
– Zum anderen übernahm der RegE den weiteren Vorschlag der VVG-Kommission für ein allgemeines **Wirtschaftlichkeitsgebot**, das auch die Übermaßbehandlung einbezieht, nicht und begründete dies damit, dass der BGH die Rechtslage insoweit erstmals verbindlich festgestellt 1335
habe und die Einführung eines allgemeinen gesetzlichen Wirtschaftlichkeitsgebots die Versiche-

---

[584] *Boetius*, Münsteraner Reihe Heft 92, 2004, S. 9 ff.
[585] BGHZ 154, 154 = VersR 2003, 581 = NJW 2003, 1596.
[586] *Prölss* VersR 2003, 981 f. und *Hütt* VersR 2003, 982 ff. jeweils in Anm. zu BGH VersR 2003, 581; zust
aber *Marlow/Spuhl* VersR 2006, 1334 (1337 f.).
[587] BGHZ 159, 323 = VersR 2004, 991 (992) = NJW 2004, 2679 (2680).
[588] *Lorenz*, Abschlussbericht der VVG-Kommission, VersR-Schriftenreihe Bd. 25, 2004, S. 172 f.,
Abschn. 1.3.2.4.5.5.
[589] Begr. zu Art. 1 (§ 192 Abs. 2 VVG) RegE VVG-ReformG, BT-Drs. 16/3945, 110.

rungsnehmer bei bereits bestehenden Krankenversicherungen unangemessen benachteiligen würde.[590] Diese Begründung ist nicht schlüssig; denn der RegE verweist gleichzeitig darauf, dass eine entsprechende Einschränkung der Leistungspflicht des Versicherungsunternehmens für die Zukunft in den AVB bestimmt werden könne.[591] Wenn die AVB nach Auffassung des Gesetzgebers aber ein allgemeines Wirtschaftlichkeitsgebot einführen können, kann dies im Hinblick auf § 315 BGB nicht unangemessen sein.

1336 Der **Rechtsausschuss** wiederholte zunächst die Begründung, die der RegE zur Einfügung des § 192 Abs. 2 anführte. Die Regelung wolle diese Unklarheit beseitigen, „indem sie die Rechtslage vor dem oben genannten Urteil des BGH wiederherstellt".[592] Wenn es aber Absicht des Gesetzgebers sein sollte, die Rechtslage vor dem BGH-Urteil v. 12.3.2003 wiederherzustellen, dann muss sich das auch auf das von der herrschenden Meinung vertretene Verbot der Übermaßbehandlung beziehen. Dieselbe Intention hatte die VVG-Kommission mit ihrem Vorschlag verfolgt.[593]

1337 **e) Gesundheitsreform.** Der mit dem GKV-WSG eingeführte **Basistarif** sieht Versicherungsleistungen vor, die in Art, Umfang und Höhe den Leistungen des SGB V vergleichbar sein müssen (§ 152 Abs. 1 S. 1 VAG). Damit gilt für den Basistarif gleichfalls der Grundsatz der wirtschaftlichen Notwendigkeit nach dem Maßstab der GKV (→ Rn. 1329).

1338 Die **Musterbedingungen** konkretisieren den Grundsatz der wirtschaftlichen Notwendigkeit dahin, dass die Erstattungspflicht des Versicherungsunternehmens „sich nach Grund und Höhe auf ausreichende, zweckmäßige und wirtschaftliche Leistungen" beschränkt (§ 1 Abs. 1 S. 4 MB/BT 2009).

1339 **f) Ergebnis.** § 192 Abs. 1 verpflichtet den Versicherer nur zur Erstattung von Aufwendungen für Heilbehandlungen, die medizinisch notwendig sind. Damit sind Übermaßbehandlungen, denen die *medizinische* Notwendigkeit fehlt (→ Rn. 1312 f.; → Rn. 1318 ff.), nicht versichert. § 192 Abs. 2 schließt die Leistungspflicht des Versicherers insoweit aus, „als die Aufwendungen für die Heilbehandlung oder sonstigen Leistungen in einem auffälligen Missverhältnis zu den erbrachten Leistungen stehen." Aufgrund der Bezugnahme dieser Vorschrift auf die „Leistung nach Abs. 1" ist zunächst Voraussetzung, dass die medizinische Notwendigkeit gegeben ist. **Medizinisch nicht notwendige Übermaßbehandlungen** sind daher ausschließlich nach § 192 Abs. 1 und nicht nach § 192 Abs. 2 zu beurteilen.

1340 § 192 Abs. 2 bezieht sich nach seinem Wortlaut und nach der Gesetzeshistorie zunächst auf **Übermaßvergütungen,** dh auf diejenigen Fälle, in denen für eine bestimmte Behandlungsmaßnahme eine Vergütung verlangt wird, die in einem auffälligen Missverhältnis zur erbrachten Leistung steht.

1341 **Übermaßbehandlungen,** denen (nur) die wirtschaftliche Notwendigkeit fehlt, scheinen danach von § 192 Abs. 2 nicht erfasst zu werden. Das kann jedoch gerade in den typischen Fällen der wirkstoffgleichen Generika (→ Rn. 1327) nicht befriedigen, weil es bei faktisch gleichen Sachverhalten zu unterschiedlichen Ergebnissen führen würde:

1342 – **Fall 1:** Wenn der Arzt im Falle einer bestimmten Diagnose das sehr teure Medikament eines bestimmten „Marken-Herstellers" verschreibt, obwohl ein sehr viel preiswerteres wirkstoff- und verträglichkeitsgleiches Generikum am Markt ist, läge keine Übermaßvergütung vor, weil Behandlungsmaßnahme die Verordnung ist und das verordnete Medikament den festgesetzten hohen Preis hat. Dagegen läge eine Übermaßbehandlung vor, der die wirtschaftliche Notwendigkeit fehlt; dies hätte jedoch keinen Einfluss auf die Leistungspflicht des Versicherers (→ Rn. 1341).

1343 – **Fall 2:** Wenn der Arzt im gleichen Fall das sehr preiswerte Generikum verordnet und der Versicherte sich vom Apotheker – was arzneimittelrechtlich zulässig ist – das sehr viel teurere Medikament des vorgenannten „Marken-Herstellers" geben lässt, läge weder eine Übermaßbehandlung vor (weil die Verordnung wirtschaftlich korrekt war) noch eine Übermaßvergütung (aus den gleichen Gründen wie im Fall 1). Vielmehr beruht die Aufwandserhöhung auf einem Verhalten des Versicherungsnehmers, das nach den Grundsätzen der Schadenminderungspflicht (§§ 82, 194 Abs. 1 S. 1) zu beurteilen ist. Im Ergebnis hätte der Versicherer höchstens die Kosten für das Generikum zu erstatten.

1344 – **Fall 3:** Wenn der Arzt schließlich zum gleichen Fall nicht das Medikament eines bestimmten Herstellers, sondern nur den Wirkstoff verordnet, würde eine solche Verordnung sowohl das teure Medikament des „Marken-Herstellers" als auch das preiswerte Generikum umfassen. Lässt der

---

[590] Begr. zu Art. 1 (§ 192 Abs. 2 VVG) RegE VVG-ReformG, BT-Drs. 16/3945, 110.
[591] Begr. zu Art. 1 (§ 192 Abs. 2 VVG) RegE VVG-ReformG, BT-Drs. 16/3945, 110.
[592] Bericht des Rechtsausschusses zu Art. 1 (§ 192 Abs. 2 VVG), BT-Drs. 16/5862, 100.
[593] *Lorenz,* Abschlussbericht der VVG-Kommission, VersR-Schriftenreihe Bd. 25, 2004, S. 173, Abschn. 1.3.2.4.5.5.

Versicherte sich daraufhin vom Apotheker das sehr viel teurere Medikament des vorgenannten „Marken-Herstellers" geben, läge wie im Fall 2 weder eine Übermaßbehandlung noch eine Übermaßvergütung vor. Auch hier wären die §§ 82, 194 Abs. 1 S. 1 anzuwenden.
Aus dieser Gegenüberstellung eigentlich völlig gleichartiger Fälle folgt, dass die Unterscheidung zwischen **Übermaßbehandlungen,** denen (nur) die wirtschaftliche Notwendigkeit fehlt, und Übermaßvergütungen, bei denen die wirtschaftliche Notwendigkeit gleichfalls fehlt, gekünstelt ist. Sachlich befriedigende Ergebnisse werden nur erzielt, wenn beide Fallgestaltungen rechtlich gleich behandelt werden.[594] Das bedeutet, dass auch Übermaßbehandlungen, denen (nur) die wirtschaftliche Notwendigkeit fehlt, nach § 192 Abs. 2 zu beurteilen sind.[595] Der BGH hätte dann die Möglichkeit, seine auf Kritik gestoßene Rspr. zu korrigieren. **1345**

III. Neuer Krankheitsbegriff[596]

1. Systematische Zusammenhänge. Der Begriff der Krankheit ist mit mehreren **Rechtsinstituten des Krankenversicherungsrechts** iSd VVG verknüpft. Diese Rechtsinstitute sind **1345a**
– der Versicherungsfall,
– die anzeigepflichtigen gefahrerheblichen Umstände.

a) Krankheit und Versicherungsfall. In den Versicherungszweigen der Schaden-, Unfall- und Krankenversicherung durchläuft die versicherte Gefahr bis zu ihrer Konkretisierung im Schadenfall **mehrere zeitliche Phasen:**[597] **1345b**
– Phase 1: Verursachung des Schadenereignisses, dh Beginn der Kausalkette, die zu einem Ereignis führt, das einen Schaden auslöst.
– Phase 2: Eintritt des Schadenereignisses.
– Phase 3: Entstehung des Schadens als Folge des Schadenereignisses.
Die Begriffe Versicherungsfall, Schadenereignis und Schaden sind nicht identisch. Gleichwohl werden sie häufig synonym gebraucht, was zu Unklarheit und falschen Schlussfolgerungen führen kann.

Der **Begriff des Versicherungsfalls** ergibt sich aus dem Versicherungsvertragsrecht. Versicherungsfall ist der die Leistungspflicht des VU begründende Sachverhalt (→ § 1 Rn. 31).[598] Welche Phase der Gefahrverwirklichung (→ Rn. 1345b) als Versicherungsfall anzusehen ist, ergibt sich aus dem einzelnen Versicherungsvertrag iVm den jeweiligen AVB. Je nach Versicherungszweig können die einzelnen Phasen zeitlich fast zusammenfallen oder weit auseinanderfallen. Wenn sie zeitlich auseinanderfallen, kann es sich um einen „gedehnten Versicherungsfall" oder um einen „verzögerten Versicherungsfall" handeln: **1345c**
– Ein **gedehnter Versicherungsfall** liegt vor, wenn tatbestandsmäßiger Beginn und Vollendung des Versicherungsfalls zeitlich auseinanderfallen. Was insoweit als Beginn des Versicherungsfalls anzusehen ist, bestimmt sich nach dem Inhalt des Versicherungsvertrags und der AVB. **1345d**
– Ein **verzögerter Versicherungsfall** liegt vor, wenn das ursächliche Schadenereignis und der Beginn des Versicherungsfalls zeitlich auseinanderfallen. Der verzögerte Beginn des Versicherungsfalls wird insbesondere dann vereinbart, wenn der Zeitpunkt für den Beginn des kausalen Schadenereignisses typischerweise nicht objektiv und zweifelsfrei festgestellt bzw. nachgewiesen werden kann. **1345e**

Versicherungsfall in der Krankenversicherung ist nicht schon die Krankheit oder Unfallfolge, sondern erst das Erbringen einer medizinisch notwendigen Leistung *wegen* einer Krankheit oder Unfallfolge.[599] Der Versicherungsfall beginnt noch nicht mit der Verursachung oder dem Entstehen der Krankheit, dem Auftreten der ersten Krankheitssymptome oder dem Erkennen der Krankheit durch den Versicherten, sondern erst mit der während der Vertragsdauer einsetzenden tatsächlichen Beginn der medizinisch notwendigen Heilbehandlung bzw. diagnostischen Untersuchung. Versicherungsfall (medizinische Leistung) und Schadenereignis (Krankheit) sind somit nicht identisch.[600] Insoweit liegt ein *verzögerter* Versicherungsfall (→ Rn. 1345e) vor. Anschließend wird dieser (verzögert begonnene) Versicherungsfall ein *gedehnter* Versicherungsfall (→ Rn. 1345d), weil er erst mit dem Ende der Behandlungsbedürftigkeit endet. **1345f**

---

[594] AM *Rogler* VersR 2009, 573 (576).
[595] AM *Marlow* in Marlow/Spuhl Neues VVG Rn. 1289 Fn. 18.
[596] S. dazu *Boetius* FS Langheid, 2022, 29 ff.
[597] Ausf. *J. Boetius* in Boetius/Boetius/Kölschbach, Handbuch der versicherungstechnischen Rückstellungen, 2. Aufl., 2021, § 17 Rn. 3 ff.
[598] *Armbrüster* in Prölss/Martin § 1 Rn. 166. Ähnlich *Rixecker* in Langheid/Rixecker § 1 Rn. 6.
[599] BGHZ 133, 208 = VersR 1996, 1224 (1225) = NJW 1996, 3074.
[600] *Boetius* VVG § 192 Rn. 31.

1345g **Versicherungstechnische und praktische Gründe** sind dafür maßgebend, dass als Versicherungsfall nicht schon die Krankheit, sondern erst die als Krankheitsfolge einsetzenden medizinischen Leistungen bestimmt werden. Ob ein Versicherungsfall vorliegt, muss anhand objektiver Anhaltspunkte feststellbar sein, weil davon die Leistungspflicht des Versicherers abhängt. Der Zeitpunkt des Entstehens der Krankheit kann aber wegen unterschiedlichster Latenzzeiten der Krankheitsbilder und idR unbekannter Dispositionen des Erkrankten objektiv häufig nicht sicher festgestellt werden. Dagegen ist die medizinische Leistungserbringung ein objektiv feststellbares Datum. Dabei ist unerheblich, ob eine endgültige oder richtige Diagnose gestellt oder die eigentliche Heilmaßnahme begonnen worden ist. Unerheblich ist auch, ob bei der Untersuchung eine behandlungsbedürftige Krankheit überhaupt festgestellt werden kann; auch auf den *Verdacht* einer Erkrankung durchgeführte Untersuchungen, um das Vorliegen einer Krankheit auszuschließen, sind Untersuchungen zur Erkennung des Leidens.

1345h **b) Versicherungsfall und anzeigepflichtige gefahrerhebliche Umstände.** Die **anzeigepflichtigen gefahrerheblichen Umstände** iSv § 19 VVG sind mit den Merkmalen des Versicherungsfallbegriffs (→ Rn. 1345f) insoweit verknüpft, als wegen einer behandlungsbedürftigen oder vermuteten Erkrankung erbrachte medizinische Leistungen ein gefahrerheblicher Umstand sind. Soweit die Anzeigepflicht sich auf eine (noch nicht behandelte) Erkrankung bezieht, kann allerdings von Bedeutung sein, wann die Erkrankung begonnen hat. Wann medizinische Leistungen erbracht worden sind, ist dann unbeachtlich.

Dazu ausführlich → GenDG § 18 Rn. 205 ff.

1345i **2. Tradierter Krankheitsbegriff. a) Grundsatz.** Es gibt **keine einheitliche Definition** des Phänomens „Krankheit". Dabei ist schon zwischen verschiedenen Sichtweisen zu unterscheiden, nämlich ua derjenigen
– der Medizin,
– des Rechts,
– der Sozialwissenschaft.

Auch diese Untergliederung ist zu grob, weil es zB allein auf dem Gebiet des Rechts zwischen dem Sozialversicherungsrecht, dem Arbeitsrecht, dem zum Verwaltungsrecht gehörenden Beihilferecht und dem Recht der privaten Krankenversicherung zu unterscheiden gilt.

1345j Was als „Krankheit" anzusehen ist, unterliegt vielfältigen **Abhängigkeiten**. Die wichtigsten sind
– die jeweiligen Anschauungen der unterschiedlichen Kulturen,
– die im Zeitablauf sich ändernden Anschauungen innerhalb derselben Kultur,
– die im Zeitablauf sich ändernden Erkenntnisse der medizinischen Wissenschaft.

Deshalb ist auch der von der WHO im Jahr 1946 geprägte Gegenbegriff der Gesundheit
„Die Gesundheit ist ein Zustand des vollständigen körperlichen, geistigen und sozialen Wohlergehens und nicht nur das Fehlen von Krankheit oder Gebrechen."
ungeeignet, im Umkehrschluss den Begriff der Krankheit zu definieren.

1345k Vor allem wegen des Änderungspotentials von Medizin und gesellschaftlichen Anschauungen gibt es im deutschen Recht **keine gesetzliche Definition** für „Krankheit". Die Gesetzesmaterialien zum GRG beziehen sich zwar auf einen Krankheitsbegriff „nach herrschender Rechtsprechung und Praxis", verzichten aber auf eine gesetzliche Definition, „weil sein Inhalt ständigen Änderungen unterliegt".[601] Tatsächlich würde eine gesetzliche Definition zu einem unveränderlichen und damit statischen Krankheitsbegriff führen, der die Entwicklungen der Medizin und damit häufig einhergehenden gesellschaftlichen Anschauungen nicht abbilden könnte. Daher akzeptiert die Rspr. eine dynamische Anpassung des Krankheitsbegriffs (→ 1345t ff.).[602]

1345l **b) Rechtsprechung.** Krankheit iSd **versicherungsvertragsrechtlichen Krankenversicherungsrechts (VVG)** wird als objektiv nach ärztlichem Urteil bestehender anomaler, regelwidriger Körper- oder Geisteszustand definiert, der eine nicht ganz unerhebliche Störung körperlicher oder geistiger Funktionen mit sich bringt (→ § 192 Rn. 21).[603] Maßgebend sind nicht die subjektiven Vorstellungen des Versicherten, sondern der aufgrund objektiver Kriterien erhobene ärztliche Befund.[604] Abweichungen vom Normalzustand gewinnen Krankheitswert erst dann, wenn sie über

---
[601] Begr. zu Art. 1 (§ 27 SGB V) Gesetzentwurf GRG, BT-Drs. 11/2237, S. 170.
[602] BSG NZS 2015, 662 Rn. 19; BVerwGE 160, 71 Rn. 9 = NVwZ 2018, 173. Vgl. *Hauck* NJW 2016, 2695 (2696); *Huster*, Die Bedeutung des Krankheitsbegriffs für das Krankenversicherungsrecht, in: Beck, Krankheit und Recht, 2017 (Schriftenreihe Medizinrecht), S. 41 (42).
[603] BGHZ 99, 228 = VersR 1987, 278 (279) = NJW 1987, 703; BGHZ 164, 122 Abschn. II 1 = VersR 2005, 1673 = NJW 2005, 3783. Vgl. ferner: *Kalis* in Bach/Moser § 1 MB/KK Rn. 45; *Spickhoff* S. 215 (217).
[604] BGHZ 99, 228 = VersR 1987, 278 (279) = NJW 1987, 703.

ein reines Missempfinden hinaus zu Beschwerden oder Behinderungen im Sinne einer nicht ganz unerheblichen Funktionsstörung führen.[605] Keine Krankheit in diesem Sinn liegt vor, wenn es sich um *natürliche Körperzustände* handelt. Dazu zählen ua die (komplikationslose) Schwangerschaft und Entbindung, die nur über den Weg der „sonstigen vereinbarten Leistung" (§ 192 Abs. 1 VVG) in den Versicherungsschutz einbezogen wird.

Krankheit iSd des **sozialversicherungsrechtlichen Krankenversicherungsrechts (SGB V)** wird als regelwidriger, vom Leitbild des gesunden Menschen abweichender Körper- oder Geisteszustand verstanden, der ärztlicher Heilbehandlung bedarf bzw. den Betroffenen arbeitsunfähig macht.[606] Zusätzlich wird gefordert, dass der Versicherte in seinen Körperfunktionen beeinträchtigt wird oder die anatomische Abweichung entstellend wirkt. Diese zusätzliche Anforderung verfolgt den Zweck, *körperliche Unregelmäßigkeiten ohne Krankheitswert* vom Versicherungsschutz auszuschließen.[607]

Der Krankheitsbegriff iSd **verwaltungsrechtlichen Beihilferechts** folgt grundsätzlich dem sozialversicherungsrechtlichen Krankheitsbegriff, wie er vom BSG entwickelt worden ist.[608] Das BVerwG fasst dies in die Kurzformel: „Jemand ist krank, wenn er in seiner Körper- oder Geistesfunktion beeinträchtigt ist."[609]

c) Begriffliche Systematik. Für die Begriffsbildung muss zwischen dem Kernbereich des Begriffs („Begriffskern") und seinem Randbereich („Begriffsränder") unterschieden werden:
- Zum *Begriffskern* zählen diejenigen Tatbestandsmerkmale, die für den Krankheitsbegriff konstitutiv sind, dh die zwingend und unverzichtbar erfüllt sein müssen.
- Zu den *Begriffsrändern* zählen Tatbestandsmerkmale, die dispositiv sind, dh die je nach Anwendungsbereich optional und in unterschiedlicher Weise ergänzend hinzutreten können.

Mit dieser begrifflichen Systematik erklären sich auch die teilweise voneinander abweichenden Begriffsbildungen in den einzelnen Anwendungsgebieten. So ist zu verstehen, wenn der Krankheitsbegriff als **funktionsspezifischer rechtlicher Zweckbegriff** bezeichnet wird, der darauf abstellt, welche Aufgabe er im jeweiligen Rechtsgebiet erfüllen soll.[610]

Der **Begriffskern** muss zunächst vom medizinischen Verständnis ausgehen, weil (Human-)Medizin diejenige Wissenschaft ist, deren primäres Objekt die Krankheit (sc. des Menschen) ist. Die Medizin umschreibt Krankheit als „Störung der Lebensvorgänge in Organen oder im gesamten Organismus mit der Folge von subjektiv empfundenen bzw. objektiv feststellbaren körperlichen, geistigen oder seelischen Veränderungen".[611] Dieser Begriffskern findet sich im Wesentlichen in den Umschreibungen wieder, die für VVG, SGB V und Beihilferecht verwandt werden (→ 1345l ff.), und folgende Teilmerkmale enthalten:
- Ein regelwidriger Körper- oder Geisteszustand iSv VVG und SGB V liegt vor, wenn Lebensvorgänge in Organen oder im gesamten Organismus gestört sind.
- Störung körperlicher oder geistiger Funktionen iSd VVG bzw. Beeinträchtigung der Körperfunktionen iSd SGB V entsprechen als Folge der gestörten Lebensvorgänge den objektiv feststellbaren körperlichen, geistigen oder seelischen Veränderungen.

Dabei ist nicht zu verkennen, dass das Merkmal der Störung einen Sachverhalt beschreibt, der nicht ausschließlich durch objektive Daten bestimmt wird, sondern auch von Wertungen beeinflusst wird. Deutlich wird das zB bei der Frage, ob altersbedingte oder -typische Zustände eine den Krankheitsbegriff relativierende Rolle spielen dürfen. Das ist zu verneinen,[612] und zwar im Wesentlichen aus zwei Gründen:
- Wenn der Krankheitsbegriff altersabhängig relativiert würde, würde den solchermaßen „gesunden" Alten die Behandlung verweigert, obwohl diese Behandlung ihre alterstypische Störung der Körper- oder Geistesfunktion beseitigen oder lindern würde. Das ist unethisch.
- Ein altersabhängig relativierter Krankheitsbegriff ist nicht operabel, weil es in Bezug auf die jeweiligen Störungen der Körper- und Geistesfunktionen keine objektiv feststellbaren Maßgrößen für den in Betracht zu ziehenden „richtigen Altersabschlag" gibt. Dafür sind die individuellen Lebensbiographien auch zu unterschiedlich. Außerdem müssten diese „Abschläge" der medizinischen Entwicklung und der steigenden Lebenserwartung folgend permanent angepasst werden.

---

[605] OLG Karlsruhe VersR 1991, 912.
[606] BSG NZS 2015, 662 Rn. 19 mwN.
[607] BSG NZS 2015, 662 Rn. 19 mwN.
[608] BVerwGE 160, 71 Rn. 8 = NVwZ 2018, 173; BVerwGE 148, 106 Rn. 11 = NVwZ-RR 2014, 240.
[609] BVerwGE 148, 106 Rn. 11 = NVwZ-RR 2014, 240.
[610] BVerwGE 160, 71 Rn. 10 = NVwZ 2018, 173; Huster, Die Bedeutung des Krankheitsbegriffs für das Krankenversicherungsrecht, in: *Beck*, Krankheit und Recht, 2017 (Schriftenreihe Medizinrecht), S. 41 (49 f.).
[611] *Pschyrembel*, Klinisches Wörterbuch, 264. Aufl. 2013, „Krankheit".
[612] Ebenso *Marlow/Gramse* r+s 2017, 518 (520).

1345q Alle übrigen Merkmale, die für VVG oder SGB V dem Krankheitsbegriff beigelegt werden, gehören zu den **dispositiven Begriffsrändern**. Das betrifft insbesondere
– Umschreibungen, die Bagatell-„Erkrankungen" vom Versicherungsschutz ausschließen sollen, zB: „nicht ganz unerhebliche Störung" bzw. „über ein reines Missempfinden hinaus" (→ Rn. 1345l) oder „körperliche Unregelmäßigkeiten ohne Krankheitswert" (→ 1345m);
– zusätzliche Voraussetzungen des Versicherungsschutzes, zB Behandlungsbedürftigkeit bzw. Arbeitsunfähigkeit (→ Rn. 1345m).

1345r Diese **Zweiteilung des Krankheitsbegriffs** in Kernbereich (Begriffskern) und Randbereich (Begriffsränder) ermöglicht es auch, die Diskussionen um bestimmte Grenzfälle in die systematisch richtigen Bahnen zu lenken. Das gilt zB für das ganze Diskussionsfeld der künstlichen Befruchtung. Das im Schrifttum geäußerte Unbehagen über die systematisch zutreffende Zuordnung zum Krankheitsbegriff[613] wird weitgehend gegenstandslos, wenn man Fälle dieser Art dem dispositiven Randbereich des Krankheitsbegriffs zuordnet, der letztlich durch politische Wertungsentscheidungen geprägt wird.

1345s Krankheit ist eine zeitraumbezogene Erscheinung, die für eine bestimmte Zeitdauer besteht. Damit hat Krankheit mindestens einen Beginn. Bei Akuterkrankungen hat Krankheit idR auch ein zeitliches Ende, bei chronischen Erkrankungen endet sie idR erst mit dem Lebensende. Notwendiger Bestandteil des Krankheitsbegriffs ist daher auch der Zeitpunkt des **Krankheitsbeginns** (→ § 18 GenDG Rn. 197 ff.), der in bestimmten Fällen asymptomatische Vorstadien eines künftigen Krankheitsausbruchs einschließen kann (→ § 18 GenDG Rn. 208).

1345t **3. Dynamischer Krankheitsbegriff.** Der Krankheitsbegriff soll nach den Vorstellungen von Gesetzgebung und Rspr. nicht vollkommen unveränderlich sein, sondern durchaus den vorwiegend medizinischen Entwicklungen angepasst werden können (→ Rn. 1345k). Die Stichworte für die notwendige **Dynamisierung** lauten „Big Data" und „Systemmedizin".[614]

1345u Der Ansatzpunkt hierfür wird bei Betrachtung bestimmter **vererblicher Krankheiten** wie zB Chorea Huntington deutlich. Das Vorhandensein des hierfür verantwortlichen Erbmerkmals ist bereits eine bestehende gesundheitliche Störung (→ § 3 GenDG Rn. 33 ff.; → § 18 GenDG Rn. 208). Wenn nur ein Elternteil das Erbmerkmal für Chorea Huntington trägt, werden die Nachkommen mit einer Wahrscheinlichkeit von mindestens 50 % ebenfalls betroffen; die Wahrscheinlichkeit steigt auf 100 %, wenn der erkrankte Elternteil zwei mutierte Allele, also ein homozygotes Erbgut besitzt. Wenn beide Elternteile erkrankt sind und jeweils nur ein mutiertes Allel, also ein heterozygotes Erbgut besitzen, beträgt die Wahrscheinlichkeit für eine Erkrankung der Nachkommen 75 %.

1345v Wenn vererbliche Krankheiten sehr hohe Eintrittswahrscheinlichkeiten aufweisen, beginnt die gesundheitliche Störung und damit die Krankheit letztlich bereits mit der Geburt.[615] Die **hohe Erkrankungswahrscheinlichkeit definiert den Krankheitsbeginn**. Diese Sichtweise ist nicht grundlegend neu. Das BVerwG hat – im Fall einer familiär vorbelasteten Person mit BRCA2-Genmutation – für den beihilferechtlichen Krankheitsbegriff diesen Schritt bereits vollzogen und auf die Notwendigkeit einer dynamischen Betrachtungsweise hingewiesen.[616] Das BVerwG hat sich dabei maßgeblich auf die Rspr. des BSG gestützt, die in bestimmten Fällen das Erkrankungs*risiko* und den Krankheits*verdacht* als Krankheit iSd SGB V qualifiziert hat,[617] weil der Krankheitsbegriff des SGB V konkretisierungsbedürftig und flexibel sei.[618] So hat das BSG es als bestehende Krankheit angesehen, wenn der Versicherte an dem Gendefekt CADASIL leidet, das zu neurologischen Ausbrüchen und gehäuften Schlaganfällen im mittleren Lebensalter bis zur Demenz führen kann.[619] Ob die bloße Trägerschaft eines vererblichen Gendefekts eine bedingungsgemäße Krankheit ist, hat der BGH bisher offen gelassen.[620]

1345w Der versicherungsrechtliche Krankheitsbegriff iSd §§ 192 ff. VVG kann in seinem Kernbereich – dem **Begriffskern** (→ Rn. 1345p) – keinen grundsätzlich anderen Inhalt haben als derjenige iSd Beihilferechts und des SGB V. Zwar leiten sich aus dem Leistungsumfang der GKV grundsätzlich keine Konsequenzen für den Leistungsumfang in der substitutiven Krankenversicherung ab und hat

---
[613] Vgl. ua *Huster* NJW 2009, 1713 ff.
[614] *Katzenmeier* MedR 2019, 259 (259, 261).
[615] Ähnlich *Schöffski* S. 106.
[616] BVerwGE 160, 71 Rn. 9 ff. = NVwZ 2018, 173.
[617] Vgl. dazu *Hauck* NJW 2016, 2695 ff.; *Huster*, Die Bedeutung des Krankheitsbegriffs für das Krankenversicherungsrecht, in: Beck, Krankheit und Recht, 2017 (Schriftenreihe Medizinrecht), S. 41 (47 ff.).
[618] *Hauck* NJW 2016, 2695 (2700).
[619] BSGE 117, 212 Rn. 15 = MedR 2017, 156.
[620] BGH VersR 2020, 966 = r+s 2020, 412 Rn. 13.

das SGB V keinen Leitbildcharakter für das Leistungsversprechen der PKV.[621] Bei der Bestimmung des Begriffskerns von „Krankheit" geht es jedoch nicht darum, dass einem Rechtsgebiet Leitbildfunktion für andere Rechtsgebiete zukommt, sondern es geht um das grundsätzliche Verständnis des Begriffs „Krankheit" in seinem essentiellen Kernbereich, das in übereinstimmender Weise alle diejenigen Rechtsgebiete erfasst und ausformt, die eine Sicherungsfunktion für das Krankheitsrisiko erfüllen. Dass insoweit ein begrifflicher Gleichklang von VVG, SGB V und Beihilferecht notwendig ist, ergibt sich auch aus der *Ersetzungsfunktion* der substitutiven Krankenversicherung (§ 195 Abs. 1 S. 1 VVG), der *Ergänzungsfunktion* zur Beihilfe (vgl. § 199 VVG) und dem Grundsatz der *Vollfunktionalität* der PKV (→ Rn. 1346 ff., 1348).

Der dynamische Krankheitsbegriff hat Konsequenzen für die **Leistungspflicht des Krankenversicherers,** die entsprechend früher einsetzt, wie zB im Fall von Chorea Huntington deutlich wird: **1345x**
– Wenn eine Therapiemöglichkeit entwickelt würde, den Krankheitsausbruch von Chorea Huntington verhindern oder verzögern kann, wäre die Behandlungsbedürftigkeit evident.
– Das gleiche gilt, wenn zwar eine solche Therapie als allgemein anerkannte und medizinischem Standard entsprechende Behandlung noch nicht zur Verfügung steht, aber Behandlungsmethoden entwickelt werden, die eine nicht ganz entfernt liegende Aussicht auf Heilung oder auf anderen positiven Krankheitsverlauf erwarten lassen. In diesem Fall würde das Verfassungsrecht eine Kostenübernahme erzwingen (→ Rn. 1348a ff.). Das BVerfG ordnet die Mindestversorgung dem Kernbereich der Leistungspflicht zu (→ Rn. 1348b).
– Ebenso wären die Kosten für einen prädiktiven Gentest zu erstatten, wenn der Versicherte mit entsprechend vorbelasteten Eltern mit einer Vererbung des Gendefekts rechnen muss. Es handelt sich um eine Verdachtsdiagnose (→ Rn. 1345g), die der Gentest bestätigen oder widerlegen soll.

IV. Vollfunktionalität

Die PKV ist seit Einführung der gesetzlichen Pflegeversicherung einem kontinuierlichen Wandel unterworfen, der sich als eine materiell weitreichende **Funktionserweiterung** darstellt. Die Einführung der allgemeinen Versicherungspflicht auch in der PKV mit einem brancheneinheitlichen Basistarif haben die PKV als zweite Säule der Krankenversorgung neben der GKV endgültig etabliert. Daher war es für das BVerfG logisch, die PKV auf den Grundsatz der Vollfunktionalität zu verpflichten (→ Rn. 732 ff.; → Rn. 1135).[622] **1346**

Diese Entwicklung dürfte noch nicht abgeschlossen sein. Die Einführung des **Notlagentarifs** (→ Rn. 1231 ff.), durch den die Notversorgung des Versicherungsnehmers im Falle seines Zahlungsverzugs sichergestellt werden soll, macht das deutlich. **1347**

Auch ohne Gesetzesänderungen dürfte sich das geltende Versicherungsvertragsrecht vor diesem Hintergrund weiter entwickeln, wenn aus dem Grundsatz der Vollfunktionalität die **Zweckerweiterung gesetzlicher Vorschriften** und damit konkrete rechtliche Konsequenzen abgeleitet werden. Einen ersten Ansatz bildet die Erweiterung der Möglichkeiten der Bedingungsanpassung nach § 203 Abs. 3 (→ Rn. 734; → § 203 Rn. 1015 ff.). Auch die Harmonisierung des Krankheitsbegriffs in seinem Kernbereich im Verhältnis zwischen VVG, SGB V und Beihilferecht (→ Rn. 1345w) ist ein Gebot der Vollfunktionalität. **1348**

Eine Zweckerweiterung deutet sich auch im **Leistungsrecht** an, soweit das Verfassungsrecht Leistungsänderungen der GKV erzwingt wie zB bei dem verfassungsunmittelbaren Anspruch auf Krankenversorgung in Fällen lebensbedrohlicher oder regelmäßig tödlicher Erkrankungen, wenn der reguläre Leistungskatalog der GKV keine Behandlungsmöglichkeiten vorsieht.[623] Soweit ähnliche Leistungseinschränkungen auch für den privaten Krankenversicherungsschutz (oder für das Beihilferecht) festgestellt würden, müssten solche Einschränkungen gleichfalls auf das GKV-Niveau geführt werden. Allerdings stellt sich insoweit die Frage nach der rechtssystematisch einschlägigen Rechtsgrundlage: **1348a**
– Wenn man den vom BVerfG angesprochenen Verfassungsvorschriften von Art. 2 Abs. 1 und Abs. 2 S. 1 GG in dieser Frage **Drittwirkung** beilegt, ergibt sich die Erweiterung des Leistungsrechts unmittelbar aus der Verfassung. Die Frage der Drittwirkung ist wohl unterschiedlich zu beurteilen. Soweit Rechtsgrundlage Art. 2 Abs. 1 GG ist, scheint sich aus dem sog. Nikolaus-Beschluss des BVerfG v. 6.12.2005[624] keine Drittwirkung ableiten zu lassen; denn das BVerfG argumentiert, dass der GKV-Versicherte nicht auf eine Finanzierung der Behandlung **1348b**

---
[621] BGH VersR 2015, 1119 Rn. 22 = r+s 2015, 405; r+s 2017, 488 Rn. 19 f.
[622] Ausf. *Boetius* in Boetius/Rogler/Schäfer, Rechtshandbuch PKV, 2020, § 8 Rn. 12 ff.
[623] BVerfGE 115, 25 Rn. 64 = NJW 2006, 891; BVerfG MedR 2016, 970 Rn. 12; NJW 2017, 2096.
[624] BVerfGE 115, 25 Rn. 64 = NJW 2006, 891.

außerhalb der GKV verwiesen werden könne.[625] Dieses Argument würde im Falle einer Drittwirkung keinen Sinn ergeben. Soweit Rechtsgrundlage allerdings Art. 2 Abs. 2 S. 1 GG ist, ist nach der Argumentation des BVerfG von einer Drittwirkung auszugehen: Das BVerfG betont die Schutzpflicht des Staates für das Leben und leitet daraus eine Mindestversorgung ab, die zum Kernbereich der Leistungspflicht gehört, weil der Staat mit dem System der GKV „Verantwortung für Leben und körperliche Unversehrtheit der Versicherten" übernommen habe.[626] Diese gleiche Verantwortung hat der Staat aber auch mit der Einführung der allgemeinen Krankenversicherungspflicht für die der PKV zugewiesenen Personengruppen übernommen; denn das BVerfG charakterisiert die Krankenversicherung insgesamt als Volksversicherung, die aus „zwei Versicherungssäulen" besteht (→ Rn. 1135).

1348c – Der Grundsatz der **Vollfunktionalität** kommt als eigenständige Rechtsgrundlage einer Leistungserweiterung in Betracht, wenn man von keiner Drittwirkung ausgehen könnte. Allerdings sind die beiden Betrachtungsweisen letztlich doch wieder miteinander verwoben; denn die Vollfunktionalität wird daraus abgeleitet, dass GKV und PKV die beiden Versicherungssäulen der Volksversicherung „Krankenversicherung" sind, woraus sich die Drittwirkung ergibt.

1349 Dass die mit Vollfunktionalität ausgestattete PKV zunehmend **sozialrechtliche Elemente** aufnimmt, folgt aus der Logik eines dualen Krankenversorgungssystems und der Sozialbindung der substitutiven Krankenversicherung (→ Rn. 722 ff.). Die Grenze zu einer Konvergenz von GKV und PKV wird erst dann überschritten, wenn die jeweils konstitutiven Systemunterschiede von GKV und PKV beseitigt werden. Diese konstitutiven Systemunterschiede bestehen ausschließlich im jeweiligen Finanzierungs- und Kalkulationsverfahren (→ Rn. 29 ff.).

V. Freier Versichererwechsel in der PKV

1350 **1. Grundsatz.** Aufgrund der für die Individualversicherung geltenden gesetzlichen Rahmenbedingungen (→ Rn. 27 ff.) gibt es grds. keinen unbedingten und unbeschränkten Rechtsanspruch des einzelnen auf Abschluss eines Krankenversicherungsvertrags mit einem PKV-Unternehmen. Dementsprechend gibt es auch keinen Rechtsanspruch des Versicherten, seinen Krankenversicherer jederzeit frei wechseln zu können. Dies wird – meist in Unkenntnis der unterschiedlichen Rahmenbedingungen von Individualversicherung einerseits und Sozialversicherung andererseits – häufig als unbefriedigend angesehen. Die Forderung nach einem freien Versichererwechsel in der PKV mündet idR in die Thematik der **Übertragbarkeit der Alterungsrückstellung** (→ Rn. 931 ff.).

1351 **2. Gesundheitsreform (GKV – WSG).** Der im Zuge der Gesundheitsreform vom GKV-WSG eingeführte **Basistarif** sieht eine solche Übertragung der Alterungsrückstellung vor (→ Rn. 1108 ff.). Dieser Basistarif entspricht jedoch nicht einem theoretisch denkbaren Zukunftsmodell für einen freien PKV-Wechsel bei gleichzeitiger Wahrung der unabdingbaren Systemprinzipien der PKV (→ Rn. 1288 ff.) und führt zu keinem Gleichklang von GKV und PKV.

VI. Grenzüberschreitende Portabilität der Krankenversicherung

1352 **1. Ausgangssituation.** Zu den Grundfreiheiten des vollständigen europäischen Binnenmarktes gehört die **Freizügigkeit** mit der speziellen Freizügigkeit des Arbeitslebens. Jeder Bürger eines Mitgliedstaats der EU kann sich in der EU beruflich frei bewegen – ob als Selbständiger, Freiberufler oder unselbständig Beschäftigter (Arbeitnehmer).

1353 Die größten Hürden gegen die Verwirklichung der Freizügigkeit errichten die nationalen **Systeme der sozialen Sicherheit.** Wer nämlich als EU-Bürger mit seiner beruflichen Tätigkeit den EU-Mitgliedstaat wechseln will, muss auch das System der sozialen Sicherheit wechseln. Im Bereich der Krankenversicherung kann dies für den EU-Bürger nachteilige Konsequenzen haben. Wer als in der deutschen GKV Versicherter in einem anderen EU-Mitgliedstaat sich beruflich niederlässt, der einen niedrigeren staatlichen Krankenversicherungsschutz als Deutschland bietet, kann nicht den Versicherungsschutz in der GKV behalten. Wer als in der deutschen PKV substitutiv Krankenversicherter beruflich in einen anderen EU-Mitgliedstaat wechselt, der eine staatliche Krankenversicherung zur Pflicht macht, muss faktisch seine Krankenversicherung in der PKV aufgeben, will er nicht eine finanzielle Doppelbelastung eingehen. Zwar kann er für den Fall einer Rückkehr nach Deutschland seine Versicherung in der PKV als Anwartschaftsversicherung fortführen, womit er den weiteren Aufbau der Alterungsrückstellung finanziert und sich sein ursprüngliches Eintrittsalter erhält; indessen erfordert dies einen zusätzlichen nicht unerheblichen finanziellen Aufwand. Wer

---
[625] BVerfGE 115, 25 Rn. 64 = NJW 2006, 891.
[626] BVerfGE 115, 25 Rn. 65 = NJW 2006, 891.

2. Portabilität. Um die Freizügigkeit als elementare Grundfreiheit vollständig zu verwirklichen, müssen die dem entgegenstehenden Hürden der nationalen Sicherungssysteme beseitigt werden. Dies erfordert, den Grundsatz der **Portabilität der Krankenversicherung** umfassend einzuführen. 1354

Um die Portabilität der GKV herzustellen, wäre es mindestens notwendig, dem einzelnen EU-Bürger das **Wahlrecht** zwischen dem Zugang zum staatlichen Krankenversicherungssystem des neuen EU-Mitgliedstaats und dem Verbleib im staatlichen Krankenversicherungssystem des bisherigen EU-Mitgliedstaats einzuräumen. Die grenzüberschreitende Tätigkeit der jeweiligen staatlichen Krankenversicherungssysteme kann durch zwischenstaatliche Vereinbarungen umfassend organisiert werden, wie dies schon jetzt in Teilbereichen geschieht. 1355

Ebenso müsste die **Portabilität der PKV** hergestellt werden. Dies gilt einmal im Verhältnis zwischen der PKV eines Mitgliedstaats und der GKV eines anderen Mitgliedstaats. Ein in der PKV versicherter EU-Bürger müsste das Wahlrecht zwischen dem Zugang zum staatlichen Krankenversicherungssystem des neuen EU-Mitgliedstaats und dem Verbleib in der PKV des bisherigen Mitgliedstaats erhalten. Dies erfordert auf der anderen Seite, dass der PKV-Vertrag bei einem Wegzug des Versicherten in das EU-Ausland im bisherigen Umfang weitergeführt werden kann. Diese Voraussetzung wird im Rahmen der VVG-Reform geschaffen (→ Rn. 1421). 1356

O. Insolvenz des Versicherungsunternehmens

I. Überblick

1. Grundsatz. Abweichend vom allgemeinen Insolvenzrecht kann nur die Versicherungsaufsichtsbehörde die **Eröffnung des Insolvenzverfahrens** über das Vermögen eines Versicherungsunternehmens beantragen (§ 312 Abs. 1 VAG). Damit soll sichergestellt werden, dass die Belange der Versicherten gewahrt werden; denn die Eröffnung des Insolvenzverfahrens greift in die bestehenden Versicherungsverhältnisse tief ein: Sie beendet kraft Gesetzes die mit dem insolvent gewordenen Versicherungsunternehmen abgeschlossenen Versicherungsverträge (§ 16 Abs. 1). 1357

Für auf reiner Risikobasis abgeschlossene Versicherungsverträge – wie sie in der **Schaden- und Unfallversicherung** die Regel sind – führt die insolvenzbedingte Beendigung des Versicherungsvertrags zum Verlust des Versicherungsschutzes für die Zukunft und zu einer reduzierten Abwicklung der noch nicht regulierten Schadenfälle entsprechend der Insolvenzquote. Beides kann den Versicherungsschutz für den Versicherungsnehmer dauerhaft verkürzen, indem er für bereits eingetretene und noch nicht oder noch nicht vollständig regulierte Versicherungsfälle nicht mehr die volle vertragliche Versicherungsleistung erhält und indem er für die Zukunft keinen Versicherer findet, der ihm den bisherigen Versicherungsschutz zu gleichen Konditionen bietet. 1358

2. Krankenversicherung. a) Allgemeine Folgen der Insolvenz. Als allgemeine Vorschrift des VVG gilt § 16 Abs. 1 uneingeschränkt zunächst auch für die Krankenversicherung, auf deren **Besonderheiten** das VVG für den Fall der Versichererinsolvenz keine Rücksicht nimmt. Zum einen können dem Versicherungsnehmer mit der durch die Insolvenz erzwungenen Beendigung des Versicherungsvertrags die kollektiven Anwartschaftsrechte auf die Alterungsrückstellung weitgehend verloren gehen, die aus seinen Beiträgen mit aufgebaut worden war und aus der die alterungsbedingte Steigerung der künftigen Krankheitskosten finanziert werden sollte (aber → Rn. 1363); dies hat zur Folge, dass der Versicherungsnehmer bei einem neuen Versicherungsunternehmen nur zu einem höheren Eintrittsalter mit entsprechend höherer Prämie versichert werden kann. Zum anderen ist es möglich, dass der Versicherungsnehmer aufgrund zwischenzeitlich eingetretener Erkrankung bei einem neuen Versicherer entweder nur mit Risikoaufschlägen oder Leistungsausschlüssen oder gar überhaupt nicht mehr versichert werden kann. Diese Konsequenzen können die Existenz des Versicherungsnehmers bedrohen – wirtschaftlich, weil die Substanz seines Vermögens für teure Krankheiten aufgewandt werden muss und der Versicherungsnehmer schließlich zum Sozialhilfeempfänger wird; physisch, weil aus Kostengründen nicht mehr alle Behandlungsmöglichkeiten ausgeschöpft werden können. 1359

Die nachteiligen Konsequenzen werden allerdings seit 1.1.2009 durch die aufgrund der **Gesundheitsreform** herbeigeführten Änderungen abgemildert. Der Versicherte hat aufgrund des Kontrahierungszwangs einen unbedingten Anspruch auf Versicherung im Basistarif ohne 1360

Risikoprüfung (→ Rn. 1040 ff.), so dass er für die Zukunft nicht mehr gänzlich unversichert bleiben muss.

1361 b) **Krankenversicherung nach Art der Lebensversicherung.** Für die Krankenversicherung nach Art der Lebensversicherung einschließlich der privaten Pflege-Pflichtversicherung (PPV) enthält § 316 S. 1 Nr. 2, 3 VAG **Sondervorschriften,** die nach § 16 Abs. 2 die allgemeine Vorschrift des § 16 Abs. 1 verdrängen.[627]

1362 Abweichend von § 16 Abs. 1 regelt § 316 S. 1 VAG den **Zeitpunkt der Vertragsbeendigung.** Danach erlöschen Lebensversicherungen, Krankenversicherungen iSv § 146 VAG, private Pflege-Pflichtversicherungen iSv § 148 VAG, Unfallversicherungen mit Beitragsrückgewähr und Versicherungen mit Haftpflicht- oder Unfall-Rentenleistungen bereits mit der Eröffnung des Insolvenzverfahrens.

1363 § 316 S. 2 VAG räumt den Anspruchsberechtigten aus den vorgenannten Versicherungen eine **bevorrechtigte Befriedigung** aus den Werten des Sicherungsvermögens ein. Die Anspruchsberechtigten können den auf sie entfallenden Anteil am Mindestumfang des Sicherungsvermögens fordern. Im Falle der Krankenversicherung nach Art der Lebensversicherung einschließlich PPV handelt es sich vor allem um ihren jeweiligen Anteil an der Alterungsrückstellung. Gegenstand ihres Anspruchs sind alle Bestandteile der Alterungsrückstellung (→ Rn. 892 ff.). Faktisch führt diese Regelung für den Fall der insolvenzbedingten Beendigung des Versicherungsvertrags zu einem Anspruch auf *Auszahlung* der anteiligen Alterungsrückstellung.

1364 Wenn der Versicherte aufgrund der Insolvenz eine neue substitutive Krankenversicherung bei einem anderen Versicherungsunternehmen abschließt, kann er nicht anstelle der Auszahlung (→ Rn. 1363) die Übertragung der anteiligen Alterungsrückstellung auf das neue Versicherungsunternehmen nach den Vorschriften über den **Versichererwechsel** (§ 204 Abs. 1 S. 1 Nr. 2, Abs. 2) verlangen; denn der Vertrag endet nicht aufgrund Kündigung, sondern wegen Insolvenzeröffnung.

II. Insolvenzsicherung

1365 1. **Europäische Rechtsentwicklung.** Geplant ist eine Rahmenrichtlinie, die den Mitgliedstaaten die **flächendeckende Schaffung von Insolvenzsicherungssystemen** für die Lebens- und die Nichtlebensversicherung vorschreibt, ihnen gleichzeitig aber weite Freiräume zur Ausfüllung überlässt.[628] Die Mitgliedschaft in einem solchen Sicherungssystem soll Voraussetzung für die Zulassung zum Geschäftsbetrieb eines Versicherungsunternehmens sein. Die Richtlinie soll den Mitgliedstaaten die Möglichkeit einräumen, die Insolvenzsicherung sowohl mittels eines Entschädigungssystems als auch eines Vertragsfortführungssystems zu realisieren; Letzteres ist in Deutschland in der Lebensversicherung und in der PKV eingeführt, so dass diese Systeme beibehalten werden können.

1366 Ob es in absehbarer Zeit zu der geplanten Harmonisierung der Insolvenzsicherungssysteme kommen wird, ist offen. Eine von der EU-Kommission im Jahr 2008 in Auftrag gegebene **Machbarkeitsstudie** des Unternehmens OXERA hat empfohlen, die Einführung einer europaweit verpflichtenden Insolvenzsicherung von einer Kosten-Nutzen-Analyse abhängig zu machen.

1367 2. **Insolvenzsicherung für die Krankenversicherung.** a) **Versicherungsaufsichtsrecht.** Das VAGÄndG 2004 v. 15.12.2004 (BGBl. I S. 3416) führte einen neuen Abschn. VIIIa „Sicherungsfonds" in das VAG ein, der in den §§ 124 ff. VAG aF (= §§ 221 ff. VAG) die **Insolvenzsicherung** für die Lebensversicherung und für die substitutive Krankenversicherung regelt.

1368 b) **Sicherungsfonds.** PKV-Unternehmen, welche die substitutive Krankenversicherung betreiben, müssen im Wege einer **Pflichtmitgliedschaft** einem Sicherungsfonds angehören, der dem Schutz der Ansprüche der Versicherungsnehmer, Versicherten, Bezugsberechtigten und sonstigen aus dem Versicherungsvertrag begünstigten Personen dient (§ 221 Abs. 1 VAG). Das Versicherungsunternehmen kann bei Verletzung seiner gegenüber dem Sicherungsfonds bestehenden Beitrags- und Mitwirkungspflichten mit Zustimmung der BaFin aus dem Sicherungsfonds ausgeschlossen werden (§ 229 Abs. 1 VAG). Der Ausschluss führt zum Widerruf der Erlaubnis des Versicherungsunternehmens zum Geschäftsbetrieb (§ 304 Abs. 1 S. 1 Nr. 3 VAG).

1369 Die Pflichtmitgliedschaft erstreckt sich nur auf **Versicherungsunternehmen mit Sitz im Inland,** nicht auf Versicherungsunternehmen mit Sitz im EU-/EWR-Ausland, die im Rahmen der Niederlassungsfreiheit im Inland tätig sind. Diese Versicherungsunternehmen können dem Siche-

---

[627] Zur Insolvenz des Versicherungsunternehmens ausf. *Boetius* in Boetius/Rogler/Schäfer, Rechtshandbuch PKV, 2020, § 35 Rn. 1 ff.
[628] *Fricke* VersR 2006, 1149.

rungsfonds auch nicht freiwillig beitreten, weil sie damit der Finanzaufsicht der BaFin unterworfen würden, was unzulässig wäre.[629] Die Rechtslage ist vergleichbar mit der Anwendung des Basistarifs, des Kontrahierungszwangs und der Versicherungspflicht auf ausländische Versicherungsunternehmen (→ Rn. 1070 ff.; → Rn. 1081 ff.; → Rn. 1101 f.).

c) Sicherungsmaßnahmen. Wenn die Aufsichtsbehörde feststellt, dass die Vermeidung des Insolvenzverfahrens zum Besten der Versicherten geboten ist, unterrichtet sie den Sicherungsfonds (§ 222 Abs. 1 VAG). Die Aufsichtsbehörde kann zur Wahrung der Belange der Versicherten die **Übertragung des Versicherungsbestands** einschließlich der zur Bedeckung erforderlichen Vermögensgegenstände auf den zuständigen Sicherungsfonds anordnen (§ 222 Abs. 2 VAG). Der Sicherungsfonds verwaltet und wickelt die übernommenen Versicherungsbestände ab (§ 222 Abs. 4 VAG). Der Sicherungsfonds kann seinerseits den ihm übertragenen Versicherungsbestand ganz oder teilweise auf andere Versicherungsunternehmen übertragen (§ 222 Abs. 6 S. 1 VAG). 1370

Dem Sicherungsfonds ist ein **Recht zur außerordentlichen Bedingungs- und Beitragsanpassung** eingeräumt. Überträgt der Sicherungsfonds den von ihm übernommenen Versicherungsbestand ganz oder teilweise auf ein Versicherungsunternehmen (→ Rn. 1370), kann er die AVB und die Tarifbestimmungen bei der Übertragung ändern, um sie an die Verhältnisse des übernehmenden Versicherungsunternehmens anzupassen, wenn dies zur Fortführung der Verträge zweckmäßig und für die Versicherten zumutbar ist und wenn ein unabhängiger Treuhänder bestätigt hat, dass die Änderung unter Wahrung des Vertragsziels die Belange der Versicherten angemessen berücksichtigt (§ 222 Abs. 6 S. 2, 3 VAG). Diese Möglichkeit wird insbes. in dem Fall Bedeutung erlangen, dass die Tarife des von der Insolvenz bedrohten Versicherungsunternehmens im Zeitpunkt ihrer Erst- oder späteren Neukalkulation unterkalkuliert waren und deshalb notwendige Beitragsanpassungen nach § 155 Abs. 3 S. 4 VAG aus dem Eigenkapital finanziert werden müssten. § 222 Abs. 6 S. 2, 3 VAG erlaubt eine außerordentliche Beitragsanpassung ohne Eigenkapitaleinschuss. Ein solcher Eigenkapitaleinschuss kann dem Versicherungsunternehmen, das zur Übernahme eines von Insolvenz bedrohten Versicherungsbestands bereit ist, billigerweise nicht zugemutet werden. Vielmehr ist es angemessen, dass sich an der Wiederherstellung der Marktfähigkeit auch die Versicherungsnehmer des von der Insolvenz bedrohten Versicherungsunternehmens in zumutbarem Rahmen beteiligen; denn zunächst einmal hatten sie sich für dieses Versicherungsunternehmen entschieden und hatten sie uU über viele Jahre hinweg die Vorteile einer unterkalkulierten und daher zu niedrigen Prämie genossen. 1371

d) Träger des Sicherungsfonds. Die Sicherungsfonds werden als nicht rechtsfähige Sondervermögen des Bundes bei der **Kreditanstalt für Wiederaufbau (KfW)** errichtet (§ 223 Abs. 1 S. 1 VAG). Faktisch sind sie rechtsfähigen Personen gleichgestellt (§ 223 Abs. 1 S. 2 VAG). 1372

Das BMF kann durch Rechtsverordnung die Aufgaben und Befugnisse eines Sicherungsfonds einer juristischen Person des Privatrechts als **beliehenem Unternehmer** übertragen (§ 224 Abs. 1 VAG); dies kann auch ein Versicherungsunternehmen sein (§ 224 Abs. 1 S. 3 VAG). Der beliehene Unternehmer tritt in die Rechte und Pflichten des jeweiligen Sicherungsfonds ein (§ 224 Abs. 2 VAG). 1373

e) Medicator AG. Die PKV-Unternehmen hatten schon frühzeitig für drohende Insolvenzfälle als Auffanggesellschaft die Medicator AG gegründet, die nach Erfüllung der aufsichtsrechtlichen Voraussetzungen als beliehenes Unternehmen die Aufgaben und Befugnisse des **Sicherungsfonds für die Krankenversicherung** wahrnimmt. Die hierfür erforderliche Rechtsverordnung des BMF erging mit der Verordnung über die Übertragung von Aufgaben und Befugnissen eines Sicherungsfonds für die Krankenversicherung (SichKVV) v. 11.5.2006 (BGBl. I S. 1171). 1374

Satzungsmäßiger **Gesellschaftszweck** ist die Übernahme der Funktion als gesetzlicher Sicherungsfonds für die Krankenversicherung. Im Rahmen dieses Zwecks kann die Medicator AG die Bestände zahlungsunfähiger oder überschuldeter PKV-Unternehmen übernehmen, verwalten und ganz oder teilweise auf andere PKV-Unternehmen weiter übertragen. Die Medicator AG kann ferner die Wahrnehmung der Funktionen ihres Geschäftsbetriebs durch Funktionsausgliederungsvertrag ganz oder teilweise auf Dritte übertragen, wenn der Auftragnehmer im selben Umfang der Versicherungsaufsicht unterliegt wie sie selbst. Hierfür kommen andere PKV-Unternehmen in Betracht, die alle organisatorischen Möglichkeiten zur Bestandsverwaltung besitzen. 1375

Die Medicator AG ist von ihren Aktionären mit Eigenmitteln iHv 1 Mio. EUR ausgestattet worden. Für die Erfüllung der Verpflichtungen aus übernommenen Krankenversicherungsverträgen finanziert sich die Medicator AG durch **Beiträge** iHv höchstens zwei Promille der versicherungs- 1376

---

[629] BVerwGE 139, 246 = VersR 2011, 781 Rn. 21 ff.

technischen Nettorückstellungen derjenigen PKV-Unternehmen, die durch den Sicherungsfonds zu sichern sind.

P. Eckpunkte der VVG-Reform unter Berücksichtigung der Gesundheitsreform (GKV-WSG)

I. Überblick

1377 **1. VVG-Reform und GKV-WSG.** Fast zeitgleich hatten die **parlamentarischen Verfahren** zur VVG-Reform und zur Gesundheitsreform begonnen. Das Gesetzgebungsverfahren zur VVG-Reform unter Federführung des BMJ wurde durch den RegE v. 13.10.2006[630] eingeleitet, dasjenige zur Gesundheitsreform unter Federführung des BMG durch den Fraktionsentwurf von CDU/CSU und SPD v. 24.10.2006.[631]

1378 VVG-Reform und Gesundheitsreform verfolgten politisch **unterschiedliche Ziele**. Die VVG-Reform wollte die Vorschläge der VVG-Kommission zur Modernisierung des Versicherungsvertragsrechts umsetzen. Diese Vorschläge befassten sich mit den Änderungsnotwendigkeiten am bisher geltenden VVG. Die Gesundheitsreform wollte das PKV-System als Systemwettbewerber zur GKV schwächen, negierte dementsprechend die Existenz der Kommissionsvorschläge und änderte noch vor der VVG-Reform das bisherige VVG in grundlegenden Fragen der Krankenversicherung. Die VVG-Reform traf in der Krankenversicherung somit auf ein VVG, das in wichtigen Fragen einen vollkommen anderen Inhalt erhalten hatte, als er den Vorschlägen der VVG-Kommission zugrunde lag.

1379 Die unterschiedlichen politischen Ziele hatten gravierende **handwerkliche und rechtliche Fehler** im Rahmen der Gesundheitsreform zur Folge.[632] Die handwerklichen Fehler bestanden vor allem darin, dass das GKV-WSG die im Rahmen der VVG-Reform beabsichtigten rechtssystematischen Änderungen nicht zur Kenntnis nahm (→ Rn. 1029, 1048, 1123). Die rechtlichen Fehler bestanden in Verstößen gegen höherrangiges Unions- und Verfassungsrecht (→ Rn. 1031 ff.).

1380 Nachdem das GKV-WSG verabschiedet war, mussten in dem noch laufenden Gesetzgebungsverfahren zur VVG-Reform die vom GKV-WSG geschaffenen Änderungen am VVG aF **integriert** werden.

1381 **2. Versicherungsvertragsrecht. a) VVG-Reform.** Im Versicherungsvertragsrecht der Krankenversicherung (§§ 178a ff. VVG aF) gab es nur zu einzelnen Vorschriften und Fragestellungen materiell-rechtlichen Reformbedarf. **Formalrechtlicher Reformbedarf** bestand insoweit, als im Laufe der Zeit aus den unterschiedlichsten Gründen Vorschriften mit eindeutig versicherungsvertragsrechtlichem Inhalt Eingang in andere Gesetzeswerke gefunden hatten, die bei Schaffung eines neuen umfassenden VVG aus Gründen der Rechtssystematik und des Rechtszusammenhangs zu integrieren waren.

1382 **Grundsatzfragen** standen zu folgenden Themen an:
– Die Frage der Mitgabefähigkeit der **Alterungsrückstellung** (→ Rn. 1384 ff.) sowie des gesetzlichen Beitragszuschlags (→ Rn. 1389 ff.) im Falle eines Wechsels des Versicherers.
– Die Schaffung eines gesetzlichen Rahmens zur Einführung ergänzender Versicherungsprodukte auf Basis des **Managed-Care-Gedankens** (→ Rn. 1393 ff.).
– Die Verfeinerung der **Beitragsanpassungsmechanik** im Interesse einer gleichmäßigeren Beitragsentwicklung (→ Rn. 1395 ff.).

1383 **b) Gesundheitsreform.** Das GKV-WSG veränderte demgegenüber in grundlegenden Fragen das **materielle Versicherungsrecht,** und zwar sowohl des VVG wie des VAG (→ Rn. 1031 ff.). Gleichzeitig setzte es die rechtssystematischen Fehler des bisherigen Rechts fort (→ Rn. 1379).

II. Alterungsrückstellung

1384 **1. VVG-Reform.** Die **VVG-Kommission** war in Übereinstimmung mit der Expertenkommission zu dem Ergebnis gekommen, dass Zweifel an der hinreichend sicheren Berechnung einer individuellen prospektiven Alterungsrückstellung auch heute noch berechtigt sind, und sah deshalb von einer Übertragungsregelung ab (→ Rn. 919). Der Gesetzgeber der VVG-Reform folgte dem

---

[630] RegE VVG-ReformG, BR-Drs. 707/06 = BT-Drs. 16/3945.
[631] Fraktionsentwurf GKV-WSG, BT-Drs. 16/3100.
[632] *Boetius,* Private Krankenversicherung nach der Gesundheitsreform und der VVG-Reform, 2008, S. 5 ff.

nur halbherzig, indem er die Lösung dieser Frage der Gesundheitsreform überließ,[633] womit gleichzeitig die Federführung hierfür vom BMJ zum BMG wechselte.

2. Gesundheitsreform. Nach dem GKV-WSG muss die **kalkulierte Alterungsrückstellung** bei einem Versichererwechsel in Höhe eines am Basistarif orientierten fiktiven Werts vom bisherigen Versicherungsunternehmen auf das neue Versicherungsunternehmen übertragen werden (→ Rn. 922). 1385

Mit diesem Beschluss setzte sich der Gesetzgeber über alle bisher von verschiedenen Bundesregierungen eingesetzten **Sachverständigenkommissionen** hinweg, die eine Übertragung der kalkulierten Alterungsrückstellung *einhellig* abgelehnt hatten, weil sie zu einer systematischen Entmischung der Versichertenbestände führt (→ Rn. 932, 942). Diese Einstellung des von der großen Koalition getragenen Gesetzgebers der 16. Legislaturperiode stößt auf Unverständnis, weil sie den offenen Verfassungsbruch provoziert (→ Rn. 1031 ff.). 1386

Die **Gründe** für die Haltung der großen Koalition lassen sich nur vermuten und dürften letztlich machtpolitischer und ressortegoistischer Art im Verhältnis der beiden für die Versicherungswirtschaft zuständigen Bundesministerien sein. Das BMJ ist für das Versicherungsvertragsrecht zuständig, das BMF für das Versicherungsaufsichtsrecht. Das Verhältnis der beiden Ressorts zueinander hat eine längere Vorgeschichte. Die Umsetzung der gemeinschaftsrechtlichen Versicherungsrichtlinien durch das 3. DurchfG/EWG zum VAG im Jahr 1994[634] war – weil es um Versicherungsaufsichtsrecht ging – in erster Linie eine Aufgabe in der Federführung des BMF. Gleichzeitig musste jedoch das aufsichtsrechtlich genehmigte Bedingungswerk der Krankenversicherung in materielles Versicherungsvertragsrecht umgesetzt werden, was Aufgabe des BMJ war. Mit der Transformationsgesetzgebung beschloss der Bundestag, die Fragen der Beitragsentwicklung älterer Versicherter durch eine Sachverständigenkommission (Expertenkommission) untersuchen zu lassen. Das BMF bestellte die Expertenkommission und begleitete ihre Arbeit, ohne das BMJ daran zu beteiligen, obwohl die von der Expertenkommission zu behandelnden materiellen Fragen der Kalkulation und der Übertragbarkeit der Alterungsrückstellung stets auch materielle Geltung im Versicherungsvertragsrecht zu entfalten hatten. Die Expertenkommission legte ihr Gutachten im Jahr 1996 vor.[635] Als das BMJ sich zu einer Reform des Versicherungsvertragsrechts entschloss, beauftragte es im Jahr 2000 die VVG-Kommission mit den Vorarbeiten hierzu. Das BMJ bestellte die VVG-Kommission und begleitete ihre Arbeit, ohne das BMF daran zu beteiligen, obwohl die von der VVG-Kommission zu behandelnden Fragen und Vorschläge zwangsläufig auch das Versicherungsaufsichtsrecht betrafen, auf das das VVG häufig Bezug nehmen muss. Der Auftrag an die VVG-Kommission betraf auch wieder die Untersuchung der Übertragbarkeit der Alterungsrückstellung. Die VVG-Kommission legte im Sommer 2002 einen Zwischenbericht vor, der erkennen ließ, dass auch die VVG-Kommission die Übertragung der Alterungsrückstellung für nicht durchführbar hielt. Es dürfte kein Zufall sein, dass das BMF in Kenntnis des Zwischenberichts der VVG-Kommission trotz der einhellig übereinstimmenden Sachverständigenauffassungen das ifo-Institut mit der Überprüfung von Modellen zur Übertragung der Alterungsrückstellung beauftragte, das im Jahr 2003 seinen Endbericht vorlegte, der zum gleichen Ergebnis kam wie die Expertenkommission und die VVG-Kommission (→ Rn. 936 ff.). Die Konkurrenz zwischen den beiden für die Individualversicherung zuständigen Bundesministerien betrifft vor allem die Fachebenen. Deshalb spricht einiges dafür, dass es der Wille der Fachebene des BMF war, die Übertragung der Alterungsrückstellung durchzusetzen. Dafür bot sich die Konstellation in der großen Koalition an, indem für die Gesundheitsreform das BMG die Federführung hatte, das BMG in natürlicher Systemkonkurrenz zur PKV ein idealer Verbündeter für das BMF bei der Durchsetzung von PKV-Restriktionen sein musste und alle drei Ministerien – BMG, BMF, BMJ – in der Hand derselben Partei waren, so dass das BMJ schon aus Gründen der Parteidisziplin keine abweichende Rolle mehr spielen konnte. 1387

Aufschlussreich ist in diesem Zusammenhang auch die Nichtberücksichtigung des **europäischen Unionsrechts**. Das GKV-WSG verstößt ua dadurch in evidenter Weise gegen die Niederlassungs- und Dienstleistungsfreiheit, dass der Basistarif nur für Versicherungsunternehmen mit Sitz im Inland gilt (→ Rn. 1070), gleichzeitig aber Voraussetzung für die Zahlung des Arbeitgeberzuschusses ist, so dass ausländische Versicherungsunternehmen aus EU-/EWR-Staaten von der substitutiven Krankenversicherung der Arbeitnehmer in Deutschland ausgeschlossen sind (→ Rn. 1126 ff.). Die Beachtung der Niederlassungs- und Dienstleistungsfreiheit ist in erster Linie Aufgabe des BMF, zumal der Basistarif im VAG geregelt ist. Es ist schon erstaunlich, wie das zuständige Ressort diese 1388

---

633 Begr. Abschn. A II 10 zum RegE VVG-ReformG, BT-Drs. 16/3945, 55.
634 3. DurchfG/EWG zum VAG v. 21.7.1994 (BGBl. I S. 1639).
635 Expertenkommission, Gutachten, BT-Drs. 13/4995.

Fragen negiert hat. Im gesamten Gesetzgebungsverfahren wird das europäische Unionsrecht mit keinem Wort erwähnt.

III. Gesetzlicher Beitragszuschlag

1389 **1. VVG-Reform.** Die **VVG-Kommission** hatte mehrheitlich vorgeschlagen, die aus den Beitragszuschlägen angesammelten Mittel bei einem Versichererwechsel zu übertragen. Ein konkreter Gesetzesvorschlag wurde jedoch aus Zuständigkeitsgründen nicht vorgelegt.

1390 Rechtsgrundlage für die Erhebung des gesetzlichen Beitragszuschlags ist mit § 149 VAG das **Versicherungsaufsichtsrecht.** Die Vorschrift war durch Art. 14 GKV-Gesundheitsreformgesetz 2000 v. 22.12.1999 (BGBl. I S. 2626) eingefügt worden und beruhte auf den Vorschlägen der vom BMF eingesetzten Expertenkommission. Soll die geltende Rechtslage hinsichtlich der Übertragbarkeit der Beitragszuschläge geändert werden, ist dies unter Federführung des BMF als des für die Versicherungsaufsicht zuständigen Fachressorts – sowie unter Beteiligung des BMJ für die notwendigen versicherungsvertragsrechtlichen Änderungen – zu initiieren. Für die nähere Ausgestaltung des übertragbaren Teils der Beitragszuschläge unter Berücksichtigung notwendiger Bagatellgrenzen und der aus dem Beitragszuschlag zu deckenden Kosten bedarf es einer Durchführungsverordnung des BMF, für die gleichfalls im VAG eine Ermächtigungsgrundlage zu schaffen ist. Ferner fällt in die Zuständigkeit des BMF, die Vereinbarkeit einer solchen aufsichtsrechtlichen Regelung mit den europäischen Versicherungsrichtlinien zu prüfen und sicherzustellen.

1391 Die **VVG-Reform** enthielt keine Vorschläge zum gesetzlichen Beitragszuschlag. Der RegE zum VVG-ReformG erwähnte weder die Thematik noch die Vorschläge der VVG-Kommission (→ Rn. 1024).

1392 **2. Gesundheitsreform.** Das GKV-WSG erwähnte den gesetzlichen Beitragszuschlag nicht ausdrücklich. Den Gesetzesmaterialien ist jedoch zu entnehmen, dass die Übertragung der kalkulierten **Alterungsrückstellung** bei einem Versichererwechsel auch den gesetzlichen Beitragszuschlag umfassen sollte, was auch vom Gesetzeszweck gedeckt wird (→ Rn. 1025 ff.).

IV. Managed Care

1393 **1. Grundsatz.** In Übereinstimmung mit der Expertenkommission ist davon auszugehen, dass das **Leitbild der PKV** zukunftsbezogen nicht nur auf die reine Kostenerstattung begrenzt werden kann, sondern den Rahmen eröffnen muss, auch neue Formen und Methoden zur wirksamen Kostensteuerung bei gleichzeitigem Erhalt bzw. Steigerung der medizinischen Behandlungsqualität zu ermöglichen.

1394 **2. Einzelne Regelungen.** Um den vorstehenden Grundsatz (→ Rn. 1393) zu verwirklichen, führte die VVG-Reform eine Reihe von **Gesetzesänderungen** ein:
– Gesetzlicher Übergang der Ansprüche des Versicherten gegen den Leistungserbringer aus **ungerechtfertigter Bereicherung,** um die Rückzahlung überhöhter Entgelte zu erleichtern (§ 194 Abs. 2).
– Abwehr **unberechtigter Entgeltansprüche** von Leistungserbringern gegenüber dem Versicherten, soweit dieser die unberechtigten Entgeltansprüche nicht auf eigene Kosten, dh ohne Inanspruchnahme des Versicherers erfüllen will (§ 192 Abs. 3 Nr. 3).
– **Unterstützung des Versicherten** bei der Durchsetzung von Ansprüchen wegen fehlerhafter Erbringung medizinischer Leistungen und der hieraus resultierenden Folgen (§ 192 Abs. 3 Nr. 4).
– **Beratung des Versicherten** über die Berechtigung von Entgeltansprüchen der Leistungserbringer (§ 192 Abs. 3 Nr. 2).
– **Unmittelbare Abrechnung der Leistungen** mit den Leistungserbringern anstelle von Kostenerstattung (§ 192 Abs. 3 Nr. 5).
– **Beratung über medizinische Leistungen** und über Leistungsanbieter (§ 192 Abs. 3 Nr. 1).

V. Beitragsanpassung

1395 **1. Ausgangslage.** Eine Beitragsanpassung war nach § 178g Abs. 2 VVG aF nur möglich, wenn der tatsächliche **Schadenbedarf** sich gegenüber dem kalkulierten veränderte. Die Veränderung anderer für die Beitragskalkulation relevanter Rechnungsgrundlagen – zB der Ausscheideordnung (Sterbetafeln, Stornowahrscheinlichkeit), der Schadenregulierungskosten oder des Rechnungszinses – löste nach der bis zur VVG-Reform geltenden Rechtslage für sich allein keine Beitragsanpassung aus. Wenn allerdings der tatsächliche Schadenbedarf sich gegenüber dem kalkulierten veränderte und aus diesem Grund die Beiträge zu überprüfen sind, mussten gleichzeitig auch alle anderen Rechnungsgrundlagen mit überprüft werden; dies ist der rechtliche Inhalt von § 155 Abs. 3 S. 2

VAG iVm § 160 S. 1 Nr. 1 VAG und § 11 Abs. 1 S. 1 KVAV. Erst und nur dann konnten die Sterbe- und Stornowahrscheinlichkeiten, die Schadenregulierungskosten oder auch der Rechnungszins aktualisiert werden. Die Konsequenz war, dass es zu einer Kumulierung von Anpassungsnotwendigkeiten kam, die zu besonders drastischen Beitragsanpassungen zwang, ohne dass die Versicherer dies verhindern konnten. Diese Konsequenzen waren bei Schaffung des § 178g VVG aF noch nicht in vollem Umfang zu übersehen gewesen; denn die KalV aF (= KVAV), die nun die rechtliche Grundlage für die Kalkulation und damit auch für die Beitragsanpassung bildet, wurde erst zwei Jahre später erlassen.

2. Gesetzesänderung. Die VVG-Reform vermeidet solche Kumulierungen zum Teil und ermöglicht Beitragsanpassungen auch dann, wenn die **Rechnungsgrundlage Sterbewahrscheinlichkeit** für sich allein aktualisiert werden muss. Da schon nach geltender Rechtslage im Falle einer Beitragsanpassung wegen entsprechender Schadenentwicklung gleichzeitig alle übrigen Rechnungsgrundlagen dahingehend zu überprüfen sind, ob ihre tatsächliche mit der in der Kalkulation angenommenen Entwicklung übereinstimmt, gibt es keinen logischen Grund, solche anderen Rechnungsgrundlagen als auslösenden Anlass einer Beitragsanpassung systematisch auszuschließen; denn bei einer Beitragsanpassung aus anderem Anlass müssen sie ohnehin mit angepasst werden.

Die Folge einer Erweiterung der Anlässe für eine Beitragsüberprüfung ist eine **Verstetigung der Beitragsentwicklung** und die Vermeidung von Beitragssprüngen. Eine solche Verstetigung liegt vor allem auch im Interesse der Versicherungsnehmer: Die Verpflichtung zur Überprüfung der Beiträge verfolgt das Ziel, die Versichertengemeinschaft vor einer dauerhaften Unterkalkulation zu schützen und damit die dauernde Erfüllbarkeit der Verträge zu gewährleisten. Dies ist ein aufsichtsrechtliches Gebot. Gleichzeitig muss der einzelne Versicherte aber auch davor bewahrt werden, dass durch ein Hinausschieben notwendiger Beitragsanpassungen die Beitragssprünge zu groß werden. Ist der Versicherer längere Zeit faktisch gehindert, die Beiträge zu überprüfen, stehen ihm für dann größere Beitragserhöhungen möglicherweise nicht mehr ausreichend Überschussmittel zur Verfügung, um diese Beitragserhöhungen zu limitieren. Denn steuerlich ist er gezwungen, die Zuführungen zur Rückstellung für Beitragsrückerstattung (RfB) innerhalb von drei Jahren für die Versicherten zu verwenden. Der Versicherer kann also RfB-Mittel nicht über die dreijährige Verwendungsfrist hinaus parken, um sie für spätere Limitierungen einzusetzen. Kommt es dann aber nach längerer Zeit zu einer deutlichen Beitragsanpassung, würden die für sinnvolle Limitierungen erforderlichen Mittel fehlen.

VI. Weitere Themen der VVG-Reform

1. Terminologie. a) Anwendungsbereich Krankenversicherung. Soweit das VVG und das VAG nur von „Krankenversicherung" sprechen (zB Überschrift des 2. Titels sowie § 178a Abs. 1 VVG aF; Überschrift von Teil 2 Kap. 8 sowie § 192 Abs. 6 VVG nF), sind stets die Krankenversicherung und die **Pflegeversicherung** gemeint. Sollen sich Vorschriften dagegen nur auf Krankenversicherungsverträge oder nur auf Pflegeversicherungsverträge im engeren Sinn beziehen, bedarf es eines konkretisierenden Zusatzes (vgl. die Fälle in § 178b VVG aF, § 192 VVG nF).

b) Einheitliche Begriffe. Aus unterschiedlichen Gründen, die vorwiegend auf die jeweiligen Gesetzeshistorien zurückzuführen sind, verwandten **VVG und VAG** für identische Sachverhalte nicht stets dieselben Begriffe. Aus Gründen der Einheit und Klarheit der Rechtsordnung sowie zur Vermeidung unterschiedlicher Interpretationen wird nunmehr die Begriffswelt im VVG und VAG besser aufeinander abgestimmt und soweit möglich vereinheitlicht. Auf dem Gebiet der Krankenversicherung betrifft dies insbes. den Begriff der „substitutiven Krankenversicherung".

2. Vorschriften des Allgemeinen Teils. a) Rettungskosten. Für die Sachversicherung übernimmt die VVG-Reform die Rspr. des BGH zur **Vorerstreckung von Rettungskosten** (§ 90). Auf die Krankenversicherung bezieht sich diese Änderung nicht. Hier ist nämlich – im Gegensatz zur Sachversicherung – Versicherungsfall nicht das zum späteren Schaden führende Ereignis (dh die Krankheit), sondern erst die aufgrund dieses Ereignisses einsetzende medizinisch notwendige Behandlung. Damit hängt zusammen, dass in der Krankenversicherung – außer der Generalklausel der medizinischen Notwendigkeit – immer nur die in den jeweiligen AVB und Tarifbestimmungen ausdrücklich bezeichneten, medizinischen und sonstigen katalogisierten Leistungen – von denen einige auch als Rettungskosten verstanden werden könnten – Gegenstand des Versicherungsschutzes sind, die auch nicht über den Umweg vorgezogener Rettungskosten erweiterbar sind.

Eine Vorerstreckung von Rettungskosten würde dieses bisherige **Regel-Ausnahme-Verhältnis** in der Krankenversicherung umkehren und zur Folge haben, dass künftig alles das, was bisher von vornherein nicht versichert war, in den AVB oder Tarifbestimmungen ausdrücklich ausgeschlossen werden müsste. Dies ist praktisch nicht möglich und würde darüber hinaus nicht für die vorhandenen Versicherungsbestände gelten. Da Standort für die gesetzliche Regelung über die Vorerstreckung von Rettungskosten die allgemeinen Vorschriften für die Sachversicherung sind, bedarf es für die Krankenversicherung keiner besonderen Ausnahmeregelung.

1402 **b) Versicherung für fremde Rechnung.** Die Vorschriften der Versicherung für fremde Rechnung (§§ 43 ff.) sind grds. auch auf die Krankenversicherung anzuwenden. **Typische Fallgestaltungen** sind zB die Mitversicherung der Kinder auch über deren Ausbildung hinaus durch die Eltern, die Mitversicherung des Ehepartners auch im Falle einer Trennung oder Scheidung oder die Versicherung von Verwandten aus Unterhaltsgründen.

1403 Eine undifferenzierte Verweisung auf die §§ 43 ff. würde in der **Leistungsabrechnung** zu erheblichen praktischen Problemen führen. Um nämlich Doppelzahlungen zu vermeiden bzw. eine befreiende Zahlung sicherzustellen, müsste der Versicherer vom jeweils Erstattung verlangenden Versicherungsnehmer oder Versicherten die Vorlage des Versicherungsscheins oder die Zustimmung des Versicherten bzw. Versicherungsnehmers verlangen. Das führt in einem Massengeschäftszweig wie der Krankenversicherung zu unvertretbarem Verwaltungsaufwand und verzögert zum Nachteil des Erstattungsempfängers die Auszahlung der Leistung erheblich. Für die Unfallversicherung (§ 179) liegt insoweit eine andere Situation vor, weil der Versicherungsfall relativ selten eintritt, während die Krankenversicherung laufend in Anspruch genommen wird. Außerdem kann eine befreiende Leistung an den Versicherten, der die Rechnung einreicht, die Interessen des Versicherungsnehmers nachteilig berühren, wenn dadurch ein sonst bestehender Anspruch auf Beitragsrückerstattung vernichtet würde.

1404 Die notwendige **Modifizierung** der §§ 43 ff. besteht darin, dass der Versicherte nur dann befreiende Leistung des Krankenversicherers verlangen kann, wenn der Versicherungsnehmer ihn – widerruflich oder unwiderruflich – gegenüber dem Versicherer als Empfangsberechtigten der Versicherungsleistung benannt hat (§ 194 Abs. 3). Ohne den Versicherungsschein vorlegen zu müssen, ist damit eine eindeutige Empfangsberechtigung gegeben: Bei Benennung durch den Versicherungsnehmer nur der Versicherte und ohne Benennung nur der Versicherungsnehmer.

1405 **3. Wirtschaftlichkeitsgebot.** Das BGH-Urteil zur Übermaßbehandlung und Übermaßvergütung (→ Rn. 1330 f.)[636] erschwert nachhaltig das Bemühen der Krankenversicherer bzw. macht es ihnen unmöglich, die überproportionale Krankheitskostenentwicklung durch wirkungsvolles **Leistungsmanagement** ohne medizinische Qualitätseinbußen zu bekämpfen und damit im Interesse der Versicherten einen nachhaltigen Beitrag zur Stabilisierung der Beiträge zu leisten. Die schon von der Expertenkommission ausgesprochene und von der VVG-Kommission bestätigte Empfehlung, der PKV rechtliche Möglichkeiten an die Hand zu geben, um die Kostenentwicklung wirksamer steuern zu können (→ Rn. 1299), wird in ihr Gegenteil verkehrt.

1406 Deshalb wäre es erforderlich gewesen, im Zusammenhang mit der medizinischen Notwendigkeit der Heilbehandlung gesetzlich auch ein **allgemeines Wirtschaftlichkeitsgebot** für Behandlungsumfang und Aufwendungen hierfür zu verankern. Die VVG-Reform übernahm diesen Vorschlag der VVG-Kommission nicht völlig eindeutig, sondern überließ die Einführung eines allgemeinen Wirtschaftlichkeitsgebots ausdrücklich den AVB; andererseits wurde im Gesetzgebungsverfahren betont, dass die Rechtslage vor dem BGH-Urteil v. 12.3.2003 wiederhergestellt werden solle (→ Rn. 1333 ff.). Der PKV als einem unter Vertragsfreiheit stehenden System wird der notwendige Spielraum dadurch eingeräumt, dass die AVB die medizinische Notwendigkeit und Wirtschaftlichkeit auch *weiter* fassen können, so dass auch echte „Luxus"-Medizin (im Sinne medizinisch nicht indizierter, sondern einfach nur unnötig teurer Medizin) oder teure alternative Heilmethoden (für die ein wissenschaftlich fundierter Wirksamkeitsnachweis fehlt) versichert werden können. Auch muss – wie bisher – die Möglichkeit für Tarife eröffnet bleiben, über den Regelsätzen der Gebührenordnungen liegende Vergütungen für medizinische Leistungen zu versichern.

1407 **4. Befristung von Krankenversicherungsverträgen. a) Grundsatz.** Um in der substitutiven Krankenversicherung die Versicherten im Alter nicht ohne bezahlbaren Krankenversicherungsschutz zu lassen, hatte der Gesetzgeber in § 178a Abs. 4 VVG aF das **Befristungsverbot** eingeführt.

1408 Da die Kopfschäden mit dem Lebensalter der Versicherten erheblich steigen, müssen **unbefristete** und für den Versicherer unkündbare **Krankenversicherungen** wesentlich höhere Prämien haben als entsprechende Versicherungen, die nur bis zu einem bestimmten Lebensalter laufen. Das gleiche gilt für einige Krankenversicherungen, die nach ihrem wirtschaftlichen Zweck nur für bestimmte, zeitlich begrenzte Anlässe benötigt werden. Das Befristungsverbot spiegelt daher nicht in allen Konstellationen eine ausgewogene Interessenabwägung wider. Die

---

[636] BGHZ 154, 154 = VersR 2003, 581 = NJW 2003, 1596.

VVG-Reform sieht daher in mehreren Fällen die Möglichkeit vor, Krankenversicherungsverträge zu befristen (→ Rn. 1409 ff.).

b) Befristete Aufenthaltserlaubnis. Krankenversicherungen von ausländischen Staatsangehörigen, die sich zwar nur vorübergehend, gleichwohl aber nicht nur kurzfristig in Deutschland aufhalten, wurden nach bisheriger Rechtslage bei entsprechendem Versicherungsumfang der **substitutiven Krankenversicherung** zugeordnet. Sie waren daher mit Alterungsrückstellung zu kalkulieren und dem Befristungsverbot nach § 178a Abs. 4 VVG aF unterworfen. Dies ist nicht interessengerecht und nicht vom gesetzlichen Schutzgedanken gefordert. Daher sieht § 195 Abs. 3 vor, befristeten und nach § 146 Abs. 3 VAG ohne Alterungsrückstellung kalkulierten Versicherungsschutz für die Dauer einer befristeten Aufenthaltsgenehmigung gesetzlich zuzulassen. 1409

c) Krankentagegeldversicherung. Die Hauptfunktion der Krankentagegeldversicherung (Absicherung des krankheitsbedingten Verdienstausfalls) entfällt in dem Zeitpunkt, zu dem der Versicherungsnehmer in den **Ruhestand** geht und seine Altersversorgung zur Deckung der Lebenshaltungskosten in Anspruch nimmt. 1410

Es war daher erforderlich, das Befristungsverbot einzuschränken unter der Voraussetzung, dass eine ausreichende Absicherung des betroffenen Personenkreises auch nach Fristablauf sichergestellt wird (§ 196). 1411

Die Möglichkeit zur Befristung der Krankentagegeldtarife auf die Vollendung des 65. Lebensjahres (mit anschließender Verlängerungsoption) passt sich in die **aufsichtsrechtliche Regelung** des § 149 S. 3 VAG ein, der die Nichterhebung des Beitragszuschlags für solche Tarife mit ihrer regelmäßigen Beendigung zum 65. Lebensjahr verknüpft. 1412

d) Beihilfetarife. Der Beihilfesatz steigt bei einem Beamten mit Eintritt in den **Ruhestand**. Regeldatum für den Eintritt in den Ruhestand ist die Vollendung des 65. Lebensjahres. Diese Grenze muss wegen der demographischen Entwicklung in Zukunft hinaufgesetzt werden. Viele Beamte gehen jedoch – freiwillig oder krankheitshalber – bereits früher in den Ruhestand. In Ausnahmefällen kann die Dienstzeit des Beamten auch verlängert werden. 1413

Für den Anteil des Krankheitskostentarifs der Beamten, der nach der Versetzung in den Ruhestand wegen der Erhöhung des Beihilfesatzes auf 70 % nicht mehr benötigt wird, ist das **Befristungsverbot** zum Schutz des Versicherten nicht erforderlich. § 199 Abs. 1 hebt es daher insoweit auf. Die gesetzliche Regelung stellt sicher, dass der Versicherungsvertrag auf das Ruhestandsdatum des einzelnen versicherten Beamten abgestellt wird, da das Regeldatum (65 Jahre) in vielen Fällen unterschritten, in manchen Fällen jetzt schon überschritten wird. Für die Kalkulation muss der Versicherer einen realistischen Mittelwert finden. 1414

e) Nicht-substitutive Krankenversicherung. Nach der bisherigen Systematik konnten nicht-substitutive Krankenversicherungen, die nach Art der Lebensversicherung betrieben werden, befristet werden. § 147 iVm § 146 Abs. 1 Nr. 3 VAG verlangt für eine solche Krankenversicherung nur den vertraglichen Ausschluss des Kündigungsrechts, nicht aber deren **Unbefristetheit**. Dies erschien nicht sachgerecht; denn die nach Art der Lebensversicherung betriebene und mit Alterungsrückstellung kalkulierte nicht-substitutive Krankenversicherung verdient – abgesehen von den ausdrücklichen Ausnahmen – den gleichen Schutz im Interesse der Versicherten wie die substitutive Krankenversicherung. Dies wird nun gesetzlich klargestellt (§ 195 Abs. 1 S. 2). Damit wird auch sichergestellt, dass im Falle einer künftigen Ausgliederung von GKV-Leistungen und deren Überführung in die Privatversicherung (→ Rn. 165 ff.) diese Ergänzungstarife, die dann keine substitutive Krankenversicherung, aber nach Art der Lebensversicherung zu betreiben wären, den gleichen Versichertenschutz erhalten. 1415

5. Kindernachversicherung. Die Regelung zur Kindernachversicherung hat einen sozialpolitischen Hintergrund und bezweckt, Versicherungsschutz für Kinder sicherzustellen, auch wenn auf Grund von **vorhandenen Erkrankungen** dies auf dem Markt nicht möglich wäre. 1416

Eines besonderen Schutzes des Neugeborenen bedarf es in der **Auslands- und in der Reisekrankenversicherung** dann nicht, wenn – idR über die Eltern – für das Kind ein anderweitiger privater oder gesetzlicher Krankenversicherungsschutz im In- oder Ausland besteht oder wenn die Eltern nur eine kurzfristige Reisekrankenversicherung von nicht mehr als einem Monat abgeschlossen haben. Diese Fälle werden daher von der Anwendung des § 178d VVG aF gesetzlich ausgeschlossen (§ 198 Abs. 4). 1417

6. Bereicherungsverbot. Aus ordnungspolitischen Gründen darf kein Anreiz geschaffen werden, dass dem Krankenversicherten mehr als die tatsächlich verursachten Krankheitskosten erstattet werden. Da es **kein allgemeines Bereicherungsverbot** gibt, kann nur eine generelle gesetzliche 1418

Regelung sicherstellen, dass Erstattungsleistungen aus PKV und Beihilfe bzw. PKV und GKV zusammen die Gesamtkosten des Versicherten nicht übersteigen; dies sieht nun § 200 vor.

1419 **7. Nachweis der Versicherungspflicht in der GKV.** Wenn eine versicherte Person kranken- oder pflegeversicherungspflichtig wird, steht ihr das Recht zu, ihren privaten Krankenversicherungsvertrag zu kündigen, uU auch rückwirkend zu beenden. Das Gesetz sah bisher keine Nachweispflicht für den Eintritt der Versicherungspflicht vor. Dies konnte zu **Rechtsunsicherheit** über die Wirksamkeit einer Kündigung führen.

1420 Deshalb wurde § 178h Abs. 2 S. 1 VVG aF dahingehend ergänzt (§ 205 Abs. 2), dass im Falle einer derartigen Kündigung der Versicherungsnehmer einen Nachweis vorlegen muss und die Kündigung nur unwirksam sein soll, wenn der Versicherungsnehmer seiner Nachweispflicht auch auf **schriftliches Verlangen** des Versicherers nicht innerhalb von zwei Monaten nach Absenden des Verlangens nachgekommen ist.

1421 **8. Vertragsfortführung bei Wegzug in das EU-Ausland.** Um die Mobilität innerhalb der EU zu erhöhen und die **Portabilität** des privaten Krankenversicherungsschutzes zu erleichtern (→ Rn. 1354 ff.), verpflichtet § 207 Abs. 3 den Versicherer, bei einem Wegzug des Versicherten in das EU-Ausland den Vertrag – ohne Erweiterung der Leistungspflicht über die im Inland zu erstattenden Kosten hinaus – weiterzuführen.

1422 **9. Rechtssystematische Bereinigungen. a) Versicherungsaufsichtsrecht.** VVG und VAG enthalten Vorschriften zur Berechnung und zur Anpassung der **Prämie**. Im Interesse vertragsrechtlicher Klarheit waren beide Rechtsgebiete insoweit noch besser miteinander zu verzahnen. Dies betrifft § 203 VVG und die §§ 146 ff. VAG.

1423 **b) Sozialrecht.** Das Sozialrecht enthält vielfach Vorschriften, die dort systematisch falsch angesiedelt sind, weil es sich materiell um Versicherungsvertrags-, Versicherungsaufsichts- oder Zivilprozessrecht handelt. Diese Ansiedlung findet ihre Ursache überwiegend in dem Umstand, dass es sich um sozialpolitisch motivierte Gesetzesänderungen handelte, deren Federführung in den Bundesministerien für Arbeit und Gesundheit lag. Es ist jedoch rechtssystematisch unabweisbar, die im Sozialrecht fälschlich angesiedelten Vorschriften in die richtigen **Rechtsgebiete** zu überführen bzw. ihre inhaltlich parallele Regelung dort sicherzustellen. Diese Angleichung hat die VVG-Reform im Wesentlichen nicht vorgenommen.

1424 **c) Gerichtsverfahrensrecht.** Nach § 51 Abs. 2 S. 2 SGG sind die Sozialgerichte auch zuständig für privatrechtliche Streitigkeiten in Angelegenheiten der **privaten Pflegeversicherung.** Diese Rechtswegzuweisung ist systemwidrig und führt rechtspolitisch und praktisch zu problematischen Ergebnissen (→ Rn. 491 ff.).

1425 Um die notwendige Symmetrie herzustellen und den privatrechtlich einheitlichen Lebenssachverhalt der privaten Kranken- und Pflegeversicherung nicht zulasten des Versicherungsnehmers zu zerreißen, ist daher die **Rechtswegzuweisung** zur Sozialgerichtsbarkeit für privatrechtliche Streitigkeiten in der privaten Pflegeversicherung aufzuheben. Diesen Vorschlag der VVG-Kommission hat die VVG-Reform nicht verwirklicht.

VII. Weitere Themen der Gesundheitsreform

1426 **1. Basistarif.** Das GKV-WSG führte für alle Versicherungsunternehmen mit Sitz im Inland, welche die **substitutive Krankenversicherung** betreiben, die aufsichtsrechtliche Verpflichtung ein, einen branchenweit einheitlichen Basistarif (→ Rn. 1035 ff.; → Rn. 1183 ff.) anzubieten, dessen Versicherungsleistungen den GKV-Leistungen vergleichbar sind.

Gegenüber den im Basistarif versicherbaren Personen besteht für die Versicherungsunternehmen **Kontrahierungszwang.**

Der **Beitrag** darf den GKV-Höchstbeitrag nicht überschreiten. Für Hilfebedürftige halbiert sich der Beitrag.

Die den Basistarif anbietenden Versicherungsunternehmen müssen sich an einem gemeinsamen **Risikoausgleichssystem** beteiligen.

Unselbständig Beschäftigte erhalten für eine substitutive Krankenversicherung nur dann einen **Arbeitgeberzuschuss,** wenn das betreffende Versicherungsunternehmen den Basistarif anbietet.

1427 **2. Versicherungspflicht.** Das GKV-WSG führt eine **allgemeine Krankenversicherungspflicht in der PKV** ein (→ Rn. 1088 ff.).

Die Krankenversicherungspflicht erstreckt sich auf alle **Personen,** die nicht in der GKV versichert sind und keine Sozialhilfe- oder ähnliche Leistungen beziehen.

3. Kündigungsverbot. Das Versicherungsunternehmen kann einen Krankenversicherungsvertrag, den der Versicherungsnehmer zur **Erfüllung der Versicherungspflicht** abgeschlossen hat, wegen Prämienverzugs nicht mehr kündigen (→ Rn. 1095 ff.).

Dieses absolute Kündigungsverbot gilt nicht nur für die nach Inkrafttreten des GKV-WSG abgeschlossenen Krankenversicherungsverträge, sondern auch für den **Bestand**.

4. Tarifwechsel. Der Wechsel in den neuen **Basistarif** ist grds. nur möglich, wenn der Herkunftstarif nach dem 1.1.2009 abgeschlossen wurde (§ 204 Abs. 1 S. 1 Nr. 1 Hs. 5 lit. a). Aus vor dem 1.1.2009 abgeschlossenen Krankheitskostenversicherungen kann in den Basistarif nur wechseln, wer dies bis zum 1.7.2009 beantragt (§ 204 Abs. 1 S. 1 Nr. 1 Hs. 5 lit. c) oder wer einer Personengruppe mit erhöhtem Schutzbedürfnis angehört (§ 204 Abs. 1 S. 1 Nr. 1 Hs. 5 lit. b).

Wer aus einem Tarif mit höheren oder umfassenderen Leistungen in den Basistarif wechselt, soll einen **Zusatztarif** verlangen können, in dem die über den Basistarif hinausgehende Alterungsrückstellung anzurechnen ist (§ 204 Abs. 1 S. 2). Diese Vorschrift führt inhaltlich ins Leere, weil der deutsche Gesetzgeber durch europäisches Unionsrecht gehindert ist, den Versicherungsunternehmen die Führung bestimmter Tarife vorzuschreiben (→ § 204 Rn. 507 f.).[637]

VIII. Übergangsrecht

1. Grundsatz. Das neue VVG war am 1.1.2008 in Kraft getreten (Art. 12 Abs. 1 S. 2 VVG-ReformG). Es gilt mit seinen sämtlichen Vorschriften zunächst für alle **Neuverträge**. Neuverträge sind Verträge, die nach dem Inkrafttreten des neuen VVG abgeschlossen werden.

Das EGVVG regelt die Anwendung des VVG auf **Altverträge**. Nach der Legaldefinition des Art. 1 Abs. 1 EGVVG sind Altverträge diejenigen Versicherungsverhältnisse, die bis zum Inkrafttreten des neuen VVG am 1.1.2008 entstanden sind.

Auf Altverträge war – abgesehen von bestimmten Sonderfällen, die für die Krankenversicherung in Betracht kommen (→ Rn. 1434 ff.) – das VVG aF für eine einjährige **Übergangszeit** bis zum 31.12.2008 anzuwenden (Art. 1 Abs. 1 EGVVG). Nach diesem Zeitpunkt ist das neue VVG auch auf Altverträge anzuwenden. Damit soll verhindert werden, dass wegen der Langfristigkeit der Versicherungsverhältnisse noch für eine lange Zeit nebeneinander altes und neues Versicherungsvertragsrecht anzuwenden sind.[638]

2. Sonderfälle. Auf **Versicherungsfälle** zu Altverträgen, die bis zum 31.12.2008 eingetreten waren, ist das VVG aF weiter anzuwenden (Art. 1 Abs. 2 EGVVG). Dies betrifft sowohl die vor dem 1.1.2008 eingetretenen Versicherungsfälle als auch die in der Übergangszeit vom 1.1. bis zum 31.12.2008 eingetretenen Versicherungsfälle.

Auf Altverträge waren die Vorschriften der §§ 69–73 VVG über die **Vertretungsmacht des Versicherungsvermittlers** bereits ab 1.1.2008 anzuwenden (Art. 2 Nr. 1 EGVVG).

Die **Vorschriften über die Krankenversicherung** (§§ 192–208 VVG) waren nach Art. 2 Nr. 2 EGVVG auf Altverträge bereits ab 1.1.2008 anzuwenden, wenn das Versicherungsunternehmen dem Versicherungsnehmer die aufgrund dieser Vorschriften geänderten AVB und Tarifbestimmungen spätestens einen Monat vor dem Wirksamwerden der Änderungen in Textform mitgeteilt hatte (→ Rn. 1438 ff.).

Zum Übergangsrecht bei Einführung des **Notlagentarifs** → Rn. 1285 ff.

Das Übergangsrecht nach Art. 1 Abs. 1, 2 EGVVG gilt nicht für prozessrechtliche Vorschriften und damit nicht für die **Gerichtsstandregelung** des § 215 VVG.[639]

3. Bedingungsänderung. a) Allgemeine Bedingungsänderung. Nach der allgemeinen Vorschrift des Art. 1 Abs. 3 EGVVG konnte das Versicherungsunternehmen seine AVB für **Altverträge** zum 1.1.2009 insoweit einseitig ändern, als die AVB von den Vorschriften des neuen VVG abwichen. Voraussetzung hierfür war, dass das Versicherungsunternehmen dem Versicherungsnehmer die geänderten AVB spätestens einen Monat vor dem Wirksamwerden der Änderungen in Textform mitgeteilt und die Unterschiede zwischen bisherigen und geänderten AVB kenntlich gemacht hatte.

Diese **Anpassungsmöglichkeit** war der Vorschrift des Art. 16 § 7 Abs. 1 3. DurchfG/EWG zum VAG nachgebildet, die eine entsprechende Anpassung für die Krankenversicherung vorgesehen hatte.

Die Bedingungsänderung war nur insoweit **zulässig,** als die AVB von den Vorschriften des neuen VVG abwichen. Das war idR der Fall, wenn das neue VVG das bisherige Recht geändert

---

[637] *Boetius* VersR 2007, 431 (438).
[638] Begr. zu Art. 2 (Art. 1 Abs. 1 EGVVG) RegE VVG-ReformG, BT-Drs. 16/3945, 118.
[639] BGHZ 214, 160 Rn. 23 ff. = VersR 2017, 779 = r+s 2017, 389.

hat.⁶⁴⁰ Die Änderung konnte darin bestehen, dass das VVG neue zwingende oder halbzwingende Vorschriften einführte, an die die AVB anzupassen waren. Aber auch zur Anpassung an geänderte dispositive Vorschriften konnten aufgrund dieser Vorschrift die AVB geändert werden.⁶⁴¹

1441 Zweifelhaft kann sein, ob auf Art. 1 Abs. 3 EGVVG eine Bedingungsänderung auch dann gestützt werden konnte, wenn das neue VVG die bisherige **Rechtslage nicht geändert** hatte. Nach dem Gesetzeswortlaut ist eine solche Bedingungsänderung nicht ausgeschlossen; denn Voraussetzung ist lediglich, dass die AVB „von den Vorschriften des Versicherungsvertragsgesetzes abweichen". Nach der Begründung des RegE sollte die Anpassung dagegen nur insoweit zulässig sein, als sie aufgrund einer Änderung des bisherigen Rechts geboten sei.⁶⁴²

1442 Der **Zweck** der Änderungsregelung legt entgegen der Absicht des RegE indessen nahe, die Vorschrift so auszulegen, wie es der Wortlaut bereits vorgibt. Mit der Änderungsregelung soll im Interesse der Rechtssicherheit und -klarheit erreicht werden, dass eine größtmögliche Übereinstimmung von gesetzlichem Versicherungsvertragsrecht und Bedingungsrecht hergestellt wird. Dieser Zweck würde verfehlt, wenn ein Versicherungsunternehmen daran gehindert würde, seine schon dem bisherigen VVG widersprechenden AVB anlässlich des Inkrafttretens des neuen VVG rechtskonform zu gestalten.⁶⁴³

1443 b) **Bedingungsänderung in der Krankenversicherung.** Für die Krankenversicherung gilt zunächst die Vorschrift über die **allgemeine Bedingungsänderung** (→ Rn. 1438 ff.).

1444 Daneben räumte Art. 2 Nr. 2 EGVVG dem Versicherungsunternehmen die Möglichkeit ein, die §§ 192–208 VVG bereits **ab 1.1.2008** anzuwenden, wenn das Versicherungsunternehmen dem Versicherungsnehmer die aufgrund dieser Vorschriften geänderten AVB und Tarifbestimmungen spätestens einen Monat vor ihrem Wirksamwerden in Textform mitgeteilt und die Unterschiede zwischen bisherigen und geänderten AVB kenntlich gemacht hatte.

1445 Diese Vorschrift verfolgt einen für die Krankenversicherung **spezifischen Zweck**. Altverträge und Neuverträge zu einem bestimmten Tarif können nur dann kalkulatorisch als einheitlicher Bestand geführt werden, wenn sie in den AVB und Tarifbestimmungen übereinstimmen. Sobald sie nicht übereinstimmen, nehmen sie den Charakter unterschiedlicher Tarife an. Dies hätte die für die Versicherten nachteilige Folge, dass der Bestand mit Altverträgen hätte geschlossen werden müssen. Um eine solche künstliche Tarifschließung aus Anlass der VVG-Reform auszuschließen, sah Art. 2 Nr. 2 EGVVG die Anwendung des neuen VVG bereits ab dem Zeitpunkt vor, zu dem es für Neuverträge in Kraft trat.⁶⁴⁴

1446 Rechtlich handelt es sich bei Art. 2 Nr. 2 EGVVG um eine **selbständige Vorschrift** zur Bedingungsänderung in der Krankenversicherung, die neben der allgemeinen Vorschrift des Art. 1 Abs. 3 EGVVG besteht. Nach dem Wortlaut von Art. 2 Nr. 2 EGVVG ist es noch eindeutiger, dass hierunter jede Bedingungsänderung fiel, die eine Übereinstimmung der AVB mit den §§ 192 ff. zum Ziel hatte (→ Rn. 1442).

Q. Digitalisierung im Gesundheitswesen

I. Einleitung

1447 Die private Nutzung von Wearables ist als gesellschaftlicher Trend in Mode gekommen. Die Chancen, die dieses gesellschaftliche Phänomen für die Erhaltung der Volksgesundheit und das medizinische Versorgungsmanagement bietet, sind auch für den Bereich der gesetzlichen und privaten Krankenversicherung relevant. Immer wieder gibt es neue Berichte über entsprechende Angebote an Versicherte.⁶⁴⁵

1448 Die Frage, ob auf Basis von mit Wearables gewonnener Daten eine Bonifizierung von gesundheitsbewusstem Verhalten erfolgen kann, darf nicht mit der Frage verwechsel werden, ob Gesundheits-Apps nicht zum Zwecke der Durchführung einer medizinisch notwendigen Heilbehandlung dienen können. Der Gesetzgeber hat am 19.12.2019 in § 33a Abs. 1 SGB V für gesetzlich Versicherte einen Anspruch auf Versorgung mit Medizinprodukten in Form von Gesundheits-Apps eingeführt

---

⁶⁴⁰ Begr. zu Art. 2 (Art. 1 Abs. 1 EGVVG) RegE VVG-ReformG, BT-Drs. 16/3945, 118.
⁶⁴¹ Begr. zu Art. 2 (Art. 1 Abs. 1 EGVVG) RegE VVG-ReformG, BT-Drs. 16/3945, 118.
⁶⁴² Begr. zu Art. 2 (Art. 1 Abs. 1 EGVVG) RegE VVG-ReformG, BT-Drs. 16/3945, 118.
⁶⁴³ AM, *Brand* VersR 2011, 557 (561).
⁶⁴⁴ Begr. zu Art. 2 (Art. 1 Abs. 1 EGVVG) RegE VVG-ReformG, BT-Drs. 16/3945, 118 f.
⁶⁴⁵ *Schlingensiepen*, Big Data – Moderne Goldgräber, Versicherungsmonitor Mai 2015, 22 ff.; *Mayr*, Mit der App zum gläsernen Patienten, der Text ist auf https://www.mz-web.de/politik/neue-chancen---neue-risiken--mit-der-app-zum-glaesernen-patienten-24631068 veröffentlicht.

("digitale Gesundheitsanwendungen"). Es steht zu erwarten, dass diese neuen medizinischen Angebote auch Gegenstand des tariflichen Leistunsversprechens von PKV-Tarifen werden. Diese Erwartung resultiert aus deren substitutivem Charakter.

In der Sachversicherungsparte sind sogenannte „Telematiktarife", die auf Basis von Verhaltensdaten der Versicherten, die häufig auch über Smartphonenutzung in Form von „Apps" erhoben werden bereits etabliert.[646] Im Bereich der PKV ist die Verknüpfung der Nutzung von Gesundheits-Apps mit der Preisgestaltung von Krankenversicherungsprodukten eine Vision, deren Sinnhaftigkeit in Branchenkreisen umstritten ist. Befürworter heben den damit verbundenen Motivationseffekt für gesundheitsbewusstes Verhalten hervor, wohingegen Verbraucherschützer vor Tarifen, die gesundheitsbewusstes Verhalten prämieren, warnen, da sie den gläsernen Versicherungskunden befürchten.[647] Auch kritische Stimmen aus der Versicherungsbranche vertreten die Auffassung, dass Fitnessdaten aus Apps aus Datenschutzgründen bei Versicherten nichts zu suchen haben.[648] Zudem führen Preisreduktionen für einen Teil des Versichertenkollektivs dazu, dass der andere Teil mehr zahlen muss.[649]

Nur vereinzelt sind erste Produkte auf dem Markt angeboten worden, die eine Bonifizierung gesundheitsbewussten Verhaltens vorsehen.[650] Allerdings sind bislang noch keine konkreten Tarife im Bereich der PKV auf dem deutschen Markt erhältlich, die analog den weit verbreiteten Telematiktarifen in der Kraftversicherung die Prämienhöhe an die Nutzung von Gesundheits-Apps oder Daten aus Wearables knüpfen. Auch in Europa ist der Markt von Telematiktarifen im Zusammenhang mit Krankenversicherungsprodukten aktuell noch sehr beschränkt.[651]

Die Kontroverse bietet Anlass für eine Auseinandersetzung über die versicherungsrechtlichen Rahmenbedingungen der Nutzung von Gesundheits-Apps in der PKV. Insbesondere stellt sich die Frage, inwieweit deren Nutzung für die Preisgestaltung von Produkten herangezogen werden kann.

Zu Reformansätzen und neuen Geschäftsmodellen siehe oben → Rn. 1297 ff.

II. Versicherungsrechtliche Rahmenbedingungen

Im Zuge der Prüfung der versicherungsrechtlichen Rahmenbedingungen ist zwischen nach Art der Lebensversicherung kalkulierten Produkten und nach Art der Schadenversicherung kalkulierten Produkten zu unterscheiden. Die substitutive Krankenversicherung ist nach § 146 Abs. 1 VAG zwingend nach Art der Lebensversicherung zu betreiben. Bei bloßen Zusatzversicherungsprodukten ist dies nach § 147 VAG lediglich eine Option. Sie können stattdessen auch nach Art der Schadenversicherung betrieben werden. Bedeutung kommt auch dem gesetzlichen Tarifwechselrecht zu, das dazu führt, dass Bestandskunden aus Normaltarifen jederzeit in einen Telematiktarif wechseln könnten.

1. Kalkulation nach Art der Lebensversicherung. Produkte mit Kalkulation nach Art der Lebensversicherung unterliegen einer strengen Reglementierung. Die Rahmenbedingungen der Kalkulation werden insbesondere in §§ 146 ff. VAG sowie in der auf Grundlage des § 160 VAG erlassenen KVAV bestimmt. Bedeutung kommt auch den §§ 203 und 204 VVG zu.

Nach § 10 Abs. 1 KVAV muss der Beitrag nach den anerkannten Regeln der Versicherungsmathematik altersabhängig und auf Basis des jeweiligen Leistungsversprechens des Tarifs kalkuliert werden und risikogerecht sein.

a) Preisliche Differenzierung. In der PKV gibt es – abgesehen von individuellen Risikozuschlägen nach § 203 Abs. 1 S. 2 VVG – keinen individuellen Beitrag. Risikozuschläge decken bei Vertragsschluss im Zuge der Risikoprüfung festgestellte erhöhte Risiken ab. Sie dürfen ausschließlich für vorvertragliche „Erkrankungen" erhoben werden.[652]

Der Tarifbeitrag kann nach §§ 203 Abs. 2 S. 3 VVG, 155 Abs. 3 und 4 VAG nur überprüft und ggf. angepasst werden, wenn sich die kollektiven Versicherungsleistungen oder die Sterbewahrscheinlichkeit ändern. Damit scheidet eine individuelle Anpassung von Beiträgen nach Vertragsschluss

---

[646] *Grimm* in Schmidt-Kessel/Wandt/Grimm Telematiktarife & Co. Versichertendaten als Prämienersatz, 2018; *Brand* VersR 2019, 725 ff.
[647] *Jahrenberg/Kramer*, Die Fitnesspolice, Der Tagesspiegel v. 24.6.2016, 6.
[648] *Weber*, PKV-Tarife in Appsurdistan. Die unglaubliche Geschichte eines perfekten Fakes, Zeitschrift für Versicherungswesen 5/2006, 144; *Gennett*, Entsolidarisierung des Kollektivs? Digitale Gesundheitsdaten und Beitragskalkulation in der PKV, gpk 3-4/2016, 23.
[649] *König*, Kein Geschäft mit Sportler Daten, Wirtschaftswoche 3.7.2015, 6.
[650] Pressemitteilung der VKB vom 4.1.2019. Der Text ist auf www.vkb.de unter dem Menüpunkt „Pressearchiv" veröffentlicht; allgemein *Brand*, VersR 2019, 725, 735.
[651] EIOPA, Big Data Analytics in motor and health insurance, Fact sheet 4/2019, S. 19.
[652] BAV Rundschreiben 4/2005, VerBAV 3/2005, S. 3 f.

aufgrund eines veränderten Verhaltens oder veränderter Gesundheitsdaten aus.[653] Das Risiko nachträglicher Gefahrerhöhungen hat der Gesetzgeber in § 194 Abs. 1 S. 2 VVG dem Versicherer auferlegt.[654] Das bedeutet in der Praxis, dass eine risikotechnisch nachteilige Verhaltensänderung, wie z.B. die Einstellung der Nutzung der App oder des Wearables nach Vertragsschluss, sanktionslos, d.h. ohne Auswirkungen auf die zu zahlende Prämie bliebe.

1455   In diesem Sinne äußerte sich auch die Bundesregierung auf eine kleine Anfrage der Fraktion „DIE LINKE" im Zusammenhang mit dem Thema „Entsolidarisierung". Insbesondere stellte sie fest, dass eine Weigerung des Versicherten, an erweiterten Datensammlungen bezüglich seiner Gesundheit teilzunehmen, die Voraussetzungen des § 203 VVG nicht erfülle.[655]

1456   Besondere Bedeutung kommt diesem Umstand auch im Hinblick auf das Kündigungsverbot des Versicherers in § 206 Abs. 1 VVG zu. Bei der substitutiven Krankenversicherung handelt es sich in der Regel um lebenslange Verträge, wohingegen ein gesundheitsbewusstes Verhalten häufig nur auf einen vergleichsweise kurzen Lebensabschnitt begrenzt sein kann. Bei einer Risikoverbesserung hat der Versicherungsnehmer dagegen nach § 41 S. 1 VVG ein Herabsetzungsrecht hinsichtlich bei Vertragsschluss erhobener Risikozuschläge.

1457   Einer individuellen Beitragsbemessung steht auch der in der PKV geltende aufsichtsrechtliche Gleichbehandlungsgrundsatz gemäß § 146 Abs. 2 i.V.m. § 138 Abs. 2 VAG entgegen. Danach sind unmittelbare und mittelbare Begünstigungen an einzelne Versicherungsnehmer und Versicherte Personen verboten. Die Prämien dürfen im Neugeschäft nicht günstiger als im Bestand sein, § 146 Abs. 2 S. 2 und 3. Zu beachten ist auch das Sondervergütungs- und Begünstigungsverbot nach § 48b VAG.[656] Eine einseitige Bevorzugung von App-Nutzern in Form von Prämienvergünstigungen innerhalb eines Tarifs wäre danach unzulässig, wenn sie nicht im jeweiligen Tarif kalkulatorisch vorgesehen und beschrieben sind.[657] Die Prämienvergünstigungen müssten sich folgerichtig aus den Rechnungsgrundlagen i.S.v. § 2 KVAV herleiten lassen, was nicht der Fall ist:[658]

1458   Eine preisliche Differenzierung der Prämie von Wearable Nutzern müsste im Übrigen den gesetzlichen Vorgaben der Prämienkalkulation gem. § 160 VAG i.V.m. §§ 2, 6, 10 KVAV entsprechen. Als ausschließliche Rechnungsgrundlagen benennt das Gesetz den Rechnungszins, die Ausscheideordnung, die Kopfschäden und den Sicherheitszuschlag. Zu untersuchen ist also, auf welche Rechnungsgrundlagen sich die Nutzung von Wearables auswirken könnte. In Betracht kämen allenfalls Auswirkungen auf den Kopfschaden oder den Sicherheitszuschlag.

1459   aa) Auswirkungen auf den Kopfschaden. Unterstellt, dass App- bzw. Wearablesnutzer weniger Krankheitskosten verursachen, könnte sich das auf die Kalkulationsgrundlage „Kopfschaden" iSv § 6 KVAV auswirken. Günstigere Kopfschäden müssen nach § 6 Abs. 1 altersabhängig und nach § 146 Abs. 1 Nr. 1 VAG statistisch belastbar nachgewiesen werden. Das stellt in der Praxis eine große Hürde dar, da nur maximal 2,5 Prozent der Gesundheitsausgaben in einem Land auf mangelnde Bewegung zurückzuführen sind.[659] Abgesehen davon, dass aktuell keine hinreichenden statistischen Daten vorliegen, die altersabhängig den Nachweis ermöglichen, dass Nutzer von Wearables und Gesundheits-Apps tatsächlich geringere Kopfschäden verursachen, würde das zudem zwangsläufig zu getrennten Kollektiven und damit jeweils zu einem eigenen Tarif führen.

1460   bb) Sicherheitszuschlag. Ein Ansatz, eine preisliche Differenzierung zwischen Tarifen für App- bzw. Wearablenutzer zu erreichen, könnte die Reduktion des Sicherheitszuschlags nach § 7 KVAV darstellen.
Die Reduktion des Sicherheitszuschlags würde jedoch gegen den aufsichtsrechtlichen Gleichbehandlungsgrundsatz nach § 146 Abs. 2 VAG i.V.m. § 138 Abs. 2 VAG verstoßen, da die Voraussetzungen für die Prämienbemessung im übrigen gleich sind. Faktisch würde das dazu führen, dass die Prämien für das Neugeschäft in unzulässiger Weise niedriger als für den Bestand wären. Erlaubt wären nur kalkulatorisch begründete Unterscheidungen. Diese dürfen nicht willkürlich sein. Es ist allerdings kein sachlicher Bezug zwischen der Höhe des Sicherheitszuschlags und der Nutzung einer App oder eines Wearable erkennbar.

---

[653] Kalis in Bach/Moser VVG § 194 Rn. 1.
[654] BGH VersR 2012, 980.
[655] BT-Drucks. 18/3849 vom 28.1.2015; Bitter/Uphues, Big Data und die Versichertengemeinschaft- „Entsolidarisierung" durch Digitalisierung? ABIDA-Dossier September 2017, S. 7.
[656] Boetius PKV VAG § 12 Rn. 112; vgl. hierzu auch die weiterhin geltende Bekanntmachung des Reichsaufsichtsamtes vom 5.6.1934, VerAfP 1934, 100 sowie das Rundschreiben der Aufsichtsbehörde R2/97, VerBAV 1997, 154.
[657] Brand in Baroch/Castellvi VAG § 146 Rn. 46.
[658] Brömmelmeier r+s 2017, 225.
[659] König, Kein Geschäft mit Sportler-Daten, Wirtschaftswoche 3.7.2015, 6.

Daher scheidet die Reduktion des Sicherheitszuschlags zur Differenzierung der Prämie im vorliegenden Fall aus.

cc) Antiselektionseffekte. Sofern App- bzw. Wearablenutzer tatsächlich gesünder sind und geringere Kopfschäden verursachen, und damit eine hinreichende statistische Kalkulationsgrundlage zur Schaffung eines entsprechenden Tarifs bestünde, müssten Antiselektionseffekten befürchtet werden. Diese würden dadurch entstehen, dass überproportional gesunde, aktive Neukunden den preislich günstigeren Wearable-Tarif abschließen und für die Nichtnutzer nur die herkömmlichen Tarife zur Verfügung stünden. Deren Prämie würde infolgedessen selektionsbedingt überproportional ansteigen. **1461**

dd) Tarifwechselrecht. Erschwerend für eine Tarifeinführung mit preislicher Differenzierung würde für die vorliegende Fragestellung auch das gesetzliche Tarifwechselrecht nach § 204 Abs. 1 S. 1 Nr. 1 VVG wirken. Das gilt zumindest für etablierte Versicherungsunternehmen, die große Altbestände haben. Das führt nämlich dazu, dass der überproportional gesunde Bestand an Neukunden in dem neuartigen Tarif mit den weniger gesunden Bestandskunden aus herkömmlich kalkulierten Tarifen, die keine App und kein Wearable nutzen, verwässert würde. Der Wechsel von Bestandskunden, die keine App-oder Wearablenutzer sind, in den neuenTarif müsste folglich bei dessen Erstbeitragskalkulation prämienerhöhend berücksichtigt werden.[660] Das könnte dazu führen, das etwa bestehende Vorteile, die aus geringfügig geringeren Kopfschäden im Vergleich zu herkömmlichen Tarifen resultieren, bereits bei der Erstkalkulation der Tarifprämie marginalisiert würden. Je größer der Altbestand des Unternehmens ist, desto größer fällt dieser Effekt aus. **1462**

Das Tarifwechselrecht könnte auch nicht vertraglich dadurch ausgeschlossen werden, dass in den Versicherungsbedingungen die Versicherungsfähigkeit auf App- oder Wearablenutzer beschränkt wird. Die Versicherungsfähigkeit ist nämlich nach § 12 Abs. 2 KVAV eine personengebundene Eigenschaft, deren Verlust nach den Versicherungsbedingungen dazu führt, dass der Versicherte aus dem Tarif ausscheidet. Rechtsfolge eines solchen Ausscheidens wäre, dass der Versicherte in einen herkömmlichen Tarif umgestellt würde und einen entsprechend höheren Tarifbeitrag zu bezahlen hätte. Das käme im Ergebnis einer Umtarifierung wegen Gefahrerhöhung gleich. Nach der gesetzlichen Risikoverteilung dürfen aber nachträgliche Gefahrerhöhungen in der PKV nicht zu Lasten der Versicherten wirken. § 194 Abs. 1 S. 2 VVG bestimmt, dass die §§ 23 bis 27 und 29 VVG auf die Krankenversicherung keine Anwendung finden und zwar unabhängig davon, ob es sich um eine individuelle Risikoerhöhung beim VN selbst oder um eine Erhöhung des abstrakt zu sehenden Leistungsrisikos aufgrund statistischer Zuordnung handelt.[661] **1463**

Selbst wenn es eine hinreichende Datenbasis für die Kalkulation eines eigenen Tarifs für App- bzw. Wearablenutzer gäbe und damit ein preislich günstigerer Tarif kalkuliert werden könnte, würde dieser Preisvorteil bereits im Rahmen der Erstkalkulation durch Tarifwechsler erheblich reduziert. Perspektivisch wäre zu befürchten, dass sich das Prämienniveau für derartige Tarife dem Niveau der Normaltarife wegen des Effektes von Tarifwechseln angleicht. **1464**

b) Leistungsdifferenzierung innerhalb eines Tarifs. Der Gleichbehandlungsgrundsatz und das Begünstigungsverbot gelten auch hinsichtlich der tariflichen Leistungen.[662] Unter den Begriff der „Sondervergütung" fallen alle im Tarif nicht vorgesehenen Vorteile, insbesondere Leistungen jeglicher Art. Damit scheidet in Bestandstarifen eine Begünstigung von App-Nutzern in Form von zusätzlichen Leistungen bereits deshalb aus, weil sie nicht im Tarif geregelt ist. **1465**

Bei neuen Tarifen ist zudem zu berücksichtigen, dass bei Ausgestaltung des Tarifdesigns ein Bezug zu typischen Leistungen einer Krankenversicherung erforderlich ist. Leistungsdifferenzierungen sind bei neuen Tarifen daher allenfalls mit Krankheitsbezug zulässig. Diese Vorgabe leitet sich sowohl aus dem Spartentrennungsgebot nach § 8 Abs. 4 S. 2 VAG, als auch aus dem Verbot des Betreibens von versicherungsfremden Geschäften gem. § 15 Abs. 1 VAG ab.[663] Dieses Verbot soll Versicherungen und Versicherte vor finanziellen Risiken schützen, die nicht für den Betrieb des Versicherungsgeschäfts notwendig sind.[664]

Problematisch wäre vor diesem Hintergrund z.B. die jährliche Auszahlung eines Geldbetrags an App- bzw. Wearablenutzer, sofern durch die Nutzung kein nachweisbarer positiver Einfluss auf die Wahrscheinlichkeit der Leistungsinanspruchnahme hergestellt wird.[665] Das wäre etwa dann anzunehmen, wenn die Nutzung des Wearables aus Sicht des Versicherers allein dem Sammeln und

---

[660] BVerwG VersR 2007, 1253.
[661] BGH VersR 2012, 980 (981).
[662] *Brand* in Brand/Baroch Castellvi VAG 2018 § 146 Rn. 39.
[663] *Brand* in Brand/Baroch Castellvi VAG 2018 § 15 Rn. 3.
[664] *Präve*, FS Schirmer, 2005, S. 489; 493; *Brand* in Baroch/Castellvi VAG 2018 § 15 Rn. 3.
[665] *Brandt* VersR 2019, 725 (727).

wirtschaftlichen Verwerten von Daten dient und kein unmittelbarer Bezug zur Erbringung der Versicherungsleistungen aus dem Vertrag besteht. Auch stellt die mit der Nutzung verbundene Lieferung von Daten kein ungewisses Ereignis dar. Damit würde einer solchen ausschließlich an die Nutzung anknüpfenden Geldzahlung ein wesentliches Tatbestandsmerkmal einer Versicherungsleistung fehlen.[666] Im Ergebnis wäre ein Verstoß gegen das Betreiben eines versicherungsfremden Geschäfts gem. § 15 Abs. 1 VAG anzunehmen.

1466 **c) Verwendung von RfB-Mitteln im Rahmen der Beitragsrückerstattung.** Es stellt sich die Frage, ob als Anreiz für die Nutzung von Wearables oder Apps Mittel aus der RfB für Geldleistungen im Rahmen der Beitragsrückerstattung herangezogen und an die Nutzer ausgeschüttet werden dürfen.[667] Einzelheiten zur Verwendung der Überschussbeteiligung regelt § 151 VAG, der auf die §§ 139, 140 zur Lebensversicherung verweist. Bei der Verwendung der RfB-Mittel stehen dem Versicherugsunternehmen unternehmerische Spielräume zu.[668]

Voraussetzung dafür wäre zunächst, dass eine solche Verwendung der RfB-Mittel eindeutig in den Versicherungsbedingungen geregelt ist. Sofern das in bestehenden Tarifen nicht der Fall ist, ist eine Aufnahme von Bonifikationen für gesundheitsbewußtes Verhalten aus RfB-Mitteln in die Allgemeinen Versicherungsbedingungen oder Tarifbestimmungen nur unter den engen Vorgaben des § 203 Abs. 3 VVG möglich. Voraussetzung ist danach nicht nur als vorübergehend anzusehende Veränderung der Verhältnisse im Gesundheitswesen und dass die Änderung zur hinreichenden Wahrung der Belange der Versicherten notwendig ist. Zudem muss ein unabhängiger Treuhänder die Voarussetzungen der Änderung überprüfen und ihre Angemessenheit bestätigen.

Ferner bedarf eine die Verwendung der Überschussbeteiligung der Zustimmung des mathematischen Treuhänders nach § 155 Abs. 2 S. 1 VAG. Bei der Verwendung der RfB-Mittel gilt gleichermaßen der aufsichtsrechtliche Gleichbehandlungsgrundsatz nach § 146 Abs. 2 VAG i.V.m. § 138 Abs. 2 VAG.

Die Nutzung einer App oder eines Wearable als alleinige Voraussetzung für die Gewährung einer Beitragsrückerstattung aus RfB-Mitteln wäre unter diesem Blickwinkel problematisch. Sie wäre allenfalls dann zulässig, wenn die danach erfolgte Differenzierung versicherungstechnisch relevant ist. Ob ein solcher Nachweis in Zukunft in der Praxis geführt werden kann, bleibt abzuwarten.[669]

1467 **2. Kalkulation nach Art der Schadenversicherung.** Die Tarifkalkulation nach Art der Schadenversicherung ist nicht an die strengen Vorgaben der §§ 146 ff. VAG und der KVAV gebunden. Insbesondere gelten auch nicht die Einschränkungen hinsichtlich der Erhebung von individuellen Risikozuschlägen nach § 203 Abs. 1 S. 1 VVG, der nur für die Krankenversicherung nach Art der Lebensversicherung gilt. Infolgedessen könnte auch wegen eines nachteiligen Verhaltens und nicht nur wegen einer bestehenden Vorerkrankung ein Risikozuschlag erhoben werden.

Das Tarifwechselrecht besteht nur zwischen Tarifen, die nach Art der Lebensversicherung kalkuliert sind.[670] Das bietet die Chance auf eine nachhaltige Sicherung etwa bestehender kalkulatorischer Preisvorteile im Vergleich zu Bestandstarifen.

Bei nach Art der Schadenversicherung kalkulierten Risikotarifen gilt auch nicht der aufsichtsrechtliche Gleichbehandlungsgrundsatz. Zu beachten ist allerdings auch hier das Verbot von Sondervergütungen in § 48b VAG.

Nach Art der Schadenversicherung kalkulierte Tarife fallen allerdings auch unter den Geltungsbereich des § 194 Abs. 1 S. 2 VVG, der die Möglichkeit, eine spätere Risikoverschlechterung als Gefahrerhöhung zu sanktionieren, ausschließt. Auch hier stellt sich folglich die Frage, wie seitens des Versicherers auf eine nachteilige Veränderung eines bei Vertragsschluss bestehenden gesundheitsbewussten Verhaltens des Versicherungsnehmers reagiert werden kann. Hier zeigen sich mehr Freiheitsgrade für den Versicherer bei der Produktgestaltung, als bei nach Art der Lebensversicherung kalkulierten Tarifen:

Der Versicherer könnte sich für den Fall der nachteiligen Verhaltensänderung vertraglich ein ordentliches Kündigungsrecht vorbehalten. Zu beachten wäre hierbei aber, das seine solche Möglichkeit nach § 206 Abs. 2 VVG auf die ersten drei Versicherungsjahre begrenzt wäre. Da im Bereich der nach Art der Schadensversicherung kalkulierten Tarife das Befristungsverbot nach § 195 Abs. 1 VVG nicht gilt, könnte ein probates Mittel auch in einer Befristung des Versicherungsvertrags liegen. Die Vertragsverlängerung könnte dann davon abhängig gemacht warden, dass zwischenzeitlich keine nachteilige Verhaltensänderung eingetreten ist.

---

[666] Zur Definition des Versicherungsgeschäfts vgl. *Brand* in Brand/Baroch Castellvi VAG § 1 Rn. 4.
[667] Vgl. hierzu auch *Brand* in Brand/Baroch Castellvi VAG § 146 Rn. 46.
[668] *Brand* in Brand/Baroch Castellvi VAG § 155 Rn. 16.
[669] *Brand* in Brand/Baroch Castellvi VAG § 146 Rn. 46.
[670] BaFin-Journal 2/2015, 17.

3. Fazit und Ausblick. Im Bereich der Privaten Krankenversicherung sind die Möglichkeiten   1468
der Nutzung von Gesundheitsapps bzw. Wearables zum Zwecke der Tarifierung infolge der regulatorischen Rahmenbedingungen sehr eingeschränkt. Das betrifft vor allem den Bereich der substitutiven, nach Art der Lebensversicherung kalkulierten Tarife und damit insbesondere die substitutive Krankenversicherung. Digitale Helfer können aber einen Anreiz zu gesundheitsbewusstem Verhalten bieten, und damit einen wertvollen Beitrag zur Aufrechterhaltung der individuellen Gesundheit leisten. Auf Basis der verfügbaren Daten kann bislang kein Nachweis zwischen der Nutzung von Gesundheitsapps und einer kalkulatorisch relevante Reduktion der Kopfschäden geführt werden. Soweit sich im Bereich der nach Art von Schaden kalkulierten Zusatzversicherung Ansatzpunkte für eine Tarifierung bieten, stellt sich die Frage der Kundenfreundlichkeit und damit Marktgängigkeit derartiger Produkte. Die Antwort darauf ergibt sich mittelbar aus dem Umstand, dass bislang keine entsprechenden Produkte auf dem Markt angeboten werden.

§ 192 Vertragstypische Leistung des Versicherers

(1) Bei der Krankheitskostenversicherung ist der Versicherer verpflichtet, im vereinbarten Umfang die Aufwendungen für medizinisch notwendige Heilbehandlung wegen Krankheit oder Unfallfolgen und für sonstige vereinbarte Leistungen einschließlich solcher bei Schwangerschaft und Entbindung sowie für ambulante Vorsorgeuntersuchungen zur Früherkennung von Krankheiten nach gesetzlich eingeführten Programmen zu erstatten.

(2) Der Versicherer ist zur Leistung nach Absatz 1 insoweit nicht verpflichtet, als die Aufwendungen für die Heilbehandlung oder sonstigen Leistung in einem auffälligen Missverhältnis zu den erbrachten Leistungen stehen.

(3) Als Inhalt der Krankheitskostenversicherung können zusätzliche Dienstleistungen, die in unmittelbarem Zusammenhang mit Leistungen nach Absatz 1 stehen, vereinbart werden, insbesondere
1. die Beratung über Leistungen nach Absatz 1 sowie über die Anbieter solcher Leistungen,
2. die Beratung über die Berechtigung von Entgeltansprüchen der Erbringer von Leistungen nach Absatz 1;
3. die Abwehr unberechtigter Entgeltansprüche der Erbringer von Leistungen nach Absatz 1;
4. die Unterstützung der versicherten Personen bei der Durchsetzung von Ansprüchen wegen fehlerhafter Erbringung der Leistungen nach Absatz 1 und der sich hieraus ergebenden Folgen
5. die unmittelbare Abrechnung der Leistungen nach Absatz 1 mit deren Erbringern.

(4) Bei der Krankenhaustagegeldversicherung ist der Versicherer verpflichtet, bei medizinisch notwendiger stationärer Heilbehandlung das vereinbarte Krankenhaustagegeld zu leisten.

(5) ¹Bei der Krankentagegeldversicherung ist der Versicherer verpflichtet, den als Folge von Krankheit oder Unfall durch Arbeitsunfähigkeit verursachten Verdienstausfall durch das vereinbarte Krankentagegeld zu ersetzen. ²Er ist außerdem verpflichtet, den Verdienstausfall, der während der Schutzfristen nach § 3 Absatz 1 und 2 des Mutterschutzgesetzes sowie am Entbindungstag entsteht, durch das vereinbarte Krankentagegeld zu ersetzen, soweit der versicherten Person kein anderweitiger angemessener Ersatz für den während dieser Zeit verursachten Verdienstausfall zusteht.

(6) ¹Bei der Pflegekrankenversicherung ist der Versicherer verpflichtet, im Fall der Pflegebedürftigkeit im vereinbarten Umfang die Aufwendungen für die Pflege der versicherten Person zu erstatten (Pflegekostenversicherung) oder das vereinbarte Tagegeld zu leisten (Pflegetagegeldversicherung). ²Absatz 2 gilt für die Pflegekostenversicherung entsprechend. Die Regelungen des Elften Buches Sozialgesetzbuch über die private Pflegeversicherung bleiben unberührt.

(7) ¹Bei der Krankheitskostenversicherung im Basistarif nach § 152 des Versicherungsaufsichtsgesetzes und im Notlagentarif nach § 153 des Versicherungsaufsichtsgesetzes kann der Leistungserbringer seinen Anspruch auf Leistungserstattung auch gegen den Versicherer geltend machen, soweit der Versicherer aus dem Versicherungsverhältnis zur Leistung

§ 192 Teil 2. Einzelne Versicherungszweige. Kap. 8. Krankenversicherung

verpflichtet ist. ²Im Rahmen der Leistungspflicht des Versicherers aus dem Versicherungsverhältnis haften Versicherer und Versicherungsnehmer gesamtschuldnerisch. ³Soweit im Notlagentarif nach § 153 des Versicherungsaufsichtsgesetzes der Versicherer die aus dem Versicherungsverhältnis geschuldete Leistung an den Leistungserbringer oder den Versicherungsnehmer erbringt, wird er von seiner Leistungspflicht gegenüber dem Leistungserbringer frei. ⁴Der Versicherer kann im Basistarif nach § 152 des Versicherungsaufsichtsgesetzes und im Notlagentarif nach § 153 des Versicherungsaufsichtsgesetzes nicht mit einer ihm aus der Krankheitskostenversicherung oder der privaten Pflege-Pflichtversicherung zustehenden Prämienforderung gegen eine Forderung des Versicherungsnehmers aus diesen Versicherungen aufrechnen. ⁵§ 35 ist nicht anwendbar.

(8) ¹Der Versicherungsnehmer kann vor Beginn einer Heilbehandlung, deren Kosten voraussichtlich 2000 Euro überschreiten werden, in Textform vom Versicherer Auskunft über den Umfang des Versicherungsschutzes für die beabsichtigte Heilbehandlung verlangen. ²Ist die Durchführung der Heilbehandlung dringlich, hat der Versicherer eine mit Gründen versehene Auskunft unverzüglich, spätestens nach zwei Wochen, zu erteilen, ansonsten nach vier Wochen; auf einen vom Versicherungsnehmer vorgelegten Kostenvoranschlag und andere Unterlagen ist dabei einzugehen. ³Die Frist beginnt mit Eingang des Auskunftserlangens beim Versicherer. ⁴Ist die Auskunft innerhalb der Frist nicht erteilt, wird bis zum Beweis des Gegenteils durch den Versicherer vermutet, dass die beabsichtigte medizinische Heilbehandlung notwendig ist.

Übersicht

	Rn.		Rn.
A. Einführung	1	C. Leistungsbegrenzung bei Übermaßvergütung (Abs. 2)	78
I. Inhalt und Zweck der Regelung	1	I. Historie	78
II. Entstehungsgeschichte	7	II. Neuregelung	80
III. Abdingbarkeit der Norm	14	D. Zusätzliche Dienstleistungen (Abs. 3)	86
B. Krankheitskostenversicherung (Abs. 1)	18	I. Zweck und Rechtsfolge der Regelung	86
I. Leistungen	18	II. Beratung über Leistungen aus der Krankheitskostenversicherung	92
1. Aufwendungsersatz	18	III. Beratung über Anbieter von Gesundheitsleistungen	93
2. Krankheitsbegriff	21		
3. Heilbehandlung	22	IV. Beratung über die Berechtigung von Entgeltansprüchen	95
4. Medizinische Notwendigkeit	23		
II. Beweislast	34	V. Abwehr unberechtigter Entgeltansprüche	96
III. Wirtschaftliche Aufklärungspflicht des Arztes	35	VI. Unterstützung bei der Durchsetzung von Schadensersatzansprüchen	99
IV. Regelungen in den AVB	38	VII. Unmittelbare Abrechnung mit Leistungserbringern	105
1. Unterscheidung Muster- und Tarifbedingungen	39		
2. Gegenstand des Versicherungsschutzes, § 1 MB/KK	41	VIII. Sonstige zusätzliche Dienstleistungen (Gesundheitsmanagement)	109
3. Umfang der Leistungspflicht, § 4 MB/KK	43	E. Krankenhaustagegeldversicherung (Abs. 4)	122
a) Freie Arztwahl	45		
b) Heil- und Hilfsmittel	49		
c) Stationäre Behandlung	53	I. Zweck	122
d) Gemischte Anstalt	57	II. Begriff der stationären Behandlung	123
e) Schulmedizinklausel	61	F. Krankentagegeldversicherung (Abs. 5)	125
4. Einschränkung der Leistungspflicht, § 5 MB/KK	63	I. Rechtsgrundlagen, Rechtscharakter und Schutzzweck	125
a) Kriegsereignisse	64	1. Rechtsgrundlagen	125
b) Vorsatz und Entziehungsmaßnahme	66	2. Rechtscharakter und Schutzzweck	127
c) Ausschluss einzelner Leistungserbringer von der Erstattung	68		
d) Kur- und Sanatoriumsbehandlung	73		
e) Sonstiges	75	II. Versicherungsfähigkeit	131

1460 Hütt

Vertragstypische Leistung des Versicherers   § 192

		Rn.
III.	Einkommen des Versicherungsnehmers und Höhe des versicherbaren Krankentagegeldes	136
1.	Ermittlung des Nettoeinkommens	137
2.	Minderung des Einkommens während der Vertragslaufzeit	141
3.	Von Anfang an zu niedriges Einkommen	142
4.	Unpassender Entgeltfortzahlungsanspruch, sonstige Tagegelder	143
IV.	Versicherungsfall	144
1.	Medizinisch notwendige Heilbehandlung	145
2.	Ärztliche Feststellung	146
3.	Begriff der Arbeitsunfähigkeit	147
	a) Unfähigkeit zur Ausübung der Berufstätigkeit	150
	b) Nichtausübung der Berufstätigkeit	154
	c) Keine anderweitige Erwerbstätigkeit	156
4.	Beginn und Ende des Versicherungsfalls	157
V.	Örtlicher Geltungsbereich	160
VI.	Ausschlüsse	161
1.	Alkoholbedingte Bewusstseinsstörung	162
2.	Schwangerschaft	163
3.	Gesetzlicher Mutterschutz	164
4.	Kuren	165
5.	Gemischte Anstalten	166
6.	Wohnsitzklausel	167
VII.	Obliegenheiten nach Vertragsschluss	168
1.	Obliegenheiten vor Eintritt des Versicherungsfalls	169

		Rn.
	a) Berufswechsel	169
	b) Einkommensminderung	171
	c) Andere Krankentagegeldversicherung	173
2.	Obliegenheiten nach Eintritt des Versicherungsfalls	174
	a) Behandlungsobliegenheit	174
	b) Anzeigeobliegenheit	175
	c) Auskunftsobliegenheit	178
	d) Untersuchungsobliegenheit	179
	e) Wiederherstellungsobliegenheit	180
VIII.	Ende des Versicherungsschutzes	181
1.	Wirksamkeit von §§ 15a und b MB/KT	183
2.	Wegfall der Versicherungsfähigkeit	186
3.	Berufsunfähigkeit	191
	a) Bisher ausgeübter Beruf	192
	b) Medizinischer Befund	193
	c) Auf nicht absehbare Zeit	196
	d) Mehr als 50 %	199
IX.	Prozessuales und Beweislast	200
X.	Mütter-Krankentagegeld (Abs. 5 S. 2)	203
G.	Pflegeversicherung (Abs. 6)	204
I.	Pflegepflichtversicherung	205
II.	Pflegeergänzungsversicherung	218
III.	Rechtsweg	221
H.	Basistarif (Abs. 7)	222
I.	Zweck der Regelung	222
II.	Gesamtschuldnerische Haftung	223
III.	Aufrechnungsverbot	227
J.	Auskunftspflicht (Abs. 8)	229

Stichwort- und Fundstellenverzeichnis

Stichwort	Rn.	Rspr.
Abgrenzung Summen-/Schadenversicherung	→ Rn. 128 ff.	BGH VersR 2001, 1100
Allgemeine Versicherungsbedingungen	→ Rn. 38 ff.	–
Alternative Medizin	→ Rn. 26 ff.	BGH VersR 1996, 1224; 2002, 1546
Arbeitsunfähigkeit: Beweisführung	→ Rn. 153, 200	BGH VersR 2000, 841; 2010, 1171; OLG Karlsruhe VersR 2013, 172; OLG Köln VersR 2008, 912; OLG Saarbrücken VersR 2008, 951;
Arbeitsunfähigkeit: Definition	→ Rn. 147 ff.	BGH VersR 1993, 297; 2007, 1260; 2010, 1171; 2011, 518; 2013, 615
Arznei- und Hilfsmittel	→ Rn. 49 ff.	BGH r+s 2017, 488; VersR 2004, 1035; WRP 2006, 736 ff.; OLG Rostock VersR 2019, 1277; OLG Hamm VersR 2017, 681
Arztwahl, freie	→ Rn. 45 ff.	OLG Saarbrücken VersR 2007, 345 ff.; KG VersR 2004, 185 f.
Arzt, wirtschaftliche Aufklärungspflicht	→ Rn. 35 ff.	BGH VersR 2020, 622; 1983, 443 ff.; OLG Stuttgart VersR 2013, 583 ff.
Aufwendungsersatz	→ Rn. 18 ff.	BGH VersR 1998, 359 ff.; OLG Karlsruhe VersR 2007, 679 f.
Auskunft über den Versicherungsschutz	→ Rn. 229 ff.	–

Stichwort	Rn.	Rspr.
Berufsunfähigkeit	→ Rn. 191 ff.	BGH VersR 1992, 477 (479); 2010, 1171; 2012, 981; r+s 2017, 146
Beweislast (medizinische Notwendigkeit)	→ Rn. 34	BGH VersR 1979, 221 f.; 1984, 274 ff.; 1991, 987 f.; OLG Hamm VersR 2019, 406; OLG Koblenz VersR 2010, 204
Gedehnter Versicherungsfall		BGH VersR 1978, 271 ff.; OLG Köln 1993, 32 f.
Gemischte Anstalt	→ Rn. 57 ff.	BGH r+s 2003, 204 f.; VersR 1983, 576 f.
Gesamtschuldnerische Haftung im Basi- und Notlagentarif (§ 192 Abs. 7)	→ Rn. 223 ff.	–
Heilbehandlung	→ Rn. 22	BGH VersR 1996, 1224
Krankenhaus	→ Rn. 53	BGH NJW 1996, 3083
Krankenhaustagegeldversicherung (§ 192 Abs. 4)	→ Rn. 122 ff.	BGH NJW 1984, 1818; OLG Köln VersR 2010, 241
Krankentagegeldversicherung	→ Rn. 125 ff.	BGH VersR 2015, 570; 2010, 1171
Krankheit (Definition)	→ Rn. 21	BGH VersR 1987, 278; 2005, 1673
Künstliche Befruchtung	→ Rn. 28 ff.	BGH VersR 1987, 278; 2005, 1673; 2006, 1673; 2020, 152
Kur- und Sanatoriumsbehandlung	→ Rn. 73 ff.	BGH VersR 1995, 1040 ff.; 1983, 677 ff.
Leistungsausschlüsse: Kriegsereignisse Arztausschluss	→ Rn. 64 ff.	BGH VersR 1984, 274 ff.; OLG Koblenz VersR 2000, 1404 ff.; BGH VersR 1995, 1040 ff.
Leistungs- und Gesundheitsmanagement	→ Rn. 86 ff.	EuGH VersR 2001, 313 ff.; BVerfG MedR 2003, 36 ff.; BGH MedR 2004, 212 ff.
Medizinische Notwendigkeit	→ Rn. 23 ff.	BGH VersR 2003, 581; OLG Köln VersR 2011, 252 f.; 631; KG r+s 2000, 122
Privatklinik	→ Rn. 54 ff.	BGH VersR 2011, 1187 ff.
PPV (§ 192 Abs. 6)	→ Rn. 204 ff.	–
Psychotherapie	→ Rn. 48	BGH VersR 1999, 745 ff.
Rechtsberatung	→ Rn. 88	
Stationäre Behandlung (Begriff)	→ Rn. 123 f.	OLG Köln VersR 2010, 241
Übermaßverbot (§ 192 Abs. 2)	→ Rn. 78 ff.	BGH VersR 2003, 581 = NJW 2004, 1658
Verdienstausfallversicherung	→ Rn. 127	BGH VersR 2001, 1100 (1101); OLG Celle VersR 2010, 1486
Versicherungsfähigkeit	→ Rn. 131, 186 ff.	BGH VersR 1992, 477; BGH VersR 2020, 154

Schrifttum: *Bach/Moser,* Private Krankenversicherung, 5. Aufl. 2015; *Damm,* Privatversicherungsrecht der Fortpflanzungsmedizin, MedR 2007, 335; *Fortmann,* Recht der privaten Personenversicherung I – Recht der Krankenversicherung, 2018; *Günther/Piontek,* Die Auswirkungen der „Corona-Krise" auf das Versicherungsrecht – Eine erste Bestandsaufnahme, r+s 2020, 242; *Hahn,* Die Neuregelung der Videosprechstunde im Pflegepersonal-Stärkungsgesetz (PpSG), NZS 2019, 253; *Hausch,* Die neuere Rechtsprechung des BGH zum großen Behandlungsfehler – eine Trendwende?, VersR 2002, 671; *Hütt,* Anm. zum BGH-Urteil v. 12.3.2003, VersR 2003, 981; *Hütt,* Zum Einzug abgetretener Patientenforderungen durch den privaten Krankenversicherer VersR 2005, 1367; *Kalis,* Anm. zum BGH-Urteil v. 12.3.2003 – IV ZR 278/01, VersR 2004, 456; *Kalis,* Der ständige Streit um den ständigen ärztlichen Vertreter, VersR 2002, 23; Kasseler Kommentar, Sozialversicherungsrecht, Loseblatt Stand: 87. EL 09/2015; *B. Koch,* Eine erste Bewertung der Entscheidung „DocMorris" des EuGH, EuZW 2004, 50; *Krumscheid,* Neues zur Kostenerstattung für die Durchführung künstlicher Befruchtungen in der privaten Krankenversicherung – Übersicht über die neuere Rechtsprechung, r+s 2018, 578; *E. Lorenz,* Abschlussbericht der Kommission zur Reform des Versicherungsvertragsrechts, 2004; *Rauscher,* Rechtsfragen zur Erstattung von Heilpraktikerleistungen, VersR 2016, 217; *Renger,* Die Lebens- und Krankenversicherung im Spannungsfeld zwischen Versicherungsvertragsrecht und Versicherungsaufsichtsrecht, VersR 1995, 866; *Sauer,* Krankentagegeld und Nettoeinkommen – ein neues Kapitel, VersR 2016, 1160; *Schoenfeldt/Kalis,* Rechtliche Rahmenbedingungen des Gesundheitsmanagements in der Privaten Krankenversicherung VersR 2001, 1325; *Stancke,* Schadenregulierung und Kartellrecht, VersR 2005, 1324 ff.; *Waldkirch,* Kostenerstattung für Maßnahmen der assistierten Reproduktion in der privaten Krankenversicherung, VersR 2020, 321; *Wigge,* Medizinische Versorgungszentren nach dem GMG, MedR 2004, 123.

A. Einführung

I. Inhalt und Zweck der Regelung

§ 192 beschreibt in den **Abs. 1, 4, 5 und 6** zunächst das traditionell typische Leistungsversprechen in der privaten Kranken- und Pflegeversicherung: 1
Aufwendungsersatz bei medizinisch notwendiger Heilbehandlung und Erbringung sonstiger vereinbarter Leistungen gem. Abs. 1, Auszahlung des vereinbarten Krankenhaustagegeldes bei medizinisch notwendiger stationärer Heilbehandlung gem. Abs. 4, Ausgleich des infolge von Krankheit oder Unfall durch Arbeitsunfähigkeit entstandenen Verdienstausfalls gem. Abs. 5 und Aufwendungsersatz oder Zahlung des vereinbarten Tagegeldes bei Eintritt der Pflegebedürftigkeit gem. Abs. 6.

§ 192 Abs. 3 stellt sodann – deklaratorisch – klar, dass auch weitere Tätigkeiten des Versicherers Gegenstand einer Krankenversicherung sein können. Erfasst werden sämtliche Dienstleistungen, die in unmittelbarem Zusammenhang mit den in Abs. 1 genannten originären Leistungen stehen. Der Gesetzgeber ergänzt das vertragstypische Leistungsversprechen beispielhaft um beratende oder unterstützende Tätigkeiten. So besteht bei gebührenrechtlichen Streitigkeiten zwischen Versicherungsnehmer und Leistungserbringer ein Bedürfnis nach Unterstützung durch den fachkundigen Versicherer. Dasselbe gilt für den Fall der Geltendmachung von Schadensersatzansprüchen wegen fehlerhafter Erbringung von Leistungen. Eine Möglichkeit, gebührenrechtliche Differenzen zu vermeiden, bietet die in § 192 Abs. 3 Nr. 5 genannte Option, die direkte Abrechnung zwischen Versicherer und Leistungserbringer zu vereinbaren. 2

Darüber hinaus ist es erklärtes Ziel der Regelung, dem privaten Krankenversicherer weitere Möglichkeiten sowohl zur wirksamen Kostensteuerung als auch zur Steigerung der medizinischen Behandlungsqualität zu eröffnen. Das Leitbild der privaten Krankenversicherung sollte nicht mehr auf die reine Kostenerstattung begrenzt bleiben.[1] Der Gesetzgeber befürwortet ein effektives Leistungsmanagement ebenso wie ein sinnvolles Gesundheitsmanagement. Er reagiert damit zustimmend auf eine teilweise ohnehin früher bereits gelebte Praxis.

Mit der Beschreibung der als „vertragstypisch" bewerteten Leistungen setzt die Norm zugleich einen ersten, groben Orientierungsmaßstab zur Beurteilung der Vereinbarkeit des tariflichen Leistungsversprechens mit den §§ 307 ff. BGB. Die Erweiterung des möglichen Leistungskatalogs in der privaten Krankenversicherung um Beratungs- oder Serviceleistungen ist auch dann AGB-konform, wenn dies mit höheren Kosten verbunden sein sollte. Tatsächlich zielen Maßnahmen des Gesundheitsmanagements häufig neben der Verbesserung des Produkts ohnehin auch auf eine mittelfristige Reduzierung der Ausgaben. 3

§ 192 Abs. 2 beinhaltet eine gesetzliche **Begrenzung der Leistungspflicht** des privaten Krankenversicherers. Diese entfällt, wenn und soweit die berechneten Aufwendungen im Verhältnis zu den erbrachten Leistungen in einem auffälligen Missverhältnis stehen. Hauptursache für steigende Beiträge ist die Ausgabenentwicklung. Der primäre Zweck einer Krankheitskostenversicherung besteht darin, sich finanziell gegen den Anfall unvorhersehbarer Aufwendungen für eine medizinisch notwendige Heilbehandlung zu adäquaten Beiträgen abzusichern. Demgegenüber hat die Versichertengemeinschaft kein Interesse an dem Ersatz unnötig hoher Behandlungskosten. 4

§ 192 Abs. 7 regelt die in Zusammenhang mit der Einführung des Basistarifs[2] ab dem 1.1.2009 geltende gesamtschuldnerische Haftung von Versicherer und Versicherungsnehmer im Verhältnis zum Leistungserbringer. Mit Wirkung v. 20.7.2021[3] wurde die Regelung auf den Notlagentarif erweitert und in den angefügten Sätzen 3–5 ein Verbot der Aufrechnung mit Prämienforderungen aus der Krankheitskostenversicherung und der privaten Pflege-Pflichtversicherung eingeführt. 5

§ 192 Abs. 8 soll dem Interesse des Versicherten gerecht werden, Klarheit darüber zu erhalten, ob und in welcher Höhe er bei zu erwartenden hohen finanziellen Behandlungskosten Leistungen seines Versicherers erwarten kann. Die Norm räumt dem Versicherten deshalb bei voraussichtlichen Kosten über 2.000 EUR einen diesbezüglichen Auskunftsanspruch ein. 6

II. Entstehungsgeschichte

Obwohl die private Krankenversicherung einer der bedeutendsten Zweige der deutschen Versicherungswirtschaft ist, war sie lange Zeit gesetzlich nicht geregelt. Die Krankenversicherer hatten die hierdurch gegebene Lücke durch die Schaffung brancheneinheitlich geltender Allgemeiner Versi- 7

---

[1] BT-Drs. 16/3945, 139.
[2] Vgl. die Kommentierung zu → § 193 Rn. 28 ff.
[3] Gesetz zur Weiterentwicklung der Gesundheitsversorgung (Gesundheitsversorgungsweiterentwicklungsgesetz – GVWG) v. 11.7.2021, BGBl. 2021 I 2754.

cherungsbedingungen zunächst selbst geschlossen. Seit 1966 werden diese „Musterbedingungen" genannt.

Mit der Realisierung des europäischen Binnenmarktes im Bereich des Versicherungswesens zum 1.7.1994[4] entfiel das bis dahin geltende Genehmigungserfordernis für die Einführung oder Änderung der AVB durch die damalige Aufsichtsbehörde, das Bundesaufsichtsamt für das Versicherungswesen. Erklärtes Ziel der Deregulierung war die Liberalisierung des Versicherungsmarktes.

Angesichts der besonderen sozialen Bedeutung der PKV wurde die weitere Einhaltung eines Mindeststandards des privaten Krankenversicherungsschutzes jedoch zumindest insoweit als unverzichtbar angesehen, wie diese bestimmt und geeignet ist, die im gesetzlichen Sozialversicherungssystem vorgesehene Krankenversicherung ganz oder teilweise zu ersetzen. Aus diesem in Art. 54 Abs. 1 der Dritten Richtlinie Schadenversicherung festgelegten Grund sah der deutsche Gesetzgeber sich veranlasst, nunmehr auch die PKV gesetzlich näher zu regeln. Umgesetzt wurde dies mit der Einführung eines neuen Titels „Krankenversicherung" im dritten Abschnitt des Versicherungsvertragsgesetzes, den §§ 178a–178o VVG aF im Jahre 1994. Nachdem die MB/KK sich als Grundlage der vertraglichen Beziehungen zwischen Kunden und Versicherer in der Praxis über Jahrzehnte hinweg bewährt hatten, konnte der Gesetzgeber sich hierbei im Wesentlichen darauf beschränken, das bislang geltende Krankenversicherungsrecht zu kodifizieren. Der durch die genehmigten einheitlichen Musterbedingungen erreichte Status Quo sollte erhalten bleiben.[5]

Unter dem Eindruck der zunehmenden Forderung nach mehr Transparenz und besserer Verständlichkeit von AGB ebenso wie von AVB sind die Versicherer in den letzten Jahren mehr und mehr dazu übergegangen, von den Musterbedingungen losgelöste, mit eigenen Worten formulierte Versicherungsbedingungen zu entwerfen. Diese sprechen die Kunden teilweise direkt an und sind häufig in Form eines Frage- und Antwortkataloges aufgebaut.

8   Mit der im Rahmen der VVG-Reform 2008 in § 192 aufgenommenen Beschreibung des typischen Leistungsversprechens der privaten Krankenversicherung übernahm der Gesetzgeber zum größten Teil die bislang geltenden Regelungen: Die Abs. 1 (Krankheitskostenversicherung), Abs. 4 (Krankenhaustagegeld), Abs. 5 (Krankentagegeld) und Abs. 6 (Pflegeversicherung) entsprechen im Wesentlichen dem bisherigen § 178b VVG aF.

9   Mit dem in § 192 Abs. 2 erfolgten Ausschluss einer **Übermaßvergütung** reagierte der Gesetzgeber auf das Urteil des BGH v. 12.3.2003:[6] Nachdem der IV. Zivilsenat dem Versicherer dort die Befugnis abgesprochen hatte, aus der Regelung in § 5 Abs. 2 MB/KK zur medizinischen Übermaßbehandlung auch das Recht abzuleiten, seine Leistungen allein unter Kostenaspekten zu reduzieren, stieg das Risiko einer nicht mehr tragbaren Ausweitung in der Erbringung und Abrechnung von Maßnahmen seitens einiger Leistungserbringer. Im Interesse einer Begrenzung der Kosten im Gesundheitswesen und einer Stabilisierung der Beiträge sah der Gesetzgeber sich daraufhin selbst zum Tätigwerden verpflichtet. Mit der Neuregelung stellte er klar, dass Übermaßvergütungen von der Leistungspflicht ausgeschlossen sind.

Die vom Bundesministerium eingesetzte **Expertenkommission** zur VVG-Reform hatte in ihrem im April 2004 vorgelegten Schlussbericht noch weitergehend die Aufnahme eines „allgemeinen Wirtschaftlichkeitsgebotes" angeregt.[7] Die Leistungspflicht sollte demnach generell auch dann entfallen, wenn unter mehreren in gleicher Weise geeigneten Maßnahmen nicht diejenige gewählt wird, welche die geringeren Kosten verursacht. Der Gesetzgeber hat diesen Vorschlag nicht übernommen, die ihm zugrunde liegende Idee jedoch aufgegriffen. Er begründet die im Vergleich zum Vorschlag der Expertenkommission weniger weitreichende Fassung damit, dass der Versicherer eine entsprechende Einschränkung der Leistungspflicht in den AVB vorsehen könne.[8]

10 Mit der in § 192 Abs. 3 erfolgten Beschreibung **der Rahmenbedingungen eines Leistungs- und Gesundheitsmanagements** reagiert der Gesetzgeber auf eine entsprechende Erwartungshaltung der Versicherten ebenso wie derjenigen der Versicherer. Einige dieser Nebenleistungen aus dem Versicherungsvertrag werden von den Krankenversicherern schon heute erbracht. Die Entwicklung ist weiter im Fluss, die Aufzählung deshalb nicht abschließend („insbesondere").

11 Die die private Pflegepflichtversicherung regelnde Norm des § 192 Abs. 6 übernimmt unverändert den früheren § 178b Abs. 4. Ergänzend wird die in § 192 Abs. 2 genannte neue Regelung zur Übermaßvergütung auch auf die Pflegekostenversicherung erstreckt.

---

[4] Renger VersR 1995, 866 ff.
[5] So auch die damalige Einleitung zur Gesetzesbegründung BT-Drs. 12/6959, 103; Hütt VersR 2003, 981 (983) mwN.
[6] BGH VersR 2003, 581 ff.
[7] Vgl. § 186 Abs. 3 VVG-E des Abschlussberichts der Expertenkommission.
[8] BT-Drs. 16/3945, 280, 281.

Die in § 192 Abs. 7 geltende Regelung zur gesamtschuldnerischen Haftung gegenüber den **12**
Leistungserbringern steht in Zusammenhang mit der Gesundheitsreform 2007. Die Norm wurde
gem. Art. 11 des Gesetzes zur Reform des Versicherungsvertragsrechts in das VVG aufgenommen.
Sie trat gem. Art. 12 Abs. 2 ebenso wie die Einführung des ihr zugrunde liegenden Basistarifs selbst
am 1.1.2009 in Kraft. Die Regelung in § 192 Abs. 7 S. 3–5 ist neueren Datums: Das Verbot der
Aufrechnung mit Prämienforderungen aus der Krankheitskostenversicherung und der privaten
Pflege-Pflichtversicherung gilt mWv 20.7.2021.[9]

Das Gesetz zur Änderung versicherungsrechtlicher Vorschriften v. 24.4.2013[10] diente der not- **13**
wendigen Klarstellung zum Tarifwechselrecht infolge des „Unisex-Urteils" des EuGH v. 1.3.2011.[11]
Zugleich wurden die Regelungen zur Auskunftspflicht hinsichtlich eingeholter Gutachten gem.
§ 202 und zur zeitlichen Anforderung an die Vorlage des Nachversicherungsnachweises gem. § 205
Abs. 4, 6 angepasst. Darüber hinaus wurde mit § 192 Abs. 8 erstmals ein Auskunftsanspruch des
Versicherungsnehmers über den Umfang des Versicherungsschutzes für eine beabsichtigte Heilbehandlung eingeführt. Durch Gesetz vom 4.4.2017[12] wurde § 192 Abs. 5 S. 2 eingeführt.

III. Abdingbarkeit der Norm

§ 192 ist gem. § 208 **grds. abdingbar:** Die Freiheit der Produktgestaltung soll auch in der **14**
privaten Krankenversicherung nicht beschränkt werden.[13] Die Versicherer und die Versicherten
sollen selbst entscheiden können, in welchem Umfang welche Leistungen angeboten und angenommen werden. Zunehmend vielfältigere Dienstleistungen, wie Unterstützungsleistungen im Krankheitsfall, prophylaktische Angebote oder medizinisch nicht zwingend erforderliche und dennoch
nachgefragte Leistungen wie „Schönheitskuren" oder die Bereitstellung eines komfortableren
Behandlungsumfeldes sind ebenfalls versicherbar. Umgekehrt hat der Versicherungsnehmer die Möglichkeit, sich im Interesse möglichst niedriger Beiträge gegen einen allumfassenden Leistungskatalog
mit freier Wahl des Behandlers oder Krankenhauses etc. zu entscheiden. Dabei darf in der Krankheitskostenvollversicherung der Mindestschutz gem. § 193 Abs. 3 jedoch nicht unterschritten werden.

Die im Zivilrecht geltende Vertragsfreiheit ermöglicht es beiden Parteien auch, Vereinbarungen
über neue Formen der Leistungserbringung oder der Abrechnung zu treffen. Einzelheiten bleiben
den Vertragspartnern überlassen. In diesem Zusammenhang ist auch die in § 1 ebenfalls bewusst
offen formulierte Beschreibung der vertragstypischen Pflichten des Versicherers von Bedeutung. Der
Gesetzgeber hat auf eine konkrete Definition des Begriffes der Versicherung weiterhin verzichtet,
um zukünftige Entwicklungen von Versicherungsprodukten nicht auszuschließen.[14] Es wäre deshalb
auch eine Vertragsgestaltung denkbar, bei der der private Krankenversicherer statt eines nachträglichen Aufwendungsersatzes Sachleistungen als Regelleistung anbietet.

Im Bereich der **Ergänzungsversicherungen zur GKV** wünschen die Versicherten sich teil- **15**
weise eine „Abrechnung aus einer Hand": Sofern das Kassenmitglied von der nach § 13 SGB V
vorgesehenen Möglichkeit der Kostenerstattung in der gesetzlichen Krankenversicherung Gebrauch
gemacht hat, möchten viele Kunden die Rechnung nur bei ihrem privaten Krankenversicherer
einreichen. Dies ist mit der Erwartung verbunden, dass dieser die Kassenleistung als auch die Leistungen aus der privaten Zusatzversicherung in einem auszahlt. Die Erstattung der Kassenleistung sollte
dann im Verhältnis GKV-PKV Versicherer erfolgen.

Versicherungsaufsichtsrechtlich bestehen gegen eine solche systemübergreifende Abrechnung
keine Bedenken: Das Leistungsversprechen knüpft insgesamt an den in § 192 Abs. 1 genannten
typischen Versicherungsfall an. Die Auszahlung auch der Kassenleistung stellt eine Dienstleistung
iSd § 192 Abs. 3 dar, die in „unmittelbarem" Zusammenhang zu dem tariflichen Leistungsversprechen des privaten Krankenversicherers steht.

Kritisch zu bewerten sein könnte die Vereinbarkeit mit dem Zahlungsdiensteaufsichtsgesetz:
Nach § 10 Abs. 1 S. 1 ZAG benötigt derjenige, der im Inland gewerbsmäßig oder in einem Umfang,
der einen in kaufmännischer Weise eingerichteten Geschäftsbetrieb erfordert, Zahlungsdienste als
Zahlungsinstitut erbringen will, der schriftlichen Erlaubnis der Bundesanstalt. „Zahlungsdienste"
sind gem. § 1 Abs. 2 Nr. 6 ZAG Tätigkeiten, bei denen ohne Einrichtung eines Zahlungskontos
auf den Namen eines Zahlers oder eines Zahlungsempfängers ein Geldbetrag des Zahlers ausschließlich zur Übermittlung eines entsprechenden Betrags an den Zahlungsempfänger oder an einen

---

[9] Gesetz zur Weiterentwicklung der Gesundheitsversorgung (Gesundheitsversorgungsweiterentwicklungsgesetz – GVWG) v. 11.7.2021, BGBl. 2021 I 2754.
[10] BGBl. 2013 I 932.
[11] EuGH VersR 2011, 377 ff.
[12] BGBl. 2017 I 778-790.
[13] BT-Drs. 16/3945, 280.
[14] BT-Drs. 16/3945, 142.

anderen, im Namen des Zahlungsempfängers handelnden Zahlungsdienstleister entgegengenommen wird oder bei dem der Geldbetrag im Namen des Zahlungsempfängers entgegengenommen und diesem verfügbar gemacht wird. Unabhängig von der Frage, ob diese Voraussetzungen formal vorliegen oder nicht, ist jedoch zu beachten, dass der Zweck des ZAG darin besteht, Risiken für den Zahlungsempfänger zu vermeiden. Diese bestehen jedoch nicht, wenn der private Krankenversicherer seinem Versicherten die Zahlung des privat versicherten Aufwendungsersatzes auch für den Fall zusagt, dass die Kostenerstattung durch die Kasse unterbleibt.

Seitens der gesetzlichen Krankenkasse bleiben zunächst die Voraussetzungen der §§ 53 SGB I und 197b SGB V zu prüfen: Demnach setzt die Übertragung von Ansprüchen des Mitglieds auf Dritte voraus, dass dies im wohlverstandenen Interesse des Berechtigten liegt. Angesichts der eingangs genannten Interessenlage des Mitglieds dürfte dies in aller Regel zu bejahen sein. Gleiches gilt für die Aufgabenerledigung durch Dritte – hier das PKV-Unternehmen –, wenn der Wahrnehmung der Aufgabe durch dieses wirtschaftlicher ist und die Rechte der Betroffenen nicht beeinträchtigt werden.

Eine Leistungsgewährung aus einer Hand seitens der gesetzlichen Krankenkasse ist gem. § 30 Abs. 1 SGB IV ausgeschlossen. Danach dürfen die Kassen selbst Geschäfte nur zur Erfüllung ihrer gesetzlich vorgeschriebenen oder zugelassenen Aufgaben führen.

16 Obgleich § 208 von den Regelungen des § 192 lediglich diejenige des Abs. 5 S. 2 für nicht zum Nachteil des Versicherungsnehmers abdingbar erklärt, muss Gleiches auch für § 192 Abs. 7 gelten: Der Gesetzgeber wollte den Leistungserbringern, die einen nach dem Basistarif Versicherten behandeln, entgegenkommen. Er räumt ihnen einen einklagbaren Rechtsanspruch ein.

17 Gleiches gilt für das in Abs. 8 genannte **Auskunftsrecht des Versicherungsnehmers** oder der versicherten Person zum Umfang des Versicherungsschutzes. Der Gesetzgeber reagierte damit auf eine Vorgabe des Petitionsausschusses des Deutschen Bundestages. Demnach soll die Regelung dem Interesse des Versicherten gerecht werden, bei einer anstehenden Behandlung, die höhere Kosten verursachen wird, vorab zu klären, ob bzw. inwieweit diese durch seine Versicherung getragen werden.[15] Dieser Zweck könnte nicht erreicht werden, falls die Norm abdingbar wäre.

B. Krankheitskostenversicherung (Abs. 1)

I. Leistungen

18 **1. Aufwendungsersatz.** § 192 Abs. 1 S. 1 nennt für den Bereich der Krankheitskostenversicherung zunächst die Verpflichtung des Versicherers, die Aufwendungen für eine medizinisch notwendige Heilbehandlung wegen Krankheit oder Unfallfolgen zu erstatten. Damit wird der klassische **Versicherungsfall** in der privaten Krankenversicherung beschrieben. Da Schwangerschaft und Entbindung keine Krankheit darstellen, wird die Leistungspflicht hierfür ebenso wie für ambulante Vorsorgeuntersuchungen zur Früherkennung von Krankheiten nach gesetzlich eingeführten Programmen zusätzlich genannt. Der Hinweis auf „sonst vereinbarte Leistungen" stellt klar, dass der Versicherer über den vom Gesetzgeber genannten Umfang hinaus auch Service- oder Sachleistungen erbringen darf. Die Freiheit der Produktgestaltung soll nicht beschränkt sein.[16]

19 Erste zu prüfende Voraussetzung der Leistungspflicht ist die Entstehung von **„Aufwendungen"**. Die Krankheitskostenversicherung ist **Passivenversicherung**. Der Leistungsanspruch des Versicherungsnehmers gegenüber dem Versicherer setzt immer einen entsprechenden wirksamen und fälligen Vergütungsanspruch des Behandlers oder sonstigen Leistungserbringers gegen den Patienten = Versicherten voraus.[17] Daran fehlt es bspw., wenn die Liquidation mit gebührenrechtlichen Bestimmungen wie der GOÄ, GOZ oder dem KHEntgG unvereinbar ist.

Von der materiell-rechtlichen Wirksamkeit zu unterscheiden ist die **Fälligkeit** der ärztlichen Vergütung im Verhältnis zum Patienten. Eine Arztrechnung ist gem. § 12 GOÄ fällig, wenn sie das Datum der Leistungserbringung, bei Gebühren die Nummern und die Bezeichnung der einzelnen berechneten Leistungen sowie den jeweiligen Betrag und den Steigerungssatz nennt. Fehlt es an einer dieser Voraussetzungen, muss auch der Versicherer die Rechnung nicht erstatten.[18] Ebenso

---

[15] BT-Drs. 17/11469 Teil B zu Nr. 2.
[16] BT-Drs. 16/3945, 280.
[17] BGH VersR 1998, 350; OLG Karlsruhe VersR 2007, 679 f.; OLG Hamm r+s 1999, 429; OLG Hamburg VersR 1997, 1258 (1259).
[18] BGH r+s 2007, 201 ff.; OLG Hamm VersR 1995, 652; LG Kempten VersR 2013, 571 ff.

wenig besteht eine Leistungspflicht des Versicherers, wenn die Honorarforderungen des Behandlers **verjährt** (dreijährige Regelverjährung gem. §§ 195, 199 Abs. 1 BGB) ist.[19]

Da Aufwendungen durch das Eingehen von Verbindlichkeiten entstehen, fehlt es an einer erstattungsfähigen Aufwendung auch, wenn Gläubiger und Rechnungsadressat identisch sind. Daher besteht im Fall der **Eigenbehandlung** keine Erstattungspflicht.[20] Gleiches gilt im Rahmen der Beihilfebearbeitung für die Prüfung durch den öffentlich-rechtlichen Dienstherrn.[21]

Der Versicherer ist grds. nachleistungspflichtig. Etwas anderes kann gelten, wenn der Versicherungsnehmer nachweisbar nicht in der Lage ist, anfallende Behandlungskosten zu tragen, und die Ärzte dringend erforderliche Behandlungen deshalb nicht durchführen.[22]

Einem Apotheker sind bei **Selbstbezug von Arzneimitteln** aus der eigenen Apotheke lediglich die Einkaufspreise (Abgabepreis des pharmazeutischen Unternehmers zzgl. Großhandelszuschlag gem. § 2 Abs. 2 AMPreisV) zu erstatten, nicht hingegen der Apothekenabgabepreis.[23]

2. Krankheitsbegriff. Zweite zu prüfende Voraussetzung der Leistungspflicht ist das Bestehen einer Krankheit. Die höchstrichterliche Rspr. versteht hierunter einen objektiv nach ärztlichem Urteil bestehenden anormalen, regelwidrigen Körper- oder Geisteszustand.[24] Außerdem stellt der BGH darauf ab, dass eine Krankheit nach dem gewöhnlichen Sprachgebrauch auch eine nicht ganz unerhebliche Störung körperlicher oder geistiger Funktionen mit sich bringt.[25] Nicht ganz eindeutig ist den Formulierungen des BGH zu entnehmen, ob die Voraussetzungen „Normabweichung" und „Funktionseinschränkung" kumulativ vorliegen müssen. Hiervon ist bei verständiger Würdigung der Entscheidungen des BGH auszugehen. Das Vorliegen einer Krankheit ist somit zu bejahen, wenn (1.) ein anormaler, regelwidriger Zustand vorliegt, der (2.) zu einer nicht ganz unerheblichen Beeinträchtigung einer körperlichen Normalfunktion führt.[26] Eine bloße Normabweichung als solche stellt noch keine Krankheit dar.[27] Vgl. ausführlich zum Krankheitsbegriff die Kommentierung zu → Vor § 192 Rn. 1345i ff.[28]

Für die Feststellung ist auf den **Sprachgebrauch des täglichen Lebens** abzustellen.[29] Nach dem Sprachgebrauch des täglichen Lebens stellen rein **altersbedingte** Umstände keine Krankheit dar.[30] Niemand würde im Sprachgebrauch des täglichen Lebens etwa auf den Gedanken kommen, zB einen 80-jährigen Mann wegen nachlassenden Haarwuchses oder eine 70-jährige Frau wegen nicht mehr gegebener Fortpflanzungsfähigkeit als „krank" zu bezeichnen. Davon abzugrenzen sind Umstände, die zwar mit zunehmendem Alter häufiger auftreten, aber nicht nur altersbedingt sind und daher nach dem maßgeblichen allgemeinen Sprachgebrauch als Krankheit angesehen werden – wie etwa Hörminderungen, Gelenk- oder Rückenleiden. Daher ist dem BGH auch im Ergebnis zuzustimmen, wenn er eine (nicht nur ganz geringfügige) Fehlsichtigkeit als Krankheit angesehen hat, die bei 30-40% der Menschen entsprechenden Alters auftritt.[31]

Vor diesem Hintergrund besteht etwa für **Schönheitsoperationen** keine Leistungspflicht. Ein kosmetisches Ziel darf nicht der alleinige Anlass der Maßnahme sein. Eine Hypoplasie (Unterentwicklung der Brüste), eine Ptosis (Herabhängen der Brüste) oder Hautfalten im Augenbereich sind deshalb idR keine Krankheit.[32] Etwas anderes gilt, wenn die Abweichung über das reine Missempfinden hinaus zu ernsthaften Folgebeschwerden oder Behinderungen führt. Dies ist etwa bei abnorm großen Veränderungen, die zB zu Haltungsproblemen führen, zu bejahen.[33] Die **vorsorgliche Gendiagnostik** eines gesunden Menschen stellt schon mangels Krankheit keinen leistungspflichtigen

---

[19] OLG Saarbrücken r+s 2022, 331.
[20] OLG Köln VersR 2014, 1071; 1988, 1040; LG Köln VersR 2014, 1072; LG Baden-Baden r+s 2001, 342; LG Stuttgart r+s 1997, 169.
[21] BVerwG MedR 2005, 475 ff.
[22] OLG Hamm VersR 2006, 826 ff.
[23] OLG Zweibrücken VersR 2021, 895.
[24] BGH r+s 2017, 252; NJW 2017, 88.
[25] BGH r+s 2017, 252; NJW 2017, 88.
[26] In diesem Sinne auch *Gramse* in BeckOK VVG § 192 Rn. 26; *Voit* in Prölss/Martin VVG § 192 Rn. 20; *Kalis* in Bach/Moser MB/KK § 1 Rn. 45.
[27] *Voit* in Prölss/Martin VVG § 192 Rn. 23.
[28] *Boetius*, FS Langheid, 2022, S. 29, 39 ff.
[29] BGH r+s 2017, 252.
[30] In diesem Sinne auch *Voit* in Prölss/Martin VVG § 192 Rn. 22.
[31] BGH r+s 2017, 252; OLG Hamm r+s 2019, 337 (trotz Geringgradigkeit der Fehlsichtigkeit im Falle von Korrekturbedürftigkeit als Krankheit zu bewerten).
[32] OLG Karlsruhe VersR 1991, 912 f.; LG Wiesbaden VersR 1991, 800 f.; LG Köln VersR 1983, 388.
[33] OLG Karlsruhe VersR 1995, 692 f.; vgl. die Beispiele von *Kalis* in Bach/Moser MB/KK § 1 Rn. 44; *v. Finkenstein* DÄ 1997, 125 ff.

Versicherungsfall dar.³⁴ Auch in der gesetzlichen Krankenversicherung wird ein regelwidriger Körperzustand ohne entstellende Wirkung und wesentliche Funktionseinschränkung nicht als Krankheit gewertet. Dies gilt sogar dann, wenn er eine psychische Belastung für den Betroffenen darstellt, die ihrerseits zu einer behandlungsbedürftigen psychischen Erkrankung geführt hat.³⁵

Da eine Schwangerschaft ein natürlicher und kein krankhafter Zustand ist, besteht auch für einen **Schwangerschaftsabbruch** aus sozialer Indikation keine Leistungspflicht. Etwas anderes kann bei Beschwerden und einem aus medizinischen Gründen gebotenen Abbruch der Fall sein.³⁶

Dieselben Überlegungen gelten für eine **Sterilisation:** Die Fähigkeit einer Frau, Kinder zu gebären, ist kein krankhafter Zustand. Auch die Unverträglichkeit hormonaler Antikonzeptiva stellt keine Krankheit dar, so dass eine damit begründete Sterilisation schon deshalb nicht zu erstatten ist. Die Kostenübernahme seitens des Krankenversicherers kommt aber in Betracht, wenn eine Schwangerschaft zu einem krankheitswertigen, zB psychischen Zustand führt und die Sterilisation die einzige Möglichkeit zur Behandlung darstellt.³⁷

Eine Unfruchtbarkeit stellt dann keine Krankheit im versicherungsrechtlichen Sinn (mehr) dar, wenn sie auf einer freiwillig durchgeführten medizinisch nicht gebotenen Sterilisation beruht.³⁸ Demzufolge besteht ein Anspruch auf Erstattung der Kosten für eine **Refertilisation** ebenfalls nur bei nachgewiesenen Folgebeschwerden erheblicher körperlicher oder psychischer Art.³⁹

Eine in Zusammenhang mit der medizinisch möglichen Verabreichung von Potenzmitteln häufig diagnostizierte **erektile Dysfunktion** kann sowohl physisch oder psychisch bedingte Ursachen haben, denen Krankheitswert zukommt. Hier kann es im Rahmen der Prüfung der medizinischen Notwendigkeit (dazu → Rn. 23 ff.) darauf ankommen, ob nicht eine ursachenbezogene Behandlung vorzugswürdig ist. Notwendig ist auch eine Abgrenzung zu situativen Konflikten des Alltags und damit die Beurteilung im Einzelfall.⁴⁰

Zu dem ebenfalls in § 192 Abs. 1 genannten **Unfallbegriff** kann auf die Legaldefinition in § 178 Abs. 2 und die dortige Kommentierung verwiesen werden. Die Abgrenzung beider Begriffe ist insbes. für die in § 3 MB/KK geregelte Wartezeit von Bedeutung: Diese entfällt bei Unfällen.

22 **3. Heilbehandlung.** Dritte Voraussetzung der Leistungspflicht gem. § 192 Abs. 1 ist die Durchführung einer Heilbehandlung. Hierunter ist jede ärztliche Tätigkeit zu verstehen, die durch die betreffende Krankheit verursacht worden ist, sofern die Leistung des Arztes oder sonstigen Behandlers von ihrer Art her in den Rahmen der medizinisch notwendigen Krankenpflege fällt und auf Heilung oder Linderung der Krankheit abzielt.⁴¹ Eine vollständige Beseitigung der Erkrankung ist nicht notwendig und wäre medizinisch in vielen Bereichen auch gar nicht möglich. Keine Heilbehandlung liegt demgegenüber vor, wenn eine Linderung gänzlich ausgeschlossen ist und die Maßnahme lediglich der Betreuung zB im Pflegebereich oder im Rahmen eines Hospizaufenthaltes dient (vgl. § 5 Abs. 1 lit. h MB/KK).

Keine Heilbehandlung soll nach neuerer Rechtsprechung des BGH auch der **Bezug eines Hilfsmittels** – im konkreten Fall das Tragen einer Brille – sein.⁴² Dies erscheint nicht konsequent, da nach der eigenen Definition des BGH auch die auf Linderung eines Leidens abzielende ärztliche Tätigkeit Heilbehandlung ist. Da die ärztliche Verordnung eines Hilfsmittels (wie etwa einer Brille) genau darauf, nämlich die Linderung des Leidens abzielt, ist es nicht plausibel, warum die Verordnung eines Hilfsmittels nach BGH keine Heilbehandlung sein soll – obwohl die vom BGH selbst vorgegebene Definition hierdurch zwanglos erfüllt wird. Auf diesen Widerspruch weisen zu Recht auch *Marlow/Gramse* in ihrer Urteilsanmerkung hin.⁴³ Zudem würde die Auffassung des BGH die sicher nicht gewollte Konsequenz haben, dass der Bezug eines Hilfsmittels grundsätzlich nicht erstattungspflichtig wäre, weil schon kein Versicherungsfall vorläge.

Vorgenommen werden muss die Heilbehandlung an der versicherten Person. Die Selektion befruchteter Eizellen im Rahmen einer genetischen **Präimplantationsdiagnostik** stellt idR schon deshalb keinen Versicherungsfall dar, weil sie nicht darauf abzielt, bei der versicherten Person eine Veränderung des Gesundheitszustandes zu bewirken.⁴⁴ Eine Polkörperdiagnostik mit dem Ziel, die

---

³⁴ Vgl. LG Stuttgart NJW 2013, 1553.
³⁵ BSG DStR 2005, 1324 ff.
³⁶ LG Dortmund VersR 1986, 336; LG Berlin VersR 1983, 1180 f.
³⁷ LG Hechingen r+s 1991, 388 f.; AG Bielefeld r+s 2003, 207.
³⁸ BGH VersR 2016, 720 Rn. 19.
³⁹ OLG Köln VersR 1994, 208; r+s 1994, 431 f.
⁴⁰ OLG Karlsruhe VersR 2003, 1432 ff.; OLG München VersR 2001, 577 f.; LG Köln r+s 2003, 466 f.
⁴¹ BGH r+s 2017, 252.
⁴² BGH r+s 2017, 252.
⁴³ *Marlow/Gramse* r+s 2017, 518.
⁴⁴ BGH BeckRS 2020, 11403; OLG München r+s 2018, 663; OLG Köln VersR 2017, 417.

Übertragung einer Gen-Mutation auf den Embryo zu vermeiden, stellt keine Heilbehandlung der Mutter dar.[45] Zudem wird hierdurch auch die o.g. Definition des BGH nicht erfüllt; eine ärztliche Tätigkeit, die darauf abzielt, zwischen potentiell und vermeintlich lebenswertem und lebensunwertem menschlichen Leben zu selektieren, ist keine Heilbehandlung.

4. Medizinische Notwendigkeit. a) Vierte Voraussetzung der Leistungspflicht ist die medizinische Notwendigkeit der Maßnahme: Angesichts der Komplexität und Unwägbarkeit der Abläufe im menschlichen Körper beurteilt sich die Notwendigkeit der durchgeführten Maßnahme nicht anhand des tatsächlich eingetretenen Erfolges, sondern aus der ex-ante-Sicht. Nach stRspr ist eine Behandlungsmaßnahme medizinisch notwendig, wenn es **nach den objektiven medizinischen Befunden und wissenschaftlichen Erkenntnissen zum Zeitpunkt der Behandlung vertretbar** war, sie als medizinisch notwendig anzusehen.[46] Vertretbar ist die medizinische Notwendigkeit der Heilbehandlung, wenn sie sowohl in begründeter und nachvollziehbarer wie wissenschaftlich fundierter Vorgehensweise das zugrunde liegende Leiden diagnostisch hinreichend erfasst und eine ihm adäquate, geeignete Therapie anwendet.[47] Dabei ist auch unter dem Gesichtspunkt der Erreichung des Behandlungsziels zu prüfen, ob die Maßnahme tatsächlich erforderlich war.[48] Diese Interpretation berücksichtigt gleichermaßen die besondere Situation des Arztes zu Beginn der Behandlung wie das Interesse der Versichertengemeinschaft, die Kostenerstattung nicht grenzenlos ausufern zu lassen, und das Interesse des Patienten, die Kosten für eine sinnvolle, adäquate Behandlung erstattet zu erhalten.

Die Beurteilung der medizinischen Notwendigkeit einer Behandlung erfordert eine **Einzelfallabwägung**, wenn **mehrere Behandlungsmöglichkeiten** zur Verfügung stehen. Bei dieser Abwägung kommt es auf Kostengesichtspunkte nicht an.[49] Jedoch ist die Erfolgswahrscheinlichkeit der Maßnahme mit der Schwere der Erkrankung, der Schwere des geplanten Eingriffs, damit einhergehenden Risiken und möglichen Komplikationen abzuwägen.[50] Nicht medizinisch notwendig ist eine Behandlung, wenn von mehreren geeigneten Maßnahmen eine Therapie deutlich vorzugswürdiger ist.[51] Neben der Eignung setzt die Notwendigkeit auch eine ärztliche Beurteilung der Vorzugswürdigkeit voraus.[52] Maßgebend für die medizinische Vertretbarkeitsprüfung bei mehreren Behandlungsalternativen ist letztlich eine Abwägung vor allem von Risiken und Reichweite im Einzelfall.[53]

Die medizinische Notwendigkeit ist **objektiv** zu bewerten.[54] Von dem Behandler ist eine solche Beurteilung möglicherweise schon deshalb nicht immer zu erwarten, weil sein Vergütungsanspruch von der Bejahung der medizinischen Notwendigkeit abhängt: Gem. § 1 Abs. 2 GOÄ darf der Arzt eine Vergütung nur für eine medizinisch notwendige ärztliche Versorgung berechnen. Im Streitfall ist aber ohnehin der Behandelnde nicht als Zeuge zur Beurteilung der medizinischen Notwendigkeit zu vernehmen, weil es sich hier nicht um eine Wahrnehmungs-, sondern um eine Wertungsfrage handelt, die dem Zeugenbeweis nicht zugänglich ist.[55] Da zudem auf einen vom Vertrag zwischen Arzt und Patient unabhängigen Maßstab ankommt, ist im Streitfall das Urteil des behandelnden Arztes einer Überprüfung durch einen neutralen Sachverständigen zu unterziehen. Der Sachverständige und das Gericht werden dabei – abhängig von den Besonderheiten des Einzelfalls – Folgendes mit zu berücksichtigen haben:
- Wurde das zugrundeliegende **Leiden diagnostisch hinreichend** erfasst?[56] Eine medizinisch ordnungsgemäße und zutreffende Diagnostik ist Grundlage jeder Therapie. Die in der Medizin anerkannte Reihenfolge, erst die Basis-, dann die Aufbau- und nur in besonderen Fällen eine Spezialdiagnostik durchzuführen, ist dabei einzuhalten, ein diagnostischer „Rundumschlag" ist nicht medizinisch notwendig.[57]
- War die angewandte Methode aus der **ex-ante-Sicht** zur Erzielung des angestrebten Behandlungserfolges **geeignet**? Ggf. mit welcher Wahrscheinlichkeit? Mit welchen Risiken und Nachteilen?

---

[45] OLG Köln VersR 2017, 417.
[46] Grundlegend BGH VersR 1979, 222.
[47] OLG Dresden r+s 2017, 361; OLG Köln VersR 2011, 252.
[48] LG Gießen VersR 2005, 777.
[49] BGH VersR 2003, 581.
[50] LG Köln VersR 2013, 54 f.
[51] OLG Düsseldorf Urt. v. 12.11.2013 – I-4 U 149/12.
[52] *Voit* in Prölss/Martin VVG § 192 Rn. 64.
[53] *Marlow/Gramse* r+s 2017, 518.
[54] BGH VersR 1989, 271 (272); OLG Köln VersR 2014, 1200 f.; 2004, 631 ff.
[55] OLG Koblenz VersR 2010, 204.
[56] Vgl. zu dieser Voraussetzung OLG Dresden r+s 2017, 361.
[57] OLG Hamm VersR 1997, 1342 f.

– Welche **anderen Methoden** standen zur Verfügung? Hätten diese eine höhere Erfolgsaussicht und/oder geringere Risiken oder Nachteile gehabt?
– Stellt eine ambulante Behandlung eine medizinisch sinnvolle Alternative für einen stationären Aufenthalt dar? Eine **stationäre Behandlung** ist nur dann medizinisch notwendig, wenn der angestrebte Erfolg mit einer ambulanten Maßnahme nicht erreicht werden kann. Allein die leichtere Verfügbarkeit von Behandlungsmaßnahmen kann die Notwendigkeit einer Krankenhausbehandlung nicht begründen.[58] Zum Begriff der stationären Behandlung → Rn. 123.
Für die Frage der medizinischen Notwendigkeit unerheblich ist, ob die Behandlung zurückgestellt werden kann oder nicht.[59]

25   **b)** Zu den speziellen Streitigkeiten, die Gegenstand gerichtlicher Entscheidungen sind, zählt die Beurteilung der medizinischen Notwendigkeit einer **Adipositas-Behandlung**. Hier ist zunächst das Vorliegen einer Krankheit zu klären, vgl. dazu → Rn. 21. Bejaht man das Vorliegen eines Befundes von Krankheitswert, kommt es für die Beurteilung der medizinischen Notwendigkeit maßgeblich auf die Langzeitwirkung der durchgeführten Maßnahmen an. Entscheidend für einen möglichen Behandlungserfolg und damit mitbestimmend für die Beurteilung der medizinischen Notwendigkeit sind die generelle Reduktion der zugeführten Kost und eine Umstellung des Konsumverhaltens sowie der Lebensgewohnheiten („Bewegungsarmut"). Die Durchführung einer stationären Behandlung zur Gewichtsreduktion ist deshalb idR medizinisch nicht notwendig.[60] Etwas anderes gilt, wenn die Gewichtsverringerung Voraussetzung einer dringend gebotenen Behandlung eines anderweitigen ernsten Leidens darstellt.[61]

26   **c)** Nicht selten Gegenstand gerichtlicher Auseinandersetzungen ist die Frage, unter welchen Voraussetzungen der Versicherer die Kosten für Methoden sogenannter „**alternativer Medizin**" zu erstatten hat. Der Begriff als solcher ist dabei als Ausgangspunkt wenig hilfreich, denn er umfasst ein denkbar breites Spektrum – etwa naturheilkundlich ausgerichtete Methoden einerseits, andererseits aber auch Methoden, die mit Naturheilkunde nichts zu tun haben, sondern im Gegenteil auf die Anwendung bestimmter – teils obskurer – Apparate fokussiert sind. Auch werden unter den Oberbegriff oftmals Methoden gefasst, deren Grundlage bestimmte Weltanschauungen oder gar sektenähnliche Heilslehren sind. Teilweise finden sich in der sog. „Alternativmedizin" auch Methoden, die von der Schulmedizin bereits erforscht, wegen ernüchternder Ergebnisse aber nicht in das Repertoire schulmedizinischer Methoden aufgenommen wurden. Es wäre in solchen Fällen offenkundig nicht sachgerecht, die Anforderungen an die Erstattung davon abhängig zu machen, ob der Behandelnde seiner Methode das Etikett „Alternativmedizin" umgehängt hat. Wieso sollten die Anforderungen sich danach unterscheiden, ob vom Anwender eine bestimmte Terminologie verwendet wird? Soweit entsprechenden Forderungen die Annahme zugrunde liegt, die an Universitäten gelehrte Medizin („Schulmedizin") sei an naturheilkundlichen Verfahren desinteressiert, ist diese Unterstellung nicht zutreffend: Die medizinischen Hochschulen erforschen selbstverständlich auch naturheilkundliche Verfahren aller Art, wie schon die Existenz hierauf ausgerichteter Lehrstühle zeigt. Insgesamt verlaufen die Grenzen heute weniger zwischen „Schulmedizin" und „Naturheilkunde", sondern vielmehr zwischen einerseits solchen Medizinern, die sich um wissenschaftlichen Standards genügende Wirksamkeitsnachweise für Behandlungsmethoden (welcher Art auch immer) bemühen, und andererseits solchen Medizinern, die meinen, Wirksamkeitsnachweise nicht erbringen zu müssen, weil sie derartiges aufgrund ihrer besonderen Weltanschauungen nicht nötig hätten.
Für die Erstattungspflicht des Krankenversicherers postuliert jedenfalls **§ 4 Abs. 6 MB/KK** den Vorrang der Schulmedizin. Die Wirksamkeit dieser Regelung ist höchstrichterlich anerkannt.[62] Nach § 4 Abs. 6 S. 1 MB/KK besteht eine Erstattungspflicht primär für schulmedizinisch anerkannte Verfahren. Nach § 4 Abs. 6 S. 2 MB/KK besteht eine Erstattungspflicht des Versicherers darüber hinaus für Verfahren,
– die in der Praxis als ebenso erfolgversprechend bewährt sind oder
– wenn keine schulmedizinischen Methoden zur Verfügung stehen.
Ein in der Praxis als ebenso erfolgversprechend bewährtes Verfahren setzt voraus, dass es über eine gewisse Dauer („sich bewährt") eingesetzt worden ist und Erfolge vorweisen kann („erfolgversprechend"), die denjenigen Erfolgen, die mit überwiegend anerkannten schulmedizinischen Methoden

---

[58] OLG Köln BeckRS 2013, 18083; OLG Brandenburg BeckRS 2012, 11700; OLG Koblenz VersR 2008, 339 f., die hiergegen gerichtete Nichtzulassungsbeschwerde hat der BGH mit Beschluss v. 16.1.2008 – IV ZR 109/07 zurückgewiesen; OLG Zweibrücken VersR 2007, 1505 f.; LG Berlin r+s 2004, 71.
[59] OLG Köln VersR 2014, 1200 f.
[60] OLG Köln r+s 1993, 75; VersR 1983, 1071; OLG Bremen VersR 1984, 574 f.; OLG Celle VersR 1984, 529 f.
[61] OLG Karlsruhe VersR 1984, 457.
[62] BGH VersR 2002, 1546.

oder Arzneimitteln erzielt wurden, gleichstehen.⁶³ Es muss die gleiche Erfolgsprognose wie bei einer schulmedizinischen Behandlung bestehen.⁶⁴ Für diese Beurteilung kommt es nicht auf eine bloße Binnenanerkennung an.⁶⁵

Für die Beurteilung der Frage, ob schulmedizinische Behandlungsmethoden zur Verfügung stehen, kommt es nicht darauf an, ob die Erkrankung sicher heilbar ist und ob die schulmedizinischen Methoden mit Nebenfolgen verbunden sind.⁶⁶

Allerdings ist bei einer **lebensbedrohenden** oder gar lebenszerstörenden, unheilbaren Erkrankung nur darauf abzustellen, ob die Behandlung nach medizinischen Erkenntnissen im Zeitpunkt ihrer Vornahme als wahrscheinlich geeignet angesehen werden konnte, auf eine Verhinderung der Verschlimmerung der Erkrankung oder zumindest auf ihre Verlangsamung hinzuwirken.⁶⁷ Dabei reicht es aus, wenn die Behandlung mit nicht nur ganz geringer Erfolgsaussicht die Erreichung des Behandlungsziels als möglich erscheinen lässt.⁶⁸ Das setzt voraus, dass die gewählte Behandlungsmethode auf einem nach medizinischen Erkenntnissen nachvollziehbaren Ansatz beruht, der die prognostizierte Wirkweise auf das angestrebte Behandlungsziel zu erklären vermag, sie somit zumindest wahrscheinlich macht.⁶⁹

Für die GKV hat das BVerfG entschieden, dass bei lebensbedrohenden oder regelmäßig tödlichen Krankheiten im Einzelfall auch nicht der Schulmedizin entsprechende Leistungen erbracht werden müssen. Dies setzt eine nicht ganz entfernt liegende Aussicht auf Heilung oder auf eine spürbare positive Einwirkung auf den Krankheitsverlauf voraus.⁷⁰ Die Rspr. des BVerfG entspricht derjenigen des BGH zur Frage der Leistungspflicht nach den MB/KK.

Die Gerichte bemühen sich idR um die Einholung des Gutachtens eines **Sachverständigen,** der „alternativen" Behandlungsmethoden unvoreingenommen gegenübersteht. Ebenso muss aber auch eine Voreingenommenheit gegenüber der Schulmedizin ausgeschlossen sein, profunde schulmedizinische Kenntnisse sind auch bei der Beurteilung „alternativmedizinischer" Verfahren ohnehin schon deshalb erforderlich, weil im Rahmen der Anforderungen des § 4 Abs. 6 MB/KK idR zu klären sein wird, was die Schulmedizin hinsichtlich des zu beurteilenden Krankheitsbildes leisten kann. Eine Absage ist deshalb auch der sog. „Binnentheorie" zu erteilen.⁷¹ Wird die Entscheidung über die Wirksamkeit einer strittigen Behandlungsform einem Anhänger der Methode selbst übertragen, ist das Ergebnis der Begutachtung vorgezeichnet. Im Regelfall sollte die medizinische Notwendigkeit einer Heilbehandlung deshalb auch bei Verfahren der alternativen Medizin von einem Schulmediziner beurteilt werden. Dieser wird bei seinen Ausführungen neuere und in der Schulmedizin nicht klassisch gelehrte Behandlungen zu berücksichtigen und sich mit diesen kritisch auseinanderzusetzen haben.⁷²

d) Maßnahmen zur **Herbeiführung einer Schwangerschaft** stehen nur bei Vorliegen eines krankhaften Befundes unter Versicherungsschutz.⁷³

Folgende **Voraussetzungen** müssen vorliegen:
– Bestehen einer Krankheit im Sinne einer gestörten Körperfunktion. Die versicherte Person muss an einer organisch bedingten Sterilität bzw. Zeugungsunfähigkeit leiden. Eine Kinderlosigkeit als solche stellt keine Krankheit dar.⁷⁴
– Unerheblich ist, ob ein Ehepaar bereits ein Kind gezeugt hat.⁷⁵ Der in Ausübung ihres Selbstbestimmungsrechts gefasste Entschluss von Ehegatten, ein gemeinsames Kind zu haben, ist jeder rechtlichen Nachprüfung auf seine Notwendigkeit entzogen.
– Die künstliche Befruchtung ist die einzig mögliche und medizinisch anerkannte Behandlungsmethode, um einen inoperablen Zustand zu überwinden. Wenn verschiedene Behandlungsmethoden zur Verfügung stehen, gelten die unter → Rn. 23 dargestellten Grundsätze. Die Abwägung hält auch der BGH für selbstverständlich erforderlich, wenn er ausführt: „Das Berufungsgericht hat

---

63 OLG Köln VersR 2010, 621 und VersR 2006, 397.
64 OLG Karlsruhe VersR 2014, 991.
65 OLG Karlsruhe VersR 2014, 991.
66 OLG Koblenz VersR 2007, 680; OLG Köln VersR 2010, 621.
67 BGH VersR 2013, 1558.
68 BGH VersR 2013, 1558.
69 BGH VersR 2013, 1558.
70 BVerfG NJW 2014, 2176.
71 OLG Karlsruhe VersR 2014, 991.
72 OLG Saarbrücken VersR 2002, 1015 ff.; OLG Karlsruhe VersR 2001, 180; OLG Düsseldorf VersR 1995, 773 f.
73 Zur Gesamtthematik *Damm* MedR 2007, 335 ff.
74 OLG Düsseldorf VersR 2020, 767; OLG München BeckRS 2017, 145388.
75 BGH VersR 2005, 1673 ff.; NJW 2005, 3783.

bisher nicht geprüft, ob (...) zur Behebung der Infertilität der Kl. eine Hormontherapie ausgereicht hätte."[76]
- Die Maßnahme muss im konkreten Fall medizinisch notwendig sein. Dies ist anhand objektiver, vom Vertrag zwischen Arzt und Patient unabhängiger Kriterien zu prüfen, → Rn. 24.
- Im Gegensatz zur Situation bei unheilbar lebensbedrohlichen Erkrankungen (→ Rn. 26) setzt die medizinische Notwendigkeit einen höheren Grad der Erfolgswahrscheinlichkeit, eine deutliche Erfolgsaussicht voraus. Bei der diesbezüglichen Beurteilung ist zunächst die durch das deutsche IVF-Register seit 1982 umfassend dokumentierte **Erfolgswahrscheinlichkeit der Behandlungen in Abhängigkeit vom Lebensalter** der Frau heranzuziehen. In einem zweiten Schritt sind die individuellen Faktoren zu berücksichtigen. Von einer nicht mehr ausreichenden Erfolgsaussicht ist auszugehen, wenn die Wahrscheinlichkeit der Herbeiführung einer Schwangerschaft mittels Embryotransfer eine Quote von 15 % nicht mehr erreicht.[77] Dies ist nach derzeitigem Kenntnisstand idR bei Frauen nach Vollendung des 42. Lebensjahres der Fall. Individuelle Faktoren können diesen Zeitpunkt auf früher oder später verschieben.[78] Solche Umstände können ua in der Vergangenheit bereits erfolgreich durchgeführte oder umgekehrt erfolglose Versuche einer künstlichen Befruchtung sein.[79] Grundsätzlich nicht zu den individuellen Faktoren zählt die Prognose über den weiteren Verlauf einer Schwangerschaft, mithin ein individuell (altersbedingt) erhöhtes Abortrisiko.[80]

Grundsätzlich muss der Versicherte auch in angemessener Weise Rücksicht auf die Belange der Versichertengemeinschaft nehmen. In der Vergangenheit hatte die Rspr. deshalb die Anzahl der Versuche einer künstlichen Befruchtung, für die eine Erstattung möglich ist, auch unter diesem Aspekt begrenzt.[81] In seiner Entscheidung v. 21.9.2005 hat der BGH für den Bereich der künstlichen Befruchtung ausgeführt, dass hier bereits die hohen Anforderungen an die individuelle Erfolgsprognose ausreichenden Schutz davor bieten, dass der Versicherer Kosten für beliebig oft wiederholte Behandlungen tragen muss. Der Bereich, in dem die Leistungsfreiheit des Versicherers nach Treu und Glauben in Betracht kommt, bleibe demzufolge auf besondere Einzelfälle beschränkt.[82]

Eine medizinisch notwendige Heilbehandlung liegt bei **Kryokonservierung** von Eizellen allenfalls dann vor, wenn von einer aktuell in Aussicht genommenen Fortsetzung der Behandlungsmaßnahmen durch Einpflanzung der Eizelle in die Gebärmutter auszugehen ist; ohne die Einpflanzung der befruchteten Eizelle bleiben die vorhergehenden Maßnahmen sinnlos und sind für sich genommen nicht zur Linderung der Unfruchtbarkeit geeignet.[83] Zudem ist die Beurteilung der Erfolgsaussicht nicht möglich, da hierfür auf den Zeitpunkt des Embryotransfers abzustellen ist.[84] Zur **Präimplantationsdiagnostik** → Rn. 22.

Keine Erstattungspflicht besteht für eine im Ausland durchgeführte und nach deutschem Recht verbotene künstliche Befruchtung mittels **Eizellspende**.[85]

29 In der **GKV** besteht ein Anspruch im Fall der künstlichen Befruchtung unter den in § 27a SGB V genannten Voraussetzungen. Die Leistungspflicht entfällt ua bei nicht verheirateten Paaren, wenn andere Möglichkeiten zur Herstellung der Zeugungs- oder Empfängnisfähigkeit bestehen oder die Zeugungsunfähigkeit – zB mittels Sterilisation aus Gründen der Familienplanung – gewollt herbeigeführt wurde. Die Differenzierung zwischen verheirateten und nicht verheirateten Paaren hat das BVerfG ausdrücklich für zulässig erachtet: Es gebe hinreichende sachliche Gründe hierfür. So böten die ehelichen Bindungen einem Kind mehr rechtliche Sicherheit, von beiden Elternteilen betreut zu werden.[86] Die in § 27a Abs. 3 SGB V festgelegte Leistungsbegrenzung für Maßnahmen der künstlichen Befruchtung bei Frauen ab Vollendung des 40. Lebensjahres ist sachlich gerechtfertigt. Sie verstößt auch nicht gegen den Gleichbehandlungsgrundsatz gem. Art. 3 Abs. 1 GG.[87]

Diese Wertungen sind zu berücksichtigen, wenn es um die Wirksamkeitsbeurteilung von Regelungen in den **Tarifbedingungen** privater Krankenversicherer geht. Demnach gilt (vorbehaltlich

---

[76] BGH VersR 2006, 1673.
[77] BGH VersR 2020, 152.
[78] BGH VersR 2005, 1673 ff.; KG VersR 2011, 1170 f.; LG Stuttgart VersR 1998, 1409.
[79] BGH VersR 2020, 152.
[80] BGH VersR 2020, 152; anders, wenn das Abortrisiko durch eine chromosomale Veränderung bei der Mutter bedingt ist, OLG Karlsruhe VersR 2017, 1453.
[81] BGH VersR 1987, 278 ff.; 1987, 1107 f.; OLG München NVersZ 1998, 83; Kalis VersR 1989, 1244 ff.; OLG Düsseldorf r+s 2004, 468 f.
[82] Zur Thematik insgesamt auch Damm VersR 2006, 730 ff.
[83] OLG Köln 14.10.2016 – 20 U 59/16.
[84] OLG Köln 14.10.2016 – 20 U 59/16.
[85] BGH NJW 2017, 2348.
[86] BVerfG NJW 2007, 1343 ff.; LSG Berlin-Brandenburg NZS 2014, 625 f.
[87] BSG NJW 2010, 1020 ff.

der stets erforderlichen konkreten AGB-rechtlichen Einzelfallbeurteilung anhand der verwendeten Formulierungen und Bedingungsgestaltung): Eine tarifliche **Altersbegrenzung** für Kinderwunschbehandlungen, etwa auf das Alter von 40 bei der Frau, ist wirksam.[88] Zulässig ist auch eine Altersbegrenzung beider Partner.[89] Eine **Begrenzung auf maximal drei Versuche** einer künstlichen Befruchtung ist wirksam.[90] Eine **Begrenzung der Erstattung auf 7.500,- € je Kalenderjahr** ist wirksam.[91] Wirksam vereinbart werden kann auch ein **Zusagevorbehalt**.[92] Zulässig kann auch ein **vollständiger Ausschluss** für Kinderwunschbehandlungen sein.[93] Unwirksam kann eine Beschränkung der Kostenerstattung für Maßnahmen der künstlichen Befruchtung allein auf verheiratete Versicherungsnehmer – mit der Maßgabe, dass ausschließlich Ei- und Samenzellen des Ehegatten verwendet werden dürfen – sein.[94]

Für Maßnahmen, die am Körper des nicht bei der jeweiligen gesetzlichen Krankenkasse versicherten Partners anfallen, besteht für diese Kasse keine Leistungspflicht.[95] Umgekehrt zählen zu den erstattungsfähigen Aufwendungen in der PKV auch die im Rahmen einer homologen In-vitro-Fertilisation vorgenommen Maßnahmen bei der gesetzlich versicherten Ehefrau, wenn der PKV-versicherte Ehemann erkrankt ist.[96] Keine Leistungspflicht seitens der privaten Krankenversicherung besteht, wenn die dort versicherte Ehefrau selbst gesund ist.[97] Der BGH stellt damit entscheidend auf das Vorliegen einer Krankheit im Sinne eines anormalen körperlichen Zustandes bei einem der Partner ab, vgl. dazu auch → Rn. 21 und → Rn. 28. Sind beide Eheleute privat versichert und treffen körperlich bedingte Einschränkungen in der Fertilität von Mann und Frau zusammen, ist zivilrechtlich zu klären, ob einzelne Behandlungsschritte der künstlichen Befruchtung ausschließlich durch einen Versicherten verursacht sind.[98] Anderseits darf die gesetzliche Krankenkasse den Versicherten nicht auf die private Krankenversicherung verweisen, wenn die Voraussetzungen zur Leistungspflicht in der GKV nach § 27a SGB V vorliegen.[99]

e) Bei einem **Schwangerschaftsabbruch** besteht Leistungspflicht, wenn die Maßnahme aus medizinischen Gründen geboten ist. Die Kosten eines aus sozialer Indikation vorgenommenen Schwangerschaftsabbruchs sind nicht zu erstatten, da kein Versicherungsfall vorliegt. Es fehlt kumulativ an einer Krankheit, einer Heilbehandlung und der medizinischen Notwendigkeit.[100]

f) Ebenfalls einzelfallabhängig zu entscheiden ist die Frage der Erstattungspflicht für die Kosten einer **Geschlechtsumwandlung**. Entstehung und Ursache der Transsexualität sind noch nicht abschließend geklärt. Eine Erstattungspflicht kann ggf. angenommen werden, wenn ein unwiderstehlicher innerer Zwang zur Zugehörigkeit zum anderen Geschlecht vorliegt, der gutachterlich nachzuweisen ist.[101]

g) **Vorsorgeuntersuchungen** dienen ebenso wenig wie die üblichen Leistungen in Zusammenhang mit einer Schwangerschaft oder die Entbindung selbst der Behandlung einer Krankheit. Dennoch zählt der Aufwendungsersatz hierfür nach dem klassischen Verständnis zu den typischen Leistungen eines Krankenversicherers. Diese werden deshalb in § 192 Abs. 1 aE separat aufgeführt. Umfasst sind die im ambulanten Bereich zur Früherkennung von Krankheiten nach gesetzlich eingeführten Programmen definierten Maßnahmen (vgl. § 25 SGB V).

II. Beweislast

Die Beweislast für das Entstehen von Aufwendungen, das Vorliegen einer Krankheit, einer Heilbehandlung und deren medizinische Notwendigkeit trägt gemäß dem allgemeinen Grundsatz, wonach die Voraussetzungen für einen Anspruch von demjenigen nachzuweisen sind, der ihn geltend macht, während Einwendungen dagegen von dem zu beweisen sind, der sie erhebt, der **Versicherungsnehmer**. Dieser muss deshalb zunächst beweisen, dass ein Versicherungsfall iSd § 192 Abs. 1

---

[88] LG Köln 20.9.2016 – 23 S 13/16.
[89] LG Köln VersR 2018, 88.
[90] OLG Köln VersR 2019, 472; OLG Karlsruhe VersR 2017, 1453; OLG Koblenz VersR 2016, 1554.
[91] LG Köln VersR 2015, 568.
[92] OLG München 13.4.2011 – 25 U 3080/10.
[93] OLG Naumburg VersR 2019, 607.
[94] OLG Karlsruhe VersR 2017, 1453.
[95] BSG NJW 2005, 2476 ff.; LSG Nordrhein-Westfalen VersR 2004, 260 f. mAnm *Wirges*.
[96] BGH r+s 2004, 201 ff.
[97] BGH VersR 1998, 87 ff.
[98] BGH VersR 2007, 1673.
[99] BSG NJOZ 2009, 904.
[100] LG Detmold VersR 1986, 336; LG Berlin VersR 1983, 1180 f.
[101] BSG NJW 1988, 1550 f.; KG VersR 1996, 832 f.; OLG Köln VersR 1995, 447 ff.

bzw. § 1 Abs. 2 MB/KK vorliegt. Zweifel gehen zu seinen Lasten.[102] Wie oben dargelegt, kann der Versicherungsnehmer den erforderlichen Beweis idR nur durch ein gerichtlich eingeholtes Gutachten eines neutralen Sachverständigen unter Zugrundelegung der Krankenunterlagen führen, in denen die seinerzeitigen Befunde enthalten sind.[103]

Die Beweislast für die tatsächlichen Voraussetzungen der Leistungspflicht auch bei Anwendung von **Methoden außerhalb der Schulmedizin** trägt ebenfalls der Versicherungsnehmer: Er muss neben der medizinischen Notwendigkeit der Maßnahme auch darlegen und beweisen, dass sich die angewandte Methode in der Praxis als ebenso erfolgversprechend bewährt hat.[104]

Hat der Versicherer das Bestehen eines Versicherungsfalles einmal angenommen und seine Leistungspflicht teilweise anerkannt, hat er gem. § 5 Abs. 2 MB/KK die Möglichkeit, seine Leistungen auf einen angemessenen Betrag herabzusetzen, wenn die Heilbehandlung oder sonstige Maßnahme das medizinisch notwendige Maß übersteigt. Da es sich insoweit um eine Einschränkung der Leistungspflicht handelt, ist diesbezüglich, dh in diesem Umfang, der Versicherer darlegungs- und beweisbelastet[105] Dies gilt bspw. für den in der privaten Krankenversicherung gelegentlich zu entscheidenden Streit über die medizinische Notwendigkeit der Dauer einer stationären Behandlung. Kürzt der Versicherer seine Leistungen mit der Begründung, eine frühere Entlassung sei möglich gewesen, hat er dies vorzutragen und zu beweisen.[106]

Im Verhältnis zum Patienten als Versicherungsnehmer muss der behandelnde Arzt sowohl die Erbringung der Leistung selbst als auch deren medizinische Notwendigkeit beweisen.[107] Da der Honoraranspruch des Arztes gemäß § 1 Abs. 2 GOÄ (entsprechend beim Zahnarzt: § 1 Abs. 2 GOZ) vorbehaltlich einer ausdrücklich zu vereinbarenden sog. „Verlangensleistung" ebenfalls von der medizinischen Notwendigkeit abhängt, empfiehlt es sich für den Versicherungsnehmer, nicht nur Ansprüche gegen den Krankenversicherer in Betracht zu ziehen und an die Möglichkeit einer Streitverkündung zu denken.

III. Wirtschaftliche Aufklärungspflicht des Arztes

35 Erkennt der Behandler oder hätte er erkennen können, dass die vom Patienten gewünschte oder von ihm vorgeschlagene Maßnahme vom Versicherungsschutz möglicherweise nicht gedeckt ist, trifft ihn gegenüber dem Patienten eine **wirtschaftliche Aufklärungspflicht**. Bereits die Rspr. hatte eine solche Nebenpflicht aus dem Behandlungsvertrag in Anwendung des § 241 Abs. 2 BGB entwickelt, weil dem Durchschnittspatienten als medizinischer Laie eine entsprechende Bewertung nicht möglich ist. Beispiele sind mögliche unterschiedliche Bewertungen in der medizinischen Notwendigkeit des Umfangs einer Maßnahme ebenso wie bei der Auswahl einer evtl. strittigen Behandlungsmethode selbst.[108] Gleiches gilt für den Fall, dass die Behandlungsseite positive Kenntnis von der Unsicherheit einer vollständigen Kostenübernahme durch den Versicherer hat.[109]

Bei einer Verletzung dieser Pflicht kann der Patient den hieraus entstehenden Schadensersatzanspruch dem Vergütungsanspruch des Behandlers entgegenhalten.[110] Dabei muss er sich ein evtl. Mitverschulden entgegenhalten lassen: Grundsätzlich ist es dessen Aufgabe, sich um seine Versicherungsangelegenheiten zu kümmern.[111]

Seit Inkrafttreten des **Patientenrechtegesetzes** zum 20.2.2013[112] ergibt sich die Aufklärungspflicht auch aus den § 630c Abs. 3 BGB[113] und § 630e BGB.

36 Zur Prüfung seiner Leistungspflicht ist der Versicherer oftmals auf die **Einsichtnahme in ärztliche Unterlagen,** in die Befund- und Behandlungsberichte angewiesen. Nur dies ermöglicht ihm bzw. den ihn beratenden Ärzten eine sachgerechte und objektive Beurteilung der Frage, ob ein Versicherungsfall im Sinne einer Krankheit, einer Heilbehandlung und einer medizinisch notwendigen Maßnahme vorlag. Auf Verlangen des Versicherers hat deshalb der Versicherungsnehmer jede Auskunft zu erteilen, die zur Feststellung des Versicherungsfalles oder der Leistungspflicht des Versi-

---

[102] BGH VersR 1984, 274 ff.; 1979, 221 (222); OLG Köln r+s 1997, 123 f.; LG Düsseldorf NVersZ 2000, 29 f.
[103] OLG Hamm VersR 2019, 406; OLG Koblenz VersR 2010, 204; KG r+s 2000, 120 ff.
[104] OLG Karlsruhe VersR 2014, 991 f.
[105] OLG Schleswig r+s 2021, 160; OLG Düsseldorf r+s 2000, 429 f.
[106] BGH VersR 1991, 987 f.
[107] OLG Nürnberg 21.11.2005 – 5 U 1664/05.
[108] BGH VersR 1983, 443 ff.; OLG Stuttgart VersR 2003, 992 ff.; KG r+s 2000, 120 ff.; LG Stuttgart r+s 1989, 302; AG Pforzheim MedR 2003, 234 f.
[109] OLG Stuttgart VersR 2013, 583 ff.
[110] OLG Karlsruhe r+s 2003, 250 ff.; LG Köln VersR 1983, 960 f.
[111] OLG Köln VersR 2005, 1590.
[112] BGBl. 2013 I 277 ff.
[113] Vgl. BGH VersR 2020, 622.

cherers und ihres Umfanges erforderlich ist; vgl. § 9 Abs. 2 MB/KK und § 31. Hierzu gehört auch, dem Versicherer die Einsichtnahme in die Krankenunterlagen und die Anforderung der Kopie eines Patientenblattes zu ermöglichen.[114] Solange dies nicht geschieht, ist der Anspruch des Versicherungsnehmers gegen den Versicherer gemäß § 14 nicht fällig.[115]

Der Versicherungsnehmer ist zur Erfüllung dieser Obliegenheit auf die Mitwirkung des Behandlers angewiesen. Aus diesem Grund hatte schon die Rspr. zu dessen Gunsten aus § 242 BGB eine selbständige Nebenpflicht des behandelnden Arztes entwickelt: Dieser ist verpflichtet, dem Patienten die von dem Versicherer zur Prüfung seiner Leistungspflicht benötigten Angaben zu machen.[116] Diesen Anspruch kann der Patient auch abtreten bzw. zugunsten des Versicherers im Wege einer Auskunftsermächtigung dienstbar machen.[117] Gleiches ergibt sich nunmehr aus § 630g BGB. Gegenüber dem Krankenhaus hat der selbst zahlende Patient gem. § 17c Abs. 5 KHG einen Anspruch auf Übersendung der für die Abrechnung erforderlichen Diagnosen, Prozeduren und sonstigen Angaben.

Ist dem Versicherer die Prüfung seiner Leistungspflicht dem Grunde oder der Höhe nach aufgrund einer unzureichenden oder gar nicht vorliegenden ärztlichen Dokumentation nicht möglich, kann dies zu einer Beweislastumkehr zu Lasten des Versicherungsnehmers führen. Fehler in der Dokumentation fallen in die Sphäre des Versicherungsnehmers, dh Patienten.[118] In diesen Fällen steht dem Patienten gegen den Arzt ein entsprechender Schadensersatzanspruch zu. Dieser ist auf Befreiung von der Honorarforderung gerichtet.[119] 37

IV. Regelungen in den AVB

Der Kunde schließt mit dem PKV-Unternehmen einen **zivilrechtlichen Vertrag**. Die beiderseitigen Rechte und Pflichten bestimmen sich primär nach den bei Vertragsschluss vereinbarten AVB. Der Umfang des Versicherungsschutzes ergibt sich gem. § 1 Abs. 3 MB/KK aus dem Versicherungsschein, späteren schriftlichen Vereinbarungen, den Allgemeinen Versicherungsbedingungen sowie den gesetzlichen Vorschriften. Von den zuletzt genannten betreffen die §§ 192–208 speziell die PKV. 38

Bei der erstmaligen Aufnahme – als Folge der Umsetzung der Dritten Richtlinie Schadenversicherung – gesetzlicher Regelungen zur privaten Krankenversicherung in das VVG im Jahre 1994 orientierte der Gesetzgeber sich maßgeblich an den bis dahin geltenden Musterbedingungen der Branche. Die dortigen Regelungen wurden weitgehend wortgetreu übernommen. Es war Wille des Gesetzgebers, den durch die genehmigten einheitlichen Musterbedingungen erreichten Status quo zu erhalten.[120] Die im Rahmen der im Jahre 2008 als Folge der generellen Reform des Versicherungsvertragsrechtes für die PKV vorgenommenen Modifikationen bestätigen die sowohl in der täglichen Praxis als auch in der Jurisprudenz bewährte Ausgestaltung der Musterbedingungen. Anpassungsbzw. Ergänzungsbedarf resultiert primär aus den gestiegenen Anforderungen an ein effektives Leistungs- und Gesundheitsmanagement sowie der Forderung nach breiterer Unterstützung der Kunden.

1. Unterscheidung Muster- und Tarifbedingungen. Liegt ein Versicherungsfall vor, ergeben sich Art und Höhe der Versicherungsleistungen gem. § 192 Abs. 1 aus dem „**vereinbarten Umfang**". Hier ist zwischen der primären, positiven Risikobeschreibung in den *Allgemeinen* Versicherungsbedingungen und den jeweiligen Tarifen selbst (konkrete Beschreibung der erstattungsfähigen Aufwendungen oder sonstigen Leistungen) sowie eventuellen Leistungseinschränkungen zu unterscheiden.[121] Die private Krankenversicherung hatte sich zunächst schon frühzeitig entschieden, die vertraglichen Grundlagen in brancheneinheitlich geltenden Allgemeinen Versicherungsbedingungen zu regeln. Seit 1966 werden diese „Musterbedingungen" genannt. 39

Die AVB umfassen idR
- die Musterbedingungen für die Krankheitskosten- und die Krankenhaustagegeldversicherung 2009 (MB/KK 2009) bzw. für die Krankentagegeldversicherung (MB/KT 2009),
- die (hiervon teilweise abweichenden) Tarifbedingungen der einzelnen Versicherungsunternehmen (im Druckstück idR kursiv oder farblich anders abgesetzt),
- die Tarife, in denen das jeweilige Leistungsversprechen konkret bestimmt ist.

---

[114] OLG Hamm VersR 2019, 406; OLG Koblenz VersR 2000, 1404; LG Köln r+s 1997, 473; OLG Nürnberg r+s 1995, 31.
[115] OLG Hamm VersR 2019, 406; OLG München DuD 2012, 908 f.
[116] BVerfG MedR 1999, 189; BGH NJW 1983, 328 und 1985, 674; OLG Düsseldorf VersR 1984, 275.
[117] BGH NJW 1983, 262; LG Duisburg NJW-RR 2008, 1502 f.
[118] OLG Düsseldorf r+s 2000, 429.; LG Düsseldorf VersR 2000, 91 f.
[119] KG r+s 2000, 120 ff.
[120] *Hütt* VersR 2003, 980 (983) mwN.
[121] Zur Terminologie *Rudolph* in Bach/Moser VVG Einl. Rn. 22 ff.

In jüngerer Zeit sind einige Versicherer dazu übergegangen, den Text und die Sprache der AVB eigenständig und losgelöst von den Musterbedingungen abzufassen. Ziel ist es, die Regelungen für den Laien verständlicher zu formulieren. Dies ist rechtlich zulässig, zumal die Musterbedingungen schon aus kartellrechtlichen Gründen unverbindlich sein müssen.

40 Die **MB/KK** gelten für die Krankheitskosten- und die Krankenhaustagegeldversicherung. Sie regeln
– in den §§ 1–7 den Versicherungsschutz
– in den §§ 8–12 die Pflichten des Versicherungsnehmers und auch der versicherten Person
– in den §§ 13–15 die Beendigungsgründe
– in den §§ 16–19 Sonstiges wie den Gerichtsstand oder die Voraussetzungen einer Änderung der Allgemeinen Versicherungsbedingungen.
Mit Wirkung v. 1.1.2009 an gelten die MB/KK bzw. MB/KT 2009: Diese berücksichtigen neben der VVG-Reform 2008 die sich aus dem im Jahr 2007 beschlossenen „Gesetz zur Stärkung des Wettbewerbs in der gesetzlichen Krankenversicherung" (GKV-WSG) ergebenden Änderungen für die PKV. Letztere wurden gem. Art. 11 des Gesetzes zur Reform des Versicherungsvertragsrechtes 2007 in das VVG übernommen. Entsprechend der zum gleichen Zeitpunkt erfolgten Einführung des Basistarifs gelten darüber hinaus ab diesem Zeitpunkt die Musterbedingungen für den Basistarif (MB/BT) einschließlich des Tarifteils BT.

Seit dem Jahr 2013 wurden die Musterbedingungen entsprechend dem unter → Rn. 13 genannten Gesetz zur Änderung versicherungsrechtlicher Vorschriften v. 24.4.2013 an die Vorgaben des „Unisex-Urteils" des EuGH v. 1.3.2011 und zum Auskunftsrecht des Versicherungsnehmers angepasst.

41 **2. Gegenstand des Versicherungsschutzes, § 1 MB/KK.** § 192 Abs. 1 entspricht inhaltlich weitgehend § 1 Abs. 1–3 MB/KK. Die Regelung hat insoweit folgenden Wortlaut:

§ 1 Gegenstand, Umfang und Geltungsbereich des Versicherungsschutzes

(1) Der Versicherer bietet Versicherungsschutz für Krankheiten, Unfälle und andere im Vertrag genannte Ereignisse. Er erbringt, sofern vereinbart, damit unmittelbar zusammenhängende zusätzliche Dienstleistungen. Im Versicherungsfall erbringt der Versicherer
a) in der Krankheitskostenversicherung Ersatz von Aufwendungen für Heilbehandlung und sonst vereinbarte Leistungen,
b) in der Krankenhaustagegeldversicherung bei stationärer Heilbehandlung ein Krankenhaustagegeld.

(2) Versicherungsfall ist die medizinisch notwendige Heilbehandlung einer versicherten Person wegen Krankheit oder Unfallfolgen. Der Versicherungsfall beginnt mit der Heilbehandlung; er endet, wenn nach medizinischem Befund Behandlungsbedürftigkeit nicht mehr besteht. Muss die Heilbehandlung auf eine Krankheit oder Unfallfolge ausgedehnt werden, die mit der bisher behandelten nicht ursächlich zusammenhängt, so entsteht insoweit ein neuer Versicherungsfall. Als Versicherungsfall gelten auch
a) Untersuchung und medizinisch notwendige Behandlung wegen Schwangerschaft und die Entbindung,
b) ambulante Untersuchungen zur Früherkennung von Krankheiten nach gesetzlich eingeführten Programmen (gezielte Vorsorgeuntersuchungen),
c) Tod, soweit hierfür Leistungen vereinbart sind.

(3) Der Umfang des Versicherungsschutzes ergibt sich aus dem Versicherungsschein, späteren schriftlichen Vereinbarungen, den Allgemeinen Versicherungsbedingungen (Musterbedingungen mit Anhang, Tarif mit Tarifbedingungen) sowie den gesetzlichen Vorschriften. Das Versicherungsverhältnis unterliegt deutschem Recht.

§ 1 MB/KK definiert in Abs. 2 den Begriff des Versicherungsfalls und beschreibt in Abs. 1 den Umfang der Leistungspflicht. Ergänzend hierzu verweist § 1 Abs. 3 MB/KK insoweit auf die sonstigen vertraglich und gesetzlich relevanten Regelungen. Da die Regelung in den Abs. 1 und 2 inhaltlich weitgehend § 192 Abs. 1 entspricht, kann auf die dortige Kommentierung verwiesen werden.

42 Ergänzend zum Gesetzestext beschreibt § 1 Abs. 2 S. 2 MB/KK **Beginn und Ende des Versicherungsfalles:** Dieser beginnt mit der Heilbehandlung. Hierunter ist jede ärztliche Tätigkeit zu verstehen, die durch die jeweilige Krankheit verursacht worden ist und auf die Heilung oder Linderung der Krankheit abzielt. Der Versicherungsfall endet (erst), wenn nach objektivem medizinischen Befund keine Behandlungsbedürftigkeit mehr vorliegt, die Behandlung also abgeschlossen ist. Unterbrechungen der Behandlung bedingen ebenso wenig einen neuen Versicherungsfall wie der Wechsel von ambulanter zu stationärer Behandlung. Rspr. und Lit. sprechen von einem „gedehnten Versicherungsfall".[122]

---

[122] BGH r+s 2015, 452 ff.; VersR 1978, 271 ff.; OLG Dresden VersR 2009, 1651; OLG Köln r+s 1993, 32 f.; LG Leipzig VersR 2008, 526.

Die Definition ist insbes. für den in **§ 2 MB/KK** vorgesehenen Ausschluss der Leistungspflicht für Erkrankungen, die **vor Vertragsabschluss** eingetreten sind, relevant. Nach § 2 Abs. 1 MB/KK beginnt der Versicherungsschutz mit dem im Versicherungsschein bezeichneten Zeitpunkt, jedoch nicht vor Abschluss des Versicherungsvertrages (insbesondere nicht vor dem Zugang des Versicherungsscheines oder einer schriftlichen Annahmeerklärung) und nicht vor Ablauf von Wartezeiten. Gemäß § 2 Abs. 1 S. 2 MB/KK wird für Versicherungsfälle, die vor Beginn des Versicherungsschutzes eingetreten sind, nicht geleistet. Der Versicherungsfall beginnt mit der Heilbehandlung. Beginn der Heilbehandlung ist idR schon die erste ärztliche Untersuchung, die erste ärztliche Maßnahme, sie endet erst, wenn nach medizinischem Befund Behandlungsbedürftigkeit nicht mehr besteht.[123] Dies gilt nicht nur dann, wenn der untersuchende Arzt von vornherein die gesamte Heilbehandlung durchführen soll, sondern auch, wenn zunächst nur eine Diagnose oder ein Behandlungsvorschlag erstellt werden sollen,[124] diese Tätigkeiten aber einer späteren Behandlung durch denselben oder einen anderen Arzt zugrunde gelegt werden. Bezugspunkt für die Bestimmung des Begriffs der Heilbehandlung ist nämlich nicht der jeweilige Auftrag des Patienten an den Arzt, sondern die zugrunde liegende Krankheit und die Beziehung der ärztlichen Tätigkeit zu ihr.[125]

3. Umfang der Leistungspflicht, § 4 MB/KK. Bezüglich des **Ausmaßes** der Leistungspflicht verweist das Gesetz in § 192 Abs. 1 auf den „vereinbarten Umfang". § 4 MB/KK regelt dies wie folgt:

§ 4 Umfang der Leistungspflicht

(1) Art und Höhe der Versicherungsleistungen ergeben sich aus dem Tarif mit Tarifbedingungen.

(2) Der versicherten Person steht die Wahl unter den niedergelassenen approbierten Ärzten und Zahnärzten frei. Soweit die Tarifbedingungen nichts anderes bestimmen, dürfen Heilpraktiker iSd deutschen Heilpraktikergesetzes in Anspruch genommen werden.

(3) Arznei-, Verband-, Heil- und Hilfsmittel müssen von den in Abs. 2 genannten Behandlern verordnet, Arzneimittel außerdem aus der Apotheke bezogen werden.

(4) Bei medizinisch notwendiger stationärer Heilbehandlung hat die versicherte Person freie Wahl unter den öffentlich und privaten Krankenhäusern, die unter ständiger ärztlicher Leitung stehen, über ausreichende diagnostische und therapeutische Möglichkeiten verfügen und Krankengeschichten führen.

(5) Für medizinisch notwendige stationäre Heilbehandlung in Krankenanstalten, die auch Kuren bzw. Sanatoriumsbehandlung durchführen oder Rekonvaleszenten aufnehmen, iÜ aber die Voraussetzungen von Abs. 4 erfüllen, werden die tariflichen Leistungen nur dann gewährt, wenn der Versicherer diese vor Beginn der Behandlung schriftlich zugesagt hat. Bei Tbc-Erkrankungen wird in vertraglichem Umfange auch für die stationäre Behandlung in Tbc-Heilstätten und -Sanatorien geleistet.

(6) Der Versicherer leistet im vertraglichen Umfang für Untersuchungs- oder Behandlungsmethoden und Arzneimittel, die von der Schulmedizin überwiegend anerkannt sind. Er leistet darüber hinaus für Methoden und Arzneimittel, die sich in der Praxis also ebenso erfolgversprechend bewährt haben oder die angewandt werden, weil keine schulmedizinischen Methoden oder Arzneimittel zur Verfügung stehen; der Versicherer kann jedoch seine Leistungen auf den Betrag herabsetzen, der bei der Anwendung vorhandener schulmedizinischer Methoden oder Arzneimittel angefallen wäre.

(7) Vor Beginn einer Heilbehandlung, deren Kosten voraussichtlich 2.000 EUR überschreiten werden, kann der Versicherungsnehmer in Textform Auskunft über den Umfang des Versicherungsschutzes für die beabsichtigte Heilbehandlung verlangen. Der Versicherer erteilt die Auskunft spätestens nach vier Wochen; ist die Durchführung der Heilbehandlung dringend, wird die Antwort unverzüglich, spätestens aber nach zwei Wochen erteilt. Der Versicherer geht dabei auf einen vorgelegten Kostenvoranschlag und andere Unterlagen ein. Die Frist beginnt mit Eingang des Auskunftsverlangens beim Versicherer. Ist die Auskunft innerhalb der Frist nicht erteilt, wird bis zum Beweis des Gegenteils durch den Versicherer vermutet, dass die beabsichtigte medizinische Heilbehandlung notwendig ist.

(8) Der Versicherer gibt auf Verlangen des Versicherungsnehmers oder der versicherten Person Auskunft über und Einsicht in Gutachten oder Stellungnahmen, die der Versicherer bei der Prüfung seiner Leistungspflicht über die Notwendigkeit einer medizinischen Behandlung eingeholt hat. Wenn der Auskunft an oder der Einsicht durch den Versicherungsnehmer oder die versicherte Person erhebliche therapeutische Gründe entgegenstehen, kann nur verlangt werden, einem benannten Arzt oder Rechtsanwalt Auskunft oder Einsicht zu geben. Der Anspruch kann nur von der jeweils betroffenen Person

---

[123] BGH r+s 2015, 142; OLG Köln r+s 2014, 293 = VersR 2014, 1200.
[124] LG Köln VersR 1991, 412.
[125] BGH r+s 2015, 142; OLG Köln r+s 2014, 293 = VersR 2014, 1200; OLG Oldenburg VersR 2012, 1548; LG Dortmund NJW-RR 2008, 118.

oder ihrem gesetzlichen Vertreter geltend gemacht werden. Hat der Versicherungsnehmer das Gutachten oder die Stellungnahme auf Veranlassung des Versicherers eingeholt, erstattet der Versicherer die entstandenen Kosten.

44 § 4 Abs. 1 MB/KK verweist hinsichtlich des konkreten Umfangs der Leistungspflicht auf die einzelnen Tarife und Tarifbedingungen. Letztere beinhalten unternehmenseigene Abweichungen, Erweiterungen oder Beschränkungen insbes. des Leistungsversprechens gegenüber den MB/KK. Die Tarife nennen Art und Höhe der einzelnen Leistungen einschließlich eventueller Selbstbeteiligungen.

Manche Unternehmen der PKV bieten in ihrem Portfolio auch Tarife mit sehr eingeschränktem Leistungsversprechen oder hohen Selbstbeteiligungen an: Sie entsprechen damit dem Wunsch einiger Kunden nach Produkten mit möglichst niedrigem Beitrag einerseits und einer Absicherung für „Großschäden", also besonders hohe Behandlungskosten andererseits. Seit Festlegung des Mindestleistungsumfangs für die Krankheitskostenversicherung gemäß § 193 Abs. 3 und der in den letzten Jahren teilweise geäußerten Kritik an nicht ausreichendem Versicherungsschutz in besonderen Fällen achtet die Branche weitgehend darauf, keine tariflichen Leistungen unterhalb des GKV-Katalogs mehr anzubieten. Zulässig ist dies allerdings grundsätzlich schon, die **GKV** ist **kein gesetzliches Leitbild** für die PKV.[126]

In der privaten Krankenversicherung sind grundsätzlich nur solche Kosten erstattungsfähig, die vom Versicherungsschutz ausdrücklich umfasst sind. Art und Höhe der Versicherungsleistungen ergeben sich nach § 4 Abs. 1 MB/KK aus dem vereinbarten Tarif mit seinen Tarifbedingungen. Zu diesem Regelungsgefüge hat der BGH in ständiger Rechtsprechung immer wieder bestätigt, dass – unabhängig von der medizinischen Notwendigkeit – Kosten, die im **tariflichen Leistungskatalog** nicht enthalten sind, auch nicht erstattet werden müssen.[127] Ausnahmen kommen in Sonderfällen in Betracht, wenn es etwa um nichtärztliche (und damit vom Versicherungsschutz ggf. tariflich nicht umfasste) Leistungen durch medizinische Fachkräfte zur Aufrechterhaltung von Vitalfunktionen geht.[128]

45 a) **Freie Arztwahl.** § 4 Abs. 2 MB/KK stellt zunächst den Grundsatz der freien Arztwahl auf. Der Versicherte hat die freie Wahl zwischen den niedergelassenen und approbierten Ärzten, Zahnärzten und Krankenhäusern. Sehen die Tarifbedingungen nichts anderes vor, dürfen gem. § 4 Abs. 2 MB/KK auch Heilpraktiker in Anspruch genommen werden.[129]

Die Bestimmung beinhaltet zugleich eine primäre Risikobegrenzung im Sinne einer objektiven und damit verschuldensunabhängigen[130] Leistungsvoraussetzung: Die in § 4 Abs. 2 MB/KK genannten Kriterien der **Niederlassung** und Approbation eines Arztes dienen der auch im Patienteninteresse liegenden Sicherung der Behandlungsqualität.[131] Der niedergelassene Therapeut übernimmt berufsrechtlich (vgl. ua § 17 MBO-Ä) die Verpflichtung, an der erforderlichen ärztlichen Versorgung mitzuwirken. Er muss alle Voraussetzungen schaffen, um seine Tätigkeit nach den anerkannten Regeln der ärztlichen Kunst auszuüben. Aufgrund der mit der Niederlassung verbundenen Pflichten kann davon ausgegangen werden, dass die Diagnostik und die Therapie in aller Regel an der medizinischen Wissenschaft und deren anerkannten Behandlungsmethoden ausgerichtet sind. Dies wiederum fördert die für Versicherer und Versicherte gleichermaßen wünschenswerte Kongruenz zwischen der Durchführung notwendiger medizinischer Maßnahmen einerseits und der Vermeidung unnötiger Kosten andererseits.

Die Rspr. definiert die „Niederlassung" zunächst formal als die öffentlich erkennbare Bereitschaft zur Ausübung des ärztlichen Berufs in selbständiger Praxis an einem bestimmten Ort. Inhaltlich sind daneben entsprechend dem soeben genannten Zweck der Klausel die Einrichtung und das Aufrechterhalten eines entsprechend ausgerüsteten Praxisbetriebs erforderlich. Die Praxis muss personell, sachlich und räumlich so eingerichtet sein, dass die ärztliche Tätigkeit jederzeit nach den anerkannten Regeln der ärztlichen Kunst angeboten werden kann.[132]

46 Eine **juristische Person** ist selbst kein Arzt. Die Inanspruchnahme einer juristischen Person fällt zunächst auch dann nicht unter Versicherungsschutz, wenn die Behandlung mit Hilfe angestellter

---

[126] BGH VersR 2015, 1119; BGH NJW-RR 2017, 1064.
[127] BGH VersR 2004, 1035 (keine Erstattungspflicht für ein in den Tarifbedingungen nicht aufgezähltes Hilfsmittel); BGH VersR 2005, 64 (keine Leistungspflicht für logopädische Behandlungen); BGH VersR 2009, 533 (keine Leistungspflicht für therapeutische Behandlung einer Lese-Rechtschreibschwäche durch Pädagogen); BGH VersR 2009, 1106 (keine Erstattungspflicht für Batteriekosten eines Hörgeräts).
[128] OLG Hamm VersR 2012, 611; einschränkend LG Gießen VersR 2015, 441.
[129] Näher dazu *Rauscher* VersR 2016, 217.
[130] So ua OLG Saarbrücken VersR 2007, 345 ff.
[131] OLG Saarbrücken VersR 2007, 345 ff.; KG VersR 2004, 185 f.; OLG Köln r+s 1991, 31 f.
[132] BGH VersR 1978, 267 f.; OLG Karlsruhe r+s 1994, 389 ff.; LG Berlin r+s 2004, 56 f., 70 ff.; VG Karlsruhe MedR 1999, 329 ff.

Ärzte erfolgte. Der Grund hierfür liegt in der in diesen Fällen bestehenden Gefahr einer geringeren Qualität der Behandlung: Mit den von der juristischen Person erzielten Einnahmen werden nicht nur die Honorare der Ärzte, sondern auch die Interessen der Kapitalgeber gedeckt. Darüber hinaus sind die Behandler beliebig auswechselbar. Eine Kontinuität in der Behandlung ist nicht gewährleistet. Von einer juristischen Person erhobene Honorare sind deshalb nach bisherigem Verständnis grds. nicht erstattungsfähig.[133]

Eine Ausnahme ist für den Fall anzunehmen, dass die Behandlung durch approbierte, an einem Krankenhaus angestellte Ärzte erfolgt und das **Krankenhaus** selbst die Voraussetzungen des § 4 Abs. 4 MB/KK erfüllt. In diesem Fall werden die Erwartungen, die hinsichtlich der Qualität in die Behandlung eines niedergelassenen Arztes gesetzt werden, im Allgemeinen ebenso, wenn nicht sogar noch besser, erfüllt. Aus diesem Grund kann die Leistungserbringung bei ambulanter Behandlung im Krankenhaus nicht gem. § 4 Abs. 2 MB/KK abgelehnt werden.[134]

Dieselben Überlegungen sind bei **medizinischen Versorgungszentren** iSd § 95 SGB V anzustellen: Liegen die dort genannten Voraussetzungen für die Zulassung vor und bestehen keine Zweifel an der Qualitätssicherung, ist die Leistungspflicht nach § 4 Abs. 2 MB/KK anzunehmen.[135] Dieses Ergebnis wird auch durch die zum 1.1.2007 mit dem VÄndG in Kraft getretenen Änderungen bestätigt: Demnach werden örtliche und überörtliche Berufsausübungsgemeinschaften für Ärzte, Zahnärzte und Psychotherapeuten zugelassen. Die Versicherer haben ihre Tarifbedingungen idR entsprechend angepasst, bei unterbliebener Anpassung wird § 4 Abs. 2 MB/KK entsprechend auszulegen sein.

Erfolgt die Behandlung weder durch ein Versorgungszentrum im Sinne des SGB V noch durch ein anerkanntes Krankenhaus, sondern durch eine **Ärzte-GmbH**, stand es dem Versicherer bislang frei, die Qualifikation der einzelnen Behandler zu prüfen und in seinen Bedingungen die Kostenübernahme auch für diese Fälle vorzusehen. Verpflichtet war er hierzu nach der Rspr. nicht. § 4 Abs. 2 MB/KK soll eine Einzelfallprüfung verhindern.[136] Eine solche ist jedoch entbehrlich, wenn die oben genannten Voraussetzungen der eigenverantwortlichen und medizinisch unabhängigen Berufsausübung gewährleistet sind. Dies dürfte bei den nach § 18 MBO-Ä idF der Beschlüsse des 114. Deutschen Ärztetages 2011 erlaubten Zusammenschlüssen zu Berufsausübungsgemeinschaften anzunehmen sein. § 23a MBO-Ä lässt nunmehr ausdrücklich zu, dass Ärztinnen und Ärzte in der Form der juristischen Person des Privatrechts tätig sind. Dieser Entwicklung ist bei der Auslegung und Anwendung des § 4 Abs. 2 MB/KK Rechnung zu tragen. Werden die Ärzte in einer berufsrechtlich zulässigen Gemeinschaft tätig und erfüllen sie die dortigen Voraussetzungen, bestehen also keine Zweifel an der Unabhängigkeit und der Qualität der Behandlung, sind die in der Klausel genannten Voraussetzungen als erfüllt anzusehen.[137] Umgekehrt bleibt die Regelung anwendbar, wenn es um Einrichtungen geht, die erkennbar nicht der Krankenversorgung dienen wollen, sondern anders gelagerte Dienstleistungen anbieten. Praxisbeispiele sind etwa Schönheits-, Wellness- oder Stressbewältigungsinstitute, gewerbliche Anbieter von „Manager-Check-Ups" und dgl.

Für **psychotherapeutische** Behandlungen sehen die Tarifbedingungen häufig Sonderregelungen vor: So kann die Leistung angesichts der Schwierigkeit einer Differenzierung zwischen einer medizinisch notwendigen Heilbehandlung und einer solchen Maßnahme, die letztlich nur der Behebung persönlicher Schwierigkeiten ohne Krankheitswert dient, von der Erteilung einer vorherigen **Zusage** abhängig gemacht werden. Allerdings nimmt die Rechtsprechung – anders als bei § 4 Abs. 5 MB/KK und ohne nähere Begründung – an, dass der Versicherer die Zusage bei medizinischer Notwendigkeit zu erteilen hat; der Zusagevorbehalt wirkt sich daher faktisch nur dann aus, wenn der Versicherte die Behandlung begonnen hat, ohne eine vorherige Zusage einzuholen.[138] Wirksam sind im Übrigen tarifliche Begrenzungen auf 30 oder 20 Sitzungen pro Jahr.[139] Nicht wirksam ist hingegen eine Begrenzung auf 30 Sitzungen für die gesamte Vertragsdauer.[140]

Sieht der Tarif eine Erstattung für psychotherapeutische Maßnahmen nur bei der Ausführung durch Ärzte oder Diplompsychologen und für eine logopädische Behandlung nur bei Ausführung durch Ärzte oder Logopäden vor, besteht kein Anspruch auf Übernahme der Kosten für eine von **Pädagogen** durchgeführte Behandlung wegen einer Lese-Rechtschreib-Schwäche. Eine entspre-

---

[133] OLG Düsseldorf VersR 1994, 207; OLG München VersR 1990, 614; 1993, 428 f.; OLG Hamm r+s 1992, 425 f.; OLG Köln r+s 1992, 100 ff.; LG Mainz VersR 1992, 44 f.; AG Lübbecke r+s 2000, 431 f.
[134] DKD-Urteil des BGH VersR 1978, 267 ff.; OLG Karlsruhe r+s 1994, 389 ff.
[135] *Voit* in Prölss/Martin MB/KK § 4 Rn. 18 ff.; *Wigge* MedR 2004, 123 (134).
[136] OLG Düsseldorf VersR 2003, 984 ff.; KG r+s 2003, 422 f.
[137] OLG Düsseldorf NJW 2020, 1077; OLG Düsseldorf NJW 2020, 1077; LG Münster VersR 2009, 536.
[138] BGH VersR 1999, 745 ff.; OLG Köln VersR 2011, 656.
[139] BGH VersR 2004, 1037; OLG Köln VersR 2003, 899.
[140] BGH VersR 1999, 745.

chende Regelung in den AVB ist auch rechtswirksam, da der Zweck der Krankheitskostenversicherung hierdurch nicht gefährdet wird: Das primäre Leistungsversprechen der Kostenübernahme für medizinisch notwendige ärztliche Heilbehandlung bleibt unangetastet. Wegen der grundlegenden Strukturunterschiede zwischen GKV und PKV ist es dabei auch unerheblich, ob die gesetzliche Krankenkasse eintrittspflichtig ist oder nicht.[141]

49 **b) Heil- und Hilfsmittel. § 4 Abs. 3 MB/KK** regelt die Voraussetzungen, unter denen Arznei-, Verband-, Heil- und Hilfsmittel erstattungsfähig sind. Sie müssen sämtlich von einem der in § 4 Abs. 2 MB/KK genannten Behandler verordnet, Arzneimittel außerdem aus der Apotheke bezogen worden sein. Die zuletzt genannte Voraussetzung dient der Qualitätssicherung.[142]

50 Die private Krankenversicherung erstattet auch im Wege des **Versandhandels** aus Apotheken bezogene Pharmaka, sofern diese die üblichen deutschen Qualitätsstandards einhalten.[143] Die lange Zeit strittige Frage der Vereinbarkeit eines gesetzlichen Verbots des Versandhandels mit europäischem Recht hat der EuGH bereits im Jahre 2003 geklärt: Demnach bestehen unter dem Aspekt des Schutzes der Gesundheit grds. keine Bedenken gegen ein Verbot für verschreibungspflichtige Arzneien.[144]

51 Der Begriff des **Arzneimittels** wurde lange Zeit definiert als „innerlich oder äußerlich vom Patienten anzuwendendes Medikament, das zur Verhütung und Behandlung von Krankheiten und Schmerzen dient".[145] Seit der Schaffung des Gemeinschaftskodexes für Humanarzneimittel auf europäischer Ebene[146] sind Arzneimittel alle Stoffe oder Stoffzusammensetzungen, die im oder am menschlichen Körper verwendet oder einem Menschen verabreicht werden können, um entweder die menschlichen physiologischen Funktionen oder metabolische Wirkung wiederherzustellen, zu korrigieren oder zu beeinflussen oder eine medizinische Diagnose zu erstellen.[147] Diese von der Rspr. entwickelte Definition entspricht weitgehend § 2 AMG.

52 Die in § 4 Abs. 3 Nr. 3 MB/KK genannten **Heil- und Hilfsmittel** werden meist in den unternehmenseigenen Tarifbedingungen näher beschrieben. Als **Heilmittel** gelten demnach zB physikalisch-medizinische Leistungen, wenn sie von einem Masseur oder medizinischen Bademeister ausgeführt werden, sowie von einem Logopäden durchgeführte Stimm- und Sprechübungsbehandlungen.

Unter **Hilfsmitteln** sind Bandagen, Brillen, Gehstützen, Hörgeräte etc zu verstehen. Allgemein ist es für den Einsatz von Hilfsmitteln kennzeichnend, dass damit unmittelbar eine Ersatzfunktion für ein krankes Organ wahrgenommen wird, ohne dessen Funktionsfähigkeit wiederherzustellen.[148] Keine Hilfsmittel sind daher beispielsweise ein Treppenlift[149] oder therapeutische Trainingsgeräte und dgl.

Die unternehmenseigenen Tarifbedingungen beinhalten teilweise eine enumerative, **abschließende Aufzählung**.[150] Bedenken gegen die Zulässigkeit einer solchen Leistungsbeschreibung bestehen nicht: Aufgrund des in § 1 Abs. 2 MB/KK zunächst weit formulierten Leistungsrahmens muss der Versicherungsnehmer mit einer näheren Ausgestaltung des konkreten Leistungsversprechens rechnen.[151] Diese ist Grundlage auch der Prämienkalkulation.[152]

Im Interesse einer schnelleren Berücksichtigung neu entwickelter Hilfsmittel werden diese in neueren Bedingungen manchmal nicht mehr in einem geschlossenen, sondern in einem sogenannten „offenen" Hilfsmittelkatalog dargestellt. Einige Versicherer haben diese Leistungsanpassung auch in bestehende Verträge aufgenommen. Dies entspricht den aktuellen Erkenntnissen der Medizin und ist deshalb zur Erfüllung des vom Gesetzgeber vorgegebenen Leistungsversprechens gem. § 192 Abs. 1 sachdienlich. Die Voraussetzungen einer Anpassung der AVB gem. § 203 Abs. 3 dürften bei solchen Anpassungen zu bejahen sein. Dies gilt auch, soweit geschlossene Hilfsmittelkataloge zwar als solche beibehalten, jedoch inhaltlich erweitert oder aktualisiert werden. Wegen der Einzelheiten zur Bedingungsanpassung nach → § 203 kann auf die dortige Kommentierung verwiesen werden.

---

[141] BGH VersR 2009, 533 ff.
[142] LG Düsseldorf VersR 2003, 53.
[143] Sa LG Hamburg NJW-RR 2001, 1486.
[144] EuGH EuZW 2004, 21 ff., mit Bewertung von *Koch* in EuZW 2004, 50 ff.
[145] Vgl. § 2 AMG und OLG Frankfurt a. M. VersR 1995, 651 ff.
[146] Vgl. Art. 1 Nr. 1 der RL 2004/27/EG.
[147] BGH WRP 2006, 736 ff.
[148] BGH VersR 2004, 1035.
[149] OLG Rostock VersR 2019, 1277.
[150] BGH r+s 2017, 488; OLG Hamm r+s 2019, 209.
[151] BGH VersR 2009, 1107; VersR 2004, 1035; OLG Hamm VersR 2017, 681; OLG Köln r+s 2016, 248; AG Meldorf VersR 2014, 489 ff.
[152] BGH VersR 2005, 64 ff.

c) **Stationäre Behandlung.** Für den stationären Bereich bestimmt § 4 Abs. 4 MB/KK, dass 53 die versicherte Person die freie Wahl unter den öffentlichen und privaten **Krankenhäusern** hat. Damit können – vorbehaltlich abweichender Regelungen in Tarifbedingungen – auch Privatkliniken in Anspruch genommen werden. Voraussetzung ist immer, dass die Häuser „unter ständiger ärztlicher Leitung stehen, über ausreichende diagnostische und therapeutische Mittel verfügen und Krankengeschichten führen".

Der Begriff der ständigen ärztlichen Leitung bezieht sich nicht auf den Verwaltungs-, sondern den **Behandlungsbereich des Krankenhauses.** Dieser muss von Ärzten geleitet werden, die medizinisch weisungsfrei sind und die gesamte Behandlungstätigkeit führen und überwachen.[153]

Das Erfordernis **ausreichender diagnostischer und therapeutischer Möglichkeiten** zielt neben der Gewährleistung entsprechenden Know-hows auf die technischen Einrichtungen des Krankenhauses ab. Diese Anforderungen entsprechen der Definition des BGH zum Klinikbegriff: Neben dem zahlenmäßigen Verhältnis der stationären zur ambulanten Behandlung kommt es entscheidend auf die personelle Ausstattung mit Ärzten und Pflegepersonal, die apparative und sonstige sachliche Ausstattung und die Möglichkeit an, zu jeder Zeit Aufnahmen und Behandlungen – auch bei Notfällen – durchzuführen.[154]

Weitere Voraussetzung für die Leistungspflicht ist die Erteilung einer **Konzession** nach § 30 GewO. Erst die hiermit verbundene staatliche Kontrolle bietet die Gewähr für die Zuverlässigkeit der Unternehmensleitung und die qualitative Ausstattung der Klinikräume, die sich wiederum unmittelbar auf die Qualität der Behandlung auswirkt.[155]

Die **Entgelte** für allgemeine Krankenhausleistungen richten sich grds. nach den Vorgaben der 54 §§ 7 ff. KHEntgG. Das Krankenhausentgeltgesetz gilt gem. § 1 KHEntgG allerdings in erster Linie für öffentlich geförderte Krankenhäuser. Bei diesen entfallen gem. den § 5 Abs. 1 Nr. 2 KHG iVm § 67 AO mindestens 40 % der jährlichen Belegungstage oder Berechnungstage auf Patienten, bei denen nur Entgelte für allgemeine Krankenhausleistungen berechnet werden. Dies trifft auf Privatkliniken nicht zu. Damit gelten für diese die Vorgaben der §§ 7 ff. KHEntgG nicht.

Diese rechtliche Ausgangslage hat dazu geführt, dass einzelne Plankrankenhäuser als Alleingesellschafter einzelne Bereiche in eine rechtlich selbständige **Privatklinik ausgegliedert** haben. Teilweise behandeln diese ihre Patienten mit Hilfe der apparativen Ausstattung und unter Einsatz von Ärzten des Plankrankenhauses. Dies wirft die Frage auf, ob bei einer solchen Fallkonstellation die Preisbegrenzungen des KHEntgG auch für Privatkliniken Anwendung gelten.

Der BGH hat dies mit Beschluss v. 21.4.2011[156] verneint: Weder die GewO noch das KHG hindern den Betreiber eines Plankrankenhauses daran, in dessen Nähe eine Privatkrankenanstalt zu betreiben. Dies gelte jedenfalls solange, wie das Plankrankenhaus seinen ihm durch den Krankenhausplan zugewiesenen Versorgungsauftrag weiterhin erfülle und auch Selbstzahler und Privatpatienten behandle. Dabei müsse die ausreichende medizinische und pflegerische Betreuung auch der Privatklinik sichergestellt sein. Anderenfalls sei deren Konzession nach § 30 GewO zu versagen. Geprüft werden müsse dies durch die zuständige Aufsichtsbehörde. Welche versicherungsrechtlichen Folgen sich aus einer Ausgründung ergeben, bestimme sich allein nach dem jeweiligen Versicherungsvertrag. Angesichts der idR deutlich höheren Kosten der Privatklinik treffe diese bzw. den behandelnden Arzt allerdings eine diesbezügliche Hinweispflicht gegenüber dem Patienten.

Die Entscheidung des BGH mag juristisch zutreffend sein, beinhaltet jedoch das Risiko zunehmender Ausgründungen zwecks Steigerung der Erlöse. Dies könnte zu einer unzumutbaren Belastung von Privatpatienten als Beitragszahler, der privaten Krankenversicherer und der Träger der Beihilfekosten führen.

Aus diesem Grund hat der Gesetzgeber auf den Beschluss reagiert und § 17 Abs. 1 KHG neu 55 gefasst:[157] Demnach darf auch eine Einrichtung, die in räumlicher Nähe zu einem Krankenhaus liegt und mit diesem organisatorisch verbunden ist, für allgemeine, dem Versorgungsauftrag des Krankenhauses entsprechende Krankenhausleistungen keine höheren Entgelte verlangen, als sie nach den Regelungen des KHG, des Krankenhausentgeltgesetzes und der Bundespflegesatzverordnung zu leisten wären. § 17 Abs. 1 KHG ist auch auf die Ausgründung eines Plankrankenhauses aus einer bestehenden Privatklinik anzuwenden.[158]

Nach der Gesetzesbegründung soll hiermit sichergestellt werden, dass alle Versicherten unabhängig von ihrer Zugehörigkeit zur gesetzlichen oder privaten Krankenversicherung Zugang zu allge-

---

[153] LG Hannover VersR 2012, 894 f.
[154] BGH NJW 1996, 3083 (3084); OLG Köln BeckRS 2013, 21124.
[155] OLG Köln VersR 2001, 221 f.; OLG Düsseldorf VersR 1994, 207 f.; BVerwG NJW 1985, 1414.
[156] BGH VersR 2011, 1187 ff.
[157] Vgl. Art. 6 GKV-VStG, BGBl. 2011 I 2983 ff.
[158] OLG Saarbrücken VersR 2018, 1056; OLG Karlsruhe VersR 2017, 944.

meinen Krankenhausleistungen zu „sozial tragbaren" Pflegesätzen haben. Die Regelung zielt darauf ab, den Anreiz zur teuren Behandlung von Patienten in ausgegliederten Privatkliniken zu mindern. Dies dient gerade auch dem Schutz der privat Versicherten. Nach der Gesetzesbegründung werden damit auch die Vorgaben aus der Entscheidung des Bundesverfassungsgerichtes zum GKV-WSG v. 10.6.2009[159] berücksichtigt: Nach dieser besteht eine Verantwortlichkeit des Gesetzgebers dafür, dass die privaten Krankenversicherer bzw. die dort Versicherten nicht in unzumutbarer Weise belastet werden.[160] Das BVerfG hat mit Beschluss v. 20.8.2013[161] bestätigt, dass die Neuregelung verfassungskonform ist: Die hiermit verbundene Beschränkung der Berufsfreiheit der Klinikbetreiber ist durch den Zweck, allen Versicherten zu sozial tragbaren Pflegesätzen Zugang zu allgemeinen Krankenhausleistungen zu gewährleisten, gerechtfertigt. Gleiches gilt für das Ziel, allen Bürgern der Bundesrepublik Deutschland einen bezahlbaren Krankenversicherungsschutz sowohl in der gesetzlichen als auch in der privaten Krankenversicherung zu gewähren. Auch der BGH hat die Verfassungskonformität der Regelung in der Folgezeit mehrfach bestätigt.[162]

56 Eine im Tarif vereinbarte **Begrenzung der Kostenerstattung** bei Inanspruchnahme privater Krankenhäuser zB auf 150 % der durch die Bundespflegesatzverordnung bzw. das Krankenhausentgeltgesetz für öffentlich geförderte Kliniken vorgegebenen Entgelte ist wirksam. Angesichts des grds. weit gestreckten Leistungsrahmens in der privaten Krankheitskostenversicherung wird auch der Versicherungsnehmer davon ausgehen, dass Einschränkungen des Leistungsversprechens möglich sind.[163]

57 **d) Gemischte Anstalt.** Für Behandlungen in Krankenanstalten, die auch **Kuren bzw. Sanatoriumsbehandlungen** durchführen oder Rekonvaleszenten aufnehmen (sog. „gemischte Anstalten"), besteht eine Leistungspflicht gem. **§ 4 Abs. 5 MB/KK** nur, wenn der Versicherer diese vor Beginn der Behandlung schriftlich zugesagt hat.

Die Regelung ist in Zusammenhang mit § 5 Abs. 1d MB/KK zu sehen: Demnach besteht keine Leistungspflicht für Kur- und Sanatoriumsbehandlungen sowie für Rehabilitationsmaßnahmen der gesetzlichen Rehabilitationsträger. Diesbezügliche Aufwendungen sind bei der Kalkulation der Beiträge in den Krankheitskosten- und Krankenhaustagegeldtarifen, die sich an den Musterbedingungen orientieren, nicht berücksichtigt. Der Kunde hat jedoch die Möglichkeit, diese Risiken separat zu versichern.

Der Aufenthalt in einer gemischten Anstalt ist für den Versicherer mit einem größeren Risiko verbunden, weil er die Feststellung erschwert, ob es sich um eine akute medizinisch notwendige Krankenhausbehandlung oder um einen nicht versicherten Kur- oder Sanatoriumsaufenthalt handelt. Der Versicherer hat deshalb ein berechtigtes Interesse daran, seine Leistungspflicht von einer in seinem Ermessen liegenden Entscheidung abhängig zu machen. Die frühzeitige Klärung liegt ebenso im Interesse des Versicherungsnehmers. Die Rspr. hat deshalb die Wirksamkeit dieser Klausel stets bestätigt.[164]

58 Die **Zusage** des Versicherers muss **„schriftlich"** erteilt werden. Eine nur mündliche Leistungszusage ist weder nach dem Wortlaut der Klausel noch nach dem Zweck des Schriftformerfordernisses ausreichend: Missverständnisse und Beweisschwierigkeiten sollen ebenso vermieden werden wie sichergestellt werden soll, dass die Zusage durch den intern zuständigen Mitarbeiter des Versicherers erteilt wird.[165]

59 Der Versicherer ist bei der Entscheidung über die Erteilung oder Nichterteilung der Zusage nicht gänzlich frei: Ein Ermessensmissbrauch liegt vor, wenn er „offenkundig" gegen Sinn und Zweck der Klausel verstoßen hat. Dem Versicherer muss sich aufgedrängt haben, dass seine Beurteilung, ob die Behandlung medizinisch notwendig war oder ein Leistungsausschluss (hier insbes. gem. § 5 Abs. 1 lit. d MB/KK) eingreift, krass fehlerhaft und abwegig war.[166] Angenommen werden kann dies bei einem akuten Notfall, der das Aufsuchen eines Akutkrankenhauses ausschließt, oder wenn ein Behandlungserfolg nachweislich nur in der speziellen gemischten Anstalt erzielt werden konnte.[167]

---

[159] BVerfG VersR 2009, 957 ff.
[160] BT-Drs. 17/8005 zu Art. 6 GKV-VStG.
[161] BVerfG MedR 2014, 159 f.; ebenso BGH NJW 2019, 368.
[162] BGH BeckRS 2018, 34959; BeckRS 2018, 35782; BeckRS 2018, 35972.
[163] BGH VersR 2009, 1210 ff.
[164] BGH r+s 2003, 204 f.; VersR 1983, 576 f.; OLG Hamm VersR 2012, 1290; OLG Frankfurt a. M. VersR 2006, 1673 f.
[165] OLG Hamm VersR 1992, 687.
[166] OLG Karlsruhe r+s 1998, 296 ff.; OLG Köln r+s 1995, 112; LG Köln r+s 2001, 166 f.
[167] KG r+s 2004, 244 ff.

Vertragstypische Leistung des Versicherers 60–63 § 192

Entsprechend dem Charakter der Klausel als generelle Regelung zum Umfang und zur Voraussetzung der Leistungspflicht ist es unerheblich, ob mittels des Aufenthaltes in einer gemischten Anstalt Kosten für eine andere Behandlung eingespart worden sind oder nicht.[168]

Zur Beurteilung der Frage, ob die stationäre Einrichtung tatsächlich als „gemischte Anstalt" iSd § 4 Abs. 5 MB/KK angesehen werden kann, ist auf **das objektive Erscheinungsbild und die tatsächlichen Verhältnisse der Klinik** abzustellen. Ergibt sich aus dem Internetauftritt des Hauses das objektive Leistungsangebot iSd § 4 Abs. 5 MB/KK, muss der Versicherungsnehmer dies substantiiert bestreiten.[169] Umgekehrt gilt: Ist das Behandlungskonzept des Hauses nachweislich und ausschließlich auf intensive stationäre Behandlungen ausgerichtet, reicht die Vorlage lediglich des Prospektes oder eines Hinweises auf den Internetauftritt der Klinik nicht aus, um zu beweisen, dass es sich um eine gemischte Anstalt handelt.[170] Allein die räumliche Abtrennung eines Teils der Klinik führt noch nicht dazu, diese als selbständiges Krankenhaus zu werten.[171] 60

e) Schulmedizinklausel. § 4 Abs. 6 MB/KK stellt klar, dass für von der **Schulmedizin** nicht überwiegend anerkannte Methoden eine Leistungspflicht nur in begrenztem Umfang besteht: Das Verfahren muss sich in der Praxis als ebenso erfolgversprechend bewährt haben oder mangels des Vorhandenseins schulmedizinischer Methoden angewandt werden. In beiden Fällen kann der Versicherer seine Leistung entsprechend den Kosten herabsetzen, die bei der Anwendung „klassischer" Verfahren angefallen wären. 61

Da § 4 Abs. 6 MB/KK gem. der Überschrift und dem Standort des § 4 MB/KK lediglich den Umfang der Leistungspflicht regelt, ist Voraussetzung für diese das Vorliegen eines Versicherungsfalls gem. § 1 Abs. 2 MB/KK. Die Rspr. hat sich deshalb weitgehend an den dort entwickelten Vorgaben zur medizinischen Notwendigkeit einer Heilbehandlung orientiert. Als nicht erstattungsfähig angesehen wurden ua die Kosten für eine bioelektrische Funktionsdiagnostik,[172] eine Elektroakupunktur nach Voll[173] oder eine Bioresonanztherapie.[174] Zu den Voraussetzungen der Leistungspflicht iE wird auf die Ausführungen unter → Rn. 26 ff. verwiesen.

§ 4 Abs. 6 MB/KK ersetzt eine frühere Regelung in den Musterbedingungen, nach der eine Leistungspflicht nur für „wissenschaftlich allgemein anerkannte Untersuchungs- und Behandlungsmethoden" bestand. Nachdem der BGH diese Klausel für unwirksam erklärt hatte,[175] haben die Versicherer die dortigen Bedenken aufgegriffen und bei Abfassung der neuen Regelung berücksichtigt.[176] Die Wirksamkeit der neuen Klausel wurde wiederholt bestätigt.[177] 62

4. Einschränkung der Leistungspflicht, § 5 MB/KK. Neben der allgemeinen Festlegung des Umfangs des Versicherungsschutzes in § 4 MB/KK schließt **§ 5 MB/KK** bestimmte Tatbestände von der Erstattung auch bei Vorliegen eines Versicherungsfalles aus. Gründe können unkalkulierbare Risiken oder der Umstand sein, dass einzelne Leistungen von den Versicherten nicht generell gewünscht werden, sondern nach freier Entscheidung des Kunden hinzuversichert werden können. Die Regelung hat folgenden Wortlaut: 63

§ 5 Einschränkung der Leistungspflicht

(1) Keine Leistungspflicht besteht
a) für solche Krankheiten einschließlich ihrer Folgen sowie für Folgen von Unfällen und für Todesfälle, die durch Kriegsereignisse verursacht oder als Wehrdienstbeschädigung anerkannt und nicht ausdrücklich in den Versicherungsschutz eingeschlossen sind;
b) für auf Vorsatz beruhende Krankheiten und Unfälle einschließlich deren Folgen sowie für Entziehungsmaßnahmen einschließlich Entziehungskuren;
c) für Behandlung durch Ärzte, Zahnärzte, Heilpraktiker und in Krankenanstalten, deren Rechnungen der Versicherer aus wichtigem Grunde von der Erstattung ausgeschlossen hat, wenn der Versicherungsfall nach der Benachrichtigung des Versicherungsnehmers über den Leistungsausschluss eintritt. Sofern im Zeitpunkt der Benachrichtigung ein Versicherungsfall schwebt, besteht keine Leistungspflicht für die nach Ablauf von drei Monaten seit der Benachrichtigung entstandenen Aufwendungen;

---

[168] OLG Celle VersR 1985, 254; LG Mannheim r+s 1999, 340.
[169] OLG Koblenz VersR 2011, 1382 und VersR 2004, 1126 f.; KG r+s 2004, 244 ff.
[170] OLG Karlsruhe VersR 2006, 1203 ff.
[171] OLG Stuttgart VersR 1999, 1354 f.; OLG Düsseldorf VersR 1993, 41 f.
[172] OLG Saarbrücken VersR 2002, 1015 ff.
[173] OLG Frankfurt a. M. VersR 2003, 585 f.
[174] OLG Koblenz VersR 2002, 1367 f.
[175] BGH VersR 1993, 957 ff.
[176] *Schmidt/Kalis* VersR 1993, 1319 ff.
[177] BGH VersR 2002, 1546 f.; OLG Köln VersR 2006, 397.

d) für Kur- und Sanatoriumsbehandlung sowie für Rehabilitationsmaßnahmen der gesetzlichen Rehabilitationsträger, wenn der Tarif nichts anderes vorsieht;
e) für ambulante Heilbehandlung in einem Heilbad oder Kurort. Die Einschränkung entfällt, wenn die versicherte Person dort ihren ständigen Wohnsitz hat oder während eines vorübergehenden Aufenthaltes durch eine vom Aufenthaltszweck unabhängige Erkrankung oder einen dort eingetretenen Unfall Heilbehandlung notwendig wird;
f) –
g) für Behandlungen durch Ehegatten, Lebenspartner gemäß Lebenspartnerschaftsgesetz, Eltern oder Kinder. Nachgewiesene Sachkosten werden tarifgemäß erstattet;
h) für eine durch Pflegebedürftigkeit oder Verwahrung bedingte Unterbringung.

(2) Übersteigt eine Heilbehandlung oder sonstige Maßnahme, für die Leistungen vereinbart sind, das medizinisch notwendige Maß, so kann der Versicherer seine Leistungen auf einen angemessenen Betrag herabsetzen. Stehen die Aufwendungen für die Heilbehandlung oder sonstigen Leistungen in einem auffälligen Missverhältnis zu den erbrachten Leistungen, ist der Versicherer insoweit nicht zur Leistung verpflichtet.

(3) Besteht auch Anspruch auf Leistungen aus der gesetzlichen Unfallversicherung oder der gesetzlichen Rentenversicherung, auf eine gesetzliche Heilfürsorge oder Unfallfürsorge, so ist der Versicherer, unbeschadet der Ansprüche des Versicherungsnehmers auf Krankenhaustagegeld, nur für die Aufwendungen leistungspflichtig, welche trotz der gesetzlichen Leistungen notwendig bleiben.

(4) Hat die versicherte Person wegen desselben Versicherungsfalles einen Anspruch gegen mehrere Erstattungsverpflichtete, darf die Gesamterstattung die Gesamtaufwendungen nicht übersteigen.

64 **a) Kriegsereignisse.** § 5 Abs. 1 lit. a MB/KK enthält einen seit den Anschlägen auf das World Trade Center öfter angesprochenen Leistungsausschluss. Nach der Klausel besteht keine Leistungspflicht ua für solche Krankheiten einschließlich ihrer Folgen sowie für Folgen von Unfällen und Todesfällen, die durch **Kriegsereignisse** verursacht sind.

Der Ausschluss beruht auf dem Gedanken, dass die Folgen eines „Krieges" unübersehbar sind. Die von diesem ausgehende unverhältnismäßig hohe Gefahrsteigerung ist weder kalkulatorisch noch versicherungsmathematisch erfassbar. Aus diesem Grund erfordert der Ausschluss keine Kriegserklärung im völkerrechtlichen Sinn. Entscheidend ist das Bestehen eines tatsächlichen kriegsmäßigen Gewaltzustandes. Dieser setzt den Einsatz von Waffen voraus.

Wird ein in den Auswirkungen auf wenige Personen begrenzter **Terroranschlag** verübt, liegt nach dem allgemeinen Sprachgebrauch kein Kriegsereignis vor. Nicht jede einzelne Gewalttat, die bloße Folge einer primär andernorts ausgetragenen kriegerischen Auseinandersetzung ist, erhöht das Risiko des Eintritts des Versicherungsfalles in einer Größenordnung, die für den Versicherer unvorhersehbar ist. Ebenso kann der Eintritt bestimmter Großschäden, wie zB ein Flugzeugabsturz auf ein Wohngebiet mit mehreren Hundert Verletzten, nicht von vornherein ausgeschlossen werden. Die privaten Krankenversicherer haben die Folgen vergleichbarer Ereignisse in die Beitragskalkulation einbezogen. § 7 KVAV schreibt generell die Einrechnung eines Sicherheitszuschlages von mindestens 5 % der Bruttoprämie vor.

Anders ist die Rechtslage im Falle eines flächendeckenden Angriffs (zB mit biologischen Waffen), der gravierende Erkrankungen und Folgeschäden bei einer unübersehbaren Vielzahl von Versicherten zur Folge hat. Ein solches Risiko ist nicht kalkulierbar und würde die Finanzkraft jedes PKV-Unternehmens übersteigen. Bei einer solchen Fallkonstellation ist die öffentliche Hand (ggf. Sozialhilfe) zum Ausgleich der nötigsten Behandlungskosten heranzuziehen.

65 Der Leistungsausschluss für **Wehrdienstbeschädigungen** beruht darauf, dass insoweit in aller Regel anderweitige Versorgungsansprüche zB nach dem BVG bestehen.

Bedenken gegen die **Wirksamkeit** des § 5 Abs. 1a MB/KK bestehen nicht:[178] Die Klausel beinhaltet eine zulässige Risikobegrenzung. Bei den Folgen einer Wehrdienstbeschädigung ist der Betroffene anderweitig abgesichert, die Risiken einer Verletzung durch Kriegsereignisse sind in den meisten Fällen vermeidbar. Reist der Versicherte in ein Krisengebiet, ist dies seine persönliche Entscheidung, mit der das Versichertenkollektiv nicht belastet werden soll. Die neueren, von den MB/KK unabhängigen AVB sehen teilweise Leistungen dann vor, wenn die versicherte Person von dem Eintritt des Kriegsereignisses überrascht wird.

66 **b) Vorsatz und Entziehungsmaßnahme.** Führt der Versicherungsnehmer oder die versicherte Person die Krankheit oder den Unfall **vorsätzlich** herbei, ist der Versicherer gem. den **§ 5 Abs. 1 lit. b MB/KK** und § 201 leistungsfrei. Angesichts der besonderen sozialen Bedeutung für den Einzelnen reicht grobe Fahrlässigkeit gem. § 81 Abs. 2 nicht aus.

---

[178] OLG Hamm VersR 1975, 631 f.

Bedingter Vorsatz reicht. Aus diesem Grund kann auch die bewusste Fortsetzung eines gesundheitsgefährdenden Konsumverhaltens entgegen ärztlichem Rat unter diesen Leistungsausschluss fallen.[179] Ein Beispiel ist die Einnahme von Heroin.[180]

§ 5 Abs. 1 lit. b MB/KK schränkt die Leistungen im 2. Halbsatz weiterhin ein für **Entziehungs-** **67** **maßnahmen** einschließlich Entziehungskuren. Auch diesem Ausschluss liegt der Gedanke zugrunde, dass das Versichertenkollektiv grds. nicht für die Folgen eines subjektiv vermeidbaren Fehlverhaltens einstehen soll.

Unter einer Entziehungsmaßnahme ist jede Behandlung zu verstehen, die darauf abzielt, den Patienten aus der Bindung an Drogen, Alkohol, Nikotin oder andere Suchtmittel zu lösen.[181] Nicht unter diesen Begriff fallen Krankheiten, die in der Folge aus der Abhängigkeit zu Suchtmitteln entstehen,[182] oder die sogenannte „Entgiftung", also das Ausscheiden toxischer Stoffe aus dem Körper.[183]

c) Ausschluss einzelner Leistungserbringer von der Erstattung. § 5 Abs. 1 lit. c MB/ **68** KK regelt die in der Praxis zwar sehr selten angewandte, jedoch in Einzelfällen bedeutsame Möglichkeit, einen Arzt oder sonstigen Leistungserbringer „aus wichtigem Grund" von der Erstattung auszuschließen. Da die Behandlung des Versicherten sich nicht unter den Augen des Versicherers vollzieht, ist dieser in besonderem Maße darauf angewiesen, dass die vom Kunden in Anspruch genommenen Behandler ordnungsgemäß diagnostizieren, therapieren und abrechnen. § 5 Abs. 1 lit. c MB/KK soll den Versicherer vor möglichen Manipulationen und einem unverhältnismäßig hohen Arbeitsaufwand aufgrund wiederholt unzuverlässiger Abrechnungen schützen. Es ist der Versichertengemeinschaft nicht zumutbar, hierdurch anfallende hohe Verwaltungskosten zu tragen.

Ein **„wichtiger Grund"** erfordert ein Fehlverhalten des Arztes, das – idR wiederholt – Anlass **69** zu berechtigten Beanstandungen des Versicherers gegeben hat.[184] Die Verfehlungen müssen geeignet sein, die wirtschaftlichen Interessen des Versicherers und das versicherungsrechtliche Vertrauensverhältnis ernsthaft zu tangieren. Dies ist der Fall bei der Ausstellung von Rechnungen für Behandlungen, die nicht stattgefunden haben. Häufig geht einem Leistungsausschluss die Einleitung eines Strafverfahrens gegen den Leistungserbringer wegen Betruges oder Urkundenfälschung gemäß den §§ 263, 267 StGB voraus.

Neben solch gravierendem Fehlverhalten kann ein Ausschluss gem. § 5 Abs. 1 lit. c. MB/KK auch dann rechtens sein, wenn der Arzt oder ein Krankenhaus sich konsequent weigern, Behandlungsberichte sowohl an den Patienten als auch an den Versicherer auszuhändigen.[185] Der Versicherer hat ein legitimes Interesse daran, die medizinische Notwendigkeit einer Heilbehandlung oder die Rechtmäßigkeit einer Abrechnung zu prüfen. Dies kann er nur, wenn er in geeigneter Form und möglichst vollständig über den Anlass der Maßnahme und deren Verlauf unterrichtet wird.

Ebenso kann ein wichtiger Grund gegeben sein, wenn die Rechnungen in einer Mehrzahl von Fällen unangemessen erhöht sind, weil eine ungerechtfertigte Überdiagnostik und -therapie betrieben wird.[186]

Angesichts der weitreichenden Auswirkung eines Leistungsausschlusses ist dieser ultima ratio: **70** Der Versicherer hat auf das Verhalten des Arztes in einem abgestuften Verfahren zu reagieren und sollte diesem den Leistungsausschluss grds. vorab androhen. Dies ist dann verzichtbar, wenn das Fehlverhalten des Leistungserbringers derart gravierend ist, dass bereits vorab von einer endgültigen Verletzung der Vertrauensbasis ausgegangen werden muss. Das Gleiche gilt, wenn eine nachhaltige Änderung des Verhaltens des Leistungserbringers ohnehin nicht zu erwarten ist.[187]

Ein Leistungsausschluss wird nach der Benachrichtigung der Versicherungsnehmer wirksam, **71** bei laufenden Versicherungsfällen gem. § 5 Abs. 1 lit. c S. 2 MB/KK drei Monate später. Er hat solange Bestand, bis der Versicherer ihn aufhebt.[188]

Bedenken gegen die Wirksamkeit der Klausel bestehen nicht: Die Regelung ist einerseits **72** klar und transparent. Zum anderen liegt die Option, bei einem groben Fehlverhalten einzelner

---

[179] OLG Oldenburg VersR 1989, 242; vgl. die weiteren Beispiele von *Kalis* in Bach/Moser MB/KK § 5 Rn. 23 ff.
[180] LG Nürnberg-Fürth VersR 2009, 919 f.
[181] BGH VersR 1988, 573; KG VersR 2019, 606; OLG Karlsruhe VersR 2012, 1502 ff.; OLG Hamm r+s 1999, 84.
[182] OLG Karlsruhe VersR 2012, 1502 f.
[183] LG Köln VersR 2014, 739.
[184] OLG München VersR 1999, 960 f.; OLG Köln VersR 1996, 490 ff.; OLG Hamm VersR 1988, 687 ff.
[185] BGH VersR 1984, 274 ff.
[186] OLG Koblenz VersR 2000, 1404 ff.
[187] OLG Köln r+s 1996, 238 ff.
[188] OLG Koblenz VersR 2000, 1404 ff.; OLG Köln NVersZ 2000, 23 ff.

Leistungserbringer Konsequenzen zu ziehen, aus Kostengründen sowohl im Interesse des Versicherers als auch des Versicherungsnehmers. Der Zweck des Krankenversicherungsvertrages wird angesichts der verbleibenden Möglichkeit, andere Behandler aufzusuchen, ebenfalls nicht beeinträchtigt.[189]

73 **d) Kur- und Sanatoriumsbehandlung.** Gem. **§ 5 Abs. 1 lit. d MB/KK** besteht keine Leistungspflicht für Kur- und Sanatoriumsbehandlungen sowie für Rehabilitationsmaßnahmen der gesetzlichen Rehabilitationsträger.
Letztere sind in § 6 Abs. 1 SGB IX wie folgt abschließend aufgelistet: Gesetzliche Krankenkassen, Bundesagentur für Arbeit, Träger der gesetzlichen Unfallversicherung, der gesetzlichen Rentenversicherung, Träger der Alterssicherung der Landwirte, der Kriegsopferversorgung und -fürsorge, der öffentlichen Jugendhilfe und der Eingliederungshilfe. Die Unternehmen der privaten Krankenversicherung zählen nicht zu den Rehabilitationsträgern.
Maßnahmen der in § 5 Abs. 1 lit. d MB/KK genannten Art erfolgen oftmals im Anschluss an eine Akutbehandlung. Sie dienen der Anleitung des Patienten zu Tätigkeiten, mittels derer er diejenigen Kräfte und Fähigkeiten wieder erwerben soll, die ihn zur Teilnahme am Arbeits- und Gemeinschaftsleben befähigen. Anders als eine Krankenhausbehandlung stellt eine Kurbehandlung oder Rehabilitationsmaßnahme geringere Anforderungen an den Intensiveinsatz des medizinischen Personals und der medizinisch-technischen Geräte. Die Therapie erfolgt meistens mittels der Anwendung natürlicher Heilanwendungen ernährungsspezifischer oder physikalischer Art. Sie erfolgt häufig in einer unter fachärztlicher Leitung stehenden klimatisch ruhig gelegenen Einrichtung.[190]

74 Entsprechend dem Charakter des § 5 Abs. 1 lit. d MB/KK als Leistungsausschlussklausel kann die Leistungspflicht nicht mit dem Nachweis ausgeräumt werden, dass eine medizinisch notwendige Heilbehandlung vorliege.[191] Begehrt der Versicherungsnehmer Leistungen auch für Kurmaßnahmen, kann er idR entsprechende Kurtarife abschließen. Bei diesen ist der erweiterte Leistungsumfang im Rahmen der Beitragskalkulation berücksichtigt.[192]

75 **e) Sonstiges.** Gemäß **§ 5 Abs. 1 lit. g MB/KK** ist die Leistungspflicht bei Behandlungen durch Ehegatten, Lebenspartner, Eltern oder Kinder auf die Erstattung nachgewiesener Sachkosten begrenzt. Auch physiotherapeutische Leistungen sind Behandlungen iSd § 5 Abs. 1 lit. g MB/KK.[193]
Dieser Klausel liegt die praktische Erfahrung zugrunde, dass die Wahrscheinlichkeit einer in Wirklichkeit unentgeltlichen, gegenüber dem Versicherer jedoch abgerechneten Behandlung umso größer ist, desto näher die Verwandtschaft ist.[194] § 12 Abs. 3 MBO-Ä sieht die Möglichkeit des Erlasses des Honorars gegenüber Verwandten ausdrücklich vor. Der BGH hat die Wirksamkeit der Klausel bestätigt. Insbesondere liege angesichts der Möglichkeit, sich von einem anderen Arzt behandeln zu lassen, keine Gefährdung des Vertragszwecks vor.[195]

76 **§ 5 Abs. 1 lit. h MB/KK** schließt Leistungen für eine durch Pflegebedürftigkeit oder Verwahrung bedingte Unterbringung aus.
Das Vorliegen dieser Voraussetzungen ist anzunehmen, wenn die dauerhafte Hilflosigkeit des Kranken für Verrichtungen des täglichen Lebens oder die Abwehr drohender Gefahren für den Patienten und seiner Umgebung im Vordergrund stehen.[196]

77 Entsprechend dem Charakter der Krankheitskostenversicherung als Schadenversicherung enthalten die Musterbedingungen in **§ 5 Abs. 3 MB/KK** schließlich eine Subsidiaritätsklausel hinsichtlich etwaiger Leistungen aus der gesetzlichen Unfall- (SGB VII) oder Rentenversicherung (SGB VI) bzw. gesetzlicher Heilfürsorge (insbes. für Soldaten, Polizeivollzugsbeamte, Angehörige der Berufsfeuerwehr).
Hiermit werden unnötige Doppelzahlungen vermieden. Bedenken an der Wirksamkeit der Klausel bestehen deshalb nicht.[197]

---

[189] OLG Köln NVersZ 2000, 23 ff.; OLG München NVersZ 2001, 125 f.
[190] BGH VersR 1995, 1040 ff.; VersR 1983, 677 ff.; OLG Köln NJW-RR 2013, 1048 f.; LG Neuruppin MedR 2015, 198 f.
[191] BGH VersR 1995, 1041.
[192] OLG Düsseldorf VersR 2004, 1300 f.
[193] BGH VersR 2016, 1173.
[194] OLG München VersR 2000, 1406 ff.; LG Köln VersR 2014, 1072; LG Stuttgart r+s 1997, 169; AG Stuttgart VersR 2014, 1073; AG Mosbach r+s 2000, 343.
[195] BGH VersR 2001, 576 f.
[196] KG r+s 2003, 292; OLG Hamm VersR 1995, 822 f.
[197] LG Köln VersR 2008, 1486 ff.

C. Leistungsbegrenzung bei Übermaßvergütung (Abs. 2)

I. Historie

Das in § 192 Abs. 2 geregelte Recht des Versicherers, Leistungen zu kürzen, wurde im Rahmen der VVG-Reform 2007/2008 neu in das VVG aufgenommen. Zuvor war strittig, ob und in welchem Umfang der Versicherer im Rahmen seiner Leistungspflicht Kostenaspekte berücksichtigen darf: Gem. § 5 Abs. 2 MB/KK kann der Versicherer seine Leistungen auf einen angemessenen Betrag herabsetzen, wenn die strittige Maßnahme das **medizinisch notwendige Maß** übersteigt. Nach zunächst herrschender Meinung in Lit. und Rspr. durfte der Versicherer seine Leistungen (neben einer Übermaßbehandlung unter medizinischen Aspekten) in Anwendung dieser Klausel auch dann kürzen, wenn die durchgeführte Maßnahme erheblich kostenintensiver war als eine andere vergleichbare Methode.[198] Mit Urteil v. 12.3.2003 verneinte der BGH[199] diese Möglichkeit mit der Begründung, der Kunde könne den Allgemeinen Versicherungsbedingungen eine solche Kürzungsbefugnis nicht entnehmen.

Falsch wäre es jedoch, hieraus eine der Höhe nach nahezu unbegrenzte Erstattungspflicht des Versicherers abzuleiten:
– Zunächst bestätigt der BGH ausdrücklich das Recht des Versicherers, jede Liquidation auf ihre Rechtmäßigkeit hin zu prüfen: Ein Erstattungsanspruch im Verhältnis Kunde – Versicherer setzt einen rechtswirksamen Vergütungsanspruch im Verhältnis Behandler – Patient voraus.[200] Die Liquidation des Behandlers muss formell und materiell-rechtlich rechtmäßig sein, also insbesondere den Vorgaben der einschlägigen Abrechnungsbestimmungen (GOÄ, GOZ, KHEntgG) entsprechen. Dies ist nicht primär eine Frage des § 192 Abs. 2, sondern eine Frage des Entstehens von Aufwendungen im Sinne des § 192 Abs. 1, vgl. dazu → Rn. 19.
– Die Entscheidung ist nicht auf Fälle übertragbar, in denen ein „höherwertiges" Behandlungsziel erreicht werden soll. Wird ein medizinisch nicht erforderlicher „Mehrwert" angestrebt, fehlt es an der medizinischen Notwendigkeit der Maßnahme bzw. greift die Regelung zu Übermaßbehandlungen in § 5 Abs. 2 MB/KK. Bei einer stationären Behandlung ist auch zu prüfen, ob der angestrebte Erfolg ambulant hätte erreicht werden können.[201]
– Gemäß § 9 Abs. 4 MB/KK und § 82 hat jeder Versicherte für die Minderung des Schadens zu sorgen. Er hat sich so zu verhalten, wie er sich verhalten würde, wenn er nicht versichert wäre. Haben der Behandler entsprechend seiner wirtschaftlichen Aufklärungspflicht[202] oder der Versicherer den Patienten = Versicherten über die Möglichkeit einer medizinisch gleichwertigen, kostenmäßig jedoch günstigeren Methode informiert oder war dies für den Versicherten selbst erkennbar und wählt dieser dennoch die teurere Behandlung, hat er die entsprechenden Mehrkosten selbst zu tragen.
Angesichts dieser Grundsätze ist die praktische Bedeutung des § 192 Abs. 2 eher gering.

II. Neuregelung

Ungeachtet dieser Überlegungen wurde das genannte Urteil des BGH v. 12.3.2003 bereits kurz nach seiner Veröffentlichung teilweise fehlinterpretiert:
Der IV. Zivilsenat hatte festgestellt, dass der Wortlaut des § 5 Abs. 2 MB/KK aF den Versicherer zu einer Leistungskürzung lediglich bei einer medizinischen Übermaßbehandlung berechtige. Hieraus wurde teilweise eine uneingeschränkte Leistungspflicht für alle nur denkbaren „Luxusleistungen" verbunden mit einem hieraus resultierenden hohen Anstieg der Beiträge abgeleitet. Damit erschwerte die Entscheidung das Bemühen der Krankenversicherer, die Leistungsausgaben, soweit sie auf überzogene Inanspruchnahme von Leistungen bzw. überproportionale Abrechnungen zurückzuführen waren, zu begrenzen. Dies widersprach zugleich dem Interesse der Versicherten an möglichst stabilen Beiträgen.

Aus diesem Grund hatte die zur Überarbeitung des VVG eingesetzte Expertenkommission in ihrem Schlussbericht zunächst die Einführung eines „allgemeinen Wirtschaftlichkeitsgebotes" vorgesehen. Der Versicherer sollte bei mehreren in gleicher Weise geeigneten Maßnahmen nur für die kostengünstigere leistungspflichtig sein.[203] In das VVG 2008 wurde dieser Vorschlag nicht

---
[198] BGH VersR 1987, 278 (280); OLG Köln r+s 1999, 82; 1998, 34.
[199] BGH VersR 2003, 581 ff. = NJW 2004, 1658 ff.
[200] BGH VersR 2003, 561 (562).
[201] OLG Karlsruhe r+s 1997, 33; LG Berlin r+s 2004, 71 f.
[202] OLG Köln VersR 2004, 651 ff.; OLG Karlsruhe r+s 2003, 250 ff.; AG Pforzheim MedR 2003, 234 mwN.
[203] Vgl. § 186 Abs. 3 VVG-E des Abschlussberichts der Expertenkommission.

übernommen, da „eine entsprechende Einschränkung der Leistungspflicht in den AVB bestimmt werden könne".[204]

Da eine solche für den Bestand jedoch nur unter den in § 203 Abs. 3 genannten Voraussetzung einer AVB-Änderung möglich war und der Gesetzgeber die Risiken des Urteils ebenfalls erkannte, sah er es als erforderlich an, für die private Krankenversicherung erstmals im VVG selbst eine Leistungsbegrenzung der Höhe nach festzulegen: Die Leistungspflicht des Versicherers entfällt insoweit, wie die in Rechnung gestellten Aufwendungen für die Heilbehandlung oder sonstigen Leistungen in einem auffälligen Missverhältnis zu den tatsächlich erbrachten Leistungen stehen. Dem Versicherer soll damit auch weiterhin unabhängig von der Beurteilung der medizinischen Notwendigkeit einer Maßnahme die rechtliche Möglichkeit eröffnet bzw. erhalten werden, die Leistungen unter **Kostenaspekten** prüfen und begrenzen zu dürfen. Auch diese Regelung dient dem im Rahmen der VVG-Reform 2008 für die PKV insgesamt gesetzten Ziel, die Kostenentwicklung wirksam steuern zu können.[205] Sie bezweckt den Schutz der gesamten Versichertengemeinschaft vor einer unnötigen Kostenbelastung.[206]

82 Das Tatbestandsmerkmal des **„auffälligen Missverhältnisses"** beinhaltet einen abstrakten Rechtsbegriff, der abhängig von den unterschiedlichen Fallkonstellationen (ambulante oder stationäre Behandlung etc) unterschiedlich auszufüllen ist.

Als Maßstab für die Beurteilung sind zunächst der Umfang und der **objektive Wert** der tatsächlich erbrachten bzw. bereitgestellten **konkreten Leistungen** und die Höhe der verlangten Vergütung zu vergleichen.[207] So sind bspw. für die Bewertung der vom Krankenhaus als Wahlleistung angebotenen Unterkunft die jeweilige Ausstattung, die Größe und die Lage des Zimmers maßgebliche Kriterien.[208] Bei Dienstleistungen können die Schwierigkeit, der Zeitaufwand und das erforderliche Fachwissen Anhaltspunkte für die Bewertung sein.[209] Leistung und verlangte Gegenleistung müssen in einem vertretbaren, objektiv sachgerechten Verhältnis zueinander stehen.

Daneben ist zu prüfen, ob das vereinbarte Entgelt dem **marktüblichen Preis** entspricht. Es hat eine Gegenüberstellung mit dem Preis zu erfolgen, den die Mehrzahl der übrigen Anbieter für vergleichbare Leistungen fordert. In die Betrachtung sind *sämtliche* Leistungsanbieter einzubeziehen, die ihre Preise nach annähernd gleichen Rahmenbedingungen gestalten. Dies können auch Behandler oder Kliniken sein, die neben den privat versicherten Patienten GKV-Versicherte behandeln. Entscheidend ist lediglich, dass die Leistungen selbst vergleichbar sind. Soweit der BGH in der bereits angesprochenen Grundsatzentscheidung v. 12.3.2003[210] bei der Bewertung des Entgelts einer Privatklinik einen Vergleich mit öffentlich geförderten Krankenhäusern ausgeschlossen hatte, beruht dies auf der Besonderheit, dass Letztere öffentlich gefördert werden und bspw. Investitionskosten im Pflegesatz grds. nicht berücksichtigt werden.

Unerheblich ist, ob das verlangte Entgelt auf besonders hohe interne Kosten des Anbieters zurückzuführen ist. Dies fällt ausschließlich in das Risiko des Leistungserbringers.[211]

83 Der Wortlaut der Norm darf nicht zu der Annahme verleiten, der Leistungserbringer dürfe bei einem adäquaten Verhältnis von Leistung und Gegenleistung nunmehr der Höhe nach unbegrenzt abrechnen. Dies liefe dem genannten Zweck der Regelung, nämlich die in der privaten Krankenversicherung anfallenden Kosten zu begrenzen, zuwider. Das Recht zur Kürzung der Leistungen gilt auch für Hilfsmittel.[212]

Liegt ein auffälliges Missverhältnis zwischen Leistung und Gegenleistung vor, darf der Versicherer die **Leistungen kürzen**, ohne dass weitere Voraussetzungen wie das Ausnutzen der Unerfahrenheit des Vertragspartners – hier des Patienten – gegeben sein müssen. Anderenfalls bedürfte es der Regelung nicht: Diese erfasst Abrechnungen unterhalb des Wuchertatbestandes des § 138 Abs. 2 BGB. Ist die berechnete Leistung im Verhältnis zur Gegenleistung derart überhöht, dass dies nach allgemeinem Verständnis als sittenwidrig eingestuft wird, ist das Rechtsgeschäft insgesamt nichtig.

84 Wird mit dem kostenaufwändigeren Verfahren ein im Vergleich zur kostengünstigeren Methode höheres Behandlungsziel angestrebt, ist die Leistungspflicht weiterhin bereits unter dem Aspekt der medizinischen Notwendigkeit zu prüfen, vgl. dazu → Rn. 23.

85 Die **Beweislast** für die fehlende Angemessenheit der Aufwendungen trägt zunächst der Versicherer: § 192 Abs. 2 beinhaltet ein Recht zur Leistungskürzung bei eingetretenem Versicherungsfall.

---

[204] BT-Drs. 16/3945, 281.
[205] BT-Drs. 16/3945, 139.
[206] BGH VersR 2015, 706 ff.; LG Düsseldorf VersR 2013, 1255 ff.
[207] BGH VersR 2000, 1250 ff. zur Höhe der Unterkunftszuschläge bei Krankenhäusern.
[208] BGH VersR 2000, 1250 ff.
[209] *Marlow* in Marlow/Spuhl Rn. 1288.
[210] BGH VersR 2003, 581 (582).
[211] So auch bereits BGH VersR 2003, 581 (583).
[212] BGH VersR 2015, 706 ff.

Dabei ist allerdings zu beachten, dass der Versicherer seiner Darlegungs- und Beweislast bereits dadurch nachkommt, dass er objektive Kriterien für die Unangemessenheit benennt. Akzeptiert der Versicherungsnehmer dies nicht, muss er – idR unter Einbindung des Leistungserbringers – substantiiert belegen, dass und warum die von ihm verlangte Leistung der Höhe nach ausnahmsweise doch gerechtfertigt ist (sekundäre Darlegungslast). Dies ist schon deshalb geboten, weil der Versicherer zB die internen Kalkulationsgrundlagen nicht kennt.

D. Zusätzliche Dienstleistungen (Abs. 3)

I. Zweck und Rechtsfolge der Regelung

Ebenfalls im Rahmen der VVG-Reform 2008 neu in das VVG aufgenommen wurde die Regelung des § 192 Abs. 3: Demnach können als Inhalt der Krankenversicherung auch **zusätzliche Dienstleistungen** vereinbart werden. Service- oder Beratungsleistungen oder die Unterstützung des Versicherten werden beispielhaft genannt. Die Vorschrift beschreibt die seinerzeit ohnehin bereits geläufigsten Nebenleistungen. Die Aufzählung ist nicht abschließend.

Der Gesetzgeber reagierte damit auf die in der Praxis bereits bestehenden Angebote des Leistungs- und Gesundheitsmanagements. Ebenso wie die gesetzliche Krankenversicherung wird auch die PKV mit einem ständigen Anstieg der Kosten im Gesundheitswesen konfrontiert, welcher meist oberhalb der allgemeinen Inflationsrate liegt.

Viele private Krankenversicherer haben diese Entwicklung zum Anlass genommen, ein verstärktes **Leistungsmanagement** zu betreiben: Eingehende Rechnungen werden teilweise intensiver und auch unter gebührenrechtlichen Aspekten auf ihre Richtigkeit und Angemessenheit hin geprüft. Entsprechend der Rechtsnatur der privaten Krankenversicherung als Passivenversicherung entsteht eine Verpflichtung aus dem Versicherungsvertrag nur insoweit, als der Versicherungsnehmer berechtigten Ansprüchen eines Dritten ausgesetzt ist (→ Rn. 19 f.). Die Leistungspflicht des Versicherers setzt immer einen entsprechenden wirksamen und fälligen Vergütungsanspruch des Leistungserbringers voraus.

Fehlt es hieran nach Meinung des Krankenversicherers, stößt eine entsprechende Leistungsablehnung bzw. -kürzung gegenüber dem Kunden bei diesem oftmals auf Unverständnis. Er kann die Rechtmäßigkeit der Forderung des Arztes oder Krankenhauses selbst idR nicht beurteilen. Darüber hinaus ist eine sachgerechte Klärung der strittigen Fragen im Wege des direkten Meinungsaustausches zwischen Leistungserbringer und Versicherer sehr viel einfacher möglich.

Zunehmend sind die privaten Krankenversicherer deshalb bereits dazu übergegangen, ihre Kunden in gebührenrechtlichen Streitigkeiten zu unterstützen, etwa durch Gewährung rechtlicher Unterstützung in Verfahren des Behandelnden gegen den Versicherten oder im Wege der Rechnungserstattung an den Kunden mit anschließendem Regresses gegen den Behandelnden. Für letzteres Vorgehen ist eine Abtretung der Rückforderungsansprüche des Kunden an den Versicherer nicht mehr erforderlich, da ein Anspruchsübergang kraft Gesetzes stattfindet, § 194 Abs. 2. Gleichwohl wird in der Praxis oft noch mit zusätzlichen – letztlich deklaratorischen – Abtretungen gearbeitet, um das Vorgehen gegenüber dem Versicherungsnehmer transparent zu machen und sicherzustellen, dass die Vorgehensweise seine Billigung findet.

Vereinzelt wurde in diesem Zusammenhang in der Vergangenheit die Frage aufgeworfen, ob eine solche **Rechtsberatung** nicht der Anwaltschaft vorbehalten sei. So wies das frühere Rechtsberatungsgesetz in § 1 RBerG die geschäftsmäßige Besorgung fremder Rechtsangelegenheiten grds. nur bestimmten Personen, primär eben den Rechtsanwälten zu.

Bei der Diskussion ist jedoch zu berücksichtigen, dass der private Krankenversicherer im Rahmen der hier aufgezeigten Tätigkeiten letztlich nur einer Nebenpflicht aus dem Versicherungsvertrag nachkommt. Da dem Versicherungsnehmer als medizinischem und juristischem Laien weder eine medizinische noch eine juristische Bewertung möglich ist, ist er hier auf die Hilfe des Versicherers angewiesen. Nimmt der Versicherer in solchen Fällen Kontakt mit dem Leistungserbringer auf, klären beide eigene Rechtsangelegenheiten: Der Versicherer prüft *seine* Leistungspflicht, der Leistungserbringer seinen Vergütungsanspruch. Es war nicht ratio legis des Art. 1 § 1 RBerG, in solchen Fällen zu verhindern, dass die wirklichen Kontrahenten die zwischen ihnen strittigen Fragen im Direktkontakt klären. Die Abwehr der vermeintlichen Gebührenforderung durch den Versicherer ist unmittelbarer Reflex der Besorgung eigener Interessen, nämlich der Prüfung seiner Leistungspflicht. Damit liegt keine unzulässige Besorgung „fremder" Rechtsangelegenheiten vor.[213]

---

[213] OLG Köln BeckRS 2006, 07870.

Darüber hinaus war eine solche Unterstützung der Kunden auch gem. Art. 1 § 5 Nr. 1 RBerG zulässig. Der Versicherer erledigt eine mit seinem Geschäft in unmittelbarem Zusammenhang stehende Angelegenheit.[214] Dieses Ergebnis entsprach der Zielsetzung des Rechtsberatungsgesetzes, welches primär dem Verbraucherschutz diente. Der Rechtssuchende sollte davor bewahrt werden, dass ihn Personen beraten, die nicht über die erforderliche Sachkunde verfügen.[215] Gerade in gebührenrechtlichen Streitigkeiten bestand und besteht dieses Risiko bei einer Begleitung durch den auf diese Fragen spezialisierten Versicherer nicht.

Mit der vom Deutschen Bundestag im Jahre 2007 beschlossenen Reform der Rechtsberatung ist die Diskussion im Sinne der gängigen Praxis entschieden: Um den geänderten Anforderungen der Wirtschaft gerecht zu werden, erweitert das **Rechtsdienstleistungsgesetz** (RDG) v. 12.12.2007[216] die Möglichkeit, im Zusammenhang mit einer anderen Tätigkeit Rechtsdienstleistungen zu erbringen. Diese sind gem. § 5 Abs. 1 RDG immer dann zulässig, wenn sie als Nebenleistung zum Berufs- oder Tätigkeitsbild gehören. Ob eine Nebenleistung vorliegt, ist nach ihrem Inhalt, Umfang und sachlichen Zusammenhang mit der Haupttätigkeit zu beurteilen. Dabei ist auch zu berücksichtigen, ob ausreichende Rechtskenntnisse vorhanden sind. Wie zuvor ausgeführt, sind diese Voraussetzungen bei den Unternehmen der PKV in aller Regel erfüllt. Die Rechtsberatung der Versicherten bei Fragen, die mit der Leistungsabrechnung in Zusammenhang stehen, entspricht heute nicht nur der Erwartungshaltung der Kunden, sondern auch der ausdrücklichen Aufzählung in § 192 Abs. 3.

89 Neben dem Leistungsmanagement hat das **Gesundheitsmanagement** zunehmend an Bedeutung gewonnen: Die Kunden erwarten mehr als die nachträgliche Erstattung der Kosten für abgeschlossene Maßnahmen. Der Wunsch nach Informationen und Begleitung im Gesundheitssektor – und dies möglichst aus einer Hand – nehmen zu. Gerade im privaten System erwarten die Kunden mehr für ihre Beiträge: Eine Umfrage aus dem Jahr 2014[217] nennt ua die Themenbereiche Arzt- und Apothekenauskunft, Vermittlung von Fachärzten, Krankenhausauskunft, Prüfen der Arztrechnung, Rechtsbeistand bei Abrechnungsfehlern, Zweitmeinung durch einen Spezialisten, Medikamentencheck, medizinischen Erinnerungsservice, Lieferung von Hilfsmitteln oder die Beratung durch geschultes Personal. Gleiches gilt für Maßnahmen der Gesundheitsvorsorge und -förderung wie dem Angebot von Entspannungs-, Bewegungs- oder Ernährungsprogrammen.

Ebenso möchten die Versicherer mit Serviceleistungen wie der Beratung über gesunde Lebensformen oder sinnvolle Behandlungsmethoden den Eintritt eines potenziell mit hohen Kosten verbundenen Versicherungsfalles möglichst verhindern. Gemeinsames Ziel ist auch hier die Verbindung von Prävention und Versorgung.

Die Zulässigkeit solcher Tätigkeiten war im VVG zunächst nicht explizit geregelt. Sie wurde früher aus der in § 178b Abs. 1 VVG aF enthaltenen Formulierung „…haftet der Versicherer … für medizinisch notwendige Heilbehandlungen … und für sonstige vereinbarte Leistungen" abgeleitet. Mit der anlässlich der VVG-Reform 2008 aufgenommenen Norm des § 192 Abs. 3 hat der Gesetzgeber die Zulässigkeit auch solcher Angebote ausdrücklich anerkannt.

90 § 192 Abs. 3 erläutert vorab die rechtlichen Rahmenbedingungen sowohl des Leistungs- als auch des Gesundheitsmanagements, indem er die inzwischen geläufigsten Nebenleistungen nennt und als „vertragstypische Leistungen des Versicherers" bewertet. Die Aufzählung ist nicht abschließend. Weitere Dienstleistungen können gem. § 192 Abs. 3 „zusätzlich" vereinbart werden.

§ 192 Abs. 3 ermöglicht es dem Krankenversicherer, seinen Versicherten einen **Rechtsanspruch** auf die vereinbarten Leistungen einzuräumen und dies dann auch kalkulatorisch zu berücksichtigen: Bislang wurden vergleichbare unterstützende Tätigkeiten aus den Verwaltungskosten des Versicherers finanziert. Mit der Aufnahme der Dienstleistungen in die AVB werden diese Teil der originären Hauptversicherungsleistung. Veränderungen bei den Ausgaben für diese zusätzlichen Leistungen sind Bestandteil der „Kopfschäden" iSd § 6 KVAV. Damit müssen die Kosten für das Leistungs- und Gesundheitsmanagement – die Aufnahme in das tarifliche Leistungsversprechen vorausgesetzt – nicht mehr als Verwaltungskosten ausgewiesen werden. Darüber hinaus sind sie Grundlage für die Ermittlung der auslösenden Faktoren einer Beitragsanpassung gem. § 203 Abs. 2.

91 Soweit der private Krankenversicherer neben den klassischen vertragstypischen Leistungen wie der Kostenerstattung für eine medizinisch notwendige Heilbehandlung auch hiermit in unmittelbarem Zusammenhang stehende Dienstleistungen erbringt, wird mit der Regelung des § 192 Abs. 3 zugleich klargestellt, dass dies kein **versicherungsfremdes Geschäft** iSd § 15 VAG ist. Der Gesetz-

---

[214] OLG Hamburg 19.12.2002 – 8 U 170/02; *Schoenfeldt/Kalis* VersR 2001, 1325 (1327); *Hütt* VersR 2005, 1367 f.
[215] BVerfG WRP 2006, 461 ff. zur Rechtsberatung durch einen pensionierten Richter.
[216] BGBl. 2007 I 2840.
[217] FocusMoney Ausgabe September 2014, S. 74 ff.

geber hat insoweit die bestehende allgemeine Verkehrsauffassung zu den heute erwarteten Leistungen eines Krankenversicherers aufgegriffen und als zulässig bewertet.

II. Beratung über Leistungen aus der Krankheitskostenversicherung

Im Einzelnen kann gem. § 192 Folgendes vereinbart werden: 92
Gem. **Abs. 3 Nr. 1** darf der Versicherer zunächst über Leistungen aus der Krankheitskostenversicherung beraten. Nicht gemeint ist hier eine bloße Beschreibung des Produktes. Dieses zu erläutern, war und ist der Versicherer im Rahmen seiner vertraglichen Hauptleistungspflicht ohnehin gehalten. § 6 schreibt eine entsprechende anlassbezogene Verpflichtung hierzu sowohl vor als auch während der Dauer des Vertragsverhältnisses ausdrücklich vor. § 192 Abs. 3 Nr. 1 nennt vielmehr beispielhaft eine „zusätzliche" Dienstleistung.

Die Regelung räumt dem privaten Krankenversicherer deshalb auch die weitergehende Befugnis ein, seine Kunden im Rahmen des vom Gesetzgeber nunmehr ausdrücklich befürworteten Leistungs- und Gesundheitsmanagements über sinnvolle Maßnahmen der Behandlung oder der Vorsorge zu informieren. Dem Versicherten soll die Orientierung erleichtert werden, rund um seine Gesundheit zum richtigen Zeitpunkt die richtige Entscheidung treffen zu können. Zu diesem Zweck soll der im Gesundheitssystem fachkundige Versicherer dem medizinischen Laien Hilfen an die Hand geben dürfen, um schon das Entstehen einer Erkrankung möglichst zu vermeiden oder deren Folgen zu lindern. Hiermit wird einerseits einer entsprechenden Erwartungshaltung des Kunden entsprochen, andererseits kann hierin zugleich ein Beitrag zur Stabilisierung der Prämien liegen.

Beispiele hierfür sind das Angebot zur Nutzung eines Gesundheitstelefons, die Bereitstellung von Informationsportalen im Internet oder ähnliche Assistance-Leistungen.

III. Beratung über Anbieter von Gesundheitsleistungen

Für die Praxis ebenso bedeutsam ist die in Abs. 3 Nr. 1 aE angesprochene Option, über die 93 Anbieter von Gesundheitsleistungen zu beraten. Auch dies entspricht einem zunehmend zu beobachtenden Wunsch der Versicherten: Gerade bei schweren Erkrankungen fragen diese häufig bei ihrem Versicherer nach, um Name und Anschrift eines Arztes, einer Praxis, eines Klinikums oder einer Pflegeeinrichtung zu erfahren, welcher(s) auf die Behandlung dieses Leidens besonders spezialisiert ist.

Anhaltspunkte zum zulässigen Umfang dieser Beratung bietet die Rspr. zu den Rahmenbedingungen, unter denen die Leistungserbringer selbst für ihre Tätigkeit werben dürfen. Die Gerichte haben die teils in den Berufsordnungen der Ärzte selbst enthaltenen diesbezüglichen Beschränkungen zunehmend als zu eng beanstandet: Entsprechende Regelungen sind verfassungskonform auszulegen. Eine interessengerechte, sachliche und angemessene Information liegt im Allgemeininteresse. Zulässig sind demnach zB Hinweise zum Schwerpunkt der Tätigkeit, einer besonderen Qualifikation[218] oder auch der Zusammenarbeit zB eines Augenarztes mit einem Augenoptiker.[219] Dieselben Maßstäbe sind im Verhältnis Versicherer/Versicherungsnehmer anzulegen. Solange der erteilte Rat sachlich begründbar ist, ist ein solcher kraft der Regelung des § 192 Abs. 3 nunmehr ausdrücklich als gesundheitspolitisch gewollt und zulässig zu bewerten.

Fraglich ist, ob der Versicherer im Einzelfall auch berechtigt sein kann, *negative* Auskünfte über 94 Leistungserbringer zu geben. Für diese Annahme spricht bereits die in Abs. 3 Nr. 1 verwandte Wortwahl „Beratung". Dies schließt auch das „Abraten" von einzelnen Behandlern ein. Hat ein Versicherer Kenntnis von wiederholten, begründeten Beanstandungen in der Diagnostik oder Therapie einzelner Leistungserbringer oder gibt deren Liquidationsverhalten wiederholt begründeten Anlass zu Korrekturen, kann der Versicherer sogar gehalten sein, seinen Kunden hierüber zu unterrichten. § 6 Abs. 4 normiert eine anlassbezogene Beratungspflicht auch während der Dauer des bestehenden Vertragsverhältnisses.

Inhaltlich muss der Versicherer dabei die insbes. durch das Wettbewerbsrecht vorgegebenen Rahmenbedingungen beachten. Jede unlautere, unsachliche oder auf unvollständigen Angaben beruhende Aussage hat zu unterbleiben. Der Krankenversicherer darf aber zB Patienten auf die Ungeeignetheit einer gewählten Behandlung hinweisen; einer Klage eines Zahnarztes gegen einen privaten Krankenversicherer, mit dem der Kläger die Unterlassung von Äußerungen begehrt, in denen der Versicherer auf eine mangelnde Eignung der vom Kläger gewählten Behandlung hinweist, fehlt das Rechtsschutzbedürfnis, es sei denn, die Unrichtigkeit der Äußerung liegt auf der Hand oder es liegt eine Schmähung vor.[220]

---

[218] BVerfG MedR 2003, 36 ff.; NJW 2003, 2818 f.; BGH MedR 2004, 212 ff.
[219] OLG Celle GRUR-RR 2007, 109.
[220] OLG Köln BeckRS 2018, 21082.

IV. Beratung über die Berechtigung von Entgeltansprüchen

95 Gem. § 192 Abs. 3 Nr. 2 kann der Versicherer die Beratung über die Berechtigung von Entgeltansprüchen der Leistungserbringer vereinbaren. Diese Regelung beseitigt die oben (→ Rn. 88) im Hinblick auf das RBerG noch bestehende Streitfrage zugunsten der privaten Krankenversicherer und deren Kunden. Der Gesetzgeber hat den Vorschlag der Expertenkommission zur VVG-Reform unverändert aufgenommen und damit zugleich einer Forderung auch der Verbraucherschützer entsprochen: Die Klärung der selbst unter Juristen oft schwierigen, weil hochspeziellen Fragestellungen aus dem Gebührenrecht der Leistungserbringer kann nicht allein dem in diesem Bereich zumeist sachunkundigen Versicherungsnehmer überlassen werden. Die Rspr. hatte in der Vergangenheit teilweise sogar eine Aufklärungs- und Beratungspflicht des rechtskundigen Versicherers gegenüber seinen Kunden angenommen.[221] In der Praxis bieten die Versicherer ihren Kunden häufig die Unterstützung oder gar die Übernahme der Korrespondenz mit dem Leistungserbringer an.

Im Rahmen seiner Leistungsprüfung darf der Versicherer auch eine rechtliche Mindermeinung vertreten. Ein Verstoß gegen das Recht auf freie Meinungsäußerung gem. Art. 5 Abs. 1 GG liegt erst vor, wenn eine Äußerung unzutreffend als Tatsachenbehauptung, Formalbeleidigung oder Schmähkritik einzustufen ist.[222]

V. Abwehr unberechtigter Entgeltansprüche

96 Denselben Gedanken greift § 192 Abs. 3 Nr. 3 auf: Er erlaubt dem Versicherer über die Beratung zur Berechtigung von Entgeltansprüchen hinaus, die Abwehr unberechtigter Ansprüche seitens der Leistungserbringer vorzunehmen. Streitigkeiten über die Begründetheit von Honoraransprüchen sollen nicht auf dem Rücken der Versicherten ausgetragen werden.

Die ausdrücklich vorgesehene Möglichkeit der direkten Korrespondenz zwischen Versicherer und Ärzten bietet für alle Beteiligten Vorteile: Aus Sicht des Patienten unterbleibt der Eingriff in das Vertrauensverhältnis zum Behandler. Nachteilige finanzielle Folgen wegen nicht fristgerechter Zahlung des Honorars unterbleiben für diesen, soweit der Versicherer die Leistungskürzung bzw. -ablehnung mitträgt. Für Behandler und Versicherer bietet sich die Möglichkeit, fallübergreifend wiederholt auftretende Streitigkeiten einvernehmlich und auch für weitere, künftige Fälle zu regeln.

Der Wortlaut und die genannte Zielsetzung der Norm führen zu dem Ergebnis, dass der Umfang der Möglichkeiten des Versicherers zur Kundenunterstützung weit zu ziehen ist. Die „Abwehr", dh die Abwendung unberechtigter Ansprüche ist nicht auf die Unterstützung in der Korrespondenz beschränkt. Diese Befugnis ergibt sich bereits aus Abs. 3 Nr. 2. Von der Regelung in § 192 Abs. 3 Nr. 3 umfasst ist auch die Übernahme des Schriftverkehrs mit dem Leistungserbringer. Aus datenschutzrechtlichen Gründen setzt dies das Einverständnis des Versicherungsnehmers voraus.

97 Die gleichen Überlegungen führen zu der Schlussfolgerung, dass die Abwehr unberechtigter Ansprüche auch die Unterstützung anlässlich eines vom Leistungserbringer angestrengten Rechtsstreites umfasst. Dies kann auch die Übernahme anfallender Prozesskosten beinhalten: Empfiehlt der Versicherer seinem Kunden, eine Honorarforderung nicht oder nur anteilig zu begleichen, und wird dieser daraufhin verklagt, kann der Versicherer zur Übernahme der prozessualen Folgekosten unter dem Gesichtspunkt der schuldhaften Verletzung einer vertraglichen Nebenpflicht gem. § 280 BGB sogar verpflichtet sein.

Die zivilprozessualen Regelungen zum Anwaltszwang und der Vertretung vor Gericht gemäß den §§ 78 ff. ZPO bleiben unberührt.

Die Vereinbarkeit der Erledigung von Rechtsangelegenheiten mit dem RDG folgt aus § 5 Abs. 1 RDG (unmittelbarer Zusammenhang zum Versicherungsgeschäft). Das VVG beschreibt die rechtliche Unterstützung selbst als „Nebenleistung zum Tätigkeitsbild" des privaten Krankenversicherers (iE die Hinweise zu → Rn. 88).

98 Auch eine Verletzung des für die substitutive Krankenversicherung geltenden **Spartentrennungsgebotes** gem. § 8 Abs. 4 VAG ist zu verneinen. Insbesondere liegt keine unzulässige Überschneidung mit der in der Anlage 1 zum VAG unter Nr. 17 genannten Sparte Rechtsschutz vor.

Das Spartentrennungsgebot verfolgt zwei Zielsetzungen: Zum einen sollen die Versicherten vor wirtschaftlichen Risiken geschützt werden, die aus dem Betrieb einer anderen Sparte erwachsen können. Zum anderen soll die Regelung sicherstellen, dass die – und dies gilt in besonderem Maße für die Sparte Kranken – gesetzlich vorgegebene strenge versicherungsmathematische Beitragskalkulation nicht durch weniger strenge Berechnungsmethoden anderer Sparten „verwässert" wird. Beide Gefahren bestehen im Rahmen der Übernahme der Prozesskosten in Folge einer vom Versicherer mitgetragenen Kürzung der Honorarforderung eines Leistungserbringers nicht. Die Abwehr solcher

---

[221] LG München ZMR 2009, 637.
[222] OLG Düsseldorf GRUR 2014, 1219.

unberechtigter Ansprüche dient im Gegenteil gerade der Begrenzung der Versicherungsleistungen auf den tariflich zugesagten Umfang. Die Unterstützung der Versicherten, die ohne eine Kostenbeteiligung des Versicherers einen Rechtsstreit gegen den Leistungserbringer möglicherweise scheuen würden, dient der Stabilität der Beiträge auf der Basis der kalkulierten Versicherungsleistungen.

Ist der privat krankenversicherte Kunde rechtsschutzversichert, bleibt sein Anspruch gem. § 1 ARB unabhängig von der Bereitschaft des Krankenversicherers zur Kostenübernahme unberührt.

VI. Unterstützung bei der Durchsetzung von Schadensersatzansprüchen

§ 192 Abs. 3 Nr. 4 sieht schließlich die Möglichkeit vor, die versicherte Person bei der Durchsetzung von Schadensersatzansprüchen wegen fehlerhafter Leistungserbringung und der hieraus sich ergebenden Folgen zu unterstützen.

Erleidet der Versicherungsnehmer einen Schaden, gegen den er versichert ist, durch die schädigende Handlung eines Dritten, hat er die Wahlmöglichkeit, seinen Schaden entweder vom Schädiger ersetzt zu verlangen oder seinen Versicherer in Anspruch zu nehmen. Angesichts der idR hohen Behandlungskosten entscheidet der Kunde in der privaten Krankenversicherung sich in aller Regel für die zuletzt genannte Variante. In diesem Fall hat der Versicherer die Möglichkeit einer Regressnahme gegen den Schädiger. Der Anspruch auf Schadenersatz seitens des Kunden geht gem. § 86 Abs. 1 in der Höhe auf den Versicherer über, in welcher dieser den Schaden ersetzt.

Oftmals ist der Versicherungsnehmer, zB zwecks Durchsetzung von Schmerzgeldansprüchen, ebenfalls an einem Tätigwerden gegen den Schädiger interessiert. In diesen Fällen kann er von der Regressnahme des Krankenversicherers, der Einsicht in die Strafakten nehmen und medizinische Gutachten zur Frage der Kausalität erstellen kann, profitieren. § 192 Abs. 3 Nr. 4 bildet die rechtliche Grundlage für ein solch gemeinsames Tätigwerden zwischen Versicherungsnehmer und Krankenversicherer.

Die Norm ist einer Regelung für die gesetzlichen Krankenkassen nachempfunden, geht inhaltlich jedoch noch über diese hinaus: Gem. **§ 66 SGB V** können Krankenkassen die Versicherten bei der Verfolgung von Schadensersatzansprüchen, die bei der Inanspruchnahme von Versicherungsleistungen aus Behandlungsfehlern entstanden sind, unterstützen. § 192 Abs. 3 Nr. 4 spricht demgegenüber pauschal von einer Unterstützung wegen fehlerhafter Leistungserbringung. Hierunter kann deshalb auch die Unterstützung wegen sonstiger Streitigkeiten wie zB die Bereitstellung eines defekten Heil- und Hilfsmittels fallen.

Der Schwerpunkt der Regressbearbeitung liegt in der PKV im Bereich der **Verkehrsunfälle.** Diese machen mit deutlichem Abstand den größten Teil der angefallenen Schäden aus. Weiterhin zu nennen sind die Verletzung der Verkehrssicherungspflicht sowie vorsätzliche, rechtswidrige Körperverletzungen.

Im zuletzt genannten Fall kann der Verletzte gem. § 1 Abs. 1 Opferentschädigungsgesetz (OEG) wegen der gesundheitlichen und wirtschaftlichen Folgen einen Anspruch auf Entschädigung gegen den Staat haben. Ein entsprechender Antrag ist bei dem zuständigen Versorgungsamt zu stellen.

Bei den **ärztlichen Kunstfehlern** kommt der Beweisführung eine besondere Bedeutung zu. Nach allgemeinen Grundsätzen hat der Patient das Vorliegen eines ärztlichen Behandlungsfehlers zu beweisen.

Zu einer **Umkehr der Beweislast** kommt es nach stRspr auch des BGH, wenn ein grober Behandlungsfehler festgestellt ist und dieser zur Herbeiführung des Schadens geeignet ist.[223] Unter einem groben Behandlungsfehler ist ein eindeutiger Verstoß gegen bewährte ärztliche Behandlungsregeln oder gesicherte medizinische Erkenntnisse zu verstehen. Es liegt ein Fehler vor, der aus objektiver Sicht nicht mehr verständlich erscheint, weil er einem Arzt schlechterdings nicht unterlaufen darf.[224] Ein grober Behandlungsfehler liegt auch vor, wenn die elementaren medizinischen Grundregeln, die im jeweiligen Fachgebiet vorausgesetzt werden, missachtet werden. Die Feststellung eines groben Behandlungsfehlers erfolgt objektiv und unabhängig von der subjektiven Vorwerfbarkeit des handelnden Arztes.[225] Sie erfordert idR die Einholung eines medizinischen Sachverständigengutachtens. Der Tatrichter darf einen groben Behandlungsfehler nicht ohne ausreichende Grundlage in den medizinischen Darlegungen des Sachverständigen bejahen.[226]

Besteht der Verdacht auf einen ärztlichen Kunstfehler, hat sich in der Praxis die Einschaltung der sog. **„Schlichtungsstellen"** bewährt: Diese von den Ärztekammern eingerichteten Gutachterkommissionen verfolgen das Ziel, durch objektive Begutachtung ärztlichen Handelns dem Geschä-

---

[223] BGH VersR 1998, 242 f.
[224] BGH VersR 1998, 242 f.; *Hausch* VersR 2002, 671 ff.
[225] BGH NJW 2011, 3442 f.
[226] BGH VersR 2001, 1115 (1030 ff.).

digten die Durchsetzung begründeter Ansprüche ebenso zu erleichtern, wie dem Arzt die Zurückweisung unbegründeter Vorwürfe. Die Kommission stellt auf Antrag eines Beteiligten fest, ob dem Arzt ein Behandlungsfehler vorzuwerfen ist, durch den der Patient einen Gesundheitsschaden erlitten hat oder voraussichtlich erleiden wird. Beteiligte des Verfahrens sind der Patient und der durch den Vorwurf belastete Arzt. Die Gutachterkommission wird auf schriftlichen Antrag hin tätig, es sei denn, über das Vorliegen eines Behandlungsfehlers ist bereits ein gerichtliches Verfahren anhängig. Sie klärt den Sachverhalt unter Mitwirkung der Beteiligten auf und erstellt sodann ein abschließendes Gutachten. Die Kosten der Gutachterkommission trägt die Ärztekammer. Das Verfahren ist für den Patienten idR gebührenfrei.

104 Haben der Versicherungsnehmer oder die versicherte Person Schadensersatzansprüche gegen Dritte, sind sie unbeschadet des gesetzlichen Forderungsübergangs gem. § 86 Abs. 1 nach § 11 MB/KK verpflichtet, diese bis zu der Höhe, in der aus dem Versicherungsvertrag Kostenersatz geleistet wird, an den Versicherer **abzutreten**.

Anders als § 67 VVG aF begründet § 86 Abs. 2 eine Obliegenheit des Versicherungsnehmers zur Wahrung des auf den Versicherer übergehenden Ersatzanspruches und zur aktiven Mitwirkung bei dessen Durchsetzung. Wegen der Einzelheiten wird auf die dortige Kommentierung verwiesen.

VII. Unmittelbare Abrechnung mit Leistungserbringern

105 Nach der in **§ 192 Abs. 3 Nr. 5** genannten Regelung kann anstelle der Erstattung von Aufwendungen die unmittelbare Abrechnung der Leistungen mit deren Erbringern vereinbart werden.

In der Praxis bereits seit Jahren üblich ist die Aushändigung von **„Krankenhausausweisen"** seitens der Versicherer: Neben der Möglichkeit, auf diesen persönliche oder tarifbezogene Daten zu speichern, ist dort idR eine Direktabrechnung der allgemeinen Krankenhausleistungen oder der Kosten für gesondert gewählte Unterkunft zwischen Klinikum und Versicherer vorgesehen („KlinikCard"). Der Austausch zwischen privatem Krankenversicherer und Klinikum erfolgt teilweise bereits vollelektronisch. Kostenzusagen können auf dem gleichen Weg abgerufen und erteilt werden.

In der Regel tritt der Versicherungsnehmer seinen Anspruch aus dem Versicherungsvertrag an das Krankenhaus ab. Die Einzelheiten zur Anzeige der stationären Behandlung und den Voraussetzungen der Leistungspflicht im Verhältnis zum Klinikum regelt ein separater Vertrag zwischen diesem und dem privaten Krankenversicherer. Ansprüche auf Rückforderung von zu Unrecht an das Krankenhaus gezahlter Leistungen muss der Versicherer deshalb grds. auch gegenüber dem Klinikum geltend machen.[227]

Umgekehrt kann der Versicherer – bei Vorliegen der Voraussetzungen nach § 14 – sich gegenüber dem Krankenhaus auf die mangelnde Fälligkeit des Anspruchs berufen. Bedenken gegen die Zulässigkeit der Forderungsabtretung an die Klinik bestehen schon deshalb nicht, weil es dem Versicherungsnehmer unbenommen bleibt, von der Möglichkeit der Direktabrechnung keinen Gebrauch zu machen.[228]

Die missbräuchliche Nutzung des „Ausweises", zB nach Beendigung des Versicherungsverhältnisses kann den Straftatbestand des Betruges gem. § 263 StGB erfüllen.[229]

106 Ähnlich wie in der gesetzlichen Krankenversicherung nach § 291a SGB V erlaubt, ist in der privaten Krankenversicherung schließlich auch die Nutzung einer **elektronischen Gesundheitskarte** denkbar.

Dies ermöglicht in der Praxis nicht nur die in § 192 Abs. 3 Nr. 5 vorgesehene Direktabrechnung zwischen Versicherer und Leistungserbringer dem Grunde nach, sondern bietet darüber hinaus die Möglichkeit, ärztliche Verordnungen in elektronischer Form zu verwerten, medizinische Daten und Therapieempfehlungen zur Vermeidung von Kontraindikationen oder zur Notfallversorgung zu speichern. Technisch ist ebenso der Zugriff auf Befundberichte oder Daten zum Versichertenstatus denkbar. Ärzte, Kliniken, Psychotherapeuten oder Sanitätshäuser können ebenso in das System einbezogen werden wie zB Apotheken.

Mangels einer gesetzlichen Regelung zur *verpflichtenden* Vorlage der Karte durch die Versicherten oder zur verpflichtenden Akzeptanz der Karte durch die Leistungserbringer ist deren Nutzung derzeit nur auf freiwilliger Basis möglich. Vorteile einer Beteiligung an dem Verfahren sind
– für den Versicherer der schnelle Zugriff auf die zur Prüfung seiner Leistungspflicht notwendigen Daten und die papierlose Bearbeitung des jeweiligen Vorgangs,
– für den Behandler die Gewissheit, seine Gebühren schnell und ohne das Risiko einer Insolvenz des Patienten zu erhalten, und

---

[227] OLG Celle IVH 2003, 81.
[228] OLG München NJW-RR 2005, 1697 ff.
[229] OLG Hamm NJW 2006, 2341 zur GKV-Krankenversicherungskarte.

– für den Versicherten der Entfall einer separaten Zahlung durch ihn selbst und des Erfordernisses der Geltendmachung der Aufwendungen beim Versicherer.

Die Nutzung der Karte und der Umfang der auf ihr gespeicherten Daten bedürfen einer entsprechenden datenschutzrechtlichen Einwilligungserklärung des Betroffenen. Diese muss genaue Angaben zu den gespeicherten Daten und den möglichen Formen ihrer Verwendung beinhalten.

§ 192 Abs. 3 Nr. 5 beschreibt noch mehr als die Option des Versicherers, mit Einwilligung des Versicherungsnehmers einen feststehenden Betrag an den Leistungserbringer auszuzahlen: Letzteres war schon vor der Gesetzesnovellierung gem. § 362 Abs. 2 BGB iVm § 185 BGB möglich.

Ein erklärtes Ziel der die PKV betreffenden Neuregelungen im besonderen Teil des VVG war es, den Unternehmen bessere Instrumentarien zur Verfügung zu stellen, um auf Kostensteigerungen im Gesundheitswesen Einfluss nehmen zu können.[230] Die in § 192 Abs. 3 Nr. 5 vorgesehene Möglichkeit einer „unmittelbaren Abrechnung" zwischen Versicherer und Leistungserbringer gestattet es deshalb auch, dass der private Krankenversicherer Differenzen bei der Ermittlung des Vergütungsanspruches im direkten Verhältnis zum Arzt oder Klinikum usw klären kann und darf. Voraussetzung ist lediglich eine entsprechende „Vereinbarung" mit dem Versicherungsnehmer. Diese kann entweder – wie schon in der Vergangenheit auch häufig praktiziert – individuell im Einzelfall oder bereits bei Abschluss des Versicherungsvertrages getroffen werden. So können bspw. die unternehmenseigenen Tarifbedingungen eine solche Option von vornherein vorsehen.

Von der Abrechnung im technischen Sinn zu unterscheiden ist die Frage, ob Versicherer und Leistungserbringer sich auch auf eigenständige **Vergütungsregelungen** einigen dürfen. Der Wortlaut der Norm „unmittelbare Abrechnung" beinhaltet auch diese Option. Zum gleichen Ergebnis führt die teleologische Auslegung: Wie bereits dargelegt, wollte der Gesetzgeber den Handlungsspielraum für entsprechende Absprachen zwischen Krankenversicherern und Leistungserbringern erweitern. Er folgt der Empfehlung der Expertenkommission, die Aufnahme vertraglicher Beziehungen zwischen Krankenversicherern und Leistungserbringern „zum Zwecke ihrer Verknüpfung mit entsprechenden Tarifangeboten zu ermöglichen".[231] Sowohl der Versicherer als auch die Versicherten haben ein gemeinsames Interesse an möglichst einfachen Abrechnungsverfahren und klaren Vorgaben zum Honorar der Leistungserbringer. In diesem Sinne denkbar wäre bspw. die Verabredung eines Pauschalhonorars für bestimmte Komplexleistungen.

Zu beachten ist allerdings, dass § 192 Abs. 3 nur die Rechtsbeziehung zwischen Versicherer und Versicherungsnehmer regeln kann. Das VVG regelt nicht die Konsequenzen, die sich aus einer vereinbarten Zusatzleistung im Verhältnis Versicherer oder Versicherungsnehmer zu den Leistungserbringern ergeben.[232] In diesen Fällen ist neben bestehenden Vorgaben des Gesetz- oder Verordnungsgebers – zu nennen sind hier in erster Linie die GOÄ, GOZ oder das KHEntgG – insbes. zu berücksichtigen, dass der Arzt in seiner persönlichen Entscheidung über die aus medizinischer Sicht notwendigen Maßnahmen der Diagnostik und Therapie nicht beeinträchtigt werden darf. **Umsatzabhängige Entgeltvereinbarungen** für vertraglich geschuldete Sachleistungen sind zwar grds. zulässig. Dies gilt jedoch nicht für verbindliche Weisungen über die medizinische Behandlung.[233] In diesem Sinn stellt auch die Muster-Berufsordnung für Ärzte in § 2 Abs. 4 MBO-Ä klar, dass Ärztinnen und Ärzte „hinsichtlich ihrer ärztlichen Entscheidungen keine Weisungen von Nichtärzten entgegennehmen" dürfen. Dies gilt gem. § 23 MBO-Ä gleichermaßen für angestellte Ärzte im Beschäftigungsverhältnis. Die Vereinbarung zur Heranziehung anerkannter, zB „evidenz-basierter Leitlinien" oder zur Abstimmung mit Kollegen anderer Fachbereiche in einer Gemeinschaftspraxis wird hierdurch nicht ausgeschlossen.[234]

VIII. Sonstige zusätzliche Dienstleistungen (Gesundheitsmanagement)

Neben den in den Nr. 1–5 genannten Leistungen können gem. **§ 192 Abs. 3** weitere „zusätzliche Dienstleistungen" vereinbart werden. Die Nummern 1–5 zählen nur die zum Zeitpunkt des Gesetzentwurfs in der Praxis bereits bedeutsamsten Dienstleistungen auf.

Der Gesetzgeber hat bewusst eine offene, weite Formulierung gewählt. Das Leitbild der PKV soll künftig nicht mehr auf die reine Kostenerstattung begrenzt bleiben.[235]

Um einer uferlosen Ausweitung des Leistungskatalogs hin zu für die private Krankenversicherung untypischen Angeboten vorzubeugen, müssen die zusätzlichen Dienstleistungen in „**unmittel-**

---

[230] So die Begr. in BT-Drs. 16/3945, 139.
[231] BT-Drs. 16/3945, 139.
[232] BT-Drs. 16/3945, 281.
[233] BayObLG MedR 2001, 206.
[234] IE *Schoenfeldt/Kalis* VersR 2001, 1325 ff.
[235] Begr., BT-Drs. 16/3945, 140.

barem" Zusammenhang zu den in § 192 Abs. 1 beschriebenen vertragstypischen Leistungen des Krankenversicherers stehen.

Als sinnvolle und zulässige Maßnahmen nennt der Gesetzgeber selbst in der Begründung zu den Neuregelungen im Bereich der privaten Krankenversicherung Instrumente zur Kosten- und Qualitätssteuerung, die sowohl vor als auch während der Erbringung medizinischer Leistungen wirken können. Beispielhaft werden folgende Möglichkeiten aufgeführt:
– das *Disease Management,* dh die Einbindung in die Behandlung schwerer chronischer Erkrankungen anhand von evidenzbasierten Leitlinien;
– das *Case Management,* dh die umfassende Betreuung und Therapiesteuerung schwerer Einzelfallerkrankungen;
– das *Drug Utilisation Review,* dh die Einrichtung eines Systems zur Identifikation von Kontraindikationen von Arzneimitteln;
– der Einsatz IT-basierter Kartensysteme;
– der Aufbau und die Mitwirkung an Versorgungsstrukturen wie *Health Maintenance* oder *Preferred Provider Organisations;*
– die Unterstützung des *Pharmaceutical Benefit Managements,* dh des Einkaufs- und Verteilungsmanagements von Arzneimitteln oder
– das Betreiben von Klinikketten in Trägerschaft von privaten Krankenversicherungsunternehmen.[236]

110 **Chronische Krankheiten** verursachen heute einen Großteil der Leistungsausgaben bei gleichzeitiger besonders hoher Belastung des betroffenen Patienten. Die Verbesserung der Lebensqualität bei gleichzeitiger Optimierung der Behandlungsabläufe ist deshalb eine gleichlautende Forderung der versicherten Kunden, des Versicherers und auch des Gesetzgebers. Im Bereich der gesetzlichen Krankenversicherung sieht Letzterer für die Leistungserbringer in den §§ 135a ff. SGB V die Verpflichtung zur Qualitätssicherung ebenso vor wie er in den §§ 137 f. SGB V strukturierte Behandlungsprogramme befürwortet. Die §§ 140a ff. SGB V gestatten es den Kassen, Verträge über eine verschiedene Leistungssektoren übergreifende Versorgung abzuschließen. Das SGB XI sieht für die soziale Pflegeversicherung in den §§ 7a und 7c SGB XI einen Anspruch auf individuelle Beratung und Hilfe durch einen Pflegebegleiter und die Einrichtung von Pflegestützpunkten vor.

Die privaten Krankenversicherungsunternehmen bieten vergleichbare Lösungen bereits seit Längerem an. **Disease-Management-Programme** wie die Begleitung chronisch kranker Patienten können dazu beitragen, notwendige medizinische Maßnahmen frühzeitig durchzuführen und so Folgeerkrankungen zu vermeiden. Angebote der Prävention und der Prophylaxe unterstützen dieses Ziel ebenso wie spezielle Patientenschulungen. In der Pflegeversicherung bietet die COMPASS Private Pflegeberatung GmbH eine kostenfreie Pflegeberatung an.

111 Ebenfalls sinnvoll und von der Regelung mit umfasst sind besondere Formen des **Versorgungsmanagements:** Ein in der Praxis häufig zu beobachtendes Problem ist die – auch zeitlich – nicht immer sachgerechte Sicherstellung einer Anschlussversorgung nach einer stationären Krankenhausbehandlung. Beispiele sind Maßnahmen der Rehabilitation oder der Aufnahme in eine Pflegeeinrichtung. Es liegt im Interesse aller Beteiligten, insbesondere der betroffenen Patienten, hier einfache Lösungen anzubieten. Dies kann und soll der Krankenversicherer leisten dürfen.

112 Parallel zu dem Weg der Kundenberatung und -betreuung befürworten die PKV-Unternehmen zunehmend **Kooperationen mit Leistungserbringern.** Dabei ermöglichen fachübergreifende, interdisziplinäre Gruppenpraxen ein qualitativ hochwertiges und effizientes Leistungsangebot. Die direkte Zusammenarbeit zwischen Versicherer und Ärzten kann allen Beteiligten eine Reihe von Vorteilen bieten:

Für den Patienten:
– Steigerung der Versorgungs- und Leistungsqualität, schnelle Diagnose, kürzere Behandlungsabläufe, Ausschluss vermeidbarer Doppeluntersuchungen;
– kein Eingriff in das Vertrauensverhältnis Arzt-Patient durch nachträgliche Streitigkeiten.

Für den Arzt:
– optimale Behandlungsgrundlage;
– einfache und schnelle Abrechnung, Entlastung von Verwaltungskosten.

Für den Versicherer:
– Möglichkeit einer einvernehmlichen Klärung gebührenrechtlicher Fragen;
– hohe Kundenakzeptanz durch Mehrleistung im Vergleich zur bloßen Kostenerstattung.

113 Voraussetzung für die Zulässigkeit von Tätigkeiten der genannten Art ist neben einer entsprechenden Vereinbarung mit dem Versicherungsnehmer zunächst die Beachtung der **versicherungsaufsichtsrechtlichen Vorgaben:**

---

[236] Vgl. BT-Drs. 16/3945, 139.

Zu diesen zählt insbesondere das in § 15 VAG genannte Verbot des Betreibens **versicherungsfremder Geschäfte:** Versicherungsunternehmen dürfen grds. nur solche Geschäfte betreiben, die mit dem Versicherungsgeschäft in unmittelbarem Zusammenhang stehen. Wann dies der Fall ist, richtet sich insbes. nach der Verkehrsauffassung.[237] Daneben sind generell die Ansichten des Rechts- und Handelsverkehrs zu berücksichtigen. Dabei sind Änderungen infolge der Europäisierung und Globalisierung der Märkte zu beachten.[238]

In der Praxis wenden sich zunehmend mehr Versicherungsnehmer an ihren Krankenversicherer als sachkundigen Kenner in sämtlichen gesundheitsrelevanten Fragen. Sie erhoffen sich nicht nur Hinweise zu Maßnahmen, mit denen dem Eintritt von Erkrankungen vorgebeugt werden kann, sondern erbitten konkrete Verhaltensratschläge oder auch Angaben zu geeigneten Behandlungsmethoden. Die Kunden erwarten von dem privaten Krankenversicherer neben der Übernahme der Behandlungskosten Beratung, Unterstützung und Mitwirkung in allen gesundheitsbezogenen Fragen.

Die privaten Krankenversicherer haben auf diese Anforderungen reagiert und bieten sowohl über Call-Center als auch über Broschüren oder im Internet entsprechende Informationen an. Neben dem schon angesprochenen Disease- und Case-Management ist der gemeinsam mit Unternehmen der privaten Krankenversicherung erfolgende Aufbau von Ärztenetzwerken zu beobachten. Diese bieten ua im Fall von schweren Erkrankungen Zugang zu besonderen Spezialisten.

Versicherungsaufsichtsrechtlich ist die **Zulässigkeit** auch solcher ergänzenden Serviceleistungen zu bejahen: Der unmittelbare Zusammenhang zum Produkt Krankenversicherung folgt zum einen aus der dargelegten Erwartungshaltung der Versicherten in der privaten Krankenversicherung. Mit der Nennung der Maßnahmen des Gesundheitsmanagements in § 192 Abs. 2 hat der Gesetzgeber dies aufgegriffen.

Zum anderen verdeutlicht die teleologische Auslegung des § 15 VAG, dass Maßnahmen des Gesundheitsmanagements in dem Umfang unbedenklich sind, wie sie keine finanziellen Risiken beinhalten: Das Verbot des Betreibens versicherungsfremder Geschäfte soll verhindern, dass der Versicherer in anderen als dem Wesen der Versicherung typischen Bereichen Tätigkeiten ausübt, welche der Versicherungsnehmer mit seinen Prämien ausgleichen muss.[239] Der Versicherungsnehmer zahlt die Prämie, um sich gegen den Eintritt eines ungewissen Ereignisses abzusichern *und* weitere vertraglich vereinbarte Leistungen zu erhalten.

Andererseits möchte er mit seinen Prämien keine Verluste aus gänzlich anderen Aktivitäten des Unternehmens ausgleichen. Aus diesem Grund wurde bspw. die Abgabe einer Patronatserklärung durch einen Schadenversicherer als unzulässig angesehen.[240] Besteht ein solches finanzielles Risiko nicht, ist das Betreiben des Geschäfts dagegen zulässig.

Dies muss hinsichtlich der oben genannten Serviceleistungen auch deshalb gelten, weil diese gerade dazu dienen, den Umfang des Schadens zu reduzieren bzw. den Eintritt des Versicherungsfalles zu verhindern. Diese Bewertung entspricht der in Art. 8 Abs. 1 lit. b der 1. RL-Schaden festgelegten EG-rechtlichen Vorgabe: Nach der Vorstellung des europäischen Gesetzgebers sollen die Interessen der Versicherten nur gegen solche Risiken geschützt werden, welche die **Solvabilität** des Versicherungsunternehmens beeinträchtigen können.[241]

Versicherungsaufsichtsrechtlich ist deshalb auch die Berechtigung des privaten Krankenversicherers zu bejahen, sich an einer Gesellschaft zu *beteiligen,* die ihrerseits medizinische Leistungen anbietet. § 15 VAG soll lediglich verhindern, dass der Versicherer in anderen als dem Wesen der Versicherung typischen Bereichen Tätigkeiten übernimmt, welche die Gefahr finanzieller Verluste in sich bergen. Dieses Risiko besteht nicht, wenn Zahlungs- oder Haftungsansprüche auf das Vermögen der separaten Gesellschaft beschränkt sind und beschränkt bleiben. In diesen Fällen werden schutzwürdige Interessen der Versicherten nicht beeinträchtigt.[242]

Im Zusammenhang mit diesen vereinbarten Maßnahmen anfallende Kosten dienen der Erfüllung des **Hauptleistungsversprechens.** Sie können deshalb bei der Beitragskalkulation als Aufwendung für Versicherungsfälle iSd § 41 RechVersV Berücksichtigung finden.

Versicherungsvertragsrechtlich ist die Erbringung der genannten Maßnahmen des Leistungs- und Gesundheitsmanagements seitens des Versicherers infolge der in § 192 Abs. 3 ausdrücklich genannten Option, „zusätzliche Dienstleistungen" vereinbaren zu dürfen, ohne Weiteres zulässig.

---

[237] *Präve* in Prölss/Dreher VAG § 15 Rn. 10 ff.
[238] OLG Hamburg VerBAV 2000, 163 ff.; *Präve* in Prölss/Dreher VAG § 15 Rn. 10.
[239] OLG Hamm VerBAV 2000, 163; Beschlusskammer des BAV VerBAV 1996, 284; EuGH VersR 2001, 313; *Bähr* in KBP VAG § 7 Rn. 8.
[240] Beschlusskammer des BAV VerBAV 1996, 284.
[241] EuGH VersR 2001, 313 (315).
[242] EuGH VersR 2001, 313.

Wie oben bereits dargelegt, bringt der Gesetzgeber mit der Regelung gerade zum Ausdruck, dass er dem privaten Krankenversicherer in den Bereichen Service, Beratung, Kundenunterstützung sowie des Leistungs- und Gesundheitsmanagements einen weiten Gestaltungsspielraum einräumen möchte. Dies entspricht zugleich dem verfassungsrechtlichen Bekenntnis zur freien, auf privaten Wettbewerb ausgerichteten Wirtschaftsordnung.[243] Die Grundrechte der allgemeinen Handlungsfreiheit iSd Art. 2 GG und der Berufsausübung gem. Art. 12 GG einschließlich der erwerbswirtschaftlichen Betätigung gelten gem. Art. 19 Abs. 3 GG auch für juristische Personen wie Unternehmen der privaten Krankenversicherung.

118 Die Umsetzung konkreter Maßnahmen des Gesundheitsmanagements darf allerdings den Hauptzweck des privaten Krankenversicherungsvertrages nicht unterlaufen. Die in § 192 Abs. 1 für die Krankheitskostenversicherung genannte Kernleistung Aufwendungsersatz bei einer **medizinisch notwendigen Heilbehandlung** muss erhalten bleiben.

Dies schließt Abweichungen von einzelnen Regelungen, insbes. den MB/KK, nicht aus. So schränkt bspw. das sog. „**Hausarzt-Modell**" die in § 4 Abs. 2 MB/KK festgelegte *freie Arztwahl* ein. Dies ist aufgrund der bestehenden Vertragsfreiheit zunächst nicht zu beanstanden. Auch die in § 192 genannten vertragstypischen Leistungen der privaten Krankenversicherung schreiben die Möglichkeit, jeden beliebigen Arzt wählen zu dürfen, nicht vor.

119 Zu prüfen bleibt die Vereinbarkeit vergleichbarer Einschränkungen unter **AGB-rechtlichen Aspekten**, dh mit den §§ 305 ff. BGB:

Tarife und Tarifbedingungen unterliegen nach stRspr des BGH immer dann der Inhaltskontrolle, wenn es sich nicht um reine Leistungsbeschreibungen handelt, die Art, Umfang und Güte der geschuldeten Leistung festlegen. Abreden der Parteien über den unmittelbaren Gegenstand der Hauptleistungen sind der gerichtlichen Nachprüfung entzogen. Dagegen sollen Klauseln, die das Hauptleistungsversprechen einschränken, verändern, ausgestalten oder modifizieren, der Inhaltskontrolle unterworfen sein. Von ihr ausgenommen bliebe mithin nur der enge Bereich der Leistungsbeschreibungen, ohne deren Vorliegen mangels Bestimmtheit oder Bestimmbarkeit des wesentlichen Vertragsinhaltes ein wirksamer Vertrag nicht angenommen werden könne.[244]

Sieht man bspw. die genannte Begrenzung der freien Arztwahl als Modifizierung der in § 1 Abs. 2 MB/KK versprochenen Leistungspflicht für medizinisch notwendige Maßnahmen an, wäre eine entsprechende Regelung damit der Inhaltskontrolle nach den §§ 305 ff. BGB unterworfen.

Nach § 307 Abs. 1 BGB sind Bestimmungen in AGB unwirksam, wenn sie den Vertragspartner des Verwenders entgegen den Geboten von Treu und Glauben unangemessen benachteiligen. Eine unangemessene Benachteiligung ist nach Abs. 2 auch anzunehmen, wenn die Bestimmung wesentliche Rechte, die sich aus der Natur des Vertrags ergeben, so einschränkt, dass die Erreichung des Vertragszwecks gefährdet ist. Sinn und Zweck des Abschlusses eines privaten Krankenversicherungsvertrages ist die Erlangung der medizinisch notwendigen diagnostischen und therapeutischen Maßnahmen bei Krankheit oder Unfallfolgen. Darüber hinaus sind sowohl der Versicherungsnehmer als auch der Versicherer (Letzterer aus Wettbewerbsgründen) an möglichst niedrigen Prämien interessiert. Dies zu erreichen, ist neben der Sicherung einer besonderen Qualität der medizinischen Leistungen eines der – eingangs dargelegten – Ziele des Gesundheitsmanagements. Die – frei wählbare – Begrenzung der freien Arztwahl verbunden mit dem Angebot, eine kostengünstige Behandlung nach bewährten Leitlinien zu erhalten, dient der Erreichung dieses im Interesse beider Vertragsparteien liegenden Ziels. Die freiwillig akzeptierte Beschränkung der Arztwahl ist deshalb als angemessen zu bewerten.

Zu beachten ist allerdings, dass eine adäquate Behandlung oftmals die kurzfristige Erreichbarkeit des Behandlers erforderlich machen kann. Voraussetzung einer Begrenzung der freien Arztwahl ist deshalb eine ausreichende flächendeckende Versorgung mit entsprechenden medizinischen Leistungen. Solange dies nicht sichergestellt werden kann, muss dem Versicherungsnehmer = Patient die Möglichkeit einer anderweitigen medizinischen Inanspruchnahme im Notfall eingeräumt werden.

Besonderes Gewicht ist auf die Einhaltung des Transparenzgebotes zu legen: Der Kunde muss über die Einschränkung des Versicherungsschutzes als Gegenleistung für die niedrigeren Prämien oder die Vorteile einer optimierten Steuerung des Behandlungsprozesses klar informiert werden. Unter dieser Voraussetzung bestehen gegen die Begrenzung der Erstattungsleistungen grds. keine Bedenken.[245]

120 Kooperationen mit Leistungserbringern können kartellrechtlich relevant sein: So ließ § 14 GWB aF Vereinbarungen des Arztes mit einem Dritten über die Höhe der von ihm gegenüber seinem Patienten zu berechnenden *Vergütung* grds. nicht zu.

---

[243] *Jarass* in Jarass/Pieroth GG Art. 12 Rn. 2 mwN.
[244] BGH VersR 1999, 745 (747); BGHZ 93, 358 (360) mwN; *Römer* NVersZ 1999, 97.
[245] BGH r+s 2006, 159 ff.

Nach den §§ 1, 2 GWB aktueller Fassung sind solche Vereinbarungen von dem grds. bestehenden Kartellverbot freigestellt, die „unter angemessener Beteiligung der Verbraucher an dem entstehenden Gewinn zur Verbesserung der Warenerzeugung oder -verteilung oder zur Förderung des technischen oder wirtschaftlichen Fortschritts beitragen, ohne dass den beteiligten Unternehmen Beschränkungen auferlegt werden, die für die Verwirklichung dieser Ziele nicht unerlässlich sind, oder Möglichkeiten eröffnet werden, für einen wesentlichen Teil der betreffenden Waren den Wettbewerb auszuschalten". Demnach kommt es neben der Ausgestaltung der Vereinbarung zwischen Versicherer und Leistungserbringer über die Höhe des von diesem gegenüber dem Dritten (= Patienten) zu berechnenden Honorars maßgeblich darauf an, ob der Versicherte hiervon profitiert. Dies wird idR zu bejahen sein, da entsprechende Vergütungsvereinbarungen gerade mit dem Ziel geschlossen werden, die Höhe der Versicherungsleistungen und der Verwaltungskosten zu begrenzen. Dies wirkt sich günstig auf die zu zahlende Versicherungsprämie aus und kommt damit den Versicherten als Verbraucher zugute.

Im Übrigen hatte der BGH schon nach dem GWB aF in seinem Urteil zum Kostenersatz einer gesetzlichen Krankenkasse für einen Zahnersatz aus Manila entschieden, dass ein Verstoß gegen das Preisbindungsverbot (vertikales Kartell) nicht vorliege, wenn eine Vertragspartei zwar nicht selbst als (tatsächlicher und rechtlicher) Nachfrager der Leistung auftritt, jedoch das *wirtschaftliche* Risiko der Auswahlentscheidung trägt.[246] Der BGH hat die Auftragsvergabe hier mit einem Kommissionsgeschäft verglichen, bei dem es dem Geschäftsherrn selbstverständlich gestattet ist, auf das vom Kommissionär oder Handelsvertreter abzuschließende Geschäft, insbes. die Preisgestaltung, Einfluss zu nehmen.

Soweit die privaten Krankenversicherer ihren Kunden eine **fernmündliche ärztliche Beratung** am Telefon oder über das Internet anbieten, sind auch die Vorgaben des ärztlichen Berufsrechts zu beachten:

Gem. § 7 Abs. 4 MBO-Ä beraten und behandeln Ärztinnen und Ärzte Patientinnen und Patienten „im persönlichen Kontakt". Nach S. 2 der gleichen Regelung können sie dabei Kommunikationsmedien unterstützend einsetzen.

Auch die Berufsordnung lässt also eine fernmündliche Beratung grds. zu. Das Bedürfnis der Patienten an einer schnellen und einfachen Einholung allgemein gehaltener Auskünfte wird anerkannt. Auf dem Deutschen Ärztetag im Mai 2018 hat die Ärzteschaft den berufsrechtlichen Rahmen zulässiger Fernbehandlungsformen deutlich liberalisiert.[247] Nach § 7 Abs. 4 S. 3 MBO-Ä ist nun „eine ausschließliche Beratung oder Behandlung über Kommunikationsmedien [...] im Einzelfall erlaubt, wenn dies ärztlich vertretbar ist und die erforderliche ärztliche Sorgfalt insbesondere durch die Art und Weise der Befunderhebung, Beratung, Behandlung sowie Dokumentation gewahrt wird und die Patientin oder der Patient auch über die Besonderheiten der ausschließlichen Beratung und Behandlung über Kommunikationsmedien aufgeklärt wird."[248] Unterschieden werden muss ohnehin zwischen einer individuellen ärztlichen Behandlung einerseits und der grundsätzlich zulässigen Erteilung allgemeiner medizinischer Informationen andererseits. Sachliche, allgemein gehaltene medizinische Informationen zu Krankheitsbildern oder typischen Therapiemöglichkeiten sind zulässig.[249] Hierzu zählt auch die Empfehlung, einen anderen Arzt aufzusuchen. Dies ist kein Fall einer individuellen ärztlichen Behandlung.

E. Krankenhaustagegeldversicherung (Abs. 4)

I. Zweck

§ 192 Abs. 4 bestimmt, dass der Versicherer im Falle einer medizinisch notwendigen stationären Heilbehandlung ein Krankenhaustagegeld in vereinbarter Höhe zu leisten hat. Der Versicherer verspricht dem Versicherungsnehmer unter den genannten Voraussetzungen die Zahlung einer im Vorhinein festgelegten Summe für jeden Tag der stationären Behandlung. Sie dient nicht der konkreten, sondern der abstrakten Bedarfsdeckung. Die Krankenhaustagegeldversicherung soll dem Versicherten für die Zeit, in der er im Krankenhaus gewissen Einschränkungen unterliegt, unabhängig von den Behandlungs- und Krankenhauskosten gewisse Annehmlichkeiten ermöglichen.[250] Damit handelt es sich um eine klassische Summenversicherung. Die §§ 74–80, 82–87 finden gem. der

---
246 BGH VersR 2000, 1256 ff.; iE ebenso *Stancke* VersR 2005, 1324 (1331).
247 *Hahn* NZS 2019, 253.
248 *Hahn* NZS 2019, 253.
249 Ärztliches Berufsgericht Niedersachsen MedR 2012, 839 f.
250 BGH NJW 1984, 1818.

Klarstellung in § 194 Abs. 1 S. 1 deshalb grds. keine Anwendung. Dies gilt insbes. auch für die Regelungen zur Mehrfachversicherung gem. den §§ 78–79. Dennoch erhöht sich bei Abschluss mehrerer Krankenhaustagegeldversicherungen das subjektive Risiko des Eintritts eines (fingierten oder verlängerten) Versicherungsfalles. Aus diesem Grund sieht § 9 Abs. 6 MB/KK die Obliegenheit vor, eine weitere Krankenhaustagegeldversicherung nur mit Einwilligung des Versicherers abzuschließen.

II. Begriff der stationären Behandlung

123 Gem. § 192 Abs. 4 setzt die Zahlung des Krankenhaustagegeldes eine **stationäre** Heilbehandlung voraus. Auch in Fällen, in denen der Versicherte lediglich eine private (Zusatz-)Krankenversicherung für stationäre Behandlungen, nicht aber für ambulante Behandlungen, besitzt, kann die Frage bedeutsam werden, ob eine Behandlung als „stationär" einzustufen ist. Neuere Versicherungsbedingungen sehen hier oftmals präzise Definitionen vor, mit denen Streitfälle weitgehend vermieden werden können. In älteren Versicherungsbedingungen fehlt es daran allerdings bisweilen. Wird der Begriff der „stationären Behandlung" in solchen Bedingungen nicht weiter erläutert, muss er in Zweifelsfällen unter der Rechtsprechung ausgelegt werden.

Für den Bereich der gesetzlichen Krankenversicherung ist vorrangig auf das Merkmal der geplanten Aufenthaltsdauer abzustellen, wobei zwischen vollstationärer, teilstationärer und ambulanter Behandlung unterschieden wird.[251] Dies ist jedoch auf den Bereich der privaten Krankenversicherung nicht ohne Weiteres übertragbar.[252] Vielmehr kommt es hier auf eine Gesamtabwägung der Umstände der Behandlung an, wobei Indizien für eine stationäre Behandlung zB
– die geplante und/oder tatsächliche Aufenthaltsdauer von zumindest 24 Stunden,
– die Unterbringung, Pflege und Versorgung auf der entsprechenden Fachstation,
– die Unterzeichnung eines Krankenhausaufnahmevertrages sowie
– der Einsatz spezifischer Mittel des Krankenhauses
sein können.[253]

Die tatsächliche Aufenthaltsdauer allein, auch wenn sie zumindest 24 Stunden beträgt, ist demgegenüber zur Begründung eines stationären Aufenthalts nicht ausreichend.[254]

Letztlich erfordern sämtliche vorgenannte Kriterien eine Beurteilung des jeweiligen Einzelfalles. Aus diesem Grund bietet sich eine klare Definition in den AVB selbst an. Eine Regelung, nach der eine stationäre Behandlung einen Krankenhausaufenthalt von mindestens 24 Stunden erfordert, ist in diesem Sinne hinreichend deutlich und damit auch rechtswirksam.[255]

124 Häufig sehen die Tarife aus der Krankheitskostenversicherung für den Fall der Nichtinanspruchnahme einer grds. erstattungsfähigen Wahlleistung wie eines Einbettzimmers die **ersatzweise** Zahlung eines Krankenhaustagegeldes vor. Der Versicherer honoriert den Verzicht, weil damit Kosten gespart werden. Hieran soll der Versicherungsnehmer mittels der Zahlung des Krankenhaustagegeldes teilhaben.

Dieser Gedanke setzt das Vorhandensein einer entsprechenden Wahlmöglichkeit auf Seiten des Versicherungsnehmers voraus. Bietet ein Krankenhaus generell nur einen gehobenen Standard wie Einzelzimmer an, fehlt es an der im Tarifregelung vorausgesetzten Einsparmöglichkeit. In diesem Fall besteht kein Anspruch auf Zahlung eines Ersatzkrankenhaustagegeldes.[256] Gleiches gilt für sog. **Urlaubstage** jedenfalls dann, wenn die Tarifbedingungen – wie dies der Regelfall ist – die Zahlung für jeden Tag eines „Aufenthaltes" im Krankenhaus vorsehen. Dies setzt bereits nach dem allgemeinen Sprachgebrauch die körperliche Anwesenheit im Krankenhaus voraus.[257]

F. Krankentagegeldversicherung (Abs. 5)

I. Rechtsgrundlagen, Rechtscharakter und Schutzzweck

125 **1. Rechtsgrundlagen.** Die Vorschrift des § 192 Abs. 5, die im Anschluss an Abs. 4 (Krankenhaustagegeld) die Krankentagegeldversicherung regelt, hat im Zuge der **VVG-Reform 2008** unverändert den früheren § 178b Abs. 3 VVG aF übernommen. Der Gesetzgeber hat also bei der Kranken-

---
[251] BSG MedR 2004, 702.
[252] OLG Köln VersR 2010, 241; aA *Voit* in Prölss/Martin VVG § 192 Rn. 172.
[253] OLG Köln VersR 2010, 241.
[254] OLG Köln VersR 2010, 241.
[255] AG Wartburg NVersZ 2002, 76 f.
[256] OLG Frankfurt a. M. VersR 2004, 368 f.
[257] BGH NJW 1984, 1818.

tagegeldversicherung keinen Reformbedarf gesehen, sondern sich dafür entschieden, die Krankentagegeldversicherung weiterhin nicht näher zu kodifizieren. Die Ausgestaltung der Krankentagegeldversicherung ist damit der AVB-Ebene überlassen. Ergänzungsbedarf sah der Gesetzgeber in der Folgezeit für Verdienstausfälle infolge von Mutterschutz, weshalb durch Gesetz vom 4.4.2017[258] § 192 Abs. 5 S. 2 eingeführt wurde.

Für nahezu alle Krankentagegeldversicherungsverträge in Deutschland gelten – soweit es sich **126** nicht um besondere Erscheinungsformen wie etwa die Restschuldversicherung[259] handelt – die **MB/KT**, die in Form der MB/KT 1978, der MB/KT 1994, der MB/KT 2008 oder der MB/KT 2009 regelmäßig aktualisiert wurden, wobei sich die verschiedenen Fassungen jeweils nur geringfügig unterscheiden.[260] Obwohl eine einheitliche Verwendung als Mindeststandard seit der Deregulierung 1995 nicht mehr aufsichtsbehördlich vorgegeben werden kann, halten die Versicherer auch heute noch weitgehend an den bewährten MB/KT fest und ergänzen diese durch unternehmens- und tarifspezifische Tarifbedingungen.

2. Rechtscharakter und Schutzzweck. Die Krankentagegeldversicherung ist **Verdienstaus-** **127** **fallversicherung.**[261] Sie bietet nach dem Wortlaut von § 1 Abs. 1 S. 1 MB/KT „Versicherungsschutz gegen Verdienstausfall als Folge von Krankheiten oder Unfällen, soweit dadurch Arbeitsunfähigkeit verursacht wird". Auch die gesetzliche Regelung spricht ausdrücklich davon, es sei der „als Folge von Krankheit oder Unfall durch Arbeitsunfähigkeit verursachte Verdienstausfall durch das vereinbarte Krankentagegeld zu ersetzen". Die Zweckbestimmung des Krankentagegeldes liegt darin, die dem Versicherungsnehmer durch den Ausfall seiner Arbeitskraft entstandenen Verdiensteinbußen auszugleichen.[262] Entsprechend dieser Zweckbestimmung haben die Versicherer auf verschiedene berufliche Situationen zugeschnittene Tarife entwickelt. So sehen Tarife für Arbeitnehmer regelmäßig vor, dass erst nach Ablauf von 42 **Karenztagen** geleistet wird, also nach dem Ende der Entgeltfortzahlungspflicht des Arbeitgebers gem. § 3 EFZG. Gesetzlich versicherte Arbeitnehmer, die im Anschluss an diesen Zeitraum einen Krankengeldanspruch gegen ihre gesetzliche Krankenkasse haben, können idR nach den tariflichen Vorgaben der Versicherungsunternehmen (nur) die Differenz zwischen Krankengeld[263] und Nettoeinkommen durch eine private Krankentagegeldversicherung absichern. Hingegen gibt es für Selbständige und Freiberufler Tarife, nach denen das Krankentagegeld schon nach geringeren Karenzzeiten gezahlt wird, wobei die Mindestkarenzzeit idR drei Tage beträgt.

Vor dem Hintergrund dieser Zweckbestimmung liegt es nahe, das **Entstehen von Verdienst-** **128** **ausfall als eine Anspruchsvoraussetzung** in der Krankentagegeldversicherung anzusehen. So heißt es in einer älteren Entscheidung des OLG Köln, dass Sinn und Zweck der Krankentagegeldversicherung der Versicherungsschutz gegen Verdienstausfall als Folge von Krankheit sei und sich daraus ergebe, dass für eine Versicherungsleistung kein Bedürfnis bestehe, wenn dem Versicherungsnehmer durch seine Krankheit keinerlei Verdienstausfall entsteht.[264] Im dort entschiedenen Fall waren Arbeitslosengeld und eine Verwaltervergütung unverändert weitergezahlt worden. Allerdings berücksichtigen derartige Erwägungen nicht hinreichend, dass die Krankentagegeldversicherung nach den MB/KT als Summenversicherung ausgestaltet ist.[265] Regelmäßig ist nämlich nicht die Berechnung der Versicherungsleistung nach Maßgabe eines konkreten Verdienstausfalls vereinbart, sondern ein von vornherein vereinbartes Tagegeld in einer bestimmten Höhe, also eine abstrakte Bedarfsdeckung.[266] Zwar orientiert sich diese – jedenfalls bei Vertragsabschluss – zumeist möglichst eng am kalendertäglichen Nettoeinkommen und somit am konkreten Bedarf. Eine ständige und automatische Anpassung an Einkommensschwankungen sehen die MB/KT aber gerade nicht vor. Vielmehr soll pauschal ein Bedarf gedeckt werden, von dem angenommen wird, dass er bei durch Arbeitsunfähigkeit eintretendem Verdienstausfall entstehen könne.[267] Die vom Versicherer im Versicherungsfall zu erbringende Leistung ist also bereits vorher fest bestimmt.[268] Es handelt sich deshalb bei der

---

[258] BGBl. 2017 I 778-790.
[259] Zur Einordnung der Restschuldversicherung als Krankentagegeldversicherung *Henrichs* VW 1990, 341.
[260] Die MB/KT 1994 sind mit Hinweisen auf Abweichungen zu den MB/KT 1978 abgedr. bei *Bach/Moser*, 4. Aufl. 2009, S. 569; zur Einbeziehung der MB/KT 2008/2009 in laufende Verträge → Vor § 192 Rn. 1438 ff.
[261] *Wilmes* in Bach/Moser MB/KT § 1 Rn. 1 mwN.
[262] *Wilmes* in Bach/Moser MB/KT § 1 Rn. 1 mwN.
[263] Zur Krankengeldhöhe in der GKV § 47 SGB V.
[264] OLG Köln VersR 1988, 593 (594).
[265] BGH VersR 2001, 1100 (1101).
[266] BGH VersR 2001, 1100 (1101).
[267] BGH VersR 2001, 1100 (1101).
[268] *Wilmes* in Bach/Moser MB/KT § 1 Rn. 4.

Krankentagegeldversicherung um eine nach den Grundsätzen der Schadensversicherung betriebene **Summenversicherung**.[269] Diese Ausgestaltung ist dabei nicht etwa vom Gesetzgeber vorgegeben, sondern Folge der gängigen versicherungsvertraglichen Vereinbarungen. Es wäre rechtlich zulässig, die Krankentagegeldversicherung auch als Schadensversicherung auszugestalten.[270]

129 Konsequenz der Ausgestaltung als Summenversicherung ist, dass dem Versicherungsnehmer im Versicherungsfall nicht entgegengehalten werden kann, das vereinbarte Krankentagegeld gehe über den konkreten Bedarf hinaus oder es bestehe überhaupt kein konkreter Bedarf bzw. es sei ihm kein konkreter Schaden entstanden.[271] In Betracht kommen kann in derartigen Fällen allerdings eine Leistungsfreiheit oder Leistungskürzung wegen **vorvertraglicher Anzeigepflichtverletzungen**,[272] Verletzung nachvertraglicher Anzeigeobliegenheiten (→ Rn. 169) oder des Wegfalls der Versicherungsfähigkeit (→ Rn. 186). Die bloße Tatsache, dass kein Schaden oder kein Schaden in Höhe des versicherten Tagegeldes entstanden ist, rechtfertigt hingegen keine Leistungseinschränkung. In Einzelfällen kann auch eine Vertragsanpassung nach § 313 BGB wegen Fehlens der Geschäftsgrundlage in Betracht kommen.[273]

130 Aus der Konstruktion als Summenversicherung folgt, dass die Vorschriften des VVG zur Schadensversicherung grds. nicht anwendbar sind. Denn nach § 194 Abs. 1 S. 1 sind die Bestimmungen der §§ 74–81, 83–88 nur anwendbar, soweit der Versicherungsschutz nach den Grundsätzen der Schadensversicherung gewährt wird. Vgl. zu den Einzelheiten die Kommentierung zu → § 194 Rn. 9 ff.

II. Versicherungsfähigkeit

131 In den tariflichen Regelungen ist häufig die Zugehörigkeit zu einer bestimmten **Berufsgruppe** als Voraussetzung der Versicherungsfähigkeit in dem jeweiligen Tarif statuiert. Schon wegen der unterschiedlichen Karenzzeiten (→ Rn. 127) gibt es für Selbständige und abhängig Beschäftigte zumeist eigenständige Tarife, in denen jeweils die selbständige bzw. angestellte Erwerbstätigkeit Voraussetzung der Versicherungsfähigkeit ist. Manche Tarife sehen darüber hinaus die Zugehörigkeit zu einer bestimmten Berufsgruppe als Voraussetzung der Versicherungsfähigkeit vor. Die verschiedenen Tarife sind als Folge der mit der Berufszughörigkeit typischerweise verbundenen Risikolagen unterschiedlich kalkuliert. Dem liegen Erfahrungen und Auswertungen zugrunde, wonach die Wahrscheinlichkeit des Schadenseintritts in der Krankentagegeldversicherung je nach Berufsgruppe unterschiedlich ausgeprägt ist. Dabei spielen nicht nur Erwägungen zum subjektiven Risiko eine Rolle. Das subjektive Risiko soll etwa bei Selbständigen idR geringer sein als bei Arbeitnehmern. Hinzu kommen objektivierbare Umstände, wie etwa unterschiedlich ausgeprägte Anforderungen an die körperliche und geistige Leistungsfähigkeit, die zur Folge haben, dass eine bestimmte Erkrankung in einem Beruf mit hohen Anforderungen zur Arbeitsunfähigkeit führt, während einem Beruf mit niedrigeren Anforderungen mit derselben Erkrankung noch teilweise nachgegangen werden könnte. Ebenfalls eine Rolle bei der Kalkulation spielen mit bestimmten Berufen verbundene erhöhte Krankheits- und Verletzungsrisiken.

132 Aus diesen Erwägungen folgt, dass die im Tarif vorausgesetzte Zugehörigkeit zu einer bestimmten Berufsgruppe regelmäßig **gefahrerheblicher Umstand** iSd § 19 ist.[274]

133 Gingen beide Parteien beim Vertragsabschluss von falschen Umständen hinsichtlich der Berufstätigkeit aus, kommt eine **Vertragsanpassung** nach § 313 Abs. 2 BGB (Fehlen der Geschäftsgrundlage) in Betracht.[275] Dies gilt allerdings nur, soweit die tatsächlich ausgeübte Tätigkeit nicht unter den gewählten Tarif fällt. Rein interne Annahmerichtlinien haben dabei außer Betracht zu bleiben.[276]

134 Zu nach Vertragsschluss eintretenden tarifrelevanten Änderungen der beruflichen Tätigkeit → Rn. 187 ff.

135 Da die Krankentagegeldversicherung im Regelfall nicht als Schadensversicherung ausgestaltet ist (→ Rn. 128), ist § 74 **(Überversicherung)** nicht unmittelbar anwendbar, wenn der Versicherungsnehmer fälschlich zu einem Tarif versichert worden ist, der Berufsgruppen vorbehalten ist, die typischerweise einen höheren Verdienstausfall erleiden.[277]

---

[269] Amtl. Begr., des Entwurfs von § 178b VVG aF, BT-Drs. 12/6959, 104.
[270] BGH VersR 2001, 1100 (1101).
[271] Abweichend OLG Celle VersR 2010, 1486 für Anrechnung von Verletztengeld der Berufsgenossenschaft.
[272] Vgl. die Kommentierung zu → § 19.
[273] Voit in Prölss/Martin MB/KT § 4 Rn. 8.
[274] Rechte wegen Verletzung der vorvertraglichen Anzeigeobliegenheit bejaht auch Voit in Prölss/Martin MB/KT § 2 Rn. 6; Tschersich in Beckmann/Matusche-Beckmann VersR-HdB § 45 Rn. 19.
[275] OLG Köln VersR 1990, 769 (771); Voit in Prölss/Martin MB/KT § 2 Rn. 8.
[276] OLG Köln VersR 1990, 769 (771).
[277] OLG Köln VersR 1990, 769 (771), lehnt auch eine analoge Anwendung (damals § 51) ab.

III. Einkommen des Versicherungsnehmers und Höhe des versicherbaren Krankentagegeldes

Nach der Gesetzesformulierung ist der „Verdienstausfall durch das vereinbarte Krankentagegeld 136 zu ersetzen". Das Gesetz überlässt die Ausgestaltung der **Krankentagegeldhöhe** also der Disposition der Vertragsparteien, geht aber zugleich von der Annahme aus, dass Schutzzweck der Ausgleich von Verdienstausfall ist.[278] Die MB/KT stellen in § 4 Abs. 2–4 eine Bindung des Tagegeldsatzes an das Nettoeinkommen her. Anlass hierfür ist die durch Erfahrungswerte belegte Annahme, dass das subjektive Risiko und damit die Wahrscheinlichkeit des Versicherungsfalls ansteigen, wenn das Krankentagegeld das aus der beruflichen Tätigkeit herrührende Nettoeinkommen übersteigt.[279] Es soll vermieden werden, dass der Versicherungsnehmer im Fall des Krankentagegeldbezugs finanziell besser gestellt ist als in Zeiten der beruflichen Tätigkeit.

1. Ermittlung des Nettoeinkommens. Die unternehmensindividuellen **Tarifbedingungen** 137 der Versicherer sehen unterschiedlich ausgestaltete Definitionen des Nettoeinkommens vor, wobei manche Versicherer seit jeher eindeutige und transparente Regelungen in ihren Tarifbedingungen hatten, während andere infolge eines Urteils des BGH v. 6.7.2016[280] transparente Regelungen eingeführt haben. Angesichts der unterschiedlichen tariflichen Regelungen ist vor einer unreflektierten Verallgemeinerung von zu diesem Thema ergangenen Urteilen zu warnen; erforderlich ist stets eine präzise Berücksichtigung und Bewertung der konkret zu beurteilenden Tarifbedingungen. Mit dieser Einschränkung lässt sich zunächst die Kasuistik wie folgt zusammenfassen:

Nach § 4 Abs. 2 S. 2 MB/KT ist für die Berechnung des Nettoeinkommens der Durchschnitts- 138 verdienst der letzten zwölf Monate vor Antragstellung bzw. vor Eintritt der Arbeitsunfähigkeit maßgebend. Beim **Arbeitnehmer** lässt sich das Nettoeinkommen idR durch Abzug von Steuern und Sozialabgaben vom Bruttoverdienst ermitteln. Größere Schwierigkeiten bereitet in der Praxis die Ermittlung des Nettoeinkommens beim **Selbständigen**, soweit sich nicht in den Tarifbedingungen genauere Definitionen finden. Während beim Arbeitnehmer das Nettoeinkommen zuverlässig anhand des Einkommensteuerbescheides ermittelt werden kann, ist die Aussagekraft des Steuerbescheides beim Selbständigen begrenzt. Insbesondere stellt sich hier die Frage, ob steuerlich absetzbare Unkosten oder Investitionen verdeckte Nettoeinkünfte sein können. Dies lässt sich nicht pauschal bejahen oder verneinen. Ausgangspunkt ist in der Regel zunächst der Steuerbescheid (soweit vorhanden), von dessen Aussagekraft grds. auszugehen ist.[281] Für etwaige Abweichungen ist im Streitfall der Versicherungsnehmer darlegungsbelastet.[282] Strittig ist in diesem Zusammenhang häufig, ob die dem Selbständigen entstehenden Betriebskosten bei der Bemessung des Krankentagegeldes zu berücksichtigen sind. Dagegen spricht, dass nach dem allgemeinen Sprachgebrauch zum Nettoeinkommen die Betriebskosten nicht gehören, Nettoeinkommen vielmehr derjenige Betrag ist, der dem Selbständigen nach Abzug der Betriebskosten (sowie Abgaben und Steuern) übrig bleibt; dafür spricht ein mögliches Interesse des Versicherungsnehmers auch an der Absicherung seiner Betriebskosten.[283] Entscheidend ist daher letztlich die konkrete Definition in den unternehmensindividuellen Tarifbedingungen.

Manche Tarife definieren das Nettoeinkommen als einen bestimmten Prozentsatz des Bruttoein- 139 kommens. Zum Bruttoeinkommen soll nach einer Entscheidung des OLG Frankfurt a. M.[284] die Gesamtheit aller Einnahmen ohne Abzug der Betriebsausgaben gehören. Diese Wertung verwischt die Bedeutungsunterschiede zwischen den Begriffen „Einkommen" und „Umsatz", die Bestandteil des allgemeinen Sprachgebrauchs und der Verständnismöglichkeiten des durchschnittlichen (selbständig tätigen) Versicherungsnehmers sind.

Beim **GmbH-Geschäftsführer** kann im Einzelfall zweifelhaft sein, ob er als Selbständiger 140 oder Arbeitnehmer anzusehen ist. Jedenfalls, wenn der Geschäftsführer zugleich beherrschender Gesellschafter ist, muss man von Selbständigkeit ausgehen, denn hier überlagert die gewählte Rechtsform der GmbH und der hierdurch zugleich erforderliche, mit sich selbst geschlossene Anstellungsvertrag in bloß formeller Weise die faktisch selbständige Tätigkeit.[285] In einem solchen Fall kann das von dem beherrschenden Gesellschafter und Alleingeschäftsführer mit ihm selbst vereinbarte Geschäftsführergehalt nur dann als Bemessungsgrundlage des Krankentagegeldes herangezogen wer-

---

[278] Zum Charakter der KT-Versicherung als Verdienstausfallversicherung → Rn. 125 f.
[279] *Wilmes* in Bach/Moser MB/KT § 4 Rn. 6.
[280] BGH VersR 2016, 1177, dazu näher unten → Rn. 143.
[281] In diesem Sinne: LG Berlin r+s 2003, 510; LG Koblenz 14.4.2003 – 15 O 728/02.
[282] LG Koblenz 14.4.2003 – 15 O 728/02; LG Berlin r+s 2003, 510.
[283] Zum Meinungsstand BGH VersR 2016, 1177 Rn. 42.
[284] OLG Frankfurt a. M. VersR 2001, 318.
[285] OLG Bamberg r+s 2007, 513.

den, wenn dies mit der finanziellen und wirtschaftlichen Situation der GmbH auch tatsächlich vereinbar ist.[286] Anderenfalls hätte es ein Selbständiger in der Hand, auch wirtschaftlich unvertretbare, allein selbst bestimmte Einkünfte der Krankentagegeldberechnung zugrunde legen zu lassen.[287]

141   **2. Minderung des Einkommens während der Vertragslaufzeit.** Ist das Nettoeinkommen des Versicherungsnehmers während der Vertragslaufzeit unter das bei Vertragsabschluss zugrunde gelegte Einkommen gesunken, folgt hieraus – bei der üblichen Ausgestaltung der Krankengeld-versicherung als Summenversicherung[288] – nicht automatisch die Begrenzung der Versicherungsleis-tung auf den tatsächlichen Einkommensverlust.[289] Die Bestimmung des § 4 Abs. 2 MB/KT steht dem nicht entgegen. Diese Regelung ist keine Anspruchsbegrenzung, sondern lediglich ein program-matischer Grundsatz.[290] Möglich ist eine **Anpassung des versicherten Tagegeldes** an das gesun-kene tatsächliche Einkommen unter den Voraussetzungen des § 4 Abs. 4 MB/KT. Danach kann der Versicherer, der Kenntnis von einem gesunkenen Nettoeinkommen erlangt, das Krankentagegeld und den Beitrag mit Wirkung vom Beginn des zweiten Monats nach Zugang der Herabsetzungserklärung entsprechend dem geminderten Nettoeinkommen herabsetzen, und zwar unabhängig davon, ob der Versicherungsfall bereits eingetreten ist oder nicht. Bis zum Zeitpunkt der Herabsetzung wird die Leistungspflicht im bisherigen Umfang für eine bereits eingetretene Arbeitsunfähigkeit nicht berührt (§ 4 Abs. 4 S. 9 MB/KT). Wirksam wird die Herabsetzung durch eine einseitige empfangsbedürftige Willenserklärung des Versicherers.[291]

Die Regelung des § 4 Abs. 4 MB/KT ist weder gem. § 305c Abs. 1 BGB eine überraschende Klausel noch stellt sie eine unangemessene Benachteiligung iSd § 307 Abs. 2 BGB dar.[292] Auf die Gründe für die Einkommensminderung kommt es nicht an.[293] Allerdings hat der BGH in dem oben bereits angesprochenen Urteil v. 6.7.2016[294] die Regelung des § 4 Abs. 4 MB/KT aF wegen mangelnder Transparenz für unwirksam gehalten: Der durchschnittliche Versicherungsnehmer könne ihr nicht mit der gebotenen Klarheit entnehmen, welcher Bemessungszeitpunkt und -zeitraum für den gebotenen Vergleich des dem Vertrage ursprünglich zugrunde gelegten mit dem gesunkenen Nettoeinkommen maßgeblich sein solle. Zudem lasse die Klausel offen, wie sich das Nettoeinkom-men bei beruflich selbständigen Versicherungsnehmern zusammensetze. Ohne nähere Erläuterung im Tarif- und Bedingungswerk werde dem durchschnittlichen, juristisch nicht vorgebildeten Versi-cherungsnehmer nicht mit der gebotenen Klarheit vermittelt, was mit dem Begriff „Nettoeinkom-men" gemeint sei. Die Entscheidung des BGH greift somit nicht für Bedingungswerke, die eine – transparente – nähere Erläuterung des Begriffs enthalten – was für einige Bedingungswerke bereits vor der BGH-Entscheidung der Fall war. Im Übrigen haben die Versicherer, die noch keine hinrei-chend präzisen Tarifbedingungen hatten, **Bedingungsänderungen** nach § 203 Abs. 4 iVm § 164 durchgeführt.[295] Eine Klauselersetzung ist notwendig, damit der Versicherer auf eine Minderung des Nettoeinkommens der versicherten Person reagieren und das von ihm zu zahlende Krankentagegeld entsprechend anpassen und herabsetzen kann.[296] Denn die Krankentagegeldversicherung ist als Schutz gegen Verdienstausfall konzipiert. Ohne die Möglichkeit, das vereinbarte Krankentagegeld herabzusetzen, wäre es aber ohne Weiteres möglich, dass das Krankentagegeld deutlich über dem regulären Verdienst der versicherten Person läge.[297] Der lediglich seinen Verdienstausfall absichernde Versicherungsnehmer hat schon kein vertraglich geschütztes Interesse daran, im Krankheitsfall ein höheres Einkommen zu erhalten, als er bei bestehender Arbeitsfähigkeit erzielen würde.[298] Der Verband der Privaten Krankenversicherung hat § 4 Abs. 4 MB/KT überarbeitet und zu Anfang 2017 um Regelungen zum maßgebenden Zeitraum für Arbeitnehmer und für Selbständige ergänzt; Dies jeweils im Grundsatz und zudem für den Fall, dass bei Kenntniserlangung des Versicherers bereits Arbeitsunfähigkeit eingetreten ist.[299]

---

[286] OLG Bamberg r+s 2007, 513.
[287] OLG Bamberg r+s 2007, 513.
[288] → Rn. 126.
[289] BGH VersR 2001, 1100 (1101); *Wilmes* in Bach/Moser MB/KT § 4 Rn. 11 mwN.
[290] *Wilmes* in Bach/Moser MB/KT § 4 Rn. 8 mit ausführlicher Darstellung des Meinungsstandes.
[291] *Wilmes* in Bach/Moser MB/KT § 4 Rn. 11, 14 mwN; zu den inhaltlichen Anforderungen an eine Herabset-zungserklärung OLG Stuttgart VersR 1999, 1138.
[292] OLG München r+s 2012, 607; aA OLG Karlsruhe VersR 2015, 613.
[293] OLG München r+s 2012, 607.
[294] BGH VersR 2016, 1177.
[295] Näher dazu *Sauer* VersR 2016, 1160.
[296] OLG Düsseldorf 31.1.2020 – I-4 U 60/19.
[297] OLG Düsseldorf 31.1.2020 – I-4 U 60/19.
[298] OLG Düsseldorf 31.1.2020 – I-4 U 60/19.
[299] Krit. zu der Neufassung *Voit* in Prölss/Martin MB/KT § 4 Rn. 20a ff.

3. Von Anfang an zu niedriges Einkommen. Die Herabsetzungsbefugnis des § 4 Abs. 4 **142**
MB/KT greift nicht, wenn das Nettoeinkommen nicht gesunken ist, sondern von Anfang an niedriger als das versicherte Krankentagegeld war. Auch eine Kürzung nach § 4 Abs. 2 MB/KT ist dann nicht möglich. In einem solchen Fall kommen **Arglistanfechtung oder Rücktrittserklärung** in Betracht.[300] Liegen die Voraussetzungen für Anfechtung oder Rücktritt – zB wegen fehlenden Verschuldens des Versicherungsnehmers – nicht vor, kann eine Vertragsanpassung nach § 313 BGB (Störung der Geschäftsgrundlage) in Frage kommen.[301] Eine solche Vertragsanpassung wegen Störung der Geschäftsgrundlage wird von der Rspr. dann für möglich gehalten, wenn im Vertrag keine Regelung getroffen worden ist.[302] Eine Regelung für den Fall des von Anfang an zu niedrigen Einkommens treffen die MB/KT aber gerade nicht, jedenfalls dann nicht, wenn man – mit der herrschenden Meinung[303] – § 4 Abs. 2 MB/KT als bloßen Programmsatz begreift. Dann aber steht der Anwendung des § 313 BGB für den Fall, dass das zugrunde gelegte Nettoeinkommen von Anfang an zu niedrig war, nichts im Wege. Bei einer vertraglichen Regelung, die nicht *speziell* auf den fraglichen Umstand zugeschnitten ist, ist die Berücksichtigung dieses Umstands unter dem Gesichtspunkt der Geschäftsgrundlage nicht ausgeschlossen.[304]

4. Unpassender Entgeltfortzahlungsanspruch, sonstige Tagegelder. Auch bei einem **143**
nicht zum Versicherungsschutz passenden Entgeltfortzahlungsanspruch – sei er von Anfang an unpassend oder nachträglich verändert – kommt aufgrund der gerade dargelegten Erwägungen (→ Rn. 140) entgegen der Ansicht des OLG Karlsruhe[305] eine **Vertragsanpassung** nach § 313 BGB in Betracht.[306] Eine Anwendung von § 313 BGB ist auch möglich, wenn von Anfang an ein anderweitiger Krankengeldanspruch bestand und hierdurch das insgesamt versicherte Krankentagegeld über dem durch das Nettoeinkommen bestimmbaren tatsächlichen Bedarf liegt. Allerdings werden in einem solchen Fall zumeist auch die Voraussetzungen eines Rücktritts bzw. einer Vertragsanpassung wegen vorvertraglicher Anzeigepflichtverletzung vorliegen. Zum nachträglichen Abschluss anderweitiger Krankentagegeldversicherungen → Rn. 173.

IV. Versicherungsfall

Nach § 1 Abs. 2 MB/KT ist Versicherungsfall die **medizinisch notwendige Heilbehandlung** **144**
einer versicherten Person wegen Krankheit oder Unfallfolgen, in deren Verlauf Arbeitsunfähigkeit ärztlich festgestellt wird. Was unter „Arbeitsunfähigkeit" zu verstehen ist, regeln die MB/KT näher in § 1 Abs. 3. Danach liegt Arbeitsunfähigkeit vor, wenn die versicherte Person ihre berufliche Tätigkeit nach medizinischem Befund vorübergehend in keiner Weise ausüben kann, sie auch nicht ausübt und keiner anderweitigen Erwerbstätigkeit nachgeht.

1. Medizinisch notwendige Heilbehandlung. Erste Voraussetzung eines Versicherungsfalls **145**
ist nach § 1 Abs. 2 MB/KT das Vorliegen einer medizinisch notwendigen Heilbehandlung wegen Krankheit oder Unfallfolgen. Der Begriff der medizinischen Notwendigkeit ist ebenso zu verstehen wie in § 1 Abs. 2 MB/KK (→ Rn. 18 ff.).[307]

2. Ärztliche Feststellung. Anders als in der Krankheitskostenversicherung, in der vielfach **146**
auch Heilpraktiker-Behandlungen unter Versicherungsschutz stehen,[308] fordert § 1 Abs. 2 MB/KT für die Krankentagegeldversicherung die ärztliche Feststellung einer Arbeitsunfähigkeit. Dementsprechend verlangen die Regelungen in den § 4 Abs. 5 und Abs. 7 MB/KT (→ Rn. 174), dass der Versicherungsnehmer durch einen approbierten und niedergelassenen Arzt oder Zahnarzt bzw. im Krankenhaus behandelt wird und dass er Eintritt und Dauer der Arbeitsunfähigkeit durch Bescheinigung des behandelnden Arztes oder Zahnarztes nachweist. Aus dem Erfordernis der ärztlichen Feststellung folgt, dass eine durch einen **Heilpraktiker** festgestellte Arbeitsunfähigkeit schon nicht zu einem Eintritt des Versicherungsfalls führt.[309]

3. Begriff der Arbeitsunfähigkeit. Die oben (→ Rn. 144) zitierte Definition der Arbeitsun- **147**
fähigkeit in § 1 Abs. 3 MB/KT ist primäre Ausgestaltung der Leistungspflicht des Versicherers und

---

[300] *Wilmes* in Bach/Moser MB/KT § 4 Rn. 17.
[301] Die Anwendung im dort entschiedenen Sachverhalt abgelehnt hat OLG Köln VersR 1990, 769.
[302] OLG Karlsruhe VersR 1990, 1340 (1341).
[303] *Wilmes* in Bach/Moser MB/KT § 4 Rn. 8 mwN.
[304] *Finkenauer* in MüKoBGB § 313 Rn. 62.
[305] OLG Karlsruhe VersR 1990, 1340 (1341).
[306] *Voit* in Prölss/Martin MB/KT § 4 Rn. 8.
[307] *Wilmes* in Bach/Moser MB/KT § 1 Rn. 8.
[308] Vgl. § 4 Abs. 2 S. 2 MB/KK.
[309] *Wilmes* in Bach/Moser MB/KT § 1 Rn. 11.

damit **nicht kontrollfähig** im Sinne des AGB-Rechts.[310] Wäre die Regelung kontrollfähig, wäre sie aber auch unbedenklich.

148 Der Bundesrat forderte in seiner Stellungnahme zum **VVG-Reformentwurf,**[311] § 192 Abs. 5 folgenden Satz anzufügen: „Vereinbarungen, nach denen der Versicherer bei einer nur teilweisen Arbeitsunfähigkeit oder einer nur teilweisen Wiederherstellung der Arbeitsfähigkeit zur Leistung nicht verpflichtet ist, sind insoweit unwirksam, als der aus der teilweisen Arbeitsunfähigkeit resultierende Einkommensausfall 50 % des Einkommens unterschreitet, das bei vollständiger Arbeitsfähigkeit erzielt worden wäre." Zur Begründung hieß es, Verdienstausfall müsse unter besonderen Bedingungen auch bei teilweiser Arbeitsunfähigkeit oder teilweise wiederhergestellter Arbeitsfähigkeit gezahlt werden. Die Wiederaufnahme von Arbeit bei teilweise wiederhergestellter Arbeitsfähigkeit liege im Interesse von Versicherungsnehmern und Versicherern und müsse gefördert werden und solle keinesfalls wegen der Gefahr des Verlustes von Leistungen verzögert werden. Die Bundesregierung griff diesen Vorschlag nicht auf. Sie wies in ihrer Gegenäußerung v. 11.12.2006 zutr. darauf hin, dass eine zwingende Regelung entsprechend dem Beschluss des Bundesrates Probleme aufwerfen und weitere Regelungen erforderlich machen würde: Insbesondere bei Selbständigen sei die Bestimmung des Einkommensausfalls aufgrund einer Arbeitsunfähigkeit oft schwierig. Auch mit relativ geringem Arbeitseinsatz und bei Konzentration auf Aufgaben mit hoher finanzieller Relevanz könne zB ein hoher Teil des Einkommens erzielt werden. Eine prozentuale Begrenzung erscheine deswegen nicht sachgerecht. Nähme man sie vor, müsse zur Vermeidung von Fehlanreizen sichergestellt werden, dass die Gesamteinkünfte nicht über 100 % der früheren Arbeitseinkünfte lägen. Ein erhöhter Verwaltungs- und Kontrollaufwand würde sich ergeben. Neben diesen von der Bundesregierung angesprochenen praktischen Gesichtspunkten hätten dem Vorschlag des Bundesrats auch verfassungsrechtliche Bedenken entgegengestanden, soweit damit auch in bestehende Vertragsverhältnisse eingegriffen worden wäre. Zutreffend weist *Prölss* darauf hin, dass der Zwang zu einer Quotenregelung ein nicht zu rechtfertigender Eingriff in die Privatautonomie wäre.[312]

149 Der Begriff der Arbeitsunfähigkeit in § 1 Abs. 3 MB/KT hat drei Voraussetzungen:

150 **a) Unfähigkeit zur Ausübung der Berufstätigkeit.** Erste Voraussetzung ist, dass die versicherte Person ihre berufliche Tätigkeit nach medizinischem Befund vorübergehend in keiner Weise ausüben kann. Die Tatbestandsvoraussetzung „ihre berufliche Tätigkeit" ist nach inzwischen einhelliger Meinung dahingehend auszulegen, dass auf die **konkrete berufliche Tätigkeit bei Eintritt des Versicherungsfalls** abzustellen ist.[313] Dabei kommt es auf die ganz konkrete Art der bisherigen Berufsausübung an, unabhängig davon, ob der Beruf als solcher auch weitere Tätigkeiten umfasst und der Versicherte zu diesen imstande ist.[314] Anderes gilt aber, wenn der Versicherte arbeitslos ist: Dann ist nicht auf die konkrete letzte Tätigkeit, sondern das allgemeine Berufsbild abzustellen.[315]

151 Die versicherte Person darf ihre berufliche Tätigkeit nach medizinischem Befund vorübergehend in keiner Weise ausüben können. Nur wenn die bisherige Tätigkeit zeitweise überhaupt nicht mehr – ohne Verschlimmerung der Krankheit – ausgeübt werden kann, ist Arbeitsunfähigkeit gegeben.[316] **Arbeitsunfähigkeit** muss somit grds. zu 100 % bestehen.[317] Dies ist insbes. bei Selbständigen praktisch bedeutsam, wenn diese noch leitende, aufsichtsführende oder kaufmännische Tätigkeiten ausüben können, sofern solche Verrichtungen zu ihren bisherigen Aufgaben gehörten.[318] Lediglich die Fähigkeit zur Ausübung unbedeutender oder untergeordneter Hilfstätigkeiten schadet nicht, wenn damit keine Wertschöpfung verbunden sein kann.[319] Unschädlich ist es ebenfalls, wenn der Versicherte zwar Teile seiner beruflichen Tätigkeit ausüben kann, diese aber isoliert betrachtet keinen Sinn ergeben.[320]

---

[310] BGH VersR 1993, 297; OLG Köln VersR 2013, 893; OLG Düsseldorf 14.11.2006 – I-4 U 234/05.
[311] BR-Drs. 707/06.
[312] *Prölss* in Prölss/Martin, 27. Aufl. 2004, MB/KT § 1 Rn. 7.
[313] BGH r+s 2017, 146; *Wilmes* in Bach/Moser MB/KT § 1 Rn. 15; *Voit* in Prölss/Martin MB/KT § 1 Rn. 4 f.
[314] BGH VersR 1993, 297 (298); 2011, 518.
[315] BGH VersR 2013, 848.
[316] BGH VersR 1993, 297 (298); OLG Koblenz VersR 2000, 1532; OLG Karlsruhe VersR 2000, 1007 (1008).
[317] *Wilmes* in Bach/Moser MB/KT § 1 Rn. 14; *Tschersich* in Beckmann/Matusche-Beckmann VersR-HdB § 45 Rn. 93; aus der Rspr. OLG Hamm r+s 2011, 437, keine Arbeitsunfähigkeit eines Versicherungsvertreters, der zwei bis drei Kundentermine täglich ausüben kann.
[318] *Wilmes* in Bach/Moser MB/KT § 1 Rn. 16; *Tschersich* in Beckmann/Matusche-Beckmann VersR-HdB § 45 Rn. 94.
[319] *Tschersich* in Beckmann/Matusche-Beckmann VersR-HdB § 45 Rn. 94; aus der Rspr. OLG Köln VersR 2008, 912; OLG Koblenz VersR 2005, 968 (969); r+s 2000, 212 (213); OLG Karlsruhe NVersZ 2000, 133 (134); OLG Düsseldorf VersR 1990, 646 (647).
[320] BGH VersR 2013, 615.

Bei lediglich **konfliktbedingter Arbeitsplatzunverträglichkeit** („Mobbing") wurde früher 152 angenommen, es liege keine bedingungsgemäße Arbeitsunfähigkeit vor; die Lösung derartiger Probleme habe auf arbeitsrechtlichem Wege und/oder durch Wechsel zu einem anderen Arbeitgeber zu erfolgen, nicht aber durch Zahlungen der privaten Krankenversicherung.[321] Demgegenüber hat der BGH auch in einem „Mobbing-Fall" Arbeitsunfähigkeit bejaht.[322] Zu beachten ist dabei, dass in dem vom BGH entschiedenen Fall nicht lediglich „Mobbing", sondern eine (hierdurch ausgelöste) Erkrankung vorlag, infolge derer der Versicherte seiner Tätigkeit nicht mehr nachgehen konnte. Für solche Fallkonstellationen ist die Wertung des BGH richtig und konsequent, denn auf die Frage, wodurch eine Erkrankung verursacht wurde, kommt es im Rahmen des § 1 Abs. 3 MB/KT grds. nicht an. In Fällen allerdings, in denen bloßes „Mobbing" und (noch) keine Erkrankung (nebst hierdurch begründeter vollständiger Arbeitsunfähigkeit) vorliegt, gelten weiterhin die bisherigen Wertungen: Es liegt hier kein Versicherungsfall vor und die Probleme sind auf andere Weise zu lösen.

Die **Beweislast** für das Vorliegen bedingungsgemäßer Arbeitsunfähigkeit trägt der Versicherungsnehmer; erforderlich ist eine volle Überzeugungsbildung des Gerichts, ohne dass dem Versicherungsnehmer Beweiserleichterungen zukämen.[323] Der Beweis ist im Streitfall durch Vorlage von Arbeitsunfähigkeitsbescheinigungen nicht geführt.[324] Daraus folgt, dass auch das Zeugnis des behandelnden Arztes kein geeignetes Beweismittel ist; der Beweis kann vielmehr nur durch Gutachten eines neutralen Sachverständigen auf der Grundlage der erhobenen und dokumentierten Befunde geführt werden.[325] Der behandelnde und die Arbeitsunfähigkeit attestierende Arzt ist nicht als Zeuge zu vernehmen, weil von ihm schlechthin keine objektive Bewertung zu erwarten ist; die Begutachtung dient gerade der objektiven Überprüfung der Einschätzung des Behandlers.[326] Zudem handelt es sich bei der Beurteilung der Arbeitsunfähigkeit nicht um eine Wahrnehmungs-, sondern um eine Wertungsfrage; ein Zeuge ist aber nur für Wahrnehmungsfragen ein geeignetes Beweismittel, während Wertungsfragen dem Sachverständigenbeweis vorbehalten sind.[327] Voraussetzung einer gerichtlichen Beweisaufnahme ist ein schlüssiger Klagevortrag mit substantiierten Ausführungen zur bisher ausgeübten Berufstätigkeit, den gesundheitlichen Beeinträchtigungen und deren Auswirkungen auf die berufliche Tätigkeit.[328] Das Gericht kann mit dem gerichtlich bestellten Sachverständigen und gegen die Beurteilung des den Versicherten behandelnden Arztes Arbeitsunfähigkeit verneinen, ohne ein Obergutachten einzuholen.[329] 153

b) Nichtausübung der Berufstätigkeit. Weitere Voraussetzung ist, dass die versicherte Person 154 ihre berufliche Tätigkeit **nicht ausübt**. Zumeist wird es in derartigen Fällen schon an vollständiger Arbeitsunfähigkeit im gerade unter a) dargestellten Sinne fehlen, es sei denn, es würde auf Kosten der Restgesundheit gearbeitet. Nach früher zum Teil vertretener Auffassung sollte die gelegentliche kurzzeitige Erledigung untergeordneter Hilfstätigkeiten unschädlich sein,[330] während (nur) die Erledigung von Tätigkeiten, die nach der Verkehrsauffassung zum beruflichen Aufgabenbereich gehören, den Leistungsanspruch entfallen ließ.[331] Zutreffend wies *Prölss* darauf hin, dass insoweit aber äußerste Zurückhaltung geboten ist, da andernfalls die Risikobegrenzung entwertet werde.[332] Insbesondere kann von einer Nichtausübung der beruflichen Tätigkeit keine Rede mehr sein, wenn die versicherte Person **wertschöpfend tätig ist**, wie bspw. bei anweisenden und delegierenden Tätigkeiten eines Geschäftsinhabers.[333] Durch Urteil des BGH v. 18.7.2007[334] ist höchstrichterlich geklärt, dass die „Ausübung jedweder auch geringfügiger Tätigkeiten, die dem Berufsfeld des Versicherungsnehmers zuzuordnen sind", den Anspruch auf Krankentagegeld entfallen lässt. Der Versicherer habe mit § 1 Abs. 3 MB/KT hinreichend erkennbar Versicherungsschutz nur für denjenigen Fall versprochen, dass einer Erwerbstätigkeit nicht nachgegangen wird, der Versicherte also insoweit gänzlich untätig

---

[321] Ausdrücklich OLG Oldenburg BeckRS 2011, 11145; OLG Celle NVersZ 2000, 272.
[322] BGH VersR 2011, 518.
[323] OLG Karlsruhe VersR 2013, 172.
[324] BGH VersR 2000, 841 (842); 2010, 1171.
[325] BGH VersR 2010, 1171.
[326] BGH VersR 2010, 1171.
[327] OLG Koblenz VersR 2010, 204, zur parallel gelagerten Frage des Beweises der medizinischen Notwendigkeit.
[328] OLG Saarbrücken VersR 2008, 951 (953); *Tschersich* in Beckmann/Matusche-Beckmann VersR-HdB § 45 Rn. 103; OLG Köln VersR 2008, 912, zu den Anforderungen an die Darlegung des Berufsbildes.
[329] OLG Hamm VersR 2016, 244.
[330] OLG Hamm VersR 1991, 452 (453).
[331] OLG Hamm VersR 1997, 302.
[332] *Prölss* in Prölss/Martin, 27. Aufl. 2004, MB/KT § 1 Rn. 11.
[333] Zu weitgehend daher OLG Hamm VersR 1991, 452 (453).
[334] BGH VersR 2007, 1260 (1261).

ist.³³⁵ Zur Ausübung der beruflichen Tätigkeit gehört auch die Teilnahme an einer **Wiedereingliederungsmaßnahme**³³⁶ oder einer „Belastungserprobung".³³⁷

155 Das Erfordernis des Unterlassens einer Tätigkeit ist Merkmal der primären Risikobegrenzung.³³⁸ Die **Beweislast** für die Nichtausübung der beruflichen Tätigkeit liegt daher beim Versicherungsnehmer.³³⁹

156 **c) Keine anderweitige Erwerbstätigkeit.** Schließlich darf die versicherte Person auch keiner anderweitigen Erwerbstätigkeit nachgehen. Auch diese Tatbestandsvoraussetzung ist Merkmal der **primären Risikobegrenzung,** so dass auch hier die Beweislast im Streitfall beim Versicherungsnehmer liegt.

157 **4. Beginn und Ende des Versicherungsfalls.** § 1 Abs. 2 S. 2 MB/KT bestimmt, dass der Versicherungsfall mit der **Heilbehandlung** beginnt und dass er endet, wenn nach medizinischem Befund **keine Arbeitsunfähigkeit** und keine Behandlungsbedürftigkeit mehr bestehen. Eine während der Behandlung neu eingetretene und behandelte Krankheit oder Unfallfolge, in deren Verlauf Arbeitsunfähigkeit ärztlich festgestellt wird, begründet nur dann einen neuen Versicherungsfall, wenn sie mit der ersten Krankheit oder Unfallfolge in keinem ursächlichen Zusammenhang steht, § 1 Abs. 2 S. 3 MB/KT.

158 Wann der Versicherungsfall **beginnt,** ist im Hinblick auf die §§ 37 Abs. 2, 38 Abs. 2 von Bedeutung. Die Frage, wann der Versicherungsfall endet, ist für die Anrechnung der **Karenzzeit** bei erneutem Eintritt von Arbeitsunfähigkeit bedeutsam. Zwar endet die Leistungspflicht des Krankentagegeldversicherers bereits, wenn keine vollständige Arbeitsunfähigkeit mehr besteht (→ Rn. 150), jedoch ist damit nicht auch automatisch der Versicherungsfall beendet, vielmehr besteht der **gedehnte Versicherungsfall** fort, solange Behandlungsbedürftigkeit noch besteht, § 1 Abs. 2 S. 2 MB/KT. Wird der Versicherungsnehmer dann wegen derselben behandlungsbedürftigen Erkrankung nochmals vollständig arbeitsunfähig, handelt es sich – wenn nicht die Tarifbedingungen etwas anderes regeln – nicht um den Eintritt eines neuen Versicherungsfalls. Soweit Tarifbedingungen die Karenzzeiten an den „Versicherungsfall" knüpfen, sind in einem solchen Fall die Karenzzeiten nicht erneut in Ansatz zu bringen.³⁴⁰ Gleiches kann bei unklaren tariflichen Reglungen gelten.³⁴¹ Anders ist es, wenn in Tarifbedingungen die Karenzzeit nicht auf den Versicherungsfall, sondern auf den Leistungszeitraum bezogen wird, etwa durch eine Formulierung, wonach die Karenzzeit ab dem „Beginn der völligen Arbeitsunfähigkeit" zu laufen beginnt. Mit einer solchen Regelung ist in ausreichender Weise klargestellt, dass Anknüpfungspunkt für das Eingreifen der Karenzzeit eben nicht der Versicherungsfall iSd § 1 Abs. 2 S. 1, 2 MB/KT ist, sondern allein der Leistungszeitraum mit der Folge, dass innerhalb nur eines Versicherungsfalles die Karenzzeit mehrfach zum Tragen kommen kann, wenn innerhalb des Versicherungsfalles wegen zwischenzeitlicher Teilarbeitsfähigkeit keine durchgängige Leistungspflicht des Versicherers bestand.³⁴²

159 Der Versicherungsfall **endet** stets, wenn vollständige Arbeitsunfähigkeit und Behandlungsbedürftigkeit nicht mehr bestehen, so dass nach abgeschlossener Behandlung regelmäßig die Karenzzeiten in Ansatz zu bringen sind. Auf einen etwaigen ursächlichen Zusammenhang zu der früheren Erkrankung kommt es dabei nicht an.³⁴³ Liegt ein **Dauerleiden** vor, ist zunächst danach zu fragen, ob und inwieweit nach Abschluss der letzten Behandlung noch konkrete Behandlungsbedürftigkeit vorlag. Steht bereits fest, dass in kurzer Zeit weiter behandelt werden muss, wird man den Versicherungsfall idR nicht als beendet ansehen können.³⁴⁴ Besteht hingegen ein Grundleiden, bei dem der Eintritt der nächsten Behandlungsbedürftigkeit ungewiss ist (zum Beispiel eine degenerative Wirbelsäulenveränderung, die gelegentlich, aber in unregelmäßigen und nicht vorhersehbaren Abständen zur Arbeitsunfähigkeit führende Rückenschmerzen hervorruft), wird der Versicherungsfall idR abgeschlossen sein, wenn die Behandlung der akut aufgetretenen Beschwerden abgeschlossen ist.

---

335 BGH VersR 2007, 1260 Rn. 27.
336 BGH VersR 2015, 570.
337 BGH VersR 2018, 808.
338 Prölss in Prölss/Martin, 27. Aufl. 2004, MB/KT § 1 Rn. 10.
339 Prölss in Prölss/Martin, 27. Aufl. 2004, MB/KT § 1 Rn. 10; aA Voit in Prölss/Martin VVG § 192 Rn. 198; Wilmes in Bach/Moser MB/KT § 1 Rn. 31.
340 OLG Stuttgart VersR 1995, 524 (525); Wilmes in Bach/Moser MB/KT § 1 Rn. 29.
341 BGH VersR 2010, 808.
342 LG Berlin 15.2.2005 – 7 O 568/02.
343 Wilmes in Bach/Moser MB/KT § 1 Rn. 29; OLG Hamm VersR 1991, 915.
344 OLG Köln VersR 1990, 963, zu einem dialysepflichtigen Patienten.

V. Örtlicher Geltungsbereich

Gem. § 1 Abs. 6 MB/KT ist der Versicherungsschutz in der Krankentagegeldversicherung regelmäßig – anders als in der Krankheitskostenversicherung – auf Deutschland beschränkt. Bei Aufenthalten im europäischen Ausland wird für im Ausland akut eingetretene Krankheiten oder Unfälle das Krankentagegeld gezahlt, § 1 Abs. 6 S. 2 MB/KT/94 bzw. § 1 Abs. 7 MB/KT 2009. Diese räumliche Begrenzung des Versicherungsschutzes ist AGB-rechtlich nicht zu beanstanden.[345] Der Versicherer hat ein berechtigtes Interesse daran, im Fall geltend gemachter Arbeitsunfähigkeit Kontrollen durchzuführen.[346] Die Ausübung der Kontrollbefugnisse durch den Versicherer ist erheblich erschwert, wenn sich der Versicherungsnehmer im Ausland aufhält und nur eingeschränkt erreichbar ist.[347]

VI. Ausschlüsse

Ebenso wie in der Krankheitskostenversicherung ist auch in der Krankentagegeldversicherung nach den Musterbedingungen (§ 5 Abs. 1a, b, c MB/KT) ein Leistungsausschluss für Folgen von Kriegsereignissen, Wehrdienstbeschädigungen, auf Vorsatz beruhenden Krankheiten und Unfällen einschließlich deren Folgen sowie wegen Entziehungsmaßnahmen einschließlich Entziehungskuren vorgesehen (vgl. die Kommentierung zur Krankheitskostenversicherung → Rn. 63 ff.; § 201).

1. Alkoholbedingte Bewusstseinsstörung. Die Regelung des § 5 Abs. 1c MB/KT, wonach für Krankheiten und Unfallfolgen, die auf eine durch Alkoholgenuss bedingte Bewusstseinsstörung zurückzuführen sind, keine Leistungspflicht besteht, geht über die Einschränkungen des § 5 MB/KK hinaus. Praktische Bedeutung hat die Regelung vor allem bei unter Alkoholeinfluss entstandenen Unfällen. Zur Beurteilung des Ursachenzusammenhangs gelten die zur Unfallversicherung entwickelten Grundsätze einschließlich der Regelvermutung, wonach in allen Fällen alkoholbedingter Fahruntüchtigkeit auch eine Bewusstseinsstörung vorliegt.[348] Zu den Einzelheiten vgl. die Kommentierung zu → § 178.

2. Schwangerschaft. Nach § 5 Abs. 1d MB/KT besteht keine Leistungspflicht bei Arbeitsunfähigkeit ausschließlich wegen Schwangerschaft, ferner wegen Schwangerschaftsabbruch, Fehlgeburt und Entbindung. Der Leistungsausschluss greift nach seinem Wortlaut nur ein, wenn die Arbeitsunfähigkeit allein auf die Schwangerschaft und deren normale Begleiterscheinungen zurückzuführen ist, wobei der Versicherer die Beweislast für das Vorliegen der Voraussetzungen trägt.[349] Zudem ist nunmehr § 192 Abs. 5 S. 2 zu berücksichtigen, vgl. dazu → Rn. 203.

3. Gesetzlicher Mutterschutz. Darüber hinaus statuiert § 5 Abs. 1e MB/KT einen Leistungsausschluss für Zeiten der gesetzlichen Beschäftigungsverbote für werdende Mütter und Wöchnerinnen in einem Arbeitsverhältnis (Mutterschutz). Gem. § 5 Abs. 1e S. 2 MB/KT gilt diese befristete Einschränkung der Leistungspflicht sinngemäß auch für selbständig Tätige, es sei denn, dass die Arbeitsunfähigkeit in keinem Zusammenhang mit der Schwangerschaft (oder einem Schwangerschaftsabbruch, einer Fehlgeburt und einer Entbindung) steht. Auch hier ist nunmehr § 192 Abs. 5 S. 2 zu berücksichtigen, vgl. dazu → Rn. 203.

4. Kuren. Gem. § 5 Abs. 1g MB/KT besteht keine Leistungspflicht für Kuren und Sanatoriumsbehandlungen sowie Rehabilitationsmaßnahmen der gesetzlichen Rehabilitationsträger. Die Regelung entspricht § 5 Abs. 1d MB/KK (→ Rn. 73). Anders als in der Krankheitskostenversicherung, wo die Wirksamkeit der Regelung einhellig anerkannt ist,[350] werden hiergegen in der Krankentagegeldversicherung Bedenken erhoben: Teilweise wird die Regelung für **unwirksam** gehalten, weil die Leistungspflicht gem. § 1 MB/KT unabhängig von der medizinischen Notwendigkeit der Heilbehandlung allein vom Fortbestand der Arbeitsunfähigkeit abhänge und eine Kurmaßnahme gerade der raschen Wiederherstellung der Arbeitsfähigkeit diene.[351] Dem ist entgegenzuhalten dass die Definition des Versicherungsfalls in § 1 Abs. 2 MB/KT an die medizinisch notwendige Heilbehandlung anknüpft und hier Abgrenzungsprobleme entstehen, wenn der Versicherungsnehmer

---

[345] KG Berlin, Beschluss vom 12.11.2019, 6 U 55/18; OLG Düsseldorf r+s 1998, 124; OLG München VersR 1988, 1146 (1147), zu einer entsprechenden Klausel in der Restschuldversicherung.
[346] OLG Düsseldorf r+s 1998, 124.
[347] OLG Düsseldorf r+s 1998, 124.
[348] *Wilmes* in Bach/Moser MB/KT § 5 Rn. 3.
[349] OLG Saarbrücken VersR 1999, 479 (480); *Wilmes* in Bach/Moser MB/KT § 5 Rn. 8.
[350] → Rn. 74 f.
[351] IdS OLG Oldenburg VersR 1998, 174 (175); LG Hildesheim VersR 2006, 207; *Tschersich* in Beckmann/Matusche-Beckmann VersR-HdB § 45 Rn. 14.

sich einer Kur unterzieht.[352] Überdies ist die Gefahr, dass dem Versicherungsnehmer, der sich einer Kur- oder Sanatoriumsbehandlung unterzieht, die Arbeitsunfähigkeit zu Unrecht attestiert wird, größer als sonst.[353] Die Annahme, der Versicherer sei hiergegen durch das Verfahren nach § 9 Abs. 3 MB/KT (Untersuchung des Versicherungsnehmers durch einen vom Versicherer beauftragten Arzt) hinreichend geschützt,[354] ist nicht stichhaltig, da der Versicherer idR faktisch gar nicht die Möglichkeit haben wird, noch während der Kur eine vertrauensärztliche Untersuchung durchführen zu lassen.

5. Gemischte Anstalten. Umstritten ist auch die Wirksamkeit des in § 4 Abs. 9 MB/KT enthaltenen Leistungsausschlusses für Behandlungen in gemischten Anstalten, der § 4 Abs. 5 MB/KK entspricht (→ Rn. 57 ff.). Auch § 4 Abs. 9 MB/KT wird – anders als § 4 Abs. 5 MB/KK, dessen Wirksamkeit höchstrichterlich anerkannt ist[355] – teilweise als unwirksam angesehen.[356] Zur Begründung der angenommenen Unwirksamkeit wird angeführt, der Ausschluss sei nicht ohne Weiteres durch ein berechtigtes Interesse des Versicherers gedeckt.[357] Diese Einschätzung ist in einer Zeit, da die Grenzen zwischen Klinikbehandlung und „Wellness-Urlaub" gerade bei gemischten Anstalten zunehmend verschwimmen, nicht sachgerecht. Es besteht ebenso wie in der Krankheitskostenversicherung auch in der Krankentagegeldversicherung die Gefahr, dass der Versicherungsnehmer sich aufgrund der Annehmlichkeiten einer gemischten Anstalt dort übermäßig lange aufhält und ihm von den – an entsprechend langen Aufenthalten regelmäßig wirtschaftlich interessierten – Kliniken eine entsprechende Arbeitsunfähigkeit attestiert wird, obwohl vollständige Arbeitsunfähigkeit nicht (mehr) vorliegt. Dies gilt insbes., wenn der Versicherungsnehmer sowohl vor als auch nach dem Aufenthalt in der gemischten Anstalt arbeitsfähig ist, also nur für die Dauer der Behandlung in der gemischten Anstalt arbeitsunfähig geschrieben wird.[358] Jedenfalls ist in solchen Fällen anzuerkennen, dass die Arbeitsunfähigkeitsatteste gemischter Anstalten eine verminderte Aussagekraft haben.[359]

6. Wohnsitzklausel. Gem. § 5 Abs. 1 lit. f MB/KT 94 besteht keine Leistungspflicht, wenn sich die versicherte Person nicht an ihrem Wohnsitz in Deutschland aufhält, es sei denn, dass sie sich in medizinisch notwendiger stationärer Heilbehandlung befindet, oder wenn die Arbeitsunfähigkeit außerhalb des Wohnsitzes eingetreten ist, solange die Erkrankung oder Unfallfolge nach medizinischem Befund eine Rückkehr an den Wohnsitz ausschließt. Diese Regelung wurde zu Recht ganz überwiegend für wirksam gehalten.[360] Die Auslegung des Begriffs „Wohnsitz" wurde uneinheitlich vorgenommen. Nach einer Auffassung soll hierunter der „Lebensmittelpunkt" des Versicherungsnehmers zu verstehen sein,[361] nach anderer Auffassung soll der dem Versicherer gemeldete Wohnsitz maßgeblich sein bzw. der Aufenthaltsort des Versicherungsnehmers, den der Versicherer als Wohnsitz betrachten durfte.[362] Die Auffassung, die auf den Lebensmittelpunkt abstellt, stützt sich unter anderem auf die Erwägung, dass der Versicherungsnehmer seine Ansprüche beim Versicherer anmelden und ein ärztliches Attest einreichen müsse, so dass die Ermittlung des Aufenthalts dem Versicherer keine größeren Schwierigkeiten verursache.[363] Damit aber stellt letztlich auch diese Auffassung darauf ab, was dem Versicherer gemeldet wurde, so dass die praktische Relevanz des Meinungsstreits gering war. Die MB/KT 2008/2009 haben den Streit beseitigt, indem nicht mehr auf den Wohnsitz, sondern auf den **„gewöhnlichen Aufenthalt"** abgestellt wird.

VII. Obliegenheiten nach Vertragsschluss

Die MB/KT enthalten verschiedene Obliegenheiten, die teilweise vor Eintritt des Versicherungsfalls, teilweise danach zu beachten sind. Vgl. grdl. zunächst → § 28 und die Kommentierung hierzu.

---

[352] *Wilmes/Müller-Frank* VersR 1990, 345 (354).
[353] *Voit* in Prölss/Martin MB/KT § 5 Rn. 8.
[354] *Voit* in Prölss/Martin MB/KT § 5 Rn. 8.
[355] → Rn. 58.
[356] OLG Oldenburg VersR 1998, 174 (175); offen gelassen OLG Hamm VersR 1999, 1138.
[357] *Voit* in Prölss/Martin MB/KT § 4 Rn. 28.
[358] *Wilmes* in Bach/Moser MB/KT § 4 Rn. 28.
[359] IdS OLG Köln r+s 1990, 213; OLG Nürnberg VersR 1996, 49, einschränkende Auslegung von § 4 Abs. 9 MB/KT, wenn feststeht, dass der Versicherte auch nach Beendigung des Aufenthalts in der gemischten Anstalt noch arbeitsunfähig war.
[360] *Wilmes* in Bach/Moser MB/KT § 5 Rn. 14; *Tschersich* in Beckmann/Matusche-Beckmann VersR-HdB § 45 Rn. 13, jeweils mwN; aA *Prölss* in Prölss/Martin, 27. Aufl. 2004, MB/KT § 5 Rn. 2.
[361] *Tschersich* in Beckmann/Matusche-Beckmann VersR-HdB § 45 Rn. 14.
[362] *Prölss* in Prölss/Martin, 27. Aufl. 2004, MB/KT § 5 Rn. 2.
[363] *Tschersich* in Beckmann/Matusche-Beckmann VersR-HdB, 2. Aufl. 2009, § 45 Rn. 13.

1. Obliegenheiten vor Eintritt des Versicherungsfalls. a) Berufswechsel. Gem. § 9 **169**
Abs. 5 MB/KT hat die versicherte Person jeden Berufswechsel[364] unverzüglich anzuzeigen. Die berufliche Tätigkeit des Versicherungsnehmers ist für die Beurteilung seiner Versicherungsfähigkeit, der Arbeitsunfähigkeit, der Berufsunfähigkeit und für die Höhe des Verdienstausfalls bedeutsam. Gegen die **Wirksamkeit** von § 9 Abs. 5 MB/KT bestehen keine Bedenken.[365] Regelmäßig ist die berufliche Tätigkeit vom Versicherungsnehmer bereits bei Antragstellung anzugeben. Sie ist in der Krankentagegeldversicherung gefahrerheblicher Umstand.[366] § 10 Abs. 1 MB/KT 2008/2009 sieht bei Verstoß gegen diese Obliegenheit vollständige oder teilweise Leistungsfreiheit vor, § 10 Abs. 2 MB/KT 2008/2009 außerdem (wie schon die MB/KT 1978 und MB/KT 94) ein Kündigungsrecht des Versicherers. Zu den Voraussetzungen vgl. die Kommentierung zu → § 28.

Gem. § 11 S. 1 MB/KT ist auch der Wegfall einer im Tarif bestimmten Voraussetzung für die **170** Versicherungsfähigkeit dem Versicherer unverzüglich anzuzeigen. Nach § 11 S. 2 MB/KT besteht ein gegenseitiger Anspruch auf Rückgewähr der erbrachten Leistungen für die Zeit nach Wegfall der Versicherungsfähigkeit.[367]

b) Einkommensminderung. Gem. § 4 Abs. 3 MB/KT ist der Versicherungsnehmer ver- **171** pflichtet, dem Versicherer unverzüglich eine nicht nur vorübergehende Minderung des aus der Berufstätigkeit herrührenden Nettoeinkommens mitzuteilen. Es handelt sich bei dieser Regelung um eine sanktionslose Obliegenheit.[368] Dies ergibt sich daraus, dass die MB/KT Leistungsfreiheit für den Fall des Verstoßes nicht vorsehen.

Allerdings gestattet § 4 Abs. 4 MB/KT unabhängig davon dem Versicherer die Herabsetzung **172** des Krankentagegeldes und des Beitrags, wenn er Kenntnis davon erlangt, dass das Nettoeinkommen der versicherten Person unter die Höhe des dem Vertrag zugrunde gelegten Einkommens gesunken ist, und zwar mit Wirkung vom Beginn des zweiten Monats nach Kenntnis an, vgl. dazu näher → Rn. 141. Zugang der Herabsetzungserklärung.

c) Andere Krankentagegeldversicherung. Gem. § 9 Abs. 6 MB/KT bedarf der Neuab- **173** schluss einer weiteren oder die Erhöhung einer anderweitig bestehenden Versicherung mit Anspruch auf Krankentagegeld der Einwilligung des Versicherers. AGB-rechtliche Bedenken hiergegen bestehen nicht.[369] Zu den Folgen eines Verstoßes vgl. → § 28 Abs. 1 und die dortige Kommentierung.

2. Obliegenheiten nach Eintritt des Versicherungsfalls. a) Behandlungsobliegenheit. **174**
Nach § 4 Abs. 5 MB/KT setzt die Zahlung von Krankentagegeld voraus, dass die versicherte Person während der Dauer der Arbeitsunfähigkeit durch einen approbierten und niedergelassenen Arzt oder Zahnarzt bzw. im Krankenhaus behandelt wird. Es handelt sich bei dieser Regelung nicht nur um eine Obliegenheit, sondern um eine Risikobeschränkung.[370] Die hier vorausgesetzte Behandlung durch einen Arzt oder Zahnarzt oder ein Krankenhaus ist Konkretisierung der medizinisch notwendigen Heilbehandlung (§ 1 Abs. 2 MB/KT). Fehlt es an einer solchen Behandlung, liegt folglich schon kein leistungspflichtiger Versicherungsfall vor, ohne dass es auf die weiteren Voraussetzungen einer Leistungsfreiheit bei Obliegenheitsverletzung (§ 28) ankäme. Nach § 4 Abs. 5 MB/KT muss die Behandlung durch einen Dritten erfolgen, so dass die Selbstbehandlung eines Arztes den Versicherungsfall nicht auslöst.[371]

b) Anzeigeobliegenheit. Nach § 4 Abs. 7 MB/KT sind Eintritt und Dauer der Arbeitsunfä- **175** higkeit durch Bescheinigung des behandelnden Arztes oder Zahnarztes nachzuweisen. Nach § 9 Abs. 1 MB/KT ist die ärztlich festgestellte Arbeitsunfähigkeit dem Versicherer unverzüglich, spätestens aber innerhalb der im Tarif gesetzten Frist, durch Vorlage eines solchen Nachweises anzuzeigen. Bei **verspätetem Zugang** der Anzeige kann das Krankentagegeld bis zum Zugangstage – unter den Voraussetzungen der § 28 Abs. 2–4, auf die § 10 Abs. 1 MB/KT 2008/2009 verweist – gekürzt werden oder ganz entfallen.[372] Fortdauernde Arbeitsunfähigkeit ist dem Versicherer innerhalb der

---

[364] Zur Auslegung des Begriffs „Berufswechsel" und zur Abgrenzung von einer bloßen Erweiterung der bisherigen beruflichen Tätigkeit OLG Saarbrücken VersR 2007, 52 (53); zur Abgrenzung zu einer Nebentätigkeit OLG Hamm VersR 2019, 214.
[365] OLG Saarbrücken VersR 2007, 52 (53).
[366] *Sauer* in Bach/Moser MB/KT §§ 9, 10 Rn. 52; → Rn. 129 f.
[367] BGH VersR 1992, 477 (479); OLG Köln VersR 1998, 485; *Voit* in Prölss/Martin MB/KT § 11 Rn. 2; *Wilmes* in Bach/Moser MB/KT § 1 Rn. 2.
[368] *Wilmes* in Bach/Moser MB/KT § 4 Rn. 12; *Voit* in Prölss/Martin MB/KT § 4 Rn. 17.
[369] *Voit* in Prölss/Martin MB/KT § 9 Rn. 17.
[370] *Wilmes* in Bach/Moser MB/KT § 4 Rn. 21; *Voit* in Prölss/Martin MB/KT § 4 Rn. 21.
[371] *Voit* in Prölss/Martin MB/KT § 4 Rn. 21; OLG Köln VersR 1988, 1040.
[372] Kürzung um 90 % bejaht von LG Oldenburg r+s 2013, 83.

im Tarif festgesetzten Frist nachzuweisen. Die Wiederherstellung der Arbeitsfähigkeit ist ihm binnen drei Tagen anzuzeigen (§ 9 Abs. 1 MB/KT).

176 Die Anzeigepflicht hat insbes. den Zweck, dem Versicherer noch während des Versicherungsfalls eine Überprüfung der Voraussetzungen seiner Leistungspflicht zu ermöglichen.[373]

177 Zu den Folgen von Obliegenheitsverletzungen vgl. die Kommentierung zu → § 28.

178 **c) Auskunftsobliegenheit.** Zur in § 9 Abs. 2 MB/KT normierten Auskunftsobliegenheit vgl. → § 31 und die Kommentierung hierzu.

179 **d) Untersuchungsobliegenheit.** Nach § 9 Abs. 3 MB/KT ist die versicherte Person auf Verlangen des Versicherers verpflichtet, sich durch einen vom Versicherer beauftragten Arzt untersuchen zu lassen.[374] Diese Obliegenheit hat in der Krankentagegeldversicherung erhebliche praktische Bedeutung. Gegen ihre Wirksamkeit bestehen keine Bedenken.[375] An das Ergebnis der Untersuchung sind weder Versicherer noch Versicherungsnehmer gebunden, so dass im Streitfall die Frage der Arbeitsunfähigkeit regelmäßig durch gerichtlich eingeholtes Sachverständigengutachten zu klären ist.

180 **e) Wiederherstellungsobliegenheit.** Gem. § 9 Abs. 4 MB/KT hat die versicherte Person für die Wiederherstellung der Arbeitsfähigkeit zu sorgen; sie hat insbes. die Weisungen des Arztes gewissenhaft zu befolgen und alle Handlungen zu unterlassen, die der Genesung hinderlich sind. In erster Linie ergibt sich daraus die Pflicht des Versicherungsnehmers, genesungshemmende Maßnahmen zu unterlassen, namentlich jegliche Erwerbstätigkeit sowie sonstige Anstrengungen.[376] Aus der Bestimmung folgt hingegen nicht, dass der Versicherte die von einem Arzt empfohlenen Maßnahmen ungeprüft über sich ergehen lassen muss; ihm stehen eine Überlegungsphase und auch das Recht zur vergleichenden Konsultation eines anderen Arztes zu.[377] Mit einem grundlosen Behandlungsabbruch verletzt der Versicherungsnehmer hingegen die Obliegenheit.

VIII. Ende des Versicherungsschutzes

181 Die MB/KT sehen in § 15 Abs. 1a–c drei praktisch bedeutsame Beendigungstatbestände vor. Danach endet das Versicherungsverhältnis hinsichtlich der betroffenen versicherten Personen
– bei Wegfall einer im Tarif bestimmten Voraussetzung für die **Versicherungsfähigkeit** zum Ende des Monats, in dem die Voraussetzung weggefallen ist,
– mit Eintritt der **Berufsunfähigkeit,** wobei Berufsunfähigkeit vorliegt, wenn die versicherte Person nach medizinischem Befund im bisher ausgeübten Beruf auf nicht absehbare Zeit mehr als 50 % erwerbsunfähig ist,
– mit dem Bezug von **Altersrente,** spätestens, sofern tariflich vereinbart, mit Vollendung des 65. Lebensjahres.[378]

Bei den Regelungen unter § 15 Abs. 1a, b MB/KT ist zusätzlich bestimmt: „Besteht jedoch zu diesem Zeitpunkt in einem bereits eingetretenen Versicherungsfall Arbeitsunfähigkeit, so endet das Versicherungsverhältnis nicht vor dem Zeitpunkt, bis zu dem der Versicherer seine im Tarif aufgeführten Leistungen für diese Arbeitsunfähigkeit zu erbringen hat, spätestens aber drei Monate nach Wegfall der Voraussetzung/Eintritt der Berufsunfähigkeit." Die Tarifbedingungen der meisten Versicherer sahen zudem schon seit Langem vor, dass der Versicherungsnehmer beim Wegfall der Versicherungsfähigkeit oder Eintritt der Berufsunfähigkeit das Recht hat, den Vertrag im Wege einer **Anwartschaftsversicherung** fortzusetzen. Ein solches Recht wurde in den neuen MB/KT 2009 unter § 15 Abs. 2 für den Fall der Berufsunfähigkeit aufgenommen. Die Versicherer haben allerdings teilweise diese Regelung nicht übernommen, sondern verwenden weiterhin ihre früheren Formulierungen, die sich von den MB oftmals insbes. insoweit unterscheiden, als der letzte Halbsatz („sofern mit einer Wiederaufnahme der Erwerbstätigkeit zu rechnen ist") fehlt und außerdem eine Frist zur Erklärung des Umwandlungswunsches vorgesehen ist (→ Rn. 187).

182 Zur Beendigungsregelung des § 15c MB/KT vgl. iE die Kommentierung zu → § 196.

---

[373] *Sauer* in Bach/Moser MB/KT §§ 9, 10 Rn. 1.
[374] Zu Einzelfragen im Zusammenhang mit der Untersuchungsobliegenheit vgl. *Sauer* in Bach/Moser MB/KT §§ 9, 10 Rn. 17; zur Frage der Zumutbarkeit einer Anreise zum nachuntersuchenden Arzt LG Düsseldorf VersR 2009, 1108.
[375] BGH VersR 2016, 1173 und VersR 2000, 841; *Sauer* in Bach/Moser MB/KK §§ 9, 10 Rn. 32 mwN; aA *Voit* in Prölss/Martin MB/KK § 9 Rn. 10, der bei seinen Überlegungen zu einem „Verhandlungsungleichgewicht" aber nicht darauf eingeht, dass das Ergebnis der Untersuchung für den VN in keiner Weise bindend ist.
[376] *Sauer* in Bach/Moser MB/KT §§ 9, 10 Rn. 42.
[377] OLG Düsseldorf VersR 1997, 1083 (1084).
[378] Vgl. die Kommentierung zu → § 196.

1. Wirksamkeit von §§ 15a und b MB/KT. Mit Urteilen v. 22.1.1992 und v. 26.2.1992[379] **183**
hat der BGH entschieden, dass die in den §§ 15a, b MB/KT 1978 vorgesehene Beendigungsregelung AGB-rechtswidrig ist. Zur Begründung hieß es, dass die endgültige und ersatzlose Beendigung einer einmal begründeten Krankentagegeldversicherung für denjenigen, der künftig möglicherweise wieder einmal Krankentagegeldversicherungsschutz benötige, eine empfindliche Beeinträchtigung seiner Position in rechtlicher und wirtschaftlicher Hinsicht bedeute. Der Versicherungsnehmer verliere die Chance, sich erforderlichenfalls wieder sachgerecht in einer Krankentagegeldversicherung versichern zu können, wohingegen die Interessen des Versicherers ausreichend gewahrt seien, wenn für die Dauer des Wegfalls der Versicherungsfähigkeit bzw. der Berufsunfähigkeit dem Versicherungsnehmer die Umwandlung des Versicherungsverhältnisses in eine Ruhens- oder Anwartschaftsversicherung zu ermäßigten Beiträgen angeboten werde.

Nachdem die PKV-Unternehmen im Anschluss an dieses Urteil in ihre Tarifbedingungen das **184** Recht auf Einrichtung einer **Anwartschaftsversicherung** aufgenommen haben, bestehen Bedenken gegen die Wirksamkeit der Beendigungsregelungen nicht mehr. Vielmehr sind die §§ 15a, b MB/KT in Verbindung mit tariflichen Bestimmungen, die dem Versicherungsnehmer das Recht auf Einrichtung einer Anwartschaftsversicherung einräumen, wirksam.[380] Dabei ist es nicht zu beanstanden, dass die Umwandlung nach den von den meisten Unternehmen verwendeten tariflichen Regelungen nur auf Antrag des Versicherungsnehmers stattfindet.[381] Eine automatische Umwandlung würde ggf. dem Interesse des Versicherungsnehmers sogar zuwiderlaufen, denn eine – beitragspflichtige – Anwartschaftsversicherung muss ja nicht in jedem Fall vom Versicherungsnehmer gewünscht sein, insbes. dann nicht, wenn dieser selbst die Wiedererlangung der Versicherungsfähigkeit oder den Eintritt von Berufsfähigkeit vor Erreichen des Rentenalters gar nicht erwartet. Ebenso wenig ist es zu beanstanden, wenn tarifliche Regelungen das Recht auf Beantragung einer Anwartschaftsversicherung an eine Frist – idR zwei Monate – knüpfen. Dies dient vielmehr dem beiderseitigen Interesse, klare rechtliche Verhältnisse zu schaffen. Zweifel an der Wirksamkeit eines befristeten Antragsrechts könnten sich allenfalls dann ergeben, wenn die Frist bereits mit tatsächlichem Eintritt der Berufsunfähigkeit zu laufen begänne und somit bereits abgelaufen sein könnte, bevor der Versicherungsnehmer sich über den Eintritt von Berufsunfähigkeit und die rechtlichen Konsequenzen selbst bewusst wird. Die üblicherweise verwendeten tariflichen Regelungen sehen deshalb vor, dass die Frist zwar grds. bei Eintritt des vertragsbeendigenden Ereignisses zu laufen beginnt, bei erst späterem Bekanntwerden dieses Ereignisses jedoch erst ab dem Zeitpunkt des Bekanntwerdens. Damit ist den schutzwürdigen Interessen des Versicherungsnehmers hinreichend Rechnung getragen.

Wird der Versicherungsnehmer nach Einrichtung der Anwartschaftsversicherung **wieder versi- 185 cherungs- oder berufsfähig**, so wandelt sich die Anwartschaftsversicherung nicht automatisch in eine Vollversicherung um. Vielmehr bedarf es nach den üblicherweise verwendeten Bedingungen für die Anwartschaftsversicherung eines entsprechenden Antrags des Versicherungsnehmers. Der volle Versicherungsschutz gilt erst wieder ab Antragstellung, hingegen nicht etwa rückwirkend bezogen auf den Zeitpunkt des Wiedereintritts der Berufsfähigkeit oder der Versicherungsfähigkeit. Dies folgt nicht nur aus entsprechenden – unbedenklichen – Regelungen in den meisten Bedingungen für die Anwartschaftsversicherung, sondern auch aus der Überlegung, dass der Versicherungsnehmer andernfalls seine Beitragspflichten umgehen könnte, indem er zunächst abwartet und ganz bewusst keinen Antrag auf ein Wiederaufleben des Versicherungsschutzes stellt, solange kein Versicherungsfall eintritt.[382]

2. Wegfall der Versicherungsfähigkeit. Zum Begriff der Versicherungsfähigkeit → Rn. 131. **186** Da die Regelung des § 15a MB/KT vom „Wegfall" der Versicherungsfähigkeit spricht, ist sie nicht einschlägig, wenn die Versicherungsfähigkeit von Anfang an fehlt; → Rn. 133.

Die tariflichen Voraussetzungen der Versicherungsfähigkeit sind unterschiedlich ausgestaltet **187** (→ Rn. 135); gemeinsam ist aber den meisten Tarifen, dass **nur erwerbstätige Personen versicherungsfähig** sind. Eine entsprechende Klausel hat der BGH mit Urteil v. 27.2.2008[383] für unwirksam erklärt. Zu warnen ist davor, diese Entscheidung, die eine spezifische Tarifklausel eines einzelnen Unternehmens betraf, ohne Einzelfallprüfung auf andere tarifliche Regelungen zur Beendigung der Versicherungsfähigkeit wegen Wegfalls der Erwerbstätigkeit zu übertragen. Die entsprechenden

---

[379] BGH VersR 1992, 477 (479); 1992, 479 (480).
[380] OLG Celle 18.10.2012 – 8 U 165/12; OLG Düsseldorf MMR 2012, 596; OLG Celle VersR 2008, 526 (527); OLG Karlsruhe VersR 2007, 51; OLG Koblenz VersR 2000, 1008 (1009); OLG Oldenburg VersR 2000, 752 (753); OLG Köln VersR 2005, 822; NJW-RR 2003, 810; OLG Karlsruhe 15.8.2002 – 12 U 91/02.
[381] OLG Karlsruhe VersR 2007, 51.
[382] *Wilmes* in Bach/Moser MB/KT § 15 Rn. 9.
[383] BGH VersR 2008, 628 (630); OLG Köln r+s 2013, 344.

Tarifbestimmungen sind nicht brancheneinheitlich und es ist jede Klausel anhand der ihr eigenen Besonderheiten zu überprüfen. Namentlich können die Wertungen des BGH[384] nicht ohne Weiteres auf solche Regelungen übertragen werden, die dem Versicherungsnehmer im Falle des Eintritts von Erwerbslosigkeit zwar die Versicherungsfähigkeit absprechen, ihm aber zugleich die Fortsetzung der Krankentagegeldversicherung zu modifizierten Bedingungen – teilweise mit Rückkehrmöglichkeit in den ursprünglichen Versicherungsschutz nach Wegfall der Erwerbslosigkeit – anbieten. Jedenfalls in solchen Vertragsgestaltungen trifft es nicht ohne Weiteres zu, dass „der Versicherungsschutz unter Außerachtlassung der sozialen Schutzfunktion der Krankentagegeldversicherung entwertet"[385] würde. Unabhängig davon ist festzuhalten, dass der BGH in der angesprochenen Entscheidung trotz der angenommenen Unwirksamkeit der dort streitgegenständlichen Regelung im Wege ergänzender Vertragsauslegung zu dem Schluss gekommen ist, dass die Versicherungsfähigkeit zu dem Zeitpunkt entfällt, für den feststeht, dass der Versicherungsnehmer eine neue Tätigkeit als Arbeitnehmer nicht mehr aufnehmen will oder aufgrund objektiver Umstände festgestellt werden kann, dass die Arbeitssuche trotz ernsthafter Bemühungen ohne Erfolg bleiben wird.[386] Bei Selbständigen muss Entsprechendes gelten, wobei hier Umstände wie etwa Veräußerung des Betriebs oder Insolvenz jedenfalls Indizien dafür sind, dass mit einer Wiederaufnahme der Erwerbstätigkeit auch nach Gesundung nicht zu rechnen ist.[387] Der Eintritt in die Freistellungsphase einer in Blöcken wahrgenommenen Altersteilzeit führt nicht zum Wegfall der Voraussetzungen für die Versicherungsfähigkeit.[388]

188   Viele Tarifbedingungen sehen vor, dass die Versicherungsfähigkeit auch bei Bezug einer **Rente** wegen Berufs- oder Erwerbsunfähigkeit endet. Während des Bezugs einer solchen Rente besteht dann keine Leistungspflicht des Krankentagegeldversicherers, und zwar auch, wenn tatsächlich keine bedingungsgemäße Berufsunfähigkeit (→ Rn. 191 ff.) festgestellt ist.[389] Es kommt dabei auch nicht darauf an, in welcher Höhe der Versicherungsnehmer gegenüber dem Berufsunfähigkeitsrisiko abgesichert ist.[390] Unerheblich ist auch, ob dem Versicherungsnehmer eine Berufsunfähigkeitsrente nur befristet oder auf Zeit bewilligt oder aufgrund einer Fiktion für eine nur vorübergehende Berufsunfähigkeit gewährt wird.[391] Wird die Rente rückwirkend gezahlt, entfällt ebenso die Leistungspflicht des Krankentagegeldversicherers rückwirkend.[392] All dies gilt allerdings nur, wenn der Rentenbezug in den Bedingungen des Versicherers ausdrücklich erwähnt ist.[393]

189   Neben § 15a MB/KT kann auch **§ 15b MB/KT** eingreifen, wenn der Versicherungsnehmer eine Berufs- oder Erwerbsunfähigkeitsrente bezieht und er zugleich berufsunfähig iSv § 15b MB/KT (→ Rn. 191 ff.) ist; die Regelungen der §§ 15a, 15b MB/KT stehen nicht in einem Spezialitätsverhältnis zueinander, sondern sind ohne Weiteres nebeneinander anwendbar.[394]

190   Hat der Versicherer in Unkenntnis des Wegfalls der Versicherungsfähigkeit bereits Krankentagegeldzahlungen erbracht, steht ihm ein vertraglicher **Rückgewähranspruch** zu.[395] Der vertragliche Rückgewähranspruch folgt aus § 11 S. 2 MB/KT. Diese Bestimmung statuiert eine Rückgewährpflicht für in der Zeit nach Beendigung des Versicherungsverhältnisses empfangene Leistungen. Im Anschluss an die Entscheidungen des BGH aus dem Jahr 1992 (dazu → Rn. 183) wurde diskutiert, ob die Regelung entsprechend anwendbar sei oder ob auf das Bereicherungsrecht zurückgegriffen werden könne, da das Tatbestandserfordernis der Vertragsbeendigung wegen der vom BGH angenommenen Unwirksamkeit der §§ 15a, 15b MB/KT nicht mehr erfüllt sei.[396] Diese Diskussion ist obsolet geworden, nachdem die Beendigungsregelungen der §§ 15a, 15b MB/KT inzwischen – durch die Verknüpfung mit dem Recht auf Einrichtung einer Anwartschaftsversicherung, → Rn. 184 – wieder als wirksam anzusehen sind. Die Regelung des § 11 S. 2 MB/KT ist damit wieder unmittelbar anwendbar.

---

[384] BGH VersR 2008, 628 (630).
[385] In allgemeiner Form *Tschersich* in Beckmann/Matusche-Beckmann VersR-HdB § 45 Rn. 27.
[386] BGH VersR 2008, 628 (630).
[387] *Wilmes* in Bach/Moser MB/KT § 15 Rn. 15.
[388] BGH VersR 2020, 154.
[389] BGH VersR 1989, 392 (393); OLG Celle VersR 2008, 526 (527); OLG Karlsruhe VersR 2007, 51; OLG Hamm VersR 2002, 1138; LG Köln VersR 2008, 1057 (1058).
[390] BGH VersR 1989, 392 (393).
[391] BGH VersR 1989, 392 (393); 1989, 943 (944); OLG Hamm VersR 2016, 1181.
[392] BGH VersR 1989, 943; OLG Schleswig VersR 2016, 1305; OLG Koblenz VersR 1995, 653; OLG Nürnberg NZV 2007, 535.
[393] BGH VersR 1997, 481 (482).
[394] BGH VersR 1989, 943.
[395] BGH VersR 1992, 479 (480); OLG Karlsruhe VersR 2007, 51 (52); OLG Celle VersR 2004, 632 (633); OLG Nürnberg NZV 2007, 535; LG Nürnberg-Fürth BeckRS 2012, 15219.
[396] Zur Diskussion *Wilmes* in Bach/Moser MB/KT § 11 Rn. 2.

3. Berufsunfähigkeit. Maßgeblich für die Beendigung der Krankentagegeldversicherung und 191
der Leistungspflicht hieraus wegen des Eintritts von Berufsunfähigkeit ist allein die Berufsunfähigkeitsdefinition in § 15 Abs. 1 lit. b MB/KT; auf die Frage, ob Berufs- oder Erwerbsunfähigkeit im sozialversicherungsrechtlichen Sinne oder im Sinne der Bedingungen für die Berufsunfähigkeits-(zusatz-)Versicherung besteht, kommt es nicht an.[397] Nach § 15 Abs. 1 lit. b MB/KT liegt Berufsunfähigkeit vor, wenn die versicherte Person
– im bisher ausgeübten Beruf,
– nach medizinischem Befund,
– auf nicht absehbare Zeit,
– mehr als 50 % erwerbsunfähig ist.

a) Bisher ausgeübter Beruf. Die Berufsunfähigkeit muss im bisher ausgeübten Beruf vorliegen. 192
Dieses Tatbestandsmerkmal ist nicht anders zu verstehen als das Tatbestandsmerkmal „ihre berufliche Tätigkeit" in § 1 Abs. 3 MB/KT (→ Rn. 150). Es ist also auch hier auf die **konkrete berufliche Tätigkeit bei Eintritt des Versicherungsfalls** abzustellen, wobei es auf die ganz konkrete Art der bisherigen Berufsausübung ankommt.[398] Ob der Versicherungsnehmer noch zu anderen Tätigkeiten in der Lage ist, spielt keine Rolle, und zwar auch nicht, wenn es um Tätigkeiten geht, die der Beruf des Versicherungsnehmers umfasst.[399] Zutreffend hat daher das OLG Frankfurt a. M. einen Chirurgen, der als Homöopath noch tätig sein konnte und als solcher auch tätig war, als berufsunfähig angesehen.[400] Eine „Verweisung" des Versicherungsnehmers auf eine andere Tätigkeit ist der Krankentagegeldversicherung fremd. Ebenso wenig, wie der Versicherer Arbeitsunfähigkeit iSv § 1 Abs. 3 MB/KT mit der Begründung verneinen könnte, der Versicherungsnehmer könne noch eine andere als seine ganz konkrete berufliche Tätigkeit ausüben, kann sich der Versicherungsnehmer umgekehrt beim Eintritt von Berufsunfähigkeit in seinem ganz konkreten Beruf darauf stützen, er könne noch andere Tätigkeiten ausüben.[401]

b) Medizinischer Befund. Die versicherte Person muss nach medizinischem Befund auf 193
nicht absehbare Zeit mehr als 50 % erwerbsunfähig sein. Das Tatbestandsmerkmal „nach medizinischem Befund" sollte es nach früher in der Rspr. teilweise vertretener Auffassung erfordern, dass der Versicherer einen konkreten ärztlichen Bericht vorlegt, aus dem sich Berufsunfähigkeit mit Wirkung für die Zukunft ergibt.[402] Arbeitsunfähigkeitsbescheinigungen, in denen abstrakt die Erwerbsunfähigkeit festgestellt wird, sollen als medizinische Befunde danach nicht genügen.[403] Folge dieser Auffassung war, dass der Vortrag des Versicherers zur Berufsunfähigkeit als nicht hinreichend schlüssig angesehen wurde, wenn er keinen hinreichenden medizinischen Befund vorlegen konnte, so dass es im Prozess nicht zu einer Beweisaufnahme über die Berufsunfähigkeit kam.

Diese Auffassung konnte schon deshalb nicht überzeugen, weil die Worte „nach medizinischem 194
Befund" in § 15 Abs. 1 lit. b MB/KT sich ebenso in § 1 Abs. 3 MB/KT wiederfinden. Hier ist aber von der Rspr., soweit ersichtlich, noch nie die Anforderung an den – hier darlegungs- und beweispflichtigen – Versicherungsnehmer herangetragen worden, zur Substantiierung seiner Behauptung, nach medizinischem Befund arbeitsunfähig zu sein, ein aussagekräftiges medizinisches Gutachten vorzulegen. Vielmehr genügte der Rspr. hier regelmäßig die Vorlage formularmäßiger ärztlicher AU-Bescheinigungen, ohne dass überhaupt das Tatbestandserfordernis „nach medizinischem Befund" je problematisiert wurde. So fehlte etwa in der Entscheidung des OLG Hamm v. 26.2.1997[404] jede Begründung dafür, warum sich aus einer Arbeitsunfähigkeitsbescheinigung, in der Erwerbsunfähigkeit vermerkt ist, „schon nicht" ergeben soll, dass „Berufsunfähigkeit überhaupt nach medizinischem Befund iSd § 15 MB/KT festgestellt worden" wäre, während im selben Urteil dieselben Arbeitsunfähigkeitsbescheinigungen für die Darlegung bedingungsgemäßer Arbeitsunfähigkeit durch den Versicherungsnehmer ausreichen sollen, ohne dass das Tatbestandsmerkmal „nach medizinischem Befund" *in diesem Zusammenhang* überhaupt

---

[397] *Wilmes* in Bach/Moser MKT § 15 Rn. 25 ff.
[398] BGH r+s 2017, 146; *Wilmes* in Bach/Moser MB/KT § 15 Rn. 23; *Tschersich* in Beckmann/Matusche-Beckmann VersR-HdB § 45 Rn. 37.
[399] BGH r+s 2017, 146; OLG Düsseldorf VersR 1999, 356 (357).
[400] OLG Frankfurt a. M. VersR 1987, 758 (759).
[401] *Wilmes* in Bach/Moser MB/KT § 15 Rn. 31; *Tschersich* in Beckmann/Matusche-Beckmann VersR-HdB § 45 Rn. 39.
[402] IdS OLG Hamm VersR 1997, 1087 (1088); OLG Oldenburg VersR 1991, 649 (650).
[403] OLG Hamm r+s 1998, 76.
[404] OLG Hamm r+s 1998, 76.

erwähnt würde. Inzwischen ist durch Urteil des BGH v. 30.6.2010[405] höchstrichterlich geklärt, dass das Merkmal „nach medizinischem Befund" lediglich zur Folge hat, dass im Rechtsstreit eine Beurteilung objektiv durch Einholung eines neutralen (gerichtlichen) Sachverständigengutachtens unter Beiziehung aller verfügbaren medizinischen Unterlagen zu erfolgen hat; wobei alle ärztlichen Berichte und sonstigen Untersuchungsergebnisse heranzuziehen und auszuwerten sind, die der Versicherer für die maßgeblichen Zeitpunkte vorlegen kann. Dabei ist es gleich, wann und zu welchem Zweck die medizinischen Befunde erhoben wurden; auch müssen sie keine – ausdrückliche oder stillschweigende – ärztliche Feststellung der Berufsunfähigkeit enthalten.[406] Auch kann sich der Versicherer nicht nur auf solche medizinischen Befunde stützen, die er vor seiner Behauptung der Berufsunfähigkeit beigezogen hat, sondern rückschauend auf alle Untersuchungsergebnisse, die für einen bestimmten Zeitpunkt aus der Sicht ex ante den Eintritt von Berufsunfähigkeit des Versicherungsnehmers begründen.[407]

195   Höchstrichterlich geklärt ist auch die frühere Streitfrage, ob eine **rückwirkende Feststellung der Berufsunfähigkeit** zulässig ist:[408] Mit Urteil v. 20.6.2012[409] hat der BGH hierzu klargestellt, entscheidend sei nicht, wann und wie der Versicherer in der Folge Kenntnis von der Berufsunfähigkeit erlangt, sondern wann diese eingetreten ist. Die Prognose der Berufsunfähigkeit kann also auch rückschauend für den Zeitpunkt gestellt werden, für den der Versicherer das Ende seiner Leistungspflicht behauptet, allerdings muss dies aus der Sicht ex ante geschehen, das heißt ohne Berücksichtigung des weiteren Verlaufs nach diesem Zeitpunkt.[410]

196   **c) Auf nicht absehbare Zeit.** Die mehr als 50%ige Erwerbsunfähigkeit im bisher ausgeübten Beruf muss auf nicht absehbare Zeit bestehen. Das Merkmal „auf nicht absehbare Zeit" stellt klar, dass es sich bei der Feststellung der Berufsunfähigkeit um eine **Prognoseentscheidung** handelt.[411] Die Prognose erfordert einen Zustand, dessen Fortbestand aus sachkundiger Sicht für nicht absehbare Zeit prognostiziert wird, der jedoch typischerweise nicht auch als endgültig oder unveränderlich beurteilt werden kann.[412]

197   Die frühere Rspr. der Oberlandesgerichte Hamm, Köln und Koblenz, welche zur Konkretisierung der Prognose auf einen Zeitraum von drei Jahren abgestellt haben,[413] ist durch die Entscheidungen des BGH v. 30.6.2010[414] und v. 20.6.2012[415] hinfällig. Abzustellen ist mit dem BGH nicht auf einen festen Zeitrahmen, sondern auf die Besonderheiten des Einzelfalls. Insbesondere ist etwa das Alter des Versicherungsnehmers zu berücksichtigen.

198   Höchstrichterlich geklärt ist auch die frühere Streitfrage, ob die spätere gesundheitliche Entwicklung, namentlich eine etwaige Wiederaufnahme der Berufstätigkeit, bei der Beurteilung zu berücksichtigen ist:[416] Richtigerweise hat die spätere Entwicklung des Zustands als solche unberücksichtigt zu bleiben; die Überprüfung der **Prognoseentscheidung** des Versicherers muss im Rechtsstreit rückschauend für den Zeitpunkt vorgenommen werden, für den der Versicherer das Ende seiner Leistungspflicht behauptet, und dies muss aus der Sicht ex ante geschehen, dh ohne Berücksichtigung des weiteren Verlaufs nach diesem Zeitpunkt.[417] Eine andere Wertung würde auch nicht nur dem Wesen der Prognoseentscheidung widersprechen,[418] sondern auch dazu führen, dass die Berufsunfähigkeit ständig in Frage gestellt wäre und weder Versicherungsnehmer (Prämienzahlungspflicht) noch Versicherer Planungssicherheit hätten. Auch in seinen Entscherlangungen aus dem Jahr 1992[419] ist der BGH offenbar davon ausgegangen, dass eine spätere Wiedererlangung der Berufsfähigkeit der einmal getroffenen Prognoseentscheidung nicht die Grundlage entziehen kann, denn wenn die Wiedererlangung der Arbeitskraft bedeuten würde, dass der Versicherungsnehmer nie berufsunfä-

---

[405] BGH VersR 2010, 1171.
[406] BGH VersR 2010, 1171.
[407] BGH VersR 2012, 981.
[408] Dagegen früher OLG Karlsruhe VersR 2004, 230 (231); OLG Düsseldorf VersR 1999, 354 (355).
[409] BGH VersR 2012, 981.
[410] BGH VersR 2012, 981.
[411] BGH VersR 1992, 479 (481); OLG Düsseldorf VersR 1999, 354 (355); *Wilmes* in Bach/Moser MB/KT § 15 Rn. 34.
[412] BGH VersR 2012, 981; 2010, 1171.
[413] OLG Hamm VersR 1997, 1087; OLG Köln VersR 1995, 284 (285); OLG Koblenz r+s 1993, 473.
[414] BGH VersR 2010, 1171.
[415] BGH VersR 2012, 981.
[416] Dafür OLG Köln VersR 1995, 284 (285); OLG Hamm VersR 1987, 1233; dagegen OLG Koblenz NVersZ 1999, 475 (476); KG VersR 1988, 1290 (1291); OLG Zweibrücken VersR 1991, 292.
[417] BGH VersR 2012, 981.
[418] *Wilmes* in Bach/Moser MB/KT § 15 Rn. 34.
[419] → Rn. 186.

hig war, wären seine Erwägungen zur Beendigung des Versicherungsverhältnisses durch Berufsunfähigkeit gegenstandslos. Gegen die Wertung des BGH[420] spricht auch nicht, dass auf den Sachverhalt im Zeitpunkt der letzten mündlichen Verhandlung abzustellen ist,[421] denn die nach *materiellem Recht* maßgebliche Tatsache ist eben nicht die Berufsunfähigkeit des Versicherungsnehmers aus der Perspektive seines gegenwärtigen Zustands, sondern aus der zum Zeitpunkt der Erhebung des medizinischen Befundes.

d) Mehr als 50 %. Schließlich muss die Berufsunfähigkeit im bisher ausgeübten Beruf zu mehr als 50 % bestehen. Entscheidendes Kriterium ist, ob der Versicherte noch in der Lage ist, seinen **durchschnittlichen Arbeitsanfall** zu wenigstens 50 % zu bewältigen.[422] Ohne Bedeutung ist es, wenn der Versicherungsnehmer auf Kosten seiner Restgesundheit trotz mehr als hälftiger Erwerbsunfähigkeit noch mindestens 50 % seiner Erwerbstätigkeit nachgeht, da es allein auf die objektive medizinische Fähigkeit zur Ausübung der beruflichen Tätigkeit ankommt.[423]

IX. Prozessuales und Beweislast

Die Beweislast für den **Eintritt eines Versicherungsfalls** und damit auch für das Vorliegen bedingungsgemäßer Arbeitsunfähigkeit liegt beim Versicherungsnehmer. Der Beweis kann nur durch Sachverständigengutachten geführt werden (→ Rn. 153). Zur Schlüssigkeit einer Klage gehört ein substantiierter Vortrag zu den gesundheitlichen Beschwerden, zur bisher ausgeübten Berufstätigkeit sowie deren Beeinträchtigung durch die Erkrankung bzw. Unfallfolgen.[424]

Für die **Beendigungstatbestände** des § 15 MB/KT ist der Versicherer beweispflichtig,[425] was insbes. für § 15 Abs. 1 lit. b MB/KT (Berufsunfähigkeit) von praktischer Bedeutung ist. Den Versicherungsnehmer trifft aber eine Substantiierungslast, wenn er seit langer Zeit arbeitsunfähig ist.[426] Außerdem trifft den Versicherungsnehmer eine sekundäre Darlegungslast hinsichtlich der von ihm zuletzt konkret ausgeübten beruflichen Tätigkeit, weil nur der Versicherungsnehmer, nicht aber der Versicherer zu einer Arbeitsplatzbeschreibung in der Lage ist.[427]

Die Behauptung des Versicherers, der Versicherungsnehmer sei berufsunfähig, enthält nicht zugleich das Geständnis der Arbeitsunfähigkeit.[428] Der Versicherer ist also nicht gehindert, Berufsunfähigkeit einzuwenden und gleichzeitig das Vorliegen vollständiger Arbeitsunfähigkeit zu bestreiten. Dies ergibt sich schon daraus, dass sich Berufsunfähigkeit und Arbeitsunfähigkeit nicht gegenseitig ausschließen. Da bedingungsgemäße Arbeitsunfähigkeit regelmäßig vollständige Arbeitsunfähigkeit erfordert (→ Rn. 151), während Berufsunfähigkeit bereits beim Eintritt fünfzigprozentiger Erwerbsunfähigkeit gegeben ist (→ Rn. 199), kann ein Versicherungsnehmer im Sinne der MB/KT zugleich berufsunfähig und nicht (vollständig) arbeitsunfähig sein.

X. Mütter-Krankentagegeld (Abs. 5 S. 2)

Am 11.4.2017 trat das „Gesetz zur Stärkung der Heil- und Hilfsmittelversorgung" (BT-Drs. 18/10186) in Kraft, mit welchem § 192 Abs. 5 S. 2 eingeführt wurde. Der Krankentagegeldversicherer wurde damit verpflichtet, den Verdienstausfall, der während der Schutzfristen nach § 3 Abs. 1 und 2 des Mutterschutzgesetzes (MuSchG) sowie am Entbindungstag entsteht, durch das vereinbarte Krankentagegeld zu ersetzen, soweit die versicherten Person kein anderweitiger angemessener Ersatz für die während dieser Zeit verursachten Verdienstausfall zusteht. Eingeführt wurde damit ein neuer Versicherungsfall, der nicht mehr an das Bestehen von Arbeitsunfähigkeit anknüpft, sondern an die Schutzfristen des MuSchG und das Fehlen anderweitigen angemessenen Ersatzes des Verdienstausfalls. Umgesetzt und konkretisiert wurde dies mit **§ 1a MB/KT.** Da nach dem Gesetzeswortlaut nur das „vereinbarte" Krankentagegeld zu zahlen ist, sind die vereinbarten Karenzzeiten zu berücksichtigen.

---

[420] BGH VersR 2012, 981.
[421] *Tschersich* in Beckmann/Matusche-Beckmann VersR-HdB, 2. Aufl. 2009, § 45 Rn. 43; OLG Hamm VersR 1992, 225 (226).
[422] OLG Düsseldorf r+s 1997, 299 (300); OLG Zweibrücken VersR 1991, 292; *Wilmes* in Bach/Moser MB/KT § 15 Rn. 30.
[423] OLG Düsseldorf VersR 1999, 354 (355); *Tschersich* in Beckmann/Matusche-Beckmann VersR-HdB § 45 Rn. 41.
[424] OLG Köln VersR 2008, 912; OLG Saarbrücken VersR 2008, 951 (953); *Tschersich* in Beckmann/Matusche-Beckmann VersR-HdB § 45 Rn. 103.
[425] AllgM, BGH VersR 2010, 1171 Rn. 31.
[426] *Voit* in Prölss/Martin MB/KT § 15 Rn. 31.
[427] OLG Oldenburg BeckRS 2013, 02020.
[428] BGH VersR 2010, 1171; *Wilmes* in Bach/Moser MB/KT § 15 Rn. 42.

G. Pflegeversicherung (Abs. 6)

204 § 192 Abs. 6 regelt die private Pflegeversicherung.

Ebenso wie bei der Krankenversicherung beschränkt der Gesetzgeber sich auch in der Pflegeversicherung darauf, lediglich die vertragstypische Leistung des Versicherers zu beschreiben: In der Pflegekostenversicherung besteht diese in der Erstattung der Aufwendungen für die Pflege der versicherten Person im vereinbarten Umfang. Das für die Krankenversicherung neu eingeführte Übermaßverbot des § 192 Abs. 2 (→ Rn. 78 ff.) gilt entsprechend. Dies wird in § 192 Abs. 6 S. 2 ausdrücklich klargestellt.

In der Pflegetagegeldversicherung ist das vereinbarte Pflegetagegeld zu leisten. Die Pflegetagegeldversicherung ist Summenversicherung (zur Abgrenzung der Summen- zur Schadenversicherung und den sich hieraus ergebenden Folgen vgl. die Kommentierung zu → § 194 Rn. 9 ff.).

Die nähere Ausgestaltung der privaten Pflegeversicherung bleibt dem Versicherer überlassen. Dieser entscheidet über den Umfang der „vereinbarten" Leistung. Dies gilt allerdings nur für die freiwillige private Pflegeversicherung, die Pflegekostenergänzungsversicherung und die Pflegetagegeldversicherung.

I. Pflegepflichtversicherung

205 Besonderheiten gelten für die in § 192 Abs. 6 nicht ausdrücklich angesprochene private Pflegepflichtversicherung:

Mit dem am 1.1.1995 in Kraft getretenen Gesetz zur sozialen Absicherung des Risikos der Pflegebedürftigkeit (PflegeVG) hat der Gesetzgeber für die in der GKV versicherten Personen eine soziale und für privat krankenversicherte Personen eine private Pflegepflichtversicherung (PPV) eingeführt. Entsprechend dem Grundsatz „Pflegeversicherung folgt Krankenversicherung" müssen sich Personen, die gegen das Risiko Krankheit bei einem privaten Krankenversicherungsunternehmen mit Anspruch auf allgemeine Krankenhausleistungen versichert sind, grds. bei diesem Unternehmen auch gegen das Risiko der Pflegebedürftigkeit versichern; vgl. § 23 Abs. 1 SGB XI. Für die Krankenversicherungsunternehmen besteht gem. § 110 SGB XI Kontrahierungszwang.

206 Dem privaten Versicherungsvertrag liegen die **brancheneinheitlichen Versicherungsbedingungen für die private Pflegepflichtversicherung** (MB/PPV) zugrunde. Deren Aufbau orientiert sich an den MB/KK und regelt ähnlich wie dort insbes. Gegenstand, Umfang und Geltungsbereich des Versicherungsschutzes, Obliegenheiten, Beendigungsgründe und Beitragsfragen.

Der Versicherungsschutz umfasst grds. dieselben Leistungen wie die im SGB XI geregelte soziale Pflegeversicherung. § 23 Abs. 6 Nr. 1 SGB XI verpflichtet das private Krankenversicherungsunternehmen, für die Feststellung der Pflegebedürftigkeit und die Zuordnung zu den Pflegegraden dieselben Maßstäbe anzulegen wie in der sozialen Pflegeversicherung. Für diese sind der Begriff der Pflegebedürftigkeit in § 14 und die Zuordnung zu den Pflegegraden in § 15 SGB XI geregelt.

Da das SGB XI die Einzelheiten der privaten *Pflegepflicht*versicherung im SGB XI detailliert regelt, stellt § 192 Abs. 6 S. 3 nochmals klar, dass diese Vorschriften der Regelung im VVG vorgehen.

Da der Versicherungsschutz in der privaten Pflegepflichtversicherung denjenigen in der sozialen Pflegeversicherung ersetzen kann, ist die private Pflegepflichtversicherung gem. § 146 Abs. 1 VAG Teil der substitutiven Krankenversicherung. Der deutsche Gesetzgeber folgt damit auch der Protokollerklärung zu Art. 54 Dritte Schaden Richtlinie: Nach dieser fällt die Pflegeversicherung unter die Krankenversicherung.[429]

207 Auch für die private Pflegepflichtversicherung gilt der in § 192 Abs. 6 beschriebene Begriff des Versicherungsfalls. In Übereinstimmung hiermit definiert § 1 Abs. 2 der **MB/PPV** 2019 den Versicherungsfall als den Eintritt der Pflegebedürftigkeit der versicherten Person.

Pflegebedürftig sind gem. § 1 Abs. 2 MB/PPV Personen, die gesundheitlich bedingte Beeinträchtigungen der Selbständigkeit oder der Fähigkeiten aufweisen und deshalb der Hilfe durch andere bedürfen. Es muss sich um Personen handeln, die körperliche, kognitive oder psychische Beeinträchtigungen oder gesundheitlich bedingte Belastungen oder Anforderungen nicht selbständig kompensieren oder bewältigen können. Die Pflegebedürftigkeit muss auf Dauer, voraussichtlich für mindestens sechs Monate bestehen. Näheres regeln die Absätze 3 ff. des § 1 MB/PPV 2019.

208 Während die Leistungen der sozialen Pflegeversicherung in Anlehnung an die Regelungen der gesetzlichen Krankenversicherung primär in Form von Sachleistungen erbracht werden, erstattet die private Pflegepflichtversicherung nachgewiesene **Aufwendungen**. Der Pflegebedürftige kann selbst entscheiden, welchen zugelassenen Dienst er für seine Pflege in Anspruch nimmt, ob er ihn wechseln möchte und in welches Heim er im Falle notwendiger Heimpflege zieht.

---

[429] BT-Drs. 12/6959, 60.

Anstelle von Aufwendungsersatz für die häusliche Pflegehilfe kann gem. § 4 Abs. 2 MB/PPV die Zahlung eines Pflegegeldes beantragt werden, wenn die Pflege selbst sichergestellt wird.

Der Umfang der Leistungen wird maßgeblich durch die Zuordnung zu einer der fünf Pflege- 209 grade bestimmt. Die Kriterien hierfür sind in § 15 SGB XI bzw. in § 1 MB/PPV niedergelegt.

Die **Begutachtung** für die private Pflegepflichtversicherung erfolgt in der Regel durch den 210 medizinischen Dienst der privaten Pflegepflichtversicherung (MEDICPROOF GmbH). Gem. § 84 Abs. 1 VVG iVm § 6 Abs. 2 MB/PPV sind Versicherer und Versicherungsnehmer an die Feststellungen des beauftragten Arztes grds. gebunden. Etwas anderes gilt, wenn sie von der „wirklichen Sachlage erheblich abweichen".[430]

Soweit eine stationäre Unterbringung in Pflegeheimen iSd § 71 Abs. 2 SGB XI erfolgt, sind 211 die Heimgesetze der Bundesländer zu beachten. Sie verfolgen den Zweck, die Würde und die Interessen sowie die Bedürfnisse der Bewohnerinnen und Bewohner zu schützen. Darüber hinaus soll eine dem allgemein anerkannten Stand der fachlichen Erkenntnisse entsprechende Qualität des Wohnens und der Betreuung sichergestellt werden.

Der Umfang der Leistungen für **Pflegehilfsmittel** ist in § 4 Abs. 7 MB/PPV festgelegt. Erfasst 212 werden Pflegehilfsmittel und technische Hilfen, wenn und soweit diese zur Erleichterung der Pflege oder zur Linderung der Beschwerden beitragen oder der versicherten Person eine selbständigere Lebensführung ermöglichen. Weitere Voraussetzung ist, dass die Versorgung „notwendig" ist. Die Hilfsmittel können dabei auch leihweise überlassen werden. Die den Musterbedingungen zugrunde liegenden Tarife verweisen insoweit auf ein konkretes Pflegehilfsmittelverzeichnis. Für Hilfsmittel, die dort nicht genannt sind, besteht grds. kein Leistungsanspruch. Da die Leistungen der privaten Pflegepflichtversicherung gem. § 23 Abs. 1 S. 2 SGB XI ihrer Art und ihrem Umfang nach denen des SGB XI, Viertes Kapital, gleichwertig sein müssen (Gleichwertigkeitsgebot), ist allerdings ein Abgleich mit diesen notwendig.[431]

Analog der Regelung in § 40 SGB XI zur sozialen Pflegeversicherung hat die versicherte Person solche Mehr- und Folgekosten für eine Ausstattung des Pflegehilfsmittels selbst zu tragen, die über das Maß des Notwendigen hinausgehen.

Mit dem zum **1.7.2008** in Kraft getretenen **Pflege-Weiterentwicklungsgesetz**[432] wurden für 213 die Pflegepflichtversicherung diverse Leistungsverbesserungen beschlossen.

Zu nennen sind insbes.:
– stufenweise Anhebung der Pflegesätze,
– Stärkung der Rehabilitation in der Pflege,
– Einführung einer Pflegezeit für Arbeitnehmer,
– Anspruch auf Pflegeberatung und Hilfe durch einen Pflegeberater,
– Ausbau der Qualitätssicherung,
– Zulässigkeit der Vermittlung von privaten Pflege-Zusatzversicherungen durch die sozialen Pflegekassen,
– Anpassung der privaten Pflegepflichtversicherung an die Regelungen des Basis- und Standardtarifs sowie zur Übertragung der Alterungsrückstellungen.

Die Einzelheiten wurden durch die Neufassung ua der §§ 7a, 44a, 92c, 110, 112 ff. SGB XI geregelt.

Die PKV hat die Initiative zur Verbesserung in der Pflege begrüßt, setzt inhaltlich jedoch auf die in der Branche bereits vorhandenen eigenen Handlungsmöglichkeiten. Der privat Pflegeversicherte kann sich bereits heute bei Fragen rund um die Pflege an seinen privaten Versicherer wenden. Die nach § 7a SGB XI vorgesehene Pflegeberatung wird durch die COMPASS Private Pflegeberatung GmbH vorgenommen. Diese bietet eine kostenlose telefonische Beratung sowie die Möglichkeit von Hausbesuchen bei den betroffenen Privatversicherten. Der Prüfdienst der PKV führt bundesweit ca. 2.400 Qualitätsprüfungen in Pflegeheimen und bei Pflegediensten durch.

Mit dem **Pflege-Neuausrichtungs-Gesetz (PNG) aus dem Jahr 2012**[433] hat der Gesetzge- 214 ber in § 123 SGB XI erstmals auch einen Leistungsanspruch für Versicherte mit erheblich eingeschränkter Alltagskompetenz eingeführt. Dies entspricht der Erkenntnis, dass immer mehr Menschen wegen Demenz der Betreuung bedürfen. Die PKV hat ihre Leistungen in den MB/PPV gem. Ziff. 15 des Tarifs PV entsprechend angepasst. Demnach besteht für den genannten Personenkreis auch ohne Zuordnung zu einem Pflegegrad ein Anspruch auf Pflegegeld und häusliche Pflegehilfe. Für Versicherte mit erheblich eingeschränkter Alltagskompetenz und Zuordnung zu einem Pflegegrad erhöhen sich die Leistungen nochmals.

---

[430] BSG NZS 2005, 373.
[431] BSG NZS 2006, 250.
[432] Vgl. BT-Drs. 16/7439, 16/7486, 16/8525.
[433] BGBl. 2012 I 2246 ff.

215 Mit Wirkung vom 1.1.2017 sind mit dem **PSG II** (Zweites Gesetz zur Stärkung der pflegerischen Versorgung und zur Änderung weiterer Vorschriften – Zweites Pflegestärkungsgesetz, PSG II) v. 21.12.2015[434] weitere Neuerungen in Kraft getreten, die insbesondere einen grundlegend reformierten Begriff der Pflegebedürftigkeit beinhalten, indem von den bisherigen drei Pflegstufen auf fünf Pflegegrade umgestellt wurde. Außerdem wurde der Begriff der Pflege neu definiert.[435]

216 Die **Beitragskalkulation** erfolgt in der PPV im Gegensatz zum Umlageverfahren in der sozialen Pflegeversicherung im Kapital- bzw. Anwartschaftsdeckungsverfahren; vgl. § 8a MB/PPV. Entsprechend den vom Gesetzgeber in den §§ 110, 111 SGB XI gemachten Vorgaben wird dieser Grundsatz durch einzelne Umlageelemente wie der beitragsfreien Mitversicherung von Kindern oder ggf. auch der Beitragskappung auf den Höchstbeitrag der sozialen Pflegeversicherung (bei Ehegatten auf 150 %) ergänzt. Die Voraussetzungen und der Umfang hierzu sind in § 110 SGB XI iE festgelegt.

Der aufgezeigte Unterschied im Kalkulationsverfahren berechtigt den Gesetzgeber zu einer unterschiedlichen Heranziehung der Kosten. So verletzt die Einführung eines Beitragszuschlages für Personen, die niemals Kinder hatten,[436] allein für Mitglieder der sozialen Pflegeversicherung den Gleichbehandlungsgrundsatz nicht.[437]

Gem. § 61 Abs. 2 SGB XI zahlt der Arbeitgeber auch für die private Pflegepflichtversicherung grds. einen Beitragszuschuss.

217 Obgleich in der privaten Pflegepflichtversicherung **einheitliche Nettobeiträge** kalkuliert werden, können insbes. die unterschiedlichen Altersstrukturen der bei den einzelnen Gesellschaften versicherten Personen oder die Folgen aus der beitragsfreien Mitversicherung der Kinder, der Limitierung der Beiträge für Ehegatten oder Lebenspartner oder der genannte Höchstbeitragsgarantie zu unterschiedlichen Belastungen der einzelnen Versicherungsunternehmen führen. Aus diesem Grund hat der Gesetzgeber in § 111 SGB XI die Einrichtung eines PKV-internen Ausgleichssystems vorgesehen. Die Versicherungsunternehmen, welche die private Pflegepflichtversicherung im Sinne des SGB XI betreiben, haben daraufhin einen entsprechenden „Pflege-Pool" gegründet. Der dieser Gesellschaft des bürgerlichen Rechts zugrunde liegende Vertrag beschreibt den Zweck der Gesellschaft wie folgt:
(1) Beitragskalkulation gemäß den §§ 23, 110, 111 SGB XI,
(2) Durchführung des finanziellen Ausgleichs gem. § 111 Abs. 1 SGB XI,
(3) Führung einer Gemeinschaftsstatistik,
(4) Überprüfung der Risikoprüfung und der Schadenregulierung bei den einzelnen Gesellschaften für die private Pflegepflichtversicherung.
Einzelheiten bei der Umsetzung der unter Ziffer 4 genannten Prüfung regeln die verbandsinternen Prüfungsrichtlinien der PPV-Revision.

II. Pflegeergänzungsversicherung

218 Sowohl die Leistungen der privaten Pflegekostenversicherung selbst als auch diejenigen der privaten Pflege*pflicht*versicherung können durch Produkte der privaten Pflegeergänzungsversicherung erweitert werden.

Insbesondere mit der gesetzlichen Pflegeversicherung im Sinne des SGB XI wollte der Gesetzgeber nur eine Basisvorsorge für den Pflegefall schaffen. Diese stellt den Pflegebedürftigen in der Praxis nicht von allen Kosten frei. Etwaige Pflegemehrkosten oberhalb der Leistungsgrenzen der gesetzlichen Pflegeversicherung werden nicht bezahlt. Je nach Ausstattung des Pflegeheims verbleibt hier eine Eigenbeteiligung von teilweise mehreren Tausend Euro je Monat. Es kann deshalb ratsam sein, die bestehenden Versorgungslücken durch private Eigenvorsorge zu schließen.

219 Zur Absicherung der Leistungslücken und Restrisiken bietet die private Versicherungswirtschaft bereits seit dem 1.9.1994 Zusatzversicherungen (Pflegeergänzungstarife) zur Pflichtversicherung an: Die Angebotspalette umfasst Pflegekostenergänzungs- und Pflegetagegeldversicherungen unterschiedlicher Ausprägung: Bei den Pflegetagegeldversicherungen wird dem Pflegebedürftigen unabhängig von den aus der Pflegepflichtversicherung erbrachten Leistungen und ohne Kostennachweis ein vorher vereinbartes Tagegeld zur freien Verfügung ausgezahlt. Mit der ergänzenden Pflegekostenversicherung können die Leistungen der gesetzlichen Pflegeversicherung, zB Aufwendungen für häusliche Pflegehilfe, für teilstationäre Pflege, für Kurzzeitpflege und für vollstationäre Pflege, aufgestockt werden.

---

[434] BGBl. 2015 I 2424.
[435] Vgl. dazu grundlegend *Pfitzner* in BeckOK SozR, 56. Ed. 1.3.2020, SGB XI § 14 Rn. 2 ff.
[436] KiBG v. 15.12.2004, BGBl. 2004 I 3448.
[437] BVerfGE 103, 242 = VersR 2001, 916.

Vertragsgrundlage sind meist die Allgemeinen Versicherungsbedingungen für Ergänzungsversicherungen zur privaten und zur sozialen Pflegepflichtversicherung (AVB/EPV). Diese umfassen die entsprechenden Musterbedingungen des Verbandes, die Tarifbedingungen des einzelnen Versicherers und die Tarife.

Inhaltlich orientieren sie sich an den MB/PPV mit dem Unterschied der Aufnahme ergänzender Leistungen und einer risikogerechten Beitragskalkulation.

Mit Einführung der §§ 126 ff. SGB XI im Rahmen des oben (→ Rn. 216) genannten PNG aus dem Jahre 2012 wurde erstmals auch die staatliche Förderung einer privaten Pflege-Zusatzversicherung (**„Pflege-Bahr"**) eingeführt: Erfüllt diese die in § 127 SGB XI genannten Voraussetzungen, wird eine monatliche Zulage von 5 EUR gezahlt. **220**

Zu den für die Förderung notwendigen Voraussetzungen zählen insbes. die Kalkulation nach Art der Lebensversicherung mit Alterungsrückstellung, der Kontrahierungszwang der Anbieter für Personen mit Anspruch auf Förderung und der Verzicht des Versicherers auf Risikoprüfung, Risikozuschläge, Leistungsausschlüsse und das ordentliche Kündigungsrecht. Die Leistungen müssen im Pflegegrad 5 mindestens 600 EUR im Monat betragen. Die Wartezeit beträgt höchstens fünf Jahre.

Den Antrag auf die Zahlung der Zulage stellt der Versicherer bei der Deutschen Rentenversicherung Bund. Diese hat zu diesem Zweck auf Grundlage der Pflegevorsorgezulage-Durchführungsverordnung (PflvDV) eine diesbezügliche zentrale Stelle eingerichtet.

Auf Grundlage der in § 127 Abs. 2 S. 2 SGB XI vorgesehenen Beleihung hat der Verband der privaten Krankenversicherung eV **brancheneinheitliche Musterbedingungen** entwickelt. Diese sind im Verhältnis zum Versicherungsnehmer Grundlage der beiderseitigen Rechte und Pflichten. Sie können um unternehmenseigene Tarifbedingungen ergänzt werden, soweit die gesetzlichen Mindestvorgaben beachtet werden.

Die Beiträge können im Rahmen des § 10 Abs. 4 EStG als sonstige Vorsorgeaufwendungen geltend gemacht werden.

Ein Wechselrecht in die nicht geförderte Pflegezusatzversicherung oder umgekehrt besteht nicht.

III. Rechtsweg

Der Rechtsweg für Streitigkeiten aus der **Pflegepflichtversicherung** ist nicht zu den ordentlichen Gerichten, sondern zu den Sozialgerichten eröffnet, § 51 Abs. 2 S. 2 SGG.[438] Es handelt sich um eine einheitliche Zuweisung aller Streitigkeiten nach dem SGB XI an die Gerichte der Sozialgerichtsbarkeit, welche dazu führen kann, dass diese in Angelegenheiten der privaten Pflegeversicherung auch über die richtige Anwendung privatrechtlicher Vorschriften zu entscheiden haben.[439] **221**

Demgegenüber verbleibt es für privatrechtliche Streitigkeiten aus der **Pflegergänzungsversicherung** bei der Rechtswegzuständigkeit der Zivilgerichte.

H. Basistarif (Abs. 7)

I. Zweck der Regelung

§ 192 Abs. 7 beinhaltet eine Sonderregelung für den mit dem Gesetz zur „Stärkung des Wettbewerbs in der Gesetzlichen Krankenversicherung" (GKV-WSG) in der privaten Krankenversicherung eingeführten Basistarif sowie für den durch das „Gesetz zur Beseitigung sozialer Überforderung bei Beitragsschulden in der Krankenversicherung" eingeführten Notlagentarif. Die Ergänzung um letzteren fußt auf dem „Gesetz zur Weiterentwicklung der Gesundheitsversorgung (Gesundheitsversorgungsweiterentwicklungsgesetz – GVWG) v. 11.7.2021.[440] **222**

Alle privaten Krankenversicherer, welche die substitutive Krankenversicherung betreiben, müssen gem. § 152 VAG neben den bestehenden Tarifen einen Basistarif anbieten. Dieser soll dazu dienen, die Wechselmöglichkeiten innerhalb der und den Zugang eines Teils der bislang „Nichtversicherten" zur privaten Krankenversicherung zu erleichtern. Die Unternehmen der privaten Krankenversicherung sind insoweit einer **Annahmepflicht** unterworfen, die sich insbes. auf freiwillige Mitglieder der gesetzlichen Krankenversicherung, alle Nichtversicherten, die zuvor in der privaten Krankenversicherung versichert waren und ihr systematisch zuzuordnen sind, erstreckt. Der Beitrag

---
[438] BGH r+s 2018, 682.
[439] BGH r+s 2018, 682.
[440] BGBl. 2021 I 2754.

für den Basistarif wird vom Gesetzgeber festgelegt. Er darf den GKV-Höchstbeitrag nicht überschreiten. Risikozuschläge oder Leistungsausschlüsse dürfen nicht vereinbart werden.

Für den Fall eines Unternehmenswechsels innerhalb der privaten Krankenversicherung ist gem. § 193 Abs. 5 die Mitgabe eines Übertragungswertes vorgesehen. Wegen der Einzelheiten kann insoweit auf die Kommentierung zu → § 204 verwiesen werden. Zum Basistarif vgl. die Kommentierung zu → § 193 Rn. 24 ff.

Für Nichtzahler nach § 193 Abs. 7 haben die privaten Krankenversicherer einen Notlagentarif zu bilden. Im Notlagentarif ist der Aufwendungsersatz begrenzt. Versicherten sind nur diejenigen Aufwendung für Leistungen zu erstatten, die zur Behandlung von akuten Erkrankungen und Schmerzzuständen sowie bei Schwangerschaft und Mutterschaft erforderlich sind (Notfallversorgung), für Kinder und Jugendliche ergänzt um Vorsorgeuntersuchungen nach gesetzlich eingeführten Programmen und von der STIKO empfohlene Schutzimpfungen. Die Prämie ist für alle im Notlagentarif Versicherten einheitlich zu kalkulieren. Der GKV-Höchstbeitrag darf nicht überschritten werden.

II. Gesamtschuldnerische Haftung

223 Die Leistungen des Basistarifs müssen gem. § 152 Abs. 1 VAG in Art, Umfang und Höhe denen der gesetzlichen Krankenversicherung vergleichbar sein. Dabei können die Versicherten allerdings zwischen Selbstbehalten von 300, 600, 900 EUR oder 1.200 EUR wählen.

Die Kassenärztlichen Vereinigungen und die Kassenärztliche Bundesvereinigung haben die ärztliche Versorgung der in dem Basistarif Versicherten sicherzustellen. Der Grund für diese Regelung ist in der im Vergleich zur Behandlung sonstiger Privatpatienten liegenden geringeren Vergütung für die ärztliche Leistung zu sehen. Diese wird gem. § 75 Abs. 3b SGB V in Verträgen zwischen dem Verband der privaten Krankenversicherung und den Kassenärztlichen Vereinigungen geregelt. Die ärztlichen Leistungen sind mindestens ebenso zu vergüten wie die vertragsärztlichen Leistungen nach dem SGB V seitens der Ersatzkassen.

224 Zum Ausgleich der Pflicht der Behandler, Privatpatienten im Basistarif zu vergleichbaren Konditionen wie Versicherte in der gesetzlichen Krankenversicherung zu behandeln, sieht § 192 Abs. 7 einen **Direktanspruch des Leistungserbringers gegenüber dem privaten Krankenversicherer** vor.[441] Versicherer und Versicherungsnehmer haften ihm gegenüber als Gesamtschuldner. Durch das „Gesetz zur Weiterentwicklung der Gesundheitsversorgung (Gesundheitsversorgungsweiterentwicklungsgesetz – GVWG) v. 11.7.2021[442] wurde der Direktanspruch der Leistungserbringer gegenüber dem Versicherer auf Leistungserstattung im Basistarif auf den Notlagentarif ausgeweitet.

Entsprechend der das Gesamtschuldverhältnis generell regelnden Norm des § 421 BGB kann der Behandler demnach die Erstattung seines Honorars **wahlweise ganz oder teilweise vom Versicherer oder von dem nach dem Basistarif versicherten Patienten** verlangen. Dabei hat er gem. § 425 BGB zu beachten, dass insbes. eine Mahnung nur gegenüber dem (einzelnen) Gesamtschuldner wirkt, dem gegenüber sie erklärt wurde. Die Erfüllung der Forderung durch einen der Gesamtschuldner wirkt dagegen gem. § 422 Abs. 1 BGB zugleich für den jeweils anderen Schuldner.

225 Gemäß § 421 S. 2 BGB kann der Behandler sämtliche Schuldner bis zur Bewirkung der ganzen Leistung in Anspruch nehmen. Sein Wahlrecht erlischt demnach nicht schon allein durch die Erstellung und den Versand der Liquidation zB an den Patienten = Versicherungsnehmer. Zahlt dieser ganz oder teilweise nicht, kann der Behandler sich auch nachträglich noch an den Versicherer wenden. Um den Versicherer jedenfalls bezogen auf den Notlagentarif vor einer doppelten Inanspruchnahme durch Versicherungsnehmer und Behandler zu schützen,[443] wird der Versicherer gem. § 192 Abs. 7 S. 3 von seiner Leistungspflicht gegenüber dem Leistungserbringer frei, soweit er die aus dem Versicherungsverhältnis geschuldete Leistung entweder an den Leistungserbringer oder an den Versicherungsnehmer erbringt. Für den Basistarif bleibt es hingegen bei der Grundregel des § 421 S. 1 BGB.

Dies ist für den Versicherer dann nachteilig, wenn zuvor der Versicherungsnehmer aus dem Versicherungsvertrag heraus einen Leistungsantrag gestellt hatte, dem der Versicherer dann auch entsprochen hat. In diesem Fall bestimmt sich die interne Ausgleichspflicht zwischen Versicherungsnehmer und Versicherer als Gesamtschuldner grds. nach § 426 Abs. 2 BGB: Da der Versicherer zur Erbringung der Leistungen aus dem Versicherungsvertrag nur einmal verpflichtet ist, der Versicherungsnehmer durch dessen Zahlung an den Leistungserbringer aber von seiner Zahlungspflicht aus

---

[441] So die Begr., zu § 178b, BT-Drs. 16/3100.
[442] BGBl. 2021 I 2754.
[443] BT-Drs. 19/26822, 116 f.

dem Behandlungsvertrag befreit wurde, muss er die vom Versicherer vorab erhaltene Summe an diesen erstatten.

In der Praxis dürfte dieses Problem selten relevant werden, da die brancheneinheitlichen Musterbedingungen des Basistarifs diese Thematik für den Versicherungsnehmer verbindlich wie folgt regeln: Gem. § 6 Abs. 3 MB/BT ist der Versicherer berechtigt, unmittelbar an den *Rechnungssteller* zu leisten, wenn dieser ihm eine den Anforderungen des Basistarifs entsprechende Rechnung übersendet. Reicht der *Versicherungsnehmer* die Rechnung ein, ohne einen Nachweis darüber beizufügen, dass er die Forderung des Rechnungserstellers bereits erfüllt hat, darf der Versicherer gem. § 6 Abs. 4 MB/BT ebenfalls unmittelbar an diesen zahlen. In beiden Fällen gilt der vertragliche Anspruch des Versicherungsnehmers insoweit als erfüllt. § 6 Abs. 3 S. 2 und Abs. 4 S. 2 MB/BT stellen dies ausdrücklich klar.

Die **Erstattungspflicht des Versicherers** gegenüber dem *Leistungserbringer* ist gem. § 192 **226** Abs. 7 S. 1, letzter Halbsatz auf den Betrag begrenzt, den der Versicherer im Verhältnis zu seinem Versicherten aus dem konkreten Versicherungsverhältnis schuldet. Wichtig ist dies insbes. für einen evtl. vereinbarten Selbstbehalt oder im Falle der Leistungsfreiheit wegen einer Obliegenheitsverletzung oder wegen Zahlungsverzuges im Versicherungsvertrag.

Im Übrigen setzt auch die Erstattungspflicht aus dem Basistarif das Bestehen einer **rechtswirksamen Honorarforderung** voraus. Anderenfalls fehlt es bereits an einem Anspruch des Leistungserbringers selbst. Die Ausführungen zu § 192 Abs. 1 → Rn. 18 ff. gelten sinngemäß.

III. Aufrechnungsverbot

Durch das „Gesetz zur Weiterentwicklung der Gesundheitsversorgung (Gesundheitsversorgungs- **227** weiterentwicklungsgesetz – GVWG) v. 11.7.2021[444] ist ein Aufrechnungsverbot eingeführt worden. Gemäß § 192 Abs. 7 S. 4 ist, wenn der Versicherungsnehmer im Basis- oder Notlagentarif versichert ist, eine Aufrechnung mit Prämienforderungen sowohl aus der Krankheitskostenversicherung als auch aus der privaten Pflege-Pflichtversicherung gegen Ansprüche des Versicherungsnehmers auf Versicherungsleistungen aus dem Basis-bzw. Notlagentarif nicht möglich. Ausweislich der Gesetzesbegründung werden beide Aufrechnungswege ausgeschlossen, um eine Verlagerung der Aufrechnungspraxis zu Lasten der privaten Pflege-Pflichtversicherung zu vermeiden.[445] Vor der gesetzlichen Neuregelung hatte der BGH die vormals in Literatur und Rechtsprechung unterschiedlich beurteilte Frage, ob der Versicherer berechtigt ist, gegenüber Ansprüchen des Versicherungsnehmers auf Versicherungsleistungen aus dem Notlagentarif mit rückständigen Prämien aufzurechnen, noch anders entschieden.[446]

Gemäß § 192 Abs. 7 S. 5 ist § 35 nicht anwendbar. Das hat zur Folge, dass die privaten Kranken- **228** versicherer im Basis- und im Notlagentarif auch dann nicht mit einer Forderung aus dem Versicherungsvertrag aufrechnen können, wenn diese Forderung nicht dem Versicherungsnehmer, sondern einem Dritten, beispielsweise dem Leistungserbringer, zusteht.

J. Auskunftspflicht (Abs. 8)

Mit dem Gesetz zur Änderung versicherungsrechtlicher Vorschriften v. 24.4.2013[447] hat der **229** Gesetzgeber eine gesetzliche Auskunftspflicht des Krankenversicherers über den Umfang des Versicherungsschutzes für eine beabsichtigte Heilbehandlung eingeführt.

Insbesondere dann, wenn eine Heilbehandlung erforderlich wird, die höhere Kosten verursachen kann, kann der Versicherungsnehmer ein Interesse daran haben, vorab zu klären, ob bzw. inwieweit diese durch den Versicherer voraussichtlich getragen werden. Enorme finanzielle Belastungen können zusätzliche gesundheitliche Belastungen zur Folge haben. Bei geringeren Kosten besteht dieses Risiko im Allgemeinen nicht. Sowohl deshalb als auch mit Rücksicht auf den mit dem Auskunftsanspruch verbundenen zusätzlichen Verwaltungsaufwand hat der Gesetzgeber den Anspruch gem. § 192 Abs. 8 S. 1 **auf voraussichtliche Beträge von über 2.000 EUR** begrenzt.

Schon nach dem Wortlaut als auch nach dem genannten Zweck der Norm kommt es allein auf die Kosten der Heilbehandlung selbst und nicht auf die Höhe der zu erwartenden Versicherungsleistung an.

Ob die Grenze von 2.000 EUR überhaupt erreicht wird, muss der Versicherungsnehmer als Anspruchsteller darlegen. Nach der Gesetzesbegründung hat er dies „durch geeigneten Vortrag

---

[444] BGBl. 2021 I 2754.
[445] BT-Drs. 19/26822, 117.
[446] BGH VersR 2019, 152.
[447] BGBl. 2013 I 932 ff.

plausibel" zu machen.[448] Dies kann neben einer entsprechenden Schilderung auch die Vorlage medizinischer Unterlagen erfordern, anhand derer der Versicherer die wahrscheinliche Kostenbelastung abschätzen kann.

230 Der Versicherer muss auf das Verlangen auf Erteilung der Auskunft innerhalb von vier Wochen antworten und seine Antwort begründen. Die Antwort kann auch ablehnend sein.

Ist die Durchführung der **Heilbehandlung dringlich,** muss der Versicherer unverzüglich, spätestens aber innerhalb von zwei Wochen antworten. Gem. § 121 Abs. 1 BGB muss er ohne schuldhaftes Zögern handeln. Die Antwort muss zwar nicht sofort, aber innerhalb einer nach den Umständen des Einzelfalles zu bemessenden Prüfungspflicht erklärt werden. Ob die beabsichtigte Heilbehandlung dringlich ist, ist nach objektiven Kriterien zu entscheiden. Es gelten dieselben Grundsätze wie bei der Beurteilung der medizinischen Notwendigkeit der Maßnahme selbst. Auf die Ausführungen unter → Rn. 24 kann verwiesen werden.

231 Reichen die Unterlagen nicht aus, um den voraussichtlichen Umfang der Leistungspflicht zu prüfen, kann eine abschließende Prüfung der Anfrage zunächst nicht erfolgen. Der Versicherer muss dennoch innerhalb der genannten Fristen antworten. Er darf den Versicherungsnehmer in diesem Fall auf das noch offene Prüfergebnis hinweisen und um weitere Unterlagen bitten. Fällig wird der Leistungsanspruch gem. § 14 erst mit der Beendigung der zur Feststellung des Versicherungsfalles und des Umfanges der Leistungen notwendigen Erhebungen.

Die Frist zur Erteilung der Auskunft beginnt gem. § 192 Abs. 8 S. 3 mit Eingang des Auskunftsverlangens beim Versicherer.

Unterbleibt eine Antwort innerhalb der Frist, führt dies gem. § 192 Abs. 8 S. 4 zu einer **Beweislastumkehr** zu Lasten des Versicherers. Dieser muss dann beweisen, dass die beabsichtigte Heilbehandlung medizinisch nicht notwendig ist. Die Beweislastregelung des § 192 Abs. 8 gilt allein für die medizinische Notwendigkeit, nicht aber für sonstige Anspruchsvoraussetzungen wie etwa das Vorliegen einer Krankheit.[449] Eine Erstreckung der Beweislastumkehr auf die Erkrankung ist weder vom Wortlaut noch von Sinn und Zweck und der Interessenlage gedeckt. Es ist sowohl nach den üblicherweise geltenden Allgemeinen Versicherungsbedingungen als auch im Rahmen des § 192 zu trennen zwischen der Krankheit und der medizinisch notwendigen Heilbehandlung, die beide eigenständige Voraussetzungen für den Versicherungsfall darstellen. Für die Krankheit ist in § 192 Abs. 8 S. 4 die Beweislastumkehr nicht vorgesehen. Eine Erstreckung der Beweislastumkehr über den Wortlaut der Regelung hinaus wäre auch nicht interessengerecht. Der Versicherer müsste eine negative Tatsache beweisen, nämlich dass keine Krankheit vorlag, was kaum je möglich sein dürfte.[450]

232 Inhaltlich muss die Antwort des Versicherers gem. § 192 Abs. 8 S. 2 **„mit Gründen versehen"** werden. Dies ermöglicht es dem Versicherungsnehmer, entweder seine Entscheidung zur Durchführung der Maßnahme nochmals zu überdenken bzw. mit seinem Behandler zu besprechen oder dem Versicherer weitere Unterlagen und Begründungen zu liefern, damit dieser seine Entscheidung nochmals prüft.

233 Die Antwort muss gem. § 192 Abs. 8 S. 1 in **„Textform"** erteilt werden.

Gem. § 126b BGB muss die Erklärung in einer Urkunde oder auf andere zur dauerhaften Wiedergabe in Schriftzeichen geeigneten Weise abgegeben werden, die Person des Erklärenden genannt und der Abschluss der Erklärung durch Nachbildung der Namensunterschrift oder anders erkennbar gemacht werden. Eine Information mittels Brief, Fax oder E-Mail genügt der Textform: Hiermit wird hinreichend gewährleistet, dass der Versicherungsnehmer sich zuverlässig über den Inhalt der Erklärung informieren kann. Er kann sie ausdrucken und speichern. Die Nutzung des elektronischen Verkehrs setzt jedoch voraus, dass der Empfänger zB durch Mitteilung seiner E-Mail-Adresse zu erkennen gegeben hat, dass er damit einverstanden ist. Ansonsten fehlt es an einem rechtswirksamen Zugang der Willenserklärung gem. § 130 BGB.[451]

Die MB/KK haben § 192 Abs. 8 in § 4 Abs. 7 der Musterbedingungen nahezu wortgleich übernommen.

§ 193 Versicherte Person; Versicherungspflicht

(1) ¹Die Krankenversicherung kann auf die Person des Versicherungsnehmers oder eines anderen genommen werden. ²Versicherte Person ist die Person, auf die die Versicherung genommen wird.

---

[448] BT-Drs. 17/11469 zu § 192.
[449] OLG Frankfurt a. M. 22.1.2019 – 12 U 107/18.
[450] OLG Frankfurt a. M. 22.1.2019 – 12 U 107/18.
[451] *Ellenberger* in Grüneberg BGB § 126b Rn. 3.

(2) Soweit nach diesem Gesetz die Kenntnis und das Verhalten des Versicherungsnehmers von rechtlicher Bedeutung sind, ist bei der Versicherung auf die Person eines anderen auch deren Kenntnis und Verhalten zu berücksichtigen.

(3) ¹Jede Person mit Wohnsitz im Inland ist verpflichtet, bei einem in Deutschland zum Geschäftsbetrieb zugelassenen Versicherungsunternehmen für sich selbst und für die von ihr gesetzlich vertretenen Personen, soweit diese nicht selbst Verträge abschließen können, eine Krankheitskostenversicherung, die mindestens eine Kostenerstattung für ambulante und stationäre Heilbehandlung umfasst und bei der die für tariflich vorgesehene Leistungen vereinbarten absoluten und prozentualen Selbstbehalte für ambulante und stationäre Heilbehandlung für jede zu versichernde Person auf eine betragsmäßige Auswirkung von kalenderjährlich 5.000 Euro begrenzt ist, abzuschließen und aufrechtzuerhalten; für Beihilfeberechtigte ergeben sich die möglichen Selbstbehalte durch eine sinngemäße Anwendung des durch den Beihilfesatz nicht gedeckten Vom Hundert-Anteils auf den Höchstbetrag von 5.000 Euro. ²Die Pflicht nach Satz 1 besteht nicht für Personen, die
1. in der gesetzlichen Krankenversicherung versichert oder versicherungspflichtig sind oder
2. Anspruch auf freie Heilfürsorge haben, beihilfeberechtigt sind oder vergleichbare Ansprüche haben im Umfang der jeweiligen Berechtigung oder
3. Anspruch auf Leistungen nach dem Asylbewerberleistungsgesetzes haben oder
4. Empfänger laufender Leistungen nach dem Dritten, Vierten und Siebten Kapitel des Zwölften Buches Sozialgesetzbuch und Empfänger von Leistungen nach Teil 2 des Neunten Buches Sozialgesetzbuch sind für die Dauer dieses Leistungsbezugs und während Zeiten einer Unterbrechung des Leistungsbezugs von weniger als einem Monat, wenn der Leistungsbezug vor dem 1. Januar 2009 begonnen hat.
³Ein vor dem 1. April 2007 vereinbarter Krankheitskostenversicherungsvertrag genügt den Anforderungen des Satzes 1.

(4) ¹Wird der Vertragsabschluss später als einen Monat nach Entstehen der Pflicht nach Absatz 3 Satz 1 beantragt, ist ein Prämienzuschlag zu entrichten. ²Dieser beträgt einen Monatsbeitrag für jeden weiteren angefangenen Monat der Nichtversicherung, ab dem sechsten Monat der Nichtversicherung für jeden weiteren angefangenen Monat der Nichtversicherung ein Sechstel eines Monatsbeitrags. ³Kann die Dauer der Nichtversicherung nicht ermittelt werden, ist davon auszugehen, dass der Versicherte mindestens fünf Jahre nicht versichert war. ⁴Der Prämienzuschlag ist einmalig zusätzlich zur laufenden Prämie zu entrichten. ⁵Der Versicherungsnehmer kann vom Versicherer die Stundung des Prämienzuschlages verlangen, wenn den Interessen des Versicherers durch die Vereinbarung einer angemessenen Ratenzahlung Rechnung getragen werden kann. ⁶Der gestundete Betrag ist zu verzinsen. ⁷Wird der Vertragsabschluss bis zum 31. Dezember 2013 beantragt, ist kein Prämienzuschlag zu entrichten. ⁸Dies gilt für bis zum 31. Juli 2013 abgeschlossene Verträge für noch ausstehende Prämienzuschläge nach Satz 1 entsprechend.

(5) ¹Der Versicherer ist verpflichtet,
1. allen freiwillig in der gesetzlichen Krankenversicherung Versicherten
    a) innerhalb von sechs Monaten nach Einführung des Basistarifes,
    b) innerhalb von sechs Monaten nach Beginn der im Fünften Buch Sozialgesetzbuch vorgesehenen Wechselmöglichkeit im Rahmen ihres freiwilligen Versicherungsverhältnisses,
2. allen Personen mit Wohnsitz in Deutschland, die nicht in der gesetzlichen Krankenversicherung versicherungspflichtig sind, nicht zum Personenkreis nach Nummer 1 oder Absatz 3 Satz 2 Nr. 3 und 4 gehören, und die nicht bereits eine private Krankheitskostenversicherung mit einem in Deutschland zum Geschäftsbetrieb zugelassenen Versicherungsunternehmen vereinbart haben, die der Pflicht nach Absatz 3 genügt,
3. Personen, die beihilfeberechtigt sind oder vergleichbare Ansprüche haben, soweit sie zur Erfüllung der Pflicht nach Absatz 3 Satz 1 ergänzenden Versicherungsschutz benötigen,
4. allen Personen mit Wohnsitz in Deutschland, die eine private Krankheitskostenversicherung im Sinne des Absatzes 3 mit einem in Deutschland zum Geschäftsbetrieb zugelassenen Versicherungsunternehmen vereinbart haben und deren Vertrag nach dem 31. Dezember 2008 abgeschlossen wird,
Versicherung im Basistarif nach § 152 des Versicherungsaufsichtsgesetzes zu gewähren. ²Ist der private Krankheitskostenversicherungsvertrag vor dem 1. Januar 2009 abgeschlos-

sen, kann bei Wechsel oder Kündigung des Vertrages der Abschluss eines Vertrages im Basistarif beim eigenen oder einem anderen Versicherungsunternehmen unter Mitnahme der Alterungsrückstellung gemäß § 204 Abs. 1 nur bis zum 30. Juni 2009 verlangt werden. ³Der Antrag muss bereits dann angenommen werden, wenn bei einer Kündigung eines Vertrages bei einem anderen Versicherer die Kündigung nach § 205 Abs. 1 Satz 1 noch nicht wirksam geworden ist. ⁴Der Antrag darf nur abgelehnt werden, wenn der Antragsteller bereits bei dem Versicherer versichert war und der Versicherer
1. den Versicherungsvertrag wegen Drohung oder arglistiger Täuschung angefochten hat oder
2. vom Versicherungsvertrag wegen einer vorsätzlichen Verletzung der vorvertraglichen Anzeigepflicht zurückgetreten ist.

(6) ¹Ist der Versicherungsnehmer in einer der Pflicht nach Absatz 3 genügenden Versicherung mit einem Betrag in Höhe von Prämienanteilen für zwei Monate im Rückstand, hat ihn der Versicherer zu mahnen. ²Der Versicherungsnehmer hat für jeden angefangenen Monat eines Prämienrückstandes an Stelle von Verzugszinsen einen Säumniszuschlag in Höhe von einem Prozent des Prämienrückstandes zu entrichten. ³Ist der Prämienrückstand einschließlich der Säumniszuschläge zwei Monate nach Zugang der Mahnung höher als der Prämienanteil für einen Monat, mahnt der Versicherer ein zweites Mal und weist auf die Folgen nach Satz 4 hin. ⁴Ist der Prämienrückstand einschließlich der Säumniszuschläge einen Monat nach Zugang der zweiten Mahnung höher als der Prämienanteil für einen Monat, ruht der Vertrag ab dem ersten Tag des nachfolgenden Monats. ⁵Das Ruhen des Vertrages tritt nicht ein oder endet, wenn der Versicherungsnehmer oder die versicherte Person hilfebedürftig im Sinne des Zweiten oder Zwölften Buches Sozialgesetzbuch ist oder wird; die Hilfebedürftigkeit ist auf Antrag des Versicherungsnehmers vom zuständigen Träger nach dem Zweiten oder dem Zwölften Buch Sozialgesetzbuch zu bescheinigen.

(7) ¹Solange der Vertrag ruht, gilt der Versicherungsnehmer als im Notlagentarif nach § 153 des Versicherungsaufsichtsgesetzes versichert. ²Risikozuschläge, Leistungsausschlüsse und Selbstbehalte entfallen während dieser Zeit. ³Der Versicherer kann verlangen, dass Zusatzversicherungen ruhen, solange die Versicherung nach § 153 des Versicherungsaufsichtsgesetzes besteht. ⁴Ein Wechsel in den oder aus dem Notlagentarif nach § 153 des Versicherungsaufsichtsgesetzes ist ausgeschlossen. ⁵Ein Versicherungsnehmer, dessen Vertrag nur die Erstattung eines Prozentsatzes der entstandenen Aufwendungen vorsieht, gilt als in einer Variante des Notlagentarifs nach § 153 des Versicherungsaufsichtsgesetzes versichert, die Leistungen in Höhe von 20, 30 oder 50 Prozent der versicherten Behandlungskosten vorsieht, abhängig davon, welcher Prozentsatz dem Grad der vereinbarten Erstattung am nächsten ist.

(8) ¹Der Versicherer übersendet dem Versicherungsnehmer in Textform eine Mitteilung über die Fortsetzung des Vertrages im Notlagentarif nach § 153 des Versicherungsaufsichtsgesetzes und über die zu zahlende Prämie. ²Dabei ist der Versicherungsnehmer in herausgehobener Form auf die Folgen der Anrechnung der Alterungsrückstellung nach § 153 Absatz 2 Satz 6 des Versicherungsaufsichtsgesetzes für die Höhe der künftig zu zahlenden Prämie hinzuweisen. ³Angaben zur Versicherung im Notlagentarif nach § 153 des Versicherungsaufsichtsgesetzes kann der Versicherer auf einer elektronischen Gesundheitskarte nach § 291a Abs. 1a des Fünften Buches Sozialgesetzbuch vermerken.

(9) Sind alle rückständigen Prämienanteile einschließlich der Säumniszuschläge und der Beitreibungskosten gezahlt, wird der Vertrag ab dem ersten Tag des übernächsten Monats in dem Tarif fortgesetzt, in dem der Versicherungsnehmer vor Eintritt des Ruhens versichert war. Dabei ist der Versicherungsnehmer so zu stellen, wie er vor der Versicherung im Notlagentarif nach § 153 stand, abgesehen von den während der Ruhenszeit verbrauchten Anteilen der Alterungsrückstellung. Während der Ruhenszeit vorgenommene Prämienanpassungen und Änderungen der Allgemeinen Versicherungsbedingungen gelten ab dem Tag der Fortsetzung.

(10) Hat der Versicherungsnehmer die Krankenversicherung auf die Person eines anderen genommen, gelten die Absätze 6 bis 9 für die versicherte Person entsprechend.

(11) Bei einer Versicherung im Basistarif nach § 152 des Versicherungsaufsichtsgesetzes kann das Versicherungsunternehmen verlangen, dass Zusatzversicherungen ruhen, wenn

und solange ein Versicherter auf die Halbierung des Beitrags nach § 152 Abs. 4 des Versicherungsaufsichtsgesetzes angewiesen ist.

Übersicht

	Rn.		Rn.
A. Einführung	1	3. Ausland	18
I. Inhalt und Zweck der Regelung	1	II. Versicherungspflicht (Abs. 3)	19
II. Entstehungsgeschichte	5	III. Prämienzuschlag (Abs. 4)	26
III. Anwendungsbereich	11	IV. Kontrahierungszwang des Versicherers (Abs. 5)	27
B. Inhaltliche Fragen	14		
I. Versicherung für eigene und für fremde Rechnung (Abs. 1 und 2)	14	V. Beitragsrückstand (Abs. 6–11)	41
1. Abgrenzung	15	1. Mahnverfahren und Ruhen des Vertrages	41
2. Regelung in den AVB	17	2. Versicherung im Notlagentarif	42

Stichwort- und Fundstellenverzeichnis

Stichwort	Rn.	Rspr.
Basistarif	→ Rn. 24 ff.	OLG Köln VersR 2013, 490 ff.
GKV-WSG und Verfassungsrecht	→ Rn. 7	BVerfG NJW 2009, 2033 ff.
Kontrahierungszwang des Versicherers	→ Rn. 27 ff.	
Notlagentarif	→ Rn. 41 ff.	
Pflicht zur (Kranken-)Versicherung	→ Rn. 19 ff.	BGH VersR 2012, 752 ff.
Versicherung für eigene und für fremde Rechnung	→ Rn. 14 ff.	OLG Köln r+s 1986, 16
Wohnsitz	→ Rn. 21	

Schrifttum: *Algermissen,* Das Gesetz zur Beseitigung sozialer Überforderung bei Beitragsschulden in der Krankenversicherung und seine Bedeutung für die gesetzliche Krankenversicherung, NZS 2013, 881; *Becker/Kingreen,* SGB V, Gesetzliche Krankenversicherung, 6. Aufl. 2018; *Both,* Die Versicherungspflicht in der privaten Krankenversicherung, VersR 2011, 302; *Hersch,* Die Aufrechnung mit offenen Prämienforderungen im Notlagentarif, VersR 2020, 331; *Göbel/Köther,* Neue Rechtsprechung zum Basistarif und Folgen der Einführung des Notlagentarifs, VersR 2014, 537; Kasseler Kommentar Sozialversicherungsrecht, Werkstand: 108. EL März 2020; *Langheid,* Die Reform des Versicherungsvertragsgesetzes – 2. Teil: Die einzelnen Versicherungssparten, NJW 2007, 3745; *Pabst,* Sozialhilfeträger als 3. Säule Absicherung des Krankheitsrisikos für nichtversicherte Hilfeempfänger im Zeichen der Versicherungspflicht, NZS 2012, 772; *Sodan,* Das GKV-Wettbewerbsstärkungsgesetz, NJW 2007, 1313; *Sodan,* Private Krankenversicherung und Gesundheitsreform 2007, 2. Aufl. 2007.

A. Einführung

I. Inhalt und Zweck der Regelung

Die private Krankenversicherung ist eine **Personenversicherung,** bei welcher der Versicherer verspricht, konkret entstandene Aufwendungen zu ersetzen oder eine sonstige tarifliche Zusage bei Eintritt des Versicherungsfalles zu erfüllen. Vertragspartner und Prämienschuldner des Versicherers ist gem. § 1 der Versicherungsnehmer selbst.[1] Dies schließt die Möglichkeit, die Versicherung **auf einen Dritten** zu nehmen, nicht aus, § 193 **Abs. 1.** Unberührt hiervon bleibt die Frage der Anspruchsberechtigung aus dem Versicherungsvertrag. Diesbezüglich ist für die private Krankenversicherung die spezielle Regelung des § 194 Abs. 3 zu beachten. 1

Für den Fall, dass eine Versicherung auf die Person eines anderen vorliegt, stellt § 193 **Abs. 2** klar, dass die versicherte Person ebenso wie in der Lebensversicherung nach § 156 auch in der Krankenversicherung hinsichtlich der Kenntnis und des Verhaltens dem Versicherungsnehmer gleichgestellt wird. 2

---

[1] OLG Köln r+s 1986, 16; LG München I r+s 1991, 139 f.

3 Die mit dem Gesetz zur Stärkung des Wettbewerbs in der gesetzlichen Krankenversicherung (GKV-WSG) im März 2007 beschlossene Gesundheitsreform beinhaltet auch weitreichende Regelungen für die PKV. Diese wurden ua in § 193 **Abs. 3** übernommen:

§ 193 **Abs. 3** statuiert zunächst eine grundsätzliche **Pflicht zum Abschluss und zur Aufrechterhaltung einer Krankheitskostenversicherung** für jede Person mit Wohnsitz im Inland. Damit soll vermieden werden, dass sich jemand verspätet oder gar nicht gegen das mit dem Eintritt einer Erkrankung verbundene Kostenrisiko absichert. Eine Ausnahme von der Versicherungspflicht besteht folglich für denjenigen, der über eine andere Absicherung im Krankheitsfall verfügt. Dies sind insbes. die in der gesetzlichen Krankenversicherung Versicherten.

§ 193 **Abs. 4** sanktioniert den **verspäteten Abschluss** eines Krankenversicherungsvertrages mittels der für diesen Fall festgelegten Pflicht zur Zahlung eines Prämienzuschlages.

§ 193 **Abs. 5** legt entsprechend der Versicherungspflicht der Versicherten den **Kontrahierungszwang des Versicherers** zum Abschluss von Verträgen im Basistarif (§ 152 VAG) fest.

4 § 193 **Abs. 6** nennt die Voraussetzungen und die Rechtsfolgen des Zahlungsverzuges während des laufenden Vertragsverhältnisses:

Angesichts der besonderen Bedeutung des Krankenversicherungsschutzes für den Einzelnen entfällt für den Versicherer hinsichtlich des vorgeschriebenen Mindestkrankenversicherungsschutzes iSd § 193 Abs. 3 die Möglichkeit zur Kündigung gem. § 38 Abs. 3. Im Gegenzug hat der Versicherungsnehmer während des Zahlungsverzuges einen Säumniszuschlag zu entrichten.

Bei längerem Prämienrückstand ruht der Vertrag, sofern der Versicherungsnehmer oder die versicherte Person nicht hilfebedürftig iSd SGB II oder SGB XII ist oder wird.

§ 193 **Abs. 7** bestimmt für den Fall des Ruhens des Versicherungsvertrages, dass der Versicherungsnehmer als im Notlagentarif iSd § 153 VAG versichert gilt: Der Krankenversicherungsschutz soll auch im Fall eines **Beitragsrückstands** nicht entfallen, allerdings auf das unerlässliche Maß beschränkt sein. Bis zu 25 % der im Notlagentarif zu zahlenden Prämie werden durch Entnahme der im bisherigen Tarif angesparten Alterungsrückstellung geleistet, § 153 Abs. 3 S. 6 VAG. Dies ermöglicht dem Versicherungsnehmer einerseits, den Beitrag zumindest für diesen Tarif auch im Fall eines finanziellen Engpasses leichter zahlen zu können. Andererseits stellt die Anrechnung der Alterungsrückstellung einen Anreiz dar, die Rückstände möglichst rasch zu begleichen: Der Versicherte hat schließlich ein Interesse daran, dass die Rückstellung nach Rückkehr in den Normaltarif soweit wie möglich wieder beitragsreduzierend wirkt.

§ 193 **Abs. 8** regelt, dass und in welcher Form der Versicherer den Versicherungsnehmer auf diese Rechtsfolgen **hinweisen** muss.

§ 193 **Abs. 9** bestimmt, dass und wann der Vertrag nach Ausgleich aller rückständigen Prämien einschließlich der Säumniszuschläge und Beitreibungskosten wieder in dem **Ursprungstarif** fortgesetzt wird.

§ 193 **Abs. 10** stellt klar, dass die vorgenannten Regelungen auch gelten, wenn Versicherungsnehmer und versicherte Person nicht identisch sind.

§ 193 **Abs. 11** berechtigt den Versicherer, während der Versicherung im Basistarif **Zusatzversicherungen** ruhen zu lassen, solange die Versicherte hilfebedürftig im Sinne des SGB II bzw. SGB XII ist. Der Gesetzgeber sieht in diesem Fall keine Notwendigkeit zur Aufrechterhaltung einer nicht zwingend notwendigen Ergänzungsversicherung.

II. Entstehungsgeschichte

5 Die Möglichkeit, die private Krankenversicherung auch auf die Person eines anderen zu nehmen, wurde bereits in den Musterbedingungen der privaten Krankenversicherung berücksichtigt. So stellten bspw. die MB/KK 1976 zum Umfang der Leistungspflicht oder zur Geltung von Obliegenheiten auch auf die versicherte Person ab. Der Gesetzgeber hatte diesen Gedanken schon mit der erstmaligen Aufnahme der Regelungen für die PKV in das VVG im Jahre 1994 aufgegriffen. § 178a Abs. 1 VVG aF sah die Möglichkeit vor, die Krankenversicherung auf einen anderen, die versicherte Person, zu nehmen. § 193 Abs. 1, 2 hat die bisherigen Regelungen des § 178a Abs. 1, Abs. 2 S. 1 sowie Abs. 3 S. 2 VVG aF unverändert übernommen.

6 Die im Jahr 2007 verabschiedete umfassende Gesundheitsreform wurde schwerpunktmäßig mit dem **GKV-WSG**[2] umgesetzt. Primäre Ziele sollten eine transparentere und flexiblere Ausgestaltung der Beziehungen zwischen Patienten und Ärzten, Versicherten und Kassen, Kassen und Leistungserbringern sowie die Stärkung des Wettbewerbs zwischen den gesetzlichen Krankenkassen sein. Darüber hinaus wurde ein verpflichtender Krankenversicherungsschutz für alle und die Steigerung des Wettbewerbs auch zwischen der GKV und der PKV und innerhalb der PKV angestrebt. Erreicht

---

[2] BT-Drs. 16/3100, 16/4200, 16/4247.

werden sollte dies mittels der Einführung des Basistarifs und einer angestrebten Verbesserung der Wahl- und Wechselmöglichkeiten der Versicherten in der PKV verbunden mit der Portabilität der Alterungsrückstellung im Umfang des Basistarifs.[3]

Bereits während des Gesetzgebungsverfahrens wurden Zweifel an der Vereinbarkeit der insbes. die PKV betreffenden Normen des GKV-WSG mit **höherrangigem Recht** geäußert.

Die infolge des GKV-WSG in das VVG und das VAG erstmals aufgenommene Pflicht zur Einführung des Basistarifs mit einem vom Gesetzgeber vorgegebenen Leistungsversprechen bei gleichzeitigem **Kontrahierungszwang** und einer Beitragslimitierung stellte einen bis zu diesem Zeitpunkt nicht gekannten weitreichenden Eingriff in die durch Art. 2 GG geschützte Privatautonomie und die durch Art. 12 GG gewährleistete Wettbewerbs-, Berufs- und Vertragsfreiheit der privaten Krankenversicherungsunternehmen dar.[4] Diese wurden gezwungen, Aufgaben des Sozialstaates zu übernehmen, die bislang der Staat gem. Art. 20 Abs. 1 GG wahrgenommen hatte.

Die **Portabilität der Alterungsrückstellungen** auch mit Wirkung für Bestandsverträge beinhaltete ebenfalls einen Eingriff in die durch das Grundgesetz geschützte Wettbewerbs- und Vertragsfreiheit der privaten Krankenversicherungsunternehmen sowie den durch Art. 14 GG gewährleisteten Schutz des Rechts am eingerichteten und ausgeübten Gewerbebetrieb.[5]

Der mit der Erarbeitung des Gesetzes befasste zuständige Ausschuss des Deutschen Bundestages sah sich deshalb veranlasst, schon im Vorfeld darzulegen, dass die unbestritten bestehenden Eingriffe in die allgemeine Handlungsfreiheit nach Art. 2 GG und die Berufsfreiheit nach Art. 12 GG durch das Ziel, Krankenversicherungsschutz für alle in Deutschland lebenden Menschen herzustellen, gerechtfertigt werde.[6]

Die in der Folgezeit von mehreren PKV-Unternehmen eingelegten Verfassungsbeschwerden wurden mit Urteilen v. 10.6.2009[7] im Ergebnis zurückgewiesen. Angesichts der umfangreichen Änderungen, die der Gesetzgeber wegen der im Vorfeld aufgezeigten verfassungsrechtlichen Bedenken bereits während des Gesetzgebungsverfahrens und auch nach erfolgter Einlegung der Verfassungsbeschwerde selbst zugunsten der PKV noch vorgenommen hat – genannt seien nur der Verbleib der Alterungsrückstellungen innerhalb der PKV, die Begrenzung des Wechselrechtes für Altkunden auf das erste Halbjahr 2009 oder die 18-monatige Wartefrist im Basistarif als Voraussetzung für einen Wechsel in andere Tarife – war dies nicht mehr überraschend.

Der Erste Senat des BVerfG begründete seine Entscheidung im Wesentlichen wie folgt:

Die mit dem GKV-WSG beschlossenen Regelungen greifen in die Grundrechte sowohl der PKV-Unternehmen als auch ihrer Versicherten ein.

Diese Eingriffe sind verfassungsrechtlich vorliegend jedoch zulässig, weil hiermit die im Allgemeininteresse liegenden wichtigen Ziele eines Krankenversicherungsschutzes für alle ebenso wie eine Stärkung der Finanzierungsgrundlage der GKV erreicht werden sollte und die Eingriffe nach der aktuellen Prognose auch verhältnismäßig sind: Die Anhörung der Gutachter im Termin hat bestätigt, dass die Auswirkungen der Gesetzesänderungen für die PKV und ihre Versicherten äußerst gering sein dürften. Die PKV bleibt mit ihrer vollen Funktionsfähigkeit erhalten. Die beitragsmäßige Belastung der Versicherten ist angesichts der inzwischen bereits vorgenommenen gesetzlichen Änderungen begrenzt. Eine sinnvolle Ausübung des Berufs eines privaten Krankenversicherers wird durch die damit verbundenen Eingriffe nicht unmöglich. Es liegt kein Eingriff in die Freiheit der Berufswahl, sondern nur der Berufsausübung vor. Der Gesetzgeber hat die Dualität von GKV und PKV mit der Übertragung wichtiger Aufgaben auf die PKV sogar bestätigt.

Den Gesetzgeber trifft jedoch eine **Beobachtungspflicht.** Er muss im Interesse der Versicherten darauf achten, dass die Neuregelungen keine unzumutbaren Folgen für Versicherungsunternehmen und die bei ihnen Versicherten haben.

Das Gericht hat damit die **besondere Bedeutung der PKV für das Gesundheitssystem** in Deutschland betont. Es hat deutlich gemacht, dass der Gesetzgeber bei allen, auch künftigen Überlegungen die Belange der PKV und ihrer Kunden berücksichtigen muss. Die Möglichkeiten, aber eben auch die Grenzen der Gestaltungsfreiheit des Gesetzgebers bei Änderungen des Gesundheitswesens wurden erstmals aufgezeigt:

Solange lediglich die Berufs*ausübung* tangiert wird, kann ein Eingriff in das Grundrecht der Berufsfreiheit gem. Art. 12 GG durch vernünftige Erwägungen des Gemeinwohls gerechtfertigt sein. Hat die Gesetzesänderung dagegen zur Folge, dass wegen der daraus resultierenden wirtschaftlichen

---

[3] Zum GKV-WSG *Sodan* NJW 2007, 1313 ff.
[4] So ua *Sodan* NJW 2006, 3617 (3619 f.); *Sodan*, Private Krankenversicherung und Gesundheitsreform 2007, 2. Aufl. 2007; *Langheid* NJW 2007, 3745 ff.; *Bruns* JZ 2008, 209 ff.
[5] So ua *Boetius* VersR 2007, 431 ff.
[6] Vgl. BT-Drs. 16/4247, 66 ff.
[7] BVerfG NJW 2009, 2033 ff.

Konsequenzen eine sinnvolle Ausübung der beruflichen Tätigkeit nicht mehr möglich ist, liegt ein Eingriff in die Freiheit der Berufs*wahl* vor. Ein solcher Eingriff in die Berufsfreiheit ist nach stRspr des BVerfG jedoch dann verfassungsgemäß, wenn die Regelung zur Abwehr nachweisbarer oder höchstwahrscheinlicher schwerer Gefahren für ein überragend wichtiges Gemeinschaftsgut zwingend geboten ist.[8]

In diesem Sinn wäre die Einführung einer **„Bürgerversicherung"**, mit welcher der Neuzugang zur privaten Krankheitskostenvollversicherung abgeschnitten wird, wegen des weitreichenden Eingriffs in das Geschäftsmodell der PKV verfassungsrechtlich äußerst fragwürdig: Fast 70 % der Beitragseinnahmen in der PKV kommen aus der Krankheitskostenvollversicherung.[9] Der Entfall dieser wichtigsten Versicherungsart könnte den privaten Krankenversicherern die finanzielle Grundlage für ihre Tätigkeit entziehen. Damit wäre die vom BVerfG in seiner oben genannten Entscheidung v. 10.6.2009 betonte Dualität von GKV und PKV de facto beendet. Auch *Hufen* gelangt bei seiner Bewertung des Urteils zu dem Ergebnis, dass es in diesem Fall nicht nur möglich, sondern wahrscheinlich wäre, dass sich das Bundesverfassungsgericht dem Gesetzgeber in den Weg stellt.[10] Dieser selbst hat die Bedeutung dieser Vorgabe des höchsten deutschen Gerichtes ua anlässlich der Änderung des Krankenhausfinanzierungsgesetzes im Jahre 2011 bestätigt: Die dort in § 17 Abs. 1 vorgenommene Begrenzung der Entgelte für allgemeine Krankenhausleistungen im Fall der Ausgründung von Privatkliniken wurde auch damit begründet, dass die hiermit bezweckte Entlastung der privat Versicherten den Vorgaben des BVerfG zum Erhalt der Funktionalität der privaten Krankenversicherung entspreche.[11] Das BVerfG hat sich dieser Sichtweise mit Beschluss v. 20.8.2013 angeschlossen.[12]

Speziell zur **Alterungsrückstellung** hat der 1. Senat des BVerfG in der oben genannten Entscheidung die bisherige Rspr. des BGH bestätigt: Demnach steht die Alterungsrückstellung nicht im Eigentum des Einzelnen, sondern des jeweiligen Kollektivs des privaten Krankenversicherungsunternehmens.[13] Die in jungen Jahren über dem dann noch liegenden tatsächlichen Risiko liegenden Beiträge werden gem. § 341f Abs. 3 HGB als Überschuss bilanziell zugunsten des Kollektivs eingestellt.[14] Es handelt sich nicht um einen individuellen Sparvorgang.[15] Der einzelne privat Krankenversicherte hat auch im Fall der Kündigung des Vertrages keinen Anspruch auf Auszahlung einer Alterungsrückstellung.[16] Soweit § 204 Abs. 1 S. 1 Nr. 2 im Falle des Wechsels zu einem anderen Versicherer die Portabilität eines Teils der Alterungsrückstellung vorsieht, ist dies nach den Ausführungen im Urteil des BVerfG v. 10.6.2009 nur deshalb noch verfassungsgemäß, weil ein „erheblicher Teil" bei dem bisherigen Unternehmen verbleibt und dieses infolge der mit dem GKV-WSG eingeführten verbesserten Wechselmöglichkeiten innerhalb der PKV zugleich die Chance erhält, mehr Versicherte hinzuzugewinnen.[17]

8   Unabhängig von der juristischen Diskussion sollte schließlich auch nicht vergessen werden, dass das duale deutsche Gesundheitssystem sich in der Praxis bewährt hat: Im Jahr 2018 bestanden 8.736.300 private Krankheitskostenvollversicherungen und 26.030.200 private Zusatzversicherungen.[18] Infolge des Wettbewerbs zwischen den beiden Systemen genießen die Patientinnen und Patienten in Deutschland unabhängig von ihrem Versichertenstatus mit die kürzesten Wartezeiten aller EU-Staaten.[19] Sie haben den freiesten Zugang zu Ärzten und Krankenhäusern. Demgegenüber führen Einheitssysteme zu Leistungskürzungen und einer Zwei-Klassen-Medizin: Nur noch Wohlhabende können sich dort die bestmögliche Versorgung außerhalb des staatlichen Systems leisten. Demgegenüber kommt der Mehrumsatz, der durch die Behandlung von Privatpatienten erzielt wird, in Deutschland allen Versicherten – auch in der GKV – zugute. Dieser lag im Jahr 2017 bei 13,226 Mrd. EUR.[20]

9   Schließlich kann das in der GKV praktizierte Umlageverfahren allein infolge der demografischen Entwicklung nicht mehr generationsgerecht und nachhaltig sein. Der Aufbau von Alterungsrückstellungen zum Ausgleich der im Alter steigenden Gesundheitsausgaben ist die bessere Alternative. Im

---

[8] BVerfGE 102, 197 ff.
[9] Zahlenbericht der Privaten Krankenversicherung 2018, S. 16.
[10] *Hufen* NZS 2009, 649.
[11] BT-Drs. 17/8005, 133.
[12] BVerfG MedR 2014, 159 f.
[13] BGH VersR 2006, 1072 ff.
[14] *Boetius* VersR 2001, 661 (665).
[15] *Kalis* VersR 2001, 11 ff.
[16] BGH VersR 1999, 877 f.
[17] BVerfG VersR 2009, 957 (966).
[18] Zahlenbericht des PKV-Verbandes 2018, S. 15.
[19] OECD Waiting Times for Health Services: Next in Line, 2020.
[20] WIP-Analyse 4/2019, S. 23.

Jahr 2018 betrugen die Alterungsrückstellungen in der Krankenversicherung 223 Mrd. EUR, in der Pflegeversicherung 36 Mrd. EUR.[21]

Die mit dem GKV-WSG beabsichtigte und in § 193 Abs. 3 aufgenommene Pflicht zum Abschluss einer Krankenversicherung war insoweit erfolgreich, als sich die Zahl der Nichtversicherten von 196.000 im Jahr 2007 auf 128.000 im Jahr 2011 reduziert hat.[22] 2015 waren noch 79.000 Personen ohne Versicherungsschutz.[23]

Da ein Ausschluss aus der PKV bei Nichtzahlung der Beiträge nicht mehr möglich war und zudem in der GKV im Falle von Beitragsrückständen ein höherer Säumniszuschlag eingeführt wurde, stieg sowohl die Anzahl der Nichtzahler als auch die Summe der Beitragsrückstände.[24] Um diese Schuldenlast zu reduzieren, die Rückkehr in den vollen Versicherungsschutz zu erleichtern und Nichtversicherten einen Anreiz zu geben, sich zu versichern, trat mit Wirkung ab dem 1.8.2013 das „**Gesetz zur Beseitigung sozialer Überforderung bei Beitragsschulden in der Krankenversicherung**" v. 15.7.2013 in Kraft:[25]

In der GKV wurde der Säumniszuschlag auf die in der PKV bereits geltende Höhe von 1 % reduziert. Nichtversicherten, die sich bis zum 31.12.2013 bei einer Kasse gemeldet haben, wurden die ausstehenden Beiträge seit Eintritt der Versicherungspflicht erlassen.[26] In der PKV wurde Nichtversicherten, die bis zum gleichen Zeitraum einen Vertragsabschluss verlangten, der Prämienzuschlag erlassen, der gem. § 193 VVG aF bei verspäteter Erfüllung der Pflicht zur Versicherung zu entrichten war. Für säumige Beitragszahler wurde der Notlagentarif eingeführt. Dieser unterscheidet sich im Vergleich zu dem Basistarif, in den der genannte Personenkreis nach der früheren Regelung ein Jahr nach Ruhendstellung des Vertrages wegen Prämienrückstand überführt wurde, insbes. durch den niedrigeren Beitrag: Bis zu 25 % der monatlichen Prämie müssen gem. § 153 Abs. 2 S. 6 VAG durch Entnahme aus der Alterungsrückstellung geleistet werden. Dies stärkt die Möglichkeit einer Rückkehr in den ursprünglichen Tarif. Die Leistungen des Notlagentarifs sind entsprechend seinem Charakter als Absicherung der nötigsten Minderleistungen bei möglichst niedrigem Beitrag grds. auf den Aufwendungsersatz zur Behandlung von akuten Erkrankungen und Schmerzzuständen sowie bei Schwangerschaft und Mutterschaft begrenzt.

III. Anwendungsbereich

§ 193 gilt für die im besonderen Teil des VVG (Teil 2, Kap. 8) genannte PKV insgesamt. Eingeschlossen sind die Krankheitskosten-, die Krankenhaustagegeld- und die Krankentagegeldversicherung ebenso wie die private Pflegekosten- und Pflegetagegeldversicherung.

Begrifflich ist bei Bestehen eines **Gruppenversicherungsvertrages** eine Besonderheit zu beachten: Der Versicherer schließt den Gruppenversicherungsvertrag mit einer Dachorganisation, wie zB dem Anwaltsverein oder einem Arbeitgeber. In diesem Fall ist die Gruppenspitze als Vertragspartner „Versicherungsnehmer". Die Mitglieder oder Angestellten können dem Gruppenversicherungsvertrag als Versicherte beitreten. Die Leistungsabwicklung erfolgt idR direkt zwischen diesen Versicherten und dem Versicherer. Der Versicherte kann in den Versicherungsschutz seinerseits Dritte, idR Familienangehörige, einbeziehen. Die Gruppenversicherungsverträge und die speziell für die Gruppenversicherung entwickelten Allgemeinen Versicherungsbedingungen verwenden bzgl. dieses Personenkreises den Begriff der *mitversicherten Person*.

Die Versicherungspflicht besteht gem. § 193 Abs. 3 für **jede Person mit Wohnsitz im Inland**. Diese kann bei jedem „in Deutschland zum Geschäftsbetrieb zugelassenen Versicherungsunternehmen" erfüllt werden.

B. Inhaltliche Fragen

I. Versicherung für eigene und für fremde Rechnung (Abs. 1 und 2)

Das VVG sah und sieht im Allgemeinen Teil die Möglichkeit vor, die Versicherung sowohl für den Versicherungsnehmer selbst als auch für fremde Rechnung zu nehmen. Im zuletzt genannten Fall schließt der Versicherungsnehmer den Vertrag mit dem Versicherer gem. § 43 Abs. 1 zwar

---

[21] Zahlenbericht der Privaten Krankenversicherung 2018, S. 59.
[22] Statistisches Bundesamt, Fachserie 13, R 1.1, 2007; Statistisches Bundesamt, Fachserie 13, R 1.1, 2011.
[23] Statistisches Bundesamt, Fachserie 13, R 1.1, 2015.
[24] Vgl. Beratungen zu BT-Drs. 17/13079, 17/13947.
[25] BGBl. 2013 I 2423 ff.
[26] Vgl. zu den Auswirkungen auf die GKV: *Algermissen* NZS 2013, 881 ff.

ebenfalls im eigenen Namen, jedoch „für" die Person des Versicherten. Die Rechte aus dem Vertrag stehen bei einer Versicherung für *fremde* Rechnung gem. § 44 grds. **dem Versicherten** zu.

15 **1. Abgrenzung.** Sofern der Versicherungsnehmer **kein eigenes wirtschaftliches Interesse**, sondern dasjenige des Versicherten absichern möchte, liegt eine Versicherung für fremde Rechnung vor. In der privaten Krankenversicherung ist dies bspw. der Fall, wenn der Ehepartner mitversichert wird und die Versicherungsbedingungen keine besonderen Bestimmungen über dessen Rechte aus dem Versicherungsvertrag enthalten.[27]

Im Normalfall deckt der Versicherungsnehmer in der privaten Krankenversicherung jedoch **eigene Risiken** ab, die ihm aus seiner Unterhaltspflicht gegenüber den versicherten Personen entstehen. Der Versicherungsnehmer und nicht der Versicherte trifft die Entscheidung für den Abschluss eines Versicherungsvertrages. Er beantragt diesen und zahlt die Prämien in aller Regel selbst. Sowohl das Gesetz (vgl. nur die §§ 1, 3, 6, 6a, 7, 8, 13, 19, 196, 203 Abs. 5, 204, 205) als auch die MB/KK (vgl. die §§ 1 Abs. 6, 8, 12, 13) sehen als Ansprechpartner jeweils den Versicherungsnehmer vor. Diesem hat der Versicherer alle wesentlichen Informationen zu erteilen. Der Versicherungsnehmer ist befugt, Entscheidungen mit Wirkung für die versicherte Person zu treffen.

Aus diesen Gründen bestimmt § 194 Abs. 3, dass die §§ 43–48 in der PKV mit der Maßgabe anzuwenden sind, dass die versicherte Person nur dann die Leistungen verlangen kann, wenn der Versicherungsnehmer ihn als Empfangsberechtigten benannt hat.

16 Soweit nach dem VVG die Kenntnis und das Verhalten des Versicherungsnehmers von rechtlicher Bedeutung sind, wird bei der Versicherung für die Person eines anderen gem. § 193 Abs. 2 auch deren Kenntnis und Verhalten berücksichtigt.

17 **2. Regelung in den AVB.** Die in der privaten Krankenversicherung geltenden Musterbedingungen berücksichtigen die Möglichkeit, die Versicherung für einen anderen zu nehmen, bei der Regelung sowohl der **Rechte als auch der Pflichten aus dem Vertragsverhältnis**. Besonders zu nennen sind
 – § 1 Abs. 2 MB/KK und § 1 Abs. 2 MB/KT sowie § 1 Abs. 2 MB/PPV: Entstehen der Leistungspflicht bei Erkrankung der versicherten Person.
 – § 4 Abs. 2, 4 MB/KK: Freie Wahl des Arztes und des Krankenhauses entsprechend der Entscheidung der versicherten Person.
 – § 9 MB/KK und § 9 MB/KT: Obliegenheiten der versicherten Person zur Untersuchung auf Verlangen des Versicherers und zur Schadenminderung.
 – § 11 MB/KK: Verhaltenspflichten bei der Geltendmachung von Schadensersatzansprüchen, die in Zusammenhang mit einem eingetretenen Versicherungsfall stehen, gegen Dritte sowohl seitens des Versicherungsnehmers als auch der versicherten Person.
 – § 13 Abs. 2 MB/KK und § 13 Abs. 2 MB/KT: Option, die seitens des Versicherungsnehmers zu erklärende Kündigung des Vertrages auf einzelne versicherte Personen zu beschränken.
 – § 13 Abs. 10 MB/KK und § 13 Abs. 6 MB/KT: Befugnis der versicherten Person, das Versicherungsverhältnis unter Benennung des künftigen Versicherungsnehmers fortzusetzen, nachdem der Versicherungsnehmer gekündigt hat oder die versicherte Person selbst versicherungspflichtig geworden ist.
 – § 14 Abs. 4 MB/KK und § 14 Abs. 3 MB/KT: Möglichkeit des Versicherers, die Kündigung auf einzelne versicherte Personen zu beschränken.
 – § 15 Abs. 1 MB/KK und § 15 Abs. 1 lit. d MB/KT: Recht zur Fortsetzung des Versicherungsverhältnisses durch die versicherte Person bei Tod des Versicherungsnehmers.

18 **3. Ausland.** Das **österreichische** VersVG sieht in § 178a Abs. 1 VersVG ebenso wie das deutsche VVG die Möglichkeit vor, die Krankenversicherung auf die Person des Versicherungsnehmers oder eines anderen zu nehmen. Eine unterschiedliche Regelung gilt zur Frage der Anspruchsberechtigung: Ist die Versicherung auf die Person eines anderen genommen, hat dieser bereits kraft Gesetzes einen Anspruch auf diejenigen Leistungen, die bei einem Versicherungsfall in seiner Person zu erbringen sind, § 178a Abs. 2 VersVG. Etwas anderes kann nur bei einer Krankenhaustagegeldversicherung und einer Krankengeldversicherung vereinbart werden sowie nur ausgeschlossen werden, wenn mit der Versicherungsleistung Nachteile gedeckt werden sollen, die dem Versicherungsnehmer durch den Versicherungsfall selbst entstehen.

In der **Schweiz** ist gem. Art. 16 VVG ebenfalls eine Versicherung für fremde Rechnung möglich. Ist dies der Fall, kann das Versicherungsunternehmen Einreden, die ihm gegen den Versicherungsnehmer zustehen, auch gegenüber dem Dritten erheben (Art. 16 S. 3 VVG).

---

[27] BGH VersR 2006, 686 f.; 2008, 64.

II. Versicherungspflicht (Abs. 3)

Mit der in § 193 Abs. 3 festgelegten Versicherungspflicht bei einem in Deutschland zugelassenen Unternehmen der privaten Krankenversicherung wird das Bestehen eines Krankenversicherungsschutzes für alle in Deutschland lebenden Personen bezweckt.[28] Der Kreis der Betroffenen wird durch die in § 193 Abs. 3 S. 2 definierte negative Abgrenzung bestimmt. Einwohner, die bereits eine andere Absicherung im Krankheitsfall haben, sind nicht verpflichtet, einen Vertrag bei einem privaten Krankenversicherer abzuschließen. Hierzu zählen Personen, die

— in der **gesetzlichen Krankenversicherung versichert** oder versicherungspflichtig sind. Die Versicherungspflicht in der gesetzlichen Krankenversicherung richtet sich nach § 5 SGB V. Versicherungspflichtig sind demnach insbes. Arbeiter und Angestellte, sofern deren regelmäßiges Arbeitsentgelt gem. § 6 Abs. 1 Nr. 1 SGB V die Jahresarbeitsentgeltgrenze nicht überschreitet. Diese lag im Jahr 2020 bei 62.550 EUR oder 5.212,50 EUR monatlich. Für Arbeiter und Angestellte, die am 31.12.2002 wegen Überschreitens der an diesem Tag geltenden Grenze versicherungsfrei und bei einem privaten Krankenversicherer mit einem substitutiven Tarif versichert waren, lag die Grenze aus Gründen des Vertrauensschutzes gem. § 6 Abs. 1 Nr. 1 iVm Abs. 7 SGB V bei 56.250 EUR. Die Berechnung des Arbeitsentgelts ist in § 14 SGB IV festgelegt. Des Weiteren unterliegen der Versicherungspflicht in der gesetzlichen Krankenversicherung ua gem. § 5 Abs. 1 Nr. 2 SGB V auch **Bezieher von Arbeitslosengeld I** und nach § 5 Abs. 1 Nr. 2 lit. a SGB V ua von **Arbeitslosengeld II**, sofern nicht die Möglichkeit der Familienversicherung besteht. Selbständige sind grds. nicht versicherungspflichtig. Ausnahmen gelten nach dem KVLG für Landwirte und dem KSVG für Künstler und Publizisten.
Die Frage der Versicherungspflicht wegen Bezuges von Arbeitslosengeld II war zwischen der PKV und den gesetzlichen Krankenkassen lange Zeit strittig: Bezieher von Arbeitslosengeld II unterliegen gem. § 5 Abs. 1 Nr. 2 lit. a SGB V grds. der Versicherungspflicht. Davon ausgenommen waren gem. § 5 Abs. 5a SGB V aF jedoch ua Personen, die „unmittelbar" vor dem Bezug von Arbeitslosengeld II privat krankenversichert waren. Das BSG hat mit Urteil v. 3.7.2013[29] klargestellt, dass das Tatbestandsmerkmal der Unmittelbarkeit ein besonderes Näheverhältnis erfordere. Die Versicherungspflicht in der GKV bestehe auch dann, wenn der Betroffene zwar nicht unmittelbar, aber zuletzt vor dem Arbeitslosengeld II-Bezug in der PKV versichert war.

— einen Anspruch auf **freie Heilfürsorge oder Beihilfe** oder vergleichbare Ansprüche haben. Dies sind Soldaten und Wehrdienstleistende (SoldG), Polizeivollzugsbeamte und Beamte des feuerwehrtechnischen Dienstes (LBeamtG), Strafgefangene (StVollzG), Zivildienstleistende (ZDG) oder Vollzugsbeamte des Bundesgrenzschutzes (BGSG).

— Anspruch auf Leistungen nach dem Asylbewerberleistungsgesetz haben. Gem. § 1 AsylbLG sind dies beispielsweise Ausländer, die sich im Bundesgebiet aufhalten und eine Aufenthaltsgestattung nach dem Asylgesetz besitzen, wegen eines Krieges im Heimatland eine Aufenthaltserlaubnis nach dem Aufenthaltsgesetz haben oder eine Duldung nach § 60a AufenthG besitzen. Ausländer mit befristetem Aufenthaltstitel sind dem Grunde nach gesetzlich versichert und haben keinen Anspruch auf Aufnahme in den Basistarif.[30]

— **Empfänger laufender Leistungen** nach dem Dritten (Hilfe zum Lebensunterhalt), Vierten (Grundsicherung im Alter und bei Erwerbsminderung) und Siebten Kapitel (Hilfe zur Pflege) des SGB XII sowie Empfänger von Leistungen nach Teil 2 SGB IX (Leistungen zur selbstbestimmten Lebensführung für Menschen mit Behinderungen). Hier erbringt vorrangig der Sozialhilfeträger die Leistungen. Die PKV kann ebenso wie die GKV nicht Auffangversicherung für alle Nichtversicherten sein. Die Leistungspflicht anderer Leistungsträger der Grundsicherung bleibt unberührt.[31] Diese für die gesetzliche Krankenversicherung in § 5 Abs. 8a S. 2 SGB V normierte Zuordnung ist auch maßgebend dafür, welcher Personenkreis der privaten Krankenversicherung zuzuordnen ist. Das Bedürfnis für die Versicherungspflicht entfällt nach der Gesetzesbegründung, wenn eine anderweitige Absicherung im Krankheitsfall besteht.[32] Ziel der Regelung ist es, jeden Bürger vor einer Gefährdung seiner wirtschaftlichen Existenz bei Krankheit zu schützen.[33] Entgegen dem Wortlaut des § 193 Abs. 3 S. 2 Nr. 4, der auf einen Leitungsbezug vor dem 1.1.2009 abstellt, besteht deshalb auch dann keine Versicherungspflicht, wenn Leistungen erst nach diesem Zeitraum gewährt werden. Die Sozialhilfeträger bilden neben der GKV und der PKV ein drittes Sicherungssystem gegen Risiken im Krankheitsfall.[34]

---

[28] BT Drs. 16/3100, 1.
[29] BSG Urt. v. 3.7.2013 – B 12 KR 11/11 R NJOZ 2014, 1794 ff.
[30] LG Köln VersR 2017, 282 f.
[31] *Pabst* NZS 2012, 772 ff.
[32] BT-Drs. 16/4247, 67.
[33] BGH VersR 2012, 752 (753).
[34] BGH VersR 2014, 989 ff.; OLG Köln VersR 2014, 454 f.; LG Berlin VersR 2014, 455 f.

20 Neben den genannten Sachverhalten, welche die Pflicht zur Versicherung entfallen lassen, sind auch eine Vielzahl weiterer Rechtsansprüche denkbar, die eine anderweitige ausreichende Absicherung gewähren. Dies gilt bspw. für **Angehörige des US-Militärpersonals:** Diese erhalten Leistungen der Vereinigten Staaten, die der Beihilfe für Beamte vergleichbar sind.[35]

Ein diplomatischer Vertreter einer ausländischen **Botschaft** kann nach Art. 33 Ziff. 1 des Wiener Übereinkommens über diplomatische Beziehungen in Bezug auf seine Dienste für den Entsendestaat ebenfalls von einzelnen Vorschriften über die soziale Sicherheit befreit sein.

21 Die Pflicht zur Versicherung besteht gem. § 193 Abs. 3 S. 1 für jede Person mit einem „**Wohnsitz im Inland**". Gemäß der Definition in § 7 BGB begründet einen Wohnsitz, wer sich an einem Ort ständig niederlässt. Nach § 30 Abs. 3 S. 1 SGB I hat jemand einen Wohnsitz dort, wo er eine Wohnung unter Umständen innehat, die darauf schließen lassen, dass er die Wohnung beibehalten und benutzen wird. Nach beiden Normen ist im Ergebnis maßgeblich, wo der **Lebensmittelpunkt** einer Person liegt. Dieser wird neben dem Willen, sich dauerhaft an einem Ort aufhalten und dort leben zu wollen, ua durch das Vorhandensein weiterer Bindungen in familiärer oder beruflicher Hinsicht bestimmt.[36] Die beabsichtigte Dauer des Aufenthalts kann ein weiterer Anhaltspunkt sein. Gemäß § 5 Abs. 11 SGB V werden Personen, die nicht Angehörige eines Mitgliedstaats der EU, Angehörige eines Vertragsstaats des Abkommens über den Europäischen Wirtschaftsraum oder Staatsangehörige der Schweiz sind, von der Versicherungspflicht nach § 5 Abs. 1 Nr. 13 SGB V ua nur erfasst, wenn sie eine Niederlassungserlaubnis oder eine Aufenthaltserlaubnis mit einer Befristung auf mehr als zwölf Monate nach dem AufenthG besitzen.

22 Der der Pflicht zur Versicherung genügende Vertrag muss gem. § 193 Abs. 3 S. 1 bei einem „in Deutschland zum Geschäftsbetrieb zugelassenen Versicherungsunternehmen" abgeschlossen werden. Angesichts des in § 193 Abs. 3 vorgegebenen Mindestumfangs des Versicherungsschutzes zählen hierzu alle Versicherer, denen gem. § 8 Abs. 1 VAG durch die Aufsichtsbehörde die Erlaubnis zum Betrieb der substitutiven Krankenversicherung erteilt worden ist.[37]

Nicht ausreichend ist die Mitgliedschaft in einer Vereinigung, die dem Mitglied weder einen Rechtsanspruch auf Leistungen einräumt noch der Versicherungsaufsicht unterliegt. Ein qualitativ wie quantitativ ausreichender Versicherungsschutz ist dann nicht mehr gewährleistet.[38]

23 Der Versicherungspflicht kann auch entsprochen werden, wenn der Vertrag bei einem Versicherer aus dem **Europäischen Wirtschaftsraum** besteht, sofern der Umfang des Versicherungsschutzes den Anforderungen des § 193 gerecht wird.

Der Grund hierfür liegt darin, dass die durch einen EU-/EWR-Mitgliedstaat erteilte Zulassung zum Geschäftsbetrieb gem. § 10 Abs. 1 S. 2 VAG auch zum Tätigwerden in den anderen Mitgliedstaaten berechtigt *(single license)*. Voraussetzung ist das Durchlaufen eines entsprechenden Notifizierungsverfahrens, § 61 Abs. 2–4 VAG.

Die Versicherer haben bei ihrer Tätigkeit die Vorschriften des sog. **Allgemeininteresses** (General Good Requirements) zu beachten. Die Erwägungsgründe der Richtlinie zur Solvabilität II stellen ausdrücklich fest, dass die einzelnen Mitgliedstaaten aus Gründen des Allgemeininteresses entsprechende Normen erlassen dürfen.

Die BaFin trifft insoweit gem. § 61 Abs. 5 VAG (beruht auf Art. 146 Abs. 3 Solva II-RL) die Pflicht, die Bedingungen vorzugeben, die Erstversicherer mit Sitz in einem EU/EWR-Staat aus Gründen des Allgemeininteresses zu beachten haben.

Grundsätzlich zählen dazu ua die Regelungen des VAG.[39] Damit gilt zB auch für die sog. „Euro-Tarife" die Regelung des § 206 Abs. 1 S. 1: Der Versicherer darf einen Vertrag, durch den die Pflicht zur Versicherung erfüllt wird, nicht kündigen. Der in § 193 Abs. 3 S. 1 festgelegte Mindestumfang des Versicherungsschutzes muss erfüllt werden. § 62 Abs. 1 Nr. 5 VAG stellt klar, dass neben der Vorgabe, substitutive Krankenversicherungen nach Art der Lebensversicherung zu kalkulieren und eine Alterungsrückstellung gem. § 341f HGB zu bilden, EU- bzw. EWR-Versicherer auch den Basistarif anbieten müssen.

24 Der Versicherungspflicht wird durch den Abschluss eines privaten Krankenversicherungsvertrages entweder im Basistarif oder eines anderweitigen privaten Krankenversicherungsschutzes nur entsprochen, wenn die in § 193 Abs. 3 S. 1 festgelegten **Mindestvoraussetzungen** erfüllt sind: Demnach ist Versicherungsschutz in Tarifen erforderlich aber auch ausreichend, die eine Kostener-

---

[35] LSG Sachsen-Anhalt NZS 2011, 863.
[36] BGH NJW 1975, 1068 f.
[37] *Both* VersR 2011, 302 f.
[38] OLG Oldenburg VersR 2012, 87 f.
[39] Merkblatt „Vorschriften des Allgemeininteresses in Deutschland (General Good Requirements)", Stand 16.5.2019.

stattung für ambulante und stationäre Heilbehandlung iSd § 12 KVAV vorsehen.[40] Eine Abdeckung der Kosten für Zahnbehandlung und Zahnersatz, Krankenhaustagegeld, Krankentagegeld, Kuren und Pflegekosten ist dagegen nicht verpflichtend.[41] Gleiches gilt für die Krankentagegeldversicherung.[42]

Die sonst in der PKV generell mögliche Vereinbarung **prozentualer oder absoluter Selbstbehalte** wird bis zu einer betragsmäßigen Auswirkung von 5.000 EUR je Kalenderjahr begrenzt. Hiermit soll die Möglichkeit, die Versicherungspflicht faktisch zu umgehen, ausgeschlossen werden. Unzulässig ist es auch, anstelle von ausdrücklichen Selbstbeteiligungen Obergrenzen für Erstattungsleistungen zu vereinbaren, infolge derer eine den Grenzbetrag von 5.000 EUR übersteigende Eigenleistungspflicht des Versicherten entstehen könnte.[43]

Ausgestaltung und Inhalt des Basistarifs sind insbes. in § 152 VAG festgelegt. Wegen der Einzelheiten kann auf die nachfolgenden Ausführungen unter → Rn. 27 ff. verwiesen werden.

Personen mit **Beihilfeansprüchen** sind, soweit sie der privaten Krankenversicherung zugeordnet werden, verpflichtet, den von der Beihilfe nicht übernommenen Kostenanteil ergänzend abzusichern (vgl. § 193 Abs. 3 S. 2 Nr. 2).

Verträge mit einer Krankheitskostenversicherung, die **vor dem 1.4.2007** abgeschlossen wurden, 25 müssen gem. § 193 Abs. 3 S. 3 nicht angepasst werden. Dies gilt auch, wenn sie den in § 193 Abs. 3 S. 1 beschriebenen Mindestumfang des Versicherungsschutzes nicht beinhalten. Für die vor diesem Stichtag abgeschlossenen Altverträge wollte der Gesetzgeber den Bestandsschutz erhalten.[44]

III. Prämienzuschlag (Abs. 4)

Abs. 4 wurde mit dem unter → Rn. 10 genannten Gesetz zur Beseitigung sozialer Überforde- 26 rung bei Beitragsschulden in der Krankenversicherung im Jahr 2013 modifiziert.

Zwecks Sicherstellung der vom Gesetzgeber vorgesehenen Versicherungspflicht sieht § 193 **Abs. 4** für den Fall, dass jemand sich entgegen der Regelung in § 193 Abs. 3 erst verspätet versichert, die Zahlung eines Prämienzuschlages vor. Es handelt sich insoweit um eine Sanktionsvorschrift, mit der die materiellen Vorteile bei denjenigen begrenzt werden sollen, die sich erst später versichern, um die Prämie zu sparen.[45]

Dies hat jedoch nicht zur Folge, dass der Versicherer im Gegenzug verpflichtet wäre, Versicherungsschutz rückwirkend ab dem Zeitpunkt des Entstehens der Versicherungspflicht zu gewähren.[46]

Der Prämienzuschlag wird grds. einmalig neben der laufenden Prämie geschuldet. Der Versicherungsnehmer kann die Stundung des Zuschlages verlangen, wenn den Interessen des Versicherers durch die Vereinbarung einer angemessenen Ratenzahlung Rechnung getragen werden kann. Dies ermöglicht es, auf einen voraussichtlich nur vorübergehenden finanziellen Engpass sachgerecht reagieren zu können und eine sonst möglicherweise notwendige Verschuldung zum Nachteil beider Beteiligten zu vermeiden.

Der Prämienzuschlag **errechnet** sich wie folgt: Beginnt der formelle Versicherungsschutz innerhalb eines Monats nach Entstehen der Pflicht zur Versicherung, ist kein Prämienzuschlag zu entrichten. Später ist für jeden weiteren Monat, in dem keine Versicherung bestand, ein Monatsbeitrag als Zuschlag zu zahlen. Ab dem sechsten Monat ohne Krankenversicherung reduziert sich der Zuschlag für jeden weiteren angefangenen Monat auf ein Sechstel der Monatsprämie. Sofern nicht ermittelt werden kann, wie lange kein Versicherungsschutz bestand, wird eine Nichtversicherungsdauer von fünf Jahren zugrunde gelegt, § 193 Abs. 4 S. 3.

Wurde der Versicherungsantrag bis zum 31.12.2013 gestellt, ist gem. § 193 Abs. 4 S. 6 kein Prämienzuschlag zu entrichten.

IV. Kontrahierungszwang des Versicherers (Abs. 5)

Zwecks Erfüllung der in § 193 Abs. 3 geregelten Versicherungspflicht der Person mit Wohnsitz 27 im Inland legt § 193 **Abs. 5** einen Kontrahierungszwang auf Seiten des Versicherers fest. Dieser beschränkt sich allerdings auf den **Basistarif** iSd § 152 VAG.

Der Annahmezwang gilt außer für die oben genannten, der PKV zuzuordnenden Nichtversicherten (soweit sie auch keine der anderweitigen oben genannten vergleichbaren Leistungen erhalten) mit Wohnsitz in Deutschland grds. nur für Versicherte, die einen Krankheitskostenversicherungsver-

---

[40] BT-Drs. 16/4247, 67.
[41] BGH VersR 2012, 752 f.
[42] LG Berlin VersR 2013, 1036 ff.
[43] OLG Nürnberg r+s 2018, 79 ff.
[44] BGH VersR 2012, 752 f.
[45] BT-Drs. 16/4247, 67.
[46] OLG Köln VersR 2014, 866 f.

trag nach dem 1.1.2009 abgeschlossen haben (Neukunden). In der PKV zuvor bereits versicherte **Altkunden** hatten einen Anspruch auf Wechsel in den Basistarif eines anderen Unternehmens nur im Zeitraum v. 1.1. bis 30.6.2009. Der Gesetzgeber hatte diese Regelung im Laufe des Gesetzgebungsverfahrens bewusst aufgenommen, um die Folgen eines Wechsels auf die Bestände und die Beiträge zu begrenzen. Ursprünglich war für den Bestand ein gestrecktes Wechselrecht vorgesehen, wobei sich der Übertragungswert über zehn Jahre hinweg aufbaute. Diese Wechselmöglichkeit ist in der letzten Phase des Gesetzgebungsverfahrens zugunsten der auf das 1. Halbjahr 2009 „konzentrierten" Wechselmöglichkeit aufgegeben worden. Anderenfalls hätte ein verfassungsrechtlich fragwürdiger Eingriff zu Lasten bestehender Verträge eintreten können. Für diese Altverträge sind aus einem Unternehmenswechsel resultierende Stornogewinne bereits prämienmindernd einkalkuliert.[47] Nach Ablauf der Halbjahresfrist ist für Verträge, die vor dem 31.12.2008 abgeschlossen wurden, nur der Wechsel in den Basistarif des *eigenen* Unternehmens möglich. Dabei müssen auch die übrigen Voraussetzungen des § 204 (Vollendung des 55. Lebensjahrs etc) erfüllt sein. Das BVerfG hat die Vereinbarkeit dieser Regelung mit dem Grundgesetz in seinem Urteil v. 10.6.2009[48] bestätigt: Diese Begrenzung des Annahmezwangs trage mit dazu bei, dass die Unternehmen der PKV nicht unzumutbar belastet werden. Aus diesem Grund liege kein Eingriff in die Freiheit der Berufswahl, sondern nur der Berufsausübung vor.

Daneben gibt es gem. § 204 Abs. 1 S. 1 Nr. 1 einen dauerhaften Zugang in den Basistarif des eigenen, dh bisherigen Versicherers insbes. für Versicherte, deren bestehende Krankheitskostenversicherung nach dem 1.1.2009 abgeschlossen wurde, sowie für Versicherte, die das 55. Lebensjahr vollendet oder die Voraussetzungen für den Anspruch auf eine Rente der gesetzlichen Rentenversicherung erfüllt oder diese Rente beantragt haben. Wegen der Einzelheiten kann auf die Kommentierung zu § 204 verwiesen werden.

28 Durch Grundsatzurteil des BGH v. 16.7.2014[49] ist geklärt, dass ein **Kontrahierungszwang** im Basistarif nur bezüglich solcher Personen besteht, die grundsätzlich dem Bereich der privaten Krankenversicherung zuzuordnen sind. Eine derartige **Zuordnung zu dem System der privaten Krankenversicherung** ist nur bei Personen möglich, die bisher privat krankenversichert waren oder zu dem Kreis der Personen gehören, die im Übrigen in den Bereich der privaten Krankenversicherung fallen, wie Beamte, Selbständige oder abhängig Beschäftigte unter Überschreitung der Einkommensgrenze.[50] Daher ist bei nach Deutschland eingereisten ausländischen Staatsangehörigen, die trotz bislang nicht entrichteter Beiträge zu inländischen sozialen Sicherungssystemen (seien es private oder gesetzliche Krankenversicherungen) deren Versicherungsschutz genießen wollen, eine ausschließliche Finanzierung dieser Kosten durch die Gruppe der Privatversicherten nicht vorgesehen und wäre auch in verfassungsrechtlich nicht zu rechtfertigendes Sonderopfer. Zu fragen ist deshalb mit dem BGH jeweils danach, ob die nicht krankenversicherte Person grundsätzlich dem Bereich der gesetzlichen oder dem Bereich der privaten Krankenversicherung zuzuordnen ist – mit entsprechenden Konsequenzen. Sollte in Einzelfällen tatsächlich weder ein Aufnahmeanspruch in die gesetzliche noch in die private Krankenversicherung gegeben sein, ist die aus allgemeinen Steuermitteln finanzierte Krankenhilfe nach dem Sozialgesetzbuch eintrittspflichtig. Den gelegentlich immer noch anzutreffenden Versuchen mancher Sozialämter, sich ihrer Verpflichtung zu entziehen, hat der BGH eine Absage erteilt: „Die zuständigen Sozialämter dürfen sich nicht ihrer eigenen Verpflichtung ... entziehen, indem sie Sozialhilfeempfänger auf den Basistarif der privaten Krankenversicherung verweisen."[51] Es kommt mithin im Rahmen des Zuzugs aus dem Ausland entscheidend auf die systematische Zuordnung der Person zur privaten Krankenversicherung an. Gegen eine Versicherungsberechtigung im Basistarif der PKV ungeachtet der systematischen Zuordnung sprechen sowohl die Entstehungsgeschichte als auch der Sinn und Zweck der gesetzlichen Regelung. Dazu heißt es im Bericht des Ausschusses für Gesundheit zum Entwurf des GKV-WSG:[52] „Der ab dem 1. Januar 2009 von der Pflicht zur Versicherung erfasste Personenkreis ist im Zusammenhang mit den Regelungen zur Versicherungspflicht in der gesetzlichen Krankenversicherung, insbesondere mit der (vorrangigen) Neuregelung in § 5 Abs. 5 Nr. 13 des Fünften Buches Sozialgesetzbuch zu sehen. Danach sind alle Einwohner, die bisher nicht von der Versicherungspflicht in der gesetzlichen Krankenversicherung erfasst sind und dort auch nicht freiwillig versichert sind, und die auch keine andere Absicherung im Krankheitsfall haben, in die Versicherungspflicht in der gesetzlichen Krankenversicherung einbezogen, wenn sie dort zuletzt versichert waren. Personen mit Wohnsitz in Deutschland,

---

[47] BT-Drs. 16/4247, 69.
[48] BVerfG NJW 2009, 2033 ff.
[49] BGH VersR 2014, 989 ff.
[50] BGH VersR 2014, 989 ff.
[51] BGH VersR 2014, 989 ff.
[52] BT-Drs. 16/4247, 67.

die zuletzt privat krankenversichert waren, müssen sich bei einem privaten Krankenversicherungsunternehmen versichern. Fehlt eine frühere Krankenversicherung, werden sie in dem System versichert, dem sie zuzuordnen sind." Auch das BVerfG ist bei seiner Entscheidung zur Verfassungsgemäßheit des GKV-WSG davon ausgegangen, dass der Kontrahierungszwang der privaten Krankenversicherung die Aufgabe zuweise, „für den bei ihr versicherten Personenkreis" einen Basisschutz bereitzustellen.[53]

Der Annahmezwang entfällt gem. § 193 Abs. 5 S. 4, wenn der Antragsteller sich **früher nicht vertragsgetreu verhalten** hat. Dies betrifft nach dem Gesetzeswortlaut die Fälle einer Anfechtung des Versicherungsvertrages wegen Drohung oder arglistiger Täuschung und den Rücktritt wegen vorsätzlicher Verletzung der vorvertraglichen Anzeigepflicht. Gleiches gilt bei einer berechtigten Kündigung des Vertrages durch den Versicherer aus **wichtigem Grund**. Eine solche ist auch in der Krankheitskostenvollversicherung statthaft, wenn dem Versicherer wegen eines gravierenden Fehlverhaltens des Versicherungsnehmers ein Festhalten am Vertrag nicht mehr zuzumuten ist. Der allgemeine Grundsatz des § 314 BGB gilt auch hier, zumal der Versicherungsnehmer die Möglichkeit hat, bei einem anderen Versicherer eine Nachfolgeversicherung abzuschließen.[54] 29

Das Rücktrittsrecht bei Vorliegen einer grob fahrlässigen Anzeigepflichtverletzung ist auch nicht ausgeschlossen, wenn der Versicherungsnehmer einen Anspruch auf Versicherung im Basistarif hat.[55] Weder enthalten die §§ 19 ff., 194 Abs. 1 S. 3 eine Beschränkung des Rücktrittsrechts auf Fälle vorsätzlicher Anzeigepflichtverletzung, noch fällt der Basistarif unter den Begriff „andere Bedingungen" iSv § 19 Abs. 4.[56] Der Versicherungsschutz **beginnt** auch im Basistarif gem. § 2 MB/BT nicht vor Abschluss des Versicherungsvertrages, insbes. dem Zugang des Versicherungsscheines oder einer schriftlichen Annahmeerklärung. Der Kontrahierungszwang verleiht dem Antragsteller keinen Anspruch auf Vertragsabschluss. Er bewirkt nicht, dass der Antragsteller den Vertrag selbständig herbeiführen kann. Die Erstattung von Leistungen zwischen Antragstellung und Annahmeerklärung seitens des Versicherers kommt deshalb auch im Basistarif grds. nicht in Betracht.[57] Insbesondere folgt aus dem Kontrahierungszwang im Basistarif auch keine Pflicht des Versicherers, dem Versicherungsnehmer **rückwirkend** Versicherungsschutz zu gewähren. Die Erreichung des Versicherungsschutzes soll nach dem Willen des Gesetzgebers durch die Pflicht des jeweiligen Versicherungsnehmers, eine Krankheitskostenversicherung abzuschließen, und nicht durch das Fingieren von Versicherungsschutz erreicht werden. Ist die Kündigung eines Vertrages bei einem anderen Versicherer nach § 205 Abs. 1 S. 1 noch nicht wirksam geworden, ist der Versicherer zwar nach § 193 Abs. 5 S. 3 zur umgehenden Antragsannahme verpflichtet, dies jedoch erst mit Wirkung nach Ablauf der Kündigungsfrist des § 205 Abs. 1 S. 1.[58] § 193 Abs. 4 ist eine Sanktionsvorschrift für den Versicherungsnehmer.[59] Beginnt der Versicherungsschutz im Basistarif während einer bereits begonnenen stationären Behandlung, ist eine vom Krankenhausträger verlangte Fallpauschale *pro rata temporis* aufzuteilen.[60]

Die Leistungen des **Basistarifs** müssen gem. § 152 Abs. 1 VAG in Art, Umfang und Höhe 30 denjenigen nach dem Dritten Kapitel des SGB V jeweils *vergleichbar* sein.

Der Basistarif wird mit verschiedenen Selbstbehaltstufen und in Varianten für Kinder und Jugendliche, Erwachsene und Beamte angeboten. Selbstbehalte sind möglich in den Stufen von 300, 600, 900 oder 1.200 EUR. Für Verträge mit Selbstbehalt sieht § 152 Abs. 1 S. 4 VAG eine vertragliche **Mindestbindungsfrist** von drei Jahren vor. Damit soll die Möglichkeit einer unerwünschten Risikoselektion begrenzt werden.

Bezüglich der Höhe der Vergütung mit den Leistungserbringern kann und darf der PKV-Verband gem. § 75 Abs. 3b SGB V mit den Leistungserbringern Vereinbarungen treffen.

Entsprechend dem Kontrahierungszwang dürfen **Leistungsausschlüsse oder Risikozuschläge** nicht erhoben werden. Die unterschiedlichen Risiken werden gem. § 154 VAG über einen PKV-weiten Pool ausgeglichen. 31

Schon aus diesem Grund ist eine **Risikoprüfung** auch bei Abschluss einer Versicherung nach dem Basistarif zulässig. Der Versicherer darf auch bei der Beantragung des Versicherungsschutzes im Basistarif Gesundheitsfragen stellen: Die sich hieraus ergebenden Erkenntnisse können für den in

---

[53] BVerfG NJW 2009, 2033 ff.
[54] BGH VersR 2012, 219 ff; 2012, 304 ff.
[55] LG Dortmund r+s 2015, 244 f.
[56] BGH VersR 2016, 780 ff.
[57] OLG München VersR 2012, 559 f.
[58] OLG Düsseldorf r+s 2020, 214 ff.
[59] OLG Köln VersR 2014, 945 f.
[60] OLG Köln VersR 2014, 866 f.

§ 154 VAG vorgeschriebenen Risikoausgleich relevant sein.[61] Zwecks Durchsetzung des Auskunftsanspruchs darf der Versicherer den Abschluss des Vertrages bis zur Vorlage der angeforderten Berichte zurückhalten. Benötigt er zur Risikoprüfung einen ärztlichen Untersuchungsbericht, muss er den Versicherungsschein erst nach Vorlage des Berichtes aushändigen.[62]

Bedeutung erlangen können die bei der Risikoprüfung erzielten Erkenntnisse über den Gesundheitszustand auch im Fall eines späteren Wechsels in einen anderen Tarif gem. § 204: Diese Norm verlangt bei einem Wechsel in einen höherwertigen Tarif lediglich die Anrechnung der aus dem bisherigen Vertrag erworbenen Rechte und der Alterungsrückstellung. Im Übrigen bestimmen sich das Vertragsverhältnis und die Höhe der zu zahlenden Prämie bei einem Tarifwechsel nach dem neuen Tarif. Folgen, die sich bei einem Tarifwechsel aus der mangelnden Vergleichbarkeit der kalkulatorischen Grundlagen des bisherigen und des neuen Tarifes ergeben, dürfen nach der Rspr.[63] nicht einseitig zu Lasten des Versicherers gehen.

Wechselt der Versicherungsnehmer aus einem Herkunftstarif mit einer Pauschalprämie, die das durch Vorerkrankungen bestehende erhöhte Risiko bereits berücksichtigt, in einen Zieltarif mit **individuellen Risikozuschlägen,** ist der Versicherer deshalb nicht gehindert, diese bei einem Tarifwechsel zu erheben. Das erworbene Recht iSd § 206 besteht in einem solchen Fall nur in der früher vorgenommenen und idR auf Dauer geltenden Risikoeinstufung, die auf den neuen Tarif übertragen wird.

32   Die Leistungen sind **branchenweit einheitlich.** Aus diesem Grund legt der Verband der Privaten Krankenversicherung eV als Beliehener gem. § 158 Abs. 2 VAG die Leistungen nach Maßgabe des § 152 Abs. 1 VAG fest. Grundlage für die zivilrechtliche Vertragsbeziehung zwischen Versicherer und Versicherungsnehmer sind die **Musterbedingungen für den Basistarif (MB/BT).** Unternehmenseigene Tarifbedingungen sind nicht vorgesehen.

Die MB/BT orientieren sich grob an den bekannten MB/KK. Nach der Festlegung der Aufnahme- und Versicherungsfähigkeit regeln sie diesen vergleichbar insbes. den Versicherungsschutz, die Pflichten des Versicherungsnehmers, die Beitragskalkulation und die Beendigungsgründe.

33   § 1 Abs. 3 MB/BT definiert zunächst den **Versicherungsfall** in der Krankheitskostenversicherung und nennt als Grundsatz die medizinisch notwendige Heilbehandlung wegen Krankheit oder Unfallfolgen. Als Versicherungsfall gelten jedoch auch ua die ärztliche Beratung über Fragen der Empfängnisverhütung einschließlich Untersuchung und Verordnung von empfängnisregelnden Mitteln, medizinische Maßnahmen zur Herbeiführung einer Schwangerschaft bei einer verheirateten versicherten Person, gezielte Vorsorgeuntersuchungen und Schutzimpfungen, Leistungen zur medizinischen Rehabilitation sowie die stationäre Versorgung in einem Hospiz.

Die MB/BT sehen grds. den Ersatz entstandener „Aufwendungen" vor. Hiermit wird klargestellt, dass die PKV-Versicherer auch berechtigt sind, die Leistungen und die Abrechnungen der Kassenärzte einem Leistungsmanagement zu unterziehen und die Rechtmäßigkeit der Abrechnung wie in der privaten Krankenversicherung zu prüfen. Die unmittelbare Abrechnung der medizinischen Versorgung mit dem jeweiligen Leistungserbringer seitens des Versicherers ist zwar zulässig, beinhaltet dann aber ebenfalls die Möglichkeit, die Rechtmäßigkeit der Rechnungserstellung zu prüfen.

34   Die Leistungspflicht ist gem. § 1 Abs. 1 S. 4 MB/BT ausdrücklich auf **ausreichende, zweckmäßige und wirtschaftliche Leistungen** beschränkt. Damit gilt für den Basistarif ebenso wie für die gesetzliche Krankenversicherung nach § 12 Abs. 1 S. 1 SGB V das Wirtschaftlichkeitsgebot.

Die Tatbestandsmerkmale „ausreichend" und „zweckmäßig" zielen dabei primär auf die objektive Ausrichtung der Leistung bezogen auf die in den MB/BT genannten Behandlungsziele und deren hinreichende Wirksamkeit. Zur Beurteilung kann die Rspr. des BSG zum SGB V herangezogen werden. Nach dieser reichen insbes. der positive Verlauf einer Therapie und deren Befürwortung durch den behandelnden Arzt nicht aus, um die Leistungspflicht des Versicherers zu begründen. Selbst bei Vorliegen einer lebensbedrohenden Erkrankung und dem Fehlen einer Standardtherapie ist Voraussetzung der Erstattungsfähigkeit der Kosten für neue Untersuchungs- und Behandlungsmethoden eine nicht ganz entfernt liegende und auf Indizien gestützte Aussicht auf Heilung oder wenigstens eine spürbare und belegbare positive Einwirkung auf den Krankheitsverlauf. Das Vorliegen dieser Voraussetzung ist nach den Regeln der ärztlichen Kunst zu beurteilen.[64]

Die **„Notwendigkeit"** der Leistung ist anhand ihres Zwecks zu bestimmen. Notwendig sind dabei nur solche Maßnahmen, die nach Art und Umfang unentbehrlich, unvermeidlich und unverzichtbar sind.[65]

---

[61] OLG Köln VersR 2013, 490 f.; *Göbel/Köther* VersR 2014, 537 ff.
[62] OLG Koblenz VersR 2013, 439 ff.; OLG Köln VersR 2013, 490 ff.
[63] BVerwG VersR 1999, 743 ff.; NJW 2007, 2871 ff.; OLG München VersR 2014, 1447 f.
[64] BSG NJW 2007, 1385 ff.
[65] Vgl. die Rechtsprechungshinweise von *Roters* in KassKomm SGB V § 12 Rn. 39 f.; oder *Scholz* in Becker/Kingreen, 6. Aufl. 2018, SGB V § 12 Rn. 8.

Die **Wirtschaftlichkeit** einer Leistung bestimmt sich nach dem Verhältnis der Kosten zur durchgeführten Maßnahme. Wirtschaftlich ist nur die Leistung, bei der das günstigste Verhältnis zwischen Aufwand und Wirkung besteht.[66] Kann der zu erreichende Leistungszweck durch verschiedene ausreichende Alternativen erreicht werden, ist der Versicherer nur zur Erstattung der Aufwendungen mit dem geringsten finanziellen Aufwand verpflichtet.[67]

Anders als nach den klassischen Musterbedingungen (mit der Aufteilung nach den MB/KK 35 und den MB/KT) wird das **Krankentagegeld** von den einheitlichen Musterbedingungen des Basistarifs gem. dem dortigen § 1 Abs. 2 mitumfasst. § 1 Abs. 4 MB/BT beschreibt den Versicherungsfall insoweit als die medizinisch notwendige Heilbehandlung einer versicherten Person wegen Krankheit oder Unfallfolgen, in deren Verlauf Arbeitsunfähigkeit ärztlich festgestellt wird.

Der Leistungsumfang orientiert sich am Krankengeld in der GKV. Die Einzelheiten regelt der Tarif BT (vgl. dort Abschnitt F).

§ 4 MB/BT nennt die **Leistungserbringer**, für deren Behandlung nach dem Basistarif Leistun- 36 gen erbracht werden. Da die Leistungen des Basistarifs in Art, Höhe und Umfang denen in der gesetzlichen Krankenversicherung entsprechen müssen, begrenzt die Klausel diesen Personenkreis grds. auf die im SGB V genannten Behandler und sonstige Einrichtungen, also insbes. die Vertragsärzte und Vertragszahnärzte. Um die ambulante ärztliche und zahnärztliche Versorgung auch für die im Basistarif der PKV versicherten Personen zu gewährleisten, sieht § 75 Abs. 3a SGB V einen entsprechenden Sicherstellungsauftrag an die Kassenärztlichen Vereinigungen und die Kassenärztlichen Bundesvereinigung vor.

§ 9 Abs. 5 MB/BT sieht die Pflicht der Versicherten vor, ihre Behandler auf die Versicherung nach dem Basistarif **hinzuweisen**. Damit sollen Missverständnisse insbes. zur Höhe der möglichen Vergütung im Interesse aller Beteiligten von vornherein ausgeschlossen werden.

Zusammen mit der Einführung des Basistarifs wurde in den § 204 Abs. 1 VVG und § 146 37 Abs. 1 Nr. 5 VAG die teilweise „**Mitgabe eines Übertragungswertes**" auch bei Wechsel zu einem anderen Krankenversicherungsunternehmen (Portabilität) eingeführt.

Der Übertragungswert berechnet sich gem. § 14 KVAV aus dem gesetzlichen, zehnprozentigen Beitragszuschlag nach § 149 VAG und der fiktiven Alterungsrückstellung, die sich ergeben hätte, wenn der Versicherte von Beginn an im Basistarif versichert gewesen wäre. Wegen der Einzelheiten kann auf die Kommentierung zu § 204 verwiesen werden (→ § 204 Rn. 467 ff.).

Der **Höchstbeitrag** des Basistarifs darf gem. § 152 Abs. 3 VAG denjenigen in der gesetzlichen 38 Krankenversicherung nicht überschreiten. Der Höchstbeitrag ergibt sich aus der Multiplikation des allgemeinen Beitragssatzes (Stand 06/2020: 14,6 %) zuzüglich des durchschnittlichen Zusatzbeitragssatzes nach § 242a Abs. 2 SGB V (Stand 06/2020: 1,1 %) mit der jeweils geltenden Beitragsbemessungsgrenze (Stand 06/2020: 4.687,50 EUR) in der gesetzlichen Krankenversicherung, § 152 Abs. 3 S. 2 VAG und lag somit im Jahr 2020 bei 735,94 EUR.

Besteht oder würde allein durch die Zahlung des Höchstbeitrages Hilfebedürftigkeit nach dem SGB II oder SGB XII entstehen, verringert sich die Prämie auf die Hälfte. Ist der Versicherungsnehmer dann noch immer hilfebedürftig, beteiligt sich der zuständige Träger nach dem SGB II oder SGB XII auf Antrag des Versicherten an dem Beitrag, soweit dadurch Hilfebedürftigkeit vermieden wird.

Für die Dauer der Beitragsreduzierung wegen Hilfsbedürftigkeit darf der Versicherer gem. § 193 39 Abs. 11 verlangen, dass evtl. bestehende **Zusatzversicherungen ruhen.** Damit soll ein Missbrauch der in § 152 Abs. 3, 4 VAG vorgesehenen beitragssenkenden Instrumente verhindert werden.

Keine Versicherungspflicht, aber einen Kontrahierungszwang auf Seiten des Versicherers im 40 modifizierten **Standardtarif** hatte der Gesetzgeber gem. § 315 SGB V für Personen ohne anderweitigen Versicherungsschutz und mit Wohnsitz oder gewöhnlichem Aufenthalt in Deutschland für die Zeit vom 1.1.2007 bis 31.12.2008 (dem Zeitpunkt des Inkrafttretens des Basistarifs) vorgesehen. Der Annahmezwang war hier ebenfalls mit dem Verzicht auf Risikozuschläge und einer Begrenzung der Beiträge auf den durchschnittlichen Höchstbeitrag in der gesetzlichen Krankenversicherung verbunden.

V. Beitragsrückstand (Abs. 6–11)

1. Mahnverfahren und Ruhen des Vertrages. Angesichts der besonderen sozialen Bedeu- 41 tung des Krankenversicherungsschutzes entfällt bei einer Krankheitskostenversicherung iSd § 193 Abs. 3 S. 1 das sonst bei Zahlungsverzug bestehende Kündigungsrecht des Versicherers gem. § 38.

---

[66] Roters in KassKomm SGB V § 12 Rn. 41.
[67] Roters in KassKomm SGB V § 12 Rn. 41.

An seine Stelle tritt das in § 193 Abs. 6 vorgegebene Mahnverfahren mit der Besonderheit, dass nach dessen Abschluss der Versicherungsvertrag im Notlagentarif (§ 153 VAG) fortgesetzt wird: Ist der Versicherungsnehmer in einer der Versicherungspflicht genügenden Krankheitskostenversicherung mit zwei Monatsprämien in Rückstand, muss der Versicherer ihn gem. § 193 Abs. 6 S. 1 mahnen. Ist der Rückstand einschließlich des inzwischen angefallenen Säumniszuschlages zwei Monate nach Zugang der ersten Mahnung höher als der Prämienanteil für einen Monat, hat der Versicherer den Versicherungsnehmer erneut zu mahnen. Dabei muss der Versicherer den Versicherungsnehmer auf das nunmehr drohende Ruhen des Vertrages hinweisen.

Dieses tritt gem. § 193 Abs. 6 S. 4 ein, wenn der Prämienrückstand einschließlich der Säumniszuschläge auch einen Monat nach Zugang dieser zweiten Mahnung noch höher ist als der Prämienanteil für einen Monat. Der Vertrag ruht dann ab dem ersten des nachfolgenden Monats. Nach Ansicht des OLG Köln tritt die Umstellung in den Notlagentarif auch dann zu dem Zeitpunkt gem. § 193 Abs. 6 S. 4 ein, wenn dem Versicherer eine Erfüllung der Pflicht zur rechtzeitigen Mahnung infolge einer rückwirkenden Policierung nicht möglich war.[68]

Das Ruhen des Vertrages tritt nicht ein bzw. endet, wenn der Versicherungsnehmer oder die versicherte Person hilfebedürftig im Sinne des SGB II oder SGB XII ist oder wird. Gemäß den § 9 Abs. 1 SGB II bzw. § 19 Abs. 1 SGB XII ist hilfebedürftig, wer seinen Lebensunterhalt nicht oder nicht ausreichend aus dem zu berücksichtigenden Einkommen oder Vermögen bestreiten kann.

Der genannte Säumniszuschlag ist für jeden angefangenen Monat eines Prämienrückstands zu entrichten. Er beträgt 1 % des Rückstandes und fällt ab dem Prämienverzug und nicht erst mit dem Eintritt des Ruhens der Leistungen des Versicherers an.[69]

Den Vertragsparteien steht es frei, einvernehmlich Regelungen zu treffen, um eine Überführung des Vertrags in den Notlagentarif zu vermeiden. Das setzt voraus, dass der Versicherer den Versicherungsnehmer zuvor über die grundsätzliche Geltung des Notlagentarifs informiert hat.[70]

42   **2. Versicherung im Notlagentarif.** Die **Leistungen** des Notlagentarifs sind entsprechend seinem Zweck, nur die unerlässlichen Leistungen bei möglichst niedrigen Beiträgen zu gewähren, begrenzt: Gemäß § 153 VAG umfassen sie grds. nur den Ersatz der Aufwendungen für Behandlungen von akuten Erkrankungen und Schmerzzuständen sowie bei Schwangerschaft und Mutterschaft. Der Gesetzgeber orientiert sich hier insoweit an § 4 Abs. 1, 2 AsylbLG.[71]

Eine **akute Erkrankung** ist ein unvermittelt auftretender, schnell und heftig verlaufender regelwidriger Körper- oder Geisteszustand, der aus medizinischen Gründen der ärztlichen oder zahnärztlichen Behandlung bedarf.[72] Akute Erkrankungen haben idR einen bestimmbaren Ausgangspunkt. Sie sind meistens von vergleichbar kurzer Dauer.

Ein **Schmerzzustand** ist ein mit einer aktuellen oder potenziellen Gewebeschädigung verknüpfter unangenehmer Sinnes- oder Gefühlszustand, der aus medizinischen Gründen der ärztlichen oder zahnärztlichen Behandlung bedarf.[73]

Bei Kindern und Jugendlichen sind auch Vorsorgeuntersuchungen zur Früherkennung von Krankheiten nach gesetzlich eingeführten Programmen sowie bestimmte Schutzimpfungen mitversichert, § 153 Abs. 1 S. 3 VAG.

43   Gemäß § 153 Abs. 2 VAG ist für alle im Notlagentarif Versicherten eine einheitliche Prämie zu kalkulieren. Dies geschieht durch den Verband der Privaten Krankenversicherung eV, der **Art, Umfang und Höhe der Leistungen** im Notlagentarif festlegt, § 158 Abs. 2 VAG. Die entsprechenden Musterbedingungen des Notlagentarifs einschließlich des Tarifteils (AVB/NLT 2013) sehen unter Teil A (Versicherungsfähigkeit) neben der Tarifstufe NLTN die Tarifstufe NLTB mit einer Erstattung der Behandlungskosten zu 20, 30 oder 50 % für Personen mit einem Beihilfeanspruch vor. Teil B der AVB übernimmt in § 1 zunächst die oben genannte gesetzlich vorgesehene Leistungsbeschreibung, nämlich Aufwendungsersatz für Aufwendungen, die zur Heilbehandlung akuter Erkrankungen und Schmerzzuständen sowie bei Schwangerschaft und Mutterschaft erforderlich sind.

Über den Wortlaut des Gesetzes hinaus sehen die AVB ua auch bestimmte Leistungen für chronisch Erkrankte sowie die teilstationäre und stationäre Versorgung im Hospiz oder die spezialisierte Palliativversorgung vor.

Für **chronische Erkrankungen** wird geleistet, wenn deren Nichtbehandlung in einem absehbaren Zeitraum zu einer erheblichen Verschlechterung des Gesundheitszustandes und damit zu einer akuten Erkrankung führt, AVB/NLT 2013 Teil B § 1 Abs. 2 lit. e. Bei **Kindern und Jugendlichen**

---

[68] OLG Köln VersR 2020, 279 ff.
[69] LG Berlin r+s 2013, 395 f.
[70] OLG Oldenburg VersR 2017, 872 ff.
[71] BT-Drs. 16/4247, 31.
[72] VG Gera Urt. v. 7.8.2003 – 6 K 1849/01.GE.
[73] LSG Nordrhein-Westfalen MedR 2014, 231.

ist der Leistungsanspruch grds. nicht auf akute Erkrankungen und Schmerzzustände beschränkt, AVB/NLT 2013 Teil B § 1 Abs. 2. Als Versicherungsfall gelten auch die teilstationäre und stationäre Versorgung in einem **Hospiz,** AVB/NLT 2013 Teil B § 1 Abs. 2 lit. c, sowie die spezialisierte ambulante **Palliativversorgung,** AVB/NLT 2013 Teil B § 1 Abs. 2 lit. d.

Entsprechend der schon genannten Zielsetzung der Regelung des § 193 Abs. 6–9, die Leistungen auf ein Notfallniveau zu begrenzen, um den Beitragsschuldner vor einer weiteren Überschuldung zu schützen und eine Rückkehr in den Normaltarif zu ermöglichen, sind alle Leistungen sowohl dem Grunde als auch der Höhe nach auf „ausreichende, zweckmäßige und wirtschaftliche Leistungen" beschränkt. **44**

Ärzte und Zahnärzte dürfen gem. § 4 Abs. 2 AVB/NL nur in Anspruch genommen werden, soweit sie zur vertragsärztlichen Versorgung in der gesetzlichen Krankenversicherung **zugelassen** sind. Gemäß Teil II des Tarif NLT ist die Erstattung für Laboruntersuchungen auf den 1,16-fachen Satz der GOÄ, für physikalisch-medizinische und histologische Untersuchungen pp. den 1,38-fachen Satz und insbes. für die rein persönlichen ärztlichen Leistungen einschließlich der Beratung auf den 1,8-fachen Satz begrenzt. Durch Verträge zwischen dem Verband der Privaten Krankenversicherung eV und den Kassenärztlichen Vereinigungen oder der Kassenärztlichen Bundesvereinigung können abweichende Vergütungsvereinbarungen getroffen werden.

Aufwendungen für zahnärztliche Behandlungen werden nur erstattet, wenn sie zur Schmerzstillung erforderlich sind. Es gilt grds. der 2,0-fache Satz der GOZ. Kosten für Zahnersatz, Inlays, mehrschichtige Kompositfüllungen, funktionsanalytische und -therapeutische Leistungen sowie für kieferorthopädische Behandlung werden nicht erstattet. Für Kinder und Jugendliche gilt ein erweiterter Leistungsrahmen.

Krankenhäuser müssen nach den landesrechtlichen Vorschriften als Hochschulklinik, als Plankrankenhaus oder über einen Versorgungsvertrag mit den Landesverbänden und den Verbänden der Ersatzkassen zugelassen sein.

Der Notlagentarif ist arbeitgeberzuschussfähig iSd § 257 Abs. 2, 2a SGB V. Die Leistungen entsprechen ihrer Art nach den Leistungen des SGB V, der Notlagentarif ist **substitutiv.** Er wird gem. § 153 Abs. 2 VAG iVm § 146 Abs. 1 VAG nach Art der Lebensversicherung kalkuliert. Der Versicherer verzichtet auf das ordentliche Kündigungsrecht. **45**

Risikozuschläge, Leistungsausschlüsse und Selbstbehalte entfallen gemäß § 193 **Abs. 7 S. 2** während der Versicherung im Notlagentarif. **46**

Gem. § 193 **Abs. 7 S. 3** kann der Versicherer verlangen, dass **Zusatztarife** während der Versicherung im Notlagentarif ruhen. Das Recht wird durch einseitige Erklärung des Versicherers gegenüber dem Versicherungsnehmer ausgeübt.

Während der Dauer des Ruhens besteht keine Leistungspflicht, andererseits sind auch keine Beiträge zu zahlen.

Das Recht des Versicherers, eine Zusatzversicherung wegen Beitragsverzugs nach § 38 zu kündigen, bleibt durch die Neuregelung unberührt.

Ein Wechselrecht in andere Tarife gem. § 204 ist nach § 193 Abs. 7 S. 4 ausgeschlossen, solange die Versicherung im Notlagentarif besteht.

Sobald der Versicherungsnehmer gem. § 193 **Abs. 6 S. 4** iVm § 193 **Abs. 7 S. 1** im Notlagentarif versichert ist, muss der Versicherer ihn gem. § 193 Abs. 8 hierüber in **Textform** (vgl. zum Begriff § 126b BGB) **informieren.** Dabei hat er zugleich die dann zu zahlende Prämie anzugeben. **47**

Gem. § **193 Abs. 8 S. 2** muss der Versicherungsnehmer außerdem in herausgehobener Form auf die Folgen der Anrechnung der Alterungsrückstellung nach § 153 Abs. 2 S. 6 VAG hinweisen: Bis zu 25 % der monatlichen Prämie werden durch Entnahme aus der Alterungsrückstellung finanziert. Nach der Gesetzesbegründung soll die Regelung den Aufbau weiterer Beitragsschulden dämpfen.[74]

Mit der Entnahme aus der Alterungsrückstellung reduziert sich der beitragsmindernde Anrechnungsbetrag aus der Alterungsrückstellung bei Rückkehr in den Normaltarif entsprechend. Der dortige Beitrag ist dann idR höher als vor der Umstellung in den Notlagentarif. Nur wenn der Versicherungsnehmer diese Konsequenz kennt, wird er im eigenen Interesse bemüht sein, die vorhandenen Beitragsrückstände schnellstmöglich wieder auszugleichen.

Nutzt der Versicherer eine **elektronische Gesundheitskarte** iSd § 291a Abs. 1a SGB V, kann er auf dieser gem. § 193 Abs. 8 S. 3 die Versicherung im Notlagentarif vermerken.

Sind alle rückständigen Prämien einschließlich der Säumniszuschläge und der Beitreibungskosten gezahlt, wird der Versicherungsvertrag gem. **§ 193 Abs. 9** ab dem ersten Tag des übernächsten Monats wieder in dem Tarif fortgesetzt, in dem der Versicherungsnehmer vor Eintritt des Ruhens versichert war. Eine erneute Risikoprüfung findet nicht statt. **48**

---

[74] BT-Drs. 17/13079, 6.

Mit Urteil v. 29.9.2021[75] hat der BGH die ehedem in Literatur und Rechtsprechung unterschiedlich beurteilte Frage entschieden, ob die Vertragsruhe auch durch eine seitens des Versicherers erklärte Aufrechnung mit rückständigen Prämienforderungen beendet werden kann. Nach dem BGH kommt es auf eine Zahlung des Versicherungsnehmers (voluntatives Element) nicht an. Nach dem Wortlaut des § 193 Abs. 9 S. 1 wird der Vertrag auch dann aus dem Notlagen- in den Ursprungstarif zurückgeführt, wenn ein Dritter, etwa der Versicherte im Rahmen einer Versicherung für fremde Rechnung, die Prämienschulden des Versicherungsnehmers bezahlt. Gleiches gilt, wenn die Prämienrückstände durch eine seitens des Versicherers erklärte Aufrechnung getilgt werden.

Soweit in dem Tarif zwischenzeitlich AVB-Änderungen oder Beitragsanpassungen vorgenommen wurden, gelten diese gem. **§ 193 Abs. 9 S. 3** ohne weitere Voraussetzungen ab dem Tag der Fortsetzung auch für die Rückkehrer aus dem Notlagentarif.

Infolge dieser gesetzlichen Fiktion besteht auch **kein Sonderkündigungsrecht** wegen zwischenzeitlich erfolgter Änderungen im Alttarif.

49 Im Notlagentarif (wie auch im Basistarif) ist der Versicherer gemäß § 192 Abs. 7 S. 4 nicht berechtigt, gegenüber Ansprüchen des Versicherungsnehmers auf Versicherungsleistungen mit Prämienforderungen sowohl aus der Krankheitskostenversicherung als auch aus der privaten Pflege-Pflichtversicherung aufzurechnen. Die Vorschrift ist durch das „Gesetz zur Weiterentwicklung der Gesundheitsversorgung (Gesundheitsversorgungsweiterentwicklungsgesetz – GVWG) v. 11.7.2021[76] eingeführt worden. Die vormals in Literatur und Rechtsprechung unterschiedlich beurteilte Frage, hatte der BGH ehedem noch zugunsten einer Aufrechnungsmöglichkeit entschieden.[77]

50 Die Regelungen des § 193 Abs. 6–9 gelten gem. **§ 193 Abs. 10** entsprechend für die versicherten Personen. Wird der Beitrag für eine einzelne versicherte Person nicht gezahlt, muss das Mahnverfahren auch für diese durchgeführt werden.

51 **§ 193 Abs. 11** betrifft die Versicherung im Basistarif und die nach § 152 Abs. 4 VAG vorgesehene Halbierung des dortigen Beitrags bei Entstehen oder Vorliegen von Hilfebedürftigkeit nach dem SGB II oder SGB XII. Angesichts der hieraus resultierenden finanziellen Mehrbelastung des Versicherers kann dieser auch das Ruhen der Zusatzversicherungen in dieser Zeit verlangen. Der betroffene Versicherungsnehmer soll seine Mittel zur Begleichung der Prämie für die Krankheitskostenvollversicherung, hier den Basistarif, nutzen.

52 § 193 Abs. 6–9 ersetzt die bis 1.8.2013 geltende Regelung des § 193 Abs. 6 VVG aF, nach der das Versicherungsverhältnis bei Zahlungsverzug in einer der Krankenversicherungspflicht genügenden Versicherung innerhalb eines Jahres nach Beginn des Ruhens im Basistarif fortgesetzt wird.

Den Umgang mit den **Altverträgen** hat der Gesetzgeber zusammen mit der Einführung des oben genannten Gesetzes zur Beseitigung sozialer Überforderung bei Beitragsschulden in der Krankenversicherung über eine Änderung des EGVVG geregelt. Nach dem dortigen Art. 7 gelten säumige Versicherungsnehmer demnach kraft Gesetzes rückwirkend von dem Zeitpunkt ab als im Notlagentarif versichert, zu dem ihr Vertrag ruhend gestellt wurde. Voraussetzung ist, dass die Prämie im Notlagentarif geringer ist als die bisher zu leistende Prämie des Ursprungstarifs. An die Stelle des zuvor vertraglich vereinbarten Versicherungsschutzes treten rückwirkend die Leistungen des Notlagentarifs. Die bisherigen Ruhensleistungen für den Zeitraum der rückwirkenden Versicherung gelten „unmittelbar qua Gesetz".[78] Damit ist eine rückwirkende Gewährung von Leistungen sowohl an den Versicherungsnehmer als auch an den Versicherer gesetzlich ausgeschlossen. Der Gesetzgeber wollte aufwändige Rückabwicklungen vermeiden und Rechtssicherheit für alle Beteiligten herstellen.

Bei einer **rückwirkenden Umstellung** änderte sich auch die Beitragsschuld: Schuldete der Kunde zunächst noch die Beiträge aus dem Ursprungsvertrag, muss er ab dem Rückwirkungszeitpunkt die Prämie aus dem Notlagentarif zahlen. Der Beitrag musste neu berechnet werden. Eine Anrechnung von bereits gebildeten Alterungsrückstellungen auf die im Notlagentarif zu zahlende Prämie findet gem. Art. 7 S. 4 EGVVG *rückwirkend* nicht statt. Mit Urteil v. 6.7.2016[79] hat der BGH zur Frage der Rückwirkung Folgendes festgestellt: Eine rückwirkende Einstufung in den Notlagentarif setzt voraus, dass ein Ruhen der Leistungen wegen Zahlungsverzuges noch bei Inkrafttreten der Regelung am 1.8.2013 vorgelegen hat. Dies gebietet nicht nur der Wortlaut des Art. 7 EGVVG, sondern auch die verfassungsrechtliche Bewertung: Der Gesetzgeber wollte die privaten Krankenversicherer mit der durch die Einführung des Notlagentarifs bedingten Herabsetzung der Beitragsansprüche nur gering belasten.

---

[75] BGH r+s 2021, 642.
[76] BGBl. 2021 I 2754.
[77] BGH VersR 2019, 152 ff.
[78] So die Begr., BT-Drs. 17/13947, 31 f.
[79] BGH VersR 2016, 1107.

§ 194 Anzuwendende Vorschriften

(1) ¹Soweit der Versicherungsschutz nach den Grundsätzen der Schadensversicherung gewährt wird, sind die §§ 74 bis 80 und 82 bis 87 anzuwenden. ²Die §§ 23 bis 27 und 29 sind auf die Krankenversicherung nicht anzuwenden. ³§ 19 Abs. 4 ist auf die Krankenversicherung nicht anzuwenden, wenn der Versicherungsnehmer die Verletzung der Anzeigepflicht nicht zu vertreten hat. ⁴Abweichend von § 21 Abs. 3 Satz 1 beläuft sich die Frist für die Geltendmachung der Rechte des Versicherers auf drei Jahre.

(2) Steht dem Versicherungsnehmer oder einer versicherten Person ein Anspruch auf Rückzahlung ohne rechtlichen Grund gezahlter Entgelte gegen den Erbringer von Leistungen zu, für die der Versicherer aufgrund des Versicherungsvertrags Erstattungsleistungen erbracht hat, ist § 86 Abs. 1 und 2 entsprechend anzuwenden.

(3) ¹Die §§ 43 bis 48 sind auf die Krankenversicherung mit der Maßgabe anzuwenden, dass ausschließlich die versicherte Person die Versicherungsleistung verlangen kann, wenn der Versicherungsnehmer sie gegenüber dem Versicherer in Textform als Empfangsberechtigten der Versicherungsleistung benannt hat; die Benennung kann widerruflich oder unwiderruflich erfolgen. ²Liegt diese Voraussetzung nicht vor, kann nur der Versicherungsnehmer die Versicherungsleistung verlangen. ³Einer Vorlage des Versicherungsscheins bedarf es nicht.

Übersicht

		Rn.			Rn.
A.	Einführung	1	IV.	Verschulden und Schadenminderungspflicht	18
I.	Inhalt und Zweck der Regelung	1	V.	Gesetzlicher Übergang von Regressforderungen	21
II.	Entstehungsgeschichte	4			
III.	Anwendungsbereich	7	VI.	Gefahrerhöhung	24
B.	Inhaltliche Fragen	9	VII.	Verletzung der vorvertraglichen Anzeigepflicht	27
I.	Abgrenzung Schadensversicherung/Summenversicherung	9	VIII.	Gesetzlicher Übergang von Rückforderungsansprüchen gegen Leistungserbringer (Abs. 2)	39
II.	Über- und Unterversicherung sowie Taxe	12	IX.	Anspruchsberechtigung (Abs. 3)	44
III.	Mehrfachversicherung	15	X.	Ausland	53

Stichwort- und Fundstellenverzeichnis

Stichwort	Rn.	Rspr.
Anspruchsberechtigung	→ Rn. 44 ff.	BGH VersR 2006, 686 ff.; OLG Koblenz r+s 2004, 510 f.
Bereicherungsverbot	→ Rn. 13 f.	BGH VersR 2001, 749 ff.; OLG Nürnberg VersR 1988, 1262 ff.
Forderungsübergang, gesetzlicher	→ Rn. 21 ff.; → Rn. 39 ff.	OLG Saarbrücken NJW-RR 2012, 1495 ff.
Genomanalyse	→ Rn. 32 f.	–
Schadenminderungspflicht	→ Rn. 18 ff.	BGH NJW 1994, 1592 ff.
Schaden-/Summenversicherung	→ Rn. 9 ff.	BGH VersR 2001, 1100 ff.
Über-, Unter- und Mehrfachversicherung	→ Rn. 12 ff.	–
Verletzung der vorvertraglichen Anzeigepflicht	→ Rn. 27 ff.	–

Schrifttum: *Göbel/Köther*, Der „Regress des Krankenversicherers" – Prozessuale Besonderheiten: Aktiv- und Passivlegitimation bei der bereicherungsrechtlichen Rückforderung, VersR 2013, 1084; *Pannenbecker*, Die Private Krankenversicherung (Krankentagegeld- und Krankheitskostenversicherung) des Interesses Dritter als Versicherung für fremde Rechnung nach §§ 74 ff. VVG oder als „schlichter" Vertrag zugunsten Dritter gem. §§ 328 ff. BGB?, VersR 1998, 1322.

A. Einführung

I. Inhalt und Zweck der Regelung

1   Die PKV bezweckt ebenso wie die anderen Versicherungszweige primär die Erbringung von Versicherungsleistungen im Fall des Eintritts eines nicht vorhersehbaren Ereignisses, einer medizinisch notwendigen Heilbehandlung wegen Krankheit. Leistungsumfang und -voraussetzungen werden, anders als in der GKV, vertraglich vereinbart, die Beiträge risikogerecht kalkuliert. Daher finden grundsätzlich die Bestimmungen des Allgemeinen Teils des VVG auch auf die PKV Anwendung.

2   Die PKV weist allerdings einige Besonderheiten auf, die den Gesetzgeber auch schon nach dem VVG aF dazu veranlasst hatten, einzelne Regelungen von der Geltung auszunehmen:

Der Branche kommt eine **erhebliche soziale Bedeutung** zu. Im Jahr 2018 hatten 8,73 Mio. Personen eine private Krankheitskostenvollversicherung abgeschlossen.[1] Hinzu kommen 26,03 Mio. Zusatzversicherte. Die PKV deckt damit für gut ⅒ der Bevölkerung das Risiko krankheitsbedingter Aufwendungen ebenso ab wie dasjenige bei Eintritt der Pflegebedürftigkeit oder eines krankheitsbedingt vorübergehenden Verdienstausfalls.

Das einmal übernommene **versicherungstechnische Risiko** erhöht sich während der Dauer des Vertrages ua wegen des Älterwerdens der Versicherten. Hierin liegt keine willkürliche Gefahrerhöhung.

Anders als in den meisten übrigen Sparten tritt der Versicherungsfall in der PKV regelmäßig ein. Krankheits- oder unfallbedingte Behandlungen fallen mehrmals jährlich an. Die PKV betreibt ein Massengeschäft. Die Abrechnung von mehr als 100.000 Liquidationen pro Arbeitstag bei einem einzigen Krankenversicherer ist möglich. Dies bedingt ua klarstellende Regelungen zur Frage, wer bei mehreren versicherten Personen anspruchsberechtigt ist.

3   Die genannten Besonderheiten in der privaten Krankenversicherung führen zu folgenden Einschränkungen bzw. Änderungen hinsichtlich der Anwendbarkeit der Bestimmungen des Allgemeinen Teils des VVG:

– Die Regelungen zur **Gefahrerhöhung** (§§ 23 ff.) und zum Recht des Versicherers, den Rücktritt oder die Kündigung ggf. auf weitere Personen zu erstrecken (§ 29 Abs. 1), sind auf die Kranken- und Pflegeversicherung gem. § 194 Abs. 1 S. 2 generell nicht anwendbar.

– Das Recht des Versicherers, den Vertrag bei einer **schuldlosen Verletzung der vorvertraglichen Anzeigepflicht** rückwirkend anzupassen (§ 19 Abs. 4), entfällt gem. § 194 Abs. 1 S. 3.

– Die Voraussetzungen für den Eintritt und die **Hinweispflichten** im Fall des Zahlungsverzugs bei der Folgeprämie (§ 38) wurden gem. § 194 Abs. 2 in der für die Zeit v. 1.1.-31.12.2008 maßgeblichen Fassung zunächst verschärft bzw. erweitert. Mit Einführung der Pflicht zur Versicherung gem. § 193 Abs. 3 entfiel für die entsprechende Krankheitskostenversicherung die Möglichkeit der Kündigung des Versicherers wegen Zahlungsverzuges. Damit bestand auch für die genannte vorübergehende Regelung in § 194 Abs. 2 VVG aF kein Bedürfnis mehr. Sie ist entfallen. Die Voraussetzungen und Rechtsfolgen des Zahlungsverzugs sind heute in § 193 Abs. 6–9 geregelt. Für die Zusatzversicherungen gilt weiterhin § 38.

– Die Frage der **Anspruchsberechtigung aus dem Versicherungsvertrag** (§ 45) ist gem. § 194 Abs. 3 im Sinne einer Entscheidungsfreiheit für den Versicherungsnehmer entschieden.

– Soweit die private Krankenversicherung nach den Grundsätzen der **Schadenversicherung** betrieben wird (zur Abgrenzung → Rn. 9 ff.), finden gem. § 194 Abs. 1 S. 1 die allgemeinen Vorschriften der §§ 74 ff. Anwendung. Explizit ausgenommen ist § 81 (Herbeiführung des Versicherungsfalles), da das Gesetz für die PKV in § 201 eine Sonderregelung vorsieht. Angesichts der besonderen sozialen Schutzkomponente dieser Sparte entfällt insbes. die Befugnis des Versicherers, seine Leistungen schon bei grob fahrlässiger Herbeiführung des Versicherungsfalles zu kürzen.

– Der gesetzliche Übergang von **Ersatzansprüchen** des Versicherungsnehmers auf den Versicherer gem. § 86 wird gem. § 194 Abs. 2 auf Rückforderungsansprüche gegen Leistungserbringer erweitert.

II. Entstehungsgeschichte

4   § 194 **Abs. 1** hat weitgehend den früheren § 178a Abs. 2 VVG aF übernommen. Bereits mit der erstmaligen gesetzlichen Regelung der privaten Krankenversicherung im Jahre 1994 hatte der Gesetzgeber klargestellt, dass die allgemeinen Vorschriften über die Schadenversicherung auch auf die private Krankenversicherung als Personenversicherung Anwendung finden. Voraussetzung ist,

---

[1]   Zahlenbericht des PKV-Verbandes 2018, S. 15.

dass der Versicherungsschutz faktisch nach den Grundsätzen der Schadenversicherung gewährt wird. Ausgeschlossen blieben und bleiben die Regelungen zur nachträglichen Gefahrerhöhung und den Rechtsfolgen bei einer schuldlosen Verletzung der vorvertraglichen Anzeigepflicht. Hat der Versicherungsnehmer die Anzeigepflichtverletzung zu vertreten, gilt für den Versicherer grds. weiterhin eine dreijährige Ausschlussfrist. Hat der Versicherungsnehmer vorsätzlich gehandelt, ist seine Besserstellung in der Krankenversicherung allerdings nicht gerechtfertigt. Daher bleibt es in diesen Fällen bei der allgemeinen Vorschrift des § 21 Abs. 3 S. 2, also der Ausschlussfrist von zehn Jahren.

§ 194 **Abs.** 2 erweitert den früher in § 67 VVG aF enthaltenen gesetzlichen Forderungsübergang 5 von Schadensersatzansprüchen des Versicherungsnehmers gegen Dritte auf **Rückforderungsansprüche gegen Leistungserbringer.** Die im Rahmen des Leistungsmanagements erfolgte Prüfung des Bestehens des Gebührenanspruchs des Arztes oder Krankenhauses gegen den Patienten führte nicht selten zu einem Eingriff in das Vertrauensverhältnis Arzt – Patient. Darüber hinaus betreffen diese Streitfragen Spezialthemen, zu denen der Versicherungsnehmer selbst keine Stellung beziehen kann. Der Gesetzgeber befürwortet deshalb die Möglichkeit einer direkten Klärung zwischen Versicherer und Leistungserbringer. Der gesetzliche Forderungsübergang macht zugleich die individuelle Abtretung einer solchen Rückforderung entbehrlich und trägt damit zu einer Reduzierung der Verwaltungskosten bei.

§ 194 **Abs.** 3 erklärt die Vorschriften der **Versicherung für fremde Rechnung** auch für die 6 PKV grds. für anwendbar. Abweichend wird lediglich festgelegt, dass der Versicherungsnehmer selbst entscheiden kann, wer Versicherungsleistungen geltend machen darf. Dies dient der Rechtssicherheit.

III. Anwendungsbereich

Ebenso wie § 193 gilt auch § 194 grds. für die im Besonderen Teil des VVG (Teil 2 Kap. 8) 7 genannte PKV insgesamt. Nur soweit die PKV als Summenversicherung betrieben wird, finden die Vorschriften zur Schadenversicherung nach den §§ 74 ff. keine Anwendung.

§ 194 gilt grds. auch für die PPV einschließlich der nach dem SGB XI betriebenen Pflegepflicht- 8 versicherung. Die Verwendung des Begriffs der „Krankenversicherung" in § 194 knüpft an die Überschrift des achten Kapitels im Teil 2 des VVG an. § 192 Abs. 6 beschreibt lediglich das vertragstypische Leistungsversprechen der privaten Pflegeversicherung. Die Überlegungen zur Anwendung der übrigen Normen gelten deshalb für die Pflegeversicherung entsprechend.

Zu beachten sind allerdings die für die private Pflegepflichtversicherung (nicht die private Pflegeergänzungsversicherung) geltenden Sonderregelungen für die Rücktritts- und Kündigungsrechte des Versicherers: Diese sind gem. § 110 Abs. 4 SGB XI vollständig ausgeschlossen, solange der Kontrahierungszwang gem. § 110 SGB XI besteht. Dieser entfällt mit der Beendigung des privaten Krankenversicherungsvertrages, da letzterer die Versicherungspflicht in der privaten Pflegepflichtversicherung gem. § 23 Abs. 1 SGB XI auslöst.

B. Inhaltliche Fragen

I. Abgrenzung Schadenversicherung/Summenversicherung

Der Gesetzgeber bestätigt in § 194 Abs. 1 zunächst den Grundsatz, dass die PKV sowohl als 9 Schaden- als auch als Summenversicherung betrieben werden kann. § 194 Abs. 1 S. 1 erklärt die allgemeinen Vorschriften der Schadenversicherung gem. den §§ 74 ff. weitgehend für anwendbar, „soweit der Versicherungsschutz nach den Grundsätzen der Schadenversicherung gewährt wird." Nötig ist somit zunächst eine Abgrenzung der Schaden- von der Summenversicherung (→ § 1 Rn. 25 ff.).

Die **Schadenversicherung** sieht den konkreten Ausgleich eines eingetretenen Schadens vor, soweit dieser vertraglich gedeckt ist. Verglichen wird die wirtschaftliche Vermögenslage vor und nach dem Eintritt des Schadens. In der PKV zählen zur Schadenversicherung neben der Pflegekostenversicherung insbes. die in § 192 Abs. 1 genannte Krankheitskostenversicherung: § 1 Abs. 1 S. 3 lit. a MB/KK nennt ebenso wie § 1 Abs. 1 S. 1 MB/PPV den „Ersatz von Aufwendungen".

Im Unterschied zur Schadenversicherung zeichnet sich die **Summenversicherung** durch eine abstrakte Bedarfsdeckung aus. Der Versicherer ersetzt bei Eintritt des Versicherungsfalles eine im Vorhinein vertraglich festgelegte pauschale Summe, unabhängig von der Entstehung eines konkreten Schadens. In der PKV zählen hierzu ua die in § 192 Abs. 4 angesprochene Krankenhaustagegeldversicherung und außerdem die Pflegetagegeldversicherung.

10   Auch die in § 192 Abs. 5 geregelte **Krankentagegeldversicherung** ist nach den MB/KT 2009 und den zur Zeit gängigen Tarifen als Summenversicherung ausgestaltet:[2] Die MB/KT sehen im Fall der Arbeitsunfähigkeit ab vereinbartem Leistungsbeginn pauschal die tägliche Zahlung des vorab vereinbarten Betrages vor.

Es steht den Parteien grundsätzlich frei, eine andere Regelung zu vereinbaren: Ihrem Zweck nach ist die Krankentagegeldversicherung eine Verdienstausfallversicherung: Der Versicherer ersetzt gem. § 192 Abs. 5 den als Folge von Krankheit oder Unfall durch Arbeitsunfähigkeit verursachten Verdienstausfall. Dies räumt dem Krankenversicherer die Möglichkeit ein, die Krankentagegeldversicherung als Schadensversicherung zu betreiben.[3] Voraussetzung dafür ist die Abkehr von der abstrakten Bedarfsdeckung hin zur vertraglichen Festlegung des Erstattung eines „konkreten" Verdienstausfallschadens. Hierzu müssten die AVB/KT insbes. eine laufende „Anpassung" der zu erbringenden Versicherungsleistungen an die Schwankungen im Einkommen des Versicherten vorsehen.

11   Die Abgrenzung der Schaden- von der Summenversicherung ist in der privaten Krankenversicherung ua für den gesetzlichen Forderungsübergang anlässlich einer Regressnahme bedeutsam:

Der in § 86 geregelte gesetzliche Übergang von Ersatzansprüchen erfolgt gem. § 194 Abs. 1 S. 1 nur in der Schadensversicherung.[4]

Auch die in § 82 normierte Schadenminderungspflicht des Versicherungsnehmers gilt nur in der Schadensversicherung, § 194 Abs. 1 S. 1. Hiervon zu unterscheiden ist die in § 9 Abs. 4 MB/KT für die Krankentagegeldversicherung enthaltene vertragliche Obliegenheit zur Wiederherstellung der Arbeitsfähigkeit. Diese kann trotz des grundsätzlichen Charakters der Krankentagegeldversicherung als Summenversicherung erhalten bleiben. Der Verweis in § 194 Abs. 1 S. 1 schließt die Aufnahme von Obliegenheiten über Allgemeine Versicherungsbedingungen in der Summenversicherung nicht aus.

Schließlich bezieht sich das in § 200 geregelte Bereicherungsverbot nur auf Krankenversicherungen, die als Schadensversicherung betrieben werden.[5]

II. Über- und Unterversicherung sowie Taxe

12   Wird der Versicherungsschutz nach den Grundsätzen der Schadensversicherung betrieben, findet nach dem Wortlaut des § 194 Abs. 1 S. 1 auch für die private Krankenversicherung die in § 74 enthaltene Regelung zur **Überversicherung** Anwendung. Sowohl der Versicherer als auch der Versicherungsnehmer können demnach die sofortige Herabsetzung der Versicherungssumme und der Prämie verlangen, wenn die Versicherungssumme den Versicherungswert erheblich übersteigt. Schließt der Versicherungsnehmer den Vertrag in der Absicht, sich aus der Überversicherung einen rechtswidrigen Vermögensvorteil zu verschaffen, bleibt es dabei, dass der Vertrag gem. § 74 Abs. 2 nichtig ist. Angesichts des arglistigen Verhaltens des Versicherungsnehmers besteht die Pflicht zur Zahlung der Prämie bis zum Zeitpunkt, zu dem der Versicherer von den Umständen, welche die Nichtigkeit des Vertrags begründen, Kenntnis erlangt. In der Praxis der privaten Krankenversicherung hat diese Bestimmung keine Bedeutung. Da der Umfang der im Krankheitsfall entstehenden Aufwendungen im Vorhinein nicht bestimmbar ist, sehen die Tarife idR keine Entschädigungsgrenze vor. Damit fehlt es an einer Versicherungssumme iSd § 74 Abs. 1. Da eine Über- und Unterversicherung nicht feststellbar ist, ist eine Anpassung weder sinnvoll noch möglich. Dies gilt auch, wenn der Tarif – wie in Ausnahmefällen, zB bei der Erstattung der Kosten für Heil- und Hilfsmittel, denkbar – eine Höchstleistung vorsieht. Anders als in der Sachversicherung fehlt es in der privaten Krankenversicherung an der Möglichkeit, die Versicherungssumme mit dem einzelnen Versicherungsnehmer in beliebiger Höhe zu vereinbaren.

13   Sowohl für die Leistungspraxis als auch für die Produktentwicklung bedeutsamer ist der in § 194 Abs. 1 S. 1 normierte Verweis auf § 76: Demnach kann der **Wert des versicherten Interesses** durch Vereinbarung zwischen Versicherer und Versicherungsnehmer festgelegt werden. Im Schadenfall ist dann diese „Taxe" maßgebend. Dies gilt zunächst hinsichtlich der dort genannten Pflicht des Versicherers, den durch den Eintritt des Versicherungsfalles verursachten Vermögensschaden zu ersetzen. Neben der Beschreibung des in der Schadensversicherung typischen Leistungsversprechens umfasst diese Regelung auch den früheren Gedanken des § 55 VVG aF: Der Versicherer muss dem Versicherungsnehmer nicht mehr als den tatsächlich entstandenen Schaden ersetzen. Dies ist nicht zu verwechseln mit einem allgemeinen versicherungsrechtlichen Bereicherungsverbot, welches im Allge-

---

[2] BGH VersR 2001, 1100 ff. zu MB/KT 1994; OLG Frankfurt a. M. VersR 1989, 1290 f. zu MB/KT 1978.
[3] BGH VersR 2001, 1100 ff.
[4] BGH VersR 2001, 1100 ff.; *Langheid* in Langheid/Rixecker VVG § 86 Rn. 6 f.
[5] Vgl. Gesetzesbegründung zu § 200 BT-Drs. 16/3945, 113.

meinen Teil des VVG nicht vorgesehen ist. Auch die Rspr. erkennt einen solchen generellen Grundsatz nicht mehr an.[6] Die Obergrenze für die Leistungspflicht des Versicherers soll sich vielmehr aus dem jeweils geschlossenen Vertrag ergeben.

Soweit die private Krankenversicherung als Schadenversicherung betrieben wird, ist allerdings die Regelung des § 200 zu beachten: Demnach darf die Erstattung die Gesamtaufwendungen auch dann nicht übersteigen, wenn der Versicherungsnehmer Ansprüche gegen mehrere Erstattungspflichtige hat. Dies bezieht Leistungen auch von anderen Unternehmen als der privaten Krankenversicherung ein. Beispiele sind Zahlungen seitens der gesetzlichen Krankenkassen, der Pflegeversicherung oder der Beihilfe.

In der privaten Krankheitskostenversicherung begrenzen außerdem die MB/KK das vertragliche 14 Leistungsversprechen auf den tatsächlich entstandenen Schaden. § 1 Abs. 1 S. 3 lit. a MB/KK sieht den **Ersatz von „Aufwendungen"** vor. Anders als in der Lebens- und Unfallversicherung gilt hier das Prinzip der konkreten Bedarfsdeckung. Die Leistung des Versicherers wird durch die Höhe des tatsächlichen Schadens bestimmt und begrenzt. Hieraus folgt zugleich, dass der Versicherer nicht zu höheren Leistungen verpflichtet ist als der Patient gegenüber dem Arzt.[7]

Auch ein Preisnachlass des Behandlers gegenüber dem Patienten mindert die Erstattungspflicht des Versicherers entsprechend.[8] Dies jedoch nur, wenn sich der Vorteil tatsächlich auf die konkrete Leistung bezogen realisiert. Erhält der Versicherungsnehmer einen Rabatt oder einen Preisnachlass für künftige Leistungen, so mindert sich die Erstattungspflicht des Versicherers – zumindest bezogen auf die konkrete Leistung – nicht, da der Versicherungsnehmer genau den Preis bezahlt hat, den er von dem Versicherer erstattet verlangt.[9]

§ 5 Abs. 4 MB/KK übernimmt die Regelung des § 200 und spricht generell von einem „Anspruch":

Hat die versicherte Person wegen desselben Versicherungsfalls einen Anspruch gegen mehrere Erstattungsverpflichtete, darf die Gesamterstattung die Gesamtaufwendungen nicht übersteigen.

III. Mehrfachversicherung

Ein aus Sicht des Versicherers erhöhtes objektives Risiko kann bei Abschluss einer weiteren 15 privaten Krankenversicherung bei einem anderen Versicherer entstehen (mehrere Versicherer). In diesem Fall besteht zumindest die Gefahr, dass angefallene Kosten mehrfach zur Erstattung eingereicht werden. Den Versicherungsnehmer trifft deshalb nach § 9 Abs. 5, 6 MB/KK eine diesbezügliche Obliegenheit zur Anzeige. Dies entspricht der gesetzlichen Regelung in § 77, auf den § 194 Abs. 1 S. 1 ebenfalls verweist.

Auch die §§ 78, 79 (Mehrfachversicherung) finden auf die nach den Grundsätzen der Schaden- 16 versicherung betriebene private Krankenversicherung Anwendung, sofern eine Identität des versicherten Interesses besteht.[10] Dies wurde ua bei Bestehen einer Schutzbriefversicherung, welche – ebenso wie der in der privaten Krankenversicherung abgeschlossene Tarif – die Kosten eines medizinisch notwendigen Krankenrücktransports als erstattungsfähig vorsieht, bejaht.[11]

Soweit § 78 Abs. 2 eine Ausgleichspflicht zwischen den Versicherern vorsieht, ist das „Abkommen über den Verzicht von Ausgleichsansprüchen zwischen den beitretenden Mitgliedsunternehmen des Verbandes der Privaten Krankenversicherung eV" zu beachten. Dies wurde angesichts des Umstands geschlossen, dass die empfangenen und gezahlten Ausgleichsleistungen sich weitgehend die Waage halten. Es dient der Senkung der Verwaltungskosten.

Heben sich die **Subsidiaritätsklauseln** von zwei Versicherern gegenseitig auf, kann der Versicherungsnehmer sich wahlweise an jeden der beiden Versicherer wenden. Diese sind im Innenverhältnis sodann gem. § 78 Abs. 2 hälftig zum Ausgleich verpflichtet.[12]

Die den Fall des fehlenden versicherten Interesses regelnde Norm des § 80 hat in der nach Art 17 der Schadenversicherung betriebenen Krankenversicherung kaum Bedeutung. Anders ist die Situation in der Krankentagegeldversicherung, weil eine Verdienstausfallversicherung an den Fortbestand des Einkommens anknüpft. Soweit die Krankentagegeldversicherung allerdings als Summenversicherung betrieben wird (→ Rn. 9), findet § 80 gemäß der ausdrücklichen Regelung des § 194 Abs. 1 S. 1 keine Anwendung.

---

[6] BGH VersR 2001, 749 ff.
[7] OLG Düsseldorf VersR 2007, 937 ff.; OLG Karlsruhe VersR 2007, 679 ff.; OLG Hamm r+s 1999, 429 ff.
[8] OLG Nürnberg VersR 1988, 1262 mAnm *Kalis*.
[9] BGH WRP 2020, 581 ff.
[10] BGH VersR 2014, 452 ff.; OLG Köln r+s 2020, 220 f.
[11] LG München I r+s 1999, 210 f.
[12] BGH VersR 2014, 450 f.

IV. Verschulden und Schadenminderungspflicht

18   Soweit § 194 Abs. 1 S. 1 die Regelung zur Herbeiführung des Versicherungsfalles gem. § 81 von der Verweisung ausnimmt, erklärt sich dies mit der für die PKV geltenden Spezialnorm des § 201 (vgl. die dortige Kommentierung).

19   Zunehmende Bedeutung erlangt die über den Verweis in § 194 Abs. 1 S. 1 auch für die PKV – soweit sie nach den Grundsätzen der Schadenversicherung betrieben wird – in § 82 geregelte **Schadenminderungspflicht.** Demnach muss der Versicherungsnehmer sich bei Eintritt des Versicherungsfalles so verhalten, wie es getan hätte, wenn er nicht versichert wäre.[13] Weisungen des Versicherers sind gem. § 82 Abs. 2 zu befolgen und einzuholen, wenn die Umstände dies gestatten und dies zumutbar ist. Verletzt der Versicherungsnehmer die in § 82 Abs. 1 und Abs. 2 genannten Obliegenheiten vorsätzlich, so ist der Versicherer nicht zur Leistung verpflichtet (§ 82 Abs. 3 S. 1). Im Falle einer grob fahrlässigen Verletzung kann der Versicherer seine Leistungen entsprechend der Schwere des Verschuldens des Versicherungsnehmers kürzen. Der Versicherer bleibt jedoch – sofern keine arglistige Obliegenheitsverletzung vorliegt – zur Leistung verpflichtet, soweit die Verletzung der Obliegenheit weder für die Feststellung des Versicherungsfalls noch für die Feststellung oder den Umfang der Leistungspflicht ursächlich ist (§ 82 Abs. 4). Ergänzend bestimmt § 9 Abs. 4 MB/KK, dass die versicherte Person alle Handlungen zu unterlassen hat, die einer Genesung hinderlich sind. Abhängig von der konkreten Situation kann die Schadenminderungspflicht die Einwilligung in **Durchführung einer einen schnellen Heilungserfolg garantierenden ärztlichen Maßnahme** beinhalten. Voraussetzung ist, dass diese zumutbar, dh idR einfach und gefahrlos ist.[14]

In der täglichen Leistungspraxis weitaus häufiger relevant ist die Schadenminderungspflicht bei **mehreren,** qualitativ gleichwertigen, kostenmäßig jedoch unterschiedlich teuren **Behandlungsformen** oder Medikamenten. Entsprechend dem Zweck des § 82, den Schaden im Interesse der Versichertengemeinschaft soweit wie möglich gering zu halten, ist der Versicherungsnehmer auch zur Berücksichtigung von Kostengesichtspunkten verpflichtet. Für vital nicht lebensnotwendige Maßnahmen hat die Rspr. die Einbeziehung von Kostenaspekten sogar aus Treu und Glauben, § 242 BGB, abgeleitet.[15] Für die private Krankenversicherung ist diese Fallgestaltung nunmehr ausdrücklich in § 192 Abs. 2 angesprochen. Auf die dortige Kommentierung wird verwiesen.

20   Entstehen dem Versicherungsnehmer im Zuge der Schadenminderung Aufwendungen, hat der Versicherer ihm diese gem. § 83 insoweit zu erstatten, als der Versicherungsnehmer sie den Umständen nach **für geboten halten durfte.** Die Regelung hat in der Praxis der privaten Krankenversicherung praktisch keine Bedeutung.[16] Gleiches gilt für § 84 (Sachverständigenverfahren), da die MB/KK die Feststellung des Schadens durch Sachverständige nicht vorsehen. Ebenso fallen auf Seiten des Versicherungsnehmers idR keine Kosten zur Ermittlung des Schadens gem. § 85 an. **Versicherungsfall** ist die medizinisch notwendige Heilbehandlung. Die hierdurch entstandenen Aufwendungen sind in den von den Leistungserbringern erstellten Liquidationen dokumentiert.

V. Gesetzlicher Übergang von Regressforderungen

21   Große wirtschaftliche Bedeutung für die private Krankenversicherung hat der in § 86 geregelte **gesetzliche Forderungsübergang:** Erleidet der Versicherungsnehmer einen Schaden, gegen den er versichert ist, durch die schädigende Handlung eines Dritten, hat er die Wahlmöglichkeit, seinen Schaden entweder vom Schädiger ersetzt zu verlangen oder seinen Versicherer in Anspruch zu nehmen. Angesichts der idR hohen Behandlungskosten entscheidet der Kunde in der privaten Krankenversicherung sich in aller Regel für die zuletzt genannte Variante. In diesem Fall hat der Versicherer die Möglichkeit einer Regressnahme gegen den Schädiger. Der Anspruch auf Schadenersatz seitens des Kunden geht gem. § 86 auf den Versicherer über.

Der Schwerpunkt der Regressbearbeitung liegt in der PKV im Bereich der Verkehrsunfälle. Diese machen mit deutlichem Abstand den größten Teil der angefallenen Schäden aus. Weiterhin zu nennen sind die Verletzung der Verkehrssicherungspflicht sowie vorsätzliche, rechtswidrige Körperverletzungen. Im zuletzt genannten Fall kann der Verletzte gem. § 1 Abs. 1 OEG wegen der gesundheitlichen und wirtschaftlichen Folgen einen Anspruch auf Entschädigung gegen den Staat haben. Ein entsprechender Antrag ist bei dem zuständigen Versorgungsamt zu stellen.

---

[13] *Sauer* in Bach/Moser MB/KK §§ 9, 10 Rn. 2 ff.
[14] BGH NJW 1994, 1592 ff.; LG Stuttgart VersR 1980, 161; zur BUZ-Versicherung OLG Saarbrücken NVersZ 2002, 354 f, kritisch: *Sauer* in Bach/Moser §§ 9, 10 MB/KT Rn. 45.
[15] BGH VersR 2003, 581 (585); 1987, 278; LG Koblenz VersR 2004, 1593.
[16] OLG Karlsruhe VersR 2015, 1281 ff. (keine Kostenerstattung für Rücktransport mit Charterflug).

In vielen Fällen ist der Versicherungsnehmer, zB zwecks Durchsetzung von Schmerzensgeldansprüchen, ebenfalls an einem Tätigwerden gegen den Schädiger interessiert. Er profitiert oft von der Regressnahme des Krankenversicherers, der Einsicht in die Strafakten nehmen und medizinische Gutachten zur Frage der Kausalität erstellen kann. Nicht selten agieren Kunde und Krankenversicherer gemeinsam. 22

Dies gilt auch für den Fall eines möglichen ärztlichen Kunstfehlers: Minimalinvasive Eingriffe setzen sich im operativen Bereich zunehmend durch, sind jedoch mit hohen Risiken verbunden. Werden als Folge des Eingriffs innere Organe verletzt, entstehen rasch Folgekosten in erheblicher Größenordnung. Fehler bei der Anlegung einer Infusion sind in der Praxis eine weitere Ursache für die Prüfung eines Behandlungsfehlers. Nach allgemeinen Grundsätzen hat der Patient das Vorliegen eines ärztlichen Behandlungsfehlers zu beweisen und kann dabei nur ausnahmsweise Beweiserleichterungen nach den von der Rechtsprechung entwickelten Grundsätzen für sich in Anspruch nehmen. Dies ist zB der Fall, wenn ein grober Behandlungsfehler festgestellt ist und dieser zur Herbeiführung des Schadens geeignet ist.[17] Zudem bejaht der BGH eine Umkehr der Beweislast bei einfachem Befunderhebungsfehler, wenn „sich bei der gebotenen Abklärung der Symptome mit hinreichender Wahrscheinlichkeit ein so deutlicher und gravierender Befund ergeben hätte, dass sich dessen Verkennung als fundamental oder die Nichtreaktion hierauf als grob fehlerhaft darstellen würde und dieser Fehler generell geeignet ist, den tatsächlich eingetretenen Gesundheitsschaden zu verursachen".[18]

Ein grober Behandlungsfehler setzt neben einem eindeutigen Verstoß gegen bewährte ärztliche Behandlungsregeln oder gesicherte medizinische Erkenntnisse die Feststellung voraus, dass der Arzt einen Fehler begangen hat, der aus objektiver Sicht nicht mehr verständlich ist, weil er einem Arzt schlechterdings nicht unterlaufen darf.[19] Die Beurteilung ist aus objektiver ärztlicher Sicht vorzunehmen. Auf die subjektive Vorwerfbarkeit des handelnden Arztes kommt es nicht an.[20] Die Feststellung eines groben Behandlungsfehlers erfordert idR die Einholung eines medizinischen Sachverständigengutachtens. Der Tatrichter darf einen groben Behandlungsfehler nicht ohne ausreichende Grundlage in den medizinischen Darlegungen des Sachverständigen bejahen.[21]

Seit Inkrafttreten des „Gesetzes zur Verbesserung der Rechte von Patientinnen und Patienten"[22] im Februar 2013 wird gem. § 630h Abs. 5 BGB bei Vorliegen eines groben Behandlungsfehlers auch die Kausalität zwischen Behandlung und Verletzung vermutet.

§ 86 erfasst seinem Wortlaut nach lediglich den Übergang von Schadensersatzansprüchen. In der Praxis zunehmend von Bedeutung ist darüber hinaus **die Geltendmachung von Rückforderungsansprüchen gegen Ärzte oder Kliniken:** Haben diese Leistungen unrechtmäßig abgerechnet, macht der Versicherer den Erstattungsanspruch als Bereicherungsanspruch gem. § 812 BGB idR selbst geltend. Bereits nach dem VVG aF hatte die Rspr. den gesetzlichen Forderungsübergang gem. § 67 VVG aF auch in diesen Fällen bejaht.[23] Der Gesetzgeber hat dies aufgegriffen und in § 194 Abs. 2 ausdrücklich geregelt, dass sich der gesetzliche Forderungsübergang gemäß § 86 Abs. 1, 2 auch auf Erstattungsansprüche gegen Leistungserbringer erstreckt. Hat der private Krankenversicherer Leistungen an den Versicherungsnehmer ausgezahlt, obwohl der Versicherungsnehmer im Verhältnis zum Leistungserbringer zur Zahlung nicht verpflichtet war, kann der Versicherer diese direkt vom Leistungserbringer zurückverlangen.[24] Gemäß § 86 Abs. 2 ist der Versicherungsnehmer zur Mitwirkung verpflichtet. Verletzt er diese Obliegenheit vorsätzlich, ist der Versicherer gem. § 86 Abs. 2 S. 2 nicht zur Leistung verpflichtet. Sofern die Obliegenheit nach § 86 Abs. 2 S. 1 grob fahrlässig verletzt wird, kann der Versicherer seine Leistung gem. § 86 Abs. 2 S. 3 entsprechend der Schwere des Verschuldens kürzen. 23

Ausdrücklich nicht in § 194 Abs. 2 aufgenommen wurde die Regelung des § 86 Abs. 3, so dass auch gegen mit dem Versicherungsnehmer in häuslicher Gemeinschaft lebende Personen Rückzahlungsansprüche geltend gemacht werden können.

VI. Gefahrerhöhung

§ 194 Abs. 1 S. 2 schließt die Anwendung der Vorschriften zur Gefahrerhöhung gem. den §§ 23–27 auf die PKV aus. Nach Vertragsschluss eintretende Änderungen im Gesundheitszustand 24

---

[17] BGH VersR 1998, 242 f.
[18] BGH VersR 2020, 1052 ff.
[19] BGH VersR 2007, 541.
[20] BGH NJW 2011, 3442 f.; *Hausch* VersR 2002, 671 ff.
[21] BGH VersR 2001, 1115 ff.; 2001, 1030 ff.; 2015, 712 ff.
[22] BGBl. 2013 I 277.
[23] OLG Hamm r+s 2001, 516; AG Berlin-Pankow/Weißensee IVH 2004, 115 f.
[24] OLG Saarbrücken NJW-RR 2012, 1495 ff.

des Versicherten lassen das einmal erteilte Leistungsversprechen ebenso unberührt wie die Höhe der Prämie. Änderungen der Bedingungen oder der Prämie sind nur kollektiv und dann auch nur unter den in § 203 vom Gesetzgeber vorgegebenen Voraussetzungen zulässig.

25   § 194 Abs. 1 S. 2 ist gem. § 208 **halbzwingend**. Von der Regelung darf nicht zum Nachteil des Versicherungsnehmers oder der versicherten Person abgewichen werden. Soweit die MB/KK in § 9 Abs. 5 eine Unterrichtungspflicht für den Fall des **Abschlusses einer weiteren Krankheitskostenversicherung** bei einem anderen Versicherer bzw. in der gesetzlichen Krankenversicherung vorsieht, ist dies allerdings zulässig: Hierbei handelt es sich nicht um eine Gefahrerhöhung iSd §§ 23 ff., sondern um eine vertragliche, separat vereinbarte Obliegenheit iSd § 28. Gleiches gilt für die Regelung in § 9 Abs. 6 MB/KK, wonach eine weitere Krankenhaustagegeldversicherung nur mit Einwilligung des Versicherers abgeschlossen werden darf. In der Kranken*tage*geldversicherung bestehen entsprechende Anzeige- und Genehmigungspflichten im Falle eines Berufswechsels oder bei Neuabschluss bzw. Erhöhung einer anderweitigen Versicherung; vgl. § 9 Abs. 5 und 6 MB/KT. Eine Verletzung der genannten Obliegenheiten kann gemäß den §§ 10 MB/KK bzw. MB/KT unter Berücksichtigung der Vorgaben des § 28 zur teilweisen oder vollständigen Leistungsfreiheit führen bzw. den Versicherer zur Kündigung berechtigen. Wegen der Einzelheiten kann auf die Kommentierung zu § 28 und zu § 192 Abs. 5 verwiesen werden.

26   Die Anwendung des § 29 (Teilrücktritt, Teilkündigung) wird für die private Krankenversicherung gem. § 194 Abs. 1 S. 2 ebenfalls ausgeschlossen. Hat der Versicherer die Kündigung, den Rücktritt oder die Anfechtung auf einzelne Personen oder Tarife beschränkt, sind in der privaten Krankenversicherung die Sonderregelungen der §§ 205 Abs. 5 und 207 Abs. 2 zu beachten: Der Versicherungsnehmer kann die Aufhebung auch des übrigen Teils der Versicherung verlangen. Wird der Vertrag wegen des Todes oder der Kündigung seitens des Versicherungsnehmers beendet, haben die versicherten Personen ein Fortsetzungsrecht. Wegen der Einzelheiten kann auf die dortige Kommentierung verwiesen werden.

VII. Verletzung der vorvertraglichen Anzeigepflicht

27   § 194 Abs. 1 S. 3 beinhaltet für den Fall einer Verletzung der vorvertraglichen Anzeigepflicht eine Sonderregelung für die PKV: Erfolgt die Verletzung nicht schuldhaft, hat dies für den Versicherungsnehmer keine Folgen. Anfechtung und Rücktritt sind ebenso ausgeschlossen wie das Verlangen einer höheren Prämie. Der Gesetzgeber berücksichtigt damit die besondere soziale Bedeutung der privaten Krankenversicherung sowie den Umstand, dass die in der PKV geschlossenen Verträge idR langfristig Bestand haben. § 194 Abs. 1 S. 3 gesteht dem Versicherer im Falle einer nicht zu vertretenden Verletzung der Anzeigepflicht gem. § 19 Abs. 3 zwar grds. wieder (in der v. 1.1. bis 31.12.2008 geltenden Fassung des § 194 war auch die Kündigung nach einer Verletzung der Anzeigepflicht ausgeschlossen) ein Kündigungsrecht zu. Dieses ist jedoch im Falle einer Krankheitskostenversicherung, die eine Pflicht nach § 193 Abs. 3 S. 1 erfüllt, nach dem Wortlaut des § 206 Abs. 1 S. 1 ausgeschlossen. Ob davon auch die außerordentliche Kündigung nach § 314 BGB betroffen ist, hat der BGH 2011 verneint.[25] Zur Frage, unter welchen Voraussetzungen eine Krankheitskostenversicherung, welche die Anforderungen einer **Pflichtversicherung** nach § 193 Abs. 3 S. 1 erfüllt, vom Versicherer außerordentlich gekündigt werden kann, vgl. die Kommentierung zu § 206.

28   Bei **vorsätzlicher oder fahrlässiger Verletzung der Anzeigepflicht** stehen auch dem Krankenversicherer die in den §§ 19 ff. genannten Rechte zu. Ergänzend zur dortigen Kommentierung ist speziell für die PKV noch auf Folgendes hinzuweisen:

Die PKV kennt **grds. keinen Kontrahierungszwang.** Der Versicherer ist zur Annahme eines Antrages nicht verpflichtet (Ausnahmen gelten in der Gruppenversicherung, im Rahmen sogenannter Öffnungsaktionen, zB bei Kürzung der Beihilfeleistungen für Beamte, oder für den Basistarif iSd § 152 VAG). Hieraus resultiert das Recht, Anträge nur unter gleichzeitiger Vereinbarung eines Risikozuschlages oder Leistungsausschlusses anzunehmen. Der Krankenversicherer ist zur Risikoprüfung sogar verpflichtet, da die Beiträge gem. §§ 146 Abs. 1, 160 VAG iVm § 10 KVAV risikogerecht kalkuliert und erhoben werden müssen. Im Interesse der gesamten Versicherungsgemeinschaft muss deshalb eine Überprüfung des zu übernehmenden Risikos erfolgen. Damit muss die Zielsetzung verbunden sein, bei Antragstellung bereits vorhandene Risiken zu erkennen und hieraus die erforderlichen Konsequenzen zu ziehen. Eine sachgerechte Entscheidung über die Frage, ob bzw. in welcher Form ein Antrag angenommen werden kann, erfordert die Kenntnis über bestehende Vorerkrankungen oder sonstige mögliche Risikofaktoren. Diese zu ermitteln, ist der Zweck der im Versicherungsantrag gestellten Gesundheitsfragen. Diese betreffen neben den persönlichen Angaben zum Beruf und dem Bestehen weiteren Krankenversicherungsschutzes meistens stationäre Aufent-

---

[25] BGH VersR 2012, 219; 2012, 304.

halte und durchgeführte ambulante Behandlungen, jeweils in den letzten Jahren vor Stellung des Versicherungsantrages. Darüber hinaus wird nach bestehenden Krankheiten, Beschwerden und körperlichen Leiden gefragt.

Kann der Versicherer die zur Prüfung seiner Leistungspflicht notwendigen Informationen über den Gesundheitszustand des Versicherten mangels Entbindung von der Schweigepflicht nicht einholen, ist der Anspruch auf die Versicherungsleistungen gem. § 14 nicht fällig.[26] Das Interesse des Versicherers, die Erbringung unberechtigter Leistungen zu vermeiden, überwiegt das Interesse des Versicherten an der Geheimhaltung seiner Gesundheitsdaten. Dessen Selbstbestimmungsrecht über die Gesundheitsdaten gem. § 213 ist darauf reduziert, den Informationsfluss zwischen der Auskunft gebenden Stelle und dem Versicherer zu kontrollieren.[27]

Bestand gem. § 16 Abs. 1 S. 1 VVG aF bis zur Annahme des Antrages noch eine unaufgeforderte **Nachmeldepflicht** seitens des Versicherungsnehmers, besteht diese nach der Neufassung in § 19 Abs. 1 S. 2 nur noch im Falle einer ausdrücklichen Nachfrage seitens des Versicherers.[28] 29

Die Annahme einer Verletzung der vorvertraglichen Anzeigepflicht setzt zunächst die Nichtanzeige eines **gefahrerheblichen Umstandes** voraus. Gem. § 19 Abs. 1 S. 1 ist entscheidend, ob der Gefahrumstand für den Entschluss des Versicherers, den Vertrag entweder gar nicht oder aber mit dem vereinbarten Inhalt zu schließen, erheblich ist. Die Bewertung der Erkrankung ist Sache des Versicherers und orientiert sich an seinen Grundsätzen zur Annahmepolitik.[29] Zwar sind Krankheiten oder Beschwerden, von denen fast alle Menschen von Zeit zu Zeit befallen werden, die aber nach der Lebenserfahrung bald und ohne Folgen vorübergehen, für die Risikobeurteilung ohne Bedeutung und damit nicht gefahrerheblich. Dies gilt jedoch nicht einschränkungslos, da nicht nur schwerwiegende Erkrankungen, sondern auch die Häufigkeit ambulanter Behandlungen Aufschluss über den Gesundheitszustand des Versicherungsnehmers geben können.[30] 30

Beispiele gefahrerheblicher Umstände[31] sind wiederholte Diagnosen wegen „leichter Fettleber" und „schlechter Leberwerte",[32] eine ungeklärte, ungewollte Kinderlosigkeit,[33] mehrfache Arbeitsunfähigkeiten wegen Erschöpfungszustandes,[34] Lumbalgie,[35] HWS- und LWS-Beschwerden[36] oder eine HIV-Infektion auch dann, wenn die Krankheit bei Abschluss des Versicherungsvertrages noch nicht ausgebrochen ist.[37] 31

Zunehmende Bedeutung erlangen auch iRd Abschlusses eines privaten Krankenversicherungsvertrages **Genomanalysen:** Die Bio- und Gentechnologie entwickelt sich in rasanter Weise fort. Das menschliche Genom ist weitgehend entschlüsselt. Schon heute sind viele genetische Defekte bekannt, welche die Ursache für Krankheiten sind. Es ist zu erwarten, dass die Verbindung zwischen genetischen Mutationen und Erkrankungen kurzfristig erforscht sein wird. Damit sind „latent vorhandene" Erkrankungen feststellbar. Zugleich wird die Durchführung der Gentests immer einfacher. Bereits eine geringfügige Speichelentnahme reicht zur Untersuchung aus. Es ist deshalb zu erwarten, dass eine zunehmend große Zahl von Personen freiwillig Gentests durchführen lässt. Dieser Personenkreis verfügt damit über einen Wissensstand hinsichtlich des persönlichen Gesundheitsbildes, der sowohl seiner Art als auch seinem Umfang nach bislang nicht möglich war. 32

Lange Zeit war es deshalb fraglich, ob der Versicherer nach der Durchführung genetischer Untersuchungen fragen und hieraus erlangte Erkenntnisse im Rahmen der Risikoprüfung verwerten darf: Das Wesen des Versicherungsvertrages ist die Übernahme bestimmter Leistungen gegen Entgelt für den Fall des Eintritts „eines ungewissen Ereignisses".[38] Der Eintritt des Versicherungsfalles muss bei Vertragsabschluss unvorhersehbar sein. Auf diesem Grundprinzip baut auch die Beitragskalkulation in der privaten Krankenversicherung auf: Maßgeblich ist die Gleichwertigkeit von Versicherungsleistungen und Versicherungsbeiträgen. Diese werden (§ 146 VAG und § 10 KVAV) risikoge-

---

[26] BGH NJW 2017, 1391 ff.
[27] KG VersR 2014, 1191 f.
[28] BGH VersR 1968, 293; *Langheid* in Langheid/Rixecker VVG § 19 Rn. 21.
[29] BGH VersR 2000, 1486 ff.; OLG Frankfurt a. M. VersR 2002, 559 f.; OLG Saarbrücken VersR 1994, 847 ff.; LG Osnabrück r+s 2003, 375 f.
[30] OLG Stuttgart VersR 1979, 859 (860); OLG Karlsruhe r+s 1996, 503 f.; LG Berlin VersR 2004, 1303 ff.; LG Aachen VersR 1991, 52 ff.
[31] Vgl. die vielfältigen Beispiele für gefahrerhebliche und nicht gefahrerhebliche Umstände bei *Sauer* in Bach/Moser Nach MB/KK § 2 Rn. 78 ff.
[32] OLG Düsseldorf r+s 2003, 205 ff.
[33] OLG Karlsruhe VersR 2004, 186 f.
[34] OLG Stuttgart r+s 2004, 294 f.
[35] OLG Hamburg VersR 1988, 396 f.
[36] OLG Köln r+s 1990, 65.
[37] BGH VersR 1991, 816 ff.
[38] BVerwG VersR 1987, 701 ff.

recht nach Wagnisgruppen kalkuliert. Da das Versicherungsunternehmen gute und schlechte Risiken mangels Kenntnis der genannten Informationen nicht unterscheiden kann, erhalten sowohl die Kunden, welche über Detailinformationen zu ihrem Krankheitsbild verfügen (dies bei Antragstellung jedoch verschweigen), als auch die übrigen, gesunden Antragsteller Versicherungsschutz zu der gleichen (Durchschnitts-)Prämie. Kann der Versicherer Vorerkrankungen bei Personen, die sich einem Gentest unterzogen haben, nicht berücksichtigen, käme es zu einer vom Gesetzgeber nicht gewollten Antiselektion.

Seit Inkrafttreten des **GenDG** im Februar 2010 ist die Streitfrage entschieden: § 18 Abs. 1 GenDG untersagt dem Versicherer die Verwertung der Ergebnisse und Daten eines **prädiktiven Gentests**. Der prädiktive Gentest dient dazu, *vor* dem Auftreten krankheitszugehöriger Beschwerden Aussagen zur Wahrscheinlichkeit des zukünftigen Auftretens einer Krankheit zu machen (zB hinsichtlich des genetischen Brust- oder Darmkrebs-Risikos). Solche Ergebnisse dürfen vom Versicherer weder angefordert noch verwendet werden. Andererseits muss der Versicherer die Kosten für einen prädiktiven Gentest bei einem gesunden Versicherten aber auch nicht erstatten.[39] Diese Rechtslage entspricht der schon vor dem Inkrafttreten des Gendiagnostikgesetzes abgegebenen Selbstverpflichtungserklärung der PKV. An der gelebten Praxis im Umgang hat sich nichts geändert.

Anders zu beurteilen sind die im Rahmen eines **diagnostischen Gentests** erzielten Erkenntnisse: Eine auf diesem Weg bereits manifestierte Erkrankung muss angegeben werden. Gem. § 18 Abs. 2 GenDG sind Vorerkrankungen und Erkrankungen dem Versicherer im Rahmen der Risikoprüfung anzuzeigen. Auf die gesetzlichen Regelungen zur Anzeigepflicht wird ausdrücklich verwiesen. Deren Berücksichtigung im Rahmen der Risikoprüfung verstößt auch nicht gegen den Zweck der genannten Regelungen des GenDG. Dieser besteht darin, den Zugang zu den privaten Kranken- und Lebensversicherungen im Hinblick auf genetische *Eigenschaften* nicht zu erschweren oder zu verweigern. Unberührt hiervon bleibt das Recht des Versicherers, im Rahmen einer adäquaten Risikoprüfung bestehende *Vorerkrankungen* zu berücksichtigen. Durch einen diagnostischen Gentest erlangte Anzeichen für eine Krankheit sind anzugeben.[40]

33 Neben Erkrankungen gehören zu den anzeigepflichtigen Gefahrumständen auch die **Angaben zur beruflichen Tätigkeit**,[41] in der Krankentagegeldversicherung zur Höhe des **Nettoeinkommens**[42] sowie zum Bestehen bzw. der Beantragung anderweitiger **gleichartiger Versicherungsverträge**.[43] Diesen Fällen gemeinsam ist die Erhöhung des subjektiven Risikos.

34 Die Rechtsfolgen einer **Verletzung der vorvertraglichen Anzeigepflicht** hängen ua von dem Grad des Verschuldens ab: Sofern die Verletzung der Anzeigepflicht vorsätzlich erfolgte, darf der Rücktritt vom Versicherungsvertrag uneingeschränkt erklärt werden. In diesem Fall kann es dem Versicherer nicht zugemutet werden, an einem Vertrag mit einem Versicherungsnehmer festgehalten zu werden, der seine Pflicht, die für den Versicherer erheblichen Umstände anzuzeigen, vorsätzlich verletzt hat. Bei grob fahrlässiger Anzeigepflichtverletzung ist ein Rücktritt nur dann möglich, wenn der Versicherer den Vertrag bei Kenntnis der verschwiegenen Umstände abgelehnt hätte, § 19 Abs. 4. Mit Urteil v. 27.4.2016 hat der BGH die bis dahin in Literatur und Rechtsprechung unterschiedlich beurteilte Frage entschieden, dass das Rücktrittsrecht bei grob fahrlässiger Verletzung vorvertraglicher Anzeigepflichten auch nicht infolge des Kontrahierungszwangs des Versicherers zum Abschluss einer Versicherung im Basistarif ausgeschlossen ist.[44] Bei einfacher Fahrlässigkeit besteht gem. § 19 Abs. 3 S. 2 ein Kündigungsrecht für die Zukunft. Auch dies setzt allerdings voraus, dass der Versicherer den Vertrag bei Kenntnis der verschwiegenen Umstände nicht angenommen hätte. Anderenfalls werden die Bedingungen, zu denen der Vertrag geschlossen hätte (in der PKV meistens mit Risikozuschlag, seltener mit Leistungsausschluss) auf Verlangen des Versicherers gem. § 19 Abs. 4 S. 2 rückwirkend Vertragsbestandteil.

Gem. § 194 Abs. 1 S. 3 entfällt das Anpassungsrecht, wenn der Versicherungsnehmer die Anzeigepflichtverletzung nicht zu vertreten hat. Schuldhaft handelt auch, wer ein Antragsformular blanko unterschreibt und dem Antragsvermittler zur Ausfüllung überlässt.[45]

Gem. § 19 Abs. 5 muss der Versicherer den Versicherungsnehmer auf die Folgen einer Verletzung der vorvertraglichen Anzeigepflicht **vorab hinweisen**. Dem Versicherungsnehmer soll damit eindringlich vor Augen geführt werden, welche Bedeutung die vollständige und wahrheitsgemäße

---

[39] LG Stuttgart NJW 2013, 1543 ff.
[40] OLG Saarbrücken VersR 2012, 557 ff.
[41] OLG Hamm VersR 1982, 85; OLG Karlsruhe VersR 1979, 153.
[42] OLG Hamm VersR 1986, 864.
[43] OLG Hamm r+s 1992, 361; VersR 1981, 953; OLG Saarbrücken VersR 1987, 98.
[44] BGH VersR 2016, 780 ff.
[45] OLG Düsseldorf r+s 1999, 356 ff.; OLG Frankfurt a. M. r+s 1991, 430 f.; KG VersR 1983, 381; OLG Hamburg VersR 1979, 1122 (1123); OLG Hamm VersR 1973, 834 (836).

Beantwortung der Fragen hat. Sofern die Belehrung nicht in einem gesonderten Dokument erfolgt, muss diese drucktechnisch so gestaltet sein, dass sie sich deutlich vom übrigen Text abhebt und vom Versicherungsnehmer nicht übersehen werden kann.[46] Eine Platzierung der genannten Hinweise auf der letzten Seite des Antragsformulars, mehrere Seiten nach der Unterschrift kann leicht übersehen werden. Sie reicht deshalb nicht aus und kann zum Verlust des Rücktrittsrechts des Versicherers führen.[47]

Hat der Versicherungsnehmer seine vorvertragliche Anzeigepflicht **arglistig** verletzt, kann der Versicherer den Vertrag auch dann beenden, wenn er den Versicherungsnehmer im Vorfeld *nicht* auf die Folgen einer Verletzung der Anzeigepflicht hingewiesen hatte: Der arglistig handelnde Versicherungsnehmer ist grds. weniger schutzbedürftig. Zudem sieht § 22 VVG iVm § 123 BGB für die Anfechtung wegen arglistiger Täuschung eine solche Belehrungspflicht nicht vor.[48]

In der Regel (Ausnahme ua bei Beamten) erfasst der Rücktritt vom Krankenversicherungsvertrag auch die Pflegeversicherung.[49] Dies folgt aus dem in den §§ 23 Abs. 1 und 110 Abs. 4 SGB XI festgelegten Grundsatz „Pflege folgt Kranken". Demnach ist der Kontrahierungszwang in der privaten Pflegepflichtversicherung von dem Fortbestand der privaten Krankenversicherung (mit Anspruch auf allgemeine Krankenhausleistungen) abhängig.

Das Recht des Versicherers, den Vertrag gem. § 22 wegen arglistiger Täuschung über Gefahrumstände nach § 123 BGB anzufechten, gilt auch für die private Krankenversicherung. § 194 Abs. 1 S. 2 schließt die Anwendung dieser Norm nicht aus.

Aus Sicht des Versicherers kann der Nachweis der Arglist problematisch sein. Indizien für Arglist können zB sein:
– die Art und Schwere der Erkrankungen. Verschweigt der Versicherungsnehmer schwere oder erkennbare chronische Erkrankungen oder regelmäßige Behandlungen, so ist der Indizbeweis idR als geführt anzusehen.[50]
– das Verschweigen einer Vielzahl von stationären und ambulanten Behandlungen oder die Angabe lang zurückliegender Leiden, während aktuelle oder kurz vor Antragstellung behandelte Erkrankungen verschwiegen werden.[51]
– das Verschweigen stationärer Aufenthalte, obwohl bereits früher Anträge des Versicherungsnehmers abgelehnt oder nur unter erschwerten Bedingungen angenommen wurden, ebenso wie falsche Angaben über Vorversicherungen.[52]

Die Wirkung der Anfechtung richtet sich nach § 142 BGB: Der Vertrag ist von Anfang an unwirksam. Die beiderseitigen Leistungen sind zurückzuerstatten. Die Prämie kann der Versicherer gem. § 39 Abs. 1 allerdings bis zum Wirksamwerden der Erklärung behalten.

Das Recht des Versicherers zum Rücktritt oder der rückwirkenden Vertragsanpassung erlischt in der PKV gem. § 194 Abs. 1 S. 4 abw. von § 21 Abs. 3 S. 1 drei Jahre nach Vertragsschluss. Dieser erfolgt nach § 2 Abs. 1 S. 1 MB/KK bzw. MB/KT mit Zugang des Versicherungsscheines oder mittels schriftlicher Annahmeerklärung. Bei arglistiger Verletzung der vorvertraglichen Anzeigepflicht bleibt es auch in der PKV bei der längeren Frist des § 21 Abs. 3 S. 2 von zehn Jahren.

Ist der Versicherungsfall vor Abschluss des Versicherungsvertrages eingetreten, kann die Leistungsfreiheit sich unabhängig von dem erklärten Rücktritt auch aus § 2 Abs. 1 MB/KK ergeben: Demnach besteht kein Anspruch auf Versicherungsleistungen für Versicherungsfälle, die vor Beginn des Versicherungsschutzes eingetreten sind (Ausnahmen gelten für Neugeborene und Adoptierte, § 2 Abs. 2, 3 MB/KK). Da es sich bei der angesprochenen Regelung um eine objektive Risikobegrenzung handelt, greift dieser Leistungsausschluss unabhängig von der Frage des Verschuldens bei der Verletzung der vorvertraglichen Anzeigepflicht ein. Der Versicherungsfall beginnt mit der ersten Untersuchung zur Erkennung des Leidens. Dabei ist unerheblich, ob bereits eine endgültige oder richtige Diagnose gestellt oder mit der eigentlichen Heilmaßnahme begonnen worden ist.[53]

VIII. Gesetzlicher Übergang von Rückforderungsansprüchen gegen Leistungserbringer (Abs. 2)

§ 194 Abs. 2 regelt den Übergang von Rückforderungsansprüchen gegen Leistungserbringer auf den Versicherer. Schon der Ombudsmann der PKV hatte die Forderung erhoben, gebührenrechtliche

---

[46] BGH VersR 2013, 297 ff.
[47] OLG Stuttgart r+s 2014, 86 ff.; VersR 2014, 985 f.
[48] BGH VersR 2014, 565 ff.
[49] KG r+s 2000, 122 (124).
[50] OLG Oldenburg VersR 2017, 803 ff; OLG Köln VersR 2013, 487; OLG Koblenz VersR 2013, 1113; KG VersR 1985, 331 (332).
[51] LG Arnsberg VersR 1985, 232 (233); LG Berlin VersR 1979, 1145 (1146).
[52] OLG Koblenz VersR 81, 31; LG Ellwangen VersR 1982, 1162 (1163); LG Köln VersR 1980, 1141.
[53] OLG Köln VersR 2014, 1200 f.

Streitigkeiten möglichst ohne Beteiligung der Patienten zu klären. Haben einzelne Ärzte oder Kliniken ihre Leistungen unrechtmäßig abgerechnet, steht dem Patienten bzw. Versicherten gegen diese ein Bereicherungsanspruch gem. § 812 BGB zu. In der Praxis aufgedeckt werden die Fehler in der Liquidation in aller Regel jedoch nicht vom Versicherten, sondern seitens des Versicherers. Im Interesse seiner Kunden macht dieser den Rückforderungsanspruch oft selbst geltend. Bereits in der Vergangenheit wurde deshalb die Frage diskutiert, ob auf diese Fälle der primär auf die Regressbearbeitung zugeschnittene § 67 VVG aF zur Anwendung gelange oder nicht. Die Rspr. hatte dies bejaht.[54] Dem stand die Formulierung in § 67 Abs. 1 VVG aF entgegen, der von einem „Schadensersatzanspruch" und nicht von einem Anspruch auf Rückforderung sprach. Auch die heutige Regelung in § 86 klärt die Anwendbarkeit auf Rückforderungsansprüche nicht eindeutig, da dort „Ersatzansprüche" genannt werden. Der Gesetzgeber hat deshalb für die private Krankenversicherung mit § 194 Abs. 2 eine Vorschrift geschaffen, mit der der gesetzliche Forderungsübergang von Erstattungsansprüchen gegen Leistungserbringer auf den Versicherer unmissverständlich vorgesehen ist. Dies geschieht mittels einer Verweisung auf § 86 Abs. 1 und 2. Damit sind auch entsprechende Abtretungserklärungen seitens der Versicherungsnehmer entbehrlich.

40 Der Versicherer leistet nach zutreffender Ansicht auch dann „auf Grund des Versicherungsvertrages" an den Versicherten, wenn er im Bewusstsein gehandelt hat, versicherungsvertraglich nicht zur Leistung verpflichtet gewesen zu sein, sofern die Leistung erfolgte, um den Heilungserfolg des Versicherungsnehmers herbeizuführen.[55]

41 Gem. § 194 Abs. 2 iVm § 86 Abs. 1 S. 2 darf der Übergang **nicht zum Nachteil des Versicherungsnehmers** geltend gemacht werden. § 86 Abs. 1 S. 2 soll den im typischen Regressbereich nicht selten vorkommenden Fall regeln, dass der Schadensersatzanspruch der Höhe nach nicht ausreicht, um sowohl den Schaden des Versicherungsnehmers als auch denjenigen des Versicherers zu decken. Bei der **Rückforderung** von zu Unrecht gezahlten Vergütungen kann eine vergleichbare Situation insbes. im Rahmen von Vergleichsverhandlungen zwischen Versicherer und Leistungserbringer entstehen: Verpflichtet sich der Behandler, zum Ausgleich aller Ansprüche einen bestimmten Betrag an den Versicherer zu erstatten, muss sichergestellt sein, dass evtl. bestehende weitergehende Forderungen des Versicherten (Patienten) aus demselben Behandlungsfall hiervon unberührt bleiben.

42 Der in § 194 Abs. 2 enthaltene Verweis auf § 86 Abs. 2 stellt klar, dass der Versicherungsnehmer den Versicherer bei der Durchsetzung des Rückforderungsanspruches zu unterstützen hat. Ihn trifft – soweit erforderlich – eine **aktive Mitwirkungspflicht**. In der privaten Krankenversicherung kann hierzu neben der Erteilung von Auskünften an den Versicherer (zB zur Art und dem Umfang der tatsächlich erbrachten Leistungen) auch die Erklärung der Einwilligung in die Einsichtnahme und Verwertung von Gesundheitsdaten zählen: Ohne deren Kenntnis ist dem Versicherer eine sachgerechte Prüfung des Bestehens des Vergütungsanspruches nicht möglich.[56] Dieser Mitwirkungspflicht des Versicherungsnehmers entspricht die Verpflichtung des Behandlers, dem Patienten die vom dem Versicherer zur Prüfung seiner Leistungspflicht benötigten Angaben zu machen und die erforderlichen Unterlagen in Kopie zur Verfügung zu stellen.[57] Der Versicherungsnehmer kann diesen Anspruch an seinen Versicherer abtreten bzw. im Wege einer Auskunftsermächtigung dienstbar machen.[58] § 630g BGB räumt den ursprünglich von der Rspr. entwickelten Anspruch des Patienten auf Einsichtnahme in die Patientenakte jetzt auch kraft Gesetzes ein.

Verletzt der Versicherungsnehmer die genannte Obliegenheit zur Mitwirkung vorsätzlich, ist der Versicherer gem. § 86 Abs. 2 S. 2 von seiner Verpflichtung zur Leistung bei entsprechender Kausalität frei. Bei grob fahrlässiger Obliegenheitsverletzung kann er seine Leistung entsprechend der Schwere des Verschuldens kürzen, § 86 Abs. 2 S. 2.

43 § 194 Abs. 2 beinhaltet keinen Verweis auf § 86 Abs. 3: Der dort vorgesehene Schutz des mit dem Versicherten in häuslicher Gemeinschaft lebenden Dritten ist deshalb nicht auf den Fall zu übertragen, dass diese Person mit dem Versicherten einen Behandlungsvertrag abgeschlossen hat. Dies ist vom Gesetzgeber ausdrücklich so beabsichtigt.[59]

IX. Anspruchsberechtigung (Abs. 3)

44 § 194 Abs. 3 regelt die Frage der Anspruchsberechtigung aus dem Versicherungsvertrag. Die Regelung ist in Zusammenhang mit § 193 zu sehen, wonach die Krankenversicherung auch auf jemand anderen genommen werden kann.

---

[54] OLG Hamm r+s 2001, 516; AG Berlin-Pankow/Weißensee IVH 2004, 115 f.
[55] OLG Saarbrücken VersR 2013, 223 ff.
[56] OLG Koblenz VersR 2000, 1404 ff.; OLG Nürnberg r+s 1995, 30 ff.; LG Mainz VersR 2004, 502.
[57] BVerfG MedR 1999, 180 f.; BGH NJW 1983, 328 ff.; VersR 1985, 1171 f.
[58] BGH NJW 1983, 2627 ff.
[59] BT-Drs. 16/3945, 111.

Der Versicherungsnehmer kann die private Krankenversicherung gem. § 193 Abs. 1 **auf seine oder die Person eines anderen** nehmen. Diese unterschiedliche, letztlich nur in jedem Einzelfall abschließend zu entscheidende Interessenlage spiegelt sich in dem Meinungsstreit über die Geltung der Regelungen über die Versicherung für fremde Rechnung in der Vergangenheit wider: Vor erstmaliger Aufnahme der Normen zur privaten Krankenversicherung in das VVG wurden sie entsprechend ihrem Standort im Allgemeinen Teil des VVG grds. auch auf die PKV angewendet. Demgegenüber verwies der im Jahre 1994 in das Gesetz aufgenommene § 178a VVG aF für die den Versicherungsschutz nach Art der Schadensversicherung gewährende Krankenversicherung zwar auf die §§ 49–51, 55–60, 62–68a VVG aF, jedoch nicht auf die §§ 74 ff. VVG aF, welche die Versicherung für fremde Rechnung regeln. In der Begründung der Bundesregierung hierzu hieß es damals: „Auch die Bestimmungen über die Versicherung für fremde Rechnung [...] finden auf die Personenversicherung keine Anwendung und sind daher ebenfalls von der entsprechenden Anwendung auszunehmen."[60]

Ungeachtet dieses Hinweises wurde die Übertragbarkeit der §§ 74 ff. VVG aF auf die private **45** Krankenversicherung zunächst noch kontrovers diskutiert: Insbesondere in den Fällen, in denen der Versicherungsnehmer als eigentlicher Vertragspartner des Versicherers zur Begleichung der Behandlungskosten unterhaltsrechtlich nicht verpflichtet oder die versicherte Person selbst erwerbstätig war, wurde teilweise ein eigenständiger Anspruch der versicherten Person bejaht.[61] Überwiegend hat die Rspr.[62] die Geltung der Regelungen demgegenüber zunehmend verneint. Für diese Ansicht sprachen der vorgenannte fehlende Verweis in § 178a VVG aF und die ebenfalls bereits erwähnte Absicht des Versicherungsnehmers, mit dem Abschluss einer privaten Krankenversicherung für Dritte gegen idR aus der eigenen Unterhaltspflicht folgende Aufwendungen versichert zu sein. Außerdem kann eine befreiende Leistung an den Versicherten, der die Rechnung einreicht, dem Interesse des Versicherungsnehmers auch dadurch zuwiderlaufen, dass auf Grund der Einreichung der Belege durch die versicherte Person der sonst bestehende Anspruch des Versicherungsnehmers auf Beitragsrückerstattung vernichtet wird.[63] Um Doppelzahlungen zu vermeiden bzw. eine befreiende Zahlung sicherzustellen, musste der Versicherer in jedem Einzelfall die Vorlage des Versicherungsscheins oder die Zustimmung des Versicherten bzw. des Versicherungsnehmers einholen. Dies führte angesichts des Massengeschäftes in der privaten Krankenversicherung zu einer Erhöhung der Verwaltungskosten und einer für den Zahlungsempfänger nachteiligen Verzögerung bei der Auszahlung der Versicherungsleistungen.

Mit Urteil v. 8.2.2006 hatte der BGH[64] erstmals bestätigt, dass die §§ 74–80 ff. VVG aF (Versicherung für fremde Rechnung) auf die private Krankheitskostenversicherung grds. keine Anwendung finden. Unabhängig hiervon kann nach dem BGH aber ein echter Vertrag zugunsten Dritter vorliegen: Immer dann, wenn ausschließlich oder neben dem Eigeninteresse des Versicherungsnehmers auch das eigene Interesse der versicherten Person vor krankheitsbedingten Einbußen geschützt werden soll, kann dieser in der Krankheitskostenversicherung gem. § 335 BGB ein eigener Anspruch zustehen. Der mitversicherte Ehepartner kann deshalb eine ihn betreffende Versicherungsleistung grds. in eigenem Namen geltend machen. Dies schließt die Berechtigung ein, den Fortbestand des Versicherungsverhältnisses als grundlegende Anspruchsvoraussetzung gerichtlich feststellen zu lassen.[65]

Zugleich hat der BGH festgestellt, dass diese – aus § 178a VVG aF abzuleitende – Regelung dispositiv ist. Sie kann deshalb durch anderweitige Vereinbarung bei Vertragsabschluss abbedungen werden. Differenzen zur Frage, wessen Interesse im konkreten Fall versichert werden sollte, waren damit nicht ausgeräumt.

Mit der Neuregelung in § 194 Abs. 3 bereitete der Gesetzgeber diesem Meinungsstreit deshalb **46** aus gutem Grund ein Ende: Auszugehen ist zunächst von dem in § 194 Abs. 3 festgelegten **Grundsatz, dass nur der Versicherungsnehmer selbst die Versicherungsleistung verlangen** kann. Dieser hat jedoch die Möglichkeit, die versicherte Person dem Versicherer gegenüber in Textform (vgl. § 126b BGB) als Empfangsberechtigten zu benennen. Ohne den Versicherungsschein vorlegen zu müssen, ist damit eine eindeutige Regelung gegeben: Bei Benennung durch den Versicherungsnehmer nur die versicherte Person und ohne Benennung nur der Versicherungsnehmer. Die **Benennung** kann widerruflich oder unwiderruflich erfolgen. Wurde über das Vermögen des Versi-

---

[60] BT-Drs. 12/6959, 104.
[61] *Pannenbecker* VersR 1998, 1322 ff.; OLG Koblenz VersR 2005, 491 ff.
[62] Ua OLG Koblenz r+s 2004, 510 f.; LG München r+s 1991, 139; LG Köln VersR 1994, 464; AG Berlin-Schöneberg r+s 2001, 39; AG Stuttgart VersR 1983, 746.
[63] Vgl. den Abschlussbericht der Expertenkommission unter Ziff. 1.3.2.4.5.2.2, S. 167 f.
[64] BGH VersR 2006, 686 ff.
[65] BGH VersR 2008, 64.

cherungsnehmers das **Insolvenzverfahren** eröffnet, ist zu beachten, dass Ansprüche des Versicherungsnehmers aus der privaten Krankheitskostenversicherung dem Pfändungsschutz des § 850b Abs. 1 Nr. 4 ZPO unterliegen. Damit werden Leistungen aus einem solchen Versicherungsvertrag auch nicht vom Insolvenzbeschlag erfasst. Der Insolvenzverwalter hat kein Recht, die Erfüllung des Vertrages gem. § 103 InsO abzulehnen.[66] Ansprüche des Versicherers auf Zahlung rückständiger Versicherungsprämien sind hingegen nicht insolvenzfrei.[67]

47   Bei **mehreren Versicherten** entscheidet ausschließlich der Versicherungsnehmer darüber, welche Person den Anspruch geltend machen darf. Dies ist sachgerecht, weil der Versicherungsnehmer Vertragspartner des Versicherers ist und ihn im Verhältnis zum Versicherer grds. keine Pflicht trifft, jemand Drittes zu benennen. Streitigkeiten zwischen den versicherten Personen und dem Versicherungsnehmer über die Berechtigung zur Geltendmachung von Ansprüchen aus dem Krankenversicherungsvertrag bleiben wie schon in der Vergangenheit der Klärung untereinander vorbehalten. Die Befugnis, die versicherte Person als **Empfangsberechtigten** zu benennen, beinhaltet auch das Recht, mehrere Personen anzugeben. Das Ziel des Gesetzes, Streitigkeiten in der Leistungsabrechnung zu vermeiden, verbietet es jedoch, mehrere **Anspruchsberechtigte** für denselben Vertragsbestandteil zu benennen. Zulässig ist lediglich, unterschiedliche Versicherte für unterschiedliche Vertragsbestandteile, dh Unternummern, zu berechtigen. Sinnvoll kann bspw. die Empfangsberechtigung des versicherten Ehepartners und zeitgleich des volljährigen Kindes für Leistungen der jeweils sie betreffenden Krankheitskostenversicherung sein.

48   Die vorstehenden Ausführungen gelten gleichermaßen für die **PPV:** Anders als in der sozialen Pflegeversicherung, in welcher der im Rahmen der Familienversicherung versicherte Ehegatte und die Kinder gem. § 25 SGB XI, § 10 SGB V bei Eintritt des Versicherungsfalles einen eigenen Leistungsanspruch haben,[68] wurde dies für die PPV in der Vergangenheit verneint. Anspruchsberechtigt war ausschließlich der Versicherungsnehmer als Vertragspartner des Versicherers.[69] Da § 194 für die private Krankenversicherung insgesamt, dh einschließlich der in § 192 Abs. 6 genannten Pflegekrankenversicherung, gilt, kann der Versicherungsnehmer den einzelnen Versicherten als Empfangsberechtigten der Versicherungsleistung auch hinsichtlich der Ansprüche aus der Pflegeversicherung benennen. Angesichts der mit dem Eintritt der Pflegebedürftigkeit nicht selten verbundenen Beeinträchtigung der Geschäftsfähigkeit ist dem Versicherungsnehmer anzuraten, die Benennung jedenfalls **nicht unwiderruflich** vorzunehmen.

49   Besonderheiten gelten in der **Gruppenversicherung:** Versicherungsnehmer ist hier die „Gruppenspitze". Dies kann ein Verband, eine Körperschaft oder ein Verein ebenso sein wie ein Arbeitgeber. Bekanntes Beispiel sind die Gruppenversicherungsverträge mit den Anwaltskammern. Die einzelnen Personen oder Mitglieder der gruppenversicherungsfähigen Verbände bzw. Vereinigungen sind die „Versicherten". Anders als in der Einzelversicherung räumen der zwischen dem Versicherer und der Gruppenspitze abgeschlossene Rahmenvertrag und die diesem zugrunde liegenden AVB der Gruppenversicherung diesen „Versicherten" idR einen eigenen, einklagbaren Anspruch auf die Versicherungsleistungen ein. Ebenso sind diese für den Zugang sie unmittelbar betreffender Willenserklärungen empfangsberechtigt.[70] Die oben bereits Abgrenzung bleibt in der Gruppenversicherung bedeutsam für das Verhältnis versicherte Person − *mitversicherte* Person (idR Ehegatten und Kinder der Versicherten).

Ein **minderjähriges, nur mitversichertes Kind** ist selbst nicht aktivlegitimiert.[71] Dies gilt auch bei Abschluss eines Gruppenversicherungsvertrages.

50   Die **Beweislast** für die Richtigkeit der Aussage, den Anspruch selbst geltend machen zu dürfen, trägt nach den allgemeinen Grundsätzen derjenige, der die Versicherungsleistung verlangt. Wer eine Rechtsfolge für sich in Anspruch nimmt, hat die entsprechenden Tatsachen zu beweisen. Kann der Versicherte keinen Nachweis darüber beibringen, dass er als Anspruchsberechtigter benannt wurde, bleibt es bei dem in § 194 Abs. 3 S. 2 festgelegten Grundsatz, dass nur der Versicherungsnehmer selbst die Versicherungsleistung verlangen darf. Hat der Versicherungsnehmer die versicherte Person dagegen, wenn auch nur widerruflich, als Empfangsberechtigten benannt, muss nunmehr er umgekehrt nachweisen, dass er von dieser Befugnis zum Widerruf tatsächlich Gebrauch gemacht hat. Anderenfalls greift zugunsten der versicherten Person die einmal erteilte Fiktion zur Anspruchsberechtigung. Der Versicherungsnehmer macht nunmehr einen rechtsvernichtenden Umstand geltend.

---

[66] BGH VersR 2014, 452 ff.
[67] BGH VersR 2016, 998 f.
[68] Vgl. BT-Drs. 11/2237, 161.
[69] BSG NZS 2001, 147 ff.
[70] OLG München VersR 1995, 902.
[71] OLG Saarbrücken VersR 2011, 614.

Die **Musterbedingungen** des Verbandes der Privaten Krankenversicherung eV hatten die Frage 51
der Anspruchsberechtigung lange Zeit selbst nicht geregelt. Stattdessen sahen die MB/KK 1994 in § 6
Abs. 3 ein **Recht** des Versicherers vor, „an den Überbringer oder Übersender von ordnungsgemäßen
Nachweisen zu leisten" (sog. Überbringer-Klausel). Mit dieser verfolgten die Krankenversicherer in
der Vergangenheit ua den Zweck, das Bestehen der Anspruchsberechtigung nicht in jedem Einzelfall
prüfen zu müssen.

Mit der dargestellten Aufnahme der detaillierten Regelung des § 194 Abs. 3 in das Gesetz
wurden die Musterbedingungen entsprechend angepasst. § 6 Abs. 3 lautet nun:

Der Versicherer ist verpflichtet, an die versicherte Person zu leisten, wenn der Versicherungsnehmer
ihm diese in Textform als Empfangsberechtigte für deren Versicherungsleistungen benannt hat. Liegt
diese Voraussetzung nicht vor, kann nur der Versicherungsnehmer die Leistung verlangen.

Der Versicherer ist damit nunmehr grds. gehalten, die Versicherungsleistungen **ausschließlich** 52
an die ihm vom Versicherungsnehmer benannte empfangsberechtigte Person zu erbringen.
Nachträgliche Streitigkeiten über die Frage, wer die Leistungen erhalten darf, sollten mit der Neuregelung gerade verhindert werden.

Anders können jedoch die Fälle zu bewerten sein, in denen der Empfangsberechtigte, sei es
der Versicherungsnehmer selbst oder die versicherte Person, die vom Versicherer verlangten Nachweise (Ort und Dauer des stationären Aufenthaltes, Liquidationen des Arztes oder des Klinikums)
insbes. krankheitsbedingt gar nicht mehr einreichen kann. In einem solchen Fall liegt es im Interesse
der betroffenen Person, dass jemand Drittes die erforderlichen Belege beim Versicherer einreicht.
Anderenfalls liefe der Erkrankte zumindest bis zur Bestellung eines Vermögenspflegers oder bis zur
Genesung Gefahr, die angefallenen Kosten erst mit erheblicher Verzögerung erstattet zu erhalten.
Im Verhältnis zum Leistungserbringer befindet der Patient sich gem. § 286 Abs. 3 BGB idR bereits
30 Tage nach Rechnungserstellung im Zahlungsverzug.

X. Ausland

Anders als das deutsche Recht räumt § 178a Abs. 2 des **österreichischen** VersVG dem Versi- 53
cherten generell einen eigenen Anspruch auf die Versicherungsleistungen ein, sofern die Versicherung auf dessen Person genommen wurde. Der Anspruch ist der Höhe nach auf diejenigen Leistungen beschränkt, die bei der versicherten Person anfallen („in seiner Person zu erbringen sind"). Die
Regelung beruht darauf, dass die private Krankenversicherung in Österreich als reine Zusatzversicherung zur gesetzlichen Krankenversicherung betrieben wird. Der Versicherungsnehmer ist insoweit
selten Unterhaltsansprüchen, die er im eigenen Interesse absichern möchte, ausgesetzt.

§ 195 Versicherungsdauer

(1) ¹Die Krankenversicherung, die ganz oder teilweise den im gesetzlichen Sozialversicherungssystem vorgesehenen Kranken- oder Pflegeversicherungsschutz ersetzen kann (substitutive Krankenversicherung), ist vorbehaltlich der Absätze 2 und 3 und der §§ 196 und
199 unbefristet. ²Wird die nicht substitutive Krankenversicherung nach Art der Lebensversicherung betrieben, gilt Satz 1 entsprechend.

(2) Bei der Ausbildungs-, Auslands-, Reise- und Restschuldkrankenversicherung können
Vertragslaufzeiten vereinbart werden.

(3) ¹Bei der Krankenversicherung einer Person mit befristetem Aufenthaltstitel für das
Inland kann vereinbart werden, dass sie spätestens nach fünf Jahren endet. ²Ist eine kürzere
Laufzeit vereinbart, kann ein gleichartiger neuer Vertrag nur mit einer Höchstlaufzeit
geschlossen werden, die unter Einschluss der Laufzeit des abgelaufenen Vertrags fünf Jahre
nicht überschreitet; dies gilt auch, wenn der neue Vertrag mit einem anderen Versicherer
geschlossen wird.

Übersicht

		Rn.			Rn.
A.	Einführung	1	3.	VVG-Reform 2008	5
I.	Normzweck	1	III.	Anwendungsbereich	8
II.	Entstehungsgeschichte	3	B.	Inhaltliche Fragen	9
1.	Zeit vor 1994	3	I.	Unbefristetheit der substitutiven	
2.	Zeit ab 1994	4		Krankenversicherung (Abs. 1)	9

§ 195 1, 2   Teil 2. Einzelne Versicherungszweige. Kap. 8. Krankenversicherung

	Rn.		Rn.
1. Begriff	9	1. Auslands- und Reisekrankenversicherung	17
2. Einordnung von Wahlleistungen	12	2. Ausbildungskrankenversicherung	18
a) Wahlleistungen als nicht-substitutive Krankenversicherung	13	3. Restschuldkrankenversicherung	19
b) Wahlleistungen als substitutive Krankenversicherung	14	4. Aufsichtsrechtliche Regelung zur Alterungsrückstellung	20
3. Selbstbehalt	15	**IV. Laufzeit für Personen mit befristetem Aufenthaltstitel**	21
II. Entsprechende Anwendung auf nach Art der Lebensversicherung betriebene nicht substitutive Krankenversicherung (Abs. 1 S. 2)	16	1. Allgemeines	21
		2. Schutz vor Missbrauch	22
III. Ausnahme für besondere Versicherungsarten (Abs. 2)	17	3. Gleichartiger neuer Vertrag	23
		4. Rechtsfolgen	24

A. Einführung

I. Normzweck

1 Wie sich aus der allgemeinen Vorschrift des § 11 ergibt, können Versicherungsverträge grds. für verschiedene Zeiträume und sogar auf unbestimmte Zeit eingegangen werden. Dieser Grundsatz wird allerdings durch Einführung von Sonderkündigungsrechten[1] in § 11 Abs. 2–4 modifiziert, womit sich nicht die Vertragslaufzeit per se verkürzt – diese dürfte tatsächlich sogar um ein Vielfaches länger sein, wenn die Parteien mit den gegenseitigen Leistungen zufrieden sind – sondern vielmehr dem Versicherungsnehmer die Lösung vom Vertrag nach Ablauf einer bestimmten Mindestversicherungsdauer ermöglicht wird.[2] Problematisch für die Anwendung in der privaten Krankenversicherung ist jedoch, dass die gerade beschriebenen (Sonder-)Kündigungsrechte jeweils beiderseitig ausgestaltet sind. Die allgemeine Regelung trägt daher zwar dem Interesse des Verbrauchers Rechnung, sich möglichst kurzfristig vom Versicherungsvertrag lösen zu können, was in vielen Sparten (zB in der Haftpflicht-, Kraftfahrt-, Rechtsschutz- oder Sachversicherung) auch ohne größere Einbußen möglich ist, kann allerdings den rechtlichen wie sozialen Bedürfnissen, die an die private Krankenversicherung gestellt werden, nicht genügen. Denn ebenso wenig wie an einem ordentlichen Kündigungsrecht für den Versicherer[3] hat der Versicherungsnehmer Interesse an einer Begrenzung der Vertragslaufzeit von vornherein – schließlich muss er mit zunehmendem Alter ein immer größer werdendes Gesundheitsrisiko in Deckung geben, so dass eine Neuversicherung nach Ablauf einer von vornherein festgesetzten Vertragslaufzeit nicht mehr finanzierbar oder aufgrund der versicherungsmedizinischen Annahmegrundsätze (zB bei Vorliegen schwerer Krankheiten mit hoher Rezidivgefahr) überhaupt nicht mehr möglich wäre. Einer Umgehung des aufsichtsrechtlich mit § 146 Abs. 1 Nr. 3 VAG eingeforderten Ausschlusses des ordentlichen Kündigungsrechts der Versicherer durch Vereinbarung von Vertragslaufzeiten, die gerade dort enden, wo das gesundheitliche Risiko des Versicherungsnehmers stark zu steigen beginnt, muss also das Gesetz vorbeugen. Hier setzt § 195 Abs. 1 S. 1 an, der dem Grundsatz der Unbefristetheit in der substitutiven Krankenversicherung[4] Geltung verschafft[5] und damit die oben aufgezeigte Problematik lösen soll. Ausnahmen von diesem Grundsatz werden in § 195 Abs. 2, 3 (→ Rn. 2) sowie in §§ 196, 199 gemacht.[6] § 195 sichert also gewissermaßen die Sinnhaftigkeit von § 206. Aufsichtsrechtlichen Anforderungen aus § 147 iVm § 146 VAG entspricht die Gleichstellung von nicht-substitutiven mit substitutiven Krankenversicherungen, die § 195 Abs. 1 S. 2 vollzieht, denn auch hier besteht ein Bedürfnis nach zeitlich unbegrenztem Versicherungsschutz.

2 Dieses ist in einigen Fällen jedoch nicht vorhanden. So sehen § 195 Abs. 2, 3 Ausnahmen von der Regel des Abs. 1 vor, wenn der Versicherungsnehmer schon der Natur der genommenen

---

[1] Für eine solche rechtliche Qualifikation der Abschlussbericht der VVG-Kommission Ziff. 1.2.2.7.3, S. 29.
[2] Zum Gesamtkomplex die Kommentierung zu § 11.
[3] Zur dogmatischen Grundlage von dessen Ausschluss in der privaten Krankenversicherung *Hütt* in Bach/Moser MB/KK § 14 Rn. 4; *Wriede* in Bruck/Möller, VVG, 8. Aufl. 1980, Bd. VI/2, Kap. D Anm. 43.
[4] So schon BT-Drs. 12/6959, 104.
[5] Abschlussbericht der VVG-Kommission Ziff. 3.1, S. 409; vgl. Begr. zu Art. 1 (§ 195) RegE Gesetz zur Reform des Versicherungsvertragsrechts, BT-Drs. 16/3945, 111.
[6] → § 196 Rn. 7 ff.; → § 199 Rn. 7 ff.

Versicherung nach oder seines aufenthaltsrechtlichen Status wegen eines bloß temporären Schutzes bedarf und daher auch eine befristete Versicherungsdauer stets in seinem Interesse ist.[7]

II. Entstehungsgeschichte

1. Zeit vor 1994. Vor 1994 waren die rechtlichen Rahmenbedingungen der privaten Krankenversicherung überhaupt nicht gesetzlich ausgestaltet, die vom BAV genehmigten AVB hatten daher den Charakter eines „gesetzesähnlichen Vertragsrechts".[8] Schon damals waren Verträge auf Lebenszeit in der privaten Krankenversicherung die Regel, das ordentliche Kündigungsrecht des Versicherers gem. § 14 Abs. 1 MB/KK 1976 per se, gem. § 14 Abs. 1 MB/KT 1978 nach Ablauf der ersten drei Versicherungsjahre ausgeschlossen.

2. Zeit ab 1994. Seit 1994 war die private Krankenversicherung in den §§ 178a ff. VVG aF kodifiziert. Vorgänger des jetzigen § 195 war § 178a Abs. 4 VVG aF, der erstmals eine Befristung der substitutiven Krankenversicherung gesetzlich ausschloss und damit den Grundsatz der Unbefristetheit der substitutiven Krankenversicherung postulierte,[9] zugleich aber eine Mindestversicherungsdauer von bis zu drei Jahren in der Krankheitskosten- und Krankenhaustagegeldversicherung zur Erwirtschaftung der Abschlusskosten[10] und generell die Befristungsmöglichkeit für einige Versicherungsarten ermöglichte.

3. VVG-Reform 2008. § 195 Abs. 1, 2 übernehmen § 178a Abs. 4 S. 1, 3 VVG aF. Entfallen ist die Regelung des § 178a Abs. 4 S. 2 VVG aF, der in der Krankheitskosten- und Krankenhaustagegeldversicherung eine Mindestversicherungsdauer von bis zu drei Jahren ermöglichte. Für die Vereinbarung einer Mindestversicherungsdauer gilt seither die allgemeine Regelung des § 11 Abs. 2 S. 2, die den zulässigen Zeitraum auf zwei Jahre begrenzt. Nach Vorstellung der Expertenkommission war nach wie vor eine Mindestversicherungsdauer von drei Jahren nötig, die sich allerdings schon aus § 11 Abs. 4 VVG-E ergeben sollte, weswegen § 178a Abs. 4 S. 2 VVG aF nicht ins neue Recht transformiert wurde.[11] Diesem Gedanken ist der Gesetzgeber nicht gefolgt, vielmehr ist mit dem Referentenentwurf der jetzt Gesetz gewordene § 11 Abs. 2 S. 2 eingefügt worden. § 11 Abs. 4 VVG-E wurde nicht übernommen, da dem Gesetzgeber eine Mindestversicherungsdauer von zwei Jahren auch in der PKV angemessen erschien[12] – eine bemerkenswert lapidare Äußerung angesichts der Tatsache, dass die damals zu § 178a Abs. 4 VVG aF gegebene Begründung[13] gerade darauf abstellte, eine Mindestversicherungsdauer von drei Jahren sei speziell in der Krankenversicherung nötig, um dem Versicherer wenigstens die Einnahme seiner Abschlusskosten zu ermöglichen.

Neu eingefügt wurde Abs. 3, der die Befristungsmöglichkeit einer Krankenversicherung regelt, die von einer Person mit nur zeitlich begrenztem Aufenthaltstitel genommen wird. Angesichts der Tatsache, dass diese Personen nach Ablauf ihres Aufenthaltsrechts wieder in ihr Herkunftsland zurückkehren müssen, bedarf es in diesen Fällen keines unbefristeten Krankenversicherungsschutzes.[14] Um der Umgehung dieser Norm vorzubeugen,[15] regelt Abs. 3 S. 2, dass bei Unterschreiten der Höchstlaufzeit im Falle des Abschlusses eines neuen Vertrages die bereits „verbrauchte" Zeit auf die neue Vertragslaufzeit auch bei einem ggf. anderen Krankenversicherer anzurechnen ist und diese Summe fünf Jahre nicht übersteigen darf.

III. Anwendungsbereich

Die Norm findet gem. § 195 Abs. 1 Anwendung allein auf die substitutive (→ Rn. 9 ff.) sowie auf die nicht substitutive, zugleich aber nach Art der Lebensversicherung betriebene Krankenversicherung (→ Rn. 16). Abs. 2 dient der Klarstellung; er erfasst, von der Ausbildungsversicherung abgesehen, die ihrer Natur nach regelmäßig substitutiv ist und daher allein einer Ausnahmeregelung bedurft hätte, allein nicht substitutive Krankenversicherungen, (→ Rn. 17 ff.). Abs. 3 stellt eine

---

[7] Abschlussbericht der VVG-Kommission Ziff. 3.1, S. 409; Begr. zu Art. 1 (§ 195) RegE Gesetz zur Reform des Versicherungsvertragsrechts, BT-Drs. 16/3945, 112; zum alten Recht so schon *Prölss* in Prölss/Martin, 27. Aufl. 2004, VVG § 178a Rn. 12.
[8] *Rudolph* in Bach/Moser VVG Einl. Rn. 178.
[9] BT-Drs. 12/6959, 104.
[10] BT-Drs. 12/6959, 104.
[11] Abschlussbericht der VVG-Kommission Ziff. 3.1, S. 409.
[12] Begr. zu Art. 1 (§ 195) RegE Gesetz zur Reform des Versicherungsvertragsrechts, BT-Drs. 16/3945, 111.
[13] BT-Drs. 12/6959, 104; idS seinerzeit *Schoenfeldt/Kalis* in Bach/Moser, 4. Aufl. 2009, VVG § 178a Rn. 22; *Hohlfeld* in Berliner Kommentar VVG § 178a Rn. 12; *Prölss* in Prölss/Martin, 27. Aufl. 2004, VVG § 178a Rn. 13.
[14] Begr. zu Art. 1 (§ 195) RegE Gesetz zur Reform des Versicherungsvertragsrechts, BT-Drs. 16/3945, 112.
[15] Begr. zu Art. 1 (§ 195) RegE Gesetz zur Reform des Versicherungsvertragsrechts, BT-Drs. 16/3945, 112.

Sonderregel zur in § 195 Abs. 1 verfügten grundsätzlichen Unbefristetheit dar und betrifft dementsprechend nur die substitutive Krankenversicherung.[16]

B. Inhaltliche Fragen

I. Unbefristetheit der substitutiven Krankenversicherung (Abs. 1)

1. Begriff. § 195 Abs. 1 S. 1 schränkt die Möglichkeit einer Laufzeitvereinbarung für die substitutive Krankenversicherung ein. Zu der Frage, welche Krankenversicherung als **substitutiv** anzusehen ist, vgl. grdl. → Einf. Vor § 192 Rn. 629 ff.

Umfasst werden zunächst die Krankheitskostenversicherungen, die die in der gesetzlichen Krankenversicherung vorgesehenen Leistungen (vgl. § 27 SGB V) ersetzen.[17] Umfasst wird darüber hinaus auch die Krankentagegeldversicherung,[18] aber nur, soweit sie der Gewährung von Krankengeld gem. §§ 44 ff. SGB V in der gesetzlichen Krankenversicherung entspricht.[19] Das ist zB nicht der Fall, wenn die Krankentagegeldversicherung lediglich der Aufstockung des Krankengeldes aus der GKV dient, sie also von einer gesetzlich krankenversicherten Person (mit Anspruch auf Krankengeld) unterhalten wird. Umfasst ist des Weiteren grds. die Pflegekrankenversicherung;[20] vgl. auch den Wortlaut von § 206 Abs. 1 S. 1, der Ausfluss dieser rechtlichen Qualifizierung ist. Hingegen nicht in diesen Katalog gehört die Krankenhaustagegeldversicherung, sie hat keinen sozialversicherungsrechtlichen Antagonisten.[21] Dies lässt sich auch in einem Umkehrschluss aus § 206 Abs. 1 S. 3 folgern, denn wäre die Krankenhaustagegeldversicherung substitutiv, so müsste ihre Unkündbarkeit nicht extra angeordnet werden, sie wäre in § 206 Abs. 1 S. 2 geregelt worden.

Der Begriff der substitutiven Krankenversicherung im VVG und VAG entspricht damit europarechtlichen Vorgaben, nämlich Art. 54 Abs. 1 und Erwgr. 22–24 der 3. EG-Schadenversicherungs-Richtlinie.[22] Wesensmerkmal ist danach, dass die private Versicherung den gesetzlichen Schutz ganz oder teilweise ersetzen kann und ihm ihrer Art nach entspricht.[23] Negativ formuliert werden also von einer substitutiven Krankenversicherung nicht solche Risiken erfasst, die zum einen auch von der gesetzlichen Krankenversicherung nicht gedeckt würden,[24] zum anderen nur vorübergehender Natur sind,[25] wofür auch die Existenz von § 195 Abs. 2 Indiz ist. Zur Einstufung der in Abs. 2 genannten, nur einen vorübergehenden Versicherungsbedarf erfüllenden Versicherungsarten, → Einf. Vor § 192 Rn. 583.

2. Einordnung von Wahlleistungen. Nicht einheitlich zu beurteilen ist, wie Wahlleistungen, und hier insbes. Krankenhauswahlleistungen wie Ein- oder Zweibettzimmerunterbringung sowie die Behandlung durch einen Wahlarzt, sich in diese Abgrenzung einfügen. Gewicht gewinnt diese Standortbestimmung insbes. dadurch, dass nach ihrem Ergebnis zu bestimmen ist, ob eine Prämienkalkulation nach Art der Lebensversicherung gem. § 146 Abs. 1 VAG stattzufinden hat sowie ein 10-prozentiger Beitragszuschlag gem. § 149 VAG zu entrichten ist.

a) Wahlleistungen als nicht-substitutive Krankenversicherung. Vertreten wird, dass Wahlleistungen keinen substitutiven Charakter besäßen.[26] Sie seien zwar regelmäßig geeignet, die sonst übliche Leistung in Form der Krankenhausunterbringung und -behandlung zu ersetzen, jedoch zielten sie nicht hierauf, sondern auf eine zusätzliche Absicherung.[27] Eine Einschränkung dieser grundsätzlichen Auffassung will *Präve* in den Fällen vornehmen, in denen ein privat Versicherter seinen Versicherungsschutz aus mehreren Bausteinen wählt, darunter auch ein Zusatztarif für Wahlleistungen. Dieser dürfe nicht anders behandelt werden als ein Privatversicherter, der einen Kompakt-

---

[16] Begr. zu Art. 1 (§ 195) RegE Gesetz zur Reform des Versicherungsvertragsrechts, BT-Drs. 16/3945, 112.
[17] *Präve* in Prölss/Dreher VAG § 146 Rn. 7 mwN; *Kaulbach* in FKBP VAG § 146 Rn. 2.
[18] *Kaulbach* in FKBP VAG § 146 Rn. 2; *Voit* in Prölss/Martin VVG § 195 Rn. 4.
[19] *Präve* in Prölss/Dreher VAG § 146 Rn. 7 mwN.
[20] *Kaulbach* in FKBP VAG § 146 Rn. 2, → Einf. Vor § 192 Rn. 632 f., 638.
[21] *Präve* in Prölss/Dreher VAG § 146 Rn. 8.
[22] RL 92/49/EWG.
[23] Protokollerklärung Nr. 2 zu Art. 54 der 3. EG-Schadenversicherungs-Richtlinie; diese darf zur Auslegung der Richtlinie herangezogen werden, *Dreher* EuZW 1994, 743 (744); an dieser Protokollerklärung hatte sich der deutsche Gesetzgeber orientiert, BT-Drs. 12/6959, 60.
[24] *Kaulbach* in FKBP VAG § 146 Rn. 2; *Präve* in Prölss/Dreher VAG § 146 Rn. 8.
[25] BT-Drs. 12/6959, 60; *Kaulbach* in FKBP VAG § 146 Rn. 2.
[26] *Voit* in Prölss/Martin VVG § 195 Rn. 3; *Präve* in Prölss/Dreher VAG § 146 Rn. 8; *Sahmer* ZfV 1996, 483 (485) spricht von einem „Grenzfall".
[27] *Präve* in Prölss/Dreher VAG § 146 Rn. 8.

tarif wähle, denn dann strahle die Substitutivwirkung auch auf die Zusatzversicherung nach dem Baukastensystem aus, mit der Folge, dass auch der sonst nicht erfasste Zusatztarif vom substitutiven Charakter der Krankenversicherung erfasst wird.[28]

b) Wahlleistungen als substitutive Krankenversicherung. Eine andere Auffassung geht 14 davon aus, Wahlleistungen seien von der Substitutivwirkung immer erfasst, wenn eine private Krankheitskostenvolldeckung bestehe; sei also jemand privat krankenvollversichert, so wäre demzufolge der gesamte Krankenversicherungsschutz substitutiv, unabhängig davon, ob es sich um einen Kompakttarif oder ein Bausteinsystem handele.[29] Sie setzt bei der Abgrenzung nicht am Tarif an (wie die erstgenannte Auffassung), sondern bestimmt den Terminus der „Substitution" mit Blick auf die versicherte Person.[30] Dieser mehr personenbezogenen Ansicht ist im Anschluss an *Schoenfeldt/Kalis* der Vorzug zu geben. Zum einen stellt § 146 VAG lediglich aufsichtsrechtliche Mindestanforderungen an die substitutive Krankenversicherung auf; es ist demnach unschädlich, wenn der Versicherungsschutz partiell über den der gesetzlichen Krankenversicherung hinausgeht.[31] Dafür spricht auch, dass die substitutive Krankenversicherung der GKV nur „teilweise" entsprechen muss,[32] vgl. auch den Wortlaut des § 146 VAG. Dem Wortlaut lässt sich auch ein weiteres Indiz entnehmen: Er spricht von der Eignung der „Krankenversicherung" und nicht des „Tarifs", die GKV zu ersetzen.[33] Nicht substitutiv ist allerdings die Versicherung von Krankenhauswahlleistungen, soweit es sich um eine Zusatzversicherung für gesetzlich Versicherte handelt (→ Vor § 192 Rn. 642).[34]

3. Selbstbehalt. Am substitutiven Charakter einer Krankenversicherung ändert sich auch 15 nichts, wenn Selbstbeteiligungen vereinbart werden, denn auch eine solche Vereinbarung ist von den aufsichtsrechtlichen Mindestvorgaben gedeckt, da § 146 VAG nur „teilweise" Eignung zur Ersetzung der gesetzlichen Krankenversicherung verlangt (→ Vor § 192 Rn. 636).[35]

II. Entsprechende Anwendung auf nach Art der Lebensversicherung betriebene nicht substitutive Krankenversicherung (Abs. 1 S. 2)

Abs. 1 S. 2 ordnet auch für die nicht substitutive Krankenversicherung die Unbefristetheit an, 16 soweit sie „nach Art der Lebensversicherung" betrieben wird. Diese Gleichstellung durch § 195 Abs. 1 S. 2 entspricht der aufsichtsrechtlichen Anforderung des § 147 VAG. Bedeutsam für diese Problematik ist daher insbes., was das prägende Wesensmerkmal für den „Betrieb nach Art der Lebensversicherung" ist. Ausführlich dazu → Vor § 192 Rn. 663 ff.

III. Ausnahme für besondere Versicherungsarten (Abs. 2)

1. Auslands- und Reisekrankenversicherung. Soweit die in Abs. 2 genannten Versiche- 17 rungsarten weder substitutiv sind noch nach Art der Lebensversicherung betrieben werden, ergibt sich die Befristungsmöglichkeit solcher Verträge schon mittelbar aus Abs. 1. In diesen Fällen ist Abs. 2 von lediglich deklaratorischer Bedeutung.[36] Davon betroffen sind insbes. die Auslands- und die Reisekrankenversicherung,[37] denn das von ihnen gedeckte Risiko ist in der gesetzlichen Krankenversicherung nicht versichert, weshalb eine Substitutivwirkung schon begrifflich nicht möglich ist.[38] Etwas anderes gilt idR (allerdings abhängig von der Ausgestaltung des tariflichen Leistungsversprechens) auch nicht, wenn die GKV in dem betreffenden Land leistungspflichtig ist,[39] denn die Auslandsreisekrankenversicherung wird von gesetzlich versicherten Personen ja gerade abgeschlossen, weil sie die Deckungslücken der GKV ausfüllen soll, mithin die gesetzliche Krankenversicherung also nicht ersetzt, sondern ergänzt.

---

[28] *Präve* in Prölss/Dreher VAG § 146 Rn. 8; aA *Sahmer* ZfV 1996, 483 (484), die davon ausgeht, dass es für das Vorliegen der Substitutivwirkung auf die einzelnen Bestandteile selbst ankommt.
[29] *Schoenfeldt/Kalis* in Bach/Moser, 3. Aufl. 2002, VVG § 178a Rn. 19.
[30] *Schoenfeldt/Kalis* in Bach/Moser, 3. Aufl. 2002, VVG § 178a Rn. 19.
[31] *Schoenfeldt/Kalis* in Bach/Moser, 3. Aufl. 2002, VVG § 178a Rn. 19.
[32] Protokollerklärung Nr. 2 zu Art. 54 der 3. EG-Schadenversicherungs-Richtlinie; BT-Drs. 12/6959, 60.
[33] *Schoenfeldt/Kalis* in Bach/Moser, 3. Aufl. 2002, VVG § 178a Rn. 19.
[34] In diesem Sinne diff. *Schoenfeldt/Kalis* in Bach/Moser, 3. Aufl. 2002, VVG § 178a Rn. 19; in diese Richtung *Sahmer* ZfV 1996, 483 (485), die „bei ganz strenger Betrachtung" sogar davon ausgeht, dass die Wahlleistungen für GKV-Versicherte substitutiven Charakter haben; eine weite Auslegung mit grundsätzlichem Einschluss auch von Wahlleistungen befürwortet *Werber* VersR 2011, 1346.
[35] *Voit* in Prölss/Martin VVG § 195 Rn. 3; *Sahmer* ZfV 1996, 483 (484).
[36] *Schoenfeldt/Kalis* in Bach/Moser, 3. Aufl. 2002, VVG § 178a Rn. 23.
[37] *Präve* in Prölss/Dreher VAG § 146 Rn. 8.
[38] IErg auch *Hohlfeld* in Berliner Kommentar VVG § 178a Rn. 13.
[39] Aber *Voit* in Prölss/Martin VVG § 195 Rn. 8.

18 **2. Ausbildungskrankenversicherung.** Konstitutiv wirkt die Bestimmung hingegen für die Ausbildungskrankenversicherung, die idR als substitutiv anzusehen ist,[40] da sie den Schutz aus der gesetzlichen Krankenversicherung ersetzt. § 195 Abs. 2 stellt insofern eine weitere Spezialregelung zu § 11 dar, denn erlaubt wird nicht nur eine normale Laufzeitvereinbarung, sondern darüber hinaus auch die Vereinbarung weiterer Beendigungsgründe. Dies folgt aus dem Zweck der Norm, diese besondere Art der Krankenversicherung nur solange laufen zu lassen, wie ein Interesse der versicherten Person besteht.[41] Dieses kann aber im Falle der Ausbildungskrankenversicherung nicht nur mit Zeitablauf, sondern auch mit Ende oder Abbruch der Ausbildung entfallen. Zulässig sind daher nicht nur Befristungsregelungen, die auf Zeitablauf oder Erreichen eines bestimmten Lebensalters abstellen, sondern auch Regelungen, die die Vertragsbeendigung an Abschluss oder Abbruch der Ausbildung (oder des Studiums) knüpfen. Derartige Regelungen sehen zumeist das Recht auf Übertritt in einen normalen Tarif ohne erneute Risikoprüfung vor.[42] Hierdurch soll sichergestellt werden, dass auch solche Versicherungsnehmer, die nach Ausbildungsende weder unter die GKV fallen noch (wegen Verschlechterung ihres Gesundheitszustands) eine neue private Krankenversicherung erhalten, weiter krankenversichert bleiben können, ohne auf den Basistarif ausweichen zu müssen.

19 **3. Restschuldkrankenversicherung.** Im Rahmen der VVG-Reform neu in den Katalog aufgenommen worden ist die Restschuldkrankenversicherung. Ihr ist immanent, dass sie nicht unbefristet vereinbart werden kann, da sie an die Laufzeit des zugrunde liegenden Kredits gebunden ist.[43] Folglich besteht kein lebenslanges, sondern ein bloß zeitlich begrenztes Interesse des Versicherungsnehmers an Versicherungsschutz, so dass auch bei der Restschuldkrankenversicherung mit Ende dieses Interesses besondere Beendigungsgründe vereinbart werden können müssen. Dazu gehören neben dem regulären Darlehensablauf auch die vorzeitige Kündigung des Darlehens oder die Abzahlung desselben vor vereinbartem Ende der Restschuldversicherung aufgrund von Sondertilgungsrechten.[44] Angesichts dieser Sachlage wird auch deutlich, dass die Restschuldversicherung, wie auch die Auslands- und Reisekrankenversicherung, von vornherein keinen substitutiven Charakter hat; sie ist aber trotzdem nicht allein aus Klarstellungsgründen wie die Auslands- und Reisekrankenversicherung in § 195 Abs. 2 aufgenommen worden. Der Regelungsgehalt der Norm enthält nach dem gerade unter → Rn. 18 Gesagten nämlich darüber hinaus die Möglichkeit, weitere Beendigungsgründe vereinbaren zu können, die über die zulässigen Vereinbarungen des § 11 hinausgehen.

20 **4. Aufsichtsrechtliche Regelung zur Alterungsrückstellung.** Nach § 146 Abs. 3 VAG können alle in § 195 Abs. 2 genannten Versicherungen ohne Alterungsrückstellung und Beitragszuschlag kalkuliert werden.

IV. Laufzeit für Personen mit befristetem Aufenthaltstitel

21 **1. Allgemeines.** Unter Geltung des alten VVG war die Anwendung des § 178a Abs. 4 S. 3 VVG aF für Verträge mit Ausländern, welche sich nur vorübergehend in Deutschland aufhalten, umstritten.[45] Der Meinungsstreit hat sich durch § 195 Abs. 3 erledigt. Die Vorschrift des § 195 Abs. 3 S. 1 sieht die Möglichkeit vor, die Krankenversicherung einer Person mit befristetem Aufenthaltstitel für das Inland (vgl. §§ 4, 7 AufenthG) auf bis zu fünf Jahre zu beschränken. Dadurch soll Personen, die sich ohnehin nur für einen bestimmten Zeitraum in Deutschland aufhalten, die Möglichkeit geboten werden, eine auf ihre Verhältnisse abgestimmte substitutive Krankenversicherung abzuschließen.[46] § 195 Abs. 3 eröffnet ihnen die Möglichkeit, die Krankenversicherung zeitlich auf die Dauer der Aufenthaltsgenehmigung abzustimmen.[47] Solche Versicherungen können, ebenso wie die in § 195 Abs. 2 genannten, ohne Alterungsrückstellungen und ohne gesetzlichen Beitragszuschlag kalkuliert werden, was durch eine aufsichtsrechtliche Ausnahmeregelung erreicht wird: § 146

---

[40] Zum alten Recht schon *Schoenfeldt/Kalis* in Bach/Moser, 3. Aufl. 2002, VVG § 178a Rn. 23; *Prölss* in Prölss/Martin, 27. Aufl. 2004, VVG § 178a Rn. 12; *Hohlfeld* in Berliner Kommentar VVG § 178a Rn. 13.
[41] *Prölss* in Prölss/Martin, 27. Aufl. 2004, VVG § 178a Rn. 12.
[42] So § 15 Teil II der Musterbedingungen 2009 für die private studentische Krankenversicherung (PSKV) des PKV-Verbandes.
[43] Begr. zu Art. 1 (§ 195) RegE Gesetz zur Reform des Versicherungsvertragsrechts, BT-Drs. 16/3945, 112.
[44] Zur Vereinbarung von Mindestlaufzeiten BGH VersR 2015, 318.
[45] Zum Streitstand *Schoenfeldt/Kalis* in Bach/Moser, 3. Aufl. 2002, VVG § 178a Rn. 23; der dort geführten Argumentation ist – insbes. aus der Retrospektive – vollumfänglich zuzustimmen, mit der Folge, dass auch nach altem Recht die Krankenversicherungen von Ausländern befristet werden konnten, unabhängig von ihrer Substitutivwirkung; aA insofern *Präve* ZfV 1997, 354 (359); *Hohlfeld* in Berliner Kommentar VVG § 178a Rn. 13.
[46] Begr. zu Art. 1 (§ 195) RegE Gesetz zur Reform des Versicherungsvertragsrechts, BT-Drs. 16/3945, 112.
[47] Abschlussbericht der VVG-Kommission Ziff. 3.1, S. 409.

Abs. 3 bestimmt nämlich, dass im Falle einer befristeten Versicherung iSv § 195 Abs. 3 diese Besonderheiten gelten, lassen aber die Substitutionskraft unberührt. Zu begründen ist dies, wie auch bei der Ausnahmeregelung des Abs. 2, mit dem anders gelagerten Interesse der Versicherungsnehmer: Ihnen kommt eine Alterungsrückstellung nicht zugute, da ein langfristiges Alterungsrisiko von vornherein nicht besteht,[48] sie würde zugunsten der Versichertengemeinschaft verfallen.[49] Die Begrenzung auf einen Zeitraum von fünf Jahren dient der Sicherung vor Missbrauch dieser Ausnahmeregelung und hält ihren Anwendungsbereich eng.[50]

2. Schutz vor Missbrauch. Abs. 3 S. 2 ordnet an, dass für den Fall, dass eine kürzere Laufzeit **22** vereinbart worden ist, ein gleichartiger neuer Vertrag nur mit einer Höchstlaufzeit geschlossen werden kann, die unter Einschluss der Laufzeit des abgelaufenen Vertrags fünf Jahre nicht überschreitet. Dies gilt dem insoweit klaren Wortlaut nach auch dann, wenn der neue Vertrag mit einem anderen Versicherer geschlossen wird. Insgesamt darf daher der ohne Alterungsrückstellung kalkulierte Versicherungsschutz nach Abs. 3 nicht länger als fünf Jahre andauern. Die Regelung des S. 2 erfüllt damit eine Sicherungsfunktion zu S. 1. Ohne ihn könnte S. 1 so ausgelegt werden, dass nach Ablauf von fünf Jahren ein neuer Vertrag mit fünfjähriger Laufzeit bei einem anderen Versicherer abgeschlossen werden könnte, so dass die Höchstfrist des S. 1 iErg doch unterlaufen würde.

3. Gleichartiger neuer Vertrag. Unter einem gleichartigen neuen Vertrag iSv Abs. 3 S. 2 **23** ist nach dem Gesetzeszweck jeder Tarif zu verstehen, der nach S. 1 iVm § 146 Abs. 3 VAG ohne Alterungsrückstellungen kalkuliert ist und sich speziell an Ausländer mit befristetem Aufenthaltstitel richtet. Kein gleichartiger neuer Vertrag ist daher jeder mit Alterungsrückstellung kalkulierter Tarif. Dieser würde nicht den Besonderheiten des § 146 Abs. 3 VAG Rechnung tragen und es daher an einer Gleichartigkeit fehlen lassen. Dasselbe gilt für die in § 195 Abs. 2 genannten Versicherungsarten. Hier besteht zwar eine kalkulationsmäßige Gleichartigkeit, denn auch sie unterliegen der Sondervorschrift des § 146 Abs. 3 VAG, allerdings fehlt es hier an der Absicherung eines gleichgelagerten Interesses. Denn das Alterungsrisiko wird dort nicht abgesichert, weil der Versicherungsnehmer nicht in Deutschland bleibt, sondern weil er Sonderrisiken, die nicht in der GKV versicherbar sind, in Deckung geben möchte, zumindest, was die Auslands-, die Reise- und die Restschuldkrankenversicherung betrifft. Allein die Ausbildungskrankenversicherung ähnelt vom versicherten Interesse her der Krankenversicherung für Ausländer mit befristetem Aufenthaltstitel, richtet sich aber gerade nicht ausschließlich an solche Personen, sondern auch an Inländer und Personen mit zeitlich unbegrenztem Aufenthaltsrecht, die sich in der Ausbildung befinden, so dass Gleichartigkeit auch bzgl. der Ausbildungskrankenversicherung nicht vorliegt. Das Abgrenzungskriterium ist hier also im versicherbaren Personenkreis zu finden. Problematisch, weil beide Themenkreise betreffend, ist dementsprechend die Frage nach der Versicherbarkeit von Ausländern, die sich mit begrenztem Aufenthaltstitel zur Ausbildung in Deutschland befinden; hier könnte eine Gleichartigkeit gegeben sein mit der Folge, dass eine Versicherungsdauer über einen Zeitraum von fünf Jahren hinaus nicht möglich wäre. Der Aufenthaltstitel zu Ausbildungszwecken soll zwar grundsätzlich für eine kürzere Zeit, als die in § 195 Abs. 3 S. 1 genannten fünf Jahre erteilt werden, kann aber im Einzelfall darüber hinaus verlängert werden (vgl. § 16b Abs. 2 AufenthG), so dass zumindest denkbar ist, dass ein Aufenthalt zu Ausbildungszwecken länger als fünf Jahre dauert, was mit der zwingenden Missbrauchsregelung des § 195 Abs. 3 S. 2 unvereinbar wäre. Entgehen kann man dieser Problematik dadurch, dass man darauf abstellt, was Schwerpunkt des Aufenthalts bildet. Dient dieser der Ausbildung, dann muss diesen Personen Zugang zur Ausbildungskrankenversicherung iSv § 195 Abs. 2 gewährt werden, der in diesem Fall der Ausbildung spezieller ist. Dieser Vertrag stellt dann ebenfalls keinen gleichartigen neuen Vertrag gem. § 195 Abs. 3 dar, so dass hier eine längere Versicherungsdauer in Frage kommt.

4. Rechtsfolgen. Die Bestimmung regelt selbst nicht die Rechtsfolgen eines Verstoßes. Der **24** Gesetzgeber hat eine aufsichtsbehördliche Überwachung für ausreichend erachtet.[51] Zwar unterliegt auch die Einhaltung des § 195 als Gesetz, das für den Betrieb des Versicherungsgeschäfts gilt, grds. der materiellen Aufsicht. Gleichwohl ist diese gesetzgeberische Auffassung problematisch. Der bloße Hinweis nämlich, die Einhaltung der Norm sei durch Prüfungen der Versicherungsaufsicht zu überwachen, kann nur dann durchgreifen, wenn Versicherer in multiplen Fällen gegen die Vorschrift verstoßen, da die BaFin von Anordnungen im Rahmen der Missstandsaufsicht nicht im Einzelfall,

---

[48] Begr. zu Art. 1 (§ 195) RegE Gesetz zur Reform des Versicherungsvertragsrechts, BT-Drs. 16/3945, 112.
[49] Zum alten Recht Schoenfeldt/Kalis in Bach/Moser, 3. Aufl. 2002, VVG § 178a Rn. 23.
[50] Begr. zu Art. 1 (§ 195) RegE Gesetz zur Reform des Versicherungsvertragsrechts, BT-Drs. 16/3945, 112.
[51] Begr. zu Art. 1 (§ 195) RegE Gesetz zur Reform des Versicherungsvertragsrechts, BT-Drs. 16/3945, 112.

§ 196 Teil 2. Einzelne Versicherungszweige. Kap. 8. Krankenversicherung

sondern nur im öffentlichen Interesse Gebrauch machen darf, dh wenn die Belange der Versicherten insgesamt gefährdet sind.[52] Im Ergebnis unterliegt die Norm also – auch ohne gesetzgeberischen Hinweis – natürlich der Versicherungsaufsicht; ihre einfache Verletzung wird jedoch von der BaFin nicht angegriffen werden können.

25   Um dem gesetzgeberischen Willen zu entsprechen, ist also eine zivilrechtliche Möglichkeit zur Durchsetzung des Normgehalts des § 195 zu finden. Da die Norm, wie erwähnt, keine eigene Rechtsfolge statuiert, ist grds. der Weg zu § 134 BGB eröffnet.[53] Es darf sich dann bei § 195 nicht um eine bloße Ordnungsvorschrift handeln.[54] Da § 195 Abs. 3 aber nicht nur die Art und Weise der Vornahme des Rechtsgeschäfts verbieten will, sondern gerade den Inhalt, nämlich den dauerhaften Abschluss einer Krankenversicherung ohne Alterungsrückstellungen, handelt es sich bei § 195 Abs. 3 um ein Verbotsgesetz iSv § 134 BGB.[55] Dafür spricht auch der gesetzgeberische Wille, dass mit S. 2 ausdrücklich „Missbrauch" verhindert werden soll.[56] Gestützt wird diese Auslegung auch vom Wortlaut („kann ... nur"), was ebenfalls für die Annahme spricht, dass § 195 Abs. 3 ein Verbotsgesetz ist.

26   Zudem geht der Gesetzgeber davon aus, der Versicherer werde vor Abschluss eines Vertrages iSv § 195 Abs. 3 nach einer entsprechenden Vorversicherung fragen müssen.[57] Wird dann eine Anzeigepflichtverletzung entdeckt, kommt ein Rücktritt des Versicherers nach § 19 in Betracht.

§ 196 Befristung der Krankentagegeldversicherung

(1) ¹Bei der Krankentagegeldversicherung kann vereinbart werden, dass die Versicherung mit Vollendung des 65. Lebensjahres der versicherten Person endet. ²Der Versicherungsnehmer kann in diesem Fall vom Versicherer verlangen, dass dieser den Antrag auf Abschluss einer mit Vollendung des 65. Lebensjahres beginnenden neuen Krankentagegeldversicherung annimmt, die spätestens mit Vollendung des 70. Lebensjahres endet. ³Auf dieses Recht hat der Versicherer ihn frühestens sechs Monate vor dem Ende der Versicherung unter Beifügung des Wortlauts dieser Vorschrift in Textform hinzuweisen. ⁴Wird der Antrag bis zum Ablauf von zwei Monaten nach Vollendung des 65. Lebensjahres gestellt, hat der Versicherer den Versicherungsschutz ohne Risikoprüfung oder Wartezeiten zu gewähren, soweit der Versicherungsschutz nicht höher oder umfassender ist als im bisherigen Tarif.

(2) ¹Hat der Versicherer den Versicherungsnehmer nicht nach Absatz 1 Satz 3 auf das Ende der Versicherung hingewiesen und wird der Antrag vor Vollendung des 66. Lebensjahres gestellt, gilt Absatz 1 Satz 4 entsprechend, wobei die Versicherung mit Zugang des Antrags beim Versicherer beginnt. ²Ist der Versicherungsfall schon vor Zugang des Antrags eingetreten, ist der Versicherer nicht zur Leistung verpflichtet.

(3) Absatz 1 Satz 2 und 4 gilt entsprechend, wenn in unmittelbarem Anschluss an eine Versicherung nach Absatz 1 Satz 4 oder Absatz 2 Satz 1 eine neue Krankentagegeldversicherung beantragt wird, die spätestens mit Vollendung des 75. Lebensjahres endet.

(4) Die Vertragsparteien können ein späteres Lebensjahr als in den vorstehenden Absätzen festgelegt vereinbaren.

Übersicht

		Rn.
A.	Einführung	1
I.	Normzweck	1
II.	Entstehungsgeschichte	2
1.	Zeit vor 1994	2
2.	Zeit ab 1994	3
3.	VVG-Reform 2008	4

		Rn.
III.	Anwendungsbereich	6
B.	Inhaltliche Fragen	7
I.	Beendigung der Krankentagegeldversicherung mit Vollendung des 65. Lebensjahres (Abs. 1 S. 1) und Verhältnis zu § 15 Abs. 1 lit. c MB/KT	7
1.	Bezug von Altersrente schon vor Vollendung des 65. Lebensjahres	8

---

[52] *Dreher* in Prölss/Dreher VAG § 294 Rn. VAG 791.
[53] *Ellenberger* in Grüneberg BGB § 134 Rn. 6.
[54] *Ellenberger* in Grüneberg BGB § 134 Rn. 8.
[55] AA *Rogler* in HK-VVG § 195 Rn. 16.
[56] Begr. zu Art. 1 (§ 195) RegE Gesetz zur Reform des Versicherungsvertragsrechts, BT-Drs. 16/3945, 112.
[57] Begr. zu Art. 1 (§ 195) RegE Gesetz zur Reform des Versicherungsvertragsrechts, BT-Drs. 16/3945, 112.

		Rn.			Rn.
2.	Bezug von Altersrente ab Vollendung des 65. Lebensjahres	11	2.	Leistungspflicht für vorher eingetretene Versicherungsfälle	15
3.	Späterer Bezug von Altersrente	12	3.	Umfang des Kontrahierungszwangs	16
II.	**Versicherungsschutz über das 65. Lebensjahr hinaus (Abs. 1 S. 2–4, Abs. 2, 3)**	14	III.	**Hinweispflicht des Versicherers (Abs. 1 S. 3 und Abs. 2)**	17
1.	Abschluss einer neuen Krankentagegeldversicherung	14	IV.	**Weitere Verlängerung (Abs. 3)**	21
			V.	**Höheres Lebensalter (Abs. 4)**	22

A. Einführung

I. Normzweck

Die Vorschrift wurde im Zuge der VVG-Reform 2008 neu geschaffen. Die Beendigung einer Krankentagegeldversicherung aufgrund des Bezugs von Altersrente oder Erreichen des 65. Lebensjahrs war zuvor ausschließlich in AVB geregelt, namentlich in § 15 lit. c MB/KT 1994. Sinn und Zweck dieser Regelung war es, die Krankentagegeldversicherung dann enden zu lassen, wenn das versicherte Risiko nicht mehr besteht.[1] Von der Krankentagegeldversicherung erfasst wird aber nur das Risiko des krankheitsbedingten Verdienstausfalls.[2] Da dieses Risiko regelmäßig mit Bezug von Altersrente und dem damit verbundenen Eintritt in den Ruhestand entfällt, ist eine Krankentagegeldversicherung dann nicht mehr nötig. Regelungszweck ist darüber hinaus vor allem der Schutz solcher Versicherter, die den Beginn ihres Ruhestandes nicht fest planen können. Namentlich wurde hierbei an Selbständige und freiberuflich Beschäftigte gedacht.[3] Von diesen Personengruppen bedürfen allerdings durchaus nicht alle des erweiterten Schutzes. So können etwa Mitglieder berufsständischer Versorgungswerke den Beginn und die Höhe ihrer Altersrente möglicherweise sogar besser kalkulieren und vorausplanen als Mitglieder der gesetzlichen Rentenversicherung. Des Schutzes der Regelung bedürfen letztlich unabhängig von ihrem beruflichen Status diejenigen Versicherungsnehmer, bei denen die Vollendung des 65. Lebensjahres nicht gleichbedeutend mit der Erlangung eines Altersrentenanspruchs ist und die deshalb ihre berufliche Tätigkeit fortsetzen (müssen). Umgekehrt besteht im Regelfall ab dem Zeitpunkt des Bezugs von Altersrente kein Bedürfnis mehr an der Aufrechterhaltung einer Krankentagegeldversicherung, da schon ein Verdienstausfall[4] nicht mehr entstehen kann. Diesen Grundsatz festzuschreiben hat der Gesetzgeber als wichtig genug erachtet, um ihm mit § 196 Abs. 1 S. 1 eine eigene Norm zuteilwerden zu lassen. Diese Festschreibung erfüllt aber eine darüber hinausgehende, noch wichtigere Funktion: sie lässt nämlich die Statuierung von Ausnahmen zu, wie in § 196 Abs. 1 S. 2 bis Abs. 4 zahlreich geschehen, und erlegt dem Versicherer darüber hinaus Informationspflichten auf. Die Informationspflichten sollen dazu dienen, den Versicherungsnehmer nach Ablauf eines Vertrages, der möglicherweise mehr als 30 Jahre andauerte, über seine weiteren Möglichkeiten aufzuklären, die er nach einer lange zurückliegenden Beratung bei Vertragsschluss meist vergessen haben dürfte.[5] Die Ausnahmen von der Regel des Abs. 1 S. 1 machen die Norm flexibel genug, um andere Altersgrenzen vereinbaren zu können, wie sie für Selbständige und Freiberufler schon heute nötig sind und für Angestellte in der Zukunft ebenfalls nötig werden.[6] § 196 trägt also im Regelungszusammenhang mit § 195 den Besonderheiten der Krankentagegeldversicherung Rechnung.[7]

In den MB/KT 2008 wurde § 15 Abs. 1 lit. c im Hinblick auf diese gesetzliche Neuregelung angepasst.[8]

---

[1] Wilmes in Bach/Moser MB/KT § 15 Rn. 45.
[2] Wilmes in Bach/Moser MB/KT § 15 Rn. 1; → § 192 Rn. 129 ff.; Abschlussbericht der VVG-Kommission Ziff. 1.3.2.4.5.4.2, S. 171.
[3] Begr. zu Art. 1 (§ 196) RegE Gesetz zur Reform des Versicherungsvertragsrechts, BT-Drs. 16/3945, 112.
[4] Zum Charakter der Krankentagegeldversicherung als Verdienstausfallversicherung → § 192 Rn. 125.
[5] Begr. zu Art. 1 (§ 196) RegE Gesetz zur Reform des Versicherungsvertragsrechts, BT-Drs. 16/3945, 112.
[6] Begr. zu Art. 1 (§ 196) RegE Gesetz zur Reform des Versicherungsvertragsrechts, BT-Drs. 16/3945, 112, in der vom 65. Lebensjahr als derzeit „noch typischen Zeitpunkt für den Eintritt in den Ruhestand" gesprochen wird.
[7] Begr. zu Art. 1 (§ 196) RegE Gesetz zur Reform des Versicherungsvertragsrechts, BT-Drs. 16/3945, 112.
[8] Dasselbe gilt für § 15 Abs. 1 lit. c MB/KT 2009, der mit § 15 Abs. 1 lit. c MB/KT 2008 identisch ist.

II. Entstehungsgeschichte

2 **1. Zeit vor 1994.** Vor 1994 war das Recht der Krankentagegeldversicherung überhaupt nicht gesetzlich geregelt. Einzige Rechtsquelle waren die MB/KT, zuletzt die MB/KT 1978.[9] Dort enthielt § 15c MB/KT 1978 einen automatischen Beendigungstatbestand,[10] der sich in § 15 lit. c MB/KT 94 wortgleich fortsetzte. Schon damals war es möglich, den Vertrag über das 65. Lebensjahr hinaus fortzuführen, freilich nur, wenn die Tarifbedingungen dies vorsahen;[11] allerdings war der Versicherer nicht zur Fortführung des Vertrages verpflichtet.[12]

3 **2. Zeit ab 1994.** Seit 1994 ist das Recht der Krankenversicherung in den §§ 178a ff. VVG aF geregelt gewesen, wobei zu Fragen der Versicherungsdauer § 178a Abs. 4 VVG aF einschlägig war. Diese Spezialregelung enthielt aber keinen Regelungskomplex zur Krankentagegeldversicherung, so dass sich iErg zumindest insoweit an der früheren Rechtslage nichts änderte.

4 **3. VVG-Reform 2008.** Die Neuregelung geht auf einen Vorschlag der VVG-Reformkommission zurück. Diese hatte in § 187 Abs. 4 ihres Entwurfs eine Regelung vorgesehen, die – abgesehen von kleineren sprachlichen Änderungen – dem jetzigen § 196 Abs. 1–3 VVG entspricht. Zusätzlich war in § 187 Abs. 5 des Kommissionsentwurfs die Klarstellung vorgesehen, dass die nach Überschreitung des 65. Lebensjahres neu abgeschlossenen Krankentagegeldversicherungen ohne Alterungsrückstellung kalkuliert werden können.[13] Diese Klarstellung hat der Gesetzgeber nicht in das VVG aufgenommen, sondern – systematisch richtig – in das VAG (dort § 146 Abs. 3). Im Übrigen hat er sich nicht nur bei der Formulierung der Bestimmung, sondern auch in der Begründung an den Erwägungen der Reformkommission orientiert.[14] Bemerkenswert ist insbes., dass dem Versicherer nach neuem Recht unter bestimmten Voraussetzungen ein Kontrahierungszwang[15] bzgl. der Weiterführung einer bestehenden Krankentagegeldversicherung, die mit dem 65. oder gar dem 70. Lebensjahr endet, aufgebürdet wird, und zwar ohne neue Risikoprüfung.[16] Dieser Kontrahierungszwang stellt eine wesentliche Neuerung zum alten Recht dar.[17]

5 Der PKV-Verband hatte in seiner Stellungnahme zum Referentenentwurf[18] darauf hingewiesen, dass die starren Grenzen von 65, 70 bzw. 75 Jahren der Wirklichkeit des Rentenrechts nicht entsprächen. Es sei sinnvoller und flexibler, auf den Bezug von Altersrente abzustellen und die Festlegung des Endalters den vertraglichen Vereinbarungen zu überlassen. Diesen Hinweisen wurde ansatzweise Rechnung getragen, indem mit dem RegE § 196 Abs. 4 geschaffen wurde. Diese Regelung soll der Flexibilisierung der Krankentagegeldversicherung im Hinblick darauf dienen, dass in Zukunft andere Zeitpunkte für die Beendigung der Lebensarbeit als das noch typische 65. Lebensjahr zur Norm werden.[19]

III. Anwendungsbereich

6 Die Norm ist angesichts des engen Schutzzwecks und des klaren Wortlautes nur anwendbar auf die Krankentagegeldversicherung, denn nur die Krankentagegeldversicherung weist eine so enge Verknüpfung mit dem Risiko des Verdienstausfalls auf, dass trotz ihres grds. substitutiven Charakters[20] die Begrenzung der Vertragslaufzeit auf keine größeren Bedenken stößt.

B. Inhaltliche Fragen

I. Beendigung der Krankentagegeldversicherung mit Vollendung des 65. Lebensjahres (Abs. 1 S. 1) und Verhältnis zu § 15 Abs. 1 lit. c MB/KT

7 Nach dem Wortlaut von § 196 Abs. 1 S. 1 kann eine Beendigung der Krankentagegeldversicherung mit Vollendung des 65. Lebensjahres „vereinbart werden". Eine solche Vereinbarung fand sich

---

[9] Vgl. die Synopse bei *Bach* in Bach/Moser, 3. Aufl. 2002, S. 569 ff.
[10] So die damals hM, *Wilmes* in Bach/Moser, 3. Aufl. 2002, MB/KT § 15 Rn. 2 mwN; aA soweit ersichtlich nur OLG Hamm r+s 1988, 343.
[11] *Wilmes* in Bach/Moser, 3. Aufl. 2002, MB/KT § 15 Rn. 33.
[12] OLG Düsseldorf r+s 1999, 81 (82).
[13] Abschlussbericht der VVG-Kommission Ziff. 3.1, S. 410.
[14] Begr. zu Art. 1 (§ 196) RegE Gesetz zur Reform des Versicherungsvertragsrechts, BT-Drs. 16/3945, 112.
[15] → Rn. 16.
[16] Begr. zu Art. 1 (§ 196) RegE Gesetz zur Reform des Versicherungsvertragsrechts, BT-Drs. 16/3945, 112.
[17] → Rn. 2.
[18] Stellungnahme v. 15.5.2006 zum Entwurf eines Gesetzes zur Reform des Versicherungsvertragsrechts.
[19] Begr. zu Art. 1 (§ 196) RegE Gesetz zur Reform des Versicherungsvertragsrechts, BT-Drs. 16/3945, 112.
[20] → § 195 Rn. 10.

für Verträge, denen die MB/KT 1978 oder MB/KT 94 zugrunde liegen, im jeweiligen § 15. Dieser sah eine Beendigung „mit dem Bezug von Altersrente, spätestens nach Vollendung des 65. Lebensjahres zum Ende des Monats, in dem die Altersgrenze erreicht wird", vor. Die Wirksamkeit dieser Bestimmung war in der Rspr. anerkannt.[21] In § 15 Abs. 1 lit. c MB/KT 2008/2009 ist als Beendigungszeitpunkt ebenfalls der Bezug von Altersrente genannt; hinsichtlich der Vollendung des 65. Lebensjahrs wird die Beendigung unter den Vorbehalt einer tariflichen Vereinbarung gestellt. Gem. § 208 darf jedoch von der gesetzlichen Regelung der §§ 195, 196 nicht zum Nachteil des Versicherungsnehmers oder der versicherten Person abgewichen werden. Da aber der Beendigungstatbestand „Bezug von Altersrente" in § 196 Abs. 1 nicht genannt, sondern dort nur auf die Erreichung eines bestimmten Lebensalters abgestellt wird, die Krankentagegeldversicherung aber zugleich substitutiv iSv § 195 Abs. 1 S. 1 ist, könnte ein Verstoß gegen den Grundsatz der Unbefristetheit der Krankenversicherung vorliegen.[22] Vor diesem Hintergrund ist das Verhältnis von § 15 Abs. 1 lit. c MB/KT zu § 195 Abs. 1 S. 1, § 196 Abs. 1 S. 1 unter folgenden Konstellationen zu beleuchten:

1. Bezug von Altersrente schon vor Vollendung des 65. Lebensjahres. Nach § 15 Abs. 1 **8** lit. c MB/KT endet eine Krankentagegeldversicherung auch schon vor Vollendung des 65. Lebensjahrs, sobald die versicherte Person Altersrente bezieht, also etwa bei vorgezogenem Rentenbezug nach § 36 SGB VI (Altersrente für langjährig Versicherte ab Vollendung des 63. Lebensjahres). Dabei kommt es nicht darauf an, aus welchem System die Altersrente bezogen wird.[23]

Die Beendigung der Krankentagegeldversicherung in einem solchen Fall gem. § 15 Abs. 1 lit. c **9** MB/KT ist schon keine Abweichung (iSv § 208 VVG) von der gesetzlichen Regelung des § 196 Abs. 1 S. 1 VVG.[24] Diese regelt nur die Möglichkeit einer Befristung auf das Erreichen eines bestimmten Lebensalters. Sie hindert aber nicht die Beendigung aus anderen Gründen. Wollte man dies anders sehen und in der Beendigung wegen Bezugs von Altersrente eine Abweichung von der gesetzlichen Regelung des § 196 Abs. 1 S. 1 VVG sehen, würde es sich jedenfalls nicht um eine Abweichung zum Nachteil des Versicherungsnehmers handeln. Die Regelung wirkt sich nämlich nicht nachteilig aus, da im Regelfall mit dem Bezug von Altersrente kein versicherter Bedarf mehr besteht und damit auch kein Anlass für den Versicherungsnehmer, weiter Prämien für eine Krankentagegeldversicherung aufzuwenden. Folglich ist es unbedenklich, wenn § 15 Abs. 1 lit. c MB/KT an den Bezug von Altersrente die Beendigung der KT-Versicherung knüpft.[25]

Darüber hinaus ist der von *Prölss* entwickelte Gedanke zur Befristung auf das 65. Lebensjahr, **10** die im alten Recht umstritten war, weiterhin beachtlich:[26] *Prölss* ging davon aus, dass die Befristung auf das 65. Lebensjahr schon gar nicht mehr von § 178a Abs. 4 VVG aF erfasst werde, da ein Versicherungsnehmer über 65 Jahre schon keinen Anspruch auf Krankengeld mehr nach § 50 Abs. 1 Nr. 1 SGB V iVm § 35 Nr. 1 SGB VI habe und demnach die Krankentagegeldversicherung ab diesem Zeitpunkt keinen substitutiven Charakter mehr aufweise. Folglich fiele sie dann schon nicht mehr unter den in § 178a Abs. 4 VVG aF festgeschriebenen Grundsatz der Unbefristetheit der substitutiven Krankenversicherung, so dass eine Befristung ohne weiteres möglich war.[27] Da ein solcher Anspruch auch gem. § 50 Abs. 1 Nr. 1 SGB V iVm § 36 SGB VI entfiele, würde auch im vorliegenden Falle des Bezugs von Altersrente schon vor Vollendung des 65. Lebensjahres die Substitutivwirkung der Krankentagegeldversicherung entfallen, mit der Folge, dass sie ohnehin nicht mehr unter § 195 Abs. 1 fiele.

2. Bezug von Altersrente ab Vollendung des 65. Lebensjahres. Der gesetzliche Anspruch **11** auf Regelaltersrente beginnt gem. § 99 SGB VI mit dem Ersten des Kalendermonats, zu dessen Beginn die Anspruchsvoraussetzungen erfüllt sind, also derzeit idR noch mit dem Monatsersten nach Vollendung des 65. Lebensjahrs zuzüglich der verlängernden Monate gem. § 235 Abs. 2 SGB VI. Dazu passte die Formulierung von § 15 lit. c MB/KT 94, die auf das Ende des Monats, in dem die Altersgrenze erreicht wird, abstellte. Im Regelfall fielen daher die Beendigung der KT-Versicherung und der Beginn des Rentenbezuges auf denselben Zeitpunkt. Beispiel: Vollendung

---

[21] OLG Düsseldorf r+s 1999, 81 (82); OLG Köln VersR 94, 165 (166), die gegen dieses Urteil eingelegte Revision hat der BGH nicht angenommen.
[22] Zur ähnlich gelagerten Problematik der Befristung im alten Recht schon *Prölss* in Prölss/Martin, 27. Aufl. 2004, MB/KT § 15 Rn. 28a; *Hohlfeld* in Berliner Kommentar VVG § 178a Rn. 11; ausf. *Schoenfeldt/Kalis* in Bach/Moser, 3. Aufl. 2002, VVG § 178a Rn. 21.
[23] OLG Dresden NJW-RR 2019, 548 für das anwaltl. Versorgungswerk.
[24] OLG Nürnberg VersR 2013, 1390; OLG Braunschweig r+s 2019, 593 (594).
[25] OLG Nürnberg VersR 2013, 1390; *Wilmes* in Bach/Moser MB/KT § 15 Rn. 45.
[26] *Prölss* in Prölss/Martin, 27. Aufl. 2004, MB/KT § 15 Rn. 28a; diff. und Besonderheiten des Basistarifs berücksichtigend, aber iErg ebenso *Voit* in Prölss/Martin, 28. Aufl. 2010, VVG § 196 Rn. 3.
[27] *Prölss* in Prölss/Martin, 27. Aufl. 2004, MB/KT § 15 Rn. 28a.

des 65. Lebensjahrs am 20.8., Bezug von Altersrente ab dem 1.9., Beendigung der Krankentagegeldversicherung nach beiden Tatbestandsvarianten des § 15 lit. c MB/KT 94 mit dem 31.8. Demgegenüber ergibt sich aus der Anwendung des § 196 Abs. 1 S. 1 VVG („... mit Vollendung des 65. Lebensjahres") im genannten Beispiel die Beendigung exakt zum 20.8. Die MB/KT 2008/2009 haben die Gesetzesformulierung übernommen, so dass das neue Recht eine Verschlechterung der Situation des Versicherungsnehmers insoweit geschaffen hat, als nunmehr eine Lücke zwischen Beendigung der Krankentagegeldversicherung und Beginn des Altersrentenbezuges von bis zu einem Monat auftreten kann (im genannten Beispiel v. 20.8. bis 31.8.).

12   **3. Späterer Bezug von Altersrente.** Die Krankentagegeldversicherung endet nach dem gerade Gesagten gem. § 196 Abs. 1 S. 1 VVG iVm § 15 Abs. 1 lit. c MB/KT 2008/2009 und einer entsprechenden tariflichen Vereinbarung mit Vollendung des 65. Lebensjahrs, und zwar auch dann, wenn die versicherte Person erst zu einem späteren Zeitpunkt oder gar überhaupt nicht Altersrente beziehen wird. Da der Gesetzgeber den Vorschlag des PKV-Verbandes,[28] anstelle von starren Altersgrenzen direkt auf den Zeitpunkt des Rentenbezugs abzustellen, nur in modifizierter Form in § 196 Abs. 4 aufgegriffen hat, kann ein späterer Beendigungszeitpunkt vereinbart werden. Ist eine solche Vereinbarung nicht getroffen, kann der Versicherungsnehmer weitere Deckung nur nach Maßgabe von § 196 Abs. 1 S. 2 ff., Abs. 2 bekommen.

13   Darüber hinaus kann der Versicherungsnehmer allerdings weiteren Versicherungsschutz nach Maßgabe von § 196 Abs. 1 S. 2, Abs. 3 erlangen.[29]

II. Versicherungsschutz über das 65. Lebensjahr hinaus (Abs. 1 S. 2–4, Abs. 2, 3)

14   **1. Abschluss einer neuen Krankentagegeldversicherung.** § 196 Abs. 1 S. 2 sieht vor, dass der Versicherungsnehmer vom Versicherer die Annahme eines Antrags auf Abschluss einer „neuen Krankentagegeldversicherung" verlangen kann; dem Versicherer wird damit nach dem Wortlaut der Norm ein **Kontrahierungszwang** auferlegt. Es handelt sich also ausdrücklich nicht um die Möglichkeit einer Verlängerung des bisherigen Versicherungsvertrages, sondern um einen **Neuabschluss**,[30] wobei allerdings der neue Vertrag nahtlos an den alten anschließt. Das ermöglicht es, die Beitragskalkulation der ursprünglichen Krankentagegeldversicherung wie bisher auf den spätesten Beendigungszeitpunkt „Vollendung des 65. Lebensjahres" auszurichten. Konsequenz daraus ist, dass die Prämien für die „Folgeversicherung" wegen des Fehlens von Alterungsrückstellungen und der altersbedingt höheren Risikostruktur der Versichertengemeinschaft höher ausfallen als die der vorangegangenen Versicherung. Die VVG-Reformkommission und ihr folgend der Gesetzgeber sind aber zu der Überzeugung gelangt, dass gleichwohl eine Kalkulation zu bezahlbaren Prämien möglich sei.[31] Abhängen wird die Prämienhöhe auch von der vertraglichen Ausgestaltung der Folgeversicherung. Es könnte sinnvoll sein, eine solche nicht als Summenversicherung (wie bei den MB/KT, → 192 Rn. 130 ff.) sondern als Schadenversicherung auszugestalten.[32] Bei einer Konzeption als Summenversicherung besteht die Gefahr, dass im höheren Alter eine selbständige Berufstätigkeit lediglich pro forma aufrechterhalten wird, um dann im Krankheitsfall zusätzlich zur Altersabsicherung die Krankentagegeldversicherung in Anspruch nehmen zu können.[33] Derartiger Missbrauch kann durch eine Konzeption als Schadenversicherung erschwert werden.

15   **2. Leistungspflicht für vorher eingetretene Versicherungsfälle.** Ob eine Leistungspflicht der „Folgeversicherung" für vor Vollendung des 65. Lebensjahrs bereits eingetretene Versicherungsfälle besteht, hängt von den vertraglichen Vereinbarungen und damit den AVB der Folgeversicherung ab. Sehen diese – wie § 2 S. 2 MB/KT 2008 bzw. 2009[34] – vor, dass für vor Beginn des Versicherungsschutzes bereits eingetretene Versicherungsfälle nicht geleistet wird, besteht eine fortlaufende Leistungspflicht nicht. Dies ist die Konsequenz aus der vom Gesetzgeber ausdrücklich gewollten Konzeption des Abschlusses einer neuen Versicherung. Untersagt hat der Gesetzgeber folgerichtig auch nur die Vereinbarung von Risikoprüfung und Wartezeiten;[35] hingegen hat er den Einschluss vorvertraglicher Versicherungsfälle gerade nicht angeordnet. Dass der Gesetzgeber einen solchen Einschluss zwingend vorausgesetzt hätte, kann auch nicht als Umkehrschluss aus der ausdrücklichen Ausschluss-

---

[28] → Rn. 5.
[29] → Rn. 21.
[30] OLG Nürnberg VersR 2013, 1390.
[31] Abschlussbericht der VVG-Kommission Ziff. 1.3.2.4.5.4.2, S. 171.
[32] Die rechtliche Zulässigkeit bejaht BGH VersR 2001, 1100 (1101).
[33] Diese Sorge teilte die VVG-Reformkommission, Abschlussbericht der VVG-Kommission Ziff. 1.3.2.4.5.4.2, S. 171.
[34] § 2 S. 2 MB/KT 1994 enthielt eine gleichlautende Regelung.
[35] Zu Wartezeiten und Vorvertraglichkeit → § 197 Rn. 4 und 15.

regelung in Abs. 2 S. 2 hergeleitet werden, denn diese betrifft nur den in Abs. 2 behandelten Sonderfall. Hingegen wird die Richtigkeit der hier vertretenen Auffassung durch einen Vergleich mit § 204 Abs. 1 S. 1 bestätigt. Dort folgt aus der Formulierung („Wechsel ... unter Anrechnung der aus dem Vertrag erworbenen Rechte"), dass der neue Tarif auch bereits eingetretene Versicherungsfälle umfasst. Gleiches gilt gem. § 207 Abs. 2 S. 3 bzw. § 206 Abs. 4 S. 1 für die Gruppenversicherung.[36] Eine vergleichbare Formulierung hat der Gesetzgeber in § 196 nicht gewählt, so dass Leistungen für bereits eingetretene Versicherungsfälle nicht erbracht werden müssen.[37]

3. Umfang des Kontrahierungszwangs. § 196 Abs. 1 S. 4 VVG sieht einen Kontrahierungszwang für den Versicherer vor, sofern der Antrag bis zum Ablauf von zwei Monaten nach Vollendung des 65. Lebensjahres gestellt wird und der begehrte Versicherungsschutz nicht höher oder umfassender ist als im bisherigen Tarif. Der Kontrahierungszwang besteht also zB nicht für Tarife mit geringeren Karenzzeiten; die Annahme eines solchen Antrags des Versicherungsnehmers fällt aus dem Anwendungsbereich des § 196 mit der Folge, dass sie dem Versicherer freigestellt ist. Voraussetzung des Kontrahierungszwangs ist zunächst, dass der bisherige Vertrag gerade wegen Erreichens der Altersgrenze endete („... in diesem Fall ..."). Kein Kontrahierungszwang für eine Folgeversicherung besteht daher, wenn der Vertrag – auch – aus anderen Gründen endete, namentlich etwa wegen des Bezuges einer Altersrente gem. § 15 Abs. 1 lit. c MB/KT. Außerdem besteht ein Kontrahierungszwang nur, wenn und soweit für die Anschlussversicherung **Versicherungsfähigkeit**[38] besteht, so dass der Versicherungsnehmer also beruflich tätig sein und hieraus ein Einkommen erzielen muss, weil ansonsten die versicherte Arbeitsunfähigkeit und der daraus resultierende Verdienstausfall überhaupt nicht entstehen können.

III. Hinweispflicht des Versicherers (Abs. 1 S. 3 und Abs. 2)

Im Falle des erstmaligen Endes der befristeten Krankentagegeldversicherung nach Abs. 1 S. 1, dh mit dem 65. Lebensjahr, ist der Versicherer nach Abs. 1 S. 3 verpflichtet, den Versicherungsnehmer auf den bevorstehenden Ablauf der Versicherung hinzuweisen. Dem liegt die Annahme zugrunde, dass dem Versicherungsnehmer die Tatsache der Befristung nach Ablauf von möglicherweise 30 und mehr Jahren seit Vertragsschluss nicht mehr bewusst sei.[39] Aus der ausdrücklichen Normierung der Hinweispflicht folgt zugleich, dass nach Meinung des Gesetzgebers vergleichbare Hinweispflichten nicht aus der allgemeinen Regelung des § 6 Abs. 4 hergeleitet werden können – andernfalls hätte es der spezialgesetzlichen Normierung nicht bedurft. Eine Hinweispflicht besteht folglich ohne weiteren Anlass nicht, wenn der Vertrag aus einem anderen als dem in § 196 genannten Grund endet, namentlich nicht bei einer Beendigung (auch) wegen Rentenbezugs, zumal hier ohnehin auch kein Anspruch des Versicherungsnehmers auf eine Anschlussversicherung besteht (→ Rn. 16). Dazu passt auch der Hinweis der VVG-Reformkommission, es handele sich bei dieser Hinweispflicht um einen Spezialfall, der eng auszulegen sei, denn generell besteht gerade keine Pflicht, den Versicherungsnehmer ungefragt zu betreuen.[40] Die Hinweispflicht ist in **Textform** zu erfüllen, dh den Erfordernissen von § 126b BGB ist Rechnung zu tragen. Erfüllt der Hinweis diese (oder eine sie ersetzende strengere) Form nicht, so gilt er als nicht erfolgt und Abs. 2 S. 1 findet Anwendung. Enthalten muss der Hinweis den Wortlaut „**dieser Vorschrift**", wie Abs. 1 S. 3 bestimmt. Damit ist nicht nur Abs. 1, sondern auch Abs. 2 gemeint, denn diese beiden Normen sind für die Wahrnehmung des Fortführungsrechts über das 65. Lebensjahr hinaus essentiell. Nicht dazu gehören aus diesem Grunde Abs. 3 und 4,[41] denn Abs. 4 regelt eine Materie, die mit der genannten Problematik nichts zu tun hat, und Abs. 3 befasst sich nur mit der Verlängerung bis zum 75. Lebensjahr, zu der aber nach dem Willen des Gesetzgebers ausdrücklich keine Informationspflichten des Versicherers mehr bestehen, da ein Schutzbedürfnis wie bei der erstmaligen Verlängerung nicht mehr gegeben ist.[42]

Der Hinweis hat „**frühestens**" sechs Monate vor dem Ende der Versicherung zu erfolgen. Damit soll anscheinend vermieden werden, dass der Versicherer viel eher, womöglich schon bei

---

[36] Dort wird ebenfalls ein neuer Vertrag, aber unter Anrechnung der aus dem Vertrag erworbenen Rechte geschlossen, → § 207 Rn. 10.
[37] *Rogler* in HK-VVG § 196 Rn. 8; zweifelnd *Voit* in Prölss/Martin VVG § 196 Rn. 4.
[38] Zur Versicherungsfähigkeit in der KT-Versicherung → § 192 (Abs. 5) Rn. 133 ff.
[39] Abschlussbericht der VVG-Kommission Ziff. 3.1, S. 410; Begr. zu Art. 1 (§ 196) RegE Gesetz zur Reform des Versicherungsvertragsrechts, BT-Drs. 16/3945, 112.
[40] Abschlussbericht der VVG-Kommission Ziff. 3.1, S. 410.
[41] AA *Rogler* in HK-VVG § 196 Rn. 7.
[42] Abschlussbericht der VVG-Kommission Ziff. 3.1, S. 410; Begr. zu Art. 1 (§ 196) RegE Gesetz zur Reform des Versicherungsvertragsrechts, BT-Drs. 16/3945, 112.

erstmaligem Abschluss, auf die Fortsetzungsmöglichkeit hinweist und damit der von Abs. 1 S. 3 geforderte Hinweis iErg zur Makulatur wird. Wann er **spätestens** erteilt werden muss, bestimmt das Gesetz hingegen nicht. In der Regel wird der Hinweis bis zum Beendigungszeitpunkt, also bis zur Vollendung des 65. Lebensjahrs erteilt werden, so dass dem Versicherungsnehmer gem. Abs. 1 S. 4 noch mindestens zwei Monate bleiben, um einen Antrag auf Abschluss einer neuen Krankentagegeldversicherung zu stellen. Dies scheint die vom Gesetzgeber gewünschte „Mindestbedenkzeit" zu sein. Wird die Information erst später erteilt und hierdurch diese Bedenkzeit abgekürzt, ist dies allerdings nach dem Gesetz folgenlos. Es wurde also nicht nur versäumt, neben dem frühesten auch den spätesten Informationstermin festzulegen, sondern auch, eine Regelung für den Fall zu treffen, dass der Versicherungsnehmer infolge einer späten Informationserteilung an der Antragstellung innerhalb der Zweimonatsfrist gehindert wird. Zweckmäßigerweise dürfte diese Regelungslücke durch entsprechende Anwendung von Abs. 2 zu schließen sein, so dass die Rechte hieraus dem Versicherungsnehmer nicht nur bei insgesamt unterlassenem Hinweis zustehen, sondern auch dann, wenn der Hinweis erst so spät nach dem 65. Geburtstag erteilt wurde, dass der Versicherungsnehmer die Zwei-Monat-Frist nicht mehr wahren konnte. Die Analogie ist darüber hinaus auch für den Inhalt von Abs. 1 S. 4 zu ziehen, auf den Abs. 2 verweist, dh auch bei entsprechender Anwendung von Abs. 2 ist der neue Versicherungsschutz ohne erneute Risikoprüfung und ohne Wartezeiten zu gewähren. Entsprechendes gilt, wenn der Hinweis inhaltlich unzureichend war, etwa weil die vorgeschriebene Beifügung des Gesetzeswortlauts fehlte.

19 Erfüllt der Versicherer die **Informationspflicht** nicht, soll der Versicherungsnehmer nach Abs. 2 noch bis zum Ende des 66. Lebensjahres sein Recht auf Abschluss einer neuen Krankentagegeld-versicherung wahrnehmen können. Abs. 2 S. 1 spricht dabei vom Hinweis auf das „Ende der Versicherung", meint aber den Hinweis auf das Recht zum Abschluss einer neuen Krankentagegeldversicherung. Wegen der naheliegenden Gefahr des Missbrauchs erfolgt hier keine Rückwärtsversicherung auf den Zeitpunkt der Vollendung des 65. Lebensjahres, sondern es ist als materieller **Versicherungsbeginn** der Zeitpunkt des Antragszugangs vorgesehen, wie Abs. 2 S. 1 klarstellt, der mit eben dieser Modifikation auf Abs. 1 S. 4 verweist. Für bereits eingetretene Versicherungsfälle besteht in diesem Fall keine Leistungspflicht, auch wenn die AVB das nicht ausdrücklich vorsehen sollten.[43]

20 Die **Beweislast** für die unterlassene oder unzureichende Hinweiserteilung trägt der Versicherungsnehmer, da die Nichterteilung des Hinweises iRd Abs. 2 S. 1 rechtsbegründende Tatsache ist.[44] Dass es sich um eine negative Tatsache handelt, ändert an der Beweislastverteilung nichts.[45] Es gilt der allgemeine Grundsatz, dass derjenige, der eine Aufklärungs- oder Beratungspflichtverletzung behauptet, dafür die Beweislast trägt.[46] Die mit dem Nachweis einer negativen Tatsache verbundenen Schwierigkeiten werden dadurch ausgeglichen, dass die andere Partei (hier also der Versicherer) die behauptete Fehlberatung substantiiert bestreiten und darlegen muss, wie iE beraten bzw. aufgeklärt worden sein soll.[47]

IV. Weitere Verlängerung (Abs. 3)

21 Abs. 3 ermöglicht den nochmaligen Abschluss einer neuen Krankentagegeldversicherung. Auch hier handelt es sich nicht um eine Fortsetzung der vorangegangenen Versicherung, sondern ausdrücklich um eine „neue Krankentagegeldversicherung" mit entsprechend gesondert zu kalkulierenden Prämien. Eine Hinweispflicht trifft den Versicherer hier nicht (→ Rn. 17).

V. Höheres Lebensalter (Abs. 4)

22 Abs. 4 sieht die Möglichkeit vor, ein späteres Lebensjahr als in den vorstehenden Absätzen festgelegt – also 65, 70 bzw. 75 Lebensjahre – zu vereinbaren. Diese Bestimmung fand sich im Kommissionsentwurf und im Referentenentwurf noch nicht. Sie ist erst iRd RegE entstanden. Hintergrund hierfür war die zeitgleich geführte politische Diskussion um eine Anhebung des gesetzlichen Renteneintrittsalters.[48]

---

[43] *Rogler* in HK-VVG § 196 Rn. 11.
[44] IErg ebenso *Rogler* in HK-VVG § 196 Rn. 16.
[45] BGHZ 101, 49 (55); BGH VersR 1985, 42 (44).
[46] BGH NJW 2008, 371 (372) zur Hinweispflicht des Anwalts nach § 49b Abs. 5 BRAO.
[47] BGH NJW 2008, 371 (372).
[48] Dies ergibt sich mittelbar aus der Regierungsbegründung, die insoweit von einer „sich abzeichnenden Entwicklung zu einem höheren Renteneintrittsalter" spricht, Begr. zu Art. 1 (§ 196) RegE Gesetz zur Reform des Versicherungsvertragsrechts, BT-Drs. 16/3945, 112.

Festgelegt werden kann jedes spätere Lebensalter, und zwar in Ein-Jahres-Schritten, um so der 23
Entwicklung der Renten zu entsprechen, dh vorstellbar ist auch ein regelmäßiges Endalter von zB
66 oder 69 Jahren, welches dann das in § 196 Abs. 1 festgelegte Regelalter qua vertraglicher Regelung ersetzen würde. Fraglich ist dann, was mit den jeweiligen Verlängerungstatbeständen von Abs. 1
S. 2 und Abs. 3 geschieht, die jeweils einen absoluten Endpunkt bei 70 bzw. 75 Jahren setzen. Im
Zusammenspiel mit Abs. 4 müssen Abs. 1 S. 2 und Abs. 3 dahingehend ausgelegt werden, dass sie
ebenfalls geändert werden können, wofür auch der Wortlaut des Abs. 4 spricht, der auf die „vorstehenden Absätze" rekurriert und damit auch die genannten einschließt. Festzuhalten ist daher
zunächst, dass alle in § 196 genannten Lebensalter der vertraglichen Änderung gem. Abs. 4 zugänglich sind. Das heißt aber nicht, dass die Modifizierung des in Abs. 1 S. 1 genannten Alters zugleich
zwingend eine Änderung der in Abs. 1 S. 2 bzw. Abs. 3 genannten Höchstaltersgrenzen beinhaltet.
Es besteht vielmehr die Möglichkeit, das in Abs. 1 S. 1 festgelegte Alter auf zB 67 Jahre zu erhöhen,
zugleich aber die in Abs. 1 S. 2 bzw. Abs. 3 genannten Altersstufen unverändert bei 70 bzw. 75 Jahren
zu belassen. Diese Auslegung wird dem Wortlaut („spätestens") gerecht und entspricht auch der
Gesetzesintention, längst möglichen Schutz des Versicherungsnehmers bei gleichzeitiger Verhinderung von Missbrauch zu ermöglichen. Denn länger als bis zum 75. Lebensjahr dürfte auch in Zukunft
regelmäßig nicht gearbeitet werden.

Im Rahmen des oben kommentierten Kontrahierungszwangs[49] hat der Versicherungsnehmer 24
Anspruch darauf, dass der erstmalige Neuabschluss seiner Krankentagegeldversicherung bis zum
maximal 70. Lebensjahr währt, der letztmögliche Abschluss bis zum 75. Lebensjahr. Das ergibt sich
daraus, dass auch § 196 vom Verbot der für den Versicherungsnehmer nachteiligen Abweichung des
§ 208 erfasst wird[50] und dementsprechend kein früheres Endalter vom Versicherer vorgegeben werden darf. Es spricht allerdings nichts dagegen, dem Versicherungsnehmer die Wahl zu lassen, innerhalb des gesetzlich vorgegebenen Zeitraums (Abs. 1 S. 2: bis zur Vollendung des 70. Lebensjahres;
Abs. 3: bis zur Vollendung des 75. Lebensjahres) ein früheres Ende seiner Krankentagegeldversicherung zu bestimmen. Das verdeutlicht auch der Wortlaut „spätestens", der so eine Flexibilität bzgl.
eines früheren Enddatums ermöglicht. Diese Situation deckt § 15 Abs. 1 lit. c MB/KT 2008 bzw.
2009, denn selbst wenn früher als zu den gesetzlich genannten Zeitpunkten ein Beendigungsgrund
vorliegt, endet die Krankentagegeldversicherung – iÜ auch schon nach § 15c MB/KT 94 – automatisch. Die Versicherer räumen dem Versicherungsnehmer also schon qua Bedingungsrecht eine
Beendigungsmöglichkeit ein.

Auf diese Weise wird ein angemessener Ausgleich zwischen § 196 Abs. 4 und § 208 geschaffen: 25
Innerhalb des gesetzlich vorgegebenen Rahmens ist der Versicherer zum Abschluss bis höchstens
dem 70. bzw. 75. Lebensjahr verpflichtet, wobei der Kunde das Endalter innerhalb dieser Grenzen
selbst bestimmen kann, der Versicherer wird stets zustimmen, soweit sich das gewünschte Endalter
mit dem Renteneintrittsalter deckt, da dies ohnehin dem Bedingungsrecht entspricht. Wenn spätere
Altersstufen als die in Abs. 1 S. 2 bzw. Abs. 3 vorgegebenen vertraglich abgesichert werden sollen,
bietet Abs. 4 die Möglichkeit, eine entsprechende Vereinbarung mit dem Versicherer zu treffen.
Insofern besteht allerdings keine Verpflichtung des Versicherers, dh ein solcher Vertragsschluss steht
vollständig in seiner Disposition, denn spätere Zeitpunkte als das 70. bzw. 75. Lebensjahr sind nicht
dem Kontrahierungszwang unterworfen, so dass eine Abweichung zum Nachteil des Versicherungsnehmers iSd § 208 nicht mehr gegeben wäre.

§ 197 Wartezeiten

(1) ¹Soweit Wartezeiten vereinbart werden, dürfen diese in der Krankheitskosten-, Krankenhaustagegeld- und Krankentagegeldversicherung als allgemeine Wartezeit drei Monate und als besondere Wartezeit für Entbindungen, Psychotherapie, Zahnbehandlung, Zahnersatz und Kieferorthopädie acht Monate nicht überschreiten. ²Bei der Pflegekrankenversicherung darf die Wartezeit drei Jahre nicht überschreiten.

(2) ¹Personen, die aus der gesetzlichen Krankenversicherung ausscheiden oder die aus einem anderen Vertrag über eine Krankheitskostenversicherung ausgeschieden sind, ist die dort ununterbrochen zurückgelegte Versicherungszeit auf die Wartezeit anzurechnen, sofern die Versicherung spätestens zwei Monate nach Beendigung der Vorversicherung zum unmittelbaren Anschluss daran beantragt wird. ²Dies gilt auch für Personen, die aus einem öffentlichen Dienstverhältnis mit Anspruch auf Heilfürsorge ausscheiden.

---

[49] → Rn. 16.
[50] → § 208 Rn. 1.

Übersicht

	Rn.		Rn.
A. Einführung	1	B. Inhaltliche Fragen	9
I. Normzweck	1	I. Abs. 1	9
II. Entstehungsgeschichte	4	1. Länge der Wartezeiten	10
1. Zeit vor 1994	4	2. Verkürzung der Wartezeiten	11
2. Zeit ab 1994	5	3. Pflegekrankenversicherung	13
3. VVG-Reform 2008	6	4. Basistarif	14
4. GKV-WSG	7	5. Darlegungs- und Beweislast	15
III. Anwendungsbereich	8	II. Abs. 2	16

A. Einführung

I. Normzweck

1 Abs. 1 begrenzt die Möglichkeit der Vereinbarung von Wartezeiten auf diejenigen Zeiträume, die die MB/KK und MB/KT in § 3 vorsehen. Wartezeit ist derjenige Zeitraum, in dem der Versicherungsnehmer bereits die Prämie schuldet, jedoch noch kein Versicherungsschutz gegeben ist.[1] Dadurch kommt es zu einem Auseinanderfallen von **technischem und materiellem Versicherungsbeginn,** also der Zeitpunkte, die den Beginn des prämienbelasteten Zeitraums und den Beginn der Gefahrtragung durch den Versicherer kennzeichnen.[2]

2 Den Wartezeitregelungen liegt der Gedanke zugrunde, dass ein bei Vertragsschluss bereits objektiv vorhandenes oder sogar vom Versicherungsnehmer schon erkanntes Leiden idR binnen drei Monaten (Allgemeine Wartezeit) bzw. acht Monaten (Besondere Wartezeiten) einen Versicherungsfall auslöst, dieser aber von der Haftung durch den Versicherer ausgeschlossen werden soll.[3]

Der BGH hat den Sinn und Zweck der Wartezeiten zunächst darin gesehen, dass sie das **subjektive Risiko** eindämmen sollen.[4] Darüber hinaus haben sie aber die Funktion übernommen, solche Krankheiten aus dem Leistungskatalog der Krankenversicherung auszuklammern, die zwar schon vor Vertragsschluss entstanden und möglicherweise noch unentdeckt waren, dann aber nach dem materiellen Versicherungsbeginn behandlungsbedürftig wurden, mit der Folge, dass dem Versicherungsnehmer ersatzpflichtige Aufwendungen entstanden.[5] Diese – notwendig starre – zeitliche Beschränkung habe allerdings den großen Vorteil, dass sie eine klarere Abgrenzung und damit Rechtssicherheit herbeiführe, im Gegensatz zu den früheren Ausschlussklauseln,[6] die einen Leistungsausschluss insgesamt vorsahen, für alle, auch unerkannte „alte Leiden".

3 Die MB/KK und MB/KT sehen in § 2 vor, dass **vorvertragliche Versicherungsfälle** von der Leistungspflicht ausgeschlossen sind.[7] Dies greift aber idR nur für solche Erkrankungen, die vorvertraglich bereits behandelt wurden.[8] Die eigenständige Bedeutung der Wartezeiten liegt daher darin, auch solche Erkrankungen zu erfassen, die vorvertraglich noch nicht behandelt wurden. Ihre Dauer muss aber gesetzlich begrenzt werden, um die Funktion der Krankenversicherung zu gewährleisten.[9] Diese Begrenzung nimmt § 197 vor.

---

[1] *Stormberg* in Beckmann/Matusche-Beckmann VersR-HdB § 44 Rn. 192.
[2] *Präve* VersR 1999, 15 mwN.
[3] *Präve* VersR 1999, 15.
[4] BGH VersR 1978, 271 (272); so auch *Präve* VersR 1999, 15 mwN; *Hohlfeld* in Berliner Kommentar VVG § 178c Rn. 2.
[5] BGH VersR 1978, 271 (272).
[6] BGH VersR 1978, 271 (272).
[7] *Hütt* in Bach/Moser MB/KK § 2 Rn. 38 ff.
[8] Zum Beginn des Versicherungsfalls in der Krankenversicherung näher *Kalis* in Bach/Moser MB/KK § 1 Rn. 148 ff.
[9] BT-Drs. 12/6959, 104, auf die die Begründung zu § 197 mittelbar verweist, da der bisherige § 178c VVG aF unverändert übernommen wird, vgl. Begr. zu Art. 1 (§ 197 VVG) RegE Gesetz zur Reform des Versicherungsvertragsrechts, BT-Drs. 16/3945, 112; *Hohlfeld* in Berliner Kommentar VVG § 178c Rn. 1.

II. Entstehungsgeschichte

1. Zeit vor 1994. Vor Inkrafttreten der §§ 178a ff. VVG aF war das Recht der privaten Krankenversicherung nicht gesetzlich, sondern allein in den einschlägigen AVB, nämlich in § 3 Abs. 2, 3 der MB/KK 1976 bzw. MB/KT 1978 normiert. Es galten aber die gleichen Zeiträume wie heute, was sich daraus erklärt, dass der historische Gesetzgeber mit § 178c VVG aF nur das geltende Bedingungsrecht übernahm, und diese Norm unverändert in § 197 aufgegangen ist, so dass faktisch eine seit den siebziger Jahren bestehende Rechtslage unverändert geblieben ist. 4

2. Zeit ab 1994. Seit 1994 ist das Recht der Krankenversicherung in den §§ 178a ff. VVG aF kodifiziert gewesen. Da aber § 178c VVG aF das vorher geltende Bedingungsrecht lediglich übernahm,[10] ist es bei den bereits vorher anerkannten bedingungsrechtlichen Wartezeiten geblieben. 5

3. VVG-Reform 2008. Die Vorschrift entsprach in ihrer bis Ende 2008 gültigen Fassung wörtlich § 178c VVG aF. Die VVG-Reform hat also keine signifikanten Änderungen herbeigeführt, die schon seit Jahrzehnten geltenden Wartezeiten beanspruchen daher nach wie vor Geltung. 6

4. GKV-WSG. Durch das GKV-WSG wurde Abs. 2 S. 1 mit Wirkung zum 1.1.2009 um die Worte „oder die aus einem anderen Vertrag über eine Krankheitskostenversicherung ausgeschieden sind" ergänzt. Abs. 2 trifft Regelungen zur sog. „Übertrittsversicherung". Die bis Ende 2008 gültige Fassung sollte gewährleisten, dass der Versicherungsschutz gesetzlich Versicherter bei Übertritt in die PKV möglichst nahtlos fortbesteht.[11] Entsprechendes war und ist für Personen vorgesehen, die aus einem öffentlichen Dienstverhältnis mit freier Heilfürsorge ausscheiden (S. 2). Durch das GKV-WSG sind diese Ausnahmetatbestände mit Wirkung ab dem 1.1.2009 auf Personen ausgeweitet worden, die aus „einem anderen Vertrag über eine Krankheitskostenversicherung" ausgeschieden sind. Diese Erweiterung ist nötig geworden, weil die Wartezeitenregelungen auch nicht für solche Versicherungsnehmer gelten sollen, die bereits vorher privat bei einem anderen Unternehmen krankenversichert waren, diese Konstellation aber nicht unter den Wortlaut des bis 31.12.2008 geltenden Abs. 2 fiel.[12] 7

III. Anwendungsbereich

§ 197 ist auf alle Arten der privaten Krankenversicherung anwendbar, unabhängig davon, ob es sich um Summen- oder Schadenversicherung handelt. Der Gesetzeswortlaut lässt Wartezeitvereinbarungen für alle Formen der Krankheitskosten-, Krankenhaustagegeld- und Krankentagegeldversicherung zu. Namentlich können Wartezeiten somit auch in der nicht substitutiven Krankenversicherung[13] wie etwa der Reise-Krankenversicherung vereinbart werden. Ob eine Einschränkung bei ganz **kurzfristigen Verträgen**, bei denen die Vereinbarung einer Wartezeit den Versicherungsschutz erheblich entwerten würde, zu machen ist,[14] kann nur einzelfallbezogen beurteilt werden. Zulässig ist die Vereinbarung von besonderen Wartezeiten etwa für Psychotherapie in Bedingungen für eine Auslandsreise-Krankenversicherung auch dann, wenn deren Abschluss mit Laufzeiten von acht Monaten und weniger möglich ist, so dass die besondere Wartezeit sich hier nicht anders auswirkt als ein Leistungsausschluss.[15] 8

B. Inhaltliche Fragen

I. Abs. 1

Bei Wartezeiten handelt es sich um einen zeitlich begrenzten Risikoausschluss.[16] Bei den besonderen Wartezeiten tritt zu der zeitlichen Begrenzung eine sachliche Begrenzung des Risikoausschlusses hinzu.[17] „Vereinbart" sind Wartezeiten in allen gängigen Bedingungswerken für die Krankenversicherung, namentlich in § 3 der MB/KK und MB/KT. Vorgesehen ist dort zugleich ein Entfall der 9

---

[10] BT-Drs. 12/6959, 104.
[11] Prölss in Prölss/Martin, 27. Aufl. 2004, MB/KK § 3 Rn. 4.
[12] BT-Drs. 16/3100, 206.
[13] Zu diesem Begriff → § 195 Rn. 9 ff.
[14] In diese Richtung *Voit* in Prölss/Martin VVG § 197 Rn. 11, zweifelnd *Rogler* in HK-VVG § 197 Rn. 4.
[15] IdS AG Köln 26.9.2007 – 118 C 599/06, das LG Köln hat im Berufungsurteil (LG Köln 2.7.2008 – 23 S 68/07), die Frage dahinstehen lassen, da die Berufung des Klägers aus anderen Gründen keinen Erfolg hatte.
[16] *Hütt* in Bach/Moser MB/KK § 3 Rn. 4 mwN.
[17] BGH VersR 1978, 271 (272).

§ 197   10–15   Teil 2. Einzelne Versicherungszweige. Kap. 8. Krankenversicherung

Wartezeiten bei Unfällen.[18] Abs. 1 lässt auch die Vereinbarung von Wartezeiten bei Tarifumstellungen zu. Nach hM ist die Wartezeit aber nur hinsichtlich des vereinbarten Mehrbedarfs zu beachten.[19]

10 **1. Länge der Wartezeiten.** Indem der Gesetzgeber bei Schaffung des § 178c VVG aF die Regelung aus § 3 der Musterbedingungen aufgegriffen und hieran im Rahmen der VVG-Reform und des GKV-WSG nichts geändert hat, hat er zugleich die Wirksamkeit und Berechtigung von § 3 der MB/KK und MB/KT anerkannt. Eine **Inhaltskontrolle** findet gem. § 307 Abs. 3 BGB nicht statt, sofern die Wartezeiten sich in den von § 197 vorgeschriebenen Grenzen halten.[20] Darüber hinaus gehende Wartezeiten dürften gegen § 307 Abs. 2 Nr. 1 BGB bzw. § 208 verstoßen.[21]

11 **2. Verkürzung der Wartezeiten.** Die Vereinbarung kürzerer als der gesetzlich vorgesehenen Wartezeiten oder der gänzliche Verzicht hierauf sind grds. zulässig.[22] Dies folgt schon aus dem Wortlaut des Gesetzes, welcher die Vereinbarung von Wartezeiten ermöglicht, aber nicht vorschreibt. Früher erhobene Bedenken gegen die grundsätzliche Zulässigkeit von Wartezeiterlassen[23] sind deshalb bereits durch das Inkrafttreten von § 178c VVG aF im Jahr 1994 gegenstandslos geworden.

12 Da die MB/KK den Beginn der Wartezeit an den technischen Versicherungsbeginn knüpfen,[24] ist hier auch eine Abkürzung der Wartezeit durch Vorverlegung des technischen Versicherungsbeginns möglich.[25] Ohne Verstoß gegen den Gleichbehandlungsgrundsatz ist ein individueller Wartezeitverzicht möglich, wenn dieser an das Ergebnis einer ärztlichen Untersuchung geknüpft wird.[26]

13 **3. Pflegekrankenversicherung.** Für die Pflegekrankenversicherung sieht Abs. 1 S. 2 eine Höchstdauer der Wartezeit von drei Jahren vor. Diese Spezialregelung gilt nur für die freiwillige Pflegeversicherung, nicht jedoch für die private Pflegepflichtversicherung; für diese gelten die sozialversicherungsrechtlichen Vorgaben des SGB XI.[27]

14 **4. Basistarif.** Anlässlich der Einführung des modifizierten Standardtarifs durch das GKV-WSG (§§ 315 Abs. 1, 257 Abs. 2a SGB V idF des GKV-WSG) zum 1.7.2007 entstand Unsicherheit darüber, ob auch in den Bedingungswerken zu diesem Tarif Wartezeiten vorgesehen werden konnten. Anlass hierfür war die Intention des gleichzeitig eingeführten Kontrahierungszwangs, womit auch solchen Personen Krankenversicherungsschutz verschafft werden sollte, denen ein Zugang hierzu aufgrund ihres schlechten Gesundheitszustands bislang nicht möglich war. Daraus wurde zum Teil abgeleitet, es könnten hier vorvertragliche Versicherungsfälle ebenso wenig von der Leistungspflicht ausgeschlossen wie Wartezeiten vereinbart werden. Diese These findet aber im Gesetz keine Stütze. Hinsichtlich der Wartezeiten spricht gegen sie schon die Existenz von § 197 Abs. 1 VVG, der seinem Wortlaut nach alle Arten der Krankheitskostenversicherung umfasst. Eine Ausnahme für den modifizierten Standardtarif hat der Gesetzgeber weder hier noch an anderer Stelle vorgesehen. Folglich ist die Vereinbarung von Wartezeiten durch § 197 Abs. 1 VVG auch im modifizierten Standardtarif ausdrücklich zugelassen. Entsprechendes gilt für den Basistarif, der zum 1.1.2009 den modifizierten Standardtarif abgelöst hat.[28] Gleichwohl hat sich der PKV-Verband dafür entschieden, in den Musterbedingungen für den Basistarif **keine Wartezeiten** vorzusehen, vgl. § 3 MB/BT 2009.

15 **5. Darlegungs- und Beweislast.** Aus dem Charakter der Wartezeiten als Risikoausschluss folgt für die Darlegungs- und Beweislast im Streitfall (unter Geltung der MB): Der Versicherungsnehmer muss nachweisen, dass in der Zeit nach Beginn des Versicherungsschutzes ein Versicherungsfall entstanden ist; der Versicherer muss – mit dem Ziel vollständiger oder karenzmäßiger Leistungsfreiheit – nachweisen, dass der Beginn des Versicherungsfalls in die Wartezeit fällt.[29]

---

[18] *Voit* in Prölss/Martin MB/KK § 3 Rn. 2.
[19] Eingehend *Hütt* in Bach/Moser MB/KK § 3 Rn. 6.
[20] Zum alten Recht *Prölss* in Prölss/Martin, 27. Aufl. 2004, VVG § 178c Rn. 1.
[21] Zum alten Recht *Hohlfeld* in Berliner Kommentar VVG § 178c Rn. 1.
[22] *Voit* in Prölss/Martin VVG § 197 Rn. 3; *Hohlfeld* in Berliner Kommentar VVG § 178c Rn. 3.
[23] *Hütt* in Bach/Moser MB/KK § 3 Rn. 5.
[24] BGH VersR 1978, 362 (363) mwN.
[25] *Präve* VersR 1999, 15 (18).
[26] *Präve* VersR 1999, 15 (18).
[27] *Voit* in Prölss/Martin VVG § 197 Rn. 6; *Hohlfeld* in Berliner Kommentar VVG § 178c Rn. 5; so auch die Auffassung des Gesetzgebers, vgl. Begr. zu Art. 1 (§ 197 VVG) RegE Gesetz zur Reform des Versicherungsvertragsrechts, BT-Drs. 16/3945, 112.
[28] *Rogler* in HK-VVG § 197 Rn. 5.
[29] *Rogler* in HK-VVG § 197 Rn. 25.

II. Abs. 2

Die Bestimmung regelt die sog. **Übertrittsversicherung.** Sie ermöglichte es in ihrer bis Ende 16 2008 gültigen Fassung ausschließlich Personen, die aus einer gesetzlichen Krankenversicherung oder aus einem öffentlichen Dienstverhältnis mit Anspruch auf Heilfürsorge ausschieden, bei Übertritt in die private Krankenversicherung die bisher zurückgelegte Versicherungszeit auf die Wartezeit anzurechnen. Voraussetzung war und ist die Beantragung der neuen Versicherung innerhalb einer **Frist** von zwei Monaten nach Beendigung der Vorversicherung. Des Weiteren muss die neue private Krankenversicherung zeitlich unmittelbar, dh mit dem technischen Versicherungsbeginn, an die Vorversicherung anschließen. Maßgeblich ist für den Beginn der Zweimonatsfrist nicht der Vertragsschluss, sondern der Zeitpunkt der Antragstellung, da ansonsten der Versicherer mit der Dauer der Risikoprüfung in der Hand hätte, ob die Frist gewahrt wird oder nicht.[30] Im Rahmen von § 197 Abs. 2 und der entsprechenden Formulierung in § 205 Abs. 2 ist streitig, ob der Anspruch auf Heilfürsorge auch den Beihilfeanspruch umfasst, was dort zu verneinen ist.[31] Diese Frage wird bzgl. der Wartezeiten vom Gesetz eindeutig beantwortet, bei einer bestehenden Beihilfeberechtigung ist nämlich § 199 Abs. 2 S. 2 als Spezialregelung anzuwenden, so dass in § 197 Abs. 2 S. 2 allein der originäre Anspruch auf Heilfürsorge gemeint sein kann.[32]

Rechtsfolge ist allein der Entfall der Wartezeit. Hieraus folgt aber nicht, dass eine Leistungs- 17 pflicht für bereits vor Vertragsbeginn eingetretene Versicherungsfälle bestünde; eine solche ist vielmehr – nach den MB – auch im Fall der Übertrittsversicherung ausgeschlossen.[33]

Die seit dem 1.1.2009 gültige Fassung gewährt in Erweiterung der bisherigen Regelung auch 18 Personen, die „**aus einem anderen Vertrag über eine Krankheitskostenversicherung ausgeschieden** sind", dieselben Rechte. Dieser – unpräzise – neue Gesetzeswortlaut wirft die Frage auf, ob jedwede Form einer bisherigen Krankheitskostenversicherung ungeachtet ihres Leistungsumfangs ausreicht, um zu einer Wartezeitanrechnung für sämtliche – auch weitergehende – Leistungsbereiche der neuen Versicherung zu führen. Als Beispiel genannt sei etwa der „Übertritt" aus einer Auslandsreise-Krankenversicherung in eine Krankheitskosten-Vollversicherung. Der Wortlaut der Bestimmung allein, der lediglich von „einem" anderen Krankheitskostenversicherungsvertrag spricht, könnte ein solches Verständnis nahelegen. Nach der Gesetzesbegründung[34] war jedoch an Personen gedacht, die von einem privaten Versicherer zu einem anderen „wechseln", namentlich an solche, die von der neu geschaffenen Portabilität der Alterungsrückstellungen (im Basistarif, → § 204 Rn. 277 ff.) Gebrauch machen wollen. Eine normzweckorientierte Auslegung gebietet es daher, die Regelung nur anzuwenden, soweit es sich um Verträge mit **gleichartigem Versicherungsschutz** handelt.[35] Dies zeigt auch ein Vergleich mit § 204 VVG, der den Tarifwechsel des Versicherungsnehmers bei seinem bisherigen Versicherer ermöglicht. Hier ist die Möglichkeit einer Wartezeit ausdrücklich vorgesehen, soweit der neue Tarif Mehrleistungen enthält. Es war erkennbar nicht die Intention des Gesetzgebers, denjenigen, der den Versicherer wechselt, hinsichtlich der Wartezeiten besser zu stellen als denjenigen, der bei seinem bisherigen Versicherer einen anderen Tarif wählt. Wenn letzterer hinsichtlich hinzukommender Mehrleistungen eine Wartezeit in Kauf nehmen muss,[36] kann es nicht gewollt sein, ersteren ohne Wartezeiten in den Genuss von Mehrleistungen kommen zu lassen.

Zur Frage der Anrechnung von Wartezeiten bei Tarifwechseln innerhalb desselben Unternehmens → § 204 Rn. 264. 19

Von Wartezeiten iSd § 197 zu unterscheiden sind zeitlich befristete Beschränkungen des Leis- 20 tungsumfangs, wie sie häufig in Form sog. **„Zahnstaffeln"** vorkommen. Derartige Regelungen begrenzen das Leistungsversprechen des Versicherers summenmäßig tarifimmanent, es handelt sich daher nicht um Wartezeiten[37] sondern um einen Bestandteil des Leistungsversprechens.[38] Zur Behandlung derartiger Regelungen im Fall des Tarifwechsels (bei demselben Versicherer) → § 204 Rn. 267. Im Fall des Übertritts (von einem Versicherer zum anderen) iSv § 197 Abs. 2 beginnen zeitlich befristete Leistungseinschränkungen, namentlich Zahnstaffeln, bei dem neuen Versicherer

---

[30] *Hohlfeld* in Berliner Kommentar VVG § 178c Rn. 7.
[31] → § 205 Rn. 37.
[32] Im Erg. auch *Voit* in Prölss/Martin VVG § 197 Rn. 15; *Hohlfeld* in Berliner Kommentar VVG § 178c Rn. 8.
[33] *Rogler* in HK-VVG § 197 Rn. 24.
[34] BT-Drs. 16/3100, 206.
[35] In diesem Sinne *Rogler* in HK-VVG § 197 Rn. 19, 20; aA ohne nähere Begr. *Voit* in Prölss/Martin VVG § 197 Rn. 18.
[36] § 204 Abs. 1.
[37] So aber VG Frankfurt a. M. VersR 2007, 337 (338) mit ablehnender Anm. *Grote/Finkel*; insoweit zust. *Buchholz* VersR 2008, 27; idS BVerwG VersR 2007, 1253 (1254).
[38] *Grote/Finkel* VersR 2007, 338.

neu zu laufen. Dies folgt ohne weiteres daraus, dass es sich insofern um einen neuen Vertrag und nicht um „Wartezeiten" isv § 197 Abs. 2 VVG handelt.

§ 198 Kindernachversicherung

(1) ¹Besteht am Tag der Geburt für mindestens einen Elternteil eine Krankenversicherung, ist der Versicherer verpflichtet, dessen neugeborenes Kind ab Vollendung der Geburt ohne Risikozuschläge und Wartezeiten zu versichern, wenn die Anmeldung zur Versicherung spätestens zwei Monate nach dem Tag der Geburt rückwirkend erfolgt. ²Diese Verpflichtung besteht nur insoweit, als der beantragte Versicherungsschutz des Neugeborenen nicht höher und nicht umfassender als der des versicherten Elternteils ist.

(2) ¹Der Geburt eines Kindes steht die Adoption gleich, sofern das Kind im Zeitpunkt der Adoption noch minderjährig ist. ²Besteht eine höhere Gefahr, ist die Vereinbarung eines Risikozuschlags höchstens bis zur einfachen Prämienhöhe zulässig.

(3) ¹Als Voraussetzung für die Versicherung des Neugeborenen oder des Adoptivkindes kann eine Mindestversicherungsdauer des Elternteils vereinbart werden. ²Diese darf drei Monate nicht übersteigen.

(4) Die Absätze 1 bis 3 gelten für die Auslands- und die Reisekrankenversicherung nicht, soweit für das Neugeborene oder für das Adoptivkind anderweitiger privater oder gesetzlicher Krankenversicherungsschutz im Inland oder Ausland besteht.

Übersicht

		Rn.			Rn.
A.	Einführung	1	3.	Beginn des Versicherungsschutzes	11
I.	Normzweck	1	4.	Prämie	12
II.	Entstehungsgeschichte	3	5.	Voraussetzungen des Anmeldungsrechts	13
1.	Zeit vor 1994	3	6.	Umfang des Versicherungsschutzes	14
2.	Zeit ab 1994	4		a) Versicherung beider Elternteile	15
3.	VVG-Reform 2008	5		b) Die verschiedenen Auffassungen	16
4.	GKV-WSG	7		c) Anmeldung mit erhöhtem Umfang	17
III.	Anwendungsbereich	8	II.	Adoption (Abs. 2)	18
B.	Inhaltliche Fragen	9	1.	Maßgeblicher Zeitpunkt	18
I.	Nachversicherung des Neugeborenen (Abs. 1)	9	2.	Risikozuschlag	19
1.	Einbeziehung in den bestehenden Vertrag	9	III.	Mindestversicherungsdauer (Abs. 3)	21
2.	Rückwärtsversicherung	10	IV.	Ausnahme in der Auslands- und Reisekrankenversicherung (Abs. 4)	22

A. Einführung

I. Normzweck

1   Die Regelung soll sicherstellen, dass auch für solche Kinder Versicherungsschutz erlangt werden kann, für die wegen bereits bei der Geburt vorhandener, auch schwerer Erkrankungen Versicherungsschutz weder mit Risikozuschlägen noch überhaupt zu erhalten ist,[1] zumal auch ein Zugang zur gesetzlichen Krankenversicherung nicht allen Kindern offen steht. Unterhalten nämlich beide Elternteile privaten Krankenversicherungsschutz, oder sind die Voraussetzungen des § 10 Abs. 3 SGB V erfüllt, so würde auch kein sozialversicherungsrechtliches Zugangsrecht zur GKV im Rahmen einer Familienversicherung entstehen. § 198 stellt also sicher, dass auch privat krankenversicherte Eltern das Krankheitsrisiko ihres Nachwuchses in Deckung geben können, ohne mit unkalkulierbaren Aufwendungen belastet zu werden.

---

[1]   Abschlussbericht der VVG-Kommission Ziff. 1.3.2.4.5.6, S. 173.

Gesichert wird daneben auch, dass leibliche und adoptierte Kinder, was den Versicherungsschutz angeht, gleichgestellt werden, wofür Abs. 2 sorgt.[2] Dies sah schon der Gesetzgeber der §§ 178a ff. VVG aF als geboten an, weil es der rechtlichen Wertung der §§ 1754, 1755 BGB entsprach.[3]

II. Entstehungsgeschichte

1. Zeit vor 1994. Vor der Kodifizierung der privaten Krankenversicherung waren die AVB die maßgebliche Rechtsquelle, insbes. die MB/KK 1976. Diese sahen in § 2 Abs. 2 bereits einen Anspruch auf Nachversicherung des Kindes vor. Es bestand demnach schon damals eine der heutigen ähnliche Rechtslage. Einzig der Adoptionstatbestand des Abs. 2 war nicht in den AVB enthalten.[4]

2. Zeit ab 1994. Die 1994 in Kraft getretene gesetzliche Regelung des § 178d VVG aF normierte damit – lediglich erweitert um den Tatbestand der Adoption – eine bereits seit Langem bestehende Praxis der Krankenversicherer.

3. VVG-Reform 2008. Die Abs. 1 und 3 übernehmen unverändert den früheren § 178d Abs. 1–3 VVG aF. Neu geschaffen wurde auf Vorschlag der Reformkommission Abs. 4,[5] der der Sache nach eine gesetzliche Einschränkung des Anwendungsbereiches der Kindernachversicherung darstellt.[6]

In den **MB/KK 2008/2009** wurde die dort in den § 2 Abs. 2, 3 enthaltene Regelung zur Kindernachversicherung gegenüber den MB/KK 1994 geringfügig in der Diktion geändert, wodurch bisher bestehende Differenzen zum Gesetzeswortlaut teilweise behoben wurden. Näheres siehe unten bei der Kommentierung der einzelnen Tatbestandsmerkmale.

4. GKV-WSG. Die Regelung erfüllte vor Inkrafttreten des GKV-WSG einen sozialpolitischen Zweck.[7] Durch das GKV-WSG ist die Regelung sozialpolitisch weniger bedeutsam geworden, denn seither besteht der Kontrahierungszwang im Basistarif gem. § 193 Abs. 5 VVG, § 152 Abs. 2 VAG. Damit ist der Zugang zu Krankenversicherungsschutz ohnehin gewährleistet, so dass die Regelung des § 198 ihre sozialpolitische Bedeutung verloren hat.

III. Anwendungsbereich

Die Norm greift ihrem eindeutigen Wortlaut nach bei allen Formen der privaten Krankenversicherung.[8] Diskutiert wurde im Vorlauf darüber, ob dies nicht zu weit sei, dh ob der Anwendungsbereich des § 198 nicht eingeschränkt werden müsse, da die sozialpolitische Funktion der Norm nur dann tangiert werde, wenn eine substitutive Krankenversicherung betroffen sei, was bei verschiedenen Versicherungsarten, zB bei der Auslands- oder Reisekrankenversicherung, nicht der Fall sei. Dementsprechend sollte § 198 auf diese Versicherungsarten nicht ausgedehnt werden. Dem ist die Reformkommission nicht gefolgt. Sie hat sich für einen integrierten Ansatz entschieden, der § 198 weder nur auf die substitutive Krankenversicherung Anwendung finden lässt, noch die Ausbildungs- bzw. Reiseversicherung per se von der Kindernachversicherung ausschließt.[9] Dies ist gerechtfertigt, da auch in diesen Bereichen Situationen gegeben sein können, die den Schutzzweck des § 198 auslösen sollen. Dieser Ausgangslage trägt eine Subsidiaritätsregel wie die des Abs. 4 am besten Rechnung. Sie lässt die Anwendung des § 198 in den kritischen Fällen zu, schließt sie aber aus, wenn anderweitiger Versicherungsschutz besteht, was einen gerechten Ausgleich der Interessen der Eltern und des Versicherers darstellt. § 198 Abs. 1–3 ist iErg auf alle Formen der Krankenversicherung anwendbar; auf die Ausbildungs- und Reisekrankenversicherung nur, soweit kein anderer gleichartiger Versicherungsschutz besteht.[10]

B. Inhaltliche Fragen

I. Nachversicherung des Neugeborenen (Abs. 1)

1. Einbeziehung in den bestehenden Vertrag. Die Regelung ermöglicht die Einbeziehung des Neugeborenen als Gefahrperson in den von einem Elternteil unterhaltenen Krankenversiche-

---

[2] Abschlussbericht der VVG-Kommission Ziff. 1.3.2.4.5.6, S. 173; *Hohlfeld* in Berliner Kommentar VVG § 178d Rn. 6.
[3] BT-Drs. 12/6959, 105; *Hohlfeld* in Berliner Kommentar VVG § 178d Rn. 6.
[4] *Hohlfeld* in Berliner Kommentar VVG § 178d Rn. 6.
[5] Abschlussbericht der VVG-Kommission Ziff. 1.3.2.4.5.6, S. 173 f.
[6] → Rn. 22 f.
[7] → Rn. 1.
[8] Abschlussbericht der VVG-Kommission Ziff. 1.3.2.4.5.6, S. 173.
[9] Abschlussbericht der VVG-Kommission Ziff. 1.3.2.4.5.6, S. 173.
[10] Ausf. → Rn. 23 f.

rungsvertrag.[11] Die Qualifizierung als Gefahrperson erklärt sich daraus, dass die Eltern hier ein eigenes Risiko, das Ausfluss ihrer Elternpflicht ist, versichern, denn sie sind dem Kind zur Gesundheitssorge verpflichtet. Diese Einbeziehung entsteht nach dem Wortlaut von S. 1 durch **„Anmeldung"**. Dies spricht dafür, dass der der Versicherungsschutz durch einseitige empfangsbedürftige Willenserklärung zustande kommt.[12] Allerdings ist in S. 2 vom „beantragten" Versicherungsschutz die Rede, woraus gefolgert wird, dass der Versicherungsschutz nicht automatisch auf die Anmeldung hin einsetze, sondern eine Annahmeerklärung des Versicherers erforderlich sei, zu deren Abgabe jedoch eine Pflicht bestehe.[13] Praktische Konsequenzen hat dieser Meinungsstreit nicht, da der Versicherungsschutz in beiden Fällen zum selben Zeitpunkt beginnt, nämlich im Zeitpunkt der Geburt des Kindes.

10   **2. Rückwärtsversicherung.** Die wirksame Anmeldung schafft rückwirkenden Versicherungsschutz. Ob man dies als Fall der Rückwärtsversicherung iSv § 2 bei gleichzeitiger Nichtanwendung von § 2 Abs. 2 S. 2 ansehen will,[14] ist ohne Bedeutung. Es handelt sich bei § 198 Abs. 1 in jedem Fall um eine Spezialregelung, die Vorrang vor § 2 Abs. 2 S. 2 hat.[15] Über dessen Unanwendbarkeit besteht Einigkeit.[16] Eine andere Sichtweise wäre auch mit dem Gesetzeszweck nicht vereinbar, denn die Regelung soll auch die Schaffung von Versicherungsschutz für bereits eingetretene Versicherungsfälle bewirken.

11   **3. Beginn des Versicherungsschutzes.** Versicherungsschutz besteht ab Vollendung der Geburt. Diese Formulierung findet sich nun auch in § 2 Abs. 2 MB/KK 2008 und 2009, während in den MB/KK 1994 weniger präzise noch auf den Zeitpunkt „unmittelbar nach der Geburt" abgestellt wurde. Das Abstellen auf die **Vollendung der Geburt** hat allerdings letztlich keine besondere Bedeutung, sondern hebt nur die Selbstverständlichkeit hervor, dass vor der Vollendung der Geburt eine versicherte Person nicht existiert (§ 1 BGB).[17] Versichert sind nach einhelliger Auffassung nämlich auch Schädigungen, die schon vor der Geburt eingetreten sind, ebenso Schädigungen während des Geburtsvorgangs.[18] Dies war der ausdrückliche Wille des Gesetzgebers bei Schaffung des § 178d VVG aF.[19] Zudem ist dies zwingende Konsequenz aus § 2 Abs. 1 S. 2 MB/KK iVm § 1 Abs. 2 S. 2 MB/KK. Danach beginnt der Versicherungsfall mit der Heilbehandlung der versicherten Person. Eine solche kann aber vor Vollendung der Geburt nicht stattgefunden haben, so dass Vorvertraglichkeit im Sinne der MB/KK nicht vorliegen kann. Dies gilt auch dann, wenn während der Schwangerschaft erkannte Schäden oder Krankheiten schon vorgeburtlich behandelt worden sein sollten, denn solche Behandlungen des noch nicht geborenen Kindes sind keine Behandlungen des Kindes als „der versicherten Person". Im Übrigen wäre es wenig plausibel, ererbte, also schon vor der Geburt bestehende Schädigungen unter den Versicherungsschutz fallen zu lassen, Schädigungen, die bei der Geburt entstehen, aber davon auszunehmen.[20]

12   **4. Prämie.** Nach § 2 Abs. 2 MB/KK 1994 hatte die Anmeldung rückwirkend „zum Ersten des Geburtsmonats" zu erfolgen, während die gesetzliche Regelung nur von rückwirkender Anmeldung spricht. Wegen des Vorrangs der gesetzlichen Regelung (§ 208) war seit jeher für die Prämienberechnung auf den Geburtstag und nicht auf den Ersten des Geburtsmonats abzustellen. Folgerichtig ist in den MB/KK 2008 die Formulierung dem Gesetzeswortlaut angepasst worden. Im dortigen § 2 Abs. 2 ist wie im Gesetz nur noch von rückwirkender Anmeldung die Rede.[21]

13   **5. Voraussetzungen des Anmeldungsrechts.** Voraussetzung des Anmeldungsrechts ist, dass zumindest für ein Elternteil eine Krankenversicherung bei demselben Versicherer besteht[22] und dass

---

11   *Voit* in Prölss/Martin VVG § 198 Rn. 3.
12   IdS *Hohlfeld* in Berliner Kommentar VVG § 178d Rn. 1; *Muschner* in Langheid/Rixecker VVG § 198 Rn. 1; anders *Voit* in Prölss/Martin VVG § 198 Rn. 9, 10 „rechtsgeschäftsähnliche Handlung".
13   *Rogler* in HK-VVG § 198 Rn. 4.
14   Dies bejahend *Hohlfeld* in Berliner Kommentar VVG § 178d Rn. 1; *Voit* in Prölss/Martin VVG § 198 Rn. 3; *Muschner* in Langheid/Rixecker VVG § 198 Rn. 2.
15   Begr. zu Art. 1 (§ 198 VVG) RegE Gesetz zur Reform des Versicherungsvertragsrechts, BT-Drs. 16/3945, 112.
16   *Rogler* in HK-VVG § 198 Rn. 5 mwN.
17   *Voit* in Prölss/Martin VVG § 198 Rn. 5.
18   *Voit* in Prölss/Martin VVG § 198 Rn. 5; *Hohlfeld* in Berliner Kommentar VVG § 178d Rn. 2.
19   BT-Drs. 12/6959, 105.
20   IErg auch *Voit* in Prölss/Martin VVG § 198 Rn. 5; *Hohlfeld* in Berliner Kommentar VVG § 178d Rn. 2.
21   Ebenso § 2 Abs. 2 S. 1 MB/KK 2009.
22   Zur Frage der Mindestversicherungsdauer → Rn. 21.

die Anmeldung spätestens zwei Monate nach dem Tag der Geburt rückwirkend erfolgt. Maßgeblich für die Fristberechnung ist der tatsächliche, nicht der errechnete Tag der Geburt.[23]

6. Umfang des Versicherungsschutzes. S. 2 begrenzt den Umfang des Versicherungsanspruchs für das Neugeborene. Nach dem Gesetzeswortlaut darf der Versicherungsschutz des Neugeborenen nicht höher und umfassender als der „des" versicherten Elternteils sein. § 2 MB/KK stellt davon abweichend auf das Maß „eines" versicherten Elternteils ab. Auch in den MB/KK 2008 ist diese Abweichung vom Gesetzeswortlaut nicht beseitigt worden.[24]

a) Versicherung beider Elternteile. Die Abweichung führt zu Auslegungsschwierigkeiten, wenn beide Elternteile beim selben Versicherer zu unterschiedlichen Tarifen versichert sind. Nach der Formulierung des § 2 MB/KK ist auf den Elternteil mit geringerem Versicherungsschutz abzustellen. Maßgeblich ist aber wegen § 208 der Gesetzeswortlaut. Dieser lässt verschiedene Interpretationen zu.

b) Die verschiedenen Auffassungen. Nach einer früher von *Prölss* vertretenen Auffassung sollte der Elternteil mit geringerem Versicherungsschutz maßgeblich für den Versicherungsumfang des Neugeborenen sein.[25] Diese Auffassung stellte auf die Formulierung des § 2 Abs. 2 S. 2 MB/KK 1994 ab. Später vertrat *Prölss* dann, Versicherungsschutz sei im Umfang des höher versicherten Elternteils zu gewähren,[26] allerdings ohne nähere Begründung. *Hohlfeld* will eine Kombination des Versicherungsschutzes beider Elternteile ermöglichen,[27] ebenso *Voit*.[28] Diese Meinung lässt sich jedoch mit dem Wortlaut des Gesetzes, der ausdrücklich im Singular formuliert ist, nicht in Einklang bringen. Auch der soziale Schutzzweck der Bestimmung erfordert eine solche Auslegung nicht. Richtigerweise ist **Versicherungsschutz im Umfang des höher versicherten Elternteils** zu gewähren.[29] Keinesfalls ist auf den des geringer versicherten Elternteils abzustellen, denn dann wäre in dem Fall, dass ein Elternteil krankenvollversichert, der andere nur eine Zusatzversicherung unterhält, der Versicherer nur zum Abschluss einer Zusatzversicherung verpflichtet, so dass das Kind weder (wegen § 10 Abs. 3 SGB V) gesetzlich noch privat versichert wäre, was aber dem Ziel des § 198, Krankheitskostenschutz für das Neugeborene zu erlangen,[30] ersichtlich widerspräche.

c) Anmeldung mit erhöhtem Umfang. Wenn in der Anmeldung nach S. 1 höherer oder umfassenderer Versicherungsschutz gewünscht wurde als nach S. 2 zulässig, ist dies als Anmeldung im Rahmen des Zulässigen gem. § 140 BGB umzudeuten,[31] sofern nicht ausnahmsweise etwas dafür ersichtlich ist, dass die Eltern dies nicht wollen oder der Versicherer bereit ist, höheren Versicherungsschutz zu gewähren.[32] Den Versicherer trifft die Pflicht, den Versicherungsnehmer über die Abweichung von dem erstrebten Versicherungsschutz zu informieren.[33] Da ohnehin ein neuer Versicherungsschein auszustellen ist, kann dies zweckmäßigerweise entsprechend § 5 Abs. 2 S. 2 VVG geschehen. Zwingend erforderlich ist dies nur dann, wenn die Erklärung der Eltern auch als reguläre Antragserklärung gem. § 145 BGB, und nicht nur als „Anmeldungserklärung" gem. § 198 Abs. 1 S. 1 VVG ausgelegt werden kann, denn andernfalls wäre hier gem. § 5 Abs. 3 VVG Versicherungsschutz in dem gewünschten Umfang entstanden. Ob eine solche Auslegung möglich ist, kann nur einzelfallbezogen beurteilt werden. Im Regelfall wird dies zu verneinen sein, wenn der Versicherungsnehmer den Begriff „Anmeldung" oder das entsprechende Verb verwendet, weil hierdurch erkennbar auf das vertraglich vereinbarte (im Umfang beschränkte) Nachversicherungsrecht Bezug genommen wird.

II. Adoption (Abs. 2)

1. Maßgeblicher Zeitpunkt. Die Adoption eines minderjährigen Kindes steht der Geburt eines Kindes gleich. Maßgeblicher Zeitpunkt für das Bestehen des elterlichen Versicherungsschutzes (gem. Abs. 1 „am Tag der Geburt") sowie für den Beginn der Zweimonatsfrist (nach dem Tag der

---

[23] OLG Köln VersR 1998, 352.
[24] Auch die MB/KK 2009 enthalten die Formulierung „eines versicherten Elternteils".
[25] *Prölss* in Prölss/Martin, 26. Aufl. 1998, VVG § 178d Rn. 4.
[26] *Prölss* in Prölss/Martin, 27. Aufl. 2004, VVG § 178d Rn. 4.
[27] *Hohlfeld* in Berliner Kommentar VVG § 178d Rn. 4.
[28] *Voit* in Prölss/Martin, 28. Aufl. 2010, VVG § 198 Rn. 7.
[29] *Rogler* in HK-VVG § 198 Rn. 6.
[30] → Rn. 1.
[31] *Rogler* in HK-VVG § 198 Rn. 5.
[32] *Hohlfeld* in Berliner Kommentar VVG § 178d Rn. 3.
[33] *Rogler* in HK-VVG § 198 Rn. 5.

Geburt gem. Abs. 1) ist der Zeitpunkt, in dem die Adoption wirksam wird.[34] Wirksamkeit tritt mit Zustellung des vormundschaftsgerichtlichen Beschlusses an den Annehmenden ein.[35] Höchstrichterlich geklärt ist, dass für zu diesem Zeitpunkt **bereits eingetretene Versicherungsfälle** Versicherungsschutz zu gewähren ist, was sich aus der Gleichstellung mit der Geburt des Kindes gem. § 198 Abs. 1 ergibt, da dort der Versicherer auch für vorgeburtliche Schädigungen haftet.[36]

19   **2. Risikozuschlag.** Anders als bei der Nachversicherung des neugeborenen Kindes nach Abs. 1 lässt Abs. 2 S. 2 beim Bestehen einer höheren Gefahr die Vereinbarung eines Risikozuschlags zu. Voraussetzung ist das Bestehen einer „höheren Gefahr". § 2 Abs. 3 MB/KK stellt im Wortlaut abweichend auf ein „erhöhtes Risiko" ab, was jedoch sachlich keinen Unterschied macht. Maßgeblich sind die Risikoprüfungsgrundsätze und Annahmerichtlinien des Versicherers.[37] Dabei darf allerdings der Risikozuschlag die einfache Prämienhöhe nicht übersteigen, so dass Obergrenze der gesamten Prämie die doppelte Prämienhöhe ist.[38]

20   Unklar ist auch nach der Neuregelung, was geschieht, wenn die Eltern zwar auf Einbeziehung des Adoptivkindes in den Vertrag bestehen, den Risikozuschlag allerdings nicht zahlen wollen.[39] Versicherungsschutz im versicherten Umfang besteht zunächst auch dann, denn dieser kommt mit der Anmeldung rückwirkend zustande.[40] Fraglich ist allerdings, ob der Risikozuschlag nur dann wirksam erhoben worden ist, wenn die Eltern dieses „Angebot" des Versicherers angenommen haben, oder ob diesem ein einseitiges Bestimmungsrecht zusteht. Der Wortlaut von S. 2 spricht unpräzise von einer „Vereinbarung" des Risikozuschlags. Er scheint damit eine – wenigstens konkludente – Annahme durch den Versicherungsnehmer vorauszusetzen. Allerdings ging es dem Gesetzgeber allein darum, sicherzustellen, dass der Versicherer in begründeten Einzelfällen einen Risikozuschlag „verlangen" kann.[41] Es handelt sich daher um ein einseitiges **Leistungsbestimmungsrecht** des Versicherers gem. § 315 BGB.[42] Verweigert der Versicherungsnehmer die Zahlung des Zuschlags, besteht Versicherungsschutz nur nach Maßgabe der gesetzlichen Regelungen zum Prämienzahlungsverzug (§§ 37, 38 VVG mit den Einschränkungen des § 193 Abs. 6 ff. VVG, soweit es sich um eine Versicherung zur Erfüllung der Versicherungspflicht handelt).

III. Mindestversicherungsdauer (Abs. 3)

21   In § 2 Abs. 2 MB/KK ist vorgesehen, dass ein Anspruch auf Kindernachversicherung nur besteht, wenn das Elternteil mindestens drei Monate beim Versicherer versichert ist. Damit soll das Risiko von kurzzeitigen Zweckabschlüssen reduziert werden. Das Elternteil muss gem. § 2 Abs. 2 MB/KK am Tage der Geburt mindestens drei Monate beim Versicherer versichert sein. Maßgeblich für die Berechnung ist nicht der errechnete, sondern der tatsächliche Geburtstermin.[43]

IV. Ausnahme in der Auslands- und Reisekrankenversicherung (Abs. 4)

22   Die Abs. 1–3 umfassen ihrem Wortlaut nach alle Formen der Krankenversicherung, auch die nicht substitutive Krankenversicherung in allen Erscheinungsformen, sowie die Pflegeversicherung.[44] Von diesem Grundsatz macht Abs. 4 eine Ausnahme für die Auslands- und Reisekrankenversicherung, allerdings nur unter bestimmten Voraussetzungen:

23   Für das Kind muss **„anderweitiger privater oder gesetzlicher Krankenversicherungsschutz"** bestehen. Zu Art und Umfang dieses „anderweitigen" Versicherungsschutzes macht das Gesetz keine näheren Angaben, mit Ausnahme derjenigen, dass dieser Versicherungsschutz „im Inland oder Ausland" bestehen müsse. Daraus ist zu folgern, dass grds. jedwede Form anderen Krankenversicherungsschutzes genügt, unabhängig davon, wie dieser iE ausgestaltet und ob er etwa nur auf das Inland oder das Ausland beschränkt ist. Allerdings schränkt Abs. 4 das Nachversicherungsrecht nur ein, „soweit" der anderweitige Versicherungsschutz besteht. Die Regelung ist daher insge-

---

[34] *Hohlfeld* in Berliner Kommentar VVG § 178d Rn. 8.
[35] *Götz* in Grüneberg BGB § 1752 Rn. 2.
[36] BGH VersR 2000, 1533 (1534); anders noch die Vorinstanz OLG Hamm VersR 2000, 441 (442).
[37] Hierzu iE die Kommentierung zu → § 19 Rn. 1 ff.; aA *Voit* in Prölss/Martin VVG § 198 Rn. 14, der auf den üblichen Gesundheitszustand von Personen derselben Altersklasse abstellt.
[38] *Hohlfeld* in Berliner Kommentar VVG § 178d Rn. 9.
[39] *Wriede* VersR 1994, 251 (252).
[40] → Rn. 9.
[41] BT-Drs. 12/6959, 105.
[42] *Rogler* in HK-VVG § 198 Rn. 9; *Muschner* in Langheid/Rixecker VVG § 198 Rn. 4; zum alten Recht *Wriede* VersR 1994, 251 (253); aA *Voit* in Prölss/Martin VVG § 198 Rn. 14.
[43] OLG Köln VersR 1998, 352.
[44] BGH VersR 2000, 1533 (1534).

samt so zu verstehen, dass ein Anspruch auf Kindernachversicherung in der Auslands- und Reisekrankenversicherung insoweit besteht, wie hierdurch Leistungsbereiche abgedeckt werden sollen, die von dem anderweitig bestehenden Versicherungsschutz nicht umfasst sind. Besteht also etwa für das Kind gesetzlicher Krankenversicherungsschutz, besteht ein Anspruch auf Kindernachversicherung in solchen Auslandsreisekrankenversicherungstarifen, die subsidiär zur gesetzlichen Krankenversicherung solche Aufwendungen erstatten, die von der GKV nicht bezahlt werden. Entsprechendes gilt, wenn das Kind anderweitig privat kranken-vollversichert ist. Auch hier kann (zusätzlicher) Versicherungsschutz in der Auslandsreisekrankenversicherung im Wege der Kindernachversicherung nur verlangt werden, soweit es sich um Leistungsbereiche handelt, die nicht bereits in der bestehenden Krankheitskostenvollversicherung enthalten sind. Bietet der Versicherer nur Tarife an, die sich mit dem Leistungsumfang der anderweitig bestehenden Krankheitskostenversicherung überschneiden, ist er zur Gewährung von Auslandsreisekrankenversicherungsschutz im Wege der Kindernachversicherung nur unter einer entsprechenden Leistungseinschränkung verpflichtet. Ohnedies hätte der Versicherungsnehmer auch gem. § 200 insgesamt keine doppelten Erstattungsansprüche.

Ausgeschlossen ist der Anspruch auf Kindernachversicherung nur, soweit der anderweitige Versicherungsschutz „besteht". Diese Voraussetzung beinhaltet allerdings nicht, dass über den anderweitigen Versicherungsschutz schon eine Bestätigung vorliegen muss, denn ansonsten könnte die Regelung des Abs. 4 umgangen werden, indem zuerst die Anmeldung zur Auslands-/Reisekrankenversicherung und erst dann der anderweitige Versicherungsschutz besorgt wird. Der anderweitige Versicherungsschutz „besteht" daher auch dann, wenn er erst zu einem späteren Zeitpunkt bestätigt, aber rückwirkend gewährt wird. 24

§ 199 Beihilfeempfänger

(1) Bei der Krankheitskostenversicherung einer versicherten Person mit Anspruch auf Beihilfe nach den Grundsätzen des öffentlichen Dienstes kann vereinbart werden, dass sie mit der Versetzung der versicherten Person in den Ruhestand im Umfang der Erhöhung des Beihilfebemessungssatzes endet.

(2) ¹Ändert sich bei einer versicherten Person mit Anspruch auf Beihilfe nach den Grundsätzen des öffentlichen Dienstes der Beihilfebemessungssatz oder entfällt der Beihilfeanspruch, hat der Versicherungsnehmer Anspruch darauf, dass der Versicherer den Versicherungsschutz im Rahmen der bestehenden Krankheitskostentarife so anpasst, dass dadurch der veränderte Beihilfebemessungssatz oder der weggefallene Beihilfeanspruch ausgeglichen wird. ²Wird der Antrag innerhalb von sechs Monaten nach der Änderung gestellt, hat der Versicherer den angepassten Versicherungsschutz ohne Risikoprüfung oder Wartezeiten zu gewähren.

(3) Absatz 2 gilt nicht bei Gewährung von Versicherung im Basistarif.

Übersicht

		Rn.			Rn.
A.	Einführung	1	1.	Voraussetzung des Anpassungsanspruchs	10
I.	Normzweck	1	2.	Bestehender Tarif	11
II.	Entstehungsgeschichte	3	3.	Frist	12
III.	Anwendungsbereich	6	4.	Rückwirkung der neuen Deckung	13
B.	Inhaltliche Fragen	7	5.	Risikoprüfung	14
I.	Vereinbarung der Befristung (Abs. 1)	7	III.	Ausnahme im Basistarif (Abs. 3)	15
II.	Anpassungsanspruch (Abs. 2)	10			

A. Einführung

I. Normzweck

Die Norm stellt zunächst eine Ausnahme von dem Grundsatz dar, dass die substitutive Krankenversicherung stets unbefristet ist, wie § 195 Abs. 1 klarstellt. Da sich mit dem Eintritt des Ruhestan- 1 des – ob aus Krankheitsgründen oder im Regelfall[1] – der Beihilfesatz erhöht,[2] fällt das Interesse an einem Teil der privaten Krankenversicherung fort, so dass das absolute Befristungsverbot des § 195 Abs. 1 nicht interessengerecht ist.[3] Der Versicherungsnehmer soll von der Prämienbelastung durch den dann überflüssigen Teil der Deckung befreit werden, was durch eine Befristung adäquat geschehen kann.[4]

2   Die Bestimmung sichert darüber hinaus das Interesse der Beihilfeberechtigten an einer vollständigen Deckung ihrer „dem Grunde nach beihilfefähigen Aufwendungen im Krankheitsfall".[5] Diese vollständige Deckung soll ermöglicht, Bereicherungen hingegen vermieden werden. Deshalb dürfen nach den jeweiligen Beihilfebestimmungen die Beihilfeleistungen zusammen mit Leistungen des Krankenversicherers aus gleichem Anlass die beihilfefähigen Aufwendungen nicht übersteigen.[6] Vgl. auch § 200. Diesem Interesse trägt § 199 Abs. 2 Rechnung, der eine Anpassung des privaten Krankenversicherungsschutzes an den jeweiligen Beihilfesatz erlaubt.[7]

II. Entstehungsgeschichte

3   Seit 1994 ist die Anpassung an die Beihilfe in § 178e VVG aF normiert. Die Norm ermöglichte die Anpassung in beide Richtungen, dh sowohl an die Erhöhung als auch an die Reduktion des Beihilfesatzes.[8] Eine Regelung zur Befristung, wie sie heute § 199 Abs. 1 bietet, war nicht vorhanden.

4   Die Regelung des Abs. 2 übernimmt mit geringfügigen Änderungen die frühere Regelung des § 178e VVG aF.[9] Mit der VVG-Reform zum 1.1.2008 neu geschaffen wurde Abs. 1. Dieser geht auf einen Vorschlag der VVG-Reformkommission zurück. Die Regelung soll die Wirkung des Befristungsverbots (§ 195 VVG) einschränken, da ein Schutzbedürfnis hinsichtlich der Fortsetzung des Anteils des Krankheitskostentarifs, der nach Versetzung in den Ruhestand wegen der Erhöhung des Beihilfesatzes auf 70 % nicht mehr benötigt wird, nicht besteht.[10]

5   Durch das GKV-WSG neu hinzugekommen mit Wirkung ab dem 1.1.2009 ist Abs. 3. Im Basistarif wurden nämlich eigene Varianten für die Versicherung Beihilfeberechtigter geschaffen, so dass eine Anpassung nach Abs. 2 nicht nötig ist (→ Rn. 15).

III. Anwendungsbereich

6   Seinem Zweck nach ist § 199 nicht auf jede Krankenversicherung, sondern nur auf Beihilfeergänzungstarife anwendbar. Nach dem Wortlaut von Abs. 1 beschränkt sich die Anwendung dabei auf die Krankheitskostenversicherung.

B. Inhaltliche Fragen

I. Vereinbarung der Befristung (Abs. 1)

7   Der Gesetzgeber hat bewusst davon abgesehen, in der Formulierung konkret auf die (derzeitige) Altersgrenze für den Ruhestandseintritt abzustellen. Anstelle einer Altersangabe (wie in § 196) wurde die Formulierung **„Versetzung in den Ruhestand"** gewählt, um nicht nur künftig erwartete Anhebungen der Regelaltersgrenze, sondern auch vorgezogene Ruhestandseintritte etwa aus gesundheitlichen Gründen zu berücksichtigen.[11] Erfasst ist daher nach Wortlaut und Zielsetzung von der gesetzlichen Regelung jede Form von Eintritt in den Ruhestand eines Beihilfeberechtigten, auch der aus gesundheitlichen Gründen vorgezogene.

8   Nach den Beihilfevorschriften erhöht sich mit Eintritt in den Ruhestand üblicherweise der Beihilfeanspruch von 50 % auf 70 %.[12] Entsprechend reduziert sich der Versicherungsbedarf der betroffenen versicherten Person.

---

[1] Abschlussbericht der VVG-Kommission Ziff. 1.3.2.4.5.4, S. 169.
[2] *Hohlfeld* in Berliner Kommentar VVG § 178e Rn. 1.
[3] Abschlussbericht der VVG-Kommission Ziff. 1.3.2.4.5.4, S. 169.
[4] Begr. zu Art. 1 (§ 199) RegE Gesetz zur Reform des Versicherungsvertragsrechts, BT-Drs. 16/3945, 112.
[5] BT-Drs. 12/6959, 105.
[6] Vgl. zB § 3 Abs. 4 BVO NW.
[7] *Rogler* in HK-VVG § 199 Rn. 1.
[8] *Hohlfeld* in Berliner Kommentar VVG § 178e Rn. 1 mit Beispielen.
[9] Begr. zu Art. 1 (§ 199) RegE Gesetz zur Reform des Versicherungsvertragsrechts, BT-Drs. 16/3945, 113.
[10] Abschlussbericht der VVG-Kommission Ziff. 1.3.2.4.5.4.1, S. 169.
[11] Abschlussbericht der VVG-Kommission Ziff. 1.3.2.4.5.4.1, S. 169.
[12] Vgl. zB § 12 Abs. 1 BVO NW.

Die entsprechende Reduzierung des Versicherungsschutzes tritt nicht automatisch ein, sondern 9
kann **vereinbart** werden. Voraussetzung ist also eine vertragliche Regelung. Die Beihilfetarife der
Versicherer haben seit jeher, also auch schon vor der gesetzlichen Neuregelung, entsprechende
Vereinbarungen vorgesehen.[13] § 199 Abs. 1 stellt klar, dass solche Regelungen wirksam sind.

II. Anpassungsanspruch (Abs. 2)

1. Voraussetzung des Anpassungsanspruchs. Voraussetzung des Anpassungsanspruchs ist 10
eine **Änderung des Beihilfebemessungssatzes** oder der **Entfall des Beihilfanspruchs.**
Umstritten ist, ob auch die Ausgrenzung bestimmter Leistungsbereiche – etwa die Streichung von
Wahlleistungen – hierunter fallen. Dies ist zu verneinen.[14] Es handelt sich bei einem solchen Vorgang
weder um eine Änderung des Beihilfebemessungssatzes noch um einen Entfall des Beihilfanspruchs.
Der Wortlaut der Bestimmung umfasst gerade nicht etwa eine „Änderung des Beihilfanspruchs"
oder einen „teilweisen Entfall des Beihilfanspruchs", sondern ausdrücklich nur eine Änderung des
Beihilfebemessungssatzes oder den (vollständigen) Entfall des Beihilfanspruchs. Die **Ausgliederung
eines einzelnen Teilleistungsbereichs** aus der Beihilfe lässt sich weder unter das eine noch unter
das andere subsumieren, so dass ein Wegfall von Leistungen keine Änderung des Beihilfebemessungssatzes oder Entfall des Beihilfanspruchs darstellt. Dies ist auch mit dem Zweck der Norm vereinbar.[15]
Denn dem Beihilfeempfänger sollen diejenigen Kosten erstattet werden, die dem Grund nach beihilfefähig sind.[16] Bei der Ausgliederung eines einzelnen Teilleistungsbereichs ist dies gerade nicht der
Fall, da die Beihilfefähigkeit entfallen ist. Sofern der Gesetzgeber weiter ausgeführt hat, die Veränderung der Beihilfeleistungen führe zu einem Anpassungsbedarf des Versicherungsverhältnisses, ist zu
beachten, dass diese Erwägung im Kontext der Höhe der Beihilfeleistungen steht und daher für die
Änderung des Beihilfebemessungssatzes gilt.[17]

2. Bestehender Tarif. Hinzu kommt: Der Anpassungsanspruch besteht ausdrücklich nur im 11
Rahmen der bestehenden Krankheitskostentarife.[18] Diese Einschränkung ist nicht etwa im Sinne
von „existierende Tarife" zu verstehen. Sie bezieht sich vielmehr auf die für die betroffene versicherte
Person bestehenden Krankheitskostentarife.[19] Hat aber der Versicherungsnehmer einen Tarif
gewählt, der eine Erstattung von Wahlleistungen nicht vorsieht, so ist ein Ausgleich „im Rahmen
der bestehenden Krankheitskostentarife" nicht möglich. Es würde hier also nicht um eine Anpassung
bestehender Tarife gehen, sondern um den zusätzlichen Abschluss eines neuen Tarifs. Hierauf gibt
aber die Regelung nach dem Wortlaut keinen Anspruch, andernfalls könnte so die grds. nötige
Risikoprüfung umgangen werden.[20] Auch der BGH hat – in anderem Zusammenhang – darauf
hingewiesen, dass der mit § 178e VVG aF verbundene Eingriff in die vertragliche Entschließungsfreiheit des Versicherers eine restriktive Handhabung der Vorschrift gebietet.[21]

3. Frist. Zu stellen ist der Antrag auf Umwandlung vom Versicherungsnehmer innerhalb von 12
sechs Monaten nach der Änderung. In § 178e VVG aF war noch eine Frist von zwei Monaten
vorgesehen. Maßgeblich für den **Fristbeginn** ist die tatsächliche Änderung, unabhängig davon,
wann der Versicherungsnehmer hiervon Kenntnis erlangt.[22]

4. Rückwirkung der neuen Deckung. Bei fristgerechter Antragstellung hat der Versicherer 13
den angepassten Versicherungsschutz ohne Risikoprüfung oder Wartezeiten zu gewähren. Umstritten
ist, ab welchem Zeitpunkt der erweiterte Versicherungsschutz zu gewähren ist. Eine Meinung geht
von einer Rückwirkung ab dem Änderungszeitpunkt und damit von einer Rückwärtsversicherung
unter Ausschluss von § 2 Abs. 2 S. 2 aus.[23] Nach anderer Meinung besteht – vorbehaltlich abweichender Vereinbarungen in den Tarifbedingungen – eine Verpflichtung des Versicherers zur Gewährung

---

[13] Einen Ausnahmefall behandelt OLG Frankfurt a. M. OLG-Report 2006, 949.
[14] LG Stuttgart VersR 2003, 53; Boetius VVG § 199 Rn. 32; *Muschner* in Langheid/Rixecker VVG § 199 Rn. 6–7; aA *Voit* in Prölss/Martin VVG § 199 Rn. 6; *Rogler* in HK-VVG § 199 Rn. 4; OLG Stuttgart VersR 2015, 309; LG Saarbrücken BeckRS 1997, 15266.
[15] AA OLG Stuttgart VersR 2015, 309 (310).
[16] BT-Drs. 12/6959, 105.
[17] BT-Drs. 12/6959, 105; in der Entscheidung des OLG Stuttgart VersR 2015, 309 (310) nur auszugsweise wiedergegeben.
[18] *Hohlfeld* in Berliner Kommentar VVG § 178e Rn. 2.
[19] *Rogler* in HK-VVG § 199 Rn. 5; *Muschner* in Langheid/Rixecker VVG § 199 Rn. 8; aA *Boetius* VVG § 199 Rn. 36, die im Anpassungszeitpunkt für Neuversicherungen geöffneten Tarife des Versicherers.
[20] IdS *Hohlfeld* in Berliner Kommentar VVG § 178e Rn. 2; aA LG Saarbrücken BeckRS 1997, 15266.
[21] BGH VersR 2007, 196 (197).
[22] *Voit* in Prölss/Martin VVG § 199 Rn. 16; OLG Saarbrücken r+s 1997, 208 (210).
[23] *Voit* in Prölss/Martin VVG § 199 Rn. 9; *Rogler* in HK-VVG § 199 Rn. 7.

§ 200   1   Teil 2. Einzelne Versicherungszweige. Kap. 8. Krankenversicherung

rückwirkend erhöhten Versicherungsschutzes nicht.[24] Der letztgenannten Auffassung ist der Vorzug zu geben. Der Gesetzeswortlaut gibt für eine Rückwirkung nichts her. Dies zeigt auch ein Vergleich mit § 205 Abs. 2 S. 1. Dort hat der Gesetzgeber die Möglichkeit einer rückwirkenden Anpassung ausdrücklich normiert („... rückwirkend zum Eintritt der Versicherungspflicht ..."). An einer entsprechenden Formulierung fehlt es in § 199 Abs. 2. Die Anpassung hat daher erst ab Antragseingang zu erfolgen, sofern nicht die vertraglichen Vereinbarungen zugunsten des Versicherungsnehmers eine rückwirkende Anpassung vorsehen.

14   **5. Risikoprüfung.** Zu gewähren ist der angepasste Versicherungsschutz ohne Risikoprüfung oder Wartezeiten. Hier weicht das Gesetz von der Vorgängernorm des § 178e VVG aF insofern ab, als dort von einer „erneuten" Risikoprüfung die Rede war. Der Wegfall des Wortes „erneute" soll klarstellen, dass es auch dann keiner Risikoprüfung bedarf, wenn eine solche zu einem früheren Zeitpunkt nicht stattgefunden hat.[25] Für den bei der Anpassung hinzu kommenden Teil des Versicherungsschutzes ist das aktuelle Lebensalter des Versicherten als Eintrittsalter zugrunde zu legen.[26]

III. Ausnahme im Basistarif (Abs. 3)

15   Die Regelung wurde durch das GKV-WSG eingefügt. Sie ist Konsequenz daraus, dass zum Basistarif ohnehin ein Zugangsrecht besteht,[27] so dass es hierfür des besonderen Anpassungsrechts in § 199 Abs. 2 nicht bedarf.

§ 200 Bereicherungsverbot

Hat die versicherte Person wegen desselben Versicherungsfalles einen Anspruch gegen mehrere Erstattungsverpflichtete, darf die Gesamterstattung die Gesamtaufwendungen nicht übersteigen.

Übersicht

		Rn.			Rn.
A.	Einführung	1	1.	Erstattungsverpflichtete	13
I.	Normzweck	1	2.	Auskunftsobliegenheit	15
II.	Entstehungsgeschichte	3	3.	Subsidiarität und Rangfolge	16
				a) Subsidiarität	16
1.	Zeit vor 1994	3		b) Auswirkungen	17
2.	Zeit ab 1994	5		c) Bestimmung der Rechtsqualität des § 200	18
3.	VVG-Reform	8		d) Rückforderung	24
III.	Anwendungsbereich	12		e) Leistungspraxis	30
B.	Inhaltliche Fragen	13	4.	Ausgleich unter den Erstattungsverpflichteten	31
I.	Tatbestand	13	II.	Beweislast und Prozessuales	32

Schrifttum: *Bartholomäus*, Das versicherungsrechtliche Bereicherungsverbot, 1997; *Fischer*, Treu und Glauben im Versicherungsrecht, VersR 1965, 197; *Kollhosser*, Bereicherungsverbot, Neuwertversicherungen, Entwertungsgrenzen und Wiederherstellungsklauseln, VersR 1997, 521; *Looks*, Taxe, Neuwertversicherung und Bereicherungsverbot – zugleich Anm. zum Urteil des BGH v. 8.2.1988 – II ZR 210/87, VersR 88, 463 –, VersR 1991, 731; *Sieg*, Betrachtungen zur Gewinndeckung in der Seeversicherung, VersR 1997, 649.

A. Einführung

I. Normzweck

1   Die Norm soll dafür sorgen, dass die von den Trägern der Gesundheitssorge zu erbringenden Gesamterstattungsleistungen nicht den vom Versicherungsnehmer erbrachten Gesamtaufwand wegen

---

[24] *Hohlfeld* in Berliner Kommentar VVG § 178e Rn. 4.
[25] Begr. zu Art. 1 (§ 199) RegE Gesetz zur Reform des Versicherungsvertragsrechts, BT-Drs. 16/3945, 113.
[26] BGH VersR 2007, 196; *Voit* in Prölss/Martin VVG § 199 Rn. 14.
[27] → § 193 Rn. 19, 22.

eines konkreten Versicherungsfalles übersteigen.[1] So wird das Versichertenkollektiv vor einer übermäßigen Inanspruchnahme durch einzelne Mitglieder geschützt, die, würde die Leistungsverpflichtung der Erstattungsverpflichteten nicht durch den von ihnen erbrachten Aufwand begrenzt, an einem Versicherungsfall verdienen könnten. Das soll im Hinblick auf die damit verbundene Erhöhung des subjektiven Risikos vermieden werden. Daneben ist fraglich, ob die Norm auch eine Subsidiaritätsregel zugunsten der privaten Krankenversicherung beinhaltet.[2]

Eine eigene Regelung für die private Krankenversicherung war aus verschiedenen Gründen nötig: Zum einen ist § 55 VVG aF, der über § 178a Abs. 2 VVG aF auch in der Krankenversicherung Anwendung fand, mit der Reform des VVG als allgemeine Vorschrift entfallen, so dass daraus eine Begrenzung der zu erbringenden Erstattungsleistung auf die tatsächlichen Aufwendungen des Versicherungsnehmers nicht mehr abgeleitet werden konnte. Zum anderen ist das Bestehen eines allgemeinen versicherungsrechtlichen Bereicherungsverbots in jüngerer Zeit vor der VVG-Reform insgesamt angezweifelt worden,[3] so dass eine klare Regelung aus ordnungspolitischen Gründen[4] und zur **Risikobegrenzung**[5] nötig erschien. Die von der Rspr. und Teilen der Lit.[6] gesehene eigene Möglichkeit der Risikobegrenzung durch die Änderung der MB wäre zwar möglich gewesen, sie hätte aber zur umfassenden Risikobegrenzung nicht ausgereicht, da sie sich nur auf neue und nicht auf Bestandsverträge erstreckt hätte.[7]

II. Entstehungsgeschichte

1. Zeit vor 1994. Vor 1994 war ein speziell krankenversicherungsrechtliches Bereicherungsverbot nicht normiert, allerdings war in der Lit. überwiegend anerkannt, dass ein allgemeines versicherungsrechtliches Bereicherungsverbot, durch das die Ersatzpflicht des Versicherers durch den Schaden des Versicherungsnehmers begrenzt wurde, den §§ 1, 55 VVG aF zu entnehmen sei.[8] Neben der Abgrenzung zu Spiel und Wette bezwecke dieses auch, das subjektive Risiko insgesamt zu vermindern, werde doch ein Anreiz zur schuldhaften Herbeiführung des Versicherungsfalles geschaffen, falls eine Bereicherung aus dem Versicherungsvertrag möglich wäre.[9]

Geltung im Bereich der Krankenversicherung, die zu dieser Zeit noch keine spezialgesetzliche Kodifizierung erfahren hatte,[10] erlangte das Bereicherungsverbot, sofern man es anerkannte, durch die Stellung des § 55 VVG aF im Ersten Titel „Vorschriften für die gesamte Schadensversicherung", so dass die Bestimmung auf die Krankenversicherung dann Anwendung fand, wenn diese als **Schadensversicherung** betrieben wurde.[11] Anerkennung in der höchstrichterlichen Rspr. fand das Bereicherungsverbot – soweit ersichtlich – erstmals 1969 durch den BGH,[12] überraschenderweise in einer Entscheidung zur Krankheitskostenversicherung, obwohl sich die Diskussion damals fast ausschließlich im Bereich der Sachversicherung abspielte. Das Reichsgericht hatte die Existenz eines versicherungsrechtlichen Bereicherungsverbots zuvor noch ausdrücklich offen gelassen[13] und klargestellt, dass es ein Bereicherungsverbot auch bisher nicht anerkannt habe.[14]

2. Zeit ab 1994. Mit der Kodifikation der PKV in 1994 wurde diese vorher geltende Rechtslage übernommen. § 178a Abs. 2 VVG aF erklärte § 55 VVG aF für anwendbar, soweit die Krankenversicherung als Schadensversicherung ausgestaltet war. In der Folge jedoch wurde zunehmend bezweifelt, ob § 55 VVG aF wirklich ein verbindliches und zwingendes Bereicherungsverbot enthielt,

---

[1] Abschlussbericht der VVG-Kommission Ziff. 1.3.2.4.5.3.
[2] → Rn. 16 ff.
[3] BGHZ 137, 318 (323) = VersR 1998, 305 (306); BGH VersR 2001, 749 (750) = NVersZ 2001, 204 (205); *Kollhosser* in Prölss/Martin, 27. Aufl. 2004, VVG § 55 Rn. 2; *Bartholomäus* Versicherungsrechtliches Bereicherungsverbot S. 214.
[4] Abschlussbericht der VVG-Kommission Ziff. 1.3.2.4.5.3.
[5] Ablehnend insoweit BGH VersR 1998, 305 (307); 2001, 749 (750) = NVersZ 2001, 204 (205); *Bartholomäus* Versicherungsrechtliches Bereicherungsverbot S. 62; vgl. dagegen aber Abschlussbericht der VVG-Kommission Ziff. 1.3.2.4.5.3; → Rn. 12.
[6] BGH VersR 1998, 305 (307); 2001, 749 (750) = NVersZ 2001, 204 (205); *Bartholomäus* Versicherungsrechtliches Bereicherungsverbot S. 62; *Kollhosser* in Prölss/Martin, 27. Aufl. 2004, VVG § 55 Rn. 3 f.
[7] Abschlussbericht der VVG-Kommission Ziff. 1.3.2.4.5.3.
[8] *Möller* in Bruck/Möller, 8. Aufl. 1980, Bd. 2, VVG Vor §§ 49–80 Anm. 45 mwN; *Möller* in Bruck/Möller, 8. Aufl. 1980, Bd. 2, VVG, § 55 Anm. 6.
[9] *Möller* in Bruck/Möller, 8. Aufl. 1980, Bd. 2, VVG, Vor §§ 49–80 Anm. 45 mwN.
[10] → Vor § 192 Rn. 342.
[11] *Wriede* in Bruck, Bd. VI/2, Kap. A Anm. 10.
[12] BGHZ 52, 350 (353).
[13] RGZ 169, 368 (374).
[14] RGZ 169, 368 (374).

wie die ehemals[15] wohl hM,[16] allerdings mit unterschiedlicher Begründung,[17] vertrat. Vielmehr sollte § 55 VVG aF nach der Gegenauffassung nur eine unverbindliche Leitidee des Gesetzgebers darstellen, die unmittelbare Auswirkungen auf den einzelnen Vertrag nur dann habe, wenn sie sich in konkreten Einzelbestimmungen oder AVB niedergeschlagen habe.[18] Nach dieser Auffassung, die ein Bereicherungsverbot ohnehin nicht anerkennt, und daher in einem zweiten Schritt auch nicht dessen zwingenden Charakter, war § 55 VVG aF aber abdingbar,[19] so dass die Versicherer es in der Hand hätten, ein Bereicherungsverbot auf AVB-Ebene festzuschreiben. Unabhängig also von der Kodifizierung der Krankenversicherung wurde Mitte der Neunziger Jahre eine Diskussion wieder in Gang gesetzt, die schließlich darin gipfelte, dass der BGH feststellte: „Die Annahme, es bestehe ein so beschriebenes Bereicherungsverbot und es ergebe sich aus § 55 VVG, ist unzutreffend [...]".[20] Vielmehr sei der Versicherer an sein Leistungsversprechen gebunden, dass sich „nach Maßgabe des Vertrages"[21] ergebe. Dieses könne er selbst durch abweichende Vereinbarung in den AVB regeln.[22] Eine sofortige Reaktion der Krankenversicherer in Form einer Änderung der MB ist allerdings ausgeblieben; erst die MB/KK 2008 bzw. MB/KK 2009 enthalten ein ausdrückliches Bereicherungsverbot in ihrem § 5 Abs. 4, das dem § 200 entspricht. Weiterhin enthält die Regelung des § 5 Abs. 3 MB/KK 2008 bzw. MB/KK 2009 eine Subsidiaritätsklausel, die schon § 5 Abs. 3 MB/KK 1994 kannte, der aber ein Bereicherungsverbot auch nach altem Recht nicht zu entnehmen war.[23]

6 Nach altem Recht, dem nach jetzt herrschender Meinung[24] kein zwingendes Bereicherungsverbot immanent war, konnte es passieren, dass die Gesamterstattung der einzelnen Versorgungseinrichtungen die Gesamtaufwendungen des Versicherten überstieg. Einen typischen Fall dieser Kategorie hatte noch im Jahr 2007 das LG Köln[25] zu entscheiden. Dort war eine zu 50 % beihilfeberechtigte Person zu 100 % privat krankenversichert (und hatte sich vielfach geweigert, den Krankenversicherungsvertrag entsprechend anzupassen). Der Versicherer leistete unter Anrechnung der Beihilfeleistungen, wurde dann aber vom LG Köln auf Erstattung der gesamten Rechnungsbeträge verurteilt. Nun lässt sich zwar sagen, dass die versicherte Person eben auch zu 100 % versichert war und sich daher das vom Versicherer zu tragende Risiko nicht übermäßig, sondern gerade beitragsadäquat verwirklicht habe, allerdings bleibt die Gefahr, dass der Versicherungsnehmer sich an Behandlungen bereichern kann, was gerade nicht Sinn und Zweck der Krankheitskostenversicherung (und auch nicht der Beihilfe) ist. Darüber hinaus ist die PKV in Form der Krankheitskostenversicherung als Schadenversicherung ausgestaltet, in der die entstandenen Aufwendungen grds. die Leistungsgrenze darstellen,[26] und wenn § 55 VVG aF dem entgegen eine höhere Erstattung zuließ,[27] so mag das uU im Sachversicherungsrecht mit seinen Eigenheiten – wie der Neuwertversicherung – seine Berechtigung haben, im Krankenversicherungsrecht, dem solche Produkte fremd sind, hat es das nicht und führt zu unbilligen Ergebnissen, wie das LG Köln auch einräumt: „Auch wenn dies im Einzelfall zu unbilligen Ergebnissen oder sogar Missbräuchen führen mag, entspricht dies der derzeitigen Rechtslage und insbes. dem mit der Beklagten geschlossenen Versicherungsvertrag."[28] Um solche, mit dem Gerechtigkeitsgefühl nur schlecht zu vereinbarende Ergebnisse zu vermeiden, war eine speziell auf das Krankenversicherungsrecht zugeschnittene Lösung geboten und ist mit § 200 geschaffen worden.

7 Anders entschied im Jahr 1987 – also zu einer Zeit, zu der die hM noch von der Existenz eines allgemeinen versicherungsrechtlichen Bereicherungsverbots aus § 55 VVG aF ausging – das OLG

---

[15] *Sieg* VersR 1997, 649 „[...] Phalanx der Verbindlichkeitstheorieanhänger weiter abgebröckelt [...]".
[16] So noch BGHZ 103, 228 (233) = VersR 1988, 463 (464) = NJW 1988, 1590 (1591); OLG Nürnberg VersR 1988, 1262 mAnm *Kalis*; OLG Schleswig NJW-RR 1989, 280 (282); aus der Lit. *Möller* in Bruck/Möller, VVG, 8. Aufl. 1980, Bd. II Vor §§ 49–80 Anm. 45 mwN; *Möller* in Bruck/Möller, VVG, 8. Aufl. 1980, Bd. II § 55 Anm. 6; *Schoenfeldt/Kalis* in Bach/Moser, 3. Aufl. 2002, MB/KK § 1 Rn. 6.
[17] *Bartholomäus* Versicherungsrechtliches Bereicherungsverbot S. 20 ff.
[18] *Bartholomäus* Versicherungsrechtliches Bereicherungsverbot S. 25 mwN; *Römer* in Römer/Langheid, 2. Aufl. 2003, VVG § 55 Rn. 10.
[19] *Kollhosser* in Prölss/Martin, 27. Aufl. 2004, VVG § 55 Rn. 2; *Römer* in Römer/Langheid, 2. Aufl. 2003, VVG § 55 Rn. 12.
[20] BGHZ 137, 318 (323) = VersR 1998, 305 (306); BGH VersR 2001, 749 (750) = NVersZ 2001, 204 (205).
[21] BGHZ 137, 318 (323) = VersR 1998, 305 (306).
[22] BGHZ 137, 318 (327) = VersR 1998, 305 (307).
[23] *Schoenfeldt/Kalis* in Bach/Moser, 2. Aufl. 1992, MB/KK § 5 Rn. 67; *Martin* in Prölss/Martin, 27. Aufl. 2004, MB/KK § 5 Rn. 19.
[24] → Rn. 5.
[25] LG Köln 24.10.2007 – 23 S 20/07.
[26] → § 192 Rn. 18.
[27] → Rn. 5.
[28] LG Köln 24.10.2007 – 23 S 20/07.

Nürnberg,[29] als es sich mit der Frage zu beschäftigen hatte, ob der von einem Arzt seinem Patienten eingeräumte Rabatt die zu erbringende Erstattungsleistung des Versicherers mindert und diesem sodann ein Anspruch aus ungerechtfertigter Bereicherung gegen seinen Versicherungsnehmer zusteht (sofern er bereits geleistet hat) oder ob die Bereicherung dem Patienten verbleibt. Das OLG Nürnberg hielt den Versicherungsnehmer für verpflichtet, die Bereicherung an den Versicherer zurückzuzahlen, und begründete dies – neben der Anwendung des Grundsatzes der **Passivenversicherung**[30] – mit § 55 VVG aF. Mit der neuen Regelung des § 200 ist die 1987 noch auf § 55 VVG aF basierende Lösung (wieder) Gesetz geworden, allerdings in einem unmissverständlichen Wortlaut und losgelöst von anderen Versicherungssparten.

3. VVG-Reform. Zu den gerade unter → Rn. 5–7 angesprochenen Problemen führte die alte Rechtslage ab 1994 vor allem deswegen, weil der Gesetzgeber kein speziell krankenversicherungsrechtliches Bereicherungsverbot normiert, sondern sich einer Verweisung auf § 55 VVG aF bedient hatte, so dass die private Krankenversicherung das Schicksal der anderen Versicherungszweige, insbes. der Sachversicherung teilte, für die § 55 VVG aF eine große Rolle spielte. Sie war auf diesem Wege zum Spielball der einzelnen sachversicherungsrechtlichen Probleme zwischen Bereicherungsverbot, Neuwertversicherung, Entwertungsgrenzen und Wiederbeschaffungsklauseln[31] geworden und alsbald wegen § 178a Abs. 2 VVG aF Annex der jeweils herrschenden Auffassung im Spannungsfeld der §§ 55, 56, 59 VVG aF, die aber primär andere Probleme zu lösen versuchte. 8

Dies hat die Expertenkommission gesehen und daher der privaten Krankenversicherung eine eigene Regelung in Form des neuen § 200 zuteilwerden lassen. Zum einen wurde erkannt, dass die Problematik einer Überkompensation sich mit anderen Mitteln des Versicherungsvertragsrechts (etwa den Regelungen zur Doppelversicherung) nicht lösen ließ, da in den meisten Fällen nicht mehrere privatversicherungsrechtliche Ansprüche zusammentreffen, sondern der Anspruch aus der PKV auf Beihilfeansprüche, Ansprüche aus der GKV oder sonstige Ansprüche stoßen würde.[32] Zum anderen war auch die Kommission – entsprechend der oben dargestellten, mittlerweile wohl herrschenden Meinung in Lit. und Rspr.[33] – der Auffassung, dass es ein allgemeines versicherungsrechtliches Bereicherungsverbot nicht gebe, so dass eine gesetzliche Regelung allein für die private Krankenversicherung nötig sei,[34] um eine Bereicherung einzelner Versicherter auf Kosten des Kollektivs zu verhindern. 9

Die Bundesregierung hat ebenfalls Handlungsbedarf speziell im Bereich der Krankenversicherung gesehen, wie die Regierungsbegründung zeigt: Danach sollte mit § 200 ein **zwingendes Bereicherungsverbot** und nicht eine Leitidee, als die § 55 VVG aF heute überwiegend gesehen wird,[35] geschaffen werden. Sichergestellt werden soll nämlich, dass die Gesamterstattungsleistungen den Gesamtaufwand des Versicherten nicht übersteigen.[36] Der Rechtsausschuss des Bundestages und der Bundesrat haben keinen weiteren Änderungsbedarf zum Gesetzentwurf der Bundesregierung gesehen. 10

Sowohl der PKV-Verband wie auch der GDV sind in ihren Stellungnahmen auf den neuen § 200 nicht eingegangen. Die MB/KK 2008/2009 haben die gesetzliche Regelung in § 5 Abs. 4 übernommen. 11

III. Anwendungsbereich

Anwendung kann die Regelung nur im bei der Schaden-, nicht auch im Rahmen der Summenversicherung[37] finden. Nur im Bereich der **Schadenversicherung** (insbes. der Krankheitskostenversicherung) nämlich stehen Aufwendungen und Erstattungsleistungen in einem Abhängigkeitsverhältnis. In der Summenversicherung (zB der Krankentagegeldversicherung)[38] hingegen hängt die Ersatzleistung gerade nicht von aufgrund eines Versicherungsfalles erbrachten Aufwendungen ab, sondern bestimmt sich allein nach der vertraglich vereinbarten Summe. 12

---

[29] OLG Nürnberg VersR 1988, 1262 mAnm *Kalis*.
[30] → § 192 Rn. 18.
[31] Zu diesen Hintergründen instruktiv *Kollhosser* VersR 1997, 521 ff.; *Looks* VersR 1991, 731 ff.
[32] Abschlussbericht der VVG-Kommission Ziff. 1.3.2.4.5.3.
[33] BGHZ 137, 318 (323) = VersR 1998, 305 (306); BGH VersR 2001, 749 (750) = NVersZ 2001, 204 (205); *Römer* in Römer/Langheid, 2. Aufl. 2003, VVG § 55 Rn. 10; *Kollhosser* in Prölss/Martin, 27. Aufl. 2004, VVG § 55 Rn. 2; *Bartholomäus* Versicherungsrechtliches Bereicherungsverbot S. 214.
[34] Abschlussbericht der VVG-Kommission Ziff. 1.3.2.4.5.3.
[35] → Rn. 5.
[36] Begr. zu Art. 1 (§ 200) RegE Gesetz zur Reform des Versicherungsvertragsrechts, BT-Drs. 16/3945, 113.
[37] Zu beiden Begriffen im Rahmen der Krankenversicherung und ihrer Abgrenzung → § 194 Rn. 9 ff.; BGH VersR 2001, 1100 (1101) mwN; NJW 2020, 999 (1000); *Wilmes* in Bach/Moser MB/KT § 1 Rn. 4 ff. mwN.
[38] Zu deren Charakter als Summenversicherung → § 192 Rn. 130.

B. Inhaltliche Fragen

I. Tatbestand

13   **1. Erstattungsverpflichtete.** Die Formulierung „Erstattungsverpflichtete" hat ihren Grund im Regelungszweck der Norm. Es sollte nicht nur die Rechtslage bei inhaltsgleichen Ansprüchen gegen mehrere private Versicherungsunternehmen geregelt werden. Dies könnte zum einen mit dem allgemeinen privatversicherungsrechtlichen Instrumentarium geschehen,[39] zum anderen dürften Konstellationen, in denen ein Versicherter bei mehreren privaten Krankenversicherern versichert ist, schon aufgrund der umfangreichen vorvertraglichen Anzeigeverpflichtung, und dort insbes. der Frage nach bestehenden Versicherungen, äußerst selten sein. Normierungsbedürftig war daher eher das Zusammentreffen der privaten Krankenversicherung mit anderen Kostenträgern, so insbes. der Beihilfe und der gesetzlichen Krankenversicherung. Da diese verschiedenen Ansprüche jeweils unterschiedlichen Rechtsgebieten, namentlich dem Beamten- und dem Sozialrecht angehören, bedurfte es einer eigenständigen Kollisionsregelung im Versicherungsvertragsrecht.[40] Diesem Umstand trägt die Formulierung der Norm Rechnung, indem sie nicht nur die Ansprüche gegen einen privaten Krankenversicherer, sondern auch Ansprüche gegen sämtliche andere (insbes. öffentlich-rechtliche) Versorgungseinrichtungen erfasst und als Grenze für Leistungen aus diesen kumulierten Ansprüchen die Gesamtaufwendungen des Versicherungsnehmers statuiert.[41] Zu der Frage, ob sich neben dem Krankenversicherer auch andere Erstattungsverpflichtete auf die Regelung berufen können (→ Rn. 17, 29).

14   Eine über das nun in § 200 statuierte Bereicherungsverbot hinausgehende, anderweitige Risikobegrenzung findet sich auch weder in den MB/KK 2008/2009 noch in den MB/KK 1994.[42] Die Klausel des § 5 Abs. 3 der jeweiligen – gleich lautenden – MB/KK enthält nämlich kein Bereicherungsverbot und auch keine Ausgleichspflicht (eine solche wäre dort als Vertrag zu Lasten Dritter wohl auch nicht regelbar), sondern nur eine Subsidiaritätsanordnung zugunsten der PKV.[43] Diese beschränkt sich allerdings auf das Zusammentreffen von Ansprüchen gegen die PKV mit Ansprüchen auf Leistungen aus der gesetzlichen Unfallversicherung nach SGB VII, der gesetzlichen Rentenversicherung gemäß SGB VI, der gesetzlichen Heil- oder Unfallfürsorge sowie der Beihilfe.[44] Dass die MB/KK 1994 kein Bereicherungsverbot enthielten, hat seinen einfachen Grund darin, dass man zur Zeit ihres Erscheinens noch von der Existenz eines versicherungsrechtlichen Bereicherungsverbots aus § 55 VVG aF ausging. Die MB/KK 2008/2009 übernehmen nun in § 5 Abs. 4 die gesetzliche Regelung des § 200, was jedoch rein deklaratorischen Charakter hat.

15   **2. Auskunftsobliegenheit.** Zu lösen bleibt daneben ein praktisches Problem, namentlich, wie der Versicherer überhaupt davon erfährt, dass es neben ihm noch andere Erstattungsverpflichtete gibt. *Kalis* ging davon aus, dass sich eine solche Verpflichtung aus dem insbes. dem Versicherungsrecht immanenten Grundsatz des gegenseitigen Vertrauens als Ausfluss von Treu und Glauben ergebe.[45] Diese Betrachtung hat sich in Form einer Auskunftsobliegenheit[46] in den MB verfestigt. § 9 Abs. 2 MB/KK 2008/2009[47] verpflichtet den Versicherungsnehmer oder die versicherte Person, soweit sie als empfangsberechtigt iSv § 194 Abs. 4 benannt ist, jede Auskunft zu erteilen, die zur Feststellung des Versicherungsfalles oder der Leistungspflicht des Versicherers und ihres Umfangs erforderlich ist. Das umfasst auch die Angabe der Existenz anderer Leistungsverpflichteter, und, weil der Versicherer bei Leistung anderer Erstattungsverpflichteter uU selbst nur beschränkt haften muss,[48] auch die Höhe der Leistung dieser Institutionen. Sowohl das eine wie auch das andere können nämlich von Einfluss auf die Leistungspflicht des Versicherers sein, so dass die Anzeigeobliegenheit ausgelöst ist.[49] Für den Fall eines Eintritts in die gesetzliche Krankenversicherung neben weiter bestehender privater

---

[39]   Abschlussbericht der VVG-Kommission Ziff. 1.3.2.4.5.3.
[40]   Zur Frage, wem diese Kollisionsregel zugutekommt → Rn. 17, 29.
[41]   Abschlussbericht der VVG-Kommission Ziff. 1.3.2.4.5.3; Begr. zu Art. 1 (§ 200) RegE Gesetz zur Reform des Versicherungsvertragsrechts, BT-Drs. 16/3945, 113.
[42]   *Schoenfeldt/Kalis* in Bach/Moser, 3. Aufl. 2002, MB/KK § 5 Rn. 67, die daneben allerdings von der Existenz eines generellen versicherungsrechtlichen Bereicherungsverbots ausgehen (→ Rn. 6).
[43]   *Kalis* in Bach/Moser MB/KK § 5 Rn. 144.
[44]   *Schoenfeldt/Kalis* in Bach/Moser, 3. Aufl. 2002, MB/KK § 5 Rn. 67.
[45]   *Kalis* Anm. zu OLG Nürnberg VersR 1988, 1263; ebenso *Fischer* VersR 1965, 197 (199).
[46]   Zur Einordnung als Obliegenheit ebenso OLG Hamm NJW 1986, 1554 (1555) = VersR 1986, 865.
[47]   Abgesehen von einer Anpassung wegen § 194 Abs. 4 VVG nF insofern gleich lautend § 9 Abs. 2 MB/KK 1994 und MB/KK 1976.
[48]   → Rn. 17, 18.
[49]   → § 31 Rn. 36.

Krankheitskostenversicherung enthält § 9 Abs. 5 MB/KK 2008/2009[50] eine Sonderregel. Festzuhalten ist iErg, dass den Versicherungsnehmer zum einen eine Anzeigeobliegenheit hinsichtlich weiterer Erstattungsverpflichteter trifft.[51] Ferner umfasst diese Anzeigeobliegenheit auch den Umfang der Leistungspflicht, so dass der Versicherungsnehmer zugleich Auskunft über die Höhe der Erstattungen oder Erstattungsverpflichtungen anderer Kostenträger erteilen muss.

3. Subsidiarität und Rangfolge. a) Subsidiarität. Nicht eindeutig ist, ob die Norm nicht nur den Ausgleich untereinander, sondern darüber hinaus auch die Nachrangigkeit der Verpflichtung der PKV vorsieht. Das sah § 191 VVG-E noch ausdrücklich so vor: „[…] so ist der Versicherer nur abzgl. der Leistungen der Beihilfeträger und der Kranken- oder Pflegekassen zur Leistung verpflichtet".[52] Dem Wortlaut des letztendlich Gesetz gewordenen § 200 lässt sich ein solcher Inhalt hingegen nicht mit gleicher Eindeutigkeit entnehmen. Damit stimmt die Regierungsbegründung überein, in der es ausdrücklich heißt, dass eine „bestimmte **Rangfolge der Leistungsverpflichtungen**" nicht begründet werde.[53] Zu – wenigstens nach einer Auffassung – notwendigen Einschränkungen dieser Intention → Rn. 27. 16

b) Auswirkungen. Wird eine Rangfolge der Leistungsverpflichtungen nicht begründet, so stellt sich danach die Frage, wer überhaupt den Leistungsausschluss des § 200 für sich in Anspruch nehmen und wie dies rechtlich geschehen kann. Aus der systematischen Stellung im VVG folgt, dass die Norm sich nur an die privaten Krankenversicherer richtet und allein diese iErg begünstigt. Daran ändert auch nichts der Wortlaut „Erstattungsverpflichtete", denn aus diesem Merkmal lässt sich nur entnehmen, dass ein Bereicherungsverbot auch bei Zusammentreffen von PKV-Ansprüchen mit Ansprüchen gegen andere Versorgungseinrichtungen überhaupt existiert, nicht aber, dass sich auch andere „Erstattungsverpflichtete" auf § 200 berufen können. Ferner setzt die Norm voraus, dass mehrere Erstattungsverpflichtete beteiligt sind.[54] 17

c) Bestimmung der Rechtsqualität des § 200. Daneben ist die Frage bedeutsam, welche Rechtsqualität die Norm aufweist. Denkbar sind sowohl die Einordnung als ein eine rechtshemmende Einwendung (Einrede) des Versicherers begründendes Leistungsverweigerungsrecht wie auch die Konstruktion als gesetzliche Begrenzung des haftungsausfüllenden Tatbestandes oder als Verbotsgesetz iSd § 134 BGB.[55] Diese Qualifizierung hat gewichtige Folgen für die Rückforderung zu viel gezahlter Leistungen:[56] 18

aa) Die unterschiedlichen Möglichkeiten. Betrachtet man § 200 als gesetzliche Begrenzung, erlischt der versicherungsvertragliche Anspruch in der Höhe, in der eine andere Versorgungseinrichtung über die Summe der Aufwendungen des Versicherungsnehmers hinaus leistet, mit der Folge, dass § 812 Abs. 1 S. 1 Fall 1 BGB umfassend Anwendung findet. Sieht man in § 200 hingegen ein Leistungsverweigerungsrecht, so bleibt der versicherungsvertragliche Anspruch grds. unberührt, ihm kann nur das Bereicherungsverbot des § 200 entgegengehalten werden. § 812 Abs. 1 S. 1 Fall 1 BGB ist dann, weil ein Rechtsgrund iSd Norm vorliegt, nicht anwendbar, vielmehr ist die Sondernorm des § 813 Abs. 1 S. 1 BGB einschlägig, die eine Kondiktion auch dann zulässt, wenn dem Leistungsanspruch zur Zeit der Leistung eine dauernde Einrede entgegenstand.[57] 19

bb) Wortlautauslegung. Der Wortlaut der Norm gibt für beide Ansätze nicht viel her; weder orientiert er sich am Wortlaut typischer Erlöschensgründe,[58] noch an dem der anerkannten Leistungsverweigerungsrechte (unabhängig davon, ob sie bloß eine dilatorische oder eine peremptorische Einrede begründen).[59] Am ehesten ließe sich die Norm als Begrenzung des haftungsausfüllenden Tatbestands begreifen, eine Kategorie, die aber eher dem Schadensrecht denn dem Recht der vertraglichen Erfüllungsansprüche zugehörig ist. Auch verlieren sowohl die Regierungsbegründung als auch der Kommissionsentwurf kein Wort über die Rechtsqualität der Norm. 20

---

[50] Gleichlautend § 9 Abs. 5 MB/KK 1994.
[51] Zur Frage, wie weit die Anzeigeobliegenheit des § 9 in seiner jeweiligen Fassung darüber hinausgeht, ausf. *Sauer* in Bach/Moser MB/KK §§ 9, 10 Rn. 4 ff.
[52] Abschlussbericht der VVG-Kommission Ziff. 2.1.
[53] Begr. zu Art. 1 (§ 200) RegE Gesetz zur Reform des Versicherungsvertragsrechts, BT-Drs. 16/3945, 113.
[54] BGH GRUR 2020, 550.
[55] *Rogler* in HK-VVG § 200 Rn. 11.
[56] → Rn. 19.
[57] *Schwab* in MüKoBGB § 813 Rn. 1, 5 ff.; *Sprau* in Grüneberg BGB § 813 Rn. 2; zu Zweifeln an der „Dauerhaftigkeit" der Einrede → Rn. 28.
[58] Vgl. §§ 275 Abs. 1, 362 Abs. 1 BGB.
[59] Vgl. §§ 273 Abs. 1, 275 Abs. 2, 3, 320 Abs. 1, 821, 853 BGB.

21 **cc) Historische Auslegung.** Etwas erhellender ist hingegen die Entwicklung des Bereicherungsverbots im Gesetzgebungsverfahren: Der Kommissionsvorschlag in § 191 VVG-E lautete noch: „[...] so ist der Versicherer nur abzgl. der Leistungen der Beihilfeträger und der Kranken- oder Pflegekassen zur Leistung verpflichtet.".[60] Ein Leistungsverweigerungsrecht setzt aber schon begrifflich das Bestehen einer Leistungspflicht voraus,[61] die nach § 191 VVG-E aber im Falle der überobligatorischen Leistung anderer Versorgungseinrichtungen entfiel. Die Formulierung in § 191 VVG-E deutete daher eher auf eine Bestimmung des Umfangs der Leistungspflicht des Versicherers durch gesetzliche Beschränkung des haftungsausfüllenden Tatbestands von vornherein hin. Aus der – ohne Not vorgenommenen – Änderung und schlussendlichen Nichtübernahme dieser Formulierung in das Gesetz könnte man daher schließen, dass eine solche Beschränkung vom Gesetzgeber nicht gewollt war, sondern vielmehr ein Leistungsverweigerungsrecht – unterstellt, man war sich der Folgen einer solchen Auslegung überhaupt bewusst. Das darf bezweifelt werden, vielmehr ist davon auszugehen, dass der Gesetzgeber lediglich die in der Norm enthaltene Subsidiarität beseitigen wollte.[62]

22 **dd) Teleologische Auslegung.** Schließlich streiten auch teleologische Gründe weder für die eine noch für die andere Betrachtung: Für die Einordnung als Leistungsverweigerungsrecht spricht zwar, dass § 200 allein als Schutzinstrument zugunsten des Versicherers und der Versichertengemeinschaft geschaffen wurde und als Folge dessen die Erhebung der Einrede auch zur Disposition des Versicherers stehen muss. Allerdings lässt sich dem entgegenhalten, dass auch bei der Konstruktion als Anspruchsbegrenzung der Versicherer im Wege der Kulanz trotzdem leisten könnte, die Schadenregulierung also unabhängig von der rechtlichen Qualifizierung des § 200 der Disposition des Versicherers zusteht, lediglich aus zwei unterschiedlichen Blickwinkeln. Einmal kann der Versicherer das Verlangen des Versicherungsnehmers per Einrede zurückweisen oder eben auf die Erhebung der Einrede verzichten und leisten, bei anderer Betrachtung zahlt er ohne Anerkennung einer Rechtspflicht unter Hinweis darauf, dass wegen § 200 kein weitergehender Anspruch bestünde, oder er leistet eben nicht; das Ergebnis bleibt gleich, die Schutzfunktion des § 200 bleibt stets gewahrt.

23 Des Weiteren könnte, betrachtete man den § 200 als Anspruchsbegrenzung qua lege, die Problematik entstehen, dass Leistungen Dritter den versicherungsvertraglichen Erfüllungsanspruch vernichten könnten, eine vertragsfremde Person also in die Sonderbeziehung zwischen Versicherer und Versicherungsnehmer, respektive versicherter Person, eingreifen könnte. In dem Fall nämlich, dass eine andere verpflichtete Versorgungseinrichtung über die eigene Schuld hinaus leistet, könnte man diese Leistung auf die Schuld des Versicherers „anrechnen", mit der Folge, dass der versicherungsvertragliche Anspruch gemindert wird. Dieser Eingriff ließe sich durch eine zwischen den dem Versicherungsnehmer verpflichteten Parteien bestehende Sonderbeziehung (zB eine Gesamtschuld gem. §§ 421, 422 BGB) rechtfertigen, in der das Erlöschen der Schuld des einen zugleich für die anderen Verpflichteten wirkt.[63] Eine solche Sonderbeziehung besteht aber gerade in der Konstellation des Aufeinandertreffens der PKV mit öffentlichen Versorgungseinrichtungen nicht.[64] Darüber hinaus würde die Leistung einer dritten Institution auch nicht über § 267 BGB zur Erfüllung des versicherungsvertraglichen Anspruchs führen, da diese Norm die Fälle betrifft, in denen ein Dritter eine fremde Schuld tilgen will. Im Anwendungsbereich des § 200 leisten andere Versorgungseinrichtungen, um eine eigene Verpflichtung (sei sie öffentlich- oder sozialrechtlich) zu erfüllen, nicht, um die Schuld des privaten Krankenversicherers zu tilgen; es fehlt insofern am Fremdtilgungswillen.[65] Unabhängig davon also, wie man § 200 qualifiziert, ist eine Erfüllungswirkung bei Leistungen Dritter nie gegeben, so dass auch aus diesem Blickwinkel keiner Auffassung der Vorzug zu geben wäre; selbst bei Betrachtung des § 200 als Bestimmung des Umfangs der Leistungspflicht bleibt der Anspruch des Versicherungsnehmers aus dem Versicherungsvertrag der Höhe nach unberührt. Wollte man dies anders sehen, so wäre die Höhe des Anspruchs von Zufälligkeiten abhängig gemacht, zu dieser Problematik auch → Rn. 28.

24 **d) Rückforderung.** Weil erst im Bereich der Rückforderung die Auffassungen zu unterschiedlichen Ergebnissen kommen, ist hier nach einer Entscheidung zu suchen.[66] Konstruktiv muss auf die §§ 812 ff. BGB zurückgegriffen werden, da § 200 keinen eigenen Rückforderungsanspruch

---

[60] Abschlussbericht der VVG-Kommission Ziff. 2.1.
[61] Zu § 55 VVG aF insofern *Bartholomäus* Versicherungsrechtliches Bereicherungsverbot S. 77.
[62] Ausdrücklich die Gesetzesbegründung, Begr. zu Art. 1 (§ 200) RegE Gesetz zur Reform des Versicherungsvertragsrechts, BT-Drs. 16/3945, 113; zu den Folgen dieser Betrachtung → Rn. 26.
[63] *Grüneberg* in Grüneberg BGB § 422 Rn. 1.
[64] → Rn. 31.
[65] Der Gedanke des § 267 BGB hilft hier auch nicht: *Grüneberg* in Grüneberg BGB § 267 Rn. 3.
[66] → Rn. 19.

vorhält. Dort kann die Rückabwicklung der ungerechtfertigten Bereicherung auf zwei Arten erreicht werden:

aa) Rückabwicklung nach § 812 BGB. Betrachtet man § 200 als Anspruchsbegrenzung von 25 vornherein, so wäre § 812 Abs. 1 BGB anzuwenden, denn dann würde § 200 den Rechtsgrund der Leistung, den Anspruch aus dem Versicherungsvertrag, von vornherein begrenzen oder im Nachhinein vernichten. Der Versicherer könnte also, unabhängig davon, ob er vor oder nach anderen Versorgungseinrichtungen zahlt, bei Zuviel-Leistung diesen Betrag über § 812 Abs. 1 BGB kondizieren.[67] Welche Art der Einwendung vorliegt, ob der Anspruch also von vornherein nur in geringerer Höhe entsteht oder später teilweise erlischt, bedarf insoweit keiner Entscheidung, da sich dies weder materiell-rechtlich noch prozessual unterschiedlich ausnimmt.

bb) Rückabwicklung nach § 813 BGB. Begreift man § 200 als Leistungsverweigerungsrecht, 26 so begründet dieser eine dauernde Einrede.[68] Zahlt der Versicherer trotz Bestehens der Einrede, so kann er gleichwohl über § 813 Abs. 1 S. 1 BGB kondizieren. Voraussetzung ist allerdings, dass die Einrede dem Anspruch schon zur Zeit der Leistung entgegengesetzt werden konnte.[69] Dementsprechend muss eine Differenzierung nach Leistungszeitpunkten vorgenommen werden: Bei Leistung des Versicherers zu einer Zeit, zu der bereits ein anderer Verpflichteter vorher überzahlt hat, kann der Versicherer diesen überzahlten Betrag im Wege der ungerechtfertigten Bereicherung gem. § 813 Abs. 1 S. 1 BGB zurückfordern. Das Leistungsverweigerungsrecht bestand nämlich in diesen Fällen schon zur Zeit der Leistung des Versicherers, so dass dem Anspruch des Versicherungsnehmers oder der versicherten Person eine peremptorische Einrede entgegenstand. In den Fällen, in denen der Versicherer zuerst zahlt, und erst daraufhin weitere Versorgungseinrichtungen leisten, scheidet hingegen eine Rückforderung aus: Das Leistungsverweigerungsrecht entsteht ja erst dadurch, dass die Gesamtaufwendungen die Gesamterstattung übersteigen; dies geschieht aber gerade erst zu der Zeit, zu der weitere Versorgungseinrichtungen über den angefallenen Gesamtaufwand hinaus leisten, somit war also zur Zeit der Leistung des Versicherers das Leistungsverweigerungsrecht aus § 200 noch nicht entstanden.

Eine andere Betrachtung ließe sich nur über eine andere Auslegung des Tatbestandsmerkmals „Gesamterstattung" erreichen. Begreift man diese als nicht erst mit der tatsächlichen Leistung, sondern schon mit dem Entstehen des Anspruchs existent, so entzieht man sich der zuletzt angesprochenen Problematik und käme wohl in den meisten Fallgestaltungen zu gleichen Ergebnissen. Allein: Der Gesetzgeber geht wohl davon aus, dass die „Gesamterstattung" erst mit Leistung der einzelnen Institutionen begründet wird,[70] so dass diese Auslegung zu weit gehend wäre.

cc) Ergebnis. Erst im Rahmen der Rückabwicklung wird also die Schwäche der Qualifikation 27 des § 200 als Leistungsverweigerungsrecht deutlich: Zumindest im Falle der späteren Leistung durch den privaten Krankenversicherer entsteht doch eine **Subsidiarität zugunsten der PKV**, die ausweislich der Gesetzesbegründung gerade nicht gewollt war,[71] denn am Ende der Schadenabwicklung hat der private Krankenversicherer die Möglichkeit, über § 813 Abs. 1 S. 1 BGB zu kondizieren und damit doch iErg nur subsidiär zu haften. Und darüber hinaus, um erst in den Genuss der Wirkung des Leistungsverweigerungsrechts zu kommen, täte der Versicherer gut daran, die Leistung zumindest so lange hinauszuzögern, bis alle daneben in Frage kommenden Leistungsverpflichteten gezahlt haben, denn erst dann wäre sein Leistungsverweigerungsrecht entstanden, was ihm die Möglichkeit auf Rückforderung über die Vorschriften der ungerechtfertigten Bereicherung offen hielte. In der Konstellation hingegen, in der der Versicherer noch vor den anderen Verpflichteten leistet, entsteht das Leistungsverweigerungsrecht aus § 200 erst so spät, dass es die Voraussetzungen des Rückforderungsanspruchs nach § 813 Abs. 1 S. 1 BGB nicht erfüllt, so dass der § 200 seinem Zweck nicht gerecht werden kann. Eine andere Auslegung dahingehend, dass auch in diesen Fällen der § 813 Abs. 1 S. 1 BGB Anwendung findet, wäre mit dem Wortlaut dieser Norm („entgegen*stand*") nicht vereinbar.

Ganz unabhängig davon ist beiden Auslegungen in folgender Konstellation eine Schwäche 28 zu eigen: In dem Fall, dass zunächst eine andere Versorgungseinrichtung überzahlt, der private Krankenversicherer dann unter Hinweis auf § 200 seine Leistung entsprechend kürzt, die andere Institution dann aber in der Folge den überzahlten Betrag nach zivil- oder öffentlich-rechtlichen Grundsätzen kondiziert, muss der private Krankenversicherer diesen Betrag nachzahlen, sofern er

---

[67] In diesem Sinne *Kalis* in Bach/Moser MB/KK § 5 Rn. 152.
[68] Zu Zweifeln daran → Rn. 28.
[69] *Schwab* in MüKoBGB § 813 Rn. 2.
[70] Begr. zu Art. 1 (§ 200) RegE Gesetz zur Reform des Versicherungsvertragsrechts, BT-Drs. 16/3945, 113, wo von „Gesamterstattungsleistungen" die Rede ist.
[71] Begr. zu Art. 1 (§ 200) RegE Gesetz zur Reform des Versicherungsvertragsrechts, BT-Drs. 16/3945, 113.

dafür aus dem Versicherungsvertrag haftet.[72] Betrachtet man den § 200 als rechtshindernde bzw. -vernichtende Einwendung, so mutet inkonsequent an, dass der Anspruch nur aufgrund der Kondiktion der dritten Versorgungseinrichtung neu entsteht oder ein erloschener Anspruch teilweise wiederaufleben müsste; er wäre geradezu von Zufälligkeiten abhängig. Ähnliche Bedenken sind aber auch gegen die Einordnung des § 200 als Leistungsverweigerungsrecht zu hegen: Entfiele dieses Recht in der Höhe, in der die dritte Einrichtung kondiziert, so darf man berechtigte Zweifel an der Dauerhaftigkeit der Einrede haben, die aber § 813 Abs. 1 S. 1 voraussetzt.

29 Im Ergebnis streitet also für die Einordnung als Leistungsverweigerungsrecht nur der Umkehrschluss aus der Änderung der Norm im Gesetzgebungsverfahren. Man darf bezweifeln, dass der Gesetzgeber mit der Umformulierung der Norm mehr erreichen wollte, als lediglich die Subsidiarität, die noch § 191 VVG-E enthielt, auszuscheiden. Gegen die Einordnung als Leistungsverweigerungsrecht spricht aber entscheidend die nötige Differenzierung nach Leistungszeitpunkten mit ihren tatsächlichen Folgen,[73] die so sicher nicht gewollt waren. Für die Einordnung des § 200 als rechtshindernde bzw. rechtsvernichtende Einwendung spricht die leichte Handhabung im Rahmen der Kondiktion.[74] Die unter → Rn. 27 genannte Schwäche ist beiden Betrachtungsweisen immanent.

30 e) **Leistungspraxis**. Das heißt für die Leistungspraxis: Auszugehen ist zunächst davon, dass alle Leistungsträger nach dem jeweiligen Vertrags- oder gesetzlichen Verhältnis zur Leistung verpflichtet sind. Übersteigt der Gesamterstattungsbetrag 100 % der Aufwendungen, kann der private Krankenversicherer aber nach § 200 eine weitere Leistung, die über den Gesamtbetrag der Aufwendungen des Versicherungsnehmers hinausginge, verweigern, so dass die Gesamterstattung maximal den Gesamtaufwand erreichen kann. Hier liegt der Kern der Regelung des § 200. Nur durch die Einbeziehung von Ansprüchen aus „fremden" Rechtsgebieten[75] in die Aufwandsbetrachtung wird der Versicherer überhaupt in die Lage versetzt, ein solches Recht geltend zu machen. In der umgekehrten Konstellation hingegen, in der der private Krankenversicherer zunächst leistet und dabei überzahlt, entsteht eine Begrenzung der Leistungspflicht für evtl. andere beteiligte Versorgungseinrichtungen aus dem unter → Rn. 17 genannten Grund (dass § 200 nur zugunsten der PKV gilt) zumindest aus dieser Norm nicht. Folge daraus ist, dass in diesen Fällen, vorbehaltlich etwaiger beamten- oder sozialrechtlicher Bereicherungsverbote, der Versicherungsnehmer zunächst zu viel erhalten, dann aber eine **Kondiktion** nach den oben geschilderten Grundsätzen erfolgen kann.

31 **4. Ausgleich unter den Erstattungsverpflichteten.** Eine weitere Frage ist, ob die Norm über die bloße Statuierung eines Bereicherungsverbots hinaus auch eine Ausgleichspflicht der Erstattungsverpflichteten untereinander anordnet. Dies ist zu verneinen.[76] Eine Ausgleichspflicht ergibt sich weder aus vertraglicher bzw. vertragsähnlicher Rechtsbeziehung noch aus § 426 Abs. 1 BGB oder § 426 Abs. 2 BGB iVm cessio legis.[77] Vertragliche Vereinbarungen zwischen den Versorgungseinrichtungen den Ausgleich untereinander betreffend sind ersichtlich nicht Gegenstand von § 200, einer gesetzlichen Ausgleichspflicht bedarf es in diesen Fällen nämlich gerade nicht. Aber auch ein gesetzlich geregelter Fall der Anordnung einer Gesamtschuld lässt sich dem § 200 nicht entnehmen, wofür gleich mehrere Gründe sprechen: Zum einen erschöpft sich der Wortlaut der Norm in der Aussage, dass die Gesamterstattung die Gesamtaufwendungen nicht übersteigen dürfe. Andere Vorschriften, die ein Gesamtschuldverhältnis begründen,[78] tun dies ausdrücklich, so dass auch der systematische Vergleich zu anderen Normen zu keinem anderen Ergebnis führt. Schließlich ist zu festzustellen, dass weder die Regierungsbegründung[79] noch der Abschlussbericht der VVG-Kommission[80] auf einen solchen Regelungszweck eingehen. Der gesamtschuldnerische Innenausgleich unter verschiedenen Versorgungsträgern kann daher aus § 200 ebenfalls nicht hergeleitet werden.

II. Beweislast und Prozessuales

32 Klagt der Versicherungsnehmer auf Erstattung, trägt er die Darlegungs- und Beweislast hinsichtlich Entstehens und Höhe der (Gesamt-) Aufwendungen, da dies bereits zu den Tatbestandsvorausset-

---

[72] Vgl. dazu OLG Celle r+s 2001, 699 (702).
[73] → Rn. 26.
[74] *Weidensteiner* in Boetius/Rogler/Schäfer Rechtshandbuch PKV § 39 Rn. 54.
[75] → Rn. 11.
[76] Anders *Voit* in Prölss/Martin VVG § 200 Rn. 16, 17.
[77] *Grüneberg* in Grüneberg BGB § 426 Rn. 1 ff.; *Bydlinski* in MüKoBGB § 426 Rn. 1 ff.
[78] Vgl. zB §§ 769, 840 Abs. 1 BGB, § 5 Abs. 1 ProdHaftG, §§ 1, 13 HPflG, § 3 Nr. 2 PflVG; sa *Bydlinski* in MüKoBGB § 421 Rn. 44 mwN.
[79] Begr. zu Art. 1 (§ 200) RegE Gesetz zur Reform des Versicherungsvertragsrechts, BT-Drs. 16/3945, 113.
[80] Abschlussbericht der VVG-Kommission Ziff. 1.3.2.4.5.3.

zungen des Versicherungsfalls gehört.[81] Hingegen trifft den Versicherer die Beweislast für die Tatbestandsmerkmale „mehrere Erstattungsverpflichtete" und (Höhe der) „Gesamterstattung", wobei der Versicherungsnehmer hier eine sekundäre Darlegungslast haben kann. Angesichts der ohnehin bestehenden Auskunftsobliegenheit (→ Rn. 15) dürfte dies allerdings kaum praktische Bedeutung erlangen.

Im Rückforderungsprozess des Versicherers trifft diesen die Beweislast für die Geltendmachung der Leistung auf eine nicht bestehende Schuld[82] und damit grds. für alle Tatbestandsvoraussetzungen des § 200. Allerdings gelten auch hier die zum Beweisrecht im Rahmen der Bereicherungsansprüche entwickelten Besonderheiten, mit der Folge, dass zum Tatbestandsmerkmal „ohne Rechtsgrund" den Versicherungsnehmer eine sekundäre Darlegungslast trifft.[83]

§ 201 Herbeiführung des Versicherungsfalles

Der Versicherer ist nicht zur Leistung verpflichtet, wenn der Versicherungsnehmer oder die versicherte Person vorsätzlich die Krankheit oder den Unfall bei sich selbst herbeiführt.

Übersicht

	Rn.			Rn.
A. Einführung	1		c) Konstruktion der Gegenauffassung	16
I. Normzweck	1	2.	Kritik und Stellungnahme	17
II. Entstehungsgeschichte	4	3.	Weitere Konstellation	18
1. Zeit vor 1994	4	**II.**	**Vorsatz**	19
2. Zeit ab 1994	5	1.	Begriff	19
3. VVG-Reform 2008	6	2.	Sozialadäquates Verhalten	23
III. Anwendungsbereich	8	3.	Suizid	25
B. Inhaltliche Fragen	9	4.	Suchtkrankheiten	27
I. „bei sich selbst"	9	5.	Adipositas	32
1. Streitstand	9	6.	Sterilisation	33
a) Telos der Norm	11	**III.**	**AVB**	34
b) Entstehungsgeschichte	15	**IV.**	**Beweislast**	35

A. Einführung

I. Normzweck

Der Regelungsgehalt der Norm besteht darin, den Versicherer im Falle der vorsätzlichen Her- **1** beiführung des Versicherungsfalles in bestimmten Konstellationen von der Leistungsverpflichtung freizustellen. Die Gefahrengemeinschaft soll so vor einer risikoinadäquaten Inanspruchnahme geschützt werden; es handelt sich um eine **Ausprägung des Grundsatzes von Treu und Glauben**.[1] § 201 enthält insofern einen allgemeinen Rechtsgedanken, der – in der jeweils spartenspezifischen Form – im Recht der Personenversicherung Entsprechung in den §§ 162, 183 für die Lebens- und die Unfallversicherung gefunden hat.

Die Vorschrift überschneidet sich teilweise mit § 81, ist aber insoweit enger, als sie Leistungsfrei- **2** heit nur im Falle der vorsätzlichen, nicht auch der (grob) fahrlässigen Herbeiführung des Versicherungsfalles vorsieht. Rechtstechnisch stellt sie daher eine lex specialis zu § 81 dar, der iÜ auch dann nicht anwendbar ist, wenn Krankenversicherungsschutz nach den Grundsätzen der Schadenversicherung gewährt wird, da er im Verweisungskatalog des § 194 Abs. 1 nicht aufgeführt ist.

Diese tatbestandliche Verengung findet ihren Grund in der sozialpolitischen Funktion der priva- **3** ten Krankenversicherung: Indem die Leistungsverpflichtung für vorsätzliches Verhalten entfällt, für (grob) fahrlässige Herbeiführung des Versicherungsfalles jedoch bestehen bleibt, wird ein Ausgleich

---

[81] → § 192 Rn. 18 f.
[82] *Sprau* in Grüneberg BGB § 812 Rn. 76; stRspr, BGH NJW-RR 1995, 130 (131); VersR 1992, 1028 (1029).
[83] *Sprau* in Grüneberg BGB § 812 Rn. 76; BGH NJW-RR 2004, 556; NJW 1999, 2887.
[1] *Rogler* in HK-VVG § 201 Rn. 1.

der Interessen des einzelnen Versicherten und der Versichertengemeinschaft geschaffen.² Wenn *Wriede*³ die Vorschrift⁴ als „zu eng geraten" bezeichnet, bezieht sich dies nicht auf die Ausklammerung der groben Fahrlässigkeit, sondern auf das Tatbestandsmerkmal „bei sich selbst" (→ Rn. 11 ff.).

II. Entstehungsgeschichte

4   **1. Zeit vor 1994.** Vor Kodifikation der privaten Krankenversicherung⁵ in den §§ 178a–178o VVG aF wurde § 61 VVG aF für anwendbar gehalten.⁶ Allerdings sahen die damals gebräuchlichen AVB (vgl. MB/KK 1976/MB/KT 1978) einen Leistungsausschluss nur bei vorsätzlicher Herbeiführung des Versicherungsfalles vor, so dass gleichwohl faktisch eine der heutigen vergleichbaren Rechtslage galt.⁷ Die genannten AVB und die idR bis Ende 2007 gebräuchlichen⁸ MBKK 1994/MBKT 1994 sind im Regelungsbereich der vorsätzlichen Herbeiführung des Versicherungsfalles nämlich wortgleich (vgl. § 5 Abs. 1b MB/KK 1976/MB/KT 1978 und § 5 Abs. 1b MB/KK 1994/MB/KT 1994).⁹

5   **2. Zeit ab 1994.** Der dann eingeführte § 178l VVG aF enthielt von vornherein eine Beschränkung der Leistungsfreiheit nur auf vorsätzliche Herbeiführung des Versicherungsfalles und begründete so eine Konformität des Gesetzes zum ohnehin geltenden Recht. Er erfüllte damit die Intention des Gesetzgebers, lediglich „das auf Grund genehmigter Bedingungen und Tarifbestimmungen geltende Krankenversicherungsrecht"¹⁰ zu kodifizieren.

6   **3. VVG-Reform 2008.** Die Vorschrift des § 201 übernimmt inhaltlich die Regelung des § 178l VVG aF. Der Normtext ist ausweislich der Regierungsbegründung allein sprachlich im Interesse einer einheitlichen Gesetzesdiktion den Parallelvorschriften der §§ 81, 103, 137, 162, 183 angepasst worden.¹¹ Der Bundesrat sowie der Rechtsausschuss des Bundestags haben ebenfalls keinen Reformbedarf gesehen.

7   Die VVG-Kommission ist in ihrem Abschlussbericht¹² nicht näher auf die Norm eingegangen. Die von ihr vorgeschlagene Fassung des § 193 VVG-E entspricht aber dem bisherigen § 178l VVG aF und damit auch § 201, von den angesprochenen sprachlichen Änderungen abgesehen. Sowohl der PKV-Verband wie auch der GDV und der DAV sind in ihren Stellungnahmen auf den neuen § 201 nicht eingegangen.

III. Anwendungsbereich

8   § 201 gilt für alle Arten der Krankenversicherung. Wortlaut und Systematik der Norm lassen eine andere Auslegung nicht zu. Eine eigenständige Regelung allein für die Krankenversicherung ist auch unerlässlich: Zum einen steht § 81 im Abschnitt für die Schadensversicherung, so dass die Bestimmung nicht für Produkte gelten würde, die als Summenversicherung konzipiert sind. Zum anderen erklärt § 194 Abs. 1 diese Norm ausdrücklich für nicht anwendbar. Der Gesetzgeber stellt also durch § 201 klar, dass der Ausschlusstatbestand für die **gesamte Krankenversicherung** gilt, unabhängig von der Konzeption des jeweiligen Produkts als Schadens- oder Summenversicherung.¹³

B. Inhaltliche Fragen

I. „bei sich selbst"

9   **1. Streitstand.** Die Vorschrift verlangt, dass der Versicherungsnehmer oder die versicherte Person die Krankheit oder den Unfall vorsätzlich bei sich selbst herbeigeführt hat. Die Formulierung

---

² *Renger* VersR 1993, 678 (682).
³ *Wriede* VersR 1994, 251 (254).
⁴ Damals noch zur Kodifizierung des § 178l VVG aF; die kritisierten Merkmale sind allerdings in den § 201 VVG nF unverändert übernommen worden.
⁵ → Einf. Vor § 192 Rn. 342.
⁶ *Möller* in Bruck/Möller, 8. Aufl. 1980, Bd. 2, VVG § 61 Anm. 14.
⁷ → Einf. Vor § 192 Rn. 342.
⁸ Seit dem 1.1.2008 gelten die neuen MB/KK 2008/MB/KT 2008 für alle Neuverträge. Die Einbeziehung in Bestandsverträge erfolgte teilweise nach Art. 2 Ziff. 2 EGVVG ebenfalls zu diesem Zeitpunkt, ansonsten zum 1.1.2009.
⁹ Das trifft iÜ auch auf die neuen MB/KK 2008/2009/MB/KT 2008/2009 zu.
¹⁰ BT-Drs. 12/6959, 103 f.
¹¹ Begr. zu Art. 1 (§ 201) RegE Gesetz zur Reform des Versicherungsvertragsrechts, BT-Drs. 16/3945, 113.
¹² Abschlussbericht der VVG-Kommission Ziff. 1.3.2.4.
¹³ *Renger* VersR 1994, 678 (682).

„bei sich selbst" bereitet dann Schwierigkeiten, wenn Versicherungsnehmer und versicherte Person nicht identisch sind, der Versicherungsnehmer aber ein eigenes Interesse an der Gesundheit der versicherten Person versichert hat (sog. **Gefahrperson**).[14] Als Beispiel mag hier die vorsätzliche **Verletzung** des mitversicherten Kindes **durch den Versicherungsnehmer** dienen.[15]

Römer legte die Formulierung dahingehend aus, dass auch in einem solchen Fall der Versicherer zur Leistung verpflichtet ist.[16] § 201 würde dann nur die Fälle erfassen, in denen jeweils der Versicherungsnehmer oder die versicherte Person die Krankheit oder den Unfall bei sich selbst herbeigeführt haben, nicht aber Konstellationen, in denen der Versicherungsnehmer den Versicherungsfall bei der versicherten Person herbeiführt. Dem sind namentlich *Wriede*[17] und, unter Berufung auf ihn, auch *Prölss*[18] entgegengetreten: Es bestehe kein Grund, dem Versicherungsnehmer, der den Versicherungsfall bei der Gefahrperson vorsätzlich herbeigeführt hat, Versicherungsschutz zu gewähren. Dem ist zuzustimmen: 10

a) Telos der Norm. Das enge Verständnis *Römers* führte – wenn auch nur in diesem Falle – dazu, dass der § 201 seines Charakters als Schutznorm für die Gefahrengemeinschaft beraubt würde. Sein Sinn und Zweck besteht nämlich darin sicherzustellen, dass eine Inanspruchnahme des Versicherers nur erfolgt, wenn sie dem versicherten Risiko entspricht. Das ist der *zufällige* Eintritt einer Krankheit oder eines Unfalls sowie das schädigende Verhalten *Dritter* (was sich idR für die versicherte Person auch als zufällig darstellt). Ob die vorsätzliche Herbeiführung des Versicherungsfalles bei der versicherten Person aber nun durch diese selbst oder den Versicherungsnehmer geschehen ist, macht für die Belastung der Gefahrengemeinschaft keinen Unterschied: Weder das eine noch das andere ist Inhalt des versicherten Risikos. Nicht nur die Versagung von Leistungen bei Personenidentität zwischen demjenigen, der den Versicherungsfall herbeiführt und demjenigen, bei dem er eintritt, ist also Normzweck des § 201; vielmehr ist das Augenmerk (auch) auf die durch das vorsätzliche Verhalten des Versicherungsnehmers motivierte funktionelle Verbindung zwischen sich und der Gefahrperson zu richten, durch die beide vor dem Hintergrund des Schutzzwecks der Norm als Einheit anzusehen sind. Wie noch zu zeigen sein wird, gilt dies auch dann, wenn die versicherte Person den Versicherungsfall vorsätzlich herbeiführt.[19] 11

Das soeben gefundene Ergebnis wird auch durch folgende Überlegung gestützt: Regelmäßig versichert der Versicherungsnehmer nicht fremdes Risiko, sondern sein eigenes Interesse an der Gesundheit der versicherten Person.[20] Gerade in den streitigen Fällen wie dem genannten Beispiel kommt es dem Versicherungsnehmer nämlich primär darauf an, das ihn selbst treffende Risiko aus der Unterhaltspflicht auf den Versicherer zu übertragen. 12

Eine solche Konstellation wurde nach altem Recht denn auch überwiegend als Eigenversicherung qualifiziert, aus der der versicherten Person kein eigener Anspruch erwuchs.[21] Ein solcher Anspruch konnte sich allerdings ergeben, wenn die Versicherung als Fremdversicherung anzusehen war, die sich dann als echter Vertrag zugunsten Dritter iSv § 328 BGB darstellte.[22] Nach Ansicht des BGH ergab sich die Anwendbarkeit der §§ 328 ff. BGB als *leges generales* aus der Tatsache, dass die §§ 74 ff. VVG aF wegen des fehlenden Verweises in § 178a Abs. 2 VVG aF nicht angewandt werden konnten.[23] Eine solche Fremdversicherung sollte dann vorliegen, wenn neben dem Interesse des Versicherungsnehmers auch das eigene Interesse der versicherten Person versichert werden sollte.[24] Festzuhalten ist demnach zunächst, dass nach altem Recht in der oben genannten Konstellation der Mitversicherung eines Kindes keine Versicherung für fremde Rechnung iSd §§ 74 ff. VVG aF, sondern eine Eigenversicherung[25] vorlag und nur der Versicherungsnehmer aktivlegitimiert war.[26] 13

---

14 Zum Begriff der Gefahrperson *Voit* in Prölss/Martin VVG § 193 Rn. 1.
15 *Wriede* VersR 1994, 251.
16 *Römer* in Römer/Langheid, 2. Aufl. 2003, VVG § 178l Rn. 2; ihm folgend *Voit* in Prölss/Martin VVG § 201 Rn. 18.
17 *Wriede* VersR 1994, 251 (254).
18 *Prölss* in Prölss/Martin, 27. Aufl. 2004, VVG § 178l Rn. 2; anders jetzt *Voit* in Prölss/Martin, 29. Aufl. 2015, VVG § 201 Rn. 18.
19 → Rn. 19.
20 Dies bejaht für mitversicherte Kinder auch *Voit* in Prölss/Martin VVG § 193 Rn. 2.
21 BGH VersR 2006, 686 (688); *Pannenbecker* VersR 1998, 1322 (1323).
22 BGH VersR 2006, 686 (688) mwN; *Pannenbecker* VersR 1998, 1322 (1328); → § 194 Rn. 52 ff.
23 BGH VersR 2006, 686 (688); aA wohl OLG Koblenz VersR 2005, 491 (492).
24 BGH VersR 2006, 686 (688); *Pannenbecker* VersR 1998, 1322 (1324).
25 *Hübsch* in Berliner Kommentar VVG § 74 Rn. 6, 7; Zur Abgrenzung von Eigen- und Fremdversicherung nach altem Recht *Bach* in Bach/Moser, 3. Aufl. 2002, VVG § 178a Rn. 12; *Prölss* in Prölss/Martin, 27. Aufl. 2004, VVG § 178a Rn. 8; generell → Vor § 74 Rn. 1 ff.
26 Zum früheren Recht LG Köln VersR 1994, 464; LG München I r+s 1991, 139.

Damit wird noch deutlicher, warum der Vorsatzausschluss richtigerweise auch und gerade dann anzuwenden war: Die angesprochene funktionelle Verbindung zwischen Versicherungsnehmer und Gefahrperson vor dem Hintergrund des Schutzzwecks der Norm erlangte durch das qua lege angelegte Rechtsverhältnis zwischen den Beteiligten auch gesetzgeberische Anerkennung. Der Gesetzgeber selbst billigte nämlich der versicherten Person, sofern sie bloß Gefahrperson war, kein eigenes Forderungsrecht zu,[27] vielmehr blieb allein der Versicherungsnehmer anspruchsberechtigt. Gerade ihn sollte aber die Sanktion des Vorsatzausschlusses treffen. Nur die soeben vorgenommene Auslegung führt dazu, dass die Homogenität des Gesetzes gewahrt bleibt: Der Gesetzgeber hatte durch die Zuweisung des Anspruchs aus dem Versicherungsvertrag deutlich gemacht, dass der Vorsatzausschluss zumindest im Rahmen der Eigenversicherung generelle Anwendung finden muss und nicht – nach dem bereits oben erwähnten Gedanken der versicherungsrechtlichen Einheit von Versicherungsnehmer und versicherter Person – davon abhängen kann, welche der Personen nun tatsächlich handelte.

14 Fraglich ist, ob sich diese Sichtweise nach Einführung des § 194 Abs. 4 noch halten lässt, oder nicht vielmehr eine Korrektur nötig wird. In dieser Norm werden ausdrücklich die §§ 43–48 in der Krankenversicherung für anwendbar erklärt, allerdings mit der Maßgabe, dass ausschließlich der Versicherte die Versicherungsleistung verlangen kann, wenn der Versicherungsnehmer ihn gegenüber dem Versicherer als Empfangsberechtigten (was wohl synonym zu „Anspruchsberechtigtem" sein muss) benannt hat. Festzuhalten ist daher zunächst, dass der Gesetzgeber dem oben dargestellten Meinungsstreit, wann eine Fremd- und wann eine Eigenversicherung vorliege, und ob die Grundsätze der Versicherung für fremde Rechnung einschlägig seien, ein Ende bereitet hat.[28] Eine Auslegung, dass der § 194 Abs. 4 nur Anwendung auf die Fremd- und nicht auf die Eigenversicherung findet, und so die alte Auseinandersetzung, wann das eine und wann das andere vorliegt, quasi dem Regelungsgehalt der Norm „vorgeschaltet" wird, ist vom Wortlaut der Norm betrachtet zwar möglich, aber nicht geboten: Der Inhalt des § 194 Abs. 4 würde sich dann darin erschöpfen, anstatt der allgemeinen Regelung der §§ 328 ff. BGB die Grundsätze der Versicherung für fremde Rechnung anzuwenden, die Eigenversicherung aber grds. unberührt lassen. Darin läge aber kein Gewinn im Vergleich zum alten Recht. Auszugehen ist vielmehr davon, dass die Norm schon vorher greift, nämlich bei der Frage der Qualifizierung des Versicherungsvertrages als Fremd- oder Eigenversicherung, und diese Frage stets zugunsten der Fremdversicherung beantwortet. Das wiederum heißt aber nicht, dass die versicherte Person einen eigenen Anspruch gegen den Versicherer herleiten kann. Dem steht § 194 Abs. 4 S. 1 Hs. 2 und S. 2 entgegen, wonach ausschließlich die versicherte Person die Leistung verlangen kann, sofern der Versicherungsnehmer sie als empfangsberechtigt benannt hat. Liegt diese Voraussetzung nicht vor, kann nur der Versicherungsnehmer selbst die Leistung verlangen. Im Grundsatz allein anspruchsberechtigt ist also der Versicherungsnehmer,[29] ein eigenes Forderungsrecht besitzt die versicherte Person nur nach Benennung iSv § 194 Abs. 4, unabhängig davon, dass nun bei Auseinanderfallen von Versicherungsnehmer und versicherter Person stets eine Fremdversicherung vorliegt.

Das heißt für das Verhältnis zwischen Versicherungsnehmer, Versicherer und versicherter Person nach neuem Recht: Hat der Versicherungsnehmer der versicherten Person kein eigenes Forderungsrecht eingeräumt, wie § 194 Abs. 4 S. 1 ihm gestattet, so sind die oben zum alten Recht entwickelten Grundsätze auch hier anwendbar, mit der Folge, dass aus dem Gedanken des Schutzzwecks der Norm und der Sanktionswirkung des § 201 auch nach neuem Recht unerheblich bleibt, ob der Versicherungsnehmer oder die versicherte Person den Versicherungsfall herbeigeführt hat. Diese Argumentation lässt sich freilich nicht aufrechterhalten für die Fälle, in denen der Versicherungsnehmer die versicherte Person als empfangsberechtigt benannt hat. Führt dann der Versicherungsnehmer den Versicherungsfall bei der versicherten Person herbei, so trifft die Sanktionswirkung des § 201

---

[27] Die hier vertretene Ansicht wird mittelbar gestützt durch BGH VersR 2006, 686 (688), dort hatte der BGH entschieden, dass in der Krankheitskostenversicherung der Ehepartner des Versicherungsnehmers nicht nur als Gefahrperson, sondern stets als mitversicherte Person anzusehen ist, mit der Folge, dass ihm ein eigenes Forderungsrecht iSv § 328 BGB zusteht (zum Verhältnis der §§ 43 ff. VVG neu und §§ 328 ff. BGB instruktiv *Sieg* VersR 1994, 249, dort Fn. 8; *Hohlfeld* in Berliner Kommentar VVG § 178a Rn. 5; sowie eben diese BGH-Entscheidung. Begründet wurde dies mit dem Gedanken des § 1360 BGB, dass auch derjenige Ehepartner, der nicht erwerbstätig ist, aber durch ausschließliche Tätigkeit im Haushalt zum Familienunterhalt beiträgt, „vorrangig ein eigenes Interesse daran behält, selbstbestimmt seine gesundheitlichen Belange zu regeln" (das sah die bislang hM anders, BGH VersR 2006, 686 (688) mwN). Die Auffassung des BGH ist gerade vor dem gewandelten Gesellschaftsbild der Ehe in den letzten Jahren anzuerkennen, zeigt aber umso deutlicher, dass bei der Mitversicherung von Kindern in der Krankenversicherung nur ein Eigeninteresse des Versicherungsnehmers versichert ist, denn eine Norm mit ähnlichem Regelungsgehalt wie § 1360 BGB fehlt im Verhältnis Eltern/Kinder.

[28] → § 194 Rn. 45.

[29] → § 194 Rn. 45.

zwar diesen, nicht aber die versicherte Person, in der somit kein rechtsvernichtender Ausschlussgrund eintritt und die folglich anspruchsberechtigt bleibt. Nur in dieser Konstellation stößt der Gedanke der versicherungsrechtlichen Einheit von Versicherungsnehmer und versicherter Person auf legislativ gesetzte Grenzen, was als gesetzgeberischer Wille aber hinzunehmen ist.

b) Entstehungsgeschichte. Diese Auslegung wird auch gestützt durch die Entstehungsgeschichte der Normen des § 178l VVG aF sowie jetzt des § 201. Mit Schaffung des § 178l VVG aF wollte der Gesetzgeber das durch Bedingungen und Tarifbestimmungen geltende Recht der Krankenversicherung lediglich in Gesetzesform gießen.[30] In der Gesetzesbegründung heißt es wörtlich: „Entsprechend dem sozialen Umfeld der Krankenversicherung ist durch Rspr. und Bedingungsrecht die Freiheit der Risikobegrenzung durch den Versicherer in der Krankenversicherung generell eingeschränkt und die Leistungsfreiheit des Versicherers auf Vorsatz beschränkt worden. Da im Interesse der Versicherten hieran festzuhalten ist, ist eine gesetzliche Regelung notwendig, die für die gesamte Kranken- und Pflegeversicherung gilt, gleichgültig ob der Versicherungsschutz als Schadenversicherung oder als Summenversicherung gewährt wird".[31] Bemerkenswert sind die Formulierungen „Bedingungsrecht" und „festzuhalten". Der Gesetzgeber hat den damaligen § 178l VVG aF in Kenntnis der Regelungen der MB/KK 1976 und MB/KT 1978 geschaffen, die, wie auch die folgenden Bedingungswerke, schon ihrem Wortlaut nach eine Einschränkung „bei sich selbst" nicht enthielten. Sein klar formulierter Wille ging demnach dahin, den status quo beizubehalten und gerade keine Einschränkung des Ausschlusstatbestands zu kodifizieren. Denkt man diesen Gedanken konsequent zu Ende, so muss dies auch für die Nachfolgeregelung des § 201 gelten: der Gesetzgeber hat für diese Norm keinen Reformbedarf gesehen, obwohl ihm der Streit um die Bedeutung des Merkmals „bei sich selbst" und ebenso die Auslegung der wohl herrschenden Lit.[32] bekannt war.

c) Konstruktion der Gegenauffassung. Gangbar, und von der Gegenauffassung[33] wohl auch einzig zu beschreiben wäre der Weg, nach Feststellung der Leistungspflicht im Wege der cessio legis nach § 86 Abs. 1, 3[34] (die auch im Recht der Krankenversicherung über § 194 Abs. 1 zur Anwendung gelangt)[35] dem Versicherer die Ansprüche der versicherten Person gegen den Versicherungsnehmer zukommen zu lassen.[36] Verständlicher Hintergrund dieser Konstruktion dürfte sein, dass man dem misshandelten Kind zunächst unmittelbar den Schutz aus dem Versicherungsvertrag zuteilwerden lassen,[37] die Kostentragungslast dann aber auf Sekundärebene im Wege des Regresses verteilt wissen möchte; das Insolvenzrisiko des Versicherungsnehmers trüge dann nämlich der Versicherer. Ungeachtet des ehrbaren Motivs stehen dieser Überlegung jedoch Rechtsgründe entgegen: wie schon oben erläutert, ist der Versicherungsnehmer hinsichtlich der Leistungsansprüche aus dem Versicherungsvertrag grds. aktivlegitimiert, soweit keine Benennung der Empfangszuständigkeit iSv § 194 Abs. 4 stattgefunden hat, zugleich aber Schuldner der auf den Versicherer übergegangenen deliktischen Ansprüche der versicherten Person. Dementsprechend würde er eine Geldleistung fordern, die er zugleich, jetzt freilich als Schadensersatz, wieder herausgeben müsste. Ein solches Verhalten stellt sich aber mangels schutzwürdiger Interessen des Versicherungsnehmers nach dem Grundsatz „dolo agit qui petit quod statim redditurus est" als unzulässig dar.[38] Dies galt uneingeschränkt auch für das alte Recht; nach neuem Recht bleibt für den Fall der gem. § 194 Abs. 4 erfolgten Benennung der versicherten Person als empfangszuständig nur festzuhalten, dass die Konstruktion der Gegenauffassung ihren Sinn verliert, da § 201 schon nicht mehr eingreift, weil der versicherten Person ein eigenes Forderungsrecht gegen den Versicherer zusteht.

2. Kritik und Stellungnahme. Zu konstatieren ist daher iErg, dass auch die Gegenauffassung zum Anspruchsausschluss kommen muss. Damit muss sie sich zugleich die Frage nach ihrer Legitimität fallen lassen, denn ihr nachvollziehbares Motiv, der misshandelten Gefahrperson zunächst Leistungen aus dem Versicherungsvertrag direkt zukommen zu lassen, sieht sich neben den vorge-

---

30 → Rn. 5.
31 BT-Drs. 12/6959, 106.
32 *Wriede* VersR 1994, 251 (254); *Schoenfeldt/Kalis* in Bach/Moser, 3. Aufl. 2002, MB/KK § 5 Rn. 18; *Prölss* in Prölss/Martin, 27. Aufl. 2004, VVG § 178l Rn. 2; *Hohlfeld* in Berliner Kommentar VVG § 178l Rn. 4.
33 *Rogler* in HK-VVG § 201 Rn. 8; *Voit* in Prölss/Martin VVG § 201 Rn. 18 ff.
34 Übergehen würden hier die Ansprüche der versicherten Person gegen den Versicherungsnehmer aus §§ 823 Abs. 1, 823 Abs. 2 BGB iVm §§ 223 ff. StGB.
35 → § 194 Rn. 23 ff.
36 *Hohlfeld* in Berliner Kommentar VVG § 178l Rn. 4.
37 *Voit* in Prölss/Martin VVG § 201 Rn. 20, der bei seinen dortigen Überlegungen allerdings nicht auf das in den MB enthaltene Abtretungsverbot eingeht.
38 BGHZ 116, 200 (203); *Grüneberg* in Grüneberg BGB § 242 Rn. 52; *Schubert* in MüKoBGB § 242 Rn. 462; wie hier auch *Hohlfeld* in Berliner Kommentar VVG § 178l Rn. 4.

brachten materiell-rechtlichen Einwänden auch prozessualen Hürden entgegen: Muss der Einwand der unzulässigen Rechtsausübung nämlich im Prozess von Amts wegen geprüft werden (so die ganz hM in Lit.[39] und Rspr.),[40] so würde die versicherte Person aus oben genannten Gründen – zumindest in dem Falle, in dem keine Benennung der versicherten Person iSv § 194 Abs. 4 erfolgt ist – nie in den Genuss einer Versicherungsleistung kommen. Es verbliebe zwar die theoretische Möglichkeit, dass der Versicherer, der bzgl. der Tatumstände der für ihn günstigen Rechtsfolge des § 242 BGB beweisbelastet ist,[41] diesen Nachweis nicht führen kann. Dem ist jedoch entgegenzuhalten, dass der Versicherungsnehmer, der die ihm nach § 31 Abs. 1 obliegende Anzeige zur Feststellung des Versicherungsfalls wahrheitsgemäß erbringt, quasi dem Versicherer das nötige Beweismittel selbst in die Hand gibt, und demjenigen, der im Rahmen der Schadensermittlung (unerkannt) eine Schutzbehauptung erklärt, schon von vornherein nicht § 201 entgegengehalten wird, so dass es zur Frage des Anspruchsausschlusses gar nicht erst kommt. Fallgestaltungen, dass der Versicherer sich ohne adäquates Beweisangebot auf § 201 beruft, dürfte zu vernachlässigen sein. Folglich kann die Gegenauffassung ihr Ziel nicht erreichen.

18   **3. Weitere Konstellation.** Denkbar ist daneben auch, dass die **versicherte Person** den Versicherungsfall **bei sich selbst** herbeiführt. *Prölss* ging für den Fall, dass eine bloße Gefahrperson den Versicherungsfall herbeiführte, davon aus, dass eine Leistungspflicht des Versicherers bestünde, mit dem Argument, dass es entscheidend nur darauf ankommen könne, ob der Träger des versicherten Interesses – das war nach altem Recht bei der Eigenversicherung der Versicherungsnehmer – vorsätzlich gehandelt habe.[42] Dies stieß schon nach altem Recht auf Bedenken: Zunächst einmal besagte der Wortlaut des § 178l VVG aF klar, dass der Versicherer nicht zur Leistung verpflichtet ist, wenn die versicherte Person die Krankheit oder den Unfall bei sich selbst herbeiführt. Die in der obigen Fallgestaltung vorgenommene – naturgemäß dem Wortlaut widersprechende – teleologische Extension des Merkmals „bei sich selbst" führte nicht dazu, dass nun der Fall der Herbeiführung des Versicherungsfalles durch die versicherte Person zwingend aus dem Anwendungsbereich der Norm ausgenommen wurde.[43] Dafür sprechen auch folgende Erwägungen: Qualifiziert man Versicherungsnehmer und versicherte Person, wie hier vertreten, vor dem Schutzzweck der Norm als Einheit,[44] so kann es nicht darauf ankommen, welche der beiden Personen den Versicherungsfall herbeiführt, denn die Belastung der Gefahrengemeinschaft durch die Herbeiführung des Versicherungsfalles aus ihrer eigenen Sphäre heraus ist nun einmal nicht Inhalt des versicherten Risikos.[45] Die nötige funktionelle Verbindung kann demnach auch durch das vorsätzlich motivierte Verhalten der versicherten Person geschaffen werden. Zuzugeben ist zwar, dass der Versicherungsnehmer sein eigenes Interesse an der Gesundheit der versicherten Person in Deckung gegeben hatte, was diesem Gedanken entgegenstünde. Es widerspräche aber dem, dem gesamten Privatversicherungsrecht immanenten Prinzip der Zufälligkeit der Risikoverwirklichung, wollte man ausgerechnet das Verhalten derjenigen Person sanktionslos stellen, die naturgemäß den größten Einfluss auf die Verwirklichung der Gefahr hat. Diese Argumentation lässt sich sinngemäß auf das neue Recht übertragen für die Konstellationen, in denen der Versicherungsnehmer anspruchsberechtigt bleibt, also keine Benennung der Empfangsberechtigung zugunsten der versicherten Person erfolgt ist, denn sie ähnelt der früher getroffenen Unterscheidung, welches Interesse der Versicherungsnehmer letztlich in Deckung gegeben hat. Ist hingegen eine Benennung erfolgt, so wird wegen § 194 Abs. 4 die versicherte Person selbst Anspruchsinhaberin, mit der Folge, dass dann § 201 ohne weiteres auch ihr gegenüber gilt. Darüber hinaus streitet für die hier vertretene Auffassung auch die Entstehungsgeschichte der Norm: Das Merkmal „bei sich selbst" sahen die das Krankenversicherungsrecht von 1994 prägenden Bedingungen nicht vor, vielmehr hieß der Ausschlusstatbestand „für auf Vorsatz beruhende Krankheiten [...]",[46] unabhängig, ob nun die versicherte Person oder der Versicherungsnehmer ihn verwirklichte. Nimmt man den Willen des Gesetzgebers ernst, diese Rechtslage auch im neuen Versicherungsvertragsrecht beibehalten zu wollen,[47] so muss jede andere Auslegung an ihre Grenzen stoßen.

---

[39] *Grüneberg* in Grüneberg BGB § 242 Rn. 21; *Schubert* in MüKoBGB § 242 Rn. 83.
[40] StRspr seit RGZ 152, 403; speziell zu § 242 BGB vgl. BGHZ 12, 154 (160).
[41] *Schubert* in MüKoBGB § 242 Rn. 85 mwN.
[42] *Prölss* in Prölss/Martin, 27. Aufl. 2004, VVG § 178l Rn. 2.
[43] Anders offenbar *Prölss* in Prölss/Martin, 27. Aufl. 2004, VVG § 178l Rn. 2.
[44] → Rn. 11 f.
[45] → Rn. 11 f.
[46] § 5 Abs. 1b MB/KK 1976/MB/KT 1978.
[47] → Rn. 15.

II. Vorsatz

1. Begriff. Vorsatz ist die bewusste und gewollte Herbeiführung des Versicherungsfalls, womit 19
derselbe Vorsatzbegriff wie auch sonst im Zivilrecht gilt (→ § 81 Rn. 59 ff.).[48] Vorsatz enthält ein
intellektuelles wie auch ein voluntatives Element. Für das Vorstellungsmoment ist ein „Für-Möglich-
Halten" der Folgen hinreichend, aber auch notwendig. Der Inhalt des voluntativen Elements kann
divergieren: Zum einen kann der Handelnde die Folge gerade beabsichtigen, zum anderen nur
(billigend) in Kauf nehmen. Beide Formen sind vom Vorsatzbegriff des § 201 umfasst.[49]

Bezugsobjekt des Vorsatzes muss nach § 201 die Krankheit oder der Unfall selbst sein. Zwar 20
ist im Rahmen der Entwicklung der MB die (medizinisch notwendige) Heilbehandlung wegen
Krankheit oder Unfallfolgen, und nicht mehr die Krankheit oder der Unfall allein zum maßgeblichen
Inhalt des unbestimmten Rechtsbegriffs „Versicherungsfall" erklärt worden, jedoch besteht Einigkeit
darüber, dass sich der Vorsatz nur auf die Krankheit oder den Unfall selbst, nicht auf die **Folgen** in
Gestalt der notwendig werdenden Heilbehandlung und deren Kosten beziehen muss.[50] Das lässt sich
auch dem Wortlaut des einschlägigen § 5 Abs. 1b MB/KK und MB/KT[51] entnehmen, der das in
§ 201 bestimmte Bezugsobjekt des Vorsatzes nicht auf den in § 1 Abs. 2 MB/KK 1994/MB/KT
definierten Versicherungsfall erweitert, sondern weiterhin nur Krankheit und Unfall als maßgeblich
benennt, so dass trotz der erweiternden Definition des § 1 Abs. 2 MBKK/MBKT die Bedingungen
im Einklang mit der gesetzlichen Lage stehen.

Dies führt zu zwei wesentlichen Konsequenzen: Zunächst einmal ist es für die Leistungsfreiheit 21
des Versicherers unerheblich, ob der Versicherungsnehmer überhaupt an die finanziellen Folgen der
Herbeiführung der Krankheit oder des Unfalls gedacht hat. Zum anderen müssen, sofern eine
vorsätzlich herbeigeführte Krankheit oder ein Unfall zu weiteren Gesundheitsstörungen führt, etwaige Behandlungskosten hierfür nicht vom Versicherer getragen werden. Dafür spricht zum einen,
wie oben dargestellt, dass sich der Gegenstand des Vorsatzes in der Krankheit oder dem Unfall
erschöpft und so die Vorstellung über weitere Folgen für die Bejahung des Vorsatzes gegenstandslos
ist. Zum anderen lässt sich aus § 192 Abs. 1 ein systematisches Argument ableiten: Dort ist die Rede
von Unfallfolgen, § 201 aber spricht allein von Unfall. Im Rahmen des § 201 ist es also gesetzgebe-
risch geboten, die Folgenbetrachtung bei der Bewertung des Vorsatzes außen vor zu lassen, anderenfalls hätte der Gesetzgeber hier den gleichen Wortlaut wie bei § 192 Abs. 1 gewählt.[52] Für die aus
einer nicht durch Unfall vermittelten Krankheit entstehenden Folgen kann dann nichts anderes
gelten, andernfalls der Vorsatzausschluss unterschiedlich weit ginge, je nachdem, ob Unfall oder
Krankheit das die Heilbehandlung auslösende Ereignis darstellt.

Die Gerichte nehmen in stRspr Vorsatz auch dann an, wenn der Versicherungsnehmer sich 22
wegen einer Krankheit bereits in ärztlicher Behandlung befand und erkennen konnte, dass diese auf
ein bestimmtes **Konsumverhalten** zurückzuführen ist, und er jenes trotzdem nicht ändert.[53]

2. Sozialadäquates Verhalten. *Prölss* schlug vor, den Vorsatzbegriff, der auch nach seiner 23
Auffassung bedingten Vorsatz enthält,[54] in Fällen des sozialadäquaten Verhaltens einschränkend auszulegen. Dazu seien zB Krankheiten oder Unfälle als Folge von sportlichen Tätigkeiten oder dem
beruflichen oder privaten Umgang mit an leichten, aber infektiösen Krankheiten Leidenden zu
zählen.[55] Abstrakt gesprochen werden also all jene Verhaltensweisen erfasst, die einer nicht zwingend
vernünftigen, aber doch akzeptablen Lebensgestaltung entsprechen, die also zwar das Risiko einer
Selbstgefährdung in sich tragen, dieses aber von einem durchschnittlichen Mitglied unserer Gesellschaft als tragbar angesehen würde, um in den Genuss der „positiven Seite des Handelns"[56] zu
kommen. Rechtskonstruktiv wird so eine Rückausnahme im Bereich des bedingten Vorsatzes
geschaffen.

Die besseren Gründe sprechen jedoch gegen eine solche Reduktion. Zum einen gibt der 24
Wortlaut der Vorschrift eine Rückausnahme vom bedingten Vorsatz nicht her. Daneben stellt sich

---

[48] *Armbrüster* in Prölss/Martin VVG § 28 Rn. 188.
[49] *Kalis* in Bach/Moser MB/KK § 5 Rn. 20 f.
[50] *Kalis* in Bach/Moser MB/KK § 5 Rn. 21; *Hohlfeld* in Berliner Kommentar VVG § 178l Rn. 3; *Rogler* in HK-VVG § 201 Rn. 5.
[51] Gleichlautend § 5 Abs. 1b MB/KK 1976/MB/KT 1978 sowie § 5 Abs. 1b MB/KK 1994 und 2008/2009 sowie MB/KT 1994 und MB/KT 2008/2009.
[52] So auch *Prölss* in Prölss/Martin, 27. Aufl. 2004, VVG § 178l Rn. 4 noch zum alten Recht. Der Gedanke gilt weiterhin da § 178b Abs. 1 VVG aF insoweit inhaltsgleich zu § 192 Abs. 1 ist.
[53] OLG Oldenburg VersR 1989, 242; OLG Hamburg VersR 1981, 1049 (1050).
[54] *Prölss* in Prölss/Martin, 27. Aufl. 2004, VVG § 178l Rn. 5; daran anknüpfend *Voit* in Prölss/Martin, 29. Aufl. 2015, VVG § 201 Rn. 5; *Rogler* in HK-VVG § 201 Rn. 4.
[55] Beispiele von *Prölss* in Prölss/Martin, 27. Aufl. 2004, VVG § 178l Rn. 5.
[56] *Prölss* in Prölss/Martin, 27. Aufl. 2004, VVG § 178l Rn. 5.

die Frage, ob eine solche Konstruktion überhaupt nötig ist, denn: Auch im Versicherungsrecht ist die Figur der **bewussten Fahrlässigkeit** anerkannt, wobei in der (oft schwierigen) Abgrenzung zum bedingten Vorsatz entscheidend ist, was im Bewusstsein des Handelnden vorgegangen ist.[57] Die von *Prölss* gegebenen Beispiele lassen sich mit Hilfe dieser Kriterien gut erfassen. Wer Sport, auch gefährlichen Sport treibt, der ist sich zwar über das eingegangene Risiko im Klaren, aber handelt doch nicht unter der Prämisse, dass ihm der Schadenseintritt lieb oder gleichgültig ist, sondern hofft, dass „schon alles gut gehen" werde. Wer einen Kranken besucht, der weiß, dass er sich in infektiöser Umgebung aufhält, aber deswegen steht er dem Eintritt derselben Krankheit bei sich selbst nicht gleichgültig gegenüber, sondern hofft – und zwar begründet – auf das Ausbleiben einer Infektion. Wer sich einer kosmetischen Operation unterzieht, hofft gerade auf den guten Verlauf.[58] Dieser hauchfeine Grenzbereich zwischen bedingtem Vorsatz und bewusster Fahrlässigkeit lässt sich demnach mit den bekannten Mitteln bewältigen, was die Einführung einer neuen Kategorie des sozialadäquaten Verhaltens unnötig erscheinen lässt. Diese sieht sich auch weiteren Bedenken dadurch ausgesetzt, dass nicht nur im Zivil-, sondern auch in anderen Rechtsgebieten[59] die Abgrenzung zwischen bedingtem Vorsatz und bewusster Fahrlässigkeit größte Schwierigkeiten bereitet. Die zugehörigen Diskussionen zeigen, wie schwierig es ist, sich auf Begrifflichkeiten zu einigen. Die Einführung einer weiteren Figur hilft dabei nicht, vielmehr stellten sich neue Probleme, namentlich wann ein sozialadäquates Verhalten, und damit eine versicherte Handlung vorliegt, und wann nicht. Vor dem Hintergrund, dass Rechtssicherheit schon aufgrund der Unübersichtlichkeit an Kasuistik de facto für den Bereich Vorsatz/Fahrlässigkeit nur bedingt vorliegt,[60] sollte dieses geringe Maß nicht noch durch eine weitere Fallgruppe verwässert werden.

25   **3. Suizid.** Nach überwiegender Auffassung in der Lit. soll beim fehlgeschlagenen „ernsthaften" Selbsttötungsversuch idR kein Verletzungsvorsatz vorliegen,[61] so dass für aus dem Suizidversuch resultierende Heilungskosten Versicherungsschutz besteht. Abgehoben wird dabei auf die Tatsache, dass beim ernsthaften Suizidversuch eine stattdessen eintretende Gesundheitsschädigung nicht vom Vorsatz des Suizidenten gedeckt sei.[62] Zwar ist der Person, die sich selbst töten will, sehr wohl bewusst, dass sie sich verletzen wird, denn die Selbsttötung ist ohne eine vorhergehende Körperverletzung, sei sie mechanischer oder chemischer Natur, denklogisch nicht möglich. Gleichwohl macht sich der „ernsthafte" Suizident idR aber keine Gedanken darüber, dass die Körperverletzung behandelt werden können müsste und aus dieser Behandlung Kosten entstehen könnten, denn er geht ja gerade vom Erfolg seiner Tat aus. Dass der Suizident die Möglichkeit des Fehlschlags der Tat gesehen hat, was sich beim „ernsthaften" Suizidversuch zB objektiv in einer umsichtigen Planung der Tat zeigen kann, ist insofern belanglos, denn den Fehlschlag möchte der Handelnde gerade verhindern. Dass am Ende der Tat nicht der Tod, sondern „bloß" eine Körperverletzung stehen könnte, ist dementsprechend in der Tat nicht vom voluntativen Element des Vorsatzes des „ernsthaften Suizidenten" gedeckt, so dass kein Vorsatz iSd § 201 vorliegt.[63]

26   Im Umkehrschluss ergibt sich aus dieser Überlegung, dass die Kosten einer Behandlung eines vorgetäuschten Suizidversuchs nicht von der Krankenversicherung gedeckt sind. Derjenige, der einen scheinbaren Suizidversuch in der Erwartung unternimmt, „gerettet" zu werden, fügt sich vorsätzlich eine Körperverletzung zu, so dass § 201 greift.[64]

27   **4. Suchtkrankheiten.** Praktisch bedeutsam ist die Frage, wann und inwiefern eine Leistungspflicht für eine aus einer Sucht(krankheit) resultierende Gesundheitsschädigung nicht mehr gegeben ist. Diese stellt sich auch für die „legalen Drogen" Nikotin und Alkohol. *Prölss* wollte Süchte, die aus „normalem" Verhalten entstehen, unter die von ihm geprägte Fallgruppe des „sozialadäquaten Verhaltens" fassen.[65] Dies ist aber auch im Suchtbereich mangels praktischen Bedürfnisses aus den unter → Rn. 24 genannten Gründen abzulehnen. Zum einen handelt, wer in eine Sucht „hereinrutscht", bzgl. einer daraus resultierender Krankheit in den seltensten Fällen vorsätzlich, sondern macht sich regelmäßig gar keine Gedanken über die Folgen der Sucht. Zum anderen ist, sollte sich

---

57 OLG Köln VersR 1994, 339 (340); OGH VersR 1965, 671 (672).
58 BGH VersR 2016, 720 (722).
59 Vgl. nur die Situation im Strafrecht, *Fischer* StGB § 15 Rn. 9 ff.; *Sternberg-Lieben/Schuster* in Schönke/Schröder StGB § 15 Rn. 72 ff.
60 → § 81 Rn. 57 ff.
61 *Kalis* in Bach/Moser MB/KK § 5 Rn. 23; *Voit* in Prölss/Martin VVG § 201 Rn. 11; *Rogler* in HK-VVG § 201 Rn. 6.
62 *Kalis* in Bach/Moser MB/KK § 5 Rn. 23.
63 AA OLG Hamm VersR 2015, 746.
64 *Kalis* in Bach/Moser MB/KK § 5 Rn. 23, stellt ebenfalls auf den „ernsthaften" Suizidversuch ab.
65 *Prölss* in Prölss/Martin, 27. Aufl. 2004, VVG § 178l Rn. 6, der dort genannte § 158l VVG aF beruht wohl auf einem Redaktionsversehen, gemeint ist § 178l VVG aF.

der Betroffene tatsächlich hinsichtlich einer aus seiner Sucht resultierenden Krankheit Gedanken gemacht haben, diesbzgl. eher bewusste Fahrlässigkeit anzunehmen. Auch der starke Raucher hofft idR, dass er kein Lungenkarzinom oder keine Herz-Kreislauf-Erkrankungen ausbildet, was ja in realiter auch einigen Betroffenen erspart bleibt, insofern die Hoffnung also nicht völlig unbegründet ist (→ Rn. 30).

Beim **Alkoholiker** ist jeweils konkret zu prüfen, worauf sich der Vorsatz bezieht. Der vorsätzliche Alkoholgenuss ist nämlich nicht gleichbedeutend mit der vorsätzlichen Herbeiführung einer alkoholbedingten Erkrankung. Der Alkoholiker hofft in aller Regel auf ein Ausbleiben einer solchen Erkrankung.[66] Es ist für die Annahme eines Vorsatzes daher ein intellektuelles Moment beim Betroffenen erforderlich.[67] Ein solches ist dann gegeben, wenn der Eintritt einer alkoholbedingten Erkrankung bei Fortsetzung des Konsumverhaltens aller Wahrscheinlichkeit nach zu erwarten ist und der Betroffene damit ernsthaft rechnen muss.[68] Das ist bspw. nach einem deutlichen **ärztlichen Hinweis** anzunehmen. Das bloße unbegründete Hoffen auf ein Ausbleiben der Erkrankung entgegen einer sicheren professionellen Erkenntnis lässt die Annahme von bewusster Fahrlässigkeit nicht mehr zu, so dass in solchen Fällen bedingter Vorsatz vorliegt. Dabei muss der Betroffene sich die Krankheit nicht in allen Facetten vorstellen, ausreichend ist vielmehr, wenn er sie sich laienhaft in Grundzügen klarmacht. Dann sind zwangsläufige Folgen vom Vorsatz mit umfasst.[69] Für durch Entzugserscheinungen, so zB das Entzugsdelir, entstandene Behandlungskosten besteht idR eine Leistungspflicht. Es wäre auch nicht im Sinne des Versicherers, dem Alkoholiker, der, wofür ein Entzugsdelir sicheres Anzeichen ist, gegen seine Krankheit ankämpft, für die Folgen dieser gerade gesundheitsbewahrenden Maßnahme Leistungen aus der Krankenversicherung zu versagen.[70] 28

Fraglich ist daneben, wie der **Rückfall** eines „trockenen" Alkoholikers zu werten ist. Ist diesem bekannt, dass die Wiederaufnahme des Alkoholkonsums bei ihm eine alkoholbedingte Erkrankung herbeiführt oder verschlimmert (zB Erkrankungen der Leber), so kann auch hier bedingter Vorsatz vorliegen. Das soll jedenfalls dann gelten, wenn der Betroffene eine gewisse Zeit „trocken" war und dann wieder zu trinken beginnt.[71] Entsprechend sind die Fälle zu behandeln, in denen der Alkoholiker an einer anderen Krankheit leidet, die zwar nicht durch den Konsum von Alkohol ausgelöst worden ist, aber sich durch die Trunksucht verschlimmert. Zumindest dann, wenn dem Betroffenen ärztlich deutlich gemacht worden ist, dass der fortgesetzte Alkoholkonsum auch negative Folgen für diese andere Krankheit hat, ihm also der Kausalzusammenhang zwischen Alkoholsucht und der Verschlechterung des Krankheitsbildes einer originär nicht alkoholbedingten Erkrankung wenigstens laienhaft klar ist, ist auch in Bezug auf diese andere Erkrankung Vorsatz anzunehmen. 29

Bei **Nikotinabusus** ist wiederum entscheidend, wie das Bewusstsein des Betroffenen bzgl. seines Zustands ausgebildet ist. Entscheidend dabei ist, ob sich seine Gesundheitslage für den Betroffenen als bloße Verschlechterung des allgemeinen Wohlbefindens, oder als laienhaft, dh in Grundzügen, wahrnehmbare Krankheitsentwicklung darstellt. Insofern lassen sich die oben genannten Grundsätze zum Thema Alkohol auf den übermäßigen Nikotingenuss übertragen: Auch das vorsätzliche Rauchen ist nicht gleichbedeutend mit der vorsätzlichen Herbeiführung einer durch das Rauchen bedingten Krankheit, denn auch der Raucher hofft auf ein Ausbleiben einer Erkrankung. Bedingter Vorsatz ist aber dann gegeben, wenn in Kenntnis der Schädlichkeit des Nikotinabusus für die Heilungschancen einer anderen Krankheit entgegen ärztlicher Anordnung das Rauchen nicht aufgegeben wird.[72] 30

Die dauerhafte Einnahme „**harter Drogen**" wie Kokain oder Heroin ist eine bedingt vorsätzliche Herbeiführung und/oder Förderung einer Gesundheitsschädigung. Die mit jedem Konsum einhergehende gesundheitliche Gefährdung, unabhängig von dem Suchtpotenzial der einzelnen Rauschgifte, ist durch ständige öffentliche Aufklärung in allen Bevölkerungsschichten und -kreisen bekannt.[73] Folglich muss davon ausgegangen werden, dass jeder Konsument bzgl. einer drogenbedingten Erkrankung zumindest bedingt vorsätzlich handelt. Dasselbe gilt für **Arzneimittelmissbrauch**, nicht jedoch ohne weiteres für den Konsum sog. „**weicher Drogen**". Angesichts einer mal mehr, mal weniger heftig geführten Debatte über die Legalisierung von Cannabis und seiner Verbreitung als „Ersatz" für Alkohol kann nicht davon ausgegangen werden, dass in der Gesamtbevölkerung die Befürchtung einer Gesundheitsgefährdung durch diese Art von Drogen so ausgeprägt 31

---

[66] LG Hamburg VersR 1997, 953 (954).
[67] *Kalis* in Bach/Moser MB/KK § 5 Rn. 23.
[68] In diesem *Kalis* in Bach/Moser MB/KK § 5 Rn. 23.
[69] OLG Köln 16.6.1983 – 5 U 76/83.
[70] OLG Köln 16.6.1983 – 5 U 34/83; LG Hamburg VersR 1997, 953 (954).
[71] OLG Oldenburg VersR 1989, 242.
[72] Für eine arterielle Verschlusskrankheit OLG Köln NJW 1997, 3099.
[73] OLG Frankfurt a. M. VersR 1990, 1380 (1381).

§ 202   Teil 2. Einzelne Versicherungszweige. Kap. 8. Krankenversicherung

ist, dass sie die Annahme von bedingtem Vorsatz rechtfertigt. Vielmehr sind auch insofern die Grundsätze zu Nikotin und Alkohol anzuwenden – konsumiert der Versicherte Cannabis, so kann von (bedingtem) Vorsatz nur ausgegangen werden, wenn er dies entgegen ärztlichem Rat tut, der sich konkret auf eine zu erwartende Erkrankung oder auf die Verschlimmerung einer bereits bestehenden Erkrankung, zB wegen eines bereits bestehenden psychischen Zustands, bezieht.

32 **5. Adipositas.** Sofern die ernährungsbedingte Fettleibigkeit überhaupt unter den Krankheitsbegriff fällt,[74] sind ebenfalls die oben zum Missbrauch von Alkohol und Nikotin entwickelten Grundsätze anzuwenden, dh auch hier ist das Bewusstsein des Betroffenen zu erforschen. Denn auch der Übergewichtige hofft auf ein Ausbleiben einer Erkrankung, insofern kann nicht per se von bedingtem Vorsatz ausgegangen werden. Bedingter Vorsatz bzgl. einer adipositasbedingten Folgeerkrankung kann aber dann vorliegen, wenn der Betroffene die Erkrankung durch erhöhte Kalorienzufuhr entgegen ärztlichem Rat auslöst oder fördert, insbes. dann, wenn nach erfolgter Behandlung einer solchen adipositasbedingten Erkrankung der Betroffene diesen Behandlungserfolg durch Beibehaltung seiner alten Essgewohnheiten und dadurch neu eintretende Fettleibigkeit wieder gefährdet.[75] Auch bzgl. der negativen Auswirkungen einer Adipositas auf etwaige weitere Erkrankungen des Betroffenen sind die oben für die Alkoholsucht entwickelten Maßstäbe anzulegen. Begünstigt der Betroffene durch die erhöhte Kalorienzufuhr die Verschlechterung von Krankheitsbildern anderer Krankheiten entgegen ärztlichem Rat, so ist auch bzgl. dieser anderen Erkrankung Vorsatz anzunehmen.

33 **6. Sterilisation.** Wurde eine Sterilisation des Versicherten aus nicht medizinisch indizierten Gründen durchgeführt, so besteht für eine spätere Refertilisation keine Leistungspflicht.[76] Die Unfruchtbarkeit ist dann nämlich idR zur Schaffung absoluter Verhütungssicherheit vorsätzlich herbeigeführt worden. Stellt sich dann beim Versicherten doch ein Kinderwunsch ein, der eine Wiederherstellung der Zeugungs- bzw. Empfängnisfähigkeit nötig macht, so liegt darin eine Behandlung einer vorsätzlich herbeigeführten Krankheit,[77] die nicht von der Versichertengemeinschaft zu tragen ist, da sie nicht medizinisch notwendig ist, sondern nur eine einmal getroffene Entscheidung des Versicherten revidieren soll, also genau der Situation entspricht, die § 201 verhindern soll. Das gilt auch für Erkrankungen, die aus der medizinisch nicht notwendigen Sterilisation selbst resultieren, da auch solche Erkrankungen Folge einer vorsätzlich herbeigeführten Krankheit sind.

III. AVB

34 § 5 Abs. 1b MBKK/MBKT[78] enthalten darüber hinaus Ausschlusstatbestände für Entziehungsmaßnahmen und Entziehungskuren.[79]

IV. Beweislast

35 Beweisbelastet hinsichtlich der Herbeiführung des Versicherungsfalles und des Vorsatzes ist der Versicherer.[80]

§ 202 Auskunftspflicht des Versicherers; Schadensermittlungskosten

¹Der Versicherer ist verpflichtet, auf Verlangen des Versicherungsnehmers oder der versicherten Person Auskunft über und Einsicht in Gutachten oder Stellungnahmen zu geben, die er bei der Prüfung seiner Leistungspflicht über die Notwendigkeit einer medizinischen Behandlung eingeholt hat. ²Wenn der Auskunft an oder der Einsicht durch den Versicherungsnehmer oder die versicherte Person erhebliche therapeutische Gründe oder sonstige erhebliche Gründe entgegenstehen, kann nur verlangt werden, einem benannten Arzt oder Rechtsanwalt Auskunft oder Einsicht zu geben. ³Der Anspruch kann nur von der jeweils betroffenen Person oder ihrem gesetzlichen Vertreter geltend gemacht werden. ⁴Hat der Versicherungsnehmer das Gutachten oder die Stellungnahme auf Veranlassung des Versicherers eingeholt, hat der Versicherer die entstandenen Kosten zu erstatten.

---

[74] BGH VersR 1979, 221 (222); LG Köln VersR 1980, 374; LG Freiburg VersR 1980, 524 (525); *Kalis* in Bach/Moser MB/KK § 1 Rn. 50.
[75] OLG Hamburg VersR 1980, 275.
[76] OLG Celle VersR 1988, 31 (32); vgl. für die GKV BSG NJW 1986, 1572 = VersR 1986, 1191.
[77] *Kalis* in Bach/Moser MB/KK § 5 Rn. 23.
[78] Gleichlautend in den MB 1994 und 2008/2009.
[79] Ausf. *Kalis* in Bach/Moser MB/KK § 5 mwN.
[80] AllgM, vgl. *Armbrüster* in Prölss/Martin VVG § 81 Rn. 92 ff. mwN; *Langheid* in Römer/Langheid VVG § 81 Rn. 103 ff.

Übersicht

		Rn.			Rn.
A.	Normzweck und Entstehungsgeschichte	1	I.	S. 1–3	6
I.	Zeit vor 2008 und VVG-Reform 2008	1	1.	Anspruchsberechtigung	6
II.	Gesetz zur Änderung versicherungsrechtlicher Vorschriften vom 24.4.2013	5	2.	Einsichtsbefugnis	7
			3.	Gegenstand des Einsichtsrechts	8
B.	Inhaltliche Fragen	6	II.	S. 4	13

A. Normzweck und Entstehungsgeschichte

I. Zeit vor 2008 und VVG-Reform 2008

Die VVG-Reformkommission hatte vorgesehen, die Vorgängervorschrift des § 178m VVG aF unverändert zu lassen.[1] Auch der Referentenentwurf hatte keine Veränderungen vorgesehen.[2] **1**

Der RegE hat dann die Worte „oder Rechtsanwalt" in S. 1 eingefügt. Während nach der Vorgängernorm die Einsicht nur durch einen Arzt vorgenommen werden konnte, war dies ab 2008 auch durch einen Rechtsanwalt möglich. Die Begründung zum RegE führt aus, es werde hierdurch dem Interesse des Versicherungsnehmers entsprochen, der zur Vorbereitung eines etwaigen Rechtsstreits auf die Einsichtnahme angewiesen sei und dem die Kosten einer zusätzlichen Beauftragung eines Arztes erspart werden sollten.[3] **2**

Hieran ist Kritik ua in der Vorauflage dieser Kommentierung erhoben worden. Insbesondere wurde angemerkt, dass es gute Gründe dafür gab, die Einsichtnahme – wie in der Vorgängernorm (§ 178m VVG aF) allein durch einen Arzt vornehmen zu lassen. Speziell im Bereich psychischer Erkrankungen besteht nämlich die Gefahr, dass der Behandlungserfolg behindert oder gar vollständig gefährdet wird, wenn der Patient Einsicht in ihn betreffende Arztberichte nebst den darin enthaltenen diagnostischen und therapeutischen Bewertungen erhält. So ist durch das BVerfG anerkannt, dass ein unbeschränktes Einsichtnahmerecht des Patienten in Behandlungsunterlagen nicht besteht und namentlich in Bezug auf psychiatrische Behandlungen Besonderheiten existieren, die dazu führen, dass hier der Entscheidung des Arztes, ob eine Aushändigung der Krankenunterlagen an den Patienten **medizinisch verantwortbar** ist, besonderes Gewicht zukommt.[4] Aus diesem Grund hatte die Vorgängervorschrift das Einsichtnahmerecht allein Medizinern zugebilligt, welche dann aufgrund ihrer medizinischen Fachkompetenz entscheiden konnten, ob die Weitergabe des Behandlungsberichts an den Patienten medizinisch vertretbar war. Der RegE hat sich hierüber – offensichtlich in Unkenntnis der Problematik, wie die Begründung zeigt – hinweggesetzt. Der nach dem Willen der Regierung seither auch zur Einsichtnahme berechtigte Rechtsanwalt hat aber idR weder die medizinische Kompetenz, eine mögliche Patientengefährdung durch Weitergabe des Berichts an seinen Mandanten zu erkennen, noch die faktische Möglichkeit, seinem Mandanten die Einsichtnahme zu verweigern. Die Rechtslage ab 2008 konnte damit dazu führen, dass die Gesundheit desjenigen gefährdet wird, dessen Interessen vordergründig geschützt werden sollten. Das war umso unverständlicher, als auch das in dem RegE angeführte Kostenargument nicht verfängt. „Kosten einer zusätzlichen Beauftragung eines Arztes", von denen die Begründung des RegE spricht, entstehen durch die Einsichtnahme regelmäßig nicht, da nach bisheriger Rechtslage die Einsichtnahme durch den ohnehin behandelnden Arzt erfolgen konnte, so dass es keiner „zusätzlichen Beauftragung eines Arztes" bedurfte. **3**

Im weiteren Verlauf des Gesetzgebungsverfahrens sind in Folge einer Empfehlung des Rechtsausschusses in S. 1 der Bestimmung dann zusätzlich noch die Worte „oder Stellungnahmen" eingefügt worden. Zur Bedeutung dieser Ergänzung → Rn. 9. Des Weiteren ist ebenso kurzfristig S. 4 (S. 3 in der bis zum 1.5.2013 gültigen Fassung) neu geschaffen und eingefügt worden. Zu den Beweggründen → Rn. 13. **4**

---

[1] Abschlussbericht der VVG-Kommission Ziff. 2.1 S. 271.
[2] Begr. zum RefE v. 7.2.2006.
[3] Begr. zu Art. 1 (§ 202) RegE Gesetz zur Reform des Versicherungsvertragsrechts, BT-Drs. 16/3945, 113.
[4] BVerfG NJW 1999, 1777.

II. Gesetz zur Änderung versicherungsrechtlicher Vorschriften vom 24.4.2013

5   Mit dem Gesetz zur Änderung versicherungsrechtlicher Vorschriften[5] hat der Gesetzgeber das Einsichtnahmerecht erweitert: Seit Inkrafttreten[6] kann die Einsichtnahme im Regelfall durch den Versicherten selbst erfolgen; ein Anwalt oder Arzt muss nicht mehr zwischengeschaltet werden. Der „mündige Versicherungsnehmer" und das Recht auf informationelle Selbstbestimmung sollten gestärkt werden.[7] Damit nicht zugleich das unter → Rn. 3 geschilderte Problem verschärft wurde (das man diesmal zumindest gesehen hatte), hat man mit dem neu eingefügten S. 2 eine Ausnahmeregelung geschaffen. Danach besteht die Einsichtsbefugnis dann, wenn „erhebliche therapeutische Gründe oder sonstige Gründe entgegenstehen", wie bisher nur für einen benannten Arzt oder – unsinnig[8] und unnötig – Rechtsanwalt. Die Regelung ist vollkommen misslungen.[9] Denn sie ist geeignet, Streitigkeiten über das Vorliegen „erheblicher (therapeutischer) Gründe" heraufzubeschwören, womit dem betroffenen Versicherten erst Recht gesundheitlicher Schaden entstehen kann.[10]

B. Inhaltliche Fragen

I. S. 1–3

6   **1. Anspruchsberechtigung.** Berechtigt soll nach S. 1 der Regelung der Versicherungsnehmer oder die versicherte Person sein. Dies wird in S. 3 dahingehend konkretisiert, dass nur die **betroffene Person** oder ihr gesetzlicher Vertreter den Auskunftsanspruch geltend machen kann. Diese Regelung trägt dem Umstand Rechnung, dass es hier um besonders schutzbedürftige, höchstpersönliche gesundheitliche Informationen gehen kann. Folge davon ist, dass der Versicherungsnehmer allein, auch wenn ihm gem. § 194 Abs. 4 S. 2 der Anspruch auf die Versicherungsleistungen zustünde, den Auskunftsanspruch nicht geltend machen kann, wenn es um eine andere versicherte Person geht und diese (bzw. deren gesetzlicher Vertreter) nicht ausdrücklich selbst die Auskunft begehrt.

7   **2. Einsichtsbefugnis.** Befugt, Einsicht zu nehmen ist nach neuer Gesetzeslage im Regelfall die betroffene versicherte Person selbst. Ausnahmsweise ist ein von dieser **benannter Arzt oder Rechtsanwalt** einsichtsbefugt, wenn erhebliche therapeutische Gründe oder sonstige erhebliche Gründe einer unmittelbaren Einsichtnahme entgegenstehen.
Erhebliche therapeutische Gründe liegen immer dann vor, wenn mit der Einsichtnahme das Risiko einer Verschlechterung des Gesundheitszustands oder eine Gefährdung der therapeutischen Bemühungen verbunden wäre. Dies kann insbes. im Bereich der Psychotherapie und Psychiatrie relevant sein, darüber hinaus aber auch bei jeglichen lebensbedrohlichen Erkrankungen.[11]
Der Gesetzgeber selbst hat eine Parallele zum Einsichtnahmerecht im Verhältnis zwischen Patient und seinem Arzt gezogen.[12] Es liegt deshalb nahe, auf die hierzu ergangene Rspr. insbes. des Bundesverfassungsgerichts einzugehen, zumal der Gesetzgeber ausdrücklich auf eben dieses Recht abgestellt hat.[13] Es ist danach anerkannt, dass dem Einsichtsrecht – ebenfalls grundrechtlich fundierte – Interessen des Arztes oder Dritter sowie therapeutische Vorbehalte entgegenstehen können.[14] Vorzunehmen ist nach der Rspr. des Bundesverfassungsgerichts in derartigen Fällen eine Interessenabwägung.[15] Die Wertungen, die hierbei für das Verhältnis zwischen Arzt und Patient getroffen wurden, sind allerdings nicht unreflektiert auf das Verhältnis zwischen Versicherungsnehmer und Versicherer übertragbar. Denn betont hat das BVerfG, dass dem Informationsinteresse des Patienten grds. erhebliches Gewicht zukomme, weil die in diesem Zusammenhang erstellten Krankenunterlagen mit ihren Angaben über Anamnese, Diagnose und therapeutische Maßnahmen den Patienten „unmittelbar" in seiner Privatsphäre betreffen.[16] Der Patient habe „generell ein geschütztes Interesse daran zu erfahren, wie mit seiner Gesundheit umgegangen wurde".[17] Demgegenüber geht es im Verhältnis zwischen Versichertem

---

[5] BGBl. 2013 I 932.
[6] Seit 1.5.2013.
[7] Begr. zum RegE, BT-Drs. 17/11469, 14.
[8] → Rn. 3.
[9] *Muschner* in Langheid/Rixecker VVG § 202 Rn. 6.
[10] *Muschner* in Langheid/Rixecker VVG § 202 Rn. 6.
[11] *Muschner* in Langheid/Rixecker VVG § 202 Rn. 6.
[12] Begr. zum RegE, BT-Drs. 17/11469, 14.
[13] Begr. zum RegE, BT-Drs. 17/11469, 14.
[14] BVerfG NJW 1999, 1777.
[15] BVerfG NJW 2006, 1116.
[16] BVerfG NJW 2006, 1116 Rn. 26.
[17] BVerfG NJW 2006, 1116.

und Versicherer nicht um eine derartige unmittelbare Beziehung, sondern lediglich um die versicherungsmedizinische Beurteilung von Maßnahmen, die Dritte – nämlich die behandelnden Ärzte – beim Versicherten durchgeführt oder angeraten haben. Bei der vorzunehmenden Abwägung ist also zu berücksichtigen, dass das schutzwürdige Interesse an den Kenntnissen über eine derartige medizinische „Zweitbeurteilung" nicht dem Interesse gleichsteht, dass der Patient an der Dokumentation seines unmittelbar behandelnden Arztes hat. Sofern mit der Kenntnis eine Gesundheitsgefährdung verbunden sein könnte, ist bei der Abwägung dem Gesundheitsschutz der Vorzug zu geben. In jedem Fall aber dürfte es müßig sein, über diese Frage zu streiten. Sofern beiderseits guter Wille vorhanden ist, sollte man sich in Zweifelsfällen einvernehmlich darauf verständigen können, dass das Gutachten dem behandelnden Arzt des Versicherten ausgehändigt wird, damit sodann dieser darüber entscheiden kann, ob eine Aushändigung an den Versicherten den therapeutischen Bemühungen entgegenlaufen würde. Durch diese Variante wird iErg das Recht des Versicherten auf informationelle Selbstbestimmung in keiner Weise eingeschränkt, zumal der Versicherte als (im Regelfall) medizinischer Laie das Schriftstück doch ohnehin mit seinem Arzt besprechen (müssen) wird.

Neben den therapeutischen Gründen hat der Gesetzgeber ausdrücklich auch **sonstige erhebliche Gründe** anerkannt. Gedacht hat der Gesetzgeber hier namentlich an schutzwürdige Rechte Dritter, welche etwa dann verletzt sein können, wenn das Gutachten auch die gesundheitliche Situation anderer Personen behandelt, jedoch nach der Vorstellung des Gesetzgebers im Regelfall nicht, wenn Behandlungsfehler erörtert werden.[18]

Eine nähere **Begründungspflicht** des Versicherers, der sich auf erhebliche (therapeutische) Gründe berufen will, besteht nicht. Genügen muss der Hinweis darauf, dass derartige Gründe vorliegen und deshalb eine Herausgabe nur an einen Arzt oder Rechtsanwalt erfolgen kann. Denn würde man eine nähere Begründung verlangen, würde der Schutzzweck des Gesetzes geradezu konterkariert: Dem Versicherten müssten ja dann die Umstände offengelegt werden, deren Kenntnis ihm gesundheitlichen Schaden zufügen könnte, genau dies aber wollte der Gesetzgeber erklärtermaßen verhindern.

3. Gegenstand des Einsichtsrechts. Gegenstand des Einsichtsrechts sind 8
– Gutachten oder Stellungnahmen,
– die der Versicherer bei der Prüfung seiner Leistungspflicht über die Notwendigkeit einer Behandlung
– eingeholt hat.

Während in der Vorgängervorschrift des § 178m VVG aF allein von „Gutachten" die Rede war, 9 spricht die aktuelle Regelung von **„Gutachten oder Stellungnahmen"**. Diese Ergänzung hat lediglich deklaratorische Bedeutung, denn auch zur Vorgängervorschrift war bereits anerkannt, dass der Begriff des Gutachtens weit auszulegen ist und alle begründeten fachlichen Voten zur Diagnostik und Therapie unabhängig von ihrer Bezeichnung umfasst, also auch ärztliche „Auskünfte" und „Stellungnahmen".[19] Einigkeit bestand im Wesentlichen folglich auch darüber, dass unter den Begriff des „Gutachtens" nicht nur solche ärztlichen Voten fallen, denen eine eigene körperliche Untersuchung des Betroffenen zugrunde lag.[20]

Nach dem eindeutigen Wortlaut fallen unter die gesetzliche Regelung nur solche Voten, die 10 anlässlich der Prüfung der Leistungspflicht des Versicherers **„über die Notwendigkeit einer medizinischen Behandlung"** erstellt wurden. Somit fallen also unter den Auskunftsanspruch solche Gutachten oder Stellungnahmen nicht, die anderen Zwecken dienen, bspw. der Beurteilung der Arbeitsunfähigkeit oder Berufsunfähigkeit in der Krankentagegeldversicherung oder der gebührenrechtlichen Überprüfung einer Behandlungsrechnung in der Krankheitskostenversicherung.[21] Gerade letzterem Gesichtspunkt kann erhebliche praktische Bedeutung zukommen, denn Ärzte und insbs. Zahnärzte, die Kostenträgern fachliche Hilfe dabei leisten, Behandlungsrechnungen auf Richtigkeit zu überprüfen, sehen sich nicht selten Anfeindungen aus Kollegenkreisen ausgesetzt. Deshalb gibt es gerade in diesem Bereich ein besonderes praktisches Bedürfnis, die Namen der mit solchen Prüfungen befassten Mediziner nicht bekannt geben zu müssen. Nach der Rspr. des BGH[22] folgt aus dem Auskunftsanspruch auch das Recht, den Namen des Gutachtenverfassers zu erfahren. Dies kann aber nur gelten, soweit der Anwendungsbereich der Bestimmung eröffnet ist, es sich also um ein Gutachten oder eine Stellungnahme „über die Notwendigkeit einer medizinischen Behandlung" handelt. Gutachten oder Stellung-

---

[18] Begr. zum RegE, BT-Drs. 17/11469, 14.
[19] *Bach* in Bach/Moser, 3. Aufl. 2002, VVG § 178m Rn. 4.
[20] *Bach* in Bach/Moser, 3. Aufl. 2002, VVG § 178m Rn. 4; BGH VersR 2003, 1030 (1031).
[21] AA *Rogler* in HK-VVG § 202 Rn. 5, teleologisch erweiternde Auslegung; ebenso *Voit* in Prölss/Martin VVG § 202 Rn. 4.
[22] BGH VersR 2003, 1030 (1031).

nahmen, die anlässlich einer unstreitig medizinisch notwendigen Behandlung allein zur Überprüfung der richtigen Abrechnung eingeholt wurden, fallen darunter nicht.

11 Schließlich fallen unter den Anwendungsbereich nur solche Gutachten oder Stellungnahmen, die der Versicherer **eingeholt** hat. Aus diesem Tatbestandsmerkmal ergibt sich, dass sich der Anspruch nur auf externe Gutachten bezieht, nicht hingegen auf Äußerungen fest angestellter Mitarbeiter der Leistungs- oder Fachabteilungen der Versicherungsunternehmen.[23] Ebenso wenig kann er sich auf Stellungnahmen solcher Ärzte beziehen, die zwar nicht Angestellte des Versicherers, aber gleichwohl in dessen internen Organisationsbereich eingegliedert sind. Deshalb sind auch Stellungnahmen von Ärzten, die auf Honorarbasis nebenberuflich zB an einem Tag pro Woche in den Räumlichkeiten des Versicherers als medizinische Berater tätig sind, keine „eingeholten" Stellungnahmen.

12 Bei Beurteilungen durch interne Mediziner wird es häufig allerdings ohnehin keine „Gutachten oder Stellungnahmen" geben, in die eine Einsichtnahme genommen werden könnte. Denn die Bearbeitungspraxis der Versicherer ist aus Rationalitätsgründen oft so ausgestaltet, dass die Beratungsärzte sich unternehmensintern zu Anfragen von Sachbearbeitern aus der Leistungsabteilung nicht in schriftlicher Form äußern, sondern (nach Durchsicht und Prüfung der hinzugezogenen Behandlungsunterlagen) dem Leistungssachbearbeiter ihre Entscheidung über die medizinische Notwendigkeit mündlich mitteilen und im Falle der Verneinung der medizinischen Notwendigkeit dem Leistungssachbearbeiter Hinweise für die Formulierung des Ablehnungsschreibens in mündlicher Form geben. Bei einer solchen Bearbeitungsweise ist kein Gutachten existent, in das Einsicht genommen werden könnte.

II. S. 4

13 S. 4 (ursprünglich S. 3) der Bestimmung wurde erst durch eine Empfehlung des Rechtsausschusses kurzfristig im Zuge der VVG-Reform 2008 eingefügt. Die Reformkommission hielt eine solche Regelung ebenso wenig für erforderlich wie die Verfasser des Referentenentwurfs und des RegE. Auch aus der Begründung der Rechtsausschussempfehlung ist nicht ersichtlich, dass die Regelung erforderlich gewesen wäre. Vielmehr heißt es dort:[24]

„Die Ergänzung der Vorschrift stellt klar, dass der Krankenversicherer entsprechend allgemeinen vertragsrechtlichen Bestimmungen verpflichtet ist, die Kosten von ihm selbst angeforderter Gutachten und Stellungnahmen zu tragen. Dass der Versicherer auch in der Krankenversicherung die Kosten von ihm angeforderter Gutachten und Stellungnahmen tragen muss, erscheint sachgerecht (vgl. §§ 85, 189 für die Schadens- und für die Unfallversicherung). Zwar dürfte sich ein Erstattungsanspruch zumeist schon aus allgemeinen vertragsrechtlichen Bestimmungen, insbesondere aus Auftragsrecht (§ 670 des Bürgerlichen Gesetzbuchs), ergeben, dessen Bestimmungen insoweit grundsätzlich anwendbar sind. Eine ausdrückliche Regelung schafft indes Klarheit."

Entgegen dieser Intention schafft die Bestimmung allerdings mehr Unklarheit als Klarheit:

14 Zunächst stellt sich die Frage nach dem **Verhältnis zu § 85.** Nach § 85 Abs. 2 besteht ein Kostenerstattungsanspruch des Versicherungsnehmers für die Kosten solcher Sachverständiger, zu deren Zuziehung er „vom Versicherer aufgefordert worden" ist. Die Regelung findet auf die nach den Grundsätzen der Schadensversicherung betriebene Krankenversicherung gem. § 194 Abs. 1 ausdrücklich Anwendung – was vom Gesetzgeber ausweislich der gerade zitierten Begründung übersehen wurde. Eigenständige Bedeutung kommt der Regelung des § 202 S. 3 somit nur für die nicht nach den Grundsätzen der Schadensversicherung[25] betriebene Krankenversicherung zu. Dies sind die Krankenhaustagegeldversicherung und die Krankentagegeldversicherung, sofern sie als Summenversicherung ausgestaltet ist.[26] Im Ergebnis bleibt als praktischer Anwendungsbereich nur die Krankentagegeldversicherung, denn in der Krankenhaustagegeldversicherung wird aus den unter → Rn. 9 angesprochenen Gründen regelmäßig kein Gutachten iSv § 202 eingeholt.

15 Soweit der Anwendungsbereich eröffnet ist, stellt sich weiter die Frage, ob § 202 S. 3 andere Anspruchsvoraussetzungen hat als § 85 Abs. 2. Dies legen die unterschiedlichen Formulierungen zunächst nahe. Während § 85 Abs. 2 verlangt, dass der Versicherungsnehmer vom Versicherer zur Einholung des Gutachtens „aufgefordert worden" ist, spricht § 202 S. 3 von Gutachten, die der Versicherungsnehmer „auf Veranlassung" des Versicherers eingeholt hat. Das wirft die Frage auf, ob „auf Veranlassung"[27] etwas anderes bedeutet als eine „Aufforderung" des Versicherers. Dagegen

---

[23] *Voit* in Prölss/Martin VVG § 202 Rn. 5; offen gelassen BGH VersR 2003, 1030 (1031); aA *Rogler* in HK-VVG § 202 Rn. 4.
[24] BT-Drs. 16/5862.
[25] Zur Abgrenzung → § 194 Rn. 9 ff.
[26] → § 192 Rn. 130.
[27] Der Begriff „Veranlassung" findet sich auch in § 93 ZPO, zur Auslegung *Herget* in Zöller ZPO § 93 Rn. 3, wenn der Kläger annehmen musste, er werde ohne Klage nicht zu seinem Recht kommen.

spricht jedoch die Begründung, ausweislich derer der Versicherer ausdrücklich die Kosten von ihm „angeforderter" Gutachten tragen solle. Der Anwendungsbereich von § 202 S. 3 ist daher nicht weiter als derjenige von § 85 Abs. 2.[28] Voraussetzung der Kostenerstattung ist also, dass der Versicherungsnehmer das Gutachten auf ausdrückliche Aufforderung des Versicherers eingeholt hat.

§ 203 Prämien- und Bedingungsanpassung

(1) ¹Bei einer Krankenversicherung, bei der die Prämie nach Art der Lebensversicherung berechnet wird, kann der Versicherer nur die entsprechend den technischen Berechnungsgrundlagen nach den §§ 146, 149, 150 in Verbindung mit § 160 des Versicherungsaufsichtsgesetzes zu berechnende Prämie verlangen. ²Außer bei Verträgen im Basistarif nach § 152 des Versicherungsaufsichtsgesetzes kann der Versicherer mit Rücksicht auf ein erhöhtes Risiko einen angemessenen Risikozuschlag oder einen Leistungsausschluss vereinbaren. ³Im Basistarif ist eine Risikoprüfung nur zulässig, soweit sie für Zwecke des Risikoausgleichs nach § 154 des Versicherungsaufsichtsgesetzes oder für spätere Tarifwechsel erforderlich ist.

(2) ¹Ist bei einer Krankenversicherung das ordentliche Kündigungsrecht des Versicherers gesetzlich oder vertraglich ausgeschlossen, ist der Versicherer bei einer nicht nur als vorübergehend anzusehenden Veränderung einer für die Prämienkalkulation maßgeblichen Rechnungsgrundlage berechtigt, die Prämie entsprechend den berichtigten Rechnungsgrundlagen auch für bestehende Versicherungsverhältnisse neu festzusetzen, sofern ein unabhängiger Treuhänder die technischen Berechnungsgrundlagen überprüft und der Prämienanpassung zugestimmt hat. ²Dabei darf auch ein betragsmäßig festgelegter Selbstbehalt angepasst und ein vereinbarter Risikozuschlag entsprechend geändert werden, soweit dies vereinbart ist. ³Maßgebliche Rechnungsgrundlagen im Sinne der Sätze 1 und 2 sind die Versicherungsleistungen und die Sterbewahrscheinlichkeiten. ⁴Für die Änderung der Prämien, Prämienzuschläge und Selbstbehalte sowie ihre Überprüfung und Zustimmung durch den Treuhänder gilt § 155 in Verbindung mit einer auf Grund des § 160 des Versicherungsaufsichtsgesetzes erlassenen Rechtsverordnung.

(3) Ist bei einer Krankenversicherung im Sinn des Absatzes 1 Satz 1 das ordentliche Kündigungsrecht des Versicherers gesetzlich oder vertraglich ausgeschlossen, ist der Versicherer bei einer nicht nur als vorübergehend anzusehenden Veränderung der Verhältnisse des Gesundheitswesens berechtigt, die Allgemeinen Versicherungsbedingungen und die Tarifbestimmungen den veränderten Verhältnissen anzupassen, wenn die Änderungen zur hinreichenden Wahrung der Belange der Versicherungsnehmer erforderlich erscheinen und ein unabhängiger Treuhänder die Voraussetzungen für die Änderungen überprüft und ihre Angemessenheit bestätigt hat.

(4) Ist eine Bestimmung in Allgemeinen Versicherungsbedingungen des Versicherers durch höchstrichterliche Entscheidung oder durch einen bestandskräftigen Verwaltungsakt für unwirksam erklärt worden, ist § 164 anzuwenden.

(5) Die Neufestsetzung der Prämie und die Änderungen nach den Absätzen 2 und 3 werden zu Beginn des zweiten Monats wirksam, der auf die Mitteilung der Neufestsetzung oder der Änderungen und der hierfür maßgeblichen Gründe an den Versicherungsnehmer folgt.

Übersicht

	Rn.			Rn.
A. Einführung	1	2.	Zeit ab 1994	14
			a) Europäisches Unionsrecht	14
I. Inhalt und Zweck der Regelungen	1		b) Versicherungsaufsichtsgesetz	17
1. Regelungsinhalte	1		c) Versicherungsvertragsgesetz	19
			d) Sozialversicherungsrecht	21
2. Bedeutung der Regelungen	3	3.	VVG-Reform	23
3. Zweck der Regelungen	5	4.	Gesundheitsreform (GKV-WSG)	29
II. Entstehungsgeschichte	8	5.	Weitere Rechtsänderungen	30
1. Zeit vor 1994	8		a) Unisex	30
a) Versicherungsvertragsrecht	8		b) Notlagentarif	31
b) Versicherungsaufsichtsrecht	10	III.	Anwendungsbereich	32

---

[28] AA Rogler in HK-VVG § 202 Rn. 12.

	Rn.		Rn.
1. Prämienberechnung	32	b) Tarifbezogenheit	123
2. Prämienanpassung	33	c) Einheitliches Leistungsversprechen	126
3. Bedingungsanpassung	37	d) Altersabhängigkeit	128
4. Klauselersetzung	38	e) Sonstige Tarifierungsmerkmale	134
5. Wirksamwerden von Prämien- und Bedingungsänderungen	39	4. Aufbau und Bestandteile der Kalkulation	135
		a) Grundsatz	135
IV. Gesetzliches Prämien- und Bedingungsanpassungsrecht und AVB	41	b) Risikobeitrag	137
		c) Sparanteil	142
1. Gesetzliches Prämien- und Bedingungsanpassungsrecht	41	d) Kostenzuschläge	144
		e) Sicherheitszuschlag	146
2. Vertragliches Prämien- und Bedingungsanpassungsrecht	47	f) Erfolgsunabhängige Zuschläge	147
		VI. Geschlechtsabhängige und geschlechtsneutrale Kalkulation	148
a) Rechtsgrundlagen	47	1. Versicherungstechnische Grundlagen	148
b) Allgemeine Versicherungsbedingungen	50	a) Tarifkalkulation und Versicherungsprämie	148
3. Rechtskonkurrenz	51	b) Schwangerschaft und Mutterschaft	152
B. Prämienberechnung (Abs. 1)	53	2. Gleichbehandlungsgrundsatz	156
I. Inhalt und Zweck der Regelung	53	3. Rechtslage bis 21.12.2012	163
1. Regelungsinhalt	53	a) Europarecht	163
		b) Allgemeines Gleichbehandlungsgesetz (AGG)	166
2. Bedeutung der Regelung	56	4. Rechtslage nach 21.12.2012	172
3. Zweck der Regelung	60	a) EuGH	172
II. Entstehungsgeschichte	64	b) Rechtliche Umsetzung des EuGH-Urteils	178
1. Zeit vor 1994	64	c) Änderungen der KalV	181
2. Zeit ab 1994	65	d) Leitlinien der EU-Kommission	185
3. VVG-Reform	66	e) Rechtskonkurrenz der Gleichbehandlungsrichtlinien	191
4. Gesundheitsreform (GKV-WSG)	71	5. Geschlechtsneutrale Tarife (Unisex)	198
III. Anwendungsbereich	74	a) Kalkulationsgrundsätze	198
1. Krankenversicherung	74	b) Schwangerschaft und geschlechtsspezifische Krankheiten	205
2. Nach Art der Lebensversicherung	75	c) Geschlechtsspezifische Berufsgruppen	214
a) Terminologie	75	d) Betriebliche Krankenversicherung (bKV)	222
b) Begriffsinhalt	78		
c) Befristete Krankenversicherungen	82	6. Geschlechtsabhängige Tarife (Bisex)	224
3. Versicherungsformen	84	**VII. Einheitstarife der PKV**	227
a) Substitutive Krankenversicherung	84	1. Allgemeine Kalkulationsbeschränkungen	227
b) Nicht-substitutive Krankenversicherung	86	a) Überblick	227
c) Befristete Krankenversicherungen	87	b) Geschlechtsneutralität	229
4. Prämienberechnung außerhalb des Anwendungsbereichs	94	c) Altersunabhängigkeit	232
		d) Höchstbeitragsgarantie	233
IV. Europarechtskonformität	95	e) Abschlusskostenbegrenzung	238
1. Substitutive Krankenversicherung	95	2. Basistarif	240
a) Grundsatz	95	a) Überblick	240
b) Standardtarif	96	b) Beitragsbegrenzungen	244
c) Basistarif	98	c) Ausschluss von Vorerkrankungen	252
d) Private Pflege-Pflichtversicherung (PPV)	101	d) Rechnungsgrundlagen	254
2. Nicht-substitutive Krankenversicherung	103	3. Notlagentarif	259
V. Grundsätze der Prämienkalkulation	104	**VIII. Rechnungsgrundlagen**	261
1. Rechtsgrundlagen	104	1. Begriff	261
a) Materielles Gesetzesrecht	104	2. Rechnungszins	265
b) Technische Berechnungsgrundlagen	110	a) Grundsatz	265
		b) Aktuarieller Unternehmenszins (AUZ)	270
2. Versicherungsmathematik	115	3. Ausscheideordnung	275
3. Tarifierungsmerkmale	117	a) Grundsatz	275
a) Grundsatz	117	b) Basistarif	282

	Rn.
4. Kopfschäden	283
a) Grundsatz	283
b) Managed Care	287
5. Sicherheitszuschlag	290
6. Sonstige Zuschläge	295
a) Grundsatz	295
b) Unmittelbare Abschlusskosten	304
c) Mittelbare Abschlusskosten	314
d) Schadenregulierungskosten	315
e) Sonstige Verwaltungskosten	320
f) Erfolgsunabhängige Beitragsrückerstattung	321
g) Standardtarif	324
h) Basistarif	326
i) Notlagentarif	328
7. Übertrittswahrscheinlichkeiten	329
IX. Alterungsrückstellung	**332**
1. Grundsatz	332
2. Finanzierungsquellen der Alterungsrückstellung	334
3. Beitragskalkulierte Alterungsrückstellung	336
4. Ausnahmen	338
X. Gesetzlicher Beitragszuschlag	**341**
1. Grundsatz	341
2. Sachlicher Anwendungsbereich	344
a) Substitutive Krankenversicherung	344
b) Nicht-substitutive Krankenversicherung	352
3. Zeitlicher Anwendungsbereich	354
4. Altverträge	356
5. Berechnungsmaßstab	359
a) Jahresbeitrag	359
b) Zillmerung	361
c) Bruttoprämie	363
6. Verwendung	367
XI. Überzinsschreibung	**372**
1. Begriff	372
2. Zuschreibung	375
3. Anwendungsbereich	380
4. Verteilung und Verwendung	384
a) Grundsatz	384
b) Verteilungsmodus	391
c) Verwendungsart	395
XII. Beitragsrückerstattung (BRE)	**402**
1. Allgemeine Grundsätze	402
a) Begriff	402
b) Bedeutung	405
c) Systematische Zuordnung	408
2. Anwendungsbereich	410
3. Erfolgsabhängige BRE	412
a) Bildung der BRE	412
b) Verwendung der BRE	418
c) Mitwirkung des Treuhänders	427
4. Erfolgsunabhängige BRE	436
a) Bildung der BRE	436

	Rn.
b) Verwendung der BRE	439
XIII. Verantwortlicher Aktuar (VA)	**442**
1. Inhalt und Zweck der Regelung	442
a) Regelungsinhalt	442
b) Bedeutung der Regelung	443
c) Zweck der Regelung	447
2. Bestellung	450
a) Versicherungsunternehmen	450
b) Aufsichtsrat	453
c) Versicherungsaufsicht	457
3. Qualifikationsanforderungen	461
a) Persönliche Anforderungen	461
b) Fachliche Anforderungen	466
c) Ordnungsgemäße Aufgabenerfüllung	470
4. Aufgaben	472
a) Prüfungsgegenstand	472
b) Prüfungsmaßstab	474
c) Versicherungsmathematische Bestätigung	479
5. Rechtsstellung des Verantwortlichen Aktuars	481
a) Unabhängigkeit	481
b) Verantwortlichkeit	486
XIV. Treuhänder	**494**
1. Inhalt und Zweck der Regelung	494
a) Regelungsinhalt	494
b) Bedeutung der Regelung	497
c) Zweck der Regelung	501
2. VVG-Reform	504
3. Bestellung	508
a) Versicherungsunternehmen	508
b) Aufsichtsrat	511
c) Versicherungsaufsicht	514
4. Qualifikationsanforderungen	520
a) Prämien- und Bedingungstreuhänder	520
b) Persönliche Anforderungen	524
c) Institutionelle Anforderungen	531
d) Fachliche Anforderungen	536
e) Ordnungsgemäße Aufgabenerfüllung	544
5. Rechtsfolgen fehlender Bestellungsvoraussetzungen	548
a) Problematik	548
b) Treuhänderbestellung	550
c) Unwirksame Bestellung und fehlerhafte Bestellung	552
6. Aufgaben des Prämientreuhänders	563
a) Prüfungsgegenstand	563
b) Prüfungsmaßstab	570
c) Zustimmung zur Prämienanpassung	579
d) Zustimmung zur RfB-Verwendung	584
7. Aufgaben des Bedingungstreuhänders	591
a) Prüfungsgegenstand	591
b) Prüfungsmaßstab	592
c) Bestätigung	596
8. Rechtsnatur der Treuhänderzustimmung und -bestätigung	602
9. Rechtsstellung des Treuhänders	603
a) Rechtsstellung gegenüber Versicherungsaufsicht	603

	Rn.
b) Rechtsstellung gegenüber Versicherungsunternehmen	607
c) Rechtsstellung gegenüber Versicherten	616
d) Information der Versicherungsnehmer	621
e) Verantwortlichkeit und Haftung	624
XV. Erhöhte Risiken	**631**
1. Inhalt und Zweck der Regelung	631
a) Regelungsinhalt	631
b) Bedeutung der Regelung	634
c) Zweck der Regelung	637
2. Durchschnittsrisiko und Einzelrisiko	640
a) Grundsatz	640
b) Maßgebender Zeitpunkt	645
c) Normales Durchschnittsrisiko	647
d) Erhöhtes Durchschnittsrisiko	650
3. Optionen des Versicherungsunternehmens	652
a) Grundsatz	652
b) Wahlrecht	653
c) Dauer des Risikoausgleichs	659
4. Risikozuschlag	665
a) Begriff	665
b) Berechnung	668
5. Angemessenheit	671
a) Grundsatz	671
b) Prüfungsmaßstab	678
c) Ermessens- und Beurteilungsspielraum	682
6. Leistungsausschluss	690
a) Begriff	690
b) Risikobezug	695
c) Angemessenheit	699
d) Versicherungspflicht	702
7. Fortfall des erhöhten Risikos	704
a) Grundsatz	704
b) Zeitliche Begrenzung	708
8. Besonderheiten im Basistarif	715
a) Grundsatz	715
b) Erhöhtes Risiko	717
c) Risikoprüfung	719
XVI. Beweislast	**724**
1. Prämienprozess	724
a) Tarifprämie	724
b) Risikozuschlag	725
2. Leistungsprozess	726
XVII. Allgemeine Versicherungsbedingungen	**727**
1. Beitragsberechnung	727
a) Allgemeine vertragliche Regelungen	727
b) Standardtarif	730
c) Basistarif	731
d) Private Pflege-Pflichtversicherung (PPV)	732
2. Erhöhtes Risiko	735
C. Prämienanpassung (Abs. 2)	**738**
I. Inhalt und Zweck der Regelung	**738**
1. Regelungsinhalt	738
2. Bedeutung der Regelung	740
3. Zweck der Regelung	744

	Rn.
a) Versicherungsvertragsrecht	745
b) Versicherungsaufsichtsrecht	750
II. Entstehungsgeschichte	**754**
1. Zeit vor 1994	754
2. Zeit ab 1994	755
3. VVG-Reform	756
III. Anwendungsbereich	**760**
1. Krankenversicherung	760
2. Ausschluss des ordentlichen Kündigungsrechts	761
a) Grundsatz	761
b) Gesetzlicher Ausschluss	765
c) Vertraglicher Ausschluss	771
IV. Europarechtskonformität	**774**
1. Substitutive Krankenversicherung	774
2. Nicht-substitutive Krankenversicherung	775
V. Veränderung von Rechnungsgrundlagen	**776**
1. Grundsatz	776
2. Kalkulationsrelevanz	781a
a) Rechnungsgrundlage Sterbewahrscheinlichkeit	781b
b) Rechnungsgrundlage Versicherungsleistungen	781d
3. Dauerhafte Veränderung	782
4. Richtung der Veränderung	793
5. Auslösender Faktor	800
a) Grundsatz	800
b) Auslösender Faktor nach AVB	807
6. Veränderung der Rechnungsgrundlagen im Neugeschäft	814a
a) Erhöhung der Prämien im Neugeschäft	814a
b) Unterschiedliche Rechnungsgrundlagen im Neugeschäft und im Bestand	814h
7. Stille Sanierung	814k
8. Sonstige Prämiensenkungen	814n
VI. Maßgebliche Rechnungsgrundlagen	**815**
1. Ausgangslage	815
2. Neuregelung	818
a) VVG-Kommission	818
b) Schadenregulierungskosten	819
c) Rechnungszins	821
d) Reformbedarf	823c
3. Versicherungsleistungen	824
a) Begriff	824
b) Verfahren	829
c) Beobachtungseinheit	833
d) Beobachtungszeitraum	838
e) Erforderliche Versicherungsleistungen	841
4. Sterbewahrscheinlichkeiten	849
a) Sterbetafeln	849
b) Verfahren	851
c) Erforderliche Sterbewahrscheinlichkeit	855
d) Auslösender Faktor	858

	Rn.
5. Sonderfälle Umlagen	863
a) Kappungsumlage Basistarif	863
b) Umlage der Geburtskosten bis 21.12.2012	867
VII. Vertragsänderung	**870**
1. Grundsatz	870
2. Ausgeschlossene Prämienanpassung	875
a) Ausschlussgründe	875
b) Verfahren	882
3. Prämie	887
4. Selbstbehalt	890
5. Risikozuschlag	894
6. Treuhänderzustimmung	897
7. Umsetzung der Prämienanpassung	899
8. Wirksamwerden der Vertragsänderung	902
9. Verhältnis zu früheren Prämienanpassungen	902a
10. Rechtsfolgen einer unwirksamen Prämienanpassung	903a
a) Formal-rechtliche Fehler	903d
b) Materiell-rechtliche Fehler	903j
c) Verjährung	903k
d) Sonstige Einwendungen des Versicherers	903m
VIII. Gerichtliche Kontrolle	**904**
1. Gerichtlicher Rechtsschutz	904
a) Grundsatz	904
b) Geschäftsgeheimnisse	909
2. Prüfungsumfang	914
3. Prüfungsmaßstab	919
a) Zeit vor 1994	919
b) Zeit ab 1994	923
4. Fristen	925
5. Verfahrensfragen	926a
a) Zuständigkeit	926a
b) Klageform	927
c) Beweiserhebung	930
IX. Beweislast	**933**
1. Grundsatz	933
2. Besonderheiten	936
X. Allgemeine Versicherungsbedingungen	**939**
1. Allgemeine vertragliche Regelungen	939
2. AGB-Inhaltskontrolle	941
D. Bedingungsanpassung (Abs. 3)	**943**
I. Inhalt und Zweck der Regelung	**943**
1. Regelungsinhalt	943
2. Bedeutung der Regelung	945
3. Zweck der Regelung	952
4. Bedeutungswandel	955
II. Entstehungsgeschichte	**957**

	Rn.
1. Zeit vor 1994	957
2. Zeit ab 1994	958
3. VVG-Reform	959
III. Anwendungsbereich	**963**
1. Krankenversicherung	963
2. Ausschluss des ordentlichen Kündigungsrechts	964
IV. Europarechtskonformität	**965**
V. Veränderung der Verhältnisse des Gesundheitswesens	**966**
1. Grundsatz	966
2. Rechtliche Verhältnisse des Gesundheitswesens	972
a) Gesetze	972
b) Rechtsprechung	978
c) Verwaltungsbehörden	981
3. Tatsächliche Verhältnisse des Gesundheitswesens	983
a) Medizinische Verhältnisse	983
b) Sonstige Verhältnisse	985
4. Veränderung der Verhältnisse	986
a) Äquivalenzbezug	986
b) Tatbestandsmerkmal „Veränderung"	995
5. Veränderung der rechtlichen Verhältnisse	998
a) Gesetzesänderungen	998
b) Änderung der Rechtsprechung	1003
6. Änderung der tatsächlichen Verhältnisse	1009
7. Dauerhafte Veränderung	1011
8. Richtung der Veränderung	1014
VI. Andere Veränderungen der Geschäftsgrundlage	**1015**
1. Grundsatz	1015
2. Reichweite des § 203	1018
a) Prämienanpassung	1018
b) Bedingungsanpassung	1019
3. Voraussetzungen	1021
a) Funktionalitätsschutz	1021
b) Anpassung des Versicherungsschutzes	1026
c) Anwendungsfälle	1032
4. Anzuwendende Grundsätze und Rechtsfolgen	1033
VII. Bedingungsänderungen	**1037**
1. Gegenstand der Anpassung	1037
2. Anpassungsbedarf	1040
3. Belange der Versicherungsnehmer	1044
a) Begriff	1044
b) Hinreichende Wahrung	1050
c) Erforderlichkeit	1054
4. Angemessenheit	1057
5. Treuhänderbestätigung	1059
6. Umsetzung der Bedingungsanpassung	1060
7. Wirksamwerden der Bedingungsanpassung	1063

		Rn.			Rn.
VIII.	**Gerichtliche Kontrolle**	1065	VI.	**Allgemeine Versicherungsbedingungen**	1130
1.	Gerichtlicher Rechtsschutz	1065			
2.	Prüfungsumfang	1067	F.	**Wirksamwerden von Prämien- und Bedingungsänderungen (Abs. 5)**	1131
3.	Prüfungsmaßstab	1072			
	a) Zeit vor 1994	1072	I.	**Inhalt und Zweck der Regelung**	1131
	b) Zeit ab 1994	1075	1.	Regelungsinhalt	1131
4.	Fristen	1078	2.	Bedeutung der Regelung	1134
5.	Klageform	1080	3.	Zweck der Regelung	1136
IX.	**Beweislast**	1083	II.	**Entstehungsgeschichte**	1140
1.	Grundsatz	1083	1.	Zeit vor 1994	1140
2.	Besonderheiten	1085	2.	Zeit ab 1994	1141
X.	**Allgemeine Versicherungsbedingungen**	1087	3.	VVG-Reform	1143
1.	Allgemeine vertragliche Regelungen	1087	III.	**Anwendungsbereich**	1146
	a) Musterbedingungen 1994	1087	1.	Prämien- und Bedingungsanpassung	1146
	b) Musterbedingungen 2009	1091	2.	Klauselersetzung	1147
2.	AGB-Inhaltskontrolle	1092			
E.	**Klauselersetzung (Abs. 4)**	1094	IV.	**Wirksamkeitsvoraussetzungen**	1149
I.	**Inhalt und Zweck der Regelung**	1094	1.	Mitteilung des Versicherungsunternehmens	1149
1.	Regelungsinhalt	1094	2.	Inhalt der Mitteilung	1154
2.	Bedeutung der Regelung	1100		a) Vertragsinhalt	1154
3.	Zweck der Regelung	1104		b) Begründung	1155
II.	**Entstehungsgeschichte**	1108	3.	Wirksamkeitsbeginn	1161
1.	Zeit vor 1994	1108	V.	**Beweislast**	1164
2.	Zeit ab 1994	1109	VI.	**Allgemeine Versicherungsbedingungen**	1166
3.	VVG-Reform	1111			
III.	**Anwendungsbereich**	1113	G.	**Tarifüberführung**	1167
1.	Krankenversicherung	1113	I.	**Begriff**	1167
2.	AVB	1115	1.	Geschichtliche Entwicklung	1167
3.	Drittwirkung	1116	2.	Rechtssystematische Einordnung	1169
IV.	**Unwirksamkeit**	1124	II.	**Anwendbare Vorschriften**	1175
1.	Höchstrichterliche Entscheidung	1124	1.	Grundsatz	1175
2.	Bestandskräftiger Verwaltungsakt	1128	2.	Voraussetzungen	1177
V.	**Rechtsfolgen**	1129	3.	Rechtsfolgen	1183

Stichwort- und Fundstellenverzeichnis

Stichwort	Rn.	Rspr.
Beitragsrückerstattung	→ Rn. 408, 420	BGHZ 119, 55 = VersR 1992, 1211 = NJW 1992, 2356
Bedingungsänderung (Änderung der Rspr.)	→ Rn. 996, 1005	BGHZ 175, 28 = VersR 2008, 246 = NJW 2008, 1160
Bedingungsänderung (Wirtschaftlichkeitsgebot)	→ Rn. 1003 ff.	BGHZ 154, 154 = VersR 2003, 581 = NJW 2003, 1596
Beobachtungseinheit	→ Rn. 120, 150, 833 ff.	BGHZ 159, 323 = VersR 2004, 991 = NJW 2004, 2679
Beitragsentlastungsversicherung	→ 781b ff.	OLG Celle VersR 2022, 357 = r+s 2022, 155

Stichwort	Rn.	Rspr.
Beitragsentlastungsversicherung	→ 781b ff.	OLG Celle VersR 2022, 357 = r+s 2022, 155
Dauernde Erfüllbarkeit (Treuhänder)	→ Rn. 501	BVerwGE 109, 87 = VersR 1999, 1001
Geschlechtsumwandlung	→ Rn. 226	BGH VersR 2012, 980 = NJW 2012, 2733
Prämienanpassung (gerichtliche Überprüfung)	→ Rn. 113, 620, 905, 924	BVerfG VersR 2000, 214
Prämienanpassung (Begründung)	→ Rn. 1155 ff.	BGHZ 228, 56 = VersR 2021, 240 = r+s 2021, 89
Prämienanpassung (Geschäftsgeheimnis)	→ Rn. 907, 913a	BGH VersR 2016, 177
Prämienanpassung (Unabhängigkeit des Treuhänders)	→ Rn. 549	BGHZ 220, 297 = VersR 2019, 283 = NJW 2019, 919
Prämienanpassung (Voraussetzungen nach § 178g VVG aF)	→ Rn. 578, 743, 746	BGHZ 159, 323 = VersR 2004, 991 = NJW 2004, 2679
Prämienanpassung (Voraussetzungen nach MB/KK 1976)	→ Rn. 942	BGH VersR 2004, 1446
Prämienanpassung (§ 8b MB/KK)	→ 939a ff.	BGH v. 22.6.2022 – IV ZR 253/20, BeckRS 2022, 18282
Prämienberechnung (Geschlechtsabhängige Tarife)	→ Rn. 161	BVerfG VersR 1993, 733
Prämienberechnung (Herleitungen und Nachweise)	→ Rn. 112, 262	BVerwGE 109, 87 = VersR 1999, 1001
Risikozuschlag	→ Rn. 57, 633	BVerwGE 137, 179 = VersR 2010, 1345
Unisex	→ Rn. 30, 148, 172 ff.	EuGH Slg. 2011, I-733 = VersR 2011, 377 = NJW 2011, 907 – Test-Achats
Versicherungsaufsichtsrecht (Geltung im Vertragsrecht)	→ Rn. 57, 743	BGHZ 159, 323 = VersR 2004, 991 = NJW 2004, 2679

Schrifttum: *Armbrüster,* Bedeutung des Allgemeinen Gleichbehandlungsgesetzes für private Versicherungsverträge, VersR 2006, 1297; *Boetius,* Alterungsrückstellung und Versicherungswechsel in der privaten Krankenversicherung, VersR 2001, 661; *Boetius,* Beitragsanpassung in der privaten Krankenversicherung – Überblick über die neuere Rechtsprechung, r+s 2022, 248; *Boetius,* Substitutive private Krankenversicherung – die Systemvorgaben des Europäischen Gemeinschaftsrechts sowie des deutschen Versicherungsrechts und ihre Relevanz für das Verfassungsrecht, VersR 2005, 297; *Boetius,* „Gegen die Wand" – Der Basistarif der Gesundheitsreform bricht Europa- und Verfassungsrecht, VersR 2007, 431; *Boetius,* Prämienkalkulation und Alterungsrückstellung – Konsequenzen für Aktuare und Prämientreuhänder nach der Gesundheits- und VVG-Reform, VersR 2007, 1589; *Boetius,* Szenen einer Reformehe – Probleme der Prämienanpassung (§ 203 VVG) sowie des Tarif- und Versichererwechselrechts (§ 204 VVG) nach der Gesundheits- und VVG-Reform, VersR 2008, 1016; *Boetius,* Notwendige Heilbehandlung und Bedingungsanpassung in der privaten Krankenversicherung, VersR 2008, 1431; *Boetius,* Abzinsung der erfolgsunabhängigen Rückstellung für Beitragsrückerstattung? – Zum Begriff der Rückstellung für Beitragsrückerstattung und zum Anwendungsbereich von § 6 Abs. 1 Nr. 3a EStG, WPg 2013, 753; *Boetius,* Alterungsrückstellung für Schadenregulierungskosten – zur Reichweite der Anwartschaftsdeckung in der privaten Krankenversicherung, VersR 2016, 428; *Boetius,* Zu den Folgen einer einzelvertraglich unwirksamen Prämienanpassung in der Krankenversicherung, r+s 2021, 11; *Bohn,* Gedanken zur Alterungsrückstellung bei der „nach Art der Lebensversicherung" betriebenen Krankenversicherung, ZfV 1996, 166; *Brand,* Grenzen der vorvertraglichen Anzeigepflichten des Versicherungsnehmers, VersR 2009, 715; *Brand,* Anforderungen an das Mitteilen von Gründen für eine Beitragsanpassung nach § 203 Abs. 5 VVG, VersR 2018, 453; *Bruns,* Die Wirksamkeit von Beitragsanpassungsklauseln in der privaten Krankenversicherung, VersR 2021, 541; *Buchholz,* Die Unabhängigkeit des juristischen Treuhänders in der Lebens- und Krankenversicherung, VersR 2005, 866; *Bürkle,* Mandatsbegrenzung für Bedingungstreuhänder durch die VAG-Novelle 2003, VersR 2004, 826; *Dreher,* Das deutsche versicherungsaufsichtsrechtliche Begünstigungsverbot und das europäische Versicherungsrecht, VersR 1997, 1; *Drews,* Nochmals: Prüfungsmaßstab des unabhängigen Treuhänders in der privaten Krankenversicherung nach § 178g Abs. 2 VVG, VersR 1996, 422; *Egger,* Medizinische Notwendigkeit und Kostengesichtspunkte in der privaten Krankenversicherung, r+s 2006, 353; *Egger,* Prämienerhöhung in der privaten Krankenversicherung im Lichte der Rechtsprechung, r+s 2021, 430; *Engeländer,* Das Zillmer-Verfahren in der Lebensversicherung, VersR 1999, 1325; *Gerwins,* Zur Rechtsgrundlage einer Beitragsanpassung in der privaten Krankenversicherung, NVersZ 1999, 53; *Engeländer,* Zu den Auswirkungen des Umstufungsrechts nach § 178f VVG, ZfV 2000, 106; *Engeländer,* Anmerkungen zur Prüfung der Zumutbarkeit von Prämiensteigerungen bei älteren Versicherten in der privaten Krankenversicherung, NVersZ 2000, 353; *Franz,* Offene Fragen bei Prämienanpassungen in der privaten Krankenversicherung gem. § 203 Abs. 2 VVG, VersR 2020, 449; *Franz/Püttgen,* Die materielle Rechtmäßigkeit der Beitragsanpassung in der privaten Krankenversicherung und deren gerichtliche Überprüfung, VersR 2022, 1; *Fuxman/Leygraf,* Offene Verjährungsfragen von Beitragsanpassungsklagen in der privaten Krankenversicherung – Ein Anwendungsfall der Stammrechtstheorie?, r+s 2021, 61; *Grote,* Die Rechtsstellung des Prämien-, Bedingungs- und Deckungsstocktreuhänders nach dem VVG und dem VAG, ZVersWiss 2002, 621; *Hoffmann,* Die Umsetzung des EuGH-Urteils „Test Achats" in Deutschland, VersR 2012, 1073; *Kahler,* Unisextarife im Versicherungswesen – Grundrechtsprüfung durch den EuGH, NJW 2011, 894; *Kalis,* Beitragsanpassungen in der PKV – Notwendigkeit, Voraussetzungen und Änderungsbedarf, r+s 2018, 464; *Kirscht,* Das Treuhänderverfahren zur Bedingungsänderung in der Lebensversicherung, VersR 2003, 1072; *Klimke,* Anforderungen an die Begründung von Beitragsanpassungen in der privaten Krankenversicherung, VersR 2016, 22; *v. Koppenfels-Spies,* Der Gleichbehandlungsgrundsatz im Versicherungsrecht, VersR 2004, 1085; *Küntzel,* Prüfungsmaßstab des unabhängigen Treuhänders in der privaten Krankenversicherung nach § 178g Abs. 2 VVG, VersR 1996, 148; *Langheid,* Zum Verhältnis von Prämien- und Bedingungsanpassung in der substitutiven Krankenversicherung, FS Kollhosser, 2004, 231; *Langheid/Grote,* Bedingungsanpassung nach Rechtsprechungswechsel, VersR 2003, 1469; *Langheid,* Wirtschaftlichkeitsgebot als Geschäftsgrundlage, VersR 2004, 823; *Looschelders,* Aktuelle Auswirkungen des EU-Rechts auf das deutsche Versicherungsvertragsrecht unter besonderer Berücksichtigung der geschlechtsspezifischen Tarifierung, VersR 2011, 421; *Looschelders,* Fragmentierung der Kollektive in der Privatversicherung – juristische Implikationen, ZVersWiss 2015, 481; *Lorenz,* Unisex-Tarife: Aktuarielle Erkenntnisse im Lichte juristischer Wertung, VW 2004, 1640; *Mönnich,* Unisex: Die EuGH-Entscheidung vom 1.3.2011 und die möglichen Folgen, VersR 2011, 1092; *Präve,* Das 3. DurchfG/EWG zum VAG – Ausgewählte Fragen des neuen Aufsichts- und Vertragsrechts, ZfV 1994, 168, 199, 227, 255; *Präve,* Versicherungsaufsicht, Treuhänder und Verantwortlicher Aktuar, VersR 1995, 733; *Präve,* Aktuelle Fragen zum Recht der privaten Krankenversicherung, VersR 1997, 354; *Rappich,* Der Verantwortliche Aktuar in der Lebensversicherung, VersR 1996, 413; *Reinhard,* Die Prüfungskompetenz des Treuhänders bei der Entnahme und Verwendung von RfB-Mitteln gem. § 12b Abs. 1a VAG, VersR 2003, 952; *Renger,* Über den Treuhänder in der Krankenversicherung, VersR 1994, 1257; *Renger,* Die Lebens- und Krankenversicherung im Spannungsfeld zwischen Versicherungsvertragsrecht und Versicherungsaufsichtsrecht, VersR 1995, 866; *Renger,* Diskussionsentwurf zur gesetzlichen Regelung der privaten Krankenversicherung in Deutschland, VersR 1993, 678; *Rolfs/Binz,* EuGH erzwingt ab Ende 2012 Unisex-Tarife für alle neuen Versicherungsverträge, VersR 2011, 714; *Rudolph,* Beitragsanpassungsklausel – Entwicklung und aktueller Stand, VersR 2014, 545; *Sagmeister,* Geschlechtsspezifische Versicherungstarife tatsächlich europarechtswidrig?, VersR 2011, 187; *Sahmer,* Strukturen und Probleme der substitutiven Krankenversicherung, ZfV 1996, 483; *Schnepp/Icha-Spratte,* Relevanz der Unabhängigkeit des Prämientreuhänders bei Prämienanpassungen in der privaten Krankenversicherung, insbesondere bei Verpflichtung des Treuhänders zur Überprüfung der Erstkalkulation, VersR 2018, 1221; *Schramm,* Nochmals: Prüfungsmaßstab des unabhängigen Treuhänders in der privaten Krankenversicherung nach § 178g Abs. 2 VVG, VersR 1996, 424; *Schünemann,* Bedingungsanpassung nach Rechtsprechungswechsel?, VersR 2004, 817; *Schwintowski,* Geschlechtsdiskriminierung durch risikobasierte Versicherungstarife?, VersR 2011, 164; *Sodan,* „Unisex-Tarife" – Gleichbehandlung von Männern und Frauen im privatrechtlichen Versicherungswesen, ZVersWiss 2004, 539; *Sommer,* Anmerkungen zur Kalkulations- und Überschussverordnung in der PKV, ZfV 1998, 68; *Sommer,* Neue Fragen zu Beitragsanpassungen und zur Kalkulation der Beiträge in der privaten Krankenversicherung, ZfV 1999, 319; *Taupitz,* Genetische Diagnostik und Versicherungsrecht, 2000 (Frankfurter Vorträge zum Versicherungswesen Heft 32); *Thole,* Vertragshaftung des Verantwortlichen Aktuars gegenüber den Versicherten?, VersR 2010, 447; *Thüsing/v. Hoff,* Private Versicherungen und das Allgemeine Gleichbehandlungsgesetz, VersR 2007, 1; *Thüsing/Jänsch,* Rahmenbedingungen effektiver Interessenwahrnehmung durch den Treuhänder in der Krankenversicherung, VersR 2018, 837; *Voit,* Der Treuhänder bei Prämienanpassungen in der privaten Krankenversicherung, VersR 2017, 727; *Voit,* Zur Frage der Wirksamkeit des § 8b Abs. 1 MB/KK 2009 und des § 8b Abs. 1 MB/PPV 2019, VersR 2021, 673; *Voit,* Zur Frage der Wirksamkeit des § 8b Abs. 1 MB/KK 2009 und des § 8b Abs. 1 MB/PPV 2019, VersR 2021, 673; *Wandt,* Geschlechtsabhängige Tarifierung in der privaten Krankenversicherung – Gebietet die Verfassung Unisex-Tarife?, VersR 2004, 1341; *Wendt,* Zur Unabhängigkeit des Treuhänders in der privaten Krankenversicherung, VersR 2018, 449; *Werber,* Veränderungen der Verhältnisse des Gesundheitswesens und Leistungsverbesserungen in der privaten Krankenversicherung, VersR 2015, 393; *Werber,* Rechtsfragen zur Unabhängigkeit des Prämientreuhänders in der privaten Krankenversicherung, VersR 2017, 1115; *Werber,* Die nicht nur vorübergehende Veränderung als Voraussetzung einer Prämienanpassung in der privaten Krankenversicherung, VersR 2021, 288; *Wiemer/Richter,* Anmerkung zu AG Potsdam, Urt. v. 18.10.2016 – 29 C 122/16, r+s 2017, 404; *Wiemer/Richter,* Prämienanpassungen in der privaten Krankenversicherung – zum Erfordernis einer teleologischen Reduktion des § 203 Abs. 2 S. 1 VVG, VersR 2018, 641; *Wrase/Baer,* Unterschiedliche Tarife für Männer und Frauen in der privaten Krankenversicherung – ein Verstoß gegen den Gleichheitssatz des Grundgesetzes?, NJW 2004, 1623; *Wriede,* Teilweise Unwirksamkeit der Anpassungsklauseln in der privaten Krankenversicherung, VersR 1992, 420; *Wriede,* Überlegungen zum Abschlusszwang gem. § 178f VVG, VersR 1996, 271.

A. Einführung

I. Inhalt und Zweck der Regelungen

1. Regelungsinhalte. § 203 regelt in seinen Abs. 1–4 **vier unterschiedliche Materien,** näm- 1
lich
– die Grundsätze für die Prämienberechnung (Abs. 1),
– die Voraussetzungen für eine Prämienanpassung (Abs. 2),
– die Voraussetzungen für eine Bedingungsänderung (Abs. 3),
– die Ersetzung einer für unwirksam erklärten Versicherungsbedingung (Abs. 4).
Für eine Prämien- und Bedingungsanpassung iSv § 203 Abs. 2, 3 regelt Abs. 5 den **Zeitpunkt ihres** 2
Wirksamwerdens. Für die Klauselersetzung iSv § 203 Abs. 4 enthält § 164 Abs. 2 eine entsprechende Regelung.

2. Bedeutung der Regelungen. § 203 ist die für die Funktionsweise der PKV **zentrale** 3
Vorschrift. Sie inkorporiert die aufsichtsrechtlich geltenden Grundsätze der Prämienkalkulation in das Versicherungsvertragsrecht und verschafft ihnen dadurch unmittelbare zivilrechtliche Geltung.

Gleichzeitig begründet die Vorschrift umfassende Rechte des Versicherungsunternehmens zur 4
einseitigen Änderung des bestehenden Versicherungsvertrags sowohl auf der Prämien- wie auf der Bedingungsseite.

3. Zweck der Regelungen. § 203 verfolgt vor allem den für die Funktionsweise der PKV 5
zentralen Zweck, die **dauernde Erfüllbarkeit** der Verpflichtungen aus den Versicherungsverträgen sicherzustellen. Im Mittelpunkt dieses Zwecks steht die unbedingte Einhaltung des **Äquivalenzprinzips.**

Aufgrund neuerer Rechtsentwicklungen verfolgt die Vorschrift darüber hinaus den Zweck, die 5a
Vollfunktionalität der PKV zu sichern.

Die Vorschrift stellt eine gesetzliche Ausprägung des Grundsatzes dar, dass **Störungen der** 6
Geschäftsgrundlage (clausula rebus sic stantibus) das Recht zur einseitigen Anpassung von Verträgen einräumen können.[1]

§ 203 enthält in diesem Sinn eine gesetzliche Sonderregelung, die allerdings lediglich hinsicht- 7
lich ihrer tatbestandlichen Voraussetzungen die allgemeine Vorschrift des § 313 BGB verdrängt. Darüber hinaus ist § 203 **keine umfassende lex specialis,** so dass über die tatbestandlichen Fälle des § 203 hinaus § 313 BGB grundsätzlich anwendbar bleibt.

II. Entstehungsgeschichte

1. Zeit vor 1994. a) Versicherungsvertragsrecht. Da es vor 1994 für die PKV keine speziel- 8
len gesetzlichen Vorschriften des Versicherungsvertragsrechts gab (→ Vor § 192 Rn. 342), richteten sich die Prämienberechnung, die Prämienanpassung, die Bedingungsanpassung und die Klauselersetzung nach den allgemeinen zivilrechtlichen Grundsätzen des Vertragsrechts. Sollte der Versicherungsvertrag geändert werden, bedurfte es grds. einer entsprechenden **Vereinbarung** nach den für eine Vertragsänderung geltenden Grundsätzen.

Dem trugen die **AVB** Rechnung. Die Musterbedingungen bzw. die Tarifbedingungen der 9
Versicherungsunternehmen enthielten Bestimmungen zur Beitragsberechnung, zur Änderung der Beiträge und zur Änderung der AVB.

b) Versicherungsaufsichtsrecht. Vor 1994 gab es für die PKV keine besonderen Vorschriften 10
des Versicherungsaufsichtsrechts (→ Vor § 192 Rn. 343). Dementsprechend galten für die Prämienberechnung, die Prämienanpassung und die Bedingungsanpassung **keine speziellen gesetzlichen Krankenversicherungsvorschriften.**

Nach dem Grundsatz der **materiellen Versicherungsaufsicht** unterlag die gesamte Geschäfts- 11
tätigkeit eines Krankenversicherungsunternehmens der behördlichen Kontrolle. Die Aufsichtstätigkeit schlug sich ua in behördlichen Richtlinien nieder. So veröffentlichte das Zonenamt erstmals 1951 Richtlinien für die Aufstellung technischer **Geschäftspläne** in der Krankenversicherung.[2] Diese Richtlinien galten im Wesentlichen bis zum Erlass der Kalkulationsverordnung (KalV)

---

[1] Ebenso *Brand* in Bruck/Möller VVG § 203 Rn. 5.
[2] VerZA 1951, 129.

v. 18.11.1996.[3] Änderungen der technischen Geschäftspläne und der AVB bedurften der vorherigen Genehmigung der Aufsichtsbehörde. So bildete sich für Prämien- und Bedingungsanpassungen eine ständige Genehmigungspraxis des BAV, die nach 1994 in das VAG bzw. in die KalV übernommen wurde.

12 Das BAV hatte sich im Rahmen der materiellen Versicherungsaufsicht seit 1970 mit der Entwicklung der **Beiträge für ältere Versicherte** befasst und die Versicherungsunternehmen aufgefordert, bei der Sanierung von Tarifen Beitragserhöhungen aus RfB-Mitteln zu limitieren. Unter „Sanierung" verstand man Beitragserhöhungen in Tarifen, die keine Prämienanpassungsklausel enthielten. Diese Aufsichtspraxis mündete in das Rundschreiben des BAV R 2/91 v. 26.3.1991,[4] mit dem das BAV verschiedene Maßnahmen zur Beitragsentlastung für ältere Versicherte anordnete. Diese Maßnahmen betrafen folgende Themen:

13 – **Kostenzuschläge:** Die bisher bei der Kalkulation eingerechneten *beitragsproportionalen* Kostenzuschläge waren auf *altersunabhängige absolute* Kostenzuschläge umzustellen. Dies führte zu einer sofortigen Beitragsentlastung der älteren Versicherten, weil deren Beiträge idR höher waren als diejenigen jüngerer Versicherter.

13a – **Anwartschaften auf Beitragsermäßigung im Alter:** Alle Versicherungsunternehmen mussten zur Finanzierung einer Anwartschaft auf Beitragsermäßigung im Alter der Alterungsrückstellung aller Krankheitskostenversicherungen einheitlich Beträge iHv mindestens 1 % der jeweiligen zum Ende des Vorjahres vorhandenen positiven Alterungsrückstellung jährlich zuschreiben. Die hierfür benötigten Mittel konnten der Rückstellung für erfolgsabhängige Beitragsrückerstattung (BRE) entnommen werden. Die Zuschreibungen waren für Beitragsreduzierungen anlässlich von Prämienanpassungen ab Alter 65 zu verwenden. Damit wurde zum ersten Mal eine direkte Beteiligung der Krankenversicherten am Zinsüberschuss eingeführt.

14 **2. Zeit ab 1994. a) Europäisches Unionsrecht.** Im Zuge der **Deregulierung** (→ Vor § 192 Rn. 348 f.) begründete Art. 54 RL 92/49/EWG () ein weitgehendes Mitgliedstaatenwahlrecht für den Betrieb der privaten Krankenversicherung, die ganz oder teilweise den im gesetzlichen Sozialversicherungssystem vorgesehenen Krankenversicherungsschutz ersetzen kann. Dieses Regelwerk hat Art. 206 RL 2009/138/EG (Solvency II-RL) mit Wirkung ab 1.11.2016 materiell unverändert übernommen (→ Vor § 192 Rn. 348). Nach Art. 206 Abs. 2 UAbs. 1 RL 2009/138/EG können die Mitgliedstaaten vorschreiben, dass die Krankenversicherung in diesem Sinne in technischer Hinsicht nach Art der Lebensversicherung zu betreiben ist, ua wenn

– die Prämien „unter Zugrundelegung von Wahrscheinlichkeitstafeln und anderen einschlägigen statistischen Daten, die für den Mitgliedstaat, in dem das Risiko gelegen ist, maßgeblich sind, entsprechend der versicherungsmathematischen Methode berechnet" werden;
– „eine Alterungsrückstellung gebildet" wird;
– der Versicherer „den Vertrag nur innerhalb einer bestimmten Frist kündigen" kann, „die von dem Mitgliedstaat, in dem das Risiko belegen ist, festgelegt wird";
– in dem Vertrag „die Möglichkeit einer Prämienerhöhung oder einer Senkung der Zahlungen selbst bei laufenden Verträgen vorgesehen" ist.

Art. 206 Abs. 2 UAbs. 4 RL 2009/138/EG bestimmt ferner:

Die Prämien müssen ausgehend von angemessenen versicherungsmathematischen Hypothesen hoch genug sein, damit die Versicherungsunternehmen all ihren Verpflichtungen unter Berücksichtigung sämtlicher Aspekte ihrer Finanzlage nachkommen können.

Art. 206 Abs. 2 UAbs. 5 RL 2009/138/EG schreibt schließlich vor, dass der vorstehende UAbs. 4 auch für die Änderung bestehender Verträge gilt.

15 Für die Bildung der versicherungstechnischen Rückstellungen bestimmt Art. 56 VersBilRL (→ Vor § 192 Rn. 562):

Die versicherungstechnischen Rückstellungen müssen jederzeit gewährleisten, dass das Versicherungsunternehmen alle seine aus Versicherungsverträgen resultierenden Verpflichtungen im Rahmen dessen, was bei vernünftiger Betrachtungsweise vorhersehbar ist, erfüllen kann.

16 Die RL 92/49/EWG (Dritte SchadenRL) räumte den Mitgliedstaaten für die **substitutive Krankenversicherung** einen weiten Gestaltungsspielraum ein und erlaubte aus Gründen des Allgemeininteresses Einschränkungen der Dienstleistungsfreiheit, sofern sie nicht unverhältnismäßig sind (Erwgr. 24 S. 2 RL 92/49/EWG). Die RL 2009/138/EG (Solvency II-RL) übernahm diese Rechtslage materiell, auch wenn sie scheinbar enger formuliert (Erwgr. 85 S. 2 RL 2009/138/EG: „sofern sie die Niederlassungs- und Dienstleistungsfreiheit nicht unzulässigerweise einschränken"). Diese

---
[3] BGBl. 1996 I 1783.
[4] BAV VerBAV 1991, 227.

nationalen Rechtsvorschriften können auch weitergehende Eingriffe in die Vertragsfreiheit und für die Prämienberechnung vorsehen (Erwgr. 85 S. 4 RL 2009/138/EG):

Der angestrebte Schutz des Allgemeininteresses kann auch dadurch erreicht werden, dass den Unternehmen, die private oder freiwillige Krankenversicherungen anbieten, vorgeschrieben wird, Standardverträge, die denselben Schutz wie das gesetzliche Sozialversicherungssystem vorsehen, zu einem Beitragssatz anzubieten, der einen vorgeschriebenen Höchstsatz nicht übersteigt, und sich an einem Verlustausgleichssystem zu beteiligen.

b) Versicherungsaufsichtsgesetz. In Übereinstimmung mit dem europäischen Unionsrecht 17 (→ Rn. 14) enthält § 146 Abs. 1 Nr. 1–3 VAG für die **substitutive Krankenversicherung** Vorschriften zur Prämienberechnung, zur Bildung der Alterungsrückstellung, zum Ausschluss des ordentlichen Kündigungsrechts des Versicherungsunternehmens und zur Prämienanpassung. Die Vorschrift wurde im Zuge der Umsetzung der Dritten SchadenRL in deutsches Recht durch das 3. DurchfG/EWG zum VAG v. 21.7.1994[5] in das VAG aF eingefügt. § 160 S. 1 Nr. 1 VAG ermächtigt das BMF, durch Rechtsverordnung für die nach Art der Lebensversicherung betriebene Krankenversicherung nähere Bestimmungen zur Prämienberechnung und Prämienänderung zu erlassen. Aufgrund dieser Ermächtigung ist die Krankenversicherungsaufsichtsverordnung (KVAV) v. 18.4.2016[6] erlassen worden, die die frühere Kalkulationsverordnung (KalV) v. 18.11.1996[7] abgelöst hat (→ Rn. 104 ff.).

Im Verlauf der Gesetzgebung zur Umsetzung der Dritten SchadenRL in deutsches Recht 18 (→ Rn. 17) wurde auch nach Lösungen für die steigende Beitragslast älterer Versicherter gesucht. Wegen des unter Zeitnot stehenden Gesetzgebungsverfahrens wurde die Unabhängige Expertenkommission zur Untersuchung der Problematik steigender Beiträge der privat Krankenversicherten im Alter **(Expertenkommission)** eingesetzt, die in ihrem Gutachten von 1996[8] insbes. die Einführung eines gesetzlichen Beitragszuschlags von 10 % in der substitutiven Krankenversicherung und eine erhöhte Überzinszuschreibung vorschlug. Diese Vorschläge wurden durch das – eigentlich sachfremde – GKV-Gesundheitsreformgesetz 2000 v. 22.12.1999[9] in den §§ 149, 150 und 338 VAG umgesetzt (→ Vor § 192 Rn. 351, 923).

c) Versicherungsvertragsgesetz. Im Zuge der Transformation der dritten Richtliniengeneration 19 des europäischen Unionsrechts in nationales Recht wurden durch das 3. DurchfG/EWG zum VAG v. 21.7.1994 (BGBl. I S. 1630) mit § 178a Abs. 1–3 VVG aF Vorschriften zur **Prämienberechnung, Prämienanpassung und Bedingungsanpassung** in das Versicherungsvertragsrecht eingeführt.

Während die Bedingungsanpassung nach § 178g Abs. 3 S. 1 VVG aF noch auf die Ausübung 20 des Mitgliedstaatenwahlrechts zurückgeführt werden konnte (Art. 54 Abs. 2 S. 1 vierter Spiegelstrich RL 92/49/EWG: „Senkung der Zahlungen"), war dies bei der **Klauselersetzung** nach § 178g Abs. 3 S. 2 VVG aF nicht der Fall.

d) Sozialversicherungsrecht. Beschäftigte, die in der PKV substitutiv krankenversichert sind, 21 erhalten von ihrem Arbeitgeber einen Beitragszuschuss iHv 50 % des durchschnittlichen Beitrags der GKV (§ 257 Abs. 2 SGB V). Der Sozialgesetzgeber knüpfte die Zahlung dieses Beitragszuschusses ua an die Voraussetzung, dass das Krankenversicherungsunternehmen sich verpflichtete, älteren Versicherten einen brancheneinheitlichen **Standardtarif** anzubieten, dessen Leistungen den GKV-Leistungen vergleichbar waren und dessen Beitrag den durchschnittlichen Höchstbeitrag der GKV nicht überstieg (§ 257 Abs. 2a S. 1 Nr. 2–2c SGB V aF). Ab 1.1.2009 trat der neue Basistarif insoweit an die Stelle des bisherigen Standardtarifs. Damit macht der Gesetzgeber von dem weitgehenden Mitgliedstaatenwahlrecht Gebrauch (→ Rn. 16).

Noch umfassender macht der Gesetzgeber in der **privaten Pflege-Pflichtversicherung** 22 **(PPV)** von dem Mitgliedstaatenwahlrecht (→ Rn. 16) Gebrauch. In der PPV gelten ua Kontrahierungszwang, Verbot von Leistungsausschlüssen, geschlechtsneutrale Prämienberechnung, beitragsfreie Mitversicherung von Kindern und Höchstbeiträge (§ 110 SGB XI).

3. VVG-Reform. Das neue VVG hat den **sachlichen Kern** des § 178g VVG aF weitgehend 23 unverändert beibehalten, jedoch einige Modifikationen vorgenommen:

§ 203 Abs. 1 S. 1 aF nahm zusätzlich die aufsichtsrechtliche Vorschrift des § 12e VAG aF über 24 den **gesetzlichen Beitragszuschlag** von Altverträgen durch entsprechende Bezugnahme in sich

---

[5] BGBl. 1994 I 1630.
[6] BGBl. 2016 I 780.
[7] BGBl. 1996 I 1783.
[8] BT-Drs. 13/4945.
[9] BGBl. 1999 I 2626.

auf. In der durch Art. 2 Abs. 49 Nr. 6 FinMoG geänderten Fassung fehlt diese Bezugnahme auf den entsprechenden § 338 VAG, was auf einem Redaktionsversehen beruhen dürfte.

25   Nach § 203 Abs. 2 S. 1, 3 kann eine Prämienanpassung auch durch eine Veränderung der **Sterbewahrscheinlichkeiten** ausgelöst werden.

26   § 203 Abs. 2 S. 2 stellt in Übereinstimmung mit der schon bisher geltenden aufsichtsrechtlichen Vorschrift des § 155 Abs. 3 S. 3 VAG klar, dass im Rahmen einer Prämienanpassung auch **Selbstbehalte und Risikozuschläge** mit angepasst werden können.

27   Eine **Klauselersetzung** kann nach § 203 Abs. 4 iVm § 164 nur noch durchgeführt werden, wenn eine AVB-Bestimmung durch höchstrichterliche Entscheidung oder bestandskräftigen Verwaltungsakt für unwirksam erklärt worden ist. Eine Zustimmung des Treuhänders ist nicht mehr erforderlich.

28   Prämien- und Bedingungsanpassungen treten nach § 203 Abs. 5 nur in Kraft, wenn das Versicherungsunternehmen dem Versicherungsnehmer auch die hierfür **maßgeblichen Gründe** mitgeteilt hat.

29   **4. Gesundheitsreform (GKV-WSG).** Parallel zum Gesetzgebungsverfahren der VVG-Reform führte die Gesundheitsreform mit dem GKV-Wettbewerbsstärkungsgesetz (GKV-WSG) v. 26.3.2007 (BGBl. I S. 378) weitreichende **Änderungen des alten VVG** durch, die Art. 11 Abs. 1 VVG-ReformG mit Wirkung ab 1.1.2009 in das neue VVG überführte. Der in diesem Zusammenhang eingeführte Basistarif sieht Beitragsbegrenzungen sowie Einschränkungen in der Kalkulation vor und schließt Tariferschwerungen bei erhöhten Risiken aus.

30   **5. Weitere Rechtsänderungen. a) Unisex.** Der EuGH erklärte Art. 5 Abs. 2 RL 2004/113/EG (GenderRL) mit Urteil v. 1.3.2011 für ungültig und entschied, dass ab 21.12.2012 Versicherungsprämien **geschlechtsneutral** sein müssen.[10] Die notwendigen Gesetzesänderungen sollten ursprünglich im Zuge der Umsetzung der RL 2009/138/EG in deutsches Recht durch das 10. VAGÄndG beschlossen werden.[11] Weil es zur Verabschiedung des 10. VAGÄndG in der 17. Legislaturperiode nicht mehr kam, wurden die erforderlichen Gesetzesänderungen durch das SEPA-BegleitG v. 3.4.2013 (BGBl. I S. 610) vorgezogen. Die Änderungen betrafen § 12 Abs. 4 S. 2 VAG aF (Art. 6 Nr. 3 SEPA-BegleitG), dem § 146 Abs. 2 S. 3 VAG entspricht, sowie die §§ 20 Abs. 2, 33 Abs. 5 AGG (Art. 8 SEPA-BegleitG).[12] Diese Rechtsänderungen hatten eine Umstellung aller Krankenversicherungstarife zur Folge.

31   **b) Notlagentarif.** Wenn Versicherungsnehmer ihre Beiträge zur Krankheitskosten-Vollversicherung nicht bezahlen, werden sie nach dem durch das KV-Beitragsschulden-Überforderungsgesetz v. 15.7.2013 (BGBl. I S. 2423) eingefügten § 193 Abs. 7 VVG in einen Notlagentarif überführt, der nur reduzierten Versicherungsschutz bietet (→ Vor § 192 Rn. 1231 ff.). Obwohl der hierbei neu eingefügte § 12h Abs. 2 S. 1 VAG aF (= § 153 Abs. 2 S. 1 VAG) Vorschriften für die **Kalkulation** des Notlagentarifs enthält, versäumt das KV-Beitragsschulden-Überforderungsgesetz, diese Vorschrift in die Verweisungsregel des § 203 Abs. 1 S. 1 aufzunehmen. Auch in dieser Hinsicht ist die rechtstechnische Umsetzung misslungen (→ Vor § 192 Rn. 1264 ff.). Zu den Konsequenzen → Rn. 43.

III. Anwendungsbereich

32   **1. Prämienberechnung.** § 203 Abs. 1 gilt ohne Ausnahme für alle Formen der Krankenversicherung, bei der die Prämie **nach Art der Lebensversicherung** berechnet wird. Nach Art der Lebensversicherung meint, dass die Krankenversicherung versicherungstechnisch mit biometrischen Rechnungsgrundlagen kalkuliert wird (→ Vor § 192 Rn. 663).

33   **2. Prämienanpassung.** § 203 Abs. 2 gilt ohne Ausnahme für alle Formen der Krankenversicherung, bei der das ordentliche **Kündigungsrecht des Versicherungsunternehmens** gesetzlich oder vertraglich ausgeschlossen ist.

34   Den **gesetzlichen Ausschluss des Kündigungsrechts** regelt § 206. Danach ist § 203 Abs. 2 anzuwenden auf
– alle Formen der substitutiven Krankenversicherung (§ 206 Abs. 1 S. 2),
– alle Krankheitskostenversicherungen, die die Versicherungspflicht nach § 193 Abs. 3 S. 1 erfüllen, ab 1.1.2009 (§ 206 Abs. 1 S. 1),
– eine neben einer Krankheitskosten-Vollversicherung bestehende Krankenhaustagegeldversicherung (§ 206 Abs. 1 S. 3),

---

[10] EuGH Slg. 2011, I-733 = VersR 2011, 377 = NJW 2011, 907 – Test-Achats.
[11] Begr. zu Art. 1 Nr. 117 (§ 136 VAG) RegE 10. VAGÄndG, BT-Drs. 17/9342, 163 f.
[12] Vgl. Beschlussempfehlung und Bericht Finanzausschuss zu Art. 6 Nr. 3 (§ 12 VAG) und Art. 9 (AGG) RegE SEPA-BegleitG, BT-Drs. 17/11395, 17, 19.

– eine Krankentagegeldversicherung, für die kein Anspruch auf den Arbeitgeberzuschuss besteht, nach Ablauf von drei Jahren (§ 206 Abs. 1 S. 4),
– eine sonstige Krankenhaustagegeldversicherung oder Krankheitskosten-Teilversicherung nach Ablauf von drei Versicherungsjahren (§ 206 Abs. 2),
– alle Formen der nicht-substitutiven Krankenversicherung, wenn sie nach Art der Lebensversicherung betrieben wird, bis 31.12.2008 (§ 206 Abs. 2 VVG 2008).

Für den **vertraglichen Ausschluss des Kündigungsrechts** gibt es keine zusätzlichen Vorschriften. 35 Der vom Versicherungsaufsichtsrecht für die substitutive Krankenversicherung und die nach Art der Lebensversicherung betriebene nicht-substitutive Krankenversicherung verlangte vertragliche Ausschluss des Kündigungsrechts (§ 146 Abs. 1 Nr. 3, § 147 VAG, § 257 Abs. 2a Nr. 5 SGB V) ist wegen des insoweit bestehenden gesetzlichen Kündigungsausschlusses (→ Rn. 34) gegenstandslos.

Soweit das Kündigungsrecht des Versicherungsunternehmens nicht gesetzlich ausgeschlossen ist, 36 kann das Versicherungsunternehmen einen **freiwilligen Kündigungsverzicht** in AVB oder durch Einzelabrede vereinbaren. Auf eine solche Krankenversicherung ist § 203 Abs. 2 anzuwenden.

3. Bedingungsanpassung. § 203 Abs. 3 gilt ohne Ausnahme für alle Formen der Krankenver- 37 sicherung, bei der die Prämie **nach Art der Lebensversicherung** berechnet wird (→ Rn. 32). Die zusätzliche Voraussetzung, das ordentliche Kündigungsrecht des Versicherungsunternehmens müsse gesetzlich oder vertraglich ausgeschlossen sein, ist gesetzgeberischer Pleonasmus; denn bei jeder nach Art der Lebensversicherung betriebenen Krankenversicherung ist die ordentliche Kündigung des Versicherungsunternehmens gesetzlich ausgeschlossen (§ 206 Abs. 1, 2).

4. Klauselersetzung. § 203 Abs. 4 ist ohne Ausnahme auf **alle Krankenversicherungen** 38 anzuwenden. Anders als die Vorgängervorschrift des § 178g Abs. 3 S. 2 VVG aF steht § 203 Abs. 4 jetzt nicht mehr in einem textlichem Zusammenhang mit der Bedingungsanpassung nach § 203 Abs. 3, sondern bezieht sich generell auf AVB des Versicherungsunternehmens. Die zu § 178g Abs. 3 S. 2 VVG aF vertretene Auffassung des BGH, die Klauselersetzung in der Krankenversicherung (nach dem früheren Recht) beziehe sich anders als der für die Lebensversicherung geltende § 172 Abs. 2 VVG aF nur auf Krankenversicherungen, für die das Recht der Bedingungsanpassung nach § 178g Abs. 3 S. 1 VVG aF gilt,[13] ist für § 203 Abs. 4 nicht mehr einschlägig (→ Rn. 1113 f.).

5. Wirksamwerden von Prämien- und Bedingungsänderungen. § 203 Abs. 5 ist eine 39 **akzessorische Vorschrift** über das Inkrafttreten einer Prämienanpassung oder Bedingungsanpassung iSv § 203 Abs. 2, 3. Sie hat keinen von diesen Vorschriften abweichenden Anwendungsbereich.

Das Wirksamwerden einer **Klauselersetzung** iSv § 203 Abs. 4 ist in § 164 Abs. 2 geregelt, auf 40 den die Vorschrift verweist.

IV. Gesetzliches Prämien- und Bedingungsanpassungsrecht und AVB

1. Gesetzliches Prämien- und Bedingungsanpassungsrecht. Gesetzliches Prämien- und 41 Bedingungsrecht gilt unmittelbar kraft Gesetzes und ist damit gesetzlich normierter Inhalt des Versicherungsvertrags. Die das Prämien- und Bedingungsrecht enthaltende gesetzliche Vorschrift muss somit eine solche des materiellen **Versicherungsvertragsrechts** sein.

Soweit das **Versicherungsaufsichtsrecht** das Prämienrecht regelt (§§ 146, 149, 150, 160 VAG 42 iVm der KVAV), wird es erst durch seine Bezugnahme in § 203 Abs. 1 zu materiellem Versicherungsvertragsrecht[14] und gestaltet so unmittelbar kraft Gesetzes den Inhalt des Versicherungsvertrags.

Für die in § 153 Abs. 2 S. 1 VAG geregelte Kalkulation des **Notlagentarifs** hat der Gesetzgeber 43 die Bezugnahme in § 203 Abs. 1 unterlassen (→ Rn. 31), was aus rechtssystematischen Gründen notwendig gewesen wäre. Gleichwohl hat diese Unterlassung keine materiell-rechtlichen Konsequenzen, weil die Versicherung im Notlagentarif durch § 193 Abs. 7 S. 1 begründet wird, der auf § 153 VAG verweist und damit die in § 153 Abs. 2 S. 1 VAG geregelten Kalkulationsvorgaben versicherungsvertragsrechtlich in sich aufnimmt.

Für den **Basistarif** enthielt § 12 Abs. 1c VAG aF mit der Höchstbeitragsregelung Kalkulations- 44 vorgaben, die von der Bezugnahme in § 203 Abs. 1 S. 1 auf § 12 VAG aF erfasst wurden. Diese Höchstbeitragsregelung enthält jetzt § 152 Abs. 3, 4 VAG, auf den der durch Art. 2 Abs. 49 Nr. 6 lit. a aa FinMoG geänderte § 203 Abs. 1 S. 1 nicht verweist. Das beruht auf einem offenbaren Redaktionsversehen, weil die Verweisungen in anderen Vorschriften lediglich an die geänderte Nummerierung des neuen VAG angepasst werden sollten.[15] Auch aus den durchgeführten Verweisungen auf die §§ 152, 154 VAG in § 203 Abs. 1 S. 2, 3 geht hervor, dass die aufsichtsrechtlichen Vorschriften

---

[13] BGHZ 164, 297 = VersR 2005, 1565 (1567) = NJW 2005, 3559.
[14] Begr. zu Art. 1 (§ 203 Abs. 1 VVG) RegE VVG-ReformG, BT-Drs. 16/3945, 113.
[15] Begr. zu Art. 2 RegE FinMoG, BT-Drs. 18/2956, 305.

über den Basistarif insgesamt auch versicherungsvertragsrechtlich wirksam werden sollten (→ Rn. 243).

45 § 146 Abs. 1 Nr. 3 VAG verlangt, dass in dem Versicherungsvertrag eine Erhöhung der Prämien vorbehalten sein muss. Damit wird noch kein gesetzliches **Prämienanpassungsrecht** begründet. Erst § 203 Abs. 2 S. 1 begründet mit unmittelbarer Geltung für den Versicherungsvertrag das gesetzliche Recht zur Prämienanpassung.

46 Gesetzliches **Bedingungsanpassungsrecht** enthält nur § 203 Abs. 3. Das Versicherungsaufsichtsrecht enthält insoweit keine Vorschriften.

47 **2. Vertragliches Prämien- und Bedingungsanpassungsrecht. a) Rechtsgrundlagen.** Unter vertraglichem Prämien- und Bedingungsanpassungsrecht sind Regelungen zu verstehen, die erst aufgrund **vertraglicher Vereinbarung** gelten. Nach dem Grundsatz der Vertragsfreiheit bedarf es für eine solche Vereinbarung keiner besonderen Rechtsgrundlage.

48 Zu beachten sind jedoch gesetzliche **Beschränkungen der Vertragsfreiheit.** Eine solche Beschränkung enthält § 208. Danach darf ein vertragliches Prämien- und Bedingungsanpassungsrecht nicht zum Nachteil des Versicherungsnehmers oder Versicherten von dem entsprechenden gesetzlichen Recht gem. § 203 abweichen.

49 Für Krankenversicherungen, auf die **§ 203 nicht anzuwenden** ist, können ohne die aus § 208 sich ergebende Beschränkung durch AVB Rechte des Versicherungsunternehmens auf Prämienanpassung und Bedingungsanpassung begründet werden. § 203 Abs. 2, 3 ist nämlich nicht dahin auszulegen, dass Prämien- und Bedingungsanpassungen nur in diesen vom Gesetz ausdrücklich geregelten Fällen zulässig sind. Allerdings unterliegen solche ausschließlich durch AVB begründeten Anpassungsklauseln in vollem Umfang der AGB-Kontrolle nach § 307 BGB.

50 **b) Allgemeine Versicherungsbedingungen.** Die meisten **Musterbedingungen** enthalten sachlich im Wesentlichen übereinstimmende Vorschriften zur Prämienberechnung, Prämienanpassung und Bedingungsanpassung (§§ 8a, 8b, 18 MB/KK 2013, §§ 8a, 8b, 18 MB/KT 2013, § 18 MB/PPV 2009, §§ 8a, 8b, 18 MB/EPV 2009, §§ 8a, 8b MB/NLT 2013).

51 **3. Rechtskonkurrenz.** Zwischen gesetzlichem und vertraglichem Prämien- und Bedingungsanpassungsrecht kann es zu rechtlicher Konkurrenz in der Frage kommen, welchem der **materiellrechtliche Vorrang** gebührt (→ Vor § 192 Rn. 596 ff.). Das gesetzliche Anpassungsrecht nach § 203 ist halbzwingend (§ 208). Halbzwingende Vorschriften des VVG können nur zum Nachteil des Versicherungsnehmers oder Versicherten nicht abbedungen werden und haben insoweit unbedingten Vorrang.

52 In der Frage der formalrechtlichen **Subsidiarität** (→ Vor § 192 Rn. 597) beurteilt sich ein in den AVB enthaltenes vertragliches Tarifwechselrecht nach den für zwingende oder dispositive Vorschriften geltenden Grundsätzen (→ Vor § 192 Rn. 598 ff.).

B. Prämienberechnung (Abs. 1)

I. Inhalt und Zweck der Regelung

53 **1. Regelungsinhalt.** Für die **nach Art der Lebensversicherung betriebene Krankenversicherung** enthält das Versicherungsaufsichtsrecht detaillierte Vorschriften zur Prämienberechnung und -kalkulation. Maßgebend sind insoweit die §§ 146, 149, 150, 338 VAG sowie die aufgrund des § 160 VAG erlassenen Rechtsverordnungen. Auf diese Vorschriften des Versicherungsaufsichtsrechts nimmt § 203 Abs. 1 S. 1 Bezug.

54 Über die Kalkulationsvorschriften des Versicherungsaufsichtsrechts hinaus räumt § 203 Abs. 1 S. 2 die Möglichkeit des Versicherungsunternehmens ein, für **erhöhte Risiken** einen angemessenen Risikozuschlag oder einen Leistungsausschluss zu vereinbaren.

55 Für den **Notlagentarif** enthält § 153 Abs. 2 VAG Kalkulationsvorschriften, auf die § 203 Abs. 1 nicht verweist (→ Rn. 43).

56 **2. Bedeutung der Regelung.** Die **Kalkulationsvorschriften des Versicherungsaufsichtsrechts** (→ Rn. 53) binden das Versicherungsunternehmen zunächst nur öffentlich-rechtlich und können durch Maßnahmen der Versicherungsaufsichtsbehörde verwaltungsrechtlich durchgesetzt werden. Sie entfalten dagegen keine unmittelbare Rechtswirkung auf den Versicherungsvertrag.

57 Indem § 203 Abs. 1 S. 1 vorschreibt, dass das Versicherungsunternehmen nur die nach den Kalkulationsvorschriften des Versicherungsaufsichtsrechts zu berechnende Prämie verlangen kann,

werden diese aufsichtsrechtlichen Kalkulationsvorschriften **in das Versicherungsvertragsrecht inkorporiert** und zum unmittelbar geltenden Vertragsinhalt gemacht (→ Rn. 42).[16]

Die Kalkulationsvorschriften des Versicherungsaufsichtsrechts regeln die Grundsätze der Prämienberechnung im Rahmen der Tarifkalkulation. Die Tarifkalkulation bezieht sich stets auf homogene Gefahrengemeinschaften (Versichertenkollektive), die gleichartige Risikoprofile und ähnliche Schadenpotentiale aufweisen (→ Vor § 192 Rn. 798). Die aufsichtsrechtlichen Kalkulationsvorschriften enthalten daher keine Vorschriften zur Berechnung der Prämie, wenn die zu versichernde Person ein gegenüber der Tarifkalkulation **erhöhtes Risiko** aufweist. Für diesen Fall begründet § 203 Abs. 1 S. 2 ein eigenständiges Recht des Versicherungsunternehmens, mit unmittelbar vertragsrechtlicher Wirkung Tariferschwerungen in Form von Risikozuschlägen oder Leistungsausschlüssen zu verlangen. Ohne diese Vorschrift ließe sich ein entsprechendes Recht des Versicherungsunternehmens – obwohl es versicherungstechnisch notwendig ist – rechtlich sehr viel schwieriger begründen. 58

Die versicherungsvertragsrechtliche Geltung der Kalkulationsvorschriften hat zur Folge, dass davon **abweichende Prämienvereinbarungen** zivilrechtlich unwirksam sind.[17] 59

3. Zweck der Regelung. § 203 Abs. 1 S. 1 verfolgt mehrere Zwecke. Wichtigstes materielles Ziel der Vorschrift ist es, durch das strikte Gebot der versicherungsmathematischen Kalkulation die **dauernde Erfüllbarkeit** der Verpflichtungen aus den Versicherungsverträgen sicherzustellen.[18] 60

Weiter soll für die Frage der zulässigen Prämienhöhe **inhaltliche Übereinstimmung** von Versicherungsaufsichtsrecht und Versicherungsvertragsrecht hergestellt werden. Das verlangt der auch verfassungsrechtlich zu beachtende Grundsatz der Widerspruchsfreiheit der Rechtsordnung. Es wäre nicht tragbar, wenn im Krankenversicherungsvertrag eine Prämie vereinbart werden könnte, die das Versicherungsaufsichtsrecht nicht zuließe. 61

Ferner bezweckt die Vorschrift durch die Bezugnahme auf die aufsichtsrechtlichen Kalkulationsvorschriften, dass alle Versicherten eines Tarifs, welche die gleichen Risikomerkmale erfüllen, die gleiche Prämie zu entrichten haben. Damit führt die Vorschrift mit materiell-rechtlicher Wirkung den **Gleichbehandlungsgrundsatz** in den Versicherungsvertrag ein (vgl. § 146 Abs. 2 S. 1 iVm § 138 Abs. 2 VAG).[19] 62

In engem Zusammenhang mit dem Grundsatz der Gleichbehandlung (→ Rn. 62) steht der weitere Zweck, mit Ausnahme für erhöhte Risiken (§ 203 Abs. 1 S. 2) **keine individuellen Prämienvereinbarungen** zuzulassen.[20] 63

II. Entstehungsgeschichte

1. Zeit vor 1994. Zur **allgemeinen Entwicklung** → Rn. 8 ff.

§ 8a Abs. 1 MB/KK 1976 bestimmte zur **Prämienberechnung:** 64

Die Berechnung der Beiträge erfolgt auf der Grundlage der Richtlinien für die Aufstellung technischer Geschäftspläne in der Krankenversicherung und ist geschäftsplanmäßig festgelegt.

2. Zeit ab 1994. Zur **allgemeinen Entwicklung** → Rn. 14 ff.

§ 8a Abs. 1 MB/KK 1994 und MB/KK 2013 bestimmt zur **Prämienberechnung:** 65

Die Berechnung der Beiträge erfolgt nach Maßgabe der Vorschriften des Versicherungsaufsichtsgesetzes (VAG) und ist in den technischen Berechnungsgrundlagen des Versicherers festgelegt.

Identische Vorschriften enthalten die § 8a Abs. 1 MB/KT 2013, § 8a Abs. 1 MB/EPV 2013, § 8a Abs. 1 MB/ST 2009. § 8a Abs. 1 MB/PPV 2009 lautet davon abweichend:

Die Berechnung der Beiträge erfolgt nach Maßgabe des § 110 SGB XI (s. Anhang) und ist in den technischen Berechnungsgrundlagen des Versicherers festgelegt.

3. VVG-Reform. Zur VVG-Reform allgemein → Rn. 23 ff.

§ 203 Abs. 1 S. 1 übernimmt § 178g Abs. 1 VVG aF inhaltlich unverändert. Die Vorschrift stellt gegenüber § 178g Abs. 1 S. 1 VVG aF nunmehr die **Kalkulationsart** klar, die nach Art der Lebensversicherung, dh aufgrund biometrischer Rechnungsgrundlagen erfolgt. Die in Bezug 66

---

[16] *Renger* VersR 1995, 866 (872) „ausgelagertes Vertragsrecht"; BGHZ 159, 323 = VersR 2004, 991 = NJW 2004, 2679 Abschn. II 1a aa; BVerwGE 137, 179 = VersR 2010, 1345 Rn. 22.
[17] Anders OLG Karlsruhe NVersZ 2002, 455.
[18] *Renger* VersR 1994, 1257 (1258); *Hohlfeld* in Berliner Kommentar VVG § 178g Rn. 1.
[19] Begr. zu Art. 1 Nr. 11 (§ 12 VAG) RegE 3. DurchfG/EWG zum VAG, BT-Drs. 12/6959, 60 f.; *Präve* ZfV 1994, 227; *Renger* VersR 1994, 1257 (1258); 1995, 866 (872); OLG Karlsruhe NVersZ 2002, 455; ähnlich *Voit* in Prölss/Martin VVG § 203 Rn. 7.
[20] Begr. zu Art. 2 Nr. 15 (§ 178g VVG) RegE 3. DurchfG/EWG zum VAG, BT-Drs. 12/6959, 105; *Hohlfeld* in Berliner Kommentar VVG § 178g Rn. 4.

genommenen Vorschriften des VAG enthalten Regelungen zur Berechnung der Prämie und zur Erhebung des gesetzlichen Beitragszuschlags. Über Abs. 1 werden die Bestimmungen der §§ 146, 149, 150 VAG versicherungsvertragsrechtlich wirksam.

67 In § 178g Abs. 1 S. 1 VVG aF war bisher nicht auf § 12e VAG aF verwiesen worden. Diese Vorschrift regelte die Erhebung des **Beitragszuschlags für Altverträge**. Damit diese Vorschrift auch versicherungsvertragsrechtlich bindend wird, ergänzte § 203 Abs. 1 S. 1 aF die Bezugnahme insoweit. Infolge eines offenbaren Redaktionsversehens unterblieb in dem durch Art. 2 Abs. 49 Nr. 6 lit. a aa FinMoG geänderten § 203 Abs. 1 S. 1 die Bezugnahme auf den entsprechenden § 338 VAG.

68 § 203 Abs. 1 S. 2 VVG 2008 übernahm § 178g Abs. 1 S. 2 VVG aF zu weitergehenden Vereinbarungen bei **erhöhten Risiken** inhaltlich unverändert.

69 Die mit § 203 Abs. 1 VVG 2008 vorgenommenen Änderungen entsprachen inhaltlich in vollem Umfang den Vorschlägen der **VVG-Kommission**.

70 § 203 Abs. 1 S. 2 VVG 2008 idF von Art. 1 VVG-ReformG galt nur bis 31.12.2008. Durch Art. 11 Abs. 1 VVG-ReformG erhielt die Vorschrift mit Wirkung ab 1.1.2009 eine geänderte und mit Einfügung eines S. 3 erweiterte Fassung, womit die durch das GKV-Wettbewerbsstärkungsgesetz (GKV-WSG) v. 26.3.2007[21] geänderten Vorschriften des § 178g Abs. 1 S. 2, 3 VVG aF übernommen wurden (→ Rn. 71 ff.).

71 **4. Gesundheitsreform (GKV-WSG).** Die Gesundheitsreform führte mit dem GKV-Wettbewerbsstärkungsgesetz (GKV-WSG) v. 26.3.2007 (BGBl. I S. 378) ab 1.1.2009 weitreichende **Kalkulationsbeschränkungen** ein. Der Beitrag des neuen Basistarifs wird der Höhe nach auf den GKV-Höchstbeitrag begrenzt (§ 152 Abs. 3 S. 1 VAG). Erfüllen Versicherte die sozialrechtlichen Voraussetzungen der Hilfebedürftigkeit, reduziert sich ihr Beitrag um die Hälfte (§ 152 Abs. 4 S. 1 VAG). Diese Kalkulationsbeschränkungen wurden durch die in § 203 Abs. 1 S. 1 aF vorgenommene Bezugnahme auf § 12 VAG aF auch zivilrechtlich wirksam. Allerdings fehlt in der durch Art. 2 Abs. 49 Nr. 6 lit. a aa FinMoG geänderten Fassung des § 203 Abs. 1 S. 1 die Bezugnahme auf den neuen § 152 VAG, was auf einem offenbaren Redaktionsversehen beruht (→ Rn. 44).

72 Die Möglichkeit, für **erhöhte Risiken** Risikozuschläge oder Leistungsausschlüsse zu vereinbaren (→ Rn. 58), schließt § 203 Abs. 1 S. 2 für den neuen Basistarif aus.

73 Eine **Risikoprüfung im Basistarif** ist nach dem neu eingefügten § 203 Abs. 1 S. 3 nur für eingeschränkte Zwecke zulässig, nämlich für die Umverteilung von Risikoerschwerungen im Rahmen des Risikoausgleichs nach § 154 Abs. 1 S. 3 Hs. 1 VAG und für die Folgen von Risikoerschwerungen bei einem späteren Wechsel in einen anderen Tarif nach § 204 Abs. 1 S. 1 Nr. 1 Hs. 2–4.

III. Anwendungsbereich

74 **1. Krankenversicherung.** § 203 Abs. 1 gilt zunächst für **jede Krankenversicherung**, in welcher Erscheinungsform sie auch abgeschlossen wird. Der Begriff ist entsprechend der Überschrift von Kap. 8 umfassend zu verstehen und schließt die verschiedenen Formen der substitutiven sowie der ergänzenden Pflegeversicherung ein (vgl. §§ 192 Abs. 6, 195 Abs. 1).

75 **2. Nach Art der Lebensversicherung. a) Terminologie.** Versicherungsvertragsrecht und Versicherungsaufsichtsrecht verwenden den gleichen **Begriff**, setzen ihn aber in einen unterschiedlichen Kontext. § 203 Abs. 1 S. 1 spricht davon, dass die *Prämie* nach Art der Lebensversicherung *berechnet* wird. Die §§ 146 Abs. 1, 147 VAG sagen dagegen, dass die *Krankenversicherung* nach Art der Lebensversicherung *betrieben* wird. Dieser unterschiedliche Sprachgebrauch ist durch die jeweiligen Gesetzesmaterien begründet:

76 – Das Versicherungsvertragsrecht regelt das für den **einzelnen Vertrag** maßgebliche Recht. Mit „Krankenversicherung" ist der Krankenversicherungsvertrag gemeint, dessen Prämie es zu berechnen gilt.

77 – Das Versicherungsaufsichtsrecht enthält dagegen keine Vorschriften für den einzelnen Versicherungsvertrag, sondern regelt den **Betrieb des Versicherungsgeschäfts**, dh den Geschäftsbetrieb als ganzen (vgl. § 7 Nr. 33, § 8 Abs. 1 VAG). Normadressat sind die Unternehmen, die Versicherungsgeschäft betreiben. § 146 Abs. 1 VAG meint dementsprechend folgerichtig den „Betrieb der Krankenversicherung" als solchen (vgl. § 8 Abs. 4 S. 2 Hs. 2 VAG).

78 **b) Begriffsinhalt.** „Nach Art der Lebensversicherung" heißt, dass die Beitragskalkulation den auch in der Lebensversicherung geltenden **Risikomerkmalen** und **Kalkulationsgrundsätzen** Rechnung trägt (→ Vor § 192 Rn. 663). So ist auch die von den europäischen Richtlinien gebrauchte Umschreibung „in technischer Hinsicht" wie die Lebensversicherung oder nach Art der

---

[21] BGBl. 2007 I 378.

Lebensversicherung zu verstehen (Erwgr. 85 S. 5 RL 2009/138/EG, Art. 206 Abs. 2 UAbs. 1 RL 2009/138/EG).

Wichtigstes Risikomerkmal ist das Ableben. Daher ist auch die Krankenversicherung versicherungstechnisch mit **biometrischen Rechnungsgrundlagen** – insbes. mit Rechnungsgrundlagen zur Sterbewahrscheinlichkeit – zu kalkulieren (→ Vor § 192 Rn. 717). 79

Zu den Kalkulationsgrundsätzen der Lebensversicherung gehört auch der Grundsatz, dass der Nettobeitrag über die gesamte Laufzeit des Versicherungsvertrags vom **steigenden Altersrisiko** unabhängig ist. Der Barwert sämtlicher erwarteter Beiträge eines Kollektivs gleichartiger Risiken entspricht dem für das entsprechende Kollektiv über die gesamte Vertragsdauer hinweg erwarteten Leistungsbarwert.[22] Dies bezieht sich in der Lebensversicherung wie in der Krankenversicherung auf den Risikoteil des Beitrags, nicht auf den Sparteil. 80

Zum Begriffsmerkmal „nach Art der Lebensversicherung" gehört nicht, dass die Beiträge mit **Alterungsrückstellung**, dh nach dem Kapitaldeckungs- oder Anwartschaftsdeckungsverfahren kalkuliert werden (→ Vor § 192 Rn. 664). 81

c) Befristete Krankenversicherungen. Zum Begriffsmerkmal „nach Art der Lebensversicherung" gehört nicht, dass der Krankenversicherungsvertrag **unbefristet** abgeschlossen ist. Zwar ist die Unbefristetheit grundsätzliche Rechtsfolge einer substitutiven Krankenversicherung (§ 195 Abs. 1 S. 1) und einer nach Art der Lebensversicherung betriebenen nicht-substitutiven Krankenversicherung (§ 195 Abs. 1 S. 2). Indessen lässt das Gesetz zu, dass Krankenversicherungen, die das Krankheitsrisiko nur während bestimmter Lebenssituationen decken, befristet abgeschlossen werden können, auch wenn es sich eigentlich um substitutive oder nicht-substitutive Krankenversicherung handelt (→ Vor § 192 Rn. 644 ff.). Zu den befristeten Krankenversicherungen in diesem Sinn → Rn. 348 f. 82

Dass es sich bei diesen befristeten Krankenversicherungen idR sachlich um substitutive Krankenversicherung handelt, wird an den **Sonderregelungen** deutlich, die der Gesetzgeber vorsieht. So gilt für sie der gesetzliche Beitragszuschlag nicht (§ 149 S. 3 VAG) und sie können teilweise ohne Alterungsrückstellung kalkuliert werden (§ 146 Abs. 3 VAG). 83

3. Versicherungsformen. a) Substitutive Krankenversicherung. Wichtigster Anwendungsfall des § 203 Abs. 1 ist die substitutive Krankenversicherung; denn sie darf zwingend nur nach Art der Lebensversicherung betrieben werden (§ 146 Abs. 1 VAG). Dazu zählen alle Formen der **Krankheitskosten-Vollversicherung** (→ Vor § 192 Rn. 634 ff.). 84

Zur substitutiven Krankenversicherung zählen auch die **brancheneinheitlichen Produkte** der Kranken- und Pflegeversicherung (→ Vor § 192 Rn. 638). § 203 Abs. 1 gilt damit auch für den Standardtarif (→ Vor § 192 Rn. 1143 ff.) und die private Pflege-Pflichtversicherung (→ Vor § 192 Rn. 1168 ff.) sowie für den durch das GKV-WSG geschaffenen neuen Basistarif (→ Vor § 192 Rn. 1183 ff.). Zur Geltung für den Notlagentarif → Rn. 43. 85

b) Nicht-substitutive Krankenversicherung. Die nicht-substitutive Krankenversicherung kann, aber muss nicht nach Art der Lebensversicherung betrieben werden (§ 195 Abs. 1 S. 2, § 147 VAG). Wird sie nach Art der Lebensversicherung betrieben, so gilt § 203 Abs. 1 auch für sie. Zu der nach Art der Lebensversicherung betriebenen nicht-substitutiven Krankenversicherung gehören die meisten Formen der **Ergänzungsversicherung** (→ Vor § 192 Rn. 642 f.). 86

c) Befristete Krankenversicherungen. Bei Krankenversicherungen, die zulässigerweise befristet abgeschlossen werden können (→ Rn. 82 f.), muss **differenziert** werden: 87

aa) Substitutive Krankenversicherung. Handelt es sich materiell um echte substitutive Krankenversicherung, gilt nach § 146 Abs. 1 VAG der aufsichtsrechtliche Zwang zur Kalkulation **nach Art der Lebensversicherung**. Es sind dann alle für die substitutive Krankenversicherung geltenden Vorschriften anzuwenden, soweit das Gesetz nicht selbst Ausnahmen zulässt. Die Befristungsmöglichkeit ist bereits in § 195 Abs. 1 vorbehalten. Ausnahmen für den gesetzlichen Beitragszuschlag und die Kalkulation mit Alterungsrückstellung sehen die §§ 149 S. 3 und § 146 Abs. 3 VAG vor. 88

§ 203 Abs. 1 sieht für derartige substitutive, aber befristete Krankenversicherungen keine Ausnahmen vor, so dass die Vorschriften über die **Prämienberechnung** uneingeschränkt anzuwenden sind. 89

Zu diesen substitutiven, befristeten Krankenversicherungen gehören die verschiedenen **Krankentagegeldversicherungen** nach § 196, die **Beihilfeversicherung** nach § 199 Abs. 1 und die Krankenversicherung für Personen mit **befristetem Aufenthalt** nach § 195 Abs. 3. 90

---

[22] *Bohn* ZfV 1996, 166 (167 f.).

91 **bb) Nicht-substitutive Krankenversicherung.** Handelt es sich materiell um echte nicht-substitutive Krankenversicherung, gilt nach § 147 VAG die aufsichtsrechtliche **Option** zur Kalkulation nach Art der Lebensversicherung. Das Versicherungsunternehmen kann die Kalkulationsart selbst bestimmen. Wählt es die Kalkulation nach Art der Lebensversicherung, sind nach § 147 VAG alle für die substitutive Krankenversicherung geltenden Vorschriften anzuwenden, soweit das Gesetz nicht selbst Ausnahmen zulässt. Die Befristungsmöglichkeit ist bereits in § 195 Abs. 1 vorbehalten. Ausnahmen für den gesetzlichen Beitragszuschlag und die Kalkulation mit Alterungsrückstellung sehen § 149 S. 3 und § 146 Abs. 3 VAG vor.

92 In diesem Fall sind auch die Vorschriften über die **Prämienberechnung** uneingeschränkt anzuwenden, weil § 203 Abs. 1 insoweit keine Ausnahme vorsieht.

93 Wählt das Versicherungsunternehmen die Kalkulation **nach Art der Schadenversicherung** (zum Begriff → Vor § 192 Rn. 666 f.), ist § 203 Abs. 1 nicht anzuwenden.

94 **4. Prämienberechnung außerhalb des Anwendungsbereichs.** Soweit § 203 Abs. 1 nicht anzuwenden ist, besteht für das Versicherungsunternehmen **Kalkulationsfreiheit**. Denn auch § 208 setzt die Anwendbarkeit der dort genannten Vorschriften voraus (→ Rn. 49).

IV. Europarechtskonformität

95 **1. Substitutive Krankenversicherung. a) Grundsatz.** Für die substitutive Krankenversicherung bildet Art. 206 Abs. 2 RL 2009/138/EG die **Rechtsgrundlage** für die im VAG enthaltenen Kalkulationsvorschriften (→ Rn. 17). Die Kalkulationsvorschriften des VAG und der KVAV entsprechen den europarechtlichen Anforderungen (→ Rn. 16 ff.).

96 **b) Standardtarif.** Für den Standardtarif gelten **Kalkulationsbeschränkungen,** die in die von Art. 206 Abs. 2 RL 2009/138/EG vorgegebenen Grundsätze der versicherungsmathematischen Kalkulation eingreifen. Die Kalkulationsbeschränkungen bestehen vor allem darin, dass der Beitrag für den Standardtarif nach § 257 Abs. 2a S. 1 Nr. 2 SGB V aF auf den durchschnittlichen Höchstbeitrag der GKV begrenzt ist (→ Vor § 192 Rn. 1161). Dies gilt auch nach Inkrafttreten des GKV-WSG (§ 257 Abs. 2a S. 1 Nr. 3 SGB V nF).

97 Obwohl die Kalkulationsbeschränkungen nicht den Vorgaben des Art. 206 Abs. 2 RL 2009/138/EG entsprechen, sind sie **europarechtlich zulässig.** Erwgr. 85 S. 4 RL 2009/138/EG sieht nämlich für diesen Typ der substitutiven Krankenversicherung derartige Beschränkungen vor (→ Rn. 16).

98 **c) Basistarif.** Für den neuen Basistarif gelten erheblich **umfangreichere Kalkulationsbeschränkungen** als für den Standardtarif. Sie bestehen vor allem darin, dass der Beitrag für den Basistarif
 – auf den Höchstbeitrag der GKV begrenzt ist (§ 152 Abs. 3 S. 1 VAG),
 – im Falle der Hilfebedürftigkeit des Versicherten sich darüber hinaus halbiert (§ 152 Abs. 3 S. 1 VAG),
 – und dass die durch diese Begrenzungen entstehende Lücke im kalkulatorisch notwendigen Beitrag durch einen unternehmensübergreifenden Risikoausgleich von allen außerhalb des Basistarifs substitutiv Krankenversicherten zu tragen ist (§ 154 Abs. 1 S. 3 Hs. 2 VAG).

99 Außer den Kalkulationsbeschränkungen unterliegen die Versicherungsunternehmen im Basistarif einem allgemeinen **Kontrahierungszwang** (→ Vor § 192 Rn. 1040 ff.).

100 Die Kalkulationsbeschränkungen und der Kontrahierungszwang zerstören das **Äquivalenzprinzip** und verstoßen damit gegen Europa- und Verfassungsrecht (→ Vor § 192 Rn. 1054 ff.; → Vor § 192 Rn. 1065 ff.).[23]

101 **d) Private Pflege-Pflichtversicherung (PPV).** Auch für die PPV gelten weitreichende **Beschränkungen der Vertragsfreiheit** (→ Vor § 192 Rn. 1168 ff.). Wie im Falle des Standardtarifs (→ Rn. 97) sind die Kalkulationsbeschränkungen durch Erwgr. 85 S. 4 RL 2009/138/EG gedeckt. Das gleiche gilt für den Kontrahierungszwang (→ Rn. 16).

102 Im **Unterschied zum Basistarif** (→ Rn. 98 ff.) überschreiten in der PPV die Beschränkungen der Vertragsfreiheit nicht die Grenzen des europäischen Unionsrechts. Der wesentliche Unterschied besteht einerseits darin, dass die Kalkulationsbeschränkungen der PPV ausschließlich von den Kollektiven der PPV-Versicherten selbst zu finanzieren sind (→ Vor § 192 Rn. 1172), während diese Beschränkungen beim Basistarif auf Versichertenkollektive außerhalb des Basistarifs verlagert werden (→ Rn. 98). Zum anderen ist der Kontrahierungszwang im Basistarif – anders als in der PPV

---

[23] *Boetius* VersR 2007, 431 (432 ff.).

(→ Vor § 192 Rn. 1168) – nicht symmetrisch zur Versicherungspflicht ausgestaltet (→ Vor § 192 Rn. 1056 ff.), so dass dies zum Verstoß gegen das Äquivalenzprinzip führt.

2. Nicht-substitutive Krankenversicherung. Soweit die aufsichtsrechtlichen Kalkulationsvorschriften nach § 146 Abs. 1 Nr. 1–3, § 147 VAG sich auf die nach Art der Lebensversicherung betriebene, nicht-substitutive Krankenversicherung beziehen, verstoßen sie gegen **Europarecht** (→ Vor § 192 Rn. 376 ff.). Versicherungsvertragsrechtlich ist ihre Bezugnahme in § 203 Abs. 1 jedoch wirksam (→ Vor § 192 Rn. 380 f.).

V. Grundsätze der Prämienkalkulation

1. Rechtsgrundlagen. a) Materielles Gesetzesrecht. Rechtsgrundlage für die **Kalkulation** sind nach § 203 Abs. 1 S. 1 die §§ 146, 149, 150 VAG und die aufgrund der Ermächtigung nach § 160 VAG erlassene Krankenversicherungsaufsichtsverordnung (KVAV). Die Rechtsverordnungen erlässt das BMF im Einvernehmen mit dem BMJ. Das Einvernehmen des BMJ ist notwendig, weil die Rechtsverordnungen aufgrund der Verweisung in § 203 Abs. 1 S. 1 auch unmittelbare Rechtswirkungen für das Versicherungsvertragsrecht entfalten.[24]

Für den **Basistarif** enthalten die §§ 152 Abs. 3–5, 154 VAG Kalkulationsvorschriften, die nur in § 203 Abs. 2, 3 genannt, aber insgesamt versicherungsvertragsrechtlich wirksam sind (→ Rn. 44).

Für den **Notlagentarif** enthält § 153 Abs. 2 S. 1 VAG die maßgebenden Kalkulationsvorschriften, die nach § 193 Abs. 7 S. 1 materiell-rechtlich wirksam sind (→ Rn. 43).

Die aufsichtsrechtlichen Kalkulationsvorschriften können lediglich die **Kalkulationsmethoden** vorschreiben (vgl. § 160 S. 1 Nr. 1 VAG: „Methoden zur Berechnung der Prämien"), nicht aber die konkrete Kalkulation selbst. Die konkrete Kalkulation der jeweiligen Tarifprämie lässt sich erst aufgrund der technischen Berechnungsgrundlagen (→ Rn. 110 ff.) nachvollziehen.

Für die **private Pflege-Pflichtversicherung (PPV)** schreibt § 110 Abs. 1 Nr. 2 lit. d SGB XI geschlechtsunabhängige Prämien vor. Weitere Vorgaben für die Kalkulation in der PPV ergeben sich aus dem vorgeschriebenen Höchstbeitrag und der beitragsfreien Mitversicherung von Kindern (§ 110 Abs. 1 Nr. 2 lit. e–g SGB XI). Auch für den Standardtarif sind Höchstbeiträge vorgeschrieben (§ 257 Abs. 2a Nr. 2 SGB V aF). Diese sozialrechtlichen Bestimmungen entfalten nur hoheitliche Wirkung und sind Gegenstand der Versicherungsaufsicht (§ 294 Abs. 2 S. 2 VAG). Sie haben dagegen keine unmittelbare rechtliche Wirkung für den Inhalt des entsprechenden Krankenversicherungsvertrags.

Für den **Basistarif** schreibt § 152 Abs. 3, 4 VAG Kalkulationsbeschränkungen vor. Sie bestehen darin, dass der Beitrag den Höchstbeitrag der GKV nicht übersteigen darf (§ 152 Abs. 3 S. 1 VAG) und dass für die Dauer einer Hilfebedürftigkeit des Versicherten im Sinne des SGB II oder SGB XII dessen Beitrag sich halbiert, sofern die Hilfebedürftigkeit allein durch die Beitragszahlung entsteht (§ 152 Abs. 4 S. 1 VAG). Im Unterschied zur PPV und zum Standardtarif (→ Rn. 108) entfalten diese Kalkulationsbeschränkungen unmittelbare Rechtswirkungen für das Versicherungsvertragsrecht, obwohl § 203 Abs. 1 S. 1 auf diese Vorschriften nicht verweist (→ Rn. 44, 106).

b) Technische Berechnungsgrundlagen. Nach § 203 Abs. 1 S. 1 sind die technischen Berechnungsgrundlagen zugrunde zu legen. Der Begriff „technische Berechnungsgrundlagen" wurde mit der **Deregulierung** im Zuge der Herstellung der Dienstleistungsfreiheit 1994 eingeführt. Er ist ein anderer Ausdruck für den bis zur Deregulierung geltenden Begriff des „technischen Geschäftsplans" und entspricht diesem im Inhalt und Aufbau.[25] Der Begriff ist nicht identisch mit dem der Rechnungsgrundlagen (→ Rn. 261 ff.).

Die technischen Berechnungsgrundlagen sind ein **Sammelbegriff** für die Gesamtheit aller Unterlagen und Daten, die das Versicherungsunternehmen der Prämienkalkulation zugrunde legt. § 9 KVAV verwendet für sie den Ausdruck „rechnungsmäßige Ansätze". Hierzu gehören insbes. (vgl. § 9 Abs. 4 Nr. 5 lit. a, § 155 Abs. 1 S. 3, 4 VAG)
– die Grundsätze für die Berechnung der Prämien,
– die Grundsätze für die Berechnung der Alterungsrückstellung,
– die verwendeten Rechnungsgrundlagen,
– die mathematischen Formeln,
– die kalkulatorischen Herleitungen und
– die statistischen Nachweise.

Die **Herleitungen und Nachweise** enthalten das statistische Material zur Ermittlung der Rechnungsgrundlagen und die Begründung für die Heranziehung des Materials.[26]

---
[24] Begr. zu Art. 7 Nr. 8b (§ 12c Abs. 2 VAG) RegE VVG-ReformG, BT-Drs. 16/3945, 122.
[25] *Rudolph* in Bach/Moser MB/KK § 8a Rn. 9.
[26] BVerwGE 109, 87 = VersR 1999, 1001 (1002).

113 Erst die technischen Berechnungsgrundlagen erlauben die **Berechnung der Tarifprämie**. Ihre vollständige Dokumentation ist daher zwingend, damit die Prämienberechnung und eine spätere Prämienanpassung gerichtlich überprüft werden können.[27] Die umfassende tatsächliche und rechtliche Überprüfung einer Prämienanpassung durch die Zivilgerichte ist verfassungsrechtlich geboten.[28] Die Dokumentation schreibt § 9 KVAV ausdrücklich vor. Die Vorlage der vollständigen technischen Berechnungsgrundlagen an den unabhängigen Treuhänder zur Überprüfung einer Prämienanpassung regelt § 155 Abs. 1 S. 3 VAG.

114 Die Berechnung der Tarifprämie ist nicht schon allein deswegen richtig, weil sie den technischen Berechnungsgrundlagen entspricht. Notwendig ist darüber hinaus, dass die technischen Berechnungsgrundlagen selbst auch den aufsichtsrechtlich vorgeschriebenen **Kalkulationsmethoden** entsprechen. Notwendig ist daher stets auch die Prüfung, ob die technischen Berechnungsgrundlagen die Vorschriften der KVAV einhalten.

115 2. Versicherungsmathematik. § 146 Abs. 1 Nr. 1 VAG schreibt die Prämienberechnung auf **versicherungsmathematischer Grundlage** vor (→ Vor § 192 Rn. 828 ff.). Nach § 160 S. 1 Nr. 1 VAG sind die versicherungsmathematischen Methoden durch Rechtsverordnung festzulegen. Dies ist missverständlich, weil die versicherungsmathematischen Methoden auf aktuariellen Erkenntnissen beruhen und nicht durch Behördenakte entstehen. Was aktuariell anerkannt ist, ist versicherungsaufsichtsrechtlich und damit auch versicherungsvertragsrechtlich bindend (§ 146 Abs. 1 Nr. 1 VAG, § 1 KVAV, § 203 Abs. 1 S. 1). § 1 KVAV definiert dementsprechend zutreffender die versicherungsmathematischen Methoden als „die nach den anerkannten Regeln der Versicherungsmathematik ... erfolgenden Berechnungen". Auch § 10 Abs. 1 S. 1 KVAV verweist auf die anerkannten Regeln der Versicherungsmathematik.

116 Die Beitragskalkulation muss den nachprüfbaren anerkannten **aktuariellen Grundsätzen** entsprechen. Zu den anerkannten aktuariellen Grundsätzen gehört ua (→ Vor § 192 Rn. 830 ff.), dass
– jeder **Tarif** unabhängig vom Kalkulationsbedarf anderer Tarife kalkuliert sein muss,
– die Kalkulation **risikogerecht** ist,
– jede einzelne Rechnungsgrundlage **sich selbst tragen** muss,
– jede einzelne Rechnungsgrundlage mit **ausreichenden Sicherheiten** versehen ist.

117 3. Tarifierungsmerkmale. a) Grundsatz. Oberster Grundsatz der Prämienkalkulation ist nach dem Äquivalenzprinzip die **Risikogerechtigkeit:** Die Prämie muss risikogerecht sein (§ 10 Abs. 1 S. 3 KVAV), dh dem mit der Versicherung übernommenen Risiko entsprechen.

118 Die gesetzlichen Kalkulationsvorschriften verwenden für die Kalkulationsebenen verschiedene **Begriffe**: Sie unterscheiden zwischen Tarifen und Beobachtungseinheiten (§ 10 Abs. 1 S. 1, 2, § 15 Abs. 1 S. 1, 2, Abs. 4 S. 1 KVAV).

119 Unter **Tarif** ist das nach Grund und Höhe einheitliche Leistungsversprechen zu verstehen (§ 10 Abs. 1 S. 1 KVAV). Dieser Begriff ist identisch mit demjenigen im Sinne des Tarifwechsels nach § 204.

120 **Beobachtungseinheit** ist dagegen innerhalb eines Tarifs im vorgenannten Sinn die unterste selbständige Kalkulationsebene. Dieser Begriff ist maßgebend für das Gebot der getrennten Kalkulation (§ 10 Abs. 1 S. 2 KVAV) und für die Beurteilung von Prämienanpassungen (§ 15 Abs. 1 S. 1, 2, Abs. 4 S. 1 KVAV). Das Versicherungsaufsichtsrecht ist in der Terminologie leider nicht einheitlich, wenn es im VAG selbst für die Voraussetzungen von Prämienanpassungen den eigentlich weitergehenden – und insoweit undifferenzierten – Begriff des Tarifs verwendet (§ 155 Abs. 3 S. 1, 2 VAG). Unter diesem Begriff iSv § 155 Abs. 3 S. 1, 2 VAG ist jedoch nicht der durch das einheitliche Leistungsversprechen definierte umfassende Tarifbegriff (→ Rn. 119), sondern die darunter liegende Kalkulationsebene der Beobachtungseinheit zu verstehen.[29] Daraus folgt ein Differenzierungsgebot, das aktuariell begründet und damit auch nach europäischem Unionsrecht vorgegeben ist.[30] Mit dieser tief gegliederten Differenzierung soll sichergestellt werden, dass Prämienanpassungen rechtzeitig erfolgen und übermäßige Erhöhungen vermieden werden.[31] Würden nämlich erst auf einer höheren Ebene des Tarifs die Voraussetzungen einer Prämienanpassung überprüft, käme es zu Saldierungseffekten, die die tatsächliche Situation einer Rechnungsgrundlage verschleiern und für die einzelnen Beobachtungseinheiten zu nicht risikogerechten Prämien führen.

---

[27] Begr. zu § 9 KalV, BR-Drs. 414/96, 24.
[28] BVerfG VersR 2000, 214.
[29] BGHZ 159, 323 = VersR 2004, 991 (992 re. Sp.) = NJW 2004, 2679.
[30] *Boetius* VersR 2005, 297 (308 f.).
[31] Begr. zu § 14 Abs. 1 KalV, BR-Drs. 414/96, 29.

Beobachtungseinheiten sind idR **abgrenzbare Personengruppen,** wie zB männliche Erwachsene, weibliche Erwachsene, Kinder und Jugendliche – die allerdings als einheitliche Beobachtungseinheit zusammengefasst werden können (→ Rn. 835) –, Studierende, Beamtenanwärter etc.[32] 121

Im **Notlagentarif** nach § 193 Abs. 7 versicherte Nichtzahler bilden nach § 153 Abs. 1 S. 1 VAG einen Tarif iSv § 155 Abs. 3 S. 1 VAG. Hier decken sich die Begriffe des Tarifs und der Beobachtungseinheit. 122

b) Tarifbezogenheit. Die Prämienkalkulation muss für jeden **einzelnen Tarif** getrennt durchgeführt werden. Eine Einheitskalkulation über mehrere Tarife hinweg ist nicht zulässig (§ 10 Abs. 1 S. 2 KVAV). 123

Als Tarif im Sinne der Kalkulationsvorschriften ist die unterste selbständige Kalkulationsebene, die **Beobachtungseinheit** anzusehen (→ Rn. 118 ff.). Was als maßgebende Beobachtungseinheit anzusehen ist, muss dem jeweils kollektiv übernommenen Risiko entnommen werden. Die gemeinsamen kollektiven Risikomerkmale definieren die Beobachtungseinheit (§§ 10 Abs. 1 S. 2, 15 Abs. 1 S. 1, 2, Abs. 4 S. 1 KVAV). 124

Gemeinsame kollektive Risikomerkmale sind (→ Vor § 192 Rn. 798 ff.) 125
– das nach Grund und Höhe einheitliche Leistungsversprechen (§ 10 Abs. 1 S. 1 KVAV),
– das Lebensalter des Versicherten (→ Rn. 128 ff.),
– das Geschlecht der versicherten Person (→ Rn. 148 ff.).

c) Einheitliches Leistungsversprechen. Die Einheitlichkeit des Leistungsversprechens des jeweiligen Tarifs beurteilt sich nach den Grundsätzen, die für die **Tarifdefinition** im Sinne des Tarifwechselrechts (§ 204) gelten. 126

Bei **ambulanten Selbstbehaltstarifen** stellt sich die Frage, ob die einzelnen Selbstbehaltsstufen als getrennte Tarife im Sinne der Vorschriften über die Prämienkalkulation und Prämienanpassung anzusehen sind oder als einheitlicher Tarif verstanden werden können. Wegen der vom Tarifwechselrecht ausgehenden Entmischung (→ § 204 Rn. 294 ff.) wird im aktuariellen Schrifttum teilweise letzteres gefordert.[33] Dieser Forderung kann dann nicht zugestimmt werden, wenn bestehende Tarife mit unterschiedlichen Selbstbehaltsstufen von vornherein als eigenständige Tarife kalkuliert worden waren. Dagegen besteht aktuariell durchaus die Möglichkeit, im Rahmen eines dem Grunde nach einheitlichen Leistungsversprechens von vornherein einen Ambulant-Tarif mit mehreren Selbstbehaltsstufen als einheitlichen Tarif zu kalkulieren. Voraussetzung hierfür ist, dass folgende aktuarielle Voraussetzungen erfüllt sind:[34] 127
– Für alle Alter muss der Beitrag mit steigendem Selbstbehalt sinken.
– Die Beitragsdifferenz zwischen zwei Selbstbehaltsstufen muss stets kleiner sein als die Differenz der Selbstbehalte.

d) Altersabhängigkeit. Die Höhe der Prämien muss vom **Lebensalter** abhängen. Eine altersunabhängige Prämie wäre eine Umlage, deren Höhe von der jeweiligen Alterszusammensetzung des Bestands abhinge. Dies hätte zur Folge, dass Versicherte mit einem gegenüber dem Durchschnittsbestand günstigeren Altersrisiko zu einem anderen Versicherungsunternehmen wechseln würden, weil sie keine altersgerechte, sondern eine demgegenüber zu hohe Prämie zahlen müssten. Damit würde sich die Zusammensetzung des zurückbleibenden Bestands negativ verändern, so dass die Umlage erhöht werden müsste. Es träte eine Entmischung ein wie im Fall der Übertragung der kalkulierten Alterungsrückstellung (→ Vor § 192 Rn. 962 ff.). Nur die altersabhängige Prämie ist risikogerecht.[35] Das gilt auch nach dem Unisex-Urteil des EuGH (→ Rn. 172 ff.). Was die Leitlinien der EU-Kommission anerkennen (→ Rn. 190).[36] 128

Grundsätzlich muss jedes Lebensjahr eine selbständige Altersstufe **(Einzelalter)** darstellen (§ 10 Abs. 1 S. 1 KVAV). 129

Altersgruppen dürfen nur ausnahmsweise für die Kalkulation zusammengefasst werden. Solche Ausnahmen sind zulässig für 130
– Kinder bis zur Vollendung des 16. Lebensjahres (§ 10 Abs. 3 S. 1 KVAV),
– Jugendliche bis zur Vollendung des 21. Lebensjahres (§ 10 Abs. 3 S. 1, 2 KVAV),
– Ausbildungstarife (§ 10 Abs. 3 S. 3 KVAV),
– Tarife, die vor dem 1.7.1994 aufsichtsbehördlich genehmigt worden waren (§ 27 Abs. 1 S. 1 KVAV),

---

[32] *Gerwins* NVersZ 1999, 53 (55).
[33] *Gerwins* ZfV 2000, 106 (108 f.).
[34] IE *Gerwins* ZfV 2000, 106 (108 f.).
[35] Begr. zu § 10 Abs. 1 KalV, BR-Drs. 414/96, 24.
[36] *Looschelders* ZVersWiss 2015, 481 (491).

– Versicherungsverhältnisse, die nach dem 30.6.1994 und vor dem 27.11.1996 nach nicht aufsichtsbehördlich genehmigten Tarifen begründet worden sind (§ 27 Abs. 1 S. 2 KVAV).
131 Die in § 10 Abs. 3 S. 1, 2 KVAV für **Kinder und Jugendliche** angeführten Lebensalter sind Höchstalter. Dem Versicherungsunternehmen steht es frei, für die Kalkulation die Lebensalter herabzusetzen. Häufig werden Kinder bis zum vollendeten 14. Lebensjahr und Jugendliche bis zum vollendeten 19. Lebensjahr als zusammengefasste Altersgruppen kalkuliert.
132 Die **Gründe** für die Zulässigkeit von Altersgruppen sind unterschiedlich:
 – Bei Kindern, Jugendlichen und Auszubildenden (§ 10 Abs. 3 KVAV) sind Altersgruppen zulässig, weil eine Abhängigkeit der Schäden vom wachsenden Alter in diesem Alterssegment nicht festzustellen ist.[37]
 – Bei vor dem 1.7.1994 aufsichtsbehördlich genehmigten Tarifen und bei zwischen dem 30.6.1994 und 27.11.1996 begründeten Versicherungsverhältnissen (§ 27 Abs. 1 KVAV) sind Altersgruppen aus Gründen des Bestandsschutzes zulässig.[38]
133 Eine gesetzliche Ausnahme von der altersabhängigen Kalkulation gilt für den **Notlagentarif**. § 153 Abs. 1 S. 1 VAG schreibt eine einheitliche Prämie für alle im Notlagentarif Versicherten vor. Die Gesetzesmaterialien begründen die Einheitskalkulation damit, dass „die Leistungen für die Betroffenen dieselben sind".[39] Diese Begründung ist fachlich unsinnig, weil jeder Tarif ein einheitliches Leistungsversprechen enthält (→ Rn. 126). Richtigerweise ist die altersunabhängige Kalkulation notwendig, weil der Notlagentarif ohne Alterungsrückstellung kalkuliert werden muss (→ Vor § 192 Rn. 1264 ff.). Der Beitrag ist daher ein reiner Risikobeitrag, der bei Altersabhängigkeit in höherem Alter so hoch wäre (→ Vor § 192 Rn. 102), dass der mit dem Notlagentarif verfolgte Zweck, einen bezahlbaren Versicherungsschutz für den Nichtzahler sicherzustellen, konterkariert würde.

134 **e) Sonstige Tarifierungsmerkmale.** Wenn ein Versicherungsunternehmen einen neuen Tarif einführt, der im Sinne des **Tarifwechselrechts** nach § 204 Abs. 1 S. 1 Nr. 1 einen gleichartigen Versicherungsschutz wie bereits vorhandene Tarife des Versicherungsunternehmens bietet, muss im neuen Tarif die Wahrscheinlichkeit kalkulatorisch berücksichtigt werden, dass in anderen Tarifen mit gleichartigem Versicherungsschutz Versicherte in den neuen Tarif wechseln und sich damit dessen Annahmen zu den kalkulierten Versicherungsleistungen verändern.[40]

135 **4. Aufbau und Bestandteile der Kalkulation. a) Grundsatz.** Der vom Versicherungsnehmer zu zahlende **Bruttobeitrag** setzt sich aus mehreren Bestandteilen zusammen, und zwar aus dem Nettobeitrag, den Kostenzuschlägen, dem Sicherheitszuschlag und Zuschlägen zur Deckung erfolgsunabhängiger Aufwendungen.

136 Der **Nettobeitrag** deckt das versicherte Risiko ab. Er besteht in der Krankenversicherung aus dem Risikobeitrag und einem Sparanteil.

137 **b) Risikobeitrag.** Der Risikobeitrag ist derjenige Beitragsteil, der benötigt wird, um die **laufenden Versicherungsleistungen** derselben Rechnungsperiode abzudecken. Wegen der Altersabhängigkeit der Krankheitskosten steigt der Risikobeitrag eines Tarifs mit zunehmendem Lebensalter progressiv an (→ Vor § 192 Rn. 102). Um das mit dem Alter steigende Krankheitsrisiko zu berücksichtigen, werden die jahresdurchschnittlichen Schäden je Alter und Geschlecht pro Kopf („Kopfschäden") ermittelt (→ Rn. 283 ff.). Auf das Risikomerkmal „Geschlecht" kommt es in der Tarifkalkulation nach wie vor auch bei den Unisex-Tarifen an (→ Rn. 149, 198 ff.).

138 Als **Geschlechter** gelten Männer, Frauen, Kinder sowie männliche und weibliche Jugendliche. Für männliche und weibliche Kinder wird idR ein einheitlicher Beitrag gebildet, weil sich deren Krankheitskosten nicht geschlechtsspezifisch unterscheiden. Kinder und Jugendliche (→ Rn. 130) können auch als Gruppe zusammengefasst werden.

139 Die **durchschnittlichen Krankheitskosten** ergeben sich aus den Faktoren „Fallhäufigkeit" und „Fallkosten". Fallhäufigkeit meint zB die Anzahl der ärztlichen Behandlungstage pro Jahr und Versicherten einer bestimmten Altersgruppe eines bestimmten Tarifs. Fallkosten sind dann die in Rechnung gestellten Behandlungskosten pro Behandlungstag und Versicherten einer bestimmten Altersgruppe eines bestimmten Tarifs.

140 Es entspricht ständiger Kalkulationspraxis, dass Tarife in den Altersgruppen der **Kinder und Jugendlichen** ohne Alterungsrückstellung kalkuliert werden. Das gleiche gilt für die an die Schulzeit sich anschließende Berufsausbildung (→ Rn. 132). Diese Praxis berücksichtigt, dass junge Menschen nach Abschluss der Schul- oder Berufsausbildung idR in ein krankenversicherungspflichtiges

---

[37] Begr. zu § 10 Abs. 2 KalV, BR-Drs. 414/96, 25.
[38] Begr. zu § 19 Abs. 2 KalV, BR-Drs. 414/96, 34.
[39] Begr. zu Art. 4 Nr. 3 (§ 12h Abs. 2 VAG) Fraktionsentwurf KVBeitragsschulden-ÜberforderungsG, BT-Drs. 17/13079, 10.
[40] BVerwG VersR 2007, 1253 Rn. 39.

Beschäftigungsverhältnis wechseln und damit die PKV verlassen müssen. Die Bildung einer Alterungsrückstellung würde hier von vornherein ihren Zweck verfehlen, so dass nur ein Risikobeitrag angebracht ist. Dieser Risikobeitrag kann altersabhängig gestaffelt sein, weil der Schadenbedarf in den einzelnen Altersstufen sehr unterschiedlich ausgeprägt ist. Dies ist unter „planmäßig steigenden Prämien" iSv § 10 Abs. 4 KVAV zu verstehen.

Für andere Krankenversicherungsformen, die zulässigerweise ohne Alterungsrückstellung kalkuliert werden dürfen – insbes. die **befristeten Krankenversicherungen** (→ Rn. 82 f.) – gilt die Möglichkeit planmäßig steigender Prämien nach § 10 Abs. 4 KVAV nicht. Werden sie nach Art der Lebensversicherung kalkuliert, muss ihr Nettobeitrag vom steigenden Altersrisiko unabhängig sein (→ Rn. 80). 141

c) Sparanteil. Der Sparanteil soll verhindern, dass der Nettobeitrag sich wegen des altersbedingt steigenden Risikobeitrags mit zunehmendem Alter des Versicherten erhöht. Seine Funktion besteht darin, die prinzipielle **Alterungsunabhängigkeit** des Krankenversicherungsbeitrags herzustellen. 142

Die Alterungsunabhängigkeit des Krankenversicherungsbeitrags wird dadurch erreicht, dass der Sparanteil in die **Alterungsrückstellung** eingestellt wird, aus der später die alterungsbedingt steigenden und durch den Nettobeitrag nicht mehr gedeckten Krankheitskosten finanziert werden (→ Vor § 192 Rn. 720, 814, 846 ff.). Die Alterungsrückstellung erhöht sich jährlich durch den ihr zugewiesenen Rechnungszins (→ Rn. 265 ff.). 143

d) Kostenzuschläge. Der Betrieb des Versicherungsgeschäfts verursacht Aufwendungen, die sich in verschiedenen **Kostenarten** niederschlagen. Es gibt unterschiedliche Kostenartengliederungen in Abhängigkeit davon, welche Zwecke sie erfüllen sollen. So sind ua zu unterscheiden Kostenartengliederungen für Zwecke der innerbetriebliche Erfolgsrechnung, der externen Rechnungslegung, der gegenüber der Versicherungsaufsichtsbehörde zu erstellenden internen Rechnungslegung oder der Kalkulation. 144

Die für die **Kalkulation** maßgebliche Kostenartengliederung gibt § 8 Abs. 1 Nr. 1–4 KVAV vor. Danach sind im Rahmen der Kalkulation Kostenzuschläge anzusetzen für die unmittelbaren Abschlusskosten, mittelbaren Abschlusskosten, Schadenregulierungskosten und sonstigen Verwaltungskosten (→ Rn. 295 ff.). 145

e) Sicherheitszuschlag. Der Sicherheitszuschlag hat die Funktion eines Schwankungszuschlags[41] und soll das **versicherungstechnische Risiko** mindern, das darin besteht, dass die für die Kalkulation getroffenen Annahmen zur Entwicklung der Versicherungsleistungen oder der Kosten künftig nicht eintreten. Um die dauernde Erfüllbarkeit der Verpflichtungen aus den Versicherungsverträgen (§ 156 Abs. 2 Nr. 1 Hs. 2 VAG) zu gewährleisten, muss jeder Tarif mit einem Mindest-Sicherheitszuschlag kalkuliert werden (→ Rn. 290 ff.). 146

f) Erfolgsunabhängige Zuschläge. Kostenzuschläge und Sicherheitszuschlag sollen bestimmte versicherungstechnische Aufwendungen des Tarifs decken. Daneben gibt es verschiedene Aufwendungen, die **keinen Bezug zum Tarifergebnis** haben. Hierzu zählen die erfolgsunabhängige Beitragsrückerstattung (→ Rn. 321 ff.) sowie die Umlagen für den Standardtarif (→ Rn. 324), den Basistarif (→ Rn. 326) und den Notlagentarif (→ Rn. 328). 147

VI. Geschlechtsabhängige und geschlechtsneutrale Kalkulation

1. Versicherungstechnische Grundlagen. a) Tarifkalkulation und Versicherungsprämie. Die Krankheitskosten hängen außer vom Alter vor allem auch vom **Geschlecht** der versicherten Person ab. Frauen verursachen aufgrund der biologischen Unterschiede vor allem in den Jahren der Gebärfähigkeit höhere medizinische Leistungen, und zwar als Folge sowohl von Schwangerschaften und Geburten als auch frauenspezifischer Behandlungsnotwendigkeiten. Außerdem weisen sie eine höhere Lebenserwartung auf, was dazu führt, dass sie länger als Männer medizinische Leistungen und damit auch Versicherungsleistungen in Anspruch nehmen. Es entspricht daher aktuariellen Grundsätzen, die Geschlechtsunterschiede bei der Kalkulation zu berücksichtigen. Dementsprechend waren bis zum Unisex-Urteil des EuGH[42] die Kopfschäden (→ Rn. 283 ff.) für jeden Tarif auch in Abhängigkeit vom Geschlecht zu ermitteln (§ 6 Abs. 1 S. 1 KalV aF). 148

Für die Frage der Berücksichtigung des Geschlechts muss zwischen verschiedenen **Betrachtungsebenen** unterschieden werden, nämlich zwischen der eigentlichen *Kalkulationsebene* (Tarif- oder Prämienkalkulation, Prämienberechnung) und den an diese zu stellenden aktuariellen Anforderungen einerseits und der *Vertragsebene* (aus dem Versicherungsvertrag geschuldete Prämie für den 149

---

[41] Begr. zu Art. 1 Nr. 11 (§ 12 VAG) RegE 3. DurchfG/EWG zum VAG, BT-Drs. 12/6959, 60.
[42] EuGH Slg. 2011, I-733 = VersR 2011, 377 = NJW 2011, 907 – Test-Achats.

einzelnen Versicherten) andererseits (→ Rn. 188, 198 ff.). Der EuGH hatte sich nicht mit der Kalkulationsebene, sondern mit der Vertragsebene befasst (→ Rn. 172). Das vom EuGH ausgesprochene Verbot geschlechtsabhängiger Prämien führt nicht dazu, dass das Geschlecht bei der Kalkulation nicht mehr berücksichtigt werden dürfte. Auch die Kalkulation eines Unisex-Tarifs hängt ua davon ab, welche Annahmen in Bezug auf den erwarteten Geschlechter-Mix zugrunde zu legen sind. Weil das Geschlecht ein wesentliches Risikomerkmal ist (→ Rn. 148), müssen die Kalkulationsgrundlagen im Tarif sowohl die Geschlechterverteilung als auch die geschlechtsspezifischen Kosten abbilden.[43] Wenn sich für einen Unisex-Tarif die der Kalkulation ursprünglich zugrunde gelegte Geschlechterverteilung verändert, kann dies zu einer Veränderung der Rechnungsgrundlage „Versicherungsleistungen" und damit nach § 203 Abs. 2 S. 1, 3 zu Prämienanpassungen führen.

150   Dementsprechend hängt es von der Betrachtungsebene ab, ob zur Berücksichtigung des Geschlechts eine **aktuarielle Verpflichtung** besteht (→ Vor § 192 Rn. 833). Für die *Tarifkalkulation* ist dies zu bejahen (→ Rn. 283), für die *Prämie des Einzelvertrags* jedoch nicht. § 146 Abs. 1 Nr. 1 VAG meint die Tarifkalkulation, wenn dort von der „Berücksichtigung der maßgeblichen Annahmen zur ... Geschlechtsabhängigkeit des Risikos" die Rede ist.[44] Für die Prämie des Einzelvertrags muss eine aktuarielle Verpflichtung verneint werden. Dem Versicherungsunternehmen steht es frei, im Rahmen eines bestimmten Leistungsversprechens die Tarifmerkmale und die unterschiedlichen Tarifgruppen zu definieren. So kann das Versicherungsunternehmen Männer und Frauen in einer einzigen Tarifgruppe zusammenfassen und für beide Geschlechter einheitliche Prämien verlangen. Davon ging letztlich auch § 10 Abs. 1 S. 4 KalV aF aus, wonach bei geschlechtsabhängigen Tarifen die Geburtskosten auf beide Geschlechter verteilt werden konnten; die Vorschrift unterstellte implizit, dass es auch geschlechtsunabhängige Prämien geben konnte. Deshalb kann dem BGH nicht darin zugestimmt werden, dass Frauen und Männer generell nicht als einheitliche Beobachtungseinheit zusammengefasst werden dürften.[45] Möglicherweise wollte der BGH eine solche generelle Aussage auch nicht treffen; denn in dem entschiedenen Fall war die Zusammenfassung deshalb nicht zulässig, weil die Tarife nach Frauen und Männern tatsächlich getrennt kalkuliert waren.

151   Weil die geschlechtsabhängige Prämie des Einzelvertrags **aktuariell nicht zwingend** ist, konnte auch für die private Pflege-Pflichtversicherung (PPV) durch § 110 Abs. 1 Nr. 2 lit. d, Abs. 3 Nr. 3 SGB XI vorgeschrieben werden, dass die Prämien nicht nach dem Geschlecht differenziert werden dürfen (→ Rn. 229). Aus dem gleichen Grund begegnet auch das Unisex-Urteil des EuGH (→ Rn. 148, 172 ff.) keinen übergeordneten Bedenken (→ Vor § 192 Rn. 841).

152   **b) Schwangerschaft und Mutterschaft.** Unter **Geburtskosten** sind die Kosten von Schwangerschaft, Mutterschaft und Entbindung zu verstehen. Im aktuariellen Sprachgebrauch heißen sie „S-Kosten". Die KVAV definiert sie als diejenigen Leistungen, die vom Beginn des achten Monats vor der Geburt bis zum Ende des ersten Monats nach der Geburt anfallen (§ 25 S. 1 Nr. 1 KVAV, § 6 Abs. 4 S. 1 KalV aF). Leistungen ohne Zusammenhang mit Schwangerschaft oder Mutterschaft sind davon ausgenommen (§ 25 S. 2 KVAV).

153   Die **Verteilung der Geburtskosten** auf beide Geschlechter auch im Fall von geschlechtsabhängigen Tarifen war schon vor Inkrafttreten des AGG als aktuariell vertretbar und nach § 10 Abs. 1 S. 4 KalV aF zulässig angesehen worden, weil es sich um ein besonderes, eng umgrenztes Risiko handele.[46] Schon vor Inkrafttreten der KalV aF hatte das BAV seine anders lautende frühere Aufsichtspraxis gelockert.[47] Insofern scheint § 20 Abs. 2 S. 1 AGG aus der bisherigen Option lediglich eine Verpflichtung gemacht zu haben, was zuvor auch in der Lit. mit dem Schlagwort „Gemeinkosten beider Geschlechter" gefordert worden war.[48] Dementsprechend hob die 1. KalVÄndV v. 27.11.2007 (BGBl. I S. 2767) die Option des § 10 Abs. 1 S. 4 KalV aF auf (Art. 1 Nr. 2 Erste KalVÄndV).

154   Der schon früh legalisierte Ansatz zur Verteilung der Geburtskosten mag als gerecht empfunden werden. Er ist jedoch in sehr grundsätzlicher Weise systemwidrig, weil er den **Begriff des Versicherungsfalls** in der Krankenversicherung aufweicht. Der Versicherungsfall in der Krankenversicherung beginnt idR nicht schon mit der Verursachung der Krankheit, sondern erst mit deren erstmaliger Behandlung oder Untersuchung (→ Vor § 192 Rn. 852).

155   Nichts anderes gilt für die **Schwangerschaft**, die als natürlicher Körperzustand keine Krankheit ist (→ § 192 Rn. 21), sondern die zu sonstigen vereinbarten Leistungen iSv § 192 Abs. 1 führt. Im Falle einer Schwangerschaft beginnt der Versicherungsfall demnach nicht mit dem Zeugungsakt und auch noch nicht mit der Befruchtung der Eizelle. Wenn aber die Geburtskosten auch auf die

---

[43] Ebenso *Rolfs/Binz* VersR 2011, 714 (717).
[44] *Wandt* VersR 2004, 1341 (1344).
[45] BGHZ 159, 323 = VersR 2004, 991 (993 li. Sp.) = NJW 2004, 2679.
[46] Begr. zu § 10 Abs. 1 KalV, BR-Drs. 414/96, 25.
[47] BAV VerBAV 1992, 298.
[48] *Lorenz* VW 2004, 1640 (1642).

Männertarife verteilt werden, werden diese mit Kosten eines Sachverhalts belastet, der bei ihnen keinen Versicherungsfall darstellt. Dass jemand an der Verursachung des Versicherungsfalls einer anderen Person maßgeblich beteiligt ist, macht ihn selbst nicht zum unmittelbar Betroffenen dieses fremden Versicherungsfalls. Aus systematischer Sicht richtig wäre die Belastung der Männertarife mit den Geburtskosten nur dann, wenn das Leistungsversprechen dieser Tarife die Geburtskosten der von ihnen schwanger gewordenen Frauen einschließen würde.

2. Gleichbehandlungsgrundsatz. Das **Versicherungsaufsichtsrecht** verankert für die substitutive und für die nach Art der Lebensversicherung betriebene nicht-substitutive Krankenversicherung in § 146 Abs. 2 S. 1, § 147 iVm § 138 Abs. 2 VAG einen spezifischen Grundsatz der Gleichbehandlung der Versicherten.[49] „Bei gleichen Voraussetzungen" (§ 138 Abs. 2 VAG) dürfen danach Prämien und Leistungen nur nach gleichen Grundsätzen bemessen sein. Einzelne Versicherte sollen gegenüber dem Kollektiv aller Versicherten nicht benachteiligt oder bevorzugt werden.[50] Aus der Gleichheit von Risiken folgt auch über § 177 Abs. 1 VAG hinaus ein allgemeiner versicherungstechnisch begründeter Gleichbehandlungsgrundsatz von in diesem Sinn gleichen Risiken.[51]

Der aus § 146 Abs. 2 S. 1, § 147 VAG abgeleitete Gleichbehandlungsgrundsatz gilt wegen seiner Beschränkung auf nach Art der Lebensversicherung betriebene Krankenversicherungen nicht für Krankenversicherungen, die **nach Art der Schadenversicherung** kalkuliert sind (→ Vor § 192 Rn. 666 f.). Weil insoweit ein aufsichtsrechtliches Gleichbehandlungsgebot fehlt, kann die Gleichbehandlung auch nicht im Wege der Missstandsaufsicht nach § 298 Abs. 1 VAG durchgesetzt werden.

Aus dem Gleichbehandlungsgrundsatz wird auch das **Begünstigungsverbot** abgeleitet,[52] das seit der Deregulierung nicht mehr als formales aufsichtsrechtliches Verbot existiert.[53] Lediglich für bestimmte Gleichbehandlungssachverhalte (Sondervergütung, Begünstigungsverträge) enthält § 298 Abs. 4 VAG eine Ermächtigung zum Erlass von Rechtsverordnungen.

Für die Krankenversicherung enthält § 146 Abs. 2 S. 2 VAG eine ausdrückliche **Konkretisierung des Gleichbehandlungsgrundsatzes** dahingehend, dass die Prämien im Neugeschäft nicht niedriger sein dürfen als die Prämien im Altbestand für gleichaltrige Versicherte ohne Berücksichtigung der Alterungsrückstellung. Damit ist die Prämie gemeint, die eine bereits versicherte gleichaltrige Person zahlen müsste, wenn ihre bisherige Versicherungsdauer in Form der Alterungsrückstellung nicht berücksichtigt werden würde. Es soll verhindert werden, dass das Versicherungsunternehmen bei im Übrigen gleichen Verhältnissen für Neugeschäft und Bestandsgeschäft unterschiedliche Prämien festlegt.[54]

Aus dieser Vorschrift des § 146 Abs. 2 S. 2 VAG kann nicht die **Geschlechtsneutralität** von Krankenversicherungstarifen hergeleitet werden; denn Männer und Frauen stellen ein unterschiedliches Krankheitsrisiko dar, so dass keine „gleichen Voraussetzungen" iSv § 146 Abs. 2 S. 1, § 138 Abs. 2 VAG gegeben sind. § 12 Abs. 4 S. 1 Hs. 2 VAG aF (= § 146 Abs. 2 S. 3 VAG) wurde erst als Folge des Unisex-Urteils des EuGH eingefügt.

Das **BVerfG** hatte in einem Nichtannahmebeschluss zu einer Verfassungsbeschwerde im Jahre 1993 festgestellt, dass aufgrund des biologischen Unterschieds zwischen Mann und Frau das „Gebärrisiko" der Frauen bei geschlechtsabhängigen Tarifen ohne Verstoß gegen Art. 3 Abs. 2 GG beitragserhöhend berücksichtigt werden dürfe.[55]

Gleichwohl ist die **verfassungsrechtliche Zulässigkeit** geschlechtsabhängiger Krankenversicherungstarife immer wieder in die Diskussion gekommen.[56] Die geschlechtsabhängige Tarifkalkulation ist aktuariell und damit versicherungsmathematisch grds. notwendig (→ Rn. 149 f.). Sie gründet sich auf das versicherungstechnische Äquivalenzprinzip. Unterschiedliche Risikogruppen wie Männer und Frauen kalkulatorisch zusammenzufassen, erhöht die Inhomogenität der Versicherungsbestände, was generell zu größerer Schwankungsbreite der versicherungstechnischen Ergebnisse führt. Es entspricht daher versicherungstechnischen Grundsätzen, die Inhomogenität zu reduzieren (→ Vor § 192 Rn. 798). Damit bestehen sachliche Gründe, Krankenversicherungstarife geschlechtsabhängig zu kalkulieren. Ein Verfassungsverstoß besteht nicht.[57]

---

[49] Ebenso *Brand* in Bruck/Möller VVG Einl. vor § 192 Rn. 101.
[50] BVerwGE 137, 179 = VersR 2010, 1345 Rn. 38.
[51] *v. Koppenfels-Spies* VersR 2004, 1085 (1087); *Taupitz*, Genetische Diagnostik und Versicherungsrecht, 2000 (Frankfurter Vorträge zum Versicherungswesen Heft 32), S. 11 f.
[52] *Dreher* VersR 1997, 1 (5).
[53] BAV R 2/97, VerBAV 1997, 154 ff.
[54] Begr. zu Art. 1 Nr. 11 (§ 12 VAG) RegE 3. DurchfG/EWG zum VAG, BT-Drs. 12/6959, 60 f.
[55] BVerfG VersR 1993, 733 (734); krit *Lorenz* VW 2004, 1640 (1642).
[56] *Wandt* VersR 2004, 1341 ff.; *Wrase/Baer* NJW 2004, 1623 ff.
[57] *Wandt* VersR 2004, 1341 ff.; aA *Wrase/Baer* NJW 2004, 1623 ff.

163   **3. Rechtslage bis 21.12.2012. a) Europarecht.** Das Europarecht hatte in der RL 2004/113/EG (GenderRL) v. 13.12.2004 die **sachlichen Gründe geschlechtsspezifischer Prämien** zunächst anerkannt (Erwgr. 19, Art. 5 Abs. 2 RL 2004/113/EG). Die RL 2006/54/EG (GleichbehandlungsRL) v. 5.7.2006 änderte an dieser Rechtslage nichts; denn diese Richtlinie regelt die Gleichbehandlung von Männern und Frauen nur in Arbeits- und Beschäftigungsfragen. Hierzu zählen auch betriebliche Systeme der sozialen Sicherheit, die Schutz gegen Krankheit bieten (Art. 1 UAbs. 2 lit. c, Art. 7 Abs. 1 lit. a RL 2006/54/EG). Krankenversicherungsverträge ohne betrieblichen Bezug werden von der Richtlinie von vornherein nicht erfasst.

164   Die RL 2006/54/EG (GleichbehandlungsRL) findet in sachlicher Hinsicht **keine Anwendung** (Art. 8 Abs. 1 lit. a, c, e RL 2006/54/EG) auf
– Einzelverträge Selbständiger,
– Versicherungsverträge abhängig Beschäftigter, bei denen der Arbeitgeber nicht Versicherungsnehmer ist,
– betriebliche Systeme der sozialen Sicherheit, wenn die Leistungen durch freiwillige Beiträge der Arbeitnehmer finanziert werden.

165   Soweit die Krankenversicherung betroffen ist, ist der sachliche Anwendungsbereich somit beschränkt auf **Gruppenversicherungsverträge** des Arbeitgebers, deren Leistungen der Arbeitgeber selbst durch Beiträge finanziert. Jedoch auch für diese Fälle bleiben geschlechtsabhängige Prämien zulässig. Nach Art. 9 Abs. 1 lit. h RL 2006/54/EG liegt nämlich keine Diskriminierung vor,

> wenn die Ungleichheit der Beträge darauf zurückzuführen ist, dass bei der Durchführung der Finanzierung des Systems je nach Geschlecht unterschiedliche versicherungstechnische Berechnungsfaktoren angewendet
werden.

166   **b) Allgemeines Gleichbehandlungsgesetz (AGG).** Das AGG regelt Benachteiligungen ua aus Gründen des Geschlechts (§ 1 AGG).[58] Seine **Anwendung auf die PKV** scheint gewollt zu sein, ist aber alles andere als eindeutig.

167   Nach dem in § 2 AGG geregelten **Anwendungsbereich** sind „Benachteiligungen aus einem in § 1 genannten Grund nach Maßgabe dieses Gesetzes unzulässig in Bezug auf" folgende in § 2 Abs. 1 Nr. 1–8 AGG abschließend aufgezählte Lebensbereiche:
– § 2 Abs. 1 Nr. 5 AGG nennt „den Sozialschutz, einschließlich der sozialen Sicherheit und der Gesundheitsdienste".
– § 2 Abs. 1 Nr. 6 AGG nennt „die sozialen Vergünstigungen".
– § 2 Abs. 1 Nr. 8 AGG nennt „den Zugang zu und die Versorgung mit Gütern und Dienstleistungen, die der Öffentlichkeit zur Verfügung stehen, einschließlich von Wohnraum".
– § 2 Abs. 2 S. 1 AGG verweist für Leistungen nach dem SGB auf die § 33c SGB I und § 19a SGB IV.
– § 2 Abs. 2 S. 2 AGG verweist für die betriebliche Altersversorgung auf das Betriebsrentengesetz.
– § 2 Abs. 3 S. 1 AGG lässt außerhalb des AGG begründete Benachteiligungsverbote unberührt.

168   Unter „Sozialschutz, einschließlich der sozialen Sicherheit" ist zunächst nur die **Sozialversicherung**, nicht aber die Individualversicherung zu verstehen. Dies ergibt sich aus dem übergeordneten Europarecht, das unter den „Systemen der sozialen Sicherheit" (Art. 153 Abs. 4 AEUV) stets die Sozialversicherungssysteme versteht (→ Vor § 192 Rn. 368 ff.). Die PKV insgesamt – insbes. die substitutive Krankenversicherung – erfüllt zwar auch eine soziale Sicherungsfunktion; sie ist aber nicht Teil dieses Systems der sozialen Sicherheit. Dass für die betriebliche Altersversorgung, die ebenfalls keine Sozialversicherung darstellt, ausdrücklich auf das Betriebsrentengesetz verwiesen wird (§ 2 Abs. 2 S. 2 AGG), hat lediglich klarstellende Bedeutung; dieser Verweisung kann nicht im Umkehrschluss entnommen werden, dass für die PKV etwas anderes gilt.

169   Der Begriff „Systeme der sozialen Sicherheit" hat europarechtlich inzwischen jedoch einen Wandel erfahren. Die VO (EG) 883/2004 v. 29.4.2004 unterscheidet mittlerweile zwischen dem „allgemeinen System der sozialen Sicherheit" und „jedem System der sozialen Sicherheit". Zu letzterem zählt außer der **substitutiven Krankenversicherung** und der privaten Pflege-Pflichtversicherung (→ Vor § 192 Rn. 708) jede Form der privaten Krankenversicherung. Dies stellen Art. 1 UAbs. 2 lit. c und Art. 7 Abs. 1 lit. a RL 2006/54/EG mit ihrer Anwendung auf „betriebliche Systeme der sozialen Sicherheit" klar, die sich auch auf das Krankheitsrisiko beziehen. Damit werden alle Krankenversicherungsformen vom Anwendungsbereich des AGG erfasst.

170   Ohne jede Beziehung zum grundsätzlichen Anwendungsbereich nach § 2 AGG stehen die §§ 19 und 20 AGG, die ein **zivilrechtliches Benachteiligungsverbot** ua für zivilrechtliche Schuld-

---

[58] *Armbrüster* VersR 2006, 1297 ff.; *Sodan* ZVersWiss 2004, 539 ff.; *Thüsing* VersR 2007, 1 ff.

verhältnisse begründen, die „eine privatrechtliche Versicherung zum Gegenstand haben" (§ 19 Abs. 1 Nr. 2 AGG). Insoweit ließ § 20 Abs. 2 S. 1 AGG aF geschlechtsabhängige Prämien zu, wenn die Geschlechtsunterschiede versicherungsmathematisch und statistisch belegt waren. Das Versicherungsunternehmen musste die versicherungsmathematischen und statistischen Daten, aus denen die Berücksichtigung des Geschlechts als Faktor der Risikobewertung abgeleitet wird, veröffentlichen und regelmäßig aktualisieren (§ 10a Abs. 2a VAG aF). Auch im Falle versicherungsmathematischer Relevanz der Geschlechtsunterschiede durften jedoch „Kosten im Zusammenhang mit Schwangerschaft und Mutterschaft" nicht zu unterschiedlichen Prämien führen (§ 20 Abs. 2 S. 2 AGG aF = § 20 Abs. 2 S. 1 AGG nF).

Unabhängig vom Anwendungsbereich des AGG nach § 2 AGG ermöglichte § 20 Abs. 2 S. 1 **171** AGG aF **geschlechtsabhängige Prämien** in der PKV, weil die Geschlechtsabhängigkeit des Krankenversicherungsrisikos aktuariell erwiesen ist.[59] Lediglich die Kosten für Schwangerschaft und Mutterschaft durften nicht ausschließlich in die Frauentarife einkalkuliert werden, sondern mussten nach § 20 Abs. 2 S. 2 AGG aF, § 6 Abs. 4, 5 KalV aF (vgl. § 27 Abs. 3, 4 KVAV) auf Männer- und Frauentarife verteilt werden (→ Rn. 152 f.). Wenn ein Versicherungsunternehmen geschlechtsabhängige Tarife hatte, musste es die zugrunde liegenden versicherungsmathematischen und statistischen Daten veröffentlichen und regelmäßig aktualisieren (§ 10a Abs. 2a VAG aF).

4. Rechtslage nach 21.12.2012. a) EuGH. Der EuGH hatte mit Urt. v. 1.3.2011 entschie- **172** den, dass Art. 5 Abs. 2 RL 2004/113/EG ungültig ist, so dass für die **Prämien** Art. 5 Abs. 1 RL 2004/113/EG gilt (→ Vor § 192 Rn. 839 ff.).[60] Art. 5 Abs. 1 RL 2004/113/EG schreibt vor, dass „die Berücksichtigung des Faktors Geschlecht bei der Berechnung von Prämien ... nicht zu unterschiedlichen Prämien ... führt". Die Vorschrift unterscheidet damit sehr genau zwischen den verschiedenen Betrachtungsebenen (→ Rn. 149), nämlich zwischen der Berücksichtigung des Risikofaktors Geschlecht bei der *Berechnung von Prämien* (= Kalkulationsebene) und dem Verlangen der nach Geschlecht unterschiedlichen *konkreten Versicherungsprämie* (= Vertragsebene).

Der EuGH folgte mit seinem Urteil iErg den **Schlussanträgen der Generalanwältin,**[61] **173** deren Begründung allerdings angreifbar ist. Das gilt insbes. für die These der Generalanwältin, die geschlechtsabhängige Kalkulation stütze sich nicht auf eindeutige biologische Unterschiede, sondern nur auf „Unterschiede zwischen Personen, die sich lediglich statistisch mit deren Geschlecht in Verbindung bringen lassen";[62] damit werde nicht sichergestellt, dass unterschiedliche Versicherungsprämien „ausschließlich auf objektiven Kriterien beruhen".[63] Umgekehrt sei eine „unmittelbare Ungleichbehandlung aufgrund des Geschlechts ... nur dann zulässig, wenn sich mit Sicherheit feststellen lässt, dass es relevante Unterschiede zwischen Männern und Frauen gibt, die eine solche Behandlung erfordern".[64]

Die Begründung der Generalanwältin ist unhaltbar, weil sie das Prinzip des **versicherungstech-** **174** **nischen Risikos** negiert, das stets auf Wahrscheinlichkeiten aufbaut, die ihrerseits der statistischen Grundlage bedürfen.[65] Die Generalanwältin widerspricht sich auch selbst, wenn sie den versicherungsmathematischen „Rückgriff auf Prognosen" für unverzichtbar und eine „Gruppenbetrachtung" für legitim hält.[66]

Der EuGH geht auf die problematische Begründung der Schlussanträge der Generalanwältin **175** nicht ein. Die **Urteilsbegründung** ist relativ formal (→ Vor § 192 Rn. 839), in methodischer Hinsicht unbefriedigend und dementsprechend auf vielfältige Kritik gestoßen.[67]

Der EuGH hatte Art. 5 Abs. 2 RL 2004/113/EG **mit Wirkung ab 21.12.2012** für ungültig **176** erklärt. Während die Generalanwältin gefordert hatte, dass sich die Ungültigerklärung auch auf bestehende Versicherungsverträge erstrecken solle,[68] behandelte der EuGH diese Frage nicht.

Die in Art. 5 Abs. 1 RL 2004/113/EG geforderte Geschlechtsneutralität der Prämie bezog sich **177** auf alle nach dem 21.12.2007 neu abgeschlossenen Verträge. Weil nach der EuGH-Entscheidung

---

[59] *Thüsing* VersR 2007, 1 (4 ff.).
[60] EuGH Slg. 2011, I-733 = VersR 2011, 377 = NJW 2011, 907 – Test-Achats.
[61] Schlussanträge der Generalanwältin *Kokott* VersR 2010, 1571 ff. – Test-Achats mAnm *Armbrüster* VersR 2010, 1578 ff.
[62] Schlussanträge der Generalanwältin VersR 2010, 1571 Rn. 52, 54.
[63] Schlussanträge der Generalanwältin VersR 2010, 1571 Rn. 67.
[64] Schlussanträge der Generalanwältin VersR 2010, 1571 Rn. 60.
[65] Krit. *Armbrüster* VersR 2010, 1578 (1581 f.); *Looschelders* VersR 2011, 421 (426 f.); *Sagmeister* VersR 2011, 187 (190); *Schwintowski* VersR 2011, 164 (168 f.).
[66] Schlussanträge der Generalanwältin VersR 2010, 1571 Rn. 44, 46.
[67] Vgl. ua *Kahler* NJW 2011, 894 ff.; *Looschelders* VersR 2011, 421 (425 ff.); *Rolfs/Binz* VersR 2011, 714 (715 ff.).
[68] Schlussanträge der Generalanwältin VersR 2010, 1571 Rn. 81.

§ 203   178–184   Teil 2. Einzelne Versicherungszweige. Kap. 8. Krankenversicherung

die Grundregel des Art. 5 Abs. 1 RL 2004/113/EG seit 21.12.2012 ohne die Einschränkung des Art. 5 Abs. 2 RL 2004/113/EG, dh bedingungslos gilt, kann sich diese Geltung auch nur auf die nach dem 21.12.2012 abgeschlossenen **Neuverträge** beziehen.[69] Davon geht auch die EU-Kommission in ihren Unisex-Leitlinien aus.[70]

178   **b) Rechtliche Umsetzung des EuGH-Urteils.** Das EuGH-Urteil (→ Rn. 172) sollte ursprünglich im Zuge der Transformierung der RL 2009/138/EG in nationales Recht durch das 10. VAGÄndG umgesetzt werden.[71] Weil sich die Verabschiedung des 10. VAGÄndG in der 17. Legislaturperiode verzögerte, erfolgte die notwendige Umsetzung durch das **SEPA-BegleitG** v. 3.4.2013.[72] Die Umsetzung bestand in Änderungen von § 12 Abs. 4 S. 2 VAG aF = § 146 Abs. 2 S. 3 VAG nF (Art. 6 Nr. 3 SEPA-BegleitG) und des AGG (Art. 8 SEPA-BegleitG).

179   Entsprechend der europarechtlichen Rechtslage (→ Rn. 177) gilt die vom deutschen Gesetzgeber umgesetzte Geschlechtsneutralität der Prämie nur für **Neuverträge**, dh für die nach dem 21.12.2012 begründeten Versicherungsverhältnisse. In der Festlegung des genauen Zeitpunkts war der Gesetzgeber ungenau. Art. 5 Abs. 1 RL 2004/113/EG spricht von den „nach" dem 21.12.2007 neu abgeschlossenen Verträgen. § 33 Abs. 5 S. 1 AGG versteht unter den Altverträgen demgegenüber die „vor" dem 21.12.2012 begründeten Versicherungsverhältnisse. Das ist unzutreffend, weil die „am" 21.12.2012 abgeschlossenen Verträge nach Art. 5 Abs. 1 RL 2004/113/EG noch nicht zu den Neuverträgen zählen. Auch die Änderungen der KalV (= KVAV) (→ Rn. 181 ff.) begehen den gleichen Fehler (§ 27 Abs. 3 S. 1, Abs. 4 S. 1 KVAV). Neuverträge sind damit die *nach* dem 21.12.2012 abgeschlossenen Verträge, was auch der Auffassung der EU-Kommission entspricht.[73]

180   Weil nach dem 21.12.2012 Altverträge und Neuverträge desselben Tarifs unterschiedliche Prämien aufweisen können, musste § 12 Abs. 4 S. 2 Hs. 2 VAG aF = § 146 Abs. 2 S. 3 VAG nF eingefügt werden, der in Bezug auf die Geschlechts(un)abhängigkeit **unterschiedliche Prämien** im Neugeschäft gegenüber den Altverträgen erlaubt.[74]

181   **c) Änderungen der KalV.** Bereits vor Verabschiedung des SEPA-BegleitG änderte die BaFin mit der 4. KalVÄndV v. 29.1.2013[75] die KalV, um den Anforderungen des EuGH-Urteils zu entsprechen. Diese Änderungen werfen **Probleme** auf:

182   – In § 6 KalV aF (= § 6 KVAV) wurden alle Vorschriften aufgehoben, die sich auf das Geschlecht beziehen (Nr. 1 4. KalVÄndV). Die entsprechenden Vorschriften wurden in § 19 Abs. 6, 7 KalV aF (= § 27 Abs. 3, 4 KVAV) auf die vor dem 21.12.2012 eingeführten Tarife beschränkt (Nr. 4 4. KalVÄndV). Wenn die Kopfschäden nicht mehr in Abhängigkeit vom Geschlecht ermittelt werden, können ein Tarif weder die Geschlechterverteilung noch die geschlechtsspezifischen Kosten abgebildet werden. Die BaFin hat mit dieser Änderung der KalV den systematischen Unterschied zwischen Kalkulationsebene und Vertragsebene nicht berücksichtigt und damit das EuGH-Urteil falsch interpretiert (→ Rn. 149 f.). § 6 KalV aF (= § 6 KVAV) betrifft die **Tarifkalkulation** (vgl. den Wortlaut: „Tarif") und nicht die individuelle Prämie des Einzelvertrags. Die entsprechenden Änderungen der 4. KalVÄndV sind rechtlich überflüssig. Sie entfalten darüber hinaus auch keine rechtliche Wirkung, weil die Berücksichtigung der Geschlechterverteilung und der geschlechtsspezifischen Kosten bei der Tarifkalkulation aktuariell geboten ist. Die aktuariellen Standards unterliegen nicht der Disposition des Gesetz- oder Verordnungsgebers (→ Vor § 192 Rn. 836 ff.). Die Unisex-Leitlinien der EU-Kommission differenzieren demgegenüber zutr. zwischen Tarifkalkulation und individueller Prämie (→ Rn. 188).

183   – Weil die Tarifkalkulation das Geschlecht zu berücksichtigen hat, spricht **§ 146 Abs. 1 Nr. 1 VAG** unverändert von der „Geschlechtsabhängigkeit des Risikos". Das SEPA-BegleitG hat diese Vorschrift richtigerweise nicht geändert und hätte sie auch nicht ändern dürfen (→ Rn. 182).[76]

184   – Die Änderung von § 6 KalV aF (= § 6 KVAV) ist auch nicht konsistent mit der Rechnungsgrundlage der **Sterbewahrscheinlichkeit** (§ 5 KVAV). Die Sterbewahrscheinlichkeit wird aktuariell zwingend getrennt nach Geschlechtern ermittelt. Dementsprechend bilden die PKV-Sterbetafeln

---

[69] *Kahler* NJW 2011, 894 (896 f.); *Looschelders* VersR 2011, 421 (428); *Mönnich* VersR 2011, 1092 (1097).
[70] Europäische Kommission, Leitlinien zur Anwendung der RL 2004/113/EG des Rates auf das Versicherungswesen im Anschluss an das Urteil des Gerichtshofs der Europäischen Union in der Rs. C-236/09 Rn. 7, ABl. 2012 C 11, S. 1 – Test-Achats.
[71] Begr. Abschn. A I RegE 10. VAGÄndG, BT-Drs. 17/9342, 134.
[72] BGBl. 2013 I 610.
[73] Unisex-Leitlinien Nr. 12.
[74] Vgl. Beschlussempfehlung und Bericht Finanzausschuss zu Art. 6 Nr. 3 (§ 12 Abs. 4 S. 2 VAG) RegE SEPA-BegleitG, BT-Drs. 17/11395, 17 f.
[75] BGBl. 2013 I 160.
[76] Anders *Hoffmann* VersR 2012, 1073 (1074 f.) wegen der fehlenden Differenzierung zwischen Tarifkalkulation und Prämienberechnung.

die Sterblichkeit für Männer und Frauen getrennt ab. Für die zu berücksichtigende Sterbewahrscheinlichkeit verlangt § 5 KVAV richtigerweise keine Geschlechtsneutralität.

d) Leitlinien der EU-Kommission. Um den Mitgliedstaaten die Anpassung ihrer Gesetzgebung an das EuGH-Urteil zu erleichtern, hat die EU-Kommission Leitlinien für die Anwendung der RL 2004/113/EG formuliert **(Unisex-Leitlinien).**[77] Die Unisex-Leitlinien haben im Wesentlichen folgenden Inhalt: 185

– Die Unisex-Regel gilt nur für **neue Verträge** (Unisex-Leitlinien Nr. 7). Ein neuer Vertrag liegt vor, wenn die letzte für den Vertragsschluss erforderliche Einwilligung einer Partei nach dem 21.12.2012 erfolgt (Unisex-Leitlinien Nr. 11, 12 lit. a). 186

– **Kein neuer Vertrag** soll ua in folgenden nicht erschöpfend aufgeführten Beispielsfällen[78] anzunehmen sein: (1) automatische Vertragsverlängerung aufgrund einer **Verlängerungsklausel** (Unisex-Leitlinien Nr. 13 lit. a). (2) Änderungen des Vertragsinhalts aufgrund vorher festgelegter Parameter, wenn die Zustimmung des Versicherungsnehmers nicht erforderlich ist (Unisex-Leitlinien Nr. 13 lit. b). Hierunter fallen insbes. **Beitrags- und Bedingungsanpassungen** nach § 203.[79] (3) Abschluss von „Zusatz- oder Anschlussversicherungen", wenn die Modalitäten in Altverträgen festgelegt sind und die Änderungen durch einseitige Erklärung des Versicherungsnehmers wirksam werden (Unisex-Leitlinien Nr. 13 lit. c). Hierunter fallen zB die **Kindernachversicherung** nach § 198, die Fortsetzung des Versicherungsverhältnisses nach § 207 oder die Verlängerung einer befristeten Krankentagegeldversicherung nach § 196. (4) Wechsel des Versicherungsunternehmens aufgrund einer **Bestandsübertragung** (Unisex-Leitlinien Nr. 13 lit. d). 187

– Auch der **Tarifwechsel** nach § 204 Abs. 1 S. 1 Nr. 1 ist kein neuer Vertrag im Sinne der Unisex-Regel. Zwar erfordert der Tarifwechsel eine Vereinbarung zwischen Versicherungsunternehmen und Versicherungsnehmer (→ § 204 Rn. 192 f.). Jedoch hat der Versicherungsnehmer darauf einen einseitigen Anspruch (→ § 204 Rn. 10). Der Tarifwechsel führt zu einer Fortsetzung des bestehenden Vertrags mit geändertem Inhalt (→ § 204 Rn. 13). Daher kann aus einem Alttarif auch nach dem 21.12.2012 in einen anderen gleichartigen Alttarif gewechselt werden (→ § 204 Rn. 150a). 187a

– Die **Berücksichtigung des Geschlechts bleibt zulässig,** wenn es um die Berechnung der Prämien „in ihrer Gesamtheit" geht und zu keinen individuellen Unterschieden führt (Unisex-Leitlinien Nr. 14 Abs. 1). Damit wird der systematische Unterschied zwischen Tarifkalkulation und individueller Prämie zutr. anerkannt (→ Rn. 149 f., 182). Dementsprechend kann das Versicherungsunternehmen Informationen über geschlechtsspezifische Risikofaktoren sammeln und vom Versicherungsnehmer erfragen (Unisex-Leitlinien Nr. 14 Abs. 5, Anh. 3). 188

– Es können geschlechtsspezifische Versicherungsprodukte angeboten werden, die auf **geschlechtstypische Sachverhalte** zugeschnitten sind (Unisex-Leitlinien Nr. 15). 189

– **Alter und Behinderung** dürfen weiterhin als Risikofaktor berücksichtigt werden (Unisex-Leitlinien Nr. 18, 20). 190

e) Rechtskonkurrenz der Gleichbehandlungsrichtlinien. RL 2004/113/EG (Gender-RL) und RL 2006/54/EG (GleichbehandlungsRL) behandeln unterschiedliche Lebensbereiche (→ Rn. 163 f.), so dass es grds. zu keiner Rechtskonkurrenz zwischen beiden Regelwerken kommt. Eine Ausnahme kann sich jedoch für bestimmte Formen der **betrieblichen Krankenversicherung (bKV)** ergeben (→ Rn. 222 f.). 191

Soweit auf die bKV sowohl die RL 2004/113/EG als auch die RL 2006/54/EG anzuwenden sind, stehen beide Richtlinien zueinander in **Rechtskonkurrenz.** Das kann seit dem Unisex-Urteil des EuGH zu Problemen führen, weil Art. 9 Abs. 1 lit. h RL 2006/54/EG im Unterschied zu Art. 5 Abs. 1 RL 2004/113/EG für die bKV geschlechtsabhängig unterschiedliche Prämien zulässt, wenn sie versicherungstechnisch begründet sind. 192

In der Frage der Rechtskonkurrenz hat die RL 2006/54/EG **Vorrang** vor der RL 2004/113/EG. Dafür sind folgende Gründe maßgebend: 193

– Beide Richtlinien behandeln **unterschiedliche Lebensbereiche.** Die RL 2004/113/EG betrifft die Versorgung mit Gütern und Dienstleistungen, die RL 2006/54/EG die Gleichbehandlung in Arbeits- und Beschäftigungsfragen. 194

– Die RL 2006/54/EG ist zeitlich nach der RL 2004/113/EG ergangen. Grundsätzlich verdrängt das **jüngere Gesetz** das ältere Gesetz. Ausnahmen hiervon kann das jüngere Gesetz regeln. Die RL 2006/54/EG enthält keinen entsprechenden Vorbehalt. 195

---

[77] Europäische Kommission, Leitlinien zur Anwendung der RL 2004/113/EG des Rates auf das Versicherungswesen im Anschluss an das Urteil des Gerichtshofs der Europäischen Union in der Rs. C-236/09, ABl. 2012 C 11, S. 1 – Test-Achats.
[78] Unisex-Leitlinien Nr. 13 Fn. 3.
[79] *Hoffmann* VersR 2012, 1073 (1077).

196 – Der EuGH hat in seinem **Unisex-Urteil** nur eine Vorschrift der RL 2004/113/EG für unwirksam erklärt. Auf die RL 2006/54/EG kann die Entscheidung schon aus formalen Gründen nicht ausgedehnt werden. Der EuGH betont sogar, dass die RL 2004/113/EG „nur für private, freiwillige und von Beschäftigungsverhältnissen unabhängige Versicherungen" gelten soll. Damit bezieht er sich ausdrücklich auf die RL 2006/54/EG,[80] die somit von seiner Entscheidung nicht tangiert sein soll.

197 – Anders als Art. 5 Abs. 1, 2 RL 2004/113/EG sieht Art. 9 Abs. 1 lit. h RL 2006/54/EG **keine zeitliche Begrenzung** für die Anwendung geschlechtsabhängiger Beträge vor.

198 **5. Geschlechtsneutrale Tarife (Unisex). a) Kalkulationsgrundsätze.** Die **Unisex-Regel** besagt, dass das Geschlecht nicht zu unterschiedlichen Prämien und Leistungen führen darf (Art. 5 Abs. 1 Gender-RL). Soweit das Geschlecht ein unterschiedliches Risiko begründet, ist es zwar auf der *Kalkulationsebene* zu berücksichtigen, darf es aber auf der *Vertragsebene* nicht zu Prämienunterschieden zwischen den Geschlechtern führen (→ Rn. 149, 188).

199 Um aus dem geschlechtsabhängigen Risiko eine geschlechtsneutrale Prämie abzuleiten, muss – vereinfacht ausgedrückt – zwischen zwei **Kalkulationsstufen** unterschieden werden:[81]

200 – In einer ersten Stufe geht es um die **Ermittlung der Ausgangsdaten** (Ausgangsdatenstufe). In dieser Stufe werden die Ausgangsdaten für die Rechnungsgrundlagen „Kopfschaden", „Sterbewahrscheinlichkeit" und „Stornowahrscheinlichkeit" getrennt nach Alter und Geschlecht ermittelt. Die getrennte Ermittlung der Ausgangsdaten ist aktuariell zwingend, um aus dem geschlechtsspezifischen Leistungsbedarf den späteren Umverteilungsbedarf abzuleiten.

201 – Anschließend werden die geschlechtsabhängig ermittelten Ausgangsdaten durch unterschiedliche aktuarielle Verfahren auf die Geschlechter so verteilt, dass die geschlechtsabhängigen Unterschiede eliminiert werden **(Verteilungsstufe).** In der Verteilungsstufe wird das Ziel verfolgt, aus den Bisex-Ausgangsdaten unter Berücksichtigung der voraussichtlichen Geschlechterverteilung die Unisex-Prämien zu generieren. Das Verteilungsverfahren kann sich entweder direkt auf die Rechnungsgrundlagen „Kopfschaden, Sterbe- und Stornowahrscheinlichkeit" oder auf die diskontierten Werte (Leistungsbarwert, Leibrentenbarwert) beziehen.

202 Die **voraussichtliche Geschlechterverteilung** im Unisex-Tarif zu ermitteln, stellt eine besondere aktuarielle Herausforderung dar. Das gilt vor allem dann, wenn das Versicherungsunternehmen zu bisherigen Bisex-Tarifen für das Neugeschäft nach dem 21.12.2012 identische oder nahezu identische Unisex-Tarife entwickelt hat („Spiegelung" von Bisex-Tarifen in der Unisex-Welt). Im Falle solcher „gespiegelter" Unisex-Tarife kann es aufgrund des Tarifwechselrechts nach § 204 Abs. 1 S. 1 Nr. 1 zu größeren Wanderungsbewegungen von Bestandskunden aus Bisex-Tarifen in Unisex-Tarife kommen. Der umgekehrte Weg des Wechsels aus einem Unisex-Tarif in einen Bisex-Tarif ist gesetzlich ausgeschlossen (§ 204 Abs. 1 S. 1 Nr. 1 Hs. 6).

203 Der **Tarifwechsel** aus einem Bisex-Tarif in einen Unisex-Tarif ist umso wahrscheinlicher, je größer der Beitragsunterschied ist. Er ist generell für jüngere Frauen und ältere Männer interessant und damit weitgehend geschlechtsabhängig. Andererseits sinkt die Wechselbereitschaft mit höherem Lebensalter. Außerdem bewirkt ein gewisses Trägheitsmoment der Versicherten, dass Beitragsunterschiede erst ab einer absoluten Mindestschwelle als wechselwürdig empfunden werden.

204 Die **risikogerechte Kalkulation** des Unisex-Tarifs hängt damit hinsichtlich der künftigen Geschlechterverteilung außer vom Geschlechtermix im *Neugeschäft* vor allem vom *Wechselverhalten der Bestandskunden* ab. Das Versicherungsunternehmen muss durch geeignete iterative Simulationsrechnungen die wahrscheinliche künftige Geschlechterverteilung ermitteln.

205 **b) Schwangerschaft und geschlechtsspezifische Krankheiten.** Schwangerschaft und Mutterschaft (vgl. Erwgr. 20, Art. 5 Abs. 3 RL 2004/113/EG, § 20 Abs. 2 S. 1 AGG, §§ 25, 27 Abs. 3, 4 KVAV) sind natürliche Körperzustände, die deshalb keine Krankheit sind.[82] Den Umfang der entsprechenden Kosten legt § 25 KVAV fest.

206 **Geschlechtsspezifische Krankheiten** sind anomale Körperzustände und Krankheitsbilder, die geschlechtsgebunden sind und deren Vorkommen sich daher auf ein Geschlecht beschränkt (zB Prostatakrebs, Brustkrebs).

207 Die Vorschriften für die Verteilung der Kosten von Schwangerschaft und Mutterschaft (Art. 5 Abs. 3 RL 2004/113/EG, § 20 Abs. 2 S. 1 AGG) sind als „spezielle Solidaritätsklausel"[83] Teil des allgemeinen Verbots der **Geschlechterdiskriminierung**. Als Geschlechterdiskriminierung gilt,

---

[80] EuGH Slg. 2011, I-733 = VersR 2011, 377 = NJW 2011, 907 Rn. 15 – Test-Achats.
[81] DAV-Fachgrundsatz „Aktuarielle Hinweise zur (Erst)Kalkulation von Unisex-Tarifen in der Privaten Krankenversicherung", Hinweis, verabschiedet am 5.3.2012.
[82] *Boetius* VVG § 192 Rn. 111, 115.
[83] Unisex-Leitlinien Nr. 15 S. 2.

wenn die mit Schwangerschaft und Mutterschaft verbundenen Kosten nur den Frauen zugeordnet werden (Erwgr. 20 S. 2 RL 2004/113/EG). Die entsprechende Verteilung dieser Kosten auf beide Geschlechter regelte § 6 Abs. 4, 5 S. 1 KalV aF. Die RL 2004/113/EG will die „Schlechterstellung von Frauen aufgrund von Schwangerschaft oder Mutterschaft" gegenüber *Männern* (Erwgr. 20 S. 1 RL 2004/113/EG: „Diskriminierung aufgrund des Geschlechts") beseitigen. Unter „unterschiedlichen Prämien und Leistungen" iSv Art. 5 Abs. 1, 3 RL 2004/113/EG sind daher nur solche zu verstehen, deren Ursache der Geschlechterunterschied ist (vgl. Erwgr. 18 S. 2 RL 2004/113/EG). Andere Unterschiede will die RL 2004/113/EG nicht regeln. Ihre Reichweite ist auf den Geschlechterunterschied begrenzt.

Art. 5 Abs. 1, 3 RL 2004/113/EG, § 20 Abs. 2 S. 1 AGG entfalten daher keine über das Verbot 208 der Geschlechterdiskriminierung hinausgehende Wirkung. Insbesondere sind diese Vorschriften nicht einschlägig, wenn es nicht um eine unterschiedliche Behandlung im Verhältnis zwischen den Geschlechtern, sondern um **Risikounterschiede innerhalb desselben Geschlechts** geht.

Bei **geschlechtsspezifischen Krankheiten** handelt es sich zwangsläufig um Risikounter- 209 schiede *innerhalb desselben Geschlechts* und nicht um Unterschiede zwischen den Geschlechtern. An Prostatakrebs erkranken nur Männer, an Brustkrebs nur Frauen. Deshalb sind auch bei Unisex-Tarifen Antragsfragen zu geschlechtsspezifischen Krankheiten zulässig.[84] Desgleichen können für solche Vorerkrankungen Risikozuschläge oder Leistungsausschlüsse vereinbart werden.

Wenn die mit Schwangerschaft und Geburt verbundenen Kosten in der Tarifkalkulation Män- 210 nern und Frauen zugeordnet werden, sind der Geschlechterunterschied und die Diskriminierung beseitigt. Nicht beseitigt ist damit der geschlechtsspezifische Risikounterschied innerhalb des weiblichen Geschlechts: Die schwangere Frau ist gegenüber der nicht schwangeren Frau ein erhöhtes Risiko. Die Schwangerschaftsfrage betrifft nicht den *Geschlechterunterschied zwischen Mann und Frau*, sondern den *Risikounterschied zwischen Frauen*. Die RL 2004/113/EG ist für die Berücksichtigung von **Risikounterschieden innerhalb desselben Geschlechts** nicht einschlägig (→ Rn. 208).

Die RL 2004/113/EG beschränkt für Risikounterschiede innerhalb desselben Geschlechts nicht 211 die **Risikoprüfung** und begründet kein Recht des Versicherungsnehmers auf Einschluss geschlechtsspezifischer Vorerkrankungen oder Leistungen. Daher darf das Versicherungsunternehmen auch bei einem Unisex-Tarif im Antrag nach geschlechtsspezifischen Krankheiten ebenso wie nach einer bestehenden Schwangerschaft fragen und ggf. einen entsprechenden Leistungsausschluss verlangen.[85] § 203 Abs. 1 S. 2 verbietet Risikozuschläge und Leistungsausschlüsse nur für den Basistarif.

Trotz der schon vor dem Unisex-Urteil des EuGH geltenden Verteilung der Geburtskosten auf 212 beide Geschlechter (Art. 5 Abs. 3 RL 2004/113/EG, § 20 Abs. 2 S. 2 AGG aF, § 6 Abs. 5 S. 1 KalV aF) war es auch bei den **Bisex-Tarifen** rechtlich zulässig und versicherungstechnisch notwendig gewesen, im Rahmen der Risikoprüfung nach bestehenden Schwangerschaften zu fragen und einen entsprechenden Leistungsausschluss zu verlangen. Daraus wird deutlich, dass es sich bei der Schwangerschaft insoweit nicht um einen Unterschied zwischen den Geschlechtern, sondern um einen Risikounterschied innerhalb desselben Geschlechts handelt. Das erkennen die Unisex-Leitlinien, wenn sie Antragsfragen zur Schwangerschaft nicht zulassen wollen.[86]

Für Schwangerschaften gilt eine **Wartezeit** von höchstens acht Monaten (§ 197 Abs. 1 S. 1 213 VVG, § 3 Abs. 3 MB/KK 2013). Die RL 2004/113/EG hat die Geltung dieser Vorschrift nicht beseitigen können, weil die Wartezeit in der Sache ein zeitlich begrenzter Risikoausschluss ist.[87] Damit wird unterstrichen, dass die Schwangerschaft ein *Risiko*merkmal ist.

c) **Geschlechtsspezifische Berufsgruppen.** Bestimmte Berufe werden typischerweise von 214 Angehörigen nur eines Geschlechts ausgeübt (umgangssprachlich: „Männerberufe", „Frauenberufe"). Grund sind nicht Ausschließlichkeitsrechte, die unzulässig wären, sondern gewachsene Traditionen oder die Art der beruflichen Tätigkeit, die wegen ihrer – häufig körperlichen – Anforderungen nur für Angehörige eines Geschlechts attraktiv sind. Beispiele für typische
– Frauenberufe: Hebammen;
– Männerberufe: bestimmte Handwerks- bzw. Arbeiterberufe (zB Baugewerbe, Bergwerk).
Berufsgruppentarife sind Tarife, die nur Angehörige der tariflich bestimmten Berufsgruppe 215 abschließen können. Die jeweilige Berufsgruppe ist eine personengebundene Eigenschaft, welche die Versicherungsfähigkeit iSv § 12 Abs. 2 KVAV begründet (→ § 192 Rn. 133).[88] Berufsgruppentarife

---

[84] Unisex-Leitlinien Nr. 15 S. 1, Anh. 3 „Antragsformulare".
[85] AM, *Brand* VersR 2009, 715 (718) unter Verkennung der Reichweite des Diskriminierungsverbots der Gender-RL; unzutr. daher OLG Hamm VersR 2011, 514 (515) zur Antragsfrage nach Schwangerschaftskomplikationen.
[86] Unisex-Leitlinien Nr. 15 S. 2, Anh. 3 „Antragsformulare".
[87] BGH VersR 1978, 271 (272 re. Sp.) = NJW 1978, 1197; VersR 1978, 362 (363 f.).
[88] *Boetius* KalV § 12 Rn. 15 f.; *Wilmes* in Bach/Moser MB/KT § 15 Rn. 10; Beschlusskammer BAV v. 26.8.1996, VerBAV 1997, 38 (40 li. Sp.).

können Gegenstand von Einzelversicherungen oder Gruppenversicherungsverträgen (mit oder ohne eigenen Abrechnungsverband) sein.

216 Das **AGG** schließt Berufsgruppentarife nicht aus; § 1 AGG erwähnt die Berufsgruppen nicht. Die Zugehörigkeit zu einer Berufsgruppe knüpft nicht an ein Merkmal an, das der Versicherte von Geburt an besitzt. Insofern unterscheidet sich die Berufsgruppe von den *durch Geburt erworbenen* oder *durch Religion/Weltanschauung gewählten* Merkmalen des § 1 AGG. Daher liegt auch keine nur mittelbare Benachteiligung iSv § 3 Abs. 2 AGG vor, wenn an die Berufsgruppe angeknüpft wird.

217 Die Unisex-Regel von Art. 5 Abs. 1 RL 2004/113/EG nimmt auf die Besonderheiten von Berufsgruppentarifen keine Rücksicht, die daher gleichfalls **geschlechtsneutrale Prämien** ausweisen müssen. Weil jedoch in der *Tarifkalkulation* die Geschlechterverteilung und die geschlechtsspezifischen Kosten berücksichtigt werden dürfen (→ Rn. 149), können bei Tarifen für geschlechtsspezifische Berufsgruppen (zB Hebammentarif, Kaminkehrertarif) die Besonderheiten des dominanten spezifischen Geschlechts risikogerecht berücksichtigt werden.

218 Das Krankenversicherungsrisiko der versicherten Berufsgruppe muss kalkulatorisch in der üblichen Form unterlegt sein. Das Versicherungsunternehmen kann das **berufsgruppenspezifische Risiko** alternativ auf zwei Wegen berücksichtigen:
– Durch Kalkulation eines Berufsgruppen*zuschlags* zu einem normalen Unisex-Tarif oder
– durch eigenständige Kalkulation eines Berufsgruppen*tarifs*.
Das Versicherungsunternehmen kann den Durchführungsweg frei wählen. Bei erheblicher Bestandsgröße wird sich vorwiegend ein Berufsgruppentarif anbieten.

219 Die Kalkulation von **Berufsgruppenzuschlägen** („Berufszuschlag") ist aufsichtsrechtlich anerkannt, wenn sie aus entsprechenden statistischen Untersuchungen hergeleitet werden können.[89] Es handelt sich hierbei rechtlich nicht um einen Risikozuschlag iSv § 203 Abs. 1 S. 2, weil nicht der *einzelne* Versicherte ein gegenüber dem Kollektiv erhöhtes Krankheitsrisiko darstellt. Vielmehr stellt das *gesamte Gruppen-Kollektiv* ein gegenüber dem Gesamtdurchschnitt erhöhtes Risiko dar.[90]

220 **Berufsgruppentarife** sind seit langem in der Krankheitskosten- und in der Krankentagegeldversicherung üblich. Sie berücksichtigen die berufsgruppenspezifischen Besonderheiten und damit insbes. die Geschlechterverteilung der Berufsgruppe, die sich in den jeweiligen Rechnungsgrundlagen (zB Versicherungsleistungen, Sterbewahrscheinlichkeit) ausprägt.

221 Wenn das versicherte Berufsgruppen-Kollektiv sehr klein ist, drohen besondere Schwankungen, die durch einen erhöhten **Sicherheitszuschlag** berücksichtigt werden müssen. Das gilt unabhängig davon, welchen Durchführungsweg (→ Rn. 218) das Versicherungsunternehmen wählt. Der Sicherheitszuschlag hat die Funktion eines Schwankungszuschlags (→ Rn. 290). Er kann für die einzelnen Tarife bzw. Zuschläge unterschiedlich hoch sein (→ Rn. 293).[91]

222 **d) Betriebliche Krankenversicherung (bKV).** Die **Unisex-Regeln** von Art. 5 RL 2004/113/EG gelten grds. auch für die bKV (→ Vor § 192 Rn. 678 ff.); denn es handelt sich bei der bKV um „Prämien und Leistungen im Bereich des Versicherungswesens" (Art. 5 Abs. 1 RL 2004/113/EG).

223 Parallel dazu gilt auch die RL 2006/54/EG v. 5.7.2006; denn die bKV ist als **betriebliches System der sozialen Sicherheit** iSv Art. 1 UAbs. 2 lit. c, Art. 7 Abs. 1 lit. a RL 2006/54/EG anzusehen. Dies gilt jedoch nur, wenn die bKV keine der Ausnahmen von Art. 8 Abs. 1 RL 2006/54/EG erfüllt.
In der dadurch entstehenden **Rechtskonkurrenz** hat die RL 2006/54/EG Vorrang vor der RL 2004/113/EG (→ Rn. 192 ff.).

224 **6. Geschlechtsabhängige Tarife (Bisex).** Die bis zum 21.12.2012 zu den früheren Bisex-Tarifen abgeschlossenen Verträge werden durch das Unisex-Urteil des EuGH (→ Rn. 172 ff.) nicht berührt. Für sie gelten die **früheren Grundsätze** (→ Rn. 163 ff.) unverändert weiter (→ Rn. 176 f., 186 ff.).

225 Bisex-Tarife werden die **Versicherungspraxis** in der Krankenversicherung noch viele Jahrzehnte bestimmen, weil nur ein kleiner Teil der in Bisex-Tarifen Versicherten in einen Unisex-Tarif wechseln wird. Zum einen führt die Unisex-Kalkulation idR zu höheren Prämien, weil die künftige Geschlechterverteilung in einem solchen Tarif ein zusätzliches versicherungstechnisches Risiko (Änderungsrisiko) darstellt, das mit entsprechenden Sicherheitszuschlägen berücksichtigt werden muss. Zum anderen kann der Versicherte aus einem Bisex-Tarif in einen Unisex-Tarif erschwerungsneutral nur dann wechseln, wenn der Unisex-Tarif keine höheren Leistungen vorsieht; das ist eher

---

[89] VerBaFin 03/2005, 4.
[90] IErg ebenso VerBaFin 03/2005 S. 3 f.
[91] *Boetius* KalV § 7 Rn. 1 ff.

selten der Fall, weil die Versicherungsunternehmen mit der Umstellung auf Unisex-Tarife ihr Leistungsversprechen häufig modernisiert und zusätzliche Leistungen eingeschlossen haben.

Bei Bisex-Tarifen kommt es für die Einstufung in den Männertarif oder Frauentarif auf das durch Geburt erworbene Geschlecht an. Eine spätere **Geschlechtsumwandlung** kann dieses angeborene Geschlechtsmerkmal nicht beseitigen. Das ist unabhängig davon, ob der Transsexuelle alle rechtlichen Möglichkeiten auf Anerkennung des neuen Geschlechts nach dem Transsexuellengesetz ausgeschöpft hat. Maßgebend für die Einstufung nach dem durch Geburt erworbenen Geschlecht sind die mit dem angeborenen Geschlecht verbundenen biologischen Risiken, die sich durch Geschlechtsumwandlung nicht ändern. Daher kann ein als Mann geborener und im Männertarif Versicherter nach einer Geschlechtsumwandlung nicht in den Frauentarif umgestuft werden.[92]

VII. Einheitstarife der PKV

1. Allgemeine Kalkulationsbeschränkungen. a) Überblick. Der Gesetzgeber hat aus sozialpolitischen Gründen der PKV verschiedentlich **brancheneinheitliche Produkte** vorgeschrieben, die mit erheblichen Eingriffen in die Vertragsfreiheit verbunden sind. Hierzu zählen der Standardtarif für ältere Versicherte nach § 257 Abs. 2a SGB V aF (→ Vor § 192 Rn. 1143 ff.), die private Pflege-Pflichtversicherung (PPV) nach §§ 110 f. SGB XI (→ Vor § 192 Rn. 1168 ff.), der durch das GKV-WSG eingeführte neue Basistarif (→ Vor § 192 Rn. 1183 ff.) und der durch das KV-Beitragsschulden-Überforderungsgesetz eingeführte Notlagentarif (→ Vor § 192 Rn. 1231 ff.).

Diese Einheitsprodukte sehen in unterschiedlicher Ausprägung **Kalkulationsbeschränkungen** vor. Dazu zählen vor allem
– Geschlechtsneutrale Prämien (→ Rn. 229 ff.),
– altersunabhängige Einheitsprämie (→ Rn. 232),
– Höchstbeiträge mit daraus resultierenden Umlage- und Umverteilungselementen (→ Rn. 233 ff.),
– Begrenzung der Abschlusskosten (→ Rn. 238 f.).

b) Geschlechtsneutralität. § 110 Abs. 1 Nr. 2 lit. d, Abs. 3 Nr. 3 SGB XI schreibt für die **private Pflege-Pflichtversicherung (PPV)** vor, dass die Prämien nicht nach dem Geschlecht gestaffelt werden dürfen. Diese Vorgabe war möglich, weil geschlechtsabhängige Prämien aktuariell nicht zwingend sind (→ Rn. 150). Wären nämlich geschlechtsabhängige Prämien aktuariell, dh versicherungsmathematisch zwingend, hätte der deutsche Gesetzgeber sie nicht verbieten können (→ Vor § 192 Rn. 707).

Der **Standardtarif** für ältere Versicherte sah keine derartige Einschränkung vor (§ 257 Abs. 2a SGB V aF). Auch der **Basistarif** sieht keine geschlechtsneutrale Kalkulation vor (§ 152 Abs. 3, 4 VAG).

Das **Unisex-Urteil** des EuGH (→ Rn. 172 ff.) hat die Geschlechtsneutralität der Prämie inzwischen zum Grundsatz für alle Tarife erhoben. Die bisherige Ausnahme für die PPV (→ Rn. 229) ist damit gegenstandslos geworden.

c) Altersunabhängigkeit. Für den **Notlagentarif** ist „eine einheitliche Prämie" zu kalkulieren; ihre Höhe darf damit nicht vom Alter des Versicherten abhängen (→ Rn. 133).

d) Höchstbeitragsgarantie. § 257 Abs. 2a S. 1 Nr. 2 SGB V aF schreibt für den **Standardtarif** einen Höchstbeitrag vor. Danach darf der Beitrag den (früher: durchschnittlichen) Höchstbeitrag der GKV bzw. für Ehegatten und Lebenspartner insgesamt 150 % des (durchschnittlichen) Höchstbeitrags nicht übersteigen (→ Vor § 192 Rn. 1161).

In der **privaten Pflege-Pflichtversicherung (PPV)** ist der Bruttobeitrag ebenfalls der Höhe nach begrenzt. Er darf im Normaltarif den Höchstbeitrag bzw. im Beihilfetarif den halben Höchstbeitrag in der SPV nicht übersteigen (§ 110 Abs. 1 Nr. 2e SGB XI). Für Ehegatten oder Lebenspartner beträgt die Höchstbeitragsgrenze im Normaltarif 150 % und im Beihilfetarif 75 % des Höchstbeitrags der SPV (→ Vor § 192 Rn. 1173).

Zum Höchstbeitrag im **Basistarif** → Rn. 244 ff. und im **Notlagentarif** → Rn. 260, 328.

Standardtarif, Basistarif, Notlagentarif und PPV sind **substitutive Krankenversicherung**. Die RL 2009/138/EG räumt den Mitgliedstaaten hierfür weite Gestaltungsspielräume ein, die es vor allem auch erlauben, den Beitrag der Höhe nach zu begrenzen (→ Rn. 16).

Jede Form gesetzlicher Höchstbeiträge führt zu **Quersubventionierungen** zulasten anderer Tarife. Im Falle des Standardtarifs kann in denjenigen Tarifen, die zum Wechsel in den Standardtarif berechtigen, vereinbart werden, dass ein gesonderter Zuschlag zur Gewährleistung der Beitragsgarantie im Standardtarif und des unternehmensübergreifenden Ausgleichs einkalkuliert wird (§ 8 Abs. 5 KVAV). In dem Gesellschaftsvertrag zur Durchführung des Spitzenausgleichs haben sich die PKV-

---
[92] BGH VersR 2012, 980 = NJW 2012, 2733.

Unternehmen verpflichtet, diesen Zuschlag zu erheben (→ Vor § 192 Rn. 1161). Für den Basistarif gilt sinngemäß das gleiche; hier begründet der durch Art. 45 Nr. 3 GKV-WSG neu gefasste § 8 Abs. 1 Nr. 6 KalV aF (= § 8 Abs. 1 Nr. 6 KVAV) die Erhebung eines Zuschlags bei substitutiven Krankenversicherungen, um die Beitragsbegrenzungen im Basistarif nach § 154 Abs. 1 S. 3 Hs. 2 VAG zu finanzieren.

238 e) **Abschlusskostenbegrenzung.** In der **PPV** regelt der zwischen den Versicherungsunternehmen vereinbarte Poolvertrag die Einzelheiten der Beitragskalkulation (→ Vor § 192 Rn. 1175). In diesem Zusammenhang ist auch vorgesehen, dass in den Beitrag eine Abschlussvergütung von höchstens zwei Bruttomonatsbeiträgen eingerechnet wird (→ Vor § 192 Rn. 1179). Zahlt ein Versicherungsunternehmen an seine Vermittler höhere Abschlusskosten, muss es die Differenz aus anderen Quellen finanzieren. Diese Abschlusskostenbegrenzung ist nicht gesetzlich vorgegeben, sondern zwischen den Versicherungsunternehmen im Rahmen des Poolvertrags vereinbart. Allerdings war dies eine von der Politik verlangte Voraussetzung für die Einführung der PPV.

239 Im Poolvertrag für den **Basistarif** sind unmittelbare Abschlusskosten nicht vorgesehen. Im Rahmen des Beitragsausgleichs werden außer den Verwaltungs- und Schadenregulierungskosten nur mittelbare Abschlusskosten bis zu einer verbandseinheitlichen Grenze, die sich am Marktdurchschnitt orientiert, berücksichtigt. Wenn ein Versicherungsunternehmen für den Abschluss des Basistarifs an seine Vermittler Abschlussprovisionen zahlt, muss es diese daher aus anderen Quellen finanzieren.

240 **2. Basistarif. a) Überblick.** Im Basistarif gelten für folgende Fälle **Sonderregelungen der Beitragskalkulation:**
– Begrenzung auf den Höchstbeitrag der GKV (→ Rn. 244 ff.),
– Halbierung des Beitrags für Sozialhilfeempfänger (→ Rn. 248 ff.),
– Ausschluss von Vorerkrankungen (→ Rn. 252 f.),
– Modifizierung von Rechnungsgrundlagen (→ Rn. 254 ff.).

241 Der Basistarif ist **branchenweit einheitlich** ausgestaltet (§ 152 Abs. 1 S. 1 VAG). Das hat zur Folge, dass die Beiträge mit gemeinsamen Kalkulationsgrundlagen einheitlich für alle Versicherungsunternehmen ermittelt werden; nur die Kosten für den Versicherungsbetrieb sind nach dem – kartellrechtlich notwendigen – Grundsatz der einheitlichen Nettokalkulation unternehmensindividuell zu kalkulieren (§ 152 Abs. 5 VAG).

242 Die für die Beitragskalkulation des Basistarifs geltenden Sonderregelungen des § 152 Abs. 3–5 VAG sind trotz der vom Gesetzgeber des FinMoG unterlassenen Bezugnahme des § 203 Abs. 1 S. 1 auf § 152 VAG auch **versicherungsvertragsrechtlich** wirksam (→ Rn. 44, 243).

243 Zweifelhaft kann sein, ob auch die in § 12g Abs. 1 S. 3 VAG aF = § 154 Abs. 1 S. 3 VAG vorgeschriebenen **Umlagen und Umverteilungen** (→ Rn. 251 f.) versicherungsvertragsrechtlich wirksam sind; denn der Gesetzgeber des GKV-WSG hatte vergessen, den § 12g VAG aF in die Inkorporierung des § 203 Abs. 1 S. 1 (= § 178g Abs. 1 S. 1 VVG aF) aufzunehmen. Auch der Gesetzgeber der VVG-Reform hat dies bei der inhaltsgleichen Übernahme der vom GKV-WSG geänderten Vorschriften des VVG aF durch Art. 11 Abs. 1 VVG-ReformG übersehen. Der gleiche Fehler unterlief dem Gesetzgeber des FinMoG (→ Rn. 44) Die Tatsache, dass der durch das GKV-WSG neu eingefügte und durch Art. 11 Abs. 1 VVG-ReformG übernommene § 203 Abs. 1 S. 3 den § 12g VAG aF = § 154 VAG nF nennt, inkorporiert diese Vorschrift nicht wirklich in das Versicherungsvertragsrecht; denn § 203 Abs. 1 S. 3 bezieht sich nur auf die Risikoprüfung. Gleichwohl muss wegen des unlösbaren Zusammenhangs zwischen der Einführung des Basistarifs und dem Risikoausgleich des § 154 VAG als integralem Bestandteil des Basistarifs davon ausgegangen werden, dass auch der § 154 VAG iSd § 203 Abs. 1 S. 1 in das Versicherungsvertragsrecht inkorporiert ist. Es handelt sich somit um ein rechtlich unbeachtliches Redaktionsversehen des Gesetzgebers.

244 **b) Beitragsbegrenzungen.** Der Beitrag des Basistarifs ist der Höhe nach **mehrfach begrenzt:** Durch den Höchstbeitrag der GKV (§ 152 Abs. 3 VAG) und durch die Halbierung des Beitrags für Sozialhilfeempfänger (§ 152 Abs. 4 S. 1 VAG).

245 Die Begrenzung auf den **Höchstbeitrag der GKV** gilt für alle Selbstbehaltsvarianten des Basistarifs (§ 152 Abs. 3 S. 1 VAG). Der Höchstbeitrag errechnet sich aus dem allgemeinen Beitragssatz nach § 241 SGB V zzgl. des durchschnittlichen Zusatzbeitragssatzes nach § 242a Abs. 2 SGB V und der Beitragsbemessungsgrenze in der GKV.

246 Der **Höchstbeitrag** unterlag ursprünglich einer regelmäßigen Anpassung, die jährlich zum 1.7. vorgenommen wurde (§ 12 Abs. 1c S. 1 Hs. 2, S. 2 VAG aF). Art. 9 GKV-FinG vereinfachte mit der Neufassung von § 12 Abs. 1c S. 2 VAG aF = § 152 Abs. 3 S. 2 VAG nF das Berechnungsverfahren.[93] Durch die Anpassungsmechanik soll gewährleistet werden, dass auch bei steigendem Finanzie-

---

[93] Begr. zu Art. 9 (§ 12 Abs. 1c VAG) Fraktionsentwurf GKV-FinG, BT-Drs. 17/3040, 36.

rungsanteil der GKV-Ausgaben über Zusatzbeiträge zukünftige Kostenanstiege des Gesundheitswesens zu einer entsprechenden Anpassung des Höchstbeitrags im Basistarif führen.[94]

Für im Basistarif versicherte **Beihilfeberechtigte** reduziert sich der Höchstbeitrag auf denjenigen Prozentanteil des GKV-Höchstbeitrags, der dem prozentualen Leistungsanspruch des Beihilfeberechtigten aus dem Basistarif entspricht (§ 152 Abs. 3 S. 3 VAG). 247

Für im Basistarif Versicherte, die im Sinne des SGB II oder XII **hilfebedürftig** sind, vermindert sich der Beitrag um die Hälfte (§ 152 Abs. 4 Hs. 1 VAG); zur Frage, welcher Beitrag gemeint ist, → Vor § 192 Rn. 1201. Voraussetzung ist, dass allein durch die Zahlung des vollen Beitrags Hilfebedürftigkeit entsteht. Die Beitragshalbierung ist auf die Dauer der Hilfebedürftigkeit beschränkt. Die Hilfebedürftigkeit muss der zuständige Sozialhilfeträger prüfen und bescheinigen (§ 152 Abs. 4 S. 1 Hs. 2 VAG). 248

Wenn trotz Beitragshalbierung **Hilfebedürftigkeit fortbesteht,** beteiligt sich der zuständige Sozialhilfeträger am reduzierten Beitrag des Versicherten, soweit dadurch Hilfebedürftigkeit vermieden wird (§ 152 Abs. 4 S. 2 VAG). 249

Wenn **Hilfebedürftigkeit unabhängig** von der Höhe des Beitrags besteht, vermindert sich der Beitrag gleichfalls um die Hälfte (§ 152 Abs. 4 S. 3 Hs. 1 VAG). Der zuständige Sozialhilfeträger zahlt in diesem Fall dem Versicherten den gleichen Betrag, den auch Bezieher von Arbeitslosengeld II in der GKV erhalten (§ 152 Abs. 4 S. 3 Hs. 2 VAG). Die Belastungen der Versicherungsunternehmen durch die Beitragshalbierung bleiben bestehen.[95] 250

Die gesetzlichen Beitragsbegrenzungen lösen im Basistarif **Deckungslücken** in der Kalkulation aus. Die Deckungslücken müssen nach § 154 Abs. 1 S. 3 Hs. 2 VAG auf alle den Basistarif anbietenden Versicherungsunternehmen so verteilt werden, dass die Versicherungsunternehmen gleichmäßig belastet werden. Diese Verteilung erfolgt durch einen Zuschlag auf die Beiträge aller übrigen substitutiven Krankenversicherungen dieser Versicherungsunternehmen (§ 8 Abs. 1 Nr. 6 KVAV). Damit müssen alle übrigen Krankenversicherten die im Basistarif Versicherten quersubventionieren, was gegen das auch europarechtlich vorgegebene Äquivalenzprinzip verstößt (→ Vor § 192 Rn. 1064ff.).[96] Die Quersubventionierung der Hilfebedürftigen verstößt darüber hinaus gegen den verfassungsrechtlichen Grundsatz, dass die Behebung von Sozialhilfebedürftigkeit eine Aufgabe des Staates ist, die nicht auf Private verlagert werden darf (→ Vor § 192 Rn. 1060ff.).[97] 251

c) Ausschluss von Vorerkrankungen. Die Versicherungsunternehmen unterliegen im Basistarif einem Kontrahierungszwang ohne die Möglichkeit einer Risikoprüfung (→ Vor § 192 Rn. 1040ff.). Das hat zur Folge, dass Vorerkrankungen des im Basistarif Versicherten keinen versicherungstechnischen Ausgleich finden. Die daraus sich ergebenden Mehraufwendungen gegenüber den zulässigen Kalkulationsansätzen müssen nach § 154 Abs. 1 S. 3 Hs. 1 VAG auf alle im Basistarif Versicherten durch einen Beitragszuschlag (§ 8 Abs. 1 Nr. 7 KVAV) gleichmäßig verteilt werden. 252

Die **Verteilung der Mehraufwendungen** regelt der zwischen den Versicherungsunternehmen vereinbarte Risikoausgleich. Die von § 154 Abs. 1 S. 3 Hs. 1 VAG vorgeschriebene Verteilung der vorerkrankungsbedingten Mehraufwendungen auf alle im Basistarif Versicherten ist in Wirklichkeit eine Täuschung durch den Gesetzgeber, weil die im Basistarif Versicherten durch die Beitragsbegrenzung (→ Rn. 244ff.) davor geschützt sind, dass die vorerkrankungsbedingten Mehraufwendungen sie beitragsmäßig belasten. Diese Mehrbelastungen treffen vielmehr aufgrund der Höchstbeitragsgarantie des Basistarifs alle außerhalb des Basistarifs substitutiv Krankenversicherten (→ Rn. 251). 253

d) Rechnungsgrundlagen. Der Basistarif ist – abgesehen von den vorstehenden gesetzlichen Umverteilungselementen (→ Rn. 244ff.) - grds. mit den Rechnungsgrundlagen der **substitutiven Krankenversicherung** zu kalkulieren (→ Rn. 261ff.). Allerdings gelten zahlreiche Besonderheiten: 254

– Die **Alterungsrückstellung** muss als zentrale Referenzgröße für den Übertragungswert im Falle des Versichererwechsels (§ 204 Abs. 1 S. 1 Nr. 2) in allen Selbstbehaltstufen gleich sein. Dies wird durch eine selbstbehaltsunabhängige Grundkalkulation erreicht. 255

– Für **Kinder und Jugendliche** bis zum 21. Lebensjahr sind keine Alterungsrückstellungen zu kalkulieren (§ 152 Abs. 1 S. 2 Nr. 1 VAG). 256

– Der **Rechnungszins** muss wegen der Brancheneinheitlichkeit der Kalkulation für alle beteiligten Versicherungsunternehmen einheitlich festgelegt werden. Wenn einzelne Versicherungsunterneh- 257

---

[94] Bericht des Gesundheitsausschusses zu Art. 44 (§ 12 Abs. 1c VAG) Fraktionsentwurf GKV-WSG, BT-Drs. 16/4247, 69.
[95] Bericht des Gesundheitsausschusses zu Art. 44 (§ 12 Abs. 1c VAG) Fraktionsentwurf GKV-WSG, BT-Drs. 16/4247, 69.
[96] *Boetius* VersR 2007, 431 (433f.).
[97] *Boetius* VersR 2007, 431 (433).

men diesen Rechnungszins nicht erwirtschaften können, müssen sie die Differenz selbst finanzieren – ggf. durch Kredite des Basistarif-Pools.

258 – Eine Ausnahme gilt für die **Ausscheideordnungen** (→ Rn. 275 ff.). Nach § 5 Abs. 2 KVAV dürfen in der Kalkulation des Basistarifs außer den Sterbewahrscheinlichkeiten und dem Abgang zur GKV keine weiteren Abgangswahrscheinlichkeiten berücksichtigt werden. Der Gesetzentwurf begründet dies damit, dass die Alterungsrückstellung beim Wechsel zu einem anderen Versicherungsunternehmen übertragen wird und ein Storno, bei dem die Alterungsrückstellung zugunsten des Tarifkollektivs entfalle, nur noch beim Wechsel in die GKV gegeben sei.[98] Dies trifft nur insoweit zu, als künftig eine Kündigung durch das Versicherungsunternehmen nach § 206 Abs. 1 S. 1 ausgeschlossen ist. Eine Kündigung des Basistarifs durch den Versicherungsnehmer ist andererseits nur zulässig, wenn dieser gleichzeitig bei einem anderen Versicherungsunternehmen eine der Versicherungspflicht genügende substitutive Krankenversicherung abschließt (§ 205 Abs. 6); in diesem Fall liegt dann ein Wechsel zu einem anderen Versicherungsunternehmen vor, bei dem die Alterungsrückstellung übertragen wird.

259 **3. Notlagentarif.** Für den Notlagentarif sind **altersunabhängige Prämien ohne Alterungsrückstellung** zu kalkulieren (→ Rn. 133; → Vor § 192 Rn. 1263 ff.).
260 Im Gegensatz zu Standardtarif, Basistarif und PPV ist für den Notlagentarif **kein unternehmensübergreifender Risikoausgleich** vorgesehen. Durch die Höchstbeitragsgarantie entstehende Mehraufwendungen sind daher nur innerhalb jedes einzelnen Versicherungsunternehmens zu verteilen (→ Vor § 192 Rn. 1270).

VIII. Rechnungsgrundlagen

261 **1. Begriff.** Rechnungsgrundlage ist ein Begriff der **Lebensversicherungsmathematik.** Er ist nicht identisch mit dem der (technischen) Berechnungsgrundlagen (→ Rn. 110) Man unterscheidet Rechnungsgrundlagen verschiedener Ordnung. Rechnungsgrundlagen erster Ordnung werden der Prämienkalkulation zugrunde gelegt. Rechnungsgrundlagen zweiter Ordnung enthalten keine Sicherheitsmargen.
262 Unter Rechnungsgrundlage im Sinne der Prämienkalkulation und Prämienanpassung ist die **Zahlenbasis** zu verstehen, die der Prämienberechnung bei der Anwendung mathematischer Formeln zugrunde gelegt wird.[99] Die Zahlenbasis bezieht sich auf bestimmte Faktoren, die für die Leistungen von Versicherungsunternehmen und Versicherungsnehmer und damit für das Ergebnis aus dem Versicherungsvertrag von Bedeutung sind.
263 Bei der Prämienkalkulation in der **Krankenversicherung** sind bestimmte Rechnungsgrundlagen zu verwenden (§ 1 KVAV), die § 2 KVAV vorschreibt. Diese Rechnungsgrundlagen sind insbes.:
– der Rechnungszins (→ Rn. 265 ff.),
– die Ausscheideordnung (→ Rn. 275 ff.),
– die Kopfschäden (→ Rn. 283 ff.),
– der Sicherheitszuschlag (→ Rn. 290 ff.),
– die sonstigen Zuschläge (→ Rn. 295 ff.),
– die Übertrittswahrscheinlichkeiten zur Berechnung des Übertragungswerts der Alterungsrückstellung beim Versichererwechsel (→ Rn. 329 ff.),
– die Krankheitsdauern und die Leistungstage,
– die Anzahl der Krankenhaus- und der Pflegetage,
– die Krankenhaus- und Pflegehäufigkeiten,
– die Krankheits- und Pflegekosten bezogen auf den Leistungstag.
264 Die Aufzählung der Rechnungsgrundlagen in § 2 KVAV ist wegen der Vielzahl der denkbaren Tarifgestaltungen **nicht erschöpfend**.[100] Weitere Rechnungsgrundlagen können verwendet werden, wenn sie zur Festlegung der Kopfschäden oder der Ausscheidewahrscheinlichkeiten erforderlich sind (§ 2 Abs. 2 KVAV).

265 **2. Rechnungszins. a) Grundsatz.** Rechnungszins ist der **Zinssatz,** mit dem eine versicherungstechnische Rückstellung – in der Krankenversicherung insbes. die Alterungsrückstellung – abdiskontiert wird, um den zu bilanzierenden Barwert zu erhalten. Je niedriger der Zinssatz gewählt wird, umso höher ist der Barwert und damit der Betrag der Rückstellung.
266 Aus dem das deutsche Bilanzrecht beherrschenden **Vorsichtsprinzip** wird die Forderung abgeleitet, dass der Rechnungszins selbst unter ungünstigsten Verhältnissen mit Sicherheit erwirtschaftet

---
[98] Begr. zu Art. 45 Nr. 2 (§ 5 KalV) Fraktionsentwurf GKV-WSG, BT-Drs. 16/3100, 208.
[99] Ähnlich BVerwGE 109, 87 = VersR 1999, 1001 (1002 re. Sp.).
[100] Begr. zu § 2 Abs. 2 KalV, BR-Drs. 414/96, 20; *Präve* in Prölss/Dreher, VAG, 13. Aufl. 2018, § 160 Rn. 4; *Sommer* ZfV 1998, 68.

werden können muss. Er muss daher stets niedriger sein als die denkbar niedrigste Nettoverzinsung des Versicherungsunternehmens, die vor allem durch den am Kapitalmarkt erzielbaren Zins geprägt wird. Ein niedriger Rechnungszins gewährleistet in besonderer Weise die dauernde Erfüllbarkeit der Verpflichtungen aus den Versicherungsverträgen (§ 156 Abs. 2 Nr. 1 Hs. 2 VAG).

Wegen des Vorsichtsprinzips ist der gesetzliche Rechnungszins ein **Höchstrechnungszins**. Er darf in der Kalkulation unterschritten, aber nicht überschritten werden (§ 4 KVAV).

Der Höchstrechnungszins beträgt in der **Krankenversicherung** 3,5 %. Er war früher im Gesetz selbst festgelegt (§ 12 Abs. 1 Nr. 1 VAG aF) und wird seit dem Gesetz zur Umsetzung aufsichtsrechtlicher Bestimmungen zur Sanierung und Liquidation von Versicherungsunternehmen und Kreditinstituten v. 10.12.2003 (BGBl. I S. 2478) nur noch durch die KVAV vorgeschrieben (§ 160 S. 1 Nr. 1 VAG, § 4 KVAV). Die ausschließliche Verlagerung in eine Rechtsverordnung verfolgte den Zweck, aufsichtsrechtlich schneller auf Veränderungen der Kapitalmärkte reagieren zu können.[101] Wegen des großen Bilanzvolumens der Alterungsrückstellung und wegen der beträchtlichen Hebelwirkung, die der Rechnungszins auf die Höhe dieser versicherungstechnischen Rückstellung und damit auf die Sicherheit des Versicherungsunternehmens ausübt, ist eine zeitnahe Reaktionsmöglichkeit der Versicherungsaufsicht im Rahmen der Finanzaufsicht besonders wichtig.

Ob der Rechnungszins erwirtschaftet wird, beurteilte sich früher nur nach der **Nettoverzinsung** des jeweiligen Versicherungsunternehmens. Es handelt sich nach wie vor um eine wichtige Erfolgskennzahl des Versicherungsunternehmens (→ Vor § 192 Rn. 795). Die Nettoverzinsung errechnet sich nach der Formel (§ 19 Abs. 1 S. 2 KVAV)

(Summe der Erträge aus Kapitalanlagen − Summe der Aufwendungen für Kapitalanlagen) dividiert durch das arithmetische Mittel des Buchwerts der Kapitalanlagen am Ende des Vorjahres und des Geschäftsjahres.

b) Aktuarieller Unternehmenszins (AUZ). Die Sicherheit eines Versicherungsunternehmens bemisst sich zunehmend nach Eigenkapital- und Solvabilitätsanforderungen, die vor allem auch die Risikosituation des Versicherungsunternehmens abbilden. Weil die Nettoverzinsung aufgrund ihrer starren und vergangenheitsorientierten Formel diese Aufgabe nicht vollständig erfüllen kann, müssen die Krankenversicherungsunternehmen nunmehr einen aktuariellen Unternehmenszins (AUZ) ermitteln, der in stärkerem Maß auch **Zukunftsprognosen** berücksichtigt. Das Verfahren zur Ermittlung eines unternehmensindividuellen Höchstrechnungszinses hat die Deutsche Aktuarvereinigung e.V. (DAV) in Abstimmung mit der BaFin entwickelt.

Das AUZ-Verfahren besteht aus **zwei Phasen**, die jedes Jahr anzuwenden sind:
- In **Phase 1** prognostizieren alle Versicherungsunternehmen, die die Krankenversicherung nach Art der Lebensversicherung betreiben, im April jeden Jahres den laufenden Kapitalanlageertrag für das Geschäftsjahr und das Folgejahr nach einem pauschalen Verfahren. Dabei wird die Annahme zugrunde gelegt, dass eine Senkung des Rechnungszinses im Versicherungsbestand nur anlässlich einer ohnehin an-stehenden Prämienanpassung umgesetzt werden kann; außerdem wird angenommen, dass Prämienanpassungen über den gesamten Bestand durchschnittlich alle 1,76 Jahre stattfinden. Die Schätzung basiert auf den Daten vom 31.12. des Vorjahres und vom 31.3. des Geschäftsjahres; gerechnet wird mit einem Sicherheitsniveau von 95 %.
- Diejenigen Versicherungsunternehmen, deren solchermaßen prognostizierter Unternehmenszins um mindestens 5 % über ihrem bisher verwandten Rechnungszins liegt, können diesen bisherigen Rechnungszins auch weiterhin anwenden, weil er – wie die Prognose ergeben hat – ausreichende Sicherheiten aufweist. Für diejenigen Versicherungsunternehmen, deren Werte nicht um mindestens 5 % über ihrem bisherigen Rechnungszins liegen, folgt eine **Phase 2**. In dieser Phase werden im Rahmen einer genaueren Schätzung die unternehmensspezifischen Verhältnisse stärker berücksichtigt. Ergibt diese Prognose einen Wert für den Unternehmenszins, der unter dem bisher verwendeten Rechnungszins liegt, muss das Versicherungsunternehmen seinen Rechnungszins auf den neuen Schätzwert absenken.

Ob der Rechnungszins erwirtschaftet wird, beurteilt sich danach nicht mehr ausschließlich nach der Nettoverzinsung, sondern nach dem AUZ des Versicherungsunternehmens. Der verwendete Rechnungszins muss künftig regelmäßig anhand des AUZ-Verfahrens **nachgewiesen** werden. Die Versicherungsaufsicht sieht das AUZ-Verfahren als notwendigen, aber auch ausreichenden Nachweis dafür an, dass die Rechnungsgrundlage „Rechnungszins" mit ausreichenden Sicherheiten iSv § 2 Abs. 3 KVAV versehen ist.[102]

3. Ausscheideordnung. a) Grundsatz. Der sprachlich nicht sehr charmante Ausdruck beschreibt die Wahrscheinlichkeiten, mit denen Versicherte aus der Gefahrengemeinschaft ausschei-

---

[101] Begr. zu Art. 1 Nr. 8 (§ 12 VAG) RegE AufsichtsrechtsUmsG/EG, BT-Drs. 15/1653, 22.
[102] BaFin Jahresbericht 2005, S. 94 f.

den. In der Fachsprache heißt dies nicht schöner **Storno**. § 5 KVAV spricht von Sterbewahrscheinlichkeit und sonstigen Abgangswahrscheinlichkeiten.

276 Man unterscheidet verschiedene **Stornogründe,** und zwar Storno durch
- Tod,
- Kündigung des Versicherungsnehmers,
- Kündigung des Versicherungsunternehmens,
- Rücktritt vom Vertrag,
- Aufhebung von Beginn des Vertrags an,
- Wechsel in die GKV,
- Tarifwechsel.

277 Für den Stornogrund Tod werden **Sterbewahrscheinlichkeiten** ermittelt, die ihren Niederschlag in Sterbetafeln finden. Während es früher nur einheitliche Sterbetafeln für die Lebensversicherung und die Krankenversicherung gab, hat die PKV für die Krankenversicherung seit 1995 eigene Sterbetafeln entwickelt, weil sich gezeigt hatte, dass die Sterblichkeiten der PKV-Versicherten sich von denjenigen der Lebensversicherung – und zwar dort vor allem der Rentenversicherten – erheblich unterschieden.[103]

278 Die **PKV-Sterbetafeln** werden vom PKV-Verband und von der Deutschen Aktuarvereinigung eV (DAV) in Abstimmung mit der Aufsichtsbehörde entwickelt und von der Aufsichtsbehörde veröffentlicht. Sie sind als aktuariell maßgebliche Wahrscheinlichkeitstafel obligatorisch für alle Krankenversicherungsunternehmen, sofern nicht ein Versicherungsunternehmen aufgrund der eigenen Versichertenbestände entwickelte unternehmensbezogene Sterbetafeln entwickelt, die zu noch niedrigeren Sterbewahrscheinlichkeiten führen.[104] Dazu dürften nur große Versicherungsunternehmen in der Lage sein.

279 Für die übrigen Stornogründe werden idR auf der Ebene der einzelnen Versicherungsunternehmen **Stornowahrscheinlichkeiten** ermittelt, die § 5 KVAV als „sonstige Abgangswahrscheinlichkeiten" bezeichnet.[105] PKV-einheitliche Stornowahrscheinlichkeiten veröffentlicht die Aufsichtsbehörde BaFin auf der Basis von Mitteilungen der Versicherungsunternehmen. Größere Versicherungsunternehmen verwenden häufig eigene Stornowahrscheinlichkeiten, weil die einzelnen Stornogründe entscheidend von unternehmensindividuellen Gegebenheiten – insbes. der Produkt- und Preispolitik, den Tarifstrukturen, der Vertriebs- und Servicepolitik – abhängen und damit von Versicherungsunternehmen zu Versicherungsunternehmen erheblich variieren. Soweit ein Versicherungsunternehmen wegen zu geringer Größe des Versicherungsbestands – insbes. bei Neugründungen – keine eigenen Stornowahrscheinlichkeiten ermitteln kann, muss es die von der BaFin veröffentlichten Stornowahrscheinlichkeiten verwenden.

280 Die Stornowahrscheinlichkeiten hängen vor allem vom **Alter des Versicherten** ab; Geschlecht und Art des Versicherungsschutzes spielen nur eine geringe Rolle. Die Stornowahrscheinlichkeit muss so niedrig angesetzt werden, dass sie im tatsächlichen Storno mit Sicherheit nicht unterschritten wird. Wird die Stornowahrscheinlichkeit nämlich zu hoch angesetzt, so wird eine zu hohe Vererbung der Alterungsrückstellung und eine dementsprechend zu niedrige Prämie kalkuliert. Die Unterkalkulation führt zu Stornoverlusten und zu einer zu niedrigen Alterungsrückstellung. Deshalb verlangt § 5 KVAV, die Ausscheidewahrscheinlichkeiten unter „vorsichtiger Risikoeinschätzung festzulegen und regelmäßig zu überprüfen".

281 Die Ausscheideordnungen sind in den mit **Alterungsrückstellung** kalkulierten Versicherungsformen von besonderer Bedeutung, weil die für den Versicherten aufgebaute Alterungsrückstellung bei seinem Ausscheiden aus dem Versichertenkollektiv in diesem verbleibt, soweit sie nicht im Falle des Versichererwechsels auf das neue Versicherungsunternehmen übertragen werden muss. Diese Vererbung wirkt sich für alle Versicherten des entsprechenden Tarifs prämiensenkend aus. Eine hohe Ausscheidewahrscheinlichkeit – dh hohe Sterbewahrscheinlichkeit oder hohe Stornowahrscheinlichkeit – führt somit zu einer niedrigeren Prämie und eine niedrige Ausscheidewahrscheinlichkeit führt zu einer höheren Prämie. Wegen der direkten Auswirkung auf die Höhe der Alterungsrückstellung sind die Ausscheidewahrscheinlichkeiten vorsichtig zu kalkulieren (→ Rn. 280).

282 **b) Basistarif.** Für den Basistarif sind einige **Stornogründe ausgeschlossen.** Wegen der vielfachen Beschränkungen der Vertragsfreiheit dürfen nach § 5 Abs. 2 KVAV nur die Sterbewahrscheinlichkeiten und der Abgang zur GKV in der Kalkulation berücksichtigt werden (→ Rn. 258).

---

[103] *J. Boetius* in Boetius/Boetius/Kölschbach, Handbuch der versicherungstechnischen Rückstellungen, 2. Aufl. 2021, § 10 Rn. 62 ff.
[104] BAV VerBAV 2000, 171.
[105] Begr. zu § 5 KalV, BR-Drs. 414/96, 21.

4. Kopfschäden. a) Grundsatz. Kopfschäden – eigentlich Schäden pro Kopf – sind die in 283 einem Beobachtungszeitraum auf einen Versicherten entfallenden **durchschnittlichen Versicherungsleistungen** (§ 6 Abs. 1 S. 1 KVAV). Sie sind für jeden Tarif in Abhängigkeit von Geschlecht und Alter der Versicherten zu ermitteln. So sah es § 6 Abs. 1 S. 1 KalV aF bis zu seiner Änderung durch die 4. KalVÄndV v. 29.1.2013[106] vor. § 6 Abs. 1 S. 1 KVAV sieht nur noch die altersabhängige Ermittlung vor, was auf einer Fehlinterpretation des Unisex-Urteils durch die BaFin beruht (→ Rn. 182). Die nach den Geschlechtern getrennte Ermittlung ist nämlich auch dann notwendig, wenn ein Tarif geschlechtsunabhängige Prämien vorsieht (→ Rn. 150, 182).[107] Beobachtungszeitraum ist nach § 6 Abs. 1 S. 2 KVAV ein zusammenhängender Zeitraum von jeweils zwölf Monaten (→ Rn. 838 ff.).

Die Annahmen, die den rechnungsmäßigen Kopfschäden zugrunde gelegt werden, müssen 284 durch geeignete **Statistiken** belegt werden, sofern nicht die von der Aufsichtsbehörde BaFin veröffentlichten Wahrscheinlichkeitstafeln verwendet werden (§ 6 Abs. 2 S. 1 KVAV). Bei bestehenden Tarifen sind die tatsächlichen Schadenergebnisse früherer Jahre mit einzubeziehen, wobei Zufallsschwankungen durch mathematische Verfahren auszugleichen sind (§ 6 Abs. 3 S. 1 KVAV).[108]

Ist die Bestandsgröße eines Tarifs zu klein, so dass Zufallsschwankungen nicht ausgeglichen 285 werden können, sind andere vergleichbare Tarife als **Stütztarife** heranzuziehen (§ 6 Abs. 3 S. 2 KVAV). Als Stütztarife können ausreichend bestandsstarke Tarife anderer Krankenversicherungsunternehmen mit einem zumindest teilweise vergleichbaren Leistungsversprechen dienen.[109] Liegen solche Stütztarife nicht vor, muss der Schadenbedarf mathematisch-statistisch geschätzt werden (§ 6 Abs. 3 S. 3 KVAV). Dies ist ultima ratio, weil die Gefahr, dass der solchermaßen ermittelte kalkulatorische Kopfschaden vom tatsächlichen Erwartungswert erheblich abweicht, groß ist.[110]

Zur Berücksichtigung des **Tarifwechselrechts** (§ 204) bei der Kalkulation neuer Tarife 286 → Rn. 134.

b) Managed Care. Mit den eigentlichen Erstattungsleistungen können unterschiedliche **weitere Leistungen** zusammenhängen, die das Versicherungsunternehmen im Rahmen des Leistungs- und Gesundheitsmanagements (Managed Care) erbringt (→ Vor § 192 Rn. 1300 ff.). Typische Managed-Care-Leistungen nennt § 192 Abs. 3. Diese Leistungen sind im Sinne der Kalkulationsvorschriften teilweise den Kopfschäden iSv § 6 KVAV (→ Rn. 288 f.) und teilweise den Schadenregulierungskosten iSv § 8 Abs. 1 Nr. 3 KVAV (→ Rn. 318 f.) zuzuordnen. 287

Managed-Care-Leistungen sind den Kopfschäden zuzuordnen, wenn und soweit es sich um 288 **Versicherungsleistungen** handelt (§ 6 Abs. 1 S. 1 KVAV). Der in § 6 Abs. 1 S. 1 KVAV vorausgesetzte Begriff der Versicherungsleistung meint das primäre Leistungsversprechen und geht über den Begriff der reinen Erstattungsleistung hinaus. Um Versicherungsleistungen handelt es sich, wenn die Managed-Care-Leistungen Bestandteil des primären Leistungsversprechens des Versicherungsunternehmens sind, dh einzelvertraglich oder durch AVB als gesonderte Leistung ausdrücklich vereinbart sind.

Insbesondere in folgenden **Beispielsfällen** liegen gesondert vereinbarte Versicherungsleistungen 289 vor:
– Dienstleistungen nach § 192 Abs. 3, die mit Erstattungsleistungen in unmittelbarem Zusammenhang stehen und zusätzlich zu vereinbaren sind.
– Produkte, die einen vertraglichen Anspruch der Versicherten auf Zugang zu bestimmten medizinischen Leistungserbringern einräumen (→ Vor § 192 Rn. 99).

5. Sicherheitszuschlag. Der Sicherheitszuschlag hat die Funktion eines Schwankungszu- 290 schlags[111] und soll das **versicherungstechnische Risiko** mindern; er ist damit risikotechnisch notwendig. Als versicherungstechnisches Risiko wird das Risiko bezeichnet, dass der tatsächliche vom zu erwartenden Schadenverlauf abweicht.[112] Mögliche Quellen für versicherungstechnische Verluste können allerdings auch die Kosten des Versicherungsbetriebs sein. Der Sicherheitszuschlag dient jedoch nicht dazu, eine angemessene Eigenkapitalrendite zu erzielen.[113] Allerdings ist der

---

[106] BGBl. 2013 I 160.
[107] *Sommer* ZfV 1998, 68.
[108] Begr. zu § 6 Abs. 3 KalV, BR-Drs. 414/96, 22.
[109] Begr. zu § 6 Abs. 3 KalV, BR-Drs. 414/96, 22.
[110] Begr. zu § 6 Abs. 3 KalV, BR-Drs. 414/96, 22.
[111] Begr. zu § 7 KalV, BR-Drs. 414/96, 22.
[112] *J. Boetius* in Boetius/Boetius/Kölschbach, Handbuch der versicherungstechnischen Rückstellungen, 2. Aufl. 2021, § 1 Rn. 42.
[113] *Sommer* ZfV 1998, 68 (69).

Sicherheitszuschlag nicht zweckgebunden, er fließt in jedem Fall in den Überschuss des Versicherungsunternehmens ein.[114]

291 Der Sicherheitszuschlag beträgt **mindestens 5 %** der Bruttoprämie (§ 7 KVAV). In der Praxis beläuft er sich auf 5–10 %. Der gesetzliche Mindestwert von 5 % wurde seinerzeit unter Berücksichtigung der wissenschaftlichen Lit. und der praktischen Erfahrungen der letzten Jahrzehnte festgelegt.[115] Die Erfahrung zeigt jedoch, dass ein Sicherheitszuschlag von 5 % häufig zu niedrig ist. Dies gilt insbes. für Tarife, deren Prämien über längere Zeit hinweg nicht angepasst werden konnten, weil die Versicherungsleistungen nicht entsprechend gestiegen waren, die aber noch veraltete Sterbetafeln verwendeten, so dass die verlängerte Lebenserwartung letztlich doch zu versicherungsgeschäftlichen Verlusten führten. Weil nach früherem Recht veränderte Sterbewahrscheinlichkeiten für sich allein keine Prämienanpassung auslösten, hätte ein von vornherein einkalkulierter höherer Sicherheitszuschlag solche Verluste verhindert.

292 Vor dem Hintergrund der **versicherungstechnischen Funktion** des Sicherheitszuschlags (→ Rn. 290) ist die Festsetzung einer für alle Tarife gleichen Mindesthöhe (§ 7 KVAV) aktuariell eigentlich nicht zu begründen; denn die Schwankungen im Schadenverlauf sind von Tarif zu Tarif verschieden. Da die Schwankungen ua auch von der Bestandsgröße des einzelnen Tarifs abhängen, müsste der Sicherheitszuschlag bei zunehmender Bestandsgröße tendenziell sinken und bei abnehmender Bestandsgröße tendenziell steigen. Dies hätte zur Folge, dass der Sicherheitszuschlag sich über die Lebensdauer eines Tarifs hinweg verändern könnte.[116]

293 Wegen der **tarifbezogenen Funktion** des Sicherheitszuschlags muss er für jeden Tarif differenziert gebildet werden. Ein auf das gesamte Versicherungsunternehmen bezogener einheitlicher Sicherheitszuschlag[117] lässt sich kalkulatorisch nicht begründen.

294 Werden bei anderen Rechnungsgrundlagen – zB bei den Kopfschäden – **zusätzliche Sicherheiten** eingerechnet, wie dies § 2 Abs. 3 KVAV vorschreibt, dürfen diese bei der Festlegung des Sicherheitszuschlags nicht berücksichtigt werden. Dies ist der Sinn von § 7 Hs. 2 KVAV. Die zusätzlichen Sicherheiten nach § 2 Abs. 3 KVAV dienen dem Ziel, dass sich jede Rechnungsgrundlage selbst trägt (→ Rn. 116). Erfahrungsgemäß werden solche impliziten Sicherheiten während der langen Laufzeit der Krankenversicherungsverträge ohnehin geringer.[118]

295 **6. Sonstige Zuschläge. a) Grundsatz.** Die sonstigen Zuschläge (§ 8 Abs. 1 KVAV) gliedern sich in folgende **Gruppen:**
– Zuschläge für Kosten des Versicherungsbetriebs (§ 8 Abs. 1 Nr. 1–4 KVAV),
– Zuschlag für erfolgsunabhängige Beitragsrückerstattung (§ 8 Abs. 1 Nr. 5 KVAV),
– Zuschlag für den Standardtarif (§ 8 Abs. 1 Nr. 8 KVAV),
– Zuschläge für den Basistarif (§ 8 Abs. 1 Nr. 6, 7 KVAV).

296 Zuschläge für Kosten des Versicherungsbetriebs gliedern sich in verschiedene **Kostenarten.** Sie betreffen die
– unmittelbaren Abschlusskosten,
– mittelbaren Abschlusskosten,
– Schadenregulierungskosten,
– sonstigen Verwaltungskosten.
Die Zuordnung der Kosten zu den Kostenarten folgt der für die Rechnungslegung maßgebenden Kostenartengliederung nach der RechVersV.[119]

297 Die Aufzählung der sonstigen Zuschläge ist **abschließend.**[120] Hinsichtlich des Zuschlags für den Standardtarif ab 1.1.2009 gilt dies nur eingeschränkt (→ Rn. 325).

298 Die Zuschläge müssen so bemessen werden, dass sie die Aufwendungen rechnungsmäßig decken (§ 8 Abs. 2 S. 2 KVAV). Die Aufwendungen sind jeweils gesondert zu erfassen (§ 8 Abs. 2 S. 1 KVAV). Aus der **gesonderten Erfassung** folgt, dass die Kostenzuschläge für jede Bestandsgruppe iSv § 10 KVAV zu erheben sind, also auch für die Gruppe der Kinder.[121]

299 Maßgebend sind nach § 8 Abs. 2 S. 1 KVAV die **tatsächlichen Aufwendungen,** wie sie im Versicherungsunternehmen anfallen. Ob die Aufwendungen objektiv zu hoch sind und ob dies dem Versicherungsunternehmen subjektiv vorgeworfen werden kann, darf aktuariell nicht berücksichtigt

---

[114] *Sommer* ZfV 1998, 68 (69).
[115] Begr. zu § 7 KalV, BR-Drs. 414/96, 22.
[116] Ähnlich *Sommer* ZfV 1998, 68 (69) für geschlossene Tarife; allerdings hält er eine Erhöhung für rechtlich unzulässig.
[117] *Sommer* ZfV 1998, 68 (69).
[118] *Sommer* ZfV 1998, 68 (69).
[119] Begr. zu § 8 Abs. 1 KalV, BR-Drs. 414/96, 22.
[120] Begr. zu § 8 Abs. 1 KalV, BR-Drs. 414/96, 22; *Sommer* ZfV 1998, 68 (69).
[121] *Sommer* ZfV 1998, 68 (69).

werden. Daher dürfen auch unverhältnismäßig und unvernünftig hohe Verwaltungs- oder Vertriebskosten bei der Erst- oder Nachkalkulation nicht herausgerechnet werden.

Indem die tatsächlichen Kosten durch die rechnungsmäßigen Zuschläge gedeckt werden müssen, wird eine rechnungsmäßige Deckung der Kosten aus **Überschüssen** ausgeschlossen. Eine Finanzierung aus Überschüssen würde die dauernde Erfüllbarkeit der Verträge gefährden.[122] 300

Absolute Kostenzuschläge iSv § 8 Abs. 1 Nr. 1–4 KVAV müssen altersunabhängig sein (§ 8 Abs. 4 S. 1 KVAV). Damit sollen die Beiträge der älteren Versicherten entlastet werden.[123] 301

Prozentuale Kostenzuschläge sind zulässig, wenn sie auch bei späteren Prämienanpassungen nur auf die Tarifprämie zum ursprünglichen Eintrittsalter bezogen werden (§ 8 Abs. 4 S. 4 KVAV). Auch hier findet eine Kostenentlastung langjährig Versicherter statt.[124] 302

Bei Versicherungsformen, die nicht der Problematik steigender Prämien im Alter ausgesetzt sind, können **prozentuale Kostenzuschläge ohne Einschränkung** eingerechnet werden.[125] Es handelt sich um die in § 8 Abs. 4 S. 5 KVAV genannten Krankenversicherungen. 303

b) Unmittelbare Abschlusskosten. Unmittelbare Abschlusskosten sind die mit dem Abschluss des einzelnen Versicherungsvertrags direkt zusammenhängenden, ihm **unmittelbar zuordenbaren** Aufwendungen. Es handelt sich insbes. um die Abschlussprovisionen. 304

Es gibt verschiedene **Methoden,** um die Abschlusskosten zu decken: 305
– Deckung durch Wartezeit- und Selektionsersparnisse,
– Deckung durch Zillmerung,
– Deckung durch einen laufenden Stückkostenzuschlag.

Wartezeitersparnisse entstehen durch in den AVB oder Tarifbestimmungen vorgesehene Wartezeiten. Da während der Wartezeit entstehende Krankheitskosten nicht erstattet werden, werden insoweit die der Prämienkalkulation zugrunde liegenden rechnungsmäßigen Kopfschäden nicht benötigt. Die entstehenden Wartezeitersparnisse können zur Deckung der unmittelbaren Abschlusskosten verwendet werden, weil sie bei der Kalkulation der Nettobeiträge nicht berücksichtigt werden (→ Rn. 843).[126] Die Zuordnung zu den unmittelbaren Abschlusskosten rechtfertigt sich durch den Umstand, dass Wartezeiten typischerweise bei neu abgeschlossenen Krankenversicherungen einzuhalten sind. 306

Selektionsersparnisse entstehen dadurch, dass das Versicherungsunternehmen vor Abschluss des Versicherungsvertrags eine Risikoprüfung durchführt, die zur Folge hat, dass Personen mit Vorerkrankungen nicht oder nur mit Erschwerungen (Risikozuschlägen oder Leistungsausschlüssen) in das Versichertenkollektiv aufgenommen werden. Risikoprüfung ist ein Auswahlprozess (Selektion) mit dem Ergebnis, dass bei gleichem Lebensalter neu Krankenversicherte im Durchschnitt geringere Krankheitskosten verursachen als Personen, die seit längerem krankenversichert sind („Mählmann-Effekt", → Vor § 192 Rn. 800).[127] Damit werden die rechnungsmäßigen Kopfschäden während der ersten Zeit eines neuen Krankenversicherungsvertrags nur teilweise zur Deckung der Krankheitskosten benötigt und stehen zur Deckung unmittelbarer Abschlusskosten zur Verfügung (→ Rn. 843).[128] Die Zuordnung zu den unmittelbaren Abschlusskosten rechtfertigt sich durch den Umstand, dass Risikoprüfungen typischerweise bei neu abgeschlossenen Krankenversicherungen durchgeführt werden. 307

§ 8 Abs. 3 S. 1 KVAV begrenzt die Einrechnung von unmittelbaren Abschlusskosten im Falle ihrer **Zillmerung.** Mit dem – nach dem Mathematiker Zillmer benannten – Verfahren der Zillmerung[129] werden die rechnungsmäßigen Abschlusskosten, auf die das Versicherungsunternehmen einen vertraglichen Anspruch gegenüber dem Versicherungsnehmer hat, auf die Laufzeit des Krankenversicherungsvertrags verteilt. Bei diesem Verfahren werden die Abschlusskosten bei Vertragsbeginn als „Schuld" zulasten der Alterungsrückstellung gebucht, so dass diese zunächst negativ ist. Die Sparanteile der gezillmerten Nettoprämie werden in den ersten Vertragsjahren zuerst zur Tilgung des negativen Betrages der Alterungsrückstellung verwendet, so dass diese erst mit zeitlicher Verzögerung positiv wird.[130] Der Aufbau der Deckungsrückstellung beginnt somit erst, nachdem die Abschlusskosten durch die Sparanteile der Prämie getilgt sind. Rechnerisch ergibt sich die gezillmerte Alte- 308

---

[122] Begr. zu § 8 Abs. 2 KalV, BR-Drs. 414/96, 22.
[123] Begr. zu § 8 Abs. 4 KalV, BR-Drs. 414/96, 23.
[124] Begr. zu § 8 Abs. 4 KalV, BR-Drs. 414/96, 23.
[125] Begr. zu § 8 Abs. 4 KalV, BR-Drs. 414/96, 23.
[126] *Sommer* ZfV 1998, 68 (69).
[127] *Boetius* VersR 2001, 661 (669).
[128] *Sommer* ZfV 1998, 68 (69).
[129] Zum Zillmer-Verfahren *Engeländer* VersR 1999, 1325.
[130] *J. Boetius* in Boetius/Boetius/Kölschbach, Handbuch der versicherungstechnischen Rückstellungen, 2. Aufl. 2021, § 10 Rn. 260.

rungsrückstellung, indem vom Leistungsbarwert der Barwert der gezillmerten Nettoprämien abgezogen wird. Die gezillmerte Alterungsrückstellung bei Versicherungsbeginn entspricht dem negativen Betrag der insgesamt durch Zillmerung rechnungsmäßig gedeckten unmittelbaren Abschlusskosten.

309 Während die Lebensversicherung den Aufbau von Vermögenswerten zum Zweck der späteren Auszahlung zum Ziel hat, so dass eine in den AVB vereinbarte Zillmerung materiell-rechtlich unwirksam sein kann,[131] bezweckt der Aufbau der Alterungsrückstellung in der Krankenversicherung die Vorfinanzierung künftiger Krankheitskosten. Die Zillmerung ist eine durch § 8 Abs. 3 S. 1 KVAV **gesetzlich zugelassene Kalkulationsvorschrift,** die vertragsrechtlich durch § 203 Abs. 1 S. 1 iVm § 160 S. 1 Nr. 1 VAG wirksam ist, ohne dass sie durch AVB vereinbart werden muss.

310 Mit der nach § 8 Abs. 3 S. 1 KVAV nur begrenzt möglichen Einrechnung gezillmerter Abschlusskosten sollen **spätere Stornoverluste** vermieden werden.[132]

311 Bei Tarifen, die eine Beitragsermäßigung im Alter vorsehen (**Beitragsentlastungstarife),** tritt an die Stelle der rechnungsmäßig lebenslang gleich bleibenden Prämie eine veränderte Prämienzahlung. In diesen Fällen dürfen nach § 8 Abs. 3 S. 2 KVAV keine zusätzlichen Abschlusskosten eingerechnet werden.[133]

312 Zahlreiche Versicherungsunternehmen verzichten darauf, die Abschlusskosten durch Zillmerung auf die Laufzeit des Krankenversicherungsvertrags zu verteilen, und decken sie stattdessen durch einen **laufenden Stückkostenzuschlag.** Den Versicherungsunternehmen stehen in einem solchen Fall zwei Möglichkeiten zur Verfügung: Entweder der Stückkostenzuschlag bleibt betragsmäßig unverändert; dann kann er während der gesamten Dauer des Versicherungsvertrags erhoben werden. Oder er wird bei jeder Prämienanpassung mit erhöht; dann muss er nach Vollendung des 65. Lebensjahres des Versicherten entfallen (§ 8 Abs. 3 S. 3 KVAV). Diese Regelung, die den Vorstellungen der Expertenkommission entspricht,[134] soll die Belastung der älteren Versicherten begrenzen.[135] § 8 Abs. 3 S. 3 KVAV ist allerdings nicht auf solche Krankenversicherungsverträge anzuwenden, die vor Inkrafttreten der KalV aF – dh vor dem 27.11.1996 (§ 20 KalV aF) – abgeschlossen worden waren (§ 27 Abs. 2 KVAV).

313 Wenn ein laufender Stückkostenzuschlag bei Abschluss des Krankenversicherungsvertrags **nicht vereinbart** worden ist und damit nicht Bestandteil der technischen Berechnungsgrundlagen geworden ist, kann er anlässlich einer Prämienanpassung später nicht erhoben werden.[136]

314 **c) Mittelbare Abschlusskosten.** Mittelbare Abschlusskosten sind Aufwendungen, die **zum Zweck des Abschlusses von Versicherungsverträgen** erbracht werden, aber dem Abschluss eines einzelnen Versicherungsvertrags nicht unmittelbar zugeordnet werden können. Hierzu zählen zB Aufwendungen für Produktwerbung oder für die Betreuung und Unterstützung der Versicherungsvermittler. Der Zuschlag für die mittelbaren Abschlusskosten muss kostendeckend kalkuliert werden.

315 **d) Schadenregulierungskosten.** Schadenregulierungskosten sind die Aufwendungen, die zur **Schadenermittlung und Schadenbearbeitung** einschließlich aller damit zusammenhängenden Nebenleistungen erbracht werden.

316 Für Zwecke der Kalkulation werden die Schadenregulierungskosten als **laufender Aufwand** behandelt, der kostendeckend als Zuschlag zu kalkulieren ist (§ 8 Abs. 1 Nr. 3, Abs. 2 KVAV).

317 Die Behandlung der Schadenregulierungskosten als laufender Aufwand berücksichtigt nicht, dass diese Kosten – wie die eigentlichen Versicherungsleistungen – eine **Altersabhängigkeit** aufweisen. So wie die Krankheitskosten nach Häufigkeit und Höhe mit zunehmendem Lebensalter steigen, steigen auch die Schadenregulierungskosten; denn sie werden durch die Krankheitsfälle unmittelbar verursacht. Daher ist es geboten, außer den mit dem Zuschlag berücksichtigten laufenden Schadenregulierungskosten auch diejenigen künftigen Schadenregulierungskosten kalkulatorisch zu berücksichtigen, die durch die Alterung der Versicherten bedingt sind. Die alterungsbedingt steigenden Schadenregulierungskosten sind nach Handelsbilanzrecht in der Alterungsrückstellung zu berücksichtigen. Dabei kann die notwendige Nachreservierung über einen längeren Zeitraum gestreckt werden.[137]

318 Zu den Schadenregulierungskosten können auch Aufwendungen im Rahmen des Leistungs- und Gesundheitsmanagements (**Managed Care**) zählen. Hierbei handelt es sich um unterschiedliche Maßnahmen zur Steuerung der Versicherungsleistungen und der Behandlungsqualität (→ Vor § 192

---

[131] BGHZ 194, 208 = VersR 2012, 1149 = NJW 2012, 3023 Rn. 26 ff.
[132] Begr. zu § 8 Abs. 3 KalV, BR-Drs. 414/96, 23; *Sommer* ZfV 1998, 68 (69).
[133] *Sommer* ZfV 1998, 68 (69 f.).
[134] Expertenkommission, Gutachten Abschn. 11.1, BT-Drs. 13/4945, 39 f.
[135] Begr. zu § 8 Abs. 3 KalV, BR-Drs. 414/96, 23.
[136] *Sommer* ZfV 1998, 68 (70).
[137] Ausf. *Boetius* VersR 2016, 428 (432 ff.).

Rn. 1300 ff.). Je erfolgreicher das Leistungs- und Gesundheitsmanagement durchgeführt wird, umso erfolgreicher wird der Anstieg der Erstattungsleistungen gedämpft und eine darauf gegründete Beitragsanpassung vermieden (→ Rn. 819).

Im Unterschied zur externen Rechnungslegung sind die Schadenregulierungskosten in der Kalkulation **nicht Teil des Schadenaufwands** und der daraus abgeleiteten Kopfschäden iSv § 6 KVAV. Dies gilt auch für Managed-Care-Aufwand, soweit er nicht Bestandteil des primären Leistungsversprechens des Versicherungsunternehmens ist (→ Rn. 288 f.). 319

e) Sonstige Verwaltungskosten. Zu den sonstigen Verwaltungskosten gehören alle **Aufwendungen für den Versicherungsbetrieb**, soweit sie nicht bereits durch Zuschläge für unmittelbare und mittelbare Abschlusskosten sowie Schadenregulierungskosten berücksichtigt worden sind. Aufwendungen für die Verwaltung von Kapitalanlagen gehören nicht dazu. Der Zuschlag muss alle zugehörigen Verwaltungskosten decken. 320

f) Erfolgsunabhängige Beitragsrückerstattung. Man unterscheidet mehrere **Formen** der Beitragsrückerstattung (→ Rn. 402 ff.). 321

Die erfolgsunabhängige Beitragsrückerstattung (**BRE**) wird ohne Rücksicht auf das versicherungstechnische Ergebnis oder den Jahresüberschuss (deshalb „erfolgsunabhängig") allein deshalb gewährt, weil Gesetz, AVB oder der Versicherungsvertrag dies so bestimmen. Krankenversicherungstarife können vorsehen, dass bei Schadenfreiheit des Vertrags während eines Kalenderjahrs Beiträge zurückzuerstatten sind, auch wenn das Versicherungsunternehmen insgesamt keinen Überschuss erwirtschaftet hat. Solche erfolgsunabhängigen BRE müssen – weil sie nicht aus einem zu verteilenden Überschuss stammen – aus den Beiträgen selbst finanziert werden. Dafür muss ein Zuschlag auf den Beitrag erhoben werden (§ 8 Abs. 1 Nr. 5 KVAV). 322

Die **erfolgsabhängige BRE** umfasst dagegen die Beträge, die vom Gesamtüberschuss, vom versicherungstechnischen Ergebnis des gesamten Versicherungsgeschäfts oder einzelner Versicherungsarten abhängen. Sie sind bei der Prämienkalkulation nicht zu berücksichtigen, weil sie aus dem verteilungsfähigen Überschuss finanziert werden (→ Rn. 403, 412 ff.). 323

g) Standardtarif. Ältere Versicherte konnten bis zum Inkrafttreten des GKV-Wettbewerbsstärkungsgesetzes (GKV-WSG) v. 26.3.2007[138] aus einer substitutiven Krankenversicherung in den Standardtarif wechseln (→ Vor § 192 Rn. 1143 ff.). Diese Wechselmöglichkeit besteht trotz einer anders lautenden Intention des Sozialgesetzgebers über den 1.1.2009 hinaus fort (→ § 204 Rn. 92 ff.). Mit dem Standardtarif ist eine **Höchstbeitragsgarantie** verbunden. In denjenigen Tarifen, die zum Wechsel in den Standardtarif berechtigten, kann vereinbart werden, dass ein gesonderter Zuschlag einkalkuliert wird (§ 8 Abs. 5 KVAV). Dieser Zuschlag ist das Äquivalent für das vertragliche Recht, in den Standardtarif zu wechseln, und er die Beitragsgarantie im Standardtarif und den unternehmensübergreifenden Ausgleich (→ Vor § 192 Rn. 1164) gewährleistet.[139] In dem Gesellschaftsvertrag zur Durchführung des Spitzenausgleichs (→ Vor § 192 Rn. 1164) haben sich die PKV-Unternehmen verpflichtet, diesen Zuschlag zu erheben; damit soll eine Benachteiligung einzelner Versicherungsunternehmen verhindert werden. 324

Weil die Möglichkeit zum Wechsel in den Standardtarif auch nach dem 1.1.2009 fortbesteht, ist die Kalkulation des Zuschlags künftig weiterhin obligatorisch. Zwar hatte Art. 45 Nr. 3 GKV-WSG den § 8 Abs. 1 Nr. 6 KalV aF durch den neuen § 8 Abs. 1 Nr. 6, 7 KalV ersetzt, die sich nur auf den Basistarif beziehen. Dagegen blieb § 8 Abs. 5 KalV aF (= § 8 Abs. 5 KVAV) unverändert. Den Gesetzesmaterialien lässt sich nicht entnehmen, dass der Zuschlag für den Standardtarif aufgehoben werden sollte.[140] Art. 1 Nr. 1 der 2. KalVÄndV v. 5.1.2009[141] hat das Versehen durch Einfügen von § 8 Abs. 1 Nr. 8 KalV aF (= § 8 Abs. 1 Nr. 8 KVAV) wieder beseitigt.[142] 325

h) Basistarif. Die Gesundheitsreform hat mit dem GKV-Wettbewerbsstärkungsgesetz (GKV-WSG) v. 26.3.2007[143] den nur auf ältere Versicherte beschränkten Standardtarif durch den allgemein geltenden Basistarif des § 12 Abs. 1a–4b VAG aF = § 152 VAG nF ab 1.1.2009 ersetzt (→ Vor § 192 Rn. 1035 ff.; → Vor § 192 Rn. 1183 ff.). Jeder substitutiv Krankenversicherte kann nach § 204 Abs. 1 S. 1 Nr. 2 in den Basistarif jedes Versicherungsunternehmens wechseln. In allen Tarifen der substitutiven Krankenversicherung muss ein gesonderter Zuschlag einkalkuliert werden (§ 8 Abs. 1 326

---
[138] BGBl. 2007 I 378.
[139] Begr. zu § 8 Abs. 5 KalV, BR-Drs. 414/96, 23.
[140] Begr. zu Art. 45 Nr. 3 (§ 8 KalV) Fraktionsentwurf GKV-WSG, BT-Drs. 16/3100, 208.
[141] BGBl. 2009 I 7.
[142] Begr. zu Art. 1 Nr. 1 (§ 8 KalV) 2. KalVÄndV (→ 1. Aufl. § 204 Anhang).
[143] BGBl. 2007 I 378.

Nr. 6 KVAV), um die im Basistarif nach § 152 Abs. 3, 4 VAG geltenden **Beitragsbegrenzungen** (§ 154 Abs. 1 S. 3 Hs. 2 VAG) zu finanzieren (→ Rn. 244 ff.).

327 Weil im Basistarif keine Risikozuschläge und Leistungsausschlüsse vereinbart werden dürfen (§ 203 Abs. 1 S. 2), müssen die Mehraufwendungen aufgrund von **Vorerkrankungen** auf alle im Basistarif Versicherten verteilt werden (§ 154 Abs. 1 S. 3 Hs. 1 VAG). Dies geschieht durch einen gesonderten Zuschlag (§ 8 Abs. 1 Nr. 7 KVAV).

328 i) **Notlagentarif.** Auch für den Notlagentarif gilt eine **Höchstbeitragsgarantie** (§ 153 Abs. 2 S. 3 iVm § 152 Abs. 3 VAG). Die Mehraufwendungen hierfür müssen auf die substitutiv Krankenversicherten des Versicherungsunternehmens verteilt werden (§ 153 Abs. 2 S. 5 VAG). In welcher Form das geschieht, bleibt den Versicherungsunternehmen überlassen. § 8 Abs. 1 KVAV trifft hierfür keine Regelung.

329 7. **Übertrittswahrscheinlichkeiten.** Die Gesundheitsreform führte mit dem GKV-Wettbewerbsstärkungsgesetz (GKV-WSG) v. 26.3.2007[144] ein allgemeines **Versichererwechselrecht** mit Übertragung der kalkulierten Alterungsrückstellung ein (→ § 204 Rn. 407 ff.). Das machte es erforderlich, die Übertrittswahrscheinlichkeiten zur Berechnung der zu übertragenden Alterungsrückstellung als neue Rechnungsgrundlage einzuführen (§ 160 S. 1 Nr. 3, 4 VAG iVm § 2 Abs. 1 Nr. 6, § 14 KVAV).

330 Für die Berechnung des **Übertragungswerts** wird unterschieden, ob der Vertrag beim Vorversicherer vor oder nach dem 1.1.2009 abgeschlossen worden war.[145] § 14 Abs. 2 KVAV gilt für vor dem 1.1.2009 abgeschlossene Vorversicherungen, § 14 Abs. 1 KVAV für ab dem 1.1.2009 abgeschlossene Vorversicherungen. Nach § 14 Abs. 3 KVAV darf der Übertragungswert durch Zillmerung beim neuen Versicherungsunternehmen nicht geschmälert werden.

331 Für **vor dem 1.1.2009 abgeschlossene Vorversicherungen** wird unterschieden:
– Wenn der Versicherte nach § 204 Abs. 1 S. 1 Nr. 2 lit. b, § 152 Abs. 2 S. 2 VAG in den Basistarif des neuen Versicherungsunternehmens wechselt, bleibt es bei der Berechnung nach § 14 Abs. 2 KVAV (§ 14 Abs. 5 S. 1 KVAV). Bei einem anschließenden weiteren Wechsel aus dem Basistarif des neuen Versicherungsunternehmens in einen anderen gleichartigen Tarif eines dritten Versicherungsunternehmens gilt ab einer Mindestverweildauer im Basistarif von 18 Monaten die allgemeine Regelung des § 14 Abs. 1 KVAV (§ 14 Abs. 5 S. 2 KVAV).
– Wenn der Versicherte außerhalb des vorgenannten Falls in einen sonstigen gleichartigen Tarif des neuen Versicherungsunternehmens wechselt, der die Mitgabe eines Übertragungswerts vorsieht, beschränkt sich im Falle eines weiteren Wechsels vom neuen Versicherungsunternehmen zu einem dritten Versicherungsunternehmen der Übertragungswert auf denjenigen Betrag, der ab dem Wechsel in den Tarif mit Übertragungswert aufgebaut wurde (§ 14 Abs. 4 S. 1 KVAV).

IX. Alterungsrückstellung

332 1. **Grundsatz.** Bei **nach Art der Lebensversicherung** betriebenen Krankenversicherungen müssen nach § 203 Abs. 1 S. 1 iVm § 146 Abs. 1 Nr. 2 VAG und § 341f Abs. 3 HGB Alterungsrückstellungen gebildet werden. Damit soll erreicht werden, dass trotz altersbedingt steigenden Risikos der Beitrag im Zeitablauf ceteris paribus konstant bleiben kann (→ Vor § 192 Rn. 102 ff.; → Vor § 192 Rn. 846 ff.).

333 Die Kalkulation mit Alterungsrückstellung ist selbst nicht schon **Begriffsmerkmal** der Kalkulation „nach Art der Lebensversicherung" (→ Vor § 192 Rn. 664), sondern tritt als zusätzliche Anforderung hinzu.

334 2. **Finanzierungsquellen der Alterungsrückstellung.** Die Alterungsrückstellung wird aus verschiedenen **Quellen** aufgebaut (→ Vor § 192 Rn. 877 ff.). Diese Quellen sind (vgl. § 341f Abs. 3 S. 1 HGB):
– Die (mit Alterungsrückstellung kalkulierten) Tarifbeiträge (→ Rn. 336 f.),
– die Limitierung von Beitragsanpassungen durch Einsatz von Mitteln aus der Rückstellung für Beitragsrückerstattung (→ Rn. 419),
– direkte Zuschreibungen zur Beitragsermäßigung im Alter aufgrund des gesetzlichen Beitragszuschlags und der Überzinszuschreibung (→ Rn. 341 ff.; → Rn. 372 ff.).

335 Alle aus den verschiedenen Quellen stammenden, der Alterungsrückstellung zugeführten Beträge haben die **gleiche rechtliche und bilanzielle Qualität.** Sie erfüllen auch alle den gleichen Zweck, die Beitragslast im Alter zu verstetigen.

---

[144] BGBl. 2007 I 378.
[145] Begr. zu Art. 1 Nr. 4 (§ 14 KalV) 2. KalVÄndV (→ 1. Aufl. § 204 Anhang).

3. Beitragskalkulierte Alterungsrückstellung. In die Prämie ist ein Sparanteil einzukalkulieren, der der bilanziell zu bildenden Alterungsrückstellung entspricht.[146] Um **Deckungsgleichheit** zwischen diesem Sparanteil und der entsprechenden Alterungsrückstellung zu erreichen, ist aufsichtsrechtlich – und über die Bezugnahme in § 203 Abs. 1 S. 1 auch vertragsrechtlich – vorgeschrieben, dass bei der Berechnung des Sparanteils in der Prämie einerseits und der Alterungsrückstellung andererseits die gleichen Rechnungsgrundlagen zu verwenden sind (§ 146 Abs. 1 Nr. 2 VAG iVm § 341f Abs. 3 S. 2 HGB, § 3 KVAV). Dies ist notwendig, damit die Beitragseinnahme in Höhe des Sparanteils nicht erfolgswirksam wird, sondern als Zuführung zur Deckungsrückstellung (= Alterungsrückstellung) erfolgsneutral verbucht werden kann.

Für den bilanziellen Vorgang der **Passivierung** in der Handelsbilanz enthält § 18 KVAV weitere Vorschriften, die keine Rückwirkungen auf die Prämienkalkulation haben.

4. Ausnahmen. Bestimmte nach Art der Lebensversicherung betriebene Krankenversicherungen können **ohne Alterungsrückstellung** kalkuliert werden. Hierfür sind unterschiedliche Gründe maßgebend:
– Krankenversicherungen für **Kinder, Jugendliche und Auszubildende** (§ 10 Abs. 4 S. 1 KVAV). Weil diese Versicherten bei Aufnahme der Berufstätigkeit idR versicherungspflichtig werden, müssten entsprechend hohe Stornowahrscheinlichkeiten eingerechnet werden, die in Verbindung mit der geringen Altersabhängigkeit des Risikos dazu führen würden, dass sich praktisch keine positive Alterungsrückstellung ergäbe. Bei Kindern kehrt sich die Altersabhängigkeit des Risikos um: Die Kopfschäden sind im ersten Lebensjahr am höchsten und fallen in den Folgejahren, was negative Alterungsrückstellungen zur Folge hätte.[147]
– Substitutive Krankenversicherungen mit **befristeten Vertragslaufzeiten** nach §§ 195 Abs. 2, 3, 196 (§ 146 Abs. 3 VAG). Wegen der verhältnismäßig kurzen Vertragsdauern besteht kein Bedürfnis, die Prämien alterungsunabhängig zu gestalten.

X. Gesetzlicher Beitragszuschlag

1. Grundsatz. In der **substitutiven Krankenversicherung** ist nach § 203 Abs. 1 S. 1 iVm § 149 S. 1 VAG zusätzlich zur Prämie ein Zuschlag von 10 % der Bruttoprämie zu erheben und der Alterungsrückstellung direkt zuzuführen (§ 149 S. 2 VAG). Dieser gesetzliche Beitragszuschlag war von der Unabhängigen Expertenkommission zur Untersuchung der Problematik steigender Beiträge von privat Krankenversicherten im Alter (Expertenkommission) vorgeschlagen[148] und durch Art. 15 GKV-Gesundheitsreformgesetz 2000 v. 22.12.1999[149] eingeführt worden.

Die direkte Zuführung zur Alterungsrückstellung nach § 149 S. 1 VAG ist eine Form der **Zuschreibung** iSv § 341f Abs. 3 S. 1 Hs. 2 HGB.

Zu Bedeutung, Zweck und Rechtsnatur des gesetzlichen Beitragszuschlags → Vor § 192 Rn. 923 ff.; → Vor § 192 Rn. 1010 ff.

2. Sachlicher Anwendungsbereich. a) Substitutive Krankenversicherung. Der gesetzliche Beitragszuschlag ist nach dem ausdrücklichen Wortlaut des § 149 S. 1 VAG grundsätzlich bei allen Verträgen zu erheben, die der substitutiven Krankheitskostenversicherung zuzuordnen sind. Die Vorschrift verwendet bewusst den Begriff „Krankheits*kosten*versicherung", um klarzustellen, dass es sich um Krankenversicherung im engeren Sinn handeln muss.

Zur substitutiven Krankenversicherung in diesem Sinn zählen auch der **Standardtarif** und der **Basistarif**.

Zwar ist auch die **private Pflege-Pflichtversicherung (PPV)** unter den Begriff der substitutiven Krankenversicherung im weiteren Sinn zu subsumieren (§ 195 Abs. 1 S. 1, § 146 Abs. 1 VAG). Indessen sollte die PPV nach dem Vorschlag der Expertenkommission nicht in den Anwendungsbereich des gesetzlichen Beitragszuschlags einbezogen werden, weil das SGB XI bereits Vorkehrungen gegen ein zu starkes Ansteigen der PPV-Beiträge im Alter getroffen habe.[150]

Ausnahmen gelten für bestimmte Versicherungsformen, bei denen es sich der Sache nach um substitutive Krankenversicherungen handelt. Dies betrifft Krankenversicherungen, bei denen deswegen kein Bedürfnis für eine zusätzliche Beitragsentlastung im Alter besteht, weil sie typischerweise vor Erreichen höherer Alter enden und deshalb ohne Alterungsrückstellung kalkuliert werden können oder weil sie nicht den Kernbereich der substitutiven Krankenversicherung betreffen. Wenn

---
[146] Zum Risiko- und Sparprozess vgl. ausführlich *Boetius* in Boetius/Rogler/Schäfer, Rechtshandbuch PKV, 2020, § 9 Rn. 8 ff.
[147] Begr. zu § 16 KalV, BR-Drs. 414/96, 32.
[148] Expertenkommission, Gutachten Abschn. 8.3.7, BT-Drs. 13/4995, 32 ff.
[149] BGBl. 1999 I 2626.
[150] Expertenkommission, Gutachten Abschn. 3.3, 8.2, BT-Drs. 13/4945, 14, 27.

eine Alterungsrückstellung nicht zu kalkulieren ist, ist auch ein der Alterungsrückstellung zuzuführender Beitragszuschlag gegenstandslos.

348 Die Ausnahmen betreffen zum einen Krankenversicherungen mit **befristeten Vertragslaufzeiten,** die ohne Alterungsrückstellung kalkuliert werden können. Hierunter fallen (§ 149 S. 3 VAG)
– Ausbildungs-, Auslands-, Reise- und Restschuldkrankenversicherungen nach § 195 Abs. 2,
– Krankenversicherungen von Personen mit befristetem Aufenthaltstitel nach § 195 Abs. 3,
– Tarife, die regelmäßig spätestens mit Vollendung des 65. Lebensjahres enden (→ Rn. 349).

349 Zu den Tarifen, die iSv § 149 S. 3 VAG regelmäßig spätestens mit **Vollendung des 65. Lebensjahres** enden, zählen:
– Krankentagegeldversicherungen, wenn sie gem. § 196 befristet worden sind. Bei Krankentagegeldversicherungen, die nicht befristet worden sind, muss der gesetzliche Beitragszuschlag erhoben werden, sofern sie der substitutiven Krankenversicherung zuzurechnen sind.
– Beihilfeversicherungen, bei denen vereinbart werden kann, dass sie nach § 199 Abs. 1 mit der Versetzung des Versicherten in den Ruhestand enden. Zwar vermeidet § 199 Abs. 1 die Nennung eines bestimmten Ruhestandsalters. Dies dient jedoch ausschließlich der notwendigen Flexibilisierung. Der Sache nach handelt es sich jedoch um eine dem § 196 vergleichbare Regelung, die sich gleichfalls auf den typischen Ruhestandszeitpunkt bezieht.[151] Die Nichterstreckung des Beitragszuschlags auf diese Beihilfetarife entspricht dem Vorschlag der Expertenkommission.[152]

350 Zwingend ohne Alterungsrückstellung ist der **Notlagentarif** zu kalkulieren (→ Vor § 192 Rn. 1264 ff.), der deshalb auch vom Beitragszuschlag ausgenommen wird (§ 149 S. 3 VAG).

351 Zum anderen betreffen bzw. betrafen die Ausnahmen private **Zahnersatzversicherungen,** die GKV-Versicherte nach dem durch das GKV-Modernisierungsgesetz (GMG) v. 14.11.2003[153] eingefügten, inzwischen wieder aufgehobenen § 58 Abs. 2 SGB V anstelle der GKV-Satzungsleistung abschließen konnten. Diese Ausnahme von der Erhebung des gesetzlichen Beitragszuschlags wurde erst durch das VAGÄndG 2004 v. 15.12.2004[154] in § 12 Abs. 4a S. 2 VAG aF eingefügt, weil bei GKV-Versicherten, die den größten Teil ihrer Krankheitskosten über die GKV absichern, für den Beitragszuschlag kein Bedürfnis bestehe.[155] Art. 7 Nr. 6 lit. b VVG-ReformG beseitigte diese Ausnahmeregelung wieder ohne nähere Begründung.[156]

352 **b) Nicht-substitutive Krankenversicherung.** In der nicht-substitutiven Krankenversicherung ist kein Beitragszuschlag zu erheben. Hierfür besteht **kein Regelungsbedarf,** weil die nicht-substitutive Krankenversicherung nicht nach Art der Lebensversicherung betrieben werden muss. Daher ist § 149 VAG auf die nicht-substitutive Krankenversicherung auch nicht entsprechend anzuwenden (§ 147 VAG). Dies entspricht dem Vorschlag der Expertenkommission.[157]

353 Zur nicht-substitutiven Krankenversicherung zählen auch **Zusatztarife** iSv § 204 Abs. 1 S. 2 sowie Zusatzversicherungen iSv § 193 Abs. 11 bzw. ergänzende Krankenversicherungen, die nach § 152 Abs. 1 S. 6 VAG zum Basistarif abgeschlossen werden können (→ § 204 Rn. 514 ff.).

354 **3. Zeitlicher Anwendungsbereich.** Der gesetzliche Beitragszuschlag ist nicht während der gesamten Dauer des Versicherungsvertrags zu erheben. Nach § 149 S. 1 VAG wird er erhoben ab dem **Beginn** des Kalenderjahres, das auf die Vollendung des 21. Lebensjahres des Versicherten folgt.

355 Für das **Ende** der Verpflichtung zur Zahlung des gesetzlichen Beitragszuschlags enthält das Gesetz keine klare Festlegung. Die Verpflichtung soll nach § 149 S. 1 VAG enden „in dem Kalenderjahr", in dem der Versicherte das 60. Lebensjahr vollendet. Aus der unterschiedlichen Wortwahl für den Beginn der Zahlungspflicht einerseits („mit Beginn des Kalenderjahres") und für ihr Ende andererseits („in dem Kalenderjahr") ist zu schließen, dass die Zahlungspflicht nicht mit dem Ende des Kalenderjahres, sondern mit dem Ende des Monats endet, in dem der Versicherte das 60. Lebensjahr vollendet.

356 **4. Altverträge.** Der gesetzliche Beitragszuschlag konnte obligatorisch nur für Versicherungsverträge eingeführt werden, die nach seinem Inkrafttreten neu abgeschlossen wurden. Für vor dem Inkrafttreten bereits abgeschlossene Krankenversicherungen (Altverträge) hätte die obligatorische Geltung des gesetzlichen Beitragszuschlags das verfassungsrechtliche **Rückwirkungsverbot** verletzt.

---

[151] Begr. zu Art. 1 (§ 196 Abs. 1 VVG) RegE VVG-ReformG, BT-Drs. 16/3945, 112.
[152] Expertenkommission, Gutachten Abschn. 8.3.7, BT-Drs. 13/4945, 32.
[153] BGBl. 2003 I 2190.
[154] BGBl. 2004 I 341.
[155] Begr. zu Art. 1 Nr. 7 (§ 12 VAG) RegE VAGÄndG 2004, BT-Drs. 15/3418, 20.
[156] Begr. zu Art. 7 Nr. 6 (§ 12 VAG) RegE VVG-ReformG, BT-Drs. 16/3945, 122.
[157] Expertenkommission, Gutachten Abschn. 8.2, BT-Drs. 13/4945, 27.

Die **Expertenkommission,** die den gesetzlichen Beitragszuschlag vorgeschlagen hatte 357
(→ Rn. 341), hatte allerdings weniger verfassungsrechtliche Bedenken gegen die obligatorische
Geltung des Beitragszuschlags auch für Altverträge. Vielmehr hatte die Expertenkommission erwogen, dass es Gruppen von Versicherungsnehmern gebe, die bereits hinreichend Vorsorge zur Dämpfung von Beitragssteigerungen im Alter getroffen hätten. Außerdem würde der neu einzuführende
Beitragszuschlag für die Gruppe der heute älteren Versicherten keine fühlbare Wirkung im Alter
mehr entfalten können. Da es keine Kriterien gebe, mit deren Hilfe der zwangsweise Beitragszuschlag
auf diejenigen Altversicherten beschränkt werden könne, die bisher keine hinreichende Eigenvorsorge betrieben haben, schlug die Expertenkommission für Altversicherte ein Optionsrecht vor.[158]

Für Altverträge gilt der ab 1.1.2000 zu erhebende (§ 203 Abs. 1 S. 1 iVm § 338 Nr. 1 VAG) 358
gesetzliche Beitragszuschlag mit einer **doppelten Modifikation:**
– Der gesetzliche Beitragszuschlag ist im ersten Jahr auf 2 % der Bruttoprämie begrenzt und steigt
  stufenweise von Jahr zu Jahr um weitere 2 %, bis 10 % erreicht sind, längstens jedoch bis zur
  Vollendung des 60. Lebensjahres (§ 338 Nr. 2 VAG).
– Der Versicherungsnehmer konnte der Erhebung des Beitragszuschlags innerhalb von drei Monaten
  schriftlich **widersprechen,** nachdem das Versicherungsunternehmen dem Versicherungsnehmer
  vor der erstmaligen Erhebung des Beitragszuschlags dessen Höhe und die jährlichen Steigerungen
  mitgeteilt hat (§ 338 Nr. 3, 4 VAG).

5. Berechnungsmaßstab. a) Jahresbeitrag. Der gesetzliche Beitragszuschlag von 10 % 359
berechnet sich nach der **jährlichen** gezillmerten Bruttoprämie (§ 149 S. 1 VAG).

Da in der substitutiven Krankenversicherung üblicherweise **monatliche Zahlungsweise** ver- 360
einbart wird, sind jeweils 10 % der Monatsprämie zu erheben.

b) Zillmerung. Nur wenn das Versicherungsunternehmen zur Deckung der rechnungsmäßi- 361
gen Abschlusskosten das Verfahren der Zillmerung anwendet (→ Rn. 308), kann es zu einer **gezillmerten Prämie** kommen. Die Zillmerung bewirkt, dass der gezillmerte Nettobeitrag höher ist als
der ungezillmerte. Weil nämlich im Falle der Zillmerung aus dem Sparanteil zunächst die negative
Alterungsrückstellung getilgt werden muss, wird hierfür ein höherer Sparanteil benötigt. § 149 S. 1
VAG stellt mit der Bezugnahme auf die gezillmerte Prämie sicher, dass der gesetzliche Beitragszuschlag auch insoweit das Schicksal der Prämienkalkulation teilt.

Wendet das Versicherungsunternehmen das Verfahren der Zillmerung nicht an, kann sich der 362
gesetzliche Beitragszuschlag nur auf die **ungezillmerte Prämie** beziehen.

c) Bruttoprämie. Ausgangspunkt für die Ermittlung der Bruttoprämie iSv § 149 S. 1 VAG ist 363
zunächst die jeweilige **Tarifprämie.**

Soweit die Tarifprämie sich durch **Anrechnungsbeträge** vermindert, ist der gesetzliche Bei- 364
tragszuschlag aus dem um diese Anrechnungsbeträge verminderten Bruttobeitrag zu berechnen.
Anrechnungsbeträge entstehen im Falle der Anrechnung der Alterungsrückstellung bei einem Tarifwechsel (→ § 204 Rn. 279 f.) oder im Falle einer Limitierung von an sich notwendigen Prämienanpassungen (→ Rn. 419). Der Anrechnungsbetrag ist der verrentete Gegenwert der bisher zur Prämienminderung angesammelten Alterungsrückstellung.

Der Beitragszuschlag nach § 149 S. 1 VAG bezieht sich nur auf die **kalkulierte Prämie,** dh 365
die entsprechend den Kalkulationsvorschriften berechnete Prämie. Dies ergibt sich zum einen aus
der früheren Stellung der Vorschrift in § 12 VAG aF, der in seinem Abs. 1 Nr. 1 die Rechtsgrundlage
für die Kalkulationsvorschriften schuf. Zum anderen ergibt sich dies aus der Bezugnahme auf den
gezillmerten Bruttobeitrag; denn auch die Zillmerung ist ein Verfahren, das in den Kalkulationsvorschriften geregelt ist (§ 8 Abs. 3 S. 1, Abs. 4 S. 1 KVAV). Schließlich ist der gesetzliche Beitragszuschlag nach § 149 S. 2 VAG der Alterungsrückstellung zuzuführen, die nach ihrer Natur das Ergebnis
einer versicherungsmathematischen Kalkulation ist. Unter dem Bruttobeitrag iSv § 149 S. 1 VAG
ist daher nur ein kalkulierter Bruttobeitrag zu verstehen.

Sind außer der Tarifprämie nach § 203 Abs. 1 S. 2 **Risikozuschläge** zu zahlen, so erhöhen 366
diese zwar den vom Versicherungsnehmer zu zahlenden Bruttobeitrag. Gleichwohl ist auf diese
Risikozuschläge kein Beitragszuschlag zu erheben. Dies ergibt sich aus der Rechtsnatur des Risikozuschlags. Die aufsichtsrechtlichen Kalkulationsvorschriften, die über § 203 Abs. 1 S. 1 in das Versicherungsvertragsrecht inkorporiert werden, enthalten keine Regelungen für die Berechnung von Risikozuschlägen bei erhöhten Risiken (→ Rn. 58). Risikozuschläge sind keine entsprechend den
Kalkulationsvorschriften nach den § 146 Abs. 1 Nr. 1, § 160 S. 1 Nr. 1 VAG, §§ 1 ff. KVAV berechneten Beiträge. Sie enthalten deshalb auch keine Sparanteile, die der Alterungsrückstellung zugeführt
werden könnten. Sie erfüllen insbes. nicht die zwingende Voraussetzung, dass für sie die gleichen

---

[158] Expertenkommission, Gutachten Abschn. 8.3.7.2, BT-Drs. 13/4945, 33 f.

§ 203 367–376 Teil 2. Einzelne Versicherungszweige. Kap. 8. Krankenversicherung

Rechnungsgrundlagen verwendet werden wie für die Kalkulation der Alterungsrückstellung (§ 341f Abs. 3 S. 2 HGB, § 3 KVAV). Da der gesetzliche Beitragszuschlag das kalkulatorische und rechtliche Schicksal der Bruttoprämie teilt, von der er erhoben wird, kann er nicht von einem Prämienteil erhoben werden, der nicht im Sinne der Kalkulationsvorschriften kalkuliert und der nicht alterungsrückstellungsfähig ist.

367 **6. Verwendung.** Die nach § 149 S. 1 VAG erhobenen und der Alterungsrückstellung zugeführten Beitragszuschläge sind ebenso zu verwenden wie der auf diesen Teil der Alterungsrückstellung nach § 150 Abs. 2 VAG entfallende Überzins; dies ist der **Sinngehalt** der in § 149 S. 2 VAG enthaltenen Verweisung auf § 150 Abs. 3 VAG.

368 Die Verwendungsvorschrift des § 150 Abs. 3 VAG unterscheidet **zwei zeitliche Phasen:**
369 – Ab Vollendung des 65. Lebensjahres des Versicherten sind die der Alterungsrückstellung zugeführten Beitragszuschläge dieses Versicherten dafür zu verwenden, an sich notwendige **Prämienerhöhungen zu limitieren** (§ 150 Abs. 3 S. 1 VAG). Diese Verwendung ist solange durchzuführen, bis die Mittel der in der Alterungsrückstellung gebundenen Beitragszuschläge verbraucht sind.
370 – Ab Vollendung des 80. Lebensjahres des Versicherten sind die der Alterungsrückstellung zugeführten Beitragszuschläge dieses Versicherten – soweit sie bis dahin nicht nach § 150 Abs. 3 S. 1 VAG verbraucht sind (→ Rn. 369) – dafür zu verwenden, seine **Prämien zu senken** (§ 150 Abs. 3 S. 2 VAG). Diese Verwendungsmechanik kann in durchaus nicht untypischen Fallgestaltungen dazu führen, dass nach entsprechend langer Versicherungszeit die Krankenversicherungsprämie ab Alter 80 fast bis auf Null abgesenkt wird. Dies ist ein wirtschaftlich nicht vernünftiges Ergebnis (→ Vor § 192 Rn. 930). Ähnliches gilt für die Verwendung der Überzinszuschreibung (→ Rn. 397).

371 Die Verwendung der in der Alterungsrückstellung gebundenen Beitragszuschläge gem. § 150 Abs. 3 S. 1, 2 VAG betreffen Prämienlimitierungen und Prämiensenkungen nur in der **substitutiven Krankenversicherung,** aus der diese Beitragszuschläge stammen. Für andere Versicherungsformen können diese Mittel nicht eingesetzt werden. Die für die freiwillige Pflegetagegeldversicherung in § 150 Abs. 3 S. 4 VAG getroffene Vorschrift bezieht sich nur auf die Verwendung des Überzinses nach § 150 Abs. 2 VAG.

XI. Überzinszuschreibung

372 **1. Begriff.** Auf der Passivseite der Bilanz ausgewiesene versicherungstechnische Rückstellungen sind auf der Aktivseite mit Vermögenswerten zu bedecken, auf die das Versicherungsunternehmen eine Verzinsung erzielt. Die **Deckungsrückstellung** ist die Ansammlung von Beträgen zur Deckung eines Rechtsanspruchs auf künftige Geldleistung. In den versicherungsmathematischen Versicherungszweigen – insbes. der Lebens- und der Krankenversicherung – wird sie idR aus Beitragsteilen gebildet. Wegen ihrer Prämienherkunft gilt für die Deckungsrückstellung der Grundsatz, dass die Verzinsung, die aus den sie bedeckenden Kapitalanlagen erzielt wird, der Deckungsrückstellung werterhöhend zuzuführen ist. Da dies die Verpflichtung des Versicherungsunternehmens gegenüber dem Versicherungsnehmer erhöht, ist zur Wahrung der dauernden Erfüllbarkeit der Verpflichtungen aus den Versicherungsverträgen der planmäßigen Verzinsung ein Zinssatz zugrunde zu legen, der mit Sicherheit dauerhaft erzielt werden kann. Dieser Rechnungszins beträgt in der Krankenversicherung 3,5 % (§ 4 KVAV). In Höhe der rechnungsmäßigen Verzinsung erhöht sich die Alterungsrückstellung jedes Jahr.

373 Erzielt das Versicherungsunternehmen auf die Kapitalanlagen, welche die Alterungsrückstellung bedecken, eine über die rechnungsmäßige Verzinsung hinausgehende Nettoverzinsung, spricht man vom **Überzins.** Die Nettoverzinsung ist ein Wert in Höhe der durchschnittlichen Kapitalerträge (§ 150 Abs. 1 S. 2 VAG).

374 Die Ermittlung der **Nettoverzinsung** regelt § 19 KVAV iVm § 160 S. 1 Nr. 3 VAG (→ Rn. 269).

375 **2. Zuschreibung.** Nach § 150 Abs. 1 VAG muss das Versicherungsunternehmen dem Versicherten den größten Teil des erzielten Überzinses direkt gutschreiben **(Direktgutschrift).** Damit soll der Versicherte, aus dessen Beiträgen die Alterungsrückstellung aufgebaut wird, zum größten Teil Nutznießer der Erträge sein, die auf die Kapitalanlagen entfallen, welche die Alterungsrückstellung bedecken; denn ohne den Rückstellungsaufbau käme es auch nicht zu den entsprechenden Kapitalanlagen. Das hat zur Folge, dass insoweit der erzielte Überschuss weder zur Stärkung des Eigenkapitals des Versicherungsunternehmens noch zur Verteilung an die Aktionäre zur Verfügung steht.

376 Die Überzinszuschreibung verfolgt vor allem den **Zweck,** den Realwert der Alterungsrückstellung zu sichern, weil in dem Kalkulationsmodell der PKV die allgemeinen Preissteigerungen nicht

berücksichtigt sind.[159] Außerdem berücksichtigt das Kalkulationsmodell nicht, dass durch den medizinisch-technischen Fortschritt der Anstieg der Gesundheitskosten einer besonderen Dynamik unterliegt.[160]

Nach § 150 Abs. 1 S. 2 VAG sind **90 % des Überzinses** gutzuschreiben. Diese durch das GKV-Gesundheitsreformgesetz 2000 v. 22.12.1999[161] neu gefasste Regelung gilt seit dem 1.1.2000. Nach der vorher geltenden, durch das 3. DurchfG/EWG zum VAG eingeführten Fassung des § 12a VAG aF waren 80 % des Überzinses, höchstens jedoch 2,5 % der Summe der positiven Alterungsrückstellungen jährlich direkt gutzuschreiben. 377

Der Überzins ist aus der Summe derjenigen **Alterungsrückstellungen** zu berechnen, die für die „betroffenen Versicherungen" zum Ende des vorherigen Geschäftsjahres gebildet worden waren. Betroffene Versicherungen sind die nach Art der Lebensversicherung betriebenen Krankheitskosten- und freiwilligen Pflegekrankenversicherungen (§ 150 Abs. 1 S. 1 VAG). 378

Nach dem Wortlaut von § 150 Abs. 1 S. 1 VAG sind nur **positive Alterungsrückstellungen** der Überzinsberechnung zugrunde zu legen. Negative Alterungsrückstellungen, wie sie bei der Zillmerung von Abschlusskosten bei Versicherungsbeginn entstehen (→ Rn. 308, 361), dürfen bei der Überzinsberechnung also nicht mindernd abgezogen werden. 379

3. Anwendungsbereich. Die Überzinszuschreibung gilt für alle **nach Art der Lebensversicherung** betriebenen Krankheitskosten- und freiwilligen Pflegekrankenversicherungen (§ 150 Abs. 1 S. 1 VAG), unabhängig davon, ob es sich um substitutive oder nicht-substitutive Krankenversicherung handelt. 380

Die betroffenen Versicherungsformen ergeben sich aus § 192. Zu den **Krankheitskostenversicherungen** iSv § 192 Abs. 1 zählen danach nicht die Krankenhaustagegeldversicherung (§ 192 Abs. 4) und die Krankentagegeldversicherung (§ 192 Abs. 5), und zwar auch dann nicht, wenn sie nach Art der Lebensversicherung betrieben werden. Für die Krankentagegeldversicherung als Verdienstausfallversicherung kommt noch hinzu, dass sie üblicherweise mit dem 65. Lebensjahr des Versicherten endet und dass sich infolgedessen die Problematik steigender Beiträge im Alter nicht in gleichem Maße stellt.[162] 381

Dagegen zählen zur **freiwilligen Pflegekrankenversicherung** kraft ausdrücklicher Definition nach § 150 Abs. 1 S. 1 VAG sowohl die Pflegekostenversicherung als auch die Pflegetagegeldversicherung (§ 192 Abs. 6 S. 1). 382

Die Überzinszuschreibung ist damit nicht anzuwenden auf die **private Pflege-Pflichtversicherung (PPV)**, weil diese mit der in §§ 110 f. SGB XI getroffenen Regelung anderen Grundsätzen folgt.[163] § 192 Abs. 6 S. 3 stellt diesen Vorrang des Sozialrechts jetzt noch einmal ausdrücklich klar.[164] 383

4. Verteilung und Verwendung. a) Grundsatz. Die Verteilungs- und Verwendungsvorschrift des § 150 Abs. 2–4 VAG verfolgt das zunächst einfache **Ziel**, jedem Versicherten 90 % des Überzinses der auf ihn entfallenden Alterungsrückstellung jährlich direkt gutzuschreiben, um damit eine weitere Beitragsentlastung im Alter zu finanzieren.[165] Gleichzeitig sollte eine verursachungsgerechte Verteilung des Überzinses erreicht werden. Dieses Ziel konnte bei Einführung der gesetzlichen Direktgutschrift durch das 3. DurchfG/EWG zum VAG ab 1.1.1995 jedoch nicht sofort verwirklicht werden, weil dies zu einer deutlichen Benachteiligung der älteren Versicherten geführt hätte. Während nämlich die bei Einführung der Direktgutschrift jüngeren Versicherten eine ausreichend lange Versicherungszeit zur Ansammlung von Direktgutschriften vor sich hatten, hätten die bereits älteren Versicherten keine Möglichkeit mehr gehabt, solche Direktgutschriften anzusammeln, so dass bei ihnen der notwendige Beitragsentlastungseffekt nicht eingetreten wäre. 384

Der Gesetzgeber des 3. DurchfG/EWG zum VAG wählte daher bewusst eine **nicht verursachungsgerechte Verteilung**. Sie sah in § 12a Abs. 2 VAG aF vor, dass nur 50 % der Direktgutschrift gem. § 12a Abs. 1 VAG aF allen Versicherten direkt gutgeschrieben wurden, während die andere Hälfte nach § 12a Abs. 3 VAG aF für die Versicherten zu verwenden waren, die das 65. Lebensjahr 385

---

[159] Expertenkommission, Gutachten Abschn. 7.1, BT-Drs. 13/4945, 21.
[160] Begr. zu Art. 1 (§ 12a VAG) RegE 3. DurchfG/EWG zum VAG, BT-Drs. 12/6959, 61.
[161] BGBl. 1999 I 2626.
[162] Expertenkommission, Gutachten Abschn. 17.2, BT-Drs. 13/4945, 51; Begr. zu Art. 1 (§ 12a VAG) RegE 3. DurchfG/EWG zum VAG, BT-Drs. 12/6959, 61.
[163] Bericht des Finanzausschusses zu Art. 1 (§ 12a VAG) RegE 3. DurchfG/EWG zum VAG, BT-Drs. 12/7595, 107.
[164] Begr. zu Art. 1 (§ 192 Abs. 6 VVG) RegE VVG-ReformG, BT-Drs. 16/3945, 110.
[165] Zum rechtlichen Charakter und zur Entstehungsgeschichte der Überzinsverwendung s. *Boetius* WPg 2013, 753 (755 ff.).

vollendet hatten. Auf diese Weise wurden den über 65-Jährigen relativ schnell hohe Finanzmittel zur Begrenzung von Beitragssteigerungen zur Verfügung gestellt.

386 Diese bewusst nicht verursachungsgerechte Verteilung entfaltete jedoch auch **unerwünschte Nebenwirkungen.** Weil die Überzinsen aus den Versicherungsverträgen der jüngeren Versicherten mit einem bestimmten Anteil für die älteren Versicherten zu verwenden war, hing die absolute Höhe des auf diese Weise umverteilten Betrages entscheidend von der Altersverteilung der Versicherten in den einzelnen Versicherungsunternehmen ab. Versicherungsunternehmen mit einem geringen Bestand älterer Versicherter konnten deutlich höhere Beitragsermäßigungen geben als Versicherungsunternehmen mit einem hohen Bestand älterer Versicherter. Dies führte zu einer ungerechtfertigt unterschiedlichen Beitragsentlastung älterer Versicherter in den einzelnen Versicherungsunternehmen.

387 Gleichzeitig ergaben sich daraus unvertretbare **Wettbewerbsverzerrungen** zwischen jungen, neu gegründeten Versicherungsunternehmen einerseits und alten Versicherungsunternehmen andererseits. Junge Versicherungsunternehmen haben während einer verhältnismäßig langen Zeit kaum ältere Personen versichert, so dass sie praktisch allen ihren jüngeren Versicherten den vollen Überzins gutschreiben können.[166] Alte Versicherungsunternehmen mit in Jahrzehnten aufgebauten Versicherungsbeständen haben einen hohen Anteil älterer Versicherter, die vorab mit 50 % des Überzinses zu bedenken sind, so dass für ihre jüngeren Versicherten nur der halbe Überzins zur Verfügung steht. Dies benachteiligt ältere Versicherungsunternehmen gegenüber jungen Versicherungsunternehmen im Wettbewerb um jüngere Versicherte.

388 Wegen dieser ungewollten Nebenwirkungen hielt die Expertenkommission es für notwendig, die Abhängigkeit der Überzinsverteilung von der Bestandszusammensetzung der einzelnen Versicherungsunternehmen abzubauen. Weil dies nicht in einem Schritt verwirklicht werden konnte, schlug die Expertenkommission einen **stufenweisen Abbau** (Sunset-Modell) vor,[167] der mit dem GKV-Gesundheitsreformgesetz 2000 v. 22.12.1999[168] verwirklicht wurde.

389 Das **Sunset-Modell** sieht in § 150 Abs. 2 S. 2, 3 VAG vor, dass der Anteil des nach § 150 Abs. 1 VAG direkt gutzuschreibenden Überzinses, der für eigene Prämienermäßigungen jedes Versicherten zu verwenden ist, von 50 % jährlich um 2 Prozentpunkte ansteigt, bis nach 25 Jahren der gesamte direkt gutschreibbare Überzins nach § 150 Abs. 2 VAG verwandt wird. Gleichzeitig wird der nach § 150 Abs. 4 VAG für die älteren Versicherten zu verwendende Anteil von 50 % auf Null zurückgeführt.

390 Die Vorschriften des § 150 Abs. 2–4 VAG regeln zwei unterschiedliche **Themenkreise:** Sie regeln zum einen den Modus der Verteilung der Direktgutschrift auf die verschiedenen Versichertengruppen (→ Rn. 391 ff.) und zum anderen die Art der Verwendung für diese Versicherten (→ Rn. 395 ff.).

391 **b) Verteilungsmodus.** Die Verteilung des nach § 150 Abs. 1 VAG direkt gutzuschreibenden Überzinses vollzieht sich in **mehreren Schritten:**

392 – In einem ersten Schritt erhalten nach § 150 Abs. 2 S. 1 VAG alle Versicherten der **substitutiven Krankheitskostenversicherung,** die den gesetzlichen Beitragszuschlag nach § 149 VAG geleistet haben, von dem Überzins gem. § 150 Abs. 1 VAG vorab denjenigen Anteil ungekürzt direkt gutgeschrieben, der auf den aus dem Beitragszuschlag entstandenen Teil der Alterungsrückstellung entfällt. Diese Vorabgutschrift erfolgt bis zum Ende des Geschäftsjahres, in dem der Versicherte das 65. Lebensjahr vollendet.

393 – Im nächsten Schritt erhalten **alle Versicherten** der in § 150 Abs. 1 S. 1 VAG aufgeführten Versicherungsformen (→ Rn. 380 ff.) von dem nach der Vorabgutschrift (→ Rn. 392) verbleibenden Betrag jährlich 50 % direkt gutgeschrieben (§ 150 Abs. 2 S. 2 VAG). Dieser Prozentsatz erhöht sich ab dem Jahr 2001 jährlich um zwei Prozentpunkte, bis 100 % erreicht sind (§ 150 Abs. 2 S. 3 VAG).

394 – Im letzten Schritt wird der nach beiden vorweg vorgenommenen Abzügen verbleibende Betrag für **alle älteren Versicherten** der in § 150 Abs. 1 S. 1 VAG aufgeführten Versicherungsformen (→ Rn. 380 ff.) einer Rückstellung für erfolgsunabhängige Beitragsrückerstattung zugeführt (§ 150 Abs. 4 VAG). Als ältere Versicherte gelten Versicherte, die am Bilanzstichtag das 65. Lebensjahr vollendet haben (§ 150 Abs. 4 S. 1 VAG), wobei das Versicherungsunternehmen für eine Übergangszeit bis 2010 diese Altersgrenze auf das 55. Lebensjahr herabsetzen durfte (§ 12a Abs. 3 S. 2 VAG aF).

---

[166] Expertenkommission, Gutachten Abschn. 7.3, BT-Drs. 13/4945, 23.
[167] Expertenkommission, Gutachten Abschn. 7.2, 10.3, BT-Drs. 13/4945, 22, 38.
[168] BGBl. 1999 I 2626.

c) Verwendungsart. Für die gutgeschriebenen Überzinsbeträge sind **unterschiedliche Ver-** 395
wendungen vorgeschrieben:
- Die Beträge, die allen Versicherten nach § 150 Abs. 2 S. 1 (→ Rn. 392) oder S. 2 VAG 396
 (→ Rn. 393) gutgeschrieben werden, sind ab Vollendung des 65. Lebensjahres des Versicherten
 für die **Limitierung von Prämienerhöhungen** zu verwenden (§ 150 Abs. 3 S. 1 VAG). Das
 bedeutet, dass Prämienanpassungen nach § 203 Abs. 2 ganz oder teilweise aus den Direktgutschriften zu finanzieren sind. Die Finanzierung muss zeitlich unbefristet erfolgen, dh die Limitierung
 der Prämienerhöhung muss dauerhaft, nämlich bis zum Ende des Versicherungsvertrags gelten.
 Eine nur teilweise Limitierung einer Prämienerhöhung kommt nur in Betracht, soweit die in den
 Direktgutschriften angesammelten Mittel für eine vollständige Finanzierung der Prämienerhöhung
 nicht ausreichen.
- Sind die Beträge, die allen Versicherten nach § 150 Abs. 2 S. 1 (→ Rn. 392) oder S. 2 VAG 397
 (→ Rn. 393) gutgeschrieben werden, durch die Prämienlimitierungen nach § 150 Abs. 3 S. 1
 VAG (→ Rn. 396) nicht verbraucht, so sind die nicht verbrauchten Beträge ab Vollendung des
 80. Lebensjahres des Versicherten für die **Senkung der Prämien** zu verwenden (§ 150 Abs. 3
 S. 2 VAG). Wenn in der vorangegangenen Altersphase die vorhandenen Direktgutschriften stets
 zur vollständigen Prämienlimitierung eingesetzt werden mussten und wenn ab dem 80. Lebensjahr
 gleichwohl noch nicht alle Mittel verbraucht sind, so bedeutet dies in der praktischen Auswirkung,
 dass die Krankenversicherungsprämie des Versicherten sich vom 65. bis zum 80. Lebensjahr im
 absoluten Betrag überhaupt nicht erhöht hat und schließlich auch noch absolut zu senken ist.
 Dies ist ein wirtschaftlich nicht vernünftiges Ergebnis (→ Rn. 370).
- Soweit den Versicherten noch nach ihrem 80. Lebensjahr gem. § 150 Abs. 2 VAG **Überzinsbe-** 398
 träge gutzuschreiben sind, müssen auch diese zur sofortigen Prämiensenkung eingesetzt werden
 (§ 150 Abs. 3 S. 3 VAG). Dies gilt zusätzlich zu der Prämiensenkung, die nach § 150 Abs. 3 S. 2
 VAG (→ Rn. 397) vorzunehmen ist. Zu solchen weiteren Zuschreibungen kann es kommen,
 wenn die Alterungsrückstellung noch nicht vollständig abgebaut worden ist (→ Vor § 192
 Rn. 948 ff.).
- Eine **Sonderverwendungsmöglichkeit** sieht § 150 Abs. 3 S. 4 VAG für die freiwillige Pflegeta- 399
 gegeldversicherung vor. Danach können die AVB bestimmen, dass anstelle einer Prämienermäßigung eine entsprechende Leistungserhöhung vorgenommen wird. Die Sonderverwendung wird
 damit begründet, dass die Pflegetagegeldversicherung als Summenversicherung ausgestaltet sei,
 bei der nicht mit erheblichen Prämienerhöhungen zu rechnen sei.[169] Die Leistungserhöhung
 besteht in einer Erhöhung des Pflegetagegeldes. Diese Sonderverwendungsmöglichkeit gilt für
 Prämien*ermäßigungen*. Darunter sind die Prämiensenkungen ab dem 80. Lebensjahr iSv § 150
 Abs. 3 S. 2, 3 VAG zu verstehen. Die Sonderverwendungsmöglichkeit besteht daher nicht, wenn in
 der Altersphase zwischen dem 65. und dem 80. Lebensjahr lediglich Prämienerhöhungen limitiert
 werden können.
- Die Beträge, die für die älteren Versicherten nach § 150 Abs. 4 S. 1 VAG einer Rückstellung für 400
 erfolgsunabhängige **Beitragsrückerstattung (BRE)** zugeführt werden müssen (→ Rn. 394),
 sind innerhalb von drei Jahren für Prämienlimitierungen oder Prämiensenkungen zu verwenden
 (§ 150 Abs. 4 S. 1 VAG). Materiell-rechtlich handelt es sich um eine *erfolgsabhängige* RfB, weil sie
 vom Überschuss abhängig ist.[170] Damit unterlag die Verwendung ohnehin der für erfolgsabhängige
 RfB bis 2018 geltenden Verwendungsfrist von drei Jahren gem. § 21 Abs. 2 S. 2 Nr. 1 KStG aF.[171]
 Die Aufnahme der Verwendungsfrist in § 150 Abs. 4 S. 1 VAG beruhte auf der Fehlinterpretation
 als erfolgsunabhängige RfB. Die dreijährige Verwendungsfrist soll nämlich sicherstellen, dass die
 in die Rückstellung für Beitragsrückerstattung (RfB) eingestellten Mittel nicht übermäßig lange
 thesauriert werden, sondern den Versicherten zeitnah zugutekommen sollen. Ab 2019 richtet sich
 die steuerlich notwendige Auflösung der RfB ausschließlich nach Handels- und Aufsichtsrecht
 (→ Rn. 426).
- Soweit die der RfB zugeführten Beträge nach § 150 Abs. 4 S. 1 VAG nicht für Prämienlimitierun- 401
 gen, sondern für **Prämiensenkungen** verwandt werden, kann das Versicherungsunternehmen
 die Prämiensenkung so weit begrenzen, dass die Prämie des Versicherten nicht unter diejenige
 seines ursprünglichen Eintrittsalters sinkt (§ 150 Abs. 4 S. 2 Hs. 1 VAG). Nach der Gesetzesbegründung können Prämienerhöhungen in dem Maß, wie sie sich für das ursprüngliche Eintrittsalter ergeben, als zumutbar angesehen werden.[172] Macht das Versicherungsunternehmen von dieser

---

[169] Begr. zu Art. 1 (§ 12a VAG) RegE 3. DurchfG/EWG zum VAG, BT-Drs. 12/6959, 61.
[170] Ausf. *Boetius* WPg 2013, 753 (755 ff.).
[171] *J. Boetius* in Boetius/Boetius/Kölschbach, Handbuch der versicherungstechnischen Rückstellungen, 2. Aufl. 2021, § 11 Rn. 186.
[172] Begr. zu Art. 1 (§ 12a VAG) RegE 3. DurchfG/EWG zum VAG, BT-Drs. 12/6959, 61.

Möglichkeit Gebrauch, muss es den nicht verbrauchten Teil der Gutschrift dann allen Versicherten gem. § 150 Abs. 2 S. 2, 3 VAG zusätzlich gutschreiben (§ 150 Abs. 4 S. 2 Hs. 2 VAG). Die in § 150 Abs. 4 S. 2 Hs. 2 VAG vorgenomme Verweisung auf „Absatz 2" kann sich nach seinem Sinngehalt nur auf die Gutschrift gem. Abs. 2 S. *2, 3* und nicht auch auf diejenige nach Abs. 2 S. 1 beziehen; denn gemäß dem Sunset-Modell bauen sich die Direktgutschriften nach § 150 Abs. 4 VAG zugunsten der Gutschriften gem. § 150 Abs. 2 S. 2, 3 VAG ab (→ Rn. 388 f.).

XII. Beitragsrückerstattung (BRE)

402   **1. Allgemeine Grundsätze. a) Begriff.** Man unterscheidet folgende **Arten der BRE**: Die erfolgsabhängige BRE und die erfolgsunabhängige BRE.[173]

403   **Erfolgsabhängige BRE** werden aus dem Überschuss eines Geschäftsjahres vorgenommen. Soweit ein nach Abschluss des Geschäftsjahres sich ergebender Überschuss an die Versicherungsnehmer verteilt werden soll, wird er der Rückstellung für (erfolgsabhängige) Beitragsrückerstattung (RfB) zugeführt.

404   **Erfolgsunabhängige BRE** werden unabhängig vom Geschäftsergebnis vorgenommen, und zwar in denjenigen Fällen, in denen eine solche BRE einzelvertraglich oder AVB-mäßig vereinbart oder durch Satzung oder Gesetz vorgeschrieben ist. Auch hierfür sind im Jahresabschluss Rückstellungen für (erfolgsunabhängige) Beitragsrückerstattung (RfB) zu bilden.

405   **b) Bedeutung.** In der Krankenversicherung entfaltet die erfolgsabhängige BRE ihre größte Bedeutung, wenn sie zur **Limitierung von Prämienanpassungen** eingesetzt wird (→ Rn. 419). Daneben wird die erfolgsabhängige BRE auch für Bar-Beitragsrückerstattungen verwandt (→ Rn. 420 ff.).

406   Die **Überzinszuschreibung für die älteren Versicherten** nach § 150 Abs. 4 VAG (→ Rn. 394, 400) und die dem PPV-Pool zuzuführende RfB für die private Pflege-Pflichtversicherung („poolrelevante RfB") sind entgegen der gesetzlichen Regelung materiell-rechtlich gleichfalls *erfolgsabhängige* RfB.[174]

407   Bei **erfolgsunabhängigen BRE** spielen Bar-Beitragsrückerstattungen von schadenfrei verlaufenden Krankenversicherungsverträgen eine nur untergeordnete Rolle.

408   **c) Systematische Zuordnung.** Die BRE ist zwar eine Leistung des Versicherungsunternehmens, sie ist jedoch in systematischer Hinsicht Teil der **Prämienberechnung**.[175] Dies folgt aus dem System der Kalkulation fester Beiträge.[176]

409   In den auf besonders langfristige Vertragsdauer angelegten, mathematisch orientierten Versicherungszweigen ist es geboten, den, den zu Beginn des Versicherungsverhältnisses für die gesamte Dauer vereinbarten Beitrag des Versicherungsnehmers so zu bemessen, dass die garantierte Leistung auch bei ungünstiger Entwicklung erbracht werden kann. Dies setzt die bewusste Kalkulation von Überschüssen voraus, die als **„überhobene Beiträge"** wieder an den Versicherungsnehmer zurückzufließen bestimmt sind.

410   **2. Anwendungsbereich.** Die für erfolgsabhängige und erfolgsunabhängige BRE geltenden Grundsätze sind auf alle Versicherungsformen anzuwenden. Praktisch beschränkt sich ihre Anwendung jedoch auf die nach **Art der Lebensversicherung** betriebene Krankenversicherung, und zwar sowohl in Form der substitutiven wie der nicht-substitutiven Krankenversicherung.

411   **Nichtmitglieder eines VVaG** dürfen an den RfB-Mitteln nur eingeschränkt beteiligt werden; dies gilt insbes. bei Gruppenversicherungsverträgen.[177]

412   **3. Erfolgsabhängige BRE. a) Bildung der BRE.** Technisch durchlaufen Beitragsrückerstattungen **zwei Schritte:** Zunächst sind die für eine erfolgsabhängige BRE bestimmten Beträge aus dem Überschuss eines Geschäftsjahres der Rückstellung für Beitragsrückerstattung (RfB) zuzuführen. Erst anschließend können sie der RfB entnommen und für die Versicherten verwendet werden. Das bedeutet, dass eine erfolgsabhängige BRE nie in demselben Geschäftsjahr bereits verwendet werden kann, in dem der Überschuss erzielt wird, aus dem die RfB gebildet wird. Frühester Verwendungszeitpunkt ist das Folgejahr.

---

[173] Zum Recht der BRE ausf. *J. Boetius* in Boetius/Boetius/Kölschbach, Handbuch der versicherungstechnischen Rückstellungen, 2. Aufl. 2021, § 11; *Boetius* WPg 2013, 753 ff.

[174] *Boetius* WPg 2013, 753 (755 ff.).

[175] BGHZ 119, 55 = VersR 1992, 1211 (1212 li. Sp.) = NJW 1992, 2356; BGHZ 220, 297 Rn. 51 = VersR 2019, 283 = NJW 2019, 919.

[176] *J. Boetius* in Boetius/Boetius/Kölschbach, Handbuch der versicherungstechnischen Rückstellungen, 2. Aufl. 2021, § 11 Rn. 3.

[177] BAV VerBAV 1991, 59.

Die Zuführung zur RfB ist ein Vorgang der **Überschussverteilung,** die bei Aktiengesellschaf- 413
ten im Spannungsfeld unterschiedlicher Interessen steht. Die Aktionäre erwarten eine dauerhaft
marktgerechte Verzinsung des von ihnen eingesetzten Kapitals (Eigenkapitalrendite). Die Versicherungsnehmer erwarten dauerhaft finanzierbare Prämien. Zwischen beiden Interessen besteht kein
unauflösbarer Widerspruch: Indem dauerhaft finanzierbare Prämien die Wettbewerbsfähigkeit des
Versicherungsunternehmens steigern, sichern sie gleichzeitig stetiges Wachstum und vermindern
damit ceteris paribus größere Ergebnisschwankungen des Versicherungsunternehmens. Vermag das
Versicherungsunternehmen aber dauerhaft stetige Überschüsse zu erzielen, reduziert sich das Kapitalanlagerisiko des Aktionärs und dementsprechend die Notwendigkeit eines zusätzlichen Risikozinses.

Für die Überschussverteilung setzt das **Versicherungsaufsichtsrecht** Rahmenbedingungen, 414
indem für die nach Art der Lebensversicherung betriebene Krankenversicherung angemessene Zuführungen zur erfolgsabhängigen RfB vorgeschrieben werden (§ 151 Abs. 2 S. 1 VAG). Der vorgeschriebene Zuführungssatz beträgt mindestens 80 % des Rohüberschusses (§ 151 Abs. 2 S. 2, § 160 S. 1 Nr. 2
VAG iVm § 22 Abs. 1 S. 2, 3 KVAV). Rohüberschuss ist der in der Rechnungslegungspraxis der Versicherungsunternehmen übliche Ausdruck für den Überschuss vor Überschussverteilung.

Der tatsächliche Zuführungssatz wird in der Versicherungswirtschaft als **Überschussverwen-** 415
dungsquote bezeichnet. Diese Quote hat keine große Aussagekraft (→ Vor § 192 Rn. 789).

Der erfolgsabhängigen RfB können Beträge nur zugeführt werden, wenn ein **Überschuss** 416
erzielt wurde. Je geringer der absolute Betrag des Überschusses ausfällt, umso geringer ist die Möglichkeit des Versicherungsunternehmens, erfolgsabhängige RfB zu bilden (→ Vor § 192 Rn. 789)
und Limitierungsmittel bei Prämienanpassungen einzusetzen.

Die Möglichkeit der Versicherungsunternehmen, erfolgsabhängige RfB zu bilden, beschneidet 417
der Gesetzgeber selbst durch die **Überzinszuschreibung.** Die nach § 150 Abs. 2–4 VAG gutgeschriebenen Überzinsen mindern nämlich zwangsläufig das zur Verteilung noch zur Verfügung
stehende Überschussvolumen. Die Mindestzuführung zur erfolgsabhängigen RfB ist um diese gutgeschriebenen Überzinsen zu vermindern (§ 22 Abs. 1 S. 4 KVAV).

b) Verwendung der BRE. Es gibt zwei **typische Verwendungsarten** für die erfolgsabhän- 418
gige BRE: Die Limitierung von Prämienanpassungen (→ Rn. 419) und die Bar-Beitragsrückerstattung (→ Rn. 420 ff.). Daneben findet sich gelegentlich die Finanzierung einer Prämienerhöhung
auf Zeit (→ Rn. 425).

Bei der **Limitierung von Prämienanpassungen** wird den betreffenden Versicherten ein 419
dauerhafter Beitragsnachlass eingeräumt, der die Prämienanpassung auf einen bestimmten Höchstbetrag begrenzt. Der Beitragsnachlass wird auch als Anrechnungsbetrag bezeichnet (→ Rn. 364). Technisch wird hierfür ein Einmalbeitrag der RfB entnommen und der Alterungsrückstellung zugeführt,
der sich dort dann über die restliche Vertragslaufzeit kontinuierlich wieder abbaut. Diesen Vorgang
meint § 341f Abs. 3 S. 1 Hs. 2 HGB mit der etwas unglücklichen Formulierung, dass unter die
Alterungsrückstellung auch Beträge fallen, die ihr aus der RfB bereits zugeführt worden sind.
Gemeint sind Beträge, die der RfB entnommen und so für die Versicherungsnehmer verwendet
wurden, dass sich daraus eine Erhöhung der Alterungsrückstellung ergab.

Im Falle der **Bar-Beitragsrückerstattung (Bar-BRE)** werden den Versicherten bestimmter 420
Tarife Beiträge wieder zurückgezahlt, wenn die Versicherten zu diesen Tarifen keine Leistungen
beansprucht haben. Die Bar-BRE soll einen Anreiz bieten, kleinere Arztrechnungen selbst zu bezahlen[178] bzw. auf überflüssige Behandlungen von vornherein zu verzichten. Sie dient also der eigenverantwortlichen Krankheitskostensteuerung durch den Versicherten.[179] Deshalb wird die Bar-BRE
üblicherweise auch nur bei solchen Tarifen eingesetzt, bei denen die Möglichkeit der Selbststeuerung
durch den Versicherten am ehesten gegeben ist, dh bei Ambulant- und Zahntarifen. Da Krankenhausbehandlungen idR vom Versicherten nicht beeinflusst werden können, wird für Stationärtarife
üblicherweise auch keine Bar-BRE vorgesehen.

Für die Bar-BRE müssen bestimmte **Voraussetzungen** erfüllt sein, die das Versicherungsunter- 421
nehmen festlegt. Zu den wichtigsten Voraussetzungen zählen, dass
– der betreffende Tarif für die Teilnahme an der Bar-BRE vorgesehen ist,
– Leistungsfreiheit mindestens in dem Kalenderjahr gegeben war, für das Beiträge zurückgezahlt
  werden,
– der Krankenversicherungsvertrag bzw. -tarif im Zeitpunkt der Auszahlung der Bar-BRE noch
  besteht, es sei denn, er ist durch Tod beendet,
– kein Beitragsrückstand besteht.

---

[178] BVerwG VersR 1984, 1033.
[179] BGHZ 119, 55 = VersR 1992, 1211 (1212) = NJW 1992, 2356.

422 Dass eine Bar-BRE nur bei **Leistungsfreiheit** gezahlt wird, rechtfertigt sich letztlich aus dem Grundsatz der Gleichbehandlung. Versicherte, die keine tariflichen Leistungen in Anspruch genommen haben, erbringen relative Mehrleistungen gegenüber denjenigen Versicherten, die tarifliche Leistungen erhalten haben. Diese relativen Mehrleistungen werden durch die Bar-BRE angemessen berücksichtigt.[180]

423 Die in den Tarifbestimmungen gelegentlich enthaltene Regelung, dass der Krankenversicherungsvertrag zu einem bestimmten **Stichtag des Folgejahres** (häufig 30.6.) noch bestehen muss, ist mit AGB-Recht vereinbar.[181]

424 Für Bar-BRE werden idR **Staffeln** gebildet, welche die in Monatsbeiträgen ausgedrückten Rückerstattungssätze in ihrer Höhe von der Zahl der leistungsfrei gebliebenen Kalenderjahre abhängig machen. Außerdem wird häufig zwischen verschiedenen Tarifwerken unterschieden.

425 Im Falle einer **Finanzierung auf Zeit** wird eine an sich notwendige Prämienanpassung für den Bestand lediglich um eine begrenzte Zeit verschoben. In diesem Fall kommt es nicht zu einer dauerhaften, sondern nur zu einer zeitlich befristeten Prämienlimitierung. Nach Ablauf des Finanzierungszeitraums wird die volle Prämienerhöhung wirksam. Die für die Finanzierung auf Zeit benötigten Mittel, die ebenfalls der RfB entnommen werden, sind naturgemäß erheblich geringer, als wenn die Prämienlimitierung auf Dauer zu finanzieren wäre. Allerdings löst die Finanzierung auf Zeit das Problem der dauerhaft notwendigen Prämienerhöhung nicht. Durch die Verschiebung verstärkt sich vielmehr die Gefahr, dass während des Finanzierungszeitraums weitere Prämienerhöhungsnotwendigkeiten entstehen, die sich schließlich nach Ablauf des Finanzierungszeitraums mit der zurückgestellten Prämienanpassung kumulieren. Die Finanzierung auf Zeit hat eigentlich eine eher unternehmenstaktische Bedeutung, wenn das Versicherungsunternehmen damit rechnet, dass wichtige Wettbewerber eine deutliche Prämienerhöhung zu einem späteren Zeitpunkt planen, und daher die eigene Prämienanpassung so lange hinauszögern will.

426 Für die Verwendung der in der RfB gebundenen BRE-Mittel galten bis 2018 steuerliche **Verwendungsfristen**. Damit sollte verhindert werden, dass die aus dem Überschuss stammenden Mittel zur „stillen" Thesaurierung benutzt werden. Die Verwendungsfrist betrug drei Jahre (§ 21 Abs. 2 S. 2 Nr. 1 KStG aF). Fristgerechte Verwendung liegt schon dann vor, die entsprechenden Beträge verbindlich festgelegt werden. In der Krankenversicherung genügt es für die verbindliche Festlegung der Prämienlimitierung, wenn das Versicherungsunternehmen vor dem Bilanzstichtag den entsprechenden Betrag mit dem Zweck festgelegt hat, ihn zur Ermäßigung von Beitragserhöhungen im folgenden Geschäftsjahr zu verwenden (§ 21 Abs. 2 S. 2 Nr. 3 KStG aF).[182] Seit 2019 richtet sich die Auflösung der RfB ausschließlich nach den handels- und aufsichtsrechtlichen Vorschriften.[183]

427 **c) Mitwirkung des Treuhänders.** Bei der Verwendung der Mittel aus der erfolgsabhängigen RfB waren die Versicherungsunternehmen ursprünglich frei gewesen. Auf Empfehlung der Expertenkommission fügte das GKV-Gesundheitsreformgesetz 2000 v. 22.12.1999 (BGBl. I S. 2626) die obligatorische Mitwirkung des Treuhänders ein (§ 155 Abs. 2 VAG). Der Treuhänder hat auf die ausreichende **Wahrung der Versichertenbelange** und insbes. darauf zu achten, dass bei Prämienlimitierungen die RfB-Mittel auf die Versichertenbestände angemessen verteilt werden. Versicherte, die keine Vorsorge für das Alter betrieben haben, weil sie der Erhebung des gesetzlichen Beitragszuschlags widersprochen haben (→ Rn. 358), sollen nicht später bei Prämienlimitierungen deshalb begünstigt werden, weil ihre Beitragsbelastung deutlich stärker steigt als diejenige der anderen Versicherten. Daher müssen beide Teilbestände bei einer Limitierung getrennt betrachtet werden.[184]

428 Der Treuhänder soll auch dem Gesichtspunkt der **Zumutbarkeit** von prozentualen und absoluten Prämiensteigerungen für die älteren Versicherten ausreichend Rechnung tragen (§ 155 Abs. 2 S. 3 VAG). Diese Zumutbarkeitsprüfung kann sich nicht auf den einzelnen Versicherungsnehmer,[185] sondern immer nur auf das jeweilige Versichertenkollektiv beziehen.[186] Die Zumutbarkeit einer Prämienbelastung könnte erst vor dem Hintergrund der finanziellen Verhältnisse des Versicherten beantwortet werden; hierzu fehlen dem Versicherungsunternehmen – und erst recht dem Treuhänder – die hierfür erforderlichen Informationen. Für die Beurteilung der Zumutbarkeit soll nach der

---

[180] BVerwG VersR 1984, 1033 f.
[181] AG Hamburg VersR 1994, 1334.
[182] Ausf. *J. Boetius* in Boetius/Boetius/Kölschbach, Handbuch der versicherungstechnischen Rückstellungen, 2. Aufl. 2021, § 11 Rn. 190 ff.
[183] Dazu *J. Boetius* in Boetius/Boetius/Kölschbach, Handbuch der versicherungstechnischen Rückstellungen, 2. Aufl. 2021, § 11 Rn. 214 ff.).
[184] Expertenkommission, Gutachten Abschn. 12.2, BT-Drs. 13/4945, 40.
[185] *Gerwins* NVersZ 2000, 353 (354); *Reinhard* VersR 2003, 952 (954).
[186] *Gerwins* NVersZ 2000, 353 (359).

Gesetzesbegründung vielmehr ein „objektiv generalisierender Maßstab" zugrunde gelegt werden.[187] Einen absoluten Maßstab der Zumutbarkeit gibt es nicht.[188]

Die Zumutbarkeit hängt nicht schon von der **Höhe der Beitragsbelastung** ab. Wenn die Beitragsbelastung der tatsächlichen Veränderung der Rechnungsgrundlagen, insbes. des Schadenbedarfs folgt, wird nur das von den gesetzlichen Kalkulationsvorschriften vorgegebene Ziel verwirklicht, dass die Verpflichtungen aus den Versicherungsverträgen auf die Versicherungsleistung als dauernd erfüllbar angesehen werden können. Die daraus sich ergebende Prämienhöhe kann nicht mit dem Hinweis auf eine unzumutbare Beitragsbelastung unterlaufen werden, weil dies zu unzureichenden Prämien führen würde, was der gesetzlich vorgeschriebenen Risikogerechtigkeit der Prämie (§ 146 Abs. 1 Nr. 1, § 155 Abs. 3 S. 2, § 160 S. 1 Nr. 1 VAG, § 10 Abs. 1 S. 3 KVAV) widersprechen würde.[189] Deshalb kann die Zumutbarkeitsgrenze auch nicht durch Bezugnahme auf den GKV-Höchstbeitrag definiert werden, zB dergestalt dass die angepasste Prämie 150 % des GKV-Höchstbeitrags nicht überschreiten dürfe.[190] 429

Die Zumutbarkeit orientiert sich primär an dem Maßstab, wie sich der Tarifbeitrag für das **ursprüngliche Eintrittsalter** des Versicherten ändert. Prämienerhöhungen in dem Maße, wie sie sich für das ursprüngliche Eintrittsalter des Versicherten ergeben, müssen nach den Gesetzesmaterialien als zumutbar angesehen werden.[191] Maßgebend ist in diesem Zusammenhang nicht der relative Wert, sondern der absolute Betrag, um den sich der Tarifbeitrag für das ursprüngliche Eintrittsalter erhöht.[192] 430

Die Zumutbarkeitsprüfung nach § 155 Abs. 2 S. 3 VAG kann sich immer nur auf die Verwendung von RfB-Mitteln für Beitragslimitierungen anlässlich der **jeweiligen Prämienanpassung** beziehen. Der Umfang oder der Zeitpunkt früherer Prämienanpassungen kann nicht berücksichtigt werden, weil dies faktisch einer Korrektur ex post gleichkäme, für die das Gesetz keine Grundlage bietet. Jede Prämienanpassung darf nach den gesetzlichen Vorschriften hinsichtlich ihrer Voraussetzungen und Grenzen nur aus sich heraus beurteilt werden. Deshalb kann der in der Lit. teilweise vertretenen Ansicht nicht gefolgt werden, die Frequenz der (vergangenen) Beitragsanpassungen sei in die Zumutbarkeitsbetrachtungen einzubeziehen.[193] 431

Umgekehrt muss im Rahmen der Zumutbarkeitsüberlegungen auch die **objektive Lage des Versicherungsunternehmens** berücksichtigt werden. Die Zumutbarkeitsüberlegungen sind ohnehin begrenzt durch das Vorhandensein genügender RfB-Mittel zur Prämienlimitierung.[194] Selbst wenn diese Grenze noch nicht erreicht ist, dürfen dem Versicherungsunternehmen unter Hinweis auf eine Unzumutbarkeit für ältere Versicherte nicht seine gesamten disponiblen RfB-Mittel entzogen werden. Dies wäre ein unzulässiger Eingriff in die unternehmerische Verantwortung. 432

Die Prämienanpassung bezieht sich zwar stets auf einzelne Tarife. Gleichwohl muss die Verwendung von RfB-Mitteln zum Zweck von Prämienlimitierungen für **alle Tarife** berücksichtigt werden. Das bedeutet, dass das Versicherungsunternehmen die zur Verfügung stehenden Limitierungsmittel nicht einseitig nur für bestimmte Tarife oder Versichertengruppen einsetzt. Stets müssen im Rahmen des grundsätzlichen Vorhandenseins von RfB-Mitteln (→ Rn. 432) auch ausreichende Mittel für andere Tarife zur Verfügung stehen.[195] 433

Das Instrument der Zumutbarkeitsprüfung durch den Treuhänder darf nicht dazu führen, dass das Versicherungsunternehmen seine unternehmerische Verantwortung zur Steuerung des Versicherungsgeschäfts nicht mehr ausreichend wahrnehmen kann. Vor diesem Hintergrund muss das Versicherungsunternehmen die grundsätzliche Verteilung seiner Mittel aus der erfolgsabhängigen RfB für Zwecke der Prämienlimitierung einerseits und Bar-BRE andererseits festlegen können.[196] Dies geschieht üblicherweise im Rahmen eines längerfristigen geschäftspolitischen Konzepts, das durchaus auch die Abweichung in einzelnen Jahren erlaubt. Deshalb kann es nicht als zulässig angesehen 434

---

[187] Begr. zu Art. 15 Nr. 3a (§ 12b VAG) RegE GKV-GesundheitsreformG 2000, BT-Drs. 14/1721 Anl. 1 iVm BT-Drs. 14/1245, 122.
[188] *Reinhard* VersR 2003, 952 (957).
[189] IErg ebenso *Gerwins* NVersZ 2000, 353 (356), allerdings mit der unzutreffenden Begründung, die unzureichende Prämie führe zu einer nach § 12b Abs. 2 S. 4 VAG aF (= § 155 Abs. 3 S. 4 VAG) verbotenen Unterkalkulation. Hier geht es nicht um eine Unterkalkulation, sondern um die Verwendung von RfB-Mitteln nach § 12b Abs. 1a S. 3 VAG aF (= § 155 Abs. 2 S. 3 VAG).
[190] So aber *Grote*, Die Rechtsstellung der Prämien-, Bedingungs- und Deckungsstocktreuhänder nach dem VVG und dem VAG (Münsteraner Reihe Heft 75), 2002, S. 589.
[191] Begr. zu Art. 1 Nr. 12 (§ 12a VAG) RegE 3. DurchfG/EWG zum VAG, BT-Drs. 12/6959, 61.
[192] *Gerwins* NVersZ 2000, 353 (356).
[193] *Gerwins* NVersZ 2000, 353 (358).
[194] *Gerwins* NVersZ 2000, 353 (358).
[195] *Gerwins* NVersZ 2000, 353 (359).
[196] Ähnlich *Reinhard* VersR 2003, 952 (954).

werden, wenn der Treuhänder unter Berufung auf seine Mitwirkungskompetenz nach § 155 Abs. 2 VAG eine prinzipielle und einseitige **Umschichtung** der RfB-Mittel von der Verwendung als Bar-BRE zu einer Verwendung als Limitierungsmittel verlangt. Der Einsatz der Bar-BRE führt zu einer erheblichen Entlastung bei den Versicherungsleistungen, womit gerade auch künftige Prämienanpassungen vermieden oder reduziert werden.[197] Für das Verhältnis von BRE-Mitteln zu Limitierungsmitteln gibt es keine festen Größen, weil dies – abgesehen von der Finanzkraft des Versicherungsunternehmens – entscheidend von der Bestandsstruktur, der Größe und dem Alter des einzelnen Versicherungsunternehmens abhängt. Relationen für das Verhältnis von BRE-Mitteln zu Limitierungsmitteln zwischen 25 % zu 75 % und 50 % zu 50 % sind aus der Sicht ausgewogener unternehmerischer Verantwortung grds. als vernünftig anzusehen.

435 Bei der Wahrung der Versichertenbelange iSv § 155 Abs. 2 S. 2 VAG ergeben sich naturgemäß **Beurteilungsspielräume**, die in erster Linie das Versicherungsunternehmen auszufüllen hat (→ Rn. 594 f.).

435a Soweit es darum geht, die „Grenzen der dem Versicherer zustehenden Beurteilungsspielräume" gerichtlich zu überprüfen,[198] haben die unternehmerischen Einschätzungen des Versicherers grundsätzlich Vorrang vor eigenen Einschätzungen des Prämientreuhänders oder des Gerichts. Dieses **Vorrangprinzip** schränkt die Überprüfbarkeit ein. Wenn die im Rahmen der RfB-Verwendung zu prüfenden Fragen („Prüffragen") der ausreichenden Wahrung der Versichertenbelange, der angemessenen Verteilung auf die Versichertenbestände und der Zumutbarkeit der Prämiensteigerungen für die älteren Versicherten (→ Rn. 917) vom Versicherer und Prämientreuhänder in einer bestimmten Weise mit entsprechenden Limitierungsmaßnahmen entschieden sind und wenn dies für das Gericht ausreichend dokumentiert ist,[199] besteht zunächst kein Anlass, diese Entscheidungen gerichtlich in Frage zu stellen. Dass die solchermaßen getroffenen Einschätzungen des Treuhänders grundsätzlich auch Vorrang vor denjenigen des Gerichts haben, ergibt sich aus seiner Funktion als Vertreter der Interessen der Gesamtheit der Versicherten.[200]

436 **4. Erfolgsunabhängige BRE. a) Bildung der BRE.** Zuführungen zur Rückstellung für erfolgsunabhängige BRE sind vom **Geschäftsergebnis** unabhängig. Sie sind immer dann zu bilden, wenn sie vertraglich vereinbart oder durch Satzung oder Gesetz vorgeschrieben sind. Technisch durchlaufen erfolgsunabhängige BRE die gleichen Schritte wie die erfolgsabhängigen BRE (→ Rn. 412).

437 Eine **vertragliche Vereinbarung** liegt zB vor, wenn die AVB oder Tarifbestimmungen selbst vorsehen, dass bei Leistungsfreiheit während des vergangenen Kalenderjahres eine BRE zu zahlen ist.

438 Durch **Gesetz** vorgeschrieben ist die Zuführung zur erfolgsunabhängigen RfB zwar im Falle der Überzinsverwendung für ältere Versicherte nach § 150 Abs. 4 S. 1 VAG. Hierbei handelt es sich jedoch um eine Falschbezeichnung durch den Gesetzgeber, weil materiell-rechtlich eine erfolgsabhängige RfB vorliegt (→ Rn. 400, 406).

439 **b) Verwendung der BRE.** Die **Verwendung** der BRE richtet sich nach den vertraglichen Vereinbarungen bzw. den jeweiligen gesetzlichen Vorschriften, welche die Bildung der BRE vorschreiben.

440 Für die erfolgsunabhängige BRE galten nicht die früheren steuerlichen **Verwendungsfristen** nach § 21 Abs. 2 KStG aF (→ Rn. 426).

441 Bei der Verwendung der Mittel aus der erfolgsunabhängigen RfB waren die Versicherungsunternehmen ursprünglich frei gewesen. Auf Empfehlung der Expertenkommission fügte das GKV-Gesundheitsreformgesetz 2000 v. 22.12.1999 (BGBl. I S. 2626) die obligatorische **Mitwirkung des Treuhänders** bei der Verwendung der Überzinszuschreibungen nach § 150 Abs. 4 VAG ein (§ 155 Abs. 2 VAG). Der Treuhänder hat wie im Falle der erfolgsabhängigen RfB auf die ausreichende Wahrung der Versichertenbelange zu achten (→ Rn. 427 ff.).

XIII. Verantwortlicher Aktuar (VA)

442 **1. Inhalt und Zweck der Regelung. a) Regelungsinhalt.** Krankenversicherungsunternehmen, die die substitutive oder die nicht-substitutive Krankenversicherung nach Art der Lebensversicherung betreiben, müssen einen **Verantwortlichen Aktuar** – in der Praxis abgekürzt „VA" genannt – bestellen (§ 156 Abs. 1 S. 1, § 147 VAG), der die gleichen Qualifikationsanforderungen

---

[197] *Gerwins* NVersZ 2000, 353 (360).
[198] BGHZ 220, 297 Rn. 53 = VersR 2019, 283 = NJW 2019, 919.
[199] Vgl. KG BeckRS 2022, 1916 Rn. 38; BeckRS 2022, 11629.
[200] BGHZ 220, 297 Rn. 45 = VersR 2019, 283 = NJW 2019, 919.

erfüllen muss wie der für die Lebensversicherung vorgeschriebene VA (§ 156 Abs. 1 S. 2 VAG). Seine Hauptaufgabe besteht darin sicherzustellen, dass das Versicherungsunternehmen das versicherungsmathematische Regelwerk einhält (§ 156 Abs. 2 VAG).

b) Bedeutung der Regelung. Schon das Versicherungsunternehmen selbst ist aufsichtsrechtlich – und über § 203 Abs. 1 S. 1 auch versicherungsvertragsrechtlich – verpflichtet, bei der Prämienkalkulation und der Berechnung der Alterungsrückstellung die versicherungsmathematischen Methoden einzuhalten (§ 146 Abs. 1 Nr. 1, 2 VAG). Mit dem VA wird darüber hinaus ein **zusätzlicher Verantwortlicher** geschaffen. Die Funktion des VA lehnt sich an den durch das britische Aufsichtssystem geprägten „Appointed Actuary" an, der berufsständischen Regeln unterworfen ist.[201] 443

Von einer zusätzlichen Verantwortung des Funktionsträgers VA kann nur dann gesprochen werden, wenn der VA gegenüber dem Versicherungsunternehmen in seiner Aufgabenwahrnehmung **fachlich unabhängig** ist. Der VA muss allerdings nicht auch institutionell unabhängig sein, so dass der VA durchaus in einem Anstellungsverhältnis zum Versicherungsunternehmen stehen kann (→ Rn. 483 f.). Mit seiner die Versicherungsaufsicht ersetzenden Funktion gewinnt der VA den Charakter eines „Vorpostens" der Aufsicht.[202] Allein damit hätte er schon eine ähnliche Stellung wie der Datenschutzbeauftragte. Diese Stellung verstärkte der Gesetzgeber in der Folgezeit mehrfach: 444

– § 141 Abs. 5 Nr. 3 VAG verpflichtet den VA, den Vorstand des Versicherungsunternehmens und die **Aufsichtsbehörde** unverzüglich zu unterrichten, wenn er bei Ausübung seiner Tatsachen feststellt, die den Bestand des Versicherungsunternehmens gefährden oder seine Entwicklung wesentlich beeinträchtigen können. Die Vorgängerregelung des § 11a Abs. 3 VAG aF war durch das VAGÄndG 2004 v. 15.12.2004 (BGBl. I S. 3416) eingeführt worden und sollte – ohne dass damit zusätzliche Prüfungshandlungen verbunden sein sollten – eine Analogie zu den Pflichten des Abschlussprüfers herstellen.[203] Damit sollte zum Ausdruck gebracht werden, dass der VA gleichfalls „auch im öffentlichen Interesse liegende Aufgaben" wahrnimmt.[204] 445

– Das 8. VAGÄndG v. 28.5.2007 (BGBl. I S. 923) schrieb vor, dass der VA künftig vom **Aufsichtsrat** zu bestellen und abzuberufen ist (§ 11a Abs. 2a VAG aF = § 141 Abs. 3 VAG nF) und diesem in der Bilanzsitzung des Versicherungsunternehmens zu berichten hat (§ 11a Abs. 2b VAG aF = § 141 Abs. 4 S. 1 VAG nF). Auch damit sollte die Stellung des VA derjenigen des Wirtschaftsprüfers angeglichen werden.[205] 446

c) Zweck der Regelung. Die durch das 3. DurchfG/EWG zum VAG eingeführte Regelung will einen **Ersatz für die frühere Tarifaufsicht** schaffen, die im Zuge der Deregulierung fortgefallen war (→ Rn. 14 ff.). Die Qualität und Solidität der Erstkalkulation sowie die auf dieser beruhenden Prämienanpassungen sollen so weit wie möglich gesichert werden.[206] 447

Ziel der Regelung ist es, die **dauernde Erfüllbarkeit** der Verpflichtungen aus den Versicherungsverträgen sicherzustellen. 448

In engem Zusammenhang damit steht das Ziel sicherzustellen, dass das Versicherungsunternehmen über ausreichende **Solvabilitätsmittel** verfügt, so dass der VA die gesamte Finanzlage des Versicherungsunternehmens laufend zu überprüfen hat.[207] 449

2. Bestellung. a) Versicherungsunternehmen. Das Versicherungsunternehmen hat den VA zu bestellen (§ 156 Abs. 1 S. 1 VAG). Die Bestellung ist eine **Maßnahme der Geschäftsführung**. Das gleiche gilt für die Entlassung des VA. 450

In Ermangelung einer gegenteiligen Vorschrift kamen als **Bestellungsorgan** für diese Geschäftsführungsmaßnahme – sofern die Satzung des Versicherungsunternehmens keine andere Regelung enthielt – früher nicht der Aufsichtsrat, sondern nur die nach Gesetz und Satzung zur Vertretung des Versicherungsunternehmens befugten Organe bzw. Personen in Betracht. Die in der Lit. teilweise vertretene abweichende Meinung[208] war spätestens mit Einfügung des § 11a Abs. 2a S. 1 VAG aF überholt, der die Bestellung der Zustimmung des Aufsichtsrats unterwarf. 451

---

[201] Begr. zu Art. 1 Nr. 10 (§ 11a VAG) RegE 3. DurchfG/EWG zum VAG, BT-Drs. 12/6959, 56.
[202] *Hohlfeld* in Berliner Kommentar VVG § 178g Rn. 2; *Präve* ZfV 1994, 199 (201); *Grote*, Die Rechtsstellung der Prämien-, Bedingungs- und Deckungsstocktreuhänder nach dem VVG und dem VAG (Münsteraner Reihe Heft 75), 2002, S. 417.
[203] Begr. zu Art. 1 Nr. 6 (§ 11a VAG) RegE VAGÄndG 2004, BT-Drs. 15/3418, 20.
[204] Bericht des Finanzausschusses zu Art. 1 Nr. 6 (§ 11a VAG) RegE VAGÄndG 2004, BT-Drs. 15/3976, 33 f.
[205] Begr. zu Art. 1 Nr. 8 (§ 11a VAG) RegE 8. VAGÄndG, BT-Drs. 16/1937, 22.
[206] Begr. zu Art. 1 Nr. 11 (§ 12 VAG) RegE 3. DurchfG/EWG zum VAG, BT-Drs. 12/6959, 60.
[207] Begr. zu Art. 1 Nr. 11 (§ 12 VAG) RegE 3. DurchfG/EWG zum VAG, BT-Drs. 12/6959, 60.
[208] *Präve* VersR 1995, 733 (736); wohl auch *Rappich* VersR 1996, 413 (415).

452 Diese Rechtslage änderte das 8. VAGÄndG v. 28.5.2007 (BGBl. I S. 923) dahingehend, dass der VA vom **Aufsichtsrat** zu bestellen ist (→ Rn. 453 ff.)

453 **b) Aufsichtsrat.** Nach der **früheren Rechtslage** bedurften die Bestellung und Entlassung des VA der Zustimmung des Aufsichtsrats (§ 12 Abs. 2 S. 2 iVm § 11a Abs. 2a S. 1 VAG aF). Die Zustimmung konnte auch nach der Bestellung erteilt werden. Im Gegensatz zur Mitwirkung der Versicherungsaufsichtsbehörde (§ 11a Abs. 2 S. 1 VAG aF) musste die Zustimmung des Aufsichtsrats nicht vor der Bestellung erklärt werden. Die Zustimmung war Wirksamkeitsvoraussetzung der Bestellung bzw. Entlassung. Dieses Zustimmungserfordernis war erst durch das VAGÄndG 2000 v. 27.12.2000 (BGBl. I S. 1857) eingeführt worden. Damit sollte die Kontrollfunktion des VA betont werden.[209] Vor der Gesetzesänderung hatte das BAV die Zustimmung des Aufsichtsrats nur als „wünschenswert" bezeichnen können.[210]

454 Nach der durch das 8. VAGÄndG v. 28.5.2007 (BGBl. I S. 923) eingefügten Neuregelung liegt die **Zuständigkeit** für die Bestellung und Entlassung des VA beim Aufsichtsrat (§ 156 Abs. 1 S. 2 iVm § 141 Abs. 3 VAG). Diese Zuständigkeit kann auch nicht durch Satzung auf den Vorstand des Versicherungsunternehmens übertragen werden.

455 Der Aufsichtsrat kann allerdings die Bestellung und Entlassung des VA einem aus seiner Mitte zu bildenden **Aufsichtsratsausschuss** übertragen. Dies ergibt sich aus § 107 Abs. 3 AktG. Nur die in § 107 Abs. 3 S. 3 AktG ausdrücklich aufgeführten Aufgaben dürfen einem Aufsichtsratsausschuss nicht an Stelle des Aufsichtsrats übertragen werden. Hierzu gehören zwar die Bestellung und Abberufung eines Vorstandsmitglieds (§ 107 Abs. 3 S. 3 iVm § 84 Abs. 1 S. 1, Abs. 3 S. 1 AktG), nicht aber die Bestellung und Abberufung eines VA.

456 Anders als im Falle des Abschlussprüfers ist die Bestellung des VA **nicht zeitlich begrenzt**, sie muss insbes. nicht in bestimmten Zeitabständen wiederholt werden. Die Bestellung endet – sofern sie nicht von vornherein befristet vorgenommen wurde – erst mit der Abberufung des VA durch den Aufsichtsrat bzw. den hierfür zuständigen Aufsichtsratsausschuss.

457 **c) Versicherungsaufsicht.** Bevor der VA bestellt wird, muss er der Aufsichtsbehörde unter Angabe der Qualifikationsvoraussetzungen **benannt** werden (§ 141 Abs. 2 S. 1 VAG).

458 Die Aufsichtsbehörde hat ein eigenständiges **Prüfungsrecht,** ob der in Aussicht genommene VA zuverlässig und fachlich geeignet ist. Wenn Tatsachen vorliegen, aus denen sich das Fehlen der Zuverlässigkeit oder Eignung ergibt, kann die Aufsichtsbehörde verlangen, dass das Versicherungsunternehmen einen anderen VA benennt (§ 141 Abs. 2 S. 2 VAG).

459 Wenn sich **nach der Bestellung** herausstellt, dass der VA entweder von Beginn an die Qualifikationsvoraussetzungen nicht erfüllt hatte oder nachträglich seine gesetzlichen Aufgaben nicht ordnungsgemäß wahrnimmt, kann die Aufsichtsbehörde die Bestellung eines anderen VA verlangen (§ 141 Abs. 2 S. 3 VAG).

460 Wenn die Aufsichtsbehörde die Benennung eines anderen VA (→ Rn. 458) oder die Bestellung eines neuen VA (→ Rn. 459) verlangt hatte und entweder auch der „andere" bzw. der „neue" VA nicht die Qualifikationsvoraussetzungen erfüllt oder das Versicherungsunternehmen eine neue Bestellung nicht vornimmt, kann die Aufsichtsbehörde die Bestellung im Wege der **Ersatzvornahme** selbst vornehmen (§ 141 Abs. 2 S. 4 VAG).

461 **3. Qualifikationsanforderungen. a) Persönliche Anforderungen.** Der VA muss eine **natürliche Person** sein.[211] Das Gesetz verlangt dies zwar nicht ausdrücklich. Indessen ergibt sich diese Anforderung aus dem Sinnzusammenhang: Der Begriff der vom VA verlangten Zuverlässigkeit (§ 141 Abs. 1 S. 2 VAG) kann sich nur auf natürliche Personen beziehen. Zuverlässigkeit ist eine höchstpersönliche Eigenschaft, derer juristische Personen oder Personengesellschaften als solche nicht fähig sind. Auch die an die Berufserfahrung gestellte Anforderung einer Mindesttätigkeit „als Versicherungsmathematiker" (§ 141 Abs. 1 S. 4 VAG) stellt auf natürliche Personen ab. Daher können Unternehmen, die für Versicherungsunternehmen aktuarielle Aufgaben wahrnehmen, als solche nicht zum VA bestellt werden; VA können nur in solchen Unternehmen als Aktuare tätige natürliche Personen sein. Die entsprechende Anforderung im BAV-Rundschreiben R 3/95[212] hat insofern deklaratorische Bedeutung.

462 Aufgrund der dem VA zugewiesenen herausragenden Stellung und Kontrollverantwortung müssen an ihn ähnliche Qualifikationsanforderungen gestellt werden wie an den **Geschäftsleiter eines**

---

[209] Begr. zu Art. 1 Nr. 7 (§ 11a VAG) RegE VAGÄndG 2000, BT-Drs. 14/4453, 30.
[210] BAV R 3/95, VerBAV 1995, 311 (312).
[211] *Präve* VersR 1995, 733 (734); *Rappich* VersR 1996, 413 (415).
[212] BAV R 3/95 Ziff. II 2 Abs. 1, VerBAV 1995, 311 (312).

Versicherungsunternehmens.[213] Deshalb wendet die Aufsichtsbehörde auf den VA die gleichen Anforderungen wie für Geschäftsleiter, dh Vorstände an.[214]

Der VA muss **zuverlässig** sein (§ 141 Abs. 1 S. 2 VAG). Zuverlässigkeit ist ein unbestimmter Rechtsbegriff, der Charaktermerkmale einer Person beschreibt. Er bedeutet vertrauenswürdig, der Wahrheit verpflichtet, beständig, glaubwürdig, genau. 463

Die Zuverlässigkeit dürfte idR fehlen, wenn die als VA vorgesehene Person in **Straftaten** verwickelt gewesen ist, die charakterliche Defizite erkennen lassen. 464

Weil der VA Kontrollaufgaben im Interesse der Versicherten wahrzunehmen hat, kann die Zuverlässigkeit auch fehlen, wenn er im Zusammenhang mit **unternehmerischen Tätigkeiten** in Ordnungswidrigkeiten- oder Insolvenzverfahren verwickelt gewesen ist.[215] 465

b) Fachliche Anforderungen. § 141 Abs. 1 S. 2 VAG verlangt **fachliche Eignung.** Fachliche Eignung bedeutet, dass der VA über ausreichende Kenntnisse in der Versicherungsmathematik und über ausreichende Berufserfahrung verfügt (§ 141 Abs. 1 S. 3 VAG). 466

Ausreichende Kenntnis in der **Versicherungsmathematik** verlangt den erfolgreichen Hochabschluss als Mathematiker und aktuarielles Grund- und Spezialwissen.[216] Für den Nachweis des aktuariellen Wissens ist die erfolgreiche Ablegung der Aktuarprüfung als notwendig anzusehen. Diese Voraussetzungen können auch durch vergleichbare Ausbildungen im Ausland erfüllt werden.[217] 467

Ausreichende **Berufserfahrung** setzt nach § 141 Abs. 1 S. 4 VAG eine mindestens dreijährige Tätigkeit als Versicherungsmathematiker voraus. Ziff. II 1. des BAV-Rundschreibens R 3/95 präzisiert dies dahingehend, dass es sich um eine lückenlose einschlägige Praxis als Aktuar während der letzten drei Jahre in einem vergleichbaren Versicherungsunternehmen und mit aktuariellen Funktionen in vergleichbarem Umfang handeln muss.[218] 468

Fachliche Eignung verlangt ferner eine regelmäßige **fachliche Fortbildung.** Ziff. II 2. Abs. 3 des BAV-Rundschreibens R 3/95 präzisiert dies dahingehend dass der VA die für seine praktische Arbeit notwendigen Fachkenntnisse laufend ergänzt.[219] 469

c) Ordnungsgemäße Aufgabenerfüllung. Nach § 141 Abs. 2 S. 3 VAG kann die Aufsichtsbehörde die Bestellung eines anderen VA verlangen, wenn der zunächst bestellte VA die ihm gesetzlich obliegenden Aufgaben nicht ordnungsgemäß erfüllt. Trotz ihrer Stellung im Gesetz handelt es sich bei dieser Vorschrift um eine **Qualifikationsanforderung,** die schon von Beginn an vorliegen muss. Daher hat die Aufsichtsbehörde schon bei der Benennung des VA zu prüfen, ob dieser die Gewähr dafür bietet, die ihm obliegenden Aufgaben zu erfüllen.[220] 470

Die ordnungsgemäße Aufgabenerfüllung ist nicht identisch mit der Zuverlässigkeit oder der fachlichen Eignung. Es handelt sich um eine **zusätzliche Anforderung,** die im Falle ihrer Nichterfüllung häufig einhergehen kann mit fehlender Zuverlässigkeit oder Eignung. Indessen kann auch trotz fachlicher Eignung und trotz Zuverlässigkeit die ordnungsgemäße Aufgabenerfüllung nicht gewährleistet sein. Dies wäre zB der Fall, wenn der VA aufgrund langer schwerer Erkrankung nicht in der Lage wäre, seine Aufgaben kontinuierlich wahrzunehmen. 471

4. Aufgaben. a) Prüfungsgegenstand. Der VA muss sich nach § 156 Abs. 2 S. 1 Nr. 1 VAG mit mehreren **Objekten** befassen, und zwar mit der Prämienberechnung, der Berechnung der Alterungsrückstellung und der Finanzlage des Versicherungsunternehmens. 472

Die **Prämienberechnung** umfasst sowohl die Erstkalkulation als auch die Prämienanpassung. Der VA muss daher auch überprüfen, ob die Voraussetzungen für eine Prämienanpassung erfüllt sind, und ggf. auf eine solche dringen. 473

b) Prüfungsmaßstab. Für die Prüfung durch den VA gibt das Gesetz verschiedene **Maßstäbe** vor (§ 156 Abs. 2 S. 1 Nr. 1 VAG). 474

Alle mathematisch orientierten Prüfungsobjekte sind daran zu messen, ob die **versicherungsmathematischen Methoden** eingehalten werden. Dazu zählt vor allem die Beachtung aller für die Kalkulation maßgebenden Rechnungsgrundlagen (§ 156 Abs. 2 S. 1 Nr. 1 VAG). 475

Die Finanzlage des Versicherungsunternehmens muss der VA daraufhin überprüfen, ob die **dauernde Erfüllbarkeit** der Verpflichtungen aus den Versicherungsverträgen jederzeit gewährleistet ist (§ 156 Abs. 2 S. 1 Nr. 1 VAG). 476

---

[213] Begr. zu Art. 1 Nr. 10 (§ 11a VAG) RegE 3. DurchfG/EWG zum VAG, BT-Drs. 12/6959, 57.
[214] BAV R 3/95 Ziff. II 2. Abs, 2, VerBAV 1995, 311 (312).
[215] BAV R 3/95 Ziff. I 4., VerBAV 1995, 311.
[216] BAV R 3/95 Ziff. II 1., VerBAV 1995, 311.
[217] BAV R 3/95 Ziff. II 1., VerBAV 1995 311 (312).
[218] BAV R 3/95 Ziff. II 1., VerBAV 1995, 311.
[219] BAV R 3/95 Ziff. II 2, VerBAV 1995, 311 (312).
[220] BAV R 3/95 Ziff. II S. 1, VerBAV 1995, 311.

477 Die Finanzlage des Versicherungsunternehmens war nach § 12 Abs. 3 S. 1 Nr. 1 VAG aF ferner daraufhin zu überprüfen, ob das Versicherungsunternehmen über ausreichende **Solvabilitätsmittel** verfügte. Diese Verpflichtung entfiel mit dem VAG nF, weil sich die Höhe der Solvabilitätskapitalanforderung künftig nicht mehr nach der Höhe handelsbilanzieller Rückstellungen richtet.[221]

478 Diese Prüfungsmaßstäbe haben eine besondere Bedeutung nach Inkrafttreten der **Gesundheitsreform** gewonnen, die zu tiefen Eingriffen in das Recht der PKV geführt hat. Der VA wird insoweit keine uneingeschränkte versicherungsmathematische Bestätigung mehr abgeben können (→ Rn. 489).

479 c) **Versicherungsmathematische Bestätigung.** Der VA muss unter der Bilanz bestätigen, dass die **Alterungsrückstellung** unter Beachtung der versicherungsmathematischen Methoden berechnet ist (§ 156 Abs. 2 S. 1 Nr. 2 VAG). Der VA gewinnt damit eine dem Treuhänder für das Sicherungsvermögen und dem Wirtschaftsprüfer vergleichbare Stellung.

480 Aufgrund der Ermächtigung in § 145 Abs. 4 VAG schreibt die **AktuarV** für die Lebensversicherung, die Unfallversicherung mit Prämienrückgewähr sowie die Deckungsrückstellung für Haftpflicht- und Unfallrenten die Einzelheiten der versicherungsmathematischen Bestätigung und des vom VA zu erstellenden Erläuterungsberichts vor. Eine entsprechende Anwendung dieser Vorschriften für die Krankenversicherung ist nicht vorgesehen (§ 156 Abs. 1 S. 2, Abs. 2 S. 2 VAG). Gleichwohl wird sich die versicherungsmathematische Bestätigung des VA in der Krankenversicherung an der AktuarV orientieren.[222]

481 5. **Rechtsstellung des Verantwortlichen Aktuars. a) Unabhängigkeit.** Dem VA weist das Gesetz Kontrollaufgaben zu, die er **eigenverantwortlich** (→ Rn. 486 ff.) wahrzunehmen hat. Der Gesetzgeber verband mit dem Zustimmungserfordernis des Aufsichtsrats (→ Rn. 453) die Vorstellung, dass der Vorstand des Versicherungsunternehmens über die Personenauswahl keinen der Funktion des VA „zuwiderlaufenden Einfluss nehmen kann".[223] Der Gesetzgeber verstärkte dieses Ziel mit der Übertragung der Bestellungskompetenz auf den Aufsichtsrat (→ Rn. 454).

482 Zur fachlichen Unabhängigkeit des VA gehört, dass er möglichst keinen Interessenkonflikten ausgesetzt wird, die sich aus seiner sonstigen Stellung zum Versicherungsunternehmen ergeben können. Die fachliche Unabhängigkeit des VA sichert vor allem seine unbedingte Bindung an die **aktuariellen Grundsätze,** über die der einflussreiche Berufsstand der Aktuare mit seinen Berufsrichtlinien wacht. In Großbritannien ist es deshalb auch nie zu Interessenkonflikten zwischen dem Appointed Actuary und dem Versicherungsunternehmen als seinem Arbeitgeber gekommen.[224]

483 Die Unabhängigkeit besteht fachlich, aber **nicht institutionell.** Das bedeutet, dass der VA in einem Anstellungsverhältnis zum Versicherungsunternehmen stehen und gleichzeitig dort andere Aufgaben wahrnehmen kann.[225] Vor allem in kleineren Versicherungsunternehmen ist es üblich, dass der VA in Personalunion zugleich Leiter der mathematischen Abteilung ist. Durch die Bezeichnung „Verantwortlicher Aktuar" wollte der Gesetzgeber bewusst nicht die Möglichkeit ausschließen, auch einen Angestellten des Versicherungsunternehmens zum VA zu bestellen. Auch im Herkunftsland Großbritannien ist der VA idR ein Angestellter des Versicherungsunternehmens.[226]

484 Weil die Unabhängigkeit nicht institutioneller Art ist (→ Rn. 483), kann auch ein **Vorstand** des Versicherungsunternehmens die Funktion des VA übernehmen.[227] Rechtsgründe stehen dem jedenfalls nicht entgegen. Dass ein Vorstand als VA größeren Interessenkollisionen ausgesetzt sein soll als ein Abteilungsleiter, kann schwerlich behauptet werden; ein Vorstand hat als Organ im Gegenteil größere arbeitsrechtliche und fachliche Unabhängigkeit als ein diesem untergeordneter Angestellter. Die Tatsache, dass der VA dem Vorstand gegenüber berichtspflichtig ist (§ 141 Abs. 5 Nr. 2 und 3 VAG) und dass der Vorstand dem VA alle notwendigen Informationen zu geben hat (§ 141 Abs. 6 Nr. 1 VAG), begründet nicht die Annahme, dass das Gesetz von einer personellen Trennung ausgegangen sei.[228] Auch ein Vorstand als VA kann sehr wohl dem Gesamtvorstand des Versicherungsunternehmens Bericht erstatten. Insbesondere in kleineren Versicherungsunternehmen kann es wegen der naturgemäß begrenzten fachlichen Kapazitäten notwendig sein, einen kompetenten Vorstand zum VA zu bestellen.

---

[221] Begr. zu Art. 1 (§ 156 VAG) RegE FinMoG, BT-Drs. 18/2956, 272.
[222] *Präve* in Prölss/Dreher, VAG, 13. Aufl. 2018, § 156 Rn. 5.
[223] Begr. zu Art. 1 Nr. 7 (§ 11a VAG) RegE VAGÄndG 2000, BT-Drs. 14/4453, 30.
[224] Begr. zu Art. 1 Nr. 10 (§ 11a VAG) RegE 3. DurchfG/EWG zum VAG, BT-Drs. 12/6959, 56.
[225] *Präve* ZfV 1994, 199 (201); *Präve* VersR 1995, 733 (735); *Rappich* VersR 1996, 413 (415).
[226] Begr. zu Art. 1 Nr. 10 (§ 11a VAG) RegE 3. DurchfG/EWG zum VAG, BT-Drs. 12/6959, 56.
[227] *Rappich* VersR 1996, 413 (415); zweifelnd *Präve* VersR 1995, 733 (735).
[228] *Präve* VersR 1995, 733 (735).

Unabhängig von der rechtlichen Zulässigkeit einer Personalunion zwischen Vorstand bzw. 485
Abteilungsleiter und VA (→ Rn. 483 f.) sind gleichwohl **größere Versicherungsunternehmen**
gut beraten, wenn sie die Funktion eines Vorstands bzw. des Leiters der mathematischen Abteilung
von derjenigen des VA personell trennen. Dies stärkt nicht nur in der Außenwirkung die Unabhängigkeit der VA-Funktion, sondern auch die Qualität der aktuariellen Tätigkeit.

b) Verantwortlichkeit. Der Aufgabe des VA folgt seine Verantwortung. Diese Verantwortung 486
besteht in erster Linie **gegenüber dem Versicherungsunternehmen.**

Der VA ist gegenüber dem Versicherungsunternehmen, das ihn bestellt hat, verpflichtet, seine 487
ihm gesetzlich übertragenen Aufgaben wahrzunehmen. Verletzt der VA diese **Verpflichtung,** kann
er dem Versicherungsunternehmen gegenüber zum Schadenersatz verpflichtet sein.

Das nicht nur theoretische **Schadenpotential** kann beträchtlich sein. Das Versicherungsunter- 488
nehmen kann insbes. dann einen Schaden erleiden, wenn es eine notwendige Prämienanpassung
deswegen nicht durchführen kann, weil die Versicherungsleistungen zum Zeitpunkt der Erst- oder
Neukalkulation unzureichend kalkuliert waren „und ein ordentlicher und gewissenhafter Aktuar
dies hätte erkennen müssen" (§ 155 Abs. 3 S. 4 VAG). Das Versicherungsunternehmen muss in
einem solchen Fall die Prämienanpassung aus dem Eigenkapital finanzieren.

Die mit dem GKV-Wettbewerbsstärkungsgesetz (GKV-WSG) v. 26.3.2007 (BGBl. I S. 378) 489
durchgeführte **Gesundheitsreform** stellt den VA vor besondere Herausforderungen, weil die Übertragung der kalkulierten Alterungsrückstellung bei einem Versichererwechsel eine Unterdeckung
der Alterungsrückstellung für die nicht wechselnden Versicherten zur Folge hat (→ Vor § 192
Rn. 1108 ff.). Angesichts der schon mit der Verabschiedung der Gesundheitsreform einsetzenden
Diskussion in der Fachöffentlichkeit[229] kann sich der VA weder auf Unkenntnis der rechtlichen
Problematik noch darauf berufen, dass das GKV-WSG bzw. ihr folgend Art. 11 Abs. 1 VVG-
ReformG insoweit noch nicht für verfassungswidrig erklärt worden seien. Die anerkannten Regeln
der Versicherungsmathematik (§ 10 Abs. 1 S. 1 KVAV) gelten auch für die Berechnung der Alterungsrückstellung (§ 3 KVAV) und sind ihrem Inhalt nach wie die Gesamtheit der aktuariellen
Grundsätze der rechtlichen Festschreibung oder Änderung nicht zugänglich (→ Rn. 115). Wenn
diese versicherungsmathematischen Methoden nicht eingehalten werden, darf der VA die versicherungsmathematische Bestätigung nicht ohne Einschränkungsvermerk abgeben (§ 156 Abs. 2 S. 1
VAG).[230]

Daneben kommt auch eine Verantwortung **gegenüber den Versichertengemeinschaften** in 490
Betracht; denn der VA muss auch deren Interessen wahren, die in der Einhaltung der vorgeschriebenen Kalkulationsmethoden bestehen.

Zwar bestehen zwischen den Versicherten und dem VA **keine direkten Rechtsbeziehungen.** 491
Rechtsbeziehungen bestehen nur im Verhältnis der Versicherten zum Versicherungsunternehmen.
Haftungsrechtliche Schadensersatzansprüche der Versicherten gegenüber dem VA, die auf eine Vertragsverletzung gestützt werden, können daher nur dann angenommen werden, wenn man in der
Bestellung zum VA zugleich einen Vertrag mit Schutzwirkung zugunsten der Versicherten sieht.[231]

In jedem Fall kommt ein Schadenersatzanspruch aus **unerlaubter Handlung** in Betracht. 492
Die falsche Abgabe der versicherungsmathematischen Bestätigung durch den VA ist strafbewehrt
(→ Rn. 493). Diese Strafvorschrift ist als Schutzgesetz iSv § 823 Abs. 2 BGB anzusehen.[232] Allerdings reicht dieser Schadenersatzanspruch nur soweit wie der Umfang der versicherungsmathematischen Bestätigung. Diese bezieht sich nicht auf das gesamte Aufgabenspektrum des VA, sondern nur
auf die den versicherungsmathematischen Methoden entsprechende Berechnung der Alterungsrückstellung (§ 156 Abs. 2 S. 1 Nr. 2 VAG).

Die falsche Abgabe der versicherungsmathematischen Bestätigung (→ Rn. 479 f.) ist nach § 331 493
Abs. 2 Nr. 2 lit. b VAG eine **Straftat.** Unverständlicherweise verweist die Strafvorschrift nur auf
§ 141 Abs. 5 Nr. 2 VAG und nicht auch auf § 156 Abs. 2 S. 2 VAG.

XIV. Treuhänder

1. Inhalt und Zweck der Regelung. a) Regelungsinhalt. In der nach Art der Lebensversi- 494
cherung betriebenen Krankenversicherung kann das Versicherungsunternehmen **Prämienanpassungen** nur durchführen, wenn ein unabhängiger Treuhänder die Neuberechnung der Prämie
überprüft und der Prämienänderung zugestimmt hat (§ 203 Abs. 2 S. 1, 4 iVm § 155 VAG).

---

[229] *Boetius* VersR 2007, 431 ff.
[230] *Boetius* VersR 2007, 1589 (1595).
[231] *Rappich* VersR 1996, 413 (418); abl. *Thole* VersR 2010, 447 (448 f.).
[232] *Rappich* VersR 1996, 413 (418); *Thole* VersR 2010, 447 (450).

495 In der nach Art der Lebensversicherung betriebenen Krankenversicherung kann das Versicherungsunternehmen bei Änderungen der Verhältnisse des Gesundheitswesens eine **Änderung der AVB** und der Tarifbestimmungen nur vornehmen, wenn ein unabhängiger Treuhänder die Voraussetzungen für die Änderungen überprüft und ihre Angemessenheit bestätigt hat (§ 203 Abs. 3).

496 Prämienanpassungen einerseits und Bedingungsänderungen andererseits sind **unterschiedliche Sachverhalte,** deren Überprüfung ganz verschiedene Qualifikationen voraussetzt (§ 157 Abs. 1 S. 2, Abs. 3 S. 2 VAG). Dementsprechend werden diese beiden Aufgaben idR auch von verschiedenen Treuhändern wahrgenommen, für die sich die Bezeichnungen „Prämientreuhänder" und „Bedingungstreuhänder" eingebürgert haben.

497 **b) Bedeutung der Regelung.** § 203 Abs. 2 S. 1, Abs. 3 geben dem Versicherungsunternehmen das Recht, unter bestimmten Voraussetzungen ohne Zustimmung oder Mitwirkung des Versicherungsnehmers den Versicherungsvertrag **einseitig zu ändern,** indem es die Prämien neu festsetzt und die AVB und Tarifbestimmungen an geänderte Verhältnisse anpasst.

498 Indem die einseitige Vertragsänderung an die vorherige Zustimmung eines unabhängigen Treuhänders gebunden wird, wird eine **Kontrollinstanz** geschaffen, die mit fachlicher und institutioneller Unabhängigkeit ausgestattet ist.

499 Das gesetzliche Recht zur einseitigen Vertragsänderung greift in die **Vertragsfreiheit** zulasten des Versicherungsnehmers erheblich ein. Da es sich aber stets um Vertragsänderungen für ganze Versichertenkollektive handelt, die ihre Interessen systembedingt nicht einzeln einbringen können, kann der Eingriff in die Vertragsfreiheit nur dadurch systemkonform gemildert werden, dass eine dritte Person die Interessen der Versichertenkollektive treuhänderisch wahrnimmt.

500 Der Treuhänder ist **keine Gerichtsinstanz.** Er wird nicht streitentscheidend tätig; seine Zustimmung schließt die gerichtliche Kontrolle einer Prämienanpassung oder Bedingungsänderung nicht aus. Wegen der verfassungsrechtlichen Rechtsweggarantie (Art. 19 Abs. 4 S. 1 GG) kann ein mit verbindlicher Entscheidungsgewalt ausgestatteter Treuhänder auch nicht eingeführt werden.

501 **c) Zweck der Regelung.** Die durch das 3. DurchfG/EWG zum VAG eingeführte Regelung will mit dem neuen Instrumentarium des unabhängigen Treuhänders[233] einen **Ersatz für die frühere Tarif- und Bedingungsaufsicht** schaffen,[234] die im Zuge der Deregulierung fortgefallen ist (→ Rn. 14 ff.). Die Qualität und Solidität der im Rahmen der Prämienanpassung vorzunehmenden Nachkalkulation sowie die Angemessenheit der Bedingungsänderungen sollen so weit wie möglich gesichert werden. Die Regelung soll damit insbes. die dauernde Erfüllbarkeit der Verpflichtungen aus den Versicherungen gewährleisten.[235]

502 Die Überprüfung von Prämienanpassungen und Bedingungsänderungen dient maßgeblich der **Streitvorbeugung** und Streitverhinderung. Ohne die vorgeschaltete Prüfung durch den Treuhänder käme es zu einer nachhaltigen und schweren Beeinträchtigung des Krankenversicherungsgeschäfts. Denn die Prämienanpassung oder Bedingungsänderung könnte dann auf ihre Richtigkeit nur und erstmals im Prozessweg durch die Gerichte überprüft werden. Zwar vermag die Treuhänderzustimmung die gerichtliche Überprüfung nicht zu verhindern (→ Rn. 500); die Tatsache der vorherigen fachlichen Überprüfung durch den Treuhänder sorgt jedoch dafür, dass eine etwa geplante unzutreffende oder gar missbräuchliche Prämienanpassung oder Bedingungsänderung bereits im Vorfeld erkannt und verhindert wird.

503 Die Überprüfung durch den Treuhänder soll ferner die **Einheit der Versichertenkollektive** sichern, sein Augenmerk gilt vornehmlich der Wahrung der Versichertenbelange (vgl. § 155 Abs. 2 S. 2, 3 VAG), worunter die Versichertenkollektive zu verstehen sind. Ein von einem einzelnen Versicherungsnehmer gegen eine Prämienanpassung oder Bedingungsänderung geführter Prozess entfaltet keine Rechtskraft im Verhältnis zu anderen Versicherten und damit zum gesamten Versicherungsbestand des Versichertenkollektivs, dem der Versicherungsnehmer angehört. Dies begründet die Gefahr, dass unterschiedliche Gerichte die Interessenabwägung im Rahmen der jeweiligen Versichertenkollektive unterschiedlich vornehmen und zu einander widersprechenden Urteilen gelangen. Das Versicherungsunternehmen könnte solche zu einzelnen Versicherungsverträgen ergangenen widerstreitenden Gerichtsentscheidungen in seinen auf die Versichertenkollektive bezogenen Kalkulationsgrundlagen sowie AVB und Tarifbestimmungen nicht umsetzen. Die einheitliche Kalkulationsbasis insgesamt bräche zusammen.

504 **2. VVG-Reform.** Die **VVG-Kommission** hatte sich ausführlich mit der Institution des unabhängigen Treuhänders befasst und war zu dem Ergebnis gekommen, die auf die besonderen Belange

---

[233] Begr. zu Art. 2 Nr. 15 (§ 178g) RegE 3. DurchfG/EWG zum VAG, BT-Drs. 12/6959, 105.
[234] Präve ZfV 1994, 199 (201).
[235] BVerwGE 109, 87 = VersR 1999, 1001 (1003 li. Sp.); Renger VersR 1994, 1257 (1258); Präve VersR 1995, 733 (737).

der Krankenversicherung zugeschnittene Treuhänderregelung fortzuführen, weil sie sachgerecht ist und sich in der Praxis bewährt hat.[236] Für Bestellung und Verfahren des Treuhänders gibt es eingespielte Regelungen, die ein hohes Maß an fachlich qualifizierter Tätigkeit und Unabhängigkeit sicherstellen.

Das VAG kennt außer dem Treuhänder für die Lebens- und Krankenversicherung den **Treuhänder für das Sicherungsvermögen,** der ebenfalls vom Unternehmen bestellt wird (§ 128 VAG). Was die fachlichen Qualifikationen des Treuhänders oder den Einfluss der Aufsichtsbehörde auf die Bestellung anlangt, unterscheiden sich die Treuhänder für das Sicherungsvermögen nicht von den Treuhändern in der Lebens- und Krankenversicherung. 505

Die fachliche Qualifikation und Unabhängigkeit des Treuhänders ist in § 157 Abs. 1 VAG geregelt; die **Aufsichtsbehörde** hat alle Möglichkeiten, diese Anforderungen durchzusetzen; notfalls kann sie den Treuhänder selbst bestellen (§ 157 Abs. 2 S. 4, Abs. 3 S. 1 VAG). Damit ist ein Höchstmaß an Aufsichtsbefugnissen gewährleistet. 506

Die VVG-Kommission erörterte auch, ob für den Treuhänder eine andere **Bezeichnung** vorzuschlagen sei. Sie hat davon aber nicht zuletzt auch deshalb abgesehen, weil kein Grund ersichtlich sei, im Falle des Krankenversicherungstreuhänders die Bezeichnung zu ändern, im Falle des Treuhänders für den Deckungsstock – der dem jetzigen Treuhänder für das Sicherungsvermögen entspricht – jedoch nicht. Insbesondere ist die Bezeichnung „Treuhänder" nicht irreführend; denn Hauptaufgabe des Treuhänders ist es, die Belange der Versicherten und Versichertenkollektive zu wahren. Analog der Schreibweise des Begriffs „Verantwortlicher Aktuar" (→ Rn. 442 ff.) hätte es sich allenfalls angeboten, die Bedeutung des unabhängigen Treuhänders gleichfalls durch die Großschreibung als „Unabhängiger Treuhänder" hervorzuheben. 507

3. Bestellung. a) Versicherungsunternehmen. Anders als im Falle des Verantwortlichen Aktuars (§ 156 Abs. 1 S. 1 VAG) enthält das VAG **keine Vorschrift,** dass das Versicherungsunternehmen einen unabhängigen Treuhänder zu bestellen hat. Das mag daran liegen, dass die Funktion des Treuhänders in erster Linie eine versicherungs*vertrags*rechtliche Bedeutung hat. Indem nämlich § 203 Abs. 2, 3 die materiell-rechtliche Wirksamkeit von Prämienanpassungen und Bedingungsänderungen an die Zustimmung bzw. Bestätigung eines unabhängigen Treuhänders knüpft, ist das Versicherungsunternehmen faktisch gezwungen, entsprechende Treuhänder zu bestellen, weil es anderenfalls Prämienanpassungen und Bedingungsänderungen nicht durchführen könnte. Gleichwohl mutet das Fehlen einer aufsichtsrechtlichen Bestellungsverpflichtung unsystematisch an, zumal das VAG für den Fall der Nichtbestellung durch das Versicherungsunternehmen die Ersatzvornahme vorsieht (§ 157 Abs. 2 S. 4 VAG). 508

Die Bestellung ist eine **Maßnahme der Geschäftsführung.** Die Bestellung müssen daher die nach Gesetz und Satzung zur Vertretung des Versicherungsunternehmens befugten Organe bzw. Personen vornehmen, idR also ein Vorstandsmitglied gemeinsam mit einem Prokuristen. Das gleiche gilt für die Abberufung des Treuhänders. Eine Bestellung durch den Aufsichtsrat, der kein Geschäftsführungsorgan ist, kommt daher idR nicht in Betracht.[237] 509

Die Bestellung ist ein Vorgang, der das **Außenverhältnis** regelt. Von der Bestellung ist das rechtsgeschäftliche Innenverhältnis zu unterscheiden, das die schuldrechtlichen Rechtsbeziehungen zwischen Treuhänder und Versicherungsunternehmen regelt (→ Rn. 607 ff.). Diese Trennung zwischen Innen- und Außenverhältnis ist mit der Situation des Vorstands einer Aktiengesellschaft vergleichbar.[238] 510

b) Aufsichtsrat. Anders als im Falle des Verantwortlichen Aktuars (→ Rn. 453 ff.) sieht das VAG für die Bestellung oder Abberufung des Treuhänders **keine Mitwirkung** des Aufsichtsrats vor. 511

Mit dem Fehlen einer gesetzlichen Vorschrift zur Mitwirkung des Aufsichtsrats setzt sich die **fehlende Systematik** des VAG (→ Rn. 508) fort. Im Vergleich zu den einander ähnlichen Kontrollinstitutionen des Verantwortlichen Aktuars (§ 156 Abs. 1, 2 VAG), des unabhängigen Treuhänders (§ 155 VAG) und des Treuhänders für das Sicherungsvermögen (§ 128 VAG) ist dies eigentlich nicht zu verstehen. Für die Bestellung des Verantwortlichen Aktuars ist nunmehr wegen seiner Kontrollfunktion der Aufsichtsrat zuständig (→ Rn. 454). Auch der Treuhänder für das Sicherungsvermögen ist vom Aufsichtsrat zu bestellen (§ 128 Abs. 3 S. 1 VAG). Das VAGÄndG 2000 v. 27.12.2000 (BGBl. I S. 1857) führte die ursprüngliche Zustimmung des Aufsichtsrats für die 512

---

[236] *Lorenz,* Abschlussbericht der VVG-Kommission, VersR-Schriftenreihe Bd. 25, 2004, S. 183 f., Abschn. 1.3.2.4. 5. 10.
[237] *Grote,* Die Rechtsstellung der Prämien-, Bedingungs- und Deckungsstocktreuhänder nach dem VVG und dem VAG (Münsteraner Reihe Heft 75), 2002, S. 497 f. Anders *Präve* VersR 1995, 733 (739).
[238] *Grote,* Die Rechtsstellung der Prämien-, Bedingungs- und Deckungsstocktreuhänder nach dem VVG und dem VAG (Münsteraner Reihe Heft 75), 2002, S. 59 ff., 501; *Grote* ZVersWiss 2002, 621 (625).

513 Bestellung des Verantwortlichen Aktuars mit der Begründung ein, diese Zustimmung sei mit derjenigen im Falle des Deckungsstocktreuhänders vergleichbar.[239] Die Erwähnung des unabhängigen Treuhänders wurde in diesem Zusammenhang wohl übersehen, obwohl das gleiche Gesetz den § 12b Abs. 5 VAG aF einfügte, der die Qualifikationsanforderungen für den Bedingungstreuhänder regelte.

Aus den unterschiedlichen Mitwirkungsregeln lässt sich gleichwohl nicht ableiten, dass der unabhängige Treuhänder gegenüber dem Verantwortlichen Aktuar und dem Treuhänder für das Sicherungsvermögen eine geringere Bedeutung haben soll. Der Unterschied in der Frage der formalen Mitwirkung des Aufsichtsrats findet seine innere Rechtfertigung vielmehr in der Tatsache, dass das Gesetz für den Treuhänder bereits selbst die **institutionelle Unabhängigkeit** vorschreibt (§ 157 Abs. 1 S. 1 VAG), was in den Fällen des Verantwortlichen Aktuars und des Treuhänders für das Sicherungsvermögen nicht geschehen ist. Deshalb konnte auf den Aufsichtsrat als zusätzliche Mitwirkungsinstanz verzichtet werden. Denn die Einhaltung der institutionellen Unabhängigkeit hat schon die Aufsichtsbehörde zu überwachen (§ 157 Abs. 2 VAG).

514 **c) Versicherungsaufsicht.** Bevor der Treuhänder bestellt wird, muss er der Aufsichtsbehörde unter Angabe der Qualifikationsvoraussetzungen **benannt** werden (§ 157 Abs. 2 S. 1, Abs. 3 S. 1 VAG).

515 Die Bestellung des Treuhänders bedarf nicht der **Zustimmung** der Aufsichtsbehörde.[240] Sie hat lediglich die Möglichkeit, der geplanten Bestellung zu widersprechen (→ Rn. 516).

516 Die Aufsichtsbehörde hat ein eigenständiges **Prüfungsrecht,** ob der in Aussicht genommene Treuhänder zuverlässig, fachlich geeignet und vom Versicherungsunternehmen unabhängig ist. Wenn Tatsachen vorliegen, aus denen sich das Fehlen der Zuverlässigkeit, der Eignung oder der Unabhängigkeit vom Versicherungsunternehmen ergibt, kann die Aufsichtsbehörde verlangen, dass das Versicherungsunternehmen einen anderen Treuhänder benennt (§ 157 Abs. 2 S. 2, Abs. 3 S. 1 VAG).

517 Wenn sich **nach der Bestellung** herausstellt, dass der Treuhänder entweder von Beginn an die Qualifikationsvoraussetzungen nicht erfüllt hatte oder nachträglich seine gesetzlichen Aufgaben nicht ordnungsgemäß wahrnimmt, kann die Aufsichtsbehörde die Bestellung eines anderen Treuhänders verlangen (§ 157 Abs. 2 S. 3, Abs. 3 S. 1 VAG).

518 Wenn die Aufsichtsbehörde die Benennung eines anderen Treuhänders (→ Rn. 516) oder die Bestellung eines neuen Treuhänders (→ Rn. 517) verlangt hatte und entweder auch der „andere" bzw. der „neue" Treuhänder nicht die Qualifikationsvoraussetzungen erfüllt oder das Versicherungsunternehmen eine neue Bestellung nicht vornimmt, kann die Aufsichtsbehörde die Bestellung im Wege der **Ersatzvornahme** selbst vornehmen (§ 157 Abs. 2 S. 4 VAG).

519 Das **Ausscheiden** des Treuhänders muss das Versicherungsunternehmen der Aufsichtsbehörde unverzüglich mitteilen (§ 157 Abs. 2 S. 5 VAG).

520 **4. Qualifikationsanforderungen. a) Prämien- und Bedingungstreuhänder.** Entsprechend den **unterschiedlichen Sachverhalten** von Prämienanpassung einerseits und Bedingungsänderung andererseits unterscheidet man die Funktion des Prämientreuhänders und diejenige des Bedingungstreuhänders (→ Rn. 496). Beide haben persönliche, institutionelle und fachliche Qualifikationsanforderungen zu erfüllen. Die persönlichen und institutionellen Anforderungen sind für beide Treuhänderarten identisch (§ 157 Abs. 1 S. 1, Abs. 3 S. 1 VAG). In den fachlichen Anforderungen unterscheiden sie sich jedoch entsprechend den unterschiedlichen Aufgaben (§ 157 Abs. 1 S. 2, Abs. 3 S. 2 VAG).

521 Die fachlichen Unterschiede sind so grundsätzlich – Kenntnisse auf dem Gebiet der Prämienkalkulation einerseits (§ 157 Abs. 1 S. 2 VAG), Rechtskenntnisse andererseits (§ 157 Abs. 3 S. 2 VAG) –, dass nur sehr selten dieselbe Person beide Fachgebiete ausreichend kompetent abdecken kann. Auszuschließen ist dies aber nicht. Deshalb werden als Prämientreuhänder bzw. Bedingungstreuhänder idR verschiedene Personen zu bestellen sein, wie dies auch der bisherigen Praxis entspricht.[241] Sollte jedoch dieselbe Person ausnahmsweise die fachliche Eignung als Prämien- *und* Bedingungstreuhänder aufweisen, kann er in **Personalunion** beide Funktionen erfüllen und zum Prämien- und Bedingungstreuhänder bestellt werden. Dem Gesetz ist ein Verbot einer solchen Personalunion nicht zu entnehmen.

522 Von der formellen Personalunion ist der Sachverhalt zu unterscheiden, dass ein **Unternehmen** die Übernahme von Treuhänderaufgaben zum Gegenstand hat und von verschiedenen Personen – idR den Geschäftsführern oder leitenden Angestellten – die unterschiedlichen Aufgaben als Prämientreuhänder bzw. Bedingungstreuhänder wahrnehmen lässt. In einem solchen Fall werden diese unterschiedlichen Personen getrennt zum Prämientreuhänder bzw. zum Bedingungstreuhänder bestellt.

---

[239] Begr. zu Art. 1 Nr. 7 (§ 11a VAG) RegE VAGÄndG 2000, BT-Drs. 14/4453, 30.
[240] Anders *Hohlfeld* in Berliner Kommentar VVG § 178g Rn. 17.
[241] *Hohlfeld* in Berliner Kommentar VVG § 178g Rn. 24; *Präve* VersR 1995, 733 (738).

Die Bestellung des Unternehmens selbst scheidet aus, weil der Treuhänder stets eine natürliche Person sein muss (→ Rn. 525).

Der Markt für Prämientreuhänder in der Krankenversicherung ist verhältnismäßig eng, weil der **523** Treuhänder außer hervorragenden Kenntnissen in der versicherungsmathematischen Kalkulation auch Kenntnisse der Entwicklungen des gesamten Gesundheitswesens (einschließlich GKV) besitzen muss. Da die PKV häufig kurzfristig auf Gesetzesänderungen in der Gesundheits- und Sozialpolitik zu reagieren hat, muss der Treuhänder auch die **kapazitative Leistungsfähigkeit** (Größe des Treuhänderbüros) aufweisen, um die notwendige Treuhänderbegutachtung für differenzierte Versicherungsbestände in kurzer Zeit zu gewährleisten.

b) Persönliche Anforderungen. Für den Prämientreuhänder und den Bedingungstreuhänder **524** gelten **identische** persönliche Anforderungen (§ 157 Abs. 1 S. 1, Abs. 3 S. 1 VAG).

Ähnlich wie der VA muss auch der Treuhänder eine **natürliche Person** sein.[242] Das Gesetz **525** verlangt dies zwar nicht ausdrücklich. Indessen ergibt sich diese Anforderung aus dem Sinnzusammenhang: Der Begriff der vom Treuhänder verlangten Zuverlässigkeit (§ 157 Abs. 1 S. 1, Abs. 3 S. 1 VAG) kann sich nur auf natürliche Personen beziehen. Zuverlässigkeit ist eine höchstpersönliche Eigenschaft, derer juristische Personen oder Personengesellschaften als solche nicht fähig sind. Auch die für die fachliche Eignung vorausgesetzten Fachkenntnisse (§ 157 Abs. 1 S. 2, Abs. 3 S. 2 VAG) stellen auf natürliche Personen ab: Eine Gesellschaft als solche hat keine Kenntnisse. Daher können Unternehmen, die für Versicherungsunternehmen Aufgaben als Prämien- oder Bedingungstreuhänder wahrnehmen, als solche nicht zum Treuhänder bestellt werden; Treuhänder können nur in solchen Unternehmen tätige natürliche Personen sein.

Der Treuhänder muss **zuverlässig** sein (§ 157 Abs. 1 S. 1, Abs. 3 S. 1 VAG). Zuverlässigkeit ist **526** ein unbestimmter Rechtsbegriff, der Charaktermerkmale einer Person beschreibt.[243] Er bedeutet vertrauenswürdig, der Wahrheit verpflichtet, beständig, glaubwürdig, genau.

Die Zuverlässigkeit dürfte idR fehlen, wenn die als Treuhänder vorgesehene Person in **Strafta-** **527** **ten** verwickelt gewesen ist, die charakterliche Defizite erkennen lassen.

Weil der Treuhänder Kontrollaufgaben im Interesse der Versicherten wahrzunehmen hat, kann **528** die Zuverlässigkeit auch fehlen, wenn er im Zusammenhang mit **unternehmerischen Tätigkeiten** in Ordnungswidrigkeiten- oder Insolvenzverfahren verwickelt gewesen ist.

Zu den persönlichen Anforderungen gehört auch die gesetzlich vorgegebene **Höchstzahl von** **529** **zehn Treuhändermandaten** (§ 157 Abs. 1 S. 3 VAG). Diese zahlenmäßige Beschränkung ist der aktienrechtlichen Begrenzung von Aufsichtsratsmandaten nachgebildet.[244] Für die Berechnung der Höchstzahl sind die Mandate von Lebens- und Krankenversicherungsunternehmen zusammenzuzählen.[245] Ob die Mandatsbegrenzung zur stärkeren Professionalisierung beiträgt, erscheint zweifelhaft.[246]

Die Aufsichtsbehörde kann eine **höhere Zahl von Mandaten** zulassen (§ 157 Abs. 1 S. 4 **530** VAG), und zwar entweder durch Einzelfallentscheidung oder durch Allgemeinverfügung.[247] Die Möglichkeit, eine höhere Mandatszahl zuzulassen, bestand nach dem Gesetzestext ursprünglich nicht für den Bedingungstreuhänder, weil § 12b Abs. 5 VAG aF nicht auch auf Abs. 3 S. 4 verwies. Offensichtlich handelte es sich hierbei aber um ein Redaktionsversehen des Gesetzgebers; denn die Begründung zum Gesetzentwurf beschreibt die neue Verweisung als „Folgeänderung" zu den neu eingefügten Sätzen 3 und 4.[248] Dieses Redaktionsversehen beseitigte das VAGÄndG 2004 v. 15.12.2004 (BGBl. I S. 3416).[249] Damit kann auch für den Bedingungstreuhänder eine höhere Mandatszahl zugelassen werden (§ 157 Abs. 3 S. 1 VAG).

c) Institutionelle Anforderungen. § 203 Abs. 2 S. 1, Abs. 3 spricht vom **unabhängigen** **531** **Treuhänder.** Damit ist die fachliche und institutionelle Unabhängigkeit gemeint.

§ 157 Abs. 1 S. 1 VAG konkretisiert die **institutionelle Unabhängigkeit** dahingehend, dass **532** der Treuhänder von dem Versicherungsunternehmen unabhängig sein muss, „insbesondere keinen

---

[242] *Hohlfeld* in Berliner Kommentar VVG § 178g Rn. 15, 24; *Präve* VersR 1995, 733 (737); *Grote*, Die Rechtsstellung der Prämien-, Bedingungs- und Deckungsstocktreuhänder nach dem VVG und dem VAG (Münsteraner Reihe Heft 75), 2002, S. 494 f.; *Voit* VersR 2017, 727 (729).
[243] *Kirscht* VersR 2003, 1072 (1077).
[244] Begr. zu Art. 1 Nr. 9a bb (§ 12b Abs. 3 S. 3, 4 VAG) RegE AufsichtsrechtsUmsG/EG, BT-Drs. 15/1653, 22.
[245] *Bürkle* VersR 2004, 826.
[246] *Bürkle* VersR 2004, 826 (829 ff.).
[247] Begr. zu Art. 1 Nr. 9a bb (§ 12b Abs. 3 S. 3, 4 VAG) RegE AufsichtsrechtsUmsG/EG, BT-Drs. 15/1653, 23.
[248] Begr. zu Art. 1 Nr. 9b (§ 12b Abs. 5 VAG) RegE AufsichtsrechtsUmsG/EG, BT-Drs. 15/1653, 23.
[249] Begr. zu Art. 1 Nr. 8 (§ 12b VAG) RegE VAGÄndG 2004, BT-Drs. 15/3418, 20.

Anstellungsvertrag oder sonstigen Dienstvertrag" mit dem Versicherungsunternehmen oder einem mit diesem verbundenen Unternehmen abgeschlossen haben darf. Auch nach beendetem Dienstvertrag darf der Treuhänder aus diesem Vertrag keine Ansprüche mehr gegen das Versicherungsunternehmen besitzen. Darunter sind vor allem Versorgungsansprüche zu verstehen.[250]

533 Wenn ein **Unternehmen** die Übernahme von Treuhänderaufgaben zum Gegenstand hat (→ Rn. 522) und für dieses Unternehmen tätige natürliche Personen zu Treuhändern bestellt werden sollen, darf auch das Treuhänderunternehmen selbst keinen Dienstvertrag mit dem Versicherungsunternehmen abgeschlossen haben. Ein solches Unternehmen kann daher nicht über einen Dienstleistungsvertrag zB aktuarielle Aufgaben für das Versicherungsunternehmen und zugleich durch bei ihm tätige Personen Treuhänderaufgaben wahrnehmen.

534 Das Bestehen eines Anstellungs- oder sonstigen Dienstvertrags nennt § 157 Abs. 1 S. 1 VAG lediglich als Beispielsfälle fehlender Unabhängigkeit. Die institutionelle Unabhängigkeit ist immer dann nicht erfüllt, wenn die als Treuhänder vorgesehene Person in einer **engen Rechtsbeziehung** zum Versicherungsunternehmen steht. Dies ist zB bei einem aktiven Aufsichtsratsmitglied oder einem Versorgungsempfänger des Versicherungsunternehmens der Fall.[251] Daher scheiden ehemalige Vorstandsmitglieder oder leitende Angestellte des Versicherungsunternehmens, die idR Pensionsempfänger des Versicherungsunternehmens sind, für die Treuhänderbestellung für dieses Versicherungsunternehmen aus.[252] Die durch das Aufsichtsrechtsumsetzungsgesetz/EG v. 10.12.2003 (BGBl. I S. 2478) neu gefasste Vorschrift des § 12b Abs. 3 S. 1 VAG aF (= § 157 Abs. 1 S. 1 VAG) stellt dies nun ausdrücklich klar.

534a Eine die institutionelle Unabhängigkeit beseitigende enge Rechtsbeziehung ist nicht schon dann anzunehmen, wenn der Treuhänder über die eigentliche Treuhändertätigkeit hinaus für dasselbe Versicherungsunternehmen auch die Prüfung der Kalkulation neu entwickelter Tarife übernimmt.[253] In der Versicherungspraxis ist es vielfach üblich, dass der Prämientreuhänder vor der Einführung neuer Tarife auch die **Erstkalkulation** überprüft. Diese freiwillige Vorabprüfung ist sinnvoll und unbedenklich, weil der Treuhänder diese Prüfung bei der ersten Prämienanpassung ohnehin vorzunehmen hätte (→ Rn. 567, 569). Rechtlich handelt es sich hierbei – ebenso wie bei der eigentlichen Treuhändertätigkeit – um einen Geschäftsbesorgungsvertrag mit Werkvertragscharakter (→ Rn. 612) und nicht um einen „sonstigen Dienstvertrag".[254]

534b Die institutionelle Unabhängigkeit des Treuhänders wird auch nicht durch die **Dauer seiner Tätigkeit** für das Versicherungsunternehmen ausgeschlossen. Wegen der hohen fachlichen Voraussetzungen, die an den Treuhänder gestellt werden (→ Rn. 536 ff., 563 ff.), sind auf dem deutschen Markt nur zwischen 10 und 20 Personen als Prämientreuhänder tätig. Ihnen stehen 42 von der BaFin beaufsichtigte PKV-Unternehmen gegenüber,[255] so dass jeder Prämientreuhänder im Durchschnitt gleichzeitig für ca. drei Versicherungsunternehmen tätig ist. Umgekehrt bestellt jedes Versicherungsunternehmen für die Prüfung seiner Prämienanpassungen idR nur einen einzigen Treuhänder. Das ist auch praktisch nicht anders möglich, weil Prämienanpassungen des Versicherungsunternehmens zu einer Vielzahl von Tarifen eine einheitliche Prüfung und Bewertung erfordern. Das hat gleichzeitig zur Folge, dass die Treuhändertätigkeit für ein Versicherungsunternehmen von vornherein auf Dauer angelegt sein muss. Eine obligatorische Rotation wie bei den Wirtschaftsprüfern ist nicht vorgesehen und wäre angesichts des engen Treuhändermarkts auch nicht durchführbar. Die Dauerhaftigkeit der Tätigkeit des Treuhänders kann daher nicht dessen Abhängigkeit begründen.[256]

534c Die institutionelle Unabhängigkeit des Treuhänders wird ferner nicht durch die **Höhe der Einkünfte** ausgeschlossen, die er für seine Tätigkeit von dem Versicherungsunternehmen erhält.[257] Weder die absolute Höhe der von einem Versicherungsunternehmen erzielten Einkünfte noch ihr Anteil an den Gesamteinkünften des Treuhänders begründet dessen wirtschaftliche Abhängigkeit vom Versicherungsunternehmen. Wirtschaftliche Abhängigkeit definiert sich vor dem Hintergrund des relevanten Marktes, auf dem sich die Marktteilnehmer – dh in diesem Fall die PKV-Unternehmen

---

[250] Begr. zu Art. 1 Nr. 9a aa (§ 12b Abs. 3 S. 1 VAG) RegE AufsichtsrechtsUmsG/EG, BT-Drs. 15/1653, 22.
[251] *Hohlfeld* in Berliner Kommentar VVG § 178g Rn. 13; *Prölss* in Prölss/Martin, 27. Aufl. 2004, VVG § 178g Rn. 16; *Renger* VersR 1994, 1257 (1259); *Präve* VersR 1995, 733 (738).
[252] *Rudolph* in Bach/Moser MB/KK § 8b Rn. 22.
[253] Ebenso: *Kalis* r+s 2018, 464 (468 f.); *Schnepp/Icha-Spratte* VersR 2018, 1221 (1229 ff.); *Thüsing/Jänsch* VersR 2018, 837 (844 f.). AM: LG Berlin VersR 2018, 465 (467).
[254] Kein „sonstiger Dienstvertrag": IErg ebenso *Schnepp/Icha-Spratte* VersR 2018, 1221 (1226); aM: LG Berlin VersR 2018, 465 (467); LG Frankfurt/O. VersR 2018, 669 (670).
[255] Stand 31.12.2021.
[256] AM LG Berlin VersR 2018, 465 (467); LG Potsdam VersR 2018, 471 Rn. 51 ff. = r+s 2018, 24.
[257] *Kalis* r+s 2018, 464 (467); *Thüsing/Jänsch* VersR 2018, 837 (842); *Werber* VersR 2017, 1115 (1115 f.). AM: LG Berlin VersR 2018, 465 (467); LG Frankfurt (Oder) VersR 2018, 669 (671); LG Potsdam VersR 2018, 471 Rn. 36 ff. = r+s 2018, 24; LG Potsdam r+s 2019, 274 (276 f.) m. Anm. *Rogler*.

als Nachfrager und die Prämientreuhänder als Anbieter von Treuhänderleistungen – bewegen. Entscheidende Einflussgröße sind dabei die Alternativen, die der Markt für die Treuhändertätigkeit bietet. Eine wirtschaftliche Abhängigkeit des Treuhänders von dem Versicherungsunternehmen, für das er tätig ist, käme allenfalls dann in Betracht, wenn der Treuhänder im Markt der PKV-Unternehmen praktisch keine Möglichkeit hätte, seinen Mandanten zu wechseln. Aufgrund des engen Treuhändermarkts, der auf Anbieterseite oligopolistischen Charakter hat, ist jedoch das Gegenteil der Fall (→ Rn. 534b): Weil es nur so wenige Prämientreuhänder gibt, ist ein Mandantenwechsel sehr viel leichter möglich und ist daher der einzelne Prämientreuhänder in besonderem Maße *wirtschaftlich unabhängig*. Als Quasi-Oligopolist bestimmt er den Markt und nicht das einzelne Versicherungsunternehmen. Die erzielten Einkünfte sind damit kein geeignetes Kriterium für die Annahme wirtschaftlicher Abhängigkeit. Es verstellt den Blick auf das Wesen der Unabhängigkeit und auf den Kern des Unabhängigkeitsbegriffs, wenn nur gefragt wird, ob „ohne die Tätigkeit der Lebensunterhalt des Treuhänders nicht mehr gesichert ist",[258] und wenn nicht weiter gefragt wird, ob es am Markt keine Alternative für die Ausübung der Treuhändertätigkeit gibt.

Schwierigkeiten können sich ergeben, wenn – was häufiger der Fall ist – ein Rechtsanwalt zum **535 Bedingungstreuhänder** eines Versicherungsunternehmens bestellt ist und seine Rechtsanwaltskanzlei für dasselbe Versicherungsunternehmen Prozessmandate erhält. Das Unabhängigkeitserfordernis soll Interessenkollisionen vermeiden. Solche Interessenkollisionen drohen aber ebenso, wenn der Bedingungstreuhänder bzw. seine Rechtsanwaltskanzlei vom selben Versicherungsunternehmen in nennenswertem Umfang mit Mandaten beauftragt wird.[259] Daher ist der Mandatsvertrag grds. als enge Rechtsbeziehung iSv § 157 Abs. 1 S. 1 VAG anzusehen.[260] Eine Ausnahme ist nur für den Fall denkbar, dass zB bei großen Rechtsanwaltskanzleien wirksame organisatorische Vorkehrungen getroffen worden sind, die eine strikte personelle und organisatorische Trennung der Tätigkeit des Bedingungstreuhänders von derjenigen des Mandatsbetreuers sicherstellen. Solche organisatorischen Vorkehrungen müssen verbindlich und überprüfungsfähig festgelegt und dokumentiert werden.

d) Fachliche Anforderungen. § 157 Abs. 1 S. 1 VAG verlangt **fachliche Eignung**. Für den **536** Prämientreuhänder und den Bedingungstreuhänder gelten unterschiedliche fachliche Inhalte (§ 157 Abs. 1 S. 2, Abs. 3 S. 2 VAG).

Der **Prämientreuhänder** muss nach § 157 Abs. 1 S. 2 VAG „ausreichende Kenntnisse auf **537** dem Gebiet der Prämienkalkulation in der Krankenversicherung" besitzen. Im Unterschied zum Verantwortlichen Aktuar (§ 156 Abs. 1 S. 2, § 141 Abs. 1 S. 3, 4 VAG) wird keine (ausreichende) Berufserfahrung vorausgesetzt.

Das Gesetz schweigt in der Frage, was unter **ausreichenden Kenntnissen in der Prämienkal-** **538** **kulation** zu verstehen ist. In der Krankenversicherungsmathematik ausgebildete Mathematiker und Aktuare werden grds. fachlich geeignet sein.[261] Allerdings kann sich der Treuhänder die notwendigen Kenntnisse in der Prämienkalkulation der Krankenversicherung auch auf andere Weise angeeignet haben.[262]

Die notwendigen Kenntnisse in der Prämienkalkulation leiten sich letztlich aus der **Prüfungs-** **539** **aufgabe** des Treuhänders nach § 203 Abs. 2 iVm § 155 VAG ab. Der Treuhänder muss also in der Lage sein, anhand der ihm vorzulegenden Nachweise (§ 155 Abs. 1 S. 3 VAG) – insbes. der technischen Berechnungsgrundlagen, kalkulatorischen Herleitungen und statistischen Nachweise – und unter Beachtung der gesetzlichen Kalkulationsvorschriften die Nachkalkulation eines jeden Tarifs selbständig vorzunehmen.

Wie im Falle des verantwortlichen Aktuars (→ Rn. 469) verlangt fachliche Eignung auch eine **540** regelmäßige **fachliche Fortbildung**.

Der **Bedingungstreuhänder** muss nach § 157 Abs. 3 S. 2 VAG „ausreichende Rechtskennt- **541** nisse, insbes. auf dem Gebiet der Krankenversicherung" besitzen.

Das Gesetz schweigt in der Frage, was unter **ausreichenden Rechtskenntnissen in der Kran-** **542** **kenversicherung** zu verstehen ist. Personen mit abgeschlossenem 1. und 2. juristischen Staatsexamen und fachlicher Tätigkeit im Versicherungsrecht werden grds. fachlich geeignet sein. Als Bedingungstreuhänder kommen daher insbes. auf das Versicherungsrecht spezialisierte Rechtsanwälte, Richter oder Hochschullehrer sowie ehemalige leitende Mitarbeiter der Rechtsabteilungen von

---

[258] So *Thüsing/Jänsch* VersR 2018, 837 (842); *Voit* VersR 2017, 727 (730).
[259] *Grote*, Die Rechtsstellung der Prämien-, Bedingungs- und Deckungsstocktreuhänder nach dem VVG und dem VAG (Münsteraner Reihe Heft 75), 2002, S. 638 f. zieht die Zulässigkeitsgrenze bei 30 % der gesamten Rechtsanwaltstätigkeit.
[260] Ähnlich *Buchholz* VersR 2005, 866 (870 f.); *Kirscht* VersR 2003, 1072 (1078).
[261] *Präve* VersR 1995, 733 (738).
[262] *Hohlfeld* in Berliner Kommentar VVG § 178g Rn. 14; *Renger* VersR 1994, 1257 (1259); *Präve* VersR 1995, 733 (738).

Krankenversicherungsunternehmen in Betracht. Allerdings kann sich der Treuhänder die notwendigen Kenntnisse im Krankenversicherungsrecht auch auf andere Weise angeeignet haben.

543 Die notwendigen Kenntnisse im Krankenversicherungsrecht leiten sich letztlich aus der **Prüfungsaufgabe** des Treuhänders nach § 203 Abs. 3 ab. Der Treuhänder muss also in der Lage sein, die Rahmenbedingungen des Gesundheitswesens sowie ihre Veränderungen daraufhin zu analysieren, ob sie geeignet sind, das in den AVB sowie den Tarifbestimmungen festgelegte Leistungsversprechen des Versicherungsunternehmens so zu beeinflussen, dass die Äquivalenz im Krankenversicherungsvertrag gestört ist. Hierfür ist vor allem die Kenntnis und laufende Beobachtung der gesetzlichen Krankenversicherung (GKV) und der Vergütungsordnungen für medizinische Leistungserbringer notwendig.

544 **e) Ordnungsgemäße Aufgabenerfüllung.** Nach § 157 Abs. 2 S. 3, Abs. 3 S. 1 VAG kann die Aufsichtsbehörde die Bestellung eines anderen Treuhänders verlangen, wenn der zunächst bestellte Treuhänder die ihm gesetzlich obliegenden Aufgaben nicht ordnungsgemäß erfüllt. Trotz ihrer Stellung im Gesetz handelt es sich bei dieser Vorschrift – wie beim Verantwortlichen Aktuar (→ Rn. 470) – um eine **Qualifikationsanforderung,** die schon von Beginn an vorliegen muss. Daher hat die Aufsichtsbehörde schon bei der Benennung des Treuhänders zu prüfen, ob dieser die Gewähr dafür bietet, die ihm obliegenden Aufgaben zu erfüllen.

545 Die ordnungsgemäße Aufgabenerfüllung ist nicht identisch mit der Zuverlässigkeit oder der fachlichen Eignung. Es handelt sich um eine **zusätzliche Anforderung,** die im Falle ihrer Nichterfüllung häufig einhergehen kann mit fehlender Zuverlässigkeit oder Eignung. Indessen kann auch trotz fachlicher Eignung und trotz Zuverlässigkeit die ordnungsgemäße Aufgabenerfüllung nicht gewährleistet sein. Dies wäre zB der Fall, wenn der Treuhänder aufgrund langer schwerer Erkrankung nicht in der Lage wäre, seine Aufgaben kontinuierlich wahrzunehmen.

546 Als Beispielsfall einer nicht ordnungsgemäßen Aufgabenerfüllung nennt § 157 Abs. 2 S. 3 VAG die „Zustimmung zu einer den Rechtsvorschriften nicht entsprechenden Prämienänderung". Wenn die **Rechtswidrigkeit der Prämienänderung** evident, dh offenkundig erkennbar ist, dürfte gleichzeitig die fachliche Eignung fehlen.

547 Die Rechtswidrigkeit der Prämienänderung wird sich idR erst in einem **Zivilprozess** herausstellen, den der Versicherungsnehmer wegen der Prämienanpassung gegen das Versicherungsunternehmen anstrengt. Nicht jedes rechtskräftige Urteil, das die Rechtswidrigkeit einer Prämienanpassung feststellt, dürfte zugleich das Fehlen der fachlichen Eignung des Treuhänders belegen. Hier ist auf den Einzelfall abzustellen. Eine Unterscheidung nach der Gerichtsinstanz ist für sich allein nicht aussagekräftig. Stellt ein OLG oder der BGH die Rechtswidrigkeit rechtskräftig fest, wird es vor allem von der schriftlichen Urteilsbegründung abhängen, ob die Rechtswidrigkeit evident war oder ob nicht im Gegenteil eine besonders schwierige und bisher von den Gerichten bzw. in der Fachliteratur unterschiedlich beantwortete Rechtsfrage zu entscheiden war. Letzterenfalls kann nicht davon ausgegangen werden, dass der Treuhänder fachlich ungeeignet war oder seine Aufgaben nicht ordnungsgemäß erfüllt hatte. Umgekehrt kann ein rechtskräftiges AG- oder LG-Urteil durchaus eine evident rechtswidrige Prämienanpassung feststellen; dafür könnte sogar sprechen, wenn das Versicherungsunternehmen gegen ein solches Urteil ein mögliches Rechtsmittel nicht einlegt, weil es sich keine Erfolgschancen ausrechnet.

548 **5. Rechtsfolgen fehlender Bestellungsvoraussetzungen. a) Problematik.** Wenn dem Treuhänder die erforderlichen Voraussetzungen für seine Bestellung entweder von Beginn an fehlen oder er sie nach seiner Bestellung verliert, stellt sich die Frage nach den Rechtsfolgen. Dabei sind zu unterscheiden die **Rechtsfolgen für die rechtliche Wirksamkeit**
– der Treuhänderbestellung (→ Rn. 550 ff.),
– der vom Treuhänder erklärten Zustimmungen bzw. Bestätigungen (→ Rn. 552 ff.) und
– der vom Treuhänder zugestimmten bzw. bestätigten Beitragsanpassungen und Bedingungsänderungen (→ Rn. 560 f.).

549 In jüngster Zeit war es zu einer lebhaften Auseinandersetzung in Rspr. und Schrifttum zu der Frage gekommen, ob die **Unabhängigkeit des Treuhänders** (→ Rn. 531 ff.) eine von den Zivilgerichten zu überprüfende Voraussetzung für die materiell-rechtliche Wirksamkeit der von ihm ausgesprochenen Zustimmung zur Prämienanpassung bzw. Bedingungsänderung ist.[263] Der BGH hat diese Frage schließlich verneint,[264] was gleichwohl nicht auf Zustimmung gestoßen ist.[265]

---

[263] Vgl. insbesondere OLG Celle VersR 2018, 1179 (1181) mwN aus der Rspr.; *Schnepp/Icha-Spratte* VersR 2018, 1221; *Thüsing/Jänsch* VersR 2018, 837; *Wendt* VersR 2018, 449; *Werber* VersR 2017, 1115; *Wiemer/Richter* r+s 2017, 404; *Wiemer/Richter* VersR 2018, 641; *Voit* VersR 2017, 727.

[264] BGHZ 220, 297 Rn. 30 ff., 46 f. = VersR 2019, 283 = NJW 2019, 919.

[265] LG Potsdam r+s 2019, 274 Abschn. II 1 b aa mAnm Rogler; *Klimke* in Boetius/Rogler/Schäfer, Rechtshandbuch PKV, 2020, § 31 Rn. 37 ff.

b) Treuhänderbestellung. Die Bestellung des Treuhänders ist als Maßnahme der Geschäfts- 550
führung (→ Rn. 509 f.) ein privatrechtlicher Vorgang, für dessen Wirksamkeit die allgemeinen
Grundsätze gelten. Die wirksam vorgenommene privatrechtliche Bestellung als solche berührt den
Versicherungsnehmer nicht unmittelbar in seinen versicherungsvertraglichen Rechten, so dass er die
Abberufung eines nicht qualifizierten Treuhänders durch das Versicherungsunternehmen nicht vor
den Zivilgerichten durchsetzen kann. Versicherungsvertragliche Rechte des Versicherungsnehmers
werden erst durch die Beitragsanpassung oder Bedingungsänderung unmittelbar berührt; nur gegen
diese kann der Versicherungsnehmer zivilrechtlich vorgehen.

Die vom Treuhänder zu erfüllenden **Qualifikationsanforderungen** nach § 157 VAG sind 551
Gegenstand des Versicherungsaufsichtsrechts[266] und damit öffentlich-rechtlich fundiert. Im Gegensatz zu § 155 VAG, der sich nur auf die Beitragsanpassung und nicht auf die Bedingungsänderung
bezieht, wurde § 157 VAG nicht in das Versicherungsvertragsrecht inkorporiert (§ 203 Abs. 2 S. 4,
Abs. 3 VAG). Bei den Mitwirkungsrechten und Befugnissen der Versicherungsaufsichtsbehörde nach
§ 157 Abs. 2, 3 VAG (→ Rn. 514 ff.) handelt es sich um Maßnahmen der Versicherungsaufsicht,
für die im Streitfall der Rechtsweg vor den Verwaltungsgerichten eröffnet ist. Über das Vorliegen
der Qualifikationsanforderungen kann daher nur in einem Verwaltungsrechtsstreit zwischen PKV-Unternehmen und Versicherungsaufsicht entschieden werden. Der einzelne Versicherungsnehmer
ist insoweit nicht Adressat versicherungsaufsichtlicher Maßnahmen; er hat kein subjektives öffentliches Recht auf ein bestimmtes Tätigwerden der Versicherungsaufsichtsbehörde, das er vor den
Verwaltungsgerichten durchsetzen könnte.[267] Deshalb hat der BGH zutreffend entschieden, dass im
Rechtsstreit über eine Prämienanpassung die Unabhängigkeit des Treuhänders von den Zivilgerichten nicht zu überprüfen sei (→ Rn. 549). An der gegenteiligen Auffassung in der Vorauflage[268]
wird nicht festgehalten. Von einer Überschreitung der Grenzen richterlicher Rechtsfortbildung
durch den BGH[269] kann nicht gesprochen werden, weil die Entscheidung des BGH sich methodisch
nicht als richterliche Rechtsfortbildung darstellt, sondern als das Ergebnis normaler Gesetzesauslegung unter Anwendung der üblichen Auslegungskriterien.[270]

c) Unwirksame Bestellung und fehlerhafte Bestellung. Zwingende Voraussetzung ist eine 552
wirksame Bestellung des Treuhänders durch das Versicherungsunternehmen (→ Rn. 508 ff.) oder
durch die Aufsichtsbehörde (→ Rn. 518). Wenn die Bestellung nicht wirksam ist, ist kein Treuhänder bestellt, der die Zustimmung bzw. Bestätigung nach § 203 Abs. 2 S. 1, Abs. 3 erteilen könnte.
Die von einem nicht wirksam bestellten Treuhänder erklärte „Zustimmung" ist keine Zustimmung
iSv § 203 Abs. 2 S. 1. Die Unwirksamkeit der Bestellung zieht daher die Unwirksamkeit der Zustimmung unmittelbar nach sich.

Die Bestellung des Treuhänders ist ein Vorgang mit beträchtlicher Außenwirkung. Aus Gründen 553
der Rechtsklarheit und Rechtssicherheit muss es sich bei den Voraussetzungen, von denen die
Wirksamkeit der Bestellung des Treuhänders abhängen soll, um **absolute Bestellungshindernisse**
handeln. Hierfür kommen nur leicht erkennbare äußere Tatsachen in Betracht. Unwirksamkeit ist
in folgenden Fällen anzunehmen:

– Zu den formalen Wirksamkeitsvoraussetzungen gehört, dass das **zuständige Organ** die Bestellung 554
vorgenommen hat (→ Rn. 509). Wenn dies nicht der Fall ist, ist die Bestellung unwirksam.
Allerdings wird man in einem solchen Fall die Lehre vom fehlerhaften Bestellungsverhältnis
anzuwenden haben, wonach von einer zwar fehlerhaft begründeten, aber vorläufig wirksamen
Organstellung auszugehen ist.[271] Das gilt insbesondere, wenn der formal fehlerhaft bestellte Treuhänder für das Versicherungsunternehmen tätig geworden ist. Die von ihm nach ordnungsgemäßer
Überprüfung der Prämienanpassung erteilte Zustimmungserklärung wäre daher als wirksam zu
behandeln.[272]

– Die persönliche Anforderung, dass der Treuhänder eine **natürliche Person** sein muss 555
(→ Rn. 525), begründet ein absolutes Bestellungshindernis. Die Personeneigenschaft ist eine
offenkundige, äußere Tatsache. Wenn diese Voraussetzung nicht erfüllt ist, ist die Bestellung
unwirksam. Die Lehre vom fehlerhaften Bestellungsverhältnis (→ 554) kann hier nicht angewendet werden.

---

[266] Begr. zu Art. 2 Nr. 9 (§ 172 VVG), Nr. 15 (§ 178g VVG) RegE 3. DurchfG/EWG zum VAG, BT-Drs. 12/6959, 102, 105.
[267] VG Frankfurt VersR 2021, 887 = r+s 2021, 465.
[268] → 2. Aufl. VVG § 203 Rn. 553 f.
[269] So LG Potsdam Abschn. II 1 b) aa) r+s 2019, 274 mAnm *Rogler*.
[270] Im Ergebnis ebenso BVerfG r+s 2021, 36 Rn. 15 f.
[271] Vgl. *Koch* in Hüffer/Koch, 14. Aufl. 2020, AktG § 84 Rn. 12 f.
[272] Wohl ebenso *Thüsing/Jänsch* VersR 2018, 837 (851).

556 Nicht das Fehlen einer jeden Bestellungsvoraussetzung und Qualifikationsanforderung führt zur Unwirksamkeit der Bestellung. Anforderungen, deren Erfüllung typischerweise erst das Resultat einer Bewertung sind, können nicht zur Unwirksamkeit ex tunc führen. Von den unwirksamen Bestellungen sind daher die (nur) fehlerhaften Bestellungen zu unterscheiden. **Fehlerhafte Bestellungen** sind in folgenden Fällen anzunehmen:

557 – Wenn das Versicherungsunternehmen die **aufsichtsrechtlichen Verfahrensvorschriften** bei der Bestellung des Treuhänders nicht einhält (→ Rn. 514), führt dies nicht zu einer unwirksamen, sondern nur zu einer fehlerhaften Bestellung, die privatrechtlich wirksam ist. Das gleiche gilt für eine gegen den Widerspruch der Aufsichtsbehörde (→ Rn. 515 f.) vorgenommene Bestellung.

558 – Auch das Fehlen der gesetzlich geforderten **Qualifikationsanforderungen** persönlicher, institutioneller oder fachlicher Art (→ Rn. 524 ff., 531 ff., 536 ff., 544 ff.) begründet nicht die Unwirksamkeit, sondern nur die Fehlerhaftigkeit der Bestellung.

559 Weil die privatrechtliche Unwirksamkeit der Treuhänderbestellung die Unwirksamkeit von dessen Zustimmung zu einer Prämienanpassung unmittelbar nach sich ziehen kann (→ Rn. 552 ff.), unterliegt die Wirksamkeit der Treuhänderbestellung in einem Rechtsstreit über die Wirksamkeit der Prämienanpassung der **zivilgerichtlichen Kontrolle**. In Rspr. und Schrifttum wird diese Frage eher in Form von obiter dicta gestreift:

– Der BGH referiert in seinem Urteil zur Unabhängigkeit des Treuhänders (→ Rn. 549) insoweit zunächst nur als Meinungsstand die „Gegenauffassung". Danach „unterliegt die ordnungsgemäße und wirksame Bestellung des Treuhänders wegen ihrer aufsichtsrechtlichen Natur allein der Kontrolle durch die zuständige Aufsichtsbehörde. Als formelle Voraussetzung der Wirksamkeit der Zustimmung sei von den Zivilgerichten nur zu prüfen, ob letztere von einem unter Mitwirkung der Aufsichtsbehörde verfahrensrechtlich ordnungsgemäß bestellten Treuhänder erklärt worden sei"[273]. Unklar ist schon die Reichweite dieser Aussage, nämlich ob die zivilgerichtliche Prüfung sich nur auf das Vorliegen einer Zustimmungserklärung des (bestellten) Treuhänders erstrecken soll oder auch auf die unter Mitwirkung der Aufsichtsbehörde durchgeführte, verfahrensrechtlich ordnungsgemäße Bestellung. Die vom BGH an dieser Stelle zitierten Quellen gehen auf diese engere Fragestellung überwiegend gar nicht ein. Den Urteilsgründen ist auch nicht zu entnehmen, ob der BGH sich diese Auffassung zu eigen machen will; sie spielt für die weitere Argumentation, in der es ausschließlich um die Unabhängigkeit geht, auch keine Rolle.

– Auch im Schrifttum wird die engere Fragestellung eigentlich nicht behandelt, sondern der Fokus auf das Vorliegen der Zustimmungserklärung gelegt („ob die Zustimmung eines ordnungsgemäß bestellten Treuhänders ... vorliegt"[274]; „ob ein *ordnungsgemäß bestellter Treuhänder* seine Zustimmung erteilt hat"[275]).

– Teilweise wird expressis verbis die Auffassung vertreten, dass es nur darauf ankomme, ob „die Zustimmung der als unabhängiger Treuhänder bestellten Person vorliegt"[276] und dass „Mängel im Bestellungsverfahren auch nicht zwangsläufig zur Unwirksamkeit der vorgenommenen Handlungen des bestellten Organs führen"[277].

560 Die zivilgerichtliche Kontrolle in Bezug auf den Treuhänder beschränkt sich auf die Frage, ob seine Bestellung wirksam ist, er seine Zustimmung zur Prämienanpassung erteilt hat und die Zustimmungserklärung wirksam ist. Wegen der Lehre vom fehlerhaften Bestellungsverhältnis (→ Rn. 554) reduziert sich die **Überprüfung der Bestellung** allerdings auf die Frage, ob ein absolutes Bestellungshindernis vorliegt (→ Rn. 555). Ob eine nur fehlerhafte Bestellung vorliegt (→ Rn. 556 ff.), ist zivilgerichtlich nicht zu prüfen.

561 Nach § 203 Abs. 2 S. 1 muss der Treuhänder die technischen Berechnungsgrundlagen überprüfen. Daraus kann jedoch nicht geschlossen werden, dass der **Überprüfungsvorgang** selbst ein materiell-rechtliches Wirksamkeitserfordernis der Prämienanpassung und zivilgerichtlich darauf hin zu kontrollieren ist, ob er ordnungsgemäß durchgeführt wurde. Die Überprüfung der materiellen Voraussetzungen der Prämienanpassung ist vielmehr ein interner Vorgang, der für sich allein keine Rechtswirkungen auslöst. Außenwirkung hat nur die Zustimmungserklärung des Treuhänders.

562 Entgegen einer in der Lit. vertretenen Meinung[278] hängt die materiell-rechtliche **Wirksamkeit der Zustimmung** des Treuhänders nicht davon ab, ob er die fachlichen Qualifikationsanforderun-

---

[273] BGHZ 220, 297 Rn. 29 = VersR 2019, 283 = NJW 2019, 919.
[274] *Grote* ZVersWiss 2002, 621 (627).
[275] *Werber* VersR 2017, 1115 (1116); unklar ist auch, welche Bedeutung die kursiv gesetzten Worte haben sollen.
[276] *Thüsing/Jänsch* VersR 2018, 837 (849). Ähnlich wohl auch *Wendt* VersR 2018, 449 (451): „... hätte ... allein prüfen müssen, ob die BaFin der Bestellung zugestimmt hat ..."
[277] *Thüsing/Jänsch* VersR 2018, 837 (850).
[278] *Prölss* in Prölss/Martin, 27. Aufl. 2004, VVG § 178g Rn. 17; *Renger* VersR 1994, 1257 (1259 zu § 178g Abs. 3 VVG aF).

gen erfüllt. Aus § 203 Abs. 2 S. 1, Abs. 3 lässt sich diese Auffassung nicht herleiten. Solange die Bestellung eines solchen Treuhänders nicht widerrufen ist, sind die vom ihm erteilten Zustimmungs- und Bestätigungserklärungen vielmehr materiell-rechtlich wirksam. Sie bleiben auch über den ex nunc wirkenden Widerruf seiner Bestellung hinaus wirksam.

6. Aufgaben des Prämientreuhänders. a) Prüfungsgegenstand. aa) Bestehende Tarife. Der Treuhänder muss sich im Rahmen seiner Prüfungstätigkeit mit mehreren **Objekten** befassen, die teilweise unterschiedlich umschrieben sind. Die Rechtsgrundlage bilden § 203 Abs. 2 S. 1 sowie der über § 203 Abs. 2 S. 4 in das Vertragsrecht überführte § 155 VAG.

Nach § 203 Abs. 2 S. 1 hat der Treuhänder die **technischen Berechnungsgrundlagen** (→ Rn. 110 ff.) zu überprüfen. Erst die technischen Berechnungsgrundlagen erlauben die Berechnung der Tarifprämie (→ Rn. 113).

Nach § 155 Abs. 1 S. 2 VAG hat er die **Berechnung der Prämien** zu überprüfen. Darunter ist in erster Linie die Prüfung der Prämienänderung zu verstehen (§ 155 Abs. 1 S. 3 VAG).

Weil sich seine Zustimmung darauf erstreckt, muss der Treuhänder ferner Zeitpunkt, Höhe der Entnahme und Verwendung von Mitteln aus der erfolgsunabhängigen **RfB** – allerdings nur soweit sie nach § 150 Abs. 4 VAG zu verwenden ist (§ 155 Abs. 2 S. 1 Nr. 1 VAG) – sowie die Verwendung der Mittel aus der erfolgsabhängigen RfB überprüfen (§ 155 Abs. 2 S. 1 Nr. 2 VAG).

Im Zuge der Überprüfung der Prämienanpassung muss der Treuhänder auch die **Erst- oder Neukalkulation** der jeweiligen Tarife daraufhin überprüfen, ob die Versicherungsleistungen und die Sterbewahrscheinlichkeiten ausreichend kalkuliert waren. Wenn sie nämlich unzureichend kalkuliert waren, darf eine Prämienanpassung insoweit nicht erfolgen (§ 155 Abs. 3 S. 4, Abs. 4 S. 3 VAG).

Die Prüfung der Erst- und Neukalkulation (→ Rn. 567) erstreckt sich nur auf die ausreichende Kalkulation der **Versicherungsleistungen und der Sterbewahrscheinlichkeiten.** Damit sind diejenigen Rechnungsgrundlagen gemeint, die zur Ermittlung der Kopfschäden erforderlich sind (§ 2 Abs. 1 Nr. 3, Abs. 2, § 6 KVAV). Wenn die Erst- oder Neukalkulation hinsichtlich anderer Rechnungsgrundlagen unzureichend gewesen war, kann die ausreichende Kalkulation im Rahmen einer Prämienanpassung sanktionsfrei nachgeholt werden. § 155 Abs. 3 S. 4, Abs. 4 S. 3 VAG ist auf solche Fälle nicht – auch nicht analog – anwendbar.

bb) Neue Tarife. Wegen der an die unzureichende Erst- oder Neukalkulation der Versicherungsleistungen geknüpften Sanktion (→ Rn. 567) gehen Versicherungsunternehmen vorsichtshalber dazu über, neue Tarife vor ihrer Einführung auch dem Prämientreuhänder vorzulegen, obwohl dies gesetzlich nicht vorgeschrieben ist. Damit wollen sie sicherstellen, dass der Treuhänder im Falle einer späteren Prämienanpassung nicht die Erstkalkulation beanstandet. Diese **freiwillige Vorabprüfung** ist rechtlich unbedenklich, weil der Treuhänder diese Prüfung später ohnehin durchzuführen hat. Mit seiner Vorabprüfung, die den Qualitätsanforderungen der späteren Prüfung entsprechen muss, bindet er sich für die Zukunft. Deshalb empfiehlt es sich, diese Vorabprüfung und die Unbedenklichkeitsbestätigung des Treuhänders einwandfrei zu dokumentieren.

b) Prüfungsmaßstab. Für die Prüfung durch den Prämientreuhänder gibt das Gesetz verschiedene **Maßstäbe** vor, die das Versicherungsaufsichtsrecht in § 155 VAG sowie in der aufgrund des § 160 S. 1 VAG erlassenen Rechtsverordnung vorschreibt und die durch § 203 Abs. 2 S. 4 versicherungsvertragsrechtlich wirksam sind.

Die Berechnung der Prämien und Prämienanpassung ist daraufhin zu überprüfen, ob sie den dafür bestehenden Rechtsvorschriften entspricht (§ 155 Abs. 1 S. 2 VAG). Dazu gehört vor allem, ob die **versicherungsmathematischen Methoden** eingehalten und alle für die Kalkulation maßgebenden Rechnungsgrundlagen beachtet werden (§ 146 Abs. 1 Nr. 1 VAG).

Zu den für die Kalkulation einzuhaltenden und vom Treuhänder zu überprüfenden Rechtsvorschriften gehört auch, ob die **dauernde Erfüllbarkeit** der Verpflichtungen aus den Versicherungsverträgen jederzeit gewährleistet ist. Dies ist zwar als Aufgabe des Verantwortlichen Aktuars festgelegt (§ 156 Abs. 2 S. 1 Nr. 1 VAG), durchzieht aber das gesamte Regelwerk des Versicherungsaufsichtsrechts. Über § 203 Abs. 1 S. 1 ist diese Voraussetzung auch in das Versicherungsvertragsrecht überführt worden.

Die Prämienanpassung ist ferner daraufhin zu überprüfen, ob die gesetzlichen oder bedingungsgemäßen Voraussetzungen für eine Prämienanpassung vorliegen. Dazu zählt vor allem die Ermittlung des die Prämienanpassung **auslösenden Faktors (AF)** nach § 155 Abs. 3 S. 2, Abs. 4 S. 2 VAG. Als auslösender Faktor wird in der Versicherungspraxis der Prozentsatz bezeichnet, um den die erforderlichen von den kalkulierten Versicherungsleistungen bzw. die erforderlichen von den kalkulierten Sterbewahrscheinlichkeiten abweichen. Der auslösende Faktor beträgt nach § 155 Abs. 3 S. 2 VAG im Falle der Versicherungsleistungen 10 % („AF 10"), sofern die AVB nicht einen geringeren AF vorsehen, und im Falle der Sterbewahrscheinlichkeiten nach § 155 Abs. 4 S. 2 VAG 5 % („AF 5").

574 Eine Prämienanpassung kann nur dann durchgeführt werden, wenn sich bestimmte Rechnungsgrundlagen verändern, nämlich entweder die Versicherungsleistungen oder die Sterbewahrscheinlichkeiten (§ 203 Abs. 2 S. 1, 3). Wenn dies der Fall ist, müssen allerdings auch alle **übrigen Rechnungsgrundlagen** daraufhin überprüft werden, ob sie noch den kalkulierten Annahmen entsprechen. Ist dies nicht der Fall, müssen auch sie angepasst werden. Auch dies hat der Treuhänder zu überprüfen.

575 Der Treuhänder muss die Prämienanpassung weiter daraufhin überprüfen, ob die Veränderung der für die Prämienkalkulation maßgeblichen Rechnungsgrundlagen nur als **vorübergehend** anzusehen ist (§ 203 Abs. 2 S. 1). Nach dem Wortlaut von § 203 Abs. 2 S. 1 gilt dies zunächst nur für diejenigen Rechnungsgrundlagen, die eine Prämienanpassung auslösen können, also für die Versicherungsleistungen und die Sterbewahrscheinlichkeiten. Allerdings erstreckt § 155 Abs. 2 S. 2 VAG iVm § 203 Abs. 2 S. 4 die Voraussetzung, dass die Abweichung als nicht nur vorübergehend anzusehen ist, auf alle Rechnungsgrundlagen, was der Treuhänder ebenfalls zu überprüfen hat.

576 Im Falle der Anpassung von **Selbstbehalten und Risikozuschlägen** erstreckt sich die Überprüfung durch den Treuhänder auch auf die Frage, ob in den Versicherungsverträgen dies vereinbart ist (§ 203 Abs. 2 S. 2, § 155 Abs. 2 S. 3 VAG).

577 Soweit der Treuhänder die **Verwendung der RfB-Mittel** zu überprüfen hat (→ Rn. 566), bildet den Prüfungsmaßstab, ob
– die satzungsmäßigen oder in den AVB festgelegten Voraussetzungen erfüllt sind (§ 155 Abs. 2 S. 2 VAG),
– die Belange der Versicherten ausreichend gewahrt sind (§ 155 Abs. 2 S. 2 VAG),
– die Verteilung auf die Versichertenbestände mit dem gesetzlichen Beitragszuschlag und ohne einen solchen angemessen ist (§ 155 Abs. 2 S. 3 VAG),
– die prozentualen und absoluten Prämiensteigerungen für die älteren Versicherten zumutbar sind (§ 155 Abs. 2 S. 3 VAG).

578 Über die gesetzlich vorgegebenen Prüfungsmaßstäbe hinaus ist der Treuhänder nicht berechtigt, eine **allgemeine Angemessenheitsprüfung** vorzunehmen.[279] Dies ergibt sich aus der vom Gesetz vorgenommenen umfassenden Regelung des Prämienanpassungsrechts, die im Interesse der Rechtssicherheit und Rechtsklarheit als abschließend angesehen werden muss. Für eine darüber hinausgehende Angemessenheitsprüfung nach § 315 BGB ist kein Raum.[280]

579 c) **Zustimmung zur Prämienanpassung.** Ergibt die Überprüfung durch den Treuhänder keine Beanstandungen, muss er der Prämienanpassung zustimmen.[281] Das Versicherungsunternehmen hat einen **Rechtsanspruch auf Zustimmung** (§ 155 Abs. 1 S. 5 VAG), dem Treuhänder steht kein Ermessensspielraum zu.[282]

580 Die Zustimmung des Treuhänders ist nach § 203 Abs. 2 S. 1 **Voraussetzung für die Wirksamkeit** der Prämienanpassung.[283] Solange die Zustimmung nicht erteilt ist, wird die Prämienanpassung nicht wirksam.

580a Erst mit der Zustimmung ist das Anpassungsverfahren formal abgeschlossen. Die Treuhänderzustimmung ist eine zwingende, konstitutive Voraussetzung für die Wirksamkeit der Prämienanpassung insgesamt. Das ergibt sich schon aus der Historie, weil die Treuhänderzustimmung die frühere BAV-

---

[279] *Prölss* in Prölss/Martin, 27. Aufl. 2004, VVG § 178g Rn. 20; *Drews* VersR 1996, 422 (423); *Schramm* VersR 1996, 424; anders *Küntzel* VersR 1996, 148 (149); *Renger* VersR 1994, 1257 (1259); 1995, 866 (874); *Grote*, Die Rechtsstellung der Prämien-, Bedingungs- und Deckungsstocktreuhänder nach dem VVG und dem VAG (Münsteraner Reihe Heft 75), 2002, S. 523 f.

[280] BGHZ 159, 323 = VersR 2004, 991 (992) = NJW 2004, 2679; anders *Prölss* in Prölss/Martin, 27. Aufl. 2004, VVG § 178g Rn. 21; *Hohlfeld* in Berliner Kommentar VVG § 178g Rn. 10; *Renger* VersR 1995, 866 (874).

[281] BGHZ 220, 297 Rn. 57 = VersR 2019, 283 = NJW 2019, 919; *Prölss* in Prölss/Martin, 27. Aufl. 2004, VVG § 178g Rn. 19; *Küntzel* VersR 1996, 148 (150); *Wandt* VersR Rn. 159; *Wiemer/Richter* VersR 2018, 641 (644).

[282] Begr. zu Art. 1 Nr. 12 (§ 12b VAG) RegE 3. DurchfG/EWG zum VAG, BT-Drs. 12/6959, 62; BVerfG VersR 2000, 214 (217) mAnm *Reinhard*; *Sahmer* ZfV 1996, 483 (487); *Grote*, Die Rechtsstellung der Prämien-, Bedingungs- und Deckungsstocktreuhänder nach dem VVG und dem VAG (Münsteraner Reihe Heft 75), 2002, S. 618 f.; BGHZ 159, 323 = VersR 2004, 991 (992) = NJW 2004, 2679; AG Köln VersR 2002, 178.

[283] *Römer* in Römer/Langheid, 2. Aufl. 2003, VVG § 178g Rn. 7; *Prölss* in Prölss/Martin, 27. Aufl. 2004, VVG § 178g Rn. 16; *Hohlfeld* in Berliner Kommentar VVG § 178g Rn. 10; *Renger* VersR 1994, 1257 (1258); *Grote*, Die Rechtsstellung der Prämien-, Bedingungs- und Deckungsstocktreuhänder nach dem VVG und dem VAG (Münsteraner Reihe Heft 75), 2002, S. 621, 625.

Genehmigung ersetzen soll (→ Rn. 501). Auch der Wortlaut von § 203 Abs. 2 S. 1 VVG stellt klar, dass die Zustimmung eine Bedingung der Neufestsetzung ist („... neu festzusetzen, sofern ..."). Bei fehlender Zustimmung liegt versicherungstechnisch daher noch **keine Neukalkulation** des betreffenden Tarifs vor. Auch zivilrechtlich ist die Prämienanpassung dann noch nicht verwirklicht, sie ist nicht „existent".

Das Vorliegen der Treuhänderzustimmung ist als **Tatbestandsvoraussetzung keine Rechts-** 580b **frage,** sondern eine Tatfrage. Sie steht der Beweiserhebung offen und kann – zB bei Problemen der Beweisbarkeit – auch im Rechtsstreit noch nachgeholt werden. Sie wirkt dann auf den Zeitpunkt der Prämienneufestsetzung zurück.

Aus Gründen der Rechtsklarheit muss die Zustimmung, weil sie Wirksamkeitsvoraussetzung ist 581 (→ Rn. 580) in beweiskräftiger Form erteilt und dokumentiert werden. Das setzt grds. **Schriftform** voraus. Weil das Gesetz selbst aber die Schriftform nicht vorschreibt,[284] führt ihr Fehlen allein noch nicht zur Rechtsunwirksamkeit der Zustimmung. Allerdings kann in einem Rechtsstreit aus dem Fehlen der Dokumentation im Rahmen der Beweiswürdigung das Fehlen der Zustimmung hergeleitet werden.

Ergibt die Überprüfung der Prämienanpassung durch den Treuhänder **Beanstandungen,** 582 denen das Versicherungsunternehmen nicht Rechnung trägt, darf der Treuhänder die Zustimmung nicht erteilen.

Mögliche Beanstandungen betreffen idR die Erhöhung oder Senkung von Tarifprämien. 583 Kommt der Treuhänder zu dem Ergebnis, dass die Prämien eines Tarifs ganz oder teilweise erhöht oder gesenkt werden müssen und kann er mit dem Versicherungsunternehmen in dieser Frage **keine Übereinstimmung** erzielen, muss der Treuhänder die Aufsichtsbehörde unverzüglich unterrichten (§ 155 Abs. 3 S. 5 VAG). Die Aufsichtsbehörde muss dann die erforderlichen aufsichtsrechtlichen Maßnahmen ergreifen, um die den gesetzlichen Vorschriften entsprechende Prämienanpassung beim Versicherungsunternehmen durchzusetzen.

Bei **Auseinandersetzungen des Versicherungsunternehmens mit dem Treuhänder** über 583a die Zulässigkeit einer Prämienanpassung kann es zu divergierenden Entscheidungen kommen:
– Weil das Versicherungsunternehmen einen Rechtsanspruch auf Zustimmung hat (→ Rn. 579), kann es die Zustimmungserteilung gerichtlich durchsetzen. Hierfür ist der ordentliche Rechtsweg gegeben, weil der Treuhänder weder Organ noch Objekt der Versicherungsaufsicht ist und sein Rechtsverhältnis zum Versicherungsunternehmen zivilrechtlicher Art ist (→ Rn. 603 ff.).
– Wenn der Treuhänder die Aufsichtsbehörde einschaltet, die Aufsichtsmaßnahmen ergreift, ist für Rechtsstreitigkeiten des Versicherungsunternehmens mit der Aufsichtsbehörde der Verwaltungsrechtsweg gegeben. Um divergierende Entscheidungen zu vermeiden, sollte das Versicherungsunternehmen das Ergebnis des aufsichtsrechtlichen Verwaltungsverfahrens abwarten, bevor es den Treuhänder zivilrechtlich verklagt.

d) Zustimmung zur RfB-Verwendung. Wegen des engen **Sachzusammenhangs** mit der 584 Prämienanpassung muss der Treuhänder auch bei der Verwendung der Mittel aus der erfolgsabhängigen RfB mitwirken (→ Rn. 427). Damit soll sichergestellt werden, dass ein ausreichender Anteil der erfolgsabhängigen RfB für Prämienlimitierungen zur Verfügung steht und nicht durch andere Verwendungen – zB Bar-BRE oder Leistungserhöhungen – beeinträchtigt wird.[285]

Ob es sich um Mittel der **erfolgsabhängigen RfB** handelt, beurteilt sich nicht danach, ob sie 585 *formal* in der entsprechenden Bilanzposition ausgewiesen sind; maßgebend ist vielmehr ihre *materiell-rechtliche* Qualität. Wenn in die erfolgsunabhängige RfB eingestellte Beträge dort falsch ausgewiesen werden, obwohl sie materiell-rechtlich erfolgsabhängig sind, unterliegt ihre Verwendung der Zustimmungspflicht. Das ist zB bei der Überzinszuschreibung nach § 150 Abs. 4 S. 1 VAG und der poolrelevanten RfB in der PPV der Fall (→ Rn. 406).

Im Rahmen seiner Mitwirkung muss der Treuhänder auch dem Gesichtspunkt der **Zumutbar-** 586 **keit von Prämiensteigerungen bei älteren Versicherten** ausreichend Rechnung tragen (§ 155 Abs. 2 S. 3 VAG). Diese Zumutbarkeitsprüfung erscheint nicht unproblematisch (→ Rn. 428 ff.).

Ergibt die Überprüfung durch den Treuhänder, dass die satzungsmäßigen und bedingungsgemäßen 587 Voraussetzungen für die Entnahme und Verwendung der RfB erfüllt und die Belange der Versicherten ausreichend gewahrt sind (§ 155 Abs. 2 S. 2, 3 VAG), muss er der Entnahme und Verwendung der RfB zustimmen. Das Versicherungsunternehmen hat einen **Rechtsanspruch auf Zustim-**

---

[284] *Grote,* Die Rechtsstellung der Prämien-, Bedingungs- und Deckungsstocktreuhänder nach dem VVG und dem VAG (Münsteraner Reihe Heft 75), 2002, S. 621.
[285] Begr. zu Art. 15 Nr. 3a (§ 12b VAG) RegE GKV-GesundheitsreformG 2000, BT-Drs. 14/1721 Anl. 1 iVm BT-Drs. 14/1245, 122.

mung, auch wenn dies – anders als für Prämienanpassung (§ 155 Abs. 1 S. 5 VAG) – nicht ausdrücklich vorgeschrieben ist.

588 In den meisten Fällen steht die Entnahme und Verwendung von RfB-Mitteln in engem Zusammenhang mit einer **Prämienanpassung** nach § 203 Abs. 2 VVG und § 155 VAG. In diesen Fällen kann die RfB nicht verwandt werden, solange der Treuhänder der Prämienanpassung nicht zugestimmt hat (→ Rn. 580).

589 Anders stellt sich die Situation für den Fall dar, dass die erfolgsabhängige RfB für Zwecke einer **Bar-Beitragsrückerstattung (Bar-BRE)** verwandt werden soll (→ Rn. 420 ff.). Hier besteht kein Zusammenhang mit einer Prämienanpassung. Zwar bedarf auch diese Verwendung der Zustimmung des Treuhänders (§ 155 Abs. 2 S. 1 Nr. 2 VAG); indessen gilt diese Zustimmungspflicht nur aufsichtsrechtlich. Das Fehlen der Zustimmung führt nicht dazu, dass die gleichwohl vom Versicherungsunternehmen vorgenommene Verwendung zivilrechtlich unwirksam ist. Das ergibt sich aus der Systematik des § 203: § 155 VAG ist inkorporiertes Versicherungsvertragsrecht nur im Rahmen einer Prämienanpassung (§ 203 Abs. 2 S. 4); für eine davon unabhängige RfB-Verwendung gilt der in dieser Vorschrift statuierte vertragsrechtliche Zustimmungsvorbehalt daher nicht. Zwar könnte die Bar-BRE als – zumindest mittelbarer – Prämienbestandteil iSv § 203 Abs. 1 S. 1 angesehen werden; indessen verweist diese Vorschrift nicht auf § 155 VAG, so dass insoweit § 155 Abs. 2 Nr. 2 VAG nicht in Versicherungsvertragsrecht überführt wird. Damit kann das Versicherungsunternehmen nur durch aufsichtsrechtliche Maßnahmen dazu angehalten werden, eine Bar-BRE aus der erfolgsabhängigen RfB nur mit Zustimmung des Treuhänders vorzunehmen.

590 Soll eine **Bar-BRE aus der erfolgsunabhängigen RfB** vorgenommen werden, bedarf es nach § 155 Abs. 2 S. 1 VAG keiner Zustimmung durch den Treuhänder. Dies ist auch nicht erforderlich, weil solche Bar-BRE ohnehin voraussetzen, dass sie gesetzlich, satzungsmäßig oder durch AVB vorgeschrieben sind (→ Rn. 404).

591 **7. Aufgaben des Bedingungstreuhänders. a) Prüfungsgegenstand.** Der Treuhänder muss sich im Rahmen seiner Prüfungstätigkeit mit den **AVB und den Tarifbestimmungen** befassen. Die Rechtsgrundlage bildet ausschließlich § 203 Abs. 3. Das Versicherungsaufsichtsrecht enthält keine weiteren Vorschriften, die sich mit den materiellen Voraussetzungen einer Bedingungsänderung befassen.

592 **b) Prüfungsmaßstab.** Für die Prüfung durch den Bedingungstreuhänder schreibt § 203 Abs. 3 verschiedene **Maßstäbe** vor, die § 203 Abs. 3 vorschreibt. Bei diesen Maßstäben handelt es sich um folgende Anforderungen:
– Es muss eine Veränderung der Verhältnisse des Gesundheitswesens vorliegen.
– Die Veränderung der Verhältnisse des Gesundheitswesens darf nicht nur als vorübergehend anzusehen sein.
– Die Änderungen der AVB und der Tarifbestimmungen müssen zur hinreichenden Wahrung der Belange der Versicherungsnehmer erforderlich erscheinen.

593 Die Summe der gesetzlichen Anforderungen führt zu der **Angemessenheit,** die der Treuhänder zu bestätigen hat (→ Rn. 598, 1058).

594 Die Prüfungsmaßstäbe enthalten zahlreiche **unbestimmte Rechtsbegriffe,** die teils objektivierbar sind, teilweise aber **Beurteilungsspielräume** eröffnen.

595 Soweit sich **Beurteilungsspielräume** ergeben, ist es Aufgabe des Versicherungsunternehmens, solche Spielräume auszuschöpfen. Solange sich die Einschätzungen des Versicherungsunternehmens innerhalb des Beurteilungsspielraums bewegen, kann der Treuhänder nicht seine eigene Einschätzung an die Stelle derjenigen des Versicherungsunternehmens setzen; ihm steht damit kein eigener Ermessensspielraum zu, dem sich das Versicherungsunternehmen unterordnen müsste.[286] Die Grenzen des dem Versicherungsunternehmen zustehenden Beurteilungsspielraums sind allerdings überprüfbar.[287]

596 **c) Bestätigung.** Nach dem Wortlaut von § 203 Abs. 3 hat der Treuhänder lediglich die **Angemessenheit** der Bedingungsänderung zu bestätigen. Dass er auch das Vorliegen der übrigen Voraussetzungen (→ Rn. 592) zu bestätigen habe, sagt das Gesetz nicht. Eine solche Auslegung entspräche jedoch nicht der mit der Einführung des Bedingungstreuhänders verfolgten Intention des Gesetzgebers.

597 Die Einführung des Bedingungstreuhänders verfolgte den **Zweck,** anstelle des bisherigen aufsichtsrechtlichen Instrumentariums der Bedingungsgenehmigung ein neues vertragsrechtliches Ins-

---

[286] BGHZ 220, 297 Rn. 52 = VersR 2019, 283 = NJW 2019, 919; *Reinhard* VersR 2003, 952 (955). Anders offenbar *Sahmer* ZfV 1996, 483 (487).
[287] BGHZ 220, 297 Rn. 53 = VersR 2019, 283 = NJW 2019, 919.

trumentarium zu entwickeln.²⁸⁸ Dieses Instrumentarium sollte ein Ersatz für die bisherige aufsichtsrechtliche Qualitätskontrolle darstellen. Das bedeutete, dass die Wirksamkeit der Bedingungsänderung an die Prüfung und Zustimmung des Treuhänders geknüpft sein sollte.²⁸⁹

Dem Gesetzeszweck wird daher nur eine Auslegung gerecht, die die Bestätigung des Treuhänders auf **alle Prüfungsmaßstäbe** erstreckt. Damit hat der Treuhänder zu bestätigen, dass eine nicht nur vorübergehende Veränderung der Verhältnisse des Gesundheitswesens vorliegt und dass die Bedingungsänderung zur hinreichenden Wahrung der Versichertenbelange erforderlich erscheint. Dies ist der Inhalt der Angemessenheitsbestätigung (→ Rn. 1058). 598

Ergibt die Überprüfung durch den Treuhänder keine Beanstandungen, muss er der Bedingungsänderung zustimmen und die Bestätigung erteilen.²⁹⁰ Das Versicherungsunternehmen hat einen **Rechtsanspruch auf Bestätigung,** auch wenn dies – anders als für die Prämienanpassung (§ 155 Abs. 1 S. 5 VAG) – nicht ausdrücklich vorgeschrieben ist. Der Rechtsanspruch ergibt sich unmittelbar aus § 203 Abs. 3; denn wenn das Versicherungsunternehmen bei Vorliegen der dort genannten gesetzlichen Voraussetzungen die AVB und Tarifbestimmungen ändern kann, besteht für eine Ablehnung durch den Treuhänder kein Raum mehr. 599

Die Bestätigung des Treuhänders ist nach § 203 Abs. 3 **Voraussetzung für die Wirksamkeit** der Bedingungsänderung.²⁹¹ Solange die Zustimmung nicht erteilt ist, wird die Bedingungsänderung nicht wirksam. 600

Aus Gründen der Rechtsklarheit muss die Bestätigung, weil sie Wirksamkeitsvoraussetzung ist (→ Rn. 600), in beweiskräftiger Form erteilt und dokumentiert werden. Das setzt grds. **Schriftform** voraus. Weil das Gesetz selbst aber die Schriftform nicht vorschreibt, führt ihr Fehlen allein noch nicht zur Rechtsunwirksamkeit der Bestätigung. Allerdings kann in einem Rechtsstreit aus dem Fehlen der Dokumentation im Rahmen der Beweiswürdigung das Fehlen der Bestätigung hergeleitet werden. 601

8. Rechtsnatur der Treuhänderzustimmung und -bestätigung. Der Treuhänder ist kein Organ der Versicherungsaufsicht (→ Rn. 603). Er entfaltet keine aufsichtsrechtliche Tätigkeit. Sein Rechtsverhältnis zum Versicherungsunternehmen ist privatrechtlicher Natur (→ Rn. 612 ff.). Die von ihm zu erteilende Zustimmung zur Prämienanpassung bzw. Bestätigung der Bedingungsänderung ist daher nicht dem öffentlichen Recht zuzuordnen. Es handelt sich vielmehr um eine gegenüber dem Versicherungsunternehmen abzugebende – und damit empfangsbedürftige – privatrechtliche **Willenserklärung.**²⁹² 602

9. Rechtsstellung des Treuhänders. a) Rechtsstellung gegenüber Versicherungsaufsicht. Der Treuhänder ist **kein Organ der Versicherungsaufsicht.**²⁹³ Eine solche Funktion wäre europarechtlich unzulässig, weil sie den Fortfall der staatlichen Tarif- und Bedingungsaufsicht umgehen würde (→ Vor § 192 Rn. 348). Die auf privatrechtlicher Basis vorgeschriebene Überprüfung von Prämienanpassungen und Bedingungsänderungen durch einen nicht hoheitlich tätigen Dritten wird vom europarechtlichen Verbot der staatlichen Genehmigung nicht erfasst.²⁹⁴ 603

Der Treuhänder ist selbst auch **kein Objekt der Versicherungsaufsicht,** dh er unterliegt weder als Funktionsträger noch in seiner Tätigkeit der Versicherungsaufsicht.²⁹⁵ Die Versicherungsaufsichtsbehörde kann ihm gegenüber keine unmittelbaren aufsichtsrechtlichen Maßnahmen ergreifen. 604

Den Treuhänder betreffende aufsichtsrechtliche Maßnahmen kann die Aufsichtsbehörde nur **gegenüber dem Versicherungsunternehmen** ergreifen. Dies gilt insbes. für den Fall, dass der Treuhänder seine gesetzlichen Aufgaben nicht ordnungsgemäß erfüllt (§ 157 Abs. 2 S. 3 VAG). 605

Grundsätzlich ist der Treuhänder gegenüber der Aufsichtsbehörde **nicht berichts- oder auskunftspflichtig.**²⁹⁶ Allerdings verpflichtet § 155 Abs. 3 S. 5 VAG den Treuhänder, die Aufsichtsbehörde unverzüglich zu unterrichten, wenn er zu einer notwendigen Prämienanpassung mit dem Versicherungsunternehmen keine übereinstimmende Beurteilung erzielen kann. In der Lit. wird die Auffassung vertreten, dass dies – weil der Treuhänder nicht der Aufsicht nach dem VAG unterliege – 606

---

²⁸⁸ Begr. zu Art. 2 Nr. 15 (§ 178g VVG) RegE 3. DurchfG/EWG zum VAG, BT-Drs. 12/6959, 105.
²⁸⁹ Begr. zu Art. 2 Nr. 15 (§ 178g VVG) RegE 3. DurchfG/EWG zum VAG, BT-Drs. 12/6959, 105.
²⁹⁰ BGHZ 220, 297 Rn. 57 = VersR 2019, 283 = NJW 2019, 919.
²⁹¹ *Renger* VersR 1994, 1257 (1258).
²⁹² *Prölss* in Prölss/Martin, 27. Aufl. 2004, VVG § 178g Rn. 16; *Renger,* Die Verantwortung des Treuhänders, 1997, S. 23.
²⁹³ *Hohlfeld* in Berliner Kommentar VVG § 178g Rn. 10.
²⁹⁴ Begr. zu Art. 1 Nr. 12 (§ 12b VAG) RegE 3. DurchfG/EWG zum VAG, BT-Drs. 12/6959, 62.
²⁹⁵ *Renger* VersR 1994, 1257 (1258, 1260); *Präve* VersR 1995, 733 (739).
²⁹⁶ *Hohlfeld* in Berliner Kommentar VVG § 178g Rn. 24; *Renger* VersR 1994, 1257 (1258).

nur als Recht und nicht als gesetzliche Verpflichtung zu verstehen sei.[297] Dem kann angesichts des eindeutigen Wortlauts von § 155 Abs. 3 S. 5 VAG nicht gefolgt werden.[298] Zwar kann die Aufsichtsbehörde im Falle einer Verletzung dieser dem Treuhänder obliegenden Informationspflicht diesem gegenüber keine aufsichtsrechtlichen Maßnahmen ergreifen. Indessen nimmt der Treuhänder, wenn er seine Informationspflicht verletzt, iSv § 157 Abs. 2 S. 3 VAG seine ihm gesetzlich obliegenden Aufgaben nicht ordnungsgemäß wahr, so dass die Aufsichtsbehörde vom Versicherungsunternehmen die Bestellung eines neuen Treuhänders verlangen kann (→ Rn. 605).[299]

607 **b) Rechtsstellung gegenüber Versicherungsunternehmen.** Für die Rechtsbeziehungen zwischen Versicherungsunternehmen und Treuhänder ist zwischen dem **Innen- und dem Außenverhältnis** zu unterscheiden (→ Rn. 510).

608 Dem **Außenverhältnis** gehören alle Rechtsvorgänge an, die Teil der gesetzlichen Voraussetzungen für die Wirksamkeit der Prämienanpassung und Bedingungsänderung sind. Dies sind die Bestellung und Abberufung des Treuhänders sowie die von ihm nach § 203 Abs. 2 S. 1, Abs. 3 zu erklärende Zustimmung bzw. Bestätigung.

609 Das Versicherungsunternehmen ist in der **Auswahl** des zu bestellenden Treuhänders grds. frei, sofern dieser die gesetzlichen Qualifikationsanforderungen erfüllt (→ Rn. 520 ff.).

610 Die Bestellung kann **befristet** erfolgen. Dem Gesetz lässt sich nicht entnehmen, dass die Bestellung unbefristet erfolgen muss.

611 Das Versicherungsunternehmen ist ferner grds. in der Entscheidung frei, eine Bestellung zu widerrufen. Der **Widerruf** bedarf keiner Begründung. In der Lit. wird teilweise die Auffassung vertreten, der Widerruf dürfe nicht willkürlich erfolgen und bedürfe daher einer Begründung.[300] Dem Gesetz lässt sich eine solche Einschränkung nicht entnehmen. Aus der Unabhängigkeit des Treuhänders lässt sich dies nicht ableiten.[301] Wenn schon das Rechtsverhältnis zwischen Versicherungsunternehmen und Treuhänder in vollem Umfang dem Privatrecht unterliegt, muss insoweit auch die Vertragsfreiheit uneingeschränkt gelten, die das Recht jeder Vertragspartei beinhaltet, ein Dauerrechtsverhältnis mit Wirkung für die Zukunft frei zu beenden.

612 Das **Innenverhältnis** wird durch einen zwischen Versicherungsunternehmen und Treuhänder abzuschließenden zivilrechtlichen Vertrag geregelt, der als Geschäftsbesorgungsvertrag mit Werkvertragscharakter charakterisiert werden kann.[302]

613 Die vom Treuhänder zu erbringenden **vertraglichen Hauptleistungen** ergeben sich in erster Linie aus den ihm gesetzlich obliegenden Aufgaben (→ Rn. 563 ff.; → Rn. 591 ff.).

614 Daneben wird das Versicherungsunternehmen mit dem Treuhänder **Rahmenbedingungen** vereinbaren, die er bei Erbringung seiner Hauptleistungen einzuhalten hat. Dazu kann vor allem gehören, welche Prüfungskapazitäten er zu bestimmten Zeiträumen zur Verfügung stellen muss, damit das Versicherungsunternehmen die zeitgerechte Durchführung von Prämienanpassungen sicherstellen kann.

615 Wesentlicher Inhalt des Geschäftsbesorgungsvertrags ist ferner die vom Versicherungsunternehmen als Gegenleistung zu erbringende **Vergütung**.

616 **c) Rechtsstellung gegenüber Versicherten.** Der Treuhänder ersetzt für bestimmte Fälle der Vertragsänderung – nämlich für Prämien- und Bedingungsänderungen – die frühere staatliche Tarif- und Bedingungsaufsicht. Diese frühere materielle Versicherungsaufsicht verfolgte vornehmlich den **Zweck**, die dauernde Erfüllbarkeit der Verpflichtungen aus den Versicherungsverträgen sicherzustellen. Mittelbar wurden damit auch die Interessen der Versicherten wahrgenommen.

617 Gegenüber den früheren Aufgaben der Versicherungsaufsicht im Falle von Prämien- und Bedingungsänderungen nimmt der Treuhänder in erweitertem Umfang die **Interessen der Versicherten** wahr (→ Rn. 499).[303] Dies zeigt sich vor allem darin, dass der Treuhänder im Falle der RfB-Verwendung auf die Angemessenheit der Verteilung auf die Versichertenbestände und auf die Zumutbarkeit der Prämiensteigerungen für die älteren Versicherten zu achten hat (§ 155 Abs. 2 S. 3 VAG).

---

[297] *Renger* VersR 1994, 1257 (1260).
[298] *Hohlfeld* in Berliner Kommentar VVG § 178g Rn. 11.
[299] *Präve* VersR 1995, 733 (739).
[300] *Renger* VersR 1994, 1257 (1260).
[301] Anders *Renger* VersR 1994, 1257 (1260).
[302] Prölss in Prölss/Martin, 27. Aufl. 2004, VVG § 178g Rn. 18a; *Hohlfeld* in Berliner Kommentar VVG § 178g Rn. 12; *Rudolph* in Bach/Moser MB/KK § 8b Rn. 22; *Renger*, Die Verantwortung des Treuhänders, 1997, S. 16 f. Anders *Schnepp/Icha-Spratte* VersR 2018, 1221 (1225): Dienstvertrag.
[303] BGHZ 220, 297 Rn. 45 = VersR 2019, 283 = NJW 2019, 919; *Hohlfeld* in Berliner Kommentar VVG § 178g Rn. 10; *Rudolph* in Bach/Moser MB/KK § 8b Rn. 21; *Renger* VersR 1994, 1257 (1259); 1995, 866 (874); AG Köln VersR 2002, 178.

Die Wahrnehmung der Versicherteninteressen bezieht sich ausschließlich auf die Versichertenkollektive.

Gleichwohl bestehen **keine direkten Rechtsbeziehungen** zwischen dem Treuhänder und 618 den Versicherten, aus denen sich unmittelbare Rechtsfolgen im Verhältnis zwischen Treuhänder einerseits und Versicherten bzw. Versichertenkollektiven ableiten ließen. Trotz seiner Bezeichnung als „Treuhänder" besteht zwischen ihm und den Versicherten kein im Rechtssinne „schuldrechtliches Treuhandverhältnis".[304]

Weil keine direkten Rechtsbeziehungen zwischen Treuhänder und Versicherten bestehen 619 (→ Rn. 618), nimmt der Treuhänder im rechtssystematischen Sinn auch **keine Rechte der Versicherungsnehmer oder Versicherten** wahr.[305] Das bedeutet, dass seine Zustimmung bzw. Bestätigung zu einer Prämien- oder Bedingungsänderung im rechtsförmlichen Sinn nicht als Ersatz der eigentlich für die Vertragsänderung notwendigen Zustimmung der Versicherungsnehmer angesehen werden kann.[306]

Weil der Treuhänder in Ermangelung eines schuldrechtlichen Rechtsverhältnisses keine Rechte 620 der Versicherungsnehmer oder Versicherten wahrnimmt (→ Rn. 618 f.), besteht auch **keine rechtliche Bindung** der Versicherungsnehmer bzw. Versicherten an die vom Treuhänder erklärte Zustimmung bzw. Bestätigung. Trotz Zustimmung des Treuhänders ist gegen jede Prämienanpassung und Bedingungsänderung der Rechtsweg gegeben (→ Rn. 500).[307] Würde die Zustimmung des Treuhänders diejenige der Versicherten im eigentlichen Sinne ersetzen, müsste dies auch die prozessuale Konsequenz haben, dass der Versicherte nicht gegen die Prämienanpassung oder Bedingungsänderung durch das Versicherungsunternehmen, sondern gegen die Zustimmung oder Bestätigung des Treuhänders zu klagen hätte. Diese Konsequenz wird aber ersichtlich von niemandem gefordert.

d) Information der Versicherungsnehmer. Mit der fehlenden rechtlichen Bindung zwi- 621 schen Treuhänder und Versicherten (→ Rn. 616 ff.) hängt zusammen, dass der Treuhänder die Versicherungsnehmer nicht über seine **Bestellung** zu unterrichten hat. Der Treuhänder könnte einer solchen Information auch nicht nachkommen, weil er keinen direkten Zugriff auf die Adressdaten der Versicherungsnehmer hat und das Versicherungsunternehmen ihm gegenüber auch nicht verpflichtet ist, ihm diese Einzeldaten zur Verfügung zu stellen.

Eine generelle gesetzliche **Verpflichtung des Versicherungsunternehmens,** allen Versiche- 622 rungsnehmer den Namen und die Anschrift des Treuhänders mitzuteilen, besteht nicht Sie folgt auch nicht aus § 203 Abs. 5 (→ Rn. 1155c).

Dagegen ist das Versicherungsunternehmen verpflichtet, einem Versicherungsnehmer im **Ein-** 623 **zelfall** auf Anforderung den Namen und die Anschrift des Treuhänders mitzuteilen.[308] Die Verpflichtung hierzu ergibt sich als Nebenpflicht aus dem Versicherungsvertrag, den Versicherungsnehmer im Falle einer Prämienanpassung oder Bedingungsänderung über deren Voraussetzungen zu informieren. Wenn zu den Wirksamkeitsvoraussetzungen gehört, dass ein unabhängiger Treuhänder die Zustimmung bzw. Bestätigung erteilt hat, muss dem Versicherungsnehmer auf Nachfrage auch die Person des Treuhänders benannt werden, damit er die Unabhängigkeit des Treuhänders ggf. überprüfen kann.

e) Verantwortlichkeit und Haftung. Die haftungsrechtlichen Konsequenzen ergeben sich 624 aus der unterschiedlichen **Rechtsstellung** des Treuhänders.

Im Verhältnis zur **Versicherungsaufsicht** ergibt sich aus der Natur der Sache keine Haftung 625 des Treuhänders.

Das VAG sieht auch keine **strafrechtliche Sanktion** vor. Anders als für den Verantwortlichen 626 Aktuar und den Treuhänder für das Sicherungsvermögen (§ 128 VAG) ist die falsche Erteilung einer Zustimmung oder Bestätigung durch den Treuhänder nicht strafbewehrt.

Aus dem mit dem **Versicherungsunternehmen** bestehenden Schuldrechtsverhältnis können 627 sich gegenüber dem Versicherungsunternehmen haftungsrechtliche Konsequenzen ergeben, wenn der Treuhänder die ihm vertraglich obliegenden Verpflichtungen (→ Rn. 613 f.) nicht erfüllt.

---

[304] Anders – allerdings ohne daraus konkrete Rechtsfolgen abzuleiten – *Renger* VersR 1994, 1257 (1260).
[305] Anders anscheinend *Renger* VersR 1994, 1257 (1259); *Präve* VersR 1995, 733 (739).
[306] *Grote* ZVersWiss 2002, 621 (626); anders *Hohlfeld* in Berliner Kommentar VVG § 178g Rn. 10; *Renger* VersR 1994, 1257 (1258); *Küntzel* VersR 1996, 148 (149).
[307] BVerfG VersR 2000, 214; *Römer* in Römer/Langheid, 2. Aufl. 2003, VVG § 178g Rn. 9; *Prölss* in Prölss/Martin, 27. Aufl. 2004, VVG § 178g Rn. 21a, 28.
[308] OLG Stuttgart VersR 2007, 639; BAV VerBAV 1995, 338; *Hohlfeld* in Berliner Kommentar VVG § 178g Rn. 18; *Voit* in Prölss/Martin VVG § 203 Rn. 26; *Römer* Informationspflichten S. 46; anders *Grote*, Die Rechtsstellung der Prämien-, Bedingungs- und Deckungsstocktreuhänder nach dem VVG und dem VAG (Münsteraner Reihe Heft 75), 2002, S. 504 ff.

628 Dies kann der Fall sein, wenn der Treuhänder zB entgegen getroffener Vereinbarungen nicht die notwendigen **Prüfungskapazitäten** bereitstellt und das Versicherungsunternehmen deshalb nicht fristgerecht die notwendigen Prämienanpassungen oder Bedingungsänderungen durchführen kann.

629 Haftungsansprüche kommen auch in Betracht, wenn der Treuhänder zu Unrecht die **Zustimmung verweigert**,[309] auf die das Versicherungsunternehmen einen Rechtsanspruch hat (→ Rn. 579, 587).

630 Zwischen den **Versicherten** und dem Treuhänder bestehen keine unmittelbaren Rechtsbeziehungen (→ Rn. 616 ff.), so dass sich haftungsrechtliche Konsequenzen nur ergeben können, wenn man das zwischen Treuhänder und Versicherungsunternehmen bestehende Rechtsverhältnis als Vertrag mit Schutzwirkung zugunsten der Versicherten ansieht. Dies ist wegen der dem Treuhänder zugewiesenen Aufgabe, auch die Interessen der Versicherten zu wahren (→ Rn. 617), anzunehmen.[310]

XV. Erhöhte Risiken

631 **1. Inhalt und Zweck der Regelung. a) Regelungsinhalt.** § 203 Abs. 1 S. 2 sieht bei der nach Art der Lebensversicherung betriebenen Krankenversicherung die Möglichkeit vor, dass die Vertragsparteien für ein **erhöhtes Risiko** einen Risikozuschlag oder einen Leistungsausschluss vereinbaren können. Dies gilt nicht bei einer Versicherung im Basistarif.

632 Der **Risikozuschlag** muss angemessen sein.

633 Die Vorschrift deckt sich – mit Ausnahme der hier nicht erwähnten, weil selbstverständlichen Wartezeit – nur teilweise mit § 204 Abs. 1 S. 1 Nr. 1 Hs. 2, der im Falle des **Tarifwechsels** für Mehrleistungen im Zieltarif die Vereinbarung eines Leistungsausschlusses oder eines angemessenen Risikozuschlags vorsieht (→ § 204 Rn. 340 ff.).[311]

634 **b) Bedeutung der Regelung.** Die Vorschrift enthält eine **Ausnahme** von dem in § 203 Abs. 1 S. 1 geregelten Grundsatz, nach dem das Versicherungsunternehmen bei der nach Art der Lebensversicherung betriebenen Krankenversicherung nur diejenige Prämie verlangen kann, die sich nach den technischen Berechnungsgrundlagen und den versicherungsaufsichtsrechtlichen Kalkulationsvorschriften ergibt.

635 Weil die nach den Kalkulationsvorschriften vorzunehmende Tarifkalkulation sich nur auf homogene Gefahrengemeinschaften mit gleichartigen Risikoprofilen und ähnlichen Schadenpotentialen beziehen kann (→ Vor § 192 Rn. 798), bezieht sich die Tarifprämie stets auf ein bei Versicherungsbeginn **durchschnittliches Risiko**.

636 Für bei Versicherungsbeginn **überdurchschnittlich hohe Risiken** – nämlich erhöhte Risiken iSv § 203 Abs. 1 S. 2 – gibt es keine Kalkulationsvorschriften (→ Rn. 58). Ohne die durch § 203 Abs. 1 S. 2 eingeräumte Möglichkeit müsste das Versicherungsunternehmen die Versicherung erhöhter Risiken ablehnen; denn es dürfte dann nur die für durchschnittliche Risiken kalkulierte Tarifprämie gem. § 203 Abs. 1 S. 1 verlangen. Diese wäre aber unterkalkuliert und würde wegen fehlender Äquivalenz von Risiko und Beitrag die dauernde Erfüllbarkeit der Verpflichtungen aus den Versicherungsverträgen gefährden.

637 **c) Zweck der Regelung.** Die Vorschrift verfolgt in erster Linie den Zweck, die **Äquivalenz** von Leistung und Gegenleistung, dh von übernommenem Risiko und zu zahlender Prämie sicherzustellen. Das Äquivalenzprinzip ist tragendes Prinzip der Beitragskalkulation (→ Vor § 192 Rn. 803 f.). Demnach ist die Vereinbarung risikoadäquater Prämien für die Funktionsfähigkeit des Krankenversicherungsgeschäfts zwingend.

638 Mit der aus dem Äquivalenzprinzip folgenden Notwendigkeit risikoadäquater Prämien soll auch der **Gleichbehandlungsgrundsatz** betont werden. Wenn für durchschnittlich hohe Risiken eine durchschnittliche Tarifprämie zu zahlen ist, muss für überdurchschnittlich hohe Risiken aus Gründen der Gleichbehandlung der Versicherten eine entsprechend höhere Prämie gezahlt oder über einen Leistungsausschluss eine Einschränkung des Versicherungsschutzes vereinbart werden.

639 Mit der für alle Versicherten geltenden Äquivalenz von Leistung und Gegenleistung soll ferner die **dauernde Erfüllbarkeit** der Verpflichtungen aus den Versicherungsverträgen sichergestellt werden. Die systematische Vereinbarung nicht risikoadäquater Prämien würde die dauernde Erfüllbarkeit gefährden.

---

[309] *Renger*, Die Verantwortung des Treuhänders, 1997, S. 18.
[310] *Prölss* in Prölss/Martin, 27. Aufl. 2004, VVG § 178g Rn. 18a; *Rudolph* in Bach/Moser MB/KK § 8b Rn. 21; *Renger*, Die Verantwortung des Treuhänders, 1997, S. 18.
[311] BVerwGE 137, 179 = VersR 2010, 1345 Rn. 21 ff.

2. Durchschnittsrisiko und Einzelrisiko. a) Grundsatz. Der versicherungsmathematischen 640
Kalkulation unterliegen durchschnittliche Risiken. Kalkuliert werden kann nur ein durchschnittlicher Schadenverlauf; individuelle Schadenverläufe sind prospektiv unbekannt. Auch die Gesundheitsprüfung vor Versicherungsbeginn bezweckt lediglich das Offenlegen bereits vorhandener und bekannter Krankheiten (→ Vor § 192 Rn. 862).

Die Kalkulation führt dementsprechend zu durchschnittlichen Prämien für das **normale** 641
Durchschnittsrisiko. Dieses Risiko bildet den Durchschnitt aller Risiken ab, die sich vor Versicherungsbeginn der üblichen Gesundheitsprüfung unterzogen haben und zu diesem Zeitpunkt als gesund und beschwerdefrei eingestuft worden sind.

Wird vor Versicherungsbeginn ein gegenüber dem normalen Durchschnittsrisiko erhöhtes 642
Risiko identifiziert, muss zur (Wieder-)Herstellung der Äquivalenz (→ Rn. 637) ein Ausgleich hergestellt werden. Dem dienen Risikozuschläge und Leistungsausschlüsse, die ebenfalls idR lediglich durchschnittliche Wahrscheinlichkeiten des erhöhten Risikos abbilden. Damit normalisieren sie das **erhöhte Durchschnittsrisiko** auf das normale Durchschnittsrisiko.

Wird vor Versicherungsbeginn ein **ungewöhnlich erhöhtes Einzelrisiko** identifiziert, für das 643
dem Versicherungsunternehmen keine durchschnittlichen Wahrscheinlichkeiten mit der erforderlichen Signifikanz bekannt sind, fehlt der an Durchschnittswerten ausgerichtete Maßstab, um ein solches Einzelrisiko zu bewerten. Wenn dem Versicherungsunternehmen auch andere Vergleichsmaßstäbe fehlen, die eine analoge Bewertung ermöglichen könnten, kann das Versicherungsunternehmen die Risikoübernahme nur ablehnen.

Der umgekehrte Fall, dass vor Versicherungsbeginn ein gegenüber dem normalen Durch- 644
schnittsrisiko **vermindertes Durchschnittsrisiko** identifiziert wird, kann systembedingt nicht eintreten. Weil nämlich schon das normale Durchschnittsrisiko als gesund und beschwerdefrei definiert wird (→ Rn. 641), kann es im Vergleich dazu kein „gesünderes und beschwerdefreieres" Risiko mehr geben. Neben „gesund" gibt es kein „gesünder".

b) Maßgebender Zeitpunkt. Für die Bewertung und Einstufung des Risikos (→ Rn. 640 ff.) 645
ist der **Zeitpunkt der Risikoübernahme** maßgebend; denn die Äquivalenz von Leistung und Gegenleistung kann sich immer nur auf diesen Zeitpunkt als den maßgeblichen Zeitpunkt der Kalkulation beziehen. Das Äquivalenzprinzip ist insofern statisch (→ Vor § 192 Rn. 803).

Nach der Risikoübernahme eintretende **Änderungen des Risikos** beeinflussen die Äquivalenz 646
von Leistung und Gegenleistung nicht mehr. Sie können weder prämienerhöhend noch prämienmindernd geltend gemacht werden.

c) Normales Durchschnittsrisiko. Normales Durchschnittsrisiko ist das für einen bestimm- 647
ten Tarif nach den gesetzlichen Kalkulationsvorschriften berechnete **tarifliche Risiko.**

Das tarifliche Risiko wird außerdem durch die **Annahmegrundsätze** – auch Annahmericht- 648
linien genannt – beeinflusst, die das Versicherungsunternehmen für diesen Tarif festgelegt hat. Die Annahmegrundsätze legen für die Risiko- und Gesundheitsprüfung fest, ob das Versicherungsunternehmen für den jeweiligen Tarif eine strenge Risikoselektion betreibt oder auch risikoträchtiges Versicherungsgeschäft akzeptiert. Die Selektionspolitik hat damit beträchtliche Auswirkungen auf die Höhe der Beiträge. Wenn für einen Tarif eine dauerhaft strenge Risikoselektion durchgeführt wird, ergeben sich auf Dauer erheblich niedrigere Tarifbeiträge, als wenn dies nicht geschieht.

Die für einen Tarif angewandte Annahme- und Selektionspolitik beeinflusst damit das Niveau 649
des **normalen Durchschnittsrisikos** des jeweiligen Tarifs. Wenn das Versicherungsunternehmen für unterschiedliche Tarife jeweils unterschiedlich strenge Annahmerichtlinien anwendet, ergeben sich für die verschiedenen Tarife auch unterschiedliche Niveaus für das normale Durchschnittsrisiko.

d) Erhöhtes Durchschnittsrisiko. Wenn das **normale Durchschnittsrisiko** das für einen 650
bestimmten Tarif unter Zugrundelegung der spezifischen Annahmerichtlinien gezeichnete und nach den gesetzlichen Kalkulationsvorschriften berechnete tarifliche Risiko ist (→ Rn. 647 ff.), dann definiert sich ein gegenüber diesem normalen Durchschnittsrisiko erhöhtes Risiko als das erhöhte Durchschnittsrisiko.

Ebenso wie das Niveau des normalen Durchschnittsrisikos für einen bestimmten Tarif davon 651
abhängt, welche **Annahmegrundsätze** das Versicherungsunternehmen anwendet (→ Rn. 648 f.), hängt davon auch das Niveau des erhöhten Durchschnittsrisikos ab. Unterschiedliche Tarife können damit das erhöhte Risiko iSv § 203 Abs. 1 S. 2 unterschiedlich definieren.

3. Optionen des Versicherungsunternehmens. a) Grundsatz. Wenn ein – ggf. tarifspezi- 652
fisch zu definierendes (→ Rn. 650 f.) – erhöhtes Risiko vorliegt, hat das Versicherungsunternehmen **mehrere Optionen:**

– Das Versicherungsunternehmen kann nach § 203 Abs. 1 S. 2 zur Herstellung der Äquivalenz einen **Ausgleich für das erhöhte Risiko** (→ Rn. 637) verlangen, wobei der Ausgleich in einer Erhöhung der Prämie (Risikozuschlag) oder in einer Verminderung der Versicherungsleistung (Leistungsausschluss) bestehen kann.
– Das Versicherungsunternehmen kann die Versicherung der betreffenden Person gänzlich **ablehnen**. Diese Möglichkeit erwähnt § 203 Abs. 1 zwar nicht. Sie ergibt sich aber aus dem Grundsatz der Vertragsfreiheit und dem Fehlen eines allgemeinen Kontrahierungszwangs. Zu den Einschränkungen im **Basistarif** → Rn. 715 ff.

653 b) **Wahlrecht.** Welche der mehreren Optionen (→ Rn. 652) zum Zuge kommt, bestimmt praktisch das **Versicherungsunternehmen.** Wenn es nämlich zu keiner Einigung zwischen den Parteien kommt, kommt auch kein Versicherungsvertrag zustande.

654 Die Festlegung der Ausgleichsvariante (→ Rn. 652) muss nach § 203 Abs. 1 S. 2 zwischen den Parteien des Versicherungsvertrags vertraglich **vereinbart** werden. Das Versicherungsunternehmen hat insoweit kein einseitiges Leistungsbestimmungsrecht.

655 Die als Ausgleich für das erhöhte Risiko genannten zwei Alternativen (→ Rn. 652) schließen sich nicht in der Weise gegenseitig aus, dass ausnahmslos nur eine der beiden Alternativen – also entweder Risikozuschlag oder Leistungsausschluss – vereinbart werden kann. Beide Ausgleichsvarianten können in bestimmten Fallkonstellationen auch kumulativ, dh nebeneinander zum selben Tarif vereinbart werden. Das in § 203 Abs. 2 S. 1 verwendete Wort „oder" verbindet die beiden Ausgleichsvarianten nicht als Gegensatzpaar („entweder Risikozuschlag oder Leistungsausschluss"), sondern als **Aufzählung**.

656 Eine **kumulative** Vereinbarung von Risikozuschlag und Leistungsausschluss kommt dann in Betracht, wenn der Versicherte wegen mehrerer voneinander unabhängiger Krankheitsbilder ein erhöhtes Risiko darstellt. Wenn bei ihm zB sowohl eine leichte Diabetes als auch eine allergische Erkrankung besteht und das Versicherungsunternehmen gleichwohl zur Risikoübernahme grds. bereit ist, kann es sinnvoll sein, für die Diabetes einen Risikozuschlag und für die Allergie einen Leistungsausschluss zu vereinbaren.

657 Wenn allerdings ein erhöhtes Risiko nur wegen eines **einzigen Krankheitsbildes** besteht, kann aus Gründen der Logik nur entweder ein Risikozuschlag oder ein Leistungsausschluss vereinbart werden. Denn der Risikozuschlag ist der Ausgleich für die Risikoübernahme, während der Leistungsausschluss diese gerade verhindert. Dies gilt jedenfalls dann, wenn ein völliger Leistungsausschluss wegen der betreffenden Krankheit vereinbart werden soll.

658 Wenn jedoch bei einem einzigen Krankheitsbild (→ Rn. 657) nur ein **teilweiser Leistungsausschluss** vereinbart werden soll, können beide Ausgleichsvarianten wieder miteinander kombiniert werden. So ist es zB denkbar, im Falle einer leichten Diabetes sowohl einen Risikozuschlag als auch zusätzlich in Form eines Jahresselbstbehalts einen betraglich begrenzten Leistungsausschluss zu vereinbaren. Mit dem Jahresselbstbehalt werden die typischen laufenden Krankheitskosten der leichten Diabetes erfasst, während der Risikozuschlag dazu dient, das auch bei einer leichten Diabetes vorhandene Risiko der diabetesbedingten Verschlechterung des Gesundheitszustandes und daraus sich entwickelnder Folgeerkrankungen auszugleichen.

659 c) **Dauer des Risikoausgleichs.** Handelt es sich um ein **dauerhaft erhöhtes Risiko**, wird der Risikoausgleich in Form des Risikozuschlags oder Leistungsausschlusses auch nur auf Dauer, dh unbefristet vereinbart werden.

660 Ein dauerhaft erhöhtes Risiko ist insbes. bei **chronischen Erkrankungen** anzunehmen.

661 Wenn nach dem Stand der Medizin oder den Erfahrungen des Versicherungsunternehmens ein erhöhtes Risiko typischerweise nur **vorübergehender Natur** ist, besteht auch die Möglichkeit, den Risikoausgleich, dh den Risikozuschlag oder Leistungsausschluss zeitlich zu begrenzen. Hiervon wird in der Praxis zB bei Krankheitsbildern Gebrauch gemacht, die idR nur in jüngerem Alter auftreten oder die – weil es sich um leichte Beschwerden handelt – häufig nach einer bestimmten Zeitspanne auch wieder vergehen.

662 Wenn der Risikoausgleich bei vorübergehend erhöhten Risiken zeitlich begrenzt werden soll (→ Rn. 661), geschieht dies üblicherweise nicht durch eine Befristung im rechtstechnischen Sinn, die zur Folge hätte, dass der Risikoausgleich nach Fristablauf automatisch enden würde. Die zeitliche Begrenzung erfolgt vielmehr in Form einer Zusatzvereinbarung, wonach der Versicherungsnehmer die Aufhebung des Risikozuschlags oder Leistungsausschlusses beantragen kann, wenn er während einer bestimmten Zeitdauer ununterbrochen – idR drei bis fünf Jahre – wegen der das erhöhte Risiko darstellenden Erkrankung weder behandelt worden ist noch Beschwerden hatte. Die vereinbarte **Behandlungs- und Beschwerdefreiheit** muss der Versicherungsnehmer gegenüber dem Versicherungsunternehmen mit seinem Antrag auf Aufhebung des Leistungsausschlusses oder Risikozuschlags schriftlich bestätigen.

Die Zusatzvereinbarung über die zeitliche Begrenzung des Risikoausgleichs (→ Rn. 662) ist **rechtswirksam;** sie verstößt nicht gegen AGB-Recht.[312] Sie verstößt auch nicht gegen die halbzwingenden Vorschriften der §§ 41 f.; denn § 41 hat wegen der Besonderheiten des Krankheitsrisikos für die Krankenversicherung keine praktische Bedeutung, so dass ein Nachteil des Versicherungsnehmers iSv § 42 auch nicht festgestellt werden kann (→ Rn. 706). **663**

Der Risikoausgleich endet erst, wenn das Versicherungsunternehmen den Antrag des Versicherungsnehmers auf Aufhebung des Leistungsausschlusses oder Risikozuschlags annimmt. Es handelt sich um einen **Änderungsvertrag,** der den Grundsätzen über das Zustandekommen von Verträgen folgt. **664**

4. Risikozuschlag. a) Begriff. Risikozuschlag ist die für ein erhöhtes Risiko vereinbarte **Zusatzprämie.** Das Aufsichtsrecht bezeichnet den Risikozuschlag wenig systematisch einmal als „Prämienzuschlag" (§ 155 Abs. 3 S. 3 VAG), was sachlich das gleiche bedeutet, und ein anderes Mal wie das VVG als Risikozuschlag (§ 15 Abs. 1 S. 6 KVAV). **665**

Der Risikozuschlag kann als von der Tarifprämie zu berechnender **prozentualer Zuschlag** vereinbart werden. Als prozentualer Zuschlag ist er von der jeweils geltenden Tarifprämie zu zahlen. Verändert sich die Tarifprämie durch Prämienanpassungen, verändert sich im gleichen Verhältnis auch der effektiv zu zahlende Risikozuschlag. **666**

Der Risikozuschlag kann auch als **absoluter Betrag** vereinbart werden. In diesem Fall wird er üblicherweise zunächst als prozentualer Zuschlag von der Tarifprämie berechnet und anschließend in einen absoluten Betrag umgerechnet und so ausgewiesen. Auch ein solcher absoluter Zuschlag unterliegt künftigen Prämienanpassungen (§ 203 Abs. 2 S. 2, § 155 Abs. 3 S. 3 VAG). **667**

b) Berechnung. Die aufsichtsrechtlichen **Kalkulationsvorschriften** enthalten keine Vorschriften zur Berechnung desjenigen Teils der Prämie, der zum Ausgleich eines gegenüber der Tarifkalkulation erhöhten Risikos zu zahlen ist (→ Rn. 58). Die Höhe des Risikozuschlags bedarf deshalb nach § 203 Abs. 1 S. 2 der Vereinbarung. **668**

Der Risikozuschlag soll das **erhöhte Durchschnittsrisiko** ausgleichen. Er bildet die durchschnittliche Schadenwahrscheinlichkeit des erhöhten Risikos ab (→ Rn. 642). **669**

Für erhöhte Risiken gibt es keine allgemein geltenden, auf aktuarieller Basis ermittelten Rechnungsgrundlagen. Damit muss jedes Versicherungsunternehmen seine **unternehmensspezifischen Schadenerfahrungen** zugrunde legen. Die entsprechenden Schadenauswertungen werden üblicherweise in Risikolisten festgehalten, die für die meisten Krankheitsbilder die erforderlichen prozentualen Risikozuschläge dokumentieren. Weil diese Risikolisten auf unternehmenseigenen Schadendaten beruhen und direkte Rückschlüsse auf die Zeichnungs- und Annahmepolitik des Versicherungsunternehmens erlauben, unterliegen sie dem strikten Geschäftsgeheimnis. **670**

5. Angemessenheit. a) Grundsatz. § 203 Abs. 1 S. 2 eröffnet die Möglichkeit zur Vereinbarung eines angemessenen Risikozuschlags. Die gleiche Einschränkung auf Angemessenheit enthält § 204 Abs. 1 S. 1 Nr. 1 Hs. 2 VVG 2009 für den Tarifwechsel. Für die Frage, was angemessen ist, gelten die gleichen **Maßstäbe und Beurteilungsgrundsätze** (→ § 204 Rn. 352 ff.). **671**

Die Angemessenheit des vom Versicherungsunternehmen verlangten Risikozuschlags ist **gerichtlich überprüfbar.** Allerdings sind der Überprüfbarkeit in materiell-rechtlicher Hinsicht enge Grenzen gesetzt (→ Rn. 673 ff.; → Rn. 678 ff.; → Rn. 682 ff.). **672**

Im Schrifttum wird zu der vergleichbaren Vorschrift des § 178f S. 2 VVG aF teilweise die Auffassung vertreten, das Versicherungsunternehmen könne Leistungseinschränkungen nur nach **billigem Ermessen** unter Anwendung des § 315 BGB verlangen.[313] Dieser Auffassung kann aus folgenden Gründen nicht gefolgt werden: **673**

– Schon rein **formal** ist § 315 BGB nicht einschlägig. Diese Vorschrift setzt voraus, dass in einem *bestehenden* Vertrag eine Partei die Leistung bestimmen soll. Im Falle des § 203 Abs. 1 S. 2 geht es jedoch darum, dass ein bestimmter Leistungsinhalt erst noch *zu vereinbaren* ist. **674**

– Die Anwendung des § 315 BGB auf eine erst noch zu treffende Vereinbarung ist nicht möglich, weil dies einen **faktischen Kontrahierungszwang** begründen würde. Das Versicherungsunternehmen würde verpflichtet, einen Versicherungsvertrag mit einem nach § 315 BGB zu bestimmenden Inhalt abzuschließen, den das Versicherungsunternehmen nicht abschließen will. Dies würde gegen den Grundsatz der Vertragsfreiheit verstoßen. **675**

---

[312] AG Köln VersR 1987, 401.
[313] *Hohlfeld* in Berliner Kommentar VVG § 178f Rn. 12; *Wriede* VersR 1996, 271 (273).

676 – § 203 Abs. 1 S. 2 **differenziert** zwischen den verschiedenen Leistungseinschränkungen: Nur für den Risikozuschlag verlangt die Vorschrift mit dem Angemessenheitserfordernis das Vorliegen einer qualitativen Voraussetzung, wie sie dem Rechtsgedanken des § 315 BGB vergleichbar ist. Das bedeutet im Umkehrschluss, dass für eine vergleichbare Angemessenheitsprüfung – und sei es nur in Analogie zu § 315 BGB – beim Verlangen eines Leistungsausschlusses kein Raum ist.

677 – Das Versicherungsunternehmen hat die Wahl zwischen drei Optionen (→ Rn. 652). Es kann die Risikoübernahme auch gänzlich **ablehnen** (→ Rn. 652 f.). Dies wäre gerichtlich überhaupt nicht überprüfbar, weder nach § 315 BGB noch nach einer anderen Rechtsvorschrift. Rechtssystematisch verbietet sich damit, die weniger belastende Form des Risikozuschlags einer Überprüfung nach § 315 BGB zu unterziehen.

678 **b) Prüfungsmaßstab.** Maßstab für die Überprüfung können nicht – möglicherweise auch durch subjektive Erwägungen beeinflusste – allgemeine Billigkeitserwägungen sein; die Anwendung des § 315 BGB ist ausgeschlossen (→ Rn. 673 ff.). Für die Festlegung der Höhe des Risikozuschlags hat das Versicherungsunternehmen einen **weiten Ermessens- und Beurteilungsspielraum**, der sich aus dem Grundsatz der Vertragsfreiheit ableitet (→ Rn. 675), zumal das Versicherungsunternehmen die Risikoübernahme gerichtsfrei auch völlig ablehnen kann (→ Rn. 677).

679 Die äußerste rechtliche Grenze für die Ausübung des Beurteilungsspielraums ergibt sich aus § 138 BGB. Wenn der vereinbarte Risikozuschlag **sittenwidrig** hoch ist, ist der Versicherungsvertrag nichtig. Damit ist dem Versicherungsnehmer aber nicht gedient; denn dann fehlt dem Versicherungsnehmer wie im Falle der Ablehnung durch das Versicherungsunternehmen (→ Rn. 677) jeglicher Versicherungsschutz.

680 Wenn Sittenwidrigkeit die einzige Grenze für die Höhe des Risikozuschlags wäre, wäre die Vereinbarung des Risikozuschlags für das Versicherungsunternehmen völlig **risiko- und sanktionslos**: Ist die Höhe des Risikozuschlags nicht sittenwidrig, wäre der Versicherungsvertrag in vollem Umfang wirksam; ist er aber sittenwidrig, wäre der Vertrag nichtig.

681 Ein solches Ergebnis kann nicht richtig sein, weil das Gesetz in § 203 Abs. 1 S. 2 und § 204 Abs. 1 S. 1 Nr. 1 Hs. 2 zum Ausdruck gebracht hat, dass der Risikozuschlag **angemessen** sein muss. Unangemessenheit ist jedoch weniger als Sittenwidrigkeit. Damit stellt sich die Frage nach der rechtlichen Grenze unterhalb der Sittenwidrigkeit. Diese Grenze kann nur unter gleichzeitiger Beachtung des weiten Ermessens- und Beurteilungsspielraums (→ Rn. 678, 682 ff.) gezogen werden.

682 **c) Ermessens- und Beurteilungsspielraum.** Der dem Versicherungsunternehmen einzuräumende Ermessens- und Beurteilungsspielraum hat objektive und subjektive **Komponenten**.

683 Zu den **objektiven Komponenten** zählt das erhöhte Risiko selbst. Da der Risikozuschlag das Prämienäquivalent für ein erhöhtes Risiko ist (→ Rn. 652), ist Maßstab für die Angemessenheitsprüfung zunächst dieses erhöhte Risiko, das insbes. zu folgenden Parametern ins Verhältnis gesetzt werden muss:

684 – Zu den **Schadenerfahrungen und Schadenerwartungswerten** des betreffenden Versicherungsunternehmens für erhöhte Risiken gleicher Art: Grundlage kann nur der jeweilige Erkenntnisstand des Versicherungsunternehmens sein, das den Tarifwechsel vornehmen soll. Das Versicherungsunternehmen muss im Streitfall diesen Erkenntnisstand darlegen und durch Geschäftsunterlagen so untermauern, dass ggf. ein sachverständiger Aktuar sie überprüfen kann.[314] Hierbei lässt sich nicht vermeiden, dass zB mehrere Versicherungsunternehmen in Abhängigkeit von der Größe ihrer Versicherungsbestände unterschiedliche Schadenerfahrungen haben werden. Einem kleinen Versicherungsunternehmen – insbes. wenn es sich um ein verhältnismäßig junges Versicherungsunternehmen handelt – stehen nicht die gleichen Schadeninformationen zur Verfügung wie einem alten Versicherungsunternehmen mit sehr großen und alten Versicherungsbeständen.

685 – Zu den **Sicherheitszuschlägen,** die das betreffende Versicherungsunternehmen im Rahmen der Festsetzung von Risikozuschlägen allgemein einrechnet: Ganz allgemein sind in die Prämien Sicherheitszuschläge einzurechnen (§ 203 Abs. 1 S. 1 iVm § 146 Abs. 1 Nr. 1, § 160 S. 1 Nr. 1 VAG, § 7 KVAV), wobei jede Rechnungsgrundlage mit ausreichenden Sicherheiten zu versehen ist (§ 2 Abs. 3 KVAV). Dies gilt auch für Risikozuschläge. Hier kommt es gleichfalls auf die Geschäftspraxis des betreffenden Versicherungsunternehmens an; denn kleine, insbes. junge Versicherungsunternehmen mit geringen Schadenerfahrungen müssen aufgrund der deutlich höheren Volatilität ihres Versicherungsbestandes aus versicherungstechnischen Gründen eine andere Zuschlagspraxis entwickeln als zB alte Versicherungsunternehmen mit sehr großen Versicherungsbeständen (→ Rn. 684).

---

[314] Ähnlich *Wriede* VersR 1996, 271 (273).

Die **subjektiven Komponenten** beziehen sich auf die jeweilige Geschäftspolitik des einzelnen 686
Versicherungsunternehmens. Hier sind folgende Kriterien zu berücksichtigen:
- Die **allgemeine Annahmepolitik** und Geschäftspraxis des betreffenden Versicherungsunterneh- 687
mens: Die Gestaltung der Geschäftspolitik gehört zur unternehmerischen Eigenverantwortung
jedes Versicherungsunternehmens. Wesentlicher Teil der Geschäftspolitik ist die Annahmepolitik,
die aufgrund der Risikoprüfung festlegt, ob das Versicherungsunternehmen beim Aufbau seiner
Versicherungsbestände eine strenge Risikoselektion betreibt oder auch risikoträchtiges Versicherungsgeschäft akzeptiert. Die Selektionspolitik hat beträchtliche Auswirkungen auf die Höhe der
Beiträge. Ein Versicherungsunternehmen mit konsequent und dauerhaft durchgeführter strenger
Risikoselektion wird auf Dauer uU erheblich niedrigere Tarifbeiträge haben als ein Versicherungsunternehmen, das weniger streng selektiert. In diese aus der unternehmerischen Verantwortung
abgeleitete Geschäftspolitik kann nicht eingegriffen werden, weil sonst die unternehmerische
Eigenverantwortung selbst nicht mehr wahrgenommen werden könnte. Sie entzieht sich damit
auch der gerichtlichen Überprüfung. Zur Annahmepolitik gehört auch die Gestaltung der Risikozuschläge: Ein Versicherungsunternehmen mit strenger Risikoselektion wird auch sehr viel höhere
Risikozuschläge praktizieren als ein vergleichbares anderes Versicherungsunternehmen mit einer
großzügigeren Risikopolitik. Risikozuschläge können in einem solchen Fall auch prohibitiven
Charakter annehmen. Wenn dies der allgemeinen Geschäftspolitik des betreffenden Versicherungsunternehmens entspricht, muss dies im Rahmen der Angemessenheitsprüfung akzeptiert werden.
- Die **spezielle Annahmepolitik** des Versicherungsunternehmens für den jeweiligen Tarif: Ein 688
Versicherungsunternehmen kann für seine unterschiedlichen Tarife unterschiedliche Annahmegrundsätze festlegen. Es ist nicht gehalten, allen Tarifen die gleiche Selektionspolitik zugrunde
zu legen. Tritt zB ein neu gegründetes Versicherungsunternehmen mit innovativen Produkten
und wegen strenger Risikoselektion niedrig kalkulierten Prämien auf den Markt, so kann es sich
für etablierte Versicherungsunternehmen als notwendig erweisen, dem neuen Wettbewerber mit
ähnlichen Produkten zu begegnen. In einem solchen Fall würde dieses Versicherungsunternehmen
eine geschäftspolitisch bewusst nach den unterschiedlichen Tarifen differenzierte Annahmepolitik
betreiben. Auch dies ist im Rahmen der Angemessenheitsprüfung zu berücksichtigen.
Ob die Risikoeinschätzung des Versicherungsunternehmens dem aktuellen **Stand der medizini-** 689
schen Wissenschaft entspricht, ist unbeachtlich.[315] Das Versicherungsunternehmen kann eigene
Erfahrungswerte verwenden.

6. Leistungsausschluss. a) Begriff. Wenn bestimmte nach dem jeweiligen Tarif versicherte 690
Leistungen durch **gesonderte Einzelvereinbarung** vom Versicherungsschutz ausgeschlossen sind,
spricht man von einem Leistungsausschluss.
Der Leistungsausschluss kann verschiedene Sachverhalte zum **Inhalt** haben: 691
- Er kann sich auf eine bestimmte **Krankheit** beziehen und vorsehen, dass aufgrund dieser Krank- 692
heit erbrachte medizinische Leistungen vom Versicherungsschutz ausgeschlossen sind. Dies ist die
praktisch häufigste Form des Leistungsausschlusses.
- Er kann sich auf die **Höhe der Versicherungsleistungen** beziehen und vorsehen, dass gewisse 693
medizinische Leistungen nur bis zu einem bestimmten Höchstbetrag oder ab einem vom Versicherten zu tragenden Selbstbehalt versichert sein sollen. Diese Form des Leistungsausschlusses ist
in der Praxis verhältnismäßig selten anzutreffen. Dieser Leistungsausschluss kann auch in Kombination mit der Beschränkung auf bestimmte Krankheiten (→ Rn. 692) vereinbart werden.
- Der Leistungsausschluss kann sich auch auf den Beginn des Versicherungsschutzes beziehen, indem 694
allgemein oder unter Beschränkung auf bestimmte Krankheiten bzw. medizinische Leistungen
über die tariflichen Wartezeiten hinausgehende **zusätzliche Wartezeiten** vereinbart werden. In
der Einzelversicherung hat dieser Fall keine praktische Bedeutung, weil die AVB idR die gesetzlich
in § 197 Abs. 1 geregelten Wartezeiten übernommen haben, die nach § 208 auch durch Einzelvereinbarung nicht verlängert werden dürfen. Praktisch bedeutsam kann diese Form des Leistungsausschlusses in denjenigen Fällen werden, in denen die AVB entweder keine Wartezeiten oder geringere Wartezeiten als die in § 197 Abs. 1 geregelten vorsehen. Dies kann zB in der
Gruppenversicherung der Fall sein.

b) Risikobezug. Den Worten „mit Rücksicht auf das erhöhte Risiko" (§ 203 Abs. 1 S. 2) ist 695
zu entnehmen, dass sich der Leistungsausschluss auf das **erhöhte Risiko** beziehen muss.
Für den zulässigen Leistungsausschluss genügt ein **mittelbarer Bezug** zum erhöhten Risiko. 696
Dies ist vor allem für chronische Erkrankungen bedeutsam, die Folgeerkrankungen nach sich ziehen
können. Wenn solche Folgeerkrankungen denkbar sind, können auch sie in den Leistungsausschluss
einbezogen werden.

---

[315] OLG Karlsruhe VersR 2010, 788.

697 Ein Ausschluss von Versicherungsleistungen für Krankheiten, die **keinen denkbaren Bezug** zum erhöhten Risiko haben, ist unzulässig. Der Bezug muss medizinisch undenkbar sein.

698 Wenn ein Leistungsausschluss keinen derartigen Bezug zum erhöhten Risiko hat, ist als **Rechtsfolge** die entsprechende Vereinbarung unwirksam; denn von § 203 kann nicht zum Nachteil des Versicherungsnehmers abgewichen werden (§ 208).

699 c) **Angemessenheit.** Im Gegensatz zum Risikozuschlag schreibt § 203 Abs. 1 S. 2 **keine Angemessenheit** des Leistungsausschlusses vor. Dies folgt aus der Natur des Leistungsausschlusses, der – von seltenen Randfällen abgesehen – typischerweise nicht modifiziert werden kann: Das erhöhte Risiko kann im Regelfall nur entweder eingeschlossen oder ausgeschlossen sein.

700 Maßgebend ist insoweit eine **typisierende Betrachtungsweise.** Die theoretisch bestehende Möglichkeit, durch einen begrenzten Leistungsausschluss die Höhe der Versicherungsleistungen oder den Beginn des Versicherungsschutzes zu modifizieren (→ Rn. 693 f.) entsprechen nicht dem normalen Typus des Leistungsausschlusses und müssen bei der gebotenen typisierenden Betrachtung außer Betracht bleiben.

701 Eine allgemeine Grenze ergibt sich nur aus § 138 BGB. Indessen sind kaum Fälle vorstellbar, in denen sich ein Leistungsausschluss als **sittenwidrig** erweisen kann. Den denkbaren Fall, dass ein Leistungsausschluss keinen irgendwie gearteten Bezug zum erhöhten Risiko hat (→ Rn. 695 ff.), löst bereits § 208 (→ Rn. 698).

702 d) **Versicherungspflicht.** Nach § 193 Abs. 3 S. 1 Hs. 1 darf eine in Erfüllung der Versicherungspflicht abgeschlossene Krankenversicherung keinen **Selbstbehalt** aufweisen, der zu einer jährlichen betragsmäßigen Auswirkung von mehr als 5.000 EUR führt. Hierbei handelt es sich um generelle Selbstbehalte, die – insbes. bei Ambulanttarifen – für ganze Leistungsarten vereinbart werden.

703 Ein wegen eines **erhöhten Risikos** zu vereinbarender Leistungsausschluss ist kein Selbstbehalt iSv § 193 Abs. 3 S. 1 Hs. 1, und zwar auch dann nicht, wenn er betragsmäßig fixiert ist (→ Rn. 693); denn er stellt keine generelle tarifliche Regelung dar, sondern beruht auf dem individuell erhöhten Risiko. Den Gesetzesmaterialien ist zu entnehmen, dass im Rahmen von § 193 Abs. 3 S. 1 Hs. 1 nur die Vereinbarung von „tariflichen Selbstbehalten" ausgeschlossen sein sollte, um eine systematische „Umgehung der Versicherungspflicht zu verhindern".[316] Dies trifft auf den Leistungsausschluss iSv § 203 Abs. 1 S. 2 nicht zu. Der Versicherungspflichtige kann in einem solchen Fall die Versicherungspflicht im Basistarif erfüllen (vgl. § 203 Abs. 1 S. 2).

704 **7. Fortfall des erhöhten Risikos. a) Grundsatz.** Wenn die Umstände, die das erhöhte Risiko begründen und zur Vereinbarung eines Risikozuschlags oder eines Leistungsausschlusses geführt hatten, nachträglich fortfallen, hat dies zunächst **keinen Einfluss** auf die Vereinbarung, die gleichwohl wirksam bleibt. Denn für die Bewertung und Einstufung des Risikos ist grds. der Zeitpunkt der Risikoübernahme maßgebend. Später eintretende Änderungen der Risikosituation beeinflussen die ursprüngliche Äquivalenz nicht mehr (→ Rn. 645 f.).

705 Von diesem Grundsatz macht die auf die Krankenversicherung nach § 194 anzuwendende Vorschrift des § 41 S. 1 eine **Ausnahme.** Danach kann der Versicherungsnehmer verlangen, dass eine wegen eines erhöhten Risikos vereinbarte höhere Prämie angemessen herabgesetzt wird.

706 Der Herabsetzungsanspruch des Versicherungsnehmers gilt nach dem eindeutigen Wortlaut des § 41 nur für höhere Prämien, dh für **Risikozuschläge;** er gilt nicht für aufgrund des erhöhten Risikos vereinbarte Leistungsausschlüsse. Daraus wird deutlich, dass diese Vorschrift – wie schon die Vorgängervorschrift des § 41a VVG aF – nach ihrem Sinn zur Anwendung auf die Krankenversicherung materiell nicht geeignet ist. Die Vorschrift setzt nämlich die für die eigentliche Schadenversicherung typische Situation voraus, dass eine klare und objektivierbare Beziehung zwischen der erhöhten Gefahr und dem Ende der Erhöhung einerseits und der Versicherungsleistung andererseits besteht. Dies ist beim Krankheitsrisiko nicht der Fall. Zwar können idR bestimmte Krankheitskosten einem erhöhten Risiko – zB einem diagnostizierten Krankheitsbild – zugeordnet werden. Indessen kann idR nicht eindeutig bestimmt werden, ob und ab welchem Zeitpunkt das erhöhte Risiko nicht mehr besteht. Deshalb hat § 41 trotz seiner formalen Geltung[317] für die Krankenversicherung keine *praktische* materielle Bedeutung.

707 Soweit die Herabsetzung eines Risikozuschlags auf § 41 gestützt wird, muss die **Risikobewertung des Versicherungsunternehmens** zugrunde gelegt werden, auch wenn diese nicht dem

---

[316] Bericht des Gesundheitsausschusses zu Art. 43 Nr. 01 Abs. 5 (§ 178a VVG) Fraktionsentwurf GKV-WSG, BT-Drs. 16/4247, 67.

[317] BGH VersR 2015, 1012 Rn. 22; OLG Karlsruhe VersR 2011, 788.

aktuellen Stand der medizinischen Wissenschaft entspricht;[318] denn für die Angemessenheit hat das Versicherungsunternehmen einen weiten Ermessens- und Beurteilungsspielraum (→ Rn. 682 ff.).

b) Zeitliche Begrenzung. Wenn der Risikozuschlag oder Leistungsausschluss zeitlich begrenzt worden war (→ Rn. 661 ff.), kann der Versicherungsnehmer entsprechend der getroffenen Vereinbarung die **Aufhebung der Erschwernisse** beantragen, sofern der Versicherte während der vereinbarten Zeitdauer behandlungs- und beschwerdefrei geblieben ist (→ Rn. 682). **708**

Wenn der Versicherungsnehmer dem Versicherungsunternehmen **wahrheitswidrig** die Behandlungs- und Beschwerdefreiheit bestätigt und das Versicherungsunternehmen in Unkenntnis der Wahrheitswidrigkeit den Antrag auf Aufhebung des Leistungsausschlusses annimmt, treten folgende Rechtsfolgen ein: **709**

– Das Versicherungsunternehmen kann seine Willenserklärung, mit der es den Aufhebungsantrag angenommen hat, in aller Regel wegen arglistiger Täuschung **anfechten** (§ 22 VVG, § 123 Abs. 1 BGB). Die Anfechtung hat zur Folge, dass der Änderungsvertrag (→ Rn. 664) von Anfang an unwirksam war, so dass der Leistungsausschluss oder Risikozuschlag ununterbrochen fortgilt. **710**

– Der vorsätzlich täuschende Versicherungsnehmer begeht strafrechtlich einen **Betrug**. **711**

– In seltenen Fällen könnte es auch sein, dass die Voraussetzungen für eine Arglistanfechtung nicht erfüllt sind. Ein solcher Fall käme etwa in Betracht, wenn der Versicherungsnehmer sich an bereits länger zurückliegende leichtere Beschwerden nicht mehr erinnert und die Beschwerdefreiheit nicht vorsätzlich dem Versicherungsunternehmen bestätigt hat. In einem solchen Fall sind auf den Änderungsvertrag die Vorschriften über die **vorvertragliche Anzeigepflichtverletzung** nach § 19 anzuwenden;[319] denn mit dem Änderungsvertrag wird entweder ein zusätzlicher (so bei Fortfall des Leistungsausschlusses) oder ein verbilligter (so bei Fortfall des Risikozuschlags) Krankenversicherungsschutz begründet. **712**

– In besonders schweren Fällen einer arglistigen Täuschung kommt sogar zusätzlich die **außerordentliche Kündigung** des gesamten Versicherungsverhältnisses in Betracht (§ 314 Abs. 1 BGB). Dies setzt jedoch voraus, dass der Versicherungsnehmer in besonders schwerwiegender Weise die Interessen des Versicherungsunternehmens aus Eigennutz verletzt hat. Dazu bedarf es idR einer gewissen kriminellen Energie. **713**

– § 206 Abs. 1 S. 1 schließt entgegen seinem Wortlaut nicht generell auch die außerordentliche Kündigung aus wichtigem Grund aus, wenn der fragliche Krankheitskostenversicherungsvertrag die **Versicherungspflicht** nach § 193 Abs. 3 S. 1 erfüllt. Ausgeschlossen sind nur auf Prämienverzug gestützte außerordentliche Kündigungen (→ Vor § 192 Rn. 1095). **714**

8. Besonderheiten im Basistarif. a) Grundsatz. Die **Gesundheitsreform** führte mit dem GKV-Wettbewerbsstärkungsgesetz (GKV-WSG) v. 26.3.2007[320] den neuen Basistarif ein und änderte noch während des parlamentarischen Verfahrens der VVG-Reform mit Wirkung ab 1.1.2009 den früheren § 178g Abs. 1 VVG aF (→ Vor § 192 Rn. 1035 ff.). Art. 11 Abs. 1 VVG-ReformG übernahm die Änderungen inhaltsgleich in das neue VVG. **715**

Die Änderungen bestehen darin, dass nach § 203 Abs. 1 S. 2 im Basistarif wegen eines **erhöhten Risikos** weder ein Risikozuschlag noch ein Leistungsausschluss vereinbart werden darf. Außerdem ist nach § 203 Abs. 1 S. 3 eine Risikoprüfung nur für Zwecke des Risikoausgleichs nach § 154 VAG oder für spätere Tarifwechsel nach § 204 zulässig. **716**

b) Erhöhtes Risiko. Das Versicherungsunternehmen unterliegt im Basistarif nach § 193 Abs. 5 S. 1 einem unbedingten **Kontrahierungszwang**. Der Kontrahierungszwang wird durch das Verbot von Risikozuschlägen und Leistungsausschlüssen flankiert, weil „das individuelle Risiko für die Prämienhöhe keine Rolle spielen darf".[321] **717**

In dieser Form verstößt das Gesetz gegen das **Äquivalenzprinzip**, weil dem Kontrahierungszwang keine korrespondierende, symmetrisch angelegte Versicherungspflicht gegenübersteht (→ Vor § 192 Rn. 1056 ff.). Der Kontrahierungszwang erfasst vielmehr auch solche Personenkreise, die nicht der Versicherungspflicht in der PKV unterliegen. Weil diese Personenkreise sich frei entscheiden können, ob sie sich im Basistarif versichern wollen, führt es zu einer systematischen negativen Risikoselektion, wenn das Versicherungsunternehmen hinsichtlich dieser Personen keine Risikoprüfung vornehmen darf.[322] Dies verstößt gegen Verfassungsrecht (→ Vor § 192 Rn. 1065 ff.). **718**

---

[318] OLG Karlsruhe VersR 2011, 788.
[319] AG Köln VersR 1987, 401 (402).
[320] BGBl. 2007 I 378.
[321] Begr. zu Art. 43 Nr. 5 (§ 178g VVG) Fraktionsentwurf GKV-WSG, BT-Drs. 16/3100, 207.
[322] *Boetius* VersR 2007, 431 (433).

719   **c) Risikoprüfung.** Wegen des Verbots, bei einem erhöhten Risiko einen Risikozuschlag oder Leistungsausschluss zu vereinbaren, entfällt grds. auch die Möglichkeit einer Risikoprüfung. Das bei Versicherungsbeginn feststellbare tatsächliche **Gesundheitsrisiko** behält jedoch in anderer Hinsicht seine Bedeutung:

720   Wenn bei Versicherungsbeginn ein erhöhtes Risiko vorliegt, sind darauf zurückzuführende **Mehraufwendungen** auf alle im brancheneinheitlichen Basistarif Versicherten gleichmäßig zu verteilen (§ 154 Abs. 1 S. 3 Hs. 1 VAG). Um diese Verteilung zu ermöglichen, muss das aufnehmende Versicherungsunternehmen eine Gesundheits- und Risikoprüfung durchführen, was § 203 Abs. 1 S. 3 ermöglicht. Für Zwecke der Gesundheitsprüfung kann das Versicherungsunternehmen die Vorlage ärztlicher Untersuchungsberichte und ggf. eine ärztliche Untersuchung verlangen (→ Vor § 192 Rn. 1046 f.).[323]

721   Diese Regelung erzeugt **neue Probleme,** weil die Einschätzung des Risikos vom jeweiligen Versicherungsunternehmen abhängt und es keine objektiven Maßstäbe dafür gibt, welche Mehraufwendungen bei welchem gegenwärtig feststellbaren Krankheitsbild künftig zu erwarten sind. Soweit Versicherungsunternehmen dies nämlich aufgrund ihrer Schadenerfahrung abschätzen können (→ Rn. 684), pflegen sie einen Risikozuschlag festzulegen, der auch Maßstab für den Zuschlag zur Verteilung der Mehraufwendungen nach § 8 Abs. 1 Nr. 7 KVAV sein kann. Soweit Versicherungsunternehmen dies aber nicht abschätzen können, legen sie einen Leistungsausschluss fest oder lehnen die Risikoübernahme überhaupt ab; dann kann aber auch kein Zuschlag zur Verteilung der (unbekannten) Mehraufwendungen ermittelt werden.

722   Außerdem setzt die Regelung voraus, dass die Versicherungsunternehmen eine weitgehend **einheitliche Risikoeinschätzung** vornehmen. Dies ist jedoch grds. nicht der Fall (→ Rn. 687 f.). Damit begünstigt die Regelung Versicherungsunternehmen mit besonders strenger Risikoeinschätzung, weil sie dadurch die umlagefähigen Mehraufwendungen erhöhen können.

723   Auch für den Fall eines späteren **Tarifwechsels** bleibt nach § 203 Abs. 1 S. 3 eine Risikoprüfung bedeutsam. Wenn nämlich der Versicherte aus dem Basistarif in einen anderen Tarif (Zieltarif) wechseln will, kann das Versicherungsunternehmen nach § 204 Abs. 1 S. 1 Nr. 1 Hs. 4 im Zieltarif den ursprünglich ermittelten Risikozuschlag verlangen (→ § 204 Rn. 370 ff.).

XVI. Beweislast

724   **1. Prämienprozess. a) Tarifprämie.** Nach den allgemeinen Grundsätzen hat das **Versicherungsunternehmen** im Rechtsstreit die Darlegungs- und Beweislast für die Tatsachen, die seinen Prämienanspruch begründen. Dazu gehört ggf., dass die Berechnung der verlangten Prämie der Vorschrift des § 203 Abs. 1 S. 1 iVm den dort genannten aufsichtsrechtlichen Vorschriften entspricht.

725   **b) Risikozuschlag.** Wenn Gegenstand des Rechtsstreits die Zahlung des Risikozuschlags ist, hat das **Versicherungsunternehmen** die Darlegungs- und Beweislast für die Tatsachen, die den Risikozuschlag begründen. Dazu gehört, dass nach den Geschäftsgrundsätzen des Versicherungsunternehmens (→ Rn. 647 ff.; → Rn. 650 f.) ein erhöhtes Risiko vorliegt. Wenn der Versicherungsnehmer die Angemessenheit bestreitet, muss das Versicherungsunternehmen die Tatsachen vortragen und beweisen, welche die Angemessenheit begründen (→ Rn. 671 ff.).

726   **2. Leistungsprozess.** Wenn Gegenstand des Rechtsstreits eine nach den AVB und Tarifbestimmungen versicherte Leistung ist, muss das **Versicherungsunternehmen** ggf. darlegen und beweisen, dass ein Leistungsausschluss vereinbart worden ist und dass nach den Geschäftsgrundsätzen des Versicherungsunternehmens (→ Rn. 647 ff.; → Rn. 650 f.) ein erhöhtes Risiko vorliegt, das den Leistungsausschluss begründet.

XVII. Allgemeine Versicherungsbedingungen

727   **1. Beitragsberechnung. a) Allgemeine vertragliche Regelungen.** Die meisten AVB bestimmen, dass die Berechnung der Beiträge nach Maßgabe der Vorschriften des VAG erfolgt und in den technischen Berechnungsgrundlagen des Versicherungsunternehmens festgelegt ist (§ 8a Abs. 1 MB/KK 2013, § 8a Abs. 1 MB/KT 2013, § 8a Abs. 1 MB/ST 2009, § 8a Abs. 1 MB/EPV 2009, § 8a Abs. 1 MB/BT 2009). Mit dieser Verweisung haben sie den **gleichen Inhalt** wie § 203 Abs. 1 S. 1.

728   § 8a Abs. 2 S. 1 MB/KK 2013 – ebenso § 8a Abs. 2 S. 1 MB/KT 2013, § 8a Abs. 2 S. 1 MB/EPV 2009, § 8a Abs. 3 S. 1 MB/PPV 2009 – bestimmt, dass im Falle einer **Beitragsänderung** das bei Inkrafttreten der Änderung erreichte tarifliche Lebensalter zu berücksichtigen ist; dies entspricht den allgemeinen Kalkulationsgrundsätzen. Dem früheren Eintrittsalter wird durch Anrechnung der

---
[323] OLG Köln VersR 2013, 490 (491) = NJW 2013, 1824 mit abl. Anm. *Wiemer* VersR 2013, 614 f.

Alterungsrückstellung Rechnung getragen (§ 8a Abs. 2 S. 2 MB/KK 2013); dies deckt sich mit den aufsichtsrechtlichen Grundsätzen bei Prämienanpassungen (§ 11 Abs. 1 KVAV).

Für die mit **Alterungsrückstellungen** kalkulierten Krankenversicherungen bestimmt § 8a 729 Abs. 2 S. 3 MB/KK 2013 – ebenso § 8a Abs. 2 S. 3 MB/KT 2013, § 8a Abs. 2 S. 3 MB/EPV 2009, § 8a Abs. 3 S. 3 MB/PPV 2009 –, dass eine Erhöhung der Beiträge oder eine Minderung der Leistungen wegen des Älterwerdens des Versicherten ausgeschlossen ist. Damit wird die Wirkung der Alterungsrückstellung beschrieben; die Vorschrift hat lediglich deklaratorische Bedeutung.

b) Standardtarif. Für den Standardtarif regelt § 8a Abs. 2, 3 MB/ST 2009 die gesetzlich 730 vorgeschriebene **Höchstbeitragsgarantie** (→ Rn. 233).

c) Basistarif. Für den Basistarif regelt § 8a Abs. 4–7 MB/BT 2009 die gesetzlich vorgeschriebe- 731 nen **Beitragsbegrenzungen** (→ Rn. 244 ff.).

d) Private Pflege-Pflichtversicherung (PPV). § 8a Abs. 1 MB/PPV 2009 bestimmt, dass 732 die Beitragsberechnung nach Maßgabe des **§ 110 SGB XI** erfolgt und in den technischen Berechnungsgrundlagen des Versicherungsunternehmens niedergelegt ist.

Diese Regelung der MB/PPV 2009 ist **lückenhaft**. § 110 SGB XI regelt nicht die Beitragsbe- 733 rechnung der PPV insgesamt, sondern nur Teilbereiche, nämlich die Geschlechtsneutralität, den Höchstbeitrag und die Beitragsfreiheit von Kindern (§ 110 Abs. 1 Nr. 2 lit. d–g SGB XI).

Die Geltung der **aufsichtsrechtlichen Kalkulationsvorschriften** ergibt sich damit ausschließ- 734 lich aus § 203 Abs. 1 S. 1.

2. Erhöhtes Risiko. Die AVB enthalten **keine allgemeinen Vorschriften** zu den Optionen 735 des Versicherungsunternehmens, wenn bei Versicherungsbeginn ein erhöhtes Risiko vorliegt. Das ist auch systematisch richtig; denn hier geht es darum, ob und zu welchen Bedingungen ein Versicherungsvertrag geschlossen werden soll. Dies aber können AVB nicht regeln, weil sie einen abgeschlossenen Vertrag voraussetzen.

§ 8a Abs. 4 MB/KK 2013 – ebenso § 8a Abs. 4 MB/KT 2013, § 8a Abs. 4 MB/EPV 2009 – 736 behandelt daher nur den Fall, dass bei **Vertragsänderungen** ein erhöhtes Risiko vorliegt. Unter Vertragsänderungen werden nicht Reduzierungen, sondern nur Erweiterungen des Versicherungsschutzes verstanden. Für diesen Fall soll dem Versicherungsunternehmen zusätzlich zum Beitrag ein angemessener Zuschlag zustehen (§ 8a Abs. 4 S. 1 MB/KK 2013), der sich nach den Grundsätzen bemisst, die für den Geschäftsbetrieb des Versicherungsunternehmens zum Ausgleich erhöhter Risiken maßgeblich sind (§ 8a Abs. 4 S. 2 MB/KK 2013). Dies deckt sich inhaltlich mit den Anforderungen gem. § 203 Abs. 1 S. 2.

Die AVB regeln auch für den Fall der Vertragsänderung nicht die Option des Versicherungsun- 737 ternehmens, einen **Leistungsausschluss** zu vereinbaren. Die Nichterwähnung dieser Option hat keine rechtliche Bedeutung. § 8a Abs. 4 S. 1 MB/KK 2013 ist nicht dahin auszulegen, dass diese Option ausgeschlossen sein soll. Ein AVB-mäßiger Ausschluss dieser Möglichkeit wäre im Übrigen nach § 208 unwirksam; denn es würde einen Nachteil für den Versicherungsnehmer darstellen, wenn er entgegen § 203 Abs. 1 S. 2 nur einen Risikozuschlag und nicht stattdessen einen Leistungsausschluss vereinbaren könnte.

C. Prämienanpassung (Abs. 2)

I. Inhalt und Zweck der Regelung

1. Regelungsinhalt. § 203 Abs. 2 regelt die Möglichkeit, **während des Bestehens einer** 738 **Krankenversicherung** die Prämie zu ändern. Die Prämienanpassung ist an zahlreiche Voraussetzungen geknüpft:
– Die Möglichkeit zur Prämienanpassung besteht nur für Krankenversicherungen, bei denen das **ordentliche Kündigungsrecht des Versicherungsunternehmens ausgeschlossen** ist (§ 203 Abs. 2 S. 1).
– Die Prämie kann nur angepasst werden, wenn eine für die Prämienkalkulation **maßgebliche Rechnungsgrundlage** sich verändert hat (§ 203 Abs. 2 S. 1).
– Maßgebliche Rechnungsgrundlagen in diesem Sinne sind nur die **Versicherungsleistungen** und die **Sterbewahrscheinlichkeiten** (§ 203 Abs. 2 S. 3).
– Die Veränderung der maßgebenden Rechnungsgrundlage darf **nicht nur als vorübergehend** anzusehen sein (§ 203 Abs. 2 S. 1).
– Außer der Tarifprämie darf auch ein betragsmäßiger **Selbstbehalt** und ein vereinbarter **Risikozuschlag** geändert werden, wenn dies vereinbart ist (§ 203 Abs. 2 S. 2).

– Ein **unabhängiger Treuhänder** muss die Berechnungsgrundlagen überprüft und der Prämienanpassung zugestimmt haben (§ 203 Abs. 2 S. 1).

739 Für die Prämienanpassung und die Mitwirkung des Treuhänders enthält das **Versicherungsaufsichtsrecht** detaillierte Vorschriften. Maßgebend sind insoweit § 155 VAG sowie die aufgrund des § 160 VAG erlassene Rechtsverordnung. Auf diese Vorschriften des Versicherungsaufsichtsrechts nimmt § 203 Abs. 2 S. 4 Bezug. Die Anforderungen an die Qualifikation des Treuhänders regelt ausschließlich das Versicherungsaufsichtsrecht (§ 157 VAG).

740 **2. Bedeutung der Regelung.** § 203 Abs. 2 S. 1, 2 begründet das Recht des Versicherungsunternehmens, die Prämie einer Krankenversicherung, bei der sein ordentliches Kündigungsrecht ausgeschlossen ist, neu festzusetzen. Es handelt sich um das **Recht zur einseitigen Änderung eines bestehenden Vertrags.** Anders als beim Tarifwechsel nach § 204, auf den der Versicherungsnehmer nur einen schuldrechtlichen Anspruch hat (→ § 204 Rn. 10), wird im Falle der Prämienanpassung nach § 203 Abs. 2 der Vertragsinhalt durch einseitige empfangsbedürftige Erklärung des Versicherungsunternehmens geändert (vgl. § 203 Abs. 5). Es handelt sich insofern um ein Gestaltungsrecht.[324]

741 Die Prämienanpassung bedarf zu ihrer Wirksamkeit der vorherigen Überprüfung und Zustimmung eines unabhängigen **Treuhänders** (§ 203 Abs. 2 S. 1). Die Überprüfungs- und Zustimmungsfunktion des Treuhänders ersetzt auf privatwirtschaftlichem Weg die frühere Genehmigungsaufgabe des Staates (→ Rn. 494 ff.).

742 Die **Vorschriften des Versicherungsaufsichtsrechts** zur Prämienanpassung und Treuhänderüberprüfung binden das Versicherungsunternehmen zunächst nur öffentlich-rechtlich und können durch Maßnahmen der Versicherungsaufsichtsbehörde verwaltungsrechtlich durchgesetzt werden. Sie entfalten dagegen keine unmittelbare Rechtswirkung auf den Versicherungsvertrag.

743 Indem § 203 Abs. 2 S. 4 vorschreibt, dass für die relevanten Vertragsänderungen und Treuhändertätigkeiten die entsprechenden Vorschriften des VAG und der KVAV gelten, werden diese aufsichtsrechtlichen Vorschriften **in das Versicherungsvertragsrecht inkorporiert** und zum unmittelbar geltenden Vertragsinhalt gemacht.[325] Damit wird ein Defizit des § 178g Abs. 2 VVG aF beseitigt, das der BGH mit dem Argument überbrückte, § 12b VAG aF sei auch im Vertragsverhältnis als ergänzende und konkretisierende Regelung des § 178g Abs. 2 VVG maßgeblich.[326]

744 **3. Zweck der Regelung.** Die Prämienanpassung verfolgt wie die Bedingungsanpassung einen **doppelten Zweck,** der eine *vertrags*rechtliche (→ Rn. 745 ff.) und eine *aufsichts*rechtliche (→ Rn. 750 ff.) Komponente hat.[327]

745 **a) Versicherungsvertragsrecht.** Das einseitige Recht des Versicherungsunternehmens zur Prämienanpassung gilt nur für Krankenversicherungen, bei denen das Recht des Versicherungsunternehmens zur ordentlichen Kündigung ausgeschlossen ist (§ 203 Abs. 2 S. 1). Es dient damit der **Sicherung des Äquivalenzprinzips.**[328] Die Notwendigkeit, Äquivalenzstörungen zu vermeiden, betont auch der BGH – allerdings mit einer irreführenden Formulierung (→ Rn. 782a). Gegenseitige Verträge von langfristiger Dauer benötigen Korrektive, wenn die bei Vertragsabschluss vorhandene oder von beiden Vertragsparteien angenommene Gleichwertigkeit von Leistung und Gegenleistung sich durch spätere Entwicklungen erheblich und dauerhaft verändert. Wird die Äquivalenz von Leistung und Gegenleistung in einem Dauerschuldverhältnis gestört, bedarf es eines Anpassungsmechanismus, um die vorausgesetzte Äquivalenz wiederherzustellen. In dieser Situation befindet sich das Krankenversicherungsunternehmen, wenn es rechtlich gehindert ist, bei gestörter Äquivalenz den Versicherungsvertrag durch Kündigung zu beenden. Anders als durch Prämienanpassung könnte das Versicherungsunternehmen die dauernde Erfüllbarkeit der Verpflichtungen aus den Versicherungsverträgen (→ Vor § 192 Rn. 712) nicht gewährleisten.[329] Dementsprechend wird überwiegend in der Unkündbarkeit der Krankenversicherung der innere Grund für die Beitragsanpassung gesehen.[330]

746 Auf die **Gründe für die Äquivalenzstörung** kommt es nicht an. Maßgebend ist ausschließlich die *tatsächliche* Veränderung der Rechnungsgrundlagen. Ob etwaige tatsächliche Abweichungen der

---

[324] *Prölss* in Prölss/Martin, 27. Aufl. 2004, VVG § 178g Rn. 11; *Brand* in Bruck/Möller VVG § 203 Rn. 79; *Brömmelmeyer* in Schwintowski/Brömmelmeyer/Ebers VVG § 203 Rn. 40.
[325] Begr. zu Art. 1 (§ 203 Abs. 2) RegE VVG-ReformG, BT-Drs. 16/3945, 113.
[326] BGHZ 159, 323 = VersR 2004, 991 re. Sp. = NJW 2004, 2679.
[327] *Boetius* VersR 2013, 1568 in Anm. zu OLG Köln VersR 2013, 1561 = r+s 2012, 605.
[328] *Grote*, Die Rechtsstellung der Prämien-, Bedingungs- und Deckungsstocktreuhänder nach dem VVG und dem VAG (Münsteraner Reihe Heft 75), 2002, S. 398.
[329] *Hohlfeld* in Berliner Kommentar VVG § 178g Rn. 6.
[330] *Rudolph* in Bach/Moser MB/KK § 8b Rn. 5; *Hohlfeld* in Berliner Kommentar VVG § 178g Rn. 6; *Muschner* in Langheid/Rixecker VVG § 203 Rn. 22.

Rechnungsgrundlagen von den der Kalkulation zugrunde gelegten auf vom Versicherungsunternehmen zu beeinflussenden Entwicklungen beruhen oder nicht, ist aktuariell und damit versicherungsaufsichtsrechtlich irrelevant.[331] Dies stellt insbes. für die kostenbezogenen Rechnungsgrundlagen § 8 Abs. 2 KVAV ausdrücklich klar („die tatsächlichen Aufwendungen"; „dass sie die Aufwendungen rechnungsmäßig decken"). Nur im Falle einer von Anfang an aktuariell erkennbar unzureichenden Erst- oder Neukalkulation ist dem Versicherungsunternehmen eine Beitragsanpassung verwehrt (§ 155 Abs. 3 S. 4 VAG). Daher kann nicht der Auffassung zugestimmt werden, der Zweck des § 203 Abs. 2 S. 1 bestehe (nur) darin, dem Versicherungsunternehmen das Risiko vorher unkalkulierbarer Umstände nicht aufzuerlegen;[332] diese Ansicht müsste den Schluss nahe legen, dass auf vorhersehbare – insbes. vom Versicherungsunternehmen beeinflussbare – Umstände zurückzuführende Veränderungen einer Rechnungsgrundlage eine Prämienanpassung nicht rechtfertigen. Gerade die Existenz des erst durch Art. 15 Nr. 3b GKV-Gesundheitsreformgesetz 2000 v. 22.12.1999[333] eingefügten § 12b Abs. 2 S. 4 VAG aF (= § 155 Abs. 3 S. 4 VAG) zeigt, dass die ratio legis allein nicht ausreichte, auf Kalkulationsmängel gestützte Prämienanpassungen unberücksichtigt zu lassen. Deshalb kann auch nicht der Deutung gefolgt werden, die Kalkulationsvorschriften wollten spätere Prämiensteigerungen ausschließen, soweit sie nicht auf vom Versicherungsunternehmen „nicht beeinflussbaren Gründen beruhen wie etwa einer Erhöhung des Schadenbedarfs".[334] Schon die Erhöhung des Schadenbedarfs hängt ua nicht unmaßgeblich von Qualität und Intensität des Gesundheits- und Leistungsmanagements des Versicherungsunternehmens ab (→ Rn. 819; → Vor § 192 Rn. 1297 ff.). Vor allem sind aber bei den übrigen Rechnungsgrundlagen, die für sich allein zwar keine Prämienanpassung auslösen können, die aber bei einer Prämienanpassung mit zu überprüfen sind (→ Rn. 815 f.; → Rn. 823), keine Differenzierungen dahingehend zulässig, ob deren Veränderung vom Versicherungsunternehmen beeinflusst war oder nicht. Dies wird vor allem bei denjenigen Rechnungsgrundlagen deutlich, die – wie die Abschlusskosten und die sonstigen Verwaltungskosten – ganz entscheidend vom Versicherungsunternehmen gesteuert werden (→ Rn. 880).

In einem Krankenversicherungsverhältnis kann die Äquivalenz dadurch wiederhergestellt werden, dass entweder die Versicherungsleistungen reduziert oder die Prämien erhöht werden. Das deutsche PKV-System hat sich für den Fall, dass die der Kalkulation zugrunde liegenden Rechnungsgrundlagen sich äquivalenzstörend ändern, für das System der **Prämienanpassung** entschieden. Damit wird der Realwert der Krankenversicherungsleistungen als Grundpfeiler des sozialen Schutzes dauerhaft erhalten.

Über das frühere VVG hinaus soll auch eine Veränderung der Sterbewahrscheinlichkeiten eine Beitragsanpassung auslösen können (§ 203 Abs. 2 S. 3). Damit soll verhindert werden, dass aufgrund einer **Kumulierung von Anpassungserfordernissen** die Beiträge sprunghaft steigen,[335] was dem angestrebten Ziel einer stetigen Beitragsentwicklung widerspräche.

Andere Rechnungsgrundlagen, wie zB der Rechnungszins, sollen entgegen dem Vorschlag der VVG-Kommission für sich allein eine Prämienanpassung nicht auslösen können, weil Veränderungen dieser Rechnungsgrundlage im Wesentlichen auf einer Entscheidung des Versicherungsunternehmens beruhten.[336] Darin drückt sich offenbar die Vorstellung aus, dass nur solche Veränderungen als Störung der Äquivalenz anzusehen seien, die **vom Versicherungsunternehmen nicht beeinflusst** werden können. Schon diese Vorstellung ist indessen nicht richtig, weil den größten Einfluss auf den Rechnungszins die Entwicklungen der globalen Kapitalmärkte haben. Darüber hinaus zieht das Gesetz aus der genannten Vorstellung auch nicht die dann eigentlich zu erwartende Konsequenz, die Veränderungen solcher Rechnungsgrundlagen bei Prämienanpassungen gänzlich unberücksichtigt zu lassen. Weil bei Prämienanpassungen, die durch Veränderungen der Versicherungsleistungen oder der Sterbewahrscheinlichkeiten ausgelöst werden, nicht nur diese, sondern alle Rechnungsgrundlagen aktualisiert und der Prämienanpassung zugrunde gelegt werden müssen (→ Rn. 777), können auch alle der Kalkulation zugrunde zu legenden Rechnungsgrundlagen die Äquivalenz stören. Auf die Gründe der Äquivalenzstörung kommt es nicht an (→ Rn. 746).

b) Versicherungsaufsichtsrecht. Die Prämienüberprüfung und -anpassung steht im unmittelbaren Zusammenhang mit den **aktuariellen Grundsätzen** der Prämienkalkulation. Die Einhaltung dieser über § 160 S. 1 Nr. 1 VAG verbindlichen aktuariellen Grundsätze bei der Prämienberechnung verlangt § 146 Abs. 1 Nr. 1 VAG nicht nur für die Erstkalkulation, sondern dauerhaft.

---

[331] Anders offenbar *Renger*, Die Verantwortung des Treuhänders, 1997, S. 18.
[332] *Römer* in Römer/Langheid, 2. Aufl. 2003, VVG § 178g Rn. 3.
[333] BGBl. 1999 I 2626.
[334] BGHZ 159, 323 = VersR 2004, 991 re. Sp. = NJW 2004, 2679 im Anschluss an BVerwGE 109, 87 (93) = VersR 1999, 1001 (1003).
[335] Begr. zu Art. 1 (§ 203 Abs. 2 VVG) RegE VVG-ReformG, BT-Drs. 16/3945, 113.
[336] Begr. zu Art. 1 (§ 203 Abs. 2 VVG) RegE VVG-ReformG, BT-Drs. 16/3945, 113.

751 Wenn die Prämienkalkulation nicht oder nicht mehr diesen Grundsätzen entspricht, insbes. wenn die verwendeten Rechnungsgrundlagen sich nicht mehr selbst tragen, weil die tatsächliche Entwicklung ungünstiger verlaufen ist als die erwartete, tritt eine **Unterkalkulation der Prämie** ein. Eine unterkalkulierte Prämie hat zur Folge, dass die von ihr generierte Alterungsrückstellung nicht ausreicht, um die Verpflichtungen des Versicherungsunternehmens aus den Versicherungsverträgen zu decken. Unzureichende Alterungsrückstellungen aber gefährden die dauernde Erfüllbarkeit (→ Vor § 192 Rn. 988). Die dauernde Erfüllbarkeit der Verpflichtungen aus den Versicherungsverträgen ist Hauptziel der Versicherungsaufsicht und im Bereich der substitutiven Krankenversicherung „ein Schutzgut von erhöhter Bedeutung".[337] Wenn die Prämien nicht regelmäßig überprüft und angepasst werden, kommt es zu einer Unterkalkulation, die sich mit jedem Jahr der Nichtanpassung verstärkt und die dauernde Erfüllbarkeit gefährdet (→ Rn. 804). Daher ist die regelmäßige Prämienüberprüfung und ggf. -anpassung auch notwendig, um die dauernde Erfüllbarkeit sicherzustellen.[338]

752 Indem das Versicherungsunternehmen zur Prämienanpassung verpflichtet ist (→ Rn. 872), dient diese auch der **Gleichbehandlung** aller Versicherten desselben Tarifs (→ Rn. 62). Könnte das Versicherungsunternehmen die Prämien bestehender Versicherungsverhältnisse nämlich nicht anpassen, käme es zwangsläufig zu einem Auseinanderfallen der Prämien für den Versicherungsbestand (Bestandsprämien) und der Prämien für das Neugeschäft (Neugeschäftsprämien), weil das Versicherungsunternehmen für das Neugeschäft in jedem Fall die aktuellen Rechnungsgrundlagen zugrunde zu legen hätte (§ 203 Abs. 1 S. 1).

753 Die zwingende **Mitwirkung des Treuhänders** verfolgt den Zweck, die durch die Einführung der Dienstleistungsfreiheit fortgefallene Staatsaufsicht durch eine privatwirtschaftliche Lösung zu ersetzen (→ Rn. 501). Zwar wird der Treuhänder nicht streitentscheidend tätig, so dass trotz seiner Zustimmung die gerichtliche Kontrolle der Prämienanpassung bestehen bleibt. Aber die vorherige fachliche Überprüfung durch den Treuhänder wirkt als Filter und dient daher maßgeblich der Streitvorbeugung und Verhinderung unnötiger Streitigkeiten.

II. Entstehungsgeschichte

754 **1. Zeit vor 1994.** Zur **allgemeinen Entwicklung** → Rn. 8 ff.

Die **Prämienanpassung** war in den AVB und in den Tarifbedingungen der einzelnen Versicherungsunternehmen geregelt, die weitgehend einheitlich nachstehende Regelungen vorsahen.[339]

§ 8a MB/KK 1976:

2. Bei einer Änderung der Beiträge, auch durch Änderung des Versicherungsschutzes, wird das Geschlecht und die bei Inkrafttreten der Änderung erreichte tarifliche Lebensaltersgruppe der versicherten Person berücksichtigt. Dabei wird dem Eintrittsalter der versicherten Person dadurch Rechnung getragen, dass die Deckungsrückstellung, die geschäftsplanmäßig nach den für die Beitragsberechnung festgelegten Grundsätzen gebildet ist, geschäftsplanmäßig angerechnet wird. Eine Erhöhung der Beiträge oder eine Minderung der Leistungen des Versicherers wegen des Älterwerdens der versicherten Person ist jedoch während der Dauer des Versicherungsverhältnisses ausgeschlossen, soweit nach dem Geschäftsplan eine Deckungsrückstellung für das mit dem Alter der versicherten Person wachsende Wagnis zu bilden ist.
3. Bei Beitragsänderungen kann der Versicherer auch besonders vereinbarte Beitragszuschläge entsprechend ändern.

§ 8c Tarifbedingungen 1976:

1. Im Rahmen der vertraglichen Leistungszusage können sich die Leistungen des Versicherers zB wegen steigender Heilbehandlungskosten oder einer häufigeren Inanspruchnahme medizinischer Leistungen ändern. Dementsprechend vergleicht der Versicherer zumindest jährlich die erforderlichen mit den kalkulierten Versicherungsleistungen. Ergibt diese der Aufsichtsbehörde vorzulegende Gegenüberstellung eine Veränderung von mehr als 10%, so werden alle Tarifbeiträge vom Versicherer überprüft und, soweit erforderlich, nach aufsichtsbehördlicher Genehmigung angepasst. Bei einer Änderung von mehr als 5% können alle Tarifbeiträge vom Versicherer überprüft und, soweit erforderlich, nach aufsichtsbehördlicher Genehmigung angepasst werden. In beiden Fällen können auch betragsmäßig festgelegte Selbstbehalte angepasst werden.

---

[337] BVerwGE 109, 87 = VersR 1999, 1001 (1003).
[338] *Muschner* in Langheid/Rixecker VVG § 203 Rn. 12; *Marko* in HK-VVG § 203 Rn. 1.
[339] Zur Entstehungsgeschichte ausf. *Grote*, Die Rechtsstellung der Prämien-, Bedingungs- und Deckungsstocktreuhänder nach dem VVG und dem VAG (Münsteraner Reihe Heft 75), 2002, S. 273 ff.; *Rudolph* VersR 2014, 545 (546 f.).

2. Von einer Beitragsanpassung kann abgesehen werden, wenn nach übereinstimmender Beurteilung durch die Aufsichtsbehörde und den Versicherer die Veränderung der Versicherungsleistungen als vorübergehend anzusehen ist.

2. Zeit ab 1994. Zur **allgemeinen Entwicklung** → Rn. 14 ff.
Die §§ 8a, 8b MB/KK 1994 enthielten nachstehende Regelungen zur **Prämienanpassung**.

§ 8a MB/KK 1994:

2. Bei einer Änderung der Beiträge, auch durch Änderung des Versicherungsschutzes, wird das Geschlecht und das (die) bei In-Kraft-Treten der Änderung erreichte tarifliche Lebensalter (Lebensaltersgruppe) der versicherten Person berücksichtigt. Dabei wird dem Eintrittsalter der versicherten Person dadurch Rechnung getragen, dass eine Alterungsrückstellung gemäß den in den technischen Berechnungsgrundlagen festgelegten Grundsätzen angerechnet wird. Eine Erhöhung der Beiträge oder eine Minderung der Leistungen des Versicherers wegen des Älterwerdens der versicherten Person ist jedoch während der Dauer des Versicherungsverhältnisses ausgeschlossen, soweit eine Alterungsrückstellung zu bilden ist.
3. Bei Beitragsänderungen kann der Versicherer auch besonders vereinbarte Beitragszuschläge entsprechend ändern.

§ 8b MB/KK 1994:

1. Im Rahmen der vertraglichen Leistungszusage können sich die Leistungen des Versicherers zB wegen steigender Heilbehandlungskosten oder einer häufigeren Inanspruchnahme medizinischer Leistungen ändern. Dementsprechend vergleicht der Versicherer zumindest jährlich für jeden Tarif die erforderlichen mit den in den technischen Berechnungsgrundlagen kalkulierten Versicherungsleistungen. Ergibt diese Gegenüberstellung eine Abweichung von mehr als dem tariflich festgelegten Vomhundertsatz, so werden alle Beiträge dieses Tarifs vom Versicherer überprüft und, soweit erforderlich, mit Zustimmung des Treuhänders angepasst. Unter den gleichen Voraussetzungen kann auch eine betragsmäßig festgelegte Selbstbeteiligung angepasst und ein vereinbarter Beitragszuschlag entsprechend geändert werden. Im Zuge einer Beitragsanpassung wird auch der für die Beitragsgarantie im Standardtarif erforderliche Zuschlag (§ 19 S. 2) mit dem kalkulierten Zuschlag verglichen und, soweit erforderlich, angepasst.
2. Von einer Beitragsanpassung kann abgesehen werden, wenn nach übereinstimmender Beurteilung durch den Versicherer und den Treuhänder die Veränderung der Versicherungsleistungen als vorübergehend anzusehen ist."

§ 8b Abs. 1.1 der Tarifbedingungen eines Versicherungsunternehmens:
Der Prozentsatz nach Abs. 1 S. 3 beträgt 10. Ergibt die Gegenüberstellung nach Abs. 1 S. 2 eine Abweichung von mehr als 5 %, können alle Beiträge dieses Tarifs vom Versicherer überprüft und, soweit erforderlich, mit Zustimmung des Treuhänders angepasst werden.

Identische oder ähnliche Vorschriften enthielten die §§ 8a Abs. 2, 3, 8b Abs. 1, 2 MB/KT 94, §§ 8a Abs. 2, 3, 8b Abs. 1, 2 MB/EPV 94.
Die aufgrund der Gesundheitsreform nach dem GKV-WSG überarbeiteten MB/KK 2013 und MB/KT 2013 führen die bisherigen Regelungen unverändert fort.

3. VVG-Reform. Zur VVG-Reform allgemein → Rn. 23 ff.
§ 203 Abs. 2 S. 1 übernimmt § 178g Abs. 2 VVG aF mit einer wesentlichen Erweiterung. Nach § 178g Abs. 2 VVG aF setzte eine Prämienanpassung voraus, dass der tatsächliche *Schadenbedarf* sich gegenüber dem kalkulierten veränderte. Nach § 203 Abs. 2 S. 1 genügt die Veränderung einer für die Prämienkalkulation **maßgeblichen Rechnungsgrundlage**. Die maßgeblichen Rechnungsgrundlagen im Sinne dieser Vorschrift erweitert S. 3 über die Versicherungsleistungen hinaus um die Sterbewahrscheinlichkeiten.
§ 203 Abs. 2 S. 2 ist neu. Die Vorschrift erstreckt die Möglichkeit der Anpassung auch auf betragsmäßig festgelegte **Selbstbehalte und Risikozuschläge**. Dies galt schon bisher aufgrund der aufsichtsrechtlichen Vorschrift des § 12b Abs. 2 S. 3 VAG aF. Aus rechtssystematischer Sicht handelt es sich um eine Vertragsänderung, so dass eine entsprechende Aufnahme auch in das VVG geboten war.
§ 203 Abs. 2 S. 3 ist neu. Die Vorschrift definiert die Rechnungsgrundlagen, die im Sinne der Anpassungsmöglichkeiten nach S. 1, 2 als **maßgeblich** anzusehen sind. Maßgeblich sind danach die Versicherungsleistungen – in § 178g Abs. 2 VVG aF „Schadenbedarf" genannt – und die Sterbewahrscheinlichkeiten.

759 § 203 Abs. 2 S. 4 ist neu. In § 178g Abs. 2 VVG aF war bisher nicht auf die Vorschriften des VAG zur Prämienanpassung verwiesen worden. Dies ist jedoch rechtssystematisch geboten, weil es sich um materiell um **Versicherungsvertragsrecht** handelt. Über § 203 Abs. 2 S. 4 werden § 155 VAG und die aufgrund des § 160 VAG erlassene KVAV versicherungsvertragsrechtlich wirksam.

III. Anwendungsbereich

760 1. Krankenversicherung. § 203 Abs. 2 S. 1 gilt zunächst für **jede Krankenversicherung,** in welcher Erscheinungsform sie auch abgeschlossen wird. Der Begriff ist entsprechend der Überschrift von Kap. 8 umfassend zu verstehen und schließt die verschiedenen Formen der substitutiven und nicht-substitutiven sowie der ergänzenden Pflegeversicherung ein (vgl. §§ 192 Abs. 6, 195 Abs. 1). Die Vorschrift gilt daher auch für Beitragsentlastungsversicherungen (→ Vor § 192 Rn. 650a ff.).

760a Eine Einschränkung ergibt sich jedoch für Krankenversicherungen, die nach **Art der Schadenversicherung** (→ Vor § 192 Rn. 666 f.) kalkuliert sind. Das ergibt sich noch nicht aus dem Wortlaut von § 203 Abs. 2 S. 1, der allgemein von „einer Krankenversicherung" spricht. Dass nach Art der Schadenversicherung kalkulierte Krankenversicherungen von § 203 Abs. 2 nicht erfasst werden, ergibt sich vielmehr aus dem Sinnzusammenhang: Die Vorschrift setzt aufgrund der Verweisung auf § 155 VAG (§ 203 Abs. 3 S. 4) die Anwendbarkeit des für Prämienanpassungen geltenden aufsichtsrechtlichen Regelwerks voraus, das nur für nach Art der Lebensversicherung kalkulierte Krankenversicherungen gilt (§ 155 Abs. 1 S. 1, Abs. 3 S. 1, Abs. 4 S. 1 VAG). Für nach Art der Schadenversicherung kalkulierte Krankenversicherungen gibt es dagegen keine vorgegebene Bindung an bestimmte Rechnungsgrundlagen und an Kalkulationsvorschriften (→ Vor § 192 Rn. 666), woraus sich die Beschränkung von § 203 Abs. 1 auf nach Art der Lebensversicherung kalkulierte Krankenversicherungen erklärt.

760b Nach Art der Schadenversicherung kalkulierte Krankenversicherungen können aber in den AVB ein **bedingungsrechtliches Prämienanpassungsrecht** des Versicherers vorsehen, das dem § 203 Abs. 2 S. 1 nachgebildet ist. Das ist zB bei der Krankenhaustagegeldversicherung der Fall, der die AVB/KKHT zugrunde liegen. Ziff. 2.5 AVB/KKHT enthält ein solches Prämienanpassunngsrecht.

761 2. **Ausschluss des ordentlichen Kündigungsrechts. a) Grundsatz.** Das Recht zur Prämienanpassung besteht nur für solche Krankenversicherungen, bei denen das Recht des Versicherungsunternehmens zur ordentlichen Kündigung **gesetzlich oder vertraglich** ausgeschlossen ist.

762 Den **gesetzlichen Ausschluss** des Kündigungsrechts regeln § 206 für die Krankenversicherung allgemein und § 110 Abs. 4 SGB XI für die private Pflege-Pflichtversicherung (→ Rn. 765 ff.).

763 § 146 Abs. 1 Nr. 3 VAG schreibt gleichfalls vor, dass bei der nach Art der Lebensversicherung betriebenen substitutiven Krankenversicherung das ordentliche Kündigungsrecht im Versicherungsvertrag auszuschließen sei. Hierbei handelt es sich indessen nicht um einen gesetzlichen Ausschluss des Kündigungsrechts, sondern um die gesetzliche Forderung, einen **vertraglichen Ausschluss** zu vereinbaren (→ Rn. 771 ff.).

764 Das Sozialversicherungsrecht knüpft die Zahlung des **Arbeitgeberzuschusses** für die substitutive Krankenversicherung ua an die Voraussetzung, dass das Versicherungsunternehmen „vertraglich auf das ordentliche Kündigungsrecht verzichtet" (§ 257 Abs. 2a S. 1 Nr. 5 SGB V nF). Auch hier handelt es sich nicht um einen gesetzlichen Ausschluss des Kündigungsrechts, sondern um die gesetzliche Voraussetzung, einen Kündigungsausschluss vertraglich zu vereinbaren.

765 b) **Gesetzlicher Ausschluss.** Nach § 206 Abs. 1 S. 1 VVG 2008 war die ordentliche Kündigung einer substitutiven Krankheitskosten-, Krankentagegeld- und Pflegekrankenversicherung gesetzlich ausgeschlossen. Es wäre gesetzestechnisch einfacher gewesen, nur von substitutiver Krankenversicherung zu sprechen; dies hätte die übrigen genannten Versicherungsformen, insbes. auch die Pflegekrankenversicherung eingeschlossen (§ 192 Abs. 6 S. 1, 3, § 195 Abs. 1 S. 1). Nach dem ab 1.1.2009 geltenden § 206 Abs. 1 S. 1 ist jede Kündigung einer Krankheitskostenversicherung ausgeschlossen, mit der die **Versicherungspflicht** erfüllt wird (→ Vor § 192 Rn. 1095 ff.).

765a In Anlehnung an den Wortlaut des früheren § 178i Abs. 1 S. 1 VVG aF schließt § 206 Abs. 1 S. 2 (iVm § 195 Abs. 1 S. 1) die **ordentliche Kündigung** einer substitutiven Krankheitskosten-, Krankentagegeld- oder Pflegekrankenversicherung aus. Für die ordentliche Kündigung einer Krankheitskostenversicherung, mit der die Versicherungspflicht erfüllt wird (→ Rn. 765), überschneidet sich die Vorschrift mit § 206 Abs. 1 S. 1; denn Krankheitskostenversicherungen, welche die Versicherungspflicht erfüllen, sind substitutive Krankenversicherungen (→ Vor § 192 Rn. 639 ff.).

765b Die **Substitutiv-Eigenschaft** ist für jeden selbständig abgeschlossenen Tarif gesondert zu prüfen. Das wird bei Tarifen bedeutsam, die nicht isoliert, sondern nur zusammen mit einer anderen (selbständigen) Krankenversicherung abgeschlossen werden können. Wenn zu einer substitutiven Krankheitskostenversicherung zusätzlich eine **Beitragsentlastungsversicherung** abgeschlossen wird, übernimmt diese nicht die Substitutiv-Eigenschaft der Krankheitskostenversicherung, sondern sie bleibt nicht-substitutive Krankenversicherung (→ Vor § 192 Rn. 650a ff.).

Eine **Krankheitskosten-Teilversicherung** erfüllt idR nicht die Voraussetzungen einer substitutiven Krankenversicherung, so dass die Voraussetzungen für den gesetzlichen Ausschluss des Kündigungsrechts nach § 206 Abs. 1 nicht vorliegen. In einem solchen Fall gilt der gesetzliche Ausschluss des Kündigungsrechts erst ab dem vierten Versicherungsjahr (§ 206 Abs. 2 S. 1). Das Recht zur Prämienanpassung gilt dann nicht in den ersten drei Versicherungsjahren, sondern erst ab dem vierten Versicherungsjahr. 766

Nach § 206 Abs. 1 S. 3 erstreckt sich der gesetzliche Ausschluss des Kündigungsrechts auch auf eine **Krankenhaustagegeldversicherung,** wenn sie neben einer Krankheitskosten-Vollversicherung besteht. Unter Krankheitskosten-Vollversicherung in diesem Sinne ist eine substitutive Krankheitskostenversicherung zu verstehen. Wenn die Krankenhaustagegeldversicherung nicht neben einer Krankheitskosten-Vollversicherung besteht, gilt der gesetzliche Ausschluss des Kündigungsrechts erst ab dem vierten Versicherungsjahr (§ 206 Abs. 2 S. 1). Das Recht zur Prämienanpassung gilt dann nicht in den ersten drei Versicherungsjahren, sondern erst ab dem vierten Versicherungsjahr. 767

Wenn für eine **Krankentagegeldversicherung** kein Anspruch auf den Arbeitgeberzuschuss besteht, gilt der gesetzliche Ausschluss des Kündigungsrechts erst ab dem vierten Versicherungsjahr (§ 206 Abs. 1 S. 4). Das Recht zur Prämienanpassung gilt damit nicht in den ersten drei Versicherungsjahren, sondern erst ab dem vierten Versicherungsjahr. 768

Die ordentliche Kündigung war ferner gesetzlich ausgeschlossen für eine nach Art der Lebensversicherung betriebene **nicht-substitutive Krankenversicherung** (§ 206 Abs. 2 VVG 2008). 769

Einen gesetzlichen Ausschluss des Kündigungsrechts enthält ferner § 110 Abs. 4 SGB XI für die **private Pflege-Pflichtversicherung (PPV).** Dieser Ausschluss ist jedoch mindestens für die ordentliche Kündigung überflüssig, weil er sich bereits mit unmittelbarer Wirkung für das Versicherungsvertragsrecht aus § 206 Abs. 1 S. 1 ergibt. 770

c) **Vertraglicher Ausschluss.** Ein vertraglicher Ausschluss bedarf der **Vereinbarung.** Hierfür kommen in erster Linie AVB in Betracht. Der praktische Anwendungsbereich ist jedoch wegen der weitgehenden gesetzlichen Ausschlüsse des Kündigungsrechts (→ Rn. 765 ff.) begrenzt. 771

Hauptanwendungsgebiet für vertragliche Ausschlüsse des Kündigungsrechts ist die nach Art der Lebensversicherung betriebene **nicht-substitutive Krankenversicherung.** Die Versicherungsunternehmen sind aufsichtsrechtlich verpflichtet, auch für diese Versicherungsform das Kündigungsrecht auszuschließen (§ 146 Abs. 1 Nr. 3 iVm § 147 VAG). 772

Das Gesetz enthält keine versicherungsvertragsrechtliche Regelung für den Fall, dass eine nach Art der Lebensversicherung kalkulierte, nicht-substitutive Krankenversicherung entgegen dem gesetzlichen Gebot (→ Rn. 772) das ordentliche Kündigungsrecht des Versicherers nicht ausschließt. Hierbei handelt es sich um eine ungeplante Gesetzeslücke im VVG; dass der Verstoß gegen § 146 Abs. 1 Nr. 3 iVm § 147 VAG aufsichtsrechtliche Maßnahmen auslöst, berührt zunächst nicht das Versicherungsvertragsrecht. Der **Nicht-Ausschluss des Kündigungsrechts** ist versicherungsvertragsrechtlich genauso zu behandeln wie die ausdrückliche Einräumung eines solchen Kündigungsrechts. Weil letzteres nach § 134 BGB nichtig wäre, kann der Nicht-Ausschluss des Kündigungsrechts nicht wirksam bleiben. Ein solcher Versicherungsvertrag ist daher um den gesetzlich gebotenen Inhalt zu ergänzen.[340] 772a

Die **VVG-Reform** wollte entsprechend einem Vorschlag der VVG-Kommission den gesetzlichen Ausschluss des Kündigungsrechts auf die nicht-substitutive Krankenversicherung erstrecken. So sah es auch Art. 1 VVG-ReformG mit dem neuen § 206 Abs. 2 VVG 2008 vor. Die parallel dazu eingeleitete Gesundheitsreform änderte zuvor noch die Vorgängervorschrift des § 178i Abs. 1 VVG aF (Art. 43 Nr. 7 GKV-WSG). Weil die aufgrund des GKV-WSG im Bundestag verabschiedeten VVG-Änderungen im Rahmen der anschließenden VVG-Reform parlamentarisch nicht mehr erneut diskutiert werden durften, übernahm Art. 11 Abs. 1 VVG-ReformG die VVG-Fassungen des GKV-WSG inhaltsgleich und damit unreflektiert. Auf diese Weise wurde die durch Art. 1 VVG-ReformG gerade erst eingefügte Vorschrift des § 206 Abs. 2 VVG 2008 durch Art. 11 Abs. 1 VVG-ReformG wieder aufgehoben. Dabei wurde übersehen, dass § 206 Abs. 2 idF von Art. 1 VVG-ReformG mit der Gesundheitsreform nichts zu tun hatte. Diese Vorschrift galt somit nur vom 1.1. bis 31.12.2008.[341] 773

IV. Europarechtskonformität

1. Substitutive Krankenversicherung. Für die substitutive Krankenversicherung bildet Art. 206 Abs. 2 RL 2009/138/EG die **Rechtsgrundlage** für die im VAG und im VVG enthaltenen Vorschriften über die Prämienanpassung (→ Rn. 17). Für die nach Art der Lebensversicherung 774

---

[340] *Boetius* r+s 2022, 248 (253 f.).
[341] *Boetius,* Private Krankenversicherung nach der Gesundheitsreform und der VVG-Reform, 2008, S. 10.

betriebene substitutive Krankenversicherung formuliert Art. 206 UAbs. 1 lit. d RL 2009/138/EG als Voraussetzung, dass in dem Vertrag die Möglichkeit einer Prämienerhöhung oder einer Senkung der Zahlungen selbst bei laufenden Verträgen vorgesehen ist.

775 **2. Nicht-substitutive Krankenversicherung.** Das **Versicherungsaufsichtsrecht** schreibt auch für die nach Art der Lebensversicherung betriebene nicht-substitutive Krankenversicherung vor, dass eine Erhöhung der Prämien im Vertrag vorbehalten sein muss (§ 146 Abs. 1 Nr. 3, § 147 VAG) und dass der Prämienanpassung ein Treuhänder zustimmen muss (§ 155 VAG). Diese aufsichtsrechtlichen Vorschriften sind durch das Europarecht nicht gedeckt; sie sind jedoch versicherungsvertragsrechtlich wirksam (→ Vor § 192 Rn. 376 ff.).

V. Veränderung von Rechnungsgrundlagen

776 **1. Grundsatz.** Das Recht zur Prämienanpassung wird nur für den Fall eingeräumt, dass bestimmte Rechnungsgrundlagen sich ändern, die für die Prämienkalkulation von besonderer Bedeutung sind (**„maßgebliche Rechnungsgrundlagen"**). Als maßgebliche Rechnungsgrundlagen in diesem Sinn werden die Versicherungsleistungen und die Sterbewahrscheinlichkeiten definiert (§ 203 Abs. 2 S. 3). Die Veränderung anderer Rechnungsgrundlagen – auch wenn sie wie zB der Rechnungszins für die Prämienhöhe ebenfalls von maßgeblicher Bedeutung sind – lösen nicht das Recht des Versicherungsunternehmens aus, die Prämie neu festzusetzen. Die maßgeblichen Rechnungsgrundlagen sind somit das *Auslösemoment* der Prämienanpassung.

777 Von dem Auslösemoment ist der *Überprüfungsumfang* zu unterscheiden: Wenn eine Veränderung der maßgeblichen Rechnungsgrundlagen iSv § 203 Abs. 2 S. 3 das Recht zur Prämienanpassung auslöst, muss das Versicherungsunternehmen auch **alle übrigen Rechnungsgrundlagen** daraufhin überprüfen, ob sie noch dem ursprünglichen Kalkulationsansatz entsprechen oder sich gleichfalls verändert haben (§ 203 Abs. 2 S. 4 iVm § 155 Abs. 3 S. 2 VAG). In einem solchen Fall müssen alle von Veränderungen betroffenen Rechnungsgrundlagen berichtigt werden, was zu kumulativen Effekten im Zuge einer Prämienanpassung führen kann. Dieser Vorgang heißt in der Praxis „Nachkalkulation"; § 155 Abs. 3 S. 4 VAG nennt ihn „Neukalkulation".

777a Eine Sonderregelung gilt seit dem 1.1.2016 für den **Rechnungszins.** Wenn dieser im Zuge einer Prämienanpassung um mehr als 0,4 Prozentpunkte abgesenkt werden muss, braucht dies nicht sofort in vollem Umfang zu erfolgen. Die Absenkung kann stattdessen nach § 11 Abs. 2 S. 2, 3 KVAV über mehrere Jahre gestreckt werden (→ Rn. 823a).

778 Für die **Nachkalkulation** schreibt § 11 Abs. 1 S. 1 KVAV vor, dass sie nach den für die Prämienberechnung geltenden Grundsätzen zu erfolgen hat. Das bedeutet, dass im Zuge der Nachkalkulation alle Rechnungsgrundlagen nach denselben aktuariellen Grundsätzen zu kalkulieren sind wie bei einer Erstkalkulation. Bei einer Erstkalkulation sind zwingend alle jeweils aktuellen Rechnungsgrundlagen zugrunde zu legen.

779 Nicht jede Veränderung der maßgeblichen Rechnungsgrundlagen berechtigen das Versicherungsunternehmen, die Prämie anzupassen, sondern nur **essentielle Veränderungen.** Hierfür setzt das Gesetz zwei Rahmenbedingungen:
– Die Veränderung der Rechnungsgrundlage darf nicht nur als vorübergehend anzusehen sein (§ 203 Abs. 2 S. 1).
– Die Veränderung der Rechnungsgrundlage muss bestimmte Schwellenwerte überschreiten, nämlich 10 % im Falle der Versicherungsleistungen, sofern die AVB nicht einen geringeren Prozentsatz vorsehen (§ 155 Abs. 3 S. 2 VAG) und 5 % im Falle der Sterbewahrscheinlichkeiten (§ 155 Abs. 4 S. 2 VAG). Diese Schwellenwerte werden in der Versicherungspraxis „Auslösender Faktor" genannt (→ Rn. 800 ff.).

780 Die Voraussetzungen, unter denen eine Veränderung im Rahmen einer Prämienanpassung zu berücksichtigen ist, gelten nicht nur für die maßgeblichen Rechnungsgrundlagen iSv § 203 Abs. 2 S. 1, 3, sondern sind für **alle Rechnungsgrundlagen identisch.** Dies betrifft insbes. die Dauerhaftigkeit der Veränderung (→ Rn. 782 ff.). Lediglich der eine Prämienanpassung auslösende Faktor (→ Rn. 779, 800 ff.) ist ausschließlich auf die maßgeblichen Rechnungsgrundlagen iSv § 203 Abs. 2 S. 1, 3 und nicht auch auf die übrigen zu überprüfenden Rechnungsgrundlagen anzuwenden.

781 Die Veränderung muss **eingetreten** sein. Es genügt nicht, dass sie zu erwarten ist. Dies ergibt sich aus der über § 203 Abs. 2 S. 4 verbindlichen Notwendigkeit, die erforderlichen Versicherungsleistungen aus den beobachteten abzuleiten (§ 155 Abs. 3 S. 1, § 160 S. 1 Nr. 4 VAG, § 15 Abs. 1 S. 4 KVAV). Dass gleichwohl gewisse Extrapolationen erforderlich sind, ergibt sich aus der Tatsache, dass die maßgebenden Berechnungen erst mit Zeitverzug nach dem Ende des letzten Beobachtungszeitraums angestellt werden können (§ 15 Abs. 3 S. 2 KVAV).

2. Kalkulationsrelevanz. Nur diejenigen veränderten Rechnungsgrundlagen können im Rahmen der Beitragsanpassung berücksichtigt werden, die für die Kalkulation relevant sind, dh die einen **Einfluss auf die Beitragshöhe** der jeweiligen Krankenversicherung haben können. Das gilt in besonderem Maß für die maßgeblichen Rechnungsgrundlagen iSv § 203 Abs. 2 S. 3. Obwohl dies eigentlich eine wegen ihrer Selbstverständlichkeit überflüssige Aussage ist, besteht doch Anlass, darauf einzugehen:[342]

a) **Rechnungsgrundlage Sterbewahrscheinlichkeit.** Wenn zu einer *Krankheitskostenversicherung* ein zusätzlicher **Beitragsentlastungstarif** (→ Vor § 192 Rn. 650a ff.) abgeschlossen wird, kann in diesem eine Beitragsanpassung nicht für den Fall vereinbart werden, dass in der *Pflege-Pflichtversicherung* eine neue Sterbetafel eingeführt wird.[343] Möglich wäre nur eine Anknüpfung an die in der Hauptversicherung – dh hier in der Krankheitskostenversicherung – verwendete Sterbewahrscheinlichkeit, was jedoch nicht bedeutet, dass die Sterbetafeln in Hauptversicherung und Beitragsentlastungstarif zwingend identisch sein müssen (→ Rn. 781c). Dass der Beitragsentlastungstarif von vornherein mit der Sterbetafel der Pflege-Pflichtversicherung kalkuliert war, ist kaum vorstellbar.

Eine Verringerung der Sterblichkeit wirkt sich unmittelbar auf die Leistung im Beitragsentlastungstarif aus, weil sie dort zu einer längeren Leistungsdauer führt. Wenn in Hauptversicherung und Beitragsentlastungstarif **unterschiedliche Sterbetafeln** verwendet werden – zB weil der Beitragsentlastungstarif zeitlich erst nach der Hauptversicherung mit einer aktuelleren Sterbetafel abgeschlossen wurde, als sie der Hauptversicherung noch zugrundeliegt –, kann eine Beitragsanpassung im Beitragsentlastungstarif nur auf eine Änderung der in diesem Tarif konkret verwendeten Sterbetafel gestützt werden.

b) **Rechnungsgrundlage Versicherungsleistungen.** Die Beitragsanpassung im Beitragsentlastungstarif kann idR nicht auf eine **Veränderung der Rechnungsgrundlage „Versicherungsleistungen"** gestützt werden:
– Im Beitragsentlastungstarif werden keine „Versicherungsleistungen" iSv § 203 Abs. 2 S. 3 iVm § 155 Abs. 3 VAG, § 15 ff. KVAV vereinbart. Die Leistung des Versicherers aus dem Beitragsentlastungstarif besteht in einem Geldbetrag, der die Beitragsschuld aus der Hauptversicherung verringert.[344]
– Im Beitragsentlastungstarif kann idR nicht vereinbart werden, dass Grundlage einer Beitragsanpassung die Veränderung der Versicherungsleistungen aus der *Hauptversicherung* sind. Wenn nämlich – was häufig der Fall ist – der Beitragsentlastungsbetrag über die gesamte Laufzeit konstant bleibt, würde eine Veränderung der Versicherungsleistungen aus der Hauptversicherung die Höhe des Beitrags aus dem Beitragsentlastungstarif nicht beeinflussen können.[345] Etwas anderes gilt nur, wenn der vereinbarte Beitragsentlastungsbetrag nicht als konstant vereinbart, sondern dynamisiert wird.[346]

3. Dauerhafte Veränderung. Die Veränderung der Rechnungsgrundlage darf nach § 203 Abs. 2 S. 1 nicht nur vorübergehender Art, sondern muss dauerhaft sein. Dies folgt aus dem Zweck der Vorschrift, eine **Störung des Äquivalenzprinzips** zu beseitigen (→ Rn. 745).[347] Veränderungen, die wieder vorübergehen, stören die langfristige Äquivalenz idR nicht. Anders kann es sich jedoch mit solchen Veränderungen verhalten, deren Ende zwar abzusehen ist, die aber gleichwohl aufgrund ihrer Dauer die Äquivalenz von Beitrag und Leistung für eine gewisse Zeit stören (→ Rn. 789).

In seiner Entscheidung zur Unabhängigkeit des Treuhänders (→ Rn. 549) sagt der BGH, dass „auch eine vorübergehende Äquivalenzstörung im Interesse der Beitragsstabilität vermieden werden muss".[348] Dieser Hinweis wäre – für sich allein betrachtet – irreführend und muss im Zusammenhang mit dem Streitstoff gesehen werden. Der BGH wollte damit lediglich begründen, dass es gegen das Äquivalenzprinzip verstoßen würde, wenn eine Prämienanpassung nur aus dem formalen Grund fehlender Unabhängigkeit des Treuhänders zunächst für unwirksam erklärt würde, später aber gleichwohl nachgeholt werden müsste und dann sogar wegen zwischenzeitlich entstandener weiterer Lücken sogar noch höher ausfallen könnte. Der BGH meinte also ersichtlich nicht das von § 203

---

[342] Vgl. dazu *Boetius* r+s 2022, 248 (254).
[343] So der Fall OLG Celle VersR 2022, 357 (359 ff.) = r+s 2022, 155 mit zustimmender Anm. *Voit* r+s 2022, 215 (216).
[344] *Boetius* r+s 2022, 248 (252).
[345] *Boetius* r+s 2022, 248 (254).
[346] *Boetius* r+s 2022, 248 (252, 254).
[347] Ebenso *Brand* in Bruck/Möller VVG § 203 Rn. 25.
[348] BGHZ 220, 297 Rn. 49 = VersR 2019, 283 = NJW 2019, 919.

§ 203 Abs. 2 S. 1 vorgegebene Tatbestandsmerkmal der nicht nur **vorübergehenden Veränderung der Rechnungsgrundlagen.**

782b § 203 Abs. 2 S. 1 VVG erstreckt das **Dauerhaftigkeitsmerkmal** („nicht nur vorübergehend") auf die Veränderung der maßgeblichen Rechnungsgrundlagen und damit auf die Versicherungsleistungen und die Sterbewahrscheinlichkeiten (§ 203 Abs. 2 S. 3 VVG). Im Gegensatz dazu bezieht § 155 Abs. 3 S. 2 VAG das Dauerhaftigkeitsmerkmal nur auf die Versicherungsleistungen, nicht jedoch auf die Sterbewahrscheinlichkeiten (§ 155 Abs. 4 S. 2 VAG). Auch wenn diese Divergenz nicht nur als handwerklicher Fehler zu klassifizieren wäre, könnte sie wegen des systemimmanenten Zusammenhangs mit dem Äquivalenzprinzip rechtlich keine Konsequenzen haben. Das Dauerhaftigkeitsmerkmal muss sich daher in § 155 Abs. 4 S. 2 VAG auch auf die Sterbewahrscheinlichkeiten beziehen. Davon war der VAG-Gesetzgeber möglicherweise stillschweigend in der Annahme ausgegangen, dass die jeweils aktuellen offiziellen Sterbewahrscheinlichkeiten schon begrifflich als nicht nur vorübergehend anzusehen sind, weil sie in den PKV-Sterbetafeln abgebildet werden, die unter Einbindung der BaFin von der Deutschen Aktuarvereinigung e.V. (DAV) entwickelt werden. Gleichwohl kann das Argument relevant werden, wenn – was zulässig ist – statt der PKV-Sterbetafeln unternehmensindividuelle Sterbetafeln zugrunde gelegt werden (→ Rn. 849).

783 Die Voraussetzung, dass die Veränderung dauerhaft sein muss, gilt nicht nur für die maßgebenden Rechnungsgrundlagen iSv § 203 Abs. 2 S. 1, 3, sondern für **alle Rechnungsgrundlagen,** die im Rahmen einer Prämienanpassung zu überprüfen sind. Dies ergibt sich nicht schon aus dem Wortlaut von § 155 Abs. 3 S. 2 VAG; denn die dort genannte „Abweichung" ist die Abweichung der erforderlichen von den kalkulierten Versicherungsleistungen. Dass die Dauerhaftigkeit der Veränderung für alle Rechnungsgrundlagen gilt, ergibt sich jedoch aus dem Gesetzeszweck, der Äquivalenzstörungen beseitigen will. Liegt eine Äquivalenzstörung nicht vor, besteht auch kein Bedarf für eine einseitige Vertragsänderung durch das Versicherungsunternehmen.

784 Damit ergibt sich folgender Prüfungsablauf: Wenn die primär auslösenden Rechnungsgrundlagen sich **nicht nur vorübergehend** verändern, sind sie anzupassen. Wenn sich die übrigen Rechnungsgrundlagen gleichfalls nicht nur vorübergehend verändern, sind auch sie mit anzupassen. Verändern sich die übrigen Rechnungsgrundlagen nur vorübergehend, sind sie nicht mit anzupassen.

785 Verändern sich die primär auslösenden Rechnungsgrundlagen **nur vorübergehend,** können die übrigen Rechnungsgrundlagen selbst dann nicht angepasst werden, wenn sich ihre Veränderung als nicht nur vorübergehend darstellt.

786 Im Gegensatz zur Veränderung der Rechnungsgrundlage selbst, die bereits eingetreten sein muss (→ Rn. 781), muss die Dauerhaftigkeit der Veränderung nicht als eingetretene Tatsache in der Vergangenheit liegen. Ob die Veränderung wieder vorübergehen oder dauerhaft bestehen bleiben wird, erfordert vielmehr eine **Prognose** der künftigen Entwicklung. Das Gesetz drückt dies mit der Wendung aus, die Veränderung müsse nicht nur als vorübergehend *anzusehen* sein (§ 203 Abs. 2 S. 1, § 155 Abs. 3 S. 2 VAG).

787 Die Veränderung ist dann als nicht nur vorübergehend anzusehen, wenn ihr **Ende nicht abzusehen** ist. Dabei muss der zeitliche Ablauf berücksichtigt werden. Wenn die neuen Rechnungsgrundlagen dem Treuhänder spätestens 12 Monate nach dem Ende des letzten Beobachtungszeitraums vorliegen müssen (§ 17 Abs. 2 KVAV), vergehen einschließlich der Prüfungszeiten und der Benachrichtigungsfristen (§ 203 Abs. 5) etwa 18 Monate seit dem Ende des letzten Beobachtungszeitraums, bis die Prämienanpassung für den Bestand wirksam wird. Bis zu diesem Zeitpunkt wurde auch der AF extrapoliert (§ 15 Abs. 3 S. 2 KVAV). Daraus folgt, dass sich der Zeitraum, auf den es für die Beurteilung des Erfordernisses „vorübergehend" ankommt, auch nur bis zu demjenigen Zeitpunkt erstrecken kann, bis zu dem die Versicherungsleistungen extrapoliert werden.

788 Ein Ende der Veränderung ist idR dann nicht abzusehen, wenn der tatsächliche Verlauf der Rechnungsgrundlage vom kalkulierten **systematisch abweicht**[349] oder die Veränderung strukturelle Gründe hat. Um festzustellen, ob dies der Fall ist, muss die Entwicklung der jeweiligen Rechnungsgrundlage analysiert werden. Genaue Analysen sind umso unerlässlicher, je kleiner die Tarifbestände sind, weil diese in ihrem Schadenverlauf größeren Schwankungen ausgesetzt sind.[350]

789 Wenn abzusehen ist, dass die Veränderung zwar enden, aber gleichwohl von **nicht unerheblicher Dauer** sein wird, ist sie gleichfalls als nicht nur vorübergehend anzusehen. Nach dem Gesetzeszweck sollen Äquivalenzstörungen beseitigt werden (→ Rn. 782). Vorübergehende Äquivalenzstörungen können den Charakter normaler versicherungstechnischer Schwankungen haben; solche Schwankungen werden idR durch den Sicherheitszuschlag aufgefangen (→ Rn. 146). Wenn allerdings vorübergehende Äquivalenzstörungen durch den Sicherheitszuschlag kalkulatorisch nicht mehr aufgefangen werden können, weil ihre Dauer einen gewissen Zeitraum überschreitet, bedarf es

---

[349] *Gerwins* NVersZ 1999, 53 (54).
[350] *Gerwins* NVersZ 1999, 53 (54).

nach dem Gesetzeszweck einer Korrektur, weil das Versicherungsunternehmen anderenfalls den versicherungstechnischen Verlusten nicht ausweichen kann.

Wenn eine Veränderung, deren Ende entweder von vornherein nicht abzusehen war (→ Rn. 787) oder deren absehbare Dauer nicht unerheblich war (→ Rn. 789), wieder endet, ist das **Ende der Veränderung** wieder als neue Veränderung anzusehen, die eine entsprechende Prämienanpassung – nach unten oder oben – zur Folge hat.

Ob eine dauerhafte Veränderung anzunehmen ist, richtet sich nach den Erkenntnissen zum **Zeitpunkt** der Überprüfung der Rechnungsgrundlagen und der Zustimmung des Treuhänders. Wenn sich nach diesem Zeitpunkt die Erkenntnisse wieder wandeln, beeinflusst dies nicht mehr die Wirksamkeit der Prämienanpassung, sondern setzt ggf. eine neue Veränderung in Gang, die eine entsprechende Prämienanpassung – nach unten oder oben – zur Folge hat.

Dass die Veränderung **nicht voraussehbar** war, wird – anders als in der Lebensversicherung (§ 163 Abs. 1 S. 1 Nr. 1) – nicht gefordert.

4. Richtung der Veränderung. In welcher Richtung sich die Rechnungsgrundlage verändert, ist rechtlich ohne Belang. § 203 Abs. 2 S. 1 spricht **richtungsneutral** nur von „Veränderung". Im Regelfall sind dies zwar Veränderungen, die zu einer Prämienerhöhung führen. Dies ist jedoch nicht zwingend. Das Versicherungsunternehmen ist auch bei einer für den Versicherungsnehmer günstigen Entwicklung der Rechnungsgrundlagen zu einer Prämiensenkung verpflichtet, sofern die übrigen Voraussetzungen erfüllt sind.[351] Die vereinzelte Gegenmeinung in der Lit.[352] fand schon bisher in § 178g Abs. 2 VVG aF keine Grundlage.

Jede zu überprüfende Rechnungsgrundlage muss **selbständig** auf ihren Veränderungsbedarf hin überprüft werden und die Veränderungsvoraussetzungen erfüllen. Dies kann zur Folge haben, dass im selben Tarif einige Rechnungsgrundlagen zu Prämienerhöhungen und andere Rechnungsgrundlagen zu Prämiensenkungen führen. Prämienerhöhungen und Prämiensenkungen werden dann miteinander saldiert und ergeben im Saldo die eigentliche Prämienanpassung.

Wenn eine maßgebliche Rechnungsgrundlage sich **prämiensenkend** verändert und eine Nachkalkulation auslöst, kann es gleichwohl zu einer Prämienerhöhung kommen, sofern die übrigen Rechnungsgrundlagen sich in noch stärkerem Umfang prämienerhöhend verändert haben (→ Rn. 794). Die These des OLG Köln, eine dem Versicherungsnehmer günstige Veränderung einer maßgebenden Rechnungsgrundlage veranlasse „allein eine Prüfung dahin, ob eine Prämiensenkung in Betracht kommt",[353] widerspricht sowohl dem Inhalt als auch dem Zweck der gesetzlichen Vorschriften über die Prämienanpassung.[354] Die Veränderungsrichtung der maßgeblichen Rechnungsgrundlage bestimmt nicht gleichzeitig die Veränderungsrichtung der Prämienanpassung.[355] Die These des OLG Köln würde vollends in die Irre führen, wenn beide maßgeblichen Rechnungsgrundlagen sich mit den jeweiligen auslösenden Faktoren in entgegengesetzter Richtung verändern, also zB die Versicherungsleistungen prämiensenkend und die Sterbewahrscheinlichkeiten prämienerhöhend:[356] Welche Veränderung wäre dann richtungsentscheidend?

Rechnungsgrundlagen können sich in der Praxis auch in eine für den Versicherungsnehmer **günstige Richtung** verändern. Dies gilt zB in folgenden Fällen:
- Wenn ein Versicherungsunternehmen im Rahmen einer Prämienanpassung seinen **Rechnungszins** senken musste, was zu einer Prämienerhöhung führt, kann es im Falle einer späteren dauerhaften Verbesserung seiner Nettoverzinsung bzw. seines aktuariellen Unternehmenszinses (→ Rn. 265 ff.) den Rechnungszins wieder bis zum gesetzlichen Höchstrechnungszins (§ 4 KVAV) erhöhen, was zu einer Prämiensenkung führt.
- Wenn ein Versicherungsunternehmen seine **Kostenstrukturen** grds. ändert, kann dies zu einer dauerhaften Senkung der kalkulierten Kosten und damit der Prämien führen. Geänderte Kostenstrukturen können sich durch Rationalisierungsmaßnahmen bei den Schadenregulierungskosten und den sonstigen Verwaltungskosten oder durch Veränderung der Vertriebswege bei den Abschlusskosten ergeben.

---

[351] Ebenso *Brand* in Bruck/Möller VVG § 203 Rn. 22.
[352] *Prölss* in Prölss/Martin, 27. Aufl. 2004, VVG § 178g Rn. 11.
[353] OLG Köln VersR 2013, 1561 = r+s 2012, 605.
[354] Ausf. *Boetius* VersR 2013, 1568 ff. in Anm zu OLG Köln VersR 2013, 1561; iErg ebenso *Wandt* VersR 2013, 1564 ff. in Anm zu OLG Köln VersR 2013, 1561. Wie hier: *Brand* in Bruck/Möller VVG § 203 Rn. 32.
[355] Ebenso: OLG Dresden BeckRS 2022, 4637 Rn. 29; BeckRS 2022, 10715 Rn. 23; LG Nürnberg-Fürth VersR 2018, 1116.
[356] Vgl. Fachgrundsatz DAV Berücksichtigung ausreichender Rechnungsgrundlagen in Neugeschäft und Bestand, Hinweis v. 10.4.2018 Abschn. 2.1.1.1.

799 – Auf dem Gebiet der **Versicherungsleistungen** können sich – vor allem durch Veränderungen der Rahmenbedingungen des Gesundheitswesens – Verschiebungen zwischen einzelnen Leistungsarten ergeben. Wenn zB Veränderungen der ärztlichen Gebührenordnungen das ambulante Operieren durch höhere Arzthonorare erheblich steigern, reduzieren sich entsprechende Krankenhausleistungen. Das gleiche gilt für die Einführung von Fallpauschalen im Krankenhausbereich, die für eine Verkürzung der Verweildauern im Krankenhaus sorgen. Unmittelbaren Einfluss hat eine solche Entwicklung insbes. auf reine Krankenhaustagegeldtarife.

800 **5. Auslösender Faktor. a) Grundsatz.** Nicht jede Veränderung einer Rechnungsgrundlage führt zu einer Prämienanpassung. Zu einer Überprüfung der für die Prämienkalkulation relevanten Rechnungsgrundlagen und als deren Folge zu einer Prämienanpassung kann es nur kommen, wenn **zwei Voraussetzungen** erfüllt sind:
– Eine maßgebliche Rechnungsgrundlage iSv § 203 Abs. 2 S. 1, 3 muss sich nicht nur vorübergehend verändern (→ Rn. 782 ff.).
– Die Veränderung der maßgeblichen Rechnungsgrundlage muss bestimmte Schwellenwerte überschreiten, die in der Versicherungspraxis „Auslösender Faktor" – abgekürzt „AF" – genannt werden.
Die beiden vorgenannten Voraussetzungen müssen bei einer maßgeblichen Rechnungsgrundlage iSv § 203 Abs. 2 S. 1, 3 erfüllt sein. Dass sie bei einer sonstigen zu überprüfenden Rechnungsgrundlage vorliegen, genügt nicht, um die Prämienberechnung zu überprüfen.

801 Den **Auslösenden Faktor (AF)** legt – vertragsrechtlich über § 203 Abs. 2 S. 4 wirksam – das VAG fest. Er beträgt bei der Rechnungsgrundlage „Versicherungsleistungen" 10 %, sofern die AVB nicht einen geringeren Prozentsatz vorsehen (§ 155 Abs. 3 S. 2 VAG). Bei der Rechnungsgrundlage „Sterbewahrscheinlichkeit" beträgt der AF 5 %, ohne dass die AVB einen geringeren Prozentsatz vorsehen können (§ 155 Abs. 4 S. 2 VAG).
Der AF muss jeweils **überschritten** werden. Wenn er genau 10 % bzw. 5 % beträgt, ist die Voraussetzung für die Überprüfung der Prämienberechnung nicht erfüllt.

802 Dem Wortlaut des Gesetzes ist nicht zu entnehmen, ob bei der Ermittlung des AF-Satzes von 10 bzw. 5 % **Rundungsregeln** zu beachten sind. Daher ist von dem allgemeinen Prinzip kaufmännischer Rundung auszugehen, die idR eine Rundung auf zwei Stellen nach dem Komma vorsieht. Ein nach dieser Regel berechneter AF von 10,01 % bzw. 5,01 % würde also die Überprüfung der Prämienberechnung auslösen.

803 Wenn die beiden Voraussetzungen für die Überprüfung der Kalkulationsgrundlagen (→ Rn. 800) erfüllt sind, ist das Versicherungsunternehmen **verpflichtet**, diese Überprüfung vorzunehmen und die Prämien anzupassen. Zwar spricht § 203 Abs. 2 S. 1 nur davon, dass das Versicherungsunternehmen hierzu „berechtigt" sei. Indessen ist damit nicht gemeint, dass ihm ein Wahlrecht zusteht, die Prämienanpassung vorzunehmen oder nicht. Das Wort „berechtigt" stellt vielmehr nur die verbale Umschreibung des im Vertragsrecht üblichen rechtstechnischen Ausdrucks „Recht" oder „Anspruch" dar. Dass das Versicherungsunternehmen zur Überprüfung auch versicherungsvertragsrechtlich verpflichtet ist, ergibt sich aus § 203 Abs. 2 S. 4 iVm § 155 Abs. 3 S. 1, 2, Abs. 4 S. 1, 2 VAG.

804 Der AF für die obligatorische Überprüfung der Beiträge verfolgt das Ziel, die Versichertengemeinschaft vor einer dauerhaften Unterkalkulation zu schützen und damit die **dauernde Erfüllbarkeit der Verträge** zu gewährleisten. Dies ist ein aufsichtsrechtliches Gebot. Gleichzeitig muss der einzelne Versicherer aber auch davor bewahrt werden, dass durch ein Hinausschieben notwendiger Beitragsanpassungen die Beitragssprünge zu groß werden. Der AF muss daher so gewählt werden, dass im Großen und Ganzen die Beiträge alle ein bis zwei Jahre zu überprüfen und ggf. anzupassen sind. Nichts anderes geschieht letztlich auch in der GKV und in der gesetzlichen Rentenversicherung – und zwar allein schon wegen der jährlichen Änderung der Beitragsbemessungsgrenzen.

805 Unter Berücksichtigung der vorgenannten Aspekte erscheint der geltende Wert für den AF iHv 10 % als **ausreichend**. Die Versicherer haben die Möglichkeit, in den AVB einen niedrigeren AF zu vereinbaren, und zwar sowohl für eine „Kann"-Überprüfung als auch für eine obligatorische Überprüfung (→ Rn. 808 f.).

806 Wenn der AF angesprochen hat und nach Überprüfung eine Beitragsänderung notwendig ist, müssen stets auch die **Neugeschäftsbeiträge** angepasst werden, selbst wenn deren Änderungsprozentsatz unter demjenigen des Bestands und unter dem maßgebenden AF liegt.[357]

807 **b) Auslösender Faktor nach AVB.** Für die Rechnungsgrundlage „Versicherungsleistungen" können die AVB einen **geringeren AF** vorsehen (§ 155 Abs. 3 S. 2 VAG). Davon machen die

---
[357] BAV VerBAV 1997, 142.

Tarifbedingungen der Versicherungsunternehmen idR Gebrauch; die Tarifbedingungen sind im Rechtssinn AVB. Die Tarifbedingung hat meistens folgenden Wortlaut (→ Rn. 755):

Der Prozentsatz nach Abs. 1 S. 3 beträgt 10. Ergibt die Gegenüberstellung nach Abs. 1 S. 2 eine Abweichung von mehr als 5 %, können alle Beiträge dieses Tarifs vom Versicherer überprüft und, soweit erforderlich, mit Zustimmung des Treuhänders angepasst werden.

Im Falle einer solchen Tarifbedingung kann zweifelhaft sein, ob das Versicherungsunternehmen **808** bei einem AF von mehr als 5 % zur Prämienüberprüfung und Prämienanpassung nur *berechtigt* oder – wie im Falle des gesetzlichen AF von 10 % – auch *verpflichtet* ist. Für eine Verpflichtung spricht der Wortlaut des § 155 Abs. 3 S. 2 VAG, der hinsichtlich der Rechtsfolge nicht differenziert zwischen dem gesetzlichen AF und dem geringeren AF gem. AVB. Indessen ergibt sich aus der Rechtsentwicklung, dass das Versicherungsunternehmen in diesem Fall nur ein **Wahlrecht** erhalten und zur Prämienüberprüfung sowie -anpassung nicht auch verpflichtet sein soll. Vor der Einführung des § 12b VAG aF beruhte die Prämienanpassung nämlich ausschließlich auf AVB-Recht. Die entsprechenden Tarifbedingungen (§ 8c Abs. 1) unterschieden damals sehr deutlich zwischen der Verpflichtung zur Prämienüberprüfung und -anpassung im Falle eines AF von mehr als 10 % einerseits und der Berechtigung zur Prämienüberprüfung und -anpassung im Falle eines AF von mehr als 5 % andererseits (→ Rn. 754). Diese aufsichtsrechtlich genehmigte Rechtslage sollte im Jahre 1994 übernommen werden. Der Schwellenwert von 10 % sollte nur einen für die Versicherungsunternehmen verbindlichen Höchstwert darstellen, während der AVB-mäßig niedrigere Wert die Versicherungsunternehmen zur Prämienüberprüfung und -anpassung wirklich nur berechtigen sollte.[358]

Die AVB-mäßige Einräumung eines Wahlrechts zur Prämienüberprüfung und -anpassung bei **808a** Erreichen eines Schwellenwerts ab 5 % ist auch nicht deshalb unwirksam, weil dem Versicherer damit eine **erweiterte Ermächtigung zu einer Beitragserhöhung** eingeräumt würde, was als unzulässiger Nachteil für den Versicherungsnehmer iSv § 208 S. 1 angesehen werden könnte. Diese vom BGH zu § 8b Abs. 2 MB/KK gezogene Schlussfolgerung[359] – die schon für sich allein kritisch zu beurteilen ist (→ Rn. 939a ff.) – kann auf das 5 %-Wahlrecht nicht übertragen werden:

– Das Wort „können" (sc. überprüft und angepasst werden) in der AVB-Regelung ist als die **Einräu- 808b mung eines Rechts** zu interpretieren – wie zB in § 204 Abs. 1 S. 1 „kann der Versicherungsnehmer … verlangen". Inhaltlich nicht anders formuliert auch § 203 Abs. 2 S. 1 mit den Worten „ist der Versicherer … berechtigt" (→ Rn. 803); in dem Wort „berechtigt" kann daher keine bloß „aufsichtsrechtliche Diktion" gesehen werden.[360] Die *Verpflichtung* zur Beitragsanpassung ab einer 10 %-Veränderung ergibt sich erst aus § 155 Abs. 3 S. 2 VAG (→ Rn. 808).

– Wie auch im Fall von § 8b MB/KK (→ Rn. 940) ist die Entstehungsgeschichte wichtig. Die **808c** Gesetzesmaterialien zu § 12b Abs. 2 VAG aF sagen ausdrücklich, dass die Versicherungsunternehmen einen niedrigeren Schwellenwert mit der Maßgabe festlegen können, „dass sie berechtigt sind, … die Prämien zu überprüfen und ggf. anzupassen".[361] Diese Formulierung nimmt Bezug auf die Fassung von § 8c Abs. 1 S. 4 Tarifbedingungen 1976, wonach die Tarifbeiträge bei einer Änderung von mehr als 5 % überprüft und ggf. angepasst werden „können" (→ Rn. 754). Nichts anderes drückt daher auch die 5 %-Klausel aus. Der Gesetzgeber ging also selbst davon aus, dass eine AVB-Regelung dieses Inhalts zulässig sein sollte. Diese Gesetzesintention ist schon bei der Auslegung von § 155 Abs. 3 S. 2 VAG zu berücksichtigen und kann auch bei der Auslegung der 5 %-Klausel nicht unberücksichtigt bleiben. Wenn aber die 5 %-Klausel der in das Versicherungsvertragsrecht (§ 203 Abs. 2 S. 4) inkorporierten Vorschrift des § 155 Abs. 3 S. 2 VAG inhaltlich nicht widerspricht, liegt schon **keine Abweichung** von § 203 Abs. 2 iSv 208 S. 1 vor.

Eine Abweichung iSv § 208 S. 1 könnte nur angenommen werden, wenn nach § 155 Abs. 3 S. 2 VAG **808d** ausschließlich solche (5 %-)Klauseln zulässig wären, die den Versicherer zur Prämienüberprüfung und -anpassung verpflichten. In diesem hypothetischen Fall ist weitere Voraussetzung, dass die 5 %-Klausel mit Wahlrecht des Versicherers zu einem **Nachteil des Versicherungsnehmers** iSv § 208 S. 1 führt.

Als Nachteil sieht das LG Berlin an, dass der Versicherer über eine *Prämienerhöhung* nach seinem **808e** Ermessen entscheiden kann, zu einer *Prämiensenkung* aber nicht verpflichtet ist.[362] Diese Betrachtungsweise verkennt die **Methodik des Prämienanpassungsverfahrens:**

---

[358] Begr. zu Art. 1 Nr. 12 (§ 12b VAG) RegE 3. DurchfG/EWG zum VAG, BT-Drs. 12/6959, 62.
[359] BGH r+s 2022, 517 Rn. 31 f.
[360] So aber LG Berlin BeckRS 2021, 40428 Rn. 17, das im Widerspruch dazu an anderer Stelle für die AVB-Auslegung den Rückgriff auf die Aufsichtsrechtssprache ablehnt (Rn. 20).
[361] Begr. zu Art. 1 Nr. 12 (§ 12b VAG) RegE 3. DurchfG/EWG zum VAG, BT-Drs. 12/6959, 62.
[362] LG Berlin BeckRS 2021, 40428 Rn. 22.

– In der 1. Stufe findet der jährliche Vergleich der erforderlichen mit den kalkulierten Versicherungsleistungen statt (§ 155 Abs. 3 S. 1 VAG), um die *Veränderung* einer maßgeblichen Rechnungsgrundlage (§ 203 Abs. 2 S. 1) und die Höhe der Veränderung (mehr als 10 % oder 5 %) festzustellen.
– In der 2. Stufe wird festgestellt, ob es sich um eine nicht nur vorübergehende, dh *dauerhafte* Veränderung handelt (§ 203 Abs. 2 S. 1 VVG, § 155 Abs. 3 S. 2 VAG). Die Dauerhaftigkeit der Veränderung ergibt sich nicht aus Daten der Vergangenheit, sondern ist das Ergebnis einer Prognose (→ Rn. 786).[363] Wenn die Dauerhaftigkeit zu verneinen ist, endet das Verfahren und es findet keine Überprüfung und Anpassung der Prämien statt.
– Nur im Fall der Dauerhaftigkeit der Veränderung findet in der 3. Stufe die *Überprüfung und Anpassung der Prämien* statt, indem zum Zweck der Neukalkulation die dauerhafte Veränderung *aller* Rechnungsgrundlagen untersucht wird.

Das Wahlrecht des Versicherers im Fall der 5 %-Klausel setzt vor Beginn der 3. Stufe der Überprüfung und Anpassung der Prämien ein. Die Prämienüberprüfung und -anpassung iSv § 155 Abs. 3 S. 2 VAG ist ein einheitlicher Vorgang, der „Nachkalkulation" oder „Neukalkulation" genannt wird (→ Rn. 777) und den § 203 Abs. 2 S. 2 als „Neufestsetzung" bezeichnet. Wenn der Versicherer entsprechend der 5 %-Klausel die Überprüfung der Prämien wählt, ist er auch *verpflichtet*, die aus der Überprüfung sich ergebende notwendige Prämienanpassung durchzuführen. Das ist der Hintergrund von § 17 Abs. 3 KVAV, der auch für die Neukalkulation im Fall der 5 %-Klausel gilt. Die Vorschriften von § 17 Abs. 1 S. 2 KVAV (keine Neukalkulation) und von § 17 Abs. 3 KVAV (durchgeführte Neukalkulation) regeln insoweit unterschiedliche Sachverhalte. Der Versicherer hat nach durchgeführter Prämienüberprüfung folglich kein (erneutes) Wahlrecht, ob er die daraus sich ergebende notwendige Prämienanpassung (Prämienerhöhung oder Prämiensenkung) durchführen will. Weil vor Beginn der Prämienüberprüfung noch nicht bekannt sein kann, ob es aufgrund der Überprüfung zu einer Prämienanpassung kommt und wie diese aussehen wird, bestehen die vom LG Berlin unterstellten Handlungsoptionen des Versicherers „Prämienerhöhung vs. Prämiensenkung" in der Wirklichkeit des Anpassungsverfahrens nicht. Der Versicherer hat nur die Wahl zwischen Überprüfung und Nichtüberprüfung, aber nicht die Wahl zwischen Anpassung und Nichtanpassung.

808f Das **erweiterte Wahlrecht zur Prämienüberprüfung** (mit verpflichtender Anpassung) für sich allein begründet keinen unzulässigen Nachteil des Versicherungsnehmers, weil § 155 Abs. 3 S. 2 VAG diese erweiterte Überprüfungs- und Anpassungsmöglichkeit ausdrücklich vorsieht. Macht der Versicherer von seinem Wahlrecht keinen Gebrauch, erleidet der Versicherungsnehmer ohnehin keinen Nachteil. Die AVB-Regelung ist daher wirksam.[364] Auch der BGH hat an ihrer Wirksamkeit keine Zweifel geäußert und sie als gesetzeskonform eingestuft.[365]

809 Die AVB können unter einem niedrigeren AF auch mit der Maßgabe vorsehen, dass sie nicht wie ein Wahlrecht, sondern wie nach § 155 Abs. 3 S. 2 VAG eine **Verpflichtung** zur Prämienüberprüfung und -anpassung haben. In der Praxis ist davon allerdings bisher so gut wie kein Gebrauch gemacht worden.

810 Für die AVB-mäßige Festsetzung eines niedrigeren AF schreibt das Gesetz **keine Untergrenzen** vor. Der Gesetzgeber wollte den Versicherungsunternehmen ein Instrument in die Hand geben, große Prämiensprünge zu vermeiden.[366] Eine Untergrenze könnte sich aus dem Zweck der Prämienanpassung ergeben, Äquivalenzstörungen zu verhindern (→ Rn. 745).

811 Als allgemeiner Grundsatz gilt, dass nicht jede noch so geringe Äquivalenzstörung ausreicht, sondern nur **gewichtige Äquivalenzstörungen** eine Prämienanpassung rechtfertigen.[367] Dieser Grundsatz gilt zunächst allerdings nur für Versicherungszweige außerhalb der Lebens- und Krankenversicherung.[368] Indessen ist der Grundsatz, weil eine entsprechende AVB-Bestimmung nach AGB-Recht zu beurteilen ist, prinzipiell auch in der Krankenversicherung anzuwenden.

812 Für die Rechtsschutzversicherung hat die Rspr. eine gewichtige Äquivalenzstörung angenommen, wenn die Prämie um **mindestens 5 %** erhöht werden sollte.[369] Dieser Grenzwert kann jedoch nicht auf den AF der Krankenversicherung übertragen werden, weil er mit diesem nicht vergleichbar ist. Der AF ist lediglich der für die maßgeblichen Rechnungsgrundlagen geltende Veränderungsfak-

---

[363] Deshalb kann entgegen LG Berlin BeckRS 2021, 40428 Rn. 18 die Vorlage eines 4. Beobachtungszeitraums im Fall der 5 %-Klausel (§ 17 Abs. 1 S. 2 KVAV) nicht der Überprüfung der Dauerhaftigkeit dienen, zumal die Dauerhaftigkeit auch bei einer Veränderung über 10 % erfüllt sein muss.
[364] Ebenso OLG Köln VersR 2018, 1436.
[365] BGH r+s 2022, 517 Rn. 29, 33 ff.
[366] Begr. zu Art. 1 Nr. 12 (§ 12b VAG) RegE 3. DurchfG/EWG zum VAG, BT-Drs. 12/6959, 62.
[367] *Wandt* VersR Rn. 48, 52.
[368] Für die Rechtsschutzversicherung: BVerwG VersR 1981, 221 (223, 225); BGH VersR 1999, 697 f.
[369] BVerwG VersR 1981, 221.

tor, ab dem die Prämien generell zu überprüfen sind; er sagt nichts aus über den Umfang der schließlichen Prämienanpassung, die durch Veränderungen auch aller übrigen Rechnungsgrundlagen beeinflusst werden. So ist es durchaus vorstellbar, dass eine verhältnismäßig niedrige Veränderung der Versicherungsleistungen eine höhere Prämienanpassung allein deshalb zur Folge hat, weil bei der Überprüfung der übrigen Rechnungsgrundlagen zB der Rechnungszins herabgesetzt werden muss. In einem solchen Fall ist eine gewichtige Äquivalenzstörung offensichtlich.

Auf die schließliche **Prämienanpassung** kann der für das Vorliegen einer gewichtigen Äquivalenzstörung angenommene Mindestsatz von 5 % aber auch nicht angewandt werden; denn insoweit verdrängen die gesetzlichen Vorschriften zur Prämienanpassung in der Krankenversicherung das AGB-Recht. 813

Den allgemeinen Grundsätzen nach AGB-Recht kann daher **keine bestimmte Untergrenze** für die AVB-mäßige Festlegung des AF entnommen werden. Damit können die AVB auch einen niedrigeren AF als 5 % vorsehen. Ein Verstoß gegen § 208 liegt nicht vor, weil diese in § 155 Abs. 3 S. 2 VAG vorgesehene Möglichkeit über § 203 Abs. 2 S. 4 vertragsrechtlich wirksam ist. 814

6. Veränderung der Rechnungsgrundlagen im Neugeschäft. a) Erhöhung der Prämien im Neugeschäft. Wenn im Zuge einer Prämienanpassung die Rechnungsgrundlagen im Bestandsgeschäft aktualisiert werden, müssen die **aktualisierten Rechnungsgrundlagen** gleichzeitig auch den Neugeschäftsbeiträgen der angepassten Tarife zugrunde gelegt werden. Das folgt aus dem Gebot, dass die Prämien im Neugeschäft nicht niedriger sein dürfen als die Prämien im Altbestand (§ 146 Abs. 2 S. 1 VAG). Maßgebend ist der Zeitpunkt, zu dem die geänderten Rechnungsgrundlagen im Bestandsgeschäft wirksam werden. Die Neugeschäftsprämien dürfen auf keinen Fall später als diejenigen im Bestandsgeschäft aktualisiert werden. 814a

Zweifelhaft kann sein, ob der Änderungszeitpunkt für Neu- und Bestandsgeschäft stets identisch sein muss oder ob die aktualisierten Rechnungsgrundlagen im Neugeschäft auch bereits verwendet werden können, bevor die Bestandsgeschäftsprämien angepasst werden. Eine **vorgezogene Erhöhung der Prämien im Neugeschäft** schließt § 146 Abs. 2 S. 1 VAG jedenfalls nicht aus; denn er verbietet nur *niedrigere* Neugeschäftsprämien als im Bestandsgeschäft. Auch den übrigen aufsichtsrechtlichen Vorschriften lässt sich kein Verbot entnehmen, die Prämien im Neugeschäft zeitlich vor denjenigen im Bestandsgeschäft zu erhöhen. Anders verhält es sich, wenn die Aktualisierung der Rechnungsgrundlagen zu einer *Prämiensenkung* führt; in diesem Fall verbietet § 146 Abs. 2 S. 1 VAG, die Prämien im Neugeschäft früher zu senken als diejenigen im Bestandsgeschäft. 814b

Eine andere Frage ist, ob der Versicherer zu einer vorgezogenen Erhöhung der Prämien im Neugeschäft nicht nur berechtigt, sondern auch verpflichtet ist. **Gegen eine Verpflichtung zu einer vorgezogenen Erhöhung der Neugeschäftsprämien** spricht zunächst die gesetzliche Prämienanpassungssystematik: Sie bezieht sich nach § 203 Abs. 2 VVG, § 155 VAG zunächst nur auf die Bestandsprämien; *wenn* deren Rechnungsgrundlagen zu aktualisieren sind, zieht das eine entsprechende Neukalkulation auch der Neugeschäftsprämien nach sich. Die Überprüfungspflicht nach § 155 Abs. 3 S. 2 VAG bezieht sich auf „alle Prämien dieses Tarifs"; das meint auch die Neugeschäftsprämien. Solange die Voraussetzungen einer Prämienanpassung im Bestandstarif nicht erfüllt sind, scheint daher zumindest aufsichtsrechtlich auch die Verpflichtung zu einer Neukalkulation der Neugeschäftsprämien zu entfallen.[370] 814c

Für eine Verpflichtung zu einer vorgezogenen Erhöhung der Neugeschäftsprämien sprechen jedoch andere Überlegungen: 814d

– Nach § 155 Abs. 3 S. 4, Abs. 4 S. 3 VAG muss eine Prämienanpassung unterbleiben, soweit eine der maßgeblichen Rechnungsgrundlagen iSv § 203 Abs. 2 S. 3 „zum Zeitpunkt der Erst- oder einer Neukalkulation" **unzureichend kalkuliert** war und dies aktuariell erkennbar gewesen war. Diese Vorschrift bezieht sich zunächst auf die Anpassung der *Bestands*prämie, hat aber eine mittelbare Auswirkung auf die *Neugeschäfts*prämie, wie folgendes Beispiel zeigt: 814e
  – Im Zeitpunkt t1 wird ein neuer Tarif eingeführt oder eine Prämienanpassung zeitgleich im Bestands- und Neugeschäft durchgeführt. Alle Prämien sind zu diesem Zeitpunkt ausreichend kalkuliert.
  – Im Zeitpunkt t2 wird die Kalkulation der maßgebenden Rechnungsgrundlagen gemäß § 155 Abs. 3 S. 1, Abs. 4 S. 1 VAG verglichen. Weil die gesetzlichen und bedingungsmäßigen Schwellenwerte der AF nur knapp nicht überschritten werden, kann eine Anpassung der Bestandsprämien nicht vorgenommen werden. Auch die Prämien für das ab dem Zeitpunkt t2 abgeschlossene Neugeschäft bleiben unverändert.

---

[370] So iErg Fachgrundsatz DAV Berücksichtigung ausreichender Rechnungsgrundlagen in Neugeschäft und Bestand, Hinweis v. 10.4.2018 Abschn. 2.2.1.

– Im Zeitpunkt t3 wird die Kalkulation der maßgebenden Rechnungsgrundlagen gemäß § 155 Abs. 3 S. 1, Abs. 4 S. 1 VAG erneut verglichen. Weil jetzt die gesetzlichen oder bedingungsmäßigen Schwellenwerte der AF überschritten werden, erfolgt eine Überprüfung und Anpassung aller Prämien gemäß § 155 Abs. 3 S. 2, Abs. 4 S. 2 VAG.

– Die Überprüfung im Zeitpunkt t3 führt zu unterschiedlichen Konsequenzen: Die Prämien für das vor dem Zeitpunkt t2 abgeschlossene Geschäft können in vollem Umfang angepasst werden, weil die Erst- oder (letzte) Neukalkulation im Zeitpunkt t1 iSv § 155 Abs. 3 S. 4, Abs. 4 S. 3 VAG nicht unzureichend gewesen war. Die Prämien für das ab dem Zeitpunkt t2 abgeschlossene Neugeschäft waren jedoch im Umfang der zwischen t2 und t1 bestehenden Differenz unzureichend kalkuliert, auch wenn diese Differenz keine Prämienanpassung im Bestand erlaubte. Diese Neugeschäftsprämien hätten mit den im Zeitpunkt t2 erforderlichen Rechnungsgrundlagen kalkuliert werden müssen, was aufgrund des gemäß § 155 Abs. 3 S. 1, Abs. 4 S. 1 VAG durchgeführten Vergleichs aktuariell auch erkennbar gewesen war. Insoweit ist daher eine Anpassung der Prämien für das ab dem Zeitpunkt t2 abgeschlossene Neugeschäft nach § 155 Abs. 3 S. 4, Abs. 4 S. 3 VAG unzulässig.

814f – Die **Deutsche Aktuarvereinigung (DAV)** vertritt insoweit eine abweichende Auffassung[371] und begründet dies damit, dass nicht zu jedem Zeitpunkt zwischen Erst- und Neukalkulation oder zwischen zwei Neukalkulationen eine ausreichende Kalkulation vorliegen müsse und dass die Erst- oder Neukalkulation sich auf den Tarif, nicht aber auf den individuellen Kundenbeitrag zum Zeitpunkt des Vertragsschlusses beziehe. Diese Argumente liegen neben der Sache: Natürlich muss nicht zu jedem Zeitpunkt eine ausreichende Kalkulation vorliegen, was zu einer praktisch nicht darstellbaren permanenten Neukalkulation führen würde; ein solcher Fall liegt hier ohnehin nicht vor, weil im Zeitpunkt t2 der reguläre Vergleich nach § 155 Abs. 3 S. 1, Abs. 4 S. 1 VAG durchgeführt wurde, der die Unterkalkulation im Umfang der Differenz zwischen t2 und t1 erbracht hat. Es liegt auch nicht nur eine Neukalkulation des „individuellen Kundenbeitrags zum Zeitpunkt des Vertragsschlusses" vor, sondern die generelle Neukalkulation der Prämie für alle Neugeschäfte ab dem Zeitpunkt t2, die nach der eigenen Auffassung der DAV an anderer Stelle einen „Teilbestand im bestehenden Tarif" generiert (→ Rn. 814j).[372]

814g – Unabhängig von der aufsichtsrechtlichen Beurteilung ist der Versicherer **auch zivilrechtlich** gehalten, eine vorgezogene Erhöhung der Neugeschäftsprämien vorzunehmen, wenn sich abzeichnet, dass die Rechnungsgrundlagen des Tarifs überprüft und angepasst werden müssen. Die Verpflichtung hierzu ergibt sich unmittelbar aus § 203 Abs. 1 S. 1, der die aufsichtsrechtlichen Kalkulationsvorschriften materiell-rechtlich in das Versicherungsvertragsrecht inkorporiert (→ Rn. 56 ff., 104). Die aufsichtsrechtlichen Konsequenzen (→ Rn. 814e f.) haben damit auch zivilrechtliche Auswirkungen. Wenn der Versicherer seiner Verpflichtung nicht nachkommt, entfaltet das Anpassungsverbot des § 155 Abs. 3 S. 4, Abs. 4 S. 3 VAG auch zivilrechtliche Wirkung. Der Konstruktion eines Schadensersatzanspruchs aus culpa in contrahendo bedarf es entgegen der Meinung der DAV[373] nicht.

814h **b) Unterschiedliche Rechnungsgrundlagen im Neugeschäft und im Bestand.** Wenn die Rechnungsgrundlagen in den Prämien des Neugeschäfts aktualisiert werden müssen, während die Prämien im Bestand noch nicht angepasst werden können (→ Rn. 814d ff.), kommt es im selben Tarif zu unterschiedlichen Rechnungsgrundlagen und Prämien im Neugeschäft und im Bestand. Das verstößt nicht gegen den besonderen **Gleichbehandlungsgrundsatz** des Versicherungsaufsichtsrechts (→ Rn. 156 ff.), weil das Aufsichtsrecht selbst diese Konsequenz erzwingt. *Höhere* Prämien im Neugeschäft als im Bestand sind somit zulässig. § 146 Abs. 2 S. 2 VAG verbietet lediglich *niedrigere* Prämien im Neugeschäft als im Bestand.

814i Wenn die Rechnungsgrundlagen in Neugeschäft und Bestand aufgrund des vorstehenden, für den Bestand geltenden Anpassungshindernisses voneinander abweichen, führt das **nicht zu verschiedenen Tarifen**, weil Leistungsversprechen und Kalkulation identisch sind (→ Rn. 125 f.; → § 204 Rn. 78). Das bedeutet, dass der Versicherungsnehmer des Neugeschäftsvertrags keinen Anspruch auf Tarifwechsel in einen Bestandsvertrag hat.

814j Die mit unterschiedlichen Rechnungsgrundlagen kalkulierten Neugeschäftsverträge und Bestandsverträge des jeweiligen Tarifs sind als **vorübergehende Teilbestände desselben Tarifs**

---

[371] Fachgrundsatz DAV Berücksichtigung ausreichender Rechnungsgrundlagen in Neugeschäft und Bestand, Hinweis v. 10.4.2018 Abschn. 2.2.1.

[372] Fachgrundsatz DAV Berücksichtigung ausreichender Rechnungsgrundlagen in Neugeschäft und Bestand, Hinweis v. 10.4.2018 Abschn. 2.2.2.2.3.

[373] Fachgrundsatz DAV Berücksichtigung ausreichender Rechnungsgrundlagen in Neugeschäft und Bestand, Hinweis v. 10.4.2018 Abschn. 2.2.2.

mit unterschiedlich aktuellen Rechnungsgrundlagen zu charakterisieren.[374] Weil es sich um denselben Tarif handelt, müssen beide Teilbestände bei nächster Gelegenheit dergestalt wieder zusammengeführt werden, dass für beide Teilbestände die gleichen aktuellen Rechnungsgrundlagen gelten. Das wird im Zuge der nächsten Beitragsanpassung zu geschehen haben. Als Folge dieser Zusammenführung wird die Beitragsanpassung für den Teilbestand der bereits vorgezogen aktualisierten Neugeschäftsverträge niedriger ausfallen als diejenige für den Teilbestand der bisher nicht angepassten Bestandsverträge. Hierfür existieren entsprechend modifizierte Anpassungsregelungen.[375]

7. Stille Sanierung. Wenn die gesetzlichen Voraussetzungen einer Prämienanpassung nicht erfüllt sind, weil der AF einer maßgeblichen Rechnungsgrundlage nicht überschritten worden ist, können die Rechnungsgrundlagen nicht *beitragswirksam* angepasst werden. Das Versicherungsunternehmen hat jedoch die Möglichkeit, nicht mehr aktuelle Rechnungsgrundlagen ohne Beitragserhöhung anzupassen; in der Fachsprache heißt dies „**stille Sanierung**".[376] Rein sprachlich liegt eine Sanierung nur im Falle einer *Unterdeckung* vor, dh wenn die verwendeten Rechnungsgrundlagen nicht mehr ausreichend sind, die Aufwendungen zu decken und den Rechnungszins zu erwirtschaften. Wenn im Falle einer *Überdeckung* die verwendeten Rechnungsgrundlagen inzwischen zu hoch kalkuliert sind und deren Aktualisierung zu einer Beitragssenkung führen würde – ohne dass die gesetzlichen Voraussetzungen einer Prämienanpassung vorliegen –, sollte man nicht von stiller Sanierung sprechen.[377] Stille Sanierungen werfen zahlreiche Fragen auf. 814k

Wenn nicht mehr aktuelle Rechnungsgrundlagen ohne Prämienanpassung geändert werden sollen, findet eine **neue Prämienberechnung** iSv § 10 KVAV statt. Das hat zur Folge, dass alle Rechnungsgrundlagen zu überprüfen und gegebenenfalls zu aktualisieren sind. § 10 Abs. 1 S. 1 KVAV spricht zwar von der „Verwendung der maßgeblichen Rechnungsgrundlagen"; darunter ist jedoch nicht der in § 203 Abs. 2 S. 3 verwandte Begriff der „maßgeblichen Rechnungsgrundlage" zu verstehen, der sich einschränkend nur auf die eine Prämienanpassung auslösende Rechnungsgrundlage bezieht. Im Zuge der neuen Prämienberechnung können einzelne Rechnungsgrundlagen prämienerhöhend oder prämiensenkend aktualisiert werden. Maßgebend ist der sich insgesamt ergebende Saldo. Eine Prämienanpassung iSv § 203 Abs. 2 liegt nicht vor, weil vertragsrechtlich keine Prämienänderung durchgeführt wird. 814l

Wenn die neue Prämienberechnung insgesamt zu einer höheren Prämie führen würde, diese aber vertragsrechtlich nicht durchgeführt werden soll, müssen die aktualisierten Rechnungsgrundlagen **auf andere Weise finanziert werden.** Hierfür gibt es zwei Möglichkeiten: 814m
– Eine Finanzierung durch **Entnahme aus der RfB** ist grundsätzlich zulässig; allerdings bedarf dies der Zustimmung des Prämientreuhänders (§ 155 Abs. 2 S. 1 Nr. 2 VAG), der die Einhaltung der satzungs- und bedingungsmäßigen Voraussetzungen sowie die ausreichende Wahrung der Versichertenbelange prüfen muss (§ 155 Abs. 2 S. 2 VAG).
– Eine **Finanzierung aus Eigenmitteln** kann aus dem Rohüberschuss oder aus dem Eigenkapital erfolgen. Hierfür bedarf es keiner Mitwirkung des Treuhänders, wohl aber der Zustimmung der zuständigen Unternehmensorgane.

8. Sonstige Prämiensenkungen. Wenn die verwendeten Rechnungsgrundlagen inzwischen zu hoch kalkuliert sind und deren Aktualisierung zu einer Beitragssenkung führen würde – ohne dass die gesetzlichen oder bedingungsmäßigen Voraussetzungen einer Prämienanpassung vorliegen –, *kann* das Versicherungsunternehmen **freiwillig eine entsprechende Beitragssenkung** vornehmen. Ein Verstoß gegen § 208 S. 1 liegt nicht vor, weil die Beitragssenkung den Versicherungsnehmer nicht benachteiligt. Allerdings muss der Prämientreuhänder nach § 203 Abs. 2 S. 1 VVG, § 155 Abs. 1 S. 1 VAG zustimmen. 814n

Wenn das Versicherungsunternehmen die beitragssenkend aktualisierten Rechnungsgrundlagen nur im **Neugeschäft** anwenden will, wäre es allerdings verpflichtet, dies auch im Bestandsgeschäft zu vollziehen; denn nach § 146 Abs. 2 S. 2 VAG dürfen die Prämien für das Neugeschäft nicht niedriger sein als für den Altbestand. Zweifelhaft kann sein, ob hierfür die Zustimmung des Treuhänders erforderlich ist; denn die Beitragssenkung für den Altbestand könnte man als unmittelbare Rechtsfolge aus § 146 Abs. 2 S. 2 VAG herleiten. Andererseits ist die Treuhänderzustimmung in 814o

---

[374] Fachgrundsatz DAV Berücksichtigung ausreichender Rechnungsgrundlagen in Neugeschäft und Bestand, Hinweis v. 10.4.2018 Abschn. 2.2.2.2.3.
[375] Vgl. Fachgrundsatz DAV Berücksichtigung ausreichender Rechnungsgrundlagen in Neugeschäft und Bestand, Hinweis v. 10.4.2018 Abschn. 2.2.2.2.4.
[376] Vgl. Fachgrundsatz DAV Berücksichtigung ausreichender Rechnungsgrundlagen in Neugeschäft und Bestand, Hinweis v. 10.4.2018 Abschn. 2.1.2.
[377] So aber Fachgrundsatz DAV Berücksichtigung ausreichender Rechnungsgrundlagen in Neugeschäft und Bestand, Hinweis v. 10.4.2018 Abschn. 2.1.2.2: „Stille Sanierung mit Beitragssenkungen".

§ 203 Abs. 2 S. 1 VVG, § 155 Abs. 1 S. 1 VAG eindeutig vorgeschrieben. Das Dilemma lässt sich systematisch wohl nur auf folgende Weise lösen:
– Priorität haben die Beiträge für den Altbestand: Wenn sie nicht gesenkt werden, dürfen auch die Beiträge für das Neugeschäft nicht gesenkt werden; das ist die unmittelbare Aussage von § 146 Abs. 2 S. 2 VAG. Aus dieser Vorschrift lässt sich also nicht umgekehrt ableiten, dass die Beiträge im Altbestand den Beiträgen im Neugeschäft folgen müssten.[378]
– Wenn die Beiträge für den Altbestand – mit Zustimmung des Treuhänders – gesenkt werden, können die Beiträge im Neugeschäft ohne Verstoß gegen § 146 Abs. 2 S. 2 VAG theoretisch höher sein; allerdings wird das Versicherungsunternehmen die Prämiensenkung schon aus Wettbewerbsgründen auch auf das Neugeschäft erstrecken.

VI. Maßgebliche Rechnungsgrundlagen

815 **1. Ausgangslage.** Eine Beitragsanpassung war nach § 178g Abs. 2 VVG aF nur möglich gewesen, wenn der tatsächliche **Schadenbedarf** sich gegenüber dem kalkulierten veränderte. Die Veränderung anderer für die Beitragskalkulation relevanter Rechnungsgrundlagen – zB der Ausscheideordnung (Sterbetafeln, Stornowahrscheinlichkeit), der Schadenregulierungskosten oder des Rechnungszinses – löste nach früherer Rechtslage für sich allein keine Beitragsanpassung aus. Wenn allerdings der tatsächliche Schadenbedarf sich gegenüber dem kalkulierten veränderte und aus diesem Grund die Beiträge zu überprüfen waren, mussten gleichzeitig auch alle anderen Rechnungsgrundlagen mit überprüft werden; dies ist der rechtliche Inhalt von § 155 Abs. 3 S. 1 iVm § 160 S. 1 Nr. 1 VAG und § 11 Abs. 1 S. 1 KVAV. Erst und nur dann konnten die Sterbe- und Stornowahrscheinlichkeiten, die Schadenregulierungskosten oder auch der Rechnungszins aktualisiert werden. Die Konsequenz war, dass es zu einer Kumulierung von Anpassungsnotwendigkeiten kommen konnte, die zu besonders drastischen Beitragsanpassungen zwang, ohne dass die Versicherungsunternehmen dies hätten verhindern können. Diese Konsequenzen waren bei Schaffung des § 178g VVG aF im Jahre 1994 noch nicht in vollem Umfang zu übersehen gewesen; denn die KalV aF, die nun die rechtliche Grundlage für die Kalkulation und damit auch für die Beitragsanpassung bildete, war erst zwei Jahre später erlassen worden.

816 Um eine **Kumulierung von Anpassungsnotwendigkeiten** zu vermeiden, war es daher notwendig geworden, Beitragsanpassungen schon immer dann zu ermöglichen, wenn eine der anderen besonders wichtigen Rechnungsgrundlagen für sich allein aktualisiert werden muss. Da schon nach bisheriger Rechtslage im Falle einer Beitragsanpassung wegen entsprechender Schadenentwicklung gleichzeitig alle übrigen Rechnungsgrundlagen dahingehend zu überprüfen waren, ob ihre tatsächliche mit der in der Kalkulation angenommenen Entwicklung übereinstimmte, gab es keinen logischen Grund, solche anderen Rechnungsgrundlagen als auslösenden Anlass einer Beitragsanpassung systematisch auszuschließen; denn bei einer Beitragsanpassung aus anderem Anlass mussten sie ohnehin mit angepasst werden.

817 Die Folge einer Erweiterung der Anlässe für eine Beitragsüberprüfung wäre eine **Verstetigung der Beitragsentwicklung** und die Vermeidung von Beitragssprüngen. Eine solche Verstetigung liegt vor allem auch im Interesse der Versicherungsnehmer: Die Verpflichtung zur Überprüfung der Beiträge verfolgt das Ziel, die Versichertengemeinschaft vor einer dauerhaften Unterkalkulation zu schützen und damit die dauernde Erfüllbarkeit der Verträge zu gewährleisten. Dies ist ein aufsichtsrechtliches Gebot. Gleichzeitig muss der einzelne Versicherte aber auch davor bewahrt werden, dass durch ein Hinausschieben notwendiger Beitragsanpassungen die Beitragssprünge zu groß werden. Ist das Versicherungsunternehmen längere Zeit faktisch gehindert, die Beiträge zu überprüfen, stehen ihm für dann größere Beitragserhöhungen möglicherweise nicht mehr ausreichend Überschussmittel zur Verfügung, um diese Beitragserhöhungen zu limitieren. Denn steuerlich ist er gezwungen, die Zuführungen zur Rückstellung für Beitragsrückerstattung (RfB) innerhalb von drei Jahren für die Versicherten zu verwenden. Der Versicherer kann also RfB-Mittel nicht über die dreijährige Verwendungsfrist hinaus parken, um sie für spätere Limitierungen einzusetzen. Kommt es dann aber nach längerer Zeit zu einer deutlichen Beitragsanpassung, fehlen die für sinnvolle Limitierungen erforderlichen Mittel.

818 **2. Neuregelung. a) VVG-Kommission.** Die VVG-Kommission hatte die aus der Ausgangslage sich ergebenden Probleme (→ Rn. 815 ff.) zum Anlass genommen, die **Veränderung weiterer Rechnungsgrundlagen** als Auslöser für die Überprüfung und Anpassung der Prämien vorzuschlagen. Solche Rechnungsgrundlagen sollten die Schadenregulierungskosten, die Sterbewahrscheinlich-

---

[378] AM Fachgrundsatz DAV Berücksichtigung ausreichender Rechnungsgrundlagen in Neugeschäft und Bestand, Hinweis v. 10.4.2018 Abschn. 2.1.2.2.3.

keiten und der Rechnungszins sein.[379] Von diesen Vorschlägen übernahm der RegE nur die Veränderung der Sterbewahrscheinlichkeiten (→ Rn. 849 f.).

b) Schadenregulierungskosten. Zwischen der Höhe der eigentlichen Versicherungsleistungen und den Schadenregulierungskosten besteht ein unlösbarer innerer Zusammenhang, der auch darin zum Ausdruck kommt, dass die Schadenregulierungskosten in der externen Rechnungslegung als **Teil des Schadenaufwands** behandelt werden. In der Krankenversicherung hat der Zusammenhang eine besonders wichtige Bedeutung: Die Steuerung der Versicherungsleistungen – insbes. ihre Beschränkung auf das medizinisch Notwendige und auf das nach den ärztlichen Gebührenordnungen Geschuldete sowie ihre Ausrichtung an den Qualitätsstandards der evidenzbasierten Medizin und von Disease Management Programmen (DMP) – erfordert ein intensives und professionelles Leistungs- und Gesundheitsmanagement (→ Vor § 192 Rn. 1297 ff.), das sich mit seinen Aufwendungen in den Schadenregulierungskosten niederschlägt. Je besser das Leistungs- und Gesundheitsmanagement durchgeführt wird, umso erfolgreicher wird der Anstieg der Versicherungsleistungen gedämpft und eine darauf gegründete Beitragsanpassung vermieden. Das Versicherungsunternehmen wäre damit aber auch gleichzeitig gehindert, seine gestiegenen Schadenregulierungskosten kalkulatorisch zu adjustieren, so dass es wegen seines erfolgreichen Leistungs- und Gesundheitsmanagements mit einer Unterdeckung aus den Schadenregulierungskosten „bestraft" wird. Das ist kontraproduktiv und wird das Versicherungsunternehmen veranlassen, lieber einen Anstieg der Versicherungsleistungen zuzulassen, weil nur dies ihm nach der geltenden Rechtslage eine Beitragsanpassung ermöglicht. Da die Einsparungen an Versicherungsleistungen durch gutes Leistungs- und Gesundheitsmanagement erheblich höher sind als der hierfür geleistete Schadenregulierungsmehraufwand, sollte daher auch die Abweichung der tatsächlichen von den kalkulierten Schadenregulierungskosten eine Beitragsanpassung auslösen.

Eine isolierte Abweichung der tatsächlichen von den kalkulierten Schadenregulierungskosten hätte allerdings in Relation zum Gesamtbeitrag ein vergleichsweise geringes Gewicht. Dies könnte – wenn alle übrigen Rechnungsgrundlagen sich als noch aktuell erweisen – dazu führen, dass nur wegen eines Kleinstbetrages eine aufwendige Beitragsanpassung durchgeführt werden müsste. Dem könnte dadurch Rechnung getragen werden, dass die Versicherungsleistungen und die Schadenregulierungskosten für Zwecke des Auslösens einer Beitragsanpassung zu einem **addierten Wert** zusammengefasst werden. Dies würde im Übrigen ihren inneren Zusammenhang deutlich machen, der auch dadurch zum Ausdruck kommt, dass in der externen Rechnungslegung beide Werte zusammen als Schadenaufwand ausgewiesen werden.

c) Rechnungszins. Der Rechnungszins von 3,5 % ist ein **Höchstzins,** der in der Kalkulation nicht überschritten werden darf. Er kann aber – wenn die tatsächlichen Kapitalanlageergebnisse des Versicherungsunternehmens dies erfordern – unterschritten werden. Nach den geltenden Vorschriften kommt es nicht darauf an, welche Gründe dafür maßgeblich sind.

Objektive Größe für den Rechnungszins ist die **Nettoverzinsung** bzw. der von der BaFin überwachte aktuarielle Unternehmenszins (→ Rn. 265 ff.). Wenn die tatsächliche Nettoverzinsung des Versicherungsunternehmens nicht nur vorübergehend unter den der Kalkulation zugrunde gelegten Rechnungszins sinkt, muss das Versicherungsunternehmen seinen Rechnungszins senken, was zu entsprechenden Beitragserhöhungen führt. Nach geltender Rechtslage ist dies erst möglich, wenn wegen gestiegener Versicherungsleistungen oder veränderter Sterbewahrscheinlichkeiten eine Beitragsüberprüfung und -anpassung durchgeführt wird. Wegen seiner für die Prämienhöhe erheblichen Bedeutung sollte ein dauerhaft veränderter Rechnungszins auch für sich alleine eine Beitragsüberprüfung und -anpassung auslösen.

Der RegE begründet die **Nichtaufnahme des Kommissionsvorschlags** mit dem Argument, dass „Veränderungen dieser Rechnungsgrundlage im Wesentlichen auf einer Unternehmensentscheidung beruhen."[380] Diese Begründung liegt neben der Sache. Zum einen kommt es nach dem Gesetzeszweck auf die Gründe der Äquivalenzstörung nicht an (→ Rn. 746). Auch vom Versicherungsunternehmen *beeinflusste* Veränderungen der Rechnungsgrundlagen sind kalkulatorisch zu berücksichtigen. Zum anderen versagt die Begründung, wenn wegen der Veränderung einer maßgeblichen Rechnungsgrundlage iSv § 203 Abs. 1, 3 alle übrigen Rechnungsgrundlagen und damit auch der Rechnungszins zu überprüfen und ggf. anzupassen ist, selbst wenn seine Veränderung auf Unternehmensentscheidungen beruht. Schließlich verkennt die Begründung zum RegE, dass der größte Einfluss auf den Rechnungszins von den Kapitalmärkten ausgeht. Nicht zuletzt kann kein Versicherungsunternehmen daran interessiert sein, seine Kapitalanlagepolitik so zu steuern, dass dies

---

[379] *Lorenz,* Abschlussbericht der VVG-Kommission, VersR-Schriftenreihe Bd. 25, 2004, S. 178 ff., Abschn. 1.3.2.4.5.8.3.
[380] Begr. zu Art. 1 (§ 203 Abs. 2 VVG) RegE VVG-ReformG, BT-Drs. 16/3945, 113.

den Rechnungszins senkt; denn aufgrund der erheblichen Hebelwirkung des Rechnungszinses und der daraus folgenden Prämienerhöhungen verschlechtert das Versicherungsunternehmen damit seine Wettbewerbssituation beträchtlich.

823a Erst die im Jahre 2007 ausgebrochene Finanzkrise und die anschließend einsetzende dauerhafte Niedrigzinspolitik haben offenkundig gemacht, dass für den Rechnungszins bei Prämienanpassungen eine **Sonderregelung** gefunden werden muss, weil auch die Krankenversicherungsunternehmen zunehmend Schwierigkeiten haben, den Rechnungszins zu erwirtschaften. Die mit Inkrafttreten des neuen VAG an die Stelle der KalV getretene KVAV sieht vor, dass eine im Zuge einer Prämienanpassung notwendige Absenkung des Rechnungszinses auf mehrere Jahre verteilt werden kann. Wenn der Rechnungszins um mehr als 0,4 Prozentpunkte abgesenkt werden muss, kann dies in jährlichen Schritten von 0,3 Prozentpunkten erfolgen (§ 11 Abs. 2 S. 2 KVAV). Dadurch sollen eine stetigere Beitragsentwicklung erreicht und unzumutbare Beitragssprünge vermieden werden.[381] Es ist aufschlussreich, dass die VVG-Kommission genau wegen dieser Zielrichtung – Beitragsverstetigung und Vermeidung von Beitragssprüngen (→ Rn. 817) – den Rechnungszins als maßgebliche Rechnungsgrundlage für Beitragsanpassungen vorgeschlagen hatte.[382]

823b Durch die **Streckung der Rechnungszinsabsenkung** nach § 11 Abs. 2 S. 2 KVAV mutiert der Rechnungszins nicht zur maßgeblichen Rechnungsgrundlage iSv § 203 Abs. 2 S. 3. Dazu hätte es einer Änderung dieser Gesetzesvorschrift bedurft. Die Streckung der Rechnungszinsabsenkung hat nur zur Folge, dass im Umfang der einzelnen Absenkungsstufen die künftigen Beitragsanpassungen aufgrund der Rechnungsgrundlage „Rechnungszins" bereits feststehen. Wenn in den Folgejahren die AF (→ Rn. 800 ff.) der maßgeblichen Rechnungsgrundlagen nicht gesondert „anspringen", bleibt es bei der Beitragsanpassung, die durch die Streckung der Rechnungszinsabsenkung bereits vorgegeben war. Andere Rechnungsgrundlagen dürfen in diesem Fall nicht zusätzlich überprüft werden.

823c **d) Reformbedarf.** Die seit Jahrzehnten deutlich über der allgemeinen Inflationsrate liegenden Steigerungsraten der Gesundheitskosten sind Ursache der steigenden Krankenversicherungsbeiträge im gesamten Krankenversicherungsmarkt (→ VVG Vor § 192 Rn. 1303 ff.). Das gilt für GKV und PKV gleichermaßen. Daher ist die **Verstetigung der Beitragsentwicklung** für GKV und PKV ein identisches Ziel. Weil die PKV dieses Ziel wegen ihres engen rechtlichen Rahmens nicht erreichen konnte, wurde dies mehrfach zum Gegenstand politischer Forderungen.[383]

823d Das Reformziel muss am **Interesse der Versicherten** an einer Beitragsentwicklung ausgerichtet sein, die ähnlich wie die Entwicklung von Löhnen, Renten oder GKV-Beiträgen über längere Zeiträume weitestgehend gleichmäßig und konstant verläuft. Im Idealfall wird eine solche stetige Beitragsentwicklung bei *jährlichen* Beitragsanpassungen erreicht, die entsprechend moderat verlaufen. Die Versicherten vor regelmäßigen Beitragsanpassungen schützen zu wollen, aber (dann unvermeidliche) extreme Beitragssprünge öffentlich zu beklagen, wäre jedenfalls politisch nicht ehrlich. Auch die Rspr. betont die Notwendigkeit, *im Interesse der Beitragsstabilität* (vorübergehende) Äquivalenzstörungen zu vermeiden (→ Rn. 782a).

823e Das mögliche **Interesse der Versicherer** an demgegenüber selteneren Beitragsanpassungen ist durch den damit verbundenen hohen administrativen Aufwand motiviert. Außerdem begründet jede Beitragserhöhung ein Kündigungsrecht des Versicherungsnehmers (§ 205 Abs. 4 VVG), was aufgrund des Versichererwechselrechts (§ 204 Abs. 1 S. 1 Nr. 2 VVG) zu einem „Einfallstor" für den Wettbewerber wird. Diese Versichererinteressen haben jedoch gegenüber den Versicherteninteressen (→ Rn. 823d) Nachrang.

823f Eine Verstetigung der Beitragsentwicklung kann durch mehrere Reformansätze erreicht werden, die auch **kumulativ einsetzbar** sind:

823g **aa) Maßgebliche Rechnungsgrundlagen und Auslösender Faktor (AF).** Wie schon von der VVG-Kommission vorgeschlagen (→ Rn. 818 ff.) und von der Deutschen Aktuarvereinigung (DAV) aufgegriffen,[384] sollte der **Rechnungszins** als weitere maßgebliche Rechnungsgrundlage iSv § 203 Abs. 2 S. 3 VVG vorgesehen werden. Weil die Veränderung des Rechnungszinses eine erhebliche Hebelwirkung auf die Beitragshöhe hat, sollte der Schwellenwert für den AF auf maximal 0,2 Prozentpunkte des Rechnungszinses festgelegt werden, was – bezogen auf den Rechnungszins von 3,5 % – zu dessen Absenkung um 5,71 % führt. Einen Anhaltspunkt hierfür bietet die in § 11 Abs. 2

---

[381] Begr. zu Art. 9 (§ 11 KVAV) RefE BMF Verordnung zum Erlass von Verordnungen nach dem Versicherungsaufsichtsgesetz (Stand 23.9.2015).
[382] *Lorenz*, Abschlussbericht der VVG-Kommission, VersR-Schriftenreihe Bd. 25, 2004, S. 176, Abschn. 1.3.2.4.5.8.1.
[383] Vgl. *Boetius* in Boetius/Rogler/Schäfer, Rechtshandbuch PKV, 2020, § 31 Rn. 114.
[384] Vgl. DAV Aktuar Aktuell Nr. 29, April 2015, S. 8 (9); Aktuar Aktuell Nr. 41, März 2018, S. 10 (11).

S. 2 KVAV inzwischen vorgesehene Streckung der Rechnungszinsabsenkung (→ Rn. 823a f.), die insofern unzureichend ist, weil sie nicht die Rechtswirkung einer maßgeblichen Rechnungsgrundlage hat (→ Rn. 823b). Da die Rechnungsgrundlage Rechnungszins selbst ein Prozentwert ist, sollte der AF nicht in Prozent hiervon, sondern in Prozent*punkten* ausgedrückt werden, um bei mehrfachen Absenkungen die aus der Prozentrechnung folgende Degression der Absenkungsschritte zu vermeiden.

Die VVG-Kommission hatte ferner vorgeschlagen, im Rahmen der maßgeblichen Rechnungsgrundlage Versicherungsleistungen die **Schadenregulierungskosten** mit den Versicherungsleistungen zu einem addierten Wert zusammenzufassen (→ Rn. 819). 823h

Eine Beitragsanpassung ist gesetzlich obligatorisch, wenn der **Auslösende Faktor (AF)** von 10 % für Versicherungsleistungen und 5 % für Sterbewahrscheinlichkeiten überschritten wird (→ Rn. 801). In AVB kann für die Rechnungsgrundlage Versicherungsleistungen ein niedrigerer AF vereinbart werden. Um die Beitragsentwicklung zu verstetigen, sollte der gesetzliche AF für Versicherungsleistungen auf 5 % reduziert werden.[385] 823i

bb) Kombination von Rechnungsgrundlagen. In der Praxis entstehen vor allem dann Probleme, wenn die AF Versicherungsleistungen und AF Sterbewahrscheinlichkeiten zunächst jeweils knapp unter den gesetzlichen Schwellenwerten liegen, so dass eine Beitragsanpassung nicht möglich ist. Wenn die AF für beide Rechnungsgrundlagen die Schwellenwerte zu einem späteren Zeitpunkt überschreiten, kommt es idR zu extremen Beitragssprüngen, welche die Versicherer nicht verhindern können. Diese kumulierende Wirkung wurde zunächst nicht erkannt. Bei kumulativer Betrachtung der beiden Rechnungsgrundlagen wäre schon bei AF knapp unterhalb der Schwellenwerte eine Gesamterhöhung um ca. 15 % erforderlich gewesen. Deshalb sollten die maßgeblichen Rechnungsgrundlagen Versicherungsleistungen und Sterbewahrscheinlichkeiten auch in zusammengefasster, kumulativer Betrachtung bei **Überschreiten eines Gesamtschwellenwerts** eine obligatorische Beitragsanpassung auslösen.[386] Der AF hierfür sollte gleichfalls bei 5 % liegen. 823j

Die größte Verstetigung der Beitragsentwicklung würde erreicht, wenn zusätzlich **alle Rechnungsgrundlagen** der Kalkulation in einer Gesamtbetrachtung zusammengefasst würden, so dass bei Überschreiten eines Schwellenwerts von 5 % für die Gesamtheit eine obligatorische Beitragsanpassung ausgelöst würde. Wenn die Versicherungsunternehmen entsprechend § 155 Abs. 3 S. 1 VAG zu einer jährlichen Überprüfung des Gesamtschwellenwerts verpflichtet werden, wäre das Ziel der regelmäßigen jährlichen, aber moderaten Beitragsanpassung erreicht, wie auch es die Deutsche Aktuarvereinigung empfiehlt.[387] 823k

3. Versicherungsleistungen. a) Begriff. Während § 178g Abs. 2 VVG aF von der Veränderung des Schadenbedarfs sprach, verwendet § 203 Abs. 2 S. 1, 3 den Begriff der **Versicherungsleistung**. Dieser Ausdruck ist korrekter, weil er so auch von den aufsichtsrechtlichen Kalkulationsvorschriften benutzt wird (§ 155 Abs. 3 S. 1, § 160 S. 1 Nr. 7 VAG, § 6 Abs. 1 S. 1, § 15 KVAV). 824

Unter **Schadenbedarf** sind die eigentlichen Krankheitskosten zu verstehen, die durch die Faktoren Fallhäufigkeit und Fallkosten bestimmt werden (→ Rn. 139). Dass die Krankheitskosten vor allem auch durch häufigere Inanspruchnahme medizinischer Leistungen steigen, ist eines der für die Krankheitskostenentwicklung typischen Phänomene. Deshalb kann der in der Lit. vereinzelt vertretenen Meinung[388] nicht gefolgt werden,[389] dass die vermehrte Inanspruchnahme von versicherten medizinischen Leistungen – dh die Zunahme der Fallhäufigkeit – zu dem vom Versicherungsunternehmen von vornherein übernommenen Risiko gehöre und keine Prämienanpassung auslösen könne. 825

Der Begriff der Versicherungsleistung ist umfassender als der des Schadenbedarfs. Versicherungsleistung ist jede Leistung, die das Versicherungsunternehmen aufgrund des im Tarif beschriebenen **Leistungsversprechens** erbringt. Das Leistungsversprechen ist die Basis der Prämienberechnung (§ 10 Abs. 1 S. 1 KVAV). 826

Zum Leistungsversprechen im Sinne der Prämienkalkulation gehören alle Leistungen, zu deren Erbringung das Versicherungsunternehmen sich vertraglich verpflichtet. Es umfasst insbes. die – soweit vereinbart – **vertragstypischen Leistungen** iSv § 192. 827

Gegenstand der Versicherungsleistungen können damit auch zusätzliche **Dienstleistungen** sein, die gem. § 192 Abs. 3 vereinbart werden. 828

---

[385] Ebenso DAV Aktuar Aktuell Nr. 29, April 2015, S. 8 (9).
[386] DAV Aktuar Aktuell Nr. 29, April 2015, S. 8 (9); Aktuar Aktuell Nr. 41, März 2018, S. 10 (11).
[387] DAV Aktuar Aktuell Nr. 29, April 2015, S. 8 (9).
[388] *Wriede* VersR 1992, 420 (421) und VersR 1993, 173 in Anm. zu LG Köln VersR 1992, 1254.
[389] IErg ebenso *Prölss* in Prölss/Martin, 27. Aufl. 2004, VVG § 178g Rn. 12; *Hohlfeld* in Berliner Kommentar VVG § 178g Rn. 9.

829   **b) Verfahren.** Das Verfahren zur Überprüfung der maßgeblichen Rechnungsgrundlagen regelt – über § 203 Abs. 2 S. 4 mit materiell-rechtlicher Wirkung auch für das Versicherungsvertragsrecht – das **Versicherungsaufsichtsrecht** (§§ 155 Abs. 3, 160 S. 1 Nr. 7 VAG, §§ 15 f. KVAV). Danach sind folgende Schritte notwendig:

830   – **Vergleich** der erforderlichen mit den kalkulierten Versicherungsleistungen. Der Vergleich muss mindestens jährlich für jeden nach Art der Lebensversicherung kalkulierten Tarif durchgeführt werden (§ 155 Abs. 3 S. 1 VAG). Der Vergleich – die KVAV spricht von Gegenüberstellung (§§ 15 f. KVAV) – erstreckt sich auf den Beobachtungszeitraum (→ Rn. 838).

831   – **Vorlage** des kommentierten Vergleichs beim Treuhänder und der Aufsichtsbehörde innerhalb von vier Monaten nach dem Ende des Beobachtungszeitraums (§ 17 Abs. 1 S. 1 KVAV). Will das Versicherungsunternehmen keine Prämienanpassung vornehmen, obwohl der in den AVB festgelegte AF überschritten wird, sind die Vergleiche der letzten vier Beobachtungszeiträume beizufügen.

832   – Vorlage der **Herleitung** der neuen Prämien mit den statistischen Nachweisen für die Rechnungsgrundlagen beim Treuhänder innerhalb von zwölf Monaten nach dem Ende des Beobachtungszeitraums, wenn sich aufgrund des Vergleichs die Notwendigkeit einer Prämienanpassung ergibt (§ 17 Abs. 3 KVAV). Die Frist soll verhindern, dass das Versicherungsunternehmen aus Wettbewerbsgründen notwendige Prämienanpassungen hinauszögert und es dadurch zu einem späteren Zeitpunkt zu für den Versicherten nicht mehr zumutbaren Prämienerhöhungen kommt.[390]

833   **c) Beobachtungseinheit.** Der **Vergleich** der erforderlichen mit den kalkulierten Versicherungsleistungen (→ Rn. 830) muss für jede Beobachtungseinheit eines Tarifs getrennt durchgeführt werden (§ 15 Abs. 1 S. 1 KVAV), weil jede Beobachtungseinheit auch getrennt zu kalkulieren ist (§ 10 Abs. 1 S. 2 KVAV).[391] Wenn daher die eine Prämienüberprüfung auslösenden Voraussetzungen nur bei einzelnen Beobachtungseinheiten eines Tarifs erfüllt sind, dürfen die Prämien der anderen Beobachtungseinheiten nicht überprüft werden.[392]

834   Das Gesetz enthält keine **Definition** des Begriffs der Beobachtungseinheit. Unter Beobachtungseinheit innerhalb eines Tarifs ist die unterste selbständige Kalkulationsebene zu verstehen (→ Rn. 120). Was als maßgebende Beobachtungseinheit anzusehen ist, muss dem jeweils kollektiv übernommenen Risiko entnommen werden. Die Risikomerkmale definieren die Beobachtungseinheit (→ Rn. 124).[393]

835   Kinder und Jugendliche können als **einheitliche Beobachtungseinheit** zusammengefasst werden (§ 15 Abs. 1 S. 2 KVAV). Dabei definieren sich Kinder und Jugendliche nicht nach § 10 Abs. 3 KVAV, sondern nach der vom Versicherungsunternehmen in dem jeweiligen Tarif zugrunde gelegten Abgrenzung.

836   Die **Geschlechtsabhängigkeit** der Prämie ist keine aktuarielle Pflicht, sondern eine Option. Das Versicherungsunternehmen ist frei, auch geschlechtsunabhängige Prämien zu berechnen (→ Rn. 150). Wenn das Versicherungsunternehmen in diesem Sinn für beide Geschlechter einheitliche Prämien kalkuliert hat, bilden sie auch eine einheitliche Beobachtungseinheit. Insoweit ist dem BGH nicht in der generellen Aussage zuzustimmen, dass Frauen und Männer nicht als einheitliche Beobachtungseinheit zusammengefasst werden dürften (→ Rn. 150).[394]

837   Wenn die Beobachtungseinheiten **nicht ausreichend groß** sind, um die notwendige statistische Signifikanz zu erreichen, muss der Vergleich anhand der für die Erstkalkulation herangezogenen Stütztarife durchgeführt werden (§ 15 Abs. 4 KVAV).

838   **d) Beobachtungszeitraum.** Beobachtungszeitraum ist der Zeitraum, für den die kalkulierten und die tatsächlichen **Versicherungsleistungen** ermittelt werden. Er erstreckt sich stets auf zusammenhängende zwölf Monate (§ 6 Abs. 1 S. 2, § 15 Abs. 1 S. 3 KVAV), um die jahreszeitlichen Schwankungen auszugleichen, denen die Versicherungsleistungen unterliegen.[395] Der Beobachtungszeitraum muss nicht mit dem Kalenderjahr übereinstimmen.

---

[390] Begr. zu § 15 Abs. 2 KalV, BR-Drs. 414/96, 31.
[391] Begr. zu § 14 Abs. 1 KalV, BR-Drs. 414/96, 29; BGHZ 159, 323 = VersR 2004, 991 (992 re. Sp.) = NJW 2004, 2679; *Sommer* ZfV 1999, 319; *Grote*, Die Rechtsstellung der Prämien-, Bedingungs- und Deckungsstocktreuhänder nach dem VVG und dem VAG (Münsteraner Reihe Heft 75), 2002, S. 542 f.
[392] BGHZ 159, 323 = VersR 2004, 991 (992 re. Sp.) = NJW 2004, 2679; *Gerwins* NVersZ 1999, 53 (56); *Grote*, Die Rechtsstellung der Prämien-, Bedingungs- und Deckungsstocktreuhänder nach dem VVG und dem VAG (Münsteraner Reihe Heft 75), 2002, S. 579.
[393] Ähnlich BGHZ 159, 323 = VersR 2004, 991 (992 re. Sp.) = NJW 2004, 2679.
[394] BGHZ 159, 323 = VersR 2004, 991 (992) = NJW 2004, 2679.
[395] Begr. zu § 6 Abs. 1 KalV, BR-Drs. 414/96, 21.

Der Beobachtungszeitraum wird bei der Erstkalkulation für jeden **Tarif** gesondert festgelegt 839
(§ 6 Abs. 1 S. 2 Hs. 2 KVAV) und bleibt idR unverändert, damit die Kopfschäden der jeweiligen
Beobachtungszeiträume vergleichbar sind.[396]

Eine **Änderung** des Beobachtungszeitraums ist nach Entscheidung des Versicherungsunterneh- 840
mens nur aus wichtigem Grund möglich. Ein wichtiger Grund ist zB die Fusion zweier Krankenversicherungsunternehmen.[397] Der Beobachtungszeitraum kann nur im unmittelbaren Anschluss an eine
Prämienanpassung geändert werden (§ 6 Abs. 1 S. 2 Hs. 2 KVAV). Damit soll Missbrauch mit der
Statistik verhindert werden.

e) Erforderliche Versicherungsleistungen. Grundlage für die Ermittlung der erforderlichen 841
Versicherungsleistungen im Sinne der Kalkulation sind die **tatsächlich erbrachten Versicherungsleistungen,** das Aufsichtsrecht spricht von den „beobachteten" (§ 15 Abs. 1 S. 4 KVAV).

Die reinen **Buchungsdaten** geben kein zutreffendes Bild, weil sie auch Versicherungsleistungen 842
für frühere Beobachtungszeiträume enthalten können. Deshalb müssen die Versicherungsleistungen
und die zugehörigen Bestandsdaten periodengerecht abgegrenzt werden (§ 15 Abs. 1 S. 5 KVAV).

Die reinen Buchungsdaten berücksichtigen nicht, dass Versicherungsleistungen deswegen nicht 843
erbracht wurden, weil sie wegen Wartezeiten oder als mittelbare Folge der Gesundheitsprüfung
(Selektion) nicht anfielen. Diese **Wartezeit- und Selektionsersparnisse** müssen eliminiert werden
(§ 15 Abs. 1 S. 6 KVAV), weil sie in der Kalkulation der Versicherungsleistungen auch nicht berücksichtigt worden waren (→ Rn. 306).

Auf der Beitragsseite der Kalkulation müssen erhobene **Risikozuschläge** hinzugerechnet wer- 844
den (§ 15 Abs. 1 S. 6 KVAV), weil diese in den kalkulierten Prämien nicht enthalten sind, während
andererseits unter den erbrachten Versicherungsleistungen sich auch Leistungen befinden, die auf
erhöhte Risiken zurückzuführen sind, für die ein Risikozuschlag vereinbart worden war.

Wenn in einem Tarif der **freiwilligen Pflegeversicherung** weniger als 10.000 Personen versi- 845
chert sind, muss das Versicherungsunternehmen anstelle seiner eigenen Statistik die Gemeinschaftsstatistik des PKV-Verbands verwenden (§ 15 Abs. 5 S. 1 KVAV). Dies ist notwendig und möglich, weil
die Eintrittswahrscheinlichkeit des Versicherungsfalles relativ gering ist.[398]

Die **Berechnung** der erforderlichen Versicherungsleistungen erfolgt grds. nach der von der 846
KVAV vorgegebenen Formel (§ 15 Abs. 3 S. 1 KVAV). Gleichwertige Verfahren können bei Einführung eines neuen Tarifs verwendet werden, müssen aber der Aufsichtsbehörde angezeigt werden (§ 15 Abs. 3
S. 3 KVAV). Wenn bei der Einführung eines Tarifs ein bestimmtes Verfahren – entweder dasjenige
nach § 15 Abs. 3 S. 1 KVAV oder ein gleichwertiges nach § 15 Abs. 3 S. 3 KVAV – verwendet wird,
kann auf ein anderes Verfahren nur aus wichtigem Grund und nur im unmittelbaren Anschluss an
eine Prämienanpassung übergegangen werden (§ 15 Abs. 3 S. 4 KVAV). § 15 Abs. 3 S. 4 KVAV
beschränkt sich nicht nur auf die bei Inkrafttreten der KVAV bestehenden Tarife. Die hiervon
abweichende Meinung im Schrifttum[399] findet im Gesetz keine Grundlage.

Ein wichtiger Grund zur **Änderung des Verfahrens** kann gegeben sein, wenn sich der Bestand 847
eines Tarifs so stark verringert, dass die auslösenden Faktoren, die Prämienüberprüfung auslösen,
starken Zufallsschwankungen unterliegen.[400]

Das Verfahren darf nur unmittelbar **nach einer Prämienanpassung** geändert werden. Damit 848
soll verhindert werden, dass nicht erst die Änderung des Verfahrens eine Prämienanpassung auslöst.[401]

4. Sterbewahrscheinlichkeiten. a) Sterbetafeln. Nach bisheriger Rechtslage waren erst bei 849
einer Nachkalkulation anlässlich einer durch die Schadenentwicklung ausgelösten Beitragsanpassung
die jeweils neuesten Sterbetafeln unmittelbar einzuführen. Maßgebend sind die **PKV-Sterbetafeln,**
welche die Deutsche Aktuarvereinigung eV (DAV) entwickelt; die BaFin ist hierbei eingebunden.
Die Sterbewahrscheinlichkeiten werden ausschließlich in PKV-einheitlichen Sterbetafeln abgebildet.
Unternehmensindividuelle Sterbetafeln können nur zugrunde gelegt werden, wenn sie zu noch
niedrigeren Sterbewahrscheinlichkeiten führen (→ Rn. 278).

Selbständiger Auslöser einer Beitragsanpassung ist künftig nach § 203 Abs. 2 S. 1, 3 auch die 850
Veränderung der Sterbewahrscheinlichkeiten. Ob eine Veränderung vorliegt, ist durch **Vergleich**
der Sterbetafeln festzustellen. Verglichen werden grds. die der Kalkulation zugrunde gelegten Sterbe-

---

[396] Begr. zu § 6 Abs. 1 KalV, BR-Drs. 414/96, 21.
[397] Begr. zu § 6 Abs. 1 KalV, BR-Drs. 414/96, 21.
[398] Begr. zu § 14 Abs. 5 KalV, BR-Drs. 414/96, 31.
[399] *Grote,* Die Rechtsstellung der Prämien-, Bedingungs- und Deckungsstocktreuhänder nach dem VVG und dem VAG (Münsteraner Reihe Heft 75), 2002, S. 546.
[400] *Sommer* ZfV 1998, 68 (71).
[401] Begr. zu § 14 Abs. 3 KalV, BR-Drs. 414/96, 30.

tafeln mit den zuletzt von der Aufsichtsbehörde veröffentlichten und von der DAV entwickelten Sterbetafeln (→ Rn. 849).

851 **b) Verfahren.** Das Verfahren zur Überprüfung der Sterbewahrscheinlichkeiten regelt – über § 203 Abs. 2 S. 4 mit materiell-rechtlicher Wirkung auch für das Versicherungsvertragsrecht – das **Versicherungsaufsichtsrecht** (§§ 155 Abs. 4, 160 S. 1 Nr. 7 VAG, § 16 KVAV). Danach sind folgende Schritte notwendig:

852 – **Vergleich** der erforderlichen mit den kalkulierten Sterbewahrscheinlichkeiten durch Betrachtung von Barwerten. Der Vergleich muss jährlich für jeden nach Art der Lebensversicherung kalkulierten Tarif durchgeführt werden (§ 155 Abs. 4 S. 1 VAG); das gilt nur, wenn in der Beobachtungseinheit Sterbewahrscheinlichkeiten überhaupt berücksichtigt werden (§ 16 Abs. 1 S. 1 KVAV). Stornowahrscheinlichkeiten sind nicht zu berücksichtigen (§ 16 Abs. 1 S. 4 KVAV), weil nicht sichergestellt ist, dass sie für alle Versicherten einheitlich festgelegt sind.[402]

853 – **Vorlage** des kommentierten Vergleichs beim Treuhänder und der Aufsichtsbehörde innerhalb von vier Monaten nach dem Ende des Beobachtungszeitraums (§ 17 Abs. 1 S. 1, Abs. 2 KVAV). Will das Versicherungsunternehmen keine Prämienanpassung vornehmen, obwohl der in den AVB festgelegte AF überschritten wird, sind die Vergleiche der letzten vier Beobachtungszeiträume beizufügen.

854 – Vorlage der **Herleitung** der neuen Prämien mit den statistischen Nachweisen für die Rechnungsgrundlagen beim Treuhänder innerhalb von zwölf Monaten nach dem Ende des Beobachtungszeitraums, wenn sich aufgrund des Vergleichs die Notwendigkeit einer Prämienanpassung ergibt (§ 17 Abs. 3 KVAV).

855 **c) Erforderliche Sterbewahrscheinlichkeit.** Mit Hilfe der erforderlichen Sterbewahrscheinlichkeiten iSv § 155 Abs. 4 S. 1 VAG werden die aufgrund Alterung künftig zu erbringenden Versicherungsleistungen ermittelt und – mit dem Rechnungszins abdiskontiert – als **Leistungsbarwert** errechnet (§ 16 Abs. 1 S. 2 KVAV).[403]

856 Die aufgrund der bisher verwendeten Sterbetafeln kalkulierten Leistungsbarwerte werden grds. mit den Leistungsbarwerten verglichen, die sich auf der Grundlage der von der Aufsichtsbehörde zuletzt **veröffentlichten Sterbetafeln** ergeben.

857 Wenn jedoch bei dem Versicherungsunternehmen systematisch andere Verhältnisse vorliegen, kann es auch **niedrigere Werte** für die Sterbewahrscheinlichkeit ansetzen.[404] Hierzu besteht nach dem allgemeinen Vorsichtsprinzip eine Verpflichtung.[405] Das Versicherungsunternehmen muss durch eigene Statistiken nachweisen, dass in seinem Versicherungsbestand systematisch andere Verhältnisse, nämlich andere Sterbewahrscheinlichkeiten zu beobachten sind.

858 **d) Auslösender Faktor.** Auch für die Veränderung der Sterbewahrscheinlichkeiten legt das Gesetz einen auslösenden Faktor (AF) fest (→ Rn. 801). Nach der **Gesetzesbegründung** soll damit verhindert werden, dass nur unbedeutende Änderungen zu einer Prämienanpassung führen.[406] Diese Begründung überzeugt nicht.

859 Die **VVG-Kommission** hatte vorgeschlagen, für die Veränderung der Sterbewahrscheinlichkeiten keinen AF festzulegen, weil dies nicht sinnvoll sei: Die Sterbewahrscheinlichkeiten werden in Abständen von ca. fünf Jahren für alle Versicherungsunternehmen einheitlich und marktweit überprüft und in der PKV-Sterbetafel festgelegt; diese Sterbetafeln müssen dann für alle Tarife einheitlich und gesamthaft, also unabhängig vom Erreichen eines bestimmten Veränderungssatzes eingeführt werden. Dies entspricht auch der bisherigen Praxis. Es führt zu einer verwaltungsaufwendigen Zersplitterung der Rechnungsgrundlagen und der Tarife, wenn innerhalb desselben Tarifs unterschiedliche Sterbetafeln angewandt werden (→ Rn. 862).

860 Der AF soll für jede **Beobachtungseinheit** getrennt berechnet werden, weil nach der Gesetzesbegründung die Auswirkungen der Sterbewahrscheinlichkeiten auf die Prämien tarifbezogen unterschiedlich seien.[407] Diese Begründung vermengt die unterschiedlichen Betrachtungsebenen des Tarifs einerseits und der Beobachtungseinheit als der untersten selbständigen Kalkulationsebene andererseits.

861 Die für jede Beobachtungseinheit getrennte Berechnung des AF führt zu **sinnwidrigen Ergebnissen:** Wenn nämlich eine Prämienüberprüfung nur wegen einer Veränderung der Versicherungsleistungen durchzuführen ist, sind alle übrigen Rechnungsgrundlagen gleichfalls zu überprüfen und

---

[402] Begr. zu Art. 1 Nr. 1 (§ 14a Abs. 1) 3. KalVÄndV.
[403] Ausf. *Boetius* KalV § 14a Rn. 10 ff.
[404] Begr. zu Art. 7 Nr. 7b (§ 12b Abs. 2a VAG) RegE VVG-ReformG, BT-Drs. 16/3945, 122.
[405] BAV VerBAV 2000, 171.
[406] Begr. zu Art. 7 Nr. 7b (§ 12b Abs. 2a VAG) RegE VVG-ReformG, BT-Drs. 16/3945, 122.
[407] Begr. zu Art. 7 Nr. 7b (§ 12b Abs. 2a VAG) RegE VVG-ReformG, BT-Drs. 16/3945, 122.

zu aktualisieren; auf die Veränderungsraten kommt es insoweit nicht an. In diesem Fall ist auch eine inzwischen neu veröffentlichte Sterbetafel für den gesamten Tarif zu übernehmen, und zwar unabhängig davon, wie groß die Veränderungen der Leistungsbarwerte sind. Dies entspricht der bisherigen aufsichtsrechtlichen Praxis. Wenn jedoch eine Prämienüberprüfung wegen einer Veränderung der Sterbewahrscheinlichkeit vorgenommen wird, soll nach der Gesetzesbegründung etwas anderes gelten.

Die für jede Beobachtungseinheit getrennte Berechnung des AF führt vor allem zu **Inkonsis-** 862 **tenz mit der Prämienkalkulation.** Bei der Erstkalkulation eines Tarifs muss nämlich einheitlich für den gesamten Tarif die jeweils aktuellste Sterbetafel zugrunde gelegt werden. Wenn im Rahmen einer Prämienanpassung – und zwar nur einer solchen, die durch den AF der Rechnungsgrundlage Sterbewahrscheinlichkeit ausgelöst wird (→ Rn. 861) – der AF für jede Beobachtungseinheit getrennt zu berechnen ist, führt dies zur Anwendung unterschiedlicher Sterbetafeln im selben Tarif. Dann müsste es aber auch möglich sein, von vornherein bei der Erstkalkulation im selben Tarif unterschiedliche Sterbetafeln zu verwenden, was offensichtlich sinnlos ist. § 15 Abs. 1 KVAV setzt sich damit in Widerspruch zu § 11 Abs. 1 S. 1 KVAV, wonach die Berechnung der Prämien bei Prämienanpassungen nach den für die Prämienberechnung allgemein geltenden Grundsätzen zu erfolgen hat.

5. Sonderfälle Umlagen. a) Kappungsumlage Basistarif. Mit Einführung des Basistarifs 863 ab 1.1.2009 muss in alle Tarife der substitutiven Krankenversicherung nach § 8 Abs. 1 Nr. 6 KVAV ein gesonderter **Zuschlag** einkalkuliert werden, um die gesetzlich vorgeschriebenen Beitragsbegrenzungen zu finanzieren (→ Rn. 251, 326). Dieser Zuschlag gehört zu den Rechnungsgrundlagen, die im Falle einer Beitragsanpassung zu aktualisieren sind.

Der Zuschlag nach § 8 Abs. 1 Nr. 6 KVAV ist **keine maßgebliche Rechnungsgrundlage,** 864 deren Veränderung für sich allein nach § 203 Abs. 2 S. 1 eine Beitragsüberprüfung und -anpassung auslösen könnte. Was maßgebliche Rechnungsgrundlage in diesem Sinn ist, regelt § 203 Abs. 2 S. 3 abschließend. Andere als die dort ausdrücklich aufgeführten Rechnungsgrundlagen sollten nach der eindeutigen Entstehungsgeschichte keine isolierte Beitragsüberprüfung und -anpassung auslösen können (→ Rn. 818 ff.). Wortlaut und Entstehungsgeschichte lassen eine andere Auslegung auch deshalb nicht zu, weil der Gesetzgeber der VVG-Reform die auf dem GKV-WSG beruhenden Vorschriften zum Basistarif bereits vorgefunden hatte und im Zuge ihrer inhaltsgleichen Übernahme durch Art. 11 Abs. 1 VVG-ReformG die Gelegenheit gehabt hätte, zumindest durch eine Überleitungsvorschrift sicherzustellen, dass die gesetzliche Einführung der Kappungsumlage gleichfalls eine isolierte Beitragsüberprüfung und -anpassung iSv § 203 Abs. 2 S. 1, 3 begründet. Ein solcher Weg war – allerdings rechtlich unwirksam (→ Rn. 869) – im Zusammenhang mit der Einführung der geschlechtsneutralen Verteilung der Geburtskosten versucht worden (§ 19 Abs. 6 S. 3 KalV idF von Art. 1 Nr. 5 Erste KalVÄndV v. 27.11.2007, BGBl. I S. 2767).

In Tarifen der substitutiven Krankenversicherung, deren Beiträge zum 1.1.2009 oder später 865 nicht überprüft und angepasst werden können, weil eine maßgebliche Rechnungsgrundlage iSv § 203 Abs. 2 S. 3 sich nicht gem. § 203 Abs. 2 S. 1 verändert, kann der Zuschlag nach § 8 Abs. 1 Nr. 6 KVAV nicht einkalkuliert werden. Dies hat zur **Konsequenz,** dass der auf diese Tarife eigentlich entfallende Zuschlag vom Versicherungsunternehmen selbst zulasten seines versicherungstechnischen Ergebnisses zu finanzieren ist. Weil dieser Zustand uU auch viele Jahre anhalten kann, greift diese Konsequenz in die verfassungsrechtlich geschützte Rechtsposition des Versicherungsunternehmens ein.

§ 154 Abs. 1 S. 3 Hs. 2 VAG schreibt als Verteilungsmaßstab eine **gleichmäßige Belastung** 866 der Versicherungsunternehmen vor. Da die Versicherungsunternehmen diese Belastung auf alle Tarife der substitutiven Krankenversicherung weiterverteilen müssen, kommt für die Weiterverteilung gleichfalls nur eine gleichmäßige Belastung in Frage. Einzelne Tarife davon – und sei es auch nur vorübergehend – grds. auszunehmen, ist ausgeschlossen. Damit ist auch ausgeschlossen, die auf solche Tarife eigentlich entfallende Kappungsumlage zusätzlich auf alle diejenigen übrigen Tarife der substitutiven Krankenversicherung zu verteilen, deren Beiträge nach § 203 Abs. 2 S. 1 anzupassen sind; denn das würde zu einer relativen Benachteiligung dieser übrigen Tarife und zu einem Verstoß gegen den Gleichbehandlungsgrundsatz (→ Rn. 156 ff.) führen.

b) Umlage der Geburtskosten bis 21.12.2012. Nach § 20 Abs. 2 S. 1 AGG dürfen Kosten 867 für Schwangerschaft und Mutterschaft (Geburtskosten) nicht zu unterschiedlichen Prämien führen. Ursprünglich schrieb die KalV die geschlechtsunabhängige Verteilung dieser Kosten im Rahmen der Ermittlung der Kopfschäden, dh der **Versicherungsleistungen** vor (§ 6 Abs. 1 S. 2, Abs. 5 S. 1, § 14 Abs. 1 S. 7 KalV aF). § 19 Abs. 6 S. 3 KalV aF berechtigte die Versicherungsunternehmen, die Geburtskosten spätestens zum 1.1.2008 auch zu bestehenden Verträgen entsprechend zu verteilen,

§ 203   868–873   Teil 2. Einzelne Versicherungszweige. Kap. 8. Krankenversicherung

„und die Prämien daran anzupassen". Diese Vorschrift war durch Art. 1 Nr. 5 Erste KalVÄndV v. 27.11.2007 (BGBl. I S. 2767) eingefügt worden.

868 § 19 Abs. 6 S. 3 KalV aF wollte eine **zusätzliche Anpassungsmöglichkeit** für den Fall schaffen, dass im Übrigen eine Beitragsanpassung nicht vorzunehmen gewesen wäre. Wenn nämlich die Beiträge eines Tarifs ohnehin nach § 203 Abs. 2 S. 1, 3 zu überprüfen und anzupassen wären, weil eine der maßgeblichen Rechnungsgrundlagen sich in rechtlich relevanter Weise verändert hat, hätte es der Vorschrift des § 19 Abs. 6 S. 3 KalV aF nicht bedurft; denn dann müssten die Geburtskosten als Teil der Versicherungsleistungen ohnehin entsprechend der neuen Kalkulationsvorschrift berücksichtigt werden.

869 Die durch § 19 Abs. 6 S. 3 KalV aF begründete zusätzliche Anpassungsmöglichkeit war **rechtlich unwirksam** gewesen. Rechtsgrundlage für versicherungsvertragsrechtlich wirksame Beitragsanpassungen ist ausschließlich § 203 Abs. 2. Andere als die dort genannten Voraussetzungen begründet das VVG nicht. Zwar verweist § 203 Abs. 2 S. 4 für die Prämienüberprüfung und -änderung auf § 155 VAG und auf die nach § 160 VAG erlassene Rechtsverordnung. Damit wird jedoch lediglich der im VAG geregelte Rechtsstoff auch zum Inhalt des Versicherungsvertragsrechts gemacht. Das VAG selbst kann nur die aufsichtsrechtlichen Fragen der Prämienanpassung regeln und regelt auch nur diese. Die Ermächtigungsnorm des § 12c Abs. 1 S. 1 Nr. 1 VAG aF (= § 160 S. 1 Nr. 1 VAG nF), auf die sich die 1. KalVÄndV stützte, bezieht sich in dem hier einschlägigen Teil auf „die versicherungsmathematischen Methoden zur Berechnung der Prämien einschließlich der Prämienänderungen" bzw. auf die „Berücksichtigung der maßgeblichen Annahmen ... zur Geschlechtsabhängigkeit des Risikos". Darum geht es aber nicht, wenn dem Versicherungsunternehmen das Recht eingeräumt werden soll, nur wegen der Einführung einer neuen Kalkulationsvorschrift zur Ermittlung der Versicherungsleistungen eine versicherungsvertragsrechtlich wirksame einseitige Prämienanpassung durchzuführen. Die versicherungsvertragsrechtlichen Voraussetzungen der Prämienüberprüfung und -anpassung kann nur das VVG regeln. Das VVG enthält keine Ermächtigung zum Erlass einer Rechtsverordnung, um die Voraussetzungen für eine Prämienanpassung nach § 203 Abs. 1 S. 1, 3 zu ändern, dh zu erweitern, einzuschränken oder zu ergänzen. Um eine solche Erweiterung handelte es sich aber bei § 19 Abs. 6 S. 3 KalV aF, weil danach eine Prämienanpassung zum 1.1.2008 auch und gerade dann zulässig sein sollte, wenn keine maßgebliche Rechnungsgrundlage iSv § 203 Abs. 2 S. 1, 3 eine Prämienüberprüfung rechtfertigte. § 19 Abs. 6 S. 3 KalV aF war daher insoweit nach Art. 80 Abs. 1 GG nichtig.

VII. Vertragsänderung

870 **1. Grundsatz.** Ergibt die Überprüfung der Prämien einen Anpassungsbedarf, sind – soweit erforderlich – alle Rechnungsgrundlagen im Wege der **Nachkalkulation** zu berichtigen (§ 203 Abs. 2 S. 1). Die Berichtigung erfolgt nach den für die Prämienberechnung geltenden Grundsätzen (§§ 10 Abs. 1, 11 Abs. 1 S. 1 KVAV).

871 Die Prämienanpassung kann auch in einer **Prämiensenkung** bestehen, wenn die Rechnungsgrundlagen sich entsprechend verändert haben.

872 Das Versicherungsunternehmen ist aufsichtsrechtlich verpflichtet, die maßgeblichen Rechnungsgrundlagen – Versicherungsleistungen und Sterbewahrscheinlichkeiten – jährlich zu überprüfen und die Prämien unter Berichtigung aller übrigen Rechnungsgrundlagen anzupassen (§ 155 Abs. 3 S. 2, Abs. 4 S. 2 VAG). Da § 203 Abs. 2 S. 4 die Geltung dieser Vorschriften des Versicherungsaufsichtsrechts in das Versicherungsvertragsrecht überführt, folgt daraus auch eine vertragsrechtliche **Pflicht des Versicherungsunternehmens zur Prämienanpassung,**[408] selbst wenn dies zu einer Prämiensenkung führen sollte.

873 Die Neufestsetzung der Prämie sowie die Änderung des Selbstbehalts und des Risikozuschlags führt zu einer Vertragsänderung, dh zu einer Änderung der **bestehenden Versicherungsverhältnisse.** Wenn § 203 Abs. 2 S. 1 sagt, das Versicherungsunternehmen könne die Prämie „auch für bestehende Versicherungsverhältnisse" neu festsetzen, so ist dies eine sprachliche Irreführung. Die Neufestsetzung der Prämie einer Krankenversicherung, bei der das ordentliche Kündigungsrecht des Versicherungsunternehmens ausgeschlossen ist, kann ausnahmslos immer nur ein *bestehendes* Versicherungsverhältnis betreffen. Für noch nicht bestehende Versicherungsverhältnisse bedarf es keiner vertragsrechtlichen Regelung. Das Bestehen des Versicherungsverhältnisses richtet sich nach dem formellen Vertragsabschluss, nicht nach dem materiellen Versicherungsbeginn.[409]

---

[408] Ebenso schon für das frühere VVG: *Prölss* in Prölss/Martin, 27. Aufl. 2004, VVG § 178g Rn. 11. Unklar *Brand* in Bruck/Möller VVG § 203 Rn. 23.
[409] LG Dortmund NJOZ 2015, 185.

Die Neufestsetzung der Prämie sowie die Änderung des Selbstbehalts und des Risikozuschlags 874
erfolgt durch Mitteilung an den Versicherungsnehmer (§ 203 Abs. 5). Der Vertrag wird durch die
Mitteilung selbst geändert. Die Prämienanpassung ist nach ihrer Rechtsnatur ein **Gestaltungsrecht**.[410]

2. Ausgeschlossene Prämienanpassung. a) Ausschlussgründe. Das Aufsichtsrecht sieht in 875
§ 155 VAG für den Fall **unzureichender Kalkulation** den Ausschluss von Prämienanpassungen
vor. Damit soll der bewussten oder auch nur fahrlässigen Unterkalkulation begegnet werden. Indem
eine Prämienanpassung für diese Fälle verboten wird, muss das Versicherungsunternehmen die Limitierung der gleichwohl notwendigen Prämienanpassung in vollem Umfang aus Eigenmitteln finanzieren.

Dies gilt nach § 155 Abs. 3 S. 4 VAG für die unzureichende Kalkulation der **Versicherungsleistungen**. 876
Danach kann eine Anpassung insoweit nicht vorgenommen werden, als die Versicherungsleistungen zum Zeitpunkt der Erst oder einer Neukalkulation unzureichend kalkuliert waren und
ein ordentlicher und gewissenhafter Aktuar dies hätte erkennen müssen. Die hiergegen teilweise
vorgebrachte Kritik[411] ist unberechtigt. Die Erfahrungen der Praxis bestätigen sehr wohl, dass Versicherungsunternehmen – um ihre Wettbewerbsposition zu verbessern – versucht sein können, die
Rechnungsgrundlagen neuer Tarife mit prämiensenkender Wirkung zu strapazieren. Damit das
Versicherungsunternehmen dafür einsteht, ist die gesetzliche Sanktion notwendig.

Eine Prämienanpassung ist unter den gleichen Voraussetzungen auch dann ausgeschlossen, wenn 877
die **Sterbewahrscheinlichkeiten** unzureichend kalkuliert waren (§ 155 Abs. 4 S. 3 iVm Abs. 3 S. 4
VAG). Das ist Fall, wenn das Versicherungsunternehmen einer Erst- oder Neukalkulation nicht die
aktuellen Sterbetafeln zugrunde legt.

Eine **Neukalkulation** findet idR im Rahmen von Prämienanpassungen statt, wenn alle Rech- 878
nungsgrundlagen zu überprüfen und ggf. zu aktualisieren sind. Die Sanktion der Finanzierung von
Anpassungsbedarf aus Eigenmitteln (→ Rn. 875) sorgt schon im Eigeninteresse des Versicherungsunternehmens und des Verantwortlichen Aktuars für eine genaue und sorgfältige Überprüfung dieser
Rechnungsgrundlagen.

In welchen Fällen eine **unzureichende Kalkulation** iSv § 155 Abs. 3 S. 4 VAG vorliegt, sagt 878a
das Gesetz nicht ausdrücklich. Aus dem Zusammenhang der Vorschriften ergibt sich jedoch, dass
eine Kalkulation dann unzureichend ist, wenn die erforderlichen Versicherungsleistungen bzw. Sterbewahrscheinlichkeiten nicht durch die kalkulierten Versicherungsleistungen bzw. Sterbewahrscheinlichkeiten gedeckt werden (§ 155 Abs. 3 S. 1, Abs. 4 S. 1 VAG). Unzureichende Kalkulation setzt
daher stets eine *Unterdeckung* voraus. Ob auch eine Prämienanpassung durchzuführen ist, ist tatbestandlich ohne Bedeutung.

Ob die maßgebliche Rechnungsgrundlage unzureichend kalkuliert war, beurteilt sich nach dem 878b
Zeitpunkt der Erst- oder Neukalkulation. Somit ist eine ex ante-Betrachtung anzustellen, ob
zu diesem Zeitpunkt Erkenntnisse verfügbar waren, die eine Aktualisierung der Rechnungsgrundlage
notwendig gemacht hätten.

Nach dem Gesetzeswortlaut ist zu prüfen, ob die „Erst- oder eine Neukalkulation" unzurei- 878c
chend kalkuliert waren (§ 155 Abs. 3 S. 4 VAG). Daraus ist zu schließen, dass auch **frühere Kalkulationen** in die Prüfung einzubeziehen sind (→ § 163 Rn. 62). Allerdings wird eine rückwirkende
Einbeziehung früherer Neukalkulationen nicht grenzenlos möglich sein. Dabei ist von folgenden
Grundsätzen auszugehen:
– Wenn zu einer früheren Prämienanpassung bereits ein Rechtsstreit geführt worden ist oder noch
 geführt wird (Vorprozess), können weder die Erstkalkulation noch diejenigen Neukalkulationen
 in die (erneute) Prüfung einbezogen werden, die bis zur früheren Prämienanpassung durchgeführt
 worden sind; denn diese (Erst- und Neu-) Kalkulationen müssen Gegenstand des Vorprozesses
 sein. Das gleiche gilt, wenn der Versicherungsnehmer sich über die früheren Prämienanpassungen
 mit dem Versicherer geeinigt hatte.
– Die rückwirkende Einbeziehung früherer Neukalkulationen kann nach den Grundsätzen der
 Verwirkung ausgeschlossen sein (→ Rn. 1079).

Auf Unterkalkulationen von **anderen Rechnungsgrundlagen** kann § 155 Abs. 3 S. 4 VAG ange- 879
sichts des eindeutigen Wortlauts auch nicht sinngemäß angewandt werden.[412] Solche Unterkalkulationen bleiben sanktionslos und müssen bei jeder Neukalkulation beseitigt werden.

Es stellt **keinen Ausschlussgrund** dar, wenn – abgesehen von der bewussten oder fahrlässigen 880
Unterkalkulation einer maßgeblichen Rechnungsgrundlage iSv § 203 Abs. 2 S. 3 (→ Rn. 876 f.) –

---
[410] *Prölss* in Prölss/Martin, 27. Aufl. 2004, VVG § 178g Rn. 11.
[411] *Rudolph* in Bach/Moser, 4. Aufl. 2009, MB/KK § 8b Rn. 17.
[412] Ebenso *Brand* in Bruck/Möller VVG § 203 Rn. 34.

die Veränderung einer Rechnungsgrundlage auf Entwicklungen oder Maßnahmen beruht, die das Versicherungsunternehmen zu vertreten hat. Auch voraussehbare Veränderungen berechtigen zur Prämienanpassung (→ Rn. 792). Aktuariell kommt es ausschließlich auf die *tatsächlichen* Veränderungen einer Rechnungsgrundlage an; die Gründe für die Äquivalenzstörung sind unmaßgeblich (→ Rn. 746). Die populistische These, (scheinbare oder wirkliche) Managementfehler seien zu eliminieren, findet im Gesetz keine Grundlage. Wegen des Prinzips der aktuariellen Objektivierbarkeit und Berechenbarkeit der Kalkulation wäre es im Übrigen auch eine praktisch unlösbare Aufgabe, in generalisierender und objektiv überprüfbarer Form zu definieren, was als „Managementfehler" anzusehen ist, welches die objektiv messbaren Kriterien hierfür sind, auf welchen Zeitpunkt es für die Beurteilung ankommt (Beurteilung ex ante oder ex post) und wer all dies mit Wirkung für die Versichertengemeinschaft verbindlich feststellen soll. Im Übrigen hätte eine solche These auch die logische Konsequenz, dass für die *positive* Veränderung einer Rechnungsgrundlage verantwortliche Maßnahmen des Versicherungsunternehmens gleichfalls zu eliminieren wären, was aber offenbar niemand fordert.

881   Um der Gefahr zu entgehen, dass eine spätere Prämienanpassung wegen unzureichender Erst- oder Neukalkulation ausgeschlossen ist, lassen Versicherungsunternehmen ihre Erst- oder Neukalkulationen vom Treuhänder häufig **freiwillig überprüfen**. Dies ist unbedenklich,[413] auch wenn das Ergebnis der freiwilligen Vorabprüfung den Treuhänder bindet. Selbst wenn sich im Zuge einer späteren Prämienanpassung herausstellen sollte, dass aufgrund zwischenzeitlicher Erkenntnisse – ex post betrachtet – die Erst- oder Neukalkulation unzureichend gewesen war, so hat die vom Treuhänder aufgrund eigener Überprüfung erklärte Unbedenklichkeit doch in jedem Fall die Bedeutung, dass ein ordentlicher und gewissenhafter Aktuar dies nicht hätte erkennen müssen (§ 155 Abs. 3 S. 4 VAG). Dies ist vor allem dann relevant, wenn inzwischen ein Treuhänderwechsel stattgefunden hat.

882   **b) Verfahren.** Nach § 155 Abs. 3 S. 4 VAG ist die bei Vorliegen der dort genannten Voraussetzungen die **Anpassung** ausgeschlossen. Dies hat für das Überprüfungsverfahren folgende Konsequenzen:

883   – Die **maßgeblichen Rechnungsgrundlagen** der Versicherungsleistungen und Sterbewahrscheinlichkeiten sind zunächst auf ihre Veränderungen, auf die Dauerhaftigkeit der Veränderung und auf den auslösenden Faktor hin zu überprüfen.

884   – Ergibt sich danach ein Anpassungsbedarf, sind auch alle **übrigen Rechnungsgrundlagen** zu überprüfen und ggf. zu berichtigen.

885   – Aufgrund der geänderten Rechnungsgrundlagen sind die **Tarifprämien** neu festzusetzen.

886   – Erst im letzten Schritt im Zuge der Neuberechnung des **konkreten Beitrags** unter Anrechnung der Alterungsrückstellung ist für den Versicherungsnehmer derjenige Teil der Prämienanpassung zu eliminieren, der auf die unzureichende Kalkulation der Versicherungsleistungen und Sterbewahrscheinlichkeiten entfällt. Die Eliminierung erfolgt durch eine Prämienlimitierung, die das Versicherungsunternehmen nicht aus RfB-Mitteln vornehmen kann, sondern aus Eigenmitteln finanzieren muss.

887   **3. Prämie.** Die Prämienanpassung betrifft zunächst die **Tarifprämie**, die sich für den Versicherten nach § 8a Abs. 2 S. 1 MB/KK 2013 aus dem bei Inkrafttreten der Prämienanpassung erreichten tariflichen Lebensalter ergibt.[414]

888   Auf die Tarifprämie ist dem Versicherten nach § 11 Abs. 1 S. 2 Hs. 1 KVAV der ihm kalkulatorisch zugerechnete Anteil der **Alterungsrückstellung** vollständig prämienmindernd anzurechnen (Anrechnungsbetrag, → Rn. 364). Davon sind diejenigen Teile ausgenommen, die auf die Anwartschaft zur Prämienermäßigung nach § 12a Abs. 2 entfallen (§ 11 Abs. 1 S. 2 Hs. 2 KVAV); denn diese Teile der Alterungsrückstellung müssen für den vorgesehenen Zweck reserviert bleiben.[415] Mit der Anrechnung der Alterungsrückstellung wird das ursprüngliche Eintrittsalter des Versicherten berücksichtigt (§ 8a Abs. 2 S. 2 MB/KK 2013).

889   Um die Prämienentwicklung bei älteren Versicherten zu begrenzen, dürfen für Versicherte über 45 Jahre bei Prämienanpassungen nicht erneut **einmalige Kosten** eingerechnet werden (§ 11 Abs. 2 S. 4 KVAV). Wenn das Versicherungsunternehmen seinem Außendienst Provisionen für den Fall zahlt, dass Versicherte eine ausgesprochene Kündigung zurücknehmen (Kündigungsrücknahmeprovision), dürfen diese Kosten nur in die Prämien der jüngeren Versicherten eingerechnet werden.[416]

---

[413] *Grote*, Die Rechtsstellung der Prämien-, Bedingungs- und Deckungsstocktreuhänder nach dem VVG und dem VAG (Münsteraner Reihe Heft 75), 2002, S. 555.
[414] LG Köln VersR 1992, 1254.
[415] Begr. zu § 11 Abs. 2 KalV, BR-Drs. 414/96, 26.
[416] Begr. zu § 11 Abs. 2 KalV, BR-Drs. 414/96, 26.

4. Selbstbehalt. Im Rahmen der Prämienanpassung kann das Versicherungsunternehmen auch 890 einen betragsmäßig festgelegten **Selbstbehalt** anpassen (§ 203 Abs. 2 S. 2). Dies scheint unsystematisch zu sein, weil Selbstbehalte Versicherungsleistungen, also die Leistung des Versicherungsunternehmens einschränken, während es bei der Prämienanpassung um die Leistung des Versicherungsnehmers geht. Indessen besteht zwischen der Höhe von Selbstbehalten und der Höhe der Prämien ein direkter, und zwar grds. gegenläufiger Zusammenhang: Je höher bei einem Tarif der Selbstbehalt ist, umso niedriger ist die Prämie. Daraus hat sich als jahrzehntelange Praxis entwickelt, dass Versicherungsunternehmen im Falle einer Prämienanpassung anstelle einer notwendigen, uU beträchtlichen Prämienerhöhung eine geringere Prämienerhöhung mit einer Erhöhung des Selbstbehalts verbinden. Dem trägt auch § 155 Abs. 3 S. 3 VAG Rechnung. § 203 Abs. 2 S. 2 folgt dem mit Wirkung für das Versicherungsvertragsrecht.

Die Anpassung des Selbstbehalts ist nach § 203 Abs. 2 S. 2 nur dann möglich, wenn die Möglich- 891 keit zur Anpassung vorher **vereinbart** worden war.

Wenn ein **prozentualer Selbstbehalt** vereinbart ist, kann dieser nach dem eindeutigen Wort- 892 laut der Vorschrift nicht mit angepasst werden. Zwar belastet die Anhebung auch eines betragsmäßigen Selbstbehalts den Versicherten mit einem größeren Anteil an den Krankheitskosten. Indessen sind die Konsequenzen eines betragsmäßigen Selbstbehalts für den Versicherten klar überschaubar, was von der Anhebung eines prozentualen Selbstbehalts nicht gesagt werden kann.

Der **Basistarif** muss Selbstbehaltsvarianten von 300, 600, 900 oder 1.200 EUR vorsehen (§ 152 893 Abs. 1 S. 3 VAG). Weil das Gesetz selbst die absoluten Beträge vorschreibt, können diese Selbstbehalte bei Beitragsanpassungen nicht mit angepasst werden (→ Vor § 192 Rn. 1192 ff.).

5. Risikozuschlag. Das Recht zur Prämienanpassung bezieht sich auch auf vereinbarte **Risiko-** 894 **zuschläge.** In der Regel werden Risikozuschläge in Prozent der Tarifprämie ermittelt und anschließend als absoluter Betrag ausgewiesen. Wegen der prinzipiellen Abhängigkeit von der Tarifprämie ist es notwendig, bei einer Anpassung der Tarifprämie auch den davon abhängigen Risikozuschlag mit anzupassen. Auch dies entsprach ständiger Praxis der Versicherungsunternehmen und ist in § 155 Abs. 3 S. 3 VAG geregelt. § 203 Abs. 2 S. 2 folgt dem mit Wirkung für das Versicherungsvertragsrecht.

Risikozuschläge können nach dem Wortlaut von § 203 Abs. 2 S. 2 **entsprechend** geändert 895 werden. Dies geschieht in der Form, dass der ursprüngliche Prozentsatz des Risikozuschlags auf die berichtigte Tarifprämie angewandt und das Ergebnis als absoluter Betrag ausgewiesen wird.

Die Anpassung des Risikozuschlags ist nach § 203 Abs. 2 S. 2 nur dann möglich, wenn die 896 Möglichkeit zur Anpassung vorher **vereinbart** worden war.

6. Treuhänderzustimmung. Die Prämienanpassung hängt davon ab, dass ein unabhängiger 897 Treuhänder die technischen Berechnungsgrundlagen überprüft und der Prämienanpassung zugestimmt hat. Die Prämienanpassung ist insoweit nur dann **materiell-rechtlich wirksam,** wenn der Treuhänder
– wirksam bestellt ist (→ Rn. 560) und
– nach Prüfung der technischen Berechnungsgrundlagen der Prämienanpassung formal zugestimmt hat (→ Rn. 580).

Zu den Voraussetzungen der Treuhändertätigkeit ausf. → Rn. 494 ff.; → Rn. 563 ff. 898

7. Umsetzung der Prämienanpassung. Sobald der Treuhänder seine Zustimmung erteilt 899 hat, muss das Versicherungsunternehmen die Prämienanpassung **unverzüglich umsetzen.** Wenn das Versicherungsunternehmen die Umsetzung der genehmigten Prämienanpassung ohne sachlichen Grund verzögert, kann es die Prämienanpassung nicht rückwirkend zu dem genehmigten Zeitpunkt durchführen; denn die Prämienanpassung kann erst nach Mitteilung gem. § 203 Abs. 5 ex nunc wirksam werden (→ Rn. 1131 ff.).

Ein **sachlicher Grund** für eine verzögerte Umsetzung kann vorliegen, wenn unvorhersehbare 900 technische Schwierigkeiten – insbes. in der Informationstechnologie – auftreten, mit denen nicht gerechnet werden konnte. Das gleiche gilt, wenn der Gesetzgeber überraschend und damit ebenfalls unvorhersehbar Änderungen ohne angemessene Übergangsfristen beschlossen hat, die wegen operativer Dringlichkeit kurzfristig umgesetzt werden müssen und die Datenverarbeitungsprioritäten verschieben; solche Fälle treten vor allem bei sozialversicherungsrechtlichen Gesetzesänderungen auf.

Wenn das Versicherungsunternehmen die Umsetzung der genehmigten Prämienanpassung 901 überhaupt **nicht durchführt,** treten – abgesehen von aufsichtsrechtlichen Maßnahmen – die gleichen Konsequenzen ein wie im Falle einer bewussten oder fahrlässigen Unterkalkulation (→ Rn. 875 ff.); denn eine nicht durchgeführte genehmigte Prämienanpassung führt zur Unterkalkulation. Dies bezieht sich nach § 155 Abs. 3 S. 4, Abs. 4 S. 3 VAG nur auf die Rechnungsgrundlagen Versicherungsleistungen und Sterbewahrscheinlichkeiten. Das gleiche muss gelten, wenn das Versicherungsunternehmen die Umsetzung ohne sachlichen Grund längere Zeit verzögert (→ Rn. 899 f.),[417] weil der Zeitraum zwischen möglicher und tatsächlich durchgeführter Umsetzung wegen der Inkrafttretensvorschrift des § 203 Abs. 5 effektiv unterkalkuliert war.

902 **8. Wirksamwerden der Vertragsänderung.** Die Prämienanpassung und die sonstigen Vertragsänderungen nach § 203 Abs. 2 S. 2 werden erst wirksam, wenn das Versicherungsunternehmen die Vertragsänderungen einschließlich Begründung dem Versicherungsnehmer **mitgeteilt** hat (§ 203 Abs. 5). Die Vertragsänderungen treten mit Beginn des zweiten Monats nach der Mitteilung in Kraft. Zu den Einzelheiten ausf. → Rn. 1131 ff.

902a **9. Verhältnis zu früheren Prämienanpassungen.** Weil es sich bei der Nachkalkulation – wie im Falle der Erstkalkulation – um eine vollständige Neukalkulation aller Rechnungsgrundlagen handelt (→ Rn. 778, 870), ist die jeweils letzte Prämienanpassung die Rechtsgrundlage für den künftigen Prämienanspruch des Versicherers. Ob **frühere Prämienanpassungen fehlerhaft** waren, ist ohne Bedeutung.[418] Deren Fehler wirken auf eine spätere fehlerfreie Prämienanpassung nicht fort. Das gilt unabhängig davon, ob die Unwirksamkeit der früheren fehlerhaften Prämienanpassungen gerichtlich festgestellt worden ist oder nicht.

903 Soweit frühere fehlerhafte Prämienanpassungen gerichtlich für unwirksam erklärt worden sind, gelten die **Rechtsfolgen der Unwirksamkeit** nur bis zum Zeitpunkt der nächsten wirksamen Prämienanpassung.[419]

903a **10. Rechtsfolgen einer unwirksamen Prämienanpassung.** Die **versicherungstechnischen Konsequenzen** einer mit Fehlern behafteten Prämienanpassung sind komplex. Wenn schon der unabhängige Treuhänder den Fehler erkannt und gerügt hat, darf er seine Zustimmung nicht erteilen (→ Rn. 582). Wenn er die Zustimmung erteilt hat, kann der Versicherungsnehmer den Fehler gerichtlich geltend machen. Dabei muss zwischen den geltend gemachten Fehlern unterschieden werden.[420] Die Fehler können materiell-rechtlicher oder formal-rechtlicher Art sein.

903b **Materiell-rechtliche Fehler** liegen vor, wenn eine der Voraussetzungen für eine Neufestsetzung der Prämie nach § 203 Abs. 2 VVG, § 155 VAG nicht erfüllt ist. Diese Voraussetzungen sind:
– Eine für die Prämienkalkulation maßgebliche Rechnungsgrundlage (Versicherungsleistungen oder Sterbewahrscheinlichkeit) hat sich verändert.
– Die Veränderung der maßgeblichen Rechnungsgrundlage überschreitet den relevanten gesetzlichen oder in den AVB festgelegten Schwellenwert („auslösender Faktor").
– Die Veränderung der maßgeblichen Rechnungsgrundlage ist nicht nur als vorübergehend anzusehen.
– Die vorangegangene Erst- oder Neukalkulation der Versicherungsleistungen oder Sterbewahrscheinlichkeiten darf nicht unzureichend gewesen sein (§ 155 Abs. 3 S. 4, Abs. 4 S. 3 VAG).

903c **Formal-rechtliche Fehler** liegen vor, wenn
– der unabhängige Treuhänder der Neufestsetzung der Prämien nicht zugestimmt hat;
– die Prämienanpassung dem Versicherungsnehmer nicht entsprechend § 203 Abs. 5 VVG mitgeteilt worden ist.

903d **a) Formal-rechtliche Fehler.** Wenn der **unabhängige Treuhänder der Neufestsetzung der Prämien nicht zugestimmt** hat, liegt versicherungstechnisch noch keine Neukalkulation des betreffenden Tarifs vor. Auch zivilrechtlich ist die Prämienanpassung dann noch nicht verwirklicht (→ Rn. 580a). Die fehlende Zustimmung kann allerdings nachgeholt werden (→ Rn. 580b).

903e Wenn die Prämienanpassung dem Versicherungsnehmer nicht entsprechend § 203 Abs. 5 VVG mitgeteilt oder begründet worden ist, ist lediglich der Zeitpunkt ihres Wirksamwerdens bis zur Heilung des **Mitteilungsfehlers** aufgeschoben (→ Rn. 1134a). Die Prämienneufestsetzung an sich ist jedoch wirksam. Das hat für die Dauer der aufgeschobenen Prämienanpassung folgende Konsequenzen:

903f – Die mit Zustimmung des Treuhänders durchgeführte Prämienanpassung basiert auf einer **Neukalkulation des betreffenden Tarifs** (→ Rn. 777). Die Neukalkulation führt für alle Versicherten des betreffenden Tarifs zu neuen Prämien und uU zu neuen Alterungsrückstellungen. Das ergibt für alle Versicherten des Tarifs mit gleicher versicherungstechnischer Historie die gleiche neue Prämie und die gleiche Alterungsrückstellung. Wenn ein Versicherter die temporäre Unwirksamkeit der Prämienanpassung gerichtlich mit Erfolg erstreitet, ändert sich dadurch nicht die versiche-

---

[417] IErg ebenso *Grote*, Die Rechtsstellung der Prämien-, Bedingungs- und Deckungsstocktreuhänder nach dem VVG und dem VAG (Münsteraner Reihe Heft 75), 2002, S. 593.
[418] BGHZ 228, 57 Rn. 55 = VersR 2021, 240 = r+s 2021, 89; BGH VersR 2021, 564 Rn. 34.
[419] BGH VersR 2021, 564 Rn. 35.
[420] Dazu ausführlich *Boetius* r+s 2021, 11 (15 ff.).

rungstechnische Neukalkulation des Tarifs. Zwar ist dieser Versicherte zur Zahlung der angepassten Prämie einzelvertraglich (noch) nicht verpflichtet; gleichwohl bleibt er Teil des bisherigen Versichertenkollektivs und damit Versicherter des neu kalkulierten Tarifs. Die einzelvertragliche temporäre Unwirksamkeit der Prämienanpassung hat nicht zur Folge, dass dieser Versicherte damit in einem eigenen individuellen „Parallel-Tarif" versichert ist, der mit den Rechnungsgrundlagen vor der Prämienanpassung kalkuliert wäre. Ein solcher Tarif existiert mit der Neukalkulation nicht mehr; er wäre auch wegen unzureichender Kalkulation unzulässig (§ 155 Abs. 3 S. 4 VAG). Tarife für Einzelpersonen verbieten sich darüber hinaus versicherungstechnisch.

– Weil der einzelne Versicherte trotz rechtskräftiger temporärer Unwirksamkeit „seiner" Prämienanpassung **Versicherter des neu kalkulierten Tarifs** bleibt, wird er versicherungstechnisch so behandelt, als zahle er die angepasste Prämie.[421] So nimmt er auch unverändert an der Kapitalbildung teil, die aus dieser Prämie finanziert wird (→ Vor § 192 Rn. 877, 896 ff.). Es muss – ähnlich wie bei der Geschlechtsabhängigkeit – zwischen der *Kalkulationsebene* und der *Vertragsebene* unterschieden werden (→ Rn. 149): Auf der Kalkulationsebene findet die Tarif- und Prämienkalkulation statt; auf der Vertragsebene wird die aus dem Versicherungsvertrag geschuldete Prämie für den einzelnen Versicherten festgelegt. Kalkulationsebene und Vertragsebene können auseinanderfallen. Ein Versicherter kann aufgrund einzelvertraglich wirksamer Zivilrechtslage eine von der Kalkulation abweichende Prämie zahlen, ohne dass dies Auswirkungen auf die Bildung seiner aus der Kalkulation sich ergebenden einzelvertraglichen Alterungsrückstellung hat. 903g

– Das Versicherungsunternehmen muss Forderungen auf Prämien, die ein einzelner Versicherter entgegen der kalkulierten Tarifprämie einzelvertraglich nicht zu zahlen braucht, abschreiben. Bereits gezahlte Prämien muss das Versicherungsunternehmen nach Bereicherungsrecht (§§ 812 ff. BGB) zurückzahlen. Diese Vorgänge betreffen die Erfolgsrechnung und können nur in der **Rechnungslegung** abgebildet werden; eine Verknüpfung mit der Kalkulation besteht insoweit nicht. Dem bereicherungsrechtlichen Rückzahlungsanspruch kann der Entreicherungseinwand (§ 818 Abs. 3 BGB) entgegengehalten werden; denn der Versicherte wird versicherungstechnisch so behandelt, als zahle er die angepasste Prämie (→ Rn. 903g). Alternativ kann der Versicherer mit einem eigenen Bereicherungsanspruch aufrechnen (→ Rn. 903i). 903h

– Wenn die Prämienanpassung einem einzelnen Versicherten gegenüber temporär unwirksam ist, fehlt zivilrechtlich der Rechtsgrund dafür, dass ihm trotzdem die kalkulatorisch und bilanziell vorgeschriebene Erhöhung seiner Alterungsrückstellung zugutekommt (→ Rn. 903g). Das Versicherungsunternehmen hat infolgedessen gegen den Versicherungsnehmer einen Anspruch aus ungerechtfertigter Bereicherung (§ 812 Abs. 1 S. 1 BGB), der darauf gerichtet ist, den Wert der anpassungsbedingten Erhöhung der Einzel-Alterungsrückstellung auszugleichen (§ 818 Abs. 2 BGB). Der Bereicherungsanspruch des Versicherers korrespondiert mit dessen Entreicherung (→ Rn. 903h). 903i

b) Materiell-rechtliche Fehler. Im Gegensatz zu formal-rechtlichen Hindernissen kann ein materiell-rechtlicher Fehler idR nicht nachträglich – zB noch in einem Rechtsstreit – geheilt werden. Wenn die Prämienanpassung rechtskräftig für unwirksam erklärt wird, weil eine **materiell-rechtliche Voraussetzung nicht erfüllt** ist, steht ein Mechanismus nach Art 2 § 203 Abs. 4 VVG nicht zur Verfügung. Das rechtskräftige Urteil gilt nur im Verhältnis zum einzelnen Versicherungsnehmer. Die Neukalkulation des Tarifs und die Prämienanpassung insgesamt werden davon nicht berührt. Die zivilrechtlichen Konsequenzen der nur einzelvertraglich unwirksamen Prämienanpassung sind die gleichen wie im Fall der temporären Unwirksamkeit wegen fehlerhafter Mitteilung nach § 203 Abs. 5 VVG (→ Rn. 903f ff.). 903j

c) Verjährung. Die maßgeblichen Rechtsfragen zur Verjährung[422] des **bereicherungsrechtlichen Rückgewähranspruchs** hat der BGH mit mehreren Entscheidungen v. 17.11.2021 geklärt:[423] 903k
– Die bereicherungsrechtlichen Rückgewähransprüche unterliegen der dreijährigen Regelverjährung (§ 195 BGB), deren Beginn sich nach § 199 Abs. 1 BGB richtet.
– Die Rückzahlungsansprüche aufgrund unwirksamer Prämienanpassung entstehen mit der Zahlung der Prämienerhöhung.
– Der Versicherungsnehmer erlangt grundsätzlich mit dem Zugang der Prämienanpassungsmitteilung Kenntnis von den anspruchsbegründenden Umständen iSv § 199 Abs. 1 Nr. 2 BGB.
– Wenn eine unsichere und zweifelhafte Rechtslage vorliegt, die selbst ein rechtskundiger Dritter nicht zuverlässig einzuschätzen vermag, kann der Verjährungsbeginn wegen Unzumutbarkeit der

---

[421] Diese Zusammenhänge übersieht OLG Rostock BeckRS 2021, 46652 Rn. 20.
[422] Zur Verjährung vgl. *Fuxman/Leygraf* r+s 2021, 61.
[423] BGHZ 232, 31 = VersR 2022, 97 Rn. 40 ff. = NJW 2022, 389 = r+s 2022, 30; BeckRS 2021, 37438 Rn. 33 ff.

Klageerhebung hinausgeschoben werden. Diese Voraussetzung ist nicht schon deshalb erfüllt, weil eine Rechtsfrage umstritten und noch nicht höchstrichterlich entschieden ist. Deshalb war eine Klageerhebung auch schon vor dem Grundsatzurteil des BGH v. 16.12.2020 zur Begründung von Prämienanpassungen[424] zumutbar. Das gilt jedenfalls dann, wenn der Versicherungsnehmer seinen Rückforderungsanspruch bereits vor der höchstrichterlichen Entscheidung gegenüber dem Versicherer geltend gemacht hatte.
Auf der gleichen Linie liegen die Entscheidungen der Tatsachengerichte.[425]

903l Mit dem Hinweis auf die **Zumutbarkeit der Klageerhebung** vor dem Grundsatzurteil des BGH v. 16.12.2020 zur Begründung von Prämienanpassungen setzt der Senat seine frühere Rechtsprechung[426] fort. Das gilt auch für die konkrete Fallkonstellation einer Geltendmachung des Anspruchs, bevor die Streitfrage höchstrichterlich entschieden wurde. Wenn der BGH sagt, „jedenfalls" in einem solchen Fall fehle die Unzumutbarkeit, öffnet er letztlich die Ausnahmemöglichkeit auch für andere Fallkonstellationen. Nichts anderes ergibt sich aus dem BAG-Urteil, auf das sich der BGH bezieht.[427] Dort fehlt allerdings das Wort „jedenfalls", sondern das BAG sagt nur: „Der Ausnahmefall einer unzumutbaren Klageerhebung ist vorliegend nicht gegeben." Daraus ist also abzuleiten, dass es von der grundsätzlichen Zumutbarkeit der Klageerhebung trotz unsicherer Rechtslage Ausnahmen geben kann, von denen der konkrete „Jedenfalls-Fall" nur ein Beispiel ist.

903m d) **Sonstige Einwendungen des Versicherers.** Im Falle einer unwirksamen Beitragsanpassung kann der Versicherer gegenüber dem bereicherungsrechtlichen Rückgewähranspruch nicht den **genossenen Versicherungsschutz** entgegensetzen.[428]

903n Anders verhält es sich mit dem Einwand des Versicherers, aus den rechtsunwirksam geleisteten Prämienzahlungen **Rückstellungen** gebildet zu haben, die er nicht rückgängig machen kann.[429] Um diesem Einwand der Entreicherung (→ Rn. 903i) zum Erfolg zu verhelfen, muss der darlegungs- und beweispflichtige Versicherer entsprechende Tatsachen vortragen und beweisen, was der Versicherer in den bisher entschiedenen Fällen offenbar versäumt hatte.[430] Dabei ist zu unterscheiden:

903o – Es ist ein aktuarieller Grundsatz, dass trotz einzelvertraglich unwirksamer Prämienanpassung die durchgeführte **Neukalkulation des Tarifs wirksam** bleibt (→ Rn. 903g). Das hat zur Folge, dass *jeder* in diesem Tarif Versicherte – auch der erfolgreich klagende – zusätzliche Leistungen in Form erhöhter Zuführungen zur Alterungsrückstellung erhalten hat.[431] Diese Grundsatzfrage ist offenkundig und bedarf keines Beweises (§ 291 ZPO).[432]

903p – Dagegen bleibt der Versicherer darlegungs- und beweispflichtig für die **Höhe der Alterungsrückstellung,** die dem Versicherten aus der unwirksamen Beitragserhöhung zugeflossen ist.[433]

VIII. Gerichtliche Kontrolle

904 1. **Gerichtlicher Rechtsschutz. a) Grundsatz.** Prämienanpassungen und sonstige Vertragsänderungen iSv § 203 Abs. 2 S. 2 unterliegen der grds. **uneingeschränkten zivilgerichtlichen Kontrolle.** Daran ändert auch die obligatorische Einschaltung des Treuhänders nichts; denn dieser kann nicht streitentscheidend tätig werden (→ Rn. 500).

905 Der verfassungsrechtlich gebotene Rechtsschutz ermöglicht die umfassende **tatsächliche und rechtliche Prüfung** der Prämienanpassung.[434]

906 Gegenstand der gerichtlichen Überprüfung sind nur die **Unterlagen,** die das Versicherungsunternehmen dem Treuhänder zur Prüfung gem. § 203 Abs. 2 S. 4 iVm § 155 Abs. 1 S. 3, § 160 S. 1 Nr. 4 VAG, §§ 15 f. KVAV vorgelegt hatte, weil sich nur darauf seine Zustimmung beziehen konnte.[435] Das Versicherungsunternehmen ist folglich gehindert, in einem Prämienanpassungsprozess dem Treuhänder nicht vorgelegte Unterlagen nachzuschieben, um die Prämienanpassung zu begrün-

---

[424] BGHZ 228, 57 = VersR 2021, 240 = r+s 2021, 89.
[425] Vgl. Nachweise bei *Boetius* r+s 2022, 248 (255).
[426] BGH VersR 2018, 403 Rn. 17.
[427] BAGE 149, 169 Rn. 37 = NZA 2015, 35.
[428] BGHZ 228, 57 Rn. 46 f. = VersR 2021, 240 = r+s 2021, 89.
[429] BGHZ 228, 57 Rn. 52 = VersR 2021, 240 = r+s 2021, 89; BGH VersR 2021, 1083 Rn. 23; BGH BeckRS 2021, 37438 Rn. 30.
[430] Vgl. *Boetius* r+s 2021, 11 (16 f.) und r+s 2022, 248 (250).
[431] *Boetius* r+s 2022, 248 (250).
[432] *Boetius* r+s 2022, 248 (250).
[433] *Boetius* r+s 2022, 248 (250).
[434] BVerfG VersR 2000, 214 mAnm *Reinhard*; BGHZ 159, 323 = VersR 2004, 991 (992) = NJW 2004, 2679.
[435] BGHZ 159, 323 = VersR 2004, 991 (992) = NJW 2004, 2679.

den.⁴³⁶ Offensichtliche Unvollständigkeiten oder Rechenfehler können jedoch auch im Prozess noch korrigiert werden.⁴³⁷

Die dem Treuhänder vorgelegten Unterlagen enthalten versicherungsunternehmenseigene **907** Daten zur Kalkulation, an denen das Versicherungsunternehmen ein natürliches **Geheimhaltungsinteresse** hat. Diesem Interesse soll durch die Anwendung der § 172 Nr. 2, §§ 173 Abs. 2, 174 Abs. 3 S. 1 GVG Rechnung getragen werden, wobei die Zivilgerichte auch zu klären haben, worauf sich dieses Interesse bezieht.⁴³⁸ Dabei muss das Interesse des Versicherungsnehmers an einer Überprüfung der vom Versicherungsunternehmen vorgenommenen Berechnung der Prämienanpassung mit einem schutzwürdigen Interesse des Krankenversicherungsunternehmens an einer Geheimhaltung der Berechnungsgrundlagen „zum Ausgleich" gebracht werden.⁴³⁹ Nach dem Grad der Geheimhaltungsbedürftigkeit richten sich die vom Gericht anzuordnenden Maßnahmen zur Sicherung des Geheimhaltungsschutzes (→ Rn. 909 ff.)

Geheimhaltungsanordnungen des Tatrichters werden immer wieder prozessual angegriffen. **907a** Dazu hat der BGH folgende Leitlinien entwickelt:⁴⁴⁰
– Es ist Sache des Tatrichters, über den Umfang der Geheimhaltungsverpflichtung zu entscheiden. Im Rahmen der Rechtsbeschwerde kann die Entscheidung nur auf Ermessensfehlgebrauch überprüft werden.
– Vor dem Ausschluss der Öffentlichkeit und der Anordnung der Geheimhaltungsverpflichtung muss allen Verfahrensbeteiligten rechtliches Gehör gewährt werden.
– In den Fällen des § 172 Nr. 2 und 3 GVG hat das Gericht ein Auswahlermessen hinsichtlich der nach Ausschluss der Öffentlichkeit noch im Sitzungssaal verbliebenen und zur Geheimhaltung zu verpflichtenden Personen.

In einer wettbewerbsorientierten Rechts- und Wirtschaftsordnung gehören **Kalkulationsgrundlagen** **908** zu den selbstverständlichen Geschäftsgeheimnissen der am Wettbewerb teilnehmenden Unternehmen. Ihre Bedeutung zeigt sich daran, dass ihr Verrat strafbewehrt ist, wenn das Gericht ihre Geheimhaltung zur Pflicht gemacht hat (§ 353d Nr. 2 StGB iVm § 174 Abs. 3 GVG). Daraus ist abzuleiten, dass auch ihre Offenlegung in einem Zivilprozess eher einschränkend auszulegen ist.

b) Geschäftsgeheimnisse. Die dem Treuhänder zur Überprüfung der Prämienanpassung vorzulegenden Unterlagen weisen im Hinblick auf ihre Geheimhaltungsbedürftigkeit Unterschiede auf. **909** Nach dem **Grad der Geheimhaltungsbedürftigkeit** ist zu unterscheiden, inwieweit aus den Unterlagen und Daten Rückschlüsse auf die individuelle Geschäftspolitik des Versicherungsunternehmens oder auf die Zusammensetzung seines Versicherungsbestands gezogen werden können. Danach bietet sich eine dreigeteilte Abstufung an:
– **Keinem Geheimhaltungsschutz** unterliegen solche Daten, aus denen keine unmittelbaren **910** Rückschlüsse auf die Geschäftspolitik – insbes. die Risiko- und Annahmepolitik – oder die Bestandszusammensetzung des Versicherungsunternehmens gezogen werden können. Hierzu zählen zB Daten über die Rechnungsgrundlagen Sterbewahrscheinlichkeiten und Rechnungszins. Diese Daten sind im Prozess ggf. offen zu legen.
– Einem **normalen Geheimhaltungsschutz** unterliegen solche Daten, aus denen allgemeine **911** Rückschlüsse auf die Geschäftspolitik oder die Bestandszusammensetzung des Versicherungsunternehmens gezogen werden können. Hierzu zählen zB die Kopfschäden und Altersprofile, aber auch die Zusammensetzung der Kosten des Versicherungsbetriebs, insbes. der unmittelbaren Abschlusskosten oder der Schadenregulierungskosten. Solche Daten sind im Rahmen der Beweisaufnahme einem vom Gericht bestellten Sachverständigen offen zu legen, der sie bei seinem Sachverständigengutachten verwerten darf, ohne sie aber vollständig dort wiederzugeben.
– **Erhöhten Geheimhaltungsschutz** genießen Daten, aus denen konkrete Rückschlüsse auf Einzelfragen der Geschäftspolitik des Versicherungsunternehmens gezogen werden können. Hierzu **912** gehören zB Daten über Risikozuschläge (→ Rn. 913). In einem solchen Fall sind nur konkrete Einzelergebnisse, nicht aber die zu diesen führenden Ursprungsdaten im Rahmen der Beweisaufnahme einem vom Gericht bestellten Sachverständigen offen zu legen, der sie bei seinem Sachverständigengutachten verwerten darf.

Besondere Sensibilität genießen die Daten über die **Risikozuschläge,** die auf unternehmensspezifi- **913** schen Daten beruhen und diagnosebezogen in Risikolisten festgehalten werden (→ Rn. 670). Wird im Rahmen einer Prämienanpassung auch ein Risikozuschlag erhöht, kann vom Versicherungsunter-

---
⁴³⁶ BGHZ 159, 323 = VersR 2004, 991 (992) = NJW 2004, 2679.
⁴³⁷ BGHZ 159, 323 = VersR 2004, 991 (992) = NJW 2004, 2679.
⁴³⁸ BVerfG VersR 2000, 214 (216).
⁴³⁹ BGH VersR 2016, 177 Rn. 9.
⁴⁴⁰ BGH VersR 2020, 1605 Rn. 20 ff. = r+s 2020, 642; VersR 2021, 1120; BeckRS 2021, 36374; BeckRS 2021, 36394; BeckRS 2021, 37798.

nehmen nicht die Vorlage der Risikoliste verlangt werden. Das Versicherungsunternehmen braucht vielmehr nur darzulegen, welchen prozentualen Risikozuschlag zur Tarifprämie es im konkreten Fall zugrunde gelegt und in einen betragsmäßigen Risikozuschlag umgerechnet hatte. Das Versicherungsunternehmen braucht auch nicht offen zu legen, auf welchen Schadendaten der Risikozuschlag beruht; denn die Bemessung des Risikozuschlags für erhöhte Risiken ist vor allem eine unternehmenspolitische Entscheidung seiner Annahme- und Selektionspolitik.

913a   Die Rspr. begnügt sich mit einer relativ einfachen **Definition des Geschäftsgeheimnisses.** Danach werden als Betriebs- und Geschäftsgeheimnisse „alle auf ein Unternehmen bezogenen Tatsachen, Umstände und Vorgänge verstanden, die nicht offenkundig, sondern nur einem begrenzten Personenkreis zugänglich sind und an deren Nichtverbreitung der Rechtsträger ein berechtigtes Interesse hat".[441] Dazu zählen Unterlagen, Tatsachen und Zahlen, „durch welche die wirtschaftlichen Verhältnisse eines Betriebes maßgeblich bestimmt werden können" und „die die Unternehmenspolitik ... widerspiegeln".[442] Mit dieser Definition werden praktisch alle Unterlagen und Zahlen als Geschäftsgeheimnis eingestuft, die bei der Ermittlung der Prämienanpassung verwendet werden.[443]

914   **2. Prüfungsumfang.** Der Prüfungsumfang im Rahmen der gerichtlichen Kontrolle kann nicht weitergehen als die Prüfung, die der Treuhänder vorzunehmen hat. Dies ergibt sich aus der notwendigen Konsistenz mit der vom Gesetz vorgegebenen **Treuhänderlogik.** Wenn nämlich der Treuhänder bei Vorliegen der gesetzlichen Voraussetzungen der Prämienanpassung zustimmen muss und ihm kein Ermessensspielraum zusteht, so dass das Versicherungsunternehmen einen Rechtsanspruch auf Zustimmung hat (→ Rn. 579), kann sich dies bei der gerichtlichen Kontrolle nicht anders darstellen. Der Rechtsanspruch des Versicherungsunternehmens auf Prämienanpassung kann nicht aus Gründen entfallen, die der Treuhänder nicht zu berücksichtigen hatte.

915   Aus der Treuhänderlogik ist umgekehrt jedoch nicht abzuleiten, dass der gerichtliche Prüfungsumfang mit dem Prüfungsumfang des Treuhänders in vollem Umfang identisch ist. Es bestehen vielmehr folgende **Unterschiede:**

916   – Soweit die Prämienanpassung und RfB-Verwendung an rechtlich oder aktuariell vorgeschriebene **objektivierbare Vorgaben** geknüpft sind, besteht zwischen der Treuhänderüberprüfung und der gerichtlichen Überprüfung Deckungsgleichheit. Dies gilt für alle Fragen, die gesetzlich oder vertraglich geregelt sind und keiner Wertungen bedürfen.

917   – Soweit die Prämienanpassung und RfB-Verwendung an nicht objektivierbare **wertende Vorgaben** geknüpft sind, besteht zwischen der Treuhänderüberprüfung und der gerichtlichen Überprüfung keine Deckungsgleichheit. Dies gilt zB für die im Rahmen der RfB-Verwendung zu prüfenden Fragen der ausreichenden Wahrung der Versichertenbelange (§ 155 Abs. 2 S. 2 VAG), der angemessenen Verteilung auf die Versichertenbestände mit und ohne gesetzlichen Beitragszuschlag (§ 155 Abs. 2 S. 3 VAG) und der Zumutbarkeit der Prämiensteigerungen für die älteren Versicherten (§ 155 Abs. 2 S. 3 VAG).

918   Soweit die Prämienanpassung und RfB-Verwendung an nicht objektivierbare wertende Vorgaben geknüpft sind (→ Rn. 917), kann sich die gerichtliche Kontrolle nur darauf beschränken, ob die vom Treuhänder bestätigten bzw. vorgenommenen Wertungen **offensichtlich unzutreffend** sind. Diese Beschränkung der gerichtlichen Kontrolle ergibt sich letztlich aus dem Umstand, dass das Zivilgerichtsurteil Rechtskraft nur inter partes erlangt, die wertenden Fragen aber typischerweise die gesamte Versichertengemeinschaft des betreffenden Tarifs betreffen.

918a   Den vorstehenden Grundsätzen folgt im wesentlichen auch die Rspr.[444] Allerdings meint das KG, auch im Bereich der **nicht objektivierbaren Wertungen** müssten die Limitierungsmaßnahmen zivilgerichtlich umfassend überprüfbar bleiben. Das schließe „die Kontrolle der Wahrung der gesetzlichen Grenzen des unternehmerischen Entscheidungsspielraums" ein und mache „ein Mindestmaß an gerichtlicher Kontrolle" erforderlich.[445] Diese Umschreibung des gerichtlich Überprüfbaren ist indessen genauso unscharf und unbestimmt wie diejenige des „offensichtlich Unzutreffenden". Auf unbestimmte Rechtsbegriffe kann man insoweit nicht verzichten.[446]

919   **3. Prüfungsmaßstab. a) Zeit vor 1994.** Für die bis zum Inkrafttreten des 3. DurchfG/EWG zum VAG (→ Rn. 17) geltende Rechtslage bestand lange Zeit **keine einheitliche Meinung,** nach welchen Grundsätzen Prämienanpassungen zu überprüfen waren. Im Wesentlichen gab es folgende Richtungen:

---

[441] BGH VersR 2016, 177 Rn. 14.
[442] BGH VersR 2016, 177 Rn. 14.
[443] BGH VersR 2016, 177 Rn. 14.
[444] Vgl. KG BeckRS 2022, 1916 Rn. 34 ff.
[445] KG BeckRS 2022, 1916 Rn. 41.
[446] Vgl. dazu *Boetius* r+s 2022, 248 (254 f.).

- Die Wirksamkeit der Prämienanpassung wird der **Billigkeitsprüfung nach § 315 BGB** unterzogen.[447] 920
- Die Billigkeitsprüfung nach § 315 BGB ist nicht anwendbar. Gerichtlich kann nur geprüft werden, ob das in den AVB vorgesehene **Verfahren** und die gesetzlichen Grundlagen beachtet worden sind.[448] 921

Der BGH hat erst spät Gelegenheit erhalten, die Rechtsfrage zu klären.[449] Danach galt nach der Rechtslage bis 1994 nicht generell der Maßstab der Billigkeit iSv §§ 315, 317, 319 BGB, weil durch § 8a MB/KK 1976 ein **anderer Maßstab vereinbart** worden ist. 922

b) Zeit ab 1994. Für die seit dem Inkrafttreten des 3. DurchfG/EWG zum VAG (→ Rn. 17) geltende Rechtslage hat das Gesetz die nötige **Klarheit** geschaffen. Die neu eingeführten Vorschriften regeln detailliert und verbindlich die Voraussetzungen und Maßstäbe einer Prämienanpassung. Damit wollte der Gesetzgeber deutlich machen, dass eine diesen Bestimmungen entsprechende Prämienberechnung auch den Anforderungen des § 315 BGB genügt. Ohne die nach § 160 VAG erlassene KalV aF = KVAV hätten die Zivilgerichte jeweils im Einzelfall die Angemessenheit einer Prämienberechnung nach § 315 BGB beurteilen müssen.[450] Über § 203 Abs. 2 S. 4 sind die aufsichtsrechtlichen Vorschriften auch materiell-rechtlich Versicherungsvertragsrecht geworden. Für eine Anwendung der §§ 315, 317 BGB ist daher kein Raum.[451] 923

Die Prüfung erstreckt sich umfassend darauf, ob die **tatsächlichen und rechtlichen Voraussetzungen** für die Prämienanpassung erfüllt sind.[452] Die Prüfung beschränkt sich daher nicht nur darauf, ob das gesetzlich vorgesehene Verfahren eingehalten wurde.[453] 924

4. Fristen. Für die Erhebung von Klagen gegen Prämienanpassungen gelten – abgesehen von den Vorschriften über die Verjährung (→ Rn. 903k f.) - **keine Fristen**. 925

Gleichwohl stellt sich die Frage, ob der Versicherungsnehmer im Falle eines Prozesses über die Wirksamkeit einer Prämienanpassung auch noch **frühere Prämienanpassungen** gerichtlich angreifen kann.[454] Dies muss für den Regelfall nach den Grundsätzen der Verwirkung verneint werden, wenn der Versicherungsnehmer die früher erhöhten Prämien ohne Vorbehalt über längere Zeit gezahlt hatte. 926

5. Verfahrensfragen. a) Zuständigkeit. Für **Prämienprozesse in der PPV** einschließlich der Rechtsstreitigkeiten über die Rechtmäßigkeit einer Beitragsanpassung sind die Sozialgerichte zuständig (→ Vor § 192 Rn. 491). 926a

b) Klageform. Soweit der Versicherungsnehmer als Kläger gegen eine Prämienanpassung auftritt, kommt als Regelfall eine **negative Feststellungsklage** in Betracht.[455] Der Versicherungsnehmer geht damit ein Prozesskostenrisiko ein, weil er die Prämienanpassung faktisch nur insgesamt angreifen kann; denn eine nur begrenzte Prämienanpassung kann der Versicherungsnehmer nicht darlegen, weil ihm die hierfür erforderlichen Kalkulationsunterlagen fehlen.[456] 927

Statt eine negative Feststellungsklage zu erheben, kann der Versicherungsnehmer die Zahlung der erhöhten Prämie verweigern und das Versicherungsunternehmen zu einem **Prämienprozess** zwingen. Das Prozesskostenrisiko ist jedoch das gleiche. 928

Nach § 203 Abs. 5 wird die Prämienanpassung nur wirksam, wenn das Versicherungsunternehmen dem Versicherungsnehmer auch die maßgeblichen Gründe für die Prämienanpassung mitteilt. Diese **Mitteilung** muss den Versicherungsnehmer in die Lage versetzen, die Berechtigung der Prämienanpassung als Laie zu verstehen. Wenn diese Voraussetzung erfüllt ist und der Versicherungs- 929

---

[447] *Wriede* VersR 1992, 420 (422); OLG Hamm VersR 1993, 1342; LG Saarbrücken VersR 2003, 1115.
[448] OLG Köln VersR 1999, 87.
[449] BGH VersR 2004, 1446 (1447).
[450] Begr. Abschn. A zur KalV, BR-Drs. 414/96, 18.
[451] BGHZ 159, 323 = VersR 2004, 991 (992 li. Sp.) = NJW 2004, 2679; *Römer* in Römer/Langheid, 2. Aufl. 2003, VVG § 178g Rn. 9; *Rudolph* in Bach/Moser MB/KK § 8b Rn. 2; *Drews* VersR 1996, 422 (424); AG Köln VersR 2002, 178; anders BGHZ 119, 55 = VersR 1992, 1211 f. = NJW 1992, 2356; LG Saarbrücken VersR 2003, 1115; *Wriede* VersR 1994, 251 (253); *Renger* VersR 1995, 866 (874); *Küntzel* VersR 1996, 148 (151); *Grote*, Die Rechtsstellung der Prämien-, Bedingungs- und Deckungsstocktreuhänder nach dem VVG und dem VAG (Münsteraner Reihe Heft 75), 2002, S. 402 ff.
[452] BVerfG VersR 2000, 214.
[453] Anders noch LG Köln VersR 1998, 90.
[454] Unentschieden *Reinhard* VersR 216 (217 f.) in Anm. zu BVerfG VersR 2000, 214.
[455] *Reinhard* VersR 216 in Anm. zu BVerfG VersR 2000, 214; so auch die Fälle BGHZ 159, 323 = VersR 2004, 991 = NJW 2004, 2679 und BGH VersR 2004, 1446.
[456] *Reinhard* VersR 216 in Anm. zu BVerfG VersR 2000, 214.

nehmer gleichwohl Klage erhebt oder es auf einen Prämienprozess ankommen lässt, kann ihm auch das Prozesskostenrisiko (→ Rn. 927) zugemutet werden.

929a Der Versicherungsnehmer kann nicht im Wege der **Stufenklage nach § 254 ZPO** ein Auskunftsbegehren mit einem unbezifferten Leistungs- oder Feststellungsantrag verknüpfen, wenn die begehrte Auskunft nicht der Bezifferung des Zahlungsanspruchs, sondern der Prüfung dient, ob überhaupt ein Zahlungsanspruch besteht. Es ist unzulässig, im Wege der Stufenklage Auskunft über bisherige Beitragsanpassungen zu verlangen, weil der Versicherungsnehmer insoweit keinen Anspruch auf Auskunft hat.[457]

930 c) **Beweiserhebung.** Die Wirksamkeit der Prämienanpassung hängt von zahlreichen **formalen und materiellen Voraussetzungen** ab.

931 Die **formalen Voraussetzungen** wird das Gericht idR aus eigener Kenntnis beurteilen können. Hierzu gehören insbes. die Voraussetzungen für die wirksame Bestellung des Treuhänders (→ Rn. 548 ff.), das Vorliegen der Zustimmungserklärung des Treuhänders (→ Rn. 897), die Durchführung der Prämienüberprüfung durch den Treuhänder und die den Erfordernissen des § 203 Abs. 5 entsprechende Mitteilung des Versicherungsunternehmens an den Versicherungsnehmer. Für die Beweisaufnahme genügt idR der Urkunden- und Zeugenbeweis.

932 Die **materiellen Voraussetzungen** betreffen vor allem die Neufestsetzung der Prämie, des Selbstbehalts und des Risikozuschlags. Um die hierfür erforderlichen Voraussetzungen beurteilen zu können, bedarf es grds. versicherungstechnischer und aktuarieller Kenntnisse, die dem Gericht letztlich nur durch einen mit der Kalkulation der Krankenversicherung vertrauten versicherungsmathematischen Sachverständigen vermittelt werden können. Daher ist insoweit idR ein Sachverständigengutachten erforderlich.[458]

IX. Beweislast

933 1. **Grundsatz.** Nach den allgemeinen Grundsätzen hat das **Versicherungsunternehmen** im Rechtsstreit die Darlegungs- und Beweislast für die Tatsachen, die seinen Prämienanspruch begründen. Dazu gehören alle Voraussetzungen, die die Prämienanpassung dem Grunde und der Höhe nach begründen.[459]

934 Um seiner Darlegungs- und Beweislast nachzukommen, muss das Versicherungsunternehmen grds. diejenigen **Unterlagen** vorlegen, die es dem Treuhänder zur Überprüfung der Prämienanpassung vorgelegt hatte und auf die sich die gerichtliche Überprüfung beschränkt (→ Rn. 906).

935 Bei **geheimhaltungsbedürftigen Unterlagen** (→ Rn. 909 ff.) muss das Versicherungsunternehmen die Tatsachen darlegen, die einen erhöhten Geheimhaltungsschutz begründen.

936 2. **Besonderheiten.** Zu den Voraussetzungen für die materielle Wirksamkeit der Prämienanpassung gehört zwar auch eine wirksame **Treuhänderbestellung** (→ Rn. 548 ff.). Diese ist jedoch zu unterstellen, weil davon ausgegangen werden muss, dass eine fehlende oder fehlerhafte Bestellung durch aufsichtsrechtliche Maßnahmen verhindert wird (→ Rn. 514 ff.). Wenn der Versicherungsnehmer die Wirksamkeit der Treuhänderbestellung bestreitet, muss dies substantiiert unter Darlegung derjenigen Tatsachen erfolgen, die die Unwirksamkeit begründen.

937 Soweit eine Prämienanpassung wegen früherer **unzureichender Kalkulation** ausgeschlossen ist (→ Rn. 875 ff.), trägt der Versicherungsnehmer die Darlegungs- und Beweislast für die Tatsachen, die den Ausschluss begründen. § 155 Abs. 3 S. 4 VAG, den § 203 Abs. 2 S. 4 in materielles Vertragsrecht überführt hat, formuliert insoweit eine klare Einschränkung des grundsätzlichen Rechts auf Prämienanpassung; für die Einschränkung ist beweispflichtig, wer sich darauf beruft.

938 Die **Beweislast des Versicherungsnehmers** für die Ausschlussgründe (→ Rn. 937) wirft allerdings praktische Probleme auf, weil der Versicherungsnehmer keinen Zugang zu den der früheren Kalkulation zugrunde gelegten Berechnungsgrundlagen des Versicherungsunternehmens hat. Dies ist jedoch eine Frage der Beweisaufnahme, wenn der Versicherungsnehmer nur Tatsachen darlegt, die – sollten sie wahr sein – die unzureichende Kalkulation schlüssig belegen.

X. Allgemeine Versicherungsbedingungen

939 1. **Allgemeine vertragliche Regelungen.** Die meisten AVB enthalten zur Prämienanpassung Bestimmungen, die inhaltlich der gesetzlichen Regelung weitgehend entsprechen (→ Rn. 755).

---

[457] OLG Hamm r+s 2022, 93; OLG München r+s 2022, 94; OLG Nürnberg BeckRS 2022, 7415 Rn. 15 ff.; LG Wuppertal r+s 2021, 696. AA: OLG Köln r+s 2022, 397 Rn. 52 ff.
[458] BGHZ 159, 323 = VersR 2004, 991 (992 re. Sp.) = NJW 2004, 2679; anders offenbar LG Siegen VersR 2003, 1562.
[459] *Reinhard* VersR 216 in Anm. zu BVerfG VersR 2000, 214.

Wegen des halbzwingenden Charakters von § 203 Abs. 2 (§ 208) kommt es auf den Inhalt der AVB nur an, wenn sie von den gesetzlichen Vorschriften **zugunsten des Versicherungsnehmers** abweichen.[460] Deshalb trifft die Auffassung nicht zu, § 8b MB/KK und § 203 Abs. 2 seien zwei selbständige Anspruchsgrundlagen, von denen die AVB-Bestimmung als lex specialis der gesetzlichen Vorschrift vorgehe.[461] Vielmehr hat die AVB-Bestimmung, soweit sie sich inhaltlich mit § 203 Abs. 2 deckt, keine selbständige Geltungskraft.[462]

Zur **Wirksamkeit von § 8b MB/KK** hat sich eine umfangreiche Judikatur entwickelt,[463] die entgegen der Systematik dieser Vorschrift zunächst die Wirksamkeit ihres Abs. 2 und erst anschließend nach dem „blue-pencil-test" die Wirksamkeit ihres Abs. 1 prüft. Dabei haben sich unterschiedliche Meinungen gebildet: 939a

- Die Wirksamkeit von § 8b Abs. 2 MB/KK wird davon abhängig gemacht, ob der Versicherer nach dieser Vorschrift eine Prämienanpassung auch dann vornehmen kann, wenn die Veränderung der Versicherungsleistungen nur als vorübergehend anzusehen ist, was nach § 208 S. 1 unwirksam wäre (→ Rn. 940).[464]
- Die Wirksamkeit von § 8b Abs. 1 MB/KK wird davon abhängig gemacht, ob diese Vorschrift in einem untrennbaren Zusammenhang mit § 8b Abs. 2 MB/KK steht und damit dessen rechtliches Schicksal teilt (→ Rn. 939b).[465]

Systematisch richtiger wäre die umgekehrte Prüfungsreihenfolge, weil § 8b Abs. 1 MB/KK die Grundsatzregelung enthält und § 8b Abs. 2 MB/KK lediglich darauf aufbaut.

§ 8b Abs. 1 MB/KK 2013 deckt sich im Wortlaut nicht vollständig mit den maßgebenden gesetzlichen Vorschriften. Allerdings stimmen sie inhaltlich überein. § 8b Abs. 1 S. 3 MB/KK 2013 knüpft die Zulässigkeit der Beitragsanpassung an deren Erforderlichkeit („und, soweit erforderlich"). Aus der Entstehungsgeschichte ergibt sich, dass damit die Voraussetzung gemeint ist, die Veränderung der maßgeblichen Rechnungsgrundlagen müsse dauerhaft sein und dürfe nicht nur als vorübergehend anzusehen sein (→ Rn. 940). Damit wird das gesetzlich vorgeschriebene Dauerhaftigkeitsmerkmal in die AVB aufgenommen.[466] Die Vorschrift ist auch für sich allein wirksam.[467] 939b

Nach **§ 8b Abs. 2 MB/KK 2013** „kann" von einer Beitragsanpassung abgesehen werden, wenn die Veränderung der Versicherungsleistungen als vorübergehend anzusehen ist. Wenn damit dem Versicherer das Recht eingeräumt würde, Prämienanpassungen auch bei nur vorübergehenden Veränderungen vorzunehmen, wiche dies zum Nachteil des Versicherungsnehmers von der gesetzlichen Regelung ab, was unwirksam wäre (§ 208 S. 1).[468] Diese auch in der Vorauflage vertretene Auffassung erweist sich als unzutreffend und wird aufgegeben:[469] 940

- Die Prämienanpassung einer Krankenversicherung, bei der das Kündigungsrecht des Versicherers ausgeschlossen ist, dient der Sicherung des Äquivalenzprinzips und gewährleistet die dauernde Erfüll-

---

[460] BGHZ 159, 323 = VersR 2004, 991 (992 li. Sp.) = NJW 2004, 2679.
[461] *Rudolph* in Bach/Moser MB/KK § 8b Rn. 7.
[462] Ähnlich BGHZ 159, 323 = VersR 2004, 991 (992 li. Sp.) = NJW 2004, 2679.
[463] Vgl. dazu auch *Bruns* VersR 2021, 541 ff.; *Voit* VersR 2021, 673 ff.
[464] *Für Unwirksamkeit:* BGH r+s 2022, 517 Rn. 31 f.; OLG Dresden BeckRS 2022, 4578 Rn. 21; BeckRS 2022, 4637 Rn. 23; BeckRS 2022, 10715 Rn. 16; OLG Karlsruhe VersR 2022, 421 (424); OLG Köln VersR 2021, 95 (97 f.) mAnm *Boetius*; BeckRS 2021, 27618 Rn. 39 f.; OLG Rostock BeckRS 2021, 46652 Rn. 13 f.; OLG Schleswig BeckRS 2021, 40924 Rn. 20 ff.; LG Berlin BeckRS 2021, 40428 Rn. 16 ff.; LG Bonn VersR 2021, 103 = r+s 2020, 646 mAnm *Rogler*; LG Hannover VersR 2021, 626 (629); LG Koblenz BeckRS 2021, 41489 Rn. 27; LG Oldenburg VersR 2021, 632 (633).
Keine Unwirksamkeit: LG Berlin VersR 2021, 829 (431) = r+s 2021, 404.
Offen gelassen: OLG Dresden BeckRS 2021, 42204 Rn. 34; OLG Hamburg VersR 2022, 565 (568) = BeckRS 2022, 3459 Rn. 71.
[465] *Für Unwirksamkeit:* OLG Köln VersR 2021, 95 (97 f.) mAnm *Boetius*; BeckRS 2021, 27618 Rn. 41 f.; OLG Rostock BeckRS 2021, 46652 Rn. 15; LG Bonn VersR 2021, 103 = r+s 2020, 646 mAnm *Rogler*.
Keine Unwirksamkeit: BGH r+s 2022, 517 Rn. 33 ff.; OLG Dresden BeckRS 2021, 42204 Rn. 33 ff.; BeckRS 2022, 4578 Rn. 22 ff.; BeckRS 2022, 4637 Rn. 24 ff.; BeckRS 2022, 10715 Rn. 17 ff.; OLG Hamburg VersR 2022, 565 (568) = BeckRS 2022, 3459 Rn. 72 ff.; OLG Karlsruhe VersR 2022, 421 (424); OLG Schleswig BeckRS 2021, 40924 Rn. 23 ff.; LG Berlin VersR 2021, 829 (431 f.) = r+s 2021, 404; BeckRS 2021, 40428 Rn. 15; LG Hannover VersR 2021, 626 (629 f.); LG Koblenz BeckRS 2021, 41489 Rn. 27; LG Oldenburg VersR 2021, 632 (633).
[466] *Boetius* in Anm. zu OLG Köln VersR 2021, 101 (103). Ebenso: LG Hannover VersR 2021, 626 (630); LG Koblenz BeckRS 2021, 41489 Rn. 27.
[467] BGH BeckRS 2022, 18282 Rn. 33 ff.
[468] So OLG Köln VersR 2021, 95 (97 f.); LG Bonn VersR 2021, 103 (104); *Werber* VersR 2021, 288 (289).
[469] Dazu ausführlich *Boetius* VersR 2021, 101 ff. in Anm. zu OLG Köln VersR 2021, 95 und LG Bonn VersR 2021, 103.

barkeit der Versichererverpflichtungen (→ Rn. 745). Eine relevante Äquivalenzstörung droht grundsätzlich (→ Rn. 787 ff.) nur dann, wenn die Veränderung einer maßgeblichen Rechnungsgrundlage nicht nur vorübergehender, sondern dauerhafter Art ist. Daher ist die Dauerhaftigkeit der Veränderung immanentes Merkmal jeder Prämienanpassung. Nur vorübergehende Veränderungen können wegen dieser Immanenz keine Prämienanpassung auslösen; sie ist gedanklich ausgeschlossen.

– Dieser Zusammenhang zwischen Prämienanpassung, Äquivalenzprinzip und dauernder Erfüllbarkeit galt schon in der Zeit vor der Deregulierung. Auch nach den damals geltenden Vorschriften musste eine Prämienanpassung unterbleiben, wenn die Veränderung der Versicherungsleistungen nur als vorübergehend anzusehen war und deshalb keine dauerhafte Äquivalenzstörung drohte; denn sie war dann nicht iSv § 8c Nr. 1 S. 3, 4 Tarifbedingungen 1976 (→ Rn. 754) erforderlich. § 8c Nr. 2 Tarifbedingungen 1976 hatte demgegenüber keine abweichende Bedeutung; das dort verwendete Wort „kann" hatte nur die in der Verwaltungsrechtssprache übliche Bedeutung, dass die Entscheidung über die Prämienanpassung nach pflichtgemäßem Ermessen, dh nach Maßgabe sachlicher Gründe zu treffen sei. Sachliche Gründe fehlten, wenn keine dauerhafte Äquivalenzstörung drohte.

– Diese vor der Deregulierung geltende Rechtslage sollte nach dem 3. DurchfG/EWG zum VAG beibehalten werden. § 12b Abs. 2 VAG aF sollte den gleichen Inhalt haben wie die bisherige Prämienanpassungsklausel in § 8c Tarifbedingungen 1976.[470] Die Inhaltsgleichheit wurde dadurch hergestellt, dass an die Stelle der einschränkenden Worte „und, soweit erforderlich" (§ 8c Nr. 1 S. 3, 4 Tarifbedingungen 1976) in § 12b Abs. 2 S. 2 VAG aF (= § 155 Abs. 3 S. 2 VAG nF) die Worte „und, wenn die Abweichung als nicht nur vorübergehend anzusehen ist" traten, womit gleichzeitig eine dem § 8b Nr. 2 Tarifbedingungen 1976 entsprechende Vorschrift in § 12b Abs. 2 VAG aF (= § 155 Abs. 3 VAG nF) entbehrlich geworden war.

– Weil die ursprüngliche Rechtslage nach der Deregulierung beibehalten werden sollte, wurde § 8c Tarifbedingungen 1976 im wesentlichen wortgleich in § 8b MB/KK 94 überführt. § 8b MB/KK konnte daher auch keinen anderen materiellen Inhalt haben als zuvor schon § 8c Tarifbedingungen 1976. Dementsprechend hat der BGH anerkannt, dass § 8b MB/KK 94 „inhaltlich und teilweise wörtlich" § 12b Abs. 2 VAG aF entspricht.[471]

940a Der **BGH** hat sich in seiner Entscheidung v. 22.6.2022[472] zur Unwirksamkeit von § 8b Abs. 2 MB/KK nicht mit der Frage befasst, wie die heutigen AVB-Regelungen zur Prämienanpassung in die Entstehungsgeschichte der entsprechenden Gesetzesvorschriften und AVB-Regelungen einzuordnen sind (→ Rn. 940). Das hätte jedoch nahe gelegen: Die Gesetzesmaterialien zu § 12b VAG aF verweisen auf die damaligen Prämienanpassungsklauseln in der Krankheitskostenversicherung, nach denen von einer Anpassung abgesehen werden „kann", wenn „die Veränderung der Versicherungsleistungen als vorübergehend anzusehen ist." Die Gesetzesmaterialien resümieren zum damaligen Prämienanpassungsrecht: „Dieses Verfahren hat sich bewährt und soll im Kern ... beibehalten werden."[473] Der Gesetzgeber ging also selbst davon aus, dass eine AVB-Regelung dieses Wortlauts zulässig sein und dass dem Versicherer damit kein freies Ermessen eingeräumt werden sollte. Diese Ausgangslage kann bei der AVB-Auslegung nicht unberücksichtigt bleiben. Hinzu kommt, dass der BGH in einer früheren Entscheidung zu § 8b MB/KK 94 ausgeführt hatte, diese Bestimmung entspreche „inhaltlich und teilweise wörtlich" § 12b Abs. 2 VAG".[474] Auch mit dieser Feststellung lässt sich die Unwirksamkeit von § 8b Abs. 2 MB/KK nicht in Einklang bringen. Materiellrechtlich hat der Dissens im übrigen keine Konsequenzen: Der BGH kommt über § 306 Abs. 2 BGB zur Anwendung der Gesetzesvorschrift von § 203 Abs. 2 S. 1; das gleiche folgt aus der hier vertretenen AVB-Auslegung (→ Rn. 940).

941 **2. AGB-Inhaltskontrolle.** Soweit die AVB zur Prämienanpassung Bestimmungen enthalten, ist die übliche AGB-Inhaltskontrolle für die **Zeit ab 1994** praktisch gegenstandslos.[475] Weil die gesetzlichen Vorschriften die Voraussetzungen für Prämienanpassungen umfassend regeln und die AVB hiervon zum Nachteil des Versicherungsnehmers nicht abweichen können (§ 208), kann sich die Inhaltskontrolle nur auf für den Versicherungsnehmer vorteilhafte Abweichungen beziehen. Solche Abweichungen können aber nie unangemessen sein.

942 Für die AVB, die in der **Zeit vor 1994** vereinbart worden waren, hatte der BGH die Angemessenheit iSv § 9 AGBG bestätigt.[476]

---

[470] Begr. zu Art. 1 Nr. 12 (§ 12b VAG) RegE 3. DurchfG/EWG zum VAG, BT-Drs. 12/6959, S. 62.
[471] BGHZ 159, 323 = VersR 2004, 991 (992) = NJW 2004, 2679 unter Abschn. II 1 b.
[472] BGH r+s 2022, 517 Rn. 31 f.
[473] Begr. zu Art. 1 Nr. 12 (§ 12b VAG) RegE 3. DurchfG/EWG zum VAG, BT-Drs. 12/6959, 62.
[474] BGHZ 159, 323 = VersR 2004, 991 (992) = NJW 2004, 2679 unter Abschn. II 1 b.
[475] So handhabe es praktisch BGHZ 159, 323 = VersR 2004, 991 (992 li. Sp.) = NJW 2004, 2679; *Präve* ZfV 1997, 354 (355). Anders noch LG Saarbrücken VersR 2003, 1115.
[476] BGHZ 119, 55 = VersR 1992, 1211 = NJW 1992, 2356; BGH VersR 2004, 1447; OLG Hamm VersR 1993, 1342. Anders noch *Wriede* VersR 1992, 420.

D. Bedingungsanpassung (Abs. 3)

I. Inhalt und Zweck der Regelung

1. Regelungsinhalt. § 203 Abs. 3 regelt die Möglichkeit, **während des Bestehens einer** 943 **Krankenversicherung,** die nach Art der Lebensversicherung betrieben wird, die AVB und die Tarifbestimmungen zu ändern. Die Bedingungsanpassung ist an mehrere Voraussetzungen geknüpft:
– Notwendig ist, dass sich die **Verhältnisse des Gesundheitswesens** verändert haben.
– Die Veränderung der Verhältnisse des Gesundheitswesens darf **nicht nur als vorübergehend** anzusehen sein.
– Die Bedingungsanpassung muss zur hinreichenden **Wahrung der Belange der Versicherungsnehmer** erforderlich erscheinen.
– Ein **unabhängiger Treuhänder** muss die Voraussetzungen für die Bedingungsanpassung überprüft und ihre Angemessenheit bestätigt haben.

Für die Bedingungsanpassung und die Mitwirkung des Treuhänders enthält das **Versicherungsauf-** 944 **sichtsrecht** im Gegensatz zur Prämienanpassung (→ Rn. 739) keine Vorschriften, auf die das Versicherungsvertragsrecht Bezug nehmen könnte. Die Anforderungen an die Qualifikation des Treuhänders regelt ausschließlich das Versicherungsaufsichtsrecht (§ 157 Abs. 3 iVm Abs. 1, 2 VAG).

2. Bedeutung der Regelung. § 203 Abs. 3 begründet das Recht des Versicherungsunterneh- 945 mens, die AVB und die Tarifbestimmungen einer Krankenversicherung, die nach Art der Lebensversicherung betrieben wird, zu ändern. Es handelt sich wie im Falle der Prämienanpassung (→ Rn. 740) um das **Recht zur einseitigen Änderung eines bestehenden Vertrags.** Anders als beim Tarifwechsel nach § 204, auf den der Versicherungsnehmer nur einen schuldrechtlichen Anspruch hat (→ § 204 Rn. 10), wird im Falle der Bedingungsanpassung nach § 203 Abs. 3 der Vertragsinhalt durch einseitige empfangsbedürftige Erklärung des Versicherungsunternehmens geändert (vgl. § 203 Abs. 5). Es handelt sich insofern um ein Gestaltungsrecht (→ Rn. 740). Das Bedingungsanpassungsrecht besteht kraft Gesetzes, einer entsprechenden AVB-Bestimmung bedarf es nicht.[477]

Das Recht zur Bedingungsanpassung wird nur für den Fall eingeräumt, dass die **Verhältnisse** 946 **des Gesundheitswesens** sich verändern. Damit wird der Tatsache Rechnung getragen, dass auch der Betrieb der PKV von den vielfältigen Rahmenbedingungen abhängt, die vor allem der Staat im Gesundheitswesen schafft.

Mit dem Recht zur Bedingungsanpassung werden die Verhältnisse des Gesundheitswesens zur 947 **gesetzlichen Geschäftsgrundlage** der PKV erhoben. Die Bedingungsanpassung stellt den gesetzlich geregelten Fall einer clausula rebus sic stantibus dar.

Nicht jede Veränderung der Verhältnisse des Gesundheitswesens berechtigen das Versicherungs- 948 unternehmen zur Bedingungsanpassung, sondern nur **essentielle Veränderungen.** Hierfür setzt das Gesetz zwei Rahmenbedingungen:
– Die Veränderung der Verhältnisse des Gesundheitswesens darf nicht nur als vorübergehend anzusehen sein.
– Die Bedingungsanpassung muss zur hinreichenden Wahrung der Belange der Versicherten erforderlich erscheinen.

§ 203 Abs. 3 räumt dem Versicherungsunternehmen nur ein **Recht zur Bedingungsanpassung** 949 ein, verpflichtet es aber nicht hierzu.

Allerdings ist das Versicherungsunternehmen aufsichtsrechtlich verpflichtet, die Belange der 950 Versicherten zu wahren (vgl. § 294 Abs. 1, 2 S. 2 VAG). Daraus kann sich die aufsichtsrechtliche **Pflicht zur Bedingungsanpassung** ergeben, wenn nur so aufgrund einer dauerhaften Veränderung der Verhältnisse des Gesundheitswesens die dauernde Erfüllbarkeit der Verpflichtungen aus den Krankenversicherungsverträgen gewährleistet werden kann. Eine solche Pflicht besteht jedoch nur aufsichtsrechtlich, nicht auch vertragsrechtlich.[478]

Die Bedingungsanpassung bedarf zu ihrer Wirksamkeit der vorherigen Überprüfung und Bestä- 951 tigung eines unabhängigen **Treuhänders.** Bis 1994 bedurften Bedingungsänderungen der Genehmigung der Versicherungsaufsichtsbehörde. Dies war mit der Einführung des vollständigen europäischen Binnenmarkts für Finanzdienstleistungen einschließlich Direktversicherung und der damit verbundenen Dienstleistungsfreiheit nicht mehr zulässig (→ Vor § 192 Rn. 348 ff.). Die Überprüfungs- und Bestätigungsfunktion des Treuhänders ersetzt auf privatwirtschaftlichem Weg die frühere Genehmigungsaufgabe des Staates. Die materiellen Anforderungen an die vorzunehmende Prüfung sind allerdings im Wesentlichen unverändert geblieben. Die Mitwirkung des Treuhänders gewährleistet,

---

[477] Hohlfeld in Berliner Kommentar VVG § 178g Rn. 20; *Präve* VersR 1995, 733 (737).
[478] Ebenso *Brand* in Bruck/Möller VVG § 203 Rn. 61.

§ 203   952–957   Teil 2. Einzelne Versicherungszweige. Kap. 8. Krankenversicherung

dass sowohl die Belange der Versicherten gewahrt als auch die dauernde Erfüllbarkeit der Verpflichtungen aus den Versicherungsverträgen gesichert sind.

952   **3. Zweck der Regelung.** Das einseitige Recht des Versicherungsunternehmens zur Bedingungsanpassung gilt nur für Krankenversicherungen, bei der die Prämie nach Art der Lebensversicherung berechnet wird (§ 203 Abs. 3 iVm Abs. 1 S. 1). Bei Krankenversicherungen, die nach Art der Lebensversicherung betrieben werden, ist das Recht des Versicherungsunternehmens zur ordentlichen Kündigung generell ausgeschlossen (→ Rn. 761 ff.). Das Recht zur Bedingungsanpassung dient damit wie im Falle des Rechts zur Prämienanpassung der **Sicherung des Äquivalenzprinzips** (→ Rn. 745) und gewährleistet die dauernde Erfüllbarkeit der Verpflichtungen aus den Versicherungsverträgen.[479]

953   Die Äquivalenz kann dadurch wiederhergestellt werden, dass entweder die Versicherungsleistungen reduziert oder die Prämien erhöht werden. Anders als im Falle der Veränderung von Rechnungsgrundlagen (→ Rn. 747) hat sich das deutsche PKV-System für den Fall, dass sich die Verhältnisse des Gesundheitswesens äquivalenzstörend ändern, für das System der **Bedingungs- und Tarifanpassung** entschieden. Veränderungen des Gesundheitswesens betreffen nämlich vorwiegend die Rahmenbedingungen des Gesundheitsmarkts, der Leistungserbringer, der Vergütungsordnungen und der GKV und beeinflussen damit vor allem die Versicherungsleistungen, deren Grundlage die AVB und die Tarifbestimmungen sind.

954   Die zwingende **Mitwirkung des Treuhänders** verfolgt den Zweck, die durch die Einführung der Dienstleistungsfreiheit fortgefallene Staatsaufsicht durch eine privatwirtschaftliche Lösung zu ersetzen (→ Rn. 951). Zwar wird der Treuhänder nicht streitentscheidend tätig, so dass trotz seiner Zustimmung die gerichtliche Kontrolle der Bedingungsanpassung bestehen bleibt. Aber die vorherige fachliche Überprüfung durch den Treuhänder wirkt als Filter und dient daher maßgeblich der Streitvorbeugung und Verhinderung unnötiger Streitigkeiten.

955   **4. Bedeutungswandel.** Die Sicherung des Äquivalenzprinzips ist der historisch gewachsene Hauptzweck der Vorschrift, in dem sich der vollständige Gesetzeszweck jedoch nicht erschöpft. Die neueren Rechtsentwicklungen insbes. zur Einführung der gesetzlichen Pflegeversicherung, der allgemeinen Versicherungspflicht in der Krankenversicherung, des Basistarifs und des Notlagentarifs haben zu einem Bedeutungswandel und damit zu einer **Zweckerweiterung** der Vorschriften über die Bedingungsanpassung (→ Rn. 1015 ff.) geführt.

956   Der Bedeutungswandel besteht in der grundsätzlichen **Funktionsveränderung** der PKV, die der Gesetzgeber mit der privaten Pflege-Pflichtversicherung eingeleitet und dem GKV-WSG vollzogen hat. Die PKV wurde so mit „Vollfunktionalität" (→ Vor § 192 Rn. 1135) ausgestattet; sie soll ihre Versicherten in gleicher Weise wie die GKV „umfassend, rechtssicher und dauerhaft absichern".[480]

956a   Die Zweckerweiterung besteht darin, dass § 203 über das Äquivalenzprinzips hinaus auch das **Vollfunktionalitätsprinzip** sichern muss.[481] Dieser durch die Rechtsentwicklung hinzugetretene Gesetzeszweck ermöglicht insbes. Bedingungsanpassungen, die nicht durch eine Äquivalenzstörung bedingt sind (→ Rn. 1015 ff.). Auch hierbei handelt es sich um eine besondere Ausprägung der Grundsätze über die Änderung der Geschäftsgrundlage (→ Rn. 6).

II. Entstehungsgeschichte

957   **1. Zeit vor 1994.** Zur **allgemeinen Entwicklung** → Rn. 8 ff.

Die **Bedingungsanpassung** regelte § 18 Abs. 1 MB/KK 1976.[482] Danach konnten die AVB mit Genehmigung der Aufsichtsbehörde mit Wirkung für bestehende Versicherungsverhältnisse, auch für den noch nicht abgelaufenen Teil des Versicherungsjahres, geändert werden, soweit sie Bestimmungen über Versicherungsschutz, Pflichten des Versicherungsnehmers, sonstige Beendigungsgründe, Willenserklärungen und Anzeigen sowie Gerichtsstand betreffen.

Dieser weitgehende Änderungsvorbehalt war erforderlich, um die PKV „stets an die sich besonders schnell wandelnden Verhältnisse des Gesundheitswesens anzupassen."[483]

---

[479] Begr. zu Art. 2 Nr. 15 (§ 178g VVG) RegE 3. DurchfG/EWG zum VAG, BT-Drs. 12/6959, 105; *Hohlfeld* in Berliner Kommentar VVG § 178g Rn. 20 f.; *Prölss* in Prölss/Martin, 27. Aufl. 2004, VVG § 178g Rn. 26; *Grote*, Die Rechtsstellung der Prämien-, Bedingungs- und Deckungsstocktreuhänder nach dem VVG und dem VAG (Münsteraner Reihe Heft 75), 2002, S. 398.
[480] BVerfGE 123, 186 = VersR 2009, 957 = NJW 2009, 2033 Rn. 190.
[481] Ebenso *Brand* in Bruck/Möller VVG § 203 Rn. 4.
[482] Zur Entstehungsgeschichte ausf. *Grote*, Die Rechtsstellung der Prämien-, Bedingungs- und Deckungsstocktreuhänder nach dem VVG und dem VAG (Münsteraner Reihe Heft 75), 2002, S. 273 ff.
[483] *Moser* in Bach/Moser, 2. Aufl. 1993, MB/KK § 18 Rn. 2.

2. **Zeit ab 1994.** Zur **allgemeinen Entwicklung** → Rn. 14 ff. 958
§ 18 MB/KK 1994 enthielt nachstehende Regelungen zur **Bedingungsänderung:**

1. Die Allgemeinen Versicherungsbedingungen können unter hinreichender Wahrung der Belange der Versicherten vom Versicherer mit Zustimmung eines unabhängigen Treuhänders mit Wirkung für bestehende Versicherungsverhältnisse, auch für den noch nicht abgelaufenen Teil des Versicherungsjahres, geändert werden
   a) bei einer nicht nur vorübergehenden Veränderung der Verhältnisse des Gesundheitswesens,
   b) im Falle der Unwirksamkeit von Bedingungen,
   c) bei Änderungen von Gesetzen, auf denen die Bestimmungen des Versicherungsvertrages beruhen,
   d) bei unmittelbar den Versicherungsvertrag betreffenden Änderungen der höchstrichterlichen Rechtsprechung, der Verwaltungspraxis der Bundesanstalt für Finanzdienstleistungsaufsicht oder der Kartellbehörden.
   Im Falle der Buchstaben c) und d) ist eine Änderung nur zulässig, soweit sie Bestimmungen über Versicherungsschutz, Pflichten des Versicherungsnehmers, Sonstige Beendigungsgründe, Willenserklärungen und Anzeigen sowie Gerichtsstand betrifft.
2. Die neuen Bedingungen sollen den ersetzten rechtlich und wirtschaftlich weitestgehend entsprechen. Sie dürfen die Versicherten auch unter Berücksichtigung der bisherigen Auslegung in rechtlicher und wirtschaftlicher Hinsicht nicht unzumutbar benachteiligen.
3. Änderungen nach Abs. 1 werden zu Beginn des zweiten Monats wirksam, der auf die Benachrichtigung der Versicherungsnehmer folgt, sofern nicht mit Zustimmung des Treuhänders ein anderer Zeitpunkt bestimmt wird.
4. Zur Beseitigung von Auslegungszweifeln kann der Versicherer mit Zustimmung des Treuhänders den Wortlaut von Bedingungen ändern, wenn diese Anpassung vom bisherigen Bedingungstext gedeckt ist und den objektiven Willen sowie die Interessen beider Parteien berücksichtigt. Absatz 3 gilt entsprechend.

Identische oder ähnliche Vorschriften enthielten § 18 MB/KT 94, § 18 MB/EPV 94, § 18 MB/PPV 1996.

Die neuen MB/KK 2013 und MB/KT 2013 übernehmen in § 18 Abs. 1 S. 1 nun im Wesentlichen den Gesetzeswortlaut von § 203 Abs. 3.

3. VVG-Reform. Zur VVG-Reform allgemein → Rn. 23 ff. 959
§ 203 Abs. 3 übernimmt den bisherigen § 178g Abs. 3 S. 1 VVG aF **inhaltlich unverändert.** 960
Der Wortlaut wird vereinfacht, indem auf die in § 203 Abs. 1 S. 1 enthaltene Definition der relevanten Versicherungsverhältnisse verwiesen wird.

Die bisherige Formulierung „Belange der Versicherten" ist in „Belange der Versicherungsneh- 961
mer" geändert, weil der Begriff der **Versicherten** im VVG sich auf die Versicherung für fremde Rechnung bezieht, während der in § 178g Abs. 3 S. 1 VVG aF verwendete Begriff des Versicherten aus dem Versicherungsaufsichtsrecht (vgl. § 155 Abs. 2 S. 2, § 294 Abs. 2 S. 2 VAG) übernommen worden war, der dort sowohl den Versicherungsnehmer als auch die versicherte Person umfasst.[484] Eine sachliche Änderung ist damit nicht verbunden.[485]

Die bisher in § 178g Abs. 3 S. 3 VVG aF geregelte Anpassung einer **unwirksamen Bedingung** 962
übernimmt in geänderter Form § 203 Abs. 4.

III. Anwendungsbereich

1. Krankenversicherung. § 203 Abs. 3 gilt grundsätzlich für alle Krankenversicherungen iSv 963
§ 203 Abs. 1 S. 1. Der Anwendungsbereich ist – soweit es um den Begriff der Krankenversicherung geht – **identisch.** Zum Anwendungsbereich insoweit → Rn. 74 ff.

§ 203 Abs. 3 kann nur eingeschränkt auf solche Krankenversicherungen angewendet werden, 963a
bei denen für Bedingungsänderungen ein abweichendes Verfahren oder Regelwerk vorgesehen ist. Das ist bei **brancheneinheitlichen Versicherungen** der Fall:[486]

– Im **Basistarif** und im **Notlagentarif** legt der PKV-Verband Art, Umfang und Höhe der Leistun- 963b
gen fest und übt das BMF die Fachaufsicht aus (§ 158 Abs. 2 VAG), das damit die Aufgaben des Treuhänders iSv § 203 Abs. 3 in einem Akt gesetzlicher Redelegation wieder an sich zieht. Da § 158 Abs. 2 VAG nur das *Verfahren* der Bedingungsanpassung regelt, aber keine inhaltlichen Regeln aufstellt, gelten für die materiellen Voraussetzungen einer Bedingungsanpassung die Vorschriften von § 203 Abs. 3.

---

[484] Begr. zu Art. 1 (§§ 164 Abs. 1, 203 Abs. 3 VVG) RegE VVG-ReformG, BT-Drs. 16/3945, 100, 113.
[485] Begr. zu Art. 1 (§ 203 Abs. 3 VVG) RegE VVG-ReformG, BT-Drs. 16/3945, 113.
[486] Für den Basistarif *Brand* in Bruck/Möller VVG § 203 Rn. 72.

963c Für die **Pflege-Pflichtversicherung (PPV)** gilt dagegen das Verfahren nach § 203 Abs. 3, weil insoweit weder im VAG noch im SGB XI ein abweichendes Regelwerk besteht (vgl. § 18 MB/PPV). Materiell werden Bedingungsänderungen jedoch durch die zwingenden Vorschriften des SGB XI über den Inhalt des Versicherungsschutzes beschränkt.

963d Für Krankenversicherungen, die **nach Art der Schadenversicherung** kalkuliert sind, gilt § 203 Abs. 2 nicht. Solche Versicherungen können jedoch in den AVB nicht nur Prämienanpassungen (→ 760a f.), sondern auch Bedingungsänderungen vorsehen, die dem § 203 Abs. 2 nachgebildet sind. Davon ist in der Krankenhaustagegeldversicherung Gebrauch gemacht worden (Ziff. 2.6 AVB/KKHT).

964 **2. Ausschluss des ordentlichen Kündigungsrechts.** Das Recht zur Bedingungsanpassung besteht nur für solche Krankenversicherungen, bei denen das Recht des Versicherungsunternehmens zur ordentlichen Kündigung **gesetzlich oder vertraglich** ausgeschlossen ist. Der Anwendungsbereich ist – soweit es um den Ausschluss des Kündigungsrechts geht – mit dem Anwendungsbereich für die Prämienanpassung nach § 203 Abs. 2 S. 1 identisch. Zum Anwendungsbereich insoweit → Rn. 761 ff.

IV. Europarechtskonformität

965 Anders als im Falle der Prämienberechnung und -anpassung stellen sich bei der Bedingungsanpassung **keine unionsrechtlichen Fragen.** AVB und Tarifbedingungen gehören ausschließlich dem Versicherungsvertragsrecht an, für deren materiell-rechtlichen Inhalte das europäische Unionsrecht keine Richtlinien enthält.

V. Veränderung der Verhältnisse des Gesundheitswesens

966 **1. Grundsatz.** Das Recht zur Bedingungsanpassung wird für den Fall eingeräumt, dass sich mit den Verhältnissen des Gesundheitswesens die **äußeren Rahmenbedingungen** für den Betrieb der Krankenversicherung ändern.

967 Auf die **Ursachen** der Veränderungen kommt es nicht an. Es kommt auch nicht darauf an, ob die Veränderungen vorhersehbar waren.[487] Es kann sich um rechtliche Veränderungen handeln, die auf Gesetzesänderungen, neuer Rechtsprechung oder behördlichen Maßnahmen beruhen können.[488] Es kann sich auch um rein tatsächliche Veränderungen handeln, die ihre Grundlage zB im medizinischen Bereich haben können.[489]

968 Nicht jede Veränderung der Verhältnisse des Gesundheitswesens berechtigt das Versicherungsunternehmen, die Bedingungen anzupassen, sondern nur **essentielle Veränderungen.** Hierfür setzt das Gesetz in § 203 Abs. 3 zwei Rahmenbedingungen:
– Die Veränderung der Verhältnisse des Gesundheitswesens darf nicht nur als vorübergehend anzusehen sein.
– Die Änderung der Bedingungen muss zur hinreichenden Wahrung der Belange der Versicherungsnehmer erforderlich erscheinen.

969 Die Veränderung muss **eingetreten** sein. Es genügt nicht, dass sie zu erwarten ist. Dies ergibt sich aus dem mit der Prämienanpassung gleichgerichteten Zweck, Äquivalenzstörungen zu beseitigen. Allerdings muss in Bezug auf die Tatsache des Eintritts unterschieden werden zwischen
– dem Eintritt des Sachverhalts, der als Veränderung der Verhältnisse des Gesundheitswesens anzusehen ist, also zB der Gesetzesänderung, der neuen Rspr. oder der medizinischen Erkenntnis einerseits und
– dem Eintritt der daraus folgenden Konsequenzen andererseits.

970 Für die Möglichkeit der Bedingungsanpassung kommt es nur auf den Eintritt des **Sachverhalts** an, der als Veränderung der Verhältnisse des Gesundheitswesens anzusehen ist. Die daraus folgenden Konsequenzen müssen noch nicht eingetreten sein.[490] Dies ergibt sich schon aus dem Wortlaut von § 203 Abs. 3, der auf die Veränderung der Verhältnisse des Gesundheitswesens abstellt. Es entspricht aber auch der Anforderung, dass die Belange der Versicherungsnehmer hinreichend gewahrt werden müssen. Dies erfordert eine Prognose über die Auswirkungen der geänderten Verhältnisse des Gesundheitswesens. Wenn erst der Eintritt der Konsequenzen abgewartet werden müsste, käme die

---

[487] *Wandt* VersR Rn. 58 Fn. 97.
[488] *Schoenfeldt/Kalis* in Bach/Moser, 3. Aufl. 2002, MB/KK § 18 Rn. 5: weite Auslegung; offen gelassen BGHZ 175, 28 = VersR 2008, 246 = NJW 2008, 1160 Rn. 12.
[489] *Prölss* in Prölss/Martin, 27. Aufl. 2004, VVG § 178g Rn. 25; *Präve* VersR 1995, 733 (737); *Schünemann* VersR 2004, 817 (818); *Wandt* VersR Rn. 99; LG Siegen VersR 2003, 1562.
[490] Anders OLG Celle VersR 2006, 1105 (1107 li. Sp.); LG Köln VersR 2005, 1421 f.; anders offenbar auch *Kalis* VersR 2004, 456 (461) in Anm. zu BGH VersR 2003, 581.

in die Zukunft reichende Bedingungsanpassung insoweit zu spät. Damit wären die Belange der Versicherungsnehmer nicht ausreichend gewahrt.

Es reicht aus, wenn nach der anzustellenden Prognose (→ Rn. 970) mit **hoher Wahrscheinlichkeit** zu erwarten ist, dass aufgrund des relevanten Sachverhalts die geänderten Verhältnisse des Gesundheitswesens Auswirkungen haben werden, die die Äquivalenz stören. Die Wahrscheinlichkeit muss durch plausible und belegbare Erwägungen begründet sein. Dies entspricht graduell einer an Sicherheit grenzenden Wahrscheinlichkeit. 971

2. Rechtliche Verhältnisse des Gesundheitswesens. a) Gesetze. Unter Gesetzen sind **Gesetze im materiellen Sinn** zu verstehen, also alle Vorschriften mit Rechtssatzcharakter (Gesetze im formellen Sinn, Rechtsverordnungen). Dabei kann es sich um Vorschriften des nationalen Rechts oder des europäischen Unionsrechts sowie des einfachen Rechts oder des Verfassungsrechts handeln. Zu den die Rahmenbedingungen der privaten Krankenversicherung prägenden rechtlichen Verhältnissen gehören vor allem folgende Rechtsgebiete: 972

– Das **Sozialversicherungsrecht,** soweit es die Verhältnisse der GKV und der gesetzlichen Pflegeversicherung regelt oder beeinflusst. Dazu gehört insbes. das Leistungsspektrum der GKV.[491] Zum Sozialversicherungsrecht zählt nicht nur das materielle Recht, sondern auch das Verfahrensrecht wie zB das SGG. 973

– Das gesamte **Recht der medizinischen Leistungserbringung.** Hierzu zählen insbes. alle Vorschriften, die die Vergütung der medizinischen Leistungserbringung für die PKV oder die GKV regeln, also insbes. die Pflegesatzverordnungen für Krankenhäuser, die ärztlichen Gebührenordnungen (zB GOÄ, GOZ), Gebührenordnungen für andere medizinische Leistungen wie Heil- und Hilfsmittel oder Physiotherapie oder das Arzneimittelpreisrecht.[492] 974

– Das **Beihilferecht** für den öffentlichen Dienst. 975

– Das **Individualversicherungsrecht,** soweit es die Verhältnisse der PKV regelt oder beeinflusst. Dazu zählen insbes. das Versicherungsvertragsrecht und das Versicherungsaufsichtsrecht. 976

– Das **Wettbewerbs- und Kartellrecht,** soweit es die Verhältnisse der PKV oder der GKV regelt oder beeinflusst. 977

b) Rechtsprechung. Zu den die Rahmenbedingungen der privaten Krankenversicherung prägenden rechtlichen Verhältnissen gehört die Rspr.[493] zu allen **Rechtsgebieten,** die zu den relevanten rechtlichen Verhältnissen zählen (→ Rn. 972 ff.). 978

Als Rechtsprechungsorgan kommt grds. **jedes Gericht** unabhängig vom Gerichtsaufbau in Betracht. Dass es sich um eine höchstrichterliche Entscheidung iSv § 203 Abs. 4 handeln muss, ist nicht zu fordern; nach den Gesetzesmaterialien soll darunter im Falle der Klauselersetzung die Entscheidung des BGH oder eines OLG verstanden werden.[494] Für eine insoweit analoge Anwendung des § 203 Abs. 4 gibt das Gesetz keinen Anhaltspunkt, zumal diese Vorschrift erst im Zuge der VVG-Reform eingefügt worden war, während § 203 Abs. 3 seinen Vorgänger bereits in § 178g Abs. 3 S. 1 VVG hatte. Der Sachverhalt der für unwirksam erklärten Klausel unterscheidet sich in seiner Spezialität auch grdl. von dem in § 203 Abs. 3 geregelten Sachverhalt einer Veränderung der Verhältnisse des Gesundheitswesens. 979

Allerdings kann **nicht jede Gerichtsentscheidung** zu den relevanten rechtlichen Verhältnissen zählen. Vielmehr ist zu differenzieren. Zu den rechtlichen Verhältnissen gehören: 980

– Höchstrichterliche Entscheidungen iSv § 203 Abs. 4. OLG-Entscheidungen müssen rechtskräftig sein.

– Entscheidungen vergleichbarer Bundesgerichte und Obergerichte anderer Gerichtsbarkeiten.

– Alle Entscheidungen des BVerfG, von Verfassungsgerichten der Bundesländer oder der europäischen Gerichtsbarkeit.

Die Entscheidungen **anderer Gerichte** zählen grds. nicht zu rechtlichen Verhältnissen. Ihnen fehlt die über den Einzelfall hinausgehende Allgemeingültigkeit der rechtlichen Aussage.

c) Verwaltungsbehörden. Zu den die Rahmenbedingungen der privaten Krankenversicherung prägenden rechtlichen Verhältnissen gehört auch das Verwaltungshandeln zu allen **Rechtsgebieten,** die zu den relevanten rechtlichen Verhältnissen zählen (→ Rn. 972 ff.). 981

Für das relevante Verwaltungshandeln kommen **alle administrativen Organe** in Betracht. Dazu zählen Verwaltungsbehörden und Regierungsorgane auf nationaler und europäischer Unionsebene. Voraussetzung ist, dass dieses Verwaltungshandeln mit Bindungskraft ausgestattet ist. 982

---

[491] *Schoenfeldt/Kalis* in Bach/Moser, 3. Aufl. 2002, MB/KK § 18 Rn. 5.
[492] *Kalis* in Bach/Moser MB/KK § 18 Rn. 15.
[493] Ähnlich *Langheid/Grote* VersR 2004, 823 f. Anders: OLG Celle VersR 2006, 1105 (1107); *Schünemann* VersR 2004, 817 (818); *Egger* r+s 2006, 353 f.; *Brand* in Bruck/Möller VVG § 203 Rn. 63.
[494] Begr. zu Art. 1 (§§ 164 Abs. 1, 203 Abs. 4 VVG) RegE VVG-ReformG, BT-Drs. 16/3945, 100, 114.

983 **3. Tatsächliche Verhältnisse des Gesundheitswesens. a) Medizinische Verhältnisse.** Zu den medizinischen Verhältnissen zählt das gesamte allgemein anerkannte **medizinische Wissen** insbes. über Krankheiten, Krankheitsursachen, Krankheitsfolgen und Behandlungsmethoden.[495]

984 Das medizinische Wissen umfasst zunächst die Erkenntnisse der **Schulmedizin,** beschränkt sich aber nicht darauf. Auch im Bereich der „alternativen Medizin" kann es allgemein anerkannte Erkenntnisse, Verfahren und Methoden geben.

985 **b) Sonstige Verhältnisse.** Zu den sonstigen Verhältnissen gehört ua der **Markt der medizinischen Leistungserbringer** einschließlich ihrer Organisationen.

986 **4. Veränderung der Verhältnisse. a) Äquivalenzbezug.** Eine **Veränderung** der Verhältnisse des Gesundheitswesens liegt vor, wenn die rechtlichen oder tatsächlichen Rahmenbedingungen sich in einer Art und Weise gegenüber den bisherigen Rahmenbedingungen ändern, dass daraus Auswirkungen auf die Äquivalenz von Leistung und Gegenleistung im Krankenversicherungsverhältnis mit Wahrscheinlichkeit zu erwarten sind.

987 Auswirkungen auf die Äquivalenz sind dann zu erwarten, wenn sie sich in den für die **Kalkulation geltenden Rechnungsgrundlagen** niederschlagen werden.

988 Der Zusammenhang mit der Kalkulation führt nicht dazu, die für eine Bedingungsanpassung notwendige Veränderung der Verhältnisse des Gesundheitswesens mit der Begründung abzulehnen, für die Veränderung der Kalkulationsgrundlagen stehe die Prämienanpassung zur Verfügung.[496] Prämienanpassung und Bedingungsanpassung stehen als Vertragsanpassungsinstrumente selbständig nebeneinander.[497] Die Bedingungsanpassung ist gegenüber der Prämienanpassung kein subsidiäres Instrument;[498] eher ist das Gegenteil der Fall (→ Rn. 1049). Die in der Lit. vertretene Gegenmeinung, es spreche nichts für ein Nebeneinander der beiden Anpassungsinstrumente,[499] findet im Gesetz keine Grundlage. Das gleiche gilt für das Argument, dass das Versicherungsunternehmen über die Bedingungsanpassung nicht erreichen könne, was ihm mit der Prämienanpassung versagt sei.[500] Den Gesetzesmaterialien lässt sich **keine Subsidiarität** der Bedingungsanpassung gegenüber der Prämienanpassung entnehmen. Vielmehr betonen die Gesetzesmaterialien, dass „sowohl aus Gründen der Gewährleistung der dauernden Erfüllbarkeit der Versicherungsleistung als auch wegen der nicht auszuschließenden Notwendigkeit, Änderungen der Verhältnisse des Gesundheitswesens Rechnung zu tragen, ein Anpassungsbedarf" besteht.[501] Damit werden ohne jeglichen Hinweis auf eine etwaige Subsidiarität nebeneinander beide Anpassungsmöglichkeiten nach § 178g Abs. 2, und Abs. 3 S. 1 VVG aF angesprochen, die als „neues Instrumentarium" anstelle der fortfallenden Prämien-, Bedingungs- und Tarifgenehmigung durch die Aufsichtsbehörde bezeichnet werden. Auch die Prämien- und Bedingungsaufsicht der Aufsichtsbehörde standen gleichberechtigt nebeneinander und wurden nicht im Sinne einer Subsidiarität eingesetzt. Nicht anders verhielten sich die vor 1994 in den genehmigten AVB enthaltenen Prämienanpassungs- und Bedingungsanpassungsklauseln zueinander (→ Rn. 754, 957). Darauf gegründete Prämienanpassungen und Bedingungsanpassungen konnten unabhängig voneinander eingesetzt werden.

989 Die Gegenmeinung hängt mit einer Fehlinterpretation der unterschiedlichen Zeithorizonte zusammen, auf die sich die Prämienanpassung und die Bedingungsanpassung beziehen (→ Rn. 990 ff.). Prämienanpassung und Bedingungsanpassung verfolgen **unterschiedliche Ziele** und beziehen sich deshalb auch auf unterschiedliche Zeithorizonte.[502]

990 Die Bedingungsanpassung dient der **Erhaltung der Äquivalenz.** Damit ist die Bedingungsanpassung zwangsläufig in die Zukunft gerichtet. Sie soll die bestehende Äquivalenz erhalten, indem sie zu erwartende Auswirkungen auf die Äquivalenz vorbeugend verhindert. So ist sie ein Instrument, um sonst künftig drohende Prämienanpassungen zu vermeiden. Sie verwirklicht das ökonomisch sinnvolle Prinzip, Versicherungskosten zu verhindern statt sie entstehen zu lassen und anschließend über die Prämie nur zu verteilen: Kostenvermeidung geht vor Kostenverteilung. Gerade im Gesundheitswesen mit seinen überproportional steigenden Kosten geht es darum, die prämienwirksamen

---

[495] *Hohlfeld* in Berliner Kommentar VVG § 178g Rn. 20.
[496] So aber OLG Celle VersR 2006, 1105 (1107); OLG Düsseldorf VersR 2006, 1111 ff.; LG Köln VersR 2005, 1421; *Schünemann* VersR 2004, 817 (820 f.); *Egger* r+s 2006, 353 (354); *Reinhard* in Looschelders/Pohlmann VVG § 203 Rn. 19; *Brömmelmeyer* in Schwintowski/Brömmelmeyer/Ebers VVG § 203 Rn. 32; ähnlich wohl auch *Prölss* in Prölss/Martin, 27. Aufl. 2004, VVG § 178g Rn. 26.
[497] Im Ergebnis ebenso *Brand* in Bruck/Möller VVG § 203 Rn. 67; *Langheid/Grote* VersR 2003, 1469 (1473 f.).
[498] *Voit* in Prölss/Martin VVG § 203 Rn. 38.
[499] *Schünemann* VersR 2004, 817 (821).
[500] OLG Celle VersR 2006, 1105 (1107, 1109); *Schünemann* VersR 2004, 817 (821).
[501] Begr. zu Art. 2 Nr. 15 (§ 178g VVG) RegE 3. DurchfG/EWG zum VAG, BT-Drs. 12/6959, 105.
[502] *Langheid* FS Kollhosser, 2004, 237 ff.; *Brand* in Bruck/Möller VVG § 203 Rn. 67.

Anstiege im Interesse der Bezahlbarkeit des Krankenversicherungsschutzes zu begrenzen. Die Bedingungsanpassung ist damit ein unerlässliches Instrument der Zukunftsgestaltung. So war auch die vor 1994 geltende genehmigte Bedingungsanpassungsklausel zu verstehen, indem sie sich ua bezog auf „Bestimmungen über Versicherungsschutz" (→ Rn. 957).

Die Prämienanpassung dient dagegen der **Wiederherstellung der Äquivalenz.** Die Prämien- 991 anpassung zieht damit Konsequenzen aus der Vergangenheit. Sie beseitigt die eingetretene Äquivalenzstörung, indem sie die Rechnungsgrundlagen, die sich von den Kalkulationsansätzen bereits entfernt haben, korrigiert.

Gerade in der Kombination von **Vergangenheits- und Zukunftsorientierung,** von Erhal- 992 tungs- und Wiederherstellungsfunktion wird das vom Gesetzgeber als Ersatz für die fortgefallene Bedingungs- und Tarifaufsicht neu geschaffene Instrumentarium dem übergeordneten Ziel gerecht, die dauernde Erfüllbarkeit der Verpflichtungen aus den Versicherungsverträgen sicherzustellen. Die dauernde Erfüllbarkeit wird dann sichergestellt, wenn die Äquivalenz erhalten und ggf. wiederhergestellt wird.

Mit dem Problem einer Subsidiarität im Verhältnis zwischen Prämien- und Bedingungsanpas- 993 sung nicht zu verwechseln ist die ganz andere Frage, ob **reinen Kostensteigerungen** mit dem Mittel der Bedingungsanpassung durch Leistungseinschränkungen dann begegnet werden kann, wenn sie ein solches Ausmaß erreichen, dass sie sich nicht mit relativ maßvollen Prämienerhöhungen bewältigen lassen.[503] Hier muss deutlich unterschieden werden, worin die tatsächliche Veränderung besteht: Wenn nur die Fallhäufigkeit oder die durchschnittlichen Fallkosten zunehmen, ohne dass sonstige Veränderungen zu beobachten sind, liegt keine Veränderung der tatsächlichen Verhältnisse des Gesundheitswesens vor;[504] dann ist nur die Prämienanpassung möglich. Wenn aber grds. neue Medizintechnologien eingeführt werden, die kostenmäßige „Quantensprünge" verursachen, liegt eine Veränderung der tatsächlichen Verhältnisse des Gesundheitswesens vor, so dass darauf mit Bedingungsanpassungen reagiert werden kann, ohne Prämienanpassungen abwarten zu müssen (→ Rn. 1010).

Mit der Frage der Subsidiarität hängt das Argument eng zusammen, dass die Prämienanpassung 994 gegenüber der Bedingungsanpassung das **mildere Mittel** sei und deswegen Vorrang genieße.[505] Zunächst trifft die Ausgangsthese in dieser Allgemeinheit schon nicht zu; denn ob eine Prämienanpassung oder eine Bedingungsanpassung milder ist, hängt vom konkreten Ausmaß und Umfang *beider* Anpassungen ab. Das Argument vom Vorrang des milderen Mittels unterliegt aber vor allem einem systematischen Fehler: Wenn man die gesetzlichen Voraussetzungen einer Bedingungsanpassung nach § 203 Abs. 3 für strenger hält als diejenigen einer Prämienanpassung nach § 203 Abs. 2,[506] dann bedeutet dies nur, dass nach der Gesetzeslage eine Prämienanpassung eher durchgeführt werden kann als eine Bedingungsanpassung. Dieser Befund erlaubt aber darüber hinaus keine weitergehende Aussage zur Priorität oder Subsidiarität, wenn die gesetzlichen Voraussetzungen für *beide* Anpassungsmöglichkeiten erfüllt sind.[507]

b) Tatbestandsmerkmal „Veränderung". Die Verhältnisse müssen sich **verändern.** Soweit 995 die Rspr. als Verhältnisse des Gesundheitswesens in Betracht kommt, muss für das Tatbestandsmerkmal „Veränderung" differenziert werden:

– Keine Veränderung liegt vor, wenn die Rspr. eine AVB-Bestimmung in einer Weise auslegt, die 996 der bisher herrschenden Meinung widerspricht. In einem solchen Fall bringt die **richterliche Auslegung** lediglich den maßgeblichen Vertragsinhalt zur Geltung; „sie verändert die Verhältnisse mithin nicht".[508]

– Anders verhält es sich dagegen, wenn die höchstrichterliche Rspr. eine Rechtsfrage nicht erstmals 997 durch Auslegung verbindlich entscheidet (→ Rn. 996), sondern seine eigene frühere Rspr. ändert.[509] Von der erstmaligen höchstrichterlichen Rechtsauslegung unterscheidet sich die **Rechtsprechungsänderung** durch das Tatbestandsmerkmal der „Veränderung". Aufgabe der höchstrichterlichen Rspr. ist es, über die mit Rechtskraft versehene Einzelfallentscheidung hinaus allgemeingültige Rechtsgrundsätze zu entwickeln und das Recht fortzubilden, um so für die davon betroffenen Marktteilnehmer Rechtssicherheit zu schaffen, auf die sie vertrauen dürfen. Damit

---

[503] *Prölss* in Prölss/Martin, 27. Aufl. 2004, VVG § 178g Rn. 25; *Schoenfeldt/Kalis* in Bach/Moser, 3. Aufl. 2002, MB/KK § 18 Rn. 5; OLG Düsseldorf VersR 2006, 1111 (1113).

[504] Anders offenbar *Prölss* in Prölss/Martin, 27. Aufl. 2004, VVG § 178g Rn. 25.

[505] *Prölss* in Prölss/Martin, 27. Aufl. 2004, VVG § 178g Rn. 26; *Wandt* VersR Rn. 72 ff. Ähnlich OLG Düsseldorf VersR 2006, 1111 (1113).

[506] *Wandt* VersR Rn. 72 f.

[507] *Langheid* FS Kollhosser, 2004, 240 ff.

[508] BGH VersR 2008, 246 (247 f.).

[509] IErg ebenso *Brömmelmeyer* in Schwintowski/Brömmelmeyer/Ebers VVG § 203 Rn. 30.

wird ein besonderer Vertrauenstatbestand geschaffen. Wenn das Versicherungsunternehmen im Vertrauen darauf den Inhalt seiner AVB in Übereinstimmung mit der höchstrichterlichen Rspr. formuliert, kann eine spätere Änderung dieser Rspr. nicht mehr einseitig der Risikosphäre des Verwenders der AVB zugerechnet werden, wie es der BGH für den Fall der Auslegung angenommen hat.[510]

998 **5. Veränderung der rechtlichen Verhältnisse. a) Gesetzesänderungen.** Die häufigsten **Fälle** für Gesetzesänderungen finden sich im Leistungsrecht der GKV und SPV, in den amtlichen Gebührenordnungen für Leistungserbringer und im Beihilferecht.

999 Der Sozialversicherungsgesetzgeber schränkte mit dem Beitragsentlastungsgesetz (BeitrEntlG) v. 1.11.1996 (BGBl. I S. 1631) die Leistungen der GKV für **Zahnersatz** nachhaltig ein, indem der Zahnersatz für nach 1978 Geborene aus der Leistungspflicht der GKV grds. herausgenommen wurde (§ 30 Abs. 1 SGB V idF des BeitrEntlG). Dies konnte erfolgen, weil die PKV im Vorfeld der politischen Erörterungen zugesagt hatte, entsprechende Zusatztarife einzuführen, die die entstehende Versicherungslücke schließen. Unmittelbar nach dem 1998 erfolgten Regierungswechsel machte der Gesetzgeber mit dem GKV-Solidaritätsstärkungsgesetz (GKV-SolG) v. 19.12.1998 (BGBl. I S. 3853) diese Beschränkung der GKV-Leistungen rückgängig, indem die Zahnersatzleistungen für nach 1978 Geborene wieder eingeführt wurden (§ 30 Abs. 1 SGB V idF von Art. 1 Nr. 3 GKV-SolG). Daraus ergab sich für die Notwendigkeit, die aufgrund des BeitrEntlG neu geschaffenen Zusatztarife der erneuten Gesetzesänderung aufgrund des GKV-SolG anzupassen.[511]

1000 Tarife können vorsehen, dass das Versicherungsunternehmen medizinische Leistungen nur im Rahmen bestimmter Gebührensätze der amtlichen **Gebührenordnungen** erstattet. Wenn der Gesetzgeber die Gebührensätze oder die Struktur der Gebührenordnung ändert, kann sich daraus ein Anpassungsbedarf für die Tarifbestimmungen ergeben.

1001 Tarife können die Erstattungsfähigkeit von Heilmitteln durch Bezugnahme auf **Heilmittelverzeichnisse** festlegen, die zB für die Beihilfe gelten. Wenn sich die beihilfefähigen Heilmittel ändern, kann das Versicherungsunternehmen eine entsprechende Tarifänderung vornehmen.

1002 Ähnliches gilt für den Wegfall der **BEL-Liste** (Bundeseinheitliches Verzeichnis zahntechnischer Leistungen), wenn ein Tarif die BEL-Liste zum Vertragsinhalt gemacht hatte.

1003 **b) Änderung der Rechtsprechung.** Ein Musterbeispiel für eine geänderte Rspr. bildet das Urteil des BGH zum **Wirtschaftlichkeitsgebot**,[512] mit dem der BGH sowohl die bisher herrschende Meinung zur Übermaßbehandlung als auch seine eigene bisherige Rspr. zur Übermaßvergütung aufgab (→ Vor § 192 Rn. 1330 f.). Nach bisher herrschender Meinung bestand eine Leistungspflicht des Versicherungsunternehmens nur für die kostenmäßig günstigere Behandlung (Übermaßbehandlung); nach bisheriger BGH-Rechtsprechung war ein im Verhältnis zum medizinischen Behandlungsumfang überhöhter Vergütungsansatz (Übermaßvergütung) vom Versicherungsunternehmen nicht zu ersetzen.

1004 Ob aufgrund des BGH-Urteils zum Wirtschaftlichkeitsgebot die AVB oder Tarifbestimmungen geändert werden können, ist **umstritten**.[513] Die eine Bedingungsanpassung ablehnenden Meinungen stützen sich überwiegend auf das Argument, die Bedingungsanpassung sei gegenüber der Prämienanpassung subsidiär[514] bzw. die Bedingungsanpassung sei erst möglich, wenn die Rechtsprechungsänderung zu einem Anstieg der Versicherungsleistungen geführt habe.[515] Diese Meinungen verkennen jedoch die unterschiedlichen Ziele von Bedingungsanpassung und Prämienanpassung (→ Rn. 988 ff.).

1005 Nach Ansicht des **BGH** konnten aufgrund seines Urteils zum Wirtschaftlichkeitsgebot die AVB nicht nach § 178g Abs. 3 VVG aF geändert werden, weil sein Urteil nur ausgelegt habe, was Inhalt des Vertrages sei; Auslegung verändere aber die Verhältnisse nicht.[516] Damit differenziert der BGH

---

[510] BGH VersR 2008, 246 (247).
[511] *Schoenfeldt/Kalis* in Bach/Moser, 3. Aufl. 2002, MB/KK § 18 Rn. 5.
[512] BGHZ 154, 154 = VersR 2003, 581 = NJW 2003, 1596.
[513] Für eine Bedingungsanpassung OLG Köln VersR 2006, 1113; LG Nürnberg-Fürth VersR 2005, 492; *Langheid/Grote* VersR 2003, 1469 ff.; *Langheid/Grote* VersR 2004, 823 ff.; Gegen eine Bedingungsanpassung BGH VersR 2008, 246; OLG Celle VersR 2006, 1105 ff.; OLG Düsseldorf VersR 2006, 1111 ff.; LG Köln VersR 2005, 1421 f.; *Schünemann* VersR 2004, 817 ff.; *Egger* r+s 2006, 353 (356 ff.); wohl auch *Kalis* VersR 2004, 456 ff. in Anm. zu BGH VersR 2003, 581.
[514] OLG Celle VersR 2006, 1105 (1107); OLG Düsseldorf VersR 2006, 1111 ff.; LG Köln VersR 2005, 1421 f.; *Schünemann* VersR 2004, 817 ff.
[515] OLG Celle VersR 2006, 1105 (1107); LG Köln VersR 2005, 1422; *Kalis* VersR 2004, 456 (461) in Anm. zu BGH VersR 2003, 581.
[516] BGH VersR 2008, 246 (247 f.).

nicht ausreichend, dass sein Urteil zum Wirtschaftlichkeitsgebot einen doppelten Inhalt hatte:[517] Im Falle der *Übermaßbehandlung* klärte der BGH eine bisher streitige Rechtsfrage erstmals höchstrichterlich; darin liegt keine Veränderung der Verhältnisse (→ Rn. 996). Im Falle der *Übermaßvergütung* änderte der BGH aber seine bisherige Rspr.; darin liegt eine Veränderung der Verhältnisse (→ Rn. 997).

Dass die Änderung der BGH-Rechtsprechung zum Wirtschaftlichkeitsgebot für sich allein bereits als Änderung der Verhältnisse des Gesundheitswesens anzusehen war, zeigen schon die Verhandlungen der **VVG-Kommission,** die dieses Urteil sofort zum Anlass nahm, in ihre Vorschläge zur VVG-Reform folgende Vorschrift in § 186 Abs. 3 VVG-E aufzunehmen:[518]

Der Versicherer ist nach den Abs. 1 und 2 nur insoweit zur Leistung verpflichtet, als die Heilbehandlung oder sonstige Leistung sowie die Aufwendungen hierfür auch nach wirtschaftlichen Maßstäben notwendig sind. Die wirtschaftliche Notwendigkeit fehlt nur, wenn unter mehreren in gleicher Weise geeigneten Maßnahmen der Heilbehandlung oder sonstigen Leistungen nicht diejenige gewählt wird, welche die geringeren Kosten verursacht, oder wenn die Aufwendungen für die Heilbehandlung oder sonstigen Leistungen in einem unangemessenen Verhältnis zu den erbrachten Leistungen stehen.

Die VVG-Kommission begründete ihren Vorschlag mit folgenden Erwägungen:[519]

b) Das Urteil erschwert nachhaltig das Bemühen der Krankenversicherer bzw. macht es ihnen unmöglich, die überproportionale Krankheitskostenentwicklung durch wirkungsvolles Leistungsmanagement ohne medizinische Qualitätseinbußen zu bekämpfen und damit im Interesse der Versicherten einen nachhaltigen Beitrag zur Stabilisierung der Beiträge zu leisten. Die schon von der Expertenkommission ausgesprochene und von der VVG-Kommission bestätigte Empfehlung, der PKV rechtliche Möglichkeiten an die Hand zu geben, um die Kostenentwicklung wirksamer steuern zu können (s. oben Ziff. 1.3.2.4.4), wird in ihr Gegenteil verkehrt.
Deshalb ist es erforderlich, im Zusammenhang mit der medizinischen Notwendigkeit der Heilbehandlung gesetzlich auch ein allgemeines Wirtschaftlichkeitsgebot für Behandlungsumfang und Aufwendungen hierfür zu verankern. Der PKV als einem unter Vertragsfreiheit stehenden System wird der notwendige Spielraum dadurch eingeräumt werden, dass die AVB die medizinische Notwendigkeit und Wirtschaftlichkeit auch weiter fassen können, so dass auch echte „Luxus"-Medizin (im Sinne medizinisch nicht indizierter, sondern einfach nur unnötig teurer Medizin) oder teure alternative Heilmethoden (für die ein wissenschaftlich fundierter Wirksamkeitsnachweis fehlt) versichert werden können. Auch muss – wie bisher – die Möglichkeit für Tarife eröffnet bleiben, über den Regelsätzen der Gebührenordnungen liegende Vergütungen für medizinische Leistungen zu versichern.
c) Damit die Ergänzung des Gesetzes nicht nur auf neue Verträge beschränkt bleibt, soll eine Überleitungsvorschrift die Möglichkeit einräumen, die AVB entsprechend dieser Gesetzesergänzung mit Wirkung für die vorhandenen Versicherungsverhältnisse zu ändern. Eine unvertretbare Benachteiligung der bisher Versicherten ist damit nicht verbunden, weil lediglich diejenige Rechtslage wieder hergestellt wird, von der nach der bisher herrschenden Meinung auszugehen war

Mit diesen Ausführungen bestätigt die VVG-Kommission das Ziel, zur bisherigen Rechtslage zurückzukehren und damit die bisher gegebene Äquivalenz für die Zukunft zu erhalten.

Zwar übernahm der **RegE** zum neuen VVG den Vorschlag der VVG-Kommission nicht in vollem Umfang, weil ein allgemeines Wirtschaftlichkeitsgebot die Versicherungsnehmer unangemessen benachteilige.[520] Schon diese Begründung ist unzutreffend; denn eine unangemessene Benachteiligung kann nicht vorliegen, wenn eine Rechtslage hergestellt wird, die der überwiegend vertretenen Auslegung entsprach und jahrzehntelange nicht beanstandete Regulierungspraxis war. Dass dem so ist, erkennt der RegE mit dem Hinweis an, eine entsprechende Einschränkung der Leistungspflicht des Versicherungsunternehmens könne in den AVB bestimmt werden. Wenn nämlich tatsächlich eine unangemessene Benachteiligung der Versicherungsnehmer vorläge, könnten die Versicherungsunternehmen vom Gesetzgeber kaum auf eine AVB-Regelung verwiesen werden. Die VVG-Reform selbst nahm zur Frage des Notwendigkeitsgebots eine unklare Haltung ein (→ Vor § 192 Rn. 1333 ff.).

Soweit die **AVB** über die von § 203 Abs. 3 gezogenen Grenzen hinaus eine Bedingungsanpassung aufgrund geänderter Rspr. vorsehen, ist dies nach § 208 unwirksam. Dies war bei § 18 Abs. 1 S. 1 lit. d MB/KK 1994 der Fall (→ Rn. 1093).[521]

---

[517] Ausf. *Boetius* VersR 2008, 1431 (1439 f.).
[518] *Lorenz,* Abschlussbericht der VVG-Kommission, VersR-Schriftenreihe Bd. 25, 2004, S. 266, Abschn. 2.1.
[519] *Lorenz,* Abschlussbericht der VVG-Kommission, VersR-Schriftenreihe Bd. 25, 2004, S. 172 f., Abschn. 1.3.2.4.5.5.
[520] Begr. zu Art. 1 (§ 192 Abs. 2 VVG) RegE VVG-ReformG, BT-Drs. 16/3945, 110.
[521] BGH VersR 2008, 482 f.

1009   **6. Änderung der tatsächlichen Verhältnisse.** An erster Stelle stehen **medizinische Änderungen**. Beim sog. medizinisch-technischen Fortschritt muss allerdings differenziert werden. Medizinischer Fortschritt allein stellt in dieser Allgemeinheit noch keine Veränderung der Verhältnisse des Gesundheitswesens dar;[522] denn Fortschritt ist alles, was sich verändert. Die bloße Fortentwicklung vorhandener Diagnose- oder Behandlungsmethoden verändert noch nicht die Verhältnisse des Gesundheitswesens. Medizinisch-technischer Fortschritt stellt dann eine Veränderung der Verhältnisse des Gesundheitswesens dar, wenn gänzlich neue Methoden, Verfahren oder Technologien eingeführt werden, die kostenmäßige „Quantensprünge" verursachen.

1010   Als grds. **neue Medizintechnologie** ist zB die Einführung neuer Hörgerätegenerationen anzusehen, die durch ihre Miniaturisierung oder die Erweiterung ihrer Funktionalitäten ein Vielfaches der bisherigen Geräte kosten. Durch eine Bedingungsanpassung kann die Versicherungsleistung auf den Ersatz bestimmter Hörgerätetechnologien beschränkt werden.

1011   **7. Dauerhafte Veränderung.** Die Veränderung der Verhältnisse des Gesundheitswesens darf nach § 203 Abs. 3 nicht nur vorübergehender Art, sondern muss dauerhaft sein. Dies folgt aus dem Zweck der Vorschrift, das **Äquivalenzprinzip** zu sichern (→ Rn. 952). Veränderungen, die wieder vorübergehen, beeinflussen die langfristige Äquivalenz idR nicht. Anders kann es sich jedoch mit solchen Veränderungen verhalten, deren Ende zwar abzusehen ist, die aber gleichwohl aufgrund ihrer Dauer die Äquivalenz von Beitrag und Leistung für eine gewisse Zeit stören werden.

1012   Im Gegensatz zur Veränderung der Verhältnisse des Gesundheitswesens selbst, die bereits eingetreten sein muss (→ Rn. 969), muss die Dauerhaftigkeit der Veränderung nicht als eingetretene Tatsache in der Vergangenheit liegen. Ob die Veränderung wieder vorübergehen oder dauerhaft bestehen bleiben wird, erfordert vielmehr eine **Prognose** der künftigen Entwicklung. Das Gesetz drückt dies mit der Wendung aus, die Veränderung müsse nicht nur als vorübergehend *anzusehen* sein (§ 203 Abs. 3).

1013   Wenn abzusehen ist, dass die Veränderung zwar enden, aber gleichwohl von **nicht unerheblicher Dauer** sein wird, ist sie gleichfalls als nicht nur vorübergehend anzusehen. Es gelten insoweit die gleichen Grundsätze wie zur Prämienanpassung (→ Rn. 789 ff.).

1014   **8. Richtung der Veränderung.** In welcher Richtung sich die Verhältnisse des Gesundheitswesens verändern, ist rechtlich ohne Belang. § 203 Abs. 3 spricht **richtungsneutral** nur von „Veränderung". Es kann sich um für den Versicherungsnehmer günstige oder ungünstige Entwicklungen handeln.[523] Auch für dem Versicherungsnehmer günstige Bedingungsänderungen ist die Zustimmung des Treuhänders notwendig,[524] weil sie die Äquivalenz von Leistung und Gegenleistung stören können, was der Treuhänder nach § 203 Abs. 3 zu prüfen hat.

VI. Andere Veränderungen der Geschäftsgrundlage

1015   **1. Grundsatz.** § 203 enthält eine gesetzliche Sonderregelung für bestimmte Fälle der **Störung der Geschäftsgrundlage** (→ Rn. 6 f.). Soweit die Voraussetzungen für eine Prämien- oder Bedingungsanpassung nach § 203 erfüllt sind, verdrängt die Vorschrift die allgemeine Vorschrift des § 313 BGB.

1016   Soweit die Voraussetzungen für eine Prämien- oder Bedingungsanpassung nach § 203 jedoch nicht erfüllt sind, **bleibt § 313 BGB anwendbar**. Das ist der Fall, wenn es sich um eine Geschäftsgrundlage handelt, für die ihrer Art nach § 203 keine Regelungen enthält.[525]

1017   Ob § 203 für Veränderungen der Geschäftsgrundlage vorrangige Regelungen enthält, ist durch **Auslegung** zu ermitteln

1018   **2. Reichweite des § 203. a) Prämienanpassung.** § 203 Abs. 2 enthält für die Prämienanpassung Sonderregelungen für den Fall, dass eine für die Prämienkalkulation maßgebliche **Rechnungsgrundlage** sich verändert. Geschäftsgrundlage ist hier die jeweils maßgebliche Rechnungsgrundlage. Die Veränderung anderer Rechnungsgrundlagen kann eine Prämienanpassung nach § 203 Abs. 2 nicht auslösen (→ Rn. 776 ff.), der insoweit eine abschließende Regelung für die Änderung von Rechnungsgrundlagen enthält. Eine Prämienanpassung wegen Veränderung einer anderen Rechnungsgrundlage kann daher nicht auf § 313 BGB gestützt werden. Eine auf § 313 BGB gestützte Prämienanpassung scheidet damit generell aus, weil andere Sachverhalte als die Veränderung der kalkulatorischen Rechnungsgrundlagen nicht denkbar sind.

---

[522] Insofern unscharf *Prölss* in Prölss/Martin, 27. Aufl. 2004, VVG § 178g Rn. 25.
[523] Zust. *Werber* VersR 2015, 393 (395).
[524] AM *Brand* in Bruck/Möller VVG § 203 Rn. 71.
[525] BGHZ 150, 102 = NJW 2002, 2098 (2099).

b) Bedingungsanpassung. § 203 Abs. 3 enthält für die Bedingungsanpassung Sonderregelungen für den Fall, dass aufgrund einer Veränderung der **Verhältnisse des Gesundheitswesens** die Belange der Versicherten nicht mehr gewahrt werden. Geschäftsgrundlage sind hier die Verhältnisse des Gesundheitswesens und die Versichertenbelange, soweit sie die dauernde Erfüllbarkeit der Verpflichtungen aus den Versicherungsverträgen gewährleisten und damit das Äquivalenzprinzip sichern. Wenn die dauernde Erfüllbarkeit der Versicherungsverpflichtungen und das Äquivalenzprinzip nicht gefährdet sind, könnte nach dem bloßen Wortlaut von § 203 Abs. 3 aus einer Veränderung der Verhältnisse des Gesundheitswesens eine Bedingungsanpassung nicht hergeleitet werden. 1019

Aufgrund des Bedeutungswandels der PKV verfolgt § 203 jedoch weitergehend auch den Zweck, die **Vollfunktionalität** der Krankheitskosten-Vollversicherung zu sichern (→ Rn. 955 f.). Daher kann auch eine andere, für die Funktion der Krankenversicherung wesentliche Geschäftsgrundlage eine Bedingungsanpassung nach § 203 auslösen. 1020

3. Voraussetzungen. a) Funktionalitätsschutz. Das Prinzip der **Vollfunktionalität** der PKV (→ Vor § 192 Rn. 1135) soll sicherstellen, dass die Versicherten „ausreichenden Versicherungsschutz" finden,[526] „in gleicher Weise wie die öffentlich-rechtliche Versicherung umfassend, rechtssicher und dauerhaft" abgesichert werden[527] und „eine Absicherung ohne Inanspruchnahme des staatlichen Fürsorgesystems" erhalten.[528] 1021

Zu den wichtigsten Funktionen der nach Art der Lebensversicherung betriebenen Krankenversicherung gehören daher die Stabilität des Versicherungsschutzes und insbes. der **Erhalt des Leistungsniveaus.** Daraus ergibt sich die Notwendigkeit, den ursprünglich vereinbarten Versicherungsschutz anpassen zu können, wenn zwischenzeitliche Entwicklungen in der Medizin – insbes. der medizinisch-technische Fortschritt – dazu führen, dass medizinisch notwendige Heilbehandlungen nicht mehr ausreichend versichert sind. 1022

Der **medizinisch-technische Fortschritt** kann durch Technologiesprünge (zB neuartige Gerätetechnologien, Operationsmethoden, Medikamente) oder durch allmähliche Verbesserung der Behandlungsmethoden und -erkenntnisse verursacht werden. Letztere führen zu einer „schleichenden" Entwertung des Versicherungsschutzes, wenn der vereinbarte Versicherungsschutz sie nicht auffängt. 1023

Eine versicherungstechnische **Äquivalenzstörung** liegt in diesen Fällen nicht vor, weil Korrelat der geschuldeten Prämie das vereinbarte Leistungsversprechen ist. Die Inäquivalenz betrifft nicht das Verhältnis von Versicherungsprämie zur Versicherungsleistung, sondern von Versicherungsleistung zur Behandlungsnotwendigkeit. Die Äquivalenzstörung betrifft somit nicht das rechtliche Versicherungsverhältnis, sondern den tatsächlichen Versicherungsbedarf. 1024

Die **Äquivalenz von Versicherungsschutz und Versicherungsbedarf** herzustellen, ist in erster Linie Aufgabe der Vertragspartner. Wenn der Versicherungsbedarf im Zeitablauf steigt, muss grds. der Versicherungsnehmer für eine Anpassung des ursprünglich vereinbarten Versicherungsschutzes sorgen. Dabei stößt der Versicherungsnehmer jedoch an Grenzen, weil jede Erweiterung des Versicherungsschutzes einer vorherigen Gesundheitsprüfung bedarf, so dass eine notwendige Schließung der Deckungslücke scheitert; das betrifft vor allem ältere Versicherte, die der Anpassung des Versicherungsschutzes besonders bedürfen. 1025

b) Anpassung des Versicherungsschutzes. Im Geltungsbereich der **Krankenversicherungspflicht** würde die Nichtanpassung des Versicherungsschutzes trotz Anpassungsbedarfs gegen den Grundsatz der Vollfunktionalität verstoßen, weil die Versicherten keinen *ausreichenden* Versicherungsschutz mehr hätten und der Versicherungsschutz nicht mehr *umfassend* und *dauerhaft* abgesichert wäre (→ Rn. 1021). Damit bliebe der Versicherungsschutz möglicherweise sogar hinter dem GKV-Schutz zurück. 1026

In der **gesetzlichen Pflegeversicherung** kann dieser Fall nicht eintreten, weil § 23 Abs. 1 S. 2 SGB XI den Grundsatz der Leistungsgleichheit von SPV und PPV vorsieht und Leistungserhöhungen in der SPV im Wege der Bedingungsanpassung auf die PPV übertragen werden (§ 1 Abs. 10 S. 2, § 18 Abs. 1 MB/PPV 2013). 1027

Auch für den **Basistarif** ist in den unter der Fachaufsicht der BaFin festgelegten AVB (§ 158 Abs. 2 VAG) vorgesehen, dass die Versicherungsleistungen an geänderte GKV-Leistungen angepasst werden können (§ 18 Abs. 3 MB/BT 2009). 1028

Dem Funktionalitätsschutz unterliegen nicht nur die gesetzlich geregelten brancheneinheitlichen Produkte von PPV und Basistarif, sondern **alle Krankheitskostenversicherungen,** mit denen 1029

---

[526] BVerfGE 123, 186 = VersR 2009, 957 = NJW 2009, 2033 Rn. 187.
[527] BVerfGE 123, 186 = VersR 2009, 957 = NJW 2009, 2033 Rn. 190.
[528] BVerfGE 123, 186 = VersR 2009, 957 = NJW 2009, 2033 Rn. 194.

die gesetzliche Versicherungspflicht iSv § 193 Abs. 3 erfüllt wird; denn auf diese bezieht sich der Grundsatz der Vollfunktionalität (→ Vor § 192 Rn. 1135).

1030 Dass die **Bedingungsanpassung** der systematisch richtige Weg ist, um die notwendige Äquivalenz von Versicherungsschutz und Versicherungsbedarf herzustellen, zeigen die gesetzlich besonders regulierten Beispiele von PPV und Basistarif (→ Rn. 1027 f.).

1031 Mit der allgemeinen Grundsatzvorschrift des **§ 313 BGB** kann die notwendige Bedingungsanpassung schon deshalb nicht begründet werden, weil in der hier gefundenen Auslegung § 203 Abs. 3 als spezialgesetzliche Sonderregelung einschlägig ist (→ Rn. 1015). § 313 BGB wäre sachlich auch ungeeignet, weil diese Vorschrift die Ziele einer allgemeinen Bedingungsanpassung nicht erfüllen kann: Zum einen könnte aufgrund § 313 BGB stets nur der einzelne Versicherungsvertrag, nicht aber das Kollektiv aller durch denselben Tarif verbundenen Versicherungsverträge geändert werden. Zum anderen räumt § 313 BGB nur einen schuldrechtlichen Anspruch auf Anpassung, nicht aber ein einseitiges Gestaltungsrecht ein. Schließlich fehlte in § 313 BGB das prozedurale Instrumentarium des § 203 Abs. 3, 5 zur Durchführung der Bedingungsanpassung.

1032 c) **Anwendungsfälle.** Durch die Entwicklung in der Medizin können insbes. in folgenden Fällen **dauerhafte Deckungslücken** im vereinbarten Versicherungsschutz entstehen:
- Erweiterung des Behandlungsspektrums um zusätzliche Behandlungsmethoden,
- Erhöhung quantitativ begrenzter Leistungen (zB Zahl an Sitzungen in der Psychotherapie),
- Erweiterung um Prophylaxeleistungen,
- Erweiterung erstattungsfähiger Arzneimittel,
- Erweiterung von Hilfsmittelkatalogen,
- Erweiterung erstattungsfähiger Heilmittel zB um Ergotherapie, Osteopathie, Podologie.

1033 **4. Anzuwendende Grundsätze und Rechtsfolgen.** Mit Ausnahme des Äquivalenzbezugs im Verhältnis zwischen Prämie und Versicherungsleistung (→ Rn. 986) gelten die Grundsätze für die Veränderung der **Verhältnisse des Gesundheitswesens** sinngemäß, wenn eine Veränderung des typischen Versicherungsbedarfs die Vollfunktionalität der Krankheitskostenversicherung gefährdet.[529]

1034 Was als **typischer Versicherungsbedarf** anzusehen ist, richtet sich nach objektiven Kriterien, insbes. nach allgemein anerkannten medizinischen Standards. Maßstab ist die indikationsabhängige Heilbedürftigkeit und damit die medizinische Notwendigkeit. Die PKV kann auf Verbandsebene brancheneinheitliche Mindestleistungen entsprechend den medizinischen Standards formulieren, die allerdings aus kartellrechtlichen Gründen nur unverbindlich sein können.1035

1035 Notwendig ist insbes., dass die Veränderung des typischen Versicherungsbedarfs **dauerhaft** erwartet wird (→ Rn. 1011 ff.).

1036 Für die **Rechtsfolgen** gelten die allgemeinen Vorschriften über die Bedingungsanpassung.

VII. Bedingungsänderungen

1037 **1. Gegenstand der Anpassung.** Nach dem Wortlaut von § 203 Abs. 3 sind Gegenstand der Anpassung die **AVB und Tarifbestimmungen.**

1038 Bei den AVB handelt es sich idR um die brancheneinheitlich verwendeten **Musterbedingungen** des PKV-Verbands und um die ergänzenden Tarifbestimmungen oder Tarifbedingungen der einzelnen Versicherungsunternehmen (→ Vor § 192 Rn. 462 ff.). Außerdem können die Versicherungsunternehmen auch eigene AVB verwenden.

1039 Die **Tarifbestimmungen** beschreiben die mit dem jeweiligen Tarif versicherten Leistungen des Versicherungsunternehmens. Auch die Tarifbestimmungen sind rechtlich AVB. Die gesonderte Nennung in § 203 Abs. 3 hat lediglich deklaratorischen Charakter.

1040 **2. Anpassungsbedarf.** Wenn eine nicht nur als vorübergehend anzusehende Veränderung der Verhältnisse des Gesundheitswesens vorliegt, kann eine Bedingungsanpassung nur vorgenommen werden, wenn Anpassungsbedarf besteht. Der Anpassungsbedarf drückt sich in verschiedenen **positiven Voraussetzungen** aus, die zusätzlich erfüllt sein müssen: Nach § 203 Abs. 3 muss die Bedingungsanpassung zur hinreichenden Wahrung der Belange der Versicherungsnehmer erforderlich erscheinen (→ Rn. 1044 ff.).

1041 Außer diesen gesetzlich vorgeschriebenen positiven Voraussetzungen gibt es noch eine ungeschriebene **negative Voraussetzung:** Die Anpassung darf nicht nachträglich ausgeschlossen sein.

1042 Die Bedingungsanpassung kann nachträglich **ausgeschlossen** sein, wenn zunächst zwar eine zur Anpassung berechtigende Veränderung der Verhältnisse des Gesundheitswesens vorgelegen hatte und auch die positiven Voraussetzungen (→ Rn. 1040) hätten erfüllt werden können, das Versicherungsunternehmen aber nicht in angemessener Zeit von seinem Recht auf Bedingungsanpassung

---

[529] Im Ergebnis ähnlich, jedoch mit etwas anderer Begründung: *Werber* VersR 2015, 393 (397 f.).

Gebrauch gemacht hat. Das Versicherungsunternehmen kann sein Recht auf Bedingungsanpassung nach den für die Verwirkung geltenden Grundsätzen verlieren. Wenn das Versicherungsunternehmen sein Bedingungsanpassungsrecht nachträglich verloren hat, kann es die unterlassene Anpassung nicht bei späterer Gelegenheit nachholen.

Welcher Zeitraum als **angemessen** anzusehen ist, hängt vom Einzelfall ab. Dem Versicherungs- 1043 unternehmen wird grds. ein weiter Spielraum einzuräumen sein, um vor allem eine sichere Prognose über die Auswirkungen der relevanten Veränderung der Verhältnisse des Gesundheitswesens zu erstellen. Je undeutlicher die wahrscheinlichen Auswirkungen einer solchen Veränderung sind, umso länger wird der dem Versicherungsunternehmen einzuräumende Beobachtungszeitraum sein. Dabei ist auch dem Interesse der Versicherungsnehmer Rechnung zu tragen, das Versicherungsunternehmen nicht durch zu kurz bemessene Beobachtungszeiträume zu möglicherweise vorschnellen Bedingungsanpassungen zu zwingen, nur damit das Versicherungsunternehmen sich nicht dem Verwirkungseinwand ausgesetzt sieht. Zu berücksichtigen ist in diesem Zusammenhang auch, ob und wie die übrigen PKV-Unternehmen auf die Veränderung der Verhältnisse des Gesundheitswesens reagiert haben. Wenn der übrige PKV-Markt weitgehend zügig entsprechende Bedingungsanpassungen durchgeführt hat, wird das davon abweichende Versicherungsunternehmen sich nicht zu lange Beobachtungszeiträume leisten können. Noch enger wird der Angemessenheitszeitraum zu ziehen sein, wenn das Versicherungsunternehmen eine Bedingungsanpassung eingeleitet, der Treuhänder deren Angemessenheit bestätigt und das Versicherungsunternehmen die Umsetzung ohne sachlichen Grund unterlassen hat (→ Rn. 1062).

3. Belange der Versicherungsnehmer. a) Begriff. Die Bedingungsanpassung muss den 1044 **Zweck** verfolgen, die Belange der Versicherungsnehmer hinreichend zu wahren. Der Zweck muss durch die konkrete Bedingungsanpassung auch tatsächlich erreicht werden. Insofern hat die Zweckerreichung eine objektive Komponente.

Unter Versicherungsnehmer sind nicht die Versicherungsnehmer im engeren Sinn, dh der 1045 jeweilige Vertragspartner des Versicherungsunternehmens, sondern umfassender der Versicherungsnehmer und die versicherte Person zu verstehen. § 178g Abs. 3 S. 1 VVG aF hatte noch von den **Belangen der Versicherten** gesprochen. Eine sachliche Änderung sollte damit nicht verbunden sein (→ Rn. 961). Der im Versicherungsaufsichtsrecht geltende Begriff ist daher auch im Rahmen der Bedingungsanpassung zugrunde zu legen. Bei den Belangen der Versicherungsnehmer handelt es sich nicht um die Interessen des einzelnen Versicherungsnehmers, sondern um diejenigen der Versicherungsgemeinschaft.

Die Belange der Versichertengemeinschaft sind vielgestaltig, komplex und mehrdimensional. 1046 Sie haben in der Krankenversicherung folgendes zum **Inhalt:**
– Die Verpflichtungen des Versicherungsunternehmens aus den Versicherungsverträgen müssen 1047 **dauerhaft erfüllbar** sein (→ Vor § 192 Rn. 712). Dies ist ein übergeordneter Grundsatz der Individualversicherung, der im Widerstreit miteinander kollidierender Belange stets Vorrang hat. In der Krankenversicherung hat dieser Grundsatz wegen ihrer für die Versicherten existentiellen Bedeutung und der lebenslangen Vertragsdauern einen alles andere überragenden, sogar dem Verfassungsrecht vorgehenden Stellenwert (→ Vor § 192 Rn. 700 ff.; → Vor § 192 Rn. 712).
– Der konkrete Krankenversicherungsschutz darf hinsichtlich der versicherten Leistungen in seinem 1048 essentiellen Kern **nicht vermindert** werden. Um den Kernbereich des versicherten Tarifs zu bestimmen, müssen seine einzelnen Inhalte gegeneinander abgewogen werden. Versicherte Leistungen außerhalb des Kernbereichs sind leichter zu ändern als solche innerhalb des Kernbereichs. Wenn die Bedingungsanpassungen sowohl innerhalb als auch außerhalb des Kernbereichs in Betracht kommen, müssen zunächst solche außerhalb des Kernbereichs ausgeschöpft werden. Auf den wesentlichen Kern kommt es auch beim Tatbestandsmerkmal der hinreichenden Wahrung an (→ Rn. 1052).
– Eine substitutive Krankenversicherung muss **langfristig bezahlbar** bleiben. Zwar enthält dieses 1049 Kriterium ein relatives Moment, weil die Bezahlbarkeit eine Funktion der Prämienhöhe einerseits und der finanziellen Leistungskraft des Versicherungsnehmers andererseits ist. Die Bezahlbarkeit kann sich auch nicht an den jeweiligen Höchstbeiträgen der GKV orientieren, weil in der PKV typischerweise sehr viel höhere Leistungen als in der GKV versichert werden und weil die Krankenversicherungsprämie der PKV mit der Alterungsrückstellung im Gegensatz zum Umlagebeitrag der GKV einen hohen Sparanteil zur Vorfinanzierung der alterungsbedingt in Zukunft steigenden Krankheitskosten enthält. Auch ist zu berücksichtigen, dass wegen des beständig oberhalb der normalen Inflation liegenden, dh überproportionalen Anstiegs der Krankheitskosten – der alle Bevölkerungsgruppen trifft – alle Versicherungsnehmer davon ausgehen müssen, einen zunehmend größeren Anteil ihres verfügbaren Einkommens für Gesundheit und Krankheit auszugeben. Der Aspekt der langfristigen Bezahlbarkeit im Rahmen der Bedingungsanpassung bedeutet, dass

eine Bedingungsanpassung umso eher möglich ist, je mehr sie zur Bezahlbarkeit der Krankenversicherungsprämie, dh zur Beitragsverstetigung beiträgt. Wenn zur Herstellung der Äquivalenz sowohl eine Prämienanpassung als auch eine Bedingungsanpassung in Betracht kommen, kann dies dazu führen, dass eine Bedingungsanpassung Vorrang hat vor einer Prämienanpassung. Auch aus diesem Grund ist der Gedanke schon vom Ansatz her unzutreffend, dass die Bedingungsanpassung gegenüber der Prämienanpassung subsidiär sei (→ Rn. 988).

1050 **b) Hinreichende Wahrung.** Die Belange der Versicherungsnehmer müssen hinreichend gewahrt werden. Das **Versicherungsaufsichtsrecht** spricht von der *ausreichenden* Wahrung der Versichertenbelange (§ 155 Abs. 2 S. 2, § 294 Abs. 2 S. 2 VAG), was sachlich das gleiche ist.[530]

1051 **Wahrung** bedeutet, dass die Belange geschützt und in ihrem Bestand erhalten bleiben. Ohne die Bedingungsanpassung würden sie beeinträchtigt werden.[531]

1052 Die Belange müssen **hinreichend** oder ausreichend gewahrt werden. Damit wird ein relatives Merkmal eingeführt. Der Ausdruck „hinreichend" bedeutet nach seinem sprachlichen Sinn nicht „vollständig", sondern so viel wie „genügend". Damit wird ein Merkmal der Wesentlichkeit eingeführt: Die Belange werden hinreichend oder genügend gewahrt, wenn sie in ihrem wesentlichen Kern erhalten bleiben. Damit findet eine Rückkopplung zu den Inhalten der Versichertenbelange statt (→ Rn. 1048). Ähnliches wird ausgedrückt, wenn es heißt, die Versichertenbelange müssten nicht „optimal" gewahrt werden.[532]

1053 Dem Merkmal der Wahrung der Versichertenbelange kann nicht entnommen werden, dass die Bedingungsanpassung zu keiner **Schlechterstellung der Versicherungsnehmer** führen dürfe.[533] Es liegt – wie im Falle der Prämienanpassung – gerade in der Natur der einseitigen Vertragsänderung, dass sie in Positionen der Versicherungsnehmer eingreifen kann. Dass dem so ist, ergibt sich im Übrigen aus § 205 Abs. 4, der dem Versicherungsnehmer ein Kündigungsrecht einräumt, wenn das Versicherungsunternehmen aufgrund einer Anpassungsklausel die Leistung vermindert.

1054 **c) Erforderlichkeit.** Die Bedingungsanpassung muss erforderlich sein, um die Versichertenbelange hinreichend zu wahren. Der Begriff der Erforderlichkeit ist das **Verbindungsglied** zwischen der Bedingungsanpassung und der Wahrung der Versichertenbelange. Das Verbindungsglied besteht aus einem absoluten und einem relativen Kriterium.

1055 Das **absolute Kriterium** besagt, dass die Bedingungsanpassung *geeignet* sein muss, die Versichertenbelange hinreichend zu wahren. Wenn die Eignung fehlt, ist die Bedingungsanpassung per se unzulässig. Die Eignung muss objektiv vorhanden sein. Es genügt, dass die Eignung nur möglicherweise besteht.

1056 Das **relative Kriterium** besagt, dass die gewählte Bedingungsanpassung unter mehreren denkbaren Bedingungsanpassungsalternativen diejenige ist, die in den bisher vereinbarten Versicherungsschutz am wenigsten eingreift.[534] Diese Priorisierung gilt aber nur für das Verhältnis zwischen mehreren Möglichkeiten einer Bedingungsanpassung; sie gilt nicht für das Verhältnis zwischen einer möglichen Bedingungsanpassung und einer möglichen Prämienanpassung, weil insoweit keine Subsidiarität besteht (→ Rn. 988).

1057 **4. Angemessenheit.** § 203 Abs. 3 verlangt, dass der Treuhänder die Angemessenheit der Bedingungsanpassung bestätigt. Weil diese Bestätigung Wirksamkeitsvoraussetzung für die Bedingungsanpassung ist (→ Rn. 600), ist die Angemessenheit selbst **materielle Voraussetzung** einer wirksamen Bedingungsanpassung. Wenn nämlich die Voraussetzungen für eine wirksame Bedingungsanpassung vorliegen, ist der Treuhänder verpflichtet, die Bestätigung zu erteilen, auf die das Versicherungsunternehmen einen Rechtsanspruch hat (→ Rn. 599). Es wäre ein innerer Widerspruch im Rechtssystem, wenn der Treuhänder andere Prüfungsmaßstäbe anlegen könnte, als sie für die Wirksamkeit der Bedingungsanpassung gelten.

1058 Wenn das Gesetz die Bestätigung der Angemessenheit durch den Treuhänder zur Wirksamkeitsvoraussetzung erhebt und wenn damit nicht andere als die vom Versicherungsunternehmen zu beachtenden Prüfungsmaßstäbe gemeint sein können, kann die Angemessenheit nur der **zusammenfassende Ausdruck** für die Summe der zuvor genannten Wirksamkeitsvoraussetzungen sein.[535]

---

[530] *Muschner* in Langheid/Rixecker VVG § 203 Rn. 60.
[531] *Prölss* in Prölss/Martin, 27. Aufl. 2004, VVG § 178g Rn. 26; *Hohlfeld* in Berliner Kommentar VVG § 178g Rn. 21.
[532] *Muschner* in Langheid/Rixecker VVG § 203 Rn. 60; *Schoenfeldt/Kalis* in Bach/Moser, 3. Aufl. 2002, MB/KK § 18 Rn. 6; *Hohlfeld* in Berliner Kommentar VVG § 178g Rn. 21.
[533] So aber *Schoenfeldt/Kalis* in Bach/Moser, 3. Aufl. 2002, MB/KK § 18 Rn. 6. Ähnlich offenbar: OLG Celle VersR 2006, 1105 (1107); *Schünemann* VersR 2004, 817 (819 f.).
[534] *Prölss* in Prölss/Martin, 27. Aufl. 2004, VVG § 178g Rn. 27.
[535] Zust. *Werber* VersR 2015, 393 (395).

Dies ergibt sich auch aus dem Zusammenhang mit den davor stehenden Worten, dass der Treuhänder die Voraussetzungen für die Änderungen zu überprüfen habe. Das bedeutet, dass die Bedingungsanpassung angemessen ist, wenn sie zur hinreichenden Wahrung der Belange der Versicherungsnehmer erforderlich erscheint.[536]

5. Treuhänderbestätigung. Die Bedingungsanpassung hängt davon ab, dass ein unabhängiger 1059 Treuhänder die Voraussetzungen für die Bedingungsanpassung überprüft und die Angemessenheit bestätigt hat. Die Bedingungsanpassung ist insoweit nur dann **materiell-rechtlich wirksam,** wenn der Treuhänder
- wirksam bestellt ist (→ Rn. 560) und
- nach Prüfung der Voraussetzungen der Bedingungsanpassung formal zugestimmt hat (→ Rn. 596).

Zu den **Voraussetzungen der Treuhändertätigkeit** ausf. → Rn. 494 ff.; → Rn. 591 ff.

6. Umsetzung der Bedingungsanpassung. Sobald der Treuhänder seine Bestätigung erteilt 1060 hat, muss das Versicherungsunternehmen die Bedingungsanpassung **unverzüglich umsetzen.** Wenn das Versicherungsunternehmen die Umsetzung der bestätigten Bedingungsanpassung ohne sachlichen Grund verzögert, kann es die Bedingungsanpassung nicht rückwirkend zu dem bestätigten Zeitpunkt durchführen; denn die Bedingungsanpassung kann erst nach der Mitteilung gem. § 203 Abs. 5 ex nunc wirksam werden (→ Rn. 1161).

Zur Frage, wann ein **sachlicher Grund** für eine verzögerte Umsetzung vorliegen kann, 1061 → Rn. 900.

Wenn das Versicherungsunternehmen die Umsetzung der genehmigten Prämienanpassung 1062 **nicht durchführt** oder ohne sachlichen Grund längere Zeit verzögert, kann die Bedingungsanpassung gänzlich ausgeschlossen sein (→ Rn. 1042 f.).

7. Wirksamwerden der Bedingungsanpassung. Die Bedingungsanpassung wird erst wirk- 1063 sam, wenn das Versicherungsunternehmen die Vertragsänderungen einschließlich Begründung dem Versicherungsnehmer **mitgeteilt** hat (§ 203 Abs. 5). Die Vertragsänderungen treten mit Beginn des zweiten Monats nach der Mitteilung in Kraft.

Zu den Einzelheiten ausf. → Rn. 1149 ff. 1064

VIII. Gerichtliche Kontrolle

1. Gerichtlicher Rechtsschutz. Wie die Prämienanpassungen unterliegen auch alle Vertrags- 1065 änderungen iSv § 203 Abs. 3 der grds. **uneingeschränkten zivilgerichtlichen Kontrolle.**[537] Daran ändert auch die obligatorische Einschaltung des Treuhänders nichts; denn dieser kann nicht streitentscheidend tätig werden (→ Rn. 500).

Der verfassungsrechtlich gebotene Rechtsschutz ermöglicht die umfassende **tatsächliche und** 1066 **rechtliche Prüfung** der Bedingungsanpassung. Die für die Prämienanpassung festgestellten Grundsätze[538] gelten auch für die Bedingungsanpassung.

2. Prüfungsumfang. Der Prüfungsumfang im Rahmen der gerichtlichen Kontrolle kann nicht 1067 weitergehen als die Prüfung, die der Treuhänder vorzunehmen hat. Dies ergibt sich aus der notwendigen Konsistenz mit der vom Gesetz vorgegebenen **Treuhänderlogik.** Wenn nämlich der Treuhänder bei Vorliegen der gesetzlichen Voraussetzungen die Angemessenheit der Bedingungsanpassung bestätigen muss und ihm kein Ermessensspielraum zusteht, so dass das Versicherungsunternehmen einen Rechtsanspruch auf Bestätigung hat (→ Rn. 599), kann sich dies bei der gerichtlichen Kontrolle nicht anders darstellen. Der Rechtsanspruch des Versicherungsunternehmens auf Bedingungsanpassung kann nicht aus Gründen entfallen, die der Treuhänder nicht zu berücksichtigen hat.

Aus der Treuhänderlogik ist umgekehrt jedoch nicht abzuleiten, dass der gerichtliche Prüfungs- 1068 umfang mit dem Prüfungsumfang des Treuhänders in vollem Umfang identisch ist. Es bestehen vielmehr folgende **Unterschiede:**
- Soweit die Bedingungsanpassung an rechtlich vorgeschriebene **objektivierbare Vorgaben** 1069 geknüpft ist, besteht zwischen der Treuhänderüberprüfung und der gerichtlichen Überprüfung Deckungsgleichheit. Dies gilt für alle Fragen, die gesetzlich oder vertraglich geregelt sind und keiner Wertungen bedürfen. Dazu zählt die Erforderlichkeit der Bedingungsanpassung (→ Rn. 1054 ff.).
- Soweit die Bedingungsanpassung an nicht objektivierbare **wertende Vorgaben** geknüpft ist, 1070 besteht zwischen der Treuhänderüberprüfung und der gerichtlichen Überprüfung keine

---
[536] *Prölss* in Prölss/Martin, 27. Aufl. 2004, VVG § 178g Rn. 26.
[537] *Voit* in Prölss/Martin VVG § 203 Rn. 42.
[538] BVerfG VersR 2000, 214; BGHZ 159, 323 = VersR 2004, 991 = NJW 2004, 2679.

Deckungsgleichheit. Dies gilt für die zu prüfenden Frage der hinreichenden Wahrung der Versichertenbelange (→ Rn. 1044 ff.).

1071 Soweit die Bedingungsanpassung an nicht objektivierbare wertende Vorgaben geknüpft sind (→ Rn. 1070), kann sich die gerichtliche Kontrolle nur darauf beschränken, ob die vom Treuhänder bestätigten bzw. vorgenommenen Wertungen **offensichtlich unzutreffend** sind. Diese Beschränkung der gerichtlichen Kontrolle ergibt sich letztlich aus dem Umstand, dass das Zivilgerichtsurteil Rechtskraft nur inter partes erlangt, die wertenden Fragen aber typischerweise die gesamte Versichertengemeinschaft des betreffenden Tarifs betreffen.

1072 **3. Prüfungsmaßstab. a) Zeit vor 1994.** Für die bis zum Inkrafttreten des 3. DurchfG/EWG zum VAG (→ Rn. 17) geltende Rechtslage gibt es **keine höchstrichterliche Rspr.**, nach welchen Grundsätzen Bedingungsanpassungen zu überprüfen waren. Dies hängt damit zusammen, dass solche Bedingungsanpassungen von der Aufsichtsbehörde genehmigt werden mussten, die vor allem auf die Wahrung der Versichertenbelange zu achten hatte. Damit gab es einen Filter, der unangemessene Bedingungsänderungen verhinderte.

1073 Zu den damals geltenden Prämienanpassungsklauseln hatte der BGH entschieden, dass nach der Rechtslage bis 1994 nicht generell der Maßstab der Billigkeit iSv §§ 315, 317, 319 BGB galt, weil durch § 8a MB/KK 1976 ein **anderer Maßstab vereinbart** worden war.[539] Diese Rspr. konnte auf die Bedingungsänderungsklausel des § 18 Abs. 1 MB/KK 1976 (→ Rn. 957) nicht angewandt werden, weil diese Klausel keinen Prüfungsmaßstab enthielt.

1074 Eine auf § 18 Abs. 1 MB/KK 1976 gestützte Bedingungsanpassung unterlag daher der Billigkeitsprüfung nach § 315 BGB.

1075 **b) Zeit ab 1994.** Für die seit dem Inkrafttreten des 3. DurchfG/EWG zum VAG (→ Rn. 17) geltende Rechtslage hat das Gesetz die nötige **Klarheit** geschaffen. Die neu eingeführten Vorschriften regeln verbindlich die Voraussetzungen und Maßstäbe einer Bedingungsanpassung. Für eine Anwendung der §§ 315, 317 BGB ist daher kein Raum.

1076 In seinem Urteil zur Prämienanpassung hat der **BGH** beiläufig einen angeblichen Unterschied zwischen Prämien- und Bedingungsanpassung genannt, indem er ausführte:[540]

„Während der Treuhänder bei der Bedingungsanpassung nach § 178g Abs. 3 VVG ... die Angemessenheit der Änderung zu bestätigen hat, ist dies bei der Prämienanpassung in der Krankenversicherung nach § 178g Abs. 2 VVG nicht vorgesehen."

Damit wollte der BGH seine Auffassung unterstützen, dass der Treuhänder seine Zustimmung zur Prämienanpassung erteilen *muss*, wenn die gesetzlichen Voraussetzungen erfüllt sind. Dieses obiter dictum zur Bedingungsanpassung ist jedoch für die Entscheidung zur Prämienanpassung nicht entscheidungserheblich gewesen. Der BGH hatte keinen Anlass gehabt, auf die gesetzlichen Voraussetzungen einer Bedingungsanpassung und auf den in § 203 Abs. 3 verwendeten Begriff der Angemessenheit einzugehen. Der Begriff der Angemessenheit wird nämlich durch das Gesetz selbst ausgefüllt (→ Rn. 1058), so dass ein Zweifelsfall iSv § 315 Abs. 1 BGB nicht vorliegt und für die Anwendung des Maßstabs billigen Ermessens kein Raum ist. Außerdem hat der Treuhänder auch im Falle der Bedingungsanpassung keinen Ermessensspielraum, sondern er muss bei Vorliegen der gesetzlichen Voraussetzungen auch einer Bedingungsanpassung zustimmen.

1077 Die Prüfung erstreckt sich umfassend darauf, ob die **tatsächlichen und rechtlichen Voraussetzungen** für die Bedingungsanpassung erfüllt sind.[541]

1078 **4. Fristen.** Für die Erhebung von Klagen gegen Bedingungsanpassungen gelten – abgesehen von den Vorschriften über die Verjährung – **keine Fristen**.

1079 Gleichwohl stellt sich die Frage, ob der Versicherungsnehmer im Falle eines Prozesses über die Wirksamkeit einer Bedingungsanpassung auch noch **frühere Bedingungsanpassungen** gerichtlich angreifen kann. Dies muss für den Regelfall nach den Grundsätzen der Verwirkung verneint werden, wenn der Versicherungsnehmer die frühere Bedingungsanpassung ohne Vorbehalt über längere Zeit gegen sich hatte gelten lassen.

1080 **5. Klageform.** Soweit der Versicherungsnehmer als Kläger gegen die Bedingungsanpassung auftritt, kommt als Regelfall eine **negative Feststellungsklage** in Betracht.

1081 Wenn die Bedingungsanpassung in einer Verminderung der Versicherungsleistung besteht, kann der Versicherungsnehmer gegen das Versicherungsunternehmen **Leistungsklage** erheben.

---

[539] BGH VersR 2004, 1446 (1447).
[540] BGHZ 159, 323 = VersR 2004, 991 (992) = NJW 2004, 2679.
[541] BVerfG VersR 2000, 214.

Nach § 203 Abs. 5 wird die Bedingungsanpassung nur wirksam, wenn das Versicherungsunter- 1082
nehmen dem Versicherungsnehmer auch die maßgeblichen Gründe für die Bedingungsanpassung
mitteilt. Diese **Mitteilung** muss den Versicherungsnehmer in die Lage versetzen, die Berechtigung
der Bedingungsanpassung als Laie zu verstehen.

IX. Beweislast

1. Grundsatz. Nach den allgemeinen Grundsätzen hat das **Versicherungsunternehmen** im 1083
Rechtsstreit die Darlegungs- und Beweislast für die Tatsachen, die sein Recht auf Bedingungsanpassung begründen. Dazu gehören alle in § 203 Abs. 3 genannten Voraussetzungen.

Um seiner Darlegungs- und Beweislast nachzukommen, muss das Versicherungsunternehmen 1084
grds. diejenigen **Unterlagen** vorlegen, die es dem Treuhänder zur Überprüfung der Bedingungsanpassung vorgelegt hatte. Ähnlich wie im Falle der Prämienanpassung beschränkt sich hierauf auch
die gerichtliche Überprüfung (→ Rn. 906, 934).

2. Besonderheiten. Zu den Voraussetzungen für die materielle Wirksamkeit der Prämienan- 1085
passung gehört zwar auch eine wirksame **Treuhänderbestellung** (→ Rn. 548 ff.). Diese ist jedoch
zu unterstellen, weil davon ausgegangen werden muss, dass eine fehlende oder fehlerhafte Bestellung
durch aufsichtsrechtliche Maßnahmen verhindert wird (→ Rn. 514 ff.). Wenn der Versicherungsnehmer die Wirksamkeit der Treuhänderbestellung bestreitet, muss dies substantiiert unter Darlegung
derjenigen Tatsachen erfolgen, die die Unwirksamkeit begründen.

Soweit eine Bedingungsanpassung wegen unbegründet **verzögerter Umsetzung** ausgeschlos- 1086
sen ist (→ Rn. 1042), trägt der Versicherungsnehmer die Darlegungs- und Beweislast für die Tatsachen, die den Ausschluss begründen.

X. Allgemeine Versicherungsbedingungen

1. Allgemeine vertragliche Regelungen. a) Musterbedingungen 1994. Die meisten frü- 1087
heren AVB enthielten Bestimmungen zur Bedingungsänderung, die teilweise inhaltlich der in § 203
Abs. 3 getroffenen gesetzlichen Regelung entsprachen, teilweise über sie hinausgingen (→ Rn. 958).
Soweit es entsprechend § 203 Abs. 3 um die Möglichkeit einer Bedingungsanpassung wegen veränderter Verhältnisse des Gesundheitswesens ging, war nur § 18 Abs. 1 lit. a, c und d MB/KK 1994
von Bedeutung; § 18 Abs. 1 lit. b MB/KK 1994 ist im Zusammenhang mit § 203 Abs. 4 zu betrachten. Wegen des halbzwingenden Charakters von § 203 Abs. 3 (§ 208) kommt es auf den Inhalt der
AVB nur an, wenn sie von den gesetzlichen Vorschriften **zugunsten des Versicherungsnehmers**
abweichen.[542]

§ 18 Abs. 1 lit. a MB/KK 1994 betrifft Bedingungsänderungen bei einer nicht nur vorüberge- 1088
henden Veränderung der **Verhältnisse des Gesundheitswesens**. Diese Bestimmung deckt sich mit
§ 203 Abs. 3 und entfaltet daher keine eigene inhaltliche Wirkung.

§ 18 Abs. 1 lit. c MB/KK 1994 betrifft Bedingungsänderungen bei **Änderungen von Geset-** 1089
zen, auf denen die Bestimmungen des Versicherungsvertrags beruhen. Soweit es sich um Gesetzesänderungen handelt, die zugleich eine Veränderung der Verhältnisse des Gesundheitswesens sind, gilt
§ 203 Abs. 3. Für andere Gesetzesänderungen gilt die AGB-Inhaltskontrolle (→ Rn. 1093).

§ 18 Abs. 1 lit. d MB/KK 1994 betrifft Bedingungsänderungen bei unmittelbar den Versiche- 1090
rungsvertrag betreffenden **Änderungen der höchstrichterlichen Rspr.**, der Verwaltungspraxis
der BaFin oder der Kartellbehörden. Soweit es sich um Änderungen handelt, die zugleich eine
Veränderung der Verhältnisse des Gesundheitswesens sind, gilt § 203 Abs. 3. Deshalb ist es entscheidungsunerheblich, ob das Urteil des BGH zum Wirtschaftlichkeitsgebot (→ Rn. 1003 ff.) eine
Änderung der höchstrichterlichen Rspr. iSv § 18 Abs. 1 lit. d MB/KK 1994 ist; vielmehr ist die
Bedeutung dieses Urteils als Veränderung der Verhältnisse des Gesundheitswesens ausschließlich an
der Spezialnorm des § 203 Abs. 3 zu messen.[543] Für andere Rechtsprechungsänderungen gilt die
AGB-Inhaltskontrolle (→ Rn. 1093).

b) Musterbedingungen 2009. Die neuen MB/KK 2013 und MB/KT 2013 wiederholen nun 1091
im Wesentlichen in § 18 Abs. 1 S. 2 den Gesetzestext von § 203 Abs. 3 und vermeiden damit ein
für den Versicherungsnehmer nachteiliges Abweichen von der halbzwingenden Rechtsvorschrift.

2. AGB-Inhaltskontrolle. Soweit die AVB zur Bedingungsanpassung wegen veränderter **Ver-** 1092
hältnisse des Gesundheitswesens Bestimmungen enthalten, ist die übliche AGB-Inhaltskontrolle

---

[542] BGHZ 159, 323 = VersR 2004, 991 (992 li. Sp.) = NJW 2004, 2679.
[543] Unzutr. daher der Prüfungsansatz des OLG Celle VersR 2006, 1105 ff.

§ 203   1093–1102   Teil 2. Einzelne Versicherungszweige. Kap. 8. Krankenversicherung

für die Zeit ab 1994 praktisch gegenstandslos.[544] Weil die gesetzlichen Vorschriften die Voraussetzungen für Bedingungsanpassungen wegen veränderter Verhältnisse des Gesundheitswesens umfassend regeln und die AVB hiervon zum Nachteil des Versicherungsnehmers nicht abweichen können (§ 208), kann sich die Inhaltskontrolle nur auf für den Versicherungsnehmer vorteilhafte Abweichungen beziehen. Solche Abweichungen können aber nie unangemessen sein.

1093   Die AGB-Inhaltskontrolle gewinnt Bedeutung für diejenigen AVB, die Bedingungsänderungen **außerhalb veränderter Verhältnisse des Gesundheitswesens** ermöglichen sollen. Dies betrifft § 18 Abs. 1 lit. c, d MB/KK 1994. Dass diese Klauseln nur den Begriff der Veränderung der Verhältnisse des Gesundheitswesens iSv § 203 Abs. 3 klarstellend erläutern,[545] kann angesichts der Bestimmung in § 18 Abs. 1 lit. a MB/KK 1994 nicht angenommen werden.[546] Diese Klauseln verstoßen gegen § 307 Abs. 1 BGB, weil sie nicht konkretisieren, welche AVB-Bestimmungen unter welchen genauen Voraussetzungen sollen geändert werden können.[547] Zweifel an der Wirksamkeit der Klausel waren schon früher geäußert worden.[548] Der BGH hat sie wegen Verstoßes gegen § 307 Abs. 2 Nr. 1 BGB für unwirksam erklärt.[549]

E. Klauselersetzung (Abs. 4)

I. Inhalt und Zweck der Regelung

1094   **1. Regelungsinhalt.** § 203 Abs. 4 regelt iVm § 164 die Möglichkeit, während des Bestehens einer Krankenversicherung eine unwirksame AVB-Bestimmung durch eine neue AVB-Bestimmung zu ersetzen (Klauselersetzung). Die Klauselersetzung ist an mehrere Voraussetzungen geknüpft:

1095   – Eine AVB-Bestimmung des Versicherungsunternehmens muss durch höchstrichterliche Entscheidung oder durch einen bestandskräftigen Verwaltungsakt **für unwirksam erklärt** worden sein.

1096   – Die neue Klausel muss zur Fortführung des Vertrags **notwendig** sein oder die Fortsetzung des Vertrags ohne neue Klausel würde eine **unzumutbare Härte** für eine Vertragspartei darstellen (§ 164 Abs. 1 S. 1).

1097   – Die neue Klausel muss die **Belange der Versicherungsnehmer** unter Wahrung des Vertragsziels angemessen berücksichtigen (§ 164 Abs. 1 S. 2). Die Belange beziehen sich auf das Versichertenkollektiv.

1098   Anders als im Falle der Bedingungsanpassung (§ 203 Abs. 3) und im Gegensatz zum früheren Recht (§ 178g Abs. 3 S. 2 VVG aF) ist **keine Mitwirkung des Treuhänders** vorgesehen.

1099   Die Vorschrift über die Klauselersetzung gilt für **alle Formen** der Krankenversicherung.

1100   **2. Bedeutung der Regelung.** § 203 Abs. 4 iVm § 164 begründet das Recht des Versicherungsunternehmens, eine für unwirksam erklärte AVB-Bestimmung durch eine neue AVB-Bestimmung zu ersetzen. Es handelt sich wie im Falle der Prämien- und Bedingungsanpassung (→ Rn. 740, 945) um das **Recht zur einseitigen Änderung eines bestehenden Vertrags**. Anders als beim Tarifwechsel nach § 204, auf den der Versicherungsnehmer nur einen schuldrechtlichen Anspruch hat (→ § 204 Rn. 10), wird im Falle der Klauselersetzung nach § 203 Abs. 4 iVm § 164 der Vertragsinhalt durch einseitige empfangsbedürftige Erklärung des Versicherungsunternehmens geändert (vgl. § 203 Abs. 4 iVm § 164 Abs. 2). Es handelt sich insofern um ein Gestaltungsrecht.

1101   Das Recht zur Klauselersetzung wird nur für den Fall eingeräumt, dass eine AVB-Bestimmung durch Entscheidung für unwirksam erklärt worden ist. Die Entscheidung muss höchstrichterlich oder durch bestandskräftigen Verwaltungsakt ergangen sein. Diese Entscheidungsträger können stets nur negativ die Unwirksamkeit einer AVB-Bestimmung feststellen, nicht aber selbst positiv diese durch eine wirksame AVB-Bestimmung ersetzen. Damit verbleibt das **Recht zur inhaltlichen Gestaltung** des Krankenversicherungsvertrags beim Versicherungsunternehmen.

1102   Indem die AVB-Bestimmung höchstrichterlich oder durch bestandskräftigen Verwaltungsakt für unwirksam erklärt worden sein muss, wird ein **objektives Tatbestandsmerkmal** eingeführt, das zur Klauselersetzung ermächtigt.

---

[544] So handhabe es für die Prämienanpassung praktisch BGHZ 159, 323 = VersR 2004, 991 (992 li. Sp.) = NJW 2004, 2679; ähnlich OLG Köln VersR 2006, 1113 (1115). Anders noch LG Saarbrücken VersR 2003, 1115.
[545] *Schoenfeldt/Kalis* in Bach/Moser, 3. Aufl. 2002, MB/KK 1994 § 18 Rn. 14.
[546] OLG Celle VersR 2006, 1105 (1106).
[547] OLG Celle VersR 2006, 1105 (1108).
[548] *Hohlfeld* in Berliner Kommentar VVG § 178g Rn. 20; *Präve* ZfV 1997, 354 (356).
[549] BGH VersR 2008, 482 f.

Die Klauselersetzung führt zu einem neuen **Interessenausgleich** im Krankenversicherungsvertrag. Dieser Interessenausgleich bezieht sich sowohl auf die Vertragsparteien (vgl. § 164 Abs. 1 S. 1) als auch auf die Versichertenkollektive (vgl. § 164 Abs. 1 S. 2: „Belange der Versicherungsnehmer"). 1103

3. Zweck der Regelung. Die Vorschrift bezweckt in erster Linie, die **Erhaltung des Krankenversicherungsvertrags** zu ermöglichen, indem eine für das Versicherungsverhältnis essentielle, aber unwirksame AVB-Bestimmung durch eine wirksame Vertragsbestimmung ersetzt wird. 1104

Diese **Erhaltungsfunktion** betrifft die gesamte Krankenversicherung, weil die sonst nur mögliche Auflösung des Versicherungsvertrags den Belangen des Versicherungsnehmers nicht gerecht würde, der uU bei inzwischen verschlechterter Gesundheitssituation keinen neuen Krankenversicherungsschutz mehr erlangen könnte. Dies erklärt, dass die Klauselersetzung für alle Formen der Krankenversicherung gilt (→ Rn. 1099). 1105

In engem Zusammenhang mit der Erhaltungsfunktion steht der weitere Zweck, die **Äquivalenz** von Leistung und Gegenleistung zu sichern; denn die Fortsetzung des Krankenversicherungsvertrags ohne die unwirksame, aber essentielle AVB-Bestimmung wäre nach dem Äquivalenzprinzip für das Versicherungsunternehmen bzw. das Versichertenkollektiv nicht zu vertreten. Das Gesetz kleidet diese Bedeutung des Äquivalenzprinzips in die Formel, die neue AVB-Bestimmung müsse „zur Fortführung des Vertrags notwendig" sein oder das Festhalten an dem Vertrag ohne neue Regelung müsse für eine Vertragspartei „eine unzumutbare Härte darstellen" (§§ 164 Abs. 1, 203 Abs. 4). 1106

Die Vorschrift will darüber hinaus einen vernünftigen **Ausgleich zwischen Versicherungsnehmer und Versicherungsunternehmen** erreichen, was gleichfalls in enger Nähe zum Äquivalenzprinzip steht. Dieses Ziel wird mehrfach angesprochen, indem auf die „Berücksichtigung der Interessen der anderen Vertragspartei" (§ 164 Abs. 1 S. 1, § 203 Abs. 4) und auf die angemessene Berücksichtigung der „Belange der Versicherungsnehmer" (§ 164 Abs. 1 S. 2, § 203 Abs. 4) abgestellt wird (→ Rn. 1103). 1107

II. Entstehungsgeschichte

1. Zeit vor 1994. Zur allgemeinen Entwicklung → Rn. 8 ff. 1108

Für die **Ersetzung einer unwirksamen Klausel** gab es keine krankenversicherungsspezifischen Vorschriften. Die MB/KK 1976 sahen dafür keine Bestimmungen vor.

2. Zeit ab 1994. Zur allgemeinen Entwicklung → Rn. 14 ff. 1109

Die Vorgängervorschrift des § 178g Abs. 3 S. 2 VVG aF war im Laufe des Gesetzgebungsverfahrens auf Empfehlung des Finanzausschusses eingefügt worden. Als **Begründung** wurde angeführt,[550] dass sich unabweisbarer Anpassungsbedarf ergebe,

„wenn etwa durch Rechtsprechung eine leistungsbeschreibende AVB-Klausel für unwirksam erklärt worden ist, weil insoweit zur Fortführung des Vertragsverhältnisses nicht auf die gesetzliche Regelung verwiesen werden kann."

§ 18 Abs. 1 S. 1 lit. b MB/KK 1994 sah die Möglichkeit des Versicherungsunternehmens vor, die AVB „im Falle der Unwirksamkeit von Bedingungen" zu ändern (→ Rn. 958). Identische oder ähnliche Vorschriften enthielten § 18 MB/KT 94, § 18 MB/EPV 94, § 18 MB/PPV 1996. 1110

§ 18 Abs. 2 **MB/KK 2013** und MB/KT 2013 übernimmt nunmehr den Inhalt der §§ 203 Abs. 4, 164.

3. VVG-Reform. Zur VVG-Reform allgemein → Rn. 23 ff. 1111

Die **VVG-Kommission** hatte eine allgemeine Anpassungsvorschrift für alle Versicherungszweige vorgeschlagen. Der vorgeschlagene § 16 VVG-E hatte folgenden Wortlaut:[551]

§ 16 Anpassung unwirksamer Versicherungsbedingungen

(1) Ist eine Bestimmung in Versicherungsbedingungen des Versicherers unwirksam, so richtet sich der Inhalt des Vertrags insoweit nach den gesetzlichen Vorschriften.

(2) ¹Der Versicherer kann die unwirksame Bestimmung durch eine neue Regelung ersetzen, wenn dies zur Fortführung des Vertrags notwendig ist oder wenn das Festhalten an dem Vertrag ohne neue Regelung für eine Partei eine unzumutbare Härte darstellen würde. ²Die neue Regelung ist nur wirksam, wenn sie unter Wahrung des Vertragsziels die Belange der Versicherten angemessen berücksichtigt.

---

[550] Bericht des Finanzausschusses zu Art. 2 (§ 178g Abs. 2–4 VVG) RegE 3. DurchfG/EWG zum VAG, BT-Drs. 12/7595, 112.
[551] *Lorenz*, Abschlussbericht der VVG-Kommission, VersR-Schriftenreihe Bd. 25, 2004, S. 203, Abschn. 2.1.

Im Hinblick darauf sollte nach dem Vorschlag der VVG-Kommission der bisherige § 178g Abs. 3 S. 2 in § 195 Abs. 3 S. 2 VVG-E dem neu einzufügenden § 16 VVG-E wie folgt angepasst werden:[552]

> Ersetzt der Versicherer eine unwirksame Bestimmung in den Versicherungsbedingungen, so bedarf die neue Regelung zu ihrer Wirksamkeit der Bestätigung eines unabhängigen Treuhänders, dass die Voraussetzungen nach § 16 Abs. 2 erfüllt sind.

1112 Der **RegE** machte sich den Vorschlag der VVG-Kommission zur Einfügung einer allgemeinen Anpassungsvorschrift nicht zu eigen und bezeichnete es als angemessen, außerhalb der Lebens- und Krankenversicherung das Risiko der Unwirksamkeit einer vom Versicherungsunternehmen verwendeten Bedingung dem Versicherungsunternehmen aufzuerlegen.[553] Von der Einschaltung eines Treuhänders werde abgesehen, weil es bei der Klauselersetzung im Wesentlichen um eine rechtliche Beurteilung gehe.[554] Die Erfahrungen bei der Lebensversicherung hätten gezeigt, dass durch die Einschaltung des Treuhänders der damit verfolgte zusätzliche Schutz der Interessen der Versicherungsnehmer nicht erreicht werde. Die Treuhänderbestätigung könne beim Versicherungsnehmer den Eindruck erwecken, dass eine gerichtliche Überprüfung der geänderten Klausel von vornherein erfolglos wäre. Dem Interesse des Versicherungsnehmers entspreche es eher, wenn für Klauselersetzungen auf den Treuhänder verzichtet und der Versicherungsnehmer auf die gerichtliche Kontrolle verwiesen werde.[555]

III. Anwendungsbereich

1113 **1. Krankenversicherung.** § 203 Abs. 4 bezieht sich nach seinem Wortlaut ganz allgemein auf „eine Bestimmung in Allgemeinen Versicherungsbedingungen des Versicherers". Die Vorschrift gilt demnach für **alle Krankenversicherungen**. Sie schränkt im Gegensatz zur Prämien- und Bedingungsanpassung (§ 203 Abs. 2, 3) die Klauselersetzung nicht auf bestimmte Formen der Krankenversicherung ein. Sie gilt daher auch für solche Krankenversicherungen, die nicht nach Art der Lebensversicherung betrieben werden und bei denen das Kündigungsrecht des Versicherungsunternehmens nicht ausgeschlossen ist.

1114 Angesichts des eindeutigen Gesetzeswortlauts kommt eine andere Auslegung – nämlich die **Beschränkung der Vorschrift** auf Krankenversicherungsverträge iSv § 203 Abs. 1 S. 1 – nicht in Betracht, auch wenn die Gesetzesbegründung dies eigentlich nahelegen würde. Die Begründung des RegE führt nämlich zu der anzuwendenden Vorschrift des § 164 aus, dass dem Versicherungsunternehmen bei der Lebens- und Krankenversicherung kein ordentliches Kündigungsrecht zustehe und es also idR sehr langfristig an den Vertrag gebunden sei.[556] Der Vorschlag der VVG-Kommission hatte – allerdings im Kontext mit der allgemeinen Klauselersetzung – ebenfalls eine Geltung für alle Formen der Krankenversicherung vorgesehen.

1115 **2. AVB.** § 203 Abs. 3 bezieht sich auf **alle Vertragsvereinbarungen,** die nach ihrer Rechtsnatur als AVB einzustufen sind. Darunter fallen außer den Musterbedingungen des PKV-Verbands auch die unternehmensindividuellen Tarifbedingungen, Tarifbestimmungen und Tarifbeschreibungen.

1116 **3. Drittwirkung.** Nach dem Gesetzeswortlaut muss es sich um eine AVB-Bestimmung des **Versicherers** handeln. Damit stellt sich die Frage der Drittwirkung, wenn die AVB-Bestimmung eines anderen Versicherungsunternehmens für unwirksam erklärt worden ist.

1117 Wenn eine Bestimmung in den **Musterbedingungen** des PKV-Verbands für unwirksam erklärt worden ist, ist eine solche Drittwirkung anzunehmen; denn die Musterbedingungen werden von allen PKV-Unternehmen verwandt. Das Versicherungsunternehmen kann die Klauselersetzung nach § 203 Abs. 4 vornehmen, auch wenn es am Verfahren der Unwirksamkeitserklärung nicht beteiligt gewesen war.[557]

1118 Wenn eine Bestimmung in den **unternehmensindividuellen Bedingungen** für unwirksam erklärt worden ist, kann eine solche Drittwirkung nach dem Gesetzeswortlaut nicht ohne weiteres angenommen werden. Eine solche Auslegung führt jedoch nicht immer zu befriedigenden Ergebnissen. Wenn nämlich die gleiche Bedingung auch von nicht an dem Verfahren der Unwirksamkeitserklärung beteiligten Versicherungsunternehmen verwandt wird, wäre es weder dem Versicherungsun-

---

[552] *Lorenz,* Abschlussbericht der VVG-Kommission, VersR-Schriftenreihe Bd. 25, 2004, S. 272, Abschn. 2.1.
[553] Begr. zu Art. 1 (§§ 164, 203 Abs. 4 VVG) RegE VVG-ReformG, BT-Drs. 16/3945, 100, 114.
[554] Begr. zu Art. 1 (§ 203 Abs. 3 VVG) RegE VVG-ReformG, BT-Drs. 16/3945, 113.
[555] Begr. zu Art. 1 (§§ 164 Abs. 1, 203 Abs. 4 VVG) RegE VVG-ReformG, BT-Drs. 16/3945, 100, 114.
[556] Begr. zu Art. 1 (§§ 164 Abs. 1, 203 Abs. 4 VVG) RegE VVG-ReformG, BT-Drs. 16/3945, 100, 114.
[557] Ebenso *Brand* in Bruck/Möller VVG § 203 Rn. 74.

ternehmen noch seinen Versicherungsnehmern zuzumuten, erst eine weitere Verbandsklage abwarten zu müssen, bis das Klauselersetzungsverfahren eingeleitet werden kann. In einem solchen Fall kann davon gesprochen werden, dass es sich bei der für unwirksam erklärten Klausel um eine solche „des Versicherers" handelt.

Das gleiche gilt, wenn die vom Versicherungsunternehmen verwandte AVB-Bestimmung eine 1119 nur geringfügige und rein **redaktionelle Abweichung** von der für unwirksam erklärten Bestimmung aufweist, inhaltlich aber vollständig mit dieser übereinstimmt.

Ob eine gegenüber der für unwirksam erklärten nur **gleichartige** AVB-Bestimmung die 1120 Voraussetzung erfüllt, eine AVB-Bestimmung „des Versicherers" zu sein, erscheint zweifelhaft. Nach der Gesetzesbegründung sollte Gleichartigkeit genügen.[558] Indessen zeigt sich bei diesem Grenzfall, dass der vom Gesetzgeber vorgenommene Systemwechsel Konsequenzen hat.

Der **Systemwechsel** besteht darin, dass die Klauselersetzung im Gegensatz zur bisherigen 1121 Rechtslage nach § 178g Abs. 3 S. 2 VVG aF nicht mehr an die Unwirksamkeit geknüpft ist, sondern an eine rechts- oder bestandskräftige Entscheidung. An die Stelle der materiellen Voraussetzung der Unwirksamkeit ist die formelle Voraussetzung einer Entscheidung getreten.

Die **materielle Voraussetzung** der Unwirksamkeit nach § 178g Abs. 3 S. 2 VVG aF konnte 1122 für eine nur gleichartige AVB-Bestimmung angenommen werden, ohne dass eine rechtskräftige Entscheidung zulasten des konkreten Versicherungsunternehmens vorlag.[559]

Die **formelle Voraussetzung** einer höchstrichterlichen Entscheidung oder eines bestandskräf- 1123 tigen Verwaltungsakts kann dagegen nicht angenommen werden, wenn das Versicherungsunternehmen, das an diesem Verfahren nicht beteiligt gewesen war, eine nur gleichartige AVB-Bestimmung verwendet. Wenn das Gesetz die Wahrnehmung bestimmter Rechte an das Vorliegen formeller Voraussetzungen knüpft, muss es auch die davon ausgehende Formenstrenge beachten. Dem an dem Verfahren nicht beteiligten Versicherungsunternehmen würde sonst die Möglichkeit genommen, Gründe für die Wirksamkeit seiner nur gleichartigen AVB-Bestimmung im Verfahren vorzutragen. Die Drittwirkung ist ohnehin eine Ausnahme von dem Grundsatz, dass die Rechts- oder Bestandskraft sich nur auf die Verfahrensbeteiligten erstreckt. Ausnahmen – insbes. wenn sie sich auf formelle Voraussetzungen beziehen – sind eng auszulegen. Unzutreffend ist daher die Begründung des RegE, die Unwirksamkeit einer Klausel könne „mit Wirkung für alle Versicherer, welche diese oder eine gleichartige Klausel verwendet haben", festgestellt werden.[560]

IV. Unwirksamkeit

1. Höchstrichterliche Entscheidung. Die Unwirksamkeit der verwendeten AVB-Bestim- 1124 mung muss **unmittelbare Rechtsfolge** der höchstrichterlichen Entscheidung sein; das ergibt sich aus dem Wortlaut „durch höchstrichterliche Entscheidung ... für unwirksam erklärt". Das setzt folgendes voraus:
– Die Entscheidung muss in einem Zivilrechtsstreit ergehen, dessen Prozessgegenstand der Versicherungsvertrag mit seinen AVB ist.
– Die Entscheidung muss von der Wirksamkeit der AVB-Bestimmung abhängen und deren Unwirksamkeit definitiv feststellen.

Diese Voraussetzungen sind nicht erfüllt, wenn die BaFin eine AVB-Bestimmung für rechtswidrig hält, deren Verwendung im Rahmen der Versicherungsaufsicht verbietet und das Versicherungsunternehmen gegen den aufsichtlichen Verwaltungsakt vor den Verwaltungsgerichten klagt. Eine im verwaltungsgerichtlichen Verfahren ergehende Gerichtsentscheidung führt allein zur Bestandskraft des Verwaltungsakts (→ Rn. 1128). Entscheidungen des BVerwG sind daher keine höchstrichterlichen Entscheidungen iSv § 203 Abs. 4.

Die Reichweite des **Begriffs „höchstrichterlich"** ist nicht eindeutig. AG und LG fallen schon 1125 nach dem allgemeinen Sprachgebrauch nicht darunter, auch wenn ihre Entscheidungen unanfechtbar geworden sind.

Ob ein **OLG-Urteil** als höchstrichterliche Entscheidung anzusehen ist, erscheint zweifelhaft, 1126 weil oberstes Revisionsgericht der BGH ist.[561] Dass das OLG-Urteil rechtskräftig sein muss,[562] ist ohnehin selbstverständlich. Die Gesetzesmaterialien gingen davon aus, dass auch eine unanfechtbare OLG-Entscheidung höchstrichterlichen Charakter haben kann.[563] Dieser Auffassung ist nicht zu

---

[558] Begr. zu Art. 1 (§§ 164 Abs. 1, 203 Abs. 4 VVG) RegE VVG-ReformG, BT-Drs. 16/3945, 100, 114.
[559] *Prölss* in Prölss/Martin, 27. Aufl. 2004, VVG § 178g Rn. 34a.
[560] Begr. zu Art. 1 (§§ 164 Abs. 1, 203 Abs. 4 VVG) RegE VVG-ReformG, BT-Drs. 16/3945, 100, 114.
[561] *Brömmelmeyer* in Schwintowski/Brömmelmeyer/Ebers VVG § 203 Rn. 38.
[562] Begr. zu Art. 1 (§§ 164 Abs. 1, 203 Abs. 4 VVG) RegE VVG-ReformG, BT-Drs. 16/3945, 100, 114.
[563] Begr. zu Art. 1 (§§ 164 Abs. 1, 203 Abs. 4 VVG) RegE VVG-ReformG, BT-Drs. 16/3945, 100, 114.

folgen, weil sie die Gefahr in sich birgt, nicht „abschließend Rechtsklarheit" zu schaffen; letzteres ist jedoch Gesetzeszweck:[564]

1126a — Wenn ein OLG **erstmals** über die Klauselunwirksamkeit entscheidet, fehlt trotz Rechtskraft die abschließende Rechtsklarheit, weil die Möglichkeit besteht, dass eine spätere divergierende Entscheidung eines anderen OLG nach Revisionszulassung (§ 543 Abs. 2 S. 1 Nr. 2 ZPO) vom BGH bestätigt wird.

1126b — Das gleiche gilt, wenn ein OLG **in Übereinstimmung mit anderen OLG** über die Klauselunwirksamkeit entscheidet, ohne dass es in dieser Frage jemals zu einer Revisionsentscheidung des BGH gekommen ist; denn auch hier bleibt eine spätere divergierende Entscheidung eines OLG möglich. Damit erreicht auch eine „gefestigte" OLG-Rspr. keine höchstrichterliche Qualität, zumal unklar bliebe, ab welchem OLG-Urteil das Stadium der „gefestigten" Rspr. begänne.

1126c — Wenn ein OLG eine von anderen OLG **abweichende Entscheidung** zur Klauselunwirksamkeit trifft, wird schon begrifflich keine Rechtsklarheit geschaffen, die Voraussetzung für die Annahme höchstrichterlicher Qualität ist. In einem solchen Fall ist grds. die Revision zum BGH zuzulassen (§ 543 Abs. 2 S. 1 Nr. 2 ZPO).

1126d Höchstrichterliche Entscheidungen sind in der Zivilgerichtsbarkeit somit nur solche des **BGH**, nicht auch solche eines OLG (→ § 164 Rn. 39).[565]

1127 Den Entscheidungen des **BVerfG** fehlt zwar die unmittelbare Entscheidungswirkung (→ Rn. 1124), weil sie erst durch das jeweilige Fachgericht im konkreten Rechtsstreit umgesetzt werden müssen. Wenn dieses wegen fehlender Revisionsmöglichkeit nicht der BGH ist, käme es zu keiner höchstrichterlichen Entscheidung. Diese formale Betrachtungsweise wäre jedoch zu eng, weil das Fachgericht an die Entscheidung des BVerfG gebunden wäre. Daher kann auch eine Entscheidung des BVerfG höchstrichterliche Qualität haben, wenn sie zB im Rahmen einer Verfassungsbeschwerde die Unwirksamkeit einer AVB-Klausel definitiv feststellt.

1128 **2. Bestandskräftiger Verwaltungsakt.** Eine AVB-Bestimmung kann für unwirksam erklärt werden durch bestandskräftigen Verwaltungsakt
– der Versicherungsaufsichtsbehörde,
– einer Kartellbehörde.
Wenn das Versicherungsunternehmen gegen den Verwaltungsakt klagt, hat das die Klage abweisende rechtskräftige Urteil zur Folge, dass der Verwaltungsakt **bestandskräftig** wird. Die gleiche Wirkung tritt ein, wenn das Versicherungsunternehmen den Rechtsweg nicht beschreitet.

V. Rechtsfolgen

1129 Die Rechtsfolgen richten sich nach **§ 164**.

VI. Allgemeine Versicherungsbedingungen

1130 § 18 Abs. 2 **MB/KK 2013** und § 18 Abs. 2 **MB/KT 2013** übernehmen mit identischem Wortlaut die Vorschriften der §§ 203 Abs. 4, 164.

F. Wirksamwerden von Prämien- und Bedingungsänderungen (Abs. 5)

I. Inhalt und Zweck der Regelung

1131 **1. Regelungsinhalt.** Für die Prämienanpassung nach § 203 Abs. 2 und die Bedingungsanpassung nach § 203 Abs. 3 regelt § 203 Abs. 5 den **Zeitpunkt**, zu dem die Anpassungen vertragswirksam werden.

1132 Das Versicherungsunternehmen muss dem Versicherungsnehmer die **Anpassung mit Begründung mitteilen.** Vom Datum dieser Mitteilung an gerechnet, wird die Anpassung mit Beginn des auf die Mitteilung folgenden zweiten Monats wirksam.

1133 Für die **Klauselersetzung** nach § 203 Abs. 4 iVm § 164 regelt § 164 Abs. 2 den Zeitpunkt des Inkrafttretens. Auch hier muss das Versicherungsunternehmen dem Versicherungsnehmer die neue AVB-Bestimmung mit Begründung mitteilen. Zwei Wochen nach der Mitteilung wird sie Vertragsbestandteil.

---

[564] Begr. zu Art. 1 (§§ 164 Abs. 1, 203 Abs. 4 VVG) RegE VVG-ReformG, BT-Drs. 16/3945, 100, 114.
[565] *Brömmelmeyer* in Beckmann/Matusche-Beckmann VersR-HdB § 42 Rn. 113; *Schneider* in Prölss/Martin VVG § 164 Rn. 7. AM: *Brand* in Bruck/Möller VVG § 203 Rn. 75. Teilweise anders *Grote* in Langheid/Rixecker VVG § 164 Rn. 9; *Brambach* in HK-VVG § 164 Rn. 4.

2. Bedeutung der Regelung. § 203 Abs. 5 zieht die Konsequenz daraus, dass die Prämienanpassung und die Bedingungsanpassung ein **Gestaltungsrecht** sind, das durch einseitige empfangsbedürftige Willenserklärung des Versicherungsunternehmens gegenüber dem Versicherungsnehmer ausgeübt wird (→ Rn. 740, 945) und insofern zwingend der Mitteilung an den Versicherungsnehmer bedarf. Ohne Mitteilung kann die Anpassung begrifflich nicht wirksam werden.[566] Das gleiche gilt für die Klauselersetzung nach § 203 Abs. 4 iVm § 164 Abs. 2 (→ Rn. 1100). 1134

Die Mitteilungspflicht nach § 203 Abs. 5 VVG ist eine **temporäre Wirksamkeitsvoraussetzung**. Die fehlende oder fehlerhafte Mitteilung verhindert nicht die Wirksamkeit der Prämienneufestsetzung an sich (→ Rn. 903e ff.), sondern nur deren Wirksam*werden* gegenüber dem einzelnen Versicherungsnehmer; sie hat diesem gegenüber „aufschiebende" Wirkung. Der Wortlaut („Die Neufestsetzung der Prämie …") macht deutlich, dass der Tatbestand der Prämienneufestsetzung einschließlich Treuhänderzustimmung schon vollendet ist. 1134a

Die Mitteilung der Anpassung bzw. der Bedingungsänderung für sich allein genügt nicht. Es müssen auch die für die Anpassung bzw. neue AVB-Bestimmung maßgeblichen Gründe mitgeteilt werden. Dieser **Begründungszwang** ist formal zu verstehen. Ob die vom Versicherungsunternehmen gegebene Begründung stichhaltig ist oder vielleicht sogar angreifbar, ist irrelevant. Fehlt die Begründung, kann die Anpassung bzw. Bedingungsänderung nicht vertragswirksam werden. 1135

3. Zweck der Regelung. § 203 Abs. 5 will zunächst **Rechtsklarheit** über die Tatsache der Vertragsänderung und über den Zeitpunkt ihres Inkrafttretens schaffen. Dem dient die Anknüpfung an die formelle Mitteilung des Versicherungsunternehmens gegenüber dem Versicherungsnehmer. 1136

Außerdem will die Vorschrift dem Versicherungsnehmer eine **Überprüfungsmöglichkeit** geben, damit er zum einen die Gründe für die Vertragsänderung nachvollziehen kann und zum anderen eine Entscheidungsgrundlage für die Frage hat, welche der sich ihm eröffnenden Handlungsoptionen er wahrnehmen will. Dem dient der Begründungszwang (→ Rn. 1135). Dagegen soll die Begründungspflicht dem Versicherungsnehmer nicht die Möglichkeit eröffnen, die Plausibilität der Prämienanpassung zu überprüfen. Das wäre ihm faktisch ohnehin nicht möglich.[567] Hinzukommt, dass die Prämienanpassung durch den Treuhänder überprüft worden ist, womit bereits eine vollständige fachliche Kontrolle stattgefunden hat.[568] Auch wenn die gerichtliche Kontrolle aus verfassungsrechtlichen Gründen nicht ausschließen kann,[569] so ist doch die Wahrscheinlichkeit gering, dass dem Treuhänder angesichts seiner hohen fachlichen Qualifikation bei seiner Prüftätigkeit fachliche Fehler unterlaufen sind. Seine Tätigkeit dient gerade auch der Streitvorbeugung und Streitverhinderung (→ Rn. 502). Somit ist es nicht erforderlich, dem Versicherungsnehmer zusätzliche Entscheidungshilfen für ein gerichtliches Vorgehen gegen die Prämienanpassung an die Hand zu geben. Diesem Ziel dient der Begründungszwang daher nicht. An der gegenteiligen Auffassung in der Vorauflage wird nicht festgehalten. 1137

Je nach dem Datum der formellen Mitteilung des Versicherungsunternehmens (erster Tag oder letzter Tag eines Monats) tritt die Prämien- und die Bedingungsanpassung zwischen einem Monat und zwei Monaten nach der Mitteilung in Kraft. Damit soll dem Versicherungsnehmer ein **ausreichend langer Zeitraum** eingeräumt werden, sich auf die Vertragsänderung einzustellen. Dies gilt insbes. für finanzielle Dispositionen hinsichtlich der Prämienzahlung und für Krankheitsbehandlungen hinsichtlich der Versicherungsleistungen. 1138

Für die **Klauselersetzung** nach § 203 Abs. 4 iVm § 164 Abs. 2 gelten die gleichen Gesichtspunkte der Rechtsklarheit (→ Rn. 1136) und Überprüfungsmöglichkeit (→ Rn. 1137). 1139

II. Entstehungsgeschichte

1. Zeit vor 1994. Zur **allgemeinen Entwicklung** → Rn. 8 ff. 1140

Das **Wirksamwerden** von Prämien- und Bedingungsänderungen regelte § 18 Abs. 2 MB/KK. Danach wurden solche Änderungen

zu Beginn des zweiten Monats wirksam, der auf die Benachrichtigung der Versicherungsnehmer folgt, sofern nicht mit Zustimmung der Aufsichtsbehörde ein anderer Zeitpunkt bestimmt wird.

2. Zeit ab 1994. Zur **allgemeinen Entwicklung** → Rn. 14 ff. 1141

Die **Vorgängervorschrift** des § 178g Abs. 4 VVG aF hatte eine dem § 203 Abs. 5 vergleichbare Regelung vorgesehen, allerdings mit drei Abweichungen:

---

[566] OLG Köln r+s 2020, 31 Rn. 37.
[567] BGHZ 228, 57 = VersR 2021, 240 = r+s 2021, 89 Rn. 36 mwN = JZ 2021, 522 m. Anm. *Bruns*.
[568] Ähnlich LG Stuttgart VersR 2021, 256. Vgl. auch *Klimke* in Boetius/Rogler/Schäfer PKV-HdB § 31 Rn. 30 f.
[569] BVerfG VersR 2000, 214 mAnm *Reinhard* = r+s 2000, 167; BGHZ 159, 323 = VersR 2004, 991 (992) = NJW 2004, 2679.

§ 203 1142–1152   Teil 2. Einzelne Versicherungszweige. Kap. 8. Krankenversicherung

– Es genügte die Benachrichtigung des Versicherungsnehmers. Eine Begründungspflicht war nicht vorgesehen.
– Die Vorschrift bezog sich auch auf Klauselersetzungen.
– Es konnte etwas anderes vereinbart werden; eine solche Vereinbarung unterlag nicht den Beschränkungen des § 178o VVG aF.

1142 Die **Musterbedingungen** regelten das Wirksamwerden in sachlicher Übereinstimmung mit § 178g Abs. 3 VVG aF § 18 Abs. 3 MB/KK 1994 hatte folgenden Wortlaut:

Änderungen nach Abs. 1 werden zu Beginn des zweiten Monats wirksam, der auf die Benachrichtigung der Versicherungsnehmer folgt, sofern nicht mit Zustimmung des Treuhänders ein anderer Zeitpunkt bestimmt wird.

Identische oder ähnliche Vorschriften enthielten § 18 MB/KT 94, § 18 MB/EPV 94, § 18 MB/PPV 1996.

1143 **3. VVG-Reform.** Zur VVG-Reform allgemein → Rn. 23 ff.

Die **VVG-Kommission** hatte vorgeschlagen, den bisherigen § 178g Abs. 4 VVG aF inhaltlich unverändert zu übernehmen.

1144 Der **RegE** folgte dem Vorschlag der VVG-Kommission nicht vollständig, sondern beseitigte die bisherige Möglichkeit, abweichende Vereinbarungen über den Zeitpunkt des Wirksamwerdens der Vertragsänderung zu treffen, soweit sie für den Versicherungsnehmer nachteilig sind. Die Vorschrift des § 203 Abs. 5 ist jetzt halbzwingend (§ 208).

1145 Der RegE änderte ferner das Wirksamwerden im Falle einer **Klauselersetzung** nach § 203 Abs. 4. Anstelle der längeren Frist des § 203 Abs. 5 gilt die kürzere Frist des § 164 Abs. 2 (§ 203 Abs. 4).

III. Anwendungsbereich

1146 **1. Prämien- und Bedingungsanpassung.** Die Vorschrift gilt für alle **Vertragsänderungen** iSv § 203 Abs. 2, 3.

Die Vorschrift regelt nur den **Zeitpunkt** des Wirksamwerdens einer solchen Vertragsänderung. Für das materiell-rechtliche Inkrafttreten müssen davon unabhängig die in § 203 Abs. 2, 3 geregelten materiellen und formellen Voraussetzungen erfüllt sein.

1147 **2. Klauselersetzung.** Anders als nach dem bisherigem § 178g Abs. 4 VVG aF richtet sich der **Zeitpunkt** des Inkrafttretens einer aufgrund des § 203 Abs. 4 geänderten Bedingung nicht mehr nach den für die Prämien- und Bedingungsanpassung geltenden Vorschriften.

1148 Im Falle der Klauselersetzung besteht eine andere Situation als bei einer Prämien- und Bedingungsanpassung. Prämien- und Bedingungsanpassung betreffen einen vollständig wirksamen und damit funktionsfähigen Versicherungsvertrag. Die Klauselersetzung bezieht sich dagegen auf einen Versicherungsvertrag, der nachträglich in einem essentiellen Umfang unvollständig geworden ist. Hier besteht das Bedürfnis zu einem **schnellen Inkrafttreten** der neuen AVB-Bestimmung. Dies stellt der deutlich kürzere Zwei-Wochen-Zeitraum nach Zugang der Mitteilung des Versicherungsunternehmens sicher (§ 203 Abs. 4 iVm § 164 Abs. 2).

IV. Wirksamkeitsvoraussetzungen

1149 **1. Mitteilung des Versicherungsunternehmens.** Ohne Mitteilung an den Versicherungsnehmer kann die Vertragsänderung materiell-rechtlich nicht wirksam werden (→ Rn. 1134). Gleichzeitig setzt die Mitteilung den **Zeitpunkt** für das Wirksamwerden fest.

1150 Die Mitteilung stellt, weil die Prämien- und Bedingungsanpassung ein Gestaltungsrecht ist (→ Rn. 1134), eine **empfangsbedürftige Willenserklärung** dar.[570] Maßgebend ist daher der Zeitpunkt, in dem die Mitteilung dem Versicherungsnehmer zugeht (§ 130 Abs. 1 S. 1 BGB).[571]

1151 Für die Mitteilung enthält § 203 Abs. 5 **keine Formvorschriften**. Die in § 7 Abs. 1 S. 1 enthaltene Vorschrift, Informationen in Textform mitzuteilen, bezieht sich nur auf Informationen vor Vertragsabschluss und auf die in § 7 Abs. 2 bestimmten Informationen, von denen die speziell für die Krankenversicherung genannten Informationen (§ 7 Abs. 2 S. 1 Nr. 3) auf die Mitteilung nach § 203 Abs. 5 nicht zutreffen.

1152 Das Versicherungsunternehmen kann die Mitteilung nach § 203 Abs. 5 dem Versicherungsnehmer daher **formfrei** übermitteln. Aus Nachweisgründen wird das Versicherungsunternehmen

---

[570] *Grote*, Die Rechtsstellung der Prämien-, Bedingungs- und Deckungsstocktreuhänder nach dem VVG und dem VAG (Münsteraner Reihe Heft 75), 2002, S. 415.
[571] *Hohlfeld* in Berliner Kommentar VVG § 178g Rn. 26.

jedoch stets eine Form wählen, die ihm den Nachweis ermöglicht, welchen Inhalt seine Mitteilung hatte und zu welchem Zeitpunkt die Mitteilung dem Versicherungsnehmer zugegangen ist.

Die Mitteilung kann damit auch durch gedruckte **Informationsschriften** erfolgen.[572] **1153**

2. Inhalt der Mitteilung. a) Vertragsinhalt. Die **Vertragsänderung** iSv § 203 Abs. 2, 3 **1154** muss dem Versicherungsnehmer mitgeteilt werden. Das bedeutet, dass dem Versicherungsnehmer die geänderten Prämien, Selbstbehalte und Risikozuschläge sowie die geänderten AVB-Bestimmungen und Tarifbestimmungen mit vollem Wortlaut mitgeteilt werden müssen. Eine nur inhaltliche Wiedergabe ohne den genauen Wortlaut genügt nicht.[573]

Die genaue **Zusammensetzung der Prämienänderung** ist dem Versicherungsnehmer nicht **1154a** mitzuteilen (→ Rn. 1155b f.). Das Versicherungsunternehmen muss daher nicht aufschlüsseln, inwieweit die einzelnen Rechnungsgrundlagen zur Prämienänderung beigetragen haben.

Auch wenn das Versicherungsunternehmen im Zuge der Prämienänderung den **Rechnungs- 1154b zins** absenkt und die Absenkung nach § 11 Abs. 2 S. 2 KVAV über mehrere Jahre streckt (→ Rn. 777a, 823a f.), muss es den darauf entfallenden Teil der mitgeteilten Prämienänderung nicht betragsmäßig aufschlüsseln. Zwar heißt es in der Verordnungsbegründung des BMF zur KVAV, dass dem Versicherungsnehmer „die konkreten aufgrund der gestuften Entwicklung der Rechnungsgrundlage Zins zukünftig erhobenen Beiträge mitzuteilen" seien.[574] Schon grammatikalisch gibt es keine „zukünftig erhobenen" Beiträge. Im Übrigen ist eine solche Mitteilungspflicht nicht einmal in den Wortlaut der neu geschaffenen Vorschrift (§ 11 Abs. 2 S. 2 KVAV) aufgenommen worden. Richtigerweise gehört eine solche Streckung der Rechnungszinsabsenkung zu den „maßgeblichen Gründen" iSv § 203 Abs. 5 (→ Rn. 1155b).

Der Mitteilungspflicht unterliegt nur die konkret anstehende Vertragsänderung. In späteren **1154c** Jahren zu erwartende **künftige Vertragsänderungen** sind nicht schon im Voraus mitzuteilen. Wenn daher die Absenkung des Rechnungszinses über mehrere Jahre gestreckt wird (→ Rn. 1154b), muss das Versicherungsunternehmen nicht auch schon diejenigen Prämien mitteilen, die sich infolge der Streckung in den kommenden Jahren ergeben werden (→ Rn. 823b). Wenn mit der in der Verordnungsbegründung des BMF zur KVAV vertretenen Auffassung, dem Versicherungsnehmer seien „die konkreten aufgrund der gestuften Entwicklung der Rechnungsgrundlage Zins zukünftig erhobenen Beiträge mitzuteilen" (→ Rn. 1154b), die erst in Zukunft zu erwartenden Prämien gemeint sein sollen, so findet dies im Gesetz keine Grundlage. Zukünftige Prämienänderungen mitzuteilen, verbietet sich schon deshalb, weil deren Höhe auch von anderen Rechnungsgrundlagen abhängen kann, deren Entwicklung noch nicht absehbar ist.

b) Begründung. Dem Versicherungsnehmer müssen außerdem die für die vorgenommenen **1155** Vertragsänderungen **maßgeblichen Gründe** mitgeteilt werden. Die Begründung soll den Versicherungsnehmer instand setzen, die Vertragsänderung zu verstehen und nachzuvollziehen,[575] damit er sich über seine Handlungsoptionen (Tarif- oder Versichererwechsel) klar werden kann.[576] Der BGH versteht den Begriff „maßgeblich" iSd maßgeblichen Rechnungsgrundlagen iSv § 203 Abs. 2 S. 1, 3 und lässt es genügen, die maßgebliche Rechnungsgrundlage zu benennen, welche die Neufestsetzung der Prämie ausgelöst hat.[577] Der BGH hat diese Rspr. in mehreren Urteilen fortgesetzt;[578] die Gerichte der Tatsacheninstanzen sind ihr gefolgt.[579] Allerdings wird die Auslegung des BGH durch den Wortlaut nicht gedeckt und erweist sich im Hinblick auf den Normzweck als zu eng:[580]
– Im Unterschied zu § 203 Abs. 2 S. 3 enthält § 203 Abs. 5 **keine Definition** dessen, was als **1155a** „maßgeblich" anzusehen ist. Den Begriff nur im Sinne der „maßgeblichen Rechnungsgrundlage" gem. § 203 Abs. 2 S. 3 zu verstehen, wäre schon formal zu eng, weil der Begründungszwang auch für AVB-Änderungen nach § 203 Abs. 3 gilt. Auch im Fall der Klauselersetzung nach § 203 Abs. 4 sind die „maßgeblichen Gründe" anzugeben (§ 164 Rn. 2). Das Wort „maßgeblich" in § 203 Abs. 5 bezieht sich – wie das vorangehende Wort „hierfür" klarstellt – auf die Neufestsetzung der

---

[572] BGHZ 119, 55 = VersR 1992, 1211 (1213) = NJW 1992, 2356 für eine Mitteilung nach § 315 Abs. 2 BGB, § 18 Abs. 2 MB/KK und MB/KT 1976.
[573] Ebenso *Brand* in Bruck/Möller VVG § 203 Rn. 81.
[574] Begr. zu Art. 9 (§ 11 KVAV) RefE BMF Verordnung zum Erlass von Verordnungen nach dem Versicherungsaufsichtsgesetz (Stand 23.9.2015).
[575] Ebenso LG Frankfurt/O. VersR 2018, 669.
[576] BGHZ 220, 297 Rn. 70 = VersR 2019, 283 = NJW 2019, 919; BGHZ 228, 57 = VersR 2021, 240 = r+s 2021, 89 Rn. 34.
[577] BGHZ 228, 57 = VersR 2021, 240 = r+s 2021, 89; BGH r+s 2021, 95.
[578] ua BGH NJW-RR 2021, 1260 Rn. 23; VersR 2022, 155 Rn. 22 = NJW-RR 2022, 34; BeckRS 2021, 37438 Rn. 18; BeckRS 2022, 3377 Rn. 27.
[579] S. *Boetius* r+s 2022, 248 (248 f.).
[580] Dazu ausführlich *Boetius* r+s 2021, 223 in Anm. zu BGHZ 228, 57 = VersR 2021, 240 = r+s 2021, 89.

Prämie und die Bedingungsänderung. Im Fall der Prämienanpassung beziehen sich die mitzuteilenden Gründe daher auf die Prämienneufestsetzung insgesamt und nicht nur auf den engeren Bereich der maßgeblichen Rechnungsgrundlagen.

1155b — Auch der **Normzweck** verbietet es, als maßgebliche Gründe nur diejenigen maßgeblichen Rechnungsgrundlagen zu verstehen, welche die Neufestsetzung der Prämie ausgelöst haben. Der Normzweck besteht insbesondere darin, den Versicherungsnehmer in die Lage zu versetzen, sich über seine Handlungsoptionen klar zu werden (→ Rn. 1137). Dafür benötigt er Informationen über die wichtigsten Ursachen der Prämienanpassung. Die bloße Angabe, welche maßgebliche Rechnungsgrundlage iSv § 203 Abs. 2 S. 1, 3 die Neufestsetzung der Prämie ausgelöst hat, reicht hierfür nicht aus; denn die Veränderungen anderer Rechnungsgrundlagen, die aus diesem Anlass mit zu überprüfen waren, können mit einem sehr viel größeren Anteil zur Prämienanpassung beigetragen haben als die Veränderung der maßgeblichen Rechnungsgrundlage, welche die Prämienneufestsetzung ausgelöst hatte. Das gilt insbesondere für den „Rechnungszins", der seit Beginn der internationalen Finanzkrise 2007 einen dramatischen Verfall erlebt hat und dessen notwendige Absenkung zu einer höheren Prämienanpassung führt als allein die Veränderung der Versicherungsleistungen.[581] Wegen der erheblichen Hebelwirkung kann die notwendige Absenkung des Rechnungszinses auf mehrere Jahre verteilt werden (§ 11 Abs. 2 S. 2 KVAV). Wenn also eine durch die Veränderung der Versicherungsleistungen ausgelöste Prämienneufestsetzung dazu führt, dass der größte Teil der Prämienerhöhung nicht auf dieser Veränderung, sondern auf der notwendigen Absenkung des Rechnungszinses beruht, dann ist das eine viel wichtigere Information für den Versicherungsnehmer, um die Konsequenzen seiner vertraglichen Optionen zu beurteilen. Macht nämlich der Versicherer im Falle der Rechnungszinsabsenkung von der Streckungsmöglichkeit nach § 11 Abs. 2 S. 2 KVAV Gebrauch, so muss der Versicherungsnehmer in absehbarer Zeit mit weiteren Absenkungen des Rechnungszinses und darauf beruhenden Prämienerhöhungen rechnen. Dann wird der Versicherungsnehmer daran interessiert sein, seine vertraglichen Optionen danach auszurichten, in welchem anderen Tarif seines oder eines anderen Versicherers der notwendige Rechnungszins bereits erreicht ist. Das setzt aber voraus, dass der Versicherungsnehmer zusätzliche Informationen über die Gründe seiner Prämienanpassung erhält. Diese Entwicklungen waren im Zeitpunkt der VVG-Reform noch nicht absehbar. Der Normzweck muss solchen grundlegenden Veränderungen der tatsächlichen und rechtlichen Verhältnisse Rechnung tragen.

1155c Dem Gesetzeszweck und dem Wesentlichkeitsprinzip („materiality") entspricht es am ehesten, unter den maßgeblichen Gründen nicht unterschiedslos alle – einschließlich der materiell untergeordneten – Gründe, sondern nur die wesentlichen, dh **wichtigsten Gründe** zu verstehen.[582] Das sind diejenigen Gründe, die die Rechtsposition des Versicherungsnehmers am stärksten verändern, dh die den größten Einfluss auf die Prämienanpassung haben. Dazu zählen zB die Veränderung derjenigen Rechnungsgrundlagen, die die Prämienanpassung überhaupt erst ausgelöst haben,[583] aber auch eine Absenkung des Rechnungszinses sowie deren Verteilung auf mehrere Jahre (→ Rn. 823a f., 1154b).[584] Die Nennung nur der maßgeblichen Rechnungsgrundlagen iSv § 203 Abs. 2 S. 3 VVG stets als ausreichend anzusehen,[585] ist zu eng (→ Rn. 1155–1155b). Eine vollständige Angabe aller – auch untergeordneten – Gründe, die zur AVB-Änderung oder Prämienanpassung beigetragen haben, ist jedoch nicht zu fordern.[586] Die konkrete Höhe der Veränderung und der auslösende Faktor müssen nicht angegeben werden.[587]

1155d Der **Mitteilungspflicht unterliegen nicht** die konkreten Berechnungsgrundlagen, aus denen sich die Prämienanpassung herleitet;[588] denn bei diesen handelt es sich um Geschäftsgeheimnisse,

---

[581] Dazu ausführlich *Boetius* r+s 2021, 223 in Anm. zu BGHZ 228, 57 = VersR 2021, 240 = r+s 2021, 89.
[582] Ebenso LG Nürnberg-Fürth VersR 2019, 1411 (1412); *Brand* VersR 2018, 453 (454). Ähnlich: LG Essen VersR 2019, 1203 (1205) „eher geringeres Begründungserfordernis"; LG Köln r+s 2019, 644 „keine zu hohen Anforderungen"; *Franz* VersR 2020, 449 (456) „die für die Prämienanpassung von entscheidender Bedeutung"; *Kalis* r+s 2018, 464 (469) „Hauptgründe".
[583] Ebenso OLG Köln r+s 2020, 31 Rn. 56; LG Köln r+s 2019, 644 Rn. 19; LG Neuruppin VersR 2018, 469; *Brand* VersR 2018, 453 (455). Ähnlich OLG Celle VersR 2018, 1179 (1183) = r+s 2018, 547; wohl auch *Klimke* VersR 2016, 22 (23).
[584] Ebenso LG Nürnberg-Fürth VersR 2019, 1411 (1412).
[585] So aber *Franz* VersR 2020, 449 (457).
[586] Ähnlich: OLG Köln r+s 2020, 31 Rn. 54; *Klimke* VersR 2016, 22 (24) „nur die aus Sicht des Versicherers erheblichen Entscheidungsgrundlagen".
[587] BGHZ 228, 57 = VersR 2021, 240 = r+s 2021, 89 Rn. 35; OLG Celle VersR 2018, 1179 (1183); OLG Köln r+s 2020, 31 Rn. 58. AM: LG Neuruppin VersR 2018, 469.
[588] Ebenso OLG Köln r+s 2020, 31 Rn. 38.

die das Versicherungsunternehmen nur in einem Rechtsstreit vorzulegen hat, wenn das Gericht entsprechende Maßnahmen zur Sicherung der Geheimhaltung anordnet (→ Rn. 907, 909 ff.). Müsste das Versicherungsunternehmen diese Unterlagen bereits im Rahmen der Mitteilung nach § 203 Abs. 5 vorlegen, würde es nicht den Schutz der in einem Prämienprozess angeordneten gerichtlichen Maßnahmen genießen. Damit würde das staatliche Sanktionsmonopol unterlaufen.

Zu den mitzuteilenden maßgeblichen Gründen gehört nicht die **Benennung des Treuhänders,** der der Vertragsänderung zugestimmt hat.[589] Unter „maßgeblichen Gründen" sind die *sachlichen* Gründe zu verstehen, auf die sich die Veränderung stützt. Zur Benennung des Treuhänders → Rn. 621 ff. 1155e

Ob die vom Versicherungsunternehmen angegebene Begründung richtig und vollständig ist, ist für das Wirksamwerden der Vertragsänderung rechtlich ohne Bedeutung;[590] denn bei dem Begründungszwang handelt es sich um eine **formale Voraussetzung** für das Wirksamwerden der Vertragsänderung (→ Rn. 1135). Das gebietet der Grundsatz der Rechtsklarheit und Rechtssicherheit. Ob eine Begründung formal gegeben worden ist, kann einfach und objektiv festgestellt werden. Ob die Begründung materiell zutrifft, kann möglicherweise erst in einem Rechtsstreit geklärt werden. Der Versicherungsnehmer muss aber aufgrund äußerer Anhaltspunkte in der Lage sein zu erkennen, ob der Vertrag geändert worden ist oder nicht. 1156

Wird in der Mitteilung **keine Begründung** für die Vertragsänderung gegeben, fehlt eine formale Voraussetzung für das Wirksamwerden.[591] Keine Begründung wird nur dann gegeben, wenn sie vollständig fehlt. 1157

Auch eine nur sehr allgemein gehaltene oder **kurze Begründung** ist Begründung iSv § 203 Abs. 5.[592] Allerdings muss auch eine solche Begründung die „wichtigsten Gründe" nennen (→ Rn. 1155c). Das ist nicht der Fall, wenn nur der Gesetzeswortlaut wiederholt oder eine abstrakte, formelhafte Erklärung abgegeben wird.[593] 1158

Ob die mitgeteilte **Begründung als ausreichend** anzusehen ist, beurteilt sich in einer Gesamtschau der Informationen, die der Versicherer dem Versicherungsnehmer anlässlich der Beitragsanpassung zur Verfügung gestellt hat.[594] Danach ist entscheidend, ob der Versicherungsnehmer den Mitteilungen mit der gebotenen Klarheit entnehmen kann, dass die gesetzlichen Voraussetzungen einer Prämienanpassung eingetreten sind.[595] Das hat der Tatrichter zu entscheiden.[596] Die Gerichtsentscheidungen der Tatsachengerichte zeigen insoweit ein vielfältiges Bild ausreichender und nicht ausreichender Begründungen.[597] 1158a

Die Begründung muss **zusammen mit der Mitteilung** der Vertragsänderung erfolgen, um das Wirksamwerden nach § 203 Abs. 5 in Gang zu setzen. 1159

Wenn die Mitteilung der Vertragsänderung zunächst ohne Begründung erfolgt und die **Begründung später nachgeholt** wird, ist erst mit dem Zugang der Begründung die Mitteilung abgeschlossen, so dass erst von diesem Zeitpunkt an das Inkrafttreten nach § 203 Abs. 5 zu berechnen ist.[598] 1160

3. Wirksamkeitsbeginn. Vom Tag des Zugangs der vollständigen Mitteilung (→ Rn. 1160) an gerechnet, wird die Vertragsänderung zu **Beginn des zweiten Monats** nach dem Zeitpunkt des Zugangs wirksam. 1161

Wenn die vollständige Mitteilung am **letzten Tag eines Monats** (= t) dem Versicherungsnehmer zugeht, tritt die Vertragsänderung am ersten Tag des an den Folgemonat (= t + 1) anschließenden Monats (= t + 2) in Kraft. 1162

Die **AVB** können einen späteren Zeitpunkt als den in § 203 Abs. 5 geregelten bestimmen. Einen früheren Zeitpunkt können sie nicht bestimmen, weil dies den Versicherungsnehmer benachteiligen würde (§ 208). 1163

---

[589] Ebenso: OLG Celle VersR 2018, 1179 (1183) = r+s 2018, 547; OLG Köln r+s 2020, 31 Rn. 65; LG Berlin VersR 2018, 465 (466); LG Köln r+s 2019, 644 Rn. 20; LG Essen VersR 2019, 1203 (1205); *Brand* in Bruck/Möller VVG § 203 Rn. 87 f.; *Brand* VersR 2018, 453 (456); *Franz* VersR 2020, 449 (455). Anders *Klimke* VersR 2016, 22 (24).
[590] Ebenso LG Stuttgart r+s 2019, 642 Rn. 21; *Brand* VersR 2018, 453 (457); *Kalis* r+s 2018, 464 (469).
[591] Ebenso OLG Köln r+s 2020, 31 Rn. 37.
[592] Ebenso: LG Arnsberg VersR 2019, 1409 (1410); LG Frankfurt/M. VersR 2019, 1548 (1549). Ähnlich *Brand* VersR 2018, 453 (455) „keine detaillierte Begründung". Anders *Klimke* VersR 2016, 22 (24).
[593] LG Berlin VersR 2018, 465 (466); LG Frankfurt/O. VersR 2018, 669; LG Potsdam r+s 2019, 274 (275); *Klimke* VersR 2016, 22 (23).
[594] OLG Dresden BeckRS 2022, 4631 Rn. 7; OLG Hamburg BeckRS 2022, 3459 Rn. 56.
[595] BGHZ 228, 57 Rn. 39 = VersR 2021, 240 = r+s 2021, 89.
[596] BGHZ 228, 57 Rn. 38 = VersR 2021, 240 = r+s 2021, 89.
[597] Vgl. die Übersicht bei *Boetius* r+s 2022, 248 (248 f.).
[598] Ebenso BGHZ 220, 297 Rn. 66 ff. = VersR 2019, 283 = NJW 2019, 919.

V. Beweislast

1164 § 203 Abs. 5 regelt eine formelle Voraussetzung für das Wirksamwerden der Vertragsänderung. Die **Darlegungs- und Beweislast** für die auch formelle Wirksamkeit der Vertragsänderung hat das Versicherungsunternehmen, weil es aus der Vertragsänderung Rechte herleitet.

1165 Das Versicherungsunternehmen muss damit im Streitfall den **Zugang** der vollständigen Mitteilung einschließlich Begründung und den Zeitpunkt des Zugangs beweisen.[599]

VI. Allgemeine Versicherungsbedingungen

1166 Die **neuen Musterbedingungen** regeln das Wirksamwerden von Prämien- und Bedingungsanpassungen mit unterschiedlichem Wortlaut:
– **Prämienanpassungen** sowie Änderungen von Selbstbeteiligungen und evtl. vereinbarten Risikozuschlägen sollen zu Beginn des zweiten Monats wirksam werden, „der auf die Benachrichtigung des Versicherungsnehmers folgt" (§ 8b Abs. 3 MB/KK 2013, § 8b Abs. 3 MB/KT 2013). Dass eine „Benachrichtigung" stets auch die Mitteilung der für die Änderung maßgeblichen Gründe enthält, erschließt sich der Wortbedeutung nicht. Insoweit wäre die Bestimmung nach § 208 unwirksam.
– **Bedingungsänderungen** sollen dagegen im Wortlaut übereinstimmend mit § 203 Abs. 5 wirksam werden (§ 18 Abs. 1 S. 2 MB/KK 2013, § 18 Abs. 1 S. 2 MB/KT 2013). Warum dieser Wortlaut nicht auch für den Fall der Prämienanpassung übernommen wurde, bleibt unverständlich.

G. Tarifüberführung

I. Begriff

1167 **1. Geschichtliche Entwicklung.** Eine Tarifüberführung liegt vor, wenn durch eine einseitige Maßnahme des Versicherungsunternehmens alle Versicherten eines Tarifs in einen anderen Tarif dieses Versicherungsunternehmens wechseln. Eine solche **Zwangsüberführung** bedurfte bis 1994 der aufsichtsbehördlichen Genehmigung. Die Zwangsüberführung wurde zum einen als Maßnahme zur Sanierung notleidender Tarife eingesetzt, um erhebliche Prämienerhöhungen für die zu überführenden Tarifbestände zu vermeiden. Außerdem kam sie auch bei nicht sanierungsbedürftigen Tarifen in Betracht, um die Tarifvielfalt zu verringern und das Entstehen großer Versicherungsbestände mit entsprechend ausgewogener Risikomischung zu fördern.[600]

1168 Das Gesetz und die Gesetzesmaterialien erwähnen die Tarifüberführung nicht ausdrücklich. Die Versicherungsaufsicht hatte die Tarifüberführung als „durch § 41 Abs. 3 VAG und die entsprechende Bestimmung der Satzung bzw. AVB gedeckt angesehen".[601] § 41 Abs. 3 VAG aF regelte für den VVaG die Geltung von Satzungs- und Bedingungsänderungen mit Wirkung für den Bestand. Deshalb ist anzunehmen, dass der Gesetzgeber des 3. DurchfG/EWG zum VAG die Tarifüberführung gleichfalls so selbstverständlich als **Bedingungsänderung** angesehen hatte, dass er dies nicht ausdrücklich erwähnen zu müssen glaubte.

1169 **2. Rechtssystematische Einordnung.** Die begriffliche Einordnung der Tarifüberführung wirft die Frage auf, ob die Tarifüberführung unter eines der bekannten **Rechtsinstitute** zu subsumieren ist oder ob es sich um ein Rechtsinstitut sui generis handelt. Im letztgenannten Fall ist zu klären, nach welchen Vorschriften das Rechtsinstitut zu behandeln ist.

1170 Tatbestandsmäßig am nächsten steht die Tarifüberführung dem **Tarifwechsel.** Wie beim Tarifwechsel iSv § 204 tritt ein Tarif an die Stelle eines anderen Tarifs und wird dieser Übergang durch die einseitige Maßnahme eines Vertragspartners herbeigeführt, ohne dass ein neuer Versicherungsvertrag begründet wird (→ § 204 Rn. 13). Anders als beim Tarifwechsel iSv § 204 löst jedoch nicht der Versicherungsnehmer, sondern das Versicherungsunternehmen den Übergang aus.

1171 Die Tarifüberführung enthält häufig auch Elemente einer **Beitragsanpassung,** weil sich als Folge des geänderten Leistungsversprechens die Rechnungsgrundlagen und damit die Beiträge ändern. Die Nähe zur Beitragsanpassung wird besonders deutlich, wenn die Tarifüberführung als Maßnahme zur Tarifsanierung eingesetzt wird (→ Rn. 1167). Der Hauptunterschied besteht jedoch darin, dass bei der Beitragsanpassung iSv § 203 Abs. 2 – von der Veränderung eines Selbstbehalts abgesehen – nicht auch das Leistungsversprechen selbst geändert wird. Offenbar wegen der Nähe

---

[599] *Muschner* in Langheid/Rixecker VVG § 203 Rn. 67.
[600] BAV VerBAV 1970, 166 (169); GB BAV 1971, 63 f.
[601] Sammelschreiben BAV v. 8.5.1970 Ziff. VI, BAV VerBAV 1970, 166 (169).

zur Beitragsanpassung wenden die Treuhänder auf die Tarifüberführung die Grundsätze der Beitragsanpassung an.⁶⁰²

Deutlich näher steht die Tarifüberführung der **Bedingungsanpassung,** weil sie für den Versicherungsnehmer zu neuen AVB und Tarifbestimmungen führt. Es kann sich um eine Maximalanpassung der AVB handeln, zumal der Begriff der AVB iSv § 203 Abs. 3 umfassend zu verstehen ist (→ Rn. 1037 f.). Wegen dieser Nähe wird die Tarifüberführung in der Rspr. als Bedingungsanpassung angesehen.⁶⁰³ Allerdings kann die Tarifüberführung auch zu neuen Rechnungsgrundlagen und Beiträgen führen. 1172

Denkbar ist schließlich, die Tarifüberführung unter die allgemeinen Vorschriften über die **Störung der Geschäftsgrundlage** (§ 313 BGB) zu subsumieren, was im Falle der Sanierung eines notleidenden Tarifs (→ Rn. 1167) nahe liegt. Gleichwohl stellt die allgemeine Vorschrift des § 313 BGB nicht das geeignete Rechtsinstitut dar, nach dem die Tarifüberführung zu beurteilen wäre. Zum einen gibt § 203 Abs. 2–5 für die Krankenversicherung als Spezialnorm dem § 313 BGB vor. Zum anderen wäre das Kündigungsrecht nach § 313 Abs. 3 S. 2 BGB als ultima ratio für Dauerschuldverhältnisse in der Krankenversicherung nicht anwendbar, was die Spezialgesetzlichkeit des § 203 Abs. 2–5 unterstreicht. 1173

Die Tarifüberführung erfüllt von keinem der bekannten Rechtsinstitute die Tatbestandsvoraussetzungen vollständig. Sie enthält jedoch wesentliche Elemente sowohl des Tarifwechsels als auch der Beitrags- und der Bedingungsanpassung. Die Tarifüberführung ist damit ein **Rechtsinstitut sui generis.** 1174

II. Anwendbare Vorschriften

1. Grundsatz. Wie die Treuhändergenehmigungen zeigen, spielt die Tarifüberführung in der Praxis nach wie vor eine wichtige Rolle. Für ihre Regelung besteht ein **praktisches Bedürfnis.** 1175

Den Gesetzesmaterialien ist nicht zu entnehmen, dass die Tarifüberführung mit dem Inkrafttreten des 3. DurchfG/EWG zum VAG in Zukunft ausgeschlossen sein sollte. Eine derart weit reichende Konsequenz hätte im Gesetz und in der Begründung zum RegE 3. DurchfG/EWG zum VAG einen Niederschlag finden müssen. Welche Rechtsvorschriften auf dieses Rechtsinstitut anzuwenden sind, ist daher durch **Auslegung** zu ermitteln. 1176

2. Voraussetzungen. Weil die Tarifüberführung Elemente des Tarifwechsels sowie der Beitrags- und der Bedingungsanpassung enthält, liegt ein Rückgriff auf die für diese Rechtsinstitute geltenden Vorschriften nahe. Dabei wäre es nicht sachgerecht zu verlangen, dass alle Voraussetzungen dieser Vorschriften kumulativ erfüllt sein müssten. Vielmehr kann nur eine **sinngemäße Anwendung** bestimmter Kernelemente dieser Rechtsinstitute in Betracht kommen, was zu einer Modifizierung bestimmter Tatbestandsvoraussetzungen führt. Dabei wird man sich auch an der früheren Aufsichtspraxis orientieren können. 1177

Vom Tarifwechsel ist der Grundsatz der **Gleichartigkeit** der überführten Tarife zu übernehmen. Dabei ist der Begriff der Gleichartigkeit (vgl. § 12 KVAV) den mit der Tarifüberführung verfolgten Zwecken anzupassen und zu modifizieren. Der Versicherungsschutz des überführten Tarifs muss auch im Leistungsniveau möglichst weitgehend dem neuen Tarif entsprechen.⁶⁰⁴ 1178

Von der Beitrags- und der Bedingungsanpassung sind folgende übereinstimmende **Grundsätze** unverändert zu übernehmen: 1179

– Das **ordentliche Kündigungsrecht** muss gesetzlich oder vertraglich ausgeschlossen sein (§ 203 Abs. 2 S. 1, Abs. 3). Wenn es nicht ausgeschlossen ist, benötigt das Versicherungsunternehmen das Instrument der Tarifüberführung nicht. 1180

– Die allgemeinen äußeren Umstände, die der Einführung des Tarifs ursprünglich zugrunde lagen, insbes. die Voraussetzungen für den Aufbau eines ausreichend großen, tragfähigen Versicherungsbestands in angemessener Zeit müssen sich **nicht nur vorübergehend verändert** haben (§ 203 Abs. 2 S. 1, Abs. 3). 1181

Dass der zu überführende Tarif nach **Art der Lebensversicherung** kalkuliert sein muss, ist nicht zu verlangen. Diese Voraussetzung gilt schon nicht für die Beitragsanpassung (§ 203 Abs. 2 S. 1). Die Tarifüberführung kommt daher grds. für jede Krankenversicherungsform in Betracht. 1181a

Wegen der in der Praxis anzutreffenden Besonderheiten und Unterschiede der für eine Tarifüberführung in Betracht kommenden Fälle tritt an die Stelle der für eine eigentliche Bedingungsanpassung notwendigen Veränderung der **Verhältnisse des Gesundheitswesens** die Änderung der für einen tragfähigen Versicherungsbestand maßgebenden Verhältnisse. Die Änderung dieser Verhältnisse muss 1182

---

⁶⁰² Vgl. den Fall LG Siegen VersR 2003, 1562.
⁶⁰³ LG Siegen VersR 2003, 1562.
⁶⁰⁴ BAV VerBAV 1970, 166 (169).

§ 204 Teil 2. Einzelne Versicherungszweige. Kap. 8. Krankenversicherung

so grdl. sein, dass der Versicherungsbestand des zu überführenden Tarifs einen tragfähigen Ausgleich der Risiken auf Dauer nicht mehr gewährleisten kann. Darin eine Veränderung der Verhältnisse des Gesundheitswesens iSv § 203 Abs. 3 zu sehen,[605] erscheint gekünstelt. Eines solchen Kunstgriffs bedarf es auch nicht, weil ohnehin nur eine sinngemäße Anwendung in Betracht kommt (→ Rn. 1177).

1183 3. **Rechtsfolgen.** Wenn die Tatbestandsvoraussetzungen einer zulässigen Tarifüberführung erfüllt sind (→ Rn. 1177 ff.), richten sich die Rechtsfolgen in entsprechender Anwendung nach den Vorschriften der **Bedingungsanpassung**. Das bedeutet insbes., dass
– die Tarifüberführung zur hinreichenden Wahrung der Belange der Versicherungsnehmer erforderlich erscheint,
– ein unabhängiger Treuhänder die Voraussetzungen für die Änderungen überprüft und ihre Angemessenheit bestätigt.

1184 Auf das **Wirksamwerden** der Tarifüberführung ist § 203 Abs. 5 entsprechend anzuwenden.

§ 204 Tarifwechsel

(1) [1]Bei bestehendem Versicherungsverhältnis kann der Versicherungsnehmer vom Versicherer verlangen, dass dieser
1. Anträge auf Wechsel in andere Tarife mit gleichartigem Versicherungsschutz unter Anrechnung der aus dem Vertrag erworbenen Rechte und der Alterungsrückstellung annimmt; soweit die Leistungen in dem Tarif, in den der Versicherungsnehmer wechseln will, höher oder umfassender sind, als in dem bisherigen Tarif, kann der Versicherer für die Mehrleistung einen Leistungsausschluss oder einen angemessenen Risikozuschlag und insoweit auch eine Wartezeit verlangen; der Versicherungsnehmer kann die Vereinbarung eines Risikozuschlages und einer Wartezeit dadurch abwenden, dass er hinsichtlich der Mehrleistung einen Leistungsausschluss vereinbart; bei einem Wechsel aus dem Basistarif in einen anderen Tarif kann der Versicherer auch den bei Vertragsschluss ermittelten Risikozuschlag verlangen; der Wechsel in den Basistarif des Versicherers unter Anrechnung der aus dem Vertrag erworbenen Rechte und der Alterungsrückstellung ist nur möglich, wenn
  a) die bestehende Krankheitskostenversicherung nach dem 1. Januar 2009 abgeschlossen wurde oder
  b) der Versicherungsnehmer das 55. Lebensjahr vollendet hat oder das 55. Lebensjahr noch nicht vollendet hat, aber die Voraussetzungen für den Anspruch auf eine Rente der gesetzlichen Rentenversicherung erfüllt und diese Rente beantragt hat oder ein Ruhegehalt nach beamtenrechtlichen oder vergleichbaren Vorschriften bezieht oder hilfebedürftig nach dem Zweiten oder Zwölften Buch Sozialgesetzbuch ist oder
  c) die bestehende Krankheitskostenversicherung vor dem 1. Januar 2009 abgeschlossen wurde und der Wechsel in den Basistarif vor dem 1. Juli 2009 beantragt wurde; ein Wechsel aus einem Tarif, bei dem die Prämien geschlechtsunabhängig kalkuliert werden, in einen Tarif, bei dem dies nicht der Fall ist, ist ausgeschlossen;
2. bei einer Kündigung des Vertrags und dem gleichzeitigen Abschluss eines neuen Vertrags, der ganz oder teilweise den im gesetzlichen Sozialversicherungssystem vorgesehenen Krankenversicherungsschutz ersetzen kann, bei einem anderen Krankenversicherer
  a) die kalkulierte Alterungsrückstellung des Teils der Versicherung, dessen Leistungen dem Basistarif entsprechen, an den neuen Versicherer überträgt, sofern die gekündigte Krankheitskostenversicherung nach dem 1. Januar 2009 abgeschlossen wurde;
  b) bei einem Abschluss eines Vertrags im Basistarif die kalkulierte Alterungsrückstellung des Teils der Versicherung, dessen Leistungen dem Basistarif entsprechen, an den neuen Versicherer überträgt, sofern die gekündigte Krankheitskostenversicherung vor dem 1. Januar 2009 abgeschlossen wurde und die Kündigung vor dem 1. Juli 2009 erfolgte.

[2]Soweit die Leistungen in dem Tarif, aus dem der Versicherungsnehmer wechseln will, höher oder umfassender sind als im Basistarif, kann der Versicherungsnehmer vom bisherigen Versicherer die Vereinbarung eines Zusatztarifs verlangen, in dem die über den Basistarif hinausgehende Alterungsrückstellung anzurechnen ist. [3]Auf die Ansprüche nach den Sätzen 1 und 2 kann nicht verzichtet werden.

(2) [1]Ist der Versicherungsnehmer auf Grund bestehender Hilfebedürftigkeit im Sinne des Zweiten oder Zwölften Buches Sozialgesetzbuch nach dem 15. März 2020 in den

---

[605] LG Siegen VersR 2003, 1562.

§ 204

Basistarif nach § 152 des Versicherungsaufsichtsgesetzes gewechselt und endet die Hilfebedürftigkeit des Versicherungsnehmers innerhalb von zwei Jahren nach dem Wechsel, kann er innerhalb von drei Monaten nach Beendigung der Hilfebedürftigkeit in Textform vom Versicherer verlangen, den Vertrag ab dem ersten Tag des übernächsten Monats in dem Tarif fortzusetzen, in dem der Versicherungsnehmer vor dem Wechsel in den Basistarif versichert war. ²Eintritt und Beendigung der Hilfebedürftigkeit hat der Versicherungsnehmer auf Verlangen des Versicherers durch geeignete Unterlagen nachzuweisen; die Bescheinigung des zuständigen Trägers nach dem Zweiten oder dem Zwölften Buches Sozialgesetzbuch gilt als Nachweis. ³Beim Wechsel ist der Versicherungsnehmer so zu stellen, wie er vor der Versicherung im Basistarif stand; die im Basistarif erworbenen Rechte und Alterungsrückstellungen sind zu berücksichtigen. ⁴Prämienanpassungen und Änderungen der Allgemeinen Versicherungsbedingungen in dem Tarif, in dem der Versicherungsnehmer vor dem Wechsel in den Basistarif versichert war, gelten ab dem Tag der Fortsetzung des Vertrages in diesem Tarif. ⁵Die Sätze 1 bis 4 gelten entsprechend für Versicherungsnehmer, bei denen allein durch die Zahlung des Beitrags Hilfebedürftigkeit im Sinne des Zweiten oder des Zwölften Buches Sozialgesetzbuch entstehen würde. ⁶Absatz 1 Satz 1 Nummer 1 letzter Teilsatz gilt nicht.

(3) ¹Im Falle der Kündigung des Vertrags zur privaten Pflege-Pflichtversicherung und dem gleichzeitigen Abschluss eines neuen Vertrags bei einem anderen Versicherer kann der Versicherungsnehmer vom bisherigen Versicherer verlangen, dass dieser die für ihn kalkulierte Alterungsrückstellung an den neuen Versicherer überträgt. ²Auf diesen Anspruch kann nicht verzichtet werden.

(4) ¹Absatz 1 gilt nicht für befristete Versicherungsverhältnisse. ²Handelt es sich um eine Befristung nach § 196, besteht das Tarifwechselrecht nach Absatz 1 Nummer 1.

(5) Soweit die Krankenversicherung nach Art der Lebensversicherung betrieben wird, haben der Versicherungsnehmer und die versicherte Person das Recht, einen gekündigten Versicherungsvertrag in Form einer Anwartschaftsversicherung fortzuführen.

Übersicht

		Rn.			Rn.
A.	Einführung	1		a) Europäisches Unionsrecht	47
				b) Versicherungsaufsichtsgesetz	49
I.	VVG-Reform und Gesundheitsreform	1		c) Kalkulationsverordnung	51
				d) Versicherungsvertragsgesetz	54
II.	Tarifwechsel und Versichererwechsel	2		e) Sozialversicherungsrecht	56
III.	Fortführungsrecht	6		f) Allgemeine Versicherungsbedingungen	62
B.	Allgemeine Grundsätze des Tarifwechselrechts (Abs. 1 S. 1 Nr. 1)	7	3.	VVG-Reform	65
			4.	Gesundheitsreform (GKV-WSG)	68
I.	Inhalt und Zweck der Regelung	7		a) Formelle Änderungen	69
1.	Normgehalt	7		b) Materielle Änderungen	71
	a) Regelungsinhalt	7			
	b) Bedeutung der Regelung	10	5.	Weitere Rechtsänderungen	73a
	c) Zweck der Regelung	16	III.	Sachlicher Anwendungsbereich	74
2.	Bezweckte Wirkung der Norm	18	1.	Tarifbezogenheit	74
3.	Weitergehende Wirkung der Norm	23		a) Begriffe	74
	a) Produktinnovationen	24		b) Tarifverschiedenheit	77
	b) Bestandsübertragung und Unternehmensverschmelzung	26		c) Sonderfall Beihilfetarife	80a
				d) Bestehende Tarife	81
4.	Geltung zwischen Konzernunternehmen	31		e) Alt- und Paralleltarife	83a
	a) Versicherungsvertragsrecht	31	2.	Substitutive Krankenversicherung	84
	b) Versicherungsaufsichtsrecht	34		a) Grundsatz	84
	c) Gesundheitsreform	41		b) Standardtarif vor 2009	87
II.	Entstehungsgeschichte	43		c) Standardtarif ab 2009	89
1.	Zeit vor 1994	43		d) Standardtarif in der Unisex-Welt	94a
	a) Versicherungsvertragsrecht	43		e) Modifizierter Standardtarif	95
	b) Versicherungsaufsichtsrecht	45		f) Basistarif	100
2.	Zeit ab 1994	47		g) Private Pflege-Pflichtversicherung	102
			3.	Nicht-substitutive Krankenversicherung	107
				a) Allgemeine Geltung	107
				b) Nach Art der Lebensversicherung	108

Boetius 1761

	Rn.
c) Nach Art der Schadenversicherung	111
4. Gruppenversicherung	114
a) Grundsatz	114
b) Gruppenversicherung als Herkunftstarif	116
c) Gruppenversicherung als Zieltarif	124
d) Tarifwechsel innerhalb der Gruppenversicherung	127
e) Gruppenversicherung durch mehrere Versicherungsunternehmen	128
5. Summenversicherung	134
a) Versicherungsaufsichtsrecht	134
b) Versicherungsvertragsrecht	136
6. Besondere Versicherungsformen	138
a) Grundsatz	138
b) Anwartschaftsversicherung	139
7. Wechsel in Tarife	143
8. Ausnahmen vom Tarifwechselrecht	144a
IV. Zeitlicher Anwendungsbereich	145
1. Dauerhaftigkeit	145
2. Fristen	146
a) Grundsatz	146
b) Ausnahmen	148
c) Wirksamwerden des Tarifwechsels	151
d) Zeitpunkt des Tarifwechsels	152
V. Gesetzliches und vertragliches Tarifwechselrecht	157
1. Gesetzliches Tarifwechselrecht	157
2. Vertragliches Tarifwechselrecht	159
a) Rechtsgrundlagen	159
b) Allgemeine Versicherungsbedingungen	163
3. Rechtskonkurrenz	164
VI. Gründe für einen Tarifwechsel	166
1. Grundsatz	166
2. Informationspflichten bei Beitragsanpassungen	169
a) Substitutive Krankenversicherung	169
b) Nicht-substitutive Krankenversicherung	170
3. Allgemeine Informationspflichten	172
VII. Tarifwechselberatung	175a
VIII. Europarechtskonformität	176
1. Substitutive Krankenversicherung	176
2. Nicht-substitutive Krankenversicherung	177
C. Voraussetzungen und Rechtsfolgen des unbeschränkten Tarifwechselrechts (Abs. 1 S. 1 Nr. 1 Hs. 1)	180
I. Unbefristetes Versicherungsverhältnis (Herkunftstarif)	180
1. Grundsatz	180
2. Befristete Versicherungsformen	184
II. Anspruch auf Tarifwechsel	185
1. Träger des Anspruchs	185
2. Träger der Verpflichtung	190
3. Gegenstand des Anspruchs	192

	Rn.
4. Formale Durchführung	195
5. Verweis auf VAG	199
a) Grundsatz	199
b) Überschießendes Aufsichtsrecht	201
III. Gleichartiger Versicherungsschutz	202
1. Gleichartigkeit	202
a) Grundsatz	202
b) Merkmale	205
c) Begriffsinhalte	208
2. Leistungsbereiche	215
a) Grundsatz	215
b) Pflegeversicherung	216a
3. Versicherungsfähigkeit	217
a) Begriff	217
b) Berufsgruppe	219
c) Beschäftigungsart	222
d) Geschlecht	224
e) Alter	228
f) Verbandsmitgliedschaft	230
g) GKV-Mitgliedschaft	232
h) Arbeitnehmereigenschaft	235
4. Substitutivfunktion	237
5. Unbefristetheit	241
6. Kalkulationsmodell	243
7. Art der Versicherungsleistung	245
8. Tarifform	249
a) Einzeltarif und Kompakttarif	249
b) Tarifwerk und Kompakttarif	253
IV. Anrechnung erworbener Rechte	256
1. Grundsatz	256
2. Positive und negative Rechtspositionen	258
3. Einzelne Rechtspositionen	263
a) Positive Rechtspositionen	263
b) Negative Rechtspositionen	270
c) Neutrale Rechtspositionen	273
d) Kalkulationsstrukturen	274
V. Anrechnung der Alterungsrückstellung	277
1. Gegenstand des Anspruchs	277
2. Art des Anspruchs	279
3. Höhe des Anspruchs	281
a) Bestandteile der Alterungsrückstellung	281
b) Anrechenbare Alterungsrückstellung	284
c) Sonderfall Basistarif	289
4. Probleme der Anrechnung	294
VI. Mehrfacher Tarifwechsel	297
1. Grundsatz	297
2. Ausnahmen	299
3. Sonderfall Basistarif	304
VII. Beweislast	305
1. Tarifwechsel	305
2. Mehrfacher Tarifwechsel	306
3. Anrechnung erworbener Rechte	308

		Rn.
4.	Anrechnung der Alterungsrückstellung ...	311
D.	**Voraussetzungen und Rechtsfolgen des eingeschränkten Tarifwechselrechts (Abs. 1 S. 1 Nr. 1 Hs. 2, 3)**	314
I.	**Art des Versicherungsverhältnisses** ...	314
1.	Allgemeine Voraussetzungen	314
2.	Andere Versicherungsverhältnisse oder Tarife	316
II.	**Leistungen des Zieltarifs**	317
1.	Mehrleistungen	317
	a) Begriff	317
	b) Höhere Leistung	322
	c) Umfassendere Leistung	329
2.	Mehr- und Minderleistung	330
III.	**Allgemeine Rechtsfolgen**	334
1.	Vorvertragliche Anzeigepflichten	334
2.	Gefahrerhöhung	336
3.	Prämienzahlung	338
IV.	**Tarifeinschränkungen**	340
1.	Grundsatz	340
2.	Voraussetzungen	345
3.	Leistungsausschluss	351a
4.	Angemessener Risikozuschlag	352
	a) Grundsatz	352
	b) Prüfungsmaßstab	354
5.	Wartezeit	355
6.	Abwendungsoptionen des Versicherungsnehmers	357
7.	Formale Durchführung	359
8.	Fortfall der Tarifeinschränkungen	362
V.	**Beweislast**	364
1.	Mehrleistung	364
2.	Tarifeinschränkungen	365
E.	**Tarifwechsel und Basistarif (Abs. 1 S. 1 Nr. 1 Hs. 4, 5, Abs. 2)**	368
I.	**Allgemeine Grundsätze**	368
II.	**Basistarif als Herkunftstarif**	370
III.	**Basistarif als Zieltarif**	375
IV.	**Rückwechsel aus dem Basistarif in den Ursprungstarif (Abs. 2)**	379a
1.	Normgehalt	379a
2.	Voraussetzungen	379d
3.	Rechtsfolgen	379i
F.	**Tarifwechselrecht in Allgemeinen Versicherungsbedingungen**	380
I.	**Krankheitskostenversicherung**	380
1.	Allgemeiner Tarifwechsel	380
2.	Wechsel in Standardtarif	389
3.	Wechsel in Basistarif	396

		Rn.
II.	**Tagegeldversicherungen**	398
III.	**Standardtarif**	400
1.	Grundsatz	400
2.	Modifizierter Standardtarif	402
IV.	**Basistarif**	404
V.	**Pflegeergänzungsversicherung**	406
G.	**Versichererwechselrecht (Abs. 1 S. 1 Nr. 2, Abs. 3)**	407
I.	**Inhalt und Zweck der Regelung**	407
1.	Normgehalt	407
	a) Regelungsinhalt	407
	b) Bedeutung der Regelung	410
	c) Zweck der Regelung	413
2.	Wirkung der Norm	415
	a) Bezweckte Wirkung	415
	b) Weitergehende Wirkung	420
3.	Versicherungsaufsichtsrecht	424
II.	**Entstehungsgeschichte**	426
III.	**Sachlicher Anwendungsbereich**	433
1.	Bisheriger Vertrag	433
2.	Neuer Vertrag	438
3.	Gruppenversicherung	441
4.	Private Pflege-Pflichtversicherung (PPV)	444
5.	Anwartschaftsversicherung	444a
IV.	**Zeitlicher Anwendungsbereich**	445
V.	**Konformität mit höherrangigem Recht**	446
VI.	**Voraussetzungen**	447
1.	Vorversicherung	447
	a) Versicherungsform	447
	b) Kündigung	448
	c) Sonstige Vertragsbeendigung	452a
2.	Neuer Versicherungsvertrag	453
	a) Krankenversicherung	453
	b) Gleichzeitiger Abschluss	455
VII.	**Rechtsfolgen**	457
1.	Kalkulierte Alterungsrückstellung	457
	a) Grundsatz	457
	b) Altbestand	464
2.	Übertragungswert	467
	a) Fiktive Alterungsrückstellung	467
	b) Mehrfacher Wechsel	471
	c) Private Pflege-Pflichtversicherung (PPV)	473
3.	Übertragung	474
	a) Rechtsnatur	474
	b) Inhalt der Übertragung	476
	c) Zeitpunkt der Übertragung	479
	d) Einreden und Einwendungen	481a
4.	Beweislast	482
	a) Versichererwechsel	482
	b) Übertragung der Alterungsrückstellung	483

	Rn.		Rn.
VIII. Allgemeine Versicherungsbedingungen	486	b) Anrechnung der Alterungsrückstellung	520
1. Krankheitskostenversicherung	486	3. Beweislast	523
2. Basistarif	491	VII. Allgemeine Versicherungsbedingungen	525
H. Zusatztarifrecht (Abs. 1 S. 2)	496	J. Fortführungsrecht (Abs. 5)	526
I. Inhalt und Zweck der Regelung	496	I. Inhalt und Zweck der Regelung	526
1. Normgehalt	496	1. Normgehalt	526
2. Zweck und Wirkung der Norm	498	2. Normzweck	528
II. Entstehungsgeschichte	500	II. Entstehungsgeschichte	530
III. Sachlicher Anwendungsbereich	501	III. Sachlicher Anwendungsbereich	531
IV. Zeitlicher Anwendungsbereich	504	IV. Zeitlicher Anwendungsbereich	533
V. Kein Einführungszwang	507	V. Voraussetzungen und Rechtsfolgen	537
VI. Voraussetzungen und Rechtsfolgen	509	1. Voraussetzungen	537
1. Voraussetzungen	509	2. Rechtsfolgen	540
2. Rechtsfolgen	513	VI. Allgemeine Versicherungsbedingungen	544
a) Zusatztarif	514		

Stichwort- und Fundstellenverzeichnis

Stichwort	Rn.	Rspr.
Aufrechnung	→ Rn. 481c	BGH VersR 2019, 152 = r+s 2019, 97
Gleichartigkeit	→ Rn. 212	BVerwGE 108, 325 = VersR 1999, 743; BVerwG VersR 2007, 1253 = NJW 2007, 2871
Mehrleistung (Leistungsausschluss)	→ Rn. 340	BGH VersR 2016, 718
Mehrleistung (Risikoprüfung)	→ Rn. 335a	BGH VersR 2016, 718; NJW 2017, 169
Mehrleistung (Selbstbehalt)	→ Rn. 323, 332, 351a	BGH VersR 2012, 1422 = NJW 2012, 3782
Risikoeinstufung	→ Rn. 273	BVerwGE 108, 325 = VersR 1999, 743
Tarifstrukturzuschlag	→ Rn. 276a	BVerwGE 137, 179 = VersR 2010, 1345
Tarifwechsel aus Pauschaltarif	→ Rn. 275 ff.	BGH VersR 2015, 1012
Tarifwechselberatung	→ Rn. 175b f.	BGH VersR 2018, 1383 = NJW 2018, 3715; GRUR 2019, 970
Wartezeit	→ Rn. 264	BVerwGE 108, 325 = VersR 1999, 743; BVerwG VersR 2007, 1253 = NJW 2007, 2871
Zahnstaffel	→ Rn. 267	BVerwG VersR 2007, 1253 = NJW 2007, 2871

Schrifttum: *Boetius,* Private Krankenversicherung nach der Gesundheitsreform und der VVG-Reform, 2008; *Boetius,* Szenen einer Reformehe – Probleme der Prämienanpassung (§ 203 VVG) sowie des Tarif- und Versichererwechselrechts (§ 204 VVG) nach der Gesundheits- und VVG-Reform, VersR 2008, 1016; *Brömmelmeyer,* Der Tarifstrukturzuschlag vor dem Bundesverwaltungsgericht, VersR 2010, 706; *Buchholz,* Zahnstaffeln beim Tarifwechsel in der privaten Krankenversicherung und die Befugnis der Aufsichtsbehörde zur Durchsetzung zivilrechtlicher Normen, VersR 2008, 27; *Egger,* Mehrleistungen und Gesundheitszustand beim Tarifwechsel gem. § 204 Abs. 1 Nr. 1 VVG, VersR 2016, 885; *Genvins,* Zu den Auswirkungen des Umstufungsrechts nach § 178f VVG, ZfV 2000, 106; *Grote/Beyer,* Reichweite des Tarifwechselrechts nach § 204 VVG – Kein Anspruch auf Mitnahme des Übertragungswerts in Alttarife und kein unbeschränkter Anspruch auf Wechsel in geschlossene Tarife, VersR 2017, 1247; *Grote/Bronkars,* Gesundheitsreform und private Krankenversicherung – wirtschaftliche Konsequenzen für Versicherer und Versicherte, VersR 2008, 580; *Hofer/Ayasse/Biederbick/Pekarek/Förster/Ossyra/Richter,* Der Tarifwechsel in der privaten Krankenversicherung, VersR 2008, 1007; *Lehmann,* Zum Tarifwechsel in der privaten Krankenversicherung, VersR 2010, 992; *Lorenz/Wandt,* Der Tarifwechsel bei unterschiedlichen Tarifstrukturen, VersR 2008, 7; *Lorenz/Wandt,* Die Durchführung des Tarifwechsels in der privaten Krankenversicherung bei unterschiedlichen Tarifstrukturen, VersR 2008, 1165; *Lorenz/Wandt,* Der Ausgleich unterschiedlicher Tarifstrukturen beim Tarifwechsel gem. § 204 VVG, VersR 2010, 717; *Präve,* Regulierung und freier Wettbewerb in der privaten Krankenversicherung, ZfV 1998, 63; *Reinhard,* „Pauschale Risikozuschläge" als Mittel

Tarifwechsel 1–7 § 204

der Prämiengerechtigkeit beim Tarifwechsel in der privaten Krankenversicherung?, VersR 2008, 892; *Renger,* Diskussionsentwurf zur gesetzlichen Regelung der privaten Krankenversicherung in Deutschland, VersR 1993, 678; *Renger,* Die Lebens- und Krankenversicherung im Spannungsfeld zwischen Versicherungsvertragsrecht und Versicherungsaufsichtsrecht, VersR 1995, 866; *Schoenfeldt,* Reform der Privaten Krankenversicherung – insbesondere Reformfragen zur Alterungsrückstellung und der künftigen Produktgestaltung, ZVersWiss 2002, 137; *Sommer,* Anmerkungen zur Kalkulations- und Überschussverordnung in der PKV, ZfV 1998, 68; *Surminski,* Streit um Umstellung, ZfV 1996, 229; *Surminski,* Bürokratische Überregulierung, ZfV 1998, 122; *Wriede,* Überlegungen zum Abschlusszwang gem. § 178f VVG, VersR 1996, 271.

A. Einführung

I. VVG-Reform und Gesundheitsreform

Das ursprünglich in § 178f VVG aF geregelte Tarifwechselrecht hat durch zwei zeitlich parallel ablaufende Gesetzesreformen des Jahres 2007 eine grundlegende inhaltliche **Umgestaltung und Erweiterung** erfahren.[1] Während die eigentliche VVG-Reform den sachlichen Inhalt des § 178f VVG aF mit Wirkung ab 1.1.2008 unverändert übernommen hatte (§ 204 idF von Art. 1 VVG-ReformG), erweiterte die Gesundheitsreform mit dem vorher parlamentarisch verabschiedeten GKV-Wettbewerbsstärkungsgesetz (GKV-WSG) v. 26.3.2007 (BGBl. I S. 378) die Vorschriften zum Tarifwechselrecht um ein allgemeines Versicherwechselrecht, das ab 1.1.2009 in Kraft trat (§ 204 idF von Art. 11 Abs. 1 VVG-ReformG). Gleichzeitig fügte der Gesetzgeber der Gesundheitsreform ergänzende Vorschriften ein, die sich zum einen auf den neuen Basistarif beziehen und die zum anderen die Fortführung als Anwartschaftsversicherung betreffen. 1

II. Tarifwechsel und Versichererwechsel

Das **Tarifwechselrecht** nach § 204 Abs. 1 S. 1 Nr. 1 betrifft das Recht des Versicherungsnehmers, innerhalb desselben Versicherungsunternehmens von seinem bisherigen Tarif unter Anrechnung der erworbenen Rechte und der Alterungsrückstellung in einen anderen Tarif zu wechseln. § 204 Abs. 1 S. 1 Nr. 1 Hs. 1 ist Rechtsgrundlage für das unbeschränkte Tarifwechselrecht. 2

Das Tarifwechselrecht kann **Beschränkungen** unterliegen, die sich aus folgenden Sachverhalten ergeben: 3
– Die Leistungen im Zieltarif sind höher oder umfassender als im Herkunftstarif, so dass das Versicherungsunternehmen aufgrund einer Risikoprüfung Tarifeinschränkungen verlangen kann (§ 204 Abs. 1 S. 1 Nr. 1 Hs. 2–4).
– Der Versicherungsnehmer erfüllt nicht die zusätzlichen Voraussetzungen für den Wechsel in den Basistarif (§ 204 Abs. 1 S. 1 Nr. 1 Hs. 5).

Das **Versichererwechselrecht** nach § 204 Abs. 1 S. 1 Nr. 2 begründet den Anspruch des Versicherungsnehmers, dass im Falle einer Vertragskündigung und des gleichzeitigen Abschlusses einer substitutiven Krankenversicherung bei einem anderen Versicherungsunternehmen das bisherige Versicherungsunternehmen die kalkulierte Alterungsrückstellung auf den neuen Versicherer übertragen muss (Portabilität). Das gleiche gilt für die private Pflege-Pflichtversicherung (§ 204 Abs. 3). 4

Die Portabilität der Alterungsrückstellung wird über den Tarif- und Versichererwechsel hinaus auf alle **Zusatztarife** ausgedehnt (Zusatztarifrecht), wenn der Versicherungsnehmer aus einem Tarif wechseln will, der höhere oder umfassendere Leistungen als der Basistarif vorsieht (§ 204 Abs. 1 S. 2). 5

III. Fortführungsrecht

Dem Versicherungsnehmer und dem Versicherten einer nach Art der Lebensversicherung betriebenen Krankenversicherung wird im Falle einer Kündigung des Versicherungsvertrags das Recht eingeräumt, den Vertrag als **Anwartschaftsversicherung** fortzuführen (§ 204 Abs. 5). 6

B. Allgemeine Grundsätze des Tarifwechselrechts (Abs. 1 S. 1 Nr. 1)

I. Inhalt und Zweck der Regelung

1. Normgehalt. a) Regelungsinhalt. Die Vorschrift begründet gegenüber dem Versicherungsunternehmen das einseitige Recht des Versicherungsnehmer, innerhalb eines bestehenden 7

---

[1] *Boetius,* Private Krankenversicherung nach der Gesundheitsreform und der VVG-Reform, 2008, S. 5 ff.

Krankenversicherungsvertrags von dem bisher vereinbarten Tarif („Herkunftstarif") in einen anderen **Tarif desselben Versicherungsunternehmens** („Zieltarif") zu wechseln, der einen gleichartigen Versicherungsschutz wie der Herkunftstarif aufweist, ohne dass dem Versicherungsnehmer die im Herkunftstarif erworbenen Rechte und die dort aufgebaute Alterungsrückstellung verloren gehen. Das Tarifwechselrecht – auch Umstufungsrecht genannt (vgl. § 6 Abs. 2 S. 1 VVG-InfoV) – des Versicherungsnehmers gilt nur für Tarife, die einen gleichartigen Versicherungsschutz aufweisen, und besteht unter dieser Voraussetzung uneingeschränkt auch nur insoweit, als die Leistungen im Zieltarif nicht höher oder umfassender sind als im Herkunftstarif (unbeschränktes Tarifwechselrecht).

8   Sind die Leistungen im Zieltarif höher oder umfassender als im Herkunftstarif, besteht nur ein **eingeschränktes Tarifwechselrecht** (§ 204 Abs. 1 S. 1 Nr. 1 Hs. 2, 3).

9   Das Recht zum Wechsel in den **Basistarif** des Versicherungsunternehmens besteht uneingeschränkt nur, wenn der Herkunftstarif nach dem 1.1.2009 abgeschlossen wurde (§ 204 Abs. 1 S. 1 Nr. 1 Hs. 5 lit. a). Für vor dem 1.1.2009 abgeschlossene Herkunftstarife kann der Wechsel in den Basistarif nur unter bestimmten Voraussetzungen verlangt werden (§ 204 Abs. 1 S. 1 Nr. 1 Hs. 5 lit. b, c).

9a   Das Tarifwechselrecht ist ausgeschlossen für den **Wechsel aus einem Unisex-Tarif** in einen Bisex-Tarif (§ 204 Abs. 1 S. 1 Nr. 1 Hs. 6). Dies gilt nicht für den Rückwechsel aus dem Basistarif in den Ursprungstarif nach § 204 Abs. 2 S. 1, wenn dieser ein Bisex-Tarif ist (§ 204 Abs. 2 S. 6).

9b   Vom Tarifwechselrecht ausgeschlossen ist ferner der **Notlagentarif**. Diese in § 193 Abs. 7 S. 4 getroffene Regelung hätte ihren systematisch richtigen Platz in § 204 finden müssen.

10   **b) Bedeutung der Regelung.** Im System des allgemeinen Vertragsrechts und des speziellen Versicherungsvertragsrechts schränkt das Tarifwechselrecht die Vertragsfreiheit ein, indem es dem Versicherungsnehmer ein **einseitiges Recht zur Vertragsänderung** einräumt. Das Tarifwechselrecht begründet einen schuldrechtlichen Anspruch gegenüber dem Versicherungsunternehmen, den Tarifwechsel vorzunehmen (→ Rn. 192), und kein Gestaltungsrecht des Versicherungsnehmers. Das bedeutet, dass die Vertragsänderung nicht schon durch einseitige Erklärung des Versicherungsnehmers, sondern erst durch Vereinbarung zwischen Versicherungsunternehmen und Versicherungsnehmer vollzogen wird (zum Sonderfall beim Wechsel in den Standardtarif → Rn. 390). Das gleiche gilt für den Wechsel in den Basistarif; hier spricht das Gesetz selbst vom Verlangen des Versicherungsnehmers und von der Annahme des Antrags durch das Versicherungsunternehmen (§ 193 Abs. 5 S. 2, 3).

11   Zum Abschluss dieser Änderungsvereinbarung ist das Versicherungsunternehmen nach § 204 Abs. 1 S. 1 Nr. 1 Hs. 1 verpflichtet. Das Tarifwechselrecht begründet daher für das Versicherungsunternehmen einen sachlich begrenzten **Kontrahierungszwang**.[2]

12   Gegenstand des Kontrahierungszwangs ist nicht die Übertragung der Alterungsrückstellung, sondern der einseitig gewünschte Tarifwechsel innerhalb des im Übrigen fortbestehenden Vertragsverhältnisses. Dass die erworbenen Rechte und die Alterungsrückstellung im Zieltarif anzurechnen sind, hat nur den Charakter einer Rahmenbedingung im Sinne einer gesetzlich angeordneten zwingenden **Rechtsfolge des Tarifwechsels**. Es begründet einen feinen rechtssystematischen Unterschied, ob ein Zwang zum *Abschluss* eines neuen Vertrages bei einem beliebigen Versicherungsunternehmen oder nur zur *Änderung* eines bestehenden Vertrages beim bisherigen Versicherungsunternehmen besteht. Deshalb kann in der Diskussion um die Übertragbarkeit der Alterungsrückstellung im Falle eines Versichererwechsels (→ Vor § 192 Rn. 931 ff.) nicht auf das allgemeine Tarifwechselrecht verwiesen werden.

13   Bei dem Wechsel in den neuen Tarif handelt es sich nicht um den Abschluss eines neuen Versicherungsvertrags, sondern um die **Fortsetzung des bestehenden Versicherungsvertrags** mit einem geänderten Inhalt, nämlich dem neuen Tarif.[3] Zwar spricht Art. 206 Abs. 2 UAbs. 1 lit. e RL 2009/138/EG von der im nationalen Recht vorzusehenden Möglichkeit, dass der Versicherungsnehmer seinen „laufenden Vertrag in einen neuen Vertrag" umwandeln kann. Indessen ist diese Wortwahl („neuen Vertrag") nicht streng rechtsformal, sondern nach ihrem materiellen Sinngehalt zu verstehen. Insofern formuliert § 146 Abs. 1 Nr. 4 VAG zutreffend, wenn dem Versicherungsnehmer „in dem Versicherungsvertrag das Recht auf Vertragsänderungen durch Wechsel in andere Tarife ... einzuräumen ist".

14   Dass es sich bei dem Tarifwechsel iSv § 204 um die Fortsetzung des bestehenden Versicherungsvertrags handelt, hat eine wichtige systematische Konsequenz: Die an den Abschluss eines (neuen)

---

[2] BGH VersR 2015, 1012 Rn. 8; *Brand* in Bruck/Möller VVG § 204 Rn. 19; *Buchholz* VersR 2008, 27 (29).
[3] BVerwGE 108, 325 = VersR 1999, 743 (744); BVerwG VersR 2007, 1253 = NJW 2007, 2871 Rn. 33; BVerwGE 137, 179 = VersR 2010, 1345 Rn. 30; BGH VersR 2012, 1422 = NJW 2012, 3782 Rn. 7; *Muschner* in Langheid/Rixecker VVG § 204 Rn. 8.

Versicherungsvertrags geknüpften **Rechtsfolgen** des VVG gelten grds. nicht. So treffen den Versicherungsnehmer bei einem Tarifwechsel nach § 204 Abs. 1 S. 1 Nr. 1 Hs. 1 zB nicht die vorvertraglichen Anzeigepflichten (§ 19).[4] Ferner gelten für die aufgrund des Tarifwechsels erstmals zu zahlende neue Prämie die Vorschriften über die Folgeprämie, nicht diejenigen über die Erstprämie.[5]

Die vorgenannten Konsequenzen gelten uneingeschränkt nur im **Anwendungsbereich** des 15 § 204 Abs. 1 S. 1 Nr. 1 Hs. 1, dh bei einem Wechsel in andere Tarife mit gleichartigem Versicherungsschutz. Sie gelten lediglich eingeschränkt in den Fällen des § 204 Abs. 1 S. 1 Nr. 1 Hs. 2, 3 und überhaupt nicht bei einem Wechsel in andere Tarife mit ungleichartigem Versicherungsschutz (→ Rn. 316).

c) Zweck der Regelung. Das Tarifwechselrecht verfolgt den Zweck, die Versicherten vor den 16 nachteiligen Folgen einer gezielten **Tarifschließung** zu schützen. Wenn ein Tarif für den Neuzugang geschlossen wird, droht ihm wegen des Ausbleibens jüngerer Versicherter und des Älterwerdens des verbleibenden Kollektivs die allmähliche Vergreisung mit der Folge überproportional steigender Beiträge im Alter. Wird mit dem Schließen des bisherigen Tarifs zeitgleich ein unter Zugrundelegung günstigerer Rechnungsgrundlagen kalkulierter gleichartiger neuer Tarif angeboten, würde das Versicherungsunternehmen die Vergreisung systematisch herbeiführen. Das Tarifwechselrecht schützt die Versicherten vor einer solchen für sie nachteiligen Geschäftspolitik, indem sie mit dem Wechsel in den neuen Tarif den durch Vergreisung entstehenden Kosten- und Beitragssteigerungen des geschlossenen Tarifs entgehen können.[6]

Die Vergreisungsproblematik hängt unmittelbar mit dem **Kalkulationsmodell** der nach Art 16a der Lebensversicherung und mit Alterungsrückstellung kalkulierten Krankenversicherung zusammen (→ Vor § 192 Rn. 663); denn nur bei diesem Kalkulationsmodell kann der Fall eintreten, dass die aufgebaute Alterungsrückstellung nicht ausreicht, um die alterungsbedingt steigenden Krankheitskosten eines vergreisenden Versichertenkollektivs zu decken. Die nach Art der Schadenversicherung kalkulierte Krankenversicherung ist dagegen reine Risikoversicherung, die ohne Bindung an vorgegebene Rechnungsgrundlagen und insbesondere ohne Alterungsrückstellung kalkuliert wird (→ Vor § 192 Rn. 666); für sie gelten nach dem ausdrücklichen Wortlaut von § 203 Abs. 1 S. 1 keine Kalkulationsvorschriften (→ § 203 Rn. 94). Auf sie trifft daher der mit dem Tarifwechselrecht verfolgte Gesetzeszweck nicht zu, so dass die nach Art der Schadenversicherung betriebene Krankenversicherung vom Anwendungsbereich des § 204 a priori nicht erfasst wird (→ Rn. 111a).

Das Tarifwechselrecht gilt nicht für **befristete Versicherungsverhältnisse** (§ 204 Abs. 4 S. 1). 17 Für die Vorläuferregelung des § 178f Abs. 2 VVG aF führte der RegE[7] als Begründung an, es handele sich um eine Klarstellung, der Umstufungsanspruch werde für gleichwertigen Versicherungsschutz gewährt, für einen Umstufungsanspruch aus befristeten Versicherungsverhältnissen, etwa Reisekrankenversicherungen, bestehe keine Notwendigkeit. Von diesen Gründen trifft nur der letztgenannte zu. Dagegen handelt es sich nicht nur um eine Klarstellung; denn ohne diese Vorschrift würde das Tarifwechselrecht auch für befristete Versicherungs-verhältnisse gelten. Auch der Hinweis auf gleichwertigen Versicherungsschutz ist nicht recht verständlich; denn auch zu befristeten Versicherungstarifen kann es gleichartige Tarife geben. Der eigentliche Normzweck besteht darin, dass bei Abschluss befristeter Krankenversicherungen typischerweise keine Vergreisungsgefahr besteht. Schutz vor Vergreisung ist nur bei solchen Krankenversicherungstarifen geboten, die wegen der gesetzlich vorgeschriebenen Unbefristetheit typischerweise bis zum Lebensende des Versicherten in Kraft sind. Wird das Versicherungsverhältnis dagegen – zulässigerweise – von vornherein befristet abgeschlossen, bedarf der Versicherte nicht des Schutzes vor Vergreisung, weil die Vergreisungsvoraussetzung – nämlich das Fortbestehen des Versicherungsschutzes idR bis zum Lebensende – nicht gegeben ist.

Dem vorgenannten Zweck entsprach es, dass das VVG-ReformG auch die nach § 196 befristet 17a abgeschlossenen **Krankentagegeldversicherungen** vom Tarifwechselrecht ausgenommen hatte. Art. 1 Nr. 4 lit. b Gesetz zur Änderung versicherungsrechtlicher Vorschriften v. 24.4.2013 (BGBl. I S. 932) erstreckte das Tarifwechselrecht mit Wirkung ab 1.5.2013 wieder auf die nach § 196 befristet abgeschlossenen Krankentagegeldversicherungen (§ 204 Abs. 4 S. 2). Damit sollte der Rechtszustand wiederhergestellt werden, der bis zur VVG-Reform nach § 178f VVG aF bestanden hatte.[8]

---

[4] *Wriede* VersR 1996, 271 (272); BGH VersR 1994, 39 für den Fall, dass die Wiederherstellung eines Versicherungsvertrags wie ein Neuabschluss anzusehen ist.
[5] *Muschner* in Langheid/Rixecker VVG § 204 Rn. 8; *Wriede* VersR 1996, 271 (273).
[6] Begr. zu Art. 2 Nr. 15 (§ 178f VVG) RegE 3. DurchfG/EWG zum VAG, BT-Drs. 12/6959, 105.
[7] Begr. zu Art. 2 Nr. 15 (§ 178f VVG) RegE 3. DurchfG/EWG zum VAG, BT-Drs. 12/6959, 105; *Renger* VersR 1993, 678 (681).
[8] Begr. zu Art. 1 Nr. 4 lit. b (§ 204 Abs. 3 VVG) RegE Gesetz zur Änderung versicherungsrechtlicher Vorschriften, BT-Drs. 17/11469, 15; BVerwGE 137, 179 = VersR 2010, 1345 Rn. 27.

17b Aufgrund des **Unisex-Urteils des EuGH** (→ § 203 Rn. 172 ff.) können nach dem 21.12.2012 neue Verträge nur noch mit geschlechtsneutralen Prämien abgeschlossen werden. Das hätte zur Folge gehabt, dass der Versicherungsnehmer anschließend wieder in einen Bisex-Tarif hätte wechseln können (→ Rn. 226a ff.). Der aufgrund Art. 1 Nr. 4 lit. a Gesetz zur Änderung versicherungsrechtlicher Vorschriften v. 24.4.2013 (BGBl. I S. 932) eingefügte § 204 Abs. 1 S. 1 Nr. 1 Hs. 6 schließt einen solchen Wechsel jedoch aus. Nach den Gesetzesmaterialien soll damit verhindert werden, dass die Versicherungsnehmer „in den Tarif wechseln, der für die Versicherungsnehmer ihres Geschlechts die jeweils günstigeren Konditionen bietet".[9] Diese Begründung liegt neben der Sache; denn die gleiche „Optimierung der persönlichen Beitragslast" kann auch im umgekehrten Fall des Wechsels aus einem Unisex-Tarif in einen Bisex-Tarif eintreten, was zulässig ist (→ Rn. 226a).[10]

17c § 204 Abs. 1 S. 1 Nr. 1 Hs. 6 bezweckt vielmehr die Durchsetzung der Unisex-Regel für *Neuverträge* und statuiert mit dem Ausschluss eines anschließenden Wechsels in einen Bisex-Tarif ein **Umgehungsverbot**. Wenn für Neuverträge ein späterer Wechsel in einen Bisex-Tarif möglich wäre, würde der Unisex-Grundsatz konterkariert.

17d Wenn es nach § 204 Abs. 2 S. 1 zu einem Rückwechsel aus dem Basistarif in den Ursprungstarif kommt (→ Rn. 379a ff.), gilt das Umgehungsverbot nicht (§ 204 Abs. 2 S. 6), weil der Ursprungstarif kein wirklicher Neuvertrag ist. Aus dem gleichen Grund ist § 204 Abs. 1 S. 1 Nr. 1 letzter Teilsatz ganz allgemein dann nicht anzuwenden, wenn im Falle eines mehrfachen Tarifwechsels der erstmalige Abschluss des Versicherungsvertrags vor dem 22.12.2012 erfolgt war; denn dann liegt **kein Neuvertrag iSd Unisex-Regel** vor (→ § 203 Rn. 187a).

18 **2. Bezweckte Wirkung der Norm.** Die Vorschrift will nach ihrem **Normzweck** die Versicherten vor den nachteiligen Folgen einer gezielten Tarifschließung schützen (→ Rn. 16). Von diesem Zweck ausgehend, entfaltet die Vorschrift eine rechtliche und eine tatsächliche Wirkung.

19 Die **rechtliche Wirkung** besteht im Tarifwechselrecht, dh in dem Recht des Versicherten, ohne Nachteile in einen anderen Tarif des Versicherungsunternehmens mit gleichartigem Versicherungsschutz zu wechseln – sofern das Versicherungsunternehmen solche Tarife führt oder neu einführt. Dieses Recht besteht zeitlich unbegrenzt (→ Rn. 145 ff.).

20 Die **tatsächliche Wirkung** besteht darin, dass das Versicherungsunternehmen bei eventuellen Missbrauchsversuch scheitert, einen nicht mehr wettbewerbsfähigen Tarif zu schließen und durch einen mit günstigeren Rechnungsgrundlagen kalkulierten attraktiveren Tarif zu ersetzen, der ausschließlich neuen Kunden mit günstigerer Risikostruktur offen steht. Ein solcher Versuch scheitert deswegen, weil für die Versicherten des geschlossenen Tarifs der Beitrag im neuen Tarif *trotz* ihres inzwischen höheren Eintrittsalters, aber eben *wegen* der Anrechnung ihrer Alterungsrückstellung günstiger sein wird als ihr bisheriger Beitrag im alten Tarif. Nutzen infolgedessen viele Versicherte des alten Tarifs das Preisgefälle durch Wechsel in den neuen Tarif aus, erhöht sich dessen Schadenbedarf aufgrund der älteren Risiken sehr schnell. Dies hätte im neuen Tarif überproportionale Beitragserhöhungen zur Folge. Wenn es dem Versicherungsunternehmen nicht gelingt, gleichzeitig sehr viel „echtes" Neugeschäft mit günstigen Gesundheitsrisiken für den neuen Tarif zu akquirieren, wird der neue Tarif durch den Wechsel der Versicherten des alten Tarifs schnell dessen hohes Schadenniveau und aufgrund notwendig werdender Beitragsanpassungen dessen hohes Beitragsniveau erreichen, so dass dem neuen Tarif damit gleichfalls die anfänglich gegebene Wettbewerbsfähigkeit verloren geht. Das Versicherungsunternehmen hätte mit seinem „Ausbruchsversuch" also nichts gewonnen, so dass es künftig auf die Entwicklung von Paralleltarifen von vornherein verzichten wird.

21 In der Praxis tritt der Verzicht auf Paralleltarife jedoch bereits früher, nämlich im Stadium der **Kalkulation gleichartiger Tarife** ein. Wenn ein neuer Tarif einen gleichartigen Versicherungsschutz wie bereits vorhandene Tarife enthalten soll, müssen im neuen Tarif die Wechselwahrscheinlichkeit aufgrund des Tarifwechselrechts nach § 204 Abs. 1 S. 1 Nr. 1 Hs. 1 und ihre Auswirkungen auf den Schadenbedarf berücksichtigt werden. Da die Wechselwahrscheinlichkeit zu einer Erhöhung des Schadenbedarfs führt (→ Rn. 20), erfordern die aktuariellen Grundsätze die prämienmäßige Berücksichtigung dieses wahrscheinlich zu erwartenden höheren Schadenbedarfs. Die Wechselwahrscheinlichkeit gehört nämlich zu den Rechnungsgrundlagen, die zur Festlegung der Kopfschäden erforderlich sind (§ 146 Abs. 1 Nr. 1, § 160 S. 1 Nr. 1 VAG iVm §§ 1, 2 Abs. 2 KVAV). Damit ist dem Versicherungsunternehmen schon aus kalkulationsrechtlichen Gründen die Entwicklung eines Paralleltarifs mit „Kampfprämien" verwehrt.

---

[9] Begr. zu Art. 1 Nr. 4 lit. a (§ 204 Abs. 1 VVG) RegE Gesetz zur Änderung versicherungsrechtlicher Vorschriften, BT-Drs. 17/11469, 15.

[10] Begr. zu Art. 1 Nr. 4 lit. a (§ 204 Abs. 1 VVG) RegE Gesetz zur Änderung versicherungsrechtlicher Vorschriften, BT-Drs. 17/11469, 15.

Dass die **Wechselwahrscheinlichkeit** aktuariell zutreffend einkalkuliert wird, sichert das Versicherungsaufsichtsrecht mehrfach ab. Zum einen ist der Verantwortliche Aktuar dafür verantwortlich, dass die Kalkulationsvorschriften eingehalten werden (§ 156 Abs. 2 S. 1 Nr. 1 VAG). Zum anderen darf das Versicherungsunternehmen eine Beitragsanpassung insoweit nicht vornehmen, als sie darauf beruht, dass die Wechselwahrscheinlichkeit nicht oder nicht ausreichend bei der Erstkalkulation des neuen Tarifs berücksichtigt worden war und ein ordentlicher und gewissenhafter Aktuar dies hätte erkennen müssen (§ 155 Abs. 3 S. 4 VAG). Der Prämientreuhänder darf unter dieser Voraussetzung einer späteren Beitragsanpassung nicht zustimmen (§ 155 Abs. 1 VAG). Damit muss im Falle einer aktuariell erkennbaren Fehleinschätzung der Wechselwahrscheinlichkeit das Versicherungsunternehmen den darauf beruhenden höheren Schadenbedarf aus dem Eigenkapital finanzieren.

3. Weitergehende Wirkung der Norm. Die **tatsächliche Wirkung** der Norm ist weit umfassender, als der Gesetzeszweck vermuten lässt, und geht über das gesetzgeberische Ziel und die Motive des Gesetzgebers erheblich hinaus. Insbesondere verhindert die Vorschrift in direktem Widerspruch zu verbraucherorientierten und versicherungsaufsichtsrechtlichen Zielen erwünschte Produktinnovationen und notwendige Sanierungen.[11]

a) Produktinnovationen. Die Vorschrift verhindert, dass ein PKV-Unternehmen auf neu auftretende Wettbewerber mit Produktinnovationen reagieren kann. Das Tarifwechselrecht schränkt die Produktpolitik des Versicherungsunternehmens erheblich ein, wenn dieses ältere Tarife mit gleichartigem Versicherungsschutz im Bestand hat. Diese Tarife bilden eine **Innovationssperre**, weil das Versicherungsunternehmen gleichartige neue Tarife mit niedrigerem Preisniveau faktisch nicht mehr anbieten kann. Neue Wettbewerber, die naturgemäß keine älteren Tarife haben, unterliegen diesen Restriktionen in ihrer Produktpolitik dagegen nicht.[12]

Diese Innovationssperre wendet sich auch gegen berechtigte **Verbraucherinteressen** an kostengünstigen Versicherungsprodukten. So kann ein Versicherungsunternehmen, das seine Produkte über klassische Versicherungsvermittler vertreibt, deren Kosten natürlich in die von diesen vermittelten Tarifen einkalkuliert sein müssen, nicht gleichzeitig über neue Direktvertriebsformen – insbes. Internet – gleichartige, aber wegen der niedrigeren Vertriebskosten günstiger kalkulierte Tarife anbieten. Aufgrund des Tarifwechselrechts könnte der von einem Versicherungsvermittler betreute Versicherungsnehmer in den billigeren Direktvertriebs-Tarif wechseln, während die Kosten seines betreuenden Vermittlers den Tarif weiter belasten, in dem der Versicherungsnehmer sich nach dem Wechsel nicht mehr befindet und dem mit der entfallenen höheren Prämie die Kostendeckung für die Versicherungsvermittlung und -betreuung fehlt. Das Versicherungsunternehmen könnte dieser Konsequenz nur dadurch entgehen, dass es für solche innovativen neuen Produkte eine eigene Tochtergesellschaft gründet, die diese Produkte anbietet. Das Tarifwechselrecht würde in einem solchen Fall nicht gelten (→ Rn. 31). Derartige Gründungen von Zweitfirmen können indessen aufsichtsrechtlich problematisch sein (→ Rn. 31 f.).

b) Bestandsübertragung und Unternehmensverschmelzung. Die Vorschrift erschwert darüber hinaus in unerwünschtem Umfang eine Verschmelzung von Krankenversicherungsunternehmen und Bestandsübertragungen von einem Versicherungsunternehmen auf ein anderes Versicherungsunternehmen; denn in diesen Fällen werden unterschiedliche Tarife mit gleichartigem Versicherungsschutz bisher getrennter Versicherungsunternehmen in einem einzigen Versicherungsunternehmen zusammengeführt, was zur sofortigen Anwendbarkeit des Tarifwechselrechts führt. Verschmelzungen und Bestandsübertragungen können aber zB aus Gründen der Wettbewerbsfähigkeit oder zum Zweck der **Sanierung** nicht nur notwendig, sondern sogar erwünscht sein. Die Diskussionen um die Gründung von Auffanggesellschaften und die Schaffung von versicherungsspezifischen Insolvenzsicherungskonzepten machen den Handlungsbedarf deutlich (→ Vor § 192 Rn. 1367 ff.). In der Krankenversicherung benötigt man hierfür zwingend die Instrumente der Bestandsübertragung und Verschmelzung. So kann der Sicherungsfonds in der Krankenversicherung den Bestand des zu sanierenden Versicherungsunternehmens auf andere Versicherungsunternehmen übertragen (→ Vor § 192 Rn. 1370). Wenn dies bei dem übernehmenden Versicherungsunternehmen aber Tarifwechselrechte der Versicherungsnehmer auslöst, wird die zum Zweck der Sanierung durchgeführte Bestandsübertragung konterkariert.

Die **VVG-Kommission** hatte die Problematik erkannt und eine sachgerechte Änderung des VVG vorgeschlagen. Danach sollte für den Fall der Verschmelzung von Krankenversicherungsunternehmens oder der Übertragung von Krankenversicherungsbeständen auf ein anderes Krankenversicherungsunternehmens die Anwendbarkeit des § 178f Abs. 1 VVG aF für die Dauer von fünf Jahren

---

[11] Schoenfeldt ZVersWiss 2002, 137 (142 f.).
[12] Surminski ZfV 1998, 122.

28 ab Rechtswirksamkeit der Verschmelzung oder Bestandsübertragung für den Wechsel zwischen den verschmolzenen oder übertragenen Krankenversicherungsbeständen ausgeschlossen werden.[13]

28 Der von der VVG-Kommission vorgeschlagene **Entwurf** sah in seinem § 196 Abs. 3 folgende neue Vorschrift vor:[14]

> [1]Im Falle der Verschmelzung von Krankenversicherungsunternehmen oder der Übertragung von Krankenversicherungsbeständen auf ein anderes Krankenversicherungsunternehmen iSv § 14 des Versicherungsaufsichtsgesetzes gilt Abs. 1 für die Dauer von fünf Jahren nicht, soweit ein Wechselrecht des Versicherungsnehmers nur aufgrund der Verschmelzung oder Bestandsübertragung begründet würde. [2]Die Frist nach S. 1 beginnt mit dem Zeitpunkt, in dem die Verschmelzung oder Bestandsübertragung rechtswirksam geworden ist.

29 **Weitergehende Anforderungen** an den Ausschluss des Tarifwechselrechts waren nicht zu stellen. Soweit es sich um eine Bestandsübertragung handelt, kann die Aufsichtsbehörde nach § 13 VAG im Rahmen des Genehmigungsverfahrens alle Maßnahmen treffen und Auflagen vorsehen, die zur Wahrung der Belange der Versicherten und der Versicherer notwendig sind. Dazu gehört auch die Festlegung der Voraussetzungen, unter denen die bisherigen Tarife geschlossen, fortgeführt oder sonst saniert werden sollen. Im Falle einer Verschmelzung hat die Aufsichtsbehörde nach § 14 iVm § 13 Abs. 1 S. 2, Abs. 2, 4, 5 VAG die gleichen Möglichkeiten.

30 Das federführende BMJ übernahm in seinem RefE den Vorschlag der VVG-Kommission nicht. Der RefE – und ihm folgend der RegE – erwähnt weder den Änderungsvorschlag der VVG-Kommission noch nennt er Gründe dafür, den Änderungsvorschlag nicht aufzugreifen.

31 **4. Geltung zwischen Konzernunternehmen. a) Versicherungsvertragsrecht.** Das allgemeine Tarifwechselrecht gilt nur für Tarife desselben Versicherungsunternehmens, nicht für Tarife eines anderen Versicherungsunternehmens. Daher kann der Versicherungsnehmer nicht verlangen, dass er nach den Regeln des § 204 Abs. 1 S. 1 Nr. 1 in gleichartige Tarife eines anderen Versicherungsunternehmens wechseln kann, auch wenn das andere Versicherungsunternehmen mit dem Versicherungsunternehmen des Versicherungsnehmers konzernmäßig verbunden ist. Diese Möglichkeit eröffnet mit Wirkung ab 1.1.2009 erst das Versichererwechselrecht nach § 204 Abs. 1 S. 1 Nr. 2, Abs. 2 (→ Rn. 42).

32 § 204 Abs. 1 S. 1 Nr. 1 schränkt die Möglichkeit der Versicherungsunternehmen ein, beliebig neue Tarife mit neuen Kalkulationsgrundlagen bei gleichzeitiger Schließung ähnlicher Alttarife zu entwickeln. Diese Beschränkung könnte missbräuchlich umgangen werden, indem ein Versicherungsunternehmen zur Erreichung des gleichen Zwecks ein **Tochterunternehmen** gründet, das solche neuen Tarife anbietet.[15]

33 Verschiedentlich war in der Fachöffentlichkeit erörtert worden, zur **Vermeidung von Missbräuchen** § 178f VVG aF bzw. § 204 Abs. 1 S. 1 Nr. 1 auf den Wechsel zwischen verschiedenen Krankenversicherungsunternehmens desselben Konzerns zu erstrecken.[16] Eine solche Erstreckung würde jedoch auch solche Fälle erfassen, in denen ein Konzern aus nachvollziehbaren und sinnvollen Gründen im Wege einer Mehr-Marken-Strategie bewusst mehrere Krankenversicherungsunternehmens betreibt, ohne dass es zu einer faktischen Umgehung des § 204 Abs. 1 S. 1 Nr. 1 kommt. Auch Konzentrationsprozesse, die sozial- und wettbewerbspolitisch begrüßenswert sein können, würden verhindert. Rechtspolitisch wäre es nicht zu vertreten, die Anwendung des § 204 Abs. 1 S. 1 Nr. 1 wegen der damit auch verbundenen erheblichen Nachteile auf Konzerne auszudehnen. Daher hatte die VVG-Kommission vorgeschlagen, es bei der bisherigen Regelung zu belassen und etwaigen Missbräuchen durch eine Verschärfung des aufsichtsrechtlichen Instrumentariums zu begegnen.[17] Dem folgte der RegE (→ Rn. 34).

34 **b) Versicherungsaufsichtsrecht.** Um etwaigen Missbräuchen beim Einsatz einer Mehr-Marken-Politik innerhalb eines Versicherungskonzerns (→ Rn. 32 f.) vorzubeugen, verschärfte der Gesetzgeber im Zuge der VVG-Reform das Versicherungsaufsichtsrecht. Wenn ein Krankenversicherungsunternehmen oder ein Versicherungskonzern, dem ein Krankenversicherungsunternehmen angehört, ein weiteres Krankenversicherungsunternehmen zu dem Zweck gründet, das Tarifwechselrecht der Versicherungsnehmer des bisherigen Krankenversicherungsunternehmens missbräuchlich zu umgehen, kann die Versicherungsaufsichtsbehörde künftig die **Zulassung des neuen Kranken-**

---

[13] *Lorenz*, Abschlussbericht der VVG-Kommission, VersR-Schriftenreihe Bd. 25, 2004, S. 175, Abschn. 1.3.2.4.5.7.1.
[14] *Lorenz*, Abschlussbericht der VVG-Kommission, VersR-Schriftenreihe Bd. 25, 2004, S. 272, Abschn. 2.1.
[15] Wie zB der Fall „Balance", vgl. *Surminski* ZfV 1998, 122.
[16] BAV VerBAV 1998, 139.
[17] *Lorenz*, Abschlussbericht der VVG-Kommission, VersR-Schriftenreihe Bd. 25, 2004, S. 175, Abschn. 1.3.2.4.5.7.2.

versicherungsunternehmen verweigern. Zu diesem Zweck wurde in § 8 Abs. 1 S. 1 VAG aF eine neue Nr. 4 eingefügt (Art. 7 Nr. 2 VVG-ReformG), deren Neufassung durch § 11 Abs. 1 Nr. 4 lit. c VAG lautet:

Die Aufsichtsbehörde versagt die Erlaubnis, wenn

(...)

c) im Fall des Betriebs der Krankenversicherung Tatsachen vorliegen, die die Annahme rechtfertigen, dass das Unternehmen Tarife einführen wird, die iSd § 204 des Versicherungsvertragsgesetzes einen gleichartigen Versicherungsschutz gewähren wie die Tarife eines anderen mit ihm konzernmäßig verbundenen Versicherungsunternehmens, sofern durch die Einführung solcher Tarife die Belange der Versicherten nicht ausreichend gewahrt werden.

Nicht jede Gründung eines weiteren Krankenversicherungsunternehmens im Rahmen eines Konzernverbundes ist missbräuchlich. Der **spezielle Missbrauchstatbestand** des § 11 Abs. 1 Nr. 4 lit. c VAG ist erfüllt, wenn zwei Voraussetzungen gegeben sind:
– Das neu zu gründende Versicherungsunternehmen will Tarife einführen, die einen gleichartigen Versicherungsschutz bieten wie die Tarife des anderen Konzernversicherungsunternehmens („Parallel-Tarife").
– Durch die Einführung dieser Tarife werden die Belange der Versicherten nicht ausreichend gewahrt.

Die **Belange der Versicherten** iSv § 11 Abs. 1 Nr. 4 VAG sind dann nicht ausreichend gewahrt, wenn die Parallel-Tarife mit anderen – nämlich zu deutlich niedrigeren Beiträgen führenden – Rechnungsgrundlagen kalkuliert sind als die entsprechenden Tarife des bisherigen Krankenversicherungsunternehmens und dies nicht durch objektive Gründe aktuariell begründet werden kann. Dabei kann es sich insbes. um folgende Fallkonstellationen handeln:

– Das bisherige Krankenversicherungsunternehmen erzielt eine zu niedrige **Nettoverzinsung** und muss seine Tarife nach dem aufsichtsrechtlich anzuwendenden Aktuariellen Unternehmenszins-Verfahren (AUZ-Verfahren, → § 203 Rn. 270 ff.) mit einem unternehmensindividuellen Höchstrechnungszins kalkulieren, der unter dem gesetzlichen Höchstrechnungszins (§ 146 Abs. 1 Nr. 1, § 160 S. 1 Nr. 1 VAG, § 3 KVAV) liegt. Wenn das neue Krankenversicherungsunternehmen seine Tarife mit dem gesetzlichen Höchstrechnungszins kalkulieren will – was zu deutlich niedrigeren Beiträgen führen würde –, ist zunächst von einer bewussten Unterkalkulation auszugehen, die einen Versagungsgrund iSv § 11 Abs. 1 Nr. 4 VAG darstellt. Etwas anderes würde nur dann gelten, wenn das neue Krankenversicherungsunternehmen bzw. dessen Konzern objektiv nachprüfbar begründen kann, dass aufgrund einer substantiell günstigeren Kapitalanlagestruktur des neuen Versicherungsunternehmens eine dauerhaft höhere Nettoverzinsung erzielt wird.
– Während das bisherige Krankenversicherungsunternehmen seine Produkte über klassische Versicherungsvermittler vertreibt, deren Provisionslast in die Tarife einkalkuliert ist, werden die Tarife des neuen Krankenversicherungsunternehmens ausschließlich über **andere Vertriebswege** verkauft, die mit deutlich niedrigeren Vertriebskosten belastet sind. Dies ist bei den meisten Direktvertriebsformen – insbes. beim Internet-Vertrieb – der Fall. Solche Direktvertriebsformen wenden sich an bestimmte Kundengruppen, die aufgrund ihres meist technikorientierten Typus dem klassischen Versicherungsvermittler überwiegend verschlossen sind. Hier sind die Belange der Versicherten des bisherigen Krankenversicherungsunternehmens nicht gefährdet.
– Wenn das bisherige Krankenversicherungsunternehmen seine Produkte umfassend an alle Kundengruppen und breit verteilt über die verschiedensten Versicherungsvermittlerwege – eigene Versicherungsvertreter; Vertriebskooperationen mit anderen Versicherungsunternehmen, die kein eigenes Krankenversicherungsunternehmen haben; Versicherungsmakler – vertreibt, wird es in seiner Annahmepolitik eine lediglich durchschnittliche Risikoprüfung vornehmen mit der Folge, dass sein Versicherungsbestand auch nur durchschnittliche Risiken enthält, was entsprechenden Einfluss auf die Beitragshöhe hat. Will das Versicherungsunternehmen preissensitivere Kundengruppen über neue Produkte erschließen, die bei ähnlichem Leistungsspektrum preislich deutlich günstiger sind als die bisherigen Produkte, so muss das Versicherungsunternehmen für diese Produkte seine **Annahmepolitik** verschärfen, um über eine günstigere Selektion einen dauerhaft niedrigeren Schadenbedarf zu erzeugen, der niedrigere Beiträge erlaubt. Wegen des Tarifwechselrechts benötigt das Krankenversicherungsunternehmen für solche Produkte praktisch ein anderes Versicherungsunternehmen als neuen Risikoträger. Auch in diesem Fall wären die Belange der Versicherten des bisherigen Versicherungsunternehmens nicht gefährdet, weil diese als Durchschnittsrisiken einen höheren Schadenbedarf haben und daher die Anforderungen der verschärften Risikoprüfung nicht erfüllen könnten.

40 – Das Gleiche (→ Rn. 39) gilt sinngemäß, wenn das Krankenversicherungsunternehmen mit neuen Tarifen eine – im Vergleich zu den bisherigen Tarifen – strengere und weniger großzügige **Leistungspolitik** verbinden will, die gleichfalls zu niedrigerem Schadenbedarf und reduzierten Beiträgen führt. Auch hier benötigt das Krankenversicherungsunternehmen für solche Produkte wegen des Tarifwechselrechts einen neuen Risikoträger und wären die Belange der Versicherten des bisherigen Versicherungsunternehmens nicht gefährdet.

41   **c) Gesundheitsreform.** Die versicherungsvertrags- und versicherungsaufsichtsrechtlichen Überlegungen zur Problematik des allgemeinen Tarifwechselrechts im Verhältnis zwischen Konzernunternehmen (→ Rn. 31 ff.; → Rn. 34 ff.) beziehen sich auf die Rechtssituation nach § 178f VVG aF, § 204 VVG 2008 und betreffen damit den **Zeitraum bis 31.12.2008.**

42   Die Gesundheitsreform mit dem durch das GKV-WSG geänderten § 178f VVG aF und dessen inhaltsgleiche Übernahme durch Art. 11 Abs. 1 VVG-ReformG haben der Konzernthematik für den **Zeitraum ab 1.1.2009** jedoch die rechtfertigende Grundlage entzogen. Der Versicherungsnehmer kann nun nämlich nach § 204 Abs. 1 S. 1 Nr. 2 unter Übertragung der kalkulierten Alterungsrückstellung das Versicherungsunternehmen wechseln, was den Wechsel zu einem Konzernunternehmen des bisherigen Versicherungsunternehmens einschließt. Damit entfällt von Gesetzes wegen der früher mögliche Umgehungstatbestand im Konzern. Weil mit dem freien Versichererwechselrecht das Tarifwechselrecht nicht mehr auf Tarife desselben Versicherungsunternehmens beschränkt ist, kann die – nun beseitigte – Beschränkung auch nicht mehr missbräuchlich umgangen werden. Der mit der Einführung des § 8 Abs. 1 S. 1 Nr. 4 VAG aF (= § 11 Abs. 1 Nr. 4 VAG nF) verfolgte Zweck[18] ist gegenstandslos geworden. Für die Anwendung dieser Vorschrift besteht künftig kein Raum mehr; sie hätte mit der inhaltsgleichen Übernahme des durch das GKV-WSG geänderten § 178f VVG aF in Art. 11 VVG-ReformG konsequenterweise aufgehoben werden müssen.

II. Entstehungsgeschichte

43   **1. Zeit vor 1994. a) Versicherungsvertragsrecht.** Da es vor 1994 für die PKV keine speziellen gesetzlichen Vorschriften des Versicherungsvertragsrechts gab (→ Vor § 192 Rn. 342), richtete sich der Tarifwechsel nach den allgemeinen zivilrechtlichen Grundsätzen des Vertragsrechts. Wollte ein Versicherungsnehmer bei seinem Versicherungsunternehmen in einen anderen Tarif wechseln, bedurfte es einer entsprechenden Vereinbarung nach den für eine **Vertragsänderung** geltenden Grundsätzen. Da die PKV – von gesetzlichen Ausnahmen aus neuerer Zeit (private Pflege-Pflichtversicherung, Basistarif) abgesehen – keinem allgemeinen gesetzlichen Kontrahierungszwang unterliegt, kann das Versicherungsunternehmen über den Antrag auf Abschluss oder auf Änderung eines bestehenden Versicherungsvertrags frei entscheiden. Das gleiche galt für Anträge des Versicherungsnehmers auf Wechsel in andere Tarife. Das bedeutete ua, dass das Versicherungsunternehmen den Tarifwechsel von einer erneuten Gesundheitsprüfung abhängig machen konnte, dass für den neuen Tarif neue Wartezeiten zu durchlaufen waren und dass sonstige im bisherigen Tarif erworbenen Rechte sowie die dort gebildete Alterungsrückstellung im neuen Tarif nicht berücksichtigt zu werden brauchten.

44   Auch die **AVB** räumten keine weitergehenden Rechte des Versicherungsnehmers auf einen Tarifwechsel ein. Die Musterbedingungen enthielten lediglich Vorschriften zur Beitragsberechnung für den Fall, dass das Versicherungsunternehmen einem Tarifwechsel zustimmte. So bestimmte § 8a Abs. 2 S. 2 MB/KK 1976 für einen solchen Fall, dass die im bisherigen Tarif geschäftsplanmäßig gebildete Deckungsrückstellung im neuen Tarif geschäftsplanmäßig anzurechnen sei. Darüber hinaus sahen die Tarifbestimmungen einzelner Versicherungsunternehmen vor, dass bei einer Umwandlung in Tarife mit höheren oder zusätzlichen Leistungen die AVB-Bestimmungen über den Beginn des Versicherungsschutzes und über die Wartezeiten für den hinzukommenden Teil des Versicherungsschutzes gelten sollten.

45   **b) Versicherungsaufsichtsrecht.** Vor 1994 gab es für die PKV auch keine besonderen Vorschriften des Versicherungsaufsichtsrechts (→ Vor § 192 Rn. 343). Dementsprechend galten für den Tarifwechsel **keine speziellen Regeln.**

46   Für den Fall einer **Höherstufung** – dh bei einem Wechsel in einen anderen Tarif mit höheren Leistungen – regelte das BAV mit Rundschreiben R 12/58[19] die Prämienberechnung. Danach war der Übergang zu einem höheren Tarif technisch als Abschluss einer Versicherung auf die Leistungsdifferenz anzusehen, so dass das Versicherungsunternehmen nur für diese Differenz denjenigen Beitrag sollte fordern können, der dem im Übergangszeitpunkt erreichten Alter des Versicherten entsprach.

---

[18] Begr. zu Art. 7 Nr. 2 (§ 8 VAG) RegE VVG-ReformG, BT-Drs. 16/3945, 121.
[19] BAV VerBAV 1958, 192.

2. Zeit ab 1994. a) Europäisches Unionsrecht. Im Zuge der **Deregulierung** (→ Vor § 192 47 Rn. 348 f.) sah Art. 54 RL 92/49/EWG ein weitgehendes Mitgliedstaatenwahlrecht für den Betrieb der privaten Krankenversicherung vor, die ganz oder teilweise den im gesetzlichen Sozialversicherungssystem vorgesehenen Krankenversicherungsschutz ersetzen kann. Diese Regelung übernimmt Art. 206 RL 2009/138/EG. Nach Art. 206 Abs. 2 UAbs. 1 lit. e RL 2009/138/EG können die Mitgliedstaaten vorschreiben, dass die Krankenversicherung in diesem Sinne in technischer Hinsicht nach Art der Lebensversicherung zu betreiben ist, wenn ua in dem Vertrag die Möglichkeit vorgesehen ist,

dass die Versicherungsnehmer ihren laufenden Vertrag in einen neuen Vertrag gem. Abs. 1 umwandeln können, der von demselben Versicherungsunternehmen oder derselben Niederlassung unter Berücksichtigung ihrer erworbenen Rechte angeboten wird.

In diesem Fall wird nach Art. 206 Abs. 2 UAbs. 2 RL 2009/138/EG

der Alterungsrückstellung Rechnung getragen und kann eine erneute ärztliche Untersuchung nur bei einer Erhöhung des Versicherungsschutzes verlangt werden.

Das Mitgliedstaatenwahlrecht nach Art. 206 Abs. 2 UAbs. 1 RL 2009/138/EG gilt für „die 48 Krankenversicherung iSv Abs. 1". Art. 206 Abs. 1 bezieht sich auf den Fall, dass Verträge zur Deckung bestimmter Risiken „die im gesetzlichen Sozialversicherungssystem vorgesehene Krankenversicherung ganz oder teilweise ersetzen können". Das Mitgliedstaatenwahlrecht gilt daher nur für die **substitutive Krankenversicherung.** Damit stellt sich die Frage, ob nationale Vorschriften des Versicherungsaufsichtsrechts oder des Versicherungsvertragsrechts ein Tarifwechselrecht auch für die nicht-substitutive Krankenversicherung begründen können (→ Rn. 177 ff.).

b) Versicherungsaufsichtsgesetz. In Übereinstimmung mit dem europäischen Unionsrecht 49 (→ Rn. 48) schreibt § 146 Abs. 1 Nr. 4 VAG für die **substitutive Krankenversicherung** vor, dass dem Versicherungsnehmer im Versicherungsvertrag das Recht auf Vertragsänderungen durch Wechsel in andere Tarife mit gleichartigem Versicherungsschutz unter Anrechnung der aus der Vertragslaufzeit erworbenen Rechte und der Alterungsrückstellung einzuräumen ist. Die Vorgängervorschrift wurde im Zuge der Umsetzung der RL 92/49/EWG in deutsches Recht durch das 3. DurchfG/EWG zum VAG v. 21.7.1994[20] in das VAG eingefügt. § 160 S. 1 Nr. 2 VAG ermächtigt das BMF, durch Rechtsverordnung für die nach Art der Lebensversicherung betriebene Krankenversicherung nähere Bestimmungen zur Gleichartigkeit des Versicherungsschutzes sowie zur Anrechnung der erworbenen Rechte und der Alterungsrückstellung im Falle eines Tarifwechsels zu erlassen. Aufgrund dieser Ermächtigung ist die Krankenversicherungsaufsichtsverordnung (KVAV) erlassen worden, die zum Tarifwechsel nähere Bestimmungen enthält (→ Rn. 51 ff.).

Wenn die **nicht-substitutive Krankenversicherung** nach Art der Lebensversicherung betrie- 50 ben wird, sind auf sie die meisten der für die substitutive Krankenversicherung geltenden Vorschriften des VAG entsprechend anzuwenden (§ 147 VAG). Zu den entsprechend anzuwendenden Vorschriften zählt auch § 146 Abs. 1 Nr. 4 VAG.

c) Kalkulationsverordnung. § 160 S. 1 Nr. 2 VAG ermächtigt das BMF zum Erlass einer 51 **Rechtsverordnung,** in der für die nach Art der Lebensversicherung betriebene Krankenversicherung nähere Bestimmungen zur Gleichartigkeit des Versicherungsschutzes sowie zur Anrechnung der erworbenen Rechte und der Alterungsrückstellung bei einem Tarifwechsel getroffen werden. Von der Ermächtigung ist mit der Krankenversicherungsaufsichtsverordnung (KVAV) Gebrauch gemacht worden.

§ 12 KVAV enthält Vorschriften zur **Gleichartigkeit** des Versicherungsschutzes 52 (→ Rn. 202 ff.).

§ 13 KVAV regelt iE insbes. die **Anrechnung der Alterungsrückstellung** (→ Rn. 284 ff.). 53

d) Versicherungsvertragsgesetz. Im Zuge der Transformation der dritten Richtliniengenera- 54 tion des europäischen Gemeinschaftsrechts in nationales Recht wurde durch das 3. DurchfG/EWG zum VAG v. 21.7.1994[21] mit § 178f VVG aF ein **allgemeines Tarifwechselrecht** in das Versicherungsvertragsrecht eingeführt.

Das Tarifwechselrecht nach § 178f VVG aF bezog sich auf **alle Tarife;** lediglich befristete 55 Versicherungsverhältnisse waren hiervon ausgenommen (§ 178f Abs. 2 VVG aF). Die Einführung des § 178f VVG aF beruhte auf der Ausübung des durch Art. 54 Abs. 2 S. 1 RL 92/49/EWG eingeräumten Mitgliedstaatenwahlrechts (→ Rn. 48).

---

[20] BGBl. 1994 I 1630.
[21] BGBl. 1994 I 1630.

56   **e) Sozialversicherungsrecht.** Beschäftigte, die in der PKV substitutiv krankenversichert sind, erhalten von ihrem Arbeitgeber einen Beitragszuschuss, der sich am GKV-Beitrag orientiert (§ 257 Abs. 2 SGB V). Der Sozialgesetzgeber knüpfte die Zahlung dieses Beitragszuschusses ua an die Voraussetzung, dass das Krankenversicherungsunternehmen sich verpflichtete, älteren Versicherten einen brancheneinheitlichen **Standardtarif** anzubieten, dessen Leistungen den GKV-Leistungen vergleichbar sind und dessen Beitrag den durchschnittlichen Höchstbeitrag der GKV nicht übersteigt (§ 257 Abs. 2a S. 1 Nr. 2–2c SGB V aF). Das GKV-WSG hat den Standardtarif als Voraussetzung für die Zahlung des Arbeitgeberzuschusses mit Wirkung ab 1.1.2009 durch den Basistarif ersetzt (§ 257 Abs. 2a S. 1 Nr. 2, 3 SGB V nF).

57   Materiell-rechtlich begründet diese sozialversicherungsrechtliche Verpflichtung zum Angebot des Standardtarifs bzw. des Basistarifs noch **kein eigenständiges Tarifwechselrecht**. Die Verpflichtung zum Angebot des Standard- bzw. Basistarifs ist lediglich sozialrechtliche Voraussetzung für die Zahlung des Beitragszuschusses.

58   Versicherungsvertragsrechtliche Grundlage für den **Tarifwechsel** in den Standard- bzw. Basistarif bildet erst § 204 (→ Vor § 192 Rn. 1158), ergänzt durch die in den AVB für die substitutive Krankenversicherung enthaltenen Tarifwechselregelungen (→ Rn. 62 ff.).

59   Erfüllte ein Krankenversicherungsunternehmen die sozialrechtlichen Voraussetzungen für die Zahlung des Beitragszuschusses nicht, konnte der Versicherungsnehmer die substitutive Krankenversicherung mit sofortiger Wirkung **kündigen** (§ 257 Abs. 2c SGB V aF). Dieses Kündigungsrecht wollte dem Versicherten den schnellsten Weg zu einem Versicherungsunternehmen eröffnen, das die Voraussetzungen für die Zahlung des Beitragszuschusses erfüllt. Entsprechend diesem erkennbaren Gesetzeszweck stand das Recht auf sofortige Kündigung nach § 257 Abs. 2c SGB V aF daher auch nur solchen Versicherten zu, die als unselbständig Beschäftigte gegen ihren Arbeitgeber einen Anspruch auf den Beitragszuschuss haben konnten. Wer dagegen als Selbständiger berufstätig war und keinen Arbeitgeber hatte, hatte keinen Anspruch auf Beitragszuschuss und konnte sich auf das Kündigungsrecht des § 257 Abs. 2c SGB V aF nicht berufen.

60   Formalrechtlich war der für das Kündigungsrecht gewählte **Standort im SGB V** falsch; denn das Recht zur Kündigung eines Versicherungsvertrags ist zivilrechtlicher Natur und gehört daher in das VVG (→ Vor § 192 Rn. 1423). Die VVG-Kommission hatte eine entsprechende rechtssystematische Bereinigung vorgeschlagen, die der Referentenentwurf jedoch ohne nähere Begründung nicht übernommen hatte.

61   Der Gesetzgeber des GKV-WSG hat das Kündigungsrecht nach § 257 Abs. 2c SGB V aF wegen Zeitablaufs mit Wirkung ab 1.4.2007 **aufgehoben,** womit er allerdings einem Irrtum unterlag (→ Vor § 192 Rn. 475).

62   **f) Allgemeine Versicherungsbedingungen.** Die von der PKV verwendeten Musterbedingungen haben das **allgemeine gesetzliche Tarifwechselrecht** aufgenommen. Die entsprechenden Regelungen finden sich für die Krankheitskosten- und Krankenhaustagegeldversicherung in § 1 Abs. 6 MB/KK 2013, für die Krankentagegeldversicherung in § 1 Abs. 5 MB/KT 2013, für den Standardtarif in § 1 Abs. 6 MB/ST 2009 und für den Basistarif in § 1 Abs. 8 MB/BT 2009.

63   In der substitutiven Krankenversicherung musste bei Vorliegen der gesetzlichen Voraussetzungen der Wechsel in den **Standardtarif** möglich sein, wenn der Arbeitgeber verpflichtet sein sollte, seinen Beschäftigten den gesetzlichen Beitragszuschuss zur Krankenversicherung zu zahlen (§ 257 Abs. 2a S. 1 Nr. 2–2c SGB V aF; → Rn. 56 ff.). Die Musterbedingungen regelten diesen Sonderfall in § 19 MB/KK 1994. Diese Vorschrift gilt ab 1.1.2009 in modifizierter Form weiter (§ 257 Abs. 2a S. 1 Nr. 3 SGB V nF; § 19 Abs. 1 MB/KK 2013).

64   Soweit die Musterbedingungen ein Tarifwechselrecht auch in der **nicht-substitutiven Krankenversicherung** einräumen, gehen sie zwar über diejenige Rechtslage hinaus, die der nationale Gesetzgeber in Ausübung des Mitgliedstaatenwahlrechts nach Art. 206 Abs. 2 UAbs. 1 RL 2009/138/EG vorsehen kann (→ Rn. 177 ff.). Dies ist jedoch unbedenklich; denn es handelt sich bei den Musterbedingungen nicht um Gesetzesrecht, sondern um Vertragsvereinbarungen.

65   **3. VVG-Reform.** Das neue VVG hat den sachlichen Inhalt des § 178f VVG aF unverändert übernommen. Lediglich geringfügige redaktionelle Änderungen wurden vorgenommen:

66   – § 204 S. 1 VVG 2008 nahm die **aufsichtsrechtlichen Vorschriften** der § 12 Abs. 1 Nr. 4, § 12c Abs. 1 S. 1 Nr. 2 VAG aF durch Bezugnahme in sich auf. *Erst damit* wurden insbes. die in der KalV aF enthaltenen Vorschriften zum Tarifwechselrecht formell in Versicherungsvertragsrecht überführt und dort unmittelbar materiell wirksam.[22] § 204 Abs. 1 S. 1 VVG 2009 hat diese rechts-

---

[22] *Renger* VersR 1995, 866 (872) „ausgelagertes Vertragsrecht"; BGHZ 159, 323 = VersR 2004, 991 = NJW 2004, 2679; BVerwGE 137, 179 = VersR 2010, 1345 Rn. 22.

– § 178f Abs. 2 VVG aF sah den Ausschluss des Tarifwechselrechts für **befristete Versicherungs-** 67
verhältnisse vor. Unter Fortfall dieses Abs. 2 übernahm § 204 VVG 2008 diesen Ausschluss, indem sein S. 1 das Tarifwechselrecht von vornherein auf unbefristete Versicherungsverhältnisse beschränkte. § 204 Abs. 3 VVG 2009 (= § 204 Abs. 4) kehrt überflüssigerweise wieder zu der Regelung des § 178f VVG aF zurück.

4. Gesundheitsreform (GKV-WSG). Die mit dem GKV-WSG durchgeführte Gesundheits- 68
reform veränderte das Tarifwechselrecht mit Wirkung ab 1.1.2009 **formell und materiell.**

a) Formelle Änderungen. Die formellen Änderungen haben ihre **Ursache** darin, dass das 69
VVG Gegenstand zweier zeitgleich ablaufender Reformgesetze war, zwischen denen keine Abstimmung hergestellt wurde. So ersetzte Art. 11 Abs. 1 VVG-ReformG den § 204 VVG 2008 idF von Art. 1 VVG-ReformG durch § 204 VVG 2009, der seinerseits den § 178f VVG aF idF von Art. 43 Nr. 4 GKV-WSG inhaltsgleich übernahm. Diese „Volte" ist darauf zurückzuführen, dass als erstes der Gesetzgeber des GKV-WSG nicht zur Kenntnis nahm, was der Gesetzgeber der VVG-Reform zur gleichen Zeit vorsah, und dass als nächstes der VVG-Reformgesetzgeber sich dem Formulierungsdiktat des Gesundheitsreformgesetzgebers unterwarf, obwohl die Zuständigkeit für die Formulierung des VVG-Entwurfs beim BMJ lag.[23]

Die **formellen Änderungen** bestehen darin, dass § 204 Abs. 1 S. 1 Nr. 1 Hs. 1–3, Abs. 2 70
VVG 2009 wieder zum Gesetzeswortlaut des § 178f VVG aF zurückkehrte (→ Rn. 66 f.).

b) Materielle Änderungen. Die materiellen Änderungen des allgemeinen Tarifwechselrechts 71
bestehen in Ergänzungen, die durch die Einführung des **Basistarifs** ab 1.1.2009 bedingt sind.

Während im Basistarif selbst ein **Risikozuschlag** nicht erhoben werden darf (§ 203 Abs. 1 S. 2), 72
kann ein gleichwohl erforderlicher Risikozuschlag beim Wechsel aus dem Basistarif in einen anderen Tarif wieder verlangt werden (§ 204 Abs. 1 S. 1 Nr. 1 Hs. 4).

Ein **Wechsel in den Basistarif** wird – mit bestimmten Ausnahmen – davon abhängig gemacht, 73
ob die Vorversicherung vor oder nach dem 1.1.2009 abgeschlossen wurde (§ 204 Abs. 1 S. 1 Nr. 1 Hs. 5).

5. Weitere Rechtsänderungen. Das Pflege-Neuausrichtungs-Gesetz (PNG) v. 23.10.2012[24] 73a
führte die staatliche Förderung von Pflege-Zusatzversicherungen ein (**"geförderte private Pflegevorsorge"**). Als Folgeänderung erweiterte Art. 1 Nr. 2 4. KalVÄndV den § 12 Abs. 3 KalV aF (= § 12 Abs. 3 KVAV) dahingehend, dass die Gleichartigkeit von geförderten und nicht geförderten Pflege-Zusatzversicherungen ausgeschlossen wird.

Art. 1 Nr. 4 lit. a des Gesetzes zur Änderung versicherungsrechtlicher Vorschriften v. 24.4.2013 73b
(BGBl. I S. 932) fügte den § 204 Abs. 1 S. 1 Nr. 1 Hs. 6 ein, der den **Wechsel aus einem Unisex-Tarif** in einen Bisex-Tarif ausschließt.

Der durch Art. 1 Nr. 4 lit. b des Gesetzes zur Änderung versicherungsrechtlicher Vorschriften 73c
v. 24.4.2013[25] eingefügte § 204 Abs. 3 S. 2 aF (= § 204 Abs. 4 S. 2) begründet für **Krankentagegeldversicherungen** nach § 196 trotz ihrer Befristung das Tarifwechselrecht.

Das KV-Beitragsschulden-Überforderungsgesetz v. 15.7.2013 (BGBl. 2013 I 2423) fügte in das 73d
VVG, VAG und EGVVG Vorschriften für den neuen **Notlagentarif** ein. Das Tarifwechselrecht schließt § 193 Abs. 7 S. 4 für den Notlagentarif aus.

Art. 6 des 2. Epidemie-SchutzG v. 19.5.2020 (BGBl. 2020 I 1018) fügte in § 204 einen neuen 73e
Abs. 2 ein, der Versicherungsnehmern ein zeitlich begrenztes, erleichtertes Rückkehrrecht in ihren Ursprungstarif einräumt, wenn sie zuvor **wegen Hilfebedürftigkeit in den Basistarif gewechselt** waren.

III. Sachlicher Anwendungsbereich

1. Tarifbezogenheit. a) Begriffe. Das Tarifwechselrecht bezieht sich auf Tarife. Damit ist der 74
einzelne Tarif und nicht das – uU aus mehreren Einzeltarifen bestehende – gesamte Versicherungsverhältnis gemeint. Hat der Versicherungsnehmer innerhalb eines Tarifwerks mehrere Tarife versichert, kann er entweder das gesamte Tarifwerk oder innerhalb desselben Tarifwerks nur einzelne Tarife wechseln (zB nur den Zahntarif oder nur den ambulanten Tarif oder nur den stationären Tarif). Er kann – wenn er mehrere Tarife versichert hat – auch mit einzelnen Tarifen in ein anderes Tarifwerk wechseln, sofern die Tarifbestimmungen des neuen Tarifwerks dies nicht ausschließen.

---

[23] Ausf. *Boetius*, Private Krankenversicherung nach der Gesundheitsreform und der VVG-Reform, 2008, S. 5 ff.
[24] BGBl. 2012 I 2246.
[25] BGBl. 2013 I 932.

75 Man unterscheidet **Herkunftstarif und Zieltarif.** Herkunftstarif ist der bisher vereinbarte Tarif. Zieltarif ist der Tarif, in den der Versicherungsnehmer wechseln will.

76 Mit dem – gesetzlichen oder vertraglichen – **Tarifwechselrecht** ist stets der Herkunftstarif belastet.

77 **b) Tarifverschiedenheit.** Beim Herkunftstarif und Zieltarif muss es sich um **verschiedene Tarife** handeln. § 204 Abs. 1 S. 1 Nr. 1 Hs. 1 spricht von „anderen" Tarifen.

78 Die Tarifverschiedenheit beurteilt sich im Wesentlichen danach, ob eine **eigenständige Kalkulation** vorliegt mit entsprechendem selbständigem Schicksal von Prämienanpassungen.

79 **Verschiedene Tarife** sind zB:
– Unterschiedliche Selbstbehaltsstufen von Ambulanttarifen desselben Tarifwerks.
– Unterschiedliche Unterbringungsstufen (Einbett-, Zweibett-, Mehrbettzimmer) von Stationärtarifen.
– Unterschiedliche Leistungsstufen von Zahntarifen.
– Unisex-Tarife und Bisex-Tarife.

80 **Keine verschiedenen Tarife** sind zB die unterschiedlichen Tagegeldbeträge bei Tagegeldversicherungen.

80a **c) Sonderfall Beihilfetarife.**[26] Unklar ist die **Rechtsnatur** im Fall der Beihilfetarife. Dazu wird die Auffassung vertreten, der Versicherungsnehmer verbleibe bei einem Wechsel zwischen den verschiedenen Tarifstufen in derselben Versichertengruppe und es ändere sich nicht die Kalkulation seines Tarifs, so dass deshalb kein Tarifwechsel vorliege.[27] Diese Auffassung ist fachlich unzutreffend, weil Tarifwechsel und Wechsel in eine andere Beihilfestufe aktuariell gleich behandelt werden, die anzuwendenden Formeln sind identisch; im übrigen gibt es den Begriff der „Versichertengruppe" aktuariell nicht. Entscheidend ist vielmehr, ob der Versicherte nach dem Wechsel in einer anderen Beobachtungseinheit landet, die andere Profile und Rechnungsgrundlagen aufweisen kann. Die verschiedenen Tarifstufen eines Beihilfetarifs ähneln den unterschiedlichen Selbstbehaltsstufen bei Ambulanttarifen oder den unterschiedlichen Leistungsstufen bei Zahntarifen, die als verschiedene Tarife anzusehen sind (→ Rn. 79). Für den Hauptanwendungsfall der unterschiedlichen Beihilfesätze (50 % während der aktiven Dienstzeit, 70 % während des Ruhestands) verwenden die Versicherer meistens zwei kumulativ abzuschließende Beihilfetarife mit 30 % und mit 20 % Erstattungsleistung, von denen der 20 %-Tarif entweder von vornherein befristet ist oder bei Eintritt in den Ruhestand vereinbarungsgemäß aufgehoben wird.[28] Auch diese Praxis spricht dafür, dass die verschiedenen Tarifstufen mit ihren unterschiedlich hohen Leistungsversprechen als verschiedene Tarife anzusehen sind.

80b Für den Wechsel in andere Tarifstufen eines Beihilfetarifs enthält jedoch **§ 199 Abs. 2 Sondervorschriften.** Zum Verhältnis zwischen dieser Vorschrift und dem Tarifwechselrecht nach § 204 ist den Gesetzesmaterialien nichts zu entnehmen.[29] Vor der Deregulierung 1994 war der beihilfetarifliche Anpassungsanspruch nicht in den MBKK 1976, sondern in den Tarifbedingungen der Versicherer geregelt worden.[30] Auch die VVG-Kommission hatte die Frage nicht thematisiert. Daher kann angenommen werden, dass die Anpassung eines Beihilfetarifs an geänderte Beihilfeansprüche einer eigenständigen Regelung unterworfen werden sollte unabhängig davon, ob materiell die Voraussetzungen eines Tarifwechsels erfüllt sind.[31] Damit ist § 199 Abs. 2 als Spezialregelung zu verstehen, welche in ihrem Anwendungsbereich die Geltung von § 204 generell ausschließt. Daraus folgt ferner, dass bei Versäumung der 6-monatigen Antragsfrist nach § 199 Abs. 2 S. 2 nicht subsidiär auf den theoretisch wieder auflebenden § 204 Abs. 1 S. 1 Nr. 1 zurückgegriffen werden kann.

81 **d) Bestehende Tarife.** Das Tarifwechselrecht bezieht sich nur auf solche **Zieltarife** des Versicherungsunternehmens, die im Zeitpunkt des Wechsels bestehen und für den Neuzugang geöffnet sind (→ Rn. 148 ff.). Zum Sonderfall der Bisex-Tarife → Rn. 150a.

---

[26] Zur Terminologie: Beihilfetarife sind diejenigen (Quoten-)Tarife der Krankheitskostenversicherung, die den Beihilfeanspruch in Höhe des jeweiligen Beihilfebemessungssatzes auf 100 % der Krankheitskosten auffüllen. Irreführend ist ihre Bezeichnung als „Beihilfeergänzungsversicherung" (so *Brand* in Bruck/Möller VVG § 204 Rn. 22), weil dieser Begriff in der Versicherungspraxis für solche Tarife verwendet wird, die den durch einen Beihilfetarif aufgefüllten Versicherungsschutz zusätzlich um weitere Leistungen ergänzen.
[27] *Muschner* in Langheid/Rixecker VVG § 204 Rn. 77; *Brand* in Bruck/Möller VVG § 204 Rn. 22.
[28] *Boetius* PKV VVG § 199 Rn. 16.
[29] Begr. zu Art. 2 Nr. 15 (§§ 178e, 178f VVG) RegE 3. DurchfG/EWG zum VAG, BT-Drs. 6959, 105.
[30] *Römer* in Römer/Langheid, 2. Aufl. 2003, VVG § 178e Rn. 1.
[31] *Boetius* PKV VVG § 199 Rn. 3: „dem Tarifwechsel vergleichbarer Sondertatbestand".

Aus dem Tarifwechselrecht kann **kein Anspruch auf Einführung neuer Tarife** hergeleitet 82 werden.[32] Tarife sind Teil des Geschäftsplans. Die Gestaltung des Geschäftsplans ist Teil der unternehmerischen Verantwortung. Es käme zu einem unzulässigen Eingriff in diese unternehmerische Aufgabe, wenn einzelne Versicherte individualrechtliche Ansprüche auf Änderung des Geschäftsplans erhielten.

Eine Ausnahme von vorstehendem Grundsatz (→ Rn. 82) scheint § 204 Abs. 1 S. 2 vorzu- 83 schreiben, der dem Versicherungsnehmer einen Anspruch auf Vereinbarung eines **Zusatztarifs** einräumt, wenn der Herkunftstarif höhere oder umfassendere Leistungen vorsieht als der Basistarif. Führt das Versicherungsunternehmen keine geeigneten Zusatztarife, müsste es solche Tarife neu einführen. Eine solche Regelung verstößt aber gegen europäisches Unionsrecht (→ Rn. 507 f.).

e) Alt- und Paralleltarife. Weil bei ab dem 1.1.2009 abgeschlossenen Verträgen aufgrund des 83a § 204 Abs. 1 S. 1 Nr. 2, Abs. 3 ein unbeschränktes Versichererwechselrecht besteht, muss in die entsprechenden Tarife die **Übertrittswahrscheinlichkeit** zur Berechnung des Übertragungswerts nach § 14 KVAV einkalkuliert sein (§ 2 Abs. 1 Nr. 6 KVAV). Häufig wurden deshalb den bis zum 31.12.2008 abgeschlossenen Tarifen (Alttarifen) ab dem 1.1.2009 Paralleltarife an die Seite gestellt, in denen diese Übertrittswahrscheinlichkeit einkalkuliert war. Diese für das Neugeschäft ab 1.1.2009 eingesetzten Paralleltarife unterscheiden sich von den entsprechenden Alttarifen nur in der vom GKV-WSG erzwungenen Rechnungsgrundlage „Übertrittswahrscheinlichkeit" und sind im Übrigen mit den Alttarifen inhalts- und deckungsgleich.

Damit entsteht die Frage, ob zwischen Alt- und Paralleltarif **Tarifidentität oder Tarifver-** 83b **schiedenheit** besteht:
– Wenn es sich um **verschiedene Tarife** handelt, könnte der Versicherungsnehmer aus einem ab 83c dem 1.1.2009 abgeschlossenen Neuvertrag in den Alttarif wechseln; denn beide Tarife wären inhalts- und deckungsgleich und damit gleichartig. Um das zu verhindern, müsste das Versicherungsunternehmen die Alttarife für den Neuzugang schließen, was zu deren Vergreisung führte und dem Normzweck widerspräche, die Vergreisung von Tarifen zu verhindern (→ Rn. 16).
– Wenn es sich um **denselben Tarif** handelt, besteht kein Tarifwechselrecht (→ Rn. 77). Gegen 83d die Annahme der Tarifidentität spricht allerdings, dass in den Neuverträgen mit der zu berücksichtigenden Übertrittswahrscheinlichkeit (→ Rn. 83a) eine zusätzliche Kalkulationsgrundlage Eingang fand, die für die Altverträge nicht galt. Damit läge letztlich eine eigenständige Kalkulation vor, die zur Tarifverschiedenheit führte (→ Rn. 78), was aber die unerwünschte Vergreisungsproblematik auslöste (→ Rn. 83c). Wegen dieser unerwünschten Rechtsfolgen sind Alt- und Paralleltarif – auch wenn es unsystematisch ist – als *derselbe* Tarif anzusehen.

2. Substitutive Krankenversicherung. a) Grundsatz. Das Tarifwechselrecht gilt für alle 84 unbefristeten Tarife der substitutiven Krankenversicherung, insbes. der Krankheitskosten-Vollversicherung (KKV). Eine substitutive Krankenversicherung liegt vor, wenn eine der **Leistungsarten** ambulante Krankheitskosten, stationäre Krankheitskosten, Zahnarztkosten oder Krankentagegeld versichert sind (→ Vor § 192 Rn. 635).

Wenn die KKV aus mehreren Einzeltarifen eines Tarifwerks besteht, kann der Versicherungs- 85 nehmer entweder insgesamt in ein anderes **Tarifwerk** der KKV (zB von einem Hochleistungstarifwerk in ein Basistarifwerk) oder nur mit einzelnen Tarifen in ein anderes Tarifwerk der KKV wechseln, sofern die Tarifbestimmungen des neuen Tarifwerks dies nicht ausschließen.

Wenn der Versicherungsnehmer von einem **Kompakttarif** der KKV in ein anderes aus mehre- 86 ren Einzeltarifen bestehendes Tarifwerk der KKV wechseln will, muss er dort stets diejenigen Leistungsarten versichern, die im Kompakttarif versichert sind.

b) Standardtarif vor 2009. Der Standardtarif ist **substitutive Krankenversicherung.** Das 87 gesetzliche Tarifwechselrecht nach § 204 gilt daher unmittelbar auch für den Wechsel aus einer konventionellen substitutiven Krankenversicherung in den Standardtarif, sofern die hierfür bestehenden besonderen Voraussetzungen erfüllt sind (→ Rn. 56 ff.).[33]

Der Wechsel aus dem Standardtarif in eine **konventionelle KKV** unterliegt gleichfalls dem 88 gesetzlichen Tarifwechselrecht nach § 204; es wird ergänzend in § 1 Abs. 6 MB/ST 2009 geregelt.

c) Standardtarif ab 2009. Der Standardtarif sollte nach den Vorstellungen des Sozialgesetzge- 89 bers nur bis 31.12.2008 abgeschlossen werden. Ab 1.1.2009 trat an seine Stelle der neue Basistarif. Bis 31.12.2008 im Standardtarif abgeschlossene Versicherungsverträge bleiben über den 1.1.2009

---

[32] So bereits für die Rechtslage vor 1994: OLG Köln VersR 1988, 285. Ebenso: *Brand* in Bruck/Möller VVG § 204 Rn. 23; *Brömmelmeyer* VersR 2010, 706 (707).
[33] LG Hildesheim VersR 2010, 753.

§ 204   90–94c   Teil 2. Einzelne Versicherungszweige. Kap. 8. Krankenversicherung

hinaus bestehen und unterstehen dem **bisherigen Regelwerk** (§ 314 Abs. 2 SGB V idF von Art. 1 Nr. 212 GKV-WSG = § 403 Abs. 2 SGB V nF).

90   Der im Standardtarif Versicherte kann ab 1.1.2009 verlangen, dass sein Vertrag auf den Basistarif umgestellt wird (§ 403 Abs. 1 SGB V nF). Das **Recht auf Umstellung** gilt unbefristet.

91   In der Sache handelt es sich bei dieser Umstellung um einen **Sonderfall des Tarifwechsels**, der als versicherungsvertragsrechtliche Materie in § 204 Abs. 1 S. 1 Nr. 1 Hs. 5 zusätzlich hätte geregelt werden müssen. Auf das *allgemeine* Tarifwechselrecht könnte der Versicherungsnehmer sich nämlich nur berufen, wenn eine der Voraussetzungen nach § 204 Abs. 1 S. 1 Nr. 1 Hs. 5 lit. b oder c vorläge.

92   Ein Tarifwechsel in den **Standardtarif als Zieltarif** sollte nach den Vorstellungen des Sozialgesetzgebers ab 1.1.2009 nicht mehr möglich sein. Dies betrifft in jedem Fall nach dem 1.1.2009 abgeschlossene Versicherungsverträge. Der Standardtarif besteht zwar auch über den 1.1.2009 hinaus (→ Rn. 89). Dem GKV-WSG (vgl. § 314 Abs. 1 SGB V = § 403 Abs. 1 SGB V nF) ist aber zu entnehmen, dass er mit der Ablösung durch den Basistarif ab 1.1.2009 nicht mehr für den Neuzugang geöffnet sein soll (→ Rn. 89). Dies ist auch in den Gesetzesberatungen klargestellt worden.[34]

93   Bezüglich der Reichweite dieser gesetzgeberischen Vorstellungen sind **grundsätzliche Zweifel** angebracht. Die Vorstellungen des Gesetzgebers betreffen das Sozialversicherungsrecht. Das Sozialversicherungsrecht kann nur die sozialrechtlichen Voraussetzungen für die Zahlung des Beitragszuschusses regeln (→ Rn. 57). Es kann nicht regeln, welche Tarife die Krankenversicherungsunternehmen anbieten dürfen; dies könnte auch nicht das Versicherungsaufsichtsrecht vorschreiben, weil mit der Deregulierung die staatliche Tarif- und Bedingungsaufsicht fortgefallen ist (→ Vor § 192 Rn. 348). Die Vorstellung des Sozialgesetzgebers, der Standardtarif sei ab 1.1.2009 für den Neuzugang geschlossen, ist rechtlich nicht haltbar und damit ohne rechtliche Bedeutung. Wirksam ist lediglich die sozialrechtliche Regelung, dass – mit Ausnahme des Altbestands (→ Rn. 89) – nur noch das Angebot des Basistarifs zur Zahlung des Beitragszuschusses berechtigt.

94   Damit kann der Standardtarif **auch nach dem 1.1.2009 als Zieltarif** wirksam abgeschlossen werden.[35] Dies gilt zunächst für vor dem 1.1.2009 abgeschlossene Versicherungsverträge, zumal diese Verträge das Recht zum Wechsel in den Standardtarif durch den Prämienzuschlag nach § 8 Abs. 5 KVAV finanziert haben (→ § 203 Rn. 324). Anderenfalls würde ihnen in eigentumsrechtlich problematischer Weise (Art. 14 Abs. 1 GG) eine werthaltige Rechtsposition genommen. Auch vertraglich wird diesen Versicherten das Recht zum Wechsel in den Standardtarif weiterhin eingeräumt (§ 19 MB/KK 2013). Nichts anderes gilt aber auch für nach dem 1.1.2009 abgeschlossene Versicherungsverträge. Dass § 19 Abs. 2 MB/KK 2013 sie vom Tarifwechsel ausschließt, ist nach § 208 unwirksam; denn Rechtsgrundlage für den Tarifwechsel bildet § 204 (→ Rn. 58); von dieser Vorschrift kann nicht zum Nachteil des Versicherungsnehmers abgewichen werden. Praktische Bedeutung hat ein solcher Tarifwechsel insbes. für selbständig Berufstätige, die ohnehin keinen Anspruch auf den Beitragszuschuss haben.

94a   **d) Standardtarif in der Unisex-Welt.** Der Standardtarif ist ein **Bisex-Tarif**. Damit ergeben sich Probleme für den Standardtarif als Zieltarif, wobei zu unterscheiden ist, zu welchem Zeitpunkt der *erstmalige Vertrag* abgeschlossen wurde:

94b   **aa) Abschluss vor dem 1.1.2009.** Wenn der **erstmals abgeschlossene Tarif ein Bisex-Tarif** ist, kann auch nach dem 1.1.2009 in den Standardtarif gewechselt werden (→ Rn. 94), weil der Wechsel zwischen Bisex-Tarifen möglich ist (→ Rn. 150a). Wenn der Versicherte ursprünglich einen Bisex-Tarif abgeschlossen hatte und später in einen Unisex-Tarif gewechselt war (→ Rn. 226a), scheint dem anschließenden Wechsel in den Standardtarif § 204 Abs. 1 S. 1 Nr. 1 letzter Teilsatz entgegenzustehen, weil der Standardtarif ein Bisex-Tarif ist. Indessen bezweckt diese Vorschrift lediglich die Durchsetzung der Unisex-Regel für *Neuverträge;* es gilt daher nicht für spätere Tarifwechsel, wenn der erstmalige Abschluss des Versicherungsvertrags vor Inkrafttreten der Unisex-Regel erfolgt war (→ Rn. 17d).

94c   **bb) Abschluss zwischen dem 1.1.2009 und 21.12.2012.** Für Versicherte, die in einem **Bisex-Tarif** versichert sind, schließt § 19 Abs. 2 MB/KK den Wechsel in den Standardtarif aus. Dieser Ausschluss beseitigt das grundsätzliche Tarifwechselrecht nach § 204 Abs. 1 S. 1 Nr. 1 und ist daher nach § 208 unwirksam (→ Rn. 94). Damit würde § 19 Abs. 1 MB/KK gelten, dessen Wortlaut sich allerdings – entsprechend der in § 403 Abs. 2 S. 1 SGB V getroffenen Regelung – auf vor dem 1.1.2009 abgeschlossene Herkunftsverträge zu beziehen scheint. Indessen wäre dann § 19

---

[34] Bericht des Gesundheitsausschusses zu Art. 1 Nr. 212 (§ 314 SGB V), Nr. 213 (§ 315 SGB V) Fraktionsentwurf GKV-WSG, BT-Drs. 16/4247, 58.
[35] *Boetius* VersR 2008, 1016 (1017); *Brand* in Bruck/Möller VVG § 204 Rn. 53.

Abs. 2 MB/KK überflüssig. Die Existenz dieser Vorschrift lässt daher nur die Auslegung zu, dass § 19 Abs. 1 MB/KK sich auch auf ab dem 1.1.2009 abgeschlossene Ursprungstarife bezieht. Damit entsteht die merkwürdige Situation, dass § 19 Abs. 1 MB/KK den gesetzlich in § 403 Abs. 2 S. 1 SGB V geregelten Spitzenausgleich auf einen Wechsel in den Standardtarif aus einem nach dem 1.1.2009 abgeschlossenen Ursprungstarif ausdehnt. Das ist als eine dem Versicherungsnehmer günstige AVB-Regelung nach § 208 versicherungsvertragsrechtlich wirksam.

Versicherte, die aus dem ursprünglichen Bisex-Tarif zunächst in einen **Unisex-Tarif** gewechselt **94d** sind, können anschließend in den Standardtarif wechseln, weil die Unisex-Regel insoweit nicht eingreift (→ Rn. 94b). Insoweit gilt die gleiche Rechtslage wie in → Rn. 94c.

cc) Abschluss nach dem 21.12.2012. Jeder nach dem 21.12.2012 abgeschlossene Neuvertrag **94e** muss ein **Unisex-Tarif** sein (→ § 203 Rn. 179). Ein Wechsel in den Standardtarif ist ausgeschlossen, weil dieser ein Bisex-Tarif ist § 204 Abs. 1 S. 1 Nr. letzter Teilsatz). Ein Standardtarif als Unisex-Tarif, in den gewechselt werden könnte, besteht bisher nicht. Einen solchen einzuführen, wäre jedoch sinnvoll, weil der Standardtarif praktische Bedeutung insbesondere für selbständig Berufstätige hat (→ Rn. 94).

e) Modifizierter Standardtarif. Die Grundsätze über den Standardtarif (→ Rn. 87 ff.) gelten **95** auch für den modifizierten Standardtarif nach § 315 SGB V idF von Art. 1 Nr. 213 GKV-WSG. Die Geltung ist aber **zeitlich begrenzt,** weil der modifizierte Standardtarif zum 1.1.2009 kraft Gesetzes in den Basistarif überführt wurde und damit als eigener Tarif endete (§ 315 Abs. 4 SGB V).

Lediglich in einem **Stationärtarif Versicherte** konnten nicht in den modifizierten Standardta- **96** rif wechseln. Das allgemeine Tarifwechselrecht nach § 178f VVG aF; § 204 VVG 2008 griff nicht ein, weil es am Merkmal der Gleichartigkeit fehlte.

Ein Zutrittsrecht zum modifizierten Standardtarif für nur **in einer Leistungsart Versicherte** **97** ergibt sich auch nicht aus § 315 Abs. 1 S. 1 Nr. 2 SGB V. Zwar sind in einem solchen Fall die begrifflichen Voraussetzungen einer Krankheitskosten-Vollversicherung nicht erfüllt (→ Vor § 192 Rn. 634). Indessen stellt die Überschrift des § 315 SGB V klar, dass der modifizierte Standardtarif nur „Personen ohne Versicherungsschutz" offenstehen soll. Wer gegen stationäre Krankheitskosten versichert ist, ist keine Person *ohne* Versicherungsschutz. Auch die Gesetzesberatungen stellen klar, dass es sich um Personen handeln muss, die keinen Versicherungsschutz haben, aber „der PKV zuzuordnen sind".[36]

Rechtssystematisch erfüllt die Versicherung nur einer Leistungsart des GKV-Pflichtleistungskata- **98** logs den Begriff der **substitutiven Krankenversicherung** (→ Vor § 192 Rn. 635). Dieser Personenkreis kann schon deshalb nicht als unversichert angesehen werden.

§ 315 Abs. 1 S. 1 Nr. 2 SGB V verlangt nicht, dass der private Krankenversicherungsschutz bei **99** einem Versicherungsunternehmen mit Sitz im Inland bestehen muss. Daher schließt auch eine bei einem **ausländischen Versicherungsunternehmen** bestehende Krankenversicherung den Zugang zum modifizierten Standardtarif aus.

f) Basistarif. Der Basistarif ist wie der Standardtarif substitutive Krankenversicherung. Der **100** Wechsel in den **Basistarif als Zieltarif** unterliegt daher grds. dem Tarifwechselrecht nach § 204 Abs. 1 S. 1 Nr. 1 Hs. 1 und seinen allgemeinen Voraussetzungen.

Das Tarifwechselrecht besteht daher grds. nicht, wenn Herkunftstarif und Basistarif **nicht** **101** **gleichartig** sind. Das bedeutet im Ergebnis, dass der Herkunftstarif alle Leistungsbereiche einer Krankheitskosten-Vollversicherung umfassen muss. Gleichartigkeit fehlt insbes., wenn im Herkunftstarif nur Krankenhauskosten versichert sind.

g) Private Pflege-Pflichtversicherung. Die private Pflege-Pflichtversicherung (PPV) ist **102** unbeschadet ihrer Regelung im SGB XI Teil der PKV und ist dort unter den Begriff der **substitutiven Krankenversicherung** zu subsumieren (→ Vor § 192 Rn. 632 f.; → Vor § 192 Rn. 640). Sie ist Teil der im VVG geregelten Krankenversicherung, so dass auch das dort geregelte Tarifwechselrecht grds. auf die PPV anzuwenden wäre. Praktisch kann es jedoch zu keinem Anwendungsfall in der PPV kommen:

– Für einen Wechsel aus dem PPV-Tarif in einen **Tarif der Krankenversicherung** im engeren **103** Sinn kann das Tarifwechselrecht nicht in Anspruch genommen werden, weil zwischen beiden Tarifen keine Gleichartigkeit iSv § 204 Abs. 1 S. 1 Nr. 1 Hs. 1 besteht.

– Theoretisch denkbar wäre der Wechsel aus einem PPV-Tarif in einen anderen **Tarif einer freiwil-** **104** **ligen Pflegeversicherung,** der ähnliche Leistungen wie die PPV vorsieht. Voraussetzung hierfür wäre zunächst, dass das Versicherungsunternehmen solche anderen mit gleichartigen Leistungen

---

[36] Bericht des Gesundheitsausschusses zu Art. 1 Nr. 213 (§ 315 SGB V) Fraktionsentwurf GKV-WSG, BT-Drs. 16/4247, 58.

versehenen Tarife einer freiwilligen Pflegeversicherung führt. Dies ist unwahrscheinlich, weil es angesichts der allgemeinen Pflegeversicherungspflicht und des hierfür geschaffenen PPV-Tarifs keinen Bedarf gibt.

105 – Unabhängig davon reicht die Gleichartigkeit der Leistungen nicht aus. Notwendig ist nach § 204 die **Gleichartigkeit des Versicherungsschutzes.** Insofern verkürzt § 12 Abs. 1 KVAV die gesetzlichen Voraussetzungen in unzulässiger Weise, wenn die Gleichartigkeit des Versicherungsschutzes lediglich als Gleichheit der Leistungsbereiche definiert wird. Der Versicherungsschutz besteht nicht nur aus den Leistungen des Versicherers, sondern aus der Gesamtheit der im Äquivalenzprinzip verbundenen Rechtsbeziehungen zwischen Versicherer und Versicherungsnehmer. Die PPV unterscheidet sich durch ihren Charakter als Pflichtversicherung, durch ihre Bindung an das Leistungsspektrum des SGB XI, durch die Höchstbeitragsgarantie und durch den Risikoausgleich substanziell von einer freiwilligen Pflegesicherung (→ Vor § 192 Rn. 1168 ff.). Zwischen der PPV und einer freiwilligen Pflegeversicherung kann daher keine Gleichartigkeit des Versicherungsschutzes angenommen werden.

106 – Nicht nur theoretisch, sondern auch praktisch denkbar ist der Wechsel aus einer freiwilligen Pflegeversicherung **in eine PPV.** Wegen Ungleichartigkeit des Versicherungsschutzes (→ Rn. 105) gilt hierfür das Tarifwechselrecht jedoch nicht.

107   **3. Nicht-substitutive Krankenversicherung. a) Allgemeine Geltung.** § 204 unterscheidet nicht nach den verschiedenen Erscheinungsformen der Krankenversicherung. Nach dem Gesetzeswortlaut scheint das Tarifwechselrecht daher für jeden unbefristeten Krankenversicherungsvertrag und im Rahmen eines solchen für **jeden Tarif,** dh für die gesamte nicht-substitutive Krankenversicherung zu gelten. Dies trifft bei näherem Hinsehen jedoch nicht zu.

108   **b) Nach Art der Lebensversicherung.** Wenn die nicht-substitutive Krankenversicherung nach Art der Lebensversicherung betrieben wird, muss dem Versicherungsnehmer nach geltendem Versicherungsaufsichtsrecht ein **vertragliches Tarifwechselrecht** eingeräumt werden (§ 146 Abs. 1 Nr. 4, § 147 VAG). Unabhängig hiervon begründet § 204 Abs. 1 S. 1 Nr. 1 Hs. 1, Abs. 3 für diesen Fall das *gesetzliche* Tarifwechselrecht; denn die nach Art der Lebensversicherung betriebene nicht-substitutive Krankenversicherung ist nach § 195 Abs. 1 S. 2 iVm S. 1 unbefristet (zur Europarechtskonformität dieser Regelung → Rn. 177 ff.).

109   Die nach Art der Lebensversicherung betriebene nicht-substitutive Krankenversicherung muss auch stets mit **Alterungsrückstellung** kalkuliert werden; dies ist zwar keine begriffliche Notwendigkeit (→ Vor § 192 Rn. 664), wird jedoch vom Versicherungsaufsichtsrecht vorgeschrieben (§ 146 Abs. 1 Nr. 2, § 147 VAG). Ausgenommen hiervon sind bestimmte Versicherungsformen, die nach § 146 Abs. 3 VAG befristet abgeschlossen werden können.

110   Das Tarifwechselrecht gilt damit für **alle Herkunftstarife,** die nach Art der Lebensversicherung betrieben werden.

111   **c) Nach Art der Schadenversicherung.** Das **Tarifwechselrecht gilt nicht** für Herkunftstarife, die nicht nach Art der Lebensversicherung, sondern nach Art der Schadenversicherung (→ Vor § 192 Rn. 666 f.) betrieben werden.[37] Dies ergab sich schon für § 178f VVG aF aus der Pflicht zur Anrechnung der Alterungsrückstellung, die nur bei nach Art der Lebensversicherung betriebenen Krankenversicherungen in Betracht kommt. Außerdem gründet sich die Einführung des Tarifwechselrechts auf die Ausübung des Mitgliedstaatenwahlrechts nach Art. 206 Abs. 2 UAbs. 1 lit. e RL 2009/138/EG, das sich nur auf die nach Art der Lebensversicherung zu betreibende substitutive Krankenversicherung bezieht (→ Rn. 47). § 204 S. 1 VVG 2008 stellte dies mit seiner ausdrücklichen Bezugnahme auf § 12 Abs. 1 Nr. 4 VAG aF (= § 146 Abs. 1 Nr. 4 VAG) noch einmal klar; denn diese Vorschrift gilt nur für die nach Art der Lebensversicherung betriebene Krankenversicherung. § 204 Abs. 1 S. 1 Nr. 1 Hs. 1 VVG 2009 übernahm diese Klarstellung jedoch nicht.

111a   Dass das Tarifwechselrecht nicht für **nach Art der Schadenversicherung** kalkulierte Krankenversicherungen gilt, ergibt sich im Übrigen aus der ratio legis (→ Rn. 16a). Insofern war es unschädlich gewesen, dass § 204 Abs. 1 S. 1 Nr. 1 Hs. 1 VVG (2009) die Klarstellung in § 204 S. 1 VVG (2008) nicht übernommen hatte. Damit scheiden nach Art der Schadenversicherung kalkulierte Krankenversicherungen sowohl als Herkunfts- wie auch als Zieltarife eines Tarifwechsels nach § 204 aus.[38]

111b   Verschiedentlich wird im Schrifttum die Meinung vertreten, auf die **Kalkulationsart** „nach Art der Lebensversicherung" vs. „nach Art der Schadenversicherung" komme es beim Tarifwechsel-

---

[37] AM *Brand* in Bruck/Möller VVG § 204 Rn. 13.
[38] Unzutreffend daher *Grote/Beyer* VersR 2017, 1247 (1249), es spiele keine Rolle, ob die Prämie nach Art der Lebens- oder Schadenversicherung kalkuliert sei.

recht nicht an.³⁹ Dabei wird die Diskussion vor dem Hintergrund der Frage geführt, ob Gleichartigkeit der Leistungsbereiche iSv § 12 KVAV vorliegt. Indessen wird hierbei übersehen, dass diese Frage schon deshalb keine rechtliche Relevanz hat, weil die KVAV insgesamt nur für Krankenversicherungen gilt, die nach Art der Lebensversicherung kalkuliert sind; das ergibt sich aus der insoweit eindeutigen Ermächtigungsgrundlage des § 160 Abs. 1 S. 1 VAG und gilt auch für die Vorschriften zur Gleichartigkeit (§ 160 Abs. 1 S. 1 Nr. 2 VAG, § 12 KVAV).

Nach Art der Schadenversicherung können insbes. folgende **Krankenversicherungstarife** 112
betrieben werden:
– Ausbildungskrankenversicherung,
– Auslandskrankenversicherung,
– Reisekrankenversicherung,
– Restschuldkrankenversicherung.

Soweit Krankenversicherungen nach Art der Schadenversicherung betrieben werden können, kön- 113
nen für sie idR auch **befristete Vertragslaufzeiten** vereinbart werden (§ 195 Abs. 2). Dann gilt das gesetzliche Tarifwechselrecht auch wegen der Befristung nicht (§ 204 Abs. 4 S. 1). Auf die Befristung kommt es für den Ausschluss des Tarifwechselrechts jedoch dann an, wenn die vorgenannten Krankenversicherungstarife – was grds. möglich ist – nach Art der Lebensversicherung, dh mit biometrischen Rechnungsgrundlagen betrieben werden (→ Vor § 192 Rn. 663).

4. Gruppenversicherung. a) Grundsatz. § 204 gibt zunächst keinen Hinweis darauf, ob das 114
gesetzliche Tarifwechselrecht auch gilt, wenn es sich bei dem Herkunftstarif oder dem Zieltarif um eine Gruppenversicherung handelt. Hierbei sind mehrere **Fallgestaltungen** zu unterscheiden: Der Versicherte will
– aus einer Gruppenversicherung in eine Einzelversicherung (→ Rn. 116 ff.) oder
– aus einer Einzelversicherung in eine Gruppenversicherung (→ Rn. 124 f.) oder
– innerhalb eines Gruppenversicherungsvertrags von einem Tarif in einen anderen Tarif (→ Rn. 127 ff.)
wechseln.

Zu den **Rechtsbeziehungen in der Gruppenversicherung** → Vor § 192 Rn. 675 ff. 115

b) Gruppenversicherung als Herkunftstarif. Das gesetzliche Tarifwechselrecht nach § 204 116
Abs. 1 S. 1 Nr. 1 Hs. 1 und das vertraglich nach § 146 Abs. 1 Nr. 4 VAG einzuräumende Tarifwechselrecht steht dem **Versicherungsnehmer** zu. Dieser könnte bei einem entsprechenden Wechselwunsch des Versicherten gegenüber dem Versicherungsunternehmen das Tarifwechselrecht geltend machen.

Der **Versicherte** selbst kann anstelle des Versicherungsnehmers den Tarifwechsel in jedem Fall 117
dann geltend machen, wenn der Gruppenversicherungsvertrag ihm ein selbständiges Tarifwechselrecht einräumt. Für die Gruppenversicherung von Entwicklungshelfern verlangt § 7 Abs. 1 S. 2 EhfG dies. Fraglich ist, ob bei Fehlen einer entsprechenden Gruppenvertragsregelung der Versicherte nach § 44 Abs. 1 S. 1 den Tarifwechsel selbständig verlangen kann. Dies müsste nach den gleichen Grundsätzen möglich sein, wie sie für die Abmeldung der versicherten Person aus dem Gruppenversicherungsvertrag, dh für ihre Kündigung gelten.⁴⁰ Indessen besteht ein wesentlicher Unterschied zwischen der Kündigung eines Versicherungsverhältnisses und der Wahrnehmung des Tarifwechselrechts: Die Kündigung beendet den Vertrag, der Tarifwechsel lässt den Vertrag bestehen und ändert nur seinen Inhalt. Hinzukommt, dass das gesetzliche Tarifwechselrecht nach § 204 Identität der Vertragspartner für den Herkunftstarif und den Zieltarif voraussetzt. Diese Voraussetzung fehlt bei dem Wechsel aus einem Gruppenversicherungstarif in einen Einzelversicherungstarif, weil Versicherungsnehmer des Zieltarifs nicht der Versicherungsnehmer des Herkunftstarifs (= Gruppenspitze), sondern der Versicherte wäre.

Das gesetzliche Tarifwechselrecht kann daher auf den Wechsel aus einer Gruppenversicherung 118
in eine Einzelversicherung nicht unmittelbar angewandt werden. Dieses Ergebnis befriedigt jedoch nicht. Wenn im Gruppenversicherungsvertrag zB nur Hochleistungstarife versicherbar sind und der dort Versicherte trotz der günstigeren Gruppenversicherungskonditionen in einen insgesamt billigeren Tarif oder in den Standard- bzw. Basistarif wechseln möchte, hätte er bei uU langer Gruppenvertragszugehörigkeit infolge der Nichtanrechnung der Alterungsrückstellung erhebliche wirtschaftliche Nachteile hinzunehmen, die sachlich nicht gerechtfertigt werden können. Diese Fallgestaltung war

---

³⁹ *Kalis* in Bach/Moser VVG § 204 Rn. 24 f.; *Grote/Beyer* VersR 2017, 1247 (1249). *Grote/Beyer* VersR 2017, 1247 (1249) Fn. 32 verweisen insoweit auch auf *Brömmelmeyer* VersR 2010, 706 (708), was aber unzutreffend ist, weil *Brömmelmeyer* nicht die *Kalkulationsart*, sondern die *Beitragskalkulation* (sc. mit oder ohne Tarifstrukturzuschlag) meint, wie sich auch aus seinem Verweis in Fn. 29 auf *Lorenz/Wandt* VersR 2008, 7 (10) ergibt.
⁴⁰ *Hütt* in Bach/Moser MB/KK § 13 Rn. 13.

weder vom Gesetzgeber des 3. DurchfG/EWG zum VAG v. 21.7.1994 (BGBl. I S. 1630) noch von der VVG-Kommission gesehen worden, so dass eine planwidrige Regelungslücke vorliegt. Daher ist in solchen Fällen das gesetzliche Tarifwechselrecht **analog anzuwenden**. Dies kommt der Intention des Gesetzgebers auch deswegen am nächsten, weil für den Fall der Beendigung des Gruppenversicherungsvertrags durch Kündigung des Versicherers die Versicherten das Recht zur Fortsetzung des Versicherungsverhältnisses als Einzelversicherung und unter Anrechnung der erworbenen Rechte sowie der Alterungsrückstellung haben (§ 206 Abs. 4).

119 Die analoge Anwendung des gesetzlichen Tarifwechselrechts darf allerdings **nicht weiter** gehen als die unmittelbare Anwendung bei Wechsel von einem Einzelversicherungstarif in einen anderen Einzelversicherungstarif. Wenn zB der Gruppenversicherungsvertrag – wie es insbes. bei Verträgen mit Großunternehmen häufig der Fall ist – auf Wartezeiten und Risikoprüfungen vollständig verzichtet, weil infolge der sehr hohen Zahl an Versicherten mit einem entsprechenden Ausgleich guter und schlechter Risiken zu rechnen ist, könnte ein Versicherter dies ausnutzen und kurze Zeit nach Aufnahme in die Gruppenversicherung den Wechsel in einen Einzelversicherungstarif verlangen, der Wartezeiten und Risikoprüfungen vorsieht. Zwar hätte der Versicherte im Gruppenversicherungsvertrag rein formal das Recht erworben, keine Wartezeit und keine Risikoprüfung zu durchlaufen. Indessen wäre es nicht mehr durch die Intentionen des Gesetzgebers gedeckt, wenn durch den Umweg über die leichter zu erwerbende Mitgliedschaft in der Gruppenversicherung die normalen Einschränkungen der Einzelversicherung umgangen werden könnten.

120 Die analoge Anwendung des Tarifwechselrechts unterliegt daher bestimmten **Einschränkungen,** insbes. im Hinblick auf Wartezeiten und Risikoprüfungen:

121 – Für den Zieltarif gelten die dort vorgeschriebenen **Wartezeiten.** Allerdings ist beim Wechsel in den Zieltarif der für den Wechsel aus der GKV geltende Rechtsgedanke entsprechend zugrunde zu legen, dass die ununterbrochen zurückgelegte Versicherungszeit in der Vorversicherung auf die Wartezeit des Zieltarifs anzurechnen ist. § 197 Abs. 2 S. 1 schreibt dies ausdrücklich vor.

122 – Für den Zieltarif sind die dort vorgesehenen Risikoprüfungen durchzuführen, die zu **Leistungseinschränkungen,** dh insbes. einem Leistungsausschluss oder Risikozuschlag führen können. Das Recht zu solchen Leistungseinschränkungen besteht aber nicht unbegrenzt. Wenn der Versicherte zB erst nach langjähriger Mitgliedschaft in der Gruppenversicherung in einen Einzelversicherungstarif wechselt und seine gesundheitlichen Verhältnisse sich erst kurz vor dem Wechsel verschlechtert haben, wären Leistungseinschränkungen im Zieltarif nicht mehr gerechtfertigt; denn in einem solchen Fall wären im Herkunftstarif – auch wenn er als Einzelversicherung abgeschlossen worden wäre – gleichfalls keine Leistungseinschränkungen vereinbart worden, weil die gesundheitlichen Verhältnisse ursprünglich unverdächtig gewesen waren. Anders verhielte es sich mit von Anfang an bestehenden Gesundheitseinschränkungen.

123 Soweit der Versicherte ein Tarifwechselrecht selbständig geltend machen kann, gelten im Übrigen die **weiteren Voraussetzungen** nach § 204. Zwingende Voraussetzung für die analoge Anwendung des Tarifwechselrechts ist ferner, dass das Versicherungsunternehmen des Gruppenversicherungstarifs mit dem Versicherungsunternehmen des Einzelversicherungstarifs identisch ist (→ Rn. 128 ff.).

124 **c) Gruppenversicherung als Zieltarif.** Wenn ein Arbeitgeber oder ein Verband für seine Beschäftigten oder seine Verbandsmitglieder einen Gruppenversicherungsvertrag in der Krankenversicherung abschließt, werden diejenigen Gruppenvertragsberechtigten, die bei dem Versicherungsunternehmen des Gruppenversicherungsvertrags bereits eine gleichartige **Einzelversicherung** abgeschlossen haben, in den günstigeren Gruppenversicherungstarif wechseln.

125 Zwar besteht wie im umgekehrten Fall des Wechsels aus einer Gruppenversicherung in eine Einzelversicherung (→ Rn. 116 ff.) keine Identität der Vertragspartner des Herkunftstarifs und des Zieltarifs (→ Rn. 117), so dass das gesetzliche Tarifwechselrecht nur **analog** angewandt werden kann. Die analoge Anwendung des Tarifwechselrechts fällt jedoch hier noch ausgeprägter aus, weil es nicht den für den umgekehrten Fall geltenden Einschränkungen (→ Rn. 119 ff.) unterliegt.

126 Soweit der Versicherte ein Tarifwechselrecht selbständig geltend machen kann, gelten im Übrigen die **weiteren Voraussetzungen** nach § 204. Zwingende Voraussetzung für die analoge Anwendung des Tarifwechselrechts ist ferner, dass das Versicherungsunternehmen des Gruppenversicherungstarifs mit dem Versicherungsunternehmen des Einzelversicherungstarifs identisch ist (→ Rn. 128 ff.).

127 **d) Tarifwechsel innerhalb der Gruppenversicherung.** Sind in einem Gruppenversicherungsvertrag **mehrere Tarife** für den Zugang geöffnet, gilt für einen Wechsel zwischen den Tarifen das gesetzliche Tarifwechselrecht mit seinen Voraussetzungen und Rechtsfolgen unmittelbar. Eine Einschränkung kann sich jedoch ergeben, wenn an dem Gruppenversicherungsvertrag in Form eines Konsortiums mehrere Versicherungsunternehmen beteiligt sind (→ Rn. 128 ff.).

e) Gruppenversicherung durch mehrere Versicherungsunternehmen. Gruppenversicherungsverträge in der Krankenversicherung können – was in Verträgen mit Großunternehmen häufig der Fall ist – mit mehreren Versicherungsunternehmen als Risikoträger abgeschlossen werden **(Konsortialverträge).** Hierbei sind folgende Formen zu unterscheiden: 128

– Für den Gruppenversicherungsvertrag sind besondere Tarife entwickelt worden, die von den Versicherungsunternehmen in offener **Mitversicherungsgemeinschaft** gedeckt werden. In einem solchen Fall ist jedes Versicherungsunternehmen mit einer festen Quote an jedem Tarif beteiligt. Will der Versicherte aus einem solchen Gemeinschaftstarif mehrerer Versicherungsunternehmen in den Einzelversicherungstarif eines einzelnen dieser Versicherungsunternehmen wechseln, würde sich der Risikoträger ändern. Das Tarifwechselrecht gilt zwingend nur für den Tarifwechsel beim selben Versicherungsunternehmen (→ Rn. 31). Die Versicherungsunternehmen des Herkunftstarifs und des Zieltarifs sind nicht identisch. Dem Versicherten steht das gesetzliche Tarifwechselrecht daher nicht zu. Der in Mitversicherung gezeichnete Gruppenversicherungstarif ist auch nicht teilbar, insbes. kann er nicht entsprechend den Quoten der Mitversicherer in mehrere Quoten-Teiltarife zerlegt werden. Daher kommt auch keine quotale Anrechnung der Alterungsrückstellung in Betracht. Zur Anwendung des Versichererwechselrechts in diesem Fall → Rn. 441 ff. 129

Das Gleiche gilt sinngemäß, wenn der Versicherte aus der **Einzelversicherung** eines an der Mitversicherungsgemeinschaft beteiligten Versicherungsunternehmens in einen Mitversicherungstarif der Gruppenversicherung wechseln will. 130

Will der Versicherte **innerhalb des Gruppenversicherungsvertrags** einen Tarif wechseln, so gilt das Tarifwechselrecht (→ Rn. 127), wenn jedes beteiligte Versicherungsunternehmen am Herkunftstarif und am Zieltarif die gleichen Quoten gezeichnet hat. Anderenfalls bestünde keine vollständige Identität der Risikoträger. 131

– Im Gruppenversicherungsvertrag sind Einzeltarife mehrerer Versicherungsunternehmen geöffnet, die diese jeweils allein zeichnen **(Einzeltarifgemeinschaft).** In diesem Fall bieten mehrere Versicherungsunternehmen im Gruppenversicherungsvertrag unterschiedliche Einzeltarife an, die sie jeweils allein und nicht in Mitversicherungsgemeinschaft zeichnen. Für den Wechsel aus einem solchen Gruppenversicherungstarif eines Versicherungsunternehmens in einen Einzelversicherungstarif desselben Versicherungsunternehmens gelten die allgemeinen Grundsätze (→ Rn. 116 ff.). Das gleiche gilt für den umgekehrten Fall des Wechsels aus dem Einzelversicherungstarif eines Versicherungsunternehmens in einen Gruppenversicherungstarif desselben Versicherungsunternehmens (→ Rn. 124 ff.). 132

Will der Versicherte **innerhalb des Gruppenversicherungsvertrags** einen Tarif wechseln, so gilt das Tarifwechselrecht (→ Rn. 127), wenn das Versicherungsunternehmen des Herkunftstarifs und des Zieltarifs identisch ist. Handelt es sich um unterschiedliche Versicherungsunternehmen, besteht kein Tarifwechselrecht. 133

5. Summenversicherung. a) Versicherungsaufsichtsrecht. Die Pflicht zur Einräumung eines vertraglichen Tarifwechselrechts nach § 146 Abs. 1 Nr. 4 VAG bezieht sich nur auf die **substitutive Krankenversicherung.** Eine Krankenversicherung ist nur dann substitutiv, wenn sie eine Leistungsart versichert, die Gegenstand des Pflichtleistungskatalogs der GKV ist (→ Vor § 192 Rn. 635). Die Krankentagegeldversicherung ist daher substitutive Krankenversicherung. Die Krankenhaustagegeldversicherung ist dagegen nicht-substitutive Krankenversicherung (→ Vor § 192 Rn. 642). 134

Soweit Summenversicherungen **nicht-substitutive Krankenversicherung** sind und nach Art der Lebensversicherung betrieben werden, gilt das aufsichtsrechtlich nach § 146 Abs. 1 Nr. 4 VAG einzuräumende Tarifwechselrecht allerdings entsprechend (§ 147 VAG). Dies bezieht sich auf alle als Summenversicherung konzipierte Arten der Tagegeldversicherung wie zB die Krankenhaustagegeld-, Kurtagegeld- oder Pflegetagegeldversicherung (vgl. § 12 Abs. 1 Nr. 4–7 KVAV). 135

b) Versicherungsvertragsrecht. § 204 S. 1 VVG 2008 unterschied nicht nach den verschiedenen Erscheinungsformen der Krankenversicherung. Durch die in dieser Vorschrift vorgenommene Bezugnahme auf § 12 Abs. 1 Nr. 4 VAG aF erstreckte sich das gesetzliche Tarifwechselrecht gleichfalls auf alle Herkunftstarife, die **nach Art der Lebensversicherung** betrieben werden (→ Rn. 108 ff.). § 204 Abs. 1 S. 1 VVG 2009 hat diese Bezugnahme allerdings wieder beseitigt. 136

Für die gängigen Summenversicherungen – wie zB die Krankentagegeld-, Krankenhaustagegeld- oder Pflegetagegeldversicherung – sehen die **AVB** vertragliche Tarifwechselrechte vor (§ 1 Abs. 6 MB/KK 2013, § 1 Abs. 5 MB/KT 2013, § 1 Abs. 12 MB/EPV 2013). 137

6. Besondere Versicherungsformen. a) Grundsatz. § 204 unterscheidet grds. nicht zwischen den verschiedenen Versicherungsformen (→ Rn. 107). Sofern die übrigen Voraussetzungen erfüllt sind, gilt das gesetzliche Tarifwechselrecht für **alle Versicherungsverhältnisse.** 138

139 **b) Anwartschaftsversicherung.** Das Tarifwechselrecht bezieht sich auf den **Tarif**. Die Anwartschaftsversicherung ist in diesem Sinn kein eigenständiger Tarif, sondern die besondere Durchführungsform eines Tarifs (→ Rn. 141). Der Tarifwechsel wird deshalb nicht dadurch ausgeschlossen, dass der Herkunftstarif als Anwartschaftsversicherung geführt wird[41] oder der Versicherungsschutz aus sonstigen Gründen vereinbarungsgemäß ruht (zu den Begriffen → Vor § 192 Rn. 685 ff.).

140 Der Anspruch des Versicherungsnehmers auf Wechsel der Anwartschaftsversicherung oder einer sonst ruhenden Versicherung seines Herkunftstarifs in die Anwartschaftsversicherung oder sonst ruhende Versicherung eines anderen gleichartigen Tarifs kann nach § 208 durch AVB **nicht ausgeschlossen** werden.[42]

141 Der Wechsel von der „aktiven Phase" des Tarifs in die Anwartschaftsversicherung als seine „passive Phase" oder „Ruhensphase" ist nur ein **Wechsel der Durchführungsform** und kein Tarifwechsel iSv § 204 Abs. 1 S. 1 Nr. 1.[43] Er muss stets individuell vereinbart werden. Der Versicherungsnehmer hat keinen Rechtsanspruch auf den Wechsel in die Anwartschaftsversicherung. Davon geht letztlich auch das besondere Fortführungsrecht nach § 204 Abs. 5 aus, das keinen Tarifwechsel darstellt (→ Rn. 527).

142 Die **Rückkehr** von der Anwartschaftsversicherung in die aktive Phase des Tarifs ist gleichfalls kein Tarifwechsel, sondern notwendiger Inhalt der ursprünglichen Vereinbarung über den Wechsel in die Anwartschaftsversicherung.

143 **7. Wechsel in Tarife.** § 204 Abs. 1 S. 1 Nr. 1 räumt das Recht auf Wechsel in andere Tarife ein. **Kein Wechsel** in einen anderen Tarif liegt vor, wenn der Versicherte zB innerhalb eines bestehenden Krankenhaustagegeldtarifs lediglich die Erhöhung des versicherten Krankenhaustagegeldes beantragt[44] oder seine bestehende Krankentagegeldversicherung um zusätzliche Krankentagegeldversicherungen erweitert.[45]

144 Das Tarifwechselrecht nach § 204 gilt nur für einen **vollständigen Wechsel** aus dem Herkunftstarif in einen Zieltarif.[46] Der Herkunftstarif muss insgesamt verlassen werden. Daher liegt kein Wechsel in einen anderen Tarif vor, wenn der Versicherte den Herkunftstarif teilweise aufrechterhalten und mit dem übrigen Teil in einen anderen Tarif wechseln will.[47]

144a **8. Ausnahmen vom Tarifwechselrecht.** Für bestimmte Fallkonstellationen schließt das Gesetz den Tarifwechsel ausdrücklich aus, wofür **unterschiedliche Gründe** maßgebend sind:

144b – § 193 Abs. 7 S. 4 schließt den Wechsel in den oder aus dem **Notlagentarif** aus. Dieser Regelung hätte es nicht bedurft, weil der Notlagentarif als gesetzlicher Zwangstarif sich seiner Natur nach einer Vereinbarung – wie sie der Tarifwechsel darstellt – entzieht (→ Vor § 192 Rn. 1244). Die Regelung hat damit lediglich den Charakter einer (überflüssigen) gesetzlichen Klarstellung.[48]

144c – § 204 Abs. 1 S. 1 Nr. 1 Hs. 6 schließt den Wechsel aus einem **Unisex-Tarif** in einen Bisex-Tarif aus. Diese Regelung ist notwendig, weil anderenfalls das Ziel vereitelt würde, für alle nach dem 21.12.2012 neu abgeschlossenen Verträge die geschlechtsneutrale Prämienberechnung durchzusetzen (→ Rn. 17b f.).

144d – Einen Ausschluss des Tarifwechselrechts haben auch die Regelungen der KVAV zum Ziel, die für bestimmte Fallkonstellationen die **Gleichartigkeit ausschließen** (§ 12 Abs. 3 KVAV). Diese Regelungen sind jedoch aus unterschiedlichen Gründen missglückt bzw. vertragsrechtlich unwirksam (→ Rn. 201b f.; → Rn. 204a, 239).

IV. Zeitlicher Anwendungsbereich

145 **1. Dauerhaftigkeit.** Das gesetzliche Tarifwechselrecht gilt für den jeweils abgeschlossenen Tarif **auf Dauer** und damit unbefristet. Der Versicherte kann zu jedem Zeitpunkt des Bestehens seines Krankenversicherungsverhältnisses das Tarifwechselrecht geltend machen.

146 **2. Fristen. a) Grundsatz.** Für die Geltendmachung des Tarifwechselrechts müssen **keine Erklärungsfristen** eingehalten werden. Das Tarifwechselrecht ist ein eigenständiges Recht, das auf

---

[41] *Hohlfeld* in Berliner Kommentar VVG § 178f Rn. 5.
[42] *Hohlfeld* in Berliner Kommentar VVG § 178f Rn. 5.
[43] *Boetius* VersR 2008, 1016 (1023 f.).
[44] *Kalis* in Bach/Moser, 4. Aufl. 2009, VVG § 204 Rn. 8.
[45] So der Fall OLG Hamm VersR 1999, 478.
[46] Ebenso *Brand* in Bruck/Möller VVG § 204 Rn. 24.
[47] OLG Frankfurt a. M. VersR 1999, 86; *Prölss* in Prölss/Martin, 27. Aufl. 2004, VVG § 178f Rn. 1; *Römer* in Römer/Langheid, 2. Aufl. 2003, VVG § 178f Rn. 3.
[48] Begr. zu Art. 3 (§ 193 Abs. 7 VVG) Fraktionsentwurf KVBeitragsschulden-ÜberforderungsG, BT-Drs. 17/13079, 9.

den Abschluss einer Vertragsänderung gerichtet ist (→ Rn. 10). Es ist kein Gestaltungsrecht wie die Kündigung,[49] stellt somit keine Änderungskündigung dar und unterliegt daher auch nicht den gesetzlichen oder vertraglichen Kündigungsfristen. Es besteht ein systematischer Unterschied zwischen dem Gestaltungsrecht und dem schuldrechtlichen Anspruch auf Abschluss einer Vertragsänderungsvereinbarung.

Für die Geltendmachung des Tarifwechselrechts gelten auch dann keine Ausschlussfristen, wenn **147** das Versicherungsunternehmen im Zusammenhang mit einer **Beitragsanpassung** dem Versicherungsnehmer bestimmte Tarife benennt, in die er wechseln kann. Zu einer entsprechenden Information ist das Versicherungsunternehmen gegenüber älteren Versicherten nach § 7 Abs. 3 VVG iVm § 6 Abs. 2 VVG-InfoV verpflichtet. Auch wenn das Versicherungsunternehmen bei späteren Beitragsanpassungen über andere als die früher benannten Wechseltarife informiert, kann der Versicherungsnehmer doch zu jeder Zeit zu jedem geeigneten Tarif das Wechselrecht geltend machen.

b) Ausnahmen. Eine Ausnahme von dem unbefristeten Tarifwechselrecht ergibt sich lediglich **148** für im Zeitpunkt der Geltendmachung dieses Rechts **geschlossene Zieltarife**.[50] Wenn das Versicherungsunternehmen einen Tarif für den Neuzugang schließt, ändert es die internen Geschäftsgrundsätze. Zwar sind die einzelnen Tarife nicht Teil des Geschäftsplans iSv § 9 VAG, so dass keine Geschäftsplanänderung vorliegt.[51] Gleichwohl können die internen Geschäftsgrundsätze in der substitutiven Krankenversicherung aufsichtsrechtliche Relevanz entfalten, ohne dass ein Fall iSv § 158 Abs. 1 VAG vorliegt. Mit der Schließung eines Tarifs bindet sich das Versicherungsunternehmen zunächst intern, keine neuen Risiken mehr in den Tarif aufzunehmen. Wenn das Versicherungsunternehmen davon in Einzelfällen abweichen würde, ohne den Tarif generell wieder für den Verkauf zu öffnen, würde es Versicherungsnehmer und -interessenten ohne sachlichen Grund unterschiedlich behandeln. Das wäre ein aufsichtsrechtlich zu beseitigender Missstand iSv § 298 Abs. 1 VAG, den das Versicherungsvertragsrecht nicht mit dem Tarifwechselrecht aushebeln kann. Daher ist die Tarifschließung auch vom Versicherungsvertragsrecht zu beachten. Dementsprechend muss das Versicherungsunternehmen das Verlangen eines Versicherungsnehmers, in einen geschlossenen Tarif zu wechseln, ablehnen. Das Versicherungsunternehmen ist zur Ablehnung eines solchen Wechselantrags des Versicherungsnehmers aufsichtsrechtlich verpflichtet, es hat insoweit keine Entscheidungsspielraum.

Das Ablehnungsrecht des Versicherungsunternehmens ergibt sich nicht unmittelbar aus dem **149** Wortlaut des § 204 Abs. 1 S. 1 Nr. 1 Hs. 1; denn dort ist lediglich vom „Wechsel in andere Tarife" die Rede. Diese durch das 3. DurchfG/EWG zum VAG v. 21.7.1994[52] in § 178f VVG aF eingeführte Regelung ist jedoch im Lichte von Art. 206 Abs. 2 UAbs. 1 lit. e RL 2009/138/EG auszulegen. Diese Vorschrift umschreibt den Zieltarif als einen Vertrag, der von dem Versicherungsunternehmen „angeboten wird". Damit stellt das **Europarecht** klar, dass nur in Tarife gewechselt werden kann, die für den Neuzugang geöffnet sind.[53]

Für die Frage, ob der Zieltarif geöffnet oder geschlossen ist, kommt es auf den **Zeitpunkt** an, **150** zu dem der Änderungsvertrag abgeschlossen wird. Dies ist der Zeitpunkt der Annahmeerklärung des Versicherungsunternehmens.[54] Teilweise wird die Auffassung vertreten, maßgebend sei der Zeitpunkt des erstmaligen Vertragsabschlusses über den Herkunftstarif, so dass auch in inzwischen geschlossene Zieltarife gewechselt werden könne, dem dem Versicherungsnehmer ursprünglich einmal offen standen.[55] Diese Auffassung widerspricht der Zielsetzung von Art. 206 Abs. 2 UAbs. 1 lit. e RL 2009/138/EG und wird auch nicht durch die Rspr. des BVerwG und des BGH gestützt. Der Wechsel von einem geschlossenen Tarif in einen anderen geschlossenen Tarif war erklärtermaßen nicht gesetzgeberisches Ziel.[56] Das Tarifwechselrecht sollte den Versicherungsnehmern ermöglichen, der drohenden Vergreisungsgefahr zu entgehen (→ Rn. 16 ff.). Vergreisung droht aber grundsätzlich jedem geschlossenen Tarif unabhängig davon, ob er zur Zeit des erstmaligen Vertragsabschlusses noch für den Neuzugang geöffnet war. Außerdem steht dem Wechsel in einen (inzwischen) geschlossenen Tarif das Aufsichtsrecht entgegen (→ Rn. 148).

Aufgrund des **Unisex-Urteils des EuGH** dürfen nach dem 21.12.2012 nur noch Verträge mit **150a** geschlechtsneutralen Prämien neu abgeschlossen werden (→ § 203 Rn. 172 ff.). Bisherige Bisex-Tarife sind für den Neuabschluss nicht mehr zulässig. Gleichwohl handelt es sich bei diesen Bisex-

---

[49] *Hohlfeld* in Berliner Kommentar VVG § 178f Rn. 13.
[50] AM: *Brand* in Bruck/Möller VVG § 204 Rn. 23.
[51] Insoweit ist *Grote/Beyer* VersR 2017, 1247 (1253) zuzustimmen.
[52] BGBl. 1994 I 1630.
[53] Ebenso *Grote/Beyer* VersR 2017, 1247 (1253).
[54] *Prölss* in Prölss/Martin, 27. Aufl. 2004, VVG § 178f Rn. 9; *Hohlfeld* in Berliner Kommentar VVG § 178f Rn. 13.
[55] *Grote/Beyer* VersR 2017, 1247 (1253).
[56] Begr. zu Art. 2 Nr. 15 (§ 178f VVG) RegE 3. DurchfG/EWG zum VAG, BT-Drs. 12/6959, S. 105.

Tarifen nicht um geschlossene Zieltarife im Sinne des Tarifwechselrechts, weil die Rechtsfolge auf dem EuGH-Urteil und der Anwendung der RL 2004/113/EG und nicht auf einer Geschäftsplanänderung des Versicherungsunternehmens beruht. Daher können Versicherte aus bis zum 21.12.2012 abgeschlossenen Bisex-Tarifen auch nach dem 21.12.2012 in andere Bisex-Tarife wechseln (→ § 203 Rn. 187a).[57] Dass diese Bisex-Tarife als Zieltarife in Betracht kommen, bestätigt § 204 Abs. 1 S. 1 Nr. 1 Hs. 6, der sonst überflüssig wäre.[58]

151   c) **Wirksamwerden des Tarifwechsels.** Das Tarifwechselrecht ist ein schuldrechtlicher Anspruch auf Vereinbarung einer Vertragsänderung (→ Rn. 10). Die Vertragsänderung kommt durch Antrag des Versicherungsnehmers und **Antragsannahme** des Versicherungsunternehmens zustande.[59]

152   d) **Zeitpunkt des Tarifwechsels.** Von dem Zeitpunkt, zu dem der Änderungsvertrag **wirksam abgeschlossen** wird (→ Rn. 151), ist der Zeitpunkt zu unterscheiden, zu dem der Tarifwechsel wirksam wird. Das Gesetz regelt diesen Zeitpunkt nicht ausdrücklich.

153   **Frühester Zeitpunkt** für das Wirksamwerden ist der auf den Antragseingang beim Versicherungsunternehmen folgende Monatsbeginn. Einen früheren Zeitpunkt kann der Versicherungsnehmer nicht verlangen, weil dies als Rückwärtsversicherung anzusehen wäre (§ 2 Abs. 1), die im Krankenversicherungsvertrag idR nicht vorgesehen ist.

154   **Spätester Zeitpunkt** für das Wirksamwerden ist der auf die Antragsannahme durch das Versicherungsunternehmen folgende Monatsbeginn. Der Versicherungsnehmer kann einen späteren Zeitpunkt nicht verlangen, weil damit die Gefahr bestünde, dass er sein Krankheitskostengeschehen gezielt auf diesen Zeitpunkt hin steuert („moral hazard"). Plant der Versicherungsnehmer zB eine aufwendige Arztbehandlung, die im Zieltarif zu einer geringeren Erstattung als im Herkunftstarif führen würde, könnte er bei freier Wahl des Zeitpunktes den Herkunftstarif noch mit diesen Behandlungskosten belasten und nach durchgeführter Behandlung in den Zieltarif wechseln. Dies würde zu negativer Risikoselektion führen, die zu verhindern ist.

155   Zwischen dem frühesten und dem spätesten Zeitpunkt (→ Rn. 153 f.) hat der Versicherungsnehmer einen **Bestimmungsspielraum.** Trifft er keine Bestimmung, kann das Versicherungsunternehmen diesen Zeitpunkt festlegen.

156   Abweichend von dem gesetzlichen Bestimmungsspielraum des Versicherungsnehmers und des Versicherungsunternehmens (→ Rn. 155) können beide Vertragsparteien einen **anderen Zeitpunkt,** insbes. im Wege der Rückwärtsversicherung (→ Rn. 153) oder einen in der Zukunft liegenden Zeitpunkt (→ Rn. 154) frei vereinbaren.

V. Gesetzliches und vertragliches Tarifwechselrecht

157   1. **Gesetzliches Tarifwechselrecht.** Unter gesetzlichem Tarifwechselrecht ist ein Tarifwechselrecht zu verstehen, das unmittelbar kraft Gesetzes gilt und damit gesetzlich normierter Inhalt des Versicherungsvertrags ist. Die das Tarifwechselrecht enthaltende gesetzliche Vorschrift muss somit eine solche des materiellen **Versicherungsvertragsrechts** sein. Dies ist bei § 204 der Fall.

158   Soweit das **Versicherungsaufsichtsrecht** das Tarifwechselrecht regelt (§ 146 Abs. 1 Nr. 4 VAG), wird damit kein gesetzliches Tarifwechselrecht begründet. Die Vorschrift verpflichtet lediglich das Versicherungsunternehmen, dem Versicherungsnehmer im Versicherungsvertrag ein Tarifwechselrecht einzuräumen; sie gestaltet folglich nicht unmittelbar kraft Gesetzes den Inhalt des Versicherungsvertrags.

159   2. **Vertragliches Tarifwechselrecht. a) Rechtsgrundlagen.** Unter vertraglichem Tarifwechselrecht ist ein Tarifwechselrecht zu verstehen, das erst aufgrund **vertraglicher Vereinbarung** gilt. Nach dem Grundsatz der Vertragsfreiheit bedarf es für eine solche Vereinbarung keiner besonderen Rechtsgrundlage.

160   Zu beachten sind jedoch gesetzliche **Beschränkungen der Vertragsfreiheit.** Eine solche Beschränkung enthält § 208. Danach darf ein vertragliches Tarifwechselrecht nicht zum Nachteil des Versicherungsnehmers oder Versicherten von dem gesetzlichen Tarifwechselrecht gem. § 204 abweichen.

161   Nach dem Grundsatz der Vertragsfreiheit steht es den Vertragsparteien zunächst frei, ob sie ein Tarifwechselrecht vereinbaren wollen. Allerdings begründet § 146 Abs. 1 Nr. 4 VAG die aufsichts-

---

[57] Ebenso *Brand* in Bruck/Möller VVG § 204 Rn. 23.
[58] Begr. zu Art. 1 Nr. 4 lit. a (§ 204 VVG) RegE Gesetz zur Änderung versicherungsrechtlicher Vorschriften, BT-Drs. 17/11469, 15.
[59] *Prölss* in Prölss/Martin, 27. Aufl. 2004, VVG § 178f Rn. 9; *Hohlfeld* in Berliner Kommentar VVG § 178f Rn. 13.

rechtliche **Verpflichtung des Versicherungsunternehmens,** ein solches Tarifwechselrecht in der nach Art der Lebensversicherung betriebenen substitutiven und nicht-substitutiven Krankenversicherung vertraglich zu vereinbaren. Dem sind die AVB bisher gefolgt. Diese durch AVB eingeräumten Tarifwechselrechte sind aufsichtsrechtlich jedoch trotz der Vorschrift des § 146 Abs. 1 Nr. 4 VAG nicht notwendig gewesen. Weil nämlich aufgrund des § 204 das Tarifwechselrecht gesetzlich normierter Inhalt des Versicherungsvertrags ist, ist die in § 146 Abs. 1 Nr. 4 VAG festgelegte aufsichtsrechtliche Verpflichtung der Versicherungsunternehmen bereits erfüllt.

Die aufsichtsrechtliche Vorschrift des § 146 Abs. 1 Nr. 4 VAG ist gleichwohl nicht überflüssig. 162 Sie entfaltet ihren **Sinn und Zweck** in der Möglichkeit, aufsichtsrechtlich durch Rechtsverordnung nähere Bestimmungen zum Tarifwechselrecht zu erlassen (§ 160 S. 1 Nr. 2 VAG), die über die in § 204 S. 1 VVG 2008 vorgenommene Bezugnahme auf das Aufsichtsrecht dann auch materieller Inhalt des Versicherungsvertrags wurden. § 204 Abs. 1 S. 1 Nr. 1 VVG 2009 hat diese Bezugnahme allerdings wieder beseitigt.

b) **Allgemeine Versicherungsbedingungen.** Die meisten **Musterbedingungen** enthalten 163 sachlich im Wesentlichen übereinstimmende Vorschriften über das Tarifwechselrecht (§ 1 Abs. 6 MB/KK 2013 § 1 Abs. 5 MB/KT 2013, § 1 Abs. 6 MB/ST 2009, § 1 Abs. 12 MB/EPV 2013, § 1 Abs. 8 MB/BT 2013, § 1 Abs. 6 MB/PV 2009, § 1 Abs. 6 MB/PSKV 2009).

3. Rechtskonkurrenz. Zwischen gesetzlichem und vertraglichem Tarifwechselrecht kann es 164 zu rechtlicher Konkurrenz in der Frage kommen, welchem der **materiell-rechtliche Vorrang** gebührt (→ Vor § 192 Rn. 596 ff.). Das gesetzliche Tarifwechselrecht nach § 204 ist halbzwingend (§ 208). Halbzwingende Vorschriften des VVG können zum Nachteil des Versicherungsnehmers oder Versicherten nicht abbedungen werden und haben insoweit unbedingten Vorrang.

In der Frage der formalrechtlichen **Subsidiarität** (→ Vor § 192 Rn. 597) beurteilt sich ein 165 in den AVB enthaltenes vertragliches Tarifwechselrecht nach den für zwingende oder dispositive Vorschriften geltenden Grundsätzen (→ Vor § 192 Rn. 598 f.).

VI. Gründe für einen Tarifwechsel

1. Grundsatz. Die Wahrnehmung des gesetzlichen Tarifwechselrechts ist an **keine Gründe** 166 gebunden. Der Versicherungsnehmer kann von dem Recht mit und ohne Grund Gebrauch machen. Er braucht daher auch keine Gründe anzugeben.

Praktisch hat der Versicherungsnehmer stets einen Grund oder Anlass, wenn er in einen anderen 167 Tarif wechseln will. Den wichtigsten Anlass für einen Tarifwechsel bilden in der Praxis **Beitragsanpassungen** und finanzielle Engpässe wegen Veränderung der Lebenssituation (zB Arbeitslosigkeit, Eintritt in das Rentenalter).

Eine Beitragsanpassung nach § 203 Abs. 2 löst beim Versicherungsnehmer idR die Frage nach 168 Alternativen, insbes. nach einem Wechsel in Tarife mit niedrigeren Beiträgen aus. Dies wird durch entsprechende aufsichtsrechtliche **Informationspflichten** des Versicherungsunternehmens gefördert (→ Rn. 169 ff.).

2. Informationspflichten bei Beitragsanpassungen. a) Substitutive Krankenversiche- 169 **rung.** In der substitutiven Krankenversicherung muss das Versicherungsunternehmen den Versicherungsnehmer bei jeder Prämienerhöhung auf das Tarifwechselrecht unter Beifügung des Gesetzestextes hinweisen (§ 7 Abs. 3 VVG iVm § 6 Abs. 2 S. 1 VVG-InfoV). Bei Versicherten ab dem 60. Lebensjahr ist der Versicherungsnehmer zusätzlich auf höchstens zehn gleichartige Tarife mit niedrigeren Prämien sowie auf den Standardtarif hinzuweisen (§ 7 Abs. 3 VVG iVm § 6 Abs. 2 S. 2–7 VVG-InfoV). Diese **kasuistische Regelung** verfehlt den grds. berechtigten Zweck, den Versicherungsnehmer über sinnvolle Alternativen zur Fortsetzung des bisherigen Versicherungsschutzes aufzuklären. Der Hinweis muss nämlich „Tarife enthalten, die bei verständiger Würdigung der Interessen des Versicherungsnehmers für eine Umstufung besonders in Betracht kommen" (§ 7 Abs. 3 VVG iVm § 6 Abs. 2 S. 3 VVG-InfoV). Diese Interessenwürdigung kann das Versicherungsunternehmen aber nicht nach Aktenlage vornehmen; denn ihm fehlen jegliche Informationen über die finanzielle und familiäre Situation des Versicherten; teilweise fehlen dem Versicherungsunternehmen auch Informationen über dessen gesundheitliche Situation, insbes. wenn der Versicherte aufgrund hoher tariflicher Selbstbehalte keine Arztrechnungen einreicht. Ein Tarifwechsel kann wegen seiner möglicherweise einschneidenden Folgen auf der Leistungsseite nur auf der Grundlage einer ausführlichen individuellen Beratung verantwortet werden. Individuelle Tarifwechselhinweise können nen mit der Beitragsanpassung aber nicht gegeben werden, weil die Beitragsanpassung ein Geschäftsvorfall mit Massencharakter ist und nur maschinell durchgeführt werden kann. Tarifwechselhinweise müssen daher weitgehend vereinheitlicht werden, was der Forderung widerspricht, die Interessen des Versicherungsnehmers verständig zu würdigen. Die aufsichtsrechtliche Informationsverpflichtung muss daher als unwirksam angesehen werden, weil sie so nicht erfüllt werden kann und daher von den Versicherungsunternehmen etwas objektiv Unmögliches fordert.

170 **b) Nicht-substitutive Krankenversicherung.** Für die nicht-substitutive Krankenversicherung gelten die **Informationspflichten** im Falle einer Beitragsanpassung nicht. § 6 Abs. 2 S. 1 VVG-InfoV bezieht sich nach seinem ausdrücklichen Wortlaut nur auf die substitutive Krankenversicherung „nach § 146 Abs. 1" VAG.

171 Auch aus anderen Vorschriften ergibt sich für die nicht-substitutive Krankenversicherung **keine allgemeine Hinweisverpflichtung** des Versicherungsunternehmens.[60] Die entgegenstehende Auffassung von *Präve*[61] findet im Gesetz keine Grundlage und ist iÜ aus den gleichen Gründen nicht zu erfüllen, wie sie für die substitutive Krankenversicherung gelten (→ Rn. 169).

172 **3. Allgemeine Informationspflichten.** Fraglich ist, ob das Versicherungsunternehmen auch unabhängig von Beitragsanpassungen verpflichtet ist, den Versicherungsnehmer während der Dauer des Versicherungsvertrags auf die **Möglichkeit zum Tarifwechsel** hinzuweisen. Für eine solche generelle Aufklärungspflicht gibt es keine gesetzliche Grundlage.[62]

173 Eine allgemeine Informationspflicht des Versicherungsunternehmens besteht daher auch dann nicht, wenn das Versicherungsunternehmen **neue Tarife** anbietet, die für einen Tarifwechsel theoretisch in Betracht kommen.[63] Eine solche allgemeine Informationspflicht wäre praktisch nicht zu erfüllen (→ Rn. 169).

174 Anders kann es sich verhalten, wenn ein **konkreter Anlass** besteht, den Versicherungsnehmer auf die Möglichkeit eines Tarifwechsels hinzuweisen.[64] Dies ist zB dann der Fall, wenn das Versicherungsunternehmen erkennt oder erkennen muss, dass der Versicherungsnehmer am Aufzeigen von Alternativen zu seinem bestehenden Versicherungsschutz interessiert ist.[65] Dies kann etwa der Fall sein, wenn der Versicherungsnehmer sich gezielt nach einem billigeren Tarif erkundigt[66] oder einen nicht ausreichend konkretisierten Antrag auf Tarifwechsel stellt (→ Rn. 195 f.). Umgekehrt kann sich aber auch die Pflicht zur Aufklärung über einen leistungsstärkeren Tarif ergeben, wenn der Versicherungsnehmer sich zB über einen von ihm gewählten zu hohen Selbstbehalt oder über zu geringe tarifliche Leistungen bei einem Stationärtarif beschwert. Eine Hinweispflicht kann auch dann bestehen, wenn die Vertragspartner sich ohnehin in Verhandlungen über die Änderung eines bestehenden Versicherungsvertrags befinden[67] oder wenn während der Versicherung im Notlagentarif dem Versicherer der Eintritt der Hilfebedürftigkeit des Versicherungsnehmers angezeigt wird, so dass ein Wechsel in den Basistarif in Betracht kommt.[68]

175 Wenn das Versicherungsunternehmen den Versicherungsnehmer auf die Möglichkeit eines Tarifwechsels hinweist, muss es ihn in jedem Fall auch über die damit verbundenen **nachteiligen Folgen** aufklären, die sich insbes. aus der Einschränkung des Versicherungsschutzes in Zukunft ergeben können.[69]

VII. Tarifwechselberatung

175a Das gesetzliche Tarifwechselrecht bildet für außerhalb des Versicherungsunternehmens stehende Dritte einen besonderen Anreiz, Beratungs- und Vermittlungsleistungen im Zusammenhang mit einem Tarifwechsel anzubieten. Soweit der Krankenversicherungsvertrag von einem Versicherungsvertreter iSv § 59 Abs. 2 VVG vermittelt worden ist, gehört die entsprechende Beratung zu dessen natürlichem Aufgabenspektrum. Häufig wird die Tarifwechselberatung jedoch von Personen angeboten, die – ohne Versicherungsvertreter zu sein – als selbständige **„Tarifwechselberater"** bezeichnet werden. Bei ihnen kann es sich um Versicherungsmakler oder Versicherungsberater iSv § 59 Abs. 3, 4 VVG handeln.[70]

---

[60] *Langheid* in Römer/Langheid, 4. Aufl. 2014, VVG § 204 Rn. 17; *Hohlfeld* in Berliner Kommentar VVG § 178f Rn. 2.
[61] *Präve* ZfV 1998, 63 (66 f.).
[62] OLG München VersR 2005, 1418.
[63] *Voit* in Prölss/Martin VVG § 204 Rn. 37; *Muschner* in Langheid/Rixecker VVG § 204 Rn. 22.
[64] OLG München VersR 2005, 1418.
[65] Ähnlich *Voit* in Prölss/Martin VVG § 204 Rn. 37; *Muschner* in Langheid/Rixecker VVG § 204 Rn. 22; *Römer* Informationspflichten S. 45.
[66] *Voit* in Prölss/Martin VVG § 204 Rn. 37.
[67] OLG Saarbrücken VersR 1993, 1386.
[68] OLG Schleswig NJW-RR 2019, 607.
[69] *Muschner* in Langheid/Rixecker VVG § 204 Rn. 21.
[70] Vgl. *Reuther* in Boetius/Rogler/Schäfer, Rechtshandbuch PKV, 2020, § 2 Rn. 238 ff.

Selbständige Tarifwechselberater vereinbaren mit ihrem Auftraggeber – dem Versicherungsneh- **175b**
mer eines Krankenversicherungsvertrags – üblicherweise, bei dessen Versicherer Einsparmöglichkeiten für den Krankenversicherungsschutz zu recherchieren. Als Vergütung lässt sich der Tarifwechselberater von seinem Auftraggeber idR ein Vielfaches der monatlichen Einsparung versprechen, die bei einem entsprechend recherchierten Tarifwechsel erzielt wird. Aus der Rspr. sind Beträge in Höhe des Acht- bis Zwölffachen der monatlichen Einsparung bekannt. Ein solcher Vertrag lässt sich als **Versicherungsmaklervertrag** iSv § 59 Abs. 3 einordnen.[71] Im Gegensatz zu sonstigen Versicherungsmaklerverträgen bleibt der Versicherungsnehmer Schuldner der Beratungs- bzw. Vermittlungsvergütung, während im Übrigen normalerweise der Versicherer courtagepflichtig ist.

Anders verhält es sich, wenn der Tarifwechselberater ein **Versicherungsberater** iSv § 59 Abs. 4 **175c**
VVG ist. Versicherungsberater dürfen kein Erfolgshonorar vereinbaren und daher auch keinen Versicherungsmaklervertrag abschließen, der nichtig wäre.[72]

Die Einschaltung eines selbständigen Tarifwechselberaters durch den Versicherungsnehmer muss **175d**
grundsätzlich als problematisch angesehen werden. Zwar besteht für entsprechenden Beratungsbedarf zweifellos ein Bedürfnis, weil der einzelne Versicherungsnehmer nur in den seltensten Fällen sich selbst einen ausreichenden Überblick über alternative Krankenversicherungstarife verschaffen kann. Das betrifft aber vorwiegend den Überblick auf dem *übrigen* Krankenversicherungsmarkt und damit nicht den Tarifwechsel bei dem Versicherer des Versicherungsnehmers, sondern den möglichen Wechsel zu einem anderen Versicherer. Den eigenen Versicherer treffen umfassende Informationspflichten über mögliche Tarifwechselalternativen, wenn der Versicherungsnehmer einen entsprechenden Informationsbedarf artikuliert (→ Rn. 174 f.). Unabhängig davon, ob der Versicherungsnehmer einen Tarifwechsel oder einen Versicherungswechsel erwägt, erscheint vor allem die einseitige **Fokussierung auf die Prämienersparnis** bedenklich:
– Die Versicherungsprämie ist zunächst einmal das **Äquivalent des Versicherungsschutzes**. Ihre **175e**
Höhe hängt primär vom Umfang der versicherten Leistungen ab. Deshalb gilt grundsätzlich, dass eine Reduzierung der Prämie idR auch mit einer Verringerung des Versicherungsschutzes einhergeht. Da in der Krankenversicherung ein einmal reduzierter Versicherungsschutz wegen der Altersabhängigkeit der Prämie und inzwischen eingetretener Erkrankungen nicht nach Belieben wieder erhöht werden kann, hat die Reduzierung häufig Endgültigkeitscharakter und wirkt vor allem in die Zeiten höheren Alters nach, wenn der Versicherte aufgrund dann altersbedingt eintretender Krankheiten den höheren Versicherungsschutz besonders benötigt. Diese Konsequenz wird ausgeblendet, wenn der Blick nur auf die Prämienhöhe gelegt wird. Wenn der Versicherungsnehmer sich in einem möglicherweise nur vorübergehenden finanziellen Engpass befindet, können die Versicherer mit Anwartschaftsversicherungen zeitlich begrenzte Lösungen anbieten, um solche Engpässe zu überbrücken. An solchen Lösungen sind Tarifwechselberater aus Vergütungsgründen idR nicht interessiert, die daher auch nicht recherchiert und angeboten werden.
– Indem das vereinbarte **Erfolgshonorar** der Tarifwechselberater idR an die erzielbare Prämienersparnis **175f**
geknüpft wird (→ Rn. 175b), wird der ohnehin vorhandene Druck auf die Prämienreduktion (→ Rn. 175e) noch einmal verstärkt. Angesichts des eigenen Vergütungsinteresses muss bezweifelt werden, dass der gegen Erfolgshonorar tätige Tarifwechselberater die wirklichen Interessen seines Auftraggebers, die auch den künftig ausreichenden Versicherungsschutz einschließen (→ Rn. 175e), angemessen wahrnehmen kann.

VIII. Europarechtskonformität

1. Substitutive Krankenversicherung. Soweit das gesetzliche Tarifwechselrecht nach § 204 **176**
und das nach § 146 Abs. 1 Nr. 4 VAG vertraglich einzuräumende Tarifwechselrecht sich auf die substitutive Krankenversicherung bezieht, entspricht es dem **europarechtlichen Mitgliedstaatenwahlrecht** nach Art. 206 Abs. 2 RL 2009/138/EG.

2. Nicht-substitutive Krankenversicherung. Soweit das gesetzliche Tarifwechselrecht nach **177**
§ 204 und das nach § 146 Abs. 1 Nr. 4, § 147 VAG vertraglich einzuräumende Tarifwechselrecht sich auf die nicht-substitutive Krankenversicherung bezieht, kann die **Europarechtskonformität** dieser Regelung **zweifelhaft** sein (→ Rn. 48).

§ 147 VAG schreibt – anders als § 146 Abs. 1 VAG für die substitutive Krankenversicherung – **178**
nicht vor, *dass* die nicht-substitutive Krankenversicherung **nach Art der Lebensversicherung** zu betreiben sei, sondern ordnet nur die Anwendung des § 146 Abs. 1 Nr. 1–4 VAG an, *wenn* sie nach Art der Lebensversicherung betrieben wird, was den Versicherungsunternehmen freisteht. In der

---
[71] BGH VersR 2018, 1383 Rn. 10 ff. = NJW 2018, 3715; VersR 2019, 483 Rn. 5.
[72] BGH VersR 2019, 1563 = GRUR 2019, 970 Rn. 33 ff., 58 f.; BGH VersR 2020, 229 Rn. 18.

Lit. wird daraus teilweise abgeleitet, dass ein Verstoß gegen Art. 54 Abs. 2 RL 92/49/EWG (= Art. 206 Abs. 2 RL 2009/138/EG) nicht vorliege.[73] Dieser Literaturmeinung kann nicht gefolgt werden (→ Vor § 192 Rn. 376 ff.). Ebenso wenig, wie für die nicht-substitutive Krankenversicherung die Kalkulation nach Art der Lebensversicherung vorgeschrieben werden kann, kann für sie vorgeschrieben werden, dass sie in bestimmter Weise zu kalkulieren ist oder dass für sie Tarifwechselrechte vorgesehen werden müssen, wenn sie nach Art der Lebensversicherung betrieben wird. Die aufsichtsrechtliche Vorschrift des § 147 VAG ist durch das Europarecht daher nicht gedeckt. § 146 Abs. 1 Nr. 4 VAG ist somit auf die nicht-substitutive Krankenversicherung nicht anzuwenden.

179 Dagegen verstoßen die Vorschriften des **Versicherungsvertragsrechts** nicht gegen Europarecht (→ Vor § 192 Rn. 380 ff.). Das gesetzliche Tarifwechselrecht nach § 204 ist daher europarechtskonform.

C. Voraussetzungen und Rechtsfolgen des unbeschränkten Tarifwechselrechts (Abs. 1 S. 1 Nr. 1 Hs. 1)

I. Unbefristetes Versicherungsverhältnis (Herkunftstarif)

180 **1. Grundsatz.** Nach dem ausdrücklichen Wortlaut von § 204 Abs. 4 S. 1 gilt das **gesetzliche Tarifwechselrecht** nur für unbefristete Versicherungsverhältnisse. Das gleiche gilt für das nach § 146 Abs. 1 Nr. 4, § 147 VAG aufsichtsrechtlich einzuräumende vertragliche Tarifwechselrecht für nach Art der Lebensversicherung betriebene substitutive und nicht-substitutive Krankenversicherungen; denn diese sind stets unbefristet (§ 195 Abs. 1).

181 Die Voraussetzung der Unbefristetheit gilt für den **Herkunftstarif** (→ Rn. 75). Dass auch der Zieltarif unbefristet sein muss, ergibt sich aus dem Gleichartigkeitsgrundsatz (→ Rn. 242).

182 Die Unbefristetheit war nach § 204 S. 1 VVG 2008 ein **zusätzliches Tatbestandsmerkmal** für die Geltung des gesetzlichen Tarifwechselrechts. Zwar ist die Unbefristetheit für die nach Art der Lebensversicherung betriebene substitutive und nicht-substitutive Krankenversicherung bereits nach § 195 Abs. 1 vorgeschrieben. Indessen können bestimmte Versicherungsformen – selbst wenn sie nach Art der Lebensversicherung betrieben werden – auch befristet abgeschlossen werden (§§ 195 Abs. 2, 3, 196; vgl. § 146 Abs. 3 VAG). § 204 VVG 2009 kehrt dagegen wieder zur Konzeption des § 178f VVG aF zurück, indem das Tarifwechselrecht zunächst generell gilt, von dem befristete Versicherungsverhältnisse ausgenommen werden (§ 204 Abs. 4 S. 1). Sachlich hat der Unterschied keine Bedeutung.

183 Die Regelung verfolgt den **Zweck,** alle Krankenversicherungen zu erfassen, die wegen ihrer Unbefristetheit dem Versicherten dauerhaften – ja lebenslangen – Versicherungsschutz bieten sollen und daher einer besonderen Vergreisungsgefahr unterliegen. Weil befristete Krankenversicherungen typischerweise keiner solchen Vergreisungsgefahr unterliegen und der Versicherte insoweit keines besonderen Schutzes bedarf (→ Rn. 17), soll sich das Tarifwechselrecht grds. nicht auf diese Krankenversicherungen erstrecken.

183a Das Unbefristetheitserfordernis galt aufgrund der VVG-Reform zunächst ausnahmslos (§ 204 Abs. 3 VVG aF). Art. 1 Nr. 4 lit. b des Gesetzes zur Änderung versicherungsrechtlicher Vorschriften v. 24.4.2013 (BGBl. I S. 932) fügte mit Wirkung ab 1.5.2013 den § 204 Abs. 3 S. 2 aF (= § 204 Abs. 4 S. 2) ein, der die nach § 196 befristet abgeschlossenen **Krankentagegeldversicherungen** dem Tarifwechselrecht wieder unterwirft (→ Rn. 17a).

184 **2. Befristete Versicherungsformen. Befristet** abgeschlossen werden können
– alle Krankenversicherungen, die nach Art der Schadenversicherung betrieben werden (→ Rn. 111 ff.),
– Ausbildungskrankenversicherungen (§ 195 Abs. 2),
– Auslandskrankenversicherungen (§ 195 Abs. 2),
– Reisekrankenversicherungen (§ 195 Abs. 2),
– Restschuldkrankenversicherungen (§ 195 Abs. 2),
– Krankenversicherungen für Personen mit befristeter Aufenthaltserlaubnis (§ 195 Abs. 3),
– Krankentagegeldversicherungen (§ 196 Abs. 1 S. 1, 2, Abs. 3),
– Beihilfetarife (§ 199 Abs. 1).
Zum Tarifwechselrecht der befristet abgeschlossenen Krankentagegeldversicherungen → Rn. 183a.

---

[73] *Prölss* in Prölss/Martin, 27. Aufl. 2004, VVG § 178g Rn. 1; *Präve* in Prölss/Dreher VAG § 147 Rn. 5.

II. Anspruch auf Tarifwechsel

1. Träger des Anspruchs. Nach dem Wortlaut von § 204 Abs. 1 S. 1 ist Träger des Anspruchs der **Versicherungsnehmer.** Dies begründet sich aus dem Umstand, dass der Tarifwechsel den Inhalt des Versicherungsvertrags verändert (→ Rn. 10). Grundsätzlich sind nur die Vertragspartner befugt, über den zwischen ihnen geschlossenen Vertrag zu disponieren. 185

Fraglich könnte sein, ob bei einer für fremde Rechnung abgeschlossenen Krankenversicherung **(Fremdversicherung)** der Versicherte selbständig das Tarifwechselrecht geltend machen kann. Die Vorschriften der Versicherung für fremde Rechnung (§§ 43–48) sind auf die Krankenversicherung unmittelbar anzuwenden. Lediglich für die Geltendmachung der Versicherungsleistung enthält § 194 Abs. 3 erleichternde Vorschriften. 186

Nach § 44 Abs. 1 S. 1 stehen bei einer Fremdversicherung die Rechte aus dem Versicherungsvertrag dem **Versicherten** zu. Diese Rechte kann er dann geltend machen, wenn er entweder im Besitz des Versicherungsscheins ist oder der Versicherungsnehmer zustimmt (§ 44 Abs. 2). Dies gilt auch für die Wahrnehmung des Tarifwechselrechts. 187

Der **Versicherungsnehmer** kann über die Rechte des Versicherten im eigenen Namen verfügen (§ 45 Abs. 1). Die Rechte des Versicherten kann der Versicherungsnehmer nur dann übertragen, wenn er im Besitz des Versicherungsscheins ist oder der Versicherte zustimmt (§ 45 Abs. 2). Das Tarifwechselrecht verändert den Inhalt des Krankenversicherungsvertrags und damit den Umfang des Versicherungsschutzes. Dies verändert die Rechtsposition des Versicherten unmittelbar. Der Tarifwechsel ist daher iSv § 45 Abs. 2 als „Übertragung der Rechte des Versicherten" anzusehen, so dass der Versicherungsnehmer den Tarifwechsel nur dann ohne Zustimmung des Versicherten beantragen kann, wenn er selbst im Besitz des Versicherungsscheins ist. Damit wird auch verhindert, dass es in Bezug auf einen Tarifwechsel zu widersprüchlichen Anträgen des Versicherungsnehmers und des Versicherten kommen kann. Würde nämlich das Tarifwechselrecht nicht nach § 45 Abs. 2 zu behandeln sein, könnte gleichzeitig sowohl der im Besitz des Versicherungsscheins befindliche Versicherte nach § 44 Abs. 2 als auch der Versicherungsnehmer nach § 45 Abs. 1 einen jeweils unterschiedlichen Tarifwechsel beantragen. Solche divergierenden Parallelansprüche könnte das Versicherungsunternehmen nicht erfüllen. 188

Zu den Besonderheiten in der **Gruppenversicherung** → Rn. 114 ff. 189

2. Träger der Verpflichtung. Der Anspruch auf Tarifwechsel richtet sich gegen den **Versicherer.** Auf Seiten des Risikoträgers kommt ein anderer als der unmittelbare Vertragspartner für die Erfüllung des Anspruchs nicht in Betracht. 190

Zu den Besonderheiten in der **Gruppenversicherung** → Rn. 114 ff. 191

3. Gegenstand des Anspruchs. Der Anspruch richtet sich nach dem Wortlaut des § 204 Abs. 1 S. 1 Nr. 1 Hs. 1 darauf, „Anträge auf Wechsel in andere Tarife mit gleichartigem Versicherungsschutz unter Anrechnung der aus dem Vertrag erworbenen Rechte und der Alterungsrückstellung" anzunehmen. Gegenstand des Anspruchs ist somit die **Abgabe einer Willenserklärung,** nämlich die Annahme eines vom Versicherungsnehmer erklärten Angebots auf Vertragsänderung (→ Rn. 10). Angebot und Annahme unterliegen den allgemeinen Regeln des Vertragsrechts (§§ 145 ff. BGB). 192

Die **Vertragsänderung,** auf die sich der Antrag des Versicherungsnehmers beziehen muss, besteht aus dem Wechsel in einen anderen Tarif mit gleichartigem Versicherungsschutz, der Anrechnung der aus dem Vertrag erworbenen Rechte und der Anrechnung der Alterungsrückstellung. 193

In den Fällen des **eingeschränkten Tarifwechselrechts** nach § 204 Abs. 1 S. 1 Nr. 1 Hs. 2 (→ Rn. 314 ff.) richtet sich der Anspruch des Versicherungsnehmers auch darauf, anstelle eines Risikozuschlags oder einer Wartezeit einen Leistungsausschluss für die von ihm gewünschte Mehrleistung im neuen Tarif zu vereinbaren (§ 204 Abs. 1 S. 1 Nr. 1 Hs. 3). 194

4. Formale Durchführung. Der vertragsrechtlichen Durchführung des Tarifwechsels muss ein Antrag des Versicherungsnehmers auf Tarifwechsel, dh ein **Angebot auf Vertragsänderung** vorausgehen. Das Angebot muss so konkret gefasst sein, dass das Versicherungsunternehmen es ohne weiteres annehmen oder ablehnen kann. Hierfür ist erforderlich, aber auch ausreichend, dass der gewünschte Zieltarif eindeutig benannt wird. Dagegen reicht es nicht aus, wenn der Versicherungsnehmer lediglich beantragt, in einen günstigeren Tarif zu wechseln; denn welcher Tarif in einer Gesamtbetrachtung des Preis-Leistungsverhältnisses für den Versicherungsnehmer günstiger ist, ist idR nicht eindeutig. Dies gilt in verstärktem Maß, wenn für den Tarifwechsel mehrere Tarife in Betracht kommen. 195

Ein nicht ausreichend konkretisierter Antrag des Versicherungsnehmers löst allerdings eine **Informationspflicht** des Versicherungsunternehmens aus, den Versicherungsnehmer über die in Frage kommenden Tarife aufzuklären (→ Rn. 174). 196

196a Mit der **Annahmeerklärung des Versicherungsunternehmens** kommt der Tarifwechsel wirksam zustande.[74]

197 Das Versicherungsunternehmen kann den Antrag auf Tarifwechsel **ablehnen,** wenn die Voraussetzungen nach § 204 Abs. 1 S. 1 Nr. 1 Hs. 1 nicht erfüllt sind. Dies ist der Fall, wenn der vom Versicherungsnehmer gewünschte Zieltarif keinen gleichartigen Versicherungsschutz bietet (→ Rn. 202 ff.).

198 Das Versicherungsunternehmen kann den Antrag auf Tarifwechsel nur entweder unverändert annehmen oder ablehnen. Lediglich in den Fällen des § 204 Abs. 1 S. 1 Nr. 1 Hs. 2 kann das Versicherungsunternehmen den Antrag auf Tarifwechsel **mit Änderungen annehmen** (→ Rn. 341 ff.; → Rn. 359 ff.). Hierbei handelt es sich im Sinne des allgemeinen Vertragsrechts um eine „Annahme unter Erweiterungen, Einschränkungen oder sonstigen Änderungen", die nach § 150 Abs. 2 BGB als Ablehnung und gleichzeitig neuer Antrag gilt. Nimmt der Versicherungsnehmer diesen neuen Antrag an, wird der Tarifwechsel mit den Änderungen wirksam. Lehnt der Versicherungsnehmer den neuen Antrag des Versicherungsunternehmens ab, kommt der Tarifwechsel nicht zustande. Hiervon ist zu unterscheiden, ab welchem Zeitpunkt der Tarifwechsel materiell wirksam wird, dh der Zieltarif anstelle des Herkunftstarifs die Grundlage für die beiderseitigen Rechte und Pflichten darstellt. Dies hängt davon ab, zu welchem Zeitpunkt der Versicherungsnehmer den Tarifwechsel beantragt und das Versicherungsunternehmen den Antrag angenommen hatte.

199 **5. Verweis auf VAG. a) Grundsatz.** § 204 S. 1 VVG 2008 verwies für das Tarifwechselrecht auf § 12 Abs. 1 Nr. 4 VAG aF und auf die nach § 12c Abs. 1 S. 1 Nr. 2 VAG aF erlassenen §§ 12 f. KalV aF (= §§ 12 f. KVAV). Mit dieser Verweisung wurden die entsprechenden Vorschriften des Versicherungsaufsichtsrechts in das VVG aufgenommen und damit **materiell-rechtlicher Inhalt des gesetzlichen Versicherungsvertragsrechts** (→ Rn. 66). Die Begründung zum RegE VVG-ReformG stellte klar, dass die VAG-Vorschriften *wegen* ihrer vertragsrechtlichen Wirkungen in § 204 aufzunehmen sind.[75] Dies hatte die weitere Konsequenz, dass vom Inhalt der in Bezug genommenen versicherungsaufsichtsrechtlichen Regelungen nicht zum Nachteil des Versicherungsnehmers durch vertragliche Vereinbarung abgewichen werden konnte (§ 208).

200 § 204 Abs. 1 S. 1 Nr. 1 Hs. 1 VVG 2009 beseitigte den VAG-Verweis wieder, was zu der Konsequenz führen müsste, dass die bis 31.12.2008 vertragsrechtlich geltenden Vorschriften des Versicherungsaufsichtsrechts ab 1.1.2009 **keine vertragsrechtliche Wirkung** mehr entfalten. Zwar beruht § 204 VVG 2009 auf der inhaltsgleichen Übernahme des § 178f idF von Art. 43 Nr. 4 GKV-WSG durch Art. 11 Abs. 1 VVG-ReformG,[76] so dass sich die Auffassung vertreten ließe, dass damit auch die Rechtslage nach dem früheren § 178f VVG aF fortgeführt werden sollte. Dagegen spricht jedoch, dass dasselbe Gesetz in Art. 1 VVG-ReformG sich die Begründung des RegE zur VVG-Reform zu eigen gemacht hatte, wonach die Bezugnahme auf das VAG für die vertragsrechtliche Geltung notwendig ist (→ Rn. 199). Wenn derselbe Gesetzgeber in Art. 11 Abs. 1 VVG-ReformG dies in Kenntnis seines Art. 1 wieder beseitigt, kann nicht mehr von einem redaktionellen Versehen gesprochen werden;[77] die Korrektur gesetzgeberischer Sorglosigkeit durch Auslegung hat auch Grenzen. Dies hätte dann zB die Konsequenz, dass die AVB insbes. von §§ 12 f. KVAV zum Nachteil des Versicherungsnehmers abweichen könnten; denn § 208 würde sich darauf nicht mehr erstrecken. Das würde vor allem für spätere Änderungen der KVAV bedeutsam (→ Rn. 201).

201 Der Widerspruch lässt sich in sinnvoller Weise nur durch folgende **teleologische Ergänzung** auflösen:[78]
– Das VVG-ReformG sollte das Versicherungsvertragsrecht sowohl aufgrund der VVG-Reform als auch der Gesundheitsreform in der Weise reformieren, dass die Grundsätze beider Reformvorhaben widerspruchsfrei verwirklicht werden.
– § 204 VVG (2009) beruht auf der inhaltsgleichen Übernahme des § 178f VVG aF idF von Art. 43 Nr. 4 GKV-WSG durch Art. 11 Abs. 1 VVG-ReformG.[79] Damit sollte die Rechtslage nach dem früheren § 178f VVG aF fortgeführt werden, die sich im Wege der Auslegung zu einer gefestigten Rechtsansicht entwickelt hatte.[80]

---

[74] *Wriede* VersR 1996, 271 (273).
[75] Begr. zu Art. 1 (§ 204 VVG) RegE VVG-ReformG, BT-Drs. 16/3945, 114.
[76] Bericht des Rechtsausschusses zu Art. 11 VVG-ReformG, BT-Drs. 16/5862, 101.
[77] Ebenso: *Brand* in Bruck/Möller § 204 Rn. 2; AM: *Lehmann* VersR 2010, 992 (993), der den Grundsatz der Einheitlichkeit der Rechtsordnung bemüht, der jedoch klare Gesetzesfehler und -lücken nicht heilen kann.
[78] Die abweichende Meinung in der Vorauflage (→ 2. Aufl. VVG § 204 Rn. 201 f.) wird aufgegeben.
[79] Bericht des Rechtsausschusses zu Art. 11 VVG-ReformG, BT-Drs. 16/5862, S. 101.
[80] So durch BVerwGE 108, 325 = VersR 1999, 743 = NVersZ 1999, 376; BVerwG VersR 2007, 1253 Rn. 24 ff.= NJW 2007, 2871.

– Zu der fortzuführenden Rechtslage nach § 178f VVG aF gehörte die Geltung der versicherungsaufsichtsrechtlichen Vorschriften nach den §§ 12 Abs. 1 Nr. 4, 12c Abs. 1 S. 1 Nr. 2 VAG aF, 12 f. KalV aF, auch ohne dass § 178f VVG aF auf diese Vorschriften ausdrücklich verwies. Damit ist § 204 Abs. 1 S. 1 VVG (2009) in der Weise durch Verweisung auf die versicherungsaufsichtsrechtlichen Vorschriften zu ergänzen, wie es § 204 S. 1 VVG (2008) vorgesehen hatte

b) Überschießendes Aufsichtsrecht. Zwischen den durch das Pflege-Neuausrichtungs-Gesetz (PNG) v. 23.10.2012 (BGBl. I S. 2246) eingeführten **geförderten Pflege-Zusatzversicherungen** und den nicht geförderten Pflege-Zusatzversicherungen soll nach § 12 Abs. 3 KVAV keine Gleichartigkeit bestehen. Diese Vorschrift (§ 12 Abs. 3 KalV aF) fügte Art. 1 Nr. 2 4. KalVÄndV v. 29.1.2013 (BGBl. I S. 160) ein. Auch wenn die Verordnungsbegründung für diese Vorschrift in mehrfacher Hinsicht sachlich falsch ist (→ Vor § 192 Rn. 1225 f.), führt dies für sich allein noch nicht zur Unwirksamkeit von § 12 Abs. 3 Nr. 2 KVAV. Das gilt aber nur für die *versicherungsaufsichtsrechtliche* Geltung der Vorschrift. 201a–b

Vorschriften des Versicherungsaufsichtsrechts entfalten Rechtswirksamkeit für das Versicherungsvertragsrecht nur im Umfang ihrer Inkorporierung durch das VVG. (→ Rn. 199 f.; → Vor § 192 Rn. 591). Der durch § 12 Abs. 3 Nr. 2 KVAV eingeführte Gleichartigkeitsausschluss kann den Gleichartigkeitsbegriff des § 204 Abs. 1 S. 1 Nr. 1 Hs. 1 inhaltlich nicht verändern, weil es insoweit an der notwendigen Inkorporierung durch § 204 fehlt und es sich um nach dem 1.1.2009 ergangenes **überschießendes Aufsichtsrecht** handelt (→ Rn. 201a). 201c

III. Gleichartiger Versicherungsschutz

1. Gleichartigkeit. a) Grundsatz. Das Tarifwechselrecht besteht nach § 204 Abs. 1 S. 1 Nr. 1 Hs. 1 nur, wenn Herkunftstarif und Zieltarif **gleichartigen Versicherungsschutz** bieten. Den zunächst unbestimmten Rechtsbegriff der Gleichartigkeit konkretisiert mit materiell-rechtlicher Wirkung (→ Rn. 199) § 12 KalV aF (= 12 KVAV) iVm § 12c Abs. 1 S. 1 Nr. 2 VAG aF zumindest in der bis 31.12.2008 geltenden Fassung (→ Rn. 201). 202

§ 12 KVAV enthält **keine Legaldefinition** des Gleichartigkeitsbegriffs,[81] sondern umschreibt lediglich einige seiner wichtigsten Merkmale. Diese gesetzlichen Merkmale sind nicht abschließend. Weitere nicht in § 12 KVAV genannte Merkmale können hinzutreten bzw. vereinbart werden. Unzutreffend und durch den Wortlaut der Vorschrift nicht gedeckt ist die amtliche Begründung zur KalV aF, dass die Frage der Gleichartigkeit sich „nur anhand der Leistungsbereiche" entscheiden lasse.[82] 203

Soweit § 12 KVAV Merkmale der Gleichartigkeit positiv umschreibt (§ 12 Abs. 1 KVAV) oder die Gleichartigkeit ausschließt (§ 12 Abs. 3 KVAV), handelt es sich um **unwiderlegliche Vermutungen,** die auch nicht zum Nachteil des Versicherungsnehmers abbedungen werden können (§ 208). Andere als die in § 12 KVAV ausdrücklich aufgeführten Merkmale der Gleichartigkeit (→ Rn. 203) werden dagegen von § 208 nicht erfasst; sie unterliegen lediglich den üblichen Auslegungsgrundsätzen bzw. der AVB-Kontrolle. 204

Eine unwiderlegliche Vermutung können allerdings nur diejenigen Gleichartigkeitsmerkmale des § 12 KVAV auslösen, die nach § 204 versicherungsvertragsrechtlich wirksam geworden sind. Dazu gehören nicht diejenigen Ergänzungen von § 12 KVAV, die erst nach dem 1.1.2009 ergangen sind; denn bei diesen handelt es sich um vertragsrechtlich unwirksames, **überschießendes Aufsichtsrecht** (→ Rn. 201b). 204a

b) Merkmale. Zu unterscheiden ist zwischen den gesetzlichen Merkmalen nach § 12 KVAV und weiteren vereinbarten oder durch Auslegung zu ermittelnden Merkmalen (→ Rn. 203 f.). Die Merkmale können **objektiver oder subjektiver Art** sein.[83] Zu den objektiven Merkmalen gehören zB Leistungsbereiche und Versicherungsformen, zu den subjektiven Merkmalen gehören personengebundene Eigenschaften des Versicherten wie zB die Versicherungsfähigkeit (§ 12 Abs. 2 KVAV).[84] 205

§ 12 KVAV nennt als **gesetzliche Merkmale:** 206
– Die Leistungsbereiche (→ Rn. 215 f.),
– die Versicherungsfähigkeit (→ Rn. 217 ff.),
– die Substitutivfunktion (→ Rn. 237 ff.).
Zu den **weiteren Merkmalen** gehören insbes.: 207
– Die Unbefristetheit (→ Rn. 241 f.),

---

[81] AM: *Brömmelmeyer* VersR 2010, 706 (707); *Brömmelmeyer* in Schwintowski/Brömmelmeyer/Ebers VVG § 204 Rn. 7.
[82] Begr. zu § 12 Abs. 1 KalV, BR-Drs. 414/96, 27.
[83] BAV VerBAV 1997, 40.
[84] *Brömmelmeyer* VersR 2010, 706 (707).

– das Kalkulationsmodell (→ Rn. 243 f.),
– die Art der Versicherungsleistung als Schaden- oder Summenversicherung (→ Rn. 245 ff.),
– die Vertragsart als Gruppen- oder Einzelversicherung (→ Rn. 114 ff.),
– die Tarifform als Einzel- oder Kompakttarif (→ Rn. 249 ff.).

208 **c) Begriffsinhalte.** Der Begriff der Gleichartigkeit ist in erster Linie nach dem **materiellen Gehalt des Versicherungsschutzes** zu bestimmen. Nach der Gesetzesbegründung sollte der Umstufungsanspruch für einen *gleichwertigen* Versicherungsschutz gegeben werden.[85] Dies setzt eine Vergleichbarkeit des Versicherungsschutzes in seinen Kernelementen voraus. Zu den Kernelementen gehören insbes.:
– Die Art des Versicherungsfalls (zB ambulante Behandlung, stationäre Behandlung, Zahnbehandlung, Kur, Pflege),
– die Art der Versicherungsleistung (zB Kostenerstattung, Tagegeld in Form der Summenversicherung, Sachleistung),
– die Art der Kalkulation (nach Art der Lebensversicherung oder nach Art der Schadenversicherung),
– die Kalkulation mit oder ohne Alterungsrückstellung,
– die Befristetheit oder Unbefristetheit des Versicherungsvertrags.

209 Die Kernelemente des Versicherungsschutzes müssen in Herkunftstarif und Zieltarif **kumulativ** vorliegen, um von einer Vergleichbarkeit der Tarife zu sprechen. Es genügt nicht, wenn nur die Versicherungsleistungen der Gattung oder dem Grunde nach übereinstimmen.[86]

210 Die Kernelemente müssen nur **der Art nach gleich** sein. Der Begriff der Gleichartigkeit setzt nicht *Gleichheit* voraus.[87]

211 Die **Höhe der Versicherungsleistung** bildet dagegen kein Merkmal der Gleichartigkeit.[88] Dies ergibt sich schon im Umkehrschluss aus § 204 Abs. 1 S. 1 Nr. 1 Hs. 2, der für den Fall höherer oder umfassenderer Leistungen im Zieltarif dem Versicherungsunternehmen den Anspruch auf Leistungseinschränkungen für die Mehrleistungen einräumt.[89] Solche höheren oder umfassenderen Leistungen können zB sein:
– Das Fehlen oder die Herabsetzung von Selbstbehalten,
– die Erstattung bisher nicht ersatzpflichtiger Behandlungsmethoden oder Medikamente,
– die Erstattung bisher nicht oder nur eingeschränkt ersatzpflichtiger Wahlleistungen im Krankenhaus,
– die Erstattung bisher nicht ersatzpflichtiger GOÄ-Sätze.

212 Soweit Herkunftstarif und Zieltarif in der gleichen Art kalkuliert sind (zB beide nach der Art der Lebensversicherung oder beide mit Alterungsrückstellung), bildet die **Kalkulationsgrundlage** kein Merkmal der Gleichartigkeit. Unter dieser Voraussetzung besteht das Tarifwechselrecht auch dann, wenn die Prämien in beiden Tarifen nach ganz unterschiedlichen und nicht vergleichbaren Grundsätzen kalkuliert[90] oder wenn der Kalkulation in beiden Tarifen unterschiedliche Rechnungsgrundlagen zugrunde gelegt worden sind. Dass im Zieltarif die ab 1.1.2009 geltende Übertragbarkeit der Alterungsrückstellung einkalkuliert ist, berührt die Gleichartigkeit daher nicht.[91] Die Höhe der Prämie spielt für die Gleichartigkeit keine Rolle.[92] Dies folgt allein schon aus dem Gesetzeszweck, dass der Versicherte die Möglichkeit erhalten soll, seine Beitragslast zu reduzieren. Dementsprechend stellen Prämiendifferenzen zwischen mehreren Tarifen die wichtigsten Auslöser für den Tarifwechsel dar.

212a Folgerichtig ist die Geschlechtsabhängigkeit bzw. Geschlechtsneutralität der Kalkulation kein Merkmal der Gleichartigkeit. **Unisex-Tarife** und Bisex-Tarife sind daher – bei Vorliegen aller übrigen Voraussetzungen – gleichartig. Deshalb war es notwendig gewesen, den Tarifwechsel aus einem Unisex-Tarif in einen Bisex-Tarif ausdrücklich auszuschließen (→ Rn. 144c, 226b).

213 Kein Merkmal der Gleichartigkeit sind ferner im Herkunftstarif vereinbarte **Tarifeinschränkungen** (insbes. Leistungsausschlüsse und Risikozuschläge). Sie gehören zu den negativen Rechtspositionen des Versicherten und damit im weiteren Sinn zu den von ihm erworbenen Rechten, die nach § 204 Abs. 1 S. 1 Nr. 1 Hs. 1 anzurechnen sind, dh fortgelten (→ Rn. 258 ff.).

---

[85] Begr. zu Art. 2 (§ 178f VVG) RegE 3. DurchfG/EWG zum VAG, BT-Drs. 12/6959, 105.
[86] So die missverständliche Formulierung von *Wriede* VersR 1996, 271 (272).
[87] BAV VerBAV 1997, 40; *Hohlfeld* in Berliner Kommentar VVG § 178f Rn. 4; *Lorenz/Wandt* VersR 2008, 7 (9); *Buchholz* VersR 2008, 27 (30).
[88] *Voit* in Prölss/Martin VVG § 204 Rn. 20; *Wriede* VersR 1996, 271 (272).
[89] BVerwGE VersR 2007, 1253 = NJW 2007, 2871 Rn. 29.
[90] BVerwGE 108, 325 = VersR 1999, 744.
[91] *Grote/Bronkars* VersR 2008, 580 (585).
[92] BVerwGE 108, 325 = VersR 1999, 744; BGH VersR 2012, 1422 = NJW 2012, 3782 Rn. 7; *Muschner* in Langheid/Rixecker § 204 Rn. 10; *Brömmelmeyer* VersR 2010, 706 (707).

Da die Höhe der Versicherungsleistung kein Merkmal der Gleichartigkeit ist (→ Rn. 211), ist **214** der Wechsel in **Zieltarife mit Minderleistungen** – dh mit niedrigeren oder weniger umfassenden Leistungen – uneingeschränkt möglich.[93] Der Wechsel in einen Zieltarif mit Minderleistungen beurteilt sich daher insoweit nach § 204 Abs. 1 S. 1 Nr. 1 Hs. 1.

Ob das Versicherungsunternehmen zum Abschluss eines bestimmten Tarifs verpflichtet ist, ist **214a** für das Tarifwechselrecht ohne Bedeutung. **Kontrahierungszwang** bzw. fehlender Kontrahierungszwang bildet kein Merkmal der Gleichartigkeit. Die gegenteilige Auffassung der Verordnungsbegründung zu § 12 Abs. 3 Nr. 2 KalV aF (= § 12 Abs. 3 KVAV) (→ Vor § 192 Rn. 1226) findet im Gesetz keine Grundlage. Das Gesetz geht vielmehr von dem grundsätzlichen Tarifwechselrecht zwischen Basistarif (mit Kontrahierungszwang) und anderen substitutiven Krankheitskosten-Vollversicherungen (ohne Kontrahierungszwang) aus (§ 204 Abs. 1 S. 1 Nr. 1 Hs. 4, 5).

2. Leistungsbereiche. a) Grundsatz. Nach § 12 Abs. 1 S. 1 KVAV müssen Herkunftstarif und **215** Zieltarif **gleiche Leistungsbereiche** umfassen. § 12 Abs. 1 S. 2 KVAV nennt – wie aus dem Wort „insbesondere" hervorgeht – beispielhaft und nicht abschließend[94] als einzelne Leistungsbereiche:
- Kostenerstattung für ambulante Heilbehandlung (Nr. 1),
- Kostenerstattung für stationäre Heilbehandlung sowie Krankenhaustagegeldversicherungen mit Kostenersatzfunktion (Nr. 2),
- Kostenerstattung für Zahnbehandlung und Zahnersatz (Nr. 3),
- Krankenhaustagegeld, soweit es nicht zu Nr. 2 gehört (Nr. 4),
- Krankentagegeld (Nr. 5),
- Kurtagegeld und Kostenerstattung für Kuren (Nr. 6),
- Pflegekosten und -tagegeld (Nr. 7).

Der Tarifwechsel kann stets nur **innerhalb desselben Leistungsbereichs** iSv § 12 Abs. 1 S. 2 **216** KVAV – dh zB von einem Ambulanttarif in einen anderen Ambulanttarif oder von einem Stationärtarif in einen anderen Stationärtarif – verlangt werden. Auf einen Tarifwechsel zwischen unterschiedlichen Leistungsbereichen hat der Versicherungsnehmer keinen Anspruch. Einen Wechsel zB von einem Ambulanttarif in einen Stationärtarif oder Zahntarif oder von einem Kurtarif in einen Pflegetarif kann der Versicherungsnehmer nach § 204 daher nicht verlangen.

b) Pflegeversicherung. § 12 Abs. 3 Nr. 2 KVAV will die Gleichartigkeit und damit den Tarif- **216a** wechsel zwischen **geförderten und nicht geförderten Pflege-Zusatzversicherungen** ausschließen. Diese Vorschrift entfaltet keine versicherungsvertragsrechtliche Wirksamkeit (→ Rn. 201b f.) und ist rechtlich und praktisch sinnlos (→ Vor § 192 Rn. 1225 ff.). Damit gilt das unbeschränkte Tarifwechselrecht nach § 204 Abs. 1 Nr. 1 S. 1 Hs. 1.

Das gleiche Ziel versucht § 3 Abs. 6 MB/GEPV 2013 zu erreichen. § 3 Abs. 6 S. 1 MB/ **216b** GEPV 2013 schließt den Tarifwechsel von einer **geförderten Pflege-Zusatzversicherung als Herkunftstarif** in einen nicht geförderten Tarif aus. Diese AVB-Vorschrift schränkt das grds. gegebene Tarifwechselrecht nach § 204 Abs. 1 Nr. 1 S. 1 Hs. 1 zum Nachteil des Versicherungsnehmers ein und ist damit nach § 208 unwirksam.

§ 3 Abs. 6 S. 4 MB/GEPV 2013 schließt den umgekehrten Fall des Tarifwechsels aus einer **216c** nicht geförderten Pflege-Zusatzversicherung in eine **geförderte Pflege-Zusatzversicherung als Zieltarif** aus. Diese Vorschrift ist unwirksam, weil die MB/GEPV in dem Herkunftstarif nicht vereinbart sind und nur der Herkunftstarif vertragsrechtliche Grundlage im Rechtsverhältnis zwischen Versicherungsunternehmen und Versicherungsnehmer ist. Dem Herkunftstarif liegen die MB/EPV 2009 zugrunde, die in ihrem § 1 Abs. 12 das Tarifwechselrecht insoweit nicht einschränken.

3. Versicherungsfähigkeit. a) Begriff. Die Versicherungsfähigkeit ist nach § 12 Abs. 1 S. 1 **217** KVAV zusätzliches **Merkmal der Gleichartigkeit.** Versicherungsfähigkeit ist – positiv ausgedrückt – eine personengebundene Eigenschaft des Versicherten, die für dessen Aufnahme in einen bestimmten Tarif bedingungsgemäß vorhanden sein muss.[95] § 12 Abs. 2 KVAV formuliert die Versicherungsfähigkeit negativ als Eigenschaft, „deren Wegfall zur Folge hat, dass der Versicherte bedingungsgemäß nicht mehr in diesem Tarif versichert bleiben kann."

Zu den **personengebundenen Eigenschaften,** welche die Versicherungsfähigkeit begründen **218** können, gehören insbes.:[96]
- Der Beruf oder die Berufsgruppe (→ Rn. 219 ff.),
- die Art der Beschäftigung (→ Rn. 222 f.),

---

[93] Ähnlich wohl *Voit* in Prölss/Martin VVG § 204 Rn. 20; *Wriede* VersR 1996, 271 (272).
[94] Begr. zu § 12 Abs. 1 KalV, BR-Drs. 414/96, 27; *Hohlfeld* in Berliner Kommentar VVG § 178f Rn. 4.
[95] *Voit* in Prölss/Martin VVG § 204 Rn. 18.
[96] BAV VerBAV 1997, 40.

- das Geschlecht (→ Rn. 224 ff.),
- das Alter (→ Rn. 228 f.),
- die Mitgliedschaft in einem bestimmten Verband oder Verein (→ Rn. 230 f.),
- die Mitgliedschaft in einer bestimmten gesetzlichen Krankenkasse (→ Rn. 232 ff.),
- die Arbeitnehmereigenschaft bei einem bestimmten Unternehmen (→ Rn. 235 f.).

219 **b) Berufsgruppe.** Die Zugehörigkeit zu einer bestimmten Berufsgruppe hat eine hervorgehobene Bedeutung bei **Berufsgruppentarifen**. Besondere Berufsgruppentarife gibt es vor allem im Bereich der Ärzteschaft (Ärztetarife). Hier konnte nämlich ein idR niedrigerer Schadenaufwand kalkuliert werden, weil es zumindest früher üblich gewesen war, dass Ärztekollegen untereinander keine oder nur reduzierte Liquidationen stellten. In der Zwischenzeit hat sich diese kollegiale Usance zwar deutlich abgeschwächt. Die Existenz der Ärztetarife hat dies aber nicht tangiert.

220 Eine besondere Kategorie von Berufsgruppentarifen bilden die **Beihilfetarife** von Beamten und sonstigen Angehörigen des öffentlichen Dienstes.

221 Das Gleichartigkeitsmerkmal der Berufsgruppe hat für den **Tarifwechsel** zur Konsequenz, dass in einen bestimmten Berufsgruppentarif nach § 204 nur wechseln kann, wer dieser Berufsgruppe angehört.[97]

222 **c) Beschäftigungsart.** Die Beschäftigungsart ist vor allem in der **Krankentagegeldversicherung** bedeutsam, die ihrem Charakter nach eine Verdienstausfallversicherung darstellt. Für die Tarifkalkulation kommt es entscheidend darauf an, welche Tätigkeit dem Verdiensterwerb zugrunde liegt.[98] Das krankheitsbedingte Verdienstausfallrisiko eines Arbeitnehmers unterscheidet sich erheblich von demjenigen eines Selbständigen. Im Rahmen eines „Selbständigen-Tarifs" sind insbes. die unterschiedlichen Karenzzeiten und das subjektive Risiko kalkulatorisch zu berücksichtigen. Das subjektive Risiko eines Selbständigen hängt vor allem von der Konjunkturanfälligkeit seines Unternehmens ab, die ihrerseits durch den Wirtschaftszweig, das Alter und die Größe des Unternehmens bedingt sind. Das subjektive Risiko wird vor allem durch die Gefahr geprägt, einen Verdienstrückgang aufgrund schlecht gehender Geschäfte durch Tagegeld aufgrund vorgeschobener Krankheit und Arbeitsunfähigkeit zu kompensieren.

223 Das Gleichartigkeitsmerkmal der Beschäftigungsart hat für den **Tarifwechsel** zur Konsequenz, dass in einen bestimmten durch die Beschäftigungsart definierten Tarif nach § 204 nur wechseln kann, wer dieser Beschäftigungsart angehört.

224 **d) Geschlecht.** Zu unterscheiden sind **geschlechtsabhängige** und **geschlechtsneutrale Tarife**. Die meisten Tarife waren bis 21.12.2012 (→ § 203 Rn. 172 ff.) nach dem jeweiligen Geschlecht kalkuliert, weil das Geschlecht aufgrund der unterschiedlichen biologischen Gegebenheiten von Männern und Frauen eine der wichtigsten Ursachen für unterschiedliche Krankheitskosten bildet (vgl. § 6 Abs. 1 S. 1 KalV aF). Trotz der ausgeprägten Geschlechtsabhängigkeit der Krankheitskosten ist die Kalkulation auch geschlechtsneutraler Tarife möglich und seit dem Unisex-Urteil des EuGH notwendig (→ § 203 Rn. 148 ff.).

225 Das Gleichartigkeitsmerkmal des Geschlechts hat für den Tarifwechsel zur Konsequenz, dass in einen geschlechtsabhängigen Tarif nach § 204 nur wechseln kann, wer diesem Geschlecht angehört. Diese Frage gewinnt in der seit 21.12.2012 geltenden Rechtslage besondere Bedeutung; denn nunmehr bestehen nebeneinander die Altverträge mit Bisex-Tarifen und die Neuverträge mit Unisex-Tarifen (→ § 203 Rn. 179, 186 ff.; → § 203 Rn. 224 ff.).

226 Für den **Wechsel zwischen Unisex-Tarifen und Bisex-Tarifen** ergeben sich folgende Konsequenzen:

226a – Der **Wechsel aus einem Bisex-Tarif in einen Unisex-Tarif** ist möglich, weil im Unisex-Tarif beide Geschlechter mit ihren geschlechtsspezifischen Kosten und ihrer Geschlechterverteilung kalkulatorisch berücksichtigt worden sind (→ § 203 Rn. 198 ff.). Die in der 1. Aufl. vertretene gegenteilige Auffassung[99] wird aufgegeben, weil sich die Kalkulationsgrundsätze auf die neuen Unisex-Regeln eingestellt haben. Somit können – bei Vorliegen der sonstigen Voraussetzungen – eine in einem Frauentarif Versicherte und ein in einem Männertarif Versicherter jeweils den Wechsel in einen Unisex-Tarif verlangen.

226b – Aus den gleichen Gründen (→ Rn. 226a) wäre prinzipiell auch der **Wechsel aus einem Unisex-Tarif in einen Bisex-Tarif** möglich. § 204 Abs. 1 S. 1 Nr. 1 Hs. 6 schließt einen solchen Wechsel jedoch aus, weil anderenfalls das Unisex-Gebot für Neuverträge umgangen werden könnte (→ Rn. 17b f.).

---

[97] Begr. zu § 12 Abs. 1 KalV, BR-Drs. 414/96, 27; *Sommer* ZfV 1998, 68 (71).
[98] *Hütt* in Bach/Moser MB/KT § 2 Rn. 2.
[99] → 1. Aufl. 2009, Rn. 226 f.

– Für den **Wechsel aus einem Bisex-Tarif in einen anderen Bisex-Tarif**, der auch nach dem 21.12.2012 weiterhin möglich ist (→ Rn. 150a), begründet das jeweilige Geschlecht die Versicherungsfähigkeit im Zieltarif. 226c

Weil das Geschlecht ein durch Zeugung und Geburt erworbenes unveränderliches Merkmal der Person ist, kann es auch nicht durch nachträgliche operative Eingriffe (**„Geschlechtsumwandlung"**) verändert werden. Wer sich einer solchen „Geschlechtsumwandlung" unterzogen hat, kann nach § 204 nicht den Wechsel in den Bisex-Tarif seines „neuen" Geschlechts verlangen. Die entgegenstehende Meinung[100] begründet dies mit dem Persönlichkeitsrecht nach Art. 1 Abs. 1 GG und verkennt, dass es in der Kalkulation auf biologische Merkmale ankommt und Persönlichkeitsrechte keine Kalkulationsmerkmale sind. 227

e) **Alter.** Tarife können in ihren Bedingungen ein **Aufnahmehöchstalter** vorsehen, bis zu dem Personen in den Tarif aufgenommen werden dürfen.[101] 228

Das Gleichartigkeitsmerkmal des Alters hat für den **Tarifwechsel** zur Konsequenz, dass in einen Tarif, der bedingungsgemäß ein Aufnahmehöchstalter vorsieht, nach § 204 nur wechseln kann, wer dieses Höchstalter nicht überschreitet. Die abweichende Ansicht,[102] das Aufnahmehöchstalter schränke die Versicherungsfähigkeit nicht ein, ist rechtsirrig; denn dann könnte das Aufnahmehöchstalter auch beim Neuzugang keine Wirkung entfalten. 229

f) **Verbandsmitgliedschaft.** In der Regel bei **Gruppenversicherungsverträgen** mit Verbänden oder sonstigen Vereinen oder Vereinigungen ist die Mitgliedschaft in dem betreffenden Verband oder Verein Voraussetzung für die Aufnahme in den Gruppenversicherungstarif. 230

Das Gleichartigkeitsmerkmal der Mitgliedschaft im Verband oder Verein hat für den **Tarifwechsel** zur Konsequenz, dass in einen für die Mitglieder eines bestimmten Verbands oder Vereins geöffneten Tarif nach § 204 nur wechseln kann, wer Mitglied des betreffenden Verbands oder Vereins ist. 231

g) **GKV-Mitgliedschaft.** § 194 Abs. 1a SGB V eröffnet der GKV die Möglichkeit, ihren Mitgliedern **Ergänzungsversicherungen** von PKV-Unternehmen zu vermitteln. Die meisten Krankenkassen haben entsprechende Vertriebsabkommen mit PKV-Unternehmen abgeschlossen und vermitteln deren Produkte unter der eigenen Markenoberfläche der Krankenkasse. Damit soll deutlich gemacht werden, dass diese Ergänzungsversicherungen auf den spezifischen Versicherungsbedarf der Mitglieder dieser Krankenkasse zugeschnitten und folglich marketingmäßig Kassenprodukte sind (→ Vor § 192 Rn. 130). 232

Der Vertragsart nach handelt es sich idR um **Gruppenversicherungen.** Die einbezogenen Tarife können entweder Normaltarife des Versicherungsunternehmens mit dem üblichen Gruppenversicherungsrabatt oder für die jeweilige Krankenkasse speziell entwickelte Sondertarife sein. Die Mitgliedschaft in der betreffenden Krankenkasse ist Voraussetzung für die Aufnahme in den Gruppenversicherungstarif. 233

Das Gleichartigkeitsmerkmal der Mitgliedschaft in der Krankenkasse hat für den **Tarifwechsel** zur Konsequenz, dass in einen für die Mitglieder einer bestimmten Krankenkasse geöffneten Tarif nach § 204 nur wechseln kann, wer Mitglied dieser Krankenkasse ist. 234

h) **Arbeitnehmereigenschaft.** Vor allem Großunternehmen schließen häufig **Gruppenversicherungen** ab, denen die bei ihnen beschäftigten Arbeitnehmer beitreten können. Die einbezogenen Tarife sind idR Normaltarife des Versicherungsunternehmens mit dem üblichen Gruppenversicherungsrabatt. Vereinzelt sind auch für das jeweilige Unternehmen speziell entwickelte Sondertarife anzutreffen. Die dienstvertragliche Beschäftigung bei dem Unternehmen ist Voraussetzung für die Aufnahme in den Gruppenversicherungstarif. 235

Das Gleichartigkeitsmerkmal der Arbeitnehmereigenschaft hat für den **Tarifwechsel** zur Konsequenz, dass in einen für die Beschäftigten des Unternehmens geöffneten Tarif nach § 204 nur wechseln kann, wer Arbeitnehmer dieses Unternehmens ist. 236

4. Substitutivfunktion. Der Begriff der Gleichartigkeit setzt einen in seinem materiellen Gehalt **gleichwertigen Versicherungsschutz** voraus (→ Rn. 208). Der Unterschied zwischen substitutiver und nicht-substitutiver Krankenversicherung besteht nach § 195 Abs. 1 in der Funktion, den im gesetzlichen Sozialversicherungssystem vorgesehenen Kranken- oder Pflegeversicherungsschutz zu ersetzen (→ Vor § 192 Rn. 629). Vergleichsmaßstab ist somit der Umfang des Versicherungsschutzes. 237

---

[100] *Brand* in Bruck/Möller VVG § 204 Rn. 31.
[101] *Hütt* in Bach/Moser MB/KK § 2 Rn. 26.
[102] *Sommer* ZfV 1998, 68 (71).

238 Zwischen dem Versicherungsschutz einer substitutiven und einer nicht-substitutiven Krankenversicherung besteht **keine Gleichwertigkeit**. Die Unterschiede im Versicherungsumfang sind substantiell.

239 § 12 Abs. 3 Nr. 1 KVAV versucht das gleiche auszudrücken. Nach dieser Vorschrift besteht keine Gleichartigkeit „zwischen einem gesetzlichen Versicherungsschutz mit Ergänzungsschutz der privaten Krankenversicherung und einer substitutiven Krankenversicherung." Die Vorschrift ist indessen **missglückt**. Nach § 160 S. 1 Nr. 2 VAG können nähere Bestimmungen zur Gleichartigkeit des Versicherungsschutzes bei einem Tarifwechsel gem. § 146 Abs. 1 Nr. 4 VAG durch Rechtsverordnung erlassen werden. Dieser Tarifwechsel kann nur bei demselben Versicherungsunternehmen durchgeführt werden. § 12 Abs. 3 Nr. 1 KVAV regelt nach seinem Wortlaut aber den Fall, dass ein Wechsel von der GKV mit Ergänzungsversicherung bei einem PKV-Unternehmen in eine substitutive Krankenversicherung bei diesem PKV-Unternehmen stattfindet. Indem diese Vorschrift die Gleichartigkeit iSd § 204 Abs. 1 S. 1 Nr. 1 Hs. 1 *unter Einbezug* des GKV-Schutzes regelt – und zwar ausschließt –, verlässt sie das System der Individualversicherung und überschreitet sie damit die Ermächtigungskompetenz des § 160 S. 1 Nr. 2 VAG. Die Vorschrift ist insoweit nichtig.

240 Tatsächlich ging die **Intention des Verordnungsgebers** mit § 12 Abs. 3 Nr. 1 KVAV dahin, die Gleichartigkeit zwischen einer privaten Ergänzungsversicherung zu einem vorhandenen GKV-Schutz und einer substitutiven Krankenversicherung auszuschließen. Hierfür hätte es genügt, die Gleichartigkeit zwischen substitutiver und nicht-substitutiver Krankenversicherung auszuschließen. Auch dies hätte nur deklaratorischen Charakter gehabt, weil insoweit ohnehin schon materiell keine Gleichwertigkeit besteht (→ Rn. 237 f.).

241 **5. Unbefristetheit.** Dass der **Herkunftstarif** unbefristet sein muss, verlangt bereits der Wortlaut von § 204 Abs. 4 S. 1 VVG 2009.

242 Aus dem Grundsatz der Gleichartigkeit folgt, dass auch der **Zieltarif** unbefristet sein muss. Praktisch bedeutsam dürfte diese Voraussetzung allerdings nicht werden; denn es ist kaum vorstellbar, dass der Versicherte Bedarf dafür hat, aus seinem unbefristeten und damit geschützten Versicherungsverhältnis in einen befristeten, ungeschützten Tarif zu wechseln.

243 **6. Kalkulationsmodell.** Krankenversicherungen können **nach Art der Lebensversicherung** oder nach Art der Schadenversicherung kalkuliert werden (→ Vor § 192 Rn. 663 ff.). Nach Art der Lebensversicherung führt zu einer vorgegebenen Bindung an bestimmte – insbes. biometrische – Rechnungsgrundlagen (→ Vor § 192 Rn. 663). In der Krankenversicherung nach Art der Schadenversicherung gibt es dagegen keine Bindung an bestimmte Rechnungsgrundlagen. Wegen dieser Unterschiede gilt das Tarifwechselrecht a priori nicht für nach Art der Schadenversicherung kalkulierte Krankenversicherungstarife (→ Rn. 16a f.).

244 Die **Unterschiede** beider Kalkulationsmodelle sind erheblich. Sie haben sogar zur Folge, dass für die nach der Lebensversicherung betriebene Krankenversicherung strikte Spartentrennung gilt (§ 8 Abs. 4 S. 2 Hs. 2 iVm § 146 Abs. 1 VAG), für die nach Art der Schadenversicherung betriebene Krankenversicherung jedoch nicht. Beide Kalkulationsmodelle sind daher nicht gleichwertig und iSd theoretischen Gleichartigkeitsbegriffs nicht gleichartig.

245 **7. Art der Versicherungsleistung.** Zu unterscheiden sind verschiedene Arten der Versicherungsleistung (→ Vor § 192 Rn. 668 ff.). In der **Summenversicherung** leistet das Versicherungsunternehmen im Versicherungsfall ohne konkreten Schadennachweis bestimmte Geldbeträge. Als Summenversicherung werden idR die Tagegeldtarife konzipiert (Krankenhaustagegeld-, Krankentagegeld-, Pflegetagegeldversicherung). In der **Schadensversicherung** ersetzt das Versicherungsunternehmen dagegen vom Versicherungsnehmer nachzuweisende Schäden oder Kosten oder leistet das Versicherungsunternehmen Naturalersatz (Sachleistung). Die Kostenerstattungstarife sind Schadensversicherung.

246 Zwischen einer Summenversicherung und einer Schadensversicherung bestehen substantielle Unterschiede. Der Summenversicherung fehlt die **Ersatzfunktion**, die Wesensmerkmal der Schadensversicherung ist. Diese Ersatzfunktion macht die Schadensversicherung auch wesentlich volatiler gegenüber Schadensschwankungen. Summenversicherung und Schadensversicherung sind deshalb nicht gleichartig. Daher kann für den Wechsel zwischen einem als Summenversicherung konzipierten Tagegeldtarif und einem als Schadensversicherung konzipierten Tagegeldtarif oder einem sonstigen Kostenerstattungstarif das Tarifwechselrecht nach § 204 nicht in Anspruch genommen werden.[103]

247 Soweit eine **Tagegeldversicherung** nicht als Summenversicherung, sondern als Schadensversicherung konzipiert ist, nimmt sie eine Kostenersatzfunktion wahr. In einem solchen Fall ist Gleichar-

---

[103] *Hohlfeld* in Berliner Kommentar VVG § 178f Rn. 3; *Wriede* VersR 1996, 271 (272).

tigkeit mit einem reinen Kostenerstattungstarif anzunehmen. Dies stellt § 12 Abs. 1 S. 2 Nr. 2 KVAV für die Krankenhaustagegeldversicherung klar.

Eine **Ausnahme vom Grundsatz** der fehlenden Gleichartigkeit zwischen Summenversicherung und Schadensversicherung regelt § 12 Abs. 1 S. 2 Nr. 6, 7 KVAV für die Kurversicherung und für die freiwillige Pflegeversicherung. Kurtagegeldtarife und Kurkostenerstattungstarife werden ebenso als gleiche Leistungsbereiche definiert wie Pflegekostenerstattungstarife und Pflegetagegeldtarife. Da diese Vorschriften unwiderlegliche Vermutungen für die Gleichartigkeit enthalten (→ Rn. 204) und materiell-rechtlicher Inhalt des gesetzlichen Versicherungsvertragsrechts sind (→ Rn. 199, 201), kann von ihnen nicht zum Nachteil des Versicherungsnehmers abgewichen werden (→ Rn. 204).

8. Tarifform. a) Einzeltarif und Kompakttarif. In der Praxis unterscheidet man Einzeltarife und Kompakttarife.

Einzeltarife beziehen sich idR auf einzelne Leistungsarten oder Leistungsbereiche (→ Rn. 215). Sie können isoliert angeboten werden oder Teil eines zusammenhängenden Tarifwerks sein, das sich im Wesentlichen durch gleiches Leistungsniveau und gleiche Leistungsgrundsätze definiert.

Kompakttarife fassen dagegen mehrere Leistungsbereiche in einem einzigen Tarif zusammen, zB die Kostenerstattung für ambulante Heilbehandlung, für stationäre Heilbehandlung sowie für Zahnbehandlung und Zahnersatz. Der Standardtarif für ältere Versicherte (→ Rn. 87) ist ein gesetzlich geregelter Kompakttarif. Das gleiche gilt für den modifizierten Standardtarif und den Basistarif (→ Rn. 95 ff.; → Rn. 100 f.).

Einzeltarif und Kompakttarif unterscheiden sich in den versicherten **Leistungsbereichen.** Weil Kompakttarife mehrere Leistungsbereiche enthalten, aber ein Einzeltarif stets nur einen Leistungsbereich umfasst, sind ein Kompakttarif und ein einzelner Einzeltarif nicht gleichartig (→ Rn. 215 f.). Daher kann für einen Wechsel aus einem Einzeltarif in einen Kompakttarif oder aus einem Kompakttarif in einen Einzeltarif das Tarifwechselrecht nach § 204 nicht in Anspruch genommen werden.

b) Tarifwerk und Kompakttarif. Fraglich kann sein, ob das Tarifwechselrecht nach § 204 in Anspruch genommen werden kann, wenn der Versicherte aus einem Kompakttarif in ein Tarifwerk wechseln will, das die im Kompakttarif abgedeckten Leistungsbereiche in mehreren Einzeltarifen versichert. Die gleiche Frage stellt sich, wenn der Versicherte aus mehreren Einzeltarifen eines Tarifwerks in einen Kompakttarif wechseln will.

Für den Wechsel aus einem Tarifwerk in einen Kompakttarif und umgekehrt gelten die Grundsätze über die **Gleichartigkeit der Leistungsbereiche** (→ Rn. 215 f.). Das Tarifwechselrecht nach § 204 kann insoweit geltend gemacht werden, wie die gleichen Leistungsbereiche betroffen sind. Die Leistungsbereiche in den Einzeltarifen müssen mit denjenigen im Kompakttarif übereinstimmen. Sind zB im Kompakttarif ambulante Heilbehandlung, stationäre Heilbehandlung sowie Zahnbehandlung und Zahnersatz versichert, so müssen in den Einzeltarifen die gleichen Leistungsbereiche versichert sein. Dies gilt für die betroffenen Tarife als Herkunfts- und Zieltarif gleichermaßen. Dabei ist unbeachtlich, ob die Einzeltarife demselben Tarifwerk oder unterschiedlichen Tarifwerken angehören. Es entspricht nämlich durchaus der Praxis, dass insbes. in der substitutiven Krankenversicherung die unterschiedlichen Leistungsbereiche durch Einzeltarife aus unterschiedlichen Tarifwerken gemischt werden. Allerdings bleibt es dem Versicherungsunternehmen vorbehalten, die Mischung von Einzeltarifen aus unterschiedlichen Tarifwerken auszuschließen.

Sind in mehreren Einzeltarifen **mehr Leistungsbereiche** versichert als im Kompakttarif, so kann das Tarifwechselrecht nach § 204 nur im Hinblick auf diejenigen Tarife geltend gemacht werden, die in den Leistungsbereichen übereinstimmen.

IV. Anrechnung erworbener Rechte

1. Grundsatz. Nach § 204 Abs. 1 S. 1 Nr. 1 Hs. 1 sind **alle Rechte** anzurechnen, die der Versicherte aus dem Vertrag erworben hat. Gemeint sind die Rechte aus denjenigen Tarifen, die nach § 204 zum Wechsel in einen anderen Tarif berechtigen.

Es muss sich um vertraglich erworbene **Rechtspositionen** handeln. Eine unterschiedliche Kulanzpraxis zählt nicht hierzu. War der Versicherte bisher zB in einem Hochleistungstarif versichert, bei dem das Versicherungsunternehmen eine über die Tarifbedingungen hinausgehende großzügige Leistungspraxis entwickelt hatte, so kann der Versicherte in einem anderen Zieltarif nicht die Fortsetzung dieser Kulanzpraxis verlangen.

2. Positive und negative Rechtspositionen. Zu den aus dem Vertrag erworbenen Rechten gehören zunächst **positive Rechtspositionen,** die der Versicherte im Herkunftstarif gewonnen hat und die ihm nicht mehr entzogen werden können.[104] Positive Rechtspositionen sind solche, die für den Versicherten vorteilhaft sind (→ Rn. 263 ff.).

259 Der Versicherte kann im Herkunftstarif aber auch **Beschränkungen des Versicherungsschutzes** unterliegen, die bedingungsgemäß oder einzelvertraglich vereinbart worden sind. Dies gilt zB für im Herkunftstarif vereinbarte Leistungsausschlüsse oder Risikozuschläge. Einigkeit scheint darin zu bestehen, dass solche im Herkunftstarif vereinbarten Leistungseinschränkungen im Zieltarif fortgelten.[105] Eine Begründung hierfür wird jedoch nicht gegeben.

260 Eine rechtssystematische Begründung für die Fortgeltung von im Herkunftstarif bereits vereinbarten Leistungseinschränkungen könnte man darin finden, dass der Tarifwechsel nur eine Vertragsänderung, aber keinen Neuabschluss darstellt (→ Rn. 13) und daher die vertraglich vereinbarten Beschränkungen des Versicherungsschutzes automatisch fortgelten. Diese Begründung vermag aber die Fortgeltung nicht wirklich zu erklären; denn die Leistungseinschränkungen beziehen sich typischerweise auf den jeweiligen Tarif (hier: Herkunftstarif), der gerade nicht fortgelten soll. Rechtssystematisch handelt es sich bei Beschränkungen des Versicherungsschutzes vielmehr um Einschränkungen tarifbezogener positiver Rechtspositionen. Zu den aus dem Vertrag erworbenen Rechten gehören daher auch deren Einschränkungen in Form **negativer Rechtspositionen** (→ Rn. 270 ff.). Folgerichtig sieht Nr. 1 Abs. 7 S. 1 TB/ST vor, dass ein im Herkunftstarif vereinbarter Risikozuschlag bei einem Wechsel in den Standardtarif dort gleichfalls erhoben wird.

261 Für den **Basistarif** enthält § 204 Abs. 1 S. 1 Nr. 1 Hs. 4 eine analoge ausdrückliche gesetzliche Regelung. Weil nämlich im Basistarif selbst keine Tarifeinschränkung (Risikozuschlag, Leistungsausschluss) verlangt werden darf (§ 203 Abs. 1 S. 2, 3), lebt ein bei Vertragsabschluss ermittelter Risikozuschlag bei einem späteren Tarifwechsel wieder auf. Es handelt sich hier rechtssystematisch um eine negative Rechtsposition, die beim Tarifwechsel ohnehin anzurechnen ist. Daher hätte es der ausdrücklichen Vorschrift des § 204 Abs. 1 S. 1 Nr. 1 Hs. 4 nicht bedurft; diese Vorschrift enthält insoweit nur eine – allerdings unvollständige (→ Rn. 372) – Klarstellung.

262 Außer positiven und negativen Rechtspositionen gibt es auch **neutrale Rechtspositionen**, denen kein festes, aus der Sache heraus abzuleitendes (positives oder negatives) Vorzeichen zugeordnet werden kann, die vielmehr sowohl positive als auch negative Qualität annehmen können. Hierzu gehört insbes. die Risikoeinstufung (→ Rn. 273 ff.).

263 **3. Einzelne Rechtspositionen. a) Positive Rechtspositionen.** Zu den aus dem Vertrag erworbenen positiven Rechtspositionen gehören insbes.:
264 – Im Herkunftstarif zurückgelegte **Wartezeiten**.[106] Sie sind auf die Wartezeiten des Zieltarifs anzurechnen. Dem steht gleich, wenn im Herkunftstarif der Verzicht auf die Wartezeit vereinbart worden war.[107]
265 – Bei der **Anrechnung der Versicherungszeit,** die in der GKV zurückgelegt worden ist (§ 197 Abs. 2 S. 1), handelt es sich um einen ähnlichen Gedanken, der auf den Wechsel des Risikoträgers übertragen wird. Das gleiche gilt für einen Versichererwechsel (§ 197 Abs. 2 S. 1).
266 – Der **Ausschluss des Rücktrittsrechts** des Versicherungsunternehmens nach § 194 Abs. 1 S. 2 iVm § 19 Abs. 3 S. 1, wenn der Versicherungsnehmer die Anzeigepflicht im Herkunftstarif ohne Vorsatz oder grobe Fahrlässigkeit verletzt hatte.[108]
267 – Die im Herkunftstarif zurückgelegte **Versicherungsdauer,** sofern der Zieltarif vorsieht, dass sich Erstattungshöchstbeträge nach Ablauf einer bestimmten Versicherungsdauer erhöhen.[109] Solche Erhöhungsstufen sind vor allem bei Zahntarifen üblich („Zahnstaffel"), um die Gefahr negativer Risikoselektion zu vermindern. Denn auf dem Gebiet von Zahnbehandlung und Zahnersatz besteht ein erhöhtes subjektives Risiko, weil diese Behandlungen vom Versicherungsnehmer verhältnismäßig gut zeitlich geplant werden können. Zahnstaffeln stellen verdeckte partielle Wartezeiten dar.[110]
268 – Die im Herkunftstarif zurückgelegte **Dauer einer ununterbrochenen Behandlungs- und Beschwerdefreiheit.** Für bestimmte im Rahmen der Gesundheitsprüfung bekannt gewordene Krankheiten, die zwar wiederkehren können, aber nicht chronisch verlaufen müssen (zB leichte

---

[104] BVerwGE 108, 325 = VersR 1999, 744.
[105] Für Risikozuschläge *Hohlfeld* in Berliner Kommentar VVG § 178f Rn. 6; *Prölss* in Prölss/Martin, 27. Aufl. 2004, VVG § 178f Rn. 7.
[106] BVerwGE 108, 325 = VersR 1999, 744; BVerwG VersR 2007, 1253 = NJW 2007, 2871 Rn. 33; *Voit* in Prölss/Martin VVG § 204 Rn. 22; *Muschner* in Langheid/Rixecker VVG § 204 Rn. 17; *Hütt* in Bach/Moser MB/KK § 3 Rn. 6; *Wriede* VersR 1996, 271 (273).
[107] BVerwGE 108, 325 = VersR 1999, 744.
[108] Zum früheren Recht BVerwGE 108, 325 = VersR 1999, 744; *Schönfeldt/Kalis* in Bach/Moser, 3. Aufl. 2002, MB/KK § 1 Rn. 123.
[109] BVerwGE 108, 325 = VersR 1999, 744; *Wriede* VersR 1996, 271 (273).
[110] BVerwG VersR 2007, 1253 = NJW 2007, 2871 Rn. 26.

Fälle von Neurodermitis), werden Leistungsausschlüsse häufig unter der Voraussetzung zeitlich begrenzt, dass der Versicherte während einer einzelvertraglich vereinbarten Dauer wegen der ausgeschlossenen Krankheit ununterbrochen behandlungs- und beschwerdefrei geblieben ist.
– Die im Herkunftstarif zurückgelegte **leistungsfreie Versicherungszeit,** sofern der Zieltarif eine 269 Beitragsrückerstattung an die Dauer der zurückgelegten leistungsfreien Versicherungszeit knüpft.

b) Negative Rechtspositionen. Zu den aus dem Vertrag erworbenen negativen Rechtspositi- 270 onen gehören alle **Tarifeinschränkungen** (→ Rn. 340 ff.), insbes. ein im Herkunftstarif vereinbarter Leistungsausschluss für bestimmte Krankheiten (zu zeitlich befristeten Leistungsausschlüssen → Rn. 268) oder ein im Herkunftstarif vereinbarter Risikozuschlag.

Wenn die Berechnung des individuellen **Risikozuschlags** in Herkunfts- und Zieltarif nach 271 der gleichen Methode erfolgt, ist zu unterscheiden:
– War im Herkunftstarif ein Risikozuschlag in Prozent der normalen Prämie vereinbart, so gilt der gleiche Prozentsatz auch für die Normalprämie des Zieltarifs.
– War im Herkunftstarif ein Risikozuschlag als absoluter Betrag ausgewiesen, der im Rahmen von Beitragsanpassungen gleichfalls mit angepasst wurde (vgl. § 203 Abs. 2 S. 2, § 155 Abs. 3 S. 3 VAG), so ist dieser in Prozent der Normalprämie des Herkunftstarifs umzurechnen und mit dem sich daraus ergebenden Prozentsatz ein entsprechender absoluter Risikozuschlag für den Zieltarif zu ermitteln. Dieser absolute Betrag im Zieltarif unterliegt dann ebenfalls künftigen Beitragsanpassungen.

Das Versicherungsunternehmen ist allerdings nicht gehindert, im Zieltarif eine **andere Methode** 272 für die Berechnung eines Risikozuschlags anzuwenden als im Herkunftstarif, sofern es die gleiche Risikoeinstufung des Versicherten zugrunde legt (→ Rn. 273 ff.). Dies kann im Zieltarif zu einem höheren individuellen Risikozuschlag führen als im Herkunftstarif.

c) Neutrale Rechtspositionen. Zu den aus dem Vertrag erworbenen neutralen Rechtspositio- 273 nen gehört insbes. die vom Versicherungsunternehmen aufgrund einer Gesundheitsprüfung im Herkunftstarif vorgenommene **Risikoeinstufung.**[111] Diese Risikoeinstufung gilt auch für den Zieltarif, selbst wenn sich in der Zwischenzeit der Gesundheitszustand des Versicherten drastisch verschlechtert hat.[112] Das Versicherungsunternehmen kann – soweit nicht die Voraussetzungen von § 204 Abs. 1 S. 1 Nr. 1 Hs. 2 erfüllt sind – für den Zieltarif auch dann keine erneute Gesundheitsprüfung mit daraus uU folgenden Leistungseinschränkungen verlangen, wenn im Übrigen für das Neugeschäft im Zieltarif generell eine strengere Risikoprüfung vorgenommen wird.[113] Dem steht auch nicht der Grundsatz der Gleichbehandlung aller Versicherten desselben Tarifs (§ 203 Abs. 1 S. 1 iVm § 146 Abs. 2 S. 1, § 138 Abs. 2 VAG) entgegen, weil § 204 Abs. 1 S. 1 Nr. 1 Hs. 1 diesen Grundsatz vertragsrechtlich einschränkt.[114]

d) Kalkulationsstrukturen. Probleme können entstehen, wenn Herkunftstarif und Zieltarif 274 **unterschiedliche Kalkulationsstrukturen** aufweisen. Die Konsequenzen werden kontrovers diskutiert,[115] wobei die unterschiedlichen Auffassungen teilweise auf unterschiedliche Sachverhaltsannahmen zurückzuführen sind.

Um die Unterschiede in den Kalkulationsstrukturen auf das Wesentliche zu konzentrieren, ist 274a eine **typisierende Betrachtungsweise** von Herkunftstarif und Zieltarif notwendig:
– Im **Herkunftstarif** werden zur Tarifprämie ohne individuellen Risikozuschlag auch bestimmte 274b erhöhte Risiken versichert. Die erhöhte Risikolage ergibt sich idR aus den Angaben des Versicherungsnehmers zu den Gesundheitsfragen des Antrags. Das gleiche gilt, wenn ausdrücklich vereinbart wird, dass alle im Antrag angegebenen Krankheiten, Unfallschäden und deren Folgen ohne Beitragszuschlag unter Versicherungsschutz stehen.[116] In diesem typischen Fall besteht die Tarifprämie des Versicherungsunternehmens in der internen Kalkulation aus einer Grundprämie für ein Normalrisiko und einem pauschalen Risikozuschlag für das ohne individuellen Risikozuschlag eingeschlossene „Überrisiko". Derartige Tarife werden auch als **„Pauschaltarif"** oder „Tarif mit Pauschalprämie" bezeichnet.[117] Wenn über die pauschal eingeschlossenen Risiken hinaus noch

---

[111] BVerwGE 108, 325 = VersR 1999, 744; *Voit* in Prölss/Martin VVG § 204 Rn. 24; *Muschner* in Langheid/Rixecker VVG § 204 Rn. 17.
[112] *Wriede* VersR 1996, 271 (272).
[113] BVerwGE 108, 325 = VersR 1999, 744; *Hohlfeld* in Berliner Kommentar VVG § 178f Rn. 6; *Voit* in Prölss/Martin VVG § 204 Rn. 24.
[114] Anders *Surminski* ZfV 1996, 229.
[115] BVerwGE 108, 325 = VersR 1999, 743; BVerwGE 137, 179 = VersR 2010, 1345; *Brömmelmeyer* VersR 2010, 706 ff.; *Lorenz/Wandt* VersR 2008, 7 ff.; 2008, 1165 ff.; 2010, 717 ff.; *Hofer/Ayasse/Biederbick/Pekarek/Förster/Ossyra/Richter* VersR 2008, 1007 ff.; *Reinhard* VersR 2008, 892 ff.
[116] *Hofer/Ayasse/Biederbick/Pekarek/Förster/Ossyra/Richter* VersR 2008, 1007 (1009).
[117] BGH VersR 2015, 1012; LG Landshut/OLG München VersR 2014, 1447.

höhere Gesundheitsgefahren festgestellt werden, können zusätzlich individuelle Risikozuschläge erhoben werden.

274c – Der **Zieltarif** besteht typischerweise aus einer Grundprämie für „beste Risiken" und unterschiedlich hohen individuellen Risikozuschlägen. Dabei ist rechtlich ohne Belang, wie das Versicherungsunternehmen die individuellen Risikozuschläge ermittelt, auf welche statistischen Daten es sich dabei stützt, ob es hierfür aktuarielle Methoden anwendet und welchen mathematischen Feinheitsgrad es zugrunde legt. Ein solcher Tarif orientiert sich an differenzierten Risikostrukturen („**Risikostrukturtarif**").

275 Beim **Wechsel von einem Pauschaltarif in einen Risikostrukturtarif** kann das Versicherungsunternehmen neben der Grundprämie einen individuellen Risikozuschlag verlangen, wenn der Versicherungsnehmer – bezogen auf das Risikoniveau, das der Kalkulation der Grundprämie zugrunde liegt – als erhöhtes Risiko einzustufen ist. Dabei ist der dem Versicherungsunternehmen bekannte Gesundheitszustand des Versicherungsnehmers bei Abschluss des Herkunftstarifs zugrunde zu legen.[118] Der Versicherte muss im Zieltarif außer der Grundprämie denjenigen individuellen Risikozuschlag zahlen, der für die damals festgestellten Vorerkrankungen im jetzigen Zieltarif angesetzt ist.[119] Die Tatsache, dass im Zieltarif generell eine strengere Risikoprüfung vorgenommen wird, ist unerheblich (→ Rn. 273).

275a Für die **Festsetzung des individuellen Risikozuschlags im Zieltarif** ist somit zu unterscheiden zwischen
– der Feststellung des Gesundheitszustands bei Abschluss des Herkunftstarifs („Vorerkrankungsrisiko") und der daraus folgenden Risikoeinstufung (→ Rn. 273) einerseits,
– der Einordnung dieses festgestellten „Vorerkrankungsrisikos" in die Risikostrukturen des Zieltarifs andererseits.

Das VU kann das „Vorerkrankungsrisiko" nicht ändern; der daraus folgende individuelle Risikozuschlag im Zieltarif kann sich indessen nur aus dessen Tarif- und Risikostrukturen ergeben.[120] Individuelle Risikozuschläge können somit beim unbeschränkten Tarifwechselrecht im Zieltarif verlangt werden, wenn sie sich aus der im Herkunftstarif durchgeführten Risikoeinstufung ergeben. Diese Rechtsfolge bestätigt auch § 204 Abs. 1 S. 1 Nr. 1 Hs. 3, der beim Wechsel aus dem Basistarif den dort ermittelten Risikozuschlag wieder aufleben lässt.

275b Zur Begründung hierfür wird letztlich auf materielle Gerechtigkeitsüberlegungen abgestellt.[121] Das trifft sicher zu. Entscheidend ist insoweit, dass oberster Grundsatz der Prämienkalkulation der aus dem Äquivalenzprinzip abgeleitete Grundsatz der Risikogerechtigkeit ist (→ § 203 Rn. 117). Er betrifft das vom Versicherungsunternehmen übernommene Risiko insgesamt und führt zum Grundsatz der **Unteilbarkeit der Tarifstruktur**. Dieser Grundsatz besagt, dass beim Tarifwechsel die jeweiligen Tarifstrukturen von Herkunfts- und Zieltarif als Einheit zu sehen sind. Der Versicherungsnehmer kann daher in einen „Risikostrukturtarif" nur insgesamt einschließlich seiner individuellen Risikozuschläge und nicht nur teilweise, dh unter Beschränkung auf die Grundprämie, wechseln.

276 Die Auffassung von *Lorenz/Wandt*, das Versicherungsunternehmen könne im Zieltarif nicht den dort vorgesehenen individuellen Risikozuschlag, sondern nur einen **pauschalen Risikozuschlag** verlangen,[122] findet im Gesetz keine Grundlage.[123] Der individuelle Risikozuschlag ist nicht Teil der unter Anwendung der Kalkulationsvorschriften kalkulierten Prämie (→ § 203 Rn. 634 ff.; → § 203 Rn. 668). Grundlage für den Risikozuschlag kann nur die Risikozuschlags-Struktur des Zieltarifs sein, in den der Versicherte wechseln will. Wenn der Zieltarif nur differenzierte individuelle Risikozuschläge vorsieht, besteht keine Rechtsgrundlage für die Erhebung eines fiktiven pauschalen Risikozuschlags. Der interne Prämienzuschlag des Herkunftstarifs kann nicht mehr zugrunde gelegt werden, weil der Versicherte diesen Tarif verlässt. Das Problem entsteht häufig bei solchen Herkunftstarifen, die noch unter Aufsicht des BAV genehmigt werden mussten.[124]

276a Ein für Tarifwechsler im Zieltarif vorgesehener **Tarifstrukturzuschlag** ist kein Risikozuschlag, weil er nicht für ein individuelles erhöhtes Risiko, sondern unabhängig davon pauschal von allen Tarifwechslern erhoben wird.[125] Pauschale Risikozuschläge können aber nicht verlangt werden (→ Rn. 276).[126]

---

[118] BGH VersR 2015, 1012 Rn. 16.
[119] BVerwGE 108, 325 = VersR 1999, 743 (745); BVerwGE 137, 179 = VersR 2010, 1345; *Hofer/Ayasse/Biederbick/Pekarek/Förster/Ossyra/Richter* VersR 2008, 1007 ff.; *Reinhard* VersR 2008, 892 ff.
[120] BGH VersR 2015, 1012 Rn. 17.
[121] BGH VersR 2015, 1012 Rn. 11 f. im Anschluss an BVerwGE 108, 325 = VersR 1999, 743 (745) „interessengerechte Auslegung des Gesetzes", „Begünstigung", „keine sachliche Rechtfertigung".
[122] *Lorenz/Wandt* VersR 2008, 7 (13).
[123] BVerwGE 137, 179 = VersR 2010, 1345; BGH VersR 2015, 1012 Rn. 13.
[124] *Hofer/Ayasse/Biederbick/Pekarek/Förster/Ossyra/Richter* VersR 2008, 1007 (1009).
[125] BVerwGE 137, 179 = VersR 2010, 1345 Rn. 25 f.
[126] IErg ebenso *Brömmelmeyer* VersR 2010, 706 (711 ff.).

V. Anrechnung der Alterungsrückstellung

1. Gegenstand des Anspruchs. Zu **Funktion und Bedeutung** der Alterungsrückstellung 277 ausf. → Vor § 192 Rn. 846 ff.

Die Anrechnung der Alterungsrückstellung ist vor dem Hintergrund der **Kalkulationstechnik** 277a zu sehen: Bei einem Tarifwechsel wird – wie bei einer Prämienanpassung (→ § 203 Rn. 887) – der Prämienberechnung das im Wechselzeitpunkt erreichte Lebensalter (tarifliches Lebensalter) und nicht das ursprüngliche Eintrittsalter zugrunde gelegt (vgl. § 8a Abs. 2 S. 1 MB/KK 2013). Schon allein das höhere tarifliche Lebensalter führt zu einer höheren Prämie, der die Prämienminderung durch Anrechnung der Alterungsrückstellung gegenübersteht.

Wenn der Versicherungsnehmer in einen anderen Tarif mit gleichartigem Versicherungsschutz 278 wechseln will, hat er einen zivilrechtlichen **Anspruch auf Anrechnung der Alterungsrückstellung** im neuen Tarif (§ 204 Abs. 1 S. 1 Nr. 1, § 146 Abs. 1 Nr. 4 VAG). Anrechnung bedeutet, dass der relevante Wert der Alterungsrückstellung aus dem Herkunftstarif bei der Prämienberechnung im neuen Tarif berücksichtigt wird. Der „Anrechnungsbetrag" (→ Rn. 279) baut sich aus den Prämienzahlungen des Versicherungsnehmers auf und ist zu jedem Zeitpunkt des Versicherungsverhältnisses genau bezifferbar. Die Berechnung des Anrechnungsbetrags regelt im Detail § 13 KVAV (→ Rn. 284). Die versicherungstechnische Funktionsweise der Anrechnung beim Tarifwechsel ist mit der Limitierung bei einer Prämienanpassung (→ § 203 Rn. 364, 419) identisch. Sie führt zu einer Prämienminderung (§ 13 Abs. 1 S. 1 KVAV) gegenüber der eigentlichen Tarifprämie.

Der individuelle **Anrechnungsbetrag** wird bei jeder Prämienanpassung in den Versicherungs- 278a nachträgen unter verschiedenen Bezeichnungen (zB „Beitragsminderung aus der Alterungsrückstellung" oder „Anrechnungsbetrag") mit genauen Beträgen ausgewiesen. Der Anrechnungsbetrag ist der verrentete Gegenwert der bisher zur Prämienminderung angesammelten Alterungsrückstellung. Er ist zu jedem Zeitpunkt des Versicherungsverhältnisses bezifferbar, was insbesondere beim Tarifwechsel deutlich wird.

Der Anspruch auf den Anrechnungsbetrag besteht während der gesamten Dauer des Versiche- 278b rungsverhältnisses **latent**, seine Erstarkung zum gerichtlich einklagbaren (→ Rn. 311 ff.) Vollrecht hängt nur vom Antrag auf den Tarifwechsel ab.

Der Anspruch auf Anrechnung bezieht sich stets auf den einzelnen Herkunftstarif, 278c aus dem der Versicherte wechselt. Wenn der Versicherte außer dem Herkunftstarif einen gesonderten **Zusatztarif** abgeschlossen hat, um zB eine zusätzliche Alterungsrückstellung aufzubauen („Beitragsentlastungstarif"), kann die Alterungsrückstellung aus dem Zusatztarif nur dann auch mit übertragen werden, wenn der Versicherte auch aus diesem Zusatztarif wechselt.[127]

2. Art des Anspruchs. Der Anspruch des Versicherungsnehmers im Rahmen des Tarifwech- 279 selrechts ist nach § 204 Abs. 1 S. 1 Nr. 1 Hs. 1 auf die „Anrechnung ... der Alterungsrückstellung" gerichtet. Der prämienmindernd anzurechnende Betrag wird in der Versicherungspraxis als **Anrechnungsbetrag** bezeichnet.

Anrechnung bedeutet, dass der relevante Wert der Alterungsrückstellung bei der Prämienbe- 280 rechnung berücksichtigt wird. Die Anrechnung führt zu einer **Prämienminderung**.

3. Höhe des Anspruchs. a) Bestandteile der Alterungsrückstellung. Die Bestandteile der 281 Alterungsrückstellung ergeben sich aus **§ 341f Abs. 3 HGB.** Diese Vorschrift ist auch versicherungsvertragsrechtlich bindend (§ 203 Abs. 1 S. 1 iVm § 146 Abs. 1 Nr. 2 VAG). Die Alterungsrückstellung wird aus den kalkulierten Tarifbeiträgen, der Limitierung von Beitragsanpassungen und aus direkten Zuschreibungen gebildet (→ Vor § 192 Rn. 877 ff.).

Der Betrag der Alterungsrückstellung nach § 341f Abs. 3 HGB bildet den **Ausgangspunkt** 282 **für die Ermittlung** des letztlich anrechenbaren Betrages. Nicht alle Bestandteile der Alterungsrückstellung iSv § 341f Abs. 3 HGB finden notwendigerweise Eingang in die Anrechnung.

Dass der **anrechenbare Teil** der Alterungsrückstellung nicht identisch sein muss mit dem 283 Betrag nach § 341f Abs. 3 HGB, ergab sich aus § 204 S. 1 VVG 2008 iVm § 12 Abs. 1 Nr. 4, § 12c Abs. 1 S. 1 Nr. 2 VAG aF und § 13 KalV aF.

b) Anrechenbare Alterungsrückstellung. Den anrechenbaren Teil der Alterungsrückstellung 284 bestimmt § 13 KVAV (→ Rn. 283).[128] Danach gelten folgende allgemeine **Berechnungsregeln:**
– Die Berechnung ist für jeden Leistungsbereich (→ Rn. 215) gesondert durchzuführen (§ 13 Abs. 1 S. 1 KVAV).
– Ausgangsbasis ist der dem Versicherten kalkulatorisch zuzurechnende Anteil an der handelsrechtlichen Alterungsrückstellung nach § 341f Abs. 3 HGB (§ 13 Abs. 1 S. 1 KVAV).

---
[127] Im Hinblick auf diese Einschränkung unklar *Grote/Beyer* VersR 2017, 1247 (1250).
[128] Zur Rechtslage vor Erlass der KalV vgl. BAV VerBAV 1994, 6.

– Von der handelsrechtlichen Alterungsrückstellung ist nicht anzurechnen derjenige Teil, der sich aus dem gesetzlichen Beitragszuschlag nach § 149 VAG speist und eine Anwartschaft zur Prämienermäßigung im Alter nach § 150 Abs. 2, 3 VAG einräumt (§ 13 Abs. 1 S. 1 KVAV). Dieser Teil verändert sich aufgrund des Tarifwechsels in seinem Betrag nicht.
– Der so ermittelte Betrag ist in voller Höhe zur Prämienminderung einzusetzen (§ 13 Abs. 1 S. 1 KVAV). Der Prämienminderungsbetrag ist der Anrechnungsbetrag (→ Rn. 279).

285 Bei langer Vorversicherungszeit in einem Hochleistungstarif und einem Wechsel in einen Niedrigleistungstarif kann die vorhandene und nicht verbrauchte Alterungsrückstellung aus dem Herkunftstarif höher sein als die im Zieltarif erforderliche. Dies könnte bei voller Anrechnung dazu führen, dass eine **unvertretbar niedrige Prämie im Zieltarif** entsteht. In einem solchen Fall kann die Anrechnung so begrenzt werden, dass die zu zahlende Prämie nach Durchführung der Prämienminderung nicht niedriger ist als diejenige, die der Versicherte zu zahlen hätte, wenn sein ursprüngliches Eintrittsalter zugrunde gelegt würde (§ 13 Abs. 1 S. 2 KVAV). Als sein ursprüngliches Eintrittsalter gilt das Alter, zu dem für den Versicherten nach Vollendung seines 21. Lebensjahres bei dem Versicherungsunternehmen erstmals eine dauerhaft kalkulierte Alterungsrückstellung gebildet worden ist (§ 13 Abs. 1 S. 4 KVAV). Der auf diese Weise nicht angerechnete Teil der Alterungsrückstellung ist wie die aus dem gesetzlichen Beitragszuschlag gebildete Alterungsrückstellung der Rückstellung zur Prämienermäßigung im Alter des Versicherten zuzuführen (§ 13 Abs. 1 S. 3 KVAV). Ist für den Versicherten eine solche Rückstellung für Beitragsermäßigung im Alter aber gar nicht zu bilden, so ist die Alterungsrückstellung unbegrenzt zur Prämienminderung anzurechnen, auch wenn dadurch die zu zahlende Prämie unter die für sein ursprüngliches Eintrittsalter geltende Prämie sinkt (§ 13 Abs. 3 S. 4 KVAV).

286 Wenn im Rahmen eines Tarifwechsels ein Leistungsbereich nicht mehr versichert ist, kann dies als **Teilstorno** angesehen werden (§ 13 Abs. 3 S. 1 KVAV). Das bedeutet, dass der darauf entfallende Teil der Alterungsrückstellung an das Kollektiv des Herkunftstarifs „vererbt" wird und dem Versicherten nicht anzurechnen ist. Dies ist deswegen sachlich gerechtfertigt, weil die Kündigung eines Leistungsbereichs bereits in die Abgangswahrscheinlichkeit eingerechnet und damit prämienmindernd berücksichtigt ist.[129] Als Teilstorno ist auch anzusehen, wenn der Versicherte nur Teile eines versicherten Tagegeldes kündigt (§ 13 Abs. 3 S. 2 KVAV), was indessen selbstverständlich ist, weil insoweit kein Tarifwechsel vorliegt.

287 Die Anrechnung der Alterungsrückstellung nach § 13 Abs. 1 KVAV ist auch dann vorzunehmen, wenn der Versicherte nach den Bedingungen **zur Herabsetzung des Versicherungsschutzes verpflichtet** ist (§ 13 Abs. 3 S. 3 KVAV). Stellt der Versicherte einen nach § 13 Abs. 3 S. 3 KVAV herabgesetzten Versicherungsschutz innerhalb von fünf Jahren ganz oder teilweise wieder her und war die Prämienminderung im Zieltarif auf die für das ursprüngliche Eintrittsalter geltende Prämie begrenzt worden (→ Rn. 285), so ist derjenige Teil der Alterungsrückstellung, der der Rückstellung zur Prämienermäßigung im Alter zugeführt worden war, nun im wiederhergestellten Versicherungsschutz sofort prämienmindernd anzusetzen (§ 13 Abs. 4 KVAV). Diese Regelung erweist sich als sehr verwaltungsaufwendig. Sie ist vor allem damit motiviert worden, dass Ehegatten die Rückkehr in das Berufsleben erleichtert werden soll, wenn sie für die Dauer von Mutterschaft und Kindererziehung als Familienangehörige bei ihrem in der GKV versicherten Ehepartner mitversichert waren und deshalb ihren Versicherungsschutz in der PKV herabgesetzt hatten.[130]

288 Führt ein Tarifwechsel im Zieltarif zu einer niedrigeren Prämie als im Herkunftstarif oder wird der ursprüngliche Versicherungsschutz nach § 13 Abs. 4 KVAV wiederhergestellt, so dürfen **keine erneuten einmaligen Abschlusskosten** eingerechnet werden (§ 13 Abs. 5 S. 2 KVAV).

289 **c) Sonderfall Basistarif.** Für den **Wechsel aus dem Basistarif** in einen anderen gleichartigen Tarif gelten grds. die allgemeinen Regeln.

290 Eine Sonderregelung trifft § 13 Abs. 2 KVAV für verschiedene Fälle eines **mehrfachen Wechsels,** deren Gemeinsamkeit darin besteht, dass der Versicherte zunächst aus seiner vor dem 1.1.2009 abgeschlossenen Krankheitskostenversicherung im Zeitfenster bis 1.7.2009 nach § 204 Abs. 1 S. 1 Nr. 2 lit. b bzw. § 152 Abs. 2 S. 2 VAG in den Basistarif eines anderen Versicherungsunternehmens gewechselt war (1. Wechsel) und anschließend weitere Tarif- bzw. Versichererwechsel vornimmt:

291 – **Fall 1:** Wenn der Versicherte den 1. Wechsel nach § 204 Abs. 1 S. 1 Nr. 2 lit. b zu einem neuen Versicherungsunternehmen vorgenommen hatte und anschließend bei diesem Versicherungsunternehmen vor Ablauf einer Mindestverweildauer von 18 Monaten in einen anderen Tarif wechseln will (2. Wechsel), wird nur derjenige Teil der Alterungsrückstellung prämienmindernd angerechnet, der seit Beginn im Basistarif aufgebaut worden war (§ 13 Abs. 2 S. 1 KVAV).

---

[129] Begr. zu § 13 Abs. 2 KalV, BR-Drs. 414/96, 28.
[130] *Sommer* ZfV 1998, 68 (71).

– **Fall 2:** Wenn der Versicherte den 1. Wechsel nach § 152 Abs. 2 S. 2 VAG in den Basistarif eines neuen Versicherungsunternehmens vorgenommen hatte, anschließend nach einer Mindestverweildauer von 18 Monaten in den Basistarif eines dritten Versicherungsunternehmens gewechselt war (2. Wechsel) und nun in einen anderen Tarif des dritten Versicherungsunternehmens wechseln will (3. Wechsel), wird gleichfalls nur derjenige Teil der Alterungsrückstellung prämienmindernd angerechnet, der seit dem erstmaligen Wechsel in den Basistarif entstanden ist (§ 13 Abs. 2 S. 2 iVm § 14 Abs. 5 S. 2 KVAV).

Diese Regelung ist verständlich, weil die Mindestverweildauer von 18 Monaten eine **Risikoentmischung im Basistarif** verhindern soll.[131]

Für beide Fälle ist vorgesehen, dass die nicht angerechneten Teile der Alterungsrückstellung dazu zu verwenden sind, den **Zuschlag für Vorerkrankungen** zu senken (§ 13 Abs. 2 S. 3 KVAV).

4. Probleme der Anrechnung. Die Anrechnung der Alterungsrückstellung fördert – über den eigentlichen Gesetzeszweck, die Versicherten vor den nachteiligen Folgen einer gezielten Tarifschließung zu schützen (→ Rn. 16 ff.), hinaus – ganz generell die Bereitschaft zum Tarifwechsel und erhöht damit die **Gefahr von Bestandsentmischungen**. Darauf hatte bereits die Unabhängige Expertenkommission zur Untersuchung der Problematik steigender Beiträge der privat Krankenversicherten im Alter (Expertenkommission) in ihrem Gutachten von 1996 hingewiesen.[132] Die befürchteten nachteiligen Auswirkungen sind tatsächlich auch eingetreten.[133]

Die nachteiligen Auswirkungen bestehen in **Risikoverschiebungen** mit paradoxen Ergebnissen. Dies wird insbes. beim Tarifwechsel zwischen ambulanten Tarifen mit unterschiedlich hohen Selbstbeteiligungen deutlich. Werden in einem Tarifwerk mehrere ambulante Tarife mit identischem Leistungsversprechen geführt, die sich nur in der Höhe der jährlichen Selbstbeteiligung unterscheiden, so wird bei im Übrigen gleichen Voraussetzungen die Prämie mit steigender Selbstbeteiligung sinken. Bei mehreren Versicherungsunternehmen wurde beobachtet, dass über längere Zeit hinweg anlässlich von Beitragsanpassungen Versicherte aus Tarifen mit niedrigen Selbstbeteiligungen in solche mit höheren Selbstbeteiligungen wechselten, um die steigende Beitragslast zu vermindern. Davon machten zunehmend auch Versicherte mit hohen Krankheitskosten Gebrauch, die sich mehr und mehr in Tarifen mit hoher Selbstbeteiligung konzentrierten. Gerade für Versicherte mit regelmäßig sehr hohen ambulanten Krankheitskosten erscheint der Wechsel in Tarife mit hoher Selbstbeteiligung ökonomisch sinnvoll. Die Konzentration erschwerter Risiken in Tarifen mit hoher Selbstbeteiligung hatte zur Folge, dass deren Prämien überproportional erhöht werden mussten und schließlich höher waren als die Prämien in einem Tarif mit niedrigerer Selbstbeteiligung.[134] Weil das gesetzliche Tarifwechselrecht darauf keine Rücksicht nimmt, besteht nur die Möglichkeit, solchen unerwünschten Entwicklungen mit Hilfe veränderter Kalkulationsansätze zu begegnen.[135]

Die Probleme resultieren aus der **Anrechnungsmethodik** (→ Rn. 278). Hat der Versicherungsnehmer ein hohes Krankheitsrisiko, wird bei einem Tarifwechsel die Risikostruktur des Herkunftstarifs entlastet und diejenige des Zieltarifs belastet. Da bei einem Tarifwechsel nach § 204 Abs. 1 S. 1 Nr. 1 Hs. 1 – insbes. bei einer Herabsetzung des Leistungsumfangs – keine Risikoprüfung erfolgt, findet zwischen Herkunfts- und Zieltarif kein direkter Ausgleich für den Bestand des Zieltarifs in Form eines Risikozuschlags statt. Die Anrechnung der Alterungsrückstellung des Herkunftstarifs führt zu keinem adäquaten Ausgleich im Zieltarif, weil es sich hierbei nur um die durchschnittliche Alterungsrückstellung handelt, die erhöhte Risiken nicht abbildet.

VI. Mehrfacher Tarifwechsel

1. Grundsatz. Das gesetzliche Tarifwechselrecht gilt unter den in § 204 geregelten Voraussetzungen für den jeweiligen Tarif, in dem der Versicherungsnehmer sich gerade befindet. Es besteht auf Dauer und kann zu jedem Zeitpunkt des Bestehens des Krankenversicherungsverhältnisses geltend gemacht werden (→ Rn. 145). Das Tarifwechselrecht kann daher ohne zahlenmäßige Beschränkung auch **mehrfach nacheinander** ausgeübt werden,[136] zumal die Versicherungsbedürfnisse des Versicherungsnehmers einerseits und die Versicherungsangebote des Versicherungsunternehmens andererseits sich im Laufe der Zeit verändern können.

---

[131] Begr. zu Art. 1 Nr. 3 (§ 13 Abs. 2 KalV) 2. KalVÄndV, Ziff. 3 Abs. 9, 10 (→ 1. Aufl., VVG § 204 Anhang).
[132] Expertenkommission, Gutachten Abschn. 15, BT-Drs. 13/4945, 48.
[133] *Genwins* ZfV 2000, 106 (107).
[134] *Genwins* ZfV 2000, 106 (107).
[135] *Genwins* ZfV 2000, 106 (108 f.).
[136] *Prölss* in Prölss/Martin, 27. Aufl. 2004, VVG § 178f Rn. 4; *Römer* in Römer/Langheid, 2. Aufl. 2003, VVG § 178f Rn. 2.

298 Zwischen den mehrfachen Tarifwechseln müssen auch **keine bestimmten Zeitabstände** eingehalten werden. So ist der Versicherungsnehmer prinzipiell nicht gehindert, in kurzer zeitlicher Abfolge von Tarif zu Tarif zu wechseln („Tarif-Hopping").[137]

299 **2. Ausnahmen.** Dem Recht auf mehrfachen Tarifwechsel sind durch allgemeine Rechtsgrundsätze – insbes. den Grundsatz von Treu und Glauben – Schranken gesetzt. Eine solche Schranke stellt der **Missbrauch** dar.[138] Wann Missbrauch vorliegt, ist eine Frage der Fallkonstellation. Dabei spielen ua folgende Aspekte eine Rolle:
- Anzahl der Tarifwechsel.
- Zeitlicher Abstand zwischen den Tarifwechseln.
- Mehrfacher Wechsel zwischen denselben Tarifen.
- Fehlender Anlass für die Tarifwechsel.
- Fehlende Begründung für die Tarifwechsel.

300 Der Missbrauchstatbestand ist idR nicht schon gegeben, wenn nur einer der vorstehenden Sachverhalte vorliegt. Notwendig ist das Zusammentreffen mehrerer dieser Sachverhalte. Wenn mehrere der vorgenannten Sachverhalte vorliegen, kann dies ein **Indiz für Missbrauch** darstellen. In einem solchen Fall wird darauf abzustellen sein, welche Begründung der Versicherungsnehmer für seinen mehrfachen Tarifwechsel vorbringt. Zwar ist die Geltendmachung des Tarifwechselrechts grds. nicht an Gründe gebunden (→ Rn. 166). Wenn jedoch äußere Sachverhalte vorliegen, die eine missbräuchliche Wahrnehmung des Tarifwechselrechts nahe legen, so muss der Versicherungsnehmer diesen äußeren Anschein entkräften, indem er nachvollziehbare Gründe für den mehrfachen Tarifwechsel angibt. Hat der Versicherungsnehmer solche Gründe, liegt kein Missbrauch vor.

301 Einen **Sonderfall** stellt es dar, wenn der Versicherungsnehmer vor einer geplanten kostenintensiven Behandlung in einen leistungsstärkeren Zieltarif wechselt und nach Abschluss dieser Behandlung wieder in den ursprünglichen leistungsschwächeren Herkunftstarif zurückwechselt.[139] In diesem Fall eines erhöhten subjektiven Risikos ist zu unterscheiden:

302 Der erste **Wechsel in den leistungsstärkeren Zieltarif** kann noch nicht unter Missbrauchsaspekten (→ Rn. 299 f.) beurteilt werden. Für ihn gilt vielmehr zunächst § 204 Abs. 1 S. 1 Nr. 1 Hs. 2, wonach das Versicherungsunternehmen den Tarifwechsel hinsichtlich der Mehrleistungen von einer vorherigen Gesundheitsprüfung abhängig machen kann. Hinsichtlich der Mehrleistungen gelten die allgemeinen vorvertraglichen Anzeigepflichten (→ Rn. 15, 334 f.).[140]

303 Der (zweite) **Rückwechsel in den leistungsschwächeren Herkunftstarif** erfüllt dagegen den Missbrauchstatbestand, weil der erste Wechsel nur den Zweck verfolgt hatte, für die geplante kostenintensive Behandlung den erhöhten Versicherungsschutz zu erhalten.

304 **3. Sonderfall Basistarif.** Die Einführung des Basistarifs zum 1.1.2009 machte es erforderlich, Sonderregelungen für den Fall zu treffen, dass ein Versicherter aus seiner **vor dem 1.1.2009 abgeschlossenen Krankheitskostenversicherung** nach § 204 Abs. 1 S. 1 Nr. 2 lit. b VVG, § 12 Abs. 1b S. 2 VAG zunächst in den Basistarif eines anderen oder seines bisherigen Versicherungsunternehmens wechseln und anschließend möglicherweise mehrfach weiter wechseln will. Soweit es sich bei dem einzelnen Wechselvorgang um einen Tarifwechsel beim selben Versicherungsunternehmen handelt, → Rn. 289 ff.; soweit es sich um einen Versichererwechsel handelt, → Rn. 471 f.

VII. Beweislast

305 **1. Tarifwechsel.** Nach den allgemeinen Grundsätzen hat der **Versicherungsnehmer** im Rechtsstreit die Darlegungs- und Beweislast für die Tatsachen, die sein Tarifwechselrecht nach § 204 begründen. Soweit nur das Recht auf Wechsel in den gewählten Zieltarif streitig ist, sind die den Anspruch begründenden Tatsachen:
- Das Bestehen eines unbefristeten Versicherungsverhältnisses.
- Ein gestellter Antrag auf Wechsel in einen bestimmten Zieltarif.
- Die Gleichartigkeit des Versicherungsschutzes im Herkunfts- und im Zieltarif.

306 **2. Mehrfacher Tarifwechsel.** Die Darlegungs- und Beweislast für das Tarifwechselrecht (→ Rn. 305) des **Versicherungsnehmers** gilt auch bei mehrfachem Tarifwechsel (→ Rn. 297 ff.).

---

[137] Zum „Tarif-Hopping" vgl. *Grote/Finkel* VersR 2007, 339 (340) in Anm. zu VG Frankfurt a. M. VersR 2007, 337; *Buchholz* VersR 2008, 27 (32).
[138] *Römer* in Römer/Langheid, 2. Aufl. 2003, VVG § 178f Rn. 2.
[139] *Prölss* in Prölss/Martin, 27. Aufl. 2004, VVG § 178f Rn. 4; *Grote/Finkel* VersR 2007, 339 (340) in Anm. zu VG Frankfurt a. M. VersR 2007, 337; *Buchholz* VersR 2008, 27 (32).
[140] Anders offenbar *Prölss* in Prölss/Martin, 27. Aufl. 2004, VVG § 178f Rn. 4.

Das **Versicherungsunternehmen** hat dagegen die Darlegungs- und Beweislast für die Tatsa- 307
chen, die das Tarifwechselrecht wegen Missbrauchs ausschließen (→ Rn. 299 ff.). Hat das Versicherungsunternehmen ausreichend äußere Sachverhalte vorgetragen und im Bestreitensfall bewiesen, die eine missbräuchliche Wahrnehmung des Tarifwechselrechts nahe legen, so muss der Versicherungsnehmer diesen äußeren Anschein entkräften, indem er nachvollziehbare Gründe für den mehrfachen Tarifwechsel darlegt und beweist (→ Rn. 300).

3. Anrechnung erworbener Rechte. Zu den Tatsachen, die den Anspruch auf Tarifwechsel 308
begründen, zählen noch nicht die im Herkunftstarif erworbenen Rechte. Zur Geltendmachung dieser Rechte kommt es idR erst später im Zuge der **Abwicklung des Zieltarifs,** wenn der Tarifwechsel vollzogen ist.

Das Vorliegen **positiver Rechtspositionen** (→ Rn. 263 ff.) hat der Versicherungsnehmer dar- 309
zulegen und zu beweisen; denn positive Rechtspositionen begründen Ansprüche des Versicherungsnehmers aus dem Herkunftstarif.

Das Vorliegen **negativer Rechtspositionen** (→ Rn. 270 ff.) hat das Versicherungsunterneh- 310
men darzulegen und zu beweisen; denn negative Rechtspositionen schränken Ansprüche des Versicherungsnehmers aus dem Herkunftstarif ein.

4. Anrechnung der Alterungsrückstellung. Wenn das Versicherungsunternehmen den 311
Tarifwechsel vollzieht, legt es den prämienmindernden **Anrechnungsbetrag** fest. Hält der Versicherungsnehmer die vom Versicherungsunternehmen festgelegte Höhe des Anrechnungsbetrags für zu niedrig, kann er entweder Feststellungsklage auf Feststellung der „richtigen" Prämie erheben oder unter Kürzung der Prämie es auf einen vom Versicherungsunternehmen zu betreibenden Prämienprozesses ankommen lassen.

In einem **Feststellungsprozess** müsste der Versicherungsnehmer normalerweise den zutreffen- 312
den Anrechnungsbetrag darlegen und beweisen. Dazu ist er aber nicht in der Lage, weil er keinen Zugang zu dem versicherungstechnischen und handelsrechtlichen Rechenwerk des Versicherungsunternehmens hat, aus dem allein sich der Anrechnungsbetrag ergibt. Weil die Tatsachen für den zutreffenden Anrechnungsbetrag in der Sphäre des Versicherungsunternehmens liegen, kehrt sich die Beweislast um, so dass das Versicherungsunternehmen die Tatsachen auf der Grundlage seines Rechenwerks darlegen und beweisen muss, aus denen sich die Höhe des von ihm festgesetzten Anrechnungsbetrags ergibt. Damit wird die gleiche Beweislast hergestellt, wie sie im Prämienprozess von vornherein gelten würde (→ Rn. 313).

In einem **Prämienprozess** hat das Versicherungsunternehmen die Darlegungs- und Beweislast 313
für die Höhe der von ihm geforderten Prämie. Diese Prämie ergibt sich aus der Tarifprämie des Zieltarifs abzgl. des Anrechnungsbetrags. Das Versicherungsunternehmen muss folglich diejenige Tatsachen auf der Grundlage seines Rechenwerks darlegen und beweisen, aus denen sich die Höhe des von ihm festgesetzten Anrechnungsbetrags ergibt.

D. Voraussetzungen und Rechtsfolgen des eingeschränkten Tarifwechselrechts (Abs. 1 S. 1 Nr. 1 Hs. 2, 3)

I. Art des Versicherungsverhältnisses

1. Allgemeine Voraussetzungen. Die Vorschriften über das eingeschränkte Tarifwechselrecht 314
setzen voraus, dass der **Herkunftstarif** alle Voraussetzungen nach § 204 Abs. 1 S. 1 Nr. 1 Hs. 1 erfüllt.

Auch der **Zieltarif** muss alle Voraussetzungen nach § 204 Abs. 1 S. 1 Nr. 1 Hs. 1 erfüllen. 315
Lediglich in der Frage der Mehrleistungen ergeben sich die Besonderheiten nach § 204 Abs. 1 S. 1 Nr. 1 Hs. 2.

2. Andere Versicherungsverhältnisse oder Tarife. Für Versicherungsverhältnisse oder Tarife 316
(Herkunfts- oder Zieltarif), die nicht die Voraussetzungen nach § 204 Abs. 1 S. 1 Nr. 1 Hs. 1 erfüllen, steht dem Versicherungsnehmer **kein gesetzliches Tarifwechselrecht** und damit auch nicht das eingeschränkte Tarifwechselrecht nach § 204 Abs. 1 S. 1 Nr. 1 Hs. 2, 3 zu. Dies gilt insbes. für einen Wechsel in Zieltarife mit ungleichartigem Versicherungsschutz (→ Rn. 25).

II. Leistungen des Zieltarifs

1. Mehrleistungen. a) Begriff. § 204 Abs. 1 S. 1 Nr. 1 Hs. 2 verwendet zunächst die Begriffe 317
„höhere Leistungen" und „umfassendere Leistungen" und fasst schließlich beide Begriffe zu dem **Oberbegriff Mehrleistung** zusammen (so auch § 204 Abs. 1 S. 1 Nr. 1 Hs. 3).

318 Rechtssystematisch hat der Oberbegriff „Mehrleistung" keinen eigenständigen Inhalt, aus dem sich verschiedene Unterarten ableiten ließen und von denen die Unterbegriffe „höhere Leistung" und „umfassendere Leistung" lediglich als nicht erschöpfende Aufzählung von Beispielsfällen anzusehen wären. Vielmehr kommt es für die Anwendung der Vorschriften ausschließlich darauf an, ob eine „höhere Leistung" oder eine „umfassendere Leistung" vorliegt. Ausschließlich diese beiden Arten begründen den Oberbegriff der „Mehrleistung". Dies ergibt sich aus der Sprachlogik der ersten Satzhälfte von § 204 Abs. 1 S. 1 Nr. 1 Hs. 2 „Soweit die Leistungen ... höher oder umfassender sind ...". Der Oberbegriff „Mehrleistung" hat damit den Charakter einer **Legaldefinition,** so dass die Vorschrift folgendermaßen zu lesen ist: „Soweit die Leistungen ... höher oder umfassender sind (Mehrleistung) ..."

319 Das Gesetz sagt nicht, was unter höheren und umfassenderen Leistungen zu verstehen ist. Es handelt sich somit um **unbestimmte Rechtsbegriffe,** deren Inhalt durch Auslegung zu ermitteln ist.

320 Unklar ist, ob die Begriffe „höhere Leistung" und „umfassendere Leistung" überhaupt **unterschiedliche Inhalte** haben. Rein sprachlich ist jede höhere Leistung zugleich auch eine umfassendere Leistung. Umgekehrt ist nicht jede umfassendere Leistung unbedingt auch eine höhere Leistung; letzteres wird deutlich, wenn der Zieltarif eine zusätzliche Leistung versichert, die im Herkunftstarif nicht enthalten war (zB Ersatz alternativer Heilmethoden). Indessen sind die Grenzen letztlich fließend. Natürlich könnte auch argumentiert werden, dass jede umfassendere Leistung des Zieltarifs dem Versicherungsnehmer einen im Herkunftstarif nicht gegebenen und damit im weitesten Wortsinn „höheren" Kostenerstattungsanspruch gebe. Indessen wirkt dieses Argument ein wenig gekünstelt.

321 Dem Sprachsinn nach ist somit die „höhere Leistung" ein Unterfall der „umfassenderen Leistung", die folglich als **Oberbegriff** fungiert und daher mit dem Begriff „Mehrleistung" (→ Rn. 317 f.) identisch ist. Die Vorschrift wäre dann wie folgt zu lesen: „Soweit die Leistungen ... höher oder *sonst* umfassender sind (Mehrleistung) ...".

322 **b) Höhere Leistung.** Der Begriff setzt voraus, dass die Leistung im Herkunftstarif **grds. schon versichert** war, die Leistung im Zieltarif jedoch „höher" ist. Eine „höhere Leistung" ist insbes. in folgenden Fällen anzunehmen:

323 – Der **Fortfall einer Selbstbeteiligung.**[141] Ein solcher Fortfall liegt auch vor, wenn der Herkunftstarif eine Selbstbeteiligung des Versicherungsnehmers vorsieht und der Zieltarif ein Beihilfe-Quotentarif ist. Die im Zieltarif nicht versicherte Quote hat nämlich nicht den Charakter einer vom Versicherungsnehmer wirtschaftlich zu tragenden Selbstbeteiligung, sondern wird durch den Beihilfeträger als weiterer Risikoträger gedeckt. Wie dem speziellen Bereicherungsverbot des § 200 zu entnehmen ist, sind nämlich die Leistungen der verschiedenen Risikoträger als Gesamtheit zu sehen, indem sie die Gesamtaufwendungen des Versicherten nicht übersteigen dürfen.[142] Der Versicherungsnehmer würde nämlich im Zieltarif zzgl. der Beihilfeleistungen insgesamt mehr erhalten als im Herkunftstarif allein. Der gleiche Gedanke liegt auch dem Basistarif zugrunde, der die Selbstbehaltsstufen von Beihilfetarifen auf den durch den Beihilfesatz nicht gedeckten Prozentanteil entsprechend reduziert (§ 152 Abs. 1 S. 5 VAG). Wenn daher der Herkunftstarif eine Selbstbeteiligung enthält, muss auch der Beihilfe-Quotentarif als Zieltarif eine um die nicht versicherte Quote reduzierte Selbstbeteiligung aufweisen.

324 – Eine **niedrigere Selbstbeteiligung,** zB in einem Ambulanttarif oder einem „Großschadentarif".[143]

325 – Die Begrenzung einer prozentualen Selbstbeteiligung auf einen **Jahreshöchstbetrag.** Zahlreiche Ambulanttarife sehen für Arznei-, Heil- und Hilfsmittel prozentuale Selbstbeteiligungen von zB 10 % oder 20 % vor, die nicht auf einen festen Jahreshöchstbetrag begrenzt sind. Mit solchen Tarifen kann die Versicherungspflicht nach § 193 Abs. 3 S. 1 nicht erfüllt werden, weil ein prozentualer Selbstbehalt auf kalenderjährlich 5.000 EUR begrenzt sein muss. Dies gilt sogar für alle Krankheitskostenversicherungen, die nach dem 31.3.2007 abgeschlossen wurden (§ 193 Abs. 3 S. 3). Damit können solche Tarife für den Neuzugang nicht mehr eingesetzt werden. Wenn ein Bestandsversicherter wegen drohender Vergreisung dieses Tarifs in einen anderen Tarif mit einem betragsmäßig begrenzten Selbstbehalt wechseln will, wechselt er in einen Tarif mit Mehrleistung.[144]

---

[141] BGH VersR 2012, 1422 = NJW 2012, 3782 Rn. 8.
[142] Begr. zu Art. 1 (§ 200 VVG) RegE VVG-ReformG, BT-Drs. 16/3945, 113.
[143] ZB LG Hildesheim VersR 2010, 753 (754).
[144] Zu diesem Problem *Boetius,* Private Krankenversicherung nach der Gesundheitsreform und der VVG-Reform, 2008, S. 17 ff.

– Ein **höherer Erstattungssatz**, zB in einem Zahntarif. 326
– Ein **höherer Gebührensatz** nach den ärztlichen Gebührenordnungen. 327
– Eine **teurere Unterbringung** im Krankenhaus, zB im Einbettzimmer. 328

c) Umfassendere Leistung. Im Sinne der hier vorgenommenen Begriffsbildung 329
(→ Rn. 321 f.) setzt der Begriff voraus, dass die Leistung im Herkunftstarif **grds. noch nicht versichert** war. Eine „umfassendere Leistung" ist insbes. in folgenden Fällen anzunehmen:
– Die Erstattung der Kosten **zusätzlicher Behandlungsmethoden**, zB in einem Ambulanttarif.
– Die Erstattung der Kosten für die Unterbringung in einem **Sterbehospiz**, wenn der Herkunftstarif dies nicht vorsah.
– Die Erstattung der Kosten für einen **neuen Leistungsbereich** (→ Rn. 215), zB die Einbeziehung von Kuren, die Mitversicherung von Krankenhaustagegeld oder Krankentagegeld.

2. Mehr- und Minderleistung. Weist der Zieltarif gegenüber dem Herkunftstarif **Minder-** 330
leistungen – dh niedrigere oder weniger umfassende Leistungen – auf, so gilt zunächst das unbeschränkte Tarifwechselrecht nach § 204 Abs. 1 S. 1 Nr. 1 Hs. 1 (→ Rn. 214).

Denkbar ist auch der Wechsel in einen **Zieltarif mit Mehr- und Minderleistungen.** So liegt 331
zB folgender Fall: Der Versicherungsnehmer hat eine Krankheitskosten-Vollversicherung in einem Hochleistungstarifwerk mit getrennten Ambulant-, Stationär- und Zahntarifen abgeschlossen, wobei der Ambulanttarif eine sehr hohe Selbstbeteiligung vorsieht; der Zieltarif ist ein Kompakttarif mit grds. niedrigeren Leistungen, aber im ambulanten Tarifteil mit einer erheblich niedrigeren oder sogar ohne Selbstbeteiligung. In einem solchen Fall müssen die einzelnen Leistungsbereiche hinsichtlich der für Mehr- und Minderleistungen unterschiedlichen Rechtsfolgen jeweils getrennt betrachtet werden.[145] Während Leistungsbereiche mit Minderleistungen nach § 204 Abs. 1 S. 1 Nr. 1 Hs. 1 zu beurteilen sind, gelten für Leistungsbereiche mit Mehrleistungen die Einschränkungen nach § 204 Abs. 1 S. 1 Nr. 1 Hs. 2, 3 sowie die vorvertraglichen Anzeigepflichten (→ Rn. 14 f.).

Die rechtlich getrennte Betrachtung der Mehr- und Minderleistungen im Zieltarif führt zu 332
einem **Saldierungsverbot**. Es ist nicht zulässig, die Mehr- und Minderleistungen gegeneinander „aufzurechnen".[146] Eine solche Saldierung scheitert schon wegen der Schwierigkeit, die Mehr- und Minderleistungen exakt zu bewerten.

Für eine Saldierung besteht auch **kein Bedürfnis**. Für die Minderleistung zahlt der Versiche- 333
rungsnehmer als Äquivalent nämlich die – niedrigere – risikoäquivalente Prämie des Zieltarifs. Für die Mehrleistung unterzieht der Versicherungsnehmer sich nach den allgemeinen Regeln der Risikoprüfung und zahlt er gleichfalls die – uU nach § 204 Abs. 1 S. 1 Nr. 1 Hs. 2, 3 adjustierte – risikoäquivalente Prämie. Insgesamt werden ihm im Zieltarif seine erworbenen Rechte und die Alterungsrückstellung aus dem Herkunftstarif angerechnet.

III. Allgemeine Rechtsfolgen

1. Vorvertragliche Anzeigepflichten. § 204 Abs. 1 S. 1 Nr. 1 Hs. 2 wird von dem Gedanken 334
getragen, dass der Wechsel in einen Zieltarif mit Mehrleistungen insoweit – dh hinsichtlich dieser Mehrleistung – nicht anders beurteilt werden kann, als wenn der Versicherungsnehmer diese Mehrleistung mit gesondertem Antrag zusätzlich versichern würde. Die Mehrleistung des Zieltarifs hat den **Charakter einer Zusatzversicherung.**[147] Daraus folgt, dass der Versicherungsnehmer in Bezug auf diese Mehrleistung keine bevorzugte Rechtsstellung genießt. Dies verlangt schon der Grundsatz der Gleichbehandlung aller Versicherten desselben Kollektivs (§ 146 Abs. 2 S. 1, § 147 iVm § 138 Abs. 2 VAG).

Demnach unterliegt der Versicherungsnehmer hinsichtlich der Mehrleistung den gleichen Rah- 335
menbedingungen, wie sie auch für den **Neuabschluss** gelten (→ Rn. 340).[148] Dies gilt insbes. für die Risikoprüfung und die vorvertraglichen Anzeigepflichten nach § 19.[149]

Weil der Risikozuschlag für die Mehrleistung den Charakter einer gesonderten Prämie für eine 335a
entsprechende Zusatzversicherung hat (→ Rn. 340), kann das Versicherungsunternehmen hinsichtlich dieser Mehrleistung eine Gesundheitsprüfung vornehmen.[150] Die Gesundheitsprüfung ist auf die Mehrleistung beschränkt und kann nicht auf die gesamte tarifliche Leistung erstreckt werden.

---

[145] BGH VersR 2012, 1422 = NJW 2012, 3782 Rn. 11.
[146] BGH VersR 2016, 1108 Rn. 13; *Brand* in Bruck/Möller VVG § 204 Rn. 40.
[147] BGH VersR 2016, 718 Rn. 14; abl. *Egger* VersR 2016, 885 (894 ff.).
[148] *Grote/Bronkars* VersR 2008, 580 (585); ähnlich für die Wiederherstellung des Versicherungsschutzes einer nach § 172 VVG aF prämienfrei gestellten Lebensversicherung BGH VersR 1994, 39 f.
[149] *Hohlfeld* in Berliner Kommentar VVG § 178f Rn. 10; *Prölss* in Prölss/Martin, 27. Aufl. 2004, VVG § 178f Rn. 11; *Wriede* VersR 1996, 271 (272).
[150] BGH VersR 2016, 718 Rn. 15; BGH VersR 2016, 1108 Rn. 15.

Dementsprechend ist für diese ergänzende Gesundheitsprüfung auf den Zeitpunkt des Tarifwechsels abzustellen.[151]

336 **2. Gefahrerhöhung.** Nach § 194 Abs. 1 S. 2 sind die Vorschriften über die Gefahrerhöhung auf die Krankenversicherung nicht anzuwenden. Diese Vorschriften beziehen sich auf eine Gefahrerhöhung, die der Versicherungsnehmer nach Abgabe seiner Vertragserklärung vornimmt (§ 23 Abs. 1). Im Falle eines Tarifwechsels in einen Zieltarif mit Mehrleistungen ist der Antrag auf den Tarifwechsel als die Abgabe der Vertragserklärung iSv § 23 Abs. 1 zu verstehen. Das bedeutet, dass Gefahrerhöhungen **nach Antragstellung** unschädlich sind.

337 Anders verhält es sich mit Gefahrerhöhungen, die der Versicherungsnehmer **vor Antragstellung auf Tarifwechsel** vornimmt. Diese Gefahrerhöhungen sind hinsichtlich der Leistungen des Zieltarifs, die keine Mehrleistungen sind, unschädlich, weil sie bereits im Herkunftstarif vom Ausschluss des § 194 Abs. 1 S. 2 erfasst sind. Hinsichtlich der Mehrleistung muss der Versicherungsnehmer solche Gefahrerhöhungen aber aufgrund seiner vorvertraglichen Anzeigepflicht nach § 19 angeben (→ Rn. 335).[152]

338 **3. Prämienzahlung.** Der Zieltarif mit Mehrleistungen kann auch ohne Risikozuschlag und trotz Anrechnung der Alterungsrückstellung zu einer **höheren Prämie** als im Herkunftstarif führen. Trotzdem handelt es sich in einem solchen Fall bei der erstmals im Zieltarif zu zahlenden Prämie um eine Folgeprämie und nicht um eine Erstprämie (→ Rn. 14).

339 Wenn im Zieltarif aufgrund der Risikoprüfung für die Mehrleistungen ein **Risikozuschlag** vereinbart wird, wird er gleichfalls Bestandteil der Folgeprämie. Er gewinnt nicht den Charakter einer selbständigen Erstprämie.

IV. Tarifeinschränkungen

340 **1. Grundsatz.** Anders als § 203 Abs. 1 S. 2 setzt die Vorschrift nicht voraus, dass in Bezug auf die Mehrleistung ein **erhöhtes Risiko** vorliegen muss.[153] Diese Konsequenz ergibt sich aus dem Charakter der Mehrleistung als Zusatzversicherung (→ Rn. 334):
– Dem Leistungsausschluss der Mehrleistung entspricht im Fall einer Zusatzversicherung die Ablehnung des auf ihren Abschluss gerichteten Versicherungsantrags.
– Dem angemessenen Risikozuschlag für die Mehrleistung entspricht die gesonderte Prämie für die Zusatzversicherung.
– In beiden Fällen kann schließlich eine Wartezeit nach den allgemeinen Vorschriften (→ Rn. 355 f.) verlangt werden.

341 Im Falle einer Mehrleistung stehen dem Versicherungsunternehmen nach § 204 Abs. 1 S. 1 Nr. 1 Hs. 2 mehrere **Optionen** zur Verfügung:

342 – Das Versicherungsunternehmen kann für die Mehrleistung einen **Leistungsausschluss** verlangen. Damit wird die Mehrleistung des Zieltarifs vom Versicherungsschutz ausgeschlossen, es gilt der Zieltarif ohne die Mehrleistung.

343 – Das Versicherungsunternehmen kann statt des Leistungsausschlusses einen angemessenen **Risikozuschlag** verlangen. Damit wird die Mehrleistung des Zieltarifs in den Versicherungsschutz eingeschlossen.

344 – Das Versicherungsunternehmen kann statt des Leistungsausschlusses einen angemessenen **Risikozuschlag und eine Wartezeit** verlangen. Damit wird die Mehrleistung des Zieltarifs in den Versicherungsschutz eingeschlossen, aber der Versicherungsschutz gilt erst nach Ablauf der Wartezeit.

345 **2. Voraussetzungen.** § 204 Abs. 1 S. 1 Nr. 1 Hs. 2 nennt keine besonderen Voraussetzungen, die erfüllt sein müssen, damit das Versicherungsunternehmen **Tarifeinschränkungen** verlangen kann. Lediglich für den Risikozuschlag fordert die Vorschrift Angemessenheit.

346 Im Schrifttum wird teilweise die Auffassung vertreten, das Versicherungsunternehmen könne Tarifeinschränkungen nur nach **billigem Ermessen** unter Anwendung des § 315 BGB verlangen.[154] Dieser Auffassung kann aus folgenden Gründen nicht gefolgt werden:

347 – Schon rein **formal** ist § 315 BGB nicht einschlägig. Diese Vorschrift setzt voraus, dass in einem *bestehenden* Vertrag eine Partei die Leistung bestimmen soll. Im Fall des eingeschränkten Tarifwechselrechts geht es jedoch darum, dass ein bestimmter Leistungsinhalt erst noch *zu vereinbaren* ist.

---

[151] BGH VersR 2016, 1108 Rn. 15; LG Düsseldorf VersR 2016, 912.
[152] *Wriede* VersR 1996, 271 (272).
[153] BGH VersR 2016, 718 Rn. 10 ff.; *Brand* in Bruck/Möller VVG § 204 Rn. 42. AM *Egger* VersR 2016, 885 ff.
[154] *Hohlfeld* in Berliner Kommentar VVG § 178f Rn. 12; *Wriede* VersR 1996, 271 (273).

– § 204 Abs. 1 S. 1 Nr. 1 Hs. 2 **differenziert** zwischen den verschiedenen Tarifeinschränkungen: 348
Nur für den Risikozuschlag verlangt die Vorschrift mit dem Angemessenheitserfordernis das
Vorliegen einer qualitativen Voraussetzung, wie sie dem Rechtsgedanken des § 315 BGB vergleichbar ist. Das bedeutet im Umkehrschluss, dass für eine vergleichbare Angemessenheitsprüfung – und sei es nur in Analogie zu § 315 BGB – beim Verlangen eines Leistungsausschlusses
und einer Wartezeit kein Raum ist.

– Für die **Wartezeit** ergibt sich das gleiche Bild aus dem Umstand, dass § 197 Abs. 1 ganz allgemein 349
deren Höchstdauern festlegt, die auch im Rahmen des Tarifwechsels nach § 204 Abs. 1 S. 1
Nr. 1 Hs. 2 unmittelbar gelten (→ Rn. 355 f.). Damit hat der Gesetzgeber den Prüfungsmaßstab
abschließend geregelt.

– Dies bestätigt letztlich auch die **Abwendungsoption des Versicherungsnehmers** nach § 204 350
Abs. 1 S. 1 Nr. 1 Hs. 3. Wenn ihm die Möglichkeit gegeben wird, anstelle eines angemessenen
Risikozuschlags den Leistungsausschluss zu wählen, so kann damit nur der vom Versicherungsunternehmen – ggf. alternativ – verlangte Leistungsausschluss gemeint sein. Ein Leistungsausschluss
lässt sich aber nicht unter Billigkeitsgesichtspunkten iSv § 315 BGB modifizieren: Die Mehrleistung kann nur entweder eingeschlossen oder ausgeschlossen sein; sie lässt sich allenfalls betraglich
begrenzen (→ § 203 Rn. 658).

– Entscheidend ist schließlich der versicherungstechnische Hintergrund: Die Mehrleistung des Zieltarifs hat den **Charakter einer Zusatzversicherung** (→ Rn. 334), woraus folgt, dass der Versicherungsnehmer in Bezug auf diese Mehrleistung keine bevorzugte Rechtsstellung genießt. Der 351
Versicherungsnehmer unterliegt daher insoweit den gleichen Rahmenbedingungen wie bei einem
Neuabschluss (→ Rn. 335). Im Falle eines Neuabschlusses ist das Versicherungsunternehmen aber
nicht durch Billigkeitserwägungen iSv § 315 BGB eingeschränkt.

3. Leistungsausschluss. Der Leistungsausschluss ist nur „für die Mehrleistung" zulässig und 351a
beschränkt sich damit auf die **konkrete Form der Mehrleistung**.[155]

Wenn der Herkunftstarif eine absolute jährliche Selbstbeteiligung vorsieht und der Zieltarif nur 351b
behandlungsbezogene Selbstbeteiligungen, kann das Versicherungsunternehmen nicht die **Kumulation der Selbstbeteiligungen beider Tarife** verlangen. In diesem Fall liegt eine (teilweise) Mehrleistung nur vor, soweit die Summe der behandlungsbezogenen Selbstbeteiligungen des Zieltarifs
die jährliche Selbstbeteiligung des Herkunftstarifs nicht erreicht. Nur insoweit darf ein Leistungsausschluss vereinbart werden.[156]

Wenn die Mehrleistung im ersatzlosen Fortfall eines Selbstbehalts besteht, kann das Versicherungsunternehmen als Leistungsausschluss die **Übernahme des bisherigen Selbstbehalts** im Ziel- 351c
tarif verlangen. Eine im Herkunftstarif nicht vereinbarte Beschränkung des Selbstbehalts auf
bestimmte Erkrankungen kann der Versicherungsnehmer auch bei erneuter Gesundheitsprüfung im
Zieltarif nicht verlangen.[157]

4. Angemessener Risikozuschlag. a) Grundsatz. Dass Risikozuschläge angemessen sein 352
müssen, stellt **keine Besonderheit des Tarifwechselrechts** dar. § 203 Abs. 1 S. 2 verlangt dies
ganz allgemein. Im Rahmen des Tarifwechsels gelten daher insoweit die gleichen Grundsätze wie
beim Neuabschluss einer nach Art der Lebensversicherung betriebenen Krankenversicherung. Für
die Frage, was angemessen ist, gelten die gleichen Beurteilungsgrundsätze (→ § 203 Rn. 671 ff.).

Die Angemessenheit des vom Versicherungsunternehmen verlangten Risikozuschlags ist 353
gerichtlich überprüfbar. Maßstab für die Überprüfung ist allerdings nicht § 315 BGB, weil dessen
Anwendung im Rahmen des Tarifwechselrechts grds. ausgeschlossen ist (→ Rn. 346 ff.).

b) Prüfungsmaßstab. Maßstab für die Überprüfung können nicht – möglicherweise auch 354
durch subjektive Erwägungen beeinflusste – allgemeine Billigkeitserwägungen sein. Da der Risikozuschlag das Prämienäquivalent für ein **erhöhtes Risiko** ist (§ 203 Abs. 1 S. 2), kann Maßstab für die
Angemessenheitsprüfung nur dieses erhöhte Risiko sein, das zu zahlreichen Parametern ins Verhältnis
gesetzt werden muss. Es gelten hierzu die gleichen Grundsätze wie zu § 203 Abs. 1 S. 2 (→ § 203
Rn. 671 ff.).

5. Wartezeit. § 204 Abs. 1 S. 1 Nr. 1 Hs. 2 trifft keine Aussage über die Länge der möglichen 355
Wartezeit. Für die **Höchstdauer der Wartezeiten** enthält § 197 Abs. 1 eine allgemeine Regelung,
die für alle dort aufgeführten Formen der Krankenversicherung gilt und zum Nachteil des Versiche-

---

[155] BGH VersR 2012, 1422 = NJW 2012, 3782 Rn. 9.
[156] BGH VersR 2012, 1422 = NJW 2012, 3782 Rn. 10.
[157] Insoweit zutr. LG München I VersR 2012, 714, dessen Urteil der BGH aus anderen Gründen aufgehoben
hatte (BGH VersR 2012, 1422 = NJW 2012, 3782).

rungsnehmers nicht abbedungen werden kann (§ 208). § 197 Abs. 1 ist auch im Rahmen des Tarifwechsels nach § 204 Abs. 1 S. 1 Nr. 1 Hs. 2 anzuwenden.

356 Weil § 197 Abs. 1 unmittelbar anzuwenden ist, entfällt – abgesehen von den grundsätzlichen Überlegungen (→ Rn. 346 ff.) – für eine im Rahmen des Tarifwechsels vom Versicherungsunternehmen verlangte Wartezeit von vornherein eine gesonderte Billigkeitsüberprüfung (→ Rn. 349).

357 **6. Abwendungsoptionen des Versicherungsnehmers.** Zunächst hat das Versicherungsunternehmen die Wahl, welche der in § 204 Abs. 1 S. 1 Nr. 1 Hs. 2 genannten Tarifeinschränkungen es aufgrund eines erhöhten Risikos verlangen will. Verlangt das Versicherungsunternehmen einen Risikozuschlag oder einen Risikozuschlag und eine Wartezeit, hat der Versicherungsnehmer nach § 204 Abs. 1 S. 1 Nr. 1 Hs. 3 die **Option**, diese Leistungseinschränkungen abzulehnen und stattdessen den Leistungsausschluss zu wählen, dh die Mehrleistung vom Versicherungsschutz im Zieltarif auszuschließen.

358 Das Versicherungsunternehmen kann die Ausübung dieser Option durch den Versicherungsnehmer **nicht verhindern.**[158] Der Versicherungsnehmer hat auf die Wahrnehmung der Option einen schuldrechtlichen Anspruch, der eingeklagt werden kann.

359 **7. Formale Durchführung.** Wenn das Versicherungsunternehmen auf den Tarifwechselantrag des Versicherungsnehmers Tarifeinschränkungen verlangt, handelt es sich **vertragsrechtlich** nach § 150 Abs. 2 BGB um eine Ablehnung, verbunden mit einem neuen Antrag (→ Rn. 198). Hierbei sind mehrere Fallgestaltungen zu unterscheiden:

360 – Verlangt das Versicherungsunternehmen einen **Leistungsausschluss**, den der Versicherungsnehmer annimmt, kommt mit der Annahmeerklärung die Änderungsvereinbarung zum Tarifwechsel unter Ausschluss der Mehrleistung zustande. Wenn der Versicherungsnehmer den Leistungsausschluss ablehnt, lehnt er gleichzeitig den neuen Antrag des Versicherungsunternehmens mit der Folge ab, dass der Tarifwechsel endgültig nicht zustande kommt. Weil das Versicherungsunternehmen das Recht zur Auswahl der möglichen Leistungseinschränkungen hat (→ Rn. 357), kann der Versicherungsnehmer nicht seinerseits vom Versicherungsunternehmen verlangen, dass dieses solle ihm statt eines Leistungsausschlusses einen Risikozuschlag – ggf. verbunden mit einer Wartezeit – vereinbaren.

361 – Verlangt das Versicherungsunternehmen einen **Risikozuschlag** – ggf. verbunden mit einer Wartezeit – und nimmt der Versicherungsnehmer dies an, kommt mit der Annahmeerklärung die Änderungsvereinbarung zum Tarifwechsel einschließlich Risikozuschlag bzw. Wartezeit zustande. Wenn der Versicherungsnehmer den Risikozuschlag bzw. die Wartezeit ablehnt, ohne die Abwendungsoption nach § 204 Abs. 1 S. 1 Nr. 1 Hs. 3 wahrzunehmen, lehnt er gleichzeitig den neuen Antrag des Versicherungsunternehmens mit der Folge ab, dass der Tarifwechsel endgültig nicht zustande kommt. Wenn der Versicherungsnehmer den Risikozuschlag bzw. die Wartezeit ablehnt, gleichzeitig mit der Ablehnung einen Leistungsausschluss hinsichtlich der Mehrleistung verlangt, so handelt es sich hier wiederum vertragsrechtlich nach § 150 Abs. 2 BGB um eine Ablehnung des Antrags des Versicherungsunternehmens, verbunden mit einem neuen Antrag des Versicherungsnehmers. Erst wenn das Versicherungsunternehmen diesen Antrag annimmt, kommt die Änderungsvereinbarung zum Tarifwechsel mit gleichzeitigem Leistungsausschluss zustande. Zwar ist das Versicherungsunternehmen verpflichtet, diese Annahmeerklärung abzugeben (→ Rn. 358). Verweigert es gleichwohl die Annahmeerklärung, kann der Versicherungsnehmer auf ihre Abgabe klagen. Erst mit Rechtskraft des Urteils gilt die Annahmeerklärung als abgegeben (§ 894 S. 1 ZPO) und ist die Änderungsvereinbarung abgeschlossen.

362 **8. Fortfall der Tarifeinschränkungen.** Weil die Tarifeinschränkungen ein **erhöhtes Risiko** ausgleichen sollen, gelten für sie bei einem Fortfall des erhöhten Risikos die gleichen Grundsätze wie zu § 203 Abs. 1 S. 2 (→ § 203 Rn. 704 ff.). Dies bezieht sich auf den Risikozuschlag und den Leistungsausschluss.

363 Für die **Wartezeit** bedarf es keiner entsprechenden Anwendung dieser Grundsätze, weil für sie ohnehin Höchstdauern gelten (→ Rn. 355 f.).

V. Beweislast

364 **1. Mehrleistung.** Nach den allgemeinen Grundsätzen hat das **Versicherungsunternehmen** im Rechtsstreit die Darlegungs- und Beweislast für die Tatsachen, die sein Verlangen nach Leistungseinschränkungen begründen. Es hat daher darzulegen, welche Mehrleistungen der Zieltarif gegenüber dem Herkunftstarif aufweist.

---

[158] *Hohlfeld* in Berliner Kommentar VVG § 178f Rn. 12.

2. Tarifeinschränkungen. Da das Verlangen nach einem **Leistungsausschluss** an keine weiteren Voraussetzungen geknüpft ist (→ Rn. 345 ff.), trifft das Versicherungsunternehmen insoweit keine besondere Darlegungs- und Beweislast. 365

Verlangt das Versicherungsunternehmen einen **Risikozuschlag**, so muss es – wenn der Versicherungsnehmer dessen Angemessenheit bestreitet und auch nicht stattdessen den Leistungsausschluss nach § 204 Abs. 1 S. 1 Nr. 1 Hs. 3 wählt – die Tatsachen vortragen und beweisen, welche die Angemessenheit begründen (→ Rn. 352 ff.). 366

Verlangt das Versicherungsunternehmen zusätzlich zum Risikozuschlag auch eine **Wartezeit**, so trifft das Versicherungsunternehmen insoweit keine besondere Darlegungs- und Beweislast, weil das Verlangen nach einer Wartezeit an keine weiteren Voraussetzungen geknüpft ist (→ Rn. 355 f.). 367

E. Tarifwechsel und Basistarif (Abs. 1 S. 1 Nr. 1 Hs. 4, 5, Abs. 2)

I. Allgemeine Grundsätze

Im **allgemeinen Tarifwechselrecht** kommt der Basistarif als Herkunftstarif und als Zieltarif in Betracht. In beiden Fällen gelten für den Tarifwechsel zunächst die allgemeinen Grundsätze des § 204 Abs. 1 S. 1 Nr. 1 Hs. 1–3; → Rn. 100 f. 368

Besonderheiten ergeben sich aus § 204 Abs. 1 S. 1 Nr. 1 Hs. 4, 5 und Abs. 2; → Rn. 370 ff.; → Rn. 375 ff.; → Rn. 371a ff. 369

II. Basistarif als Herkunftstarif

Im Basistarif darf mit Rücksicht auf ein **erhöhtes Risiko** keine Tarifeinschränkung (insbes. Risikozuschlag oder Leistungsausschluss) vereinbart werden (§ 203 Abs. 2 S. 2). Das Versicherungsunternehmen darf jedoch im Hinblick auf spätere Tarifwechsel eine Risikoprüfung vornehmen (§ 203 Abs. 2 S. 3). 370

Wenn der Versicherte aus dem Basistarif in einen anderen gleichartigen Tarif des Versicherungsunternehmens wechselt, kann das Versicherungsunternehmen den bei Vertragsschluss ermittelten (→ Rn. 370) **Risikozuschlag** verlangen (§ 204 Abs. 1 S. 1 Nr. 1 Hs. 4). Damit lebt die zunächst unzulässige Tarifeinschränkung auf, wenn der Versicherte den Schutzbereich des Basistarifs wieder verlässt. 371

§ 204 Abs. 1 S. 1 Nr. 1 Hs. 4 erwähnt nur den Risikozuschlag. Indessen gilt das gleiche auch für einen **Leistungsausschluss**.[159] Dies ergibt sich aus der in § 203 Abs. 2 S. 3 generell vorbehaltenen Risikoprüfung für spätere Tarifwechsel. Den Gesetzesmaterialien ist nicht zu entnehmen, weshalb der Wortlaut der Vorschrift nur den Risikozuschlag erwähnt.[160] Angesichts der generell fehlenden Sorgfalt des Gesetzgebers beim Zustandekommen des GKV-WSG und der inhaltlichen Übernahme durch Art. 11 Abs. 1 VVG-ReformG[161] kann die Beschränkung des Wortlauts auf den Risikozuschlag nur als redaktionelles Versehen gewertet werden. Aus rechtssystematischer Sicht hätte es nämlich der Vorschrift des § 204 Abs. 1 S. 1 Nr. 1 Hs. 4 überhaupt nicht bedurft (→ Rn. 261). 372

Auch der **Gesetzeszweck** verbietet es, die in § 204 Abs. 1 S. 1 Nr. 1 Hs. 4 festgelegte Rechtsfolge nur auf den Risikozuschlag zu beschränken. Wenn nämlich aufgrund der Risikoprüfung sogar ein Leistungsausschluss notwendig gewesen wäre, muss das Versicherungsunternehmen ihn beim Tarifwechsel nach den gleichen Grundsätzen verlangen können, die gelten würden, wenn der Versicherte sich ohne Umweg über den Basistarif direkt im Zieltarif versichert hätte. Anderenfalls könnte der Versicherte den Leistungsausschluss dadurch missbräuchlich umgehen, dass er zunächst den Basistarif abschließt und von diesem ohne die sonst geltenden Tarifeinschränkungen in den Zieltarif wechselt. 373

Risikozuschlag und Leistungsausschluss können auch dann verlangt werden, wenn der Zieltarif **geringere Leistungen** vorsieht als der Basistarif; denn Tarifeinschränkungen gehören generell zu den anzurechnenden negativen Rechtspositionen (→ Rn. 270 ff.). 374

III. Basistarif als Zieltarif

Wenn der Versicherte in den Basistarif aus einem Tarif wechselt, der **niedrigere Leistungen** als der Basistarif vorsieht, kann die Risikoprüfung zu einer Tarifeinschränkung für die Mehrleistung im Basistarif führen, der zwar im Basistarif nicht verlangt werden, der aber bei einem späteren 375

---

[159] Boetius VersR 2008, 1016 (1021); aM Brand in Bruck/Möller VVG § 204 Rn. 47.
[160] Begr. zu Art. 43 Nr. 4 (§ 178f VVG) Fraktionsentwurf GKV-WSG, BT-Drs. 16/3100, 206.
[161] Boetius, Private Krankenversicherung nach der Gesundheitsreform und der VVG-Reform, 2008, S. 5 ff.

Wechsel in einen anderen gleichartigen Tarif wieder aufleben kann (§ 203 Abs. 1 S. 2, 3). Dies gilt für Risikozuschläge und Leistungsausschlüsse. Wartezeiten können dagegen ohne die Beschränkung des § 203 Abs. 1 S. 2 vereinbart werden. Das Recht der Versicherungsunternehmen, Wartezeiten zu vereinbaren wollte das GKV-WSG gegenüber der bisherigen Rechtslage nicht weiter einschränken.[162]

376 Der Wechsel in den Basistarif ist für vor dem 1.1.2009 abgeschlossene Herkunftstarife **ausgeschlossen,** wenn
– entweder der Wechsel in den Basistarif nach dem 30.6.2009 beantragt wurde (§ 204 Abs. 1 S. 1 Nr. 1 Hs. 5 lit. c)
– oder der Versicherungsnehmer das 55. Lebensjahr noch nicht vollendet hat oder bestimmte sozialversicherungsrechtliche Voraussetzungen erfüllt (§ 204 Abs. 1 S. 1 Nr. 1 Hs. 5 lit. b)

377 § 204 Abs. 1 S. 1 Nr. 1 Hs. 5 formuliert **zusätzliche Voraussetzungen,** die über die allgemeinen Voraussetzungen nach § 204 Abs. 1 S. 1 Nr. 1 Hs. 1 hinaus erfüllt sein müssen. Das allgemeine Tarifwechselrecht wird insoweit eingeschränkt.

378 Die **persönlichen Voraussetzungen** für den Ausschluss des Tarifwechselrechts nach § 204 Abs. 1 S. 1 Nr. 1 Hs. 5 lit. b muss nach dem Gesetzeswortlaut der Versicherungsnehmer und nicht der Versicherte erfüllen. Dies ist in der Sache wenig verständlich, aufgrund des Wortlauts aber eindeutig; denn das Gesetz differenziert im Übrigen immer sehr genau zwischen dem Versicherungsnehmer und der versicherten Person (vgl. § 204 Abs. 5).

379 Wenn der Versicherte in den Basistarif aus einem Tarif wechselt, der **höhere Leistungen** als der Basistarif vorsieht, ist ihm aus dem Herkunftstarif die nach den allgemeinen Grundsätzen sich ergebende, volle Alterungsrückstellung anzurechnen (→ Rn. 284 ff.). Die im ursprünglichen Gesetzentwurf zu § 178f Abs. 1 S. 1 Nr. 1 lit. b vorgesehene Beschränkung auf die Leistungen des Basistarifs[163] – wie sie jetzt für den Versichererwechsel vorgeschrieben ist (§ 204 Abs. 1 S. 1 Nr. 2) – wurde während der Gesetzesberatungen im Gesundheitsausschuss ohne Begründung beseitigt.[164]

IV. Rückwechsel aus dem Basistarif in den Ursprungstarif (Abs. 2)

379a **1. Normgehalt.** Die mit Wirkung vom 23.5.2020 eingefügte Neuregelung ermöglicht den zeitlich begrenzten Rückwechsel aus dem Basistarif in den Ursprungstarif der Krankheitskostenversicherung, wenn der Versicherungsnehmer zuvor wegen **Hilfebedürftigkeit** iSv SGB II oder SGB XII aus diesem Ursprungstarif in den Basistarif gewechselt war und seine Hilfebedürftigkeit innerhalb von zwei Jahren nach diesem Wechsel endet.

379b Die Vorschrift wurde durch Art. 6 des 2. Epidemie-SchutzG v. 19.5.2020[165] eingefügt, weil man davon ausging, dass in der (damals aktuellen) SARS-CoV-2-Pandemie die Zahl derjenigen privat Krankenversicherten steigen werde, die als Hilfebedürftige iSv SGB II oder SGB XII anzusehen sind und die wegen der Beitragshalbierung für Hilfebedürftige (→ Vor § 192 Rn. 1051) in den Basistarif wechseln werden. Diesen Personen sollte bei Beendigung der Hilfebedürftigkeit die Rückkehr in ihren Ursprungstarif, die nach der gesetzlichen Regelung durch die erneute Gesundheitsprüfung erschwert ist, wieder erleichtert werden.[166] Dabei ging man unausgesprochen offenbar davon aus, dass die pandemiebedingte Hilfebedürftigkeit nur vorübergehender Natur sei. Dies war das **ursprüngliche Motiv des Gesetzes.**

379c Der **Zweck des Gesetzes** geht über das Ausgangsmotiv des Pandemieschutzes jedoch hinaus und will die erleichterte Rückkehr ganz allgemein allen einräumen, die ihre Hilfebedürftigkeit innerhalb eines begrenzten Zeitraums von zwei Jahren überwinden.[167] Damit gibt der Gesetzgeber zu erkennen, dass – zumindest für diejenigen, die in einem Normaltarif der Krankheitskosten-Vollversicherung versichert sind – der Wechsel in den Basistarif nur eine Notlösung darstellt und die normale Krankheitskosten-Vollversicherung der politisch gewünschte Regelfall ist, den die Gesetzesmaterialien deshalb auch als „Regeltarif" bezeichnen.[168] Außerdem wird ein Gleichklang mit dem Notlagentarif hergestellt.[169]

---

[162] Begr. zu Art. 43 Nr. 2 (§ 178c VVG) Fraktionsentwurf GKV-WSG, BT-Drs. 16/3100, 206.
[163] Art. 43 Nr. 4a (§ 178f VVG) Fraktionsentwurf GKV-WSG, BT-Drs. 16/3100, 80.
[164] Beschlussempfehlung des Gesundheitsausschusses zu Art. 43 Nr. 4a (§ 178f VVG) Fraktionsentwurf GKV-WSG, BT-Drs. 16/4200, 204.
[165] BGBl. 2020 I 1018.
[166] Begr. zu Art. 6 Nr. 1 Gesetzentwurf 2. Epidemie-SchutzG, BT-Drs. 19/18967, 78.
[167] Begr. zu Art. 6 Nr. 1 Gesetzentwurf 2. Epidemie-SchutzG, BT-Drs. 19/18967, 78.
[168] Begr. zu Art. 6 Nr. 1 Gesetzentwurf 2. Epidemie-SchutzG, BT-Drs. 19/18967, 79.
[169] Begr. zu Art. 6 Nr. 1 Gesetzentwurf 2. Epidemie-SchutzG, BT-Drs. 19/18967, 78 f.

2. Voraussetzungen. Es muss ein **Wechsel in den Basistarif** vorangegangen sein. Dabei muss 379d es sich um einen *Tarifwechsel* iSv § 204 Abs. 1 S. 1 Nr. 1 handeln. Die Vorschrift ist nicht anwendbar, wenn der Versicherungsnehmer in den Basistarif eines anderen Versicherers gewechselt war, dh ein *Versichererwechsel* iSv § 204 Abs. 1 S. 1 Nr. 2 vorliegt. Das ergibt sich schon aus dem Wortlaut der Vorschrift, die nur „vom Versicherer" spricht (§ 204 Abs. 2 S. 1). Die Gesetzesmaterialien sprechen von dem Wechsel „in den Basistarif ihres Versicherungsunternehmens";[170] damit wird hinreichend klar ausgedrückt, dass es sich um den Basistarif und den Ursprungstarif desselben Versicherungsunternehmens handelt. Auch nach dem Gesetzeszweck sollte keine Ausdehnung auf den Versichererwechsel erfolgen.

Der Wechsel in den Basistarif muss wegen **Hilfebedürftigkeit** iSv SGB II oder SGB XII erfolgt 379e sein. Die Hilfebedürftigkeit muss ununterbrochen fortdauern und innerhalb von zwei Jahren nach dem Wechsel enden. Wenn die Hilfebedürftigkeit später endet, besteht kein Rückwechselrecht nach dieser Vorschrift. Eintritt und Ende der Hilfebedürftigkeit muss der Versicherungsnehmer nachweisen (§ 204 Abs. 2 S. 2). Kein Rückwechselrecht besteht ferner, wenn der Versicherungsnehmer die Ausschlussfrist (→ Rn. 379f) versäumt.

Den Antrag auf Rückwechsel muss der Versicherungsnehmer innerhalb von drei Monaten nach 379f Ende der Hilfebedürftigkeit stellen (§ 204 Abs. 2 S. 1). Hierbei handelt es sich um eine **Ausschlussfrist.** Für den Antrag genügt Textform.

Träger des Rückwechselanspruchs ist nach dem Wortlaut von § 204 Abs. 2 S. 1 der Versiche- 379g rungsnehmer. Das entspricht den allgemeinen Grundsätzen beim Tarifwechsel (→ Rn. 185 ff.), die insoweit auch hier gelten.

Problematisch ist, dass der Gesetzeswortlaut auch das **Tatbestandsmerkmal der Hilfebedürf-** 379h **tigkeit** nur dem *Versicherungsnehmer* zuordnet (§ 204 Abs. 2 S. 1: „... und endet die Hilfebedürftigkeit des Versicherungsnehmers ..."). Das hätte zur Folge, dass die Vorschrift nicht anwendbar wäre, wenn im Falle einer Fremdversicherung (→ Rn. 186) nur der Versicherte, nicht aber der Versicherungsnehmer hilfebedürftig wäre. Diese Rechtsfolge war mit Sicherheit nicht beabsichtigt und ist wohl nur darauf zurückzuführen, dass die Textverantwortlichen sich ausschließlich an dem Wortlaut von § 204 Abs. 1 S. 1 orientiert hatten, der nur vom Versicherungsnehmer spricht. Die Gesetzesmaterialien sprechen dagegen mehrfach von den *Versicherten* oder allgemeiner von *Personen*.[171] Daher liegt eine planwidrige Gesetzeslücke vor. Die Vorschrift ist auch anwendbar, wenn es im Falle der Fremdversicherung um den Rückwechsel des hilfebedürftigen Versicherten geht.

3. Rechtsfolgen. Der Rückwechsel in den Ursprungstarif ist zunächst ein Tarifwechsel iSv 379i § 204 Abs. 1 S. 1 Nr. 1. Allerdings sollen dafür die allgemeinen Erschwerungen nicht gelten. Insofern verdrängt § 204 Abs. 2 als **lex specialis** die mit einem Tarifwechsel normalerweise verbundenen Erschwerungen. Der Versicherungsnehmer muss sich insbesondere keiner erneuten Risikoprüfung unterziehen.

Schwierigkeiten könnten sich ergeben, wenn der **Ursprungstarif ein Bisex-Tarif** ist, in den 379j der Versicherungsnehmer aus dem Basistarif als Unisex-Tarif nach § 204 Abs. 1 S. 1 Nr. 1 letzter Teilsatz nicht wechseln dürfte (→ Rn. 226b). Ein solches Verbot würde den erschwerungsfreien Rückwechsel unmöglich machen. Daher schließt § 204 Abs. 2 S. 6 die Anwendbarkeit von § 204 Abs. 1 S. 1 Nr. 1 letzter Teilsatz aus.

Weil der Rückwechsel ein Tarifwechsel ist, sind die im Basistarif **erworbenen Rechte** und 379k Alterungsrückstellungen anzurechnen. § 204 Abs. 2 S. 3 Hs. 2 enthält insoweit lediglich eine Klarstellung der sich bereits aus § 204 Abs. 1 S. 1 Nr. 1 ergebenden Rechtsfolge.

Der Rückwechsel hat zur Folge, dass der Ursprungstarif ab dem ersten Tag des übernächsten 379l Monats nach der Antragstellung fortgesetzt wird. Weil es sich um einen Tarifwechsel handelt, gelten für dessen **Wirksamwerden** die allgemeinen Vorschriften (→ Rn. 151).

Mit dem Rückwechsel soll der Versicherungsnehmer so gestellt werden, „wie er vor der Versi- 379m cherung im Basistarif stand" (§ 204 Abs. 2 S. 3 Hs. 1). Das bedeutet zunächst, dass zum Zeitpunkt des Rückwechsels der Ursprungstarif mit demjenigen Inhalt fortgesetzt wird, den er im Zeitpunkt des Wechsels in den Basistarif hatte. Dieser Tarifinhalt existiert jedoch wegen zwischenzeitlicher Tarifänderungen im Rückwechselzeitpunkt uU nicht mehr. Daher ordnet § 204 Abs. 2 S. 4 an, dass zwischenzeitliche Prämien- und AVB-Änderungen mit der Fortsetzung des Ursprungstarifs auch gegenüber dem rückwechselnden Versicherungsnehmer gelten. Damit wird die notwendige **Tarifi-**

---

[170] Begr. zu Art. 6 Nr. 1 Gesetzentwurf 2. Epidemie-SchutzG, BT-Drs. 19/18967, 78.
[171] Begr. zu Art. 6 Nr. 1 Gesetzentwurf 2. Epidemie-SchutzG, BT-Drs. 19/18967, 78 (Abs. 1: „die Zahl der privat Krankenversicherten"; Abs. 2: „bei langjährig Versicherten"; „Personen"; Abs. 5: „dieser Versicherten"; Abs. 6: „insbesondere Personen"; Abs. 8: „auf Antrag des Versicherten", „Personen"; Abs. 9: „den Versicherten").

dentität gesichert, was im Hinblick auf zwischenzeitlich geänderte Rechnungsgrundlagen und AVB wichtig ist.

379n Obwohl zwischenzeitliche Prämienänderungen mit der Fortsetzung im Ursprungstarif gelten (→ Rn. 379m), zahlt der Versicherungsnehmer ab dem Rückwechselzeitpunkt im Ursprungstarif idR nicht diejenige Prämie, die er dort auch gezahlt hätte, wenn er im Ursprungstarif ohne Unterbrechung versichert geblieben wäre und nicht zwischenzeitlich in den Basistarif gewechselt hätte. Seine tarifliche Rechtsstellung ist nämlich nach dem Rückwechsel nicht vollständig identisch mit derjenigen Rechtsstellung, die sich fiktiv ohne Unterbrechung durch den Basistarif ergeben hätte. Der Grund hierfür ergibt sich aus der Kalkulationstechnik eines Tarifwechsels: Bei einem Tarifwechsel wird der Prämienberechnung das im Wechselzeitpunkt erreichte Lebensalter (tarifliches Lebensalter) und nicht das ursprüngliche Eintrittsalter zugrunde gelegt (→ Rn. 277a). Deshalb ist die Tarifprämie im Ursprungstarif nach einem Rückwechsel höher, als wenn der Ursprungstarif ohne Unterbrechung fortgesetzt worden wäre. Zwar führt die wechselbedingte Anrechnung der Alterungsrückstellung (→ Rn. 379k) zu einer Prämienminderung. Diese ist jedoch niedriger als im Falle einer nicht unterbrochenen Fortsetzung des Ursprungstarifs, weil im Regelfall davon auszugehen ist, dass die im Basistarif erworbenen und nun im Ursprungstarif angerechneten Alterungsrückstellungen niedriger sind als diejenigen Alterungsrückstellungen, die im ununterbrochenen Ursprungstarif gebildet worden wären. Für den Rückkehrer in den Ursprungstarif ergibt sich daraus eine etwas **höhere Prämie**. Die Gesetzesmaterialien drücken diesen Vorgang etwas unglücklich mit der Wendung aus, die höheren Alterungsrückstellungen im Ursprungstarif müssten für die durch den Basistarif unterbrochene Zeit „nachgebildet" werden.[172]

F. Tarifwechselrecht in Allgemeinen Versicherungsbedingungen

I. Krankheitskostenversicherung

380 **1. Allgemeiner Tarifwechsel.** § 1 Abs. 6 MB/KK 2013 enthält ein vertragliches Tarifwechselrecht, das mit anderem Wortlaut den gleichen **Inhalt** wie das gesetzliche Tarifwechselrecht hat.

381 Nach dem Wortlaut der AVB-Regelung ergeben sich einige **Besonderheiten,** die allerdings keine materielle Abweichung vom gesetzlichen Tarifwechselrecht darstellen:

382 – § 1 Abs. 6 S. 1 MB/KK 2013 spricht von **Umwandlung** der Versicherung. Dies ist nur ein anderes Wort für „Umstufung" (→ Rn. 7) oder „Tarifwechsel".

383 – Das Versicherungsunternehmen wird zur Annahme des Antrags auf Tarifwechsel **verpflichtet** (§ 1 Abs. 6 S. 2 MB/KK 2013). Dies ist lediglich das Korrelat des Anspruchs des Versicherungsnehmers.

384 – Die erworbenen Rechte bleiben **erhalten** (§ 1 Abs. 6 S. 3 Hs. 1 MB/KK 2013). Das ist nur ein anderes Wort für „Anrechnung".

385 – Die Anrechnung der **Alterungsrückstellung** wird dahingehend präzisiert, dass „die nach den technischen Berechnungsgrundlagen gebildete Rückstellung für das mit dem Alter der versicherten Person wachsende Wagnis (Alterungsrückstellung) ... nach Maßgabe dieser Berechnungsgrundlagen angerechnet" wird (§ 1 Abs. 6 S. 3 Hs. 2 MB/KK 2013). Die technischen Berechnungsgrundlagen des Versicherungsunternehmens legen die Berechnung der Beiträge fest, und zwar nach Maßgabe der Vorschriften des VAG (§ 8a Abs. 1 MB/KK 2013). Damit sind auch zwingend die in § 13 KVAV enthaltenen Vorschriften zur Anrechnung der Alterungsrückstellung Bestandteil der technischen Berechnungsgrundlage (§ 146 Abs. 1 Nr. 4, § 160 S. 1 Nr. 2 VAG). Dies entspricht dem gesetzlichem Tarifwechselrecht (→ Rn. 284 ff.).

386 – Die **Tarifeinschränkungen** für Mehrleistungen (§ 1 Abs. 6 S. 4 Hs. 1 MB/KK 2013) entsprechen den gesetzlichen Vorschriften.

387 – Für die Mehrleistungen sind stets die in den AVB generell geregelten **Wartezeiten** einzuhalten (§ 1 Abs. 6 S. 4 Hs. 2 MB/KK 2013), während das gesetzliche Tarifwechselrecht nach § 204 Abs. 1 S. 1 Nr. 1 Hs. 2 dem Versicherungsunternehmen insoweit nur ein Wahlrecht einräumt. Gleichwohl liegt darin keine den Versicherungsnehmer nach § 208 unzulässigerweise benachteiligende Abweichung. Vielmehr machen die AVB lediglich von dem Wahlrecht in einer bestimmten von § 204 Abs. 1 S. 1 Nr. 1 Hs. 2 eingeräumten Möglichkeit Gebrauch.

388 – Die Berechnung des **angemessenen Risikozuschlags** (§ 1 Abs. 6 S. 4 Hs. 1, § 8a Abs. 4 S. 1 MB/KK 2013) wird dahingehend präzisiert, dass sich der Zuschlag „nach den für den Geschäftsbetrieb des Versicherers zum Ausgleich erhöhter Risiken maßgeblichen Grundsätzen" bemisst (§ 8a Abs. 4 S. 2 MB/KK 2013). Dies entspricht den für das gesetzliche Tarifwechselrecht geltenden Prüfungsmaßstäben (→ Rn. 352 ff.).

---

[172] Begr. zu Art. 6 Nr. 1 Gesetzentwurf 2. Epidemie-SchutzG, BT-Drs. 19/18967, 78.

2. Wechsel in Standardtarif.

§ 19 MB/KK 2013 regelt in **inhaltlicher Übereinstimmung** mit den gesetzlichen Vorschriften den Anspruch versicherter Personen auf Wechsel in den Standardtarif als Zieltarif. Den Wechsel aus dem Standardtarif als Herkunftstarif in einen anderen Zieltarif regeln die MB/ST 2013 (→ Rn. 400 f.).

Nach § 19 S. 4 Hs. 2 MB/KK 2013 beginnt bei einem Wechsel die Versicherung im Standardtarif zum Ersten des Monats, der auf den **Antrag des Versicherungsnehmers** auf Wechsel in den Standardtarif folgt. Danach bedarf es zum Wirksamwerden des Tarifwechsels keiner Annahmeerklärung des Versicherungsunternehmens. Darin liegt in Wirklichkeit keine Ausnahme von dem allgemeinen Grundsatz, dass Verträge durch Antrag und Annahme zustande kommen (→ Rn. 10, 151, 195 ff.); denn diese Form des Zustandekommens war mit dem MB/KK bereits vorab vereinbart worden. Weil die Regelung den Versicherungsnehmer begünstigt, handelt es sich um eine nach § 208 zulässige Abweichung vom gesetzlichen Tarifwechselrecht. Da der einseitige Antrag des Versicherungsnehmers zum Wirksamwerden des Tarifwechsels ausreicht, kann das Versicherungsunternehmen den Tarifwechsel durch Hinausschieben seiner Annahmeerklärung nicht verzögern.

Zu den aus dem Vertrag erworbenen Rechten gehören auch negative Rechtspositionen (→ Rn. 258 ff.) wie zB Tarifeinschränkungen (→ Rn. 270 ff.). Dies regeln die TB/ST auch ausdrücklich. Ein im Herkunftstarif vereinbarter **Risikozuschlag** gilt danach in gleicher prozentualer Höhe auch im Standardtarif (Nr. 1 Abs. 7 S. 1 TB/ST). Allerdings darf dies nicht dazu führen, dass der gesetzliche Höchstbeitrag überschritten wird (Nr. 1 Abs. 7 S. 4 TB/ST), was letztlich auf eine Kappung des Risikozuschlags hinausläuft.

Ein im Herkunftstarif vereinbarter **Leistungsausschluss** wird bei Fortbestehen der Risikoerhöhung in einen Risikozuschlag umgewandelt (Nr. 1 Abs. 7 S. 3 TB/ST). Auch hier darf dies nicht dazu führen, dass der gesetzliche Höchstbeitrag überschritten wird (Nr. 1 Abs. 7 S. 4 TB/ST), was auf eine Kappung des Risikozuschlags hinausläuft.

Wenn der einseitige Antrag des Versicherungsnehmers zum Wirksamwerden des Tarifwechsels ausreicht, hätte das wie bei der Ausübung eines Gestaltungsrechts normalerweise zur Folge, dass automatisch auch **Mehrleistungen** im Standardtarif versichert wären, die sich gegenüber dem Herkunftstarif ergeben, ohne dass das Versicherungsunternehmen hierfür Leistungseinschränkungen verlangen könnte. Zwar mag dieser Fall theoretisch klingen, weil der Standardtarif ohnehin nur Leistungen versichert, die das Leistungsniveau der GKV aufweisen. Indessen ist es nicht ausgeschlossen, dass aufgrund der Produktgestaltungsfreiheit der PKV sich Tarife in der Krankheitskosten-Vollversicherung entwickeln, deren Leistungsniveau zumindest in einigen Leistungsbereichen sich noch unterhalb der GKV-Leistungen bewegt. Hierbei ist insbes. an den Fall zu denken, dass ein solcher Niedrigleistungstarif zB für ambulante Heilbehandlung eine deutlich höhere Selbstbeteiligung vorsieht als der Standardtarif. Dies wäre im Zieltarif eine eindeutige Mehrleistung iSv § 204 Abs. 1 S. 1 Nr. 1 Hs. 2. Auch Nr. 1 Abs. 7 S. 2 TB/ST geht von einer solchen Möglichkeit aus.

Diese Rechtsfolge (→ Rn. 393) tritt jedoch nach den TB/ST nicht ein. Vielmehr kann insoweit ein **Risikozuschlag** verlangt werden (Nr. 1 Abs. 7 S. 2 Hs. 1 TB/ST). Auch hier darf dies nicht dazu führen, dass der gesetzliche Höchstbeitrag überschritten wird (Nr. 1 Abs. 7 S. 4 TB/ST), was auf eine Kappung des Risikozuschlags hinausläuft.

Wird für die Mehrleistungen ein Risikozuschlag verlangt, sind stets auch für die Mehrleistungen **Wartezeiten** einzuhalten (Nr. 1 Abs. 7 S. 2 Hs. 2 TB/ST).

3. Wechsel in Basistarif.

§ 20 MB/KK 2013 regelt in **inhaltlicher Übereinstimmung** mit den gesetzlichen Vorschriften den Anspruch versicherter Personen auf Wechsel in den Basistarif.

Nach dem ausdrücklichen Wortlaut von § 20 MB/KK 2013 muss der Herkunftstarif eine **Krankheitskosten-Vollversicherung** sein. Dies entspricht der ohnehin geltenden Voraussetzung, dass Herkunfts- und Zieltarif gleichartig sein müssen (→ Rn. 101).

II. Tagegeldversicherungen

Die MB/KK 2013 gelten auch für die **Krankenhaustagegeldversicherung**. Insoweit gelten die gleichen Grundsätze wie zur Krankheitskostenversicherung (→ Rn. 380 ff.).

Die §§ 1 Abs. 5, 8a Abs. 4 MB/KT 2013 regeln für die **Krankentagegeldversicherung** in wörtlicher Übereinstimmung mit den entsprechenden AVB-Vorschriften der MB/KK 2013 das vertragliche Tarifwechselrecht. Insoweit gelten die gleichen Grundsätze wie zur Krankheitskostenversicherung (→ Rn. 380 ff.).

III. Standardtarif

1. Grundsatz.

§ 1 Abs. 6 MB/ST 2009 regelt in weitgehend wörtlicher Übereinstimmung mit § 1 Abs. 6 MB/KK 2013 das vertragliche Tarifwechselrecht für einen Wechsel aus dem Standardtarif als **Herkunftstarif** in einen anderen Tarif. Insoweit gelten die gleichen Grundsätze wie zur Krankheitskostenversicherung (→ Rn. 380 ff.).

401 In den früheren Standardtarif mussten ua auch **Beihilfeberechtigte mit einer Behinderung** aufgenommen werden, die sonst überhaupt nicht oder nur zu ungünstigen Konditionen versichert werden konnten (Nr. 1 Abs. 4 TB/ST aF). Wenn diese Personen aus einem normalen Beihilfetarif in den Standardtarif wechselten, waren sie im Standardtarif von demjenigen Risikozuschlag befreit, den sie im Herkunftstarif zu zahlen hatten (Nr. 1 Abs. 8 S. 5 TB/ST aF). Wollen diese Personen aus dem Standardtarif wieder in einen anderen Tarif wechseln, lebt im neuen Zieltarif der im früheren Herkunftstarif festgelegte Risikozuschlag wieder auf (§ 1 Abs. 6 S. 5 MB/ST 2009).

402 **2. Modifizierter Standardtarif.** Für den Wechsel aus dem modifizierten Standardtarif als **Herkunftstarif** gilt § 1 Abs. 5 MB/ST 2007. Ein solcher Wechsel war nur bis 31.12.2008 möglich, weil diese Verträge kraft Gesetzes zum 1.1.2009 in den Basistarif umgestellt wurden (§ 315 Abs. 4 SGB V).

403 Im Falle des Tarifwechsels aus dem modifizierten Standardtarif in einen anderen gleichartigen Tarif wurde für diesen der beim Eintritt in den Standardtarif festgestellte und dokumentierte **Risikozuschlag** zugrunde gelegt (Zusatzvereinbarung mST Nr. 2 zu § 1 MB/ST 2007).

IV. Basistarif

404 § 1 Abs. 8 MB/BT 2009 regelt das vertragliche Tarifwechselrecht für einen Wechsel aus dem Basistarif als **Herkunftstarif** in einen anderen Tarif.

405 Die AVB-Vorschrift lehnt sich eng an den **gesetzlichen Wortlaut** des § 204 Abs. 1 S. 1 Nr. 1 Hs. 4 an.

V. Pflegeergänzungsversicherung

406 Die §§ 1 Abs. 12, 8a Abs. 4 MB/EPV 2009 regeln in wörtlicher Übereinstimmung mit den entsprechenden AVB-Vorschriften der MB/KK 2013 das vertragliche Tarifwechselrecht. Insoweit gelten die **gleichen Grundsätze** wie zur Krankheitskostenversicherung (→ Rn. 380 ff.).

G. Versichererwechselrecht (Abs. 1 S. 1 Nr. 2, Abs. 3)

I. Inhalt und Zweck der Regelung

407 **1. Normgehalt. a) Regelungsinhalt.** Die erst ab 1.1.2009 geltende Vorschrift begründet im Falle eines Versicherwechsels den Anspruch des Versicherungsnehmers, dass sein bisheriger Krankenversicherer die kalkulierte Alterungsrückstellung – soweit sie den Leistungen im Basistarif entspricht – an den neuen Krankenversicherer überträgt (**Portabilität der Alterungsrückstellung**). Der bei dem neuen Versicherungsunternehmen abgeschlossene Vertrag muss eine substitutive Krankenversicherung zum Gegenstand haben.

408 Für den Anspruch auf Übertragung der Alterungsrückstellung gilt eine **Stichtagsregelung:**
– Wenn die gekündigte Krankheitskostenversicherung nach dem 1.1.2009 abgeschlossen wurde, gilt der Anspruch unbeschränkt.
– Wenn die gekündigte Krankheitskostenversicherung vor dem 1.1.2009 abgeschlossen wurde, bestand der Anspruch auf Übertragung der Alterungsrückstellung nur, wenn zwei Voraussetzungen kumulativ erfüllt waren: Die Kündigung des alten Vertrags musste vor dem 1.7.2009 erfolgen sein und der neue Vertrag musste im Basistarif abgeschlossen worden sein.

409 § 204 Abs. 3 dehnt die Übertragung der Alterungsrückstellung beim Versichererwechsel auf die **private Pflege-Pflichtversicherung** (PPV) aus.

410 **b) Bedeutung der Regelung.** Das **Kalkulationsprinzip** der PKV hat zur Folge, dass der Wechsel zu einem anderen Krankenversicherungsunternehmen mit längerer Vertragsdauer sowie steigendem Alter zunehmend erschwert wird. Weil nämlich der aus den Beiträgen gebildete Alterungsrückstellung im Versichertenkollektiv des bisherigen Versicherungsnehmens verbleibt, muss der wechselnde Kunde für den gleichen Versicherungsumfang beim neuen Versicherungsunternehmen wegen des höheren Eintrittsalters einen idR höheren Beitrag zahlen (→ Vor § 192 Rn. 916).

411 Die Neuregelung **reduziert den systembedingten Nachteil** für den wechselwilligen Versicherungsnehmer, indem die kalkulierte Alterungsrückstellung beim Versichererwechsel auf das neue Versicherungsunternehmen übertragen wird. Aufgrund der Übertragung der Alterungsrückstellung

kann dem Beitrag des wechselnden Versicherungsnehmers ein niedrigeres Eintrittsalter zugrunde gelegt werden als dasjenige Alter, das der Versicherungsnehmer im Wechselzeitpunkt tatsächlich erreicht hat.

Die Neuregelung erreicht allerdings **keine unbeschränkte Wechselmöglichkeit,** weil der 412 Wechsel bestimmten Rahmenbedingungen unterliegt:
- Zu übertragen ist nicht die vollständige kalkulierte Alterungsrückstellung des Herkunftstarifs, sondern von dieser nur derjenige Teil des Herkunftstarifs, dessen Leistungen dem Basistarif entsprechen (fiktive Alterungsrückstellung).
- Aus vor dem 1.1.2009 abgeschlossenen Herkunftstarifen konnte der Versicherungsnehmer unter Übertragung der fiktiven Alterungsrückstellung nur wechseln, wenn er bis zum 1.7.2009 gekündigt und den neuen Vertrag im Basistarif abgeschlossen hatte.
- Wenn der Versicherungsnehmer in einen normalen Tarif der substitutiven Krankenversicherung wechseln will, unterliegt er beim neuen Versicherungsunternehmen in vollem Umfang der üblichen Risikoprüfung; insofern begünstigt das Versichererwechselrecht nur gesunde Versicherte, weil ein Versicherter mit Vorerkrankungen einen Risikozuschlag, einen Leistungsausschluss oder sogar die völlige Ablehnung akzeptieren muss. Der Risikoprüfung unterliegt der Versicherte nur dann nicht, wenn er beim neuen Versicherungsunternehmen den Basistarif abschließt (§ 203 Abs. 1 S. 2).

c) **Zweck der Regelung.** Die neue Regelung soll in erster Linie den älteren Versicherten einen 413 **Versichererwechsel erleichtern,** der bisher für sie häufig mit erheblichen Prämienerhöhungen verbunden war.[173]

Von der gleichen Begründung ließ sich der Gesetzgeber leiten, als er die Übertragbarkeit der 414 Alterungsrückstellung auf die **private Pflege-Pflichtversicherung (PPV)** ausdehnte (→ Rn. 409); denn er war der Meinung, dass sich Versicherte anderenfalls an einem Wechsel des Versicherungsunternehmens gehindert sähen.[174] Der Gesetzgeber hat dabei allerdings übersehen, dass in der PPV kein wirkliches Bedürfnis für die Übertragung der Alterungsrückstellung bestand, weil wegen der gesetzlichen Beitragsbeschränkung in der PPV (§ 110 Abs. 1 Nr. 2 lit. e SGB XI) die Beitragshöhe keine Wechselhürde darstellt.

2. Wirkung der Norm. a) Bezweckte Wirkung. Vom **Normzweck** ausgehend 415 (→ Rn. 413), entfaltet die Vorschrift eine rechtliche und eine tatsächliche Wirkung.

Die **rechtliche Wirkung** besteht im Versichererwechselrecht, dh in dem Recht des Versiche- 416 rungsnehmers, unter Übertragung eines fiktiven Teils der kalkulierten Alterungsrückstellung eine substitutive Krankenversicherung bei einem anderen Versicherungsunternehmen abzuschließen. Dieses Recht besteht – abgesehen von den Fällen der Stichtagsregelung (→ Rn. 408) – zeitlich unbegrenzt (→ Rn. 445).

Die **tatsächliche Wirkung** besteht insbes. darin, dass die Übertragung der kalkulierten Alte- 417 rungsrückstellung auf andere Versicherungsunternehmen beim abgebenden Versicherungsunternehmen zu einer systematischen negativen Risikoselektion führt, die beim zurückbleibenden Versicherungsbestand zu außerordentlichen Prämienerhöhungen führt, die das Stadium der Unbezahlbarkeit erreichen können (→ Vor § 192 Rn. 962 ff.; → Vor § 192 Rn. 1111 ff.).

Die **negative Risikoselektion** tritt ein, weil aufgrund der üblicherweise stattfindenden Risiko- 418 prüfung des neuen Versicherungsunternehmens letztlich nur gesunde Versicherte von dem Wechselrecht profitieren. Zwar ist diese Risikoprüfung unzulässig, wenn der Versicherte beim neuen Versicherungsunternehmen nur in den Basistarif wechseln will (§ 203 Abs. 1 S. 2, 3). Einem Versicherten mit Vorerkrankungen ist mit einem Wechsel in den Basistarif jedoch idR nicht gedient, weil dieser die Versicherungsleistungen auf GKV-Niveau reduziert und der Versicherte an einer Reduktion des höheren Versicherungsschutzes gerade dann nicht interessiert sein kann, wenn er diesen höheren Versicherungsschutz wegen seiner Erkrankung besonders benötigt. Müsste ein solcher Versicherungsnehmer aber aus finanziellen Gründen tatsächlich seine Beitragsbelastung vermindern, könnte er schon nach normalem Tarifwechselrecht bei seinem Versicherungsunternehmen einen reduzierten Versicherungsschutz unter Anrechnung seiner vollen Alterungsrückstellung erhalten. Diese anzurechnende Alterungsrückstellung wäre sogar noch höher als die fiktive Alterungsrückstellung bei Wechsel in den Basistarif eines anderen Versicherungsunternehmens. Im Ergebnis ist das Versichererwechselrecht also doch nur für gesunde Versicherte interessant, die ausschließlich aus Gründen der Prämienersparnis in einen normalen Tarif der substitutiven Krankenversicherung eines anderen Versicherungsunternehmens wechseln wollen. Für kranke Versicherte hat das neue Tarifwechselrecht den Charakter einer gesetzlichen „Mogelpackung".

---

[173] Begr. zu Art. 43 Nr. 4 (§ 178f VVG) Fraktionsentwurf GKV-WSG, BT-Drs. 16/3100, 206.
[174] Begr. zu Art. 9 PflegeWEG RegE, BT-Drs. 16/7439, 99.

419 Diese tatsächliche Wirkung muss auch als **vom Gesetzgeber bezweckt** angesehen werden. Die Begründung des Gesetzentwurfs zum GKV-WSG führt nämlich ausdrücklich aus, dass die Portabilität der Alterungsrückstellungen zur Gefahr der Risikoentmischung führe und dass diese Gefahr nicht ausgeschaltet werden könne.[175] Die in der Begründung des Gesetzentwurfs vertretene Ansicht, diese Gefahr werde durch den Risikoausgleich des Basistarifs begrenzt,[176] beruht auf einer Verkennung der tatsächlichen Wirkungen (→ Rn. 418).

420 **b) Weitergehende Wirkung.** Die tatsächliche Wirkung der Norm ist umfassender, als der Gesetzeszweck vermuten lässt, und geht über das gesetzgeberische Ziel und die Motive des Gesetzgebers deutlich hinaus. Diese weitergehende Wirkung äußert sich insbes. in einer wirtschaftspolitisch problematischen **Wettbewerbsverzerrung**.

421 Die Übertragung der kalkulierten Alterungsrückstellung führt zu einer **systematischen Begünstigung** von Versicherungsunternehmen mit jungen Versicherungsbeständen. Hierbei handelt es sich um Versicherungsunternehmen, die in den letzten fünfundzwanzig Jahren neu gegründet worden waren. Diese Versicherungsunternehmen konnten naturgemäß Bestände von jungen und gesunden Versicherten aufbauen, ohne durch die hohen Versicherungsleistungen für ältere Versicherte belastet zu sein. Hinzu kommt bei diesen Versicherungsunternehmen der zusätzliche Selektionseffekt („Mählmann-Effekt"), der – unabhängig vom Alter der Versicherten – von einem neu aufgebauten Bestand an sich ausgeht (→ Vor § 192 Rn. 800; → Vor § 192 Rn. 955). Dadurch konnten diese Versicherungsunternehmen eine deutlich günstigere Kalkulation darstellen, als dies Versicherungsunternehmen mit alten Beständen möglich gewesen wäre. Die systematische Begünstigung dieser Versicherungsunternehmen ergibt sich aus zwei Effekten:

422 – Versicherungsunternehmen mit Beständen von vorwiegend jungen und gesunden Versicherten sind aufgrund ihres **niedrigeren Kalkulations- und Prämienniveaus** per se erheblich weniger dem Wechsel von Versicherten ausgesetzt als Versicherungsunternehmen mit Beständen alter und kranker Versicherter und entsprechend höherem Prämienniveau. Ein Versichererwechsel findet daher schon im Normalfall wie in einer Einbahnstraße von alten Versicherungsunternehmen zu jungen Versicherungsunternehmen statt. Indem der Gesetzgeber mit der Übertragung der Alterungsrückstellung den Versichererwechsel zusätzlich fördert, führt er eine systematische Marktverschiebung unter Begünstigung der jungen Versicherungsunternehmen herbei.

423 – Bestände, die aus vorwiegend neuen Versicherungsverträgen und zusätzlich jungen Versicherten bestehen, haben aufgrund der noch geringen Vertragslaufzeiten und des niedrigen Prämienniveaus erst eine niedrige **kalkulierte Alterungsrückstellung** aufgebaut. Ihr Aufbau befindet sich noch am Beginn der Sparphase (→ Vor § 192 Rn. 948 ff.). Dementsprechend ist der Übertragungswert der kalkulierten Alterungsrückstellung bei diesen Versicherungsunternehmen erheblich niedriger als bei Versicherungsunternehmen mit alten Versicherungsbeständen. Versicherte von jungen Versicherungsunternehmen erhalten daher einen deutlich geringeren finanziellen Anreiz zu einem Versichererwechsel als Versicherte von alten Versicherungsunternehmen. Auch dies führt zu einer systematischen Marktbevorzugung junger Versicherungsunternehmen.

424 **3. Versicherungsaufsichtsrecht.** Nach § 146 Abs. 1 Nr. 5 VAG ist in dem Versicherungsvertrag die **Mitgabe des Übertragungswerts** der fiktiven Alterungsrückstellung beim Versichererwechsel vorzusehen. § 160 S. 1 Nr. 3 VAG erweitert die Verordnungsermächtigung auf den Erlass näherer Bestimmungen zur Berechnung dieses Übertragungswerts. Den Übertragungswert bestimmt im einzelnen § 14 KVAV.

425 Die in § 14 KVAV vorgenommene Berechnung der fiktiven Alterungsrückstellung ist nur aufsichtsrechtlich bindend. Diese Vorschriften des Aufsichtsrechts entfalten **keine unmittelbaren vertragsrechtlichen Wirkungen**. Der Gesetzgeber sowohl des GKV-WSG als auch des VVG-ReformG hatte es versäumt, die aufsichtsrechtlichen Vorschriften in das Versicherungsvertragsrecht zu inkorporieren,[177] wie er dies in § 204 S. 1 VVG 2008 und § 203 Abs. 1 S. 1 getan und auch für notwendig gehalten hatte (→ Rn. 199 ff.).[178]

II. Entstehungsgeschichte

426 Die **Übertragbarkeit der Alterungsrückstellung** ist seit längerer Zeit Gegenstand der öffentlichen Diskussion und Thema unterschiedlichster Sachverständigenkommissionen gewesen (→ Vor § 192 Rn. 916 ff.; → Vor § 192 Rn. 931 ff.). Auch der BGH hatte sich mit dieser Frage eingehend befasst (→ Vor § 192 Rn. 917).

---

[175] Begr. zu Art. 44 Nr. 7 (§ 12g VAG) Fraktionsentwurf GKV-WSG, BT-Drs. 16/3100, 208.
[176] Begr. zu Art. 44 Nr. 7 (§ 12g VAG) Fraktionsentwurf GKV-WSG, BT-Drs. 16/3100, 208.
[177] *Boetius* VersR 2008, 1016 (1018).
[178] Begr. zu Art. 1 (§ 204 VVG) RegE VVG-ReformG, BT-Drs. 16/3945, 114.

Die **VVG-Kommission** hatte in Übereinstimmung mit anderen Sachverständigenkommissionen 427
die Übertragbarkeit der kalkulierten Alterungsrückstellung als nicht durchführbar abgelehnt.[179] Der
RegE zum VVG-ReformG verzichtete darauf, einen vertraglichen Anspruch auf Übertragung der
Alterungsrückstellung vorzusehen, und verwies auf die laufenden Beratungen zur Gesundheitsreform.[180]

Im Rahmen der mit der VVG-Reform zeitgleich ablaufenden **Gesundheitsreform** änderte 428
Art. 43 Nr. 4 GKV-Wettbewerbsstärkungsgesetz (GKV-WSG) v. 26.3.2007 (BGBl. 2007 I 378) den
§ 178f VVG aF durch Einfügung des Versichererwechselrechts (§ 178f Abs. 1 S. 1 Nr. 2 VVG aF)
mit Wirkung ab 1.1.2009 (Art. 46 Abs. 9 GKV-WSG).

Die **VVG-Reform** fußte naturgemäß auf dem RegE zum VVG-ReformG (→ Rn. 427) und 429
befasste sich in Art. 1 VVG-ReformG mit dem Versichererwechselrecht demzufolge nicht. Erst im
Zuge der Ausschussberatungen konnten die inzwischen vom GKV-WSG beschlossenen Änderungen
des VVG aF berücksichtigt werden. Dies geschah in einer gesetzestechnisch unglücklichen Form:[181]
Die in Art. 1 VVG-ReformG gerade erst reformierten Vorschriften zur Krankenversicherung wurden in Art. 11 Abs. 1 VVG-ReformG durch eine Neufassung ersetzt, welche die versicherungsvertragsrechtlichen Regelungen des GKV-WSG inhaltsgleich übernahm.[182]

Art. 9 PflegeWEG v. 28.5.2008[183] fügte den neuen § 204 Abs. 2 aF (= § 204 Abs. 3) ein, 430
der die Übertragung der Alterungsrückstellung beim Versichererwechsel auf die **private Pflege-Pflichtversicherung (PPV)** ausdehnt.

Art. 45 Nr. 7 GKV-WSG hatte zur näheren Bestimmung des **Übertragungswerts** 431
(→ Rn. 424) die KalV aF um einen neuen § 13a ergänzt. Weil sich diese Vorschrift als praxisuntauglich erwies, wurde § 13a KalV aF durch Art. 1 Nr. 4 2. KalVÄndV v. 5.1.2009[184] neu gefasst.

Weil zweifelhaft war, ob § 12c VAG aF eine ausreichende Ermächtigungsgrundlage bot, im 432
Falle eines mehrfachen Versicherer- bzw. Tarifwechsels die Anrechnung der Alterungsrückstellung
von einer **Mindestverweildauer im Basistarif** abhängig zu machen,[185] wurde noch vor Erlass der
2. KalVÄndV (→ Rn. 431) § 12c Abs. 1 S. 1 VAG aF um Nr. 2b ergänzt (Art. 6a GKV-OrgWG
v. 15.12.2008.[186]

III. Sachlicher Anwendungsbereich

1. Bisheriger Vertrag. Der Anspruch des Versicherungsnehmers auf Übertragung der Alte- 433
rungsrückstellung im Falle des Versichererwechsels setzt ein bestehendes Versicherungsverhältnis
voraus. Damit sind zunächst alle **Formen der Krankenversicherung** betroffen. Einschränkungen
hinsichtlich der Krankenversicherungsform ergeben sich erst mittelbar aus § 204 Abs. 1 S. 1 Nr. 2
lit. a, b.

Bei der gekündigten Krankenversicherung muss es sich um eine **Krankheitskostenversiche-** 434
rung handeln. Krankheitskostenversicherungen sind alle Krankenversicherungen, bei denen die
versicherte Leistung im Ersatz von Krankheitskosten besteht. Es handelt sich hierbei stets um Schadensversicherung (→ Vor § 192 Rn. 669). Summenversicherungen – wie die meisten Formen der
Tagegeldversicherung – (→ Vor § 192 Rn. 668) können somit im Fall der Kündigung keinen
Anspruch auf Übertragung der Alterungsrückstellung auslösen.

Bei der gekündigten Versicherung muss es sich um eine **substitutive Krankenversicherung** 435
handeln. Der einschränkende Relativsatz „der ganz oder teilweise den im gesetzlichen Sozialversicherungssystem vorgesehenen Krankenversicherungsschutz ersetzen kann" ist auf den gesamten unmittelbar vorhergehenden Hauptsatz mit den durch „und" verbundenen Worten „Kündigung des Vertrags" und „Abschluss eines neuen Vertrags" zu beziehen. Auch dem Sinn der Vorschrift ist zu
entnehmen, dass der gleichzeitige Abschluss eines neuen Vertrags den gekündigten Vertrag ersetzen
und beide Verträge die gleiche Qualität haben müssen. Zu den Begriffsmerkmalen der substitutiven
Krankenversicherung → Vor § 192 Rn. 635 ff.

Die **Gesetzesmaterialien** bestätigen dieses Ergebnis. Die Portabilität der Alterungsrückstellung 436
sollte sich primär auf den „Umfang des Basistarifs" beziehen.[187] In erster Linie hatte der Gesetzent-

---

[179] *Lorenz*, Abschlussbericht der VVG-Kommission, VersR-Schriftenreihe Bd. 25, 2004, S. 147 f., Abschn. 1.3.2.4.2.3.1.
[180] Begr. Abschn. A II 10 RegE VVG-ReformG, BT-Drs. 16/3945, 55.
[181] *Boetius*, Private Krankenversicherung nach der Gesundheitsreform und der VVG-Reform, 2008, S. 5 ff.
[182] Bericht des Rechtsausschusses zu Art. 11 VVG-ReformG, BT-Drs. 16/5862, 101.
[183] BGBl. 2008 I 874.
[184] BGBl. 2009 I 7.
[185] Beschlussempfehlung und Bericht des Gesundheitsausschusses zu Art. 6a (VAG) RegE GKV-OrgWG, BT-Drs. 16/10609, 72.
[186] BGBl. 2008 I 2426.
[187] Begr. Abschn. A II 13 Fraktionsentwurf GKV-WSG, BT-Drs. 16/3100, 92.

wurf den Fall vor Augen, dass der Versicherungsnehmer *im Basistarif* das Versicherungsunternehmen wechselt. Der Basistarif ist substitutive Krankenversicherung. Wenn der Versicherungsnehmer aus einem anderen Tarif wechseln wollte, sollte die vorhandene Alterungsrückstellung „höchstens in der Höhe" übertragen werden, die dem Leistungsniveau des Basistarifs entspricht.[188] Auch daraus wird deutlich, dass der alte Vertrag mindestens die Leistungsqualität des Basistarifs haben sollte.

437　　Der Versicherungsnehmer hat somit keinen Anspruch auf Übertragung der Alterungsrückstellung, wenn er eine **nicht-substitutive Krankheitskostenversicherung** kündigt und eine substitutive Krankenversicherung bei einem anderen Versicherungsunternehmen abschließt.[189]

438　　**2. Neuer Vertrag.** Der bei einem anderen Versicherungsunternehmen abgeschlossene Vertrag muss die Merkmale einer **substitutiven Krankenversicherung** erfüllen (→ Rn. 435).

439　　Wenn die Vorversicherung bei dem bisherigen Versicherungsunternehmen **nach dem 1.1.2009** abgeschlossen wurde, braucht der neue Vertrag bei dem neuen Versicherungsunternehmen keine weiteren Voraussetzungen zu erfüllen (§ 204 Abs. 1 S. 1 Nr. 2 lit. a). Das bedeutet, dass jeder neue Vertrag, der die Begriffsmerkmale einer substitutiven Krankenversicherung erfüllt, den Anspruch auf Übertragung der Alterungsrückstellung auslöst (zu den Begriffsmerkmalen → Vor § 192 Rn. 635 ff.).

440　　Wenn die Vorversicherung bei dem bisherigen Versicherungsunternehmen **vor dem 1.1.2009** abgeschlossen und vor dem 1.7.2009 gekündigt worden war, musste der neue Vertrag bei dem anderen Versicherungsunternehmen im *Basistarif* abgeschlossen werden (§ 204 Abs. 1 S. 1 Nr. 2 lit. b). Der Abschluss anderer Tarife der substitutiven Krankenversicherung löste den Anspruch auf Übertragung der Alterungsrückstellung nicht aus.[190] Diese Regelung verstößt nicht gegen den allgemeinen Gleichheitssatz aus Art. 3 Abs. 1 GG.[191]

441　　**3. Gruppenversicherung.** Der Anspruch auf Übertragung der Alterungsrückstellung beim Wechsel des Versicherungsunternehmens steht dem **Versicherungsnehmer** zu. Der in einem Gruppenversicherungsvertrag Versicherte kann diesen Anspruch nicht geltend machen, wenn er aus dem Gruppenversicherungsvertrag ausscheiden und eine Einzelversicherung bei einem anderen Versicherungsunternehmen abschließen will.

442　　Der in einem Gruppenversicherungsvertrag **Versicherte** kann allerdings unter den Voraussetzungen des § 204 Abs. 1 S. 1 Nr. 1 Hs. 1 zunächst in einen anderen gleichartigen Einzelversicherungstarif des Versicherungsunternehmens wechseln (→ Rn. 116 ff.) und anschließend das Versichererwechselrecht nach § 204 Abs. 1 S. 1 Nr. 2 ausüben, sofern im Übrigen hierfür die gesetzlichen Voraussetzungen erfüllt sind.

443　　Wenn der **Versicherungsnehmer einer Einzelversicherung** den Vertrag kündigt und der bei einem anderen Versicherungsunternehmen bestehenden Gruppenversicherung beitreten will, hat er keinen Anspruch auf Übertragung der Alterungsrückstellung. § 204 Abs. 1 S. 1 Nr. 2 verlangt Identität des Vertragspartners des jeweiligen Versicherungsunternehmens: Den bisherigen Vertrag Kündigender und den neuen Vertrag Abschließender müssen dieselbe Person sein. Der Beitritt zu einer Gruppenversicherung, den eine andere Person als Versicherungsnehmer abgeschlossen hat, ist kein Abschluss eines neuen Vertrags iSv § 204 Abs. 1 S. 1 Nr. 2 lit. a.

444　　**4. Private Pflege-Pflichtversicherung (PPV).** Die Grundsätze des Versichererwechselrechts gelten kraft der ausdrücklichen Vorschrift des § 204 Abs. 3 auch für die PPV.

444a　　**5. Anwartschaftsversicherung.** Das Versichererwechselrecht ist nicht gegeben, wenn der Vertrag bei dem bisherigen Versicherungsunternehmen oder beim neuen Versicherungsunternehmen eine Anwartschaftsversicherung darstellt.[192] Zwar ist die Anwartschaftsversicherung kein eigener Tarif, sondern nur die besondere Durchführungsform eines Tarifs (→ Rn. 139). Voraussetzung für das Tarifwechselrecht ist jedoch, dass bisheriger und neuer Vertrag auch in der Durchführung alle Merkmale einer **aktiven substitutiven Krankenversicherung** erfüllen (→ Rn. 435, 438). Das ist bei einer auf Anwartschaft gesetzten substitutiven Krankenversicherung nicht der Fall, weil während der Anwartschaft keine Leistungsansprüche bestehen.

IV. Zeitlicher Anwendungsbereich

445　　Der Anspruch auf Übertragung der Alterungsrückstellung beim Wechsel des Versicherungsunternehmens ist **nicht befristet**. Der Versicherungsnehmer kann den Anspruch nach Erfüllung der

---

[188] Begr. Abschn. A II 13 Fraktionsentwurf GKV-WSG, BT-Drs. 16/3100, 92.
[189] Ebenso *Brand* in Bruck/Möller VVG § 204 Rn. 63.
[190] BGH r+s 2013, 238; 2013, 239 = VersR 2013, 612.
[191] BVerfG r+s 2013, 442.
[192] AM, *Marko* in Marlow/Spuhl Neues VVG Rn. 1376; *Marko* in HK-VVG § 204 Rn. 64 für den Fall, dass nur der bisherige Vertrag eine Anwartschaftsversicherung ist.

gesetzlichen Voraussetzungen zu jedem Zeitpunkt geltend machen. Es gelten keine Ausschluss- oder Erklärungsfristen. Der Anspruch unterliegt jedoch den allgemeinen Verjährungsvorschriften. Da es sich um einen Anspruch aus dem Versicherungsvertrag handelt, ist § 15 anzuwenden. Die Geltendmachung des Anspruchs kann außerdem nach den allgemeinen Rechtsgrundsätzen der Verwirkung ausgeschlossen sein.

V. Konformität mit höherrangigem Recht

Das durch § 204 Abs. 1 S. 1 Nr. 2 eingeführte Recht auf Übertragung der kalkulierten Alterungsrückstellung beim Versichererwechsel greift tief in **höherrangige Rechtspositionen** sowohl der Versicherungsunternehmen wie der Versicherten ein. Dieses Recht verstößt sowohl gegen Verfassungsrecht wie gegen europäisches Unionsrecht (→ Vor § 192 Rn. 1111 ff.). 446

VI. Voraussetzungen

1. Vorversicherung. a) Versicherungsform. Die bei dem bisherigen Versicherungsunternehmen bestehende Versicherung (Vorversicherung) muss bestimmte **sachliche Anforderungen** erfüllen; → Rn. 433 ff. 447

b) Kündigung. Die Vorversicherung muss **wirksam** gekündigt sein. Eine unwirksame Kündigung löst auch dann keinen Anspruch auf Übertragung der Alterungsrückstellung aus, wenn der Versicherungsnehmer – möglicherweise in der irrigen Annahme der Wirksamkeit – bei einem anderen Versicherungsunternehmen einen neuen Krankenversicherungsvertrag abschließt. 448

Der Gesetzeswortlaut sagt nicht, welcher Vertragspartner den Vertrag gekündigt haben muss. In erster Linie handelt es sich um Kündigungen des **Versicherungsnehmers**. 449

Weil es sich bei der Vorversicherung um eine substitutive Krankenversicherung handeln muss (→ Rn. 435 ff.), ist eine ordentliche Kündigung des **Versicherers** ohnehin ausgeschlossen (§ 206 Abs. 1 S. 2). § 206 Abs. 1 S. 1 schließt darüber hinaus auch solche außerordentlichen Kündigungen des Versicherungsunternehmens aus wichtigem Grund aus, die auf Prämienverzug des Versicherungsnehmers gestützt werden (→ Vor § 192 Rn. 1095). 450

Außerordentliche Kündigungen des Versicherungsunternehmens aus anderen wichtigen Gründen bleiben auch für substitutive Krankenversicherung möglich (→ Vor § 192 Rn. 822 ff.; → Vor § 192 Rn. 1095). Auf solche Fälle ist § 204 Abs. 1 S. 1 Nr. 2 gleichwohl nicht anzuwenden. Der Anspruch auf Übertragung der Alterungsrückstellung wurde eingeführt, um „die Wahl- und Wechselmöglichkeiten des Versicherten" zu verbessern.[193] Die Alterungsrückstellung sollte übertragen werden für „Versicherungsnehmer, die aus einem anderen Tarif in einen Vollversicherungstarif bei einem anderen PKV-Unternehmen wechseln".[194] Nach dem Gesetzeszweck sollten damit nur solche Verträge erfasst werden, deren Kündigung vom Versicherungsnehmer ausging. Dieses von Beginn an schon im ursprünglichen Gesetzentwurf verfolgte Gesetzesmotiv wurde auch nicht durch das generelle Kündigungsverbot des § 206 Abs. 1 S. 1 gegenstandslos; denn dieses Kündigungsverbot wurde erst später im Zuge der parlamentarischen Beratungen durch den Gesundheitsausschuss eingefügt.[195] 451

Auch der **Normzweck** gebietet diese Auslegung. Die außerordentliche Kündigung einer substitutiven Krankenversicherung ist nur unter ganz engen Voraussetzungen möglich, wenn der Versicherungsnehmer eine besonders schwere Vertragsverletzung begeht (→ Vor § 192 Rn. 822 f.). Der Versicherungsnehmer ist in einem solchen Fall nicht mehr schutzbedürftig. Dem Versicherungsunternehmen würde seine einzig verbliebene Reaktionsmöglichkeit entwertet und damit in vielen Fällen auch genommen, wenn es den grob vertragsbrüchigen Versicherungsnehmer mit der Übertragung der Alterungsrückstellung „belohnen" müsste. Damit bliebe der Vertragsbruch für den Versicherungsnehmer wirtschaftlich so gut wie folgenlos. Völlig schutzlos bleibt der Versicherungsnehmer dennoch nicht; denn der Zugang in den Basistarif des anderen Versicherungsunternehmens bleibt ihm stets möglich. 452

c) Sonstige Vertragsbeendigung. Das Versichererwechselrecht nach § 204 Abs. 1 S. 1 Nr. 2, Abs. 3 besteht nur, wenn die Vorversicherung durch Kündigung beendet wird. Die Vorschrift ist auf **andere Beendigungsgründe** auch nicht entsprechend anwendbar. Darunter fallen insbes. Rücktritt und Anfechtung.[196] 452a

---

[193] Begr. Abschn. A II 13 Fraktionsentwurf GKV-WSG, BT-Drs. 16/3100, 92.
[194] Begr. Abschn. A II 13 Fraktionsentwurf GKV-WSG, BT-Drs. 16/3100, 92.
[195] Beschlussempfehlung des Gesundheitsausschusses zu Art. 43 Nr. 7 (§ 178i VVG) Fraktionsentwurf GKV-WSG, BT-Drs. 16/4200, 206.
[196] Ebenso OLG Dresden r+s 2018, 376 Rn. 4; *Brand* in Bruck/Möller VVG § 204 Rn. 57.

452b Im Fall der **Insolvenz des Versicherungsunternehmens** erlöschen die nach Art der Lebensversicherung betriebenen Krankenversicherungen sowie die PPV kraft Gesetzes mit Eröffnung des Insolvenzverfahrens (§ 316 S. 1 Nr. 2, 3 VAG). Die Anspruchsberechtigten haben in diesem Fall Ansprüche auf das Sicherungsvermögen (§ 316 S. 2 VAG). Übertragung der Alterungsrückstellung bei Abschluss eines neuen Vertrages nach § 204 Abs. 1 S. 1 Nr. 2 können sie nicht verlangen.

453 **2. Neuer Versicherungsvertrag. a) Krankenversicherung.** Die bei dem neuen Versicherungsunternehmen abgeschlossene Versicherung muss bestimmte **Anforderungen** erfüllen; → Rn. 438 ff.

454 Der neue Versicherungsvertrag muss nach dem Gesetzeswortlaut bei einem anderen **Krankenversicherer** abgeschlossen sein. Diese Wortwahl ist ungewöhnlich, weil das VVG auch in den die Krankenversicherung betreffenden Vorschriften stets nur vom „Versicherer" spricht. Der abweichende Wortlaut hat indessen keine sachliche Bedeutung. Er ist auf den Gesetzentwurf zum GKV-WSG zurückzuführen.[197] Die Begründung des Gesetzentwurfs spricht jedoch nur von „privaten Versicherungsunternehmen".[198] Auch § 204 Abs. 3 verwendet nur den Begriff „Versicherer".

455 **b) Gleichzeitiger Abschluss.** Der Versicherungsnehmer muss den neuen Versicherungsvertrag **wirksam** abgeschlossen haben.

456 Der Vertragsabschluss muss **gleichzeitig** erfolgen. Das Merkmal der Gleichzeitigkeit bezieht sich nicht auf den Zeitpunkt der Rechtshandlungen des Versicherungsnehmers, die zur Kündigung der Vorversicherung und zum Abschluss des neuen Vertrages führen. Die Gleichzeitigkeit bezieht sich vielmehr auf den Zeitpunkt des Wirksamwerdens der Vertragsrechtsänderungen:[199] Das Ende der Vorversicherung und der Beginn des neuen Vertrags müssen gleichzeitig sein, dh auf denselben Zeitpunkt fallen, so dass der Versicherungsschutz des Versicherungsnehmers nicht unterbrochen wird. Dies ergibt sich aus dem Zusammenhang der durch das GKV-WSG neu geschaffenen Vorschriften zur Versicherungspflicht. Danach kann nämlich ein die Versicherungspflicht erfüllender Krankenversicherungsvertrag nur dann wirksam gekündigt werden, wenn ein neuer Vertrag bei einem anderen Versicherungsunternehmen abgeschlossen wird (§ 205 Abs. 6 S. 1), der zu einem Versicherungsschutz „ohne Unterbrechung" führt (§ 205 Abs. 6 S. 2). Für die analoge Vorschrift zur PPV nach § 204 Abs. 3 sprechen die Gesetzesmaterialien dementsprechend auch nur davon, dass der Versicherungsschutz „nahtlos" fortgesetzt werde.[200]

VII. Rechtsfolgen

457 **1. Kalkulierte Alterungsrückstellung. a) Grundsatz.** Nach § 204 Abs. 1 S. 1 Nr. 2 ist die kalkulierte Alterungsrückstellung zu übertragen. Das Gesetz sagt nicht, was darunter zu verstehen ist. Der **Begriff** der kalkulierten Alterungsrückstellung wird somit vorausgesetzt. Nach § 204 Abs. 3 ist beim Wechsel des Versicherten in der PPV die „für ihn" kalkulierte Alterungsrückstellung zu übertragen. Der insoweit abweichende Wortlaut ist rechtlich bedeutungslos; gemeint ist auch hier die kalkulierte Alterungsrückstellung, also die konkrete prospektive individuelle Alterungsrückstellung (→ Vor § 192 Rn. 944 ff.), obwohl die Gesetzesmaterialien irreführend von der „Portabilität der individuellen Alterungsrückstellungen" sprechen.[201] Tatsächlich sollte nämlich die Portabilität der Alterungsrückstellung in der PPV im „Gleichklang" mit der Krankenversicherung erfolgen.[202]

458 Kalkulierte Alterungsrückstellung ist zunächst die aus den **Tarifbeiträgen** gebildete, dh in diese einkalkulierte Alterungsrückstellung (→ Vor § 192 Rn. 878, 880; → § 203 Rn. 336).

459 Der **gesetzliche Beitragszuschlag** nach § 149 VAG ist im eigentlichen Sinn nicht in die Beiträge einkalkuliert. Gleichwohl teilt er das gleiche Schicksal wie die beitragskalkulierte Alterungsrückstellung. Auch er ist ein kalkulatorischer Wert (→ Vor § 192 Rn. 924 ff.) und daher Teil der kalkulierten Alterungsrückstellung iSv § 204 Abs. 1 S. 1 Nr. 2.

460 Nach § 204 Abs. 1 S. 1 Nr. 2 ist von der kalkulierten Alterungsrückstellung nur derjenige Teil der Vorversicherung zu übertragen, dessen Leistungen dem **Basistarif** entsprechen. Die Alterungsrückstellung ist damit zu zerlegen in einen Teil, der sich am Basistarif orientiert, und einen überschießenden Teil. Der am Basistarif orientierte Teil ist derjenige Betrag, der sich ergeben würde, wenn

---
[197] Art. 43 Nr. 4a (§ 178f VVG) Fraktionsentwurf GKV-WSG, BT-Drs. 16/3100, 80.
[198] Begr. zu Art. 43 Nr. 4a (§ 178f VVG) Fraktionsentwurf GKV-WSG, BT-Drs. 16/3100, 206.
[199] Ebenso OLG Dresden r+s 2018, 376 Rn. 7.
[200] Begr. zu Art. 9 RegE PflegeWEG, BT-Drs. 16/7439, 99.
[201] Begr. zu Art. 9 RegE PflegeWEG, BT-Drs. 16/7439, 98.
[202] Begr. zu Art. 9 RegE PflegeWEG, BT-Drs. 16/7439, 98.

der Versicherte vom Beginn der Vorversicherung an (nur) im Basistarif versichert gewesen wäre. So sieht es auch das Versicherungsaufsichtsrecht (§ 14 Abs. 1 S. 1 Nr. 2, S. 3 KVAV).

Nach dem Wortlaut des § 204 Abs. 1 S. 1 Nr. 2 bezieht sich der am Basistarif orientierte, **461** übertragungsfähige Teil auf „die kalkulierte Alterungsrückstellung". Die Reduktion erfasst damit **alle Bestandteile** der kalkulierten Alterungsrückstellung.

Bestandteil der kalkulierten Alterungsrückstellung ist auch der **gesetzliche Beitragszuschlag**. **462** (→ Vor § 192 Rn. 929). Von dem gesetzlichen Beitragszuschlag ist folglich nur derjenige Teil zu übertragen, der auf den am Basistarif orientierten Betrag der beitragskalkulierten Alterungsrückstellung entfällt. Nach § 14 Abs. 1 S. 1 Nr. 1 KVAV soll zwar „die aus dem Beitragszuschlag" nach § 149 VAG entstandene Alterungsrückstellung in den Übertragungswert einfließen, womit offenbar der volle Beitragszuschlag gemeint ist. Diese Vorschrift entfaltet indessen keine vertragsrechtliche Wirkung (→ Rn. 468).

Ist die tatsächliche kalkulierte Alterungsrückstellung der Vorversicherung **niedriger** als der am **463** Basistarif orientierte Teil, kann nur der tatsächliche niedrigere Betrag übertragen werden.[203]

b) Altbestand. Der Versichererwechsel aus einer vor dem 1.1.2009 abgeschlossenen Kranken- **464** versicherung (Altbestand) war nur möglich, wenn der Versicherungsnehmer beim neuen Versicherungsunternehmen den Basistarif abgeschlossen und die Vorversicherung im Zeitfenster zwischen dem 1.1. und 1.7.2009 gekündigt hatte (§ 204 Abs. 1 S. 1 Nr. 2 lit. b). Für diesen Fall stellte sich die Frage, welcher **Zeitraum** der Berechnung des übertragungsfähigen Teils der Alterungsrückstellung zugrunde zu legen war.

Das GKV-WSG verfolgte mit der Einführung des Basistarifs und des Versichererwechselrechts **465** das **Ziel**, „die Alterungsrückstellung des Basistarifs" zu übertragen.[204] Die Übertragbarkeit der Alterungsrückstellung (Portabilität) wurde an bestimmte Voraussetzungen geknüpft, die ein Versicherungstarif erfüllen muss und die für den Basistarif erfüllt werden.[205] Daraus folgt, dass der Berechnung des übertragungsfähigen Teils der Alterungsrückstellung nach § 204 Abs. 1 S. 1 Nr. 2 lit. b auch nur derjenige Zeitraum zugrunde gelegt werden kann, in dem der Basistarif überhaupt abgeschlossen werden konnte. Übertragungsfähiger Teil der Alterungsrückstellung einer Vorversicherung des Altbestands ist daher nur diejenige Alterungsrückstellung, die nach dem 1.1.2009 in der Vorversicherung aufgebaut wurde. Zwar sollte ausweislich der Gesetzesmaterialien mit § 13a KalV aF (= § 14 KVAV) für den Bestand eine fiktive Berechnung der Alterungsrückstellung im Basistarif „auch für Zeiten vor dessen Einführung" durchgeführt werden.[206] Diese zur KalV aF geäußerte Vorstellung des Gesetzgebers hat jedoch keine rechtliche Bedeutung, weil der Gesetzgeber versäumt hatte, die Vorschriften des Versicherungsaufsichtsrechts in das VVG zu inkorporieren (→ Rn. 425).

Vor dem 1.1.2009 aufgebaute Alterungsrückstellungen können auch deswegen nicht der Über- **466** tragung zugrunde gelegt werden, weil sie nach altem Recht aufgrund der die „Vererbung" berücksichtigenden früheren **Abgangswahrscheinlichkeiten** gebildet worden sind (→ § 203 Rn. 281) und damit nach Art. 14 GG einem erhöhten Bestandsschutz unterliegen. Die Übertragbarkeit der Alterungsrückstellung erfordert neue Rechnungsgrundlagen, die dem Altbestand erst ab 1.1.2009 zugrunde gelegt werden können. Folglich kann bei verfassungskonformer Auslegung erst die mit den neuen Rechnungsgrundlagen aufgebaute Alterungsrückstellung für eine Übertragung in Betracht kommen.

2. Übertragungswert. a) Fiktive Alterungsrückstellung. Das **Versicherungsaufsichts-** **467** **recht** verwendet statt des Begriffs der kalkulierten Alterungsrückstellung denjenigen des „Übertragungswerts" (§ 146 Abs. 1 Nr. 5 VAG) und definiert ihn in § 14 Abs. 1 KVAV iVm § 160 S. 1 Nr. 3 VAG. Der Übertragungswert besteht danach aus dem gesetzlichen Beitragszuschlag nach § 149 VAG und der Alterungsrückstellung für die gekündigten Tarife, höchstens jedoch einem Wert, der sich am Basistarif orientiert. § 14 Abs. 1 S. 1 Nr. 2, Abs. 2 S. 1 Nr. 2 KVAV führen für den zweiten Teil des Übertragungswerts – dh den durch den Basistarif maximierten Wert der Alterungsrückstellung – als Legaldefinition den Begriff der fiktiven Alterungsrückstellung ein.

Grammatikalisch und nach der Stellung im Gesetz bezieht sich in § 14 Abs. 1 S. 1 Nr. 2, Abs. 2 **468** S. 1 Nr. 2 KVAV die mit den Worten „bis zur Höhe" eingeleitete **Beschränkung** (auf den am Basistarif orientierten Wert der fiktiven Alterungsrückstellung) auf die „Alterungsrückstellung für die gekündigten Tarife" und nicht auch auf den davor in Nr. 1 genannten „Beitragszuschlag". Danach müsste der Beitragszuschlag in voller Höhe übertragen werden. Dies steht aber im Widerspruch zu

---

[203] Begr. zu Art. 45 Nr. 7 (§ 13a KalV) Fraktionsentwurf GKV-WSG, BT-Drs. 16/3100, 209.
[204] Begr. Abschn. A II 13 Abs. 5 Fraktionsentwurf GKV-WSG, BT-Drs. 16/3100, 92.
[205] Begr. zu Art. 43 Nr. 4 (§ 178f VVG) Fraktionsentwurf GKV-WSG, BT-Drs. 16/3100, 206.
[206] Begr. zu Art. 45 Nr. 7 (§ 13a KalV) Fraktionsentwurf GKV-WSG, BT-Drs. 16/3100, 209.

der vertragsrechtlichen Regelung des § 204 (→ Rn. 461 f.). Weil der Gesetzgeber versäumt hatte, die Vorschriften des Versicherungsaufsichtsrechts in das Versicherungsvertragsrecht zu inkorporieren (→ Rn. 425), entfaltet die in § 14 KVAV enthaltene abweichende Regelung keine vertragsrechtliche Wirkung.[207] Das VVG selbst enthält auch keine Verordnungsermächtigung zum Erlass von Vorschriften, die den Begriff der übertragungsfähigen kalkulierten Alterungsrückstellung iSv § 204 Abs. 1 S. 1 Nr. 2 näher ausfüllen. Wäre dies mit § 14 KVAV beabsichtigt gewesen, verstieße die Vorschrift gegen Art. 80 Abs. 1 S. 2 GG. Daran ändert auch die Tatsache nichts, dass § 13a KalV aF in formeller Hinsicht zunächst nicht durch den Verordnungsgeber, sondern durch den Gesetzgeber eingefügt wurde (Art. 45 Nr. 7 GKV-WSG); die durch die 2. KalVÄndV v. 5.1.2009[208] geänderte Fassung des § 13a KalV aF hatte auch formell wieder Verordnungsrang.

469 § 13a Abs. 2 S. 2 KalV aF idF von Art. 45 Nr. 7 GKV-WSG befasste sich mit der Frage, welche Rechnungsgrundlagen für Versicherungszeiten vor dem 1.1.2009 zu verwenden sind, womit offenkundig die Übertragung der Alterungsrückstellung einer vor dem 1.1.2009 abgeschlossenen Vorversicherung des **Altbestands** (→ Rn. 464) gemeint war. Die Vorschrift ging davon aus, dass auch vor dem 1.1.2009 aufgebaute Alterungsrückstellungen einer solchen Vorversicherung zu übertragen sind. Der durch die 2. KalVÄndV v. 5.1.2009[209] neu gefasste § 13a Abs. 2 KalV aF (= § 14 Abs. 2 KVAV) änderte hieran im Ergebnis nichts. Die Vorschrift bezieht sich jetzt nämlich ausdrücklich auf „vor dem 1.1.2009 abgeschlossene Verträge"; mit dem aus Praktibilitätsgründen eingeführten „anrechenbaren Alter der Versicherten" (§ 14 Abs. 2 S. 4 KVAV) soll die Vorversicherungszeit mit dem gesamten Versicherungsverlauf abgebildet werden.[210] § 14 Abs. 4 S. 1 KVAV sieht eine Beschränkung des Übertragungswerts auf Versicherungszeiten nach dem 1.1.2009 nur für den Fall vor, dass der Versicherte aus einer vor dem 1.1.2009 abgeschlossenen Vorversicherung bei einem neuen Versicherungsunternehmen in einen Tarif wechselt, der die Mitgabe eines Übertragungswerts vorsieht – ohne dass hierbei ein Fall des § 204 Abs. 1 S. 1 Nr. 2 lit. b VVG, § 152 Abs. 2 S. 2 VAG vorliegt –, und anschließend zu einem dritten Versicherungsunternehmen wechselt (→ § 203 Rn. 331).

470 Die Übertragung von vor dem 1.1.2009 aufgebauten Alterungsrückstellungen im Altbestand widerspricht der vertragsrechtlich maßgebenden Rechtslage nach § 204 Abs. 1 S. 1 Nr. 2 lit. b und ist wegen der unterlassenen Inkorporierung des Aufsichtsrechts in § 204 unwirksam (→ Rn. 465 f.; → Rn. 425).[211]

471 **b) Mehrfacher Wechsel.** Die Berechnung des Übertragungswerts für wechselnde Versicherte des **Altbestands** nach 14 Abs. 2 KVAV (→ Rn. 469) hätte zur Folge, dass der Übertragungswert die Vorversicherungszeit mit dem gesamten Versicherungsverlauf abbilden würde und mit dieser Altbestandshistorie dauerhaft portabel wäre. Der Versicherte könnte also anschließend mit dem vollen Übertragungswert in den Normaltarif eines dritten Versicherungsunternehmens wechseln, was zu einer Risikoentmischung im Basistarif führen würde. Entsprechend der gleich gelagerten Situation beim Tarifwechsel nach § 13 Abs. 2 KVAV (→ Rn. 289 ff.; → Rn. 304) will § 14 Abs. 5 S. 2 KVAV dies durch eine 18-monatige Mindestverweildauer im Basistarif verhindern. Diese Zeitspanne ist der vor einem Kassenwechsel in der GKV einzuhaltenden Mindestverweildauer nachgebildet (§ 175 Abs. 4 S. 1 SGB V).[212] § 14 Abs. 5 KVAV sollte danach die Möglichkeit eröffnen, „einmalig nach Ablauf der Mindestverweildauer unter Mitnahme des vollen Übertragungswerts in den Basistarif eines dritten Unternehmens zu wechseln".[213] Die Vorschrift setzt zunächst voraus, dass der erste Wechsel in den Basistarif im Zeitfenster 1.1. – 30.6.2009 (§ 204 Abs. 1 S. 1 Nr. 2 lit. b) erfolgte. Der Übertragungswert berechnet sich nach den für den Altbestand (→ Rn. 464 ff.) geltenden Regeln (§ 14 Abs. 5 S. 1 KVAV). Der zweite Versichererwechsel in den Basistarif eines dritten Versicherers unterliegt nur dann den allgemeinen Regeln des § 14 Abs. 1 KVAV, wenn der Versicherte im Basistarif des zweiten Versicherers wenigstens 18 Monate lang versichert gewesen war (§ 14 Abs. 5 S. 2 KVAV). Wenn die Mindestverweildauer von 18 Monaten **unterschritten** wird, greift die Grundsatzregel des § 14 Abs. 4 S. 1 KVAV ein, dass ein Übertragungswert erst ab dem Zeitpunkt des ersten Wechsels aufgebaut wird (→ Rn. 469). Soweit bei einem Versichererwechsel aus dem Basistarif Teile der Alterungsrückstellung nicht übertragen werden, sind diese dazu zu verwenden, den Zuschlag für Vorerkrankungen nach § 8 Abs. 1 Nr. 7 KVAV zu senken (§ 14 Abs. 4 S. 2, Abs. 5 S. 3 KVAV).

---

[207] Ausf. *Boetius* VersR 2008, 1016 (1021 f.).
[208] BGBl. 2009 I 7.
[209] BGBl. 2009 I 7.
[210] Begr. zu Art. 1 Nr. 4 (§ 13a Abs. 2 KalV) 2. KalVÄndV, Abs. 3 (→ 1. Aufl. VVG § 204 Anhang).
[211] *Boetius* VersR 2008, 1016 (1022).
[212] Begr. zu Art. 1 Nr. 3 (§ 13 Abs. 1a KalV) 2. KalVÄndV, Nr. 3 UAbs. 9 (→ 1. Aufl. VVG § 204 Anhang).
[213] Begr. zu Art. 1 Nr. 4 (§ 13a Abs. 5 KalV) 2. KalVÄndV (→ 1. Aufl. VVG § 204 Anhang).

Folgende Fallkonstellationen sind denkbar:[214]

Fall 1
- 1. Wechsel (1.1. – 30.6.2009)
  Tarifwechsel bei Versicherer A aus Normaltarif in Basistarif (§ 204 Abs. 1 S. 1 Nr. 1 Buchst. c VVG): Anrechnung der vollständigen Alterungsrückstellung ab Beginn des Normaltarifs bei Versicherer A (§ 13 Abs. 1 KVAV).
- 2. Wechsel (vor dem 1.7.2009)
  Versichererwechsel aus Basistarif bei Versicherer A in Basistarif von Versicherer B (§ 204 Abs. 1 S. 1 Nr. 2 lit. b VVG): Übertragung höchstens der fiktiven Alterungsrückstellung mit anrechenbarem Alter ab Beginn des Normaltarifs bei Versicherer A (§ 14 Abs. 5 S. 1, Abs. 2 KVAV).
- 3. Wechsel
  Tarifwechsel bei Versicherer B aus Basistarif in Normaltarif (§ 204 Abs. 1 S. 1 Nr. 1 VVG):
  a) Verweildauer bei Versicherer B 18 Monate (§ 13 Abs. 1 S. 1 KVAV): Anrechnung des aus dem 2. Wechsel vorhandenen Übertragungswerts (höchstens fiktive Alterungsrückstellung ab Beginn des Normaltarifs bei Versicherer A).
  b) Verweildauer bei Versicherungsunternehmen B < 18 Monate (§ 13 Abs. 2 S. 1 KVAV): Anrechnung der Alterungsrückstellung ab Beginn des Basistarifs bei Versicherer B.

Fall 2
- 1. Wechsel (1.1. – 30.6.2009)
  Versichererwechsel aus Normaltarif bei Versicherer A in Basistarif von Versicherer B (§ 204 Abs. 1 S. 1 Nr. 2 Buchst. b VVG): Übertragung höchstens der fiktiven Alterungsrückstellung mit anrechenbarem Alter ab Beginn des Normaltarifs bei Versicherer A (§ 14 Abs. 5 S. 1, Abs. 2 KVAV).
- 2. Wechsel (nach dem 30.6.2009)
  Tarifwechsel bei Versicherer B aus Basistarif in Normaltarif (§ 204 Abs. 1 S. 1 Nr. 1 VVG):
  a) Verweildauer bei Versicherer B 18 Monate (§ 13 Abs. 1 S. 1 KVAV): Anrechnung des aus dem 1. Wechsel vorhandenen Übertragungswerts (höchstens fiktive Alterungsrückstellung ab Beginn des Normaltarifs bei Versicherer A).
  b) Verweildauer bei Versicherungsunternehmen B < 18 Monate (§ 13 Abs. 2 S. 1 KVAV): Anrechnung der Alterungsrückstellung ab Beginn des Basistarifs bei Versicherer B.

Fall 3
- 1. Wechsel (1.1. – 30.6.2009)
  Wie Fall 2.
- 2. Wechsel
  Versichererwechsel aus Basistarif bei Versicherer B in Basistarif von Versicherer C (§ 204 Abs. 1 S. 1 Nr. 2 Buchst. a VVG):
  a) Verweildauer bei Versicherer B 18 Monate (§ 14 Abs. 5 S. 2, Abs. 1 KVAV): Übertragung der aus dem 1. Wechsel vorhandenen Alterungsrückstellung (fiktive Alterungsrückstellung mit anrechenbarem Alter ab Beginn des Normaltarifs bei Versicherer A).
  b) Verweildauer bei Versicherer B < 18 Monate (§ 14 Abs. 4 KVAV): Übertragung der Alterungsrückstellung ab Beginn des Basistarifs bei Versicherer B.
- 3. Wechsel
  Tarifwechsel bei Versicherer C aus Basistarif in Normaltarif (§ 204 Abs. 1 S. 1 Nr. 1 VVG):
  a) Verweildauer bei Versicherer B 18 Monate (§ 13 Abs. 2 S. 2 KVAV): Anrechnung der Alterungsrückstellung ab Beginn des Basistarifs bei Versicherer B.
  b) Verweildauer bei Versicherer B < 18 Monate (§ 13 Abs. 2 S. 1 KVAV): Anrechnung der Alterungsrückstellung ab Beginn des Basistarifs bei Versicherer C.

c) Private Pflege-Pflichtversicherung (PPV). Im Fall eines Versichererwechsels zur PPV ist die kalkulierte Alterungsrückstellung nach § 204 Abs. 3 S. 1 auf den neuen Versicherer zu übertragen. Als **Übertragungswert** iSv § 148 VAG definiert § 14 Abs. 6 KVAV die Alterungsrückstellung.

3. Übertragung. a) Rechtsnatur. Die Übertragung der kalkulierten Alterungsrückstellung beim Versichererwechsel ist rechtlich **keine Bestandsübertragung** iSv § 13 VAG, und zwar allein schon deshalb, weil der Vertrag beim Vorversicherer durch Kündigung des Versicherungsnehmers endet und mit dem beim anderen Versicherungsunternehmen neu abgeschlossenen Vertrag nicht identisch ist. Außerdem setzt die Bestandsübertragung einen Vertrag zwischen Vorversicherer und neuem Versicherungsunternehmen über den Vertragsübergang voraus, während beim Versichererwechsel der Versicherungsnehmer die Vorversicherung kündigt und beim anderen Versicherungsunternehmen einen neuen Vertrag mit neuem Inhalt abschließt. Damit kommt es nicht mehr darauf

---

[214] Die Darstellung stimmt mit derjenigen bei *Boetius* in Boetius/Rogler/Schäfer, Rechtshandbuch PKV, 2020, § 27 Rn. 61 überein.

an, dass § 13 VAG auf die Übertragung einzelner Versicherungsverträge ohnehin nicht anwendbar ist.[215]

475   Mit der Übertragung der kalkulierten Alterungsrückstellung an das neue Versicherungsunternehmen erfüllt der Vorversicherer seine gegenüber dem Versicherungsnehmer bestehende schuldrechtliche Verpflichtung aus § 204 Abs. 1 S. 1 Nr. 2. Die Übertragung ist somit das **dingliche Vollzugsgeschäft.**

476   **b) Inhalt der Übertragung.** Die Übertragung besteht gedanklich aus **zwei Teilen,** die die Aktivseite und die Passivseite der Bilanz betreffen: Der Reduktion der Alterungsrückstellung und dem wertmäßigen Ausgleich durch Übertragung von Aktiva auf das neue Versicherungsunternehmen.

477   Auf der **Passivseite** muss der Vorversicherer die Alterungsrückstellung, die für den Bestand gebildet ist, dem die Vorversicherung angehört, um den übertragungsfähigen Teil herabsetzen.

478   Damit die Übertragung ergebnisneutral bleibt, muss der Vorversicherer auf der **Aktivseite** den wertmäßigen Ausgleich herstellen, indem er Aktivwerte auf das neue Versicherungsunternehmen überträgt. Der Aktivwert kann nur in einer Geldzahlung bestehen;[216] denn die Aktivwerte, mit denen die Alterungsrückstellung tatsächlich bedeckt ist, können stets nur dem kollektiven Versicherungsbestand insgesamt zugeordnet werden. Eine Zuordnung zu den verschiedenen Teilbeständen oder gar zu einzelnen Versicherungsverträgen ist nicht möglich.[217]

479   **c) Zeitpunkt der Übertragung.** Der Anspruch des Versicherungsnehmers gegen den Vorversicherer auf Übertragung der kalkulierten Alterungsrückstellung entsteht, wenn der **anspruchsbegründende Tatbestand** vollendet ist. Dies ist mit der wirksamen Kündigung der Vorversicherung und dem wirksamen Abschluss einer ohne Unterbrechung anschließenden substitutiven Krankenversicherung bei dem neuen Versicherungsunternehmen der Fall.

480   Im Regelfall gehört zum anspruchsbegründenden Tatbestand auch der **Nachweis** des Versicherungsnehmers über den Vertragsabschluss beim neuen Versicherungsunternehmen; denn erst mit diesem Nachweis wird die Kündigung der Vorversicherung wirksam (§ 205 Abs. 6 S. 2).

481   Das Gesetz enthält keine ausdrückliche Regelung zur **Fälligkeit.** Der Anspruch wird folglich mit seinem Entstehen auch fällig.

481a   **d) Einreden und Einwendungen.** Gegen den Anspruch auf Übertragung der Alterungsrückstellung können die allgemeinen **Verjährungseinreden** geltend gemacht werden (→ Rn. 445).

481b   Das Versicherungsunternehmen kann nach den Musterbedingungen (§ 13 Abs. 9 MB/KK, § 13 Abs. 8 MB/BT, § 13 Abs. 9 AVB/NLT, § 13 Abs. 3 S. 2 MB/PPV) den Übertragungswert zurückbehalten, wenn bei Beendigung der Vorversicherung Beitragsrückstände bestehen. Das allgemeine **Zurückbehaltungsrecht** gemäß § 273 Abs. 1 BGB gilt auch im Krankenversicherungsverhältnis. Die AVB-Regelungen verstoßen daher nicht gegen § 208 VVG. In diesen Regelungen liegt auch kein nach § 204 Abs. 1 S. 3 VVG unzulässiger Verzicht des Versicherungsnehmers.

481c   Das Versicherungsunternehmen kann mit der Forderung auf einen Beitragsrückstand gegen den Anspruch auf den Übertragungswert auch aufrechnen. Eine **Aufrechnung** gemäß §§ 387, 394 S. 2 BGB, § 35 VVG ist grundsätzlich auch im Krankenversicherungsverhältnis zulässig.[218] Die Gleichartigkeit der beiderseits geschuldeten Leistungen ist gegeben, weil der Versicherer die Übertragung der Alterungsrückstellung nur in Form einer Geldzahlung vollziehen kann (→ Rn. 478). Dass der übertragende Versicherer diese Geldzahlung nicht direkt an den Versicherungsnehmer, sondern an den neuen Versicherer als Dritten leisten muss, macht diesen nicht zum Gläubiger des Übertragungsanspruchs. Gläubiger des Übertragungsanspruchs und Schuldner des Beitragsrückstands sind identisch. Eine solche Aufrechnungsregelung hatte noch § 13 Abs. 8 MB/BT 2009 vorgesehen. Den aktuellen Regelungen in den Musterbedingungen ist nicht zu entnehmen, dass mit der Einräumung des Zurückbehaltungsrechts (→ 481b) eine Aufrechnung ausgeschlossen sein soll. Zurückbehaltungsrecht und Aufrechnung sind voneinander unabhängige Rechtsinstitute, die nebeneinander bestehen. Daher kann das Versicherungsunternehmen anstelle des Zurückbehaltungsrechts auch die Aufrechnung erklären. Die Aufrechnung bewirkt, dass der übertragende Versicherer einen um seine eigene aufgerechnete Forderung verminderten Geldwert zu übertragen hat.

---

[215] *Präve* in Prölss/Dreher, VAG, 13. Aufl. 2018, § 13 Rn. 4.
[216] *Grote/Bronkars* VersR 2008, 580 (586).
[217] J. *Boetius* in Boetius/Boetius/Kölschbach, Handbuch der versicherungstechnischen Rückstellungen, 2. Aufl. 2021, § 1 Rn. 109.
[218] BGH VersR 2019, 152 Rn. 15 ff. = r+s 2019, 97; OLG Jena VersR 2016, 1242 (1243); *Sauer* in Bach/Moser MB/KK § 12 Rn. 4.

4. Beweislast. a) Versichererwechsel. Nach den allgemeinen Grundsätzen hat der **Versiche-** 482 **rungsnehmer** im Rechtsstreit die Darlegungs- und Beweislast für die Tatsachen, die seinen Übertragungsanspruch nach § 204 Abs. 1 S. 1 Nr. 2 begründen. Die den Anspruch begründenden Tatsachen sind:
- Die wirksame Kündigung seiner substitutiven Krankenversicherung.
- Der wirksame Abschluss einer neuen substitutiven Krankenversicherung bei einem anderen Versicherungsunternehmen, die ohne Unterbrechung an den gekündigten Vertrag anschließt.

b) Übertragung der Alterungsrückstellung. Wenn das Versicherungsunternehmen den 483 Übertragungsanspruch erfüllt, legt es den übertragungsfähigen Teil der kalkulierten Alterungsrückstellung fest. Hält der Versicherungsnehmer die vom Versicherungsunternehmen festgelegte **Höhe des Übertragungswerts** für zu niedrig, kann er entweder Feststellungsklage auf Feststellung oder Leistungsklage auf Übertragung des „richtigen" Übertragungswerts erheben.

In einem **Feststellungsprozess** müsste der Versicherungsnehmer normalerweise den zutreffen- 484 den Übertragungswert darlegen und beweisen. Dazu ist er aber nicht in der Lage, weil er keinen Zugang zu dem versicherungstechnischen und handelsrechtlichen Rechenwerk des Versicherungsunternehmens hat, aus dem allein sich der Übertragungswert ergibt. Weil die Tatsachen für den zutreffenden Übertragungswert in der Sphäre des Versicherungsunternehmens liegen, kehrt sich die Beweislast um, so dass das Versicherungsunternehmen die Tatsachen auf der Grundlage seines Rechenwerks darlegen und beweisen muss, aus denen sich die Höhe des von ihm festgesetzten Übertragungswert ergibt.

In einem **Leistungsprozess** ergibt sich die gleiche Beweislastsituation. Der Versicherungsneh- 485 mer kann in diesem Fall nicht Leistung an sich selbst, sondern nur Leistung an sein neues Versicherungsunternehmen verlangen.

VIII. Allgemeine Versicherungsbedingungen

1. Krankheitskostenversicherung. § 13 Abs. 8, 9 MB/KK 2013 enthält einen vertraglichen 486 Anspruch des Versicherungsnehmers auf Übertragung der Alterungsrückstellung. Die Vorschriften weisen einige **Besonderheiten** auf:

§ 13 Abs. 8 MB/KK 2013 bezieht sich nur auf die Kündigung einer **Krankheitskosten-Voll-** 487 **versicherung.** § 204 Abs. 1 S. 1 Nr. 2 erstreckt sich dagegen auf alle substitutive Krankenversicherungen (→ Rn. 433 ff.). Der Anwendungsbereich des tariflichen Versichererwechselrechts ist demnach enger als derjenige des gesetzlichen Versichererwechselrechts. Weil die AVB sich jedoch nicht als ausschließliche Regelung verstehen, ist dies im Hinblick auf § 208 unschädlich.

§ 13 Abs. 8 MB/KK 2013 verwendet den aufsichtsrechtlichen Begriff des **Übertragungswerts** 488 unter Verweis auf § 146 Abs. 1 Nr. 5 VAG.

§ 13 Abs. 8 MB/KK 2013 beschränkt die Übertragung der Alterungsrückstellung für den **Alt-** 489 **bestand** (→ Rn. 464) auf den nach dem 1.1.2009 aufgebauten Übertragungswert. Dies entspricht der Gesetzeslage (→ Rn. 470).

Nach § 13 Abs. 9 MB/KK 2013 kann das Versicherungsunternehmen den Übertragungswert 490 zurückbehalten, wenn bei Beendigung der Vorversicherung Beitragsrückstände bestehen. Das **Zurückbehaltungsrecht** widerspricht nicht dem § 208. Auch liegt darin kein nach § 204 Abs. 1 S. 3 unzulässiger Verzicht des Versicherungsnehmers.

2. Basistarif. § 13 Abs. 7, 8 MB/BT 2009 enthält einen vertraglichen Anspruch des Versiche- 491 rungsnehmers auf Übertragung der Alterungsrückstellung. Die Vorschriften weisen – auch gegenüber den MB/KK 2013 – einige **Besonderheiten** auf:

§ 13 Abs. 7 MB/BT 2009 bezieht sich auf die Kündigung eines **Versicherungsverhältnisses.** 492 Dies deckt sich mit § 204.

§ 13 Abs. 7 MB/BT 2009 setzt den Abschluss eines „der Pflicht zur Versicherung genügenden 493 Vertrages" voraus. Diese vom Wortlaut des § 204 Abs. 1 S. 1 Nr. 2 **abweichende Formulierung** ist unschädlich, weil jede in Erfüllung der Versicherungspflicht abgeschlossene Krankenversicherung zugleich substitutive Krankenversicherung ist (→ Vor § 192 Rn. 640).

§ 13 Abs. 7 MB/BT 2009 beschränkt die Übertragung der Alterungsrückstellung für den **Altbe-** 494 **stand** (→ Rn. 464) auf den nach dem 1.1.2009 aufgebauten Übertragungswert. Dies entspricht der Gesetzeslage (→ Rn. 470).

Nach § 13 Abs. 8 MB/BT 2009 werden bei Beendigung des Versicherungsverhältnisses beste- 495 hende Beitragsrückstände gegen den Übertragungswert aufgerechnet. Die **Aufrechnung** widerspricht nicht dem § 208. Auch liegt darin kein nach § 204 Abs. 1 S. 3 unzulässiger Verzicht des Versicherungsnehmers.

H. Zusatztarifrecht (Abs. 1 S. 2)

I. Inhalt und Zweck der Regelung

496 **1. Normgehalt.** Die erst ab 1.1.2009 geltende Vorschrift begründet im Fall des Wechsels aus einem Höherleistungstarif – dh einem Tarif mit höheren oder umfassenderen Leistungen als im Basistarif – in den Basistarif das Recht des Versicherungsnehmers, vom bisherigen Versicherungsunternehmen einen **Zusatztarif** zu verlangen, auf den die über den Basistarif hinausgehende Alterungsrückstellung anzurechnen ist.

497 Die **Bedeutung** der Regelung erschließt sich aus der im Falle eines Wechsels des Versicherungsunternehmens eintretenden Restriktion, dass aus dem Herkunftstarif nur derjenige Teil der Alterungsrückstellung auf das neue Versicherungsunternehmen zu übertragen ist, der den Leistungen des Basistarifs entspricht (§ 204 Abs. 1 S. 1 Nr. 2). Das Zusatztarifrecht verhindert, dass der Versichererwechsel für den Versicherungsnehmer durch den teilweisen Verlust der Alterungsrückstellung weiter erschwert wird.

498 **2. Zweck und Wirkung der Norm.** Die Vorschrift will sicherstellen, dass die **vollständige Alterungsrückstellung** des bisherigen Tarifs dem Versicherungsnehmer auch dann erhalten bleibt, wenn er aus einem höherwertigen Tarif in den Basistarif wechselt.[219]

499 Über diesen Normzweck hinaus entfaltet die Vorschrift die weitergehende **Wirkung**, dass das Versicherungsunternehmen entsprechende Zusatztarife führen muss, auf die der überschießende Teil der Alterungsrückstellung übertragen werden kann. Ohne eine solche Verpflichtung des Versicherungsunternehmens würde der Normzweck ins Leere gehen.

II. Entstehungsgeschichte

500 → Rn. 426 ff.

III. Sachlicher Anwendungsbereich

501 Das Zusatztarifrecht wird für **jeden Wechsel** eingeräumt. Es bezieht sich nach Wortlaut und Stellung im Gesetz sowohl auf den Tarifwechsel nach § 204 Abs. 1 S. 1 Nr. 1 als auch auf den Versichererwechsel nach § 204 Abs. 1 S. 1 Nr. 2.[220] Dass das Gesetz vom „bisherigen Versicherer" spricht, was nur auf den Versichererwechsel zutrifft, ist eine der zahlreichen Ungenauigkeiten des GKV-WSG, die hier nur redaktionellen Charakter hat.

502 Der bisherige Vertrag und der neue Vertrag müssen alle Voraussetzungen erfüllen, die das Tarifwechselrecht bzw. das Versichererwechselrecht vorschreiben (→ Rn. 74 ff.; → Rn. 180 ff.; → Rn. 202 ff.; → Rn. 433 ff.; → Rn. 438 ff.). Insofern ist das Zusatztarifrecht streng **akzessorisch**. Liegen die gesetzlichen Voraussetzungen für einen Tarif- oder Versichererwechsel nicht vor, begründet § 204 Abs. 1 S. 2 kein eigenständiges Recht auf Abschluss eines Zusatztarifs und auf Anrechnung der Alterungsrückstellung.[221]

503 Der neue Vertrag muss stets im **Basistarif** abgeschlossen sein. Auf andere Zieltarife ist die Vorschrift auch dann nicht anzuwenden, wenn sie gegenüber der Vorversicherung niedrigere oder weniger umfassende Leistungen aufweisen.

IV. Zeitlicher Anwendungsbereich

504 Der Anspruch auf Vereinbarung eines Zusatztarifs und Anrechnung der Alterungsrückstellung beim Tarif- oder Versichererwechsel ist nach dem Gesetzeswortlaut **nicht befristet**. Der Versicherungsnehmer kann den Anspruch nach Erfüllung der gesetzlichen Voraussetzungen grds. zu jedem Zeitpunkt geltend machen. Es gelten keine Ausschluss- oder Erklärungsfristen.

505 Die Geltendmachung des Anspruchs kann jedoch nach den allgemeinen Rechtsgrundsätzen der **Verwirkung** ausgeschlossen sein. Ein solcher Ausschluss ist anzunehmen, wenn der Versicherungsnehmer trotz Information über seine Rechte vom Zusatztarifrecht längere Zeit keinen Gebrauch macht. An den hierfür ausreichenden Zeitraum sind keine strengen Maßstäbe zu legen; denn das Gesetz sieht das Zusatztarifrecht in engem zeitlichen Zusammenhang mit dem Wechsel in den Basistarif, worauf auch die Gesetzesmaterialien hindeuten.[222]

---

[219] Begr. zu Art. 43 Nr. 4a (§ 178f VVG) Fraktionsentwurf GKV-WSG, BT-Drs. 16/3100, 207.
[220] Begr. zu Art. 43 Nr. 4a (§ 178f VVG) Fraktionsentwurf GKV-WSG, BT-Drs. 16/3100, 207; *Brand* in Bruck/Möller VVG § 204 Rn. 69.
[221] Ebenso *Brand* in Bruck/Möller VVG § 204 Rn. 70.
[222] Begr. zu Art. 43 Nr. 4a (§ 178f VVG) Fraktionsentwurf GKV-WSG, BT-Drs. 16/3100, 207.

Die Verwirkung wird nicht dadurch ausgeschlossen, dass der Versicherungsnehmer auf das **506** Zusatztarifrecht nicht verzichten kann (§ 204 Abs. 1 S. 3); denn der **Verzicht** ist ein rechtsgeschäftlicher Vorgang, während die Verwirkung ein rechtsgeschäftsunabhängiges Rechtsinstitut ist.

V. Kein Einführungszwang

Die Vorschrift setzt voraus, dass das Versicherungsunternehmen Zusatztarife führt, in denen **507** die überschießende Alterungsrückstellung angerechnet werden kann.[223] Eine **Verpflichtung zur Führung von Zusatztarifen** kann nur durch das Versicherungsaufsichtsrecht begründet werden, das dies jedoch nicht vorsieht.

Der deutsche Gesetzgeber ist im Übrigen durch **europäisches Unionsrecht** gehindert, auf- **508** sichtsrechtlich die Führung von Zusatztarifen vorzuschreiben; denn dies verstieße gegen den Fortfall der Tarif- und Bedingungsaufsicht.[224]

Auch das **Versicherungsvertragsrecht** kann die Führung von Zusatztarifen nicht erzwingen. **508a** Das scheitert schon am Grundsatz der Vertragsfreiheit, der dem Versicherungsunternehmen die ausschließliche unternehmerische Entscheidung zuweist, welche Tarife es anbieten will. Eine Ausnahme von diesem Grundsatz gibt es nur in den Fällen von Versicherungspflicht und damit korrespondierendem Kontrahierungszwang; indessen muss auch in diesen Fällen das Gesetz den verbindlichen Mindestumfang des Versicherungsschutzes vorschreiben. Hieran fehlt es von vornherein im Falle bloßer Zusatztarife.

Auch versicherungstechnische Gründe verbieten versicherungsvertragsrechtlich begründete **508b** Individualansprüche auf Einführung von Zusatztarifen. Ein Tarif kann stets nur für **Versichertenkollektive** und nicht für Einzelrisiken kalkuliert und eingeführt werden. Die Einführung neuer Tarife setzt voraus, dass ein ausreichend großes Versichertenkollektiv in angemessener Zeit erwartet werden kann. Das setzt eine entsprechende Nachfrage, ein wettbewerbsfähiges Produkt und erfolgreichen Vertrieb zur Marktdurchdringung voraus. Die Produktkalkulation verlangt eine konkrete Leistungsbeschreibung und den Ansatz geeigneter Rechnungsgrundlagen. Dies alles ist ausschließlich eine Frage unternehmerischer Entscheidungen. Diese Unternehmensverantwortung könnte – abgesehen vom entgegenstehenden Unionsrecht (→ Rn. 508) – auch nicht durch die Versicherungsaufsicht ersetzt werden. Aus den gleichen Gründen kann auch ein einzelner Versicherungsnehmer versicherungsvertragsrechtlich nicht erzwingen, dass ein bestimmter Tarif eingeführt wird. Das scheitert darüber hinaus auch an der faktischen Unmöglichkeit, einen entsprechenden Klageantrag zu formulieren, der so konkret ist, dass er die gesamte Produktkalkulation beschreibt. § 204 Abs. 1 S. 2 VVG ist somit eine lex imperfecta, die inhaltlich ins Leere führt.[225]

VI. Voraussetzungen und Rechtsfolgen

1. Voraussetzungen. Die Leistungen, aus dem der Versicherungsnehmer wechseln will, müs- **509** sen höher oder umfassender sein als im Basistarif. Die Begriffe „höher oder umfassender" sind identisch mit dem Begriff der **Mehrleistung** iSv § 204 Abs. 1 S. 1 Nr. 1 Hs. 2 (→ Rn. 317 ff.).

Die Vorschrift setzt darüber hinaus voraus, dass im Herkunftstarif eine über den Basistarif **510** hinausgehende, **überschießende Alterungsrückstellung** überhaupt vorhanden ist. Dies spielt im Falle des reinen Tarifwechsels beim Herkunftstarifversicherer eine Rolle. Wenn der Versicherungsnehmer nach allgemeinem Tarifwechselrecht (§ 204 Abs. 1 S. 1 Nr. 1 Hs. 1) bei seinem Versicherungsunternehmen von einem Höherleistungstarif in den Basistarif wechselt, ist ihm grds. die volle Alterungsrückstellung des Herkunftstarifs anzurechnen (→ Rn. 379). Für die Anwendung von § 204 Abs. 1 S. 2 ist insoweit kein Raum. Der Gesetzeswortlaut berücksichtigt diesen Fall nicht, was auf der Ungenauigkeit des Gesetzgebers beruht; denn im ursprünglichen Gesetzentwurf war auch für den Tarifwechsel in den Basistarif ohne Versichererwechsel entsprechende Beschränkung vorgesehen (→ Rn. 379), was im Gesundheitsausschuss geändert wurde, ohne dass auch der Wortlaut des § 204 Abs. 1 S. 2 dem angepasst wurde.

Das Gesetz spricht von dem Tarif, aus dem „der Versicherungsnehmer" wechseln will. Nach **511** dem Sinnzusammenhang ist die Vorschrift jedoch auch dann anzuwenden, wenn im Falle der **Fremdversicherung** der Versicherte wechseln will. Hierfür gelten die gleichen Voraussetzungen wie für den Tarif- und Versichererwechsel (→ Rn. 185 ff.).

---

[223] Brand in Bruck/Möller VVG § 204 Rn. 71.
[224] Boetius VersR 2008, 1016 (1019); aM Brömmelmeyer in Schwintowski/Brömmelmeyer/Ebers VVG § 204 Rn. 46.
[225] Boetius, Private Krankenversicherung nach der Gesundheitsreform und der VVG-Reform, 2008, S. 27 f.; Boetius VersR 2008, 1016 (1019). Im Ergebnis ebenso Marko in HK-VVG § 204 Rn. 66. aM: Brömmelmeyer in Schwintowski/Brömmelmeyer/Ebers VVG § 204 Rn. 46; Voit in Prölss/Martin VVG § 204 Rn. 47.

512 Der Anspruch richtet sich gegen den **bisherigen Versicherer.** Dies ist im Fall des Versichererwechsels der Vorversicherer und im Fall des Tarifwechsels derselbe Versicherer wie bisher.

513 **2. Rechtsfolgen. Gegenstände des Anspruchs** sind
– die Vereinbarung eines Zusatztarifs und
– die Anrechnung der über den Basistarif hinausgehenden Alterungsrückstellung.

514 **a) Zusatztarif.** Das Gesetz sagt nichts über die **Voraussetzungen,** die der Zusatztarif erfüllen muss. Auch die Gesetzesmaterialien sprechen nur von „Zusatzversicherung".[226]

515 Der **Begriff** des Zusatztarifs iSv § 204 Abs. 1 S. 2 erschließt sich aus dem Zusammenhang der Vorschriften über den Basistarif, auf den die Vorschrift sich auch direkt bezieht.[227] § 193 Abs. 11 erwähnt gleichfalls den Begriff der „Zusatzversicherungen", die in bestimmten Fällen der Versicherung im Basistarif ruhen. Nach § 152 Abs. 1 S. 6 VAG ist bei der Versicherung im Basistarif der Abschluss „ergänzender Krankheitskostenversicherungen" zulässig. Andere als ergänzende Krankheitskostenversicherungen können somit neben dem Basistarif nicht abgeschlossen werden. Daraus folgt, dass Zusatztarife iSv § 204 Abs. 1 S. 2 auch nur solche Tarife sein können, die nach § 152 Abs. 1 S. 6 VAG neben dem Basistarif abgeschlossen werden können.[228]

516 Da der Basistarif Leistungen versichert, die der GKV vergleichbar sind (§ 152 Abs. 1 S. 1 VAG), und er somit selbst bereits substitutive Krankenversicherung ist, kann es sich bei den „ergänzenden Krankheitskostenversicherungen" iSv § 152 Abs. 1 S. 6 VAG nur um **nicht-substitutive** Krankheitskostenversicherungen handeln. Zusatztarife haben damit die gleiche Rechtsqualität wie „Zusatzversicherungen für solche Risiken, für die die gesetzliche Krankenversicherung keine Deckung gewährt", die im Verständnis des 3. DurchfG/EWG zum VAG als nicht-substitutive Krankenversicherungen einzustufen sind (→ Vor § 192 Rn. 642 ff.).[229]

517 Weitere Voraussetzung ist, dass die über den Zusatztarif zu versichernde Leistung im **bisherigen Versicherungsschutz,** nicht jedoch im Basistarif enthalten sein muss. Dies ergibt sich auch aus § 12 Abs. 4 KVAV, der insoweit das Erfordernis der Gleichartigkeit sicherstellt.

518 Ausgeschlossen sind ferner alle Versicherungsformen, die nicht Schadensversicherungen, sondern **Summenversicherungen** sind; denn bei ihnen besteht die versicherte Leistung nicht im Ersatz von Krankheitskosten (→ Rn. 434).

519 Nicht unter den Begriff des Zusatztarifs iSv § 204 Abs. 1 S. 2 fallen ferner alle Versicherungsformen, die **ohne Alterungsrückstellung** kalkuliert sind. Sie werden vom Gesetzeszweck nicht erfasst, weil dieser den Erhalt der Alterungsrückstellung sicherstellen will (→ Rn. 498). Der Versicherungsnehmer kann sich daher nicht auf § 204 Abs. 1 S. 2 stützen, wenn er bei einem Tarif- oder Versichererwechsel eine ohne Alterungsrückstellung kalkulierte Krankenversicherung zusätzlich abschließen will, auch wenn sich diese als ergänzende Krankheitskostenversicherung darstellt.

520 **b) Anrechnung der Alterungsrückstellung.** Anzurechnen ist die über den Basistarif hinausgehende Alterungsrückstellung. Dies ist im Fall des **Versichererwechsels** derjenige Teil der Alterungsrückstellung, der nach § 204 Abs. 1 S. 1 Nr. 2 nicht auf das neue Versicherungsunternehmen übertragen wird.

521 Im Fall des **Tarifwechsels** innerhalb desselben Versicherungsunternehmens kann nur derjenige Teil der Alterungsrückstellung im Zusatztarif angerechnet werden, der nicht bereits nach allgemeinem Tarifwechselrecht im Basistarif anzurechnen war (→ Rn. 379).

522 Für alle Fälle des Tarif- und Versichererwechsels ergibt sich eine **Obergrenze,** die aus den aufsichtsrechtlichen Vorschriften über den Tarifwechsel abzuleiten ist (→ Rn. 284 ff.). Soweit danach der bei einem Tarifwechsel maßgebende anrechenbare Teil der Alterungsrückstellung begrenzt wird, gilt die gleiche Begrenzung auch für die Anrechnung bei Abschluss eines Zusatztarifs nach § 204 Abs. 1 S. 2. Anderenfalls könnten die aufsichtsrechtlichen Vorschriften umgangen werden.

523 **3. Beweislast.** Nach den allgemeinen Grundsätzen hat der **Versicherungsnehmer** im Rechtsstreit die Darlegungs- und Beweislast für die Tatsachen, die seinen Anspruch auf einen Zusatztarif und seinen Anrechnungsanspruch nach § 204 Abs. 1 S. 2 begründen. Die den Anspruch begründenden Tatsachen sind:

---

[226] Begr. zu Art. 43 Nr. 4a (§ 178f VVG) Fraktionsentwurf GKV-WSG, BT-Drs. 16/3100, 207.
[227] *Boetius* VersR 2008, 1016 (1023).
[228] Ebenso *Brand* in Bruck/Möller VVG § 204 Rn. 68.
[229] Begr. zu Art. 1 Nr. 11 (§ 12 VAG) RegE 3. DurchfG/EWG zum VAG, BT-Drs. 12/6959, 60.

– Die wirksame Durchführung des Tarif- oder Versicherwechsels.
– Die Angabe eines Zusatztarifs des Versicherungsunternehmens, der die gesetzlichen Voraussetzungen erfüllt.
– Die Mehrleistungen des Herkunftstarifs gegenüber dem Basistarif.

Den **Anrechnungsbetrag** im Zusatztarif legt zunächst das Versicherungsunternehmen fest. Insoweit gelten die gleichen Grundsätze wie beim Tarifwechsel (→ Rn. 311 ff.). 524

VII. Allgemeine Versicherungsbedingungen

Die **MB/KK 2013** enthalten keine das gesetzliche Zusatztarifrecht ergänzende oder ersetzende Regelung. 525

J. Fortführungsrecht (Abs. 5)

I. Inhalt und Zweck der Regelung

1. Normgehalt. Die erst ab 1.1.2009 geltende Vorschrift begründet im Fall der Kündigung bestimmter Versicherungsverträge das Recht des Versicherungsnehmers und des Versicherten, den Vertrag als **Anwartschaftsversicherung** fortzuführen. 526

Die **Bedeutung** der Vorschrift erschließt sich aus dem Charakter der Anwartschaftsversicherung als einer besonderen Durchführungsform eines Tarifs. Weil der Wechsel der Durchführungsform kein Tarifwechsel iSv § 204 Abs. 1 S. 1 Nr. 1 ist,[230] hätte der Versicherungsnehmer auf den Wechsel in die Anwartschaftsversicherung auch keinen Anspruch (→ Rn. 141). Diese Lücke beseitigt das Fortführungsrecht des § 204 Abs. 5. 527

2. Normzweck. Die Vorschrift will sicherstellen, dass sich Personen, die den „aktiven" Versicherungsschutz zB wegen eines Auslandsaufenthalts vorübergehend nicht benötigen, die erworbenen Rechte und die Alterungsrückstellung gleichwohl erhalten und den **ruhenden Versicherungsschutz** ohne Nachteile wieder aufleben lassen können.[231] 528

Die Gesetzesmaterialien nennen als Anwendungsmöglichkeit einer Anwartschaftsversicherung auch den Fall, dass eine nicht mehr in der PKV versicherte Person im Wege einer **Rückwärtsversicherung** (§ 2 Abs. 1) durch Nachzahlung von Anwartschaftsbeiträgen ein niedrigeres Eintrittsalter erreicht. Dieser Fall wird jedoch nicht vom Gesetzeszweck erfasst, weil im Fall der Rückkehr in die PKV die ursprünglich einmal aufgebaute Alterungsrückstellung bereits wirksam vererbt wurde, wie die Begründung zum Gesetzentwurf selbst feststellt.[232] Die Vorschrift bezweckt damit nicht, generell jeder früher einmal versicherten Person ein Rückkehrrecht in die PKV in Form einer Anwartschaftsversicherung unter Wiederaufleben der früheren Rechte und Alterungsrückstellung einzuräumen. 529

II. Entstehungsgeschichte

Hierzu → Rn. 426 ff.; → Rn. 529. 530

III. Sachlicher Anwendungsbereich

Das Fortführungsrecht gilt für jede Krankenversicherung, die **nach Art der Lebensversicherung** betrieben wird. Die Terminologie ist verunglückt, weil der Ausdruck „Betrieb nach Art der Lebensversicherung" ein Begriff des Versicherungsaufsichtsrechts ist, während das VVG stets nur den einzelnen Vertrag meinen kann (→ § 203 Rn. 75 ff.).[233] Die Einführung eines spezifisch aufsichtsrechtlichen Begriffs ist darauf zurückzuführen, dass auch die versicherungsvertragsrechtlichen Regelungen des GKV-WSG politisch vom BMF vorgegeben worden waren, das sich nur in der Terminologie des VAG auskannte. 531

Der Anwendungsbereich der Vorschrift deckt sich mit demjenigen des § 203 Abs. 1 S. 1. Das *gesetzliche* Fortführungsrecht nach § 204 Abs. 5 VVG gilt für **jede Krankenversicherung nach Art der Lebensversicherung,** es erfasst somit substitutive und nicht-substitutive Krankenversicherungen. Das Fortführungsrecht kann daher außer für eine Krankheitskosten-Vollversicherung auch für Zusatzversicherungen und Krankentagegeldversicherungen geltend gemacht 532

---

[230] Ebenso *Reinhard* VersR 2010, 1440 (1441) in Anm. zu OLG Düsseldorf VersR 2010, 1439.
[231] Begr. zu Art. 43 Nr. 4b (§ 178f VVG) Fraktionsentwurf GKV-WSG, BT-Drs. 16/3100, 207.
[232] Begr. zu Art. 43 Nr. 4b (§ 178f VVG) Fraktionsentwurf GKV-WSG, BT-Drs. 16/3100, 207.
[233] *Boetius* VersR 2008, 1016 (1023).

werden. Das *bedingungsmäßige* Fortführungsrecht nach § 13 Abs. 1 MB/KK bezieht sich dagegen nur auf den Anwendungsbereich der MB/KK, dh auf Krankheitskosten- und Krankenhaustagegeldversicherungen.

532a Das Fortführungsrecht kann nur für **noch bestehende Versicherungsverträge** geltend gemacht werden. Ist der Vertrag erst einmal wirksam gekündigt, kann das Fortführungsrecht nicht mehr nachträglich geltend gemacht werden (→ Rn. 534). Auch die Gesetzesmaterialien gehen davon aus, dass die Vertragskündigung unmittelbar die Vererbung der Alterungsrückstellung auslöst.[234]

IV. Zeitlicher Anwendungsbereich

533 Der Anspruch auf Fortführung der Krankenversicherung als Anwartschaftsversicherung ist nach dem Gesetzeswortlaut **nicht befristet**. Gleichwohl zieht das Rechtsinstitut der Anwartschaftsversicherung eine feste zwingende Grenze.

534 Aus dem Charakter der Anwartschaftsversicherung als einer besonderen **Durchführungsform** eines Tarifs (→ Rn. 141) folgt, dass der Vertrag nicht endet, sondern fortbesteht und in anderer Form und mit anderem Inhalt fortgeführt wird. Insofern formuliert § 204 Abs. 5 in sich widersprüchlich, wenn es von der *Fortführung* eines *gekündigten* Vertrags spricht. Wenn der Vertrag gekündigt ist, endet er unumkehrbar durch das einseitige Gestaltungsrecht der Kündigung und kann er nicht mehr fortgeführt werden. Die Gesetzesmaterialien sprechen daher zutr. davon, „ein bestehendes Versicherungsverhältnis ... fortzuführen."[235]

535 Das Fortführungsrecht kann demnach nur für noch bestehende Versicherungsverträge geltend gemacht werden. Es ist der Sache nach ein **Umwandlungsrecht**.[236] Ist der Vertrag erst einmal wirksam gekündigt, kann das Fortführungsrecht nicht mehr nachträglich geltend gemacht werden. Auch die Gesetzesmaterialien gehen davon aus, dass die Vertragskündigung unmittelbar die Vererbung der Alterungsrückstellung auslöst (→ Rn. 529).

536 Im Übrigen aber unterliegt das Fortführungsrecht **keinen Fristen**. Es kann zu jedem Zeitpunkt des Bestehens des Vertrags geltend gemacht werden. Das Fortführungsrecht ist ein eigenständiges Recht, das auf den Abschluss einer Vertragsänderung gerichtet ist (→ Rn. 10). Es ist – dem Tarifwechselrecht nach § 204 Abs. 1 S. 1 Nr. 1 vergleichbar – kein Gestaltungsrecht wie die Kündigung, stellt somit keine Änderungskündigung dar und unterliegt daher auch nicht den gesetzlichen oder vertraglichen Kündigungsfristen (→ Rn. 146 ff.).

V. Voraussetzungen und Rechtsfolgen

537 **1. Voraussetzungen.** Zum Begriff **nach Art der Lebensversicherung** → § 203 Rn. 75 ff.

538 **Träger des Anspruchs** sind nach dem Gesetzeswortlaut der Versicherungsnehmer und die versicherte Person. Auch dies ist eine verunglückte Gesetzesfassung, weil es zu divergierenden Anträgen von Versicherungsnehmer und Versichertem führen kann.

539 Wenn das Fortführungsrecht wie das Tarifwechselrecht ein eigenständiges Umwandlungsrecht ist (→ Rn. 535), ist es auch sachlich gerechtfertigt und geboten, für die Geltendmachung im Falle der **Fremdversicherung** die gleichen Grundsätze zugrunde zu legen, wie sie für das Tarifwechselrecht gelten (→ Rn. 185 ff.).

539a Das Fortführungsrecht setzt nicht voraus, dass einer der in den Gesetzesmaterialien als Motiv genannten **Gründe für die Deaktivierung** des Versicherungsschutzes (→ Rn. 528 f.) tatsächlich vorliegt. Der Wortlaut von § 204 Abs. 5 nimmt diese Gründe nicht einmal in Form eines unbestimmten Rechtsbegriffs in sich auf. Die Auffassung, die Fortführung könne nur verlangt werden, wenn ein tatsächliches vorübergehendes Hindernis für den aktiven Versicherungsschutz bestehe,[237] findet im Gesetz nicht einmal ansatzweise eine Grundlage (→ Rn. 543a).[238]

540 **2. Rechtsfolgen.** Die Vorschrift begründet einen schuldrechtlichen Anspruch gegenüber dem Versicherungsunternehmen, die **Umwandlung** in eine Anwartschaftsversicherung zu vereinbaren.

541 Das Gesetz spricht nur von „einer Anwartschaftsversicherung". In der Praxis wird zwischen **großer** und **kleiner Anwartschaft** unterschieden (→ Vor § 192 Rn. 690). Im Fall der „großen" Anwartschaft wird während der Dauer der Anwartschaftsversicherung die Alterungsrückstellung weiter aufgebaut, während die „kleine" Anwartschaft lediglich die bisher aufgebaute Alterungsrückstellung erhält.

---

[234] Begr. zu Art. 43 Nr. 4b (§ 178f VVG) Fraktionsentwurf GKV-WSG, BT-Drs. 16/3100, S. 207.
[235] Begr. zu Art. 43 Nr. 4b (§ 178f VVG) Fraktionsentwurf GKV-WSG, BT-Drs. 16/3100, 207.
[236] Ebenso *Brand* in Bruck/Möller VVG § 204 Rn. 74.
[237] *Reinhard* VersR 2010, 1440 (1441) in Anm. zu OLG Düsseldorf VersR 2010, 1439.
[238] *Brömmelmeyer* in Schwintowski/Brömmelmeyer/Ebers VVG § 204 Rn. 53.

Den Gesetzesmaterialien ist zu entnehmen, dass der Gesetzgeber die **kleine Anwartschaft** im 542
Auge hatte;²³⁹ denn dort wird die Anwartschaftsversicherung als das Recht des Versicherungsnehmers umschrieben, den Vertrag „unter Anrechnung der aus dem Vertrag erworbenen Rechte und der Alterungsrückstellung" fortzuführen.²⁴⁰ Dies ist aber die Terminologie des Tarifwechselrechts nach § 204 Abs. 1 S. 1 Nr. 1 Hs. 1 und meint die bisher aufgebauten Rechte.

Die Vorschrift begründet demnach keinen Anspruch auf Fortführung des Vertrags in Form der 543
großen Anwartschaft.

Der Versicherungsnehmer ist nicht verpflichtet, eine nach § 204 Abs. 5 begonnene Anwart- 543a
schaft innerhalb bestimmter Zeiträume zu beenden. Zwar sollte die Vorschrift nach den Gesetzesmaterialien eine vorübergehende Überbrückung des aktiven Versicherungsschutzes ermöglichen (→ Rn. 528 f.). Der eindeutige Wortlaut von § 204 Abs. 5 beschränkt das Fortführungsrecht jedoch nicht auf diese Fälle. Die Auffassung, das Versicherungsunternehmen könne das **Ende der Anwartschaftsversicherung** herbeiführen,²⁴¹ findet im Gesetz keine Grundlage (→ Rn. 539a). Schon die Frage, durch welches Rechtsinstitut (Befristung, Kündigung, Beendigungsverlangen) das Versicherungsunternehmen das Ende herbeiführen könnte, bleibt ungelöst.

VI. Allgemeine Versicherungsbedingungen

Die **MB/KK 2013** enthalten keine das gesetzliche Fortführungsrecht ergänzende oder erset- 544
zende Regelung.

§ 205 Kündigung des Versicherungsnehmers

(1) ¹Vorbehaltlich einer vereinbarten Mindestversicherungsdauer bei der Krankheitskosten- und bei der Krankenhaustagegeldversicherung kann der Versicherungsnehmer ein Krankenversicherungsverhältnis, das für die Dauer von mehr als einem Jahr eingegangen ist, zum Ende des ersten Jahres oder jedes darauf folgenden Jahres unter Einhaltung einer Frist von drei Monaten kündigen. ²Die Kündigung kann auf einzelne versicherte Personen oder Tarife beschränkt werden.

(2) ¹Wird eine versicherte Person kraft Gesetzes kranken- oder pflegeversicherungspflichtig, kann der Versicherungsnehmer binnen drei Monaten nach Eintritt der Versicherungspflicht eine Krankheitskosten-, eine Krankentagegeld- oder eine Pflegekrankenversicherung sowie eine für diese Versicherungen bestehende Anwartschaftsversicherung rückwirkend zum Eintritt der Versicherungspflicht kündigen. ²Die Kündigung ist unwirksam, wenn der Versicherungsnehmer dem Versicherer den Eintritt der Versicherungspflicht nicht innerhalb von zwei Monaten nachweist, nachdem der Versicherer ihn hierzu in Textform aufgefordert hat, es sei denn, der Versicherungsnehmer hat die Versäumung dieser Frist nicht zu vertreten. ³Macht der Versicherungsnehmer von seinem Kündigungsrecht Gebrauch, steht dem Versicherer die Prämie nur bis zu diesem Zeitpunkt zu. ⁴Später kann der Versicherungsnehmer das Versicherungsverhältnis zum Ende des Monats kündigen, in dem er den Eintritt der Versicherungspflicht nachweist. ⁵Der Versicherungspflicht steht der gesetzliche Anspruch auf Familienversicherung oder der nicht nur vorübergehende Anspruch auf Heilfürsorge aus einem beamtenrechtlichen oder ähnlichen Dienstverhältnis gleich.

(3) Ergibt sich aus dem Versicherungsvertrag, dass bei Erreichen eines bestimmten Lebensalters oder bei Eintreten anderer dort genannter Voraussetzungen die Prämie für ein anderes Lebensalter oder eine andere Altersgruppe gilt oder die Prämie unter Berücksichtigung einer Alterungsrückstellung berechnet wird, kann der Versicherungsnehmer das Versicherungsverhältnis hinsichtlich der betroffenen versicherten Person binnen zwei Monaten nach der Änderung zum Zeitpunkt ihres Wirksamwerdens kündigen, wenn sich die Prämie durch die Änderung erhöht.

(4) Erhöht der Versicherer auf Grund einer Anpassungsklausel die Prämie oder vermindert er die Leistung, kann der Versicherungsnehmer hinsichtlich der betroffenen versicherten Person innerhalb von zwei Monaten nach Zugang der Änderungsmitteilung mit Wirkung

---

²³⁹ *Brand* in Bruck/Möller VVG § 204 Rn. 78.
²⁴⁰ Begr. zu Art. 43 Nr. 4b (§ 178f VVG) Fraktionsentwurf GKV-WSG, BT-Drs. 16/3100, 207.
²⁴¹ *Reinhard* VersR 2010, 1440 (1441) in Anm. zu OLG Düsseldorf VersR 2010, 1439.

für den Zeitpunkt kündigen, zu dem die Prämienerhöhung oder die Leistungsminderung wirksam werden soll.

(5) ¹Hat sich der Versicherer vorbehalten, die Kündigung auf einzelne versicherte Personen oder Tarife zu beschränken, und macht er von dieser Möglichkeit Gebrauch, kann der Versicherungsnehmer innerhalb von zwei Wochen nach Zugang der Kündigung die Aufhebung des übrigen Teils der Versicherung zu dem Zeitpunkt verlangen, zu dem die Kündigung wirksam wird. ²Satz 1 gilt entsprechend, wenn der Versicherer die Anfechtung oder den Rücktritt nur für einzelne versicherte Personen oder Tarife erklärt. ³In diesen Fällen kann der Versicherungsnehmer die Aufhebung zum Ende des Monats verlangen, in dem ihm die Erklärung des Versicherers zugegangen ist.

(6) Abweichend von den Absätzen 1 bis 5 kann der Versicherungsnehmer eine Versicherung, die eine Pflicht aus § 193 Abs. 3 Satz 1 erfüllt, nur dann kündigen, wenn er bei einem anderen Versicherer für die versicherte Person einen neuen Vertrag abschließt, der dieser Pflicht genügt. Die Kündigung wird nur wirksam, wenn der Versicherungsnehmer innerhalb von zwei Monaten nach der Kündigungserklärung nachweist, dass die versicherte Person bei einem neuen Versicherer ohne Unterbrechung versichert ist; liegt der Termin, zu dem die Kündigung ausgesprochen wurde, mehr als zwei Monate nach der Kündigungserklärung, muss der Nachweis bis zu diesem Termin erbracht werden.

Übersicht

	Rn.		Rn.
A. Einführung	1	7. Gleichgestellte Tatbestände	33
I. Normzweck	1	III. **Außerordentliche Kündigung wegen Prämienerhöhung aufgrund Überschreitens von Altersgrenzen (Abs. 3)**	37
II. Entstehungsgeschichte	3		
1. Zeit vor 1994	3	IV. **Außerordentliche Kündigung wegen Beitragserhöhung oder Leistungsverminderung (Abs. 4)**	38
2. Zeit ab 1994	4		
3. VVG-Reform 2008	5	1. Erweiternde Auslegung	39
4. GKV-WSG	8	2. Umfang des Kündigungsrechts	40
5. Gesetz zur Änderung versicherungsrechtlicher Vorschriften v. 24.4.2013	9	a) Tarif	41
		b) Personen	42
III. Anwendungsbereich	10	c) Kündigung des Restvertrages	43
B. **Inhaltliche Fragen**	12	3. AVB-Änderung als Leistungsverminderung	44
I. **Ordentliches Kündigungsrecht (Abs. 1)**	12	V. **Außerordentliche Kündigung wegen Teilkündigung des Versicherers (Abs. 5)**	45
1. Allgemeines	12		
2. Teilkündigung	13		
3. Erweiternde Auslegung	14	1. Bestehen des Kündigungsrechts	47
II. **Außerordentliche Kündigung wegen Eintritts der Versicherungspflicht (Abs. 2)**	15	2. Teilbarkeit des Kündigungsrechts	48
		3. Entsprechende Anwendung	51
1. Allgemeines	15	4. Fristen	52
2. Kündigung gem. Abs. 2 S. 1, 2	17	a) Wirksamwerden des Aufhebungsbegehrens bei ordentlicher Kündigung des Versicherungsunternehmens	53
a) Rückwirkungsmöglichkeit	18		
b) Nachweispflicht	20		
c) Kündigungsfrist	24	b) Wirksamwerden des Aufhebungsbegehrens bei Anfechtung oder Rücktritt	54
3. Prämie	26		
4. Kündigung gem. Abs. 2 S. 4	27	VI. **Weitere außerordentliche Kündigungsrechte**	56
5. Berufung auf Unwirksamkeit der Kündigung	29	VII. **Besonderheiten bei der Pflichtversicherung (Abs. 6)**	57
6. Anwartschaftsversicherung	32	VIII. **Zur Form der Kündigungserklärung**	1

Stichwort- und Fundstellenverzeichnis

Stichwort	Rn.	Rspr.	Lit.
Andere Beendigungsgründe	→ Rn. 14	–	Rogler in HK-VVG VVG § 205 Rn. 3
Anfechtung	→ Rn. 51, 54	–	Hohlfeld in Berliner Kommentar VVG § 178h Rn. 21
Anschlussversicherung	→ Rn. 59	OLG Bamberg VersR 2014, 51	–
Außerordentliche Kündigung	→ Rn. 45 ff.; → Rn. 56, 60	BGH VersR 2012, 219	Muschner in Langheid/Rixecker VVG § 205 Rn. 4 ff.
Hinweispflicht des Versicherungsunternehmens	→ Rn. 29 f.	BGH VersR 2015, 230; 2013, 305	Rogler in HK-VVG VVG § 205 Rn. 18, 8
Kenntnis der versicherten Person	→ Rn. 59	BGH VersR 2014, 234	–
Mindestversicherungsdauer	→ Rn. 12	–	–
Nachweispflicht des Versicherungsnehmers	→ Rn. 19, 27 ff.; → Rn. 59	BGH VersR 2015, 230; 2014, 234; 2013, 305; 2012, 1375	Rogler in HK-VVG, VVG § 205 Rn. 21
Pflichtversicherung	→ Rn. 57 ff.	BGH VersR 2015, 230	Voit in Prölss/Martin VVG § 205 Rn. 42
Rücktritt	→ Rn. 51, 54	–	–
Versicherungspflicht in der GKV	→ Rn. 15 ff.	BGH VersR 2005, 66	Voit in Prölss/Martin VVG § 205 Rn. 11
Widerruf	→ Rn. 61	LG Dortmund r+s 2014, 27	Voit in Prölss/Martin VVG § 205 Rn. 42

Schrifttum: *Laux,* Hinweispflicht des Versicherers bei unwirksamer Kündigung des Versicherungsnehmers, jurisPR-VersR 3/2014 Anm. 6; *Rößler,* Erforderlichkeit eines Anschlussversicherungsnachweises bei Kündigung eines Mitversicherungsvertrages durch den Versicherungsnehmer?, VersR 2013, 1478; *Bergmann/Wever,* Zur Bedeutung des Nachweises einer Anschlussversicherung bei Kündigung des Krankenversicherungsvertrages, MedR 2013, 594; *Franz/Keune,* Gesetz zur Änderung versicherungsrechtlicher Vorschriften, ZfV 2012, 699; *Brams,* Die Zurückweisungspflicht des Versicherers auf ihm zugegangene unwirksame Kündigungen des Versicherungsnehmers – dargestellt anhand von §§ 13 MBKK 76, 17 MBKK 94, 178h VVG, VersR 1997, 1308; *Kammler,* Die außerordentliche Kündigung eines privaten Krankenversicherungsvertrages wegen Eintritts der Versicherungspflicht, VersR 1993, 785; *Leverenz,* Zurückweisung unwirksamer Kündigungen des Versicherungsnehmers durch den Versicherer, VersR 1999, 525.

A. Einführung

I. Normzweck

Die Norm trägt dem Bedürfnis des Versicherungsnehmers Rechnung, sich nach Zeitablauf oder bei Eintritt bestimmter Situationen von dem Versicherungsvertrag zu lösen. Sie regelt ausdifferenziert (und weitestgehend abschließend)[1] das Kündigungsrecht des Versicherungsnehmers. Bemerkenswert sind in diesem Zusammenhang die außerordentlichen Kündigungsrechte der Abs. 2–5, die den Eigenheiten der privaten Krankenversicherung (notwendige Beitragsanpassung wegen steigender Gesundheitskosten, Eintritt einer gesetzlichen Versicherungspflicht) als Teil des Sozialversicherungssystems im weiteren Sinne Rechnung tragen. § 205 ist insbes. wegen dieser außerordentlichen Kündigungsrechte als lex specialis zur allgemeinen Norm des § 11 anzusehen.[2]

Im Einzelnen: Abs. 1 normiert das ordentliche, die Abs. 2–5 außerordentliche Kündigungsrechte. Abs. 2 räumt ein Sonderkündigungsrecht für den Fall des Eintritts der Versicherungspflicht in der gesetzlichen Kranken-/Pflegeversicherung ein. Abs. 3 betrifft den Fall der Beitragserhöhung infolge des Überschreitens einer Altersgrenze. Abs. 4 beschäftigt sich mit der Prämienerhöhung oder Leistungskürzung durch den Versicherer. Da es nicht unüblich ist, verschiedene versicherte Personen

1

2

---

[1] Zu Ausnahmen → Rn. 56.
[2] Zum systematisch gleichen alten Recht *Moser* in Bach/Moser, 3. Aufl. 2002, MB/KK 1976 § 13 Rn. 1.

in einen Vertrag einzuschließen – man denke nur an die Familienversicherung – und die AVB regelmäßig die Möglichkeit der Kündigung nur für einzelne versicherte Personen vorsehen,[3] was – wie die Existenz von Abs. 5 zeigt – ohne Weiteres möglich ist, lässt das Gesetz die Kündigung des Restvertrages durch den Versicherungsnehmer zu. Jedem der genannten Absätze entspricht eine Regelung in den MB/KK und MB/KT,[4] was sich historisch daraus erklärt, dass zunächst Bedingungsrecht das Kündigungsrecht überhaupt regelte.[5]

II. Entstehungsgeschichte

3 **1. Zeit vor 1994.** Vor 1994 war das Recht der Krankenversicherung nicht gesetzlich geregelt, sondern existierte lediglich in Form der allgemeinen Versicherungsbedingungen, die zu dieser Zeit noch unter dem Genehmigungsvorbehalt der Aufsichtsbehörde (damals BAV) standen.[6] Die damals gebräuchlichen MB/KK 1976/MB/KT 1978 enthielten in ihrem § 13 jeweils Regelungen zur Kündigung durch den Versicherungsnehmer, die sich im Wesentlichen bis heute gehalten haben.

4 **2. Zeit ab 1994.** Mit der Deregulierung des deutschen Versicherungsmarktes[7] wurde dann eine gesetzliche Regelung für nötig gehalten, um den Versicherungsnehmer vor einseitig begünstigenden Regelungen zugunsten der Versicherer durch die jetzt nicht mehr genehmigungspflichtigen AVB zu schützen. Der Gesetzgeber übernahm kurzerhand die bewährten Regelungen der MB/KK 1976 bzw. MB/KT 1978 und überführte diese inhaltlich weitgehend unverändert in den neuen § 178h VVG aF.[8] Durch den ebenfalls neuen § 178o VVG aF, nach dem § 178h VVG aF halbzwingendes Recht darstellte, wurde eine zum Nachteil des Versicherungsnehmers abweichende Regelung qua lege vermieden.[9] Die daraufhin eingeführten MB/KK 1994 und MB/KT 1994 übernahmen wiederum die Regelung des § 178h VVG aF unter Einbeziehung des § 178n Abs. 2 VVG aF, so dass ein „gegenseitiges Abschreiben" des Gesetzgebers bei den AVB und umgekehrt zu einer Jahrzehnte währenden Kontinuität des Kündigungsrechts beitrug.

5 **3. VVG-Reform 2008.** Die Reform des Versicherungsvertragsrechts hat den Regelungskomplex des § 178h VVG aF beinahe unberührt gelassen. Lediglich Abs. 2 ist in dreierlei Hinsicht geändert worden: Zum einen wurde die Kündigungsfrist verlängert, zum zweiten die Anwendbarkeit der Norm explizit auf Anwartschaftsversicherungen erweitert und drittens eine weitergehende Nachweispflicht eingeführt.[10]

6 Die Expertenkommission stellte insbes. die Nachweispflicht in den Mittelpunkt ihrer Überlegungen und führte diese unter der Prämisse ein, dass so Rechtssicherheit bzgl. der Wirksamkeit einer vorgenommenen Kündigung gewonnen werden könne.[11]

7 Bundesrat, GDV und DAV haben sich zur Neuregelung des § 205 in ihren Stellungnahmen nicht geäußert. Die Bundesregierung ist in ihrer Begründung der Ansicht der Expertenkommission zur Rechtssicherheit der Kündigung gefolgt und hat daneben noch betont, dass auch die Verlängerung der Kündigungsfrist geboten sei, da es nicht auf die Kenntnis des Versicherungsnehmers vom Eintritt der Versicherungspflicht ankomme.[12]

8 **4. GKV-WSG.** Infolge des „GKV-WSG" ist Abs. 6 eingefügt worden, der seit 1.1.2009 gilt.[13] Die Norm war ursprünglich als neuer § 178h Abs. 6 VVG aF geplant und ist erst spät im Gesetzgebungsverfahren zum GKV-WSG vom Gesundheitsausschuss in der letzten Beschlussempfehlung eingeführt worden.[14] Nachdem aber zwischenzeitlich das Gesetzgebungsverfahren für das neue VVG ebenfalls zum Abschluss gelangt war und daraus resultierend die im GKV-WSG enthaltene teilweise Reform des VVG nicht mehr in die alte Gesetzesdiktion gepasst hätte, musste der Art. 11 des GKV-

---

[3] Vgl. § 14 Abs. 4 MB/KK 2009/MB/KT 2009, der Anwendungsbereich ist allerdings wegen der weitreichenden Einschränkungen des Kündigungsrechts für den Versicherer (vgl. § 206) gering.
[4] Vgl. § 13 Abs. 1–10 MB/KK 2009/MB/KT 2009.
[5] → Rn. 3.
[6] → Einf. Vor § 192 Rn. 342.
[7] → Einf. Vor § 192 Rn. 348.
[8] *Moser* in Bach/Moser, 3. Aufl. 2002, MB/KK 1976 § 13 Rn. 1; *Prölss* in Prölss/Martin, 27. Aufl. 2004, VVG § 178h Rn. 1; *Hohlfeld* in Berliner Kommentar VVG § 178h Rn. 1; BT-Drs. 12/6959, 103.
[9] *Moser* in Bach/Moser, 3. Aufl. 2002, MB/KK 1976 § 13 Rn. 1; *Hohlfeld* in Berliner Kommentar VVG § 178h Rn. 1.
[10] Ausf. → Rn. 20, 28 ff.
[11] Abschlussbericht der VVG-Kommission Abschn. 1.3.2.4. 5, S. 11.
[12] Begr. zum RegE Art. 1 (§ 205), BT-Drs. 16/3945, 114; → Rn. 24.
[13] → Rn. 57 ff.
[14] BT-Drs. 16/4200, 205.

WSG kurzerhand in das neue VVG übernommen werden,[15] was auf Empfehlung des Rechtsausschusses denn auch geschah. Der im GKV-WSG enthaltene § 178h Abs. 6 VVG aF ist also noch vor seinem Inkrafttreten in den neuen § 205 Abs. 6 transformiert worden.

5. Gesetz zur Änderung versicherungsrechtlicher Vorschriften v. 24.4.2013. Mit diesem Gesetz[16] wurde in Abs. 4 die bisherige Frist von einem Monat auf zwei Monate verlängert. Außerdem wurde Abs. 6 S. 2 mit Wirkung ab dem 1.5.2013 geändert. Die bis dahin gültige Fassung dieses Satzes lautete: „Die Kündigung wird erst wirksam, wenn der Versicherungsnehmer nachweist, dass die versicherte Person bei einem neuen Versicherer ohne Unterbrechung versichert ist." Im ersten Halbsatz wurde also das Wort „erst" durch das Wort „nur" ersetzt; außerdem wurde ein Zeitrahmen für die Beibringung des Anschlussversicherungsnachweises aufgenommen. Zur Begründung heißt es im RegE:[17]

„Die Regelung beseitigt Unklarheiten der bestehenden Regelung, die die Nachversicherung vorschreibt, aber nicht regelt, bis wann der Nachweis der Nachversicherung zu erbringen ist. Innerhalb der Frist von zwei Monaten wird eine Nachversicherung abgeschlossen werden können. Eine konkrete Frist ist im Hinblick darauf geboten, dass der Versicherer, dem gekündigt worden ist, ein Interesse daran hat, Klarheit über die Beendigung bzw. Fortsetzung des Vertrags zu erlangen; eine Frist von zwei Monaten ist angemessen. Wenn allerdings, etwa im Fall der Kündigung nach § 205 Abs. 1 VVG oder wenn der Versicherungsnehmer deutlich vor Beginn einer Kündigungsfrist kündigt, der Termin, zu dem die Kündigung wirksam wird, mehr als zwei Monate nach der Kündigungserklärung liegt, ist die Frist entsprechend zu verlängern; es ist nicht sinnvoll, dass ein Nachweis zwei Monate nach der Kündigungserklärung vorgelegt werden muss, wenn der Termin, zu dem gekündigt worden ist, zwei Monate nach der Erklärung noch gar nicht erreicht ist."

III. Anwendungsbereich

Grundsätzlich gilt § 205 für alle Arten der Krankenversicherung, unabhängig davon, ob eine Summen- oder eine Schadensversicherung vorliegt. Durch ihre Formulierung nimmt die Norm aber unterjährige Verträge per se aus ihrem Anwendungsbereich aus.[18] Im Bereich der Krankenversicherung betrifft dies typischerweise die Auslandsreisekrankenversicherung, die häufig für einen Zeitraum von einem Jahr oder weniger abgeschlossen wird.[19] In diesen Fällen gibt es entweder gar kein oder ein speziell in den AVB gewährtes Kündigungsrecht.

Im Falle des Vorliegens einer unbefristeten Krankenversicherung wurde bezweifelt, dass diese dem Regime des § 205 unterfiele, denn deren Dauer richte sich nach dem Kündigungszeitpunkt. Anwendbar sollten vielmehr § 8 Abs. 2 S. 1, 2 VVG aF[20] sein, was aber praktisch zum selben Ergebnis wie die Anwendung des § 178h VVG aF führte.[21] Richtig ist zwar, dass die letztendliche Dauer eines von Anfang an auf unbestimmte Zeit geschlossenen Vertrages erst durch die Kündigung bestimmt wird.[22] Das heißt jedoch nicht, dass solche Verträge aus § 205 Abs. 1 ausgenommen würden: In der PKV werden idR Verträge auf unbestimmte Zeit geschlossen.[23] Würde man diese Verträge nicht dem § 205 Abs. 1, sondern dem § 11 Abs. 2 unterstellen, so würde man gerade den Fall, an den der Gesetzgeber bei Schaffung der Norm gedacht hat, aus dem Anwendungsbereich ausnehmen und der allgemeinen Vorschrift zuweisen. Das aber machte § 205 Abs. 1 in großen Teilen funktionslos, so dass vielmehr davon auszugehen ist, dass auch auf unbestimmte Zeit geschlossene Verträge in den Anwendungsbereich des § 205 Abs. 1 fallen.[24] Im Übrigen verletzt die Gegenauffassung den Grundsatz des Vorrangs des spezielleren Gesetzes: Die auf unbestimmte Zeit geschlossene Versicherung lässt sich zwanglos unter den Wortlaut des § 205 Abs. 1 subsumieren. Ist dies aber ohne Verletzung des Telos der Norm möglich, wie gerade dargelegt, so ist der Wille des Gesetzes zu respektieren und der Rückgriff auf allgemeine Normen untersagt.

---

[15] BT-Drs. 16/5862, 81 ff.
[16] BGBl. 2013 I S. 932.
[17] BT-Drs. 17/11469, 15.
[18] *Hohlfeld* in Berliner Kommentar VVG § 178h Rn. 2.
[19] Im Ergebnis ebenso *Voit* in Prölss/Martin VVG § 205 Rn. 3, Geltung für befristete Verträge, soweit die Versicherungsdauer mehr als ein Jahr beträgt.
[20] Jetzt § 11 Abs. 2.
[21] Zum (insofern aber nicht geänderten) alten Recht *Prölss* in Prölss/Martin, 27. Aufl. 2004, VVG § 178h Rn. 1.
[22] *Prölss* in Prölss/Martin, 27. Aufl. 2004, VVG § 178h Rn. 1.
[23] Vgl. § 8 Abs. 1 MB/KK.
[24] So nun auch BGH VersR 2012, 1375; *Voit* in Prölss/Martin VVG § 205 Rn. 3.

B. Inhaltliche Fragen

I. Ordentliches Kündigungsrecht (Abs. 1)

12   **1. Allgemeines.** Abs. 1 S. 1 statuiert das ordentliche Kündigungsrecht des Versicherungsnehmers, dh die Kündigung wegen Zeitablaufs. Wegen § 195 Abs. 1 S. 1[25] ist der überwiegende Teil der abgeschlossenen Krankenversicherungsverträge unbefristet, so dass im Grundsatz eine Kündigung jeweils zum Ende eines Jahres möglich ist. Bei Berechnung der Frist gelten (wie iÜ auch für die folgenden Absätze) die allgemeinen Grundsätze der §§ 186 ff. BGB. Relativiert wird die alljährliche Kündigungsmöglichkeit durch die Möglichkeit der Vereinbarung einer **Mindestversicherungsdauer** in der Krankheitskosten- und Krankenhaustagegeldversicherung. Früher war aufgrund von § 178a Abs. 4 S. 2 VVG aF eine Mindestlaufzeit von drei Jahren vereinbar. Diese Spezialvorschrift hat aber nach der VVG-Reform keine Entsprechung mehr. Vielmehr gilt nun die allgemeine Regel des § 11 Abs. 2, wonach das Kündigungsrecht für die Dauer von zwei Jahren ausgeschlossen werden kann mit der Folge, dass iErg faktisch eine Mindestversicherungsdauer von zwei Jahren ermöglicht wird.[26] Dem entspricht der neue § 13 Abs. 1 MB/KK 2008/MB/KK 2009. Zu beachten ist daneben, dass der Vertrag zum Ablauf der Mindestversicherungszeit kündbar ist, und nicht das Kündigungsrecht dergestalt ausgeschlossen ist, dass von ihm erst zum Ablauf des darauffolgenden Jahres Gebrauch gemacht werden kann.[27] Zu Einzelfragen im Zusammenhang mit Kündigungserklärungen vgl. die Kommentierung zu § 11.

13   **2. Teilkündigung.** Abs. 1 S. 2 lässt eine Beschränkung der Kündigung auf einzelne versicherte Personen oder Tarife zu. Die Regelung ermöglicht so die flexible Fortführung des Versicherungsschutzes, wenn sich in der Sphäre des Versicherungsnehmers den Versicherungsschutz zumindest in Teilen berührende Umstände ändern, sei es, dass Risiken weggefallen sind, so dass nur bestimmte Tarife nicht mehr benötigt werden, sei es, dass sich im Personenbestand etwas ändert, zB wenn Kinder den elterlichen Haushalt verlassen und ein eigenes Versicherungsverhältnis eingehen.[28] Insoweit ist § 207 Abs. 2 zu beachten.[29] Das Recht zur Teilkündigung kann also dazu führen, dass dem Versicherer ein Vertrag unter Einschluss nur bestimmter Tarife aufgezwungen wird, den er uU so nicht abgeschlossen hätte.[30] Dieses Ergebnis ergibt sich aber schon aus der einfachen Gesetzesanwendung, schließlich sieht Abs. 1 S. 2 ein Teilkündigungsrecht gerade vor, dessen Resultat aber zwingend ist, dass nur Teile des Vertrags aufrecht erhalten werden. Dass der Gesetzgeber dies gewollt hat, zeigt sich im Fehlen eines mit § 205 Abs. 5 korrespondierenden Gegenrechts zugunsten des Versicherers in der Form, dass dieser den wegen der Teilkündigung entstehenden „Rumpfvertrag" auflösen könnte.[31] Allerdings darf die Teilkündigung nicht dazu führen, dass der Versicherungsschutz des Kunden so weit entwertet wird, dass die verbleibende Absicherung keinen auskömmlichen Schutz mehr bietet und insbesondere die Pflicht zur Versicherung nicht mehr erfüllt. In derartigen Fällen muss sich der Kunde entscheiden, ob er den Vertrag insgesamt kündigt oder auf eine Teilkündigung verzichtet. Anderenfalls könnte auf diese Weise z.B. bei Bausteintarifen die Pflicht zur Versicherung hinsichtlich des gesetzlich vorgeschriebenen Umfangs nachträglich zumindest teilweise umgangen werden.

14   **3. Erweiternde Auslegung.** *Prölss* ging zu § 178h Abs. 1 S. 2 VVG aF davon aus, dass die Regelung zur Teilkündigung im Wege der Analogie erweiternd auch auf **andere Beendigungsgründe**, zB die Anfechtung, angewandt werden müsste.[32] Davon abgesehen, dass der Anwendungsbereich für eine solche Erweiterung eher klein sein dürfte, ist dieser Auffassung aber zuzustimmen.[33] Zwar bestehen Bedenken ob der weiten Auslegung einer im Wortlaut klaren Norm, noch dazu auf einen Beendigungsgrund ex tunc, jedoch ist der Rechtsgedanke dahinter soweit verallgemeinerungsfähig, dass die Analogie geboten ist: Der Versicherungsnehmer soll dahingehend geschützt sein, dass er nicht wegen eines auf Teile des Versicherungsvertrages begrenzten Irrtums vor die Wahl „alles oder nichts" gestellt wird, also entweder einen Versicherungsschutz bekommt, den er nicht benötigt, oder komplett anfechten muss — mit der Folge, dass bei einem neuen Antrag auch eine neue

---

[25] → § 195 Rn. 8 f.
[26] Begr. zu Art. 1 (§ 205) RegE Gesetz zur Reform des Versicherungsvertragsrechts, BT-Drs. 16/3945, 111.
[27] *Voit* in Prölss/Martin VVG § 205 Rn. 5.
[28] *Hohlfeld* in Berliner Kommentar VVG § 178h Rn. 3.
[29] → § 207 Rn. 14.
[30] *Voit* in Prölss/Martin VVG § 205 Rn. 7.
[31] Zum alten Recht schon *Prölss* in Prölss/Martin, 27. Aufl. 2004, VVG § 178h Rn. 4; *Hohlfeld* in Berliner Kommentar VVG § 178h Rn. 3.
[32] *Prölss* in Prölss/Martin, 27. Aufl. 2004, VVG § 178h Rn. 4; *Rogler* in HK-VVG § 205 Rn. 3.
[33] *Rogler* in HK-VVG § 205 Rn. 3.

Gesundheitsprüfung stattfindet. Diese Situation wird durch die analoge Anwendung des § 205 Abs. 1 S. 2 (der wortgleich zu seiner Vorgängerregelung in § 178h Abs. 1 S. 2 VVG aF ist) vermieden.

II. Außerordentliche Kündigung wegen Eintritts der Versicherungspflicht (Abs. 2)

1. Allgemeines. Abs. 2 eröffnet eine Kündigungsmöglichkeit für den Fall, dass eine gesetzliche 15 Kranken- oder Pflegeversicherungspflicht neben einem bereits bestehenden privaten Versicherungsvertrag entsteht, und gibt dem Versicherungsnehmer so ein Mittel zur Vermeidung einer „Doppelversicherung" in beiden Systemen mit der Folge einer höheren Prämienbelastung an die Hand.[34] Erfasst ist von der Norm allein das Entstehen einer **Versicherungspflicht in der GKV**, nicht hingegen das Inkrafttreten der allgemeinen Krankenversicherungspflicht (§ 193 Abs. 3) zum 1.1.2009.[35] Durch ihre bloße Existenz stellt die Norm zudem klar, dass der private Versicherungsvertrag nicht ipso iure endet, sondern es eines Willensakts des Versicherungsnehmers in Form der außerordentlichen Kündigung bedarf.[36] Sie hat im Bereich der Kündigungsrechte des Versicherungsnehmers im Zuge der VVG-Reform die stärksten Änderungen erfahren, die allesamt dem Versicherungsnehmer zugutekommen und angesichts der verbraucherstärkenden und europarechtsharmonisierenden Zielrichtung des neuen VVG[37] nachvollziehbar sind. Zum einen ist die Frist in S. 1 von zwei auf drei Monate verlängert und das Kündigungsrecht durch Einfügen von S. 1 Fall 2 ausdrücklich auf bestehende Anwartschaftsversicherungen erweitert worden, zum anderen ist in S. 2 aus Gründen der Rechtssicherheit auch für die rückwirkende Kündigungsmöglichkeit die Nachweispflicht bzgl. des Eintritts einer Versicherungspflicht eingeführt worden.[38] Die Norm ist in § 13 Abs. 3 MB/KK 2009/MB/KT 2009 eingearbeitet.

§ 205 Abs. 2 enthält damit zwei Fälle der Kündigungsmöglichkeit: Zunächst die auf den Eintritt 16 der Versicherungspflicht rückwirkende Kündigung nach S. 1 und 2 und darüber hinaus die jeweils zum Ende eines späteren Monats wirkende nach S. 4. Da Sinn und Zweck der Norm darin besteht, eine mehrfache Versicherung möglichst zu vermeiden, ist eine **einschränkende Auslegung** dahingehend geboten, dass das Kündigungsrecht generell nur für solche Versicherungsverträge gilt, die den Schutz aus der gesetzlichen Krankenversicherung ersetzen sollen, und das sowohl in tariflicher wie auch in personeller Hinsicht.[39] Andernfalls sind Interessen der Versicherungsnehmer gar nicht berührt, eine Kündigung wäre also in jedem Fall rechtsmissbräuchlich.

2. Kündigung gem. Abs. 2 S. 1, 2. Die in den S. 1 und 2 geregelte rückwirkende Kündigung 17 stellt angesichts der Tatsache, dass die Kündigung sonst nur ex nunc wirkt, eine juristische Besonderheit dar; die Möglichkeit einer in die Vergangenheit wirkenden Kündigung hatte schon zur Vorgängerregelung des § 178h Abs. 2 VVG aF für Diskussionen gesorgt. Zum besseren Verständnis der folgenden Ausführungen sei daher zunächst darauf kurz eingegangen: Die rückwirkende Kündigungsmöglichkeit stand seit jeher im Spannungsfeld zwischen Bedingungsrecht, dem durch das Gesundheits-Reformgesetz[40] von 1988 eingeführten, außerordentlich weit gefassten § 5 Abs. 9 SGB V aF[41] und den 1994 verabschiedeten Regelungen zur privaten Krankenversicherung in §§ 178a ff. VVG aF,[42] und hier namentlich § 178h Abs. 2 VVG aF. Insbesondere zwei Streitfragen lassen sich ausmachen: Erstens, ob eine Kündigung überhaupt rückwirkend möglich ist, und zweitens, ob sich die Nachweispflicht des § 178h Abs. 2 S. 3 VVG aF in erweiternder Auslegung auch auf die schon damals gegebene Möglichkeit der rückwirkenden Kündigung gem. § 178h Abs. 2 S. 1 VVG aF bezog.

a) Rückwirkungsmöglichkeit. Nachdem zunächst bestritten worden war, dass die Einfüh- 18 rung einer rückwirkenden Kündigungsmöglichkeit überhaupt möglich ist,[43] wurde dies doch in der

---

[34] BGH VersR 2005, 66.
[35] *Voit* in Prölss/Martin VVG § 205 Rn. 11; *Rogler* in HK-VVG § 205 Rn. 13.
[36] *Hohlfeld* in Berliner Kommentar VVG § 178h Rn. 4.
[37] Abschlussbericht der VVG-Kommission Abschn. 1.1.2, Abschn. 1.2.2.5.4.
[38] Abschlussbericht der VVG-Kommission Abschn. 3.1; Begr. zu Art. 1 (§ 205) RegE Gesetz zur Reform des Versicherungsvertragsrechts, BT-Drs. 16/3945, 114; dass dort von S. 1 Hs. 2 anstatt S. 2 die Rede ist, ergibt sich daraus, dass in § 197 VVG-E der nun Gesetz gewordene S. 2 noch S. 1 Hs. 2 war – der Gesetzgeber hat die Begr. dort anscheinend unreflektiert übernommen und die Änderung übersehen.
[39] *Voit* in Prölss/Martin VVG § 205 Rn. 9; *Rogler* in HK-VVG § 205 Rn. 15; *Hohlfeld* in Berliner Kommentar VVG § 178h Rn. 4.
[40] BGBl. I S. 2477.
[41] Die Norm ist mittlerweile aufgehoben, vgl. Art. 10 Abs. 21 Nr. 1 des Gesetzes zur Reform des Versicherungsvertragsrechts.
[42] BGBl. 1994 I 1630, ber. 3134.
[43] AG Wangen VersR 1993, 1136 (1137); *Kammler* VersR 1993, 785 (788); aA LG Deggendorf VersR 1993, 1135 mzustAnm *Brams*; AG Worms VersR 1993, 1137.

Folgezeit anerkannt.⁴⁴ Dem ist heute uneingeschränkt und nach wohl allg. Meinung zuzustimmen; auch wenn es deutschen Juristen zunächst ungewohnt erscheint, so ist der Gesetzgeber doch frei, auch dogmatisch klar erkannte Gestaltungsrechte dem jeweiligen Rechtsgebiet innewohnenden Besonderheiten anzupassen. Nachvollziehbar wird der damals entbrannte Streit vor dem zeitlichen Hintergrund: Zur Zeit der Einführung des § 5 Abs. 9 SGB V aF, der iÜ keine weiteren Wirksamkeitsvoraussetzungen aufstellte, war § 178h VVG aF noch nicht in Kraft, so dass die Rückwirkung einer Kündigung überhaupt unbekannt war. Geschuldet ist sie allerdings der Tatsache, dass die Rückabwicklung eines Krankenversicherungsverhältnisses sowohl rechtlich als auch wirtschaftlich schwierig sein und der Eintritt einer Versicherungspflicht teils unvorhergesehen geschehen kann.⁴⁵

19   Eine Rückwirkung der Kündigung scheint daher aufgrund der Besonderheiten des Krankenversicherungsrechts geboten; ebenso stößt die Verlängerung der Frist von zwei auf drei Monate auf keine durchgreifenden Bedenken, muss dem Gesetzgeber doch eine Einschätzungsprärogative zugestanden werden, wann die Interessen des Versicherungsnehmers, wann die des Versicherers schützenswerter sind.⁴⁶ Die von *Moser* angesprochene Problematik,⁴⁷ dass der Versicherer bei Anerkennung einer weiteren Rückwirkung das Risiko des Versicherungsnehmers getragen habe, ohne adäquaten Beitrag zu erlangen, dürfte so nicht vorkommen. Richtig daran ist zwar, dass der Versicherer das Risiko trägt, aber dabei darf er doch, wie S. 3 klarstellt, die Prämie für diesen Zeitraum behalten; es ist also ein Gleichlauf zwischen versichertem und prämienbelastetem Zeitraum sichergestellt; die Interessen der Versicherer sind daher noch angemessen berücksichtigt. Für danach erbrachte Leistungen – und darauf zielt wohl die Kritik –, die dann wegen der Rückwirkung zurückgewährt werden müssen, gilt beiderseits das Recht der ungerechtfertigten Bereicherung – aber auch dann trägt der Einwand von *Moser* nicht, denn zu dieser Zeit hat der Versicherer gar kein Risiko mehr getragen, für das er Beiträge hätte erhalten müssen. Rein faktisch mag der Versicherer zwar Leistungen erbracht haben, die um ein Vielfaches über der Gegenleistung des ehemaligen Versicherungsnehmers gelegen haben, aber das liegt im Wesen der – der Summe, nicht der Adäquanz nach – manchmal deutlich höheren Schadenleistung des Versicherers, und diese kann er eben unter Herausgabe oder Verrechnung der gezahlten Prämien kondizieren. Im Übrigen wird in einem solchen Fall ein umsichtiger und wohlberatener Versicherungsnehmer tunlichst nicht von seinem rückwirkenden Kündigungsrecht Gebrauch machen, um sich nicht der Bereicherungshaftung auszusetzen, sondern von der Kündigungsmöglichkeit zu einem späteren Zeitpunkt, die S. 4 einräumt – und dann darf der Versicherer die Prämie bis zu diesem Zeitpunkt behalten, § 39 Abs. 1 S. 1. Selbst wenn also ein Versicherungsnehmer sich noch nicht im Klaren darüber ist, ob sich ein Risiko innerhalb der Frist verwirklicht, und diese dann bis zum Ende ausnutzt und bei tatsächlicher Risikoverwirklichung nur von seiner Kündigungsmöglichkeit nach § 205 Abs. 2 S. 4 Gebrauch macht, andernfalls aber nach § 205 Abs. 2 S. 1, 2 kündigt, ist darin doch kein Missbrauch der rückwirkenden Kündigungsmöglichkeit zu sehen, sondern vielmehr ein bloßes Ausnutzen der gesetzlich eingeräumten Möglichkeiten; hat sich das Risiko nämlich verwirklicht, so steht der eintretenden Leistungspflicht des Versicherers der volle Prämienanspruch gegenüber, und nichts anderes ist vertraglich versprochen.

20   **b) Nachweispflicht.** § 205 Abs. 2 S. 2 geht von der Prämisse aus, dass die Kündigung zunächst wirksam ist, wenn sie dem Versicherer innerhalb der Frist des S. 1 zugeht. Aus der Regelungstechnik ergibt sich außerdem, dass die Kündigung grds. auch ohne Nachweis der Versicherungspflicht wirksam ist, denn ein dann vom Versicherungsnehmer gefordertes Tätigwerden in Form der Beibringung eines Nachweises ist seinerseits bedingt durch die Aufforderung des Versicherers, einen solchen Nachweis zu erbringen. Fordert der Versicherer also nicht dazu auf, so wird die Kündigung ohne weiteres wirksam. Diese Aufforderung durch den Versicherer hat in Textform zu erfolgen, womit das Formerfordernis des § 126b BGB gemeint ist.⁴⁸ Für den Zugang der Aufforderung ist der Versicherer, für den Zugang des daraufhin erbrachten Nachweises der Versicherungsnehmer **beweispflichtig**. Selbst die verspätete Erbringung eines Nachweises ist allerdings dann ausreichend, wenn der Versicherungsnehmer die Fristversäumnis nicht zu vertreten hat. Der Formulierung ist allerdings zu entnehmen, dass ein Verschulden des Versicherungsnehmers vermutet wird, dh dieser sich insofern entlasten muss.⁴⁹ Dies scheint auf den ersten Blick ein Nachteil für den Versicherungsnehmer zu sein, ist aber der Erreichung des Normzwecks förderlich. Gesteigert werden soll die Gewissheit des Rechtsverkehrs über die Wirksamkeit einer Kündigung. Würde regelmäßig Streit über die in Rede

---

⁴⁴ *Moser* in Bach/Moser, 3. Aufl. 2002, MB/KK 1976 § 13 Rn. 19; *Hohlfeld* in Berliner Kommentar VVG § 178h Rn. 5.
⁴⁵ *Hohlfeld* in Berliner Kommentar VVG § 178h Rn. 5.
⁴⁶ Krit. *Moser* in Bach/Moser, 3. Aufl. 2002, MB/KK 1976 § 13 Rn. 19.
⁴⁷ *Moser* in Bach/Moser, 3. Aufl. 2002, MB/KK 1976 § 13 Rn. 19.
⁴⁸ Abschlussbericht der VVG-Kommission Abschn. 1.2.2.6.
⁴⁹ *Rogler* in HK-VVG § 205 Rn. 16; *Boetius* PKV VVG § 205 Rn. 82.

stehende Kündigung entstehen, so würde dieses Ziel, das dem Interesse aller beteiligten Parteien, also auch dem Versicherungsnehmer dient, nicht erreicht.

Für das neue Recht eindeutig positiv beantwortet ist auch der Streit,[50] ob sich die Nachweispflicht auf beide Kündigungsarten, die Abs. 2 bereitstellt, bezieht, oder nur auf die spätere Kündigungsmöglichkeit zum Ende eines Monats. Das war nach altem Recht in § 178h Abs. 2 VVG aF nicht ganz eindeutig geklärt. Auch diese Problematik ergab sich erst aus dem Inkrafttreten des § 5 Abs. 9 SGB V aF, denn infolgedessen wurde fraglich, ob das bis dato allein in den Musterbedingungen[51] geregelte Kündigungsrecht, das einen Nachweis der eingetretenen Versicherungspflicht verlangte, nicht in eine Rechtswidrigkeit „hineingewachsen" war, und zwar weil § 5 Abs. 9 SGB V aF einen solchen Nachweis gerade nicht erforderte.[52] In der Folgezeit trat dann § 178h VVG aF in Kraft, mit dem der Gesetzgeber die Regelungen aus dem Bedingungsrecht und aus § 5 Abs. 9 SGB V aF aufnehmen und den schwelenden Streit so beenden wollte.[53] Auch nach hL[54] und Teilen der Rspr.[55] stellte § 178h VVG aF eine Konkretisierung des in § 5 Abs. 9 SGB V aF niedergelegten Grundsatzes, dass bei Eintritt einer Versicherungspflicht der vorher bestehende private Krankenversicherungsschutz gekündigt werden kann, dar. Unabhängig von der Frage, ob die schlussendlich gegebene amtliche Begründung, Gesetzeszweck sei die Verschmelzung der bestehenden Regelungen, überhaupt ihr Ziel erreichen konnte,[56] so muss doch konstatiert werden, dass eine Nachweispflicht für die durch § 178h Abs. 1 S. 1 VVG aF eingeräumte Kündigungsmöglichkeit schon damals nicht bestand.[57] Die bis dahin richtige Lösung, Bedingungsrecht zur Konkretisierung des § 5 Abs. 9 SGB V aF beizuziehen,[58] musste nämlich seitdem am klare formelle und materielle Voraussetzungen aufstellenden § 178 Abs. 2 VVG aF scheitern; eine ergänzende Zuziehung von Bedingungsrecht, wie bis dahin geboten, konnte nun mangels ausfüllungsbedürftiger Regelungsmasse nicht mehr geschehen, und aus demselben Grund eben so wenig § 178h Abs. 2 S. 3 VVG aF analog angewandt werden. Das neue Recht macht nun, vor diesem Diskussionshintergrund verständlich, Schluss mit der Ungleichbehandlung der Nachweispflicht je nach Art der ausgesprochenen Kündigung.

Nicht zwingend ist allerdings die Begründung, dass die Rechtsordnung auch und sogar bei vielen Dauerschuldverhältnissen, wie zB im Miet- und Arbeitsrecht Kündigungsrechte vorsieht, ohne dabei den Nachweis des Kündigungsgrundes zur Wirksamkeitsvoraussetzung zu machen, so dass eine Regelungslücke nicht gegeben sei.[59] Das Mietrecht etwa kennt den Nachweis von Kündigungsgründen als Wirksamkeitsvoraussetzung, vgl. § 573 Abs. 1, 3, § 574 Abs. 3 BGB. Bevor § 178h VVG aF in Kraft trat, war eine Konkretisierung des Kündigungsrechts angesichts der Weite von § 5 Abs. 9 SGB V aF aber nötig, da diese Norm nur die Möglichkeit der Kündigung eröffnete, selbst aber keine weiteren Tatbestandsvoraussetzungen enthielt, die das eingeräumte Kündigungsrecht überhaupt handhabbar machten.[60] Allein das Inkrafttreten von § 178h VVG aF führte dazu, dass eine weitere Konkretisierung in den Musterbedingungen entbehrlich wurde. Nicht also die Tatsache, dass die Rechtsordnung angeblich in anderen Fällen mit ebenso weiten Kündigungsrechten operiert, führt dazu, dass eine Nachweispflicht aus einer Analogie zu § 178h Abs. 2 S. 3 VVG aF nicht hergeleitet werden kann, sondern schlicht die Tatsache, dass § 178h VVG aF eine so umfassende Regelung war, dass sie eben keine Regelungslücke offenbarte; die Nachweispflicht bezog sich nach dem klaren Wortlaut eben nur auf die zum Ende eines Monats eingeräumte Kündigungsmöglichkeit. Davon ging auch die Expertenkommission aus, da sie eine Nachweispflicht in § 197 Abs. 2 VVG-E erst „einführen" wollte.[61]

---

[50] → Rn. 17.
[51] § 13 MB/KK 1976 und MB/KT 1978.
[52] Vgl. zu dieser Frage ausf. BGH VersR 2005, 66 (67); die besseren Gründe sprachen schon damals dafür, die durch die Musterbedingungen eingeräumte Kündigungsmöglichkeit als Konkretisierung des § 5 Abs. 9 SGB V aF zu betrachten, da sie diesen nur konkretisierten, nicht einschränkten, und damit nicht gegen höherrangiges Recht verstießen; LG Berlin VersR 2003, 759 (760); LG Deggendorf VersR 1993, 1135 (1136).
[53] BT-Drs. 12/6959, 106.
[54] Zum alten Recht *Prölss* in Prölss/Martin, 27. Aufl. 2004, VVG § 178h Rn. 6; *Moser* in Bach/Moser, 3. Aufl. 2002, MB/KK 1976 § 13 Rn. 19.
[55] LG Freiburg VersR 2000, 1007; KG VersR 2005, 924 (925); 2006, 689 (690); OLG Köln 16.4.2008 – 5 U 2/08, nv.
[56] Zweifelnd daran BGH VersR 2005, 66 (67).
[57] IE auch BGH VersR 2005, 66 (68); aA *Hohlfeld* in Berliner Kommentar VVG § 178h Rn. 5.
[58] LG Deggendorf VersR 1993, 1135 (1136); AG Worms VersR 1993, 1137.
[59] So aber BGH VersR 2005, 66 (68).
[60] *Moser* in Bach/Moser, 3. Aufl. 2002, MB/KK 1976 § 13 Rn. 19.
[61] Abschlussbericht der VVG-Kommission Abschn. 3.1.

23 Rechtsqualitativ betrachtet war § 5 Abs. 9 SGB V außerhalb des VVG normiertes materielles Versicherungsvertragsrecht, denn geregelt wurde nicht der Beitritt in die gesetzliche Krankenversicherung, sondern die Beendigung des privaten Versicherungsvertrags.[62] Im Zuge der Einführung des neuen VVG hat der Gesetzgeber jedoch die sich bietende Chance zur Rechtsbereinigung – leider wenig konsequent[63] – zumindest in Hinblick auf § 5 Abs. 9 SGB V ergriffen und ihn durch Art. 9 Abs. 21 Nr. 1 des Gesetzes zur Reform des Versicherungsvertragsrechts aufgehoben; eine Maßnahme, die aufgrund der oben angesprochenen Problematik, wie auch wegen der schieren Überflüssigkeit der Norm überfällig war.

24 **c) Kündigungsfrist.** Im neuen § 205 Abs. 2 S. 1 ist die Kündigungsfrist im Gegensatz zur Vorgängernorm des § 178h Abs. 2 S. 1 von zwei auf drei Monate verlängert worden. Von hoher praktischer Relevanz ist dabei die Frage, wann die Frist überhaupt zu laufen beginnt. Diese Problematik war immer wieder Gegenstand gerichtlicher Auseinandersetzungen, dürfte aber nunmehr endgültig dahingehend geklärt sein, dass die Frist objektiv vom Eintritt der Versicherungspflicht, nicht von der Kenntnis des Versicherungsnehmers abhängt.[64] Der Gesetzgeber begründet die Fristverlängerung von zwei auf drei Monate sogar allein damit, dass es gerade auf die Kenntnis des Versicherungsnehmers für den Lauf der Frist nicht ankommt.[65] Dies legt auch der Wortlaut der Norm „nach Eintritt der Versicherungspflicht" nahe.[66]

25 Jener Streitstoff entstand im alten Recht aus der schon oben angesprochenen Unsicherheit über die Bedeutung des § 5 Abs. 9 SGB V aF. Nach einer Auffassung sei diesem ein Bekenntnis des Gesetzgebers, eine Doppelversicherung unter allen Umständen vermeiden zu wollen, inhärent gewesen, so dass § 178h Abs. 2 VVG aF einschränkend hätte ausgelegt werden müssen, mit der Folge, dass die Frist erst mit Kenntnis des Versicherungsnehmers zu laufen begonnen hätte.[67] Dem ist nach wie vor zu widersprechen. Zunächst wurden die lex-posterior- und die lex-specialis-Regel außer Acht gelassen, denn § 178h Abs. 2 VVG aF ist zum einen in Kenntnis und zur Lösung der Schwierigkeiten, die sich aus § 5 Abs. 9 SGB V aF ergaben, geschaffen worden und sollte daher nach gesetzgeberischem Willen eine Konkretisierung dieser Norm darstellen;[68] darüber hinaus ist § 178h Abs. 2 VVG aF zeitlich nach § 5 Abs. 9 SGB V aF eingeführt worden, so dass er als späteres Gesetz dem früheren vorgeht. Daneben zeigte sich doch schon an der Einführung der Zweimonatsfrist überhaupt, dass der Gesetzgeber eine Abwägung vornehmen wollte zwischen der Vermeidung einer Doppelversicherung und dem Interesse der Versicherer, möglichst kurzfristig Sicherheit über die weitere Existenz des Vertrages zu haben.[69] Es war also gerade nicht davon auszugehen, das Interesse an der Vermeidung einer Doppelversicherung stehe automatisch im Vordergrund, ansonsten hätte der Gesetzgeber auch eine Beendigung des privaten Versicherungsvertrages ipso iure anordnen können; vielmehr überwog dieses Interesse nur innerhalb der vom Gesetzgeber aufgestellten Zweimonatsfrist, danach war der Versicherungsnehmer richtigerweise auf die Kündigungsmöglichkeit nach § 178h Abs. 2 S. 3 VVG aF zu verweisen.[70] Diese Rechtslage setzt sich im neuen Recht nahtlos fort, allein die Frist ist auf drei Monate verlängert worden.

26 **3. Prämie.** § 205 Abs. 2 S. 3 enthält eine eigenständige – und überflüssige – Regelung zur Prämie. Dem Versicherer steht diese selbstverständlich bis zum Zeitpunkt der Vertragsbeendigung infolge der Kündigung, ergo dem Wirksamwerden der Kündigung und nicht bis zum Zeitpunkt des Gebrauchmachens von der Kündigungsmöglichkeit, sprich der Erklärung der Kündigung, zu, wie der missverständliche Wortlaut ebenfalls zu verstehen sein könnte. Begünstigt wird diese Unklarheit durch das Einfügen des S. 2, wodurch das Gefüge des S. 1 und des S. 3 (der nach altem Recht S. 2 war und so sprachlich unmittelbar Bezug auf S. 1 nahm) gestört wird, für das nach § 178h Abs. 2 S. 1, 2 VVG aF klarer war, dass mit „diesem Zeitpunkt" der „Eintritt der Versicherungspflicht"

---

[62] → Einf. Vor § 192 Rn. 468 ff.
[63] Dass nun nach Entfall des § 5 Abs. 9 SGB V aF allerdings der Kontrahierungszwang des § 5 Abs. 9 SGB V nF für private Krankenversicherer, der ebenfalls materielles Versicherungsvertragsrecht darstellt, nicht ins VVG transferiert, sondern – entgegen dem Vorschlag der VVG-Reformkommission – im SGB V verblieben ist und dort sogar noch erweitert wurde, verwundert vor diesem Hintergrund allerdings. Vgl. zu dieser Frage auch § 198 VVG-E. → § 207 Rn. 18.
[64] *Rogler* in HK-VVG § 205 Rn. 15; *Voit* in Prölss/Martin VVG § 205 Rn. 22; *Hohlfeld* in Berliner Kommentar VVG § 178h Rn. 5; LG Freiburg VersR 2000, 1007; LG Berlin VersR 2003, 759 (760); KG NJW-RR 2004, 1172; aA das (damalige) BAV in VerBAV 92, 259.
[65] Begr. zu Art. 1 (§ 205) RegE Gesetz zur Reform des Versicherungsvertragsrechts, BT-Drs. 16/3945, 114.
[66] LG Freiburg VersR 2000, 1007.
[67] Vgl. nur jeweils die klägerischen Begehren in KG VersR 2005, 924 (925); 2006, 689 (690).
[68] → Rn. 20.
[69] KG VersR 2005, 924 (925); 2006, 689 (690); OLG Köln 16.4.2008 – 5 U 2/08, nv.
[70] KG VersR 2005, 924.

gemeint war. Diese Schlussfolgerung ergibt sich auch aus dem versicherungsrechtlichen Grundsatz des Gleichlaufs von Prämie und Risiko und ebenso aus der Gesetzesbegründung. Dort heißt es, § 205 Abs. 2 S. 3 sei nur eine Klarstellung, die trotz der Existenz des § 39 Abs. 1 beibehalten werde (der als allgemeine Vorschrift auch ohne explizite Nennung in § 194 gilt).[71] Es soll also keine Sonderregelung zu § 39 Abs. 1 geschaffen werden. Dieser aber regelt, dass dem Versicherer die Prämie bis zum Ende des versicherten Zeitraums, nicht bis zum Zeitpunkt der Erklärung eines Gestaltungsrechts zusteht. Eine andere Auslegung wäre auch nicht sachgerecht, sie würde die Zufälligkeit des Zeitpunkts der Erklärung zur maßgeblichen Grundlage für den Prämienanspruch des Versicherers machen und den Versicherungsnehmer dazu drängen, möglichst schnell von seinem Kündigungsrecht Gebrauch zu machen – die Einräumung einer im Gegensatz zum alten Recht längeren Frist zeigt aber gerade, dass dieser wichtigen Entscheidung die nötige Zeit eingeräumt werden und sie wohlüberlegt sein soll. Maßgeblich kann daher nur das Ende des prämienbelasteten Zeitraums sein, wie es auch schon nach altem Recht der Fall war.[72]

4. Kündigung gem. Abs. 2 S. 4. Neben der rückwirkenden Kündigungsmöglichkeit des Abs. 2 S. 1, 2 stellt Abs. 2 S. 4 ein weiteres Kündigungsrecht zur Verfügung. Dieses ist von der VVG-Reform gänzlich verschont geblieben und wörtlich dem alten § 178h Abs. 2 S. 3 VVG aF entnommen. Es ist Folgeregelung der gesetzgeberischen Erwägung, einen Ausgleich der Interessen des Versicherungsnehmers an Vermeidung einer „Doppelversicherung" und der Interessen des Versicherers an einer tragbaren Rückabwicklung durch Begrenzung der rückwirkenden Kündigungsmöglichkeit nach Abs. 2 S. 1, 2 zu schaffen. Liegt nämlich dieser Tatbestand mangels Kenntnis des Versicherungsnehmers nicht vor, so muss dem Versicherungsnehmer zwar dem Grunde nach noch ein Kündigungsrecht zustehen, allerdings die Rückwirkung entfallen, denn nach Ablauf der Dreimonatsfrist des S. 1 sind der Versicherer und die Versicherungsgemeinschaft schützenswerter als das Individuum. Ausfluss dieser Überlegungen ist das **ex nunc wirkende Kündigungsrecht** aus Abs. 2 S. 4. 27

Mit dem Kündigungsrecht einher geht die Obliegenheit, den geforderten **Nachweis** über das Entstehen einer Versicherungspflicht zu erbringen, was idR durch Bescheinigung des Sozialversicherungsträgers geschehen kann.[73] Eine Ausnahme ist für den Fall zu machen, dass der Versicherungsnehmer seine Versicherungspflicht nur zum Schein herbeiführt, um die Voraussetzungen für eine außerordentliche Kündigung des privaten Krankenversicherungsvertrages zu schaffen. Dann ist die Berufung auf § 205 Abs. 2 S. 4 rechtsmissbräuchlich und verstößt gegen § 242 BGB, so dass die Kündigung unwirksam ist. 28

5. Berufung auf Unwirksamkeit der Kündigung. Wird eine **Kündigung ohne** diesen **Nachweis,** der sowohl im Rahmen von § 205 Abs. 2 S. 4 wie auch § 205 Abs. 2 S. 1, 2 erforderlich ist, ausgesprochen, so ist fraglich, was der Versicherer in der Folge selbst tun muss, um sich auf die Unwirksamkeit der Kündigung überhaupt berufen zu können. Eine spezialgesetzliche Regelung ist nur für § 205 Abs. 2 S. 1, 2 aufgenommen worden. S. 2 macht nämlich die Unwirksamkeit der Kündigung von einer Handlung des Versicherers abhängig, so dass insofern das Risiko des die Kündigung erklärenden Versicherungsnehmers gesetzlich auf den Versicherer abgewälzt worden ist. Für § 205 Abs. 2 S. 4 fehlt eine entsprechende Regelung, folglich könnten die allgemeinen Grundsätze, die zu § 11 entwickelt worden sind, zum Tragen kommen. Die inzwischen überwiegende Auffassung geht davon aus, dass diesbzgl. die Grundsätze zur **Hinweispflicht** direkt oder entsprechend auch in der Krankenversicherung angewandt werden müssen.[74] Die Geschäftspraxis der Versicherer sieht es allerdings ohnehin schon aus eigenen Interessen in einem geordneten Geschäftsablauf und klaren Verhältnissen vor, auf jedwede Kündigung zu reagieren, im Falle der Wirksamkeit durch Bestätigung und im Falle der Unwirksamkeit durch entsprechende Aufklärung – in beiden Fällen oftmals verbunden mit einer weiteren Kontaktaufnahme (ggf. unter Einsatz des Außendienstes) mit dem Ziel, den Kunden vielleicht doch noch zu halten. Rechtliche Bedeutung gewinnen die Grundsätze der Zurückweisungspflicht daher meist nur in solchen Fällen, in denen der **Zugang** des entsprechenden Schreibens des Versicherungsunternehmens bestritten ist.[75] 29

---

[71] Begr. zu Art. 1 (§ 205) RegE Gesetz zur Reform des Versicherungsvertragsrechts, BT-Drs. 16/3945, 114.
[72] Hohlfeld in Berliner Kommentar VVG § 178h Rn. 6.
[73] Rogler in HK-VVG § 205 Rn. 21; Muschner in Langheid/Rixecker VVG § 205 Rn. 7; LG Deggendorf VersR 1993, 1135 mAnm Brams.
[74] Rogler in HK-VVG § 205 Rn. 18, 8 mwN; BGH VersR 2013, 305: Hinweispflicht des Versicherungsunternehmens bei Fehlen eines Nachweises über die Kenntnis der versicherten Person gem. § 207 Abs. 2 S. 2 VVG; zweifelnd noch Brams VersR 1997, 1308 ff.; aA wohl ebenfalls AG Frankfurt a. M. VersR 1999, 1006.
[75] Vgl. etwa den Fall LG München II r+s 2014, 185.

30 Hier ist folgendes zu beachten: Zur Erfüllung der Hinweispflicht ist der Zugang beim Versicherungsnehmer erforderlich.[76] Allerdings führt eine Verletzung der Hinweispflicht nicht zur Wirksamkeit der Kündigung und damit der Beendigung des Krankenversicherungsvertrags, weil dies nicht Rechtsfolge der Verletzung von Vertragspflichten ist und iÜ dem Schutzzweck des § 205 Abs. 6 und der gesetzlichen Krankenversicherungspflicht zuwiderliefe.[77] Vielmehr kann die Verletzung der Hinweispflicht lediglich zu einem Schadensersatzanspruch des Versicherten in Höhe der weiteren Beiträge führen, für dessen Voraussetzungen jedoch allein er darlegungs- und beweisbelastet ist.[78] Denn es handelt sich nicht um eine Obliegenheit, deren Verletzung es dem Versicherer verbieten würde, sich auf ein ihm sonst zustehendes Recht zu berufen, sondern um eine vertragliche, aus § 242 BGB folgende nicht-leistungsbezogene Nebenpflicht, deren Verletzung nach allgemeinen zivilrechtlichen Grundsätzen (nur) Sekundäransprüche, hier also einen Schadensersatzanspruch auslösen kann.[79]

31 Die Unwirksamkeit kann sich daneben natürlich noch aus verschiedenen weiteren Gründen ergeben, so zB aus der Unvollständigkeit eines Nachweises oder wegen Fristablaufs. Insofern ergeben sich keine Unterschiede zur allgemeinen Norm des § 11, vgl. zur hier angerissenen Problematik daher iE die dortige Kommentierung.

32 **6. Anwartschaftsversicherung.** Ausdrücklich erweitert wird die Norm um für die genannten Versicherungen abgeschlossene Anwartschaftsversicherungen, dh solche Versicherungen, die ein Wiederaufleben eines ruhenden Versicherungsvertrages ohne erneute Gesundheitsprüfung ermöglichen. Auch die Kündigungsmöglichkeit des § 205 Abs. 2 S. 4 bezieht sich natürlich auf die in Abs. 2 S. 1 genannten Anwartschaftsversicherungen, andernfalls das Regelungsgefüge der beiden Kündigungsrechte auseinander gerissen würde, unterfiele die Anwartschaftsversicherung nur dem Regime des § 205 Abs. 2 S. 1; „das Versicherungsverhältnis" in § 205 Abs. 2 S. 4 meint nämlich die in S. 1 genannten Arten, und somit auch die Anwartschaftsversicherung.

33 **7. Gleichgestellte Tatbestände.** § 205 Abs. 2 S. 5 enthält Tatbestände, die der Versicherungspflicht in der Kranken- und Pflegeversicherung gleichgestellt werden. Dazu gehören der Anspruch auf Familienversicherung sowie der Anspruch auf Heilfürsorge.

34 Mit dem gesetzlichen Anspruch auf **Familienversicherung** sind die Ansprüche aus § 10 SGB V (gesetzliche Krankenversicherung) sowie aus § 25 SGB XI (gesetzliche Pflegeversicherung) gemeint. Fallen also Kinder, Ehepartner/Lebenspartner unter § 10 Abs. 1 SGB V/§ 25 Abs. 1 SGB XI, so erhalten sie aus dem Beitrag, den der Versicherte aus seinem Einkommen bestreitet, wie ein Versicherter Leistungen aus der gesetzlichen Krankenversicherung (mit Ausnahme von Krankengeld).[80] Insoweit steht dem Versicherungsnehmer einer privaten Krankenversicherung also auch ein Kündigungsrecht für die genannten mitversicherten Personen aus § 205 Abs. 2 S. 1, 2 iVm S. 5 sowie aus § 205 Abs. 2 S. 4 iVm S. 5 zu. Der Anspruch auf Familienversicherung entfällt allerdings nach § 10 Abs. 3 SGB V/§ 25 Abs. 3 SGB XI, wenn der mit den Kindern verwandte Ehegatte/Lebenspartner nicht gesetzlich versichert ist und sein Einkommen sowohl die Beitragsbemessungsgrenze wie auch regelmäßig das Gesamteinkommen des gesetzlich versicherten Partners übersteigt. In dem Falle nun, dass jener nicht gesetzlich versicherte Partner Versicherungsnehmer der privaten Krankenversicherung ist, und der andere Teil versicherungspflichtig wird, steht dem Versicherungsnehmer mangels Anspruch auf Familienversicherung kein Kündigungsrecht gem. § 205 Abs. 2 S. 5 für die Kinder zu, selbst wenn diese gem. § 9 Abs. 1 Nr. 2 SGB V/§ 26 Abs. 1 S. 2 SGB XI freiwillig weiterversichert werden könnten.[81] Dann ist der Versicherungsnehmer auf sein ordentliches Kündigungsrecht gem. § 205 Abs. 1 zu verweisen. Das ist auch interessengerecht, denn es entsteht ja keine „Doppelversicherung" qua lege, vor der § 205 Abs. 2 schützen soll, vielmehr bedarf es eines weiteren Willensaktes, nämlich des Antrags auf freiwillige Weiterversicherung der Kinder als Familienversicherung des gesetzlich versicherten Partners, und diesen Zeitpunkt hat der Versicherungsnehmer selbst in der Hand, er kann sich also selbst einer doppelten Beitragspflicht problemlos entziehen.

35 Aufgrund des im Beamtenrecht herrschenden Alimentationsprinzips erhält der Beamte nicht nur Dienstbezüge, sondern als Ausdruck der das Beamtenverhältnis prägenden Fürsorgepflicht des Dienstherrn für seine Amtsträger darüber hinaus weitergehende Vergütungen, zu denen auch die **Heilfürsorge** zählt. Diese sorgt bei einigen Berufsgruppen (im Wesentlichen Soldaten, Angehörige der Polizei und der Feuerwehr) dafür, dass ihnen eine Heilbehandlung kostenlos zur Verfügung

---

[76] BGH VersR 2015, 230.
[77] *Laux* jurisPR-VersR 3/2014 Anm. 6.
[78] *Laux* jurisPR-VersR 3/2014 Anm. 6.
[79] *Laux* jurisPR-VersR 3/2014 Anm. 6 unter Hinweis auf BGH VersR 2013, 305.
[80] *Hohlfeld* in Berliner Kommentar VVG § 178h Rn. 8.
[81] *Hohlfeld* in Berliner Kommentar VVG § 178h Rn. 8.

Kündigung des Versicherungsnehmers   36 § 205

gestellt wird.[82] Für die Qualifizierung als Heilfürsorge ist iÜ nicht entscheidend, ob der Dienstherr die Heilbehandlung selbst vornimmt, oder ob er sie vornehmen lässt und dann die entstandenen Kosten ersetzt.[83] Diese Personen benötigen dann aber ersichtlich keinen anderweitigen Krankenversicherungsschutz, sei es durch Privatversicherer, sei es durch einen Träger der gesetzlichen Krankenversicherung, so dass ein außerordentliches Kündigungsrecht auch in diesen Fällen sinnvoll ist.[84] Der Sache nach handelt es sich aber bei der Heilfürsorge nicht um eine Versicherungspflicht iSd S. 1,[85] so dass die Fiktion in S. 5 nötig ist. Der Versicherungspflicht gleichgestellt ist denn auch nur die nicht nur vorübergehend gewährte Heilfürsorge, so dass die Begründung von Dienstverhältnissen, die ihrer Natur nach nicht unbefristet sind (zB befristete Dienstverhältnisse, Zivildienst) keine Kündigungsmöglichkeit nach § 205 Abs. 2 eröffnet.[86] Regelmäßig bieten die Versicherer aber für diesen vorübergehenden Zeitraum die Umstellung auf eine Anwartschaftsversicherung an.

Umstritten war nach altem Recht die Frage, ob auch die **Beihilfe** Heilfürsorge iSd § 178h **36** Abs. 2 S. 4 VVG aF ist – mit der Folge, dass der entstehende Anspruch auf Beihilfe ein außerordentliches Kündigungsrecht gewährt. Diese Frage setzt sich auch im neuen Recht fort, da weder der Abschlussbericht der Expertenkommission noch die Gesetzesbegründung auf diese Fragen eingehen, und die Bestimmung unverändert übernommen wurde. *Prölss* ging davon aus, dass auch der Anspruch auf Beihilfe unter § 178h Abs. 2 S. 4 VVG aF fiel, und zwar mit der Begründung, dass auch der, der beihilfeberechtigt wird, Ansprüche aus Anlass einer Krankheit erwerbe und daher vor einer Belastung mit sinnloser Prämienzahlung geschützt werden müsse.[87] Dass der Beihilfeanspruch auf Kostenerstattung gerichtet sei, spiele dabei keine Rolle. Wie dieses Ergebnis konstruktiv erreicht werden soll, bleibt allerdings unklar. Auch der neue § 205 setzt zu dieser Frage keine neuen Akzente, jedoch ist mit der inzwischen wohl einhelligen Meinung[88] davon auszugehen, dass das Entstehen eines Beihilfeanspruchs keine Kündigungsmöglichkeit einräumt. Dafür spricht zum einen die unterschiedliche rechtliche Qualifikation beider Institute: Im Falle der Heilfürsorge ist der Anspruch darauf gerichtet, dass der Dienstherr die Heilung bewirkt oder bewirken lässt, wohingegen die Beihilfe es dem Beamten nur ermöglichen soll, wirtschaftliche Belastungen, die durch Krankheit oder andere beihilfefähige Aufwendungen entstehen, zu tragen.[89] Wenn dann aber das Gesetz sowohl in § 178h Abs. 2 S. 4 VVG aF wie auch in § 205 Abs. 2 S. 5 von „Heilfürsorge" spricht, so lässt der Wortlaut nur die Auslegung zu, dass die Beihilfe nicht unter die Fiktion des S. 5 fällt. Zudem sprechen auch systematische Gründe für diese Auslegung. § 205 Abs. 2 gibt nur das Recht zur Kündigung des Gesamtvertrages (für die betroffene versicherte Person), nicht nur eines bestimmten Anteils. Die Beihilfe deckt jedoch nicht das gesamte Krankheitsrisiko, sondern nur verschiedene Prozentsätze. Die Situation ist also schon dem Grunde nach nicht mit der der sonstigen Versicherungspflicht des S. 1 vergleichbar. Bleibt also auch nach Entstehung des Beihilfeanspruchs ein Teil des Risikos ungedeckt, so kann eine die Begründung eines Sonderkündigungsrechtes rechtfertigende Lage, dass eine doppelte Prämienbelastung verhindert werden soll, insofern gar nicht entstehen, als ja immer noch dieser ungedeckte Teil versichert werden muss, für den dann adäquater privater Versicherungsschutz zu erlangen ist. Von dieser Auslegung geht auch *Hohlfeld* aus, der dieses Ergebnis wesentlich aus der Tatsache zieht, dass § 178h Abs. 2 VVG aF ein Recht zur Teilkündigung gar nicht vorsieht,[90] und das tut ebenso wenig der neue § 205 Abs. 2. Aus diesen Gründen ist im Bereich der Beihilfe nach richtiger Auffassung der Schutzzweck des § 205 Abs. 2 nicht berührt, so dass ein außerordentliches Kündigungsrecht hier nicht zu gewähren ist. Dann allerdings entsteht die Situation, dass voller Versicherungsschutz einem teilweisen Beihilfeanspruch gegenübersteht. Dieser Lage ist allerdings dadurch abzuhelfen, dass der Versicherungsnehmer seinen Anspruch auf **Wechsel**

---

[82] Die Rechtsgrundlagen für die Heilfürsorge sind für Vollzugsbeamte des Bundesgrenzschutzes, Polizeivollzugsbeamte, Berufssoldaten und Soldaten auf Zeit die §§ 69 Abs. 2, 70 Abs. 2 BBesG, sowie die entsprechenden landesrechtlichen Bestimmungen. Rechtsgrundlagen für die Beihilfe sind § 79 BBG und die entsprechenden Vorschriften der Länder.
[83] BGH NJW 1972, 344 (345).
[84] *Hohlfeld* in Berliner Kommentar VVG § 178h Rn. 9.
[85] BGH NJW 1972, 344 (345).
[86] *Voit* in Prölss/Martin VVG § 205 Rn. 28; *Rogler* in HK-VVG § 205 Rn. 13; *Hohlfeld* in Berliner Kommentar VVG § 178h Rn. 11.
[87] *Prölss* in Prölss/Martin, 27. Aufl. 2004, VVG § 178h Rn. 7; anders jetzt *Voit* in Prölss/Martin VVG § 205 Rn. 18.
[88] *Voit* in Prölss/Martin VVG § 205 Rn. 18; *Rogler* in HK-VVG § 205 Rn. 13; *Hohlfeld* in Berliner Kommentar VVG § 178h Rn. 10.
[89] BGH NJW 1972, 344 (345).
[90] *Hohlfeld* in Berliner Kommentar VVG § 178h Rn. 10; *Moser* in Bach/Moser, 3. Aufl. 2002, MB/KK 1976 § 13 Rn. 24.

in einen Beihilfetarif gem. § 204 geltend macht.[91] *Prölss* weist daneben auf die zeitliche Komponente hin, dass sich Leistungsanspruch und Prämienzahlungspflicht erst minderten, sobald die Vertragsänderung eingetreten ist.[92] Das ist zwar richtig, jedoch ist dem entgegenzuhalten, dass eine Beamtenernennung nicht überraschend erfolgt, sondern mit hinreichendem Vorlauf, so dass ein Tarifwechsel regelmäßig zum Zeitpunkt der Ernennung erfolgen kann. Es bedarf daher auch keiner Anwendung von § 242 BGB, der Anspruch auf rückwirkende Anpassung geben soll.[93]

III. Außerordentliche Kündigung wegen Prämienerhöhung aufgrund Überschreitens von Altersgrenzen (Abs. 3)

37 § 205 Abs. 3 gibt dem Versicherungsnehmer eine Kündigungsmöglichkeit für den Fall an die Hand, dass eine altersbedingte Umtarifierung erfolgt. Besonders relevant ist diese Frage, wenn eine Kinder- in eine Erwachsenenversicherung übergeht.[94] Es ergeben sich, abgesehen von einer leichten sprachlichen Änderung, keine Unterschiede zu § 178h Abs. 3 VVG aF. Die Norm wird in § 13 Abs. 4 MB/KK 2009 widergespiegelt. Voraussetzung ist, dass die Prämie sich durch die Änderung erhöht.[95] Auch hier gilt, dass die Frist nach objektiven Kriterien zu laufen beginnt, weil die Norm auf den Zeitpunkt des Wirksamwerdens der Änderung abstellt und nicht auf die Kenntnis des Versicherungsnehmers. Ist die Frist abgelaufen, so ist der Versicherungsnehmer auf das ordentliche Kündigungsrecht nach § 205 Abs. 1 S. 1, 2 verwiesen.

IV. Außerordentliche Kündigung wegen Beitragserhöhung oder Leistungsverminderung (Abs. 4)

38 § 205 Abs. 4 gewährt besondere Kündigungsrechte für den – praktisch nicht bedeutsamen – Fall, dass der Versicherer die Leistung vermindert und für den – praktisch sehr bedeutsamen – Fall, dass er die Prämie erhöht.[96] Auch hier soll der Versicherungsnehmer sich vom Vertrag lösen können; das Recht zur Prämienanpassung wird also mit der Kündigungsmöglichkeit erkauft. Aufnahme hat die Regelung in § 13 Abs. 5 MB/KK 2009/§ 13 Abs. 4 MB/KT 2009 gefunden. Ursprünglich Bedingungsklausel (§ 13 Abs. 4 MB/KK 1976 und MB/KT 1978), ist das Kündigungsrecht schließlich 1994 in § 178h Abs. 4 VVG aF in Gesetzesrang erhoben worden, was sich jetzt in § 205 Abs. 4 ohne Änderung fortsetzt. In der Pflegepflichtversicherung ist § 23 SGB XI zu beachten.

39 **1. Erweiternde Auslegung.** Nach dem Wortlaut des § 205 wird ein Kündigungsrecht nur gewährt, wenn der Versicherer die Prämie aufgrund einer Anpassungsklausel (vgl. § 8b MB/KK 2009/MB/KT 2009) anhebt. Allerdings kann, zB für den Fall, dass keine gültige Anpassungsklausel vorliegt, die Prämie auch aufgrund § 203 Abs. 2 S. 1 erhöht werden.

Schon im alten Recht war ganz hM, dass das Sonderkündigungsrecht dem Versicherungsnehmer auch bei einer Prämienerhöhung auf gesetzlicher, nicht vertraglicher Grundlage in entsprechender Anwendung des § 178h Abs. 4 VVG aF zustand.[97] *Hohlfeld* führt – wohl zu Recht – schlicht ein Redaktionsversehen im Gesetzgebungsverfahren als Begründung für den (zu) engen Wortlaut an.[98] In den Beratungen zum neuen VVG scheint das Problem wiederum übersehen worden zu sein, denn weder der Abschlussbericht der Expertenkommission noch die Regierungsbegründung gehen darauf ein, was aber zur Klarstellung ohne größere Schwierigkeiten möglich und wünschenswert gewesen wäre. Es wird lediglich gesagt, dass das bisherige Recht beibehalten werden soll.[99] Auch § 205 Abs. 4 sollte daher, wie schon bisher § 178h Abs. 4 VVG aF, erweiternd ausgelegt oder analog auf **Prämienerhöhungen** angewandt werden, die **auf gesetzlicher Grundlage** fußen.[100]

40 **2. Umfang des Kündigungsrechts.** Festzuhalten ist zunächst, dass in der substitutiven Krankenversicherung wohl nur gesunde Versicherungsnehmer überhaupt von dem Kündigungsrecht aus § 205 Abs. 4 Gebrauch machen dürften, da beim Wechsel des Versicherers eine neue Risikoprüfung erforderlich ist. Das kann im Einzelfall dazu führen, dass ein Versicherungsschutz bei einem neuen

---

[91] *Hohlfeld* in Berliner Kommentar VVG § 178h Rn. 10.
[92] *Prölss* in Prölss/Martin, 27. Aufl. 2004, VVG § 178h Rn. 7.
[93] AA *Prölss* in Prölss/Martin, 27. Aufl. 2004, VVG § 178h Rn. 7.
[94] BT-Drs. 12/6959, 106.
[95] *Hohlfeld* in Berliner Kommentar VVG § 178h Rn. 12.
[96] Zu den Zulässigkeitsvoraussetzungen vgl. § 203 und die dortige Kommentierung.
[97] *Hohlfeld* in Berliner Kommentar VVG § 178h Rn. 13; *Prölss* in Prölss/Martin, 27. Aufl. 2004, VVG § 178h Rn. 12.
[98] *Hohlfeld* in Berliner Kommentar VVG § 178h Rn. 13.
[99] Abschlussbericht der VVG-Kommission Abschn. 3.1, S. 414; Begr. zu Art. 1 (§ 205) RegE Gesetz zur Reform des Versicherungsvertragsrechts, BT-Drs. 16/3945, 114.
[100] IdS *Voit* in Prölss/Martin VVG § 205 Rn. 32; *Rogler* in HK-VVG § 205 Rn. 25.

Versicherer überhaupt nicht oder nur unter Inkaufnahme von Risikozuschlägen für erhöhte Risiken zu erlangen ist. Seit Einführung des Übertragungswertes gem. § 204 Abs. 1 S. 1 Nr. 2 wird ein wesentlicher Teil der Alterungsrückstellungen vom Vorversicherer mitgegeben. Das hat zur Folge, dass seither das jetzt höhere Eintrittsalter beim Nachversicherer nur noch in stark abgemilderter Form zu erhöhten Prämien führt. Fraglich ist indes, in welchem Umfang das Kündigungsrecht besteht, dh ob es auf den betroffenen Tarif oder die betroffenen Personen beschränkt ist, oder ob auch das gesamte Versicherungsverhältnis aufgelöst werden kann.

a) Tarif. Aus dem Fehlen einer dem Abs. 1 S. 2 vergleichbaren Regelung, die auch die Kündigung einzelner Tarife zulässt, könnte man schließen, dass dies im Rahmen von Abs. 4 gar nicht möglich sei, also entweder das Versicherungsverhältnis bzgl. einer bestimmten Person ganz oder gar nicht Gegenstand der Kündigung sein muss. Dass diese Auslegung nicht zwingend ist, hat *Hohlfeld* zum alten Recht, das aber insoweit keine sachliche Änderung erfahren hat, überzeugend dargelegt: Die Regelung des § 178h Abs. 1 S. 2 VVG aF ergebe sich als Folgeregelung daraus, dass Abs. 1 die Kündigung des gesamten Versicherungsverhältnisses zulasse, sie sei also zur Klarstellung nötig gewesen. § 178h Abs. 4 VVG aF spreche aber nicht von einem Versicherungsverhältnis, sondern von einer Prämienerhöhung bzw. Leistungsminderung, die aber schon nicht das gesamte Versicherungsverhältnis sondern nur einzelne Tarife beträfen. § 178h Abs. 4 VVG aF ließ daher auch die Kündigung einzelner Tarife zu.[101] Daneben ist auch der Gedanke von *Prölss*, der Versicherungsnehmer solle sich nur insoweit vom Vertrag lösen können, als ihn die Prämienerhöhung belaste oder eine Leistungsminderung den Versicherungsschutz einschränke, plausibel.[102] *Langheid* stützt dasselbe Ergebnis auf den Zweck der Norm, denn Sinn der Vorschrift sei es, sich zusätzlicher Belastung entziehen zu können, was aber auch bei Verschlechterung eines Einzeltarifs der Fall sei.[103] Aus diesen zutreffenden Erwägungen lässt sich schließen, dass die Kündigungsmöglichkeit auf **einzelne Tarife** beschränkt ist. Es besteht keine Veranlassung, die Kündigungsmöglichkeit über die belastenden Elemente hinaus auszudehnen[104] Es spricht viel dafür, dass im Basistarif wegen der dreijährigen Mindestbindungsfrist des § 152 Abs. 1 S. 4 VVG kein Kündigungsrecht nach Abs. 4 besteht.[105]

b) Personen. Die Kündigung ist nach dem Wortlaut der Norm auf die Personen zu beschränken, in deren Versicherungsschutz die Prämienerhöhung oder die Leistungsminderung eingetreten ist.[106] Auch dies ist vor dem Hintergrund, dass das Kündigungsrecht nur so weit gehen soll, wie eine einseitige Vertragsänderung vom Versicherer zum Nachteil des Versicherungsnehmers vorgenommen wird, interessengerecht.

c) Kündigung des Restvertrages. Wie gerade unter → Rn. 41, 42 dargelegt, darf die Kündigung auf die betroffenen Personen bzw. Tarife beschränkt werden. Fraglich ist, ob dies auch geschehen muss oder ob dem VN darüber hinaus das Recht zusteht, die nicht betroffenen Teile ebenfalls zu kündigen. *Voit* verneint dies im Grundsatz, will aber Ausnahmen zulassen, wenn ein Tarif isoliert bei einem anderen Versicherer gar nicht oder nur teurer als in der Tarifkombination zu erhalten ist, da in solchen Fällen das Kündigungsrecht des Versicherungsnehmers erheblich entwertet werde, so dass hier die Kündigung des Gesamtvertrages und nicht nur einzelner Tarife oder Personen zulässig sei.[107] Dem ist zuzustimmen.

3. AVB-Änderung als Leistungsverminderung. Bei für den Versicherungsnehmer nachteiligen Änderungen der allgemeinen Versicherungsbedingungen kann zweifelhaft sein, ob es sich dabei um eine Leistungsverringerung handelt, die dem Entstehen des Sonderkündigungsrechts des § 205 Abs. 4 führt. Bei nur neuer Einführung oder Verschärfung von bestehenden Obliegenheiten ist das zu verneinen, da nicht der Anspruch an sich vermindert wird, sondern lediglich die Anforderungen an den Versicherungsnehmer erhöht werden.[108] Werden hingegen Ansprüche des Versicherungsnehmers betragsmäßig gedeckelt oder eine Selbstbeteiligung eingeführt oder erhöht, oder werden Tatbestandsanforderungen (im Gegensatz zu Obliegenheiten) neu eingeführt, die den Anspruch verengen, dann ist eine Leistungsminderung iSv § 205 Abs. 4 gegeben.

---

[101] *Hohlfeld* in Berliner Kommentar VVG § 178h Rn. 15.
[102] *Prölss* in Prölss/Martin, 27. Aufl. 2004, VVG § 178h Rn. 13.
[103] *Langheid* in Römer/Langheid VVG § 205 Rn. 15; AG Karlsruhe VersR 1999, 1402 = NVersZ 2000, 82 (83).
[104] *Rogler* in HK-VVG § 205 Rn. 26; *Voit* in Prölss/Martin VVG § 205 Rn. 36.
[105] *Marko* in HK-VVG § 193 Rn. 65 f.; aA *Voit* in Prölss/Martin § 205 Rn. 32.
[106] So auch *Voit* in Prölss/Martin VVG § 205 Rn. 35; *Rogler* in HK-VVG § 205 Rn. 26; *Hohlfeld* in Berliner Kommentar VVG § 178h Rn. 14.
[107] *Voit* in Prölss/Martin VVG § 205 Rn. 36; in diese Richtung wohl auch AG Karlsruhe VersR 1999, 1402 = NVersZ 2000, 82 (83); noch weitergehend für unbeschränktes Wahlrecht OLG Bremen r+s 2014, 241.
[108] *Hohlfeld* in Berliner Kommentar VVG § 178h Rn. 16; *Langheid* in Römer/Langheid VVG § 205 Rn. 13.

V. Außerordentliche Kündigung wegen Teilkündigung des Versicherers (Abs. 5)

45 § 205 Abs. 5 räumt dem Versicherungsnehmer dann ein Gesamtkündigungsrecht ein, wenn der Versicherer Teile des Versicherungsschutzes durch Inanspruchnahme eines Gestaltungsrechts beendet, wobei insbes. die „klassischen" Beendigungsrechte der Anfechtung, des Rücktritts und der Kündigung in Betracht kommen. Die Aufspaltung derselben in § 205 Abs. 5 S. 1, 2 hängt mit ihren verschiedenen Wirkungsweisen zusammen. Das Kündigungsrecht nach Abs. 5 ist als Parallelbestimmung zu § 29 zu betrachten, der aber gem. § 194 Abs. 1 nicht auf die Krankenversicherung anzuwenden ist.

46 Das Kündigungsrecht steht unter der Prämisse, dass zwei Grundvoraussetzungen gegeben sind: Zunächst muss der Versicherer sich überhaupt ein Kündigungsrecht vorbehalten haben, des Weiteren muss dieses so ausgestaltet sein, dass es der teilweisen Ausübung zugänglich ist. Daraus lässt sich folgendes ableiten:

47 **1. Bestehen des Kündigungsrechts.** Die substitutive und die nicht-substitutive, aber nach Art der Lebensversicherung, dh im Kapitaldeckungsverfahren betriebene Krankenversicherung sowie eine neben einer Krankheitskostenvollversicherung bestehende Krankenhaustagegeldversicherung, können vom Versicherer nicht ordentlich gekündigt werden, vgl. § 206 Abs. 1, 2.[109] Trotzdem ist aber ein Eintritt der Voraussetzungen des § 205 Abs. 5 S. 1 für den Versicherungsnehmer auch in diesen Fällen denkbar, denn grds. existiert ein **außerordentliches Kündigungsrecht** für den Versicherer gem. § 314 BGB.[110] Diese Gesetzeslage ist in § 14 Abs. 1 MB/KK 2009 konkretisiert worden, in dem der Versicherer auf die Ausübung des ordentlichen Kündigungsrechtes verzichtet, sowie in § 14 Abs. 3 MB/KK 2009, wodurch klargestellt wird, dass die gesetzlichen Vorschriften zur außerordentlichen Kündigung unberührt bleiben.

48 **2. Teilbarkeit des Kündigungsrechts.** Kann das Kündigungsrecht teilweise ausgeübt werden, so kann auch in den drei oben genannten Konstellationen ein Gesamtkündigungsrecht zugunsten des Versicherungsnehmers gem. § 205 Abs. 5 S. 1 entstehen. Eine solche Teilbarkeit des Kündigungsrechts ist dann anzunehmen, wenn der Versicherer sich dies vorbehalten hat, wie in § 14 Abs. 4 MB/KK 08 bzw. § 14 Abs. 4 MB/KK 2009 geschehen. Durch diese Regelung hat der Versicherer sich die Kündigung einzelner Tarife oder einzelner versicherter Personen vorbehalten. Dass dies AGB-rechtlich ohne weiteres zulässig ist, lässt sich schon daran erkennen, dass der Gesetzgeber selbst in § 205 Abs. 5 S. 1 davon ausging, dass den Versicherern freisteht, solche Teilbarkeitsklauseln in den AVB zu vereinbaren. Zum Ausgleich muss dann allerdings gleichzeitig ein Gesamtkündigungsrecht vereinbart werden. Das ist in § 13 Abs. 6 MB/KK 2009 geregelt, der daher eine vertragliche Konkretisierung des § 205 Abs. 5 darstellt.

49 Das Kündigungsrecht aus Abs. 5 gibt dem Versicherungsnehmer nur das Recht zur **Gesamtkündigung**, nicht dazu, seinerseits nur teilweise zu kündigen.[111] Das erklärt sich aus dem Schutzzweck der Norm: Es soll verhindert werden, dass der Versicherungsnehmer um teilweisen, nämlich den vom Versicherer gekündigten Versicherungsschutz anderweitig nachsuchen muss; vielmehr soll er in die Lage versetzt werden, dann umfassende gleichwertige Deckung nachzufragen.

50 Eingreifen kann § 205 Abs. 5 außerdem nur da, wo tatsächlich eine teilweise Kündigung vorliegt. Das ist dann nicht der Fall, wenn mehrere Verträge vorliegen und von diesen **selbständigen Verträgen** nur einer gekündigt wird.[112] Wann nur ein Vertrag und wann mehrere Verträge vorliegen, ist durch Auslegung zu ermitteln.

51 **3. Entsprechende Anwendung.** Die S. 2 und 3 erklären die zu S. 1 erläuterten Grundsätze zur teilweisen Kündigung durch den Versicherer für entsprechend anwendbar, wenn der Versicherer von anderen Gestaltungsrechten, nämlich der (teilweisen) **Anfechtung** oder dem (teilweisen) **Rücktritt** Gebrauch macht. Auch in diesen Fällen soll der Versicherungsnehmer die Möglichkeit haben, sich anderweitig neuen umfassenden, nicht bloß teilweisen Versicherungsschutz zu beschaffen.

52 **4. Fristen.** Der Versicherungsnehmer hat sowohl bei Kündigung wie auch bei Anfechtung oder Rücktritt durch den Versicherer zwei Wochen Zeit, die Gesamtkündigung vorzunehmen. Die Fristberechnung erfolgt auch hier nach den Grundsätzen der §§ 186 ff. BGB.

53 **a) Wirksamwerden des Aufhebungsbegehrens bei ordentlicher Kündigung des Versicherungsunternehmens.** Die Gesamtaufhebung des Vertrages geschieht zu dem Zeitpunkt, zu dem die Kündigung des Versicherers wirksam wird. So ist ein **Gleichlauf** zwischen den Enddaten

---
[109] → § 206 Rn. 10, 15.
[110] BGH VersR 2012, 219; 2007, 1260.
[111] *Hohlfeld* in Berliner Kommentar VVG § 178h Rn. 19.
[112] *Voit* in Prölss/Martin VVG § 205 Rn. 37; *Rogler* in HK-VVG § 205 Rn. 28.

der verschiedenen Vertragsteile sichergestellt, so dass sich nahtlos und ohne etwaige Unsicherheiten hinsichtlich des Enddatums und der Frage, welche Teile des Vertrages überhaupt betroffen sind, neuer Versicherungsschutz anschließen kann. Da die Kündigung des Versicherers ebenso wie das Aufhebungsbegehren des Versicherungsnehmers ex nunc wirken, besteht hier bzgl. des Beendigungsdatums keine Besonderheit.

b) Wirksamwerden des Aufhebungsbegehrens bei Anfechtung oder Rücktritt. Schwieriger ist diese Frage zu beurteilen, wenn der Versicherer eine **Teilanfechtung** oder einen **Teilrücktritt** erklärt. Diese Rechte wirken idR ex tunc, dh zurück auf den Vertragsbeginn.[113] Daraus also, dass der Termin der Teilbeendigung von Rechts wegen nie in der Zukunft liegen kann, verbietet sich eine dem S. 1 ähnliche Regelung, wie sie für die Kündigung aufgrund der ihr eigenen Wirkungsweise möglich und geboten ist. Jedoch kann das Aufhebungsbegehr des Versicherungsnehmers nur in die Zukunft gerichtet sein, dabei handelt es sich gerade nicht um eine Anfechtung oder einen Rücktritt, sondern ebenfalls um eine Kündigung, wie sich aus dem Regelungszusammenhang und der Überschrift des § 205 ergibt. Es ist daher also ein adäquater Zeitpunkt für die Zukunft zu avisieren, zu dem der Gesamtvertrag aufgehoben werden soll, der mit dem **Schluss des Monats**, in dem dem Versicherungsnehmer die Teilanfechtung oder der Teilrücktritt zugegangen ist, gefunden worden ist.[114]

Diese Regelung entspricht § 13 Abs. 5 MB/KK 1976, der dann in § 178h Abs. 5 aufgegangen und so in § 205 Abs. 5 überführt worden ist.

VI. Weitere außerordentliche Kündigungsrechte

Neben den in § 205 normierten Kündigungsrechten ist dem Versicherungsnehmer die außerordentliche Kündigung gem. § 314 BGB möglich, soweit dessen Voraussetzungen vorliegen.[115] Vgl. zum praktisch relevanteren außerordentlichen Kündigungsrecht des Versicherers → § 206 Rn. 46 ff.

VII. Besonderheiten bei der Pflichtversicherung (Abs. 6)

Zweck der Regelung ist, dass **ununterbrochener Versicherungsschutz** besteht, so dass keine versicherungsfreien Zeiten mehr entstehen können. Die Regelung ist nach einigem Hin und Her (als Teil des GKV-WSG[116] sollte sie zunächst in § 178h VVG aF eingefügt werden, von dem aber feststand, dass er bald überholt sein würde, so dass dieser Teil des GKV-WSG wieder aufgehoben werden musste)[117] mit den formulierten Zielen des GKV-WSG[118] in das neue VVG übernommen worden, allerdings mit der Einschränkung, dass sie Geltung erst ab dem 1.1.2009 erlangt. Modifiziert wurde später noch S. 2 mit Wirkung ab dem 1.5.2013.[119]

Die Regelung hat in **§ 13 Abs. 7 MB/KK 2009** Eingang in die Musterbedingungen gefunden. In deren aktueller Fassung[120] ist auch die **Modifikation des § 205 Abs. 6 S. 2**[121] umgesetzt. Beseitigt wird damit auch die bis dahin bestehende Inkonsistenz, wonach die MB den Nachweis „innerhalb der Kündigungsfrist" forderten und hiermit vom Gesetzeswortlaut abwichen. Nunmehr stimmen Gesetz und MB insoweit überein, so dass auch die aus der früheren Abweichung hergeleiteten Wirksamkeitsbedenken[122] nicht mehr bestehen können.

Die MB verweisen allerdings weiterhin nicht auf das dem § 205 Abs. 2 entsprechende Kündigungsrecht aus § 13 Abs. 3 MB/KK 2009, was vor dem Verbot der geltungserhaltenden Reduktion kritisch sein könnte.[123] Das Kündigungsrecht des Abs. 2 setzt allerdings gerade voraus, dass kein neuer privater Versicherungsvertrag abgeschlossen wird, sondern vielmehr eine gesetzliche Versicherungspflicht eintritt, so dass der Schutzzweck des § 205 Abs. 6 – Vermeidung versicherungsfreier Zeiten – gar nicht berührt ist; denn nicht der § 13 Abs. 7 MB/KK 2009 verstößt also gegen Gesetzesrecht und wäre damit gem. § 306 Abs. 2 BGB unwirksam, vielmehr ist der § 205 Abs. 6 zu weit gefasst und muss teleologisch reduziert werden.

---

[113] *Hohlfeld* in Berliner Kommentar VVG § 178h Rn. 21; Vgl. § 142 Abs. 1 BGB und § 346 Abs. 1 BGB.
[114] *Hohlfeld* in Berliner Kommentar VVG § 178h Rn. 21.
[115] *Voit* in Prölss/Martin VVG § 205 Rn. 1; OLG Hamm NVersZ 2000, 195 (196) = VersR 2000, 1219 (1220).
[116] BGBl. 2007 I 378.
[117] BT-Drs. 16/5862, 101.
[118] BT-Drs. 16/4247, 66; → Rn. 8.
[119] Zum bis dahin gültigen Wortlaut und den Änderungen → Rn. 9.
[120] „Stand Juli 2013", abgerufen auf der Homepage des PKV-Verbandes am 26.9.2014.
[121] → Rn. 9.
[122] *Voit* in Prölss/Martin MB/KK 1976 § 13 Rn. 5.
[123] *Grüneberg* in Grüneberg BGB § 306 Rn. 6.

59 Die Regelung schränkt die in den Abs. 1 sowie Abs. 3–5 normierten besonderen Kündigungsrechte ein, wenn Gegenstand der Kündigung eine Versicherung ist, die zur Erfüllung der Versicherungspflicht nach § 193 Abs. 3 S. 1 dient. Eine solche kann nur gekündigt werden, wenn eine der Versicherungspflicht genügende Krankenversicherung bei einem anderen Versicherer abgeschlossen worden ist.

Gesichert wird dieses Ziel mit einer weiteren Nachweispflicht[124] des Versicherungsnehmers. Die Wirksamkeit der Kündigung hängt nach dem Wortlaut der Norm von der Erbringung des Nachweises ab und stellt damit eine lex specialis zu den sonstigen Wirksamkeitszeitpunkten der Abs. 1–5 dar. Das heißt iE: Eine Kündigung kann zwar nach den Rechten der Abs. 1 und Abs. 3–5 erfolgen, jedoch wird sie nur dann wirksam, wenn der **Anschlussversicherungsnachweis** tatsächlich erbracht ist. Dazu bedarf es des Zugangs beim Vorversicherer. Das legt der Wortlaut nahe: Nachgewiesen ist die Anschlussversicherung erst dann, wenn eine Bescheinigung über ihre Existenz dem Vorversicherer zugegangen ist, nicht schon dann, wenn der Versicherungsnehmer diese auf den Weg gebracht hat.[125] Zu der bis 30.4.2013 gültigen Gesetzesfassung[126] ist streitig gewesen, ob ein erst nach Ablauf der Kündigungsfrist zugegangener Anschlussversicherungsnachweis die Kündigung rückwirkend wirksam werden lässt.[127] Der BGH hat dies verneint und sich dafür ausgesprochen, dass die Kündigung erst im **Zeitpunkt des Zugangs** des Anschlussversicherungsnachweises wirksam wird.[128] Dieser Grundsatz gilt für die neue Gesetzesfassung insoweit unverändert, als ohne Zugang des Anschlussversicherungsnachweises überhaupt keine wirksame Kündigung vorliegt. Für den **Zeitpunkt des Wirksamwerdens** ist nach der Neuregelung zu differenzieren: Wird der Anschlussversicherungsnachweis innerhalb des nun gewährten Zeitrahmens nachgereicht, wird die Kündigung in der Weise wirksam, dass sich die Einhaltung der Kündigungsfrist nach dem Zugang der Kündigungserklärung beurteilt. Wird der Nachweis verspätet eingereicht, ist die Kündigungserklärung als unwirksam anzusehen.

Für die Wirksamkeit der Kündigung des Altvertrages reicht der Abschluss des Neuvertrages aus; der dauerhafte **Bestand des** zustande gekommenen **Neuvertrages** ist dagegen nicht Voraussetzung für die Wirksamkeit der Kündigung des Altvertrages.[129]

Wird der Vertragsteil einer **volljährigen mitversicherten Person** gekündigt, bedarf es keines Anschlussversicherungsnachweises.[130] Erforderlich ist allerdings der Nachweis, dass die mitversicherte Person **Kenntnis** von der Kündigung erlangt hat, § 207 Abs. 2 S. 2.

60 Unklar, weil nicht eindeutig geregelt ist die Beantwortung der Frage, ob die Einschränkung des § 205 Abs. 6 auch dazu führt, dass das Recht zur **außerordentlichen Kündigung** des Versicherungsnehmers gem. § 314 BGB oder § 19 Abs. 6 VVG beschnitten wird. Nach dem Wortlaut („Abweichend von den Abs. 1 bis 5 …") schränkt Abs. 6 nur die Kündigungsrechte aus den Abs. 1–5 ein, was dafür sprechen würde, dass das außerordentliche Kündigungsrecht aus § 314 BGB oder § 19 Abs. 6 VVG von § 205 Abs. 6 unberührt bliebe. Dafür spricht auch, dass § 314 BGB Ausdruck des allgemeinen Rechtsgedankens ist, dass man sich in außergewöhnlichen Situationen stets von einem Vertrag lösen können muss. In der Begründung des Gesundheitsausschusses ist allerdings die Rede davon, dass Abs. 6 sicherstellen soll, dass der Versicherte über nahtlos angrenzenden Versicherungsschutz verfügt, wenn er seinen Vertrag kündigt.[131] Würde § 206 Abs. 6 nicht auf die außerordentliche Kündigung angewandt, so würde es auch im neuen Recht Situationen geben, in denen versicherungsfreie Zeiten möglich wären. Das widerspräche dem erklärten Ziel des Gesetzgebers, umfassenden Versicherungsschutz für alle Einwohner zu schaffen.[132] Diese Erwägungen sowie der vom Gesetzgeber gewollte Erfolg sprechen dafür, § 205 Abs. 6 über seinen Wortlaut hinaus auch auf die außerordentliche Kündigung nach § 314 BGB anzuwenden.[133] Andererseits sprechen für den Fall einer Kündigung nach § 19 Abs. 6 die gewichtigeren Gründe gegen eine analoge Anwendung von § 205 Abs. 6. Denn der Gesetzgeber hat in § 194 Abs. 1 S. 3 für den Bereich der Krankenversicherung nur eine Änderung von § 19 vorgesehen. Danach bleibt die schuldlose Anzeigepflichtverletzung in der Krankenversicherung sanktionslos. Wenn der Gesetzgeber gewollt hätte, dass das Recht auf fristlose Kündigung einer Krankheitskostenversicherung den Einschränkungen des § 205

---

[124] Zu den Anforderungen an den Nachw. → Rn. 19, 27 ff.
[125] BGH VersR 2012, 1375.
[126] → Rn. 9.
[127] Zum Streitstand vgl. die Darstellung bei BGH VersR 2012, 1375.
[128] BGH VersR 2012, 1375.
[129] LG Berlin VersR 2013, 1036; OLG Bamberg VersR 2014, 51.
[130] BGH VersR 2014, 234.
[131] BT-Drs. 16/4247, 68.
[132] BT-Drs. 16/4200, 2.
[133] *Voit* in Prölss/Martin VVG § 205 Rn. 42.

Abs. 6 unterliegen sollte, hätte es nahe gelegen, diesen Willen in § 194 Abs. 1 zum Ausdruck zu bringen. Darin, dass dies nicht geschehen ist, liegt ein gewichtiger Grund für die Ablehnung einer Analogie von § 205 Abs. 6 auf die fristlose Kündigung nach § 19 Abs. 6 S. 2.[134]

Für den **Widerruf** nach § 8 gilt § 205 Abs. 6 nicht. Auch eine analoge Anwendung ist nicht geboten.[135] **61**

VIII. Zur Form der Kündigungserklärung

→ § 208 Rn. 8.

§ 206 Kündigung des Versicherers

(1) ¹Jede Kündigung einer Krankheitskostenversicherung, die eine Pflicht nach § 193 Abs. 3 Satz 1 erfüllt, ist durch den Versicherer ausgeschlossen. ²Darüber hinaus ist die ordentliche Kündigung einer Krankheitskosten-, Krankentagegeld- und einer Pflegekrankenversicherung durch den Versicherer ausgeschlossen, wenn die Versicherung ganz oder teilweise den im gesetzlichen Sozialversicherungssystem vorgesehenen Kranken- oder Pflegeversicherungsschutz ersetzen kann. ³Sie ist weiterhin ausgeschlossen für eine Krankenhaustagegeld-Versicherung, die neben einer Krankheitskostenvollversicherung besteht. ⁴Eine Krankentagegeldversicherung, für die kein gesetzlicher Anspruch auf einen Beitragszuschuss des Arbeitgebers besteht, kann der Versicherer abweichend von Satz 2 in den ersten drei Jahren unter Einhaltung einer Frist von drei Monaten zum Ende eines jeden Versicherungsjahres kündigen.

(2) ¹Liegen bei einer Krankenhaustagegeldversicherung oder einer Krankheitskostenteilversicherung die Voraussetzungen nach Absatz 1 nicht vor, kann der Versicherer das Versicherungsverhältnis nur innerhalb der ersten drei Versicherungsjahre zum Ende eines Versicherungsjahres kündigen. ²Die Kündigungsfrist beträgt drei Monate.

(3) ¹Wird eine Krankheitskostenversicherung oder eine Pflegekrankenversicherung vom Versicherer wegen Zahlungsverzugs des Versicherungsnehmers wirksam gekündigt, sind die versicherten Personen berechtigt, die Fortsetzung des Versicherungsverhältnisses unter Benennung des künftigen Versicherungsnehmers zu erklären; die Prämie ist ab Fortsetzung des Versicherungsverhältnisses zu leisten. ²Die versicherten Personen sind vom Versicherer über die Kündigung und das Recht nach Satz 1 in Textform zu informieren. ³Dieses Recht endet zwei Monate nach dem Zeitpunkt, zu dem die versicherte Person Kenntnis von diesem Recht erlangt hat.

(4) ¹Die ordentliche Kündigung eines Gruppenversicherungsvertrags, der Schutz gegen das Risiko Krankheit enthält, durch den Versicherer ist zulässig, wenn die versicherten Personen die Krankenversicherung unter Anrechnung der aus dem Vertrag erworbenen Rechte und der Alterungsrückstellung, soweit eine solche gebildet wird, zu den Bedingungen der Einzelversicherung fortsetzen können. ²Absatz 3 Satz 2 und 3 ist entsprechend anzuwenden.

Übersicht

	Rn.			Rn.
A. Einführung	1	I.	Kündigungsausschluss für die Pflichtversicherung (Abs. 1 S. 1)	10
I. Normzweck	1			
II. Entstehungsgeschichte	4	1.	Jede Kündigung	10
1. Zeit vor 1994	4	2.	Voraussetzungen einer außerordentlichen Kündigung	11
2. Zeit ab 1994	5	II.	Ausschluss des ordentlichen Kündigungsrechts (Abs. 1 S. 2–4)	13
3. VVG-Reform 2008	6			
4. GKV-WSG	8	1.	Substitutive Krankenversicherung	13
III. Anwendungsbereich	9	2.	Kombinierte Krankenhaustagegeldversicherung	14
B. Inhaltliche Fragen	10			

---
[134] LG Dortmund NJW-RR 2014, 199.
[135] *Marko*, Private Krankenversicherung, Teil B Rn. 111 ff; *Voit* in Prölss/Martin VVG § 205 Rn. 42; mit überzeugender Begr. LG Dortmund r+s 2014, 27 mwN zum Streitstand; aA LG Berlin VersR 2014, 236.

	Rn.		Rn.
3. Zeitliche Begrenzung in der Krankentagegeldversicherung	15	5. Information durch den Versicherer	26
		a) Frist	27
III. Kündigung der Krankenhaustagegeld- oder Krankheitskostenteilversicherung, die nicht unter Abs. 1 fällt (Abs. 2)	18	b) Mehrere versicherte Personen	28
		V. Kündigung einer Gruppenversicherung	31
IV. Fortsetzungsmöglichkeit nach Kündigung wegen Zahlungsverzugs (Abs. 3)	19	1. Allgemeines	31
1. Systematik	19	2. Besondere Anforderungen	32
2. Betroffene Versicherungsarten	21	3. Informationspflicht nach S. 2	33
		a) Besonderheiten bei der Frist	34
3. Benennung des neuen Versicherungsnehmers	23	b) Besonderheiten die einheitliche Rechtsausübung betreffend	35
4. Prämie	25	**VI. Außerordentliches Kündigungsrecht**	36

Stichwort- und Fundstellenverzeichnis

Stichwort	Rn.	Rspr.	Lit.
Abmahnung	→ Rn. 11	OLG Celle VersR 2011, 738; OLG Saarbrücken VersR 2006, 644	–
Außerordentliche Kündigung	→ Rn. 10 ff.	BGH VersR 2012, 219; VersR 2012, 304	*Marko*, Private Krankenversicherung, 2. Aufl. 2010; Teil 13 Rn. 127 f.
Belehrungspflicht des Versicherungsunternehmens	→ Rn. 26	–	–
Fortsetzungsrecht der versicherten Person	→ Rn. 19	OLG Frankfurt a. M. r+s 2015, 407	–
Gruppenversicherung	→ Rn. 31 ff.	LG Köln VersR 2008, 525	*Voit* in Prölss/Martin VVG § 206 Rn. 21 ff.
Pflegepflichtversicherung	→ Rn. 36	BGH VersR 2012, 304	*Muschner* in Langheid/Rixecker VVG § 206 Rn. 4

Schrifttum: *Brand*, Systembrüche in der privaten Krankenversicherung, VersR 2011, 1337; *Boetius*, „Gegen die Wand" – Der Basistarif der Gesundheitsreform bricht Europa- und Verfassungsrecht, VersR 2007, 431; *Effer-Uhe*, Zur außerordentlichen Kündbarkeit privater Kranken- und Pflegeversicherungsverträge, VersR 2012, 684; *Grote/Bronkars*, Gesundheitsreform und private Krankenversicherung – wirtschaftliche Konsequenzen für Versicherer und Versicherte, VersR 2008, 580; *Hufen*, Das Urteil des Bundesverfassungsgerichts zur Privaten Krankenversicherung – Ein Freibrief für den Gesetzgeber?, NZS 2009, 649; *Langheid*, Die Reform des Versicherungsvertragsgesetzes, Teil 2: Die einzelnen Versicherungssparten, NJW 2007, 3745; *Marlow/Spuhl*, Zur Zulässigkeit einer außerordentlichen Kündigung einer Krankenversicherung wegen einer nicht im Prämienverzug liegenden schweren Vertragsverletzung, VersR 2012, 222; *Rogler*, Reichweite des Kündigungsverbots einer Pflichtversicherung, jurisPR-VersR 3/2012 Anm. 1; *Sodan*, Private Krankenversicherung und Gesundheitsreform 2007, 2007.

A. Einführung

I. Normzweck

1 Die Norm regelt abschließend das ordentliche Kündigungsrecht des Versicherers dahingehend, dass es regelmäßig ausgeschlossen ist. Dementsprechend stellt die Norm also insgesamt keine Anforderungen an einen Erlaubnissatz auf, wie es zB in § 205 geschieht, sondern statuiert vielmehr ein **Verbot der ordentlichen Kündigung** des privaten Krankenversicherungsvertrages durch den Versicherer. Diese einseitige Beschneidung der allgemeinen vertraglichen Gestaltungsrechte ist der Überlegung geschuldet, dass dem privat Versicherten dauerhaft Kranken- und Pflegeversicherungsschutz gewährt werden soll.[1] Der Gesetzgeber wird mit der Einschränkung des ordentlichen Kündi-

---

[1] Ausf. *Wriede* in Bruck, Bd. VI/2, Kap. D Anm. 43; zum insoweit systematisch gleich aufgebauten alten Recht *Hohlfeld* in Berliner Kommentar VVG § 178i Rn. 2.

gungsrechts der Rolle der Krankenversicherung im sozialen Gesellschaftsgefüge gerecht.[2] Dem sollte eine Gesetzgebung korrespondieren, die darauf ausgerichtet ist, in wirtschaftlicher und rechtlicher Hinsicht für die Krankenversicherer Planungssicherheit und dauerhaften Bestand zu gewährleisten.
Früher musste ein ordentliches Kündigungsrecht vertraglich ausgeschlossen werden.[3] Dies war auch schon seit Jahrzehnten allgemein üblich; so enthielt bereits § 14 Abs. 1 S. 1 MB/KK 1966 einen Verzicht des Versicherers auf das ordentliche Kündigungsrecht.

Zum Normzweck iE: 2
Abs. 1 S. 1 enthält einen weitgehenden Kündigungsausschluss für die Krankheitskostenversicherung, die zur Erfüllung der Versicherungspflicht dient; zu dessen Reichweite → Rn. 10 ff. **Abs. 1 S. 2** schließt das ordentliche Kündigungsrecht für die substitutive Krankheitskostenvoll-, Krankentagegeld- und Pflegekrankenversicherung generell aus. In **S. 3** wird dem Versicherer das ordentliche Kündigungsrecht für eine neben einer Vollversicherung bestehende Krankenhaustagegeldversicherung wie auch für eine Krankentagegeldversicherung verwehrt. **S. 4** ermöglicht als Ausnahme von S. 2 eine ordentliche Kündigung einer Krankentagegeldversicherung innerhalb der ersten drei Jahre, sofern kein Anspruch auf Beitragszuschuss durch den Arbeitgeber gem. § 257 Abs. 2, 2a SGB V besteht. Die Kündigungsbeschränkungen für die Tagegeldversicherungen haben ihren Grund historisch darin, dass früher Krankheitskosten-, Krankentagegeld- und Krankenhaustagegeldversicherung gelegentlich Tarifkombinationen bildeten, die erst kumulativ umfassenden Schutz vor dem Risiko Krankheit gewährten und dem Leistungsspektrum der gesetzlichen Krankenversicherung gleichkamen.[4] Unabhängig von diesen Überlegungen schließt **Abs. 2** das ordentliche Kündigungsrecht des Versicherers nach Ablauf von drei Jahren für eine Krankenhaustagegeldversicherung oder eine Krankheitskostenversicherung, die die Voraussetzungen des Abs. 1 nicht erfüllen, aus. Oftmals enthalten allerdings die Tarifbedingungen auch solcher Verträge einen weitergehenden, nämlich von Beginn an wirksamen Ausschluss der ordentlichen Kündigung durch den Versicherer.

Abs. 3 ist eine aus der Möglichkeit der Kündigung wegen Zahlungsverzugs mit der Folgeprämie 3 gem. § 194 Abs. 2 erwachsende Folgeregelung, die eine Weiterführungsmöglichkeit für mitversicherte Personen eröffnet, was wegen Abs. 1 S. 1 nur noch für nicht zur Erfüllung der Versicherungspflicht dienende Verträge Bedeutung hat. **Abs. 4** behandelt die Anforderungen an die Kündigung eines Gruppenversicherungsvertrages.

II. Entstehungsgeschichte

1. Zeit vor 1994. Vor 1994 existierten keine gesetzlichen Regelungen zur privaten Kranken- 4
versicherung. Die rechtlichen Grenzen wurden lediglich von den vorher geltenden Allgemeinen Versicherungsbedingungen, zuletzt den MB/KK 1976/MB/KT 1978 gesetzt, die allerdings unter dem Genehmigungsvorbehalt des damaligen BAV standen.[5] Schon damals war in § 14 MB/KK 1976 bzw. MB/KT 1978 das Kündigungsrecht des Versicherers eingeschränkt, was sich im Wesentlichen bis heute nicht geändert hat.[6]

2. Zeit ab 1994. Vgl. zur Begründung der gesetzlichen Regelung → § 205 Rn. 4. Spiegelbild- 5
lich zur dort beschriebenen Lage bestand der Unterschied allein darin, dass das Kündigungsrecht des Versicherers in § 178i VVG aF geregelt wurde, wo es aufgrund des § 178o VVG aF ebenfalls halbzwingendes Recht darstellte, das zum Nachteil des Versicherungsnehmers nicht geändert werden konnte.[7] Auch was das Kündigungsrecht des Versicherers angeht, führte der fortwährende Austausch zwischen Allgemeinen Versicherungsbedingungen und Gesetz zu einer verlässlichen und kontinuierlich fortbestehenden Rechtslage.

3. VVG-Reform 2008. § 206 Abs. 1 VVG 2008 übernahm § 178i Abs. 1 VVG aF lediglich 6
sprachlich verändert im Interesse einer einheitlichen Gesetzesdiktion, was seine normative Anknüpfung in der im Zuge der VVG-Reform eingeführten Legaldefinition der substitutiven Krankenversicherung im neuen § 195 Abs. 1 sowie in § 12 Abs. 1 VAG findet. Ausdrücklich klargestellt wurde daneben, dass der Ausschluss des Kündigungsrechts sich auf die substitutive

---

2   BGHZ 88, 78 = NJW 1983, 2632 = VersR 1983, 848; zum alten Recht *Hohlfeld* in Berliner Kommentar VVG § 178i Rn. 4.
3   Begr. zu Art. 1 (§ 206) RegE Gesetz zur Reform des Versicherungsvertragsrechts, BT-Drs. 16/3945, 114; Abschlussbericht der VVG-Kommission Abschn. 3.1, S. 415.
4   *Moser* in Bach/Moser, 3. Aufl. 2002, MB/KK § 14 Rn. 2.
5   → Einf. Vor § 192 Rn. 308.
6   Vgl. die Synopse bei *Moser* in Bach/Moser, 3. Aufl. 2002, S. 563 ff.
7   *Hohlfeld* in Berliner Kommentar VVG § 178i Rn. 11.

Krankenversicherung beschränkt.[8] Angesichts der umständlichen Formulierung des § 178i Abs. 1 VVG aF war dies, wenn auch nicht zwingend, so doch im Interesse der Lesbarkeit für den Rechtsanwender begrüßenswert. Abs. 2 – zum 1.1.2009 wieder weggefallen (→ Rn. 8) – erweiterte die Anwendung auf die nach Art der Lebensversicherung betriebene nicht substitutive Krankenversicherung. Unverändert blieb auch Abs. 3; Abs. 5 S. 1 (seit 1.1.2009: Abs. 4 S. 1) führte § 178i Abs. 3 S. 1 VVG aF fort, lediglich erweitert um einen neuen S. 2. § 205 Abs. 2 VVG 2008 (dieser Absatz ist seit 1.1.2009 wieder entfallen) und Abs. 4 (jetzt Abs. 3) hingegen sind mit der Reform insgesamt neu eingeführt worden.

7   Bundesrat, GDV und DAV haben sich zur Neuregelung des § 206 in ihren Stellungnahmen nicht geäußert. Die Bundesregierung ist in ihrer Begründung den gerade (→ Rn. 6) dargestellten Erwägungen der Expertenkommission[9] gefolgt, hat aber darüber hinaus noch zwei weitere Änderungen eingeführt, nämlich einmal die Weiterversicherungsmöglichkeit der mitversicherten Personen nach Kündigung durch den Versicherer aufgrund Zahlungsverzugs durch den Versicherungsnehmer gem. § 206 Abs. 3 sowie eine Informationspflicht zugunsten der Berechtigten aus einer Gruppenversicherung bei Kündigung einer solchen durch den Versicherer über die Möglichkeit der Fortführung als Einzelversicherung.[10]

8   **4. GKV-WSG.** Einen in vielerlei Hinsicht fragwürdigen Eingriff in das Regelungsgefüge des VVG hat der Gesetzgeber mit den Änderungen des GKV-WSG vorgenommen, die, wie noch zu zeigen sein wird, aufgrund handwerklicher Fehler und Nachlässigkeiten im Gesetzgebungsverfahren einerseits sowie verfehltem politischen Willen andererseits dazu führen, dass sinnvolle Reformen des neuen VVG teils wieder rückgängig gemacht, teils die seit Jahrzehnten wesentlich zu einem funktionierenden Krankenversicherungssystem in Deutschland beitragenden Prämissen der Privatversicherung ad absurdum geführt werden.[11] Zunächst war § 206 Abs. 1 in seiner ab 1.1.2009 geltenden Fassung als § 178i Abs. 1 VVG aF geplant. Erst im Beschlussfassungsvorschlag, und damit zu einem sehr späten Zeitpunkt überhaupt vom Gesundheitsausschuss ins Verfahren eingeführt,[12] wurde die Norm aber trotzdem vom zeitgleich laufenden Gesetzgebungsverfahren zum neuen VVG kassiert und war somit schon vor dem Zeitpunkt ihres Inkrafttretens wieder überholt, den § 178i VVG aF hätte es nämlich schon nicht mehr gegeben. Art. 43 GKV-WSG, der die Reformen zur privaten Krankenversicherung enthielt, wurde daher kurzerhand wieder aufgehoben und als Art. 11 des Änderungsgesetzes zum neuen VVG zur Änderung des Kap. 8 des neuen VVG wieder eingeführt[13] – ein Durcheinander, das nicht ohne Spuren bleiben sollte. Zu nennen ist insbes. das plötzliche Verschwinden des § 206 Abs. 2 idF v. 1.1.2008. Dieser Absatz lautete: „Für die ordentliche Kündigung einer nicht substitutiven Krankenversicherung, die nach Art der Lebensversicherung betrieben wird, gilt Abs. 1 entsprechend." Dieser Absatz war erst im Rahmen der VVG-Reform als sinnvolle Ergänzung[14] des Kündigungsschutzes in der privaten Krankenversicherung eingeführt worden, um eine vertragliche Regelung überflüssig zu machen. Die Abschaffung der Norm ist ohne Not geschehen, sie ist nur durch die überstürzte Einfügung der Änderungen des GKV-WSG,[15] die sich noch am alten VVG orientierten, in das Normensystem des neuen VVG zu erklären. Zu rechtfertigen ist sie dadurch nicht. Weitere Folge der unbeabsichtigten Auslassung ist, dass die folgenden Absätze „nach oben rutschen", so dass die Abs. 3, 4 und 5 der Fassung v. 1.1.2008 in der Neufassung die Abs. 2, 3 und 4 werden. Eine Rechtsänderung ist damit nicht verbunden.

Zu bemängeln ist weiterhin, dass die Vereinheitlichung der Diktion, die mit der VVG-Reform 2008 einhergehen sollte, durch die Änderungen des GKV-WSG, weil diese noch vom alten VVG ausgingen, teils rückgängig gemacht wurde. So verwendete die 2008 gültige Fassung die Formulierung der „substitutiven Krankenversicherung" und knüpfte damit an die Legaldefinition in § 195 Abs. 1 an. Dies wurde mit dem GKV-WSG wieder zunichte gemacht: Die hierdurch geschaffene, ab 1.1.2009 gültige Fassung des § 206 Abs. 1 S. 2 verwendet wieder die alte, umständliche Formulie-

---

[8]   Abschlussbericht der VVG-Kommission Abschn. 3.1, S. 415; Begr. zu Art. 1 (§ 206) RegE Gesetz zur Reform des Versicherungsvertragsrechts, BT-Drs. 16/3945, 114.
[9]   Abschlussbericht der VVG-Kommission Abschn. 3.1, S. 415.
[10] Begr. zu Art. 1 (§ 206) RegE Gesetz zur Reform des Versicherungsvertragsrechts, BT-Drs. 16/3945, 114.
[11] Vgl. die anschauliche Darstellung des Gesetzgebungsverfahrens und seiner Konsequenzen bei *Boetius* VersR 2008, 1016.
[12] BT-Drs. 16/4200, 206.
[13] BT-Drs. 16/5862, 81 ff.
[14] Begr. zum RegE Art. 1 (§ 206), BT-Drs. 16/3945, 114; Abschlussbericht der VVG-Kommission Abschn. 3.1, S. 415.
[15] BT-Drs. 16/5862, 81 ff.

rung, was wiederum die Unhandlichkeit der neuen Normen fördert und damit überwunden geglaubte Schwächen wiedererstehen lässt.

III. Anwendungsbereich

§ 206 gilt für alle Arten der privaten Krankenversicherung, unabhängig davon, ob eine Summen- oder Schadenversicherung vorliegt.[16] Aus der Konzeption der Norm als Verbot verschiedener Kündigungsarten, nicht als Erlaubnissatz, der besondere Anforderungen aufstellt, lässt sich folgendes entnehmen: Wo § 206 ein Verbot einer bestimmten Kündigung aufstellt, ist dieses (halb)zwingend und lex specialis zur allgemeinen Norm des § 11. Stellt § 206 besondere Anforderungen an eine Kündigung, lässt er sie zB nur innerhalb eines bestimmten Zeitraums oder nur in einer bestimmten Tarifkombination zu, so ist darin ebenfalls eine von § 11 abweichende spezielle Regelung zu sehen. Im Umkehrschluss bedeutet die Normstruktur aber auch, dass solche Fragen, die nicht explizit von § 206 angesprochen werden, dem Regime des § 11 unterfallen. Trifft dieser keine Regelung, so kann ein Kündigungsrecht frei in den AVB vereinbart werden, das allerdings den allgemeinen bürgerlich-rechtlichen Regelungen, insbes. den §§ 305 ff. BGB genügen muss. Nicht durch § 206 ausgeschlossen sind die Rechte des Versicherers zum **Rücktritt** (§ 19, § 37) oder zur **Anfechtung** (§ 22).[17] Denn diese Rechte werden schon tatbestandlich nicht von § 206 erfasst. Zudem ergibt sich aus § 193 Abs. 5 S. 4, dass auch der Gesetzgeber des GKV-WSG die Ausübung dieser Rechte weiterhin für möglich hält und ihre Berechtigung anerkennt. Dies gilt auch für die Kündigung nach § 19 Abs. 3 S. 2. Dass auch diese Bestimmung weiterhin anwendbar ist, ergibt sich aus § 194 Abs. 1 S. 3, und zwar auch in der ab 1.1.2009 gültigen Fassung (in der nur noch § 19 Abs. 4, hingegen § 19 Abs. 3 S. 2 nicht mehr genannt wird). Dort wird die Anwendbarkeit des § 19 allein hinsichtlich des Abs. 4 mit einer Einschränkung versehen, woraus geschlossen werden kann, dass § 19 iÜ, also abgesehen von dieser spezifischen Einschränkung, in der Krankenversicherung allgemeine Anwendung finden kann.[18]

B. Inhaltliche Fragen

I. Kündigungsausschluss für die Pflichtversicherung (Abs. 1 S. 1)

1. Jede Kündigung. Die Formulierung „jede Kündigung" hat schon vor Inkrafttreten der Bestimmung zu einem Streit um die Frage geführt, ob § 206 Abs. 1 S. 1 ab 1.1.2009 auch **die außerordentliche Kündigung nach § 314 BGB** für den Versicherer ausschließt.[19] Der BGH hat diesen Meinungsstreit mit zwei Urteilen vom 7.12.2011[20] zugunsten der auch hier bereits in der Vorauflage befürworteten Auffassung entschieden, wonach eine außerordentliche Kündigung gem. § 314 BGB durch § 206 Abs. 1 S. 1 VVG nicht ausgeschlossen wird.

Zur Begründung hat der BGH sich ua auf folgende Erwägungen gestützt:[21] Der eindeutige Wortlaut verbiete es nicht, die Norm teleologisch dahin zu reduzieren, dass sie unmittelbar lediglich die außerordentliche Kündigung wegen Prämienverzugs ausschließt, während in anderen Fällen schwerer Vertragsverletzung im Einzelfall eine außerordentliche Kündigung nach § 314 Abs. 1 BGB in Betracht kommen könne. Eine **teleologische Reduktion** setze eine verdeckte Regelungslücke im Sinne einer planwidrigen Unvollständigkeit des Gesetzes voraus. Ob eine derartige Lücke bestehe, sei vom Standpunkt des Gesetzes und der ihm zugrunde liegenden Regelungsabsicht zu beurteilen. Diesem methodischen Ansatz stehe der Wortlaut der Norm nicht entgegen, da es Sinn und Zweck der teleologischen Reduktion sei, eine zu weit gefasste Norm auf ihren sachgerechten Inhalt zu reduzieren. Für eine teleologische Reduktion spreche zunächst die Entstehungsgeschichte der Norm. Dem Gesetzgeber ging es in erster Linie darum, den Versicherungsnehmer vor den Folgen des Verlustes des Versicherungsschutzes durch eine Kündigung wegen Verzugs mit der Prämienzahlung zu schützen und ihm seine Altersrückstellungen zu erhalten. Demgegenüber ergibt sich aus der Gesetzgebungsgeschichte nicht, dass dem Versicherer ein außerordentliches Kündigungsrecht versagt werden sollte, sofern es um andere schwerwiegende Vertragsverletzungen außerhalb des Prämienver-

---

[16] → Einf. Vor § 192 Rn. 598 ff.
[17] *Rogler* in HK-VVG § 206 Rn. 4.
[18] In diesem Sinne *Rogler* in HK-VVG VVG § 194 Rn. 4.
[19] *Boetius* VersR 2007, 431 (436), *Langheid* NJW 2007, 3745 (3749); *Grote/Bronkars* VersR 2008, 580 (583) folgern hieraus, dass auch die außerordentliche Kündigung ausgeschlossen ist; aA hingegen *Marko* PKV Rn. 131.
[20] BGH VersR 2012, 219; 2012, 304.
[21] BGH VersR 2012, 219.

zugs geht, insbes. um Fälle der Leistungserschleichung oder sonstiger gegenüber dem Versicherer bzw. seinen Mitarbeitern verübter Straftaten. So war schon zum bisherigen Recht anerkannt, dass eine Kündigung aus wichtigem Grund in Betracht kommen kann. Ein vollständiger Ausschluss des Kündigungsrechts hätte demgegenüber zur Folge, dass der Versicherer selbst in Fällen schwerster Vertragsverletzungen an den Versicherungsnehmer gebunden bliebe. Der Versicherer wäre gezwungen, das Vertragsverhältnis mit einem Versicherungsnehmer fortzusetzen, der bereits in der Vergangenheit versucht hat, durch betrügerische Handlungen Leistungen zu erschleichen. Diese Gefahr bestünde für den Versicherer auch in Zukunft fort, da es ihm bei dem Massengeschäft der Abrechnung von Krankenversicherungsleistungen häufig nicht möglich ist, in jedem Einzelfall zu überprüfen, ob die eingereichten Belege tatsächlich auch auf Leistungen beruhen, die erbracht und vom Versicherungsnehmer bezahlt wurden. Insoweit setzt das Versicherungsverhältnis ein auf Treu und Glauben beruhendes Vertrauen zwischen den Vertragsparteien voraus. Umgekehrt könnte der Versicherungsnehmer – von strafrechtlichen Folgen abgesehen – sanktionslos Versicherungsbetrug begehen. Wird sein Handeln nicht aufgedeckt, verbleiben ihm die hiermit verbundenen wirtschaftlichen Vorteile. Wird es im Einzelfall entdeckt, so ist der Versicherer allein darauf verwiesen, einen Rückzahlungsanspruch ihm gegenüber geltend zu machen, dessen tatsächliche Realisierbarkeit nicht in jedem Falle feststehen dürfte. Ein derart vollständiger Ausschluss des Kündigungsrechts auch bei schwerwiegenden Vertragsverletzungen verstieße gegen den in § 314 BGB zum Ausdruck kommenden allgemeinen Grundsatz des Zivilrechts, dass Dauerschuldverhältnisse bei Vorliegen eines wichtigen Grundes gekündigt werden können. Das Gesetz schließt ohnehin nicht jede Möglichkeit des Versicherers aus, sich von einem Krankheitskostenversicherungsvertrag auch dann zu lösen, wenn mit diesem eine Pflicht nach § 193 Abs. 3 S. 1 erfüllt wird. So finden wegen Verletzung vorvertraglicher Anzeigepflichten weiterhin die §§ 19 ff., 22 Anwendung. Sie erfahren lediglich gem. § 194 Abs. 1 S. 3 eine Modifikation dahin, dass § 19 Abs. 4 auf die Krankenversicherung nicht anzuwenden ist, wenn der Versicherungsnehmer die Verletzung der Anzeigepflicht nicht zu vertreten hat. Dem Versicherer bleibt daher auch im Bereich der Pflichtversicherung nach § 193 Abs. 3 das Recht zum Rücktritt vom Vertrag bzw. der Anfechtung wegen arglistiger Täuschung bei Verletzung der Anzeigepflicht anlässlich des Vertragsschlusses erhalten. Zudem bestimmt § 193 Abs. 5 S. 4, dass der Versicherer den Antrag auf Abschluss einer Versicherung im Basistarif ablehnen kann, wenn der Antragsteller bereits bei dem Versicherer versichert war und der Versicherer den Versicherungsvertrag wegen Drohung oder arglistiger Täuschung angefochten hat oder vom Versicherungsvertrag wegen einer vorsätzlichen Verletzung der vorvertraglichen Anzeigepflicht zurückgetreten ist. Es ist nicht ersichtlich, warum ein Versicherungsnehmer, der bei Vertragsschluss seine Anzeigepflicht verletzt hat, den Versicherungsschutz nachträglich durch Rücktritt oder Anfechtung seitens des Versicherers wieder verlieren kann, im Falle einer sonstigen schweren Vertragsverletzung wie etwa der Leistungserschleichung aber einen Anspruch auf unveränderten Fortbestand des Vertrages haben soll.

Diesen Erwägungen des BGH ist uneingeschränkt zuzustimmen.[22] Soweit daran Kritik geäußert wurde,[23] erscheinen die vorgebrachten Argumente nicht zwingend. Teilweise erwecken die Kritiker den Eindruck, ihnen gehe es eher um den Schutz der Betrüger, etwa wenn *Marlow/Spuhl*[24] ausführen, in dem vom BGH entschiedenen Sachverhalt habe die Ehefrau des Versicherungsnehmers 3.813,21 Euro erschlichen, der Versicherungsnehmer verliere aber die „in dem seit 25 Jahren laufenden Vertrag angesammelten Altersrückstellungen". Derartige Argumente verlieren spätestens dann ihre Überzeugungskraft, wenn man sich weitere Fälle aus der Rechtswirklichkeit vor Augen hält, etwa einen vom OLG Oldenburg entschiedenen Sachverhalt, in dem sich die betrügerisch erschlichenen Leistungen auf mindestens 154.507,29 EUR beliefen.[25] Auch andere Annahmen von *Marlow/Spuhl* stimmen mit der Rechtswirklichkeit kaum überein, etwa ihre These, es gebe „durchaus erhebliche strafrechtliche Sanktionen" – tatsächlich werden Betrugstaten zu Lasten von Versicherern, sofern sie von den Strafverfolgungsbehörden überhaupt bearbeitet werden, idR mit allenfalls symbolischen Strafen sanktioniert.[26] Mit einiger Berechtigung führt daher das OLG Celle[27] aus: „Wer ausnahmslos dem Versicherer das Recht zur außerordentlichen Kündigung abspricht, zwingt diesen dazu, tatenlos dem

---

[22] Zust. *Marko*, Private Krankenversicherung, 2. Aufl. 2010, Teil B Rn. 127f; *Rogler* jurisPR-VersR 3/2012 Anm. 1; in diesem Sinne *Brand* VersR 2011, 1337.
[23] *Effer-Uhe* VersR 2012, 684; *Marlow/Spuhl* VersR 2012, 222.
[24] *Effer-Uhe* VersR 2012, 684; *Marlow/Spuhl* VersR 2012, 222.
[25] OLG Oldenburg BeckRS 2012, 1606.
[26] In dem Strafverfahren zu dem Fall des OLG Oldenburg kam es etwa zu einer Bewährungsstrafe von einem Jahr und sieben Monaten (AG Brake 2 Ls 250 Js 51621/10); von den betrügerisch erschlichenen mehr als 150.000 EUR wurde wegen einer – formellen – Insolvenz des Versicherungsnehmer nicht ein Cent zurückgezahlt.
[27] OLG Celle VersR 2011, 738.

Betrug zuzusehen und bestenfalls, soweit er die Taten entdeckt, einen Anspruch auf Rückforderung geltend zu machen, dessen Werthaltigkeit im Einzelfall sehr zweifelhaft sein kann, so dass der Versicherer auch noch das Insolvenzrisiko des Betrügers tragen muss." Andere Kritiker der BGH-Entscheidungen räumen auch wenigstens ein, dass das Ergebnis des BGH „rechtspolitisch wünschenswert" sei.[28] Sie meinen jedoch, es sei der erkennbare Wille des Gesetzgebers gewesen, nicht im rechtspolitisch wünschenswerten Sinne zu handeln, sondern jegliche einseitige Beendigung des Versicherungsschutzes von Versichererseite auszuschließen.[29] Diese Annahme ist aber gerade nicht richtig, wie der vom BGH angestellte Vergleich zu anderen Beendigungsmöglichkeiten (etwa der Anfechtung) zeigt. Wenn die Kritiker der Entscheidung weiter unterstellen, der Gesetzgeber sei sich der Bedeutung der von ihm gewählten Formulierung „ganz bewusst" gewesen,[30] findet dies in den Gesetzesmaterialien keine Stütze; vielmehr enthalten diese nicht nur keinerlei Hinweis darauf, dass die Gesetzesverfasser den Fall einer außerordentlichen Kündigung etwa wegen Betruges auch nur bedacht hätten, darüber hinaus lässt der gesamte Ablauf des Gesetzgebungsverfahrens berechtigte Zweifel daran aufkommen, dass der Gesetzgeber überhaupt noch wusste, was er tat; ihm ist ja auch nicht einmal aufgefallen, dass er versehentlich den gerade von ihm erst geschaffenen § 206 Abs. 2 VVG 2008 wieder abgeschafft hat.[31] Dass die Urteile des BGH mit dem Willen des Gesetzgebers im Einklang stehen, zeigt iÜ die weitere Entwicklung: Mit dem „Gesetz zur Beseitigung sozialer Überforderung bei Beitragsschulden in der Krankenversicherung"[32] sowie dem „Gesetz zur Änderung versicherungsrechtlicher Vorschriften"[33] hat der Gesetzgeber nach Bekanntwerden der BGH-Entscheidungen zweimal Änderungen am Recht der Privaten Krankenversicherung vorgenommen und dabei § 206 Abs. 1 S. 1 unverändert gelassen – was kaum geschehen wäre, wenn die hierzu ergangenen BGH-Entscheidungen dem Willen des Gesetzgebers widersprochen hätten.

2. Voraussetzungen einer außerordentlichen Kündigung. Zu den **Voraussetzungen einer außerordentlichen Kündigung** gem. § 314 BGB unter Berücksichtigung der Besonderheiten in der Krankenversicherung:

Grundsätzlich bedarf es, da der Krankenversicherung wegen ihrer besonderen gesellschaftlichen Funktion eine ordentliche Kündigung grds. fremd ist,[34] einer besonders schwerwiegenden Verletzung von Pflichten des Versicherungsnehmers, um eine außerordentliche Kündigung rechtfertigen zu können. Ob in jedem Falle eine vorherige **Abmahnung** des Versicherers nötig ist, die dem Versicherungsnehmer vor Augen führt, dass ein solches Verhalten in Zukunft zum Verlust des Versicherungsschutzes führt, muss bezweifelt werden.[35] Wäre dem so, könnte der Versicherungsnehmer stets risikolos einen erstmaligen Versuch unternehmen, sich Leistungen zu erschleichen.[36] Kennzeichen der außerordentlichen Kündigung aus wichtigem Grunde ist aber gerade, dass schon mit erstmaliger schwerwiegender Verletzung des Pflichtenkatalogs die Fortführung des Vertrages einer Partei unzumutbar wird, so dass die Kündigung ex nunc das einzig adäquate Mittel der Rechtsgestaltung darstellt. Eine solch schwerwiegende Verletzung, und damit ein wichtiger Grund, liegt vor, wenn der Versicherungsnehmer in besonders schwerwiegender Weise die Belange des Versicherers seinem Eigennutz hintanstellt, vor allem, wenn der Versicherungsnehmer versucht hat, sich Leistungen zu erschleichen.[37] Diesen Grundsatz hat der BGH in einer Entscheidung zur Krankentagegeldversicherung bestätigt, ihn allerdings dann speziell für diesen Bereich mit Einschränkungen versehen:[38] Sei eine berufliche Tätigkeit der versicherten Person erst zu einer Zeit festgestellt worden, zu der eine Leistung durch den Versicherer nicht mehr erfolgt sei, so bringe der Versicherer damit zum Ausdruck, dass er die versicherte Person für arbeitsfähig halte.[39] Er könne dann nicht mehr darauf vertrauen,

---

[28] *Effer-Uhe* VersR 2012, 684.
[29] *Effer-Uhe* VersR 2012, 684; ähnlich auch *Marlow/Spuhl* VersR 2012, 222.
[30] *Effer-Uhe* VersR 2012, 684.
[31] → Rn. 8.
[32] BGBl. 2013 I S. 2423.
[33] BGBl. 2013 I S. 932.
[34] *Hohlfeld* in Berliner Kommentar VVG § 178i Rn. 12.
[35] So aber OLG Nürnberg VersR 2008, 388; richtiger Auffassung hingegen OLG Celle VersR 2011, 738; OLG Saarbrücken VersR 2006, 644 (646) und OLG Hamm VersR 2007, 236 (238); diff. OLG Oldenburg BeckRS 2012, 01606; OLG Brandenburg VersR 2011, 1429, keine Abmahnung, wenn das Fehlverhalten nicht mehr zu beseitigen ist.
[36] OLG Saarbrücken VersR 2006, 644 (646); OLG Hamm VersR 2007, 236 (238).
[37] *Wriede* in Bruck, Bd. VI/2, Kap. D Anm. 44; *Hohlfeld* in Berliner Kommentar VVG § 178i Rn. 12 mwN; BGH VersR 1985, 54 (55); 2007, 1260 (1261); OLG Saarbrücken VersR 1996, 362; 1997, 863 (867); 2006, 644 (646); OLG Hamm VersR 2007, 236 (237).
[38] BGH VersR 2007, 1260 (1262).
[39] BGH VersR 2007, 1260 (1262).

die versicherte Person werde ihre Berufstätigkeit in keiner Weise mehr ausüben, womit der Grund für eine Kündigung, nämlich der schwerwiegende Verstoß gegen die AVB, entfalle.[40] Betont hat der BGH die Notwendigkeit einer wertenden Betrachtung und einer **Abwägung der beiderseitigen Interessen** unter Berücksichtigung aller Umstände des Einzelfalls gem. § 314 Abs. 1 S. 2 BGB. In diesem Zusammenhang hat der BGH ua auf die ungestörte Dauer des Vertrages abgestellt sowie den Einsatz eines Detektivs durch den Krankenversicherer als „unredlich" bezeichnet. Es ist davor zu warnen, diese Erwägungen ungeprüft auf anders gelagerte Sachverhalte anzuwenden. So geht aus dem Urteil nicht hervor, warum der BGH in dem konkreten Fall den Einsatz eines Detektivs als „unzulässig" ansah. Diese Wertung kann jedenfalls nicht allgemeingültig sein und insbes. nicht für Fälle gelten, in denen der Versicherer Ermittlungspersonen deshalb einsetzt, weil ihm konkrete Anhaltspunkte oder Hinweise dafür vorliegen, dass der Versicherungsnehmer sich Leistungen erschleicht.[41]

12 Ansonsten muss die Kündigung natürlich den weiteren Anforderungen des § 314 BGB genügen, dh insbes. muss sie in **angemessener Frist** (§ 314 Abs. 3 BGB) erklärt werden, andernfalls das Kündigungsrecht erlischt. Was unter einer angemessenen Frist zu verstehen ist, lässt sich nicht einheitlich bestimmen.[42] Eine entsprechende Anwendung von § 626 Abs. 2 BGB ist nicht möglich.[43] Zeit, die verstrichen ist, weil der Versicherer dem Versicherungsnehmer Gelegenheit zur Stellungnahme gewährt hat, ist nicht zu berücksichtigen.[44] Auch ist der Versicherer nicht gehalten, schon bei der ersten Auffälligkeit zu kündigen; vielmehr darf er zunächst eine – auch zeitaufwändige – Sachverhaltsaufklärung betreiben, vgl. etwa den unter → Rn. 10 genannten Fall des OLG Oldenburg,[45] wo die erste Auffälligkeit sich im Monat Mai ergeben hatte, die Kündigung dann aber erst – nach weiteren Recherchen des Versicherers – am 24.8. desselben Jahres ausgesprochen wurde.

II. Ausschluss des ordentlichen Kündigungsrechts (Abs. 1 S. 2–4)

13 **1. Substitutive Krankenversicherung.** Diese wird in § 195 Abs. 1 legaldefiniert, so dass die Wiederholung in § 206 Abs. 1 S. 2 überflüssig ist.[46] Die Anforderungen an die dort geforderte Substitutionsfähigkeit ergeben sich erst aus § 12 Abs. 1 VAG; sofern eine Versicherung den dort aufgeführten Bedingungen standhält, ist sie als substitutive Krankenversicherung iSv § 206 Abs. 1 S. 2 zu behandeln.[47] Übereinstimmend mit dieser gesetzlichen Lage schließen die MB/KK 2009 das ordentliche Kündigungsrecht des Versicherers in § 14 Abs. 1 S. 1 aus.[48] Hervorzuheben ist in diesem Zusammenhang, dass die Unternehmen lange vor Gesetzgeber und Rspr. den verbraucherfreundlichen Ausschluss des ordentlichen Kündigungsrechts in den Versicherungsbedingungen verankert hatten, weil früh gesehen worden war, dass der Versicherungsnehmer des Schutzes eines unkündbaren Vertrages bedurfte und auf der anderen Seite die gesetzliche Krankenversicherung den Markt zunehmend kleiner machte, so dass die Unternehmen Anreize setzen mussten, um sich ihre Marktanteile langfristig zu sichern.[49] Der Gesetzgeber hat damit zu Gesetz erhoben, was schon lange in den Produkten der Versicherungswirtschaft festgeschrieben war.

14 **2. Kombinierte Krankenhaustagegeldversicherung.** S. 3 erweitert den Ausschluss des ordentlichen Kündigungsrechts auf die Krankenhaustagegeldversicherung, die neben einer Krankheitskostenvollversicherung besteht. Verhindert werden soll damit, dass der Versicherer sich von einer Krankenhaustagegeldversicherung trennt, die Krankheitskostenvollversicherung aber bestehen bleibt und der Versicherungsnehmer seine neu entstandene Deckungslücke dann nur schwerlich als Einzelrisiko unterbringen kann, mithin also gezwungen würde, auch die Krankheitskostenvollversicherung zu kündigen und neue Deckung zu suchen, was regelmäßig Nachteile, zB in Form eines höheren Eintrittsalters und neuer Gesundheitsprüfung, mit sich bringt.[50] Aus dem Regelungszusammenhang der S. 2 und 3 lässt sich schließen, dass die Krankenhaustagegeldversicherung, die den Schutz des S. 2 genießen will, mit einer Krankheitskostenvollversicherung in **Verbindung** stehen muss. Wann

---

[40] BGH VersR 2007, 1260 (1262).
[41] OLG Saarbrücken VersR 2006, 644 (647), Feststellungen durch einen vom Versicherer beauftragten Detektiv dürfen verwertet werden, wenn der Ermittler den Versicherten nicht unlauter zu einem Tätigwerden verleitet hat.
[42] *Grüneberg* in Grüneberg BGB § 314 Rn. 10.
[43] *Grüneberg* in Grüneberg BGB § 314 Rn. 10 mwN.
[44] *Armbrüster* in Prölss/Martin VVG Vor § 11 Rn. 13.
[45] OLG Oldenburg BeckRS 2012, 01606.
[46] Vgl. zur Historie → Rn. 8 aE.
[47] → Einf. Vor § 192 Rn. 568 ff.
[48] Ebenso § 14 Abs. 1 MB/KK 1994 sowie § 14 Abs. 1 S. 1 MB/KK 2008.
[49] *Moser* in Bach/Moser, 3. Aufl. 2002, MB/KK § 14 Rn. 4.
[50] *Hohlfeld* in Berliner Kommentar VVG § 178i Rn. 5.

ein solch innerer Zusammenhang gegeben ist, ist durch Auslegung zu ermitteln. Dabei ist entscheidend, was der Versicherungsnehmer wollte, wofür auch der vom Versicherer angebotene Tarif Indizien enthalten kann, und ob die Tarifkombination arbeitgeberzuschussfähig[51] ist. Ist dies der Fall, so liegt immer eine kombinierte Krankenhaustagegeldversicherung vor. Nicht ausreichend hingegen ist die bloße Existenz einer weiteren Krankenhaustagegeldversicherung, die neben eine substitutive oder gar gesetzliche Krankheitskostenversicherung tritt, die bereits mit einem anderen Krankenhaustagegeldschutz kombiniert ist. Die Versicherungswirtschaft ist der Forderung des Gesetzes in § 14 Abs. 1 S. 2 MB/KK 2009 nachgekommen.[52] Ansonsten sind die Voraussetzungen des Abs. 2 zu prüfen.[53]

3. Zeitliche Begrenzung in der Krankentagegeldversicherung. S. 4 stellt eine Ausnahme 15 zur Regel des S. 2 dar. Die Krankentagegeldversicherung genießt ebenfalls grds. den Schutz der Unkündbarkeit. Dieser entfällt allerdings, wenn die Krankentagegeldversicherung nicht arbeitgeberzuschussfähig ist, was insbes. auf die Versicherung der Selbständigen[54] und auf die Zusatz-Krankentagegeldversicherung für gesetzlich Versicherte zutrifft. Sie ist bis zum Ende des dritten Versicherungsjahres auch vom Versicherer kündbar; nach Ablauf dieser Zeitspanne fällt das ordentliche Kündigungsrecht des Versicherers weg. Das VVG stellt damit Konsistenz zu den aufsichtsrechtlichen Anforderungen her, denn gem. § 12 Abs. 1 Nr. 3 VAG muss das ordentliche Kündigungsrecht des Versicherers in der Krankentagegeldversicherung ab dem vierten Versicherungsjahr ausgeschlossen sein. Die Kündigungsfrist beträgt drei Monate zum Ende eines Versicherungsjahres. Die gesetzliche Regelung des § 206 Abs. 1 S. 3 ist in § 14 Abs. 1 MB/KT 2009 aufgenommen worden.[55]

Vermieden werden durch diese Dreijahresfrist auch Probleme AGB-rechtlicher Natur. Der 16 BGH hatte mit Urteil v. 6.7.1983[56] festgestellt, dass ein zeitlich unbegrenztes Kündigungsrecht des Versicherers ein wesentliches Recht des Versicherungsnehmers, nämlich auf fortdauernden und uneingeschränkten Versicherungsschutz, verletze und so die Erreichung des Vertragszwecks in Form der sozialen Absicherung im Krankheitsfall gefährdet werde.[57] Eine Beschränkung des Kündigungsrechts auf drei Jahre hingegen begegnet keinen solchen Bedenken,[58] sondern berücksichtigt vielmehr die Interessen der privaten Krankenversicherer angemessen und stellt so einen Ausgleich zwischen den Parteien her.[59] Natürlich ist der Gesetzgeber darin frei, andere Zeiträume festzusetzen; er ist durch das (gleichrangige) AGB-Recht nicht gebunden, sondern schafft durch Normveränderung nur neue Rahmenbedingungen für dessen Anwendung. Jedoch sollte schon durch die §§ 178a ff. VVG aF lediglich das geltende (und was die in Rede stehende zeitliche Komponente anbetrifft auch von der Rspr. abgesegnete) Bedingungsrecht in Gesetzesrang erhoben werden[60] und die neuen Normen daran nichts ändern. Die Erwägungen des BGH zu dieser Frage haben daher nach wie vor Bedeutung.

Für die Kündigung des Versicherers nach Abs. 1 gilt, im Gegensatz zur Kündigung des Versiche- 17 rungsnehmers,[61] kein Formerfordernis. Weder stellt § 206 ein solches auf, noch ergibt es sich aus der allgemeinen Norm des § 11, und auch die Versicherer selbst haben keines in den einschlägigen AVB vorgesehen. Das ist aber aus praktischen Erwägungen schon nicht nötig, denn selbstverständlich hat der Versicherer ein Interesse daran, eine Kündigung möglichst unmissverständlich auszusprechen, so dass er stets die Text- oder Schriftform wählen wird. Ist er nämlich nach allgemeinen Grundsätzen für den Zugang der Kündigung beweispflichtig,[62] so wird er alles daran setzen, sich Beweisschwierigkeiten zu entziehen, zumal gerade das Kündigungsrecht nach § 206 Abs. 1 S. 4 mit Zeitablauf erlischt

---

[51] Die Voraussetzungen regeln § 257 Abs. 2 und Abs. 2a SGB V; auch eine Krankenhaustagegeldversicherung kann arbeitgeberzuschussfähig sein, *Engelhard* in Schulin, Handbuch des Sozialversicherungsrechts, Bd. I, 1. Aufl. 1994, § 54 Rn. 387.
[52] Ebenso § 14 Abs. 1 S. 2 MB/KK 1994 sowie § 14 Abs. 1 S. 2 MB/KK 2008. Der Fortfall von § 14 Abs. 1 S. 2 Fall 2 in den MB/KK 2009 erklärt sich aus den Wirren, die durch das GKV-WSG hervorgerufen worden sind, → Rn. 8.
[53] → Rn. 18 ff.
[54] *Hohlfeld* in Berliner Kommentar VVG § 178i Rn. 6.
[55] § 14 Abs. 1 MB/KT 1994 bzw. MB/KT 2008 enthalten eine wortgleiche Regelung.
[56] BGHZ 88, 78 = NJW 1983, 2632 = VersR 1983, 848.
[57] BGHZ 88, 78 (80) = NJW 1983, 2632 = VersR 1983, 848 unter Verweis auf § 9 Abs. 2 Nr. 2 AGBG aF, heute § 307 Abs. 2 Nr. 2 BGB.
[58] BGH VersR 1986, 257 (258) mit zust. Anm. *Brentrup* VersR 1986, 434; BGH VersR 1986, 672 (673); OLG Düsseldorf VersR 1986, 905 (906); aA OLG Hamburg VersR 1984, 650 (651).
[59] BGH VersR 1986, 257 (258); OLG Hamm VersR 1982, 745 (746).
[60] BT-Drs. 12/6959, 103 f.
[61] → § 208 Rn. 9.
[62] *Ellenberger* in Grüneberg BGB § 130 Rn. 21 mwN.

und uU dann eine Nachholung der Kündigung nicht möglich ist, der Versicherer also ohne Lösungsmöglichkeit an einen Vertrag gebunden ist, den er gar nicht mehr will.

III. Kündigung der Krankenhaustagegeld- oder Krankheitskostenteilversicherung, die nicht unter Abs. 1 fällt (Abs. 2)

18 Die Norm übernimmt unverändert den früheren § 178i Abs. 2 VVG aF.[63]

Ihrem Anwendungsbereich unterfallen nur die dort genannten Versicherungsarten, sofern sie nicht zugleich mit einer substitutiven Krankheitskostenvollversicherung verbunden wären (dann gilt Abs. 1). Faktisch wird dem Versicherer somit auch die letzte verbliebene ordentliche Kündigungsmöglichkeit weitgehend genommen, was aber aufgrund der überragenden Funktion der Krankenversicherung hinzunehmen und ohnehin praktisch wenig bedeutsam ist, da viele AVB weitergehende Kündigungsverzichte vorsehen.

Soweit eine Versicherung dem Anwendungsbereich des Abs. 3 unterfällt, gewährt die Bestimmung in den ersten drei Jahren der Versicherung eine Kündigungsmöglichkeit auf Seiten des Versicherers mit einer Kündigungsfrist von drei Monaten, § 206 Abs. 2 S. 2. In dieser Zeit bildet das Kündigungsrecht, wie bei § 206 Abs. 1 S. 4, das Interesse des Versicherers ab, ein Minimum an Risikoauslese zu wahren,[64] und stellt einen Interessenausgleich zwischen den Parteien her. Das OLG Hamm spricht in diesem Zusammenhang von einer Art „Wartezeit", die der Versicherungsnehmer zu überstehen habe.[65]

IV. Fortsetzungsmöglichkeit nach Kündigung wegen Zahlungsverzugs (Abs. 3)

19 **1. Systematik.** § 206 Abs. 3 regelt nicht, wie man angesichts des systematischen Zusammenhangs und der klaren Überschrift denken könnte, das Kündigungsrecht des Versicherers wegen Zahlungsverzugs, sondern eine Fortsetzungsmöglichkeit des Versicherungsverhältnisses mit einem neuen Versicherungsnehmer nach wirksam erfolgter Kündigung wegen Zahlungsverzugs des alten Versicherungsnehmers. Damit steht § 206 Abs. 3 systemwidrig im Recht der Kündigung des Versicherers, wobei thematisch richtiger Standort § 207 gewesen wäre, der allgemein die Fortsetzung des Versicherungsverhältnisses zum Gegenstand hat. Das ergibt auch der Vergleich zu Kündigung und Fortsetzungsmöglichkeit bei Gruppenversicherungsverträgen; dort hat der Gesetzgeber dogmatisch korrekt die Kündigungsanforderungen in § 206 Abs. 4 und die Fortsetzungsmöglichkeit in § 207 Abs. 2 S. 3, 4 normiert. Die Rechte des Versicherers wegen Zahlungsverzugs in einer zur Erfüllung der Versicherungspflicht dienenden Krankenversicherung sind in § 193 Abs. 6 ff. geregelt, eine Kündigung ist hier nicht möglich, § 206 Abs. 1 S. 1. Soweit es um eine nicht zur Erfüllung der Versicherungspflicht dienende Krankenversicherung geht, gilt § 38.[66] Nur hierfür hat daher § 206 Abs. 3 praktische Bedeutung.[67]

Die Fortsetzungsmöglichkeit nach Kündigung wegen Zahlungsverzugs ist in § 14 Abs. 5 MB/KK 2009 deklaratorisch aufgenommen worden.

Die Vorschrift gilt analog für den Fall einer ausnahmsweise zulässigen Kündigung des Versicherers aus wichtigem Grund wegen schwerwiegender Vertragsverletzungen des Versicherungsnehmers. Dafür spricht, dass die Vorschrift die Rechtsfolgen einer Kündigung für die vom Versicherungsnehmer unterschiedlichen versicherten Personen abmildern will. Ein solches Schutzbedürfnis besteht auch für den Fall, dass die Kündigung aus einem anderen wichtigen Grund erfolgt.[68] Das gilt allerdings nur insoweit, als sich die versicherte Person nicht selbst unredlich verhalten hat.

20 Eine wirksame Kündigung ist logische Voraussetzung dafür, dass der Schutzzweck des § 206 Abs. 4, nämlich die Sicherung der versicherten Person(en) vor der Gefahr, wegen Zahlungsverzugs eines Dritten ihren Schutz vor dem existentiell bedrohenden Risiko Krankheit zu verlieren,[69] überhaupt berührt sein kann. Ist die Kündigung unwirksam, so läuft der Vertrag fort, und die Frage nach einer etwaigen Fortsetzung durch eine andere Person stellt sich nicht.

21 **2. Betroffene Versicherungsarten.** Nach dem Gesetzeswortlaut gilt diese Fortsetzungsmöglichkeit für die Krankheitskosten- und die Pflegekrankenversicherung. Diese beiden Versicherungen decken Teile des Gesamtrisikos „Krankheit", die für den Einzelnen existenzbedrohend sein können;

---

[63] Abschlussbericht der VVG-Kommission Abschn. 3.1, S. 415.
[64] BGH VersR 1986, 257 (258).
[65] OLG Hamm VersR 1982, 745 (746); ebenso *Rogler* in HK-VVG § 206 Rn. 9.
[66] *Rogler* in HK-VVG VVG § 194 Rn. 6.
[67] Analoge Anwendung bei außerordentlicher Kündigung befürwortet OLG Frankfurt a. M. r+s 2015, 407.
[68] OLG Frankfurt a.M. VersR 2016, 317 f.
[69] Begr. zu Art. 1 (§ 206) RegE Gesetz zur Reform des Versicherungsvertragsrechts, BT-Drs. 16/3945, 114.

eine Kategorie, auf die der Gesetzgeber in den Materialien besonders abgestellt hatte.[70] Die Versicherungswirtschaft ist diesem Ansinnen des Gesetzes mit **§ 14 Abs. 5 MB/KK 2009** nicht nur entgegengekommen, sondern hat dessen Forderung sogar überobligatorisch erfüllt, denn diese AVB-Regelung lässt eine Fortsetzung sogar unabhängig von der Versicherungsart zu. Nach dem Wortlaut der AVB steht den versicherten Personen nämlich bei allen Krankenversicherungen, denen die MB/KK zugrunde liegen, also auch bei einer Krankenhaustagegeldversicherung, ein Fortsetzungsrecht zu. Diese Regelung verstößt selbstverständlich nicht gegen § 208, da dieser nur eine negative einzelvertragliche Abweichung vom Gesetz verbietet, eine Erweiterung des Rechtskreises der versicherten Personen aber durchaus zulässt. Ebenso wenig liegt ein Verstoß gegen AGB-Recht, insbes. § 307 Abs. 2 Nr. 1 BGB vor, denn auch hier liegt die Überlegung zugrunde, dass allein eine negative Abweichung vom gesetzlichen Leitbild kontrolliert, nicht eine Besserstellung des konstitutiv unterlegenen Vertragspartners unterbunden werden soll.

Einzig in der Krankentagegeldversicherung besteht keine Fortsetzungsmöglichkeit, da § 14 MB/KT 2009 eine vergleichbare Regelung nicht enthält. Dies ist aber zu respektieren. Der Wortlaut des Gesetzes spricht klar und eindeutig davon, dass eine Fortsetzungsmöglichkeit nur für eine Krankheitskosten- und eine Pflegekrankenversicherung gewährt werden muss. Das erfasst die Krankentagegeldversicherung nicht. Folglich verstößt auch die Auslassung eines dem § 14 Abs. 5 MB/KK 2009 entsprechenden Fortsetzungsrechts nicht gegen geltendes Recht, sondern spiegelt vielmehr die gesetzliche Lage wider.

3. Benennung des neuen Versicherungsnehmers. Die Fortsetzung des Versicherungsverhältnisses kann nur unter Benennung eines neuen Versicherungsnehmers erfolgen. § 206 Abs. 3 S. 1 enthält damit die gesetzlich eingeräumte Möglichkeit einer Vertragsübernahme ohne Mitwirkung des ehemaligen Versicherungsnehmers und des Versicherers, und zwar unter Erhaltung aller Rechte aus § 45 (soweit diese nicht nach § 194 Abs. 3 modifiziert wurden); im Gegenzug bleiben jedoch auch alle Rechte des Versicherers bestehen. Es handelt sich dabei um eine einseitige, empfangsbedürftige Willenserklärung. Die Empfangsbedürftigkeit folgt daraus, dass die Norm den Interessen des Versicherers dient, der wissen soll, wer zukünftig sein Vertragspartner ist, und mit wem er zusammenzuarbeiten hat.

Die Benennung des neuen Versicherungsnehmers kann nur **einheitlich** erfolgen.[71] Es bedarf nicht der Konstruktion einer GbR oÄ, um die Gemeinschaft der versicherten Personen adäquat erfassen zu können, da es zum einen allein um die Beantwortung der Frage geht, wer neuer Versicherungsnehmer wird, und zum anderen die Pflicht zur Äußerung dazu sich aus dem gegenseitigen Treueverhältnis innerhalb des Versicherungsvertrages herleiten lässt, der (gesetzliche) Zweck dieser Gemeinschaft also von vornherein auf ihre Beendigung angelegt ist. Ebenso wenig ist die Erfassung als wie auch immer geartete Gesellschaft erforderlich, um den Modus Operandi der Stimmabgabe zu klären, denn insbes. unter zwei Aspekten wird deutlich, dass eine Stimmabgabe nur einheitlich erfolgen kann: Zunächst sind die Interessen der einzelnen versicherten Personen darauf gerichtet, adäquaten Versicherungsschutz zu behalten. Da die Gesundheit eines der höchsten Individualgüter ist und ihre Verletzung oftmals fatale wirtschaftliche Folgen haben kann, muss folglich die Bestimmung über ihren Schutz einem jeden selbst obliegen, so dass grds. jede versicherte Person selbst über eine Weiterversicherung entscheiden können muss. Dieses Interesse wird aber überlagert von den Belangen der Versichertengemeinschaft. Würden nur einzelne versicherte Personen den Vertrag fortsetzen, so kann die Situation entstehen, dass dem Versicherer schlechte Risiken im Wege eines verkappten Kontrahierungszwangs aufgedrängt würden, gute Risiken aber, die den Weg zum originären Vertragsschluss überhaupt erst freigemacht haben, das Kollektiv verließen. Führt man diese beiden Interessenlagen zusammen, so folgt daraus: Jede versicherte Person muss grds. für sich selbst entscheiden; eine Weiterversicherung kann aber nur einheitlich erfolgen. Der systematische Verweis von *Hohlfeld* auf § 178h Abs. 1 S. 2 VVG aF (jetzt § 205 Abs. 1 S. 2)[72] führt nicht weiter, da er eine andere Situation betrifft. Dort geht es um das ordentliche Kündigungsrecht des Versicherungsnehmers, hier um die Folgen einer Kündigung durch den Versicherer. Natürlich besteht in beiden Situationen ein Interesse der versicherten Personen an einer Fortführung des Vertrages, jedoch wird im Falle des § 178h Abs. 1 S. 2 VVG aF ein Gestaltungsrecht vom Versicherungsnehmer „ohne Not" ausgeübt, was die Interessen der versicherten Personen als überwiegend erscheinen lässt, wohingegen hier der Versicherer das Kollektiv vor fehlenden Prämieneinnahmen schützen muss. Müsste er befürchten, bei Ausübung seines Kündigungsrechts auf bloß schlechten Risiken „sitzen zu bleiben",

---

[70] Begr. zu Art. 1 (§ 206) RegE Gesetz zur Reform des Versicherungsvertragsrechts, BT-Drs. 16/3945, 114.
[71] *Prölss* in Prölss/Martin, 27. Aufl. 2004, VVG § 178n Rn. 5; aA, *Voit* in Prölss/Martin VVG § 206 Rn. 17; *Hohlfeld* in Berliner Kommentar VVG § 178n Rn. 2.
[72] *Hohlfeld* in Berliner Kommentar VVG § 178n Rn. 2.

so könnte er von vornherein daran gehindert werden, dieses Recht auszuüben, obwohl doch der Anlass in der Risikosphäre der versicherten Personen liegt, nämlich beim Versicherungsnehmer. Darüber hinaus spricht auch der Gesetzeswortlaut von „versicherten Personen" im Plural, deutet also darauf hin, dass die Gemeinschaft als Ganzes gemeint ist. Ansonsten hätte der Gesetzgeber, zumal in Kenntnis dieses Streits, § 178n Abs. 1 VVG aF dahingehend novellieren können, die „versicherte Person" im Singular oder „jede versicherte Person" zu berechtigen. Das hat er nicht getan.

25 **4. Prämie.** Die um die aus der Person des Versicherungsnehmers entstandene Belastung geminderte Prämie ist ab Fortsetzung des Versicherungsverhältnisses zu leisten. Sie ist Folge- und nicht Erstprämie.[73] Zeitpunkt der Fortsetzung ist der Zeitpunkt, zu dem das „alte" Versicherungsverhältnis aufgrund der Kündigung enden würde, so dass lückenloser Versicherungsschutz gewährleistet ist. Prämienschuldner ist ab diesem Zeitpunkt der neue Versicherungsnehmer. Bezüglich der noch offenen, „alten" Prämie, haftet der ehemalige Versicherungsnehmer nach allgemeinen Grundsätzen. Die Fortsetzung des Vertrages mit einem neuen Versicherungsnehmer hängt auch nicht von der Zahlung der noch offenen Prämie ab und darf auch nicht davon abhängig gemacht werden. Andernfalls würde der Versicherer angesichts der besonderen Situation in der Krankenversicherung, dass die versicherten Personen vor der mit einer neuen Gesundheitsprüfung und einem höheren Eintrittsalter verbundenen erhöhten Beitragslast zurückschrecken und daher die noch offene Prämie zahlen würden, um in den Genuss der Weiterführung ihres alten Vertrages zu gelangen, besser gestellt, da er so neue Schuldner hinzubekäme. So würde der Gedanke, dass die Fortsetzungsmöglichkeit die versicherten Personen schützen soll, mit dem Damoklesschwert der neuen Gesundheitsprüfung und des späteren Eintrittsalters in ein Druckmittel umgekehrt, das dem Versicherer nicht zustehen soll; in anderen Sparten muss er sich bei ausstehenden Forderungen auch an denjenigen halten, dessen Zahlung er im Wege von § 38 angemahnt hatte.

26 **5. Information durch den Versicherer.** Der Versicherer hat die versicherten Personen zu informieren,[74] wobei die Information zweierlei Gehalt hat: Zum einen muss deutlich gemacht werden, dass der Versicherungsvertrag insgesamt gekündigt worden ist, wobei auch der Zeitpunkt der Wirksamkeit der Kündigung anzugeben ist. Weiterhin muss der Versicherer über das Fortsetzungsrecht nach § 206 Abs. 3 S. 1 belehren. Die Information hat in Textform zu erfolgen, womit das Formerfordernis des § 126b BGB gemeint ist. Sie ist wegen ihres Zwecks, den Versicherungsnehmer zu informieren, ebenfalls empfangsbedürftig; für den Zugang ist der Versicherer nachweispflichtig, nicht jedoch für den Inhalt. Hält der Versicherungsnehmer die Information für nicht ausreichend, so trifft ihn die Darlegungs- und Beweislast hinsichtlich der Frage, warum die Information mangelhaft sei. Ist die Information tatsächlich mangelhaft, so beginnt die Frist des § 206 Abs. 3 S. 3 nicht zu laufen; zu ihr sogleich. Die Wirksamkeit der Verzugskündigung bleibt davon unberührt.[75]

27 **a) Frist.** § 206 Abs. 3 S. 3 bestimmt die Frist, innerhalb derer das Fortsetzungsrecht ausgeübt werden muss. Sie beträgt zwei Monate und beginnt mit dem Zeitpunkt, zu dem die versicherte Person Kenntnis von diesem Recht erlangt hat. Damit ist zunächst klargestellt, dass es hier, entgegen zB der Kündigung des Versicherungsnehmers nach § 205 Abs. 2, nicht allein auf den Eintritt einer objektiven Bedingung, sondern subjektiv auf die **Kenntnis** des Versicherungsnehmers ankommt. Diese Kenntnis fällt regelmäßig, allerdings nicht zwingend mit dem Zeitpunkt des Zugangs der Information durch den Versicherer nach § 206 Abs. 3 S. 2 zusammen. Denkbar ist auch, dass der Versicherungsnehmer schon vorher auf anderem Wege Kenntnis erlangt hat. Dann beginnt die Zweimonatsfrist früher zu laufen.

28 **b) Mehrere versicherte Personen.** Das Gesetz spricht zwar in § 206 Abs. 3 S. 3, anders als in § 206 Abs. 3 S. 1, 2 von „versicherte Person" im Singular, jedoch liegt dies darin begründet, dass natürlich schon der Fall erfasst werden soll, dass nur eine vom Versicherungsnehmer unterschiedliche versicherte Person existiert. Sind mehrere versicherte Personen vorhanden, so stellt sich die Frage, wann die Frist nun zu laufen beginnt, auch und insbes. vor dem Hintergrund der Problematik der erforderlichen Einigung, wer neuer Versicherungsnehmer wird. Wollen die versicherten Personen den Vertrag nämlich fortsetzen, so müssen sie eine Einigung über die Person des neuen Versicherungsnehmers nach den oben genannten Grundsätzen[76] erzielen, denn das Gesetz hat die Benennung eines neuen Versicherungsnehmers an die Fortsetzungserklärung gekoppelt. Eine solche Einigung setzt aber denklogisch voraus, dass die beteiligten Personen Kenntnis von ihrem Fortsetzungsrecht

---

[73] *Hohlfeld* in Berliner Kommentar VVG § 178n Rn. 4.
[74] Begr. zum RegE Art. 1 (§ 206), BT-Drs. 16/3945, 114.
[75] *Rogler* in HK-VVG VVG § 206 Rn. 12.
[76] → Rn. 23 f.

haben. Die folgende Überlegung muss daher unter der Prämisse stehen, dass grds. Kenntnis aller versicherter Personen gegeben sein muss.

– **Keine Beziehung zwischen den versicherten Personen.** Dabei bleibt es zumindest dann, wenn keine Beziehung zwischen den versicherten Personen dergestalt, dass eine Vertretungsmacht besteht, gegeben ist. Kann also die eine versicherte Person die andere nicht vertreten, so beginnt die Frist nach § 206 Abs. 4 S. 3 stets erst mit der Kenntnis aller Personen zu laufen, was dazu führen kann, dass die Frist faktisch länger als zwei Monate läuft. Dies ist dem Versicherer allerdings zumutbar: Zum einen hat er es in der Hand, die versicherten Personen gleichzeitig zu informieren, zum anderen kann nur so dem Schutzzweck der Norm Genüge getan werden. Eine tragfähige Entscheidung, wer neuer Versicherungsnehmer werden soll, kann nämlich idR nur von allen versicherten Personen gemeinsam getroffen werden.[77] Denkbar wäre zwar auch, die Frist für jede versicherte Person einzeln beginnen zu lassen, jedoch würde sie dann zu unterschiedlichen Zeitpunkten ablaufen, so dass eine versicherte Person ggf. nicht mehr an der Bestimmung eines neuen Versicherungsnehmers beteiligt werden könnte, da ihr Recht per Fristablauf erloschen ist, während andere versicherte Personen noch eine Entscheidung herbeiführen könnten. Das aber würde der Idee nicht gerecht, dass jede versicherte Person aufgrund der hohen Bedeutung des Gesundheitsschutzes über ihre Gesundheitsversorgung selbst bestimmen können muss. Einzige Lösung scheint daher zu sein, auf die Kenntnis des Letztinformierten abzustellen, um einen Gleichlauf der Frist zu erreichen. Dafür spricht auch die Formulierung des § 206 Abs. 4 S. 3: Der benutzte Singular „versicherte Person" lässt sich dahingehend auslegen, dass auch bei mehreren versicherten Personen jede einzelne unabhängig von den anderen Kenntnis erlangen muss. 29

– **Rechtliche Beziehung zwischen den versicherten Personen.** Anders ist diese Situation zu lösen, wenn eine rechtliche Beziehung zwischen den versicherten Personen in der Form besteht, dass eine von ihnen die gesetzliche Vertreterin der anderen ist, und diese selbst keine Verträge abschließen können. Grundsätzlich lässt sich also sagen, dass, wenn eine Person für eine andere im Bereich der privaten Krankenversicherung gesetzlich bürgerlich-rechtliche Vertretungsmacht hat, es nur auf ihre Kenntnis iSv § 206 Abs. 4 S. 3 ankommt. Das betrifft insbes. eine **Familienversicherung,** in der ein Elternteil Versicherungsnehmer ist, der andere und etwa vorhandene Kinder mitversicherte Personen sind. Hier besteht eine gesetzliche Vertretungsmacht gem. § 1629 BGB. Ist dies der Fall, dh liegt die Entscheidung, ob der Vertrag fortgeführt werden soll, ohnehin nur bei einer der versicherten Personen, so ist auch nur ihre Information gem. § 206 Abs. 4 S. 3 ausreichend. Das widerspricht auch nicht dem oben angesprochenen gesundheitlichen Selbstbestimmungsrecht. Denn gerade im Verhältnis Eltern – Kinder obliegt auch die Gesundheitssorge den Eltern, so dass auch die Krankenversicherungsdeckung Sache der Eltern ist. 30

V. Kündigung einer Gruppenversicherung

1. Allgemeines. § 206 Abs. 4 übernimmt im Wesentlichen unverändert § 178i Abs. 3 VVG aF und lässt die ordentliche Kündigung von Gruppenversicherungsverträgen ausdrücklich zu. Versicherungsnehmer solcher Gruppenversicherungen sind idR Berufsverbände, Arbeitgeber oder Vereine, versicherte Personen die Arbeitnehmer oder Vereinsmitglieder.[78] 31

Regelmäßig handelt es sich um Verträge, die eine Gruppe von Personen begünstigen, die bestimmte vorher definierte Merkmale erfüllen,[79] und zwar unabhängig von der Art des versicherten Risikos, dh es kann sich sowohl um eine Krankheitskosten- wie auch um eine Krankenhaustagegeld- oder sonstige Krankenversicherung handeln.[80] Das ergibt sich aus dem systematischen Zusammenhang mit der ansonsten ausdifferenzierten Regelung des § 206, der in seinen Abs. 1–3 nach den einzelnen Versicherungsarten unterscheidet, in Abs. 4 aber nur von einem Vertrag, der „Schutz gegen das Risiko Krankheit enthält", spricht, nach seinem Wortlaut also alle Krankenversicherungen umfasst. Auch aus der Tatsache, dass erworbene Rechte und insbes. eine Alterungsrückstellung auf den „neuen" Vertrag übertragen werden, folgt nicht etwa, dass Abs. 4 nur auf die substitutive Krankenversicherung anzuwenden ist;[81] entscheidend ist der Zusatz „soweit eine solche [Alterungsrückstellung] gebildet wird" – daraus ist nämlich der Schluss zu ziehen, dass auch solche Krankenversicherungen dem Abs. 5 unterfallen, die eben keine Alterungsrückstellung bilden.[82] Zu guter Letzt sprechen auch teleologische Gründe für eine solche Auslegung: Das Recht zur ordentlichen Kündi-

---

[77] → Rn. 23 f.
[78] *Hohlfeld* in Berliner Kommentar VVG § 178i Rn. 10.
[79] *Voit* in Prölss/Martin VVG § 206 Rn. 21 mwN.
[80] LG Köln VersR 2008, 525.
[81] So aber das Vorbringen der Beklagten in LG Köln VersR 2008, 525.
[82] Im Ergebnis auch LG Köln VersR 2008, 525.

gung kann nicht von vornherein ausgeschlossen werden,[83] denn die Anzahl und das mit einem ständig wechselnden Bestand versicherter Personen verbundene Risiko kann in einer Weise schwanken, die der Versicherer so nicht vorhersehen kann.[84] Er muss sich daher vom Vertrag lösen können. Damit ergibt sich aber eine erhöhte Schutzbedürftigkeit für die versicherten Personen, die, anders als sonst in der privaten Krankenversicherung, mit der Aussprache der ordentlichen Kündigung rechnen müssen. Dem wird dadurch Rechnung getragen, dass der Vertrag als singuläres, eigenes Dauerschuldverhältnis nach den Bedingungen der Einzelversicherung fortgeführt werden kann.

32 **2. Besondere Anforderungen.** § 206 Abs. 5 S. 1 stellt aber nun neben der Eröffnung des ordentlichen Kündigungsrechts zugleich weitere Anforderungen an den Versicherer, die dieser erfüllen muss, um von seinem Kündigungsrecht wirksam Gebrauch machen zu können. Er muss den versicherten Personen nämlich anbieten, die Versicherung unter Beibehaltung bisher erworbener Rechte und Alterungsrückstellungen als Einzelversicherung fortzuführen.[85] Ob man darin die gesetzliche Aufforderung an den Versicherer sieht, seine Kündigung zugleich mit einem neuen Angebot zu versehen, oder nur den versicherten Personen die Möglichkeit einräumt, den Vertrag per einseitiger Erklärung fortlaufen zu lassen, kann dahinstehen. Konsequenter dürfte die zweite Lösung sein, schließlich sollen die erworbenen Rechte beibehalten werden. Wenn auf diesem Wege die Kündigung des Gruppenversicherungsvertrages wirksam wird, entsteht durch die Fortsetzungserklärung der versicherten Person ein eigener Versicherungsvertrag mit der ehemaligen versicherten Person als Versicherungsnehmer, der sich „nahtlos" an das bisherige Versicherungsverhältnis anschließt. Sie kann allerdings nur zu den Bedingungen der Einzelversicherung und zu den dort angebotenen Tarifen weiterbestehen.[86] Die Kündigung folgt iÜ den Bedingungen des § 11 als allgemeiner Norm, da § 206 Abs. 4 selbst an die Kündigung, ihre Frist und Erklärung keine Anforderungen stellt, sondern bloß zusätzliche Erfordernisse normiert.

33 **3. Informationspflicht nach S. 2.** Neu geschaffen wurde im Zuge der VVG-Reform 2008 § 206 Abs. 4 S. 2. Er sorgt dafür, dass auch im Falle der Kündigung einer Gruppenversicherung, wie bei der Kündigung wegen Zahlungsverzugs nach Abs. 3, die versicherte Person informiert wird über das drohende Ende des Versicherungsschutzes sowie über die Weiterversicherungsmöglichkeit. Dabei gilt das zu den Anforderungen an die Information oben Gesagte analog.[87] Einzig zwei Besonderheiten ergeben sich im Gegensatz zu Abs. 3:

34 **a) Besonderheiten bei der Frist.** Im Anwendungsbereich von Abs. 4 S. 2 beginnt die Zweimonatsfrist für jede Person gesondert zu laufen. Das ist hier, im Gegensatz zu Abs. 3 unschädlich, denn die Versicherung kann nicht nur einheitlich von allen versicherten Personen unter Bestimmung eines neuen Versicherungsnehmers fortgeführt werden. Vielmehr zerfällt der Gruppenversicherungsvertrag in viele Einzelverträge, und jede versicherte Person wird Versicherungsnehmer ihres eigenen Vertrages.[88] Damit fällt der wesentliche Grund für den einheitlichen Fristablauf nach Kündigung wegen Zahlungsverzugs weg.

35 **b) Besonderheiten die einheitliche Rechtsausübung betreffend.** Es ist auch, im Gegensatz zum → Rn. 24 gefundenen Ergebnis, iRd § 206 Abs. 4 nicht erforderlich, dass alle versicherten Personen ihr Recht nur einheitlich ausüben können. Es bleibt nämlich nicht bei einem einheitlichen Vertrag, der den versicherten Personen weiterhin Schutz gewährt, sondern es findet eine Umwandlung in ein für jede versicherte Person singuläres Dauerschuldverhältnis statt. Gegen diese beiden wesentlichen Unterschiede spricht auch nicht die oben vorgenommene Auslegung, die Frist beginne erst mit Information auch der letzten versicherten Person, und die Rechtsausübung könne nur einheitlich erfolgen.[89] § 206 Abs. 4 S. 2 schreibt nur die *entsprechende* Anwendung von § 206 Abs. 3 S. 2, 3 vor, dh auf die Besonderheiten des Gruppenversicherungsvertrages ist Rücksicht zu nehmen.

VI. Außerordentliches Kündigungsrecht

36 Dem Versicherer steht für alle Erscheinungsformen der Krankenversicherung[90] neben den eingeschränkten ordentlichen Kündigungsrechten ein außerordentliches Kündigungsrecht unter den Voraussetzungen des § 314 BGB zu. Zu den Anforderungen → Rn. 11.

---

[83] BT-Drs. 12/6959, 106.
[84] *Hohlfeld* in Berliner Kommentar VVG § 178i Rn. 10; LG Köln VersR 2008, 525.
[85] LG Köln VersR 2008, 525.
[86] *Hohlfeld* in Berliner Kommentar VVG § 178i Rn. 10.
[87] → Rn. 26.
[88] Zum alten Recht *Hohlfeld* in Berliner Kommentar VVG § 178i Rn. 10.
[89] → Rn. 24, 27 ff.
[90] Kein außerordentliches Kündigungsrecht besteht lediglich im Bereich der Pflegepflichtversicherung, vgl. BGH VersR 2012, 304.

§ 207 Fortsetzung des Versicherungsverhältnisses

(1) Endet das Versicherungsverhältnis durch den Tod des Versicherungsnehmers, sind die versicherten Personen berechtigt, binnen zwei Monaten nach dem Tod des Versicherungsnehmers die Fortsetzung des Versicherungsverhältnisses unter Benennung des künftigen Versicherungsnehmers zu erklären.

(2) ¹Kündigt der Versicherungsnehmer das Versicherungsverhältnis insgesamt oder für einzelne versicherte Personen, gilt Absatz 1 entsprechend. ²Die Kündigung ist nur wirksam, wenn die versicherte Person von der Kündigungserklärung Kenntnis erlangt hat. ³Handelt es sich bei dem gekündigten Vertrag um einen Gruppenversicherungsvertrag und wird kein neuer Versicherungsnehmer benannt, sind die versicherten Personen berechtigt, das Versicherungsverhältnis unter Anrechnung der aus dem Vertrag erworbenen Rechte und der Alterungsrückstellung, soweit eine solche gebildet wird, zu den Bedingungen der Einzelversicherung fortzusetzen. ⁴Das Recht nach Satz 3 endet zwei Monate nach dem Zeitpunkt, zu dem die versicherte Person von diesem Recht Kenntnis erlangt hat.

(3) Verlegt eine versicherte Person ihren gewöhnlichen Aufenthalt in einen anderen Mitgliedstaat der Europäischen Union oder einen anderen Vertragsstaat des Abkommens über den Europäischen Wirtschaftsraum, setzt sich das Versicherungsverhältnis mit der Maßgabe fort, dass der Versicherer höchstens zu denjenigen Leistungen verpflichtet bleibt, die er bei einem Aufenthalt im Inland zu erbringen hätte.

Übersicht

		Rn.			Rn.
A.	Einführung	1	II.	Fortsetzungsmöglichkeit nach Kündigung durch den Versicherungsnehmer	13
I.	Normzweck	1			
II.	Entstehungsgeschichte	3	1.	Zweimonatsfrist, Kenntnis der versicherten Person	14
1.	Zeit vor 1994	3	2.	Benennung des neuen Versicherungsnehmers und Weiterversicherung	18
2.	Zeit ab 1994	4			
3.	VVG-Reform 2008	5	3.	Behandlung von Gruppenversicherungsverträgen	19
III.	Anwendungsbereich	8		a) Verhältnis von Abs. 2 und § 206 Abs. 4	20
B.	Inhaltliche Fragen	9		b) Geltung der AVB	22
I.	Fortsetzungsmöglichkeit nach Tod des Versicherungsnehmers	9		c) Rechtsausübung gem. Abs. 2 S. 4	26
			III.	Fortsetzung im EU- und EWR-Ausland	27

A. Einführung

I. Normzweck

§ 207 dient dem Schutz derjenigen in das Vertragsverhältnis zwischen Versicherer und Versicherungsnehmer eingebundenen versicherten Personen, die nicht mit dem Versicherungsnehmer identisch sind. Paradebeispiel einer solchen Konstellation ist die **Familienversicherung**. Liegt dann allein in der Person des Versicherungsnehmers ein Beendigungsgrund für den Krankenversicherungsvertrag vor, sei es Kündigung, sei es Tod des Versicherungsnehmers, so endet damit nicht zwingend zugleich das Versicherungsbedürfnis der anderen versicherten Personen.[1] Vielmehr besteht im Gegenteil häufig die Notwendigkeit einer Weiterversicherung fort, und zwar unabhängig vom eingetretenen Beendigungsgrund.[2] Gerade im Bereich der Krankenversicherung nämlich ist eine einfache Neuversicherung oftmals nicht ohne weiteres möglich, zB wenn sich zwischenzeitlich Krankheitsrisiken verwirklicht haben, deren Folgen gar nicht oder nur mit Prämienzuschlägen versicherbar sind,

---

[1] BT-Drs. 12/6959, 107, zwar zu § 178n VVG aF, jedoch übernimmt § 207 Abs. 1 und Abs. 2 S. 1, 2 diese Regelung fast wortgleich, so dass die damalige Regierungsbegründung nach wie vor Geltung beanspruchen kann.
[2] BT-Drs. 12/6959, 107.

oder wenn der Abschluss eines Neuvertrages aufgrund des erhöhten Eintrittsalters wirtschaftlich nicht vertretbar ist. Diesem Interesse kann durch eine gesetzlich eingeräumte Fortsetzungsmöglichkeit für die versicherten Personen Rechnung getragen werden, womit § 207 Abs. 1 den Betroffenen eine vom Erbrecht abweichende, aber für den Versicherungsvertrag sinnvollere Lösung an die Hand gibt.[3]

2   Flankiert werden muss das Fortsetzungsrecht, um seine Schutzfunktion erfüllen zu können, allerdings mit Informationspflichten bzgl. des Endes der Versicherung zugunsten der versicherten Personen, zumindest im Falle der Kündigung. Wem diese obliegen, und wie sie zu erfüllen sind, → Rn. 15 ff. und für die Gruppenversicherung → Rn. 19 ff.

II. Entstehungsgeschichte

3   **1. Zeit vor 1994.** Gesetzliche Regelungen zur privaten Krankenversicherung existierten vor 1994 nicht. Damals gaben nur die Allgemeinen Versicherungsbedingungen in Form der MB/KK 1976 und die MB/KT 1978 die rechtlichen Grenzen vor, innerhalb derer die Parteien sich bewegen mussten. Diese AVB waren allerdings von der Genehmigung durch das ehemalige BAV abhängig, so dass schon damals ein hoher Standard für die Versicherungsnehmer gewährleistet war.[4] Das Fortsetzungsrecht der versicherten Personen war zu dieser Zeit in § 15 Abs. 1 MB/KK 1976 sowie § 15 lit. d MB/KT 1978 eingebettet, wo es bis heute unverändert geblieben ist,[5] beschränkt allerdings auf den Beendigungsgrund „Tod". Kündigte hingegen der Versicherungsnehmer seinen Krankenversicherungsvertrag, so bestand nach damaligem Bedingungsrecht keine Fortsetzungsmöglichkeit der versicherten Personen.

4   **2. Zeit ab 1994.** Erst mit der Kodifizierung der privaten Krankenversicherung in den §§ 178a ff. VVG aF wurde ein Fortsetzungsrecht für die versicherten Personen auch bei Kündigung durch den Versicherungsnehmer gesetzlich verankert. Es setzte sich nämlich die Ansicht durch, dass auch bei einer Kündigung durch den Versicherungsnehmer oft ein Versicherungsinteresse der versicherten Personen fortbestand und diesen daher wie im Falle des Todes des Versicherungsnehmers ein Fortsetzungsrecht zustehen müsse.[6] Die daraus resultierende Regelung des § 178n Abs. 2 VVG aF wurde dann erstmals in § 13 Abs. 7 MB/KK 1994 bzw. § 13 Abs. 6 MB/KT 1994 zu Bedingungsrecht.

5   **3. VVG-Reform 2008.** Die VVG-Reform hat am geltenden Recht nur wenig geändert. § 178n Abs. 1 VVG aF ist unter minimalen sprachlichen Änderungen in § 207 Abs. 1 überführt worden. § 178n Abs. 2 VVG aF ist in § 207 Abs. 2 S. 1, 2 aufgegangen, wobei nur S. 2 eine Änderung erfahren hat, die aber, wie noch zu zeigen ist, ebenfalls keine größeren Auswirkungen mit sich bringt, sondern lediglich eine Modernisierung in der Gesetzesdiktion beinhaltet.[7] Dies verdeutlicht sich auch darin, dass sowohl § 13 Abs. 7 MB/KK 1994 mit § 13 Abs. 7 MB/KK 2008 und § 13 Abs. 10 MB/KK 2009, als auch § 13 Abs. 6 MB/KT 1994 mit § 13 Abs. 6 MB/KT 2008 und § 13 Abs. 6 MB/KT 2009 übereinstimmen, und zwar jeweils wörtlich. Ebenso wurden auch § 15 Abs. 1 MB/KK 2008 und § 15 Abs. 1 MB/KK 2009 verglichen mit § 15 Abs. 1 MB/KK 1994 wie auch § 15 Abs. 1 lit. d MB/KK 2008 und § 15 Abs. 1 lit. d MB/KK 2009 verglichen mit § 15 Abs. 1 lit. d MB/KK 1994 keinen Änderungen unterworfen.

6   Einzig § 207 Abs. 2 S. 3, 4 sowie Abs. 3 sind gänzlich neu. § 207 Abs. 2 S. 3, 4 stellen lediglich abweichende Regelungen zu den Anforderungen dar, die an die Kündigungsmöglichkeit bei Gruppenversicherungsverträgen[8] gem. § 206 Abs. 4 gestellt werden.[9] Die Kommission zur Reform des Versicherungsvertragsrechts hatte solch weitreichende Änderungen nicht für nötig gehalten.[10] In der Tat muss man sich die Frage stellen, wie sich das Verhältnis des § 207 Abs. 2 S. 3, 4 zu § 206 Abs. 4 nach der nun Gesetz gewordenen Fassung überhaupt darstellt.[11]

7   Änderungen durch das GKV-WSG zum 1.1.2009 gibt es nicht.

III. Anwendungsbereich

8   § 207 ist auf alle Arten der privaten Krankenversicherung anzuwenden. Dafür spricht zunächst der Wortlaut der Norm, denn in der Überschrift, wie auch in allen drei Absätzen, ist neutral von

---

[3] Zum alten Recht *Hohlfeld* in Berliner Kommentar VVG § 178n Rn. 1.
[4] → Einf. Vor § 192 Rn. 342.
[5] § 15 Abs. 1 MB/KK 1994 wie auch der MB/KK 2008 und MB/KK 2009 sind unverändert geblieben. Dasselbe gilt für § 15 lit. d MB/KT 1994, ebenso für die MB/KT 2008 und MB/KT 2009.
[6] BT-Drs. 12/6959, 107.
[7] → Rn. 16.
[8] → § 206 Rn. 32 ff.
[9] Begr. zu Art. 1 (§ 207) RegE Gesetz zur Reform des Versicherungsvertragsrechts, BT-Drs. 16/3945, 114.
[10] Abschlussbericht der VVG-Kommission Abschn. 3.1, S. 415.
[11] → Rn. 20.

"Versicherungsverhältnis" die Rede. Ebenso spricht der Vergleich mit § 206 Abs. 5 für diese Auslegung. Denn wenn die Kündigung eines Gruppenversicherungsvertrages zu ihrer Wirksamkeit der Fortsetzungsmöglichkeit als Einzelversicherung bedarf, und die Auslegung des § 206 Abs. 5 zugleich ergeben hat, dass Gruppenversicherungen in jeder Form führ-, aber auch kündbar sind, und das unabhängig vom versicherten Risiko,[12] dann muss auch das eingeräumte Fortsetzungsrecht für **jede Form der Krankenversicherung** gelten. Auch der Sinn und Zweck der Fortsetzungsmöglichkeit lässt keine andere Sicht zu. Sie soll die versicherten Personen schützen, die über einen in der Person des Versicherungsnehmers liegenden Beendigungsgrund hinaus ein Versicherungsbedürfnis haben.[13] Dies gilt aber für alle Arten der Krankenversicherung, nicht nur partiell.

B. Inhaltliche Fragen

I. Fortsetzungsmöglichkeit nach Tod des Versicherungsnehmers

§ 207 Abs. 1 räumt den versicherten Personen ein Fortsetzungsrecht des Versicherungsvertrages unter Benennung des künftigen Versicherungsnehmers ein, wenn der Versicherungsnehmer verstirbt. Dabei ist die Rechtsausübung nur innerhalb einer **Zweimonatsfrist** möglich, die mit dem Tod des Versicherungsnehmers beginnt. Das Gesetz stellt also auf das objektive Ereignis „Tod" ab, nicht auf die Kenntnis der versicherten Personen hiervon. Die Frist beginnt daher unabhängig von der Kenntnis der versicherten Personen zu laufen. Erfolgt die Benennung des neuen Versicherungsnehmers erst nach Ablauf der Frist, so handelt es sich dabei um einen neuen Antrag, zu dessen Annahme der Versicherer nicht verpflichtet ist.[14]

Die **Rechtswirkungen** des Todes des Versicherungsnehmers sind, und daran lässt sich die Abbedingung der Wirkungen des Erbrechts besonders gut erkennen, versicherungsspezifisch ausgestaltet. Zum einen endet der Vertrag, und geht nicht auf die Erben über.[15] Das legt schon der Wortlaut des § 207 Abs. 1 nahe, der von „Endet das Versicherungsverhältnis" spricht. Im Übrigen übernahm § 178n Abs. 1 VVG aF lediglich das bis dato geltende Bedingungsrecht,[16] und damit auch den § 15 Abs. 1 MB/KK 1976, der diese Rechtsfolge schon vor Kodifizierung der Krankenversicherung vorsah. Indem § 207 Abs. 1 aber nun den § 178n Abs. 1 VVG aF schlicht übernehmen soll, muss auch der zu dieser Norm vorhandene Hintergrund weiterhin beachtet werden, so dass auch § 207 Abs. 1 nichts anderes als eine konsequente gesetzliche Modernisierung des alten Bedingungsrechts darstellt. Zum anderen können die versicherten Personen nun ihr Fortsetzungsrecht ausüben, und so einen **neuen** Vertrag mit dem Versicherer schließen, der für die Zukunft gilt, zugleich aber eine **Rückwärtsversicherung** inklusive einer Abbedingung des § 2 Abs. 2 S. 2 zur Deckung der versicherungsfreien Zeit enthält, und zwar unter beiderseitiger Erhaltung der bisher **erworbenen Rechte**.[17] Das umfasst zum einen Rechte aus Alterungsrückstellungen, keine erneuten Anzeigepflichten sowie den „Ablauf" etwaiger Wartezeiten auf Seiten des Versicherungsnehmers von Beginn an, aber auch Rechte des Versicherers, die er gegen den bisherigen Versicherungsnehmer erworben hatte, so zB die Gestaltungsrechte aus Täuschung, aus Zahlungsverzug oder aus Verletzung von Anzeigepflichten.[18] Aus der Konstruktion eines neuen Vertrages mit dem Inhalt des alten ergibt sich auch, dass schon die erste Prämie Folgeprämie gem. § 38 ist.[19]

Die Fortsetzung des Versicherungsverhältnisses kann nur unter **Benennung** eines neuen Versicherungsnehmers erfolgen. § 207 Abs. 1 enthält damit die gesetzlich eingeräumte Möglichkeit einer Vertragsübernahme ohne Mitwirkung des ehemaligen Versicherungsnehmers und des Versicherers.[20] Es handelt sich dabei um eine einseitige, empfangsbedürftige Willenserklärung.[21] Zur Vorgehensweise bei der Benennung und der Einigung auf einen neuen Versicherungsnehmer → § 206 Rn. 24. Die dortigen Ausführungen gelten uneingeschränkt auch für die Benennung des neuen Versicherungsnehmers im Falle des Todes des alten.

---

[12] → § 206 Rn. 31.
[13] → Rn. 1.
[14] *Hohlfeld* in Berliner Kommentar VVG § 178n Rn. 3.
[15] Zum alten Recht *Hohlfeld* in Berliner Kommentar VVG § 178n Rn. 1.
[16] BT-Drs. 12/6959, 104.
[17] In diesem Sinne *Voit* in Prölss/Martin VVG § 207 Rn. 5 ff.
[18] *Voit* in Prölss/Martin VVG § 207 Rn. 5 ff.; *Hohlfeld* in Berliner Kommentar VVG § 178n Rn. 1.
[19] *Voit* in Prölss/Martin VVG § 207 Rn. 5 ff.; *Hohlfeld* in Berliner Kommentar VVG § 178n Rn. 4.
[20] Zur Fortsetzungsmöglichkeit nach Kündigung wegen Zahlungsverzugs → § 206 Rn. 23.
[21] *Hohlfeld* in Berliner Kommentar VVG § 178n Rn. 1, aA *Rogler* in HK-VVG § 207 Rn. 10, nur Angebotserklärung, die der (obligatorischen) Annahme durch den Versicherer bedarf; praktische Unterschiede dürften sich hieraus nicht ergeben.

12   Stirbt eine nicht mit dem Versicherungsnehmer identische versicherte Person, so ist der Schutzzweck des § 207 nicht berührt, da die Interessen der anderen versicherten Personen nicht tangiert werden, der Versicherungsvertrag läuft unbeeinträchtigt weiter. Lediglich die Versicherung der verstorbenen versicherten Person endet gem. § 15 Abs. 1 MB/KK bzw. § 15 Abs. 1 lit. d MB/KT automatisch.[22]

II. Fortsetzungsmöglichkeit nach Kündigung durch den Versicherungsnehmer

13   Abs. 2 regelt die Fortsetzungsmöglichkeit nach Kündigung durch den Versicherungsnehmer. Gem. § 207 Abs. 2 S. 1 gilt grds. das zu Abs. 1 Gesagte, allerdings sind aufgrund der Besonderheiten der Rechtswirkungen der Kündigung einige Modifikationen unumgänglich. Das betrifft zum einen den Lauf der Zweimonatsfrist und Kenntnisnahme der versicherten Personen hiervon, wie auch die Benennung des neuen Versicherungsnehmers und die Weiterversicherung. Des Weiteren ist die Behandlung von Gruppenversicherungsverträgen gesondert geregelt.

14   **1. Zweimonatsfrist, Kenntnis der versicherten Person.** Wie im Falle der Beendigung des Versicherungsverhältnisses durch Tod des Versicherungsnehmers führt der Beendigungsgrund Kündigung automatisch zum Beginn des Fristenlaufs. Voraussetzung ist allerdings die Kenntnis aller versicherten Personen.[23] Hier hakt der Gesetzgeber ein und stellt so iErg doch höhere Anforderungen an den Fristbeginn im Anwendungsbereich des Abs. 2, denn den Lauf der Frist auslösen kann nur eine wirksame Kündigung.[24] Fehlt es also an der Kenntnis einer versicherten Person, so liegt keine wirksame Kündigung vor, und damit beginnt auch nicht die Zweimonatsfrist. Erforderlich ist damit im Unterschied zu Abs. 1 die mittelbare Erfüllung einer subjektiven Anforderung.

15   Scheinbar entfallen ist die noch von § 178n Abs. 2 S. 2 VVG aF geforderte Erbringung des **Nachweises** durch den Versicherungsnehmer, dass alle versicherten Personen Kenntnis von der Kündigung erlangt haben, mit der Folge, dass § 13 Abs. 7 MB/KK 2008 bzw. § 13 Abs. 10 MB/KT 2009 sowie die entsprechenden Klauseln der MB/KT gegen § 208 verstoßen würden und damit unwirksam wären. Ließ § 178n Abs. 2 S. 2 VVG aF noch ausdrücklich die Forderung des Nachweises der Kenntniserlangung zu, lautet § 207 Abs. 2 S. 2 nur noch dahingehend, dass die versicherten Personen Kenntnis von der Kündigung erlangt haben müssen, während die genannten Klauseln der einschlägigen Bedingungswerke nach wie vor die Erbringung des Nachweises der Kenntnis durch den Versicherungsnehmer vorsehen. Dies ist richtiger Ansicht nach jedoch auch nach neuem Recht nicht zu beanstanden.[25] Zwar darf von den Anforderungen des § 207, da dieser gem. § 208 halbzwingend ist, nicht abgewichen werden, und verlangt wird in den genannten Klauseln der Nachweis durch den Versicherungsnehmer, also allein vom Wortlaut her betrachtet eine Mehrbelastung des Versicherungsnehmers. Diesen müsste er jedoch auch ohne ausdrückliche Regelung erbringen, denn die Wirksamkeitsvoraussetzungen einer Kündigung muss die sich darauf berufende Person erfüllen. Ob die versicherten Personen aber Kenntnis von der Kündigung erlangt haben, liegt, da diese Frage nach dem klaren Wortlaut des Gesetzes tatbestandlich konstitutiv für die Wirksamkeit der Kündigung ist, in der Sphäre des Versicherungsnehmers, der demnach, will er seiner Kündigung zum Erfolg verhelfen, so oder so den geforderten Nachweis beibringen muss. Dieses Ergebnis stützen auch die Gesetzesmaterialien. Die Reformkommission hatte gar keinen Änderungsbedarf gesehen und wollte § 200 VVG-E wortgleich zu § 178n VVG aF belassen.[26] Ebenso ging die Bundesregierung in ihrer Begründung zu § 207 Abs. 2 S. 1, 2 davon aus, dass diese „inhaltlich mit § 178n Abs. 2" übereinstimmen.[27] Hatte der Gesetzgeber also überhaupt nicht vor, die alte Rechtslage zu ändern, so kann der bloß modernisierte Wortlaut zu keinem – offensichtlich sowieso nicht gewünschten – anderen Ergebnis führen. Die betroffenen Regelungen der AVB sind demzufolge nach wie vor gesetzeskonform und wirksam, die Forderung des Nachweises der Kenntnis der versicherten Personen ist wirksam vereinbart.[28] Für den Nachweis genügt die Beibringung eines nachvollziehbaren Belegs, etwa die Mitunterzeichnung der Kündigung durch die versicherte Person oder ein Einschreibbeleg, aus dem sich die Übermittlung einer Abschrift der Kündigung an den Versicherten ergibt.[29]

16   Ist die Kündigung fristgebunden, so muss auch der Nachweis spätestens bis zum Fristablauf erfolgt sein.[30] Die andere Auffassung, die es ausreichen lässt, wenn der Nachweis bis zum Zeitpunkt

---

[22] *Voit* in Prölss/Martin VVG § 207 Rn. 13.
[23] Insofern gelten die in → § 206 Rn. 29, 30 aufgestellten Grundsätze.
[24] *Hohlfeld* in Berliner Kommentar VVG § 178n Rn. 6.
[25] BGH VersR 2013, 305.
[26] Abschlussbericht der VVG-Kommission Abschn. 2.1, S. 275, Abschn. 3.1, S. 415.
[27] Begr. zum RegE Art. 1 (§ 207), BT-Drs. 16/3945, 114.
[28] BGH VersR 2013, 305.
[29] BGH VersR 2013, 305.
[30] BGH VersR 2013, 305; aA *Rogler* in HK-VVG § 207 Rn. 27, der davon ausgeht, der Nachweis könne bis zum Zeitpunkt des Wirksamwerdens der Kündigung erfolgen.

des Wirksamwerdens der Kündigung erbracht ist, berücksichtigt nicht hinreichend, dass der Nachweis eine Wirksamkeitsvoraussetzung ist, vorher also zwar faktisch eine Kündigung im Raume stehen mag, diese rechtlich jedoch nicht existent ist. Andernfalls könnte, verstriche noch ein längerer Zeitraum bis zum beabsichtigten Eintritt der Rechtswirkungen der Kündigung, die Kündigungsfrist unterlaufen werden, indem der Versicherungsnehmer nur die Kündigungserklärung fristgemäß vorbringt und sich so Zeit verschafft, die ausstehenden Voraussetzungen zu erfüllen, was aber gerade dem Zweck einer Frist, Rechtssicherheit zu schaffen, nicht dienlich ist.

Kündigt der Versicherungsnehmer, ohne den erforderlichen Nachweis vorzulegen, ist der Versicherer nach Treu und Glauben verpflichtet, den Versicherungsnehmer darauf hinzuweisen, dass eine von ihm erklärte Kündigung mangels Nachweises der Kenntnis der versicherten Person unwirksam ist.[31] Damit erhält der Versicherungsnehmer die Gelegenheit, die Kenntnis der versicherten Person spätestens bis zum Ablauf der Kündigungsfrist nachzuweisen.[32] Unterlässt der Versicherer einen gebotenen **Hinweis**, führt dies nicht zur Wirksamkeit der Kündigung, allerdings kann der Versicherer unter dem Gesichtspunkt der Verletzung einer vertraglichen Nebenpflicht gegenüber dem Versicherungsnehmer schadensersatzpflichtig sein.[33] 17

2. Benennung des neuen Versicherungsnehmers und Weiterversicherung. Auch die Benennung des neuen Versicherungsnehmers hat grds. in der oben beschriebenen Form zu erfolgen.[34] Eine Ausnahme ist lediglich bzgl. des Erfordernisses zu machen, dass sie nur einheitlich erfolgen kann, dh entweder alle oder gar keine versicherte Person weiterhin unter Deckung bleibt. Gem. § 205 Abs. 1 S. 2 kann der Versicherungsnehmer die Kündigung nämlich auch nur für einzelne Personen erklären. Würde man aber in diesem Fall, ebenso wie bei der Fortsetzungsmöglichkeit nach Kündigung wegen Zahlungsverzugs gem. § 206 Abs. 3[35] verlangen, dass die Benennung und Weiterversicherung nur einheitlich erfolgen kann, so würde das Fortsetzungsrecht für die einzelne versicherte Person ausgehöhlt, obwohl ihr Schutzbedürfnis der Situation, dass alle versicherten Personen ihre Deckung zu verlieren drohen, in nichts nachsteht. Das beschriebene Interesse des Versicherers, nicht schlechte Risiken im Wege eines verkappten Kontrahierungszwangs aufnehmen zu müssen, muss hier insoweit zurückstehen.[36] Wäre die Deckung einer versicherten Person, die in der Tat ein schlechtes Risiko darstellt, nämlich nicht alleine gekündigt worden, sondern würden „die guten Risiken" mit ihr zusammen nach neuem Versicherungsschutz suchen, wie es bei der Kündigung nach Zahlungsverzug gem. § 206 Abs. 3 der Fall ist (denn sie betrifft alle versicherten Personen gleichermaßen), so wäre es für sie erheblich einfacher, ebendiesen zu erlangen, da ein potentieller Folgeversicherer eher geneigt ist, einer Gruppe guter Risiken mit einem schlechten Part ein Angebot zu unterbreiten, als diesen Part allein zu versichern. Diese Überlegung rechtfertigt die unterschiedliche Behandlung der versicherten Personen, je nachdem, welcher Beendigungsgrund gegeben ist. 18

3. Behandlung von Gruppenversicherungsverträgen. § 207 Abs. 2 S. 3, 4 sollen nach dem Willen des Gesetzgebers die Interessen der versicherten Personen wahren, wenn ein Gruppenversicherungsvertrag von der Gruppenspitze beendet wird.[37] Teilweise wird vertreten, es handle sich hier lediglich um eine Erweiterung der „Grundregel" des Abs. 1 (iVm Abs. 2 S. 1), so dass den Versicherten das Recht aus Abs. 1 zur Benennung eines neuen Versicherungsnehmers unbenommen bleibe.[38] Diese Überlegung dürfte eher theoretischer Natur sein, denn bei der üblicherweise großen Zahl und heterogenen Zusammensetzung von Versicherten eines Gruppenversicherungsvertrages ist die einvernehmliche Benennung einer neuen Gruppenspitze kaum zu erwarten. Die Unterschiede hinsichtlich Struktur und Anzahl der Versicherten stellen auch durchaus einen nachvollziehbaren Anlass für eine differenzierte Regelung dar.[39] Die Regelung des § 207 Abs. 2 S. 1 ist auf die Einzelversicherung zugeschnitten.[40] Die Rechte der Versicherten einer Gruppenversicherung regeln die S. 3 und 4 faktisch abschließend. 19

a) Verhältnis von Abs. 2 und § 206 Abs. 4. Problematisch ist darüber hinaus das Verhältnis zwischen § 207 Abs. 2 S. 3, 4 und § 206 Abs. 4. Sie regeln nämlich scheinbar den gleichen Stoff, so 20

---

[31] BGH VersR 2013, 305.
[32] BGH VersR 2013, 305.
[33] BGH VersR 2013, 305.
[34] → Rn. 11.
[35] → § 206 Rn. 24.
[36] Zur entgegengesetzten Situation → § 206 Rn. 24.
[37] Begr. zum RegE Art. 1 (§ 207), BT-Drs. 16/3945, 114.
[38] *Rogler* in HK-VVG § 207 Rn. 30.
[39] Anders *Rogler* in HK-VVG § 207 Rn. 30: „Schlechterstellung" der Versicherten eines Gruppenversicherungsvertrages gegenüber denen einer Einzelversicherung sei „nicht einzusehen".
[40] → § 207 Rn. 36.

dass man sich fragen könnte, welche der beiden Normen vorrangig ist. Nicht einfacher zu beantworten wird diese Frage aufgrund der Klauseln in § 13 Abs. 10 MB/KK 2009, auch iVm § 14 Abs. 5 MB/KK 2009 bzw. § 13 Abs. 6 MB/KT 2009. Spannungen ergeben sich hier vorrangig aus der Tatsache, dass § 207 Abs. 2 S. 2 die Wirksamkeit der Kündigung von der Kenntniserlangung durch die versicherten Personen abhängig macht, die der Versicherungsnehmer zu besorgen hat,[41] § 206 Abs. 4 S. 2 jedoch auf § 206 Abs. 3 S. 2[42] verweist, der diese Pflicht dem Versicherer auferlegt.[43] Beide Normen sind also nicht deckungsgleich, so dass es um mehr als die Beantwortung einer akademischen Frage geht, wann welche der beiden Regelungen anzuwenden ist. Insbesondere problematisch ist die Tatsache, dass § 13 Abs. 10 MB/KK 2009 bzw. § 13 Abs. 6 MB/KT 2009 weiterhin die Erbringung des Nachweises, dass die versicherte Person Kenntnis erlangt hat, vom Versicherungsnehmer verlangen, was mit § 206 Abs. 4 S. 2 iVm § 206 Abs. 3 S. 2 unvereinbar erscheint. Sind die versicherten Personen nämlich vom Versicherer selbst über die Kündigung und das Fortsetzungsrecht zu informieren, so würde das gleichzeitige Verlangen eines Nachweises vom Versicherungsnehmer als Wirksamkeitsvoraussetzung seiner Kündigung rechtsmissbräuchlich sein.

21   Konsistenz mit der gesetzlichen Regelung ist allerdings auf folgendem Wege zu erreichen: Alles hängt von der Frage ab, von wem der Vertrag gekündigt worden ist. Hat der Versicherer gekündigt, so muss die Information der versicherten Personen durch ihn erfolgen, wie es § 206 Abs. 4 S. 2 iVm § 206 Abs. 3 S. 2 vorsieht. Hat hingegen der Versicherungsnehmer gekündigt, so richtet sich die Kenntniserlangung nach § 207 Abs. 2 S. 2. Diese Auslegung verschafft der gesetzlichen Regelung am ehesten Geltung, wie sich insbes. in zwei Aspekten verdeutlicht: Zunächst wird der Wille des Gesetzgebers gewahrt, der in den Materialien bzgl. § 207 Abs. 2 S. 3 nur von der Kündigung „durch den Versicherungsnehmer" spricht und die Fortsetzungsmöglichkeit für den Fall wahren soll, dass „die Gruppenspitze", und damit der Versicherungsnehmer, den Vertrag beendet[44] – keine Rede also von der Kündigung durch den Versicherer, die daher schon nach dem Willen des Gesetzgebers offensichtlich nicht von § 207 Abs. 2 S. 2 erfasst werden soll. Daneben spricht auch der Wortlaut von § 207 Abs. 2 S. 1 davon, dass der Versicherungsnehmer kündigt. Die Wendung „gekündigter Vertrag" in § 207 Abs. 2 S. 3 nimmt unmittelbar Bezug auf S. 1, so dass auch dies dafür spricht, § 207 Abs. 2 nur auf die Kündigung des Versicherungsnehmers anzuwenden. Weiterhin kann nur so beiden Normen überhaupt ein Anwendungsbereich verschafft werden. Dass der Gesetzgeber nur eine deklaratorische Regelung schaffen wollte, ist nicht zu unterstellen, sie wäre überflüssig. § 207 Abs. 2 wäre dann gar nicht nötig gewesen, da schon § 206 Abs. 4 durch die Anforderungen an die Wirksamkeit der Kündigung eines Gruppenversicherungsvertrages hinreichend verbindlich die Fortsetzungsmöglichkeit konstituiert. Im Übrigen steht § 206 Abs. 3 S. 2 (eigentlich systemfremd,[45] hier aber kann die Stellung der Norm für das Gesamtgefüge doch nutzbar gemacht werden) in der Vorschrift über das Kündigungsrecht des Versicherers, kann also nur diesen Bereich, nicht zugleich auch die Kündigung durch den Versicherungsnehmer betreffen.

22   **b) Geltung der AVB.** Ist diese grundsätzliche Frage geklärt, so ist die wesentliche Prämisse zur richtigen Auslegung der AVB geschaffen. Die folgenden Ausführungen (→ Rn. 23–26) stehen allerdings unter dem Vorbehalt, dass keine vorrangigen Regelungen in speziellen AVB zur Gruppenversicherung vereinbart sind. Zu den einzelnen Konstellationen:

23   – **Kündigung durch den Versicherungsnehmer.** Zunächst obliegt gem. § 13 Abs. 10 S. 3 MB/KK 2009 die Erbringung des Nachweises, dass die versicherten Personen Kenntnis von der Kündigung erlangt haben, allein dem Versicherungsnehmer. Diese Klausel müsste, da sie die Kündigung des Versicherungsnehmers betrifft, mit § 207 Abs. 2 vereinbar sein, was mit oben geführter Argumentation zu bejahen ist.[46] § 207 Abs. 2 S. 4 ist insofern nicht einschlägig, da er nur die Kenntnisnahme von der Fortsetzungsmöglichkeit betrifft, und nicht die Wirksamkeitsvoraussetzungen der vorherigen Kündigung.[47] Auch bei der Kündigung eines Gruppenversicherungsvertrages darf der Versicherer also die Erbringung des Nachweises der Kenntnis der versicherten Personen vom Versicherungsnehmer verlangen.

24   – **Kündigung durch den Versicherer.** Bei der Kündigung durch den Versicherer darf dieser die Erbringung des Nachweises nicht vom Versicherungsnehmer verlangen, da er andernfalls die Wirksamkeitsvoraussetzungen der Kündigung beeinflussen bzw. sich gesetzlich auferlegter Pflich-

---

[41] → Rn. 15.
[42] IdF ab 1.1.2009: Abs. 3.
[43] → § 206 Rn. 33 ff.
[44] Begr. zum RegE Art. 1 (§ 207), BT-Drs. 16/3945, 114.
[45] → § 206 Rn. 19.
[46] → Rn. 16.
[47] → Rn. 26.

ten entziehen könnte.[48] Die Kündigung des Versicherers richtet sich nach § 14 MB/KK, das Fortsetzungsrecht der versicherten Personen wird durch Verweis des § 14 Abs. 5 MB/KK auf § 13 Abs. 10 S. 1, 2 MB/KK, *nicht* auch S. 3 verwirklicht. Für den Fall, dass also der Versicherer kündigt, muss der Versicherungsnehmer den Nachweis nicht erbringen, vielmehr muss der Versicherer die versicherten Personen in Gemäßheit des § 206 Abs. 4 S. 2 iVm § 206 Abs. 3 S. 2 selbst informieren. Auch diese Klausel steht damit in Übereinstimmung mit der gesetzlichen Lage und ist daher wirksam.

– **Krankentagegeldversicherung.** Lediglich in der Krankentagegeldversicherung fehlt eine dem 25 § 14 Abs. 5 MB/KK vergleichbare Regelung. Das ist aber unproblematisch, denn das Fortsetzungsrecht ergibt sich dann direkt aus dem Gesetz, und zwar aus § 206 Abs. 4, wenn der Versicherer kündigt. Eine Nachweispflicht besteht dann nicht, da auch § 206 Abs. 4 S. 2 anzuwenden ist, der auf § 206 Abs. 3 S. 2 verweist. Dass die Krankentagegeldversicherung von § 206 Abs. 3 gar nicht erfasst wird,[49] ist dabei unschädlich, denn § 206 Abs. 4 S. 2 erfordert nur eine *entsprechende* Anwendung. Bei Kündigung durch den Versicherungsnehmer hingegen ist § 13 Abs. 6 MB/KT 2009 anzuwenden, der wiederum eine Nachweispflicht für den Versicherungsnehmer vorsieht. Da sich aber die Information über die Kündigung im Falle der Wahrnehmung des Rechts durch den Versicherungsnehmer nach § 207 Abs. 2 richtet, und der Wortlaut dieser Norm die Vereinbarung einer Nachweispflicht nach wie vor zulässt,[50] sind auch die MB/KT 2009 gesetzeskonform.

c) Rechtsausübung gem. Abs. 2 S. 4. § 207 Abs. 2 S. 4 bestimmt nicht etwa eine weitere 26 Wirksamkeitsvoraussetzung für die Kündigung, sondern betrifft allein die **Frist** und ihren Beginn bzgl. der Fortsetzungsmöglichkeit des Vertrages. Sie beträgt zwei Monate und beginnt mit dem Zeitpunkt, zu dem die versicherte Person Kenntnis von diesem Recht erlangt hat. Damit steht fest, dass es hier, entgegen zB § 207 Abs. 1, nicht allein auf den Eintritt einer objektiven Bedingung, sondern subjektiv auf die Kenntnis der versicherten Person ankommt. Wie die versicherten Personen Kenntnis erlangen, ist nicht entscheidend. Da im Gegensatz zu § 206 Abs. 3 S. 2 im Rahmen von § 207 Abs. 2 keine Information durch den Versicherer erfolgen muss,[51] wird hier die Kenntnis nicht regelmäßig mit einem bestimmten Zeitpunkt zusammenfallen. Jedoch dürfte der Versicherer ein starkes Interesse daran haben, die versicherten Personen selbst zu informieren, um eine Entscheidung herbeizuführen und so wieder Rechtssicherheit in den Bestand zu bekommen.

III. Fortsetzung im EU- und EWR-Ausland

Abs. 3 ist gewährleistet das Fortbestehen des Vertrages bei Umzug einer versicherten Person in 27 das EU- und EWR-Ausland und soll damit die Mobilität innerhalb dieses Wirtschaftsraumes erhöhen.[52] Die Regelung geht damit über § 1 Abs. 4 MB/KK 1994[53] hinaus. Diese Klausel enthält nämlich die bloße Festschreibung der überörtlichen Geltung des Krankenversicherungsschutzes für die Fälle, dass der privat Krankenversicherte vorübergehend im Ausland weilt und sich dort das Krankheitsrisiko verwirklicht.

Abs. 3 hingegen erfasst nun den Fall, dass die versicherte Person ihren gewöhnlichen Aufenthalt 28 ins EU- bzw. EWR-Ausland verlegt.[54] Nach früherem Recht, normativ angeknüpft an § 15 Abs. 3 MB/KK 1994 bzw. § 15 lit. e MB/KT 94, endete in einem solchen Fall der Versicherungsschutz. Diese Rechtsfolge kann nach neuem Recht nicht mehr klauselmäßig bedungen werden, sie würde gegen § 207 Abs. 3 verstoßen. Die Versicherer haben darauf mit **§ 1 Abs. 5 MB/KK 2008 bzw. MB/KK 2009** reagiert, in dem eine Fortsetzungsmöglichkeit bei Verlagerung des Lebensmittelpunkts ins EU- bzw. EWR-Ausland festgeschrieben ist; Entsprechendes enthält § 1 Abs. 8 MB/KT 2008 bzw. MB/KT 2009. Zugleich wurde der Beendigungsgrund gem. § 15 Abs. 3 MB/KK 2008 bzw. MB/KK 2009 sowie gem. § 15 lit. e MB/KT 2008 sowie MB/KT 2009 auf das außereuropäische Ausland bzw. auf die Länder, die nicht dem Abkommen über den europäischen Wirtschaftsraum beigetreten sind, beschränkt. Damit gilt die private Krankenversicherung auch bei Verlagerung des Lebensmittelpunkts innerhalb des EWR ohne weiteren Willensakt fort. Wird der gewöhnliche Aufenthalt hingegen in einen anderen Staat verlegt, führt dies nach § 15 Abs. 3 S. 1 MB/KK 2009 weiterhin zur Beendigung des Vertrages.[55]

---

[48] → Rn. 20.
[49] → § 206 Rn. 22.
[50] → Rn. 16.
[51] → § 206 Rn. 27.
[52] Abschlussbericht der VVG-Kommission Abschn. 1.3.2.4.5, S. 13, 185.
[53] Wortgleich § 1 Abs. 4 MB/KK 2008 bzw. MB/KK 2009.
[54] Begr. zum RegE Art. 1 (§ 207), BT-Drs. 16/3945, 115; Abschlussbericht der VVG-Kommission Abschn. 3.1, S. 416.
[55] *Rogler* in HK-VVG § 207 Rn. 36.

29 Der Versicherer bleibt auch bei Vertragsfortsetzung nach Umzug in einen EU-/EWR-Staat höchstens zu den **Leistungen** verpflichtet, die er bei einem Aufenthalt im Inland zu erbringen hätte. Dies ist schon deshalb sachgerecht und geboten, weil auch die Beitragskalkulation darauf abgestellt ist. Folge der Regelung ist, dass ausländische Behandlungsrechnungen auf diejenigen Beträge gekürzt werden können, die im Inland angefallen wären, wofür insbes. die hier geltenden Gebührenvorschriften – etwa GOÄ und GOZ – maßgeblich sind. Außerdem sind solche Behandlungen nicht zu erstatten, die in Deutschland mangels Zulassung nicht hätten durchgeführt werden können.[56] Das kann insbes. für Maßnahmen zur Herbeiführung einer Schwangerschaft praktische Bedeutung haben, da die gesetzlichen Bestimmungen hierfür in einigen EU-Ländern, namentlich etwa in Spanien, Behandlungsmaßnahmen erlauben, die in Deutschland nicht gestattet sind.[57]

§ 208 Abweichende Vereinbarungen

¹Von den §§ 194 bis 199 und 201 bis 207 kann nicht zum Nachteil des Versicherungsnehmers oder der versicherten Person abgewichen werden. ²Für die Kündigung des Versicherungsnehmers nach § 205 kann die Schrift- oder die Textform vereinbart werden.

A. Normzweck

1 S. 1 schränkt den Grundsatz der Privatautonomie dahingehend ein, dass der Versicherer vom Gesetzesrecht zwar nicht zum Nach-, wohl aber zum Vorteil des Versicherungsnehmers abweichen kann (sog. halbzwingende Vorschriften), und soll so verhindern, dass die Versicherer die verbraucherfreundlichen Regelungen des neuen VVG abändern, was allerdings ohnehin idR schon AGB-rechtlich nicht möglich ist. § 208 betrifft folgende Bereiche: Auf die Krankenversicherung anzuwendende allgemeine Vorschriften (§ 194); unbefristetes Vertragsverhältnis in der substitutiven Krankenversicherung und höchstens zwei Jahre Bindung des Versicherungsnehmers (§ 195), wobei die Befristung sich aus der allgemeinen Norm des § 11 Abs. 2 ergibt, die aber ihrerseits wegen § 18 nicht disponibel ist;[1] Befristung der Krankentagegeldversicherung (§ 196); Wartezeitenregelung (§ 197); Anspruch auf Kindernachversicherung (§ 198); Anspruch auf Anpassung des Versicherungsschutzes an Änderungen des Beihilfeanspruchs (§ 199); Leistungsfreiheit bei vorsätzlicher Herbeiführung des Versicherungsfalls (§ 201); Auskunftspflicht des Versicherers im Rahmen der Leistungsprüfung (§ 202); Vorgaben zur Anpassung der Prämie, der AVB und der Tarifbestimmungen (§ 203); Anspruch auf Wechsel in anderen Tarif (§ 204); Kündigungsrecht des Versicherungsnehmers (§ 205); Kündigungsrecht des Versicherers (§ 206); Anspruch auf Weiterversicherung der versicherten Personen (§ 207).

2 S. 2 räumt den Versicherern die Möglichkeit ein, ein Formerfordernis für die Kündigung durch den Versicherungsnehmer nach § 205 zu statuieren.

B. Entstehungsgeschichte

3 Vor der Einführung der §§ 178a ff. VVG aF zum 1.1.1994 gab es eine dem § 208 vergleichbare Norm nicht. Eine solche wäre auch unnötig gewesen: Das gesamte die private Krankenversicherung regelnde materielle Versicherungsvertragsrecht war in den AVB niedergelegt, die damals noch dem Genehmigungsvorbehalt des BAV unterlagen, so dass die Schutzfunktion, die heute das Gesetz übernimmt, von der staatlichen Aufsicht wahrgenommen wurde.[2]

4 Nach der Deregulierung des Versicherungsmarktes 1994[3] und dem Wegfall des Genehmigungsvorbehaltes durch die Aufsicht wurde eine gesetzliche Regelung nötig, die in Form des § 178o VVG aF in Kraft trat. Die §§ 178a–n VVG aF, die allesamt dem Schutz des Versicherungsnehmers dienten, sollten auf diesem Wege vor einer Abschwächung in den AVB der Versicherer gesichert werden.[4]

---

[56] *Rogler* in HK-VVG § 207 Rn. 37; *Voit* in Prölss/Martin VVG § 207 Rn. 20.
[57] Vgl. den Fall LG Köln VersR 2007, 1359.
[1] Vgl. die Kommentierung zu § 18.
[2] → Einf. Vor § 192 Rn. 308.
[3] → Einf. Vor § 192 Rn. 314.
[4] BT-Drs. 12/6959, 107.

§ 208 schließt sich nahtlos an den Regelungskomplex des § 178o VVG aF an. Lediglich sprachlich wurde die Norm angepasst und so eine (wohl eher dogmatische) Streitigkeit beseitigt.[5] In den Stellungnahmen der Verbände zur VVG-Reform ist auf die Norm insgesamt nicht eingegangen worden. 5

C. Inhaltliche Fragen

Die Norm findet Anwendung auf die gesamte Krankenversicherung in all ihren Erscheinungsformen. Zur Frage, wann eine Abweichung zum Nachteil des Versicherten vorliegt, vgl. die Kommentierung zu § 18 (→ Rn. 19 ff.). 6

Nach dem Wortlaut der Vorgängernorm des § 178o VVG aF schien es möglich, gegen die halbzwingenden Normen verstoßende Klauseln in den jeweiligen Musterbedingungen zu vereinbaren, wobei allerdings eine Berufung auf diese Klauseln den Versicherern verwehrt war. Nach Auffassung *Hohlfelds* hätte aber eine solche Vereinbarung gegen § 242 BGB verstoßen und darüber hinaus einen Missstand iSv § 81 Abs. 2 S. 1 VAG dargestellt.[6] Gem. § 208 S. 2 darf aber von den genannten Vorschriften nicht abgewichen werden, so dass überhaupt eine Vereinbarung von gegen die als halbzwingend ausgestalteten Normen verstoßenden Klauseln nicht möglich ist. 7

S. 2 lässt die Vereinbarung der **Schrift- oder Textform** gem. § 126 bzw. § 126b BGB zu. Dieses Formerfordernis ist in § 16 MB/KK 2008/MB/KT 2008 bzw. MB/KK 2009/MB/KT 2009 eingeführt worden. Die Kündigung nach § 205 als rechtsgestaltende Willenserklärung ist von dieser Regelung umfasst. Für etwaige andere Willenserklärungen und Anzeigen ergibt sich die Möglichkeit der Vereinbarung aus § 32 S. 2,[7] so dass die §§ 16 MB lediglich den gesetzlich gesteckten Rahmen ausschöpfen und somit wirksam sind. Die Versicherer haben sich dabei eines abgestuften Systems bedient. Grundsätzlich hat die Willenserklärung in Schriftform zu erfolgen, Textform ist nur ausreichend, soweit dies – etwa in Tarifbedingungen – ausdrücklich vereinbart ist. Soweit dies nicht der Fall ist, bedarf die Kündigung des Versicherungsnehmers nach § 205 der Schriftform. 8

---

[5] → Rn. 8.
[6] *Hohlfeld* in Berliner Kommentar VVG § 178o Rn. 2.
[7] Vgl. die Kommentierung zu § 32.

Teil 3. Schlussvorschriften

§ 209 Rückversicherung, Seeversicherung

Die Vorschriften dieses Gesetzes sind auf die Rückversicherung und die Versicherung gegen die Gefahren der Seeschifffahrt (Seeversicherung) nicht anzuwenden.

Übersicht

	Rn.			Rn.
A. Einführung	1	II.	Rechtsgrundlagen	34
B. Seeversicherung	3	III.	Versicherungsaufsicht	36
I. Anwendungsbereich	3	IV.	Formen und Ausgestaltung der Rückversicherung	40
1. Überblick	3			
2. Seekaskoversicherung	5	1.	Fakultative und obligatorische Rückversicherung	40
3. Seegüterversicherung	8			
II. Rechtliche Grundlagen	9	2.	Proportionale Rückversicherung	41
			a) Quotenrückversicherung	42
III. Pflichten des Versicherungsnehmers	13		b) Summenexzedentenrückversicherung	43
1. Versicherungsprämie	13		c) Quotenexzedentenrückversicherung	44
2. Obliegenheiten	15	3.	Nicht-proportionale Rückversicherung	45
a) Anzeigepflicht	16		a) Schadenexzedentenrückversicherung (Excess of loss, kurz XL)	46
b) Gefahränderung und Gefahrerhöhung	17		b) Stop-Loss-Rückversicherung (SL)	47
c) Schadensabwendung und -minderung	18		c) Sonstige Formen der Rückversicherung	48
3. Subjektive Risikoausschlüsse und Repräsentantenhaftung	19	V.	Allgemeine Grundsätze der Rückversicherung	52
IV. Pflichten des Versicherers	23			
1. Versicherungsleistung	23	VI.	Pflichten der Parteien	57
2. Sonstige Leistungen	25	1.	Leistungspflicht des Rückversicherers	57
3. Frist zur Andienung des Schadens	26	2.	Pflicht des Erstversicherers zur Prämienzahlung	60
4. Schäden bei der Seekaskoversicherung	27			
5. Schäden bei der Seegüterversicherung	29	3.	Pflicht des Erstversicherers zur Lieferung von Borderos	63
C. Rückversicherung	30			
I. Anwendungsbereich	30	VII.	Weitere Einzelheiten	64

Stichwort- und Fundstellenverzeichnis

Stichwort	Rn.	Rspr.	Lit.
AVB-Kontrolle (Seeversicherung)	→ Rn. 10	BGHZ 77, 88 = VersR 1980, 964; BGH VersR 1993, 312	*Klimke* in Prölss/Martin VVG § 209 Rn. 18; *Pisani* in Schwintowski/Brömmelmeyer/Ebers VVG § 209 Rn. 16
Allgefahrendeckung	→ Rn. 23	BGHZ 80, 55 = VersR 1981, 524	*Pisani* in Schwintowski/Brömmelmeyer/Ebers VVG § 209 Rn. 6; *Ehlers* TranspR 2006, 7
Causa-proxima-Regel	→ Rn. 24	BGH VersR 2002, 845; 1971, 1056; OLG Hamburg VersR 1983, 1151; VersR 1986, 1016; VersR 1987, 1004; VersR 2002, 845	*Heiss/Trümper* in Beckmann/Matusche-Beckmann VersR-HdB § 38 Rn. 152; *Büchner/Jürss* VersR 2004, 1090 (1092); *Ehlers* TranspR 2006, 7 (14)
Direktanspruch gegen den Rückversicherer	→ Rn. 33	BGH VersR 1970, 29 (30); LG Köln VersR 1953, 130	*Cannawurf/Schwepcke* in Lüer/Schwepcke RückVersR § 8 Rn. 203 ff.; *Looschelders* VersR 2012, 1 (3)
Folgepflicht des Versicherers	→ Rn. 54	RGZ 91, 83 (85); OLG Köln VersR 1953, 130	*Echarti/Labes* in Bruck/Möller VVG § 209 Rn. 64; *Deutsch/Iversen*, Versicherungsvertrags-

Stichwort	Rn.	Rspr.	Lit.
			recht, 7. Auflage 2015, Rn. 129; *Liebwein*, Klassische und moderne Formen der Rückversicherung, 3. Aufl. 2018, S. 170; *Looschelders* VersR 2012, 1 (5 f.)
Gemischte Reisen	→ Rn. 4	–	*Paffenholz* in Looschelders/Pohlmann VVG Vor § 130 Rn. 6; *Schneider* in Marlow/Spuhl Rn. 898
Grundsätze der Rückversicherung	→ Rn. 52 ff.	–	*Echarti/Labes* in Bruck/Möller VVG § 209 Rn. 49 ff.; *Schwintowski* in Berliner Kommentar VVG § 186 Rn. 19 ff.; *Deutsch/Iversen,* Versicherungsvertragsrecht 7. Aufl. 2015, Rn. 129; *Looschelders* VersR 2012, 1 (5 ff.)
Irrtumsklauseln	→ Rn. 56	–	*Echarti/Labes* in Bruck/Möller VVG § 209 Rn. 73; *Looschelders* VersR 2012, 1 (5)
Repräsentantenhaftung (Seeversicherung)	→ Rn. 20 ff.	BGHZ 77, 88 = NJW 1980, 2817; BGH VersR 1983, 479; 1986, 696; OLG Hamburg VersR 1983, 1151; 1987, 1004	*Looschelders* in Beckmann/Matusche-Beckmann VersR-HdB § 17 Rn. 80; *Schwampe* in Thume/de la Motte/Ehlers Teil 6 Rn. 575l; *Looks* VersR 2003, 1509 ff.; 2008, 883 (887); *Schwampe* VersR 2010, 1277 (1279)
Risikoausschlüsse (Seeversicherung)	→ Rn. 19	–	*Ehlers* in Thume/de la Motte/Ehlers Teil 5 Rn. 175; *Ehlers* TranspR 2006, 7 (15)
Rückversicherungsformen	→ Rn. 40 ff.	–	*Echarti/Labes* in Bruck/Möller VVG § 209 Rn. 87 ff.; *Klimke* in Prölss/Martin VVG § 209 Rn. 4 ff.
Schicksalsteilung	→ Rn. 53	–	*Echarti/Labes* in Bruck/Möller VVG § 209 Rn. 57; *Looschelders* VersR 2012, 1 (6); *Liebwein*, Klassische und moderne Formen der Rückversicherung, 3. Aufl. 2018, S. 167
Seeversicherung (Begriff)	→ Rn. 3	BGHZ 56, 339; OLG Köln VersR 2014, 1205	*Koch* in Bruck/Möller VVG § 209 Rn. 209; *Schleif* VersR 2010, 1281
Selbstbehaltspflicht	→ Rn. 52	RGZ 53, 138	*Echarti/Labes* in Bruck/Möller VVG § 209 Rn. 54; *Klimke* in Prölss/Martin VVG § 209 Rn. 13c; *Looschelders* VersR 2012, 1 (6)
Vorvertragliche Anzeigepflicht (Seeversicherung)	→ Rn. 16	BGHZ 77, 88 (93); OLG Hamburg TranspR 2004, 328	*Ehlers* in Thume/de la Motte/Ehlers Teil 5 Rn. 212; *Müller-Collin*, Die Allgemeinen Deutschen Seeversicherungsbedingungen (ADS) und das AGB-Gesetz, 1994, S. 140; *Sasse*, Deutsche Seeversicherung 1958–1980, 1982, Rn. 95; *Enge/Schwampe*, Transportversicherung, 4. Aufl. 2012, S. 80; *Remé* VersR 2008, 756 (759)

Schrifttum – Seeversicherung: *Büchner/Jürss,* Die Seeversicherung unter der Flagge des § 203 nF (§ 187 aF) VVG?, VersR 2004, 1090; *Ehlers,* Die neuen Güterversicherungsbedingungen 2000 (DTV-Güter 2000), TranspR 2000, 11; *Ehlers,* Brauchen wir noch ein Recht der Seeversicherung? TranspR-Sonderbeilage 2004, XIV; *Ehlers,* Transportversicherung – Güterversicherung – Versicherung politischer Gefahren, TranspR 2006, 7; *Ehlers,* Auswirkungen der Reform des Versicherungsvertragsgesetzes (VVG) auf das Transportversicherungsrecht, TranspR 2007, 5; *Enge/Schwampe,* Transportversicherung, 4. Aufl. 2012; *Franck,* Die Strukturen der Transportversicherung, TranspR 1997, 215; *Gerhard,* Die Allgemeinen Deutschen Seeschiffsversicherungsbedingungen 2009 (DTV-ADS 2009) – eine Einführung, TranspR 2011, 67; *Johannsen,* Zur Einbeziehung des Seeversicherungsrechts in die VVG-Reform, VersR 2005, 319; *Looks,* Der Kapitän – Repräsentant des Reeders in der Seekaskoversicherung?, VersR 2003, 1509; *Looks,* Die Verletzung der Rettungspflicht des Versicherungsnehmers in der Seeversicherung, VersR 2008, 883; *Looks,* Der Havariekommissar in der Seeversicherung, VersR 2009, 1467; *Müller-Collin,* Die Allgemeinen Deutschen Seeversicherungsbedingungen (ADS) und das AGB-Gesetz, 1994; *Rabe/Bahnsen,* Seehandelsrecht, 5. Aufl. 2018; *Remé,* Die neuen DTV-Kasko-Klauseln, ein Gemeinschaftsrecht, VersR 1979, 293; *Remé,* Deutsche Rechtsprechung zum Seeversicherungsrecht 1988 bis 1995, VersR 2001, 414; *Remé,* Gehören See- und Binnenversicherungsrecht unter einen Hut?, TranspR-Sonderbeilage 2004, XXXII; *Remé,* Das Seeversicherungsrecht bleibt Kaufmannsrecht, VersR 2008, 756; *Richartz,* Die Auswirkungen der verabschiedeten Neuregelung des VVG auf das Seeversicherungsrecht, TranspR 2007, 300; *Ritter/Abraham,* Das Recht der Seeversicherung, Bd. 1, 2. Aufl. 1967; *Sasse,* Deutsche Seeversicherung 1958–1980, 1982; *Schlegelberger,* Seeversicherungsrecht, 1960; *Schleif,* Die Seerechtsschutzversicherung: Fright, Demurrage & Defence Insurance, 2008; *Schleif,* Die Seeversicherung in der VVG-Reform, TranspR 2009, 18; *Schleif,* Seeversicherung nach altem und neuem VVG, VersR 2010, 1281; *Schwampe,* Die Auswirkungen der VVG-Reform auf die Versicherung von Seeschiffen, FS Thume, 2008, 251; *Schwampe,* Seekaskoversicherung, 2009; *Schwampe,* Shipmanagement und Versicherung, VersR 2009, 316; *Schwampe,* Seeschiffsversicherung, 2017; *Sieg,* Betrachtungen zur Gewinndeckung in der Seeversicherung, VersR 1997, 649; *Thume/de la Motte/Ehlers* (Hrsg.), Transportversicherungsrecht, 2. Aufl. 2011; *Trölsch,* Die Obliegenheiten in der Seeversicherung, 1998.

Rückversicherung: *Bähr,* Handbuch des Versicherungsaufsichtsrechts, 2011; *Bender/Richter,* Optimales Vertragsdesign bei moralischem Risiko in der Rückversicherung, ZVersWiss 2003, 483; *Bork/Wandt,* Der moderne Guidon de la Mer: die Principles of Reinsurance Contract Law (PRICL), VersR 2019, 1113; *Bork/Wandt,* The modern Guidon de la Mer: the Principles of Reinsurance Contract Law (PRICL), VersR 2019, 1468; *Bürkle,* Compliance in Versicherungsunternehmen, 3. Aufl. 2020; *Busse/Taylor/Justen,* Rückversicherungsschiedsgerichtsbarkeit in Deutschland – Gegenwärtiger Stand und Entwicklungen in acht Thesen, SchiedsVZ 2008, 1; *Cruciger,* Die Praxis der Rückversicherung, 1926; *Franz/Keune,* Schiedsvereinbarungen in Rückversicherungsverträgen – Fragen des Schiedsverfahrensrechts und des materiellen Rückversicherungsrechts, VersR 2013, 12; *Frey,* Neueres aus der Welt der Rückversicherung, VW 1996, 1186; *Geiger,* Rückversicherung und Haftungsdurchgriff, VW 2000, 310; *Gerathewohl,* Rückversicherung, Bd. I, 1976; *Grossmann,* Rückversicherung – eine Einführung, 2. Aufl. 1982; *Gumbel,* Zur Schlichtung von Meinungsverschiedenheiten in der Rückversicherung, ZfV 1992, 506; *Heiss/Schauer/Wandt* (Hrsg.), Principles of Reinsurance Contract Law (PRICL), 2019; *Herrmannsdorfer,* Wesen und Behandlung der Rückversicherung, 1924; *Hölzl/Schüller,* Rückversicherer: Bonität wird immer wichtiger, VW 2004, 134; *Huber,* Die vorvertragliche Anzeigepflicht in der Rückversicherung, Liber amicorum G. Winter, 2007, 663; *Koch,* Die Dienstleistungen der professionellen Rückversicherungsunternehmen in wirtschaftlicher und juristischer Sicht, ZfV 1993, 554; *Kößler,* Die Versicherungsaufsicht über Rückversicherungsunternehmen, 2009; *Lamby,* Die Rückversicherung von Kumulschäden und die Grenzen der Ereignisklausel, VW 1991, 501; *Liebwein,* Klassische und moderne Formen der Rückversicherung, 3. Aufl. 2018; *Looschelders,* Grundfragen des deutschen und internationalen Rückversicherungsvertragsrechts, VersR 2012, 1; *Looschelders,* Rechtsstreitigkeiten aus internationalen Rückversicherungsverträgen vor staatlichen Gerichten und Schiedsgerichten, FS Elsing, 2013, 947; *Looschelders/Michael,* Europäisches Versicherungsrecht, in: Ruffert (Hrsg.), Enzyklopädie Europarecht, Bd. 5, 2. Aufl. 2020; *Lüer/Schwepcke,* Rückversicherungsrecht, 2013; *Mäder,* Die vorvertragliche Anzeigepflicht des Erstversicherers in der Rückversicherung, VersR 1993, 516; *Pfeiffer,* Einführung in die Rückversicherung, 5. Aufl. 1999; *Prölss,* Beiträge zum Rückversicherungsrecht, 1965; *Reißaus/Wambach,* Rückversicherungen und Alternative Risikotransfers: Ein theoretischer Vergleich, ZVersWiss 2000, 635; *Schmidlin,* Die Stellung des Rückversicherers bei Feststellungsklagen über den Deckungsumfang, ZfV 1988, 548; *Schmidt,* Betriebswirtschaftliche Aspekte der Rückversicherung unter besonderer Berücksichtigung der Absatzpolitik von Rückversicherungsunternehmen, 1980; *Schulte,* Rückversicherung in Deutschland und England, 1990; *Schwepcke,* Rückversicherung, 2. Aufl. 2004; *Schwepcke/Vetter,* Praxishandbuch: Rückversicherung, 2017; *Schwilling,* Die Funktionen der Quotenrückversicherung in der deutschen Schaden- und Unfallversicherung, ZfV 1996, 651; *Vieregge,* Rückversicherung als Instrument zur Verbesserung der Risikoallokation in der gesetzlichen Krankenversicherung, 2003; *Vogelsang,* Aufsicht über Rückversicherungsunternehmen – Eine Momentaufnahme aus der Sicht des Praktikers, FS E. Lorenz, 2004, 845; *Weber-Rey/Baltzer,* Aktuelle Entwicklungen im Versicherungsaufsichtsrecht, WM 2006, 205; *Weber-Rey/Baltzer,* Aktuelle Entwicklungen im Versicherungsaufsichtsrecht, WM 2007, 2184; *Weber-Rey/Guinomet,* Rückversicherungsaufsicht im Umbruch, WM 2004, 661.

A. Einführung

Gem. § 209 findet das VVG auf die Rück- und Seeversicherung keine Anwendung. Die **Rück-** 1 **versicherung** wird aus dem Anwendungsbereich des VVG herausgenommen, weil die meisten

Vorschriften auf Erstversicherungsverträge zugeschnitten sind, was vor allem an den Bestimmungen zum Schutz des Versicherungsnehmers deutlich wird. Im Verhältnis zwischen Erst- und Rückversicherer ist ein solcher Schutz nicht nötig. Die Parteien stehen sich hier als Kaufleute gegenüber, die im Versicherungsbereich gewerblich tätig sind, und können ihre Rechte selbst wahren.[1] Einschränkungen der Vertragsfreiheit sind daher nicht erforderlich. Die Unanwendbarkeit des VVG auf die Rückversicherung entspricht auch der bisherigen Rechtslage nach § 186 VVG aF.[2]

2   Bei der Reform des Versicherungsvertragsrechts stand es dagegen zur Diskussion, die Ausnahme für die **Seeversicherung** in § 209 zu streichen, so dass hierauf doch das VVG Anwendung gefunden hätte.[3] Zwar ist die Seeversicherung Großrisiko und wäre somit nach § 210 ohnehin von den Beschränkungen der Vertragsfreiheit entbunden gewesen;[4] die Anwendung des VVG hätte aber zur Folge gehabt, dass die im Seeversicherungsrecht maßgeblichen AVB bei der Inhaltskontrolle nach § 307 BGB an den durch das VVG begründeten Leitbildern zu messen gewesen wären.[5] Dies hätte nach Aussage der Seeversicherer und Reeder zu großer Rechtsunsicherheit geführt und die internationale Wettbewerbsfähigkeit der deutschen Versicherer geschädigt.[6] Aus diesen Gründen wurde letztlich von einer Einbeziehung der Seeversicherung in das VVG abgesehen.[7]

B. Seeversicherung

I. Anwendungsbereich

3   **1. Überblick.** § 209 enthält eine Legaldefinition der Seeversicherung als Versicherung gegen die **Gefahren der Seeschifffahrt**. Die Definition wurde in das VVG aufgenommen, um den Wegfall der Definition in § 778 HGB aF zu kompensieren. Da der Begriff der Seeversicherung nach dem Willen des Gesetzgebers weiter im bisherigen Sinne verstanden werden soll, kann man bei der Konkretisierung auf die Definition des § 778 HGB aF und die Beispiele in § 779 HGB aF zurückgreifen.[8] § 778 HGB aF sah vor, dass jedes in Geld schätzbare Interesse, welches jemand daran hat, dass Schiff oder Ladung die Gefahren der Seeschifffahrt besteht, Gegenstand der Seeversicherung sein kann. Eine entsprechende Begriffsbestimmung findet sich jetzt in Ziff. 1.1 DTV-ADS 2009.[9] Den zentralen Begriff bilden bei all diesen Definitionen die **Gefahren der Seeschifffahrt**. Dazu gehören alle Gefahren, die gerade mit der Schifffahrt zur See, in Abgrenzung zur Binnenschifffahrt oder zB zur Luftfahrt, einhergehen. Haupttypen der Seeversicherung sind die Seegüter- und die Seekaskoversicherung.[10] **Seekaskoversicherung** ist die Versicherung des Schiffs, genauer gesagt des Eigentümerinteresses am Schiff (Ziff. 1.2.1 DTV-ADS 2009),[11] wohingegen die **Seegüterversicherung** die Versicherung der Güter ist, dh des Eigentümerinteresses an den Gütern. Der Begriff der Seeversicherung ist hierauf aber nicht begrenzt. Einbezogen sind alle Unternehmungen, die mit der Seeschifffahrt im engsten örtlichen und wirtschaftlichen Zusammenhang stehen.[12] Daher wird auch die

---

[1] *Echarti/Labes* in Bruck/Möller VVG § 209 Rn. 2; *Rixecker* in Langheid/Rixecker VVG § 209 Rn. 1; *Armbrüster* PrivVersR Rn. 19; *Deutsch/Iversen*, Versicherungsvertragsrechts, 7. Aufl. 2015, Rn. 128; *Schwepcke*, Rückversicherung, 2. Aufl. 2004, S. 58; *Looschelders* VersR 2012, 1 (2).
[2] Begr. RegE, BT-Drs. 16/3945, 115; *Schwintowski* in Berliner Kommentar VVG § 186 Rn. 1.
[3] *Lorenz*, Abschlussbericht der VVG-Kommission, VersR-Schriftenreihe Bd. 25, 2004, S. 418.
[4] Begr. RegE, BT-Drs. 16/3945, 115; *Pisani* in Schwintowski/Brömmelmeyer/Ebers VVG § 209 Rn. 16; *Ehlers* TranspR-Sonderbeilage 2004, XIV (XVI); *Ehlers* TranspR 2000, 11 (13); *Remé* TranspR-Sonderbeilage 2004, XXXII (XXXIV); einschränkend *Richartz* TranspR 2007, 300 (302); *Schleif* VersR 2010, 1281 (1282) mit Blick auf seeversicherungsrechtliche Nebeninteressen.
[5] Zur AVB-Kontrolle im Seeversicherungsrecht *Ehlers* TranspR-Sonderbeilage 2004, XIV (XV); *Müller-Collin*, Die Allgemeinen Deutschen Seeversicherungsbedingungen (ADS) und das AGB-Gesetz, 1994, S. 2; *Trölsch*, Die Obliegenheiten in der Seeversicherung, 1998, S. 179.
[6] *Büchner/Jürss* VersR 2004, 1090 ff.
[7] Begr. RegE, BT-Drs. 16/3945, 115; *Koch* in Bruck/Möller VVG § 209 Rn. 206; *Klimke* in Prölss/Martin VVG § 209 Rn. 2; *Pisani* in Schwintowski/Brömmelmeyer/Ebers VVG § 209 Rn. 14; *Eichelberg* in Looschelders/Pohlmann VVG § 209 Rn. 1; *Muschner* in HK-VVG § 209 Rn. 1; *Büchner/Jürss* VersR 2004, 1090 (1094); *Ehlers* TranspR-Sonderbeilage 2004, XIV.
[8] BT-Drs. 16/3945, 115; *Eichelberg* in Looschelders/Pohlmann VVG § 209 Rn. 3; *Schleif* VersR 2010, 1281 (1283).
[9] Näher dazu *Schwampe*, Seeschiffsversicherung, 2017, Einl. Rn. 5 ff.
[10] Zur Seekaskoversicherung und den einschlägigen DTV-Kaskoklauseln *Schwampe* in Thume/de la Motte/Ehlers Teil 6 Rn. 1 ff.; *Schwampe*, Seekaskoversicherung, 2009.
[11] Vgl. BGH VersR 1974, 745; *Schwampe*, Seeschiffsversicherung, 2017, Einl. Rn. 30.
[12] BGHZ 56, 339 (343) = VersR 1971, 1031; *Ritter/Abraham*, Das Recht der Seeversicherung, Bd. 1, 2. Aufl. 1967, § 1 Anm. 30; *Koch* in Bruck/Möller VVG § 209 Rn. 209.

Versicherung des **Neubaus eines Seeschiffes** jedenfalls ab Stapellauf erfasst.[13] Darüber hinaus fallen auch die **Seerechtsschutzversicherung**,[14] die **Seehaftpflichtversicherung** und die **Reparaturhaftpflichtversicherung** von Werften für Seeschiffe[15] unter den Begriff der Seeversicherung und sind damit vom Anwendungsbereich des VVG ausgenommen. Nicht erfasst wird dagegen die **Wassersportfahrzeug-Kaskoversicherung** für eine privat genutzte Motoryacht.[16] Das VVG ist hier also uneingeschränkt anwendbar.

Im alten VVG sah § 147 VVG aF für **gemischte Reisen,** die teils zur See, teils auf Binnengewässern oder zu Land ausgeführt werden, die einheitliche Anwendung der für die Seeversicherung maßgeblichen Regeln vor. Das neue VVG enthält keine dem § 147 VVG aF entsprechende Vorschrift. Da der Reformgesetzgeber die Seeversicherung zunächst in den Anwendungsbereich des VVG einbeziehen wollte, bestand hierfür zunächst auch kein Bedarf. Die Entscheidung zur Aufnahme der Seeversicherung in den § 209 hat eine entsprechende Regelung aber wieder erforderlich gemacht.[17] Das Fehlen der Regelung hat zur Folge, dass die Versicherung für denjenigen Teil des Transports, der auf Binnengewässern oder zu Land ausgeführt wird, den Vorschriften des VVG unterliegt (vgl. Vor § 130).[18] Da die Transportversicherung ein Großrisiko kraft Sparte darstellt, gelten die Beschränkungen der Vertragsfreiheit aber auch für den Binnentransport nicht, sodass die Parteien den gesamten Transport einheitlichen AVB unterstellen können.[19]

2. Seekaskoversicherung. Die Seekaskoversicherung schützt nach Ziff. 1.2.1 DTV-ADS 2009 in erster Linie das **Eigentümerinteresse am Schiff**.[20] Der Begriff **Schiff** erfasst alle „schwimmfähigen Hohlkörper von nicht ganz unbedeutender Größe, die fähig und bestimmt sind, auf oder auch unter Wasser fortbewegt zu werden und dabei Personen oder Sachen zu tragen".[21] Darüber hinaus sind auch maschinelle Einrichtungen (Ziff. 20 DTV-Kasko 1978/2004),[22] alle **wesentlichen Bestandteile** des Schiffes wie Rumpf, Mast, Segel, Ruder, sowie das **Zubehör** in Form von Tauen, Anker, Rettungsbooten, Reserveteilen, Karten und Schiffspapieren (Ziff. 4.1 DTV-Kasko 1978/2004; zum Zubehör vgl. auch Ziff. 54.1 DTV-ADS 2009) und die **Ausrüstung** (zB Brennstoff, Proviant) mitversichert.[23] Nach Ziff. 59.1 DTV-ADS 2009 leistet der Versicherer auch Ersatz für Schäden am Schiff und seinen maschinellen Einrichtungen, die auf einem Material- oder Fertigungsfehler, einem Konstruktionsfehler oder -mangel oder einem Wellenbruch beruhen. Für die mit dem Fehler bzw. Mangel behafteten Teile selbst wird entsprechend der sog. „Ilse-Entscheidung" des OLG Hamburg[24] kein Ersatz geleistet (Ziff. 59.2 DTV-ADS 2009).[25] Neben dem Sachwertinteresse am Schiff können auch Interessen an Gewinn, Provision, Schiffsmiete sowie Überfahrts- und Havereigeldern versichert werden.[26] Darüber hinaus werden von der Seekaskoversicherung traditionell auch bestimmte **Haftpflichtrisiken** gedeckt (vgl. Ziff. 1.2.1 iVm Ziff. 65 DTV-ADS 2009).[27]

---

[13] BGHZ 56, 339 (343); weitergehend *Schleif* VersR 2010, 1281 (1288), auch schon vor Stapellauf.
[14] *Klimke* in Prölss/Martin VVG § 209 Rn. 16; *Rixecker* in Langheid/Rixecker VVG § 209 Rn. 2; *Schleif,* Die Seerechtsschutzversicherung: Fright, Demurrage & Defence Insurance, 2008, S. 93 ff.
[15] *Koch* in Bruck/Möller VVG § 209 Rn. 209; *Schleif* VersR 2010, 1281 (1288); zur Seehaftpflichtversicherung *Kroll* RdTW 2015, 287 ff.
[16] OLG Köln VersR 2014, 1205.
[17] *Remé* VersR 2008, 756 (760).
[18] *Paffenholz* in Looschelders/Pohlmann VVG Vor § 130 Rn. 6; *Mechtel* in Schwintowski/Brömmelmeyer/Ebers VVG § 130 Rn. 3; *Schneider* in Marlow/Spuhl Rn. 898; *Heiss* in Beckmann/Matusche-Beckmann VersR-HdB § 38 Rn. 13; *Remé* VersR 2008, 756 (760); für entsprechende Anwendung des § 209 auf den gesamten Transport *Klimke* in Prölss/Martin VVG § 209 Rn. 17; *Rixecker* in Langheid/Rixecker VVG § 209 Rn. 2; *Schleif* VersR 2010, 1281 (1286 f.).
[19] *Schneider* in Marlow/Spuhl Rn. 898.
[20] BGH VersR 1974, 745; *Schwampe* in Thume/de la Motte/Ehlers Teil 6 Rn. 2; *Schwampe,* Seeschiffsversicherung, 2017, Einl. Rn. 30.
[21] BGH NJW 1952, 1135 (Ls.); OLG Hamburg VersR 1977, 813; *Heiss/Trümper* in Beckmann/Matusche-Beckmann VersR-HdB § 38 Rn. 19; *Rabe/Bahnsen,* Seehandelsrecht, 5. Aufl. 2018, Einf. Rn. 2; *Ritter/Abraham,* Das Recht der Seeversicherung, Bd. 1, 2. Aufl. 1967, § 1 Anm. 23.
[22] *Heiss/Trümper* in Beckmann/Matusche-Beckmann VersR-HdB § 38 Rn. 231; *Remé* VersR 1979, 293 (296); *Ritter/Abraham,* Das Recht der Seeversicherung, Bd. 1, 2. Aufl. 1967, § 1 Anm. 35.
[23] *Pisani* in Schwintowski/Brömmelmeyer/Ebers VVG § 209 Rn. 5; *Heiss/Trümper* in Beckmann/Matusche-Beckmann VersR-HdB § 38 Rn. 231; *Ritter/Abraham,* Das Recht der Seeversicherung, Bd. 1, 2. Aufl. 1967, § 1 Anm. 36; *Schwampe,* Seekaskoversicherung, 2009, Klausel 3 Rn. 3 f.
[24] OLG Hamburg VersR 2000, 1142; OLG Hamburg TranspR 2012, 152.
[25] *Schwampe* VersR 2010, 1277 (1280).
[26] *Pisani* in Schwintowski/Brömmelmeyer/Ebers VVG § 209 Rn. 5; nähere Einzelheiten *Ritter/Abraham,* Das Recht der Seeversicherung, Bd. 1, 2. Aufl. 1967, § 1 Anm. 54.
[27] Vgl. *Schwampe,* Seeschiffsversicherung, 2017, Einl. Rn. 34.

6 Der Versicherungsfall muss nach allgemeinen Regeln während der Dauer der Versicherung eintreten.[28] Entscheidend für den **Versicherungszeitraum** sind die vereinbarten Daten (Ziff. 2.1 DTV-Kasko 1978/2004; Ziff. 9.1 DTV-ADS 2009). Der Vertrag endet vorzeitig, wenn das Schiff veräußert wird (Ziff. 13 DTV-Kasko 1978/2004; Ziff. 9.3.2 DTV-ADS 2009) oder die Klasse entzogen wird (Ziff. 37.2 DTV-Kasko 1978/2004; Ziff. 9.3.3 DTV-ADS 2009). Ein Wechsel der Klasse oder Flagge ist nur anzeigepflichtig (Ziff. 37.1 DTV-Kasko 1978/2004; Ziff. 24.5.7, 26.1 DTV-ADS 2009). Ist das Schiff bei Ablauf der vereinbarten Versicherungszeit noch unterwegs und erleidet es auf der Reise einen ersatzpflichtigen Schaden, der die Seetüchtigkeit beeinträchtigt, so kann der Versicherungsnehmer gem. Ziff. 2.2 DTV-Kasko 1978/2004 (Ziff. 9.2 DTV-ADS 2009) vor Ende der Versicherung durch Erklärung die Verlängerung bewirken.[29]

7 Die Versicherung umfasst grds. **alle Gefahren**, denen das Schiff während der Dauer der Versicherung ausgesetzt ist.[30] Dazu gehören insbes. Schäden durch Eindringen von Seewasser, Schiffszusammenstoß, Strandung, Schiffbruch, Brand, Explosion, Blitzschlag, Erdbeben, Eis oder durch Diebstahl, Plünderung oder andere Gewalttätigkeit (Ziff. 27 DTV-ADS 2009). Traditionell ausgenommen ist das **Kriegsrisiko** (Ziff. 16 DTV Kasko 1978/2004; Ziff. 35.1.1 DTV-ADS 2009).[31] Ziffer. 83 ff. DTV-ADS 2009 sehen jetzt jedoch vor, dass die Parteien eine „Kriegsversicherung" vereinbaren können, welche die Beschädigung und den Verlust des versicherten Schiffes durch Krieg etc abdeckt.[32] Die Gefahr der **Piraterie** ist nach Ziff. 35.1.4 DTV-ADS ebenfalls grds. vom Versicherungsschutz ausgenommen. Bei Vereinbarung einer Kriegsversicherung besteht Versicherungsschutz aber auch in dem Fall, dass das Schiff von Piraten für eine Zeit von mehr als 12 Monaten festgehalten wird (Ziff. 84.1.6 DTV-ADS 2009).[33]

8 3. **Seegüterversicherung.** Die Seegüterversicherung deckt das **Interesse des Eigentümers** am Erhalt der transportierten Güter ab. **Güter** sind dabei alle körperlichen Gegenstände, die zur See befördert werden sollen, quasi die Ladung.[34] Versicherbares Interesse ist grds. jedes in Geld schätzbare Interesse, das jemand daran hat, dass die Güter die Gefahren der Beförderung sowie damit verbundener Lagerungen bestehen (Ziff. 1.1.1 DTV-Güter 2000/2011).[35] Außer und neben den Gütern kann auch das Interesse bzgl. des imaginären Gewinns, des Mehrwerts, des Zolls, der Fracht, der Steuern und Abgaben sowie sonstiger Kosten abgedeckt werden (Ziff. 1.1.3 DTV-Güter 2000/2011).[36] Der Versicherungsnehmer kann das eigene Interesse oder das Interesse eines Dritten (Versicherung für fremde Rechnung) versichern (Ziff. 1.1.4 und Ziff. 13 DTV-Güter 2000/2011). Verstößt das versicherte Interesse gegen ein gesetzliches Verbot oder die guten Sitten, so ist der Versicherungsvertrag unwirksam.[37] Die Seegüterversicherung **beginnt,** sobald die Güter zum Zweck der Beförderung von ihrem bisherigen Aufbewahrungsort entfernt werden,[38] und **endet,** sobald die Güter die Ablieferungsstelle erreicht haben (sog. Haus-zu-Haus-Deckung) oder mit Ablauf des vereinbarten Zeitraums.[39] In der Regel handelt es sich bei der Seegüterversicherung um eine **laufende Versicherung.**[40] Die DTV-Güter 2000/2011 enthalten für diese Variante spezielle Regelungen.

II. Rechtliche Grundlagen

9 Die Seeversicherung war bis zur VVG-Reform in den §§ 778–900 HGB geregelt. Diese Vorschriften wurden im Zuge der Reform **aufgehoben.** Dies führt in der Praxis aber insofern zu keinen Änderungen, als das dispositive HGB-Recht bereits seit langem vertraglich durch die ADS

---

[28] OLG Hamburg TranspR 2012, 152.
[29] Nach § 68 ADS 1919 galt das Versicherungsverhältnis noch automatisch als verlängert.
[30] *Pisani* in Schwintowski/Brömmelmeyer/Ebers VVG § 209 Rn. 6.
[31] *Heiss/Trümper* in Beckmann/Matusche-Beckmann VersR-HdB § 38 Rn. 222; *Gercke/Gerhard* in MAH VersR § 11 Rn. 95.
[32] *Schwampe* VersR 2010, 1277 (1280 f.).
[33] Zu den Einzelheiten *Schwampe,* Seeschiffsversicherung, 2017, Ziff. 84 Rn. 12 ff.
[34] *Ritter/Abraham,* Das Recht der Seeversicherung, Bd. 1, 2. Aufl. 1967, § 1 Anm. 38; *Schlegelberger,* Seeversicherungsrecht, 1960, ADS § 1 Rn. 2.
[35] Ziff. 1.1.1 DTV-Güter 2000/2011; *Ehlers* TranspR 2006, 7 (10).
[36] Ziff. 1.1.3 DTV-Güter 2000/2011; *Pisani* in Schwintowski/Brömmelmeyer/Ebers VVG § 209 Rn. 10; *Ehlers* TranspR 2006, 7 (10).
[37] BGH NJW 1972, 1575, Ausfuhr afrikanischer Masken aus Nigeria; *Steinborn/Wege* in van Bühren VersR-HdB § 18 Rn. 27.
[38] Ziff. 8.1 DTV-Güter 2000/2011; OLG Köln VersR 1989, 284 (285); *Remé* VersR 2001, 414 (415).
[39] Ziff. 8.2 DTV-Güter 2000/2011; *Ehlers* TranspR 2007, 5 (8).
[40] DTV-Güter 2000/2011, Bestimmungen für die laufende Versicherung; zu der Fassung von 2000/2008 *Schwampe* in Thume/de la Motte/Ehlers Teil 5 Rn. 683 ff.

1919 und die DTV-Klauselwerke verdrängt worden war.[41] Besondere Bedeutung haben traditionell die **ADS 1919**. Es handelt sich um AVB für die Seeversicherung, die im Jahre 1919 von den deutschen Seeversicherern herausgegeben wurden und sowohl auf die Seegüterversicherung als auch auf die Seekaskoversicherung Anwendung finden sollten.[42] In der **Seegüterversicherung** wurden die §§ 80–99 ADS 1919 zwischenzeitlich durch die **ADS Güter 1973/1994** ersetzt (Ziff. 9.6 ADS 1973/1994).[43] Diese werden zunehmend durch die **DTV-Güter 2000/2008** verdrängt.[44] Die aktuellen **DTV-Güter 2000/2011** haben die DTV-Güter 2000/2008 lediglich um eine Sanktionsklausel im Hinblick auf den Iran ergänzt.[45] Für die **Seekaskoversicherung** sind die **DTV-Kaskoklauseln 1978/2004** entwickelt worden, die in ihrem Regelungsbereich den ADS vorgehen.[46] Die neuen DTV-ADS 2009 (Stand: November 2018) sollen das komplizierte Nebeneinander von ADS und DTV-Kaskoklauseln in der Seekaskoversicherung beseitigen. Es handelt sich um ein einheitliches Regelwerk, das die Bestimmungen der beiden älteren Klauselwerke zusammenführen soll.[47]

Aufgrund der klaren gesetzlichen Anordnung in § 209 ist ein Rückgriff auf die **Vorschriften des VVG** im Seeversicherungsrecht ausgeschlossen. Dies gilt jedenfalls für diejenigen Bestimmungen des VVG, welche die Vertragsfreiheit der Parteien einschränken.[48] Die Rspr. berücksichtigt die Unanwendbarkeit des VVG auch bei der **Kontrolle der AVB**. So hat der BGH darauf abgestellt, dass die ADS nach den Vorstellungen ihrer Verfasser in ihrer Gesamtheit an die Stelle der Vorschriften des VVG treten sollen; die Abweichung von einzelnen Wertungen des VVG sei daher unerheblich.[49] Dem VVG kommt insoweit also **kein Leitbildcharakter** zu.[50]

10

Die Streichung der §§ 778 ff. HGB aF hat allerdings zu dem Problem geführt, dass diese Vorschriften zumindest nicht mehr unmittelbar als gesetzliches Leitbild iRd § 307 Abs. 2 Nr. 1 BGB herangezogen werden können.[51] Der Kontrollmaßstab muss nun also den **allgemeinen schuld- und handelsrechtlichen Grundsätzen** sowie den **allgemeinen Prinzipien des Versicherungsvertragsrechts** entnommen werden.[52] Soweit man die Vorschriften der §§ 778 ff. HGB aF als Ausprägungen von Treu und Glauben verstehen kann, wird man sich hieran freilich vorbehaltlich neuerer Entwicklungen weiter orientieren können. Als gesetzliche Leitbilder dürften bei Obliegenheitsverletzungen das **Verschuldensprinzip** und das **Kausalitätsprinzip** anzuerkennen sein.[53] Ob die Anhebung des Verschuldensmaßstabs auf grobe Fahrlässigkeit als gesetzliches Leitbild angesehen werden kann, ist fraglich.[54] In Abweichung von § 33 ADS 1919 schadet dem Versicherungsnehmer nach den neueren AVB allerdings nur noch die vorsätzliche und grob fahrlässige Herbeiführung des Versicherungsfalls (→ Rn. 19). Kein gesetzliches Leitbild der Seeversicherung ist das **Quotenprinzip** bei grober Fahrlässigkeit.[55] Denn § 137 Abs. 1 hält auch bei der Transportversicherung am Alles oder Nichts-Prinzip fest.

11

Die für die Seeversicherung maßgeblichen Versicherungsbedingungen können auch bei reinen **Binnenlandtransporten** vereinbart werden.[56] § 209 ist dann aber nicht anwendbar. Im Regelfall werden aber die Voraussetzungen des § 210 vorliegen. Soweit dies ausnahmsweise nicht der Fall ist,

12

---

[41] Begr. RegE, BT-Drs. 16/3945, 115; *Ehlers* TranspR 2007, 5 (12); *Ehlers* TranspR-Sonderbeilage 2004, XIV (XV); aA *Richartz* TranspR 2007, 300 (302), die Probleme bei einer Überprüfung der ADS iRd § 307 Abs. 2 Nr. 1 BGB sieht, wenn die entsprechenden Vorschriften des HGB als gesetzlicher Maßstab fehlen.
[42] *Schwampe*, Seeschiffsversicherung Einl. Rn. 1.
[43] *Koller* in Prölss/Martin ADS-Güter 73/84/94 Ziff. 1 Rn. 1.
[44] *Kollatz* in Thume/de la Motte/Ehlers Teil 2 Rn. 485; *Heiss/Trümper* in Beckmann/Matusche-Beckmann VersR-HdB § 38 Rn. 46; *Ehlers* TranspR 2000, 11.
[45] *Steinborn/Wege* in van Bühren VersR-HdB § 18 Rn. 25.
[46] *Schwintowski* in Berliner Kommentar § 186 Rn. 4; *Heiss/Trümper* in Beckmann/Matusche-Beckmann VersR-HdB § 38 Rn. 203; *Franck* TranspR 1997, 215 (218).
[47] *Schwampe* in Thume/de la Motte/Ehlers Teil 6 Rn. 575e; *Schwampe* VersR 2010, 1277 (1278).
[48] *Klimke* in Prölss/Martin VVG § 209 Rn. 18; in die gleiche Richtung schon BGHZ 56, 339 (346); *Eichelberg* in Looschelders/Pohlmann VVG § 209 Rn. 5, allenfalls ausnahmsweise teleologische Reduktion des § 209.
[49] BGH VersR 1993, 312.
[50] *Enge/Schwampe*, Transportversicherung, 4. Aufl. 2012, S. 80; *Schwampe* FS Thume, 2008, 251.
[51] So noch BGH VersR 1993, 312.
[52] *Klimke* in Prölss/Martin VVG § 209 Rn. 19; krit. unter dem Aspekt der Rechtssicherheit *Koch* in Bruck/Möller VVG § 209 Rn. 207.
[53] So auch *Klimke* in Prölss/Martin VVG § 209 Rn. 19; *Pisani* in Schwintowski/Brömmelmeyer/Ebers VVG § 209 Rn. 16; zum Verschuldenserfordernis bei der Verletzung der vorvertraglichen Anzeigepflicht BGHZ 77, 88 (93) = VersR 1980, 964 unter Rückgriff auf die Wertungen der §§ 809 Abs. 2 HGB aF, 17 Abs. 2 VVG aF.
[54] Verneinend *Klimke* in Prölss/Martin VVG § 209 Rn. 19; für Differenzierung nach Schwere und Vorwerfbarkeit der Obliegenheitsverletzung *Pisani* in Schwintowski/Brömmelmeyer/Ebers VVG § 209 Rn. 16.
[55] So auch *Klimke* in Prölss/Martin VVG § 209 Rn. 19; *Muschner* in HK-VVG § 209 Rn. 5.
[56] *Schwampe*, Seeschiffsversicherung, 2017, Einl. Rn. 8.

bleiben die zwingenden und halbzwingenden Vorschriften des VVG maßgeblich. Jedenfalls findet nach § 307 BGB eine Inhaltskontrolle am Leitbild des VVG statt.[57] Dabei kommt den Vorschriften über die Transportversicherung (§§ 130 ff.) besondere Bedeutung zu.

III. Pflichten des Versicherungsnehmers

13   **1. Versicherungsprämie.** Wie bei jedem Versicherungsvertrag besteht die Hauptleistungspflicht des Versicherungsnehmers darin, die vereinbarte Versicherungsprämie zu zahlen. Entgegen § 33 Abs. 1, aber im Einklang mit § 35 VVG aF, bestimmen § 16 Abs. 1 ADS 1919 und Ziff. 12.1 DTV-Güter 2000/2011, dass die Prämie bereits mit Abschluss des Versicherungsvertrages *fällig* ist, wenn keine abweichende vertragliche Regelung getroffen wurde. In der Seekaskoversicherung sieht Ziff. 20.1 DTV-ADS 2009 (Ziff. 8.1 DTV-Kasko 1978/2004) vor, dass der Versicherungsnehmer die Prämie für drei Monate im Voraus zu zahlen hat.

14   Im Fall des **Verzugs** ist der Versicherer gem. § 17 ADS 1919 leistungsfrei, wenn der Versicherungsfall vor Zahlung oder Sicherheitsleistung eintritt. Des Weiteren erhält er ein außerordentliches Kündigungsrecht. In den aktuellen AVB sind diese Rechtsfolgen an das neue VVG angepasst worden. So tritt die **Leistungsfreiheit** erst ein, wenn der Versicherungsnehmer die Prämie auch nach Ablauf einer vom Versicherer gesetzten Frist von mindestens 14 Tagen bzw. zwei Wochen noch in Verzug ist (Ziff. 12.4 S. 1 DTV-Güter 2000/2011; Ziff. 20.5 DTV-ADS 2009). Der Versicherer ist also nicht leistungsfrei, wenn der Versicherungsnehmer sich wegen der Nichtzahlung bei Fristablauf entlasten kann.[58] Eine **Kündigung** ist ebenfalls erst nach Fristablauf möglich. Gemäß Ziff. 20.6 DTV-ADS 2009) kann der Versicherer in diesem Fall mit einer Frist von weiteren 14 Tagen kündigen. Nach Ziff. 12.4 S. 2 DTV-Güter 2000/2011 kann der Versicherer sogar erst kündigen, wenn der Versicherungsnehmer nach Ablauf von weiteren zwei Wochen immer noch in Verzug ist; die Kündigung bedarf dann aber keiner Frist.

15   **2. Obliegenheiten.** Daneben treffen den Versicherungsnehmer zahlreiche Obliegenheiten, wobei gerade im Bereich der Seeversicherung besonders lebhaft über die **Rechtsnatur der Obliegenheiten** diskutiert wird.[59]

16   **a) Anzeigepflicht.** Nach § 19 Abs. 1 ADS 1919 hat der Versicherungsnehmer **bei Vertragsschluss** alle ihm bekannten oder grob fahrlässig unbekannten erheblichen Gefahrumstände anzuzeigen.[60] Ein Umstand ist dann gefahrerheblich, wenn er geeignet ist, auf den Entschluss des Versicherers, den Vertrag überhaupt oder mit dem vereinbarten Inhalt zu schließen, Einfluss zu nehmen.[61] Maßgeblich ist dabei die Vorstellung des Versicherers.[62] § 21 ADS 1919 enthält darüber hinaus Vermutungen für die Erheblichkeit. Umstände, die allgemein bekannt sind oder die der Versicherer sonst kennt, müssen nicht angezeigt werden.[63] Ist die vorvertragliche Anzeige nicht oder unrichtig erfolgt, so ist der Versicherer gem. § 20 Abs. 1 ADS 1919 **von der Verpflichtung zur Leistung frei.** Der BGH hat diese Vorschrift allerdings wegen Abweichung vom gesetzlichen Leitbild des § 809 Abs. 2 HGB aF und des § 17 Abs. 2 VVG aF für unwirksam erklärt, soweit sie den Versicherer auch für den Fall von der Leistungspflicht freistellt, dass den Versicherungsnehmer kein Verschulden an der unrichtigen Anzeige trifft.[64] Nach Ziff. 4.3 S. 2 DTV-Güter 2000/2011 und Ziff. 22.4 DTV-ADS 2009 bleibt die Leistungspflicht des Versicherers nunmehr bestehen, wenn dem Versicherungsnehmer **kein Verschulden** zu Last fällt. Insoweit schadet aber schon einfache Fahrlässigkeit.[65] Der **Kausalitätsgegenbeweis** steht dem Versicherungsnehmer nach Ziff. 4.2 S. 3 DTV-Güter 2000/2011 bzw. Ziff. 22.2. UAbs. 3 DTV-ADS 2009 offen. Da das Verschuldens- und das Kausalitätsprin-

---

[57] *Klimke* in Prölss/Martin VVG § 209 Rn. 20; *Schwintowski* in Berliner Kommentar VVG § 186 Rn. 3; *Sieg* VersR 1997, 649 (652).
[58] *Schwampe*, Seeschiffsversicherung 2017, Ziff. 20 Rn. 47.
[59] *Heiss/Trümper* in Beckmann/Matusche-Beckmann VersR-HdB § 38 Rn. 274 mwN; *Looks* VersR 2008, 883.
[60] *Ritter/Abraham*, Das Recht der Seeversicherung, Bd. 1, 2. Aufl. 1967, § 19 Anm. 3.
[61] *Ritter/Abraham*, Das Recht der Seeversicherung, Bd. 1, 2. Aufl. 1967, § 19 Anm. 30; *Trölsch*, Die Obliegenheiten in der Seeversicherung, 1998, S. 334; aufgegriffen in Ziff. 4.1 DTV-Güter 2000/2011.
[62] BGH VersR 1984, 629 (630); *Schlegelberger*, Seeversicherungsrecht, 1960, ADS § 19 Rn. 3.
[63] *Schlegelberger*, Seeversicherungsrecht, 1960, ADS § 19 Rn. 4, 8.
[64] BGHZ 77, 88 (93) = NJW 1980, 2817; OLG Hamburg TranspR 2004, 328 (330); *Müller-Collin*, Die Allgemeinen Deutschen Seeversicherungsbedingungen (ADS) und das AGB-Gesetz, 1994, S. 140; *Sasse*, Deutsche Seeversicherung 1958–1980, 1982, Rn. 95; *Enge/Schwampe*, Transportversicherung, 4. Aufl. 2012, S. 80; *Ehlers* in Thume/de la Motte/Ehlers Teil 5 Rn. 212; dagegen *Remé* VersR 2008, 756 (759), der von einem obiter dictum ausgeht.
[65] *Koller* in Prölss/Martin DTV-Güter VolleDeck Ziff. 4 Rn. 4; *Schwampe* VersR 2010, 1277 (1278).

zip gewahrt sind, bestehen aus AGB-rechtlicher Sicht gegen die Wirksamkeit dieser Regelungen keine durchgreifenden Bedenken.[66]

b) Gefahränderung und Gefahrerhöhung. Nach den neueren AVB darf der Versicherungsnehmer die Gefahr **ändern**, insbes. auch erhöhen, und die Änderung durch einen Dritten gestatten (Ziff. 11.1 DTV-Kasko 1978/2004; Ziff. 5.1 DTV-Güter 2000/2011; Ziff. 24.1 DTV-ADS 2009).[67] Gefahränderungen sind in der Güterversicherung zB die Verzögerung des Transports oder die Änderung der Route bzw. des Bestimmungshafens;[68] in der Seekaskoversicherung werden verschiedene Beispiele für eine Gefahränderung (zB Überschreiten der vereinbarten Fahrtgrenzen, Einsatz des Schiffes bei militärischen Manövern, Wechsel der Flagge) in Ziff. 24.5 DTV-ADS 2009 genannt. Der Versicherungsnehmer hat die Gefahränderung **unverzüglich anzuzeigen** (Ziff. 5.2 DTV-Güter 2000/2011, Ziff. 24.2 DTV-ADS 2009). Im Fall einer **Gefahrerhöhung** muss er ggf. eine Zuschlagsprämie zahlen (Ziff. 5.5 DTV-Güter 2000/2011, Ziff. 24.4. DTV-ADS 2009). Verletzt der Versicherungsnehmer seine Anzeigeobliegenheit, so ist der Versicherer leistungsfrei. Der Versicherungsnehmer kann sich aber damit entlasten, dass die Verletzung der Anzeigepflicht weder auf Vorsatz noch auf grober Fahrlässigkeit beruhte oder weder Einfluss auf den Eintritt des Versicherungsfalls noch auf den Umfang der Leistungspflicht des Versicherers hatte (Ziff. 5.4 DTV-Güter 2000/2011, Ziff. 24.3 DTV-ADS 2009). Eine Quotelung findet also nicht statt. 17

c) Schadensabwendung und -minderung. Nach § 41 Abs. 1 S. 1 ADS 1919 ist der Versicherungsnehmer gehalten, nach Möglichkeit für die Abwendung und Minderung des Schadens zu sorgen (sog. **Rettungspflicht**), wobei er gem. Abs. 1 S. 2 Weisungen des Versicherers einzuholen und zu beachten hat.[69] Verletzt der Versicherungsnehmer seine Rettungspflicht, so ist der Versicherer in Bezug auf alle kausalen Schäden leistungsfrei. Die Verletzung muss zwar gem. § 41 Abs. 3 ADS 1919 auf einem Verschulden des Versicherungsnehmers beruhen; dabei reicht aber einfache Fahrlässigkeit aus.[70] Ziff. 15.5 DTV-Güter 2000/2011 sieht demgegenüber vor, dass die Leistungspflicht des Versicherers nur bei Vorsatz oder grober Fahrlässigkeit entfällt. Anders als nach § 82 Abs. 3 S. 2 findet bei grober Fahrlässigkeit aber auch nach den DTV-Güter 2000/2011 keine Quotelung statt. Für die Seekaskoversicherung enthalten Ziff. 44 und Ziff. 46 DTV-ADS 2009 vergleichbare Regelungen, die § 62 VVG aF ebenfalls weitgehend entsprechen. Der Kausalitätsgegenbeweis ist sowohl nach Ziff. 15.5 DTV-Güter 2000/2011 als auch nach Ziff. 46 DTV-ADS 2009 zulässig. 18

3. Subjektive Risikoausschlüsse und Repräsentantenhaftung. Nach Ziff. 3 DTV-Güter 2000/2011 und Ziff. 34.1 DTV-ADS 2009 ist der Versicherer auch dann von der Leistungspflicht frei, wenn der Versicherungsnehmer den Versicherungsfall vorsätzlich oder grob fahrlässig **herbeiführt**. Mit der Beschränkung der Leistungsfreiheit auf Vorsatz und grobe Fahrlässigkeit sind die Versicherer der Vertragspraxis gefolgt, wonach die weitergehende Vorschrift des § 33 Abs. 1 ADS 1919 – Haftung des Versicherungsnehmers schon bei einfacher Fahrlässigkeit – meistens abbedungen wurde.[71] Die Leistungspflicht des Versicherers entfällt allerdings entgegen § 81 Abs. 2 auch bei grober Fahrlässigkeit vollständig.[72] 19

Der Versicherungsnehmer muss sich das Verhalten Dritter nach den Grundsätzen der **Repräsentantenhaftung** zurechnen lassen.[73] Der **Kapitän** des Schiffes ist bei der Seegüterversicherung kein Repräsentant des Versicherungsnehmers.[74] Bei der Seekaskoversicherung wird der Kapitän dagegen überwiegend als Repräsentant angesehen.[75] Die Differenzierung beruht darauf, dass der Kapitän 20

---

[66] IE auch *Klimke* in Prölss/Martin VVG § 209 Rn. 18.
[67] *Heiss/Trümper* in Beckmann/Matusche-Beckmann VersR-HdB § 38 Rn. 258; *Trölsch*, Die Obliegenheiten in der Seeversicherung, 1998, S. 348; anders noch § 23 Abs. 1 ADS 1919.
[68] Ziff. 5.3 DTV-Güter 2000/2011.
[69] Ausf. zur Rettungspflicht in der Seeversicherung *Looks* VersR 2008, 883 ff.
[70] Zum Streit über die Wirksamkeit des § 41 Abs. 3 ADS 1919 nach § 307 BGB *Looks* VersR 2008, 883 (884).
[71] *Ehlers* TranspR 2006, 7 (15); *Ehlers* TranspR-Sonderbeilage 2004, XIV (XVI); *Ehlers* TranspR 2000, 11 (19).
[72] *Ehlers* in Thume/de la Motte/Ehlers Teil 5 Rn. 175; *Schwampe*, Seeschiffsversicherung, 2017, Ziff. 34 Rn. 9.
[73] *Ehlers* TranspR-Sonderbeilage 2004, XIV (XVI); *Enge/Schwampe*, Transportversicherung, 4. Aufl. 2012, S. 88; *Trölsch*, Die Obliegenheiten in der Seeversicherung, 1998, S. 106; ausf. zur Repräsentantenhaftung *Looschelders* in Beckmann/Matusche-Beckmann VersR-HdB § 17 Rn. 29 ff.
[74] BGHZ 77, 88 (91) = NJW 1980, 2817; OLG Hamburg VersR 1983, 1151 (1152); *Paffenholz* in Looschelders/Pohlmann VVG § 137 Rn. 8; *Ehlers* TranspR 2006, 7 (15).
[75] BGH VersR 1983, 479 (481); OLG Hamburg VersR 1987, 1004 (1006); *Looschelders* in Beckmann/Matusche-Beckmann VersR-HdB § 17 Rn. 80; *Ehlers* in Thume/de la Motte/Ehlers Teil 5 Rn. 182; *Steinborn/Wege* in van Bühren VersR-HdB § 18 Rn. 88; aA für nautisches Verschulden *Schwampe*, Seeschiffsversicherung, 2017, Ziff. 34 Rn. 15; *Looks* VersR 2003, 1509 ff.; 2008, 883 (887); *Müller-Collin*, Die Allgemeinen Deutschen Seeversicherungsbedingungen (ADS) und das AGB-Gesetz, 1994, S. 124; *Trölsch*, Die Obliegenheiten in der Seeversicherung, 1998, S. 99, 129.

nicht dafür zuständig ist, die laufende Betreuung der versicherten Ladung für den Versicherungsnehmer wahrzunehmen.[76] Seine Zuständigkeit beschränkt sich auf die Sorge für das versicherte Schiff. Die hervorgehobene Stellung des Kapitäns wird hier besonders deutlich, wenn er sich mit dem Schiff auf hoher See befindet.[77] Ziff. 34.2 DTV-ADS 2009 sieht allerdings vor, dass der Versicherungsnehmer das Verhalten der Schiffsbesatzung als solcher nicht zu vertreten hat. Da der Kapitän nach § 478 HGB zur Schiffsbesatzung gehört, dürfte der Kapitän auf der Grundlage der DTV-ADS 2009 nicht mehr als Repräsentant anzusehen sein.[78]

21 Für den wichtigen Fall, dass der Kapitän die **Verletzung einer Schiffssicherheitsbestimmung** zu vertreten hat, sieht die gegenüber Ziff. 34.1 und 34.2 DTV-ADS 2009 vorrangige Ziff. 33.1.3 DTV-ADS 2009[79] außerdem vor, dass der Versicherungsnehmer sich durch den Nachweis **entlasten** kann, dass die Verletzung nicht auf Vorsatz oder grober Fahrlässigkeit bei der erforderlichen Organisation des Schiffsbetriebs beruht. Soweit die Leistungsfreiheit an die **fehlende Seetüchtigkeit** des Schiffes geknüpft ist, gilt das Gleiche für den Fall, dass die Seeuntüchtigkeit vom Kapitän zu vertreten ist, der Versicherungsnehmer aber nachweislich alles Erforderliche getan hat, um das Schiff seetüchtig in See zu senden, und organisatorisch sichergestellt hat, dass auch die Schiffsführung die geltenden Vorschriften und Regeln guter Seemannschaft beachten und umsetzen kann (Ziff. 33.2.1.3 DTV-ADS 2009).[80] Die Haftung des Versicherungsnehmers für den Kapitän wird dadurch beträchtlich eingeschränkt.[81]

22 Nicht mehr interessengerecht war § 33 Abs. 2 ADS 1919, wonach der Versicherungsnehmer für das Verhalten des **Abladers oder Empfängers** haftet. Denn der Versicherungsnehmer will sich regelmäßig auch im Hinblick auf das Verschulden dieser Personen absichern.[82] Die DTV-Güter 2000/2011 enthalten daher keine solche Bestimmung mehr.

IV. Pflichten des Versicherers

23 **1. Versicherungsleistung.** Die Hauptpflicht des Versicherers besteht auch bei der Seeversicherung darin, im Versicherungsfall die Versicherungsleistung zu erbringen. Gem. § 28 ADS 1919 (Ziff. 2.1 DTV-Güter 2000/2008; Ziff. 27 DTV-ADS 2009) gilt der Grundsatz der **Allgefahrendeckung**, so dass der Versicherer alle Gefahren zu tragen hat, denen das Schiff oder die Güter während der Dauer der Versicherung ausgesetzt sind.[83] Die einschlägigen AVB sehen für einzelne Gefahren aber Ausschlüsse vor.[84] Grundsätzlich sind zunächst alle Schäden erfasst, die zB durch Eindringen von Seewasser, Schiffszusammenstoß, Strandung, Schiffbruch, Brand, Explosion, Blitzschlag, Erdbeben oder Eis verursacht werden (→ Rn. 7). Bei der Güterversicherung sind auch die Gefahren der mit dem Transport verbundenen Lagerung eingeschlossen (Ziff. 1.1.1 DTV-Güter 2000/2011; anders noch § 1 ADS 1919). Dazu gehört die Lagerung in Speditionen, Zolllagern, Kaianstalten und auf Umschlagplätzen.[85]

24 Zur Feststellung des Kausalzusammenhangs wird im Seeversicherungsrecht auf die **causa proxima-Regel** abgestellt.[86] Bei mehreren Ursachen haftet der Versicherer danach nur, wenn die versicherte Gefahr die wirksamste, wenn auch nicht unbedingt die zeitlich letzte Ursache war.[87] Beruft der Versicherungsnehmer sich auf einen Risikoausschluss, so muss er seinerseits nachweisen, dass das ausgeschlossene Risiko causa proxima für den Eintritt des Versicherunfalls war.[88]

---

[76] *Looschelders* in Beckmann/Matusche-Beckmann VersR-HdB § 17 Rn. 80.
[77] BGH VersR 1983, 479 (481); *Trölsch,* Die Obliegenheiten in der Seeversicherung, 1998, S. 129.
[78] So auch *Schwampe,* Seeschiffsversicherung, 2017, Ziff. 34 Rn. 14 f.
[79] Der Vorrang von Ziff. 33.1 DTV-ADS ergibt sich aus Ziff. 34.3.ADS; vgl. dazu *Schwampe,* Seeschiffsversicherung, 2017, Ziff. 34 Rn. 16 ff.
[80] *Schwampe* in Thume/de la Motte/Ehlers Teil 6 Rn. 575l.
[81] *Schwampe* VersR 2010, 1277 (1279).
[82] *Ehlers* in Thume/de la Motte/Ehlers Teil 5 Rn. 186; *Ehlers* TranspR 2000, 11 (12, 20).
[83] BGHZ 80, 55 (60) = VersR 1981, 524 (526); *Pisani* in Schwintowski/Brömmelmeyer/Ebers VVG § 209 Rn. 6; *Ehlers* TranspR 2006, 7 (9); TranspR 2000, 11 (15).
[84] *Ehlers* TranspR 2006, 7 (11); *Enge/Schwampe,* Transportversicherung, 4. Aufl. 2012, S. 52; *Müller-Collin,* Die Allgemeinen Deutschen Seeversicherungsbedingungen (ADS) und das AGB-Gesetz, 1994, S. 100.
[85] *Ehlers* TranspR 2006, 7 (10); TranspR 2000, 11 (15).
[86] *Heiss/Trümper* in Beckmann/Matusche-Beckmann VersR-HdB § 38 Rn. 152; *Büchner/Jürss* VersR 2004, 1090 (1092); *Ehlers* TranspR 2000, 11 (19); *Ritter/Abraham,* Das Recht der Seeversicherung, Bd. 1, 2. Aufl. 1967, § 28 Anm. 17.
[87] BGH VersR 1971, 1056 (1057); OLG Hamburg VersR 1987, 1004 (1005); 1986, 1016 (1018); 1983, 1151 (1153); 1963, 449 (453); LG Köln VersR 2000, 53; *Pisani* in Schwintowski/Brömmelmeyer/Ebers VVG § 209 Rn. 7; *Ehlers* TranspR 2006, 7 (14); *Johannsen* VersR 2005, 319 (322 f.); *Sasse,* Deutsche Seeversicherung 1958–1980, 1982, Rn. 505.
[88] BGH VersR 2002, 845.

2. Sonstige Leistungen. Die **Kosten der Schadensabwendung** und **-minderung** sowie 25
der **Schadensfeststellung** sind vom Versicherer zu tragen (§ 32 Abs. 1 ADS 1919; Ziff. 1.5.1.3 ADS
Güter 1973/1994; Ziff. 31.1.1–31.1.3 DTV-ADS 2009; Ziff. 2.3.1.2 DTV-Güter 2000/2011). Dies
entspricht der allgemeinen Regelung des § 83. Die Versicherung umfasst auch die Beiträge zur
großen Haverei, die dem Versicherungsnehmer aufgrund einer international anerkannten Regelung obliegen (§ 29 Abs. 1 ADS 1919; Ziff. 28 DTV-ADS 2009; Ziff. 2.3.1.1 DTV-Güter 2000/
2011).[89]

3. Frist zur Andienung des Schadens. Der Versicherungsnehmer muss dem Versicherer den 26
Schaden gem. § 42 ADS 1919 (Ziff. 16 DTV-Güter 2000/2011; Ziff. 47 DTV-ADS 2009) **innerhalb von 15 Monaten** seit dem Ende der Versicherung durch schriftliche Erklärung **andienen.**
Das „Andienen" setzt voraus, dass der Versicherungsnehmer gegenüber dem Versicherer zu erkennen
gibt, er wolle für einen bestimmten Schaden entschädigt werden.[90] Wird der Schaden nicht rechtzeitig angedient, so erlischt der Entschädigungsanspruch, **ohne** dass es auf ein **Verschulden** des Versicherungsnehmers ankommt.[91] Ob der verschuldensunabhängige Ausschluss des Entschädigungsanspruchs einer Inhaltskontrolle nach § 307 BGB standhält, ist umstritten. Der BGH hat vor
Inkrafttreten des AGBG zu § 242 BGB die Auffassung vertreten, dass dem Versicherungsnehmer
durch § 42 ADS 1919 „nichts Unbilliges zugemutet" wird.[92] Die hM geht davon aus, dass hieran
nach geltendem Recht festzuhalten ist.[93]

4. Schäden bei der Seekaskoversicherung. Bei der Seekaskoversicherung bestehen die versi- 27
cherten Schäden in dem Totalverlust oder der Beschädigung des Schiffes. **Teilschäden** sind gem.
§ 74 Abs. 1 ADS 1919 durch Sachverständige festzustellen[94] und anschließend nach § 75 ADS 1919
unverzüglich auszubessern. Die Ersatzpflicht des Versicherers richtet sich für die Ausbesserung aufgewendeten Kosten und entsteht grds. nur, wenn die Reparatur tatsächlich erfolgt ist
(Ziff. 33.1 DTV-Kasko 1978/2004; Ziff. 62.5, 62.8 DTV-ADS 2009).[95] Bei **Totalverlust** kann der
Versicherungsnehmer nach § 71 Abs. 1 ADS 1919 (Ziff. 60.1 DTV-ADS 2009) die Versicherungssumme verlangen. Er muss sich aber den Wert der geretteten Sachen und das, was anderweitig zur
Ausgleichung des Schadens erlangt wurde, anrechnen lassen. Die nach Ablauf einer Frist von zwei
Monaten eintretende **Verschollenheit** steht dem Totalverlust gleich (Ziff. 31.1 DTV-Kasko 1978/
2004; Ziff. 60.2.2 DTV-ADS 2009).[96]

Nach Ziff. 23.1 DTV-Kasko 1978/2004 haftet der Versicherer nicht, wenn die Schäden durch 28
die **Seeuntüchtigkeit des Schiffes** eingetreten sind, was insbes. bei mangelhafter Ausrüstung,
Bemannung, Beladung oder fehlenden Papieren der Fall ist. Die Seeuntüchtigkeit muss zum Zeitpunkt des Reisebeginns vorgelegen haben und vom Versicherungsnehmer **zu vertreten** sein
(Ziff. 23.2 DTV-Kasko 1978/2004).[97] Nach Ziff. 33.1 DTV-ADS 2009 kommt es dagegen primär
darauf an, ob eine **Schiffssicherheitsbestimmung** verletzt wurde. Der Versicherungsnehmer kann
den Kausalitätsgegenbeweis antreten oder sich mit dem Nachweis entlasten, dass die Verletzung der
Bestimmung weder auf Vorsatz noch auf grober Fahrlässigkeit beruht (Ziff. 33.1.2 DTV-ADS 2009).
Der Versicherungsnehmer muss hiernach also nicht nur für die Seetüchtigkeit des Schiffes, sondern
für die Einhaltung aller Schiffssicherheitsbestimmungen einstehen. Zum Ausgleich dafür haftet er
aber nur für Vorsatz und grobe Fahrlässigkeit.[98] Die Parteien können aber schriftlich vereinbaren,
dass es für die Leistungsfreiheit des Versicherers allein auf die Seeuntüchtigkeit des Schiffes ankommt.
In diesem Fall schadet dem Versicherungsnehmer aber wieder jedes Verschulden (Ziff. 33.2.1.2
DTV-AVB 2009). Nach der DTV-Kasko 1978/2004 kommt der Versicherer grds. auch nicht für

---

[89] *Ehlers* TranspR 2006, 7 (12); 2000, 11 (15).
[90] BGH VersR 1972, 88; *Koller* in Prölss/Martin DTV-Güter VolleDeck Ziff. 16 Rn. 1.
[91] BGH VersR 1972, 88 (90); *Riemer* in Bruck/Möller DTV-Güter 2000/2011 Ziff. 16 Rn. 4; *Koller* in Prölss/
Martin DTV-Gü VolleDeck Ziff. 16 Rn. 1; *Jaeger* in Bruck/Möller DTV-ADS 2009 Ziff. 47 Rn. 4; *Ehlers*
in Thume/de la Motte/Ehlers Teil 5 Rn. 473; *Sasse,* Deutsche Seeversicherung 1958–1980, 1982, Rn. 83;
Trölsch, Die Obliegenheiten in der Seeversicherung, 1998, S. 366.
[92] BGH VersR 1972, 88 (90).
[93] *Ehlers* in Thume/de la Motte/Ehlers Teil 5 Rn. 473; *Koller* in Prölss/Martin DTV-Güter VolleDeck Ziff. 16
Rn. 1; *Guth* in Bruck/Möller DTV-ADS 2009 Ziff. 80 Rn. 3; aA *Schwampe,* Seeschiffsversicherung, 2017,
Ziff. 47 Rn. 4 ff.
[94] In der Praxis wird vom Sachverständigenverfahren nur im Streitfall Gebrauch gemacht; *Enge/Schwampe,*
Transportversicherung, 4. Aufl. 2012, S. 271.
[95] Ausnahme s. § 75 Abs. 5 ADS 1919 und Ziff. 33.2 DTV-Kasko 1978/2004.
[96] *Heiss/Trümper* in Beckmann/Matusche-Beckmann VersR-HdB § 38 Rn. 235.
[97] *Heiss/Trümper* in Beckmann/Matusche-Beckmann VersR-HdB § 38 Rn. 214; *Enge/Schwampe,* Transportversicherung, 4. Aufl. 2012, S. 230.
[98] Zu den Unterschieden *Schwampe* VersR 2010, 1277 (1279).

Schäden auf, die durch Gefahrgüter (Ziff. 14.1 DTV-Kasko 1978/2004), Gefahren durch Kernenergie und radioaktive Stoffe (Ziff. 19.1 DTV-Kasko 1978/2004), **Kriegsgefahren** (Ziff. 16.1 DTV-Kasko 1978/2004),[99] Gewalthandlungen (Ziff. 15 DTV-Kasko 1978/2004) oder diverse Risiken hoheitlichen Handelns wie Beschlagnahme sowie Entziehung und Verfügung von hoher Hand (Ziff. 17.1 DTV-Kasko 1978/2004) entstanden sind.[100] Ziff. 35.1.4 DTV-ASB 2009 nimmt jetzt auch die **Piraterie** vom Versicherungsschutz aus. Die Parteien können diese Gefahr aber im Rahmen der **Kriegsversicherung** abdecken (→ Rn. 7).[101]

29   **5. Schäden bei der Seegüterversicherung.** Bei der Seegüterversicherung sind ebenfalls Schäden wie Verlust, Verschollenheit und Beschädigung erfasst (Ziff. 7 ADS Güter 1973/1994). Bei **Totalverlust** und **Verschollenheit** bemisst sich die Entschädigung nach der Versicherungssumme abzgl. des Wertes der geretteten Sachen (Ziff. 17.1 und 17.2 DTV-Güter 2000/2011).[102] Dabei soll die Versicherungssumme gem. Ziff. 10.1 DTV-Güter 2000/2011 dem Versicherungswert entsprechen. Versicherungswert ist nach Ziff. 10.2 DTV-Güter 2000/2011 der gemeine Handelswert oder in dessen Ermangelung der gemeine Wert der Güter am Absendungsort bei Beginn der Versicherung, zzgl. der Versicherungskosten, der Kosten, die zur Annahme der Güter durch den Beförderer entstehen, und der endgültig bezahlten Fracht. Bei **Beschädigung** der Güter wird der Wertverlust nach Maßgabe der Ziff. 17.3 DTV-Güter 2000/2011 ersetzt.[103]

C. Rückversicherung

I. Anwendungsbereich

30   Die Rückversicherung ist die Versicherung der von dem (Erst-)Versicherer übernommenen Gefahr (vgl. § 779 Abs. 1 HGB aF).[104] Es handelt sich um eine **echte Versicherung** und keinen Gesellschaftsvertrag (→ 2. Aufl. RückVersR Rn. 1).[105] Gesellschaftsrechtliche Aspekte können aber durchaus eine Rolle spielen. Dies gilt insbes. für die obligatorische Quotenrückversicherung (→ Rn. 42).[106]

31   Der **Rückversicherungsvertrag** wird zwischen dem Erstversicherer (auch Zedent genannt) und einem oder mehreren Rückversicherern (auch als Zessionar bezeichnet) geschlossen. Die Rückversicherung dient vornehmlich dem **Risikotransfer,** also der Verringerung des versicherungstechnischen Risikos bzw. der Risikoallokation.[107] Sie ermöglicht dem Erstversicherer, höhere Versicherungssummen zu gewähren und Risiken zu decken, die wegen ihrer großen Wahrscheinlichkeit und Höhe ansonsten zu gewagt wären. Daneben profitiert der Erstversicherer von **Service- und Beratungsleistungen des Rückversicherers.**[108]

---

[99]   Kriegsrisiken können auch in einer eigenen Kriegsversicherung abgedeckt werden.
[100] Heiss/Trümper in Beckmann/Matusche-Beckmann VersR-HdB § 38 Rn. 224.
[101] Schwampe VersR 2010, 1277 (1279).
[102] BGHZ 80, 55 (61) = VersR 1981, 524 (526); Sasse, Deutsche Seeversicherung 1958–1980, 1982, Rn. 97.
[103] Koller in Prölss/Martin DTV-Güter VolleDeck Ziff. 17 Rn. 2; Heiss/Trümper in Beckmann/Matusche-Beckmann VersR-HdB § 38 Rn. 165; Enge/Schwampe, Transportversicherung, 4. Aufl. 2012, S. 199.
[104] RGZ 129, 1 (4); Schwintowski in Berliner Kommentar VVG § 186 Rn. 12; Eichelberg in Looschelders/Pohlmann VVG § 209 Rn. 2; Lorenz in Beckmann/Matusche-Beckmann VersR-HdB § 1 Rn. 108; Lüer in Lüer/Schwepcke RückVersR § 1 Rn. 1.
[105] RGZ 153, 184 (188); 162, 244 (245); 164, 212 (214); Klimke in Prölss/Martin VVG § 209 Rn. 3; Eichelberg in Looschelders/Pohlmann VVG § 209 Rn. 2; Pisani in Schwintowski/Brömmelmeyer/Ebers VVG § 209 Rn. 26; Lorenz in Beckmann/Matusche-Beckmann VersR-HdB § 1 Rn. 108; Deutsch/Iversen, Versicherungsvertragsrecht, 7. Aufl. 2015, Rn. 125; Grossmann, Rückversicherung – eine Einführung, 2. Aufl. 1982, S. 37; Schulte, Rückversicherung in Deutschland und England, 1990, S. 28; Schwepcke/Vetter, Praxishandbuch: Rückversicherung, 2017, Rn. 363, 370 ff.
[106] RGZ 153, 184 (188); Schwintowski in Berliner Kommentar VVG § 186 Rn. 17; Pisani in Schwintowski/Brömmelmeyer/Ebers VVG § 209 Rn. 26; Klimke in Prölss/Martin VVG § 209 Rn. 3; Looschelders VersR 2012, 1 (3).
[107] Näher dazu Schwepcke/Vetter, Praxishandbuch: Rückversicherung, 2017, Rn. 111 ff.
[108] Echarti/Labes in Bruck/Möller VVG § 209 Rn. 26 ff.; Wandt in FAHdB VersR Kap. 1 Rn. 46; Lüer in Lüer/Schwepcke RückVersR § 1 Rn. 2; Bender/Richter ZVersWiss 2003, 483; Frey VW 1996, 1186; Koch ZfV 1993, 554; Reißaus/Wambach ZVersWiss 2000, 635 (638); Schmidt, Betriebswirtschaftliche Aspekte der Rückversicherung unter besonderer Berücksichtigung der Absatzpolitik von Rückversicherungsunternehmen, 1980, S. 17.

Die Rückversicherung gehört zur **Schadenversicherung,** unabhängig davon, ob die Erstversi- 32 cherung eine Schaden- oder Summenversicherung ist.[109] Sie kann in allen Versicherungsbereichen genommen werden. Das Prinzip der Spartentrennung gilt für die Rückversicherung nicht (arg. § 8 Abs. 4 S. 2 VAG).[110] Gemäß § 8 Abs. 4 S. 1 VAG darf ein Rückversicherungsunternehmen aber nur für den Betrieb der Rückversicherung zugelassen werden.

Da zwischen dem Versicherungsnehmer des Erstversicherers und dem Rückversicherer keine 33 **Rechtsbeziehung** besteht, entstehen insoweit auch keine direkten Ansprüche.[111] Die Parteien können allerdings sog. „Cut Through"-Klauseln in den Rückversicherungsvertrag aufnehmen, die es dem Erstversicherungsnehmer unter strengen Voraussetzungen (zB Insolvenz des Erstversicherers) ermöglichen, Ansprüche direkt beim Rückversicherer geltend zu machen.[112]

II. Rechtsgrundlagen

Da die Rückversicherung durch § 209 weiterhin vom Anwendungsbereich des VVG ausgenom- 34 men wird, fehlt es auch nach der Reform an einer gesetzlichen Grundlage. Eine analoge Anwendung der VVG-Vorschriften kommt wegen der klaren Wertentscheidung des Gesetzgebers ebenfalls nicht in Betracht.[113] Soweit sich dem VVG **allgemeine Prinzipien des Versicherungsrechts** entnehmen lassen, können diese aber auch bei der Auslegung von Rückversicherungsverträgen herangezogen werden.[114] So gelten zB die allgemeinen Grundsätze der **Mitversicherung** auch bei der Rückversicherung.[115] Aus dem BGB sind die allgemeinen Regeln des Vertragsrechts, insbes. der Grundsatz von **Treu und Glauben,** von großer Bedeutung.[116] Darüber hinaus finden die allgemeinen Regeln des Handelsrechts Anwendung. Im Übrigen sind die vertraglichen Vereinbarungen maßgeblich. Bei der Auslegung oder Ergänzung der Verträge kann der **Rückversicherungsbrauch** über § 346 HGB als Handelsbrauch herangezogen werden.[117]

Die rechtliche Beurteilung von Rückversicherungsverträgen wird weiter dadurch erschwert, dass 34a diese Verträge in aller Regel **internationale Bezüge** aufweisen.[118] In den meisten ausländischen Rechtsordnungen fehlt aber ebenfalls eine gesetzliche Regelung für Rückversicherungsverträge.[119] Eine Rechtswahl ist daher oft ein „Sprung ins Dunkle".[120] Außerdem ist die Bestimmung des anwendbaren Rechts mangels Rechtswahl bei Rückversicherungsverträgen sehr umstritten (→ 2. Aufl. IntVersR Rn. 157 ff.). Davon abgesehen wird die Anknüpfung an nationale Rechtsregeln der Internationalität von

---

[109] RGZ 129, 1 (6); 153, 184 (188); *Klimke* in Prölss/Martin VVG § 209 Rn. 3a; *Lorenz* in Beckmann/Matusche-Beckmann VersR-HdB § 1 Rn. 108; *Deutsch/Iversen,* Versicherungsvertragsrecht, 7. Aufl. 2015, Rn. 125; *Looschelders* VersR 2012, 1 (3).

[110] *Bähr/Meyer-Landrut* in Lüer/Schwepcke RückVersR § 2 Rn. 96; *Pfeiffer,* Einführung in die Rückversicherung, 5. Aufl. 1999, S. 12.

[111] Begr. RegE, BT-Drs. 16/3945, 115; BGH VersR 1970, 29 (30); LG Köln VersR 1953, 130; *Rixecker* in Langheid/Rixecker VVG § 209 Rn. 1; *Lorenz* in Beckmann/Matusche-Beckmann VersR-HdB § 1 Rn. 108; *Cannawurf/Schwepcke* in Lüer/Schwepcke RückVersR § 8 Rn. 203; *Looschelders* VersR 2012, 1 (3); *Schwepcke,* Rückversicherung, 2. Aufl. 2004, S. 104.

[112] *Echarti/Labes* in Bruck/Möller VVG § 209 Rn. 34; *Geiger* VW 2000, 310; *Cannawurf/Schwepcke* in Lüer/Schwepcke RückVersR § 8 Rn. 205; *Schwepcke/Vetter,* Praxishandbuch: Rückversicherung, 2017, Rn. 477; zur Wirksamkeit solcher Klauseln *Pisani* in Schwintowski/Brömmelmeyer/Ebers VVG § 209 Rn. 18.

[113] *Echarti/Labes* in Bruck/Möller VVG § 209 Rn. 36; *Klimke* in Prölss/Martin VVG § 209 Rn. 3b; *Pisani* in Schwintowski/Brömmelmeyer/Ebers VVG § 209 Rn. 30; *Eichelberg* in Looschelders/Pohlmann VVG § 209 Rn. 5; *Bork/Wandt* VersR 2019, 1113 (1114); aA *Kohleick,* Die Doppelversicherung im deutschen Versicherungsvertragsrecht, 1999, S. 12, die eine analoge Anwendung der Vorschriften über die Doppelversicherung bejaht.

[114] *Echarti/Labes* in Bruck/Möller VVG § 209 Rn. 37; *Schwintowski* in Berliner Kommentar VVG § 186 Rn. 18; *Klimke* in Prölss/Martin VVG § 209 Rn. 3b; *Pisani* in Schwintowski/Brömmelmeyer/Ebers VVG § 209 Rn. 31; *Schwepcke/Vetter,* Praxishandbuch: Rückversicherung, 2017, Rn. 399.

[115] OLG Bremen VersR 1994, 709; *Looschelders* VersR 2012, 1 (3 f.).

[116] *Pisani* in Schwintowski/Brömmelmeyer/Ebers VVG § 209 Rn. 32; *Cannawurf/Schwepcke* in Lüer/Schwepcke RückVersR § 8 Rn. 46 ff.; *Gerathewohl* S. 458; *Schwepcke,* Rückversicherung, 2. Aufl. 2004, S. 59; *Schwepcke/Vetter,* Praxishandbuch: Rückversicherung, 2017, Rn. 401; *Looschelders* VersR 2012, 1 (2 f.); *Bork/Wandt* VersR 2019, 1113 (1119).

[117] *Echarti/Labes* in Bruck/Möller VVG § 209 Rn. 39, 199 ff.; *Gerathewohl* Rückversicherung Bd. 1 S. 511; *Schwepcke/Vetter,* Praxishandbuch: Rückversicherung, 2017, Rn. 407 ff.; *Pfeiffer,* Einführung in die Rückversicherung, 5. Aufl. 1999, S. 14; *Schulte,* Rückversicherung in Deutschland und England, 1990, S. 192.

[118] *Looschelders* VersR 2012, 1 (7); *Bork/Wandt* VersR 2019, 1113 (1114 f.).

[119] *Schwepcke/Vetter,* Praxishandbuch: Rückversicherung, 2017, Rn. 396; *Looschelders* VersR 2012, 1; *Bork/Wandt* VersR 2019, 1113 (1114).

[120] *Bork/Wandt* VersR 2019, 1113 (1115) unter Anknüpfung an *Raape,* Internationales Privatrecht, 5. Aufl. 1961, S. 90.

Rückversicherungsverträgen oft nicht gerecht.[121] Um dieses Defizit zu beheben und die Rechtssicherheit für die Praxis zu stärken, hat eine internationale Forschergruppe am 28.11.2019 die **„Principles of Reinsurance Contract Law (PRICL)"**[122] vorgelegt, die auf der Grundlage internationaler branchenüblicher Vertragspraktiken erarbeitet worden sind.[123] Den Parteien soll damit ein **transnationales Regelsystem** zur Verfügung gestellt werden, welches sie dem Vertrag durch (kollisionsrechtliche oder materiellrechtliche) Rechtswahl zugrunde legen können.[124]

35 Im Bereich der Rückversicherung hat die Rspr. der **ordentlichen Gerichte** keine große Bedeutung.[125] Aufgrund steigenden wirtschaftlichen Drucks werden Streitigkeiten heute zwar weniger häufig gütlich beigelegt als früher;[126] anstelle der ordentlichen Gerichtsbarkeit wird aber die **Schiedsgerichtsbarkeit** bevorzugt. Fast jeder Rückversicherungsvertrag enthält dementsprechend eine Schiedsklausel.[127] In der Praxis wird oft vereinbart, dass die Entscheidung „mehr vom Standpunkt des praktischen Versicherungslebens als vom Standpunkt strengen Rechts aus" zu treffen ist.[128] Die personelle Zusammensetzung des Schiedsgerichts richtet sich ebenfalls nach den Vereinbarungen der Parteien. Dabei wird meist vereinbart, dass das Schiedsgericht aus drei Mitgliedern besteht, die idR aktive oder ehemalige Direktoren bzw. Vorstandsmitglieder von Versicherungs- oder Rückversicherungsgesellschaften sind.[129] Jede Partei bestimmt im Bedarfsfall einen Schiedsrichter; die Schiedsrichter wählen dann wiederum den Obmann.[130]

III. Versicherungsaufsicht

36 Bis Mitte 2002 waren Rückversicherungen, die nicht als VVaG betrieben wurden, nach § 1 Abs. 2 VAG aF von der Versicherungsaufsicht weitgehend ausgenommen.[131] Diese Sonderstellung beruhte vor allem auf dem Gedanken, dass an einem Rückversicherungsverhältnis nur professionelle Vertragspartner beteiligt sind, die keines besonderen Schutzes bedürfen. Größere Schadenereignisse, wie die Terroranschläge v. 11.9.2001, haben aber gezeigt, dass eine Schwäche der Rückversicherung den Versicherungsmarkt gefährdet. Der Gesetzgeber hat sich daher entschlossen, die Funktionsfähigkeit des Versicherungswesens durch eine **erweiterte Aufsicht** über die Rückversicherung zu stärken und damit mittelbar auch die (Erst-) Versicherungsnehmer zu schützen.[132] Dementsprechend hat das **Vierte Finanzmarktförderungsgesetz** v. 21.6.2002 (BGBl. 2002 I 2010) in § 1a VAG aF eine direkte Aufsicht über Rückversicherer mit Sitz im Inland eingeführt und für diese Unternehmen einen numerus clausus der Rechtsformen begründet.[133] Diese Regelung wurde durch die VAG-Novelle 2003 weiter präzisiert.

---

[121] *Heiss* in Heiss/Schauer/Wandt (Hrsg.), Principles of Reinsurance Contract Law (PRICL), 2019, S. 2 ff.
[122] Abgedruckt in Heiss/Schauer/Wandt (Hrsg.), Principles of Reinsurance Contract Law (PRICL), 2019, S. 8 ff.
[123] Zum methodischen Ansatz *Bork/Wandt* VersR 2019, 1113 (1115).
[124] Vgl. *Heiss* in Heiss/Schauer/Wandt (Hrsg.), Principles of Reinsurance Contract Law (PRICL), 2019, S. 5; *Bork/Wandt* VersR 2019, 1113 (1115).
[125] Übersicht über ältere Entscheidungen staatlicher Gerichte in *Klimke* in Prölss/Martin, 28. Aufl. 2010, VVG § 209 Rn. 14.
[126] *Echarti/Labes* in Bruck/Möller VVG § 209 Rn. 143; *Busse/Labes* in Lüer/Schwepcke RückVersR § 18 Rn. 2 ff.; *Busse/Taylor/Justen* SchiedsVZ 2008, 1 (2); *Gumbel* ZfV 1992, 506.
[127] *Echarti/Labes* in Bruck/Möller VVG § 209 Rn. 161; *Schwintowski* in Berliner Kommentar VVG § 186 Rn. 18; *Lorenz* in Beckmann/Matusche-Beckmann VersR-HdB § 1 Rn. 110; *Grossmann*, Rückversicherung – eine Einführung, 2. Aufl. 1982, S. 59; *Franz/Keune* VersR 2013, 12; *Looschelders* VersR 2012, 1 (8 f.); *Looschelders* FS Elsing, 2015, 947.
[128] *Schwintowski* in Berliner Kommentar VVG § 186 Rn. 18; *Klimke* in Prölss/Martin VVG § 209 Rn. 3; *Busse/Labes* in Lüer/Schwepcke RückVersR § 18 Rn. 54; *Grossmann*, Rückversicherung – eine Einführung, 2. Aufl. 1982, S. 60; *Busse/Taylor/Justen* SchiedsVZ 2008, 1 (5).
[129] *Gerathewohl* Rückversicherung Bd. 1 S. 583 ff.; *Grossmann*, Rückversicherung – eine Einführung, 2. Aufl. 1982, S. 64; krit. gegenüber der Beschränkung auf aktive und ehemalige Direktoren oder Vorstände von (Rück-) Versicherungsunternehmen *Busse/Labes* in Lüer/Schwepcke RückVersR § 18 Rn. 61 ff.; *Franz/Keune* VersR 2013, 12 (16 f.).
[130] *Echarti/Labes* in Bruck/Möller VVG § 209 Rn. 178; *Gerathewohl* S. 583, 588; *Pfeiffer*, Einführung in die Rückversicherung, 5. Aufl. 1999, S. 30; *Schwepcke*, Rückversicherung, 2. Aufl. 2004, S. 98; *Busse/Taylor/Justen* SchiedsVZ 2008, 1 (6).
[131] *Bähr* in Kaulbach/Bähr/Pohlmann VAG Vor §§ 165 ff. Rn. 2; *Weber-Rey/Guinomet* WM 2004, 661; ausf. zur geschichtlichen Entwicklung *Geiger* in Bähr VAG-HdB§ 22 Rn. 2 ff.; *Vogelsang* FS Lorenz, 2004, 845 ff.
[132] *Waclawik* in FAHdB VersR Kap. 5 Rn. 40; *Hölzl/Schüller* VW 2004, 134; *Weber-Rey/Baltzer* WM 2006, 205; *Weber-Rey/Guinomet* WM 2004, 661 (662); *Kößler*, Die Versicherungsaufsicht über Rückversicherungsunternehmen, 2008, S. 136, 146.
[133] *Bähr* in Kaulbach/Bähr/Pohlmann VAG Vor §§ 165 ff. Rn. 5, 6; *Weber-Rey/Baltzer* WM 2006, 205; *Kößler*, Die Versicherungsaufsicht über Rückversicherungsunternehmen, 2008, S. 147.

Im Zuge der **VAG Novelle 2004** (BGBl. 2004 I 3416) wurde die Aufsicht über Rückversiche- 37
rungsunternehmen in einen gesonderten Abschn. VIIa aufgenommen. Dabei wurden die Rechte
der Aufsichtsbehörde deutlich gestärkt.[134] § 119 VAG aF sah vor, dass Rückversicherungsunternehmen zur Aufnahme oder Erweiterung des Geschäftsbetriebs der Erlaubnis bedürfen. Die Rechtsformbeschränkungen fanden sich in § 120 VAG aF; § 121a VAG aF regelte die laufende Rechts- und Finanzaufsicht, § 121b VAG aF die Anlagegrundsätze. Von der Ermächtigung des § 121d VAG aF wurde mit der Verordnung über die Kapitalausstattung von Rückversicherungsunternehmen v. 12.10.2005 Gebrauch gemacht.

Durch die verschiedenen VAG-Novellen hat der deutsche Gesetzgeber in vielen Bereichen der 38
am 10.12.2005 in Kraft getretenen **EU-Rückversicherungsrichtlinie** (2005/68/EG) vorgegriffen,
durch die der Schutz des Versicherungsnehmers gestärkt und Handelsschranken abgebaut werden
sollten. Wesentliche Aspekte der Richtlinie sind die Festschreibung des Sitzlandprinzips sowie die
Regelung von Zulassungserfordernissen und Solvabilitätsanforderungen.[135] Der deutsche Gesetzgeber hat die Richtlinie durch die **Achte VAG-Novelle** v. 28.5.2007 (BGBl. 2007 I 923) in den
noch ausstehenden Bereichen umgesetzt. Dabei wurde das Aufsichtsrecht in Bezug auf deutsche
Rückversicherer, Rückversicherer aus dem Europäischen Wirtschaftsraum und Rückversicherer aus
Drittstaaten, die in Deutschland tätig sind, vervollständigt. Beispiele sind die Einführung eines „Europäischen Passes" für Rückversicherungsunternehmen, die Zulassung der Rechtsform der Europäischen Aktiengesellschaft, die Schaffung von Rahmenregelungen zur Finanzrückversicherung und
die Aufsicht über deutsche Zweigniederlassungen von Rückversicherungsunternehmen aus Drittstaaten.[136] Das **Neunte Gesetz** zur Änderung des Versicherungsaufsichtsgesetzes v. 23.12.2007
(BGBl. 2007 I 3248, in Kraft ab 1.1.2008) hat danach nur noch kleinere Änderungen in den
§§ 119 ff. VAG aF gebracht, wie zB im Bereich der Vorschriften über Bestandsübertragung,
Geschäftsorganisation und Risikomanagement.[137]

Am 10.7.2007 hat die EU-Kommission einen Richtlinienvorschlag (KOM (2007) 361) zu 39
Solvency II vorgelegt und damit den Anstoß zu einer grundlegenden Reform der Aufsicht in
Europa gegeben. Im Februar 2008 hat die Kommission einen geänderten Vorschlag angenommen
(KOM (2008) 119 endgültig). Dieser Vorschlag bildete die Grundlage für die RL 2009/138/EG
v. 25.11.2009 betreffend die Aufnahme und Ausübung der Versicherungs- und der Rückversicherungstätigkeit (sog. Solvency II-Richtlinie).[138] Die Solvency II-Richtlinie führt zu einer Neufassung
von dreizehn bestehenden Versicherungs- und Rückversicherungsrichtlinien. Kernpunkte der
Reform sind die Fortentwicklung der Solvabilitätsvorschriften für Versicherungsunternehmen zu
einer durchgehend **risikoorientierten Finanzaufsicht** und die **Verbesserung des internen Risikomanagements**.[139] Mit Blick auf die Rückversicherung ist von Bedeutung, dass die Solvency II-Richtlinie **einheitliche Regeln** für die Beaufsichtigung von Erst- und Rückversicherungsunternehmen enthält.[140] Das am 1.1.2016 in Kraft getretene neue VAG[141] sieht deshalb nur noch einige
wenige **ergänzende Sonderregelungen** für die Beaufsichtigung von Rückversicherungsunternehmen vor (vgl. §§ 165 ff. VAG). Die **Eingriffsbefugnisse** der Aufsichtsbehörde gegenüber Rückversicherungsunternehmen sind in § 298 Abs. 2 VAG gesondert geregelt.

§ 298 Abs. 3 VAG begrenzt die Befugnis der Aufsichtsbehörden, einen Rückversicherungs- 39a
oder Retrozessionsvertrag „**zurückzuweisen**", also die Tauglichkeit eines Rückversicherungsvertrags zur Kapitalentlastung des Versicherungsunternehmens durch Verwaltungsakt abzulehnen.[142]
Die Zurückweisung darf nur auf Gründe gestützt werden, die sich nicht unmittelbar auf die finanzielle Solidität des anderen Unternehmens beziehen. Die Vorschrift setzt Art. 32 Solvency II-Richtlinie
um.[143] Der Wortlaut des Art. 32 Solvency II-Richtlinie macht deutlich, dass es sich bei dem „ande-

---

[134] *Bähr* in Kaulbach/Bähr/Pohlmann VAG Vor §§ 165 ff. Rn. 8; *Echarti/Labes* in Bruck/Möller VVG § 209 Rn. 44; *Weber-Rey/Baltzer* WM 2006, 205 (206).
[135] *Bähr* in Kaulbach/Bähr/Pohlmann VAG Vor §§ 165 ff. Rn. 10; *Echarti/Labes* in Bruck/Möller VVG § 209 Rn. 45 ff.; *Weber-Rey/Baltzer* WM 2006, 205 (206); *Kößler*, Die Versicherungsaufsicht über Rückversicherungsunternehmen, 2008, S. 70, 129.
[136] *Weber-Rey/Baltzer* WM 2007, 2184 (2185).
[137] *Weber-Rey/Baltzer* WM 2007, 2184.
[138] ABl. 2009 L 335; ausf. zu dieser Richtlinie *Looschelders/Michael* in Ruffert, Bd. V, § 11 Rn. 52 ff.; *Bürkle* in Kaulbach/Bähr/Pohlmann VAG Einl. Rn. 17 ff.
[139] *Looschelders/Michael* in Ruffert, Bd. V, § 11 Rn. 54 ff.; *Kößler*, Die Versicherungsaufsicht über Rückversicherungsunternehmen, 2008, S. 189.
[140] *Geiger/Salfer* in Bürkle Compliance § 4 Rn. 6, 7.
[141] Gesetz zur Modernisierung der Finanzaufsicht über Versicherungen v. 1.4.2015 (BGBl. 2015 I 434).
[142] Vgl. *Bähr* in Kaulbach/Bähr/Pohlmann VAG § 298 Rn. 24, 28; *Dreher* in Prölss/Dreher VAG § 298 Rn. 120; *Bork/Wandt* VersR 2019, 1113 (1115).
[143] *Brand* in Brand/Baroch Castellvi VAG § 298 Rn. 54.

ren Unternehmen" um das Rückversicherungsunternehmen bzw. das nach Art. 14 Solvency II-Richtlinie zugelassene Versicherungsunternehmen handelt.[144] Die Einschränkung des Zurückweisungsrechts beruht auf der Erwägung, dass die Aufsichtsbehörde des Herkunftsmitgliedstaats des Versicherungsunternehmens bei grenzüberschreitenden Rückversicherungs- oder Retrozessionsverträgen nicht dafür zuständig ist, die finanzielle Solidität eines Rückversicherungsunternehmens mit Sitz in einem anderen Mitgliedstaat zu beurteilen.[145]

IV. Formen und Ausgestaltung der Rückversicherung

40 **1. Fakultative und obligatorische Rückversicherung.** In der Praxis wird zwischen der fakultativen und der obligatorischen Rückversicherung unterschieden. Die **fakultative** Rückversicherung bezieht sich auf **einzelne Risiken.** Der Erstversicherer kann von Fall zu Fall entscheiden, ob und bei welchem Rückversicherer er das Risiko in Rückversicherungsdeckung gibt. Ebenso steht es dem Rückversicherer frei, ob und in welcher Höhe er das Risiko abdeckt.[146] Bei der häufigeren **obligatorischen** Rückversicherung haben die Parteien in Bezug auf das jeweilige Einzelrisiko kein Wahlrecht. Mit Abschluss eines obligatorischen Rückversicherungsvertrages ist der Erstversicherer verpflichtet, alle durch Vertrag festgelegten Risiken mit bestimmten **Gattungsmerkmalen** in Rückversicherung zu geben. Auf der anderen Seite kann der Rückversicherer die Risikoübernahme nicht ablehnen.[147] Eine Mischform ist die **fakultativ-obligatorische Rückversicherung,** auch „**Open Cover**" genannt. Während es dem Erstversicherer freisteht, sich rückzuversichern, ist der Rückversicherer zur Übernahme des Risikos verpflichtet.[148] Das Gegenstück dazu bildet die praktisch seltene **obligatorisch-fakultative Rückversicherung,** die für den Erstversicherer obligatorisch und für den Rückversicherer fakultativ ist.[149]

41 **2. Proportionale Rückversicherung.** Bei den traditionellen Rückversicherungsarten wird zwischen proportionaler und nicht-proportionaler Rückversicherung differenziert. Die proportionale Rückversicherung bzw. **Summenrückversicherung** zeichnet sich dadurch aus, dass Risiko und Schäden nach der Versicherungssumme zwischen Erst- und Rückversicherer proportional aufgeteilt werden.[150] Der Rückversicherer ist zu einem bestimmten Anteil an jedem Risiko beteiligt, wobei dieser Prozentsatz sowohl auf die vom Erstversicherer vereinnahmten Prämien als auch auf die zu zahlenden Schäden angewandt wird.[151] Bemessungsgrundlage für den Anteil ist entweder die Versicherungssumme oder der „probable maximum loss", dh der wahrscheinliche Höchstschaden (PML).[152]

42 **a) Quotenrückversicherung.** Die proportionale Rückversicherung kommt als Summenexzedentenrückversicherung und als Quotenrückversicherung vor. Bei der Quotenrückversicherung

---

[144] *Bähr* in Kaulbach/Bähr/Pohlmann VAG § 298 Rn. 27.
[145] *Dreher* in Prölss/Dreher VAG § 298 Rn. 118.
[146] *Echarti/Labes* in Bruck/Möller VVG § 209 Rn. 87 ff.; *Schwintowski* in Berliner Kommentar VVG § 186 Rn. 26; *Klimke* in Prölss/Martin VVG § 209 Rn. 11; *Cannawurf/Schwepcke* in Lüer/Schwepcke RückVersR § 8 Rn. 265 ff.; *Grossmann,* Rückversicherung – eine Einführung, 2. Aufl. 1982, S. 77; *Herrmannsdorfer,* Wesen und Behandlung der Rückversicherung, 1924, S. 63; *Liebwein,* Klassische und moderne Formen der Rückversicherung, 3. Aufl. 2018, S. 62; *Schmidt,* Betriebswirtschaftliche Aspekte der Rückversicherung unter besonderer Berücksichtigung der Absatzpolitik von Rückversicherungsunternehmen, 1980, S. 53.
[147] *Echarti/Labes* in Bruck/Möller VVG § 209 Rn. 92 ff.; *Cannawurf/Schwepcke* in Lüer/Schwepcke RückVersR § 8 Rn. 267.
[148] *Echarti/Labes* in Bruck/Möller VVG § 209 Rn. 97; *Klimke* in Prölss/Martin VVG § 209 Rn. 11; *Cruciger,* Die Praxis der Rückversicherung, 1926, S. 75; *Gerathewohl* S. 70; *Liebwein,* Klassische und moderne Formen der Rückversicherung, 3. Aufl. 2018, S. 65; *Pfeiffer,* Einführung in die Rückversicherung, 5. Aufl. 1999, S. 24.
[149] *Echarti/Labes* in Bruck/Möller VVG § 209 Rn. 98; *Grossmann,* Rückversicherung – eine Einführung, 2. Aufl. 1982, S. 165; *Herrmannsdorfer,* Wesen und Behandlung der Rückversicherung, 1924, S. 61; *Schwepcke,* Rückversicherung, 2. Aufl. 2004, S. 114; *Vieregge,* Rückversicherung als Instrument zur Verbesserung der Risikoallokation in der gesetzlichen Krankenversicherung, 2003, S. 114.
[150] *Klimke* in Prölss/Martin VVG § 209 Rn. 4 ff.; *Echarti/Labes* in Bruck/Möller VVG § 209 Rn. 103 ff.; *Pfeiffer,* Einführung in die Rückversicherung, 5. Aufl. 1999, S. 42; *Schwepcke/Vetter,* Praxishandbuch: Rückversicherung, 2107, Rn. 656 ff.; *Schmidt,* Betriebswirtschaftliche Aspekte der Rückversicherung unter Berücksichtigung der Absatzpolitik von Rückversicherungsunternehmen, 1980, S. 57; *Schulte,* Rückversicherung in Deutschland 1990, S. 21.
[151] *Waclawik* in FAHdB VersR Kap. 38 Rn. 10; *Pisani* in Schwintowski/Brömmelmeyer/Ebers VVG § 209 Rn. 24; *Schwepcke,* Rückversicherung, 2. Aufl. 2004, S. 115; *Vieregge,* Rückversicherung als Instrument zur Verbesserung der Risikoallokation in der gesetzlichen Krankenversicherung, 2003, S. 115.
[152] *Grossmann,* Rückversicherung – eine Einführung, 2. Aufl. 1982, S. 98; *Schwepcke,* Rückversicherung, 2. Aufl. 2004, S. 115; *Schwepcke/Vetter,* Praxishandbuch: Rückversicherung, 2017, Rn. 660.

wird ein bestimmter Prozentsatz vereinbart, in dessen Höhe der Rückversicherer an jedem Risiko und als Gegenleistung an der Originalprämie beteiligt ist.[153] Zum Schutz des Rückversicherers wird das Risiko – wie auch bei den anderen Rückversicherungsformen üblich – höhenmäßig begrenzt.[154] Wichtigster Vorzug dieser Gestaltung ist die einfache Durchführung.[155] Kritisiert wird, dass bei der Quotenrückversicherung auch solche kleinen und mittleren Risiken erfasst werden, die der Erstversicherer im Allgemeinen allein tragen kann.[156] Die Quotenrückversicherung hat allerdings auch gerade den Zweck, das Risiko einer Kumulierung vieler kleiner und mittlerer Schäden abzusichern. Praktische Bedeutung hat diese Gestaltung daher vor allem bei der Allgemeinen Haftpflichtversicherung, der Kfz-Haftpflichtversicherung, der Kfz-Kaskoversicherung, der Kreditversicherung, der Hagel- und Sturmversicherung sowie bei der Transportversicherung.[157]

b) Summenexzedentenrückversicherung. Bei der Summenexzedentenrückversicherung 43 beteiligt sich der Rückversicherer nur an den Risiken, die über dem vertraglich festgelegten **Selbstbehalt** des Erstversicherers (sog. Maximum oder Priorität) liegen.[158] Beträgt die Versicherungssumme zB 1 Mio. EUR und liegt der Selbstbehalt bei 250.000 EUR, so liegt die Beteiligung des Rückversicherers (sog. Exzedent) bei 75 % bzw. 3 Maxima. Zu diesem Prozentsatz muss er im Schadensfall einstehen, erhält aber auch insofern einen Anteil an der Prämie.[159] Bei Beteiligung **mehrerer Rückversicherer** wird der Exzedent prozentual unter den Rückversicherern aufgeteilt.[160] **Begrenzt** wird die **Haftung des Rückversicherers** idR mit einem Vielfachen des Maximums.[161] Bei einem Exzedentenvertrag mit 15 Maxima kann der Erstversicherer folglich das Fünfzehnfache des Selbstbehalts in Rückversicherung geben. Die **ausgleichende Wirkung** der Exzedentenrückversicherung bewährt sich, wenn die Versicherungssummen für die einzelnen übernommenen Risiken stark voneinander abweichen. Die Summenexzedentenrückversicherung ist in fast allen Versicherungszweigen verbreitet. Eine Ausnahme gilt für die Haftpflichtversicherung (insbes. die Kfz-Haftpflichtversicherung).[162] Da die Versicherungssummen hier sehr einheitlich sind, wird die ausgleichende Wirkung des Summenexzedenten nicht benötigt.

c) Quotenexzedentenrückversicherung. Die beiden Grundformen können miteinander in 44 einer Quotenexzedentenrückversicherung verbunden werden. Der Rückversicherer übernimmt dabei eine Quote und den Exzedenten. Je nachdem, welche Vertragsform zuerst angewandt wird, spricht man von einer Quotenexzedentenrückversicherung mit Vorwegquote oder mit Vorwegexzedent.[163]

3. Nicht-proportionale Rückversicherung. Bei der nicht-proportionalen Rückversiche- 45 rung bzw. Schadenrückversicherung sind für die Leistung des Rückversicherers allein die **Höhe des Schadens** und der **Selbstbehalt** des Erstversicherers maßgeblich.[164]

---

[153] *Echarti/Labes* in Bruck/Möller VVG § 209 Rn. 104; *Schwintowski* in Berliner Kommentar VVG § 186 Rn. 22; *Klimke* in Prölss/Martin VVG § 209 Rn. 5; *Schwilling* ZVersWiss 1996, 651 (652); *Schwepcke/Vetter*, Praxishandbuch: Rückversicherung, 2017, Rn. 755 ff.; *Pfeiffer*, Einführung in die Rückversicherung, 5. Aufl. 1999, S. 47; *Schulte*, Rückversicherung in Deutschland und England, 1990, S. 21.
[154] *Schwintowski* in Berliner Kommentar VVG § 186 Rn. 22; *Grossmann*, Rückversicherung – eine Einführung, 2. Aufl. 1982, S. 91; *Liebwein*, Klassische und moderne Formen der Rückversicherung, 3. Aufl. 2018, S. 71.
[155] *Schwilling* ZVersWiss 1996, 651 (683); *Grossmann*, Rückversicherung – eine Einführung, 2. Aufl. 1982, S. 91.
[156] *Grossmann*, Rückversicherung – eine Einführung, 2. Aufl. 1982, S. 92; dagegen *Gerathewohl* S. 102.
[157] *Echarti/Labes* in Bruck/Möller VVG § 209 Rn. 105; *Pfeiffer*, Einführung in die Rückversicherung, 5. Aufl. 1999, S. 46 f.; *Gerathewohl* S. 102; *Schwilling* ZVersWiss 1996, 651 (652).
[158] *Schwintowski* in Berliner Kommentar VVG § 186 Rn. 23; *Klimke* in Prölss/Martin VVG § 209 Rn. 6; *Schwepcke/Vetter*, Praxishandbuch: Rückversicherung, 2017, Rn. 811 ff.; *Pfeiffer*, Einführung in die Rückversicherung, 5. Aufl. 1999, S. 42; *Schulte*, Rückversicherung in Deutschland und England, 1990, S. 21.
[159] *Gerathewohl* Rückversicherung, Bd. 1, S. 71; *Grossmann*, Rückversicherung – eine Einführung, 2. Aufl. 1982, S. 95.
[160] *Grossmann*, Rückversicherung – eine Einführung, 2. Aufl. 1982, S. 95; *Pfeiffer*, Einführung in die Rückversicherung, 5. Aufl. 1999, S. 46.
[161] *Klimke* in Prölss/Martin VVG § 209 Rn. 6; *Liebwein*, Klassische und moderne Formen der Rückversicherung, 3. Aufl. 2018, S. 77; *Schmidt*, Betriebswirtschaftliche Aspekte der Rückversicherung unter besonderer Berücksichtigung der Absatzpolitik von Rückversicherungsunternehmen, 1980, S. 62; *Schwepcke*, Rückversicherung, 2. Aufl. 2004, S. 145.
[162] *Gerathewohl* Rückversicherung, Bd. 1, S. 75; *Vieregge*, Rückversicherung als Instrument zur Verbesserung der Risikoallokation in der gesetzlichen Krankenversicherung, 2003, S. 120.
[163] *Echarti/Labes* in Bruck/Möller VVG § 209 Rn. 110; *Schwintowski* in Berliner Kommentar VVG § 186 Rn. 23; *Klimke* in Prölss/Martin VVG § 209 Rn. 7; *Grossmann*, Rückversicherung – eine Einführung, 2. Aufl. 1982, S. 95; *Liebwein*, Klassische und moderne Formen der Rückversicherung, 3. Aufl. 2018, S. 84.
[164] *Gerathewohl* S. 87; *Pfeiffer*, Einführung in die Rückversicherung, 5. Aufl. 1999, S. 54; *Schulte*, Rückversicherung in Deutschland und England, 1990, S. 21; *Schwepcke*, Rückversicherung, 2. Aufl. 2004, S. 115; *Schwepcke/Vetter*, Praxishandbuch: Rückversicherung, 2017, Rn. 721 ff.

46 **a) Schadenexzedentenrückversicherung (Excess of loss, kurz XL).** Hat der Erstversicherer bis zu einer bestimmten absoluten Höhe (auch hier sog. Priorität) alle Schäden selbst zu tragen, so spricht man von einer Schadenexzedentenrückversicherung. Den über die Priorität hinausgehenden Betrag, den Exzedenten, übernimmt der Rückversicherer, wobei aber meist eine höhenmäßige Begrenzung vereinbart ist.[165] Eine Entlastung des Erstversicherers findet damit nur bei **Großschäden** statt, die über die Priorität hinausgehen. Übersteigt der Schaden sogar die vereinbarte Höchstgrenze der Rückversicherung, so geht der überschießende Betrag wieder zu Lasten des Erstversicherers. Er kann sich für diesen Fall aber durch einen weiteren Vertrag rückversichern.[166]

47 **b) Stop-Loss-Rückversicherung (SL).** Bei der **Jahresüberschadenrückversicherung** bzw. Stop-Loss-Rückversicherung übernimmt der Rückversicherer die den Selbstbehalt übersteigende **totale Schadenbelastung** einer ganzen Sparte **während eines bestimmten Zeitraums**, meist eines Jahres. Es wird damit nicht auf einen einzelnen Schadenfall, sondern auf den Schadenaufwand eines Jahres abgestellt.[167] Auch der Höchstbetrag wird pro Jahr festgesetzt. Die Priorität bestimmt sich dabei regelmäßig nach einem Prozentsatz der Prämieneinnahmen des Erstversicherers.[168] Wird die Priorität zB auf 60 % der Prämieneinnahmen des Erstversicherers festgelegt und liegen diese Einnahmen bei 2 Mio. EUR, so muss der Rückversicherer für alle Schäden aufkommen, die in dem betreffenden Jahr über 1.200.000 EUR hinausgehen.

48 **c) Sonstige Formen der Rückversicherung.** Möglich ist auch die Vereinbarung einer **Höchstschadenrückversicherung (HS-RV)**, in der nur der höchste oder eine festgelegte Anzahl der höchsten während eines bestimmten Zeitraums (meist eines Jahres) eintretenden Schäden einer Sparte versichert sind, allerdings grds. zu 100 %, also nicht erst ab Überschreitung eines bestimmten Selbstbehalts.[169]

49 Ist die Rückversicherung als **Gefahrenrückversicherung** abgeschlossen worden, so bezieht sie sich nur auf Schäden aus bestimmten Gefahrenereignissen (zB Feuer- oder Diebstahlrisiko). Dies sind häufig Gefahren, die der Erstversicherer zwar übernommen hat, die aber nicht in seinen Risikobestand passen und deshalb rückversichert werden.[170] Bei der **Risikobasisrückversicherung**, die nur in der Lebensversicherung vorkommt, nimmt der Rückversicherer lediglich an dem Sterblichkeitsrisiko teil. Der Sparvorgang findet nur beim Erstversicherer statt.[171]

50 Die **Retrozession** ist die Rückversicherung des Rückversicherers bei einem weiteren Rückversicherungsträger, dem sog. Retrozessionär. Ein Retrozessionsvertrag unterscheidet sich nicht von anderen Rückversicherungsverträgen. Ohne einen solchen Vertrag ist es dem Rückversicherer manchmal nicht möglich, bestimmte Risiken zu übernehmen.[172]

51 Der **Poolvertrag** ermöglicht eine Zusammenarbeit mehrerer Versicherer in Form einer **BGB-Gesellschaft**. Es handelt sich damit um keine Ausprägung des eigentlichen Rückversicherungsgeschäfts.[173] Die einzelnen Mitglieder des Pools verpflichten sich, alle unter die Vereinbarung fallenden Risiken nur im Rahmen des Pools zu zeichnen und in diesen einzubringen. Dabei sind sie mit einer bestimmten Quote am Gesamtgeschäft beteiligt. Entsprechend dieser Quote verteilen sich Überschüsse

---

[165] *Echarti/Labes* in Bruck/Möller VVG § 209 Rn. 111.
[166] *Schmidt*, Betriebswirtschaftliche Aspekte der Rückversicherung unter besonderer Berücksichtigung der Absatzpolitik von Rückversicherungsunternehmen, 1980, S. 66.
[167] *Echarti/Labes* in Bruck/Möller VVG § 209 Rn. 117; *Schwintowski* in Berliner Kommentar VVG § 186 Rn. 24; *Klimke* in Prölss/Martin VVG § 209 Rn. 8; *Liebwein*, Klassische und moderne Formen der Rückversicherung, 3. Aufl. 2018, S. 201; *Schwepcke*, Rückversicherung, 2. Aufl. 2004, S. 160.
[168] *Liebwein*, Klassische und moderne Formen der Rückversicherung, 3. Aufl. 2018, S. 202 f.; *Pfeiffer*, Einführung in die Rückversicherung, 5. Aufl. 1999, S. 57; *Schmidt*, Betriebswirtschaftliche Aspekte der Rückversicherung unter besonderer Berücksichtigung der Absatzpolitik von Rückversicherungsunternehmen, 1980, S. 64.
[169] *Schwintowski* in Berliner Kommentar VVG § 186 Rn. 24; *Grossmann*, Rückversicherung – eine Einführung, 2. Aufl. 1982, S. 116; *Liebwein*, Klassische und moderne Formen der Rückversicherung, 3. Aufl. 2018, S. 216; *Schmidt*, Betriebswirtschaftliche Aspekte der Rückversicherung unter besonderer Berücksichtigung der Absatzpolitik von Rückversicherungsunternehmen, 1980, S. 64.
[170] *Klimke* in Prölss/Martin VVG § 209 Rn. 9; *Echarti/Labes* in Bruck/Möller VVG § 209 Rn. 118; *Deutsch/Iversen*, Versicherungsvertragsrecht, 7. Aufl. 2015, Rn. 127; *Schulte*, Rückversicherung in Deutschland und England, 1990, S. 161.
[171] *Echarti/Labes* in Bruck/Möller VVG § 209 Rn. 119; *Klimke* in Prölss/Martin VVG § 209 Rn. 10; *Schwintowski* in Berliner Kommentar VVG § 186 Rn. 25; *Miller/Schumacher* in Lüer/Schwepcke RückVersR § 11 Rn. 17; *Deutsch/Iversen*, Versicherungsvertragsrecht, 7. Aufl. 2015, Rn. 127.
[172] *Echarti/Labes* in Bruck/Möller VVG § 209 Rn. 74; *Grossmann*, Rückversicherung – eine Einführung, 2. Aufl. 1982, S. 210; *Pfeiffer*, Einführung in die Rückversicherung, 5. Aufl. 1999, S. 72; *Schwepcke*, Rückversicherung, 2. Aufl. 2004, S. 15.
[173] *Echarti/Labes* in Bruck/Möller VVG § 209 Rn. 127; *Schwintowski* in Berliner Kommentar VVG § 186 Rn. 27; *Gerathewohl* Rückversicherung, Bd. 1, S. 133, 430.

und Verluste. Die eigentliche Schadenregulierung wird vom Pool vorgenommen.[174] Poolvereinbarungen werden überwiegend dort abgeschlossen, wo eine traditionelle Rückversicherung nicht auszureichen scheint wie bei besonders großen, neuartigen und unvorhersehbaren Risiken (zB Atom-Pool).[175]

V. Allgemeine Grundsätze der Rückversicherung

Die dargestellten Vertragsformen stimmen darin überein, dass der Erstversicherer regelmäßig einen Selbstbehalt tragen muss (sog. **Selbstbehaltspflicht**).[176] Dahinter steht die Erwägung, dass die Rückversicherung vor allem die Risiken abdecken soll, die die Zeichnungskraft des Erstversicherers übersteigen.[177] Bei voller Abgabe des Risikos würde der Erstversicherer überhaupt nicht als Versicherer agieren[178] und hätte zudem auch kein eigenes Interesse an einer schadensmindernden Gestaltung des Versicherungsgeschäfts.[179] Ein weiteres typisches Element der Rückversicherung ist die vertragliche Festlegung einer **Höchsthaftung des Rückversicherers**.[180] 52

Im Verhältnis zwischen dem Erst- und dem Rückversicherer gilt der **Grundsatz der Schicksalsteilung**.[181] Der Rückversicherer hat danach alle äußeren Umstände, dh alle vom Erstversicherer nicht beeinflussbaren Entwicklungen und Faktoren, so hinzunehmen, wie sie auf den Erstversicherer im Hinblick auf seine Leistungspflicht gegenüber dem Versicherungsnehmer einwirken. Dies gilt insbes. mit Blick auf den Eintritt des Versicherungsfalls und des Schadens.[182] Nicht erfasst wird dagegen das kaufmännische Schicksal des Erstversicherers.[183] Bei den nicht-proportionalen Versicherungen ist der Grundsatz der Schicksalsteilung quantitativ begrenzt. Da der Erstversicherer bei größeren Schäden nur bis zur Höhe der Priorität selbst einstehen muss, besteht die Gefahr, dass er bei Risikoentscheidungen unvorsichtiger agiert.[184] 53

Ein weiteres prägendes Merkmal der Rückversicherung ist das **Geschäftsführungsrecht des Erstversicherers**. Dieser ist unter Berücksichtigung der Interessen des Rückversicherers berechtigt, seine Rechtsbeziehungen mit den (Erst-)Versicherungsnehmern selbst zu gestalten. Dazu gehören insbes. der Abschluss und die Verwaltung von (Erst-)Versicherungsverträgen und die Regulierung von Schäden.[185] Den Rückversicherer trifft insofern eine **Folgepflicht:** Er hat die im Rahmen der Geschäftsführungsbefugnis getroffenen Entscheidungen des Erstversicherers gegen sich gelten zu lassen.[186] Eine Grenze wird bei vorsätzlichem oder grob fahrlässigem Verhalten des Erstversicherers gezogen.[187] 54

---

[174] *Liebwein*, Klassische und moderne Formen der Rückversicherung, 3. Aufl. 2018, S. 42; *Schwepcke*, Rückversicherung, 2. Aufl. 2004, S. 17.
[175] *Gerathewohl* Rückversicherung, Bd. 1, S. 135; *Schwepcke*, Rückversicherung, 2. Aufl. 2004, S. 17.
[176] RGZ 53, 138; *Echarti/Labes* in Bruck/Möller VVG § 209 Rn. 54; *Klimke* in Prölss/Martin VVG § 209 Rn. 13c; *Pisani* in Schwintowski/Brömmelmeyer/Ebers VVG § 209 Rn. 33; *Looschelders* VersR 2012, 1 (6).
[177] *Schwintowski* in Berliner Kommentar VVG § 186 Rn. 21; *Schulte*, Rückversicherung in Deutschland und England, 1990, S. 158.
[178] *Schulte*, Rückversicherung in Deutschland und England, 1990, S. 159; *Schwepcke*, Rückversicherung, 2. Aufl. 2004, S. 86; *Schwepcke/Vetter*, Praxishandbuch: Rückversicherung, 2017, Rn. 453.
[179] *Deutsch/Iversen*, Versicherungsvertragsrecht, 7. Aufl. 2015, Rn. 129; *Prölss*, Beiträge zum Rückversicherungsrecht, 1965, S. 34; *Schulte*, Rückversicherung in Deutschland und England, 1990, S. 159.
[180] *Gerathewohl* Rückversicherung, Bd. 1, S. 187.
[181] *Echarti/Labes* in Bruck/Möller VVG § 209 Rn. 57; *Looschelders* VersR 2012, 1 (6); *Liebwein*, Klassische und moderne Formen der Rückversicherung, 3. Aufl. 2018, S. 168; *Schwepcke/Vetter*, Praxishandbuch: Rückversicherung, 2017, Rn. 430 ff.
[182] *Schwintowski* in Berliner Kommentar VVG § 186 Rn. 19; *Grossmann*, Rückversicherung – eine Einführung, 2. Aufl. 1982, S. 49; *Pfeiffer*, Einführung in die Rückversicherung, 5. Aufl. 1999, S. 28; *Schwepcke*, Rückversicherung, 2. Aufl. 2004, S. 90.
[183] *Klimke* in Prölss/Martin VVG § 209 Rn. 13b; *Echarti/Labes* in Bruck/Möller VVG § 209 Rn. 59; *Schmidlin* ZfV 1988, 548 (549); *Gerathewohl* Rückversicherung, Bd. 1, S. 517; *Liebwein*, Klassische und moderne Formen der Rückversicherung, 3. Aufl. 2018, S. 170 f.; *Looschelders* VersR 2012, 1 (6).
[184] *Gerathewohl* Rückversicherung, Bd. 1, S. 519; *Pfeiffer*, Einführung in die Rückversicherung, 5. Aufl. 1999, S. 68; *Schulte*, Rückversicherung in Deutschland und England, 1990, S. 147.
[185] *Echarti/Labes* in Bruck/Möller VVG § 209 Rn. 60; *Schwintowski* in Berliner Kommentar VVG § 186 Rn. 20; *Mäder* ZfV 1993, 516; *Deutsch/Iversen*, Versicherungsvertragsrecht, 7. Aufl. 2015, Rn. 129; *Looschelders* VersR 2012, 1 (5).
[186] *Echarti/Labes* in Bruck/Möller VVG § 209 Rn. 62; *Looschelders* VersR 2012, 1 (5 f.); *Mäder* ZfV 1993, 516; *Grossmann*, Rückversicherung – eine Einführung, 2. Aufl. 1982, S. 51; *Liebwein*, Klassische und moderne Formen der Rückversicherung, 3. Aufl. 2018, S. 170; *Schwepcke*, Rückversicherung, 2. Aufl. 2004, S. 85; *Schwepcke/Vetter*, Praxishandbuch: Rückversicherung, 2017, Rn. 422 ff.
[187] RGZ 91, 83 (85); OLG Köln VersR 1953, 130 (131); *Echarti/Labes* in Bruck/Möller VVG § 209 Rn. 64; *Deutsch/Iversen*, Versicherungsvertragsrecht, 7. Aufl. 2015, Rn. 129; *Liebwein*, Klassische und moderne Formen der Rückversicherung, 3. Aufl. 2018, S. 170 f.; *Vieregge*, Rückversicherung als Instrument zur Verbesserung der Risikoallokation in der gesetzlichen Krankenversicherung, 2003, S. 107.

55 Der Rückversicherer wird iÜ durch ein **Informations- und Kontrollrecht** geschützt. Er hat danach das Recht, Einblick in die die rückversicherten Risiken betreffenden Unterlagen zu nehmen.[188] Da eine zu häufige Ausübung dieses Rechts die Vertrauensbeziehung zwischen Erst- und Rückversicherer belastet, wird davon aber nur restriktiv – vor allem bei begründetem Verdacht – Gebrauch gemacht.

56 In den meisten Rückversicherungsverträgen finden sich schließlich sog. **Irrtumsklauseln,** wonach unbeabsichtigte Irrtümer und Unterlassungen (zB bei Abrechnungen oder Schadensanzeigen) die Rechtsstellung der Parteien nicht beeinflussen; stattdessen hat möglichst bald eine Richtigstellung zu erfolgen.[189] Solche Irrtumsklauseln beziehen sich allerdings nicht auf Willenserklärungen (zB bei Abschluss des Rückversicherungsvertrages). Insoweit ist daher ggf. eine **Anfechtung** nach §§ 119, 123 BGB notwendig, aber auch zulässig.[190]

VI. Pflichten der Parteien

57 **1. Leistungspflicht des Rückversicherers.** Die Hauptleistung des Rückversicherers besteht darin, dass er ein **bestimmtes Risiko des Erstversicherers** durch eine Leistung **absichert,** die er bei Eintritt des vereinbarten Rückversicherungsfalles zu erbringen hat (vgl. § 1 S. 1).[191] Die Gefahrtragung erfolgt also wie bei der Erstversicherung dadurch, dass der (Rück-)Versicherer eine **Geldleistungspflicht** übernimmt, die durch den Eintritt des (Rück-)Versicherungsfalles bedingt ist. Mit der Geldleistung ersetzt der Rückversicherer bei Vorliegen der vereinbarten Voraussetzungen den Schaden, der dem Erstversicherer daraus entsteht, dass er Leistungen an den (Erst-)Versicherungsnehmer erbracht hat.[192]

58 Bei der **proportionalen Rückversicherung** teilt der Erstversicherer dem Rückversicherer in bestimmten Abständen die von ihm bezahlten Schäden mit. Dabei werden im Allgemeinen alle Posten wie Schäden, Prämien, Provisionen, Gewinnanteile usw in ein **Kontokorrent** eingestellt, das idR vierteljährlich saldiert wird.[193] Bei größeren Schäden kann vereinbart werden, dass der Erstversicherer eine sofortige Zahlung verlangen kann (sog. Schadeneinschuss).[194]

59 Bei den **nicht-proportionalen Rückversicherungen** hat der Erstversicherer dem Rückversicherer unverzüglich alle Schäden zu melden, die voraussichtlich die Priorität überschreiten. Schadenzahlungen finden grds. unabhängig von bestimmten Abrechnungsperioden statt. Abrechnungen erfolgen aber auch hier idR nur am Ende der jeweiligen Abrechnungsperiode (Quartal oder Jahr).[195]

60 **2. Pflicht des Erstversicherers zur Prämienzahlung.** Die wichtigste Pflicht des Erstversicherers besteht in der Zahlung der **Rückversicherungsprämie.**[196] Die Höhe der Rückversicherungsprämie bestimmt sich bei der **proportionalen Rückversicherung** anteilig nach der Originalprämie, also der Prämie, die der Erstversicherer von seinem Versicherungsnehmer erlangt.[197] Da die Originalprämie auch Verwaltungs- und Akquisitionskosten sowie Sicherheits- und Gewinnzuschläge enthält, zahlt der Rückversicherer im Gegenzug als Beteiligung an diesen Kosten eine **Rückversicherungsprovision** an den Erstversicherer.[198] Neben oder anstelle einer Provision kann vertraglich auch ein **Gewinnanteil** für den Erstversicherer als zusätzliche Vergütung vorgesehen werden. Der

---

[188] *Echarti/Labes* in Bruck/Möller VVG § 209 Rn. 67; *Schwintowski* in Berliner Kommentar VVG § 186 Rn. 21; *Grossmann,* Rückversicherung – eine Einführung, 2. Aufl. 1982, S. 55; *Schulte,* Rückversicherung in Deutschland und England, 1990, S. 157.

[189] *Echarti/Labes* in Bruck/Möller VVG § 209 Rn. 73; *Schwintowski* in Berliner Kommentar VVG § 186 Rn. 21; *Gerathewohl* Rückversicherung, Bd. 1, S. 461; *Grossmann,* Rückversicherung – eine Einführung, 2. Aufl. 1982, S. 54; *Schwepcke,* Rückversicherung, 2. Aufl. 2004, S. 89; *Schwepcke/Vetter,* Praxishandbuch: Rückversicherung, 2017, Rn. 457 ff.; *Schulte,* Rückversicherung in Deutschland und England, 1990, S. 157.

[190] *Liebwein,* Klassische und moderne Formen der Rückversicherung, 3. Aufl. 2018, S. 171; *Schulte,* Rückversicherung in Deutschland und England, 1990, S. 157; *Looschelders* VersR 2012, 1 (5).

[191] *Cannawurf/Schwepcke* in Lüer/Schwepcke RückVersR § 8 Rn. 126; *Looschelders* VersR 2012, 1 (3).

[192] *Pfeiffer,* Einführung in die Rückversicherung, 5. Aufl. 1999, S. 34.

[193] *Klimke* in Prölss/Martin VVG § 209 Rn. 12; *Schwepcke,* Rückversicherung, 2. Aufl. 2004, S. 96.

[194] *Klimke* in Prölss/Martin VVG § 209 Rn. 12; *Deutsch/Iversen,* Versicherungsvertragsrecht, 7. Aufl. 2015, Rn. 130; *Schwepcke,* Rückversicherung, 2. Aufl. 2004, S. 94.

[195] *Gerathewohl* Rückversicherung, Bd. 1, S. 862; *Grossmann,* Rückversicherung – eine Einführung, 2. Aufl. 1982, S. 159.

[196] *Cannawurf/Schwepcke* in Lüer/Schwepcke RückVersR § 209 Rn. 134.

[197] *Echarti/Labes* in Bruck/Möller VVG § 209 Rn. 128; *Klimke* in Prölss/Martin VVG § 209 Rn. 12; *Pfeiffer,* Einführung in die Rückversicherung, 5. Aufl. 1999, S. 31; *Schwepcke,* Rückversicherung, 2. Aufl. 2004, S. 305.

[198] *Pfeiffer,* Einführung in die Rückversicherung, 5. Aufl. 1999, S. 32, 50; *Prölss,* Beiträge zum Rückversicherungsrecht, 1965, S. 54; *Schwepcke,* Rückversicherung, 2. Aufl. 2004, S. 316.

Gewinnanteil ist ergebnisabhängig und wird in einem Prozentsatz des Gewinns ausgedrückt. Der Erstversicherer soll hierdurch veranlasst werden, Risiken sorgfältig zu prüfen und die Interessen des Rückversicherers hinreichend zu berücksichtigen.[199]

Bei den **nicht-proportionalen Rückversicherungsverträgen** orientiert sich die Rückversicherungsprämie nicht an der Originalprämie. Ausgangspunkt des Rückversicherungsentgelts ist vielmehr die **Netto-Risikoprämie**, die erforderlich ist, um die erwarteten Rückversicherungsschäden zu decken.[200] Mit Rücksicht auf unvorhersehbare Schwankungen erfolgt dabei ein Sicherheitszuschlag;[201] ein möglicher Zinsrabatt wird dagegen in Abzug gebracht.[202] Externe Kosten des Rückversicherers und interne Betriebs- und Verwaltungskosten werden wiederum zugeschlagen.[203] Die so ermittelte Prämie für die nicht-proportionale Rückversicherung nennt man NP-Prämie oder auch Brutto-Risikoprämie.[204]

Da es bei den nicht-proportionalen Rückversicherungen in sog. Long-tail-Sparten im Laufe der Jahre (zB durch Inflation, Steigerung der Lohnkosten) zu **Schadenteuerungen** kommen kann, können **Anpassungs- bzw. Indexklauseln** in den Vertrag aufgenommen werden.[205] Solche Klauseln sollen gewährleisten, dass Priorität und Haftung von Jahr zu Jahr anhand eines festgelegten Index angepasst werden und somit wertbeständig sind.[206]

3. Pflicht des Erstversicherers zur Lieferung von Borderos. Im Rahmen seiner Informationspflicht war der Erstversicherer früher nach vielen Verträgen gehalten, dem Rückversicherer sog. **Borderos** zu liefern. Die Borderos enthalten Angaben über die dem Rückversicherer überwiesenen Risiken (zB Namen der Versicherten, Laufzeit, Prämien, Selbstbehalt, Versicherungs- und Rückversicherungssumme).[207] Da die Erstellung solcher Listen einen hohen Verwaltungsaufwand mit sich bringt, wird heute meist auf Borderos verzichtet.[208]

VII. Weitere Einzelheiten

Zu **weiteren Einzelheiten** über die Rückversicherung wird auf die ausführliche Darstellung von *Schwepcke* (in Langheid/Wandt, Münchener Kommentar zum VVG, Bd. 3, 2. Aufl. 2017) verwiesen.

§ 210 Großrisiken, laufende Versicherung

(1) Die Beschränkungen der Vertragsfreiheit nach diesem Gesetz sind auf Großrisiken und auf laufende Versicherungen nicht anzuwenden.

(2) ¹Großrisiken im Sinne dieser Vorschrift sind:
1. Risiken der unter den Nummern 4 bis 7, 10 Buchstabe b sowie den Nummern 11 und 12 der Anlage 1 zum Versicherungsaufsichtsgesetz erfassten Transport- und Haftpflichtversicherungen,
2. Risiken der unter den Nummern 14 und 15 der Anlage 1 zum Versicherungsaufsichtsgesetz erfassten Kredit- und Kautionsversicherungen bei Versicherungsnehmern, die

---

[199] *Liebwein*, Klassische und moderne Formen der Rückversicherung, 3. Aufl. 2018, S. 95; *Pfeiffer*, Einführung in die Rückversicherung, 5. Aufl. 1999, S. 34.
[200] *Echarti/Labes* in Bruck/Möller VVG § 209 Rn. 129; *Schwepcke*, Rückversicherung, 2. Aufl. 2004, S. 306. Zur Berechnung vgl. *Gerathewohl* Rückversicherung, Bd. 1, S. 288; *Liebwein*, Klassische und moderne Formen der Rückversicherung, 3. Aufl. 2018, S. 223; *Vieregge*, Rückversicherung als Instrument zur Verbesserung der Risikoallokation in der gesetzlichen Krankenversicherung, 2003, S. 128.
[201] *Grossmann*, Rückversicherung – eine Einführung, 2. Aufl. 1982, S. 136; *Schwepcke*, Rückversicherung, 2. Aufl. 2004, S. 331.
[202] *Schwepcke*, Rückversicherung, 2. Aufl. 2004, S. 323.
[203] *Liebwein*, Klassische und moderne Formen der Rückversicherung, 3. Aufl. 2018, S. 257; *Pfeiffer*, Einführung in die Rückversicherung, 5. Aufl. 1999, S. 59 f.; *Vieregge*, Rückversicherung als Instrument zur Verbesserung der Risikoallokation in der gesetzlichen Krankenversicherung, 2003, S. 127.
[204] *Schwepcke*, Rückversicherung, 2. Aufl. 2004, S. 306.
[205] Näher dazu *Schwepcke/Vetter*, Praxishandbuch: Rückversicherung, 2017, Rn. 1892 ff.
[206] *Liebwein*, Klassische und moderne Formen der Rückversicherung, 3. Aufl. 2018, S. 297; *Pfeiffer*, Einführung in die Rückversicherung, 5. Aufl. 1999, S. 70.
[207] *Klimke* in Prölss/Martin VVG § 209 Rn. 12; *Cannawurf/Schwepcke* in Lüer/Schwepcke RückVersR § 8 Rn. 532; *Deutsch/Iversen*, Versicherungsvertragsrecht, 7. Aufl. 2015, Rn. 130; *Grossmann*, Rückversicherung – eine Einführung, 2. Aufl. 1982, S. 101.
[208] *Grossmann*, Rückversicherung – eine Einführung, 2. Aufl. 1982, S. 102; *Schulte*, Rückversicherung in Deutschland und England, 1990, S. 262.

§ 210

eine gewerbliche, bergbauliche oder freiberufliche Tätigkeit ausüben, wenn die Risiken damit in Zusammenhang stehen, oder

3. Risiken der unter den Nummern 3, 8, 9, 10, 13 und 16 der Anlage 1 zum Versicherungsaufsichtsgesetz erfassten Sach-, Haftpflicht- und sonstigen Schadensversicherungen bei Versicherungsnehmern, die mindestens zwei der folgenden drei Merkmale überschreiten:
   a) 6 200 000 Euro Bilanzsumme,
   b) 12 800 000 Euro Nettoumsatzerlöse,
   c) im Durchschnitt 250 Arbeitnehmer pro Wirtschaftsjahr.

²Gehört der Versicherungsnehmer zu einem Konzern, der nach § 290 des Handelsgesetzbuchs, nach § 11 des Publizitätsgesetzes vom 15. August 1969 (BGBl. I S. 1189) in der jeweils gültigen Fassung oder nach dem mit den Anforderungen der Richtlinie 2013/34/EU des Europäischen Parlaments und des Rates vom 26. Juni 2013 über den Jahresabschluss, den konsolidierten Abschluss und damit verbundene Berichte von Unternehmen bestimmter Rechtsformen und zur Änderung der Richtlinie 2006/43/EG des Europäischen Parlaments und des Rates und zur Aufhebung der Richtlinien 78/660/EWG und 83/349/EWG des Rates (ABl. L 182 vom 29.6.2013, S. 19) übereinstimmenden Recht eines anderen Mitgliedstaats der Europäischen Gemeinschaft oder eines anderen Vertragsstaats des Abkommens über den Europäischen Wirtschaftsraum einen Konzernabschluss aufzustellen hat, so sind für die Feststellung der Unternehmensgröße die Zahlen des Konzernabschlusses maßgebend.

Übersicht

		Rn.			Rn.
A.	Einführung	1	I.	Begriff des Großrisikos	13
I.	Normzweck	1	II.	Großrisiken kraft Sparte	14
II.	Der Grundsatz der Abdingbarkeit	3	III.	Großrisiken kraft wirtschaftlicher Größe	16
1.	Allgemeines	3			
2.	Reichweite des Grundsatzes	6	C.	Laufende Versicherung	17
3.	AVB-Kontrolle	9	I.	Begriff der laufenden Versicherung	17
B.	Großrisiken	13	II.	Grenzen der Dispositivität	22

Stichwort- und Fundstellenverzeichnis

Stichwort	Rn.	Rspr.	Lit.
Abdingung zwingender Vorschriften	→ Rn. 4	BGHZ 118, 275 (280) = VersR 1992, 1089; OLG Hamm r+s 2011, 198 (201) = VersR 2011, 469	*Klimke* in Prölss/Martin VVG § 210 Rn. 14; *Renger* in Bruck/Möller VVG § 210 Rn. 13
AVB-Kontrolle	→ Rn. 9 ff.	BGHZ 120, 290 = NJW 1993, 590; BGH VersR 1984, 830; 2005, 266 (267)	*Renger* in Bruck/Möller VVG § 210 Rn. 15; *Eichelberg* in Looschelders/Pohlmann VVG § 210 Rn. 8
Gerichtsstandsvereinbarungen	→ Rn. 7	OLG Hamm NJW 1955, 1323	*Klimke* in Prölss/Martin VVG § 210 Rn. 11; *Schwintowski* in Berliner Kommentar VVG § 187 Rn. 4
Haftpflicht aus Speditions- und Lagerverträgen	→ Rn. 14	BGH VersR 2009, 769; OLG Hamburg TranspR 2007, 258	*Klimke* in Prölss/Martin VVG § 210 Rn. 3

Schrifttum: *Brand,* Verbraucherschutz im Versicherungsrecht, in E. Lorenz (Hrsg.), Karlsruher Forum 2011 (2012), 55; *Ehlers,* Auswirkungen der Reform des Versicherungsvertragsgesetzes (VVG) auf das Transportversicherungsrecht, TranspR 2007, 5; *Ehlers,* Transportversicherung – Güterversicherung – Versicherung politischer Gefahren, TranspR 2006, 7; *Flach,* Auswirkungen des neuen VVG auf die Transportversicherungssparten, TranspR 2008, 56; *Freitag,* Das Großrisiko in der VVG-Reform, r+s 2008, 96; *Grote/Schneider,* VVG 2008: Das neue Versicherungsvertragsgesetz, BB 2007, 2689; *v. Kottwitz,* Die laufende Versicherung, 1976; *Langheid,* Die Reform des Versicherungsvertragsgesetzes, Teil 1: Allgemeine Vorschriften, NJW 2007, 3665; *Langheid,* Die laufende

Versicherung, FS Wälder, 2009, 119; *Looschelders/Smarowos*, Das Internationale Versicherungsvertragsrecht nach Inkrafttreten der Rom I-VO, VersR 2010, 1; *Möhrle*, Laufende Versicherung, 1994.

A. Einführung

I. Normzweck

Die im VVG vorgesehenen Beschränkungen der Vertragsfreiheit sollen vor allem die **Interessen** 1 **des Versicherungsnehmers** schützen. Dies beruht auf der Annahme, dass der Versicherungsnehmer im Allgemeinen der geschäftsunkundigere und schwächere Vertragsteil ist. Das Schutzbedürfnis entfällt daher, wenn der Versicherungsnehmer selbst hinreichend geschäftskundig ist und seine Interessen folglich selbst durchsetzen kann.[1]

Im Versicherungsrecht ist der Schutz der schwächeren Vertragspartei traditionell nicht auf **Verbraucher** beschränkt; vielmehr werden auch **gewerbliche oder freiberufliche Versicherungsnehmer** als schutzwürdig anerkannt.[2] § 210 sieht nur für Großrisiken und für die laufende Versicherung Ausnahmen von den in erster Linie dem Schutz des Versicherungsnehmers dienenden Beschränkungen der Vertragsfreiheit vor, da der Versicherungsnehmer in diesen beiden Fällen meist selbst in besonderem Maße mit dem Abschluss von Versicherungsverträgen vertraut ist.

Die Freistellung der **Großrisiken** von den Beschränkungen der Vertragsfreiheit entspricht der 2 Vorschrift des § 187 VVG aF.[3] Für die Definition der Großrisiken hat § 210 zunächst auf Art. 10 Abs. 1 S. 2 EGVVG aF verwiesen. Da die Art. 7–15 EGVVG aF wegen des Inkrafttretens der Rom I-VO mWv 17.12.2009 gestrichen wurden, hat der Gesetzgeber die Definition des Großrisikos in einen neuen Abs. 2 des § 210 überführt, ohne damit sachliche Änderungen zu verbinden.[4]

Nach der bis zum 30.6.1990 geltenden Fassung des § 187 VVG aF war auch die **laufende Versicherung** von den Beschränkungen der Vertragsfreiheit ausgenommen. Diese Ausnahme wurde durch das 2. DurchfG/EWG zum VAG[5] aufgehoben und ist dann bei der VVG-Reform von 2008 wieder ins VVG eingefügt worden; gleichzeitig wurden die Grundzüge der laufenden Versicherung in den §§ 53–58 geregelt. Hinter der Freistellung der laufenden Versicherung von den Beschränkungen der Vertragsfreiheit steht die Erwägung, dass die laufende Versicherung nur im **gewerblich-kommerziellen Bereich** als Versicherung laufender Geschäftsbeziehungen mit ständig wechselnden Einzelrisiken (zB Transport-, Kredit- und technische Versicherungen) eine Rolle spielt.[6] Der Versicherungsnehmer bedarf hier nicht des Schutzes durch die halbzwingenden oder zwingenden Vorschriften des VVG.[7] Da die laufende Versicherung sich im Regelfall auf Großrisiken bezieht, ist die eigenständige Bedeutung dieser Alternative aber gering.[8]

II. Der Grundsatz der Abdingbarkeit

1. Allgemeines. Gem. § 210 können die Parteien bei Großrisiken und laufenden Versicherun- 3 gen von den im VVG geregelten Beschränkungen der Vertragsfreiheit abweichen. Ob die Freistellung von den Beschränkungen der Vertragsfreiheit nur für die **halbzwingenden Vorschriften** zum Schutz des Versicherungsnehmers (vgl. §§ 18, 32, 42, 51 Abs. 2, 52 Abs. 5, 76, 87, 112) oder auch für die **absolut zwingenden Bestimmungen** des VVG (zB §§ 105, 108) gilt, war vor der Reform streitig.[9] Der Meinungsstreit bezog sich allerdings vor allem auf die bis zum 30.6.1990 geltende Fassung des § 187 VVG aF und wurde daher schon nach der Neufassung der Vorschrift als obsolet

---

[1] BGHZ 118, 275 (278) = VersR 1992, 1089; BGH VersR 2005, 266 (268); *Klimke* in Prölss/Martin VVG § 210 Rn. 1; *Muschner* in HK-VVG § 210 Rn. 1.
[2] *Armbrüster* PrivVersR Rn. 382 ff.; *Bruns* PrivVersR § 4 Rn. 13; *Looschelders* VersR 2013, 653 (655); *Freitag* r+s 2008, 96; *Brand* Karlsruher Forum 2011 (2012), 55 ff.
[3] Begr. RegE, BT-Drs. 16/3945, 115; *Flach* TranspR 2008, 56 (62).
[4] *Renger* in Bruck/Möller VVG § 210 Rn. 8; *Looschelders/Smarowos* VersR 2010, 1.
[5] BGBl. 1990 I S. 1249 (1257).
[6] *Langheid* NJW 2007, 3665 (3671); *Ehlers* TranspR 2007, 5 (8).
[7] *Gesing/Looschelders* in Looschelders/Pohlmann VVG § 53 Rn. 5; *Heyers* in Schwintowski/Brömmelmeyer/Ebers VVG § 210 Rn. 1.
[8] Begr. RegE, BT-Drs. 16/3945, 115; zu einzelnen Ausnahmen *Harms* in HK-VVG § 53 Rn. 11.
[9] Zum Meinungsstreit *Möhrle*, Laufende Versicherung, 1994, S. 35; offen gelassen BGHZ 118, 275 (279) = VersR 1992, 1089.

angesehen.[10] Die amtliche Begründung zu § 210 stellt jetzt klar, dass die Ausnahme sich auf beide Kategorien zwingender Vorschriften bezieht.[11]

4   § 210 Abs. 1 schließt die **Anwendbarkeit** der zwingenden und halbzwingenden Vorschriften des VVG nicht von vornherein aus. Unanwendbar sind nur die Beschränkungen der Vertragsfreiheit an sich.[12] Dies hat zur Folge, dass die betreffenden Vorschriften als **dispositives Recht** anwendbar bleiben, solange sie von den Parteien nicht abbedungen werden. Wenn eine Norm abbedungen werden soll, so muss dies im Versicherungsvertrag **deutlich zum Ausdruck** kommen.[13] Der BGH hat auf der Grundlage des alten VVG entschieden, dass es für den Ausschluss der Beschränkungen des § 6 VVG aF nicht ausreicht, wenn die AVB vorsehen, dass der Versicherer bei einer **Obliegenheitsverletzung** leistungsfrei sein soll.[14] Diese Rspr. lässt sich auf das neue Recht übertragen. Will der Versicherer die Haftung des Versicherungsnehmers für Obliegenheitsverletzungen gegenüber § 28 ausweiten (zB Einstandspflicht schon für einfache Fahrlässigkeit, keine Quotelung bei grober Fahrlässigkeit), so muss dies im Vertrag hinreichend klar bestimmt werden. Unter dieser Maßgabe ist aber auch eine **konkludente** Abbedingung möglich.[15] Zur Zulässigkeit solcher abweichenden Regelungen → Rn. 10 ff.

5   Einige Vorschriften des VVG sind von vornherein nicht auf **Großrisiken** anwendbar. So sehen die §§ 6 Abs. 6, 7 Abs. 5, 65 im Hinblick auf Großrisiken generelle Ausnahmen für die Beratungs- und Informationspflichten der Versicherer und der Versicherungsvermittler vor.[16] Gem. § 8 Abs. 3 S. 1 Nr. 4 steht dem Versicherungsnehmer bei Großrisiken auch kein Widerrufsrecht zu. Auf die **laufende Versicherung** sind die betreffenden Vorschriften des VVG dagegen grds. anwendbar; insoweit ist aber eine Abbedingung nach § 210 Abs. 1 zulässig.

6   **2. Reichweite des Grundsatzes.** Nach § 210 abdingbar sind nur die zwingenden oder halbzwingenden Vorschriften des **VVG** („nach diesem Gesetz"). Die Regelung berührt damit nicht den zwingenden Charakter von Vorschriften **anderer Gesetze**.[17] So sind etwa die §§ 134, 138, 826 BGB auch im Anwendungsbereich des § 210 zwingend.[18]

7   § 210 bezieht sich nur auf solche Vorschriften des VVG, welche die **Vertragsfreiheit** beschränken. Ob dazu auch die Beschränkung von **Gerichtsstandsvereinbarungen** gehört, ist streitig. In der Lit. findet sich die Auffassung, es handele sich hierbei um rein prozessuale Vorschriften.[19] Die hM verweist dagegen zu Recht darauf, dass auch Gerichtsstandsvereinbarungen Ausdruck der Vertragsfreiheit sind.[20] Die Beschränkung von Gerichtsstandsvereinbarungen nach § 215 Abs. 3 wirkt im Anwendungsbereich des § 210 also nur dispositiv. Das Gleiche gilt in Bezug auf den **ausschließlichen Gerichtsstand** für Klagen gegen den Versicherungsnehmer nach § 215 Abs. 1 S. 2 (→ § 215 Rn. 53).[21] Die praktische Bedeutung dieser Fragen ergibt sich daraus, dass der Anwendungsbereich des § 215 nicht auf Versicherungsverträge mit Verbrauchern oder natürlichen Personen begrenzt ist (→ § 215 Rn. 6 ff.).

8   § 210 gilt nicht für solche Vorschriften des VVG, deren Kerngehalt schon nach allgemeinen Grundsätzen der Parteidisposition entzogen ist. Die Gesetzesbegründung verweist in diesem Zusammenhang darauf, dass die Parteien durch § 210 nicht von dem **Verbot von Verträgen zu Lasten Dritter** befreit werden, so dass § 98 auch für Großrisiken und laufende Versicherungen zwingend

---

10   *Kollhosser* in Prölss/Martin, 27. Aufl. 2004, VVG § 187 Rn. 3.
11   Begr. RegE, BT-Drs. 16/3945, 115; *Muschner* in HK-VVG § 210 Rn. 9; *Heyers* in Schwintowski/Brömmelmeyer/Ebers VVG § 210 Rn. 1; *Klimke* in Prölss/Martin VVG § 210 Rn. 7; *Eichelberg* in Looschelders/Pohlmann VVG § 210 Rn. 6.
12   BGHZ 118, 275 (278) = VersR 1992, 1089; OLG Hamm r+s 2011, 198 (201) = VersR 2011, 469; *Klimke* in Prölss/Martin VVG § 210 Rn. 13; *Eichelberg* in Looschelders/Pohlmann VVG § 210 Rn. 7; *Rixecker* in Langheid/Rixecker VVG § 210 Rn. 3.
13   BGHZ 118, 275 (280) = VersR 1992, 1089; OLG Hamm r+s 2011, 198 (201) = VersR 2011, 469; *Klimke* in Prölss/Martin VVG § 210 Rn. 14; *Renger* in Bruck/Möller VVG § 210 Rn. 13.
14   BGHZ 118, 275 (280) = VersR 1992, 1089.
15   *Klimke* in Prölss/Martin VVG § 209 Rn. 14; *Muschner* in HK-VVG § 210 Rn. 9.
16   *Eichelberg* in Looschelders/Pohlmann VVG § 210 Rn. 4; *Freitag* r+s 2008, 96; *Langheid* NJW 2007, 3665 (3666).
17   *Klimke* in Prölss/Martin VVG § 210 Rn. 9; *Renger* in Bruck/Möller VVG § 210 Rn. 14; *Schwintowski* in Berliner Kommentar VVG § 187 Rn. 8.
18   *Heyers* in Schwintowski/Brömmelmeyer/Ebers VVG § 210 Rn. 17.
19   *Schwintowski* in Berliner Kommentar VVG § 187 Rn. 4 im Anschluss an OLG Hamm NJW 1955, 1323, jeweils zu § 48 VVG aF.
20   *Klimke* in Prölss/Martin VVG § 210 Rn. 11 im Anschluss an *Prölss* NJW 1955, 1323; *Renger* in Bruck/Möller VVG § 210 Rn. 25.
21   *Klimke* in Prölss/Martin VVG § 210 Rn. 12; *Muschner* in HK-VVG § 210 Rn. 9.

ist.²² Die §§ 74 Abs. 2, 78 Abs. 3 konkretisieren das allgemeine Verbot **sittenwidriger Rechtsgeschäfte** (§ 138 Abs. 1 BGB) und sind daher ebenfalls aus übergeordneten Erwägungen unabdingbar.²³

3. AVB-Kontrolle. Auch im Anwendungsbereich des § 210 unterliegen AVB-Klauseln 9 einer **Inhaltskontrolle nach §§ 307 ff. BGB.**²⁴ Gem. § 307 Abs. 2 Nr. 1 BGB ist eine Klausel insbes. dann unwirksam, wenn sie mit wesentlichen Grundgedanken der gesetzlichen Regelung unvereinbar ist. Dabei können auch die nach § 210 abdingbaren Vorschriften des VVG als gesetzliche Leitbilder herangezogen werden.²⁵ Bei der AVB-Kontrolle ist allerdings zu beachten, dass die halbzwingenden Vorschriften auf dem Gedanken beruhen, den Versicherungsnehmer als schwächere Partei zu schützen. Dieser Gedanke trifft auf Verträge über Großrisiken und die laufende Versicherung gerade nicht zu. Für die **laufende Versicherung** hat der Gesetzgeber erkannt, dass die allgemeinen Vorschriften des VVG (§§ 1–99) den Besonderheiten eines nur im gewerblich-kommerziellen Bereich relevanten Versicherungszweigs nicht gerecht werden. Die §§ 53 ff. enthalten daher abweichende Wertungen, die bei der AVB-Kontrolle zu berücksichtigen sind.²⁶ Für Versicherungsverträge über **Großrisiken** gibt es keine vergleichbaren generellen Sonderregelungen. Eine gewisse Leitbildfunktion haben hier aber die Vorschriften über die **Transportversicherung** (§§ 130 ff.), weil diese sich typischerweise auf Großrisiken beziehen (vgl. Abs. 2 Nr. 1 iVm Nr. 7 Anl. 1 zum VAG).

Inwieweit den Bestimmungen des § 28 über die Rechtsfolgen von **Obliegenheitsverletzungen** 10 im Anwendungsbereich des § 210 Leitbildfunktion zukommt, ist noch nicht abschließend geklärt. Das neue VVG statuiert insoweit einige zentrale Grundsätze. Danach bleiben Obliegenheitsverletzungen bei einfacher Fahrlässigkeit folgenlos. Bei grober Fahrlässigkeit kommt es zu einer Quotelung nach dem jeweiligen Maß des Verschuldens. Ein vollständiger Ausschluss der Leistungspflicht des Versicherers kommt grds. nur bei Vorsatz in Betracht.²⁷ Entsprechende Grundsätze gelten nach § 81 für die **schuldhafte Herbeiführung des Versicherungsfalls.**²⁸

In der Lit. wird die Auffassung vertreten, dass die Grundsätze der §§ 28, 81 auch im Anwendungsbereich 11 des § 210 Leitbildfunktion haben. AVB-Klauseln, die schon bei **einfacher Fahrlässigkeit** Leistungsfreiheit vorsehen oder Leistungskürzungen zulassen, sollen daher im Allgemeinen nach § 307 BGB unwirksam sein.²⁹ Gegen diese Auffassung spricht jedoch, dass die Leistungsfreiheit bei der **laufenden Versicherung** gem. § 58 schon dann eintritt, wenn der Versicherungsnehmer **schuldhaft** eine vor Eintritt des Versicherungsfalls zu erfüllende Obliegenheit verletzt. Der Gesetzgeber hat diese Sonderregelung damit begründet, im gewerblich-kommerziellen Bereich könne vom Versicherungsnehmer die Sorgfalt eines ordentlichen Kaufmanns erwartet werden.³⁰ Diese Erwägung trifft auch auf Versicherungsverträge über **Großrisiken** zu.³¹ Ein vollständiger Verzicht auf das Verschuldenserfordernis wäre dagegen auch im Anwendungsbereich des § 210 nach § 307 BGB unwirksam.³² Das Gleiche gilt auch für den Ausschluss des **Kausalitätsgegenbeweises** außerhalb von Fällen der Arglist (vgl. § 28 Abs. 3).³³

Demgegenüber hat das **Quotenprinzip bei grober Fahrlässigkeit** im Anwendungsbereich 12 des § 210 keine Leitbildfunktion. Dies zeigen die Vorschriften der § 57 Abs. 2 S. 2 Nr. 2, §§ 58, 132 Abs. 2 S. 2 Nr. 2, § 137 Abs. 1, die bei der laufenden Versicherung und der Transportversicherung am Alles oder Nichts-Prinzip festhalten.³⁴

---

²² Begr. RegE, BT-Drs. 16/3945, 115; *Muschner* in HK-VVG § 210 Rn. 9; *Klimke* in Prölss/Martin VVG § 210 Rn. 8.
²³ BGHZ 120, 290 (295) = NJW 1993, 590; *Klimke* in Prölss/Martin VVG § 210 Rn. 9; *Schwintowski* in Berliner Kommentar VVG § 187 Rn. 5.
²⁴ BGHZ 120, 290 = NJW 1993, 590; BGH VersR 1984, 830; 2005, 266 (267); *Renger* in Bruck/Möller VVG § 210 Rn. 15; *Eichelberg* in Looschelders/Pohlmann VVG § 210 Rn. 8; *Muschner* in HK-VVG § 210 Rn. 10; *Rixecker* in Langheid/Rixecker VVG § 210 Rn. 3; *Schwintowski* in Berliner Kommentar VVG § 187 Rn. 8.
²⁵ BGHZ 120, 290 (295) = NJW 1993, 590; *Klimke* in Prölss/Martin VVG § 210 Rn. 15.
²⁶ Begr. RegE BT-Drs. 16/3945, 76, 115; *Gesing/Looschelders* in Looschelders/Pohlmann VVG § 53 Rn. 4.
²⁷ Begr. RegE, BT-Drs. 16/3945, 49.
²⁸ Ausf. *Looschelders* VersR 2008, 1.
²⁹ *Heyers* in Schwintowski/Brömmelmeyer/Ebers VVG § 210 Rn. 20.
³⁰ Begr. RegE, BT-Drs. 16/3945, 76; vgl. *Gesing/Looschelders* in Looschelders/Pohlmann VVG § 58 Rn. 1.
³¹ *Klimke* in Prölss/Martin VVG § 210 Rn. 17.
³² BGHZ 120, 290 (295) = NJW 1993, 590; *Klimke* in Prölss/Martin VVG § 210 Rn. 16.
³³ BGHZ 120, 290 (295) = NJW 1993, 590; *Heyers* in Schwintowski/Brömmelmeyer/Ebers VVG § 210 Rn. 21.
³⁴ *Klimke* in Prölss/Martin VVG § 210 Rn. 17; *Muschner* in HK-VVG § 210 Rn. 10; *Freitag* r+s 2008, 96 (99).

B. Großrisiken

I. Begriff des Großrisikos

13   Der Begriff des Großrisikos findet seinen Ursprung in Art. 5 lit. d RL 73/239/EWG (Erste Richtlinie Schaden), der durch Art. 5 RL 88/357/EWG (Zweite Richtlinie Schaden) in die RL 73/239/EWG eingefügt worden ist.[35] Nach den Richtlinien dient der Begriff des Großrisikos der Abgrenzung zu den Versicherungsverträgen über sog. **Massenrisiken,** bei denen die Rechtswahlfreiheit zum Schutz des Versicherungsnehmers beschränkt werden muss. Der deutsche Gesetzgeber hat hieran in § 210 (§ 187 VVG aF) angeknüpft, um die Parallelität zwischen materiellem und internationalem Versicherungsvertragsrecht zu gewährleisten. Ausgehend von § 210 Abs. 2 S. 1 kann zwischen Großrisiken **kraft Sparte** (Nr. 1 und 2) und Großrisiken **kraft Größe bzw. wirtschaftlicher Leistungsfähigkeit** des Versicherungsnehmers (Nr. 3) differenziert werden.[36] Auf unionsrechtlicher Ebene wird der Begriff des Großrisikos heute in Art. 13 Nr. 27 Solvency II-Richtlinie definiert.[37]

II. Großrisiken kraft Sparte

14   Die in § 210 Abs. 2 S. 1 Nr. 1 iVm Nr. 4–7, 10b, 11, 12 Anl. 1 zum VAG genannten Risiken lassen sich als **absolute Großrisiken kraft Sparte** umschreiben,[38] weil es für die Einordnung als Großrisiko allein auf die Sparte und nicht auch auf bestimmte Eigenschaften des Versicherungsnehmers ankommt. Ein Großrisiko liegt hiernach immer dann vor, wenn sich der Versicherungsvertrag auf die im Folgenden aufgelisteten **Transport- und Haftpflichtversicherungen** bezieht: Schienenfahrzeug-Kasko (Nr. 4), Luftfahrzeug-Kasko (Nr. 5), See-, Binnensee- und Flussschifffahrts-Kasko[39] (Nr. 6), Transportgüter (Nr. 7), Haftpflicht aus Landtransporten (Nr. 10b), Luftfahrzeughaftpflicht (Nr. 11), See-, Binnensee- und Flussschifffahrtshaftpflicht (Nr. 12). Die in Nr. 10b nicht erwähnte **Haftpflicht aus Speditions- und Lagerverträgen** stellt dagegen kein Großrisiko kraft Sparte dar.[40] Nicht zu den Großrisiken kraft Sparte gehören auch Kaskoversicherungsverträge über privat genutzte Schiffe.[41]

Nach Abs. 2 S. 1 Nr. 2 iVm Nr. 14, 15 Anl. 1 zum VAG zählen auch **Kredit- und Kautionsversicherungen** zu den Versicherungsverträgen über Großrisiken. Da die versicherten Risiken im Zusammenhang mit einer gewerblichen, bergbaulichen oder freiberuflichen Tätigkeit des Versicherungsnehmers stehen müssen, wird auch von **relativen Großrisiken** gesprochen.[42]

Deckt die Versicherung im Rahmen eines **kombinierten Versicherungsprodukts** neben einem Großrisiko andere Gefahren ab, so ist § 210 im Hinblick auf den gesamten Vertrag unanwendbar.[43] Eine Ausnahme gilt nur, falls die Großrisiken eindeutig überwiegen.[44] Dahinter steht die Erwägung, dass die Freistellung von den Beschränkungen der Vertragsfreiheit nicht durch die Kombination von Verträgen über Großrisiken mit anderen Versicherungen ausgeweitet werden darf.[45] In der Lit. wird teilweise dafür plädiert, bei kombinierten Versicherungen die einzelnen Risiken **getrennt** zu betrachten.[46] Dies setzt jedoch voraus, dass eine Differenzierung zwischen den jeweiligen Risiken möglich ist. In den meisten Fällen sind die AVB in Bezug auf die einzelnen Risiken indes so eng miteinander verzahnt, dass eine getrennte Betrachtung nicht in Betracht kommt.[47] So ist eine von § 28 Abs. 2–4 abweichende Klausel gem. § 32 S. 1 und § 307 BGB insgesamt unwirksam, wenn sie nicht nur für Großrisiken gilt, sondern sich auch auf Massenrisiken erstreckt.[48]

---

[35] *Looschelders/Michael* in Ruffert Bd. V § 11 Rn. 154.
[36] *Klimke* in Prölss/Martin VVG § 210 Rn. 3; *Looschelders/Michael* in Ruffert, Bd. V, § 11 Rn. 155.
[37] Näher dazu *Dörner* in Bruck/Möller Rom I-VO Art. 7 Rn. 8 ff.
[38] *Renger* in Bruck/Möller VVG § 210 Rn. 22.
[39] Zu weiteren Einzelheiten *Flach* TranspR 2008, 56 (60); zur Unanwendbarkeit von § 210 auf privat genutzte Boote OLG Köln VersR 2014, 1205.
[40] BGH VersR 2009, 769 Rn. 4; OLG Hamburg TranspR 2007, 258; *Klimke* in Prölss/Martin VVG § 210 Rn. 3; *Flach* TranspR 2008, 56 (61); *Freitag* r+s 2008, 96 (100).
[41] OLG Köln VersR 2014, 1207.
[42] *Renger* in Bruck/Möller VVG § 210 Rn. 22.
[43] BGH VersR 1972, 85; *Muschner* in HK-VVG § 210 Rn. 6; *Heyers* in Schwintowski/Brömmelmeyer/Ebers VVG § 210 Rn. 24; *Freitag* r+s 2008, 96 (97); *Thume* TranspR 2006, 1 (5).
[44] BGH VersR 1983, 949; *Schwintowski* in Berliner Kommentar VVG § 187 Rn. 6.
[45] BGH VersR 1972, 85 (86).
[46] *Klimke* in Prölss/Martin VVG § 210 Rn. 4; *Rixecker* in Langheid/Rixecker VVG § 210 Rn. 2; *Schwintowski* in Berliner Kommentar VVG § 187 Rn. 6.
[47] BGH VersR 1972, 85 (86).
[48] Vgl. BGH VersR 2009, 769; OLG Hamburg TranspR 2008, 258.

Praktische Beispiele für kombinierte Versicherungen finden sich insbes. in Form einer **Zusammenfassung von Schaden- und Personenversicherung** (zB Luftfahrthaftpflicht- und Unfallversicherung). Kombinierte Versicherungsprodukte gibt es auch bei der **Transportversicherung.** Hier ist die Kombination von Transportrisiken und ruhenden Risiken verbreitet (zB bei der Ausstellungsversicherung).[49] Kombinationen von Transportversicherung und Sachversicherung gegen Abhandenkommen und Beschädigung sind in der Praxis ebenfalls häufig vorzufinden.[50] Die Bezeichnung der Versicherung ist für die Einordnung solcher Versicherungen als Großrisiko nicht entscheidend.[51] Es kommt vielmehr darauf an, ob die Transportgefahr nach dem Vertrag alleiniger oder zumindest überwiegender Gegenstand der Versicherung ist.[52] Der BGH hat daher für eine **Schaustellerversicherung** die Annahme eines Großrisikos abgelehnt.[53] Bei einer **Ausstellungsversicherung** steht der Transport typischerweise ebenfalls nicht im Vordergrund.[54]

III. Großrisiken kraft wirtschaftlicher Größe

Bei den in Abs. 2 S. 1 Nr. 3 angeführten Sach-, Haftpflicht- und sonstigen Schadensversicherungen handelt es sich nur dann um Großrisiken, wenn auf den Versicherungsnehmer **mindestens zwei** der folgenden drei **Merkmale** zutreffen: mehr als 6.200.000 EUR **Bilanzsumme**, mehr als 12.800.000 EUR **Nettoumsatzerlöse**, im Durchschnitt des Wirtschaftsjahres mehr als **250 Mitarbeiter.** Gehört der Versicherungsnehmer zu einem **Konzern,** der nach § 290 HGB oder bestimmten anderen Vorschriften einen Konzernabschluss aufzustellen hat, so sind für die Feststellung der Unternehmensgröße die Zahlen des Konzernabschlusses maßgebend (Abs. 2 S. 2).

C. Laufende Versicherung

I. Begriff der laufenden Versicherung

Neben den Verträgen über Großrisiken ist auch die laufende Versicherung nach § 210 von den Beschränkungen der Vertragsfreiheit befreit. Die laufende Versicherung ist in ihren Grundzügen in den §§ 53–58 geregelt. Es handelt sich um keinen eigenständigen Versicherungszweig, sondern um **eine bestimmte Technik der Vertragsgestaltung,** die in verschiedenen Versicherungszweigen verwendet wird.[55]

Laufende Versicherungen findet man vor allem bei der **Transportversicherung von Gütern**[56] und der Versicherung von **Warenlagern mit wechselndem Inhalt.**[57] Weitere praktisch wichtige Beispiele sind die Speditionsversicherung, die (Waren-)Kreditversicherung, die technischen Versicherungen (insbes. Bauleistungs- und Montageversicherung) sowie einige Arten der Haftpflichtversicherung,[58] nicht aber die Betriebshaftpflichtversicherung.[59] Die laufende Versicherung hat schließlich auch bei der **Rückversicherung** (→ § 209 Rn. 31 ff.) große Verbreitung.

§ 53 enthält eine **Legaldefinition** der laufenden Versicherung, die auch iRd § 210 maßgeblich ist. Eine laufende Versicherung liegt danach vor, wenn der Vertrag in der Weise geschlossen wird, dass das versicherte Interesse bei Vertragsschluss nur **der Gattung nach bezeichnet** und erst nach seiner Entstehung dem Versicherer einzeln aufgegeben wird (→ § 53 Rn. 5 ff.).[60]

---

[49] *Freitag* r+s 2008, 96 (97).
[50] BGH VersR 1972, 85, Juwelier-, Reise- und Warenlagerversicherung.
[51] *Heyers* in Schwintowski/Brömmelmeyer/Ebers VVG § 210 Rn. 5.
[52] BGH VersR 1983, 949; OLG Koblenz VersR 1988, 1061.
[53] BGH VersR 1983, 949.
[54] OLG Hamm VersR 1990, 519; *Koller* in Prölss/Martin VVG § 130 Rn. 9.
[55] *Gesing/Looschelders* in Looschelders/Pohlmann VVG § 53 Rn. 12; *Renger* in Bruck/Möller VVG § 53 Rn. 1 ff.; *Schauer* in Berliner Kommentar VVG Vorb. zu §§ 49–68a Rn. 3.; *Schwintowski* in Schwintowski/Brömmelmeyer/Ebers VVG Vorb. zu §§ 53–58 Rn. 3; *Heiss/Trümper* in Beckmann/Matusche-Beckmann VersR-HdB § 38 Rn. 183; *Ehrenzweig,* Deutsches (österreichisches) Versicherungs-Vertragsrecht, 1952, S. 22; *Möhrle,* Laufende Versicherung, 1994, S. 1.
[56] *Gesing/Looschelders* in Looschelders/Pohlmann VVG § 53 Rn. 7; *Ehlers* TranspR 2007, 5 (8); *Möhrle,* Laufende Versicherung, 1994, S. 141.
[57] *Grote/Schneider* BB 2007, 2689 (2700); *Langheid* NJW 2007, 3665 (3671).
[58] *Armbrüster* in Prölss/Martin VVG Vor § 53 Rn. 5; *Schauer* in Berliner Kommentar VVG Vorb. zu §§ 49–68a Rn. 56; *Neuhaus* r+s 2008, 45 (46); *Möhrle,* Laufende Versicherung, 1994, S. 142 mit weiteren Beispielen.
[59] BGH VersR 1967, 771 = NJW 1967, 2205 (2206).
[60] Ausf. *Langheid* FS Wälder, 2009, 119 ff.

20 Die hM unterscheidet zwischen zwei **Grundformen** der laufenden Versicherung: der obligatorischen und der fakultativen.[61] Die **obligatorische** laufende Versicherung ist dadurch gekennzeichnet, dass alle von der gattungsmäßigen Bezeichnung erfassten Risiken per se unter den Versicherungsschutz fallen. Die Anmeldung des Risikos nach § 53 hat nur deklaratorische Bedeutung.[62] Bei der **fakultativen** laufenden Versicherung können die Parteien im Einzelfall entscheiden, ob sie ein bestimmtes Risiko bei seiner Entstehung versichern bzw. abdecken. Für jedes Einzelrisiko kommt dann ein eigenständiger Vertrag zustande; die Erklärungen der Parteien wirken also konstitutiv.[63] In der Praxis können auch **Mischformen** auftreten, bei denen die laufende Versicherung für die eine Partei (namentlich den Versicherer) obligatorisch und für die andere Partei fakultativ ist.[64]

21 In der Praxis ist die laufende Versicherung meist **für beide Seiten obligatorisch** (Ziff. 1 DTV-Güter 2000/2011 – Laufende Versicherung). Eine in der Lit. verbreitete Auffassung beschränkt den Begriff der laufenden Versicherung sogar auf die obligatorische Versicherung (→ § 53 Rn. 11).[65] So hat etwa *Kollhosser* die laufende Versicherung als „Versicherung wiederkehrend entstehender Risiken ohne konstitutive Anmeldung" definiert.[66] Wenn der Gesetzgeber die Anmeldung nach § 53 in der amtlichen Begründung nicht als Willenserklärung, sondern als Tatsachenerklärung bezeichnet,[67] geht er ebenfalls von einer obligatorischen Ausgestaltung der laufenden Versicherung aus. Nach dieser Auffassung ist nur die obligatorische laufende Versicherung als solche von den Beschränkungen der Vertragsfreiheit freigestellt. Im Übrigen muss geprüft werden, ob ein Großrisiko vorliegt.[68] Bei der AVB-Kontrolle können die Wertungen der §§ 53 ff. allerdings auch im Fall einer fakultativen laufenden Versicherung berücksichtigt werden (→ § 53 Rn. 17).

II. Grenzen der Dispositivität

22 § 210 stellt klar, dass die Bestimmungen über die laufende Versicherung (§§ 53–58) in vollem Umfang dispositiv sind. Eine Ausnahme gilt allerdings für die **Definition der laufenden Versicherung** in § 53, soweit sie für § 210 Abs. 1 maßgeblich ist (→ Vor §§ 53–58 Rn. 9). Denn nach Sinn und Zweck des § 210 Abs. 1 können die Parteien es nicht in der Hand haben, die Freistellung von den Beschränkungen der Vertragsfreiheit durch eine großzügigere Definition der laufenden Versicherung auf andere Formen der Versicherungstechnik auszuweiten.[69]

§ 210a Elektronische Transportversicherungspolice

Der Urkunde nach § 4 oder § 55 gleichgestellt ist eine elektronische Transportversicherungspolicen nach § 365a des Handelsgesetzbuchs.

Schrifttum: *Ramming,* Die neuen Regelungen über die elektronische Transportversicherungspolice, RdTW 2023, 93.

Übersicht

		Rn.			Rn.
A.	Sinn und Zweck der Vorschrift	1	C.	Rechtsfolgen	9
B.	Urkunden nach §§ 4, 55	7	D.	Gleichstellung	12

---

[61] *Renger* in Bruck/Möller VVG § 53 Rn. 7 ff.
[62] *Gesing/Looschelders* in Looschelders/Pohlmann VVG § 53 Rn. 13; *Schauer* in Berliner Kommentar VVG Vorb. zu §§ 49–68a Rn. 58; *Möhrle,* Laufende Versicherung, 1994, S. 20.
[63] *Renger* in Bruck/Möller VVG § 53 Rn. 9 ff.; *v. Kottwitz,* Die laufende Versicherung, 1976, S. 31.
[64] *Heiss/Trümper* in Beckmann/Matusche-Beckmann VersR-HdB § 38 Rn. 184; ausf. *v. Kottwitz,* Die laufende Versicherung, 1976, S. 28.
[65] *Gesing/Looschelders* in Looschelders/Pohlmann VVG § 53 Rn. 17; aA *Armbrüster* in Prölss/Martin VVG § 53 Rn. 12.
[66] *Kollhosser* in Prölss/Martin, 27. Aufl. 2004, VVG § 187 Rn. 15; dagegen *Langheid* FS Wälder, 2009, 119 (122 ff.).
[67] Begr. RegE, BT-Drs. 16/3945, 75.
[68] *Gesing/Looschelders* in Looschelders/Pohlmann VVG § 53 Rn. 18.
[69] *Gesing/Looschelders* in Looschelders/Pohlmann VVG § 53 Rn. 5; *Schwintowski* in Schwintowski/Brömmelmeyer/Ebers VVG Vorb. zu §§ 53–58 Rn. 7 lässt die Frage wegen geringer praktischer Bedeutung offen.

A. Sinn und Zweck der Vorschrift

Sinn und Zweck der neuen Regelung ist die **Digitalisierung des Versicherungsgeschäfts**, zunächst aber nur in Bezug auf transportrelevante Dokumente. Es geht um elektronisch auszustellende Transportversicherungspolicen.[1] Die Gesetzesbegründung[2] zeigt zweierlei: Zum einen liest sie sich wie ein Appell an den nicht sachverständigen Parlamentarier, dem Gesetz aus gravierenden, ihm aber nicht – jedenfalls nicht vollständig – nachvollziehbaren Gründen zuzustimmen. Zum anderen fragt es sich, warum der Gesetzgeber hier digitale Möglichkeiten schafft, wenn er ansonsten „auf Papier" besteht (s. nur § 6a). Das ist ein Schritt in die richtige Richtung, aber dabei sollte es auf Dauer nicht bleiben, schon wegen der zahlreichen unterschiedlichen Gestaltungen. Merkwürdig ist auch die Platzierung der neuen Vorschrift. Statt sie in die Vorschriften der §§ 4, 55 einzufügen, wird sie in die Schlussvorschriften aufgenommen, die so immer mehr zu einem Sammelbecken für rechtliches Allerlei werden.

Die Transportversicherungspolice wird in § 363 Abs. 2 HGB denjenigen Urkunden gleichgestellt, die Ansprüche aus Fracht- und Lagerverträgen verbriefen. Für die Praxis sei „es wichtig, dass die Verbriefung der Ansprüche aus einem Frachtvertrag (insbesondere einem Seefrachtvertrag) und die Verbriefung der Ansprüche aus dem für die Beförderung des Gutes abgeschlossenen Versicherungsvertrag in den gleichen Formen und mit den gleichen rechtlichen Wirkungen" wie beim besonders rechtssicheren Indossament übertragbar würden.[3] „Denn die Versicherung" schütze „den wirtschaftlichen Wert des Gutes während des Transports. Wird das Gut während des Transports weiterverkauft, so verlangt der Käufer daher nicht nur die Übertragung zB des Konnossements, sondern auch der Transportversicherungspolice".[4] Beide – Konnossement und Police – gehörten daher eng zusammen. Das gelte auch für die Seeversicherung. Konnossemente und Ladescheine könnten bereits jetzt elektronisch ausgestellt und übertragen werden. Deswegen sei das jetzt auch für die Transportversicherungspolice erforderlich. § 3 (Versicherungsschein in Textform) reiche für diesen Zweck nicht, weil er nicht anwendbar sei, denn „der Versicherungsschein (sei) kein Wertpapier und (könne) nicht zu einem Orderdokument gemacht werden". Die jetzt bewirkte Änderung würde „die Unternehmen der Transportwirtschaft" befähigen, „Beförderungen vollständig digital abzuwickeln, (…) sofern sichergestellt (sei), dass die Authentizität und Integrität der Aufzeichnung gewahrt" blieben.[5]

Hinsichtlich der Merkmale **Funktionsäquivalenz, Authentizität und Integrität** verweist der Gesetzgeber auf die Begründung zu § 516 Abs. 2 HGB im Entwurf eines Gesetzes zur Reform des Seehandelsrechts.[6] Die Transportversicherungspolice habe ua Beweis- und Legitimationsfunktion; der Versicherer müsse nach § 364 Abs. 3 HGB nur leisten, wenn sie ihm ausgehändigt, dh zurückgegeben wird. Es müssten daher Wege gefunden werden, wie eine elektronische Transportversicherungspolice „vorgelegt" werden kann, wie sie „übertragen" werden kann und wie ein „legitimierter Besitzer" den formalen Nachweis seiner Legitimation erbringen kann. Das Bundesministerium der Justiz würde daher ermächtigt, durch Rechtsverordnung die Einzelheiten der Ausstellung, Vorlage, Rückgabe und Übertragung einer elektronischen Transportversicherungspolice sowie die Einzelheiten des Verfahrens einer nachträglichen Eintragung in eine elektronische Transportversicherungspolice zu regeln.

Die Ergänzung des Versicherungsvertragsgesetzes verknüpfe die elektronische Transportversicherungspolice mit dem Versicherungsvertragsrecht.[7] § 4 und § 55 eröffneten den Parteien des Versicherungsvertrags Gestaltungsmöglichkeiten mit besonderen Rechtsfolgen; diese setzten „aber voraus, dass der Versicherungsschein als Urkunde ausgestellt wird, also auf Papier". Es erscheine „angebracht, diese Gestaltungen auch dann zu ermöglichen, wenn der Versicherer eine elektronische Transportversicherungspolice nach § 365a des Handelsgesetzbuchs (HGB) ausstellt. Für die Seeversicherung ergibt sich die Möglichkeit der Parteien, eine elektronische Transportversicherungspolice im Rahmen von Versicherungsverträgen zu verwenden, bereits aus der allgemeinen Vertragsfreiheit; denn das VVG ist auf diese Versicherung nach seinem § 209 nicht anwendbar".[8]

Für verbleibende Bereiche, bei denen sich die Vertragsparteien nicht auf die Abweichungsmöglichkeiten nach § 210 stützen können, sei „mithin eine ausdrückliche Bestimmung zur Gleichwertig-

---

1   Detaillierte Einzelheiten bei *Ramming* RdTW 2023, 93.
2   BT-Drs. 20/4806, 89 ff.
3   BT-Drs. 20/4806, 90.
4   BT-Drs. 20/4806, 90.
5   BT-Drs. 20/4806, 90.
6   BT-Drs. 17/10309, 93.
7   BT-Drs. 20/4806, 92.
8   BT-Drs. 20/4806, 92.

§ 210a 6–10   Teil 3. Schlussvorschriften

keit einer elektronischen Transportversicherungspolice mit der als Urkunde ausgestellten Transportversicherungspolice erforderlich".[9] Die neuen Bestimmungen definierten daher, „welcher Vorgang der Übermittlung und dem Aushändigen der Urkunde an den ersten Berechtigten entspricht". Bestimmungen über die Rückgabe regeln, „wie das Aushändigen der Urkunde an den Versicherer etwa im Sinne der § 4 Absatz 1 VVG, § 808 Absatz 2 BGB sowie die Rückgabe der Urkunde an den Versicherer etwa nach § 4 Absatz 2 VVG" zu erfolgen haben. Entsprechendes soll für die Vorlage der Urkunde nach § 55 Abs. 1 gelten.[10]

6   Von einer vollständigen Gleichsetzung der elektronischen Transportversicherungspolice mit dem als Urkunde ausgestellten Versicherungsschein sei allerdings abzusehen. Anders als im Fall der Urkunde (für sie gilt § 3 Abs. 1 Hs. 2) soll **kein Anspruch** des Versicherungsnehmers auf Ausstellung einer elektronischen Transportversicherungspolice bestehen. Also würde die Ausstellung des elektronischen Dokuments eingebettet in komplexe IT-Lösungen, über deren Verwendung sich **die Parteien einigen müssen**.

B. Urkunden nach §§ 4, 55

7   Anders als § 3, der die (bloße) Police als die Urkunde über den Versicherungsvertrag regelt, stellt § 4 auf den auf **den Inhaber ausgestellten Versicherungsschein** ab. Durch den Verweis auf § 808 BGB wird aus dem bloßen Versicherungsschein ein qualifiziertes Legitimationspapier. Anders als die Police, die auch in Textform übermittelt werden kann, muss die Police auf den Inhaber **als Urkunde** ausgestellt werden. Das ist darauf zurückzuführen, dass der Versicherer mit befreiender Wirkung nur an den Inhaber zahlen kann, wobei die Rückgabe der Urkunde vereinbart werden kann (ersatzweise das öffentlich beglaubigte Anerkenntnis, dass der Anspruch aus dem Versicherungsvertrag erloschen ist oder die Kraftloserklärung des Versicherungsscheins). Im Bereich der Transportversicherung kann also – aber eben nur ausnahmsweise – auch eine digitale Urkunde ausgestellt werden.

8   § 55 regelt das gleiche wie § 4 für die **laufende Versicherung**.[11] Die Police über den Rahmenvertrag enthält keine Spezifika über bestimmten Einzelrisiken; diese sind aber auf Verlangen des Versicherungsnehmers zu dokumentieren, wenn wie etwa in der Warentransportversicherung ein Dokument für den Nachweis der Versicherung eines Einzelrisiko erforderlich wird.[12] Der Versicherer wird dann durch Leistung an den Urkundeninhaber frei (§ 55 Abs. 1 S. 2). Anders als bei § 4 kann in der laufenden Versicherung der Versicherungsschein bei Verlust auch für kraftlos erklärt werden oder der Verlust der Urkunde durch eine Sicherheitsleistung kompensiert werden (§ 55 Abs. 2 S. 1).

C. Rechtsfolgen

9   Prinzipiell sind die in § 363 HGB genannten Dokumente **Orderpapiere**, also Wertpapiere, die durch bloße Vorlage übertragbar sind. Das sind Anweisungen und Verpflichtungsscheine, denen Konnossemente, Ladescheine und Lagerscheine gleichgestellt sind. Diese Papiere können durch Indossament übertragen werden (§ 364 HGB). Es handelt sich um Wertpapiere, die den Anspruch gegen den Verfrachter, Frachtführer oder Lagerhalter auf Ablieferung des Gutes verbriefen. Sie sind von dem zugrunde liegenden Rechtsverhältnis, namentlich dem Fracht- bzw. Lagervertrag, unabhängig.

10 Zu diesen Papieren kommt jetzt durch § 363 Abs. 2 HGB die **Order-Transportversicherungspolice** hinzu. Die Vorschrift ermöglicht es den Beteiligten, die Transportversicherungspolice zu einem kaufmännischen Orderpapier zu machen. Zusätzlich schafft der neue § 365a HGB die Möglichkeit, Transportversicherungspolicen in einer elektronischen Variante zu verwenden. Überflüssigerweise soll der Begriff der **Transportversicherungspolice „weit zu verstehen"** sein.[13] Zum einen gelte er für §§ 130 ff. (Straße, Luft, Binnenschifffahrt), zum anderen auch für die Güterversicherung für Seebeförderungen und die Schiffsversicherung für Seeschiffe. Das ist redundant, denn § 209 klammert die Seeversicherung von den halbzwingenden Vorschriften dieses Gesetzes aus. Die Gesetzesbegründung ist daher nur die Dokumentation einer weiteren, überflüssigen Ver-

---

[9] BT-Drs. 20/4806, 92.
[10] BT-Drs. 20/4806, 92.
[11] Einzelheiten bei *Langheid* FS Wälder, 2009, S. 23 ff.
[12] *Langheid* FS Wälder, 2009, S. 23 (33).
[13] BT-Drs. 20/4806, 90.

komplizierung: die elektronische Police gilt nur für die Transportversicherung, dort aber auch für die Seeschifffahrt, für die das Gesetz sonst nicht gilt. Die Seeversicherung, befreit von den Zwängen des VVG, konnte aber schon immer elektronisch policiert werden.

Da auch die neue Police mithin ein Wertpapier ist, das den Anspruch gegen den Versicherer auf Leistung der Entschädigung im Versicherungsfall verbrieft, entsteht ein **vom Versicherungsvertrag unabhängiges Rechtsverhältnis** zwischen dem Versicherer und dem Berechtigten aus dem Papier. Auch die Order-Transportversicherungspolice kann nach § 364 HGB durch Indossament übertragen werden. Die Transportversicherungspolice muss aber nicht zwingend als Orderpapier ausgestellt werden, sondern auch als begebbares (also handelbares) Inhaberpapier und grundsätzlich auch als Namenspapier.[14] 11

D. Gleichstellung

Gleichgestellt bedeutet, dass elektronische Transportversicherungspolicen die Rechtsfolgen entfalten, die ein auf den Inhaber ausgestellter Versicherungsschein (§ 4) oder eine Einzelpolice bei laufender Versicherung (§ 55) bewirken. Auf die dortigen Kommentierungen kann uneingeschränkt verwiesen werden. Das gilt nach wie vor **nicht** für die Regelungen in §§ 3, 5, § 210a erlaubt es deswegen nicht allgemein, Versicherungsscheine auf den Inhaber (§ 4) und Einzelpolicen iSd § 55 als elektronische Dokumente auszustellen, sondern das ist nur bei **elektronischen Transportversicherungspolicen** möglich.[15] 12

§ 211 Pensionskassen, kleinere Versicherungsvereine, Versicherungen mit kleineren Beträgen

(1) Die §§ 37, 38, 165, 166, 168 und 169 sind, soweit mit Genehmigung der Aufsichtsbehörde in den Allgemeinen Versicherungsbedingungen abweichende Bestimmungen getroffen sind, nicht anzuwenden auf
1. Versicherungen bei Pensionskassen im Sinn des § 233 Absatz 1 und 2 des Versicherungsaufsichtsgesetzes,
2. Versicherungen, die bei einem Verein genommen werden, der als kleinerer Verein im Sinn des Versicherungsaufsichtsgesetzes anerkannt ist,
3. Lebensversicherungen mit kleineren Beträgen und
4. Unfallversicherungen mit kleineren Beträgen.

(2) Auf die in Absatz 1 Nr. 1 genannten Pensionskassen sind ferner nicht anzuwenden
1. die §§ 6 bis 9, 11, 150 Abs. 2 bis 4 und § 152 Abs. 1 und 2; für die §§ 7 bis 9 und § 152 Abs. 1 gilt dies nicht für Fernabsatzverträge im Sinn des § 312c des Bürgerlichen Gesetzbuchs;
2. § 153, soweit mit Genehmigung der Aufsichtsbehörde in den Allgemeinen Versicherungsbedingungen abweichende Bestimmungen getroffen sind; § 153 Abs. 3 Satz 1 ist ferner nicht auf Sterbekassen anzuwenden.

(3) Sind für Versicherungen mit kleineren Beträgen im Sinn von Absatz 1 Nr. 3 und 4 abweichende Bestimmungen getroffen, kann deren Wirksamkeit nicht unter Berufung darauf angefochten werden, dass es sich nicht um Versicherungen mit kleineren Beträgen handele.

Übersicht

		Rn.			Rn.
A.	Einführung	1	II.	Versicherungen mit kleineren Beträgen	6
B.	Abweichende AVB mit Genehmigung der Aufsichtsbehörde (Abs. 1)	2	1.	Kleinlebensversicherungen	6
I.	Versicherungen bei kleineren Versicherern	2	2.	Kleinunfallversicherungen	8
1.	Versicherungen bei Pensionskassen	2	III.	Rechtsfolgen	9
2.	Versicherungen bei kleineren Vereinen	5	C.	Weitere Besonderheiten bei regulierten Pensionskassen	12

---

[14] Ausf. zu allem ausführlich *Ramming* RdTW 2023, 94.
[15] *Ramming* RdTW 2023, 95 f.

		Rn.			Rn.
I.	Generelle Unanwendbarkeit einzelner Vorschriften des VVG	12	3.	Sonstige Ausnahmen	16
1.	Beratungs- und Informationspflichten	13	II.	Unanwendbarkeit des § 153 aufgrund abweichender AVB	18
2.	Widerrufsrecht	14	D.	Unanfechtbarkeit abweichender AVB	20

Schrifttum: *Heidelbach,* Der kleinere Versicherungsverein auf Gegenseitigkeit, 1994; *Kurzendörfer,* Einführung in die Lebensversicherung, 3. Aufl. 2000; *Laars,* Siebtes Gesetz zur Änderung des Versicherungsaufsichtsgesetzes – Auswirkungen für Pensionskassen und Pensionsfonds, BetrAV 2005, 732.

A. Einführung

1 § 211 Abs. 1 übernimmt ohne inhaltliche Änderungen die Sonderregelungen des § 189 Abs. 1 VVG aF für Versicherungen bei Pensionskassen und kleineren Versicherungsvereinen auf Gegenseitigkeit (§ 53 VAG) sowie für Lebens- und Unfallversicherungen mit kleineren Beträgen. Der Gesetzgeber will damit den **besonderen Verhältnissen** bei diesen Versicherungen weiter Rechnung tragen. § 211 Abs. 2 wurde neu in das VVG eingefügt, um die Besonderheiten der **betrieblichen Altersversorgung** zu berücksichtigen.[1] § 211 Abs. 3 entspricht inhaltlich dem § 189 Abs. 2 VVG aF.[2]

B. Abweichende AVB mit Genehmigung der Aufsichtsbehörde (Abs. 1)

I. Versicherungen bei kleineren Versicherern

2 **1. Versicherungen bei Pensionskassen.** Während § 189 Abs. 1 Nr. 1 Alt. 1 VVG aF noch von Versicherungen bei Werkspensionskassen mit Zwangsbeitritt sprach, bezieht § 211 Abs. 1 Nr. 1 sich auf Pensionskassen iSd § 233 Abs. 1, 2 VAG 2016. Der Gesetzgeber hat damit das antiquierte Wort „Werkspensionskasse" durch die Verweisung auf § 233 Abs. 1, 2 VAG 2016 (§ 118b Abs. 3, 4 VAG aF) ersetzt.[3] Die Verweisung stellt klar, dass die Sonderregelung nur für **regulierte** Pensionskassen gilt, deren AVB und Tarife von der Aufsichtsbehörde zu genehmigen sind.[4]

3 Der **Begriff der Pensionskasse** wird in § 232 Abs. 1 VAG 2016 gesetzlich definiert. Danach handelt es sich um ein rechtlich selbständiges Lebensversicherungsunternehmen, dessen Zweck die **Absicherung wegfallenden Erwerbseinkommens** wegen Alters, Invalidität oder Tod ist. Außerdem wird vorausgesetzt, dass das Unternehmen das Versicherungsgeschäft im Wege des Kapitaldeckungsverfahrens betreibt, Leistungen grds. erst ab dem Zeitpunkt des Wegfalls des Erwerbseinkommens vorsieht, Leistungen im Todesfall grds. nur an Hinterbliebene erbringen darf und der versicherten Person einen **eigenen Anspruch auf Leistung** gegen die Pensionskasse einräumt oder Leistungen als **Rückdeckungsversicherung** erbringt (vgl. § 1b Abs. 3 S. 1 BetrAVG).[5]

4 Der Wegfall des Zusatzes „mit **Zwangsbeitritt**" beruht darauf, dass infolge der gesetzlichen Änderungen in der betrieblichen Altersversorgung neben den klassischen Modellen einer Pflichtmitgliedschaft in den traditionellen Pensionskassensystemen zahlreiche **neue Versorgungssysteme** (zB auf tariflicher Ebene) eingerichtet worden sind, bei denen der Arbeitgeber zwar jedem Arbeitnehmer eine betriebliche Altersversorgung anzubieten hat, der Arbeitnehmer aber frei darüber entscheiden kann, ob er das Angebot annimmt.[6] Insofern kann nicht von einem „Zwangsbeitritt" gesprochen werden. **Pensionsfonds** iSd § 236 VAG 2016 nehmen bei der betrieblichen Altersversorgung eine ähnliche Funktion wie Pensionskassen wahr (vgl. § 1b Abs. 3 S. 1 BetrAVG). Da Pensionsfonds keine Versicherungsunternehmen sind und grds. nicht den Vorschriften des VVG unterliegen, werden sie aber in § 211 Abs. 1 Nr. 1 nicht erwähnt.[7]

---

[1] Begr. RegE, BT-Drs. 16/3945, 116.
[2] Begr. RegE, BT-Drs. 16/3945, 116; *Klimke* in Prölss/Martin VVG § 211 Rn. 1.
[3] Begr. RegE, BT-Drs. 16/3945, 116; *Leverenz* in Bruck/Möller VVG § 211 Rn. 2.
[4] *Klimke* in Prölss/Martin VVG § 211 Rn. 2; *Muschner* in HK-VVG § 211 Rn. 3; *Schäfers* in Kaulbach/Bähr/ Pohlmann VAG § 233 Rn. 2; *Laars* BetrAV 2005, 732.
[5] Zu den Einzelheiten *Laars* in Bähr VAG-HdB § 31 Rn. 16 ff.
[6] Begr. RegE, BT-Drs. 16/3945, 116; *Leverenz* in Bruck/Möller VVG § 211 Rn. 2.
[7] Begr. RegE, BT-Drs. 16/3945, 116; *Eichelberg* in Looschelders/Pohlmann VVG § 211 Rn. 3; zu den versicherungsaufsichtsrechtlichen Besonderheiten bei Pensionsfonds *Laars* in Bähr VAG-HdB § 32 Rn. 1 ff.

2. Versicherungen bei kleineren Vereinen.
Bei den in § 211 Abs. 1 Nr. 2 genannten kleineren Vereinen iSd Versicherungsaufsichtsgesetzes handelt es sich gem. § 210 Abs. 1 VAG um Versicherungsvereine auf Gegenseitigkeit, die **bestimmungsgemäß** einen sachlich, örtlich oder dem Personenkreis nach **eng begrenzten Wirkungskreis** haben, worüber die Bundesanstalt für Finanzdienstleistungsaufsicht entscheidet (§ 210 Abs. 4 VAG). „Sachlich" bedeutet in diesem Zusammenhang, dass laut Satzung eine Beschränkung auf wenige versicherungstechnisch einfache Risikoarten erfolgt.[8] Eine „örtliche" Beschränkung liegt zB vor, wenn nur die im Gebiet einer Gemeinde belegenen Risiken versichert werden, und eine Beschränkung „dem Personenkreis nach" kann zB mit Blick auf die Bediensteten eines bestimmten Unternehmens vorgesehen werden.[9]

II. Versicherungen mit kleineren Beträgen

1. Kleinlebensversicherungen. Die in § 211 Abs. 1 Nr. 3 aufgeführten Lebensversicherungen mit kleineren Beträgen („Kleinlebensversicherungen") bilden den Oberbegriff für alle Arten von Lebensversicherungen (zB Sterbegeldversicherung, Volksversicherung, Pensions-, Sterbe-, Witwen- und Waisenkassen) mit kleineren Versicherungssummen bzw. kleineren Wochen- oder Monatsbeiträgen.[10] Firmenbezeichnung und Organisationsstruktur des Versicherers sind für die Einordnung als Kleinlebensversicherung nicht entscheidend.[11]

In der Praxis finden sich Kleinlebensversicherungen am häufigsten in der Form der sog. **Sterbegeldversicherung.** Die Sterbegeldversicherung wird auch von sog. **Sterbekassen** angeboten. Hierbei handelt es sich um „Lebensversicherungsunternehmen, die nach ihrem Geschäftsplan nur Todesfallrisiken im Inland versichern, soweit der Betrag ihrer Leistungen den Durchschnittswert der Bestattungskosten bei einem Todesfall nicht übersteigt oder diese Leistungen in Sachwerten erbracht werden" (§ 218 Abs. 1 VAG 2016).[12] Die Aufsichtsbehörde kann nach § 150 Abs. 4 einen bestimmten Höchstbetrag für die gewöhnlichen Beerdigungskosten festsetzen. Dieser beträgt zurzeit 8.000 EUR.[13] In aufsichtsrechtlicher Hinsicht besteht die Besonderheit, dass Sterbekassen gem. § 219 Abs. 3 Nr. 1 VAG 2016 wegen ihrer sozialpolitischen Bedeutung für Geringverdiener nach wie vor **reguliert** sind und daher auch ihre AVB und Tarife genehmigen lassen müssen. Die Aufrechterhaltung der Regulierung ist insoweit zulässig, weil die Lebensversicherungs-Richtlinie bzw. die Solvency II-Richtlinie auf Sterbekassen nicht anwendbar ist (vgl. Art. 3 Nr. 5 RL 2002/83/EG; Art. 10 Nr. 1 RL 2009/38/EG).[14]

2. Kleinunfallversicherungen. Bei Unfallversicherungen mit kleinen Beträgen besteht die gleiche Interessenlage wie bei Kleinlebensversicherungen. Für solche Unfallversicherungen gelten daher nach § 211 Abs. 1 Nr. 4 ebenfalls Sonderregeln. Bei der Konkretisierung der kleinen Beträge kann man sich auch hier an den Wertungen des § 150 Abs. 4 orientieren. Eine Unfallversicherung mit kleinen Beträgen liegt daher bei Versicherungsleistungen bis 8.000 EUR im Todesfall vor; bei der Invaliditätsleistung kann der fünffache Betrag als Grenze (also bis 40.000 EUR) in Ansatz gebracht werden.[15] Praktisches Beispiel für eine Unfallversicherung mit kleinen Beträgen ist die Volks-Unfallversicherung.[16]

III. Rechtsfolgen

§ 211 Abs. 1 sieht für die aufgeführten Versicherungen vor, dass einige Vorschriften des VVG nicht anwendbar sind, soweit in den AVB **mit Genehmigung der Aufsichtsbehörde** abweichende Bestimmungen getroffen sind. Die Regelung ist vor dem Hintergrund zu sehen, dass die AVB von Pensions- und Sterbekassen gem. § 219 Abs. 2 Nr. 1 bzw. § 233 Abs. 3 S. 2

---

[8] *Kaulbach* in Kaulbach/Bähr/Pohlmann VAG § 210 Rn. 2; *Leverenz* in Bruck/Möller VVG § 211 Rn. 8; *Heidelbach,* Der kleinere Versicherungsverein auf Gegenseitigkeit, 1994, S. 29.
[9] *Kaulbach* in Kaulbach/Bähr/Pohlmann VAG § 210 Rn. 2; *Weigel* in Prölss/Dreher VAG § 210 Rn. 10, 12; *Heidelbach,* Der kleinere Versicherungsverein auf Gegenseitigkeit, 1994, S. 29.
[10] *Leverenz* in Bruck/Möller VVG § 211 Rn. 10; *Schwintowski* in Berliner Kommentar VVG § 189 Rn. 2.
[11] *Klimke* in Prölss/Martin VVG § 211 Rn. 2; *Eichelberg* in Looschelders/Pohlmann VVG § 211 Rn. 3.
[12] *Kaulbach* in Kaulbach/Bähr/Pohlmann VAG § 218 Rn. 1.
[13] BAV VerBAV 2001, 133; *Ortmann* in Schwintowski/Brömmelmeyer/Ebers VVG § 150 Rn. 28; *Leverenz* in Bruck/Möller VVG § 211 Rn. 11; nach BAV VerBAV 1961, 38 betrug die Höchstversicherungssumme noch 5.000 DM (2.556,46 EUR).
[14] Zum Ganzen *Kaulbach* in Kaulbach/Bähr/Pohlmann VAG § 218 Rn. 1; *Kaulbach* in Bähr VAG-HdB § 2 Rn. 27.
[15] *Leverenz* in Bruck/Möller VVG Vor § 178 Rn. 46 und § 211 Rn. 12.
[16] *Leverenz* in Bruck/Möller VVG Vor § 178 Rn. 46; *Muschner* in HK-VVG § 211 Rn. 5; BGH NJW 1956, 21, 2.000 DM Versicherungsleistung im Todesfall.

VAG 2016 der aufsichtsrechtlichen Genehmigung bedürfen (→ Rn. 2, 7). Die zulässigen Abweichungen betreffen die Vorschriften über die nicht rechtzeitige Prämienzahlung (§§ 37, 38), die Umwandlung in eine prämienfreie Versicherung (§§ 165, 166), das Kündigungsrecht des Versicherungsnehmers (§ 168) und die Pflicht des Versicherers zur Zahlung des Rückkaufwerts (§ 169).[17]

10 Nach Ansicht des Gesetzgebers kann dem Arbeitnehmer als Versicherungsnehmer schon wegen der Einbindung der Versorgungszusage in das Arbeitsverhältnis kein allgemeines Recht auf **Umwandlung der betrieblichen Altersversorgung** in eine **prämienfreie Versicherung** zugebilligt werden. In den kollektiven Systemen bei Pensionskassen sprechen gegen eine solche Umwandlung auch risikotechnische Erwägungen.[18]

11 Das **Kündigungsrecht** des Versicherungsnehmers nach § 168 ist schon dann **ausgeschlossen,** wenn das Versicherungsverhältnis nach den genehmigten AVB des Versicherers ausschließlich mit dem Ausscheiden des Versicherten aus dem Arbeitsverhältnis mit dem Trägerunternehmen endet.[19] Bei kleineren VVaG steht der Ausschluss des Kündigungsrechts in einem Spannungsverhältnis zum Kündigungsrecht nach § 39 BGB, welches dem Versicherungsnehmer nach § 210 Abs. 2 VAG 2016 zusteht. Nach der Rspr. des BAG geht § 211 Abs. 1 aber auch insoweit vor.[20]

C. Weitere Besonderheiten bei regulierten Pensionskassen

I. Generelle Unanwendbarkeit einzelner Vorschriften des VVG

12 Nach § 211 Abs. 2 Nr. 1 sind einige weitere Vorschriften des VVG auf regulierte Pensionskassen iSd § 233 Abs. 1, 2 VAG von vornherein nicht anwendbar.

13 **1. Beratungs- und Informationspflichten.** Der Ausschluss bezieht sich zunächst auf die Beratungs- und Informationspflichten des Versicherers nach §§ 6, 7. Der Gesetzgeber hält die Anwendbarkeit dieser Vorschriften für entbehrlich, weil sich **entsprechende Pflichten** bereits **aus dem VAG** und **aus arbeitsrechtlichen Vorschriften** ergeben. Sofern der Arbeitgeber alleiniger Versicherungsnehmer ist, bestehen iÜ ähnliche Verhältnisse wie bei **Großrisiken;** auch dort sind die §§ 6, 7 nicht anwendbar (→ § 210 Rn. 5).[21]

14 **2. Widerrufsrecht.** Die Vorschriften über das Widerrufsrecht des Versicherungsnehmers (§§ 8, 9, 152 Abs. 1, 2) sind nach § 211 Abs. 2 Nr. 1 auf Versicherungen bei **regulierten Pensionskassen** ebenfalls nicht anwendbar. Die Vorschrift dient allerdings nur der Klarstellung,[22] weil das Widerrufsrecht des Versicherungsnehmers für Versicherungsverträge bei Pensionskassen, die auf arbeitsrechtlichen Regelungen beruhen, bereits durch § 8 Abs. 3 S. 1 Nr. 3 ausgeschlossen wird. Der Gesetzgeber hat den Ausschluss des Widerrufsrechts damit begründet, dass ein allgemeines Widerrufsrecht im Bereich der **betrieblichen Altersversorgung** nicht mit der Einbindung der Versorgungszusage in das Arbeitsverhältnis vereinbar wäre, in dem den Parteien keine einseitigen Widerrufsrechte zustehen.[23]

15 Der Ausschluss des Widerrufsrechts gilt nach § 8 Abs. 3 S. 1 Nr. 3 Hs. 2 und § 211 Abs. 2 Nr. 1 Hs. 2 nicht für **Fernabsatzverträge** iSd § 312c BGB. Diese Ausnahme ist notwendig, weil die Fernabsatzrichtlinie II keinen entsprechenden Vorbehalt enthält.

16 **3. Sonstige Ausnahmen.** Nach § 211 Abs. 2 Nr. 1 finden auf Versicherungen bei Pensionskassen auch die Vorschriften des § 150 Abs. 2–4 über die Notwendigkeit einer **Einwilligung** der versicherten Person bei der **Lebensversicherung für fremde Rechnung** keine Anwendung. Dies dient der Vermeidung unnötigen Verwaltungsaufwands.[24] Für Kollektivlebensversicherungen im Bereich der betrieblichen Altersversorgung wird das Einwilligungserfordernis im Hinblick auf das fehlende Schutzbedürfnis des Arbeitnehmers schon durch § 150 Abs. 2 S. 2 Hs. 2 ausgeschlossen.[25]

---

[17] Zur Verfassungskonformität BAG VersR 1998, 789.
[18] Begr. RegE, BT-Drs. 16/3945, 116; *Leverenz* in Bruck/Möller VVG § 211 Rn. 15.
[19] BAG VersR 1998, 789; *Klimke* in Prölss/Martin VVG § 211 Rn. 3; *Leverenz* in Bruck/Möller VVG § 211 Rn. 16.
[20] BAG VersR 1998, 789, zu § 189 VVG aF.
[21] Begr. RegE, BT-Drs. 16/3945, 116; *Leverenz* in Bruck/Möller VVG § 211 Rn. 18.
[22] Begr. RegE, BT-Drs. 16/3945, 62; *Ebers* in Schwintowski/Brömmelmeyer/Ebers VVG § 8 Rn. 63.
[23] Begr. RegE, BT-Drs. 16/3945, 116; *Muschner* in HK-VVG § 211 Rn. 6.
[24] *Klimke* in Prölss/Martin VVG § 211 Rn. 4.
[25] *Leverenz* in Bruck/Möller VVG § 211 Rn. 18.

Eine weitere Ausnahme ist für die **Verlängerung und Kündigung von Versicherungsverträ- 17 gen** nach § 11 vorgesehen. Die Vorschrift dient dem Schutz des Versicherungsnehmers vor übermäßig langer Vertragsbindung und passt insofern nicht auf die Verhältnisse bei der betrieblichen Altersversorgung. Dies gilt namentlich für das **Kündigungsrecht** des Versicherungsnehmers **bei langfristigen Verträgen** (§ 11 Abs. 4).[26]

II. Unanwendbarkeit des § 153 aufgrund abweichender AVB

Bei regulierten Pensionskassen, die stets in der Rechtsform des Versicherungsvereins auf Gegen- 18 seitigkeit geführt werden, muss die Satzung gem. § 233 Abs. 1 S. 1 Nr. 1 lit. b VAG vorsehen, dass mindestens 50 % der Mitglieder der obersten Vertretung durch die Versicherten oder ihre Vertreter besetzt werden. Die Versicherten sind damit über dieses Vertretungsorgan maßgeblich an der Entscheidung über die **Überschussbeteiligung** beteiligt. Außerdem müssen die AVB der Pensionskassen und damit auch die Überschussbeteiligungssysteme nach § 219 Abs. 3 Nr. 1 lit. b iVm §§ 9 Abs. 2 Nr. 3, 12 Abs. 1 S. 1 VAG von der Aufsichtsbehörde genehmigt werden (→ Rn. 9). Diese Mechanismen gewährleisten aus Sicht des Gesetzgebers, dass die Versicherten im Rahmen der Überschussverwendung angemessen an den stillen Reserven beteiligt werden.[27] Die Pensionskassen können daher gem. § 211 Abs. 2 Nr. 2 Hs. 1 mit Genehmigung der Aufsichtsbehörde in den AVB Bestimmungen treffen, die von den gesetzlichen Vorschriften über die Überschussbeteiligung abweichen. In diesem Fall ist § 153 nicht anwendbar.

Nach § 211 Abs. 2 Nr. 2 Hs. 2 ist § 153 Abs. 3 S. 1 auch auf **Sterbekassen** nicht anwendbar. 19 Da Sterbekassen ihre Überschüsse nur alle drei Jahre ermitteln, sind sie von der Pflicht zur jährlichen Ermittlung der Bewertungsreserven befreit worden.[28]

D. Unanfechtbarkeit abweichender AVB

Der neue Abs. 3 stimmt inhaltlich mit § 189 Abs. 2 VVG aF überein. Hat die Aufsichtsbehörde 20 für eine **Versicherung mit kleineren Beträgen** nach Abs. 1 Nr. 3, 4 abweichende Bestimmungen in den AVB genehmigt, so kann der Versicherungsnehmer nicht geltend machen, dass es sich um keine Versicherung mit kleineren Beträgen handele.[29]

§ 212 Fortsetzung der Lebensversicherung nach der Elternzeit

Besteht während einer Elternzeit ein Arbeitsverhältnis ohne Entgelt gemäß § 1a Abs. 4 des Betriebsrentengesetzes fort und wird eine vom Arbeitgeber zugunsten der Arbeitnehmerin oder des Arbeitnehmers abgeschlossene Lebensversicherung wegen Nichtzahlung der während der Elternzeit fälligen Prämien in eine prämienfreie Versicherung umgewandelt, kann die Arbeitnehmerin oder der Arbeitnehmer innerhalb von drei Wochen nach der Beendigung der Elternzeit verlangen, dass die Versicherung zu den vor der Umwandlung vereinbarten Bedingungen fortgesetzt wird.

Übersicht

	Rn.		Rn.
A. Normzweck	1	C. Rechtsfolgen	8
B. Voraussetzungen	4	I. Ausschlussfrist	8
I. Fortbestand des Arbeitsverhältnisses ohne Entgelt	4	II. Rechtsnatur des Umwandlungsverlangens	9
II. Vom Arbeitgeber geschlossene Lebensversicherung zugunsten des Arbeitnehmers	5	III. Fortsetzung zu den ursprünglichen Bedingungen	11
III. Umwandlung in prämienfreie Versicherung wegen Nichtzahlung der Prämien	7	D. Abdingbarkeit	13

---

[26] *Klimke* in Prölss/Martin VVG § 211 Rn. 4.
[27] Begr. RegE, BT-Drs. 16/3945, 116; *Heyers* in Schwintowski/Brömmelmeyer/Ebers VVG § 211 Rn. 8.
[28] Beschlussempfehlung des Rechtsausschusses, BT-Drs. 16/5862, 100; *Eichelberg* in Looschelders/Pohlmann VVG § 211 Rn. 6.
[29] *Schwintowski* in Berliner Kommentar VVG § 189 Rn. 5; *Klimke* in Prölss/Martin VVG § 211 Rn. 5.

Schrifttum: *Blomeyer/Rolfs/Otto*, Betriebsrentengesetz: BetrAVG, 7. Aufl. 2018; *Blumenstein*, Änderung des Gesetzes zur Verbesserung der betrieblichen Altersversorgung im Rahmen des Entwurfes eines Alterseinkünftegesetzes, BetrAV 2004, 236; *Förster/Cisch*, Die Änderungen im Betriebsrentengesetz durch das Alterseinkünftegesetz und deren Bedeutung für die Praxis, BB 2004, 2126; *Höfer*, Die Neuregelungen des Betriebsrentengesetzes durch das Alterseinkünftegesetz, DB 2004, 1426; *Langohr-Plato*, Rechtshandbuch Betriebliche Altersversorgung, 7. Aufl. 2016; *Langohr-Plato/Teslau*, Das Alterseinkünftegesetz und seine arbeitsrechtlichen Konsequenzen für die betriebliche Altersversorgung, Teil 1, NZA 2004, 1297; *Müller-Glöge/Preis/Schmidt*, Erfurter Kommentar zum Arbeitsrecht, 16. Aufl. 2016; *Rolfs/Giesen/Kreikebohm/Udsching*, Beck'scher Online-Kommentar Arbeitsrecht, Ed. 40, Stand: 1.6.2016.

A. Normzweck

1   Der bei der VVG-Reform neu eingefügte § 212 hat den Zweck, die mit der Einführung der Elternzeit durch das Bundeselterngeld- und Elternzeitgesetz (BEEG) v. 5.12.2006[1] angestrebte **Familienförderung** mit Blick auf die betriebliche Altersversorgung zu ergänzen.[2] Die Vorschriften über die **Elternzeit** sollen Arbeitnehmerinnen und Arbeitnehmern die Möglichkeit geben, sich unmittelbar nach der Geburt für bis zu drei Jahre der Betreuung und Erziehung des Kindes zu widmen, ohne den Kontakt zum Beruf zu verlieren. In den ersten 14 Monaten nach der Geburt des Kindes erhält der betroffene Elternteil durch das **Elterngeld** einen finanziellen Ausgleich, dessen Höhe sich an dem letzten Jahreseinkommen orientiert (vgl. §§ 2 ff. BEEG).

2   Während der **Elternzeit** (§§ 15 ff. BEEG) besteht das Arbeitsverhältnis **ohne Entgelt** fort. Der Arbeitgeber ist daher auch nicht mehr verpflichtet, für den betroffenen Arbeitnehmer im Rahmen der betrieblichen Altersversorgung durch Entgeltumwandlung Beiträge zu leisten.[3] Um eine Versorgungslücke zu vermeiden, gibt § 1a Abs. 4 BetrAVG dem Arbeitnehmer aber das Recht, eine im Rahmen der betrieblichen Altersversorgung zu seinen Gunsten abgeschlossene Lebensversicherung **mit eigenen Beiträgen** fortzusetzen.[4] Sinn und Zweck der Vorschrift ist es, die betriebliche Altersversorgung mit Blick auf Beschäftigungszeiten ohne Entgelt – namentlich die Elternzeit – zu verbessern.[5] Elternzeit wird in der Praxis vor allem von Frauen in Anspruch genommen. Sie führt zu einer Lücke in der betrieblichen Altersversorgung, die durch § 1a Abs. 4 BetrAVG vermieden werden soll.[6] Um dem Arbeitnehmer die Möglichkeit zu verschaffen, die Versicherung mit eigenen Beiträgen fortzusetzen, sieht § 166 Abs. 4 bei Nichtzahlung der Prämie durch den Arbeitgeber eine **Informationspflicht** des Versicherers gegenüber dem bezugsberechtigten Arbeitnehmer vor (→ § 166 Rn. 4, 18 ff.).

3   Übt der Arbeitnehmer sein Recht nach § 1a Abs. 4 BetrAVG nicht aus, etwa weil ihm die Fortsetzung mit eigenen Beiträgen während der Elternzeit aus finanziellen Gründen nicht möglich ist, kann der Versicherer die Lebensversicherung wegen Nichtzahlung der während der Elternzeit fälligen Prämien kündigen. Die Versicherung wandelt sich dann nach § 166 Abs. 1 in eine **prämienfreie Versicherung** um. Die Umwandlung hat zur Folge, dass sich die Versicherungssumme nach Maßgabe des § 165 Abs. 2 vermindert (→ § 165 Rn. 27 ff.).[7] Beantragt ein Versicherungsnehmer nach der Umwandlung in eine beitragsfreie Versicherung die Wiederherstellung des ursprünglichen Versicherungsschutzes, so findet grds. eine umfassende neue Risikoprüfung statt.[8] Die Wiederherstellung des ursprünglichen Versicherungsschutzes wird insoweit wie ein neuer Vertragsschluss behandelt (→ § 165 Rn. 24).[9] Nach der Sonderregelung des § 212 kann der Arbeitnehmer dagegen verlangen, dass die Versicherung **ohne erneute Gesundheitsprüfung** zu den **ursprünglichen Bedingungen** fortgesetzt wird (→ § 165 Rn. 26).[10]

---

[1] BGBl. I S. 2748.
[2] Begr. RegE, BT-Drs. 16/3945, 116; *Winter* in Bruck/Möller VVG § 212 Rn. 1.
[3] *Eichelberg* in Looschelders/Pohlmann VVG § 212 Rn. 1; *Clemens* in BeckOK ArbR BetrAVG § 1a Rn. 27.
[4] *Steinmeyer* in ErfK BetrAVG § 1a Rn. 18; *Rolfs* in Blomeyer/Rolfs/Otto BetrAVG § 1a Rn. 84; *Blumenstein* BetrAV 2004, 236 (237); *Förster/Cisch* BB 2004, 2126 (2132); *Langohr-Plato/Teslau* NZA 2004, 1297 ff.
[5] *Blumenstein* BetrAV 2004, 236 (237); *Höfer* DB 2004, 1426; *Förster/Cisch* BB 2004, 2126 (2134).
[6] BT-Drs. 15/2150, 52 zu Nr. 2; *Förster/Cisch* BB 2004, 2126 (2132); *Langohr-Plato*, Rechtshandbuch Betriebliche Altersversorgung, 7. Aufl. 2016, Rn. 372; krit. *Höfer* DB 2004, 1426.
[7] OLG Oldenburg VersR 2004, 1164 (1165); *Winter* in Bruck/Möller VVG § 212 Rn. 3; *Heyers* in Schwintowski/Brömmelmeyer/Ebers VVG § 212 Rn. 2.
[8] BGH VersR 1994, 39 (40); OLG Karlsruhe r+s 1996, 286; OLG Köln VersR 1992, 1252; OLG Oldenburg VersR 2004, 1164 (1165).
[9] *Heyers* in Schwintowski/Brömmelmeyer/Ebers VVG § 212 Rn. 2.
[10] Begr. RegE, BT-Drs. 16/3945, 116; *Winter* in Bruck/Möller VVG § 212 Rn. 4; *Eichelberg* in Looschelders/Pohlmann VVG § 212 Rn. 6.

Auf die **Berufsunfähigkeitsversicherung** ist § 212 nach der Gesetzesbegründung[11] und der 3a überwiegenden Ansicht in der Lit.[12] nicht anwendbar. Zur Begründung wird aber nur geltend gemacht, dass § 176 nur auf die §§ 150–170 verweist.[13] Dieses Argument ist sehr formal. Sinn und Zweck des § 212 VVG sprechen demgegenüber dafür, den Anwendungsbereich der Vorschrift auf die Berufsunfähigkeitsversicherung zu erweitern. Gewährt der Arbeitgeber dem Arbeitnehmer im Rahmen der betrieblichen Altersversorgung Invaliditätsschutz durch Abschluss einer Berufsunfähigkeitsversicherung für fremde Rechnung, so besteht nach Beendigung der Elternzeit bei zwischenzeitiger Umwandlung in eine prämienfreie Versicherung (§ 176 iVm § 166 VVG) die **gleiche Interessenlage** wie bei einer Lebensversicherung. Eine Analogie wäre daher nur dann ausgeschlossen, wenn die Nichteinbeziehung der Berufsunfähigkeitsversicherung auf einer bewussten Entscheidung des Gesetzgebers beruht. In Anbetracht des Fehlens einer inhaltlichen Begründung ist hiervon aber trotz der Bemerkung in den Gesetzesmaterialien nicht auszugehen (→ § 176 Rn. 57 ff.).[14]

B. Voraussetzungen

I. Fortbestand des Arbeitsverhältnisses ohne Entgelt

§ 212 setzt voraus, dass während einer Elternzeit iSd §§ 15 ff. BEEG ein **Arbeitsverhältnis** 4 **ohne Entgelt** gem. § 1a Abs. 4 BetrAVG **fortbesteht**. Das Arbeitsverhältnis darf also nicht durch Kündigung oder Aufhebungsvertrag beendet sein.[15]

II. Vom Arbeitgeber geschlossene Lebensversicherung zugunsten des Arbeitnehmers

Des Weiteren muss der **Arbeitgeber** zugunsten der Arbeitnehmerin oder des Arbeitnehmers 5 eine Lebensversicherung (§§ 150 ff.) abgeschlossen haben. Erfasst werden alle Formen der Lebensversicherung im Rahmen der betrieblichen Altersversorgung, namentlich die **Direktversicherung** sowie die Versicherung über eine **Pensionskasse** (vgl. § 1a Abs. 3 BetrAVG).[16] Zu beachten ist allerdings, dass die von § 212 vorausgesetzte Umwandlung in eine prämienfreie Versicherung bei regulierten Pensionskassen iSd § 118 Abs. 3, 4 VAG in den AVB mit Genehmigung der Aufsichtsbehörde ausgeschlossen werden kann (→ § 211 Rn. 10).[17]

Die in § 1a Abs. 3 BetrAVG ebenfalls erwähnten **Pensionsfonds** bieten keine Lebensversicherungsverträge im eigentlichen Sinne an. Je nach Ausgestaltung des Pensionsfondsvertrages kommt 6 aber eine entsprechende Anwendung des § 212 in Betracht.[18]

III. Umwandlung in prämienfreie Versicherung wegen Nichtzahlung der Prämien

Die Lebensversicherung muss aufgrund einer **Kündigung des Versicherers** wegen Nichtzahlung der während der Elternzeit fälligen Prämien nach §§ 165, 166 in eine prämienfreie Versicherung 7 umgewandelt worden sein. In den meisten Fällen geht es darum, dass der **Arbeitgeber** die fälligen Prämien nicht zahlt. § 212 ist aber auch dann anzuwenden, wenn der Arbeitnehmer die Lebensversicherung zunächst nach § 1a Abs. 4 BetrAVG mit eigenen Beiträgen fortsetzt und die Versicherung später wegen Nichtzahlung der eigenen Beiträge durch den **Arbeitnehmer** gem. § 166 Abs. 1 gekündigt wird.[19]

---

[11] Begr. RegE, BT-Drs. 16/3945, 116.
[12] *Winter* in Bruck/Möller VVG § 212 Rn. 6; *Eichelberg* in Looschelders/Pohlmann VVG § 212 Rn. 2; *Muschner* in HK-VVG § 212 Rn. 2; *Heyers* in Schwintowski/Brömmelmeyer/Ebers VVG § 212 Rn. 4; ebenso noch Voraufl.
[13] Vgl. Begr. RegE, BT-Drs. 16/3945, 116; *Winter* in Bruck/Möller VVG § 212 Rn. 6.
[14] So auch *Rixecker* in Langheid/Rixecker VVG § 176 Rn. 2; *Neuhaus*/*Schwintowski* in Schwintowski/Brömmelmeyer/Ebers VVG § 176 Rn. 1.
[15] *Winter* in Bruck/Möller VVG § 212 Rn. 8; *Klimke* in Prölss/Martin VVG § 212 Rn. 2; *Eichelberg* in Looschelders/Pohlmann VVG § 212 Rn. 3; *Rolfs* in Blomeyer/Rolfs/Otto BetrAVG § 1a Rn. 85.
[16] *Heyers* in Schwintowski/Brömmelmeyer/Ebers VVG § 212 Rn. 5.
[17] *Eichelberg* in Looschelders/Pohlmann VVG § 212 Rn. 2.
[18] *Klimke* in Prölss/Martin VVG § 212 Rn. 3; *Krahe* in Staudinger/Halm/Wendt VVG§ 212 Rn. 3; allg. zur entsprechenden Anwendung des VVG auf Pensionsfonds *Weigel* in Prölss/Dreher VAG § 236 Rn. 120.
[19] *Klimke* in Prölss/Martin VVG § 212 Rn. 4; *Heyers* in Schwintowski/Brömmelmeyer/Ebers VVG § 212 Rn. 7; *Eichelberg* in Looschelders/Pohlmann VVG § 212 Rn. 4.

C. Rechtsfolgen

I. Ausschlussfrist

8 Liegen die Voraussetzungen des § 212 vor, so können die aus der Lebensversicherung berechtigten Arbeitnehmer **innerhalb von drei Monaten** nach Ende der Elternzeit verlangen, dass die Versicherung zu den vor der Umwandlung geltenden Bedingungen fortgesetzt wird. Die Dreimonatsfrist stellt eine **Ausschlussfrist** dar. Für den Beginn der Frist kommt es darauf an, zu welchem Zeitpunkt die nach Maßgabe der §§ 15, 16 BEEG in Anspruch genommene Elternzeit beendigt wurde.[20] Dabei kann man sich grundsätzlich an dem Bewilligungsbescheid der Elterngeldstelle orientieren.[21] Zu beachten ist, dass die Elternzeit nach § 16 Abs. 3 BEEG mit Zustimmung des Arbeitgebers verkürzt oder verlängert werden kann.

II. Rechtsnatur des Umwandlungsverlangens

9 Aus prozessualer Sicht stellt sich die Frage, wie sich die Fortsetzung der Versicherung zu den vor der Umwandlung vereinbarten Bedingungen vollzieht. Der Wortlaut der Vorschrift („kann ... verlangen") deutet darauf hin, dass § 212 dem Arbeitnehmer einen **Anspruch** iSd § 194 Abs. 1 BGB gegen den Versicherer einräumt. Insofern bestünde eine Parallele zu § 313 Abs. 1 BGB, wonach bei einer Störung der Geschäftsgrundlage Anpassung des Vertrages „verlangt" werden kann. Bei § 313 Abs. 1 BGB beruht die Anspruchslösung jedoch auf der Erwägung, dass die Parteien zunächst selbst über die Anpassung verhandeln sollen.[22] Bei § 212 sind keine entsprechenden Verhandlungen notwendig. Vor diesem Hintergrund wäre die Annahme eines Anspruchs iSd § 194 Abs. 1 BGB – etwa auf Zustimmung des Versicherers oder auf Herstellung des geschuldeten Zustands – ein unnötiger Umweg. Vorzugswürdig erscheint daher die Auffassung, dass es sich bei dem Verlangen des Arbeitnehmers um eine **einseitige Gestaltungserklärung** handelt, die nach § 130 BGB mit dem Zugang beim Versicherer wirksam wird, ohne dass eine Zustimmung des Versicherers oder ein richterlicher Gestaltungsakt erforderlich wäre.[23]

10 Für die hier vertretene Auffassung spricht auch die **Parallele zu § 165 Abs. 1 S. 1,** wonach der Versicherungsnehmer „jederzeit ... die Umwandlung der Versicherung in eine prämienfreie Versicherung verlangen" kann. Denn dort ist anerkannt, dass die Umwandlung sich aufgrund einer einseitigen Gestaltungserklärung des Versicherungsnehmers vollzieht (→ § 165 Rn. 11).[24] Die Erforderlichkeit eines „Verlangens" erklärt sich bei diesem Verständnis daraus, dass es der privatautonomen Entscheidung des Arbeitnehmers obliegt, ob die Versicherung zu den ursprünglichen Bedingungen fortgesetzt werden soll. Im Streitfall kann die Wirksamkeit des „Verlangens" im Wege der **Feststellungsklage** (§ 256 ZPO) geklärt werden.[25] Die Erklärung des Versicherungsnehmers, die Versicherung fortzusetzen, unterliegt keinem Formzwang und kann ausdrücklich oder konkludent (etwa durch Wiederaufnahme der Prämienzahlung) erfolgen.[26]

III. Fortsetzung zu den ursprünglichen Bedingungen

11 Übt der Arbeitnehmer sein Recht gem. § 212 aus, so wird die Versicherung mit ex nunc-Wirkung[27] zu den ursprünglichen Konditionen fortgeführt. Da kein neuer Vertragsschluss vorliegt, findet auch **keine erneute Gesundheitsprüfung** statt (→ Rn. 3).

12 Die Fortführung des ursprünglichen Versicherungsvertrages ändert nichts daran, dass während der Elternzeit keine Beiträge geleistet wurden. Insoweit **vermindert** sich daher die spätere **Versicherungsleistung.**[28] Die Möglichkeit einer **Nachzahlung** der in der Elternzeit nicht geleisteten Prä-

---

[20] *Klimke* in Prölss/Martin VVG § 212 Rn. 5.
[21] *Eichelberg* in Looschelders/Pohlmann VVG § 212 Rn. 5; *Heyers* in Schwintowski/Brömmelmeyer/Ebers VVG § 212 Rn. 8; *Winter* in Bruck/Möller VVG § 212 Rn. 16; krit. *Klimke* in Prölss/Martin VVG § 212 Rn. 5.
[22] BT-Drs. 14/6040, 176; *Looschelders,* Schuldrecht Allgemeiner Teil, 19. Auflage 2021, § 37 Rn. 18.
[23] *Winter* in Bruck/Möller VVG § 212 Rn. 18; *Klimke* in Prölss/Martin VVG § 212 Rn. 6; *Heyers* in Schwintowski/Brömmelmeyer/Ebers VVG § 212 Rn. 9; *Eichelberg* in Looschelders/Pohlmann VVG § 212 Rn. 5.
[24] BGH VersR 1975, 1089; *Winter* in Bruck/Möller VVG § 165 Rn. 21; *Krause* in Looschelders/Pohlmann VVG § 165 Rn. 4; *Reiff* in Prölss/Martin VVG § 165 Rn. 6.
[25] Zur Zulässigkeit der Feststellungsklage bei § 165 *Winter* in Bruck/Möller VVG § 165 Rn. 21.
[26] *Winter* in Bruck/Möller VVG § 212 Rn. 14; *Eichelberg* in Looschelders/Pohlmann VVG § 212 Rn. 5.
[27] *Eichelberg* in Looschelders/Pohlmann VVG § 212 Rn. 6; *Klimke* in Prölss/Martin VVG § 212 Rn. 6.
[28] *Heyers* in Schwintowski/Brömmelmeyer/Ebers VVG § 212 Rn. 10; *Klimke* in Prölss/Martin VVG § 212 Rn. 7; *Eichelberg* in Looschelders/Pohlmann VVG § 212 Rn. 6.

mien durch den Arbeitnehmer ist gesetzlich nicht vorgesehen.[29] Die Fortsetzung der Lebensversicherung mit eigenen Beiträgen (→ Rn. 2) bleibt daher für den Arbeitnehmer günstiger.

D. Abdingbarkeit

Das Gesetz enthält keine ausdrückliche Regelung, welche die Unabdingbarkeit des § 212 13
zugunsten des Versicherungsnehmers vorsieht. Der **halbzwingende Charakter** des § 212 ergibt
sich jedoch aus dem Schutzzweck der Vorschrift und ihrem Zusammenhang mit den nach § 171
S. 1 halbzwingenden §§ 165, 166.[30] Günstigere Vereinbarungen für den Versicherungsnehmer sind
dagegen grds. zulässig, zB eine Verlängerung der dreimonatigen Ausschlussfrist.[31]

§ 213 Erhebung personenbezogener Gesundheitsdaten bei Dritten

(1) Die Erhebung personenbezogener Gesundheitsdaten durch den Versicherer darf nur bei Ärzten, Krankenhäusern und sonstigen Krankenanstalten, Pflegeheimen und Pflegepersonen, anderen Personenversicherern und gesetzlichen Krankenkassen sowie Berufsgenossenschaften und Behörden erfolgen; sie ist nur zulässig, soweit die Kenntnis der Daten für die Beurteilung des zu versichernden Risikos oder der Leistungspflicht erforderlich ist und die betroffene Person eine Einwilligung erteilt hat.

(2) ¹Die nach Absatz 1 erforderliche Einwilligung kann vor Abgabe der Vertragserklärung erteilt werden. ²Die betroffene Person ist vor einer Erhebung nach Absatz 1 zu unterrichten; sie kann der Erhebung widersprechen.

(3) Die betroffene Person kann jederzeit verlangen, dass eine Erhebung von Daten nur erfolgt, wenn jeweils in die einzelne Erhebung eingewilligt worden ist.

(4) Die betroffene Person ist auf diese Rechte hinzuweisen, auf das Widerspruchsrecht nach Absatz 2 bei der Unterrichtung.

Übersicht

		Rn.			Rn.
A.	Inhalt und Zweck der Regelung	1	V.	Erforderlichkeit der Datenerhebung	77
B.	Entstehungsgeschichte	7	VI.	Einwilligung	95
C.	Einzelne Erläuterungen	33	VII.	Unterrichtungspflicht	120
I.	Versicherer	33	VIII.	Widerspruchsrecht	130
II.	Personenbezogene Gesundheitsdaten	34	D.	Rechtsfolgen	136
III.	Datenerhebung	52	E.	Prozessuales/Beweislast	151
IV.	Datenquellen	59			

Stichwort- und Fundstellenverzeichnis

Stichwort	Rn.	Leitentscheidungen
Hypothetische Schweigepflichtentbindung Verstorbener	→ 41 ff.	BGH VersR 2013, 648.; OLG Düsseldorf, NJW-RR 2018, 214
Datenerhebung im Kontext mit dem SARS-CoV-2 (COVID 19) Virus	→ 38, 45	–
Schweigepflichtentbindung	→ 16 f., 113 f.	BVerfG 9, 353 = BVerfG VersR 2006, 1669. = ZfS 2007, 34 mAnm *Rixecker*; VersR 2013, 1425 = NJW 2013, 3086 = JZ 2013, 1156 ff. mAnm *Armbrüster* = JA 2014, 157. m. Anm. *Muckel*; OLG Celle VersR 2004, 317; BGHZ 215, 200 = NJW 2017, 3235 m. Anm. *Rüffer/Reitter* = VersR 2017, 1139 = r +s 2017, 462

---

[29] *Winter* in Bruck/Möller VVG § 212 Rn. 15.
[30] *Winter* in Bruck/Möller VVG § 212 Rn. 20.
[31] *Eichelberg* in Looschelders/Pohlmann VVG § 212 Rn. 5; *Winter* in Bruck/Möller VVG § 212 Rn. 20.

§ 213

Stichwort	Rn.	Leitentscheidungen
Obliegenheitsverletzungen	→ 78 ff., 87, 143 f.	LG Berlin VersR 2014, 230 m. abl. Anm. *Egger* VersR 2014, 553; OLG Nürnberg VersR 2008, 628; OLG Hamburg VersR 2010, 749 m. zust. Anm. *Schulze;* BGHZ 214, 127 = NJW 2017, 1391 mAnm *Looschelders* = VersR 2017, 469
Verhältnis von § 213 zur DS-GVO	→ 31 f.	OLG Köln VersR 2020, 81
Telematiktarife und Wearables	→ 36 ff.	–
Umfang einer Belegpflicht	→ 145 ff.	BGH VersR 1998, 228; OLG Saarbrücken VersR 2013, 1157; OLG München VersR 2013, 169; OLG Hamm VersR 1991, 535
Verwertungsmöglichkeit nicht datenschutzkonform erlangter Gesundheitsdaten	→ 161 f.	BGH VersR 2012, 297; 2011, 1249; 2010, 97; BSG BeckRS 2018, 42368; OLG Jena VersR 2011, 380; OLG Saarbrücken VersR 2009, 1478; OLG Stuttgart, VersR 2018, 1310

Schrifttum: *Armbrüster,* Bewegung im Recht der Lebensversicherung, NJW 2014, 497; *ders.,* Anm. zu BVerfG, Beschl. v. 17.7.2013, JZ 2013, 1158; *Bähr/Reuter,* Einsichtnahme in Patientenakten durch private Krankenversicherer, VersR 2011, 953; *Bosch,* Zulässigkeit und Grenzen des Einsatzes verdeckter Ermittlungsmethoden durch den Versicherer, VersR 2017, 1119; *Brand,* Zulässigkeit und Ausgestaltung von Telematiktarifen, VersR 2019, 725; *Britz,* Die Erhebung personenbezogener Gesundheitsdaten durch Versicherungsunternehmen bei Dritten gemäß § 213 VVG unter Berücksichtigung des Gendiagnostikgesetzes, Diss. Köln, 2011; *Britz,* Die vorvertragliche Anzeigepflicht in der Leistungsprüfung der Lebensversicherung, VersR 2015, 410; *Conradi,* Datenschutz-Pingpong in der Personenversicherung – Der gestufte Dialog und seine Folgen, VK 2018, 175; *Dochow,* Grundlagen und normativer Rahmen der Telematik im Gesundheitswesen, Diss. Göttingen, 2017; *Dregelies,* Wohin laufen meine Daten?, VuR 2017, 256; *Eberhardt/Kerst,* Anmerkung zu OLG Celle, Urt. v. 28.2.2002, VersR 2004, 896; *Egger,* Die Risikoprüfung des Versicherers im Lichte der umgesetzten Versicherungsvertriebsrichtlinie und der Datenschutz-Grundverordnung, VersR 2019, 394; *Egger,* Die Überprüfung der vorvertraglichen Anzeigepflicht im Rahmen der Leistungsprüfung anlässlich eines Versicherungsfalls, VersR 2017, 785; *Egger,* Schweigepflichtentbindung in privater Berufsunfähigkeits- und Krankenversicherung, VersR 2007, 905; *Egger,* Auskunftspflicht und Schweigerecht in privater Berufsunfähigkeits- und Krankenversicherung, VersR 2012, 810; *Egger,* Auskunftspflicht und Schweigerecht in privater Berufsunfähigkeitsversicherung, VersR 2014, 553; *Fricke,* Die Erhebung personenbezogener Gesundheitsdaten bei Dritten, VersR 2009, 297; *Görtz,* Mitwirkungsobliegenheiten des Versicherungsnehmers in der Leistungsprüfung des Versicherers, r+s 2017, 621; *Höra,* Materielle und prozessuale Klippen in der Berufsunfähigkeits- und Krankenversicherung, r+s 2008, 89; *Hohmann-Dennhardt,* Informationeller Selbstschutz als Bestandteil des Persönlichkeitsrechts, RDV 2008, 1; *Kaboré/Kinast,* Übermittlung von Gesundheitsdaten zwischen Krankenkassen und privaten Versicherungsunternehmen, ZD 2019, 411; *Kaldenbach,* Das Problem der Informationsgewinnung für die vorvertragliche Risikoprüfung auf Seiten des privaten Berufsunfähigkeitsversicherers, Diss. Düsseldorf, 2010; *Kazemi,* Datenübermittlung an Dritte im Zusammenhang mit der Überprüfung von Leistungsansprüchen in der privaten Krankenversicherung – ein datenschutzrechtliches Problem?, VersR 2012, 1492; *Klas/Möhrke-Sobolewski,* Digitaler Nachlass – Erbenschutz trotz Datenschutz, NJW 2015, 3473; *Klimke,* Telematik-Tarife in der Kfz-Versicherung, r + s 2015, 217; *Knappmann,* Verpflichtung zur Befreiung von der ärztlichen Schweigepflicht nach dem Tod des Versicherten, NVersZ 1999, 511; *Kühling,* Neues Bundesdatenschutzgesetz – Anpassungsbedarf bei Unternehmen, NJW 2017, 1985; *Kühling/Martini,* Die Datenschutz-Grundverordnung: Revolution oder Evolution im europäischen und deutschen Datenschutzrecht?, EuZW 2016, 448; *Künast,* Meine Daten gehören mir – und der Datenschutz gehört ins Grundgesetz, ZRP 2008, 201; *Langheid,* Die Reform des Versicherungsvertragsgesetzes, NJW 2007, 3665; *Looschelders,* Anmerkung zu BGH, Urt. v. 22.2.2017, NJW 2017, 1391; *Marlow/Tschersich,* Die private Unfallversicherung – Aktuelles aus Rechtsprechung, Praxis und VVG-Reform, r + s 2009, 441; *Muckel,* Anmerkung zu BVerfG Beschl. v. 17.7.2013, JA 2014, 157; *Müller,* Das Akteneinsichtsrecht des Patienten nach dem Patientenrechtsgesetz und seine postmortale Wahrnehmung durch Dritte, ZEV 2014, 401; *Neuhaus,* Gesundheitsdaten, informationelle Selbstbestimmung, Anzeigepflichtverletzung und der „gestufte Dialog" in der Leistungsprüfung von Personenversicherungen, r+s 2017, 281; *Neuhaus/Kloth,* Gesundheitsdaten(schutz) im Versicherungsrecht, NJW 2009, 1707; *Neuhaus/Kloth,* Gesundheitsdaten(schutz) im Versicherungsrecht, NJOZ 2009, 1370; *Notthoff,* Die Zukunft genereller Schweigepflichtentbindungen in der Berufsunfähigkeitszusatzversicherung, ZfS 2008, 243; *Nugel,* Obliegenheiten in der Personenversicherung und der „gestufte Dialog", ZfS 2017, 488; *Reiter,* Der Schutz des informationellen Selbstbestimmungsrechts des Versicherungsnehmers, Diss. Berlin, 2019; *Rixecker,* Rechtswidrigkeit einer Obliegenheit zur generellen Entbindung von der Schweigepflicht, zugl. Anm. zu BVerfG, Beschl. v. 23.10.2006, ZfS 2007, 37; *Rubin,* Inhalt und versicherungsrechtliche Auswirkungen der Datenschutz-Grundverordnung, r + s 2018, 337 ff.; *Rudkowski,* Grundrechte als Grenze von Self-Tracking Tarifen in der Privatversicherung, in: Festschrift „Der Forschung – der Lehre – der Bildung, 100 Jahre Hamburger Seminar für Versicherungswissenschaft und Versicherungswissenschaftlicher Verein in Hamburg e. V, 2016, 679; *dies.,* Vertragsrechtliche Anforderungen an die Gestaltung von „Self-Tracking"-Tarifen in der Privatversicherung, ZVersWiss 2017, 453; *Rüffer/Reitter,* Anmerkung zu BGH Urt. v. 5.7.2017, NJW 2017, 3235; *Schleifenbaum,* Datenschutz oder Tatenschutz in der

Versicherungswirtschaft, Diss. Köln, 2009; *Schulze,* Anm. zu OLG Hamburg, Urt. v. 2.3.2010, VersR 2010, 750; *Schütz,* Datenschutzrecht schließt die Einsicht in Patientenakten im Prozess nicht aus, ZfS 2019, 719; *Wandt,* Anlasslose Auskunftsverlangen des Versicherers zur Überprüfung der Erfüllung der vorvertraglichen Anzeigepflicht im Versicherungsfall, VersR 2017, 458; *Wandt,* Auskunfts- und Aufklärungsobliegenheiten nach Eintritt des Versicherungsfalls, VersR 2018, 321; *Washausen,* Der Gesundheitsdatenschutz im Privatversicherungsrecht, Diss. Regensburg, 2015; *Weichert,* Die Krux mit der ärztlichen Schweigepflichtentbindung für Versicherungen, NJW 2004, 1695; *ders.,* Die Ökonomisierung des Rechts auf informationale Selbstbestimmung, NJW 2001, 1463; *Wohlthat,* Anzeige- und Aufklärungsobliegenheiten nach Eintritt des Versicherungsfalls – am Beispiel der Sachversicherung, r+s 2019, 549.

A. Inhalt und Zweck der Regelung

Die im Zuge der VVG-Reform 2007 neu in das Gesetz aufgenommene Regelung des § 213[1] sieht vor, dass die Erhebung personenbezogener Gesundheitsdaten nur bei Ärzten, Krankenhäusern und sonstigen Krankenanstalten, Pflegeheimen und Pflegepersonen, anderen Personenversicherern und gesetzlichen Krankenkassen sowie Berufsgenossenschaften und Behörden erfolgen darf. Sie ist nur zulässig, soweit die Kenntnis der Daten für die Beurteilung des zu versichernden Risikos oder der Leistungspflicht erforderlich ist und die betroffene Person eine Einwilligung erteilt hat. Gemäß § 213 Abs. 2 S. 1 kann die Einwilligung vor Abgabe der Vertragserklärung erteilt werden. Jedoch kann die betroffene Person nach § 213 Abs. 3 jederzeit verlangen, dass eine Erhebung von Daten nur erfolgt, wenn jeweils in die einzelne Erhebung eingewilligt worden ist. Vor einer Erhebung der Daten gemäß § 213 Abs. 1 ist die betroffene Person nach § 213 Abs. 2 S. 2 zu unterrichten. Sie kann der Erhebung widersprechen, vgl. § 213 Abs. 2 S. 2 Hs. 2 Nach § 213 Abs. 4 ist die betroffene Person auf diese Rechte hinzuweisen. Über das Widerspruchsrecht nach § 213 Abs. 2 ist sie bei der Unterrichtung zu informieren.

Die Vorschrift betrifft einen **Kernbereich des Versicherungsgeschäfts.** Für dessen Durchführung ist die Verwendung personenbezogener Gesundheitsdaten unverzichtbar, so z.B. bei der Einschätzung des zu versichernden Risikos, der Klärung von Ansprüchen aus einem Versicherungsverhältnis, der Beratung und Betreuung, der Rückversicherung sowie auch bei der Verhinderung und Bekämpfung von Versicherungsmissbrauch. Im Rahmen unterschiedlichster Datenverwendungsprozesse spielen Gesundheitsdaten für Unfall-, Lebens-, Kranken-, Haftpflicht- und Rückversicherer eine außerordentlich wichtige Rolle. Auch Sachsparten, so etwa die Kfz-Versicherung, müssen beispielsweise bei Unfällen mit Personenschäden in nicht unerheblichem Umfange Gesundheitsdaten erheben. Ohne die Erhebung personenbezogener Gesundheitsdaten kann daher das Versicherungsgeschäft nicht betrieben werden.

Gleichzeitig handelt es sich hierbei um ganz **besonders sensible Informationen,** die vom Betroffenen selbstverständlich und zu Recht als Bestandteil seiner Intimsphäre betrachtet werden. Diesem Umstand trägt das Bundesdatenschutzgesetz Rechnung, indem für die Verwendung besonderer Arten personenbezogener Daten, zu denen gemäß § 46 Nr. 13 BDSG i.V.m. Art. 4 Nr. 15 DS-GVO auch Gesundheitsdaten zählen, eine ausdrücklich unter Bezugnahme auf diese Daten formulierte Einwilligung der betroffenen Person erforderlich ist (vgl. § 51 Abs. 5 BDSG).

§ 213 rückt den **Beschaffungsprozess** personenbezogener Gesundheitsdaten **bei Dritten,** also außerhalb der Versicherungsvertragsbeziehung stehender Datenquellen, in den Vordergrund. Die Erhebung von Gesundheitsdaten beim Vertragspartner und Betroffenen selbst wird von § 213 deshalb ebenso wenig erfasst wie die Datenübermittlung an Dritte. Die Norm steht in engem Zusammenhang mit § 203 StGB, der strafrechtliche Restriktionen zum Schweigen verpflichteter Datenquellen formuliert, beschränkt sich allerdings nicht auf dessen Anwendungsbereich.

§ 213 regelt nicht die Rechtsposition der in Anspruch genommenen Datenquelle, wie dies § 203 StGB tut. Sie reglementiert den Erhebungsvorgang „durch den Versicherer" und strahlt nur mittelbar auf die Rechtsposition der Datenquelle aus, die nicht notwendiger Weise gesetzlich einer Schweigepflicht unterliegt. Gleichwohl stellen Gesundheitsdatenerhebung und Entbindung von der Schweigepflicht regelmäßig einen **einheitlichen Lebensvorgang** dar, so dass die Regelungen ineinandergreifen und regelmäßig mit einer beide Rechtssachverhalte umfassenden Einwilligungserklärung legitimiert werden.

Der Gesetzgeber sieht die seit 1989 in der Versicherungswirtschaft verwendeten Schweigepflichtentbindungserklärungen als nicht mehr mit der geltenden Rechtslage entsprechend an. Die betroffene Person müsse von vornherein klar erkennen können, welche ihrer Patientendaten das Versicherungsunternehmen wann, bei welchen Stellen und zu welchem Zweck soll erheben dürfen. Die

---
[1] BGBl. 2007 I 1.

gesetzliche Neuregelung sei erforderlich, um mehr Transparenz für die versicherten Personen und eine Stärkung ihrer Rechte zu erreichen.[2]

B. Entstehungsgeschichte

7   Die Erhebung personenbezogener Gesundheitsdaten wurde bislang vor allem anhand der Verschwiegenheitsproblematik der Datenerhebungsquelle eingeordnet. Nach § 203 StGB ist das unbefugte Offenbaren eines fremden Geheimnisses unter Strafe gestellt. So ist es zB Ärzten, Psychologen, Rechtsanwälten, Eheberatern, Sozialarbeitern sowie Angehörigen von privaten Kranken-, Lebens- und Unfallversicherern erst nach Entbindung von ihrer Schweigepflicht gestattet, über zum persönlichen Lebensbereich gehörende Geheimnisse, die ihnen anvertraut oder sonst bekannt geworden sind, Auskunft zu geben.

8   Die für die Entbindung von der Schweigepflicht unentbehrliche Erklärung des Betroffenen wurde in der Praxis regelmäßig **pauschal über eine Klausel im Antragsformular**, mitunter aber auch konkret im Rahmen der Leistungskorrespondenz eingeholt. Die Klausel im Versicherungsantrag war sowohl mit den Obersten Datenschutzbehörden als auch dem früheren Bundesaufsichtsamt für das Versicherungswesen im Jahre 1989 abgestimmt worden.[3] Die Unternehmen der Privaten Krankenversicherung verwendeten seit 2005 überwiegend einen überarbeiteten und detaillierteren Text.

9   Meinungsverschiedenheiten zwischen Kunden und Versicherer treten naturgemäß dann auf, wenn der Versicherer das Bestehen eines Leistungsanspruchs verneint. In diesen Fällen wenden einzelne Anspruchsteller gelegentlich ein, der Versicherer habe seine Entscheidung auf Unterlagen gestützt, die er gar nicht hätte einsehen dürfen. Entsprechende Einzelbeschwerden über vermeintliche Verstöße gegen das Datenschutzrecht hatten in den letzten Jahren zu einer **Diskussion mit den Obersten Datenschutzaufsichtsbehörden** der einzelnen Bundesländer geführt, die die datenschutzrechtliche Aufsicht über die Versicherungsunternehmen ausüben. Diese kündigten den seit 1989 bestehenden Konsens über die Grundlagen der Erhebung von Gesundheitsdaten auf.

10 Bei Verhandlungen zwischen Versicherungswirtschaft und Vertretern der Obersten Datenschutzbehörden konnte zunächst keine Einigung erzielt werden. Die Obersten Datenschutzaufsichtsbehörden erhoben mehrheitlich erhebliche datenschutzrechtliche Bedenken dagegen, dass bereits bei Abschluss des Versicherungsvertrags eine Schweigepflichtentbindungserklärung für alle künftigen Leistungsanträge eingeholt wird, da sich die Erklärung – entgegen § 4a BDSG aF – nicht auf konkrete Gesundheitsdaten beziehe.[4] Sie forderten von der Versicherungswirtschaft, sich bei jeder Leistungsprüfung **eine konkrete auf den Einzelfall bezogene** Schweigepflichtentbindungserklärung erteilen zu lassen.[5] Wenn die Entbindungserklärung mitunter viele Jahre zurückliege, bevor sie im Leistungsfalle aktiviert wird, sei sich der Betroffene bei Abgabe der Erklärung nicht im Klaren, welche Ärzte in welchem Krankheitsfall konsultiert und im Anschluss dann seitens des Versicherers befragt würden. Eine solche Erklärung könne daher nicht pauschal im Antrag, sondern immer nur anlassbezogen im Einzelfall erteilt werden.[6] Die Verwendung der ursprünglich datenschutzrechtlich abgestimmten Entbindungsklausel stelle einen „massenhaften vorsätzlichen Versuch der vorsätzlichen Anstiftung von Ärzten zur Verletzung ihrer Schweigepflicht dar"[7].

11 Die Versicherungswirtschaft vertrat – aufbauend auf obergerichtlicher Rechtsprechung[8] – einen anderen Standpunkt. Es sei zwar zutreffend, dass im Einzelfalle eine recht lange Zeit vergehen kann, bis eine bei Antrag abgegebene Schweigepflichtentbindungserklärung aktiviert wird, um eine Erhebung zB bei einem Arzt zu legitimieren. Dem Vertragspartner und datenschutzrechtlich Betroffenen sei aber klar, dass er bei Leistungsbeanspruchung entsprechende Daten zu liefern habe und sich im behaupteten Versicherungsfall „voll in die Karten gucken lassen"[9] müsse. Die Ungewissheit, wann und in welcher Ausprägung das Leistungsereignis eintritt, führe notwendiger Weise zu einer abstrakten Formulierung der Klausel. Die Abstraktheit zukünftiger

---

[2] Begr. RegE, BT-Drs. 16/3945, S. 116.
[3] VerBAV 1989, S. 345 f. Eine Rechtspflicht hierzu besteht datenschutzrechtlich nicht; missverständlich insoweit *Beckmann* in Beckmann/Matusche-Beckmann VersR-HdB § 10 Rn. 229.
[4] 20. Tätigkeitsbericht des Hamburgischen Datenschutzbeauftragten 2004/2005, 94.
[5] 20. Tätigkeitsbericht des Hamburgischen Datenschutzbeauftragten 2004/2005, 94.
[6] Hessischer Landtag, Drucks. 16/4752 v. 5.12.2005, 25 f.
[7] *Weichert* NJW 2004, 1695 (1700).
[8] OLG Celle VersR 2004, 317.
[9] OLG Celle VersR 2004, 317 (318).

versicherter Ereignisse aber liege in der Natur des Versicherungsvertrages und könne nicht zu einem Transparenzproblem und daraus resultierender zivilrechtlicher Unwirksamkeit führen.[10]

Allerdings baute der in Umsetzung von Art. 8 Abs. 3 der Europäischen Datenschutzrichtlinie (RL 95/46/EG) neu in das BDSG eingefügte **§ 4a BDSG aF** mit dem konkreten Bezug auf die zu erhebenden Daten eine Hürde auf, die nur schwer zu überwinden war. Gesundheitsdaten sollen gemäß Art. 8 Abs. 1 der Europäischen Datenschutzrichtlinie grundsätzlich unzugänglich sein. Der prinzipiell restriktivere Umgang mit sensitiven Daten wirkt sich dadurch auch auf die Anforderungen an eine Einwilligungserklärung aus.[11]

Die Obersten Datenschutzbehörden vertraten aber zudem den Standpunkt, alle Datenerhebungsprozesse der Vergangenheit inklusive der auf ihnen basierenden weiteren Verwendungen seien trotz der ursprünglich konsensual entwickelten bisherigen Klausel rechtswidrig. Die Rückabwicklung von Milliarden von Erhebungs- und anschließenden Verarbeitungsvorgängen hätte die Versicherungswirtschaft jedoch vor unlösbare Probleme gestellt. Sie wehrte sich aber auch im Interesse einer zügigen Leistungsbearbeitung gegen eine Änderung des langjährig eingespielten Verfahrens und verwies hierzu auf die Interessenlage nahezu aller ihrer Versicherungskunden.

Während sich der Referentenentwurf noch zum Thema Datenschutz komplett ausschwieg, kam es nach Intervention der Datenschutzseite völlig überraschend im Regierungsentwurf zu der ursprünglichen, mittlerweile überarbeiteten Fassung des § 213:

Die Erhebung personenbezogener Gesundheitsdaten durch den Versicherer bei Dritten ist nur zulässig, soweit die Kenntnis der Daten für die Beurteilung des zu versichernden Risikos oder der Leistungspflicht erforderlich ist, die Daten bei einer der in § 203 Abs. 1 Nr. 1, 2 und 6 Strafgesetzbuches genannten Personen erhoben werden und die betroffene Person im Einzelfall eine Einwilligung nach § 4a des Bundesdatenschutzgesetzes erteilt hat.[12]

Demnach sollte die Erhebung personenbezogener Gesundheitsdaten durch den Versicherer nur noch unter **drei kumulativ zu erfüllenden Voraussetzungen** zulässig sein: 1. Die Kenntnis der Daten muss für die Beurteilung des zu versichernden Risikos oder der Leistungspflicht erforderlich sein, 2. die Daten werden bei einer der in § 203 Abs. 1 Nr. 1, 2 und 6 StGB genannten Personen erhoben, und 3. die betroffene Person hat im Einzelfall ihre Einwilligung nach § 4a BDSG aF erteilt.

§ 213 RegE hätte einer pauschalen Einwilligung jeglichen Boden entzogen.[13] Wenige Tage nach Erscheinen des Regierungsentwurfs führte die Verkündung des **Beschlusses des BVerfG vom 23.10.2006**[14] zu weiterem Überarbeitungsbedarf. Das BVerfG hatte sich Rahmen einer Urteilsverfassungsbeschwerde gegen das Urteil des OLG Celle vom 28.2.2002[15] mit der Frage zu befassen, ob ein Berufsunfähigkeitsversicherer vor der Regulierung im Leistungsfalle vom Kunden eine pauschale Schweigepflichtentbindung verlangen kann. Die dem BVerfG vorgelegte Klausel orientierte sich an jenem Text, der seitens der Versicherungswirtschaft in Abstimmung mit den Datenschutzbehörden und dem damaligen Bundesaufsichtsamt für das Versicherungswesen Ende der achtziger Jahre für das Versicherungsantragsformular erarbeitet worden war.[16]

Das Gericht kam zu dem Ergebnis, dass eine entsprechende Vorgehensweise auf Basis dieser Klausel nicht mit dem Recht auf informationelle Selbstbestimmung zu vereinbaren sei. Versicherte hätten ein erhebliches **Interesse an informationellem Selbstschutz** und es müsse ihnen daher freistehen, wirksam kontrollieren zu können, von wem der Versicherer welche Daten erhebe. Mit diesem Interesse sei es nicht zu vereinbaren, wenn der Versicherer seine Leistung von der Abgabe einer pauschalen, inhaltlich kaum begrenzten Schweigepflichtentbindungserklärung abhängig mache. Verfassungsrechtlich unbedenklich sei deren Verwendung allerdings, wenn der betroffenen Person die Alternative eröffnet wird, die maßgeblichen Daten in eigener Verantwortung zur Verfügung zu stellen oder hiervon in Ausübung ihres informationellen Selbstbestimmungsrechts abzusehen. So sei beispielsweise denkbar, den Versicherten im Versicherungsantrag wählen zu lassen, ob er eine pauschale Schweigepflichtentbindungserklärung abgebe oder sich für das Verfahren der Einzeleinwilligung entscheide. Dann bestünden auch keine verfassungsrechtlichen Bedenken, dem Versicherten entstehende Mehrkosten und durch die Verzögerung der Antragsbearbeitung entstehende Nachteile tragen zu lassen.[17]

---

10 OLG Celle VersR 2004, 317 (318); *Eberhardt/Kerst* VersR 2004, 896.
11 *Egger* VersR 2007, 905 (910).
12 RegE vom 13.10.2006, BT-Drs. 16/3945, 40.
13 Vgl. auch: *Egger* VersR 2007, 905 (910).
14 BVerfG VersR 2006, 1669 ff. = ZfS 2007, 34 ff. m. Anm. *Rixecker*; vgl. hierzu auch: *Egger* VersR 2007, 905 ff.
15 BVerfG VersR 2006, 1669 ff. = ZfS 2007, 34 ff m. Anm. *Rixecker*.
16 Vgl. oben → Rn. 8.
17 *Wendt* in Staudinger/Halm VVG § 213 Rn. 28; *Wendt* VersR 2006, 1669; weiterhin kritisch hierzu gleichwohl: *Egger* VersR 2007, 905 (905 ff., 910).

18 Während das Bundesverfassungsgericht die grundsätzliche verfassungsrechtliche Zulässigkeit einer pauschalen Schweigepflichtentbindungserklärung unter bestimmten Bedingungen bejahte, gingen die Vorgaben des § 213 RegE weit darüber hinaus und wurden von dieser Entscheidung gleichsam überholt.[18]

19 Dass ein soeben verabschiedeter Regierungsentwurf binnen weniger Tage aufgrund eines Beschlusses des höchsten deutschen Gerichts überarbeitungsbedürftig wird, ist ein ungewöhnlicher Vorgang. Nachdem auch der Bundesrat angehört worden war, ohne dass die Vorschrift im Einzelnen diskutiert wurde,[19] sah das parlamentarische Verfahren als Möglichkeit, den Regierungsentwurf zu § 213 noch in seinem Wortlaut zu ändern, nur noch die **Anhörung des Rechtsausschusses** des Bundestages vor.[20]

20 Da die Norm völlig neu und zusammenhanglos in das VVG eingefügt worden war, sie insbesondere nicht den gründlichen Diskussionsboden des Kommissionsvorschlags aus dem Jahre 2004[21] hatte, musste sich der Rechtsausschuss des Bundestages in kürzester Zeit einer weithin unbekannten Materie stellen. Dies mag die Fülle von offenen Auslegungsfragen erklären, die die dann unter Berücksichtigung der Entscheidung des BVerfG vom 23.10.2006 modifizierte Regelung auslöst. Die Norm lässt die einmalige pauschale Einwilligung in eine Datenerhebung bei Abgabe der Vertragserklärung nun weiterhin zu.[22] Der verfassungsrechtlich geforderte wirkungsvolle Selbstschutz wird über die Unterrichtungspflicht und das Widerspruchsrecht gewährleistet.[23]

21 Schwierigkeiten beim Verständnis der Norm verbleiben, weil die neu formulierte Fassung nach wie vor mit der alten Begründung des RegE unterlegt ist, die gesetzgebungstechnisch nicht mehr geändert werden konnte. Dieser Umstand ist bei der Auslegung der Norm dadurch zu berücksichtigen, dass die Materialien des Rechtsausschusses[24] zusätzlich zur Auslegung herangezogen werden.

22 Mit **Beschluss vom 17.7.2013**[25] hat das BVerfG weitere Anforderungen an die Entbindung von Ärzten, Krankenhäusern etc. von ihrer Schweigepflicht gestellt.[26] Streitgegenstand war ein Leistungsfall aus einem **Altvertrag** vor Inkrafttreten des § 213, der eine Berufsunfähigkeitsversicherung betraf. Die vom Versicherer vorformulierten Einzelermächtigungen benannten zwar konkret einzelne Schweigepflichtige, bei denen Gesundheitsdaten erhoben werden sollten, ermächtigten diese aber, „umfassend, anhand der vorliegenden Unterlagen über Gesundheitsverhältnisse, Arbeitsunfähigkeitszeiten und Behandlungsdaten" Auskunft zu erteilen. Das Landgericht hatte die Klage der Beschwerdeführerin abgewiesen. Das Oberlandesgericht hatte die Berufung zurückgewiesen. Das BVerfG sah in diesen Entscheidungen einen Verstoß gegen das **Recht auf informationelle Selbstbestimmung gemäß Art. 2 Abs. 1 iVm Art. 1 Abs. 1 GG.** Wie schon in seinem Beschluss vom 23.10.2006[27] bestätigte BVerfG das Schutzinteresse des Versicherungsnehmers, weil der Versicherer als Vertragspartner ein solches Gewicht habe, dass er den Vertragsinhalt faktisch einseitig bestimmen könne. Das Versicherungsunternehmen müsse andererseits Daten erheben können, um den Eintritt des Versicherungsfalls prüfen zu können. Dabei habe die Übermittlung persönlicher Daten **auf das hierfür Erforderliche begrenzt** zu bleiben. Einzelfallermächtigungen, die es ermöglichen, auch über das für die Abwicklung des Versicherungsfalles erforderliche Maß hinaus sensible Daten zu erheben, hielten den verfassungsrechtlichen Anforderungen nicht Stand. Für den Fall, dass eine gesetzliche Regelung fehlt, könne eine **„verfahrensrechtliche Lösung"** geboten sein, also „die Anerkennung von Kooperationspflichten, die sicherstellen, dass der Versicherte und der Versicherer im Dialog ermitteln, welche Daten für die Abwicklung des Versicherungsfalls erforderlich sind". In Betracht zu ziehen sei, sich zunächst auf „weniger weitreichende und persönlichkeitsrelevante Vorinformationen zu beschränken, die ausreichen, um festzustellen, welche Informationen tatsächlich für die Prüfung des Leistungsfalles relevant sind." Eine zumindest **grobe Konkretisierung der Auskunftsgegenstände** könne den erheblichen Umfang der überschießenden Informationen begrenzen und so der informationellen Selbstbestimmung Rechnung tragen.[28] Der Beschluss ist in allen Sparten **zu beachten, wenn der Schweigepflicht unterliegende Daten von Ärzten oder anderen schweigepflichtigen Stellen erhoben werden** sollen.[29]

---

[18] Vgl. auch *Marlow/Spuhl* VVG § 124; *Langheid* NJW 2007, 3665 (3671).
[19] BR-Drs. 707/1/06.
[20] BT-Drs. 16/5862, 135.
[21] *Lorenz* (Hrsg.), Abschlussbericht der Kommission zur Reform des Versicherungsvertragsrechts vom 19. April 2004, 2004.
[22] *Höra* r+s 2008, 89 (93).
[23] BT-Drs. 16/5862, 100.
[24] BT-Drs. 16/5862, 100.
[25] BVerfG VersR 2013, 1425 ff. = NJW 2013, 3086 ff. = JZ 2013, 1156 ff. mAnm *Armbrüster*.
[26] Vgl. hierzu: *Armbrüster* JZ 2013, 1158 ff.
[27] BVerfG VersR 2006, 1669 ff. = ZfS 2007, 34 ff. mAnm *Rixecker*.
[28] → Rn. 79 ff.
[29] *Armbrüster* JZ 2013, 1158 (1159).

Mit dem Postulat zumindest grober **Konkretisierung der Auskunftsgegenstände** hat das 23
BVerfG Feststellungen getroffen, die auch für Neuverträge nach Inkrafttreten des § 213 bedeutsam
sind, zumal § 213 keine Regelungen zum **Umfang der grundsätzlich zulässigen Datenerhebung** oder zur inhaltlichen Gestaltung der Schweigepflichtentbindungserklärung bzw. der Unterrichtung unmittelbar vor Datenerhebung enthält. Insoweit ist der Beschluss des BVerfG nunmehr
auch bei der Auslegung des § 213 zu beachten.[30]

Großen Einfluss auf die Praxis der Datenerhebung hat auch die Verabschiedung der „**Verhal-** 24
tensregeln für den Umgang mit personenbezogenen Daten durch die deutsche Versicherungswirtschaft" (GDV-Verhaltensregeln), des sog. **Code of Conduct („CoC")**[31] der deutschen Versicherungswirtschaft,[32] einer freiwilligen Selbstverpflichtung auf die dort dargestellten
datenschutzrechtlichen Grundsätze, zumindest soweit das betreffende Versicherungsunternehmen
dieser Selbstverpflichtung beigetreten ist. Der Code of Conduct ist für die tägliche Arbeit in der
Versicherungswirtschaft angesichts seiner Orientierungskraft und branchenweiten Gestaltungswirkung von großer Bedeutung. Daran hat auch die 2018 in Kraft getretene DS-GVO nichts geändert:
Art. 40 Abs. 2 DS-GVO erkennt ausdrücklich an, dass Wirtschaftsverbände eigene Verhaltensregeln
im Umgang mit Daten erlassen, soweit diese Regeln im Einklang mit dem Datenschutzrecht stehen.
Die Möglichkeit einer Selbstverpflichtung und der Kontinuitätsgedanke werden somit europarechtlich ausdrücklich anerkannt, weshalb die im Code of Conduct festgelegten Verhaltensregeln grundsätzlich auch nach Verabschiedung der DS-DVO fortgelten. Sie wurden im Jahre 2018 punktuell
überarbeitet, da eine Anpassung an die Regelungen der DS-GVO und des BDSG n.F. erforderlich
war, behielten aber im Wesentlichen die ursprünglichen Inhalte bei. Die Unternehmen, die diesen
Verhaltensregeln beigetreten sind, verpflichten sich zu deren Einhaltung ab dem Zeitpunkt des
Beitritts. Die Verhaltensregeln werden bei jeder ihren Regelungsgehalt betreffenden Rechtsänderung
in Bezug auf diese evaluiert. Unabhängig davon werden die GDV-Verhaltensregeln gemäß des Art. 31
GDV-Verhaltensregeln spätestens drei Jahre nach Inkrafttreten der DS-GVO insgesamt evaluiert.[33]

Der **Beitritt des Versicherers** erfolgt durch nicht formgebundene Erklärung gegenüber dem 25
Gesamtverband der Deutschen Versicherungswirtschaft, wobei Muttergesellschaften den Beitritt für
die gesamte Unternehmensgruppe oder einzelne Unternehmen der Gruppe erklären können. Der
Beitritt der Unternehmen wird vom Gesamtverband der Deutschen Versicherungswirtschaft dokumentiert und in geeigneter Form bekannt gegeben.[34] Dies geschieht über das Internetangebot oder
beispielsweise auch in Verbandspublikationen.

Die GDV-Verhaltensregeln berühren in vielerlei Hinsicht die Anwendung des § 213. So 26
bestimmt Art. 8 ausdrücklich in Absatz 2 Satz 1, dass die Erhebung von Gesundheitsdaten bei Dritten – soweit erforderlich – mit wirksamer Schweigepflichtentbindungserklärung der Betroffenen
und **nach Maßgabe des § 213** erfolgt. In weiteren Artikeln werden bedeutsame Aussagen zur
Datenerhebung allgemein (Art. 3), zu Anforderungen an Einwilligungserklärungen (Art. 5), zur
Erhebung von Gesundheitsdaten (Art. 6), zur Datenerhebung ohne Mitwirkung des Betroffenen
(Art. 8), zu Fragen der Datenerhebung gegenüber Minderjährigen (Art. 5 Abs. 2) sowie zur Aufklärung von Widersprüchlichkeiten (Art. 15) gemacht.

Grund für die Entwicklung des Verhaltenskodex war die Herstellung von **Rechts- und** 27
Anwendungssicherheit für Versicherer und Kunden, nachdem immer wieder Unsicherheiten und
Unstimmigkeiten mit den Datenschutzbehörden bei der Anwendung umfassender Einwilligungserklärungen aufgetreten waren. Darüber hinaus sollen mit den Verhaltensregeln zusätzliche Einwilligungen möglichst entbehrlich gemacht werden. Grundsätzlich sind solche nur noch für die Verarbeitung von besonders sensiblen Arten personenbezogener Daten – wie Gesundheitsdaten – sowie
für die Verarbeitung personenbezogener Daten zu Zwecken der Werbung oder der Markt- und
Meinungsforschung erforderlich. Für die Verarbeitung von besonders sensiblen Arten personenbezogener Daten – wie Gesundheitsdaten – hat der GDV gemeinsam mit den zuständigen Aufsichtsbehörden **Mustererklärungen** mit Hinweisen zu deren Verwendung erarbeitet.[35] Die beigetretenen
Unternehmen sind von den Datenschutzbehörden aufgefordert,- angepasst an ihre Geschäftsabläufe -
Einwilligungstexte zu verwenden, die der Musterklausel entsprechen.

Die Versicherungswirtschaft ist von jeher darauf angewiesen, in großem Umfang personenbezo- 28
gene Daten der Versicherten zu verwenden. Sie werden zur Antrags-, Vertrags- und Leistungsabwick-

---

[30] *Armbrüster* NJW 2014, 497 (501).
[31] https://www.gdv.de/resource/blob/23938/c391b1dd04b41448fdb99918ce6d03bf/download-code-of-conduct-data.pdf (zuletzt aufgerufen am 17.7.2020).
[32] Nachfolgend abgekürzt: „GDV-Verhaltensregeln".
[33] Vgl. Art. 31 GDV-Verhaltensregeln.
[34] Vgl. Art. 30 Abs. 1 S. 2 GDV-Verhaltensregeln.
[35] S. hierzu nachfolgend → Rn. 116 ff.

lung erhoben, verarbeitet und genutzt, um Versicherte zu beraten und zu betreuen sowie um das zu versichernde Risiko einzuschätzen, die Leistungspflicht zu prüfen und **Versicherungsmissbrauch** im Interesse der Versichertengemeinschaft zu verhindern. Dieses Interesse wird durch die GDV-Verhaltensregeln ausdrücklich anerkannt.[36]

29 Versicherungen können heute ihre Aufgaben nur noch mit Hilfe der elektronischen Datenverarbeitung erfüllen. Die Wahrung der informationellen Selbstbestimmung und der Schutz der Privatsphäre sowie die Sicherheit der Datenverarbeitung sind für die Versicherungswirtschaft ein Kernanliegen, um das **Vertrauen der Versicherten** zu gewährleisten. Alle Regelungen müssen nicht nur im Einklang mit den Bestimmungen der Europäischen Datenschutzrichtlinie, des Bundesdatenschutzgesetzes und aller bereichsspezifischen Vorschriften über den Datenschutz stehen, sondern die beigetretenen Unternehmen der Versicherungswirtschaft verpflichten sich darüber hinaus, den Grundsätzen der Transparenz, der Erforderlichkeit der verarbeiteten Daten und der Datenvermeidung und -sparsamkeit in besonderer Weise nachzukommen. Die Verhaltensregeln schaffen für den Umgang mit den personenbezogenen Daten der Versicherten weitestgehend einheitliche Standards und fördern die Einhaltung von datenschutzrechtlichen Regelungen.

30 Die für die Mitgliedsunternehmen zuständigen Aufsichtsbehörden haben den Verhaltensregeln zugestimmt. Daraufhin sind sie dem **Berliner Beauftragten für Datenschutz und Informationsfreiheit** als für den GDV zuständige Aufsichtsbehörde nach § 38a BDSG unterbreitet und von ihm als mit dem geltenden Datenschutzrecht vereinbar erklärt worden. Die Mitgliedsunternehmen des GDV, die diesen Verhaltensregeln gemäß Art. 30 beitreten, verpflichten sich damit zu deren Einhaltung.[37]

31 Mit der Datenschutzgrundverordnung vom 25.5.2018 (DS-GVO)[38] ist eine weitere wesentliche Rahmenbedingung zum Verständnis und zur Anwendung des § 213 hinzugetreten. Im **Verhältnis zur DS-GVO,** welche eine weitgehende Vereinheitlichung des Datenschutzrechts innerhalb der Europäischen Union zum Ziel hat, allerdings keinerlei versicherungsspezifische Regelungen enthält, stellt § 213 eine **zulässige ergänzende Sonderregel** i.S.d. Art. 9 Abs. 4 DS-GVO dar.[39] Denn § 213 regelt eine spezielle versicherungsspezifische Datenschutzkonstellation, welche durch die pauschalen, nicht auf das Versicherungsverhältnis zugeschnittenen Regelungen der DS-GVO ansonsten nicht zufriedenstellend geregelt wäre.[40] Zwar genießt die DS-GVO als unmittelbar anwendbare Verordnung gemäß Art. 288 Abs. 2 AEUV grundsätzlich Anwendungsvorrang gegenüber abweichenden nationalen Regelungen. Sie enthält indes zahlreiche Öffnungs-[41] bzw. Konkretisierungsklauseln,[42] die den Mitgliedsstaaten Freiräume gewähren, bestimmte rechtliche Bereiche durch abweichende nationale Regelungen auszugestalten.[43] Insoweit entspricht die Verordnung eher einer Richtlinie[44] und steht der Anwendung des § 213 grundsätzlich nicht im Wege.

32 Durch nationale Öffnungsklauseln dürfen die grundlegenden Wertungen der DS-GVO jedoch nicht unterlaufen werden. Bei Anwendung des § 213 sind somit weiterhin **zentrale Prinzipien und Regelungen der DS-GVO** zu beachten.[45] Infolgedessen wurden auch die GDV-Verhaltensregeln bereits im Jahre 2018 an die DS-GVO und das BDSG nF angepasst.[46] Vor Inkrafttreten der DS-GVO nach § 213 erteilte Einwilligungen gelten – so auch die Einschätzung des Düsseldorfer Kreises[47] – fort, sofern sie den Bedingungen der DS-GVO entsprechen.[48] Wie sich die DS-GVO in

---

[36] Vgl. die Präambel der GDV-Verhaltensregeln.
[37] So die Präambel der GDV-Verhaltensregeln.
[38] ABl. 2016 L 119, 1 ff.
[39] So *Muschner* in HK-VVG § 213 Rn. 8; *Reiter* S. 26; *Neuhaus* Berufsunfähigkeitsversicherung Kap. 16 Rn. 16; aA *Kampert* in HK-EuDSchVO Art. 9 Rn. 79, der die Öffnungsklausel des Art. 9 Abs. 2 lit. h für einschlägig hält. Lit. h ist allerdings nicht einschlägig, da diese Variante lediglich Datenerhebungen im Gesundheitswesen erfasst, § 213 aber auf sämtliche Versicherungssparten anwendbar ist, nicht bloß auf Personenversicherungen.
[40] *Muschner* in HK-VVG § 213 Rn. 8.
[41] *Kühling/Martini* EuZW 2016, 448 gehen von „rund vier Dutzend" Öffnungsklauseln aus; *Neuhaus* Berufsunfähigkeitsversicherung Kap. 16 Rn. 9 zählt gar über 70 Öffnungsklauseln.
[42] *Neuhaus* Berufsunfähigkeitsversicherung Kap. 16 Rn. 9.
[43] *Reiter* S. 26.
[44] *Kühling* NJW 2017, 1985 (1986).
[45] *Muschner* in HK-VVG § 213 Rn. 8; vgl. OLG Köln VersR 2020, 81 ff.
[46] https://www.gdv.de/de/ueber-uns/unsere-services/daten-schutz-ko-dex---code-of-conduct---15544 (zuletzt aufgerufen am 6.8.2020).
[47] Der Düsseldorfer Kreis ist eine Zusammenkunft der obersten Datenschutzbehörden der Länder und des Bundes, die die Einhaltung des Datenschutzes im nicht-öffentlichen Bereich überwacht, https://de.wikipedia.org/wiki/Düsseldorferkreis.
[48] https://datenschutz.hessen.de/sites/datenschutz.hessen.de/files/content-downloads/B_Fortgeltung%20bisher%20erteilter%20Einwilligungen.pdf (zuletzt aufgerufen am 23.3.2022).

der Rechtspraxis auf die Anwendung und Auslegung des § 213 auswirken wird, bleibt im Einzelnen abzuwarten. Gewiss ist jedoch, dass zum BDSG eine weitere Überprüfungsebene hinzugetreten ist.

C. Einzelne Erläuterungen
I. Versicherer

Normadressaten sind alle Versicherer[49] mit Ausnahme der in § 209 vom Anwendungsbereich 33 des Gesetzes ausgeschlossenen Rückversicherer und Seeversicherer. Für Versicherer, die keine Gesundheitsdaten erheben, spielt § 213 keine Rolle.

II. Personenbezogene Gesundheitsdaten

Die Norm gilt nur für die Erhebung personenbezogener Gesundheitsdaten. Damit sind 34 **Gesundheitsdaten im Sinne von § 46 Nr. 13 BDSG iVm Art. 4 Nr. 15 DS-GVO.** gemeint.[50] Gesundheitsdaten sind personenbezogen, wenn sie sich auf eine bzw. auf einzelne Personen beziehen.[51] Gesundheitsdaten sind Daten, welche die physische oder psychische Verfassung einer Person betreffen und auf den Gesundheitszustand dieser Person schließen lassen.[52] Erfasst sind damit beispielsweise bestehende Krankheiten, Ablauf und Inhalt der medizinischen Behandlung, eingenommene Medikamente oder Prognosen zur Gesundheitsentwicklung.[53] Das gleiche gilt für die Tatsache, dass der Betroffene schwerbehindert[54] oder (lediglich) gesund ist.[55]

Ob auch solche Daten, die **mittelbare Rückschlüsse auf den Gesundheitszustand** einer 35 Person zulassen,[56] als Gesundheitsdaten zu qualifizieren und damit von § 213 erfasst sind, ist in der datenschutzrechtlichen Diskussion noch nicht abschließend geklärt. So sind oftmals Daten für sich allein betrachtet bezüglich des gesundheitlichen Zustands belanglos, lassen aber kombiniert mit anderen Informationen Rückschlüsse auf den Gesundheitszustand zu. Dies kann z.B. für **Verhaltensdaten** wie der täglich zurück gelegten Schrittzahl oder der Schlafdauer gelten. Diese sind im Hinblick auf ihre Sensibilität nicht mit Informationen über einen konkreten gesundheitlichen Zustand oder eine medizinische Behandlung vergleichbar.[57] Vorzugswürdig ist daher vor dem Hintergrund des Schutzzwecks der Norm, der vor allem auf besonders sensible Informationen abzielt,[58] ein **restriktives Verständnis** des Anwendungsbereichs der Norm.[59] Die Möglichkeit mittelbarer Rückschlüsse reicht für die Qualifizierung als Gesundheitsdatum nicht aus, zumal auch eine notwendige Trennschärfe zwischen für die Gesundheit mittelbar relevanten und irrelevanten Daten angesichts der Dynamik der Entwicklung in der Praxis nicht rechtssicher herstellbar ist.[60]

Daten, welche mittels sogenannter „**Wearables**" durch sog. „**Self Tracking**" erhoben werden, 36 stellen eine Erhebung **eigener Verhaltensdaten** durch technische Hilfsmittel dar.[61] Häufig genutzte Wearables sind z.B. Schrittzähler und Fitnessarmbänder. Die Rückschlüsse auf notwendige Konsequenzen oder Verhaltensanforderungen trifft der Anwender regelmäßig selbst.

Aus Wearables gewonnene Daten sind gerade wegen potentieller Rückschlüsse auf das versi- 37 cherte Risiko auch für Versicherer interessant.[62] Deshalb bieten erste Versicherer mittlerweile „Self-Tracking"-Tarife bzw. **Telematik Tarife** an.[63] Gibt der Versicherungsnehmer die Daten in diesem

---

[49] So auch: *Voit* in Prölss/Martin VVG § 213 Rn. 9; *Rixecker* in Langheid/Rixecker VVG § 213 Rn. 10; *Washausen*, S. 208.
[50] So auch: *Klär* in Schwintowski/Brömmelmeyer/Ebers VVG § 213 Rn. 9; *Voit* in Prölss/Martin VVG § 213 Rn. 9; *Rixecker* in Langheid/Rixecker VVG § 213 Rn. 10; *Schleifenbaum*, S. 161.
[51] *Kalis* in Bach/Moser VVG § 213 Rn. 40.
[52] *Ernst* in Paal/Pauly, DS-GVO, Art. 4 Rn. 106.
[53] *Spuhl* in BeckOK VVG § 213 Rn. 7.
[54] *Neuhaus/Kloth* NJOZ 2009, 1370 (1372).
[55] *Simitis*, BDSG 7. Aufl. 2011, § 3 Rn. 260; *Voit* in Prölss/Martin VVG § 213 Rn. 13.
[56] Beispiele bei: *Gola* in Gola DS-GVO Art. 4 Rn. 6.
[57] So auch *Arning/Rothkegel* in Taeger/Gabel DS-GVO Art. 4 Rn. 340, die mittelbare Daten nur dann als besonders schützenswertes Gesundheitsdatum einordnen, wenn diesem ein Diskriminierungspotential innewohnt; aA *Ernst* in Paal/Pauly DS-GVO Art. 4 Rn. 109.
[58] Vgl. → Rn. 3.
[59] OLG Köln VersR 2013, 702 (704); *Bosch* VersR 2017, 1122; *Arning/Rothkegel* in Taeger/Gabel, DSGVO-BDSG-TTDSG, 4. Aufl. 2022, Art. 9 Rn. 340; a.A. *Dochow*, S. 234; *Washausen*, S. 209 f.
[60] *Dregelies* VuR 2017, 256 (259).
[61] *Rudkowski* ZVersWiss 2017, 452 (454).
[62] *Rudkowski* ZVersWiss 2017, 452 (454).
[63] Zu den unterschiedlichen Versicherungskonzepten der Telematiktarifanbieter *Klimke* r + s 2015, 217 (218).

Sinne frei, handelt es sich weder um Gesundheitsdaten noch überhaupt um eine Erhebung i.S.d. § 213. Er trägt damit vielmehr mit der Offenlegung seines Verhaltens zu einer **risikogerechten Prämienkalkulation** und im Zweifel auch einer **Entlastung des Versichertenkollektivs** bei, die für ein Funktionieren des Produkts Versicherung unerlässlich ist.[64] Letztlich steht es dem Versicherungsnehmer als Inhaber des informationellen Selbstbestimmungsrechts frei, zwischen Telematik Tarifen und klassischen Versicherungstarifen zu wählen.[65] Hierzu gibt es durchaus kritische Stimmen, die eine diskriminierende Wirkung über nachteilige Prämienhöhe befürchten.[66] So schlägt die sog. „Arbeitsgruppe Digitaler Neustart" der Konferenz der Justizministerinnen und Justizminister gar vor, die Nutzung von Telematik Tarifen durch Versicherer gesetzlich zu verbieten.[67] Telematik Tarife könnten – so die Arbeitsgruppe – diskriminierende Wirkung entfalten, da alte und chronisch kranke Menschen keine Möglichkeit auf günstige Tarife hätten.[68] Neben dem Verkennen der Grundprinzipien der Versicherung wäre ein solches Vorgehen jedoch auch verfassungsrechtlich und vor dem Hintergrund bestehender Vertragsfreiheit nicht mehr zu rechtfertigen.

38   Im Wege der im Jahre 2020 in Deutschland entstandenen Pandemie des **Coronavirus SARS-CoV-2 (COVID 19)-Virus**[69] kommt es zunehmend zur Nutzung der sog. **Corona-Warn-App**.[70] Mit ihrer Hilfe werden Bluetooth-Signale ausgesendet, um Begegnungen zwischen den Nutzern der App festzustellen. Dabei tauschen die Geräte untereinander Zufallscodes aus, welche sich alle zehn Minuten aktualisieren. App-Nutzer, die Kontakt zu einer infizierten Person hatten, werden zwar über den Kontakt informiert, erhalten jedoch keine Informationen über die Identität der positiv getesteten Person. Die Daten werden mittels der Zufallscodes pseudonymisiert, nicht aber anonymisiert, andernfalls wäre eine Warnung der Kontaktpersonen nicht möglich.[71] Daten, die zwar pseudonymisiert werden, bei denen die betroffene Person aber re-identifizierbar bleibt, und in diesem Falle auch bleiben muss, soll der Zweck der App erreicht werden, gelten als **personenbezogene Daten**.[72] Allerdings dürfte die Mitteilung, Kontakt mit einer potenziell infizierten Person gehabt zu haben, nicht ohne Weiteres ein Gesundheitsdatum i.S.v. § 213 darstellen, da dies nicht zwingend eine Eigeninfektion bedeutet. Die Mitteilung bewegt sich eher im Bereich von gezielter **Information über möglicherweise risikoreiche Verhaltensdaten**. Sie dürfte damit **nicht den Anforderungen des § 213 unterworfen** sein.

39   Die Weitergabe von Privatgeheimnissen, die keine Gesundheitsdaten sind, ist an den allgemeinen Vorschriften des BDSG und an § 203 StGB zu messen, nicht an § 213.

40   Das Gesetz lässt offen, ob es sich bei den zu erhebenden **Gesundheitsdaten** um solche **des Versicherungskunden** handeln muss. Da beispielsweise in der Haftpflichtversicherung durchaus Daten geschädigter Dritter, von Personen, die außerhalb des Versicherungsvertragsverhältnisses stehen, erhoben werden müssen,[73] wird diese Frage in der Praxis die tägliche sein. Nach dem Wortlaut der Vorschrift scheint es gleichgültig zu sein, in welchem Verhältnis der Betroffene zu dem erhebenden Versicherer steht.[74] Die Stellung der Norm im VVG und die offensichtliche Bezugnahme der Gesetzesmaterialien auf den Beschluss des BVerfG vom 23.10.2006[75] belegen indes, dass hier eine Regelung speziell für das Versicherungsverhältnis getroffen werden sollte. Deshalb ist § 213 eine **datenschutzrechtliche Spezialregelung,** die in ihrem den allgemeinen Vorschriften des BDSG vorgeht, das als Auffanggesetz nur noch eine lückenfüllende Funktion übernimmt.[76] Es handelt sich

---

[64] *Rudkowski* S. 690.
[65] *Klimke* r + s 2015, 217 (221).
[66] Arbeitsgruppe „Digitaler Neustart", Berichte vom 1.10.2018, abrufbar unter: https://www.justiz.nrw.de/JM/schwerpunkte/digitaler_neustart/zt_fortsetzung_arbeitsgruppe_teil_1a_/2018-10-02-Bericht-final.pdf (zuletzt aufgerufen am 29.7.2020).
[67] Arbeitsgruppe „Digitaler Neustart", Berichte vom 1.10.2018, S. 118, abrufbar unter: https://www.justiz.nrw.de/JM/schwerpunkte/digitaler_neustart/zt_fortsetzung_arbeitsgruppe_teil_1a_/2018-10-02-Bericht-final.pdf (zuletzt aufgerufen am 29.7.2020).
[68] Arbeitsgruppe „Digitaler Neustart", Berichte vom 1.10.2018, S. 115, abrufbar unter: https://www.justiz.nrw.de/JM/schwerpunkte/digitaler_neustart/zt_fortsetzung_arbeitsgruppe_teil_1a_/2018-10-02-Bericht-final.pdf (zuletzt aufgerufen am 29.7.2020).
[69] Vgl.: www.rki.de (zuletzt aufgerufen am 8.8.2020).
[70] https://www.coronawarn.app/de/analysis.
[71] https://www.bmi.bund.de/SharedDocs/downloads/DE/veroeffentlichungen/2020/corona/corona-warn-app-faq.pdf?__blob=publicationFile&v=4 (zuletzt aufgerufen am 29.7.2020).
[72] *Arning/Rothkegel* in Taeger/Gabel, DSGVO-BDSG-TTDSG, 4. Aufl. 2022, Art. 4 Rn. 55.
[73] Vgl. *Voit* in Prölss/Martin VVG § 213 Rn. 10.
[74] In diesem Sinne wohl im Ergebnis: *Voit* in Prölss/Martin VVG § 213 Rn. 10 mwN.
[75] BVerfG VersR 2006, 1669 ff. = ZfS 2007, 34 ff. mAnm *Rixecker*.
[76] Vgl.: *Gola/Reif* § 1 Rn. 11 f.; *Spuhl* in BeckOK VVG § 213 Rn. 4; *Schleifenbaum* S. 162; *Wendt* in Staudinger/Halm VVG § 213 Rn. 4.

um eine spezielle versicherungsvertragsrechtliche Schutznorm für den informationellen Selbstschutz bei der Erhebung von Gesundheitsdaten durch den Versicherer. Betroffene können nur Versicherungsnehmer, versicherte Personen bzw. sonstige Gefahrspersonen sein, deren Gesundheitsrisiken versichert sind, aber nicht außerhalb des Versicherungsvertragsverhältnisses stehende Personen. Dritte, also **Personen außerhalb des Versicherungsvertragsverhältnisses,** deren Gesundheitsdaten vom Versicherer beispielsweise im Rahmen einer Unfallregulierung erhoben werden, unterfallen nicht der Regelung des § 213.[77] Sie sind gleichwohl nicht schutzlos. Für sie verbleibt es bei den Regelungen des BDSG und der DS-GVO.

Die Frage der Existenz und Reichweite informationeller Selbstbestimmung nach dem Tod des Betroffenen als **postmortales Persönlichkeitsrecht** ist trotz fortdauernder datenschutzrechtlicher Diskussion[78] im Ergebnis zu verneinen. **Gesundheitsdaten Verstorbener** werden von § 213 **nicht erfasst**, da auch personenbezogene Gesundheitsdaten nur solche sein können, die sich auf eine natürliche, dh lebende Person beziehen.[79] Verstorbene sind vom persönlichen Schutzbereich des allgemeinen Persönlichkeitsrechts, dem das Recht auf informationelle Selbstbestimmung entspringt,[80] nicht umfasst.[81] Sinn und Zweck des § 213 kann nur sein, die betroffene Person aktiv am Verarbeitungsprozess der Daten zu beteiligen. Eine aktive Beteiligung ist jedoch nur bei einer lebenden Person möglich.[82] Folgerichtig beschränkt auch die DS-GVO ihren Anwendungsbereich auf lebende Personen.[83] Ansätze, das Persönlichkeitsrecht analog § 22 S. 2, 3 KUG von den Angehörigen wahrnehmen zu lassen, überzeugen nicht. Auch die Wahrnehmung durch die materiell Berechtigten aufgrund einer Vermögenszuweisung durch den Verstorbenen, zB Vereinbarung eines Bezugsrechts in der Lebensversicherung, scheidet angesichts drohender Interessenkonflikte aus. Es dürfte vielmehr grundsätzlich so liegen, dass das Recht auf informationelle Selbstbestimmung und mit ihm alle daraus resultierenden **Selbstschutzmechanismen,** speziell das Widerspruchsrecht nach § 213 Abs. 2 S. 2 und die damit korrespondierende Unterrichtungspflicht, **mit dem Tode des Betroffenen untergehen.**[84]

Ob der Versicherer z.B. im Rahmen einer Leistungsprüfung die erfragten Gesundheitsdaten des Verstorbenen tatsächlich auch erhält, hängt dann nicht mehr von § 213, sondern vielmehr von der Entbindung der Auskunftsstelle von ihrer Schweigepflicht ab. Hier mag es sehr hilfreich sein, wenn der Verstorbene zu Lebzeiten – wie üblich – die Einwilligung in die Datenerhebung mit einer **Schweigepflichtentbindungserklärung** verknüpft hat. Denn dies eröffnet die Möglichkeit, die Schweigepflichtentbindung auch über den Tod als wirksam anzuerkennen. Dies erspart nicht zuletzt unzumutbare Auslegungsprobleme der Auskunftsstelle und die damit einhergehenden zeitlichen Verzögerungen.

Abweichendes mag gelten, wenn die **Daten des Verstorbenen zugleich Angaben über lebende Personen** sind, wie etwa die Feststellung einer Erbkrankheit zugleich eine Angabe über die Nachkommen sein kann.[85] In diesem Falle sind die Daten als solche der dadurch Betroffenen zu betrachten.

Auch die Gesundheitsdaten des **Nasciturus** sind (noch) keine Daten einer lebenden Person, so dass diesem gegenüber § 213 grundsätzlich nicht zur Anwendung kommt. Denn das informationelle Selbstbestimmungsrecht kann nur von bereits geborenen Personen wahrgenommen werden, denen bereits ein **sozialer Geltungsanspruch** zukommt.[86] Dennoch wird teilweise aufgrund fortgeschrittener Analysemöglichkeiten und der damit einhergehenden Verbesserung der Prognosen von Gesundheitsdaten des Nasciturus selbst ausgegangen.[87] Hierfür wird auch angeführt, dass die DS-GVO anders als Verstorbene – nicht explizit aus ihrem Anwendungsbereich ausschließt.[88] Dieser Umkehrschluss geht aber fehl. Der Wortlaut des Art. 4 Nr. 1 DS-GVO stellt klar, dass die Anwendung der DS-GVO eine „betroffene Person" verlangt. Ein Zustand der Betroffenheit

---

[77] So auch *Bähr/Reuter* VersR 2011, 953 (957).
[78] Vgl. *Muschner* in HK-VVG § 213 Rn. 11.
[79] *Rixecker* in Langheid/Rixecker VVG § 213 Rn. 6; vgl. *Schild* in BeckOK DatenschutzR Art. 4 Rn. 12.
[80] BVerfGE 63, 1.
[81] *Lang* in BeckOK GG Art. 2 Rn. 48; v. Münch/Kunig GG Art. 2 Rn. 5; *Gersdorf* in Gersdorf/Paal, Informations- und Medienrecht, 2. Aufl. 2021, GG Art. 2 Rn. 31.
[82] Vgl. *Klas/Möhrke-Sobolewski* NJW 2015, 3473 (3476).
[83] *Ernst* in Paal/Pauly DS-GVO Art. 4 Rn. 4.
[84] BGH NJW 2011, 3149; OLG Saarbrücken VersR 2013, 1157 (1162); *Britz,* S. 166, 168; *Voit* in Prölss/Martin VVG § 213 Rn. 11; aA *Fricke* VersR 2009, 297 (299); *Neuhaus/Kloth* NJW 2009, 1707 (1708); vgl. hierzu auch: *Rixecker* in Langheid/Rixecker VVG § 213 Rn. 4 ff.
[85] So auch: *Schild* in BeckOK DatenschutzR Art. 4 Rn. 11.
[86] *Di Fabio* in Dürig/Herzog/Scholz, GG, 99. EL. (Stand: 9/2022), GG Art. 2 Rn. 277.
[87] *Karg* in NK-DatenschutzR Art. 4 Rn. 4.
[88] *Karg* in NK-DatenschutzR Art. 4 Rn. 4.

und auch eine aktive Geltendmachung der aus § 213 resultierenden Rechte kann jedoch nur bei natürlichen und bereits lebenden Personen gegeben sein.[89] Somit folgt auch aus den Regelungen der DS-GVO **keine Miteinbeziehung des Nasciturus**. Indes werden Angaben über den Nasciturus im Einzelfall, etwa aus **pränataler Diagnostik**, zwar nicht als dessen Daten, wohl aber als **Daten der Mutter** eingeordnet werden können.[90]

45 Nicht von § 213 erfasst werden Gesundheitsdaten, die **Personengemeinschaften**, z.B. Mitglieder von Vereinen, Gesellschaften oder auch zB Daten von Geschäftsbranchen, **Wohnquartieren** oder auch nur lokaler Treffpunkte.[91] Die zu einer Personenmehrheit gespeicherten Daten werden indes zu personenbezogenen Daten, wenn sie **zugleich etwas über die Gesundheitsverhältnisse einzelner Mitglieder** aussagen.[92] Diese Einordnung kann im Rahmen einer **Pandemiebekämpfung** durchaus Bedeutung erlangen, etwa wenn abgrenzbare Wohnbereiche oder Häuser in eine entsprechende Datenerhebung einfließen. Hier spricht Vieles dafür, den Anwendungsbereich des § 213 grundsätzlich zu eröffnen.

46 Die **Erhebung von Gesundheitsdaten des verstorbenen Versicherungsnehmers** ist nicht selten zur Regulierung des Versicherungsfalls vor allem in der Personen-, aber auch der Sachversicherung unabdingbar.[93] Das Interesse der Klärung liegt regelmäßig bei den **Erben,** denn Ansprüche aus Versicherungen sind vermögensrechtliche Interessen, welche grundsätzlich nach § 1922 Abs. 1 BGB übergangsfähig sind.[94] Die Auszahlung der Versicherungssumme ist jedoch ohne weitere Datenerhebung oft nicht möglich und dann angesichts fehlender Prüfungsmöglichkeiten nicht fällig.[95] Die Erlangung der Daten des Verstorbenen ist für den Versicherer trotz Nichtanwendbarkeit des § 213 nicht schrankenfrei möglich,[96] sondern nur dann, wenn die Datenquellen mitwirken und diese Daten zur Verfügung stellen. Dies hängt bei **Berufsgeheimnisträgern** iSd § 203 StGB davon ab, ob die grundsätzlich bestehende **Schweigepflicht** über den Tod des Betroffenen hinaus fortbesteht. Dies ist bei Fehlen einer klaren Verfügung des Verstorbenen zu Lebzeiten eine Frage des Einzelfalls.

47 Unklar ist, ob und gegebenenfalls unter welchen Voraussetzungen, die **Erben des Verstorbenen** in die Erhebung personenbezogener Gesundheitsdaten durch Dritte einwilligen können.[97] Eindeutige höchstrichterliche Urteile fehlen bislang. Das dogmatische Problem entsteht dadurch, dass zwar die vermögensrechtliche Position des Verstorbenen auf die Erben übergeht, nicht aber dessen Recht auf informationelle Selbstbestimmung als höchstpersönliches, nicht übergangsfähiges Recht.[98] Gleichzeitig wirkt die den Berufsträger bindende Schweigepflicht postmortal. Die Erben können daher nach richtiger Ansicht Geheimnisträger im Sinne des Verstorbenen von der Schweigepflicht nicht entbinden.[99] Eine Anknüpfung an den **mutmaßlichen Willen des Verstorbenen** erscheint zwar möglich. Ob die Einwilligung dem mutmaßlichen Willen des Verstorbenen widerspricht oder nicht, muss der Geheimnisträger letztlich durch eigene Einschätzung entscheiden.[100] Der behandelnde Arzt oder sonstige Geheimnisträger darf seine Einschätzung jedoch nur auf nachvollziehbare, nicht sachfremde Gesichtspunkte stützen.[101] Liegen keine gegenteiligen Anhaltspunkte vor, so ist jedoch grundsätzlich davon auszugehen, dass der Versicherungsnehmer seinen Mitwirkungsobliegenheiten zur Regulierung des Versicherungsfalls nachkommen wollte.[102] Dabei müsste es ausreichen, dass eine Erhebung auf Basis des ererbten Vermögensanspruchs dem mutmaßlichen Interesse des Verstorbenen nicht offensichtlich widerspricht.

48 Eine mutmaßliche Einwilligung kann dann nicht allein mit dem Argument verneint werden, dass der verstorbene Versicherungsnehmer eventuell eine **vorvertragliche Anzeigepflichtverletzung** verbergen wolle, um den Versicherungsanspruch seiner Erben nicht zu gefährden.[103] Eine solche Annahme würde den Verstorbenen unter den Generalverdacht einer Pflichtverletzung stellen. Dennoch führt eine Bewertung durch die Auskunftsstelle angesichts bestehender Strafandrohung

---

[89] Vgl. *Ernst* in Paal/Pauly DS-GVO Art. 4 Rn. 4.
[90] *Arning/Rothkegel* in Taeger/Gabel, DSGVO-BDSG-TTDSG, 4. Aufl. 2022, Art. 4 Rn. 21.
[91] *Simitis,* BDSG, 7. Aufl. 2011, § 3 Rn. 19.
[92] *Simitis,* BDSG, 7. Aufl. 2011, § 3 Rn. 19.
[93] Vgl. auch *Voit* in Prölss/Martin VVG § 213 Rn. 25.
[94] *Müller* ZEV 2014, 401 (402); *Müller-Christmann* in BeckOK BGB BGB § 1922 Rn. 46.
[95] *Britz* VersR 2015, 410 (416).
[96] *Rixecker* in Langheid/Rixecker VVG § 213 Rn. 8.
[97] Vgl. *Britz* VersR 2015, 410 (416).
[98] *Weichert* NJW 2017 1463 (1467).
[99] OLG Frankfurt a.M. VersR 1999, 523; *Rixecker* in Langheid/Rixecker VVG § 213 Rn. 4.
[100] Vgl. *Muschner* in HK-VVG § 213 Rn. 11.
[101] Vgl. *Muschner* in HK-VVG § 213 Rn. 11.
[102] *Knappmann* NVersZ 1999, 511.
[103] *Muschner* in HK-VVG § 213 Rn. 11; aA OLG Karlsruhe VersR 2015, 211.

und möglicher berufsrechtlicher Konsequenzen zu **kaum zumutbaren Auslegungsschwierigkeiten,** da sich der mutmaßliche Wille meist nicht zweifelsfrei wird feststellen lassen. Diese Lösung droht daher, in der Praxis regelmäßig ins Leere laufen. In diesem Falle müssen Erben dann auf ihr **Recht auf Akteneinsicht** zurückgreifen können, um die Durchsetzung ihrer vermögensrechtlichen Interessen zu ermöglichen.[104] Dies ergibt sich aus der Heranziehung der gesetzgeberischen Wertung des **§ 630g Abs. 3 S. 3 BGB.**[105] Ob dabei wiederum die Vorgaben des § 213 einzuhalten sind, bedarf noch der Klärung.[106] Vieles dürfte dafür sprechen, auch hier ausgehend vom fehlenden Schutzzweck gegenüber den Daten Verstorbener, den Anwendungsbereich des **§ 213 eher restriktiv** auszulegen.

Dagegen wirkt die **ärztliche Schweigepflicht** über den Tod des Betroffenen hinaus, auch im Verhältnis zu nahen Angehörigen des Verstorbenen.[107] Mitteilungen, die der Schweigepflicht unterliegen, bedürfen damit nach wie vor einer Rechtfertigung, also grds. der Einwilligung. Diese kann nur vom Verfügungsberechtigten erteilt werden, also dem Patienten, der sich dem Arzt anvertraut hat, nicht aber von einem Dritten.[108] Weil es sich um eine **höchstpersönliche Bindung** handelt, wird diese nicht durch den Tod des Patienten beendet.[109] Die Verfügungsberechtigung geht insbesondere nicht auf die Erben über.[110] Selbst die Gesamtheit der Erben kann eine fehlende Einwilligung nicht ersetzen, die der Patient nach seinem Ableben nicht mehr erteilen kann. Es kommt also zunächst darauf an, ob der Betroffene zu Lebzeiten eine wirksame Einwilligung erteilt hat. Diese wirkt dann grundsätzlich über den Tod hinaus.[111] Eine Rechtfertigung iSd § 203 StGB kann aber nach Lage des Einzelfalls auch bei **mutmaßlicher Einwilligung** gegeben sein, wenn jede – auch konkludente – Erklärung des Betroffenen fehlt oder wegen Versterbens unmöglich ist.[112]

Es gibt keinen allgemeinen Erfahrungssatz, dass Versicherungsnehmer auch für den Fall ihres Ablebens durch Erteilung einer Schweigepflichtentbindung eine Leistungsprüfung zugunsten Dritter ermöglichen wollen.[113] Es kommt vielmehr auf den konkreten Einzelfall an, bei dem zumindest eine **Andeutung im vorangegangenen Verhalten** des Versicherungsnehmers vorliegen muss, um eine derartige Entbindung annehmen zu können. Hier kann der **mutmaßliche Wille** des Verstorbenen grundsätzlich auch dahin gehen, die Tatsachen aufdecken zu lassen, die zur Durchsetzung der Versicherungsforderung erforderlich sind, so dass sein Geheimhaltungsinteresse insoweit erlischt.[114] Eine Grenze wird dort zu ziehen sein, wo der Wille des verstorbenen Patienten durch den Willen eines Dritten ersetzt wird. Ein bloß „wohlverstandenes Interesse" des Verstorbenen dürfte ohne weitere konkrete Anhaltspunkte nicht ausreichen.[115] Es muss vielmehr die Überzeugung bestehen, dass der Verstorbene vor den potentiellen Verwendern der Daten keine Geheimnisse hätte haben wollen.[116] Allerdings wird dies in der Praxis der zur Verschwiegenheit verpflichteten Stelle regelmäßig nicht ausreichen, um sich ausreichend legitimiert zu sehen.

Fehlt es an jeglicher Willensäußerung des Verstorbenen können auch Dritte ein evidentes Interesse daran haben, die Datenquellen zur Auskunft zu verpflichten, zB als potentielle Erben einer Lebensversicherungssumme nach einem vermeintlichen Suizid.[117] Hier kann erwogen werden, dass die Hinterbliebenen im Wege der **Erbfolge** einen die Schweigepflicht überwindenden **Auskunftsanspruch** erlangt haben.[118]

III. Datenerhebung

Erheben ist gemäß **§ 46 Nr. 2 BDSG iVm Art. 4 Nr. 2 DS-GVO** als Unterfall der Datenverarbeitung zu verstehen.[119] Die ursprüngliche Aufteilung des BDSG aF (Erheben, Verarbeiten, Nutzen)

---

[104] Vgl. *Katzenmeier* in BeckOK BGB § 630g Rn. 16; *Wagner* in MüKo BGB § 630g Rn. 32.
[105] AA *Rixecker* in Langheid/Rixecker VVG § 213 Rn. 5.
[106] Vgl. hierzu auch bejahend: OLG Düsseldorf NJW-RR 2018, 214 (217 f.).
[107] BGHZ 91, 392 ff.; vgl. auch: *Rixecker* in Langheid/Rixecker VVG § 213 Rn. 4.
[108] *Kargl* in NK-StGB § 203 Rn. 54; OLG Naumburg NJW 2005, 2017 (2018).
[109] RGSt 71, 21.
[110] RGSt 71, 21; für eine „in gewissem Umfang bestehende Übergangsfähigkeit": BGH NJW 1983, 2627.
[111] BGHZ 91, 392.
[112] BGHZ 91, 392 (399); BGH VersR 2013, 648 ff.; offengelassen bei: OLG Saarbrücken VersR 2009, 1479.
[113] AA offenbar *Britz* S. 172: „tatsächliche Vermutung dafür, dass der Betroffene eine entsprechende Erklärung erteilt hätte".
[114] Vgl. BGH VersR 2013, 648; OLG Naumburg VersR 2005, 2017.
[115] *Muschner* in HK-VVG § 213 Rn. 11.
[116] BGH NJW 1983, 2627.
[117] *Britz* S. 161.
[118] *Rixecker* in Langheid/Rixecker VVG § 213 Rn. 7.
[119] *Schild* in BeckOK DatenschutzR DS-GVO Art. 4 Rn. 29.

existiert somit nicht mehr.[120] Unter Erheben versteht man das Beschaffen personenbezogener Daten des Betroffenen.[121] Die Datenerhebung stellt die Vorphase der Datenverarbeitung dar. Damit besitzt die Vorschrift unabhängig davon Bedeutung, ob die erhobenen Daten zu einem späteren Zeitpunkt anonymisiert und damit dem Regelungsbereich datenschutzrechtlicher Bestimmungen entzogen werden. Das Auslesen von bereits beim Versicherer vorhandenen Daten wird von § 213 hingegen nicht erfasst. Der Versicherungsnehmer ist in diesen Fällen jedoch nicht schutzlos gestellt, da die Normen der DS-GVO und des BDSG Anwendung finden.[122]

53 Die **Datenerhebung bei geschädigten Dritten oder Anspruchsgegnern** des Versicherungsnehmers in der Haftpflicht-, Sach- oder Rechtsschutzversicherung unterfällt nicht dem Regelungsbereich der Norm. Für den geschädigten Dritten verbleibt es bei den Regelungen des allgemeinen Datenschutzrechts und seines informationellen Selbstbestimmungsrechts in der Ausprägung des BVerfG-Beschlusses vom 23.10.2006.[123]

54 Erhebliche Praxisrelevanz besitzen Datenprozesse **innerhalb von Konzernen** sowie zwischen Versicherern und externen Vertragspartnern, insbesondere **Assisteuren.**[124] Letztere werden beispielsweise zum Zwecke der medizinischen Risikoprüfung, zur Prüfung des Leistungsanspruchs oder zur Durchführung von Assistanceleistungen etwa im Unfall- oder Pflegeversicherungsbereichs eingeschaltet. Gelingt im Hinblick auf diese Datenquellen weder die Subsumtion unter den Numerus Clausus der Datenquellen noch die Darstellung eines Auftragsdatenverarbeitungsverhältnisses, ist hier die Erhebung der Gesundheitsdaten verwehrt.

55 Erlangt der Versicherer die Gesundheitsdaten von einem **Auftragsdatenverarbeiter** gemäß § 46 Nr. 8 BDSG iVm Art. 28, 29 DS-GVO, ist dies keine Datenerhebung.[125] Der Versicherer bleibt die allein datenschutzrechtlich verantwortliche Stelle. Eine Einwilligung des Betroffenen ist nicht erforderlich, da Auftragsdatenverarbeiter wie unternehmensinterne Organisationseinheiten bloßes Internum des erhebenden Versicherers sind. Allerdings stellt das BDSG in § 62 BDSG strenge Anforderungen an das Vorliegen eines Auftragsdatenverhältnisses. Hierzu bedarf es eines schriftlichen Auftragsdatenverarbeitungsvertrags mit umfassenden Weisungsrechten für den Versicherer.[126]

56 Nur **zielgerichtetes Beschaffen** der Daten erfüllt den Tatbestand der Erhebung. So dürfte es für ein Erheben iSd Vorschrift stets ausreichen, wenn der Versicherer zumindest sein Interesse an Daten oder Daten einer bestimmten Art geäußert hat.[127] Dieses aktive und subjektive Element fehlt aber, wenn Daten einer Stelle **ohne eigenes Zutun zuwachsen.**[128] Zufällig erlangte oder aufgedrängte Daten werden von vornherein nicht erhoben und unterfallen nicht der Anwendung dieser Norm. Das Gleiche gilt, wenn Daten aus bereits vorliegenden Unterlagen zusammengestellt werden. Auch diese Daten werden nicht erhoben.[129] Auch das bloße Bereitstellen elektronischer Empfangsvorrichtungen, zB im Internet, stellt, selbst wenn diese zur Übermittlung von Gesundheitsdaten genutzt werden, keine Erhebung dar, solange der Versicherer die Nutzer dort nicht explizit zur Preisgabe der Daten aufgefordert hat.[130]

57 Erfolgt die Datenlieferung in Erfüllung einer zuvor getroffenen vertraglichen oder sonstigen Absprache, handelt es sich um „beschaffte" Daten und mithin um eine Erhebung.[131] § 213 kommt voll zur Anwendung. Unerheblich für die Erhebung ist es, ob die beschaffte Information tatsächlich zur Kenntnis genommen wird. Die bloße **Möglichkeit zur Kenntnisnahme** reicht aus. Die Erhebung ist erfolgt, wenn eine für die erhebende Stelle handelnde Person Verfügungsmacht über die Daten begründet hat.

58 § 213 schränkt den Versicherungsnehmer nicht in seinem **Recht der Selbstbeschaffung** ein.[132] Entscheidet sich der Versicherungsnehmer zur Selbstbeschaffung der Daten, so trifft ihn bei entsprechender Aufforderung des Versicherers eine **Weiterleitungsobliegenheit.** Bei einer solchen Aufforderung hat der Versicherer nach dem das allgemeine Persönlichkeitsrecht wahrenden gestuften Verfahren vorzugehen.[133]

---

[120] *Schild* in BeckOK DatenschutzR DS-GVO Art. 4 Rn. 30.
[121] *Ernst* in Paal/Pauly DS-GVO Art. 4 Rn. 23.
[122] *Spuhl* in BeckOK VVG VVG § 213 Rn. 9.
[123] BVerfG VersR 2006, 1669 ff., 34 ff. mAnm *Rixecker.*
[124] Vgl. auch: *Rixecker* in Langheid/Rixecker VVG § 213 Rn. 10.
[125] Ob Auftragsdatenverarbeiter Dritte zB iSd § 203 StGB sind, ist umstritten; vgl. hierzu: *Felixberger* Datenschutz-Berater 2013, 160.
[126] Vgl. hierzu: *Paschke/Scheurer* in Gola/Heckmann BDSG § 62 Rn. 1 ff.
[127] Vgl.: *Simitis*, BDSG, 7. Aufl. 2011, § 3 Rn. 104.
[128] *Spuhl* in BeckOK VVG § 213 Rn. 8; *Voit* in Prölss/Martin VVG § 213 Rn. 14.
[129] *Eichelberg* in Looschelders/Pohlmann VVG § 213 Rn. 5.
[130] *Simitis*, BDSG, 7. Aufl. 2011, § 3 Rn. 104.
[131] So auch: *Voit* in Prölss/Martin VVG § 213 Rn. 14.
[132] *Spuhl* in BeckOK VVG § 213 Rn. 62.
[133] OLG Hamm r +s 2019, 102 (104).

IV. Datenquellen

Als zulässige **Datenerhebungsquellen** dürfen vom Versicherer nur Ärzte, Krankenhäuser und 59 sonstige Krankenanstalten, Pflegeheime und Pflegepersonen, andere Personenversicherer, gesetzliche Krankenkassen sowie Berufsgenossenschaften und Behörden angesehen werden. Die Formulierung „nur" spricht dafür, dass die Aufzählung abschließend ist. Ein Numerus clausus der Datenquellen wirft indes erhebliche Praxisprobleme auf, soweit die Vorschrift hierüber hinausgehende Gesundheitsdatenquellen ausschließt. In diesen Fällen käme dann nur noch eine Erhebung beim Betroffenen selbst in Betracht, die aber aufgrund fehlender Objektivität nicht immer den berechtigten, nochmals ausdrücklich vom BVerfG in seinem Beschluss vom 17.7.2013 anerkannten[134] **Nachprüfungsinteressen der Versicherer** entsprechen muss. Will man hier für den Versicherungsnehmer nachteilige zukünftige Entwicklungen beim Versicherungsumfang und der Prämiengestaltung vermeiden, muss über eine erweiternde Auslegung nachgedacht werden.[135]

Abweichende Vereinbarungen über weitere, in § 213 nicht enthaltene Datenquellen sind nur möglich, 60 soweit die Vorschrift dispositives und nicht **zwingendes Recht** darstellt. Daran bestehen jedoch Zweifel. Grundsätzlich sind zwingende Normen und halbzwingende Normen des VVG als solche bezeichnet, was bei § 213 gerade nicht der Fall ist. So wird in § 215 Abs. 3 als einer anderen Schlussvorschrift ausdrücklich eine Abweichungsmöglichkeit geregelt. Dies könnte dafür sprechen, dass der Gesetzgeber die Schlussvorschriften im Übrigen generell für zwingend hält.[136] Auch der Regelungsgehalt des § 213, der sachlich eine datenschutzrechtliche Spezialregelung für das Versicherungsverhältnis darstellt, spricht dafür, dass es sich um zwingendes Recht handelt. Jedenfalls dürfte die Beschränkung der Gesundheitsdatenquellen für Versicherer zu den wesentlichen Grundgedanken der gesetzlichen Regelung gehören. Eine Abweichung in AGB wird regelmäßig an § 307 Abs. 2 Nr. 1 BGB zu messen sein. Praktisch dürfte damit nach dem reinen Wortlaut der Vorschrift eine Gesundheitsdatenerhebung bei anderen als den unter § 213 Abs. 1 subsumierbaren Dritten nicht möglich sein. Welche Datenquellen unter die genannten Dritten subsumierbar sind, vermag angesichts der offensichtlich planwidrig engen Aufzählung potentieller Erhebungsquellen nur die Auslegung ergeben.[137]

Bereits eine Beschränkung auf den Heilberuf des Arztes würde der Praxis erhebliche Probleme 61 bereiten. In der bislang verwendeten Schweigepflichtentbindungserklärung in der Lebens- und Krankenversicherung[138] wurden wegen der großen praktischen Bedeutung sogar **„Angehörige anderer Heilberufe"**, zB Physiotherapeuten, Psychotherapeuten und Heilpraktiker, als Dritte benannt. Diese greift § 213 Abs. 1 nicht ausdrücklich auf, obwohl die ursprüngliche Regierungsfassung des § 213 noch eine Gesundheitsdatenerhebung bei allen Heilberuflern und Berufspsychologen vorsah.[139]

Die Abkehr von dieser Formulierung führt angesichts des zwingenden Charakters der Vorschrift 62 zu erheblichen Auslegungsfragen. Sie ist nicht auf die Entscheidung des BVerfG zurück zu führen,[140] sondern steht **im Widerspruch zu dem** in den Gesetzgebungsmaterialien formulierten **gesetzgeberischen Willen**, die bislang „gängige" Erhebungspraxis auch im Rahmen der Vorschrift weiter zu erhalten.[141] Dem Gesetzgeber ging es deshalb ausdrücklich nicht um die Verschließung praxisrelevanter „gängiger" Datenquellen, sondern ausschließlich um die Bewusstseinsmachung des Erhebungsprozesses beim Betroffenen nach Maßgabe der verfassungsgerichtlichen Vorgaben.

Daher ist diese eindeutig unbeabsichtigte Gesetzeslücke durch **ergänzende Auslegung** des 63 § 213 auch auf die Datenerhebung bei Angehörigen anderer **Heilberufe insgesamt** zu schließen,[142] weil auch insoweit ein „gängiger" Bedarf für die Datenerhebung und für den Betroffenen eine identische Interessenlage besteht,[143] und zwar unabhängig davon, ob der jeweilige Heilberuf ähnlich dem Arztberuf besonderen rechtlichen Rahmenbedingungen unterliegt. Gesundheitsdatenerhebungen zB bei Hebammen und Heilpraktikern sowie Psychologen und Heilberuflern bleiben unter den weiteren Voraussetzungen des § 213 zulässig.[144]

---

[134] BVerfG VersR 2013, 1425 Rn. 22 = NJW 2013, 3086 ff. = JZ 2013, 1156 ff. mAnm *Armbrüster*.
[135] AA *Voit* in Prölss/Martin VVG § 213 Rn. 16, 20: Erweiterung durch „Extension" der Vorschrift.
[136] *Kaldenbach* S. 206.
[137] So im Ergebnis auch: *Rixecker* in Römer/Langheid, VVG § 213 Rn. 11; *Britz*, S. 111; aA *Voit* in Prölss/Martin VVG § 213 Rn. 20: Lösung über „Extension" der Norm.
[138] VerBAV 1989, 345 (346).
[139] RegE v. 13.10.2006, BT-Drs. 16/3945, 40.
[140] So auch: *Klär* in Schwintowski/Brömmelmeyer/Ebers VVG § 213 Rn. 4.
[141] BT-Drs. 16/5862, 135.
[142] So auch: *Marlow/Spuhl* S. 293; *Rixecker* in Langheid/Rixecker VVG § 213 Rn. 11; *Eichelberg* in Looschelders/Pohlmann VVG § 213 Rn. 5; aA *Klär* in Schwintowski/Brömmelmeyer/Ebers VVG § 213 Rn. 12.
[143] *Wendt* in Staudinger/Halm VVG § 213 Rn. 9.
[144] Vgl. hierzu auch: *Rixecker* in Beckmann/Matusche-Beckmann VersR-HdB § 46 Rn. 184 dort zu sog. Rehabilitationsdiensten; aA *Britz* S. 103 ff., 121.

64 Dieser in der Literatur mittlerweile ganz überwiegenden Ansicht wird neuerdings, allerdings im Ergebnis nicht überzeugend, entgegengetreten.[145] So sei eine Analogiefähigkeit von „psychologischen Psychotherapeuten" und Physiotherapeuten zwar anzuerkennen. Diese Grundsätze seien indes auf **alternativmedizinische Heilberufe** nicht zu übertragen, insbesondere offenbar wegen fehlender vergleichbarer Ausbildungsqualifikationen. Diese Ansicht verkennt jedoch, dass es für die „Qualifikation" als Datenquelle auf deren Ausbildungsniveau nicht ankommen kann, und kommt zu in der Praxis **kaum vermittelbaren Wertungsunterschieden.** Im Unterschied zu den Wertungen des § 203 StGB, dessen Anwendungsbereich sich auf die Rechtsstellung des Geheimnisträgers beschränkt, wird in § 213 allein der Schutz des informationellen Selbstbestimmungsrechts des Betroffenen bezweckt. Diesem steht es frei, fallrelevante Daten auch im Alternativmedizinbereich mit der Folge zu erzeugen, dass der Versicherer auch dort Gesundheitsdaten erheben können muss. Es ist weder mit dem Wortlaut, den Gesetzesmaterialien noch Sinn und Zweck der Norm zu begründen, dass diese vom Betroffenen getroffene Behandlungsentscheidung dann – für diese Berufsstände geradezu **diskriminierend**- zu einer Nichtbearbeitbarkeit des Versicherungsfalles führt. Im Gegenteil: Die **Interessenlage** des Betroffenen und Datenerhebenden ist in diesen Fällen **völlig identisch** mit der bei den ausdrücklich genannten Quellen.[146]

65 Was der Gesetzgeber unter der Erhebung bei **„anderen Personenversicherern"** versteht, bleibt ebenfalls auslegungsbedürftig. Eine Legaldefinition des Personenversicherers existiert nicht. Bedeutsam ist dies, weil Gesundheitsdaten auch im Bereich der Regulierung von Haftpflicht- oder Kfz-Haftpflichtschäden, etwa bei der Regulierung von Personenschäden eine große Rolle spielen, obwohl sie nach allgemeinem Sprachgebrauch nicht zu den „Personenversicherern" zu zählen scheinen. Schadenversicherer kommen bei Personenschäden gar nicht umhin, Gesundheitsdaten zu erheben, um den Schadenfall regulieren bzw. bearbeiten zu können. In der Regel müssen diese Gesundheitsdaten auch bei den Versicherern des Schädigers, also anderen Schadenversicherern erhoben werden.

66 Die Unterscheidung von Summen- und Sachversicherung hilft hier nicht weiter, da sie zu keinen widerspruchsfreien Ergebnissen führt. § 1 Abs. 1 S. 2 aF legt nahe, dass zu den Personenversicherern jedenfalls die Lebensversicherung und die Unfallversicherung sowie jede Summenversicherung und damit auch die Krankenversicherung zählen. Auch die Entwurfsfassung, die eine Gesundheitsdatenerhebung nur bei den in § 203 Abs. 1 Nr. 6 StGB genannten Kranken-, Unfall- und Lebensversicherungen vorsah, könnte dafürsprechen, dass nur diese als Personenversicherung gelten. Andererseits ist nicht ersichtlich, warum bei einem Krankenversicherer, welcher nur Schadenversicherungen anbietet, eine Gesundheitsdatenerhebung nicht zulässig sein sollte, wenn eine Gesundheitsdatenerhebung bei einem Krankenversicherer, welcher Summenversicherungen anbietet, zulässig ist. Schließlich ein Haftpflichtversicherer auch die Unfallversicherung betreibt, ist er im Übrigen auch Unfallversicherer, so dass auch unter diesem Gesichtspunkt eine Gesundheitsdatenerhebung möglich erscheint.

67 Die Antwort auf die Frage, was unter einem Personenversicherer zu verstehen ist, muss also aus der Norm selbst heraus beantwortet werden. Im Rahmen der **grammatikalischen Auslegung** macht die Formulierung „Erhebung durch den Versicherer bei anderen Personenversicherern" und dabei insbesondere die Formulierung „andere" nur Sinn, wenn darin eine spiegelbildliche Beschreibung des erhebenden Versicherers gesehen wird. Das heißt, dass jeder Versicherer, der zulässigerweise Gesundheitsdaten bei Dritten erhebt, zugleich potentielle Datenquelle für eine Erhebung von Gesundheitsdaten sein muss. Dass die Norm nicht auf Lebens-, Kranken- und Unfallversicherer beschränkt ist, ergibt sich also schon aus ihrem Wortlaut. Ebenso spricht der **Standort im Gesetz** (Schlussvorschriften) dafür, dass alle vom VVG betroffenen Versicherer erfasst sind. Auch die Gesetzesbegründung (*„insbesondere* die privaten Krankenversicherer"; *„anderen Versicherern")* spricht nicht für eine einschränkende Auslegung des Begriffs.[147] Vielmehr sollte die „bislang gängige Praxis" bei der Erhebung von personenbezogenen Gesundheitsdaten aufrechterhalten werden.[148] Schließlich spricht auch die **systematische Stellung** des § 213 unter den Schlussvorschriften dafür, dass die Norm keinen speziellen Sparten zugeordnet ist.[149] Materiell ist damit auf das versicherte Interesse abzustellen, das sich bei einer Haftpflichtversicherung somit ebenso wie zB bei der Krankenversicherung auf den Personenschaden erstrecken kann. Personenversicherer im Sinne der Norm sind damit **alle Versicherer, die berechtigt mit personenbezogenen Gesundheitsdaten umgehen.**[150]

---

[145] *Britz* S. 119 ff.
[146] *Rixecker* in Langheid/Rixecker VVG § 213 Rn. 11; *Wendt* in Staudinger/Halm/Wendt VVG § 213 Rn. 9.
[147] Begr. RegE, BT-Drucks. 16/3945, 116 f.
[148] BT-Drs. 16/5862, 100 zu § 213.
[149] *Voit* in Prölss/Martin VVG § 213 Rn. 9; *Wendt* in Staudinger/Halm/Wendt VVG § 213 Rn. 6.
[150] Dem im Ergebnis bei teilweise abweichender Begründung folgend die wohl überwiegende Ansicht in der Literatur: *Voit* in Prölss/Martin VVG § 213 Rn. 20; *Britz* S. 122 f.; aA *Klär* in Schwintowski/Brömmelmeyer/ Ebers VVG § 213 Rn. 12; *Eichelberg* in Looschelders/Pohlmann VVG § 213 Rn. 5.

Der Begriff der **Pflegepersonen** ist nicht auf den in § 19 SGB XI definierten Personenkreis 68 beschränkt. Gemäß § 19 SGB XI sind Pflegepersonen nur Personen, die nicht erwerbsmäßig einen Pflegebedürftigen pflegen. Da aber gemäß § 71 SGB XI Pflegeleistungen nicht nur durch Pflegeheime (stationäre Pflegeeinrichtungen), sondern auch Pflegedienste (ambulante Pflegeeinrichtungen) erfolgen, die idR wegen ihrer Erwerbsmäßigkeit keine Pflegepersonen in Sinne des SGB XI sind, hätte eine derart enge Auslegung die Konsequenz, dass ambulante und stationäre Pflegeeinrichtungen willkürlich unterschiedlich behandelt würden. Der Begriff der Pflegeperson iSv § 213 Abs. 1 ist daher weiter gefasst als in § 19 SGB XI.[151]

Die Erhebung von Gesundheitsdaten bei einem **Rechtsanwalt** sieht § 213 zwar nicht vor. 69 Dennoch ist ein Schriftwechsel zwischen dem Rechtsanwalt des Betroffenen und dem erhebenden Lebens-, Unfall,- Kranken- oder auch **Rechtsschutzversicherer** zulässig. Soweit bei der Prüfung geltend gemachter Ansprüche oder auch im Falle der Rechtsschutzversicherung der Prüfung der Erfolgsaussichten einer Rechtsstreitigkeit Gesundheitsdaten erhoben werden, wird dies durch die bestehende **Schweigepflichtentbindung des geheimnistragenden Rechtsanwalts** reguliert. Er ist als Organ der Rechtspflege damit noch weit strenger als nach § 62 BDSG an die Vorgaben des Betroffenen gebunden. Der vom Betroffenen mandatierte Rechtsanwalt ist insoweit weder Dritter iSv § 213, noch Art. 4 Nr. 10 DS-GVO, sondern gleich einem Auftragsdatenverarbeiter gemäß § 62 BDSG iVm Art. 28 DS-GVO zu qualifizieren. Denn der Rechtsanwalt ist nicht nur gemäß §§ 675, 665 BGB weisungsgebunden, sondern gemäß § 43a Abs. 2 1 BRAO gesetzlich zur Verschwiegenheit verpflichtet, was auch strafrechtlich sanktioniert ist, vgl. § 203 Abs. 1 Nr. 3 StGB. Damit erfolgt rechtlich betrachtet die Gesundheitsdatenerhebung **nicht bei einem Dritten**, sondern beim Betroffenen selbst. Hat der Versicherungsnehmer als Mandant Daten in den von ihm beauftragten Rechtsanwalt weitergegeben, so kann dieser die Daten auch im Rahmen des bestehenden Mandatsverhältnisses ohne weitere Einwilligung an den Rechtschutzversicherer weitergeben. Denn die Schweigepflichtenbindung wird sich regelmäßig auf alle Handlungen zur Durchsetzung der mandatierten geltend gemachten Ansprüche erstrecken.

Ob **Reha-Einrichtungen** zu den sonstigen Krankenanstalten des § 213 Abs. 1 gezählt werden 70 können, hängt von den konkret wahrgenommenen Aufgaben der Einrichtung ab.[152] Dem üblichen Sprachgebrauch und § 107 SGB V entsprechend liegt ein Krankenhaus bzw. eine Krankenanstalt nur vor, wenn dort Patienten untergebracht und verpflegt werden können. Bietet dies der Reha-Dienst nicht an – wie dies bei Reha-Managements häufig der Fall sein dürfte – kommt eine Qualifikation als Krankenhaus oder Krankenanstalt nicht in Betracht. Hier verbleibt die Möglichkeit des Versicherers, beim Betroffenen selbst zu erheben.

Gesetzliche Pflegekassen sind als gesetzliche Krankenkassen iSd Vorschrift anzusehen. Träger 71 der gesetzlichen Pflegeversicherung sind die gesetzlichen Krankenkassen. Eine Unterscheidung, ob die gesetzliche Krankenkasse gerade in dieser Funktion oder in ihrer Funktion als gesetzliche Pflegeversicherung befragt wird, sieht § 213 nicht vor.

Die Datenerhebung darf zudem bei **Behörden** erfolgen. Der Begriff der Behörde ist im Sinne 72 des § 1 Abs. 4 VwVfG zu verstehen.[153] In der Praxis sind insbesondere bei Auslandsschäden Botschaftsanfragen unentbehrlich. **Botschaften** dürften insoweit als Behörden zu qualifizieren sein; eine Gesundheitsdatenerhebung wird aber nur im Rahmen der Zuständigkeit der jeweiligen Behörde erfolgen können.

Die Erhebung von Gesundheitsdaten bei **Angehörigen** ist in § 213 nicht vorgesehen, so dass 73 vor dem Tod des Betroffenen – zum Beispiel im Pflegefalle – bei ihm Gesundheitsdaten nur im Rahmen zulässiger Personensorge erhoben werden dürfen.

Ärzte, die durch den Versicherer nach **§ 9 Abs. 3 MB/KK 2009** zur Untersuchung des Versiche- 74 rungsnehmers initiiert wurden, sind **keine Dritten iSd § 213.** Dritter im Sinne von Art. 4 Nr. 10 DS-GVO ist jede natürliche oder juristische Person, die außerhalb der verantwortlichen Stelle steht.[154] Ein nach § 9 Abs. 3 MB/KK 2009 handelnder Arzt hat die Aufgabe, den Versicherungsnehmer nach den Weisungen des Versicherers ärztlich zu begutachten und die so gewonnenen Gesundheitsdaten an den Versicherer weiterzuleiten.[155] Der von der Versicherung nach § 9 Abs. 3 MB/KK 2009 beauftragte Arzt erhebt die Daten jedoch nicht für sich, sondern für den Versicherer, quasi als deren verlängerter Arm.[156] Die Erhebung erfolgt damit regelmäßig als **Auftragsdatenverarbeiter,** wenn eine wirksame

---

[151] So auch: *Voit* in Prölss/Martin VVG § 213 Rn. 17.
[152] Vgl. *Rixecker* in Beckmann/Matusche-Beckmann VersR-HdB § 46 Rn. 184.
[153] *Eichelberg* in Looschelders/Pohlmann VVG § 213 Rn. 5; *Wendt* in Staudinger/Halm/Wendt VVG § 213 Rn. 11.
[154] *Schild* in BeckOK DatenschutzR DS-GVO Art. 4 Rn. 109.
[155] BGH r+s 2016, 472 (475).
[156] BGH r+s 2016, 472 (475); *Spuhl* in BeckOK VVG VVG § 213 Rn. 18.

Auftragsdatenverarbeitung iSd § 62 BDSG vorliegt. Eine analoge Anwendung des § 213 in dieser Konstellation hat der BGH richtigerweise abgelehnt. Mit Einführung des § 213 sollte verhindert werden, dass der Versicherer sich bei Vertragsschluss eine pauschale Schweigepflichtentbindungserklärung erteilen lässt, ohne dass der Versicherungsnehmer weiß, wann davon Gebrauch gemacht wird und bei welchen Datenquellen welche bereits vorhandenen Patientendaten angefordert werden.[157] Durch die Untersuchung des Versicherungsnehmers durch einen vom Versicherer beauftragten Arzt werden Gesundheitsdaten jedoch erstmals – für den Versicherungsnehmer klar erkennbar – erhoben. Es fehlt somit schon an einer vergleichbaren Interessenlage.

75 Vereinzelt werden **Bedenken an der Verfassungsmäßigkeit der Norm**[158] vorgetragen, die allerdings im Ergebnis nicht überzeugen.[159] Diese werden daraus gefolgert, dass § 213 keine erweiterte Auslegung zulasse und die restriktive Aufzählung der Datenquellen damit sowohl Rechte der Versicherer auf unbeschränkte Risikoprüfung iSd Art. 12 Abs. 1 GG „Berufsausübung" als auch das informationelle Selbstbestimmungsrecht des Betroffenen verletze, der selbst entscheiden können müsse, welchen Lebenssachverhalt er zur Rechtfertigung des Leistungsanspruchs aufdecke. Aufgrund der restriktiven Formulierung der Norm komme jedoch eine verfassungskonforme Auslegung nicht in Betracht.[160]

76 Richtig ist, dass eine fehlende Auslegungsmöglichkeit in der Tat zu einem Regelungsgehalt führen würde, der verfassungsrechtlich bedenklich wäre. Denn es ist mit dem Recht der freien Berufsausübung nicht zu vereinbaren, eine notwendige Risiko- oder Leistungspflichtüberprüfung ohne sachlichen Grund von vornherein einzuschränken. Spiegelbildlich muss es dem Betroffenen überlassen bleiben, welche Datenquelle er zwecks Sachaufklärung bereitstellt. Es wird jedoch verkannt, dass die Norm aufgrund des eindeutigen gesetzgeberischen Willens trotz des vermeintlich restriktiven Wortlauts **der Auslegung zugänglich** bleibt. Die Grenze verfassungskonformer Auslegung ist nämlich erst dort zu sehen, wo weder Wortlaut noch der eindeutig erkennbare Wille des Gesetzgebers Spielräume zulassen.[161] Hier bestehen aber nach dem Gesagten keine Zweifel an dem eindeutig zum Ausdruck gebrachten, aber im Wortlaut der Vorschrift nur unvollkommen zum Ausdruck gebrachten gesetzgeberischen Willen, so dass die Norm der Auslegung zugänglich bleibt.[162] Zudem kann dem informationellen Selbstbestimmungsrecht auch außerhalb des Anwendungsbereichs des § 213 über die zivilrechtlichen Generalklauseln Bedeutung zukommen.[163]

V. Erforderlichkeit der Datenerhebung

77 Die Erhebung personenbezogener Gesundheitsdaten bei Dritten ist nur zulässig, soweit die Kenntnis der Daten für die Beurteilung des zu versichernden Risikos oder der Leistungspflicht **erforderlich** ist. Das entspricht dem in § 71 Abs. 1 BDSG und Art. 5 Abs. 1 lit. c, 25 DS-GVO normierten **Grundsatz der Datensparsamkeit bzw. Datenminimierung**.[164] Die Entscheidung darüber trifft – zunächst – der Versicherer.[165] Die Gegenmeinung, wonach § 213 unabhängig von den vom Versicherer gesehenen Erforderlichkeiten einen objektiven Maßstab enthalte,[166] überzeugt nicht, führt aber im Ergebnis zu keinen Wertungsunterschieden. Letztlich muss nach beiden Ansichten eine **ex ante Betrachtung** ergeben, dass die Kenntnis der abgefragten Daten bei objektiver Betrachtung zur Beurteilung der Leistungspflicht erforderlich war.[167] Der Versicherer kann schon im Rahmen des § 31 all diejenigen Auskünfte verlangen, die er nach dem Eintritt des Versicherungsfalles für notwendig hält, und ist insoweit nicht auf das objektiv unbedingt Notwendige beschränkt.[168] Dies gilt jedenfalls solange, wie die Auskunftsverlangen überhaupt für Grund oder Umfang seiner

---

[157] BGH r+s 2016, 472 (476); aA *Marlow/Tschersich* r + s 2009, 441 (453).
[158] *Klär* in Schwintowski/Brömmelmeyer/Ebers VVG § 213 Rn. 4.
[159] S. nachstehend → Rn. 76.
[160] *Klär* in Schwintowski/Brömmelmeyer/Ebers VVG § 213 Rn. 4.
[161] BVerfGE 8, 28 (34); BVerfGE 8, 210 (220); BVerfGE 18, 97 (111).
[162] Daher ist eine Extension der Vorschrift nicht erforderlich; so aber *Voit* in Prölss/Martin VVG § 213 Rn. 20.
[163] *Görtz* r+s 2017, 621 (622).
[164] *Spuhl* in BeckOK VVG § 213 Rn. 2.
[165] BGH r+s 2006, 185 (186); OLG Saarbrücken VersR 2013, 1157 (1161); *Rixecker* in Langheid/Rixecker VVG § 213 Rn. 12: „Einschätzungsprärogativ" des Versicherers; aA *Klär* in Schwintowski/Brömmelmeyer/Ebers VVG § 213 Rn. 22; *Voit* in Prölss/Martin VVG § 213 Rn. 26: „objektiver Maßstab"; gänzlich gegen die Berechtigung des Versicherers, vorvertragliche Daten zur Überprüfung heranzuziehen: *Egger* VersR 2012, 810 ff.
[166] So wohl *Voit* in Prölss/Martin VVG § 213 Rn. 26.
[167] *Wohltat* r+s 2019 549 (556); *Eichelberg* in Looschelders/Pohlmann VVG § 213 Rn. 7.
[168] *Armbrüster* in Prölss/Martin VVG § 31 Rn. 7 mit umfassenden Nachweisen.

Leistungspflicht bedeutsam sein können.[169] Es kann also genügen, dass die vom Betroffenen geforderten Angaben **zur Einschätzung des subjektiven Risikos** iSd §§ 19, 31 überhaupt **dienlich** sein können.[170] Denn es ist grundsätzlich Sache des Versicherers zu entscheiden, welche Angaben er zur Ermittlung des Sachverhalts für erforderlich hält, um seine Entscheidung über die Leistungspflicht auf ausreichender und gesicherter Tatsachengrundlage treffen zu können.[171] Dagegen kommt es nicht darauf an, ob sich die Angaben nach dem Ergebnis der Prüfung als für die Frage der Leistungspflicht tatsächlich wesentlich erweisen.[172]

Das **Prüfungsinteresse des Versicherers** im Leistungsfalle ist grundsätzlich nicht zu bestreiten und wurde demzufolge auch vom BVerfG in seinem Beschluss vom 17.7.2013 **grundlegend anerkannt**.[173] Zu der Frage, ob der Versicherer zur Feststellung des Versicherungsfalls und des Umfangs seiner Leistungspflicht auch zur **Prüfung einer Verletzung vorvertraglicher Anzeigepflichten** berechtigt ist, hat der BGH mit seinem Urteil vom 22.2.2017 grundsätzlich Stellung bezogen.[174] Zu Recht hat der BGH die Auffassung bestätigt, dass der Versicherungsnehmer auch dann an einer Datenerhebung mitwirken muss, wenn es um die Frage einer Obliegenheitsverletzung im vorvertraglichen Bereich geht.[175] Diese Mitwirkungsobliegenheit trifft den Versicherungsnehmer richtigerweise sogar dann, wenn dies seinen eigenen Interessen widerspricht.[176] Die Aufklärungsobliegenheit umfasst die wahrheitsgemäße und vollständige Offenbarung (auch) von Tatsachen, aus denen sich die Leistungsfreiheit des Versicherers ergeben kann.[177] Die Frage wird auch obergerichtlich und in der Literatur weitgehend einhellig bejaht.[178] Eine Begrenzung durch den konkreten Deckungsumfang des abgeschlossenen Vertrages,[179] erschiene auch zweifelhaft. Denn auch nicht in den Versicherungsschutz eingeschlossene, zB sich auf den **vorvertraglichen Gesundheitszustand** beziehende Umstände können für die Risiko- und Leistungseinschätzung grundsätzlich von Bedeutung sein, zumal sie möglicherweise **Rücktritts- oder Anfechtungsrechte** des Versicherers begründen können.[180] Letztere mit dem Argument nicht zuzulassen, es handelte sich um Gestaltungsrechte, deren Geltendmachung eine zusätzliche Willensäußerung voraussetzen,[181] würde einen einheitlichen Tatbestand der berechtigten Leistungsprüfung **unnatürlich aufspalten** und dem Versicherer möglicherweise abverlangen, Gestaltungsrechte rein vorsorglich auszuüben.[182]

Berechtigterweise stellt der BGH strenge und konkrete Anforderungen an die Erhebung von Gesundheitsdaten aus dem vorvertraglichen Bereich.[183] Notwendig ist allerdings – sofern der Versicherungsnehmer nicht zB zum Zwecke der Beschleunigung des Verfahrens eine vollständige Erhebung zulässt oder auch diese von vorneherein komplett und endgültig verweigert[184] – ein Vorgehen des Versicherers „vom Groben zum Feinen",[185] also der Vornahme einer **abgestuften Datenerhebung**. Eine erste Stufe betrifft die Konkretisierung des Auskunftsverlangens ohne Erhebung besonders sensibler Daten, wie zB Gesundheitsdaten, mithin unter Beschränkung auf allgemein gehaltene Daten. Dieser Schritt geht dann regelmäßig vom Versicherer aus.[186] Erst auf der zweiten Stufe sollen sensible Gesundheitsdaten, wie zB Behandlungen, Diagnosen oder Verordnungen, erhoben werden. Wie der Versicherer bei der Datenerhebung genau vorgeht,

---

[169] *Armbrüster* in Prölss/Martin VVG § 31 Rn. 7; vgl. auch OLG Saarbrücken VersR 2013, 1157 (1161): „sachlicher Anlass".
[170] *Neuhaus/Kloth* NJW 2009, 1707 (1708); so iErg dann auch: *Voit* in Prölss/Martin VVG § 213 Rn. 28.
[171] *Rixecker* in Langheid/Rixecker VVG § 213 Rn. 11 ff.
[172] BGH r+s 2006, 185 (186).
[173] BVerfG VersR 2013, 1425 ff. Rn. 22 = NJW 2013, 3086 ff. = JZ 2013, 1156 ff. mAnm *Armbrüster*.
[174] BGH NJW 2017, 1391 ff. mAnm *Looschelders* = VersR 2017, 469 ff.
[175] BGH NJW 2017, 1391 (1392).
[176] BGH NJW 2017, 1391 (1396); kritisch dazu: *Spuhl* in BeckOK VVG VVG § 213 Rn. 46.
[177] BGH VersR 1998, 228 (229); NJW 2017, 1391 (1396).
[178] Bejahend zB: OLG Hamburg VersR 2010, 749 m. zust. Anm. *Schulze*; OLG Saarbrücken VersR 2013, 1157 (1161); LG Berlin VersR 2014, 230 (231); KG VersR 2014, 1191 ff.; *Fricke* VersR 2009, 297 (300); *Höra* r+s 2008, 89 (93).
[179] *Egger* VersR 2007, 905 (907); *Voit* in Prölss/Martin VVG § 213 Rn. 27.
[180] KG VersR 2014, 1191 ff.; LG Berlin VersR 2014, 230 (231); die vorgenannten Entscheidungen sind nunmehr rk., seit BGHZ 214, 127; so auch: *Voit* in Prölss/Martin VVG § 213 Rn. 30; *Looschelders* NJW 2017,1391 (1396); aA: *Egger* VersR 2012, 810.
[181] So aber: *Egger* VersR 2012, 810 (814).
[182] Vgl. auch: *Fricke* VersR 2009, 297 (300): keine Ausübung von Gestaltungsrechten „ins Blaue hinein".
[183] BGH NJW 2017, 1391 (1396).
[184] BGH NJW 2017, 1391 (1396).
[185] *Neuhaus* r +s 2017, 281 (283).
[186] *Nugel* ZfS 2017, 488 (490).

steht ihm jedoch letztlich offen.[187] Dies ergibt sich aus Art. 12 iVm Art 19 Abs. 3 GG, aber auch aus der Pflicht des Versicherers, die Versichertengemeinschaft vor finanziell nicht hinnehmbaren Belastungen zu schützen.[188] Es dürfte jedoch eine Missbrauchsgrenze bei objektiv nicht nachvollziehbaren Prüfungen bestehen.[189] Der Versicherungsnehmer muss bei der Datenerhebung nur insoweit mitwirken, wie es aus ex ante Sicht auf der jeweiligen Stufe zur Prüfung des Leistungsfalles erforderlich ist.[190] Das ursprünglich vom BVerfG entwickelte Dialogmodell ist somit zu einem **„dialogischen Stufenmodell"** geworden.[191]

80 Dem Versicherungsnehmer steht es allerdings frei, zur Beschleunigung der Leistungsprüfung schon auf der ersten Stufe umfassende Auskünfte zu erteilen.[192] Diese praktikable Variante ermöglicht eine zeitnahe Abwicklung und Regulierung des Versicherungsfalls und dient damit sowohl den Interessen des Versicherungsnehmers als auch den Interessen des Versicherers. Da es möglich ist, bei Einzelfalleinwilligungen die Mehrkosten vom Versicherungsnehmer zu verlangen,[193] ist eine umfassende Auskunftserteilung für den Versicherungsnehmer auch aus Kostengründen vorteilhaft. Die Kosten für den Versicherungsnehmer dürfen indes keinesfalls seine Wahlmöglichkeit faktisch einschränken.[194]

81 Dass eine gestufte Datenerhebung angezeigt ist, bedeutet jedoch nicht, dass allgemeine Schweigepflichtentbindungserklärungen generell mit § 213 unvereinbar sind. Eine solche Anforderung wäre auch mit dem informationellen Selbstbestimmungsrecht des Versicherers nicht vereinbar, schließlich ermöglichen allgemeine Schweigepflichtentbindungserklärungen eine **rasche Regulierung des Versicherungsfalls,** was regelmäßig im Interesse des Versicherungsnehmers sein dürfte. Das generelle Schweigepflichtentbindungserklärungen trotz des dialogischen Stufenmodells mit § 213 vereinbar sind, hat auch der BGH klargestellt.[195]

82 Der Versicherer darf dem Versicherungsnehmer eine allgemeine Schweigepflichtentbindungserklärung allerdings lediglich als **Alternative** zur andernfalls schrittweise zu erfüllenden Mitwirkungsobliegenheit anbieten.[196] Der Versicherer muss insbesondere auf die Möglichkeit der schrittweisen Schweigepflichtentbindung hinweisen.[197] Ohne einen solchen Hinweis ist die Datenerhebung nicht nach § 213 VVG gerechtfertigt.[198] Da der Versicherungsnehmer grundsätzlich ein Interesse an der zügigen Auszahlung der Versicherungssumme haben wird, ist zu erwarten, dass eine umfassende Auskunftserteilung und allgemeine Schweigepflichtentbindungserklärungen in der Praxis die Regel sein werden. Allerdings sollten Versicherer mit Augenmaß und ggfs. zurückhaltend mit allgemeinen Schweigepflichtentbindungserklärungen umgehen, um unnötige datenschutzrechtliche Zweifelsfragen möglichst zu vermeiden.[199]

83 Die Zulässigkeit der **Prüfung vorvertraglicher Pflichtverletzungen im Leistungsfall** und die Mitwirkungsobliegenheit des Versicherungsnehmers wird in der Literatur vereinzelt kritisiert.[200] Eine solche Prüfung bringe Unsicherheiten für den Versicherungsnehmer und verlagere die Risikoprüfung allein aus finanziellen Interessen des Versicherers auf einen späteren Zeitpunkt.[201] Auch sei es dem Versicherungsnehmer nicht zumutbar, am Entzug seiner eigenen Rechte mitzuwirken.[202] Diese Argumente erweisen sich jedoch allesamt als nicht tragfähig: Würde man die nachträgliche Überprüfung vorvertraglicher Tatsachen verneinen, so würden alle potentiellen Versicherungsnehmer vor Vertragsschluss einer umfassenden Überprüfung ausgesetzt, was die überwiegende Mehrheit der redlichen Versicherungsnehmer unter den Generalverdacht der Täuschung stellen würde.[203] Umfangreich anlasslose Überprüfungen vor Vertragsschluss wären die Folge, was nicht nur den Versicherer im alltäglichen Massengeschäft vor erhebliche personelle und organisatorische Probleme

---

[187] *Neuhaus* r+s 2017, 281 (285).
[188] Vgl. *Kaldenbach* S. 208.
[189] *Kaldenbach* S. 209.
[190] BGH NJW 2017, 1391 (1393 f.).
[191] *Looschelders* NJW 2017, 1391 (1397).
[192] BGH NJW 2017, 1391 (1395).
[193] Vgl. → Rn. 17.
[194] Vgl. *Wendt* in Staudinger/Halm/Wendt VVG § 213 Rn. 28.
[195] BGH NJW 2017, 3235.
[196] BGH NJW 2017, 3235 (3236).
[197] BGH NJW 2017, 1391 (1395).
[198] BGH NJW 2017, 1391 (1395).
[199] *Rüffer/Reitter* NJW 2017, 3235 (3238).
[200] *Egger* VersR 2012, 810 ff.; *ders.* VersR 2015, 1209 ff; *ders.* VersR 2017, 785 ff.; *ders.* VersR 2019, 394 (401 f.).
[201] *Egger* VersR 2019, 394 (395 f.).
[202] *Egger* VersR 2015, 1209 (1217).
[203] *Britz* VersR 2015, 410 (413); *Neuhaus* r+s 2017, 281 (289).

stellen,²⁰⁴ sondern vor allem eine finanziell höhere Belastung der Versichertengemeinschaft verursachen würde.²⁰⁵

Grundsätzlich ist dem Versicherungsnehmer auch die Offenlegung nachteiliger Informationen 84 aufgrund seines überlegenen Wissens im Rahmen des Versicherungsverhältnisses zuzumuten. Das **Offenbarungsinteresse des Versicherers aus Art. 12 Abs. 1 GG** ist ebenso schutzwürdig und daher im Rahmen einer Gesamtabwägung zu beachten.²⁰⁶ Auch ist der nemo-tenetur-Grundsatz aus dem Strafrecht nicht auf das Versicherungsrecht übertragbar.²⁰⁷ Dass der Versicherer die vorvertragliche Prüfung auf den Risikofall verlagert, ist ebenfalls nicht zu befürchten, schließlich trifft den Versicherer bei Unklarheiten oder widersprüchlichen Angaben sogar eine **Nachfrageobliegenheit**.²⁰⁸ Im Gegenteil wird der Versicherer schon im eigenen Interesse eine umfassende und gewissenhafte vorvertragliche Risikoprüfung vornehmen. Dann ist es ihm selbstverständlich unbenommen, die Prüfung vorvertraglicher Gegebenheiten im Leistungsfalle erneut vorzunehmen, will man ihm nicht zu Lasten der Versicherungsgemeinschaft wertvolle Prüfrechte abschneiden, die auf neuen Sachverhaltserkenntnissen beruhen können und zu deren Prüfung er vor Eintritt des Leistungsfalles überhaupt keinen Anhaltspunkt hatte.²⁰⁹

Nachforschungen im vorvertraglichen Bereich müssen sich allerdings als **erforderlich** iSd § 213 85 erweisen. Daher erscheint die Annahme eines **generell bestehenden Ermittlungsanlasses des Versicherers**²¹⁰ bedenklich. Der Versicherer darf die im Antrag gemachten Angaben bei der **Risikoprüfung** zunächst regelmäßig als wahr unterstellen und sich darauf konzentrieren, ob er das vom Versicherungsnehmer dargestellte Risiko nach seinen Annahmegrundsätzen übernehmen will. Ein Anlass zur Überprüfung des Wahrheitsgehalts der Antragsdaten ergibt sich regelmäßig und sinnvollerweise erst im **Leistungsfalle**.²¹¹ Der Anlass zur Datenerhebung im leistungsbetroffenen und auch im vorvertraglichen Bereich kann aber auch dann wegen der bestehenden **starken Grundrechtsposition des Versicherungsnehmers** kein genereller, sondern nur ein **anlassbezogener** sein, der **stets** einer **Güterabwägung** standzuhalten hat.²¹² Auch bei einer Datenerhebung im gestuften Dialogverfahren ist daher Zurückhaltung des Versicherers geboten. Dem Grundsatz der Datenminimierung aus Art. 5 Abs. 1 DS-GVO ist ausreichend Rechnung zu tragen.

So dürfte insbesondere eine **Überprüfung „ins Blaue hinein"**²¹³ nicht mit den vom BVerfG 86 aufgestellten Grundsätzen übereinzubringen sein,²¹⁴ käme sie doch einem Verzicht auf jede konkrete Sachverhaltsanknüpfung bei der Erhebung des Versicherers gleich. Es muss vielmehr ein vom **Versicherer konkretisierter vertraglicher Zusammenhang** bestehen, so dass die Abfrage aus statistischen Gründen nicht von § 213 erfasst sein dürfte.²¹⁵ Grenzen der Zulässigkeit einer Datenerhebung bzw. deren Erforderlichkeit sind auch da zu ziehen, wo kein sachlicher Anlass mehr zur Datenerhebung besteht, damit **keine Datenerhebung „auf Vorrat"** erfolgt.²¹⁶

Andererseits den darzubringenden Anlass auf Umstände zu beschränken, die einen direkten 87 Einfluss auf den Eintritt des Versicherungsfalles gehabt haben können,²¹⁷ oder auf Fälle, in denen bereits ein konkreter Anfangsverdacht für eine vorvertragliche Aufklärungspflichtverletzung vorliegt, erschiene zu eng.²¹⁸ **Es müssen aber Anhaltspunkte bestehen, die eine Überprüfung der Antragsangaben im Sinne einer Überprüfung von Widersprüchlichkeiten als zumindest sinnvoll erscheinen lassen**.²¹⁹ An den Ermessensspielraum des Versicherers dürfen hierbei nicht zu hohe Anforderungen gestellt werden, es reichen nachvollziehbare bzw. nachprüfbare Erfahrungs-

---

²⁰⁴ *Egger* ist hingegen der Ansicht, dass eine anlasslose Überprüfung den Versicherer nicht belastet, vgl. *Egger*, VersR 2017, 785 (789).
²⁰⁵ *Neuhaus* r+s 2017, 281 (289).
²⁰⁶ BVerfG VersR 2006, 1669 Rn. 50; VersR 2013, 1425 (1427); BGH NJW 2017, 1391 (1394).
²⁰⁷ *Reiter* S. 179; *Muschner* in HK-VVG VVG § 213 Rn. 64.
²⁰⁸ BGH VersR 2011, 909; *Wandt* VersR 2017, 458 (462).
²⁰⁹ *Schulze* VersR 2010, 750; aA *Egger* VersR 2012, 810 (814); *ders.* VersR 2014, 553 (554).
²¹⁰ So aber: OLG Hamburg VersR 2010, 749 f. m. zust. Anm. *Schulze*, VersR 2010, 750; OLG München VersR 2013, 169 ff.; *Fricke* VersR 2009, 297; aA OLG Saarbrücken VersR 2013, 1157 (1161): „sachlicher Anlass".
²¹¹ LG Berlin VersR 2014, 230 (231 f.); *Schulze* VersR 2010, 750; aA *Egger* VersR 2012, 810 (814); *ders.* VersR 2014, 553 (554).
²¹² Vgl. oben → Rn. 65 ff.
²¹³ Noch offen gelassen von: LG Berlin VersR 2014, 230 ff.; bejahend aber wohl: KG VersR 2014, 1191 (1193).
²¹⁴ BVerfG VersR 2013, 1425 ff. = NJW 2013, 3086 ff. = JZ 2013, 1156 ff. mAnm *Armbrüster*.
²¹⁵ *Neuhaus/Kloth* NJW 2009, 1707 (1708).
²¹⁶ *Rixecker* in Langheid/Rixecker VVG § 213 Rn. 13.
²¹⁷ So offensichtlich: *Egger* VersR 2007, 905 (907); *ders.* VersR 2012, 810 ff.
²¹⁸ KG VersR 2014, 1191 (1193).
²¹⁹ Vgl. hierzu auch: OLG Saarbrücken VersR 2013, 1157 (1161): „sachlicher Anlass".

werte aus der Risikoprüfung, die einen konkreten Bezug auf den vorliegenden Fall haben können, aus. So kann es beispielsweise ausreichen, wenn die leistungsbegründend angeführten Symptome zeitlich typischerweise auf ein bereits vor Vertragsschluss bestehendes Krankheitsbild hindeuten.[220] Es bedarf jedoch keiner konkreten Anhaltspunkte bezüglich einer Obliegenheitsverletzung oder Täuschung durch den Versicherungsnehmer. Ein solcher dem § 152 StPO vergleichbarer Anfangsverdacht wäre mit dem Ermessensspielraum des Versicherers nicht in Einklang zu bringen.[221] Das strenge Kriterium eines konkreten Anfangsverdachts soll Für derart strenge Anforderungen, die strafprozessual Bürger vor staatlichen Übergriffen und willkürlichen Ermittlungen durch den Staat schützen sollen,[222] besteht im zivilrechtlich, freiwillig eingegangenen Versicherungsverhältnis kein Raum. Allerdings schwinden die überwiegenden Gründe für die Datenerhebung in dem Maße, in dem sich der Erhebungsgrund vom konkreten Vertragsverhältnis entfernt. Eine rein abstrakte Gefährdungslage reicht keinesfalls aus. Selbst eine vom Versicherer bereits **aufgedeckte Arglist** kann lediglich als ein – wenn auch sehr gewichtiger – Umstand in die Abwägung einbezogen werden,[223] wenngleich hier das Schutzbedürfnis des Versicherungsnehmers ohne weitere ihn begünstigende Umstände im Ergebnis erlöschen dürfte.[224] Im Kern ist also selbst im Falle der Arglist eine Güterabwägung vorzunehmen, die allerdings regelmäßig zu Lasten der Schutzrechte des Versicherungsnehmers ausgehen dürfte.

88 Auch wenn der Betroffene angibt, vollkommen gesund zu sein, kann eine Erhebung von Gesundheitsdaten erforderlich sein. Dies ergibt sich bereits aus dem Nachprüfungsinteresse des Versicherers, um das Versichertenkollektiv vor ungerechtfertigten finanziellen Belastungen zu schützen. Dies schließt insbesondere die Erhebung personenbezogener Gesundheitsdaten zur **Verhinderung oder Aufklärung von Versicherungsmissbrauch** ein.[225]

89 Die Datenerhebung ist dann nicht erforderlich, wenn der Versicherer die Deckung des Versicherungsfalls bereits **endgültig abgelehnt** hat und sich nicht mehr prüf- und verhandlungsbereit zeigt.[226] Die Datenerhebung kann jedoch wieder erforderlich werden, wenn der Versicherer Bereitschaft zeigt, wieder in die Leistungsprüfung einzusteigen. Die Mitwirkungsobliegenheit des Versicherungsnehmers lebt dann wieder auf.[227]

90 Ergänzend ist **Art. 15 der GDV-Verhaltensregeln** für beigetretene Versicherer zu beachten, der die Grenzen für die **Erforderlichkeit einer Erhebung von Gesundheitsdaten bei der Aufklärung von Widersprüchlichkeiten** in Form einer freiwilligen Selbstverpflichtung[228] weiter konkretisiert.

91 Gemäß Artikel 15 Absatz 1 können Versicherer zur Aufklärung von Einzelfällen, in denen Anhaltspunkte für unrichtige Angaben im Rahmen der Risikoprüfung vor Vertragsschluss oder im Rahmen der Leistungsprüfung im Schadenfall bestehen, **ergänzende Datenerhebungen, -verarbeitungen und -nutzungen vornehmen können**. Die in Bezug genommenen Rechte der Unternehmen ergeben sich dabei aus dem VVG, insbesondere aus den **§§ 19, 21 VVG**. Dabei müssen für die Zulässigkeit der ergänzenden Datenerhebungen und -verwendungen **konkrete Anhaltspunkte** dafür vorliegen, dass seitens des Antrags- oder Anspruchstellers falsche oder unvollständige Sachverhaltsangaben gemacht wurden, **die für die Risiko- oder Leistungsprüfung relevant sind**.

92 Ergeben sich bei oder nach Vertragsschluss für den Versicherer konkrete Anhaltspunkte dafür, dass bei der Antragstellung oder bei Aktualisierungen von Antragsdaten während des Versicherungsverhältnisses **unrichtige oder unvollständige Angaben** gemacht wurden und damit die Risikobeurteilung beeinflusst wurde, oder dass falsche oder unvollständige Sachverhaltsangaben bei der Feststellung eines entstandenen Schadens gemacht wurden, nimmt das Unternehmen ergänzende Datenerhebungen vor, soweit dies zur Aufklärung der Widersprüchlichkeiten erforderlich ist. Die GDV-Verhaltensregeln legitimieren damit im Einklang mit der Wertung des BVerfG ausdrücklich das **Prüfungsinteresse des Versicherers** bis hin zu einer Überprüfung von Antragsdaten, mithin also Daten, die sich auf den vorvertraglichen Bereich beziehen.

93 Gemäß Artikel 15 Abs. 3 werden **Fristen** formuliert, in denen es zu **einer nachträglichen Antragsprüfung** mit zusätzlichen Datenerhebungen, -verarbeitungen und -nutzungen kommen kann, weil Anhaltspunkte für Widersprüchlichkeiten bestehen. Die getroffenen Regelungen entspre-

---

[220] LG Berlin VersR 2014, 230 (232).
[221] Görtz r+s 2017, 621 (623).
[222] Peters in MüKoStPO StPO § 152 Rn. 34.
[223] BGH VersR 2012, 297 (298).
[224] Insofern missverständlich bei BGH VersR 2012, 297 (298).
[225] Voit in Prölss/Martin VVG § 213 Rn. 29; aA Höra r+s 2008, 89 (93).
[226] Wohlthat r+s 2019, 549 (559).
[227] Wohlthat r+s 2019, 549 (559).
[228] Vgl. hierzu oben → Rn. 24 ff.

chenden **Vorschriften des § 21 VVG** und machen diese für die Betroffenen transparent. Ergänzende Datenerhebungen, -verarbeitungen und -nutzungen zur Überprüfung der Angaben zur Risikobeurteilung bei Antragstellung erfolgen nur innerhalb von fünf Jahren, bei Krankenversicherungen innerhalb von drei Jahren nach Vertragsschluss. Diese Frist kann sich verlängern, wenn die Anhaltspunkte für eine Anzeigepflichtverletzung dem Unternehmen erst nach Ablauf der Frist durch Prüfung eines in diesem Zeitraum aufgetretenen Schadens bekannt werden. Bestehen konkrete Anhaltspunkte dafür, dass der Versicherungsnehmer bei der Antragstellung vorsätzlich oder arglistig unrichtige oder unvollständige Angaben gemacht hat, verlängert sich dieser Zeitraum auf zehn Jahre.[229]

Art. 15 Abs. 4 stellt klar, dass im Falle der ergänzenden Erhebung, Verarbeitung oder Nutzung von besonderen Arten personenbezogener Daten, wie Gesundheitsdaten, **Einwilligungs- und Schweigepflichtentbindungserklärungen** einzuholen sind. Diese müssen den gesetzlichen Grundlagen und den Anforderungen an eine wirksame Einwilligungserklärung entsprechen. Ist die ergänzende Erhebung, Verarbeitung oder Nutzung von besonderen Arten personenbezogener Daten, insbesondere von Daten über die Gesundheit, nach Abs. 1 erforderlich, werden die Betroffenen daher entsprechend ihrer Erklärung im Versicherungsantrag vor einer Datenerhebung nach § 213 Abs. 2 VVG unterrichtet und auf ihr Widerspruchsrecht hingewiesen. Alternativ wird von den Betroffenen zuvor eine eigenständige Einwilligungs- und Schweigepflichtentbindungserklärung eingeholt.[230] 94

VI. Einwilligung

Die Datenerhebung ist nur zulässig, wenn die betroffene Person eine Einwilligung erteilt hat. 95
Art. 9 Abs. 1 DS-GVO verbietet die Erhebung von Gesundheitsdaten im Grundsatz, so dass nach wie vor der Grundsatz des Verbotsgesetzes mit Erlaubnisvorbehalt gilt. Eine Datenerhebung ist nach Art. 9 Abs. 2 lit. a DS-GVO zulässig, wenn die betroffene Person in die Erhebung eingewilligt hat. Gemäß Art. 9 Abs. 2 lit. a DS-GVO ist die Einwilligung zur Erhebung von Gesundheitsdaten auf einen oder mehrere festgelegte Zwecke begrenzt. Die Einwilligung muss durch diejenige Person erteilt werden, deren Gesundheitsdaten erhoben werden sollen; die Erklärung ist höchstpersönlich abzugeben.

Die Regelung entspricht inhaltlich **Art. 6 Abs. 1 der GDV-Verhaltensregeln.** Besondere 96
Arten personenbezogener Daten im Sinne des Bundesdatenschutzgesetzes (insbesondere Angaben über die Gesundheit) werden demnach grundsätzlich mit Einwilligung der Betroffenen nach Art. 5 und – soweit erforderlich – aufgrund einer Schweigepflichtentbindung erhoben, verarbeitet oder genutzt. In diesem Fall muss sich die Einwilligung ausdrücklich auf diese Daten beziehen.

Gemäß § 18 Abs. 1 S. 1 und S. 2 GenDG besteht indes ein weitreichendes Verbot der Erhebung 97
und Verwertung genetischer Gesundheitsdaten, das zu beachten ist.[231] Die Vorschrift erstreckt ausschließlich auf die Lebensversicherung, die Berufsunfähigkeitsversicherung, die Erwerbsunfähigkeitsversicherung und die Pflegerentenversicherung. In diesen Sparten muss daher von einem **Erhebungsverbot** ausgegangen werden, das auch nicht durch eine Einwilligung legitimiert werden kann. Erhebungen in anderen Sparten müssen sich ebenfalls an dem Kriterium der Erforderlichkeit[232] messen lassen.

Für die Einwilligung sind vom Gesetz her **keine Formerfordernisse** vorgesehen. Die Einwilli- 98
gung muss seit Inkrafttreten der DS-GVO insbesondere nicht mehr in Schriftform gemäß § 126 BGB erteilt werden, § 4a Abs. 1 S. 3 BDSG aF ist weggefallen. Einer bestimmten Form bedarf die Einwilligung mangels gesetzlicher Anordnung daher nicht. Auch die Einwilligung in § 203 StGB ist grds. formlos, konkludent, ja sogar mutmaßlich möglich.[233] Selbst der Verstoß gegen Formvorschriften anderer Art begründet für sich genommen noch nicht strafwürdiges Unrecht.[234] Nach Artikel 9 Abs. 2 lit. a der DS-GVO ist bei der Erhebung von Gesundheitsdaten jedoch eine *ausdrückliche* Einwilligung erforderlich; gemäß Art. 7 Abs. 1 DS-GVO ist das Bestehen einer Einwilligung **nachzuweisen.** Aufgrund dieser Anforderungen ist zu erwarten, dass die Einholung einer schriftlichen, mindestens aber in Textform erfolgten Einwilligung in der Praxis den Vorzug erhält.[235] Aufgrund der mit der Einwilligung nach § 213 regelmäßig verknüpften formlos möglichen Schweigepflichtentbindungserklärung empfiehlt es sich auch hier aus **Akzeptanz- und Beweislastgründen,**

---

[229] Vgl. Art. 15 Abs. 3 GDV-Verhaltensregeln.
[230] Vgl. Art. 15 Abs. 4 GDV-Verhaltensregeln.
[231] Vgl. hierzu ausführlich: *Britz* S. 179 ff., 192 ff.
[232] Vgl. hierzu oben → Rn. 77 ff.
[233] *Eisele* in Schönke/Schröder StGB § 203 Rn. 34.
[234] *Kargl* in NK-StGB § 203 Rn. 56.
[235] Ähnlich *Wendt* in Staudinger/Halm/Wendt VVG § 213 Rn. 19.

zumindest die **Textform** zu wählen, um den von der Schweigepflicht zu entbindenden Stellen eine hinreichend sichere Grundlage für die Datenübermittlung dokumentieren zu können.

99   Gemäß **Art. 5 Abs. 6 S. 1** der **GDV-Verhaltensregeln** kann eine Einwilligung elektronisch erteilt werden, wenn der Erklärungsinhalt schriftlich oder entsprechend Abs. 6 S. 2 **in Textform bestätigt** wird. Dies erweist nach dem vorstehend Gesagten als datenschutzkonform.

100   Tatbestände, in denen „der **Kommunikationswunsch von den Betroffenen ausgegangen** ist", dürften insbesondere erfüllt sein, wenn der Betroffene selbst beim Unternehmen anruft und Beratungsbedarf signalisiert oder der Beratungsbedarf während eines Gesprächs, welches auch vom Versicherer initiiert sein kann, signalisiert wird. In jedem Fall muss die schnelle mündliche Einwilligung erkennbar im Interesse der Betroffenen liegen.

101   Wird die Einwilligung **mündlich** eingeholt, ist dies zu dokumentieren und den Betroffenen mit der nächsten Mitteilung schriftlich oder in Textform, wenn dies dem Vertrag oder der Anfrage des Betroffenen entspricht, zu bestätigen. Wird die Bestätigung in **Textform** erteilt, muss der Inhalt der Bestätigung unverändert reproduzierbar in den Herrschaftsbereich des Betroffenen gelangt sein. So kann z.B. das Telefonat protokolliert werden oder eine mündlich gegenüber dem Vermittler abgegebene Einwilligung kann im Beratungsprotokoll dokumentiert werden. Anschließend ist sie gegenüber dem Betroffenen auch zu **bestätigen.** Der Bestätigung muss auch der **Erklärungsinhalt** zu entnehmen sein. Dies kann **schriftlich per Briefpost** geschehen **oder in Textform,** wenn der Vertragsschluss auch elektronisch erfolgt ist oder wenn der Betroffene seine Anfrage in Textform (z.B. per Mail) übersandt hat.

102   Die Einwilligung kann gemäß § 213 Abs. 2 **vor Abgabe der Vertragserklärung** erteilt werden und bleibt somit als pauschale, nicht auf den konkreten Erhebungsvorgang bezogene Einwilligung vor Vertragsschluss möglich.[236] Dies schließt Einwilligungen die „**bei**" Abgabe der Vertragserklärung abgegeben werden, sinnvollerweise mit ein.[237] Die Einwilligung muss in weiten Teilen notwendiger Weise abstrakt bleiben, denn dem Versicherer ist es aufgrund der Vielzahl denkbarer Fallgestaltungen nicht möglich, bereits in der Vertragsklausel alle Informationen im Voraus zu beschreiben, auf die es für die Überprüfung ankommen kann. Das informationelle Selbstbestimmungsrecht ist gewahrt, wenn der Betroffene eine Handlungsalternative hat, anstelle der pauschalen Einwilligung eine Einwilligung im Einzelfall abzugeben oder der konkreten Datenerhebung – auch mit negativen Konsequenzen für den Versicherungsvertrag – zu widersprechen.[238]

103   Die Einwilligung muss auf das Erforderliche für die Beurteilung der Leistungspflicht im konkreten Einzelfall begrenzt werden und den Versicherungsnehmer in die Lage versetzen, den Umfang und die Tragweite der Datenerhebung abschätzen zu können.[239] Diese Anforderungen stellen weitere Tatbestandsmerkmale der Erhebung nach § 213 dar, nämlich die der Erforderlichkeit der Datenerhebung[240] sowie der ordnungsgemäßen Unterrichtung vor Einwilligungserklärung.[241]

104   Die Einwilligung setzt datenschutzrechtlich nicht Geschäfts-, sondern **Einsichtsfähigkeit** voraus.[242] Bei der Beurteilung der Einsichtsfähigkeit eines Minderjährigen kommt es bei der Verarbeitung von Gesundheitsdaten insbesondere darauf an, inwiefern dieser bereits in der Lage ist, Notwendigkeit und Tragweite einer ärztlichen Behandlung zu beurteilen, medizinische Eingriffe also nicht ohne sein Einverständnis vorgenommen werden dürfen. In diesem Fall kann auch selbst grundsätzlich die Verwendung von Angaben zu seiner Gesundheit festlegen. Im Einzelfall wird aber zu prüfen sein, ob die Einwilligung der betroffenen minderjährigen Personen ausreicht, oder die ihrer gesetzlichen Vertreter zusätzlich erforderlich ist, da die Beurteilung der Einsichtsfähigkeit bei **Minderjährigen** rechtliche Fragen aufwirft.

105   Auch wenn in der Literatur teilweise gefordert wird, bei einsichtsfähigen Minderjährigen (nur) deren Einwilligung einzuholen,[243] verbleibt nach zivilrechtlichen Grundsätzen stets ein rechtlicher **Restzweifel an der Wirksamkeit** der so erlangten Erklärung. Da jedenfalls die Einwilligung der gesetzlichen Vertreter ausreichend sein sollte,[244] empfiehlt sich, auf jeden Fall deren Einwilligung nachvollziehbar einzuholen.[245] An dieser Rechtslage hat sich auch durch Inkrafttreten der DS-

---

[236] Vgl. BT-Drs. 16/5862, 100 zu § 213.
[237] *Neuhaus/Kloth* NJW 2009, 1707 (1708).
[238] *Rixecker* in Langheid/Rixecker VVG § 213 Rn. 16.
[239] BVerfG VersR 2013, 1425 ff. = NJW 2013, 3086 ff. = JZ 2013, 1156 ff. mAnm *Armbrüster*; VersR 2006, 1669 ff. = ZfS 2007, 34 ff. mAnm *Rixecker*; *Muckel* JA 2014, 157 (159).
[240] S. hierzu oben → Rn. 77 ff.
[241] S. hierzu nachfolgend → Rn. 120 ff.
[242] *Voit* in Prölss/Martin VVG § 213 Rn. 34; *Rixecker* in Langheid/Rixecker VVG § 213 Rn. 15; *Spuhl* in BeckOK VVG VVG § 213 Rn. 27; *Britz* S. 173.
[243] *Fricke* VersR 2009, 297.
[244] Vgl. zu den Voraussetzungen eines „Vetorechts" des Minderjährigen: BGH VersR 2007, 66 ff.
[245] Ähnlich, aber mit unterschiedlicher Begründung: *Fricke* VersR 2009, 297 (298): „sowohl des Minderjährigen als auch des gesetzlichen Vertreters".

GVO nichts geändert. Art. 8 DS-GVO legt zwar eine Altersgrenze für die Einwilligungsfähigkeit Minderjähriger fest, der Anwendungsbereich der Norm ist allerdings auf die Angebote von Informationsdiensten beschränkt. Informationsdienste sind Dienstleistungen, die in einem unmittelbaren Bezug zum Internet stehen, wie zum Beispiel der Online-Verkauf von Waren oder das Bereitstellen von Streaming Angeboten.[246] Versicherungsprodukte fallen somit nicht unter den Tatbestand des Art. 8 DS-GVO, weshalb die starre Altersgrenze von 16 Jahren im Rahmen des § 213 keine Anwendung findet.[247]

106 Die vorstehenden Ausführungen entsprechen den in den GDV-Verhaltensregeln entwickelten Grundsätzen. So regelt Art. 5 Abs. 2, dass soweit die Erhebung, Verarbeitung oder Nutzung personenbezogener Daten von Minderjährigen auf eine Einwilligung sowie – soweit erforderlich – auf eine Schweigepflichtbindungserklärung gestützt wird, diese Erklärungen von dem gesetzlichen Vertreter eingeholt werden. Frühestens mit Vollendung des 16. Lebensjahres werden diese Erklärungen bei entsprechender **Einsichtsfähigkeit** des Minderjährigen von diesem selbst eingeholt.[248] Faktisch verbleibt es daher bei dem oben dargestellten Rechtszustand: die Einwilligung des gesetzlichen Vertreters ist in jedem Falle ausreichend,[249] kann aber durch die Unterschrift des einsichtsfähigen Minderjährigen ab dem 16. Lebensjahr ergänzt bzw. dann auch ersetzt werden.

107 Eine andere Konstellation ist zu beurteilen, wenn die zunächst nicht einwilligungsfähige, oder mittlerweile volljährige, bei Vertragsschluss aber minderjährige Person nunmehr einwilligungsfähig bzw. volljährig wird. Hier dürften dieselben Grundsätze gelten wie im Zivilrecht, wonach die Einwilligung nach Erreichen der Volljährigkeit zu erneuern ist.

108 Die Einwilligung muss **freiwillig** erfolgen.[250] Gemäß **Art. 5 Abs. 1 der GDV-Verhaltensregeln** stellt der Versicherer, soweit die Erhebung, Verarbeitung oder Nutzung personenbezogener Daten, insbesondere Daten über die Gesundheit, auf eine Einwilligung sowie – soweit erforderlich – auf eine Schweigepflichtentbindungserklärung des Betroffenen gestützt wird, sicher, dass diese auf der freien Entscheidung der Betroffenen beruht, wirksam und nicht widerrufen ist. Freiwilligkeit ist auch am **Kopplungsverbot** aus Art. 7 Abs. 4 DS-GVO zu messen, das allerdings dann keine Anwendung findet, wenn die Datenerhebung für die Vertragserfüllung notwendig ist.[251] Ist die Erhebung und Verarbeitung von Gesundheitsdaten für das Angebot, die Durchführung und die Erfüllung von Versicherungsleistungen notwendig,[252] stellt das Kopplungsverbot Versicherer folglich vor keine großen Probleme.

109 An der Freiwilligkeit kann außerdem gezweifelt werden, wenn dem Betroffenen wegen der Übermacht seines Vertragspartners praktisch **keine andere Wahl** bleibt, als die Einwilligung abzugeben.[253] So sind Vertragsbedingungen der Versicherer praktisch nicht verhandelbar. Ein informationeller Selbstschutz muss gerade dann tatsächlich möglich und zumutbar sein.[254] Der Betroffene kann die Sachdienlichkeit einzelner Informationserhebungen im Voraus nicht prüfen, wenn er die Ermächtigung einmal erteilt hat. Die Einwilligung ist daher nur dann freiwillig erteilt, wenn sich der Betroffene in diesem Moment gewiss ist, deren Tragweite unmittelbar vor der tatsächlichen Erhebung nochmals überprüfen zu können. Eine formularmäßige pauschale Einwilligungserklärung muss daher diese Transparenz herstellen und entsprechende Informationen und Hinweise enthalten.[255]

110 Dies gilt im besonderen Maße für die Entscheidung zwischen pauschaler Einwilligung und Einzeleinwilligung. Diese muss bereits bei Vertragsschluss getroffen werden. Dabei besteht die Möglichkeit, Felder zum Ankreuzen der gewünschten Alternative vorzusehen, sog. **„Opt-in-Lösung"**. Eine Opt-out-Lösung ist **nicht mehr rechtskonform.** Aus Art. 4 Nr. 11 DS-GVO und Erwgr. 32 folgt, dass eine eindeutig bestätigende Handlung erforderlich ist.[256] Stillschweigen oder Untätig-

---

[246] *Schulz* in Gola DS-GVO Art. 8 Rn. 12 f.
[247] So auch *Reiter* S. 95 f.; der Düsseldorfer Kreis hingegen will die starre Altersgrenze des Art. 8 DS-GVO auch auf das Versicherungsverhältnis übertragen, https://datenschutz.hessen.de/sites/datenschutz.hessen.de/files/content-downloads/B_Fortgeltung%20bisher%20erteilter%20Einwilligungen.pdf (zuletzt aufgerufen am 23.3.2022).
[248] Vgl. Art. 5 Abs. 2 S. 2 GDV-Verhaltensregeln.
[249] Vgl. *Mangen* in Beckmann/Matusche-Beckmann VersR-HdB § 47 Rn. 146.
[250] Vgl. auch Art. 5 Abs. 1 S. 1 GDV-Verhaltensregeln.
[251] *Stemmer* in BeckOK DatenschutzR Art. 7 Rn. 40; *Frenzel* in Paal/Pauly DS-GVO Art. 7 Rn. 20.
[252] *Rubin* r + s 2018, 337 (339).
[253] BVerfG VersR 2006, 1669 ff. (1671, Rn. 35) = ZfS 2007, 34 ff. mAnm *Rixecker*; *Kazemi* VersR 2012, 1492 (1493).
[254] BVerfG VersR 2006, 1669 ff. = ZfS 2007, 34 ff. mAnm *Rixecker*.
[255] Vgl. *Rixecker* in Beckmann/Matusche-Beckmann VersR-HdB § 46 Rn. 185: „informed consent"; vgl. auch: *Voit* in Prölss/Martin VVG § 213 Rn. 41.
[256] *Schild* in BeckOK DatenschutzR Art. 4 Rn. 124; vgl. EuGH, NJW 2019, 3433 (3435).

keit der betroffenen Person können daher keine wirksame Einwilligung darstellen. Somit sind pauschale Vorabeinwilligungen mit „Opt-Out-Möglichkeit" nicht mit der DS-GVO vereinbar.[257] Versicherer sollten daher in Zukunft auf Opt-Out-Regelungen verzichten.[258]

111 Bei Verwendung des **Antragsverfahrens** kann die Einwilligung im Antrag enthalten sein. § 213 Abs. 2 verlangt zwar die Einwilligung „vor" Abgabe der Vertragserklärung. Dies wird in den Materialien jedoch relativiert, wonach eine einmalige Erklärung „bei" Abgabe der Vertragserklärung genügt.[259] Folglich ist weder ein gesondertes Formular noch eine gesonderte Unterschrift erforderlich. Beim **Invitatioverfahren** reicht eine Aufnahme in das zu unterschreibende Formular aus.

112 Der Betroffene kann nach § 213 Abs. 3 jederzeit verlangen, dass eine Erhebung von Daten nur erfolgt, wenn jeweils in die einzelne Erhebung eingewilligt worden ist.[260] In diesem Fall muss die Einwilligung konkret sein, das heißt der Dritte, bei dem die Daten erhoben werden sollen, die zu erhebenden Daten und der Zweck der Erhebung müssen möglichst genau bezeichnet werden. Dabei kann der Versicherer selbstverständlich die Daten, die er noch nicht kennt, nur ihrer Art nach beschreiben. Hat sich der Betroffene für eine **Einzeleinwilligung** nach § 213 Abs. 3 entschieden, muss diese als vorherige Zustimmung im Vorfeld einer Datenerhebung eingeholt werden, vgl. § 183 BGB. Die Erhebung ist erst zulässig, wenn die Einwilligung vorliegt bzw. der Erhebung nicht widersprochen wurde.[261] Zulässig erscheint, dass der Betroffene bei Wahl dieser Option wiederum pauschal in alle Erhebungen pro Leistungsfall einwilligen kann. Allerdings steht dem Betroffenen auch frei, jede einzelne Erhebung innerhalb eines Leistungsfalls von einer Einwilligung abhängig zu machen. Er muss auch hier die Wahl haben. Die Entscheidung zugunsten einer Einzeleinwilligung kann für den Betroffenen zu einer angemessenen Kostenbelastung führen. Die Kosten dürfen jedoch nicht so hoch sein, dass die Wahlmöglichkeit des Versicherungsnehmers faktisch unterlaufen wird.[262]

113 Die Einwilligung in die Erhebung von Gesundheitsdaten bei Dritten wird zweckmäßigerweise mit einer **Schweigepflichtentbindungserklärung** verknüpft, da beide Erklärungen regelmäßig den **gleichen Lebenssachverhalt** betreffen.

114 Die **Schweigepflichtentbindung i.S.d. § 203 StGB** stellt eine **formlos, konkludent oder sogar mutmaßlich mögliche** strafrechtliche Rechtfertigung für berufliche Geheimnisträger dar,[263] regelt also insoweit die Rechtsseite besonders sensibler Datenquellen. Die Einwilligung in die Datenerhebung gemäß § 213 regelt hingegen den Beschaffungsprozess des Versicherers und versetzt diesen überhaupt erst in die Lage, die Daten bei dem Dritten anzufordern. Es handelt sich um zwei Willenserklärungen mit unterschiedlichen Adressaten, regelmäßig aber um einen einheitlichen Lebenssachverhalt, der nicht künstlich aufspaltbar ist. Der Datenerhebung auf der einen Seite entspricht die Offenbarung auf der anderen Seite. Daher ist davon auszugehen, dass der Betroffene mit der Einwilligung gemäß § 213 regelmäßig auch die Schweigepflichtentbindung erteilen will. Aus Transparenzgründen bietet es sich an, diesen Umstand in einer formularmäßigen Erklärung entsprechend klarzustellen.[264]

114a In einer ausdrücklichen Einwilligung nach § 213 kann die Schweigepflichtentbindung umfasst sein, denn § 203 StGB stellt hier keine allzu großen Anforderungen. Die zum Schweigen verpflichteten Datenerhebungsquellen werden aber über ihre Entbindung von der Schweigepflicht zu Recht Klarheit beanspruchen, um kein **strafrechtliches Risiko** einzugehen. Dies ist relativ einfach umzusetzen, indem der Einwilligung nach § 213 etwa der Satz angefügt wird: *„Hierzu entbinde ich die zuständigen Stellen – soweit erforderlich – von ihrer Schweigepflicht"*. Damit wäre sichergestellt, dass die Datenerhebung nicht nur datenschutzrechtlich zulässig ist, sondern auch der Dritte, der die Daten weitergibt, nicht gegen § 203 StGB verstößt.

115 Gemäß § 213 Abs. 3 kann der Betroffene jederzeit verlangen, dass eine Erhebung von Daten nur erfolgt, wenn jeweils in die einzelne Erhebung eingewilligt worden ist. Auf dieses Recht ist der Betroffene gemäß § 213 Abs. 4 hinzuweisen. Da der Betroffene somit unmittelbar nach Antragstellung bereits auf Einzeleinwilligung umstellen könnte, ist hierauf vor bzw. bei Verwendung einer pauschalen Einwilligung hinzuweisen.

116 Die obersten Aufsichtsbehörden für den Datenschutz im nicht-öffentlichen Bereich haben gemeinsam mit dem Gesamtverband der Deutschen Versicherungswirtschaft e. V. ein unverbindliches

---

[257] *Reiter*, S. 111 ff.
[258] *Reiter*, S. 112.
[259] BT-Drucks. 16/5862, 100 zu § 213; *Muschner* in HK-VVG VVG § 213 Rn. 29; *Neuhaus/Kloth* NJW 2009, 1707 (1708).
[260] Kritisch hierzu: *Langheid* NJW 2007, 3665 (3671).
[261] Vgl. hierzu nachfolgend → Rn. 111 ff.
[262] *Wendt* in Staudinger/Halm/Wendt VVG § 213 Rn. 28.
[263] *Weidemann* in BeckOK StGB § 203 Rn. 38 f.
[264] S. nachfolgendes Muster → Rn. 116.

Beispiel für eine kombinierte pauschale Einwilligung für die Kranken-, Lebens- und Berufsunfähigkeitsversicherung erarbeitet:[265]

Einwilligung in die Erhebung und Verwendung von Gesundheitsdaten und Schweigepflichtentbindungserklärung

Die Regelungen des Versicherungsvertragsgesetzes, des Bundesdatenschutzgesetzes sowie anderer Datenschutzvorschriften enthalten keine ausreichenden Rechtsgrundlagen für die Erhebung, Verarbeitung und Nutzung von Gesundheitsdaten durch Versicherungen. Um Ihre Gesundheitsdaten für diesen Antrag und den Vertrag erheben und verwenden zu dürfen, benötigt die Versicherung ...[266] daher Ihre datenschutzrechtliche(n) Einwilligung(en). Darüber hinaus benötigt die Versicherung ... Ihre Schweigepflichtentbindungen, um Ihre Gesundheitsdaten bei schweigepflichtigen Stellen, wie z.B. Ärzten, erheben zu dürfen.

Als Unternehmen der Lebensversicherung (*Krankenversicherung*) benötigt die Versicherung ... Ihre Schweigepflichtentbindung ferner, um Ihre Gesundheitsdaten oder weitere nach § 203 Strafgesetzbuch geschützte Daten, wie z.B. die Tatsache, dass ein Vertrag mit Ihnen besteht, an andere Stellen, z.B. ...[267] weiterleiten zu dürfen. Die folgenden Einwilligungs- und Schweigepflichtentbindungserklärungen[268] sind für die Antragsprüfung sowie die Begründung, Durchführung oder Beendigung Ihres Versicherungsvertrages in der Versicherung ... unentbehrlich. Sollten Sie diese nicht abgeben, wird der Abschluss des Vertrages in der Regel nicht möglich sein.[269] Die Erklärungen betreffen den Umgang mit Ihren Gesundheitsdaten und sonstiger nach § 203 StGB geschützter Daten durch die Versicherung ... [Versicherungsgesellschaft, mit der der Versicherungsvertrag abgeschlossen wird]

selbst (unter 1.),

im Zusammenhang mit der Abfrage bei Dritten (unter 2.),

bei der Weitergabe an Stellen außerhalb der Versicherung ... (unter 3.) und

wenn der Vertrag nicht zustande kommt (unter 4.).

Die Erklärungen gelten für die von Ihnen gesetzlich vertretenen Personen wie Ihre Kinder, soweit diese die Tragweite dieser Einwilligung nicht erkennen und daher keine eigenen Erklärungen abgeben können.[270]

1. Erhebung, Speicherung und Nutzung der von Ihnen mitgeteilten Gesundheitsdaten durch die Versicherung ...

Ich willige ein, dass die Versicherung ... die von mir in diesem Antrag und künftig mitgeteilten Gesundheitsdaten erhebt, speichert und nutzt, soweit dies zur Antragsprüfung sowie zur Begründung, Durchführung oder Beendigung dieses Versicherungsvertrages erforderlich ist.

---

[265] https://www.bfdi.bund.de/SharedDocs/Downloads/DE/DSK/ArchivDuesseldorferKreis/20120117_EinwilligungVersicherungswirtschaft.html (zuletzt abgerufen am 20.6.2022); *Armbrüster* NJW 2014, 497 (501).
[266] Hier und nachfolgend kann der Name des verwendenden Unternehmens oder nach einmaliger Nennung (zB „wir, die Versicherung ...") jeweils „wir" eingefügt werden. Im Originalwortlaut des Beispieltextes wird die Angabe „Versicherung XY" verwendet. **(Hinweis des Verlags:** Diese und die folgenden Fußnoten sind Bestandteil der Einwilligung des GDV).
[267] Das Beispiel soll verdeutlichen, dass Versicherer diese Daten nicht willkürlich an x-beliebige Stellen weitergeben. Daher können hier einige für die verwendende Versicherung typische Beispiele genannt werden, die die Breite der Weitergabemöglichkeiten erkennen lassen, wie z.B. Assistancegesellschaften, HIS-Betreiber oder IT-Dienstleister.
[268] Die Klausel ist zunächst nur für Kranken-, Lebens- und Berufsunfähigkeitsversicherungen zu verwenden, weil in diesen Sparten von Vertragsbeginn an Gesundheitsdaten erhoben und verwendet werden. In anderen Sparten ist der Text entsprechend anzupassen und ggf. nur auszugsweise zu verwenden.
[269] Verweis auf die Folgen der Verweigerung der Einwilligung.
[270] Werden bei einem Versicherungsprodukt generell keine Kinder und/oder gesetzlich vertretende Personen mitversichert, ist der Absatz bzw. der entsprechende Satz zu streichen. Werden Kinder oder andere gesetzlich vertretene Personen mitversichert, unterschreiben diese ab. Ab dem 16. Lebensjahr ist eine eigene Erklärung Minderjähriger möglich, wenn davon auszugehen ist, dass diese einsichtsfähig sind. Diese Erklärung ist aus zivilrechtlichen Gründen auch vom gesetzlichen Vertreter (in der Regel dem Versicherungsnehmer) zu unterzeichnen (siehe unten, Unterschriftenfelder). Damit verbleibt die Entscheidung über das tatsächliche Bestehen der Einsichtsfähigkeit letztlich bei dem gesetzlichen Vertreter.

2. Abfrage von Gesundheitsdaten bei Dritten

2.1 Abfrage von Gesundheitsdaten bei Dritten zur Risikobeurteilung und zur Prüfung der Leistungspflicht[271]

Für die Beurteilung der zu versichernden Risiken kann es notwendig sein, Informationen von Stellen abzufragen, die über Ihre Gesundheitsdaten verfügen. Außerdem kann es zur Prüfung der Leistungspflicht erforderlich sein, dass die Versicherung ... die Angaben über Ihre gesundheitlichen Verhältnisse prüfen muss, die Sie zur Begründung von Ansprüchen gemacht haben oder die sich aus eingereichten Unterlagen (z.B. Rechnungen, Verordnungen, Gutachten) oder Mitteilungen z.B. eines Arztes oder sonstigen Angehörigen eines Heilberufs ergeben. Diese Überprüfung erfolgt nur, soweit es erforderlich ist. Die Versicherung ... benötigt hierfür Ihre Einwilligung einschließlich einer Schweigepflichtentbindung für sich sowie für diese Stellen, falls im Rahmen dieser Abfragen Gesundheitsdaten oder weitere nach § 203 Strafgesetzbuch geschützte Informationen weitergegeben werden müssen. Sie können diese Erklärungen bereits hier (I) oder später im Einzelfall (II) erteilen. Sie können Ihre Entscheidung jederzeit ändern. Bitte entscheiden Sie sich für eine der beiden nachfolgenden Möglichkeiten:

Möglichkeit I:

☐ Ich willige ein, dass die Versicherung ... – soweit es für die Risikobeurteilung oder für die Leistungsfallprüfung erforderlich ist – meine Gesundheitsdaten bei Ärzten, Pflegepersonen sowie bei Bediensteten von Krankenhäusern, sonstigen

Krankenanstalten, Pflegeheimen, Personenversicherern, gesetzlichen Krankenkassen, Berufsgenossenschaften und Behörden erhebt und für diese Zwecke verwendet. Ich befreie die genannten Personen und Mitarbeiter der genannten Einrichtungen von ihrer Schweigepflicht, soweit meine zulässigerweise gespeicherten Gesundheitsdaten aus Untersuchungen, Beratungen, Behandlungen sowie Versicherungsanträgen und -verträgen aus einem Zeitraum von bis zu zehn Jahren[272] vor Antragstellung an die Versicherung ... übermittelt werden.

Ich bin darüber hinaus damit einverstanden, dass in diesem Zusammenhang – soweit erforderlich – meine Gesundheitsdaten durch die Versicherung ... an diese Stellen weitergegeben werden und befreie auch insoweit die für die Versicherung ... tätigen Personen von ihrer Schweigepflicht.

Ich werde vor jeder Datenerhebung nach den vorstehenden Absätzen unterrichtet, von wem und zu welchem Zweck die Daten erhoben werden sollen, und ich werde darauf hingewiesen, dass ich widersprechen und die erforderlichen Unterlagen

selbst beibringen kann.[273]

Möglichkeit II:

☐ Ich wünsche, dass mich die Versicherung ... in jedem Einzelfall informiert, von welchen Personen oder Einrichtungen zu welchem Zweck eine Auskunft benötigt wird. Ich werde dann jeweils entscheiden, ob ich
– in die Erhebung und Verwendung meiner Gesundheitsdaten durch die Versicherung ... einwillige, die genannten Personen oder Einrichtungen sowie deren Mitarbeiter von ihrer Schweigepflicht entbinde und in die Übermittlung meiner Gesundheitsdaten an die Versicherung ... einwillige
– oder die erforderlichen Unterlagen selbst beibringe.

Mir ist bekannt, dass dies zu einer Verzögerung der Antragbearbeitung oder der Prüfung der Leistungspflicht führen kann. Soweit sich die vorstehenden Erklärungen auf meine Angaben bei Antragstellung beziehen, gelten sie für einen Zeitraum von fünf Jahren[274] nach Vertragsschluss. Ergeben sich nach Vertragsschluss für die Versicherung ... konkrete Anhaltspunkte[275] dafür, dass bei der Antragstellung vorsätzlich unrichtige oder unvollständige Angaben gemacht wurden und damit die Risikobeurteilung beeinflusst wurde, gelten die Erklärungen bis zu zehn Jahre nach Vertragsschluss.

---

[271] Wenn Unternehmen stets eine Einwilligung im Einzelfall einholen, wird Ziff. 2.1 gestrichen und der Erläuterungstext über dem grauen Kasten für die Einzelfalleinwilligung entsprechend angepasst.

[272] Entsprechend der Annahmepolitik der Versicherungsunternehmen kann für alle oder bestimmte Antragsfragen ein kürzerer Zeitraum zugrunde gelegt werden.

[273] Umsetzung der Unterrichtungs- und Hinweispflicht nach § 213 Abs. 2 S. 2 i.V.m. Abs. 4 VVG.

[274] Bei der privaten Krankenversicherung ist wegen § 194 Abs. 1 Satz 4 VVG eine Frist von drei Jahren einzusetzen. Bei vorsätzlichem Verhalten gilt auch für die PKV die Zehn-Jahresfrist.

[275] Anhaltspunkte für vorsätzlich falsche Angaben können sich etwa aus Unstimmigkeiten zwischen der Erkrankung und den Angaben im Antrag ergeben. Eine Überprüfung kann dann ergeben, dass es am Vorsatz fehlt und die Datenerhebung für den Betroffenen keine negativen Konsequenzen hat.

2.2. Erklärungen für den Fall Ihres Todes

Zur Prüfung der Leistungspflicht kann es auch nach Ihrem Tod erforderlich sein, gesundheitliche Angaben zu prüfen. Eine Prüfung kann auch erforderlich sein, wenn sich bis zu zehn Jahre nach Vertragsschluss für die Versicherung ... konkrete Anhaltspunkte dafür ergeben, dass bei der Antragstellung unrichtige oder unvollständige Angaben gemacht wurden und damit die Risikobeurteilung beeinflusst wurde. Auch dafür bedürfen wir einer Einwilligung und Schweigepflichtentbindung. Bitte entscheiden Sie sich für eine der beiden nachfolgenden Möglichkeiten:[276]

Möglichkeit I:

☐ Für den Fall meines Todes willige ich in die Erhebung meiner Gesundheitsdaten bei Dritten zur Leistungsprüfung bzw. einer erforderlichen erneuten Antragsprüfung ein wie im ersten Ankreuzfeld beschrieben (siehe oben 2.1. – Möglichkeit I).

Möglichkeit II:

☐ Soweit zur Prüfung der Leistungspflicht bzw. einer erforderlichen erneuten Antragsprüfung nach meinem Tod Gesundheitsdaten erhoben werden müssen, geht die Entscheidungsbefugnis über Einwilligungen und Schweigepflichtentbindungserklärungen auf meine Erben oder – wenn diese abweichend bestimmt sind – auf die Begünstigten des Vertrags über.

3. Weitergabe Ihrer Gesundheitsdaten und weiterer nach § 203 StGB geschützter Daten an Stellen außerhalb der Versicherung ...

Die Versicherung ... verpflichtet die nachfolgenden Stellen vertraglich auf die Einhaltung der Vorschriften über den Datenschutz und die Datensicherheit.[277]

3.1. Datenweitergabe zur medizinischen Begutachtung

Für die Beurteilung der zu versichernden Risiken und zur Prüfung der Leistungspflicht kann es notwendig sein, medizinische Gutachter einzuschalten. Die Versicherung ... benötigt Ihre Einwilligung und Schweigepflichtentbindung, wenn in diesem Zusammenhang Ihre Gesundheitsdaten und weitere nach § 203 StGB geschützte Daten übermittelt werden. Sie werden über die jeweilige Datenübermittlung unterrichtet.[278]

Ich willige ein, dass die Versicherung ... meine Gesundheitsdaten an medizinische Gutachter übermittelt, soweit dies im Rahmen der Risikoprüfung oder der Prüfung der Leistungspflicht erforderlich ist und meine Gesundheitsdaten dort zweckentsprechend verwendet und die Ergebnisse an die Versicherung ... zurück übermittelt werden. Im Hinblick auf meine Gesundheitsdaten und weitere nach § 203 StGB geschützte Daten entbinde ich die für die Versicherung ... tätigen Personen und die Gutachter von ihrer Schweigepflicht.

3.2. Übertragung von Aufgaben auf andere Stellen (Unternehmen oder Personen)

Die Versicherung ... führt bestimmte Aufgaben, wie zum Beispiel die Risikoprüfung, die Leistungsfallbearbeitung oder die telefonische Kundenbetreuung, bei denen es zu einer Erhebung, Verarbeitung oder

---

[276] Bei Abschnitt 2.2 ist es möglich, das zweite Ankreuzfeld nicht zu nutzen, sodass keine Wahlmöglichkeit besteht und nur das erste Feld angekreuzt werden kann. Der letzte erläuternde Satz vor dem grau unterlegten Feld entfällt dann. Wird das erste (einzige) Ankreuzfeld dann nicht angekreuzt, würde bei einer gerichtlichen Prüfung entweder eine andere Willenserklärung herangezogen (z.B. Testament) oder bei Fehlen einer solchen auf den mutmaßlichen Willen des Betroffenen abgestellt. Ein automatischer Übergang der höchstpersönlichen Verfügungsbefugnis auf Erben oder Bezugsberechtigte des Vertrags erfolgt regelmäßig nicht. Bei Anbieten einer echten Wahlmöglichkeit und einem vorliegenden Kreuz erscheint der Bestand der Erklärungen vor Gericht als wahrscheinlich, sodass die Bezugnahme auf den mutmaßlichen Willen in einem möglichen Zivilprozess nicht nötig erscheint.

[277] Die vertragliche Verpflichtung auf Einhaltung von Datenschutz und Datensicherheit auch für Stellen, die eigenverantwortlich Aufgaben übernehmen, ergibt sich aus Art. 21 Abs. 4 der GDV-Verhaltensregeln. Diese Verpflichtung wurde dort für die Funktionsübertragung an Dienstleister als *datenschutzrechtlicher Mehrwert* für die Betroffenen vereinbart. Rückversicherer werden nicht als Dienstleister des Erstversicherers im Sinne von Art. 21 angesehen, wenn sie den Erstversicherer im Rahmen von Rückversicherungsverträgen bei der Risiko- und Leistungsprüfung unterstützen. Sofern der Erstversicherer Rückversicherer außerhalb von Rückversicherungsverträgen als Dienstleister einsetzt und diese noch nicht vertraglich auf die Einhaltung von Datenschutz und Datensicherheit verpflichtet hat, ist dies nachzuholen.

[278] Die Unterrichtungspflicht wurde aufgenommen, um mehr Transparenz zu schaffen. Hierfür ist mitzuteilen, welche konkreten Daten, für welchen Zweck, an welche Stelle übermittelt werden sollen.

Nutzung Ihrer Gesundheitsdaten kommen kann, nicht selbst durch, sondern überträgt die Erledigung einer anderen Gesellschaft der ...Gruppe oder einer anderen Stelle. Werden hierbei Ihre nach § 203 StGB geschützten Daten weitergegeben, benötigt die Versicherung ... Ihre Schweigepflichtentbindung für sich und[279] soweit erforderlich für die anderen Stellen.[280]

Die Versicherung ... führt eine fortlaufend aktualisierte Liste[281] über die Stellen[282] und Kategorien von Stellen,[283] die vereinbarungsgemäß Gesundheitsdaten für die Versicherung ... erheben, verarbeiten oder nutzen unter Angabe der übertragenen Aufgaben. Die zurzeit gültige Liste ist als Anlage der Einwilligungserklärung angefügt.[284] Eine aktuelle Liste kann auch im Internet unter (Internetadresse) eingesehen oder bei (Ansprechpartner nebst Anschrift, Telefonnummer, ggf. E-Mailadresse) angefordert werden. Für die Weitergabe Ihrer Gesundheitsdaten an und die Verwendung durch die in der Liste genannten Stellen benötigt die Versicherung ... Ihre Einwilligung.

Ich willige ein,[285] dass die Versicherung ... meine Gesundheitsdaten an die in der oben erwähnten Liste genannten Stellen übermittelt und dass die Gesundheitsdaten dort für die angeführten Zwecke im gleichen Umfang erhoben, verarbeitet und genutzt werden, wie die Versicherung ... dies tun dürfte. Soweit erforderlich, entbinde ich die Mitarbeiter der ... Unternehmensgruppe und sonstiger Stellen[286] im Hinblick auf die Weitergabe von Gesundheitsdaten und anderer nach § 203 StGB geschützter Daten von ihrer Schweigepflicht.

3.3. Datenweitergabe an Rückversicherungen

Um die Erfüllung Ihrer Ansprüche abzusichern, kann die Versicherung ... Rückversicherungen einschalten, die das Risiko ganz oder teilweise übernehmen. In einigen Fällen bedienen sich die Rückversicherungen dafür weiterer Rückversicherungen, denen sie ebenfalls Ihre Daten[287] übergeben. Damit sich die Rückversicherung ein eigenes Bild über das Risiko oder den Versicherungsfall machen kann, ist es möglich, dass die Versicherung ... Ihren Versicherungsantrag oder Leistungsantrag der Rückversicherung vorlegt. Das ist insbesondere dann der Fall, wenn die Versicherungssumme besonders hoch ist oder es sich um ein schwierig einzustufendes Risiko handelt. Darüber hinaus ist es möglich, dass die Rückversicherung die Versicherung ... aufgrund ihrer besonderen Sachkunde bei der Risiko- oder Leistungsprüfung sowie bei der Bewertung von Verfahrensabläufen unterstützt. Haben Rückversicherungen die Absicherung des Risikos übernommen, können sie kontrollieren, ob die Versicherung ... das Risiko bzw. einen Leistungsfall richtig eingeschätzt hat. Außerdem werden Daten über Ihre bestehenden Verträge

---

[279] Der Satzteil „für sich und" ist nur für die Kranken-, Leben- und Unfallversicherung zu verwenden.

[280] Die Mitarbeiter anderer Stellen werden von ihrer Schweigepflicht entbunden, wenn sie ihrerseits im Rahmen der von ihnen zu erledigenden Aufgaben nach § 203 StGB geschützte Daten an den Versicherer oder an andere Stellen, wie z.B. mit der IT-Wartung beauftragte Subunternehmen weitergeben.

[281] In der Liste werden die Stellen und Kategorien von Stellen aufgezählt, die Gesundheitsdaten erheben, verarbeiten oder nutzen. Ebenfalls gemeint sind Stellen und Kategorien von Stellen, die einfache personenbezogene Daten, die nach § 203 StGB geschützt sind, wie z.B. die Information, dass ein Lebensversicherungsvertrag besteht, verwenden. Nicht gemeint sind Stellen, die im Rahmen der ihnen zugewiesenen Aufgaben keine Gesundheitsdaten verarbeiten, diese aber theoretisch einsehen können (Bsp. Personen oder Unternehmen, die mit der IT-Wartung betraut sind). In der Liste werden sowohl Dritte im datenschutzrechtlichen Sinn als auch Auftragsdatenverarbeiter, bei denen Abgrenzungsschwierigkeiten zur Funktionsübertragung bestehen, aufgenommen. Rückversicherer werden als Dienstleister des Erstversicherers angesehen, wenn sie ohne einen Rückversicherungsvertrag nur als Dienstleister des Erstversicherers tätig werden.

[282] Werden Aufgaben im Wesentlichen von einem Unternehmen an ein anderes Unternehmen der ...-Versicherungsgruppe oder an eine externe Stelle abgegeben, ist die andere Stelle namentlich anzugeben unter Bezeichnung der Aufgabe. Hierunter fallen z.B. Stellen, die Aufgaben Risikoprüfung, Leistungsfallbearbeitung oder Serviceleistung für das Unternehmen übernehmen.

[283] Fehlt es an einer systematischen automatisierten Datenverarbeitung, können die Stellen, an die Gesundheitsdaten weitergegeben werden bzw. die zur Erfüllung ihrer Aufgabe selbst Gesundheitsdaten erheben, in Kategorien zusammengefasst werden unter Bezeichnung der Aufgabe. Dies gilt auch für Stellen, die nur einmalig tätig werden, wie z.B. Krankentransporte.

[284] Die Liste der Dienstleister soll in der Form, in der die Einwilligungs- und Schweigepflichtentbindungserklärung erteilt wird, als Anlage mitgegeben werden.

[285] Die Einwilligung gilt in jedem Fall für die Datenübermittlung an eigenverantwortliche Dienstleister. Sie ist außerdem bei Abgrenzungsschwierigkeiten zwischen Auftragsdatenverarbeitung und Funktionsübertragung einzuholen. Das Einwilligungserfordernis gilt nicht, wenn es sich in Übereinstimmung mit der zuständigen Datenschutzaufsichtsbehörde um eine eindeutige Auftragsdatenverarbeitung handelt. In diesen Fällen sollte dennoch eine Schweigepflichtentbindung eingeholt werden.

[286] Der Passus „und sonstige Stellen" wird gestrichen, wenn keine schweigepflichtgebundenen Dienstleister und Auftragnehmer eingeschaltet sind.

[287] Sollen Gesundheitsdaten an den Rückversicherer des Rückversicherers übermittelt werden, ist eine spezielle Einwilligung zu prüfen.

und Anträge im erforderlichen Umfang an Rückversicherungen weitergegeben, damit diese überprüfen können, ob und in welcher Höhe sie sich an dem Risiko beteiligen können.[288] Zur Abrechnung von Prämienzahlungen und Leistungsfällen können Daten über Ihre bestehenden Verträge an Rückversicherungen weitergegeben werden. Zu den oben genannten Zwecken werden möglichst anonymisierte bzw. pseudonymisierte Daten, jedoch auch personenbezogene Gesundheitsangaben verwendet. Ihre personenbezogenen Daten werden von den Rückversicherungen nur zu den vorgenannten Zwecken verwendet. Über die Übermittlung Ihrer Gesundheitsdaten an Rückversicherungen werden Sie durch die Versicherung ... unterrichtet.[289]

Ich willige ein, dass meine Gesundheitsdaten – soweit erforderlich – an Rückversicherungen übermittelt und dort zu den genannten Zwecken verwendet werden. Soweit erforderlich, entbinde ich die für die Versicherung ... tätigen Personen im Hinblick auf die Gesundheitsdaten und weiteren nach § 203 StGB geschützter Daten von ihrer Schweigepflicht.

3.4. Datenaustausch mit dem Hinweis- und Informationssystem (HIS)[290]

Die Versicherungswirtschaft nutzt zur genaueren Risiko- und Leistungsfalleinschätzung das Hinweis- und Informationssystem HIS, das derzeit die informa Insurance Risk and Fraud Prevention GmbH (informa IRFP GmbH, Rheinstraße 99, 76532 Baden-Baden, www.informa-irfp.de) betreibt. Auffälligkeiten, die auf Versicherungsbetrug hindeuten könnten, und erhöhte Risiken kann die Versicherung ... an das HIS melden. Die Versicherung ... und andere Versicherungen fragen Daten im Rahmen der Risiko- oder Leistungsprüfung aus dem HIS ab, wenn ein berechtigtes Interesse besteht.[291] Zwar werden dabei keine Gesundheitsdaten weitergegeben, aber für eine Weitergabe Ihrer nach § 203 StGB geschützten Daten benötigt die Versicherung ... Ihre Schweigepflichtentbindung. Dies gilt unabhängig davon, ob der Vertrag mit Ihnen zustande gekommen ist oder nicht.

Ich entbinde die für Versicherung ... tätigen Personen von ihrer Schweigepflicht, soweit sie Daten aus der Antrags- oder Leistungsprüfung an den jeweiligen Betreiber des Hinweis- und Informationssystems (HIS) melden.

Sofern es zur Prüfung der Leistungspflicht erforderlich ist, können über das HIS Versicherungen ermittelt werden, mit denen Sie in der Vergangenheit in Kontakt gestanden haben, und die über sachdienliche Informationen verfügen könnten. Bei diesen können die zur weiteren Leistungsprüfung erforderlichen Daten erhoben werden (siehe unter Ziff. 2.1).

3.5. Datenweitergabe an selbstständige Vermittler

Die Versicherung ... gibt grundsätzlich keine Angaben zu Ihrer Gesundheit an selbstständige Vermittler weiter. Es kann aber in den folgenden Fällen dazu kommen, dass Daten, die Rückschlüsse auf Ihre Gesundheit zulassen, oder gemäß § 203 StGB geschützte Informationen über Ihren Vertrag Versicherungsvermittlern zur Kenntnis gegeben werden. Soweit es zu vertragsbezogenen Beratungszwecken erforderlich ist, kann der Sie betreuende Vermittler Informationen darüber erhalten, ob und ggf. unter welchen Voraussetzungen (z.B. Annahme mit Risikozuschlag, Ausschlüsse bestimmter Risiken) Ihr Vertrag angenommen werden kann. Der Vermittler, der Ihren Vertrag vermittelt hat, erfährt, dass und mit welchem Inhalt der Vertrag abgeschlossen wurde. Dabei erfährt er auch, ob Risikozuschläge oder Ausschlüsse bestimmter Risiken vereinbart wurden. Bei einem Wechsel des Sie betreuenden Vermittlers auf einen anderen Vermittler kann es zur Übermittlung der Vertragsdaten mit den Informationen über bestehende Risikozuschläge und Ausschlüsse bestimmter Risiken an den neuen Vermittler kommen. Sie werden bei einem Wechsel des Sie betreuenden Vermittlers auf einen anderen Vermittler vor der Weitergabe von Gesundheitsdaten informiert sowie auf Ihre Widerspruchsmöglichkeit hingewiesen.

---

[288] Für die Kumulkontrolle ist eine Schweigepflichtentbindung erforderlich, da nach § 203 StGB geschützte Daten weitergegeben werden, jedoch keine Gesundheitsdaten.

[289] Die Unterrichtungspflicht des Erstversicherers ersetzt die anderenfalls von den Datenschutzbehörden geforderte ausführliche Erklärung entsprechend dem Baustein 2.1. zur Erhebung von Gesundheitsdaten bei Dritten. Zu unterrichten ist über die konkret übermittelten Daten, den Zweck der Übermittlung und den Empfänger der Daten.

[290] Da keine einwilligungsbedürftigen besonderen Arten personenbezogener Daten (Gesundheitsdaten) an das HIS gemeldet werden, betrifft die Schweigepflichtentbindung nur die nach § 203 StGB geschützten Daten, hier etwa die Tatsache, dass ein Versicherungsvertrag besteht. Da nur die Sparten Unfall und Leben von § 203 Abs. 1 Nr. 6 StGB erfasst werden und mit dem HIS arbeiten, ist der Passus für die anderen Sparten zu streichen. Im Fall der Nutzung ist die Information des Versicherungsnehmers über das Hinweis- und Informationssystem dann in anderer Weise sicherzustellen. Soweit Gesundheitsdaten im Leistungsfall im Rahmen der Detailanfrage ausgetauscht werden, gelten die Einwilligungserklärungen unter 2.1.

[291] Ein berechtigtes Interesse für die Abfrage zum Zweck der Risiko- und Leistungsprüfung ist stets gegeben mit Ausnahme des Erlebensfalls in der Lebensversicherung.

Ich willige ein, dass die Versicherung ... meine Gesundheitsdaten und sonstigen nach § 203 StGB geschützten Daten in den oben genannten Fällen – soweit erforderlich – an den für mich zuständigen selbstständigen Versicherungsvermittler übermittelt und diese dort erhoben, gespeichert und zu Beratungszwecken genutzt werden dürfen.

4. Speicherung und Verwendung Ihrer Gesundheitsdaten, wenn der Vertrag nicht zustande kommt[292]

Kommt der Vertrag mit Ihnen nicht zustande, speichert die Versicherung ... Ihre im Rahmen der Risikoprüfung erhobenen Gesundheitsdaten für den Fall, dass Sie erneut Versicherungsschutz beantragen. Außerdem ist es möglich, dass die Versicherung ... zu Ihrem Antrag einen Vermerk an das Hinweis- und Informationssystem meldet, der an anfragende Versicherungen für deren Risiko- und Leistungsprüfung übermittelt wird (siehe Ziffer 3.4.). Die Versicherung ... speichert Ihre Daten auch, um mögliche Anfragen weiterer Versicherungen beantworten zu können. Ihre Daten werden bei der Versicherung ... und im Hinweis- und Informationssystem bis zum Ende des dritten Kalenderjahres nach dem Jahr der Antragstellung[293] gespeichert.

Ich willige ein, dass die Versicherung ... meine Gesundheitsdaten – wenn der Vertrag nicht zustande kommt – für einen Zeitraum von drei Jahren ab dem Ende des Kalenderjahres der Antragstellung zu den oben genannten Zwecken speichert und nutzt.[294]

Ort, Datum	Unterschrift Antragsteller/in oder mitzuversichernde Person
Ort, Datum	Unterschrift gesetzlich vertretene Person (bei Vorliegen der erforderlichen Einsichtsfähigkeit, frühestens ab Vollendung des 16. Lebensjahres)
Ort, Datum	Unterschrift des gesetzlichen Vertreters

117 Diese vom Gesamtverband der deutschen Versicherungswirtschaft **unverbindlich empfohlenen allgemeinen Muster** für die Einholung von pauschalen Einwilligungs- und Schweigepflichtentbindungserklärungen der Lebens-, Kranken- und Unfallversicherung halten auch der Entscheidung des BVerfG vom 17.7.2013[295] stand. Sie entsprechen den Anforderungen, die das Bundesverfassungsgericht bereits mit Beschluss vom 23.10.2006[296] formulierte sowie § 213. Entscheidend ist, dass die pauschalen Einwilligungs- und Schweigepflichtentbindungserklärungen in den Musterklauseln ausdrücklich nur die Erhebung der für die Risiko- oder Leistungsprüfung erforderlichen Daten erlauben. Welche dies sind, ist in den unternehmensindividuellen Unterrichtungen mit Hinweis auf die Widerspruchsmöglichkeit, die gemäß § 213 unmittelbar vor Datenerhebung erfolgen müssen, zu beschreiben.

118 Die Einwilligung folgt den aus den in den GDV-Verhaltensregeln entwickelten Grundsätzen: Stützt der Versicherer gemäß Art. 5 Abs. 1 die Erhebung, Verarbeitung oder Nutzung personenbezogener Daten, insbesondere Daten über die Gesundheit, auf eine Einwilligung sowie – soweit erforderlich – auf eine Schweigepflichtentbindungserklärung der Betroffenen, hat er sich zu stellen, dass diese auf der freien Entscheidung der Betroffenen beruht, wirksam und nicht widerrufen ist. Gemäß Art. 5 Abs. 4 stellt das einholende Unternehmen bzw. der die Einwilligung einholende Vermittler sicher und dokumentiert, dass die Betroffenen zuvor über die verantwortliche(n) Stelle(n), den Umfang, die Form und den Zweck der Datenerhebung, -verarbeitung oder -nutzung sowie die Möglichkeit der Verweigerung und die Widerruflichkeit der Einwilligung und deren Folgen informiert sind.

---

[292] Der Passus ist zu streichen, wenn eine Speicherung von Antragsdaten bei Nichtzustandekommen des Vertrags nicht erfolgt. Daten über nicht zustande gekommene Verträge sind bei dem Versicherungsunternehmen spätestens drei Jahre gerechnet vom Ende des Kalenderjahres nach Antragstellung zu löschen. Auch im Hinweis- und Informationssystem werden diese Daten entsprechend gelöscht. Gesetzliche Aufbewahrungspflichten oder -befugnisse bleiben hiervon unberührt. Werden Schadensersatzansprüche gegen das Unternehmen geltend gemacht oder bei Prüfungen durch Behörden kann sich eine längere Aufbewahrung rechtfertigen.
[293] Es zählt das Datum der Unterschrift im Antrag.
[294] Die Nutzung ist nur zu eigenen Zwecken des Versicherers zulässig. Die Übermittlung an ein anderes Unternehmen ist nur auf der Basis einer von diesem einzuholenden Einwilligung/Schweigepflichtentbindung nach Ziffer 2.1. zulässig.
[295] BVerfG VersR 2013, 1425 ff. = JZ 2013, 1156 ff. mAnm *Armbrüster*.
[296] BVerfG VersR 2006, 1669 ff. = ZfS 2007, 34 ff. mAnm *Rixecker*.

Das Verhältnis der Einwilligung gemäß § 213 zur Einwilligung des Patienten gemäß § 17c **119** KHG gegenüber einem Krankenhaus ist noch klärungsbedürftig. Die bloße Entgegennahme von Gesundheitsdaten nach § 17c KHG dürften dort abschließend geregelt sein, d.h. hierfür würde dann die dem Krankenhaus nach § 17c KHG erteilte Einwilligung reichen. Erhebt der Versicherer weitere Gesundheitsdaten, bedarf er demgegenüber der Einwilligung nach § 213. Ob Nachfragen zu nach § 17c KHG erhaltenen Daten noch zur Datenentgegennahme nach § 17c KHG gehören oder schon selbst den Beginn einer eigenständigen Gesundheitsdatenerhebung nach § 213 darstellen, dürfte vom Einzelfall abhängen. Bloße Nachfragen zu dem Grunde nach bereits erteilten Daten sind sicher reine Präzisierungen. Je weiter sich die Nachfrage von den bisher übermittelten Daten entfernt, desto eher spricht dies dafür, dass es sich um eine eigenständige Gesundheitsdatenerhebung des Versicherers handelt, welche der Einwilligung nach § 213 bedarf. Bloße Mitteilungen, die nicht auf eine Datenerhebung abzielen, könnten aber ggf. noch als Kehrseite der Entgegennahme von Gesundheitsdaten nach § 17c KHG aufgefasst werden. In Zweifelsfällen verbleibt auch die Möglichkeit, auf den Versicherungsnehmer einzuwirken, die erforderlichen Daten nachzuliefern.

VII. Unterrichtungspflicht

Die betroffene Person ist nach § 213 Abs. 2 S. 2 „vor der Erhebung" zu unterrichten und kann **120** in diesen Fällen seine Erklärung widerrufen. Dies gilt für alle nach Abs. 1 zu erhebenden Daten.[297] Die Unterrichtung muss die betroffene Person in die Lage versetzen, sich ein zutreffendes Bild über **Umfang und Tragweite der Datenerhebung** zu machen und eine Entscheidung über die Ausübung ihres Widerspruchsrechts zu treffen. Sie muss daher so rechtzeitig erfolgen, dass die realistische Möglichkeit besteht, das Widerspruchsrecht noch auszuüben.[298] An die Unterrichtung sind daher vergleichbare Anforderungen zu stellen, wie an eine konkrete Einwilligung. So müssen der Dritte, bei dem die Daten erhoben werden sollen, die zu erhebenden Daten und der Zweck der Erhebung möglichst genau bezeichnet werden. Daten, die der Versicherer noch nicht kennt, muss er nur ihrer Art nach beschreiben.

Der Versicherer muss den Versicherungsnehmer auch über die Möglichkeit eines gestuften **121** Vorgehens bei der Datenerhebung unterrichten. Fehlt ein solcher Hinweis, so dürfen die erlangten Daten grds. nicht verwendet werden. Etwas anderes gilt ausnahmsweise, wenn der Versicherungsnehmer unzweifelhaft zum Ausdruck bringt, er werde eine Mitwirkung und Kooperation unterlassen.[299]

Auch wenn Versicherungsnehmer eine allgemeine Schweigepflichtentbindung erteilt, ohne dass **122** der Versicherer dies verlangt hätte, muss der Versicherer den Versicherungsnehmer bei Erhebung von Gesundheitsdaten darüber unterrichten, dass eine Erhebung erfolgt und er dieser trotz allgemeiner Schweigepflichtentbindungserklärung widersprechen kann.[300]

Über den **Umfang der Unterrichtungspflicht** schweigt sich § 213 aus. Hier muss daher auf **123** die vom BVerfG zur Schweigepflichtbindung entwickelten,[301] und vom BGH weiter ausgeformten,[302] Grundsätze zurückgegriffen werden. Der Versicherer ist demnach gehalten, dem Versicherungsnehmer gegenüber seine Auskunftswünsche derart vorzugeben, dass dieser daraus ohne weiteres eine zumindest **grobe Konkretisierung der Auskunftsgegenstände** ableiten kann.[303] Dem Versicherungsnehmer muss deutlich gemacht werden, in welchem Umfang eine Datenerhebung erfolgen wird, sodass er sehenden Auges seine Daten preisgibt.[304]

Eine weitere Konkretisierung ergibt sich aus **Artikel 5 Abs. 4 der GDV-Verhaltensregeln.** **124** Das einholende Unternehmen bzw. der die Einwilligung einholende Vermittler stellt demnach sicher und dokumentiert, dass die Betroffenen zuvor über die verantwortliche(n) Stelle(n), den Umfang, die Form und den Zweck der Datenerhebung, -verarbeitung oder -nutzung sowie die Möglichkeit der Verweigerung und die Widerruflichkeit der Einwilligung und deren Folgen informiert sind.

Die Unterrichtung ist entbehrlich, wenn die Betroffene in die einzelne Erhebung gemäß § 213 **125** Abs. 3 – sachlich, persönlich und zeitlich auf diese einzelne Erhebung beschränkt – eingewilligt hat. Denn hier bedarf es keiner Bewusstseinsmachung und Revision seiner Einwilligungsentscheidung, da diese aktuell getroffen wird.[305]

---

[297] *Marlow/Spuhl* S. 293.
[298] *Fricke* VersR 2009, 297 (298); s. hierzu unten → Rn. 130.
[299] BGH NJW 2017, 1391 (1396).
[300] BGH NJW 2017, 3235 (3237).
[301] *Armbrüster* JZ 2013, 1158 (1161).
[302] *Spreckelsen* VK 2019, 183 (184).
[303] BVerfG VersR 2013, 1425 ff. = NJW 2013, 3086 ff. = JZ 2013, 1156 ff. mAnm *Armbrüster*.
[304] *Spuhl* in BeckOK VVG § 213 Rn. 2.
[305] Ähnlich *Muschner* in HK-VVG § 213 Rn. 34.

126 Eine **Unterrichtung im Antragsformular** kann genügen, solange es sich um die Erhebung von Gesundheitsdaten zum Zwecke der Antragsprüfung handelt und die Datenerhebung – wie üblich – in engem zeitlichem Zusammenhang mit der Antragstellung folgt. Die im Antragsformular enthaltene Einwilligung hat hier einen Doppelcharakter: zum einen ist sie pauschale Einwilligung in die zukünftige Erhebung von Gesundheitsdaten im Leistungsfall; auf der anderen Seite wird das konkrete Einverständnis in die sofortige Überprüfung der Gesundheitsangaben bei den bezeichneten Stellen zum Zwecke des Vertragsschlusses zum Ausdruck gebracht. Ein Hinweis im Antragsformular, dass bei den angegebenen Ärzten etc. seine Gesundheitsdaten zum Zwecke der Risikoprüfung erhoben werden, reicht aus. Die nochmalige gesonderte Unterrichtung wäre unnötige Bürokratie und Förmelei, ohne dass der Betroffene davon einen Mehrwert hätte. Er wird im Gegenteil ein hohes Interesse an einer baldigen Vertragsentscheidung des Versicherers haben. Im Leistungsfalle oder bei der Erhebung von Gesundheitsdaten bei Stellen, die der Versicherungsnehmer im Antrag nicht angegeben hat, verbleibt es jedoch bei einer Unterrichtung vor der konkreten Maßnahme. Denn die Entscheidung des Betroffenen über die Datenerhebung bedarf hier der Aktualisierung.

127 Dem Betroffenen muss nach Unterrichtung ausreichend Zeit eingeräumt werden, um sich für oder gegen die Wahrnehmung des Widerspruchsrechts zu entscheiden. Zwischen der Unterrichtung über die Absicht der Datenerhebung und der konkreten Datenerhebung erscheint ein Zeitraum von **einer Woche** nach Absendung der Unterrichtung als ausreichend.[306] Hierfür entscheidend sind die Dauer der Übermittlung der Unterrichtung, die Bearbeitungs- und Überlegungszeit des Betroffenen sowie die Übermittlungszeit für den eventuellen Widerspruch. Die reguläre Postlaufzeit für inländische Briefsendungen beträgt grundsätzlich einen Werktag. Die **Deutsche Post AG** hat gemäß § 2 Nr. 3 S. 1 Post-Universaldienstleistungsverordnung (PUDLV) verpflichtet sicherzustellen, dass aufgegebene Inlandssendungen im gesamten Bundesgebiet im Jahresdurchschnitt mindestens zu 80% am ersten und zu 95% am zweiten Werktag nach der Einlieferung ausgeliefert werden. Diese Quoten lassen die Einhaltung der normalen Postlaufzeiten erwarten. Ohne konkrete Anhaltspunkte, z.B. Vorliegen von Sonn- oder Feiertagen bzw. geplante Streiks seitens der Briefzusteller Unternehmen, kann auf die Einhaltung der **normalen Postlaufzeit** vertraut werden.[307] Eine Anknüpfung an die zweiwöchige Widerspruchsfrist in § 8 (bzw. vierwöchige Frist nach § 152 Abs. 1 für die Lebensversicherung), erschiene hingegen zu lang, weil diese Frist zur Prüfung eines gesamten Vertrages bemessen ist.[308] Die Entscheidung, ob der Erhebung von Gesundheitsdaten widersprochen werden soll, ist zwar datenschutzrechtlich bedeutungsvoll, demgegenüber aber weniger komplex und zügig zu treffen. Es wird sich in der Regel um eine **ad hoc Entscheidung des Betroffenen** handeln, dessen Interesse an einer zügigen Leistungsbearbeitung besteht.

128 Wurde die Datenerhebung über einen Auftragsdatenverarbeiter organisiert, treffen den Versicherer weiterhin Unterrichtungs- und Hinweispflichten in vollem Umfange. Das heißt: Bei pauschaler Einwilligung muss der Versicherer den Betroffenen gemäß § 213 Abs. 2 S. 1 unterrichten, ohne pauschale Einwilligung muss eine Einzeleinwilligung beim Betroffenen eingeholt werden.

129 Nach seinem Tode kann der Betroffene nicht mehr unterrichtet werden, auch insofern erlischt sein Recht auf informationelle Selbstbestimmung mit dem Tode.[309] Daher kommt auch eine Unterrichtung anderer, zB Angehöriger gemäß § 213 nicht mehr in Betracht.

VIII. Widerspruchsrecht

130 Nach § 213 Abs. 2 S. 2 Hs. 2 kann die betroffene Person der Erhebung ganz oder teilweise[310] widersprechen. Der Widerspruch ist eine empfangsbedürftige Willenserklärung. Die Beweislast für den rechtzeitigen Zugang liegt beim Versicherungskunden.

131 Gemäß **Art. 5 Abs. 4 der GDV-Verhaltensregeln** können die Einwilligung und die Schweigepflichtentbindung jederzeit mit Wirkung für die Zukunft widerrufen werden. Die in den GDV-Verhaltensregeln von 2012 ursprünglich vorgesehene Möglichkeit, das Widerspruchsrecht gemäß Artikel 5 Abs. 3 aF nach **Treu und Glauben** auszuschließen, wenn die Einwilligung zur Leistungsabwicklung notwendig ist, findet sich in den neuen GDV-Verhaltensregeln richtigerweise nicht wieder. Zutreffender Weise muss der Versicherungsnehmer auch in diesem Falle in Ausübung seines informationellen Selbstbestimmungsrechts sein Widerspruchsrecht ausüben und auf andere Arten der Daten-

---

[306] Wie hier zB *Neuhaus/Kloth* NJW 2009, 1707 (1709); *Wendt* in Staudinger/Halm/Wendt VVG § 213 Rn. 25; zu lang: *Eichelberg* in Looschelders/Pohlmann VVG VVG § 213 Rn. 10; *Muschner* in HK-VVG VVG § 213 Rn. 34 „zwei Wochen".
[307] BGH VersR 2005, 1553 = NJW-RR 2004, 1217.
[308] So auch: *Neuhaus/Kloth* NJW 2009, 1707 (1709); aA *Fricke* VersR 2009, 297 (298).
[309] OLG Saarbrücken ZfS 2013, 224; vgl. oben → Rn. 41.
[310] *Fricke* VersR 2009, 297 (298).

beschaffung ausweichen können, möglicherweise dann aber um den Preis, dass sein Leistungsanspruch nicht fällig wird, wie es in Art. 5 Abs. 3 S. 2 alternativ angeboten wird.[311]

Für die Ausübung des Widerspruchsrechts sieht § 213 **keine zeitliche Befristung** vor. Allerdings muss dem Betroffenen bei Unterrichtung gemäß § 213 Abs. 2 S. 2 eine Überlegungsfrist für die Ausübung seines Widerspruchsrechts gegeben werden, um das Widerspruchsrecht nicht leerlaufen zu lassen. Hierbei ist zu berücksichtigen, dass der Betroffene zwar einerseits ausreichend Zeit für seinen informationellen Selbstschutz haben muss, andererseits aber ebenfalls Interesse an einer schnellen Antrags- oder Leistungsprüfung hat. **132**

Ein endloses Widerspruchsrecht wäre sachwidrig. Es liegt auf der Hand, dass der Betroffene die Ausübung des Widerspruchs dann im Nachhinein davon abhängig machen kann, ob ihm die Leistungsentscheidung des Versicherers zusagt. Dafür jedoch sind die Rechtsfolgen für die dann schon erfolgte Datenerhebung zu einschneidend. Regelmäßig wird der **Widerspruch** daher **umgehend** auszusprechen sein. Spätestens mit der konkreten Datenerhebung ist das nicht ausgeübte Widerspruchsrecht – bezogen auf diese bereits erhobenen Daten – dann gegenstandslos. Für die Zukunft verhindert ein hiernach ausgesprochener Widerspruch allerdings weitere Datenerhebungen, solange nicht erneut Einwilligungen im Einzelfalle erteilt werden. **133**

Der Versicherer hat vor Datenerhebung und vor der eigentlichen Leistungsentscheidung ein nachvollziehbares Interesse daran, Klarheit über die Zulässigkeit der Datenerhebung zu erhalten. Deshalb muss es ihm möglich sein, eine angemessene **Frist** vorzugeben, nach deren Ablauf er den Erhebungsprozess startet und die den Interessen beider Vertragspartner gerecht wird.[312] Die Frist bewegt sich zweckmäßiger Weise innerhalb des Zeitraums, der zwischen Unterrichtung und Erhebung für angemessen erachtet wird und beträgt damit weniger als eine Woche.[313] Der Rechtssicherheit dient die Festlegung eines bestimmten Datums, bis zu dem der Widerspruch beim Versicherungsunternehmen eingegangen sein muss. Auf die Widerspruchsfrist ist gemäß § 213 Abs. 4 ebenfalls hinzuweisen. **134**

Eine Ausschlussfrist zur Ausübung des Widerspruchs setzt zwingend eine ordnungsgemäße Unterrichtung voraus.[314] Unterbleibt diese oder ist sie fehlerhaft, wird die Frist nicht in Gang gesetzt. Der Versicherer läuft dann Gefahr, unzulässig Daten zu erheben. **135**

D. Rechtsfolgen

Für **Altverträge** gilt § 213 als versicherungsvertragsrechtliche Sonderregelung entsprechend den Übergangsvorschriften der VVG-Reform ab 2009 (vgl. Art. 1 EGVVG).[315] Die Grundsätze des BVerfG-Beschlusses vom 23.10.2006[316] sind bereits vor diesem Zeitpunkt zu beachten. Altklauseln zur Schweigepflichtentbindung behalten als pauschale Einwilligung in die Erhebung von Gesundheitsdaten Bedeutung, unterliegen ab 2009 indes der Unterrichtungspflicht nach § 213. Sie sind also fortan verfassungskonform anzuwenden. Die ordnungsgemäße Unterrichtung im Leistungsfalle gibt dem Betroffenen ausreichend Möglichkeit, sich seine ursprüngliche Einwilligung bewusst zu machen und ggfs. zu korrigieren. Damit bleibt er – wie verfassungsrechtlich gefordert – Herr seiner Daten. Alternativ ist für die Versicherer bei Altverträgen zu erwägen, ob im Leistungsfalle eine neue Einwilligung nach den Grundsätzen des § 213, sei es als neue pauschale oder als Einzeleinwilligung, eingeholt wird. **136**

Verfährt der Versicherer auf der Basis einer vorab erteilten Pauschaleinwilligung hat er nach der Entscheidung des BVerfG vom 17.7.2013[317] das Auskunftsverlangen entsprechend zu **konkretisieren**. Das Gleiche gilt, wenn er aufgrund einer Einzelfalleinwilligung verfährt, oder den Versicherungsnehmer auffordert, die Daten selbst beizubringen.[318] Im Zweifel muss zwischen Versicherungsnehmer und Versicherer im Dialog ermittelt werden, welche Daten zur Abwicklung des Versicherungsfalls erforderlich sind.[319] **137**

---

[311] S. hierzu unten → Rn. 122 ff.
[312] So auch *Muschner* in HK-VVG VVG § 213 Rn. 34.
[313] Vgl. hierzu oben → Rn. 132.
[314] Vgl. hierzu oben → Rn. 130 ff.
[315] *Muschner* in HK-VVG § 213 Rn. 44; *Wendt* in Staudinger/Halm VVG § 213 Rn. 5; aA *Höra* r+s 2008, 89 (93): „Geltung der Vorschrift enthaltenen Grundsätze uneingeschränkt auch bei Altverträgen".
[316] BVerfG VersR 2006, 1669.
[317] BVerfG VersR 2013, 1425 ff. = NJW 2013, 3086 ff. = JZ 2013, 1156 ff. mAnm *Armbrüster*.
[318] *Armbrüster* JZ 2013, 1161.
[319] BVerfG VersR 2013, 1425 ff. = NJW 2013, 3086 ff. = JZ 2013, 1156 ff. mAnm *Armbrüster*.

138 Nach wie vor kann der Versicherer zur Klärung der Leistungspflicht die seiner Ansicht nach[320] notwendigen Nachweise verlangen. Dem Versicherungskunden drohen hier sowohl bei Antragstellung als auch bei Leistungsinanspruchnahme Nachteile, wenn er diese Nachweise nicht erbringt.

139 Lehnt der Betroffene eine Gesundheitsdatenerhebung im Zusammenhang mit der Prüfung des **Versicherungsantrags** ab, kommt regelmäßig die **Ablehnung des Antrags** in Betracht.[321]

140 Die Rechtsfolgen einer **gänzlichen Verweigerung von Informationen im Leistungsfalle** sind in § 213 nicht geregelt. Im Grundsatz bedeutet sie einen faktischen Verzicht auf den Leistungsanspruch.[322] Denn auch bei Informationsverweigerung oder Widerruf der ursprünglich erteilten Einwilligung im Leistungsfalle darf der Schweigende nicht geschützt werden.

141 Bei fehlender Informationsbeschaffung treten die **Voraussetzungen für die Fälligkeit des Versicherungsanspruchs** nicht ein,[323] wenn entgegen § 14 VVG die notwendigen Erhebungen zur Feststellung des Versicherungsfalles und des Umfanges der Leistung nicht durchgeführt werden können.[324] Diese können auch vorvertragliche Gesundheitsdaten umfassen.[325] Denn Erhebungen nach § 14 erstrecken sich auf die Leistungspflicht selbst, also auch die Voraussetzungen des Bestehens von Lösungsrechten.[326] Daher kann die Prüfung des Leistungsfalles erst dann als abgeschlossen gelten, wenn der Versicherer seine Ermittlungen auch im Hinblick auf mögliche vorvertragliche Anzeigepflichtverletzungen iSd § 19 abgeschlossen hat.[327] Auch gemäß **Art. 5 Abs. 4 GDV-Verhaltensregeln** führt ein Widerruf bei notwendiger Mitwirkung des Versicherungsnehmers bei der Leistungsprüfung dazu, „dass die Leistung nicht erbracht werden kann".

142 In diesem vorgenannten Sinne ist **Art. 15 GDV-Verhaltensregeln** zu verstehen, wonach der Versicherer bei Aufklärung von Widersprüchlichkeiten ergänzende Datenerhebungen vornehmen kann, die sich auch auf die beim Antrag gemachten Angaben beziehen, mithin auf Daten, die den vorvertraglichen Bereich betreffen.[328]

143 Insbesondere dann, wenn sich der Versicherer aus anderen Gründen die Frage nach einer Vertragsauflösung stellt oder im Rückforderungsfalle[329] hilft die Konstruktion fehlender Fälligkeit gemäß § 14 nicht weiter. Es stellt sich dann die Frage, ob die **verweigerte Mitwirkung** des Versicherungsnehmers im Leistungsfalle zudem eine **Obliegenheitsverletzung** darstellen kann. Hierbei ist zu differenzieren.[330] Der Schutz des Rechts auf informationelle Selbstbestimmung, den § 213 allein bezweckt, ist strikt von den sonstigen Auskunfts- bzw. Mitwirkungsverpflichtungen des VVG zu trennen. Die Inanspruchnahme der dem Betroffenen in § 213 zugesprochenen Selbstschutzrechte selbst kann keine Obliegenheitsverletzung darstellen.[331] Denn dies liefe auf die Aushöhlung des verfassungsrechtlichen Grundsatzes des Rechts auf informationelle Selbstbestimmung hinaus. Es ist aber zu berücksichtigen, dass § 213 allein **Schutz vor einer unkontrollierten Erhebung personenbezogener Gesundheitsdaten** gewährt und umgekehrt **keinen Anspruch auf die vertragliche Leistung im Falle der Nichtmitwirkung** verschafft.[332] Damit schließt § 213 die Anwendbarkeit der allgemeinen gesetzlichen Obliegenheitsvorschriften im Übrigen sowie die Vereinbarung entsprechender vertraglicher Obliegenheiten nicht aus.

144 Missverständlich ist insoweit die Regelung in **Art. 5 Abs. 3 S. 2 GDV-Verhaltensregeln**, wonach ein Widerruf, sofern die Einwilligung zur Durchführung des Vertrages oder der Schadensabwicklung erforderlich ist, **nach den Grundsätzen von Treu und Glauben ausgeschlossen** ist oder dazu führt, dass die Leistung nicht erbracht werden kann. Richtigerweise wird man die Ausübung des Widerrufs nicht ausschließen, sondern nur als fehlende Fälligstellung des Anspruchs werten können, wenn die verlangte Information nicht auf andere Weise erbracht wird.

---

[320] BGH r+s 2006, 185 (186); *Prölss* in Prölss/Martin VVG § 31 Rn. 7; *ders.* ALB § 9 86 Rn. 5; aA *Klär* in Schwintowski/Brömmelmeyer/Ebers VVG § 213 Rn. 22.

[321] *Höra* r+s 2008, 89 (93); *Neuhaus/Kloth* NJW 2009, 1707 (1709); *Rixecker* in Langheid/Rixecker VVG § 213 Rn. 19; *Fricke* VersR 2009, 297 (301).

[322] BVerfG VersR 2006, 1669 ff. = ZfS 2007, 34 ff. mAnm *Rixecker*.

[323] *Höra* r+s 2008, 89 (93); OLG Hamburg VersR 2010, 749 ff.; LG Berlin VersR 2014, 230 ff. (nicht rk.); KG VersR 2014, 1191; ferner: OLG München VersR 2013, 169 ff.

[324] *Marlow/Spuhl* S. 294; *Höra* r+s 2008, 89 (93); *Voit* in Prölss/Martin VVG § 213 Rn. 58; *Fricke* VersR 2009, 297 (302); OLG Hamburg VersR 2010, 319; LG Berlin VersR 2014, 230 ff.; KG VersR 2014, 1191.

[325] BGH NJW 2017, 1391.

[326] *Rixecker* in Langheid/Rixecker VVG § 213 Rn. 19; OLG München VersR 2013, 169 ff.; OLG Hamburg VersR 2010, 749 ff. m. zust. Anm. *Schulze*; LG Berlin VersR 2014, 230 ff.; KG VersR 2014, 1191.

[327] *Schulze* VersR 2010, 750.

[328] Vgl. oben → Rn. 78 ff.

[329] *Rixecker* in Langheid/Rixecker VVG § 213 Rn. 22.

[330] Vgl. auch: *Voit* in Prölss/Martin VVG § 213 Rn. 55.

[331] So auch: *Marlow/Spuhl* S. 294; *Voit* in Prölss/Martin VVG § 213 Rn. 54 ff.; ähnlich *Mangen* in Beckmann/Matusche-Beckmann VersR-HdB § 47 Rn. 146; *Höra* r+s 2008, 89 (93); *Britz*, S. 211 ff.

[332] Vgl. KG VersR 2014, 1191 (1193); aA wohl: *Egger* VersR 2012, 810 (814).

Entscheidet sich der Versicherungsnehmer in Ausübung seines Rechts auf informationelle **145** Selbstbestimmung gegen eine Mitwirkung nach § 213, entbindet ihn dies selbstverständlich nicht von einer substantiierten Darlegung des Versicherungsfalles und seiner Mitwirkungspflichten bei der Prüfung des Versicherungsfalles.[333] Ihm obliegt weiterhin die Pflicht, zweckmäßige Erhebungen des Versicherers auf sonstige Weise zu unterstützen, also das „Ob" der Auskunftsverpflichtung, das im Wesentlichen vom Versicherer zu konkretisieren ist.[334] Das informationelle Selbstbestimmungsrecht des Versicherungsnehmers erlaubt diesem allein eine Entscheidung über das „Wie", dh die Kontrolle über den Informationsfluss zwischen den Auskunft gebenden Stellen und dem Versicherer.[335] **§ 31 VVG bleibt daher anwendbar** und ist bei der Erhebung von Gesundheitsdaten lediglich **in verfassungsrechtlich konformer Auslegung** mit Blick auf § 213 und das dort zum Ausdruck gekommene Recht auf informationelle Selbstbestimmung **im Anwendungsbereich zu reduzieren**.[336] Der Versicherungsnehmer bleibt **in vollem Umfange auskunftspflichtig,** mag er sich hierzu einer anderen Methode bedienen als derjenigen, die in § 213 ihre Regelung gefunden hat.

Der **Mangel der Nichtmitwirkung ist heilbar,** wenn sich der Versicherungsnehmer später **146** doch zur Einwilligung entschließt, wobei dann allerdings Bedenken bestünden, bereits erhobene Daten verwenden zu dürfen. Der Wortlaut der Vorschrift („vor ... Erhebung") spricht dafür, nach letztendlich erfolgter korrekter Einwilligung eine rechtmäßige Erhebung nachholen zu müssen.

Der Versicherungsnehmer verstößt nach Verweigerung einer Einwilligung in die Datenerhebung oder deren Widerruf **nur dann** – dann allerdings auch regelmäßig vorsätzlich[337] – gegen ihm **147** obliegende gesetzliche Auskunftsobliegenheiten und Mitwirkungspflichten, **wenn er die Informationen nicht auf andere Art und Weise zur Verfügung stellt.** Infolgedessen wird der Versicherer leistungsfrei,[338] zumindest solange die verweigerte Mitwirkung des Versicherungsnehmers kausal die ordnungsgemäße Leistungsbestimmung durch den Versicherer verhindert. Obliegenheitsverletzungen im leicht fahrlässigen Bereich erscheinen angesichts der zwingend vorgeschalteten Unterrichtung als kaum in der Praxis vorstellbar, so dass der Versicherungsnehmer, der an der Datenerhebung nicht mitwirkt, einen **faktischen temporären Verzicht auf seinen Leistungsanspruch** ausübt.[339]

Unterschiede im Auskunftsgrad einer Datenerhebung gemäß § 213 zu den Auskunftspflichten **148** des § 31 können darin liegen, dass sich § 31 zunächst ausschließlich auf die Gewährung von Informationen beschränkt. Hier könnte eine engere als die in § 213 angezeigte Auslegung ergeben, dass der Versicherungsnehmer mangels Erforderlichkeit keine Belege über seinen Gesundheitszustand wird erbringen müssen.[340] Sinnvoll und wohl auch wirksam dürfte die **Vereinbarung einer Belegpflicht im Rahmen der Auskunftsobliegenheiten** sein.[341] Diese wird allerdings an § 32 zu messen sein, wonach Abweichungen von § 31 zu Lasten des Versicherungsnehmers unwirksam sind.[342] Dabei ist zu berücksichtigen, dass auch die Belegpflicht dem Versicherungsnehmer die Möglichkeit erhalten muss, die benötigten Informationen auf „mildere Art und Weise" als durch die Belegvorlage verschaffen zu dürfen.[343] Es bedarf nämlich allein schon aus dem Tatbestandsmerkmal der „Zumutbarkeit" i.S.d. § 31 VVG stets einer Betrachtung im Einzelfalle, ob die Prüfung des Versicherungsfalles auch ohne Einsicht in die Krankenakte sinnvoll durchgeführt werden kann.[344] Hierfür bestehende Anforderungen werden von der Instanzgerichtsbarkeit im jeweiligen Einzelfalle zu entwickeln sein.[345]

Die Einholung einer Einwilligung im Einzelfall kann für das Versicherungsunternehmen höhere **149** **Kosten** als die pauschale Einwilligung bei Vertragsschluss verursachen. Daher können die Vertragsparteien insbesondere in den Fällen, in denen eine Einzeleinwilligung vorgesehen ist, Kostenregelungen vereinbaren, damit entstehende Mehrkosten nicht denjenigen auferlegt werden, die keine Einzel-

---

[333] OLG München VersR 2013, 169 (170); OLG Nürnberg VersR 2008, 628 ff.; KG VersR 2014, 1191 (1193).
[334] Vgl. oben → Rn. 87 ff.
[335] OLG Saarbrücken VersR 2009, 1478; KG VersR 2014, 1191 (1193).
[336] AA *Fricke* VersR 2009, 297, 301, der aber verkennt, dass nicht die fehlende Einwilligung, sondern die Nichtmitwirkung auf andere Weise den Grund für die Obliegenheitsverletzung darstellt.
[337] *Neuhaus/Kloth* NJW 2009, 1707 (1710); *Rixecker* in Langheid/Rixecker VVG § 213 Rn. 24.
[338] *Schulze* VersR 2010, 750.
[339] Vgl. hierzu schon: BVerfG VersR 2006, 1669 ff. = ZfS 2007, 34 ff. mAnm *Rixecker*; vgl. auch OLG Nürnberg VersR 2008, 627.
[340] *Voit* in Prölss/Martin VVG § 213 Rn. 57.
[341] Vgl. hierzu: *Britz* S. 220 ff.
[342] *Voit* in Prölss/Martin VVG § 213 Rn. 57.
[343] OLG München VersR 2013, 169 (170); OLG Hamm VersR 1991, 535; vgl. hierzu auch die durch das BVerfG aufgezeigte „Dialoglösung": BVerfG VersR 2013, 1425 ff. = NJW 2013, 3086 ff. = JZ 2013, 1156 ff. mAnm *Armbrüster* = JA 2014, 157 ff. mAnm *Muckel*.
[344] OLG Hamm VersR 1991, 535.
[345] So explizit BVerfG VersR 2013, 1425 ff. Rn. 22 = NJW 2013, 3086 ff. = JZ 2013, 1156 ff. mAnm *Armbrüster* = JA 2014, 157 ff. mAnm *Muckel*.

falleinwilligung für sich in Anspruch nehmen.[346] Wenn eine Kostenzuweisung in Allgemeinen Geschäftsbedingungen erfolgt, muss dies allerdings den AGB-rechtlichen Anforderungen genügen. Die zugewiesenen Kosten dürfen insbesondere nicht so hoch sein, dass sie die Wahrnehmung des informationellen Selbstschutzes unzumutbar machen.[347]

150 Schließlich kann der Versicherer bei Verstoß gegen § 213 gemäß § 83 BDSG zum **Schadenersatz** verpflichtet sein. Nach § 83 Abs. 2 BDSG sind auch immaterielle Schäden zu ersetzen. Ein pauschaler Ausschluss von Schadensersatzansprüchen durch AVB wäre mit dem Datenschutzrecht nicht in Einklang zu bringen und verstößt gegen § 307 Abs. 2 Nr. 1 BGB.[348] Hat der Versicherer bei der Datenerhebung bei Dritten nicht nur gegen § 213, sondern auch gegen Grundsätze der DS-GVO verstoßen, so droht ihm gemäß Art. 83 DS-GVO ein Bußgeld. Verfügt der Versicherer über ein an Compliance-Strukturen orientiertes Datenschutz-Management-System bzw. hat er die GDV-Verhaltensregeln eingehalten, so kann sich dies jedoch bußgeldmindernd bzw. auch enthaftend auswirken.[349]

E. Prozessuales/Beweislast

151 Der Anspruch des Versicherungsnehmers ist nur dann fällig, wenn dieser in die nach § 14 Abs. 1 notwendigen Erhebungen eingewilligt hat.[350] Die verweigerte Mitwirkung oder Einwilligung führt jedoch nicht zum dauerhaften Ausschluss des Leistungsanspruchs des Versicherungsnehmers.[351] Die Klage des Versicherungsnehmers wird bei fehlender oder nicht ausreichender Mitwirkung als „derzeit unbegründet" abgewiesen.[352]

152 Ungeklärt ist der **Verjährungsbeginn** bei verweigerter oder nicht ausreichender Mitwirkung des Versicherungsnehmers. Gemäß § 199 Abs. 1 Nr. 1 BGB beginnt die dreijährige Verjährungsfrist erst mit dem Schluss des Jahres, in dem der Anspruch entstanden ist. Das setzt grundsätzlich die Fälligkeit des Anspruchs voraus.[353] Dadurch hätte der nicht kooperative Versicherungsnehmer die Möglichkeit, die Verjährung zu verhindern. Die Fälligkeit kann aber fingiert werden, indem sie auf den Zeitpunkt vorgelegt wird, in welchem der Schaden bei ordnungsgemäßer Mitwirkung hypothetisch hätte abgewickelt werden können.[354] Diese **fiktive Berechnung des Verjährungszeitpunkts** wird insbesondere dann zum Tragen kommen müssen, wenn der VN durch seine Mitwirkungsverweigerung gegen Treu und Glauben verstoßen hat.[355]

153 Ist der Versicherungsnehmer seiner Mitwirkungsobliegenheit nicht nachgekommen und hat er den Versicherer arglistig getäuscht, so kommen Schadensersatzansprüche des Versicherers trotz der Sperrwirkung des § 28 ausnahmsweise in Betracht.[356] In der Praxis wird dieser Schadensersatzanspruch jedoch häufig am Vorliegen eines kausalen Schadens scheitern, da der Versicherer bei fehlender Mitwirkung des Versicherungsnehmers grds. keine Zahlungen auskehren wird.[357]

154 Die Frage der **Erforderlichkeit der Datenerhebung** ist wie auch die weiteren Voraussetzungen der Datenerhebung in vollem Umfange richterlich überprüfbar; der Versicherer ist hierfür darlegungs- und beweispflichtig.[358] Nachdem der Versicherer hierfür den Maßstab des § 31 anlegen darf, wonach alle für ihn sachdienlich erscheinenden Tatsachen, erhebungsrelevant sein dürfen, ist diese Darlegung im Zweifel mittels Darstellung der internen Risiko- und Regulierungsgrundsätze zu erbringen. Es bleibt zudem seine Aufgabe, dem Dritten bei der Datenerhebung deutlich zu machen, welche Daten zum Zwecke der Risiko- bzw. Leistungsprüfung benötigt werden.

155 Der Versicherer hat die ordnungsgemäße Unterrichtung des Versicherungsnehmers im Bestreitensfalle darzulegen und zu beweisen. Gemäß **Art. 5 Abs. 6 GDV-Verhaltensregeln** bedeutet das

---

[346] BVerfG VersR 2006, 1669 ff. = ZfS 2007, 34 ff. mAnm *Rixecker*; BT-Drucks. 16/5862, 100 zu § 213; so ausdrücklich: Abg. *Wandenvitz* bei der Debatte über die Entschließung zur Drucks. 16/3915 und 16/5862.
[347] BVerfG Beschl. v. 23.10.2006 – 1 BvR 2027/02, = VersR 2006, 1669 ff., 1672 = ZfS 2007, 34 ff. mAnm *Rixecker*.
[348] *Klär* in Schwintowski/Brömmelmeyer/Ebers VVG § 213 Rn. 38; *Reiter*, S. 215.
[349] *Rubin* r+s 2018, 337 (345).
[350] Vgl. → Rn. 141.
[351] *Fricke* VersR 2009, 297 (302); *Rixecker* in Langheid/Rixecker VVG § 213 Rn. 19.
[352] BGH VersR 2017, 469.
[353] *Mansel* in Jauernig BGB § 199 Rn. 2.
[354] *Armbrüster* in Prölss/Martin VVG § 14 Rn. 21; *Reiter*, S. 167.
[355] *Jungermann* r+s 2018, 356 (360).
[356] *Wandt* VersR 2018, 321 (326).
[357] *Jungermann* r+s 2018, 356 (362).
[358] So auch *Voit* in Prölss/Martin VVG § 213 Rn. 26.

die Dokumentation, dass die Betroffenen zuvor über die verantwortliche(n) Stelle(n), den Umfang, die Form und den Zweck der Datenerhebung, -verarbeitung oder -nutzung sowie die Möglichkeit der Verweigerung und die Widerruflichkeit der Einwilligung und deren Folgen informiert sind.

Für den vom Versicherer zu erbringende Nachweis der vorliegenden **Einwilligung** gilt im Falle, dass diese nicht schriftlich erteilt wurde, gemäß **Art. 5 Abs. 7 GDV-Verhaltensregeln** Folgendes: Wird die Einwilligung **mündlich** eingeholt, ist dies zu dokumentieren und den Betroffenen mit der nächsten Mitteilung schriftlich oder in Textform, wenn dies dem Vertrag oder der Anfrage des Betroffenen entspricht, zu bestätigen. Wird die Bestätigung in **Textform** erteilt, muss der Inhalt der Bestätigung unverändert reproduzierbar in den Herrschaftsbereich des Betroffenen gelangt sein. 156

Die nötigen **Informationen** über die verantwortliche(n) Stelle(n), Zweck und Umfang der Einwilligung können vor deren Einholen auf mündlichem Wege **ebenfalls mündlich** gegeben werden. Es dürfte damit nicht nur die Erteilung der Einwilligung, sondern auch die vorherigen Informationen zu dokumentieren sei. Dies dient zudem dem Versicherer, der sich auf die Einwilligung berufen möchte. Er kann anhand der Dokumentation nachvollziehen und – z.B. im Falle einer datenschutzrechtlichen Kontrolle – auch belegen, dass es von einer informierten und damit wirksamen Einwilligung der Betroffenen ausgehen durfte. Bei einer schriftlichen Einwilligung genügt das **unterzeichnete Formular** zur Dokumentation. 157

Die Beweislast für die **Ausübung des Widerspruchs** liegt beim Versicherungsnehmer.[359] Demnach hat der Versicherungsnehmer sowohl die Abgabe als auch den Zugang des Widerspruchs nach den allgemeinen Grundsätzen darzulegen. Hierfür empfiehlt sich die Ausübung des Widerspruchs in Text- oder Schriftform. 158

Weigert sich der Versicherungsnehmer, eine Einwilligung nach § 213 zu erteilen oder widerruft er diese, kann sich der Versicherer nur dann auf fehlende Fälligkeit berufen,[360] wenn der Versicherungsnehmer zuvor zumindest über den groben Umfang der angestrebten Datenerhebung unterrichtet wurde. Für die ordnungsgemäße **Unterrichtung** ist der **Versicherer darlegungs- und beweispflichtig**. Der Versicherer muss auch den Zugang der Unterrichtung über das Widerspruchsrecht beweisen, da eine nicht zugegangene Unterrichtung für den Versicherungsnehmer wertlos ist.[361] 159

Der Betroffene hat einen Anspruch darauf, dass der Versicherer nur im Rahmen des § 213 eine Gesundheitsdatenerhebung bei Dritten betreibt. Ob Verstöße gegen das in § 213 beschriebene Verfahren regelmäßig einen Verstoß gegen verbraucherschützende Vorschriften gemäß **§ 2 UKlaG** darstellen können, erscheint fraglich, solange das Gesetz den **Verbraucherschutzverbänden** kein Klagerecht gegenüber datenschutzrechtlichen Spezialvorschriften einräumt.[362] 160

Für die zivilprozessuale **Verwertbarkeit nicht § 213-konform erlangter Gesundheitsdaten** muss auf die Bewertung des Einzelfalles abgestellt werden. § 213 sieht für den Fall einer rechtswidrigen Gesundheitsdatenerhebung keine Sanktionen vor.[363] Auch die ZPO trifft, anders als die StPO, keine Aussage über die prozessuale Verwertbarkeit rechtswidrig erhobener Beweismittel. Daraus darf jedoch nicht gefolgert werden, dass solche Verstöße generell sanktionslos bleiben. Ansonsten könnte das informationelle Selbstbestimmungsrecht des Versicherungsnehmers und der vorgestufte Dialog folgenlos unterlaufen werden.[364] Andererseits ist das Recht einer Partei, Ansprüche durchzusetzen, in Art. 14 GG verfassungsrechtlich verankert.[365] Dementsprechend sind die Belange des Versicherungsnehmers und des Versicherers stets gegeneinander abzuwägen; pauschale Lösungen verbieten sich. Auch die Rechtsprechung hat deshalb bislang keine allgemeinen Grundsätze dafür aufgestellt, in welchen Fällen eine untersagte Gesundheitsdatenerhebung ein Beweisverwertungsverbot mit sich bringt, sondern betont die Notwendigkeit einer Einzelfallbetrachtung.[366] Somit kann es dem Versicherer nach allgemeinen zivilprozessualen Grundsätzen grds. nicht generell verwehrt sein, erlangte Kenntnisse prozessual zu nutzen.[367] Jedoch kann ein Verwertungsverbot eingreifen, wenn durch die Beweiserhebung in ein verfassungsrechtlich geschütztes Individualrecht eingegriffen würde und die Verwertung nicht ausnahmsweise durch **Güterabwägung** gerechtfertigt wird.[368] 161

---

[359] *Neuhaus/Kloth* NJW 2009, 1707 (1709).
[360] S. hierzu oben → Rn. 141.
[361] *Reiter*, S. 149.
[362] So auch *Voit* in Prölss/Martin VVG § 213 Rn. 53.
[363] *Karczewski* r+s 2012, 521 (525).
[364] *Rüffer/Reitter* NJW 2017, 3235 (3237).
[365] *Axer* in BeckOK GG GG Art. 14 Rn. 48.
[366] BGH NJW 2017, 3235 (3237); *Conradi* hingegen kritisiert die fehlenden Vorgaben der Rechtsprechung, *Conradi* VK 2018 175 ff.
[367] So auch *Klär* in Schwintowski/Brömmelmeyer/Ebers VVG § 213 Rn. 40.
[368] *Greger* in Zöller ZPO § 286 Rn. 15a; *Rixecker* in Beckmann/Matusche/Beckmann VersR-HdB § 46 Rn. 185; für ein Verwertungsverbot ohne Güterabwägung offenbar: *Höra* r+s 2008, 89 (93).

Erlangt beispielsweise der Versicherer im Vertrauen auf die Zulässigkeit eines Datenerhebungsprozesses Informationen über den Gesundheitszustand des Versicherten, die eine arglistige Täuschung aufzudecken geeignet sind, wird die gebotene Güterabwägung regelmäßig ergeben, dass der Versicherer weder unter dem Gesichtspunkt unzulässiger Rechtsausübung an der Anfechtung des Vertrages noch wegen eines prozessualen Verwertungsverbotes an der Einführung der gewonnenen Erkenntnisse in den Zivilprozess gehindert ist.[369]

162 Verstößt der Versicherer indes systematisch gegen § 213, dh verwendet er organisiert und in einer Vielzahl von Fällen unzureichende Klauseln, Unterrichtungsschreiben oder unzumutbare Ausschlussfristen, müssen die erlangten Daten zum Schutze des Rechts auf informationelle Selbstbestimmung **unverwertbar** werden.[370] Der Betroffene muss so gestellt werden, wie er stünde, wenn er eine Einwilligung nicht erteilt oder Widerspruch gegen die Erhebung erhoben hätte und eine Datenerhebung folgerichtig unterblieben wäre.[371] Das Vorliegen der Voraussetzungen des Beweisverbots muss der Betroffene allerdings als sich darauf berufende Partei nach allgemeinen Regeln zur vollen Überzeugung des Gerichts beweisen.[372]

163 Misslingt dem Versicherer zB lediglich der Zugangsbeweis des ansonsten ordnungsgemäßen Unterrichtungsschreibens, steht einer freien Beweiswürdigung nichts im Wege, zumal die Erhebung dann auf einer zunächst korrekt erteilten Einwilligung des Kunden beruht. Das bloße Bestreiten des Zugangs darf hier nicht zu einer Korrekturmöglichkeit der Leistungsentscheidung im Prozesswege führen.[373]

164 Eine **strikte Sperrwirkung verbotener Erhebungen** ist dem deutschen Recht grundsätzlich fremd. Der Konflikt ist vielmehr im Rahmen einer Güterabwägung zu lösen.[374] So ist, solange jedenfalls kein zielgerichtetes treuwidriges Verhalten des Versicherers vorliegt, eine umfassende Abwägung des Einzelfalles vorzunehmen.[375] Schwerste Verfahrensverletzungen führen demnach zu einem absoluten Verwertungsverbot. Allerdings ist der fehlende Zugangsbeweis des ansonsten ordnungsgemäßen Unterrichtungsschreibens durch den Versicherer als ein geringerer Verstoß zu werten, mit der Folge, dass die gewonnen Daten rechtmäßig verwertet werden können.[376] Auf der anderen Seite führen Arglist oder vorsätzliche Täuschung durch den Versicherungsnehmers regelmäßig dazu, dass die Daten trotz Erhebungsfehlern und der damit einhergehenden Verletzung des Rechts auf informationelle Selbstbestimmung nutzbar sein werden, da **nur der „redliche" Versicherungsnehmer Schutz verdient**.[377] Ob eine arglistige Täuschung des Versicherungsnehmers vorliegt, ist stets einzelfallbezogen zu beurteilen. Liegen objektiv falsche Angaben des Versicherungsnehmers vor, so trifft den Versicherungsnehmer indes eine **sekundäre Darlegungslast**. Er muss plausibel darlegen, warum es zu Falschangaben gekommen ist.[378] Die Rechtsfolge der Unverwertbarkeit ist regelmäßig die mangelnde Fälligkeit des Anspruchs des Versicherungsnehmers, da der Versicherer den Eintritt seiner Leistungspflicht nicht ausreichend beurteilen kann.[379]

165 Hat der Versicherer Daten nicht durch gestuftes Vorgehen erlangt, so sind die auf diesem Wege erlangten Daten nicht automatisch unverwertbar. Auch in diesem Fall sind die Interessen des Versicherers und des Versicherungsnehmers im Sinne der **praktischen Konkordanz** gegeneinander einzelfallbezogen abzuwägen.[380] Es ist zu differenzieren zwischen solchen Fallkonstellationen, in denen der Versicherer die Daten wider Treu und Glauben erlangt, oder ob er diese Daten durch fremdes Verschulden erlangt. Erhält der Versicherer von einem Arzt trotz einer eingeschränkten Datenabfrage viele weitergehende Daten, so kann dessen Fehlverhalten nicht zu einem Verwertungs-

---

[369] BGH VersR 2012, 297 ff.; OLG Jena VersR 2011, 380 ff.; *Neuhaus* r+s 2017, 281 (288); aA *Voit* in Prölss/Martin VVG § 213 Rn. 50.
[370] So auch: *Rixecker* ZfS 2007, 37; *Höra* r+s 2008, 89 (93).
[371] *Marlow/Spuhl* S. 295.
[372] *Greger* in Zöller ZPO § 286 Rn. 15a.
[373] AA *Voit* in Prölss/Martin VVG § 213 Rn. 51.
[374] BVerfG NJW 1992, 815; BGH NJW 2017, 3235 (3238); OLG Jena VersR 2011, 380 ff.
[375] BGH VersR 2011, 1249; NJW 2017, 3235 (3238).
[376] Vgl. *Fricke* VersR 2009, 297 (305): Verwendbarkeit bei einfacher Rechtswidrigkeit aufgrund wertender Betrachtung zu bejahen.
[377] Vgl. zB OLG Saarbrücken VersR 2009, 1478 ff.; OLG Jena VersR 2011, 380 ff; differenzierend: *Spuhl* in BeckOK VVG § 213 Rn. 71; kritisch auch *Conradi* VK 2018, 175 ff., der die Ansicht vertritt, dass aus einer Arglist des Versicherungsnehmers kein grundsätzlicher Nachrang seines Persönlichkeitsrechts abgeleitet werden könne.
[378] OLG Düsseldorf NJW-RR 2018, 214 (215 f.).
[379] *Höra* r+s 2008, 89 (93); OLG Hamburg VersR 2010, 749 ff.
[380] BGH NJW 2017, 1391 (1394); OLG Stuttgart VersR 2018, 1310 (1313); a.A. LG Itzehoe, BeckRS 2019, 24450 Rn. 61.

verbot zulasten des Versicherers führen.[381] Ist die Datenabfrage durch den Versicherer jedoch von vornherein darauf ausgelegt, über die Einwilligung des Versicherungsnehmers hinausgehende Informationen zu erhalten, so dürfen die erlangten Informationen nicht verwertet werden.[382]

Ein Bedürfnis, dem Versicherer das **Nachholen einer rechtmäßigen Erhebung** zu verweigern, etwa wenn eine erste Erhebung nicht ausreichend an § 213 entlanggeführt worden und infolgedessen rechtswidrig war, besteht nicht. Eine derartige „Fernwirkung" der rechtswidrigen ersten Erhebung ist zur Verwirklichung des informationellen Selbstschutzes des Betroffenen nicht erforderlich und würde dem anerkannten Informationsbedürfnis des Versicherers und der Versichertengemeinschaft nicht gerecht.[383] **166**

Der Anspruchsteller bzw. Betroffene trägt – wie bisher – die **Beweislast** für den Anspruchs- bzw. Leistungsfall und ggf. für das Vorliegen der Voraussetzungen eines prozessualen Verwertungsverbots. Den Versicherer treffen in letzterem Falle sekundäre Darlegungslasten für Umstände aus seiner organisatorischen Verantwortungssphäre. Er hat zu substanziieren, dass er die organisatorischen Voraussetzungen für eine ordnungsgemäße Erhebung von Gesundheitsdaten getroffen hat. Verweigert der Betroffene die Einwilligung in eine Datenerhebung, bleiben zwar gleichwohl erhobene Daten unverwertbar. Die Verweigerung wirkt sich jedoch dahingehend aus, dass an die Substantiierung einer vorvertraglichen Anzeigepflichtverletzung durch den Versicherer geringere Anforderungen zu stellen sein werden. Die Verweigerung der Einwilligung kann unter sehr engen und restriktiv anzuwendenden Voraussetzungen[384] auch als Beweisvereitelung nachteilig bei der Beweiswürdigung des Vortrags des Betroffenen berücksichtigt werden.[385] **167**

Teilt der Versicherte dem Versicherer selbst Informationen bzgl. seiner Gesundheitsdaten mit, so gilt Folgendes: Grds. ist der Versicherte nur dann in der Lage, den Umfang und die Bedeutung dieser Datenübermittlung zu erfassen, wenn er hierüber hinreichend aufgeklärt wurde. Der Versicherer muss dem Betroffenen daher bereits mit dem Informations- und Schweigepflichtbindungsverlangen hinreichend konkret mitteilen, welche Daten er für seine Risiko- oder Leistungsprüfung benötigt, damit dieser bei der Entscheidung über sein Widerspruchsrecht erkennen kann, welche Unterlagen beizubringen wären.[386] Hat er sich bereits für die Beibringung von Unterlagen entschieden, ist es ebenfalls notwendig, ihm mitzuteilen, welche Informationen benötigt werden. **168**

Nur wenn der Versicherer im Zusammenhang mit dem Einwilligungs- und Schweigepflichtbindungsverlangen die benötigten Daten **konkretisiert,** kann der Betroffene erkennen, welche Informationen und Unterlagen für die Prüfung des Versicherers benötigt werden. Nur so kann er informiert entscheiden, ob er einwilligt oder diese übermittelt, um die Prüfung seines Antrags bzw. Anspruch zu ermöglichen oder ob er darauf aus Gründen der informationellen Selbstbestimmung verzichten will, zB weil ihm klar wird, dass nach Vorlage dieser Unterlagen ohnehin kaum mehr Aussicht auf eine für ihn positive Entscheidung des Versicherers besteht.[387] **169**

Übermittelt der so informierte Betroffene trotz Konkretisierung der benötigten Daten **aus eigener Initiative darüber hinausgehende Informationen,** besteht auch nach den Entscheidungen des Bundesverfassungsgerichts kein Anhaltspunkt für ein Entgegennahme- oder Verwertungsverbot.[388] Denn der informierte Betroffene hat mit der Übermittlung weiterer Informationen letztlich auch sein Recht auf informationelle Selbstbestimmung ausgeübt. Ausnahmen bestehen nur, soweit sie ausdrücklich gesetzlich geregelt sind, wie in § 18 Abs. 1 S. 1 Nr. 2 GenDG.[389] **170**

Soweit die Einwilligung auch auf die **Einwilligung Minderjähriger** gestützt werden soll,[390] ist dies frühestens mit Vollendung des 16. Lebensjahres bei entsprechender **Einsichtsfähigkeit des Minderjährigen** möglich.[391] Allerdings begegnet dem erhebenden Versicherer hier das Problem, dessen Einsichtsfähigkeit in einem potentiellen späteren Bestreitensfalle beweisen zu müssen. Dies kann er im Sinne seiner Prozesssicherheit nur vermeiden, wenn er zumindest auch die Einwilligung der Erziehungsberechtigten einholt oder es bei Zweifeln an der Einsichtsfähigkeit bzw. auch schon **171**

---

[381] *Nugel* ZfS 2017, 488 (492).
[382] *Nugel* ZfS 2017, 488 (492).
[383] *Rixecker* ZfS 2007, 37.
[384] *Greger* in Zöller ZPO § 286 Rn. 14a.
[385] Vgl. hierzu auch *Muschner* in HK-VVG § 213 Rn. 96.
[386] BVerfG VersR 2013, 1425 ff. = NJW 2013, 3086 ff. = JZ 2013, 1156 ff. mAnm *Armbrüster*.
[387] BVerfG VersR 2013, 1425 ff. = NJW 2013, 3086 ff. = JZ 2013, 1156 ff. mAnm *Armbrüster*.
[388] BVerfG VersR 2013, 1425 ff. = NJW 2013, 3086 ff. = JZ 2013, 1156 ff. mAnm *Armbrüster*; VersR 2006, 1669 ff. = ZfS 2007, 34 ff. mAnm *Rixecker*; so auch BGH NJW 2011, 3149; *Armbrüster* NJW 2014, 497 (502).
[389] *Armbrüster* JZ 2013, 1158 (1161); *ders.* NJW 2014, 497 (501).
[390] S. hierzu oben → Rn. 104.
[391] Vgl. Art. 5 Abs. 2 S. 2 GDV-Verhaltensregeln.

an deren bloßen Beweisbarkeit es von vornherein bei der Einholung der Einwilligung der Erziehungsberechtigten belässt.

172 Wendet der Versicherer zum Zwecke der Aufdeckung eines Betrugsverdachts **verdeckte Ermittlungsmethoden** (zB Observation) bei der Überprüfung von Gesundheitsangaben an, z.B. um einer Beweisvereitelung oder Verschleierung des vertragswidrigen Verhaltens entgegenzuwirken,[392] steht dem § 213 nicht entgegen, solange keine Gesundheitsdaten ermittelt werden. Dass aus der Beobachtung gewisse Rückschlüsse auf den Gesundheitszustand gezogen werden können, wird von dem Anwendungsbereich des § 213 nicht erfasst.[393]

173 Macht der Betroffene Rechte aus **§ 83 BDSG** geltend, obliegt es dem Betroffenen, einen materiellen Vermögensschaden darzutun.[394] Hat der Versicherer als verantwortliche Stelle die nach den Umständen des Falles gebotene Sorgfalt beachtet, entfällt eine Ersatzpflicht (vgl. § 83 Abs. 1 BDSG aE). Die Darlegungs- und Beweislast hierfür trägt der Versicherer. Die Umkehr der Beweislast führt dazu, dass dem Versicherer die Exkulpation offensteht, sein Verschulden jedoch zunächst vermutet wird.[395] Dies wird regelmäßig gelingen, wenn der Versicherer seinem Handeln eine vertretbare Auslegung des § 213 zugrunde gelegt hat. Eine rechtswirksame Vereinbarung eines Haftungsausschlusses zwischen Versicherer und Betroffenem dürfte indes einer Überprüfung anhand § 307 Abs. 2 Nr. 1 BGB regelmäßig nicht standhalten, da die Gefahr besteht, dass sonst der verfassungsrechtlich geforderte datenschutzrechtliche Selbstschutz gemäß § 213 leerliefe.[396]

174 Kommt es im Zivilprozess zu einer Anordnung gemäß **§ 142 Abs. 1 ZPO**, können gemäß § 142 Abs. 2 ZPO Zeugnisverweigerungsrechte entgegenstehen, weil die Datenquelle der Schweigepflicht unterliegt. § 213 entfaltet aber auch bei anderen Datenquellen **Sperrwirkung**, da nach der hier vertretenen Auffassung[397] alle Stellen, die mit Gesundheitsdaten umgehen, dem Anwendungsbereich des § 213 unterfallen. Das Gericht ist daher in diesen Fällen auf die Einwilligung des Versicherungsnehmers angewiesen, kann sie indes nicht erzwingen. Demzufolge wird das Gericht regelmäßig aus verfahrensrechtlichen Gründen von der Durchsetzung einer Anordnung absehen, wenn eine Einwilligung vom Versicherungsnehmer nicht erteilt bzw. widerrufen wurde. Denn die Anordnung gemäß § 142 ZPO dürfte daher nur dann ermessensfehlerfrei sein, wenn die Rechte des Versicherungsnehmers aus § 213 berücksichtigt werden.

175 Allerdings besteht der ermessensfehlerfreie Anordnungsanspruch aus **§ 142 Abs. 2 ZPO** auch dann, wenn ein materieller Vorlage- oder Herausgabeanspruch an sich nicht gegeben ist.[398] Nimmt der Versicherungsnehmer sein verfassungsrechtlich geschütztes Recht auf informationelle Selbstbestimmung wahr, wird das Gericht dieses Verhalten dann bei der Beurteilung des Leistungsanspruchs gemäß **§§ 286, 427 S. 2 ZPO** frei zu würdigen haben. § 142 ZPO sieht zwar vor, dass der vorwerfbare Verstoß gegen eine gerichtliche Anordnung als solcher keine Sanktionen mit sich bringt, löst aber im Falle der Mitwirkungsverweigerung eine **freie Beweiswürdigung** nach § 286 ZPO aus.[399] Dies könnte z.B. relevant werden, wenn etwa auf Antrag des Versicherers der Versicherungsnehmer seitens des Gerichts aufgefordert wird, die behandelnden Ärzte von der Schweigepflichtentbindung zu befreien, und der Versicherungsnehmer nicht reagiert. Eine freie Beweiswürdigung kann dann zu den dargestellten Rechtsfolgen **fehlender Fälligkeit** des Versicherungsanspruchs bzw. Feststellung der **Verletzung von Auskunftsobliegenheiten** führen.[400]

176 Ob **verfassungsrechtliche Bedenken** zu einem **Verwertungsverbot** führen können, wenn sich das Gericht faktisch durch Beweisanordnung über das Recht auf informationelle Selbstbestimmung hinwegsetzt, ist noch nicht abschließend geklärt, im Ergebnis aber zu verneinen. Innerhalb der freien Beweiswürdigung gemäß § 286 ZPO kommt ein Verwertungsverbot zwar in Betracht, wenn die Beweiserhebung ein verfassungsrechtlich geschütztes Recht einer Partei verletzt.[401] Dies bedarf indes der Abwägung. Denn das Recht auf informationelle Selbstbestimmung existiert nicht schrankenlos und wird insbesondere dann nicht verletzt, wenn es im Rahmen einer Güterabwägung durch ein zumindest gleichwertiges Recht eingeschränkt wird.[402] Es darf also nicht einseitig gegen-

---

[392] Zu den allgemeinen Rechtmäßigkeitsanforderungen verdeckter Ermittlungsmethoden in Versicherungsfällen vgl.: BGH VersR 2007, 1260; 2009, 1063.
[393] OLG Köln r+s 2013, 217 (219); *Spuhl* in BeckOK VVG VVG § 213 Rn. 9.
[394] *Quaas* in BeckOK DatenschutzR BDSG § 83 Rn. 62.
[395] *Schwichtenberg* in Kühling/Buchner BDSG § 83 Rn. 8.
[396] Vgl. auch: *Simitis*, BDSG, 7. Aufl. 2011, § 7 Rn. 47.
[397] Vgl. oben → Rn. 59 ff.
[398] *Simmler* in NK-Gesamtes Medizinrecht ZPO § 142 Rn. 1.
[399] BGH NJW 2007, 2989 (2992); *Foerste* in Musielak/Voit ZPO § 142 Rn. 7.
[400] Vgl. oben → Rn. 141.
[401] BGH NJW 2006, 1657 (1659).
[402] BGH NJW 2006, 1657 (1659).

über anderen ranggleichen Rechten und Rechtsgütern überhöht werden.[403] Hierbei fließen insbesondere die fundamentalen rechtsstaatlichen **Grundsätze des effektiven Rechtsschutzes** sowie des **rechtlichen Gehörs** in die Abwägung ein,[404] konkretisiert in dem Anspruch auf rechtliches Gehör (Art. 103 Abs. 1 GG) und dem Amtsermittlungsgrundsatz.[405] Auch die Wertungen der DS-GVO können diese Fundamentalprinzipen eines rechtsstaatlichen Gerichtsprozesses nicht aufheben.[406] Denn durch die dortigen Datenschutzregeln sollen die Durchsetzung legitimer Rechtspositionen nicht übermäßig erschweren.[407] So dürfte eine **natürliche Begrenzung der Anordnungsbefugnis** in der ermessensfehlerfreien Berücksichtigung des § 213 zu sehen sein. Ist diese erfolgt, sind die Rechte der Auskunftspartei gewahrt und verstoßen die Einholung von Informationen in einem rechtsförmigen Verfahren und die anschließende Verwertung vor Gericht grds. nicht gegen deren informationelles Selbstbestimmungsrecht.[408]

Dem im Leistungsfalle beklagten Versicherer steht es zu, seinerseits Antrag auf Vorlage der Gesundheitsdaten durch Dritte zu stellen, wenn das Gericht aus den zuvor dargelegten Gründen ermessensfehlerfrei hiervon absieht. Denn dann besteht bei der Anordnung kein Ermessen des Gerichts gemäß § 142 ZPO, da der Antrag als **Beweisantrag** zu werten ist.[409]

Ein Verstoß gegen § 213 kann aufsichtsrechtlich von der zuständigen **Landesdatenschutzbehörde** verfolgt und geahndet werden. Dass der Versicherer der **Aufsicht nach § 40 BDSG.** unterliegt, ist der Norm zwar nicht zweifelsfrei zu entnehmen. Dafür, dass es bei einer Aufsicht nach VAG verbleiben müsse, wird daher angeführt, dass sich § 38 BDSG aF bei Regelungen außerhalb des BDSG auf die Verarbeitung und Nutzung personenbezogener Daten, nicht aber auf die Datenerhebung beschränke.[410] Dies dürfte allerdings schon nach alter Rechtslage kurz greifen. Zwar wurde die Erhebung außerhalb des BDSG selbst nicht explizit der Datenschutzaufsicht unterstellt, indes verbleibt die Rechtmäßigkeitsprüfung der aufgrund dieser Erhebung vorgenommenen Datenverarbeitung und -nutzung, also der eindeutige **Schwerpunkt des aufsichtsrechtlichen Auftrags**. Gemäß neuer Rechtslage und § 40 BDSG nF unterliegen aber nun alle juristischen und natürlichen Personen der Aufsicht, wenn der Anwendungsbereich der DS-GVO eröffnet ist,[411] mithin auch Versicherer.[412] Zu beachten ist auch, dass das BDSG 1977 die Erhebung von Daten zwar als minder bedeutsame Vorbereitung der Datenspeicherung angesehen hat, nach dem Volkszählungsurteil des BVerfG[413] gerade die Datenerhebung die gegenüber dem Betroffenen am stärksten in Erscheinung tretende Aktivität darstellt.[414] Richtigerweise wird man daher den aus Sicht der Betroffenen einheitlichen Lebensvorgang nicht künstlich auftrennen, sondern von der jeweiligen Landesdatenschutzbehörde als maßgeblicher Behörde für die Überwachung des Versicherers ausgehen müssen. Wegen des datenschutzrechtlichen Regelungscharakters der Norm und der eindeutig zugewiesenen aufsichtsrechtlichen Zuständigkeit der jeweiligen Landesdatenschutzbehörden bleibt für eine aufsichtsrechtliche Verfügung der Bundesanstalt für Finanzdienstleistungsaufsicht (**BaFin**) im Verstoß Falle **kein Raum**. Auch bleibt es der BaFin verwehrt, etwa wie in anderen ihr zugewiesenen Bereichen Grundsätze über den Anwendungsbereich des § 213 verbindlich zu verfassen. Denn ausweislich der Materialien zu § 81 VAG[415] **endet der Zuständigkeitsbereich der BaFin** dort, wo bereits ein anderer behördlicher Zuständigkeitsbereich, besteht, insbesondere aber im Datenschutzrecht.[416]

Die GDV-Verhaltensregeln sehen hierzu ein **datenschutzrechtliches Eskalationsmuster** vor, dass erst im Falle der Nichtabhilfe durch den Versicherer in der Beschwerdebearbeitung bei der zuständigen Landesdatenschutzbehörde mündet. Im Wesentlichen werden hierbei zuvor die Kernkontrollaufgaben im Wege einer **Filterfunktion** an die unternehmensinternen Beauftragten für den Datenschutz delegiert. Gemäß Art. 28 S. 1 GDV-Verhaltensregeln haben die Unternehmen Beschwerden von Versicherten oder sonstigen Betroffenen wegen Verstößen gegen datenschutzrechtliche Regelungen sowie diese Verhaltensregeln zeitnah zu bearbeiten und innerhalb einer Frist von einem Monat zu beantworten oder einen Zwischenbescheid zu geben. Die für die Kontaktaufnahme

---

[403] *Foerste* in Musielak/Voit ZPO § 286 Rn. 7.
[404] BSG BeckRS 2018, 42368.
[405] BSG BeckRS 2018, 42368, Rn. 26.
[406] *Schütz* ZfS 2019, 719.
[407] *Kaboré/Kinast* ZD 2019, 441 (443).
[408] *Wendt* in Staudinger/Halm/Wendt VVG § 213 Rn. 35; BGH NJW 2006, 1657 (1659).
[409] Vgl. *Greger* in Zöller ZPO § 142 Rn. 8, 11.
[410] *Voit* in Prölss/Martin VVG § 213 Rn. 60.
[411] *Pauly* in Paal/Pauly DS-GVO § 40 Rn. 4.
[412] Vgl. *Reiter* S. 25.
[413] BVerfG NJW 1984, 419ff.
[414] *Simitis*, BDSG, 7. Aufl. 2011, § 3 Rn. 100.
[415] Jetzt: § 294 VAG.
[416] BT-Drs. 12/6959, 82.

§ 214   Teil 3. Schlussvorschriften

erforderlichen Daten werden in geeigneter Form bekannt gegeben. Kann der verantwortliche Fachbereich nicht zeitnah Abhilfe schaffen, hat er sich umgehend an den Beauftragten für den Datenschutz zu wenden. Die Geschäftsführungen der Unternehmen werden bei begründeten Beschwerden so schnell wie möglich Abhilfe schaffen. Erst wenn dies nicht der Fall ist, sollen sich die Beauftragten für den Datenschutz gemäß Art. 28 Abs. 3 S. 1 GDV-Verhaltensregeln an die zuständige Aufsichtsbehörde für den Datenschutz wenden. Sie teilen dies sodann den Betroffenen unter Benennung der zuständigen Aufsichtsbehörde mit.

180   Soweit sich der Versicherer der oben dargestellten Mustereinwilligungserklärung bedient, dürfte eine Beanstandung des Einwilligungsverfahren aufgrund des **selbstbindenden Charakters** der gemeinsam entwickelten Verfahren nicht mehr möglich sein. Dies schließt aber Beanstandungen nicht aus, die zB aus einer Verwendung erwachsen könne, die nicht von der Einwilligungserklärung gedeckt ist.

181   Das seit der Grundsatzentscheidung des BGH vom 22.2.2017 erforderliche gestufte Vorgehen erweitert auch die **anwaltlichen Vertragspflichten von Rechtsanwälten** gegenüber den Mandanten. So müssen Mandanten frühzeitig darüber informiert werden, dass sie die Wahl zwischen einer gestuften Datenerhebung und einer umfassenden Einwilligung zur Datenerhebung nach § 213 zur Verfahrensbeschleunigung haben.[417] In einer solchen anwaltlichen Beratung sollte der Mandant umfassend über die Vor- und Nachteile der jeweiligen Vorgehensweise informiert werden.[418]

§ 214 Schlichtungsstelle

(1) ¹Das Bundesamt für Justiz kann privatrechtlich organisierte Einrichtungen als Schlichtungsstelle zur außergerichtlichen Beilegung von Streitigkeiten
1. bei Versicherungsverträgen mit Verbrauchern im Sinne des § 13 des Bürgerlichen Gesetzbuchs anerkennen,
2. zwischen Versicherungsvermittlern oder Versicherungsberatern und Versicherungsnehmern im Zusammenhang mit der Vermittlung von Versicherungsverträgen anerkennen.

²Die Beteiligten können diese Schlichtungsstelle anrufen; das Recht, die Gerichte anzurufen, bleibt unberührt.

(2) ¹Eine privatrechtlich organisierte Einrichtung kann als Schlichtungsstelle anerkannt werden, wenn sie die Voraussetzungen für eine Anerkennung als Verbraucherschlichtungsstelle nach § 24 des Verbraucherstreitbeilegungsgesetzes vom 19. Februar 2016 (BGBl. I S. 254) erfüllt. ²Eine anerkannte Schlichtungsstelle ist Verbraucherschlichtungsstelle nach dem Verbraucherstreitbeilegungsgesetz. ³Das Bundesamt für Justiz nimmt die Verbraucherschlichtungsstellen nach Absatz 1 in die Liste nach § 33 Absatz 1 des Verbraucherstreitbeilegungsgesetzes auf und macht die Anerkennung und den Widerruf oder die Rücknahme der Anerkennung im Bundesanzeiger bekannt.

(3) Die anerkannten Schlichtungsstellen sind verpflichtet, jede Beschwerde über einen Versicherer oder einen Versicherungsvermittler, Vermittler nach § 66 und Versicherungsberater zu beantworten.

(4) ¹Die anerkannten Schlichtungsstellen können von dem Versicherungsvermittler, Vermittler nach § 66 oder Versicherungsberater ein Entgelt erheben. ²Bei offensichtlich missbräuchlichen Beschwerden kann auch von dem Versicherungsnehmer ein geringes Entgelt verlangt werden. ³Die Höhe des Entgeltes muss im Verhältnis zum Aufwand der anerkannten Schlichtungsstelle angemessen sein.

(5) Nach Absatz 1 anerkannte Schiedsstellen haben die Bundesanstalt für Finanzdienstleistungsaufsicht über die ihnen bei ihrer Schlichtungstätigkeit bekannt gewordenen Geschäftspraktiken von Unternehmern zu unterrichten, wenn die Geschäftspraktiken die Interessen einer Vielzahl von Verbrauchern erheblich beeinträchtigen können.

(6) ¹Soweit keine privatrechtlich organisierte Einrichtung als Schlichtungsstelle anerkannt wird, weist das Bundesministerium der Justiz und für Verbraucherschutz im Einvernehmen mit dem Bundesministerium der Finanzen und dem Bundesministerium für Wirtschaft und Energie die Aufgaben der Schlichtungsstelle durch Rechtsverordnung ohne Zustimmung des Bundesrates einer Bundesoberbehörde oder Bundesanstalt zu und regelt

---

[417] *Nugel* ZfS 2017, 488 (493).
[418] *Nugel* ZfS 2017, 488 (493).

deren Verfahren sowie die Erhebung von Gebühren und Auslagen. ²§ 31 des Verbraucherstreitbeilegungsgesetzes ist entsprechend anzuwenden. ³Die Schlichtungsstelle ist Verbraucherschlichtungsstelle nach dem Verbraucherstreitbeilegungsgesetz und muss die Anforderungen nach dem Verbraucherstreitbeilegungsgesetz erfüllen.

Übersicht

		Rn.			Rn.
A.	Einführung	1	2.	Voraussetzungen	18
I.	Inhalt und Zweck der Regelung	1	3.	Hemmung der Verjährung	20
II.	Entstehungsgeschichte	2	V.	Verhältnis zum gerichtlichen Rechtsschutz	22
III.	Anwendungsbereich	6	VI.	Voraussetzungen der Anerkennung	25
B.	Anerkennung privatrechtlich organisierter Einrichtungen	7	VII.	Pflichten der Schlichtungsstelle	27
I.	Zuständigkeit für die Anerkennung und Verfahren	7	VIII.	Entgeltpflicht	29
II.	Adressaten der Anerkennung	8	1.	Versicherungsvermittler und Versicherungsberater	29
III.	Sachliche Zuständigkeit der Schlichtungsstellen	11	2.	Versicherungsnehmer	30
1.	Versicherungsverträge mit Verbrauchern	12	3.	Höhe des Entgelts	31
2.	Versicherungsvermittlung	14	4.	Umsetzung in der Praxis	32
3.	Abgrenzung durch Satzung der Ombudsleute	15	C.	Unterrichtungspflicht über Geschäftspraktiken von Unternehmern	33a
IV.	Anrufung der Schlichtungsstelle	16	D.	Zuweisung an Bundesoberbehörde oder Bundesanstalt	34
1.	Berechtigung zur Anrufung der Schlichtungsstelle	16			

Schrifttum: *Basedow*, Der Versicherungsombudsmann und die Durchsetzung der Verbraucherrechte in Deutschland, VersR 2008, 750; *Beenken/Sandkühler*, Das neue Versicherungsvermittlergesetz, 2007; *Brömmelmeyer*, Der Ombudsmann im Versicherungssektor, WM 2012, 337; *Bultmann/Knauth/Scholl*, Der Versicherungsombudsmann eV, 2002; *Friedrich*, Das Ombudsmannverfahren in der Versicherungswirtschaft für Verbraucher, DAR 2002, 157; *Gamm/Sohn*, Versicherungsvermittlerrecht, 2007; *Greger*, Das neue Verbraucherstreitbeilegungsgesetz, MDR 2016, 365; *Hirsch*, Die Praxis des Versicherungsombudsmanns, VuR 2010, 298; *Hirsch*, Erfahrungen des Versicherungsombudsmanns, insbesondere mit der Beratungs- und Dokumentationspflicht, Münsteraner Reihe Bd. 112, 2010, 44; *Hirsch*, The German insurance Ombudsmann, ZVersWiss 2011, 561; *Hirsch*, Streit um die außergerichtliche Streitbeilegung: neuer Zugang zum Recht oder Schlichterfalle?, FS E. Lorenz, 2014, 159; *Hoeren*, Das neue Verfahren für die Schlichtung von Kundenbeschwerden im deutschen Bankgewerbe, NJW 1992, 2727; *Jordans*, Der rechtliche Charakter von Ombudsmann-Systemen und ihren Entscheidungen, VuR 2003, 253; *Kalis*, Der Ombudsmann in der privaten Krankenversicherung (PKV), VersR 2002, 292; *Koban/Marck/Simon-Widmann*, Rechte und Pflichten des Versicherungsmaklers, 2007; *E. Lorenz*, Der Versicherungsombudsmann – eine neue Institution im deutschen Versicherungswesen, VersR 2004, 541; *Michaels*, Die Unabhängigkeit des Ombudsmanns ist oberster Grundsatz, VW 2000, 396; *H. Müller*, Der Ombudsmann der Privaten Kranken- und Pflegeversicherung, Versicherungsmagazin 2008, 161; *Römer*, Der Ombudsmann für private Versicherungen, NJW 2005, 1251; *Römer*, Offene und beantwortete Fragen zum Verfahren vor dem Ombudsmann, NVersZ 2002, 289; *Scherpe*, Der deutsche Versicherungsombudsmann, NVersZ 2002, 97.

A. Einführung

I. Inhalt und Zweck der Regelung

§ 214 ermöglicht die **Anerkennung** privatrechtlich organisierter Schlichtungsstellen. Die Vorschrift zielt darauf ab, im **Interesse der Versicherungsnehmer** die außergerichtliche Beilegung von Streitigkeiten zu fördern. Dabei geht es insbes. darum, den Versicherungsnehmern eine einfache, schnelle und kostengünstige Möglichkeit zur Durchsetzung ihrer Ansprüche zu verschaffen.[1] Sie dient damit der Umsetzung der einschlägigen Vorgaben der Versicherungsvermittler-Richtlinie

1

---

[1] *Brand* in Bruck/Möller VVG § 214 Rn. 3; *Heyers* in Schwintowski/Brömmelmeyer/Ebers VVG § 214 Rn. 2.

(Art. 10, 11)[2] bzw. der Versicherungsvertriebsrichtlinie (Art. 14, 15 IDD)[3] und der Fernabsatzrichtlinie II (Art. 14).[4] Als weitere unionsrechtliche Grundlage ist die Richtlinie über die alternative Beilegung verbraucherrechtlicher Streitigkeiten vom 21.5.2013 (ADR-RL)[5] hinzugekommen.

II. Entstehungsgeschichte

2 § 214 knüpft an die §§ 42k, 48e VVG aF an und weitet deren Anwendungsbereich teilweise aus. Der durch Art. 2 des Gesetzes v. 19.12.2006[6] eingefügte § 42k VVG aF diente der Umsetzung von Art. 10, 11 der **Vermittler-Richtlinie** (→ Rn. 1).[7] Art. 11 der Richtlinie schreibt vor, dass die Mitgliedstaaten die Schaffung angemessener und wirksamer Beschwerde- und Abhilfeverfahren zur außergerichtlichen Beilegung von Streitigkeiten zwischen **Versicherungsvermittlern** und Kunden fördern, ggf. unter Rückgriff auf bestehende Stellen. Eine entsprechende Regelung findet sich jetzt in Art. 15 Abs. 1 S. 1 IDD, wobei der Begriff des Versicherungsvermittlers durch denjenigen des **Versicherungsvertreibers** (Art. 2 Abs. 1 Nr. 8 IDD) ersetzt wurde. In Deutschland bestehen seit dem 1.10.2001 entsprechende Einrichtungen in Gestalt des Versicherungsombudsmanns e.V. (Postfach 080 622, 10006 Berlin) und des Ombudsmanns Private Kranken- und Pflegeversicherung (Kronenstraße 13, 10117 Berlin).[8] Hierauf hat das Bundesjustizministerium zurückgegriffen und beide Einrichtungen als Schlichtungsstelle nach § 42k VVG aF anerkannt.[9]

3 § 48e VVG aF war durch Art. 6 des Gesetzes v. 2.12.2004[10] zur Umsetzung der **Fernabsatzrichtlinie II** in das VVG eingefügt worden. Abs. 1 sah die Einrichtung einer Schlichtungsstelle für die Beilegung von **Verbraucherstreitigkeiten bei Fernabsatzverträgen über Versicherungen** bei der Bundesanstalt für Finanzdienstleistungen vor. Das Bundesministerium der Justiz war jedoch nach Abs. 2 ermächtigt, im Einvernehmen mit dem Bundesministerium der Finanzen durch Rechtsverordnung die Übertragung der Schlichtung auf private Stellen vorzusehen. Von dieser Ermächtigung hat das Ministerium Gebrauch gemacht und die Schlichtung von Verbraucherstreitigkeiten bei Fernabsatzverträgen über Versicherungen durch die VVG-Schlichtungsstellenverordnung (SStellV-VVG) v. 16.2.2005[11] auf den Ombudsmann für die private Kranken- und Pflegeversicherung und den Versicherungsombudsmann e.V. übertragen.[12]

4 § 214 fasst beide Regelungsbereiche zusammen und erweitert die Zuständigkeit für Verbraucherstreitigkeiten auf **alle Versicherungsverträge mit Verbrauchern** (§ 214 Abs. 1 S. 1 Nr. 1). Die Gesetzesbegründung weist zu Recht darauf hin, dass der Verzicht auf das einschränkende Kriterium der Fernabsatzverträge der allgemeinen Systematik des neuen VVG und dem schon bislang praktizierten Verfahren der Ombudsmänner in der Versicherungswirtschaft entspricht. Die für diese Ombudsmannverfahren geltende Beschränkung auf Versicherungsverträge mit Verbrauchern wurde dagegen als sachgerecht angesehen und deshalb beibehalten.[13]

5 Die in § 214 Abs. 1 S. 1 Nr. 2 geregelte Zuständigkeit für Streitigkeiten zwischen Versicherungsvermittlern oder Versicherungsberatern und Versicherungsnehmern im Zusammenhang mit der **Vermittlung von Versicherungsverträgen** entspricht inhaltlich vollständig der Vorschrift des § 42k VVG aF; eine gesonderte Erwähnung der Versicherungsberater war dort wegen der Verweisung durch § 42j VVG aF entbehrlich. Die auf der Grundlage des § 42k VVG aF erfolgte Anerkennung der beiden privaten Ombudsmänner wird durch die Neuregelung nicht berührt.[14]

---

[2] RL 2002/92/EG des Europäischen Parlaments und des Rates v. 9.12.2002, ABl. 2003 L 9, 3.
[3] RL 2016/97/EU des Europäischen Parlaments und des Rates v. 20.1.2016, ABl. 2016 L 26, 19.
[4] RL 2002/65/EG des Europäischen Parlaments und des Rates v. 23.9.2002, ABl. 2002 L 271, 16.
[5] RL 2013/11/EU des Europäischen Parlaments und des Rates v. 21.5.2013, ABl. 2013 L 165, 63.
[6] BGBl. 2006 I 3232.
[7] *Meixner/Steinbeck* VersVertrR § 1 Rn. 371; *Spuhl* in Marlow/Spuhl Rn. 1482; *Beeken/Sandkühler*, Das neue Versicherungsvertriebsrecht, 2017, S. 91.
[8] Zur Entstehungsgeschichte *Lorenz* VersR 2004, 541; zum Versicherungsombudsmann eV: *Römer* NJW 2005, 1251; *Scherpe* NVersZ 2002, 97; *Hövel/Faustmann* in FAHdB VersR Kap. 3 Rn. 1; zum Ombudsmann Private Kranken- und Pflegeversicherung: *Kalis* VersR 2002, 292; *Müller* Versicherungsmagazin 2008, 161.
[9] Für den Versicherungsombudsmann e.V. vgl. die Präambel zur Verfahrensordnung für Beschwerden im Zusammenhang mit der Vermittlung von Versicherungsverträgen iSv Art. 10 der EU-Richtlinie 2002/92/EG (VermVO; abrufbar unter www.versicherungsombudsmann.de); für den Ombudsmann Private Kranken- und Pflegeversicherung Tätigkeitsbericht 2007, S. 18 (abrufbar unter www.pkv-ombudsmann.de).
[10] BGBl. 2004 I 3102.
[11] BGBl. 2005 I 257.
[12] BT-Drs. 16/7639, 23.
[13] Begr. RegE, BT-Drs. 16/3945, 117; krit. *Scherpe* NVersZ 2002, 97 (99).
[14] BT-Drs. 16/7639, 23.

Bei der **Umsetzung der ADR-RL** wurde § 214 durch Art. 15 des Gesetzes vom 19.2.2016[15] **5a** mit Wirkung vom 1.4.2016 neu gefasst. Dabei wurde die eigenständige Regelung für die Anerkennung einer privatrechtlich organisierten Einrichtung als Schlichtungsstelle durch einen Verweis auf die Voraussetzungen für die Anerkennung als **Verbraucherschlichtungsstelle nach § 24 VSBG** ersetzt.[16] Nach der Übergangsvorschrift des Art. 23 des Gesetzes zur Umsetzung der ADR-RL konnten die auf der Grundlage des § 214 anerkannten Schlichtungsstellen ihre Tätigkeit bis zum 1.8.2016 auf der bisherigen Rechtsgrundlage fortführen. Seitdem gelten sie als Verbraucherschlichtungsstellen iSd VSBG und unterliegen den dafür maßgeblichen Vorschriften.[17]

III. Anwendungsbereich

Aus § 209 folgt, dass § 214 auf die **Rückversicherung** und die **Seeversicherung** nicht **6** anwendbar ist. Die Regierungsbegründung weist darauf hin, dass § 214 auch nicht für Verträge über **Großrisiken** gilt.[18] Dies ergibt sich bei § 214 Abs. 1 S. 1 Nr. 1 aus der Beschränkung des Anwendungsbereichs auf Versicherungsverträge mit Verbrauchern. Denn Verträge über Großrisiken werden in aller Regel nicht von Verbrauchern geschlossen. In der Lit. wird zwar darauf hingewiesen, dass in den Fällen des § 210 Abs. 2 S. 1 Nr. 1 **Ausnahmen** denkbar sind,[19] wie zB bei einer Wassersport-Kaskoversicherung für ein nicht gewerblich genutztes Schiff.[20] In diesen Fällen ist § 214 Abs. 1 S. 1 Nr. 1 nach Sinn und Zweck in der Tat anwendbar.[21] Wegen der Schutzbedürftigkeit des Verbrauchers muss jedoch auch § 210 Abs. 2 S. 1 Nr. 1 teleologisch reduziert werden,[22] sodass es sich letztlich auch um kein Großrisiko handelt.

Mit Blick auf § 214 Abs. 1 S. 1 Nr. 2 ist zu beachten, dass die spezifischen Pflichten der Versicherungsvermittler und Versicherungsberater aus §§ 60–63 gem. § 65 bei der **Vermittlung** von Versicherungsverträgen über **Großrisiken** nicht gelten.[23] Hieraus folgt zwar keine generelle Unanwendbarkeit der Vorschrift.[24] Da Streitigkeiten aus der Versicherungsvermittlung sich meistens auf die Verletzung dieser Pflichten beziehen, ist die praktische Bedeutung des § 214 Abs. 1 S. 1 Nr. 2 bei der Vermittlung von Versicherungsverträgen über Großrisiken aber gering.

Für laufende Versicherungen fehlt eine entsprechende Ausnahme. Da **laufende Versicherungen** im Regelfall Großrisiken betreffen (→ § 210 Rn. 2), ist § 214 aber auch hier meist unanwendbar.[25]

Auf die nach § 34d Abs. 8 Nr. 1 GewO von der Erlaubnispflicht befreiten Versicherungsvermittler (sog. **Bagatellvermittler**) ist § 214 gem. § 66 nicht anzuwenden. Dies erscheint konsequent, weil die spezifischen Pflichten aus §§ 60–63 hier ebenfalls nicht gelten. Die Erwähnung der Vermittler nach § 66 in § 214 Abs. 3, 4 wird dagegen überwiegend als Redaktionsversehen betrachtet, das damit zu erklären sein soll, dass der Gesetzgeber die Bagatellvermittler ursprünglich in den Anwendungsbereich des § 214 einbeziehen wollte.[26] Vorzugswürdig erscheint jedoch, § 214 Abs. 3, 4 als Sonderregelungen zu verstehen, bei denen die Einbeziehung der Bagatellvermittler ausnahmsweise gerechtfertigt ist (→ Rn. 27 und → Rn. 29).

B. Anerkennung privatrechtlich organisierter Einrichtungen

I. Zuständigkeit für die Anerkennung und Verfahren

Zuständig für die Anerkennung einer Einrichtung als Schlichtungsstelle zur außergerichtlichen **7** Beilegung von Streitigkeiten ist seit dem 1.4.2016 das Bundesamt für Justiz. Bei der Anerkennung

---

[15] BGBl. 2016 I 254; näher dazu *Greger* MDR 2016, 365 ff.
[16] Vgl. *Klimke* in Prölss/Martin VVG § 214 Rn. 1; *Eichelberg* in Looschelders/Pohlmann VVG § 214 Rn. 4.
[17] Näher dazu VG Berlin BeckRS 2019, 35373 Rn. 14.
[18] Begr. RegE, BT-Drs. 16/3945, 117.
[19] *Eichelberg* in Looschelders/Pohlmann VVG § 214 Rn. 3; *Klimke* in Prölss/Martin VVG § 210 Rn. 5; *Brand* in Bruck/Möller VVG § 214 Rn. 8; *Rixecker* in Langheid/Rixecker VVG § 214 Rn. 2.
[20] *Klimke* in Prölss/Martin VVG § 210 Rn. 5.
[21] So auch *Rixecker* in Langheid/Rixecker VVG § 214 Rn. 2.
[22] *Klimke* in Prölss/Martin VVG § 210 Rn. 5.
[23] Hierauf abstellend auch *Brand* in Bruck/Möller VVG § 214 Rn. 8; *Klimke* in Prölss/Martin VVG § 214 Rn. 4; *Krahe* in Staudinger/Halm/Wendt VVG § 214 Rn. 5.
[24] Zutr. insoweit *Eichelberg* in Looschelders/Pohlmann VVG § 214 Rn. 3.
[25] *Staudinger/Ruks* in BeckOK VVG VVG § 214 Rn. 21.
[26] *Brand* in Bruck/Möller VVG § 214 Rn. 10; *Eichelberg* in Looschelders/Pohlmann VVG § 214 Rn. 2; *Klimke* in Prölss/Martin VVG § 214 Rn. 3; *Rixecker* in Langheid/Rixecker VVG § 214 Rn. 2; *Staudinger/Ruks* in BeckOK VVG § 214 Rn. 16 f.; *Niederleithinger* Neues VVG § 214 Rn. 4.

nach § 24 VSBG handelt es sich um einen **Verwaltungsakt**, der nach allgemeinen Grundsätzen zurückgenommen oder nach § 26 VSBG widerrufen werden kann.[27] Eine **Beleihung** mit hoheitlichen Kompetenzen ist damit nicht verbunden.[28] Den Versicherungsombudsmann trifft daher **keine Informationspflicht** nach § 1 Abs. 1 Informationsfreiheitsgesetz (IFG).[29] Ein solcher Anspruch lässt sich auch nicht aus § 242 BGB ableiten, da es im Allgemeinen an der erforderlichen rechtlichen Sonderverbindung zwischen dem Anspruchsteller und dem Versicherungsombudsmann fehlt.[30] § 214 Abs. 2 S. 3 sieht vor, dass das Bundesamt für Justiz die Verbraucherschlichtungsstellen in die Liste nach §§ 33 Abs. 1 VSGB aufnimmt und die Anerkennung und den Widerruf oder die Rücknahme der Anerkennung im Bundesanzeiger bekannt macht. Die Bekanntmachung der Anerkennung im Bundesanzeiger hat nur deklaratorische Bedeutung.[31]

II. Adressaten der Anerkennung

8   Mögliche Adressaten der Anerkennung sind **privatrechtlich organisierte Einrichtungen**. Der Gesetzgeber hat schon bei Erlass der Vorgängervorschrift des § 42k VVG aF vor allem an den **Versicherungsombudsmann e.V.** und den **Ombudsmann Private Kranken- und Pflegeversicherung** gedacht (→ Rn. 2 ff.).[32] Ob neben diesen beiden Stellen noch Bedarf für die Anerkennung weiterer privatrechtlich organisierter Einrichtungen besteht, ist zweifelhaft.[33]

9   Der **Versicherungsombudsmann e.V.** hat die Rechtsform eines eingetragenen Vereins. Mitglieder sind der Gesamtverband der Versicherungswirtschaft (GDV) und dessen Mitgliedsunternehmen (§ 3 der Vereinssatzung). Zweck des Vereins ist die Förderung der außergerichtlichen Streitbeilegung zwischen Versicherungsunternehmen und Verbrauchern (Versicherungsnehmern) sowie zwischen Versicherungsvermittlern oder Versicherungsberatern und Versicherungsnehmern (§ 2 der Satzung).

10 Der **Ombudsmann Private Kranken- und Pflegeversicherung** wurde vom Verband der privaten Krankenversicherung e.V. eingerichtet. Seine Aufgabe besteht nach dem Statut in der Schlichtung von Streitigkeiten zwischen Versicherungsunternehmen und ihren Versicherten. Darüber hinaus ist er für Beschwerden gegen Versicherungsvermittler und Versicherungsberater zuständig. Erforderlich ist jeweils der Bezug auf eine private Kranken- oder Pflegeversicherung.

III. Sachliche Zuständigkeit der Schlichtungsstellen

11 Entsprechend der Entstehungsgeschichte des § 214 (→ Rn. 2 ff.) erstreckt sich die sachliche Zuständigkeit der anerkannten Schlichtungsstellen auf zwei unterschiedliche Arten von Streitigkeiten:

12 **1. Versicherungsverträge mit Verbrauchern.** Nach § 214 Abs. 1 S. 1 Nr. 1 sind die anerkannten Schlichtungsstellen zunächst für die außergerichtliche Beilegung von Streitigkeiten bei Versicherungsverträgen mit Verbrauchern zuständig. Die Vorschrift stellt klar, dass der **Begriff des Verbrauchers** nach § 13 BGB zu beurteilen ist. Verbraucher ist danach jede natürliche Person, die ein Rechtsgeschäft zu Zwecken abschließt, der überwiegend weder ihrer gewerblichen noch ihrer selbständigen beruflichen Tätigkeit zugerechnet werden kann. Dies entspricht auch der für die Ombudsmänner maßgeblichen Verfahrensordnungen (vgl. § 2 Abs. 1 S. 2 VomVO 2016[34]). Das bei der Umsetzung der Verbraucherrechte-Richtlinie mWv 13.6.2014 in § 13 BGB eingefügte Wort „überwiegend" macht deutlich, dass es im Fall einer **gemischten Zwecksetzung** des Vertrages für die Verbrauchereigenschaft ausreicht, wenn der gewerbliche oder selbständige berufliche Zweck nicht überwiegt. Dies entspricht auch der hM zu § 13 BGB aF.[35]

---

[27] *Gössl* NJW 2016, 838 (840); ebenso schon zur Rechtslage vor Inkrafttreten des VSBG BT-Drs. 16/1935, 27; *Brand* in Bruck/Möller VVG § 214 Rn. 14; *Gamm/Sohn* Versicherungsvermittlerrecht S. 119.
[28] VG Berlin r+s 2020, 195 Rn. 16.
[29] VG Berlin r+s 2020, 195 Rn. 13 ff.; *Staudinger/Ruks* in BeckOK VVG VVG § 214 Rn. 6.
[30] VG Berlin r+s 2020, 195 Rn. 22. Zum Erfordernis einer rechtlichen Sonderverbindung als Grundlage für den Auskunftsanspruch nach § 242 BGB *Looschelders/Olzen* in Staudinger, BGB, 2019, BGB § 242 Rn. 605.
[31] *Brand* in Bruck/Möller VVG § 214 Rn. 14; *Klimke* in Prölss/Martin VVG § 214 Rn. 6; *Heyers* in Schwintowski/Brömmelmeyer/Ebers VVG § 214 Rn. 8.
[32] BT-Drs. 16/1935, 27.
[33] *Brand* in Bruck/Möller VVG § 214 Rn. 4; *Muschner* in HK-VVG § 214 Rn. 2; *Langheid* NJW 2007, 3665 (3672).
[34] Verfahrensordnung des Versicherungsombudsmanns für Beschwerden gegen Versicherungsunternehmen (Stand: 23.11.2016); → Rn. 15.
[35] *Looschelders*, Schuldrecht Allgemeiner Teil, 19. Aufl. 2021, § 41 Rn. 8.

Nach § 2 Abs. 1 S. 3 VomVO 2016 kann der Versicherungsombudsmann auch Beschwerden von anderen Personen behandeln, wenn sich diese in **verbraucherähnlicher Lage** befinden.[36] Ob diese Voraussetzung vorliegt, hängt nach § 2 Abs. 1 S. 4 VomVO 2016 von der wirtschaftlichen Tätigkeit (Art, Umfang und Ausstattung) sowie dem Versicherungsvertrag und dem geltend gemachten Anspruch ab. Wichtigstes Beispiel für eine verbraucherähnliche Lage sind die in den älteren Fassungen des § 2 Abs. 1 VomVO ausdrücklich genannten **Kleingewerbetreibenden**.[37]

Die Beschwerde kann nach § 1 S. 1 VomVO 2016 nur **gegen einen Versicherer** gerichtet werden, der **Mitglied des Vereins Versicherungsombudsmann eV** ist. Die Beschränkung der möglichen Beschwerdegegner erklärt sich aus der Struktur dieser Schlichtungsstelle[38] und hat in der Praxis bislang noch nicht zu Problemen geführt.

2. Versicherungsvermittlung. Wer Versicherungsvermittler iSd § 214 Abs. 1 S. 1 Nr. 2 ist, ergibt sich aus § 59 Abs. 1–3. Erfasst sind sowohl Versicherungsvertreter als auch Versicherungsmakler. Der Begriff des Versicherungsberaters ist in § 59 Abs. 4 definiert. Für die Einzelheiten s. die Kommentierung zu § 59. Auf der Gegenseite gilt § 214 Abs. 1 S. 1 Nr. 2 nicht nur für Verbraucher, sondern für alle **Versicherungsnehmer**. Dies entspricht der Vermittler-Richtlinie und der IDD (→ Rn. 2). Versicherungsvermittler und Versicherungsberater sind gemäß § 15 Abs. 1 Ziff. 12 VersVermVO verpflichtet, dem Versicherungsnehmer schon beim ersten Geschäftskontakt die Anschrift der Schlichtungsstelle mitzuteilen, die bei Streitigkeiten angerufen werden kann. Ruft der Versicherungsnehmer eine Schlichtungsstelle nach § 214 Abs. 1 S. 1 Nr. 2 an, so ist der Versicherungsvermittler oder -berater, der über eine Erlaubnis nach § 34d Abs. 1 oder 2 GewO verfügt, gem. § 17 Abs. 4 VersVermVO zur Teilnahme an dem Schlichtungsverfahren **verpflichtet**.

3. Abgrenzung durch Satzung der Ombudsleute. Die genaue Abgrenzung der Zuständigkeiten hatte der Gesetzgeber von vornherein den für die Ombudsleute maßgeblichen Satzungen überlassen. § 4 Abs. 2 S. 1 VSBG sieht jetzt ebenfalls vor, dass die Verbraucherschlichtungsstelle ihre Zuständigkeit auf bestimmte Wirtschaftsbereiche, Vertragstypen oder Unternehmer beschränken kann. Die Einrichtungen können in ihren Ordnungen auch die näheren Voraussetzungen für die Zulässigkeit einer Beschwerde und das bei der Schlichtung zu beachtende Verfahren regeln.[39] Für das Verfahren vor dem Versicherungsombudsmann eV gelten zwei unterschiedliche Verfahrensordnungen: die Verfahrensordnung des Versicherungsombudsmanns (VomVO) für Streitigkeiten nach § 214 Abs. 1 Nr. 1 (Stand: 23.11.2016) und die Verfahrensordnung für Beschwerden im Zusammenhang mit der Vermittlung von Versicherungsverträgen (VermVO) iSv § 214 Abs. 1 Nr. 2 (Stand: 23.11.2016).[40] Beide Verfahrensordnungen wurden im November 2016 an das VSBG angepasst, dessen Regelungen nach § 1 S. 2 VomVO und § 1 Abs. 1 S. 3 VermVO ergänzend anwendbar sind.

Das Verfahren vor dem **Ombudsmann Private Kranken- und Pflegeversicherung** ist in dem **Statut** des Ombudsmanns Private Kranken- und Pflegeversicherung geregelt. Die Regelung zur Zuständigkeit des Versicherungsombudsmanns ergibt sich aus § 3 Abs. 2 Statut des Ombudsmanns Private Kranken- und Pflegeversicherung. Erforderlich ist danach, dass der Beschwerdegegenstand sich auf eine private Kranken- und Pflegeversicherung und die sich bei ihrer Durchführung ergebenden Fragen bezieht. Beschwerden gegen **Vermittler** werden behandelt, wenn der Beschwerdegegenstand eine versuchte oder erfolgte Vermittlung von privaten Kranken- und Pflichtversicherungen betrifft. Beschwerden gegen **Versicherungsberater** werden erfasst, wenn die Beratung im Zusammenhang mit einer privaten Kranken- und Pflegeversicherung steht.

IV. Anrufung der Schlichtungsstelle

1. Berechtigung zur Anrufung der Schlichtungsstelle. § 214 Abs. 1 S. 2 Hs. 1 räumt den **Beteiligten** das Recht ein, die anerkannten Schiedsstellen anzurufen. Die Anrufung kann demnach nicht nur durch den **Versicherungsnehmer** erfolgen, sondern auch durch den **Versicherungsvermittler** oder den **Versicherungsberater**.[41] In den Fällen des § 214 Abs. 1 Nr. 2 wäre eine Einschränkung des Kreises der Antragsberechtigten wegen der Vorgaben der Vermittler-Richtlinie nicht möglich.[42] Beschwerden im Zusammenhang mit der Vermittlung von Versicherungsverträgen können nach der einschlägigen Verfahrensordnung des Versicherungsombudsmannes eV auch von Ver-

---

[36] Für Ausweitung auf „verbraucherähnliche Personen" schon *Lorenz* VersR 2004, 541 (546).
[37] *Brand* in Bruck/Möller VVG § 214 Rn. 6; *Römer* NJW 2005, 1251 (1253).
[38] *Brand* in Bruck/Möller VVG § 214 Rn. 17; *Römer* NVersZ 2002, 289 (290).
[39] BT-Drs. 16/1935, 27.
[40] *Brand* in Bruck/Möller VVG § 214 Rn. 15.
[41] *Brand* in Bruck/Möller VVG § 214 Rn. 16; *Rixecker* in Langheid/Rixecker VVG § 214 Rn. 4; *Meixner/Steinbeck* VersVertrR § 9 Rn. 25; *Gamm/Sohn* Versicherungsvermittlerrecht S. 44.
[42] *Brand* in Bruck/Möller VVG § 214 Rn. 16; *Rixecker* in Langheid/Rixecker VVG § 214 Rn. 4.

braucherschutzverbänden erhoben werden (vgl. § 1 Abs. 2 VermVO). Dies entspricht den Vorgaben des Art. 10 Vermittler-Richtlinie und des Art. 14 IDD; dort wird die Beschwerdemöglichkeit von Verbraucherschutzverbänden ausdrücklich genannt.

17   Zu den Beteiligten iSd § 214 Abs. 1 S. 2 gehört grds. auch der **Versicherer**. Die Verfahrensordnung des Versicherungsombudsmanns sieht allerdings nur Beschwerden **gegen** ein Versicherungsunternehmen vor (§ 1 VomVO 2016). Hiergegen bestehen aus unionsrechtlicher Sicht keine Bedenken.[43] Nach § 4 Abs. 2 des Statuts des Ombudsmanns Private Kranken- und Pflegeversicherung kann dagegen auch der **Versicherer** den Ombudsmann im Streitfall um Vermittlung bitten, sofern der Versicherungsnehmer zugestimmt hat.

18   **2. Voraussetzungen.** Die Voraussetzungen für die Anrufung der Schlichtungsstelle sind in den jeweiligen Verfahrensordnungen der Ombudsmänner geregelt. So schreibt § 2 Abs. 2 VomVO 2016 vor, dass es sich um einen **eigenen vertraglichen Anspruch** des Verbrauchers aus einem Versicherungsvertrag, einem mit einem Versicherungsvertrag in einem engen wirtschaftlichen Zusammenhang stehenden Vertrag, einem Realkreditvertrag oder der Vermittlung oder der Anbahnung eines solchen Vertrags handeln muss. Ansprüche **Dritter** können nicht vor dem Ombudsmann geltend gemacht werden. Der Bezugsberechtigte in der Lebensversicherung und der Versicherte in der Versicherung für fremde Rechnung machen aber eigene Ansprüche geltend und sind daher nicht als Dritte anzusehen.[44] Das Statut des Ombudsmanns Private Kranken- und Pflegeversicherung sieht in § 4 Abs. 1 S. 2 ausdrücklich vor, dass auch versicherte Personen in einer Gruppenversicherung in Bezug auf diese Versicherung Beschwerde einlegen können. Für Streitigkeiten über den **Direktanspruch** des Geschädigten in der Pflicht-Haftpflichtversicherung (§ 115 VVG) ist der Versicherungsombudsmann nicht zuständig. Denn beim Direktanspruch geht es meist weniger um versicherungsrechtliche als um haftungsrechtliche Fragen.[45]

18a   § 2 Abs. 3 VomVO 2016 sieht im Einklang mit § 14 Abs. 1 Nr. 2 VSGB vor, dass der Ombudsmann die Durchführung des Verfahrens ablehnt, wenn der Beschwerdeführer den Anspruch noch nicht beim Beschwerdegegner geltend gemacht hat. Das Verfahren vor dem Ombudsmann findet nicht statt, wenn der **Wert der Beschwerde** 100.000 EUR überschreitet; für die Wertermittlung gelten die Grundsätze der ZPO (§ 2 Abs. 4 lit. a VomVO 2016). Eine solche streitwertabhängige Beschränkung der Zulässigkeit ist nach § 14 Abs. 2 Nr. 3 VSBG zulässig. Ein Verfahren vor dem Ombudsmann ist auch dann ausgeschlossen, wenn die Beschwerde offensichtlich ohne Aussicht auf Erfolg oder mutwillig ist (§ 2 Abs. 4 lit. e VomVO).

19   Um dem Versicherungsnehmer die Einschaltung der Schlichtungsstelle zu erleichtern, verzichtet die VomVO auf formelle Anforderungen; die Anrufung des Ombudsmanns kann daher mündlich, schriftlich oder **in jeder anderen geeigneten Form** (zB telefonisch oder per E-Mail) erfolgen (§ 3 Abs. 2 S. 2 VomVO 2016).[46] § 6 Abs. 1 des Statuts des Ombudsmanns Private Kranken- und Pflegeversicherung schreibt dagegen vor, dass die Beschwerde in **Textform** einzureichen ist. Mündliche Beschwerden werden grundsätzlich nicht entgegengenommen.

20   **3. Hemmung der Verjährung.** § 214 sieht nicht vor, dass die Verjährung durch Anrufung der Schlichtungsstelle gehemmt wird.[47] Ob eine Hemmung der Verjährung aus § 204 Abs. 1 Nr. 4 BGB aF abgeleitet werden kann, war vor der Neufassung der Vorschrift zum 26.2.2016 umstritten.[48] Die beteiligten Versicherer haben sich jedoch in § 12 Abs. 1 S. 1 VomVO verpflichtet, eine für die Dauer des Verfahrens angeordnete Verjährungshemmung gegen sich gelten zu lassen. Hierauf kann sich nach allgemeiner Ansicht auch der Versicherungsnehmer berufen. Die **dogmatischen Grundlagen** sind allerdings unklar. Zu weit dürfte es gehen, die Verpflichtungserklärung in der Satzung als **Vertrag zugunsten Dritter** – des Versicherungsnehmers – anzusehen.[49] Eine solche Deutung ist letztlich aber auch nicht erforderlich, weil die beteiligten Versicherer sich in § 5 Abs. 3 der Satzung verpflichtet haben, ihre Kunden auf die Mitgliedschaft im Verein und die Möglichkeit einer Streitschlichtung vor dem Versicherungsombudsmann hinzuweisen. Dieser Verpflichtung kommen die Versicherer in aller Regel nach. Die Beschwerdemöglichkeit beim Versicherungsombudsmann

---

[43]   Zur Zulässigkeit der Beschränkung *Brand* in Bruck/Möller VVG § 214 Rn. 16; *Klimke* in Prölss/Martin VVG § 214 Rn. 7.
[44]   *Brand* in Bruck/Möller VVG § 214 Rn. 18; *Römer* NVersZ 2002, 289 (290); *Lorenz* VersR 2004, 541 (548).
[45]   *Brand* in Bruck/Möller VVG § 214 Rn. 18; *Römer* NJW 2005, 1251 (1253); krit. *Scherpe* NVersZ 2002, 97 (99); *Lorenz* VersR 2004, 541 (548).
[46]   *Muschner* in HK-VVG § 214 Rn. 3; *Römer* NJW 2005, 1251 (1253); *Hirsch* FS Lorenz, 2014, 159 (164).
[47]   *Heyers* in Schwintowski/Brömmelmeyer/Ebers VVG § 214 Rn. 10.
[48]   Ablehnend *Brand* in Bruck/Möller VVG § 214 Rn. 25; *Rixecker* in Langheid/Rixecker VVG § 214 Rn. 5; für analoge Anwendung von § 204 Abs. 1 Nr. 4 BGB aF *Staudinger/Ruks* in BeckOK VVG § 214 Rn. 38 f.
[49]   So aber *Friedrich* DAR 2002, 157 (159).

wird damit einschließlich der verjährungsrechtlichen Konsequenzen zum **Bestandteil jedes Versicherungsvertrages**. Sollte der Hinweis einmal fehlen, ist eine **konkludente Einbeziehung** des Verfahrens in den Vertrag zu prüfen.[50] Zumindest verstößt der Versicherer in einem solchen Fall gegen **Treu und Glauben** (§ 242 BGB), wenn er sich gegenüber dem Versicherungsnehmer auf Verjährung beruft, ohne die Vereinbarung über die Hemmung zu berücksichtigen.[51] Seit dem 26.2.2016 ergibt sich die Hemmung der Verjährung schon aus § 204 Abs. 1 Nr. 4 BGB.[52] § 12 Abs. 1 S. 1 VomVO hat insoweit nur noch deklaratorische Bedeutung.

Das Statut des **Ombudsmanns Private Kranken- und Pflegeversicherung** sieht in § 7 ebenfalls eine Hemmung der Verjährung vor.[53] Demgegenüber hatte § 6 VermVO 2008 für Beschwerden im Zusammenhang mit der **Vermittlung von Versicherungsverträgen** angeordnet, dass die Verjährung durch die Einlegung der Beschwerde **nicht gehemmt** wird. Die VermVO 2016 enthält keine entsprechende Regelung mehr. Seit dem 26.2.2016 ergibt sich die Hemmung der Verjährung auch für diese Verfahren aus § 204 Abs. 1 Nr. 4 BGB. 21

V. Verhältnis zum gerichtlichen Rechtsschutz

§ 214 Abs. 1 S. 2 Hs. 2 stellt klar, dass das **Recht zur Anrufung der Gerichte** durch die Möglichkeit der Anrufung einer Schlichtungsstelle **nicht berührt** wird. Das Verfahren vor den Schlichtungsstellen ist also **freiwillig**. Nach § 2 Abs. 4 lit. d VomVO findet ein Verfahren vor dem Ombudsmann nicht statt, wenn ein Gericht zu der Streitigkeit bereits eine Sachentscheidung getroffen hat oder die Streitigkeit vor einem Gericht anhängig ist, ohne dass dieses im Hinblick auf das Verfahren vor dem Ombudsmann nach § 278a Abs. 2 ZPO das Ruhen des Verfahrens angeordnet hat. 22

Auch **nach einer Entscheidung des Ombudsmanns** steht dem Beschwerdeführer – also dem Versicherungsnehmer – immer der Weg zu den ordentlichen Gerichten offen (§ 11 Abs. 2 S. 1 VomVO 2016). Dies steht im Einklang mit § 5 Abs. 2 VSBG, wonach die Verbraucherschlichtungsstelle keine Verfahren durchführen darf, die dem Verbraucher eine verbindliche Lösung auferlegen oder sein Recht zur Anrufung der Gerichte ausschließen. Es ist damit gewährleistet, dass der Versicherungsnehmer durch die Einschaltung des Ombudsmanns keinen Nachteil erleiden kann.[54] Für den Beschwerdegegner – den Versicherer – ist die **Entscheidung** des Ombudsmannes bei einem Beschwerdewert von bis zu 10.000 EUR bindend (§ 10 Abs. 3 S. 2 iVm § 11 Abs. 1 S. 1, Abs. 2 S. 2 VomVO 2016).[55] Bei einem Beschwerdewert von mehr als 10.000 EUR bis zu 100.000 EUR hat der Bescheid des Ombudsmannes dagegen die Natur einer bloßen **Empfehlung** und ist damit auch für den Versicherer nicht bindend (§ 10 Abs. 3 S. 2 iVm § 11 Abs. 2, Abs. 2 S. 2 VomVO 2016).[56] 23

Die **Verbindlichkeit** von Entscheidungen gegenüber dem Beschwerdegegner steht in einem Spannungsverhältnis zu § 214 Abs. 1 S. 2 Hs. 2, wonach das Recht zur Anrufung der Gerichte unberührt bleibt.[57] Da die Bindungswirkung nur gegenüber den Mitgliedern des Vereins Versicherungsombudsmann eV eintritt und diese sich in der Satzung des Vereins vom 22.11.2016 (§ 5 Abs. 2) den Entscheidungen des Ombudsmanns im Rahmen der Verfahrensordnung unterworfen haben, bestehen gegen den Ausschluss von Rechtsbehelfen der Versicherer aber keine Bedenken. Dass der Versicherungsnehmer sich gegenüber dem Versicherer auf die Bindungswirkung berufen kann, ergibt sich aus den gleichen Erwägungen wie bei der Hemmung der Verjährung (→ Rn. 20).[58] 24

Der **Ombudsmann Private Kranken- und Pflegeversicherung** kann dagegen keine verbindlichen Entscheidungen treffen. Hält er die Beschwerde für begründet, so unterbreitet er den Parteien einen Schlichtungsvorschlag. Nehmen die Parteien diesen Vorschlag nicht an, so bezeichnet der Ombudsmann das verfahrensabschließende Schreiben zusätzlich als Bescheinigung über einen erfolglosen Schlichtungsversuch nach § 15a Abs. 3 S. 3 EGZPO. Die Parteien können dann ein 24a

---

[50] *Rixecker* in Langheid/Rixecker VVG § 214 Rn. 5; *Brand* in Bruck/Möller VVG § 214 Rn. 25.
[51] Zur möglichen Argumentation mit Treu und Glauben *Hoeren* NJW 1992, 2727 (2731).
[52] *Staudinger/Ruks* in BeckOK VVG § 214 Rn. 40 ff.; *Klimke* in Prölss/Martin VVG § 214 Rn. 9; *Muschner* in HK-VVG § 214 Rn. 4.
[53] *Muschner* in HK-VVG § 214 Rn. 4.
[54] *Brand* in Bruck/Möller VVG § 214 Rn. 22; *Römer* NJW 2005, 2151 (2154); *Scherpe* NVersZ 2002, 97 (101).
[55] Zur Bindungswirkung vgl. *Brand* in Bruck/Möller VVG § 214 Rn. 23; *Rixecker* in Langheid/Rixecker VVG § 214 Rn. 4 (noch von einem Wert von 5.000 EUR ausgehend); zu möglichen Grenzen der Bindungswirkung *Lorenz* VersR 2004, 541 (547).
[56] Zu dieser Unterscheidung *Lorenz* VersR 2004, 541 (543); krit. *Scherpe* NVersZ 2002, 97 (101).
[57] *Heyers* in Schwintowski/Brömmelmeyer/Ebers VVG § 214 Rn. 7.
[58] *Brand* in Bruck/Möller VVG § 214 Rn. 23; *Klimke* in Prölss/Martin VVG § 214 Rn. 10; *Jordans* VuR 2003, 253.

Gericht anrufen (vgl. § 10 Abs. 3 des Statuts). Hält der Ombudsmann die Beschwerde für unbegründet, so teilt er dies den Parteien durch ein verfahrensabschließendes Schreiben mit, das ebenfalls zusätzlich als Bescheinigung über einen erfolglosen Schlichtungsversuch nach § 15a Abs. 3 S. 3 EGZPO zu bezeichnen ist (§ 10 Abs. 4 des Statuts). Entsprechende Regeln gelten auch für **Vermittlerstreitigkeiten** vor dem Versicherungsombudsmann (vgl. § 7 Abs. 5 und 6 VermVO). Der Ombudsmann trifft also auch in diesen Verfahren keine verbindlichen Entscheidungen.

VI. Voraussetzungen der Anerkennung

25 Die anzuerkennende Einrichtung muss **privatrechtlich organisiert** sein. § 3 VSBG stellt klar, dass ein eingetragener Verein Träger der Verbraucherschlichtungsstelle sein muss. Musterbeispiel ist der Versicherungsombudsmann e.V. (→ Rn. 2). Inhaltliche Mindestanforderungen ergeben sich aus dem VSBG, auf das § 214 Abs. 2 verweist. Der Streitmittler muss danach **unabhängig** und **keinen Weisungen unterworfen** sein und Gewähr für eine unparteiische Streitbeilegung bieten (§ 7 Abs. 1 VSBG). Diese Unabhängigkeit wird in der Satzung des Versicherungsombudsmanns eV (§ 15 Abs. 1) und in dem Statut des Ombudsmanns Private Kranken- und Pflegeversicherung (§ 2) gewährleistet.[59]

26 Die weiteren Anforderungen an den Streitmittler sind in § 26 VSBG geregelt. Der Streitmittler muss hiernach über die **Rechtskenntnisse** verfügen, die für die Beilegung von Streitigkeiten in der Zuständigkeit der Verbraucherschlichterstelle erforderlich sind. Außerdem muss er die Befähigung zum Richteramt haben oder zertifizierter Mediator sein. Für den Versicherungsombudsmann und den Ombudsmann Private Kranken- und Pflegeversicherung sind die entsprechenden Anforderungen in § 15 der Satzung des Vereins Versicherungsombudsmann e.V. und in § 1 Abs. 2 des Statuts des Ombudsmanns Private Kranken- und Pflegeversicherung geregelt. Die fachliche Qualifikation wird zudem dadurch gewährleistet, dass der Versicherungsombudsmann und der Ombudsmann Private Kranken- und Pflegeversicherung durch ein Team von Volljuristen und Versicherungskaufleuten unterstützt werden.[60]

VII. Pflichten der Schlichtungsstelle

27 Die anerkannten Schlichtungsstellen sind nach § 214 Abs. 3 verpflichtet, **jede Beschwerde** über einen Versicherer oder einen Versicherungsvermittler, Vermittler nach § 66 und Versicherungsberater zu **beantworten**. Der Gesetzgeber hat damit Art. 10 S. 2 Vermittler-Richtlinie und Art. 14 S. 2 IDD umgesetzt, wonach „Beschwerden in jedem Fall zu beantworten" sind. Die Pflicht zur Beantwortung besteht nach dem Wortlaut von § 214 Abs. 3 auch bei Beschwerden über einen Vermittler nach § 66. Entgegen einer verbreiteten Auffassung dürfte es sich hierbei um kein Redaktionsversehen handeln (→ Rn. 6). Der Vermittler nach § 66 ist zwar **nicht** nach § 17 Abs. 4 **verpflichtet**, an dem Schlichtungsverfahren teilzunehmen (→ Rn. 14); er kann sich aber freiwillig zur Teilnahme bereit erklären.[61] Die Pflicht zur Beantwortung kann im Übrigen auch durch die Mitteilung erfüllt werden, dass die Beschwerde unzulässig ist (→ Rn. 28). Eine solche Antwort kann aber auch bei Beschwerden gegenüber einem Vermittler nach § 66 erwartet werden.

28 Die Pflicht zur Antwort auf jede Beschwerde hindert die Ombudsmänner nicht, eine Beschwerde als **unzulässig** abzuweisen (§§ 2, 10 Abs. 1 VomVO 2016) oder die Befassung mit der Beschwerde abzulehnen, weil sie ihm für eine Entscheidung im Ombudsmannverfahren **ungeeignet** erscheint (§ 9 VomVO 2016).[62] Dies wird in der Begründung zu § 42k VVG aF ausdrücklich anerkannt.[63] Die zulässigen Ablehnungsgründe sind jetzt in § 14 VSBG geregelt und werden in § 9 VomVO für das Verfahren vor dem Ombudsmann konkretisiert. Nach § 9 Abs. 1 lit. c VomVO 2016 kann der Ombudsmann die Befassung mit der Beschwerde unter anderem dann ablehnen, wenn eine grundsätzliche Rechtsfrage, die für die Bewertung der Streitigkeit erheblich ist, nicht geklärt ist. Der Ombudsmann erhält damit die Möglichkeit, die Klärung grundsätzlicher Rechtsfragen der Autorität der Gerichte zu überlassen. Darüber hinaus kann der Beschwerdegegner in jeder Lage des Verfahrens beantragen, dass der Ombudsmann eine Beschwerde als Musterfall unentschieden lässt, sofern er plausibel machen kann, dass es sich um eine Frage von rechtsgrundsätzlicher Bedeutung handelt (§ 9 Abs. 3 VomVO 2016). Der gerichtlichen Entscheidung wird insoweit also der Vorrang eingeräumt.[64]

---

[59] Prägnant *Michaels* VW 2000, 396: „Die Unabhängigkeit des Ombudsmanns ist oberster Grundsatz."
[60] Zum Versicherungsombudsmann *Hirsch* FS Lorenz, 2014, 159 (167).
[61] Vgl. *Rixecker* in Langheid/Rixecker VVG § 66 Rn. 4.
[62] Zur mangelnden Eignung von Beschwerden *Scherpe* NVersZ 2002, 97 (100).
[63] BT-Drs. 16/1935, 27.
[64] *Hirsch* FS Lorenz, 2014, 159 (165).

VIII. Entgeltpflicht

1. Versicherungsvermittler und Versicherungsberater. Nach § 214 Abs. 4 S. 1 können die anerkannten Schlichtungsstellen von Versicherungsvermittlern, Vermittlern nach § 66 und Versicherungsberatern ein **Entgelt** erheben. Das Wort „können" verdeutlicht, dass die Entscheidung über die Erhebung des Entgelts im **Ermessen** der Schlichtungsstellen steht.[65] Im Unterschied zu § 214 Abs. 3 werden die **Versicherer** in Abs. 4 nicht genannt. Dies rechtfertigt sich damit, dass die bestehenden Schlichtungsstellen von der Versicherungswirtschaft finanziert werden (vgl. § 16 Abs. 1 der Satzung des Versicherungsombudsmann e.V.; § 13 des Statuts des Ombudsmanns Private Kranken- und Pflegeversicherung).[66] Die Erwähnung der Vermittler nach § 66 beruht auch hier nicht auf einem Versehen (→ Rn. 6). Sie kann vielmehr für den Fall Bedeutung gewinnen, dass ein solcher Vermittler sich freiwillig zur Teilnahme an dem Schlichtungsverfahren bereit erklärt (→ Rn. 27).

2. Versicherungsnehmer. Von Versicherungsnehmern kann grds. kein Entgelt verlangt werden. Eine Ausnahme gilt nur bei „offensichtlichem Missbrauch" (Abs. 4 S. 2). Genauere Kriterien für das Vorliegen eines **„offensichtlichen Missbrauchs"** sind dem § 214 Abs. 4 nicht zu entnehmen. Nach dem Schutzzweck des § 214 ist insoweit zurückhaltend zu verfahren. Dies zeigt auch das Wort „offensichtlich". Zu denken ist insbes. an Fälle, in denen die Beschwerde evident unzulässig oder unbegründet ist, zB bei querulatorischen Beschwerden.[67] Selbst bei offensichtlichem Missbrauch steht die Erhebung des Entgelts aber im Ermessen der Schlichtungsstelle. Außerdem stellt der bei der Umsetzung der ADR-RL neu gefasste § 214 Abs. 4 S. 2 klar, dass von einem Versicherungsnehmer nur ein „geringes Entgelt" verlangt werden kann.

3. Höhe des Entgelts. Mit Blick auf die Höhe des Entgelts sieht § 214 Abs. 4 S. 3 vor, dass das Entgelt **im Verhältnis zum Aufwand** der Schlichtungsstelle **angemessen** sein muss. Die Schlichtungsstellen arbeiten also nicht mit staatlich vorgegebenen Gebührensätzen, sondern haben einen Beurteilungsspielraum.

4. Umsetzung in der Praxis. Aus der Verfahrensordnung des Versicherungsombudsmanns eV für Streitigkeiten zwischen dem **Versicherer und einem Verbraucher** ergibt sich, dass der Beschwerdeführer kein Entgelt zu zahlen hat (§ 14 Abs. 1 VomVO 2016). Die Beteiligten – und damit auch der Beschwerdeführer – müssen aber ihre eigenen Kosten tragen (§ 14 Abs. 2 VomVO 2016). Auf einen offensichtlichen Missbrauch wird nicht eingegangen. Ebenso verhält es sich beim Ombudsmann Private Kranken- und Pflegeversicherung (§ 6 Abs. 3 des Statuts).

Für Beschwerden im Zusammenhang mit der **Vermittlung** von Versicherungsverträgen sieht § 8 Abs. 1 VermVO gleichfalls vor, dass das Verfahren für den Versicherungsnehmer grds. kostenfrei ist. Eine Ausnahme ist hier aber bei **offensichtlichem Missbrauch** vorgesehen. Nach § 8 Abs. 1 S. 2 VermVO beträgt das Entgelt im Fall des Missbrauchs aber im Einklang mit § 23 Abs. 1 S. 1 VSBG höchstens 30 EUR. § 8 Abs. 2 VermVO sieht vor, dass der Ombudsmann von dem Versicherungsvermittler oder -berater, der zur Teilnahme an dem Verfahren bereit oder verpflichtet ist, ein angemessenes Entgelt verlangen kann. Im Verhältnis zu § 214 Abs. 4 S. 3 (→ Rn. 31) findet damit keine weitere Konkretisierung statt.

C. Unterrichtungspflicht über Geschäftspraktiken von Unternehmern

Der durch das Gesetz zur Änderung von Vorschriften über die außergerichtliche Streitbeilegung in Verbrauchersachen vom 30.11.2019[68] mit Wirkung vom 6.12.2019 eingefügte Abs. 5 verpflichtet die nach Abs. 1 anerkannten Schlichtungsstellen, die **BaFin** über die ihnen bei ihrer Schlichtungstätigkeit bekannt gewordenen Geschäftspraktiken von Unternehmen zu **unterrichten**, sofern diese Praktiken die Interessen einer Vielzahl von Verbrauchern erheblich beeinträchtigen können. Die Vorschrift ist vor dem Hintergrund zu sehen, dass Schlichter in privaten Schlichtungsstellen, die durch das Bundesamt für Justiz als Verbraucherschlichtungsstelle für Streitigkeiten nach § 14 Abs. 1

---

[65] *Brand* in Bruck/Möller VVG § 214 Rn. 26; zu § 42k *Gamm/Sohn* Versicherungsvermittlerrecht S. 44.
[66] *Eichelberg* in Looschelders/Pohlmann VVG § 214 Rn. 9; *Klimke* in Prölss/Martin VVG § 214 Rn. 11b; *Brand* in Bruck/Möller VVG § 214 Rn. 26; zur Finanzierung *Römer* NJW 2005, 1251 (1255).
[67] *Klimke* in Prölss/Martin VVG § 214 Rn. 11a; für Anknüpfung an § 34 Abs. 2 BVerfGG *Brand* in Bruck/Möller VVG § 214 Rn. 28; die hierzu entwickelten Grundsätze – Missbrauch bei Verfolgung verfahrens- oder sachwidriger Zwecke – lassen sich auf Beschwerden beim Versicherungsombudsmann aber kaum übertragen.
[68] BGBl. 2019 I 1942.

§ 215

UklaG anerkannt sind, die BaFin nach § 23 Finanzschlichtungsstellenverordnung (FinSV) schon seit dem 1.2.2017 über solche Geschäftspraktiken von Unternehmen unterrichten müssen. Da § 23 FinSV auf die Schlichtungsstellen im Versicherungsbereich nicht anwendbar ist, hat der Gesetzgeber hierfür eine entsprechende Unterrichtungspflicht gegenüber der BaFin geschaffen.[69] Die BaFin soll dadurch die notwendigen Informationen erhalten, um missbräuchlichen Geschäftspraktiken von Versicherungsunternehmen mit aufsichtsrechtlichen Mitteln begegnen zu können.[70]

33b Die Unterrichtungspflicht bezieht sich auf Geschäftspraktiken von Unternehmen, die die Interessen einer **Vielzahl von Verbrauchern** erheblich beeinträchtigen können. Aus der Formulierung „können" folgt, dass der Schlichtungsstelle nicht bereits eine Vielzahl von Beschwerden zu der betreffenden Geschäftspraxis vorliegen muss; die Geschäftspraxis muss lediglich **geeignet** sein, die Interessen einer Vielzahl von Verbrauchern erheblich zu beeinträchtigen.[71] Solche Beeinträchtigungen können insbesondere durch systematische Verstöße gegen das VVG oder die AGB-rechtlichen Vorgaben der §§ 305 ff. BGB entstehen.[72] Denn die BaFin achtet nach § 294 Abs. 2 S. 2 VAG auf die Einhaltung der Gesetze, die für den Betrieb des Versicherungsgeschäfts gelten. Dabei ist davon auszugehen, dass jedes rechtswidrige Verhalten die Interessen der Versicherten beeinträchtigen kann.[73] Aus der Formulierung „können" folgt weiter, dass die Unterrichtungspflicht auch dann eingreifen kann, wenn der infrage stehende Gesetzesverstoß noch nicht höchstrichterlich festgestellt worden ist. Es reicht, dass **objektiv gewichtige Bedenken** gegen die Geschäftspraxis bestehen.[74] Die BaFin hat dann in eigener Verantwortung zu prüfen, ob die Voraussetzungen für Maßnahmen im Rahmen der Missstandsaufsicht nach § 298 VAG vorliegen.

D. Zuweisung an Bundesoberbehörde oder Bundesanstalt

34 Sind keine privatrechtlich organisierten Schlichtungsstellen vorhanden, so kann das Bundesministerium der Justiz und für Verbraucherschutz nach § 214 Abs. 6 im Einvernehmen mit dem Bundesministerium für Finanzen und dem Bundesministerium für Wirtschaft und Energie (jetzt für Wirtschaft und Klimaschutz) die Aufgaben der Schlichtungsstelle **durch Rechtsverordnung** ohne Zustimmung des Bundesrates an eine Bundesoberbehörde oder eine Bundesanstalt delegieren. Die Vorschrift hat lediglich **„Auffangcharakter"** und soll nach der Gesetzesbegründung zur Vorgängervorschrift des § 42k VVG aF nur angewendet werden, wenn anerkennungswürdige privatrechtlich organisierte Einrichtungen fehlen.[75] Da mit dem Versicherungsombudsmann eV und dem Ombudsmann Private Kranken- und Pflegeversicherung bereits zwei anerkannte privatrechtlich organisierte Einrichtungen zur Verfügung stehen, dürfte die Zuweisungsmöglichkeit nach § 214 Abs. 5 keine praktische Bedeutung erlangen.[76]

§ 215 Gerichtsstand

(1) ¹Für Klagen aus dem Versicherungsvertrag oder der Versicherungsvermittlung ist auch das Gericht örtlich zuständig, in dessen Bezirk der Versicherungsnehmer zur Zeit der Klageerhebung seinen Wohnsitz, in Ermangelung eines solchen seinen gewöhnlichen Aufenthalt hat. ²Für Klagen gegen den Versicherungsnehmer ist dieses Gericht ausschließlich zuständig.

(2) § 33 Abs. 2 der Zivilprozessordnung ist auf Widerklagen der anderen Partei nicht anzuwenden.

(3) Eine von Absatz 1 abweichende Vereinbarung ist zulässig für den Fall, dass der Versicherungsnehmer nach Vertragsschluss seinen Wohnsitz oder gewöhnlichen Aufenthalt aus

---

[69] Zu diesem Hintergrund Begr. RegE BT-Drs. 19/10348, 20; *Staudinger/Ruks* in BeckOK VVG VVG § 214 Rn. 24a.
[70] *Klimke* in Prölss/Martin VVG § 214 Rn. 12.
[71] *Klimke* in Prölss/Martin VVG § 214 Rn. 13; *Heyers* in Schwintowski/Brömmelmeyer/Ebers VVG § 214 Rn. 13.
[72] *Klimke* in Prölss/Martin VVG § 214 Rn. 12; *Heyers* in Schwintowski/Brömmelmeyer/Ebers VVG § 214 Rn. 13.
[73] *Dreher* in Prölss/Dreher VAG § 294 Rn. 33.
[74] *Klimke* in Prölss/Martin VVG § 214 Rn. 13; *Heyers* in Schwintowski/Brömmelmeyer/Ebers VVG § 214 Rn. 13.
[75] BT-Drs. 16/1935, 27; *Gamm/Sohn* Versicherungsvermittlerrecht S. 44.
[76] *Brand* in Bruck/Möller VVG § 214 Rn. 31.

Gerichtsstand § 215

dem Geltungsbereich dieses Gesetzes verlegt oder sein **Wohnsitz oder gewöhnlicher Aufenthalt im Zeitpunkt der Klageerhebung nicht bekannt ist.**

Übersicht

	Rn.		Rn.
A. Einführung	1	3. Fehlen von Wohnsitz und gewöhnlichem Aufenthalt	51
I. Normzweck	1	**VII. Ausschließliche Zuständigkeit für Klagen gegen den Versicherungsnehmer**	52
II. Entstehungsgeschichte	4		
B. Gerichtsstand am Sitz des Versicherungsnehmers	6	**VIII. Mehrere Kläger bzw. Beklagte**	56
I. Persönlicher Anwendungsbereich	6	**IX. Ausschluss von § 33 Abs. 2 ZPO (Abs. 2)**	57
1. Versicherungsnehmer	6		
2. Weitere Berechtigte	15	**X. Zulässigkeit abweichender Vereinbarungen (Abs. 3)**	58
a) Versicherte und Bezugsberechtigte	16	1. Allgemeine Voraussetzungen	58
b) Neue Versicherungsnehmer nach Vertragsübergang	19	2. Anwendbarkeit von Art. 25 EuGVVO bei Umzug ins Ausland	61
c) Vererbung einzelner Ansprüche	22	**XI. Internationale Zuständigkeit**	63
d) Grundpfand- und Reallastgläubiger, Pfandgläubiger und Zessionare	23	**XII. Prüfung der Voraussetzungen und Beweislast**	69
e) Insolvenzverwalter	26		
f) Geschädigte	27	**C. AVB**	70
II. Sachlicher Anwendungsbereich	28	I. Allgemeines	70
1. Klagen aus dem Versicherungsvertrag	29	II. Zutreffende Wiedergabe von § 215 Abs. 1	72
2. Klagen aus der Versicherungsvermittlung	32	III. Abweichungen von § 215 Abs. 1	76
a) Pflichten der Versicherungsvermittler	33	1. Beschränkung des Klägergerichtsstands auf natürliche Personen	76
b) Versicherungsmakler	34		
c) Versicherungsvertreter	35	2. Anknüpfung an die Niederlassung des Versicherungsnehmers	79
d) Versicherungsberater	36		
3. Verfahren vor den Arbeitsgerichten	36a	3. Durchbrechung der Ausschließlichkeit des Passivgerichtsstands	80
4. Direktanspruch des Geschädigten (§ 115)	37		
III. Zeitlicher Anwendungsbereich	38	4. Unvollständige Regelung der örtlichen Zuständigkeit	82
IV. Anwendung im Mahnverfahren und bei Vollstreckungsabwehrklagen	41	5. Sonderregelungen für die laufende Versicherung	84
V. Verhältnis zu § 29c ZPO	43		
VI. Bestimmung des örtlich zuständigen Gerichts	44	**IV. Gerichtsstandsvereinbarungen nach § 215 Abs. 3**	86
1. Wohnsitz des Versicherungsnehmers	44		
2. Gewöhnlicher Aufenthalt des Versicherungsnehmers	49		

Stichwort- und Fundstellenverzeichnis

Stichwort	Rn.	Rspr.	Lit.
Agentur, Gerichtsstand	→ Rn. 5	OLG Bremen VersR 1950, 19; OLG Hamm VersR 1982, 337; BayObLG NJOZ 2004, 820; LG Lübeck VersR 1965, 25; LG Duisburg VersR 2001, 178.	S. die Kommentare zu § 48 VVG aF
Anwendungsbereich, persönlicher	→ Rn. 6 ff.	BGHZ 216, 358 = VersR 2018, 182; OLG Schleswig VersR 2015, 1422; OLG München r+s 2016, 213	*Staudinger/Ruks* in BeckOK VVG § 215 Rn. 28 ff.; *Brand* in Bruck/Möller VVG § 215 Rn. 9 ff.; *Klimke* in Prölss/Martin VVG § 215 Rn. 9 ff.; *Eichelberg* in Looschelders/Pohlmann VVG § 215 Rn. 5 f.; *Heyers* in Schwintowski/Brömmel-

Stichwort	Rn.	Rspr.	Lit.
			meyer/Ebers VVG § 215 Rn. 10 ff.; *Fricke* VersR 2009, 15 ff.; *Grote/ Schneider* BB 2007, 2689 (2701); *Looschelders* FS Fenyves, 2013, 633 (651 ff.); *Looschelders/Heinig* JR 2008, 265 (266 ff.); *Mühlhausen* r+s 2016, 161
Anwendungsbereich, sachlicher	→ Rn. 28 ff.	BGHZ 214, 160 = VersR 2017, 779 Rn. 15	*Brand* in Bruck/Möller VVG § 215 Rn. 24 ff.; *Klimke* in Prölss/Martin VVG § 215 Rn. 4 ff.; *Heyers* in Schwintowski/Brömmelmeyer/ Ebers VVG § 215 Rn. 5 ff.; *Fricke* VersR 2009, 15 ff.; *Looschelders/Heinig* JR 2008, 265 (266 ff.)
Anwendungsbereich, zeitlicher	→ Rn. 38 ff.	BGHZ 214, 160 = VersR 2017, 779 Rn. 23 ff.; OLG Saarbrücken VersR 2008, 1337; OLG Stuttgart VersR 2009, 246; OLG Köln VersR 2009, 1347; OLG Frankfurt a. M. r+s 2010, 140; OLG Hamm VersR 2011, 1293; OLG München BeckRS 2015, 20891	*Brand* in Bruck/Möller VVG § 215 Rn. 55; *Klimke* in Prölss/Martin VVG § 215 Rn. 2; *Staudinger/Ruks* in BeckOK VVG § 215 Rn. 19 ff.; *Bauer/Rajkowski* VersR 2010, 1559; *Schneider* VersR 2008, 859 (861); *Fricke* VersR 2009, 15 (20)
Arbeitsgerichte, Zuständigkeit	→ Rn. 36a	BAG NZA 2014, 221; BGH NJW 2019, 633; LG Gießen BeckRS 2014, 14652; LG München I BeckRS 2017, 105054	*Klimke* in Prölss/Martin VVG § 215 Rn. 8b
Ausschließliche Zuständigkeit	→ Rn. 52 ff.	–	*Brand* in Bruck/Möller VVG § 215 Rn. 34; *Klimke* in Prölss/Martin VVG § 215 Rn. 25; *Heyers* in Schwintowski/Brömmelmeyer/ Ebers VVG § 215 Rn. 16; *Looschelders/Heinig* JR 2008, 265 (269)
Bezugsberechtigte	→ Rn. 16 ff.	LG Stuttgart NJW-RR 2014, 213; LG Saarbrücken NJW-RR 2011, 1600; LG Halle NJW-RR 2011, 114; LG Limburg VersR 2012, 889	*Klimke* in Prölss/Martin VVG § 215 Rn. 20; *Eichelberg* in Looschelders/ Pohlmann VVG § 215 Rn. 6; *Brand* in Bruck/Möller VVG § 215 Rn. 18; *Looschelders/Heinig* JR 2008, 265 (267 f.)
Culpa in contrahendo	→ Rn. 30	–	*Klimke* in Prölss/Martin VVG § 215 Rn. 4
Direktanspruch des Geschädigten	→ Rn. 27, 37, 66	EuGH NJW 2008, 819; BGHZ 176, 276, zu Art. 9 Abs. 1 lit. b EuGVVO; BGHZ 195, 166, zu Art. 9 Abs. 1 lit. b LugÜ 2007; LG München I VersR 1974, 738 mAnm *Schade*; LG Hanau VersR 1971, 661, zu § 48 VVG aF	*Brand* in Bruck/Möller VVG § 215 Rn. 20; *Rixecker* in Langheid/Rixecker VVG § 215 Rn. 5; *Eichelberg* in Looschelders/Pohlmann VVG § 215 Rn. 4; *Klimke* in Prölss/Martin VVG § 215 Rn. 5; *Heyers* in Schwintowski/Brömmelmeyer/Ebers VVG § 215 Rn. 6; *Looschelders* FS Fenyves, 2013, 633 (643 ff.); *Looschelders/Heinig* JR 2008, 265 (269)
Doppelfunktionalität	→ Rn. 68	BGH VersR 1997, 900 (901) = NJW 1997, 2245; BGH NJW-RR 2010, 1554; OLG München VersR 2015, 1153	*Schäfer* in Looschelders/Pohlmann VVG Anh. EGVVG Rn. 39 ff.; *Staudinger/Looschelders* Einl. IPR Rn. 317; *Rauscher* Internationales Privatrecht Rn. 2254
Doppelrelevante Tatsachen	→ Rn. 69	BGHZ 7, 184 (186) = NJW 1952, 1336; BGHZ 124, 237 (240 f.) = NJW 1994, 1413	*Brand* in Bruck/Möller VVG § 215 Rn. 52; *Roth* in Stein/Jonas ZPO § 1 Rn. 24; *Rosenberg/Schwab/Gottwald* ZivilProzR § 39 Rn. 3; *Anders*

§ 215

Stichwort	Rn.	Rspr.	Lit.
			in Anders/Gehle Grundzüge § 253 Rn. 18; *Mankowski* IPRax 2007, 454
Erfüllungshaftung, gewohnheitsrechtliche	→ Rn. 30	RGZ 86, 128; BGHZ VersR 2004, 361; OLG Frankfurt a. M. VersR 2012, 342; LG Saarbrücken VersR 2014, 317 (319)	*Klimke* in Prölss/Martin VVG § 215 Rn. 4; *Brand* in Bruck/Möller VVG § 215 Rn. 26; *Koch* FS Lorenz, 2014, 199 ff.
Fehlender Wohnsitz/gewöhnlicher Aufenthalt	→ Rn. 51	–	*Brand* in Bruck/Möller VVG § 215 Rn. 23; *Klimke* in Prölss/Martin VVG § 215 Rn. 23; *Eichelberg* in Looschelders/Pohlmann VVG § 215 Rn. 7; *Schultzky* in Zöller ZPO § 29c Rn. 7; *Roth* in Stein/Jonas ZPO § 29c Rn. 10; aA *Heyers* in Schwintowski/Brömmelmeyer/Ebers VVG § 215 Rn. 4; *Bendtsen* in HK-ZPO, 9. Aufl. 2021, ZPO § 29c Rn. 5, 7
Gerichtsstandsvereinbarungen	→ Rn. 58 ff.	BGHZ 210, 277 = VersR 2016, 1099 Rn. 16; 214, 358 = VersR 2018, 182 Rn. 27	*Klimke* in Prölss/Martin VVG § 215 Rn. 30; *Brand* in Bruck/Möller VVG § 215 Rn. 40; *Heyers* in Schwintowski/Brömmelmeyer/Ebers VVG § 215 Rn. 4, 19; *Fricke* VersR 2009, 15 (19 f.); *Wandt/Gal* GS Wolf, 2011, 579 ff.; *Heinig*, Grenzen von Gerichtsstandsvereinbarungen im Europäischen Zivilprozessrecht, 2010, S. 106 ff.
Gesetzliche Ansprüche	→ Rn. 31	BGHZ 214, 160 = VersR 2017, 779	*Brand* in Bruck/Möller VVG § 215 Rn. 25; *Klimke* in Prölss/Martin VVG § 215 Rn. 4; *Eichelberg* in Looschelders/Pohlmann VVG § 215 Rn. 2
Grundpfandgläubiger	→ Rn. 23 ff.	OLG Hamm VersR 2014, 725; LG Halle NJW-RR 2011, 114; LG Aachen VersR 2016, 67	*Eichelberg* in Looschelders/Pohlmann VVG § 215 Rn. 6; *Muschner* in HK-VVG § 215 Rn. 12; *Brand* in Bruck/Möller VVG § 215 Rn. 19; *Klimke* in Prölss/Martin VVG § 215 Rn. 21 f.; *Rixecker* in Langheid/Rixecker VVG § 215 Rn. 4
Haustürgeschäfte	→ Rn. 43	OLG München VersR 2006, 1517; LG Berlin VersR 2005, 1259 (1260); LG Landshut NJW 2003, 1197; LG Traunstein r+s 2005, 135; OLG Frankfurt a. M. OLGR 2005, 568 (569)	*Brand* in Bruck/Möller VVG § 215 Rn. 57; *Klimke* in Prölss/Martin VVG § 215 Rn. 27; *Looschelders/Heinig* JR 2008, 265 (270)
Insolvenzverwalter	→ Rn. 26	OLG Hamm VersR 2014, 725	*Klimke* in Prölss/Martin VVG § 215 Rn. 22a; *Rixecker* in Langheid/Rixecker VVG § 215 Rn. 3; *Staudinger/Ruks* in BeckOK VVG § 215 Rn. 65
Internationale Zuständigkeit	→ Rn. 63 ff.	EuGH NJW 2008, 819; BGHZ 210, 277 = VersR 2016, 1099 Rn. 13 ff.; BGHZ 214, 160 = VersR 2017, 779 Rn. 12; BGHZ 216, 358 = VersR 2018, 182 Rn. 10	*Brand* in Bruck/Möller VVG § 215 Rn. 44 f.; *Looschelders* FS Fenyves, 2013, 633 ff.; *Looschelders* IPRax 1998, 86
Luganer Übereinkommen	→ Rn. 67	BGHZ 195, 166	*Rauscher* Internationales Privatrecht Rn. 1642, 1741

§ 215

Stichwort	Rn.	Rspr.	Lit.
Mahnverfahren	→ Rn. 41	OLG Schleswig MDR 2007, 1280 (1281); OLG München MDR 2007, 1154 (1155); KG NJW-RR 1999, 1011; OLG Frankfurt a. M. NJW-RR 1996, 1403; 1992, 1341 (1342); BayObLG NJW-RR 1995, 635 (636)	*Brand* in Bruck/Möller VVG § 215 Rn. 58; *Looschelders/Heinig* JR 2008, 265 (270); *Hüßtege* in Thomas/Putzo ZPO § 696 Rn. 25; *Olzen* in Wieczorek/Schütze ZPO, Bd. 8, 4. Aufl. 2013, ZPO § 696 Rn. 21; *Schüler* in MüKoZPO § 696 Rn. 34 iVm Rn. 21
Mehrere Kläger/ Beklagte	→ Rn. 56	–	*Klimke* in Prölss/Martin VVG § 215 Rn. 26; *Heyers* in Schwintowski/Brömmelmeyer/Ebers VVG § 215 Rn. 4, 17; *Fricke* VersR 2009, 15 (19)
Niederlassung, Gerichtsstand	→ Rn. 53, 72	–	*Klimke* in Prölss/Martin VVG § 215 Rn. 25; *Brand* in Bruck/Möller VVG § 215 Rn. 34; *Armbrüster* r+s 2010, 441 (456)
Rügelose Einlassung	→ Rn. 54 f.	–	*Brand* in Bruck/Möller VVG § 215 Rn. 33; *Klimke* in Prölss/Martin VVG § 215 Rn. 25; *Rixecker* in Langheid/Rixecker VVG § 215 Rn. 8; *Looschelders/Heinig* JR 2008, 265 (269); *Fricke* VersR 2009, 15 (19 f.)
Schuldbeitritt	→ Rn. 35	OLG Düsseldorf r+s 2015, 316	*Rattay* r+s 2015, 317
Versicherte Personen	→ Rn. 16 ff.	OLG Oldenburg NJW 2012, 2894; LG Halle NJW-RR 2011, 114; LG Limburg VersR 2012, 889	*Brand* in Bruck/Möller VVG § 215 Rn. 16 f.; *Eichelberg* in Looschelders/Pohlmann VVG § 215 Rn. 6; *Klimke* in Prölss/Martin VVG § 215 Rn. 17 ff.
Vertragsübergang	→ Rn. 19	–	*Brand* in Bruck/Möller VVG § 215 Rn. 13; *Eichelberg* in Looschelders/Pohlmann VVG § 215 Rn. 6; *Looschelders/Heinig* JR 2008, 265 (267)
Vollstreckungsabwehrklage	→ Rn. 42	–	*Brand* in Bruck/Möller VVG § 215 Rn. 59; *Looschelders/Heinig* JR 2008, 265 (270)
Widerklagen	→ Rn. 57	–	*Brand* in Bruck/Möller VVG § 215 Rn. 38; *Klimke* in Prölss/Martin VVG § 215 Rn. 28; *Eichelberg* in Looschelders/Pohlmann VVG § 215 Rn. 9; *Fricke* VersR 2009, 15 (20)
Wohnungseigentümergemeinschaft	→ Rn. 9, 14	LG Potsdam VersR 2015, 338	*Staudinger* ZfIR 2015, 361 ff.
Zessionare	→ Rn. 23 ff.	BGH VersR 2010, 645, zu § 29c ZPO; OLG München VersR 2009, 1382; LG Limburg VersR 2012, 889; LG Aachen VersR 2016, 67 (68); AG Kiel NJW-RR 2011, 188	*Eichelberg* in Looschelders/Pohlmann VVG § 215 Rn. 6; *Brand* in Bruck/Möller VVG § 215 Rn. 19; *Klimke* in Prölss/Martin VVG § 215 Rn. 21; *Looschelders/Heinig* JR 2008, 265 (268)

Schrifttum: *Abel/Winkens,* Zur Frage des Gerichtsstands bei Versicherungsaltverträgen gem. § 215 VVG, r+s 2010, 143; *Armbrüster,* Prozessuale Besonderheiten in der Haftpflichtversicherung, r+s 2010, 441; *Bauer,* Rechtsentwicklung bei den Allgemeinen Bedingungen für die Rechtsschutzversicherung bis Anfang 2004, NJW 2004, 1507; *Bauer/Rajkowski,* Zum Wohngerichtsstand des Versicherungsnehmers nach § 215 Abs. 1 VVG, VersR 2010, 1559; *Brand,* Problemfelder des Übergangsrechts zum neuen VVG, VersR 2011, 557; *Czernich/Kodek/Mayr,* Kurzkommentar Europäisches Gerichtsstands- und Vollstreckungsrecht – EuGVVO und Lugano-Übereinkommen, 4. Aufl. 20015; *Franz,* Das Versicherungsvertragsrecht im neuen Gewand – Die Neuregelungen und ausgewählte Probleme, VersR 2008, 298; *Franz,* Die Reform des Versicherungsvertragsrechts – ein großer Wurf?, DStR 2008, 303; *Fricke,* Wen oder was schützt § 215 VVG?, VersR 2009, 15; *Geimer,* Internationales Zivilprozessrecht, 7. Aufl. 2015; *Geimer/Schütze*, Europäisches Zivilverfahrensrecht, 4. Aufl. 2020; *Grote/Schneider*, VVG 2008: Das neue Versicherungsvertragsrecht – Auswirkungen für gewerbliche Versicherungen, BB 2007, 2689; *Harsdorf-Gebhardt*, Die Rechtsprechung des Bundesgerichtshofs zum Versicherungsrecht – §§ 5a und 8 VVG a.F., 8 VVG n.F. sowie § 215 VVG, r+s 2018, 625; *Heinig*, Grenzen von Gerichtsstandsvereinbarungen im Europäischen Zivilprozessrecht, 2010; *Hub*, Internationale Zuständigkeit in Versicherungssachen nach der VO 44/01/EG (EuGVVO), 2005; *Kropholler/v. Hein*, Europäisches Zivilprozessrecht, 9. Aufl. 2011; *Landmann/Rohmer* (Hrsg.), Gewerbeordnung und ergänzende Vorschriften, Band I: Gewerbeordnung – Kommentar, Loseblatt, 86. EL Februar 2021; *Landwehr*, Die Stellung des Geschädigten nach dem neuen Kraftfahrzeughaftpflichtversicherungsgesetz v. 5.4.1965, VersR 1965, 1113; *Langheid*, Die Reform des Versicherungsvertragsgesetzes, Teil 1, Allgemeine Vorschriften, NJW 2007, 3665; *Looschelders*, Der Klägergerichtsstand am Wohnsitz des Versicherungsnehmers nach Art. 8 Abs. 1 Nr. 2 EuGVÜ, IPRax 1998, 86; *Looschelders*, Internationales Privatrecht – Art. 3–46 EGBGB, 2004; *Looschelders*, Der prozessuale Schutz der schwächeren Partei in Versicherungssachen, FS Fenyves, 2013, 463; *Looschelders/Heinig*, Der Gerichtsstand am Wohnsitz oder gewöhnlichen Aufenthalt des Versicherungsnehmers nach § 215 VVG, JR 2008, 265; *Magnus/Mankowski* (Hrsg.), Brussels I Regulation, 2. Aufl. 2012; *Mankowski*, Die Lehre von den doppelrelevanten Tatsachen auf dem Prüfstand der internationalen Zuständigkeit, IPRax 2006, 454; *Mühlhausen*, Haben juristische Personen einen Wohnsitz? Zum persönlichen Anwendungsbereich des § 215 VVG, r+s 2016, 161; *P. A. Nielsen*, Brussels I and Denmark, IPRax 2007, 506; *Nugel*, Die „neue" Zuständigkeitsregel des § 215 VVG – Ausgangspunkt für Streitigkeiten „ohne Ende"?, VRR 2009, 448; *Piontek*, Der Schutzbereich des § 215 Abs. 1 Satz 1 VVG: Roma locuta! Causa finita est?, r+s 2018, 113; *Rauscher* (Hrsg.), Europäisches Zivilprozess- und Kollisionsrecht, Bd. 1, Brüssel Ia-VO, 5. Aufl. 2021; *Rauscher*, Internationales Privatrecht, 5. Aufl. 2017; *Reiff*, Das Gesetz zur Neuregelung des Versicherungsvermittlerrechts, VersR 2007, 717; *Reithmann/Martiny* (Hrsg.), Internationales Vertragsrecht, 8. Aufl. 2022; *Ring*, Rechtsberatung durch Versicherungsberater nach aktuellem und künftigem Recht, WM 2007, 281; *Rosenberg/Schwab/Gottwald*, Zivilprozessrecht, 18. Aufl. 2018; *Saenger*, Internationale Gerichtsstandsvereinbarungen nach EuGVÜ und LugÜ, ZZP 110 (1997), 477; *Schade*, Anm. zu LG München, VersR 1974, 738; *W.-T. Schneider*, Neues Recht für alte Verträge? – Zum vermeintlichen Grundsatz aus Art. 1 Abs. 1 EGVVG, VersR 2008, 859; *A. Staudinger*, Der Schutzgerichtsstand in § 215 Abs. 1 S. 1 VVG analog zu Gunsten der Wohnungseigentümergemeinschaft sowie Sondereigentümer, ZfIR 2015, 361; *Theil*, Der Direktanspruch nach § 3 PflVG und der Gerichtsstand des § 48 VVG, VersR 1980, 810; *Wagner*, Der richtige Gerichtsstand für Klagen des Versicherungsnehmers gegen den Versicherer nach der VVG-Reform, VersR 2009, 1589; *Wandt/Gal*, Gerichtsstandsvereinbarungen in Versicherungssachen im Anwendungsbereich des § 215 VVG, GS M. Wolf, 2011, 579.

A. Einführung

I. Normzweck

§ 215 stellt für Versicherungssachen einen **besonderen Gerichtsstand** zur Verfügung. Dem **1** Versicherungsnehmer wird ermöglicht, an seinem Wohnsitz, hilfsweise an seinem gewöhnlichen Aufenthalt zu klagen (Abs. 1 S. 1). Dieser **Klägergerichtsstand** nimmt dem Versicherungsnehmer die Bürde eines auswärtigen Prozesses ab und erleichtert ihm die Rechtsverfolgung.[1] Die Vorschrift weicht damit zugunsten des Versicherungsnehmers vom Grundsatz „actor sequitur forum rei" (vgl. §§ 12–17 ZPO) ab. Ebenso wie die Vorbildbestimmung des § 29c ZPO bezieht sich auch § 215 nur auf die **örtliche Zuständigkeit;**[2] die sachliche Zuständigkeit bestimmt sich nach allgemeinen Regeln (§§ 23 Nr. 1, 71 Abs. 1 GVG). In Fällen mit Auslandsberührung wird § 215 durch vorrangige unionsrechtliche Regelungen und völkerrechtliche Abkommen (insbes. EuGVVO und LugÜ) verdrängt, soweit dort die örtliche Zuständigkeit mitgeregelt ist (→ Rn. 63 ff.). Soweit keine vorrangigen Rechtsakte eingreifen, ist § 215 dagegen nach dem Grundsatz der **Doppelfunktionalität** auf die **internationale Zuständigkeit** entsprechend anzuwenden (→ Rn. 68).

Für Klagen **gegen den Versicherungsnehmer** ist die örtliche Zuständigkeit des Gerichts am **2** Wohnsitz des Versicherungsnehmers **ausschließlich** (Abs. 1 S. 2). Die Gerichtsstände der ZPO stehen insoweit also nicht zur Verfügung. Anders als bei Klagen gegen den Versicherer wird der Grundsatz „actor sequitur forum rei" damit zusätzlich verstärkt.[3] Der prozessuale Schutz des Versicherungsnehmers wird so auch auf die Beklagtenrolle erstreckt. Ausgenommen vom Schutz sind **konnexe Widerklagen** gegen den Versicherungsnehmer (Abs. 2).

Eine **abweichende Vereinbarung** ist nach Abs. 3 nur für Sonderfälle zulässig (→ Rn. 58 ff.). **3**

---

[1] OLG Düsseldorf r+s 2015, 316 (317); zu § 29c ZPO: BGH NJW 2003, 1190.
[2] *Brand* in Bruck/Möller VVG § 215 Rn. 4; *Muschner* in HK-VVG § 215 Rn. 1; zu § 29c ZPO *Schultzky* in Zöller ZPO § 29c Rn. 2; *Roth* in Stein/Jonas ZPO § 29c Rn. 1; *Hüßtege* in Thomas/Putzo ZPO § 29c Rn. 4; *Patzina* in MüKoZPO § 29c Rn. 3.
[3] Für § 29c ZPO *Roth* in Stein/Jonas ZPO § 29c Rn. 1.

II. Entstehungsgeschichte

4 § 215 wurde bei der VVG-Reform von 2008 neu eingeführt. Die Vorschrift ist § 29c ZPO nachempfunden,[4] der einen besonderen Gerichtsstand für **außerhalb von Geschäftsräumen geschlossene Verträge** nach § 312b BGB (früher Haustürgeschäfte nach § 312 Abs. 1 S. 1 BGB aF) regelt. Für Auslegungsfragen kann daher im Allgemeinen auf Rspr. und Schrifttum zu § 29c ZPO zurückgegriffen werden.

5 § 215 hat § 48 VVG aF abgelöst, der bei Einschaltung eines **Versicherungsagenten** als Vermittlungs- oder Abschlussvertreter einen besonderen **Gerichtsstand der Agentur** für Klagen des Versicherungsnehmers am Ort der Niederlassung des Agenten vorsah. Die Vorschrift galt weder für Innendienstmitarbeiter des Versicherers noch für Makler,[5] wohl aber für angestellte Vertreter[6] und den sog. „Pseudomakler",[7] der faktisch die Stellung eines Versicherungsvertreters hat.[8] Dies führte zu erheblichen **Abgrenzungsschwierigkeiten**.[9] Überdies konnte der Versicherungsnehmer häufig nur schlecht erkennen, welche Funktion sein Verhandlungspartner hatte und wo sich die jeweilige Niederlassung befand.[10] Vor diesem Hintergrund hat sich der Gesetzgeber um eine weniger problemträchtige Lösung bemüht.[11] In der Tat ist der Gerichtsstand am eigenen Wohnsitz bzw. gewöhnlichen Aufenthalt für den Versicherungsnehmer wesentlich einfacher zu handhaben. Auch die Erweiterung auf Klagen aus der Versicherungsvermittlung ist unter Schutzaspekten zu begrüßen. Im Detail wirft § 215 indes zahlreiche Zweifelsfragen auf, welche die Rechtssicherheit bei der Anwendung der Norm erheblich beeinträchtigen.

B. Gerichtsstand am Sitz des Versicherungsnehmers

I. Persönlicher Anwendungsbereich

6 **1. Versicherungsnehmer.** Der persönliche Anwendungsbereich des § 215 erstreckt sich zunächst auf Versicherungsnehmer. Ob damit nur **natürliche Personen**[12] oder auch **juristische Personen** geschützt werden,[13] war nach dem Inkrafttreten der Vorschrift zunächst sehr umstritten. Teilweise wurde sogar vertreten, dass § 215 nur anwendbar sei, wenn der Versicherungsnehmer **Verbraucher** iSd § 13 BGB ist.[14] Der BGH hat jedoch mit Urteil vom 8.11.2017 entschieden, dass § 215 auch auf Klagen aus einem Versicherungsvertrag anzuwenden ist, dessen Versicherungsnehmer eine juristische Person ist.[15]

---

[4] Vgl. Begr. RegE, BT-Drs. 16/3945, 117.
[5] Zu Maklern OLG Bremen VersR 1950, 19 mAnm *Prölss*; LG Duisburg VersR 2001, 178; LG Lübeck VersR 1965, 25; *Möller* in Bruck/Möller, 8. Aufl., VVG § 48 Anm. 20.
[6] OLG Bremen VersR 1950, 19; *Möller* in Bruck/Möller, 8. Aufl., VVG § 48 Anm. 20.
[7] OLG Hamm VersR 1982, 337; BayObLG NJOZ 2004, 820.
[8] Zusf. *Kollhosser* in Prölss/Martin, 27. Aufl. 2004, VVG § 48 Rn. 3; *Gruber* in Berliner Kommentar VVG § 48 Rn. 2.
[9] *Brand* in Bruck/Möller VVG § 215 Rn. 2; *Looschelders* FS Fenyves, 2013, 633 (651).
[10] Begr. RegE, BT-Drs. 16/3945, 117.
[11] Begr. RegE, BT-Drs. 16/3945, 117.
[12] So LG Berlin NJW-RR 2011, 160; LG Fulda r+s 2012, 532 = VersR 2013, 481; LG Limburg VersR 2011, 609; LG Potsdam VersR 2015, 338; LG Aachen VersR 2016, 67 (68); LG Itzehoe VersR 2016, 1395; LG Ravensburg VersR 2015, 1184; *Klimke* in Prölss/Martin VVG § 215 Rn. 12; *Heyers* in Schwintowski/Brömmelmeyer/Ebers VVG § 215 Rn. 13 ff.; *Muschner* in HK-VVG, 3. Aufl. 2015, § 215 Rn. 9; *Krahe* in Staudinger/Halm/Wendt VVG § 215 Rn. 7; *v. Rintelen* in Beckmann/Matusche-Beckmann VersR-HdB § 23 Rn. 7; *Franz* VersR 2008, 298 (307); *Franz* DStR 2008, 303 (309); *Spuhl* in Marlow/Spuhl Rn. 1489; *Hinsch-Timm*, Das neue Versicherungsvertragsgesetz in der anwaltlichen Praxis, 2008, Rn. 382; *Mühlhausen* r+s 2016, 161 ff.
[13] So OLG Schleswig VersR 2015, 1422; OLG München r+s 2016, 213 (214); *Brand* in Bruck/Möller VVG § 215 Rn. 9 ff.; *Rixecker* in Langheid/Rixecker VVG § 215 Rn. 2; *Eichelberg* in Looschelders/Pohlmann VVG § 215 Rn. 5; *Johannsen* in Bruck/Möller Teil B AFB 2008/2010 § 21 Rn. 2; *Reiff* in Beckmann/Matusche-Beckmann VersR-HdB § 5 Rn. 183; *Meixner/Steinbeck* VersVertR § 9 Rn. 20; *Armbrüster* r+s 2010, 441 (456); *van Bühren* ZAP 2007, 1397 (1412); *van Bühren* AnwBl 2008, 32; *Looschelders* FS Fenyves, 2013, 633 (651 ff.); *Looschelders/Heinig* JR 2008, 265 (266); *Fricke* VersR 2009, 15 (16 f.); *Wagner* VersR 2009, 1589; für Analogie *Staudinger/Ruks* in BeckOK VVG § 215 Rn. 37.
[14] *Grote/Schneider* BB 2007, 2689 (2701); für Reduktion auf Verbrauchergeschäfte auch *Muschner* in HK-VVG, 3. Aufl. 2015, § 215 Rn. 11; anders jetzt *Muschner* in HK-VVG § 215 Rn. 11; auf die Verbrauchereigenschaft des Klägers abstellend LG Stuttgart NJW-RR 2014, 213 (214).
[15] BGHZ 216, 358 = VersR 2018, 182 mAnm *Mankowski* = LMK 2018, 402602 (*Looschelders*).

Für eine Begrenzung auf natürliche Personen wurde vor allem der **Gesetzeswortlaut** ange- 7
führt.[16] § 215 Abs. 1 S. 1 spreche vom **Wohnsitz** des Versicherungsnehmers. Die ZPO verwende
diesen Begriff in § 13 ZPO nur zur Bestimmung des Gerichtsstandes natürlicher Personen. Bei
juristischen Personen sei nach § 17 ZPO der **Sitz** maßgeblich.

Des Weiteren wurde darauf hingewiesen, dass § 215 ausweislich der **Gesetzesbegründung**[17] 8
darauf abzielt, den **prozessualen Rechtsschutz des Verbrauchers** zu stärken. Ein solcher Schutz
komme wegen der Legaldefinition des § 13 BGB aber nur bei natürlichen Personen in Betracht.[18]

Gegen den Ausschluss juristischer Personen aus dem Anwendungsbereich des § 215 Abs. 1 9
lässt sich freilich ebenfalls der **Gesetzeswortlaut** anführen, der ohne jede Einschränkung vom
Versicherungsnehmer spricht.[19] Versicherungsnehmer können aber auch juristische Personen und
Personengesellschaften (zB oHG, KG, GbR,[20] Partnerschaftsgesellschaft) sowie die Wohnungseigentümergemeinschaft[21] sein. Unter dem Aspekt der **historischen Auslegung** ist zu bedenken, dass
auch die Vorgängerregelung des § 48 VVG aF juristische Personen erfasste. Dass der Gesetzgeber
sie mit der Neuregelung schlechter stellen wollte, ist nicht ersichtlich.[22]

Ist der Wortlaut einer Vorschrift nicht eindeutig und hilft auch die historische Auslegung nicht 10
weiter, so muss die Lösung aus dem **Sinn und Zweck** der Vorschrift abgeleitet werden. Entscheidend
ist, dass § 215 zwar auch, aber eben **nicht allein** den prozessualen Rechtsschutz des **Verbrauchers**
stärken soll.[23] Wendet man § 215 nur an, wenn der Versicherungsnehmer eine natürliche Person ist,
so bleibt die Vorschrift für den Einzelkaufmann maßgeblich, obwohl unter dem Gesichtspunkt der
Schutzwürdigkeit keine Unterschiede zu einer Gesellschaft bestehen.[24] Eine solche Ungleichbehandlung lässt sich zwar vermeiden, wenn man den persönlichen Anwendungsbereich auf Verbraucher
beschränkt. Dem lässt sich aber erst recht der Wortlaut des § 215 Abs. 1 entgegenhalten, der – anders
als § 29c Abs. 1 ZPO – gerade nicht vom Verbraucher spricht.[25]

Heyers lehnt die Anwendung des § 215 auf **juristische Personen** mit der Begründung ab, dass 11
die Voraussetzungen für eine **Analogie** nicht erfüllt seien.[26] Gegen das Vorliegen einer planwidrigen
Regelungslücke wird die Gesetzesbegründung[27] angeführt, wonach es ausreichen soll, dem Versicherungsnehmer einen Klägergerichtsstand an seinem Wohnsitz einzuräumen. Diese Passage belege,
dass die Begrenzung des Anwendungsbereichs auf natürliche Personen dem Willen des Gesetzgebers
entspreche. Da von juristischen Personen eine gewisse geschäftliche Erfahrung erwartet werden
könne, sei auch die Interessenlage nicht vergleichbar.[28] Diese Überlegungen können schon im
Ausgangspunkt nicht überzeugen. Da der Gesetzeswortlaut nicht eindeutig ist, geht es nicht um ein
Problem der Analogie, sondern um ein solches der **Auslegung**.[29] Richtig ist zwar, dass bei juristischen Personen nicht auf den Wohnsitz abgestellt werden kann. Dies ändert indes nichts daran, dass
§ 215 Abs. 1 allgemein vom Versicherungsnehmer spricht. Das bei juristischen Personen notwendige
Verständnis des Wohnsitzes im Sinne von Sitz der Gesellschaft lässt sich daher noch als eine **weite
(berichtigende) Auslegung** ansehen.[30]

---

[16] LG Fulda r+s 2012, 532; LG Berlin NJW-RR 2011, 537; LG Aachen VersR 2016, 67 (68); *Klimke* in Prölss/Martin VVG § 215 Rn. 11; *Heyers* in Schwintowski/Brömmelmeyer/Ebers VVG § 215 Rn. 13; *Muschner* in HK-VVG § 215 Rn. 9; *v. Rintelen* in Beckmann/Matusche-Beckmann VVG-HdB § 23 Rn. 7; *Franz* VersR 2008, 298 (307); *Mühlhausen* r+s 2016, 161 (162 f.); *Spuhl* in Marlow/Spuhl Rn. 1489.
[17] Begr. RegE, BT-Drs. 16/3945, 117.
[18] *V. Rintelen* in Beckmann/Matusche-Beckmann VVG-HdB § 23 Rn. 7; *Spuhl* in Marlow/Spuhl Rn. 1489; *Hinsch-Timm*, Das neue Versicherungsvertragsgesetz in der anwaltlichen Praxis, 2008, Rn. 382.
[19] OLG München r+s 2016, 213 (214); OLG Schleswig VersR 2015, 1422 (1423); *Brand* in Bruck/Möller VVG § 215 Rn. 10; *Meixner/Steinbeck* VersVertrR § 9 Rn. 20; *Fricke* VersR 2005, 15 (16).
[20] Zur Rechtsfähigkeit der GbR BGHZ 146, 341 (344) = VersR 2001, 510 (511) mAnm *Reiff*.
[21] Für Anwendung des § 215 Abs. 1 S. 1 auf die Wohnungseigentümergemeinschaft auch *Staudinger/Ruks* in BeckOK VVG § 215 Rn. 46; *Staudinger* ZfIR 2015, 361 ff.; aA LG Potsdam VersR 2015, 338; *Mühlhausen* r+s 2015, 161 (164).
[22] BGHZ 2016, 358 = VersR 2018, 182 Rn. 23; OLG München r+s 2016, 213 (214); *Brand* in Bruck/Möller VVG § 215 Rn. 11; *Reiff* in Beckmann/Matusche-Beckmann VVG-HdB § 5 Rn. 183; *Meixner/Steinbeck* VersVertrR § 9 Rn. 20; *Looschelders* FS Fenyves, 2013, 633 (652); *Looschelders/Heinig* JR 2008, 265 (267); *Wagner* VersR 2009, 1589.
[23] BGHZ 216, 358 = VersR 2018, 182 Rn. 24 mit Bezugnahme auf Begr. RegE, BT-Drs. 16/3945, 117.
[24] *Looschelders/Heinig* JR 2008, 265 (266); *Armbrüster* r+s 2010, 441 (456); *Fricke* VersR 2009, 15 (16).
[25] *Looschelders/Heinig* JR 2008, 265 (267); *Armbrüster* r+s 2010, 441 (456).
[26] *Heyers* in Schwintowski/Brömmelmeyer/Ebers VVG § 215 *Rn.* 14.
[27] Begr. RegE, BT-Drs. 16/3945, 117.
[28] *Heyers* in Schwintowski/Brömmelmeyer/Ebers VVG § 215 *Rn.* 14.
[29] So auch *Mankowski* VersR 2018, 184 (186).
[30] *Rixecker* in Langheid/Rixecker VVG § 215 Rn. 2; *Johannsen* in Bruck/Möller Teil B AFB 2008/2010 § 21 Rn. 2; *Looschelders* FS Fenyves, 2013, 633 (653).

12 Geht man gleichwohl davon aus, dass die Ersetzung des Wohnsitzes durch den Sitz eine Analogie erfordert, so muss man die Beschränkung des Anwendungsbereichs auf natürliche Personen konsequenter Weise als **teleologische Reduktion** ansehen, weil die Wendung „Versicherungsnehmer" unzweifelhaft auch juristische Personen erfasst. Eine solche Rechtsfortbildung ist nach allgemeinen Grundsätzen ebenso **rechtfertigungsbedürftig** wie eine Analogie. Die Gesetzesbegründung hilft dabei nicht weiter. Die von Heyers angeführte Stelle bezieht sich nicht auf den persönlichen Anwendungsbereich des § 215, sondern auf die unklare Rechtslage nach § 48 VVG aF. Wenn in diesem Zusammenhang vom Wohnsitz gesprochen wird, so ist dies noch weniger aussagekräftig als der ambivalente Wortlaut des § 215 Abs. 1 selbst.

13 Dass von juristischen Personen mehr **Geschäftsgewandtheit** erwartet werden kann, zwingt ebenfalls nicht zu einer Beschränkung des persönlichen Anwendungsbereichs. Denn dieses Argument würde nicht nur auf § 215, sondern auch auf die meisten anderen Vorschriften zum Schutz des Versicherungsnehmers zutreffen. Das Versicherungsrecht schützt gerade nicht nur Verbraucher, sondern **auch gewerbliche Versicherungsnehmer,** unabhängig von deren Rechtsform.[31] Die meisten anderen Schutzmechanismen des VVG, wie die Beratungs- und Informationspflichten nach §§ 6, 6a, 7 und das Widerrufsrecht gem. §§ 8, 9, sind ebenfalls nicht auf natürliche Personen oder Verbraucher beschränkt.[32] Ausnahmen bestehen nur für Großrisiken. Dahinter steht die Erwägung, dass die Besonderheiten des Versicherungsrechts einen weitergehenden Schutz notwendig machen. Im Übrigen zeigt der Vergleich mit § 214 Abs. 1 S. 1 Nr. 1, dass der Gesetzgeber seinen etwaigen Willen zur Beschränkung des Schutzes auf Verbraucher iSd § 13 BGB sehr wohl im Gesetzeswortlaut deutlich macht.[33]

14 Im Ergebnis ist daher mit dem BGH festzustellen, dass § 215 ohne Einschränkungen auf **alle Versicherungsnehmer** anwendbar ist. Diese Auslegung entspricht auch der Rechtslage im **Europäischen Zivilverfahrensrecht** (→ Rn. 63 ff.), bei dem die besonderen Zuständigkeitsvorschriften für Versicherungssachen ebenfalls auf sämtliche Versicherungsnehmer anwendbar sind.[34] Der Einklang mit der EuGVVO und dem LugÜ ist umso mehr zu begrüßen, als § 215 im Einzelfall auch für die internationale Zuständigkeit maßgeblich sein kann (→ Rn. 68).[35] Für juristische Personen und parteifähige Personengesellschaften ist anstelle des Wohnsitzes der **Sitz** iSd § 17 Abs. 1 ZPO maßgeblich.[36] Bei Wohnungseigentümergemeinschaften ist auf den **Verwaltungssitz** abzustellen.[37] Zu Besonderheiten bei **Großrisiken** → Rn. 53.

15 **2. Weitere Berechtigte.** Bei § 48 VVG aF war anerkannt, dass nicht nur der Versicherungsnehmer selbst, sondern auch der Versicherte, der Bezugsberechtigte sowie alle Rechtsnachfolger des Versicherungsnehmers sich auf den besonderen Gerichtsstand berufen können.[38] Dem Grundsatz nach ist hieran auch bei § 215 Abs. 1 S. 1 festzuhalten, da der Wortlaut den Klägerkreis nicht einschränkt.[39] Inwieweit die genannten Personen vom Schutzzweck umfasst sind, bedarf allerdings einer **differenzierten Betrachtung.** Dabei ist zu berücksichtigen, dass der ausschließliche Gerichtsstand nach § 215 Abs. 1 S. 2 nach dem klaren Gesetzeswortlaut nur für Klagen gegen den Versicherungsnehmer gilt.

16 **a) Versicherte und Bezugsberechtigte.** Versicherte und Bezugsberechtigte sind im Verhältnis zum Versicherer ebenso wie Versicherungsnehmer selbst schutzwürdig. Zwar spricht die Gesetzesbegründung[40] nur von Klagen des Versicherungsnehmers; der Gesetzestext ist aber offen formuliert. Überdies ist der sachliche Anwendungsbereich des § 215 Abs. 1 S. 1 eröffnet, wenn die betreffenden Personen Ansprüche aus dem Versicherungsvertrag geltend machen. Sie können sich deshalb für ihre Klagen auf § 215 Abs. 1 S. 1 berufen.[41] Fraglich ist jedoch, ob der Versicherte bzw. der Bezugsbe-

---

[31] Hierauf abstellend auch BGHZ 216, 358 = VersR 2018, 182 Rn. 20.
[32] *Brand* in Bruck/Möller VVG § 215 Rn. 12; *Looschelders/Heinig* JR 2008, 265 (267); *Makowsky* JR 2019, 196 (198).
[33] Vgl. BGHZ 216, 358 = VersR 2018, 182 Rn. 19.
[34] Zu diesem Zusammenhang BGHZ 216, 358 = VersR 2018, 182 Rn. 25.
[35] Vgl. *Mankowski* VersR 2018, 184 (186).
[36] BGHZ 216, 358 = VersR 2018, 182 Rn. 17.
[37] *Staudinger/Ruks* in BeckOK VVG § 215 Rn. 46; *Staudinger* ZfIR 2015, 361 ff.
[38] *Möller* in Bruck/Möller, 8. Aufl., VVG § 48 Anm. 21; *Gruber* in Berliner Kommentar VVG § 48 Rn. 4.
[39] OLG Oldenburg NJW 2012, 2894; OLG Hamm VersR 2014, 725 (726); LG Stuttgart NJW-RR 2014, 213; LG Saarbrücken NJW-RR 2011, 1600; *Brand* in Bruck/Möller VVG § 215 Rn. 16; *Rixecker* in Langheid/Rixecker VVG § 215 Rn. 3; *Heyers* in Schwintowski/Brömmelmeyer/Ebers VVG § 215 Rn. 10; *Fricke* VersR 2009, 15 (17 f.); *Looschelders* FS Fenyves, 2013, 633 (654 ff.); aA LG Halle NJW-RR 2011, 114; LG Limburg VersR 2012, 889.
[40] Begr. RegE, BT-Drs. 16/3945, 117.
[41] OLG Oldenburg NJW 2012, 2894; *Brand* in Bruck/Möller VVG § 215 Rn. 17; *Eichelberg* in Looschelders/Pohlmann VVG § 215 Rn. 6; *Muschner* in HK-VVG § 215 Rn. 12; *Rixecker* in Langheid/Rixecker VVG § 215 Rn. 6; *Looschelders/Heinig* JR 2008, 265 (267); aA LG Bielefeld BeckRS 2013, 21293; LG Halle NJW-RR 2011, 114; LG Limburg VersR 2012, 889.

rechtigte an seinem eigenen Wohnsitz bzw. gewöhnlichen Aufenthalt klagen kann oder ob hier ebenfalls der Wohnsitz bzw. gewöhnliche Aufenthalt des Versicherungsnehmers maßgeblich ist. Aus Gründen des Verbraucherschutzes wird teilweise dafür plädiert, dem Versicherten einen Gerichtsstand am eigenen Wohnsitz einzuräumen.[42] Der Wortlaut des § 215 Abs. 1 S. 1 spricht jedoch dafür, dass allein der **Wohnsitz** bzw. **gewöhnliche Aufenthalt des Versicherungsnehmers** maßgeblich ist. Die Anknüpfung an den Wohnsitz oder gewöhnlichen Aufenthalt des Versicherten bzw. des Bezugsberechtigten ließe sich daher nur im Wege der **Analogie** verwirklichen.[43] Gegen die Zulässigkeit einer solchen Analogie spricht indes, dass eine Zuständigkeit am Sitz des Klägers eine Ausnahme vom zivilprozessualen Grundsatz „actor sequitur forum rei" darstellt (→ Rn. 1). Es sollte deshalb dem Gesetzgeber vorbehalten bleiben, einen Klägergerichtsstand am Wohnsitz weiterer Beteiligter einzuführen.[44] Versicherte und Bezugsberechtigte können somit nach § 215 Abs. 1 S. 1 nur am **Wohnsitz bzw. gewöhnlichen Aufenthalt des Versicherungsnehmers** klagen. Für den Bezugsberechtigten einer **Lebensversicherung** ist entsprechend § 27 Abs. 1 ZPO aE der letzte Wohnsitz bzw. der letzte gewöhnliche Aufenthalt des Erblassers maßgeblich.[45] Erscheint dem Versicherten bzw. dem Bezugsberechtigten der Gerichtsstand des § 215 Abs. 1 S. 1 adäquat, so kann er diesen Gerichtsstand in Anspruch nehmen. Der Versicherer ist insofern nicht schutzwürdig, weil er dort ohnehin mit Klagen des Versicherungsnehmers rechnen muss.

Hiervon zu unterscheiden ist die Frage, ob § 215 Abs. 1 S. 1 auch auf **Klagen gegen Versicherte und Bezugsberechtigte** angewandt werden kann mit der Folge, dass die Betreffenden zusätzlich am Wohnsitz bzw. gewöhnlichen Aufenthalt des Versicherungsnehmers verklagt werden können, wenn auch nicht müssen. Eine solche Ausdehnung der Gerichtspflicht kann eine hohe Belastung darstellen, wenn die Betreffenden weit entfernt vom Versicherungsnehmer wohnen. Dem Versicherer stünde dagegen ein zusätzlicher Gerichtsstand zur Wahl. Dies aber widerspricht dem Zweck einer Norm, die dem Schutz des Versicherungsnehmers dient. § 215 Abs. 1 S. 1 ist daher insoweit teleologisch zu reduzieren: Die Vorschrift findet **nur zugunsten** der Versicherten und Bezugsberechtigten Anwendung.[46] Der Versicherer kann die betreffenden Personen also nicht am Wohnsitz bzw. gewöhnlichen Aufenthalt des Versicherungsnehmers verklagen. Der Rechtsschutz des Versicherers ist ausreichend gewahrt, wenn er Klagen gegen Versicherte und Bezugsberechtigte an deren allgemeinem Gerichtsstand (§§ 12 ff. ZPO) erheben kann. 17

Die **ausschließliche Zuständigkeit** am Wohnsitz des Versicherungsnehmers nach § 215 Abs. 1 S. 2 gilt ebenfalls **nicht** für **Klagen gegen den Versicherten oder den Bezugsberechtigten**.[47] Dies ergibt sich schon daraus, dass S. 2 ausdrücklich nur von **Klagen gegen den Versicherungsnehmer** spricht. Darüber hinaus ist zu beachten, dass § 215 Abs. 1 S. 1 nach der hier vertretenen Ansicht für Klagen des Versicherten oder des Bezugsberechtigten keine Zuständigkeit an deren eigenem Wohnsitz bzw. gewöhnlichem Aufenthalt begründet; parallel dazu scheidet für Klagen gegen die Betreffenden eine ausschließliche Zuständigkeit an deren eigenem Wohnsitz oder gewöhnlichem Aufenthalt aus. § 215 Abs. 1 S. 2 ist auch nicht in der Weise analog anzuwenden, dass Versicherte und Bezugsberechtigte ausschließlich am Wohnsitz bzw. gewöhnlichem Aufenthalt des Versicherungsnehmers verklagt werden müssten. Dies würde die Betreffenden noch stärker als die entsprechende Anwendung von § 215 Abs. 1 S. 1 benachteiligen, wenn sich ihr allgemeiner Gerichtsstand an einem anderen Ort befindet.[48] Geht man mit der Gegenauffassung davon aus, dass § 215 Abs. 1 S. 1 einen Gerichtsstand am eigenen Wohnsitz oder gewöhnlichen Aufenthalt des Versicherten oder Bezugsberechtigten begründet, so ist die entsprechende Anwendung des § 215 Abs. 1 S. 2 dagegen 18

---

[42] OLG Oldenburg NJW 2012, 2894 (2895); LG Stuttgart NJW-RR 2014, 213; *Klimke* in Prölss/Martin VVG § 215 Rn. 18; *Staudinger/Ruks* in BeckOK VVG § 215 Rn. 69 ff.; *Rixecker* in Langheid/Rixecker VVG § 215 Rn. 6; *Spuhl* in Marlow/Spuhl Rn. 1488.

[43] Für eine solche Analogie OLG Oldenburg NJW 2012, 2894 (2895); LG Stuttgart NJW 2014, 213; *Klimke* in Prölss/Martin VVG § 215 Rn. 18; *Staudinger/Ruks* in BeckOK VVG § 215 Rn. 69 ff.; *Rixecker* in Langheid/Rixecker VVG § 215 Rn. 6.

[44] LG Cottbus BeckRS 2011, 27578; *Brand* in Bruck/Möller VVG § 215 Rn. 17; *Johannsen* in Bruck/Möller Teil B AFB 2008/2010 § 21 Rn. 4; *Muschner* in HK-VVG § 215 Rn. 12; *Eichelberg* in Looschelders/Pohlmann VVG § 215 Rn. 6; *Krahe* in Staudinger/Halm/Wendt VVG § 215 Rn. 10; *Looschelders* FS Fenyves, 2013, 633 (655).

[45] *Eichelberg* in Looschelders/Pohlmann VVG § 215 Rn. 6; *Brand* in Bruck/Möller VVG § 215 Rn. 18; *Looschelders/Heinig* JR 2008, 265 (267).

[46] *Eichelberg* in Looschelders/Pohlmann VVG § 215 Rn. 6; *Brand* in Bruck/Möller VVG § 215 Rn. 35; *Klimke* in Prölss/Martin VVG § 215 Rn. 19; *Krahe* in Staudinger/Halm/Wendt VVG § 215 Rn. 10; *Looschelders/Heinig* JR 2008, 265 (268); einen Redaktionsfehler vermutet *Fricke* VersR 2009, 15 (18).

[47] *Staudinger/Ruks* in BeckOK VVG § 215 Rn. 73; *Muschner* in HK-VVG § 215 Rn. 12.

[48] *Looschelders/Heinig* JR 2008, 265 (268).

konsequent.[49] Für Klagen gegen den Versicherten bzw. den Bezugsberechtigten bestünde damit ein ausschließlicher Gerichtsstand an deren Wohnsitz bzw. gewöhnlichem Aufenthalt. Indes sollte die Einführung zusätzlicher ausschließlicher Gerichtsstände dem Gesetzgeber vorbehalten bleiben.

19 **b) Neue Versicherungsnehmer nach Vertragsübergang.** § 215 ist auch zugunsten einer neuen Vertragspartei anwendbar, die nach einem Vertragsübergang in die Stellung des Versicherungsnehmers eintritt.[50] Der Versicherer muss ohnehin mit einem Wechsel des Gerichtsstands nach § 215 Abs. 1 S. 1 rechnen, da auch ein Umzug des Versicherungsnehmers jederzeit möglich ist. § 215 gilt deshalb auch zugunsten eines Erwerbers, auf den der Versicherungsvertrag wegen Veräußerung der versicherten Sache **kraft Gesetzes** nach § 95 Abs. 1 übergegangen ist.[51] Gleiches gilt für den Fall der **rechtsgeschäftlichen Vertragsübernahme,** die ein Einverständnis aller drei Beteiligten voraussetzt.[52] In diesen Fällen kann sich auch der frühere Versicherungsnehmer weiterhin auf § 215 berufen, wenn er aus der Zeit vor der Vertragsübernahme noch Forderungen geltend macht oder wegen solcher verklagt wird. Maßgeblich ist der Wohnsitz bzw. gewöhnliche Aufenthalt des früheren Versicherungsnehmers im Zeitpunkt der Klageerhebung. Bei einem Übergang des Versicherungsvertrags auf einen anderen Rechtsträger nach § 20 Abs. 1 Nr. 1, § 131 Abs. 1 Nr. 1 S. 1 UmwG durch **Verschmelzung** oder **Spaltung** findet § 215 zugunsten des übernehmenden Rechtsträgers ebenfalls Anwendung.[53]

20 Auch bei einem **Erbfall** kann es zu einem Übergang des Versicherungsvertrags kommen. Versicherer und Erblasser können nämlich vereinbaren, dass die Vertragsposition vererblich ist. Eine solche Vereinbarung ist bei Sachversicherungen im Zweifel anzunehmen.[54] Sind (wie zB bei der Krankheitskostenversicherung) persönliche Risiken versichert, so werden dagegen allenfalls Ansprüche auf einzelne Versicherungsleistungen vererbt (→ Rn. 22). Bei der Krankenversicherung können die versicherten Personen nach dem Tod des Versicherungsnehmers verlangen, dass das Versicherungsverhältnis mit einem neuen Versicherungsnehmer fortgesetzt wird (§ 207 Abs. 1); auf diesen ist § 215 in vollem Umfang anwendbar. Das Gleiche gilt für den in § 207 Abs. 2 geregelten Fall der Kündigung durch den bisherigen Versicherungsnehmer.

21 In allen Fällen des Vertragsübergangs kann der **neue Versicherungsnehmer** an seinem Wohnsitz bzw. gewöhnlichen Aufenthalt klagen (§ 215 Abs. 1 S. 1) und auch nur dort verklagt werden (S. 2).[55] Da nach § 215 Abs. 1 S. 1 der Zeitpunkt der Klageerhebung maßgeblich ist, kommt es nicht mehr auf den Wohnsitz bzw. gewöhnlichen Aufenthalt des bisherigen Versicherungsnehmers an.[56]

22 **c) Vererbung einzelner Ansprüche.** Beim Tod des Versicherungsnehmers werden häufig nur einzelne Ansprüche aus dem Versicherungsvertrag vererbt. Praktische Bedeutung hat dabei vor allem der Fall, dass der Versicherungsnehmer bei einer **Lebensversicherung** keinen Bezugsberechtigten benannt hat; hier fällt der Anspruch auf die Versicherungssumme beim Tod des Versicherungsnehmers in den Nachlass.[57] Bei einer Krankheitskostenversicherung (§ 192 Abs. 1) können im Todeszeitpunkt noch Ansprüche auf Erstattung von Heilbehandlungskosten bestehen, die ebenfalls auf den Erben übergehen. Da der Erbe in solchen Fällen schutzwürdig erscheint, ist § 215 Abs. 1 S. 1 grds. anwendbar. Ebenso wie bei den Versicherten und Bezugsberechtigten ist jedoch nicht der Wohnsitz bzw. gewöhnliche Aufenthalt des Erben selbst maßgeblich, sondern der des Versicherungsnehmers. Insofern unterscheidet sich die Rechtslage vom Fall des Eintritts eines Erben als neuer Versicherungsnehmer (→ Rn. 20). Da der Erblasser nach seinem Tod keinen Wohnsitz oder gewöhnlichen Aufenthalt mehr hat, kann allerdings nicht auf den Zeitpunkt der Klageerhebung abgestellt werden. Nach dem Rechtsgedanken des § 27 Abs. 1 ZPO aE kommt es deshalb auf den Wohnsitz bzw.

---

[49] Dafür zB *Klimke* in Prölss/Martin VVG § 215 Rn. 19a; *Rixecker* in Langheid/Rixecker VVG § 215 Rn. 8; *Staudinger/Ruks* in BeckOK VVG § 215 Rn. 72.
[50] OLG München r+s 2016, 213 Rn. 39; LG Waldshut-Tiengen VersR 2016, 1332 (1333); *Brand* in Bruck/Möller VVG § 215 Rn. 13; *Eichelberg* in Looschelders/Pohlmann VVG § 215 Rn. 6; *Looschelders/Heinig* JR 2008, 265 (267).
[51] *Krahe* in Staudinger/Halm/Wendt VVG § 215 Rn. 11.
[52] OLG München r+s 2016, 213 Rn. 39. Zur Vertragsübernahme *Heinemeyer* in MüKoBGB Vor § 414 Rn. 7 ff.; *Looschelders*, Schuldrecht Allgemeiner Teil, 19. Aufl. 2021, § 53 Rn. 18 ff.
[53] *Brand* in Bruck/Möller VVG § 215 Rn. 13; *Eichelberg* in Looschelders/Pohlmann VVG § 215 Rn. 6; *Looschelders/Heinig* JR 2008, 265 (267).
[54] *Brand* in Bruck/Möller VVG § 215 Rn. 14; aus erbrechtlicher Sicht *Müller-Christmann* in BeckOK BGB § 1922 Rn. 46; *Kunz* in Staudinger BGB § 1922 Rn. 513; für den Fall der Hausratversicherung BGH NJW-RR 1993, 1048 (1049).
[55] LG Waldshut-Tiengen VersR 2016, 1332 (1333); *Klimke* in Prölss/Martin VVG § 215 Rn. 14; *Eichelberg* in Looschelders/Pohlmann VVG § 215 Rn. 6.
[56] *Looschelders/Heinig* JR 2008, 265 (267).
[57] BGHZ 32, 44 (46) = NJW 1960, 912.

gewöhnlichen Aufenthalt des Erblassers im Todeszeitpunkt an.[58] Auf **Klagen gegen den Erben** ist weder § 215 Abs. 1 S. 1 noch S. 2 anzuwenden. Ebenso wie Versicherte und Bezugsberechtigte (→ Rn. 17 f.) wäre nämlich auch der Erbe ungerechtfertigt belastet, wenn er am früheren Wohnsitz bzw. gewöhnlichen Aufenthalt des Versicherungsnehmers verklagt werden könnte oder sogar müsste. Unter den Voraussetzungen des § 28 ZPO kann der Versicherer Forderungen, die bereits gegen den Erblasser bestanden,[59] ohnehin auch an dessen früherem allgemeinen Gerichtsstand geltend machen. Hinsichtlich der Klagen gegen den Erben ist diese Vorschrift gegenüber § 215 Abs. 1 als spezieller anzusehen.[60] Soweit dem Versicherer ausnahmsweise originäre Ansprüche gegen den Erben erwachsen, ist § 28 ZPO nicht anwendbar. In Betracht kommen vor allem Rückzahlungsansprüche wegen zu Unrecht gezahlter Versicherungsleistungen. Der Rechtsschutz des Versicherers ist aber auch insoweit ausreichend gewährleistet, da er am allgemeinen Gerichtsstand des Erben (§§ 12 ff. ZPO) klagen kann.

d) Grundpfand- und Reallastgläubiger, Pfandgläubiger und Zessionare. Auch Grundpfand- und Reallastgläubiger, Pfandgläubiger und Zessionare können im Einzelfall Forderungen aus dem Versicherungsvertrag geltend machen. So erfassen **Hypotheken** und **Grundschulden** nach § 1127 Abs. 1 BGB (ggf. iVm § 1192 Abs. 1 BGB) auch Forderungen aus Versicherungsverträgen. Bei einer **Reallast** gilt die Vorschrift für Ansprüche auf Einzelleistungen entsprechend (vgl. § 1107 BGB).[61] Bei **Pfandrechten** an beweglichen Sachen (§ 1204 BGB) fehlt zwar eine entsprechende gesetzliche Regelung. Die Parteien können aber vereinbaren, dass dem Pfandgläubiger auch ein Pfandrecht an der Versicherungsforderung zustehen soll.[62] Ein Gläubigerwechsel tritt schließlich auch dann ein, wenn der Versicherungsnehmer Forderungen aus dem Versicherungsvertrag (zB sicherungshalber) **abtritt**.

In all diesen Fällen ist fraglich, ob und inwieweit § 215 auch **für die Berechtigten** gilt. Bei § 29c ZPO hat sich die Auffassung durchgesetzt, dass die Vorschrift auf einen Zessionar des Verbrauchers nicht anwendbar ist, weil sie nur den Verbraucher selbst schützen soll.[63] Dieses Argument lässt sich auf § 215 aber schon wegen des weiter reichenden persönlichen Anwendungsbereichs nicht übertragen. Für eine Anwendung von § 215 Abs. 1 S. 1 auf Klagen der Betreffenden spricht wiederum, dass der Gesetzeswortlaut insoweit keine Einschränkungen enthält und die Vorgängervorschrift des § 48 VVG aF auf Zessionare und Pfandgläubiger anwendbar war.[64] Stellt man mit der hier vertretenen Auffassung auch bei Zessionaren und Pfandgläubigern nicht auf den eigenen Wohnsitz, sondern auf den Wohnsitz des Versicherungsnehmers ab, so hat sich die Interessenlage gegenüber § 48 VVG aF nicht entscheidend geändert. Insbesondere bleibt das Interesse des Versicherers an der Vorhersehbarkeit des Gerichtsstands gewahrt.[65] Wenn Forderungen aus einem Versicherungsvertrag geltend gemacht werden, ist auch der **sachliche Anwendungsbereich** des § 215 eröffnet. Ferner zeigen die §§ 94, 142–149, dass Grundpfand- und Reallastgläubiger auch im Rahmen des Versicherungsrechts geschützt werden sollen. In prozessualer Hinsicht sind die anderen genannten Berechtigten aber nicht weniger schutzwürdig. Auch sie können sich daher auf den Gerichtsstand am Wohnsitz des Versicherungsnehmers nach § 215 Abs. 1 S. 1 berufen, wenn er ihnen im Einzelfall günstiger erscheint.[66]

---

[58] *Brand* in Bruck/Möller VVG § 215 Rn. 15; *Looschelders/Heinig* JR 2008, 265 (268); für Anknüpfung an den Wohnsitz bzw. gewöhnlichen Aufenthalt des Erben *Klimke* in Prölss/Martin VVG § 215 Rn. 16; *Rixecker* in Langheid/Rixecker VVG § 215 Rn. 3; tendenziell auch OLG Naumburg NJW-RR 2014, 1378; vgl. auch LG Waldshut-Tiengen VersR 2016, 1332 (1333), wonach jedenfalls eine Anknüpfung an den letzten Wohnsitz des Erblassers ausscheiden muss.
[59] *Schultzky* in Zöller ZPO § 28 Rn. 2.
[60] *Looschelders/Heinig* JR 2008, 265 (268).
[61] *Mohr* in MüKoBGB § 1107 Rn. 15.
[62] *Damrau* in MüKoBGB § 1212 Rn. 4.
[63] BGH VersR 2010, 645; OLG München VersR 2009, 1382; *Roth* in Stein/Jonas ZPO § 29c Rn. 1; *Hüßtege* in Thomas/Putzo ZPO § 29c Rn. 3.
[64] Zu § 48 VVG aF *Gruber* in Berliner Kommentar VVG § 48 Rn. 4; *Möller* in Bruck/Möller, 8. Aufl., VVG § 48 Anm. 21.
[65] *Looschelders* FS Fenyves, 2013, 633 (657).
[66] *Eichelberg* in Looschelders/Pohlmann VVG § 215 Rn. 6; *Muschner* in HK-VVG § 215 Rn. 12; *Heyers* in Schwintowski/Brömmelmeyer VVG § 215 Rn. 10; *Staudinger/Ruks* in BeckOK VVG § 215 Rn. 84; *Looschelders* FS Fenyves, 2013, 633 (657); *Looschelders/Heinig* JR 2008, 265 (268); aA LG Halle NJW-RR 2011, 114; LG Limburg VersR 2012, 889; LG Aachen VersR 2016, 67 (68); AG Kiel NJW-RR 2011, 188 (189); *Brand* in Bruck/Möller VVG § 215 Rn. 19; *Johannsen* in Bruck/Möller Teil B AFB 2008/2010 § 21 Rn. 5; *Klimke* in Prölss/Martin VVG § 215 Rn. 21 f.; *Rixecker* in Langheid/Rixecker VVG § 215 Rn. 4; offen gelassen OLG Hamm VersR 2014, 725 (726).

25 Dagegen ist § 215 Abs. 1 S. 1 **nicht zu Lasten** der genannten Berechtigten anwendbar. Der Versicherer kann sie also nicht am Wohnsitz bzw. gewöhnlichen Aufenthalt des Versicherungsnehmers verklagen.[67] Ein zusätzlicher Gerichtsstand für den Versicherer entspricht nicht dem Schutzweck des § 215 Abs. 1 S. 1. Desgleichen ist § 215 Abs. 1 S. 2 unanwendbar.

26 e) **Insolvenzverwalter.** Ob der Insolvenzverwalter über das Vermögen des Versicherungsnehmers sich auf § 215 berufen kann, ist ebenfalls streitig. Das OLG Hamm hat die Anwendbarkeit des § 215 auf den Insolvenzverwalter mit der Begründung abgelehnt, dass es an der erforderlichen persönlichen Schutzbedürftigkeit fehle, weil der Insolvenzverwalter keine eigenen Rechte aus einer vertraglichen Sonderbeziehung zum Versicherer geltend mache, sondern für eine fremde Vermögensmasse tätig werde.[68] Dem ist jedoch entgegenzuhalten, dass auch der Insolvenzverwalter einen **Anspruch aus dem Versicherungsvertrag** geltend macht. Die Klage kann aber wieder nur am Wohnsitz bzw. gewöhnlichen Aufenthalt des Versicherungsnehmers erhoben werden und nicht am Wohnsitz oder gewöhnlichen Aufenthalt des Insolvenzverwalters.[69]

27 f) **Geschädigte.** Der **Direktanspruch** des Geschädigten gegen den Versicherer in der Pflicht-Haftpflichtversicherung (§ 115) ist kein Anspruch aus dem Versicherungsvertrag, sondern ein **gesetzlicher Anspruch.** Der Direktanspruch wird daher schon nicht vom sachlichen Anwendungsbereich des § 215 Abs. 1 S. 1 erfasst (→ Rn. 37). Die Vorschrift ist also insoweit nicht anwendbar.

II. Sachlicher Anwendungsbereich

28 In sachlicher Hinsicht besteht der Gerichtsstand nach § 215 Abs. 1 S. 1 für Klagen aus dem Versicherungsvertrag oder der Versicherungsvermittlung.

29 **1. Klagen aus dem Versicherungsvertrag.** Die Formulierung „aus dem Versicherungsvertrag" entspricht inhaltlich der Wendung „aus dem Versicherungsverhältnis" in § 48 VVG aF.[70] Rspr. und Schrifttum zu dieser Vorschrift können insoweit weiter herangezogen werden.

30 Aus dem Versicherungsvertrag resultieren alle Klagen, mit denen Ansprüche geltend gemacht werden, die im Versicherungsvertrag festgelegt sind oder mit dessen Anbahnung bzw. Rückabwicklung in Zusammenhang stehen.[71] Dazu gehören insbes. der Anspruch des Versicherungsnehmers auf die **Versicherungsleistung** und der Anspruch des Versicherers auf **Prämienzahlung** sowie etwaige Schadensersatzansprüche wegen (teilweiser) Nichterfüllung dieser Ansprüche oder wegen Verzugs.[72] Der Gerichtsstand des Abs. 1 steht darüber hinaus auch für die Geltendmachung leistungsbezogener **Nebenpflichten** (zB Auskunftspflichten) zur Verfügung. Das Gleiche gilt für Schadensersatzansprüche wegen der Verletzung von Schutz- und Rücksichtnahmepflichten (§ 241 Abs. 2 BGB) und wegen Verschuldens bei Abschluss des Versicherungsvertrags (§§ 280 Abs. 1, 311 Abs. 2, 241 Abs. 2 BGB),[73] wobei einige dieser Pflichten im VVG gesondert normiert sind (vgl. insbes. §§ 6, 7). Erfasst werden auch Streitigkeiten, in denen es um das Bestehen des Versicherungsvertrages geht oder in denen diese Frage präjudiziell ist, namentlich der Streit über die Wirksamkeit von Rücktritt, Widerruf und Kündigung.[74] § 215 Abs. 1 gilt schließlich auch für Ansprüche aus einer **vorläufigen Deckungszusage** (§§ 49–52) oder Streitigkeiten über deren (Nicht-)Bestehen.[75] § 215 ist schließlich auch dann anwendbar, wenn der Versicherungsnehmer Ansprüche aus der **gewohnheitsrechtlichen Erfüllungshaftung** geltend macht.[76] Die Zuständigkeit darf nicht von der umstrittenen Frage

---

[67] *Staudinger/Ruks* in BeckOK VVG § 215 Rn. 86; *Johannsen* in Bruck/Möller Teil B AFB 2008/2010 § 21 Rn. 5.

[68] OLG Hamm VersR 2014, 725 (726); dem folgend *Klimke* in Prölss/Martin VVG § 215 Rn. 22a; *Günther* FD-VersR 2014, 354462; krit. *Therstappen* jurisPR-VersR 3/2014 Anm. 4; für Anwendung des § 215 Abs. 1 S. 1 auf den Insolvenzverwalter auch *Rixecker* in Langheid/Rixecker VVG § 215 Rn. 3; *Staudinger/Ruks* in BeckOK VVG § 215 Rn. 65.

[69] So auch *Staudinger/Ruks* in BeckOK VVG § 215 Rn. 64.

[70] Begr. RegE, BT-Drs. 16/3945, 117; *Brand* in Bruck/Möller VVG § 215 Rn. 24; *Heyers* in Schwintowski/Brömmelmeyer/Ebers VVG § 215 Rn. 5; *Eichelberg* in Looschelders/Pohlmann VVG § 215 Rn. 2; *v. Rintelen* in Beckmann/Matusche-Beckmann VersR-HdB § 23 Rn. 7; *Looschelders/Heinig* JR 2008, 265.

[71] *Klimke* in Prölss/Martin VVG § 215 Rn. 4.

[72] *Brand* in Bruck/Möller VVG § 215 Rn. 25.

[73] *Klimke* in Prölss/Martin VVG § 215 Rn. 4; *Möller* in Bruck/Möller, 8. Aufl., VVG § 48 Anm. 21.

[74] *Brand* in Bruck/Möller VVG § 215 Rn. 25; *Heyers* in Schwintowski/Brömmelmeyer/Ebers VVG § 215 Rn. 5.

[75] *Eichelberg* in Looschelders/Pohlmann VVG § 215 Rn. 2; *Klimke* in Prölss/Martin VVG § 215 Rn. 4.

[76] *Klimke* in Prölss/Martin VVG § 215 Rn. 4; aA offenbar *Brand* in Bruck/Möller VVG § 215 Rn. 26.

abhängen, ob dieses hergebrachte Institut[77] durch die VVG-Reform abgeschafft wurde. Hierbei handelt es sich um ein materiell-rechtliches Problem, das bei der Begründetheit zu erörtern ist.

Hinsichtlich etwaiger **deliktischer Ansprüche** ist wie bei § 48 VVG aF[78] und § 29c ZPO[79] 31 zu entscheiden: Solche Ansprüche werden erfasst, soweit sie mit dem Versicherungsvertrag in Zusammenhang stehen, zB Schadensersatzansprüche wegen Betrugs (§ 823 Abs. 2 BGB iVm § 263 StGB) oder vorsätzlicher sittenwidriger Schädigung (§ 826 BGB).[80] Das Gleiche gilt für Ansprüche aus **Bereicherungsrecht**, die auf die Rückabwicklung eines Versicherungsvertrags (zB bei Nichtigkeit oder nach Widerspruch) gerichtet sind,[81] sowie aus **Geschäftsführung ohne Auftrag**.[82]

2. Klagen aus der Versicherungsvermittlung. Ein zweiter wichtiger Anwendungsbereich 32 des § 215 Abs. 1 S. 1 betrifft die in § 48 VVG aF noch nicht geregelten Klagen aus der Versicherungsvermittlung. Der Begriff des **Versicherungsvermittlers** ist in § 59 Abs. 1 definiert. Versicherungsvermittler sind danach Versicherungsvertreter (§ 59 Abs. 2) und Versicherungsmakler (§ 59 Abs. 3). Hierher gehören auch **Internetportale**, soweit sie als Versicherungsvermittler anzusehen sind.[83] Für die Einzelheiten wird auf die Kommentierung zu § 59 verwiesen.

a) Pflichten der Versicherungsvermittler. Das Gesetz zur Neuregelung des Versicherungs- 33 vermittlerrechts v. 19.12.2006[84] hat für die Versicherungsvermittler weitreichende **Beratungs-, Informations- und Dokumentationspflichten** eingeführt. Diese Pflichten sind mit der VVG-Reform in den §§ 60–62 geregelt; bei Pflichtverletzungen besteht eine **Schadensersatzpflicht** nach § 63. Für sämtliche Streitigkeiten aus diesem Bereich gilt § 215.[85] Inwieweit Versicherungsvermittler darüber hinaus noch nach allgemeinen Regeln (§ 280 Abs. 1 BGB) haftbar sein können, ist umstritten (→ § 63 Rn. 23).[86] Entsprechende Klagen werden jedenfalls von § 215 erfasst.[87] Hat der Vermittler den Vertragsschluss durch eine **unerlaubte Handlung** herbeigeführt, kann der Versicherungsnehmer die daraus resultierenden Ansprüche ebenfalls im Gerichtsstand des § 215 Abs. 1 S. 1 geltend machen.[88]

b) Versicherungsmakler. Bei Versicherungsmaklern erstreckt sich der sachliche Anwendungs- 34 bereich des § 215 Abs. 1 S. 1 ferner auf alle **Streitigkeiten aus dem Maklervertrag.** Dazu gehört zunächst die Klage des Versicherungsnehmers auf Erbringung der Maklerleistung. Richtet sich der Courtageanspruch des Maklers aufgrund einer entsprechenden Vereinbarung (sog. Nettopolice) ausnahmsweise nicht gegen den Versicherer, sondern gegen den Versicherungsnehmer, so kann auch dieser Anspruch im Gerichtsstand des § 215 geltend gemacht werden.[89] Die Vorschrift gilt schließlich für Schadensersatzansprüche aus § 280 Abs. 1 BGB wegen Verletzung (vor-) vertraglicher Pflichten[90] sowie für gesetzliche Ansprüche im Zusammenhang mit dem Maklervertrag.

---

[77] Grdl. RGZ 86, 128; aus neuerer Zeit BGH VersR 2004, 361; OLG Frankfurt a. M. VersR 2012, 342; LG Saarbrücken VersR 2014, 317 (319); ausf. zum Streit über die Fortgeltung des Instituts *Koch* FS Lorenz, 2014, 199 ff.
[78] *Möller* in Bruck/Möller, 8. Aufl. 2002, VVG § 48 Anm. 21.
[79] Zur Parallelproblematik dort BGH NJW 2003, 1190 (1191); *Roth* in Stein/Jonas ZPO § 29c Rn. 7; *Patzina* in MüKoZPO § 29c Rn. 15; allg. zur Zuständigkeit bei Anspruchskonkurrenz *Rosenberg/Schwab/Gottwald* ZivilProzR § 36 Rn. 59.
[80] BGHZ 214, 160 = VersR 2017, 779 Rn. 15; *Brand* in Bruck/Möller VVG § 215 Rn. 25; *Klimke* in Prölss/Martin VVG § 215 Rn. 4; *Eichelberg* in Looschelders/Pohlmann VVG § 215 Rn. 2; *Rixecker* in Langheid/Rixecker VVG § 215 Rn. 5; *Looschelders/Heinig* JR 2008, 265.
[81] BGHZ 214, 160 = VersR 2017, 779 Rn. 15; *Brand* in Bruck/Möller VVG § 215 Rn. 25; *Klimke* in Prölss/Martin VVG § 215 Rn. 4; *Muschner* in HK-VVG § 215 Rn. 6.
[82] *Brand* in Bruck/Möller VVG § 215 Rn. 25; *Möller* in Bruck/Möller, 8. Aufl. 2002, VVG § 48 Anm. 21.
[83] *Rixecker* in Langheid/Rixecker VVG § 215 Rn. 7.
[84] BGBl. 2006 I S. 3232.
[85] *Brand* in Bruck/Möller VVG § 215 Rn. 28; *Heyers* in Schwintowski/Brömmelmeyer/Ebers VVG § 215 Rn. 8; *Spuhl* in Marlow/Spuhl Rn. 1492.
[86] *Baumann* in Looschelders/Pohlmann VVG § 63 Rn. 5 f.; *Dörner* in Prölss/Martin VVG § 63 Rn. 9; *Michaelis* in Schwintowski/Brömmelmeyer/Ebers VVG § 63 Rn. 22; *Reiff* in Beckmann/Matusche-Beckmann VersR-HdB § 5 Rn. 170.
[87] *Klimke* in Prölss/Martin VVG § 215 Rn. 6; *Brand* in Bruck/Möller VVG § 215 Rn. 28.
[88] *Brand* in Bruck/Möller VVG § 215 Rn. 28; *Klimke* in Prölss/Martin VVG § 215 Rn. 6; für § 29c ZPO BGH NJW 2003, 1190 (1191); OLG Celle NJW 2004, 2602; *Patzina* in MüKoZPO § 29c Rn. 16.
[89] *Eichelberg* in Looschelders/Pohlmann VVG § 215 Rn. 4; *Spuhl* in Marlow/Spuhl Rn. 1493; *Looschelders/Heinig* JR 2008, 265 (266).
[90] *Eichelberg* in Looschelders/Pohlmann VVG § 215 Rn. 4; *Reiff* in Beckmann/Matusche-Beckmann VersR-HdB § 5 Rn. 181.

35 **c) Versicherungsvertreter.** Mit dem Versicherungsvertreter hat der Versicherungsnehmer **keine unmittelbaren Vertragsbeziehungen;** vielmehr steht der Versicherungsvertreter auf Seiten des Versicherers.[91] Dieser muss für das Verschulden des Versicherungsvertreters nach § 278 BGB einstehen. Der Gerichtsstand des § 215 Abs. 1 S. 1 wird daher insoweit grds. nur im Hinblick auf die gesetzlich geregelten Pflichten des Versicherungsvertreters gegenüber dem Versicherungsnehmer (§§ 60–63) relevant (→ Rn. 33). Soweit bei Versicherungsvertretern neben der Schadensersatzpflicht nach § 63 eine Haftung nach allgemeinen Grundsätzen (§ 280 Abs. 1 iVm § 311 Abs. 3 S. 1 BGB) in Betracht kommt,[92] ist § 215 aber ebenfalls einschlägig. Übernimmt ein Versicherer im Wege des **Schuldbeitritts** die Mithaftung für eine Falschberatung durch einen Versicherungsvertreter, so ist die Anwendbarkeit des § 215 fraglich. Das OLG Düsseldorf hat die Frage offengelassen und den durch § 215 begründeten Gerichtsstand aus Gründen des Verbraucherschutzes nach § 36 ZPO als gemeinsamen Gerichtsstand bestimmt.[93] Da nicht in jedem Fall über § 36 ZPO Abhilfe geschaffen werden kann, spricht der Schutzzweck des § 215 dafür, die Vorschrift hier analog anzuwenden.[94]

36 **d) Versicherungsberater.** Nach der Gesetzesbegründung ist § 215 auch auf Klagen von oder gegen Versicherungsberater anwendbar.[95] Dies erscheint allerdings insofern problematisch, als § 215 Abs. 1 S. 1 nur von Klagen aus der **Versicherungsvermittlung** spricht. Versicherungsvermittler sind aber nach der Definition des § 59 Abs. 1 nur der Versicherungsvertreter und der Versicherungsmakler. Auch die amtliche Überschrift zum siebten Abschnitt führt Versicherungsvermittler und Versicherungsberater gesondert auf. Im Berufsrecht erfolgt ebenfalls eine klare Trennung: Dort regelt § 34d GewO die Rechtsstellung der Versicherungsvermittler, § 34e GewO enthält entsprechende Vorschriften für Versicherungsberater.[96] Der Gesetzgeber hat die Trennung der berufsrechtlichen Vorschriften in den Materialien sogar ausdrücklich betont.[97] Versicherungsberater sind demnach **keine Versicherungsvermittler.**[98] Unabhängig davon gelten viele der in den §§ 60 ff. geregelten Vermittlerpflichten aber auch für Versicherungsberater. Dies ergibt sich aus § 68 und rechtfertigt sich außerdem daraus, dass die Vermittler-Richtlinie[99] auch Versicherungsberater erfasst.[100] Aus materiell-rechtlicher Sicht kann den Versicherungsberater somit in gleicher Weise wie einen Versicherungsvermittler die wichtige **Schadensersatzpflicht nach § 63** treffen. Warum der prozessuale Schutz des Versicherungsnehmers in diesem Fall schwächer sein soll, ist nicht ersichtlich. Es besteht daher Konsens, dass § 215 auch auf Versicherungsberater anwendbar ist. Umstritten ist nur die dogmatische Begründung. In der Lit. wird teilweise die Auffassung vertreten, dass § 215 einen **eigenständigen, weiten Begriff der Versicherungsvermittlung** verwendet, der auch Versicherungsberater umfasst.[101] Dies ist mit den Grundsätzen der systematischen Auslegung jedoch schwer vereinbar, sodass eine **Analogie** vorzugswürdig ist.[102]

36a **3. Verfahren vor den Arbeitsgerichten.** Der Anwendungsbereich des § 215 ist nach Wortlaut, systematischer Stellung und Schutzzweck nicht auf Klagen vor den ordentlichen Gerichten beschränkt. Die Vorschrift ist vielmehr auch auf Verfahren vor den **Arbeitsgerichten** anwendbar.[103] Erforderlich ist jedoch auch hier, dass es sich um eine Klage aus dem Versicherungsvertrag oder der Versicherungsvermittlung handelt. Praktische Bedeutung hat in diesem Zusammenhang vor allem die Zuständigkeit der Arbeitsgerichte nach § 2 Abs. 1 Nr. 4 lit. b ArbGG.[104] Hiernach besteht eine

---

[91] *Michaelis* in Schwintowski/Brömmelmeyer/Ebers VVG § 59 Rn. 13.
[92] Für subsidiäre Anwendbarkeit des § 280 Abs. 1 BGB bei Versicherungsvertretern *Michaelis* in Schwintowski/Brömmelmeyer/Ebers VVG § 63 Rn. 36; aA *Reiff* VersR 2007, 717 (727).
[93] OLG Düsseldorf r+s 2015, 316 mAnm *Rattay*.
[94] *Klimke* in Prölss/Martin VVG § 215 Rn. 8a; *Rattay* r+s 205, 317 (318).
[95] Begr. RegE, BT-Drs. 16/3945, 117.
[96] § 34e GewO ersetzt die Erlaubnispflicht nach Art. 1 § 1 Abs. 1 S. 2 Nr. 2 RBerG. Im neuen Rechtsdienstleistungsgesetz (BGBl. 2007 I S. 2840) werden die Versicherungsberater nicht mehr erwähnt; *Ring* WM 2007, 281 (285); *Schönleiter* in Landmann/Rohmer GewO § 34e Rn. 1.
[97] BT-Drs. 16/1935, 21.
[98] *Reiff* VersR 2007, 717 (729); *Fricke* VersR 2009, 15.
[99] RL 2002/92/EG des Europäischen Parlaments und des Rates v. 9.12.2002 über Versicherungsvermittlung, ABl. 2002 L 9, 3 (10).
[100] BT-Drs. 16/1935, 2 (23, 26); *Schönleiter* in Landmann/Rohmer GewO § 34e Rn. 1 § 34d. Rn. 1.
[101] *Brand* in Bruck/Möller VVG § 215 Rn. 27; *Klimke* in Prölss/Martin VVG § 215 Rn. 6; *Klär/Heyers* in Schwintowski/Brömmelmeyer/Ebers VVG § 215 Rn. 3; *Fricke* VersR 2009, 15.
[102] *Rixecker* in Langheid/Rixecker VVG § 215 Rn. 5; *Eichelberg* in Looschelders/Pohlmann VVG § 215 Rn. 4; *Looschelders/Heinig* JR 2008, 265 (266).
[103] LAG München r+s 2018, 683 Rn. 15 ff.; LG München I BeckRS 2017, 105054; LG Gießen BeckRS 2014, 14652; *Klimke* in Prölss/Martin VVG § 215 Rn. 8b.
[104] Vgl. LAG München r+s 2018, 683 Rn. 19; KG VersR 2003, 1194; LG Gießen BeckRS 2014, 14652.

ausschließliche Zuständigkeit der Arbeitsgerichte für Streitigkeiten zwischen dem Arbeitnehmer oder seinen Hinterbliebenen und einer **Sozialeinrichtung des privaten Rechts** über Ansprüche, die in rechtlichem oder unmittelbar wirtschaftlichem Zusammenhang mit dem Arbeitsverhältnis stehen. Zu den Sozialeinrichtungen des privaten Rechts kann auch eine **Pensionskasse** gehören, deren satzungsgemäßer Zweck die Pensions- und Hinterbliebenenversorgung ist.[105] Hat der Arbeitgeber mit einer solchen Pensionskasse einen Versicherungsvertrag zugunsten seiner Arbeitnehmer geschlossen, so können diese als Versicherte gegen den Pensionsfonds Ansprüche „aus dem Versicherungsvertrag" geltend machen. Die höchstrichterliche Rechtsprechung legt § 2 Abs. 1 Nr. 4 lit. b ArbGG allerdings eng aus. So hat das BAG ausdrücklich klargestellt, dass eine **Direktversicherung** im Rahmen der **betrieblichen Altersversorgung** keine Sozialeinrichtung iSd § 2 Abs. 1 Nr. 4 lit. b ArbGG darstellt.[106] Eine in der Rechtsform des VVaG organisierte **branchenweite Pensionskasse**, die von mehreren nicht miteinander verbundenen Unternehmen finanziert wird, stellt ebenfalls keine Sozialeinrichtung iSd § 2 Abs. 1 Nr. 4 lit. b ArbGG dar, weil es auch hier an der erforderlichen besonderen Nähe der Einrichtung zu dem einzelnen Arbeitsverhältnis fehlt.[107] Bei Streitigkeiten sind daher die ordentlichen Gerichte zuständig. Die **Zusatzversorgung des öffentlichen Dienstes** ist öffentlich-rechtlich organisiert und kann daher von vornherein keine Sozialeinrichtung des privaten Rechts sein. Gemäß § 13 GVG ist somit auch hier der Rechtsweg zu den ordentlichen Gerichten eröffnet.[108]

4. Direktanspruch des Geschädigten (§ 115). § 215 gilt **nicht** für den Direktanspruch des 37 Geschädigten bei der Pflicht-Haftpflichtversicherung (§ 115). Denn der Direktanspruch beruht auf einem gesetzlichen Schuldverhältnis und ergibt sich somit nicht aus dem Versicherungsvertrag.[109] Zwischen dem Geschädigten und dem Versicherer besteht auch keine (vor-) vertragliche Sonderverbindung, die eine akzessorische Anwendung des § 215 auf gesetzliche Ansprüche rechtfertigen würde.[110] Dem Geschädigten wird die Durchsetzung seiner Ansprüche hierdurch nicht unzumutbar erschwert, weil er den Versicherungsnehmer (Schädiger) und den Versicherer jedenfalls am Gerichtsstand der unerlaubten Handlung (§ 32 ZPO) gemeinsam in Anspruch nehmen kann.[111] In Fällen mit Auslandsberührung kann der Geschädigte den Direktanspruch auch am eigenen Wohnsitz geltend machen (→ Rn. 66). In der Lit. ist zwar erwogen worden, § 215 auf den Fall zu erstrecken, dass der Geschädigte gem. § 115 Abs. 1 Nr. 2, 3 einen Direktanspruch gegen den Pflicht-Haftpflichtversicherer seines Versicherungsvermittlers (§ 34d Abs. 5 S. 1 Nr. 3 GewO, §§ 11 ff. VersVermV) geltend macht;[112] ein solcher Direktanspruch könne nämlich als **Anspruch aus der Versicherungsvermittlung** verstanden werden. Gegen diese Lösung spricht jedoch, dass sie die verschiedenen Rechtsverhältnisse unzulässig miteinander vermengt.[113] Mit der Wendung „Klagen aus der Versicherungsvermittlung" meint § 215 Abs. 1 S. 1 lediglich Klagen von und gegen den Vermittler selbst. Klagen gegen Dritte (hier: den Versicherer) sind nicht erfasst, auch wenn sie durch die Versicherungsvermittlung veranlasst sind.

III. Zeitlicher Anwendungsbereich

Der zeitliche Anwendungsbereich des § 215 war nach Inkrafttreten der Vorschrift sehr umstrit- 38 ten. Ein großer Teil der Instanzgerichte und der Literatur ging davon aus, dass § 215 nach der

---

[105] LG München I BeckRS 2017, 105054, bestätigt von LAG München r+s 2018, 683.
[106] BAG NZA 2014, 221 Rn. 20; weitergehend noch KG VersR 2003, 1194.
[107] BGH VersR 2019, 633 (634f.); aA noch OLG Karlsruhe MDR 2019, 373 = BeckRS 2018, 35911, aufgehoben durch BGH 16.4.2019 – IV ZB 32/18, juris.
[108] BAG NZA 2005, 128 (LS) = NJOZ 2005, 527; NZA-RR 2008, 82 Rn. 22; *Clemens* in BeckOK ArbR ArbGG § 2 Rn. 24.
[109] *Rixecker* in Langheid/Rixecker VVG § 215 Rn. 5; *Eichelberg* in Looschelders/Pohlmann VVG § 215 Rn. 3; *Klimke* in Prölss/Martin VVG § 215 Rn. 5; *Heyers* in Schwintowski/Brömmelmeyer/Ebers VVG § 215 Rn. 6; *Muschner* in HK-VVG § 215 Rn. 8; *Armbrüster* PrivVersR Rn. 1795; *Armbrüster* r+s 2010, 441 (456); *Franz* VersR 2008, 298 (307); *Looschelders/Heinig* JR 2008, 265 (269); iE auch *Brand* in Bruck/Möller VVG § 215 Rn. 30; zum alten Recht LG München I VersR 1974, 738 mAnm *Schade*; *Gruber* in Berliner Kommentar VVG § 48 Rn. 4; *Theil* VersR 1980, 810 (811); zur Einordnung als gesetzlicher Anspruch BGHZ 57, 265 (269) = VersR 1972, 255 (256); BGHZ 152, 298 (302) = VersR 2003, 99 (100); aA *Fricke* VersR 2009, 15; zum alten Recht LG Hanau VersR 1971, 661; *Landwehr* VersR 1965, 1113 (1117); *Schade* VersR 1974, 738.
[110] Hierauf abstellend *Klimke* in Prölss/Martin VVG § 215 Rn. 5; *Brand* in Bruck/Möller VVG § 215 Rn. 30; *Armbrüster* r+s 2010, 441 (456).
[111] *Brand* in Bruck/Möller VVG § 215 Rn. 30; *Armbrüster* r+s 2010, 441 (456).
[112] *Spuhl* in Marlow/Spuhl Rn. 647.
[113] Abl. *Klimke* in Prölss/Martin VVG § 215 Rn. 8; *Heyers* in Schwintowski/Brömmelmeyer/Ebers VVG § 215 Rn. 6.

Übergangsvorschrift des Art. 1 Abs. 1 EGVVG auf Verträge, die vor dem 1.1.2008 geschlossen worden sind (sog. **Altverträge**), erst ab dem 1.1.2009 anwendbar ist (→ 2. Aufl. § 215 Rn. 38 f.).[114] Darüber hinaus war die Auffassung verbreitet, dass auch Art. 1 Abs. 2 EGVVG anwendbar ist (→ 2. Aufl. § 215 Rn. 40). § 215 wäre hiernach auf keine Altverträge anwendbar, bei denen der Versicherungsfall bis zum 31.12.2008 eingetreten ist. Hier wäre vielmehr § 48 aF maßgeblich.[115] Die Gegenauffassung lehnte die Anwendung von Art. 1 Abs. 1 und 2 EGVVG auf § 215 ab.[116] Maßgeblich war dabei ua die Erwägung, dass der Zweck der intertemporalen Kollisionsnormen – die Gewährung von Vertrauensschutz – auf § 48 aF und § 215 nicht zutrifft, weil das Vertrauen in die Weitergeltung einer prozessualen Gerichtsstandregelung nicht schutzwürdig sei.

39 Der BGH hat den Meinungsstreit mit Urteil vom 8.3.2017 dahin entschieden, dass die Übergangsvorschrift des Art. 1 Abs. 1 EGVVG nach Sinn und Zweck nicht auf die zivilprozessualen Regelungen des VVG anwendbar ist.[117] Der Gesetzgeber habe mit Art. 1 Abs. 1 EGVVG sicherstellen wollen, dass das neue VVG nach einer Übergangszeit auch auf Altverträge anwendbar ist. Die Vorschrift ziele damit auf eine erweiterte Geltung des neuen VVG ab. Im Prozessrecht gelte aber der Grundsatz, dass **neue prozessuale Regelungen** ohne Rücksicht auf den Entstehungszeitpunkt des materiellen Rechtsverhältnisses **ex nunc** anwendbar sind. Das Vertrauen des Versicherers in die Fortgeltung seiner Gerichtsstandsklauseln müsse gegenüber dem gesetzgeberischen Ziel der Stärkung des prozessualen Rechtsschutzes des Versicherungsnehmers zurücktreten. Die Anwendung des Art. 1 Abs. 1 EGVVG auf die prozessualen Vorschriften des VVG würde daher den zeitlichen Anwendungsbereich des § 215 entgegen dieser Zielsetzung unangemessen beschränken. Ist Art. 1 Abs. 1 EGVVG unanwendbar, so kommt auch **kein Rückgriff auf Art. 1 Abs. 2 EGVVG** in Betracht. Dies ergibt sich schon daraus, dass Art. 1 Abs. 2 EGVVG nach Wortlaut und Zweck an die dort geregelte Weitergeltung des alten VVG für Altverträge bis zum 31.12.2008 anknüpft.[118]

40 Der zeitliche Anwendungsbereich des § 215 richtet sich somit nach Art. 12 Abs. 1 S. 3 des Gesetzes zur Reform des Versicherungsvertragsrechts, wonach das neue VVG am 1.1.2008 in Kraft tritt.[119] Die Vorschrift ist daher auf alle **ab dem 1.1.2008** erhobenen Klagen anwendbar.[120] Für Verfahren, die vor diesem Stichtag im Gerichtsstand des § 48 aF anhängig waren, gilt der Grundsatz der **perpetuatio fori**.[121] Diese Fälle haben aus zeitlichen Gründen aber keine praktische Relevanz mehr.

IV. Anwendung im Mahnverfahren und bei Vollstreckungsabwehrklagen

41 Für das Mahnverfahren gilt zunächst stets die Zuständigkeit des § 689 Abs. 2 S. 1 ZPO. Wird das Verfahren nach § 696 Abs. 1 S. 1 oder § 700 Abs. 3 ZPO abgegeben, greift aber § 215 ein.[122] Für diesen Fall ist umstritten, auf welchen **Zeitpunkt** bei der Bestimmung der örtlichen Zuständigkeit abzustellen ist. Die Frage wird bei einem zwischenzeitlichen Umzug des Versicherungsnehmers relevant. Die hM stellt auf den Zeitpunkt ab, zu dem die Akten beim Streitgericht eingehen (vgl.

---

[114] So OLG Stuttgart VersR 2009, 246; OLG Hamm VersR 2009, 1345; 2011, 1293 = NJW-RR 2011, 1405; OLG Naumburg VersR 2010, 374; OLG Düsseldorf VersR 2010, 1354 (1355); OLG Nürnberg VersR 2010, 935 (936); OLG Bamberg NJW-RR 2011, 388; OLG Braunschweig NJOZ 2012, 804, *Heyers* in Schwintowski/Brömmelmeyer/Ebers VVG § 215 Rn. 20; *Klimke* in Prölss/Martin VVG § 215 Rn. 2; *Brand* in Bruck/Möller VVG § 215 Rn. 55; *Abel/Winkens* r+s 2009, 103 (104); *Bauer/Rajkowski* VersR 2010, 1559 ff.

[115] So OLG Düsseldorf VersR 2011, 1354 (1355); OLG Nürnberg VersR 2010, 935 (936); LG Ansbach VersR 2010, 935; *Brand* in Bruck/Möller VVG § 215 Rn. 56; *Bauer/Rajkowski* VersR 2010, 1559 (1560); einschränkend OLG München BeckRS 2015, 20891 Rn. 25 ff.; aA OLG Hamburg VersR 2009, 531; OLG Dresden VersR 2010, 1065 (1066); OLG Köln VersR 2009, 1347; *Klimke* in Prölss/Martin VVG § 215 Rn. 3.

[116] So OLG Saarbrücken VersR 2008, 1337 (1338); OLG Frankfurt a. M. r+s 2009, 140; OLG Koblenz VersR 2010, 1356; *Schneider* in Beckmann/Matusche-Beckmann VersR-HdB § 1a Rn. 45b; *Schneider* VersR 2008, 859 (861); *Fricke* VersR 2009, 15 (20).

[117] BGHZ 214, 160 = VersR 2017, 779 Rn. 24 ff.

[118] BGHZ 214, 160 = VersR 2017, 779 Rn. 28; zu diesem Zusammenhang auch *Brand* in Bruck/Möller VVG § 215 Rn. 56; *Schneider* VersR 2008, 859 (860).

[119] So auch *Staudinger/Ruks* in BeckOK VVG § 215 Rn. 21.

[120] So auch OLG Saarbrücken VersR 2008, 1337; OLG Frankfurt a. M. r+s 2010, 140; OLG Koblenz VersR 2010, 1356; *Staudinger/Ruks* in BeckOK VVG § 215 Rn. 21; *Schneider* in Beckmann/Matusche-Beckmann VersR-HdB § 1a Rn. 45b; *Schneider* VersR 2008, 859 (861); *Fricke* VersR 2009, 15 (20).

[121] OLG Saarbrücken VersR 2008, 1337 (1338); *Schneider* VersR 2008, 859 (861).

[122] *Brand* in Bruck/Möller VVG § 215 Rn. 58; *Looschelders/Heinig* JR 2008, 265 (270); zu § 29c ZPO *Roth* in Stein/Jonas ZPO § 29c Rn. 9; *Heinrich* in Musielak/Voit ZPO § 29c Rn. 9; *Bünnigmann* in Anders/Gehle § 29c Rn. 5.

§ 696 Abs. 1 S. 4, ggf. iVm § 700 Abs. 3 S. 2).[123] Zum Teil wird aber auch insoweit die Rückbeziehungsfiktion nach § 696 Abs. 3 (bei alsbaldiger Abgabe) bzw. § 700 Abs. 2 ZPO angewendet, womit es auf die Zustellung des Mahnbescheids ankommen würde.[124] Nach wieder anderer Auffassung ist der Zeitpunkt des Zugangs der Anspruchsbegründung beim Antragsgegner (vgl. § 697 Abs. 1, Abs. 2 S. 1, § 700 Abs. 4 S. 1 ZPO) maßgeblich.[125] Vorzugswürdig erscheint die Anknüpfung an die **Zustellung des Mahnbescheids**. Denn dies entspricht funktionell der nach § 215 Abs. 1 S. 1 an sich maßgeblichen Klageerhebung gem. § 253 ZPO.[126]

Die in § 767 Abs. 1 ZPO vorgesehene Zuständigkeit des Prozessgerichts erster Instanz für die **Vollstreckungsabwehrklage** verdrängt vollständig die Zuständigkeit nach § 215 Abs. 1 S. 1.[127] Hat im Erkenntnisverfahren ein nicht nach der Vorschrift des § 215 Abs. 1 S. 1 bestimmtes Gericht entschieden, so ist dieses Gericht dennoch für die Entscheidung über die Vollstreckungsabwehrklage zuständig. 42

V. Verhältnis zu § 29c ZPO

Ob § 29c ZPO auch für Versicherungsverträge gilt, die in einer **Haustürsituation** geschlossen wurden, war früher umstritten.[128] Der Streit entzündete sich an der Frage, ob der Verweis in § 29c Abs. 1 S. 1 ZPO auf § 312 BGB aF auch die **Ausnahme für Versicherungsverträge** (§ 312 Abs. 3 BGB aF) umfasst, obwohl diese nicht die Definition des Haustürgeschäfts einschränkte, sondern nur das Widerrufsrecht für Versicherungsverträge ausschloss.[129] Nach der Neufassung der §§ 312 ff. BGB durch das Gesetz zur Umsetzung der Verbraucherrechte-Richtlinie v. 20.9.2013[130] ist die Rechtslage klarer. § 29c Abs. 1 S. 1 ZPO verweist auf die Definition der außerhalb von Geschäftsräumen geschlossenen Verträge in **§ 312b BGB**, der nach § 312 Abs. 6 BGB **auf Versicherungsverträge** aber gerade **nicht anwendbar** ist.[131] Hieraus folgt, dass § 29c ZPO ebenfalls nicht für Versicherungsverträge gilt. Davon abgesehen enthält § 215 eine umfassende Regelung des Gerichtsstands für Klagen aus dem Versicherungsvertrag und der Versicherungsvermittlung. Die Vorschrift wäre also aufgrund ihrer systematischen Stellung im VVG jedenfalls als **lex specialis zu § 29c ZPO** anzusehen.[132] 43

VI. Bestimmung des örtlich zuständigen Gerichts

1. Wohnsitz des Versicherungsnehmers. Primär zuständig ist das Gericht am Wohnsitz des Versicherungsnehmers. Maßgeblicher Zeitpunkt für die Bestimmung des Wohnsitzes ist nach § 215 Abs. 1 S. 1 die **Klageerhebung**. Diese erfolgt nach allgemeinen Regeln durch Zustellung der Klageschrift an den Prozessgegner (§ 253 Abs. 1 ZPO). Der **Wohnsitz** bestimmt sich wie in §§ 12–16 ZPO und § 29c ZPO nach §§ 7–11 BGB.[133] Im Gegensatz zum faktisch geprägten gewöhnlichen Aufenthalt handelt es sich um einen normativen Begriff.[134] Die Begründung des Wohnsitzes hat danach **zwei Voraussetzungen:** 44

---

[123] OLG Schleswig MDR 2007, 1280 (1281); OLG München MDR 2007, 1154 (1155); KG NJW-RR 1999, 1011; OLG Frankfurt a. M. NJW-RR 1996, 1403; 1992, 1341 (1342); BayObLG NJW-RR 1995, 635 (636); *Hüßtege* in Thomas/Putzo ZPO § 696 Rn. 25; *Seibel* in Zöller ZPO § 696 Rn. 7 f.; *Schüler* in MüKoZPO § 696 Rn. 20; *Olzen* in Wieczorek/Schütze, Bd. 8, 4. Aufl. 2013, ZPO § 696 Rn. 21; *Gierl* in HK-ZPO, 9. Aufl. 2021, ZPO § 696 Rn. 40; *Berger* in Stein/Jonas ZPO § 696 Rn. 8; *Schäfer* NJW 1985, 2968; *Müther* MDR 1998, 619 (620).
[124] *Patzina* in MüKoZPO § 29c Rn. 18; *Niepmann* NJW 1985, 1453; *Bork/Jacoby* JZ 2000, 135 (137).
[125] OLG München MDR 2007, 1154 (1155); *Becker* in Anders/Gehle § 696 Rn. 25 iVm Rn. 15; vgl. *Schüler* in MüKoZPO § 696 Rn. 34 iVm Rn. 21; *Voit* in Musielak/Voit ZPO § 696 Rn. 6 iVm Rn. 4.
[126] *Brand* in Bruck/Möller VVG § 215 Rn. 58.
[127] *Brand* in Bruck/Möller VVG § 215 Rn. 59; *Looschelders/Heinig* JR 2008, 265 (270); zu § 29c ZPO *Schultzky* in Zöller ZPO § 29c Rn. 6; *Bünnigmann* in Anders/Gehle § 29c Rn. 1.
[128] Dafür LG Landshut NJW 2003, 1197; LG Traunstein r+s 2005, 135; OLG Frankfurt a. M. OLGR 2005, 568 (569); *Bauer* NJW 2004, 1507 (1508); *Hüßtege* in Thomas/Putzo, 29. Aufl. 2008, ZPO § 29c Rn. 1; dagegen OLG München VersR 2005, 1517; LG Berlin VersR 2005, 1259 (1260); *Hartmann* in BLAH, 66. Aufl. 2007, ZPO § 29c Rn. 3 aE.
[129] Begr. RegE, BT-Drs. 16/3945, 117, wo die Frage aber offen gelassen wird („jedenfalls nicht eindeutig"); OLG München VersR 2006, 1517; *Toussaint* in BeckOK ZPO § 29c Rn. 2.3.
[130] BGBl. 2013 I S. 3642.
[131] *Looschelders*, Schuldrecht Allgemeiner Teil, 19. Aufl. 2021, § 41 Rn. 12.
[132] *Brand* in Bruck/Möller VVG § 215 Rn. 57; *Looschelders/Heinig* JR 2008, 265 (270); iE auch *Klimke* in Prölss/Martin VVG § 215 Rn. 27.
[133] *Brand* in Bruck/Möller VVG § 215 Rn. 21; *Eichelberg* in Looschelders/Pohlmann VVG § 215 Rn. 7; für § 29c ZPO *Heinrich* in Musielak/Voit ZPO § 29c Rn. 10.
[134] BGH NJW 1975, 1068; *Spickhoff* in MüKoBGB § 7 Rn. 13; *Duve* in HKK-BGB §§ 1–14 Rn. 32.

45　Erstens muss der Versicherungsnehmer sich an einem bestimmten Ort auf Dauer („ständig")[135] **tatsächlich niederlassen** (§ 7 Abs. 1 BGB) und diesen Ort damit zum **Mittelpunkt seiner Lebensgestaltung** machen.[136] Der Betreffende muss nicht notwendig eine eigene Wohnung haben, es genügt ein Zimmer zur Untermiete, eine Unterkunft bei den Eltern,[137] bei sonstigen Verwandten oder Bekannten[138] sowie ein Hotelzimmer.[139]

46　Zweitens setzt die Wohnsitznahme den zumindest konkludent geäußerten **Willen** voraus, den Ort zum Lebensmittelpunkt zu machen.[140] Wird eine Unterkunft zu Wohnzwecken eingerichtet und tatsächlich entsprechend genutzt, so liegt darin regelmäßig eine derartige Willensäußerung.[141] Für **Soldaten** sieht § 9 BGB einen vom Willen unabhängigen Wohnsitz am Standort vor.[142]

47　Da die Wohnsitzbegründung eine rechtsgeschäftsähnliche Handlung darstellt,[143] setzt sie die **volle Geschäftsfähigkeit** voraus.[144] Bei geschäftsunfähigen und beschränkt geschäftsfähigen Personen kommt es gem. § 8 Abs. 1 BGB grds. auf den Willen des gesetzlichen Vertreters an.[145]

48　§ 7 Abs. 2 BGB lässt ausdrücklich zu, dass der **Wohnsitz** einer Person **an mehreren Orten** besteht. In diesem Fall gibt es auch mehrere gleichrangige Gerichtsstände,[146] zwischen denen der Kläger gem. § 35 ZPO die Wahl hat.

49　**2. Gewöhnlicher Aufenthalt des Versicherungsnehmers.** Ist der Versicherungsnehmer ohne Wohnsitz, so ist hilfsweise das Gericht zuständig, in dessen Bezirk der Versicherungsnehmer seinen **gewöhnlichen Aufenthalt** hat. Der gewöhnliche Aufenthalt ist abzugrenzen vom bloßen schlichten Aufenthalt, nach dem sich etwa in § 16 ZPO das zuständige Gericht bestimmt.[147] Der Begriff des gewöhnlichen Aufenthalts wird in verschiedenen Rechtsgebieten einschließlich des Internationalen Privatrechts verwandt,[148] im Prozessrecht außerdem in § 29c Abs. 1 S. 1 ZPO. Er wird definiert als der Ort, an dem eine Person ihren **tatsächlichen Daseinsmittelpunkt** hat.[149] Maßgeblich ist die tatsächliche Integration an einem bestimmten Ort, insbes. durch familiäre und soziale Kontakte sowie die berufliche Tätigkeit.[150] Nach einer Anwesenheit von sechs bis zwölf Monaten an einem Ort ist idR von einem gewöhnlichen Aufenthalt auszugehen.[151] Anders als bei der Wohnsitznahme erfordert die Begründung eines gewöhnlichen Aufenthalts **keinen rechtsgeschäftlichen Willen**.[152]

50　Im Internationalen Privatrecht wird überwiegend davon ausgegangen, dass ein gewöhnlicher Aufenthalt nicht gleichzeitig an **mehreren Orten** bestehen kann.[153] Diese Auffassung rechtfertigt sich nicht zuletzt daraus, dass man sich bei der Bestimmung des anwendbaren Rechts doch immer für einen Schwerpunkt entscheiden muss. Eine vergleichbare Problematik ist im Prozessrecht nicht

---

[135] Zu diesem Aspekt *Kannowski* in Staudinger BGB § 7 Rn. 9; *Fahse* in Soergel BGB § 7 Rn. 15.
[136] RGZ 67, 191 (193); BGHZ 7, 104 (107) = NJW 1952, 1251; *Kannowski* in Staudinger BGB § 7 Rn. 5–8; *Eichelberg* in Looschelders/Pohlmann VVG § 215 Rn. 7.
[137] BVerwGE 71, 309 (312) = NJW 1986, 674 (675).
[138] BGH NJW 1984, 971.
[139] BVerfGE 8, 81 (85); *Fahse* in Soergel BGB § 7 Rn. 12; *Ellenberger* in Grüneberg BGB § 7 Rn. 6.
[140] BGHZ 7, 104 (109) = NJW 1952, 1251; *Spickhoff* in MüKoBGB § 7 Rn. 24–27; *Brand* in Bruck/Möller VVG § 215 Rn. 21.
[141] BGHZ 7, 104 (109) = NJW 1952, 1251; *Bamberger* in BeckOK BGB § 7 Rn. 23.
[142] *Ellenberger* in Grüneberg BGB § 9 Rn. 1; *Brand* in Bruck/Möller VVG § 215 Rn. 21.
[143] BGHZ 7, 104 (109) = NJW 1952, 1251 (1252); *Dörner* in HK-BGB § 7 Rn. 3.
[144] *Bamberger* in BeckOK BGB § 7 Rn. 21 f.
[145] *Dörner* in HK-BGB § 8 Rn. 2; *Brand* in Bruck/Möller VVG § 215 Rn. 21; *Mansel* in Jauernig BGB §§ 7–11 Rn. 3.
[146] *Brand* in Bruck/Möller VVG § 215 Rn. 21; vgl. auch *Patzina* in MüKoZPO § 29c Rn. 21 für § 29c ZPO; *Schultzky* in Zöller ZPO § 13 Rn. 13; *Hüßtege* in Thomas/Putzo ZPO § 13 Rn. 1; *Bünnigmann* in Anders/Gehle § 13 Rn. 3; jeweils für den allgemeinen Gerichtsstand.
[147] *Heinrich* in Musielak/Voit ZPO § 16 Rn. 3; *Roth* in Stein/Jonas ZPO § 29c Rn. 10.
[148] *v. Hein* in MüKoBGB IPR Einl. Rn. 58.
[149] BGH NJW 1975, 1068; BGHZ 78, 293 (295) = NJW 1981, 520; BGH NJW 1993, 2047 (2048); *Looschelders*, Internationales Privatrecht – Art. 3–46 EGBGB, 2004, Art. 5 Rn. 7; *Ellenberger* in Grüneberg BGB § 7 Rn. 3; *Brand* in Bruck/Möller VVG § 215 Rn. 22; *Eichelberg* in Looschelders/Pohlmann VVG § 215 Rn. 7.
[150] BGH NJW 1975, 1068; BGHZ 78, 293 (295) = NJW 1981, 520; BGH NJW 1993, 2047 (2048); *Bausback* in Staudinger EGBGB Art. 5 Rn. 44; *Lorenz* in BeckOK BGB Art. 5 Rn. 17.
[151] *Stürner* in Erman EGBGB Art. 5 Rn. 48; *Looschelders*, Internationales Privatrecht – Art. 3–46 EGBGB, 2004, Art. 5 Rn. 9.
[152] BGH NJW 1975, 1068; BGHZ 78, 293 (295) = NJW 1981, 520; BGH NJW 1993, 2047 (2048); *Looschelders*, Internationales Privatrecht – Art. 3–46 EGBGB, 2004, Art. 5 Rn. 11.
[153] *v. Hein* in MüKoBGB EGBGB Art. 5. Rn. 171; *Lorenz* in BeckOK BGB Art. 5 Rn. 16; *Looschelders*, Internationales Privatrecht, 2004, EGBGB Art. 5 Rn. 8; aA *Bausback* in Staudinger EGBGB Art. 5 Rn. 48; *Stürner* in Erman EGBGB Art. 5 Rn. 55.

gegeben. Hier kann daher im Einzelfall auch die Annahme mehrerer gewöhnlicher Aufenthalte – und damit mehrerer Gerichtsstände – gerechtfertigt sein.[154]

3. Fehlen von Wohnsitz und gewöhnlichem Aufenthalt. Ist beim Versicherungsnehmer 51 weder ein Wohnsitz noch ein gewöhnlicher Aufenthalt feststellbar, so ist § 215 nicht anwendbar.[155] In der Lit. wird zwar die Auffassung vertreten, dass ersatzweise der **tatsächliche Aufenthalt** iSd § 16 ZPO maßgeblich sei.[156] Dem ist aber entgegenzuhalten, dass § 215 Abs. 1 S. 1 eine solche Hilfsanknüpfung gerade nicht vorsieht. Bei Fehlen eines Wohnsitzes und eines gewöhnlichen Aufenthaltes bestimmt sich die Zuständigkeit daher allein nach den Vorschriften der ZPO (insbes. § 12 iVm § 16 ZPO und § 29 ZPO).

VII. Ausschließliche Zuständigkeit für Klagen gegen den Versicherungsnehmer

Für Klagen gegen den Versicherungsnehmer ist die in § 215 Abs. 1 S. 1 bestimmte Zuständigkeit 52 nach S. 2 **ausschließlich**. Der Versicherungsnehmer kann sich also darauf verlassen, dass der Versicherer und die Vermittler ihn allein an seinem Wohnsitz bzw. gewöhnlichen Aufenthalt verklagen können.

Bei ausschließlichen Gerichtsständen sind **abweichende Gerichtsstandsvereinbarungen** 53 nach § 40 Abs. 2 S. 1 Nr. 2 ZPO unzulässig. § 215 Abs. 3 sieht hiervon allerdings zwei Ausnahmen vor (→ Rn. 58 ff.). Ganz von § 215 abweichen können die Parteien nach § 210 Abs. 1 bei Versicherungen über **Großrisiken** sowie bei der **laufenden Versicherung** iSd §§ 53–58 (→ § 210 Rn. 7). Im Verhältnis zu Unternehmern kann nach dem Rechtsgedanken des § 269 Abs. 3 BGB und des § 21 ZPO auch ein Gerichtsstand am **Ort der Niederlassung** vereinbart werden (→ Rn. 72).[157] Aus methodischer Sicht handelt es sich um eine teleologische Reduktion des § 215 Abs. 1 S. 2. Dahinter steht die Erwägung, dass ein Unternehmer nicht selten ein legitimes Interesse daran hat, den Prozess am Ort seiner Niederlassung zu führen. Noch weitergehend wäre daran zu denken, die Vorschrift des § 21 ZPO iRd § 215 entsprechend anzuwenden. Dagegen spricht freilich, dass § 21 ZPO bei ausschließlichen Gerichtsständen nicht anwendbar ist.[158] Auch hierüber müsste also mit Hilfe der teleologischen Reduktion hinweggeholfen werden. Für Klagen gegen Versicherte und Begünstigte besteht keine ausschließliche Zuständigkeit nach § 215 Abs. 1 S. 2 (→ Rn. 18).

Bei ausschließlichen Gerichtsständen kann eine abweichende Zuständigkeit auch nicht durch 54 **rügelose Einlassung** begründet werden (§ 40 Abs. 2 S. 2 ZPO).[159] Zu § 29c ZPO wird zwar die Ansicht vertreten, die rügelose Einlassung sei möglich, wenn der Verbraucher das Gericht selbst als Kläger anrufen könnte; wegen der Wahlmöglichkeit bei eigenen Klagen handle es sich dann nämlich um keinen ausschließlichen Gerichtsstand.[160] Dagegen spricht aber schon der **Wortlaut** von § 29c Abs. 1 S. 2 ZPO bzw. § 215 Abs. 1 S. 2. Dort wird für Klagen gegen den Verbraucher bzw. Versicherungsnehmer ausdrücklich eine – wenn auch einseitige – ausschließliche Zuständigkeit normiert. Hiervon sehen die Absätze 2 und 3 enge Ausnahmen vor. Der damit bezweckte Schutz des Verbrauchers bzw. Versicherungsnehmers darf nicht über die rügelose Einlassung ausgehöhlt werden. Soweit die Ausschließlichkeit des Gerichtsstands am Wohnsitz des Versicherungsnehmers im Verhältnis zu Unternehmern zugunsten des Orts der Niederlassung durchbrochen wird (→ Rn. 53), ist allerdings auch eine Gerichtsstandsbegründung durch rügelose Einlassung möglich.

Für **Klagen gegen den Versicherer** eröffnet § 215 Abs. 1 S. 1 nur einen **zusätzlichen** 55 **Gerichtsstand**. Dem Versicherungsnehmer und den anderen Begünstigten stehen daneben der allgemeine Gerichtsstand nach §§ 12, 17 ZPO[161] sowie die besonderen Gerichtsstände der ZPO zur Verfügung. Die Begünstigten haben nach § 35 ZPO die Wahl, vor welchem Gericht sie die

---

[154] *Brand* in Bruck/Möller VVG § 215 Rn. 22; für § 29c ZPO *Patzina* in MüKoZPO § 29c Rn. 22.
[155] *Brand* in Bruck/Möller VVG § 215 Rn. 23; *Eichelberg* in Looschelders/Pohlmann VVG § 215 Rn. 7; *Klimke* in Prölss/Martin VVG § 215 Rn. 23; zu § 29c ZPO *Schultzky* in Zöller ZPO § 29c Rn. 7; *Roth* in Stein/Jonas ZPO § 29c Rn. 10; *Bünnigmann* in Anders/Gehle § 29c Rn. 5.
[156] *Heyers* in Schwintowski/Brömmelmeyer/Ebers VVG § 215 Rn. 4; zu § 29c ZPO *Bendtsen* in HK-ZPO, 9. Aufl. 2021, § 29c Rn. 5, 7.
[157] *Klimke* in Prölss/Martin VVG § 215 Rn. 25; *Brand* in Bruck/Möller VVG § 215 Rn. 34; *Krahe* in Staudinger/Halm/Wendt VVG § 215 Rn. 27; *Armbrüster* r+s 2010, 441 (456); aA *Johannsen* in Bruck/Möller Teil B AFB 2008/2010 § 21 Rn. 9.
[158] *Toussaint* in BeckOK ZPO, Stand: Ed. 14 v. 15.9.2014, § 21 Rn. 11.
[159] *Klimke* in Prölss/Martin VVG § 215 Rn. 25; *Rixecker* in Langheid/Rixecker VVG § 215 Rn. 8; *Brand* in Bruck/Möller VVG § 215 Rn. 33; *Looschelders/Heinig* JR 2008, 265 (269); *Fricke* VersR 2009, 15 (19).
[160] *Patzina* in MüKoZPO § 29c Rn. 25; vgl. aber auch *Patzina* in MüKoZPO § 29c Rn. 27.
[161] *Reiff* in Beckmann/Matusche-Beckmann VersR-HdB § 5 Rn. 180; *Langheid* NJW 2007, 3665 (3672).

Klage erheben.[162] Bezüglich der Gerichtsstände der ZPO sind abweichende Vereinbarungen in den Grenzen der §§ 38, 40 Abs. 1 ZPO möglich. Die Zuständigkeit kann auch durch **rügelose Einlassung** des Versicherers nach § 39 ZPO begründet werden.

VIII. Mehrere Kläger bzw. Beklagte

56   Bisweilen klagen mehrere Parteien gemeinsam bzw. werden gemeinsam verklagt. Die gerichtliche Zuständigkeit bestimmt sich in diesen Fällen wie folgt:[163] Der Versicherungsnehmer kann **mehrere Versicherer oder Vermittler** gemeinsam an seinem Wohnsitz verklagen (§ 215 Abs. 1 S. 1). **Mehrere Versicherungsnehmer** können gemeinsam einen Versicherer oder Vermittler an jedem ihrer Wohnsitze verklagen (§ 215 Abs. 1 S. 1); insoweit haben sie nach § 35 ZPO die Wahl.[164] Will ein Versicherer oder Vermittler mehrere Versicherungsnehmer mit Wohnsitzen in unterschiedlichen Gerichtsbezirken als Streitgenossen verklagen, so muss eine **Gerichtsstandsbestimmung** nach § 36 Abs. 1 Nr. 3 ZPO erfolgen.[165] Mehrere Versicherer oder Vermittler können einen einzelnen Versicherungsnehmer auch gemeinsam nur an dessen Wohnsitz verklagen (§ 215 Abs. 1 S. 1).

IX. Ausschluss von § 33 Abs. 2 ZPO (Abs. 2)

57   § 215 Abs. 2 schließt die Anwendbarkeit von § 33 Abs. 2 ZPO aus, wonach der Gerichtsstand der Widerklage nicht eröffnet ist, wenn in Bezug auf eine Klage wegen des Gegenanspruchs eine Gerichtsstandsvereinbarung nach § 40 Abs. 2 ZPO unzulässig wäre. Von dieser Beschränkung befreit § 215 Abs. 2 die Versicherer bzw. Vermittler. Die Versicherer und Vermittler können deshalb eine konnexe Widerklage gegen den Versicherungsnehmer erheben, auch wenn dieser nicht vor dem nach § 215 Abs. 1 S. 1 zuständigen Gericht geklagt hat. Sonst wäre die Widerklage in diesen Fällen wegen der ausschließlichen Zuständigkeit für Klagen gegen den Versicherungsnehmer (§ 215 Abs. 1 S. 2) nach § 33 Abs. 2 ZPO iVm § 40 Abs. 2 S. 1 Nr. 2 ZPO unzulässig. Die Vorschrift zielt ebenso wie der parallele § 29c Abs. 2 ZPO darauf ab, die **prozessuale Waffengleichheit** zwischen den Parteien zu gewährleisten.[166] Sie ist als Ausnahmeregelung **eng auszulegen**, damit der Schutzzweck des ausschließlichen Gerichtsstands nicht umgangen werden kann.[167]

X. Zulässigkeit abweichender Vereinbarungen (Abs. 3)

58   **1. Allgemeine Voraussetzungen.** § 215 Abs. 3 lässt für zwei eng begrenzte Konstellationen abweichende Gerichtsstandsvereinbarungen zu. Eine Zuständigkeitsvereinbarung ist zunächst für den Fall möglich, dass der Versicherungsnehmer nach Vertragsschluss seinen Wohnsitz oder gewöhnlichen Aufenthalt **aus dem Geltungsbereich des VVG verlegt.** Den Versicherern und Vermittlern wird so die aufwändige Prozessführung im Ausland erspart.[168] In der Praxis finden sich meistens Vereinbarungen, die auf den Sitz oder die Niederlassung des Versicherers abstellen (→ Rn. 86 ff.).

59   Eine abweichende Gerichtsstandsvereinbarung ist ferner für den Fall zulässig, dass der Wohnsitz oder gewöhnliche Aufenthalt des Versicherungsnehmers im Zeitpunkt der Klageerhebung **nicht bekannt** ist. Dies hat nämlich zur Folge, dass das nach § 215 Abs. 1 zuständige Gericht nicht ermittelt werden kann.[169] Die einschlägigen Klauseln in den AVB sehen meist vor, dass die Zuständigkeit für Klagen gegen den Versicherer sich nach dem Sitz des Versicherers oder seiner für den Versicherungsvertrag zuständigen Niederlassung richtet (→ Rn. 86, 89).

60   Neben § 215 Abs. 3 sind für eine wirksame Gerichtsstandsvereinbarung auch die weiteren Anforderungen der ZPO zu beachten: Die Gerichtsstandsvereinbarung muss danach **ausdrücklich**

---

[162] *Klimke* in Prölss/Martin VVG § 215 Rn. 24; *Hinsch-Timm,* Das neue Versicherungsvertragsgesetz in der anwaltlichen Praxis, 2008, Rn. 377; zu § 29c ZPO OLG Karlsruhe NJW 2005, 2718 (2719); *Schultzky* in Zöller ZPO § 29c Rn. 6; *Bünnigmann* in Anders/Gehle § 29c Rn. 1.
[163] Zum Parallelproblem bei § 29c ZPO *Patzina* in MüKoZPO § 29c Rn. 19; *Heinrich* in Musielak/Voit ZPO § 29c Rn. 10; *Schultzky* in Zöller ZPO § 29c Rn. 7; *Bendtsen* in HK-ZPO, 9. Aufl. 2021, § 29c Rn. 5, 7.
[164] *Heyers* in Schwintowski/Brömmelmeyer/Ebers VVG § 215 Rn. 4.
[165] *Klimke* in Prölss/Martin VVG § 215 Rn. 26; *Heyers* in Schwintowski/Brömmelmeyer/Ebers VVG § 215 Rn. 17.
[166] *Klimke* in Prölss/Martin VVG § 215 Rn. 28; *Brand* in Bruck/Möller VVG § 215 Rn. 38; für § 29c Abs. 2 ZPO *Bendtsen* in HK-ZPO, 9. Aufl. 2021, § 29c Rn. 6; *Schultzky* in Zöller ZPO § 29c Rn. 10.
[167] *Brand* in Bruck/Möller VVG § 215 Rn. 38; *Eichelberg* in Looschelders/Pohlmann VVG § 215 Rn. 9; *Heyers* in Schwintowski/Brömmelmeyer/Ebers VVG § 215 Rn. 18.
[168] *Klimke* in Prölss/Martin VVG § 215 Rn. 30; *Brand* in Bruck/Möller VVG § 215 Rn. 40; zur Parallelvorschrift des § 29c Abs. 3 ZPO *Hüßtege* in Thomas/Putzo ZPO § 29c Rn. 8; *Bünnigmann* in Anders/Gehle § 29c Rn. 8; *Roth* in Stein/Jonas ZPO § 29c Rn. 13.
[169] *Klimke* in Prölss/Martin VVG § 215 Rn. 31; zu § 29c Abs. 3 ZPO vgl. *Roth* in Stein/Jonas ZPO § 29c Rn. 13.

und **schriftlich** getroffen werden (§ 38 Abs. 3 ZPO) und sich auf ein **bestimmtes Rechtsverhältnis** und die daraus resultierenden Rechtsstreitigkeiten beziehen (§ 40 Abs. 1 ZPO).[170] Bei Gerichtsstandsvereinbarungen in **AVB** ist das Transparenzgebot des § 307 Abs. 1 S. 2 BGB zu beachten.[171] Die Zulässigkeit abweichender Gerichtsstandsvereinbarungen bezieht sich auf alle Fälle des § 215 Abs. 1. Daher kann nach § 215 Abs. 3 auch von dem **ausschließlichen Gerichtsstand** für Klagen gegen den Versicherungsnehmer (§ 215 Abs. 1 S. 2) abgewichen werden.[172]

Auf Gerichtsstandsvereinbarungen, die **nach dem Entstehen der Streitigkeit** geschlossen wurden, ist § 215 Abs. 3 nicht anwendbar. Die Zulässigkeit beurteilt sich hier nach § 38 Abs. 3 Nr. 1 ZPO.[173]

2. Anwendbarkeit von Art. 25 EuGVVO bei Umzug ins Ausland. In Fällen mit Auslandsberührung wird § 215 Abs. 3 von Art. 25 EuGVVO verdrängt (→ Rn. 65).[174] Wenn der Sachverhalt im Zeitpunkt des Abschlusses der Gerichtsstandsvereinbarung noch keine Auslandsberührung hatte, stellt sich bei einem späteren Umzug des Versicherungsnehmers ins Ausland allerdings die Frage, ob die Vereinbarung aufgrund der durch den Umzug geschaffenen Auslandsberührung zusätzlich an Art. 25 EuGVVO zu messen ist.[175] Dies hängt davon ab, ob es in solchen Fällen ausreicht, dass der für die Anwendung von Art. 25 EuGVVO **erforderliche Auslandsbezug**[176] sich erst nach Abschluss der Vereinbarung ergibt. Ein Teil der Lit. stellt für die Anwendbarkeit von Art. 25 EuGVVO allein auf den **Zeitpunkt der Vereinbarung** ab.[177] Wenn zu diesem Zeitpunkt ein reiner Inlandsfall vorlag, käme Art. 25 EuGVVO auch bei einem späteren Umzug nicht zur Anwendung.[178] Nach der Gegenansicht muss das Internationalitätserfordernis erst bei **Klageerhebung** bzw. am **Schluss der mündlichen Verhandlung** erfüllt sein.[179] Danach wäre Art. 25 EuGVVO bei einem späteren Umzug ins Ausland grds. anwendbar.[180] Das gleiche Ergebnis tritt ein, wenn man es für die Anwendbarkeit des Art. 25 EuGVVO ausreichen lässt, dass der erforderliche Auslandsbezug **zu einem der beiden genannten Zeitpunkte** vorliegt.[181]

Bei einem Umzug ins Ausland kann der Meinungsstreit indes dahinstehen. War die Vereinbarung im Abschlusszeitpunkt wirksam, so kann die spätere Anwendbarkeit von Art. 25 EuGVVO nicht mehr zu ihrer Unwirksamkeit führen, weil das **Vertrauen** der Parteien auf die Wirksamkeit der Vereinbarung schutzwürdig ist.[182] Im Übrigen wird eine Vereinbarung, die § 215 Abs. 3 Alt. 1 und §§ 38 Abs. 3, 40 Abs. 1 ZPO entspricht, im Regelfall auch der EuGVVO standhalten.[183] So eröffnet Art. 25 Abs. 1 S. 3, Abs. 2 EuGVVO den Parteien verschiedene **Formvarianten,** denen die meisten Vereinbarungen genügen dürften. Die gleichen Überlegungen gelten, wenn sich im Nachhinein die Anwendbarkeit von Art. 25 LugÜ 2007 (→ Rn. 67) ergibt.

---

[170] *Heyers* in Schwintowski/Brömmelmeyer/Ebers VVG § 215 Rn. 19; *Klimke* in Prölss/Martin VVG § 215 Rn. 29b; für § 29c Abs. 3 ZPO *Heinrich* in Musielak/Voit ZPO § 29c Rn. 13; *Roth* in Stein/Jonas ZPO § 29c Rn. 13; *Patzina* in MüKoZPO § 29c Rn. 24.
[171] *Brand* in Bruck/Möller VVG § 215 Rn. 41.
[172] *Muschner* in HK-VVG § 215 Rn. 15; *Brand* in Bruck/Möller VVG § 215 Rn. 137; *Klimke* in Prölss/Martin VVG § 215 Rn. 29a.
[173] *Klimke* in Prölss/Martin VVG § 215 Rn. 34a.
[174] Zur Unanwendbarkeit von Art. 25 EuGVVO in reinen Inlandsfällen *Stadler* in Musielak/Voit EuGVVO nF Art. 25 Rn. 1; *Gaier* in BeckOK ZPO Brüssel Ia-VO Art. 25 Rn. 15.
[175] *Looschelders/Heinig* JR 2008, 265 (270).
[176] *Mankowski* in Rauscher EuZPR/EuIPR Brüssel Ia-VO Art. 25 Rn. 30 ff.; *Kropholler/v. Hein,* Europäisches Zivilprozessrecht, 9. Aufl. 2011, EuGVVO Art. 23 Rn. 2; *Hüßtege* in Thomas/Putzo EuGVVO Vorb. Rn. 20; *Heinig,* Grenzen von Gerichtsstandsvereinbarungen im Europäischen Zivilprozessrecht, 2010, S. 106 ff.; aA *Geimer* in Geimer/Schütze, EuZVR, 4. Aufl. 2020, EuGVVO Art. 25 Rn. 35.
[177] *Geimer* in Int. Zivilprozessrecht Rn. 1645; *Gottwald* in MüKoZPO Brüssel Ia-Vo Art. 25 Rn. 13.
[178] Ausdrücklich *Mankowski* in Rauscher EuZPR/EuIPR Brüssel Ia-VO Art. 25 Rn. 30.
[179] Dafür OGH JBl. 2008, 389 (390); *Hausmann* in Reithmann/Martiny, Internationales Vertragsrecht, 9. Aufl. 2022, Teil 1 Rn. 7.23; *Mülbert* ZZP 118 (2005), 313 (325).
[180] So ausdrücklich *Klimke* in Prölss/Martin VVG § 215 Rn. 30d.
[181] *Magnus* in Magnus/Mankowski, Brussels I Regulation, 2. Aufl. 2012, ECPIL Art. 23 Rn. 63; *Hartmann* in BLAH EuGVVO Art. 25 Rn. 27.
[182] *Brand* in Bruck/Möller VVG § 215 Rn. 40; *Kropholler/v. Hein,* Europäisches Zivilprozessrecht, 9. Aufl. 2011, EuGVVO Art. 23 Rn. 11; *Magnus* in Magnus/Mankowski, Brussels I Regulation, 2. Aufl. 2012, ECPIL Art. 23 Rn. 63; *Heinig,* Grenzen von Gerichtsstandsvereinbarungen im Europäischen Zivilprozessrecht, 2010, S. 158 ff.; *Looschelders* FS Fenyves, 2013, 633 (658); *Looschelders/Heinig* JR 2008, 265 (270); für die vorliegende Konstellation auch *Hausmann* in Reithmann/Martiny, Internationales Vertragsrecht, 9. Aufl. 2022, Teil 1 Rn. 7.26; krit. gegenüber dem Argument des Vertrauensschutzes *Klimke* in Prölss/Martin VVG § 215 Rn. 30d; *Wandt/Gal* GS Wolf, 2011, 579 (581).
[183] *Brand* in Bruck/Möller VVG § 215 Rn. 40.

XI. Internationale Zuständigkeit

63 Die internationale Zuständigkeit in Zivil- und Handelssachen bestimmt sich in erster Linie nach der **EuGVVO**.[184] Die aktuelle Fassung der EuGVVO gilt für Verfahren, die ab dem 10.1.2015 eingeleitet wurden (Art. 66 Abs. 1 EuGVVO); für davor eingeleitete Verfahren ist die VVG aF[185] maßgeblich. Die EuGVVO gilt für alle EU-Staaten mit Ausnahme von **Dänemark**.[186] Aufgrund eines völkerrechtlichen Abkommens zwischen der EU und dem Königreich Dänemark[187] findet die EuGVVO aber auch in Dänemark Anwendung.[188] Das Abkommen bezog sich zunächst zwar auf die alte Fassung der EuGVVO. Dänemark hat der Kommission aber mit Schreiben v. 20.12.2012 mitgeteilt, dass es die Neufassung umsetzen wird.[189] Die Neufassung ist damit als Änderung des Abkommens anzusehen. Das **Vereinigte Königreich** ist seit Inkrafttreten des Austrittsabkommens am 1.2.2020 ein Drittstaat. Das Austrittsabkommen sah aber einen **Übergangszeitraum** bis zum 31.12.2020 vor, in dem das EU-Recht im Vereinigten Königreich weiterhin galt.[190] Die Rechtslage nach Ablauf des Übergangszeitraums soll in einem neuen Abkommen über die Beziehungen zwischen der EU und dem Vereinigten Königreich geregelt werden.[191]

In **räumlich-persönlicher Hinsicht** ist die EuGVVO anwendbar, wenn der **Beklagte** seinen **Wohnsitz in einem Mitgliedstaat** hat (vgl. Art. 5 Abs. 1, 6 Abs. 1).[192] Gesellschaften und juristische Personen haben ihren Wohnsitz an dem Ort, an dem sich ihr satzungsmäßiger Sitz, ihre Hauptverwaltung oder ihre Hauptniederlassung befindet (Art. 63 Abs. 1 EuGVVO). Nach Art. 11 Abs. 2 EuGVVO genügt es bei **Klagen gegen den Versicherer** aber, dass dieser in einem Mitgliedstaat eine Zweigniederlassung, Agentur oder sonstige Niederlassung unterhält.[193]

64 Die EuGVVO enthält in Art. 10–16 einen eigenen Abschnitt über die **Zuständigkeit für Versicherungssachen** (→ 2. Aufl. IntVersR Rn. 191 ff.). Die Regelungen zielen primär auf den prozessualen Schutz des Versicherungsnehmers, des Versicherten und des Begünstigten ab und sind grds. abschließend. Art. 10 EuGVVO erlaubt aber den Rückgriff auf den **Gerichtsstand der Niederlassung** (Art. 7 Nr. 5 EuGVVO), und zwar sowohl für Klagen gegen den Versicherer als auch für solche gegen den Versicherungsnehmer bzw. den Versicherten oder Begünstigten.[194]

Für den Versicherungsnehmer, den Versicherten und den Begünstigten sieht Art. 11 Abs. 1 lit. b EuGVVO einen **Klägergerichtsstand** an deren jeweiligem Wohnsitz vor.[195] Die Einbeziehung des Versicherten und des Begünstigten ergibt sich dabei aus dem klaren Wortlaut der Vorschrift. Anders als nach § 215 gibt es also einen Klägergerichtsstand am **eigenen Wohnsitz** der Betreffenden. In der Vorgängerschrift des Art. 8 Nr. 2 EuGVÜ[196] war ein eigener Klägergerichtsstand für Versicherte und Begünstigte dagegen noch nicht vorgesehen.[197] Aufgrund der Verweisung in Art. 13 Abs. 2 EuGVVO steht dem **Geschädigten** für die Direktklage gegen den Versicherer ebenfalls

---

[184] VO (EU) Nr. 1215/2012 des Europäischen Parlaments und des Rates über die gerichtliche Zuständigkeit und die Anerkennung und Vollstreckung von Entscheidungen in Zivil- und Handelssachen v. 12.12.2012 (ABl. L 351, 1).
[185] VO (EG) Nr. 44/2001 des Rates über die gerichtliche Zuständigkeit und die Anerkennung und Vollstreckung von Entscheidungen in Zivil- und Handelssachen v. 22.12.2000 (ABl. L 12, 1).
[186] Vgl. Erwägungsgrund 41 EuGVVO.
[187] Abkommen zwischen der Europäischen Gemeinschaft und dem Königreich Dänemark über die gerichtliche Zuständigkeit und die Anerkennung und Vollstreckung von Entscheidungen in Zivil- und Handelssachen v. 19.10.2005 (ABl. 2005 L 299, 62 ff.).
[188] BGH BeckRS 2016, 00465 Rn. 5.
[189] ABl. 2013 L 79, S. 4; ausf. zur Sonderstellung Dänemarks *Staudinger* in Rauscher EuZPR/EuIPR Brüssel Ia-VO Einl. Rn. 15.
[190] Zu den Einzelheiten *Geimer* in Geimer/Schütze, EuZVR, 4. Aufl. 2020, EuGVVO Einl. Rn. 324 ff.
[191] Näher dazu *Geimer* in Geimer/Schütze, EuZVR, 4. Aufl. 2020, EuGVVO Einl. Rn. 328 f.
[192] *Mankowski* in Rauscher EuZPR/EuIPR Brüssel Ia-VO Art. 6 Rn. 1; *Brand* in Bruck/Möller VVG § 215 Rn. 44.
[193] *Heiss* in Magnus/Mankowski, Brussels I Regulation, 2. Aufl. 2012, EuGVVO Art. 8 Rn. 3; *Geimer* in Geimer/Schütze, EuZVR, 4. Aufl 2020, EuGVVO Art. 10 Rn. 10–13; *Kropholler/v. Hein*, Europäisches Zivilprozessrecht, 9. Aufl. 2011, EuGVVO Art. 9 Rn. 5.
[194] *Fricke* in Beckmann/Matusche-Beckmann VersR-HdB § 3 Rn. 28, 35; *Geimer* in Geimer/Schütze, EuZVR, 4. Aufl. 2020, EuGVVO Art. 10 Rn. 25 f.; *Schlosser* in Stein/Jonas EuGVVO Art. 8 Rn. 2; zum EuGVÜ OLG Stuttgart IPRax 1998, 100 (101); *Looschelders* IPRax 1998, 86 (89).
[195] *Heiss* in Magnus/Mankowski, Brussels I Regulation, 2. Aufl. 2012, EuGVVO Art. 9 Rn. 4–10; *Looschelders* FS Fenyves, 2013, 633 (634); zum EuGVÜ *Looschelders* IPRax 1998, 86 (87).
[196] Brüsseler EWG-Übereinkommen über die gerichtliche Zuständigkeit und die Vollstreckung gerichtlicher Entscheidungen in Zivil- und Handelssachen v. 17.9.1968 (BGBl. 1972 II S. 774).
[197] *Looschelders* FS Fenyves, 2013, 633 (641 ff.).

ein Klägergerichtsstand am eigenen Wohnsitz zur Verfügung.[198] Der Versicherungsnehmer, der Versicherte und der Begünstigte können vom Versicherer dagegen nur in dem Mitgliedstaat **verklagt** werden, in dem sie ihren eigenen Wohnsitz haben (Art. 14 Abs. 1 EuGVVO). Allen Beklagten steht allerdings nach Art. 14 Abs. 2 EuGVVO die **Widerklage** offen, auch wenn sie am jeweiligen Gericht nicht selbständig klagen könnten.[199]

In Fällen mit Auslandsberührung richtet sich die Zulässigkeit einer **Gerichtsstandsvereinbarung** nach Art. 25 EuGVVO. Nach hM reicht es für die Anwendung des Art. 25 EuGVVO aus, dass die Parteien die Zuständigkeit der Gerichte oder eines Gerichts eines **Mitgliedstaates** vereinbart haben.[200] Ob eine Partei ihren Wohnsitz in einem Mitgliedstaat hat, ist dagegen nach dem klaren Wortlaut unerheblich.[201] Bei **Versicherungssachen** wird die Zulässigkeit von Gerichtsstandsvereinbarungen zum Schutz des Versicherungsnehmers durch Art. 25 Abs. 4 iVm Art. 15 EuGVVO erheblich begrenzt. Völlige Prorogationsfreiheit besteht nur bei Versicherungsverträgen, die eines oder mehrere der in Art. 16 EuGVVO angeführten Risiken abdecken (Art. 15 Nr. 5 EuGVVO). Denn der Versicherungsnehmer erscheint in diesen Fällen weniger schutzbedürftig. Haben die Parteien die Zuständigkeit der Gerichte eines **Drittstaats** vereinbart, so richtet sich die Wirksamkeit der Vereinbarung nach dem internationalen Verfahrensrecht des betreffenden Drittstaats.[202] Wird durch eine solche Vereinbarung die Zuständigkeit der Gerichte eines Mitgliedstaats **derogiert**, so ist die Wirksamkeit der Vereinbarung nur dann zusätzlich nach Art. 25 EuGVVO zu beurteilen, wenn diese Zuständigkeit sich aus der EuGVVO ergibt; im Übrigen ist das Recht des jeweiligen Mitgliedstaats allein maßgeblich.[203] In Deutschland ist damit § 215 Abs. 3 anzuwenden.[204]

Einige Bestimmungen der EuGVVO über die Zuständigkeit für Versicherungssachen regeln nicht nur die internationale, sondern auch die **örtliche Zuständigkeit** (vgl. Art. 11 Abs. 1 lit. b, Art. 12 S. 1, Art. 13 Abs. 1). Bei Anwendbarkeit dieser Vorschriften wird § 215 verdrängt. In den übrigen Fällen (Art. 11 Abs. 1 lit. a, c, Art. 14 Abs. 1 EuGVVO) richtet sich die örtliche Zuständigkeit auch im Anwendungsbereich der EuGVVO nach dem nationalen Recht, also auch nach § 215.[205]

Im Verhältnis zu **Island, Norwegen** und der **Schweiz** ist die EuGVVO nicht anwendbar. Stattdessen ist das **Luganer Übereinkommen** über die gerichtliche Zuständigkeit und die Anerkennung von Entscheidungen in Zivil- und Handelssachen (LugÜ) zu beachten. Das LugÜ galt ursprünglich idF v. 16.9.1988.[206] Inzwischen ist das LugÜ v. 16.9.1988 durch das LugÜ v. 30.10.2007[207] abgelöst worden. Das LugÜ 2007 stimmt inhaltlich weitgehend mit der EuGVVO aF überein, die im Hinblick auf Versicherungssachen wiederum inhaltlich der aktuellen Fassung der EuGVVO entspricht. Die Ausführungen zur EuGVVO gelten somit grds. auch in Bezug auf das LugÜ 2007.[208] So steht dem Geschädigten auch nach dem LugÜ 2007 ein **Klägergerichtsstand** am eigenen Wohnsitz zu (Art. 9 Abs. 1 lit. b LugÜ 2007).[209]

---

[198] EuGH NJW 2008, 819 – FBTO Schadeverzekeringen NV/Jack Odenbreit mAnm *Leible* = VersR 2008, 111, 631 mAnm *Thiede/Ludwichowska* = ZZP-Int. 2007, 242 mAnm *Looschelders*; BGHZ 176, 276 = VersR 2008, 955; BGHZ 195, 166 = VersR 2013, 73; *Looschelders* FS Fenyves, 2013, 633 (643 ff.); krit. *Fuchs* IPRax 2008, 104; *Jayme* FS v. Hoffmann, 2011, 656 ff.; zur Geltung für juristische Personen OLG Celle NJW 2009, 86 f.; OLG Köln DAR 2010, 582; OLG Zweibrücken NZV 2010, 198 (199); *Riedmeyer* FS Müller, 2009, 473 (483).

[199] *Kropholler/v. Hein*, Europäisches Zivilprozessrecht, 9. Aufl. 2011, EuGVVO Art. 12 Rn. 3; *Fricke* in Beckmann/Matusche-Beckmann VersR-HdB § 3 Rn. 30, 42.

[200] EuGH Slg. 2000, I-9337 Rn. 19 = NJW 2001, 501 – Coreck Maritime GmbH/Handelsveem BV; *Kropholler/v. Hein*, Europäisches Zivilprozessrecht, 9. Aufl. 2011, EuGVVO Art. 23 Rn. 14; *Mankowski* in Rauscher EuZPR/EuIPR Brüssel Ia-VO Art. 25 Rn. 8; *Gottwald* in MüKoZPO Brüssel Ia-VO Art. 25 Rn. 2; *Fricke* in Beckmann/Matusche-Beckmann VersR-HdB § 3 Rn. 55.

[201] *Stadler* in Musielak/Voit EuGVVO nF Art. 25 Rn. 1; zur abweichenden Rechtslage nach dem EuGVÜ EuGH Slg. 2000, I-9337 Rn. 19 = NJW 2001, 501 – Coreck Maritime GmbH/Handelsveem BV.

[202] EuGH Slg. 2000, I-9337 Rn. 19 = NJW 2001, 501 – Coreck Maritime GmbH/Handelsveem BV Rn. 19; *Gottwald* in MüKoZPO Brüssel Ia-VO Art. 25 Rn. 2; *Gaier* in BeckOK ZPO Brüssel Ia-VO Art. 25 Rn. 18; *Mankowski* in Rauscher EuZPR/EuIPR Brüssel Ia-VO Art. 25 Rn. 20.

[203] Vgl. BGHZ 216, 358 = VersR 2018, 182 Rn. 28 ff.; *Mankowski* in Rauscher EuZPR/EuIPR Brüssel Ia-VO Art. 25 Rn. 21; *Heinze/Dutta* IPRax 2005, 224 (228); für generelle Anwendung des Art. 25 EuGVVO auf die Derogation *Gottwald* in MüKoZPO Brüssel Ia-VO Art. 25 Rn. 3.

[204] BGHZ 210, 277 = VersR 2016, 1099 Rn. 16; BGHZ 214, 358 = VersR 2018, 182 Rn. 27.

[205] *Staudinger* in Rauscher EuZPR/EuIPR Brüssel Ia-VO Art. 11 Rn. 2; *Geimer* in Geimer/Schütze, EuZVR, 4. Aufl. 2020, EuGVVO Art. 10 Rn. 28.

[206] BGBl. 1994 II S. 2660.

[207] ABl. 2007 L 339, 1.

[208] *Rauscher* Internationales Privatrecht Rn. 1642, 1741.

[209] BGHZ 195, 166 = VersR 2013, 73.

68 Im Verhältnis zwischen den Mitgliedstaaten der EuGVVO sowie Dänemark hat die EuGVVO bzw. das entsprechende Abkommen nach Art. 64 Abs. 1 LugÜ 2007 **Vorrang**. Das LugÜ 2007 ist aber immer dann anwendbar, wenn der Beklagte seinen Wohnsitz im Hoheitsgebiet eines Staates hat, in dem das LugÜ 2007, nicht aber die EuGVVO bzw. das Abkommen mit Dänemark gilt, oder wenn die Gerichte eines solchen Staates nach Art. 22 oder Art. 23 LugÜ 2007 zuständig sind (vgl. Art. 64 Abs. 2 lit. a LugÜ 2007).[210] Für die internationale Zuständigkeit der deutschen Gerichte ist das LugÜ 2007 damit vor allem dann maßgeblich, wenn ein im Inland ansässiger Versicherungsnehmer, Versicherter, Begünstigter oder Geschädigter einen Versicherer mit Wohnsitz in Island, Norwegen oder der Schweiz nach Art. 9 Abs. 1 lit. b LugÜ 2007 an seinem eigenen Wohnsitz verklagt. Wenn der Beklagte seinen Wohnsitz in einem **sonstigen Staat** (zB Liechtenstein) hat, ist dagegen weder die EuGVVO noch das LugÜ 2007 anwendbar. Die internationale Zuständigkeit der deutschen Gerichte richtet sich daher nach den Vorschriften des deutschen Rechts. Da das deutsche Zivilprozessrecht keine besondere Vorschrift über die internationale Zuständigkeit in Versicherungssachen vorsieht, bestimmt § 215 nach dem **Grundsatz der Doppelfunktionalität**[211] auch die internationale Zuständigkeit der deutschen Gerichte.[212] Im Übrigen sind auch die allgemeinen Vorschriften der ZPO über die örtliche Zuständigkeit (§§ 12 ff. ZPO) anwendbar.[213]

XII. Prüfung der Voraussetzungen und Beweislast

69 § 215 regelt mit der örtlichen Zuständigkeit eine Prozessvoraussetzung, die das Gericht von Amts wegen zu prüfen hat.[214] Das heißt jedoch nicht, dass die maßgeblichen Tatsachen von Amts wegen zu ermitteln sind.[215] Insofern ist vielmehr dem Grundsatz nach der Kläger beweisbelastet.[216] Zu Gunsten des Klägers kann jedoch die Lehre von den **„doppelrelevanten Tatsachen"** eingreifen. Danach genügt die **schlüssige Darlegung** einer Zulässigkeitsvoraussetzung, wenn der gleiche Umstand auch für die Begründetheit der Klage Bedeutung hat.[217] Bei § 215 Abs. 1 S. 1 trifft dies auf das Vorliegen eines Versicherungsvertrags bzw. einer Versicherungsvermittlung zu. Für die Zulässigkeit der Klage reicht daher, wenn der Kläger schlüssig vorträgt, dass ein Versicherungsvertrag abgeschlossen bzw. angebahnt oder ein Vermittler tätig wurde.[218] Der Beweis dieser Tatsachen muss erst für die Begründetheit der Klage erbracht werden.

C. AVB

I. Allgemeines

70 Die meisten Musterbedingungen des GDV enthalten Gerichtsstandsklauseln nach dem Vorbild von § 215. Viele dieser Bedingungswerke entsprachen aber auch **nach der VVG-Reform** zunächst nicht oder nicht vollständig den Vorgaben des § 215. Die Abweichungen waren recht vielfältig (→ 2. Aufl. § 215 Rn. 70–85). Besonders problematisch waren solche Klauseln, die den Klägergerichtsstand des Abs. 1 S. 1 auf natürliche Personen beschränkten. Da eine über Abs. 3 hinausgehende Abweichung von § 215 Abs. 1 nach § 210 nur bei Großrisiken und der laufenden Versicherung zulässig ist (→ Rn. 53), sind betreffenden Klauseln wegen des Verstoßes gegen § 215 nichtig, ohne dass es einer Angemessenheitsprüfung nach §§ 307 ff. BGB bedarf.[219]

---

[210] BGHZ 210, 277 = VersR 2016, 1077 Rn. 13 ff.; *Rauscher* Internationales Privatrecht Rn. 1643.
[211] Zum Grundsatz der Doppelfunktionalität BGH VersR 1997, 900 (901) = NJW 1997, 2245; NJW-RR 2010, 1554 (1555); *Schäfer* in Looschelders/Pohlmann VVG Anh. EGVVG Rn. 39; *Looschelders* in Staudinger BGB, 2019, Einl. IPR Rn. 317; *Rauscher* Internationales Privatrecht Rn. 2254.
[212] BGHZ 210, 277 = VersR 2016, 1099 Rn. 13 ff.; BGHZ 214, 160 = VersR 2017, 779 Rn. 12; BGHZ 216, 358 = VersR 2018, 182 Rn. 10; OLG München VersR 2015, 1153 (1154); *Brand* in Bruck/Möller VVG § 215 Rn. 45; *Klimke* in Prölss/Martin VVG § 215 Rn. 35; *Schäfer* in Looschelders/Pohlmann VVG Anh. EGVVG Rn. 40.
[213] *Schäfer* in Looschelders/Pohlmann VVG Anh. EGVVG Rn. 41.
[214] Allg. *Schultzky* in Zöller ZPO § 12 Rn. 13.
[215] *Seiler* in Thomas/Putzo ZPO Vor § 253 Rn. 12; *Vogt/Beheim* in Anders/Gehle ZPO § 56 Rn. 4.
[216] *Heinrich* in Musielak/Voit ZPO § 12 Rn. 14; *Schultzky* in Zöller ZPO § 12 Rn. 14.
[217] BGHZ 7, 184 (186) = NJW 1952, 1336; BGHZ 124, 237 (240); *Roth* in Stein/Jonas ZPO § 1 Rn. 24; *Rosenberg/Schwab/Gottwald* ZivilProzR § 39 Rn. 3; krit. *Anders* in Anders/Gehle ZPO Grundzüge § 253 Rn. 18; *Mankowski* IPRax 2007, 454.
[218] *Brand* in Bruck/Möller VVG § 215 Rn. 52; *Heyers* in Schwintowski/Brömmelmeyer/Ebers VVG § 215 Rn. 22; aA LG Düsseldorf VersR 2016, 946.
[219] So auch *Brand* in Bruck/Möller VVG § 215 Rn. 46.

In den meisten **aktuellen Musterbedingungen** wurde die Gerichtsstandsklausel an die neue 71
Rechtsprechung des BGH angepasst (→ Rn. 72). Bei einigen Musterbedingungen finden sich aber
noch Abweichungen (→ Rn. 73 ff.). Zu beachten ist außerdem, dass die meisten Musterbedingungen von der Möglichkeit einer Gerichtsstandsvereinbarung nach Abs. 3 Gebrauch machen
(→ Rn. 86 ff.).

II. Zutreffende Wiedergabe von § 215 Abs. 1

Der GDV hat in neuerer Zeit einen „**Gemeinsamen Allgemeinen Teil** für die **Allgemeine** 72
Haftpflichtversicherung, die **Sachversicherung** und die **Technischen Versicherungen** (ohne
Projektgeschäft) Monoline-Variante" (AHSTVB) – Stand Mai 2017 veröffentlicht. Die örtliche
Zuständigkeit des Gerichts ist dabei in Ziff. B.4.5 geregelt. Ziff. B.5.1 (2) konkretisiert zutreffend
§ 215 Abs. 1 S. 1. Für Klagen gegen den Versicherer ist danach neben dem Gericht am Sitz des
Versicherers oder seiner für den Versicherungsvertrag zuständigen Niederlassung „auch das Gericht
zuständig, in dessen Bezirk der Versicherungsnehmer zur Zeit der Klageerhebung seinen Sitz, den Sitz
seiner Niederlassung oder seinen Wohnsitz oder, in Ermangelung eines solchen, seinen gewöhnlichen
Aufenthalt hat." Für Klagen aus dem Versicherungsvertrag gegen den Versicherungsnehmer bestimmt
sich die gerichtliche Zuständigkeit gemäß Ziff. B.4.5.2 (1) im Einklang mit § 215 Abs. 1 S. 2 nach
dem Sitz, dem Sitz der Niederlassung oder dem Wohnsitz des Versicherungsnehmers; fehlt ein
solcher, nach seinem gewöhnlichen Aufenthalt.

Bei den meisten **Personenversicherungen** sahen die Musterbedingungen früher eine 73
Beschränkung des Klägergerichtsstands auf natürliche Personen vor (→ 2. Aufl. § 215 Rn. 76).
Die Klausel war wegen der Abweichung von § 215 Abs. 1 S. 1 unwirksam.[220] In den neueren
Musterbedingungen (Stand 14.11.2019) ist diese Beschränkung entfallen. Stattdessen wird bei **juristischen Personen** auf den **Sitz** oder die Niederlassung abgestellt. Konkret trifft dies auf folgende
Musterbedingungen zu.
- Berufsunfähigkeits-Versicherung (§ 21 BUV),
- Kapitalbildende Lebensversicherung (§ 19 ALB),
- Rentenversicherung mit aufgeschobener Rentenzahlung (§ 19 RV aufgeschoben),
- Rentenversicherung mit sofort beginnender Rentenzahlung (§ 13 RV sofort),
- Rentenversicherung, fondsgebundene (§ 25 RV fondsgebunden),
- Restkreditlebensversicherung (§ 18 ALB Restkreditlebensversicherung),
- Risikolebensversicherung (§ 19 ALB Risikolebensversicherung).

Für die **Unfallversicherung** hatte schon § 16 AUB 2010 den Wortlaut des § 215 Abs. 1 zutreffend 74
wiedergegeben. Die gleiche Regelung findet sich jetzt in Ziff. 16 AUB 2014. Entsprechend dem
Wortlaut des § 215 Abs. 1 wird weiter allein auf den **Wohnsitz** bzw. den gewöhnlichen Aufenthalt
des Versicherungsnehmers abgestellt. Eine Sonderregelung für juristische Personen oder Personengesellschaften findet sich nicht. Dies lässt aber nicht den Gegenschluss zu, dass der Klägergerichtsstand
auf juristische Personen und Personengesellschaften nicht anwendbar sein soll.

Für die **Krankheitskosten- und Krankenhaustagegeldversicherung** enthält § 17 Abs. 1 75
und 2 MB/KK 2009 eine vergleichbare Regelung des Gerichtsstands wie Ziff. 16 AUB 2016.
Auch hier wird also nur vom Wohnsitz bzw. gewöhnlichen Aufenthalt des Versicherungsnehmers
gesprochen.

III. Abweichungen von § 215 Abs. 1

1. Beschränkung des Klägergerichtsstands auf natürliche Personen. Auch in einigen 76
neueren Musterbedingungen finden sich noch Klauseln, die mit der Rechtsprechung des BGH zur
Anwendbarkeit des § 215 Abs. 1 S. 1 auf juristische Personen unvereinbar sind. So sieht
Ziff. 9.2. ARB 2019 für die **Rechtsschutzversicherung** weiter vor, dass der Versicherungsnehmer
den Versicherer nur dann am eigenen Wohnsitz oder gewöhnlichen Aufenthalt verklagen kann,
wenn er eine natürliche Person ist. Die Klausel ist damit unwirksam.[221]

Bei der **Reiseversicherung** beschränken Ziff. 20.1. **AVB Reisegepäck 1992/2008** und 77
Ziff. 14.1 ABRV 2002/2018 den Klägergerichtsstand des Versicherungsnehmers ebenso auf den
Fall, dass der Versicherungsnehmer eine natürliche Person ist.

In der **Kraftfahrtversicherung** kann der Versicherungsnehmer Ansprüche aus seinem Versicherungsvertrag gem. Ziff. L.2.1 AKB (Stand 12.10.2017) auch bei dem Gericht geltend machen, 78

---

[220] *Brand* in Bruck/Möller VVG § 215 Rn. 50; tendenziell auch *Reiff/Schneider* in Prölss/Martin, 30. Aufl. 2018, ALB 2016 § 19 Rn. 2 „bedenklich".
[221] Zur Unwirksamkeit der entsprechenden Klausel in § 20 Abs. 1 ARB 2010 *Herdter* in Looschelders/Paffenholz ARB 2010 § 20 Rn. 14; *Brand* in Bruck/Möller VVG § 215 Rn. 49.

das für seinen Wohnsitz örtlich zuständig ist. Der Versicherer kann Ansprüche aus dem Versicherungsvertrag nach Ziff. L.2.2 AKB ebenfalls bei dem Gericht am Wohnsitz des Versicherungsnehmers geltend machen. Hat der Versicherungsnehmer den Versicherungsvertrag für seinen Geschäfts- oder Gewerbebetrieb abgeschlossen, so sind aber die Gerichte des Ortes zuständig, an dem sich der Sitz oder die Niederlassung dieses Betriebs befindet. Eine entsprechende Regelung fehlt bei Ziff. L.2.1. Dies könnte im Umkehrschluss darauf hindeuten, dass einem Versicherungsnehmer, der den Versicherungsvertrag für seinen Geschäfts- oder Gewerbebetrieb geschlossen hat, kein Klägergerichtsstand am Ort des Sitzes oder der Niederlassung seines Betriebs zustehen soll. Die Klausel wäre damit wegen Verstoßes gegen § 215 Abs. 1 S. 1 unwirksam.

79 **2. Anknüpfung an die Niederlassung des Versicherungsnehmers.** In der **Sachversicherung** sehen viele ältere Musterbedingungen (zB Abschn. B § 21 AERB, AFB, FBUB, VGB, VHB) vor, dass bei einer **betrieblichen Versicherung** sowohl der Versicherungsnehmer als auch der Versicherer alternativ bei dem Gericht am Ort des **Sitzes** oder der **Niederlassung des Betriebs** klagen können (→ 2. Aufl. § 215 Rn. 71). In den aktuellen Musterbedingungen findet sich eine entsprechende Klausel noch in Ziff. L.2.2 AKB (→ Rn. 77). Soweit dem Versicherer durch solche Klauseln ein zusätzlicher Gerichtsstand eingeräumt wird, stößt die Bestimmung auf Bedenken. Ist der Versicherungsnehmer eine juristische Person oder rechtsfähige Personengesellschaft, so ist nach § 215 zwar der Sitz iSd § 17 Abs. 1 ZPO maßgeblich (→ Rn. 14). Die Formulierung „betriebliche Versicherung" geht aber darüber hinaus, weil sie auch den Fall erfasst, dass **Kleingewerbetreibende** oder **Einzelkaufleute** persönlich aus dem Versicherungsvertrag berechtigt und verpflichtet sind. Das Gleiche gilt für eine Klausel, die daran anknüpft, dass der Versicherungsnehmer den Versicherungsvertrag für seinen Geschäfts- oder Gewerbebetrieb geschlossen hat. Nach dem Wortlaut des § 215 Abs. 1 S. 1 ist in diesen Fällen aber allein der Wohnsitz bzw. der gewöhnliche Aufenthalt des Versicherungsnehmers maßgeblich. Auf den Sitz des Betriebes kommt es hingegen nicht an. Eine im gewerblichen Bereich grds. zulässige **Gerichtsstandsvereinbarung** zugunsten der Niederlassung des Versicherungsnehmers kommt nach § 38 Abs. 1 ZPO nur bei **Kaufleuten** in Betracht, nicht aber bei Kleingewerbetreibenden.[222] Geht man deshalb von einem Verstoß gegen § 215 Abs. 1 aus, wäre die Klausel wegen des Verbotes einer geltungserhaltenden Reduktion **vollständig unwirksam**. Es gälte nach § 306 Abs. 2 BGB die gesetzliche Regelung des § 215 Abs. 1.[223] Allerdings erscheint es nach den Wertungen des § 21 ZPO auch im Falle von Kleingewerbetreibenden **interessengerecht**, wenn der Versicherer sie am Ort ihrer Niederlassung verklagen kann. Diese Lösung kann bei Kleingewerbetreibenden aber allenfalls durch eine entsprechende Anwendung des § 21 ZPO verwirklicht werden (→ Rn. 53).

80 **3. Durchbrechung der Ausschließlichkeit des Passivgerichtsstands.** Die Regelung der **Ziff. 2.2. AKB 2015** (Stand 12.10.2017) ist auch unter dem Aspekt bedenklich, dass der Versicherer Ansprüche aus dem Versicherungsvertrag **„insbes."** vor dem Gericht am Wohnsitz des Versicherungsnehmers oder (bei Abschluss des Versicherungsvertrags für den Geschäfts- oder Gewerbebetrieb) am Sitz oder an der Niederlassung des Betriebs des Versicherungsnehmers geltend machen kann. Die Wendung „insbes." deutet darauf hin, dass der Versicherer auch vor anderen Gerichten Ansprüche aus dem Versicherungsvertrag geltend machen kann. Dem steht jedoch entgegen, dass § 215 Abs. 1 S. 2 einen ausschließlichen Gerichtsstand vorsieht.

81 Zumindest missverständlich ist auch die Formulierung in **Ziff. 31.2. AHB 2016**, wonach sich das für Klagen des Versicherers zuständige Gerichte bei einer juristischen Person **„auch"** nach dem Sitz oder der Niederlassung des Versicherungsnehmers richtet. Das Wort „auch" deutet nämlich darauf hin, dass es weitere Gerichtsstände gibt, an denen der Versicherungsnehmer verklagt werden kann. Die gleichen Bedenken bestehen gegen das Wort „auch" in Ziff. 20.2 **AVB Reisegepäck 1992/2008.** und **Ziff. 14.2 ABRV 2002/2018.**

82 **4. Unvollständige Regelung der örtlichen Zuständigkeit.** Ziff. 10.1 des Allgemeinen Teils der Musterbedingungen für die **Reiseversicherung** (AT-Reise 2008) sieht als Gerichtsstand für **Klagen gegen den Versicherer** den Sitz des Versicherungsunternehmens oder den Wohnsitz des Versicherungsnehmers in Deutschland vor. Klagen **des Versicherers** werden nicht erwähnt. Hier ist also die gesetzliche Regelung maßgeblich.

83 Auch in Bezug auf Klagen **gegen den Versicherer** ist die Klausel allerdings insofern unvollständig, als sie den in § 215 Abs. 1 S. 1 ersatzweise vorgesehenen Gerichtsstand am **gewöhnlichen Aufenthalt** des Versicherungsnehmers nicht erwähnt. Ob für diesen – praktisch seltenen – Fall

---

[222] *Klimke* in Prölss/Martin VVG § 215 Rn. 34b.
[223] *Brand* in Bruck/Möller VVG § 215 Rn. 47; *Johannsen* in Bruck/Möller Teil B AFB 2008/2010 § 21 Rn. 9; aA *Klimke* in Prölss/Martin VVG § 215 Rn. 34b: Wirksamkeit gegenüber Kaufleuten.

ergänzend auf die gesetzliche Regelung zurückgegriffen werden kann, erscheint fraglich. Die teilweise Aufrechterhaltung der Klausel hätte aber ohnehin keine praktischen Auswirkungen, weil der Klausel insoweit nur **deklaratorische Bedeutung** zukommt.

5. Sonderregelungen für die laufende Versicherung. Eigenständige Regelungen über den Gerichtsstand finden sich in einigen Musterbedingungen für die **laufende Versicherung**. Konkret handelt es sich um die 84

– DTV-Verkehrshaftungsversicherungs-Bedingungen für die laufende Versicherung für Frachtführer, Spediteure und Lagerhalter (Ziff. 14.2, 14.3 DTV-VHV laufende Versicherung 2003/2011) und die
– Allgemeinen Bedingungen für die laufende Versicherung gegen Zoll- und Abgabenforderungen (Ziff. 11.2, 11.3 DTV-AVB Zoll 2005/2008).

Nach diesen Klauseln soll für **Klagen gegen den Versicherungsnehmer** das Gericht am Ort der Niederlassung oder des Sitzes des Versicherungsnehmers zuständig sein. Für **Klagen gegen den Versicherer** wird das Gericht am Ort der zuständigen geschäftsführenden Stelle des Versicherers für zuständig erklärt. Da § 210 Abs. 1 die Parteien bei der **laufenden Versicherung** von den Beschränkungen des VVG befreit (→ § 210 Rn. 7), sind die Abweichungen von § 215 zulässig. 85

IV. Gerichtsstandsvereinbarungen nach § 215 Abs. 3

Der überwiegende Teil der neueren Musterbedingungen macht von der Möglichkeit Gebrauch, eine Gerichtsstandsvereinbarung nach § 215 Abs. 3 zu schließen. Die meisten Klauseln regeln dabei sowohl den Fall, dass der Versicherungsnehmer nach Vertragsschluss seinen **Wohnsitz**, gewöhnlichen Aufenthalt oder Sitz **ins Ausland** verlegt, als auch den Fall, dass der **Wohnsitz** oder der gewöhnliche Aufenthalt des Versicherungsnehmers im Zeitpunkt der Klageerhebung **unbekannt** ist. Für beide Fälle wird die Zuständigkeit am Ort des Sitzes oder der Niederlassung des **Versicherers** vereinbart. Hierher gehören insbes. folgende Klauselwerke: 86

– Gemeinsamer Allgemeiner Teil für die Allgemeine Haftpflichtversicherung, die Sachversicherung und die Technischen Versicherungen (Ziff. 4.5 AHStVB)
– Haftpflichtversicherung (Ziff. 31.1 und Ziff. 31.3. AHB 2016)
– Kraftfahrtversicherung (Ziff. L.2.3 AKB)
– Reisegepäckversicherung (Ziff. 20.3 AVB Reisegepäck 2002/2008)

Für die **Reiserücktrittskostenversicherung** sieht Ziff. 14 ABRV 2002/2018 vor, dass die Gerichtsstandsvereinbarung auch für den Fall gilt, dass der Wohnsitz oder gewöhnliche Aufenthalt des **Versicherten** nicht bekannt ist oder aus dem Geltungsbereich des VVG verlegt wird. Eine solche Vereinbarung ist von § 215 Abs. 3 nicht zugelassen. Eine geltungserhaltende Reduktion kommt mangels Trennbarkeit nicht in Betracht. Die Klausel ist daher insgesamt unwirksam.[224] 87

Einige Klauselwerke regeln lediglich den Fall, dass der Versicherungsnehmer seinen Wohnsitz, gewöhnlichen Aufenthalt oder Sitz **ins Ausland verlegt**. Hier sollen die Gerichte des Staates zuständig sein, in dem der Versicherer seinen Sitz hat. Dies gilt insbes. für folgende Versicherungen: 88

– Berufsunfähigkeits-Versicherung (§ 21 Abs. 3 BUV),
– Kapitalbildende Lebensversicherung (§ 19 Abs. 3 ALB),
– Rentenversicherung mit aufgeschobener Rentenzahlung (§ 19 RV Abs. 3 aufgeschoben),
– Rentenversicherung mit sofort beginnender Rentenzahlung (§ 13 Abs. 3 RV sofort),
– Rentenversicherung, fondsgebundene (§ 25 Abs. 3 RV fondsgebunden),
– Restkreditlebensversicherung (§ 18 Abs. 3 ALB Restkreditlebensversicherung),
– Risikolebensversicherung (§ 19 Abs. 3 ALB Risikolebensversicherung).

Umgekehrt gibt es auch Musterbedingungen, die lediglich den Fall regeln, dass der **Wohnsitz** oder der gewöhnliche Aufenthalt des Versicherungsnehmers **unbekannt** ist. Dies trifft etwa auf Ziff. 9.3 ARB 2019 zu. **Keine Gerichtsstandsvereinbarung** findet sich schließlich in Ziff. 16 AUB 2014. 89

§ 216 Prozessstandschaft bei Versicherermehrheit

Ist ein Versicherungsvertrag mit den bei Lloyd's vereinigten Einzelversicherern nicht über eine Niederlassung im Geltungsbereich dieses Gesetzes abgeschlossen worden und ist ein inländischer Gerichtsstand gegeben, so können Ansprüche daraus gegen den bevollmächtigten Unterzeichner des im Versicherungsschein an erster Stelle aufgeführten Syndikats oder einen von diesem benannten Versicherer geltend gemacht werden; ein darüber erzielter Titel wirkt für und gegen alle an dem Versicherungsvertrag beteiligten Versicherer.

---
[224] Vgl. *Brand* in Bruck/Möller VVG § 215 Rn. 48.

§ 216

Übersicht

	Rn.		Rn.
A. Einführung	1	**II. Kein Vertragsschluss über eine inländische Niederlassung**	11
I. Inhalt und Zweck der Regelung	1	**III. Inländischer Gerichtsstand**	12
II. Entstehungsgeschichte	6	**C. Rechtsfolgen**	13
B. Voraussetzungen	8	I. Gesetzliche Prozessstandschaft	13
I. Vertrag mit den bei Lloyd's vereinigten Einzelversicherern	8	II. Rechtskraftwirkung	15

Stichwort- und Fundstellenverzeichnis

Stichwort	Rn.	Rspr.	Lit.
Abdingbarkeit	→ Rn. 5	–	*Schnepp* in Bruck/Möller VVG § 216 Rn. 41; *Schaloske*, Das Recht der so genannten offenen Mitversicherung, 2007, S. 297 f.
Klägergerichtsstand	→ Rn. 12	–	*Schäfer* in Looschelders/Pohlmann VVG § 216 Rn. 4; *Dörner* in Berliner Kommentar EGVVG Art. 14 Rn. 4
Lloyd's of London, Struktur	→ Rn. 1	–	Begr. RegE, BT-Drs. 11/6341, 40; *Schnepp* in Bruck/Möller VVG § 216 Rn. 3; *Funk*, Das Mitversicherungs-System der Londoner Lloyd's, 1935, S. 81 ff.; *v. Fürstenwerth/Weiß/Consten/Präve* Versicherungs-Alphabet, 11. Aufl. 2019, S. 509
Mitversicherung	→ Rn. 1	–	*Schnepp* in Bruck/Möller VVG § 216 Rn. 3, Anh. zu § 216; *Schaloske*, Das Recht der so genannten offenen Mitversicherung, 2007, S. 296 ff.
Niederlassung, inländische	→ Rn. 11	OLG Hamburg VersR 2011, 1139	*Armbrüster* in Prölss/Martin VVG § 216 Rn. 3; *Schäfer* in Looschelders/Pohlmann VVG § 216 Rn. 3
Prozessstandschaft, gesetzliche	→ Rn. 3, 13	–	*Armbrüster* in Prölss/Martin VVG § 216 Rn. 3; *Schnepp* in Bruck/Möller VVG § 216 Rn. 25; *Schäfer* in Looschelders/Pohlmann VVG § 216 Rn. 2; *Geimer* in Geimer/Schütze, EuZVR, 4. Aufl. 2020, EuGVVO Art. 11 Rn. 13
Schiedsverfahren	→ Rn. 13	–	BT-Drs. 11/6341, 40; *Armbrüster* in Prölss/Martin VVG § 216 Rn. 2; *Schäfer* in Looschelders/Pohlmann VVG § 216 Rn. 5
Rechtskraftwirkung	→ Rn. 15	–	*Geimer* in Geimer/Schütze, EuZVR, 4. Aufl. 2020, EuGVVO Art. 11 Rn. 13; *Staudinger* in Rauscher EuZPR/EuIPR Brüssel Ia-VO Art. 11 Rn. 7; *Schnepp* in Bruck/Möller VVG § 216 Rn. 39; *Schäfer* in Looschelders/Pohlmann VVG § 216 Rn. 5
Teilschuld	→ Rn. 2	–	*Schnepp* in Bruck/Möller VVG Anh. zu § 216 Rn. 32; *Grote* in Prölss/Dreher VAG § 64 Rn. 6 f.; *Schaloske*, Das Recht der so genannten offenen Mitversicherung, 2007, S. 296; *Nebel* SVZ 63 (1995), 288 f.

Schrifttum: *Funk,* Das Mitversicherungs-System der Londoner Lloyd's, 1935; *Geimer/Schütze,* Europäisches Zivilverfahrensrecht, 4. Aufl. 2020; *v. Fürstenwerth/Weiß/Consten/Präve,* VersicherungsAlphabet, 11. Aufl. 2019; *Große/Müller-Lutz/R. Schmidt* (Hrsg.), Versicherungsenzyklopädie, Bd. 5, 4. Aufl. 1991; *Hill/Thomas,* Grundlegende Änderungen bei Lloyd's of London, VersRAI 1993, 35; *Looschelders/Smarowos,* Das Internationale Versicherungsvertragsrecht nach Inkrafttreten der Rom I-VO, VersR 2010, 1; *Nebel,* Rechtliche Aspekte der Mitversicherung, SVZ 63 (1995), 281; *Rauscher* (Hrsg.), Europäisches Zivilprozess- und Kollisionsrecht, Bd. I, 5. Aufl. 2021; *Schaloske,* Das Recht der so genannten offenen Mitversicherung, 2007.

A. Einführung

I. Inhalt und Zweck der Regelung

§ 216 enthält eine Sonderregelung zum **internationalen Zivilverfahrensrecht**,[1] die den spezifischen Gegebenheiten von Versicherungsverträgen mit den bei **Lloyd's of London** vereinigten Einzelversicherern Rechnung trägt. Die Besonderheit von Lloyd's besteht darin, dass es sich um kein einheitliches Versicherungsunternehmen handelt, sondern um den Zusammenschluss einer Vielzahl von Einzelversicherern, die einen **eigenen Versicherungsmarkt** in Form einer Versicherungsbörse bilden.[2] Der Versicherungsvertrag mit Lloyd's bildet damit einen Fall der **offenen Mitversicherung**.[3] Nach der traditionellen Konzeption konnten nur natürliche Personen als Vollmitglieder zugelassen werden; diese hafteten persönlich und unbeschränkt. Seit der Reform von 1993 werden aber auch juristische Personen mit beschränkter Haftung bei Lloyd's aufgenommen.[4] 1

Das spezifische Problem besteht darin, dass die **Lloyd's-Policen** von einer Vielzahl von oft nur durch Chiffren bezeichneten Zeichnungsgemeinschaften (sog. Syndikaten) mit jeweils mehreren hundert Einzelversicherern („Names") gezeichnet werden. Da die Einzelversicherer entsprechend den allgemeinen Grundsätzen der Mitversicherung keine Gesamtschuldner sind, sondern als **Teilschuldner** nur in der Höhe ihres jeweiligen Anteils haften,[5] müsste der Versicherungsnehmer an sich sämtliche Versicherer verklagen, um die gesamte Versicherungsleistung zu erhalten. Die Klage müsste damit auch allen – uU mehreren tausend – Einzelversicherern zugestellt werden. Dies wäre aber völlig unpraktikabel, zumal der Versicherungsnehmer die beteiligten Einzelversicherer und ihre Anteile nur durch aufwändige Recherchen über das Lloyd's Policy Signing Office ermitteln könnte.[6] 2

§ 216 löst das Problem durch Schaffung einer **gesetzlichen Prozessstandschaft**.[7] Der Versicherungsnehmer hat danach die Möglichkeit, die Klage allein gegen den bevollmächtigten Unterzeichner (sog. „Underwriter")[8] des im Versicherungsschein an erster Stelle angeführten Syndikats oder den von diesem benannten Versicherer zu erheben. Die Vorschrift knüpft damit an die englische Praxis an, wonach der Versicherungsnehmer sich im Streitfall zunächst an den ersten Underwriter wendet; dieser benennt dann in Absprache mit den anderen Underwritern und den beteiligten Syndikaten einen Versicherer, gegen den eine etwaige Klage zu richten ist.[9] 3

---

[1] Zur systematischen Einordnung *Armbrüster* in Prölss/Martin VVG § 216 Rn. 1; *Schnepp* in Bruck/Möller VVG § 216 Rn. 2; *Schäfer* in Looschelders/Pohlmann VVG § 216 Rn. 2; krit. gegenüber der systematischen Stellung im VVG *Rixecker* in Langheid/Rixecker VVG § 216 Rn. 2.

[2] Zur Struktur von Lloyd's *Schnepp* in Bruck/Möller VVG § 216 Rn. 3; *Grote* in Prölss/Dreher VAG § 64 Rn. 7; *v. Fürstenwerth/Weiß/Consten/Präve* Versicherungs-Alphabet, 11. Aufl. 2019, S. 509; *Rühl* in Basedow/Fock, Europäisches Versicherungsvertragsrecht, Bd. II, 2002, S. 1383 f.; *Enge* in Große/Müller-Lutz/R. Schmidt, Versicherungsenzyklopädie, Bd. 5, 4. Aufl. 1991, S. 415 ff.; *Funk,* Das Mitversicherungs-System der Londoner Lloyd's, 1935, S. 81 ff.; *Schaloske,* Das Recht der so genannten offenen Mitversicherung, 2007, S. 273 f.

[3] *Schnepp* in Bruck/Möller VVG § 216 Rn. 3; *Schaloske,* Das Recht der so genannten offenen Mitversicherung, 2007, S. 296. ausf. zur offenen Mitversicherung *Schnepp* in Bruck/Möller VVG Anh. zu § 216 Rn. 1 ff.

[4] Zur historischen Entwicklung von Lloyd's of London *Schnepp* in Bruck/Möller VVG § 216 Rn. 8 ff.; *Manes,* Versicherungslexikon, 3. Aufl. 1930, S. 1029 ff.; *Funk,* Das Mitversicherungs-System der Londoner Lloyd's, 1935, S. 11 ff.; speziell zur Reform von 1993 *Hill/Thomas* VersRAI 1993, 35 ff.

[5] Zur anteiligen Haftung der Einzelversicherer *Schnepp* in Bruck/Möller VVG Anh. zu § 216 Rn. 32; *Grote* in Prölss/Dreher VAG § 64 Rn. 7; *Schaloske,* Das Recht der so genannten offenen Mitversicherung, 2007, S. 296; *Nebel* SVZ 63 (1995), 281 (288 f.); der jeweilige Anteil der Einzelversicherer ist der Syndikatsliste zu entnehmen *Enge* in Große/Müller-Lutz/R. Schmidt, Versicherungsenzyklopädie, Bd. 5, 4. Aufl. 1991, S. 416 f.

[6] Zur Problemstellung Begr. RegE, BT-Drs. 11/6341, 40; *Armbrüster* in Prölss/Martin VVG § 216 Rn. 1; *Schäfer* in Looschelders/Pohlmann VVG § 216 Rn. 2.

[7] *Armbrüster* in Prölss/Martin VVG § 216 Rn. 2; *Schäfer* in Looschelders/Pohlmann VVG § 216 Rn. 2; *Schnepp* in Bruck/Möller VVG § 216 Rn. 25; *Staudinger/Ruks* in BeckOK VVG § 216 Rn. 5 f.; *Geimer* in Geimer/Schütze, EuZVR, 4. Aufl. 2020, EuGVVO Art. 11 Rn. 13.

[8] *Schnepp* in Bruck/Möller VVG § 216 Rn. 30; *Armbrüster* in Prölss/Martin VVG § 216 Rn. 2; zum Begriff des „Underwriter" *v. Fürstenwerth/Weiß/Consten/Präve* Versicherungs-Alphabet, 11. Aufl. 2019, S. 509, 833.

[9] Begr. RegE, BT-Drs. 11/6341, 40.

4 Dass der Versicherungsnehmer bei einer Mehrheit von Versicherern in prozessualer Hinsicht besonders schutzwürdig ist, wird durch **Art. 11 Abs. 1 lit. c EuGVVO** bestätigt. Nach dieser Vorschrift ist der Versicherungsnehmer berechtigt, einen Mitversicherer vor dem Gericht eines **Mitgliedstaates** zu verklagen, bei dem der federführende Versicherer verklagt wird. Die Vorschrift ist jedoch nicht geeignet, die spezifischen Probleme von Versicherungsverträgen mit den bei Lloyd's vereinigten Einzelversicherern zu lösen, weil sie davon ausgeht, dass der Versicherungsnehmer alle Versicherer verklagt.[10] Insofern bleibt also der Rückgriff auf § 216 notwendig.

5 § 216 kann nach seinem Sinn und Zweck auch durch Individualvereinbarung **nicht** zu Lasten des Versicherungsnehmers **abbedungen** werden. Den Parteien steht aber frei, zugunsten des Versicherungsnehmers weitere Erleichterungen zu vereinbaren.[11]

II. Entstehungsgeschichte

6 Die Regelung über die Prozessstandschaft bei Versicherermehrheit wurde durch das am 1.7.1990 in Kraft getretene Zweite DurchführungsG/EWG zum VAG v. 28.6.1990[12] als **Art. 13** in das EGVVG eingefügt. Das Dritte DurchführungsG/EWG zum VAG v. 21.7.1994[13] hat sie in den Art. 14 EGVVG verschoben.[14]

7 Die **Art. 7–15 EGVVG** aF sind durch das Gesetz zur Anpassung des Internationalen Privatrechts an die Verordnung (EG) Nr. 593/2008 v. 25.6.2009[15] mit Wirkung zum 17.12.2009 **aufgehoben** worden (→ 2. Aufl. 2017, IntVersR Rn. 11). Gleichzeitig ist die Rom I-VO in Kraft getreten. Da die Prozessstandschaft bei Versicherermehrheit dort nicht behandelt wird, findet sich die Regelung seit diesem Zeitpunkt ohne inhaltliche Veränderungen in dem neuen **§ 216 VVG** wieder.[16] Die Vorschrift ist mit den anderen Änderungen am 17.12.2009 in Kraft getreten.

B. Voraussetzungen

I. Vertrag mit den bei Lloyd's vereinigten Einzelversicherern

8 Die Anwendung des § 216 setzt zunächst voraus, dass der Versicherungsnehmer einen Vertrag mit den bei Lloyd's vereinigten Einzelversicherern geschlossen hat. Auf **andere Fälle der Versicherermehrheit** ist die Vorschrift entgegen der missverständlichen amtlichen Überschrift weder unmittelbar noch entsprechend anwendbar.[17] Die Sonderregelung erklärt sich daraus, dass der Gesetzgeber bei den Verträgen mit Lloyd's ein **spezifisches Schutzbedürfnis** des Versicherungsnehmers gesehen hat.[18] In anderen Fällen der Versicherermehrheit bleibt der Versicherungsnehmer also darauf verwiesen, sämtliche Versicherer zu verklagen. In Fällen mit Auslandsberührung ist dies sowohl am Wohnsitz des Versicherungsnehmers nach Art. 11 Abs. 1 lit. b EuGVVO als auch am Gerichtsstand des federführenden Versicherers nach Art. 11 Abs. 1 lit. c EuGVVO möglich.[19]

9 Sind neben den bei Lloyd's vereinigten Einzelversicherern noch **andere Mitversicherer** beteiligt, so beschränken sich die Wirkungen des § 216 auf die ersteren.[20] Eine gesetzliche Prozessstandschaft für außenstehende Versicherer widerspräche dem Grundgedanken des § 216 und ließe sich auch sachlich nicht rechtfertigen.

10 Der Wortlaut des § 216 ist insofern unpräzise, als die Vorschrift von „einem" Versicherungsvertrag mit den bei Lloyd's vereinigten Einzelversicherern spricht. Genau genommen liegt eine **Mehrheit** selbständiger **Versicherungsverträge** vor.[21] Da § 216 gerade diese Konstellation erfassen soll,

---

[10] Begr. RegE, BT-Drs. 11/6341, 40.
[11] *Schnepp* in Bruck/Möller VVG § 216 Rn. 41; *Schaloske,* Das Recht der so genannten offenen Mitversicherung, 2007, S. 297 f.
[12] BGBl. 1990 I 1249.
[13] BGBl. 1994 I 1630.
[14] *Dörner* in Berliner Kommentar EGVVG Art. 14 Rn. 1. Zu Art. 14 EGVVG 2. Aufl. IntVersR Rn. 31.
[15] BGBl. 2009 I 1574.
[16] Begr. RegE, BT-Drs. 16/12104, 11; *Schnepp* in Bruck/Möller VVG § 216 Rn. 2; *Armbrüster* in Prölss/Martin VVG § 216 Rn. 1; *Schäfer* in Looschelders/Pohlmann VVG § 216 Rn. 1; *Looschelders/Smarowos* VersR 2010, 1.
[17] *Schnepp* in Bruck/Möller VVG § 216 Rn. 7, 43.
[18] *Schaloske,* Das Recht der so genannten offenen Mitversicherung, 2007, S. 300.
[19] *Heiss* in Magnus/Mankowski, Brussels I Regulation, 2. Aufl. 2012, EuGVVO Art. 11 Rn. 12.
[20] *Schaloske,* Das Recht der so genannten offenen Mitversicherung, 2007, S. 299 f.
[21] *Schnepp* in Bruck/Möller VVG § 216 Rn. 11; *Funk,* Das Mitversicherungs-System der Londoner Lloyd's, 1935, S. 204 f.; *Schaloske,* Das Recht der so genannten offenen Mitversicherung, 2007, S. 298; *Rühl* in Basedow/Fock, Europäisches Versicherungsvertragsrecht, Bd. II, 2002, S. 1504.

kann es bei der Anwendung der Vorschrift aber nicht auf die vertragstechnische Ausgestaltung ankommen; entscheidend ist, dass es sich bei **wertender Betrachtung** um einen einheitlichen Versicherungsvertrag handelt. Der Wortlaut steht einem solchen Verständnis nicht zwingend entgegen, so dass hierfür auch keine Analogie erforderlich ist.[22] Bei der parallelen Vorschrift des § 64 Abs. 2 VAG tritt dieses Problem nicht auf, weil dort vom „Versicherungsgeschäft" der bei Lloyd's vereinigten Versicherer die Rede ist.[23]

II. Kein Vertragsschluss über eine inländische Niederlassung

Der Vertrag muss auf **direktem Wege** mit den bei Lloyd's vereinigten Einzelversicherern 11 geschlossen worden sein.[24] Ist der Vertragsschluss über eine **inländische Niederlassung** erfolgt, so ergibt sich eine entsprechende gesetzliche Prozessstandschaft aus § 64 Abs. 2 S. 1 VAG.[25] Die Vorschrift sieht vor, dass Ansprüche aus dem über eine inländische Niederlassung betriebenen Versicherungsgeschäft der bei Lloyd's vereinigten Einzelversicherer nur durch und gegen den **Hauptbevollmächtigten** gerichtlich geltend gemacht werden können. Der Titel wirkt dabei wie nach § 216 Hs. 2 für und gegen alle an dem Geschäft beteiligten Einzelversicherer (§ 64 Abs. 2 S. 2 VAG). Der Bedarf für die Sonderregelung des § 216 beruht somit darauf, dass die Versicherer für die Geschäftstätigkeit im Dienstleistungsverkehr keinen Hauptbevollmächtigten bestellen müssen;[26] außerdem beschränkt sich die Vertretungsmacht eines solchen Hauptbevollmächtigten auf Verträge, die über die inländische Niederlassung geschlossen werden.[27] Aus dem Zusammenhang mit § 216 folgt, dass der Begriff des Versicherungsgeschäfts nach § 64 Abs. 2 S. 1 VAG nur den eigentlichen Versicherungsvertrag umfasst. Ein Versicherungsmakler kann seinen Courtageanspruch daher nicht nach § 64 Abs. 2 S. 1 VAG geltend machen.[28]

III. Inländischer Gerichtsstand

§ 216 setzt einen **inländischen Gerichtsstand** voraus.[29] Die internationale Zuständigkeit 12 beurteilt sich in erster Linie nach der EuGVVO bzw. dem LugÜ.[30] Praktische Bedeutung hat vor allem der Fall, dass der Versicherungsnehmer seinen Wohnsitz im Inland hat und den **Klägergerichtsstand** nach Art. 11 Abs. 1 lit. b EuGVVO oder Art. 9 Abs. 1 lit. b LugÜ 2007 in Anspruch nimmt.[31] Art. 11 Abs. 1 lit. c EuGVVO bzw. Art. 9 Abs. 1 lit. c LugÜ 2007 hat in diesem Zusammenhang keine praktische Bedeutung. Denn der Versicherungsnehmer wird durch § 216 gerade davon entlastet, sämtliche Einzelversicherer zu verklagen. Außerdem könnte der Versicherungsnehmer, wenn er doch alle Einzelversicherer verklagen wollte, die Klage einfacher nach Art. 11 Abs. 1 lit. b EuGVVO am eigenen Wohnsitz erheben.[32]

C. Rechtsfolgen

I. Gesetzliche Prozessstandschaft

Liegen die Voraussetzungen des § 216 vor, so können Ansprüche aus dem Versicherungsvertrag 13 mit den bei Lloyd's vereinigten Einzelversicherern gegen den bevollmächtigten Unterzeichner des im Versicherungsschein an erster Stelle aufgeführten Syndikats oder den sonst benannten Versicherer geltend gemacht werden. Kläger ist im Allgemeinen der **Versicherungsnehmer.** Aus dem weiten Wortlaut und dem Zweck der Vorschrift folgt aber, dass **Versicherte, Begünstigte**

---

[22] Für eine Analogie aber *Schaloske,* Das Recht der so genannten offenen Mitversicherung, 2007, S. 299, zu Art. 14 EGVVG aF.
[23] *Schaloske,* Das Recht der so genannten offenen Mitversicherung, 2007, S. 299.
[24] *Schnepp* in Bruck/Möller VVG § 216 Rn. 16; *Schäfer* in Looschelders/Pohlmann VVG § 216 Rn. 3; *Dörner* in Berliner Kommentar EGVVG Art. 14 Rn. 3.
[25] OLG Hamburg VersR 2011, 1139; *Armbrüster* in Prölss/Martin VVG § 216 Rn. 3; *Schäfer* in Looschelders/Pohlmann VVG § 216 Rn. 3.
[26] *Grote* in Prölss/Dreher VAG § 64 Rn. 15; *Pohlmann* in Kaulbach/Bähr/Pohlmann VAG § 64 Rn. 4.
[27] Begr. RegE, BT-Drs. 11/6341, 40; *Dörner* in Berliner Kommentar EGVVG Art. 14 Rn. 3.
[28] OLG Hamburg VersR 2011, 1139 (1140).
[29] *Schäfer* in Looschelders/Pohlmann VVG § 216 Rn. 4; *Schnepp* in Bruck/Möller VVG § 216 Rn. 20.
[30] Vgl. 2. Aufl. IntVersR Rn. 183 ff.
[31] *Schäfer* in Looschelders/Pohlmann VVG § 216 Rn. 4; *Schnepp* in Bruck/Möller VVG § 216 Rn. 20; *Dörner* in Berliner Kommentar EGVVG Art. 14 Rn. 4.
[32] *Heiss* in Magnus/Mankowski, Brussels I Regulation, 2. Aufl. 2012, EuGVVO Art. 9 Rn. 12.

oder **Rechtsnachfolger** des Versicherungsnehmers sich ebenfalls auf § 216 stützen können.[33] Der bevollmächtigte Unterzeichner bzw. der von diesem benannte Einzelversicherer führt den Prozess nach den allgemeinen Regeln über die **gesetzliche Prozessstandschaft** im eigenen Namen.[34] Die Prozessstandschaft besteht auch für Prozesskostenhilfe- und Schiedsverfahren.[35]

14 Ob der in Anspruch genommene Unterzeichner **wirksam bevollmächtigt** worden ist, betrifft ein Problem der Stellvertretung, welche vom Anwendungsbereich der Rom I-VO ausgenommen ist (Art. 1 Abs. 2 lit. g Rom I-VO).[36] Maßgeblich ist also das deutsche IPR. In der deutschen Literatur besteht im Ergebnis Einigkeit, dass die Wirksamkeit der Vollmacht in den Fällen des § 216 nach **englischem Recht** zu beurteilen ist.[37] Hieran hat das Inkrafttreten des neuen Art. 8 EGBGB nichts geändert. Im Regelfall wird zumindest eine **konkludente Rechtswahl** durch den Vollmachtgeber zugunsten des englischen Rechts vorliegen, was sowohl dem Bevollmächtigten als auch dem Versicherungsnehmer bekannt ist (Art. 8 Abs. 1 S. 1 EGBGB).[38] Ansonsten beurteilt sich die Wirksamkeit der Vollmacht gemäß Art. 8 Abs. 2 EGBGB nach dem Recht des Staates, in dem der **Bevollmächtigte** seinen gewöhnlichen Aufenthalt bzw. seine **Niederlassung** (Art. 8 Abs. 8 S. 1 EGBGB iVm Art. 19 Abs. 1 und 2 Rom I-VO) hat. Auch diese Anknüpfung führt regelmäßig zum englischen Recht.

II. Rechtskraftwirkung

15 Im Hinblick auf die Rechtskraftwirkung der Entscheidung stellt § 216 Hs. 2 klar, dass ein über den geltend gemachten Anspruch erwirkter Titel für und gegen alle an dem Versicherungsvertrag bzw. den Versicherungsverträgen beteiligten Versicherer wirkt.[39] Diese Klarstellung ist notwendig, weil sich die **Rechtskrafterstreckung** nicht schon aus dem Wesen der gesetzlichen Prozessstandschaft ableiten lässt.[40]

16 Für die parallele Problematik bei Vertragsschluss über eine **inländische Niederlassung** sieht § 64 Abs. 2 S. 2 eine entsprechende Rechtskrafterstreckung für und gegen die an dem Versicherungsgeschäft beteiligten Einzelversicherer vor. Gem. § 64 Abs. 2 S. 4 VAG kann aus einem gegen den Hauptbevollmächtigten erzielten Titel sogar in die von ihm verwalteten, im Inland belegenen Vermögenswerte *aller* in der Vereinigung zusammengeschlossenen Einzelversicherer **vollstreckt** werden. Die Einzelversicherer können also nicht geltend machen, der Titel würde nicht nach § 64 Abs. 2 S. 2 VAG gegen sie wirken, weil sie an dem betreffenden Versicherungsgeschäft nicht beteiligt waren.[41]

17 Die Erweiterung der Vollstreckungsmöglichkeiten wird durch § 64 Abs. 1 VAG flankiert, wonach die bei Lloyd's vereinigten Einzelversicherer eine Geschäftstätigkeit im Inland nur ausüben dürfen, wenn die Vereinigung im Namen der Einzelversicherer durch unwiderrufliche Erklärung für den Fall der Zwangsvollstreckung darauf **verzichtet,** Rechte daraus herzuleiten, dass die Zwangsvollstreckung auch in Vermögenswerte von Einzelversicherern erfolgt, gegen die der Titel nicht wirkt.[42] Unionsrechtlicher Hintergrund ist Art. 145 Abs. 2 Solvency II-Richtlinie.[43]

---

[33] Zum persönlichen Anwendungsbereich *Schnepp* in Bruck/Möller VVG § 216 Rn. 24.
[34] Allg. *Hüßtege* in Thomas/Putzo ZPO § 51 Rn. 20 ff., 24.
[35] BT-Drs. 11/6341, 40; *Schnepp* in Bruck/Möller VVG § 216 Rn. 27; *Armbrüster* in Prölss/Martin VVG § 216 Rn. 2; *Schäfer* in Looschelders/Pohlmann VVG § 216 Rn. 5; *Staudinger/Ruks* in BeckOK VVG § 216 Rn. 8.
[36] *Schnepp* in Bruck/Möller VVG § 216 Rn. 31.
[37] So mit unterschiedlichen Begründungen *Dörner* in Berliner Kommentar EGVVG Art. 14 Rn. 5; *Schnepp* in Bruck/Möller VVG § 216 Rn. 31.
[38] Zur Zulässigkeit einer konkludenten Rechtswahl nach Art. 8 Abs. 1 S. 1 EGBGB *Mankowski* in BeckOGK EGBGB Art. 8 Rn. 57 ff.
[39] *Geimer* in Geimer/Schütze, EuZVR, 4. Aufl. 2020, EuGVVO Art. 11 Rn. 13; *Staudinger* in Rauscher EuZPR/EuIPR Brüssel I-VO Art. 11 Rn. 7; *Armbrüster* in Staudinger Rom I-VO Anh. zu Art. 7 Rn. 55; *Schäfer* in Looschelders/Pohlmann VVG § 216 Rn. 5; *Grote* in Prölss/Dreher VAG § 54 Rn. 16.
[40] *Lindacher/Hau* in MüKoZPO Vor §§ 50 ff. Rn. 60; *Schnepp* in Bruck/Möller VVG § 216 Rn. 39.
[41] *Grote* in Prölss/Dreher VAG § 64 Rn. 13; *Pohlmann* in Kaulbach/Bähr/Pohlmann VAG § 64 Rn. 2.
[42] *Armbrüster* in Prölss/Martin VVG § 216 Rn. 2a; *Pohlmann* in Kaulbach/Bähr/Pohlmann VAG § 64 Rn. 3.
[43] Vgl. *Grote* in Prölss/Dreher VAG § 64 Rn. 5.

Anlage (zu § 8 Abs. 5 S. 1)

Muster für die Widerrufsbelehrung

Hinweis des Verlags: Der Text der Widerrufsbelehrungen und diesbezügliche Erläuterungen sind abgedruckt bei → § 8 Rn. 59 ff.

Anlage

Anlage (zu § 8 Abs. 5 S. 1)

Muster für die Widerrufsbelehrung

Hinweis des Verlages: Der Text der Widerrufsbelehrungen und diesbezügliche Erläuterungen sind abgedruckt bei: § 8 Rn. 59 ff.

Sachverzeichnis

Die Angaben verweisen auf die §§ des VVG
Die **fett** gesetzten Zahlen bezeichnen die §§, die mager gesetzten die Randnummern.
Das Register hat erstellt Ass. iur. *Annette Böcker.*

A

Abandon 141 3 ff.
Abfalltransport Vor 113 19
Abfindung 115 26; **Vor 150** 62
Abgangswahrscheinlichkeiten 203 281; **204** 466
Abgassonderuntersuchung Vor 113 19
Abhandenkommen von Sachen 100 173 ff.
Ablader 209 22
Abmahnung 206 11
Abrategebühr 128 52 ff.
Abrechnung 153 42; **192** 105 ff.
Abschlusskosten Vor 192 794; **203** 304 ff.
– Lebensversicherung **152** 13
– mittelbare **203** 314
– noch nicht getilgte **169** 119, 121
– Prämienfreistellung **165** 27
– Rückkaufswert **169** 91 f., 98, 110
– Streckung der angesetzten **169** 90 f.
– Zillmerung **203** 308
Abtretung 108 84 ff., 99 ff., 114 ff.
– Begünstigungserklärung **159** 55
– Berufsunfähigkeitsversicherung **172** 205d, 232 f.
– Bezugsberechtigung **159** 96 f.
– Kündigung **168** 15 ff., 36 f.
– Rechtsschutzversicherung **125** 46
– Rückkaufswert **168** 16
– Teilabtretung **108** 140
Abtretungsverbot 108 90 ff., 112 f.
Abwehrdeckung 108 40, 116; **125** 33
Abwehrfunktion Vor 100 63 f.
Abwehrkosten 101 14 ff., 20 f., 47
– Obliegenheiten des Versicherungsnehmers **101** 27 ff.
– Pflichten des Versicherers **101** 22 ff.
– Prozessuales **101** 43 ff.
– Regulierungsvollmacht des Versicherers **101** 32 ff.
Abzinsung 107 37
action directe 100 89
Adhäsionsverfahren 101 61
Adipositas 192 25; **201** 32
Adoption 198 18 ff.
Aktuar, verantwortlicher Vor 150 47; **153** 17; **Vor 192** 391 ff.
Aktuarieller Unternehmenszins (AUZ) 203 270 ff.
Akzessorietät 115 12, 21
Alkohol
– Alkoholklausel, erweiterte **178** 125
– Bewusstseinsstörung, alkoholbedingte **192** 162
– Herbeiführung des Versicherungsfalles **103** 34 f.; **201** 28 f.
– Suizid **161** 38
– Unfallversicherung **178** 118 ff., 130
Allgefahrendeckung 209 23
Allgemeine Bedingungen für die Kraftfahrtversicherung (AKB) Vor 100 46 ff., 52 ff.

Allgemeine Geschäftsbedingungen (AGB) 114 17, 20 ff.; **203** 1092 f.
Allgemeine Unfallversicherungs-Bedingungen (AUB) Vor 178 8
Allgemeine Versicherungsbedingungen (AVB)
– Änderung als Leistungsverminderung **205** 44
– Auslegung **Vor 100** 169 f.
– Bedingungsanpassung **164** 1 ff.; **203** 1087 ff., 1166
– Berufsunfähigkeitsversicherung **Vor 172** 8 f.; **172** 181 f.
– Gerichtsstand **215** 70 ff.
– Großrisiken **210** 9 ff.
– Haftpflichtversicherung **Vor 100** 168 ff.
– Klauselersetzung **203** 1115, 1130
– Konkurrenzrecht **Vor 192** 596 ff.
– Krankenversicherung **Vor 192** 462 ff.
– Krankheitskostenversicherung **192** 38 ff.
– Luftfahrtversicherung **Vor 130** 17 ff.
– Musterbedingungen **Vor 100** 176
– Notlagentarif **Vor 192** 1239 ff.
– Prämienanpassung **203** 41 ff., 939 ff., 1166
– Prämienberechnung **203** 727 ff.
– Rechnungsgrundlagen **203** 807 ff.
– Risikobeschreibungen **Vor 100** 172 ff.
– Tarifwechsel **204** 380 ff.
– Transportversicherung **Vor 130** 11 f.
– Versichererwechsel **204** 486 ff.
Allgemeine Versicherungsbedingungen für die Haftpflichtversicherung (AHB) Vor 100 33 ff., 44 f.
Allgemeines Gleichbehandlungsgesetz 203 166 ff.
Allgemeininteresse 193 23
Alltagsrisiken 178 98
Altbestand iSd § 336 VAG 2016 165 37
Alter 204 228 f.; **205** 37
Alternativmedizin 192 26 f., 34, 61 f.
Altersangabe, unrichtige 157 1 ff.; **176** 17 f.
Alterslastquote Vor 192 61
Altersrente 167 28 f.; **196** 8 ff.
Altersversorgung, betriebliche Vor 150 56 ff.; **150** 5
– Abfindung **Vor 150** 62
– Abzüge **Vor 150** 62
– Anfechtung einer Verpfändung des Versicherungsanspruchs **Vor 150** 118
– Beratungspflichten **Vor 150** 68 f.
– Bezugsberechtigung **159** 117
– Direktversicherung **Vor 150** 57, 65 ff.
– Direktzusage **Vor 150** 58
– Durchführungswege **Vor 150** 58
– Einwilligungserfordernis **150** 17
– Entgeltumwandlung **Vor 150** 59, 61
– Finanzierung **Vor 150** 59 f.
– Freitodklausel **161** 3
– Freiwilligkeitsgrundsatz **Vor 150** 57
– Informationspflichten **Vor 150** 68 f.; **166** 18 ff.
– Kündigung des Versicherers **166** 2, 18 ff.

2003

Sachverzeichnis

- Kündigungsrecht des Insolvenzverwalters **168** 31 ff.
- Lebensversicherung **Vor 150** 63 ff.
- Pensionsfonds **Vor 150** 57 ff., 71
- Pensionskassen **Vor 150** 57 ff., 70
- Prämienfreistellung **165** 26
- Rückdeckungsversicherung **Vor 150** 63 f.
- Standmitteilung **155** 1a, 9
- Übertragung **Vor 150** 62
- Unterstützungskassen **Vor 150** 58, 71
- Versorgungsanwartschaft **Vor 150** 61 f.
- Versorgungszusage des Arbeitgebers **Vor 150** 57
- Wertgleichheit **Vor 150** 60
- Zillmerung **Vor 150** 60

Altersvorsorgevertrag 165 3; **167** 1; **168** 7 f.
Altertum Vor 100 3
Alterungsrisiko, allgemeines Vor 192 805
Alterungsrückstellung Vor 192 103 f., 152, 442, 573, 664, 846 ff.; **193** 7

- Anwartschaftsversicherung **Vor 192** 691
- Äquivalenzprinzip **Vor 192** 872
- Aufsichtsgrundsätze **Vor 192** 982 ff.
- Beitragsanpassungen **Vor 192** 910 ff.
- Beitragszuschlag, gesetzlicher **Vor 192** 883 ff., 923 ff., 1010 ff.
- Bilanzierung **Vor 192** 894 f., 982 ff.
- Erfüllbarkeit, dauernde **Vor 192** 701, 986 ff.
- Ergänzungsversicherungen **Vor 192** 1110, 1120
- Finanzierungsquellen **Vor 192** 877 ff.
- Genomanalysen **Vor 192** 850
- Gesundheitsreform **Vor 192** 1385 ff.
- Grundsätze, versicherungstechnische **Vor 192** 867 ff., 873a ff.
- Individualisierbarkeit der **Vor 192** 860 ff.
- individuelle **Vor 192** 696 ff.
- Kalkulationsgrundsätze **Vor 192** 873
- kalkulierte **Vor 192** 948 ff., 962 ff., 966 f.
- Kapitalbildung, Grundrechtsschutz der **Vor 192** 874
- Krankenversicherung **Vor 192** 344, 719 ff.
- Krankheiten, künftig entstehende **Vor 192** 850 f.
- Latenzzeiten von Krankheiten **Vor 192** 851
- Lebenserwartung **Vor 192** 847 ff.
- Portabilität **193** 7
- Prämienberechnung **203** 332 ff.
- Prognostizierbarkeit von Krankheiten **Vor 192** 853a ff.
- rechtlicher Charakter der **Vor 192** 892 ff.
- Rückkaufswert **Vor 192** 897 ff.
- Sparanteil **Vor 192** 896
- Spartentrennung **Vor 192** 994 ff.
- Systemveränderung, weitergehende **Vor 192** 1000 ff.
- Tarifbeitrag **Vor 192** 896
- Tarifwechsel **Vor 192** 908; **204** 277 ff., 284 ff., 521 ff.
- Überschussbeteiligung **Vor 192** 901 ff.
- Übertragbarkeit der **Vor 192** 916 ff., 931 ff., 1137
  - Gesundheitsreform **Vor 192** 1108 ff.
  - ifo-Institut **Vor 192** 936 ff.
  - Rürup-Kommission **Vor 192** 935
  - Übertragungsmodelle **Vor 192** 944 ff.
  - Umsetzungsprobleme **Vor 192** 981
  - VVG-Kommission **Vor 192** 942
  - Wirtschaftstheoretisches Modell **Vor 192** 980
  - Bundesverfassungsgericht **Vor 192** 1132
- Übertragungswert **Vor 192** 909

- Überzinszuschreibung **Vor 192** 888 ff.
- Unterdeckung **Vor 192** 898 ff.
- Versichererwechsel **Vor 192** 909, 1007 ff., 1108 f., 1111 ff.; **204** 457 ff., 474 ff., 483 ff., 522
- Verwendung der **Vor 192** 906 f.
- VVG-Reform **Vor 192** 1384
- Zusatztarifrecht **204** 520 ff
- Zuschreibungen, direkte **Vor 192** 882, 913 ff.

Altverträge 165 34 ff.; **169** 133; **173** 3
Amtshaftung 117 45 ff.
Amtspflichtverletzung 100 62
Anerkenntnis
- Berufsunfähigkeitsversicherung **173** 1 ff.; s. auch Berufsunfähigkeitsversicherung, Anerkenntnis
- Unfallversicherung **187** 1 ff.
- Verbot **Vor 100** 80; **105** 13
- des Versicherers **111** 12 ff.

Anerkenntnis des Versicherungsnehmers 105 1 ff., 11 ff., 37 ff.
- Abdingbarkeit **105** 59
- Anerkenntnisverbot **105** 13
- Befreiungsanspruch **105** 27
- Befriedigung durch den Versicherungsnehmer **105** 48 ff.
- Befriedigungsverbot **105** 13
- Bindungswirkung **105** 58
- Einwilligung des Versicherers **105** 54 ff.
- Fälligkeit der Versicherungsleistung **106** 31 ff., 37 ff.
- Großrisiken **105** 31 ff.
- Reformvorschläge **105** 18 ff.
- Unbilligkeit, offenbare **105** 15 ff.
- Vertragsfreiheit, Einschränkung der **105** 28 ff.
- Zweck der Regelung **105** 2 f.

Anfälle 178 114
Anhängigkeit 104 22
Anheben von Sachen 178 106
Anlagegeschäft Vor 150 9
Anpassungsbefugnis 163 1 ff.; s. auch Lebensversicherung, Anpassungsbefugnis
Anschlussversicherungsnachweis 205 59
Anschriftsänderung 172 205e
Ansparphase 153 57
Anstalten, gemischte 192 57 ff., 166
Anteilsveräußerung 102 120
Antiselektion 169 61, 119; **Vor 192** 1461
Anwaltsvertrag 101 35
Anwaltswahl, freie 127 1 ff.
- Anreizsysteme, finanzielle **127** 13
- Einschränkung des Leistungsumfangs **127** 11 f.
- Empfehlung von Anwälten durch den Versicherer **127** 8 f.
- Grenzen der **127** 5 ff.
- Interessenwahrnehmung, außergerichtliche **127** 10
- Kostentragungspflicht des Versicherers **127** 11 ff.-
- Mediation **127** 15 ff.
- Personen, gleichgestellte **127** 18
- Rechtsanwalt als Mediator **127** 15a
- Sammelklage **127** 2 f.
- Schadenmanagement, aktives **127** 14
- Streitschlichtung, konsensuale **127** 15 ff.
- Verzicht auf **127** 7

Anwartschaftsdeckungsverfahren Vor 192 102, 720, 814 ff.
Anwartschaftsversicherung
- Alterungsrückstellung **Vor 192** 691

Sachverzeichnis

- Krankenversicherung **Vor 192** 444
- Krankenversicherung, private **Vor 192** 685, 689 ff.
- Kündigung des Versicherungsnehmers **205** 32
- Tarifwechsel **204** 139 ff.
- Versichererwechsel **204** 444a

Anzeigeobliegenheit 119 10 ff., 14 ff.
- Berufsunfähigkeitsversicherung **172** 10 ff.; **176** 14
- Krankentagegeldversicherung **192** 175 f.
- Krankenversicherung, private **194** 27 ff., 34 ff.
- Tarifwechsel **204** 334 ff.
- Unfallversicherung **178** 13 ff.

Anzeigepflicht des Versicherungsnehmers 104 1 ff.
- Abgrenzung von Ziff. 25.1 AHB **104** 10 ff.
- Adressat **104** 43
- Altersangabe, unrichtige **157** 1 ff.; *s. auch Lebensversicherung, Altersangabe*
- Belehrungspflicht **104** 32 ff.
- Beweislast **104** 44 f.
- Folgeereignistheorie **104** 12, 14
- Form **104** 42
- Fristen **104** 40 f.
- halbzwingend **104** 46
- Inanspruchnahme **104** 18 ff., 21 ff.
- Kausalereignisse **104** 10
- Kennenmüssen **104** 9
- Kenntnis **104** 8, 38 f.
- Leistungsfreiheit **104** 31 ff.
- Leistungsverweigerung, unberechtigte **104** 35 ff.
- Rechtsfolgen **104** 28 ff.
- Schadensereignis **104** 14 ff.
- Schadensereignistheorie **104** 12, 14
- Transportversicherung **131** 1 ff.; **132** 8 ff.; **134** 6 f.
- Uneinheitlichkeit **101** 31
- Unfallversicherung **181** 7
- Verantwortlichkeit gegenüber einem Dritten **104** 7 ff.
- Verantwortlichkeitstatsachen **104** 10 f.
- Verletzung der **166** 7
- Verstoßtheorie **104** 13

Äquivalenzprinzip Vor 150 53; **Vor 192** 803 f., 1054 ff.; **203** 745 ff.
Arbeit, gefahrgeneigte Vor 100 132
Arbeitgeber 118 30; **159** 59 f.; **Vor 192** 1121 ff.
Arbeitnehmereigenschaft 204 235 f.
Arbeitnehmerüberlassungsgesetz 102 93
Arbeitsgerichtsverfahren 215 36a
Arbeitslosigkeit 172 101 ff., 152; **Vor 192** 68 ff.; **193** 19
Arbeitspause 102 62
Arbeitsunfähigkeitsversicherung 177 4 ff., 14 ff., 21 ff.; **192** 147 ff.
Arbeitsunfähigkeitszusatzversicherung Vor 150 34, 42
Arbeitsunfall Vor 100 14 f., 132
Architekten 100 146 f.; **102** 19 ff.; **Vor 113** 20
Arglistanfechtung 157 13
Arrest 108 78; **170** 6, 19
Arzneimittel 102 32; **192** 51
Arztberichte 172 210 f., 266
Ärzte-GmbH 192 47
Ärzteklausel 172 54
Ärztenetzwerk Vor 192 514
Ärztliche Untersuchung 151 1 ff.; *s. auch Untersuchung, ärztliche*
Arztwahl, freie 192 45 ff., 118

Asbestose 178 72
Assisteure 213 54
Aufenthalt des Versicherungsnehmers 115 17; **215** 49 ff.
Aufenthaltstitel Vor 192 1409; **195** 21 ff.
Aufhebung, einvernehmliche 169 51
Aufopferungsanspruch 100 34, 59
Aufrechnung 108 34 ff., 39 ff., 61
- Erklärung der **104** 20
- Haftpflichtversicherung, allgemeine **121** 3
- Notlagentarif **Vor 192** 1262a f.
- Pflichthaftpflichtversicherung **121** 1 ff.

Aufrechnungsverbot 121 1 ff., 8 f.
Aufsichtsbehörde 163 63 f.
Aufsichtsrecht, überschießendes 204 201a–201b f.
Auftragsdatenverarbeiter 213 55
Aufwendungsersatz 116 13 ff.; **135** 1 ff.; **192** 18 ff.
Ausbildungskrankenversicherung Vor 192 644; **195** 18
Auseinandersetzung, tätliche 102 92
Ausgleichsanspruch, nachbarrechtlicher 100 33
Auskunftsanspruch 108 29 ff.; **153** 66 ff.
Auskunftserteilung, Ermächtigung zur 178 310 ff.
Auskunftpflicht
- Dritter **119** 18 f.; **172** 205a
- des Versicherers **146** 1 ff.; **192** 227 ff.; **202** 1 ff.

Auslandskrankenversicherung Vor 192 92, 644; **195** 17; **198** 22 ff.
Auslösender Faktor (AF) 203 823g ff., 858 ff.
Ausnahmesituation, Suizid 161 40
Ausrüstung, mangelnde 138 9
Ausscheideordnung 203 258, 275 ff.
Ausschnittsversicherungen Vor 178 5
Ausschüttungssperre 153 50 ff.
Ausstellungsversicherung 130 14; **210** 15
Australien Vor 192 323 ff.
Auszubildende 172 104 ff.
Auto-Inhaltsversicherung 130 13
Autoschutzbrief Vor 100 53

B

Baden-Württemberg Vor 113 20 f.
Bagatellbußgeldsachen 128 14
Bagatellvermittler 214 6
Bandscheiben 178 110, 160 ff.
Basisinformationsblätter Vor 150 54a
Basis-Rentenverträge 168 10
Basistarif Vor 192 390, 1035 ff., 1183 ff.; **192** 222 ff.; **203** 240 ff., 282
- Äquivalenzprinzip **Vor 192** 1054 ff.
- Ausländische Versicherungsunternehmen **Vor 192** 1070 ff.
- Bedingungsänderung **Vor 192** 1207 f.
- Beihilfeempfänger **199** 15
- Beitrag **Vor 192** 1200 ff., 1205 f.; **203** 244 ff.
- Bundesverfassungsgericht **Vor 192** 1130, 1136
- Gesundheitsreform **Vor 192** 1426
- Haftung, gesamtschuldnerische **192** 223 ff.
- Hilfebedürftigkeit **Vor 192** 1060 ff.
- Höchstbeitrag **Vor 192** 1049 ff., 1064
- Inländerdiskriminierung **Vor 192** 1086
- Kalkulation **Vor 192** 1053
- Kappungsumlage **203** 863 ff.

2005

Sachverzeichnis

- Kontrahierungszwang **Vor 192** 1040 ff., 1056 ff., 1081 ff., 1087
- Krankenversicherung **Vor 192** 731; **193** 30 ff.; **203** 98 ff.
- Krankenversicherung, private **Vor 192** 425, 1288 ff.
- Personen, versicherbare **Vor 192** 1188 ff.
- Prämienberechnung **203** 109
- Rechnungsgrundlagen **203** 254 ff., 326 f.
- Risiken, erhöhte **203** 715 ff.
- Risikoausgleich **Vor 192** 1212 ff.
- Sozialgrenze **Vor 192** 1049 ff.
- Tarifwechsel **204** 100 f., 261, 289 ff., 304, 368 ff., 404 f.
- Versichererwechsel **204** 491 ff.
- Versicherungsleistungen **Vor 192** 1191 ff.
- Vorerkrankungen, Ausschluss von **203** 252 f.
- Wartezeiten **197** 14
- Zusatzversicherungen **Vor 192** 1209 ff.

Bauchbrüche 178 206 ff.
Baustatik, Prüfingenieure für Vor 113 19
Bauträger Vor 113 19
Bayern Vor 113 20 f.
Beamte 172 88 ff.; **Vor 192** 123
Bearbeitungskosten 169 119
Bedarfsdeckung, konkrete Vor 100 148
Bedingungsänderung Vor 192 826; **203** 1, 1037 ff.;
s. auch Krankenversicherung, Bedingungsänderung
Bedingungsanpassung 164 1 ff.; **176** 35; **203** 943 ff.
Bedingungstreuhänder 164 14; **203** 535, 541, 591 ff.
Bedrohung besonders wichtiger Rechtsgüter Vor 113 4
Befestigung, nicht ordnungsgemäße 137 10
Beförderung gefährlicher Güter Vor 113 19
Beförderung, vertragswidrige
- Abweichen vom individualisierten Beförderungsmittel oder Transportweg **133** 8
- Beförderungsmittel, nicht gattungsgemäße **133** 6
- Beweislast **133** 14
- Direkttransport **133** 3, 7
- Fortbestehen des Versicherungsschutzes **133** 9 ff.
- Leistungsfreiheit bei **133** 3 ff.
- Transportversicherung **133** 1 ff.
- Umladung der Ware **133** 3, 7
- Zusatzkosten **133** 13

Beförderungsgefahren 130 8
Beförderungsmittel, ungeeignete 134 1 ff.
Befreiungsanspruch Vor 100 65 ff., 75 ff.; **105** 27;
s. auch Freistellungsanspruch
Befriedigung
- abgesonderte **110** 20 ff.
- Befriedigungsfunktion **Vor 100** 63 f.
- durch den Versicherungsnehmer **105** 48 ff.
- Verbot der **Vor 100** 80; **105** 13
- Vorrecht des Dritten **117** 62

Befruchtung, künstliche 192 28 ff.
Begünstigungserklärung 159 21 ff.
Behandlung, stationäre 192 53 ff.
Behandlungsobliegenheit 192 174
Beihilfe 193 19
- Beihilfeablöseversicherung **Vor 192** 92
- Kündigung des Versicherungsnehmers **205** 36
- Krankenversicherung, Beihilfeempfänger **199** 1 ff.
- Tarife **Vor 192** 1413 f.

- Tarifwechsel **204** 80a f., 220

Beitragsanpassung Vor 192 825, 1395
Beitragsdepot, Lebensversicherung mit 168 6
Beitragserhöhung 205 38 ff.
Beitragsrückerstattung (BRE) 203 402 ff., 410 ff.
- erfolgsabhängige **203** 403, 412 ff.
- erfolgsunabhängige **203** 321 ff., 404, 407, 436 ff.
- Mitwirkung des Treuhänders **203** 427 ff.
- Überschussverteilung **203** 413 ff.
- Überzinszuschreibung **203** 400
- Verwendung der **203** 418 ff.

Beitragsrückstand 193 10, 41 ff.
Beitragszuschlag, gesetzlicher Vor 192 396 ff.
- Alterungsrückstellung **Vor 192** 883 ff., 923 ff., 1010 ff.
- Gesundheitsreform **Vor 192** 1392
- Prämienberechnung **203** 341 ff.
  - Altverträge **203** 356 ff.
  - Berechnungsmaßstab **203** 359 ff.
  - Bruttoprämie **203** 363 ff.
  - Krankenversicherung **203** 344 ff., 352 f.
  - Verwendung **203** 367 ff.
  - Zillmerung **203** 361 f.
- VVG-Reform **Vor 192** 1389 ff.

Beitragszuschuss Vor 192 471 ff.
Belastungen, außergewöhnliche Vor 192 551, 554
Belegpflicht 119 20 ff.
Belehrungspflicht des Versicherers 104 32 ff.
Belgien Vor 192 239 ff.
Beobachtungseinheit 203 120 f., 833 ff.
Beratung 100 132; **192** 121
Beratungspflichten 100 169 f.; **Vor 150** 68 f.; **178** 6
Bereicherungsrecht 108 44 ff.; **118** 43
Bereicherungsverbot Vor 192 431, 1418; **200** 1 ff.
Bergbahnen Vor 113 20
Bergungseinsätze 178 281 ff.
Berichtigungsbewilligung 145 14
Berlin Vor 113 20 f.
Berufsgruppen 181 6; **203** 214 ff.; **204** 219 ff.
Berufshaftpflichtversicherung
- Betriebshaftpflichtversicherung, Abgrenzung zur **102** 17 ff.
- Erschöpfung der Versicherungssumme **109** 4a, 37 ff.
- Nachhaftung **102** 26
- Rückgriff bei mehreren Versicherten **123** 6
- Vermögensschaden-Haftpflichtversicherung **102** 22

Berufsordnungen Vor 113 21
Berufsunfähigkeitsversicherung Vor 172 8 f.; **175** 7 f.; **176** 57 ff.
- Abtretung **172** 205d
- Altersangabe, unrichtige **176** 17 f.
- Altverträge **175** 2
- Anerkenntnis **173** 1 ff., 4 ff.
- Abdingbarkeit **173** 2; **175** 3 ff.
- Altverträge **173** 3
- Anfechtung des Anerkenntnisses **173** 22; **174** 6
- bedingtes **173** 14
- befristetes **173** 15, 17 ff., 25 ff.
- Inhalt **173** 9 ff.
- Kulanzentscheidung **173** 11
- Leistungspflicht **173** 8 ff., 29 ff.
- Rechtsnatur **173** 8
- unbefristetes **173** 23 f.
- Vereinbarungen über Leistungen nach Eintritt des Versicherungsfalls **173** 33 ff.

Sachverzeichnis

- Vorbehalte **173** 16
- Wirkungen **173** 23 ff.
- Anpassungsbefugnis **163** 9
- Anschriftsänderung **172** 205e
- Anzeigeobliegenheit, Verletzung der vorvertraglichen **172** 10 ff.
- Anzeigepflichtverletzung **176** 14
- Arbeitsplatzrisiko **172** 154
- Arbeitsunfähigkeitsklauseln in der **177** 14 ff.
- Arztberichte **172** 210 f., 266
- Auskünfte **172** 212a ff.
- Auskunftsobliegenheit für Dritte **172** 205a
- Auslandsbezug **172** 241 ff.
  - Gerichtsstandsvereinbarungen **172** 254 f., 260 f.
  - Rechtswahl **172** 246 ff.
  - Risikobelegenheit **172** 242 ff., 246 ff.
  - Zuständigkeit, internationale **172** 251 ff.
- Beachtung ärztlicher Anordnungen **172** 206
- Bedingungsanpassung **176** 35
- Belege **172** 212a ff.
- Benachrichtigung, jährliche **176** 12
- Beruf, zuletzt ausgeübter **172** 62 ff.
- Berufsunfähigkeit **172** 73 ff.; **192** 191 ff.
  - Arbeitslose **172** 101 ff.
  - Ärzteklausel **172** 54
  - Auszubildende **172** 104 ff.
  - Beamte **172** 88 ff.
  - Beruf, zuletzt ausgeübter **172** 62 ff.
  - Berufswechsel **172** 65 ff., 68 ff.
  - Beweislast **172** 120
  - Eintritt während der Dauer der Gefahrtragung **172** 127 ff.
  - Erwerbsunfähigkeitsklauseln **172** 56
  - fortdauernde **172** 123 ff.
  - Grad der **172** 110 ff.; **173** 13
  - Hausfrau/Hausmann **172** 99 f.
  - Herbeiführung, vorsätzliche **172** 194
  - Kausalität **172** 138 ff.
  - Kooperationsobliegenheit **172** 140
  - Körperverletzung **172** 133 f., 136
  - Kräfteverfall **172** 133 f., 137
  - Krankheit **172** 133 f.
  - mitgebrachte **172** 128
  - Nachweis **172** 263 ff.
  - Pflegebedürftigkeit **172** 57, 59 ff.
  - Piloten **172** 55
  - Prognose **172** 49, 119 ff.
  - psychische Erkrankungen **172** 135
  - Reserveursachen **172** 139
  - Schüler **172** 104 ff.
  - Selbständige **172** 79 ff., 265
  - Studenten **172** 104 ff.
  - teilweise **172** 186
  - Therapie **172** 140
  - Ursachen der **172** 133 ff.
  - Vereinbarungen, abweichende **172** 52 ff.
  - vermutete **172** 131, 264
- Berufsunfähigkeitszusatzversicherung **Vor 172** 5 f.
- Besonderheiten der **176** 56 ff.
- Beweislast **172** 34 ff.
- Bezugsberechtigung **172** 38b; **176** 21 ff.
- Daten, personenbezogene **172** 212b
- Datenbanken **172** 26
- Datenerhebung, Einwilligung in die **213** 116 ff.
- Dokumentenvorlage **172** 209 ff.
- Eintritt des Versicherungsfalles vor Berufswechsel **172** 72
- Eintrittsrecht **176** 55
- Elternzeit **212** 3a
- Erwerbsminderung **Vor 172** 10 ff.
- Erwerbsunfähigkeitsklauseln in der **177** 11 ff.
- Erwerbsunfähigkeitsversicherung **177** 1; s. auch dort
- für fremde Rechnung **172** 38b, 205c
- Geburtsurkunde **172** 210
- Gefahränderung **176** 19 f.
- Gefahrerheblichkeit **172** 15 f.
- Gefahrtragung **172** 44 ff.
- Gesundheitslage zum Zeitpunkt des Vertragsschlusses **172** 212f
- Gruppenfreistellungsverordnungen **Vor 172** 9
- Hauptversicherung **172** 42 f.
- Herbeiführung des Versicherungsfalls **176** 26 ff., 30 f.
- Informationen **172** 209, 213
- Inhalt des Versicherungsvertrages **172** 37 ff.
- Kenntnis **172** 25; **176** 13
- Kulanzentscheidung **173** 11
- Kündigung **172** 22 ff.; **176** 41 f., 47 ff.
- Lebensversicherung **Vor 150** 32 f., 42
- Leistung des Versicherers **172** 1 ff., 220 ff.
  - Ablehnung der Leistungspflicht **173** 29 ff.
  - Abtretung **172** 232 f.
  - Anerkenntnis **173** 8 ff.
  - Anzeige des Versicherungsfalls **172** 225 f.
  - Beweislast **172** 262 ff.
  - Darlegungslast **172** 262 ff.
  - Erlöschen der Leistungsansprüche **172** 234 ff.
  - Fälligkeit **172** 227 ff.
  - Geltendmachung des Anspruchs **172** 229 ff.
  - Pfändungsschutz **172** 233
  - Rente **172** 220 ff.
  - Verjährung **172** 240
  - Versicherungsschein **172** 230
  - Verweisung **172** 3
  - Verzug **172** 228
- Leistungsänderung **176** 34
- Leistungsfreiheit **172** 28, 208; **174** 1 ff.; **175** 3 ff.
  - Bestandsschutz **174** 5 ff.
  - Beweislast **174** 37
  - Eintritt der **174** 33 ff.
  - Nachprüfungsverfahren **174** 8 ff.
- Mischformen **177** 8
- Mitwirkungsobliegenheiten **172** 205b, 209 ff., 214 ff.; **176** 16
- Modellrechnung **176** 10, 56
- Nachfrage in Textform **172** 11 f.
- Nachprüfungsverfahren **172** 214 ff., 235; **174** 10 ff., 13 ff., 18 ff., 25 ff., 30 ff.
- Namensänderung **172** 205e
- Obliegenheiten **172** 14 ff., 205 ff., 216 ff., 273 f.; **174** 30 ff.
- Personenversicherung **Vor 172** 4
- Pfändungsschutz **167** 5, 26 f.; **176** 43 ff.
- Prämienänderung **176** 32 f.
- Prämienfreistellung **165** 5; **176** 36 ff.
- private **Vor 172** 10 ff.
- Recht auf informationelle Selbstbestimmung **172** 212g
- Rentenversicherung, gesetzliche **Vor 172** 10 ff.
- Reserveursachen **172** 185

Sachverzeichnis

- Risikoausschlüsse **172** 179 ff., 204, 272; **176** 15
  - Allgemeine Versicherungsbedingungen (AVB) **172** 181 f.
  - Herbeiführung der Berufsunfähigkeit **172** 194
  - Herbeiführung des Versicherungsfalls **172** 192 f.
  - innere Unruhen **172** 190 f.
  - Kernenergie **172** 195 ff.
  - Kraftfahrzeuge **172** 204
  - Krieg **172** 198 ff.
  - Luftverkehr **172** 204
  - Reserveursachen **172** 185
  - Straftat **172** 187 ff.
  - Waffen **172** 202 f.
  - Zusammentreffen versicherter und ausgeschlossener Ursachen. **172** 184 ff.
- Risikoprüfung **172** 27
- Rückkaufswert **169** 42; **176** 51 ff.
- Rücktritt **172** 21, 23 f.
- Rückwärtsversicherung **172** 45
- Schweigepflichtentbindung **172** 212c ff.
- Summenversicherung **Vor 172** 4
- Täuschung, arglistige **172** 29 ff.
- Übergangsrecht **Vor 172** 15 ff.
- Überschussbeteiligung **153** 9; **176** 8 f.
- Umschulungsmaßnahmen **172** 207
- Untersuchungen, ärztliche **172** 212, 214a; **176** 5
- Vereinbarungen, abweichende **175** 1 ff.
- Vergleichsbetrachtung **174** 19 ff.
- Verpflichtung des Versicherers **172** 37 ff.
- Verpflichtungen des Versicherungsnehmers **172** 39 ff.
- Versicherte Person **172** 38; **176** 3 ff.
- Versicherungsfall **172** 49 ff.
- Versicherungsverträge, ähnliche **177** 1 ff.
- Vertragsabschluss **172** 5 ff.
- Vertragsbeendigung **172** 9
- Verweisung **172** 141 ff.
  - Arbeitslose **172** 152
  - Ausbildungsentsprechung **172** 156 ff.
  - Eignung zur Aufnahme des Verweisungsberufs **172** 149
  - Einkommenseinbuße **172** 162 ff.
  - Fähigkeitsentsprechung **172** 156 ff.
  - konkrete **172** 176 ff.
  - Lebensstellung des Versicherten **172** 160 ff.
  - Mobilität, räumliche **172** 151
  - Nichtbestehen einer Verweisungsmöglichkeit **172** 267 ff.
  - Nischenarbeitsplatz **172** 153
  - Schonarbeitsplatz **172** 153
  - Selbständige **172** 174 f.
  - Stichtagsprinzip **172** 144 ff.
  - Umschulung **172** 159
  - Verweisungsberuf **172** 150 ff.
  - Verweisungsmöglichkeit, neue **174** 13 ff., 25 ff.
  - Wertschätzung, spürbarer Verlust an **172** 172 ff.
- Weiterbildungsmaßnahmen **172** 207
- Widerruf des Versicherungsnehmers **176** 6 f.
- Zusatzversicherung **172** 42 f.

Berufsunfähigkeitszusatzversicherung 165 5, 23; **167** 5; **172** 42 f.
- Ablehnung der Leistungspflicht **173** 29
- Anwendungsbereich der §§ 172–177 **Vor 172** 5 f.
- Bezugsberechtigung **176** 25
- Kündigung des Versicherungsnehmers **168** 17
- Modellrechnung **154** 7

- Pfändungsschutz **167** 28 f.
- Prämienfreistellung **176** 38
- Rückkaufswert **169** 42; **176** 53

Berufswechsel 181 5; **192** 169
Besatzungsverschulden 137 15
Beschädigung 100 190; **130** 10
Beschaffenheitsgarantie 100 53
Bescheinigungspflicht des Versicherers 113 18 ff.
Beseitigungsansprüche 100 31
Bestandsentmischungen, Gefahr von 204 294 ff.
Bestandsschutz 174 5 ff.
Bestandsübertragung Vor 150 39, 48; **204** 26
Bestätigungspflicht des Versicherers 146 1 ff.
Bestimmungsrecht des Versicherungsnehmers 159 12 ff.
Beteiligtenmehrheit 103 64 ff.; **116** 11 f.; **117** 60 ff.
Betreuung Vor 113 19; **150** 6
Betrieb von privaten Eisenbahnen Vor 113 19
Betriebliche Krankenversicherung Vor 192 678 ff.; **203** 222 f.
Betriebshaftpflichtversicherung 102 1 ff., 27 ff.
- Abdingbarkeit des § 102 **102** 133
- Abtretungsverbot **108** 87
- Anteilsveräußerung **102** 120
- Auseinandersetzung, tätliche **102** 92
- Begriff **102** 8
- Berufshaftpflichtversicherung, Abgrenzung zur **102** 17 ff.
- Beteiligung mehrerer Personen **102** 98 ff.
- Betriebsangehörige, vorschriftswidriges Handeln **102** 53
- Betriebssphäre, Zuordnung zur **102** 56 ff.
- Branchenüblichkeit **102** 60
- Eigenverantwortlichkeit **102** 33
- Erbangelegenheiten **102** 124 f.
- Gefahren des täglichen Lebens **102** 15
- Gefälligkeiten **102** 56 ff.
- Gegenstand des Versicherungsschutzes **102** 47 ff.
- Haftungsrisiko **102** 88
- Handlungsbevollmächtigte **102** 90
- Hilfe, unentgeltliche **102** 64
- Leiharbeitnehmer nach dem Arbeitnehmerüberlassungsgesetz **102** 93
- Mitgesellschafter, Aufnahme **102** 122
- Mitversicherung, Ausschluss der **102** 133
- Personen **102** 69 ff., 79 ff., 86 ff.
- Pflicht-Haftpflichtversicherung **102** 32
- Privathaftpflichtversicherung, Abgrenzung zur **102** 13 ff., 47 ff.
- Prokurist **102** 89
- Rauchen in einer Arbeitspause **102** 62
- Rückgriff bei mehreren Versicherten **123** 6
- Schädigung, mutwillige **102** 65, 92
- Teilnahme am allgemeinen Verkehr **102** 63
- Übernahme des Unternehmens **102** 99 ff., 112 ff.
- Umfang des Versicherungsschutzes **102** 46 ff.
- Unternehmen als Versicherungsnehmer **102** 66 ff.
- Unternehmensbegriff **102** 35 ff.
- Veräußerung der von der Versicherung erfassten Sache **122** 8
- Veräußerung des Unternehmens **102** 99 ff., 108 ff.
- Verpachtung des Unternehmens **102** 119
- Zerschlagung des Unternehmens **102** 117
- Zwangsversteigerung des Unternehmensgrundstücks **102** 126
- Zweck der Regelung **102** 6 ff.

Sachverzeichnis

Betriebssicherheit **Vor 113** 19
Bewachungsgewerbe **Vor 113** 19
Bewegungsfreiheit, körperliche **178** 62
Beweissicherung, Antrag auf **104** 20
Beweisverfahren, selbständiges **104** 20
Bewertungsreserven **Vor 150** 37; **153** 6, 25 ff., 52 ff., 57
Bewusstseinsstörungen **178** 114, 116 ff., 129 ff.; **192** 162
Bezugsberechtigung **159** 1 ff., 5 ff., 119
– Abtretung **159** 96 f.
– Altersversorgung, betriebliche **159** 117
– Änderung § 330 BGB **159** 4
– Auslegung **160** 1 ff.
  – Abdingbarkeit **160** 24 f.
  – Bezugsberechtigung **160** 5 ff.
  – Fiskus als Erbe **160** 17 f.
  – Nichterwerb des Bezugsrechts **160** 19 ff.
– Begünstigungserklärung **159** 21 ff.
  – Abtretung **159** 55
  – Änderung **159** 49 ff.
  – Anfechtung **159** 109 f.
  – Auslegung **159** 34 ff.
  – Benennung, namentliche **159** 37
  – Bestimmtheit **159** 33
  – Bestimmung durch AVB **159** 36
  – Bezugsrecht, gestuftes **159** 46 f.
  – Ehegatte **159** 38 ff.
  – Erben **159** 43 f.
  – Formfragen **159** 28 ff.
  – Haftung für fehlgeschlagene **159** 58 ff.
  – Hinterbliebene **159** 45
  – Inhaber der Police **159** 48
  – Kündigung der Lebensversicherung **159** 52 f.
  – Policierung des Bezugsrechts **159** 31 f.
  – Schweigen **159** 51
  – Sicherungsabtretung **159** 55 ff.
  – Vereinbarungen zwischen Versicherungsnehmer und Bezugsberechtigtem **159** 54
  – Verfügung des Versicherungsnehmers, letztwillige **159** 35, 50
  – Verpfändung **159** 57
  – Widerruf **159** 49 ff.
– Berufsunfähigkeitsversicherung **172** 38b
– Bestimmungsrecht des Versicherungsnehmers **159** 12 ff., 15 ff.
– Bezugsrecht **159** 65 ff.
  – Anfechtung des **159** 115
  – eingeschränkt widerrufliches **159** 79 f., 111
  – einheitliches **159** 81 f.
  – Erben **160** 9 ff.
  – Fehlen **159** 116
  – gespaltenes **159** 81 f.
  – gestuftes **159** 46 f.; **160** 7
  – geteiltes **160** 8
  – Insolvenz des Versicherungsnehmers **159** 105 ff., 116 ff.
  – Schutzpflichten des Versicherers **159** 69
  – Sicherungszession **159** 98 ff.
  – unwiderrufliches **159** 72 f., 106 f.
  – Versicherungsleistung, Anspruch auf die **159** 65 ff.
  – widerrufliches **159** 70 f., 98 f., 112 ff.
  – Zwangsvollstreckung in das **159** 102 ff.
– Ehegatte **159** 38 ff.
– Erben **159** 43 f.; **160** 9 ff.

– Gerichtsstand **215** 16 ff.
– Geschäftsgrundlage, Wegfall der **159** 92 ff.
– Gestaltungsrechte **159** 95 ff.
– Hinterbliebene **159** 45
– Lebensversicherung als Vertrag zugunsten Dritter **159** 8 ff.
– Nichterwerb des Bezugsrechts **160** 19 ff.
– Normzweck **159** 1 ff.
– Pflichtteilsergänzungsanspruch **159** 90
– Policierung des Bezugsrechts **159** 31 f.
– Rechtsgrund des Begünstigungserwerbs **159** 83 ff.
– Schenkung **159** 87 ff.
– Unfallversicherung **185** 1 ff.
– Valutaverhältnis **159** 83 ff.
– Verpfändung **159** 97
– Zession zur Besicherung eines Kontokorrentverhältnisses **159** 101
– Zuwendung, unbenannte **159** 91
– Zweifelsregel **159** 11
Bilanzrecht
– Handelsbilanzrecht **Vor 192** 560 ff.
– Handelsrecht **Vor 192** 568 ff.
– Krankenversicherung **Vor 192** 560 ff.
– Krankenversicherung, substitutive **Vor 192** 564 f.
– Solvabilität II-R **Vor 192** 536
– Sozialversicherungsrecht **Vor 192** 581 f.
– Steuerbilanzrecht **Vor 192** 583 ff.
– Transformationsgesetze **Vor 192** 566 f.
– Versicherungsaufsichtsrecht **Vor 192** 577 ff.
Bilanzrechtsmodernisierungsgesetz **153** 12
Bilanzselbstmord **161** 37
Billigkeitshaftung nach § 829 BGB **Vor 100** 127 f.
Bindungswirkung **Vor 100** 75 f., 107 ff.
– Einwendungen, versicherungsrechtliche **Vor 100** 115 ff.
– Feststellung, überschießende **Vor 100** 111
– Gesamtschuldner, Prozessführung **116** 21 ff.
– Herbeiführung des Versicherungsfalles **103** 63
– Trennungsprinzip **Vor 100** 103 ff.
– Voraussetzungsidentität **Vor 100** 107 ff.
– Zusammenwirken, kollusives **Vor 100** 114
– Rückgriff des Versicherers **124** 17 ff.
Binnenschifffahrt **130** 7
Binnenschiffsversicherung **130** 17 ff., 21 ff.
Binnenseekasko **210** 14
Binnentransportversicherung **Vor 130** 5, 8
Bisex-Tarife **203** 212, 224 ff.
– Tarifwechsel **204** 17c, 73b, 150a, 212a, 226 ff.
Blutalkohol **178** 118 ff.
Bluthochdruck **Vor 192** 855
Blutungen **178** 160 ff.
Bodenabfertigungsdienste **Vor 113** 19
Borderline-Syndrom **161** 39
Borderos **209** 63
Branchenüblichkeit **102** 60
Brandenburg **Vor 113** 20
Bremen **Vor 113** 20 f.
Brille **178** 236
Bruttoprämie **203** 363 ff.
Bundesanstalt für Finanzdienstleistungsaufsicht (BaFin) **Vor 100** 30
Bundesbahnbeamte **Vor 192** 21
Bürgerversicherung **Vor 192** 136 ff.; **193** 7
Bußgeldsachen **128** 14

2009

Sachverzeichnis

C

Caissonerkrankung 178 60
Cannabis 201 31
Case Management 192 109
Causa proxima 130 11 f.
Cessio legis 117 49 ff., 63
- Befriedigungsvorrecht des Dritten **117** 62
- Beteiligung mehrerer Personen **117** 60 ff.
- Feststellungsklage **117** 65
- Gegenansprüche des Schädigers **117** 57
- Gegenstand **117** 49 f., 54
- Gerichtsstand **117** 64
- Höhe der Schadensersatzforderung **117** 55 f.
- Prozessuales **117** 63 ff.
- Rechtswirkungen **117** 58 f.
- Umfang **117** 54 ff.
- Voraussetzungen **117** 51 ff.

China Vor 192 332 ff.
Chronische Erkrankungen Vor 192 1252
Cif-Verkauf 139 4
CMR-Versicherung 130 14
Common Frame of Reference Vor 150 55
COMPASS Private Pflegeberatung GmbH Vor 192 216
Corona-Warn-App 213 38
Covid-19-Pandemie 103 19; **125** 13; **213** 38

D

D&O-Versicherung 100 122; **108** 108
Dänemark Vor 192 302 ff.; **215** 63, 68
Daseinsvorsorge, Verpflichtung zur Vor 113 4
Daten, personenbezogene 172 212b ff.
Datenbanken 172 26
Datenerhebung 172 212b ff.; **213** 52 ff.
Datenschutz 213 1 ff.; *s. auch Erhebung personenbezogener Gesundheitsdaten bei Dritten*
Dauerhaftigkeitsgrundsatz Vor 192 735 ff.
Dauerleiden 192 159
Deckungsablehnung 111 22 ff.
Deckungserweiterung, vertragliche 113 26
Deckungskapital 169 7 ff., 65 ff., 75 ff.
- Pfändungsschutz **167** 39 ff.
- Prämienfreistellung **165** 27
- Zillmerung **169** 10 ff., 30 f.

Deckungsrückstellung 169 75 ff.; **Vor 192** 572
Deckungszusage 125 35 ff.
Deliktsfähigkeit, beschränkte 103 36 ff.
Deliktsunfähigkeit 103 33
Demographie Vor 192 61 ff., 151
Deponie Vor 113 19
Depression 161 39
Deregulierung 169 16; **Vor 192** 379
Diabetes Vor 192 857
Diagnostik, pränatale 213 44
Dienstleistungen, zusätzliche 192 86 ff.
Digitalisierung Vor 192 1447 ff.
- Kalkulation nach Art der Lebensversicherung **Vor 192** 1453 ff., 1459 ff., 1466
- Kalkulation nach Art der Schadenversicherung **Vor 192** 1467 ff.
- Rahmenbedingungen, versicherungsrechtliche **Vor 192** 1452 ff.
- Rechtsschutzversicherung **125** 14

Direktanspruch
- Insolvenz des Versicherungsnehmers **110** 11
- Pflichthaftpflichtversicherung **115** 1 ff., 7 ff.
  - Abfindungsvergleich **115** 26
  - Akzessorietät **115** 12, 21
  - Aufenthalt des Versicherungsnehmers **115** 17
  - Beklagte **115** 48
  - Beweislast **115** 49
  - Drittwirkung bestimmter Umstände. **115** 41 f.
  - Entstehungsgeschichte **115** 4 ff.
  - Eröffnungsgrund **115** 14 ff.
  - Fälligkeit **115** 18a
  - Gerichtsstand **115** 43 ff.
  - Gesamtschuldner **115** 24 ff.
  - Hemmung der Verjährung **115** 32 ff.
  - Insolvenz des Versicherungsnehmers **115** 16 f.
  - Prozessuales **115** 43 ff.
  - Rechtskrafterstreckung **124** 4
  - Schadensersatz **115** 12 f., 19 f.
  - Selbstbehalt **115** 22
  - Sozialversicherungsträger **115** 9, 30
  - Umfang der Leistungspflicht **115** 21 ff.
  - Verjährung **115** 27 ff.
  - Versicherer, falscher **115** 40
  - Versicherungsnehmer als Dritter **115** 10
  - Verzug **115** 18b
  - Voraussetzungen **115** 12 ff.
  - Zeitpunkt, maßgeblicher **115** 18
  - Zweck **115** 3

Direktgutschriften Vor 192 882
Direkttransport 133 3, 7
Direktversicherung Vor 150 57, 65 ff.; **Vor 192** 371, 373
Direktzusage Vor 150 58
Disease-Management-Programme (DMP) 192 109 f.
Diskriminierung Vor 192 839 ff.; **203** 207 f.
Dispache 130 26
Dividendenausschüttung Vor 192 781
Doppelmangel 108 46
Dread-Disease-Versicherung Vor 150 31, 42; **163** 9
Dritte 100 72 ff., 87 ff.
- Abtretung **108** 99 ff., 114 ff.
- Anzeigepflichten **119** 10 ff.
- Aufrechnung **121** 1 ff.
- Auskunftspflicht **119** 18 f.
- Befriedigungsvorrecht **117** 62
- Belegpflicht **119** 20 ff.
- Direktanspruch **100** 89
- Haftpflichtforderung **108** 54 ff.
- Konfusion **100** 76 ff.
- mehrere **109** 16 ff.
- Mitversicherte **100** 79 ff.
- Obliegenheitsverletzung **120** 1 ff.
- Rechtslage nach dem Inkrafttreten des VVG 2008 **100** 91 ff.
- Rentenanspruch **107** 1 ff.
- Versicherungsnehmer als **115** 10

Drittes Durchführungsgesetz/EWG zum VAG Vor 100 28
Drittschutz 114 16
Drittstaaten Vor 192 408
Drohungen 104 20
Drug Utilisation Review 192 109
Durchschnittsrisiko 203 640 ff., 647 ff.
Dysfunktion, erektile 192 21

Sachverzeichnis

E

Ehegatten **159** 38 ff.; **170** 8
Eichweisen **Vor 113** 19
Eigenbehandlung **192** 20
Eigenbewegungen **178** 66 ff., 103
Eigenkapitalquote **Vor 192** 785
Eigenschaften, zugesicherte **100** 45, 48 ff.
Eigentümergrundpfandrecht **148** 6; **149** 1 ff.
Eigentumsgarantie **Vor 150** 37
Einatmen giftiger Gase **178** 59
Einbezug stiller Reserven, Pflicht zum **Vor 150** 4a
Eingriff
– enteignungsgleicher **100** 60
– körperlicher **178** 171, 175 ff.
Einheitskasse **Vor 192** 82
Einheitslösung **153** 44
Einheitstarife der PKV **203** 227 ff.; *s. auch Krankenversicherung, private, Einheitstarife*
Einkaufsmanagement **Vor 192** 515
Einkommensausfallversicherung **177** 2
Einkommenseinbuße **172** 162 ff.
Einkommensteuerrecht **Vor 150** 5
Einmalprämie, Versicherung gegen
– Anpassungsbefugnis **163** 84
– Kündigung **166** 4 f.
– Lebensversicherung **152** 14 f.
– Prämienfreistellung **165** 3
– Rückkaufswert **169** 98
Einsichtsrecht **202** 7 ff.
Eintrittsrecht **170** 1 ff.; **176** 55; *s. auch Lebensversicherung, Eintrittsrecht*
Einwendungen, versicherungsrechtliche **Vor 100** 115 ff.
Einwilligungserfordernis **150** 3 ff.
Einwirkung von außen **178** 55 ff.
Einzelrisiko **203** 643
Einzeltarif **204** 250, 252
Einzelversicherung **Vor 192** 672, 674
Eisenbahnen **102** 32; **Vor 113** 20
Eizellspende **192** 28
Eltern **Vor 192** 118
Elternzeit **212** 1 ff.
Empfehlung von Anwälten durch den Versicherer **127** 8 f.
Enteignungsanspuch **100** 59
Entgeltumwandlung **Vor 150** 59, 61
Entsorgungsfachbetriebe **Vor 113** 19
Entwicklungen, zukünftige **118** 12
Entwicklungshilfe **Vor 113** 19
Epilepsie **178** 127
Erbangelegenheiten **102** 124 f.
Erbbaurecht **142** 6; **144** 5, 7; **149** 4
Erben
– Begünstigungserklärung **159** 43 f., 58
– Bezugsberechtigung **160** 9 ff.
– Fiskus als Erbe **160** 17 f.
– Haftung der **110** 27
– Herbeiführung des Versicherungsfalls **183** 9
Erbkrankheit **Vor 192** 1345 u f.
Ereignis **100** 111; **104** 15; **178** 53 f.
Erfolgsaussichten, Rechtsschutzversicherung **128** 17 ff.
Erfüllbarkeit, dauernde **Vor 192** 700 ff., 712, 743, 986 ff.

Erfüllung **100** 23 ff.
Ergänzungspfleger **179** 10
Ergänzungsversicherung **Vor 192** 165 ff., 642 f.
– Abrechnung aus einer Hand **192** 15
– Alterungsrückstellung **Vor 192** 1110, 1120
– Pflegeergänzungsversicherung **192** 218 f.
– Wettbewerbsrecht **Vor 192** 534
Erhängen **161** 24
Erhebung personenbezogener Gesundheitsdaten bei Dritten **213** 1 ff., 7 ff.
– Altverträge **213** 136
– Beweislast **213** 167
– Corona-Warn-App **213** 38
– Datenerhebung **213** 52 ff.
– Datenquellen **213** 59 ff.
– Einwilligung **213** 95 ff., 116 ff.
– Erforderlichkeit der Datenerhebung **213** 77 ff., 154
– Ermittlungsmethoden, verdeckte **213** 172
– GDV-Verhaltensregeln **213** 24 ff., 90, 96, 99, 108, 155 f.
– Gesundheitsdaten, personenbezogene **213** 34 ff.
– Kosten **213** 149
– Nachholen einer rechtmäßigen Erhebung **213** 166
– Nasciturus **213** 44
– Opt-in-Lösung **213** 110
– Pandemiebekämpfung **213** 45
– Personengemeinschaften **213** 45
– Persönlichkeitsrecht, postmortales **213** 41 ff.
– Prozessuales **213** 151 ff.
– Rechtsfolgen **213** 136 ff.
– Schadenersatz **213** 150
– Schweigepflicht, ärztliche **213** 49 ff., 113 ff.
– Self Tracking **213** 36 f.
– Stufenmodell, dialogisches **213** 79
– Telematik-Tarife **213** 37
– Unterrichtungspflicht **213** 120 ff.
– verbotene **213** 164
– Versicherer **213** 33
– Wearables **213** 36
– Widerspruchsrecht **213** 130 ff.
Erholungsheim **178** 267
Erlassvertrag **108** 70
Erlebensfallversicherung **Vor 150** 15 ff., 29; **165** 3; **167** 19; **168** 16
Erlöschenstheorie **168** 27 f.
Ermittlungsmethoden, verdeckte **213** 172
Ermittlungsverfahren **104** 25 ff.
Ersatzbetreuer **179** 10
Ersatzwagenklausel **122** 22
Erstattungsverpflichtete **200** 13 f.
Erstkalkulation **163** 45, 47
Ertrinken **178** 58
Erwerbsminderung **Vor 172** 10 ff.
Erwerbspersonen **Vor 192** 69
Erwerbsunfähigkeitsklauseln **172** 56; **177** 11 ff.
Erwerbsunfähigkeitsversicherung **177** 1, 4 ff.
– Anerkennung der Leistungspflicht **177** 9
– Lebensversicherung **Vor 150** 33, 42
– Leistungsfreiheit **177** 9
– Mischformen **177** 8
– Nachprüfungsverfahren **177** 9
– selbständige **177** 5 ff.
– Versicherungsfall **177** 6
– Verweisung **177** 10
Europarecht **Vor 192** 348 f., 368 ff.
– Krankenversicherung, private **Vor 192** 609 f.

2011

Sachverzeichnis

- Krankenversicherung, substitutive **Vor 192** 745 ff., 757
Euro-Tarife 193 23
Excess of loss (XL) 209 46
Exhumierung 161 21
Expertenkommission zur VVG-Reform 192 9

F

Fahrerschutzversicherung Vor 100 53
Fahrlässigkeit, bewusste 103 25 ff.
Fahrradversicherung 130 15
Fahruntüchtigkeit 178 119 ff.
Fahrzeugversicherung 122 23
Fälligkeit der Versicherungsleistung 106 1 ff.
- Abdingbarkeit **106** 74 ff.
- Anerkenntnis **106** 31 ff., 37 ff.
- Auslösungstatbestände **106** 10 ff.
- Bindungswirkung **106** 20 ff., 37 ff., 50 ff.
- Entschädigungszahlung an den Versicherungsnehmer **106** 59 ff.
- Kosten **106** 68 ff.
- Urteil, rechtskräftiges **106** 12 ff.
- Vergleich **106** 35 ff.
- Zweck der Regelung **106** 4 ff.
- Zwei-Wochen-Frist **106** 28 ff.
Familienangehörige Vor 192 48
Fernabsatz von Finanzdienstleistungen an Verbraucher Vor 150 54
Feststellung, überschießende Vor 100 111
Feststellungsklage Vor 100 68; **108** 26 ff.; **117** 65
Finanzanlagenvermittler Vor 113 19
Finanzrückversicherung Vor 150 5
Fiskus als Erbe 160 17 f.
Flugplatz, Bodenabfertigung Vor 113 19
Flusskaskoversicherung Vor 130 7, 12; **138** 6; **210** 14
Folgeereignistheorie 104 12, 14
Folgeprämienverzug 142 12 ff.; **143** 9, 18 ff.
Folgetheorie 100 113
Fondsgebundene Versicherungen Vor 150 24 ff.
Forderungsauswechselungstheorie 145 12
Forderungsübergang 117 49 ff.; **145** 11; *s. auch Cessio legis*
Fortsetzungsschutz Vor 192 735 ff.
Frachtführer 121 8; **137** 14
Frankreich Vor 192 254 ff., 537
Freistellungsanspruch 125 31 ff.
- Ablehnung, unberechtigte **111** 19 ff.
- Anerkenntnis des Versicherers **111** 12 ff.
- Deckungsablehnung vor Fälligkeit des **111** 22 ff.
- Haftpflichtversicherung **Vor 100** 65 ff., 75 ff.
- Insolvenz des Versicherungsnehmers **110** 23 ff.
Freistellungsanspruch, Verfügung über den 108 1 ff., 18 ff., 51 ff.
- Abänderbarkeit **108** 80 ff.
- Abtretung **108** 84 ff., 99 ff., 112 ff.
- Abtretungsverbot **108** 90 ff., 112 f.
- Abwehranspruch, Nichtabtretbarkeit **108** 89
- Abwehrdeckung **108** 40, 116
- Arrestvollziehung **108** 78
- Aufrechnung **108** 34 ff., 39 ff., 61
- Auskunftsanspruch des Dritten **108** 29 ff.
- Beweislast **108** 79
- D&O-Versicherung **108** 108
- Drittleistung iSv § 267 BGB **108** 32

- Einwendungen des Versicherers **108** 121 f.
- Entstehungsgeschichte **108** 13 ff.
- Erfüllung **108** 32 ff., 37 f.
- Erlassvertrag **108** 70
- Fälligkeit des Zahlungsanspruchs des Dritten **108** 123 ff.
- Feststellungsklage des Dritten gegen den Versicherer **108** 26 ff.
- Großrisiken **108** 20, 110 f.
- Haftpflichtforderung des Dritten **108** 54 ff.
- Insolvenz des Versicherungsnehmers **108** 53, 60, 67
- Nichtverfügungen, Abgrenzung zu **108** 64 ff.
- Rechtshandlungen vor Eintritt des Versicherungsfalls **108** 68 ff.
- Rentenanspruch **108** 62
- Rückabwicklung, bereicherungsrechtliche **108** 44 ff.
- Sozialbindung **108** 1, 6
- Teilabtretung **108** 140
- Trennungsprinzip **108** 1, 3 ff.
- Umwandlung in Zahlungsanspruch **108** 118 ff.
- Unwirksamkeit von Verfügungen **108** 21 ff., 47 ff.
- Verjährung **108** 50, 125
- Verpfändung des Freistellungsanspruchs **108** 106
- Versicherung für fremde Rechnung **108** 74 ff., 88
- Verteilungsschlüssel des § 109 **108** 63
- Vorausabtretung des Freistellungsanspruchs **108** 69
- Vorausverfügung in Form einer Inhaltsänderung **108** 71
- Vorausverzicht **108** 70
- Zahlung eines Vierten gem. § 267 BGB **108** 42 f.
- Zahlungsklage des Dritten gegen den Versicherer **108** 126 ff.
- Zwangsvollstreckung **108** 78
Freitodklausel 161 3; *s. auch Suizid*
Fremdlebensversicherungen 150 2
Fremdversicherung
- Krankenversicherung **Vor 192** 423
- Unfallversicherung **179** 4 ff., 14 ff.; **183** 3 ff., 6
Futtermittelhersteller Vor 113 19

G

Garantiehaftung 100 46
Gasanlagen Vor 113 19
Gase, giftige 178 59
GDV-Verhaltensregeln 213 24 ff., 90, 96, 99, 108
Gebäudefeuerversicherung
- Anschriftsänderung **147** 1 ff.
- Anzeigen an den Hypothekengläubiger **142** 1 ff.; *s. auch Hypothekengläubiger, Anzeigen an den*
- Auskunftspflicht des Versicherers **146** 1 ff.
- Berichtigungsbewilligung **145** 14
- Bestätigungspflicht des Versicherers **146** 1 ff.
- Erbbaurecht **144** 7; **149** 4 f.
- Fortdauer der Leistungspflicht gegenüber dem Hypothekengläubiger **143** 1 ff.; *s. auch Hypothekengläubiger, Fortdauer der Leistungspflicht gegenüber dem*
- Grundpfandrechte **148** 1 ff.; **149** 5 ff., 9
- Kündigung **144** 1 ff., 20 ff.
- Lastenfreiheit des Grundstücks **144** 10 ff., 18 f.
- Mehrfachversicherung **143** 34 ff.
- Mitteilungspflicht des Realgläubigers **147** 6 ff., 11
- Namensänderung **147** 1 ff.
- Niederlassung, Verlegung der **147** 8 f.

Sachverzeichnis

- Rangverhältnis nach dem Übergang **145** 16 ff.
- Übergang der Hypothek **145** 1 ff., 16 ff.
- Veräußerung der versicherten Sache **144** 5
- Versicherung, kombinierte **144** 4
- Zustimmung des Realgläubigers zur Kündigung **144** 13 ff., 18 f.
- Zwangsversteigerung **145** 15

Gebäudeversicherung Vor 100 136 f.
Gebrechen, mitwirkende 178 284 ff.
Geburtskosten 203 152 ff., 867 ff.
Geburtsurkunde 172 210
Gefahr, übernommene 117 30 ff.
Gefahrakzeptanz 150 23 f.
Gefahränderung 132 1 ff., 5 f.; **158** 1 ff.; **176** 19 f.
Gefährdungshaftung 100 29 f.; **Vor 113** 4; **114** 11
Gefahren des täglichen Lebens 102 15
Gefahrengemeinschaft, Versicherung als Vor 100 92
Gefahrenrückversicherung 209 49
Gefahrerheblichkeit 172 15 f.
Gefahrerhöhung
- Krankenversicherung **194** 3, 24 ff.
- Lebensversicherung **158** 1, 5 ff., 15 ff.; **166** 6
- Tarifwechsel **204** 336 f.
- Transportversicherung **132** 7
- Unfallversicherung **178** 300; **181** 1 ff., 8 ff.

Gefahrgeneigte Arbeit Vor 100 132
Gefahrminderung 158 1, 12 ff., 15 ff.; **181** 11
Gefahrperson 201 9 ff.
Gefälligkeiten Vor 100 124; **102** 56 ff.
Geheimhaltungsinteresse des Versicherers 153 68; **163** 108
Geistestätigkeit, krankhafte Störung der 161 31 f.; **172** 192; **178** 115
Gelegenheitsursache 178 100
Gelenkschäden 178 108
Gendiagnostik, vorsorgliche 192 21
Genehmigung, vormundschaftliche 150 40 f.
General Good Requirements 193 23
Generationengerechtigkeit 153 43
Genomanalysen Vor 192 850; **194** 32
Gentechnik 102 32
Gentest 151 12 ff.
Gerichtskostenvorschuss 101 11
Gerichtsstand 115 46; **215** 1 ff.
- Allgemeine Versicherungsbedingungen (AVB) **215** 70 f., 76 ff., 86 ff.
- Auslandsbezug **172** 254 f., 260 f.
- Direktanspruch **115** 43 ff.
- Entstehungsgeschichte **215** 4 f.
- Erfüllungsort **115** 45a
- Handlung, unerlaubte **115** 45
- Niederlassung **115** 44
- Sitz des Versicherungsnehmers **215** 6 ff., 28 ff., 38 ff., 43 ff.
  - Altverträge **215** 38
  - Aufenthalt, gewöhnlicher **215** 49 ff.
  - Ausschluss von § 33 Abs. 2 ZPO **215** 57
  - Beweislast **215** 69
  - Bezugsberechtigte **215** 16 ff.
  - Erbfall **215** 20
  - Geschädigte **215** 27, 37
  - Grundpfandgläubiger **215** 23 ff.
  - Insolvenzverwalter **215** 26
  - Klagen gegen den Versicherungsnehmer **215** 52 ff.
  - Mahnverfahren **215** 41
  - Neue Versicherungsnehmer nach Vertragsübergang **215** 19 ff.
  - Parteienmehrheit **215** 56
  - Pfandgläubiger **215** 23 ff.
  - Reallastgläubiger **215** 23 ff.
  - Vererbung einzelner Ansprüche **215** 22
  - Versicherte **215** 16 ff.
  - Vollstreckungsabwehrklagen **215** 42
  - Wohnsitz des Versicherungsnehmers **215** 44 ff., 51
  - Zessionare **215** 23 ff.
  - Zulässigkeit abweichender Vereinbarungen **215** 58 ff.
  - Zuständigkeit, internationale **215** 63
- Zivilprozessrecht, europäisches **115** 47

Gerichtsverfahrensrecht Vor 192 1424 f.
Gesamtrechtsnachfolge 122 7
Gesamtschuldner
- Direktanspruch **115** 24 ff.
- Pflichthaftpflichtversicherung **116** 1 ff., 4 ff.
  - Aufwendungsersatzanspruch **116** 13 ff.
  - Beteiligtenmehrheit **116** 11 f.
  - Beweislast **116** 20
  - Bindungswirkung **116** 21 ff.
  - Leistungsfreiheit des Versicherers **116** 7 f.
  - Prozessuales **116** 20
  - Regulierung, berechtigte **116** 9 f.
  - Verhältnis der Gesamtschuldner **116** 2 ff.
  - Verjährung **116** 16 ff.
  - Zuständigkeit, gerichtliche **116** 23

Gesamtverband der Deutschen Versicherungswirtschaft (GDV) Vor 192 187
Geschädigte
- Gerichtsstand **215** 27, 37
- mehrere **109** 1 ff.
  - Berechnung **109** 22 ff.
  - Bereicherung, ungerechtfertigte **109** 47 ff.
  - Dritte **109** 16 ff., 33 ff.
  - Mehrfachversicherung **109** 26
  - Neuberechnungen **109** 32
  - Prioritätsprinzip **109** 3
  - Prozessuales **109** 50 ff.
  - Quotenvorrecht **109** 19
  - Regressforderungen **109** 25
  - Sozialversicherungsträger **109** 18
  - Übersteigen der Versicherungssumme **109** 22 ff.
  - Verschulden des Versicherers, fehlendes **109** 44 ff.
  - Versicherungssumme, Erschöpfung der **109** 4 ff., 37 ff.
  - Verteilungsverfahren **109** 11 ff., 41 ff.
  - Zeitpunkt, maßgeblicher **109** 29 ff.

Geschäftsfähigkeit 150 6, 38 ff.
Geschäftsgeheimnisse 203 909 ff.
Geschäftsgrundlage 159 92 ff.; **163** 16; **203** 1015
Geschlechtsneutralität Vor 192 839 ff.; **203** 148 ff., 229 ff.
Geschlechtsumwandlung 192 32; **203** 226
Gesellschaft bürgerlichen Rechts (GbR) 102 68
Gesundheitsdaten, personenbezogene 213 1 ff., 34 ff.; *s. auch Erhebung personenbezogener Gesundheitsdaten bei Dritten*
Gesundheitsfonds Vor 192 81
Gesundheitskarte, elektronische 192 106; **193** 47
Gesundheitsleistungen Vor 192 558; **192** 93 f.

Sachverzeichnis

Gesundheitsmanagement 192 89 f., 109 ff.
- Ärztenetzwerk **Vor 192** 514
- Beratung, telefonische **192** 121
- Case Management **192** 109
- Disease-Management-Programme (DMP) **192** 109 f.
- Drug Utilisation Review **192** 109
- Einkaufsmanagement **Vor 192** 515
- Einzelverträge **Vor 192** 516 f.
- Hausarzt-Modell **192** 118
- Health Maintenance **192** 109
- Kartellrecht **Vor 192** 513 ff.
- Kooperation mit Leistungserbringern **192** 112 ff.
- Krankheiten, chronische **192** 110
- Pharmaceutical Benefit Managements **192** 109
- Preferred Provider Organisations **192** 109
- Versorgungsmanagement **192** 111
- Verteilungsmanagement **Vor 192** 515

Gesundheitsreform Vor 192 1031 ff., 1426 ff.
- Alterungsrückstellung **Vor 192** 1108 ff., 1385 ff.
- Arbeitgeberzuschuss **Vor 192** 1121 ff.
- Basistarif **Vor 192** 1035 ff., 1426
- Beitragszuschlag, gesetzlicher **Vor 192** 1392
- Bundesverfassungsgericht **Vor 192** 1129 ff.
- Eckpunkte der VVG-Reform **Vor 192** 1377 ff.
- Krankenversicherung, private **Vor 192** 358
- Kündigungsverbot **Vor 192** 1095 ff., 1103 ff., 1428
- Tarifwechsel **Vor 192** 1429 f.; **204** 41 f., 68 ff.
- Versicherungspflicht **Vor 192** 1088 ff., 1099 ff., 1427

Gesundheitsschädigung, unfreiwillige 178 87 ff.
Gesundheitswesen 203 972 ff.
- Medizintechnologie, neue **203** 1009 f.
- Verhältnisse, medizinische **203** 983 f.
- Verhältnisse, Veränderung der **203** 966 ff., 986 f., 1009 ff.
- Verwaltungsbehörden **203** 981 f.
- Wirtschaftlichkeitsgebot **203** 1003 ff.

Gesundheitszustand 156 1; **174** 10 ff., 19 ff.
Gewinn- und Verlustrechnung Vor 192 767
Gewinnabführungsverträge 153 62 a
Gewinnausschüttungen 153 62 a
Gewinnbeteiligung Vor 150 37 f.
Gewinnerwartungen 154 1
Gewinnerzielungsabsicht 102 45
Gewinnschwankungen 153 43
Gewinnzusage 128 16; **154** 25
Gewinnzuschlag 163 53
Gift 161 25
GKV-Mitgliedschaft 204 232 ff.
Gleichbehandlungsgrundsatz Vor 192 395; **203** 156 ff.
Gliedertaxe 178 232 ff.
Gliedmaße 178 108 ff.
GmbH-Geschäftsführer 192 140
Griechenland Vor 192 278 ff.
Großbritannien Vor 192 228 ff.; **215** 63
Großrisiken 210 1 ff., 13
- Allgemeine Versicherungsbedingungen (AVB) **210** 9 ff.
- Anerkenntnis des Versicherungsnehmers **105** 31 ff.
- Dispositivität, Grenzen der **210** 22
- Freistellungsanspruch, Verfügung über den **108** 20, 110 f.
- kraft Sparte **210** 14 f.
- kraft wirtschaftlicher Größe **210** 16

- Luftfahrtversicherung **Vor 130** 18
- Transportversicherung **Vor 130** 10
- Versicherung, laufende **210** 17 ff.
- Versicherungsprodukt, kombiniertes **210** 14

Grundkapital, Verzinsung 153 31
Grundpfandgläubiger 215 23 ff.
Grundpfandrecht 145 7 ff.; **148** 1 ff.; **149** 5 ff., 9
Grundschuld 148 6; **149** 6
Grundsicherung 193 19
Grundurteil 106 14
Gruppenfreistellungsverordnungen Vor 172 9
Gruppenlebensversicherung 150 5; **152** 5 a
Gruppenversicherung
- Krankenversicherung **Vor 192** 673 ff.; **193** 12; **194** 49
- Kündigung **206** 31 ff.; **207** 19 ff.
- Tarifwechsel **204** 114 ff., 127 ff., 233
- Versichererwechsel **204** 441 ff.

Gutachterverfahren, Rechtsschutzversicherung 128 1 ff.
- Abrategebühr **128** 52 ff.
- Aktualisierung der Abrechnungsregeln im Hinblick auf das RVG **128** 61
- Bagatellbußgeldsachen **128** 14
- Deckung, Ablehnung der **128** 21 ff.
- Erfolgsaussichten **128** 17 ff.
- Fristsetzung **128** 35 ff.
- Gegenstandswert **128** 60
- Gewinnzusage **128** 16
- Hinweispflicht **128** 24
- Interessen, rechtliche **128** 55 ff.
- Kosten **128** 30 ff., 47 ff.
- Mutwilligkeit **128** 10 ff., 15 ff.
- Schiedsgutachterverfahren **128** 7 f., 40 ff., 59
- Stichentscheid **128** 7, 9 ff., 25 ff.
- Vermögenslosigkeit **128** 15

Güterkraftverkehr, gewerblicher Vor 113 19
Gütertransportversicherung 130 3 ff., 13 ff.
Güterversicherung Vor 130 4, 7, 12 f.; **133** 1 ff.
Gutgläubigkeit des Versicherten 123 16 ff.
Guthaben, prospektives 154 16

H

Haftpflichtversicherung Vor 100 55 ff., 63 f., 148 ff.; **113** 3 ff.
- Abwehrfunktion **Vor 100** 63 f.
- Allgemeine Bedingungen für die Kraftfahrtversicherung (AKB) **Vor 100** 46 ff.
- Allgemeine Versicherungsbedingungen (AVB) **Vor 100** 168 ff.
- Allgemeine Versicherungsbedingungen für die Haftpflichtversicherung (AHB) **Vor 100** 33 ff.
- Allgemeines **Vor 100** 1 ff.
- Anerkenntnis des Versicherungsnehmers **105** 1 ff.; s. auch dort
- Anerkenntnisverbot, Wegfall **Vor 100** 80
- Anzeigepflicht des Versicherungsnehmers **104** 1 ff.; s. auch dort
- Architekten-Haftpflichtversicherung **100** 146 f.
- Aufrechnung gegenüber Dritten **121** 3
- Bedarfsdeckung, konkrete **Vor 100** 148
- Befreiungsanspruch **Vor 100** 65 ff., 75 ff.
- Befriedigungsverbot, Wegfall **Vor 100** 80
- Betriebshaftpflichtversicherung **102** 1 ff.; s. auch dort
- Entwicklung der **Vor 100** 3 ff., 9 ff., 16 ff.

Sachverzeichnis

- Fälligkeit der Versicherungsleistung **106** 1 ff.; s. auch dort
- Formen **Vor 100** 156 ff.
- Freistellungsanspruch, Verfügung über den **108** 1 ff.
- Geschädigte, mehrere **109** 1 ff.
- Haftung, Verhältnis zur **Vor 100** 82 ff., **101** ff., **121** ff., **138** ff.
- Herbeiführung des Versicherungsfalles **103** 1 ff.; s. auch dort
- Höchstgrenze **Vor 100** 153
- Insolvenz des Versicherungsnehmers **110** 1 ff.; s. auch dort
- Kosten des Rechtsschutzes **101** 1 ff.
- Kraftfahrzeug-Haftpflichtversicherung **Vor 100** 22 ff.
- Kündigung nach Versicherungsfall **111** 1 ff.
- Mehrfachversicherung **Vor 100** 150
- Passivenversicherung **Vor 100** 154
- Personenversicherung **Vor 100** 155
- Pflichthaftpflichtversicherung **Vor 100** 162 ff.
- Pflichtversicherung **Vor 113** 1 ff.
- Rangfolge mehrerer Ansprüche **118** 34 ff.
- Rechtsgrundlagen der **Vor 100** 165 ff.
- Rentenanspruch **107** 1 ff.
- Transportversicherung **Vor 130** 14
- Überversicherung **Vor 100** 151
- Unterversicherung **Vor 100** 151
- Vereinbarungen, abweichende **112** 1 ff.
- Vorläufer der **Vor 100** 6 ff.
- Zweck **Vor 100** 62 ff.

Haftung Vor 100 89 ff.
- Billigkeitshaftung nach § 829 BGB **Vor 100** 127 f.
- Gebäudeversicherung eines Grundstückseigentümers **Vor 100** 136 f.
- Gefälligkeitsverhältnis **Vor 100** 124
- Haftungsprivileg nach den §§ 104 ff. SGB VII **Vor 100** 129 ff.
- Rückwirkungen der Haftpflichtversicherung **Vor 100** 121, 138
- Schmerzensgeld **Vor 100** 125 ff.
- Untersuchung, ärztliche **151** 5
- Verhältnis zur Haftpflichtversicherung **Vor 100** 82 ff., **101** ff., **121** ff., **138** ff.

Haftungsausschluss bei Schiffen 138 1 ff.
- Abnutzung durch gewöhnlichen Gebrauch **138** 11
- Anscheinsbeweis **138** 18
- Ausrüstung, mangelnde **138** 9
- Ausstattung, personelle **138** 10
- Beweislast **138** 18
- Kausalität **138** 16
- Lotse **138** 10
- Patente **138** 10
- Verschulden **138** 17
- Zeitpunkt, maßgeblicher **138** 12 ff.
- Zustand, fahruntüchtiger **138** 8

Haftungsprivileg nach den §§ 104 ff. SGB VII Vor 100 129 ff.
Hakenlastversicherung 130 13
Halbteilungsgrundsatz Vor 150 80
Haltbarkeitsgarantie 100 53
Halterwechsel 122 21
Hamburg Vor 113 20
Handelsbilanzrecht Vor 192 560 ff.
Handelsrecht Vor 192 568 ff.
Handelswert, gemeiner 136 4, 6

Handlungsbevollmächtigte 102 90
Hausarzt-Modell 192 118
Hausfrau/Hausmann 172 99 f.
Havarei, große 130 24 ff.
Health Maintenance 192 109
Heilbehandlung 192 22
Heilfürsorge 193 19; **205** 35
Heilmaßnahmen, Gesundheitsschäden durch 178 171 ff., **185** ff.
Heilmittel 192 49 ff.
Heilpraktiker 192 146
Herabsetzung der Versicherungsleistung 163 83 ff., 91 ff.
Herausgabeanspruch 100 41
Herbeiführung des Versicherungsfalles 103 1 ff.
- Abdingbarkeit **103** 15 ff.
- Alterungsrückstellung **Vor 192** 966
- Berufsunfähigkeitsversicherung **172** 192 f.; **176** 26 ff., 30 f.
- Beteiligung mehrerer Personen **103** 64 ff.
- Beweislast **103** 57 ff.
- Bindungswirkung **103** 63
- Deckungsausschlussklausel, Unanwendbarkeit der **103** 32, 46
- Deliktsfähigkeit, beschränkte **103** 36 ff.
- Deliktsunfähigkeit **103** 33
- Fahrlässigkeit, bewusste **103** 25 ff.
- Indizienbeweis **103** 59
- Körperverletzung **103** 29 ff.
- Krankenversicherung **Vor 192** 432; **201** 1 ff.; s. auch Krankenversicherung, Herbeiführung des Versicherungsfalls
- Minderjährige **103** 36 ff.
- Mitversicherte **103** 70 ff.
- Pflichthaftpflichtversicherung **117** 32
- Prozessuales **103** 56 ff.
- Rauschzustand **103** 34 f.
- Rechtsfolge **103** 76
- Repräsentanten **103** 68 f.
- Schaden, eingetretener **103** 54 f.
- Selbstmord **103** 28
- Transportversicherung **137** 1 ff., 16
- Trunkenheit **103** 34 f.
- Unfallversicherung **183** 1 ff.
- Verhalten, widerrechtliches **103** 52 f., 62
- Versicherte Person **156** 3
- Versicherung für fremde Rechnung **103** 74 f.
- Voraussetzungen **103** 11 ff.
- Vorsatz **103** 22 ff.
- Zweck der Regelung **103** 3 ff.

Herkunftslandprinzip Vor 100 29 ff.
Herstellung einer von vornherein fehlerhaften Sache 100 143 ff.
Hessen Vor 113 20 f.
Hilfe zur Pflege 193 19
Hilfe, unentgeltliche 102 64
Hilfebedürftigkeit Vor 192 1060 ff.
Hilfsmittel 178 236; **192** 22, 49 ff., 212
Hinterbliebene 159 45; **161** 1 f.; **167** 31 ff.
Hinterlegung 101 93 ff., 108 ff.; **118** 5
Hinweispflichten des Versicherers
- Gutachterverfahren **128** 24
- Krankentagegeldversicherung **196** 17 ff.
- Kündigungen **111** 58
- Modellrechnung **154** 23 f.
- Obliegenheitsverletzung des Dritten **120** 6 ff.

2015

Sachverzeichnis

- Setzung der Zahlungsfrist nach § 38 Abs. 1 **166** 11 ff.
- Unfallversicherung **186** 1 ff., 9 ff., 13 ff.

Höchstgrenze Vor 100 153
Höchstschadenrückversicherung (HS-RV) 209 48
Höchstzillmersätze, Berücksichtigung der 169 94 ff.
Home Country Control Vor 150 51
Hospizversorgung Vor 192 1252; **193** 43
Hundehalter-Haftpflicht Vor 113 20
Hybrid-Produkte Vor 150 24
Hypertonie Vor 192 855
Hypothek 145 1 ff., 13, 16 ff.
Hypothekengläubiger
- Anschriftsänderung **147** 1 ff.
- Anzeigen an den **142** 1 ff.
  - Abdingbarkeit **142** 26
  - Anmeldung **142** 7
  - Anzeigepflicht nach Abs. 1 S. 2 **142** 15 ff.
  - Beweislast **142** 27
  - Entstehungsgeschichte **142** 2
  - Erbbaurecht **142** 6
  - Folgeprämienverzug **142** 12 ff.
  - Gerichtszuständigkeit **142** 28 ff.
  - Inhalt der Anzeige **142** 9 ff.
  - Modalitäten der Anzeige **142** 20 ff.
  - Säumnis des Versicherungsnehmers **142** 8
  - Schadensersatz **142** 1, 25
- Fortdauer der Leistungspflicht gegenüber dem **143** 1 ff., 5 ff.
  - Abdingbarkeit **143** 32
  - Änderung des Versicherungsverhältnisses **143** 14 f., 26 ff.
  - Anmeldung **143** 8
  - Beendigung des Versicherungsverhältnisses **143** 10 ff., 21 ff.
  - Beweislast **143** 33
  - Folgeprämienverzug **143** 9, 18 ff.
  - Mehrfachversicherung **143** 34 ff.
  - Nichtigkeit des Versicherungsverhältnisses **143** 16, 29 ff.
  - Rechtsnatur der Ansprüche aus § 143 **143** 17
- Namensänderung **147** 1 ff.

I

ifo-Institut Vor 192 936 ff.
Immobiliardarlehensvermittler Vor 113 19
Inanspruchnahme 104 18 ff., 21 ff.
Incoterms 130 5
Individualversicherung Vor 192 25 f.
Indizienbeweis 103 59
Industrialisierung Vor 100 4
Infektionen 178 180 ff.
Informationspflichten
- Altersversorgung, betriebliche **Vor 150** 68 f.; **166** 18 ff.
- Vermögensschaden **100** 169 f.

Ingenieure 102 19 ff.
Innere Unruhen 172 190 f.
Innovationssperre 204 24 f.
Insektenstiche 178 184
Insolvenz des Versicherers 117 66 f.; **Vor 192** 1357 f.; s. auch Krankenversicherung, Insolvenz des Versicherungsunternehmens

Insolvenz des Versicherungsnehmers 110 1 ff., 7
- Anfechtung einer Verpfändung des Versicherungsanspruchs **159** 118
- Befriedigung, abgesonderte **110** 20 ff.
- Bezugsrecht **159** 105 ff., 116 ff.
- Direktanspruch **110** 11; **115** 16 f.
- Eintrittsrecht **170** 6, 19
- Eröffnung des Insolvenzverfahrens **110** 12 ff.
- Freistellungsanspruch **108** 53, 60, 67; **110** 23 ff.
- Insolvenzplan **110** 33
- Insolvenzverwalter, schuldhafte Pflichtverletzung **110** 34
- Kündigung des Versicherungsnehmers **168** 20, 26 ff.
- Kündigungsrecht des Insolvenzverwalters **168** 31 ff., 36 ff.
- Nachlassinsolvenzverfahren **110** 27
- Prozessuales **110** 35 ff.
- Rechtsfolgen **110** 16 ff.
- Rentenforderung **110** 32
- Rückkaufswert **159** 112 ff.; **169** 58
- Seeversicherung **110** 8 ff.
- Zweck der Regelung **110** 5 ff.

Insolvenzverwalter 100 62; **215** 26
Interessen, rechtliche 125 22 ff.; **128** 55 ff.
Interessenkollisionen, Vermeidung von 126 1 ff.
International Financial Reporting Standards 4 (IFRS 4) Vor 150 5
Internationales Privatrecht 153 13 ff.
Invalidität 178 211 ff., 291 f.; **180** 1 ff.
- Lebensbescheinigungen **178** 316
- Neubemessen der **188** 1 ff., 8 ff., 12 ff.
- Progressionsvereinbarung **178** 292

Irland Vor 192 234 ff.
Irrtumsrisiko 163 42 ff.
Island 215 67 f.
Italien Vor 192 271 ff.

J

Jäger Vor 113 19
Jahresabschluss des Versicherers 153 23
Jahreshöchstersatzleistung 114 7
Jahresüberschadenrückversicherung 209 47
Jahresüberschuss Vor 192 780
Japan Vor 192 328 ff.
Juwelierversicherung 130 14

K

Kalkulation, unzureichende 163 59 ff.
Kalkulationsmodell 204 243 f.
Kapitalanlageergebnis Vor 192 776 f.
Kapitalbildende Versicherung Vor 150 18 ff., 22
Kapitaldeckungsmodell für Nachhaltigkeit im Gesundheitswesen Vor 192 178 ff.
Kapitalerhaltungsgarantie Vor 150 24
Kapitalgesellschaft 102 120
Kapitalisierungsgeschäfte Vor 150 4, 8, 30
- Modellrechnung **154** 6a
- Standmitteilung **155** 9a
- Überschussbeteiligung **153** 9

Kapitallebensversicherung 155 7
Kapitalmarktverhältnisse, Änderung der 163 39
Kapitalveranlagung 153 7

Sachverzeichnis

Kapitalwahlrecht **Vor 150** 21
Kapitalwert der Rente **107** 31 ff., 50 ff.
Kapitän **137** 13
Kappungsumlage Basistarif **203** 863 ff.
Kartellrecht **Vor 192** 497 ff.
– Gesundheitsmanagement **Vor 192** 513 ff.
– GKV und PKV **Vor 192** 505 ff.
– Krankenversicherung, gesetzliche **Vor 192** 501 ff.
– Managed Care **Vor 192** 512 ff.
Kaskoversicherung **Vor 100** 53; **Vor 130** 4, 13
Kausalereignisse **104** 10
Kausalereignistheorie **100** 112, 114
Kautionsversicherung **210** 14
Kennenmüssen **104** 9
Kenntnis **104** 8, 38 f.; **176** 13
Kennzahlen **Vor 192** 782 ff., 790 ff.
Kernenergie **102** 32; **172** 195 ff.; **178** 157 ff.
Kinder **170** 8; **178** 193 f.
Kinderlosigkeit **Vor 192** 118
Kindernachversicherung **Vor 192** 429, 1416 f.; **198** 1 ff., 8
– Adoption **198** 18 ff.
– Auslandskrankenversicherung **198** 22 ff.
– Entstehungsgeschichte **198** 3 ff.
– Mindestversicherungsdauer **198** 21
– Nachversicherung des Neugeborenen **198** 9 ff.
– Reisekrankenversicherung **198** 22 ff.
Kinderunfallversicherung **178** 42 ff.; **188** 3
Klauselersetzung **203** 1, 1094 ff.
Kleinanleger **Vor 150** 54a
Kleinlebensversicherungen **211** 6 f.
Kleinunfallversicherungen **211** 8
Kollisionshaftpflichtversicherung **130** 22
Kollisionsschäden **Vor 130** 8
Kommerzialisierung der Rechtsverfolgung **125** 14
Kompakttarif **204** 251, 253 ff.
Kompressionsthese **Vor 192** 807
Konformitätsbewertungsstellen **Vor 113** 19
Konfusion **100** 76 ff.
Kontrahierungszwang **113** 16 f., 29; **Vor 192** 38
– Basistarif **Vor 192** 1040 ff., 1056 ff., 1081 ff., 1087
– Krankenversicherung **193** 27 ff.; **194** 28
– Tarifwechsel **204** 11 f.
– Veräußerung der von der Versicherung erfassten Sache **122** 17
Kooperationsobliegenheit **172** 140
Kopfschäden **203** 283 ff.
Körperverletzung **103** 29 ff.; **172** 133 f., 136
Kosten des Rechtsschutzes **101** 1 ff.
– Abänderung des erstinstanzlichen Urteils **101** 105
– Abdingbarkeit **101** 115 ff.
– Abwehrkosten **101** 14 ff.; *s. auch dort*
– Abwendung der Vollstreckung **101** 90 ff.
– Gebotenheit **101** 11 ff.
– Gerichtskostenvorschuss **101** 11
– Hinterlegung **101** 93 ff., 108 ff.
– Kostentragungspflicht des Versicherers nach § 101 Abs. 2 **101** 70 ff.
– Leistungsfreiheit des Versicherers bei Anerkennung des Anspruchs des Dritten **101** 111 ff.
– Rechtsschutzgewährungspflicht **101** 4
– Regieaufwendungen des Versicherers **101** 83
– Sicherheitsleistung **101** 93 ff., 108 ff.
– Strafverteidigung, Kosten **101** 48 ff.

– Verzögerung der Befriedigung des Dritten **101** 88 f.
– Zinsschaden **101** 106
– Zwangsvollstreckung **101** 104
– Zweck der Regelung **101** 3 ff.
Kostenentwicklung **Vor 192** 1303 ff.
Kostenerstattungsprinzip **Vor 192** 36
Kostentragung, Rechtsschutzversicherung **125** 31 ff.
Kostenzuschläge **163** 37; **203** 144 f., 301 ff.
Kraftanstrengung, erhöhte **178** 104 ff.
Kräfteverfall **172** 2, 133 f., 137
Kraftfahrtversicherung **215** 78
Kraftfahrzeug
– Abstellen, abendliches **137** 10
– ausländisches **Vor 113** 19
– Berufsunfähigkeitsversicherung **172** 204
– Kaskoversicherung **130** 15
– Motorfahrzeugrennen **178** 154 ff.
– Pflichtversicherungsverordnung **Vor 100** 51
– Suizid **161** 23
– Unfallversicherung **Vor 100** 53
Kraftfahrzeug-Haftpflichtversicherung **Vor 100** 22 ff., 53
– Beitragsvolumen **Vor 100** 60
– Direktanspruchs des geschädigten Dritten **100** 89
– Ersatzwagenklausel **122** 22
– Fahrzeugversicherung **122** 23
– Haftung, Verhältnis zur **Vor 100** 142, 144
– Halterwechsel **122** 21
– Mindestversicherungssummen **114** 10
– Obliegenheiten des Dritten **119** 7
– Pflichthaftpflichtversicherung **Vor 113** 19
– Privatautonomie **114** 13
– Prüfingenieure **Vor 113** 19
– Rangfolge mehrerer Ansprüche **118** 29
– Rückgriff bei mehreren Versicherten **123** 5
– Veräußerung der von der Versicherung erfassten Sache **122** 19
– Versicherungsschein **113** 25
– Verweisungsprivileg **117** 37
– Wechselkennzeichen **122** 20
Krankenhaus **192** 53 ff., 105
Krankenhaustagegeldversicherung **178** 264 ff.; **Vor 192** 94; **192** 122 ff.
– Gerichtsstand **215** 75
– Prämienanpassung **203** 767
– Kündigung des Versicherers **206** 14, 18
Krankenpflege **Vor 113** 19a
Krankentagegeldversicherung **177** 24; **Vor 192** 90, 94, 1410 ff.; **192** 125 ff.
– Alter **196** 7 ff., 14 ff., 22 ff.
– Altersrente **196** 8 ff.
– Arbeitsunfähigkeit **192** 147 ff.
– Ausschlüsse **196** 161 ff.
– Befristung der **196** 1 ff.
– Berufsunfähigkeit **192** 191 ff.
– Beweislast **192** 200 ff.
– Einkommen des Versicherungsnehmers **192** 136 ff.
– Ende des Versicherungsschutzes **192** 181 ff.
– Geltungsbereich, örtlicher **192** 160
– Hinweispflicht des Versicherers **196** 17 ff.
– Krankentagegeldhöhe **192** 136
– Kündigung **206** 15 f., 22
– Mütter-Krankentagegeld **192** 203
– Obliegenheiten nach Vertragsschluss **192** 168 ff.

Sachverzeichnis

- Prämienanpassung **203** 768
- Rechtsgrundlagen **192** 125 f.
- Summenversicherung **194** 10
- Tarifwechsel **204** 17a, 222
- Verdienstausfallversicherung **192** 127 ff.
- Verlängerung **196** 21
- Versicherungsfähigkeit **192** 131 ff.
- Versicherungsfall **192** 144 ff., 150 ff., 156 ff.
- Wegfall der Versicherungsfähigkeit **192** 186 ff.

Krankenversicherung Vor 192 1 ff.; **194** 1 ff.
- Abschlusskostenquote **Vor 192** 794
- Allgemeine Versicherungsbedingungen (AVB) **Vor 192** 462 ff.; **203** 41 ff.
- Altersabhängigkeit **Vor 192** 842 ff.
- Alterungsrisiko **Vor 192** 805 ff.
- Alterungsrückstellung **Vor 192** 442, 846 ff., 1384 ff.; **193** 7; **195** 20
- Anwartschaftsdeckungsverfahren **Vor 192** 814 ff.
- Anwartschaftsversicherung **Vor 192** 444
- Äquivalenzprinzip **Vor 192** 803 f.
- Arbeitslosigkeit **193** 19
- Arbeitsunfähigkeitsrisiko **177** 24 ff.
- Aufenthaltstitel **Vor 192** 1409; **195** 21 ff.
- Ausbildungskrankenversicherung **195** 18
- Auskunftsobliegenheit **192** 227 ff.; **200** 15
- Auskunftspflicht des Versicherers **202** 1 ff., 6 ff.
- Ausländische Systeme **Vor 192** 217 ff., 222 ff.
    - Australien **Vor 192** 323 ff.
    - Belgien **Vor 192** 239 ff.
    - China **Vor 192** 332 ff.
    - Dänemark **Vor 192** 302 ff.
    - Frankreich **Vor 192** 254 ff.
    - Griechenland **Vor 192** 278 ff.
    - Großbritannien **Vor 192** 228 ff.
    - Irland **Vor 192** 234 ff.
    - Italien **Vor 192** 271 ff.
    - Japan **Vor 192** 328 ff.
    - Luxemburg **Vor 192** 249 ff.
    - Niederlande **Vor 192** 243 ff.
    - Norwegen **Vor 192** 316 ff.
    - Österreich **Vor 192** 292 ff.
    - Portugal **Vor 192** 266 ff.
    - Schweden **Vor 192** 309 ff.
    - Schweiz **Vor 192** 285 ff.
    - Spanien **Vor 192** 258 ff.
    - Ungarn **Vor 192** 298 ff.
- Auslandskrankenversicherung **195** 17
- Basistarif **192** 222 ff.; **193** 30 ff.; **197** 14; **199** 15; **203** 98 ff., 109
- Bedingungsänderung **Vor 192** 826, 1438 ff.; **203** 1, 1037 ff.
    - Angemessenheit **203** 1057 f.
    - Anpassungsbedarf **203** 1040 ff.
    - Belange der Versicherungsnehmer **203** 1044 ff.
    - Gegenstand der Anpassung **203** 1037 f.
    - Treuhänderbestätigung **203** 1059 f.
    - Umsetzung der **203** 1060 ff.
    - Wirksamwerden der **203** 1063
- Bedingungsanpassung **203** 943 ff.
    - Allgemeine Versicherungsbedingungen (AVB) **203** 1087 ff., 1092 f.
    - Anwendungsbereich **203** 37, 39, 963 ff.
    - Bedeutungswandel **203** 955 ff.
    - Beweislast **203** 1083 ff.
    - Entstehungsgeschichte **203** 957 ff.
    - Europarechtskonformität **203** 965

- Kontrolle, gerichtliche **203** 1065 ff.
- Veränderung der Verhältnisse des Gesundheitswesens **203** 966 ff.
- Zweck der Regelung **203** 952 ff.
- befristete **Vor 192** 1407 ff.; **203** 82 f., 87 ff.
- Beihilfe **Vor 192** 1413 f.; **199** 1 ff., 7 f., 10 ff., 15
- Beitragsanpassung **Vor 192** 825, 1395; **204** 169 ff.
- Beitragsrückstand **193** 10, 41 ff.
- Beitragszuschlag, gesetzlicher **Vor 192** 1389 ff.
- Beitragszuschuss **Vor 192** 471 ff.
- Bereicherungsverbot **Vor 192** 1418; **200** 1 ff., 12
    - Ausgleich unter den Erstattungsverpflichteten **200** 31
    - Auskunftsobliegenheit **200** 15
    - Beweislast **200** 32
    - Entstehungsgeschichte **200** 3 ff.
    - Erstattungsverpflichtete **200** 13 f.
    - Leistungspraxis **200** 30
    - Rückforderung **200** 24 ff.
    - Subsidiarität **200** 16 ff.
    - VVG-Reform **200** 8 ff.
- Berufsunfähigkeitsversicherung **177** 3
- Bilanzrecht **Vor 192** 560 ff.; *s. auch dort*
- brancheneinheitliche Produkte der Kranken- und Pflegeversicherung **Vor 192** 1140 ff.
    - Basistarif **Vor 192** 1183 ff., 1288 ff.; *s. auch dort*
    - Notlagentarif **Vor 192** 1231 ff.; *s. auch dort*
    - Pflege-Pflichtversicherung, private (PPV) **Vor 192** 1168 ff.; *s. auch dort*
    - Pflegevorsorge, geförderte private **Vor 192** 1219 ff.
    - Standardtarif für ältere Versicherte **Vor 192** 1143 ff.
- Bürgerversicherung **193** 7
- Datenerhebung, Einwilligung in die **213** 116 ff.
- Deregulierung **Vor 192** 379
- Dienstleistungen, zusätzliche **192** 86 ff.
    - Abrechnung mit Leistungserbringern, unmittelbare **192** 105 ff.
    - Abwehr unberechtigter Entgeltansprüche **192** 96 ff.
    - Beratung **192** 92 ff.
    - Gesundheitsmanagement **192** 89 f., 109 ff.; *s. auch dort*
    - Rechtsberatung **192** 88
    - Unterstützungsleistungen **192** 99 ff.
- Dividendenausschüttung **Vor 192** 781
- Eigenkapitalquote **Vor 192** 785
- Entstehungsgeschichte **Vor 192** 1 ff., 9 ff., 13
- Ergebnis, versicherungsgeschäftliches **Vor 192** 769 ff., 791
- Ergebnis **Vor 192** 762 ff., 779 ff.
- europäisches Unionsrecht **Vor 192** 368 ff.
- Euro-Tarife **193** 23
- Fortsetzung des Versicherungsverhältnisses **207** 1 ff., 13 ff., 27 ff.
- Fremdversicherung **Vor 192** 423
- Gefahrerhöhung **194** 3, 24 ff.
- Gerichtsverfahrensrecht **Vor 192** 1424 f.
- Geschäftsgrundlage, Veränderung der **203** 1015
- Geschlechtsneutralität **Vor 192** 839 ff.; **203** 148 ff.
    - Allgemeines Gleichbehandlungsgesetz **203** 166 ff.
    - Berufsgruppen, geschlechtsspezifische **203** 214 ff.

Sachverzeichnis

- betriebliche Krankenversicherung (bKV) **203** 222 f.
- Bisex-Tarife **203** 212, 224 ff.
- Geburtskosten **203** 152 ff.
- Gleichbehandlungsgrundsatz **203** 156 ff.
- Krankheiten, geschlechtsspezifische **203** 206 ff.
- Rechtskonkurrenz der Gleichbehandlungsrichtlinien **203** 191 ff.
- Schwangerschaft **203** 155, 205
- Unisex-Leitlinien **203** 185 ff., 198 ff.
- gesetzliche **Vor 192** 46 ff.; *s. auch Krankenversicherung, gesetzliche*
- Gesundheitskarte, elektronische **192** 106; **193** 47
- Gesundheitsreform **Vor 192** 13, 1031 ff.
- Gewinn- und Verlustrechnung **Vor 192** 767
- GKV und PKV **Vor 192** 18 ff.
  - Alterungsrückstellung **Vor 192** 152
  - Bevölkerungsstruktur **Vor 192** 43 f.
  - Bürgerversicherung **Vor 192** 136 ff.
  - Finanzierungsverfahren **Vor 192** 40
  - Grenze zwischen **Vor 192** 14 ff.
  - Individualversicherung **Vor 192** 25 f.
  - Kalkulationsverfahren **Vor 192** 40
  - Kapitaldeckungsmodell **Vor 192** 178 ff.
  - Kartellrecht **Vor 192** 505 ff.
  - Kontrahierungszwang **Vor 192** 38
  - Kostenerstattungsprinzip **Vor 192** 36
  - Krankenversorgung der Bundesbahnbeamten **Vor 192** 21
  - Leistung, gesetzeseinheitliche **Vor 192** 39 f.
  - Marktverteilung **Vor 192** 41 f., 45
  - Ombudsmann **Vor 192** 189 ff.
  - Postbeamtenkrankenkasse **Vor 192** 22
  - Rahmenbedingungen **Vor 192** 27 f.
  - Risikostrukturausgleich **Vor 192** 152 ff.
  - Sachleistungsprinzip **Vor 192** 36
  - Sozialpolitik **Vor 192** 136 ff.
  - Sozialversicherung **Vor 192** 23 f.
  - Systemunterschiede **Vor 192** 28 ff.
  - Vermittlerwettbewerb **Vor 192** 132 ff.
  - Versicherungspflicht **Vor 192** 37, 49, 84, 136 ff.
  - Versicherungsverbände **Vor 192** 187 ff.
  - Wechselsperre **Vor 192** 1133, 1138 f.
  - Weiterversicherung, freiwillige **Vor 192** 127
  - Wettbewerb zwischen **Vor 192** 124 ff., 132 ff.
  - Wettbewerbsrecht **Vor 192** 135, 523 ff.
- Gruppenversicherung **193** 12; **194** 49
- Herbeiführung des Versicherungsfalles **201** 1 ff., 8 ff.
  - Adipositas **201** 32
  - Alkoholismus **201** 28 f.
  - Drogen, harte **201** 31
  - Entstehungsgeschichte **201** 4 ff.
  - Rauchen **201** 30
  - Sterilisation **201** 33
  - Suchtkrankheiten **201** 27 ff.
  - Suizid **201** 25 f.
  - Verhalten, sozialadäquates **201** 23 f.
  - Vorsatz **201** 19 ff.
- Insolvenz des Versicherungsunternehmens **Vor 192** 1357 ff.
  - Insolvenzsicherung **Vor 192** 1365 ff.
  - Krankenversicherung nach Art der Lebensversicherung **Vor 192** 1361 ff.
  - Medicator AG **Vor 192** 1374 ff.
  - Sicherungsfonds **Vor 192** 1368 ff.
- Jahresüberschuss **Vor 192** 780
- Kalkulation **Vor 192** 797 ff., 1467 f.; **204** 243 f.
- Kapitalanlageergebnis **Vor 192** 776 f.
- Kartellrecht **Vor 192** 497 ff.
- Kennzahlen **Vor 192** 782 ff., 790 ff.
- Kindernachversicherung **Vor 192** 429, 1416 f.; **198** 1 ff.
- Klauselersetzung **203** 1, 1094 ff.
  - Allgemeine Versicherungsbedingungen (AVB) **203** 1115, 1130
  - Anwendungsbereich **203** 38, 40, 1113 ff.
  - Bedeutung der Regelung **203** 1100 ff.
  - Drittwirkung **203** 1116 ff.
  - Entstehungsgeschichte **203** 1108 ff.
  - Rechtsfolgen **203** 1129
  - Unwirksamkeit **203** 1124 ff.
  - Verwaltungsakt, bestandskräftiger **203** 1128
  - VVG-Reform **203** 1111 f.
  - Zweck der Regelung **203** 1104 ff.
- Konkurrenzrecht
  - VAG und SGB **Vor 192** 605 ff.
  - VVG und AVB **Vor 192** 596 ff.
  - VVG und SGB **Vor 192** 593 ff.
  - VVG und VAG **Vor 192** 590 ff.
- Kontrahierungszwang **193** 27 ff.
- Kostenprofile, Versteilerung der **Vor 192** 811 ff.
- Krankenhausausweis **192** 105
- Krankentagegeldversicherung **Vor 192** 1410 ff.
- Krankenversicherungssysteme **Vor 192** 18 ff.
- Krankheitsbegriff **Vor 192** 1345a ff., 1345i ff., 1345t ff.
- Krankheitskostenwagnis **Vor 192** 805
- Kündigung des Versicherers **206** 1 ff., 9
  - Abmahnung **206** 11
  - Ausschluss des ordentlichen Kündigungsrechts **206** 13 ff.
  - außerordentliche **206** 11 f., 36
  - Entstehungsgeschichte **206** 4 ff.
  - Fortsetzungsmöglichkeit nach Kündigung wegen Zahlungsverzugs **206** 19 ff.
  - Gruppenversicherung **206** 31 ff.
  - Krankenhaustagegeldversicherung, kombinierte **206** 14, 18
  - Krankentagegeldversicherung **206** 15 f.
  - Pflichtversicherung **206** 10 ff.
  - Teilkündigung **205** 45 ff.
  - Zahlungsverzug **206** 19 ff.
- Kündigung des Versicherungsnehmers **205** 1 ff., 10 f.
  - Altersgrenze, Überschreiten **205** 37
  - Anschlussversicherungsnachweis **205** 59
  - Anwartschaftsversicherung **205** 32
  - außerordentliche **205** 15 ff., 37 ff., 45 ff., 56
  - AVB-Änderung als Leistungsverminderung **205** 44
  - Beihilfe **205** 36
  - Beitragserhöhung **205** 38 ff.
  - Eintritt der Versicherungspflicht **205** 15 ff.
  - Entstehungsgeschichte **205** 3 ff.
  - Familienversicherung **205** 34
  - Fortsetzungsmöglichkeit nach **207** 13 ff.
  - Frist **205** 24 f.
  - Gruppenversicherung **207** 19 ff.
  - Heilfürsorge **205** 35
  - Krankentagegeldversicherung **207** 25
  - Kündigungsrecht, ordentliches **205** 12

Sachverzeichnis

- Leistungsverminderung **205** 38 ff.
- Nachweispflicht **205** 20 ff.
- Normzweck **205** 1 f.
- Pflichtversicherung **205** 57 ff.
- Prämie **205** 26, 37
- Rückwirkungsmöglichkeit **205** 18 f.
- Teilkündigung des Versicherers **205** 45 ff.
- Unwirksamkeit der **205** 29 ff.
- VVG-Reform **205** 5 ff.
- Leistung des Versicherers **192** 1 ff., 14 ff.
  - Auskunftspflicht **192** 227 ff.
  - Basistarif **192** 222 ff.
  - Dienstleistungen, zusätzliche **192** 86 ff.
  - Entstehungsgeschichte **192** 7 ff.
  - Krankenhaustagegeldversicherung **192** 122 ff.
  - Krankentagegeldversicherung **192** 125 ff.; *s. auch dort*
  - Krankheitskostenversicherung **192** 18 ff.; *s. auch dort*
  - Pflegepflichtversicherung, private (PPV) **192** 205 ff.
  - Pflegeversicherung **192** 204 ff.
  - Übermaßvergütung, Leistungsbegrenzung bei **192** 78 ff.
  - Zweck der Regelung **192** 1 ff.
- Managed Care **Vor 192** 1297 ff., 1393 ff.
- Mehrfachversicherung **194** 15 ff.
- nach Art der Lebensversicherung **Vor 192** 1361 ff., 1453 ff.; **195** 16; **203** 75 ff., 631 ff.
- Nettoverzinsung **Vor 192** 795
- nicht-substitutive **Vor 192** 376 ff., 403, 642 f., 1415; **203** 86, 769; **204** 107 ff.
- Notlagentarif **193** 42 ff.; **203** 122
- Notwendigkeitsgebot **Vor 192** 1303 ff., 1308 ff., 1313 ff., 1326 ff.
- Österreich **193** 18; **194** 53
- Pflegeversicherung **Vor 192** 106 ff., 632 f.
- Portabilität **Vor 192** 1352 ff.
- Prämien- und Bedingungsanpassung **203** 1 ff., 8 ff., 41 ff., 1167 ff.
- Prämienanpassung **203** 1, 738 ff.
  - Allgemeine Versicherungsbedingungen (AVB) **203** 939 ff.
  - Anwendungsbereich **203** 33 ff., 39, 760 ff.
  - Äquivalenzprinzip **203** 745 ff.
  - ausgeschlossene **203** 875 ff.
  - Beweislast **203** 933 ff.
  - Entstehungsgeschichte **203** 754 ff.
  - Europarechtskonformität **203** 774 f.
  - Geschäftsgrundlage, Veränderungen der **203** 1018
  - Kontrolle, gerichtliche **203** 904 ff., 926a ff.
  - Rechnungsgrundlagen **203** 776 ff., 815 ff.
  - Umsetzung der **203** 899 ff.
  - unwirksame **203** 903a ff.
  - Vertragsänderung **203** 870 ff.
  - VVG-Reform **203** 756 ff.
  - Zweck der Regelung **203** 744 ff.
- Prämienberechnung **203** 1, 32, 74 ff.
  - Allgemeine Versicherungsbedingungen (AVB) **203** 727 ff.
  - Alterungsrückstellung **203** 332 ff.
  - Bedeutung der Regelung **203** 56 ff.
  - Beitragsrückerstattung (BRE) **203** 402 ff.
  - Beitragszuschlag, gesetzlicher **203** 341 ff.
  - Beweislast **203** 724 ff.
- Einheitstarife der PKV **203** 227 ff.
- Entstehungsgeschichte **203** 64 ff.
- Europarechtskonformität **203** 95 ff.
- Kalkulationsfreiheit **203** 94
- Rechnungsgrundlagen **203** 261 ff.
- Regelungsinhalt **203** 53 ff.
- Risiken, erhöhte **203** 631 ff., 735 ff.; *s. auch dort*
- Treuhänder **203** 494 ff.; *s. auch dort*
- Überzinszuschreibung **203** 372 ff.
- Verantwortlicher Aktuar (VA) **203** 442 ff.; *s. auch dort*
- Zweck der Regelung **203** 60 ff.
- Prämienkalkulation, Grundsätze der **203** 104 ff., 135 ff.
  - Altersabhängigkeit **203** 128 ff.
  - Kostenzuschläge **203** 144 f.
  - Leistungsversprechen, einheitliches **203** 126 f.
  - Risikobeitrag **203** 137 ff.
  - Sicherheitszuschlag **203** 146
  - Sparanteil **203** 142 f.
  - Tarifbezogenheit **203** 123 ff.
  - Tarifierungsmerkmale **203** 117 ff., 134
  - Versicherungsmathematik **203** 115 f.
  - Zuschläge, erfolgsunabhängige **203** 147
- Prämienzuschlag **193** 26
- Rechnungsgrundlagen, biometrische **163** 36
- Rechnungslegung **Vor 192** 766 ff.
- Rechtsgrundlagen **Vor 192** 342 ff.
- Regressforderungen **194** 21 ff.
- Reisekrankenversicherung **195** 17
- Restschuldkrankenversicherung **195** 19
- Rettungskosten **Vor 192** 1400 f.
- Rückstellung für Beitragserstattung (RfB) **Vor 192** 786 ff.
- Risiko, versicherungstechnisches **Vor 192** 799 ff.
- Risikozuschlag **193** 31
- Schadenminderungspflicht **194** 19 f.
- Schadenquote **Vor 192** 792
- Schadensermittlungskosten **202** 13 ff.
- Schadenversicherung **194** 9 ff.
- Schweiz **193** 18
- Sozialrecht **Vor 192** 1423
- Sozialversicherung **Vor 192** 374, 466 ff.
- Spätschäden **Vor 192** 853
- Standardtarif **203** 96 f.
- Steuerrecht **Vor 192** 549 ff.
- substitutive **Vor 192** 349, 376, 385 f., 694 ff.; **203** 84 f.
  - Aktuar, verantwortlicher **Vor 192** 391 ff.
  - Alterungsrückstellungen **Vor 192** 719 ff.
  - Anwartschaftsdeckungsverfahren **Vor 192** 720
  - Basistarif **Vor 192** 390, 731
  - Begriff **Vor 192** 388 f.
  - Beitragszuschlag, gesetzlicher **Vor 192** 396 ff.
  - Bilanzrecht **Vor 192** 564 f.
  - Dauerhaftigkeitsgrundsatz **Vor 192** 735 ff.
  - Differenzierungszwang **Vor 192** 756 f.
  - Erfüllbarkeit, dauernde **Vor 192** 700 ff., 712, 724 f., 743
  - Europarecht **Vor 192** 697 ff.
  - Fortsetzungsschutz **Vor 192** 735 ff.
  - Funktionsfähigkeit, Schutz der **Vor 192** 740 ff.
  - Gesundheitssystem **Vor 192** 753 ff.
  - Gleichbehandlungsgrundsatz **Vor 192** 395
  - Gleichrangigkeit **Vor 192** 713 ff., 755, 708 ff.
  - Grundrechtskonkretisierung **Vor 192** 758 ff.

Sachverzeichnis

- Krankheitskostenversicherung **Vor 192** 634 ff.
  - Kündigung des Versicherers **206** 13
  - Kündigungsausschluss **Vor 192** 723
  - Pflichtversicherung **Vor 192** 639 ff.
  - Prämienänderung **Vor 192** 400
  - Prämienermäßigung im Alter **Vor 192** 398
  - Private Pflege-Pflichtversicherung (PPV) **Vor 192** 638
  - Rechtsgrundlagen **Vor 192** 711 ff.
  - Rechtsverordnungen **Vor 192** 402 ff.
  - Selbstbehalt **195** 15
  - Sozialbindung **Vor 192** 722 ff.
  - Soziale Sicherung **Vor 192** 744
  - Systemprinzipien **Vor 192** 705 ff., 716 ff.
  - Tarife, brancheneinheitliche **Vor 192** 728 ff.
  - Tarifwechsel **Vor 192** 726 f.; **204** 84 ff.
  - Treuhänder **Vor 192** 401
  - Überzinszuschreibung **Vor 192** 399
  - Unbefristetheit **195** 9 ff.
  - Verfassungsrecht **Vor 192** 748 ff.
  - Vollfunktionalität **Vor 192** 732 ff.
  - Voraussetzungskatalog **Vor 192** 703 f.
  - Vorrang des Unionsrechts **Vor 192** 745 ff., 757
- Summenversicherung **194** 9 ff.
- Tarifüberführung **203** 1167 ff., 1175 ff., 1183 f.
- Tarifwechsel **204** 1 ff.; *s. auch dort*
- Taxe **194** 13
- Terminologie **Vor 192** 1398 ff.
- Tod des Versicherungsnehmers **207** 9 ff.
- Treuhänder **Vor 192** 827
- Übergangsrecht **Vor 192** 1431 ff.
- Übermaßvergütung **192** 9, 78 ff.
- Überschuss **153** 9; **Vor 192** 789
- Überversicherung **194** 12
- Überzinsergebnis **Vor 192** 777
- Vereinbarungen, abweichende **208** 1 ff.
- Verfassungsrecht **Vor 192** 361 ff.
- Versicherte Person **193** 1 ff.
- Versicherung für fremde Rechnung **Vor 192** 1402 ff.; **193** 14 ff.
- Versicherungsaufsichtsrecht **Vor 192** 383 ff., 1422
  - Aufsichtspflichtigkeit **Vor 192** 384 f.
  - Ausländische Versicherungsunternehmen **Vor 192** 407 f.
  - Drittstaaten **Vor 192** 408
  - Missstandsaufsicht **Vor 192** 406
  - Pflegeversicherung **Vor 192** 404
  - Sicherungsvermögen **Vor 192** 405
  - Verbraucherinformation **Vor 192** 387
- Versicherungsdauer **195** 1 ff., 21 ff.
- Versicherungsfall **Vor 192** 852, 1345b ff.
- Versicherungsmathematik **Vor 192** 828 ff.
- Versicherungspflicht **Vor 192** 136 ff., 468 f.; **193** 13, 19 ff.
- Versicherungsrichtlinien **Vor 192** 371 ff.
- Versicherungsvertragsrecht **Vor 192** 409 ff.
  - Alterungsrückstellung **Vor 192** 442
  - Anwartschaftsversicherung **Vor 192** 444
  - Beitragszuschuss **Vor 192** 471 ff.
  - Herbeiführung des Versicherungsfalls **Vor 192** 432
  - Kindernachversicherung **Vor 192** 429
  - Prämie **Vor 192** 435 ff.
  - Übergangsrecht **Vor 192** 455 ff.
  - VAG **Vor 192** 449 ff.
  - VVG-Vorschriften **Vor 192** 413 ff., 418 ff., 421 ff.
  - Wartezeiten **Vor 192** 428
  - Zusatztarif **Vor 192** 443
- Vertragsänderung **203** 870 ff.
  - Prämie **203** 875 ff., 887 ff., 899 ff.
  - Risikozuschlag **203** 894 ff.
  - Selbstbehalt **203** 890 ff.
  - Treuhänderzustimmung **203** 897 f.
  - Verfahren **203** 882 ff.
  - Wirksamwerden der **203** 802 ff.
- Vertragsfreiheit **Vor 192** 818 ff.
- Vertragsgrundsätze **Vor 192** 818 ff.
- Verwaltungskostenquote **Vor 192** 793
- Vollfunktionalität **Vor 192** 1346 ff.
- Vorsorgequote **Vor 192** 796
- VVG-Reform **Vor 192** 1377 ff.
- Wahlleistungen **195** 12 ff.
- Wartezeiten **Vor 192** 428; **197** 1 ff.
  - Basistarif **197** 14
  - Beweislast **197** 15
  - Länge der **197** 10
  - Pflegekrankenversicherung **197** 13
  - Übertrittsversicherung **197** 16 ff.
  - Verkürzung der **197** 11 f.
- Wettbewerbsrecht **Vor 192** 518 ff.
- Wirksamwerden von Prämien- und Bedingungsänderungen **203** 1131 ff., 1146
  - Allgemeine Versicherungsbedingungen (AVB) **203** 1166
  - Begründung **203** 1155 ff.
  - Beweislast **203** 1164 f.
  - Entstehungsgeschichte **203** 1140 ff.
  - Mitteilung des Versicherungsunternehmens **203** 1149 ff., 1154 ff.
  - Wirksamkeitsbeginn **203** 1161 ff.
  - Wirksamkeitsvoraussetzungen **203** 1149 ff.
  - Zweck der Regelung **203** 1136 ff.
- Wirtschaftlichkeitsgebot **Vor 192** 1405 f.
- Zusatztarif **Vor 192** 443

Krankenversicherung, gesetzliche Vor 192 46 ff.
- Arbeitslosigkeit **Vor 192** 66 ff.
- Befreiung von der Versicherungspflicht **Vor 192** 49
- Beitrag **Vor 192** 57 ff., 65 ff.
- Demographie **Vor 192** 61 ff., 151
- Einheitskasse **Vor 192** 82
- Einsparpotentiale **Vor 192** 156 ff.
- Ergänzungsversicherungen durch **Vor 192** 165 ff., 169 ff., 173 ff.
- Erwerbspersonen **Vor 192** 69
- Familienangehörige **Vor 192** 48
- Finanzierung **Vor 192** 40, 65 ff.
- Freiwillig Versicherte **Vor 192** 47
- Funktionen der **Vor 192** 52 ff.
- Gesundheitsfonds **Vor 192** 81
- GKV-Wettbewerbsstärkungsgesetz **Vor 192** 186
- Kalkulationsverfahren **Vor 192** 40
- Kapitaldeckung **Vor 192** 145 ff.
- Kartellrecht **Vor 192** 501 ff., 505 ff.
- Kassenwettbewerb **Vor 192** 78 f.
- Leistungen, ausgegliederte **Vor 192** 375
- Lohnquote **Vor 192** 73 f.
- Nachweis der Versicherungspflicht **Vor 192** 1419 f.
- Nichterwerbspersonen **Vor 192** 69
- Organisation **Vor 192** 50 f.
- Pflichtversicherte **Vor 192** 46

Sachverzeichnis

- Risikostrukturausgleich **Vor 192** 80
- Sicherungsfunktion **Vor 192** 53
- Solidarität **Vor 192** 55 f.
- Typologie der GKV-Leistungen **Vor 192** 75 ff.
- Umlageverfahren **Vor 192** 59
- Umverteilungsfunktion **Vor 192** 54
- Versichertenkreis **Vor 192** 46 ff.
- Zahl der GKV-Versicherten **Vor 192** 42

Krankenversicherung, private Vor 192 631 ff.; **194** 1 ff.
- Alterungsrückstellung **Vor 192** 103 f., 344, 664, 846 ff.; *s. auch dort*
- Anspruchsberechtigung **194** 44 ff.
- Anwartschaftsdeckungsverfahren **Vor 192** 102
- Anwartschaftsversicherung **Vor 192** 685, 689 ff.
- Anzeigepflicht, vorvertragliche **194** 27 ff., 34 ff.
- Äquivalenzprinzip **Vor 192** 101, 803 f.
- Basistarif **Vor 192** 425
- Begrenzung der Leistungspflicht **192** 4
- Begriffe **Vor 192** 608 ff., 619 ff.
- Beihilfeablöseversicherung **Vor 192** 92
- Beitragsanpassungsklauseln **Vor 192** 347
- betriebliche **Vor 192** 678 ff.
- Einheitstarife
  - Abschlusskostenbegrenzung **203** 238
  - Altersunabhängigkeit **203** 232
  - Basistarif **203** 240 ff.; *s. auch dort*
  - Geschlechtsneutralität **203** 229 ff.
  - Höchstbeitragsgarantie **203** 233 ff.
  - Notlagentarif **203** 259 f.
- Einzelversicherung **Vor 192** 672, 674
- Entstehungsgeschichte **Vor 192** 8 ff.
- Europarecht **Vor 192** 348 f., 609 f.
- Finanzierungsverfahren **Vor 192** 40
- Funktionsveränderung **203** 956
- Genomanalysen **194** 32
- Gesundheitsreform **Vor 192** 358
- Gliederung **Vor 192** 620 ff., 626 ff.
- Gruppenversicherung **Vor 192** 673 ff.
- Kalkulation **Vor 192** 40, 105; **204** 410
- Kartellrecht **Vor 192** 505 ff., 510 f.
- Kindernachversicherung **198** 8
- Kontrahierungszwang **194** 28
- Krankentagegeldversicherung **Vor 192** 90
- Krankheitskosten-Vollversicherung **Vor 192** 88
- Längsschnittanalysen **Vor 192** 809
- Leistung des Versicherers **Vor 192** 93 ff., 97 ff.
- Leistungsmanagement **192** 87
- nach Art der Lebensversicherung **Vor 192** 614, 663 ff.
- nach Art der Schadenversicherung **Vor 192** 666 f.
- nicht-substitutive **Vor 192** 630, 642 ff.
- Notlagentarif **Vor 192** 360
- Pflege-Pflichtversicherung **Vor 192** 89
- Pflegeversicherung **Vor 192** 357
- PKV-Verband **Vor 192** 188
- Portabilität **Vor 192** 1421
- Rechtsentwicklung **Vor 192** 342 ff.
- Rückforderungsansprüche gegen Leistungserbringer **194** 39 ff.
- Ruhensvereinbarung **Vor 192** 685 ff., 693
- Schadensversicherung **Vor 192** 668 f., 671
- Sozialversicherungsrecht **Vor 192** 356, 617
- substitutive **Vor 192** 629, 634 ff., 638 ff.
- Summenversicherung **Vor 192** 668, 670
- Teilversicherungen, selbständige **Vor 192** 90 f.
- Unfall-Krankenversicherung **Vor 192** 655 ff.
- Unfallversicherung **Vor 192** 651 ff.
- Unisex **Vor 192** 359
- Versichererwechsel **Vor 192** 1350 f.
- Versichertenkreis **Vor 192** 83 f.
- Versicherungsaufsichtsrecht **Vor 192** 343 ff., 350 f., 615 f.
- Versicherungsformen **Vor 192** 87 ff., 92
- Versicherungspflicht **Vor 192** 84, 424 f.
- Versicherungsunternehmen **Vor 192** 85 f.
- Versicherungsvertragsrecht **Vor 192** 342, 354 f., 611 ff.
- Vertragsgrundlagen **Vor 192** 100 f.
- VVG-Reform **Vor 192** 355
- Wartezeiten **Vor 192** 96
- Wettbewerbsrecht **Vor 192** 519

Krankheit 192 21 ff.
- akute **193** 42
- Berufsunfähigkeit **172** 2, 133 f.
- chronische **192** 110; **193** 43
- geschlechtsspezifische **203** 206 ff.
- mitwirkende **178** 284 ff.

Krankheitskosten Vor 192 554, 805

Krankheitskosten-Teilversicherung 203 766; **206** 18

Krankheitskostenversicherung Vor 192 94, 634 ff.; **192** 18 ff.
- Allgemeine Versicherungsbedingungen (AVB) **192** 38 ff.
- Anstalt, gemischte **192** 57 ff.
- Arztwahl, freie **192** 45 ff.
- Ausschluss **192** 68 ff.
- Bedingungen **192** 39 f.
- Behandlung, stationäre **192** 53 ff.
- Entziehungsmaßnahme **192** 67
- Heil- und Hilfsmittel **192** 49 ff.
- Kriegsereignisse **192** 64 f.
- Kurbehandlung **192** 73 f.
- Leistungspflicht **192** 43 ff., 63
- Sanatoriumsbehandlung **192** 73 f.
- Schulmedizinklausel **192** 61 f.
- Vorsatz **192** 66
- Alternativmedizin **192** 26 f., 34, 61 f.
- Aufklärungspflicht des Arztes, wirtschaftliche **192** 35 ff.
- Aufwendungsersatz **192** 18 ff.
- Beratung über Leistungen aus der **192** 92
- Bereicherungsverbot **200** 12
- Beweislast **192** 34
- Eigenbehandlung **192** 20
- Einsichtnahme in ärztliche Unterlagen **192** 36
- Gerichtsstand **215** 75
- Heilbehandlung **192** 22
- Hilfsmittel **192** 22
- Krankheitsbegriff **192** 21 ff.
- Kündigung des Versicherers **206** 21
- Notwendigkeit, medizinische **192** 23 ff.
- Schwangerschaft, Herbeiführung einer **192** 28 ff.
- Tarifwechsel **204** 380 ff.
- Versichererwechsel **204** 486 ff.
- Vorsorgeuntersuchungen **192** 33

Kreditversicherung 210 14
Krieg 172 198 ff.; **178** 143 ff.; **192** 64 f.
Kryokonservierung von Eizellen 192 28
Kühltransport 130 10
Kulanzleistungen 163 30

Sachverzeichnis

Kündigung des Versicherers 122 18; 166 1 ff.; **176** 41 f.; **206** 1 ff.; *s. auch Krankenversicherung, Kündigung des Versicherers; Lebensversicherung, Kündigung des Versicherers*
Kündigung des Versicherungsnehmers 144 4 f.; 168 1 ff.
- Berufsunfähigkeitsversicherung 176 47 ff.
- Gebäudefeuerversicherung 144 1 ff., 20 ff.
- Krankenversicherung 205 1 ff.

Kündigung nach Eintritt des Versicherungsfalls 111 1 ff., 26 ff., 49 ff.
- Abdingbarkeit 111 6
- Ablehnung des Freistellungsanspruchs 111 61 ff.
- Anerkenntnis des Versicherers 111 12 ff.
- Deckungsablehnung vor Fälligkeit des Freistellungsanspruchs 111 22 ff.
- Eintritt des Versicherungsfalls 111 8 ff.
- Form 111 47 f.
- Freistellungsanspruch 111 19 ff., 61 ff.
- Fristen 111 44 ff., 71 ff.
- Kündigungsrechte 111 71 ff., 77 f.
- Leistungsverweigerung 111 21
- Privathaftpflichtversicherung 111 60
- Prozessführung, Übernahme durch Versicherer 111 16
- unwirksame 111 52 ff.
- Urteil, rechtskräftiges 111 65 ff.
- verfrühte 111 63 f.
- Weisung des Versicherers 111 33 ff.
- Zurückweisungspflicht des Versicherers 111 52 ff.
- Zweck der Regelung 111 4 f.

Kündigungsverbot Vor 192 1095 ff., 1103 ff., 1428
Kunstfehler, ärztlicher 178 82, 94; 192 102; 194 22
Kur 178 267; 192 57, 73 f., 165
Kursrisiko 152 15
Kurzschlusshandlung 161 40

L

Labilität, psychische 178 99
Lagerungsgefahren 130 9
Landtransport 130 7
Langlebigkeitsrisiko 167 18
Längsschnittanalysen Vor 192 809
Lasten, öffentliche 148 6
Layerdeckung 118 18a f.
Lebensbescheinigungen 178 316
Lebenserwartung 158 2; **Vor 192** 63, 847 ff.
Lebenspartner 170 8
Lebensstellung des Versicherten 172 160 ff.
Lebensversicherung Vor 192 867 ff.
- Aktuar, verantwortlicher **Vor 150** 47
- Altersangabe 157 1 ff., 16 ff.
  - Anzeigepflichtverletzung 157 4 f.
  - Arglistanfechtung 157 13
  - Hinweispflicht 157 11
  - Kündigung 157 10, 20 f.
  - Leistungskorrektur 157 7 ff.
  - Nachforderung des Versicherungsnehmers 157 15
  - Rückforderung zu hoher Versicherungsleistungen 157 14
  - Rücktrittsrecht 157 10, 17 f.
  - unrichtige 157 6; 163 11 f.
  - Vertragsanpassung 157 10

- Wahlrecht des Versicherers 157 22
- Altersversorgung, betriebliche **Vor 150** 56 ff., 63 f.
- Anpassungsbefugnis 163 1 ff., 9 ff., 55 ff.
  - Abdingbarkeit 163 95 ff.
  - Altersangabe, unrichtige 163 11 f.
  - Änderung des Leistungsbedarfs 163 27 f., 33 ff., 46 ff.
  - Angemessenheit 163 58
  - Anpassungsklausel, vertragliche 163 17
  - Aufsichtsbehörde 163 63 f.
  - Beweislastverteilung 163 98 ff.
  - Einmalprämie 163 84
  - Erstkalkulation 163 45, 47
  - Gegenrecht des Versicherungsnehmers 163 3
  - Geheimhaltungsinteresse des Versicherers 163 108
  - Geschäftsgrundlage, Störung der 163 16
  - Gewinnzuschlag 163 53
  - Herabsetzung der Versicherungsleistung 163 83 ff., 91 ff.
  - Interessenausgleich, sachgerechter 163 4
  - Irrtumsrisiko 163 42 ff.
  - Kalkulation, unzureichende 163 59 ff.
  - Kapitalmarktverhältnisse, Änderung der 163 39
  - Kostenzuschläge 163 37
  - Kulanzleistungen 163 30
  - Maximum, theoretisches 163 55
  - Mitteilung durch den Versicherer 163 85 ff.
  - Niedrigzinsphase 163 38
  - Opfergrenze 163 16
  - Prämienänderung 163 22 ff., 51 ff.
  - Prozessuales 163 102 ff.
  - Rechnungsgrundlagen 163 36
  - Rückkaufswerte 163 32
  - Sicherheitsmarge 163 54, 57
  - Telematiktarife 163 18 ff.
  - Treuhänder, unabhängiger 163 63 ff., 68 ff., 73 ff., 77 ff.
  - Verfassungsmäßigkeit 163 14
  - Verhältnis zu anderen Vorschriften 163 11 ff.
  - Wirkungszeitpunkt 163 89 f.
- Äquivalenzprinzip **Vor 150** 53
- Arbeitsunfähigkeitszusatzversicherung **Vor 150** 34, 42
- Arten der **Vor 150** 12 ff.
- Aufsichtsrecht **Vor 150** 41 ff., 45
- Bedingungsanpassung 164 1 ff., 15 ff., 20 ff.
  - Abdingbarkeit 164 85 ff.
  - Bedingungstreuhänder 164 14
  - Beweislast 164 90
  - Entscheidung, höchstrichterliche 164 38 ff.
  - Entstehungsgeschichte 164 9 ff.
  - Ersetzung 164 30 ff., 44 ff., 62 ff., 65 ff.
  - EU-Rechtskonformität 164 26a
  - Gestaltungserklärung, einseitige 164 65 ff.
  - Härte, unzumutbare 164 58 ff.
  - Inhaltskontrolle 164 68 ff.
  - Lückenschließung 164 54 ff.
  - Normstruktur 164 27 f.
  - Notwendigkeit 164 47 ff.
  - Obliegenheit zur Klauselersetzung 164 82 ff.
  - Parteiwille, hypothetischer 164 72
  - Principles of European Insurance Contract Law (PEICL) 164 97 ff.
  - Prozessuales 164 91 ff.
  - Unwirksamkeit 164 30 ff., 36 ff.

2023

Sachverzeichnis

- Verbandsklage **164** 93 f.
- Verbot geltungserhaltender Reduktion **164** 73
- Verfassungsmäßigkeit **164** 26
- Verwaltungsakt, bestandskräftiger **164** 41 ff.
- Wirksamwerden **164** 76 f.
- Wirkungszeitraum **164** 81
- Zweck der Regelung **164** 4
- Begriff **Vor 150** 1 ff.
- Beitragsdepot **168** 6
- Berechnungsgrundlagen **Vor 150** 45
- Berufsunfähigkeitsversicherung **Vor 150** 32 f., 42
- Bestandsübertragung **Vor 150** 39, 48
- Bewertungsreserven **Vor 150** 37; **153** 6
- Bezugsberechtigung **159** 1 ff., 52 f.; **168** 14, 31 ff.; **170** 10 ff.
- Charakteristika der **Vor 150** 10 f.
- Datenerhebung, Einwilligung in die **213** 116 ff.
- Dread-Disease-Versicherung **Vor 150** 31, 42
- Eigentumsgarantie **Vor 150** 37
- Einbezug stiller Reserven **Vor 150** 4a
- Einkommensteuerrecht **Vor 150** 5
- Einmalprämie **152** 14 f.
- Eintrittsrecht **170** 1 ff., 3 ff.
  - Abdingbarkeit **170** 23
  - Arrest **170** 6, 19
  - Bezugsberechtigung **170** 10 ff.
  - Eintrittsrechtsberechtigte **170** 7 ff.
  - Frist **170** 19 f.
  - Insolvenz des Versicherungsnehmers **170** 6, 19
  - Rechtsfolgen des Eintritts **170** 21 f.
  - Zustimmung des Versicherungsnehmers **170** 17 f.
  - Zwangsvollstreckung **170** 6, 19
- Einwilligungserfordernis **150** 3 ff., 11 ff., 17 f., 19 ff., 33 ff.
- Elternzeit **212** 1 ff.
- Erlebensfall **Vor 150** 15 ff., 28
- Erwerbsunfähigkeitsversicherung **Vor 150** 33, 42
- Europäisierung des Lebensversicherungsvertragsrechts **Vor 150** 51 ff.
- fondsgebundene **Vor 150** 24 ff.
  - Einmalprämie **152** 15, 19 f.
  - Rückkaufswert **169** 111 ff., 135
  - Standmitteilung **155** 7
- Gefahränderung **158** 1 ff.
- Gefahrerhöhung **158** 1, 5 ff., 15 ff.
- Gefahrminderung **158** 12 ff., 15 ff.
- Gentest **151** 12 ff.
- Gerichtsstand **Vor 150** 52
- Gewinnbeteiligung **Vor 150** 37 f.
- Home Country Control **Vor 150** 51
- Hybrid-Produkte **Vor 150** 42
- kapitalbildende **Vor 150** 18 ff., 38; **154** 1, 5; **168** 4
- Kapitalerhaltungsgarantie **Vor 150** 24
- Kapitalisierungsgeschäfte **Vor 150** 4, 8, 30
- Kapitalwahlrecht **Vor 150** 21
- Kenntnis der versicherten Person **156** 1 ff.
- Kleinlebensversicherungen **211** 6 f.
- Kündigung des Versicherers **166** 1 ff., 15
  - Abdingbarkeit **166** 22
  - Altersversorgung, betriebliche **166** 2, 18 ff.
  - Anfechtung **166** 17
  - Anzeigepflichtverletzung **166** 7
  - Einmalprämie **166** 4
  - Gefahrerhöhung **166** 6
- Obliegenheitsverletzung, Kündigung wegen **166** 6
- Prämienfreistellung **166** 16
- Rücktritt **166** 17
- Rückumwandlung **166** 14
- Zahlungsverzug **166** 1, 8 ff., 11 ff.
- Kündigung des Versicherungsnehmers **168** 1 ff., 12, 47
  - Abtretung **168** 15 ff.
  - Altersvorsorgevertrag **168** 7 f.
  - Anwendungsbereich **168** 3 ff.
  - Basis-Rentenverträge **168** 10
  - Beitragsdepot **168** 6
  - Berufsunfähigkeitszusatzversicherung **168** 17
  - Bezugsberechtigung Dritter **168** 14, 31 ff.
  - Frist **168** 43
  - Insolvenz des Versicherungsnehmers **168** 20, 26 ff.
  - Kündigungserklärung **168** 42 f.
  - Kündigungsrecht **168** 13, 23 ff., 31 f., 36 f., 38 ff.
  - Legitimationswirkung des Versicherungsscheins **168** 41
  - Rechtsfolge **168** 46
  - Riester-Rente **168** 9, 11
  - Rürup-Rente **168** 9
  - Teilkündigung **168** 45
  - Verpfändung **168** 18 f.
- Lebenserwartung **158** 2
- Leibrente **Vor 150** 16
- Marktwertanpassung **Vor 150** 28
- Modellrechnung **154** 1 ff.; *s. auch dort*
- Nebenpflichten des Versicherers **Vor 150** 4a
- Nettopolicen **152** 20b
- Optimierungspflicht **Vor 150** 4a
- Pfändungsschutz **167** 1 ff.
  - § 851c ZPO **167** 22 ff., 39 ff.
  - Anfechtbarkeit der Umwandlung **167** 21a
  - Deckungskapital **167** 22 ff.
  - Inkrafttreten des Pfändungsschutzes **167** 12 ff.
  - Kosten **167** 21
  - Rechte Dritter **167** 7
  - Risiko, biometrisches **167** 17 ff.
  - Umwandlung **167** 5 ff.
- Pflegerenten-Zusatzversicherung **Vor 150** 42
- Prämienänderung **163** 22 ff.
- Prämienfreistellung **165** 1 ff., 19 ff., 27 ff., 31 ff., 38
  - Altbestand **165** 37
  - Altersversorgung, betriebliche **165** 26
  - Altverträge **165** 34 ff.
  - Anwendungsbereich **165** 2 ff.
  - Beratungspflicht **165** 25
  - Formerfordernisse **165** 11
  - Gesundheitsprüfung, erneute **165** 26
  - Kündigung des Versicherers **166** 16
  - kurzfristige **165** 11
  - Mindestversicherungsleistung **165** 16 ff.
  - Risiko-Zusatzversicherungen **165** 23
  - Rückumwandlung **165** 24 ff.
  - Stornoabschlag **165** 28
  - Teilumwandlungs **165** 14 f.
  - Termfix-Versicherung **165** 22
  - Umwandlung **165** 7 ff., 13 f., 22 ff.
- Prämienkalkulation **Vor 150** 44 f.; **Vor 192** 845
- Principles of European Insurance Contract Law (PEICL) **Vor 150** 55 ff.

Sachverzeichnis

- Protektor Lebensversicherungs-AG **Vor 150** 50
- Quersubventionierung **Vor 150** 43
- Querverrechnungen **Vor 150** 37
- Rechnungslegung, Pflicht zur **Vor 150** 4a
- Rentengarantiezeit **Vor 150** 21
- Rentenversicherung **Vor 150** 16, 21
- Rentenzahlungsbeginn **Vor 150** 16
- Restkreditlebensversicherung **Vor 150** 14
- Restschuldversicherung **Vor 150** 14
- Risiko, biometrisches **Vor 150** 1, 5
- Risikogemeinschaft **Vor 150** 38
- Risikolebensversicherung **Vor 150** 13 ff.
- Rückkaufswert **Vor 150** 3, 38; **169** 1 ff.; *s. auch dort*
- Rücktrittsrecht **Vor 150** 53
- Schlussbonus **Vor 150** 28
- Selbsttötung **161** 1 ff., 42
  - Beweislast **161** 20 f., 33 ff.
  - Bilanzselbstmord **161** 37
  - Dreijahresfrist **161** 12 ff.
  - Exhumierung **161** 21
  - fahrlässige **161** 10
  - Frist **161** 18 f.
  - Geistestätigkeit **161** 31 f.
  - Suizid **161** 3 ff., 29 ff.
  - Normzweck **161** 1 f.
  - Novation **161** 17
  - Tötung auf Verlangen **161** 11
  - Vertragsverlängerung **161** 16
  - vorsätzliche **161** 4 ff., 22 ff.
  - Willensbildung, Ausschluss der freien **161** 30, 38 ff.
  - Zahlung des Rückkaufswerts **161** 41
- Sicherheitszuschläge **Vor 150** 44 f.
- Sicherungsfonds **Vor 150** 50
- Sicherungsvermögen **Vor 150** 49
- Single Licence **Vor 150** 51
- Smoothing **Vor 150** 28
- Sparkomponente **Vor 150** 3
- Spartentrennung, Grundsatz der **Vor 150** 42 f.
- Staatsaufsicht, materielle **Vor 150** 41
- Sterbegeldversicherung **Vor 150** 19
- Termfix-Versicherung **Vor 150** 23
- Tochtergesellschaft **Vor 150** 55
- Todesfallleistung **Vor 150** 25
- Todesfallversicherung, lebenslange **Vor 150** 19
- Tontinengeschäfte **Vor 150** 4a, 17 f.
- Tötung auf Verlangen **162** 4
- Tötung des Mitversicherungsnehmers **162** 6
- Tötung durch den Bezugsberechtigten **162** 9 f.
- Tötung durch Leistungsberechtigten **162** 1 ff.
- Treuhänder, Versicherer als **Vor 150** 4a
- Treuhandmodell **Vor 150** 40
- Überschussbeteiligung **Vor 150** 46; **153** 1 ff.
  - Abdingbarkeit **153** 8, 19 ff., 69
  - Abrechnungsverbände **153** 42
  - Altverträge **153** 11
  - Anspruch auf **153** 16 ff.
  - Anwendungsbereich **153** 9 ff.
  - Auskunftsanspruch **153** 66 ff.
  - Ausschüttungssperre **153** 50
  - Bewertungsreserven **153** 6, 25 ff., 52 ff.
  - Bilanzrechtsmodernisierungsgesetz **153** 12
  - Durchführung der **153** 28 ff.
  - Durchsetzung des Anspruchs **153** 64 ff.
  - Einheitslösung **153** 44
  - Ermittlung des Überschusses **Vor 150** 37
  - Geheimhaltungsinteresse des Versicherers **153** 68
  - Generationengerechtigkeit **153** 43
  - Gewinnabführungsverträge **153** 62a
  - Gewinnausschüttungen an Aktionäre **153** 62a
  - Gewinnerwartungen **154** 1
  - Gewinnschwankungen **153** 43
  - Informationspflicht des Versicherers **155** 1a
  - Internationales Privatrecht **153** 13 ff.
  - Kapitalveranlagung **153** 7
  - Modellrechnung **154** 1 ff.; *s. auch dort*
  - Nettoreserve, stille **153** 61
  - Neuregelung, vertragsrechtliche **153** 33 ff.
  - Normzweck **153** 1 ff.
  - Rahmenregelung, aufsichtsrechtliche **153** 29 ff.
  - Rechnungslegung **153** 65
  - Rechtsprechung des BVerfG **153** 3
  - Riesterrente **153** 45
  - Standmitteilung **155** 1 ff.
  - Sonderregelungen, aufsichtsrechtliche **153** 60 ff.
  - Überschuss **153** 22 ff.
  - Verteilung **Vor 150** 38; **153** 4 f., 38, 41 ff., 48 f.
  - Zinssätze **154** 14
- Unfalltodzusatzversicherung **Vor 150** 35
- Unfall-Zusatzversicherung **Vor 150** 42
- Unitised with Profits (UWP) **Vor 150** 27 f.
- Untersuchung, ärztliche **151** 1 ff.; *s. auch dort*
- Vereinbarungen, abweichende **171** 1 ff.
- Verfassungsrecht **Vor 150** 36 ff.
- Vermögensentzugsverbot **Vor 150** 39
- Verpfändung **150** 15 f.
- Versicherte Person **150** 1 ff.
  - Abdingbarkeit **150** 46
  - Altersversorgung, betriebliche **150** 5, 17
  - Betreute **150** 6
  - Einwilligung **150** 3 ff., 11 ff., 17 ff., 33 ff.
  - Fremdlebensversicherungen **150** 2
  - Gefahrakzeptanz **150** 23 f.
  - Genehmigung, vormundschaftliche **150** 40 f.
  - Geschäftsfähigkeit **150** 6, 38 ff.
  - Gesundheitszustand **156** 1
  - Gruppenlebensversicherung **150** 5
  - Herbeiführung des Versicherungsfalls **156** 3
  - Interessenkollisionen **150** 32
  - Kenntnis und Verhalten der **156** 1 ff.
  - Rückabwicklung, bereicherungsrechtliche **150** 43 ff.
  - Selbsttötung **156** 3
  - Stellvertretung **150** 30 ff., 38 f.
  - Versicherung auf fremdes Leben **150** 7 ff.
- Versicherungsfall, gewisser **Vor 150** 2 ff.
- Versorgungsausgleich **Vor 150** 72 f., 79 ff.
- Vertragsänderung **150** 15 f.
- Vorsichtsprinzip **Vor 150** 44
- Widerruf des Versicherungsnehmers **152** 1 ff., 6, 7a
  - Abgrenzung **152** 6 ff.
  - Abschlusskosten **152** 13
  - Anwendungsbereich **152** 4 ff.
  - Belehrung **152** 16 f.
  - Einmalprämie **152** 14 f.
  - Nettopolicen **152** 20b
  - Prämie **152** 7b f., 9
  - Rechtsfolgen **152** 9a ff.
  - Rücktrittsrecht **152** 7
  - Versicherungsschutz, Beginn **152** 9a ff.

2025

Sachverzeichnis

- Vertriebskosten **152** 13
- Widerrufsfrist **152** 8
- Zession **150** 15 f.
- Zugewinnausgleich **Vor 150** 74 ff.
- Zuständigkeit, internationale **Vor 150** 52

Legal-Tech-Anbieter 125 14, 18
Lehrgänge, Anerkennung Vor 113 19
Leibrente Vor 150 16
Leiharbeit 102 93
Leistung des Versicherers 100 1 ff., 8 ff., 17 ff., 54 ff.
- Abhandenkommen von Sachen **100** 173 ff.
- Amtspflichtverletzung **100** 62
- Aufopferungsanspruch **100** 34, 59
- Ausgleichsanspruch, nachbarrechtlicher **100** 33
- Berufsunfähigkeitsversicherung **172** 1 ff., 220 ff.
- Beschaffenheitsgarantie **100** 53
- Beseitigungsansprüche **100** 31
- Dritte **100** 72 ff.
- Eigenschaften, zugesicherte **100** 45, 48 ff.
- Eingriff, enteignungsgleicher **100** 60
- Enteignungsanspuch **100** 59
- Garantiehaftung **100** 46
- Gefährdungshaftungstatbestände **100** 29 f.
- Gegenstand des Versicherungsschutzes **100** 4 ff.
- Haltbarkeitsgarantie **100** 53
- Herabsetzung der Versicherungsleistung **163** 83 ff., 91 ff.
- Herausgabeanspruch **100** 41
- Insolvenzverwalter, Haftung **100** 62
- Konkurrenzfragen **100** 66 ff.
- Krankenversicherung **192** 1 ff.; *s. auch Krankenversicherung, Leistung des Versicherers*
- Krankenversicherung, private **Vor 192** 93 ff.
- Minderung **100** 21
- Nacherfüllung **100** 23 ff.
- Notarhaftung **100** 62
- Personenschaden **100** 126 ff., 130 ff.; *s. auch dort*
- Rechtsschutzversicherung **125** 20 ff.; *s. auch dort*
- Regressanspruch des Sozialversicherungsträgers **100** 61
- Risiken, erhöhte **203** 690 ff.
- Rückkaufswert **169** 46 ff.
- Rücktritt **100** 21
- Sachschaden **100** 126 ff.
- Sachverständiger, Haftung **100** 63
- Schadensereignis **100** 103 ff.
- Schadensersatz **100** 98 ff.
- Schutzgesetzverletzung **100** 35
- Tatsache, während der Versicherungszeit eingetretene **100** 103 ff.
- Umfang der Eintrittspflicht **101** 109
- Unfallversicherung **178** 1 ff.
- Unterlassungsansprüche **100** 31
- Verantwortlichkeit des Versicherungsnehmers **100** 101 f.
- Vermögensschaden **100** 126 ff.
- Vertreter ohne Vertretungsmacht **100** 43
- Wertersatz **100** 42
- Zufallshaftung **100** 39 f.
- Zweck der Regelung **100** 3

Leistung, gesetzeseinheitliche Vor 192 39 f.
Leistungsfreiheit des Versicherers
- Anerkenntnis **101** 111 ff.
- Anzeigepflicht des Versicherungsnehmers **104** 31 ff.
- Berufsunfähigkeitsversicherung **174** 1 ff.
- Erwerbsunfähigkeitsversicherung **177** 9
- Gesamtschuldner **116** 7 f.
- Leistungsverweigerung, unberechtigte **104** 35 ff.
- Rückkaufswert **169** 54 ff.
- Suizid **161** 3 ff.

Leistungspflicht gegenüber Dritten 117 1 ff.
- Amtshaftung, Verhältnis zur **117** 45 ff.
- Beweislast **117** 48
- Cessio legis **117** 49 ff.; *s. auch dort*
- Einwendungsausschluss **117** 1
- Existenz eines weiteren Schuldners **117** 38 ff.
- Fortbestehen der Leistungspflicht **117** 5 ff.
- Gefahr, übernommene **117** 30 ff.
- Haftungsumfang, beschränkter **117** 26 ff.
- Herbeiführung des Versicherungsfalles **117** 32
- Insolvenz des Versicherers **117** 66 f.
- Leistungsfreiheit des Versicherers **117** 36 f.
- Mehrheit von Versicherern **117** 43
- Mindestversicherungssumme **117** 27 ff.
- Nachhaftung **117** 13 ff.
- Risikoausschlüsse **117** 32 f.
- Rückgriff gegen den leistungsfreien Versicherer **117** 44
- Selbstbehalt **117** 31
- Sozialversicherungsträger **117** 40, 42
- Subsidiaritätsklausel **117** 41
- Umfang der Leistungspflicht **117** 25 ff.
- Versicherungsverhältnis, krankes **117** 5, 7 ff.
- Verweisungsprivileg **117** 34 ff.

Leistungsverminderung 205 38 ff., 44
Lifelogging 163 18
Lloyd's of London 216 1 f.
Lohnquote Vor 192 73 f.
Lohnsteuerhilfeverein Vor 113 19; **114** 9
Löschschäden 135 5
Lotse 138 10
Luftfahrtgüterversicherung Vor 130 16
Luftfahrtversicherung Vor 130 17 ff.
Luftfahrzeug 102 32
Luftfahrzeug-Kasko 210 14
Lufttransportversicherung Vor 130 5, 16
Luftverkehr 172 204; **178** 149 ff.
Luftverkehrsunternehmen Vor 113 19
Luganer Übereinkommen 215 67
Lungenkrebs Vor 192 858
Luxemburg Vor 192 249 ff.

M

Mahnverfahren 215 41
Makler Vor 113 19
Managed Care Vor 192 98 f., 1297 ff., 1393 ff.
- Kartellrecht **Vor 192** 512 ff.
- Rechnungsgrundlagen **203** 287 ff.
- Schadenregulierungskosten **203** 318 f.
- Schweiz **Vor 192** 291
- Spanien **Vor 192** 265
- Versorgungsmanagement **Vor 192** 546a
- Wettbewerbsrecht **Vor 192** 546 f.

Mangel, weiterfressender 100 149 ff.
Marktwertanpassung Vor 150 28
Maximum, theoretisches 163 55
Mecklenburg-Vorpommern Vor 113 20
MEDCOM GmbH Vor 192 215
Mediation 127 15 ff.
Medicator AG Vor 192 216b, 1374 ff.
MEDICPROOF GmbH Vor 192 214

Sachverzeichnis

Medikalisierungsthese **Vor 192** 808
Medikamente **161** 25; **178** 118
Medizinische Versorgungszentren **192** 47
Medizintechnologie, neue **203** 1009 f.
Mehrfachversicherung **Vor 100** 150; **109** 26; **143** 34 f.; **194** 15 ff.
Mehrleistungen **204** 317 ff.
Meniskusverletzung **178** 110
Minderjährige **103** 36 ff.
Minderleistungen **204** 330 ff.
Minderung **100** 21
Mindestversicherungssumme **117** 27 ff.; **118** 1; **169** 60
Missstandsaufsicht **Vor 100** 30; **Vor 150** 37; **Vor 192** 406
Mitgesellschafter, Aufnahme **102** 122
Mittelalter **Vor 100** 3
Mitversicherte **216** 1
– als Dritte **100** 79 ff.
– Cessio legis **117** 60
– Herbeiführung des Versicherungsfalles **103** 70 ff.
– Rückgriff bei mehreren Versicherten **123** 1 ff.
Mitwirkungsobliegenheiten **172** 205b, 218
Mobbing **192** 152 f.
Modellrechnung **154** 8 ff., 11, 21 f.
– Ablaufleistung **154** 18
– Altersvorsorgeverträge-Zertifizierungsgesetz (AltZertG) **154** 6
– Anwendungsbereich **154** 5 ff.
– Berufsunfähigkeitsversicherung **176** 10, 56
– Berufsunfähigkeitszusatzversicherung **154** 7
– Form **154** 19
– Gewinnzusage **154** 25
– Grundsatz **154** 13
– Guthaben, prospektives **154** 16
– Hinweispflichten des Versicherers **154** 23 f.
– Kapitalisierungsgeschäfte **154** 6a
– Lebensversicherung, kapitalbildende **154** 5
– Prämienkalkulation, Rechnungsgrundlagen für die **154** 17
– Rentenversicherung **154** 5
– Risikoversicherungen **154** 5a
– Sanktionen **154** 25 ff.
– Verbraucherverträge **154** 12
– Zeitpunkt **154** 20
– Zinssätze **154** 14 ff.
Motorfahrzeugrennen **178** 154 ff.
Multimorbidität **Vor 192** 848
Musterbedingungen **Vor 100** 176
Mütter-Krankentagegeld **192** 203
Mutterschutz, gesetzlicher **192** 164
Mutwilligkeit **128** 10 ff., 15 ff.

N

Nacherfüllung **100** 23 ff.
Nachhaftung
– Berufshaftpflichtversicherung **102** 26
– Leistungspflicht gegenüber Dritten **117** 13 ff.
– Pflichthaftpflichtversicherung **114** 15; **117** 13 ff.; **123** 20 ff.
– Rückgriff bei mehreren Versicherten **123** 20 ff.
Nachhaltigkeitsmodell **Vor 192** 178 ff.
Nachlassinsolvenzverfahren **110** 27
Nachmeldepflicht **194** 29
Nachprüfungsverfahren **174** 8 ff.; **177** 9

Nachversicherung **Vor 192** 1416 f.; **198** 1 ff.
Näherungsverfahren **Vor 192** 571
Namensänderung **172** 205e
Namensrechtsverletzung **100** 134
Nasciturus **213** 44
National Health Service (NHS) **Vor 192** 228 ff.
Nato-Truppenstatut **117** 39
Nebenintervention **108** 138
Nebenpflichten **125** 39 f.; **Vor 150** 4a
Nettoeinkommen, Ermittlung **192** 137 ff.
Nettopolicen **152** 20b; **168** 47; **169** 91 f.
Nettoreserve, stille **153** 61
Nettoverzinsung **Vor 192** 795
Neugeborene **198** 9 ff.
Neugeschäft **203** 814a ff.
Neuverpackungskosten **135** 5
Nichterwerbspersonen **Vor 192** 69
Niederlande **Vor 192** 243 ff.
Niedersachsen **Vor 113** 20
Niedrigzinsen **153** 62; **163** 38
Nikotinabusus **201** 30
Nischenarbeitsplatz **172** 153
Nordrhein-Westfalen **Vor 113** 20
Norwegen **Vor 192** 316 f.; **215** 67 f.
Notar **100** 62; **Vor 113** 19; **159** 63 f.
Notlagentarif **Vor 192** 208, 1231 ff., 1242 ff.; **193** 42 ff.; **203** 259 f.
– Allgemeine Versicherungsbedingungen (AVB) **Vor 192** 1239 ff.
– Änderung des **Vor 192** 1278 ff.
– Aufrechnung **Vor 192** 1262a f.
– Kalkulation **Vor 192** 1263 ff.
– Krankenversicherung, private **Vor 192** 360
– Leistungserweiterungen **Vor 192** 1250 ff.
– Leistungsmaßstab **Vor 192** 1253 ff.
– Prämienberechnung **203** 55, 122
– Rechnungsgrundlagen **203** 328
– Rechtsgrundlagen **Vor 192** 1233 ff.
– Übergangsrecht **Vor 192** 1285 ff.
– Versicherungsbeiträge **Vor 192** 1261 f.
– Versicherungsleistungen **Vor 192** 1246
– Zurückbehaltungsrecht **Vor 192** 1262c
– Zusatzversicherungen **Vor 192** 1282 ff.
Notwegrente **100** 36
Notwendigkeit **Vor 192** 1303 ff.
– medizinische **Vor 192** 1315 ff.; **192** 23 ff.
– wirtschaftliche **Vor 192** 1326 ff.

O

Obduktion **178** 312 ff.
Obliegenheiten des Dritten
– Kraftfahrzeug-Haftpflichtversicherung **119** 7
– Pflichthaftpflichtversicherung **119** 1 ff., 7 ff.
– Anzeige der gerichtlichen Geltendmachung **119** 14 ff.
– Anzeige des Schadensereignisses **119** 10 ff.
– Auskunftspflicht **119** 18 f.
– Belastung mit Mehrkosten **120** 14
– Belegpflicht **119** 20 ff.
– Bindungswirkung, Wegfall **120** 12 f.
– Entstehungsgeschichte **119** 5 f.
– Hinweispflicht des Versicherers **120** 6 ff.
– Kausalität **120** 10
– Leistungspflicht, Einschränkung **119** 23 ff.
– Obliegenheitsverletzung **120** 1 ff., 3 ff., 11 ff., 15

Sachverzeichnis

- Prozessuale Sanktionen **119** 26
- Sanktionen **119** 23 ff., 26
- Versicherungsverhältnis, krankes **119** 4
- Verzicht **119** 27

Obliegenheiten des Versicherungsnehmers 126 12; **166** 6; **172** 205 ff.
Ökonomische Theorie Vor 113 8
Ölschadenhaftpflicht Vor 113 19
Ombudsmann Vor 192 189 ff.; **214** 10, 15a
Open Cover 209 40
Operation 178 82, 268 ff., 278 ff.
Opfergrenze 163 16
Opferschutz 117 1
Optimierungspflicht Vor 150 4a
Organisationsverschulden 137 6
Österreich Vor 192 292 ff.; **193** 18; **194** 53

P

Palliativversorgung Vor 192 1252; **193** 43
Parteiwille, hypothetischer 164 72
Passagier-Unfallversicherung Vor 113 19
Passivenversicherung Vor 100 154
Patentanwälte Vor 113 19
Patente 138 10
Patientenrechtegesetz 192 35
Pauschalreisen Vor 113 19
Pensionsfonds Vor 150 57 ff., 71; **169** 44
Pensionskassen Vor 150 57 ff.; **211** 2 ff.
- Altersversorgung, betriebliche **Vor 150** 70
- Prämienfreistellung **165** 6
- regulierte **211** 12 ff.
- Rückkaufswert **169** 44
- Überschussbeteiligung **153** 10
- Widerruf des Versicherungsnehmers **152** 4 f.

Personenschaden Vor 100 14 f.; **100** 126 ff., 130 ff.; **118** 25 f.
Personenversicherungen
- Berufsunfähigkeitsversicherung **Vor 172** 4
- Gerichtsstand **215** 73
- Haftpflichtversicherung **Vor 100** 155
- Unfallversicherung **Vor 178** 3

Persönlichkeitsrecht 100 133 f.; **213** 41 ff.
Pfandgläubiger 183 10; **215** 23 ff.
Pfändung 168 23 ff.
Pfändungsschutz
- § 851c ZPO **167** 22 ff., 39 f.
- Berufsunfähigkeitsversicherung **172** 233; **176** 43 ff.
- Deckungskapital **167** 39 ff.
- Lebensversicherung **167** 1 ff.

Pflege-Bahr 192 220
Pflegebedürftigkeit Vor 150 31; **172** 57, 59 ff.; **Vor 192** 110
Pflegeergänzungsversicherung 192 218 f.; **204** 406
Pflegehilfsmittel 192 212
Pflegekrankenversicherung Vor 192 97; **197** 13; **206** 21
Pflegeleistungen Vor 192 111
Pflege-Neuausrichtungs-Gesetz (PNG) 192 214
Pflege-Pflichtversicherung, private (PPV) Vor 192 112 ff., 638, 1168 ff.
- Alterungsrückstellung **203** 346
- Beiträge **Vor 192** 119 ff., 1172 ff.
- Beitragskalkulation **Vor 192** 114; **192** 216 f.
- Höchstbeitragsgarantie **203** 234

- Kontrahierungszwang **Vor 192** 488
- Leistung des Versicherers **Vor 192** 1171; **192** 205 ff., 212
- Pflegeleistungen **Vor 192** 113
- Pflegeversicherungspool **Vor 192** 115, 204, 1175
- Prämienberechnung **203** 101 f., 108
- Rechtsweg **Vor 192** 1182a; **192** 221
- Risikoausgleich **Vor 192** 1176 ff.
- Tarifwechsel **204** 102 ff.
- Verfassungsmäßigkeit **Vor 192** 122
- Versichererwechsel **204** 444, 473

Pflegerenten-Zusatzversicherung Vor 150 42
Pflegetagegeldversicherung 192 204
Pflegeversicherung Vor 192 97
- Krankenversicherung **Vor 192** 632 f., 1140 ff.
- Krankenversicherung, private **Vor 192** 357
- Pflegeergänzungsversicherung **192** 218 f.
- Pflege-Ergänzungsversicherung, freiwillige **Vor 192** 97
- Pflegekrankenversicherung **Vor 192** 97
- Pflege-Pflichtversicherung **Vor 113** 19; **Vor 192** 97
- Tarifwechsel **204** 216a ff.
- Versicherungsaufsichtsrecht **Vor 192** 404
- Versicherungspflichtgrenze **Vor 192** 141

Pflegeversicherung, gesetzliche Vor 192 106 ff.
- Ausschluss bestimmter Personengruppen **Vor 192** 117
- Beamte **Vor 192** 123
- Beiträge, unterschiedliche **Vor 192** 119 ff.
- Eltern **Vor 192** 118
- ergänzende **Vor 192** 108
- freiwillige Versicherung **Vor 192** 482
- Grundsätze **Vor 192** 109 ff.
- Inhalt **Vor 192** 483 ff.
- Kinderlose **Vor 192** 118
- Pflegebedürftigkeit **Vor 192** 110
- Pflegeleistungen **Vor 192** 111
- Pflege-Pflichtversicherung, private (PPV) **Vor 192** 112 ff.; s. auch dort
- Sozialversicherungsrecht **Vor 192** 477 ff.
- Verfassungsrecht **Vor 192** 116 ff.
- Versicherungspflicht **Vor 192** 477 ff.

Pflegeversicherung, Private Vor 192 142; **192** 204
Pflegeversicherung, Soziale (SPV) Vor 192 64
Pflegevorsorge, geförderte Vor 192 209, 1219 ff.; **204** 73a
Pflege-Weiterentwicklungsgesetz 192 213
Pflichthaftpflichtversicherung Vor 100 142 ff.; **Vor 113** 1 ff., 10 ff.; **113** 1 ff.
- Abdingbarkeit **Vor 113** 22; **113** 31; **114** 30
- Abfalltransport **Vor 113** 19
- Abgassonderuntersuchung **Vor 113** 19
- Abschlussverpflichtung, gesetzliche **Vor 100** 162 ff.
- Allgemeine Geschäftsbedingungen (AGB) **114** 17, 20 ff.
- Anwendungsfälle der **Vor 113** 17 ff.
- Architekten **Vor 113** 20
- Aufrechnung **121** 1 ff.
- Aufsichtsbehörde, Einschreiten **114** 23
- Baden-Württemberg **Vor 113** 20
- Baustatik, Prüfingenieure **Vor 113** 19
- Bauträger **Vor 113** 19
- Bayern **Vor 113** 20
- Bedrohung besonders wichtiger Rechtsgüter **Vor 113** 4
- Beförderung gefährlicher Güter **Vor 113** 19

Sachverzeichnis

- Begriff **Vor 113** 1 f.
- Bergbahnen **Vor 113** 20
- Berlin **Vor 113** 20
- Berufsordnungen **Vor 113** 21
- Bescheinigungspflicht des Versicherers **113** 18 ff.
- Betreuungsverein **Vor 113** 19
- Betrieb von privaten Eisenbahnen **Vor 113** 19
- Betriebssicherheit **Vor 113** 19
- Bewachungsgewerbe **Vor 113** 19
- Bodenabfertigungsdienste auf Flugplätzen **Vor 113** 19
- Brandenburg **Vor 113** 20
- Bremen **Vor 113** 20
- Daseinsvorsorge, Verpflichtung **Vor 113** 4
- Deckungserweiterung, vertragliche **113** 26
- Definition **113** 1, 3 ff.
- Deponie **Vor 113** 19
- Direktanspruch **115** 1 ff.
- Drittschutz **114** 16
- Eichweisen **Vor 113** 19
- Eisenbahnen, private **Vor 113** 20
- Entsorgungsfachbetriebe **Vor 113** 19
- Entwicklungshilfe **Vor 113** 19
- Existenz insolvenzgefährdeter Haftpflichtiger **Vor 113** 4
- Finanzanlagenvermittler **Vor 113** 19
- Flugplatz, Bodenabfertigung **Vor 113** 19
- Futtermittelhersteller **Vor 113** 19
- Gasanlagen **Vor 113** 19
- Gefährdungshaftung **Vor 113** 4; **114** 11
- Gesamtschuldner **116** 1 ff.
- Güterkraftverkehr, gewerblicher **Vor 113** 19
- Hamburg **Vor 113** 20
- Hessen **Vor 113** 20
- Hundehalter-Haftpflicht **Vor 113** 20
- Immobiliardarlehensvermittler **Vor 113** 19
- Inhalt des Versicherungsschutzes **114** 12 ff.
- Jäger **Vor 113** 19
- Jahreshöchstersatzleistung **114** 7
- Konformitätsbewertungsstellen **Vor 113** 19
- Kontrahierungszwang **113** 16 f., 29
- Kostenvorteile **Vor 113** 4
- Kraftfahrzeuge, ausländische **Vor 113** 19
- Kraftfahrzeug-Haftpflichtversicherung **Vor 113** 19; **114** 10, 13; s. auch dort
- Kraftfahrzeugprüfingenieure **Vor 113** 19
- Krankenpflege **Vor 113** 19a
- Lehrgänge, Anerkennung **Vor 113** 19
- Leistungspflicht gegenüber Dritten **117** 1 ff.
- Lohnsteuerhilfeverein **Vor 113** 19; **114** 9
- Luftverkehrsunternehmen **Vor 113** 19
- Makler **Vor 113** 19
- Mecklenburg-Vorpommern **Vor 113** 20
- Mindestversicherungssummen **114** 5 ff.; **118** 1
- Nachhaftungsbegrenzung **114** 15
- Niedersachsen **Vor 113** 20
- Nordrhein-Westfalen **Vor 113** 20
- Notare **Vor 113** 19
- Obliegenheiten des Dritten **119** 1 ff.; s. auch Obliegenheiten des Dritten, Pflichthaftpflichtversicherung
- Ölschadenhaftpflicht **Vor 113** 19
- Passagier-Unfallversicherung **Vor 113** 19
- Patentanwälte **Vor 113** 19
- Pauschalreisen **Vor 113** 19
- Pflegepflichtversicherung **Vor 113** 19
- Pflichthaftpflichtversicherer **113** 12 ff.
- Pflichtwidrigkeitsklauseln **114** 16
- pharmazeutische Unternehmen **Vor 113** 19
- Privatautonomie **114** 13
- Probanden-Versicherung **Vor 113** 19
- Produktsicherheit **Vor 113** 19
- Prüfstellen **Vor 113** 19
- Rangfolge mehrerer Ansprüche **118** 1 ff.
- Rechtsanwalt **Vor 113** 19
- Rechtskrafterstreckung **124** 1 ff.
- Reformen **Vor 113** 14 ff.
- Reiseveranstalter **Vor 113** 19
- Rheinland-Pfalz **Vor 113** 20
- Rückgriff bei mehreren Versicherten **123** 1 ff.
- Saarland **Vor 113** 20
- Sachsen **Vor 113** 20
- Sachsen-Anhalt **Vor 113** 20
- Sachverständige **Vor 113** 19 f.
- Schausteller **Vor 113** 19
- Schießstätten **Vor 113** 19
- Schlepplifte **Vor 113** 20
- Schleswig-Holstein **Vor 113** 20
- Schutzzweck **Vor 113** 5 ff.
- Seeverkehr **Vor 113** 19
- Selbstbehalt **113** 27; **114** 24 ff.
- Serienschadensklauseln **114** 15
- Sicherheitsprüfung **Vor 113** 19
- Signaturgesetz **Vor 113** 19a
- Sinn **Vor 113** 3 ff.
- Sportboote **Vor 113** 19
- Statiker **Vor 113** 20
- Steuerberater **Vor 113** 19
- Strahlenstudien **Vor 113** 19a
- Theorie, ökonomische **Vor 113** 8
- Thüringen **Vor 113** 20
- Überwachungsstellen **Vor 113** 19
- Umfang des Versicherungsschutzes **114** 1 ff., 12 ff.
- Veräußerung der versicherten Sache **122** 1 ff.; s. auch dort
- Verbot, gesetzliches **114** 19
- Verpflichtung durch Rechtsvorschrift **113** 6 ff.
- Verpflichtung durch Satzung **113** 10 ff.
- Versicherung für fremde Rechnung **Vor 113** 9
- Versicherungssteuer **114** 27
- Versicherungsvermittler **Vor 113** 19
- Waffenschein **Vor 113** 19
- Wasserhaushaltsgesetz **Vor 113** 20
- Wirtschaftsprüfer **Vor 113** 19
- Zertifizierungsstellen **Vor 113** 19
- Zwangsverwalter **Vor 113** 19
- Zweckgefährdungskontrolle **114** 13 f.

Pflichtteilsergänzungsanspruch 159 90

Pflichtversicherung Vor 100 23
- Krankenversicherung **Vor 192** 639 ff.
- Kündigung **205** 57 ff.; **206** 10 ff.
- Pflichthaftpflichtversicherung **Vor 113** 1 ff.; s. auch dort
- Unfallversicherung **190** 1 ff.
- Versicherungspflicht **Vor 192** 37, 49, 84
- Zweispurigkeit des Geschädigtenschutzes **108** 10

Pflichtwidrigkeitsklauseln 114 16

Pharmaceutical Benefit Managements 192 109

Pharmazeutische Unternehmen Vor 113 19

Piercing 178 175

Piloten 172 55

PKV-Sterbetafeln 203 278, 849

Sachverzeichnis

PKV-Verband *s. Verband der Privaten Krankenversicherung*
Plötzlichkeit des Ereignisses 178 72 ff.
Police 159 48
Policierung des Bezugsrechts 159 31 f.
Poolvertrag Vor 192 204; **209** 51
Portabilität, grenzüberschreitende Vor 192 1352 ff., 1421
Portugal Vor 192 266 ff.
Postbeamtenkrankenkasse Vor 192 22
Präimplantationsdiagnostik 192 22
Prämie 165 1 ff.; **Vor 192** 435 ff.
Prämienanpassung 163 1 ff.; **Vor 192** 400; **203** 1, 738 ff.
Prämienberechnung 203 1, 94
Prämienerhöhung 205 37
Prämienermäßigung im Alter Vor 192 398
Prämienfreistellung 165 1 ff.; **176** 36 ff.
Prämienkalkulation
- Altersabhängigkeit **Vor 192** 842 ff.
- Lebensversicherung **Vor 150** 44 f.
- Rechnungsgrundlagen der **165** 29 f.; **169** 7, 82 ff., 88 f.
- Überschussbeteiligung **153** 17
Prämienreserve 169 6 ff.
Prämientreuhänder 203 537, 563 ff.
Prämienzahlung 152 7 b f.; **204** 338 f.
Prämienzuschlag 193 26
Preferred Provider Organisations 192 109
Principles of European Insurance Contract Law (PEICL) Vor 150 55 ff.; **164** 97 ff.
Principles of Reinsurance Contract Law (PRICL) 209 34
Prinzip der dauernden Erfüllbarkeit Vor 192 582
Prioritätsprinzip, Durchbrechung des 109 3
Privatautonomie 114 13
Privathaftpflichtversicherung Vor 100 16 ff.
- Betriebshaftpflichtversicherung, Abgrenzung zur **102** 13 ff., 47 ff.
- Gefahren des täglichen Lebens **102** 15
- Kündigung nach Versicherungsfall **111** 60
Privatklinik 192 54
Probanden-Versicherung Vor 113 19
Produkthaftpflicht 100 123, 145
Produktinnovationen 204 24 f.
Profilversteilerung, dynamische Vor 192 61
Prognoseabweichungen, Hinweis auf 155 18
Progressionsvereinbarung 178 292
Prokurist 102 89; **137** 13
Protektor Lebensversicherungs-AG Vor 150 50
Prozessfinanzierung 125 17
Prozesskostenhilfe 104 23; **124** 16
Prozessstandschaft
- Schadensabwicklungsunternehmen **126** 9
- Versicherermehrheit **216** 1 ff., 6 ff., 11 ff., 15 ff.
Prüfstellen Vor 113 19
Psychische Erkrankungen 172 135; **192** 48
Psychische Reaktionen 178 195 ff.
Psychische Störung 161 39

Q

Quersubventionierung Vor 150 43; **203** 237
Querverrechnung Vor 150 37; **153** 24
Quotenexzedentenrückversicherung 209 44
Quotenrückversicherung 209 42

Quotenvorrecht des Versicherungsnehmers 109 19

R

Radioaktivität 178 165 ff.
Rangfolge mehrerer Ansprüche
- Haftpflichtversicherung, allgemeine **118** 34 ff.
- Pflichthaftpflichtversicherung **118** 1 ff., 19 ff.
- Abdingbarkeit **118** 48
- Anpassung des Verteilungsplans **118** 13
- Arbeitgeber **118** 30
- Ausschluss nachträglich angemeldeter Ansprüche **118** 37 ff.
- Bereicherungsrecht **118** 43
- Entschädigungsanspruch **118** 9
- Entwicklungen, zukünftige **118** 12
- Geschädigte, gleichrangige **118** 18
- Kraftfahrzeug-Haftpflichtversicherung **118** 29
- Layerdeckung **118** 18 a f.
- Personenschaden **118** 25 f.
- Privilegierung einiger Geschädigtengruppen **118** 2
- Rahmenbedingungen **118** 5 f.
- Rangfolge **118** 2, 44 ff.
- Regressansprüche **118** 30 ff.
- Renten **118** 13
- Rentenversicherungsträger **118** 26
- Sachschaden **118** 27 ff.
- Sozialversicherungsträger **118** 31 f.
- Übergangsrecht **118** 47
- Vermögensschaden **118** 27 ff.
- Versicherungssumme, Übersteigen der **118** 10 ff.
- Verteilungsverfahren **118** 7, 16 f., 38
- Vorschriften, verwandte **118** 8
Rauch 178 59
Rauchen 102 62
Rausch 103 34 f.; **178** 84, 118, 126; **201** 31
Reaktionen, psychische 178 195 ff.
Reallast 148 6 f.; **215** 23 ff.
Rechnungsgrundlagen 203 261 ff.
- Abschlusskosten **203** 304 ff., 314
- Aktuarieller Unternehmenszins (AUZ) **203** 270 ff.
- Ausscheideordnung **203** 275 ff.
- Basistarif **203** 326 f.
- Beitragsrückerstattung **203** 321 ff.
- biometrische **163** 36
- Kopfschäden **203** 283 ff.
- Kostenzuschläge **203** 301 ff.
- Managed Care **203** 287 ff.
- maßgebliche **203** 815 ff.
- - Auslösender Faktor (AF) **203** 823 g ff.
- - Beobachtungseinheit **203** 833 ff.
- - Geburtskosten **203** 867 ff.
- - Kappungsumlage Basistarif **203** 863 ff.
- - Neuregelung **203** 818 ff.
- - Rechnungszins **203** 821 ff.
- - Reformbedarf **203** 823 c ff.
- - Schadenregulierungskosten **203** 819 ff.
- - Sterbewahrscheinlichkeiten **203** 849 ff.; *s. auch dort*
- - Versicherungsleistungen **203** 824 ff.
- Notlagentarif **203** 328
- Rechnungszins **203** 265 ff.
- Schadenregulierungskosten **203** 315 ff.
- Sicherheitszuschlag **203** 290 ff.

2030

Sachverzeichnis

- Standardtarif **203** 324 f.
- Überschüsse **203** 300
- Übertrittswahrscheinlichkeiten **203** 329 ff.
- Veränderung von **203** 776 ff., 793 ff., 807 ff., 814h ff.
  - Dauerhaftigkeit **203** 782 ff.
  - Faktor, auslösender **203** 800 ff., 807 ff.
  - Neugeschäft **203** 814a ff.
  - Prämiensenkungen, sonstige **203** 814n f.
  - Sanierung, stille **203** 814k ff.
  - Verwaltungskosten **203** 320
  - Zuschläge, sonstige **203** 295 ff.
- Rechnungslegung **153** 65
- Rechnungszins **203** 821 ff.
- Rechtsanwalt
  - Anwaltswahl, freie **127** 1 ff.; *s. auch dort*
  - Bedingungstreuhänder **203** 535
  - Begünstigungserklärung, Haftung für fehlgeschlagene **159** 63 f.
  - Mediator **127** 15a
  - Pflichthaftpflichtversicherung **Vor 113** 19
- Rechtsberatung **192** 88
- Rechtshängigkeit **104** 22
- Rechtskrafterstreckung, Pflichthaftpflichtversicherung **124** 4 ff., 12 ff., 16 ff.
- Rechtsnavigation **125** 41
- Rechtsschutzgewährungspflicht **101** 4
- Rechtsschutzkosten **101** 1 ff.
- Rechtsschutzversicherung **125** 1 ff., 5 ff., 13 ff.
  - Abdingbarkeit **125** 47 f.
  - Abtretung an Dritte **125** 46
  - Abwehrdeckung **125** 33
  - Alternativen für die Kostenabwälzung **125** 16 ff.
  - Anwaltswahl, freie **127** 1 ff.; *s. auch dort*
  - Covid-19-Pandemie **125** 13
  - Deckungszusage **125** 35 ff.
  - Digitalisierung **125** 14
  - Einschränkungen des Leistungsumfangs **125** 36
  - Erforderlichkeit der Leistungen **125** 42 f.
  - Europäische Vorgaben **125** 5 f.
  - Freistellung **125** 31 ff.
  - Gutachterverfahren **128** 1 ff.; *s. auch Gutachterverfahren, Rechtsschutzversicherung*
  - Interessen, rechtliche **125** 22 ff.; **128** 55 ff.
  - Interessenkollisionen **126** 1 ff.
  - Kommerzialisierung der Rechtsverfolgung **125** 14
  - Kostentragung **125** 31 ff.
  - Legal-Tech-Anbieter **125** 14, 18
  - Leistungen des Versicherers **125** 20 ff.
  - Leistungsarten **125** 26
  - Mediation **125** 49
  - Nebenpflichten **125** 39 f.
  - Produktoffenheit **125** 49 f.
  - Prozessfinanzierung **125** 17
  - Rechtsbesorgung **125** 20 f.
  - Rechtsgebiete, versicherbare **125** 26
  - Risikoausschlüsse **125** 29 f.
  - Schadenminderungsobliegenheit **125** 43
  - Schadensabwicklungsunternehmen **126** 1 ff.; *s. auch dort*
  - Sorgeleistungen **125** 41
  - Spezialität der versicherten Gefahr **125** 25
  - Umfang, vereinbarter **125** 25 ff.
  - Vereinbarungen, abweichende **129** 1 ff.
  - Versicherung für fremde Rechnung **125** 44 f.
  - Vertragsformen **125** 27 f.

- Vorbehalt, Deckungszusage mit **125** 36
- Wahlrecht des Versicherers **125** 33 f.
- Wahrnehmung rechtlicher Interessen **125** 20 ff.
- Weisungen **125** 36
- Widerruf der Deckungszusage **125** 38
- Zugehörigkeit zur Schadenversicherung **125** 8 ff.
- Rechnungslegung, Pflicht zur **Vor 150** 4a
- Refertilisation **192** 21
- Regieaufwendungen des Versicherers **101** 83
- Regress **118** 30 ff.; **123** 31 ff.
  - Geschädigte, mehrere **109** 25
  - Krankenversicherung **194** 21 ff.
  - Sozialversicherungsträger **100** 61
- Regulierungsvollmacht **101** 17, 32 ff., 39 ff.
- Reichsversicherungsordnung **Vor 192** 5
- Reisegepäckversicherung **130** 15
- Reisekrankenversicherung **Vor 192** 92, 644; **195** 17; **198** 22 ff.
- Reisen, gemischte **209** 4
- Reiserücktrittskostenversicherung **215** 87
- Reiseveranstalter **Vor 113** 19
- Rennveranstaltungen mit Kraftfahrzeugen **172** 204
- Rente **107** 1 ff., 77 ff.
  - Berufsunfähigkeitsversicherung **172** 220 ff.
  - Rangfolge mehrerer Ansprüche **118** 13
  - Abzinsung **107** 37
  - Art **107** 40 f.
  - Beginn **107** 38 f.; **Vor 150** 16
  - Berechnung **107** 36 ff.
  - Dauer **107** 40
  - Freistellungsanspruch, Verfügung **108** 62
  - Garantiezeit **Vor 150** 21
  - Kapitalwert der Rente **107** 31 ff., 50 ff.
  - Kürzungsverfahren **107** 9 f., 55 f.
  - Leistungen, etwaige sonstige **107** 24 ff.
  - Rente **107** 15 ff.
  - Schadensminderungspflicht **107** 61
  - Schmerzensgeldrente **107** 19
  - Sicherheitsleistung **107** 13, 63 ff., 66 ff.
  - Sozialversicherungsträger **107** 12
  - Versicherungssumme **107** 20 ff., 50 ff.
  - Verteilungsverfahren **107** 12
  - Zweck der Regelung **107** 6 ff.
- Rentenschuld **148** 6; **149** 6
- Rentenversicherung
  - Basis-Rentenverträge **168** 10
  - Bewertungsreserven **153** 57
  - fondsgebundene **Vor 150** 24, 26
  - gesetzliche **Vor 172** 10 ff.
  - Kündigung des Versicherungsnehmers **168** 4
  - Modellrechnung **154** 5
  - Rückkaufswert **169** 41, 61
  - Unitised with Profits (UWP) **Vor 150** 27 f.
  - Todesfallleistung **Vor 150** 16, 21; **169** 38 ff.
- Rentenversicherungsträger **118** 26
- Repräsentantenhaftung **103** 68 f.; **137** 12 ff.
- Reserveursachen **172** 139, 185
- Restkreditlebensversicherung **Vor 150** 14
- Restschuldkrankenversicherung **Vor 192** 644; **195** 19
- Restschuldversicherung **Vor 150** 14; **177** 21 ff.; **Vor 192** 92
- Retrozession **209** 50
- Rettungseinsätze **178** 281 ff.; **Vor 192** 1400 f.
- Rheinland-Pfalz **Vor 113** 20 f.

Sachverzeichnis

Riester-Rente 153 45; **168** 9, 11
Risiken, erhöhte 203 631 ff.
- Allgemeine Versicherungsbedingungen (AVB) **203** 735 ff.
- Basistarif **203** 715 ff.
- Dauer des Risikoausgleichs **203** 659 ff.
- Durchschnittsrisiko **203** 640 ff., 647 ff.
- Einzelrisiko **203** 643
- Fortfall des erhöhten Risikos **203** 704 ff.
- Leistungsausschluss **203** 690 ff.
- Optionen des Versicherungsunternehmens **203** 652 ff.
- Risikozuschlag **203** 665 ff.
- Wahlrecht **203** 653 ff.
- Zweck der Regelung **203** 637 ff.

Risiko, biometrisches Vor 150 1, 5; **167** 17 ff.
Risikoabsicherung, soziale 123 1
Risikoausgleich Vor 192 210
Risikoausschlüsse 117 32 f.; **125** 29 f.
Risikobasisrückversicherung 209 49
Risikobeitrag 203 137 ff.
Risikobelegenheit 172 242
Risikobeschreibungen Vor 100 172 ff.
Risikogemeinschaft Vor 150 38
Risikolebensversicherung Vor 150 13; **155** 7; **165** 3; **167** 5
Risikoselektion, negative 204 418
Risikostrukturausgleich Vor 192 80, 152 ff.
Risikoverschiebungen 204 295
Risikoversicherung Vor 150 13 ff.; **154** 5a; **168** 4; **169** 41
Risikozuschlag 203 665 ff., 894 ff.
Rohüberschuss 153 23 f.
Rückabwicklung, bereicherungsrechtliche 108 44 ff.; **150** 43 ff.
Rückdeckungsversicherung Vor 150 63 f.
Rückforderungsansprüche gegen Leistungserbringer 194 39 ff.
Rückgriff bei mehreren Versicherten
- Pflichthaftpflichtversicherung **123** 1 ff., 5 ff.
  - Abdingbarkeit **123** 36
  - Akzessorietät **123** 2
  - Beweislast **123** 34 f.
  - Gutgläubigkeit des Versicherten **123** 16 ff.
  - Leistungsfreiheit des Versicherers **123** 8 ff.
  - Leistungspflicht des Versicherers **123** 25 ff.
  - Nachhaftung **123** 20 ff.
  - Rechtsfolgen **123** 25 ff.
  - Rechtsmissbrauch **123** 13
  - Regress des Versicherers **123** 31 ff.
  - Risikoabsicherung, soziale **123** 1
  - Verfügungsbefugnis des Versicherten **123** 12 ff.
  - Versicherungsverhältnis, krankes **123** 30
  - Versicherungsvertrag, wirksamer **123** 19
  - Verweisungsprivileg **123** 29

Rückgriff des Versicherers, Bindungswirkung bei 124 17 ff.
Rückkaufswert Vor 150 3; **169** 1 ff., 49 ff.
- Abdingbarkeit **169** 139
- Abschlusskosten **169** 90 ff., 98, 110, 119
- Abtretung **168** 16
- Alterungsrückstellung **Vor 192** 897 ff.
- Altverträge **169** 133
- Angabe vor Vertragsschluss **169** 99 ff.
- Anpassungsbefugnis **163** 32
- Anspruch aus Vereinbarung **169** 45
- Anwendungsbereich **169** 35 ff.
- Aufhebung, einvernehmliche **169** 51
- Begrenzung auf die Versicherungsleistung **169** 59 ff.
- Berechnung des **169** 63 ff.
- Berufsunfähigkeitsversicherung **169** 42; **176** 51 ff.
- Berufsunfähigkeitszusatzversicherung **169** 42; **176** 53
- Beweislast **169** 122
- Bezugswert **169** 100 ff.
- Deckungskapital **169** 65 ff., 75 ff.
- Einmalprämie, Versicherung gegen **169** 98
- Entstehungsgeschichte **169** 4 ff.
- Gefährdung der Belange der Versicherungsnehmer **169** 127 ff.
- Herabsetzung des **169** 123 ff.
- Insolvenz **169** 58; **159** 112 ff.
- Lebensversicherung **Vor 150** 38; **169** 111 ff.
- Leistungsfreiheit des Versicherers **169** 54 ff.
- Leistungspflicht **169** 46 ff.
- Mindestrückkaufswert **169** 15
- Mindestversicherungsleistung **169** 60
- Nachforderungsansprüche, Verjährung **169** 138
- Nettopolicen **169** 91 f.
- Normzweck **169** 1 ff.
- Pensionsfonds **169** 44
- Pensionskassen **169** 44
- Prämienfreistellung **165** 19 ff., 27
- Rechnungsgrundlagen der Prämienkalkulation **169** 82 ff., 88 f.
- Rentenversicherung **169** 38 ff., 61
- Risikoversicherung **169** 41
- Stornoabzug **169** 14, 33, 116 ff.
- Suizid **161** 41
- Todesfallversicherung **169** 36
- Überschussanteile **169** 132
- Unfallversicherungen **169** 43
- Unwirksamkeit des Vertrages **169** 57
- Versicherungsmathematik, anerkannte Regeln der **169** 87
- Vertriebskosten **169** 91 f
- Widerruf **169** 52 f.
- Zeitwert **169** 20 ff., 26 ff., 34
- Zillmerung **169** 10 ff., 30 f., 77, 94 ff.

Rückstellungen Vor 192 576, 786 ff.
Rücktritt 100 21; **Vor 150** 53; **152** 7
Rückversicherung 209 30 ff., 40 ff., 52 ff.
- Anpassungsklauseln **209** 62
- Borderos **209** 63
- fakultative **209** 40
- Gefahrenrückversicherung **209** 49
- Geschäftsführungsrecht des Erstversicherers **209** 54
- Höchstschadenrückversicherung (HS-RV) **209** 48
- Indexklauseln **209** 62
- Informationsrecht **209** 55
- Irrtumsklauseln **209** 56
- Kontrollrecht **209** 55
- Leistungspflicht des Rückversicherers **209** 57 ff.
- Long-tail-Sparten **209** 62
- nicht-proportionale **209** 45 ff.
- obligatorische **209** 40
- Open Cover **209** 40
- Pflicht des Erstversicherers zur Prämienzahlung **209** 60 ff.
- Poolvertrag **209** 51

Sachverzeichnis

- Principles of Reinsurance Contract Law (PRICL) **209** 34
- proportionale **209** 41 ff.
- Rechtsgrundlagen **209** 34 ff.
- Retrozession **209** 50
- Risikobasisrückversicherung **209** 49
- Schadenteuerungen **209** 62
- Schicksalsteilung, Grundsatz der **209** 53
- Schlussvorschriften **209** 1 f.
- Selbstbehalt **209** 52
- Versicherungsaufsicht **209** 36 ff.
- Versicherungsrichtlinien **Vor 192** 373

Rückwärtsversicherung 172 45
Ruhensvereinbarung Vor 192 685 ff., 693
Ruhestand 199 7 f.
Rürup-Kommission Vor 192 935
Rürup-Rente Vor 150 16; **168** 9

S

Saarland Vor 113 20
Sachgesamtheit 122 4
Sachleistungsprinzip Vor 192 36
Sachschaden 100 126 ff., 138 ff.
- Abhandenkommen von Sachen **100** 173 ff.
- Herstellung einer von vornherein fehlerhaften Sache **100** 143 ff.
- Mangel, weiterfressender **100** 149 ff.
- Rangfolge mehrerer Ansprüche **118** 27 ff.

Sachsen Vor 113 20 f.
Sachsen-Anhalt Vor 113 20
Sachversicherung Vor 130 13
Sachverständige 100 63; **Vor 113** 19 f.; **189** 3 ff.
Sachvortrag, widersprechender 124 13 ff.
Sammelklage 127 2 f.
Sana Kliniken AG Vor 192 213
Sanatorium 178 267; **192** 57, 73 f., 165
Sanierung 203 814k ff.; **204** 26
Sanktionen 155 19 ff.
Satzung, Pflichthaftpflichtversicherung aufgrund 113 10 ff.
Schaden, eingetretener 103 54 f.
Schadenexzedentenrückversicherung 209 46
Schadenmanagement, aktives 127 14
Schadenminderungspflicht 194 19 f.
Schadenquote Vor 192 792
Schadenregulierungskosten 203 315 ff., 819 ff.
Schadenrückstellung Vor 192 574
Schadensabwicklungsunternehmen 126 6 f.
- Obliegenheiten des Versicherungsnehmers **126** 12
- Partei kraft Funktion **126** 11
- Rechtsbeziehungen **126** 8 ff.
- Versicherungsschein **126** 4 f.
- Vertretungsrecht **126** 11
- Vollstreckung **126** 13
- Vorsteuerabzug **126** 10

Schadensereignis 100 103 ff., 115 ff.; **104** 14 ff.; **119** 10 ff.
Schadensereignistheorie 100 113 f.; **104** 12, 14
Schadensermittlungskosten 135 6; **202** 13 ff.
Schadensersatz 192 99 ff.
- Direktanspruch **115** 12 f., 19 f.
- Eigenschaften, zugesicherte **100** 45, 48 ff.
- Inanspruchnahme des Versicherungsnehmers auf **100** 98 ff.
- Verschulden bei Vertragsschluss **100** 22

Schadensfeststellungskosten 135 6 ff.
Schadensminderungspflicht 107 61
Schadensversicherung Vor 192 628
- Bereicherungsverbot **200** 12
- Krankenversicherung **194** 9 ff.
- Krankenversicherung, private **Vor 192** 668 f., 671
- Rechtsschutzversicherung **125** 8 ff.; *s. auch dort*
- Tarifwechsel **204** 245 f.
- Versicherungsvertragsrecht **Vor 192** 418 ff.

Schädigung, mutwillige 102 65, 92
Schausteller 102 32; **Vor 113** 19; **130** 15; **210** 15
Scheidung Vor 150 72 ff., 79 ff.
Schenkung 159 87 ff.
Schiedsgutachterverfahren 128 7 f., 40 ff., 59
Schiedsspruch 106 19
Schienenfahrzeug-Kasko 210 14
Schießerlaubnis Vor 113 19
Schiff 138 1 ff.; **140** 1 ff.
- Haftpflichtversicherung **130** 17, 21 ff.
- Kaskoversicherung **130** 17 ff.

Schlaganfall 178 127
Schlepplifte Vor 113 20
Schleswig-Holstein Vor 113 20
Schlichtungsstellen 192 103; **214** 1 ff., 16 ff.
- Abgrenzung durch Satzung der Ombudsleute **214** 15
- Anerkennung privatrechtlich organisierter Einrichtungen **214** 7 ff.
- Anwendungsbereich **214** 6 ff.
- Delegation **214** 34
- Entgeltpflicht **214** 29 ff.
- Pflichten der **214** 27 f.
- Verhältnis zum gerichtlichen Rechtsschutz **214** 22 ff.
- Versicherungsvermittlung **214** 14
- Voraussetzungen der Anerkennung **214** 25 f.
- Zuständigkeit, sachliche **214** 11 ff.

Schlussbonus Vor 150 28
Schmerzen 161 39; **193** 42
Schmerzensgeld Vor 100 125 ff.; **101** 63; **107** 19
Schonarbeitsplatz 172 153
Schönheitsoperation 178 175, 278 ff.; **192** 21
Schüler 172 104 ff.
Schulmedizinklausel 192 61 f.
Schusswaffe 161 22
Schutzgesetze, schuldhafte Verletzung 100 35
Schwangerschaft 192 28 ff., 163; **203** 155, 205
Schwangerschaftsabbruch 192 21, 31
Schwankungsrückstellung Vor 192 575
Schweden Vor 192 309 ff.
Schweigepflicht 172 212c ff.; **213** 49 ff.
Schweiz Vor 192 285 ff.; **193** 18; **215** 67 f.
Schwerhörigkeit Vor 192 856
Seeverkehr Vor 113 19
Seeversicherung Vor 130 5; **209** 1 ff., 9 ff.
- Insolvenz des Versicherungsnehmers **110** 8 ff.
- Obliegenheiten des Versicherungsnehmers **209** 15 ff.
- Pflichten des Versicherers **209** 23 ff.
- Pflichten des Versicherungsnehmers **209** 13 ff.
- Reparaturhaftpflichtversicherung **209** 3
- Seegüterversicherung **209** 3, 8, 29
- Seehaftpflichtversicherung **209** 3
- Seekaskoversicherung **209** 3, 5 ff., 27 f.; **210** 14
- Seerechtsschutzversicherung **209** 3
- Seeuntüchtigkeit des Schiffes **209** 28

Sachverzeichnis

- Transportversicherung **Vor 130** 15
- Verletzung einer Schiffssicherheitsbestimmung **209** 21
- Versicherungsprämie **209** 13 f.

Segelflieger 178 60
Selbständige
- Berufsunfähigkeit **172** 79 ff., 265
- Nettoeinkommen **192** 138
- Verweisung **172** 174 f.

Selbstbehalt 195 15
- Direktanspruch **115** 22
- Pflichthaftpflichtversicherung **113** 27; **114** 24 ff.; **117** 31
- Prämienanpassung **203** 890 ff.
- Rückversicherung **209** 52
- Tarife **203** 127

Selbstbestimmung. Recht auf informationelle 172 212g
Selbstmord s. *Suizid*
Selbstverstümmelung 178 92
Selektionsersparnisse 203 307
Self Tracking 213 36 f.
Serienschadensklauseln 114 15
Sicherheitsleistung 101 93 ff., 108 ff.; **107** 13, 63 ff., 66 ff.
Sicherheitsmarge 163 54, 57
Sicherheitsprüfung Vor 113 19
Sicherheitszuschlag 203 290 ff., 685
- Krankenversicherung **203** 146
- Lebensversicherung **Vor 150** 44 f.

Sicherungsabtretung 159 55 ff.
Sicherungsfonds Vor 150 50; **Vor 192** 1368 ff.
Sicherungsfunktion der Krankenversicherung Vor 192 53
Sicherungsvermögen Vor 150 49; **Vor 192** 405
Sicherungszession 159 98 ff.; **168** 37
Signaturgesetz Vor 113 19a
Single Licence Vor 150 51
Sitzlandprinzip Vor 100 29 ff.
Smoothing Vor 150 28
Solidarität Vor 192 55 f.
Solvabilität Vor 192 536; **193** 23
Sondereigentum, Beeinträchtigung 100 32
Sozialbindung 108 1, 6; **Vor 192** 722 ff.
Sozialpolitik Vor 192 136 ff.
Sozialrecht Vor 192 593 ff., 605 ff., 1423
Sozialversicherung Vor 192 23 f., 369 f., 374
- Bilanzrecht **Vor 192** 581 f.
- Ergänzungsversicherungen durch GKV **Vor 192** 169 ff.
- Krankenversicherung **Vor 192** 466 ff.
- Krankenversicherung, private **Vor 192** 356, 617
- Pflegeversicherung, gesetzliche **Vor 192** 477 ff.
- Verfahrensrecht **Vor 192** 491 ff.

Sozialversicherungsträger
- Direktanspruch **115** 9, 30
- Geschädigte, mehrere **109** 18
- Rangfolge mehrerer Ansprüche **118** 31 f.
- Regressanspruch **100** 61
- Rentenanspruch **107** 12
- Verweisungsprivileg **117** 40, 42

Spanien Vor 192 258 ff.
Sparanteil 203 142 f.
Spartentrennung Vor 150 42 f.; **Vor 192** 472, 994 ff.
Spätschäden Vor 192 853

Spediteur 137 14
Spekulation 153 9; **169** 61
Spezialguttransport 134 4
Spezialität des versicherten Risikos 102 12
Spitzenausgleich Vor 192 202 f.
Sport 178 85, 105
Sportboote Vor 113 19
Standardtarif
- ältere Versicherte **Vor 192** 729 ff., 1143 ff.
- Änderung **Vor 192** 1162
- Risikoausgleich **Vor 192** 1164 ff.
- Versicherbare Personen **Vor 192** 1155 ff.
- Versicherungsbeiträge **Vor 192** 1161
- Versicherungsleistungen **Vor 192** 1160
- Vorversicherung **Vor 192** 1158 f.
- Zusatzversicherungen **Vor 192** 1163
- Rechnungsgrundlagen **203** 324 f.
- Tarifwechsel **204** 400 ff.

Standmitteilung 155 1 ff., 11 ff.
- Altersversorgung, betriebliche **155** 1a, 9
- Angaben zur Überschussentwicklung, bezifferte **155** 10
- Hinweis auf Prognoseabweichungen **155** 18
- Kapitalisierungsgeschäfte **155** 9a
- Sanktionen **155** 19 ff.
- Sterbekasse **155** 9
- Unverbindlichkeit **155** 17
- Vertrag, überschussberechtigter **155** 7 ff.

Statiker 100 24; **Vor 113** 20
Sterbegeldversicherung Vor 150 19; **211** 7
Sterbekasse 153 10; **155** 9; **211** 7
Sterbetafeln 203 278, 849 f.
Sterbewahrscheinlichkeiten Vor 192 847; **203** 849 ff., 855 ff., 858 ff.
Sterilisation 192 21; **201** 33
Steuerberater Vor 113 19
Steuerbilanzrecht Vor 192 583 ff.
Steuerrecht Vor 192 549 ff.
Steuervergünstigungen Vor 192 547 ff.
Stichentscheid 128 7, 9 ff., 25 ff.
Stoffe, atomare 172 202 f.
Stop-Loss-Rückversicherung (SL) 209 47
Stornoabzug 165 28; **169** 14, 33, 116 ff., 122
Straftaten 172 187 ff.; **178** 134 ff.
Strafverteidigung, Kosten der 101 48 ff.
- Adhäsionsverfahren **101** 61
- Kosten **101** 62
- Nebenklage **101** 62
- Rückforderung des Kostenvorschusses **101** 67 f.
- Schmerzensgeld **101** 63
- Verteidigerbestellung **101** 57 ff.
- Vorschusspflicht **101** 64 ff.

Strahlenschäden 178 165 ff.
Strahlenstudien Vor 113 19a
Strangulation 161 24; **178** 83, 176
Streithelfer 124 14
Streitschlichtung, konsensuale 127 15 ff.
Streitverkündung 104 24
Strom, elektrischer 178 61
Stückkostenzuschlag 203 312
Studenten 172 104 ff.
Stufenmodell, dialogisches 213 79
Sturz aus großer Höhe 161 27
Substanzschäden 130 10
Sucheinsätze 178 281 ff.
Suchtkrankheiten 201 27 ff.

Sachverzeichnis

Suizid 103 28; **156** 3
- Bilanzselbstmord **161** 37
- fehlgeschlagener **178** 92
- Herbeiführung des Versicherungsfalles **201** 25 f.
- Lebensversicherung **161** 1 ff.
- Leistungsfreiheit **161** 3 ff.
- vorsätzlicher **161** 4 ff., 22 ff.

Summenexzedentenrückversicherung 209 43
Summenrückversicherung 209 41
Summenversicherung
- Berufsunfähigkeitsversicherung **Vor 172** 4
- Krankentagegeldversicherung **194** 10
- Krankenversicherung **194** 9 ff.
- Krankenversicherung, private **Vor 192** 668, 670
- Tarifwechsel **204** 134 ff., 245 f.
- Unfallversicherung **Vor 178** 4

Sunset-Modell 203 388 f.

T

Tabletten 161 38
Tagegeld 178 258 ff.; **204** 398 f.
Tarifbezogenheit 203 123 ff.
Tarifierungsmerkmale 203 117 ff., 134
Tarifüberführung 203 1167 ff.
Tarifwechsel 204 7 ff., 10 ff., 43 ff.
- Anwendungsbereich, sachlicher
  - Alt- und Paralleltarife **204** 83a ff.
  - Anwartschaftsversicherung **204** 139 ff.
  - Ausnahmen vom Tarifwechselrecht **204** 144a ff.
  - Basistarif **204** 100 f.
  - Beihilfe **204** 80a f.
  - Gruppenversicherung **204** 114 ff., 127 ff.
  - Krankenversicherung **204** 84 ff., 107 ff.
  - Pflege-Pflichtversicherung, Private (PPV) **204** 102 ff.
  - Standardtarif, modifizierter **204** 95 ff.
  - Summenversicherung **204** 134 ff.
  - Tarifbezogenheit **204** 74 ff.
  - Wechsel in Tarife **204** 143 f.
- Anwendungsbereich, zeitlicher
  - Bisex-Tarife **204** 150a
  - Dauerhaftigkeit **204** 145
  - Fristen **204** 146 ff.
  - Unisex-Tarife **204** 150a
  - Wirksamwerden des Tarifwechsels **204** 151
  - Zeitpunkt des Tarifwechsels **204** 152 ff.
- Basistarif **204** 261, 304, 368 ff., 404 f.
- Beratung **204** 175a ff.
- Bestandsentmischungen **204** 294 ff.
- Bestandsübertragung **204** 26
- Bisex-Tarife **204** 17c, 73b, 212a, 226 ff.
- Europarechtskonformität **204** 176 ff.
- Fortführungsrecht **204** 6, 526 ff.
  - Allgemeine Versicherungsbedingungen **204** 544
  - Anwendungsbereich **204** 531 ff.
  - Rechtsfolgen **204** 540 ff.
  - Voraussetzungen **204** 537 ff.
- Gesundheitsreform **Vor 192** 1429 f.; **204** 41 f., 68 ff.
- Gründe **204** 166 ff.
- Informationspflichten **204** 169 ff., 172 ff.
- Kontrahierungszwang **204** 11 f.
- Konzernunternehmen **204** 31 ff.
- Krankenversicherung, substitutive **Vor 192** 726 f.
- Krankheitskostenversicherung **204** 380 ff.
- mehrfacher **204** 297 ff.
- Pflegeergänzungsversicherung **204** 406
- Pflegevorsorge, geförderte **204** 73a
- Produktinnovationen **204** 24 f.
- Risikoverschiebungen **204** 295
- Standardtarif **204** 400 f.
- Tagegeldversicherungen **204** 398 f.
- Tarifwechselrecht, eingeschränktes **204** 314 ff.
  - Anzeigepflichten, vorvertragliche **204** 334 ff.
  - Beweislast **204** 364 ff.
  - Gefahrerhöhung **204** 336 f.
  - Leistungen des Zieltarifs **204** 317 ff.
  - Minderleistungen **204** 330 ff.
  - Prämienzahlung **204** 338 f.
  - Tarifeinschränkungen **204** 340 f.
- Tarifwechselrecht, gesetzliches **204** 157 f.
- Tarifwechselrecht, unbeschränktes **204** 180 ff.
  - Alter **204** 228 f.
  - Alterungsrückstellung, Anrechnung der **204** 277 ff., 284 ff.
  - Anrechnung erworbener Rechte **204** 256 ff.
  - Arbeitnehmereigenschaft **204** 235 f.
  - Art der Versicherungsleistung **204** 245 ff.
  - Aufsichtsrecht, überschießendes **204** 201a–201b f.
  - Basistarif **204** 289 ff.
  - Beihilfe **204** 220
  - Berufsgruppentarife **204** 219 ff.
  - Beschäftigungsart **204** 222 f.
  - Beweislast **204** 305 ff.
  - Bisex-Tarife **204** 212a, 226 ff.
  - Geschlecht **204** 224 ff.
  - GKV-Mitgliedschaft **204** 232 ff.
  - Gruppenversicherungen **204** 233
  - Herkunftstarif **204** 180 ff.
  - Kalkulation **204** 243 f., 274 ff.
  - Leistungsbereiche **204** 215 ff.
  - Pflegeversicherung **204** 216a ff.
  - Schadensversicherung **204** 245 f.
  - Substitutivfunktion **204** 237 ff.
  - Summenversicherung **204** 245 f.
  - Tagegeldversicherung **204** 247
  - Tarifform **204** 249 ff.
  - Tarifwechsel, Anspruch auf **204** 185 ff.
  - Tarifwechsel, mehrfacher **204** 297 ff.
  - Unbefristetheit **204** 241 f.
  - Unisex-Tarife **204** 212a, 226 ff.
  - Verbandsmitgliedschaft **204** 230 f.
  - Versicherungsfähigkeit **204** 217 ff.
  - Versicherungsschutz, gleichartiger **204** 202 ff.
  - Versicherungsverhältnis, unbefristetes **204** 180 ff.
- Tarifwechselrecht, vertragliches **204** 159 ff.
- Unisex-Tarife **204** 17b f., 73b, 212a, 226 ff.
- Versichererwechsel **204** 2 ff.
- Versicherungsverhältnisse, befristete **204** 17
- VVG-Reform **204** 65 ff.
- Wechselwahrscheinlichkeit **204** 22
- Wirkung der Norm **204** 18 ff., 23 ff.
- Zusatztarifrecht **204** 496 ff.
  - Alterungsrückstellung **204** 520 ff
  - Anwendungsbereich **204** 501 ff., 504 ff.
  - Beweislast **204** 523 f.
  - Voraussetzungen **204** 509 ff.
  - Zweck der Regelung **204** 16 ff.

Tätigkeit, vergleichbare Vor 150 34
Tauchen 178 60

Sachverzeichnis

Täuschung, arglistige 172 29 ff.
Taxe 194 13
Teilabtretung 108 140
Telematiktarife 163 18 ff.; **Vor 192** 1449; 213 37
Termfix-Versicherung Vor 150 23; 165 22
Terroranschlag 192 64
Testament 159 35
Tetanus 178 185 ff.
Theorie, ökonomische Vor 113 8
Therapie 172 140
Thüringen Vor 113 20 f.
Tiefkühlware 130 10
Tiere, Verletzungen durch 178 57
Tochtergesellschaft Vor 150 55
Todesfallanzeige 178 312
Todesfallleistung 178 273 ff.
Todesfallversicherung, lebenslange Vor 150 19; 169 36
Tollwut 178 185 ff.
Tontinen Vor 150 4a, 17 f.
Tötung auf Verlangen 161 11; 162 4
Tötung durch Leistungsberechtigten 162 1 ff.
Transportgefahr, Realisierung einer 130 11 f.
Transportgüterversicherung 210 14
Transportversicherung Vor 130 1 ff., 3 ff.
– Abandon 141 3 ff.
– Allgemeine Versicherungsbedingungen (AVB) **Vor 130** 11 f.
– Anzeigepflicht des Versicherungsnehmers 132 8 ff.; 134 6 f.
– Anzeigepflichtverletzung 131 1 ff., 13
– Aufwendungsersatz 135 1 ff.
– Beförderung, vertragswidrige 133 1 ff.
– Beförderungsmittel, ungeeignete 134 1 ff.
– Befreiung durch Zahlung der Versicherungssumme 141 1 ff.
– Besatzungsverschulden 137 15
– Beschädigung 136 4, 12
– Binnentransportversicherung **Vor 130** 5, 8
– Dauer der Versicherung **Vor 130** 6
– Flusskaskoversicherung **Vor 130** 7, 12
– Gefahränderung 132 1 ff., 5 f.
– Gefahrerhöhung 132 7
– Großrisiken **Vor 130** 10; 210 14 f.
– Güterversicherung **Vor 130** 4, 7, 12 f.
– Haftpflichtversicherung **Vor 130** 14
– Haftungsausschluss bei Schiffen 138 1 ff.
– Handelswert, gemeiner 136 4, 6
– Herbeiführung des Versicherungsfalles 137 1 ff., 16
– Inhalt **Vor 130** 13 f.
– Kaskoversicherung **Vor 130** 4, 13
– Kollisionsschäden **Vor 130** 8
– Kündigung 131 12
– Leistungsfreiheit 132 9
– Löschschäden, Kosten 135 5
– Luftfahrtversicherung **Vor 130** 17 ff.
– Lufttransportversicherung **Vor 130** 5, 16
– Neuverpackungskosten 135 5
– Organisationsverschulden 137 6
– Repräsentantenhaftung 137 12 ff.
– Sachversicherung **Vor 130** 13
– Schadensermittlungskosten 135 6
– Schadensfeststellungskosten 135 6 ff.
– Seeversicherung **Vor 130** 5, 15
– Spezialguttransport 134 4
– Taxe, Festsetzung 136 11

– Transportgefahr **Vor 130** 9
– Umfang der Gefahrtragung 130 1 ff.
 – Beförderungsgefahren 130 8
 – Beschädigung 130 10
 – Beweislast 130 27
 – Binnenschifffahrt 130 7, 17 ff.
 – causa proxima 130 11 f.
 – Gütertransportversicherung 130 3 ff., 13 ff.
 – Havarei, große 130 24 ff.
 – Incoterms 130 5
 – Lagerungsgefahren 130 9
 – Landtransport 130 7
 – Substanzschäden 130 10
 – Transportgefahr, Realisierung 130 11 f.
 – Verlust 130 10
– Veräußerung der versicherten Sache oder Güter 139 1 ff.
– Veräußerung des versicherten Schiffes 140 1 ff.
– Verhältnis Versicherungswert – Versicherungssumme 136 10
– Verlust 136 4, 8
– Versicherungssumme, kein Verbrauch der 135 9
– Versicherungswert 136 1 ff., 5 ff.
– Wassersportfahrzeuge **Vor 130** 12
– Wert, gemeiner 136 4, 7
Transsexualität 192 32; 203 226
Trennungsprinzip Vor 100 102 ff., 141 ff.; 108 1, 3 ff.
Treu und Glauben Vor 100 78
Treuhänder 203 494 ff., 501 ff., 603 ff.
– Anforderungen 203 524 ff., 531 ff., 536 ff.
– Anpassungsbefugnis 163 63 ff., 68 ff., 73 ff., 77 ff.
– Aufgabenerfüllung, ordnungsgemäße 203 544 ff.
– Bedingungsänderung 203 1059 f.
– Bedingungstreuhänder 203 535, 541, 591 ff.
– Beitragsrückerstattung 203 427 ff.
– Bestellung 203 508 ff., 550 f.
– Haftung 203 624 ff.
– Krankenversicherung **Vor 192** 401, 827
– Prämienanpassung 203 897 f.
– Prämientreuhänder 203 537, 563 ff.
– Qualifikationsanforderungen 203 520 ff.
– Rechtsfolgen fehlender Bestellungsvoraussetzungen 203 548 f.
– Rechtsnatur der Treuhänderzustimmung und -bestätigung 203 602
– Versicherer als **Vor 150** 4a
– VVG-Reform 203 504 ff.
Treuhandmodell Vor 150 40
Trunkenheit 103 34 f.

U

Überbaurente 100 36
Übergangsleistung 178 251 ff.
Übermaßbehandlung Vor 192 1313
Übermaßvergütung Vor 192 1314; 192 9, 78 ff.
Überschuss
– Anteile 169 132
– Beteiligung
 – Alterungsrückstellung **Vor 192** 901 ff.
 – Berufsunfähigkeitsversicherung 153 9; 176 8 f.
 – Krankenversicherung 153 9
 – Lebensversicherung **Vor 150** 46; 153 1 ff.; *s. auch dort*
 – Pensionskasse 153 10

Sachverzeichnis

- Sterbekasse **153** 10
- Unfallversicherung **153** 9
- Ermittlung **Vor 150** 37
- Verteilung **Vor 150** 38; **203** 413 ff.
- Verwendungsquote **Vor 192** 789

Übertragung Vor 150 62; **Vor 192** 909; **193** 37; **204** 467 ff.

Übertrittsversicherung 197 16 ff.

Übertrittswahrscheinlichkeiten 203 329 ff.

Überversicherung Vor 100 151; **194** 12

Überwachungsstellen Vor 113 19

Überzins
- Ergebnis **Vor 192** 777
- Zuschreibung **Vor 192** 399; **203** 372 ff., 380 ff.
  - Alterungsrückstellung **Vor 192** 888 ff.
  - Beitragsrückerstattung (BRE) **203** 400
  - Prämiensenkungen **203** 401
  - Sunset-Modell **203** 388 f.
  - Verteilung **203** 384 ff., 391 ff.
  - Verwendungsart **203** 395 ff.
  - Wettbewerbsverzerrungen **203** 387 ff.

Umladung 133 3, 7, 11

Umlagen Vor 192 59; **203** 863 ff., 867 ff.

Umsatzsteuer Vor 192 556

Umschulung 172 159, 207

Umverteilungsfunktion Vor 192 54

Umwelthaftpflichtversicherung 100 122, 124 f.

Unbilligkeit, offenbare 105 15 ff.

Unfall 172 2; **178** 304 ff.
- Begriff **178** 49 ff.
- Unfall-Krankenversicherung **Vor 192** 655 ff.
- Unfallneurose **100** 132; **178** 99
- Unfallrente **178** 247 ff.
- Unfalltodzusatzversicherung **Vor 150** 35

Unfallversicherung Vor 178 1 ff.
- Allgemeine Unfallversicherungs-Bedingungen (AUB) **Vor 178** 8; **178** 45 ff.
- Anerkenntnis **187** 1 ff.
- Anzeigeobliegenheit, vorvertragliche **178** 13 ff.
  - Beweislast **178** 30 f.
  - Fremdversicherung **178** 14
  - Kündigung **178** 21
  - Leistungsfreiheit des Versicherers **178** 24 f.
  - Nachfrage in Textform **178** 15
  - Rücktritt **178** 19 ff.
  - Täuschung, arglistige **178** 26 ff.
  - Umstände, gefahrerhebliche **178** 16 ff.
  - Verletzung der **178** 18
  - Vertragsanpassung **178** 22
- Arbeitsunfähigkeitsrisiko **177** 24 ff.
- Auslandsbezug **178** 331 ff.
- Ausschnittsversicherungen **Vor 178** 5
- Beitragsrückzahlung, garantierte **Vor 178** 6
- Bergungseinsätze **178** 281 ff.
- Berufsunfähigkeitsversicherung **177** 3
- Bezugsberechtigung **185** 1 ff., 8 ff.
- Dauer der Gefahrtragung **178** 38 ff.
- Ereignisse, dem Unfall gleichgestellte **178** 102 ff.
- Ergänzungspfleger **179** 10
- Ersatzbetreuer **179** 10
- Erscheinungsformen **Vor 178** 5 ff.
- Gefahrerhöhung **178** 300; **181** 1 ff., 8 ff., 12 ff.
  - Anzeigepflicht des Versicherungsnehmers **181** 7
  - Berufsgruppenverzeichnis **181** 6
  - Berufswechsel **181** 5
  - Vereinbarung, ausdrückliche **181** 4 ff.
- Gefahrminderung **181** 11
- Gerichtsstand **215** 74
- gesetzliche **Vor 100** 9 ff., 14 f.; **Vor 178** 9 ff.
- Gesundheitsschädigung, unfreiwillige **178** 86 ff.
  - Alltagsrisiken **178** 98
  - Beweislast **178** 101
  - Gelegenheitsursache **178** 100
  - Labilität, psychische **178** 99
  - Schutzzweck der Risikoübernahme **178** 97 ff.
  - Selbstverstümmelung **178** 92
  - Suizid, fehlgeschlagener **178** 92
  - Verursachung, adäquat-kausale **178** 93 ff.
- Herbeiführung des Versicherungsfalls **183** 1 ff.
  - Beweislast **183** 11
  - Bezeichnung eines Bezugsberechtigten **183** 7
  - Erben **183** 9
  - Fremdversicherung **183** 3 ff.
  - Pfandgläubiger **183** 10
- Hilfsmittel, technische **178** 236
- Hinweispflicht des Versicherers **186** 1 ff., 9 ff., 13 ff.
- Invalidität **178** 291 f.; **180** 1 ff.
  - Beeinträchtigung **180** 3, 8 f.
  - Beweislast **180** 10
  - Lebensbescheinigungen **178** 316
  - Neubemessung der **188** 1 ff., 8 ff., 12 ff.
  - Prognose **180** 7
  - Progressionsvereinbarung **178** 292
  - Regulierungszeitpunkt **180** 6
  - Zeitpunkt des Eintritts **180** 5 ff.
- Invaliditätsleistung **178** 211 ff., 230 ff.
  - Beweislast **178** 246
  - Gliedertaxe **178** 232 ff.
  - Mehrfachschäden **178** 245
  - Vorinvalidität **178** 239 ff.
- Kinderunfallversicherung **178** 42 ff.; **188** 3
- Kleinunfallversicherungen **211** 8
- Kraftfahrzeug-Unfallversicherung **Vor 100** 53
- Krankenhaustagegeld **178** 264 ff.
- Krankenversicherung, private **Vor 192** 651 ff.
- Leistung des Versicherers **178** 1 ff., 32 ff., 35 ff., 325 ff.
  - Anerkenntnis **187** 10 f.
  - Auslandsbezug **178** 331 ff.
  - Beratungspflichten **178** 6
  - Beweislast **178** 342 ff.
  - Entstehungsgeschichte **178** 3 f.
  - Fälligkeit **187** 10 f.
  - Inhalt des Versicherungsvertrages **178** 32 ff.
  - Obliegenheiten des Versicherungsnehmers **178** 294 ff.
  - Vertragsabschluss **178** 5 ff.
  - Vertragsbeendigung **178** 8 ff.
  - Vertragsverhältnis **178** 5 ff.
  - Vorschuss, Anspruch auf **187** 12 f.
  - Zuständigkeit, internationale **178** 338 ff.
- Leistungsfreiheit des Versicherers **178** 24 f.
- Mitwirkende Krankheiten und Gebrechen **178** 284 ff.
- Mitwirkungsobliegenheiten **178** 37
- Obliegenheiten des Versicherungsnehmers nach Vertragsschluss **178** 294 ff.
  - Adressänderung **178** 299
  - Auskunftserteilung, Ermächtigung zur **178** 310 ff.
  - Gefahrerhöhung **178** 300

Sachverzeichnis

- Hinzuziehung eines Arztes **178** 301 ff.
- Lebensbescheinigungen **178** 316
- Namensänderung **178** 299
- Obduktion **178** 312 ff.
- Obliegenheitsverletzung **178** 317 ff.
- Todesfallanzeige **178** 312
- Unfallgeschehen, Informationen **178** 304 ff.
- Untersuchung, ärztliche **178** 307 ff.
- Verletzung **178** 350 f.
- Operation **178** 268 ff., 278 ff.
- Personenversicherung **Vor 178** 3
- Pflichtversicherung **190** 1 ff.
- Prämienfreistellung **165** 4
- private **Vor 178** 9
- Rettungseinsätze **178** 281 ff.
- Risikoausschlüsse
  - AGB-Kontrolle **178** 112 f.
  - Alkohol **178** 118 ff., 130
  - Anfälle **178** 114
  - Bandscheiben **178** 160 ff.
  - Bauchbrüche **178** 206 ff.
  - Beweislast **178** 129, 346 f.
  - Bewusstseinsstörungen **178** 114, 116 ff., 129 ff.
  - Blutungen **178** 160 ff.
  - Epilepsie **178** 127
  - Fahruntüchtigkeit **178** 119 ff.
  - Geistesstörung **178** 115
  - Gesundheitsbeeinträchtigungen **178** 111
  - Heilmaßnahmen **178** 171 ff., 185 ff.
  - Infektionen **178** 180 ff.
  - Insektenstiche **178** 184
  - Kernenergie **178** 157 ff.
  - Krieg **178** 143 ff.
  - Luftverkehr **178** 149 ff.
  - Motorfahrzeugrennen **178** 154 ff.
  - psychische Reaktionen **178** 195 ff.
  - Rauschmittel **178** 118, 126
  - Schlaganfall **178** 127
  - Straftaten **178** 134 ff.
  - Strahlenschäden **178** 165 ff.
  - Tollwut **178** 185 ff.
  - Unterleibsbrüche **178** 206 ff.
  - Vergiftungen **178** 188 ff., 193 ff.
  - Vorunfall **178** 132
  - Wiedereinschluss **178** 128, 178 f.
  - Wundstarrkrampf **178** 185 ff.
- Risikobelegenheit **178** 332 ff.
- Rückkaufswert **169** 43
- Sachverständigenverfahren **189** 3 ff.
- Schadensermittlungskosten, Erstattung **189** 7 ff.
- Schadensminderung **184** 1 ff.
- Sucheinsätze **178** 281 ff.
- Summenversicherung **Vor 178** 4
- Tagegeld **178** 258 ff.
- Todesfallleistung **178** 273 ff., 284
- Treuhandmodell **Vor 150** 40
- Übergangsleistung **178** 251 ff.
- Übergangsrecht **Vor 178** 12 f.
- Überschussbeteiligung **153** 9
- Unfallfolgen **178** 209 ff., 348 f.
- Unfallrente **178** 247 ff.
- Unfallzusatzversicherungen **Vor 150** 42; **Vor 178** 5
- Ursachen, mitwirkende **182** 1 ff.
- Vereinbarungen, abweichende **191** 1 ff.
- Versicherte Person **179** 1 ff., 4 ff., 14 ff.
- Versicherungsbescheinigung **190** 3 ff.
- Versicherungsfall **178** 49 ff.
  - Anheben von Sachen **178** 106
  - Eigenbewegungen **178** 66 ff., 103
  - Einatmen giftiger Gase **178** 59
  - Einschränkungen der körperlichen Bewegungsfreiheit. **178** 62
  - Einwirkung **178** 55 ff., 77 ff., 81 ff., 86
  - Ereignis **178** 53 f.
  - Ertrinken **178** 58
  - Gesundheitsschädigung **178** 86
  - Gliedmaße, Gesundheitsschäden **178** 108 ff.
  - Kraftanstrengung, erhöhte **178** 104 ff.
  - Kunstfehler, ärztlicher **178** 82, 94
  - Operation **178** 82
  - Plötzlichkeit des Ereignisses **178** 72 ff.
  - Rauschmittel **178** 84
  - Reaktionen, psychisch vermittelte **178** 63 ff.
  - Sport **178** 85, 105
  - Strangulation, autoerotische **178** 83
  - Strom, elektrischer **178** 61
  - Tauchen **178** 60
  - Unfall **178** 49 ff., 56 ff.
  - Verletzungen durch Tiere **178** 57
  - Verschlucken giftiger Stoffe **178** 59
  - Wirbelsäule **178** 108
- Vorerkrankungen **178** 288 ff.
- Zuständigkeit, internationale **178** 338 ff.

Ungarn Vor 192 298 ff.

Unisex-Tarife
- Krankenversicherung, private **Vor 192** 359
- Leitlinien **203** 185 ff., 198 ff.
- Tarifwechsel **204** 17 b f., 73 b, 150 a, 212 a, 226 ff.

Unitised with Profits (UWP) Vor 150 27 f.

Unterlassungsansprüche 100 31

Unterleibsbrüche 178 206 ff.

Unternehmen 102 66 ff.
- Begriff **102** 35 ff.; **Vor 192** 535 ff.
- Betrieb **102** 28
- Gewinnerzielungsabsicht **102** 45
- Übernahme **102** 99 ff., 112 ff.
- Veräußerung **102** 99 ff., 108 ff.
- Verpachtung **102** 119
- Verschmelzung **204** 26 f.
- Zerschlagung **102** 117

Unternehmer
- Berufsunfähigkeit **172** 79 ff.
- Haftpflicht **Vor 100** 129

Unterstützungskasse Vor 150 58, 71

Untersuchung, ärztliche
- Berufsunfähigkeitsversicherung **172** 212; **176** 5
- Lebensversicherung **151** 1 ff., 4 ff., 7 ff., 12 ff.
- Unfallversicherung **178** 307 ff.

Untersuchungsobliegenheit 192 179

Unterversicherung Vor 100 151

Ursachen, mitwirkende 182 1 ff.

Urteil 106 12 ff.; **124** 5 ff.

US-Militärpersonal 193 20

V

Valoren-Transport-Versicherung 130 13

Valutaverhältnis 159 83 ff.

Veränderung der Verhältnisse des Gesundheitswesens 203 966 ff.

Verantwortlicher Aktuar (VA) 203 442 ff.
- Aufgaben **203** 472 ff.

Sachverzeichnis

- Bestellung **203** 450 ff.
- Qualifikationsanforderungen **203** 461 ff.
- Rechtsstellung des **203** 481 ff.
- Zweck der Regelung **203** 447 ff.

Verantwortlichkeitstatsachen 104 10 f.
Veräußerung der versicherten Sache 122 1 ff., 9 ff.
- Abdingbarkeit **122** 24 f.
- Betriebshaftpflichtversicherung **122** 8
- Gebäudefeuerversicherung **144** 5
- Gesamtrechtsnachfolge **122** 7
- Interessewegfall **122** 6
- Kontrahierungszwang **122** 17
- Kraftfahrzeug-Haftpflichtversicherung **122** 19
- Kündigungsrecht des Versicherers **122** 18
- Rechtsfolgen **122** 15 ff.
- Sachgesamtheit **122** 4
- Schiff **140** 1 ff.
- Transportversicherung **139** 1 ff.
- Veräußerer **122** 13 ff.
- Versicherung für fremde Rechnung **122** 13
- Wagniswegfall **122** 6
- Zwangsversteigerung **122** 5

Verband der Privaten Krankenversicherung (PKV-Verband) Vor 192 188, 190 ff.
- Aufgaben **Vor 192** 195 ff., 201 ff.
- Notlagentarif **Vor 192** 208
- Pflegevorsorge, geförderte **Vor 192** 209
- Poolvertrag **Vor 192** 204
- Risikoausgleich **Vor 192** 210
- Spitzenausgleich **Vor 192** 202 f.
- Unternehmen, verbandsnahe **Vor 192** 212 ff.
- Verbandsorgane **Vor 192** 211

Verbandsklage 163 105; **164** 93 f.
Verbandsmitgliedschaft 204 230 f.
Verbot geltungserhaltender Reduktion 164 73
Verbraucherinformation Vor 192 387
Verbrauchervertrag Vor 150 54; **154** 12
Verbrennen 161 26
Verdienstausfallversicherung 192 127 ff.
Verfassungsrecht Vor 150 36 ff.; **Vor 192** 361 ff.
Verfügungsbefugnis des Versicherten 123 12 ff.
Vergiftungen 178 188 ff., 193 f.
Vergleich 106 35 ff.
Vergreisung 204 16 f.
Verhalten, sozialadäquates 201 23 f.
Verjährung
- Ausgleichsansprüche der Gesamtschuldner **116** 16 ff.
- Direktanspruch **115** 27 ff., 32 ff.
- Freistellungsanspruch **108** 50

Verkehr, allgemeiner 102 63
Verkehrsunfall 192 101
Verletzungen durch Tiere 178 57
Verlust 130 10
Vermögensentzugsverbot Vor 150 39
Vermögensfolgeschaden 100 135, 189
Vermögenslosigkeit 128 15
Vermögensschaden 100 126 ff., 160 ff.
- Haftpflichtversicherung **100** 125; **102** 22
- Rangfolge mehrerer Ansprüche **118** 27 ff.
- reiner **100** 167 f.
- unechter **100** 136, 168

Verordnung über Basisinformationsblätter für verpackte Anlageprodukte für Kleinanleger und Versicherungsanlageprodukte (PRIIP) Vor 150 54a
Verpackungsschaden 130 10
Verpfändung
- Begünstigungserklärung **159** 57
- Bezugsberechtigung **159** 97
- Kündigung des Versicherungsnehmers **168** 18 f.
- Lebensversicherung **150** 15 f.

Versandapotheke 192 50
Versäumnisurteil 106 18
Verschlucken giftiger Stoffe 178 59
Verschulden bei Vertragsschluss 100 22
Versicherer
- Begünstigungserklärung, Haftung für fehlgeschlagene **159** 61 f.
- Bescheinigungspflicht **113** 18 ff.
- Erhebung personenbezogener Gesundheitsdaten bei Dritten **213** 33
- falscher **115** 40
- Pflichthaftpflichtversicherer **113** 12 ff.
- Prozessstandschaft bei Versicherermehrheit **216** 1 ff.
- als Treuhänder **Vor 150** 4a

Versichererwechsel 204 407 ff.
- Allgemeine Versicherungsbedingungen (AVB) **204** 486 ff.
- Altbestand **204** 464 ff
- Alterungsrückstellung **Vor 192** 909, 1108 f., 1111 ff.; **204** 457 ff, 474 ff., 483 ff.
- Anwartschaftsversicherung **204** 444a
- Anwendungsbereich **204** 433 ff., 445
- Basistarif **204** 491 ff.
- Bedeutung der Regelung **204** 410 ff
- Beweislast **204** 482
- Entstehungsgeschichte **204** 426 ff.
- Gruppenversicherung **204** 441 ff.
- Konformität mit höherrangigem Recht **204** 446
- Krankenversicherung, private **Vor 192** 1350 f.
- Krankheitskostenversicherung **204** 486 ff.
- mehrfacher **204** 471 ff.
- Pflege-Pflichtversicherung, Private (PPV) **204** 444, 473
- Rechtsfolgen **204** 457 ff
- Risikoselektion, negative **204** 418
- Tarifwechsel **204** 2 ff.
- Übertragungswert **204** 467 ff.
- Versicherungsaufsichtsrecht **204** 424 f.
- Vertrag, neuer **204** 438 ff., 453 ff.
- Vorversicherung **204** 447
- Wirkung der Norm **204** 415 ff
- Zweck der Regelung **204** 413 f.

Versicherte
- Berufsunfähigkeitsversicherung **172** 38; **176** 3 ff.
- Gerichtsstand **215** 16 ff.
- Gutgläubigkeit **123** 16 ff.
- Krankenversicherung **193** 1 ff.
- Lebensstellung **172** 160 ff.
- Unfallversicherung **179** 1 ff.
- Verfügungsbefugnis **123** 12 ff.

Versicherte Person 150 1 ff.
Versicherung
- auf fremdes Leben **150** 7 ff.
- für fremde Rechnung
  - Betriebshaftpflichtversicherung **102** 2
  - Freistellungsanspruch **108** 74 ff., 88
  - Herbeiführung des Versicherungsfalles **103** 74 f.
  - Krankenversicherung **Vor 192** 1402 ff.

Sachverzeichnis

- Pflichtversicherung **Vor 113** 9
- Rechtsschutzversicherung **125** 44 f.
- Veräußerung der versicherten Sache **122** 13
- Begriff **Vor 100** 96 ff.
- gemischte **Vor 150** 20
- kombinierte **144** 4
- Anlageprodukte **Vor 150** 54a
- Aufsicht **Vor 192** 383 ff.
  - Bilanzrecht **Vor 192** 577 ff.
  - Krankenversicherung **Vor 192** 1422
  - Krankenversicherung, private **Vor 192** 343 ff., 350 ff., 615 f.
  - Rückversicherung **209** 36 ff.
  - Versichererwechsel **204** 424 f.
- Bescheinigung **190** 3 ff.
- Bestätigung **113** 18
- Nachweis der **113** 18; **205** 59
- Richtlinien **Vor 192** 371 ff.
- Steuer **114** 27; **Vor 192** 556 ff.
- Versicherungsschutz **152** 9a ff.

Versicherungsfähigkeit 204 217 ff.
Versicherungsfall 100 103 ff.; **Vor 192** 1345b ff.
- Berufsunfähigkeitsversicherung **172** 2, 49 ff.
- Eintritt **111** 8 ff.
- Formen **100** 121
- gedehnter **Vor 192** 1345d
- gewisser **Vor 150** 2 ff.
- Herbeiführung **103** 1 ff.; *s. auch Herbeiführung des Versicherungsfalles*
- Krankentagegeldversicherung **192** 144 ff.
- Krankenversicherung **Vor 192** 852
- Kündigung nach **111** 1 ff.; *s. auch Kündigung nach Eintritt des Versicherungsfall*
- Rechtshandlungen vor Eintritt **108** 68 ff.
- Unfallversicherung **178** 49 ff.; *s. auch Unfallversicherung, Versicherungsfall*
- verzögerter **Vor 192** 1345e
- Vortäuschung **124** 14

Versicherungsleistung, Fälligkeit der 106 1 ff.
Versicherungsmathematik 169 87; **Vor 192** 828 ff.; **203** 115 ff.
Versicherungsnehmer
- Anerkenntnis **105** 1 ff.
- Anzeigepflicht **104** 1 ff.
- Aufenthalt **115** 17; **215** 49 ff.
- Befriedigung durch den **105** 48 ff.
- Begünstigungserklärung, Haftung für fehlgeschlagene **159** 58
- Belange der **169** 127 ff.; **203** 1044 ff.
- Bestimmungsrecht **159** 12 ff.
- Fortsetzung des Versicherungsverhältnisses bei Tod **207** 9 ff.
- Gerichtsstand **215** 6 ff.
- Grundpfandrechte **149** 5 ff.
- Inanspruchnahme auf Schadensersatz **100** 98 ff.
- Insolvenz **110** 1 ff.; *s. auch Insolvenz des Versicherungsnehmers*
- Quotenvorrecht **109** 19
- Verantwortlichkeit des Versicherungsnehmers **100** 101 f.
- Verfügung, letztwillige **159** 35
- Wohnsitz **215** 44 ff., 51
- Zahlungsverzug **166** 1, 8 ff.

Versicherungspflicht Vor 192 37, 49, 84; *s. auch Pflichtversicherung*
- Ergänzungsversicherungen durch GKV **Vor 192** 168
- Gesundheitsreform **Vor 192** 1088 ff., 1099 ff., 1427
- Krankenversicherung **Vor 192** 468 f.; **193** 19 ff.
- Krankenversicherung, private **Vor 192** 424 f.
- Kündigung wegen Eintritt der **205** 15 ff.
- Nachweis der **Vor 192** 1419 f.
- Pflegeversicherung, gesetzliche **Vor 192** 477 ff.
- Versicherungspflichtgrenze **Vor 192** 136 ff.

Versicherungsschein 113 18 ff., 25; **168** 41; **172** 230

Versicherungssumme
- Erschöpfung der **109** 4 ff., 37 ff.
- Hinterlegung der **118** 5
- Rangfolge mehrerer Ansprüche **118** 10 ff.
- Rentenanspruch **107** 20 ff., 50 ff.

Versicherungsverein 211 5
Versicherungsverhältnis
- befristetes **204** 17
- Fortsetzung **207** 1 ff.
- krankes **115** 21; **116** 7; **117** 5, 7 ff.
  - Obliegenheiten des Dritten **119** 4
  - Pflichthaftpflichtversicherung **123** 30
  - Rückgriff bei mehreren Versicherten **123** 30

Versicherungsvermittlung Vor 113 19; **214** 14
Versicherungsvertragsrecht Vor 192 342, 354 f., 409 ff., 611 ff.
Versicherungsvertreter 168 47
Versorgungsanwartschaft, Unverfallbarkeit der Vor 150 61 f.
Versorgungsausgleich Vor 150 72 f., 79 ff.
Versorgungsmanagement Vor 192 546a; **192** 111
Versorgungszentren, medizinische 192 47
Verstoßtheorie 100 112; **104** 13
Verteidigerbestellung 101 57 ff.
Verteilungsmanagement Vor 192 515
Verteilungsschlüssel des § 109 108 63
Verteilungsverfahren 109 11 ff.
- Abschluss **118** 38
- Anpassung des Verteilungsplans **118** 13
- Layerdeckung **118** 18a f.
- Pflichthaftpflichtversicherung **118** 7, 16 f.

Vertragsänderung 150 15 f.
Vertragsfreiheit, Einschränkung der 105 28 ff.
Vertreter ohne Vertretungsmacht 100 43
Vertriebskooperationen Vor 192 542 ff.
Vertriebskosten 152 13; **169** 91 f.
Verwaltungsbehörden 203 981 f.
Verwaltungskosten Vor 192 793; **203** 320
Verweisung Vor 150 34; **172** 141 f.; **177** 10; **Vor 192** 370
Verweisungsprivileg 117 34 ff.; **123** 29
Verzicht 119 27
Vierte, Zahlung eines Vierten 108 42 f.
Volkskrankheiten Vor 192 854 ff.
Vollfunktionalität Vor 192 1346 ff.; **203** 956a
Vollstreckbarerklärung, vorläufige 106 16 f.
Vollstreckung, Abwendung der 101 90 ff.
Vollstreckungsabwehrklage 215 42
Vorausabtretung des Freistellungsanspruchs 108 69
Voraussetzungsidentität Vor 100 107 ff.
Vorausverzicht 108 70
Vorerkrankungen 178 288 ff.; **203** 252 f.
Vorinvalidität 178 239 ff.
Vorsatz 103 22 ff.
Vorschuss 101 64 ff.; **187** 12 f.
Vorsichtsprinzip Vor 150 44

Sachverzeichnis

Vorsorge Vor 192 796; **192** 33
Vorsteuerabzug 126 10
Vorunfall 178 132
Vorversicherung 204 447
VVG-Reform Vor 100 1; **Vor 192** 1377 ff.
– Alterungsrückstellung **Vor 192** 1384
– Beitragszuschlag, gesetzlicher **Vor 192** 1389 ff.
– Bereicherungsverbot **200** 8 ff.
– Klauselersetzung **203** 1111 f.
– Krankenversicherung, private **Vor 192** 355
– Kündigung des Versicherungsnehmers **205** 5 ff.
– Prämienanpassung **203** 756 ff.
– Tarifwechsel **204** 65 ff.
– Treuhänder **203** 504 ff.

W

Waffen, atomare 172 202 f.
Waffenschein Vor 113 19
Wagniswegfall 122 6
Wahlleistungen 195 12 ff.
Wahlrecht 125 33 f.; **203** 653 ff.
Wahltarife nach dem GKV-WSG Vor 192 173 ff.
Wartezeit Vor 192 428, 96; **197** 1 ff.; **203** 306
Wasserhaushaltsgesetz Vor 113 20
Wassersportfahrzeug Vor 130 12; **130** 13; **209** 3
Wearables 163 18; **Vor 192** 1447 ff.; **213** 36
Wechsel des Versicherers 204 407 ff.; *s. auch Versichererwechsel*
Wechselkennzeichen 122 20
Wechselsperre Vor 192 1133, 1138 f.
Wehrdienstbeschädigungen 192 65
Weisung des Versicherers 111 33 ff.; **125** 36
Weiterbildungsmaßnahmen 172 207
Wert, gemeiner 136 7
Wertersatz 100 42

Wertgleichheit, Erfordernis der Vor 150 60
Wertschätzung, spürbarer Verlust 172 172 ff.
Wettbewerbsrecht
– Ergänzungsversicherungen **Vor 192** 534
– GKV und PKV **Vor 192** 135, 523 ff.
– Krankenversicherung, private **Vor 192** 519
– Managed Care **Vor 192** 546 f.
– Steuervergünstigungen **Vor 192** 547 ff.
– Unternehmensbegriff **Vor 192** 535 ff.
– Vertriebskooperationen **Vor 192** 542 ff.
Widerklage 108 139
Widerrechtlichkeit 103 52 f.
Widerruf des Versicherungsnehmers 152 1 ff.; **176** 6 f.
Widerrufsrecht nach § 7e AltZertG 152 7a
Willensbildung, Ausschluss der freien 161 38 ff.
Wirtschaftlichkeitsgebot Vor 192 1405 f.; **203** 1003 ff.
Wirtschaftstheoretisches Modell Vor 192 980

Z

Zahlungsanspruch, Umwandlung in 108 118 ff.
Zeitwert 169 34
Zerstörung 100 190
ZESAR GmbH Vor 192 216a
Zessionare 215 23 ff.
Zigarette, brennende 137 10
Zillmerung 169 10 ff.
Zinsschaden 101 106
Zugewinnausgleich Vor 150 74 ff.
Zusatztarifrecht 204 496 ff.
Zuschreibungen, direkte Vor 192 882, 913 ff.
Zwangsversteigerung 102 126
Zwangsvollstreckung 101 104; **105** 51; **159** 102 ff.; **170** 6
Zweispurigkeit des Geschädigtenschutzes 108 10